CB139606

BERNARDO GONÇALVES FERNANDES

- Pós-Doutor em Direito pela Universidade de Coimbra – Portugal (FDUC).
- Mestre e Doutor em Direito Constitucional pela Universidade Federal de Minas Gerais (UFMG).
- Professor de Teoria da Constituição e Direito Constitucional da graduação e pós-graduação (mestrado e doutorado) da Universidade Federal de Minas Gerais (UFMG).
- Professor de Direito Penal, Hermenêutica Jurídica, Teoria da Constituição e Direito Constitucional da Pontifícia Universidade Católica de Minas Gerais (PUC-Minas).
- Professor de Teoria da Constituição e Direito Constitucional da Universidade Federal de Ouro Preto (UFOP-MG).
- Professor de Direito Constitucional da Fundação da Escola Superior do Ministério Público de Minas Gerais-MG, da Escola de Administração Judiciária do Distrito Federal e Territórios – TJDFT, da Associação Nacional dos Magistrados Estaduais (Anamages), do Curso Alcance (Rio de Janeiro-RJ), do Curso Fórum (Rio de Janeiro-RJ), do Curso Prolabore (Belo Horizonte-MG) e do Curso Supremo (Belo Horizonte-MG).
- Professor dos Cursos de Pós-graduação em Direito Civil do IEC (PUC-MG) e do Complexo Damásio Educacional-SP e de Direito Público da Faculdade de Direito Milton Campos-MG.
- Professor dos Cursos de Pós-graduação em Direito Público do CERS-SP, LFG-SP, UNIBRASIL e UFG.
- Coordenador dos Cursos de Pós-graduação em Direito Constitucional da rede Praetorium-Anhanguera.
- Professor de Direito Constitucional do CPIURIS-DF.
- Membro do Conselho Científico do Instituto de Hermenêutica Jurídica (IHJ).
- Diretor do Instituto Mineiro de Direito Constitucional (IMDCONST).

CURSO DE
DIREITO CONSTITUCIONAL

abdr
ASSOCIAÇÃO BRASILEIRA DE DIREITOS REPROGRÁFICOS
Respeite o direito autoral

BERNARDO
GONÇALVES
FERNANDES

CURSO DE **DIREITO CONSTITUCIONAL**

13ª edição | revista atualizada ampliada

2021

EDITORA *Jus*PODIVM
www.editorajuspodivm.com.br

EDITORA *Jus*PODIVM
www.editorajuspodivm.com.br

Rua Território Rio Branco, 87 – Pituba – CEP: 41830-530 – Salvador – Bahia
Tel: (71) 3045.9051
• Contato: https://www.editorajuspodivm.com.br/sac

Copyright: Edições *Jus*PODIVM

Diagramação: Ana Paula Lopes Corrêa *(aninha_lopescorrea@hotmail.com)*

Capa: Ana Caquetti

F363c Fernandes, Bernardo Gonçalves.
Curso de Direito Constitucional / Bernardo Gonçalves Fernandes – 13. ed. rev., atual. e ampl. – Salvador: Ed. JusPodivm, 2021.
2.400 p.

Bibliografia.
ISBN 978-65-5680-686-0.

1. Direito Constitucional. I. Fernandes, Bernardo Gonçalves. II. Título.

CDD 341.5

Todos os direitos desta edição reservados a Edições *Jus*PODIVM.

É terminantemente proibida a reprodução total ou parcial desta obra, por qualquer meio ou processo, sem a expressa autorização do autor e das Edições *Jus*PODIVM. A violação dos direitos autorais caracteriza crime descrito na legislação em vigor, sem prejuízo das sanções civis cabíveis.

Para todos os meus alunos da UFMG, PUC-Minas, UFOP e dos Cursos: CPIURIS-DF, CPJUR-SP, Damásio-SP, Praetorium (SAT), LFG-SP, Marcato-SP, Supremo-MG, Fórum-RJ, Anamages-MG, Alcance-RJ, FESMP-MG, Podivm-LFG (Salvador/BA e São Paulo/SP).

À Josy, pela paciência e compreensão nos dias difíceis... e foram tantos!
Amor, poderia não ter me apaixonado, poderia ter sido diferente...
A verdade é que não, não poderia!

Apresentação à 13ª Edição

É com muita satisfação e orgulho que apresentamos à comunidade jurídica a 13ª edição do nosso *Curso de Direito Constitucional*. Em 2020, completamos 10 anos da obra com milhares de livros vendidos no país, uma enorme aceitação entre os professores e juristas e o mais importante: com uma imensa sensação de dever cumprido. Em 2021 seguimos com nossa missão.

Desde a primeira edição, em abril de 2010, todas as edições sempre tiveram 2 ou 3 tiragens! A 10ª edição, por exemplo, mesmo com duas tiragens, se esgotou já no final de setembro de 2018! A 11ª edição se esgotou em novembro de 2019! A 12ª edição em dezembro de 2020! Mais uma vez agradeço a todos que contribuíram para o sucesso da obra nesses anos, sejam professores ou alunos, que acreditam em um Direito Constitucional não só descritivo de jurisprudências e informativos do STF (e de outros Tribunais pátrios), mas também – e sobretudo – crítico e reflexivo em inúmeros temas.

A 13ª edição apresenta a necessária atualização jurisprudencial e normativa. A obra também retrata, como de praxe, novos assuntos – cada vez mais discutidos e debatidos no âmbito acadêmico e prático do Direito. Foram trabalhados e ampliados temas como: Constitucionalismo Abusivo, Constitucionalismo Democrático da Escola de Yale, Constitucionalismo Popular e Constitucionalismo Popular Mediado, Teoria dos Diálogos Constitucionais, Justiça de Transição, Direito Internacional dos Direitos Humanos (universalismo, relativismo cultural e multiculturalismo), Estatuto das Pessoas com Deficiência, o Papel das Cortes Constitucionais, Tribunal do Júri, a nova Lei nº 13.964/2019 (Pacote Anticrime), Tribunal do Juri, a EC nº 103/2019 da Reforma da Previdência e a EC nº 109/2021, que dispôs sobre questões orçamentárias para enfrentar as consequências sociais e econômicas da pandemia do Covid-19, entre vários outros assuntos.

Além disso, há novamente a expansão de vários capítulos, dentre eles: Conceito e Classificações das Constituições, Poder Constituinte, Hermenêutica e Hermenêutica Constitucional, Teoria dos Direitos Fundamentais, Direitos Individuais e Coletivos, Ações Constitucionais, Direitos Sociais, Direitos de Nacionalidade, Direitos Políticos, Organização do Estado, Poder Legislativo, Processo Legislativo, Poder Executivo, Poder Judiciário, Funções Essenciais à Justiça, Defesa do Estado e das Instituições Democráticas, Controle de Constitucionalidade, Ordem Econômica e Social, entre outros.

Belo Horizonte-MG

Maio de 2021

Sumário

PARTE 1

TEORIA DA CONSTITUIÇÃO

PARTE 2

DIREITO CONSTITUCIONAL

9

10

13

DA INTERVENÇÃO FEDERAL

14

PODER LEGISLATIVO

15

16

PODER EXECUTIVO

17

PODER JUDICIÁRIO

18

19

20

21

Parte 1

Teoria da Constituição

1

Conceito e classificações das Constituições

Sumário: 1. O que é uma Constituição? Conceito de Constituição e constitucionalismo. Uma advertência inicial – 2. Um ponto de partida: o conceito histórico-universal e a primeira definição de Constituição: a Constituição material como Constituição real: 2.1. A Constituição material e o seu sentido jurídico-normativo. O movimento do Constitucionalismo na Inglaterra do século XVII. A definição de Constitucionalismo; 2.2. O surgimento das Constituições formais no movimento do constitucionalismo. A Constituição (moderna) como a ordenação sistemática e racional da comunidade política, plasmada em um documento escrito; 2.3. Mas o que acontece com a Constituição material? Ela deixa de existir juridicamente com o surgimento das Constituições formais?; 2.4. A Constituição formal e a sua relação com a constituição material no decorrer do tempo. Uma rápida advertência!; 2.5. Última digressão: o que é mesmo a Constituição formal? A definição de supralegalidade desenvolvida e explicitada nos EUA no começo do século XIX – 3. Classificações das Constituições: teorias tradicionais e usuais na doutrina pátria – 4. Classificação ontológica (ou essencialista) das Constituições de Karl Löewenstein – 5. Reflexões sobre as classificações tradicionais; o conceito de bloco de constitucionalidade; e o entendimento sobre a denominação intitulada de Neoconstitucionalismo – 6. Última digressão sobre a classificação das Constituições. O nosso ponto de vista (que nós defendemos e não apenas descrevemos): a classificação paradigmática das Constituições, com base na teoria discursiva da Constituição de Jürgen Habermas: uma abordagem crítico-reflexiva das Constituições Clássicas (Estado Liberal), Sociais (Estado Social) e de Estado Democrático de Direito – 7. Sentidos ou concepções do termo Constituição: sentidos clássicos e contemporâneos: 7.1. A Constituição dirigente de J. J. Gomes Canotilho: o debate sobre a constituição dirigente e o constitucionalismo moralmente reflexivo; 7.2. A Constituição para a Teoria dos Sistemas de Niklas Luhmann; 7.3. A Constituição na Teoria Discursiva do Direito e do Estado Democrático de Direito de Jürgen Habermas; 7.4. O Constitucionalismo Abusivo de David Landau; 7.5. A sociedade aberta de intérpretes da Constituição de Peter Häberle: Constituição como cultura e processo público; 7.6. A força normativa da Constituição e a Constituição aberta de Konrad Hesse; 7.7. A Constituição simbólica de Marcelo Neves e as digressões sobre o transconstitucionalismo (Tese do Transconstitucionalismo); 7.8. O conceito pluridimensional de Constituição de José Adércio Leite Sampaio; 7.9. O (novo) Constitucionalismo plurinacional da América Latina e a sua ruptura paradigmática – 8. Classificação quanto à aplicabilidade das Normas Constitucionais: Teoria de José Afonso da Silva – 9. Classificação quanto à aplicabilidade das normas constitucionais de Carlos Ayres Britto e Celso Ribeiro Bastos – 10. Classificação quanto à aplicabilidade das normas constitucionais de Maria Helena Diniz – 11. Classificação quanto à aplicabilidade das normas constitucionais de Luís Roberto Barroso – 12. Classificação trabalhada por Uadi Lammêgo Bulos das normas constitucionais de eficácia exaurida – 13. Estrutura e Elementos das Constituições.

1. O QUE É UMA CONSTITUIÇÃO? CONCEITO DE CONSTITUIÇÃO E CONSTITUCIONALISMO. UMA ADVERTÊNCIA INICIAL

Estabelecer o conceito de Constituição[1] é, sem dúvida, uma tarefa árdua, pois, conforme iremos observar, o termo é multifacetado, não havendo uma linearidade e univocidade em torno de sua base semântica. Sem dúvida, não há, na literatura constitucionalista atual, um conceito único de Constituição, e nem mesmo que se possa considerar, tendencialmente, como dominante.[2]

Obviamente, qualquer conceito desenvolvido partirá de uma pré-compreensão subjacente, fruto da tradição na qual o autor está inserido. E, aqui, nossa primeira crítica a autores que citam, apenas por citar, conceitos e definições que vão do nada ao simplesmente nada, aparecendo, sem uma devida contextualização do motivo de estarem ali inseridos. É bem verdade que somos forçados a memorizar algumas definições que dizem respeito ao sentido (ou concepção) das Constituições. Os alunos de graduação e já graduados que se preparam para concursos públicos (Magistratura, Ministério Público etc.) são compelidos a conhecer tais conceitos, sem nenhuma reflexão crítica ou mesmo enquadramento teórico minimamente sustentável.

Conceitos, definições, classificações não surgem do nada! O cientista do direito, como qualquer outro cientista, seja de qual ciência for, não é, como se pensava outrora (iluministicamente), um ser neutro e indiferente ao seu contexto (descontextualizado) e ao seu tempo (a-histórico), que produz com o fruto de sua neutralidade e distanciamento, de suas digressões puras, inquestionáveis e absolutas.

Pois bem, o século passado (século XX) nos ensinou que as verdades produzidas na ciência só são realmente científicas se passíveis de refutação (falibilismo) e que, portanto, são verdades datadas, históricas e eminentemente contingenciais. Ou seja, apreendemos com H. G. Gadamer[3] (entre outros autores pós-giro hermenêutico e linguístico) que o nosso olhar é sempre socialmente condicionado, pois nunca

---

1. Em sentido lato (senso comum), a palavra Constituição é entendida costumeiramente como o ato de instituir, formar, estabelecer, criar, enfim, constituir: algo, alguma coisa, algum objeto, um ato, uma ideia, uma ação, ou mesmo um ser vivo. Se há uma (seja em qualquer dos sentidos apresentados) Constituição em algo (entendido esse algo como um ser, seja concreto ou abstrato) é porque ele existe em detrimento do não constituído, do não formado, do carente de formação, ou mesmo do que está em vias de formação. Embora de cunho ontológico (essencialista), essa perspectiva é usual nos manuais pátrios.
2. Nesse sentido são as análises de J. J. Gomes Canotilho, que aponta, inclusive, os motivos principais de tais divergências na doutrina constitucionalista. Segundo o autor de Coimbra, os motivos (explicações) para as discrepâncias doutrinárias seriam das mais diversas ordens, tais como: *1) aqueles que se relacionam com as próprias concepções de direito e de Estado, surgindo, por isso, concepções positivistas, concepções decisionistas e concepções materiais de Constituição. 2) outros que dizem respeito à função e estrutura da Constituição e nesses termos teríamos as Constituições garantia, Constituições programa, Constituições processuais além das "famosas" Constituições dirigentes. 3) outros que se relacionam com a abertura ou com o caráter cerrado dos documentos constitucionais, aludindo a Constituições ideológicas e Constituições neutrais dotadas de uma "pretensa" neutralidade; 4) outros envolveriam o "modus" do compromisso ou consenso constituinte e, daí, a alusão a Constituições compromissórias, consensuais ou pactuadas; 5) teríamos, também, motivos que diriam respeito a perspectiva ideológica dominante nos textos constitucionais, surgindo daí Constituições de cunho socialista, social-democrata e liberais, bem como Constituições sociais (de Welfare State) e de Estado Democrático de Direito.* (*Direito constitucional e teoria da Constituição*, 2003).
3. GADAMER, Hans Georg, *Verdade e método*. v. I e II.

temos acesso direto a um objeto (seja ele qual for, incluindo as normas jurídicas), que é sempre mediatizado por nossas vivências e tradições (pré-compreensões), às quais, querendo ou não, estamos imersos.

2. UM PONTO DE PARTIDA: O CONCEITO HISTÓRICO-UNIVERSAL E A PRIMEIRA DEFINIÇÃO DE CONSTITUIÇÃO: A CONSTITUIÇÃO MATERIAL COMO CONSTITUIÇÃO REAL

Conforme observado, se quisermos saber o que é uma Constituição e o que ela pode vir a significar, será sempre necessário adotarmos (convencionalmente) um ponto de partida. Entre diversos (existentes), iremos escolher um que, didaticamente, irá facilitar o entendimento básico sobre o que seja uma Constituição e, a partir daí, das classificações das Constituições adotadas, majoritariamente, no Brasil.

Essas classificações, que de há muito fazem parte dos manuais de Direito Constitucional brasileiros, já foram abandonadas em boa parte da Europa, na primeira metade do século XX.[4] Mas, por incrível que pareça, apesar de inadequadas e com alto grau de inconsistência, são cobradas, ainda hoje, em provas (da OAB e das principais carreiras jurídicas nacionais) e são trabalhadas nas graduações. É mister construirmos uma base lógica em torno delas para que possamos apresentá-la devidamente. Senão, vejamos.

Iremos, então, partir da seguinte digressão: "Em todos os lugares do mundo e em todas as épocas sempre existiu e sempre existirá isso que chamamos de Constituição."[5]

Ora, mesmo não definindo o que seja uma Constituição e seu significado, partimos de uma digressão de que ela sempre existiu e sempre existirá (perspectiva temporal) e em todos os lugares (perspectiva espacial-universal). No entanto, como a Constituição (que ainda não sabemos o que é) sempre existiu? E que tipo de Constituição é essa que existe desde os primórdios? Ela se confunde com as atuais que conhecemos? As Constituições escritas que conhecemos e que ora encontramos na maioria dos países não são uma criação tipicamente moderna? Como então falar em Constituição em períodos arcaicos?

---

4. Temas de debate, como Constituições formais, materiais, rígidas, flexíveis, escritas, não escritas etc., não fazem parte do ambiente doutrinário de inúmeros países da Europa na atualidade. Os autores não trabalham com classificações de cunho nem mesmo semântico, mas ainda sintático! São conceitos esvaziados de sentido à luz de uma Teoria da Constituição não só ontológica (à qual já criticava essas classificações), mas atualmente pós-ontológica nas pegadas de um constitucionalismo discursivo que foge ao objetivo da obra esmiuçar, mas que aqui será defendido ainda que como pano de fundo paradigmático. A dicotomia Constituição formal X Constituição material que marcará o início de nossa abordagem também sofre críticas de outras importantes vertentes (embora não atreladas à teoria discursiva da Constituição) do constitucionalismo nacional e internacional. Nesses termos, em excelente abordagem José Adércio Leite Sampaio nos afirma que "as teorias formais e materiais da Constituição se revestiriam de uma visão unilateral de Constituição", causando, com isso um "déficit constante de eficácia e prestígio constitucional." (SAMPAIO, José Adércio Leite, *Teorias constitucionais em perspectiva*, 2004, p. 8 e 54).
5. Digressão desenvolvida propedeuticamente por Ferdinand Lassalle (1863) em seus estudos.

Bem, para provar a existência da Constituição devemos nos ater à seguinte pergunta: o que necessitamos para vislumbrar uma determinada comunidade, sociedade ou (modernamente falando) um Estado? Ou seja, quais matérias são fundamentais (fundantes, basilares) para que consigamos enxergar determinadas comunidades (sociedades ou Estados)?

Entre vários elementos (matérias) podemos trabalhar com três:

a) **Identidade:** ideia de "nós e outros" (alteridade), noção de pertencimento. Aquilo que, por exemplo, me permite afirmar que sou cidadão de Esparta e não de Atenas.

b) **Organização social e especialização (hierárquica e de linha sucessória):** quem detém o poder (mando), como manda e como se dá a reprodução social nessa estrutura.

c) **Valores subjacentes (regras):** preestabelecidos e naturalizados a partir de um processo construtivo que permitiu, inclusive e sobretudo, desenvolver um tipo de organização social e especialização de poder, bem como possibilitou a construção de uma identidade, diferenciando-se de outras identidades.

Pois bem, com a junção desses elementos (matérias), o que temos? O que vislumbramos? O que enxergamos? Temos, sem dúvida, o nascimento, a formação ou criação de comunidades, sociedades ou sociedades políticas, denominadas Estados. Ou seja, essas matérias explicitam como os Estados existem e se reproduzem como tais com os seus respectivos "modos de ser". E se existem como comunidades, sociedades ou Estados é porque foram constituídos e, portanto, a partir daí eles têm uma determinada **Constituição.**

Nesses termos, a Constituição poderia ser definida, ***a priori*, como "o modo de ser" de uma comunidade, sociedade ou Estado.**[6] Ou seja, como ele(a) é e está constituído(a), formado(a), e, portanto, existe em relação com outras comunidades, sociedades ou Estados. No entanto, que definição é essa? Ora é fácil! Se estamos diante de matérias que constituíram essas sociedades e sem elas não seriam vislumbradas como sociedades, conforme observamos, essa **Constituição** só pode ser definida sociologicamente como uma **Constituição material (real).**

Voltando ao ponto de partida: se sempre existiu Constituição no mundo, sempre existiu **Constituição material (real)**, ou seja, matérias que constituíram comunidades,

6. Aristóteles, em *A Política*, afirma ser a Constituição (politeia) o modo de ser da *polis*. Nesses termos, ela seria a "totalidade da estrutura social da comunidade". Ver: ARISTÓTELES, *A política*. 2. ed. Trad. Roberto Leal Ferreira. São Paulo: Martins Fontes, 1988. [Clássicos da Filosofia]. Fioravanti (*Constitución*, p. 19), compreende a politeia grega como um instrumento conceitual que busca definir uma forma de governo adequada à realidade do século IV, ao mesmo tempo que reforce a unidade da *polis*, dissolvendo as crises que se insurgem. Por isso mesmo, uma tradução, para nossos tempos, como sinônimo de "Constituição" não é apenas correto, mas apropriado do ponto de vista hermenêutico.

sociedades e Estados que se diferenciaram (com seus respectivos **"modos de ser"**) fazendo com que cada um sociologicamente tivesse uma determinada Constituição. Portanto, a conclusão é de que todos os países (Estados ou mesmo comunidades) possuíram em todos os momentos de sua história **Constituições reais e efetivas** à luz, sobretudo, de uma perspectiva eminentemente **sociológica.**

Nesse sentido, é mister afirmar que a **Constituição material,** num primeiro momento, é entendida como **Constituição real.**[7] Sendo assim, trata-se de um conceito de cunho sociológico, afeto à sociologia e, por que não dizer, hodiernamente, à sociologia do direito.

Entretanto, o conceito de **Constituição material como Constituição real e efetiva** não resolve nosso problema, na medida em que apenas demonstra que a reprodução social de diferentes comunidades constituídas (forjadas ou criadas), no decorrer dos séculos, com suas peculiaridades e fatores (reais) de poder, as diferenciaram de outras comunidades.

No entanto, como, então, trabalhar um conceito de Constituição que não seja apenas sociológico? Se há milênios sempre existiu, quando a Constituição deixou de ser algo, em regra, implícito (às costas da comunidade como seu "modo de ser", muitas vezes naturalizado) e passou a ser algo explícito (expresso) e "constitutivo" das comunidades, ou melhor, daquilo que poderíamos chamar juridicamente de "novas" comunidades?

2.1. A Constituição material e o seu sentido jurídico-normativo. O movimento do Constitucionalismo na Inglaterra do século XVII. A definição de Constitucionalismo

Se a **Constituição real** é o modo de ser de uma comunidade, na medida em que carrega as matérias constitutivas de um modo de ser de Estado e de Sociedade, a partir dos séculos XVII e XVIII ela ganha contornos tipicamente jurídico-normativos. Sem dúvida, a ideia de organização constitucional formal (formalizada) dos Estados se estabelece (se funda), de forma solene, no século XVIII com o denominado "movimento do constitucionalismo" que guarda íntima relação com as revoluções

7. J. J. Gomes Canotilho, em antiga edição de sua monumental *Teoria da Constituição e Direito Constitucional*, definiu a **Constituição material como Constituição real** nos seguintes termos: "**Constituição real (material) entendida como o conjunto de forças políticas, ideológicas e econômicas, operantes na comunidade e decisivamente condicionadoras de todo o ordenamento jurídico.**" Noutros termos pertencentes a autores contemporâneos: "a constituição real é o conjunto de valores e de escolhas políticas de fundo, condivididas pelas forças políticas da maioria ou pelas forças políticas hegemônicas num determinado sistema Constitucional (BARTOLE)"; "a constituição real é conjunto de valores, princípios e praxes que constituem à visão ético-político essencial em torno da qual se agregam as forças hegemônicas da comunidade (BOGNETTI)". (6. ed. 1993, p. 67). Famosa também é a definição de **Constituição real** de **Ferdinand Lassalle** (1825-1864) em sua obra (citada acima) de 1863, intitulada *A Essência da Constituição*, na qual entende a mesma como os "fatores reais de poder que regem e determinam um país". Teríamos, segundo o jurista Prussiano do século XIX, um conjunto de forças que atuam para manter as instituições vigentes em uma dada época histórica formando uma Constituição muito maior do que aquela estabelecida na "folha de papel" (**Constituição escrita**) sendo esta, sim, a Constituição por excelência "real e efetiva".

americana e francesa. No entanto, apesar daquilo que chamamos de **ordem constitucional formal** surgir apenas no constitucionalismo americano e francês, não podemos desconsiderar a existência de um constitucionalismo britânico.

Este, apesar de não estabelecer a formalização das constituições (Constituições formais), consolidou-se no século XVII com a Revolução Gloriosa de 1688-89 e a afirmação da Supremacia do Parlamento, após um longo processo de sedimentação que teve início no século XIII (com a Magna Carta de 1215). Nesse sentido, passamos a ter a **Constituição material como efetivamente jurídica, nos moldes modernos (constitucionalismo moderno).**

A Constituição material passou a ser, a partir da experiência inglesa, entendida como o conjunto de normas juridicamente instituidoras de uma comunidade (tipicamente constitutivas do Estado e da Sociedade).[8] Nesses termos, podemos afirmar, repita-se, que, como resultado de um longo processo, o século XVII conduziu ao surgimento de uma ("nova") ordem constitucional material, ou seja, de uma Constituição material normativamente institucionalizada com matérias tipicamente constitutivas do Estado e da Sociedade.

Nesse sentido, urge salientar algo pouco explorado na doutrina pátria que se refere ao que comumente chamamos de **constitucionalismo** ou de **movimento do Constitucionalismo.** Parafraseando o magistral escritor mineiro Guimarães Rosa que dizia que "Minas são muitas", também **os constitucionalismos**, ou, de forma mais rigorosa,[9] **"os movimentos constitucionais são muitos"** e não podem ser reduzidos (como não raro ocorre) ao fervor revolucionário americano e, posteriormente, o francês.

O constitucionalismo (moderno) pode ser entendido como um movimento que traz consigo objetivos que, sem dúvida, irão fundar (constituir) uma nova ordem, sem precedentes na história da constituição das sociedades, formando aquilo que Rogério Soares chamou de **"conceito ocidental de Constituição"**. Nesse diapasão, se perguntássemos sobre os dois grandes objetivos do constitucionalismo, qual seria a resposta? Ora, não tenhamos dúvidas que seriam:

---

8. Não se poderia furtar de mencionar o exercício de reconstrução histórica do constitucionalismo inglês trazido por **Cristiano Otávio Paixão Araújo Pinto** em sua primeira parte de sua tese de doutoramento junto ao programa de pós-graduação da UFMG, intitulada "A reação norte-americana aos atentados de 11 de setembro de 2001 e seu impacto no constitucionalismo contemporâneo: um estudo a partir da teoria da diferenciação do direito".
9. Concordamos com a posição de **J. J. Gomes Canotilho** no sentido de afirmar que é mais rigoroso falar de vários movimentos constitucionais do que de vários constitucionalismos (embora o próprio autor, em passagem anterior de sua obra, cite a existência de pelo menos três Constitucionalismos: inglês, americano, francês). Segundo o autor *in verbis*: "E dizemos ser mais rigoroso falar de vários movimentos constitucionais do que de vários constitucionalismos porque isso permite recortar uma noção básica de constitucionalismo. Constitucionalismo é a teoria (ou ideologia) que ergue o princípio do governo limitado indispensável à garantia dos direitos em dimensão estruturante da organização político-social de uma comunidade. Nesse sentido o constitucionalismo representará uma técnica específica de limitação do poder com fins garantísticos." (*Direito constitucional e teoria da Constituição*, 2003). Nesse sentido, rechaçamos a tese esdrúxula (excêntrica), escorada em Karl Loewenstein, de constitucionalismos do tipo Hebreu (com os profetas) ou da Roma Antiga ou mesmo da mesopotâmia (conforme alguns manuais pátrios). Entendemos que o constitucionalismo ***levado à sério*** é um fenômeno moderno.

1) A **limitação do poder com a necessária organização e estruturação do Estado** (Estados nacionais que já eram, mas a partir daí se afirmam como, não mais absolutos). Em consequência disso, desenvolveram-se teorias consubstanciadas na ***práxis***, como a "teoria da separação dos poderes", além de uma redefinição do funcionamento organizacional do Estado;
2) A **consecução** (com o devido reconhecimento) **de direitos e garantias fundamentais** (num primeiro momento, com a afirmação em termos pelo menos formais da: igualdade, liberdade e propriedade de todos).

Concluindo, com **Canotilho,** os temas centrais do constitucionalismo se relacionam com a fundação e legitimação do poder político (em contraponto a um poder absoluto) e a constitucionalização das liberdades individuais.

No entanto, o **constitucionalismo moderno,** com esses traços marcantes, apresenta-se, conforme já salientado, de forma diferenciada na tradição inglesa (e também nas tradições francesa e americana, embora ambas trabalhem de forma semelhante com o que chamaremos, logo a seguir, de constituições formais). Nesse sentido, o constitucionalismo moderno (com seu intitulado conceito ocidental de constituição) é também tributário de uma "dimensão histórico-constitucional" de viés inglês **(*English Constitution*)** que se desenvolveu por meio de momentos constitucionais desde a ***Magna Carta*** de 1215 à ***Petition of Rights***, de 1628, do ***Habeas Corpus Act*** de 1679 ao ***Bill of Rights*** de 1689, que acabaram por sedimentar "dimensões estruturantes" de um Constitucionalismo ocidental.[10]

2.2. O surgimento das Constituições formais no movimento do constitucionalismo. A Constituição (moderna) como a ordenação sistemática e racional da comunidade política, plasmada em um documento escrito

Conforme trabalhado alhures, é certo que, após séculos de sedimentação e consolidação, podemos observar nitidamente a constituição material normativamente

10. Nesse sentido, temos o que **J. J. Gomes Canotilho** chamará de **cristalizações jurídico-constitucionais do movimento do constitucionalismo** de viés **inglês**, que passaram a fazer parte do patrimônio criador (formador) do **modelo ocidental de Constituição**. Sendo elas: **1º)** a noção de que a liberdade estaria radicada subjetivamente como liberdade pessoal de todos os ingleses e como segurança das pessoas e dos bens de que se é proprietário no sentido indicado pelo art. 39 da Magna Carta; **2º)** a garantia da liberdade e da segurança jurídica impôs a criação de um processo justo regulado por lei (*due process of law*), no qual se estabeleceria as regras disciplinadoras da privação da liberdade e da propriedade; **3º)** as leis do país (*laws of the land*) reguladoras das tutelas das liberdades são dinamicamente interpretadas e reveladas pelos juízes – e não pelo legislador – que assim vão consubstanciando o chamado direito comum (*common law*) de todos os ingleses; e **4º)** a partir, sobretudo, da Revolução Gloriosa (1688-89) ganha (adquire) estatuto constitucional a ideia de representação e soberania parlamentar indispensável à estruturação de um governo moderado. O poder deixa de ser concentrado nas mãos do monarca e passa a ser de forma mista perfilhado por outros órgãos do governo (conjunção: Rei – parlamento com a supremacia deste). Nesses termos (apesar de alguns resquícios medievais só vencidos posteriormente com as Revoluções Francesa e Americana), a intitulada soberania do parlamento na Inglaterra do século XVII exprimirá (também) a ideia de que o poder supremo deveria exercer-se através da forma da lei do parlamento. Essa ideia estará na gênese de um princípio básico do constitucionalismo: *the rule of law*. (*Direito constitucional e teoria da Constituição*, 2003).

consubstanciada por meio de um conjunto de documentos que estabeleceriam uma verdadeira Constituição britânica materialmente verificável à luz, sobretudo, da Revolução Gloriosa.

Contudo, também, é certo que, logo em seguida, no século XVIII, teremos o constitucionalismo moldado por teóricos e revolucionários norte-americanos e franceses, nos seus respectivos contextos, levado às últimas consequências como **pacto fundador** de um novo Estado e de uma nova sociedade. Temos então: a "era das Constituições formalizadas (formais) em um documento escrito". A Constituição passa a ser entendida como "a ordenação sistemática e racional da comunidade política plasmada em um documento escrito, no qual se fixam os limites do poder político e declaram-se direitos e liberdades fundamentais." A Constituição deixa de ser um **"modo de ser"** da comunidade **(como ela simplesmente é)** para se tornar o **"ato constitutivo" (criador, formador, fundante)** da (nova) comunidade.[11]

É claro que esse **conceito moderno (ou ocidental de constituição),** típico do constitucionalismo iluminista (oitocentista) é ideal (dotado de uma idealidade),[12] mas, nem por isso, deixa de ser paradigmático, apresentando-se como fruto das pré-compreensões subjacentes ao contexto revolucionário de ideologia liberal-burguesa, que propugnou a ruptura com cânones de um Estado nacional absoluto (ou até mesmo, ainda, estamental).

Vejam bem: inicia-se a noção da constituição como algo que funda uma nova sociedade, como um documento escrito que se projeta para o futuro a partir da sua criação (produção) e que todos devem respeito, independentemente de sua posição social (***status***) ou até mesmo de sua colocação na estrutura organizacional do Estado (ideia do governo das leis e não dos homens).[13]

11. SOARES, Rogério, *O conceito ocidental de Constituição.* Conforme a doutrina, por exemplo, de Gilmar Mendes, *consideram-se como princípios fundamentais do constitucionalismo moderno, além da supremacia da Constituição, a soberania popular, os direitos fundamentais e o postulado do governo limitado, a que se ligam os princípios da separação dos poderes, a independência do judiciário e a responsabilidade política dos governantes, princípios acolhidos primeiramente na Declaração de Direitos de Virgínia de 1976* (Horst Dippel, *Modern constitucionalismo, an introduction to a history in need of writing. The Legal History Review* v.73, 2005).
12. Trata-se de uma definição que, conforme **J. J. Gomes Canotilho**, não se apresenta perfeita a nenhum dos modelos históricos de constitucionalismo. Exemplifica o autor que: um *Englishman* sentir-se-á arrepiado ao falar de uma ordenação sistemática e racional da comunidade por meio de um documento escrito. Para ele – *The English Constitution* – será a sedimentação histórica de direitos adquiridos pelos ingleses e o alicerçamento, também histórico, de um governo balanceado e moderado *(the balanced constitution)*. A um *Founding Father* (e a um qualquer americano) não repugnaria a ideia de uma carta escrita garantidora de direitos e reguladora de um governo com freios e contrapesos feita por um poder constituinte, mas já não se identificará com qualquer sugestão de uma cultura projetante traduzida na programação racional e sistemática da comunidade. Aos olhos de um *citoyen* revolucionário ou de um "vintista exaltado" português a constituição teria de transportar necessariamente um momento de ruptura e um momento construtivista. Momento de ruptura com a ordem "histórico-natural das coisas", outra coisa não era senão *os privileges do ancien regime*. Momento construtivista porque a Constituição, feita por um novo poder – o poder constituinte –, teria de definir os esquemas ou projetos de ordenação de uma ordem racionalmente construída. (*Direito constitucional e teoria da Constituição.* 2003).
13. Hannah Arendt (*Da Revolução*) e Bernard Bailyn (*As origens ideológicas da Revolução americana*) relatam bem como o movimento revolucionário norte-americano encontrou no processo de elaboração da Constituição o seu ápice, consagrando uma abertura para o futuro no sentido da inauguração de uma "nova ordem" político-jurídica.

Nesses termos, concluímos explicitando, mais uma vez, as bases da Constituição formal reduzida à forma (fôrma ou formato), escrita no fim do século XVIII. Essas constituições vão: 1) ordenar em termos jurídico-políticos o Estado, agora, por meio de um documento (pacto) escrito; 2) declarar nessa carta escrita um conjunto de direitos fundamentais e o respectivo modo de garantia; 3) organizar o poder político segundo esquemas tendentes a tornar um poder limitado e moderado.

2.3. Mas o que acontece com a Constituição material? Ela deixa de existir juridicamente com o surgimento das Constituições formais?

Com a ruptura que envolve o nascimento das Constituições (formais), explicitadas sob a forma escrita, o que ocorre com a Constituição material (em sentido normativo)? É mister afirmar que, conforme discorremos anteriormente, a constituição material, sedimentada juridicamente, após longo processo, envolve as matérias tipicamente constitutivas (normativamente fundantes) do Estado e da sociedade e, obviamente, não vão desaparecer com a efetivação das Constituições formais. Mas o que será feito delas?

Ora, a Constituição formal é fruto de um Poder Constituinte originário que a produz, inserindo as matérias que considera fundamentais para a constituição de um Estado. Então, acreditamos que, pelo menos num primeiro momento, as matérias (realmente) constitucionais (típicas da Constituição material) vão ser alocadas na Constituição formal, sendo reduzidas a termo escrito. No entanto, uma pergunta sempre nos vem à mente: quais seriam essas matérias em pleno século XVIII? Momento justamente de ruptura **(iluminista, cientificista, racionalista, de ideologia liberal-burguesa)** com Estados absolutos **(e a falta de limite para o exercício poder)** e com os privilégios de nascimento **(estamentais)**?

Sem dúvida, as matérias tipicamente constitutivas do Estado e da Sociedade (constituição material), alocadas na Constituição formal, vão envolver claramente a organização do Estado (sua estruturação) e os direitos e as garantias fundamentais. Nunca é demais lembrar que esses foram os dois grandes objetivos do movimento do Constitucionalismo (moderno) que formalizou às constituições no século XVIII.

Isso pode ser, inclusive, referendado (provado) pelo teor de um famoso artigo da Declaração Universal dos Direitos do Homem e do Cidadão de 1789, no qual fica claro a força da ideologia dominante do paradigma de Estado liberal de então, bem como no constitucionalismo forjado no seu seio. Nesse sentido, o art. 16 da Declaração acaba inclusive determinando os Estados que teriam Constituição (formal) e os Estados que não teriam Constituição (formal), na medida em que afirma literalmente nesse sentido: "os Estados que não tivessem o princípio da separação de poderes (limitação de poder) e os direitos e liberdades fundamentais, plasmados em um documento escrito não teriam Constituição (formal)."

Portanto, a Constituição material acaba sendo, à luz da própria ideologia dominante, abarcada pela constituição formal produzida pelo movimento constitucionalista de então.

2.4. A Constituição formal e a sua relação com a constituição material no decorrer do tempo. Uma rápida advertência!

Como iremos, posteriormente, estudar, a Constituição é produto de um poder constituinte, e será reflexo de uma época, espelho de um momento, contextual, fruto de um "pano de fundo intersubjetivamente compartilhado" de Estado e de Sociedade que são sempre inafastáveis de nossa epocalidade e de nossa condição humana. Nesses termos, na sua elaboração é confrontada com diversos jogos de poder (políticos), grupos de interesses (pressão) que participam do poder constituinte e, portanto, acabam influenciando na feitura do documento constitucional, que será o fundamento de validade de todo o ordenamento jurídico posterior a ele.

Nesses termos, numa perspectiva dinâmica, a constituição formal, no decorrer da história do constitucionalismo moderno, aumenta ("incha") de tamanho. Seus assuntos (temas) são acrescidos de matérias **não** fundamentais, **não** tipicamente constitutivas do Estado e da sociedade, que acabam **não** guardando uma relação direta com a organização e a separação de poderes do Estado e os direitos e as garantias fundamentais.

O que temos a partir daí? A percepção de que a constituição formal passa a abarcar matérias **não** tipicamente constitucionais (fundantes, fulcrais, importantes), mas, também, matérias apenas formalmente constitucionais, que **não** são materialmente constitucionais. Esse fenômeno, que não teve data específica, é fruto da complexidade social que permeia os arranjos políticos que envolvem a elaboração de uma constituição e o contexto no qual está sendo produzida. Como rápido exemplo, citamos o peculiar art. 242, § 2º, da atual Constituição da República, que preleciona: "O Colégio Pedro Segundo localizado na cidade do Rio de Janeiro será mantido na órbita Federal." Definitivamente, essa norma constitucional faz parte da Constituição formal porque presente (inserida) na Constituição, mas não é materialmente constitucional, sendo constitucional apenas pela perspectiva formal.

2.5. Última digressão: o que é mesmo a Constituição formal? A definição de supralegalidade desenvolvida e explicitada nos EUA no começo do século XIX

Até agora trabalhamos com um conceito de constituição formal só localizado historicamente. Apenas colocamos que, com o advento do constitucionalismo, as constituições, até então apenas materiais, formalizam-se, ganham uma forma, por meio de um documento escrito que será o "ato constitutivo" de uma nova sociedade. No entanto, o que é uma constituição tipicamente formal, dotada daquilo que poderíamos chamar de formalidade constitucional propriamente dita?

A Constituição formal, num primeiro momento do constitucionalismo, foi, sem dúvida, confundida com a constituição escrita, na medida em que se afirmava ser a constituição explicitada na forma (fôrma) escrita. Acontece que, a partir do início do século XIX, precisamente em 1803, a Constituição formal não poderia mais ser entendida apenas pela sua forma escrita. Aliás, esse passa a ser um equívoco que alguns manuais pátrios ainda incorrem!

No famoso julgamento ***Marbury x Madison*** (1803), realizado pela Suprema Corte Americana por meio do *Chief Justice* Marshall, foi decidido pela primeira vez um conflito entre a Constituição e a legislação infraconstitucional. Nesse horizonte, sem adentrar no caso concreto e suas especificidades, surgiram duas possibilidades de atuação da mais alta corte de magistrados americanos: **1)** a adoção do critério cronológico, no qual lei posterior (ordinária originada do parlamento ou de ato executivo) revoga lei anterior (no caso, norma consubstanciada na Constituição); ou **2)** a adoção do critério hierárquico, no qual lei posterior (inferior originada do parlamento ou de ato do executivo) não prevalece sobre lei anterior (superior consubstanciada na Constituição).

O problema é que, se adotada a primeira tese, a Constituição recém-criada (1787) estaria, logo no início de sua vida, assinando sua sentença de morte, pois sempre que o parlamento resolvesse modificá-la, ele conseguiria sem nenhum tipo de possibilidade de controle (defesa) das normas constitucionais sobre a atuação do Poder Legislativo (ou até mesmo do Poder Executivo). A Constituição estaria, portanto, fadada ao desaparecimento, ao alvedrio do legislador e de suas vicissitudes.

Adotando a segunda tese, contudo, o *Chief Justice* Marshall acabou afirmando que o judiciário deveria defender a Constituição em todos os embates e conflitos de normas infraconstitucionais (produzidas pelo legislador ordinário) e constitucionais, pois estas deveriam sempre prevalecer. Sendo a maneira pela qual, com base na doutrina dos freios e contrapesos, o judiciário deveria controlar a atuação dos outros poderes (legislativo e executivo) ante os ataques à Constituição americana.

Portanto, do caso ***Marbury x Madison*** podemos fazer duas digressões que, até hoje, são atuais na Teoria da Constituição e que vão nos ajudar a entender a Constituição Formal desde então:

1) A Constituição prevalece sobre todo o ordenamento ordinário, mesmo o posterior a ela, porque dotada de supralegalidade **(doutrina da supremacia da Constituição)**; e

2) Se a Constituição prevalece e não sucumbe às normas ordinárias contrárias a ela, os ataques (as infringências) serão defendidos, em regra, na maioria dos países, pelo Poder Judiciário **(doutrina do controle de constitucionalidade das leis)**.

Nesses termos, a Constituição formal não é, nem pode ser, somente escrita. Muito mais que isso, a Constituição formal atualmente (ou pelo menos, a partir do século XIX) é aquela dotada de supralegalidade (supremacia) e que, portanto, não pode, de maneira nenhuma, ser modificada por normas ordinárias, na medida em que essas não prevalecem num embate com as normas constitucionais. Ou seja, a formalidade tipicamente constitucional (Constituição formal) é observada quando uma Constituição é dotada de supralegalidade (supremacia) em relação a todo restante do ordenamento. Nesses termos, a única forma de modificação de uma Constituição formal seria por procedimentos específicos que o próprio texto da Constituição estabeleceria. Esses procedimentos são mais difíceis, mais solenes e mais rigorosos do que aqueles usados para a produção das legislações ordinárias.

3. CLASSIFICAÇÕES DAS CONSTITUIÇÕES: TEORIAS TRADICIONAIS E USUAIS NA DOUTRINA PÁTRIA

Após as digressões iniciais de embasamento, iremos trabalhar com as classificações constitucionais (infelizmente) ainda usuais na doutrina brasileira.[14] Primeiro iremos fazer uma análise descritiva e, posteriormente, uma reflexão, colocando algumas questões para análises de cunho crítico. Nesse sentido, teríamos as seguintes classificações tradicionais:

a) **Quanto ao conteúdo – formais e materiais:**

- **Constituição Formal:** é aquela dotada de supralegalidade (supremacia), estando sempre acima de todas as outras normas do ordenamento jurídico de um determinado país. Nesse sentido, por ter supremacia, só pode ser modificada por procedimentos especiais que ela no seu corpo prevê, na medida em que normas ordinárias não a modificam, estando certo que se contrariarem a constituição serão consideradas inconstitucionais. Portanto, a Constituição formal, sem dúvida, quanto à estabilidade, será rígida.
- **Constituição Material:** é aquela escrita ou não em um documento constitucional e que contém as normas tipicamente constitutivas do Estado e da sociedade. Ou seja, são as normas fundantes (basilares) que fazem parte do "núcleo ideológico" constitutivo do Estado e da sociedade. Sem dúvida, essas matérias com o advento do constitucionalismo (moderno) vêm sendo definidas como: Organização e estruturação do Estado e Direitos e Garantias Fundamentais.

---

14. A crítica central às classificações tradicionais, que ora iremos trabalhar, envolve a sua perspectiva semântica que visa definir e classificar *a priori* uma Constituição como **se fosse algo descontextualizado e somente informado pelo seu texto (esqueleto normativo), não percebendo que a Constituição, com seu texto, não rege (de forma absoluta e atemporal) as situações de aplicação desse mesmo texto, que é fruto de pré-compreensões subjacentes e intersubjetivamente compartilhadas.** Mesmo em uma lógica não discursiva (ontológica) essas classificações não são imunes a críticas. Um exemplo simples se coloca quando observamos que a Constituição inglesa é classificada juridicamente como flexível, mas sociologicamente é muito mais rígida que a nossa que é classificada como rígida (segundo alguns autores ela seria até mesmo super-rígida!) Na verdade, essas classificações pouco acrescentam para uma reflexão crítica sobre o sentido das Constituições e do constitucionalismo. Uma crítica interessante, apesar de ontológica, foi delineada por Karl Löwenstein em sua ontologia das Constituições, que posteriormente iremos trabalhar.

b) **Quanto à estabilidade[15] – Rígida, Flexível, Semirrígida, Fixa e Imutável:**

- **Constituição Rígida:** é aquela que necessita (requer) de procedimentos especiais, mais difíceis (específicos) para sua modificação. Esses procedimentos são definidos na própria Constituição.

- **Constituição Flexível:** é aquela que não requer procedimentos especiais para sua modificação. Ou seja, ela pode ser modificada por procedimentos comuns, os mesmos que produzem e modificam as normas ordinárias, na lógica, por exemplo, tradicional de que lei posterior revoga lei anterior do mesmo nível hierárquico. Na verdade, o entendimento se perfaz de forma simples na afirmação de que, se a própria Constituição não solicitou procedimentos especiais para sua alteração, é porque ela afirma a possibilidade de modificação nos moldes em que se modificam as leis ordinárias. Um exemplo sempre citado pela doutrina clássica é o da Constituição inglesa.[16]

- **Constituição Semirrígida:** é aquela que contém, no seu corpo, uma parte rígida e outra flexível. Nesse sentido, parte da Constituição solicita procedimentos especiais para sua modificação e outra não requer procedimentos especiais (diferenciados dos comuns que produzem normas ordinárias) para sua modificação. Chamamos atenção ainda para o fato de que, para alguns doutrinadores, ela é classificada como semiflexível, não mudando em nada sua definição. Um exemplo de constituição semirrígida é a nossa Constituição de 1824.

- **Fixa ou silenciosa:** é a Constituição que só pode ser modificada pelo mesmo poder que a criou (Poder constituinte originário). São as chamadas Constituições silenciosas, por não preverem procedimentos especiais para a sua modificação. Exemplo: Constituição espanhola de 1876.[17]

- **Imutável ou granítica:** é a chamada Constituição granítica, pois não prevê nenhum tipo de processo de modificação em seu texto. São, nos dias atuais, relíquias históricas. Sem dúvida, em sociedades extremamente complexas como a

---

15. Também identificada por alguns autores como classificação quanto ao **processo de reforma**.
16. Conforme o magistério de Virgílio Afonso da Silva, a Constituição inglesa, embora seja um clássico exemplo de Constituição flexível, atualmente, no que tange a essa classificação, está relativizada. Nesses termos, com o *Human Rights Act aprovado em 1998 e em vigor desde o ano 2000,* o Parlamento inglês passou a se submeter aos dispositivos dessa declaração de direitos, colocando a sua supremacia em xeque e fazendo ruir o modelo de Constituição flexível clássico. (*A constitucionalização do direito: os direitos fundamentais nas relações entre particulares.* 2005, p. 109). Segundo o autor, se o Parlamento inglês já não é mais soberano no sentido tradicional, e deve respeitar as disposições da declaração de direitos, o modelo de Constituição flexível também cai por terra (2005, p. 109). É interessante, ainda, ressaltar que no ano de **2009** foi criada (de forma inovadora) uma **Corte Constitucional na Inglaterra** (embora essa não tenha legitimidade para invalidar atos do Parlamento como as tradicionais Cortes Constitucionais que foram desenvolvidas na Europa no século XX). Ressaltamos também o processo de saída da Inglaterra da União Europeia e as possíveis implicações para o tema.
17. Ver BULOS, Uadi Lammêgo, *Curso de Direito Constitucional.* 2006. E também CARVALHO, Kildare Gonçalves, *Direito constitucional. Teoria do estado e da Constituição. Direito constitucional positivo.*

nossa (moderna, ou para alguns, pós-moderna), constituições graníticas estariam fadadas ao insucesso.

- **Transitoriamente flexível:** trata-se da Constituição que traz a previsão de que até determinada data a Constituição poderá ser emendada por procedimentos comuns. Após a data determinada, a Constituição só poderá ser alterada por procedimentos especiais definidos por ela. Exemplo: Constituição de Baden de 1947.[18]

- **Transitoriamente imutável:** é a Constituição que durante determinado período não poderá ser alterada. Somente após esse período ela poderá ser alterada.[19] Como exemplo, a doutrina cita a nossa Constituição brasileira de 1824 (Constituição do Império) que só poderia ser alterada após quatro anos de vigência. Aqui uma crítica pertinente que demonstra a precariedade dessa classificação. Na verdade, o que existe é um limite temporal na Constituição que não permite que seja reformada em um determinado lapso temporal. O exemplo da Constituição do Império de 1824 demonstra justamente isso, devendo ser considerada como semirrígida, nos moldes já salientados.

c) **Quanto à forma – escritas e não escritas:**

- **Constituição escrita:** é aquela elaborada de forma escrita e sistemática em um documento único, feita de uma vez só (por meio de um processo específico ou procedimento único), de um jato só por um poder, convenção ou assembleia constituinte.[20]

- **Constituição não escrita:** é aquela elaborada e produzida com documentos esparsos (de modo esparso) no decorrer do tempo, paulatinamente desenvolvidos, de forma histórica, fruto de um longo e contínuo processo de sedimentação e consolidação constitucional. Um exemplo clássico e comumente citado é o da Constituição inglesa que é intitulada de não escrita, além de histórica e também costumeira (consuetudinária).

d) **Quanto ao modo de elaboração – dogmáticas e históricas:**

- **Constituição dogmática:** é aquela escrita e sistematizada em um documento que traz as ideias dominantes (dogmas) em uma determinada sociedade num

18. BULOS, Uadi Lammêgo, *Curso de direito constitucional.* 2006. E também CARVALHO, Kildare Gonçalves, *Direito constitucional. Teoria do estado e da Constituição. Direito constitucional positivo.*
19. CARVALHO, Kildare Gonçalves, *Direito constitucional. Teoria do estado e da Constituição. Direito constitucional positivo.*
20. SILVA, José Afonso da, *Curso de direito constitucional positivo.* 2006. Definitivamente não podemos classificar a Constituição como escrita simplesmente por ela ser e ter a forma escrita, como infelizmente querem alguns doutrinadores. Essa postura chega a ser risível! É óbvio que se assim fosse as **Constituições não escritas**, que diga-se de passagem contêm documentos escritos, também deveriam ser consideradas ou classificadas como escritas! Outro equívoco absurdo (que felizmente **não se coaduna com a doutrina majoritária!**) é afirmar que a classificação de Constituição escrita também diz respeito às Constituições elaboradas por diversas leis (do tipo não codificada). Aqui voltamos à lógica banal de uma Constituição ser classificada como escrita porque nela encontramos textos escritos!

determinado período (contexto) histórico. Ela se equivale à constituição escrita quanto à forma.

- **Constituição histórica:** é aquela elaborada de forma esparsa (com documentos e costumes desenvolvidos) no decorrer do tempo, sendo fruto de um contínuo processo de construção e sedimentação do ***devir*** histórico. Ela se equivale à Constituição não escrita quanto à forma. O exemplo também comumente citado é o da Constituição inglesa.

e) **Quanto à origem[21] – promulgadas, outorgadas e cesaristas:**

- **Constituição Promulgada:** é aquela dotada de legitimidade popular, na medida em que o povo participa do seu processo de elaboração, ainda que por meio de seus representantes. Para alguns autores, ela se apresenta como sinônimo de democrática. Como exemplo, poderíamos citar as Constituições brasileiras de 1891, 1934, 1946 e 1988.[22]

- **Constituição Outorgada:** é aquela não dotada de legitimidade popular, na medida em que o povo não participa de seu processo de feitura, nem mesmo de forma indireta. Ela também é concebida na doutrina como sinônimo de Constituição autocrática ou mesmo ditatorial. Como exemplos, poderíamos citar as Constituições brasileiras de 1824, 1937 e 1967.[23]

---

21. Essa classificação leva em consideração **não** a promulgação de cunho técnico realizada em qualquer documento constitucional (inclusive nas Constituições outorgadas), mas, sim, a forma de produção da Constituição com ou sem a participação popular. Ou seja, ela visa analisar se a Constituição foi elaborada com ou sem legitimidade (viés democrático). Nesses termos, também são as reflexões de parte da doutrina, defendendo que o mais correto seria o uso do termo Constituição democrática (em vez do termo técnico usado pela classificação, ora citada): "[...] uma Constituição, mesmo que promulgada, pode ser autoritária ou populista. A promulgação é o ato solene que integra a fase final do processo legislativo e equivale à certificação formal e pública de alteração do sistema jurídico por um novo texto normativo. A promulgação é seguida da publicação da nova norma. Assim, a expressão **'Constituição promulgada'** equivale apenas ao fato de que houve um processo legislativo colegiado de elaboração e de aprovação majoritária de seu texto. Apenas isso. Portanto, ao invés de 'Constituição promulgada' deveríamos utilizar a expressão 'Constituição democrática' para nos referir a uma Constituição que tenha sido elaborada com a efetiva participação da sociedade [...]" In: OLIVEIRA, Márcio Luís de. *Os limites ideológicos e jusfilosóficos do poder constituinte originário*, p. 379-407, 2007.
22. Apesar de alguns senadores biônicos (termo usado para designar senadores que não haviam sido eleitos pelo voto popular) terem participado da Assembleia Nacional Constituinte de fevereiro de 1987 a outubro de 1988.
23. É interessante que boa parte da Teoria da Constituição atual compreende a denominação Constituição autocrática (ou ditatorial) como uma verdadeira contradição, na medida em que o constitucionalismo está intimamente ligado à perspectiva democrática. Falar em Constituição autocrática é falar em algo que definitivamente não coaduna com o constitucionalismo e sua busca (emancipatória) pela limitação do poder (arbítrio) e desenvolvimento de direitos e garantias fundamentais. Nesse sentido, *Maurizio Fioravanti*, ao reconstruir a história semântico-institucional do termo 'Constituição', observa que não mais podemos opor a ideia de Constituição à de democracia ou soberania popular, pois o constitucionalismo só é efetivamente constitucional se institucionaliza a democracia, o pluralismo e a cidadania de todos, em não fazendo o que temos é despotismo. Do mesmo modo a democracia só é democracia se impõe limites constitucionais à vontade popular, à vontade da maioria. No mesmo sentido: "[...] para a *Teoria da Constituição constitucionalmente adequada* só é possível existir uma *Constituição* em sentido político-jurídico num Estado de Direito, no qual ocorre uma simbiose entre o exercício dos poderes políticos e a autoridade juridicamente investida e limitada, o que confere legitimidade às funções e aos atos de Estado. E com isso concordamos, uma vez que nas autocracias impera o poder político sem limites normativos efetivos. Fora do regime democrático

- **Constituição Cesarista:** é aquela produzida sem a participação popular (de forma direta ou mediante representantes), mas que, posteriormente a sua elaboração, é submetida a ***referendum*** (uma verdadeira consulta plebiscitária) popular para que o povo diga sim ou não sobre o documento. Essas constituições, sem dúvida, aproximam-se das Constituições Outorgadas (e se distanciam das Promulgadas), pois os processos de produção (que, obviamente, conferem legitimidade ao documento constitucional) não envolvem o povo, e sim algo pronto e acabado ("receita de bolo") que, de forma não raro populista, é submetido para digressão popular. Os exemplos desse tipo de Constituição são as Constituições de Napoleão, na França, e de Pinochet, no Chile, entre outras.

f) Quanto à extensão – analíticas e sintéticas:

- **Constituição Analítica:** também chamada de prolixa, é aquela elaborada de forma extensa (formato amplo), com um cunho detalhista, na medida em que desce a pormenores não se preocupando somente em descrever e explicitar matérias constitucionais (tipicamente constitutivas do Estado e da sociedade). Portanto, acaba por regulamentar outros assuntos que entenda relevantes num dado contexto, estabelecendo princípios e regras e não apenas princípios (ainda que os princípios e a estrutura chamada atualmente de principiológica possam ser dominantes). Como exemplos, podemos citar as atuais Constituições do Brasil (1988), de Portugal (1976) e da Espanha (1978).

- **Constituição Sintética:** é aquela elaborada de forma sucinta (resumida) e que estabelece os princípios fundamentais de organização do Estado e da sociedade preocupando-se em desenvolver no seu bojo apenas as matérias constitucionais típicas (Organização e estruturação do Estado e Direitos Fundamentais). Em regra, são Constituições eminentemente principiológicas.[24]

g) Quanto à ideologia (ou quanto à dogmática) – ortodoxas e ecléticas:

- **Constituição Ortodoxa:** é aquela que prevê apenas um tipo de ideologia em seu texto. Exemplos recorrentemente lembrados são as Constituições da China e da ex-União Soviética.

- **Constituição Eclética:** é aquela que traz a previsão em seu texto de mais de uma ideologia, na medida em que pelo seu pluralismo e abertura agrupa mais de um viés (linha) ideológico. A atual Constituição brasileira de 1988 é um exemplo.

---

o Direito não cumpre a sua principal finalidade que é garantir a dignidade humana nos contextos público e privado; nas autocracias o Direito é tão-somente um instrumento formal de opressão, submetido apenas às conveniências do grupo dominante. Portanto, numa autocracia o Direito perde a sua verdadeira *essência emancipadora [...]*" OLIVEIRA, Márcio Luís de, In: *A Constituição juridicamente adequada*, p. 1., 2009.

24. Um exemplo é a Constituição norte-americana de 1787 ainda hoje em vigor. Aqui temos uma observação interessante: apesar de a Constituição norte-americana ser classificada pela doutrina tradicional (de cunho semântico como anteriormente criticamos) como sintética (sucinta), algumas Constituições de estados norte-americanos são excessivamente analíticas.

h) Quanto à unidade documental – orgânicas e inorgânicas:

- **Constituição Orgânica:** é aquela que é elaborada em um documento único, num corpo único de uma só vez por um poder competente para tal e que contém uma articulação (interconexão) entre suas normas (títulos, capítulos, seções).[25]

- **Constituição Inorgânica:** é aquela que não é dotada de uma unidade documental. É elaborada por textos escritos não dotados de uma interconexão que podem ser reunidos posteriormente (e solenemente) em um documento específico e ser intitulado de texto Constitucional. A doutrina cita como exemplos as atuais Constituições de Israel e da Nova Zelândia. Um exemplo interessante é o da Constituição francesa de 1875 da III República, que foi a junção de três documentos legais.

i) Quanto ao sistema[26] – Principiológicas e Preceituais:

- **Constituição Principiológica:** é aquela em que predominam os princípios (embora nela possam existir regras) considerados normas (constitucionais) de alto grau de abstração e generalidade para boa parte dos doutrinadores pátrios.[27] Um exemplo seria a atual Constituição brasileira de 1988, que é entendida, trabalhada e interpretada pelo neoconstitucionalismo como principiológica.[28]

- **Constituição Preceitual:** é aquela em que, embora possa conter princípios, predominam-se as regras que, para boa doutrina nacional, possuem um baixo grau

---

25. Paulo Bonavides chama essas Constituições de **codificadas** e as diferencia das Constituições **legais**, que seriam Constituições escritas que se apresentam esparsas ou fragmentadas em vários textos, como a Constituição da III República francesa de 1875 (leis constitucionais elaboradas em momentos distintos da atividade legislativa, que foram tomadas em conjunto, passando a ser a Constituição francesa). (BONAVIDES, Paulo, *Curso de direito constitucional*. p. 88).

26. É importante deixar registrado que alguns doutrinadores, dentre eles Lammêgo Bulos (2006), classificam diferentemente as Constituições quanto à **sistematização** (e não quanto ao **sistema**!). Essa classificação divide as Constituições em **unitárias** (unitextuais ou codificadas) e **variadas** (pluritextuais ou não codificadas). As primeiras são aquelas que estão adstritas a um único texto. Portanto, a Constituição está contida em um único documento. Já as segundas (variadas ou pluritextuais) são aquelas que as normas constitucionais estão espalhadas em diversos documentos com força constitucional. O exemplo, assim como em Bonavides para as Constituições legais, também é o da Constituição francesa da III República de 1875.

27. A tese que diferencia as normas regras e as normas princípios pelo aspecto quantitativo (ou seja, pelo grau de abstração ou generalidade) é chamada de tese fraca, conforme iremos observar posteriormente quando formos tratar da diferença entre regras e princípios sob o ponto de vista do aspecto quantitativo (tese fraca) e qualitativo (tese forte).

28. Todavia, entendemos ser equivocado afirmar tal tese, **ainda que majoritária** na doutrina nacional, pois mesmo que a Constituição de 1988 tenha se preocupado em explicitar um catálogo volumoso de princípios, quantitativamente, há que vislumbrar uma primazia das regras como espécies de normas constitucionais. Na verdade, **Klaus Günther** (*The sense of appropriateness*) em sua obra já nos lembra que a problemática toda quanto à diferenciação de regras e princípios é decorrente da coexistência de dois paradigmas distintos. Seguindo a linha de **L. Kohlberg**, uma tradição de supervalorização das *regras* é produto, ainda, de uma consciência coletiva apegada a um nível *convencional* (muito preocupado com a segurança jurídica, entendida como *previsibilidade*), enquanto aqueles que assumem o direito como um conjunto de princípios – principalmente, sem exclusão das regras por complexo – demonstram que já atingiram o nível *pós-convencional* (e por isso, compreendem o direto a partir de outro prisma: ou seja, como um todo coerente de normas dotadas de universalidade; de correção). A bem da verdade, o que vivenciamos hoje como neoconstitucionalismo é apenas um movimento teórico modesto que se situa em uma zona intermediária entre essas duas formas de consciência perante o direito.

de abstração e um alto grau de determinabilidade. Esse tipo de Constituição que enfatiza as regras em detrimento dos princípios tende a ser essencialmente detalhista. Um exemplo citado é a Constituição do México de 1917 (Constituição de Querétaro[29]).

j) **Quanto à Finalidade[30] – Garantia, Balanço ou Dirigentes:**

- **Constituição Garantia, Abstencionista ou Negativa:** ela tem um viés no passado, **visando garantir direitos assegurados contra possíveis ataques do Poder Público.** Trata-se de Constituição **típica de Estado Liberal** que se caracteriza pelo **seu abstencionismo e sua atuação negativa (de não interferência ou ingerência na sociedade).** Essa Constituição também intitulada por alguns autores de Constituição-quadro foi concebida apenas como um instrumento de governo que deveria trazer a limitação ao Poder com a devida organização do Estado, assim como direitos e garantias fundamentais.[31] Porém aqui uma observação é fulcral, qual seja: a rigor mesmo as constituições atuais têm um pouco de constituição garantia e se apresentam também como tal. Obviamente, mesmo as Constituições sociais e de Estado Democrático de direito do século XX também objetivam em certa medida garantir direitos assegurados aos cidadãos à luz de um determinado momento histórico (contexto histórico).

- **Constituição Balanço:** visa trabalhar o **presente**. Trata-se de constituição típica dos regimes socialistas (constituições de cunho marxista). Essa constituição propõe-se a explicitar as características da atual sociedade, trazendo parâmetros que devem ser observados à luz da realidade econômica, política e social já existente. Ela realiza um balanço das planificações realizadas e explicita à sociedade o novo grau de planificação já em curso. A constituição tem por objetivo adequar-se à realidade social. É importante salientar que a Constituição de cunho socialista não é uma constituição de ***dever-ser*** (***Sollen***), mas, sim, uma Constituição típica do mundo do ***ser*** (***Sein***), que traduz juridicamente modificações sociais que já existem na sociedade.[32] Um exemplo são as Constituições soviéticas de 1936 e de 1977.

- **Constituição Dirigente:** tem viés de futuro. É uma constituição típica de Estado social e de seu pano de fundo paradigmático (democracias-sociais, sobretudo do

---

29. Essa Constituição que é de **1917** é considerada a primeira Constituição do "constitucionalismo social". Posteriormente, em **1919**, teremos na Europa a Constituição de Weimar (na Alemanha) que apresentará de forma explícita o constitucionalismo social europeu.
30. O jurista português **Jorge Miranda** também nos apresenta uma **classificação** das Constituições **quanto à finalidade.** Esta diz respeito justamente à **pretensão (finalidade) da Constituição** em ser um documento de **transição** ou um documento **definitivo.** Nesses termos, temos: **a)** *Constituição revolucionária, provisória ou pré-constituição*: aquela que se apresenta como um conjunto de normas que tem por objetivo ou finalidade definir o regime de elaboração e aprovação da nova Constituição formal e estruturar o poder político no interstício constitucional, dissipando e eliminando, com isso, resquícios do regime anterior; **b)** *Constituição definitiva* (de duração indeterminada no tempo, aberta para o futuro): esta é a Constituição produto final do poder Constituinte fruto de um processo Constituinte. (*Manual de direito constitucional*, Tomo II, p. 91).
31. FERREIRA FILHO, Manoel Gonçalves, *Curso de direito constitucional*, p. 12.
32. FERREIRA FILHO, Manoel Gonçalves, *Curso de direito constitucional*, p. 12.

pós-Segunda Guerra Mundial). Constituições dirigentes são planificadoras e visam predefinir uma pauta de vida para a sociedade e estabelecer uma ordem concreta de valores para o Estado e para a sociedade, ou seja, programas e fins para serem cumpridos pelo Estado e também pela sociedade.[33] Uma das características dessas Constituições, não raro, é a presença de normas programáticas em seu bojo.

Temos, ainda, outras classificações que merecem ser citadas, sendo:

k) Classificação quanto ao papel das Constituições: essa classificação é apresentada por Virgílio Afonso da Silva[34] e envolve um debate (ainda) atual sobre a função ou o papel desempenhado por uma Constituição em um Estado e uma sociedade. Nesses termos, é analisada de forma direta a liberdade de atuação ("capacidade de conformação da ordem jurídica") do legislador ordinário em relação à Constituição. Nesse sentido, as Constituições podem ser concebidas como: **Constituição-lei**: são aquelas em que a Constituição é entendida como uma norma que está no mesmo nível das outras normas do ordenamento. Nesse caso, conforme Virgílio Afonso da Silva,[35] a Constituição não teria supremacia nem mesmo vinculatividade formal para com o legislador ordinário, sendo "uma lei como qualquer outra" funcionando, apenas como uma diretriz para atuação do Poder Legislativo, ou seja, os dispositivos constitucionais, especialmente os direitos fundamentais, teriam uma função meramente indicativa, pois apenas indicariam ao legislador um possível caminho, que ele não necessariamente poderia seguir. **Constituição-fundamento:** essa concepção de constituição é também denominada de Constituição total. Nessa perspectiva, "a Constituição é entendida como lei fundamental, não somente de toda a atividade estatal e das atividades relacionadas ao Estado, mas também a lei fundamental de toda a vida social". Sem dúvida, por essa perspectiva, o espaço de conformação do legislador é extremamente reduzido. Nesses termos, "o legislador seria um mero intérprete da Constituição e nessa concepção haveria para os outros ramos do direito pouco ou nenhum espaço livre (liberdade de conformação dos outros ramos do direito estaria mitigada)".[36] **Constituição-moldura**: essa concepção

---

33. É bem verdade que o conceito de **Constituição dirigente** de Canotilho, desenvolvido pelo autor na famosa obra *Constituição dirigente e vinculação do legislador* (1982), **sofreu modificações no decorrer do tempo**. Já chamamos a atenção do leitor para o prefácio da 2ª edição desse citado livro e das recentes edições de seu *Direito constitucional e teoria da Constituição*, nos quais Canotilho explicita que a **atenuação do Papel do Estado** faz com que hoje o programa constitucional assuma mais o **papel de legitimador da sociedade estatal** do que a função de um **direito dirigente do centro político**. Nesse sentido, conforme aqui citado, as Constituições perderam um **pouco de sua força dirigente, ainda que não tenham deixado de ser diretivas.** Sem dúvida, o dirigismo constitucional das décadas de 70 e 80 do século passado não mais existe, porém a **Constituição dirigente não morreu**, pois ainda sobrevivem importantes dimensões de programaticidade e dirigismo constitucional, ainda que em uma perspectiva **mais reflexiva (leve) e menos impositiva.** Ver, sobretudo COUTINHO, Jacinto, *Canotilho e a Constituição dirigente*, 2002.
34. SILVA, Virgílio Afonso da, *A constitucionalização do direito*, 2005, p. 111-122.
35. SILVA, Virgílio Afonso da, *A constitucionalização do direito*, p. 111.
36. SILVA, Virgílio Afonso da, *A constitucionalização do direito*, p. 112. A crítica estabelecida pelo autor é a seguinte: "[...] As normas constitucionais, nesse sentido, não somente irradiarão efeitos pelos outros ramos do direito: elas determinarão o conteúdo deles por completo." (2005, p. 115).

que não é nova,[37] mas vem sendo objeto de constantes digressões na doutrina alemã, trabalha a constituição apenas como um limite para a atividade legislativa. Ou seja, ela é apenas uma moldura, sem tela e sem preenchimento. Nesses termos, caberá a jurisdição constitucional apenas a tarefa de controlar se o legislador age dentro da moldura. Essa concepção, nos dizeres de Virgílio Afonso da Silva, pode ser entendida como intermediária entre as duas primeiras.[38]

l) **Constituições Plásticas:** Constituições plásticas são aquelas dotadas de uma maleabilidade. Ou seja, são maleáveis aos **influxos da realidade social**[39] (política, econômica, educacional, jurisprudencial etc.). São Constituições que possibilitam releituras, (re)interpretações de seu texto, à luz de novas realidades sociais. A Constituição plástica pode ser flexível ou mesmo rígida, desde que permita uma nova interpretação de seu texto à luz de novos contextos sociais.[40] Porém, é importante deixarmos consignado que **alguns autores classificam as Constituições plásticas como flexíveis.**[41]

m) Constituições Pactuadas ou Dualistas: são aquelas que resultam de um acordo entre o rei (monarca) e o parlamento. Buscam desenvolver um equilíbrio, não raro instável e precário, entre o princípio monárquico e o princípio da democracia. Segundo Paulo Bonavides, "elas acabam por exprimir um compromisso instável (frágil) de forças políticas rivais: a realeza debilitada de uma parte, e a nobreza e a burguesia, em franco progresso doutra".[42]

n) **Constituições Nominalistas:**[43] para alguns doutrinadores são as Constituições que trazem normas dotadas de alta clareza e precisão, nas quais a interpretação de seu texto somente é realizada por meio de um método literal ou gramatical. Essa classificação (em claro ***desuso***) atualmente só pode ser entendida como uma **relíquia histórica**, pois é de se perguntar: qual constituição atualmente é interpretada

---

37. Esta remonta a autores como Ernst-Wolfgang Böckenförde e Christian Starck.
38. SILVA, Virgílio Afonso da, *A constitucionalização do direito*, 2005, p. 116-117.
39. Conforme a abalizada doutrina de Uadi Lammêgo Bulos. (*Curso de direito constitucional*, 2006). Também encontramos tal posicionamento no clássico *Estudos de direito constitucional* de HORTA, Raul Machado (2002). Esses autores demonstram que a **Constituição plástica** é aquela que possibilita novas releituras, podendo ser, portanto, tanto rígidas quanto flexíveis.
40. Aqui uma observação importante. O fenômeno da teoria da Constituição, que possibilita que as Constituições plásticas recebam novas atribuições de sentidos, é chamado de mutações constitucionais. Ou seja, são mudanças informais da Constituição, o texto continua o mesmo, mas é reinterpretado à luz de novas realidades sociais.
41. FERREIRA, Pinto, *Curso de direito constitucional*, p. 12.
42. BONAVIDES, Paulo, *Curso de direito constitucional*, p. 9. O referido constitucionalista cita como exemplos a Constituição francesa de 1791, a da Espanha de 1876 e documentos constitucionais ingleses, como o *Bill of Rights* de 1689.
43. O termo **nominalista**, de forma **totalmente diferenciada** da **ora apresentada**, também é utilizado, por alguns doutrinadores, para a classificação das Constituições **nominais** (ou para alguns: **nominalistas**) de *Karl Löewenstein*, que iremos analisar posteriormente. Nessa as *constituições nominalistas* são aquelas em que há um **descompasso (hiato) entre o texto da constituição e a realidade social a ser regulada**. Com isso, explicita-se um *déficit* de eficácia e concretização da Constituição. Ver também em *Marcelo Neves*, In: *A Constitucionalização Simbólica*, 2010.

e aplicada apenas pelo manuseio do método gramatical? A hipercomplexidade jurídico-social, sem dúvida, impede tal possibilidade.

o) Constituições Semânticas:[44] para alguns doutrinadores, são as constituições nas quais o texto não é dotado de uma clareza e especificidade e que, portanto, **não vão** trabalhar apenas o método gramatical, exigindo outros métodos de interpretação (ou outras posturas interpretativas). Aqui uma digressão se faz necessária: se formos utilizar os métodos clássicos de interpretação (atualmente em xeque pelo giro hermenêutico-pragmático, que posteriormente será desenvolvido), todas as constituições atualmente (modernamente) são semânticas. Mas devemos tomar cuidado, pois esta é apenas *uma conceituação ou classificação* ***de Constituição como semântica*** *e é* ***minoritária***. Além desta, temos: a conceituação de **Gomes Canotilho,** também citada (***ver nota***), e ainda a conceituação de **Karl Löewenstein,** que será posteriormente trabalhada e detalhada (pois é a ***mais usada e de maior sucesso na doutrina***).

p) Constituições em Branco: são aquelas que não trazem limitações explícitas ao poder de alteração ou reforma constitucional. Nesse sentido, o poder de reforma se vincula à discricionariedade dos órgãos revisores, que, sem qualquer dispositivo específico de delimitação revisional, ficam encarregados de estabelecer regras para a propositura de emendas constitucionais. Exemplos são as Constituições francesas de 1799 e 1814.[45]

q) Constituições Compromissórias:[46] são aquelas que resultam de acordos entre as diversas forças políticas e sociais, nas quais não há uma identidade ideológica (ecletismo), sendo a Constituição resultado da "fragmentação de acordos tópicos" que explicitam uma diversidade de projetos, caracterizando a textura aberta da Constituição, que possibilita a "consagração de valores e princípios contraditórios a serem equacionados e concretizados pelos aplicadores do direito".[47] Essas Constituições, que trazem no seu bojo uma plêiade ideológica, acabam por fomentar a perspectiva dialógica presente no arcabouço típico de um Constitucionalismo democrático.

44. Para Gomes Canotilho, as **Constituições** intituladas de **semânticas** têm outro significado. Elas são aquelas que podem ser entendidas como Constituições fechadas de cunho **meramente formal** que não consagram um conteúdo mínimo de justiça em termos materiais. Estas, para o autor de Coimbra, se diferenciam das **Constituições normativas**, que são aquelas Constituições que trazem um conjunto de normas dotadas de bondade material que garantem direitos e liberdades, bem como impõem limites aos poderes. (*Direito constitucional e teoria da Constituição*, 2003, p. 1.095).
45. BULOS, Uadi Lammêgo, *Curso de direito constitucional*, 2006, p. 33.
46. Conforme, CANOTILHO, José Joaquim Gomes, *Direito constitucional e teoria da Constituição*. Nesses termos, também as digressões de VIEIRA, Oscar Vilhena. A *Constituição como reserva de justiça*, p. 195. Segundo Uadi Lammêgo BULOS, as **Constituições compromissórias** se originam de um processo constituinte tumultuado por correntes de pensamento divergentes e convergentes, fruto de um jogo de fluxos e refluxos, que ao fim dos trabalhos estabelecem um consenso (compromisso constitucional) em meio a **"salutar"** pluralidade política existente. Um exemplo seria a nossa atual Constituição de 1988. (*Curso de direito constitucional*, 2006).
47. VIEIRA, Oscar Vilhena. *A Constituição como reserva de justiça*, p. 195.

r) Constituição Dúctil (suave) de Gustavo Zagrebelsky: essa classificação busca não trabalhar com uma dogmática (constitucional) rígida.[48] Segundo o autor, "nas sociedades atuais, permeadas por determinados graus de relativização e caracterizadas pela diversidade de projetos de vida e concepções de vida digna", o papel das Constituições não deve consistir na realização de um projeto predeterminado de vida, cabendo-lhe apenas a tarefa básica de "assegurar condições possíveis" para uma "vida em comum." Ou seja, a Constituição não predefine ou impõe uma forma de vida (projeto de vida), mas, sim, deve criar condições para o exercício dos mais variados projetos de vida (concepções de vida digna).[49] Nesses termos, o adjetivo suave (ou leve) é utilizado com o objetivo de que a Constituição acompanhe a descentralização do Estado e, com isso, seja um espelho que reflita **o pluralismo ideológico, moral, político e econômico existente nas sociedades**. Ou seja, **uma Constituição aberta**[50] (que permita a espontaneidade da vida social) que acompanhe o desenvolvimento **de uma sociedade pluralista e democrática**.[51] Essa concepção se aproxima (embora com algumas **divergências**) da concepção de Constituição defendida pela teoria discursiva do direito e da democracia de **Jürgen Habermas** que trabalha justamente a perspectiva **do que podemos chamar de constitucionalismo procedimental do Estado Democrático de Direito**.[52]

---

48. ZAGREBELSKY, Gustavo, *El derecho dúctil: Ley, derechos, justicia*. Madrid Trotta, 1999.
49. Conforme o professor italiano: "*As sociedades pluralistas atuais – isto é, as sociedades marcadas pela presença de uma diversidade de grupos sociais com interesses, ideologias e projetos diferentes, mas sem que nenhum tenha força suficiente para fazer-se exclusivo ou dominante e, portanto, estabelecer a base material da soberania estatal no sentido do passado – isto é, as sociedades dotadas em seu conjunto de um certo grau de relativismo, conferem à Constituição não a tarefa de estabelecer diretamente um projeto predeterminado de vida em comum, senão a de realizar as condições de possibilidade da mesma*." ZAGREBELSKY, Gustavo. *El derecho dúctil: Ley, derechos, justicia*. Madrid Trotta, 1999, p. 13.
50. Autores como **Paulo Bonavides** e **Canotilho** defendem (embora em um marco teórico diferenciado do trabalhado por Zagrebelsky) também uma perspectiva de **Constituição aberta**. Por exemplo, para **Canotilho** atualmente devemos "relativizar a função material de tarefa da Constituição além de ser justificável a desconstitucionalização de elementos substantivadores da ordem constitucional (como exemplo: constituição econômica, constituição do trabalho, constituição social, constituição cultural)". Para o autor "a historicidade do direito constitucional e a indesejabilidade do "perfeccionismo constitucional" (constituição como um estatuto detalhado e sem aberturas) não são, porém, incompatíveis com o caráter de tarefa e projeto da lei constitucional." Ou seja, a Constituição pode ser aberta (plural, eclética e democrática), mas mesmo assim, não pode perder de vista: a fixação de limites para a atuação do Estado, a formulação de fins sociais significativos e a identificação de alguns programas de conformação constitucional. In: *Direito constitucional e teoria da Constituição*, 2003, p. 1339-1340.
51. ZAGREBELSKY, Gustavo, *El derecho dúctil: Ley, derechos, justicia*. Madrid Trotta, 1999.
52. Conforme o **constitucionalismo da teoria discursiva da Constituição** trabalhada por **Habermas** e por uma série de **autores brasileiros**, temos que a promessa de concessão de cidadania advinda da ruptura do Estado Liberal com o nascimento e desenvolvimento do Estado Social não foi efetivada. Com isso, a proposta do direito constitucional e da teoria da Constituição adstrita a ele deve ser a de buscar o resgate da cidadania (nunca alcançada nos séculos XVIII e XIX com o constitucionalismo liberal e no século XX com um determinado tipo de constitucionalismo social) sem supostos (ou pressupostos) dirigentes e planificadores. A própria **noção de cidadania** (no constitucionalismo procedimental do **Estado Democrático de Direito**) deve ser enfocada sob outra perspectiva que não aquela de "vantagem ou benefício" a ser concedida e distribuída de "**cima para baixo**" a uma massa de desvalidos e **pobres coitados** (descamisados). Esta deve ser encarada como um processo, que envolve aprendizado, fluxos e refluxos, mas sempre numa "luta contínua por reconhecimento". **Nas pegadas da Teoria discursiva da democracia habermasiana, observamos então o que seria a caracterização reflexivo-procedimental da Constituição de um Estado Democrático de Direito.** Conforme o autor alemão: "Se sob condições de um mais ou menos estabilizado compromisso relativo ao Estado de Bem-Estar Social, quer-se sustentar não

s) **Heteroconstituições:** são constituições decretadas de fora do Estado que irão reger. São incomuns. Um exemplo é a Constituição cipriota que surgiu de acordos elaborados em Zurique, nos idos de 1960 e que foram realizados entre a Grã-Bretanha, Grécia e a Turquia.[53] Outros exemplos seriam a da inicial Constituição da Albânia desenvolvida e produzida partir de uma conferência internacional em 1913 e a Constituição da Bósnia-Herzegovina elaborada mediante acordos prolatados em 1995. Certo também é que algumas Constituições dos países da *Commonwealth* foram aprovadas por leis do parlamento britânico, tendo como exemplo os documentos do Canadá, da Nova Zelândia e da Austrália.[54] Já as **Autoconstituições** (ou *homoconstituições*) são aquelas elaboradas e decretadas dentro do próprio Estado nacional que irão reger.

4. CLASSIFICAÇÃO ONTOLÓGICA (OU ESSENCIALISTA) DAS CONSTITUIÇÕES DE KARL LÖEWENSTEIN

O autor dessa classificação é **Karl Löewenstein** que desenvolveu, na década de 50 do século XX, a Teoria Ontológica da Constituição.[55]

A classificação proposta pelo autor visa estudar o ***ser*** das Constituições (a sua essência), ou seja, o que as diferencia de qualquer outro objeto ou ente. Nesse sentido, busca-se o que, na prática, *"realmente é uma constituição"*.

Löewenstein critica com veemência a classificação tradicional, pois não diz o que realmente é uma constituição, na medida em que fica presa ao texto dela. Nesse sentido, a classificação tradicional só analisa o texto não levando em consideração o contexto (realidade social: econômica, política, educacional, cultural etc.). Segundo o autor, as digressões que trabalham a constituição como, por exemplo:

somente um Estado de Direito, mas também um Estado Democrático de Direito, e, assim, a ideia de auto-organização da comunidade jurídica, então não se pode manter a visão liberal de constituição como uma ordem-quadro que regule essencialmente a relação entre administração e cidadãos. O poder econômico e a pressão social necessitam ser conformados pelos meios do Estado de Direito não menos que o poder administrativo. Por outro lado, sob as condições de pluralismo societário e cultural, a **Constituição** deve também não ser concebida como uma ordem jurídica concreta que imponha aprioristicamente uma forma de vida total à sociedade. Ao contrário, a **Constituição** estabelece procedimentos políticos de acordo com os quais os cidadãos possam, no exercício de seu direito de autodeterminação, com sucesso, buscar realizar o projeto cooperativo de estabelecer justas (i.e. relativamente mais justas) condições de vida. Somente as condições procedimentais da gênese **democrática** das leis asseguram a legitimidade do Direito promulgado." (HABERMAS, Jürgen, 1998, p. 163). Seguindo a linha de raciocínio de **Habermas**, temos que a **Constituição, sob o paradigma procedimental do Estado Democrático, deve ser compreendida como a prefiguração de um sistema de direitos fundamentais que representam as condições procedimentais para a institucionalização da democracia nos âmbitos e nas perspectivas específicas do processo legislativo, do processo jurisdicional e do processo administrativo e que garante, ainda, espaços públicos informais de geração da vontade e das opiniões políticas**. Nesse sentido, a **Democracia**, como princípio jurídico-constitucional a ser densificado de acordo com a perspectiva específica de cada um desses processos, significa **participação** em **igualdade** de direitos e de oportunidades daqueles que serão afetados pelas decisões nos procedimentos deliberativos que as preparam.

53. BULOS, Uadi Lammêgo, *Curso de direito constitucional*, 2006, p. 35.
54. MIRANDA, Jorge, *Manual de direito constitucional*, Tomo II, p. 80-82.
55. LÖEWENSTEIN, Karl, *Teoría de la Constitución*.

formal, rígida, flexível, analítica, sintética, escrita e dogmática, em nada acrescentam à definição de uma constituição. Sem dúvida, a constituição pode ser excelente em seu texto (democrática, promulgada) e na prática não corresponder aos ditames do seu texto. A constituição não é só seu texto se apresentando, então, a rigor, como aquilo que os detentores de poder fazem (ou realizam) dela na prática.

Nesse sentido, qual a seria a definição adequada da classificação ontológica? Ela é conceituada como a técnica de classificação das constituições que busca analisar a relação do texto da constituição com a realidade social. Realidade social vivenciada (haurida), subjacente ao texto constitucional. Trata-se da relação entre o texto (ideal) e a realidade (real): econômica, política, educacional, cultural e jurisprudencial do país.

Para analisar a constituição de um país, deve-se analisar os elementos de sua realidade social, subjacentes ao texto constitucional, e não somente analisar o texto constitucional. É necessário, então, ir ao país e analisar a adequação do texto constitucional à realidade social do país. Nesses termos, **Karl Löewenstein**[56] **propõe a seguinte classificação**:

a) **Constituições Normativas:** são aquelas em que há uma adequação entre o texto constitucional (conteúdo normativo) e a realidade social. Há, portanto, uma simbiose do texto constitucional com a realidade social. Ou seja, a constituição conduz os processos de poder (e é tradutora dos anseios de justiça dos cidadãos), na medida em que detentores e destinatários de poder seguem (respeitam) a constituição. Como exemplos, temos: a Constituição americana de 1787; a Constituição alemã de 1949; a Constituição francesa de 1958, entre outras.

b) **Constituições Nominais:** não há adequação do texto constitucional (conteúdo normativo) e a realidade social. Na verdade, os processos de poder é que conduzem a constituição, e não o contrário (a constituição não conduz os processos de poder). Não há simbiose do texto constitucional com a realidade social, o que ocorre é um descompasso do texto com a realidade social (econômica, política, educacional, jurisprudencial etc.). Porém, é mister deixar consignado que existe um lado positivo nessas Constituições. Este é o seu caráter educacional, pedagógico. Detentores e destinatários do poder fizeram (produziram) o texto diferente da realidade social, mas, se o texto existe, ele pode, nos dizeres de Löewenstein, servir de *"estrela guia"*, de *"fio condutor"* a ser observado pelo país, que, apesar de distante do texto, um dia poderá alcançá-lo. Exemplos: as Constituições brasileiras de 1934, 1946 e 1988[57]. Sobre a atual Constituição de 1988, temos a informar que alguns doutrinadores, infelizmente, classificam-na de forma equivocada pela ***classificação***

56. LÖEWENSTEIN, Karl, *Teoría de la Constitución*, p. 216-223.
57. LÖEWENSTEIN, Karl, *Teoría de la Constitución*. p. 216-223.Temos ainda, como exemplo, a Constituição alemã de Weimar de 1919, que, apesar de ser da Alemanha, explicitava um hiato (fosso) entre o seu texto e a realidade de um país arrasado e humilhado em razão da 1ª Guerra Mundial.

ontológica. Nesse sentido, Pedro Lenza, em uma das últimas edições de seu manual, classificou-a como *normativa* (o que é em grave equívoco!) e, posteriormente, na última edição de sua obra (tentando desfazer o equívoco) a classifica como uma Constituição que se ***"pretende normativa"*** (aqui, seguindo Guilherme Peña). Ora, esse entendimento, com todo o respeito, é inteiramente equivocado. Aqui, não se trata de corrente divergente (de opiniões diferentes), mas, sim, de erro explícito quanto a obra de *Karl Löewenstein*. Nesse sentido, óbvio que toda Constituição ***se pretende normativa*** (não só a brasileira), mas uma coisa é ***pretender ser***, outra coisa é ***ser***. Reiteramos que ***Löewenstein*** busca o que a ***Constituição realmente é*** em um momento histórico (aliás, por isso, a classificação chama-se ***ontológica***). E a nossa é, pela lógica *loewensteineana* (pelo menos por enquanto, visto que sua classificação é dinâmica), **nominal**! Aliás, na sua *Teoria da Constituição* Karl Löewenstein **não** classifica Constituições por uma "quarta via", pois, para ele, as Constituições são: *normativas*, *nominais* ou *semânticas*. Portanto, simplesmente não existe a classificação: ***"se pretende normativa"***. Essa afirmação denota inclusive dois problemas: desconhecimento da obra de *Löewenstein* e de sua construção teórica, e desconhecimento (por um *déficit sociológico)* da realidade brasileira (do descompasso "ainda existente" entre o texto de nossa Constituição e a sua realidade social subjacente)[58].

c) Constituições Semânticas: são aquelas que traem o significado de Constituição (do termo Constituição). Sem dúvida, Constituição, em sua essência, é e deve ser entendida como limitação de poder. A Constituição semântica trai o conceito de Constituição, pois em vez de limitar o poder, legitima (naturaliza) práticas autoritárias de poder. A Constituição semântica vem para legitimar o poder autoritário (sendo, portanto, Constituições tipicamente autoritárias).[59] Exemplos: Constituições brasileiras de 1937 (A *polaca* de Getúlio Vargas), 1967 e 1969 (do governo militar).

---

58. Isso, obviamente, se seguirmos a *ontologia das Constituições* de Löewenstein (que trabalha com a possibilidade de "hiato" entre o texto de uma Constituição e a realidade social vivenciada pelo texto). LÖEWENSTEIN, Karl, *Teoría de la Constitución*. Aqui uma advertência: Pior ainda é quem classifica a Constituição de 1988 como **normativa**. Flávio Martins (2019) a classifica assim e comete dois equívocos. O Primeiro é dizer que essa corrente é majoritária. Diz sem apresentar sequer um autor que diga o mesmo. Nesses termos, não há comprovação empírica que essa corrente seja majoritária. Se observarmos a maioria dos principais autores do Brasil (e seus livros), eles não classificam (salvo exceções) a nossa constituição como normativa. Ingo Sarlet, Paulo Bonavides, José Afonso da Silva, Lenio Streck, Dirley da Cunha, Daniel Sarmento, Marcelo Neves, entre vários outros, não fazem isso (inclusive não se preocupam com isso, mesmo porque que a classificação **ontológica é fraca, como já dissemos**). Ou seja, a afirmação de uma ***pretensa*** corrente majoritária não se sustenta. Outra questão inadequada é citar o Karl Loewenstein para dizer que a Constituição do Brasil é normativa (citação indevida do autor). Aqui a citação usada do livro *Teoria da Constituição (p, 220)* além de errada (pois ele fala do constitucionalismo brasileiro e seu progresso, como fala também do constitucionalismo da: Argentina, Colômbia, Uruguai e México, entre outros) é também descontextualizada, pois a versão alemã de sua ***Teoria da Constituição*** é de **1959**. Loewenstein escreve citando o Brasil e outros países da América do sul e central da **década de 50 do século XX** (repito: o livro é de **1959**). Então ele escreveu no contexto da Constituição de 1946 (que poderia caminhar para um "autentico normativismo", bem como outros constitucionalismos da América). E mais ainda: Loewenstein falece em 1973. Ele jamais em **1959** poderia classificar a ***Constituição Brasileira de 1988 como normativa***, mesmo porque ele não tinha "bola de cristal" e sequer era "vidente".
59. LÖEWENSTEIN, Karl, *Teoría de la Constitución*. p. 216-223.

Nesse sentido, para explicitar as teses de Karl Löewenstein[60] e a sua classificação, um quadro pode ser assim construído:

Constituições	Eficácia social (efetividade)	Legitimidade
Normativas	Sim	Sim
Nominais	Não	Sim
Semânticas	Sim	Não

5. REFLEXÕES SOBRE AS CLASSIFICAÇÕES TRADICIONAIS; O CONCEITO DE BLOCO DE CONSTITUCIONALIDADE; E O ENTENDIMENTO SOBRE A DENOMINAÇÃO INTITULADA DE NEOCONSTITUCIONALISMO

1ª) Podemos afirmar que toda Constituição escrita é formal?

Não. A forma pode ser escrita, mas a constituição formal vai muito além da Constituição escrita. Pode haver Constituição escrita que não pede (requer) procedimentos especiais (solenes, diferenciados) para ser modificada. É o caso, por exemplo, de uma Constituição que é escrita e flexível. Esta, por colocar-se no mesmo nível das leis ordinárias, apesar de ter a forma escrita, não é rígida, não sendo, portanto, formal. Nesses termos, citamos o ***Estatuto Albertino***, a anterior Constituição da Itália de 1848 (a atual é datada de 1948) que era escrita, porém flexível.[61]

2ª) A Constituição americana de 1787 pode ser classificada como histórica?

Não, constituição histórica é formada com documentos esparsos no decorrer do tempo. A Constituição americana foi promulgada (de uma vez em só um procedimento) pela Convenção da Filadélfia e, apesar de ter mais de 200 anos e toda uma construção hermenêutica à luz de mutações constitucionais desenvolvidas pela Suprema Corte, é tida pela classificação tradicional (ora explicitada) como escrita.[62]

60. Sem dúvida a **teoria ontológica** de **Karl Löewenstein** tem o mérito de ir além das classificações tradicionais, na medida em que desvela a necessidade de trabalhar a Constituição não só por sua perspectiva textual, mas também contextual. Nesse sentido, Löewenstein denuncia com propriedade uma série de mazelas que podem estar encobertas no texto da Constituição (Constituição ideal) e não cumpridas e concretizadas na *práxis* social (real). Porém, as suas digressões não estão imunes a críticas. Nesses termos, a partir do que chamamos de teoria discursiva da Constituição, o estabelecimento de um hiato ou fosso entre o real e o ideal desenvolvido pela teoria da ontologia da Constituição de Löewenstein acaba por naturalizar um real (com suas práticas perversas e não raro corrompidas) que na verdade é fruto de construções também por nós idealizadas. A rigor, com Habermas temos a noção de que a ***"realidade já é plena de idealidades"***, e que, justamente, por isso o real e o ideal permanecem em permanente tensão, e não em um hiato (fosso).
61. Segundo Paulo BONAVIDES, uma **Constituição escrita não formal** também pode ser designada como **Constituição legal**. *Curso de direito constitucional*, 2007, p. 88.
62. Embora alguns doutrinadores entendam ao contrário. Isso se deve a **não levarem a sério** a classificação de Constituição escrita, dando ênfase nas releituras desenvolvidas pela Suprema Corte que de fato ocorreram e ainda

É interessante que, aqui, no que tange a esse tema, a doutrina vem discutindo se a nossa Constituição de 1988, classificada tradicionalmente como escrita, poderia passar a ser entendida como histórica (ou não escrita) em razão do art. 5º, § 3º, fruto da Emenda Constitucional nº 45/2004, que explicita a possibilidade de tratados internacionais de direitos humanos, que passarem pelo mesmo procedimento das emendas constitucionais (aprovação com: dois turnos, nas duas casas e 3/5 de votos), serem positivados como normas constitucionais. Com isso teríamos documentos constitucionais esparsos que iriam paulatinamente agregando a normatividade constitucional de 1988.[63]

3ª) Conforme a classificação tradicional como podemos classificar a atual Constituição de 1988?

a) quanto ao conteúdo, é formal; b) quanto à estabilidade, é rígida[64] (para alguns autores ela é super-rígida, em razão do art. 60, § 4º, da CR/88[65]); c) quanto à forma, é escrita[66]; d) quanto à origem, é promulgada; e) quanto ao modo de elaboração, é dogmática; f) quanto à extensão, é analítica; g) quanto à unidade documental, é orgânica; h) quanto à ideologia (ou à dogmática), é eclética; i) quanto ao sistema, é principiológica; e j) quanto à finalidade, é dirigente (embora não com o *dirigismo* forte de outrora atualmente relativizado por Gomes Canotilho).[67]

---

ocorrem, mas nem por isso modificam a classificação tradicional.

63. Temos como exemplo o Decreto Legislativo nº 186/08. Nesses termos: **Decreto Legislativo nº 186, de 09 de julho de 2008 – *DOU* 10.07.2008** *Aprova o texto da Convenção sobre os Direitos das Pessoas com Deficiência e de seu Protocolo Facultativo, assinados em Nova Iorque, em 30 de março de 2007.* O Congresso Nacional decreta: Art. 1º. Fica aprovado, nos termos do § 3º do art. 5º da Constituição Federal, o texto da Convenção sobre os Direitos das Pessoas com Deficiência e de seu Protocolo Facultativo, assinados em Nova Iorque, em 30 de março de 2007. Parágrafo único. Ficam sujeitos à aprovação do Congresso Nacional quaisquer atos que alterem a referida Convenção e seu Protocolo Facultativo, bem como quaisquer outros ajustes complementares que, nos termos do inciso I do caput do art. 49 da Constituição Federal, acarretem encargos ou compromissos gravosos ao patrimônio nacional. Art. 2º. Este Decreto Legislativo entra em vigor na data de sua publicação. Senado Federal, em 9 de julho de 2008.
64. É interessante, nessa fase de reflexões, raciocinarmos sobre um ponto, qual seja, a **rigidez** de nossa Constituição em contraposição à **Constituição inglesa,** que tradicionalmente sempre foi entendida como **flexível** (embora essa flexibilidade venha sendo relativizada). Senão, vejamos, a **nossa Constituição** é classificada como rígida, porém, já teve mais de **70 emendas em pouco mais de 20 anos** de existência (média de uma reforma ou alteração a cada 4 meses). Já a **inglesa**, que sempre foi tida como flexível (embora esse conceito esteja relativizado), definitivamente não foi alterada com tamanha intensidade nos últimos 300 anos. Se a classificação fosse **sociológica,** e não jurídica, a **Constituição inglesa** deveria ser considerada muito **mais rígida** do que a nossa, quanto à estabilidade. Porém, pela ótica jurídica da classificação aqui trabalhada, **não** é o que ocorre!
65. É mister salientar **que não** concordamos com essa corrente doutrinária, que é minoritária.
66. Como já dito é interessante que também alguns autores vêm defendendo que a nossa Constituição atual, após a Emenda nº 45/2004 e com o advento do art. 5º, § 3º, poderia ser classificada como histórica em virtude dos tratados internacionais de direito humanos, que passando pelo procedimento de dois turnos, nas duas casas, com 3/5 de votos entrariam paulatinamente como normas constitucionais.
67. **Podendo ainda ser classificada como**: k) *Plástica,* na corrente defendida por Uadi Bulos e Raul Machado Horta; l) *Dúctil***,** na classificação de Zagrebelsky; m) *Compromissória,* na perspectiva de Oscar Vilhena; n) *Nominal*, na classificação ontológica de Löewenstein. É interessante registrarmos que *Raul Machado Horta* classificaria nossa **Constituição** como *Expansiva (no grupo das Constituições Expansivas). Isso se daria em função dos temas novos que ela apresenta e da ampliação de temas como os direitos e as garantias fundamentais. Nesses termos, a anatomia e estrutura do seu texto (títulos, capítulos, seções etc.), sua comparação interna com as Constituições anteriores e sua comparação externa com recentes constituições estrangeiras levariam à conclusão da sua expansividade.*

4ª) O que é mesmo a Constituição material?

Conceito teórico: a constituição material é o conjunto de matérias escritas ou não em um documento (constituição formal) constitutivas do Estado e da sociedade. Ou seja, o núcleo ideológico constitutivo do Estado e da Sociedade.[68]

Sem dúvida, ela também pode ser entendida, em termos práticos, como a conjunção de matérias que envolvem organização e estruturação do Estado e os direitos e as garantias fundamentais.

5ª) Existe Constituição material fora da Constituição formal?

Sim. Basta que a norma jurídica diga respeito à organização do Estado ou a direitos e garantias fundamentais, independentemente de estar no texto constitucional (Constituição formal) que ela será matéria constitucional. É mister salientar que Constituição material não é definida pela forma, e sim pela matéria (assunto, conteúdo). Nesse sentido, é pacífico o entendimento de que podemos ter, na legislação infraconstitucional (fora da constituição formal), matérias de cunho constitucional (Constituição material).

Não é porque o poder constituinte deixou de colocar na Constituição formal matérias constitucionais que elas vão deixar de ser constitucionais. Mas atenção, elas (matérias constitucionais) não terão supralegalidade! Ou seja, embora sendo matérias constitucionais, serão legislação infraconstitucional e estarão sujeitas, por exemplo, ao critério cronológico (podendo ser revogadas por lei ordinária posterior). Como exemplos de constituição material fora da constituição formal, podemos citar: Estatuto do Idoso (Lei nº 10.741/2003); ECA (Lei nº 8.069/90); algumas normas do Código de Defesa do Consumidor (Lei nº 8.078/90); algumas normas eleitorais, entre outras.

6ª) Na Constituição formal existe hierarquia entre as normas só formalmente constitucionais e as normas formal e materialmente constitucionais?

Não. Apesar de as normas materialmente constitucionais (constitutivas do Estado e da Sociedade) serem mais importantes (para a classificação ora trabalhada), segundo o STF, não há hierarquia entre as normas constitucionais.[69] Essa reflexão também acaba por demonstrar que a dicotomia normas formalmente constitucionais e materialmente constitucionais, que ora trabalhamos, atualmente, para uma série de autores deve ser alvo de críticas. Isso se deve, sobretudo, à inutilidade da diferenciação,

---

68. "Lapidar" e "clássica" são colocações de Paulo Bonavides: *"Em suma, a Constituição, em seu aspecto material, diz respeito ao conteúdo, mas tão somente ao conteúdo das determinações mais importantes, únicas merecedoras, segundo o entendimento dominante, de serem designadas rigorosamente como matéria constitucional." Curso de direito constitucional*, 2007, p. 81.

69. O Supremo Tribunal Federal não adota teorias como a desenvolvida na década de 50 por Otto Bachof, na qual existiriam normas constitucionais (originárias) inconstitucionais, estabelecendo-se, assim, uma hierarquia entre normas constitucionais.

pois todas as normas constitucionais, apesar da diversidade de tipos e de funções, são providas de juridicidade e, com isso, de obrigatoriedade e imperatividade.[70]

7ª) O conteúdo da Constituição material se modifica com o tempo?

Sim. O conteúdo da constituição material envolve a organização do Estado e os direitos e as garantias fundamentais. Esse conteúdo, conforme a doutrina ora estudada, são as matérias constitucionais desde o advento do movimento do constitucionalismo.

Nesse sentido, o conteúdo da constituição material depende das matérias constitutivas do Estado e da sociedade em cada momento e dos direitos e garantias fundamentais, que se contextualizam paradigmaticamente a cada época. Tomando como exemplos os direitos e as garantias fundamentais, temos para um grupo de autores as chamadas *gerações ou dimensões de direitos*:

- **Direitos de 1ª geração (ou dimensão).**[71] São os direitos individuais (também chamados de direitos civis e políticos) desenvolvidos formalmente e sobretudo no século XVIII (trata-se em linhas gerais da liberdade, igualdade e propriedade).
- **Direitos de 2ª geração (ou dimensão).** São os direitos sociais (também chamados de direitos sociais, culturais e econômicos) desenvolvidos sobretudo no século XX. Tratam-se dos direitos à saúde, ao trabalho, à educação, ao lazer, previdenciários, entre outros. São tradicionalmente intitulados de direitos sociais, culturais e econômicos.
- **Direitos de 3ª geração (ou dimensão).** São os direitos coletivos, difusos e transindividuais, sobretudo do fim do século XX. Tratam-se, por exemplo, dos direitos ambientais, ao desenvolvimento, à comunicação etc.
- **Direitos de 4ª geração (ou dimensão).**[72] Embora não haja consenso sobre o tema, seriam do final do século XX e sobretudo início do século XXI. Tratam-se, para alguns, de direitos que envolvem globalização política mediante uma globalização (excludente) econômica – luta global contra a pobreza

70. Nesses termos: "corroborando o entendimento acima, acerca da inutilidade de tal distinção, anota Michel Temer que, à luz da Constituição atual, é irrelevante essa classificação, tendo em vista que, independentemente de serem normas materiais ou formais, ambas têm igual hierarquia, produzem os mesmos efeitos jurídicos e só podem ser alteradas segundo o rígido e idêntico processo tracejado no texto constitucional onde coabitam. Ou seja, são normas constitucionais e têm a mesma dignidade e juridicidade constitucionais. Assim, a distinção em tela não se reveste mais de qualquer sentido e importância, não só porque as Constituições atuais assumiriam a preocupação de regulamentar a vida total do Estado e da Sociedade, como também em razão da contínua ampliação das funções do Estado numa sociedade complexa, plural e aberta." CUNHA JÚNIOR, Dirley da, *Curso de direito constitucional*, 2008, p. 139.
71. Para uma crítica das concepções de gerações de direitos (Paulo Bonavides) e dimensões de direitos (André Ramos Tavares) ver o capítulo sobre direitos e garantias fundamentais. Nesse capítulo observamos a defesa por alguns de mais ***gerações do que as 4 ora citadas***.
72. Alguns autores citam também a existência de uma possível **5ª geração de direitos**. Nesse sentido, ver: SAMPAIO, José Adércio Leite, *Direitos fundamentais*, 2004, p. 302, bem como Paulo Bonavides, em seu *Curso de Direito Constitucional*, 2007.

e a exclusão.[73] Temos, na visão de alguns doutrinadores,[74] por exemplo, direitos à democracia e ao pluralismo[75]. Já outros autores sustentam que essa nova geração (ou dimensão) estaria a referir-se aos intitulados "*novos direitos*", fruto das *novas tecnologias* do início do século XXI (clonagem, patrimônio genético, pesquisas com células-tronco, informática etc.).

8ª) É importante, por último, trabalharmos o conceito de bloco de constitucionalidade. Ou seja, o que é o bloco de constitucionalidade[76]? Como ele pode ser definido?

Aqui, temos duas correntes que merecem nossa atenção. Para um grupo de autores, o **bloco de constitucionalidade** deve ser entendido como o conjunto de **normas materialmente constitucionais** que não fazem parte da **Constituição formal**[77] (não inscritos na Constituição formal) **conjuntamente** com a **Constituição formal** (e suas normas formalmente constitucionais além de suas normas formal e materialmente constitucionais). Nesses termos, poderíamos incluir no bloco de constitucionalidade as:

- Normas infraconstitucionais materialmente constitucionais;
- Costumes jurídico-constitucionais;[78]

---

73. O Ministro Celso de Mello, em já famoso voto proferido no Pretório Excelso, explicitou o desenvolvimento dos direitos e das garantias fundamentais à luz dos cânones da Revolução Francesa. Nesses termos: Cânone **da liberdade da revolução francesa > direitos de 1ª geração (dimensão);** Cânone **da igualdade > direitos de 2ª geração (dimensão);** Cânone **da fraternidade > direitos de 3ª geração (dimensão);** Cânone **da fraternidade > direitos de 4ª geração (dimensão). Portanto, em nossa leitura, o último cânone pode ser enquadrado tanto para a 3ª quanto para a 4ª geração (dimensão).**
74. Bonavides, Paulo. *Curso de Direito Constitucional*, 2007.
75. Acrescentamos que não apenas são agregados novos direitos como indicam as teorias da dimensão, mas esses direitos são relidos à luz de paradigmas (gramáticas de práticas sociais) jurídicos (visões exemplares de uma comunidade jurídica). Portanto, só para se ter um exemplo, no séc. XX não só surgem efetivamente os direitos sociais, mas também são relidos (reinterpretados) os direitos individuais.
76. Segundo posição majoritária, a **doutrina estrangeira registra** que o *leading case* que marcou a definição do **bloco de constitucionalidade** como tema constitucional foi a decisão do **Conselho Constitucional da França**, de 16 de julho de 1971, que estabeleceu as bases do *valor jurídico do Preâmbulo* da Constituição de 1958, o qual inclui em seu texto o respeito tanto à *Declaração dos Direitos do Homem e do Cidadão* de 1789 quanto ao *Preâmbulo da Constituição de 1946*. Nesses termos, tudo estaria integrado à Constituição francesa de 1958. Nesse sentido autores, como LOUIS FAVOREU e LOÏC PHILIP (*Les Grandes Décisions Du Conseil Constitutionnel*. Paris, 1991, p. 242), prelecionam que a decisão do Conselho Constitucional foi muito importante e significativa, pois: "*consagra de maneira definitiva o valor jurídico do Preâmbulo; alarga a noção de conformidade à Constituição; aplica 'os princípios fundamentais reconhecidos pelas leis da República'; afirma o papel do Conselho como protetor das liberdades fundamentais e faz da liberdade de associação uma liberdade constitucional.*" É importante salientarmos ainda que o publicista *Louis Favoreu* (*principal artífice do conceito de bloco de constitucionalidade*) afirma em seus escritos **que, na França,** o **bloco de constitucionalidade** é atualmente **composto** da: **Constituição de 1958; preâmbulo da Constituição de 1946 (que declara direitos econômicos e sociais); pelo DUDHC de 1789 e por princípios constantes das leis da República, como a liberdade de associação, de ensino e de consciência.** Observamos, aí, uma diferença em relação à doutrina majoritária brasileira que **também trabalha** uma concepção de **bloco de constitucionalidade** como parâmetro de controle de constitucionalidade, porém ela **apenas reconhece** como pertencente ao bloco as normas **expressas ou implícitas na Constituição formal**.
77. Para alguns autores (de corrente minoritária), a junção da **Constituição formal** com o **bloco de constitucionalidade poderia também ser intitulada de Constituição total.**
78. Possui dois elementos: elemento objetivo: deve haver repetição habitual; elemento subjetivo: a repetição habitual é aceita juridicamente pela sociedade. Exemplo de costume jurídico-constitucional: o mais antigo dentre os membros do STF, que ainda não foi Presidente, será seu Presidente, e assim sucessivamente.

- Jurisprudências constitucionais.[79]

Mas é bom salientarmos que, no Brasil, a corrente **majoritária** não trabalha o conceito de **bloco de constitucionalidade,** nos termos citados.

A doutrina pátria trabalha a noção de **bloco de constitucionalidade** como parâmetro de controle de constitucionalidade.[80] Nesse sentido, somente a **Constituição formal** e suas normas constitucionais expressas ou implícitas é que servem de parâmetro para o controle de constitucionalidade, sendo este, para a corrente dominante, o nosso **bloco de constitucionalidade.**[81]

Portanto, **o bloco de constitucionalidade,** em sua máxima extensão, (contendo as **normas materialmente constitucionais** que estão fora da constituição formal) não é usado como parâmetro ou verificação (análise) de compatibilidade de leis ou atos normativos em relação à nossa Constituição. Nesse sentido, o STF ainda adota um conceito **restrito** de **bloco de constitucionalidade.**[82]

9ª) O que podemos entender como movimento do neoconstitucionalismo? O que ele significa? Quais são seus marcos (vetores)? Quais são suas características principais?

Sem dúvida, para alguns doutrinadores e teóricos constitucionais europeus e brasileiros, estaríamos vivendo em tempos neoconstitucionais. Mas o que seria o neoconstitucionalismo? Com certeza, essa expressão demonstra que a existência de um (novo) constitucionalismo, de cunho contemporâneo,[83] não é da tradição alemã

79. Exemplo: no começo da década de 90 do século XX, o STF passa a entender que os estrangeiros não residentes no país também serão destinatários de alguns direitos e garantias fundamentais, como o *habeas corpus*. Outro exemplo, entre inúmeros que poderiam ser citados, ocorreu em 2004, quando o STF decidiu (antes do advento da EC nº 58/2009) que deveria haver proporcionalidade entre a população e o número de vereadores dos municípios em respeito ao art. 29, IV, da CR/88, conforme a decisão do Recurso Extraordinário nº 197.917/2004.

80. BULOS, Uadi Lammêgo, *Curso de direito constitucional*, 2006, p. 98-99.

81. Conforme a doutrina: **Bloco de Constitucionalidade** é o conjunto de normas e princípios extraídos da Constituição, que serve de paradigma para o Poder Judiciário averiguar a constitucionalidade das leis. Também é conhecido como parâmetro constitucional, pois por seu intermédio as Cortes Supremas, a exemplo do nosso Pretório Excelso, aferem a parametricidade constitucional das leis e atos normativos perante a Carta Maior. BULOS, Uadi Lammêgo, *Curso de direito constitucional*, 2006, p. 98-99. Podemos incluir no **Bloco** os **TIDH que passarem pelo procedimento do art. 5 § 3º da CR/88 e que vão entrar no ordenamento equivalente às Emendas Constitucionais (portanto como normas constitucionais).**

82. Conferir o posicionamento contrário do **Ministro Celso de Mello**, no qual preleciona que: "O significado de bloco de constitucionalidade projeta-se para além da totalidade das regras constitucionais meramente escritas e dos princípios contemplados, explícita ou implicitamente, no corpo normativo da própria constituição formal, chegando até mesmo a compreender normas de caráter infraconstitucional, desde que vocacionadas a desenvolver em sua plenitude, a eficácia dos postulados inscritos na Lei Fundamental, viabilizando, desse modo, e em função de perspectivas conceituais mais amplas, a concretização da ideia de ordem constitucional global." (ADI nº 1.588/DF, Rel. Min. Celso de Mello j. 11.04.2002, *DJ* 17.04.2002).

83. Nos dizeres de **Francisco Segado** após os horrores da Segunda Guerra e do holocausto teríamos uma releitura da dogmática constitucional agora centrada na dignidade da pessoa humana, que se torna o núcleo central e fulcral do constitucionalismo atrelado à base dos direitos fundamentais, bem como do Estado Constitucional Democrático (ou para alguns: Estado Democrático de Direito). *La dignidad de la persona como valor supremo del ordenamento jurídico*, 2000, p. 96-96.

nem mesmo da tradição norte-americana, e chegou ao Brasil nos últimos anos, sobretudo, por derivação da doutrina constitucional espanhola e italiana.[84]

Porém, uma advertência importante e inicial para a reflexão é que as perspectivas tidas como neoconstitucionalistas não são uníssonas, aliás, muito pelo contrário, há uma **profunda divergência sobre as teorias neoconstitucionalistas** e o modo de aplicação de seus cânones. Sendo assim, existiriam ***neoconstitucionalismos*** e não apenas ***"um neoconstitucionalismo"***, conforme inclusive apregoa a famosa coletânea do professor mexicano ***Miguel Carbonell*** publicada em 2003 na Espanha.[85] Portanto, é preciso termos cuidado e rigor sobre o tema em questão, pois conforme leciona Daniel Sarmento, em texto lapidar sobre o tema: "Os adeptos do neoconstitucionalismo buscam embasamento no pensamento de juristas que se filiam à linha bastante ***heterogênea***, como Ronald Dworkin, Robert Alexy, Peter Häberle, Gustavo Zagrebelsky, Luigi Ferrajoli e Carlos Santiago Nino, e nenhum deles se define hoje, ou já se definiu no passado, como neoconstitucionalista. Tanto entre os referidos autores como entre aqueles que se apresentam como neoconstitucionalistas, constata-se uma ampla **diversidade de posições jusfilosóficas e de filosofia política**: há positivistas e não positivistas, defensores da necessidade do uso do método na aplicação do direito e ferrenhos opositores do emprego de qualquer metodologia na hermenêutica jurídica, adeptos do liberalismo político, comunitaristas e procedimentalistas. Nesse quadro, não é tarefa singela definir o neoconstitucionalismo, talvez porque, como já revela o bem escolhido título da obra organizada por Carbonell, não exista um único neoconstitucionalismo, que corresponda a uma concepção teórica clara e coesa, **mas diversas visões sobre o fenômeno jurídico na contemporaneidade**, que guardam entre si **alguns denominadores comuns relevantes**, o que justifica que sejam agrupadas sob o mesmo rótulo, mas compromete a possibilidade de uma compreensão mais precisa."[86]

Mas quais seriam esses pontos comuns? Ou seja, esse conjunto de cânones que permite (não sem ***divergências***!) a **boa parte da doutrina brasileira**, por influência do constitucionalismo do pós-Segunda Guerra Mundial (que se descortinou na Europa), trabalhar e afirmar a existência de um novo e diferenciado constitucionalismo (*contemporâneo*).

Para Luís Roberto Barroso,[87] adepto fervoroso e um dos precursores do neoconstitucionalismo na doutrina pátria, teríamos como características principais para o surgimento desse fenômeno os seguintes marcos:

---

84. SARMENTO, Daniel. "O neoconstitucionalismo no Brasil: riscos e possibilidades". In: *Filosofia e teoria constitucional contemporânea*, 2009, p. 114.
85. CARBONELL, Miguel, *Neoconstitucionalismo(s)*. Madrid: Editorial Trotta, 2003.
86. SARMENTO, Daniel. "O neoconstitucionalismo no Brasil: riscos e possibilidades". In: *Filosofia e teoria constitucional contemporânea*, 2009, p. 114-115.
87. BARROSO, Luís Roberto. "Neoconstitucionalismo e constitucionalização do direito: o triunfo tardio do Direito Constitucional no Brasil". In: *A constitucionalização do direito*, 2007, p. 203-249;216.

1) **marco histórico:** a formação do Estado Constitucional de direito, cuja consolidação se deu ao longo das décadas finais do século XX;[88]

2) **marco filosófico:** o pós-positivismo, com a centralidade dos direitos fundamentais e a reaproximação entre o direito e a ética;[89]

3) **marco teórico:** o conjunto de mudanças que incluem a força normativa à Constituição, a expansão da jurisdição constitucional e o desenvolvimento de uma nova dogmática da interpretação constitucional.[90]

---

88. Nesse sentido, conforme advoga **Luís Roberto Barroso**: "**(1)**: O marco histórico do novo direito constitucional, na Europa Continental, foi constitucionalismo do pós-guerra, especialmente na Alemanha e na Itália. No Brasil foi a Constituição de 1988 e o processo de redemocratização que ela ajudou a protagonizar. [...] A reconstitucionalização da Europa, imediatamente após a 2ª grande guerra e ao longo da segunda metade do século XX, redefiniu o lugar da Constituição e a influência do direito constitucional sobre as instituições contemporâneas. A aproximação das ideias de constitucionalismo e de democracia produziu uma nova forma de organização política, que atende por nomes diversos: Estado democrático de direito, Estado constitucional de direito, Estado constitucional democrático. A principal referência no desenvolvimento do novo direito constitucional é a Lei fundamental de Bonn (Constituição Alemã), de 1949, e, especialmente a criação do Tribunal Constitucional Federal em 1951. A partir daí teve início uma fecunda produção teórica e jurisprudencial, responsável pela ascendência científica do direito constitucional no âmbito dos países de tradição romano-germânica. A segunda referência de destaque é a da Constituição da Itália de 1947, e a subsequente instalação da Corte Constitucional, em 1956. Ao longo da década de 70, a redemocratização e a reconstitucionalização de Portugal (1976) e da Espanha (1978) agregaram valor e volume ao debate sobre o novo direito constitucional."

89. Nesse sentido, buscando superar o **jusnaturalismo** e o **positivismo**, afirma o autor que **(2)**: "A superação histórica do jusnaturalismo e o fracasso político do positivismo abriram caminho para um conjunto amplo e ainda inacabado de reflexões acerca do direito, sua função social e sua interpretação. O pós-positivismo busca ir além da legalidade estrita, mas não despreza o direito posto; procura empreender uma leitura moral do direito, mas sem recorrer a categorias metafísicas. A interpretação e aplicação do ordenamento jurídico hão de ser inspiradas por uma teoria de justiça, mas não podem comportar voluntarismo ou personalismos, sobretudo os judiciais. No conjunto de ideias ricas e heterogêneas que procuram abrigo nesse paradigma em construção incluem-se a atribuição de normatividade aos princípios e a sua definição de suas relações com valores e regras; a reabilitação da razão prática e da argumentação jurídica; a formação de uma nova hermenêutica constitucional; e o desenvolvimento de uma teoria dos direitos fundamentais edificada sobre o fundamento da dignidade humana. Nesse ambiente promove-se uma reaproximação entre o direito e a filosofia."

90. Por último, "**(3)**: **a)** sobre a força normativa: Uma das grandes mudanças de paradigma ocorridas ao longo do século XX foi a atribuição à norma constitucional do *status* de norma jurídica. Superou-se, assim, o modelo que vigorou na Europa até meados do século passado, no qual a Constituição era vista como um documento essencialmente político, um convite a atuação dos Poderes Públicos. A concretização de suas propostas ficava invariavelmente condicionada à liberdade de conformação do legislador ou a discricionariedade do administrador. Ao judiciário não se reconhecia qualquer papel relevante na realização do conteúdo da Constituição. Com a reconstitucionalização que sobreveio à 2ª Guerra mundial, este quadro começou a ser alterado. [...] Atualmente, passou a ser premissa do estudo da Constituição o reconhecimento da sua força normativa, do caráter obrigatório e vinculante de suas disposições; **b)** Antes de 1945 vigorava na maior parte da Europa um modelo de supremacia do Poder Legislativo, na linha da doutrina inglesa da soberania do Parlamento e da concepção francesa da lei como expressão da vontade geral. A partir da década de 40, todavia a onda constitucional trouxe não apenas novas constituições, mas também um novo modelo, inspirado pela experiência americana: o da supremacia da Constituição. A fórmula envolvia a constitucionalização dos direitos fundamentais, que ficavam imunizados em relação ao processo político majoritário: sua proteção passava a caber ao judiciário. Inúmeros países europeus vieram a adotar um modelo próprio de controle de constitucionalidade, associado à criação de Tribunais Constitucionais; **c)** [...] a especificidade das normas constitucionais levaram a doutrina e a jurisprudência, já de há muitos anos, a desenvolver ou sistematizar um elenco próprio de princípios aplicáveis a interpretação constitucional. [...] São eles, na ordenação que se afigura mais adequada para as circunstâncias brasileiras: o da supremacia da Constituição, o da presunção de constitucionalidade das normas e atos do Poder Público, o da interpretação conforme à constituição, o da unidade, o da razoabilidade e o da efetividade. [...] Essas transformações [...] tanto em relação à norma quanto ao intérprete, são ilustradas [...] pelas diferentes categorias com as quais trabalha a nova

Sem dúvida, para o autor o neoconstitucionalismo perpassa pela chamada constitucionalização do direito[91] e de sua força normativa (força normativa da constituição), com a devida centralidade das normas constitucionais (constituição como centro do ordenamento), bem como pela reaproximação entre o direito e a ética, o direito e a moral e, sobretudo, o direito e a justiça, numa busca pela superação da velha e esgotada dicotomia jusnaturalismo ***versus*** positivismo, sob a base do pós-positivismo. Nesses termos, Dirley da Cunha, em síntese do posicionamento, recorrentemente comum entre a maioria dos neoconstitucionalistas pátrios, explicita que "o neoconstitucionalismo, portanto, a partir (1) da compreensão da Constituição como norma jurídica fundamental, dotada de supremacia, (2) da incorporação nos textos constitucionais contemporâneos de valores e opções políticas fundamentais, notadamente associados à promoção da dignidade da pessoa humana, dos direitos fundamentais e do bem-estar social, assim como diversos temas do direito infraconstitucional e (3) da eficácia expansiva dos valores constitucionais que se irradiam por todo o sistema jurídico, condicionando a interpretação e aplicação do direito infraconstitucional à realização e concretização dos programas constitucionais necessários a garantir as condições de existência mínima e digna das pessoas – deu início, na Europa com a Constituição da Alemanha de 1949, e no Brasil a partir da Constituição de 1988, ao fenômeno da constitucionalização do direito a exigir uma leitura constitucional de todos os ramos da ciência jurídica."[92] Além disso, nos moldes defendidos pela doutrina, o neoconstitucionalismo desenvolve uma revisão da teoria das fontes do direito. Conforme o jurista ***Pietro Sanchis***, temos que "o neoconstitucionalismo requer uma nova teoria das fontes afastada do legalismo, uma nova teoria da norma que dê entrada ao problema dos princípios e uma reforçada teoria da interpretação, nem puramente mecanicista nem puramente discricional, em que os riscos que comporta a interpretação constitucional possam ser conjugados por um esquema plausível de argumentação jurídica."[93]

---

interpretação. Dentre elas incluem-se as cláusulas gerais, os princípios (e o novo papel assumido pelos mesmos diferenciando-se qualitativamente das regras), as colisões de normas constitucionais, a ponderação e a argumentação." BARROSO, Luís Roberto. "Neoconstitucionalismo e constitucionalização do direito: o triunfo tardio do Direito Constitucional no Brasil". In: *A constitucionalização do direito*, 2007, p. 206-216.

91. Nos termos de **Luís Roberto Barroso**, a constitucionalização do direito "importa na irradiação dos valores abrangidos nos princípios e regras da Constituição por todo o ordenamento jurídico, notadamente pela via da jurisdição constitucional, em seus diferentes níveis." (Op. cit., p. 249). Conforme o neoconstitucionalista **Ricardo Guastini**, teríamos a figura da **Constituição** dotada de verdadeira **ubiquidade**, nos seguintes termos: invasora, intrometida (persuasiva, invasiva), capaz de condicionar tanto a legislação quanto a jurisprudência e o estilo doutrinal, a ação dos atores políticos, assim como as relações sociais. Nesses termos, prelecionadas as condições para a constitucionalização do direito, sendo as mesmas: **a)** existência de uma Constituição rígida; **b)** a garantia judicial da Constituição; **c)** a força normativa da Constituição; **d)** sobre a interpretação da Constituição; **e)** a aplicação direta das normas constitucionais; **f)** a interpretação das leis conforme a Constituição; **g)** a influência da Constituição sobre as relações políticas. GUASTINI, Ricardo, *La constitucionalización del ordenamiento jurídico el caso italiano*, 2003, p. 49.

92. CUNHA JÚNIOR, Dirley da, *Curso de direito constitucional*, 2009, p. 36.

93. PIETRO SANCHIS, Luis, *Neoconstitucionalismo y ponderación judicial*, p. 158.

Com isso, podemos afirmar que as perspectivas neoconstitucionais (embora, não sem *divergências*) se enveredam resumidamente pelas seguintes teses: **a)** constitucionalização do direito, com a irradiação das normas constitucionais e valores constitucionais, sobretudo os relacionados aos direitos fundamentais (busca pela efetividade dos direitos fundamentais, tendo em vista sua eficácia irradiante), para todos os ramos do ordenamento, na lógica de que as normas constitucionais dotadas de força normativa devem percorrer todo o ordenamento e condicionar a interpretação e aplicação do direito; **b)** reconhecimento da força normativa dos princípios jurídicos e a valorização da sua importância no processo de aplicação do Direito; **c)** rejeição do formalismo e a busca mais frequente a métodos ou estilos mais abertos de raciocínio jurídico como: a ponderação, tópica, teorias da argumentação, metódica estruturante, entre outros; **d)** reaproximação entre o direito e a moral (para alguns doutrinadores: um "moralismo jurídico" ou uma "leitura moral da Constituição" que se traduz numa nova relação entre o direito e a moral de cunho pós-positivista),[94] com a penetração cada vez maior da Filosofia nos debates jurídicos; **e)** a judicialização da política e das relações sociais, com um significativo deslocamento de poder da esfera do Legislativo e do Executivo para o Poder Judiciário (o Judiciário passa a ser um poder protagonista das ações[95]); **f)** com isso, em consequência, temos uma releitura da **teoria da norma** (como já citado: reconhecimento da normatividade dos princípios, a exigência de procedimentos complexos como o da ponderação para o solucionamento de colisões entre eles), da **teoria das fontes** (como já dito: o desenvolvimento e fortalecimento do papel do judiciário, bem como dos Tribunais Constitucionais para a concretização da Constituição, levando, com isso, a uma ampliação da judicialização das questões político-sociais assumindo o Judiciário um papel central) e da **teoria da interpretação** (como já dito: a necessidade de novas posturas interpretativas à luz do papel assumido pela Constituição no que tange à sua centralidade e força normativa, fazendo com que os

94. No que tange ao tema, temos **divergências** entre teses neoconstitucionalistas sobre a adequada relação (ou mesmo conexão necessária) do direito com a moral. Nesses termos, conforme a doutrina: "No paradigma neoconstitucionalista, a argumentação jurídica, apesar de não se fundir com a moral, abre um significativo espaço para ela. Por isso, se atenua a distinção da teoria jurídica clássica entre a descrição do Direito como ele é, e prescrição sobre como ele deveria ser. Os juízos descritivo e prescritivo de alguma maneira se sobrepõem, pela influência dos princípios e valores constitucionais impregnados de forte conteúdo moral, que conferem poder ao intérprete para buscar, em cada caso difícil, a solução mais justa, no próprio marco da ordem jurídica. Em outras palavras as fronteiras do Direito e Moral não são abolidas, e a diferenciação entre eles, essencial nas sociedades complexas, permanece em vigor, mas as fronteiras entre os dois domínios torna-se mais porosa, na medida em que o próprio ordenamento incorpora, no seu patamar mais elevado, princípios de justiça, e a cultura jurídica começa a levá-los a sério. Porém não há uma posição clara nas fileiras neoconstitucionalistas sobre a forma como devem ser compreendidos e aplicados os valores morais incorporados pela ordem constitucional, que, pela vagueza e indeterminação, abrem-se a leituras muito diversificadas. [...]" Porém, conforme o autor: "O simples reconhecimento da penetração da Moral no Direito, preconizada pelos neoconstitucionalistas brasileiros não é suficiente, já que certas concepções morais podem tomar o ordenamento ainda mais opressivo do que já é." SARMENTO, Daniel, 2009, p. 122 e p. 146.

95. Esse ponto inclusive é motivo de várias críticas a algumas posturas neoconstitucionalistas que podem conduzir a um verdadeiro decisionismo e subjetivismo exacerbado por parte do Poder Judiciário. Nesses termos, o judiciário, na busca pela efetivação de direitos fundamentais, bem como por suprir as omissões dos outros poderes e por tentar proibir o excesso dos outros poderes, pode se tornar ele mesmo o excesso ilimitado.

antigos métodos tradicionais da interpretação, nascidos do direito privado, sejam colocados em questionamento perante novas práticas hermenêuticas alinhadas a teorias da argumentação e à busca de racionalidade das decisões judiciais, tendo em vista a "filtragem constitucional" e a interpretação das normas jurídicas, conforme a constituição).[96]

Embora as teses e os desdobramentos intitulados de neoconstitucionalistas (ou de *"constitucionalismo contemporâneo"*) não sejam imunes a críticas,[97] o fervor neoconstitucionalista vem se desenvolvendo de forma célebre em solo nacional, conforme já dito, após a promulgação da Constituição de 1988, com o devido reconhecimento da normatividade e centralidade constitucional, e por meio da busca de concretização e efetividade de suas normas.

Por último, é importante salientar que, até mesmo, pelas divergências a todo o tempo enfatizadas entre os teóricos neoconstitucionalistas (ou que poderiam ser tarjados como neoconstitucionalistas), o **neoconstitucionalismo** não pode ser confundido (ou mesmo equiparado de forma acrítica e reducionista) com o intitulado ***"pós-positivismo"***.

---

96. MOREIRA, Eduardo, *Neoconstitucionalismo*: a invasão da Constituição, 2008.
97. Certo é que existem **críticos** do neoconstitucionalismo (negando sua existência) ou de leituras do neoconstitucionalismo (não concordando com posturas assumidas por ele). Como crítico que nega o próprio neoconstitucionalismo, temos **Dimitri Dimoulis,** que afirma de forma contundente que: **a)** no que tange à força normativa da Constituição: [...] se a reivindicação-afirmação da força normativa suprema da Constituição está presente nos discursos constitucionais e na prática institucional desde o início do constitucionalismo no século XVII, não é possível denominar essa tendência de neoconstitucionalismo, pois não se verifica nenhuma inovação. Caso contrário deveríamos alcunhar de neoconstitucionalistas o Juiz Marshall e Ruy Barbosa; **b)** sobre a expansão da jurisdição constitucional: [...] do ponto de vista histórico cronológico, não há rupturas na realização do controle nos Estados constitucionais modernos. Verifica-se tão somente a tendência quantitativa de fortalecimento do controle judicial concentrado à custa do controle difuso e diminuindo o espeço reservado ao legislador. [...] nem o controle judicial concentrado nem a maior tutela dos direitos fundamentais (e muito menos a conexão causal desses dois elementos) podem ser vistos como traços característicos do neoconstitucionalismo; **c)** há também uma crítica a afirmação de que o neoconstitucionalismo teria como norte uma nova teoria da interpretação; Nesses termos, expressa de forma complementar que: [...] Independentemente dos problemas de definição, o neoconstitucionalismo não tem nada de novo. **Tendo identificado como (neo)constitucionalista a abordagem de jusfilósofos como Ralf Dreir e Robert Alexy na Alemanha, Ronald Dworkin nos EUA, Gustavo Zagrebelsky e Luigi Ferrajoli na Itália e Carlos Santiago Nino na Argentina, seria preferível abandonar o termo genérico e, por isso inexpressivo, de (neo) constitucionalismo, indicando o cerne da abordagem que se encontra na postura antipositivista.** Temos aqui uma opção terminológica e substancial que nos parece convincente [...] Nessa perspectiva, os (neo)constitucionalistas seriam juristas que reconhecem, como todos os demais, a supremacia da Constituição e a necessidade de criar mecanismos para a sua preservação. O elemento peculiar estaria na crença de que a moral desempenha um papel fundamental na definição e na interpretação do direito. [...] devemos entender o que o neoconstitucionalismo é um sinônimo vago e impreciso do moralismo jurídico e se faz necessário evitar análises que incorrem em simplificações e distorções. O neoconstitucionalismo é uma forma de reviver uma prática constitucional utilizada há mais de 200 anos, como (velha) solução para problemas que acompanham o direito desde sua estruturação com base na Constituição. (*Neoconstitucionalismo e moralismo jurídico*, 2009, p. 213-224). Temos também autores *que não são críticos do neoconstitucionalismo em si mesmo como fenômeno (ou seja, não negam sua existência!), mas que criticam* ***algumas posturas de tal movimento****, sobretudo as* ***posturas radicais,*** *como, por exemplo, Daniel Sarmento. Entre os principais perigos de posturas neoconstitucionais radicais temos, segundo o autor:* ***a)*** *o perigo da judicialização ou judiciocracia, ou seja, um excesso de poder no Poder Judiciário;* ***b)*** *o perigo da radicalização da preferência por princípios e pela ponderação em detrimento das regras e da subsunção;* ***c)*** *perigo da panconstitucionalização. Op. cit., p. 132-145.*

Nesses termos, embora existam convergências, não podem essas concepções serem tratadas como sinônimas (como idênticas). Com isso, podemos observar aproximações e pontos comuns, bem como diferenciações entre os termos neoconstitucionalismo e pós-positivismo. Assim, conforme acurada síntese, *"assemelham-se, não apenas por terem surgido e desenvolvido no período do segundo pós-guerra, mas também por adotarem uma metodologia idêntica, por compartilharem de uma mesma plataforma teórica e por terem uma ideologia muito próxima. Diferem-se, no entanto, por atuarem em planos distintos e por não advogarem, ao menos necessariamente, a mesma tese acerca da relação entre o direito e a moral. O pós-positivismo* pretende ser uma teoria geral do direito aplicável a todos os ordenamentos jurídicos, cujo aspecto distintivo consiste na defesa de uma conexão necessária entre o direito e a moral. O *neoconstitucionalismo*, por seu turno, propõe-se a ser uma teoria desenvolvida para um modelo específico de organização jurídico-política (*constitucionalismo contemporâneo*) característico de determinados tipos de Estado (*Estado constitucional democrático*), no qual, a incorporação de um extensivo rol de valores morais pelo direito, sobretudo por meio dos princípios constitucionais, inviabiliza qualquer tentativa de separação entre os valores éticos e o conteúdo jurídico"[98].

10ª) O que seria a tese do *Constitucionalismo do por vir?*

Apesar de nosso livro ser um curso, ele se propõe crítico-reflexivo. Assim, acreditamos que alguns posicionamentos podem até ser explicitados, mas devem ser rejeitados à luz de perspectivas mais avançadas e adequadas (filiadas à filosofia da linguagem).

Nesses termos, observamos exercícios de *"futurologia"* sobre o constitucionalismo, nos moldes desenvolvidos por **José Roberto Dromi** em seu texto *constitucionalismo do por vir*, no qual o autor tenta *"profetizar"* sobre o que seria o constitucionalismo do futuro.

Em síntese doutrinária sobre o autor, temos que José Roberto Dromi tenta estabelecer quais serão os valores fundamentais marcantes das constituições do futuro.

Segundo o excelente jurista argentino, o futuro do constitucionalismo estaria no equilíbrio entre as concepções dominantes do constitucionalismo moderno e os excessos praticados no constitucionalismo contemporâneo, sendo as constituições influenciadas por sete valores fundamentais: ***'a verdade, a solidariedade, o consenso, a continuidade, a participação, a integração e a universalização'***.

Em relação à **verdade**, as futuras constituições não deverão consagrar promessas impossíveis de serem realizadas, cabendo ao legislador constituinte fazer uma análise daquilo que realmente é possível e precisa ser constitucionalizado. As constituições do futuro estarão mais próximas de uma nova ideia de igualdade,

98. NOVELINO, Marcelo, *Curso de Direito Constitucional*, p.214, 2012.

baseada na **solidariedade** entre os povos, no tratamento digno ao ser humano e na justiça social. A Constituição do futuro, por outro lado, deverá ser fruto de um *consenso* democrático. O **consenso** não importa necessariamente da vontade da maioria, mas sim o que um grupo decidiu, sem que haja rupturas no processo decisório, ou seja, pressupõe a manutenção da concretude da ordem democrática, com a adesão solidária da parte que consentiu, consensualmente, em prol de um interesse maior. A **continuidade** da constituição, sem modificações que destruam sua identidade ou causem uma ruptura na lógica de seu sistema, também deve ser um valor fundamental, tendo em vista os riscos de uma descontinuidade com todo o sistema precedente. A democracia participativa impõe uma ativa e responsável participação do povo na vida política do Estado, afastando-se a indiferença social. A **integração** entre os povos dos diversos Estados é uma realidade, mas cabe às constituições futuras propiciar mecanismos de integração supranacional. Por fim, a **universalização** dos direitos humanos fundamentais é uma exigência decorrente do primado universal da dignidade da pessoa humana."[99]

6. ÚLTIMA DIGRESSÃO SOBRE A CLASSIFICAÇÃO DAS CONSTITUIÇÕES. O NOSSO PONTO DE VISTA (QUE NÓS DEFENDEMOS E NÃO APENAS DESCREVEMOS): A CLASSIFICAÇÃO PARADIGMÁTICA DAS CONSTITUIÇÕES, COM BASE NA TEORIA DISCURSIVA DA CONSTITUIÇÃO DE JÜRGEN HABERMAS: UMA ABORDAGEM CRÍTICO-REFLEXIVA DAS CONSTITUIÇÕES CLÁSSICAS (ESTADO LIBERAL), SOCIAIS (ESTADO SOCIAL) E DE ESTADO DEMOCRÁTICO DE DIREITO

A atual doutrina constitucional vem cada vez mais reconhecendo a necessidade de estudar o Direito como um todo considerado, mas principalmente o Direito Constitucional, à luz de uma abordagem **paradigmática**.

Tais conclusões são, na verdade, frutos de aquisições de complexidades que a Ciência Jurídica vem tendo ao longo dos tempos, principalmente, sob influências dos estudos que a Filosofia vem desempenhando sobre a linguagem.[100]

---

99. DROMI, José Roberto. *La reforma constitucional: el constitucionalismo del por vir*, p. 108-103. NOVELINO, 2009. Outra tese que é **insuficiente** é a desenvolvida por **Biscaretti di Ruffia** em sua doutrina intitulada de **Ciclos constitucionais**. Essa perspectiva não coaduna com uma análise paradigmática (típica da **teoria discursiva da constituição**), sendo apenas uma mera digressão histórica sobre o **constitucionalismo moderno** (da modernidade) com a explicitação do **Constitucionalismo clássico denominado de 1º ciclo**: de 1787 a 1918: a) Constituições revolucionárias do sec. XVIII; b) Constituições napoleônicas; c) Constituições da restauração; Constituições liberais; Constituições democráticas; e do **Constitucionalismo social pós 1918 denominado de 2º ciclo**: Constituições Marxistas ou socialistas; Constituições de democracia racionalizada (de 1919-1937); Constituições de democracia social (de 1946 até os dias atuais na visão do autor); Constituições de países em desenvolvimento. In: *Introduzione al diritto costituzionale comparato*, 1967, p. 48-50.

100. Nesse sentido, segundo alguns autores, há um paradoxo central na linguagem: "*Nós só nos comunicamos porque não nos comunicamos.*" *Mas a conclusão que segue é ainda mais perturbadora, pois "ainda assim, nos comunicamos"*! A solução de tal aporia, na verdade, nos remete ao estudo dos paradigmas. Na medida em que existe entre os homens (intersubjetivamente) um pano de fundo de "*silêncio compartilhado*" e esse pano de fundo de

Os professores Menelick de Carvalho Netto[101] e Marcelo Andrade Cattoni de Oliveira[102] apontam em seus estudos as origens da introdução do termo "paradigma", na discussão epistemológica contemporânea, partindo das digressões do filósofo da ciência Thomas Kuhn.

Em *"A estrutura das revoluções científicas"*, Thomas Kuhn afirma que os paradigmas são realizações científicas universalmente reconhecidas que, durante algum tempo, fornecem problemas e soluções modelares para uma comunidade de praticantes de uma ciência.

Ampliando e redefinindo, com Habermas,[103] o conceito de paradigma para o campo das ciências sociais e nesse âmbito para as reflexões acerca do Direito, podemos afirmar que um paradigma jurídico consolida as visões exemplares de uma comunidade jurídica que considera os mesmos princípios constitucionais e sistemas de direitos, realizados no contexto percebido por essa dada sociedade. E continua o autor mais adiante explicitando que: "Um paradigma delineia um modelo de sociedade contemporânea para explicar como direitos constitucionais e princípios devem ser concebidos e implementados para que cumpram naquele dado contexto as funções a eles normativamente atribuídas."[104] Nesse sentido, Cattoni de Oliveira esclarece as colocações habermasianas deixando assente, ainda, que "(...) *as compreensões jurídicas paradigmáticas de uma época, refletidas por ordens jurídicas concretas, se referem às imagens implícitas que se tem da própria sociedade; sendo, portanto, um conhecimento de fundo (um background) que confere às práticas*

"silêncio" é um saber absoluto, e ele, justamente, por ser absoluto não é saber algum. Ora, os paradigmas são, nesse sentido, *a grade seletiva que esse pano de fundo submete o nosso olhar. São, portanto, o resultado de nossa condição humana (intramundana), sendo o modo que nós teríamos de recortar uma parte desse pano de fundo (retirar algo de lá) e colocar no universo da discussão.* Em síntese, o paradigma se apresenta como uma condição de comunicação exatamente na medida em que é redutor de complexidades. Nesse sentido, para que a análise possa ficar clara façamos a seguinte pergunta ao leitor de um texto: o que aconteceria se a cada palavra escrita, em um determinado texto, tivéssemos que explicar seu significado? Certamente, nunca chegaríamos ao final do texto, pois cada significado demandaria, por sua vez, a procura de um novo significado e assim infinitamente. Na verdade, o paradigma seria (ou teria como função) fornecer um limite à indeterminação, funcionando como um redutor dessa complexidade.

101. CARVALHO NETTO, Menelick de, *Requisitos pragmáticos da interpretação jurídica sob o paradigma do estado democrático de direito.*
102. CATTONI DE OLIVEIRA, Marcelo Andrade, *Direito constitucional.* Ver também: *Tutela jurisdicional e estado democrático de direito.*
103. Aqui é bom deixar claro que há **uma fundamental diferença na noção de paradigmas adotada por Kuhn** (típica do que classicamente chamaríamos de ciências naturais) **e na trabalhada por Habermas no que tange ao Direito.** Nesses termos, temos que para Kuhn o paradigma diz respeito à potencialidade (possibilidade) de se alcançar um consenso de fundo, no que tange a uma pretensão normativa voltada (direcionada) para a verdade. **Já para Habermas, a questão é deslocada da filosofia da ciência (e do mundo objetivo) para a teoria do Direito** (que se encontra, assim como a filosofia política) no campo normativo de correição normativa. A advertência se justifica porque há uma clara distinção em Habermas (desde os primórdios da "pragmática universal" datada de 1976 e sempre desenvolvida pelo mesmo) entre as pretensões de "verdade" e de "correição" e os seus respectivos mundos: a verdade diz respeito à existência (ou não) de estados de coisas, ao passo que a correção reflete o caráter obrigatório dos modos de agir (Moral, Direito). Ver HABERMAS, Jürgen, *Verdade e justificação*: ensaios filosóficos, p. 267.
104. HABERMAS, Jürgen, *Facticidad y validez*: sobre el derecho y el estado democrático de derecho en términos de teoría del discurso.

de fazer e de aplicar o Direito uma perspectiva, orientando o projeto de realização da comunidade jurídica".[105]

É interessante observar, ainda no que diz respeito à conceituação do termo "paradigma", que, como nos mostra Menelick de Carvalho Netto, a história é irrecuperável e, com certeza, muito mais rica do que os esquemas traçados à luz de um paradigma, tendo, obviamente, a reconstrução paradigmática de estar necessariamente vinculada aos objetivos delimitados em uma pesquisa. Ele apresenta, então, sua noção de paradigmas sob um duplo aspecto, nos seguintes termos: "(...) Por um lado, possibilita explicar o desenvolvimento científico como um processo que se verifica mediante rupturas, através da tematização e explicitação de aspectos centrais dos grandes esquemas gerais de pré-compreensões e visões de mundo, consubstanciados no pano de fundo naturalizado de silêncio assentado na gramática das práticas sociais, que a um só tempo tornam possível a linguagem, a comunicação, e limitam ou condicionam o nosso agir e a nossa percepção de nós mesmos e do mundo. Por outro lado, também padece de óbvias simplificações, que só são válidas na medida em que permitem que se apresente essas grades seletivas gerais pressupostas nas visões de mundo prevalentes e tendencialmente hegemônicas em determinadas sociedades por certos períodos de tempo e em contextos determinados. É claro que a história como tal é irrecuperável e incomensuravelmente mais rica do que os esquemas que aqui serão apresentados, bem como se reconhece as infinitas possibilidades de reconstrução e releitura dos eventos históricos. Assim, o nível de detalhamento e preciosismo na reconstrução desses paradigmas vincula-se diretamente aos objetivos da pesquisa que se pretende empreender."[106]

Afirma-se, então, **na modernidade** (com a superação da concepção pré-moderna de visão de mundo[107] que, infelizmente, ainda está presente nos manuais

105. CATTONI DE OLIVEIRA, Marcelo Andrade, *Tutela jurisdicional e estado democrático de direito*, p. 37.

106. CARVALHO NETTO, Menelick de, *Requisitos pragmáticos da interpretação jurídica sob o paradigma do estado democrático de direito*, p. 103.

107. Partindo de algumas digressões filosóficas comuns, alguns teóricos vão consubstanciar a **concepção pré-moderna** de vida e de mundo como uma amálgama, na qual Direito, Ética, Moral, Religião e tradições são fundamentados em uma ordem transcendente que não se distingue (se diferencia). A ideia de direito se liga ainda à noção de *debitum*, coisa devida a alguém em virtude de seu lugar de origem de sua posição ou *status*, enquadrado num sistema de castas. O **Direito** funcionaria como um meio de conservação dos privilégios de cada casta, de modo a ensejar uma aplicação em regra casuística e individual sem (desvestido) um caráter (viés) universalizável advindo de um ordenamento dotado de normas gerais e abstratas válidas para todos indistintamente e da mesma forma. Segundo **Marilena Chauí** (1992), a modernidade traz a marca do pensamento racionalista, modificando a compreensão mítica e divinizada da pré-modernidade. Sem dúvida, a pré-modernidade absolutivizava a concepção de mundo na medida em que se buscava a total eliminação do risco, baseada (a nosso ver) em um projeto único de vida atrelado à noção de pertencimento e comunhão. Nesse sentido, **Marcelo Galuppo** (2002) trabalha o pluralismo como um fenômeno eminentemente ligado à modernidade, afirmando que, com seu advento, a sociedade se torna complexa e, ao contrário das sociedades antigas e medievais, haverá uma convivência entre vários projetos de vida, formas de vida e valores muitas vezes diferenciados (e até antagônicos). A título de exemplo, *Marcelo Galuppo*, trabalhando a pré-modernidade (já no seu final) e a ruptura moderna, afirma de forma clara que: *"A modernidade é uma época de profundas rupturas, uma época de descentramentos. O mundo medieval era um mundo centralizado na terra, na Europa e na Igreja Católica Romana. Como aponta* Hannah Arendt *(1991:260), a utilização por Galileu da luneta para investigar o céu, mostrando que a terra não era o centro do universo, as grandes*

nacionais que chegam ao absurdo de localizarem um constitucionalismo medieval ou mesmo arcaico, entre outros, sem uma mínima **reflexão crítica do que realmente isso significaria!**), a existência de dois grandes paradigmas (os de maior sucesso) de Estado e de Direito, que vão consubstanciar respectivamente o **Estado Liberal** e o **Estado Social** (***Welfare State***). Além dos paradigmas, iremos observar ainda (conforme nosso posicionamento) o que chamaremos de "reflexivo" **paradigma procedimental do Estado Democrático de Direito.** Eles, sem dúvida, vão trazer a lume uma imagem e um modelo implícito de mundo e de sociedade, consubstanciando respectivamente no subsistema do Direito: o **Constitucionalismo Clássico, o Constitucionalismo Social e o Constitucionalismo procedimental do Estado Democrático de Direito advindos (sobretudo para alguns autores) do fim da década de 70 até os dias atuais.**

O primeiro paradigma, do Estado Liberal, centra-se na figura do indivíduo como sujeito de direito. Nesse sentido, caberia ao Estado, por meio do Direito Positivo (abstrato e geral), garantir certeza (previsibilidade) nas relações sociais, por intermédio da compatibilização dos interesses privados de cada um com o interesse de todos, deixando a busca da felicidade nas mãos de cada indivíduo.[108] **A Constituição é compreendida como um mero "instrumento de governo" (como o estatuto jurídico-político fundamental da organização da sociedade política), que organiza e limita o Poder Político.** Assim: *"(...) O Direito, sob o paradigma liberal, seria um "sistema fechado de regras", que teria por função de estabilizar expectativas de comportamento, determinando os limites e, ao mesmo tempo, garantindo a esfera privada de cada indivíduo. Com o uso de leis gerais e abstratas, busca-se garantir, ainda que apenas formalmente, a liberdade, a igualdade e a propriedade, de modo que todos os sujeitos receberiam os mesmos direitos subjetivos. É por isso que os direitos e garantias fundamentais passam a ser entendidos como verdadeiras garantias negativas da não intervenção do Estado na sociedade."*[109] À luz do raciocínio explicitado, afirmamos

---

navegações mostrando que a Europa não era o centro da terra e a Reforma Protestante, fazendo a Igreja Católica Romana perdesse a posição de centro da civilização ocidental são decisivas na mudança de visão de mundo. Novos conceitos determinantes do modo moderno de ver o mundo, surgem nessa época (apesar de nos iludirmos quanto à sua existência desde sempre): ***1****. o conceito de sujeito,* ***2****. o conceito de futuro,* ***3****. o conceito de dever."* (GALUPPO, 2002, p. 57). *Sobre a relação do direito com a modernidade é importante colocar que com a mesma há uma autonomização de esferas sociais com cada uma assumindo seu código próprio (o direito se coloca como subsistema social com uma lógica própria de operacionalização e reprodução). Além disso (autonomização e especialização), é importante frisar ainda que: "[...] a Modernidade concebe a sociedade como uma sociedade de pessoas (aritmeticamente) iguais que compartilham vários e distintos projetos de vida. Se todas as pessoas possuem (aritmeticamente) o mesmo valor, não há razões para que o direito crie distinções entre pessoas. O princípio ideológico que orienta o surgimento do direito moderno é então, o princípio da generalidade da lei, que surge como mecanismo para evitar os privilégios, típicos das ordens do Antigo Regime (FERRAZ JR, 1994, p. 122). Para esse novo direito, avesso aos privilégios e tendente à generalização, a igualdade deve desempenhar a função de incluir os cidadãos nos* direitos e não mais de excluí-los (de privilégios)." GALUPPO, Marcelo, 2002, p. 74.

108. CATTONI DE OLIVEIRA, Marcelo Andrade, *Tutela jurisdicional e estado democrático de direito*, p. 37.
109. CATTONI DE OLIVEIRA, Marcelo Andrade, *Tutela jurisdicional e estado democrático de direito*, p. 38; QUADROS DE MAGALHÃES, José Luiz, *Direito constitucional*, p. 63.

que a estrutura da **Constituição do Estado de direito (liberal) foi essencialmente negativa (abstencionista).**

Após a Primeira Guerra Mundial tem início um novo paradigma de Estado. Devemos observar que o período do Estado Liberal gerou "a maior exploração do homem pelo homem de que se tem notícia na história da humanidade". Nesses termos, temos jornadas de trabalho de 15 a 17 horas por dia, idosos, crianças e mulheres em rodízio nos postos de trabalho, remunerações aviltantes levando ou conduzindo milhões de desvalidos à completa miséria, além de uma fortíssima repressão a qualquer tipo de protestos, bem como um exército de mão de obra de reserva criado nas periferias, em condições degradantes. Esse cenário levou à eclosão de um sem-número de questionamentos e movimentos sociais (socialismo utópico, científico e anarquistas).

Com a "crise" da sociedade liberal e a cabal demonstração de seu desgaste com suas promessas irrealizadas, tem-se o surgimento (advindo das revoluções industriais burguesas) de um capitalismo cada vez mais monopolista e o aumento, sempre recorrente, das demandas sociais e políticas, levando os juristas (sobretudo após a primeira guerra mundial) a afirmar a necessidade de repensar o direito e o Estado, nascendo o **"Constitucionalismo Social"**.

Em consequência, as técnicas e as instituições liberais tiveram que ser estendidas a parcelas da população antes excluídas. A universalização do sufrágio, a liberdade de associação entre os trabalhadores, o surgimento de grandes partidos políticos e a ampliação das atividades econômico-sociais do Estado são apontados por *Pablo Lucas Verdú* como as notas características do processo de transformação do paradigma liberal.

Cabe salientar que, a partir desse novo paradigma, a sociedade de massas do pós-Primeira Guerra não é mais apenas reduzida a um agrupamento de indivíduos proprietários privados, mas composta por uma sociedade conflituosa, dividida em vários grupos, classes, partidos e facções em disputa, cada qual buscando seus interesses.

Já não dá para afirmar uma "neutralidade do Estado", como acontecia no Estado Liberal, que se punha distante dos conflitos sociais, atuando de forma abstencionista, como um garantidor da autonomia privada e do livre jogo dos interesses, apenas agindo (de forma policial) para restabelecer, quando necessário, a normalidade. Logo, o Estado **assume, nessa nova perspectiva, o papel de agente conformador (condutor) da realidade social e, com isso,** busca, inclusive, estabelecer formas de vida concretas impondo "pautas públicas" de "vida boa" (ou seja: que ele, Estado, entende como "boa" para a sociedade).[110]

110. CATTONI DE OLIVEIRA, Marcelo Andrade, *Direito constitucional*, p. 58. QUADROS DE MAGALHÃES, José Luiz, *Direito constitucional*, p. 63. CARVALHO NETTO, Menelick de, *Requisitos pragmáticos da interpretação jurídica sob o paradigma do estado democrático de direito*, p. 105.

O Estado Social, que surge após a Primeira Guerra e se afirma após a Segunda, intervém na Economia, por meio de ações diretas e indiretas; e visa garantir o capitalismo por meio de uma proposta de bem-estar que implica a manutenção artificial da livre concorrência e da livre iniciativa, assim como a compensação das desigualdades sociais por meio da prestação estatal de serviços e da concessão de **direitos sociais.**[111]

Tais direitos vêm **alargar e, sobretudo, redefinir** os **clássicos direitos do constitucionalismo liberal**: direitos de vida, liberdade, propriedade, segurança e igualdade. Inicia-se a chamada "materialização dos direitos". Observa-se também, nesse momento, o surgimento dos direitos sociais. Marca-se assim uma ruptura: tem-se uma ampliação no conjunto dos direitos fundamentais, resultante não somente de um acréscimo de direitos, mas também de uma completa alteração nas bases de interpretação (releitura) dos direitos anteriores.[112] A estrutura da **Constituição passa, então, a ser essencialmente positiva em termos de prestações que esse Estado deveria providenciar a seus (agora, tratados como) "clientes"**.

A Constituição prescreveria programas políticos, definindo procedimentos e estruturando competências que antes não eram de sua alçada. Nesse sentido, famosa é a citação do discípulo de Carl Schmitt, ***Ernst Forsthoff*** que afirma, nitidamente alinhado a esse paradigma, que o Estado Social "é um Estado que garante a subsistência e, portanto, é Estado de prestações".[113]

Logo, isso significa afirmar que, no paradigma do Estado social, literalmente: "(...) todo o direito é público, imposição de um Estado colocado acima da sociedade, de uma massa amorfa, carente de acesso à saúde ou à educação, massa pronta a ser moldada pelo Leviatã onisciente sobre o qual recai essa imensa tarefa. O Estado subsume toda dimensão do público e tem que prover os serviços inerentes aos direitos de Segunda geração à sociedade, como saúde, educação, previdência, mediante aos quais alicia clientela."[114]

No início da década de 70, **a crise do paradigma do Estado Social** começou a se manifestar com grande intensidade. Aquele que deveria ser o "cidadão" se transformou em "cliente" desse Estado gigantesco que deveria reger toda a sociedade. A prometida cidadania se transforma em um repugnante "clientelismo",[115]

---

111. As primeiras Constituições desse paradigma são as Constituições de Querétaro do México de 1917 e a de Weimar da Alemanha de 1919. No **Brasil**, a primeira Constituição do **constitucionalismo social é a de 1934**.

112. É muito difundido, no Brasil, o entendimento de que os direitos fundamentais poderiam ser divididos em gerações, por exemplo, como faz Bonavides (1997). Todavia, o presente trabalho, tributário da posição defendida por Cattoni de Oliveira (2002, p. 103), considera imprópria a divisão dos direitos fundamentais em gerações, pois, a cada paradigma jurídico, assiste-se a uma redefinição completa dos direitos fundamentais.

113. FORSTHOFF, Ernst, *Problemas constitucionales del estado social*, 1986, p. 49.

114. CARVALHO NETTO, Menelick de, *Requisitos pragmáticos da interpretação jurídica sob o paradigma do estado democrático de direito*, p. 107.

115. Habermas (HABERMAS, Jürgen. *Facticidad y validez*: sobre el derecho y el estado democrático de derecho en términos de teoría del discurso, p. 497-498) identifica o desenvolvimento de um *paternalismo* por parte do Estado, no paradigma do Estado Social, em razão da adoção de programas políticos compensatórios às necessidades de

segundo o qual o direito é garantido e concretizado "no limite do possível".[116] Conforme Cattoni de Oliveira, temos que: "no esteio de movimentos sociais, tais como o estudantil de 1968, o pacifista, o ecologista e o das lutas pelos direitos das minorias, além dos movimentos contra culturais, que passam a eclodir a partir da segunda metade da década de 60, a nova esquerda, a chamada esquerda não estalinista, a partir das duras críticas tanto ao Estado de Bem-Estar – denunciando os limites e o alcance das políticas públicas, as contradições entre capitalismo e democracia – quanto ao Estado de socialismo real – a formação de uma burocracia autoritária, desligada das aspirações populares – cunha a expressão Estado Democrático de Direito." Nesse diapasão, afirma também o autor em consonância com a perspectiva habermasiana que "o Estado Democrático de Direito passa a configurar uma alternativa de superação tanto do Estado de Bem-Estar quanto do Estado de Socialismo real".[117]

Nesse mesmo sentido, Menelick de Carvalho Netto nos mostra que "as constantes crises econômicas colocam em xeque a racionalidade objetivista dos tecnocratas, bem como a oposição antitética entre a política e a técnica."[118] Assim, o Estado interventor de bem-estar transformou-se em empresa acima das outras empresas e, com a chegada das sociedades hipercomplexas da era da computação ou pós-industrial, as relações se tornam extremamente complexas e fluidas. Nesse contexto, a **relação entre o público e o privado é novamente rediscutida**, as associações da sociedade civil passam a representar o interesse público contra um Estado privatizado ou omisso. Surge, nesse ***iter***, os chamados interesses ou direitos difusos, que compreendem os direitos do consumidor, ambientais, entre outros.[119]

Se a promessa de concessão de cidadania, advinda da ruptura do Estado Liberal com o nascimento e desenvolvimento do Estado Social, não foi efetivada, agora busca-se novamente seu resgate sem supostos (ou pressupostos) dirigentes e planificadores.

A própria **noção de cidadania deve ser enfocada sob outra perspectiva,** que não aquela de "vantagem ou benefício" a ser concedida e distribuída de "cima para

---

uma "sociedade de massas", que se mostra incapaz de se autodeterminar, de definir para si suas necessidades. Logo, torna-se massa facilmente modelada por um Estado nos moldes do Leviatã hobbesiano. A proposta por cidadania permanece nesse paradigma como uma espera irrealizada.

116. CATTONI DE OLIVEIRA, Marcelo Andrade, *Direito constitucional*, p. 59.
117. CATTONI DE OLIVEIRA, Marcelo Andrade, *Tutela jurisdicional e estado democrático de direito*, p. 43.
118. Segundo Habermas (HABERMAS, Jürgen, *La crisis del estado de bienestar y el agotamiento de las energías utópicas*, p. 124), o paradigma do Estado Social padece de uma contradição entre seu objetivo e o meio que escolhe para concretizá-lo. O que seria o seu objetivo – a construção de formas de vidas estruturadas igualitariamente, que fossem capazes de exercer uma autorregulação espontânea – se vê frustrado pelos obstáculos levantados pelo Poder Administrado, regido pela lógica da burocracia jurídico-administrativa, que acaba contaminando os programas políticos. Além do mais, o estatal não é capaz de identificar a sociedade, que por meio de organizações civis passa a exigir uma maior participação; não mais depende da postura burocratizante (instrumentalizante) do Poder Administrativo nas decisões sobre direitos.
119. CARVALHO NETTO, Menelick de, *Requisitos pragmáticos da interpretação jurídica sob o paradigma do estado democrático de direito*, p. 110.

baixo" a uma massa de desvalidos e pobres coitados (descamisados). Essa noção deve ser encarada como um processo que envolve aprendizado, fluxos e refluxos,[120] mas sempre numa "luta contínua por reconhecimento".[121]

Nas pegadas da **Teoria discursiva da democracia** habermasiana, que nos alinhamos, observamos o que seria a caracterização reflexivo-procedimental da Constituição de um Estado Democrático de Direito. Temos que a **Constituição deve ser compreendida como a prefiguração de um sistema de direitos fundamentais que representam as condições procedimentais para a institucionalização da democracia,** nos âmbitos e nas perspectivas específicas **do processo legislativo, jurisdicional e administrativo, e que garante, ainda, espaços públicos informais de geração da vontade e das opiniões políticas.** Nesse sentido, a democracia, como princípio jurídico-constitucional a ser densificado de acordo com a perspectiva específica de cada um desses processos, significa **participação em igualdade de direitos e de oportunidades,** daqueles que **serão afetados pelas decisões, nos procedimentos deliberativos que as preparam.**[122]

Ao explicitarmos as colocações atinentes à teoria discursiva do direito e da democracia, é necessário termos em mente as noções fundamentais de ***autonomia pública e privada dos cidadãos***. Sob esse prisma, o que os **paradigmas anteriores (de Estado e de Constituição) fazem é justamente matar a *cidadania*, não observando a nítida cooriginalidade** existente entre elas.

A chave da **visão procedimental do direito e da democracia** está justamente sob essa concepção. Com o processo de desencantamento, o Direito moderno se configura como parte de um sistema de normas positivas e obrigatórias; todavia, essa positividade vem associada a uma pretensão de legitimidade, de modo que normas expressam uma expectativa no sentido de preservar equitativamente a autonomia de todos os sujeitos de direito. O processo legislativo deve ser suficiente para atender a essa exigência. Há uma relação entre o caráter coercitivo e a modificabilidade do Direito positivo, por um lado, e o processo de positivação ou de estabelecimento desse Direito capaz de gerar legitimidade, por outro – isto é, uma relação entre Estado de Direito e democracia; contudo essa relação não é meramente fruto de uma história causal, mas uma relação conceitual que está alicerçada nas pressuposições da *práxis* jurídica cotidiana. Temos, então, uma

120. A **cidadania** é agora entendida como um processo, bem como a democracia, que conduz a um aprendizado social, de modo a não necessitar de pré-requisitos.
121. Um exemplo dessa "luta por reconhecimento" bem-sucedida pode ser encontrado nas políticas feministas de equiparação: "[...] os diretos subjetivos, cuja tarefa é garantir às mulheres um delineamento autônomo e privado para suas próprias vidas, não podem ser formulados de modo adequado sem que os próprios envolvidos articulem e fundamentem os aspectos considerados relevantes para o tratamento igual ou desigual em casos típicos. Só se pode assegurar a autonomia privada de cidadãos em igualdade de direito quando isso se dá em conjunto com a intensificação de sua autonomia civil no âmbito do Estado." (HABERMAS, Jürgen, *A inclusão do outro*: estudos de teoria política, p. 297).
122. HABERMAS, Jürgen. *Facticidad y validez*: sobre el derecho y el estado democrático de derecho en términos de teoría del discurso, p. 502.

reconstrução da soberania popular, que assume a forma jurídica por meio do processo legislativo democrático, que deve considerar a ***equiprimordialidade*** da autonomia jurídica.[123]

Por um lado, aos indivíduos são garantidas determinadas liberdades subjetivas de ação a partir das quais podem agir em conformidade com seus próprios interesses – é o que se chama de autonomia privada[124] – "liberando" esses indivíduos da pressão inerente à ação comunicativa, qual seja, a de fundamentar moralmente todas suas ações, bastando, portanto, a referência ao direito legislado.

Para tanto, é essencial a noção de direitos fundamentais como elementos asseguradores dessa autonomia por meio da não ingerência estatal na esfera privada dos cidadãos, como já afirmava a clássica leitura liberal. Em contrapartida, o princípio discursivo democrático compreende a autonomia pública a partir da ótica da garantia de legitimidade do procedimento legislativo por meio de iguais direitos de comunicação e de participação. Trata-se **do fato** de que **os sujeitos de direito têm** de se reconhecer **como autores das normas às quais se submetem.** Como consequência**, autonomias pública e privada devem estar pressupostas reciprocamente (*cooriginárias*)**, sem que, contudo, **uma possa gozar de supremacia sobre a outra.**

7. SENTIDOS OU CONCEPÇÕES DO TERMO CONSTITUIÇÃO: SENTIDOS CLÁSSICOS E CONTEMPORÂNEOS

Conforme a doutrina pátria, temos os (intitulados) sentidos: **sociológico, jurídico, político e cultural de Constituição** que, geralmente, são atribuídos a autores de renome dos séculos XIX e XX, sendo, em regra, citados, respectivamente, como exemplos: Ferdinand Lassalle **(sentido sociológico)**, Hans Kelsen **(sentido jurídico)**,[125] Carl Schmitt **(sentido político)** e J.H.Meirelles Teixeira **(sentido cultural)**.[126]

---

123. HABERMAS, Jürgen, *A inclusão do outro: estudos de teoria política*, p. 286. Para Habermas, *o Direito moderno,* ***não mais subordinado à moral*** *mas sim, funcionando de maneira complementar (relação de* ***complementariedade*** *entre direito e moral) – passa a organizar-se a partir de um código próprio, partindo de dois elementos restantes da dissolução da amálgama pré-moderna: soberania popular – relacionada com a noção de autonomia pública – e direitos humanos– ligados à noção de autonomia privada. Desse modo, tanto uma quanto a outra representam uma mediação pelo Direito no tocante à autodeterminação moral (direitos humanos) e autodeterminação ética (soberania popular), de modo a falar-se em uma co-originariedade.*

124. "De ahí que la autonomía privada del sujeto jurídico pueda entenderse esencialmente como la libertad negativa de abandonar la zona pública de obligaciones ilocucionárias recíprocas y retraerse a una posición de observación mutua y de mutuo ejercicio de influencias empíricas. La autonomía privada llega hasta allí donde el sujeto jurídico tiene que empezar a dar cuenta y razón, hasta allí donde tiene que dar razones públicamente aceptas de sus planes de acción. Las libertades subjetivas de acción autorizan a apearse de la acción comunicativa y a negarse a contraer obligaciones ilocucionárias. Fundan una privacidad que libera de la carga aneja a una libertad comunicativa recíprocamente reconocida y mutuamente supuesta y exigida." (HABERMAS, Jürgen, *Facticidad y validez:* sobre el derecho y el estado democrático de derecho en términos de teoría del discurso, p. 186).

125. Embora o sentido jurídico, por **uma outra vertente**, tenha como válidas as digressões de Konrad Hesse em **suas teorizações**, a seguir delineadas e especificadas.

126. Embora o professor Peter Häberle tenha, sem dúvida, um **viés culturalista** em vários de seus escritos, como a seguir explicitaremos.

Nesses termos, a nossa proposta é de apresentar, ainda que de forma sucinta, os quatro sentidos clássicos trabalhados na doutrina,[127] tentando situar tais concepções à luz das pré-compreensões dos autores a seguir citados. Posteriormente, iremos abordar sentidos complexos desenvolvidos pela moderna Teoria da Constituição e que vem sendo motivo de reflexão de doutrinadores nacionais e internacionais. Essas concepções[128] irão envolver os autores: **J. J. Gomes Canotilho, Niklas Luhmann, Jürgen Habermas, Peter Häberle, Konrad Hesse, Marcelo Neves e José Adércio Leite Sampaio.**

Pois bem, iniciando pela perspectiva que nós estamos intitulando de clássica, temos os sentidos (ou concepções): sociológico, jurídico, político e culturalista de Constituição. Nesses termos:

1) **Sentido Sociológico:** Ferdinand Lassalle desenvolveu sua análise sobre o sentido e conceituação de uma constituição em obra escrita em 1863 e intitulada *A essência da Constituição*.[129] O autor ganhou notoriedade ao afirmar que devemos distinguir a verdadeira e efetiva Constituição, daquela que identifica e explicita a dinâmica de poder estabelecida em uma sociedade,[130] em relação à Constituição escrita, que, como qualquer documento, equivale a uma mera "folha de papel". Sendo assim, uma investigação sobre qual seja a Constituição real e efetiva de um Estado e de uma sociedade transborda e ultrapassa os limites da ciência jurídica, sendo, na realidade, um problema dos sociólogos e dos cientistas políticos, que seriam mais aptos a identificar, na dinâmica social, os verdadeiros centros de poder e de decisão presentes nessa sociedade e os interesses aos quais esse poder serve (que, no século XIX, caracterizava-se na figura do monarca, de uma aristocracia, de uma grande burguesia ou dos banqueiros; apenas em casos extremos ter-se-ia a corporificação na forma de um poder inorgânico, que seria o povo, compreendido este

---

127. E que em regra são cobrados dos candidatos às carreiras jurídicas, não obstante as posições modernas (contemporâneas) que também iremos trabalhar serem hoje objeto de provas em concursos jurídicos sofisticados (de nível Estadual e Federal) e em digressões acadêmicas de graduação e pós-graduação (Mestrado e Doutorado).

128. A doutrina cita ainda outras concepções: **a)** Constituição como garantia do *status quo* econômico e social de **Ernst Forsthoff**; **b)** Constituição como instrumento de governo de **Hennis**, na qual a Constituição acaba por se tornar uma lei processual definidora de competências e reguladora de processos de cunho estritamente formal; **c)** Constituição como programa de integração e representação nacionais de **Kruger**, na qual a Constituição se apresenta como um documento direcionado apenas a conter temas que envolvam diretamente à comunidade, à nação e à totalidade política do Estado (entendidas essas como matérias constitucionais); **d)** Constituição como legitimação do poder soberano de **Georges Burdeau**, na qual a Constituição é considerada a criadora do Estado de Direito (pressuposto do mesmo), pois, antes da mesma, teríamos um poder apenas de fato que se transforma em poder de direito mediante a existência da Constituição; **e)** Constituição como ordem fundamental e programa de ação que identifica uma ordem político-social e o seu processo de realização de **Bäulin**, na qual a Constituição é entendida não só como instrumento de proteção das relações existentes, mas, também, como norma que se projeta para ordenar e conformar a vida social. Assim sendo, a Constituição é norma fundamental que delimita a vida social, indicando os programas de ação e os processos de realização dos mesmos. MENDES, Gilmar Ferreira; *Curso de direito constitucional*, p. 7-8. CANOTILHO. In: *Constituição dirigente e vinculação do legislador*, p-87-112.

129. A obra em alemão foi intitulada de *Über die Verfassung* (sobre a Constituição). Esta deriva de uma conferência prolatada por **Ferdinand Lassalle,** em 1862, para operários e intelectuais da até então Prússia.

130. LASSALLE, Ferdinand, *A essência da Constituição*, p. 25-28.

como a união de uma pequena burguesia e da classe operária). Portanto, o que denominou de "fatores reais de poder" seriam o conjunto de forças que atuariam para a manutenção das instituições de um país em um dado momento histórico. Nesses termos, a **Constituição escrita** (folha de papel) seria adequada se, e somente se, correspondesse aos fatores reais de um determinado país, pois, se isso não acontecesse, conforme já citado, sucumbiria diante da **Constituição real** que efetivamente regularia a sociedade. Portanto, em sentido sociológico, a Constituição é entendida ***como os fatores reais de poder que regem uma sociedade.***[131] Concluímos afirmando que Lassalle foi um dos precursores do que atualmente intitulamos de sociologia jurídica.

2) Sentido Jurídico: atribui-se a Hans Kelsen o desenvolvimento do sentido jurídico de Constituição. No quadro da "Teoria Pura do Direito", Kelsen pretende expurgar do universo da ciência do direito todo e qualquer conteúdo que não possa ser reduzido ao critério de validade (isto é, o fato de encontrar em uma norma que lhe é hierarquicamente superior à sua autorização para existência no mundo jurídico). A Constituição, então, nessa perspectiva, adquire um significado exclusivamente normativo: ela se transforma no conjunto de normas mais importantes de um Estado conforme um critério hierárquico.[132] A partir daí, toda e qualquer norma deve encontrar sua validade no texto constitucional,[133] razão pela qual **autores imaginam um diagrama da teoria da validade normativa** kelseniana como uma pirâmide, sempre colocando a Constituição em seu ápice.[134] Kelsen traz 2 (dois) sentidos jurídicos para a Constituição: **a) Sentido lógico-jurídico:** a Constituição, nesse sentido, deve ser entendida à luz do conceito de norma fundamental. Esta, definitivamente, não é posta no ordenamento, mas, sim, pressuposta por ele. A norma fundamental possui duas funções: **1ª)** dar fundamento de validade a todo sistema: ela autoriza o Poder Constituinte Originário a elaborar a Constituição e determina que todos devem cumprir a Constituição; **2ª)** Fechar o sistema jurídico: porque a norma fundamental nunca será posta por alguém, ela, como já citado, é suposta (pressuposto lógico transcendental), sendo uma convenção para que o sistema não se torne infinito, sendo o ponto de início e o final, ou seja, onde tudo começa e termina no sistema jurídico.[135] Nesses termos, uma norma é válida, como salientado anteriormente, quando uma norma hierarquicamente superior dá validade a ela, e assim sucessivamente, até chegar à Constituição. E qual seria o fundamento de validade

131. LASSALLE, Ferdinand, *A essência da Constituição*, p. 31.
132. CALDWELL, *Popular sovereignty and the crisis of German Constitutional Law*, p. 50.
133. KELSEN, Hans, *Teoria pura do direito*, p. 247.
134. Entretanto, Kelsen já faz uma advertência: dado o caráter generalista de sua teoria – uma vez que esta não se prende a explicar um ordenamento jurídico específico, mas funcionar como uma Teoria Geral do Direito – chama-se de Constituição em *sentido material* o conjunto de normas (escritas ou não; codificadas ou não) que estabelece a função de regular a dinâmica de criação das demais normas jurídicas inferiores; por outro lado, a Constituição em *sentido formal* é o documento formal a que se atribui o nome de "Constituição" (como obra escrita), independentemente de ele, além de regular o processo de produção de normas gerais, tratar de matérias diversas, consideradas como politicamente relevantes.
135. BOBBIO, Norberto, *Teoria do ordenamento jurídico*, 1984.

da Constituição? O fundamento de validade da Constituição é a norma fundamental (convenção lógico-transcendental). O fundamento de validade da norma fundamental é a própria norma fundamental, uma vez que ela dá fundamento de validade a outras normas e fecha o sistema.[136] **b) Sentido jurídico-positivo:** é a norma superior, ou seja, é a Constituição como norma superior do Ordenamento Jurídico, que dá validade a todas as outras normas do sistema. Leia-se o sentido jurídico positivo é a *"norma constitucional propriamente dita."*[137]

3) Sentido Político: em sua "Teoria da Constituição" (***Verfassungslehre***), Schmitt[138] apresenta uma distinção entre "Constituição"[139] e "Lei Constitucional". Para ele a Lei Constitucional estaria subordinada à Constituição. Para o autor, toda a normatividade do direito deveria ser atribuída a uma "decisão política" concreta, cuja magnitude e importância seriam responsáveis por dar forma e unificar a vontade política existente em uma comunidade; a esse ato, designar-se-ia Constituição. Portanto, **a Constituição seria a decisão política fundamental do povo.** Tal Constituição, então, seria um ato de exercício da autoridade politicamente existente, que imporia sua vontade em consonância com a aclamação popular e, a partir daí, daria existência jurídica as "leis constitucionais". Ao Estado, como consequência, caberia a tarefa de superar o hiato que se estabeleceria entre "normas" e "fatos sociais", superando-o e reduzindo tanto os elementos normativos quanto fáticos segundo os critérios dessa "decisão política" anterior.[140] À luz de seu *"decisionismo"*, concluímos que, para Schmitt, a essência da Constituição está alocada nas decisões políticas fundamentais do (titular) Poder Constituinte (que seria o povo), e não em normas jurídicas positivadas,[141] o que o coloca em posição contrária e oposta àquela deli-

---

136. Portanto, para **Kelsen**, a norma jurídica é válida quando uma norma hierarquicamente superior do sistema dá validade a ela (a Constituição concede validade a todas as normas inferiores e a norma fundamental dá validade à Constituição). Com isso, temos um limite na norma fundamental. Sem dúvida, Kelsen não quer saber se uma norma é justa ou injusta, e sim se é válida.
137. KELSEN, Hans, *Teoria pura do direito.*
138. SCHMITT, Carl, *Teoría de la Constitución*, p. 23-24.
139. A rigor, Schmitt apresenta em sua obra, *Teoria da Constituição*, **4 (quatro) conceitos** de Constituição. São eles: **1)** conceito absoluto; **2)** conceito relativo; **3)** conceito positivo; e **4)** conceito ideal. Para o autor, o único conceito no qual a Constituição pode ser concebida de forma adequada é o **conceito positivo**. É justamente neste em que Schmitt explicita seu viés decisionista e a concepção ou sentido político ora trabalhado, afirmando que a Constituição significa a decisão política fundamental do povo, sendo uma decisão concreta sobre a unidade política seu modo de ser e sua forma. Sendo a Nação, em sua unidade, a produtora da Constituição. Portanto, a Constituição não cria (gera) a Nação, e sim a Nação (povo como unidade) é que da vida à Constituição, pois a Constituição, como externalizado, *são as decisões políticas fundamentais do povo*! SCHMITT, Carl. *Teoría de la constitución*, p. 46.
140. CALDWELL, *Popular sovereignty and the crisis of German Constitutional Law*, p. 53-54.
141. É interessante a construção teórica de *Schmitt* que vai se caracterizar pelo que podemos chamar de **conceito decisionista de Constituição.** Esse conceito faz parte de uma plêiade de conceituações desenvolvidas e encadeadas magistralmente pelo autor. Alguns conceitos merecem ser explicitados para o melhor entendimento do seu sentido de Constituição. Estes são: democracia, política e igualdade. Para Schmitt, **democracia** é a identidade de governante/governado. Ele rechaça o conceito liberal-burguês de democracia representativa. Esta seria uma contradição em termos, pois a democracia deveria ser direta, sendo o governado ao mesmo tempo governante e vice-versa. As democracias de massa do século XX só seriam possíveis com um retorno à democracia direta, sem intermediários (que, no fundo, representam, não o povo, mas seus próprios interesses na lógica da democracia representativa!). Portanto, o parlamento, para Schmitt, era uma doença, uma patologia, que deveria desaparecer

neada pelo sentido (concepção) jurídico-normativo de Constituição de viés kelseniano, anteriormente trabalhado.

4) **Sentido culturalista:** essa concepção desenvolve a premissa de que a Constituição é ***produto da cultura*** (fato cultural).[142] Trabalha de forma complementar todas as concepções descritas anteriormente (sociológica, jurídica e política) desenvolvendo a lógica de que a Constituição possui fundamentos diversos arraigados em fatores de poder, decisões políticas do povo e normas jurídicas de dever ser vinculantes. Surge daí a ideia de uma **constituição total**, com a junção dos aspectos econômicos, sociológicos, políticos, jurídico-normativos, filosóficos e morais a fim de construir uma unidade para a Constituição. Nesse sentido, a Constituição se coloca como um conjunto de normas fundamentais condicionadas pela cultura total e, ao mesmo tempo, condicionante, numa perspectiva eminentemente dialética. Nesses termos, a Constituição é determinada pela cultura, pois é fruto de pré-compreensões da sociedade (seu reflexo e espelho) na qual ela está inserida, mas também atua como elemento conformador do sentido de aspectos da cultura (portanto, como citado anteriormente, ela é condicionada, mas também é condicionante).[143]

Posteriormente às concepções clássicas, é mister apresentarmos digressões de cunho crítico-reflexivo sobre as Constituições. Iremos intitulá-las de concepções ou sentidos modernos (contemporâneos) de Constituição. Conforme externalizado, iremos apresentar as análises de **J. J Gomes Canotilho, Niklas Luhmann, Jürgen Habermas, David Landau, Peter Häberle e Konrand Hesse**, além, ainda, da perspectiva desenvolvida pelos autores brasileiros **Marcelo Neves e José Adércio Leite Sampaio**.

---

no século XX. Nesse sentido, a democracia seria efetivada por um líder (hobbesianamente e teatralmente construído/forjado) que ao mesmo tempo seria o governante e o governado. O povo teria uma **identidade** direta com líder. O líder seria o povo e o povo seria o líder. Só assim teríamos democracia efetiva. Para tal, o conceito de política era fundamental. **Política** é a **relação amigo-inimigo**. Ou seja, ou comungamos dos mesmos ideais ou não pertencemos (não há pertencimento). Daí a noção de *nós* e *outros*. E a **igualdade** deveria ser nesse contexto entendida como a *comunhão* de um povo. Daí o conceito de **Constituição decisionista** ficar claro, pois a **Constituição deve ser entendida como as decisões políticas fundamentais do povo**. Pergunta-se: quem é povo? O povo é líder e o líder é o povo. Portanto, qualquer decisão do líder era do povo e, com isso, seria uma tomada de posição **eminentemente constitucional**.

142. Na literatura nacional ver: TEIXEIRA, J. H. Meirelles, *Curso de direito constitucional*, 1991. BULOS, Uadi Lammêgo, *Curso de direito constitucional*, 2006, p. 32. CUNHA JÚNIOR, Dirley da, *Curso de direito constitucional*, 2008. Na literatura jurídica internacional ver, sobretudo: HÄBERLE, Peter. *Teoría de la constitución como ciencia de la cultura*. Madrid: Tecnos, 2000.

143. TEIXEIRA, J. H. Meirelles, *Curso de direito constitucional*, 1991, p. 75-78. CUNHA JÚNIOR, Dirley da, *Curso de direito constitucional*, 2008, p. 85. No sentido da corrente ora trabalhada é a posição de Dirley da Cunha: "[...] a concepção da Constituição como fato cultural é a melhor que desponta na teoria da Constituição, pois tem a virtude cultural de explorar o texto constitucional em todas as suas potencialidades e aspectos relevantes, resumindo em si todas as concepções a sociológica, a política e a jurídica – em face das quais se faz possível compreender o fenômeno constitucional. [...] um conceito de constituição constitucionalmente adequado deve partir da sua compreensão como um sistema aberto de normas em correlação com os fatos sociopolíticos [...] de tal modo que importe em reconhecer uma interação necessária entre a Constituição e a realidade a ela subjacente, indispensável a sua força normativa." (p. 85-86).

7.1. A Constituição dirigente de J. J. Gomes Canotilho: o debate sobre a constituição dirigente e o constitucionalismo moralmente reflexivo

Com a ruptura em direção ao paradigma do Estado Social, denotando o esgotamento do Estado Liberal – notadamente, de sua postura formalista e abstencionista –, iniciou-se a discussão de que a Constituição também deveria passar por uma reestruturação, passando a assumir uma ***função dirigente***, ampliando consideravelmente os espaços nos quais o Poder Público passava a interferir de modo ativo na sociedade, fornecendo prestações exigidas pelas demandas sociais que clamavam por "justiça social".

Desse modo, o constitucionalismo de ***bem-estar social***, segue por uma rota ideológica oposta do Estado Liberal. Se, no primeiro paradigma moderno de Estado, a tônica se assentava na defesa das liberdades individuais, compreendendo os direitos fundamentais, essencialmente, como elementos ***contra*** (limites) a ação do próprio Estado, que se limitava em fornecer segurança e proteção às liberdades e à propriedade (Estado Polícia), após a 1ª Guerra Mundial, assiste-se a uma mudança de mentalidade no Direito Público do mundo todo. É possível visualizar uma mudança de mentalidade que reflete diretamente na postura a ser assumida pelo Poder Público. Os direitos fundamentais passam a serem vistos como incluindo um catálogo de direitos a prestações positivas e, por isso mesmo, caracterizados num **fazer** por parte das instituições públicas.

É nesse contexto que se desenvolve a doutrina de Canotilho, afirmando a importância e a necessidade de que o Estado implemente medidas públicas que atendam às demandas sociais.[144] A Constituição, então, passa a desempenhar um importante papel de determinação do plano de direção e de transformação da implementação de políticas públicas na ordem socioeconômica.[145]

Por isso, é no constitucionalismo do Estado Social que podemos registrar o surgimento das chamadas **normas programáticas** (que irão dispor sobre direitos sociais) e dos direitos econômicos, principalmente, buscando dar-lhes efetivação.

Para Canotilho, então, a Constituição (Dirigente) não pode ser compreendida apenas como um mecanismo jurídico-político estruturador do Estado e definidor do sistema de competências e atribuições de seus órgãos.[146] Há, nela, uma importante função de organização de um **plano normativo-material global** do Estado e da Sociedade, dotado de um caráter aberto, que vincula os Poderes Públicos à busca por concretude dos anseios populares (de natureza econômica, cultural e social).[147] Isso representa um limite imposto pela ordem constitucional aos domínios da política – uma forma de judicialização – que deixa de ser compreendida como livre e desvinculada de um projeto constitucional.[148] Assim, a atividade política passa a ser

144. CANOTILHO, José Joaquim Gomes, *Constituição dirigente e vinculação do legislador*, p. 365.
145. CUNHA JÚNIOR, Dirley da, *Curso de direito constitucional*, p. 123.
146. COUTINHO, Jacinto Nelson de Miranda (Org.), *Canotilho e a Constituição dirigente*, p. 18-19.
147. CUNHA JÚNIOR, Dirley da, *Curso de direito constitucional*, p. 124.
148. CANOTILHO, José Joaquim Gomes, *Constituição dirigente e vinculação do legislador*, p. 12.

conformada pelo Direito. Com isso, não se buscou anular o espaço da política, mas, apenas, sujeitá-la à força imperativa das normas constitucionais.[149]

Canotilho compreende a Constituição dirigente como um **projeto de ação aberto no tempo**, com os olhos voltados para o futuro, carecendo sempre de outras providências normativas que a complemente.[150]

Todavia, tal posicionamento acabou por ser revisto pelo professor lusitano, que passou a afirmar, pelo menos em um primeiro momento, a "morte" da Constituição Dirigente. Isso porque, mesmo as normas constitucionais ocupando um ***locus*** especial do Direito, outras forças imperativas fazem com que elas cedam espaço para outros projetos político-econômicos desvinculados do primado da "justiça social".

Canotilho, então, aponta alguns problemas que a tese do constitucionalismo dirigente não foi capaz de solucionar:[151]

1) **Problemas de inclusão:** o desafio de materialização do direito, que faz com que a constituição dirigente se assuma como um **estatuto jurídico do político**, acaba por ocultar a "rebeldia" desse político em se subordinar a uma normatização que concretize diversas práticas sociais plurais. Com Luhmann, vemos que cada sistema é dotado de uma autorreferenciabilidade e uma auto-organização, o que parece escapar aos defensores da constituição dirigente.

2) **Problemas de referência:** a constituição dirigente não consegue ultrapassar uma abordagem clássica quanto ao seu sujeito de referência – o indivíduo –, e com isso, olvida-se das novas configurações sociais, como as entidades organizadas de cunho multinacional ou atores sociais neocorporativos.

3) **Problemas de reflexibilidade:** a constituição dirigente ainda opera sob uma compreensão da racionalidade clássica (teleológica), razão pela qual vai cada vez mais se mostrando incapaz de justificar coerentemente um conjunto unitário de respostas normativas ante o aumento de complexidade de demandas provindas do sistema social. A perspectiva clássica (atrelada ainda às bases de um direito positivista – ou mesmo realista) não suporta as exigências de fundamentação atuais, não encontrando legitimação em uma sociedade tão diferenciada em função dos múltiplos projetos e concepções de vida.

149. Interessante é que tais ideias se mostram convergentes a uma linha do raciocínio que a seguir será apresentada por Niklas Luhmann em sua perspectiva sistêmica, como já tinha observado Lênio Streck em COUTINHO, Jacinto Nelson de Miranda (Org.), *Canotilho e a Constituição dirigente*, p. 22.

150. É justamente, nesse contexto, que ganha destaque a ideia de uma *inconstitucionalidade por omissão*, que passaria a funcionar como um reforço judicial da garantia de imperatividade constitucional das normas programáticas. Ver: COUTINHO, Jacinto Nelson de Miranda (Org.), *Canotilho e a Constituição dirigente*, p. 37 e também CANOTILHO, José Joaquim Gomes, *"Brancosos" e interconstitucionalidade*: itinerários dos discursos sobre a historicidade constitucional, p. 212-213.

151. CANOTILHO, José Joaquim Gomes, *"Brancosos" e interconstitucionalidade*: itinerários dos discursos sobre a historicidade constitucional, p. 216-221.

4) **Problemas de universalização:** a pretensão de universalização das normas contidas na constituição dirigente se torna ameaçada por não conseguir adaptar ou mesmo traduzir para os diálogos particulares as novas realidades (mercado, sistemas de informações, alta tecnologia, conglomerados empresariais).

5) **Problemas de materialização do direito:** o constitucionalismo dirigente acabou assumindo um papel de supradiscurso social, esvaziando os diferentes diálogos constitucionais (sobre o meio ambiente, o direito dos consumidores, o biodireito etc.), trazendo uma perda de contextualização. Com isso, decorreu uma dificuldade de contextualização capaz de imprimir mudanças e inovação na ordem jurídica.

6) **Problemas de reinvenção do território estatal:** a constituição dirigente operava, exclusivamente, sob a lógica da incidência de suas normas sob um determinado território, de modo que não respondia às questões de supranacionalização e internacionalização do direito constitucional.

Em substituição, e como nova proposta de uma Teoria da Constituição, Canotilho passa à defesa de um ***constitucionalismo moralmente reflexivo,***[152] cujas premissas se assentam numa noção de "eficácia reflexiva" ou de "direção indireta", por meio do desenvolvimento de instrumentos cooperativos, que resgatem o princípio da responsabilidade e encorajem a sociedade civil. Isso porque o autor passa a levar em conta as mudanças sociais operadas pela pluralização da sociedade hipermoderna, pelo advento do Estado Europeu, globalização etc., a fim de propor uma teoria constitucional que substitua um Direito autoritariamente dirigente e ineficaz diante do novo cenário imposto pela contemporaneidade.[153]

Mas é importante que não encaremos como uma manifestação de ***pessimismo*** ou de ***derrotismo*** a mudança de posição do jurista de Coimbra. A nova teoria, na realidade, está preocupada em pensar as normas constitucionais a outra luz, reconhecendo a existência de novos esquemas de condução das políticas econômico-sociais.[154] Por isso, em momento algum, houve a desistência da programaticidade constitucional, preservando-se a tese de que o legislador não é dotado de liberdade de conformação das políticas públicas, que devem se submeter ao projeto Constitucional de um Estado.

152. CANOTILHO, José Joaquim Gomes, *"Brancosos" e interconstitucionalidade*: itinerários dos discursos sobre a historicidade constitucional, p. 104.
153. CANOTILHO, José Joaquim Gomes, *"Brancosos" e interconstitucionalidade*: itinerários dos discursos sobre a historicidade constitucional, p. 127-128. "A lei dirigente cede o lugar ao *contrato*, o espaço nacional alarga-se à transnacionalização e globalização, mas o ânimo de mudanças aí está de novo nos 'quatro contratos globais'. Referimo-nos ao *contrato para as 'necessidades globais'* – remover as desigualdades, – o *contrato cultural* – tolerância e diálogo de culturas –, *contrato democrático* – democracia como governo global, e *contrato do planeta terra* [*sic*] – desenvolvimento sustentado. Se assim for, a constituição dirigente fica ou ficará menos espessa, menos regulativamente autoritária e menos estatizante, mas a mensagem subsistirá, agora enriquecida pela *constitucionalização da responsabilidade*, isto é, pela garantia das condições sob as quais podem coexistir as diversas perspectivas de valor, conhecimento e ação." (CANOTILHO, José Joaquim Gomes, *"Brancosos" e interconstitucionalidade*: itinerários dos discursos sobre a historicidade constitucional, p. 128-129).
154. COUTINHO, Jacinto Nelson de Miranda (Org.), *Canotilho e a Constituição dirigente*, p. 31.

Acreditamos, nas pegadas do próprio **Canotilho**, que a Constituição dirigente não morreu; morreu, sim, um tipo de Constituição dirigente típica de um paradigma de Estado e de sociedade não mais condizente. Com isso, sem dúvida, as Constituições perderam um pouco de sua força dirigente, ainda que não tenham deixado de ser diretivas. Nesses termos, o **dirigismo constitucional** das décadas de 70 e 80 do século passado **não mais existe**, porém, a **constituição dirigente não morreu**, pois ainda **sobrevivem** importantes dimensões de programaticidade e dirigismo constitucional, ainda que em uma perspectiva **mais reflexiva** (leve) e **menos impositiva**. Além disso, conforme já observado, **Canotilho** afirma que, no atual contexto jurídico-político, devemos reconhecer que as Constituições (as europeias de forma direta) estão unidas a um grande esquema supranacional,[155] que transfere (em vários aspectos) a programaticidade aos textos normativos internacionais.[156] No final, o que também se tem é um certo deslocamento da ideia de dirigismo constitucional para os tratados internacionais, à luz de uma arena de debates e conjecturas normativas não nacionais (locais), mas, sobretudo, internacionais. Nas palavras de Canotilho no prefácio da 2ª edição de sua obra ***"Constituição Dirigente e Vinculação do Legislador"***, o autor, nesse diapasão, explicitou "numa época de cidadanias múltiplas e de múltiplos de cidadanias" que: "a Constituição dirigente está morta se o dirigismo constitucional for entendido como normativismo constitucional revolucionário capaz de, só por si, operar transformações emancipatórias. Também suportará impulsos fanáticos qualquer texto constitucional dirigente introvertidamente vergado sobre si próprio e alheio aos processos de abertura do direito constitucional ao direito internacional e aos direitos supranacionais."[157] Nesses termos, nos moldes de Canotilho, é justamente dessa tensão entre o **global** e o **local** que se dará a nova configuração da Constituição e do constitucionalismo contemporâneo.[158]

7.2. A Constituição para a Teoria dos Sistemas de Niklas Luhmann

Niklas Luhmann é um dos mais importantes sociólogos jurídicos dos últimos tempos. Ele ganhou destaque no universo internacional ao desenvolver sua Teoria Sistêmica da Sociedade,[159] segundo a qual, com a Modernidade, a sociedade passou a se consti-

155. Nesses termos: "Essa nova visão de Canotilho [...] *deve-se ao fato das recentes* ***mudanças*** *ocorridas no constitucionalismo português, sobretudo em razão do advento da União Europeia que impôs uma flexibilização na soberania dos Estados-membros (é o caso de Portugal) e que afetou, por via reflexa, a força normativa da Constituição Portuguesa, na medida em que esta passou a conviver com as diretivas da referida comunidade.* [...]" CUNHA JÚNIOR, Dirley da, *Curso de direito constitucional*, 2008, p. 130.
156. COUTINHO, Jacinto Nelson de Miranda (Org.), *Canotilho e a Constituição dirigente*, p. 15-16.
157. CANOTILHO, José Joaquim Gomes, Prefácio à 2ª Edição da obra: *Constituição dirigente e vinculação do legislador*: contributo para a compreensão das normas constitucionais programáticas.
158. Ver, sobretudo: *Globalização e democracia pós-nacional à luz de uma teoria discursiva da constituição*. Tese de Doutorado apresentada à Faculdade de Direito da UFMG. FERNANDES, Bernardo Gonçalves, 2004.
159. O pensamento de **Luhmann** foi inicialmente influenciado pela Teoria Estruturalista-Funcional de **Tacott Parsons**, de quem foi aluno no início da década de 60. "Os seus seminários eram seguidos com enorme interesse por estudantes de todo o mundo, e Luhmann não fugiu à regra. Aí nasceu uma afinidade intelectual que podemos hoje considerar a mais consistente do seu pensamento. Se quisermos arriscar uma caracterização geral da proposta

tuir a partir de diversos sistemas (ou subsistemas) sociais especializados (Política, Direito, Religião, Cultura, Ciência, Economia etc.), de modo que cada um assumisse reações próprias e uma linguagem (a partir de um processo de codificação) também própria.[160]

Nesse sentido, Luhmann parte da distinção entre o sistema e seu ambiente (entorno ou mundo circundante). Cada sistema é, portanto, fechado do ponto de vista operacional e organizado a partir de seu código.[161]

Logo, não há comunicação entre sistema e seu ambiente (*autopoiesis*). Todos os acontecimentos externos são codificados e traduzidos pelo sistema a partir de sua linguagem própria. É esse ***código*** que permitirá a organização do sistema, dotando-o de identidade e diferenciando-o dos demais sistemas sociais.[162] Para tanto, ele faz uso de uma diferenciação binária funcional, que separa o sistema de seu ambiente (por exemplo, a identificação da dupla ***direito/não direito***).

Mas, para que isso funcione no nível da sociedade, assistiremos a determinados fenômenos que provocam uma "irritação" mútua entre dois sistemas sociais, sendo lido por cada um, à luz de seu código – e por isso, diferentemente. A isso, Luhmann chama de ***acoplamento estrutural***.

É sob esse prisma que a Constituição será compreendida. Funcionalmente, então, a Constituição é o produto de um acoplamento estrutural entre os sistemas do Direito e da Política.[163]

---

de Luhmann, podemos considerá-la na direta continuidade da Sociologia estrutural e funcional de Parsons; isto significa que ele toma essa proposta como ponto de partida, e apenas isso, para desenvolver um modelo intelectual próprio que, em múltiplos aspectos, se afasta da referência original." (ESTEVES, João Pissarra. *Niklas Luhmann* – uma apresentação). Outra referência obrigatória de menção são os trabalhos dos biólogos chilenos Humberto Maturana e Francisco Varela, que revolucionaram as Ciências Biológicas com sua Teoria Autopoiética. Através de pesquisas neurofísicas, perceberam que um sistema vivo é dotado de um circuito interno que permite uma interação fechada de seus elementos constituintes, possibilitando sua auto-organização e a autoprodução dos elementos que constituem o mesmo sistema. Com isso, "o sistema interage com seu ambiente, mantendo um processo de acoplamento, através de uma espécie de decodificação das irritações causadas pelo ambiente, efetuadas mediante a utilização de suas próprias interações internas, circularmente organizadas em resposta ao ruído externo (*order from noise*) e operacionalmente fechado". (CARVALHO, Délton Winter de, *O direito como um sistema social autopoiético*: autorreferência, circularidade e paradoxos da teoria e prática do direito, p. 04).

160. LUHMANN, Niklas. *El derecho de la sociedad*. Ver também QUINAUD PEDRON, Flávio, *A função dos tribunais constitucionais para a teoria dos sistemas de Niklas Luhmann*.
161. É bom que se diga que, para **Luhmann,** o **sistema jurídico** é simultaneamente **aberto em termos cognitivos e fechado em termos operativos (ponto de vista operacional)**. Assim, o sistema jurídico é um só, pouco importando se as cadeias normativas são variadas e podem ser produzidas em diferentes contextos. Essa unidade do sistema decorre de sua especialização funcional (do direito).
162. Conforme **Rafaele Di Giorgi**: "O sistema da sociedade moderna é diferenciado em sistemas especificados segundo a função. Cada um dos sistemas satisfaz a própria função e não pode ser substituído por outro. Daí brotam problemas relativos ao fechamento dos sistemas parciais e às prestações que eles oferecem aos outros sistemas sociais. Fechamento de um sistema significa que, aos estímulos ou aos distúrbios que provenham do ambiente, o sistema só reage entrando em contato consigo mesmo, ativando operações internas acionadas a partir dos elementos que constituem o próprio sistema. **Disso resulta a autorreferência e a autopoiese do sistema: o sistema produz e reproduz os elementos dos quais é constituído, mediante os elementos que o constituem**." DI GIORGI, 2000, p. 199.
163. Ver 1) LUHMANN, Niklas, *La Costituzione come acquisizione evolutiva*; e 2) LUHMANN, Niklas, *El derecho de la sociedad*.

Ao Direito, cabe estabilizar expectativas sociais de comportamento, ou seja, diante de um futuro incerto, a ordem jurídica estabelece condutas que serão esperadas por todos os seus demais membros, forjando uma ideia de previsibilidade. Todavia, tal relação que se estabelece entre mudança social e expectativas de comportamento se dá de modo idealizado (contrafático).[164]

É justamente nesse ponto que decorre a necessidade de o Direito "irritar" a Política e vice-versa, permitindo uma separação mútua. De um lado, o Direito parece depender da Política para dotar de legitimidade suas normas, já que esta faz uso do ***poder*** para garantir acatamento social a suas determinações, e com isso, permitir estabilizações. De outro, a Política se utiliza do Direito para diversificar o uso do poder politicamente concentrado.[165]

Todavia, isso não leva à confusão entre ambos os sistemas sociais, ficando intacta a divisão funcional. A Política, distintamente do Direito, faz uso do meio do poder, de modo que o poder político se articule como um poder indicativo superior que ameaça com seu caráter obrigatório.

Mas onde entra a preocupação sociológica com relação à Constituição? Para Giancarlo Corsi – discípulo de Luhmann –, se perguntarmos aos juristas o que é a "Constituição", encontraremos respostas bastante heterogêneas, mas que compartilham da ideia de que a Constituição é importante, sobretudo, porque marca a imposição do Direito positivo sobre o Direito natural, e também porque é universal: nisso se encontra sua novidade e sua ruptura com as representações normativas do passado.[166]

Sob um olhar histórico das Revoluções Francesa e Norte-Americana, Luhmann conclui que é na figura da Constituição que se dá a total separação de ambos os sistemas quanto às suas funções e, simultaneamente, a consequente necessidade de uma religação entre eles.[167]

> [Por] "acoplamento estrutural de direito e política", entendendo-se esses como dois diferentes subsistemas da sociedade atual. Com essa formulação – muito abstrata, como sempre quando se trata da teoria dos sistemas – pretende-se descrever a situação na qual dois sistemas são completamente autônomos e, mediante uma estrutura comum (no caso, a Constituição), especificam, de modo extremamente circunscrito e seletivo, as possibilidades de "se irritarem" reciprocamente; no nosso caso, basta pensar na legislação como constante fator de irritação do Direito por parte da Política. Diversamente do que pode parecer à primeira vista, portanto, a invenção da Constituição é, sobretudo, uma reação à diferenciação (moderna) entre Direito e Política e uma tentativa de resolver (ou esconder!) os seus problemas: o problema da soberania popular e o problema da positivação (autodeterminação) do Direito.[168]

164. LUHMANN, Niklas, *El derecho de la sociedad*, p. 187.
165. LUHMANN, Niklas, *El derecho de la sociedad*, p. 207-208.
166. CORSI, Giancarlo, *Sociologia da Constituição*, p. 171.
167. LUHMANN, Niklas, *La Costituzione come acquisizione evolutiva*.
168. CORSI, Giancarlo, *Sociologia da Constituição*, p. 172-173.

A Constituição passa a ser o vetor de ordenação do código direito/não direito e, com isso, atua para a fundação da validade do direito. Isso quer dizer que a ideia moderna de Constituição permite ao Direito a sua autofundação, sem que tenha de apelar para elementos externos ao próprio Direito – como acontecia com a tradição do Direito Natural. Assim, o Direito, por meio da Constituição, fecha-se com relação ao seu ambiente.

Já no sistema da política, fenômeno similar acontece: a Constituição funciona como elemento legitimizador da vontade política, justificando-a e desamarrando-a da vinculação a fundamentos éticos, religiosos, morais, econômicos etc.[169]

Em resumo, para Luhmann, a **Constituição** é um elemento funcional na estruturação tanto do sistema jurídico quanto do sistema político. Todavia, tal comunhão não significa que ambos a compreendam com o mesmo significado. Para a Política, a Constituição é instrumento de legitimação da vontade soberana. Para o Direito, a Constituição é elemento de fundação das suas normas, sem recurso a um suposto Direito natural.

7.3. A Constituição na Teoria Discursiva do Direito e do Estado Democrático de Direito de Jürgen Habermas

A percepção, para a Teoria Discursiva do Direito e da Democracia, de J. Habermas, sobre o que seja a Constituição, não se encontra sistematizada em uma única obra, mas somente pode ser compreendida adequadamente pela leitura de suas obras, principalmente a primeira edição datada de 1994, ***Faktizität und Geltung*** (cuja tradução para o português, poderia ser ***Facticidade e validez***).[170]

Todavia, para que se possa compreender bem a noção habermasiana de Constituição, mister se faz compreender sob que ótica o autor alemão enxerga o Direito. Como já afirmado, a partir de 1994, Habermas, alterando a posição anteriormente esboçada na sua obra magna, a ***Teoria da ação comunicativa***,[171] passa a compreender o Direito como um importante componente da vida em sociedade. Isso porque o Direito torna-se um componente do ***mundo da vida*** (pano de fundo posto a todos os atores sociais, responsável por nos fornecer uma sensação de previsibilidade e segurança), coordenando os sistemas da Política e da Economia.

169. LUHMANN, Niklas, *La Costituzione come acquisizione evolutiva*.
170. Apesar de haver uma tradução para o português da referida obra, sob o título de *Direito e democracia* (1997), é explícita nossa preferência quanto às versões para o espanhol de Jiménez Redondo (1998) e para o inglês de Rehg (1996), por considerá-las mais adequadas e mais fiéis ao pensamento habermasiano.
171. Isso significa que seu pensamento pretérito compreendia o Direito por um prisma mais estreito, segundo o qual este apenas poderia ser avaliado como um *meio* para se instrumentalizar a Economia e a Política, como aconteceria, supostamente, com o Direito Civil, o Direito Empresarial e o Direito Econômico, por exemplo; ou como *instituição*, e, portanto, subordinado à Moral, permitindo que o Direito funcione como um reforço moral por meio de sua natureza coercitiva (Direito Constitucional, Direito Penal etc.) e, assim, contribuindo para manutenção da ordem social, mantendo-a coesa.

Além disso, o Direito é responsável por direcionar a ***solidariedade social*** para um nível pós-tradicional pela identificação dos destinatários das normas com os seus coautores.[172]

A Constituição, então, como cerne do Direito, representa, de um lado, um norte normativo por meio de princípios de ***liberdade*** e de ***igualdade*** e, de outro, as balizas para o sistema político que passa a respeitar a legitimidade discursiva e a democracia participativa.[173]

Para tanto, **Habermas** desenvolve a noção de ***sistema de direitos*** como condição estruturante da validade das normas constitucionais. Tomando por base o princípio do discurso – que pergunta sobre a possibilidade de universalização de um determinado interesse, de modo que sua pretensão possa ser passível de aceitação e reconhecimento pelos seus afetados em qualquer tempo e contexto espacial – Habermas desenvolve o princípio discursivo democrático, que visa explicar o sentido da prática da autodeterminação dos membros de uma comunidade jurídica – estabelecida livremente – que reconhece seus membros como parceiros livres e iguais.[174]

O sistema de direitos, então, é responsável por garantir aos indivíduos determinadas liberdades subjetivas de ação a partir das quais podem agir em conformidade com seus próprios interesses – é o que se chama de ***autonomia privada***[175] – "liberando" esses indivíduos da pressão inerente à ação comunicativa. Em contrapartida, o princípio discursivo democrático compreende a ***autonomia pública*** a partir da ótica da garantia de legitimidade do procedimento legislativo por meio de iguais direitos de comunicação e de participação. Trata-se do fato de que os sujeitos de direito têm de se reconhecer como autores das normas às quais se submetem. Explicando melhor essa noção, tem-se que a reconstrução da noção de autonomia

---

172. "O papel principal do **Direito** no que se refere à integração social se deve ao fato de que o risco do dissenso resta neutralizado agora não mais por uma autoridade sacra ou por instituições fortes que mantinham fora do criticável determinados conteúdos axiológicos e deontológicos. O posto de centralidade do Direito se deve a uma limitação na medida em que a validade das normas não pode ser questionada quando de uma pretensão individual orientada ao êxito. O Direito legítimo é coercitivo e esta coercibilidade possível reflete a aceitabilidade racional e não questionabilidade da validade desse fato – cisão entre facticidade e validade. Do contrário, o risco de dissenso estaria absurdamente largado, o que colocaria em risco a própria solidariedade social garantida, em última instância, pela ação comunicativa que, assim, fica aliviada de buscar soluções orientadas ao entendimento." CHAMON JÚNIOR, Lúcio Antônio, *Filosofia do direito na alta modernidade*, p. 236.
173. SOUZA CRUZ, Álvaro Ricardo de, *Poder constituinte e patriotismo constitucional*, p. 67. "Nesse sentido, presente se faz o aspecto performativo do 'princípio da democracia', que permite transformar os destinatários das normas jurídicas em seus autores, fazendo com que os indivíduos possam usufruir, da melhor maneira possível, suas liberdades subjetivas e suas liberdades comunicacionais." (Idem, p. 67).
174. HABERMAS, Jürgen. *Facticidad y validez*: sobre el derecho y el estado democrático de derecho en términos de teoría del discurso, p. 175. Deve ser destacado que o princípio democrático não busca um conteúdo *a priori* às questões quando são propostas, mas, sim, dizer como podem a formação da opinião e da vontade serem institucionalizados por um sistema de direitos capaz de assegurar a participação no processo legislativo em condições de igualdade.
175. HABERMAS, Jürgen, *O estado democrático de direito* – uma amarração paradoxal de princípios contraditórios?, p. 168.

leva Habermas a afirmar que os indivíduos, como sujeitos de direito, devem, ao mesmo tempo, sempre ser autores e destinatários do Direito por eles produzidos.

É, então, a partir dessa consciência de ***cooriginalidade*** entre autonomias **pública** e **privada** que os cidadãos, ao constituírem seu sistema de direitos, devem criar uma "ordem" que preveja a qualquer membro (seja atual, seja futuro) dessa comunidade uma série de direitos subjetivos, iniciando por três categorias:

> (i) Direitos fundamentais (de conteúdo concreto variável), que resultam da configuração autônoma do direito, que prevê a maior medida possível de liberdades subjetivas de ação para cada um. (ii) Direitos fundamentais (de conteúdo concreto variável), que resultam da configuração autônoma do status de membro de uma associação livre de parceiros do direito. (iii) Direitos fundamentais (de conteúdo concreto variável), que resultam da configuração autônoma do igual direito de proteção individual, portanto da reclamabilidade de direitos subjetivos.[176]

Essas três categorias decorrem de um resultado direto da aplicação do princípio do discurso ao meio do Direito; estão associadas às condições de "socialização horizontal" produzidas pelo Direito. Assim, não podem ser compreendidas como os clássicos direitos liberais de defesa, uma vez que regulam apenas relações entre concidadãos livremente associados anteriormente a qualquer organização estatal. A função básica, desses direitos, então, é a garantia da autonomia privada dos sujeitos de direito, mas apenas à medida que se reconhecem mutuamente como destinatários das leis, levantando um *status* que lhes possibilita a pretensão de obter direitos e de fazê-los valer reciprocamente. Somente no passo seguinte é que esses sujeitos de direito assumem o papel de autores de sua ordem jurídica.

> Uma vez que pretendem fundar uma associação de cidadãos que se dão a si mesmos suas leis, eles tomam consciência de que necessitam de uma quarta categoria de direitos que lhes permita reconhecerem-se mutuamente, não somente como autores desses direitos, mas também como autores do direito em geral. Se quiserem continuar mantendo um aspecto importante de sua prática atual, a autonomia, eles têm que se autotransformar, pelo caminho da introdução de direitos fundamentais políticos, em legisladores políticos. Se, as primeiras três categorias de direitos fundamentais, não poderiam existir nada parecido com o direito, porém, sem uma configuração política dessas categorias, o direito não poderia adquirir conteúdos concretos.[177]

Nessa quarta categoria, encontram-se os "(iv) Direitos fundamentais (de conteúdo concreto variável), que resultam da configuração autônoma do direito para uma participação, em igualdade de condições, na legislação política".[178] Assim, para

176. HABERMAS, Jürgen, *O estado democrático de direito* – uma amarração paradoxal de princípios contraditórios?, p. 169.
177. HABERMAS, Jürgen, *O estado democrático de direito* – uma amarração paradoxal de princípios contraditórios?, p. 169.
178. HABERMAS, Jürgen, *O estado democrático de direito* – uma amarração paradoxal de princípios contraditórios?, p. 169.

que os membros de uma dada comunidade possam atribuir reciprocamente direitos subjetivos de maneira legítima, necessitam da institucionalização de procedimentos de produção desse Direito, que pressupõe o reconhecimento mútuo como pessoas livres e iguais.

Resta, todavia, mais uma categoria de direitos, que são: (v) Direitos fundamentais "[...] ao provimento do bem-estar e da segurança sociais, à proteção contra riscos sociais e tecnológicos, bem como ao provimento de condições ecologicamente não danificadas de vida e, quando necessário, sob as condições prevalecentes, o direito de igual oportunidade de exercício dos outros direitos elencados."[179]

Nesse prisma, a **Constituição** é condição recíproca para o exercício da soberania popular e dos direitos fundamentais, no momento em que passa a institucionalizar o ***sistema de direitos*** – o conjunto de direitos (fundamentais) que os membros de uma comunidade atribuem-se reciprocamente quando ***decidem*** regular legitimamente sua convivência por meio do Direito Positivo.[180]

7.4. *O Constitucionalismo Abusivo* de David Landau

A concepção de constitucionalismo abusivo foi desenvolvida por David Landau. Ele define essa forma de constitucionalismo como o uso de institutos de origem democrática para minar ou mesmo ceifar o espaço do pluralismo num determinado país. O objetivo do autor é mostrar que mecanismos formais e institucionais de mudança constitucional podem minar e usurpar a democracia.[181]

---

179. CATTONI DE OLIVEIRA, Marcelo Andrade, *Direito constitucional*, p. 72.

180. Conforme preleciona **Habermas**: "Se sob condições de um mais ou menos estabilizado compromisso relativo ao Estado de Bem-Estar Social, quer-se sustentar não somente um Estado de Direito mas também um Estado Democrático de Direito, e, assim, a ideia de auto-organização da comunidade jurídica, então não se pode manter a visão liberal de constituição como uma ordem-quadro que regule essencialmente a relação entre administração e cidadãos. O poder econômico e a pressão social necessitam ser conformados pelos meios do Estado de Direito não menos que o poder administrativo. Por outro lado, sob as condições de pluralismo societário e cultural, a Constituição deve também não ser concebida como uma ordem jurídica concreta que imponha aprioristicamente uma forma de vida total à sociedade. Ao contrário, a Constituição estabelece procedimentos políticos de acordo com os quais os cidadãos possam, no exercício de seu direito de autodeterminação, com sucesso, buscar realizar o projeto cooperativo de estabelecer justas (i.e. relativamente mais justas) condições de vida. Somente as condições procedimentais da gênese democrática das leis asseguram a legitimidade do Direito promulgado." HABERMAS, Jürgen, *Facticidad y validez*: sobre el derecho y el estado democrático de derecho en términos de teoría del discurso, p. 163. Importante, então, observar que a **crítica** de Michelman (*Brennan and Democracy*) a Habermas – no sentido de afirmar um *paradoxo* entre Estado de Direito e Democracia, o que provocaria um regresso ao infinito, já que a Assembleia Constituinte não poderia avocar legitimidade democrática das normas que ela mesma criou. Em resposta, o autor alemão (*O estado democrático de direito* – uma amarração paradoxal de princípios contraditórios?) argumenta que tal regresso pode ser mais bem compreendido no sentido não de um círculo vicioso, mas antes hermenêutico, como uma abertura para o futuro, a partir da ideia de um projeto a ser enfrentado por diversas gerações, que assumirão a tarefa de atualizar a substância normativa do sistema de direitos estatuído pela Constituição. Para mais detalhes ver CATTONI DE OLIVEIRA, Marcelo Andrade. *Poder constituinte e patriotismo constitucional*, p. 35-39. Devemos, portanto, lembrar – já que parece passar despercebido aos autores ligados à tradição do Comunitarismo – que em Habermas (*A inclusão do outro*, p. 307) a ideia de "*política deliberativa*" adquire uma percepção muito mais *dialógica* que *instrumental*.

181. LANDAU, David. *Abusive constitutionalism*. UC Davis Law Review, Estados Unidos, v. 47, n. 1, p. 189-260, nov. 2013. O Constitucionalismo Abusivo é descrito pela literatura especializada como utilização indevida de mecanismos

Assim sendo, o fenômeno do "Constitucionalismo Abusivo" vai muito além dos comuns regimes autoritários, cuja inconstitucionalidade é clara (salta aos olhos), porquanto sua subsistência reside nas entranhas de suas cartas magnas, cujos mecanismos ordinários de defesa para combatê-lo são praticamente ineficazes. Exemplos de constitucionalismo abusivo vêm de diferentes partes do mundo, mas a América Latina parece ser campo fértil para o seu desenvolvimento.

Aqui é interessante salientar que, na maioria dos países da América Latina, a ditadura militar esteve presente nas décadas de 60 em diante do século XX. E embora em alguns casos os regimes autocráticos buscassem a legitimação legal de suas ações, os golpes militares foram geralmente feitos em desafio à ordem constitucional existente. Ou seja, observamos em regra uma ruptura institucional muito clara.

Contudo, para a tese do constitucionalismo abusivo, os golpes militares deixaram de ser um método comum de supressão da ordem democrática. Nesse sentido, atualmente é crescente a instituição de regimes autoritários ou semiautoritários por meio do uso de ferramentas constitucionais. Assim, presidentes autoritários e partidos fortes eleitos em eleições válidas e democráticas podem promover mudanças constitucionais de forma a torná-los muito difíceis de substituir e de serem controlados pelos outros poderes.[182]

As "autocracias eleitorais" ou os "regimes híbridos" são aqueles observados em países nos quais geralmente o constitucionalismo assume um feitio abusivo. Nesses termos, eles costumam satisfazer a comunidade internacional, uma vez que são democráticos o suficiente para não apontá-los em seu radar. Isso porque eleições são realizadas e não são meras aparências, quer dizer, há competitividade eleitoral a ponto de o partido/candidato da oposição ocasionalmente até ganhar. Ao mesmo tempo, contudo, há um enfraquecimento de várias instituições que deveriam estar fiscalizando o poder executivo, tornando-as praticamente inexpressivas ou então suas correligionárias.[183]

---

do direito constitucional para atacar e minar as estruturas da democracia constitucional e das bases filosóficas do constitucionalismo. Há duas formas principais de emprego da categoria constitucionalismo abusivo para compreender práticas e realidades constitucionais: a) frequente e reiterado uso de emendas à constituição e criação de novos documentos constitucionais com intuito de manter um grupo social e político no poder com destruição dos elementos centrais da democracia constitucional, designando esse modalidade como constitucionalismo abusivo estrutural, e b) utilização de alguns institutos e técnicas constitucionais em desacordo com as diretrizes da democracia constitucional, consistindo esse fenômeno no constitucionalismo abusivo episódico. Apesar da existência de hiperpresidencialismo no Brasil, os mecanismos de *accountability* horizontal como do Poder Judiciário sobre o Executivo e o Legislativo, não permitem a classificação como constitucionalismo abusivo estrutural, mas existem fenômenos de constitucionalismo abusivo episódico e preocupantes. Barboza, E., & Filho, I. (2019). Constitucionalismo Abusivo. *Revista Brasileira De Direitos Fundamentais & Justiça, 12*(39), 79-97. https://doi.org/10.30899/dfj.v12i39.641.

182. LANDAU, David. *Abusive constitutionalism*. UC Davis Law Review, Estados Unidos, v. 47, n. 1, p. 189-260, nov. 2013.

183. Kanegae, Kenji Nogueira. *Constitucionalismo abusivo ou constituição sem constitucionalismo*. Nesses termos: *A valer, princípios como a dignidade humana, igualdade racial ou a livre iniciativa, certamente permanecerão intactos ou até mesmo enaltecidos no constitucionalismo abusivo, sob pena de perder a sua feição democrática, inclusive, nesses países geralmente há um alto índice de aprovação popular, uma das principais "ferramentas" utilizadas pelos dirigentes políticos para legitimar o seu poder. Se assim não o fosse, alguns mecanismos criados para o embate contra*

Nesses termos, David Landau afirma que determinadas *cláusulas são efetivas em detectar golpes militares tradicionais, que são abertamente inconstitucionais, mas muito menos efetivos em detectar o constitucionalismo abusivo, que utiliza meio que são tanto constitucionais ou então ambiguamente constitucionais.*[184]

7.5. A sociedade aberta de intérpretes da Constituição de Peter Häberle: Constituição como cultura e processo público

Na perspectiva de Peter Häberle, a assunção de uma perspectiva de um Estado Democrático de Direito, bem como de uma Hermenêutica Constitucional adequada, que visa à autocompreensão da Constituição, mostram-se como inadequadas se forem construídas (forjadas) tendo como destinatárias uma ***sociedade fechada de intérpretes***[185] – que, segundo o autor, estaria preocupada e, sobretudo, direcionada à interpretação (constitucional) dada (apenas) pelos magistrados (principalmente os membros dos Tribunais e das Cortes Constitucionais).

Ora, Estado Democrático de Direito impõe uma nova tônica como paradigma constitucional e, por isso, sua preocupação transborda além das paredes dos tribunais. Ele se assume como referencial teórico para pensar uma sociedade pluralista, hipercomplexa, dotada em seu interior de diversos projetos de vida. Sob tal prisma, levanta exigências de uma sociedade ***aberta*** de intérpretes, na qual cada sujeito é destinatário da norma constitucional e igualmente o seu intérprete, em um processo ativo de construção do seu sentido. Conforme a doutrina: "Sem prejuízo da precedência que atribui à jurisdição constitucional – até porque reconhece que a ela compete dar a última palavra sobre a interpretação – Häberle afirma que devem ser reconhecidos como igualmente legitimados a interpretar a Constituição os seguintes indivíduos e grupos sociais: 1) o recorrente e o recorrido, no recurso constitucional, como agentes que justificam a sua pretensão e obrigam o Tribunal Constitucional a tomar uma posição ou a assumir um diálogo jurídico; 2) outros participantes do processo, que têm direito de manifestação ou de integração à lide, ou que são convocados, eventualmente, pela própria Corte; 3) os órgãos e entidades estatais, assim como os funcionários públicos, agentes políticos ou não, nas suas esferas de decisão; 4) os pareceristas ou experts; 5) os peritos e representantes de interesses, que atuam nos tribunais; 6) os partidos políticos e frações parlamentares, no processo de escolha dos juízes das cortes constitucionais; 7) os grupos de pressão

---

regimes autoritários se revelariam eficazes contra o constitucionalismo abusivo, tais como, o conceito de "democracia militante" da Alemanha pós nazista em que é possível o banimento de partidos totalitários antes que tenham a chance de crescimento e ganhem poder dentro do sistema político, bem como as chamadas "cláusulas democráticas", onde países com práticas antidemocráticas podem sofrer sanções de organismos internacionais, tal como a exclusão da Venezuela do bloco Mercosul no ano passado por práticas abusivas do governo de NICOLAS MÁDURO e o "desrespeito à separação de poderes".

184. LANDAU, David. *Abusive constitutionalism*. UC Davis Law Review, Estados Unidos, v. 47, n. 1, p. 189-260, nov. 2013
185. HÄBERLE, Peter, *Hermenêutica constitucional:* a sociedade aberta dos intérpretes da Constituição – a contribuição para a interpretação pluralista e "procedimental" da Constituição.

organizados; 8) os requerentes ou partes nos procedimentos administrativos de caráter participativo; 9) a mídia, em geral, imprensa, rádio e televisão; 10) a opinião pública democrática e pluralista, e o processo político; 11) os partidos políticos fora do seu âmbito de atuação organizada; 12) as escolas da comunidade e as associações de pais; 13) as igrejas e as organizações religiosas; 14) os jornalistas, professores, cientistas e artistas; 15) a doutrina constitucional, por sua própria atuação e por tematizar a participação de outras forças produtoras de interpretação."[186]

Logo, o mérito de Häberle está em nos lembrar que a interpretação constitucional não pode mais ser balizada nas atividades estatais exclusivamente, mas deve criar condições de abertura para penetração de um fluxo interpretativo que provém da sociedade civil.[187] O juiz constitucional, adverte o autor alemão, apesar de intérprete oficial, tem sempre que ter em mente que sua interpretação tem de encontrar (na medida do possível) correspondência com os demais intérpretes situados na sociedade aberta, o que exigirá dele uma mudança metodológica e de postura, também, levando em conta sempre a posição e argumentos dos sujeitos envolvidos.[188]

Por isso, podemos com Häberle dizer que a **Constituição** em si é aberta e carente de interpretações que devem se dar à luz de uma discussão pública.[189] Adotar uma postura contrária é, necessariamente, correr o risco de perder a racionalidade e a legitimidade da decisão, pondo em xeque a normatividade da própria Constituição.[190]

---

186. COELHO, Inocêncio Mártires, *Konrad Hesse/Peter Häberle*: um retorno aos fatores reais de poder, p. 6.
187. CUNHA JÚNIOR, Dirley da, *Curso de direito constitucional*, p. 225-226.
188. Triste é, todavia, o fato de, principalmente, os juízes dos Tribunais Superiores brasileiros ainda virarem as costas para tal compreensão, mantendo autoritariamente e à revelia da Constituição posturas *fechadas* de interpretação – que levam em conta apenas o seu posicionamento pessoal, justificadas mais por discursos de autoridade do que por razões jurídicas. Ver, por exemplo, os seguintes votos: 1) do Min. Humberto Gomes de Barros, do STJ, no AgReg em ERESP nº 279.889-AL: "*Não me importa o que pensam os doutrinadores.* Enquanto for Ministro do Superior Tribunal de Justiça, assumo a autoridade da minha jurisdição. O pensamento daqueles que não são Ministros deste Tribunal importa como orientação. A eles, porém, não me submeto. Interessa conhecer a doutrina de Barbosa Moreira ou Athos Carneiro. Decido, porém, conforme minha consciência. Precisamos estabelecer nossa autonomia intelectual, para que este Tribunal seja respeitado. É preciso consolidar o entendimento de que os Srs. Ministros Francisco Peçanha Martins e Humberto Gomes de Barros decidem assim, porque pensam assim. E o STJ decide assim, porque a maioria de seus integrantes pensa como esses Ministros. Esse é o pensamento do Superior Tribunal de Justiça, e a doutrina que se amolde a ele. É fundamental expressarmos o que somos. *Ninguém nos dá lições.* Não somos aprendizes de ninguém. Quando viemos para este Tribunal, corajosamente assumimos a declaração de que temos notável saber jurídico – uma imposição da Constituição Federal. Pode não ser verdade. Em relação a mim, certamente, não é, mas, para efeitos constitucionais, minha investidura obriga-me a pensar que assim seja" (*grifos nossos*); e 2) do Min. Eros Grau na Reclamação nº 4.335-5/AC: "Sucede que estamos aqui não para caminhar seguindo os passos da doutrina, mas para produzir o direito e reproduzir o ordenamento. Ela nos acompanhará, a doutrina. Prontamente ou com alguma relutância. Mas sempre nos acompanhará, se nos mantivermos fiéis ao compromisso de que se nutre a nossa legitimidade, o compromisso de guardarmos a Constituição. O discurso da doutrina [= discurso sobre o direito] é caudatário do nosso discurso, o discurso do direito. Ele nos seguirá; não o inverso."
189. MENDES, Gilmar Ferreira; COELHO, Inocêncio Mártires; BRANCO, Paulo Gustavo Gonet, *Curso de direito constitucional*, p. 7-8. Exemplos interessantes da perspectiva de uma *sociedade aberta de intérpretes da Constituição* positivados em nosso ordenamento, podem ser observados nos arts. 7° § 2° (*amicus curiae*) e 9° da Lei n° 9.868/99.
190. COELHO, Inocêncio Mártires, *Konrad Hesse/Peter Häberle*: um retorno aos fatores reais de poder.

Nesse sentido, Häberle desenvolve sua concepção de **Constituição aberta** em uma **sociedade aberta** entendendo-a como um **processo cultural**[191] no qual temos uma tensão entre o passado e o futuro que se reproduz cotidianamente no contexto social de um povo concreto.[192] Conforme abalizada doutrina: "A Constituição, para Häberle, não se limita a ser apenas um compêndio de normas de conteúdo pré-determinado, seja pela história, seja por decisão do constituinte. Tampouco começa do zero. Ela é um **processo** que recebe do passado certas orientações e projeta alternativas para o futuro. Compreende, assim, a expressão de um certo grau de desenvolvimento cultural, um meio de autorrepresentação própria de todo um povo, espelho de seu legado cultural e fundamento de suas esperanças e desejos. É a síntese da tradição, da cultura, das experiências históricas, bem como das esperanças, possibilidades reais e de configuração futura, viabilizadora de que os textos clássicos, os discursos presidenciais, os votos dos magistrados do tribunal da jurisdição constitucional, até os trabalhos artísticos e científicos cristalizem os valores culturais. É a catálise de posteriores desenvolvimentos dos textos normativos positivos."[193] Nesse sentido, a Constituição não pode ser meramente entendida como o documento escrito (eixo[194]), pois, a rigor, ela seria um "processo público" (aberto) "de interpretação" cotidiana do texto à luz dos contextos que permeiam as especificidades individuais e sociais.[195]

7.6. A força normativa da Constituição e a Constituição aberta de Konrad Hesse

Em um famoso texto, o professor alemão Konrad Hesse pretendeu apresentar uma digressão sobre os problemas que parecem separar de modo abissal ***realidade***

191. Podemos observar que sua tese guarda íntima conexão com a perspectiva **culturalista** aqui já trabalhada.
192. Nesse sentido: "[...] a Constituição é sempre de um povo concreto e de uma cultura específica, por mais que os textos possam se equivaler. A constituição não é, portanto, reserva do jurista, mas um fio condutor para o uso de todos os cidadãos." (SAMPAIO, José Adércio Leite, *Teorias constitucionais em perspectiva*, 2004, p. 28).
193. (SAMPAIO, José Adércio Leite, *Teorias constitucionais em perspectiva*, 2004, p. 27).
194. Nesses moldes, a Constituição escrita seria uma guia para a Constituição (intitulada) processo, instituindo garantias para ela, como: respeito às minorias, liberdade de expressão, pressupostos processuais etc. SAMPAIO, José Adércio Leite, *Teorias constitucionais em perspectiva*, 2004, p. 27.
195. Interessante é a conclusão de **José Adércio**: O procedimentalismo constitucional, no passo de Häberle, refere-se à Constituição como um conjunto de regras do processo de decisão política ou das formas de competição por programas sociais e políticos (*Haus oder fórum*). A doutrina de Häberle, além do ideário procedimentalista, trouxe para o centro do debate constitucional o projeto popperiano de uma sociedade aberta. (SAMPAIO, José Adércio Leite. *Teorias constitucionais em perspectiva*, 2004, p. 28). Nesses termos, é importante registrar a crítica de **Pablo Lucas Verdú** ao posicionamento de Häberle. Este entende que o maniqueísmo que se apresenta na teoria crítica de Popper e, segundo ele, de Häberle, entre abertura-perfeição e fechamento-imperfeição é um radicalismo inadequado. Para o professor espanhol nenhuma **Constituição**, bem como nenhuma sociedade, é exclusivamente fechada ou exclusivamente aberta. (SAMPAIO, José Adércio Leite, *Teorias constitucionais em perspectiva*, 2004, p. 29). Ver também VERDÚ, Pablo Lucas, *La Constitución abierta y sus enemigos*. Madrid, 1993. Nesse ponto discordamos de Verdú, pois acreditamos que **Häberle**, no desenvolvimento (e na ênfase) da tese da Constituição como um processo público aberto, não retira a possibilidade de garantia de direitos (processuais e fundamentais) inarredáveis até mesmo para que a abertura seja viável e não meramente uma utopia ou mesmo uma panaceia. Outras críticas às posições de Häberle podem ser encontradas em CANOTILHO, José Joaquim Gomes, *Constituição dirigente e vinculação do legislador*: contributo para a compreensão das normas constitucionais programáticas.

e ***norma*** constitucional,[196] entrando, portanto, em franco debate com a tradição de pensamento que remonta às ideias de Lassalle.

Partindo desse ponto, reconhecerá que a Constituição deve ser compreendida como ordem jurídica fundamental de uma sociedade, que se estrutura a partir de certos princípios fundamentais.[197] Logo, ao se falar em sua concretização, levantam-se exigências no sentido de: (1) fixar princípios diretores que conduzam à ideia de unidade política e de desenvolvimento estatal; (2) fixar procedimentos capazes de solucionar controvérsias internas à comunidade; (3) fixar uma disciplina de organização e de formação da unidade política e da atuação estatal; e (4) criar as bases dos princípios componentes da ordem jurídica.[198]

Com isso, Hesse busca se contrapor às teses mecanicistas, preferindo uma abordagem dialética que reafirme o caráter normativo da Constituição (como vontade normativa abstrata de uma comunidade).[199] Logo, mesmo acabando por reconhecer o significado dos fatores históricos, políticos e sociais para a força normativa da Constituição, o autor alemão irá enfatizar esse aspecto da vontade de Constituição.

É a partir de tal prisma que Hesse busca conciliar realidade e normatividade constitucionais. Sem virar as costas para a realidade histórica-política, a Constituição não pode perder sua natureza deontológica (ligada ao **dever-ser**). E, para que haja tal vontade de se cumprir a Constituição, três elementos devem ser observados:[200] (1) "compreensão da necessidade e do valor de uma ordem normativa inquebrantável, que proteja o Estado contra o arbítrio desmedido e uniforme"; (2) "na compreensão de que essa ordem constituída é mais do que uma ordem legitimada pelos fatos (e que, por isso, necessita de estar em constante processo de legitimação)"; e (3) "consciência de que, ao contrário do que se dá com uma lei do pensamento, essa ordem não logra ser eficaz sem o concurso da vontade humana. Essa ordem adquire e mantém sua vigência através de atos de vontade. Essa vontade tem consequência porque a vida do Estado, tal como a vida humana, não está abandonada à ação surda de forças aparentemente inelutáveis. Ao contrário, todos nós estamos permanentemente convocados a dar conformação à vida do Estado, assumindo e resolvendo as tarefas por ele colocadas. Não perceber esse aspecto da vida do Estado representaria um perigoso empobrecimento de nosso pensamento. Não abarcaríamos a totalidade desse fenômeno e sua integral e singular

196. HESSE, Konrad, *A força normativa da Constituição*.
197. HESSE, Konrad, *Elementos de direito constitucional da República Federal da Alemanha*, p. 37.
198. MENDES, Gilmar Ferreira. *Curso de direito constitucional*, p. 11.
199. Para Inocêncio Coelho (*Konrad Hesse/Peter Häberle*: um retorno aos fatores reais de poder, p. 4-5), tal postura destaca uma compreensão deontológica da Constituição, que se destaca muitas vezes como divergente na tradição do constitucionalismo alemão, tão afeito a posturas axiológicas – que identificam normas a valores, submetendo-as a cálculos utilitaristas de custo-benefício, como faz Robert Alexy (ALEXY, Robert, *Teoría de los derechos fundamentales*).
200. HESSE, Konrad, *A força normativa da Constituição*, p. 19-20.

natureza. Essa natureza apresenta-se não apenas como problema decorrente dessas circunstâncias inelutáveis, mas também como problema de determinado ordenamento, isto é, como um problema normativo."

É, portanto, tarefa delegada ao Direito Constitucional a manutenção de sua força normativa, evitando que questões constitucionais sejam confundidas e diluídas em questões políticas.[201] Para tal é necessário a já citada "vontade de constituição" (***Wille zur Verfassung***) ou aquilo que o jurista espanhol Pablo Lucas Verdú chamou de "sentimento de constituição".

É importante afirmar que Konrad Hesse, além da tese da **força normativa** da Constituição, desenvolveu, conjuntamente, a defesa da **abertura constitucional**. Nesses termos, a Constituição adequada é aquela na qual projetos alternativos de vida fossem capazes de conviver sem sucumbirem, recebendo, portanto, a possibilidade efetiva de participarem com igualdade do jogo democrático. Porém, é mister salientar que a abertura não é ilimitada, pois a Constituição conforma o Estado a partir de regras e princípios que ela mesma estatui e que "não estão sujeitos a transações ou barganhas políticas (conteúdos constitucionais não abertos)".[202]

Assim, a **teoria constitucional** desenvolvida por Hesse objetiva se afastar de uma espécie de "totalitarismo constitucional" que consiste na "codificação global e detalhada das matérias constitucionais", mas ao mesmo tempo sua abertura e incompletude não se dissolvem numa "dinâmica total em que a constituição seja incapaz de orientar e ordenar a vida"[203] da sociedade e do Estado, sendo, como já observado, assegurada sua força normativa. Concluímos afirmando que Hesse busca uma espécie de convívio ou coexistência entre os domínios abertos e não abertos, explicitando, portanto, que "uma Constituição, para ser duradoura, deve conciliar sua abertura ao tempo com sua estabilidade jurídica."[204]

7.7. A Constituição simbólica de Marcelo Neves e as digressões sobre o transconstitucionalismo (Tese do Transconstitucionalismo)

Para a compreensão da constitucionalização simbólica, o jurista Marcelo Neves desenvolve um interessante percurso crítico e reflexivo. Primeiro, demarca o que significa o "simbólico", depois, trabalha a concepção de "legislação simbólica" no que tange à sua definição e à sua tipologia, para, logo em seguida, analisar a Constituição simbólica, bem como as implicações e consequências da "constitucionalização simbólica" para o sistema jurídico.

201. VIEIRA, Iacyr de Aguilar, *A essência da Constituição no pensamento de Lassalle e de Konrad Hesse*, p. 10.
202. SAMPAIO, José Adércio Leite, *Teorias constitucionais em perspectiva*, 2004, p. 27.
203. CUNHA JÚNIOR, Dirley da, Curso de direito constitucional, 2008, p. 94.
204. CUNHA JÚNIOR, Dirley da, Curso de direito constitucional, 2008, p. 95.

Para o professor titular da UNB, o que significaria o termo simbólico? Após várias teorizações e concepções na filosofia, sociologia, antropologia e psicologia, Marcelo Neves delimita (embora reconhecendo a "vagueza" e "ambiguidade" do termo) que o simbólico pode ser traduzido como a dimensão em que o discurso **conotativo** é mais forte que discurso **denotativo**, ou seja, que o sentido manifesto, é menos relevante do que o sentido latente (a linguagem "*manifesta*" é mais frágil que a linguagem "*latente*"[205]).

Após isso, afirma Marcelo Neves que praticamente todas as normas jurídicas são dotadas de um *aporte* de carga simbólica, ou seja, todo texto normativo em parte tem funções sabidamente simbólicas (de natureza *político-simbólica*) que convivem com as funções de natureza normativo-jurídicas. Esse, inclusive, não é o problema, pois é até salutar, para Neves, esse convívio. O problema se coloca, justamente, quando há uma "***hipertrofia***" da função político-simbólica em **detrimento** da força normativo-jurídica do diploma legal, ou seja, a dimensão político-simbólica **prevalece** sobre a natureza jurídica-normativa própria do direito.[206] Aqui, a advertência é a de que não ocorre apenas um alto grau de ineficácia jurídica (inefetividade social), mas, conjuntamente, também um alto grau de força simbólica (político-simbólica)

Marcelo Neves elenca, então, uma **"tipologia de legislações simbólicas"**, sendo elas: ***(1) Fórmula de compromisso dilatório***: em um cenário de conflito social a legislação surge em circunstâncias políticas, nas quais as partes envolvidas aprovam uma lei que sabidamente não resolveria o conflito, ou seja, sabidamente ineficaz para aquela querela. Com isso, protela-se a resolução do problema (*adiamento da solução do conflito*) e, consequentemente, temos que as condições não admitiam a força normativa da lei, mas mesmo assim ela é aprovada, porém, não advém dela um significado prático para a realidade jurídico-social e a solução é *transferida* para o futuro[207]; ***(2) Confirmação de valores sociais de um grupo*** (contra outro grupo ou outros grupos): nesse caso, resta explícito que um grupo quer deixar assente que seus valores são mais relevantes (*melhores, mais adequados, mais virtuosos*) que os de outros grupos sociais (esses valores, então, vão funcionar como elementos influenciadores da atividade legiferante[208]); ***(3) Legislação-álibi:*** ocorre quando o Es-

205. Como exemplos: a) o do "carrasco" que enforca em praça pública; b) o da "democracia", vide: República Democrática da Alemanha (democrática?); c) República Popular da China (popular?).

206. NEVES, Marcelo, A constitucionalização simbólica, p. 29-31.

207. O **compromisso dilatório** se mostra como medida de solução por meio de um ato legislativo aprovado consensualmente por duas facções políticas opostas, no sentido não de apresentar um acordo quanto ao conteúdo do diploma normativo, mas, sim, em aceitar ambas que o conflito fique para ser resolvido em um **futuro** indeterminado. NEVES, Marcelo, *A constitucionalização simbólica*, p. 41. Um exemplo é o de reconhecimento de direitos trabalhistas para empregadas domésticas na Noruega na década de 40 do século passado. Os socialistas eram a favor e os liberais contra. Ambos responderam aos seus eleitores. A lei foi aprovada, mas as *cláusulas sancionatórias* para seu descumprimento eram impossíveis de serem aplicadas. Ou seja, ambos os partidos deram repostas aos seus eleitores. Restou claro o compromisso dilatório e a questão foi transferida para o futuro.

208. As discussões em torno da Lei Seca, nos Estados Unidos, demonstram bem esta perspectiva. A **proibição do consumo de bebidas** alcoólicas não apresentava preocupação primordial com a eficácia dos efeitos instrumentais da norma, mas, sim, em afirmar a **supremacia dos valores compartilhados pela comunidade protestante**

tado age para acalmar (em situações, por exemplo, de comoção pública, diante de um público aflito). Com isso, temos uma demonstração da capacidade de ação do Estado, no que se refere à solução de problemas sociais. Aqui, temos um papel tranquilizador, porém, sem significado prático relevante[209].

É, então, característica da **legislação simbólica** sua ineficácia. Mas este não é seu problema principal, mas, sim, a sua falta de ***vigência social***.[210] Uma vez que a norma jurídica não apenas regula uma conduta, fixando uma direção para o agir, mas, ainda, visa assegurar expectativas de comportamento generalizáveis, a estrutura da legislação simbólica prejudica, principalmente, esse segundo prisma, já que deixa de ser levada como uma orientação normativa do agir, ou seja: a lei existe, fixa uma conduta, mas ninguém socialmente espera que tal conduta seja observada.

Mas certo é que, se o problema da legislação simbólica é grave, mais grave é o problema da Constituição simbólica. Marcelo Neves, então, trabalha a passagem do fenômeno da legislação simbólica para o da constitucionalização simbólica. Ora, aqui, o problema é, justamente, o da maior abrangência, nos diversos âmbitos de vigência do direito que envolvem a Constituição, na medida em que a Constituição é fundamento de validade para as outras normas do ordenamento jurídico, e suas normas se "irradiam" por todo o sistema jurídico. É bom lembrar que, na análise da Constituição, Marcelo Neves faz uso da teoria luhmanniana, que compreende a Constituição como *acoplamento estrutural* entre os sistemas do direito e da política.

A discussão sobre a **constituição simbólica** tem lugar no debate entre norma e realidade constitucional. Por isso, a **constituição simbólica**, por um lado, revela um **aspecto *negativo***, que é, justamente, o seu ***déficit*** de concretização jurídico-normativa, o que leva à perda da capacidade da Constituição generalizar expectativas de comportamento – função própria do Direito.[211]

Por outro lado, acaba revelando também um **aspecto positivo,** no que concerne ao seu papel ideológico-político, o que faz com que a **Constituição** se transforme em uma instância reflexiva de um sistema jurídico, aproximando as expectativas sociais e canalizando argumentos em prol da formação de um consenso discursivo. O **risco,**

– contrário ao consumo de álcool – em **detrimento da comunidade católica** – favorável ao seu uso (NEVES, Marcelo. A constitucionalização simbólica, p. 33-34). Aliás, diga-se: "*nunca se bebeu tanto nos EUA como na época da Lei seca*".

209. Aqui, não se está tratando da confirmação de valores de um grupo particular, mas da produção de *confiança no público*, por meio da criação de diplomas normativos que satisfaçam as expectativas de cidadãos, sem que haja o mínimo de condições reais de efetivação. Ou seja, o legislador usa estrategicamente da legislação para se ver livre das pressões políticas ou para forçar uma imagem de um Estado sensível e preocupado com exigência e expectativas provindas da sociedade civil (NEVES, Marcelo, A constitucionalização simbólica, p. 36-37). "[...] no Brasil a partir das duas últimas décadas do século XX, a discussão em torno de uma legislação penal mais rigorosa apresenta-se como um álibi, uma vez que o problema não decorre da falta de legislação tipificadora, mas sim, fundamentalmente, da inexistência dos pressupostos socioeconômicos e políticos para a efetivação da legislação penal em vigor." NEVES, Marcelo, *A constitucionalização simbólica*, p. 38.

210. NEVES, Marcelo, *A constitucionalização simbólica*, p. 51.

211. NEVES, Marcelo, A constitucionalização simbólica, p. 91.

contudo, é de que a **constituição simbólica** crie um *simulacro de realidade*, servindo para encobrir problemas sociais,[212] obstruindo possíveis tomadas de atitude políticas que levariam a mudanças sociais.

Mas o **desgaste do constitucionalismo simbólico**, também, acaba servindo para a **eclosão** de *movimentos sociais reformistas*. Todavia, novamente, o elemento simbólico também pode revelar outra face, a condução a uma **apatia das massas sociais e ao fortalecimento de um cinismo por parte da elite política**.

Ao final, a emergência de um constitucionalismo simbólico acaba por representar ***sobreposição*** do **sistema político** sobre **o sistema jurídico**.[213]

Sob tais luzes, a constitucionalização simbólica apresenta-se essencialmente no **bloqueio político destrutivo** que obstaculizaria a reprodução operacionalmente autônoma do sistema jurídico, acarretando, assim, a **perda da relevância normativo-jurídica dos textos constitucionais** como elementos de orientação das expectativas normativas.

Dito de outro modo, o **sistema jurídico perderia sua capacidade de gerar seu próprio código**, já que encontra na Constituição sua matriz geradora.[214] Com tudo isso, o **princípio da legalidade** acaba por **não** se realizar de modo suficiente, e, consequentemente, perde-se a condição de manutenção de uma igualdade perante a lei – que, no máximo, transforma-se em figura **retórica** do **discurso do poder**. O interessante é que, com isso, a própria **autonomia do sistema político é posta em xeque, tornando-a aberta e suscetível a influências imediatas de interesses particulares.**[215] Isso acaba por explicar por que no plano das práticas informais – já que desprovidas de um procedimento constitucional – **irão** imperar deturpações e corrupções.

Após as análises sobre a concepção do **constitucionalismo simbólico**, passamos às digressões do que o professor **Marcelo Neves**, recentemente, em instigante obra, denominou de **transconstitucionalismo**. Ora, segundo o autor, o que seria esse (novo) fenômeno e como poderia ser caracterizado?

Em linhas gerais, o **transconstitucionalismo** pode ser definido como o entrelaçamento de ordens jurídicas diversas (**estatais, transnacionais, internacionais e até mesmo supranacionais**) em torno dos mesmos problemas de **natureza constitucional**. Portanto, o fato de **ordens jurídicas diferenciadas** enfrentarem concomitantemente as **mesmas questões** de **natureza constitucional** pode (e deve), segundo o autor, ser traduzido como transconstitucionalismo.[216] Com isso, em nossa sociedade

212. NEVES, Marcelo, *A constitucionalização simbólica*, p. 98.
213. NEVES, Marcelo, *A constitucionalização simbólica*, p. 148.
214. NEVES, Marcelo, *A constitucionalização simbólica*, p. 150.
215. NEVES, Marcelo, *A constitucionalização simbólica*, p. 152.
216. Mas, aqui, uma advertência do autor, já na introdução de sua obra. Marcelo Neves, contra qualquer mal-entendido, afirma que: "o transconstitucionalismo não se trata de constitucionalismo internacional, transnacional,

hipercomplexa, estaríamos diante de um **novo paradigma constitucional,** que abala com as nossas pré-compreensões subjacentes (arraigadas pelo direito nacional-estatal clássico e pelo direito internacional clássico), pois problemas, por exemplo, em torno de direitos fundamentais, ou mesmo de separação e limitação de poderes (envolvendo conflitos entre o Judiciário e o Executivo de um Estado nacional contra organizações internacionais ou contra um outro Estado nacional) passam, efetivamente, a serem debatidos e discutidos por **tribunais de ordens jurídicas diversas,** podendo apresentar soluções distintas à luz dos contextos (e percepções) em que são analisados.

Certo é que o **transconstitucionalismo** pode ocorrer entre ordens jurídicas da mesma espécie ou de espécies diferentes,[217] ou mesmo entre uma pluralidade de ordens jurídicas que podem estar envolvidas simultaneamente na solução de um caso (como exemplo, teríamos o transconstitucionalismo pluridimensional dos direitos humanos).

Como forma de demonstrar tal ocorrência e, com isso, a mudança paradigmática em voga, Marcelo Neves cita em sua tese 98 exemplos[218] de transconstitucionalismo em vários países (incluindo: Alemanha, Brasil, Áustria, França, Inglaterra, EUA, África do Sul, Suíça, entre outros[219]) e em variadas ordens jurídicas. Entre eles, podemos elencar:

---

supranacional, estatal ou local. O conceito aponta exatamente para o desenvolvimento de problemas jurídicos que perpassam diversas ordens jurídicas. Um problema transconstitucional implica uma questão que poderá envolver tribunais estatais, internacionais, supranacionais e transnacionais (arbitrais), assim como instituições jurídicas locais nativas, na busca de sua solução". NEVES, Marcelo, *Transconstitucionalismo*, p. *XXI-XXII*. É interessante que, no capítulo 3 da obra, esclarece o autor que, se quisermos definir as questões constitucionais que ensejam o **transconstitucionalismo** devemos nos afastar da noção arraigada do **direito constitucional do constitucionalismo clássico**, ou seja, de um conceito de Constituição associado exclusivamente a um determinado **Estado**, sem que daí seja necessário recorrer a outras Constituições. Aliás, essa perspectiva não mais coaduna com a atual *praxis* constitucional que vai além dos Estados em virtude do incremento de relações transterritoriais (*constitucionalismo para além do Estado*). Um exemplo extensivamente trabalhado pelo autor diz respeito aos **direitos fundamentais (ou direitos humanos)**, pois é evidente como esse tema (entre outros) deixou de ser um privilégio do direito constitucional do Estado, perpassando suas fronteiras. Nesses termos: "Não interessa primariamente ao conceito de transconstitucionalidade saber em que ordem se encontra uma Constituição, nem mesmo defini-la como um privilégio do Estado. O **fundamental** é precisar que os **problemas** surgem em **diversas ordens jurídicas**, exigindo **soluções** fundadas no **entrelaçamento** entre elas. Assim, um problema de direitos fundamentais pode apresentar-se perante uma ordem estatal, local, internacional, supranacional e transnacional, ou com frequência, perante mais de uma dessas ordens, o que implica cooperações e conflitos, exigindo aprendizado recíproco." NEVES, Marcelo, *Transconstitucionalismo*, p. 121.

217. Como exemplos podemos citar o **transconstitucionalismo** entre: a) o direito internacional público e o direito estatal; b) o direito supranacional e o direito estatal; c) entre ordens jurídicas estatais; d) entre ordens jurídicas estatais e transnacionais. NEVES, Marcelo, *Transconstitucionalismo*, 2009.

218. Um exemplo interessante, citado por Marcelo Neves, em palestra, seria o comércio de pneus usados, que, sem dúvida, envolve questões de saúde, questões ambientais e de liberdade econômica. Essas questões são discutidas ao mesmo tempo pela Organização Mundial do Comércio, pela União Europeia, pelo Mercosul e pelo Supremo Tribunal Federal no Brasil. Outro exemplo, também citado, seria o da recente decisão da Corte Europeia de Direitos Humanos (CEDH) que condenou a presença de crucifixos nas escolas públicas da Itália (caso: Luatsi v. Itália). Mais um, seria o caso da extradição de Cesare Battisti (e o provável conflito entre Brasil e Itália).

219. Um exemplo interessante e extremamente atual de **transconstitucionalismo** entre **ordens jurídicas estatais** é o da cada dia mais frequente **conversação constitucional**, mediante **referências recíprocas** a decisões de

a) o caso de Caroline de Mônaco II, julgado em 1999 (BVerfGE 101, 361). Nesse *case*, o **Tribunal Constitucional Alemão** afirmou, de forma categórica, que figuras proeminentes (como uma princesa), diante da imprensa, não têm a mesma garantia de intimidade que o cidadão comum. A Corte Constitucional Alemã, então, decidiu que as fotos tiradas de Caroline de Mônaco por paparazzi, mesmo na esfera privada (da intimidade), não poderiam ser proibidas. Nesses termos, o Tribunal proibiu apenas fotos que atingiam os filhos da princesa, porque eram menores.[220] Porém, acontece que, no caso ***Caroline Von Hannover*** versus ***Germany*** (Caroline ***versus*** Alemanha), de 24 de julho de 2004, o Tribunal Europeu de Direitos Humanos (**TEDH**) decidiu contrariamente ao Tribunal Constitucional Alemão, exarando que "não há liberdade de imprensa que atinja a intimidade da princesa, mesmo sendo ela uma figura pública". Ou seja, o **TEDH** foi favorável à proteção da intimidade da autora em detrimento da liberdade de imprensa.[221]

b) Colisão entre o art. 7 da Convenção Americana de Direito Humanos e o art. 5º, LXVII da Constituição brasileira de 1988. A Convenção (CADH) no citado artigo proíbe a prisão do depositário infiel e a CR/88 permite a sua prisão civil. O STF enfrentou questão referente ao tema, no RE 466.343/SP (e também no RE 349.703/RS e HC 87585/TO). Em 03.12.2008, o STF decidiu que os ***Tratados Internacionais de Direito Humanos***, quando não aprovados nos termos do art. 5º, § 3º, da CR/88 (procedimento equivalente ao das Emendas Constitucionais) serão considerados normas supralegais (hierarquia supralegal), ou seja, abaixo das normas constitucionais, mas acima das leis ordinárias. Com isso, o STF estabeleceu que os **TIDH** não mais entrariam como normas ordinárias em nosso ordenamento, pois ou entrariam como normas constitucionais (seguindo o procedimento do art. 5º, § 3º, da CR/88), ou como normas supralegais infraconstitucionais, mas acima das normas ordinárias. Certo é que a

---

tribunais de outros Estados nacionais. Não bastasse a migração de ideias constitucionais por meio de legislação e doutrina (que caracterizam um hibridismo cada dia mais comum entre os ordenamentos jurídicos), os Tribunais, sobretudo os Constitucionais, vem **dialogando** de forma cada vez mais contundente. Aqui não se trataria de mera influência, adverte Neves. Nesses termos: O Transconstitucionalismo entre ordens jurídicas importa que, em casos tipicamente constitucionais, as decisões de **cortes constitucionais de outros Estados** são invocadas em decisões de **Tribunal Constitucional de um determinado Estado** não só como *obter dicta*, mas como elementos construtores da *ratio decidendi*. Nesse caso o transjudicialismo implica uma releitura dos autofundamentos constitucionais da própria ordem que se toma como ponto de partida transformando-se em transconstitucionalismo. NEVES, Marcelo, *Transconstitucionalismo*, p. 168.

220. NEVES, Marcelo, *Transconstitucionalismo*, p. 138.

221. NEVES, Marcelo, *Transconstitucionalismo*, p. 138-139. Nesse embate, o Tribunal Constitucional Alemão afirmou no caso *Gorgulu*, em 14 de Outubro de 2004, que existem **limites** para a aplicação interna (na Alemanha) de decisões do **TEDH**. Nesses termos, afirma Marcelo Neves que: "O Tribunal Constitucional Federal alemão deve levar em conta as decisões do **TEDH**, mas não está vinculado a elas. No direito constitucional alemão, o texto do **CEDH** e a jurisprudência do **TEDH** servem como meios auxiliares de interpretação para determinar o conteúdo e a amplitude dos direitos fundamentais e dos princípios do Estado de direito, desde que não levem à redução ou limitação da proteção dos direitos fundamentais prescritos na Lei Fundamental. No entanto uma negação narcisista das normas das decisões do Tribunal Europeu de Direitos Humanos por parte dos Tribunais estatais não parece suportável no grau de integração europeia. Daí por que imprescindível, também para os Tribunais nacionais envolvidos na solução de questões concernentes aos direitos humanos, o desenvolvimento de uma racionalidade transversal em face da ordem jurídica da **CEDH**. Qualquer unilateralidade pode ter efeitos destrutivos, irracionais, sobre a integração europeia no âmbito dos direitos humanos e fundamentais."

manutenção da posição anterior (a de que todo tratado, mesmo de direitos humanos, entraria no ordenamento como lei ordinária) criaria um conflito (tensão) entre a posição do STF em relação à ***Corte Interamericana de Direitos Humanos*** (CIDH). Nesses termos, "o STF estaria rompendo com um diálogo constitucional com a CIDH em torno da compreensão dos direitos humanos e dos direitos fundamentais. No entanto, na discussão que se travou, parece claro ter sido colocado em primeiro plano o esforço com vista à formação de uma racionalidade transversal, que se mostre suportável para ambas as ordens jurídicas."[222]

No âmbito do Brasil, temos, ainda, uma questão não trabalhada por Marcelo Neves, até mesmo por uma questão temporal (sua tese foi finalizada em 2009). É a da recente decisão do STF considerando a recepção (constitucionalidade) da Lei da Anistia de 1979 pelo ordenamento constitucional de 1988. Pois bem, o Supremo Tribunal Federal decidiu (de forma contrária a OAB e a vários doutrinadores nacionais), em **29.04.2010**, que a Lei nº 6.683/79 (Lei da Anistia) é compatível com a Constituição Federal de 1988 e a anistia, por ela concedida, foi **ampla** e **geral**, alcançando **os crimes** de qualquer natureza praticados **(mesmo) pelos agentes da repressão** no período compreendido entre **02.9.61** e **15.8.79**. Com base, então, nesse entendimento, o Tribunal, por maioria, **julgou improcedente** a arguição de descumprimento de Preceito Fundamental **nº 153**, ajuizada pelo Conselho Federal da Ordem dos Advogados do Brasil em que se pretendia que fosse declarada a **não recepção** pela Constituição da República de 1988 da Lei nº 6.683/79 ou conferido ao § 1º do seu art. 1º interpretação conforme a Constituição, "de modo a declarar, à luz dos seus preceitos fundamentais, que a anistia concedida pela citada lei aos crimes políticos ou conexos **não** se **estende aos crimes comuns praticados pelos agentes da repressão** contra opositores políticos, durante o regime militar (1964/1985)"[223]

Acontece que, no dia **14 de dezembro de 2010**, em decisão histórica (caso: ***Gomes Lund*** e outros ***versus*** Brasil) a **Corte Interamericana de Direitos Humanos** (Tribunal em San José, na Costa Rica) afirmou que a interpretação da Lei de Anistia

222. NEVES, Marcelo, *Transconstitucionalismo*, p. 145-146.

223. No mérito da decisão da **ADPF 153**: "afastou-se, primeiro, a alegação de que a **Lei nº 6.683/79** não teria sido recebida pela CF/88 porque a conexão criminal que aproveitaria aos agentes políticos que praticaram crimes comuns contra opositores políticos, presos ou não, durante o regime militar ofenderia diversos preceitos fundamentais. (...) aduziu-se que o legislador realmente teria procurado estender a conexão aos crimes praticados pelos agentes do Estado contra os que lutavam contra o Estado de exceção. Daí o caráter bilateral da anistia, ampla e geral, que só não fora irrestrita porque não abrangera os já condenados, com sentença transitada em julgado, pela prática de crimes de terrorismo, assalto, sequestro e atentado pessoal. (...) Afirmou-se haver, portanto, necessidade de, no caso de lei-medida, interpretar-se, em conjunto com o seu texto, a realidade no e do momento histórico no qual editada, e não a realidade atual. Assim, seria a realidade histórico-social da migração da ditadura para a democracia política, da transição conciliada de 1979 que haveria de ser ponderada para poder se discernir o significado da expressão crimes conexos na Lei 6.683/79. Frisou-se que, nesse contexto, a Lei 6.683/79 teria veiculado uma decisão política assumida nesse momento de transição, sendo certo que o § 1º do seu art. 1º, ao definir o que se considerariam crimes conexos aos crimes políticos, teria o sentido indisfarçável de fazer compreender, no alcance da anistia, os delitos de qualquer natureza cometidos pelos agentes civis e militares da repressão. (...)" Julg. Em **29.04.2010**. Rel. Min. Eros Grau.

de 1979, exarada pelo Brasil, **não pode** continuar a ser um "***obstáculo***" para a investigação dos fatos e punição dos responsáveis por torturas realizadas durante o regime militar. Nesses termos, a **CIDH** analisou a compatibilidade (adequação) da Lei de Anistia nº 6.683/79 com as obrigações internacionais assumidas pelo Brasil, à luz da Convenção Americana sobre Direitos Humanos (**CADH**). Com isso, temos que, com base em sua jurisprudência, a Corte Interamericana concluiu que as disposições da Lei de Anistia (recepcionada pelo STF, em decisão na ADPF nº 153, supracitada) que impedem a investigação e sanção de graves violações de direitos humanos são incompatíveis com a Convenção Americana e carecem de efeitos jurídicos. Portanto, essa Convenção não pode ser óbice para a investigação dos fatos do caso em questão anteriormente citado, nem para a identificação e a punição dos responsáveis.

Sem dúvida, entendemos que esse é um caso de **transconstitucionalismo,** nos moldes defendidos por Marcelo Neves. Assim, resta-nos aguardar a resolução da questão com a prevalência do posicionamento do STF (questão atinente à noção clássica de soberania) ou da CIDH à qual o Brasil está filiado pela vigência e validade em nosso ordenamento da Convenção Americana de Direitos Humanos[224] (questão atinente ao *controle de convencionalidade*[225]).

Mas essa, inclusive, é uma **questão central** na perspectiva do **transconstitucionalismo** e deve ser trazida à baila. Pode ser resumida da seguinte forma: qual ordem jurídica deve prevalecer? Quem deveria **preponderar** nesses conflitos e tensões (por exemplo: entre ordens locais, nacionais, supranacionais etc.) cada vez mais presentes em nossa sociedade mundializada e hipercomplexa? Marcelo Neves, **advoga** que não é possível uma imposição **unilateral (de fechamento)**, defendendo um "***diálogo constitucional***" como vetor desse novo paradigma. Nesses termos, o ponto central se traduz na questão da necessidade (cada vez mais recorrente) que ordens jurídicas diversas, com pontos de partida diversos, **dialoguem** (cada dia mais) sobre questões **constitucionais comuns,** que afetam ao mesmo tempo **ambas as ordens**. Portanto, a proposta não é da **primazia** de uma ordem ou jurisdição sobre a outra (ou outras), mas, sim, a **construção de uma racionalidade transversal,** que permite (viabiliza)

224. Para uma crítica a posição do STF: "*A justiça de transição é um conjunto de medidas fundamental para a consolidação de um projeto constituinte de um Estado Democrático de Direito sob o signo do patriotismo constitucional. Isso implica no cumprimento de todos os elementos que a compõem. Desse modo, foge o Supremo Tribunal Federal de seu papel de guarda da Constituição ao não rechaçar a interpretação da Lei de Anistia de 1979 que visou estabelecer uma 'autoanistia'. Consequentemente, uma compreensão que leve na devida conta as exigências de uma Constituição permeada pelo Direito Internacional dos Direitos Humanos não poderá deixar de exigir o cumprimento* in totum *da decisão da Corte Interamericana de Direitos Humanos no caso* Gomes Lund *e, mais que isso, que a partir dela outras graves violações de direitos humanos ocorridas entre 1964 e 1985 sejam também investigadas e punidas." Ditadura e Responsabilização*. MEYER, Emilio Peluso Neder, p. 305, 2012.

225. O *controle de convencionalidade* pode ser conceituado como "uma forma de compatibilização entre as normas de direito interno e os tratados de direitos humanos ratificados pelo governo e em vigor no país. Ou seja, trata-se, portanto, de um *controle de validade das normas nacionais*, tendo por parâmetro **não o texto constitucional**, mas os compromissos internacionais assumidos em matéria de **proteção aos direitos humanos**". MAZZUOLI, Valério de Oliveira. *O Controle Jurisdicional da convencionalidade das Leis*. 2ª ed. p, 73, 2011.

um **diálogo construtivo** entre as ordens jurídicas.[226] Nesses termos, observamos a busca pela não imposição, mas, sim, pelo pluralismo e respeito às diferenças. Nas palavras de **Marcelo Neves**: "(...) O **transconstitucionalismo** não toma uma única ordem jurídica ou um tipo determinado de ordem como ponto de partida ou última ratio. Rejeita tanto o estatalismo quanto o internacionalismo, o supranacionalismo, o transnacionalismo e o localismo como espaço de solução privilegiado dos problemas constitucionais. Aponta, antes, para a necessidade de construção de ***"pontes de transição"***, da promoção de ***"conversações constitucionais"*** entre as diversas ordens jurídicas: estatais, internacionais, transnacionais, supranacionais e locais. O modelo **transconstitucional** rompe com o dilema "monismo/pluralismo". A pluralidade de ordens jurídicas implica, na perspectiva do transconstitucionalismo, a relação complementar entre **identidade** e **alteridade**. As ordens envolvidas na solução do problema constitucional específico, no plano de sua própria autofundamentação, reconstroem continuamente sua identidade mediante o entrelaçamento transconstitucional com a(s) outra(s): a identidade é rearticulada a partir da alteridade."[227]

Portanto, a tese visa afastar qualquer relação de **verticalização** ou de **subordinação** entre instâncias decisórias (postura de fechamento). Sem dúvida, a busca é por **intercâmbio** constante, nos termos de um **diálogo construtivo** que vise ao aperfeiçoamento e, com isso, a decisões mais adequadas.[228] Contra qualquer tipo de absolutização (do tipo ***"convergência*** ou ***resistência"***, ou mesmo abertura/

226. É claro que Marcelo Neves **não** advoga (como alguns erroneamente concebem) o **fim** do direito constitucional interno (**tradicional**). Esse continua exercer um papel relevante em vários casos. Porém, advoga o autor que a cada dia mais problemas transconstitucionais estão se afirmando como qualitativamente relevantes, basta observarmos os debates sobre direitos humanos, biodireito, efeito estufa, dilapidação da camada de ozônio, guerra cambial, questões econômicas de cunho nacional, regional, transnacional e supranacional, intolerâncias religiosas e étnicas, corrida nuclear etc. Um ponto importante que merece nossa atenção é a relativização da ideia clássica de **soberania** com algo absoluto (o que, façamos justiça: alguns internacionalistas e constitucionalistas já advogam há algum tempo com base, por exemplo, no direito comunitário). Assim, Marcelo Neves trabalha a concepção de soberania não como **poder** irrestrito e ilimitado, mas como **responsabilidade**. Portanto, a noção de **soberania** está ligada diretamente à ideia de responsabilização (**soberania responsável**). Devemos também, **segundo o autor**, ressaltar que, nessa visão, o **Estado** deixa de ser um *locus* privilegiado de solução dos problemas para se tornar apenas um dos *loci* em cooperação e concorrência com outros. Porém, também é **rechaçada** a saída do **internacionalismo** como *ultima ratio* (ou seja, como uma nova hierarquização absoluta), ou a saída do **supranacionalismo** (como nova panaceia jurídica) ou o **transnacionalismo** (como fragmentação libertadora contra as amarras do Estado), ou o **localismo** (como expressão da etnicidade definitiva e inviolável) NEVES, Marcelo, *Transconstitucionalismo*, p. 145-146. p. 297.
227. NEVES, Marcelo, *Transconstitucionalismo*, p. *XXV*. Acrescenta ainda que: "(...)Daí por que, em vez da busca por uma *Constituição hercúlea*, o **transconstitucionalismo** aponta para a necessidade de enfrentamento dos problemas *hidraconstitucionais* mediante a articulação de observações recíprocas entre as diversas ordens jurídicas da sociedade mundial."
228. Conforme a doutrina: "(...) significa a aceitação da concorrência de várias ordens jurídicas sem que nenhuma delas possa se arrogar no direito de se impor sobre as demais. Assim, o **mais importante** não é saber **quem é que tem** a **última palavra** sobre um determinado problema, mas **estimular uma conversação entre as várias instâncias decisórias** a fim de que os **casos comuns possam ser enfrentados conjuntamente**. Na prática, isso significa que os juízes nacionais, no julgamento dos casos, devem aproveitar o material informativo desenvolvido por outras cortes pelo mundo afora, a fim de determinar com mais consistência o conteúdo dos direitos fundamentais. Isso permitiria que os juízes testassem a compreensão de suas próprias tradições, comparando-as com outras visões de mundo, ampliando o seu repertório de conhecimento e, assim, produzindo decisões melhores." Marmelstein, George. p.1, 2010.

fechamento) afirma-se que, "o caminho mais adequado em matéria de direitos humanos parece ser o 'modelo de articulação', ou melhor, de **entrelaçamento transversal entre ordens jurídicas**, de tal maneira que todas se apresentem capazes de **reconstruírem-se permanentemente** mediante **o aprendizado com as experiências de ordens jurídicas** interessadas concomitantemente na solução dos **mesmos problemas jurídicos constitucionais** de direitos fundamentais ou direitos humanos".[229]

Porém, as digressões de Marcelo Neves não são blindadas de problemas ou críticas. No atual contexto, ainda (apesar do aumento qualitativo e quantitativo das querelas transconstitucionais) apresenta-se de difícil enquadramento **prático** toda a sua gama (e riqueza) de abordagem. O próprio autor, com sua peculiar competência, reconhece tal dificuldade **empírica** em um horizonte de assimetrias nas formas de direito (e não só nelas), afirmando que "não há transconstitucionalismo sem uma relativa simetria nas formas de direito." Nesses termos, "o transconstitucionalismo é um recurso escasso da sociedade mundial. Entrelaçamentos transconstitucionais estáveis entre ordens jurídicas só ocorreram, até agora, em âmbitos muito limitados do sistema mundial de níveis múltiplos, seja do ponto de vista territorial ou funcional".[230]

A conclusão é de que o transconstitucionalismo, apesar das barreiras, está (ainda que contrafactualmente) em processo de desenvolvimento, e, a cada dia mais, devemos buscar, com base nele, formas transversais de articulação ("pontes de transição" ou "conversações constitucionais", nos dizeres de Marcelo Neves) para solucionar casos-problema constitucionais concomitantes a ordens jurídicas diversas. A questão central seria a da reconstrução da identidade a partir da alteridade.

---

229. NEVES, Marcelo, *Transconstitucionalismo*, p. 264. Uma figura adotada para a busca do reconhecimento da **reciprocidade** e da **alteridade** mediante um **diálogo construtivo** está ligada à teoria do "**ponto cego**", adotada por Marcelo Neves **após** o capítulo 5 de sua obra. A ideia de **abertura** no sentido de **aprender com o outro** é posta em relevo. Nesses termos: "(...) todo observador tem um limite de visão no **ponto cego**, aquele que o observador não pode ver em virtude da sua posição ou perspectiva de observação. (...) cabe observar que o **ponto cego** de um observador pode ser **visto pelo outro**. Nesse sentido, pode-se afirmar que o **transconstitucionalismo** implica o reconhecimento dos limites da observação de uma determinada ordem, que admite a alternativa: *o ponto cego, o outro pode ver*." p. 297-298.

230. NEVES, Marcelo, *Transconstitucionalismo*, p. 264. Nesses termos: "(...) prevalecem as perspectivas desfavoráveis a desenvolvimentos positivos. Seria totalmente ilusória a ideia de que as experiências com a racionalidade transversal nos termos do transconstitucionalismo entre ordens jurídicas estão generalizadas ou em condições de generalizar-se em um curto ou médio prazo. Essas experiências fazem parte dos privilégios de alguns âmbitos jurídicos de uma sociedade mundial sensivelmente assimétrica. Em suma: pode-se verificar que formas de direito fortes sobrepõem-se de maneira opressora a formas de direito frágeis no sistema mundial de níveis múltiplos. Assim, formas estatais de direito das grandes potências permanecem intocáveis perante o direito internacional público e contra essas imunizadas. Também essas formas jurídicas comportam-se opressivamente em relação às formas de direito dos países fracos na constelação internacional." p, 285. Portanto, um dos desafios nesse processo **em voga** do trasnconstitucionalismo é **a promoção (busca recorrente) da inclusão** com a consequente redução do que o autor chama de exclusão (primária) crescente (especialmente no âmbito do direito).

7.8. O conceito pluridimensional de Constituição de José Adércio Leite Sampaio

No artigo *"**Teorias Constitucionais em Perspectiva**"*, o constitucionalista José Adércio Leite Sampaio, após apresentar um estudo sistematizado dos múltiplos conceitos que a ideia de Constituição irá assumir nas diversas teorias, ao longo de nosso transcurso histórico (Constituição Formal, Constituição Material, Constituição Dirigente etc.), termina por apresentar a proposta do que chama de uma "Constituição pluridimensional".[231]

Segundo o autor, essa mudança de entendimento concernente à Constituição é necessária, pois a teoria política e constitucional vem passando, nos últimos vinte anos, por reviravoltas acerca do que seja uma concepção adequada de Constituição para nossos tempos atuais. Apenas para citar exemplos dessas mudanças, tem-se o aumento da complexidade social sempre crescente, a submissão da ordem econômica estatal às pressões de um grande capital internacional, a defesa de um multiculturalismo cosmopolita etc.

Sendo assim, a noção de uma **pluridimensionalidade da Constituição** se mostraria importante já que lhe permitiria ajustar às exigências próprias tanto do Estado-nação quanto de Estados pós-nacionais. Por pluridimensionalidade quer-se afirmar a abertura espacial, temporal, semântica e pluralista de Constituição.[232] Nesses termos, explicitando sua concepção, afirma o constitucionalista que: "Ela é pluridimensional ou compósita porque reúne o texto normativo que se imbrica com a realidade existencial sob a catálise do sentido constitucional militante. O enunciado de norma não é, sem embargo, um ***topoi*** concorrente com as determinações fáticas. Ele é, ao contrário, guia de conduta cujo conteúdo se desvela no envolvimento da sociedade em caminhar ativamente para a realização de seu sentido. Não é um fato – de expressão público-política – fora da Constituição, se os atores políticos sociais assumirem o compromisso cultural de se desenvolverem nos quadros por ela definidos, de serem 'atores de concretização'. Ela se chama 'pluridimensional' exatamente porque resulta da conjugação dialética das dimensões normativo-textual (enunciados de norma), fático-limitador-interativo (a complexidade do real) e volitivo-pragmático (do querer e da ação). Mas também porque admite o pluralismo de projetos vida boa, sem prévio compromisso com uma determinada 'ideologia' em sentido forte do termo, a não ser a própria 'ideologia de Constituição'."

É por isso que em tal **concepção a Constituição** não perderia sua característica normativa; ao contrário, a possibilidade de abertura dos seus significados (semântica) atrairia para a condição de guardiões, não apenas os magistrados ou os

231. SAMPAIO, José Adércio Leite, *Teorias constitucionais em perspectiva*, p. 43, 2004.
232. SAMPAIO, José Adércio Leite, *Teorias constitucionais em perspectiva*, p. 54, 2004.

operadores jurídicos, mas todos os cidadãos, diminuindo o hiato que se estabelece entre normas constitucionais e realidade social.

Tal postura dinâmica de encarar a norma constitucional permite sua leitura por meio de uma abertura, primeiro, de ordem **espacial** – ou seja, não restringe ao espaço do texto constitucional, mas reconhece normatividade constitucional a normas situadas em outros dispositivos legais infraconstitucionais, por serem materialmente constitucionais; segundo, leva a uma abertura **temporal** da Constituição – já que a Constituição passa a ser compreendida como o resultado tanto de operações quanto de escolhas de um passado constitucional, religados a um projeto de futuro; terceiro, reafirma a noção de patriotismo constitucional – como pertencimento de todo cidadão a esse projeto constitucional maior buscando superar preconceitos e desigualdades sociais por meio da reafirmação de uma solidariedade que permita a coexistência do diferente na sociedade; e, por fim, por não afirmar uma substância axiológica (valores) determinados, o que abre o texto constitucional para coexistência de múltiplos projetos de vida boa.

7.9. O (novo) Constitucionalismo plurinacional da América Latina e a sua ruptura paradigmática

Esse (novo) constitucionalismo nasce a partir, sobretudo, das Constituições da Bolívia de 2009 e do Equador de 2008, e se apresenta, para alguns, como uma **"ruptura"** com as tradicionais bases do "constitucionalismo clássico" e do "neoconstitucionalismo" de matriz europeia, até então vigentes e estudados na Teoria da Constituição. Estudiosos do porte de Roberto Viciano Pastor, Ruben Martinez Dalmau, Boaventura de Souza Santos, José Luiz Quadros de Magalhães, Antonio Carlos Wolkmer, José Ribas Vieira, Mário Lúcio Quintão e Fernando Dantas,[233] vem desenvolvendo trabalhos sobre a temática.

Sobre os autores citados, é interessante salientar que Rubén Dalmau, professor titular da Universidade de Valência na Espanha, desenvolveu uma série de estudos sobre o tema. Ele inclusive participou diretamente, na qualidade de Assessor das Assembleias Constituintes, dos processos de transição do Equador e Bolívia.[234]

233. SANTOS, Boaventura de Souza. *Refundacion del estado em America Latina*: Perspectivas desde uma espistemologia del Sur. Instituto Internacional de Dereche y Sociedade, 2010; e *Pensar el estado y la sociedade: desafios atuales*. Buenos Aires, 2009. QUADROS DE MAGALHÃES, José Luiz, *Pluralismo epistemológico e modernidade*, In: Direito à Diversidade e o Estado Plurinacional, 2012; e "*O Estado Plurinacional na América Latina*", 2011. Ver também: "*Rede pelo Constitucionalismo Democrático*" que desde 2011, congrega inúmeros pesquisadores de todo o Brasil.

234. Para Dalmau: *El pensamiento liberal revolucionario quiso acabar con el antiguo régimen y el poder absoluto del monarca creando la ilusión homogeneizadora de un pueblo uniforme conformado por los ciudadanos. El concepto de pueblo, aunque sirvió para crear la noción de poder constituyente y soberanía popular, nació limitado: no era un concepto socialmente integrador, sino excluyente. En el nuevo constitucionalismo el concepto de pueblo es sociológico, integrador, e incluye a todas las personas que forman la sociedad: entre ellas las históricamente excluidas, como las mujeres, los emigrantes, los pueblos indígenas y los afrodescendientes. En el nuevo constitucionalismo la fuerza popular es liberadora (UNB, 2015)*. Segundo Dalmau: *Uma Constituição que esteja à altura do novo constitucionalismo deveria, em primeiro lugar, se basear na participação do povo, que é o que lhe dá legitimidade. Isso significa que a*

Sem dúvida, o **Constitucionalismo plurinacional** advoga uma transformação radical nos modos de *ver, pensar, trabalhar e aplicar* o direito, bem como as suas Constituições adstritas. Para tal, parte da afirmação de que o atual modelo de Estado nacional e de direito estatal, e até mesmo de direito internacional se encontram em xeque.

O **Constitucionalismo plurinacional** está adstrito a um **Estado plurinacional** que se contrapõe aos Estados modernos e aos seus respectivos ordenamentos jurídicos. Pois bem, a fundamentação de tal teorização é a de que os Estado nacionais modernos foram criados a partir da lógica da **homogeneização e uniformização**, sendo desde a origem Estados que visariam negar a diversidade.

Nesses termos, a reprodução social só foi possível desde o advento desses Estados nacionais por meio de mecanismos de normalização e estabilização que passariam pela construção de uma identidade nacional com um direito nacional, uma moeda nacional, um exército nacional, uma língua nacional entre outros tipos de anulação das diversidades e plurivocidades.

Esse processo de **"ocultamento e encobrimento"** teria se iniciado, sobretudo, no século XV (aqui teríamos o início do processo de formação do "Estado Moderno", tendo como data ***simbólica*** o ano de 1492, com a invasão das Américas pelos europeus e a expulsão dos muçulmanos da Europa) e se desenvolveu até o final do século XIX com a formação dos últimos Estados nacionais europeus (Itália e Alemanha). Com isso, ocorre a predominância dos valores europeus e de um processo civilizatório **eurocêntrico** que determina a **homogeneização** de um "modelo de vida", de "Estado", de "Constituição" e de "direitos humanos de matriz europeia". Com isso, o colonizador se apresenta como alguém superior mediante o colonizado (relação: *nós e outros, iguais/diferentes, superiores/inferiores*). As bases jurídicas desse arcabouço foram determinadas de forma **monológica** pelo direito de propriedade, direito de família e pela proteção jurídica à economia capitalista (e seus marcos regulatórios).

Temos, aí, a construção de nacionalidades sobre as já existentes, ou seja, a "*invenção*" de nacionalidades sobre as preexistentes, forjando-se "tradições", "mitos nacionais", "língua pátria" etc. Com isso, as identidades são sufocadas pela **uniformização** e as diferenças são rejeitadas mediante artificialismos formadores dos Estados Nacionais de padrão europeu, que acaba por justificar a superioridade de determinadas culturas sobre outras (intituladas por vezes de *pré-modernas, bárbaras, inferiores* etc.[235]).

---

elaboração da proposta de Constituição deve ser redigida por uma Assembleia Constituinte eleita para isso e que deve ser principalmente participativa na hora de receber propostas e incorporá-las no texto constitucional. E deve ser uma Constituição que não tenha medo de regular as principais funções do Estado: a melhor distribuição da riqueza, a busca por igualdade de oportunidades, a integração das classes marginalizadas. Em resumo, uma Constituição que busque o "Sumak kamaña" ou o "Sumak kawsay", como dizem as Constituições boliviana e equatoriana: o "viver bem" (em quéchua) da população. (Março de 2009).

235. Conforme **Enrique Dussel** "(...) a Europa pôde se confrontar com seu outro e controlá-lo, vencê-lo, violentá-lo: quando pôde se descobrir com um ego descobridor, conquistador, colonizador da Alteridade constitutiva

Todo esse processo de *"culturicídio"* de grupos e etnias por meio do modelo homogêneo e uniformizador é questionado pelo **novo constitucionalismo da América Latina**, que visa ao respeito às singularidades, grupos e etnias mediante uma ênfase na **diversidade** e no seu reconhecimento constitucional, tendo em vista um pluralismo epistemológico que possibilite, para além da "homogeneização assujeitadora europeia", outras formas de *ver, compreender e interpretar* o mundo (seja pelas perspectivas: culturais, científicas, políticas, econômicas e filosóficas, entre outras[236]). Com isso, os vários **grupos** e **comunidades** devem ser representados não só no Poder Executivo, mas sobretudo nos Poderes Legislativo e Judiciário, tendo em vista uma ***perspectiva plural*** de **reconhecimento** e **assunção (inclusão) do outro** nos processos de formação da vontade política e do poder.

Nesses termos, a Constituição atual da Bolívia seria um exemplo de Estado e constitucionalismo plurinacional[237]. No seu texto, temos a definição de 36 povos originários (aqueles que viviam na Bolívia antes do colonizador europeu), que passaram a ter participação ampla e efetiva em todos os níveis do Poder estatal e na economia. Com isso, a Bolívia passa a ter uma cota de parlamentares oriundos dos povos indígenas, que, além disso, passam a ter propriedade exclusiva sobre recursos florestais e hídricos de suas comunidades. A Constituição estabelece também a ***equivalência*** entre a *justiça tradicional indígena* e a *formal ordinária* da Bolívia. Cada comunidade indígena poderá ter seu próprio tribunal e as decisões não poderão ser revisadas pela justiça comum.

Outra questão interessante é a descentralização do processo eleitoral, tendo em vista que os representantes dos povos indígenas poderão ser eleitos a partir das normas eleitorais de suas comunidades. A Constituição prevê, ainda, a criação de um **Tribunal Constitucional plurinacional**, com membros eleitos pelo *sistema ordinário* e pelo *sistema indígena*. Outro aspecto importante é o reconhecimento de várias formas de constituição de família (fugindo do padrão ocidental europeu vigente).

Com isso, temos não só o reconhecimento das **"diferenças"** (que ainda enxerga o outro como diferente), mas, muito mais que isso, a assunção do reconhecimento e efetivação **"da diversidade" e pluralismo no novo constitucionalismo** (*dialógico*) que desponta na **América Latina**, mediante os últimos quinhentos anos de colonização e imposição da cultura e das práticas europeias[238]. A busca por um **constitucionalismo**

própria da modernidade. De qualquer maneira, esse outro não foi descoberto como Outro, mas foi *'em-coberto'* como o *'si-mesmo'* que a Europa já era desde sempre. De maneira que 1492 será o momento de nascimento da Modernidade como conceito, o momento concreto da 'origem de um mito de violência sacrificial muito particular, e, ao mesmo tempo, um processo de encobrimento do não europeu'!" *1492 – O Encobrimento do Outro – A Origem do Mito da Modernidade*, Ed. Vozes, p.08, 1993.

236. QUADROS DE MAGALHÃES, José Luiz, *Pluralismo epistemológico e modernidade*, p. 121-136, 2012.
237. QUADROS DE MAGALHÃES, José Luiz, *O Estado Plurinacional na América latina*, p. 02, 2011.
238. QUADROS DE MAGALHÃES, José Luiz, *O Estado Plurinacional na América latina*. p. 02, 2011. É bom que se diga que essa perspectiva, que estamos apresentando para o debate, é crítica do Estado Nacional clássico (de padrão europeu), mas também do Direito Internacional Clássico e de suas instituições e do Direito Comunitário (ambos também de padrão europeu). Ver: QUADROS DE MAGALHÃES, José Luiz, *Pluralismo epistemológico e modernidade*, p. 121-136, 2012.

democrático, plural e multicultural de cunho inclusivo, que objetiva esse processo, é o atual (novo) desafio a ser enfrentado pela Teoria da Constituição.

Por último, é interessante citarmos a constitucionalista peruana Raquel Yrigoyen Fajardo que desenvolveu a tese de ***Ciclos Constitucionais*** na América do Sul. Raquel Fajardo define o desenvolvimento do novo constitucionalismo latino-americano em três etapas: o "ciclo multicultural" (1982-1988), marcado pelo reconhecimento do multiculturalismo e de alguns direitos indígenas; o "ciclo pluricultural" (1989-2005), caracterizado pelos conceitos de nação e estado multiculturais e multiétnicos, bem como a presença dos direitos indígenas no texto constitucional; e o "ciclo plurinacional" (2006-2009), que refunda o estado como Estado Plurinacional, a partir de um pacto de povos, e não apenas como mero reconhecedor de direitos dos povos indígenas. É o que se observou, por exemplo, na Bolívia com a Constituição de 2009.[239]

Conforme a doutrina, temos que: **a) Ciclo do constitucionalismo multicultural (1982-1988):** As constituições introduzem o conceito de diversidade cultural, reconhecimento da configuração multicultural e multilíngue da sociedade, o direito à identidade cultural e alguns direitos indígenas específicos. Neste primeiro ciclo, as constituições não chegam a fazer um reconhecimento explícito do pluralismo jurídico. No entanto, em alguns países onde não havia reconhecimento constitucional do pluralismo jurídico, existiam normas secundárias, seja por velha herança colonial, seja por "fissuras intrassistêmicas" aliviadas pelo Convênio 107 da OIT, que reconheciam a justiça indígena; **b) Ciclo do constitucionalismo pluricultural (1989-2005):** As constituições reafirmam o direito à identidade e diversidade cultural já introduzido no primeiro ciclo, e desenvolvem os conceitos de "nação multiétnica/multicultural" e de "Estado plurinacional", qualificando a natureza da população e avançando em direção a uma redefinição do caráter do Estado. Pluralismo e diversidade cultural se convertem em princípios constitucionais e permitem fundar os direitos dos indígenas assim como dos afrodescendentes e outros grupos. Esses direitos incluem a oficialização dos idiomas indígenas, a educação bilíngue intercultural, o direito sobre as terras, a consulta e novas formas de participação. As constituições deste ciclo reconhecem as autoridades indígenas, com suas próprias normas e procedimentos, ou seu direito consuetudinário e funções jurisdicionais ou de justiça. Pluralizam as fontes de produção legal do direito e da violência legítima, além das funções de produção de normas, administração da justiça e organização da ordem pública interna poderem ser exercidas tanto pelos órgãos soberanos clássicos do Estado como pelas autoridades dos povos indígenas, sempre sob controle constitucional. No entanto, trata-se de fórmulas não isentas de limitações que nem sempre são implementadas de forma orgânica e sistemática; **c) Ciclo do constitucionalismo plurinacional (2006-2009):** As Constituições do Equador e Bolívia propõem uma refundação do Estado a partir do reconhecimento explícito das raízes milenares dos povos

239. Emanuel Corrêa Mergulhão; Thalyta Rocha Belfort; Simone Maria Palheta Pires. *O novo constitucionalismo latino-americano e o direito constitucional de acesso à justiça das populações indígenas*, 2013.

indígenas ignorados na primeira fundação republicana. Como parte integrante do Poder Constituinte, esses povos passam a atuar como agentes políticos com direito a definir seu destino, autogovernar-se autonomamente e participar dos novos pactos estatais. Ao definir-se como Estado plurinacional, resultado de um pacto entre povos, não é um Estado alheio que "reconhece" direitos indígenas, mas as próprias comunidades indígenas se colocam como membros integrantes do Estado e, como tais e junto com outros povos, têm poder de definir o novo modelo de Estado.[240]

8. CLASSIFICAÇÃO QUANTO À APLICABILIDADE DAS NORMAS CONSTITUCIONAIS: TEORIA DE JOSÉ AFONSO DA SILVA[241]

Essa classificação não envolve as constituições em si, mas, sim, a aplicabilidade das normas presentes e adstritas às Constituições. Portanto, passamos agora a um breve estudo da teoria das normas constitucionais.

Começaremos trabalhando duas teorias que serviram de base para a classificação mais usada na doutrina e jurisprudência pátrias:

1ª **Teoria:** teoria americana. É a primeira teoria sistematizada que apareceu no mundo sobre a aplicabilidade das normas constitucionais. Ela surgiu no século XIX e foi desenvolvida por autores americanos, sobretudo por Thomas Cooley.[242]

Qual é seu aspecto central? Ora, ele afirma que em uma Constituição existiriam dois tipos de norma: (a) **normas constitucionais autoexecutáveis (*self-executing*)**; (b) **normas constitucionais não autoexecutáveis (*not self-executing*).**

Nesse sentido, algumas normas constitucionais seriam dotadas de autoexecutoriedade e outras não teriam tal virtude, mesmo sendo normas presentes na Constituição. Ou seja, as normas autoaplicáveis seriam dotadas de aptidão para gerar, desde logo, efeitos jurídicos independentemente do legislador ordinário, tendo em vista sua completude. Já as normas não autoaplicáveis necessitariam do legislador, pois não teriam meios necessários para a viabilização dos direitos nelas previstos. Essa teoria de cunho liberal será (duramente) criticada à luz do Constitucionalismo social, que vai se instaurar no século XX. Assim, nesse diapasão os entraves seriam: (1) a alegação de que algumas normas constitucionais não seriam dotadas de imperatividade (destituídas de imperatividade);[243] (2) devido ao contexto no qual a

240. Aqui tomamos como base: PIRES LEAL, Gabriel Bustamente. *O Novo Constitucionalismo Latino-americano*, 2013. FAJARDO, Raquel Yrigoyen. *El horizonte del constitucionalismo pluralista: del multiculturalismo a la descolonización*. In: El derecho en América Latina. Cesar Rodriguez Garavito(org). Siglo Veintiuno Editores, Buenos Aires. Novembro de 2011. p. 139-160

241. Conforme: SILVA, José Afonso da, *Aplicabilidade das normas constitucionais*. Ed. Malheiros, 1999. Sobretudo as pp. 73-87, 88-102, 103-116 e 117-166.

242. COOLEY, Thomas M., *A treatise on the constitutional limitations which rest upon the power of the States of the American Union*, Boston, 1903.

243. Corroborando com essa crítica: "enfim o próprio Ruy Barbosa, embora defensor implacável da imperatividade das normas constitucionais, reconhecia que muitas dessas normas – as não autoexecutáveis ou não bastantes em si mesmas – não eram providas dos instrumentos necessários que lhes propiciassem concretude, circunstância que

classificação estava inserida: falta (inexistência) de análise do papel das normas programáticas típicas das constituições sociais.

2ª Teoria: teoria italiana. Surgiu no século XX, a partir, sobretudo, da década de 50, e foi capitaneada por autores como Vezio Crisafulli,[244] entre outros.[245] Estes, apesar de não produzirem um resultado adequado ou satisfatório no que tange à aplicabilidade das normas constitucionais, vão, embora não sem divergências, salientar a importância das intituladas normas programáticas.

Sem dúvida, com a doutrina desenvolvida no Brasil por José Afonso da Silva o debate ganhou novos ares[246] com a definição explícita de que em uma Constituição não teríamos normas não autoaplicáveis e, portanto, sem aplicabilidade. O grande ponto da teoria (que vai se contrapor à teoria americana e até mesmo aos debates italianos) será então que todas as normas constitucionais são dotadas de aplicabilidade (praticidade jurídica), pois todas as normas constitucionais teriam eficácia jurídica.

Isso seria facilmente provado, pois no mínimo dois efeitos todas as normas constitucionais vão conter:

Efeitos positivos	Efeitos negativos
Pelo simples fato de surgir uma nova Constituição, ela revoga tudo do ordenamento anterior que for contrário a ela. As normas constitucionais têm, nesses termos, efeitos positivos, no sentido de proativo, pois revogam (não recepcionam) tudo do ordenamento anterior que for contrário a elas.	Pelo simples fato de existir uma Constituição, esta vai vedar/negar ao legislador ordinário a possibilidade de produzir normas infraconstitucionais contrárias a ela; e, se o legislador fizer e o judiciário entender que o legislador o fez, pelo controle de constitucionalidade, ele, judiciário, retira a aludida norma do Ordenamento Jurídico.

comprometia a sua força normativa vinculante." (CUNHA DA JÚNIOR, Dirley da, *Curso de direito constitucional*, p. 156). No mesmo sentido, José Afonso da Silva afirma que: "A classificação pura e simples das normas constitucionais em autoaplicáveis e não autoaplicáveis não corresponde, com efeito, à realidade das coisas e às exigências da ciência jurídica, nem as necessidades práticas de aplicação das constituições, pois sugere a existência, nestas, de normas ineficazes e destituídas de imperatividade, como demonstra o conceito de Cooley, quando fala em regras sem estabelecer normas cujo meio se logre dar a esses princípios vigor de lei."

244. Crisafulli, em *La Costituzione e le sue disposizioni di principio* (1952) que influenciou diretamente o desenvolvimento da doutrina brasileira da aplicabilidade das normas constitucionais, classificou as normas constitucionais em: a) Normas constitucionais de eficácia plena (aquelas de imediata aplicação) e b) normas constitucionais de eficácia limitada (normas de legislação e programáticas). Sem dúvida, a contribuição de Crisafulli foi a de reconhecer (diferentemente de outros autores italianos como Gaetano Azzariti) às normas programáticas juridicidade entendendo-as como jurídico-constitucionais. *Aplicabilidade das normas constitucionais*, 1999, p. 75.

245. AZZERATI, Gaetano, *Problemi attualli di diritto costituzionale*, 1951. DI RUFFIA, Paolo Biscaretti, *Dirritto costituzionale*, 1965.

246. Embora não possamos esquecer (olvidar) que J.H.Meirelles Teixeira foi quem primariamente no Brasil se preocupou com uma classificação das normas constitucionais quanto à eficácia. Ele propôs a reformulação da doutrina norte-americana sugerindo a inexistência de normas constitucionais desprovidas de qualquer eficácia. O autor dividiu as normas constitucionais em normas constitucionais de eficácia plena e de eficácia limitada.

Assim, ao mesmo tempo em que ela estabelece essa premissa, também explicita que, se todas as normas constitucionais têm aplicabilidade, esta seria desenvolvida em graus. Ou seja, existe uma escala de aplicabilidade, que deve ser aferida em relação às normas constitucionais, sendo que umas (normas) teriam elevado grau de aplicabilidade e eficácia jurídica; outras, reduzido grau de aplicabilidade e eficácia jurídica. Sem dúvida, a teoria da aplicabilidade das normas constitucionais, desenvolvida em ***terrae brasilis*** a partir da década de 70 do século XX, é muito comum na doutrina e em arrestos judiciais. Tornou-se corriqueiro no constitucionalismo pátrio a teoria que reconhece que todas as normas constitucionais têm aplicabilidade e eficácia jurídica, mas que existem graus de aplicabilidade para essas mesmas normas.

Porém, antes de trabalharmos a classificação propriamente dita, é mister que façamos algumas considerações sobre o que significam aplicabilidade, eficácia jurídica e eficácia social para essa teoria.

Primeiramente, temos que identificar a noção de aplicabilidade que é central para as nossas futuras digressões. Pois bem, a aplicabilidade de uma norma significa, obviamente, a possibilidade de sua aplicação. Se uma norma tem aplicabilidade, significa tão somente que ela é aplicável, ou (como dito) tem a possibilidade de ser aplicada. Mas quais são os requisitos para que isso ocorra? Ora, uma norma só tem aplicabilidade (é aplicável) se preencher determinadas condições (requisitos), quais sejam: **1)** vigência (a norma deve estar em vigor, ou seja, ser promulgada e publicada e existir juridicamente com força vinculante); **2)** validade (estar em consonância e conformidade com o sistema normativo constitucional, não o usurpando); **3)** eficácia (em termos jurídicos e não sociológicos deve ser trabalhada como a capacidade de produção de efeitos jurídicos).[247] Portanto, a aplicabilidade acaba por depender da eficácia (jurídica) da norma, pois não há possibilidade de aplicação de uma norma que não tem a aptidão para produzir efeitos jurídicos. Esta jamais seria aplicável! Nesse sentido, conforme a doutrina ora trabalhada "uma norma só é aplicável na medida em que é eficaz" e sendo assim afirma-se que: "eficácia e aplicabilidade das normas constitucionais constituem fenômenos conexos, aspectos talvez do mesmo fenômeno, encarados por prismas diferentes: aquela como potencialidade; está como realizabilidade, praticidade."[248] Pois bem, observada a noção básica da aplicabilidade como possibilidade de aplicação que está sempre dependente da vigência, validade e, sobretudo, da eficácia jurídica, devemos, agora, nos debruçarmos sobre sua análise.

A eficácia jurídica se diferencia da intitulada eficácia social. Nesses termos, a eficácia jurídica é entendida como a aptidão (potencialidade) de uma norma para a produção de efeitos em situações concretas.[249] Nesse sentido, como já colocado na

247. CUNHA DA JÚNIOR, Dirley da, *Curso de direito constitucional*, p. 143.
248. SILVA, José Afonso da, *Aplicabilidade das normas constitucionais*. São Paulo: Ed. Malheiros, 1999, p. 60.
249. TEMER, Michel, *Elementos de direito constitucional*, 2003, p. 23.

base da teoria anteriormente exposta, todas as normas constitucionais teriam eficácia jurídica, variando-se o seu grau (e com isso a aplicabilidade! Ou seja, possibilidade de aplicação, de serem realizadas, praticadas.). Já a eficácia social é o que poderíamos chamar de efetividade, ou seja, a real e efetiva produção concreta de efeitos.[250] Com isso, a eficácia social designa que a norma é realmente obedecida e aplicada (tendo o que podemos chamar de efetividade). Nesse diapasão, são as digressões de Luís Roberto Barroso ao referendar que a "efetividade (eficácia social) significa, portanto, a realização do Direito, o desempenho concreto de sua função social. Ela representa a materialização, no mundo dos fatos, dos preceitos legais e simboliza a aproximação, tão íntima quanto possível, entre o dever ser normativo e o ser da realidade social."[251]

Assim, para efeito de conclusão, para a teoria ora exposta uma norma pode perfeitamente ter eficácia jurídica sem ter eficácia social (efetividade ou validade social), ou seja, ter eficácia jurídica (e com isso ter aplicabilidade) sem ser socialmente eficaz, gerando, por exemplo, efeitos jurídicos como o de revogar tudo do ordenamento anterior contrário a elas e, apesar disso, não ser efetivamente cumprida no plano social.[252]

À luz da teoria ora ventilada, podemos afirmar que as normas constitucionais, no que diz respeito à sua eficácia jurídica, seriam classificadas como:

1) **Normas constitucionais de eficácia plena:** reúnem todos os elementos necessários para a produção de todos os efeitos jurídicos imediatos. São dotadas de uma aplicabilidade imediata, direta. Temos como exemplos os artigos: 1º, 22, I; 44; 46 da CR/88.

2) **Normas constitucionais de eficácia contida:** nascem com eficácia plena, reúnem todos os elementos necessários para a produção de todos os efeitos jurídicos imediatos, mas terão seu âmbito de eficácia restringido, reduzido ou contido pelo legislador infraconstitucional (ordinário).[253] Temos como exemplos os artigos: 5º, incisos XIII (sobre a regulamentação de profissões) e VIII (escusa de consciência), art. 37, I, da CR/88.

3) **Normas constitucionais de eficácia limitada:** são as únicas que, definitivamente, não são bastantes em si. Nesses termos, elas não reúnem todos

---

250. Conforme o próprio José Afonso da Silva: "[...] a eficácia jurídica da norma designa a qualidade de produzir, em maior ou menor grau, efeitos jurídicos, ao regular, desde logo, as situações, relações e comportamentos de que cogita; nesse sentido, a eficácia diz respeito à aplicabilidade, exigibilidade ou executoriedade da norma, como possibilidade de sua aplicação jurídica. O alcance dos objetivos da norma constitui efetividade. Esta é, portanto, a medida da extensão em que o objetivo é alcançado, relacionando-se ao produto final [...]" *Aplicabilidade das normas constitucionais*, 1999, p. 66.

251. BARROSO, Luís Roberto, *O direito constitucional e a efetividade de suas normas, limites e possibilidades da Constituição brasileira*, 1993, p. 79.

252. SILVA, José Afonso da, *Aplicabilidade das normas constitucionais*. São Paulo: Ed. Malheiros, 1999, p. 66.

253. Segundo José Afonso da Silva: "[...] São aquelas em que o legislador constituinte regulou suficiente os interesses relativos a determinada matéria, mas deixou margem à atuação restritiva por parte da competência discricionária do Poder Público, nos termos que a lei estabelecer ou nos conceitos gerais nela enunciados." *Aplicabilidade das normas constitucionais*. Ed. Malheiros, 1999, p. 116.

os elementos necessários para a produção de todos os efeitos jurídicos. São normas que têm aplicabilidade apenas indireta ou mediata. Elas vão precisar de regulamentação para a produção de todos os efeitos jurídicos. Essas normas só vão ter aplicabilidade direta e imediata se forem reguladas, complementadas pelo legislador infraconstitucional. Elas se dividem em:

- **Normas constitucionais de eficácia limitada de princípios institutivos:** são normas constitucionais que traçam esquemas gerais de organização e estruturação de órgãos, entidades ou instituições do Estado. E, obviamente, vai depender do legislador a complementação desses esquemas gerais. Exemplos: arts. 18, § 2º; 33, *caput;* 25, § 3º; 90, § 2º da CR/88. É mister salientar que as normas de eficácia limitada de princípios institutivos podem, ainda, ser subdivididas em impositivas (determinam ao legislador em termos peremptórios a emissão de uma legislação integrativa) e facultativas (não impõe uma obrigação, limitam-se a dar ao legislador ordinário a possibilidade de instituir ou regular uma situação nelas delineada).[254]
- **Normas constitucionais de eficácia limitada de princípios programáticos:** traçam tarefas, fins e programas, para cumprimento por parte dos Poderes Públicos e atualmente pela própria sociedade. Exemplos: arts. 196; 205; 217; 218 todos da CR/88.

Após a descrição teórica com a respectiva classificação é mister elaborarmos algumas reflexões:

1ª) **Reflexão:** é muito comum o estabelecimento de uma confusão em relação às normas constitucionais de eficácia contida e limitada. Nesse sentido, qual seria a diferença entre elas? Alguns autores vão afirmar que a norma de eficácia limitada se diferencia pela atuação do legislador (conforme a constituição: "[...] nos termos, na forma, nas hipóteses que a lei estabelecer [...]"). Acreditamos que esse padrão de diferenciação é errôneo e equivocado, pois todas as duas (tanto a limitada quanto a contida) vão trabalhar com a sindicabilidade da atuação do legislador (como explicitado anteriormente: "[...] nos termos da lei, mediante lei [...]"). Nesses termos, a diferença **não** envolve a **atuação** ou **não** dos Poderes Públicos (em ambas há atuação), mas, sim, a maneira ou o modo pelo qual a atuação se desenvolve (se realiza).

As normas de eficácia contidas vão ter a atuação do legislador para restringir, reduzir. Elas têm uma aplicabilidade direta e imediata, independentemente da

254. Exemplo de impositiva: "Art. 33. A lei disporá sobre a organização administrativa e judiciária dos territórios." Exemplo de facultativa: Art. 22, parágrafo único: "Lei complementar poderá autorizar os Estados a legislar sobre questões específicas das matérias relacionadas neste artigo." SILVA, José Afonso da, *Aplicabilidade das normas constitucionais.* São Paulo: Ed. Malheiros, 1999, p. 126-127.

interferência ou sindicabilidade do legislador. Por exemplo, citamos novamente o art. 5º, VIII (escusa de consciência).

As normas de eficácia limitada vão requerer (necessitar) a atuação do legislador para passarem a ter eficácia plena, para a devida complementação (regulamentação) da Constituição. Ou seja, a atuação dos Poderes Públicos será para aumentar o âmbito de eficácia das normas constitucionais.

2ª) **Reflexão:** refere-se às normas constitucionais de eficácia limitada (de princípios institutivos ou programáticos). Senão, vejamos, considerando que ainda não houve a sindicabilidade (atuação) dos Poderes Públicos (do legislativo ou do executivo), é possível afirmar que elas teriam algum tipo de aplicabilidade? Essa pergunta muito comum deve ser respondida de forma afirmativa. Portanto a resposta correta é sim, em razão da base da teoria brasileira que preleciona, como supracitado, que todas as normas constitucionais têm aplicabilidade (no mínimo os efeitos positivos e negativos elas sempre terão). Com isso, elas sempre terão uma aplicabilidade ou eficácia jurídica, mesmo sem a atuação dos Poderes Públicos. É claro que essa aplicabilidade é indireta e mediata e a eficácia jurídica é limitada, como já observado. Com isso, é correto afirmar que essas normas não produzem **todos** os efeitos, mas produzem **alguns** efeitos (como dito: o efeito positivo e o negativo).

Após essas pequenas e necessárias reflexões, **algumas críticas** também são pertinentes, pois demonstram que, apesar do uso corriqueiro da teoria, ela se torna insustentável à luz de perspectivas hermenêuticas mais sofisticadas.

1ª) **Crítica:** esta é uma teoria de cunho semântico, que define, ***a priori***, o conteúdo normativo de uma norma, ou seja, na verdade ele predefine o conteúdo normativo da norma jurídica. Uma norma jurídica diferencia-se do seu texto. Essa teoria confunde a norma jurídica com o seu texto. Ela não leva em consideração o momento de aplicação do que está contido no texto da norma esquivando-se ou esquecendo-se de analisar a situação concreta de aplicação. Nesses termos, a teoria de forma estática e ***a priori*** define quais normas tem eficácia plena e quais tem eficácia limitada, sem relacioná-las com um contexto, ou melhor, com uma situação de aplicação, bastando para a classificação o texto da norma.

2ª) **Crítica:** essa teoria faz uma subversão do ordenamento jurídico, pois ela passa a dar mais importância e sobretudo peso à legislação infraconstitucional do que à própria Constituição. Ou seja, apesar de a norma estar presente na constituição, ela não pode ser aplicada devido à falta de regulamentação infraconstitucional! Ora, não estamos aqui defendendo a desnecessidade de regulamentação e esmiuçamento das normas constitucionais, porém essa necessidade não pode se sobrepor à força normativa da Constituição,[255] fazendo com que os Poderes Públi-

255. Um exemplo interessante ocorreu na década de 90 na jurisprudência do STF. O art. 5º, inciso XII, CR/88, trouxe explicitamente a possibilidade de interceptação telefônica por ordem judicial nas hipóteses e na forma que a lei estabelecer para fins de investigação criminal ou instrução processual penal. Após inúmeras interceptações concedidas pelo

cos, vez por outra, utilizem-se de um verdadeiro "álibi" para a não viabilização de direitos definidos e assegurados na Constituição.[256]

3ª) **Crítica:** é de se notar que essa teoria pretende apenas classificar as constituições quanto à eficácia das regras constitucionais, uma vez que, dada sua lógica, parece não se aplicar aos princípios constitucionais, que, no moderno constitucionalismo, são espécies normativas dotadas de igual dever de observância que as regras constitucionais. Todavia, os princípios se diferenciam das regras, justamente, pela sua lógica de aplicação, que somente se revela diante do caso concreto e nunca ***a priori***. Até porque os princípios se ligam aos direitos fundamentais, em sentido amplo e, por isso, devem ser considerados por um constitucionalismo renovado como normas de eficácia plena a serem concretizadas em uma situação de aplicação.[257]

9. CLASSIFICAÇÃO QUANTO À APLICABILIDADE DAS NORMAS CONSTITUCIONAIS DE CARLOS AYRES BRITTO E CELSO RIBEIRO BASTOS[258]

Trata-se de uma classificação[259] que envolve a vocação das normas constitucionais para atuação ou não do legislador. Dependendo da vocação, elas serão classificadas em:

Poder Judiciário (conforme ditame constitucional), que resultaram em uma série de prisões por delitos desvelados nas interceptações, a discussão teve a análise do STF, pois, ao serem presos com base nas interceptações telefônicas concedidas, uma série de *habeas corpus* foi interposta sob a alegação de que a prova com base na interceptação era ilícita por falta de regulamentação legal. O STF aceitou essa tese por considerar a norma inscrita no art. 5º, XII, de eficácia limitada e deferiu uma série de *habeas corpus*. Somente em 1996 a interceptação telefônica foi regulamentada pela Lei nº 9.296/96. Conclui-se, então, que, nesse caso, passou a ser mais importante para o STF a norma infraconstitucional do que a própria Constituição. Essa teoria pode levar o Poder Judiciário a deixar de aplicar a Constituição porque não existe norma infraconstitucional regulamentando-a, subvertendo o ordenamento.

256. Crítica também exposta por André Ramos Tavares, nos seguintes moldes: há uma tomada de consciência de que as normas programáticas não são implementadas por força de decisões essencialmente políticas. Se é certo que se reconhece o direito à discricionariedade administrativa, bem como a conveniência e oportunidade de praticar determinados atos, não se pode tolerar o abuso de direito que se tem instalado na atividade desempenhada pelos responsáveis por implementar as chamadas normas programáticas. Após diversos anos de vigência da Constituição, fica-se estarrecido com o desprezo com que foram premiados determinados comando constitucionais, com uma doutrina formalista a serviço da desconsideração de sua normatividade plena. *Curso de direito constitucional*, p. 85. No que tange a algumas **normas programáticas** que dizem respeito a **direitos sociais**, temos que alguns **Tribunais pátrios** (para alguns: assumindo uma postura *ativista*), incluindo o **STF**, já vem dando uma aplicação imediata a elas à luz da teoria do *mínimo existencial* atrelado à dignidade da pessoa humana. Os exemplos atuais envolvem, sobretudo, normas sobre **saúde** e **educação** presentes na Constituição. Como exemplo, citamos o **RE nº 410.715** (Rel. Min Celso de Mello).

257. Clássica já se tornou a definição de **J. J. Gomes Canotilho**, que entende que a Constituição deve ser compreendida como um **sistema jurídico aberto de regras e princípios**. Nesses termos: **(1)** é um sistema jurídico porque é um sistema dinâmico; **(2)** é um sistema aberto porque tem uma estrutura dialógica, traduzida na disponibilidade e capacidade de aprendizagem das normas constitucionais para captarem a mudança da realidade e estarem abertas às concepções cambiantes da verdade e da justiça; **(3)** é um sistema normativo, porque a estruturação das expectativas referentes a valores, programas, funções e pessoas, é feita por meio de normas; **(4)** é um sistema de regras e princípios, pois as normas do sistema tanto podem revelar-se sob a forma de princípios como sob a forma de regras. CANOTILHO, José Joaquim Gomes, Direito constitucional e teoria da Constituição, 2003, p. 1.085.

258. BASTOS, Celso Ribeiro; BRITTO, Carlos Ayres. *Interpretação e aplicabilidade das normas constitucionais*. São Paulo: Ed. Saraiva, 1982, p. 62-63.

259. Essa classificação está sujeita às mesmas críticas da Teoria da Aplicabilidade das normas Constitucionais de José Afonso da Silva.

A) **Normas Constitucionais de aplicação:** não vão necessitar da sindicabilidade (atuação) do legislador. Equivale, na teoria de José Afonso da Silva, às normas de eficácia plena. Porém, elas são subdivididas em duas:

- **Normas Constitucionais de aplicação irregulamentáveis:** não há nenhuma possibilidade de atuação do legislador, nem se ele quiser. São normas cuja matéria é insuscetível de tratamento no nível infraconstitucional.[260] Nesse sentido, nos moldes trabalhados pelos autores, são normas em que "a normatividade surge e se esgota na própria constituição". Como exemplo os autores citam o artigo 2º da CR/88.

- **Normas Constitucionais de aplicação regulamentáveis:** não há nenhuma possibilidade de atuação do legislador para produzir mais efeitos, mas o legislador pode atuar (pois a norma é regulamentável), embora não necessite (precise) dessa atuação. Nesse sentido, a atuação servirá apenas para auxiliar a norma constitucional à sua melhor aplicação. Porém, é mister referendar que, com o legislador atuando ou não, a norma será dotada de eficácia plena.

B) **Normas Constitucionais de integração:**[261] necessitam (pedem ou carecem) da atuação do legislador. Entre elas, temos mais uma subdivisão em:

- **Normas Constitucionais de integração completáveis:** são aquelas que requerem uma atuação dos Poderes Públicos para ganhar eficácia plena. Ou seja, carecem de complementação (regulamentação) para adquirir o *status* de normas de aplicação, ou seja, para a produção integral de seus efeitos. Elas se equivalem às normas constitucionais de eficácia limitada.
- **Normas Constitucionais de integração restringíveis:** são aquelas normas constitucionais que requerem uma atuação para a restrição ou contenção de seus efeitos (campo de incidência). Equivalem às normas constitucionais de eficácia contida.

260. Conforme os autores: "São normas que incidem diretamente sobre fatos regulados, repudiando qualquer regramento adjutório, normas cuja matéria é insuscetível de tratamento, senão a nível constitucional." BASTOS, Celso Ribeiro; BRITTO, Carlos Ayres. *Interpretação e aplicabilidade das normas constitucionais.* São Paulo: Ed. Saraiva, 1982, p. 39.
261. Nesses termos: "têm por traço distintivo a abertura de espaço entre seu desiderato e o efetivo desencadear dos seus efeitos. No seu interior existe uma permanente tensão entre a predisposição para incidir e a efetiva concreção. Padecem de visceral imprecisão, ou deficiência instrumental, e se tornam, por si mesmas, inexequíveis em toda a sua potencialidade." BASTOS, Celso Ribeiro; BRITTO, Carlos Ayres. *Interpretação e aplicabilidade das normas constitucionais.* São Paulo: Ed. Saraiva, 1982, p. 48.

10. CLASSIFICAÇÃO QUANTO À APLICABILIDADE DAS NORMAS CONSTITUCIONAIS DE MARIA HELENA DINIZ[262]

Essa classificação guarda uma semelhança na sua base de fundamentação com a teoria de José Afonso da Silva.[263] A professora Maria Helena Diniz confirma com o mesmo nome a **norma constitucional de eficácia plena.** Também trabalha com a norma constitucional de eficácia contida chamando-a de **norma constitucional de eficácia relativa restringível.** E denomina a norma constitucional de eficácia limitada de **norma constitucional de eficácia relativa dependente de complementação.**

Porém, acrescenta mais uma classificação para as normas constitucionais. Elas também podem ser **de eficácia absoluta.** Elas são justamente as normas constitucionais imodificáveis (insuscetíveis de modificação), que não podem ser modificadas. Na sua classificação são as normas do artigo 60, § 4º, da CR/88, que se intitulam (não sem problemas!) como "cláusulas pétreas".

Mas, aqui, podemos estabelecer uma crítica à professora e aos adeptos de sua classificação. Sem dúvida, as intituladas por muitos de cláusulas pétreas não podem ser abolidas, mas podem ser, sim, modificadas (melhoradas, sofisticadas). Existe uma diferença entre não poder abolir e não poder modificar que não é levada a sério por aqueles que adotam a classificação das **normas constitucionais de eficácia absoluta.**

11. CLASSIFICAÇÃO QUANTO À APLICABILIDADE DAS NORMAS CONSTITUCIONAIS DE LUÍS ROBERTO BARROSO[264]

Segundo o constitucionalista Luís Roberto Barroso, as normas constitucionais podem ser classificadas em:

a) **normas constitucionais de organização:** são aquelas que se direcionam aos poderes do Estado e seus agentes, podendo obviamente repercutir ou causar impacto na esfera dos indivíduos. Elas são normas que definem competência dos órgãos constitucionais, criam órgãos públicos e, ainda, estabelecem e regulam os processos e procedimentos de revisão (alteração) da Constituição.

b) **normas constitucionais definidoras de direitos:** são as normas que envolvem, ou, pelo menos, guardam relação com os direitos classicamente intitulados de subjetivos. Essas normas, de acordo com a posição ou enquadramento dos cidadãos em relação às normas, subdividem-se em: b.1)

---

262. DINIZ, Maria Helena, *Norma constitucional e seus efeitos*, p. 97-104.
263. Essa classificação está sujeita às mesmas críticas da Teoria da Aplicabilidade das normas Constitucionais de José Afonso da Silva.
264. BARROSO, Luís Roberto, *O direito constitucional e a efetividade de suas normas*, p. 84-106.

normas que originam situações desfrutáveis que irão depender apenas de uma abstenção; b.2) normas que ensejam a exigibilidade de prestações positivas do Estado; b.3) normas que agasalham interesses cuja realização (efetivação/viabilização) depende da produção de normas infraconstitucionais de cunho integrador.

c) **normas constitucionais programáticas:** são aquelas que indicam fins a serem alcançados, bem como estabelecem princípios ou programas de ação para os Poderes Públicos.

12. CLASSIFICAÇÃO TRABALHADA POR UADI LAMMÊGO BULOS DAS NORMAS CONSTITUCIONAIS DE EFICÁCIA EXAURIDA[265]

É interessante ainda citar a digressão de Lammêgo Bulos em que afirma existir mais de um tipo de normas constitucionais. Seriam as **normas constitucionais de eficácia exaurida**. Como exemplo, temos as normas constitucionais do ADCT[266] (atos das disposições constitucionais transitórias) que já cumpriram sua função no Ordenamento Jurídico, no que tange à perspectiva de regulação jurídico-temporal.

13. ESTRUTURA E ELEMENTOS DAS CONSTITUIÇÕES

As Constituições, segundo a doutrina pátria, apresentam, em regra, a seguinte **estrutura**: *(a)* Preâmbulo; *(b)* Parte Dogmática; *(c)* Disposições transitórias.[267]

O **preâmbulo**[268] deve ser compreendido como uma verdadeira carta de intenções, uma proclamação de princípios, um diploma de origem e legitimidade da Constituição que indica a ruptura com o passado e o surgimento do novo texto constitucional que irá reger o Estado e a sociedade.[269]

Sem dúvida, há uma enorme divergência em relação: *(a)* ao preâmbulo ser ou não parte do texto constitucional, propriamente dito; *(b)* se o preâmbulo é dotado ou não de força normativa.

Sobre a primeira dúvida, há uma corrente que sustenta que, por uma interpretação sistemática, o preâmbulo deve ser entendido como parte do texto constitucional. Na realidade seria uma parte precedente, inicial, que apresenta e "sintetiza" os princípios norteadores do documento constitucional. Outra corrente de autores

265. BULOS, Uadi Lammêgo, *Curso de direito constitucional*, 2006.

266. Aqui uma observação importante. O ADCT, ou seja, os atos das disposições constitucionais transitórias fazem parte da Constituição, e, portanto, são considerados normas constitucionais que só podem ser modificadas por emenda constitucional.

267. Nesse sentido, ver: CUNHA DA JÚNIOR, Dirley da, *Curso de direito constitucional*, p. 119-120.

268. A palavra **"preâmbulo"** se origina do latim (*praeambulo*). "Na linguagem comum significa o conjunto de frases que introduz o texto principal". OLIVEIRA, Márcio Luís de, *A força normativa do preâmbulo*, 2009, p. 1.

269. No que tange ao ordenamento jurídico-constitucional pátrio, certo é que todas as Constituições brasileiras (1824, 1891, 1934, 1937, 1946, 1967-69, 1988) foram introduzidas por preâmbulos.

entende, a partir de uma lógica de cunho literal e gramatical,[270] que o preâmbulo não está contido no corpo da Constituição, sendo apenas uma proclamação de princípios, ou um diploma de intenções do texto constitucional que se iniciaria com o artigo 1º da Constituição. Dessa primeira questão desaguamos na segunda divergência, visto que as duas estão intimamente relacionadas.

Sobre a segunda questão, alguns advogam[271] que o preâmbulo é dotado de força normativa na medida em que tecnicamente é parte integrante da Constituição. Essa corrente de tradição francesa[272] entende, portanto, que o preâmbulo deve ser considerado norma constitucional dotada de força vinculante.

Uma segunda linha de doutrinadores, por outro lado, afirma que o preâmbulo não tem força normativa, não podendo, portanto, ser considerado norma constitucional. É bem verdade que a segunda corrente não desconsidera o preâmbulo de todo, pois ela, pelo menos, reconhece que, apesar de não ser dotado de força vinculante, ele pode ser usado (manejado) como elemento de interpretação e integração do texto constitucional propriamente dito. Porém, apesar disso, ela, não negando suas origens, preleciona que o preâmbulo não pode contrariar texto expresso da Constituição e, muito menos, pode ser usado como paradigma (parâmetro) para o controle de constitucionalidade das leis na medida em que não é parte integrante do texto constitucional.

Assim, temos uma primeira corrente que afirma a relevância jurídica direta e imediata do preâmbulo, conforme demonstramos, e uma segunda corrente que concede ao preâmbulo uma relevância jurídica indireta, reflexa ou apenas mediata (de cunho hermenêutico), conforme também explicitamos. Porém, há ainda uma terceira corrente que desconsidera por inteiro o preâmbulo. Essa é a tese da irrelevância jurídica do preâmbulo, que o considera como uma mera expressão política (com isso, ele não funcionaria nem mesmo como elemento de integração e interpretação do texto constitucional). Portanto, seguindo a esteira do professor de Lisboa **Jorge Miranda**, temos: **a) relevância jurídica direta e imediata** (atribui ao preâmbulo plena natureza jurídica equiparando-o a qualquer outra norma constitucional); **b) relevância jurídica indireta** (reconhece o preâmbulo como um vetor de cunho hermenêutico, situando-o, por conseguinte, numa condição intermediária entre a relevância jurídica direta e a irrelevância jurídica); **c) irrelevância jurídica** (preâmbulo constitucional não tem natureza normativa, sendo apenas

270. Nesse sentido prelecionam com uma base textual que a literalidade indicaria que o preâmbulo que começa com a frase: "nós representantes do povo brasileiro" é finalizado com a seguinte expressão: promulgamos "a seguinte Constituição da República Federativa do Brasil".
271. Entre eles: Menelick de Carvalho Netto, Jorge Miranda, Georges Vedel, Edvaldo Brito, Dirley da Cunha Júnior, Georges Bordeau, Giuseppe Vergottini e Kildare Gonçalves Carvalho, entre outros.
272. Visto que o Conselho Constitucional, órgão que controla a constitucionalidade das leis na França, afirmou a força normativa do preâmbulo da Constituição francesa de 1958.

uma declaração política e, portanto, de caráter mais simbólico do que propriamente jurídico).[273]

Somos da opinião de que o preâmbulo é dotado de força normativa e relevância jurídica direta e imediata e deve ser obedecido como qualquer outra norma presente na Constituição, até mesmo porque ele, de forma precedente, acaba por ser a síntese da normatividade constitucional posteriormente desenvolvida explicitando princípios dotados de inerente normatividade.

Porém, o posicionamento majoritário ainda é aquele que não reconhece força normativa ao preâmbulo. Este, inclusive, vem sendo o posicionamento do Supremo Tribunal Federal que, na **ADI nº 2.076/AC**, de Relatoria do Ministro Carlos Velloso,[274] negou força normativa obrigatória ao preâmbulo. O caso envolveu pedido formulado pelo PSL contra o preâmbulo da Constituição do Acre alegando a inconstitucionalidade por omissão no que diz respeito à falta da expressão "sob a proteção de Deus", constante no preâmbulo da Constituição da RFB/88. Nesse caso, o Pretório Excelso considerou que a invocação da proteção de Deus no preâmbulo da Constituição não seria dotada de força normativa, desconsiderando a alegação de que a expressão em causa seria uma norma de reprodução obrigatória para os Estados-membros em suas respectivas Constituições. Mas, aqui, uma advertência: é bom que se diga que já existem **vozes dissonantes** no STF que corroboram com o nosso posicionamento. Nesse sentido, recentemente, a Ministra Cármen Lúcia na **ADI nº 2.649** deixou assente que o preâmbulo deve ser dotado de relevância jurídica.[275]

Além do preâmbulo, uma Constituição também contém, em regra, uma parte **dogmática**. Esta nada mais é do que seu texto dotado de uma articulação a partir da reunião de uma plêiade de direitos que podem ir desde o estabelecimento de princípios fundamentais até a conjugação de direitos como os individuais, sociais, políticos, econômicos, além do estabelecimento da estrutura e organização do Estado e dos poderes (legislativo, executivo e judiciário), entre outros direitos. Tendo

---

273. MIRANDA, Jorge. *Manual de direito constitucional*. Coimbra: Coimbra, 1983, t. 2, p. 209.
274. ADI nº 2.076-AC, Rel. Min. Carlos Velloso, DJU de 23.8.2002.
275. Conforme síntese do voto: "[...] *Devem ser postos em relevo os valores que norteiam a Constituição e que devem servir de orientação para a correta interpretação e aplicação das normas constitucionais e apreciação da subsunção, ou não, da Lei nº8.899/94 a elas. Vale, assim, uma palavra, ainda que brevíssima, ao Preâmbulo da Constituição, no qual se contém a explicitação dos valores que dominam a obra constitucional de 1988 [...]. Não apenas o Estado haverá de ser convocado para formular as políticas públicas que podem conduzir ao bem-estar, à igualdade e à justiça, mas a sociedade haverá de se organizar segundo aqueles valores, a fim de que se firme como uma comunidade fraterna, pluralista e sem preconceitos [...]. E, referindo-se, expressamente, ao Preâmbulo da Constituição brasileira de 1988, escolia José Afonso da Silva que 'O Estado Democrático de Direito destina-se a assegurar o exercício de determinados valores supremos. 'Assegurar' tem, no contexto, função de garantia dogmático-constitucional; não, porém, de garantia dos valores abstratamente considerados, mas do seu 'exercício'. Este signo desempenha, aí, função pragmática, porque, com o objetivo de 'assegurar', tem o efeito imediato de prescrever ao Estado uma ação em favor da efetiva realização dos ditos valores em direção (função diretiva) de destinatários das normas constitucionais que dão a esses valores conteúdo específico' [...]. Na esteira destes valores supremos explicitados no Preâmbulo da Constituição brasileira de 1988 é que se afirma, nas normas constitucionais vigentes, o princípio jurídico da solidariedade [...]" (ADI nº 2.649. Minª. Cármen Lúcia. In:* OLIVEIRA, Márcio Luís de, *A força normativa do preâmbulo*, 2009, p. 1).

como exemplo a nossa atual Constituição de 1988, sem dúvida podemos observar que a parte dogmática coincide com seu corpo permanente, que até o fechamento desta edição vai do art. 1º ao art. 250.

Por último, via de regra, uma Constituição traz, em seu bojo, uma parte intitulada de **transitória,** que objetiva ser um instrumento de intermediação entre a velha ordem e a nova ordem constitucional, realizando a integração entre elas. As disposições transitórias regulam uma série de questões de cunho temporal à luz da dinâmica constitucional, que envolve a relação entre o passado, o presente e o futuro da nova Constituição e de suas normas vinculantes em relação ao ordenamento jurídico antecedente, bem como ao novo ordenamento, que ela mesma, Constituição, está desenvolvendo.

Outro ponto importante a ser abordado é o referente aos **elementos das Constituições**. Embora sejam, em regra, construídas sob a base de uma totalidade sistemática que busca, sempre que possível, uma unidade e organicidade, elas contêm em seu bojo uma série de matérias dotadas de uma finalidade diferenciada, até mesmo porque são fruto de um processo de elaboração geralmente, eclético, que acaba gerando um pluralismo, satisfatório. Nesse sentido, as Constituições são dotadas de um caráter plúrimo que acaba explicitando uma série de seus elementos constitutivos. José Afonso da Silva[276] de forma clássica expôs[277] esses elementos da seguinte forma:

Elementos orgânicos	São as normas que regulam a estrutura do Estado e do Poder.	Temos como exemplos, na CR/88: **a)** Título III (Da organização do Estado); **b)** Título IV (Da organização dos Poderes e do Sistema de Governo)
Elementos limitativos	São normas que compõem o catálogo de direitos e garantias individuais (direito individuais e suas garantias, direitos de nacionalidade e direitos políticos e democráticos) e que estabelecem limitações aos Poderes Públicos.	Temos como exemplos, na CR/88: Título II (Dos Direitos e Garantias Fundamentais, exceto o Capítulo II dos Direitos Sociais).
Elementos socioideológicos	São normas que guardam relação com o compromisso da Constituição e se situam no limiar entre o Estado individualista e o Estado intervencionista.	Temos como exemplos, na CR/88: **a)** Capítulo II do Título II (Dos Direitos Sociais); **b)** Título VII (Da ordem Econômica e financeira); **c)** Título VIII (Da Ordem social).

276. SILVA, José Afonso da, Curso de direito constitucional positivo, p. 44-45. Nesse sentido, também, MENDES, Gilmar Ferreira; COELHO, Inocêncio Mártires; BRANCO, Paulo Gustavo Gonet, Curso de direito constitucional, p. 13-14.
277. É bom deixarmos consignado que essa construção dos elementos da Constituição, embora clássica e dotada de uma finalidade precípua de sistematização do arcabouço constitucional, não é fechada e tampouco pode ser absolutizada.

Elementos de estabilização constitucional	São normas destinadas e direcionadas a assegurar a resolução de conflitos constitucionais, a defesa da Constituição, do Estado e das Instituições democráticas.	Temos como exemplos, na CR/88: **a)** Da Intervenção Federal nos Estados e no DF e dos Estados nos Municípios nos arts. 34/36; **b)** Processo de Emendas à Constituição no art. 60; **c)** Defesa do Estado e das Instituições Democráticas especificamente no Capítulo I do Título V (Estado de sítio e Estado de defesa); **d)** Ação Direita de Inconstitucionalidade do art. 102, I, *a*.
Elementos formais de aplicabilidade	São as normas que estabelecem as regras de aplicação das Constituições.	Temos como exemplos, na CR/88: **a)** preâmbulo; **b)** disposições constitucionais transitórias, entre outras, além do § 1º do art. 5º de nossa atual Constituição.

2

Poder Constituinte

Sumário: 1. Introdução: 1.1. Um conceito preliminar de Poder Constituinte; 1.2. Revelar, dizer ou criar uma Constituição? – 2. Três Leituras Concorrentes no Discurso Jurídico Atual – 3. Poder Constituinte Originário: 3.1. Conceito e natureza jurídica; 3.2. Classificação; 3.3. Características do Poder Constituinte Originário; 3.4. Titularidade do Poder Constituinte Originário; 3.5. Poder Constituinte Originário e direitos adquiridos; 3.6. Dinâmica constitucional – 4. Poder Constituinte Derivado de Reforma da Constituição: Espécies e Limitações: 4.1. Análise específica do Poder Constituinte derivado de revisão da Constituição; 4.2. Análise específica do Poder Constituinte derivado de reforma via emendas – 5. Poder Constituinte (Derivado) Decorrente: Espécies, Caracteres e Limitações – 6. Poder Constituinte e Patriotismo Constitucional: Uma Releitura Contemporânea e Sofisticada da Teoria do Poder Constituinte.

1. INTRODUÇÃO

1.1. Um conceito preliminar de Poder Constituinte

Inicialmente, podemos apresentar uma ***definição*** do que seja o ***Poder Constituinte***, partindo da afirmação presente em quase todos os manuais de Direito Constitucional brasileiros, como sendo aquele poder ao qual incumbe criar ou elaborar uma Constituição, alterar ou reformar uma Constituição e complementar uma Constituição. Daí os termos Poder Constituinte Originário (criar), Poder Constituinte Derivado-Reformador (alterar/reformar), Poder Constituinte Derivado-Decorrente (complementar).[1]

Sua origem se dá quando surgem as Constituições escritas. Certo é que ele nasce como poder no movimento do constitucionalismo, no século XVIII, que vai

---

1. Aqui teríamos ainda, para alguns autores, mais **2 (dois)** tipos de Poder Constituinte que seriam: o **Poder Constituinte Difuso** da mutação constitucional (que será analisado e criticado na obra) e o Poder Constituinte **Supranacional (Transnacional).** Esse diria respeito a possibilidade de se elaborar ***uma Constituição para vários países***. Ou seja, uma só Constituição para vários países (Estados Nacionais). A Constituição **supranacional** seria elaborada com a legitimidade conferida pelos próprios Estados nacionais (e seus cidadãos) vinculados a ela. Com isso, as Constituições nacionais (e os seus respectivos ordenamentos internos) estariam subordinadas a uma Constituição supranacional, fruto da elaboração de um **poder constituinte supranacional.** Nesses termos, *ele faz as vezes de* ***poder constituinte*** *porque cria uma ordem jurídica de cunho constitucional, na medida em que reorganiza a estrutura de cada um dos Estados (ou adere, no caso da Europa, ao direito comunitário) de viés supranacional por excelência, com capacidade, inclusive, para submeter as diversas Constituições nacionais ao seu poder supremo.* Dessa forma [...] ***é supranacional****, porque se distingue do ordenamento positivo interno assim como do direito internacional. No caso Europeu: A Constituição supranacional (ou transnacional) é uma realidade que está para além dos Estados Nacionais e os une e os integra em comunidade jurídica mais ampla.* Ex: O Tratado da União Europeia (como modelo de um Constitucionalismo Europeu ainda em processo de desenvolvimento).

inaugurar as Constituições escritas. É esse movimento que vai trazer o Poder Constituinte Originário.

Inegável, portanto, a contribuição teórica trazida por Emmanuel Sieyès[2] – que escreveu o livro *O que é o Terceiro Estado?*, em 1788. Sieyès separa o Poder Constituinte dos seus poderes constituídos: o Poder Constituinte institui uma ***nova*** ordem, a Constituição, marcando nitidamente uma diferença entre o ato de criação de uma Constituição e os atos jurídicos subsequentes – subordinando esses atos à Constituição. Portanto, detentores e destinatários do poder teriam que respeitar o documento produzido (pactuado) por eles (pela nação, nos termos de Sieyès), pois ambos, como já dito, eram constituídos pelo Poder Constituinte e sua a obra: a Constituição.

1.2. Revelar, dizer ou criar uma Constituição?

O célebre constitucionalista português J. J. Gomes Canotilho, em seu manual de *Direito Constitucional*, inicia o estudo do Poder Constituinte lançando quatro perguntas que teriam a pretensão de nortear (e talvez até esgotar o estudo do tema):

1º) o que é o poder constituinte?;

2º) quem é o titular desse poder?;

3º) quais são o procedimento e a forma do seu exercício?; e

4º) existem ou não limites político-jurídicos ao seu exercício?

As respostas a tais indagações constituiriam um roteiro para o desenvolvimento do tema e, ao que parece, transformou-se na bússola de referência para quase todos os manuais de Direito Constitucional que se prestam a ventilar sobre o tema (talvez, até seja duvidoso um manual que se esquive de apresentá-lo).

Todavia, antes de adentrar em um debate que procure responder a tais indagações pela via de uma abordagem ***dogmático-constitucional,*** o professor de Coimbra lança-se a um estudo ***histórico-genético,*** perquirindo a gênese do Poder Constituinte. Para tanto, seu estudo guia-se por três expressões que ganham significado e dimensionam três momentos fundamentais do constitucionalismo moderno: ***revelar, dizer*** e ***criar*** a Constituição. Isso porque

> "[...] os ingleses compreendem o poder constituinte como um processo histórico de ***revelação*** da 'constituição de Inglaterra'; os americanos ***dizem*** num texto escrito, produzido por um poder constituinte *'the fundamental and paramount law of the nation'*; os franceses ***criam*** uma nova ordem jurídico-constitucional através da 'destruição' do antigo e da 'construção do novo', traçando a

2. O que é o terceiro Estado? Tudo. O que tem sido ele até agora na ordem política? Nada. O que ele pode ser? Pelo menos alguma coisa. Daí a ideia de um poder legítimo com titularidade na nação para elaborar uma Constituição para a França.

arquitetura da nova 'cidade política' num texto escrito – a constituição. ***Revelar, dizer*** e ***criar*** uma constituição são os ***modi operandi*** das três experiências constituintes."[3]

Na ***tradição inglesa***, que começa no período medieval, a aristocracia feudal desconhecia a figura da constituição como instrumento de limitação do poder do monarca. Para tanto, faziam pactos cujo fundamento era assegurar seus ***privilégios hereditários*** já fixados em "velhas leis" de direito (***good old laws***), que nada mais eram que um ***corpus*** costumeiro de normas transcritas em documentos escritos. Por isso, mesmo as magnas cartas – como o caso da de 1215 – não podem ser tomadas como exemplo de constituição – nem em um sentido embrionário –, já que nunca tiveram por objetivo a criação de uma nova ordem político-jurídica a partir de um ator abstrato (povo ou nação). Trata-se, portanto, de instrumentos necessários à manutenção do equilíbrio dos "poderes medievais", uma vez que apenas traduzem (***revelam***) o que a tradição e os costumes deixaram inscritos.[4]

O ***constitucionalismo norte-americano***, por outro lado, parte de outra premissa. A partir de sua construção preambular – ***We the people*** –, temos a indicação de um Poder Constituinte capaz de trazer para a realidade jurídica uma Constituição que ***registre*** um conjunto normativo protetivo: (1) da ideia ***de povo*** como autoridade política superior; (2) da ***subordinação do Legislativo*** às leis que ele mesmo produz e à Constituição; (3) de um sistema equilibrado de interação entre os Poderes constituídos (***checks and balances***); e (4) de um conjunto de direitos oponíveis aos Poderes Públicos – ***direitos fundamentais***. Assim, mais que uma carta de intenções – um projeto para o futuro – a Constituição Norte-Americana se mostra exercível a todos os cidadãos desde sua promulgação, ***dizendo*** a eles quais são seus direitos fundamentais (ainda baseados no tripé liberdade, igualdade e propriedade). Esses direitos se revelam, assim como as demais normas presentes no texto constitucional, ***superiores*** a todos os demais existentes no plano infraconstitucional, o que vem também a inaugurar a perspectiva de que a Constituição não é apenas um conjunto de normas, mas um corpo superior a todas as outras normas (supremacia da Constituição).[5]

Por fim, ***na tradição francesa***, incorpora-se a ideia de Nação como titular do Poder Constituinte, que, por sua vez, seria capaz de criar uma nova ordem político--jurídico-social, que romperia com a tradição do ***Antigo Regime***, projetando-se para o futuro. A Constituição, então, por meio de seu criador, a Nação, surgiria do nada

3. CANOTILHO, José Joaquim Gomes, *Direito constitucional e teoria da Constituição*, 5. ed., p. 68-69. Outra obra que irá lançar mão de uma abordagem histórico-genética é *O poder constituinte*: ensaio sobre as alternativas da modernidade, de Antonio Negri.
4. CANOTILHO, José Joaquim Gomes, *Direito constitucional e teoria da Constituição*, 5. ed., p. 69.
5. CANOTILHO, José Joaquim Gomes, *Direito constitucional e teoria da Constituição*, 5. ed., p. 70-71.

(*ex nihilo*)[6] rompendo com o passado de opressão e ***criando*** uma sociedade nova, mais solidária entre cidadãos politicamente ativos.[7]

2. TRÊS LEITURAS CONCORRENTES NO DISCURSO JURÍDICO ATUAL

Ao longo dos estudos que optaram por uma abordagem ***dogmático-constitucional*** sobre a figura do Poder Constituinte, pode-se observar a existência de três agrupamentos teóricos (ou momentos teóricos), reunindo um conjunto de tradições e visões de mundo sobre o tema: Tradicional, Moderno e Contemporâneo.

Todavia, já aqui vai o alerta de que a quase totalidade dos manuais olvidam (ou desconhecem) tal diferenciação, limitando-se à construção de uma narrativa que mistura a visão tradicional com a visão moderna e deixam de lado a visão contemporânea – de maior complexidade –, talvez na busca do desenvolvimento de uma Teoria Geral do Poder Constituinte.[8] A tentativa de construção, então, de uma versão didática de uma explanação sobre o Poder Constituinte – adequada à presente proposta – é um desafio que faz com que abordemos à parte a visão contemporânea, que recebe importantes contributos da tese do ***patriotismo constitucional*** de Jürgen Habermas.

A ***versão clássica***[9] da teoria do Poder Constituinte é, principalmente, oriunda dos trabalhos de autores como Burdeau, Duguit, Carré de Malberg e Esmein.[10] Aqui, o Poder Constituinte na modalidade originária, seria o poder de fato (não jurídico), criador de uma nova ordem jurídica por meio de um novo texto constitucional. Seu titular seria, antes de tudo, a nação, como elemento sociológico que constataria um compartilhamento homogêneo de tradições, língua, religião, numa dada sociedade. Por ser um poder de fato, é ilimitado e incondicionado.

Já a ***versão moderna*** traz, a partir do século XX, uma nova leitura do Poder Constituinte. Nessa (re)leitura, temos a mudança de titularidade da Nação para o Povo – figura que foi aos poucos sendo reconstruída para abarcar uma noção pluralista. As preocupações em distinguir os procedimentos democráticos de procedimentos

---

6. *"[...] o caso americano é em tudo distinto do caso francês. Distinta é a interpretação do ato revolucionário: trata-se, no primeiro caso, de libertar as forças espontâneas da autorregulação a fim de que se coadunem com o direito natural; no segundo caso, porém é necessário impor* ex novo *a concepção jusnaturalista contra um poder despótico. Distinta é a relação com o Estado: na América, trata-se de resistir a um poder colonial; na França, de construir uma nova ordem."* (NEGRI, Antonio, *O poder constituinte*: ensaio sobre as alternativas da modernidade, p. 33).
7. CANOTILHO, José Joaquim Gomes, *Direito constitucional e teoria da Constituição*, 5. ed., p. 71-72.
8. Por isso a relevância do ensaio de Álvaro Ricardo de Souza Cruz (*Poder constituinte e patriotismo constitucional*), que apresenta sistematicamente cada um desses três momentos, identificando seus principais traços teóricos e seus pensadores.
9. "Curioso observar que a visão clássica surge nos primórdios do constitucionalismo do século XVIII, estudando, por conseguinte, tão-somente pactos fundadores datados, como a Assembleia Nacional da França ou a Convenção de Filadélfia nos Estados Unidos. Logo, constituições predominantemente costumeiras ou as cartas não codificadas (inorgânicas) não se encaixavam nos parâmetros dessa perspectiva, a despeito de, tal como a inglesa, serem anteriores ao movimento contratualista do iluminismo." (SOUZA CRUZ, Álvaro Ricardo de, *Poder constituinte e patriotismo constitucional*, p. 50).
10. SOUZA CRUZ, Álvaro Ricardo de, *Poder constituinte e patriotismo constitucional*, p. 48.

não democráticos levaram os constitucionalistas a pensar o seu exercício para além da Assembleia Constituinte, incorporando instrumentos de decisão popular como o plebiscito e o ***referendum***.

Por fim, a ***leitura contemporânea*** é realizada à luz dos pressupostos teóricos trazidos pela teoria discursiva do direito e da democracia de **Jürgen Habermas** e explorada pelos componentes da Escola Mineira de Direito Constitucional – e bem reconstruída nos ensaios "Poder Constituinte e Patriotismo Constitucional: o projeto constituinte do Estado Democrático de Direito na Teoria Discursiva de Jürgen Habermas", de Marcelo Andrade Cattoni de Oliveira,[11] e "Poder Constituinte e Patriotismo Constitucional" de Álvaro Ricardo de Souza Cruz.[12] Aqui, a noção de Poder Constituinte é conectada a de **Patriotismo Constitucional**, permitindo um questionamento mais radical sobre não apenas a dinâmica do Poder Constituinte, mas, ainda, sobre a concepção moderna de legitimidade política, a partir da ideia de ***autonomia*** (política, jurídica e moral).[13] Assim, o ato fundador da Constituição de um Estado passa a ser tomado como um ***"processo de aprendizado social capaz de se corrigir a si mesmo"***, tendo continuidade e prosseguimento no transcurso de gerações.[14]

3. PODER CONSTITUINTE ORIGINÁRIO

3.1. Conceito e natureza jurídica

É muito comum definir o Poder Constituinte Originário como sendo aquele que visa produzir uma constituição. Nesse sentido, ele pode ser conceituado como uma prerrogativa extraordinária que ocorre em um momento extraordinário e que visa à desconstituição de uma ordem anterior e à constituição de uma nova ordem constitucional (um poder desconstitutivo/constitutivo ou de despositivação/positivação).

Para a tradição do constitucionalismo clássico, o Poder Constituinte Originário representava um ***modo de legitimação do poder político da nação*** (seu titular), que criava uma nova ordem para a sociedade, quebrando com uma ordem eminentemente tradicional (dinástica) anterior. É possível identificar aproximações em seu pensamento com os contornos da teologia, notadamente a ideia de onipotência do Poder Constituinte Originário, que cria do nada todo um novo ordenamento jurídico.[15]

---

11. CATTONI DE OLIVEIRA, Marcelo Andrade, *Poder constituinte e patriotismo constitucional*: o projeto constituinte do estado democrático de direito na teoria discursiva de Jürgen Habermas. Ver também o capítulo 5 (*Qual o sentido do projeto constituinte do Estado Democrático de Direito? Um exercício de patriotismo constitucional no marco da teoria do discurso de Jürgen Habermas*) da obra CATTONI DE OLIVEIRA, Marcelo Andrade, *Direito, política e filosofia*: contribuições para uma teoria discursiva da Constituição democrática no marco do patriotismo constitucional. Rio de Janeiro: Lumen Juris, 2007.
12. SOUZA CRUZ, Álvaro Ricardo de, Poder constituinte e patriotismo constitucional. In: GALUPPO, Marcelo Campos. *O Brasil que queremos*: reflexões sobre o estado democrático de direito. Belo Horizonte: Editora PUC Minas, 2006.
13. CATTONI DE OLIVEIRA, Marcelo Andrade, *Poder constituinte e patriotismo constitucional*, p. 33.
14. CATTONI DE OLIVEIRA, Marcelo Andrade, *Poder constituinte e patriotismo constitucional*, p. 35.
15. MENDES, Gilmar Ferreira et al., *Curso de direito constitucional*, p. 187.

Atualmente, a doutrina constitucional afirma uma pluralidade de teorias que buscam explicar a *natureza jurídica* do Poder Constituinte Originário:

1) **Poder de direito:** porque é assentado e fundamentado em um direito natural, que é anterior e superior a qualquer direito positivo (posto). Portanto, temos aí a natureza de um poder de direito (natural), que é inerente ao homem e à sua natureza.

2) **Poder de fato:** que funda a si próprio (pois o direito se expressa de forma máxima na constituição). Portanto, o Poder Constituinte originário seria uma ruptura que não é jurídica, pois rompe com a lei máxima se impondo como força social ou político-social (Carré de Malberg, Celso Bastos, Raul Machado Horta). Por ter sua natureza divorciada do universo jurídico, os autores dessa linha de compreensão não se preocuparam em realizar qualquer análise ou estudo a respeito de sua legitimidade.[16]

3) **Natureza híbrida:** como ruptura, é um poder de fato, porém na elaboração (produção) de sua obra, ele se apresenta como poder de direito, na medida em que tem o poder de desconstituir um ordenamento (revogando-o) e elaborar (constituir) outro, daí sua feição jurídica (Gomes Canotilho, Paulo Bonavides).

Afirmam alguns autores que, por ser expressão de um fato social (à luz da perspectiva positivista), o PCO deve ser entendido como um ***poder sem limites, sem condições*** e ***autônomo***, além de ser ***inicial***. Nesse sentido, ele seria capaz de traçar a ***nova*** ordem constitucional como bem desejar.[17] Como iremos observar posteriormente, essas digressões não devem ser tidas como ***absolutas***.

Ainda devemos observar (não sem divergência!) que a **doutrina tradicional** entende que o poder constituinte originário surge (se manifesta[18]) por meio ou de **um golpe de estado**[19]**, ou de uma revolução**[20] **ou de um consenso jurídico-político.** Em todos os casos ocorre (no mínimo) **uma ruptura jurídico-política**, que visa romper com a ordem anterior e constituir uma nova ordem.

Por último, é importante citarmos a figura do ***"Bootstrapping"*** constitucional apresentada na doutrina por Jon Elster. Essa expressão foi introduzida na ciência política e no direito constitucional por Jon Elster para se referir ao *"processo pelo qual uma assembleia constituinte corta seus laços com as autoridades que a convocaram e arroga para si mesma alguns ou todos os poderes delas"*.

16. SOUZA CRUZ, Álvaro Ricardo de, *Poder constituinte e patriotismo constitucional*, p. 49-50.
17. SOUZA CRUZ, Álvaro Ricardo de, *Poder constituinte e patriotismo constitucional*, p. 50. Curiosamente, parece ser esta a tese defendida por Alexandre de Moraes em sua obra *Direito constitucional*, p. 23; e também por MENDES, Gilmar Ferreira et al., *Curso de direito constitucional*, p. 188.
18. A doutrina também chama essa "**origem**" de: fatores que desencadeiam o Poder Constituinte Originário.
19. O "**Golpe de Estado**" se caracteriza como um movimento de usurpação do poder.
20. A seu turno, a **revolução** é, então, um movimento de ruptura profundo na estrutura social e no sistema do poder. Todavia, afirmar isso não quer dizer que ela seja sempre fruto da violência, como é muitas vezes mal interpretada.

Conforme Elster, a elaboração de uma constituição envolve a operação de "***bootstrapping***", na qual a assembleia constituinte rompe suas amarras em face das autoridades que a instituíram. Além disso, na maior parte dos casos, as assembleias constituintes não apenas se desengajam das gerações passadas, como também devem buscar forma para vincular as gerações futuras. Portanto, o "***bootstrapping***" constitucional – que necessariamente acompanha a criação de uma nova ordem constitucional requer dos constituintes a introdução, simultânea, de medidas tanto de diferenciação das identidades passadas quanto de projeção futura de identidade constitucional que seja capaz de ser abraçada até pelas gerações ainda não nascidas.[21]

Daí se concluir, nos termos de Juliano Bernardes e Olavo Ferreira, que o ***bootstrapping*** constitucional está associado a ***três questões*** importantíssimas ao constitucionalismo: (a) *legitimidade das Constituições*: pois as assembleias constituintes que reagem contra os limites postos pela autoridade que as criou buscam justificar a própria legitimidade, em geral sob o argumento de que receberam autoridade final diretamente do povo; (b) *limites do poder constituinte*: como ensina CANOTILHO (1999), a "libertação de amarras", inerente ao fenômeno do ***bootstrapping,*** tem lá "seus limites". "Significa isso que as normas constitucionais devem revelar-se aptas a conseguir uma articulação das preferências e interesses públicos dos 'produtores' de normas (o povo, os deputados constituintes, os eleitores) e as preferências e interesses dos destinatários (consumidores) dessas normas. As normas constitucionais não podem fugir a esta medida de aptidão (*fitness*): grau de adequação do espaço normativo constitucional à constante redefinição interativa entre interesses públicos e privados" (sobre os limites do poder constituinte originário); e (c) *longevidade das constituições*: como notou ROSENFELD (1994), a obra de ELSTER demonstra que, embora impossível isolar algum conjunto geral de condições de garantia de sucesso, o triunfo dos casos de "***bootstrapping***" constitucional depende da observância de delicado balanceamento entre o passado e o futuro. Nessa linha, a Constituição norte-americana, ao romper apenas parcialmente com o passado, acabou por se revelar bem-sucedida. Já a Constituição francesa do Terceiro Estado, que promoveu uma clara ruptura com o pretérito, fracassou logo depois.[22]

3.2. Classificação

Certo é que os constitucionalistas realizam classificações[23] do Poder Constituinte, falando, portanto, em:

---

21. Aqui nos valemos da obra de Juliano Bernardes e Olavo Ferreira. *Direito Constitucional*, v.16, p.94-95, 2017.
22. BERNARDES, Juliano e FERREIRA, Olavo. *Direito Constitucional*, v.16, p.94-95, 2017.
23. Citamos aqui a classificação quanto ao **exercício do Poder Constituinte originário**. Esse envolve a **instauração** de uma **Assembleia Constituinte**, o seu **Funcionamento** e **Encerramento**. Chamamos a atenção para o funcionamento e encerramento do mesmo, pois o PCO pode ser desenvolvido de **forma típica (pura)** – o seu agente é encarregado apenas de fazer a Constituição – ou de **forma atípica (impura)** – após a elaboração da Constituição

1) **Quanto à dimensão do Poder Constituinte:**

(a) **Poder Constituinte material.** Pode ser traduzido no conjunto de forças político-sociais que vão produzir o conteúdo de uma nova Constituição, a partir da ruptura jurídico-política. Ou seja, se traduz na ideia de direito, fruto desse conjunto de forças político-sociais (ou seja, uma nova ideia de direito para o Estado e a sociedade).[24] O Poder Constituinte material será exteriorizado pelo Poder Constituinte formal; e **(b) Poder Constituinte formal** é aquele que vai formalizar a ideia de direito construída por meio do Poder Constituinte Material. O Poder Constituinte formal será o grupo encarregado de redigir a Constituição.[25]

2) **Quanto à manifestação histórica:**

(a) **Fundacional** (também chamado de histórico): surge a com a construção de um novo Estado nacional (com o processo de descolonização) que vai necessitar de uma Constituição; **(b) Pós-fundacional:**[26] surge em Estados nacionais já existentes e dotados de uma Constituição. O movimento de ruptura da Constituição faz com que venha a emergir um novo poder constituinte originário.

3.3. Características do Poder Constituinte Originário[27]

1) **Inicial:** se toda vez que surge uma nova Constituição temos um Estado novo, então o Poder Constituinte Originário é sempre inicial, é o marco inicial da ordem jurídica e desse Estado. Diz Canotilho que "o Poder Constituinte Originário é desconstitutivo constitutivo". No momento de ruptura

---

o agente do PCO se torna legislador ordinário da Constituição que ele elaborou. Essa última forma foi a utilizada na Constituição de 1988.

24. CARVALHO, Kildare Gonçalves, *Direito constitucional,* 11. ed., p. 178.
25. Nesses termos, é comum, afirma Álvaro Ricardo Souza Cruz, encontrar na doutrina brasileira a diferenciação entre um Poder Constituinte *material* e em um Poder Constituinte *formal.* O primeiro termo é utilizado para designar a força política geradora da mudança na ordem jurídica do Estado; sendo assim, representa um antecedente lógico do Poder Constituinte formal, de modo que é responsável por fixar o conteúdo das normas constitucionais. Já o Poder Constituinte formal é o termo utilizado para designação da *entidade* (grupo constituinte) que formaliza as normas constitucionais, conferindo ao conjunto uma estabilidade. Dado o enfoque positivista – e acrítico – a doutrina constitucional se preocupou mais em sistematizar as suas manifestações que em analisar a legitimidade de seus atos, identificando as seguintes formas de expressão: *ato unilateral singular* (por exemplo, a outorga); *ato unilateral plural* (ato de representação mas conectado ao ato de manifestação direta); *ato constituinte bilateral* (combina institutos representativos e democracia direta ou semidireta); e *ato constituinte plurilateral* (com a participação de instâncias distintas do poder representativo). CARVALHO, Kildare Gonçalves, *Direito constitucional,* p. 178; SOUZA CRUZ, Álvaro Ricardo de, *Poder constituinte e patriotismo constitucional*.
26. Para alguns doutrinadores, ele também é chamado de **revolucionário**.
27. É bem verdade que essas características (clássicas), embora ainda muito usuais na doutrina pátria, não são imunes a críticas a partir de uma reflexão mais contemporânea de Poder Constituinte. Nesses termos, as digressões de **Cláudio Pereira Souza Neto**: "(...) a tendência contemporânea é de que o poder constituinte seja definido não mais como inicial, uno, ilimitado e incondicionado. Para que seja reconhecido como legítimo, o poder constituinte deve se manifestar democraticamente e deve instituir um regime político comprometido com respeito aos direitos humanos, sem os quais não é possível uma vida com dignidade." SOUZA NETO, Cláudio Pereira. *Constitucionalismo Democrático e Governo das Razões*, p, 75-76, 2010.

jurídico-política, sempre o Poder Constituinte Originário estabelece para a corrente majoritária um Estado novo. Portanto, ele inaugura uma nova ordem jurídica e política, rompendo com a anterior.

2) **Autônomo:** só a ele cabe fixar os termos (as bases) em que a nova constituição será estabelecida e qual o direito a ser implantado.

3) **Ilimitado:** existem três teorias: 1ª) **Teoria positivista.** Segundo ela, o Poder Constituinte Originário é ilimitado do ponto de vista do Direito Positivo anterior, pois o Poder Constituinte Originário é um ponto zero, ou seja, um marco inicial para a criação de uma nova ordem jurídica. A teoria positivista nos traz a ideia de que o Poder Constituinte Originário é ilimitado e autônomo, pois se funda nele mesmo e é ilimitado, do ponto de vista do Direito Positivo anterior. Temos aí a natureza do Poder Constituinte como poder de fato (pois o direito se expressa de forma máxima na constituição). Portanto, o Poder Constituinte não é jurídico. Essa tradicionalmente é a tese adotada na doutrina nacional, apesar de hoje em dia estar, cada vez mais, sendo questionada (conforme iremos ver). 2ª) **Teoria jusnaturalista.** Ela afirma que o Poder Constituinte Originário não é ilimitado, pois ele irá guardar limite em cânones do Direito Natural, como a liberdade, igualdade, não discriminação, ou seja, cânones do *"homem em razão de ser homem"* derivados da natureza humana, que são princípios básicos do Direito Natural. 3ª) **Teoria (de tendência) sociológica.** Segundo ela, o Poder Constituinte Originário é autônomo, pois exerce funções ilimitadas do ponto de vista do Direito positivo anterior, não estando, a princípio, preso a nenhum direito positivo pretérito, mas guarda um limite, sim, no movimento revolucionário que o alicerçou, ou seja, no movimento de ruptura que o produziu; leia-se, na ideia de direito que o fez emergir (surgir). Nesse sentido, o Poder Constituinte Originário guarda limite nele mesmo (na sociedade que está rompendo com o passado e construindo algo novo). Exemplos: a Constituição russa de 1918; a Constituição brasileira de 1988, entre outras.[28]

4) **Incondicionado:** significa dizer que o Poder Constituinte Originário não guarda condições ou termos prefixados para a criação da nova ordem constitucional, ou seja, ele mesmo cria as regras procedimentais para a elaboração da nova Constituição.

5) **Permanente:** não se exaure com a elaboração da nova constituição. Ele continua presente ainda que em estado de latência. Daí a diferença entre

28. Seria inconcebível, após a Revolução socialista, a elaboração de uma Constituição czarista ou mesmo capitalista na nova Rússia, que se descortina fruto da referida Revolução de 1917. No mesmo sentido, não seria viável, após a ruptura com a ditadura e o advento da democracia, que a Constituição de 1988 fosse em sua essência fechada, antidemocrática, não dotada de pluralismo e contrária aos cânones democráticos que estavam se afirmando após a eleição de Tancredo Neves em 1985.

o ***titular do PCO* (permanente) alocado no povo**[29] e o ***seu agente* (que faz a Constituição, ou seja, redige a Constituição)** formalizador da nova ideia de direito e de sociedade. Ou seja, o Poder Constituinte material seria permanente e o Poder Constituinte formal, não, pois iria se **exaurir** com a produção da Constituição.

Aqui algumas observações finais são válidas. Acreditamos que, em sua releitura moderna, o Poder Constituinte é assumido a partir de marcos democráticos, que trazem para a figura do povo (noção pluralista) sua titularidade. Como consequência, passa a ser compreendido como ***limitado***, marcando uma inovação quanto ao pensamento anterior.[30] Tais limitações seriam de ordem:

- **Espaciais (Territoriais):** vinculando o Poder Constituinte a uma base territorial determinada.[31]
- **Culturais:** uma vez que o povo é o titular do Poder Constituinte, é de se esperar um condicionamento a partir de tradições, da cultura, enfim, do pano de fundo cultural compartilhado por aquela sociedade.[32] Por isso, como bem observa Álvaro Ricardo de Souza Cruz, o constitucionalismo moderno ainda não consegue se livrar da herança clássica, acabando por aproximar os conceitos de povo e de nação.[33]
- **Direitos Humanos:** consolidando-se a partir da segunda metade do século XX, marcando uma retomada do pensamento jusnaturalista e uma reação ao horror do holocausto nazista, passou-se a defender uma limitação do Poder Constituinte Originário a ***direitos suprapositivos***,[34] contra a deliberação majoritária, ou provenientes dos tratados pactuados sobre direito internacional.[35]

---

29. Tema a seguir explorado com maior profundidade.
30. SOUZA CRUZ, Álvaro Ricardo de, *Poder constituinte e patriotismo constitucional*, p. 58.
31. "Logo, em um exemplo simplista, nossa Constituição não poderia eleger, como capital, espaço territorial que desbordaria o exercício próprio da soberania estatal, tal como, por exemplo, as cidades de Nova York ou de Buenos Aires [...]" (SOUZA CRUZ, Álvaro Ricardo de, *Poder constituinte e patriotismo constitucional*, p. 50).
32. "Um exemplo desses limites são ações quase inconscientes do constituinte de 1988, a menção a Deus – preâmbulo – e a previsão de um descanso semanal remunerado preferencialmente aos domingos (art. 7º, inciso XV) ilustram bem um condicionamento do texto com tradições predominantemente cristãs da nossa população." (SOUZA CRUZ, Álvaro Ricardo de, *Poder constituinte e patriotismo constitucional*, p. 58).
33. "De um lado, pretende abraçar a matriz do ordenamento jurídico como algo que fosse adequado à complexidade estrutural do mundo moderno, ou seja, suportando a concepção de um Direito pluralista. De outro, concebe limites ao Poder Constituinte Originário com bases sociológicas/antropológicas que incidiriam sobre seu titular." (SOUZA CRUZ, Álvaro Ricardo de, *Poder constituinte e patriotismo constitucional*, p. 58).
34. SOUZA CRUZ, Álvaro Ricardo de, *Poder constituinte e patriotismo constitucional*, p. 50. Ver também BACHOF, Otto, *Normas constitucionais inconstitucionais*.
35. Temos aqui, **mais uma vez**, a afirmação atualmente recorrente de que o **PCO** não pode ser encarado como um poder absoluto. À luz da perspectiva sociológica, ele encontra um limite na ideia de direito que o alicerçou (movimento revolucionário que o fez surgir), no que em síntese chamamos de PC Material, bem como atualmente em princípios de justiça (princípios suprapositivos) e princípios de direito internacional, ou seja, em cânones

Nesses termos, a conclusão é a de que atualmente o **Poder Constituinte Originário** para a doutrina mais adequada (dotada de maior razoabilidade) não pode ser entendido **como algo absoluto**, pois ele, sem dúvida, guarda limites internos na própria sociedade que o fez emergir e limites externos em princípios de direito internacional (cânones supranacionais) como os princípios da independência, da autodeterminação e da observância dos direitos humanos.

É interessante, ainda, que alguns doutrinadores (conforme já citado na obra) como *Maurício Andreiuolo*,[36] indo mais além, citam também a possibilidade da existência de um **Poder Constituinte supranacional**. Esse, obviamente, ainda incipiente, estaria afeto às bases do intitulado direito comunitário, o qual não guarda similitude nem com o direito nacional clássico territorialmente delimitado no Estado (com a clássica soberania arraigada às fileiras do Estado nacional), nem mesmo com o clássico direito internacional. A perspectiva do autor se atrela a uma busca por uma cidadania universal a partir de um novo conceito de soberania (releitura da definição de soberania[37]) que teria como norte uma **Constituição supranacional** elaborada com a legitimidade conferida pelos próprios Estados nacionais (e seus cidadãos) vinculados a ela. Com isso, as Constituições nacionais (e os seus respectivos ordenamentos internos) estariam subordinadas a uma Constituição supranacional, fruto da elaboração de um **poder constituinte supranacional.** Sem dúvida, essa ambiciosa perspectiva, como já observamos, filia-se à disciplina do **direito comunitário** que (ainda) está em processo de desenvolvimento e tem sua vertente mais acurada na União Europeia.[38]

3.4. Titularidade do Poder Constituinte Originário

Sobre a titularidade do Poder Constituinte originário, devemos ainda tecer algumas considerações.

(1) Para a ***compreensão clássica*** – que corresponde ao paradigma liberal – o Poder Constituinte Originário, como criador de um novo texto constitucional,

---

supranacionais (como o princípio da independência, princípio da autodeterminação e o princípio da observância dos direitos humanos).

36. Conforme o autor, o Poder Constituinte supranacional: "faz as vezes de **poder constituinte** porque cria uma ordem jurídica de cunho constitucional, na medida em que reorganiza a estrutura de cada um dos Estados ou adere ao direito comunitário de viés supranacional por excelência, com capacidade, inclusive, para submeter as diversas constituições nacionais ao seu poder supremo. Dessa forma [...] **é supranacional**, porque se distingue do ordenamento positivo interno assim como do direito internacional." RODRIGUES, Maurício Andreiuolo, *Poder constituinte supranacional*: esse novo personagem, 2004, p. 142.

37. A tese defendida por alguns seria a de uma **soberania** compartilhada (ou dual), ou seja, haveria o convívio (com vistas a integração, ao pluralismo e a uma perspectiva de cidadania ampliada de viés universalizável) da soberania dos Estados nacionais, com a soberania do ente supranacional (comunitário) à luz do **Direito comunitário**.

38. Atualmente a **União Europeia** vive uma tentativa de reorientação após os impasses da Constituição de 2004 (tratado constitucional não referendado pela França e Holanda em 2005). Em dezembro de 2007, foi assinado o denominado **Tratado de Lisboa** que veio substituir a falhada Constituição e deve ser ratificado pelos 27 países-membros (o que ainda não ocorreu).

encontrava na figura da ***Nação*** o seu "titular".[39] Tal ideia decorre da obra do Abade Sieyès, *O que é o Terceiro Estado?*,[40] e irá buscar afirmar uma identidade entre o povo e seus representantes que, por sua vez, se reuniriam com o único propósito de formar uma Assembleia Constituinte para redação do texto constitucional.

Importante frisar que o conceito de ***nação*** acaba por envolver uma ideia de ***homogeneidade cultural, linguística, econômica e política***, como lembra Álvaro Ricardo de Souza Cruz, de modo que compartilham "um mesmo passado de tradições e eventos históricos [que] une os cidadãos em torno de um projeto comum",[41] qual seja: uma ruptura com o antigo ordenamento jurídico a partir da instauração de uma nova constituição.

A partir dessa tradição e do compartilhamento dos mesmos valores éticos, religiosos e culturais, um grupo pode até mesmo se arrogar a condição de representante desse Poder Constituinte, mas, ao fazer isso, necessariamente, deverá agir no sentido de obter acolhimento dos valores dominantes, sob pena de perda do seu reconhecimento como Poder Constituinte Originário. Caso contrário, estaríamos apenas diante de uma insurreição – o que representa não um movimento político, na visão de alguns constitucionalistas, mas um ilícito penal.[42]

Por isso, nessa concepção há que se destacar uma exigência de ***eficácia atual***: quem atua como Poder Constituinte Originário "deve-se consistir numa força histórica efetiva, apta para realizar os fins que se propõe".[43] Mais que um ***querer*** ser legitimado, essas pessoas ***têm que estar*** legitimadas, pois devem produzir uma ***decisão*** sobre a nova ordem jurídica, que deve ter acatamento daqueles que foram submetidos a ela.

(2) Já a ***versão moderna*** a partir das lições de Jellineck[44] irá conceber o titular do Poder Constituinte na figura do ***Povo*** – como conceito jurídico –, em vez da Nação – conceito este fortemente ligado a noções sociológicas e antropológicas.

Com o avanço do constitucionalismo, incorporando maiores complexidades, que marcam a construção e a dinâmica social moderna, a noção de "povo" agrega feições pluralistas trazendo uma preocupação com a tolerância e o direito à

39. SOUZA CRUZ, Álvaro Ricardo de, *Poder constituinte e patriotismo constitucional*, p. 48.
40. "No livro, Sieyès assinala, nas vésperas da Revolução, que o chamado Terceiro Estado – que engloba quem não pertencesse à nobreza ou ao alto clero, e que, portanto, incluía a burguesia –, embora fosse quem produzisse a riqueza do país, não dispunha de privilégios e não tinha voz ativa na condução política da França." (MENDES, Gilmar Ferreira et al., *Curso de direito constitucional*, p. 187).
41. SOUZA CRUZ, Álvaro Ricardo de, *Poder constituinte e patriotismo constitucional*, p. 49.
42. MENDES, Gilmar Ferreira et al., *Curso de direito constitucional*, p. 189.
43. MENDES, Gilmar Ferreira et al., *Curso de direito constitucional*, p. 189.
44. É de se registrar que compartilhamos do mesmo espanto de Álvaro Ricardo de Souza Cruz: "A despeito da obra ter mais de um século, bem como da existência de doutrina mais recente muito mais elaborada do que a sua, tal como se depreende das obras de Müller (*Quem é o povo?*) e Arendt (*A condição humana*), é curioso como a teoria do Poder Constituinte, especialmente a que é trabalhada aqui no Brasil, ainda utiliza o conceito de povo extraído da obra de Jellineck." (SOUZA CRUZ, Álvaro Ricardo de, *Poder constituinte e patriotismo constitucional*, p. 55).

diferença.[45] É claro que o "povo", aqui, não pode ser tomado como sinônimo de um "bloco de cidadãos ativos", mas em seu sentido político, como conjunto de pessoas que atuam a partir de ideias, interesses e representações de ordem política.[46]

Com isso, a mesma noção de povo não pode ser reduzida ao numerário de cidadãos ativos ou mesmo ao elemento majoritário, ultrapassando tudo isso. O problema se radicaliza no fato de que, para tal tradição constitucional, ainda não se operou uma separação e distinção necessária entre povo e nação.

Para **Bruce Ackerman**,[47] constitucionalista norte-americano, é importante anotar que o Poder Constituinte Originário se manifesta para além do modelo da Convenção.[48] No quadro histórico norte-americano, anota três ***momentos*** constitucionais:

> a fundação dos Estados Unidos, ocasião em que uma Convenção de representantes dos treze Estados se transformou em Assembleia Constituinte; no período da Reconstrução, em que o modelo de federalismo dual cedeu espaço para um federalismo cooperativo com uma ampliação significativa das competências federais; e por último, com a implantação do Estado Social, ali implementado sem qualquer alteração na Constituição, mas por via infraconstitucional, em especial pelo conjunto de normas ordinárias que deram forma à política intervencionista de Franklin Delano Roosevelt (***New Deal***).[49]

O constitucionalismo moderno também lança novas luzes quanto ao "exercício" do Poder Constituinte, preocupando-se em classificá-lo como ***democrático*** ou ***não democrático***. Esta última se caracteriza pela usurpação da vontade popular, "[...] seja por arbítrio de um Imperador (Brasil/1824), de um ditador (Brasil/1937), de uma facção política (União Soviética/1919), ou por potências estrangeiras, tais como as Constituições dos países da antiga 'Cortina de Ferro' ou como a Carta Japonesa de 1947 e a Lei Fundamental da Alemanha de 1949, ambas aprovadas diante de clara pressão dos países ocidentais, em especial dos Estados Unidos."[50]

Em sentido inverso, um exercício democrático do Poder Constituinte está ligado ao respeito da vontade popular, que pode se manifestar: ***pelo processo democrático representativo*** – circunstância em que o povo elege representantes livremente; ou ***pelo processo democrático direto***, que prevê, além das eleições de representantes,

---

45. Remetemos, então, à leitura de: SOUZA CRUZ, Álvaro Ricardo de, *O direito à diferença*: as ações afirmativas como mecanismo de inclusão social de mulheres, negros, homossexuais e pessoas portadoras de deficiência. Belo Horizonte: Del Rey, 2003.
46. CANOTILHO, José Joaquim Gomes, *Direito constitucional e teoria da Constituição*, 5. ed., p. 75.
47. ACKERMAN, Bruce, *We the people*, v. 1., p. 192.
48. SOUZA CRUZ, Álvaro Ricardo de, *Poder constituinte e patriotismo constitucional*, p. 56.
49. SOUZA CRUZ, Álvaro Ricardo de, *Poder constituinte e patriotismo constitucional*, p. 56-57. Ver também ACKERMAN, Bruce, *We the people*, v. 1, p. 160. Ao que parece em MENDES, Gilmar Ferreira et al., *Curso de direito constitucional*, p. 190, encontramos uma leitura similar à de Ackerman, na qual os autores defendem que a manifestação do Poder Constituinte Originário não está restrita ao ato fundador – ou decisão fundamental, como se referem, talvez lembrando Carl Schmitt –, mas reconhecem manifestações pontuais nos momentos de "viragem histórica", que formam (ou conformam) um Estado *ex-novo*, revelando toda a ilimitação e a incondicionalidade de sua manifestação.
50. SOUZA CRUZ, Álvaro Ricardo de, *Poder constituinte e patriotismo constitucional*, p. 57.

um plebiscito (antecedente aos trabalhos) ou um ***referendum*** (homologatório ou não dos trabalhos).[51] A atual Constituição adotou o primeiro modelo (***processo democrático representativo***).

3.5. Poder Constituinte Originário e direitos adquiridos

Os chamados direitos adquiridos ocorrem quando determinada pessoa já tenha obtido o preenchimento de todos os requisitos normativos para obtenção de certa vantagem ou prerrogativa, mas não tenha ainda iniciado seu desfrute. Suponhamos que diante de tal situação ocorra a alteração da Constituição, passando agora a proibir tal vantagem.

O próprio texto constitucional pode determinar que se respeitem os benefícios daqueles cidadãos que já os estiverem usufruindo. Mas, segundo as leituras tanto modernas quanto clássicas sobre o Poder Constituinte Originário, a nova Constituição pode dispor diferente, eliminando tal benefício, já que tal Poder, supostamente, seria ilimitado e incondicionado. Nesse sentido, Gilmar Ferreira Mendes e coautores: "Não se pode esquecer que a Constituição é o diploma ***inicial*** do ordenamento jurídico e que as suas regras têm incidência imediata. Somente é direito o que com ela é compatível, o que nela retira o seu fundamento de validade. Quando a Constituição consagra a garantia do direito adquirido, está prestigiando situações e pretensões que não conflitam com a expressão da vontade do poder constituinte originário. O poder constituinte originário dá início ao ordenamento jurídico, define o que pode ser aceito a partir de então. O que repudiado pelo novo sistema constitucional não há de receber ***status*** próprio de um ***direito***, mesmo que na vigência da Constituição anterior o detivesse. Somente seria viável falar em direito adquirido como exceção à incidência de certo dispositivo da Constituição se ela mesma, em alguma de suas normas, o admitisse claramente. Mas, aí, já não seria mais caso de direito adquirido contra a Constituição, apenas de ressalva expressa de certa situação."[52]

Por isso, a jurisprudência do STF se firmou do sentido de não reconhecer a invocação de "direitos adquiridos" que sejam contrários à Constituição em vigor.[53] Desse modo, apenas o constituinte pode criar **exceções** ou **regras de transições**, se entender como melhor tal situação.[54]

---

51. SOUZA CRUZ, Álvaro Ricardo de, *Poder constituinte e patriotismo constitucional*, p. 57.
52. MENDES, Gilmar Ferreira et al., *Curso de direito constitucional*, p. 198-199.
53. Ver RE nº 14.360, RDA nº 24/58, RE nº 74.284, RTJ nº 66/220, e, mais recentemente, RE nº 140.894, *DJ* de 09-08-1996.
54. A **Constituição**, ao aplicar-se de imediato, não desfaz os efeitos passados de fatos passados (salvo se expressamente estabelecer o contrário), mas alcança os efeitos futuros de fatos a ele anteriores (exceto se os ressalvar de modo inequívoco). Reconhece-se assim, como típico das **normas** do PCO, serem elas dotadas de **eficácia retroativa mínima**, já que se entende como próprio dessas normas atingir efeitos futuros de fatos passados. Só excepcionalmente elas terão **eficácia retroativa média** (alcançar pretensões vencidas anteriormente a essas normas e não pagas) **ou máxima** (alcançar fatos consumados no passado). MENDES, Gilmar Ferreira et al., *Curso de direito constitucional*, 2008.

Mas, se tal direito adquirido não for contrário (à nova Constituição), ele tem aplicação produzindo efeitos exigíveis e sendo respeitado pela nova Constituição (que obviamente permite sua aceitabilidade e reconhecimento, perante a própria ordem que está instaurando).

3.6. Dinâmica constitucional

O estudo da Dinâmica Constitucional diz respeito aos efeitos das normas constitucionais no tempo (passado-presente-futuro). Certo é que o surgimento de uma nova Constituição traz uma série de consequências para o ordenamento jurídico de um Estado. Sem dúvida, a teoria da Constituição desenvolveu uma gama de institutos para lidar com essas consequências. Nesses termos, o advento de um Poder Constituinte originário e sua obra, atualmente, não representa uma "ruptura integral com o edifício jurídico-normativo sustentado pela Constituição anterior".[55]

O primeiro fenômeno da dinâmica a ser citado é da **recepção** de normas infraconstitucionais pela nova Constituição que pode se dar pela via expressa[56] ou de forma implícita ou tácita. Atribui-se a Kelsen a teorização sobre o fenômeno da recepção ao buscar conciliar o Poder Constituinte Originário com o ***vácuo legislativo*** originado da instauração de uma nova ordem constitucional. A leitura, então, dos antigos diplomas normativos deve se dar à luz da nova Constituição, sendo esta – e não a anterior – a fonte de fundamento para tais normas.

Nesses termos, o requisito básico para que haja a recepção é justamente o da **não contrariedade, ou seja, a não contrariedade das normas infraconstitucionais anteriores** (existentes sobre a base da Constituição anterior) **para com a nova Constituição.** É interessante observarmos, também, que a recepção pode se dar com o mesmo ***status*** ou com um ***status*** diferenciado. Isso em razão da vontade do Poder Constituinte Originário que determina expressamente um ***status*** diferenciado (exemplo: Código Tributário Nacional que foi estabelecido no ordenamento anterior como lei ordinária e entrou no novo ordenamento constitucional de 1988 como lei complementar) ou mesmo por circunstâncias de adequação (Código Penal que foi estabelecido como decreto-lei em 1940 e adentrou no atual ordenamento constitucional por lógica de equivalência como lei ordinária).

---

55. SOUZA CRUZ, Álvaro Ricardo de, *Poder constituinte e patriotismo constitucional*, p. 60. Destaca ainda o constitucionalista mineiro: "É possível lembrar o fato de que a Assembleia Constituinte, que redigiu a Carta de 1988, foi convocada pelo veículo formal da emenda constitucional nº 26, de 27 de novembro de 1985, à Constituição de 1967. De outro lado, a presença de elementos, tais como as normas transitórias de acomodação (Ato das Disposições Constitucionais Transitórias), ao lado de fenômenos como o da recepção de normas infraconstitucionais anteriores ao advento da nova Carta, demonstram sobejamente que o Poder Constituinte Originário não promove um aniquilamento completo da ordem jurídica anterior." (SOUZA CRUZ, Álvaro Ricardo de, *Poder constituinte e patriotismo constitucional*, p. 60).
56. Por exemplo, como fez o artigo 183 da Constituição de 1937, determinando a continuidade em vigor das leis anteriores à nova Constituição. (MENDES, Gilmar Ferreira et al., Curso de direito constitucional, p. 193).

Mas e se a norma pretérita não guardar compatibilidade de conteúdo com o novo texto constitucional? A doutrina constitucional diverge afirmando uma corrente se tratar de **não recepção** (*revogação*) enquanto outra afirma ser caso de **inconstitucionalidade superveniente**. Nesse sentido, "situar o problema numa ou noutra dessas vertentes rende consequências práticas diversas, a mais notável delas sendo a de que apenas se entendido que o caso é de inconstitucionalidade superveniente haveria a possibilidade de o Supremo Tribunal Federal apreciar a validez da norma em ação direta de inconstitucionalidade."[57]

Pois bem, na jurisprudência do STF, o acolhimento da tese da não recepção (***revogação***) se deu por meio do precedente da ***ADI nº 02-DF***, em 1997. Portanto, se o **conteúdo** da norma infraconstitucional do ordenamento anterior contrariar a **nova Constituição** estaremos, segundo o posicionamento do STF, diante da figura da **não recepção** (revogação). Com isso, conclui-se que, em nosso ordenamento, não é aceita a tese *clássica (ou tradicional)* da inconstitucionalidade superveniente (inconstitucionalidade de norma anterior à constituição), na medida em que diploma normativo anterior à nova constituição e com ela incompatível (materialmente) não deve ser entendido como inconstitucional, mas, sim, como não recepcionado (revogado). A questão, então, não seria de inconstitucionalidade, mas de direito intertemporal (recepção ou não recepção).

Porém, aqui, duas questões ainda merecem nossa atenção. Sendo-as:

a) Como já externalizado, a compatibilidade exigida para que normas infraconstitucionais anteriores a uma nova constituição sejam recepcionadas por essa constituição é de cunho material. Ou seja, exige-se que o conteúdo da lei ou ato normativo não contrarie o conteúdo da nova constituição. Mas, aqui, perguntamos[58]: "Uma determinada lei que contrariou o processo legislativo previsto na Constituição sob cuja regência ela foi editada, mas que, até o advento da nova Constituição, nunca fora objeto de controle de constitucionalidade poderá ser recebida pela nova Constituição se com ela for compatível?" Ora, segundo tradicional doutrina aqui já externalizada, "se a lei produzida antes de 1988 ainda não tivesse sido declarada inconstitucional na vigência do ordenamento constitucional anterior, teoricamente, em virtude da presunção de constitucionalidade a mesma poderia ser recebida pelo novo ordenamento se com ele fosse compatível do ponto de vista material". Porém, parte da doutrina sustenta que "o Judiciário, ao fazer a análise da recepção, terá que verificar também, se a lei que pretende ser recebida era compatível com a Constituição sob cuja regência foi editada"[59]. Temos aí a intitulada tese do "princípio da contemporaneidade", e, com base

57. MENDES, Gilmar Ferreira et al., *Curso de direito constitucional*, p. 194.
58. Nos valemos nesse ponto das digressões de Pedro Lenza, p.188-189, 2010. Ver também: MENDES, Gilmar Ferreira et al., *Curso de direito constitucional*, p. 283, 2009.
59. Lenza, Pedro, p.188-189, 2010. Ver também: MENDES, Gilmar Ferreira et al., *Curso de direito constitucional*, p. 283, 2009.

nessa tese, "sustenta-se que a lei que nasceu maculada, ou seja, que possui vício congênito, insanável é impossível de ser corrigida pelo fenômeno da recepção" Ou seja, "o vício *ab origine* nulifica a lei, tornando-a ineficaz". Nesses termos, "uma lei anterior que nasceu inconstitucional não poderia ser consertada pela nova Constituição", nos termos da impossibilidade de uma "constitucionalidade superveniente" (tese da "***impossibilidade da constitucionalidade superveniente***"). Com isso, a conclusão dessa doutrina é a de que para uma lei ser recebida ela precisa preencher os seguintes requisitos: "Estar em vigor no momento do advento de uma nova Constituição; Não ter sido declarada inconstitucional durante a sua vigência no ordenamento anterior; Ter compatibilidade formal e material perante a Constituição sob cuja regência ela foi editada (no ordenamento anterior); Ter compatibilidade somente material com a nova Constituição (pouco importando a compatibilidade formal)".[60]

b) E o que aconteceria com uma **lei** produzida por um **ente da Federação** no regime constitucional anterior se, com **nova** ordem constitucional, a mesma competência legislativa fosse transferida para figura **federativa diversa**? Gilmar Ferreira Mendes é um dos poucos autores a enfrentar o assunto e ensina que "não há que se cogitar de uma federalização de normas estaduais ou municipais, por força de alteração na regra de competência". Por isso, sustenta que se o tema era **antes** da competência, por exemplo, dos Municípios e se torna assunto de competência federal com a nova Carta, não haveria como aceitar que permanecessem em vigor como se leis federais fossem – até por uma impossibilidade prática de se federalizar simultaneamente tantas leis, acaso não coincidentes.[61] Todavia, o entendimento é pela **manutenção** da **lei federal** no caso de alteração da competência para as legislaturas estaduais e municipais.[62] Nesse caso, admite-se que as leis seriam **municipalizadas** ou **estadualizadas.**

Continuando, temos ainda que analisar alguns outros fenômenos inerentes à dinâmica constitucional e aos efeitos das normas constitucionais no tempo. Além da clássica recepção (ou não recepção) temos a intitulada ***desconstitucionalização***. O que seria? Ora a ***desconstitucionalização*** se traduz no fenômeno da dinâmica constitucional em que normas de uma Constituição anterior (Constituição revogada) são recepcionadas pelo novo ordenamento constitucional (pela nova Constituição), porém com o ***status*** de normas infraconstitucionais. Esse fenômeno é de derivação francesa e só pode ocorrer com o preenchimento de **dois** requisitos básicos: **a)** não contrariedade para que ocorra a recepção no novo ordenamento; **b)** disposição expressa do Poder Constituinte, na medida em que sua falta faz com que a desconstitucionalização não possa ocorrer, até mesmo por razões de segurança jurídica.

60. Lenza, Pedro, p.188-189, 2010. Ver também: MENDES, Gilmar Ferreira et al., *Curso de direito constitucional*, p. 283, 2009.
61. MENDES, Gilmar Ferreira et al., *Curso de direito constitucional*, p. 196.
62. MENDES, Gilmar Ferreira et al., *Curso de direito constitucional*, p. 196.

Esse fenômeno não ocorreu no Brasil com o advento da nova Constituição de 1988 em relação a normas da Constituição de 1967-69, porém, certo é que a prática já teve acolhida em solo nacional. Nesse sentido, a ***desconstitucionalização*** já existiu na Constituição paulista de 1967, que no seu art. 147 dispôs expressamente que as normas da Constituição paulista de 1947 que não contrariassem a nova Constituição seriam recepcionadas como normas infraconstitucionais sob a égide do novo ordenamento.

Outro fenômeno da dinâmica constitucional é o da ***repristinação***, no qual normas infraconstitucionais elaboradas (e **em vigor**) sob a base de um ordenamento constitucional **não** são recepcionadas por um novo ordenamento constitucional (ocorrendo a revogação normativa), e, posteriormente, em virtude de uma nova Constituição, essas normas **voltariam a vigorar** (volta da vigência de normas que já haviam sido revogadas). Os requisitos para tal possibilidade seriam: **a)** não contrariedade à nova Constituição; **b)** disposição expressa do poder constituinte, já que a repristinação não poderia ocorrer de forma automática (defesa da segurança jurídica).[63]

Certo é que temos também o fenômeno da ***recepção material das normas constitucionais***. Esse fenômeno da dinâmica constitucional consiste na possibilidade de normas de uma constituição anterior serem recepcionadas pelo novo ordenamento constitucional (pela nova constituição) "ainda" como normas constitucionais (com o ***status*** de normas constitucionais). Nesse caso, os **requisitos** seriam: **a)** não contrariedade com as normas da nova constituição; **b)** disposição expressa do Poder Constituinte originário; **c)** prazo determinado (prazo certo) de tal prática devido ao seu caráter precário, sobretudo em razão de que as normas da constituição anterior vão permanecer no novo ordenamento constitucional ainda como normas de cunho constitucional, o que, obviamente, só poderia se dar de forma temporária e excepcional. Como exemplo desse fenômeno, temos o art. 34 do **ADCT** da CR/88.[64]

4. PODER CONSTITUINTE DERIVADO DE REFORMA DA CONSTITUIÇÃO: ESPÉCIES E LIMITAÇÕES

A discussão acerca do Poder Constituinte de Reforma está muitas vezes associada ao problema do tempo no direito. O Poder Constituinte Originário e sua obra, a Constituição, assumem uma expectativa de perenidade no tempo, gerando segurança jurídica e previsibilidade das relações sociais. Todavia, imaginar um ordenamento jurídico e, mais ainda, uma Constituição, que não seja adaptada e consciente da abertura para mudanças e oxigenações, significaria sobrecarregar

63. MENDES, Gilmar Ferreira et al., *Curso de direito constitucional*, p. 197.
64. Conforme o **art. 34 do ADCT da CR/88**: "O sistema tributário nacional entrará em vigor a partir do primeiro dia do quinto mês seguinte ao da promulgação da Constituição, mantido, até então, o da Constituição de 1967, com a redação dada pela Emenda nº 1, de 1969, e pelas posteriores."

o Poder Constituinte Originário, já que para pequenas mudanças, muitas vezes, meramente pontuais, exigir-se-ia um (temeroso) processo (radical) de ruptura constitucional.

Para tanto, foi engendrada a lógica de que o mesmo Poder Constituinte, criador da nova constituição, deveria trazer em sua construção a previsão de um mecanismo de alteração/atualização. Trata-se de um procedimento que deverá necessariamente ser observado mediante a imposição de limites e condicionalidades.[65]

Nesses termos, sua natureza jurídica assumida como ***poder jurídico*** estabelecia, por consequência, limitações e condições para seu exercício, subordinando-o às definições do próprio Poder Constituinte originário. Tratado como um axioma – sem muitas explicações e argumentos – Burdeau o submeteu à Constituição, afirmando sua impossibilidade de alterar todo o seu texto, sob pena de usurpar espaço e poder do Poder Originário.[66] Nesse grupo, o **pensamento divergente** ficou a cargo de Duguit que concebia o Poder de Reforma como ilimitado.[67]

Certo é que, atualmente, não há dúvidas de que o Poder Constituinte derivado de reforma é, por definição, limitado e condicionado pelo originário.[68]

Nesses termos, no Brasil teremos **duas espécies de Poder Constituinte derivado de reforma.** Assim, segundo a **doutrina majoritária,**[69] a **reforma** é um **gênero** que apresenta duas espécies: a **revisão (reforma geral ou global do texto) e as emendas (reformas pontuais do texto).** Iremos analisá-las a partir de suas características que dizem respeito justamente aos limites e às condicionalidades estabelecidas ao Poder Constituinte derivado pelo Poder Constituinte originário.[70] Temos, então, quatro modalidades de limites a serem apresentados:

- **Temporais:** representa uma determinação feita pelo próprio Poder Constituinte Originário no sentido de proibir ou impedir as manifestações do Poder Constituinte de Reforma em um determinado lapso temporal. Nas motivações para tal, uma, sem dúvida, é a busca por certa estabilização das relações jurídicas durante um determinado momento no tempo.[71] Um

65. MENDES, Gilmar Ferreira et al., *Curso de direito constitucional*, p. 203.
66. SOUZA CRUZ, Álvaro Ricardo de, *Poder constituinte e patriotismo constitucional*, p. 50.
67. Tal polêmica também esteve presente na **tradição norte-americana** como lembra **Álvaro Ricardo de Souza Cruz** (*Poder constituinte e patriotismo constitucional*, p. 50), *uma vez que Jefferson sustentava a impossibilidade de se conceber a Constituição como um instrumento capaz de limitar a vontade majoritária do povo. Madison, por outro lado, assumia posição oposta e temia a ausência de qualquer controle, o que poderia significar o julgo sob a vontade da Nação às maiorias apaixonadas.*
68. Aqui vigora a máxima de que a "*criatura não pode ir contra o criador*".
69. Ver por exemplo: MENDES, Gilmar Ferreira et al., *Curso de direito constitucional;* entre outros: Raul Machado Horta, 1993; Alexandre de Moraes, 2009; Paulo Bonavides, 2008.
70. Certo é que a doutrina explicita quatro modalidades de **limitações.** São elas: formais, circunstanciais, materiais e temporais.
71. Álvaro Ricardo de Souza Cruz (*Poder constituinte e patriotismo constitucional*, p. 51) nos lembra de que importantes exemplos foram as Constituições francesas do ano I e do ano III, que durante o período de efervescência da Assembleia Nacional vedaram qualquer proposta de alteração no texto constitucional pelo prazo de 10 anos.

exemplo interessante em nosso ordenamento está locado na Constituição do Império de 1824.[72] No que tange à nossa atual Constituição, como iremos observar, para a corrente majoritária, não há limitações temporais no poder constituinte derivado de reforma via emendas, previsto **no art. 60 da CR/88.** Porém, foi estabelecido limite temporal para o exercício do Poder Constituinte derivado de reforma via revisão (poder constituinte derivado de revisão), previsto no **art. 3º do ADCT.** Conforme a norma, restou assente que a **revisão constitucional (reforma geral)** só poderia ser realizada após cinco anos de promulgação da Constituição.

- **Circunstanciais:** por determinação do Poder Constituinte Originário, o texto constitucional pode trazer uma vedação para alterações em períodos de agitação política extrema, seja em razão de fatores naturais (catástrofes), seja sociais (golpes, guerra civil ou externa), em outras palavras, situações de desequilíbrio ou eclosão social. Conforme citaremos, em nossa atual Constituição de 1988, o artigo 60, § 1º no que tange à reforma via emendas, impede mudanças no texto (alterações formais) na vigência de intervenção federal, de estado de sítio ou de estado de defesa.
- **Formais ou procedimentais:** por determinação do Poder Constituinte Originário, o texto constitucional consagra um procedimento próprio para que se opere as alterações em seu texto.[73] Esses procedimentos formais dizem respeito à forma de apresentação de propostas de modificação da Constituição, ou seja, iniciativa para deflagração do processo (limites formais subjetivos) e da tramitação do processo, ou seja, turnos de votação, quórum para aprovação, forma de promulgação e de possibilidade de reapresentação de propostas de emenda rejeitadas (limites formais objetivos). No texto constitucional atual tal procedimento está disciplinado para a reforma via emendas no artigo 60, I, II e III (iniciativa para a apresentação de

Todavia, "[t]anto o ardor jacobino quanto a burguesia no golpe de 18 de Brumário, em 1795, desfizeram o sonho daqueles constituintes e se tornaram parâmetros para a tese de que o Poder Constituinte Originário era realmente um 'poder de fato'." (SOUZA CRUZ, Álvaro Ricardo de, *Poder constituinte e patriotismo constitucional*, p. 51-52). A Carta Imperial brasileira de 1824, no seu artigo 174, trazia a vedação de sua mudança pelo período de 4 anos contados de sua promulgação.

72. Rezava em seu art. 174 que: se passados quatro anos, depois de jurada a Constituição do Brasil, se conhecer, que algum dos seus artigos merece reforma, se fará a proposição por escrito, a qual deve ter origem na Câmara dos Deputados e se apoiada pela terça parte deles (art. 174). Nesses termos, a Constituição só poderia ser emendada após 4 anos de sua promulgação.

73. "A análise comparativa entre os meios de operação de tal mudança em face dos procedimentos ordinários de criação de normas infraconstitucionais foi o que levou Lorde Bryce a classificar as Constituições em rígidas, semirrígidas e flexíveis." (SOUZA CRUZ, Álvaro Ricardo de, *Poder constituinte e patriotismo constitucional*, p. 53). Importante, então, fazer um alerta: *rigidez não é sinônima de permanência de um texto constitucional*; para tanto, basta nos voltarmos aos textos ingleses como a *Magna Carta*, de 1215, ou o *Bill of Rights*, de 1688, que permanecem intocados até hoje, apesar do modelo inglês poder ser classificado como *flexível* (SOUZA CRUZ, Álvaro Ricardo de, *Poder constituinte e patriotismo constitucional*, p. 53).

PECs), § 2º (turnos de votação e quórum), § 3º (forma de promulgação) e § 5º (forma de reapresentação se rejeitada a modificação).[74]

- **Limitações substantivas ou materiais**: são identificadas ou como normas que impossibilitam a inserção de matérias na Constituição (***limites materiais de cunho inferior***[75]) ou como normas que impedem a supressão (abolição) de determinados temas ou matérias estabelecidas em um texto constitucional (***limites materiais de cunho superior***). Esse segundo tipo é o mais comum, e, nesse caso, são os limites materiais normalmente identificados na forma das chamadas ***cláusulas pétreas (intangíveis)*** da Constituição;[76] ou seja, normas que o Poder Constituinte Originário determina, por meio do texto constitucional, que em razão de alguns elementos essenciais – ligados à identidade da Constituição – não podem ser abolidos (suprimidos da normatividade constitucional).[77] Na Constituição de 1988, esses limites estão definidos no art. 60, § 4º, que afirma que não será objeto de proposta de emenda constitucional matéria tendente a abolir: a forma federativa; o voto direto, secreto, universal e periódico; a separação dos Poderes; e os direitos e as garantias individuais. Nesse sentido, temos aqui os denominados limites materiais explícitos ao poder reformador. Porém, estas não são as únicas limitações materiais (de cunho superior) existentes. Certo é que, conforme veremos, a doutrina desenvolveu a tese da existência, também, de limites materiais implícitos ao poder reformador.

4.1. Análise específica do Poder Constituinte derivado de revisão da Constituição

Nos moldes do **art. 3º do ADCT** da CR/88, temos que o Poder Constituinte derivado reformador de revisão foi dotado de **limites formais** e um **limite temporal**. Nesse sentido, reza na Constituição que a revisão seria realizada após cinco anos de promulgação da Constituição (**limite temporal**) em sessão unicameral e com um ***quórum*** de maioria absoluta para aprovação das chamadas "emendas de revisão"[78] (limites formais em relação à forma de tramitação e ao quórum de aprovação).

A revisão (leia-se reforma global do texto), infelizmente, **foi (abruptamente e açodadamente) realizada em 1994, mais especificamente** entre 01.03.94 a 07.06.94,

---

74. Importante, então, lembrar que *não existe* previsão legislativa de iniciativa popular de Emenda à Constituição. MENDES, Gilmar Ferreira et al., *Curso de direito constitucional*, p. 205.
75. CANOTILHO, J. J Gomes, *Direito constitucional e teoria da Constituição*, p. 1.030.
76. CARVALHO, Kildare Gonçalves, *Direito constitucional*, p. 187.
77. SOUZA CRUZ, Álvaro Ricardo de, *Poder constituinte e patriotismo constitucional*, p. 54.
78. No caso brasileiro, é importante destacar que a previsão constitucional do artigo 3º do ADCT gerou uma polêmica sobre a amplitude da revisão constitucional. Muitos constitucionalistas entendiam que a revisão era um mecanismo necessário para adequar o texto constitucional a uma eventual opção popular pelo parlamentarismo ou pela monarquia no Plebiscito de 1993; o que não veio a ocorrer, uma vez que a maioria decidiu pela manutenção do presidencialismo e da República.

e terminou de forma melancólica com a aprovação de apenas seis **emendas de revisão**. Certo é que a **revisão constitucional** também teve que **respeitar os limites materiais** presentes no art. 60, § 4º, da CR/88 **à luz de uma interpretação sistemática da Constituição.**[79] Nesse sentido, **a revisão não teve** o poder de suprimir **normas protegidas pelas cláusulas pétreas.**

Outro ponto é o seguinte: muito se discute atualmente se seria cabível **uma nova** reforma global do texto constitucional, nos moldes expressos nele. A resposta insofismável é que não, pois o texto do ***ADCT*** só estabeleceu a previsão de **uma revisão** constitucional (como observamos já realizada).

Mas e se fosse aprovada uma modificação (pontual) na Constituição via emenda constitucional para deflagrar uma nova revisão, ou seja, reforma global do texto? Seria possível tal prática? Ora, aqui, **duas correntes** vão se contrapor: **a)** os que entendem ser possível uma emenda constitucional propiciar uma nova revisão;[80] **b)** e os que entendem que não há essa possibilidade, na medida em que iria contrariar a vontade inicial do Poder Constituinte Originário, traduzindo-se em um verdadeiro golpe (fraude ao PCO). Somos adeptos da segunda corrente que não admite a já aqui citada dupla revisão.

4.2. Análise específica do Poder Constituinte derivado de reforma via emendas

Temos, conforme aventado, que o Poder Constituinte derivado reformador via emendas foi estabelecido com os seguintes limites:

1º) Limites formais

a) Art. 60, I, II e III, da CR/88 (limites formais subjetivos): envolvem a legitimidade da iniciativa de proposta para emendar a Constituição de 1988. Nesses termos, preleciona a CR/88 que a Constituição poderá ser emendada mediante proposta: I – de um terço, no mínimo, dos membros da Câmara dos Deputados ou do Senado Federal; II – do Presidente da República; III – de mais da metade das Assembleias Legislativas das unidades da Federação, manifestando-se, cada uma delas, pela maioria relativa (maioria simples) de seus membros. Aqui, temos uma observação: o professor **José Afonso da Silva** entende que o povo também teria legitimidade para apresentar proposta de emenda constitucional (PEC), ou seja, haveria então iniciativa

79. Nos termos da AI (MC) nº 918, na qual o próprio STF deixou assente que as modificações derivadas da revisão constitucional também estariam sujeitas ao controle judicial, diante das cláusulas pétreas estabelecidas no art. 60, § 4º, da CR/88. Rel. Min Neri da Silveira. *DJ* 05.08.94.

80. Advogam alguns que o plebiscito (consulta prévia) ou o referendo (consulta posterior) poderia ser usado no processo de revisão, para que o povo fosse chamado a participar dele, aprovando-o ou rejeitando-o. Outros advogam que seria possível tal prática via **emenda constitucional**, em virtude da ocorrência de **modificações sociais de monta** (*alterações fáticas substanciais*) que justificariam tal processo.

popular para PECs. O seu fundamento é uma interpretação sistemática da Constituição que envolveria os art. 1º, parágrafo único, art. 14 e art. 61, § 2º, da CR/88. Porém, trata-se de **corrente minoritária,** já que a **majoritária** só aceita como legitimados para a apresentação de PECs as entidades referidas, literalmente, no art. 60, supracitado (interpretação literal da Constituição com base na determinação do PCO). Mas, aqui, devemos chamar a atenção para o fato de que, embora a Constituição de 1988 não autorize proposta de iniciativa popular para emendas à Constituição (ela autoriza apenas a iniciativa popular para normas infraconstitucionais), não há impedimento para que as Constituições Estaduais prevejam a possibilidade, ampliando a competência constante da CR/88.[81]

b) **Art. 60, §§ 2º, 3º e 5º da CR/88 (limites formais objetivos)**: inicialmente, temos que, com base no **art. 60, § 2º,** resta consignado que a proposta de emenda constitucional (PEC) será discutida e votada em cada casa do Congresso Nacional, em dois turnos, considerando-se aprovada se obtiver, em ambos, 3/5 dos votos dos respectivos membros. Aqui, temos a observação: não há alternância no que tange ao processo de votação em dois turnos nas duas casas do Congresso Nacional. Nesse sentido, primeiro ocorre a votação na casa na qual a PEC foi apresentada e só se **aprovada em dois turnos** (com 3/5 dos votos dos membros da Casa) é que será apreciada na outra Casa também **em dois turnos** (também com a necessidade, em cada turno, de 3/5 de votos dos membros da casa para sua aprovação). Já o art. **60, § 3º,** explicita que, uma vez aprovada a emenda à Constituição, ela será promulgada pelas mesas da Câmara dos Deputados e do Senado Federal, com o respectivo número de ordem. Aqui, uma observação: certo é que o Presidente da República não participa desse processo. Nesses termos, não haverá a necessidade de sanção do Presidente para o aperfeiçoamento de uma emenda constitucional. Portanto, o Presidente não sanciona nem mesmo veta emendas constitucionais. Ele só participa do processo de apresentação de PECs, pois foi dotado de legitimidade para tal. Assim, com a aprovação descrita no parágrafo 2º do art. 60, a emenda será diretamente promulgada pelas mesas das casas. Fica claro, então, que a **promulgação** não irá ocorrer pela mesa do Congresso Nacional, mas, sim, pelas mesas

81. Segundo o STF, a iniciativa popular de ***emenda à Constituição Estadual*** é compatível com a Constituição Federal, encontrando fundamento no art. 1º, parágrafo único, no art. 14, II e III e no art. 49, VI, da CF/88. Embora a Constituição Federal não autorize proposta de iniciativa popular para emendas ao próprio texto, mas apenas para normas infraconstitucionais, não há impedimento para que as Constituições Estaduais prevejam a possibilidade, ampliando a competência constante da Carta Federal. STF. Plenário. **ADI 825/AP**, Rel. Min. Alexandre de Moraes, julgado em **25.10.2018** (Info 921 do STF).

de ambas as casas. É interessante citar que, no caso da reforma via **revisão constitucional** (já realizada) que tramitou em sessão unicameral (sessão que estabelece a junção da Câmara com o Senado), a **promulgação** foi proferida pela mesa do Congresso Nacional e não pelas mesas de ambas as casas! Por último, temos que à luz do art. 60, § 5º, da CR/88 há um limite formal[82] que diz respeito à forma pela qual uma PEC prejudicada ou rejeitada pode ser reapresentada. Nesses termos, a matéria constante de proposta de emenda rejeitada ou havida por prejudicada não pode ser objeto de nova proposta na mesma sessão legislativa. Assim, uma nova proposta só pode ser apresentada no outro ano legislativo.[83]

2º) **Limites circunstanciais:** Nos termos do art. 60, § 1º da CR/88, em determinadas circunstâncias de desequilíbrio (eclosão social) não haverá alteração da Constituição. Nesses termos, a Constituição não poderá ser emendada na vigência de intervenção federal, de estado de defesa ou de estado de sítio.

3º) **Limites materiais**

a) **Explícitos**: conforme supracitado, os limites materiais presentes no art. 60, § 4º, da CR/88 são intitulados de limites materiais explícitos, na medida em que o Poder Constituinte Originário deixou assente, de forma expressa, as matérias que não poderiam ser abolidas da normatividade constitucional. É importante salientar (conforme ainda iremos trabalhar) que essas matérias podem, sim, ser objeto de emenda constitucional, desde que venha sofisticar ou mesmo ampliar a normatividade que lhe é ínsita. Nesses termos, reza a Constituição que somente não pode ser objeto de deliberação proposta de emenda tendente a abolir: a forma federativa de Estado;[84] o voto direto, secre-

---

82. Embora exista uma **corrente minoritária** que defende que esse limite se trata de um limite temporal. Aqui, ficamos com a **corrente majoritária**, que afirma ser este um limite formal.
83. O ano legislativo se inicia em regra dia **2 de fevereiro, nos termos do art. 57 da CR/88**: o Congresso Nacional reunir-se-á, anualmente, na Capital Federal, de 2 de fevereiro a 17 de julho e de 1º de agosto a 22 de dezembro. Portanto, o mês de **janeiro** ainda faz parte do ano legislativo anterior.
84. Aqui, temos a lógica normativa do **federalismo**, na qual os entes políticos componentes da federação são dotados de autonomia e esta não pode ser usurpada via emenda constitucional. Como desdobramento desse limite material explícito, temos também a impossibilidade de dissolução do vínculo federativo nos termos do art. 1º da CR/88. Também em decorrência dessa cláusula pétrea temos que a garantia da imunidade tributária recíproca não pode ser abolida sob pena de se ferir a engenharia de nossa forma federativa. Nesse sentido, **os posicionamentos do STF no AI (Agr) nº 174.908 e na ADI nº 939.** Nessa ADI que, conforme iremos observar, também considera cláusulas pétreas outros princípios, temos que: "[...] 2. – o princípio da imunidade tributária recíproca (que veda à União, aos Estados, ao Distrito Federal e aos Municípios a instituição de impostos sobre o patrimônio, rendas ou serviços uns dos outros) e que e garantia da Federação (art. 60, par. 4, inciso I, e art. 150, VI, "a", da CR) [...]" Rel. Min Sydney Sanches. Julg. 15.12.1993. DJ 18.03.1994.

to, universal e periódico;[85] a separação dos Poderes;[86] e os direitos e garantias individuais.[87]

b) **Implícitos**: esses limites materiais dizem respeito a determinadas matérias que, embora não estejam literalmente impedidas de serem abolidas, nos termos expressos do art. 60, § 4º, da CR/88, podem ser consideradas como matérias que também não podem ser suprimidas (abolidas), sob pena de ferir de morte o sistema constitucional e o seu núcleo essencial engendrado pelo Poder Constituinte Originário. Acreditamos que a Constituição seria corrompida na sua "aura", se dela fosse feita tábua rasa em flagrante desrespeito ao Poder Constituinte Originário. Nesses termos, podemos citar:

- A impossibilidade de revogação dos limites materiais explícitos, art. 60, § 4º, da CR/88. Aqui, entendemos que se tal hipótese fosse possível, a obra do PCO estaria desvirtuada, na medida em que para suprimir matérias protegidas pelas cláusulas pétreas bastaria (inicialmente) acabar com elas. Ora, para que o PCO teria criado os limites materiais explícitos? Não seria para a proteção de determinadas matérias? Se os limites fossem susceptíveis de supressão, eles, na verdade, seriam ***falácias*** sob a alcunha de

---

85. Sobre o voto temos apenas que considerar que a *cláusula pétrea* não diz respeito ao **voto obrigatório** para os maiores de 18 e menores de 70 anos.
86. Como exemplo, temos a **ADI nº 3.644**: EMENTA: Ação Direta de Inconstitucionalidade. 2. Emenda Constitucional nº 35/2005, do Estado do Rio de Janeiro, que cria instituição responsável pelas perícias criminalística e médico-legal. 3. Inconstitucionalidade formal: matéria de iniciativa privativa do Chefe do Poder Executivo. 4. Violação, pelo poder constituinte decorrente, do princípio da separação de poderes, tendo em vista que, em se tratando de Emenda à Constituição estadual, o processo legislativo ocorreu sem a participação do Poder Executivo. 5. Precedentes. 6. Ação julgada procedente. Julg. 04.03.2009. Rel. Min. Gilmar Mendes. *DJ* 12.06.2009. Além da mesma, podemos citar a **ADI nº 3.046**: 1. Sem embargo de diversidade de modelos concretos, o princípio da divisão dos poderes, no Estado de Direito, tem sido sempre concebido como instrumento da recíproca limitação deles em favor das liberdades clássicas: daí constituir em traço marcante de todas as suas formulações positivas os "pesos e contrapesos" adotados. 2. A fiscalização legislativa da ação administrativa do Poder Executivo é um dos contrapesos da Constituição Federal à separação e independência dos Poderes: cuida-se, porém, de interferência que só a Constituição da República pode legitimar. 3. Do relevo primacial dos "pesos e contrapesos" no paradigma de divisão dos poderes, segue-se que à norma infraconstitucional – aí incluída, em relação à Federal, a constituição dos Estados-membros –, não é dado criar novas interferências de um Poder na órbita de outro que não derive explícita ou implicitamente de regra ou princípio da Lei Fundamental da República. 4. O poder de fiscalização legislativa da ação administrativa do Poder Executivo é outorgado aos órgãos coletivos de cada câmara do Congresso Nacional, no plano federal, e da Assembleia Legislativa, no dos Estados; nunca, aos seus membros individualmente, salvo, é claro, quando atuem em representação (ou presentação) de sua Casa ou comissão. (Rel. Min. Sepúlveda Pertence. Julg. 15.04.2004. *DJ*: 28.05.2004).
87. Gilmar Mendes, em texto intitulado de *Limites da revisão constitucional*, entende que algumas normas presentes no art. 5º poderiam ser abolidas (suprimidas). Nesses termos, algumas regras de cunho penal seriam exemplos: art. 5º XLII e art. 5º XLIV da CR/88. (p. 86-87). Embora esse posicionamento encontre "eco", **não** concordamos com ele, na medida em que mesmo regras de cunho penal presentes no art. 5º guardam, em termos hermenêuticos, relação (sejam de forma direta ou indireta) com os direitos individuais. O mesmo ocorre com os direitos coletivos, como, por exemplo, os de associação ou de reunião. Estes (direitos de associação ou reunião), nos dizeres de José Afonso da Silva, hermeneuticamente, são típicas liberdades de expressão coletiva. *Curso de direito constitucional positivo*.

limites. Ou seja, seriam limites que não seriam limites a nada! Portanto, implícito na obra do PCO está a impossibilidade de abolir os limites materiais explícitos de cunho protetivo criados por ele.[88]

- A impossibilidade de modificação dos titulares do Poder Constituinte Derivado e do processo (procedimento) de reforma da Constituição. Aqui uma reflexão: vejamos uma emenda constitucional determinando que a partir de tal data o Presidente da República poderia alterar a Constituição de acordo com sua conveniência e voluntarismo. Sem dúvida, alterar os processos e procedimentos de reforma da Constituição se traduz em uma usurpação ao sistema constitucional, definido pelo PCO.[89]

- Impossibilidade de revogação (supressão) dos princípios fundamentais da República Federativa do Brasil presentes nos arts. 1º ao 4º da CR/88.[90] Entendemos que, qualquer supressão de normas atinentes aos fundamentos da RFB (como por exemplo: a soberania, a dignidade da pessoa humana, ou mesmo a cidadania ou o pluralismo político), restaria por deturpar (deteriorar) o sistema constitucional e sua intangibilidade.[91] Se o PCO em sua obra estabeleceu fundamentos para a RFB, eles não podem ser abolidos.

Nesse ponto algumas observações finais devem ser trazidas a cotejo. Sendo sobre: **a)** disputa entre os adeptos da existência e validade das limitações materiais e os contrários a elas; **b)** mecanismos de controle sobre o descumprimento da vontade do PCO com a supressão indevida dos limites materiais; **c)** conteúdo das cláusulas pétreas; **d)** inclusão de novos direitos e sua situação: estariam os novos direitos incluídos também como cláusulas pétreas?; **e)** a questão do direito adquirido ante o Poder Constituinte derivado; **f)** mutações constitucionais e a possibilidade de alteração da Constituição sem ser pelo Poder Constituinte derivado.

a) Certo é que não é pacífica a defesa de tal rol de limites. Muitos autores, inclusive, mostram-se perplexos quanto a tal vedação, indagando o porquê da distinção no Direito Constitucional, uma vez que tanto a modalidade originária quanto a modalidade derivada são representadas por pessoas escolhidas democraticamente.[92] Todavia, sua justificação está por constituir um verdadeiro ***núcleo essencial*** do

88. Se fosse possível tal supressão, ela estaria dentro da lógica da chamada **dupla revisão**.
89. Se possível tal modificação procedimental, ela estaria dentro também da lógica da chamada **dupla revisão**.
90. MENDES, Gilmar Ferreira et al., *Curso de direito constitucional*, p. 224.
91. Para alguns autores, **determinados direitos sociais**, que dizem respeito ao **mínimo existencial** à luz da **dignidade da pessoa humana**, também deveriam ser considerados **limites implícitos** ao Poder Constituinte Derivado. SILVA, Gustavo Just da Costa, *Os limites da reforma constitucional*, p. 129-130.
92. Há quem defenda então que seria uma situação de uma geração estar impondo sua vontade sobre as futuras. MENDES, Gilmar Ferreira et al., *Curso de direito constitucional*, p. 206.

projeto constituinte, razão pela qual, mesmo sendo permitida a mudança pontual, mostrar-se-ia fechada a via para uma ruptura radical.

Uma corrente contrária à existência das ***cláusulas pétreas***, representada por autores como Löewenstein e Barthélemy, advogam a tese da indistinção entre Poder Constituinte Originário e de Reforma, já que o exercício, em democracias, é igual – isto é, escolha popular de representantes eleitos.[93] Nesses termos, a soberania popular seria contínua e permanente, e, com isso, sua externalização seria sempre atual e os representantes do povo exerceriam, no momento de modificação da Constituição, o mesmo papel que desempenharam na feitura da Constituição. Com isso, não deveria haver limites materiais para a reforma do texto.

Outra corrente já parte do pressuposto de que as normas que estabelecem as ***cláusulas pétreas*** apresentam preceitos juridicamente vinculantes, mas não imunes às alterações e revogações, é a chamada tese da ***dupla revisão***.[94] Assim, as próprias limitações fixadas pelo Constituinte Originário poderiam sofrer alterações. O sentido básico, então, de tais cláusulas, seria o de proporcionar uma maior estabilidade, mas sem qualquer possibilidade de absolutização.[95]

Em defesa de tais limitações materiais, busca-se consagrar o parâmetro das opções essenciais do constituinte originário, acusando de "desvio de poder" a tentativa de alteração que viesse a suprimir (abolir ou mesmo a tender a abolir) esse núcleo essencial. Se imaginássemos a atividade de reforma da constituição como algo destacado, autônomo, acabaríamos por romper a linha distintiva das modalidades originárias e derivadas, bem como o sistema de rigidez constitucional,

---

93. MENDES, Gilmar Ferreira et al., *Curso de direito constitucional*, p. 207.
94. É a possibilidade advogada por alguns doutrinadores de aprovação de uma **emenda** para suprimir **limites materiais explícitos** ou mesmo **limites formais**, para, posteriormente, suprimir direitos e garantias constitucionais ou para que se elabore uma nova reforma de maneira até então inexistente no texto original. **Canotilho** diz que a dupla revisão se traduz em golpe para usurpar e acabar com o poder constituinte originário. No Brasil, este é o entendimento majoritário. A miniconstituinte e a nova revisão, deflagrada via emenda constitucional, são exemplos de dupla revisão, além da possibilidade de via emenda constitucional termos a supressão de limites materiais explícitos estabelecidos no texto.
95. Com isso, para alguns doutrinadores, as limitações materiais não teriam o condão de prevalecer sempre em todas as circunstâncias do *devir* constitucional (da vida de uma Constituição dentro de um Estado e uma sociedade), na medida em que não teriam força contra manifestações democráticas pontuais dotadas de legitimidade para alterá-las. Nesses termos, a Constituição poderia ser mantida, porém com alterações materiais que a adequassem a novas realidades sociais. Esta é a tese da possibilidade da existência de "limites materiais flexíveis", ou seja, dotados de certas "relatividades" à luz de determinados contextos. Haveria para tal possibilidade de modificação uma terceira espécie de poder constituinte, ou seja, um poder misto ou híbrido, com o objetivo de adaptar o texto constitucional a novas realidades sociais por meio de um procedimento próprio predefinido, que iria manter a Constituição e sua ordem jurídica, mas remodelada. Os mecanismos dotados de legitimidade citados pela doutrina seriam o plebiscito e o referendo. FRANCISCO, José Carlos, *Emendas constitucionais e limites flexíveis*, p. 4-11; NOVELINO, Marcelo, p. 83. Essa tese também chamada de classificação tricotômica (em oposição à classificação dicotômica, que diferencia o poder constituinte originário do derivado e não admite a usurpação dos limites materiais, bem como a alteração do núcleo essencial da Constituição), que permite alterações dos limites materiais podendo haver, com isso, inclusive a própria modificação de identidade do texto constitucional inicial deve, em nosso entendimento, ser rechaçada. Portanto, não concordamos com ela.

autorizando não a reforma do texto constitucional, mas a construção de um novo texto constitucional substitutivo.

Outra leitura busca ligar as ***cláusulas pétreas*** aos valores formadores e norteadores da identidade constitucional de uma sociedade, de modo que as alterações acabariam correndo risco de romper com esse sistema axiológico e esfacelar ou pelo menos descaracterizar tal identidade.[96]

Apresentando sua posição, Gilmar Mendes entende que a estrutura das ***cláusulas pétreas*** é mais principiológica do que redacional. Dessa feita, não é a alteração de sua redação que se mostra vedada pelo Constituinte Originário, mas a desnaturação de seu ***núcleo essencial***, ou seja, os "bens constitucionais" que ela pretende preservar intocado. Logo, não haveria qualquer problema em alterar seu texto ou mesmo uma mudança de sua disciplina, mas, sim, na situação de supressão ou aniquilação,[97] desfigurando-se a obra do Constituinte Originário. Assim, fica claro que a corrente majoritária entende que as matérias constantes no art. 6o, § 4º, da CR/88 podem ser modificadas (alteradas) desde que sejam para sofisticá-las, porém o que não pode ocorrer é sua supressão, descaracterizando o núcleo essencial desenvolvido e explicitado pelo Poder Constituinte Originário.

b) Além disso, havendo dúvidas quanto à ocorrência de violação dos limites impostos pelo Constituinte Originário, o Judiciário pode ser acionado para se manifestar quanto à (in)constitucionalidade. Tal situação é pacífica desde o início da Primeira República.[98] Posteriormente, reconheceu-se a possibilidade de se questionar, por via de mandado de segurança, desobediência à cláusula pétrea, antes da proposta (PEC) se transformar em Emenda à Constituição.[99] Todavia, a legitimidade para tal ajuizamento é exclusiva do parlamentar federal – já que seria ele o convocado para participar da deliberação. Obviamente quando já promulgada a Emenda Constitucional o seu questionamento em razão de desrespeito (usurpação) aos limites materiais pode se dar na via concentrada (por qualquer legitimado a propor ADI) ou na via difusa por qualquer indivíduo no curso de um caso concreto no intitulado ***controle difuso-concreto***.

c) Quanto ao conteúdo das ***cláusulas pétreas***, ainda há polêmica em se definir se, além dos **direitos individuais** (expressamente determinados no art.

96. MENDES, Gilmar Ferreira et al., *Curso de direito constitucional*, p. 208.
97. MENDES, Gilmar Ferreira et al., *Curso de direito constitucional*, p. 209. Nesse sentido, o julgado MS nº 20.257-DF do STF, que discutiu se uma emenda à Constituição, que prorrogava o mandato de prefeitos de dois para quatro anos, afetava o princípio republicano estampado como cláusula pétrea. Em voto, Min. Moreira Alves se posicionou no sentido de que o aumento temporal, por si, não ofenderia a estrutura essencial do princípio republicano, já que não impedia eleições periódicas para o Executivo municipal. Outro julgado, seguindo a mesma linha de raciocínio, é o MS nº 23.047-MC, *DJ* de 14/11/2003.
98. HC nº 18.178, *Arquivo Judiciário*, v. XVIII, n. 5, p. 341. MENDES, Gilmar Ferreira et al., *Curso de direito constitucional*, p. 211.
99. MS nº 20.257-DF (*RTJ* nº 99/1031).

60, § 4º), também haveria igual proteção aos outros direitos fundamentais.[100] Inicialmente, devemos observar que o STF vem entendendo que as limitações materiais do art. 60, § 4º, IV, não são **apenas aos direitos individuais** previstos no art. 5º, mas alcançam outros **direitos fundamentais individuais alocados na Constituição** (no percorrer da Constituição). Nesse sentido, temos como precedentes: c.1) **ADI nº 939** (reconhecimento do princípio da anterioridade tributária do art. 150, III, b, da CR/88); c.2) **ADI nº 3.685** (princípio da anterioridade eleitoral do art. 16 da CR/88); c.3) **ADI nº 3.105** (princípio da isonomia tributária do art. 150, II, da CR/88).

E no que tange aos **direitos sociais**? Em relação a eles, uma corrente advoga que, uma vez não havendo **inclusão expressa** pelo Constituinte Originário, dever-se-ia assumir o entendimento que optou pela ausência de proteção especial. Corrente contrária, por sua vez, compreende que não pode haver a exclusão dos direitos sociais do rol de ***cláusulas pétreas***, isso porque, se assumirmos uma compreensão do **princípio da dignidade da pessoa humana** como ***fundamento da República***, não podemos tomá-la como satisfeita, apartada do valor social do trabalho, da construção de uma sociedade justa e solidária, da erradicação da pobreza e da marginalização e da redução das desigualdades sociais. Tudo isso se materializa ou, pelo menos, mostra-se umbilicalmente conectado aos direitos sociais.[101] Até mesmo a consideração de que os **direitos sociais** estariam submetidos a contextualizações financeiras bem como a limitações orçamentárias circunstanciais **não impediria** que se trabalhasse com um ***"grau mínimo de eficácia dos direitos sociais"***[102] à luz da dignidade da pessoa humana (***tese do mínimo existencial***).[103] Certo é que o STF, embora tenha pronunciamentos esparsos e indiretos (**vide** ADI nº 1946), não se manifestou, ainda, de forma **conclusiva** sobre o tema.[104]

---

100. Alguns autores, em uma interpretação tipicamente **extensiva**, defendem que são *cláusulas pétreas* não só os direitos individuais, mas **todos os direitos** e garantias fundamentais normatizados na Constituição. Esse posicionamento encontra resistência em boa parte da doutrina.

101. MENDES, Gilmar Ferreira et al., *Curso de direito constitucional*, p. 214.

102. Nesses termos: "os adeptos desta corrente veem cláusulas pétreas em diversos dispositivos constitucionais, além daqueles enumerados nos arts. 6º a 11 da CR. No que tange ao direito ao ensino, entendem petrificada a norma que prevê o ensino fundamental obrigatório e gratuito (art. 208, I, da CR)." MENDES, Gilmar Ferreira et al., *Curso de direito constitucional*, p. 225.

103. Com isso, para os adeptos da tese de que os **direitos fundamentais** sociais seriam *cláusulas pétreas* o entendimento mais adequado seria o de considerá-los *cláusulas pétreas* **implícitas** ou como trabalhamos aqui **limites materiais implícitos**. Estes (**alguns direitos sociais** "que dizem respeito a existência *digna* do homem") estariam ancorados na ideia do *mínimo existencial* à luz da dignidade da pessoa humana. SILVA, Gustavo Just da Costa, *Os limites da reforma constitucional*, p. 129-130.

104. Nesses termos, podemos, então, conforme Rodrigo Brandão, resumir algumas das teses atinentes ao tema: **1)** Interpretação literal do art. 60, § 4°, IV (*cláusulas pétreas* são todos **os direitos arrolados no art. 5°**; **2)** Interpretação literal (restrita) do art. 60, § 4°, IV (*cláusulas pétreas* são os *direitos individuais propriamente ditos*, ou seja, nos termos da Constituição Portuguesa e da Lei Fundamental de Bonn, seriam apenas as intituladas "**liberdades fundamentais**"); **3)** Interpretação extensiva e sistemática do art. 60, § 4°, IV (conjugada com o *art. 1, III* da *CR/88; art. 5°§ 1°* da *CR/88*, entre outros) que considera (encontrando inúmeros adeptos na doutrina) como *cláusulas pétreas* os direitos fundamentais de **distintas dimensões** (1ª, 2ª, 3ª). Essa perspectiva advoga que direitos fundamentais diretamente relacionados **à dignidade da pessoa humana e ao núcleo essencial (ou ao mínimo existencial) não podem ser abolidos (suprimidos)**. Nessa linha, fica claro, **mais uma vez**, que alguns **direitos sociais (de**

d) Mas, se as ***cláusulas pétreas***, por um lado, criam um obstáculo para exclusão (abolição) de direitos fundamentais nelas previstas, admitir-se-ia para o Constituinte de Reforma a faculdade de inclusão de novos direitos nesse rol protetivo? A resposta já demos no momento em que afirmamos a possibilidade de que emendas constitucionais venham para ampliar ou mesmo sofisticar o rol de direitos consagrados no art. 60, § 4º, da CR/88. Porém, aqui, há um debate interessante: seriam esses novos direitos também cláusulas pétreas?

Para Gilmar Mendes,[105] as ***cláusulas pétreas*** "fundamentam uma superioridade do poder constituinte originário sobre o de reforma" e, assim, só o poder Constituinte Originário teria o condão de limitar o derivado, e não o contrário. Nesses termos, para o autor, seria descabido ou desprovido de razão imaginar que o Poder Constituinte derivado criaria limites a si mesmo. Com isso, defende a tese de que os direitos fundamentais ampliados por obra de emendas constitucionais não se tornariam cláusulas pétreas (limites materiais) para o próprio poder constituinte derivado que os criou, podendo ser futuramente suprimidos do texto constitucional. Definitivamente, **não concordamos** com o douto professor **Gilmar Mendes**, pois **acreditamos** que **novos direitos fundamentais** que ampliem o rol protetivo intangível de limites materiais à reforma da Constituição não pode ser usurpado sob o fundamento de que foi criado mediante emenda constitucional, na medida em que direitos fundamentais que se relacionam obviamente ao exercício da dignidade da pessoa humana não podem ser objeto de flutuações momentâneas majoritárias, que permitam a supressão de direitos afirmados constitucionalmente, ainda que por obra do Poder Constituinte derivado. Pensar ao contrário é estar criando uma diferenciação entre direitos fundamentais de primeira e de segunda linha, ou seja, um rol dotado de discriminação arbitrária. Entendemos que o que deve importar é a afirmação do direito e o seu viés protetivo e emancipatório, pois o mais importante seria saber o que significa e qual é seu impacto nas relações sociais, e não a sua forma derivada ou originária, que o tonaria um direito mais fragmentário e tênue que outro direito fundamental.

Porém, uma advertência de Gilmar Mendes é **adequada** e deve ser feita: "É possível que uma emenda à Constituição acrescente dispositivos ao catálogo dos direitos fundamentais sem que, na realidade, esteja criando direitos novos. A emenda pode estar apenas especificando direitos já concebidos pelo constituinte originário."[106] Ou seja, temos um direito já existente no rol, só que, agora, mais bem ex-

---

conteúdo essencial) estão acobertados como *cláusulas pétreas*. BRANDÃO, Rodrigo, São Direitos Sociais *cláusulas pétreas*?, p. 462-463, 2010. Poderíamos falar ainda numa **quarta corrente** (a de uma **interpretação extensiva** que defende que as *cláusulas pétreas* seriam todos os direitos fundamentais previstos na Constituição). Com isso, em nossa opinião teríamos: **1)** interpretação literal; **2)** interpretação literal restrita; **3)** interpretação extensiva-sistemática; e **4)** interpretação extensiva.

105. MENDES, Gilmar Ferreira et al., *Curso de direito constitucional*, p. 225.

106. MENDES, Gilmar Ferreira et al., *Curso de direito constitucional*, p. 215.

plicitado. Um exemplo foi o que aconteceu com o "direito à prestação jurisdicional célere" que por meio do inciso LXXVIII agregou-se ao artigo 5º da Constituição pela Emenda nº 45/2004. Este já existia, porém implicitamente no "direito ao acesso à Justiça".[107]

e) Como anteriormente discutido quando abordamos a temática do Poder Constituinte Originário, ficou assentada a tese doutrinária tradicional de que o direito adquirido não poderia ser oponível àquele (PCO). Resta agora analisar se tal garantia poderá ser atingida por uma emenda constitucional.

Desde já destacamos haver duas correntes colidentes: uma em sentido afirmativo e outra em sentido negativo. Sendo assim, uma corrente buscará na história do instituto do direito adquirido demonstrar que seu destinatário é o Legislador Ordinário, e nunca o Poder Constituinte, seja qual for sua modalidade. Reforça-se tal argumento invocando a literalidade do art. 5º, XXXVI, que traz que "a lei" não poderá prejudicar o direito adquirido, o ato jurídico perfeito e a coisa julgada.[108] A corrente contrária, por sua vez, argumenta que a garantia do direito adquirido foi concebida também contra o constituinte de reforma, não podendo ser suprimida. Ora, "lei" aqui não poderia ser tomada em seu sentido literal, mas interpretada de maneira adequada, como abrangente de todo instrumento normativo, o que inclui as emendas à Constituição. Ivo Dantas descreve bem o absurdo da primeira corrente, que com seu argumento, então, acabariam por reconhecer que o direito adquirido poderia ser atingido por um decreto legislativo ou por uma resolução.[109] Em outra linha, alguns autores lembram que o instituto do direito adquirido não pode ser separado da proteção à segurança jurídica (art. 5º, *caput*, da Constituição de 1988).[110] Adotamos a tese de que o Poder Constituinte derivado deve respeitar os direitos adquiridos.

f) Por último, a ***concepção moderna*** de Poder Constituinte derivado traz novidades à sua disciplina, sendo a principal "a consideração de que a Constituição pode sofrer alterações informais, ou seja, uma evolução nas dimensões sintática, semântica e pragmática do texto",[111] sem alteração no seu texto.[112] Tal fenômeno ficou conhecido pelo nome de **"mutação constitucional"** (ou seja, mudanças

107. Reportamos ao nosso *O poder judiciário e(m) crise* para críticas acerca da denominação "acesso à Justiça".
108. MENDES, Gilmar Ferreira et al., *Curso de direito constitucional*, p. 217.
109. DANTAS, Ivo, *Direito adquirido, emendas constitucionais e controle de constitucionalidade*, p. 61.
110. "Recentemente, o STF, em julgamento decidido por apertada maioria de um voto, entendeu que membros aposentados da Corte, que recebiam quantia superior ao teto salarial extraído da Emenda Constitucional n. 41/2003, faziam jus – tendo adquirido direito a tanto, insuscetível de ser atingido pela Emenda – a continuar a perceber montante que superava o teto, até que a quantia excedente viesse a ser absorvida por subsídio posterior de maior valor." (MENDES, Gilmar Ferreira et al., *Curso de Direito Constitucional*, p. 218).
111. SOUZA CRUZ, Álvaro Ricardo de, *Poder constituinte e patriotismo constitucional*, p. 61.
112. Na doutrina de Jellineck (*Reforma y mutación de la Constitución*, p. 7), a "mutação constitucional" não é produto da intencionalidade e voluntariedade – como acontece com as "reformas". Nas "mutações" a modificação é de sentido, mantendo o texto normativo intocado.

informais da Constituição que também podem ser intituladas de ***Poder Constituinte difuso***[113]).

Anna Cândida Ferraz desenvolveu uma célebre monografia sobre o tema tendo como base o pensamento de Burdeau, percebendo que a legislação infraconstitucional, os costumes e a hermenêutica seriam suas modalidades.[114] Portanto, uma Constituição não está aberta apenas a mudanças formais (Poder Constituinte derivado), mas também a mudanças informais, mediante mutações constitucionais (Poder Constituinte difuso).

A "interpretação", como forma mais simples de "mutação informal" da Constituição, opera sob as bases da abertura textual e da polissemia da Constituição, revelando o que Bonavides[115] chamou de paradoxo: se, por um lado, contribui para a evolução do Direito, supostamente impedindo eventos revolucionários, por outro, revelou-se uma abertura para insegurança jurídica, correndo o risco de diluir a Constituição em uma total fluidez.[116] Outra fonte de "mutação" é a atividade legislativa, capaz de solucionar problemas como as lacunas do texto constitucional ou a ausência de eficácia plena de algumas normas constitucionais.[117] Por fim, a modalidade de "mutação consuetudinária" foi assumida como prática usual

113. Expressão utilizada por Uadi Lammêgo Bulos para as **mutações constitucionais**. Essa expressão (*Poder Constituinte Difuso*) é **criticada** duramente por **Lenio Streck** no texto: *"E o juiz mineiro azdakiou ou Eis aí o sintoma da crise"* Conjur, Novembro de 2012. Conforme o autor: *"Na medida em que a mutação constitucional acontece, no mais das vezes, através da ação do Poder Judiciário, seria de se perguntar: Pela tese do Poder Constituinte difuso, o judiciário seria um poder constituinte de fato? Mas, se assim o é, qual a importância do Poder Constituinte "de direito"? Ora, a teoria do Poder Constituinte tem uma razão de ser: Precisa justificar e legitimar a origem do poder político, fora dos contextos eclesiásticos ou aristocráticos dos modelos tradicionais. Nesse sentido, de que modo é possível justificar – coerentemente – a existência de um poder constituinte "de fato" (difuso) ao lado do poder constituinte "de direito" (originário/ de reforma)?"*

114. SOUZA CRUZ, Álvaro Ricardo de, *Poder constituinte e patriotismo constitucional*, p. 61. Ver também FERRAZ, Anna Cândida da Cunha, *Processos informais de mudanças da Constituição*: mutações constitucionais e mutações inconstitucionais.

115. BONAVIDES, Paulo, *Curso de direito constitucional*. Aqui uma advertência tem de ser posta: ao falar em interpretação constitucional não podemos esquecer o ensaio de Peter Häberle (*Hermenêutica constitucional*: a sociedade aberta dos intérpretes da Constituição – a contribuição para a interpretação pluralista e "procedimental" da Constituição). A Constituição, se tem no povo sua titularidade, não pode nem ser produto da vontade exclusiva dos constituintes e muito menos uma massa de argila a ser moldada livremente pelo Supremo Tribunal Federal. "[...] não podemos concordar com Nelson Jobim quando afirma que de todas as supostas *negociatas* que teriam sido realizadas durante o processo constituinte de 1987-88, 'isso não colocaria a legitimidade atual da Constituição em questão, porque nós (leia-se o Supremo Tribunal Federal) fizemos alguma coisa que se chamaria de Constituição 'funcionar' nestes últimos 15 anos'. Isso porque o Supremo Tribunal Federal não pode, sob a desculpa de querer guardar a Constituição, privatizar, apropriar-se da Constituição. Não se pode afastar a cidadania, nem do seu momento de criação, nem do seu processo de interpretação. [...] Somos todos intérpretes da Constituição." (CATTONI DE OLIVEIRA, Marcelo Andrade, *Direito, política e filosofia*, p. 66-67)."

116. "[...] a doutrina brasileira do *habeas corpus*, pela qual nossos tribunais estenderam outras matérias não afetas à cognição estrita da liberdade de locomoção dos indivíduos ao referido instituto processual, se presta a espelhar a concepção de que a Constituição evolui sem que ocorra alteração no corpo de seu texto." (SOUZA CRUZ, Álvaro Ricardo de, *Poder constituinte e patriotismo constitucional*, p. 62).

117. "A teoria das normas programáticas, difundida no Brasil por José Afonso da Silva nas décadas de 1970 e 1980, ilustra bem a questão." (SOUZA CRUZ, Álvaro Ricardo de, *Poder constituinte e patriotismo constitucional*, p. 62).

de lacunas ou omissões no texto constitucional, marcando uma forma de tradição constitucional.[118]

A solução do paradoxo, apresentado por Bonavides, nessa mesma tradição, é fornecida por Gilmar Mendes, entre outros: fica a cargo das Cortes Constitucionais a palavra final sobre quais "mutações" podem ser consideradas legítimas e quais não.[119]

---

118. "O costume constitucional de proibição de mais de uma reeleição foi quebrado com as quatro eleições de Franklin Delano Roosevelt, o que, mais tarde, ensejaria a aprovação da emenda constitucional de nº 22, impondo tal restrição." (SOUZA CRUZ, Álvaro Ricardo de, *Poder constituinte e patriotismo constitucional*, p. 63).

119. MENDES, Gilmar Ferreira et al., *Curso de direito constitucional*, p. 56. Em outra passagem afirma: "[...] *torna-se evidente que incumbe essencialmente aos intérpretes-aplicadores [isto é aos magistrados exclusivamente] – e não aos legisladores – encontrar as* **primeiras** *respostas para os novos problemas sociais, uma tarefa da qual só poderão desincumbir-se a tempo e modo se forem capazes de olhar para o futuro e trilhar caminhos ainda não demarcados; se tiverem a coragem de enfrentar a opinião dominante, em vez de se resignarem a seguir a jurisprudência estabelecida; se, finalmente, se dispuserem a assumir o ônus redobrado de combater as ideias cristalizadas, até porque, via de regra, longe de traduzirem verdadeiros consensos, essas falsas unanimidades não passam de preconceitos coletivos, fruto dos argumentos de autoridade, que sabidamente esterilizam o pensamento e impedem os voos mais arrojados.*" MENDES, Gilmar, p. 59). O curioso – para não chamar de ***paradoxal*** – é que nessa linha de pensamento é a ***própria autoridade***, como já em Kelsen, ***do magistrado***, como criador da norma jurídica, que autoriza a "alteração" do ordenamento jurídico e não a racionalidade – capacidade de convencimento em uma seara discursiva, e não retórica, que deveria em uma democracia estabelecer tal autoridade; e mais, como conciliar tal postura "ativa" dos magistrados se os mesmos autores são famosos pela defesa de Súmulas Vinculantes ou de Súmulas Impeditivas de Recursos? Ao final, o único com poder criativo, em suas visões, seria o Supremo Tribunal Federal, nos escravizando com sua condição de Tribunal último. Ora, a partir desses posicionamentos, o que assistimos é uma radicalização da tese kelseniana. Os juízes – como aplicadores autênticos – fecham as vias hermenêuticas, excluindo o debate jurídico dos influxos oriundos da esfera pública (sociedade), como "sábios trancados em torres de marfim" e passam a nos dizer o que a Constituição diz. A radicalização de Kelsen, então, vem pela via do fato de que os juízes, principalmente os Ministros do STF, não se encaixam apenas como legisladores positivos, mas avocam-se à condição de poder constituinte originário e permanente. CATTONI DE OLIVEIRA, Marcelo Andrade, ***Direito Constitucional***, p. 174-176. Sobre a **Mutação Constitucional**, temos a crítica de Flávio Pedron (*Mutação Constitucional na Crise do Positivismo Jurídico*, 2012). No mesmo sentido: "*Antes de tudo, é preciso lembrar que a ideia de "mutação constitucional" é pensamento oriundo da crise do positivismo alemão do final do século XIX e início do século XX, uma tentativa de solução ou de explicação sociológica para um problema hermenêutico. Em um primeiro momento, a referência a essa ideia é feita em face de efetivas mudanças de interpretação da Constituição do Império Alemão, de 1870, constituindo a "mutação constitucional" uma espécie de explicação para essas mudanças, percebidas, sobretudo, pela Teoria do Estado como um problema de defasagem entre o texto constitucional e as práticas sociais. Em um segundo momento, a ideia de mutação constitucional ressurge no contexto do debate sobre a crise dos métodos jurídicos na Alemanha. Nesse contexto, Dau-Lin afirmará – baseando-se em Smend – que as mutações constitucionais são elementos fundamentais para a manutenção da unidade do Estado. Disso ele tira uma conclusão pessimista: não há nenhum mecanismo jurídico que seja capaz de controlar as instâncias mais altas do Estado e de vinculá-las ao cumprimento da Constituição. Com isso, nos parece que a doutrina constitucional brasileira defensora de uma mutação constitucional parece olvidar – seja por déficit epistemológico, ou talvez por uma perversidade ideológica – que historicamente a figura de uma mutação constitucional sempre foi utilizada pela história constitucional para uma "desculpa elegante" para justificar o descumprimento da Constituição e o decisionismo de um Judiciário descomprometido com bases democráticas, revivendo as célebres palavras de Lassalle e reduzindo a Constituição a uma mera folha de papel. Como afirmam Lenio Streck, Martonio Mont'Alverne Barreto Lima e Marcelo Cattoni: "Em síntese, a tese da mutação constitucional advoga em última análise uma concepção decisionista da jurisdição e contribui para a compreensão das cortes constitucionais como poderes constituintes permanentes. Ora, um tribunal não pode mudar a constituição; um tribunal não pode inventar o direito: este não é seu legítimo papel como poder jurisdicional, numa democracia.*" BAHIA, CATTONI, BACHA e PEDRON, *Presunção de Inocência: uma contribuição crítica à controvérsia em torno do julgamento do Habeas Corpus nº126.292 pelo Supremo Tribunal Federal*, 2016. (grifos nossos)

Com isso, certo é que a **corrente majoritária** admite as mutações constitucionais (***poder constituinte difuso***). Estas, portanto, são mudanças informais da Constituição, ou seja, o texto permanece o mesmo, mas é reinterpretado (relido) à luz de novos contextos (novas realidades sociais). Aqui a doutrina também afirma que existiriam pelo menos três situações que legitimam a ***mutação constitucional*** e a superação de jurisprudência consolidada: a) mudança na percepção do direito; b) modificações na realidade fática; e c) consequência prática negativa de determinada linha de entendimento.

Devemos, por último, chamar a atenção, pois a doutrina também desenvolveu outro conceito, que é o das **"mutações inconstitucionais"**. Essas são modificações informais da Constituição que usurpam (ou deterioram) seu texto deturpando-o.[120]

5. PODER CONSTITUINTE (DERIVADO) DECORRENTE: ESPÉCIES, CARACTERES E LIMITAÇÕES

O Poder Constituinte Decorrente (ou para alguns *derivado-decorrente*) representa a possibilidade que os Estados-membros, como consequência da autonomia político-administrativa garantida constitucionalmente, têm de se auto-organizarem por meio de suas respectivas Constituições estaduais.[121] Sua dinâmica releva para nós o movimento de predominância de forças ***centrífugas*** (descentralizadoras) ou ***centrípetas*** (centralizadoras) no âmbito do Estado Federal.[122]

O Poder Constituinte Decorrente visa complementar a Constituição com a obra produzida pelos Estados-membro, qual seja, Constituições Estaduais, conforme art. 11 do ADCT e art. 25 da CR/88. Pode ser decorrente **instituidor** ou decorrente **reformador** (também chamado de: anômalo).

Trata-se de um poder ***derivado, subordinado*** e ***condicionado***.[123] Para tanto, devem obedecer às normas fixadas **(limites)** na Constituição da República, quais sejam:

- ***Princípios constitucionais sensíveis***: estão previstos no art. 34, VII, da Constituição de 1988 (forma republicana, sistema representativo e regime democrático; direitos da pessoa humana; autonomia municipal; prestação de contas da administração pública direta e indireta; e aplicação do mínimo exigido da receita resultante de impostos estaduais – compreendida a proveniente de transferências – na manutenção e no desenvolvimento

120. Nesses termos: Ana Cândida da Cunha Ferraz e Uadi Lammêgo Bulos. Como exemplo, podemos citar a **omissão do legislador** em regulamentar a Constituição fazendo com que paulatinamente a mesma caia em descrédito e desestima, ferindo a "aura" constitucional. Outro exemplo seria a interpretação teratológica (absurda) das normas constitucionais pelo **próprio Poder Judiciário**, que pode acabar interpretando a Constituição contra ela mesma ou de forma ilegítima!

121. MORAES, Alexandre de, *Direito constitucional*, p. 24.

122. CARVALHO, Kildare Gonçalves, *Direito constitucional*, p. 189.

123. CARVALHO, Kildare Gonçalves, *Direito constitucional*, p. 189.

do ensino e nas ações e nos serviços públicos de saúde). Seu descumprimento pelos Estados-membros autoriza a sanção política de ***intervenção federal***.[124] Portanto, são normas que, uma vez inobservadas, ensejam a intervenção federal.

- ***Princípios federais extensíveis***: são as normas centrais comuns à União, aos Estados, ao Distrito Federal e aos Municípios, de observância obrigatória (obviamente também aos Estados) e que percorrem toda a Constituição (art. 1º, I a V; art. 3º, I a IV; art. 4º, I a X; art. 5º; art. 6º a 11; art. 14).[125]
- ***Princípios constitucionais estabelecidos***: são normas espalhadas pelo texto constitucional (que os Estados devem respeitar na elaboração e na reforma das Constituições estaduais) responsáveis por organizar a Federação, subdividindo-se em ***normas competência*** (art. 21; art. 22; art. 23 a 25; art. 27, § 3º; art. 30; art. 75; art. 96, I, *a-f*, II, *a-d*, III; art. 98, I e II; art. 125, § 4º; art. 144, § 4º a 6º; art. 145, I a III; art. 155, I, *a-c*, II) e ***normas de preordenação*** (art. 27 e 28; art. 37, I a XXI, §§ 1º a 6º; art. 39 a 41; art. 42, §§ 1º a 11; art. 75; art. 95, I a III, parágrafo único; art. 235, I a XI).[126]

Aqui, é interessante observarmos que as **normas de preordenação** são também **normas de reprodução obrigatória** pelos Estados-membros (ou seja, normas que devem **não só** serem respeitadas, mas **alocadas** nas respectivas Constituições, pois estão **preordenadas** aos Estados-membros, pela CR/88). Essas normas (de **preordenação**) se diferenciam de outras normas que chamamos, conforme Raul Machado Horta, de **normas de imitação**. Essas são aquelas previstas na Constituição da RFB que o Poder Constituinte derivado decorrente dos Estados-membros terá a faculdade de **alocar ou não** nas respectivas Constituições estaduais. Nesse caso há uma liberalidade, ou seja, um direito de escolha por parte dos entes, pois não são normas de reprodução obrigatória. Como exemplos, podemos citar: art. 5º LXXI (mandado de injunção); art. 5º LXXII (***habeas data***); art. 57, § 4º, da CR/88.[127]

Além disso, é preciso, ainda, ressaltar que os constitucionalistas brasileiros, como dito anteriormente, distinguem o Poder Constituinte Derivado Decorrente ***inicial*** – como poder de estabelecer a Constituição do Estado-Membro e um Poder Constituinte Derivado Decorrente ***de reforma estadual*** (ou Poder Constituinte Derivado Decorrente de ***segundo grau ou anômalo***) – destinado a rever e modificar o texto da Constituição Estadual.[128] É interessante aqui apenas afirmamos que a pos-

124. MORAES, Alexandre de, *Direito constitucional*, p. 249-250.
125. MORAES, Alexandre de, *Direito constitucional*, p. 250.
126. MORAES, Alexandre de, *Direito constitucional*, p. 250. Para alguns autores algumas normas de competência também poderiam ser consideradas normas de reprodução obrigatória embora sem a necessidade de estarem expressamente reproduzidas nas Constituições Estaduais. Ver aqui: RE 650888 julgado em 01.02.2017.
127. No caso do art. **57 § 4º** por decisão do STF nas ADIs nº 792 e 793.
128. CARVALHO, Kildare Gonçalves, *Direito constitucional*, p. 189-190.

sibilidade de reforma das Constituições Estaduais deve respeitar os parâmetros (o paradigma) estabelecidos pelo Poder Constituinte Originário para a reforma (pontual via emendas) da Constituição da República Federativa do Brasil. Com isso, não há que se falar em revisão (reforma global) dos textos das Constituições Estaduais, em razão da falta de previsão de tais revisões na Constituição da RFB, sendo possível apenas reformas (formais) via emendas.

Por último, é mister fazermos referência à questão do Poder Constituinte derivado decorrente dos municípios. Ele existiria? A **lei orgânica** seria uma Constituição? A corrente majoritária[129] entende que não há nos municípios poder constituinte decorrente, sendo somente afeto aos Estados-membros. Nesse sentido, os fundamentos seriam: **a)** interpretação literal de que a CR/88 não dispôs literalmente sobre uma Constituição para os municípios; **b)** fundamento de que as leis orgânicas são subordinadas às Constituições Estaduais e à Constituição da República, nos termos do art. 29 da CR/88, e não poderíamos ter um poder constituinte decorrente de um poder constituinte que já é decorrente (presente nos Estados-membros). Na jurisprudência, temos clássico posicionamento do Tribunal de Justiça de São Paulo defendendo tal postura.

Porém, há uma divergência no que diz respeito à **Lei Orgânica do Distrito Federal**. Nesses termos: **a)** Para autores como Uadi Lâmmego Bulos, o DF também não é dotado de poder constituinte decorrente. **b)** Para autores como Dirley da Cunha Júnior, entre outros, existe no Distrito Federal um poder constituinte decorrente, sendo a LODF uma verdadeira Constituição no âmbito do DF. Os argumentos, a nosso ver adequados, são os seguintes: **b.1)** Foram atribuídas ao Distrito Federal competências legislativas reservadas aos Estados, que, entre as suas competências, elaboram suas respectivas Constituições; **b.2)** A lei orgânica do Distrito Federal está submetida apenas à Constituição da República e aos seus princípios (sensíveis, extensíveis e estabelecidos). Certo é que, no Supremo Tribunal Federal, temos a **Reclamação nº 3.436** de Relatoria do Ministro Celso de Mello como precedente, bem como a recente decisão da **ADI nº 1167/DF.**[130] Nessa Reclamação afirmou o Ministro que a lei orgânica do DF deve ser parâmetro de controle de constitucionalidade das leis e dos atos normativos distritais. Segundo o Ministro, a LODF seria um verdadeiro **estatuto constitucional**. Além disso, a Lei nº 11.697/2008, no seu art.8, estabelece,

---

129. Corrente (majoritária) com a qual não concordamos, pois entendemos contra uma perspectiva literal que as **leis orgânicas são verdadeiras Constituições no âmbito dos municípios.**

130. Conforme a ADI nº 1167/DF julg. em 19.11.2014: "1. As regras de iniciativa reservada previstas na Carta da República não se aplicam às normas originárias das constituições estaduais ou da Lei Orgânica do Distrito Federal. Precedente. (...)" Com isso, decidiu o STF A Lei Orgânica do DF é uma manifestação do poder constitucional decorrente que possui o mesmo status jurídico ostentado pelas Constituições estaduais. Conforme o Informativo 768 do STF: "É constitucional o art. 24 da Lei Orgânica do Distrito Federal ("A direção superior das empresas públicas, autarquias, fundações e sociedades de economia mista terá representantes dos servidores, escolhidos do quadro funcional, para exercer funções definidas, na forma da lei").(...) O Tribunal esclareceu que a norma em questão, por ser oriunda do poder constituinte originário decorrente, não sofreria vício de reserva de iniciativa legislativa do chefe do Poder Executivo. (...)".

de forma expressa, o controle de constitucionalidade de leis ou atos normativos do DF em face de sua lei orgânica, a ser realizado pelo Tribunal de Justiça do Distrito Federal e dos Territórios.

6. PODER CONSTITUINTE E PATRIOTISMO CONSTITUCIONAL: UMA RELEITURA CONTEMPORÂNEA E SOFISTICADA DA TEORIA DO PODER CONSTITUINTE

Partindo das conclusões já explanadas ao passo do estudo sobre as concepções clássica e moderna acerca do Poder Constituinte, vimos a insuficiência dos conceitos de Nação e de Povo, em ambas as tradições. À luz da ***Teoria Discursiva do Direito e da Democracia*** de **Jürgen Habermas**, podemos apontar dois reparos nessas construções a fim de adequá-las ao paradigma do Estado Democrático de Direito: 1º) o conceito está ainda muito preso ao constitucionalismo clássico, sendo concebido como uma identidade cívica; e 2º) ao se atribuir a titularidade do Poder Constituinte ao cidadão apenas, retorna-se à visão míope típica do constitucionalismo liberal, isso porque há um superdimensionamento do "eu" individual para um "eu" coletivo.[131] Tal identidade cívica é fundante da noção de Nação e da afirmação de uma responsabilidade para os demais membros da sociedade. Observa-se, portanto, a incorporação de noções comunitaristas como um dado pré-político e extrajurídico.

Por isso, a proposta de **Habermas** é compreender a ideia de povo para além dessa perspectiva comunitarista – recolocando a relação entre autonomias pública e privada – por meio da noção de ***Patriotismo Constitucional***.

O termo ***Patriotismo Constitucional*** (***Verfassungspatriotismus***) foi originalmente cunhado por **Dolf Sternberger**, quando do 30º aniversário da Lei Fundamental de Bonn (1979), a fim de se referir à "construção de uma nova identidade coletiva alemã que tomava por referência o conteúdo normativo da Lei Fundamental de 1949". Nesse sentido, "uma *república de cidadãos*, formada após a derrota na Segunda Guerra Mundial e a derrocada do nazifascismo, já não podia mais se deixar reconhecer em uma suposta identidade ético-cultural particularista ou no ufanismo nacionalista em face de um passado nacional idealizado".[132] Assim, a expressão aparece como uma certa forma de oposição à noção tradicional e autoritária (fundamentalista) de nacionalismo, visando apresentar uma identificação do Estado Alemão com uma nova ordem política e constitucional.

Apesar de outros autores – como **Rainer Lepsius** – fazerem uso da expressão, foi **Jürgen Habermas que** buscou empregá-la no intuito de dar uma resposta ao

131. SOUZA CRUZ, Álvaro Ricardo de, *Poder constituinte e patriotismo constitucional*, p. 64-65.
132. CATTONI DE OLIVEIRA, Marcelo Andrade, *Patriotismo constitucional*, p. 623. "" CATTONI DE OLIVEIRA, Marcelo Andrade, *Poder constituinte e patriotismo constitucional*, p. 65-66.

problema de como os alemães poderiam se reconciliar com sua própria história totalitária (Nazismo, Holocausto etc.).[133]

É desse modo que, por sua vez, **Habermas** irá substituir o conceito de ***cidadania*** de uma vertente romântica e autoritária de nacionalismo por uma proposta ligada a um contexto pós-nacional e pós-nacionalista – "refere-se, agora, à titularidade de direitos fundamentais de participação política, jurídico-constitucionalmente delineados, garantidores de uma autonomia jurídica pública".[134]

Isto é, substitui uma identidade social de caráter universal por um consenso sobre democracia, limitações do governo, Estado de Direito e respeito para com a melhor interpretação dos direitos fundamentais.[135] Para tanto, a aposta recai em um Direito emancipatório em que a justificação não se dá apenas na esfera da coerção (força/imposição), mas antes na legitimidade de uma racionalidade comunicativa.

A **Constituição**, então, como cerne do Direito, de um lado, representa um norte normativo por meio de princípios de liberdade e de igualdade e, de outro, as balizas para o sistema político que passa a respeitar a legitimidade discursiva e a democracia participativa.[136] Nesse diapasão, o conceito de Povo deixa de ser um dado pré-político ou extrajurídico para ser reconduzido na forma de um consenso voltado para a compatibilização e coexistência de distintos projetos (concepções) de vida boa.

> Desse modo, a noção de povo poderia perder seu caráter de ***ethos*** compartilhado como elemento histórico/cultural para subsumir-se em um processo [hermenêutico] circular de autocompreensão estabelecida mediante uma comunicação entre os cidadãos, inclusive entre aqueles de diferentes nacionalidades. Com isso, não pretende dizer que é necessário uma perda de raízes culturais. Pretende apenas apostar que o cerne do exercício do Poder Constituinte deve se afastar da procura de um consenso em torno de valores éticos substantivos, apostando em um consenso procedimentalista em torno de princípios universais de liberdade e igualdade.[137]

---

133. "Habermas, assim, irá combater veementemente historiadores neoconservadores que pretendiam justificar, remetendo-se, mais uma vez, a uma dada tradição cultural herdada, uma certa *normalização* da história alemã, quer seja à negação, quer seja ao esquecimento, do holocausto e da experiência totalitária do nazismo." (CATTONI DE OLIVEIRA, Marcelo Andrade, *Patriotismo constitucional*, p. 624).
134. CATTONI DE OLIVEIRA, Marcelo Andrade, *Patriotismo constitucional*, p. 624.
135. SOUZA CRUZ, Álvaro Ricardo de, *Poder constituinte e patriotismo constitucional*, p. 66.
136. SOUZA CRUZ, Álvaro Ricardo de, *Poder constituinte e patriotismo constitucional*, p. 67. "Nesse sentido, presente se faz o aspecto performativo do 'princípio da democracia', que permite transformar os destinatários das normas jurídicas em seus autores, fazendo com que os indivíduos possam usufruir, da melhor maneira possível, suas liberdades subjetivas e suas liberdades comunicacionais." (Idem, p. 67).
137. SOUZA CRUZ, Álvaro Ricardo de, *Poder constituinte e patriotismo constitucional*, p. 68. "É preciso lembrar que o conceito comunitarista de povo se desdobra em um contexto de nacionalismo que vincula estranhos dentro de uma mesma relação. Essa identidade se dá através de simbologia de um passado comum (bandeira, brasão, hino nacional e datas comemorativas), normalmente evocado por monumentos à memória de passagens notáveis da história, em especial de atos de bravura em conflitos armados." (Idem, p. 68).

Esse conceito de povo, em sua estrutura comunitarista, acaba por alimentar uma noção de nacionalismo adversa ao diferente – xenofóbica e discriminatória –, o que contraria uma concepção de povo modelado à luz de uma cidadania participativa. Por isso, a noção de **Patriotismo Constitucional** traz à tona um conceito **permanentemente aberto** e sem ligações à figura do "nacional".[138] A cidadania da comunidade europeia é um ótimo exemplo desse novo modelo e demonstra que tal consenso pode ser alcançado sem que, para isso, precise-se abrir mão da herança cultural de cada identidade.

Essa conclusão, então, permite a **Habermas** criticar a tese moderna de que a cultura é modo de limitação apriorística do Poder Constituinte Originário. Sem querer afirmar a necessidade de desconectarmos das amarras culturais – o que seria impossível – a proposta é agora de compreendê-la à luz de um processo crítico de aprendizagem, nos mostrando, ao contrário do que pensam muitos comunitaristas, **que nós não somos escravos dos valores sob o qual nascemos e fomos educados, nos possibilitando, inclusive, superar preconceitos velados por essas tradições.**[139]

Desse modo, podemos contradizer mais uma vez apontando falhas na tese moderna sobre o Poder Constituinte, explicando que nem o indivíduo, nem a sociedade se encontram "amarrados" a elementos ***a priori,*** intransponíveis, sendo-lhes aberta a via para se romper ou para superar "condicionantes impostos por esse pano de fundo linguístico-cultural".[140] Esse processo de aprendizado social para **Habermas** é explicado a partir de uma combinação da psicopedagogia de Piaget com teorias construtivistas **pós-Piaget**, somado tudo à psicologia genética de **Kohlberg**, com sua perspectiva de aprendizagem evolutiva.[141] Tudo isso o conduz a uma teoria da evolução social.[142]

---

138. CATTONI DE OLIVEIRA, Marcelo Andrade, *Patriotismo constitucional*, p. 624. SOUZA CRUZ, Álvaro Ricardo de, *Poder constituinte e patriotismo constitucional*, p. 69-70. "Para Habermas, em um diálogo crítico com a tradição do republicanismo cívico, os direitos fundamentais de liberdade e de igualdade seriam, pois, a própria explicitação do sentido performativo da práxis de autolegislação democrática e da noção complexa de autonomia jurídica que lhe é subjacente." CATTONI DE OLIVEIRA, Marcelo Andrade, *Poder constituinte e patriotismo constitucional*, p. 69.

139. SOUZA CRUZ, Álvaro Ricardo de, *Poder constituinte e patriotismo constitucional*, p. 71. "Enquanto processo de aprendizado, embora sujeito a tropeços, seria capaz de corrigir-se a si mesmo, e assumiria interna e reflexivamente o projeto constitucional-democrático, aberto, inclusivo e moderno, subjacente à Lei Fundamental, de 1949, assim como à própria autocompreensão normativa das diversas Constituições dos Estados Democráticos de Direito. Por fim, ainda, tal processo de aprendizado social levaria, inclusive, a uma *descentração* reflexiva da identidade coletiva alemã, que agora plausível, presentes as tensões internas, próprias a uma permanente luta por reconhecimento de novos sujeitos constitucionais, uma Alemanha não somente reunificada, pós-1989, mas também integrada jurídico, político e economicamente à União Europeia." CATTONI DE OLIVEIRA, Marcelo Andrade, *Patriotismo constitucional*, p. 624.

140. SOUZA CRUZ, Álvaro Ricardo de, *Poder constituinte e patriotismo constitucional*, p. 72.

141. CATTONI DE OLIVEIRA, Marcelo Andrade, *Patriotismo constitucional*, p. 624. SOUZA CRUZ, Álvaro Ricardo de, *Poder constituinte e patriotismo constitucional*, p. 72.

142. HABERMAS, Jürgen. *Consciência moral e agir comunicativo*. "*Para Habermas, estava-se diante, pois, de uma identidade coletiva moderna,* pós-convencional, *para usar o termo de seu amigo e psicólogo norte-americano, Lawrence Kohlberg, no sentido de que esse tipo de* patriotismo *não estaria orientado por uma normatividade tradicional que se imporia por uma facticidade social irrefletida. Ao contrário, a defesa habermasiana do* patriotismo constitucional

Isso, então, revela-nos que a tese moderna sobre o Poder Constituinte **ainda** se encontra presa a um nível de **moralidade**, que chamamos de ***convencional***, que "corresponderia ao momento em que os valores éticos, religiosos, sociais, políticos e econômicos de uma sociedade já estão estabelecidos firmando um ***status quo*** social".[143] Portanto, desconhecem o fato de as sociedades contemporâneas já terem alcançado uma etapa além, uma **moralidade pós-convencional**, na qual os indivíduos já conseguem identificar os valores que formam sua identidade e produzir juízos críticos sobre eles, reconhecendo direitos individuais, bem como princípios universais.[144]

A par dessas reflexões, resta ainda a tarefa de criticar a tese liberal de que os direitos humanos substantivos, fundados em uma concepção jusnaturalista, representariam limites à atuação do Poder Constituinte Originário. Isso se dá no momento em que **Habermas** recoloca a relação entre **autonomias** (pública e privada), levando em conta que **não há** como se falar em **integração social** hoje apartada (separada) de uma **esfera pública** que permita aos cidadãos serem coautores das **normas** que irão governar sua vida, inclusive a Constituição. Assim, o problema deixa de estar no campo da concepção de direitos naturais antecedentes ao Estado ou mesmo da materialização de valores éticos para um processo institucionalizado de criação e aplicação de normas.[145]

Nesse prisma, a **Constituição** é condição recíproca para o exercício da **soberania popular** e dos **direitos fundamentais**, no momento em que passa a institucionalizar o ***sistema de direitos*** – o conjunto de direitos (fundamentais) que os membros de uma comunidade atribuem-se reciprocamente quando ***decidem*** regular legitimamente sua convivência por meio do Direito Positivo.[146] Nessa construção, o Direito

diz respeito à construção, ao longo do tempo, de uma identidade coletiva advinda de um processo democrático autônoma e deliberativamente constituído internamente por princípios universalistas, cujas pretensões de validade vão além, pois, de contextos culturais concretos. Em outras palavras, trata-se de uma adesão racionalmente justificável, e não somente emotiva, por parte dos cidadãos, às instituições político-constitucionais; uma lealdade política ativa e consciente." CATTONI DE OLIVEIRA, Marcelo Andrade, *Patriotismo constitucional*, p. 624.

143. SOUZA CRUZ, Álvaro Ricardo de, *Poder constituinte e patriotismo constitucional*, p. 73.

144. "Numa **metáfora**, poder-se-ia dizer que na **primeira etapa** o indivíduo está aprendendo as regras do jogo. Na **etapa convencional**, ele está apto a jogá-lo. Finalmente, na fase **pós-convencional**, ele se torna capaz de criticar tais regras." SOUZA CRUZ, Álvaro Ricardo de, *Poder constituinte e patriotismo constitucional*, p. 73.

145. "O Direito deve fundar-se tão-somente no princípio democrático, não mais compreendido como mecanismo liberal de decisão majoritária ou a partir de uma pretensa 'vontade geral' republicana, mas como institucionalização de processos estruturados por normas que garantam a possibilidade de participação discursiva dos cidadãos no processo de tomada de decisões." CATTONI DE OLIVEIRA, Marcelo Andrade, *Devido processo legislativo*, p. 93.

146. Importante, então, observar que a crítica de **Michelman** (*Brennan and Democracy*) a **Habermas** – no sentido de afirmar um *paradoxo* entre Estado de Direito e Democracia, o que provocaria um regresso ao infinito, já que a Assembleia Constituinte não poderia avocar legitimidade democrática das normas que ela mesma criou. Em **resposta**, o autor alemão (*O estado democrático de direito* – uma amarração paradoxal de princípios contraditórios?) argumenta que tal regresso pode ser mais bem compreendido no sentido, não de um círculo vicioso, mas antes, hermenêutico, como uma abertura para o futuro, a partir da ideia de um projeto a ser enfrentado por diversas gerações, que assumirão a tarefa de atualizar a substância normativa do sistema de direitos estatuído pela Constituição. Para mais detalhes ver CATTONI DE OLIVEIRA, Marcelo Andrade, *Poder constituinte e patriotismo constitucional*, p. 35-39. Devemos, portanto, lembrar – já que parece passar despercebido aos autores ligados à

não se dilui na moral, como acontecia no pensamento jusnaturalista, já que o princípio da democracia é apenas cooriginário ao princípio da moralidade e ambos derivam do princípio do discurso.

> Sendo assim, o discurso, tanto pelo princípio da moralidade pós-convencional, contido na razão prática habermasiana, quanto pelo princípio da democracia, ínsito à razão comunicativa, assume papel constitutivo do Poder Constituinte, seja ele Originário ou Derivado, no lugar de direitos humanos de cunho jusnaturalistas/liberais ou das tradições comunitárias de um povo.[147]

Se o Poder Constituinte é, então, uma ***prática discursiva de aprendizagem***[148], fica fácil compreender como os direitos fundamentais podem assumir diferentes noções ao longo do tempo, variando de conteúdo em cada paradigma jurídico.[149] Destacamos, então, para o fato de que tal discurso é, portanto, sempre aberto e incompleto, sendo permanentemente renovado.[150]

Nesse momento, destacamos os seguintes pontos:

- os conceitos tradicionais do constitucionalismo moderno não levam em conta o devido papel da ***esfera pública*** como elemento essencial para a democracia participativa;[151]

---

tradição do Comunitarismo – que em Habermas (*A inclusão do outro*, p. 307) a ideia de "**política deliberativa**" adquire uma percepção muito mais *dialógica* que *instrumental*.

147. SOUZA CRUZ, Álvaro Ricardo de, *Poder constituinte e patriotismo constitucional*, p. 82.

148. Mais uma vez, lembramos que: "(...) o culto mistificador à decisão constituinte é substituído pela exigência de efetiva participação popular não só no momento constitucional, mas também na luta por converter as promessas constitucionais em realidade prática". (SOUZA NETO, Cláudio Pereira, 2010, p.76). Isso, em nossa perspectiva, dá-se por meio de uma prática *democrático-discursiva* em permanente e contínuo fazer.

149. CATTONI DE OLIVEIRA, Marcelo Andrade, *Poder Constituinte e Patriotismo Constitucional*, p. 35.

150. "Esse rápido olhar inicial sobre a identidade constitucional, bem como sobre o sujeito e a matéria constitucionais revela que é bem mais fácil determinar o que eles não são do que propriamente o que eles são. Ao construir essa intuição, esse *insight*, exploro a tese segundo a qual, em última instância, é preferível e mais acurado considerar o sujeito e a matéria constitucionais como uma ausência mais do que como uma presença. Em outros termos, a própria questão do sujeito e da matéria constitucionais é estimulante porque encontramos um hiato, um vazio, no lugar em que buscamos uma **fonte última** de legitimidade e autoridade para a ordem constitucional. Além do mais, o sujeito constitucional deve ser considerado como um hiato ou uma ausência em pelo menos **dois sentidos** distintos: primeiramente, a ausência do sujeito constitucional não nega o seu caráter indispensável, daí a necessidade de sua reconstrução; e, em segundo lugar, o sujeito constitucional sempre envolve um hiato porque ele é inerentemente incompleto, e então sempre aberto a uma necessária, mas impossível, busca de completude. Consequentemente, o sujeito constitucional encontra-se constantemente carente de reconstrução, mas essa reconstrução jamais pode se tornar definitiva ou completa. Da mesma forma, de modo consistente com essa tese, a identidade constitucional deve ser reconstruída em oposição às outras identidades, na medida em que ela não pode sobreviver a não ser que pertença distinta dessas últimas. Por outro lado, a identidade constitucional não pode simplesmente dispor dessas outras identidades, devendo então lutar para incorporar e transformar alguns elementos tomados de empréstimo. Em suma, a identidade do sujeito constitucional só é suscetível de determinação parcial mediante um processo de reconstrução orientado no sentido de alcançar um equilíbrio entre a assimilação e a rejeição das demais identidades relevantes acima discutidas." (ROSENFELD, Michel. *A identidade do sujeito constitucional*, p. 26-27).

151. SOUZA CRUZ, Álvaro Ricardo de, *Poder constituinte e patriotismo constitucional*, p. 89. "Se, de um lado, o processo constituinte sofre influxos do agir estratégico dos sistemas que colonizam o mundo da vida, por outro lado, recebe também a influência da imprensa livre, da rede internet de comunicação, das mais variadas Igrejas, da Universidade, de organizações não governamentais etc." (Idem, p. 90.).

- a tese moderna não é capaz de perceber que o processo constituinte se dá sob a base de um procedimento discursivo de modo que sua titularidade não pode se corporificar em nenhum ente coletivo;

- Sem querer desvalorizar o *"ato de fundação"* de um ordenamento jurídico, Habermas enfatiza que o Poder Constituinte é algo construído **não** em um só momento, mas diuturnamente (***permanente fazer***).[152] Esse "ato" é dependente de constantes releituras críticas.

Por último, voltando então à noção de ***Patriotismo Constitucional***, temos que essa concepção visa se desligar da concepção de um nacionalismo arcaico (xenófobo e fundamentalista), tradicionalmente vinculado (amarrado) a questões étnicas e culturais, para trabalhar e desenvolver um ***potencial inclusivo***, cujo conceito propugna uma união entre os cidadãos, por mais que eles sejam diferentes étnica e culturalmente, por meio do respeito aos valores plurais do Estado Democrático de Direito.[153]

Aqui, salientamos que "os aspectos étnicos e culturais continuam a serem importantes para identificar uma comunidade, porém, não mais podem ser levados em consideração para identificar uma forma de união e conciliação entre os cidadãos, notadamente nas sociedades plurais, nas quais a divergência e a diferença são marcas predominantes (pluralismo razoável). Assim, a identidade coletiva não pode mais se dar com fundamento na homogeneidade cultural, mas sim na convivência sob os mesmos valores do Estado Democrático de Direito, situação que permite uma coexistência das múltiplas formas de cultura, o que caracteriza o multiculturalismo. O ***patriotismo constitucional***, portanto, lembra a doutrina, a partir da abertura constitucional (e não do fechamento) busca o reconhecimento inclusivo de um constitucionalismo de viés intercultural, que deve permitir a diversidade de culturas e promover a conciliação entre todas as práticas culturais".[154]

Nesse sentido, a conclusão é a de que "pode-se certamente afirmar que o **projeto constituinte** de um **Estado Democrático de Direito** envolve processos jurídico-políticos de construção histórica de uma identidade constitucional *inclusiva* e *aberta*, a partir de interpretações paradigmáticas do **sistema de direitos fundamentais**. E esse **sistema de direitos**, garantidor das autonomias pública e privada dos cidadãos, interpretado no debate público, aberto a concepções ético-políticas e culturais, diversas e não fundamentalistas, envolve, portanto, a defesa de um ***patriotismo constitucional***, sobre o pano de fundo de uma **cultura política pluralista."**[155]

---

152. Afasta-se assim a tese das **situações excepcionais** de Bruce Ackerman (*We the people*). SOUZA CRUZ, Álvaro Ricardo de, *Poder constituinte e patriotismo constitucional*, p. 93.
153. CUNHA JÚNIOR, Dirley da, *Curso de Direito Constitucional*, 2013. Álvaro Ricardo de, *Poder constituinte e patriotismo constitucional*, p. 90.." CATTONI DE OLIVEIRA, Marcelo Andrade, *Patriotismo constitucional*, p. 625.
154. CUNHA JÚNIOR, Dirley da, *Curso de Direito Constitucional*, 2013. Álvaro Ricardo de, *Poder constituinte e patriotismo constitucional*, p. 90.." CATTONI DE OLIVEIRA, Marcelo Andrade, *Patriotismo constitucional*, p. 625.
155. SOUZA CRUZ, Álvaro Ricardo de, *Poder constituinte e patriotismo constitucional*, p. 90.. CATTONI DE OLIVEIRA, Marcelo Andrade, *Patriotismo constitucional*, p. 625.

3

Hermenêutica e Hermenêutica Constitucional

1. DA HERMENÊUTICA FILOSÓFICA À HERMENÊUTICA JURÍDICA

1.1. Esclarecimentos iniciais: hermenêutica x interpretação

Antes mesmo de realizarmos qualquer reflexão sobre o que é a hermenêutica ou o que é a ***hermenêutica constitucional***, devemos admitir que tais termos, no momento atual, apresentam um emprego cada vez crescente e um uso, na maioria das vezes, carregado de imprecisões.[1] Termos como hermenêutica, explicação, exegese, interpretação e explanação, muitas vezes, aparecem na nossa linguagem cotidiana do dia a dia ou mesmo no vocabulário jurídico rotineiro como se fossem sinônimos. Tornou-se chique

1. GRONDIN, Jean, *Introdução à hermenêutica filosófica*, p. 48.

e, até mesmo, elegante, mesclar essas expressões e, por exemplo, falar de "uma interpretação da filosofia do direito de Kant" na forma de uma "hermenêutica kantiana".[2] Por isso, é importante delimitar os conceitos de hermenêutica e, o que parece ser o seu principal sinônimo, a interpretação, para que possamos avançar com mais segurança para um debate acerca da questão de uma hermenêutica constitucional.

Geralmente, os manuais, sempre que tentam definir ou trazer uma proposta de conceito para um termo no direito, voltam-se para a origem etimológica das palavras, como se tal noção fosse capaz de fornecer um ponto de partida suficiente ou pelo menos um referencial para uma compreensão. Nesse caso, temos que a palavra "hermenêutica" tem sua origem, simultaneamente, no verbo grego *hermeneuein* e no substantivo grego *hermeneia*, que são traduzidos comumente como "interpretação";[3] ou seja, tornar algo compreensível ou conduzir algo à compreensão.[4]

Por vez, a palavra "interpretação" vai surgir como sua correspondente latina, vinda do substantivo *interpres*, que designava a pessoa capaz de descobrir ou prever acontecimentos futuros pelo exame das entranhas de sua vítima.[5]

Daí, portanto, a tendência quase natural de diversos manuais brasileiros reduzirem o significado de ambos os termos a sinônimos, ou seja, como uma **busca pela compreensão ou pela explicação de algo que ficou obscuro** no curso da leitura de um texto.[6] De fato, se olharmos para a história da Hermenêutica veremos que teve seu início como tal, mas que, aos poucos, conseguiu se desenvolver até alcançar uma nova perspectiva, muito mais ampla e complexa, qual seja a de **uma ou um conjunto de teorias voltadas para a interpretação de algo, não apenas de um texto escrito, mas de tudo que se possa atribuir sentido e significado,** como um filme, uma música, uma pintura, até mesmo uma conversa entre amigos.[7]

---

2. Torna-se muito comum a afirmação de uma "mudança hermenêutica" no Direito brasileiro; ver, por exemplo, os trabalhos de Lenio Streck (*A crise da hermenêutica e a hermenêutica da crise*: a necessidade de uma nova crítica do direito), Luís Roberto Barroso e Ana Paula Barcelos (*O começo da história*: a nova interpretação constitucional e o papel dos princípios no direito brasileiro) e Baracho Jr. (*A nova hermenêutica na jurisprudência do Supremo Tribunal Federal*), que vêm desenvolvendo diversas pesquisas sobre o tema. Todavia, deve-se alertar para o risco de se proceder a uma *redução* da compreensão do que seja "hermenêutica" – e mais, da "hermenêutica constitucional" –, às posturas assumidas pelo Supremo Tribunal Federal em seus julgados, muitas vezes tomando-os como os únicos especialistas autorizados para a discussão e convertendo os doutrinadores brasileiros em meros instrumentos de chancela e de legitimação de suas decisões, o que é uma afronta a uma teoria do direito que se preze democrático.
3. PALMER, Richard, *Hermenêutica*, p. 23; PEREIRA, *Hermenêutica filosófica e constitucional*, p. 8.
4. Outros autores apontam, como faz Grondin (*Introdução à hermenêutica filosófica*), ao mito do deus Hermes na mitologia grega, cuja função era a de trazer e traduzir mensagens divinas entre eles – na condição de um mensageiro – ou destes para a linguagem dos seres humanos (Hermes tornava compreensível a linguagem dos deuses para os seres humanos). No mesmo prisma, outra fonte pode ser encontrada na figura do **sacerdote** do oráculo de Delfos (*hermeios*), que também transmitia (traduzindo) as mensagens divinas para os homens que a ele buscavam (PALMER, *Hermenêutica*, p. 24).
5. COELHO, Inocêncio Mártires, *Lógica jurídica e interpretação das leis*, p. 182.
6. Ainda **que também em termos clássicos (ou seja, para uma hermenêutica clássica)**, certo é que há uma diferença entre **hermenêutica** e **interpretação**, na medida em que **hermenêutica** se traduz como um **conjunto de teorias** que leva (que conduz) **à interpretação** (ou mesmo à compreensão de algo).
7. "Diante das obras de arte – do **Quijote** de Cervantes ou da **Pietà** de Miguel Angelo, das **Meninas** de Velazquez ou da **nona Sinfonia** de Beethoven –, esse ir e vir compreensivo, que atravessa séculos e gerações, vai progressivamente enriquecendo e ampliando os objetos com novas interpretações, abordagens que nem pelo fato de

1.2. O desenvolvimento histórico da Hermenêutica: do movimento protestante ao giro hermenêutico e linguístico

1.2.1. A Hermenêutica clássica

Dada a herança histórica do termo, encontramos que a hermenêutica vai transitar por várias fases. Temos como principal ponto de partida o desenvolvimento da hermenêutica como uma ***disciplina instrumental***, ou seja, como uma ferramenta que permite o acesso do leitor ora aos desejos e objetivos ocultos do criador da obra, ora como um instrumento que possibilita alcançar um sentido objetivo (que passa a se tornar evidente e, por isso, compartilhado por todo um conjunto de leitores) de um texto e, assim, possibilitar um acordo "preciso" ou "seguro" sobre o que o texto diz, até chegar a ser considerada como um conteúdo ***ontológico***, isto é, mais do que uma **disciplina acadêmica**, ou um **mero instrumento** (ou conjunto de métodos) para a **compreensão** de algo, mas, sim, um elemento que constitui a **própria prática cotidiana do sujeito**. Nessa última perspectiva (conforme veremos), o uso da hermenêutica é muito maior do que apenas a busca em ultrapassar uma obscuridade do texto ou em atingir um ponto de acordo objetivo sobre ele. Ela (hermenêutica sob uma perspectiva filosófica) se mostrará como condição/possibilidade formadora da nossa própria visão de mundo e, por isso, é por meio dela que conseguimos não só compreender tudo, como ainda estabelecer acordos ou consensos sobre algo no mundo.

Dessa forma, iniciando nossa análise histórica, certo é que, na leitura clássica, o ato de interpretação corresponderia ao desentranhamento de um significado ou sentido que estaria oculto no próprio texto. Daí o porquê de a Hermenêutica alcançar primeiramente o ***status*** de um instrumental teórico aplicado na forma de uma Teoria da Interpretação.

Nessa perspectiva, é difícil discordar da importância do movimento protestante, no campo da Religião, como um dos mais contundentes fatores para o desenvolvimento da Hermenêutica.[8] O problema central se encontrava na compreensão dos textos sagrados, notadamente as Escrituras Bíblicas. Lutero, então, torna-se reconhecido historicamente por abrir uma discussão fundamental na teologia: como ler a Bíblia e quem era autorizado a lê-la. É preciso lembrar que, nesse período, as missas eram celebras em latim, língua que era estranha a quase totalidade da população, bem como era em latim que se encontravam quase todas as versões dos textos eclesiásticos, o que acabava por garantir ao Clero o monopólio da interpretação desses textos.[9]

---

serem diferentes invalidam as interpretações anteriores, num processo de superação e, ao mesmo tempo, de conservação e de absorção de significados [...]" (MENDES, Gilmar Ferreira et al., *Curso de direito constitucional*, p. 48).

8. GRONDIN, Jean, *Introdução à hermenêutica filosófica*, p. 81.
9. "[...] contra o *dogma* católico obtido através do acesso restrito à mensagem salvífica, contrapunham os protestantes o acesso livre à interpretação da Bíblia, bem como a investida em estudos *hermenêuticos*, que tentavam, justamente, arquitetar o caminho seguro para a apreensão da *palavra divina* [...]" (PEREIRA, Rodolfo Viana, *Hermenêutica filosófica e constitucional*, p. 11).

Para a tradição clássica do Catolicismo, vinda desde Santo Agostinho, as obscuridades nos textos da Bíblia deveriam ser sanadas pela complementação com outras passagens paralelas das Escrituras.[10] Todavia, Lutero acreditava que o texto em si já encerrava todas as condições e possibilidades de entendimento (a bíblia era ***intérprete de si mesma***), e a compreensão dos textos sagrados somente poderia se dar pela concretização no próprio leitor, ou seja, aquele que crê. Para tanto, dever-se-ia partir da própria palavra – sem o uso da autoridade da interpretação dos Santos Padres – para atingir esse objetivo.[11] Flacius, discípulo de Lutero, escreve então que toda chave para interpretação/compreensão da Bíblia residiria na superação das dificuldades linguístico-gramaticais do intérprete, sem seu domínio toda tentativa de entendimento seria frustrada.[12] Para tanto, o domínio da língua que transmitia o texto era fundamental, logo, traduções para as línguas de origem dos fiéis deveriam ser feitas.

Com Meier, no curso do movimento do Iluminismo europeu, intensifica-se a ideia, já presente nos protestantes, de que compreender o texto é, antes de tudo, compreender os sinais linguísticos (palavras e expressões) utilizados no texto. Ou seja, toda a chave para uma compreensão residiria no domínio da análise da sintática e do significado dos termos utilizados no texto. Nessa perspectiva, a boa compreensão era apenas dependente de um bom dicionário e de uma boa gramática.

Não é por menos que, no seio desse movimento filosófico-científico do Iluminismo, aparecerá a Escola de Exegese na França, como uma escola da interpretação jurídica. Aqui, a interpretação do direito se restringia ao desenvolvimento de uma interpretação passiva e mecânica do Código Napoleônico, comentando artigo por artigo, mas sempre preso a uma busca pela real intenção do Legislador – ***voluntas legislatoris*** – como fundamento último da objetividade do direito.[13]

No início do século XIX, com o movimento romântico europeu, ganha espaço e importância os estudos de Schleiermacher. Sua proposta é criar condições para que a Hermenêutica deixe de ser uma **disciplina particular e se eleve, agora, como uma disciplina geral sobre as condições de compreensão**; e, para tanto, seria necessário o desenvolvimento de ***regras*** que, se seguidas, conduziriam a uma compreensão objetiva, não só de textos religiosos, literários ou jurídicos, mas de qualquer pensamento que possa ser reduzido a palavras. É por isso que se chegou a lhe atribuir o

10. GRONDIN, Jean, *Introdução à hermenêutica filosófica*, p. 84.
11. "A *Reforma* apregoa a existência de uma volta à pura palavra da Escritura. Conforme *Lutero*, a Bíblia não deve ser exposta segundo o ensino tradicional da Igreja, mas apenas compreendida por si mesma; ela é '*sui ipsius interpres*' [isto é, intérprete de si mesma]. O princípio da '*Scriptura sola*' representa um novo princípio hermenêutico, contra o qual a Igreja católica declara expressamente no Concílio de Trento que cabe à Igreja [e a mais ninguém] a interpretação da Escritura." (CORETH, Emerich. *Questões fundamentais de hermenêutica*, p. 7).
12. GRONDIN, Jean, *Introdução à hermenêutica filosófica*, p. 87.
13. BOBBIO, Norberto, *O positivismo jurídico*.

título de "pai da Hermenêutica Moderna".[14] Aqui, seu objetivo não é realizar apenas uma análise sintática (gramatical) das palavras utilizadas pelo autor da obra, mas de compreender o "espírito" do criador por detrás da criação. Ou seja, o intérprete se transforma, pelo uso de regras técnicas, em uma espécie de "psicólogo" que penetra na mente do autor da obra.[15]

Na seara jurídica, Emílio Betti se destaca desenvolvendo uma leitura da hermenêutica compatível com a proposta de *Schleiermacher*. Reconhecendo que o trabalho de uma "arqueologia jurídica" seria por natureza frustrado, já que tal compreensão ***externa*** dos textos normativos é impossível – não apenas pelas dificuldades de caráter histórico para reconstruir o diálogo legislativo criador da norma, como ainda, pelo fato de que o Legislativo não pode ser identificado, salvo raros momentos despóticos, como uma única consciência coerente – assume a empreitada de desenvolver uma nova via, agora, ***interna***:

> Aqui, em suma, o conhecer é um reconhecer ou reconstruir o espírito que, através da forma em que se objetivou, fala ao espírito pensante, o qual por isso sente-se afim na comum humanidade: é um reconduzir e juntar, de novo a forma com a interioridade que lhe deu origem e da qual se desprendeu, um interiorizar transpondo, em todo caso, o conteúdo de uma subjetividade diversa da sua. Desse modo, tem lugar uma ***inversão*** do processo criativo no processo interpretativo; uma inversão pela qual, no ***itinerário*** hermenêutico, o intérprete deve percorrer de novo, em sentido retrospectivo, o caminho genético e tentar refazer ou operar em si o outro pensamento.[16]

Na sequência, iremos assistir em Dilthey um novo capítulo para a Hermenêutica, que será denominado de "hermenêutica histórica". Assumindo muitas das teses de seu antecessor (***Schleiermacher***), ele teve como finalidade desenvolver uma teoria que pudesse ser objetivamente comprovável para as ciências do espírito e, assim,

---

14. **Richard Palmer** (*Hermenêutica*, p. 96) explica que "o objetivo [de Schleiermacher] não é atribuir motivos ou causas aos sentimentos do autor (psicanálise), mas, sim, reconstruir o próprio pensamento de outra pessoa através da interpretação das suas expressões linguísticas". Reconstruindo esse pensamento, afirma Jean Grondin (*Introdução à hermenêutica filosófica*, p. 128): "Para entender realmente um discurso, isto é, para banir o risco sempre ameaçador do equívoco, devo poder reconstruí-lo a partir da base e em todas as suas partes. Na compreensão não se trata do sentido que eu insiro no objeto, porém do sentido, a ser reconstruído, do modo como ele se mostra a partir do ponto de vista do autor."
15. GRONDIN, Jean, *Introdução à hermenêutica filosófica*, p. 126. **Gadamer**, em *Verdade e método*, criticará pesadamente a posição subjetivista – isto é, presa a uma perspectiva interna à mente do autor da obra – assumida por **Schleiermacher**, demonstrando que a obra não é propriedade de seu criador, mas seu sentido somente aparece para o mundo no momento em que se tem uma construção coletiva, fruto de um *diálogo entre intérprete e autor sobre a obra*. Ver também, ROHDEN, Luiz, *Hermenêutica filosófica*.
16. BETTI, Emílio. *Interpretación de la ley y de los actos jurídicos*. Madrid: Revista de Derecho Privado, 1975, p. 30, tradução de MENDES, Gilmar Ferreira et al., *Curso de direito constitucional*, p. 62. Os mesmos autores, mais à frente em seu texto, apresentam um poderoso argumento contra a proposta de Emílio Betti: "No campo da interpretação constitucional, por exemplo, em que as normas positivadas nem sequer traduzem decisões inequívocas do legislador constituinte, nem muito menos uma suposta ou imaginária *vontade* da própria Constituição – limitando-se, no mais das vezes, a enunciar princípios ou a indicar objetivos a serem comunitariamente alcançados e/ou renovados ao longo do tempo –, nesse domínio parece disparatado conceber-se o intérprete como um psicanalista que, no divã do seu consultório, procure descobrir o cliente *verdadeiro*, que se esconde atrás do paciente de carne e osso." (MENDES, Gilmar Ferreira et al., *Curso de direito constitucional*, p. 69).

reduzir um pouco o complexo de inferioridade que as ciências do espírito, hoje também intituladas de Ciências Humanas (ou Ciências Sociais Aplicadas), pareciam padecer no curso da tradição do Positivismo Filosófico. Este, por sua vez, supervalorizara os métodos científicos presentes e próprios das ciências da natureza, sobretudo da Matemática e da Física que, por sua demonstrabilidade – capacidade de repetição do experimento ou dado ao caráter evidente, ou visível (ou pelo menos perceptível) aos sentidos dos acontecimentos que "falam" por si mesmos – ou pela sua fundamentação lógico-descritiva,[17] o pesquisador se limitaria a descrever, de maneira neutra e imparcial, o objeto a ser estudado. Sendo assim, enquanto as Ciências da Natureza teriam, para Dilthey, a função de ***explicar as causas* de um fenômeno**, as Ciências do Espírito visariam à função de ***compreensão* do mundo** e, para isso, a dimensão histórica da experiência se fazia necessária.

Mas, se os acontecimentos sociais, como a Revolução Francesa ou a queda de bombas nucleares no Japão, são únicos e singulares, como é possível sua compreensão? Dilthey fala na ***vivência* dessa dimensão histórica** por meio de um **conjunto de regras técnicas** que permitiriam ao pesquisador **uma inserção** na dimensão histórica de um texto, obra ou evento a ser estudado.[18] Portanto, Dilthey teve como finalidade construir e desenvolver uma teoria objetivamente comprovável, que tivesse ***status*** científico autônomo, para as ciências humanas em relação às ciências naturais, tornando possível a compreensão objetiva de fenômenos ocorridos fora das ciências naturais e no âmbito das ciências sociais (que ele chamava de ciências do espírito).[19] Nesse sentido, sua maior contribuição para o estudo da hermenêutica (e, em relação a ***Schleiermacher***) foi a de enquadrar a possibilidade de compreensão na história, e não fora dela, não concordando com os estudiosos que entendiam ser viável importar métodos das ciências naturais (considerados explicativos, descritivos e a-históricos) para a interpretação objetiva dos fenômenos da vida (vivenciais) presentes e imersos no mundo histórico e inseridos nas correlações sociais.[20]

17. D'AGOSTINI, Franca, *Analíticos e continentais*, p. 404-405. A diferença primordial entre ciências da natureza e as ciências do espírito reside no fato de que, no primeiro caso, sujeito e objeto são entidades distintas e autônomas – por exemplo, sabemos que nenhum indivíduo tem condição de interferência direta nas órbitas dos planetas do Sistema Solar ou na reprodução dos moluscos – ao passo que, nas segundas, o ser que indaga é necessariamente integrante do objeto a ser analisado –, dessa forma pertencemos à história ou à sociedade que nos propomos investigar – e, como consequência, não é possível uma mera descrição do fenômeno, mas apenas o delineamento de uma fina linha entre descrição e criação do objeto.
18. **Gadamer** (*O problema da consciência histórica*, p. 28) assim define o objetivo de **Dilthey**: "ele pretende descobrir, nos confins da experiência histórica e da herança idealista da escola histórica, um fundamento novo e epistemologicamente consistente; é isso que explica a sua ideia de completar a crítica da razão pura de Kant com uma 'crítica da razão histórica'."
19. Conforme Richard Palmer: "Dilthey tinha como objetivo apresentar métodos para alcançar uma interpretação objetivamente válida das expressões da vida interior. Ao mesmo tempo reagiu drasticamente à tendência que os estudos humanísticos revelavam tomando as normas e os modos de pensar das ciências naturais e aplicando-as ao estudo do homem." PALMER, Richard, *Hermenêutica*, 1997, p. 105.
20. PALMER, Richard, *Hermenêutica*, 1997, p. 128.

Ele fala, portanto, em uma "circularidade da compreensão", isto é, no limite do conhecimento humano, que apenas pode conhecer o que ele ***já conhece***. Porém, temos uma crítica central a Dilthey e que serve para o prosseguimento do nosso estudo. Apesar de inserir a hermenêutica (e a possibilidade de sua compreensão e interpretação) em um contexto histórico, ou seja, na história e não fora dela, o autor ainda está preso a uma perspectiva sujeito-objeto e, com isso, imerso na busca por métodos para alcançar uma interpretação objetivamente válida para os fenômenos (sejam textos, obras de arte, normas jurídicas etc.). Como se isso fosse possível!

Sem dúvida, a perspectiva objetivista inerente à hermenêutica até aqui brevemente apresentada, não se coaduna com o que iremos chamar de giro hermenêutico (a seguir delineado). Com esse giro, saberemos que o conhecimento hermenêutico leva o homem a tomar consciência de que possui pré-conceitos (sem a carga pejorativa que se pode atribuir à palavra) que antecipam a experiência – o conceito –, de modo que, em cada experiência, o intérprete se move de maneira circular (mas de maneira expansiva) entre pré-conceitos e conceitos,[21] revendo-os mutuamente.[22] Além disso, a compreensão, necessariamente, acontece em uma dimensão histórica, o que exige do estudioso uma tomada de consciência de que, em cada tempo, em cada momento histórico, as visões de mundo podem ser – para não dizer que necessariamente serão – distintas do momento presente, o que, indubitavelmente, fecha as portas para qualquer ambição objetivante por parte da hermenêutica.[23]

---

21. "Se for verdade que um texto nada diz a quem não entende já alguma coisa daquilo de que ele trata; se também for verdade que ele só responde a quem o interroga corretamente, então parece lícito considerar que uma pergunta bem feita já representa mais de meio caminho para se chegar à resposta procurada. Refazer a *pergunta* sobre os *problemas sociais* que ensejam determinada *resposta normativa* é, portanto, um recurso hermenêutico a mais, que não deve ser desprezado, sobretudo quando precisamos descobrir o sentido de textos que reputamos enigmáticos." MENDES, Gilmar Ferreira et al., *Curso de direito constitucional*, p. 62.
22. "Daí o caráter **circular** de **toda compreensão**: ela sempre se realiza a partir de uma pré-compreensão, que é procedente de nosso próprio mundo de experiência e de compreensão, mas essa pré-compreensão pode enriquecer-se por meio da captação de conteúdos novos. Precisamente o enraizamento da compreensão no campo do objeto é a expressão desse círculo inevitável em que se dá qualquer compreensão. Por essa razão, a reflexão hermenêutica é essencialmente uma reflexão sobre a influência da história, ou seja, uma reflexão que tem como tarefa tematizar a realidade da 'história agindo' em qualquer compreensão. Numa palavra, a hermenêutica desvela a mediação histórica tanto do objeto da compreensão como da própria situacionalidade do que compreende." OLIVEIRA, Manfredo Araújo. *Reviravolta linguístico-pragmática na filosofia contemporânea*, p. 230.
23. Daí, mais que precisas as lições de **Gadamer**, como se verá mais à frente, revolucionando a hermenêutica filosófica a partir de uma leitura conforme o movimento do *giro linguístico*. "Cumpre insistir na advertência de Hans-Georg Gadamer, a nos dizer que o intérprete, para compreender o significado de um texto, embora deva olhar para o passado e atentar para a tradição, não pode ignorar-se a si mesmo, nem desprezar a concreta situação histórica em que ele se encontra – o aqui e o agora – pois o ato de *concretização* de qualquer norma jurídica ocorre no presente e não ao tempo em que ela entrou em vigor." MENDES, Gilmar Ferreira et al., *Curso de direito constitucional*, p. 62-63.

1.2.2. A Hermenêutica no movimento do giro hermenêutico e do giro linguístico[24]

Todas essas transformações e aberturas de perspectivas levaram a um questionamento mais profundo da relação que se estabelece entre linguagem e racionalidade. A partir daí a linguagem passa a ser vista como aquilo que possibilita a compreensão do indivíduo no mundo, de modo que essa mesma linguagem é fruto de um processo de comunicação envolvendo uma relação de intersubjetividade, isto é, onde antes havia uma relação sujeito/objeto, instaura-se uma relação sujeito/sujeito, necessariamente mediada pela linguagem.

É, então, no final do século XIX, que o movimento que culminará no chamado giro linguístico[25] começa a tomar mais nitidez.

Primeiro, **Frege** traça a distinção entre ***pensamentos*** e ***representações***, sendo os pensamentos estruturas mais complexas que as representações – meras construções internas da mente do sujeito que pensa e compreende –, uma vez que podem ser avaliados por outros sujeitos que compartilham uma mesma linguagem; esse processo de avaliação, que tem por base a mesma linguagem, exige ainda o uso de argumentos racionais que podem ser igualmente avaliados como verdadeiros ou falsos.[26]

Depois, **Charles S. Peirce** dá sua contribuição e continuidade a essa nova perspectiva da Filosofia no momento em que reduz a "verdade" das coisas a uma justificação por meio de pretensões de validade abertas à crítica de todos os falantes, sendo, a partir daí um conteúdo histórico e, por isso, mutável. Passamos a falar em "verdades" que não mais se apoiam em uma teoria ideal, metafísica. Ao contrário, a "verdade" é agora algo construído pelos falantes no uso de razões que podem ser questionadas e contrapostas por outras.[27]

Nesse prisma, abrimos espaço para que a noção de racionalidade, presente na tradição iluminista como algo infinito, perfeito e sem limites (de cunho absoluto) receba uma revisão e passe a ter contornos mais modestos. E, com isso, a própria noção de ciência passa por mudanças. Matemáticos, como **Russell**, contribuem para demonstrar que a matemática, antes paradigma da ciência, não é perfeita, ainda mais com o desenvolvimento da chamada matemática do caos. Na Física, **Einstein** põe abaixo a mecânica newtoniana, inaugurando um novo paradigma que, em seguida (também), foi confrontado (agora) pela física quântica.

Marcando essa nova perspectiva para a Filosofia, as teses de **Wittgenstein** e **Gadamer** fornecem olhares complementares de uma mesma realidade.[28]

24. Poderíamos apenas trabalhar com a **expressão "giro linguístico"**, pois em virtude do mesmo, já estaria incluído o giro hermenêutico (na medida em que não há de se falar atualmente em um giro linguístico sem a existência de um giro hermenêutico), mas fazemos uma opção por citar os dois giros. É interessante, também, lembrarmos que alguns autores trabalham com a expressão **"giro hermenêutico-pragmático"** para especificar os giros.
25. OLIVEIRA, Manfredo Araújo, *Reviravolta linguístico-pragmática na filosofia contemporânea.*
26. HABERMAS, Jürgen, *Facticidad y validez*, p. 72.
27. HABERMAS, Jürgen, *Facticidad y validez*, p. 78.
28. HABERMAS, Jürgen, *Verdade e justificação.*

Primeiro, **Wittgenstein**, na obra *Investigações Filosóficas*, apresenta uma leitura das interações humanas por uma nova perspectiva. Com a tese dos "jogos de linguagem",[29] percebe-se que o significado de uma palavra ou expressão somente pode aparecer a partir de uma compreensão do seu uso em uma "forma de vida", ou seja, em um contexto determinado, e não mais como especulação ***a priori***. Desse modo, uma mesma expressão linguística poderá ser utilizada de forma diversa em duas situações distintas, adquirindo significações completamente diferentes. Dito de outra forma, não é a estrutura formal (forma gramatical) de uma palavra ou termo linguístico que define o seu significado, mas antes sua forma de utilização em uma dinâmica concreta, chamada de "jogo de linguagem".[30] Basta lembrar palavras como "manga", "mesa" ou "macaco" para imaginarmos um universo de possíveis significados que podem ser apreendidos quando o ouvinte tem noção do contexto em que são ditas. Como consequência direta dessa teoria, estabelece-se uma ligação entre realidade e linguagem, no sentido de que um objeto ou uma afirmação somente pode acontecer em um determinado contexto compartilhado pelos falantes.

Em sentido, não contrário, mas, complementar, temos o pensamento de **Gadamer**, que acabou por lançar **novas bases para o desenvolvimento da Hermenêutica**. Sua obra principal foi intitulada de *Verdade e Método*, e seu ponto de partida é a compreensão da dimensão hermenêutica como ***diálogo***,[31] no qual os interlocutores tentam atingir um entendimento sobre algo no mundo. Por isso, as Ciências do Espírito não têm necessidade de desenvolver método algum para que possam gozar do ***status*** de ciência.

Nesses termos, ele se apoia nos ensinamentos de **Heidegger**,[32] sobre o ***dasein*** (ser-aí), isto é, a **condição do sujeito** se ver imerso **em um contexto histórico-linguístico,**

29. WITTGENSTEIN, Ludwig, *Investigações filosóficas*. Um ótimo exemplo disso é a afirmação de que não é a forma de cavalo que faz com que a peça seja assim reconhecida em um jogo de xadrez, mas, sim, a observância das regras que definem o seu movimento.
30. "Qual o significado de uma palavra?, pergunta-se, então, **Wittgenstein**. Essa pergunta, diria ele, é mal formulada, uma vez que sugere uma única e definitiva resposta; na realidade há várias respostas a ela, sendo que cada uma tomará como apoio uma situação determinada de emprego das palavras, isto é, aquilo que Wittgenstein denomina um 'jogo de linguagem'." (MORENO, Arley R., *Wittgenstein: os labirintos da linguagem*, p. 55).
31. No diálogo, lembra **Habermas** (*Verdade e justificação*, p. 86): "[...] a intersubjetividade de um mundo da vida partilhado, ancorado nas perspectivas (reciprocamente referentes e ao mesmo tempo permutáveis) entre primeira e segunda pessoas, entrelaça-se com a referência a alguma coisa no mundo objetivo, da qual justamente se fala algo." Segundo Luiz Rohden "O diálogo mostra melhor a dimensão do processo relacional do saber, enquanto o jogo e o círculo hermenêutico ressaltam a subjetividade afetada daquele que joga ou compreende compreendendo-se circularmente."
32. Na sua obra *Ser e tempo* (1998), **Heidegger** realiza o que podemos intitular de giro fenomenológico (ou ontológico), sendo de fundamental importância para as digressões de Gadamer, na medida em que em Heidegger já encontramos uma ruptura com a relação sujeito-objeto. Assim sendo, Heidegger já preleciona que: "[...] as coisas que se dão no mundo não são compreendidas a partir de uma apropriação intelectiva do homem, mediante a dicotomia sujeito-objeto, mas, invertendo a perspectiva, são fenômenos que implicam a potencialidade de se revelarem tal como são, independente de nosso subjetivismo." PEREIRA, *Hermenêutica filosófica e constitucional*, p. 16.

que molda e fornece um *horizonte de sentido*[33] (elemento, simultaneamente, limitador e condição de possibilidade da sua visão). Com isso, é a partir desse **horizonte** que a compreensão acontece, e ela se faz a partir de uma determinada **tradição,** operando-se de maneira circular,[34] de modo que sempre condicionada à revisão das pré-compreensões do indivíduo. Mas, se cada sujeito é dotado de um horizonte, como podemos entender esse processo dialógico de entendimento? Gadamer fala, então, de uma ***fusão de horizontes,*** de modo que o **texto e o intérprete passam a dividir um horizonte comum**. Logo, não há uma relação de **apropriação pelo intérprete do texto,** mas um **diálogo**, seguido de **perguntas e respostas,** no qual o intérprete participa, "ouvindo" o que o texto tem a dizer.[35]

> Porque expande o seu horizonte hermenêutico, o intérprete alarga também o seu campo visual, que se torna mais rico pela incorporação de novos instrumentos de análise. Superando os condicionamentos que lhe encurtavam a visão – sem que tivesse consciência dessa limitação –, aquele que descortina ***novos horizontes*** capacita-se a ver mais e melhor, tanto no plano físico quanto no plano espiritual.[36]

Desse diálogo **emerge a compreensão** que, necessariamente, é algo muito maior que uma mera **explicação ou dissolução de uma obscuridade** – como queriam os

---

33. "Horizonte é o âmbito de visão que abarca e encerra tudo o que é visível a partir de um determinado ponto. [...] A linguagem filosófica empregou essa palavra, sobretudo desde Nietzsche e Husserl, para caracterizar a vinculação do pensamento à sua determinidade finita e para caracterizar, com isso, a lei do progresso de ampliação do âmbito visual. Aquele que não tem um horizonte é um homem que não vê suficientemente longe e que, por conseguinte, supervaloriza o que lhe está mais próximo. Pelo contrário, ter horizontes significa não estar limitado ao que há de mais próximo, mas poder ver além disso. Aquele que tem horizontes sabe valorizar corretamente o significado de todas as coisas que caem dentro deles, segundo os padrões de próximo e distante, de grande e pequeno. A elaboração da situação hermenêutica significa então a obtenção do horizonte de questionamento correto para as questões que se colocam frente à tradição." GADAMER, *Verdade e método*, p. 452.
34. Daí surge o que chamamos de **círculo hermenêutico**. Mas atenção! O conceito de **círculo hermenêutico** em Gadamer se diferencia do conceito clássico de natureza meramente formal (que se refere à lógica das partes ao todo e do todo às partes de maneira objetiva ou subjetiva) na medida em que ele descreve um momento estrutural ontológico da compreensão. (GADAMER, *Verdade e método*, p. 439-440). Portanto, como afirma Gadamer, ele se apresenta como uma junção dialética entre a consciência histórica do intérprete (e seu conjunto de pré-compreensões) e a abertura concedida pelo objeto com base em seu mundo próprio. Porém, não podemos ter em mente que estamos diante de um **círculo vicioso**! O intérprete, participando da (re)construção do sentido do objeto, não sai do mesmo jeito que entrou no enlace (nem o objeto sai do mesmo jeito). Nesse sentido, muito mais correto seria falarmos em uma ***"espiral hermenêutica"***, na medida em que o **intérprete não sai da mesma forma que entrou** (mantendo os preconceitos iniciais), pois se assim fosse não haveria qualquer forma de **ganho em qualidade**. Sem dúvida, o processo de compreensão e o seu contínuo acabam por estabelecer **patamares mais adequados** de interpretação, levando a um melhor entendimento ou a uma compreensão mais plena ou profunda.
35. "Na medida em que cada intérprete se situa num novo horizonte, o evento que se traduz linguisticamente na experiência hermenêutica é algo novo que aparece, algo que não existia antes. Neste evento, fundado na linguisticidade e tornado possível pelo encontro dialético com o sentido do texto transmitido, encontra a experiência hermenêutica a sua total realização." PALMER, Richard, *Hermenêutica*, p. 211.
36. MENDES, Gilmar Ferreira et al., *Curso de direito constitucional*, p. 64. Ainda que precisa a colocação sobre o pensamento de Gadamer, os autores (Gilmar Mendes, Inocêncio Mártires e Paulo Gonet Branco) parecem ainda cair na armadilha do *objetivismo* que tanto foi combatida por Gadamer, já que em sua obra, apenas alguns parágrafos adiante, passam a defender, assim como Betti, o uso de *regras de interpretação* capazes de garantir a *legitimidade* do produto intelectual-hermenêutico – a compreensão (Idem, p. 64-65), dando as costas para o caráter *ontológico*, e não *metodológico* de hermenêutica gadameriana.

hermeneutas clássicos. Essa compreensão é sempre seguida **de uma reconstrução para a situação presente do intérprete,**[37] **ou seja, de um ato conjunto e simultâneo de *aplicação***.[38] Portanto os momentos de **interpretação, compreensão e aplicação não são distintos (separados) ou apartados!** E atenção, pois isso é de fundamental importância na ruptura da hermenêutica filosófica gadameriana com as posturas anteriores trabalhadas. Nesse sentido, não se compreende (como alguns pensam por aí!) para depois aplicar o compreendido a algo, pois só compreendemos aplicando (e não há outro jeito!). Assim, qualquer ato de compreensão já é um ato também de aplicação.[39]

Com base nas teses de **Wittgenstein** e de **Gadamer,** não apenas a Hermenêutica, mas toda a Filosofia vai passar por um processo reconstrutivo, culminando em uma transformação que acaba por dissolver o paradigma de racionalidade anterior, que, herdada do Iluminismo, ainda acreditava que não havia limites para a razão humana e para a ciência (aqui, o científico era apenas o comprovado matematicamente e passível de ser repetido diversas vezes por meio de experimentos que, supostamente, seriam neutros e imparciais).

Agora, falar em racionalidade e falar em ciência é já ter como pressuposto a **precariedade** e a **falibilidade** do conhecimento. **É saber que tudo é datado e somente pode ser reconhecido como válido em nosso contexto histórico-espacial. Não há mais qualquer esperança de se atingir um conhecimento (e mesmo uma teoria) perfeito que sobreviva ao passar de gerações.** Com o giro hermenêutico de **Gadamer**, aprendemos que **não há método** que alcance a **verdade sobre objetos,** ou seja, que desvele os objetos e nos mostre-os de forma pura, absoluta e total. Não temos, pois "o" olhar, mas, sim, "um" olhar sobre um determinado objeto (de investigação como uma norma, por exemplo!), na medida em que não temos acesso à pureza desse **objeto, sendo nosso olhar permeado pela "historicidade" e,** portanto, **sempre socialmente condicionado (filtrado por nossas vivências, fruto de nossas tradições)**. Ou seja, a **Hermenêutica filosófica** nos mostra que os nossos

37. "[...] na compreensão, sempre ocorre algo como uma aplicação do texto a ser compreendido, à situação atual do intérprete. Nesse sentido nos vemos obrigados a dar um passo mais além da hermenêutica romântica, considerando como um processo unitário não somente a compreensão e interpretação, mas também a aplicação." GADAMER, *Verdade e método*, p. 460.

38. "A estreita pertença que unia na sua origem a hermenêutica *filológica* com a *jurídica* repousa sobre o reconhecimento da **aplicação como momento integrante de toda compreensão**. Tanto para a hermenêutica jurídica como para a teológica, é constitutiva a tensão que existe entre o texto proposto – da lei ou da revelação – por um lado, e o sentido que alcança sua aplicação ao instante concreto da interpretação, no juízo ou na prédica, por outro. Uma lei não quer ser entendida historicamente. A interpretação deve concretizá-la em sua validez jurídica. Da mesma maneira, o texto de uma mensagem religiosa não deseja ser compreendido como um mero documento histórico, mas ele deve ser entendido de forma a poder exercer seu efeito redentor. **Em ambos os casos isso implica que o texto, lei ou mensagem de salvação, se se quiser compreendê-lo adequadamente, isto é, de acordo com as pretensões que o mesmo apresenta, tem de ser compreendido em cada instante, isto é, em cada situação concreta de uma maneira nova e distinta. Aqui, compreender é sempre também aplicar.**" GADAMER, *Verdade e método*, p. 461.

39. Isso fica claro na obra de Gadamer, tanto em *Verdade e método* (2001) como em *O problema da consciência histórica* (2003).

conceitos e nossas **compreensões** se assentam, na verdade, em **pré-compreensões**, em **pré-conceitos**. Isso demonstra que, qualquer pretensão à neutralidade científica e a verdades que não sejam apenas precárias e datadas (à luz de pré-compreensões) na ciência moderna, levam-nos ao fracasso. Nesse sentido, corroborando com nossas digressões: "contra a pretensão iluminista de iluminar os mitos substituindo-os pela razão, sabemos que ao iluminarmos uma determinada face de um objeto projetamos sombra sobre as demais, tornando-nos cego a elas."[40]

Ainda que pese a existência de um "mar" de incertezas, **Habermas** explica como podemos retirar "certezas", mesmo que provisórias, por meio do que denomina ***mundo da vida***,[41] ou seja, uma estrutura pré-teórica (irrefletida) que se faz presente inconscientemente em todas as formas de comunicações, como um pano de fundo de silêncio diante dos falantes. Dessa forma, é por intermédio desse pano de fundo que as idealizações presentes na linguagem – como, por exemplo, a pressuposição de que atribuímos o mesmo significado às mesmas palavras – acontecem e fornecem a possibilidade de comunicação, e mais, de que os falantes, de fato, entendam-se sobre algo no mundo.[42]

Todo esse movimento, então, necessariamente, produzirá alterações na forma das ciências se compreenderem e operarem, o que inclui o direito. Nos próximos tópicos, examinaremos as teorias **Hermenêuticas presentes no direito**, fazendo apontamentos e traçando, também, os contornos de uma teoria atualizada ao movimento do giro hermenêutico e linguístico.

1.3. A Hermenêutica na Ciência Jurídica: do século XVIII ao século XX (ou do Estado Liberal ao Estado Social)

1.3.1. Uma disputa inicial: voluntas legislatoris x voluntas legis

Assim como a Hermenêutica Filosófica, a Hermenêutica Jurídica dependeu de um longo processo de evolução e reconstrução, passando por diversas fases e momentos, sempre a reboque das transformações advindas da Filosofia.

Após o sucesso dos movimentos revolucionários norte-americano e francês, consagrou-se a importância de um mecanismo de separação de atividades no

40. CARVALHO NETTO, Menelick de, Prefácio, *Devido processo legislativo*, 2001.
41. HABERMAS, Jürgen, *Pensamento pós-metafísico*, p. 91.
42. "Ainda assim, nas hipóteses em que, evidentemente, a lei se tenha desviado do seu uso linguístico especial, deve-se apelar para a linguagem ordinária, que, então, funcionará como instância de *tradução*, balizando os limites dentro dos quais há de se encontrar o sentido procurado, até mesmo como condição de legitimidade do preceito que se pretenda aplicar, porque parece intuitivo que uma norma ininteligível, veiculada em linguagem singularmente esotérica, não possa impor obrigações a ninguém. No particular, isso significa, também, que ao aplicador do direito – por mais ampla que seja a sua necessária liberdade de interpretação –, não é dado, subjetivamente, criar ou atribuir significados arbitrários aos enunciados normativos, nem tampouco ir além do seu sentido linguisticamente possível, um sentido que, de resto, é conhecido e/ou fixado pela comunidade e para ela funciona como *limite da interpretação*." MENDES, Gilmar Ferreira et al., *Curso de direito constitucional*, p. 71.

Estado, a fim de evitar que um dos então chamados três Poderes (Executivo, Legislativo e Judiciário) goze de supremacia fática sobre os demais. Sendo assim, cada um deveria receber um rol de competências que não poderiam ser ultrapassadas, sob pena de usurpação por outro órgão.

Uma vez que a função atribuída ao Judiciário foi a de dirimir controvérsias sobre o direito, ou seja, conflitos reais envolvendo particulares e/ou o Estado, a ele não estava aberta a possibilidade de criação normativa. O magistrado seria, então, o ***"bouche de loi"*** – a boca da lei – que apenas repetiria, sem acréscimos ou modificações, o que foi criado (produzido) pelo Poder Legislativo.

Por sua vez, esse Legislativo, que supostamente apresentava prestígio popular, encontrava-se ainda na esteira da tradição do Iluminismo e, por isso, tinha a pressuposição de que seus membros – notórios membros da elite intelectual da sociedade – seriam dotados de uma razão ilimitada e quase clarividente, de modo a, por meio das leis por eles criadas, regularem toda espécie de solução normativa para conflitos, não só existentes no momento presente, mais ainda, no futuro daquela sociedade.

Mas, o que fazer se, mesmo assumindo essa inteligência quase divina e perfeita, obtivermos leis imperfeitas, dotadas de obscuridades (com dúvidas para a resolução de casos)? Deve-se lembrar que para os magistrados pesava a impossibilidade de afirmar o ***non liquet***, ou seja, a atividade jurisdicional era obrigatória e por isso não poderia ser negada aos jurisdicionados em casos até mesmo de lacunas normativas. Ora, nessas circunstâncias tínhamos o que a **hermenêutica jurídica clássica** chamará de ***interpretação autêntica***.[43] Ela ocorria quando o magistrado, diante de uma **norma obscura** ou duvidosa, recorria ao **legislador** para que elaborasse uma **nova norma** para explicar (esclarecer) a norma obscura. Com isso, o magistrado poderia resolver (deslindar) a questão que lhe fora apresentada.

A Hermenêutica Jurídica, então, ganha espaço e se desenvolve como uma forma de solução desse problema apresentado. O jurista Savigny, por exemplo, em fase anterior a 1814, afirmava que interpretar era demonstrar o que a "lei ***diz***", usando, para tanto, métodos (gramatical, sistemático, histórico etc.).[44] A partir de 1814, o pensamento desse autor tomará outro rumo. Agora sua preocupação é a de buscar uma fundamentação para a teoria da interpretação, baseando-se, para tanto, em duas variantes, que foram elevadas a teorias concorrentes no desenvolvimento da hermenêutica jurídica clássica:

43. Essa lógica empreendida pela **interpretação autêntica** se relaciona com o que logo à frente iremos intitular de perspectiva da *voluntas legislatoris*, típica do paradigma liberal do final do século XVIII e, sobretudo, do século XIX, na hermenêutica jurídica clássica. É bom lembrarmos que a **interpretação autêntica** em Kelsen adquire outro significado (conforme também veremos na obra).
44. FERRAZ JR., Tércio Sampaio, *Introdução ao estudo do direito*, p. 265.

1) a ***voluntas legislatoris*** (ou ***mens legislatoris***), que defendia que a interpretação era a busca pela compreensão do ***pensamento do legislador*** manifestado no texto da lei; e

2) a ***voluntas legis*** (ou ***mens legis***), que defendia que o direito não seria fruto de vontades particulares (do legislador), mas, sim, de uma convicção comum do povo (***Volksgeist***). Nesses termos, essa corrente acaba, em várias vertentes, por **buscar uma vontade na lei** (inerente a ela).

O debate jurídico que se seguiu apresentou a tomada de posição de agrupamentos teóricos por uma ou por outra vertente. Cada agrupamento trazia argumentos que, no final, tentavam alcançar um objetivo comum: demonstrar que o Direito poderia ser considerado uma ciência e que, por causa disso, apresentaria uma base objetiva de discussão, capaz de garantir uma previsibilidade (segurança jurídica).

Os argumentos dos então defensores da ***voluntas legis*** afirmam que é impossível tomar o legislador como "um" ou mesmo "um conjunto" de sujeitos determinados, tratando-se de mera ficção. Afinal, mesmo que o projeto de lei tenha sido redigido por um sujeito (ou grupo), passou por discussões que enriqueceram e contribuíram para sua transformação, ainda que de modo contrário à vontade particular de seu criador. Além do mais, o direito é revestido de uma forma (uma estrutura impessoal) que lhe dota de caráter imperativo o que está inteligível em seu texto e nada mais.

Contra esses argumentos, os defensores da ***voluntas legislatoris*** reivindicam a importância de se proceder a uma análise dos documentos preparatórios e discussões preliminares como técnica de dissolver dúvidas sobre a intenção daqueles que participaram do projeto que gerou a lei.[45]

Todavia, em que pesem os argumentos levantados por esse último grupo (da ***voluntas legislatoris***), o desenvolvimento histórico do direito, em sua quase totalidade, sobretudo, no século XX (com o advento do **paradigma do Estado Social**[46]) assumiu a posição da ***voluntas legis***, de modo que a interpretação do direito, então, permitiria a reconstrução do "verdadeiro" sentido (conteúdo) da norma jurídica – ***mens legis*** – o que ultrapassa e muito o mero ato mecânico de alcançar o sentido imediato (literal) da conexão verbal impressa.[47]

45. FERRAZ JR., Tércio Sampaio, *Introdução ao estudo do direito*, p. 267-268.

46. Sem dúvida, com o **Estado Social do século XX**, observamos uma mudança na relação do Estado e sociedade, que causa reflexo na hermenêutica. O Estado deixa de ser abstencionista (negativo) e passa a ser intervencionista e prestacional (positivo). Com isso, modifica-se também a forma de atuação do Poder Judiciário, que passa a trabalhar com uma postura hermenêutica mais sofisticada. Ou seja, ele abandona o **predomínio** da lógica da *bouche de loi* e passa a desenvolver de **forma preponderante** uma linha interpretativa própria e mais desenvolta (desvinculada do legislador), sobretudo com o manuseio dos métodos clássicos: sistemático e teleológico (finalístico). Um exemplo disso no Brasil pode ser encontrado no **art. 5º da antiga Lei de Introdução ao Código Civil de 1942**, que bem explicita como deveria ser a postura do Juiz.

47. Entre os autores do **início do século XX** que irão trabalhar essa perspectiva, estão os clássicos **Francesco Ferrara** (jurista italiano) e **Carlos Maximiliano** (jurista brasileiro).

Assim, quer o texto apresente uma estrutura gramatical **clara** – de compreensão fácil pela simples leitura –, quer **obscura** – quando passa a exigir o uso de técnicas e instrumentais para fixação do alcance na norma jurídica –, a **Hermenêutica (clássica)** sempre se fará presente e necessária. Daí serem essenciais (para cultores dessa perspectiva) métodos de interpretação para a realização dessa tarefa engendrada pela hermenêutica jurídica clássica.

1.3.2. Os métodos clássicos de interpretação

Portanto, como consequência direta do debate entre defensores da ***voluntas legis*** e das ***voluntas legislatoris***, desenvolveram-se uma série de **métodos de interpretação** que, ao longo do tempo, foram sendo aperfeiçoados pelos cientistas do direito.[48] Os principais são:

- **Interpretação lógico-gramatical:** referente à estrutura ***léxica*** do texto normativo, de modo que considera importante para obter o "verdadeiro" significado da norma tanto a ordem das palavras quanto o modo como foram conectadas.[49] Aqui, Ferrara[50] chama atenção para o produto dessa forma de interpretação que pode ser ***restritiva*** (quando se limita o sentido de uma norma, ainda que a sua estrutura literal seja ampla), ***extensiva*** (quando se amplia o sentido da norma para além do contido em sua estrutura literal) ou ***ab-rogante*** (quando, conectando a uma interpretação sistemática, o intérprete percebe que o sentido da norma vai de encontro ao de outra norma que lhe é superior hierarquicamente).
- **Interpretação histórico-evolutiva e sociológica:** levam em consideração a estrutura momentânea ou sua gênese no tempo. Ferraz Jr. reconhece a dificuldade de apresentar uma distinção precisa sobre os dois instrumentais, uma vez que ambos se interpenetram. Na realidade, o que se quer é fazer com que o intérprete desenvolva uma visão mais ampla da norma, saindo na busca dos chamados ***trabalhos preparatórios*** (discussões parlamentares, por exemplo) como elementos auxiliares à construção do sentido histórico da norma. Já, no que concerne ao levantamento das condições atuais (interpretação sociológica), deve-se buscar o comportamento das instituições sociais no contexto em que tais fatos previstos pela norma ocorrem.[51]
- **Interpretação sistemática:** enfrenta questões de compatibilidade num todo estrutural, ou seja, compreende o ordenamento jurídico como um todo

48. Muitos autores, como Manuel Atienza e Friedrich Müller, irão identificar uma correlação entre as regras ou os métodos de interpretação, afirmando que espécie de complementaridade há entre elas (MENDES, Gilmar Ferreira et al., *Curso de direito constitucional*, p. 75).
49. FERRAZ JR., Tércio Sampaio, *Introdução ao estudo do direito*, p. 287.
50. FERRARA, Francesco, *Interpretação e aplicação das leis*, p. 149-152.
51. FERRAZ JR., Tércio Sampaio, *Introdução ao estudo do direito*, p. 291-292.

dotado de unidade e, por isso, regido por cânones de hierarquia (norma superior prevalece sobre a inferior), temporalidade (norma mais nova revoga a norma mais antiga) e especialidade (norma especial não revoga a norma geral, mas cria uma situação de coexistência, sendo aplicada no que for esta especialidade);[52]

- **Interpretação teleológica e axiológica:** busca-se identificar, respectivamente, quais são os ***fins*** e quais são os ***valores*** considerados pelo órgão legislativo como importantes. Segundo Ferraz Jr.,[53] seu movimento é inverso quando comparado à interpretação sistemática, pois parte das consequências avaliadas na norma para só depois retornar ao interior do sistema jurídico. Dessa forma, o intérprete tem que ser capaz de mover com as "previsões" que o legislador faria, caso tivesse avaliado as consequências.

Como não se pode afirmar uma prioridade hierárquica de nenhuma dessas abordagens sobre as demais – sendo desprovida de sentido qualquer disputa em defesa de alguma exclusivamente –, o entendimento doutrinário se firmou no sentido de que a escolha ficaria a cargo da **"liberdade do juiz"**, que poderia **escolher aquele (método) ou aqueles (métodos) que achar mais justo ou correto.**[54]

Sendo assim, a **teoria da interpretação do Direito** e das normas, por meio de sua leitura clássica – que, curiosamente, ainda persiste nas lições de diversos manuais de Direito Constitucional pátrios (e em boa parte da jurisprudência pátria) –, passa a ser compreendida de **maneira reduzida**, ou seja, como **um *instrumental*** que permitiria ao leitor (sobretudo ao **Juiz** no momento de julgar) **descobrir "**o sentido e alcance das normas, procurando a significação dos conceitos jurídicos".[55] A advertência de Konrad Hesse é, portanto, fundamental: os **tradicionais métodos de interpretação** para o direito são ***insustentáveis***, ainda mais para um estudo do Direito Constitucional,[56] o que demanda dos juristas um novo esforço por evoluir e absorver uma complexidade maior, inerente ao Direito Constitucional (e não só a ele!).

De fato, damos um grande passo quando abandonamos a expectativa de retornar e subordinar a compreensão de uma norma **à vontade de um suposto criador**, pois, afinal, hoje sabemos que um direito que se preza democrático tem no povo o titular e sua fonte de soberania, e não em vontades particulares como queriam os juristas de outrora.

52. FERRAZ JR., Tércio Sampaio, *Introdução ao estudo do direito*, p. 288-289.
53. FERRAZ JR., Tércio Sampaio, *Introdução ao estudo do direito*, p. 293-294.
54. MENDES, Gilmar Ferreira et al., *Curso de direito constitucional*, p. 76. No fundo, temos, aqui, que o método acabaria sendo uma verdadeira e eficaz **desculpa (estampa!)** para o **magistrado** dar a decisão que ele quiser dar.
55. Ver: DINIZ, Maria Helena, *Norma constitucional e seus efeitos*, p. 97-104. **Infelizmente** a professora, ora citada (e não só ela), ainda entende que a interpretação é isso!
56. HESSE, Konrad, *Elementos de direito constitucional da República Federal da Alemanha*, p. 56-58.

Além disso, o aprendizado histórico decorrente do movimento do ***giro linguístico*** nos demonstra que todo ato de aplicação do direito se mostra sempre dependente de um ato de ***compreensão*** (definição do significado e extensão) da norma jurídica.[57]

Em sede conclusiva, a vontade do legislador (***mens legislatoris***, que preponderou, de certa forma, no paradigma do Estado Liberal do final do séc. 18 e no séc. 19) não poderia ser adequada para a aplicação do direito e nem mesmo a vontade da lei (***mens legis*** que preponderou no paradigma do Estado Social e no "constitucionalismo social inicial"). Certo é que, com o giro hermenêutico, fica claro que a obra é muito maior que seu criador (legislador) e o ato de interpretação (por um intérprete) depende de seu horizonte histórico, no qual o intérprete está situado à luz, portanto, de suas tradições (pré-compreensões). Sendo assim, qualquer ato de compreensão (seja ele qual for) chega depois das pré-compreensões daquele que se põe a compreender.

Com isso, a interpretação de uma **norma** não pode ser vislumbrada pela **vontade de quem a fez (com Gadamer, sabemos que a obra vai muito além de seu autor),** nem mesmo na **sua própria vontade (da norma),** pois a interpretação só se realiza **conjuntamente** com uma (nova) compreensão **(só viável por meio do olhar socialmente condicionado do intérprete),** que resulta da **"fusão de horizontes"** entre o objeto (no caso do direito, a norma jurídica) e o sujeito (intérprete). A conclusão é de que o querer do legislador é **viciado** (não traz certeza alguma nem segurança!) e o querer da norma, visado por meio de métodos, por exemplo, o teleológico, também é **viciado**, pois qualquer método não pode ser desenvolvido, escolhido e aplicado fora do **horizonte histórico** no qual o aplicador (do método) **está inserido**. Sabemos então que não há método neutro e a-histórico que **ache ou descubra o fim da lei** ou mesmo seu **bem comum (como ainda querem alguns manuais de hermenêutica e de direito constitucional!)**, mesmo porque o método, assim como a norma, **não se autoaplicam**. Eles necessitam do intérprete (aplicador) para dar concretização à norma. Como diria Gadamer, em um famoso debate com Emilio Betti: "***ninguém consegue pular a sua própria sombra***!" Além disso, é o próprio Gadamer que vai afirmar que, apesar de o objeto sempre ter algo a dizer (é por isso que há um diálogo!), este (dizer) não pode ser reduzido ao querer do legislador (criador do objeto) ou ao querer da própria lei (querer do objeto), pois, se estamos diante de um processo de interpretação que se realiza por uma "*fusão de horizontes*"

---

57. Isso também está presente em Ferrara (*Interpretação e aplicação das leis*, p. 128-129). Sendo assim, o brocado *in claris cessat interpretatio* (**disposições claras não comportam interpretação**) se mostra uma afirmação **desprovida de sentido** e um absurdo lógico-jurídico (MAXIMILIANO, Carlos, *Hermenêutica e aplicação do direito*, p. 27). Sua manutenção na ordem jurídica – quer no período romanístico, quer no curso da Escola da Exegese – apenas se justificava como forma de deter abusos de interpretação, vinculando o texto a uma suposta vontade humana criadora, o Legislador, e, assim, fornecendo uma falsa segurança (previsibilidade) jurídica das interpretações em curso nos mesmos períodos.

entre o mundo do sujeito e o do objeto, não há, nem pode haver, um movimento *unilateral* do intérprete para descobrir uma vontade *oculta*.

Mas, se temos que ir além, como garantir certeza, segurança nas decisões? Uma versão sofisticada do normativismo vai ser desenvolvida por Hans Kelsen.

A sua versão final surge na década de 60 do século XX, mais precisamente no capítulo **oitavo** que fecha a sua famosa **Teoria Pura do Direito**. O jurista vai buscar uma solução visando certeza e segurança para a teoria da interpretação em meio ao reino da incerteza (dos séculos XVIII, XIX e começo do XX, e suas teses **objetivistas e subjetivistas**) dos positivistas da ***voluntas legislatoris*** e da ***voluntas legis*** (e seus métodos clássicos) que Kelsen já reconhecia como falidos.

1.3.3. A interpretação do Direito na Teoria Pura de Kelsen

Hans Kelsen representa o maior nome do direito no curso do paradigma do Estado Social para os países que adotaram o sistema romano-germânico (***Civil Law***). Sua proposta principal, inscrita na sua ***Teoria Pura do Direito***, era desenvolver uma Teoria Geral do Direito, mas não uma teoria geral do direito austríaco ou francês, por exemplo, mas uma que, em razão de sua generalidade, pudesse servir para explicar todo e qualquer ordenamento jurídico de qualquer país, em qualquer tempo.

Mas, para que isso de fato fosse possível, antes, ele necessitava expurgar da ciência do direito todo conteúdo não jurídico, deixando-os a cargo de suas ciências específicas (economia, sociologia, religião etc.).[58] Para tanto, Kelsen encontra na lógica da tradição do Positivismo Filosófico uma resposta: desenvolver um método próprio para o direito, que permita ao cientista compreender e distinguir o que é o conteúdo do direito e o que não é.

Mas qual seria, então, o conteúdo primordial do direito? Kelsen nos responde: "a norma jurídica", que é distinta, por exemplo, da norma moral, religiosa ou da regra de um jogo (como o xadrez).

Na sequência, caberia outra pergunta: o que é a norma jurídica, então?

Ela é um esquema de interpretação de uma dada realidade; isto é, é por meio da norma jurídica que o direito traduz para si um fato ou acontecimento ocorrido no mundo social.[59] Iremos a um exemplo que é elucidativo: o ato de uma pessoa adentrando em uma residência vazia, arrombando a porta e saindo de lá com um televisor, por si só, não define a conduta como um ***tipo penal*** de furto – que enquanto norma, é, na realidade, uma interpretação de um texto do qual o intérprete

58. Por isso que a obra se chama "Teoria pura" do Direito, e não Teoria do "Direito puro". O adjetivo estampado no título da obra já demarca ao leitor que a pureza a ser buscada é apenas no campo teórico, pois o Direito, enquanto elemento da vida em sociedade, é reconhecido por Kelsen como algo "impuro", permeado por conceitos que lhe são alienígenas vindos de ciências irmãs ao Direito, mas que não se confundem com ele.
59. KELSEN, Hans, *Teoria pura do direito*, p. 4-5.

infere uma proibição posta pelo direito (qual seja, a de não subtrair coisa alheia para si ou para outrem). Logo, para uma mesma descrição fática múltiplas interpretações da situação podem ocorrer, cada qual trazendo uma norma a reboque.[60] Por exemplo, poder-se-ia tratar de um ato de um oficial de justiça, que com autorização judicial arromba a residência para penhorar um bem; ou mesmo, ainda que de maneira remota, um exercício regular do direito do proprietário do televisor e do imóvel de arrombar em razão de ter perdido suas chaves e pegar seu televisor para levar à casa de um amigo.

Para avaliar quais normas são possíveis ou não, isto é, que interpretações sobre comportamentos o direito consagra e, por isso, fornece força coativa (sanção) para que seja observado, Kelsen desenvolve um critério metodológico chamado ***validade***.[61]

Validade é, então, a condição de existência de uma norma jurídica que se dá quando encontra sua existência autorizada por outra norma que lhe é superior. E, acima de todas as normas, inclusive da Constituição, já que ela não se confunde com esta, temos a ***norma hipotética fundamental***,[62] que, por sua vez, é fruto de um ato lógico, um axioma que apenas desempenha a função de fechar o escalonamento de normas (além de ser o fundamento de validade para todas as outras normas), sendo uma norma hipotética, porque não é positiva (não é posta), mas nem por isso irreal (pois ela é suposta), já que é dela que todo direito, inclusive a Constituição, adquire sua juridicidade e coercitividade.

Se o critério de validade é, portanto, o único modo de identificação da norma jurídica, bem como de sua interpretação para um determinado fato social, fica outra dúvida: como julgar que interpretação pode ser considerada como a melhor e, portanto, a que deveria ser aplicada pelos Tribunais?

Kelsen nos responde com uma ***negativa***, ou seja, ***não há, como queria Ferrara e outros membros de uma hermenêutica jurídica clássica, um método para definir ou avaliar as interpretações sobre uma norma a não ser a própria validade.*** Se tal

60. Também em Kelsen, esse exemplo aparece, quando o mesmo se refere à distinção entre o Estado e um bando de salteadores, e remete à questão levantada antes por Santo Agostinho, em sua *Civitas Dei*. Para o jurista austríaco, a distinção se funda no fato de que é atribuído ao comando do órgão jurídico – o que não acontece no ato do salteador de estradas – o sentido objetivo de uma norma vinculadora de seu destinatário; em outras palavras: interpreta-se o comando de um, mas não o comando do outro, como uma norma objetivamente válida (KELSEN, Hans, *Teoria pura do direito*, p. 49). Tal distinção processa-se de acordo com a metodologia kelseniana de separação do *ser* e do *dever-ser*, de modo que, enquanto a coação do salteador de estradas se apresenta como um *será*, ela opera no mundo do *ser*, ao passo que a norma estabelece algo que *deve ser* executado, portanto ligado ao plano do *dever-ser* (KELSEN, Hans, *Teoria pura do direito*, p. 49-50). Não pode ser olvidado ainda que, para Kelsen, tanto o ato de um tribunal quanto o ato de qualquer órgão estatal ao aplicar o direito apresentam-se como uma *norma individual* dotada de um sentido objetivo. É por isso que, num caso, o ato pode ser visto como uma ameaça – isto é, um delito, um ato antijurídico – enquanto em outro, como um ato jurídico – isto é, a execução de uma sanção pelo Estado. KELSEN, Hans, *Teoria pura do direito*, p. 52.
61. KELSEN, Hans, *Teoria pura do direito*, p. 215.
62. KELSEN, Hans, *Teoria pura do direito*, p. 217.

interpretação for considerada como válida, então, ela pode ser aplicada.[63] O ato de escolher qual dentre as múltiplas interpretações, para Kelsen, é ***discricionário*** e, por isso, só cabe à consciência do aplicador do direito a escolha.

E qual o papel destinado aos chamados doutrinadores do direito?

Na teoria de Kelsen, eles desempenham um papel muito importante: o cientista do direito é responsável por ***descrever*** – com imparcialidade e sem juízo de valor – ***todas*** as ***possíveis interpretações de uma determinada norma***, delimitando assim, por meio do critério de validade, um quadro (ou uma moldura) que permita ao aplicador identificar quais interpretações são válidas e quais não são.[64] A isso, Kelsen denomina ***interpretação não autêntica***, ou seja, a interpretação realizada por qualquer pessoa que não possa se considerar um aplicador do direito. A esse grupo especial, os aplicadores do direito, Kelsen os agrupa em um outro grupo de intérpretes e afirma que estabelecem uma ***interpretação autêntica do direito***, unicamente em razão de no ato de aplicação de uma determinada norma a uma dada situação concreta, eles explicitarem a interpretação que escolheram (já que discricionária).

Mas o que poderia acontecer se, uma vez que tal escolha da interpretação é discricionária, os intérpretes autênticos (os juízes) selecionarem uma interpretação (para uma norma jurídica) situada fora da moldura traçada pelo critério de validade (desenvolvido pelos cientistas do direito)?

Vai dizer Kelsen: tal escolha feita pelo aplicador deve ser atribuída de juridicidade (se transitada em julgado) e, portanto, possuidora de uma sanção, que garante seu cumprimento!

A resposta de Kelsen a essa pergunta acaba por demonstrar uma incoerência lógica em seu pensamento, pois autorizou que os aplicadores do direito, por exemplo, um Tribunal, adote uma interpretação considerada como **inválida ao direito**, isto é, não **autorizada por norma nenhuma**, podendo ser até mesmo inconstitucional![65] O **critério** aqui que prevalece é apenas o da ***autoridade*** do **órgão estatal que faz da sua vontade o direito** de uma sociedade. Nesse sentido, temos o que alguns autores irão denominar de **"giro decisionista"** na teoria da interpretação desenvolvida por Kelsen, pois assume uma postura eminentemente realista (do mundo do ser!), na medida em que o direito passa ser aquilo que o juiz diz que ele é! Uma norma jurídica não seria mais válida porque uma norma superior da pirâmide lhe dá validade, até chegarmos por reenvio à norma fundamental, mas uma interpretação

63. KELSEN, Hans, *Teoria pura do direito*, p. 391-392.
64. Marcelo Andrade Cattoni de Oliveira (*Interpretação como ato de conhecimento e interpretação como ato de vontade*: a tese kelseniana da interpretação autêntica, p. 57) bem observa que tal afirmação somente poderia sair de um autor, como Kelsen, ainda preso ao Positivismo, que ainda não conseguiu acompanhar o movimento do giro linguístico e, assim, apreender que a razão humana é dotada de limites!
65. Para mais detalhes recomendamos a leitura do ensaio do Prof. Marcelo Andrade Cattoni de Oliveira, *Interpretação como ato de conhecimento e interpretação como ato de vontade*: a tese kelseniana da interpretação autêntica.

de uma norma seria válida (apesar de contrariar a Constituição) porque o juiz diz que ela é válida!

É claro que tal perspectiva é totalmente contrária a uma perspectiva democrática, uma vez que afirma que o direito é, única e exclusivamente, um **ato de criação dos magistrados.**[66]

Não é por menos que, após Kelsen, seguiu-se todo o movimento por revalorização da Constituição, chamando a atenção para um novo conjunto de teorias hermenêuticas, que, necessariamente, vão afirmar que o juiz **não** está autorizado a escolher ***como bem quer*** – ou mais, a "criar" – o direito a ser aplicado a um caso concreto.

Interessa, e muito, para a sociedade as razões que o levam a uma decisão! Por isso mesmo, é possível falar em uma hermenêutica constitucional, preocupada não apenas com a defesa da norma constitucional, mas com a devida compreensão do que seja o princípio democrático, que propugna por uma sociedade aberta dos intérpretes, não apenas da Constituição, mas do direito como um todo!

1.3.4. O Positivismo jurídico atual: Positivismo Exclusivista e Inclusivista e o Não Positivismo

O positivismo jurídico, via de regra, é muito mal trabalhado na doutrina brasileira. Geralmente as análises referem-se ao positivismo jurídico formalista do século XIX e início do século XX e chegando no máximo em Hans Kelsen e o seu normativismo. Poucos autores enfrentam de forma consistente o que seja o positivismo jurídico nas suas vertentes atuais.

Entendemos que o debate Dworkin e Hart, que se desenvolveu nas últimas três décadas do século XX, contribuiu em muito para o desenvolvimento e até mesmo para a sofisticação do atual positivismo jurídico.[67]

Sem dúvida, atualmente, se quisermos demarcar as linhas do positivismo jurídico, teremos duas bases: a) a tese das fontes (*tese do fato social*); e b) a tese da separação (ou separabilidade) conceitual entre direito e moral.[68]

---

66. É de se **muito estranhar** que constitucionalistas contemporâneos, paradoxalmente, dão as costas para o texto de Häberle (*Hermenêutica constitucional*: a sociedade aberta dos intérpretes da Constituição – a contribuição para a interpretação pluralista e "procedimental" da Constituição) sobre uma *sociedade aberta de intérpretes* da Constituição e do Direito e caiam na armadilha de considerar as Cortes Constitucionais atuais como "intérpretes e juízes últimos de sua própria autoridade" ou mesmo como "oráculo dos deuses", conforme prelecionou o Ministro Francisco Rezek na ADC nº 1.
67. PIMENTA, Margarida Lamy. *Positivismo jurídico inclusivo: afinamento ou afastamento do positivismo jurídico?* In: Teorias da Argumentação e Neoconstitucionalismo, p.263-289, 2011. Ver também: CRUZ e DUARTE, *Além do Positivismo Jurídico*, 2012. Para um estudo aprofundado sobre o ***positivismo jurídico***, ver sobretudo: TORRANO, Bruno. *Democracia e respeito à lei: entre o Positivismo Jurídico, Pós-positivismo e Pragmatismo*. Ed. Fórum, 2019.
68. Aqui temos como base: PIMENTA, Margarida Lamy. *Positivismo jurídico inclusivo: afinamento ou afastamento do positivismo jurídico?* In: Teorias da Argumentação e Neoconstitucionalismo, p.263-289, 2011.

(a) Um dos pontos centrais das vertentes do positivismo jurídico é a determinação de que o Direito é um fato social (*tese das fontes* ou tese do direito como fato social). Por exemplo, para Austin (século XIX), uma proposição jurídica para ser verdadeira deve transmitir corretamente o comando do Soberano. Portanto, o Direito é determinado pelo Soberano. Aqui temos a noção de que o Direito é compreendido como um produto de decisões históricas tomadas por aqueles que detêm o poder político. Ou seja, é o Soberano que diz e determina o que é o Direito. Portanto, são normas jurídicas aquelas cujo descumprimento pode determinar a aplicação de sanções pelo soberano (a autoridade é o fato social relevante).[69] Já Hart, em uma versão mais sofisticada nos apresenta a *regra de reconhecimento*. Em Hart, as proposições jurídicas não são verdadeiras apenas em razão da autoridade das pessoas que determinam as regras, mas por representarem uma *convenção social* aceita pela sociedade, que atribui a um sistema de regras que foram outorgadas por indivíduos ou grupos o poder de criar leis válidas (tese da regra de reconhecimento e do direito como instituição social).[70] Nesse sentido, temos que a validade de uma regra depende da sua identificação, por meio da regra de reconhecimento. E com isso, a regra de reconhecimento de Hart é um fato social e todas as demais regras do sistema são válidas porque estão – e apenas enquanto estiverem – relacionadas com a citada regra do reconhecimento.

(b) Outro ponto de suma importância na definição do positivismo é o da separação (ou separabilidade) entre Direito e Moral. Nesses termos, o positivismo jurídico rejeita a ideia de que a juridicidade das normas jurídicas possa depender de seu mérito substantivo (moral). Com isso, o positivismo jurídico defende a ideia de que não existe uma relação conceitualmente necessária entre o Direito e a Moral. Porém, aqui atualmente temos de diferenciar as vertentes do positivismo que se desenvolveram a partir desse debate. Jules Coleman[71] vai nos apresentar três vertentes que vão trabalhar a questão da relação entre os fatos morais e o conteúdo do direito: 1) Necessariamente os fatos morais contribuem para o conteúdo do direito (posição ***não positivista*** como a de Ronald Dworkin); 2) Necessariamente apenas os fatos sociais contribuem para o conteúdo do direito. Com isso, os fatos morais não podem contribuir para o conteúdo do direito (posição do ***positivismo***

---

69. Em Kelsen o fundamento de validade de uma norma é uma norma hierarquicamente superior até chegarmos à Constituição e posteriormente à norma fundamental que baseia todo o sistema jurídico. Portanto, uma norma é válida se está de acordo com a norma fundamental (tese das fontes).
70. É interessante que em Hart pode ser encontrada a afirmação de que, não havendo decisão pretérita (legislativa ou jurisdicional) sobre uma determinada situação (*hard case*), o magistrado, diante de um caso concreto, estaria autorizado a criar uma norma e aplicá-la. Isso dá vazão a uma das famosas críticas de Dworkin ao positivismo, qual seja, a *discricionariedade judicial* dos positivistas. Dworkin afirmaria ainda que para os positivistas o Direito é formado exclusivamente por um conjunto de regras que poderiam ser diferenciadas das outras regras (como as morais) por um teste de *pedrigre* da regra (O direito "é aquilo que o Soberano diz que ele é" de Austin ou a "regra de reconhecimento" de Hart, ou mesmo a "norma fundamental" de Kelsen).
71. COLEMAN, Jules, *Legal Directives and Moral Reasons*. PIMENTA, Margarida Lamy. *Positivismo jurídico inclusivo: afinamento ou afastamento do positivismo jurídico?* In: Teorias da Argumentação e Neoconstitucionalismo, p.263-289, 2011.

jurídico exclusivo: J. Raz, S. Shapiro, A. Marmor); 3) Possivelmente os fatos morais contribuem para o conteúdo do Direito. Mas se contribuem, é em resultado de algum fato social a que eles se referem, visto que o Direito deriva de fatos sociais (posição do ***positivismo jurídica inclusivo:*** J. Coleman)[72].

Mas acreditamos que tal diferenciação ainda não ficou tão clara, sobretudo, entre os **positivistas exclusivistas** e **inclusivistas**. Para melhorarmos o entendimento, lançamos mão da abordagem de Waluchow no que tange à tese da *separação* e da *separabilidade* entre Direito e Moral. Para Waluchow,[73] os **positivistas exclusivistas** adotam a tese da separação entre Direito e Moral, já os **positivistas inclusivistas** adotam a tese da separabilidade. Nesse sentido: 1) ***Positivismo jurídico exclusivo***: por razões de necessidade conceitual, a determinação do que é Direito nunca poderá ser uma função de considerações morais; 2) ***Positivismo jurídico inclusivo***: é conceitualmente possível, mas não necessário que a determinação do que é Direito possa ser uma função de considerações morais.[74]

Alexy, tentando diferenciar o ***positivismo exclusivo do inclusivo*** e do ***não positivismo***, vai afirmar que o positivismo exclusivo, tal como defenderia Joseph Raz, defende que a moralidade está necessariamente excluída do conceito de direito. Para o professor de Kiel, o ***positivismo exclusivo*** encontra-se em uma relação de contrariedade em relação ao ***não positivismo***, que argumenta que a moralidade está *necessariamente incluída no conceito de direito*, ou seja, *necessariamente não excluída do conceito de Direito*. Já o ***positivismo inclusivo***, tal como defendido por Jules Coleman, apresenta-se como uma rejeição tanto do ***positivismo exclusivo*** como do ***não positivismo***. Nesse sentido, segundo Alexy, o ***positivismo inclusivo*** sustenta que a moralidade não está *nem necessariamente incluída nem necessariamente excluída* do conceito de Direito. Assim, a inclusão da Moral no conceito de Direito é vista como uma questão *contingente ou convencional* referida aquilo que diz o Direito positivo.[75]

---

72. PIMENTA, Margarida Lamy. *Positivismo jurídico inclusivo: afinamento ou afastamento do positivismo jurídico?* In: Teorias da Argumentação e Neoconstitucionalismo, p.263-289, 2011. Com isso, a autoridade de uma comunidade específica tem o poder de determinar, com base nos fatos sociais, quais são os critérios de juridicidade daquele sistema jurídico. Esses critérios, segundo Coleman, podem incorporar ou mesmo ignorar princípios morais, tendo em vista a convenção (que determina o Direito) criada por aquela comunidade. COLEMN, Jules. *The Practice of principle. In Defence of a pragmatist approach*, p. 108, 2003.
73. WALUCHOW, W. J. *The Many Faces of Legal Positivism*. In: University of Toronto Law Journal, vol.48, nº 3, pp. 387-449, 1998. PIMENTA, Margarida Lamy. *Positivismo jurídico inclusivo: afinamento ou afastamento do positivismo jurídico?* p.277, 2011.
74. "De acordo com o positivismo jurídico exclusivo, o nosso conceito de Direito exclui a Moral das considerações a ter em conta para a identificação do Direito. Inversamente, segundo algumas recentes versões do positivismo jurídico inclusivo, o nosso conceito de Direito, tal como é revelado numa análise conceitual das nossas práticas, inclui a moral como uma possível base para a determinação do que é o Direito, embora tal não signifique que inclua necessariamente". PIMENTA, Margarida Lamy. *Positivismo jurídico inclusivo: afinamento ou afastamento do positivismo jurídico?* In: Teorias da Argumentação e Neoconstitucionalismo, p.277, 2011.
75. ALEXY, Robert. *O Conceito e a Natureza do Direito*, p. 63-64, 2014: "Poder-se-ia notar, de passagem, que aproximadamente meio século antes, Hans KELSEN já havia introduzido a tese principal do que hoje se denomina "positivismo inclusivo". "Ao se aplicar uma lei, pode muito bem haver espaço para uma atividade cognitiva para além da descoberta da moldura à qual o ato de aplicação do direito está confinado; entretanto, isso não se trata de conhecimento do direito positivo, mas de cognição de outras normas, que podem penetrar no processo de criação

A conclusão, para Alexy, é a de que o ***não positivismo*** é contrário aos dois positivismos mais sofisticados da atualidade (***exclusivo e inclusivo***) ao arguir que a *moralidade não está necessariamente excluída*, mas também que ela *está **necessariamente incluída** no conceito de Direito.*[76] É interessante que Alexy defende a tese de que as diferenças no âmbito do **não positivismo** não são menos importantes para o debate acerca do conceito e da natureza do direito do que aquelas que ocorrem no âmbito do **positivismo**. Portanto, o **não positivismo** também poderia ser classificado.[77]

Nesse sentido, o **não positivismo** pode determinar os efeitos sobre a validade jurídica que derivam de defeitos (ou deméritos) morais de três maneiras diferentes. Pode ser o caso de que a validade jurídica seja perdida em ***todos os casos***; ou que ela seja perdida em ***alguns casos*** e não em outros; ou, finalmente, que a validade jurídica ***não seja afetada*** de nenhuma maneira.[78] Conforme a classificação de Alexy[79]:

1) A primeira posição, de acordo com a qual todo defeito moral enseja a invalidade jurídica, é a versão mais radical do não positivismo, sendo encontrada na literatura apenas raramente. Essa posição pode ser caracterizada como um ***"não positivismo exclusivo"*** a fim de expressar a ideia de que cada defeito moral é considerado como apto a excluir certos fatos sociais do rol das fontes de validade jurídica (ALEXY, 2006: 173). Um exemplo de não positivismo exclusivo é a posição defendida por Deryck BEYLEVELD e Roger BROWNSWORD. De acordo com a posição desses autores, "regras imorais não são válidas legalmente" (BEYLEVELD e BROWNSWORD, 2001: 76);

2) A segunda versão do não positivismo, que é a defendida por Alexy, pode ser denominada ***"não positivismo inclusivo"***, pretende que o não positivismo exclusivo tal como representado por BEYLEVELD e BROWNSWORD expressa um preconceito injustificado contra a dimensão factual do direito. Por conseguinte, o não positivismo exclusivo pode ser criticado como uma superidealização do direito. Esse equívoco pode ser evitado por meio da fórmula de RADBRUCH, que ***não sustenta nem que os defeitos morais sempre minam a validade jurídica nem que eles nunca são***

do direito, a saber, as normas, nomeadamente, da moral, da justiça, juízos sociais de valor costumeiramente caracterizados mediante frases como "bem-estar do povo", "interesse público", "progresso" etc. Do ponto de vista do direito positivo, nada se pode dizer sobre a sua validade e sobre se ela pode ou não ser identificada. Desde este ponto de vista, todas estas determinações podem ser caracterizadas apenas negativamente. Elas são determinações que não derivam do direito positivo. Em relação ao direito positivo, o ato jurídico é livre de tais constrições, ou seja, a autoridade competente para atuar está livre para fazê-lo de acordo com sua própria discricionariedade a não ser que o direito positivo incorpore (autorize) alguma norma metajurídica tal como as da moral, da justiça, etc. Esta norma, no entanto, se transformaria por esse procedimento em uma norma jurídica" (KELSEN, 1992, 83)."

76. É bom deixar claro que na classificação não se encontram todas as vertentes **não positivistas**. Por exemplo, a vertente da Teoria da Integridade de Ronald Dworkin não estaria (na sua totalidade e com toda a sua complexidade) inserida na classificação Alexyana.
77. ALEXY, Robert. *O Conceito e a Natureza do Direito*, p. 65-69, 2014.
78. ALEXY, Robert. *O Conceito e a Natureza do Direito*, p. 65-69, 2014.
79. ALEXY, Robert. *O Conceito e a Natureza do Direito*, p. 65-69, 2014.

capazes de fazê-lo. Os defeitos morais excluem a validade jurídica se *e somente se o limite da injustiça extrema é ultrapassado (situações de extrema injustiça)*. Além desse limite, os efeitos ou defeitos morais estão confinados a defeitos jurídicos. Essa será a versão de não positivismo que será defendida aqui. Aceitar a fórmula de RADBRUCH é aderir a uma versão do não positivismo inclusivo que sustenta que a validade jurídica é perdida em alguns casos de defeitos ou deméritos morais (de extrema injustiça), mas não em outros (nos quais pode até haver injustiça, mas não extrema injustiça).[80]

3) Uma terceira versão de não positivismo sustenta que a validade jurídica em nenhum sentido é afetada pelos defeitos morais ou pela incorreção moral. À primeira vista, essa versão do não positivismo inclusivo é ainda mais curiosa do que o não positivismo exclusivo. Ela seria denominada de ***não positivismo superinclusivo***. Devido ao seu caráter radical, o *não positivismo superinclusivo* está exposto a objeções bem semelhantes àquelas que foram dirigidas contra o *não positivismo exclusivo*. Enquanto o *não positivismo exclusivo* expressa um preconceito injustificado em relação à dimensão ideal do direito, o não positivismo superinclusivo expressa um preconceito duvidoso em favor da dimensão real ou factual. A objeção de superidealização que foi dirigida contra o não positivismo exclusivo tem como contraparte a objeção de não haver prestado a devida atenção à dimensão ideal do direito, que deve ser dirigida ao *não positivismo superinclusivo*.[81]

2. A HERMENÊUTICA CONSTITUCIONAL

2.1. A Hermenêutica Jurídica na era da Hermenêutica Constitucional

Compreendendo de forma adequada as transformações que se operaram a partir da Hermenêutica Filosófica na Hermenêutica Jurídica, é possível afirmar a existência nas últimas décadas (em diversos autores) de uma Hermenêutica Constitucional, que irá se desenvolver não com o propósito de uma oposição a esta última (Hermenêutica Jurídica), mas como **um ir além**, principalmente por uma série

80. Conforme Alexy: "Talvez, a característica mais importante da fórmula de RADBRUCH enquanto expressão de um conceito de direito não positivista é que ela não exige qualquer tipo de adequação completa entre o direito e a moral. É dizer, normas apropriadamente expedidas e socialmente eficazes podem muito bem ser direito válido mesmo quando elas sejam severamente injustas. É apenas quando a barreira da injustiça intolerável é cruzada que as apropriadamente expedidas e socialmente eficazes perdem sua validade jurídica. Nesse sentido, o conceito não positivista de direito incorpora um limite exterior ao direito. Juntamente com o termo 'intolerável' (*unerträglich)*, RADBRUCH usa a expressão 'horrível' (*horrend)* (RADBRUCH, 1990: 154) a fim de designar a linha divisória. O termo 'extrema' parece, entretanto, ser mais adequado do que 'intolerável' ou 'horrível' ao expressar a ideia de um umbral que se situa no ponto máximo de uma escala. A formulação mais concisa que se pode imaginar da formula de RADBRUCH seria então a seguinte: *A injustiça extrema não é direito*. Quem quer que aceite essa fórmula não apenas aceitou o não positivismo como uma concepção teórica, mas está também advogando uma tese jurídica substancial com consequências práticas imediatas." ALEXY, Robert. *O Conceito e a Natureza do Direito*, p. 63-64, 2014.
81. ALEXY, Robert. *O Conceito e a Natureza do Direito*, p. 65-69, 2014.

de rupturas advindas do constitucionalismo (desenvolvidas com a afirmação e efetivação da jurisdição constitucional, entre outras, e, sobretudo, com a lógica de que qualquer norma jurídica só pode ser interpretada e, portanto, compreendida e aplicada à luz da Constituição!). Nesse sentido, a noção de "filtragem constitucional" é um referencial, na medida em que não há como trabalhar um texto normativo apartado e desvinculado da normatividade constitucional.[82] Assim sendo, toda hermenêutica (jurídica) só pode ser por definição Hermenêutica Constitucional (ainda que hajam algumas diferenças entre as normas infraconstitucionais e as normas constitucionais que não podem ser olvidadas). É de se notar ainda que a Hermenêutica jurídica (clássica) não conseguiu trabalhar de maneira satisfatória as conquistas teóricas trazidas pelos movimentos aqui explicitados do giro linguístico e hermenêutico.[83]

A Hermenêutica Constitucional, portanto, deve se situar como um conjunto maior e modelar – já que pretende traçar linhas gerais que irão refletir em todo o restante do direito.[84] Porém, é importante salientar que as normas presentes na Constituição, segundo diversos juristas, seriam dotadas de particularidades que as diferem das demais normas jurídicas.[85] Essas características poderiam, então, ser sistematizadas na forma de quatro argumentos referentes:

- **à posição privilegiada em termos de hierarquia:** que as normas constitucionais ocupam no ordenamento jurídico de qualquer Estado, como discutido no primeiro capítulo de nossa obra. Além do mais, os problemas de interpretação da Constituição acabam por gerar consequências que serão sentidas, necessariamente, pelos demais ramos do direito, ou seja, em todo o ordenamento jurídico;

- **à natureza da linguagem das normas constitucionais:** os estudos contemporâneos sobre o Direito Constitucional identificam que as normas constitucionais são dotadas de uma estrutura mais complexa que as dos demais ramos do direito, pois uma Constituição não poderia ser reduzida a um mero conjunto de regras jurídicas, como única espécie de normas jurídicas. Em vez disso, a Constituição é formada por uma construção (mais sofisticada) de regras jurídicas e princípios jurídicos;[86]

82. Conforme Lenio Streck: "[...] a Constituição passa a ser, em toda a sua substancialidade, o *topos* hermenêutico que conformará a interpretação jurídica do restante do sistema jurídico." Hermenêutica jurídica e(m) crise, p. 215.
83. No que, diga-se de passagem, **algumas** perspectivas de Hermenêutica Constitucional também **não** trabalham de forma minimamente satisfatória com o cabedal do giro linguístico e do giro hermenêutico.
84. Nesses termos, para uma série de autores até mesmo se esvazia a distinção hermenêutica jurídica e hermenêutica constitucional.
85. Com tal afirmação, rejeitamos a tese de uma *diferença completa entre normas constitucionais e normas infraconstitucionais (diferença total)*, bem como *a tese da igualdade total*.
86. Ver, por exemplo, Luís Roberto Barroso (*Interpretação e aplicação da Constituição*, p. 107-108); Alexandre de Moraes (*Direito constitucional*, p. 9-10); e Kildare Carvalho (*Direito constitucional*, p. 240-241). Todavia, Robert Alexy (*El concepto y la validez del derecho*) acrescenta ainda a esse modelo um terceiro nível, que chama de "procedimental" e que abarcaria os métodos e procedimentos para a aplicação e concretização das normas constitucionais em face dos

- **ao seu conteúdo específico:** além de trazer normas cujo conteúdo se volte para prescrever ordens e proibições, uma Constituição traz, ainda, ***normas de organização***, de natureza instrumental e, por isso, superiores às demais. Tais normas fornecem uma estruturação orgânica ao Estado, não se guiando por juízos hipotéticos, ligados a previsões abstratas e não sendo geradoras de direitos subjetivos. Logo, sua interpretação e, consequentemente, seu modo de aplicação diferem-se das normas de condutas. Outra singularidade está na presença das chamadas ***normas programáticas*** que não demarcam qualquer conduta específica a ser assumida, mas apontam linhas diretoras;[87] e
- **ao caráter político:** nesse sentido, as normas constitucionais são políticas quanto à sua origem, quanto ao seu objeto e quanto aos seus resultados de aplicação, uma vez que são resultado da ação de um Poder Constituinte originário. Sendo assim, a Constituição é instrumento de conversão dessa vontade política em poder jurídico.[88] Por isso, a advertência de Häberle, no sentido de que a interpretação da Constituição não pode fechar-se em uma discussão de especialistas, principalmente se tomados como os magistrados de um Tribunal ou Corte Constitucional.[89] Em vez disso, a realidade constitucional transporta e ultrapassa as paredes de qualquer Fórum ou edifício, fazendo-se presente na dinâmica social, de modo que cada cidadão, em um Estado Democrático de Direito, se faça intérprete em condições de igualdade recíproca, como condição de legitimidade do direito e das decisões jurídicas.[90]

A partir dessas características, deve-se iniciar uma discussão sobre a necessidade, ou não, de desenvolver métodos hermenêuticos próprios para as normas constitucionais.

---

casos concretos. Regras seriam aplicadas ao modo da subsunção enquanto princípios seriam aplicados por meio da técnica de ponderação (balanceamento), utilizando-se para tanto dos mecanismos de *proporcionalidade*.

87. Luís Roberto Barroso (*Interpretação e aplicação da Constituição*, p. 109-110) afirma que "por explicitarem fins, sem indicarem os meios, investem os jurisdicionados em uma posição jurídica menos consistente do que as normas de conduta típicas, de vez que não conferem direito subjetivo em sua versão positiva de exigibilidade de determinada prestação. Todavia, fazem nascer um direito subjetivo *negativo* de exigir do Poder Público que se abstenha de praticar atos que contravenham os seus ditames".
88. Luhmann (tanto no ensaio *La Costituzione come acquisizione evolutiva* quanto no livro *El derecho de la sociedad*) observará que a Constituição se mostra como uma estrutura comum, dividida pelos sistemas sociais do Direito e da Política que, ainda que autônomos entre si, "se irritam" reciprocamente, isto é, a Política, ao se servir da lógica e da linguagem jurídica, encontra na estrutura constitucional uma forma que garante a vinculação de suas decisões; por sua vez, o Direito, ao utilizar das decisões políticas, abre-se para uma perspectiva de futuro, justificando através da noção de "soberania popular" os seus conteúdos e dispensando o retorno a uma fundamentação baseada em um Direito Natural (quer divino, quer racional). Para mais detalhes, ver também, CORSI, *Sociologia da Constituição*; e QUINAUD PEDRON, *A Função dos tribunais constitucionais para a teoria dos sistemas de Niklas Luhmann*.
89. HÄBERLE, Peter, *Hermenêutica constitucional*, p. 12.
90. Habermas, Jürgen. *Facticidad y validez*. Temos, então, que o cidadão **deixa** de se posicionar de maneira passiva, como um destinatário de prestações estatais, para, agora, se compreender como um **coautor** do direito e das decisões institucionalizadas que afetam sua vida.

Assim, ganha notoriedade as pesquisas de ***Konrad Hesse***, na Alemanha, que afirma que Hermenêutica Constitucional deve se voltar para o problema da ***concretização***, ou seja, do desenvolvimento de uma interpretação das normas constitucionais que leve em conta que a leitura de um texto normativo tem começo pelo levantamento das pré-compreensões de seu sentido pelo intérprete.[91]

Sendo assim, a interpretação da norma constitucional é sempre um ato no qual o intérprete tem de preencher de sentido jurídico a norma em questão, mas tendo como seu referencial uma situação histórica concreta. Para tanto, Hesse apoia-se na criação do seguinte catálogo de ***topoi***,[92] que, pretendendo guiar o intérprete no curso de sua atividade, apoia-se:

- **na unidade da Constituição:** que exige uma compreensão global dos vários elementos individuais – regras e princípios – da Constituição, no intuito de harmonizar e prevenir contradições (harmonização de tensões). Por isso, as normas constitucionais não podem, nunca, ser tomadas como elementos isolados, mas, sim, como preceitos integrados que formam um sistema interno unitário.[93] Desse modo, uma norma constitucional não pode ser isolada do seu conjunto sistemático no qual ela se integra (desenvolvimento e explicitação da interpretação sistemática). Posto em prática, conduz o jurista a bloquear eventuais conflitos normativos, assim como desqualificar contradições meramente aparentes.[94] Todavia, Virgílio Afonso da Silva[95] nos alerta que nem sempre é atribuído o mesmo sentido de "unidade da Constituição" que o apresentado por Hesse. Por exemplo, Luís Roberto Barroso reduz este ***tópico*** à ideia de que não há hierarquia entre as normas da constituição, situando-as todas no mesmo plano de igualdade.[96]

---

91. HESSE, Konrad, *Elementos de direito constitucional da República Federal da Alemanha*, p. 61-63. CANOTILHO, J. J. Gomes, *Direito constitucional e teoria da Constituição*, p. 1.198. É bem verdade que alguns autores intitulam esse catálogo de postulados ou mesmo de vetores de interpretação.
92. Ao se falar em um **catálogo de** *topoi*, certamente, é cabível uma menção aos estudos de **Viehweg**, o qual foi responsável por ressuscitar a Tópica aristotélica. Nesse sentido, esclarece que "*Topoi*, são para *Aristóteles*, **pontos de vista utilizáveis e aceitáveis** em toda parte, que se empregam a favor ou contra o que é conforme a opinião aceita e que podem conduzir a verdade" (VIEHWEG, Theodor, *Tópica e jurisprudência*, p. 27). Aqui um alerta: MENDES, Gilmar Ferreira et al., *Curso de direito constitucional*, p. 103-115, chamarão tais *topois* ora de cânones, ora de princípios da interpretação constitucional, refletindo uma **compreensão vacilante** – e até mesmo **contraditória** – dos institutos, isso porque se eles fossem considerados princípios, seriam detentores de *normatividade*, que os mesmos autores reconhecem inexistir. Outro alerta: esse catálogo também pode receber outros *topois*, dependendo do autor e de sua base teórica. Por exemplo, alguns citam o cânone da coloquialidade (para eles, princípio da coloquialidade). Estes indicam que a coloquialidade também se apresenta como norte para a atuação do intérprete. Nesse caso "as expressões linguísticas em uma Constituição transcendem, muitas vezes, o sentido técnico-jurídico que comumente se lhes atribui." (SILVA NETO, Manuel Jorge. 2008, p. 113).
93. HESSE, Konrad, *Elementos de direito constitucional da República Federal da Alemanha*, p. 65-66. CANOTILHO, *Direito constitucional e teoria da Constituição*, p. 1.1209-1.210.
94. MENDES, Gilmar Ferreira et al., *Curso de direito constitucional*, p. 107.
95. SILVA, Virgílio Afonso da, *Interpretação constitucional e sincretismo metodológico*, p. 121-122.
96. BARROSO, Luís Roberto, *Interpretação e aplicação da Constituição*, p. 187. Contra essa tese, Virgílio Afonso da Silva (*Interpretação constitucional e sincretismo metodológico*, p. 122) coloca uma questão: não estariam as chamadas *cláusulas pétreas* da Constituição num nível hierárquico superior ao que pese sua impossibilidade de emenda? Nesse sentido, haveria sim uma *hierarquia formal* entre as normas constitucionais, que somente apareceria no

- **na concordância prática (ou harmonização):** que defende a inexistência de prevalência de um bem constitucional sobre outro, de modo que, quando identificado um **"suposto"** conflito (corretamente: tensão) ou concorrência entre ambos, devem receber uma leitura compatível, que garanta realidade.[97] Para Gilmar Mendes e outros constitucionalistas, tal noção está intimamente ligada à ***ponderação de bens ou valores,*** a ser realizada como método de solução de colisões (tensão).[98] Nesse caso, havendo uma colisão (à luz de um caso concreto) o intérprete deve ponderar os bens jurídicos em tensão, realizando uma redução proporcional de modo que a aplicação de uma norma não implique sacrifício ou extirpação total da outra norma. Entretanto, Hesse – seguindo o pensamento de ***Friedrich Müller*** – afirma que a concordância prática ***não implica*** a ideia de ***ponderação de bens ou valores,*** como quer (e defende) Alexy, uma vez que, com o uso de tal técnica, corre-se sempre o risco de abandonar a "unidade da Constituição".[99] Torna-se curioso, então, pensar como diversos autores brasileiros **afirmam ambas as teses** simultaneamente em suas obras, sem se atentarem para a ***incompatibilidade*** entre elas![100]
- **na exatidão (conformidade ou correção) funcional:** que compreende uma delimitação de competências entre órgãos públicos – consequência do princípio da separação de poderes –, razão pela qual nenhuma interpretação realizada por um órgão pode conduzir a uma **usurpação de competência** ou de **função** dos demais.[101] Canotilho adverte, todavia, que ele tende, hoje,

---

curso de um processo de mudança constitucional. Existem ainda defensores de uma *hierarquia material*, que, paradoxalmente, fundamentam-se nas decisões do Tribunal Constitucional Alemão, o que, supostamente, é o informador do argumento de "unidade da Constituição". A *BVerfGE* 1, 14 (32) afirma em um trecho que "uma disposição constitucional não pode ser considerada isoladamente e nem interpretada somente a partir de si mesma. Ela está em uma conexão de sentido com os demais preceitos constitucionais, que representam uma unidade interna". Todavia, a mesma decisão, mais à frente, afirma que "do conteúdo total da Constituição depreendem-se certos princípios e decisões jurídico-constitucionais, *aos quais as demais disposições constitucionais estão subordinadas*". O próprio Klaus Stern – citado por diversos manuais brasileiros como a autoridade defensora da inexistência de hierarquia entre normas constitucionais, como lembra Virgílio Afonso da Silva – reconhece que a Lei Fundamental (ao contrário da Constituição de Weimar, ao abandonar a distinção entre normas programáticas e normas vinculantes) ao assumir todas como vinculantes, acaba por reconhecer nas cláusulas pétreas (art. 79, 3 da 2ª Seção da Constituição alemã) uma natureza hierarquicamente superior às demais normas constitucionais. Porém, é bom que se diga que a **corrente majoritária no Brasil** é a de que **não existe hierarquia** entre as normas constitucionais.

97. HESSE, Konrad, *Elementos de direito constitucional da República Federal da Alemanha*, p. 66-67. CANOTILHO, *Direito constitucional e teoria da Constituição*, p. 1.121.
98. MENDES, Gilmar Ferreira et al., *Curso de direito constitucional*, p. 107-108. Para os autores, tal conciliação é puramente formal ou principiológica, já que na prática, necessariamente, *só um* dos contendores terá acolhimento.
99. HESSE, Konrad, Elementos de direito constitucional da República Federal da Alemanha, p. 67.
100. Virgílio Afonso da Silva (*Interpretação constitucional e sincretismo metodológico*, p. 127-128) então critica Hesse, lembrando que não há na ideia de concordância prática uma estrutura previamente definida que explique como se alcança esse fim, o que supostamente **seria o ponto positivo da proporcionalidade**.
101. HESSE, Konrad, *Elementos de direito constitucional da República Federal da Alemanha*, p. 67. CANOTILHO, *Direito constitucional e teoria da Constituição*, p. 1.210-1.211. MENDES, Gilmar Ferreira et al., *Curso de direito constitucional*, p. 109.

a ser lido como um princípio autônomo de competência, e não mais um referencial de interpretação constitucional. Virgílio Afonso da Silva[102] lembra que tal argumento foi muito usado como forma de impedir ou de limitar o chamado "ativismo judicial", de modo a evitar do campo de apreciação dos Tribunais questões ou matérias de natureza política. Todavia, definir o que seja exclusivamente jurídico e o que seja exclusivamente político é uma tarefa fadada ao fracasso. Como forma de permitir uma compreensão melhor do problema, os teóricos alemães utilizam a metáfora da ***Constituição-moldura***. De acordo com tal teoria, ao Tribunal Constitucional caberia uma atividade negativa, de controle do legislador, para que respeite os limites da moldura; o "preenchimento" dessa moldura, por outro lado, é questão que somente caberia ao legislador.[103]

- **no efeito integrador (ou eficácia integradora):** que implica perceber a interpretação constitucional como um **vetor de manutenção** da **"unidade política"**, como já preconizava ***Rudolf Smend***. Nesse sentido, na resolução dos problemas jurídico-constitucionais, têm primazia os critérios ou pontos de vista que **favoreçam a integração** e unidade político-social.[104] Todavia, como a aplicação desse critério está – como o próprio Hesse reconhece – limitada aos pontos de vista que não são estranhos à própria Constituição, temos que, na verdade, ela acaba sendo uma **aplicação** da ideia de "unidade da Constituição",[105] em **conjunto** com a ideia de "força normativa da Constituição", ou seja, "já que o efeito integrador nada mais seria do que

---

102. SILVA, Virgílio Afonso da, *Interpretação constitucional e sincretismo metodológico*, p. 128-129.

103. "No Brasil, ainda que não explicitamente, o STF já seguiu à risca essa ideia de conformidade funcional, que, aliada a uma interpretação anacrônica e estanque da separação de poderes. Essa atuação do Pretório Excelso, típica do que a doutrina chama de *self restraint* serviu (e ainda serve ocasionalmente) para justificar a omissão do Tribunal em casos de grande relevância política. Serviu também, por exemplo, para justificar a rejeição de instrumentos que pudessem dar a esse Tribunal uma feição mais ativa, como o mandado de injunção, já que, para o STF, o judiciário somente poderia atuar como legislador negativo, nunca como positivo." (SILVA, Virgílio Afonso da, *Interpretação constitucional e sincretismo metodológico*, p. 129). No caso do mandado de injunção, basta ver: *RTJ* nº 135/1 (3); sobre a postura exclusivamente negativa, ver: *RTJ* nº 126/48 (68 e ss.), nº 143/57 (59), nº 146/461 (465), nº 153/765 (768), nº 161/739 (745), nº 175/1.137 (1.139). Porém, **atualmente**, à luz do intitulado *neoconstitucionalismo* alinhado a um "*ativismo judicial*" o STF vem assumindo (em alguns casos) uma postura **mais ativa** na concretização de normas constitucionais e, sobretudo, dos direitos fundamentais. A ideia é a de **suprir a omissão dos poderes públicos** mediante decisões judiciais de cunho positivo com base na defesa do *mínimo existencial atrelado à dignidade da pessoa humana à luz do princípio da proporcionalidade*, como no caso do RE nº 410.715. Outros exemplos de uma atuação positiva: MI nºs 670, 708, 712, 721 e 758; RE nº 197.917 (faixas de número de vereadores); RE nº 466.343 (norma supralegal).

104. HESSE, Konrad, *Elementos de direito constitucional da República Federal da Alemanha*, p. 68. CANOTILHO, José Joaquim Gomes, *Direito constitucional e teoria da Constituição*, 6. ed., p. 1.210. "Em que pese a indispensabilidade dessa integração para a normalidade constitucional, nem por isso é dado aos intérpretes/aplicadores da Constituição subverter-lhe a letra e o espírito para alcançar, a qualquer custo, esse objetivo até porque, à partida, a Lei Fundamental se mostra submissa a outros valores, desde logo reputados superiores – como a dignidade humana, a democracia e o pluralismo, por exemplo –, que precedem a sua elaboração, nela se incorporando e, afinal, seguem dirigindo a sua realização." (MENDES, Gilmar Ferreira et al., *Curso de direito constitucional*, p. 110).

105. *Friedrich Muller* afirma que esse postulado nem mesmo deve ser reconhecido como um princípio autônomo, mas apenas como um subcaso da interpretação sistemática. *Métodos de trabalho do direito constitucional*, p. 83.

"dar efetividade ótima" (força normativa) à unidade político-constitucional (unidade da Constituição)".[106]

- **na força normativa da Constituição:** que determina que, na solução dos problemas jurídico-constitucionais, deve-se dar prevalência aos argumentos que, levando em conta os pressupostos normativos da Constituição, contribuam ou conduzam a uma **eficácia máxima.**[107] Necessariamente, isso implica uma primazia de soluções interpretativas que levem em conta a historicidade da estrutura constitucional e possibilitem sua "atualização" normativa, ao mesmo tempo que garanta eficácia e permanência às suas normas.[108]

- **na máxima efetividade:** que orienta os aplicadores da Constituição no sentido de interpretarem as normas a fim de que seja otimizada sua eficácia[109] sem, contudo, alterar seu conteúdo.[110] No caso de direitos fundamentais,[111] representa um apelo para que densifiquem seus preceitos – naturalmente abertos e predispostos a interpretações expansivas.[112] Todavia, Virgílio Afonso da Silva anota que a concepção de "máxima

---

106. SILVA, Virgílio Afonso da, ***Interpretação constitucional e sincretismo metodológico***, p. 130. Outros juristas acabam lançando mão de uma solução mais evasiva do problema, afirmando que tal noção não apresenta forma normativa, razão pela qual, ainda que represente um componente lógico do sistema constitucional, não tem necessariamente de ser acatado (MENDES, Gilmar, ***Curso de direito constitucional***, p. 109-110). É interessante também observarmos que para Canotilho o efeito integrador não deve ser analisado pela perspectiva reducionista ou autoritária ou mesmo fundamentalista, pois ele pode ser trabalhado por meio da busca por soluções **pluralisticamente integradoras.** ***Direito constitucional e teoria da Constituição***, 2003, p. 1187.

107. HESSE, Konrad, *Elementos de direito constitucional da República Federal da Alemanha*, p. 68. CANOTILHO, *Direito constitucional e teoria da Constituição*, p. 1.212. MENDES, Gilmar Ferreira, *Curso de direito constitucional*, p. 111.

108. Nesses termos, esse postulado não apresenta nenhum tipo de **procedimento específico ou especializado**, funcionando muito mais como uma exortação (apelo) para uma **finalidade precípua** (**força otimizadora da Constituição**). HESSE, Konrad, *Elementos de direito constitucional da República Federal da Alemanha*, p. 68. HESSE, Konrad, *A força normativa da Constituição.* "Considerando que norma jurídica – e não apenas as normas da Constituição –, [*sic*] precisa de um mínimo de eficácia, sob pena de perder ou sequer adquirir a vigência de que depende a sua aplicação, impõe reconhecer que, ao menos sob esse aspecto, o princípio da *força normativa da Constituição* não encerra nenhuma peculiaridade da interpretação constitucional, em que pesa a sua importância nesse domínio hermenêutico constitucional, um terreno onde, sabiamente, qualquer decisão, ao mesmo tempo que resolve um problema constitucional em concreto, projeta-se sobre o restante do ordenamento e passa a orientar a sua interpretação." MENDES, Gilmar Ferreira, *Curso de direito constitucional*, p. 111.

109. No STF, esse princípio é citado em alguns julgados, como, por exemplo, no **RE nº 328.812**: [...] 2. Ação Rescisória. Matéria constitucional. Inaplicabilidade da Súmula 343. 3. A manutenção de decisões das instâncias ordinárias divergentes da interpretação constitucional revela-se afrontosa à força normativa da Constituição e ao princípio da máxima efetividade da norma constitucional. [...] **Julg. 10.12.2002.**

110. Importante observar que **Canotilho** fala em um *topos* da *máxima efetividade*, que *não figura* no catálogo de Hesse. O jurista português procura desligar este das normas programáticas, que seriam, supostamente, sua origem, a uma forma operativa em relação a todas e quaisquer normas constitucionais.

111. Aliás, conforme leciona *Friedrich Müller*, a função primordial desse postulado foi a de buscar a efetivação de direitos fundamentais no Tribunal Constitucional Alemão.

112. MENDES, Gilmar Ferreira et al., *Curso de direito constitucional*, p. 111. No caso do Brasil, a proteção e busca pela **efetivação dos direitos fundamentais** são objetivadas por meio de uma plêiade de proteções delimitadas constitucionalmente, como, por exemplo: o *habeas corpus*, *habeas data*, mandado de segurança, mandado de injunção (proteção contra omissões), entre outros mecanismos protetivos.

efetividade" já estaria contida nas ideias de "concordância prática" e de "força normativa da Constituição",[113] não trazendo nada de novo ao cenário constitucional.

- **na interpretação das leis conforme a Constituição:** já que há a possibilidade de uma pluralidade de sentidos em uma norma, ou seja, de variadas interpretações (em razão de sua abertura semântica), **a interpretação conforme a Constituição** impõe uma análise de compatibilidade (adequação) de uma norma infraconstitucional em face da Constituição, de modo que seu sentido esteja sempre em consonância (em compatibilidade) com o padrão constitucional (com a Constituição), eliminando quaisquer outros que não se adéquem a ele.[114] Não se trataria, portanto, de um ***topos***, mas de uma ***diretriz de prudência política*** ou ***de política constitucional***, apenas para reforçar outros ***topoi*** como o da unidade da Constituição, força normativa ou exatidão funcional.[115] Porém, à luz de posicionamentos do STF, a interpretação conforme a Constituição se apresenta, atualmente, como uma verdadeira técnica de controle de constitucionalidade, indo além de uma perspectiva hermenêutica (como regra de interpretação). Além disso, a interpretação conforme a Constituição que nitidamente visa salvar uma norma (conservar a norma), fazendo com que permaneça no ordenamento (desde que com a interpretação que seja compatível ou adequada à Constituição), tem limites, na medida em que o intérprete não pode contrariar o sentido literal da lei.[116] Assim, segundo a corrente majoritária, o STF não poderia atuar como legislador positivo, pois deveria atuar tão somente como legislador negativo.[117]

---

113. "Além disso, no caso da 'máxima efetividade' pode-se dizer que seria difícil, nos dias de hoje, preferir uma interpretação de algum dispositivo constitucional que lhe confira uma efetividade mínima." (SILVA, Virgílio Afonso da, *Interpretação constitucional e sincretismo metodológico*, p. 131).

114. HESSE, Konrad, *Elementos de direito constitucional da República Federal da Alemanha*, p. 70-75. CANOTILHO, José Joaquim Gomes, *Direito constitucional e teoria da Constituição*, 6. ed., p. 1.212-1.213. Como observa Virgílio Afonso da Silva (*Interpretação constitucional e sincretismo metodológico*, p. 132-133), não se trata propriamente de um *topos* de interpretação constitucional, mas na verdade de uma diretriz de interpretação da legislação.

115. "Com efeito, ao recomendar – nisso se resume este princípio –, que os aplicadores da Constituição, em face de normas infraconstitucionais de múltiplos significados, escolham o sentido que as torne constitucionais e não aquele que resulte na sua declaração de inconstitucionalidade, esse cânone interpretativo ao mesmo tempo que valoriza o trabalho legislativo, aproveitando ou conservando as leis, previne o surgimento de conflitos, que se tornariam crescentemente perigosos caso os juízes, sem o devido cuidado, se pusessem a invalidar os atos da legislatura." (MENDES, Gilmar, *Curso de direito constitucional*, p. 112).

116. Alguns também defendem que a interpretação conforme a Constituição não poderia **contrariar o objetivo insofismavelmente pretendido pelo legislador com a produção normativa**. Nesses termos, a finalidade da lei não poderia ser desprezada ou mesmo desconsiderada. Conforme Gilmar Mendes (em estranho posicionamento), nesse caso, a vontade do legislador não poderia ser substituída pela vontade do Juiz. *Jurisdição constitucional*, p. 232.

117. Conforme a recorrentemente citada **ADI nº 1417**: "O princípio da interpretação conforme a Constituição (*verfassungskonforme auslegung*) é princípio que se situa no **âmbito do controle de constitucionalidade**, e não apenas como regra de interpretação. A aplicação desse princípio sofre, porém, restrições, uma vez que, ao declarar a inconstitucionalidade de uma lei em tese, o STF – em sua função de corte constitucional – atua como legislador negativo, mas não tem o poder de agir como legislador positivo, para criar norma jurídica diversa da instituída

Aqui, a crítica de Virgílio Afonso da Silva[118] é bastante pertinente: a discussão baseada em tal **catálogo tópico** (cânones, ou princípios, como também são chamados[119]) nos **manuais de direito constitucional** normalmente se dá, exclusivamente, com referência à obra de Canotilho – eventualmente em Hesse –, sem um **aprofundamento ou sem que se teça qualquer conclusão sobre a relação que se estabelece entre seus *topos*, sobre sua a aplicabilidade prática ou, ainda, sobre sua compatibilidade entre cada argumento.** Se pensarmos que nenhum método pode ser tomado como um **fim em si mesmo**, fica difícil sustentar a adequação de tal catálogo, que impede a derrubada de barreiras entre teoria e prática no direito, no paradigma do Estado Democrático de Direito.

Por isso, faz-se extremamente necessário que os **juristas brasileiros assumam a necessidade de desenvolver teorias afeitas ao novo paradigma em construção.**

Algumas propostas serão examinadas **mais à frente**, quando discutirmos o debate constitucional em **solo norte-americano**, bem como por meio de uma análise da ***técnica* de proporcionalidade**, difundida pela teoria de Robert Alexy, além de seu contraponto com a **teoria da integridade**, de Ronald Dworkin. Porém, no próximo item, iremos, ainda, nos ater às propostas recorrentemente trabalhadas na doutrina pátria, que giram em torno do que foi denominado de métodos de interpretação constitucional.

2.2. Métodos de interpretação constitucional

As reflexões alcançadas no tópico anterior de nosso ensaio foram importantes para demonstrar a relevância de se desenvolver uma teoria da interpretação constitucional adequada e condizente com o paradigma do Estado Democrático de Direito em construção.

Diversas são, portanto, as **propostas metodológicas (adequadas ou não)** que **concorrem** quando se discute a interpretação da Constituição.[120] O professor Canoti-

pelo Poder Legislativo. Por isso, se a única interpretação possível para compatibilizar a norma com a Constituição contrariar sentido inequívoco que o Poder Legislativo lhe pretendeu dar, não se pode aplicar o princípio da interpretação conforme a Constituição, que implicaria, em verdade, criação de norma jurídica, o que é privativo do legislador positivo." (Rel. Min. Moreira Alves, *DJ*: 15.04.1998)

118. SILVA, Virgílio Afonso da, *Interpretação constitucional e sincretismo metodológico*, p. 135.

119. *Princípios* como de forma inadequada querem, entre outros, MENDES, Gilmar Ferreira et al., *Curso de direito constitucional*, p. 103-113.

120. "Em razão dessa variedade de meios hermenêuticos e do modo, até certo ponto desordenado, como eles são utilizados pelos seus operadores, o primeiro e grande problema com que se defrontam os intérpretes/aplicadores da Constituição parece residir, de um lado, e paradoxalmente, na riqueza desse repertório de possibilidades e, de outro, na inexistência de critérios que possam validar a escolha dos seus instrumentos de trabalho, nem resolver os eventuais conflitos entre tais instrumentos, seja em função dos *casos* a decidir, das *normas* a manejar ou, até mesmo, dos *objetos* que pretendam alcançar em dada situação hermenêutica, o que, tudo somado, aponta para a necessidade de complementação e restrições recíprocas, de um ir e vir ou balançar de olhos entre objeto e método, tendo como eixo o valor *justiça*, em permanente configuração." MENDES, Gilmar, *Curso de direito constitucional*, p. 90-91.

lho,[121] em sua obra, sistematiza e sintetiza esses enfoques metodológicos, agrupando-os nos seguintes conjuntos:

A) **Método jurídico (ou método hermenêutico clássico):** parte da afirmação de que a Constituição, apesar de suas particularidades, é uma ***lei***, e como tal deve ser interpretada. Sendo assim, os cânones ou regras tradicionais de interpretação deveriam ser suficientes (lógico-gramatical, sistemático, histórico, teleológico etc.). Aqui, o intérprete assume a perspectiva de desvendar o sentido que o texto encerra, sem ir além e, menos ainda, contra seu teor literal.[122]

Como já discutido, a hermenêutica clássica com suas regras se mostra insuficiente para resolver os problemas apresentados por uma ciência jurídica consciente do giro linguístico.[123] Tal método se baseia numa equiparação da ***verdade*** com a ***conformidade*** da proposição jurídica, buscando um sentido na norma ***em si***. A tarefa do intérprete da Constituição, então, resumir-se-ia a ***descobrir*** o verdadeiro significado (sentido) da norma e guiar-se por ele na aplicação.[124]

B) **Método tópico-problemático:**[125] assume as premissas de que a interpretação constitucional é dotada de um ***caráter prático*** (voltada para a resolução de um problema concreto, pela aplicação da norma ao caso concreto) e um de ***caráter aberto ou indeterminado*** da lei constitucional (permitindo-se, assim, múltiplas interpretações). Além disso, em razão da natureza aberta das normas constitucionais, há uma **preferibilidade pela discussão do problema** que não permitiria atingir uma dedução substantiva das normas constitucionais.[126] Assim, a interpretação da Constituição passa por um **processo *aberto* de argumentação (teoria da argumentação),** que assume um **pluralismo de intérpretes** (todos aqueles que podem se considerar operadores da Constituição), que se servem de vários ***topoi*** (pontos de vistas comuns, lugares comuns, formas de argumentação), sujeitos a divergências e demonstrações, para se atingir a interpretação **mais conveniente ao problema (solucionando o problema)**. Sem dúvida, o uso

121. Para a doutrina, *não há* **uma hierarquia entre esses métodos** (relação de prevalência) e estes poderiam ser **trabalhados como complementares.**
122. CANOTILHO, José Joaquim Gomes, *Direito constitucional e teoria da Constituição*, 6. ed., p. 1.196.
123. "[...] ao ver dos seguidores desse método a Lei fundamental estaria sujeita a modificações subterrâneas, de viés interpretativo, o que, tudo somado, lhe ofenderia o texto, que não contempla esse tipo de alteração; comprometeria a sua finalidade estabilizadora, de todo avessa a oscilações hermenêuticas; e, afinal, acabaria transformando o Estado de Direito num Estado de Justiça, onde o juiz, em vez de servo, faz-se 'senhor da Constituição.'" (MENDES, Gilmar Ferreira et al., *Curso de direito constitucional*, p. 93).
124. MENDES, Gilmar Ferreira et al., *Curso de direito constitucional*, p. 94.
125. Seu principal artífice foi **Theodor Viehweg**, responsável pela retomada da tópica derivada de Aristóteles para o campo jurídico. A sua obra fundamental foi *Tópica e jurisprudência* (*Topik und juriprudenz*) de 1953.
126. CANOTILHO, José Joaquim Gomes, *Direito constitucional e teoria da Constituição*, 6. ed., p. 1.197. "Em suma, graças à abertura textual e material dos seus enunciados e ao pluralismo axiológico, que lhe são congênitos, a Constituição – enquanto [*sic*] objeto hermenêutico – mostra-se muito mais *problemática* do que *sistemática*, o que aponta para a necessidade de interpretá-la *dialogicamente* e aceitar, como igualmente válidos e até serem vencidos pelo melhor argumento, todos os *topoi* ou *fórmulas de busca* que, racionalmente, forem trazidos a confronto pela comunidade hermenêutica." MENDES, Gilmar Ferreira et al., *Curso de direito constitucional*, p. 95.

de ***topoi*** como metodologia de interpretação constitucional pode atrair **sérias críticas,**[127] pois corre o risco de conduzir a um **casuísmo (um verdadeiro *casuísmo ilimitado*)**, além de perder de vista o **movimento que a interpretação** deveria seguir (tradicionalmente: da norma para o problema, e não, do problema para a norma).

C) **Método hermenêutico-concretizador:**[128] tem por ponto de partida o fato de que a leitura de qualquer texto, o que inclui o texto constitucional, inicia-se a partir de ***pré-compreensões*** já presentes no intérprete, a quem cabe a tarefa de concretizar a norma, sempre para e a partir de uma situação histórica concreta. Nesses termos, a interpretação constitucional nada mais é do que um processo de concretização. Com esse método, ganham destaque tanto os pressupostos subjetivos (o papel criador do intérprete) quanto objetivos (as circunstâncias e o contexto nos quais se desenvolve tal atividade), de modo que a relação entre texto e contexto percorre uma circularidade (círculo hermenêutico).[129] Esse método se difere do anterior, já que é um pensamento problematizante orientado, ou seja, não se perde de vista o **texto constitucional**, que fica **ancorado** como o **objeto primordial** em face do problema,[130] ou seja, como um limite da concretização da norma constitucional (**primazia da norma sobre o problema**). Nesses termos, seus defensores alegam que ele não perde de vista da realidade que busca regular.[131]

D) **Método científico-espiritual (ou método valorativo, sociológico):** atesta que a Constituição deve ter em conta as bases de valoração (ou ordens de valores) subjacentes ao texto constitucional, bem como o sentido e a realidade que ela possui como elemento do processo de ***integração*** – não apenas como norma-suporte, como queria Kelsen – mas, ainda, como perspectiva política e sociológica, de modo a absorver/superar conflitos, no sentido de preservar a unidade social.[132] Por isso, para ***Rudolf Smend*** – figura de destaque dessa Escola – a Constituição é a ordenação jurídica do Estado ou a dinâmica vital da vida estatal, muito embora o Estado não esteja limitado aos momentos contemplados pela Constituição. Aqui,

---

127. Nesses termos, embora ela tenha virtudes, como a abertura à argumentação como mecanismo de correção das decisões judiciais, temos que: "[...] a sua dimensão zetética (de ênfase na perquirição) ao permitir um questionamento infinito das demandas demonstraria (ainda que de forma implícita) um descompromisso com a solução/pacificação das demandas e com a estabilização das relações jurídicas." Além disso: "[...] a preocupação maior da interpretação com o problema, reduziram a juridicidade de atos normativos e da própria Constituição, vez que a própria lei era considerada um dentre os demais *topoi* utilizáveis pelo operador do Direito." SOUZA CRUZ, Álvaro Ricardo. *Jurisdição constitucional democrática*, p. 183.
128. Seu principal artífice foi **Konrad Hesse,** que o explicita em: *Elementos de direito constitucional da República Federal da Alemanha.*
129. CANOTILHO, José Joaquim Gomes, *Direito constitucional e teoria da Constituição*, 6. ed., p. 1.198.
130. MENDES, Gilmar Ferreira et al., *Curso de direito constitucional*, p. 96.
131. "(...)trata-se de uma postura que encontra apoio dentre outras, nas seguintes *descobertas* hermenêuticas de **Gadamer**: *interpretar sempre foi, também, aplicar; aplicar o direito significa pensar, conjuntamente, o caso e a lei, de tal maneira que o direito propriamente dito se concretize;* e, afinal, *o sentido de algo real, de uma norma, por exemplo, só pode ser justificado e determinado realmente, na concretização e através dela.*" (MENDES, Gilmar. *Curso de direito constitucional*, p. 96).
132. MENDES, Gilmar Ferreira et al., Curso de direito constitucional, p. 96.

tanto a Constituição quanto o Estado são vistos como **fenômenos culturais** ligados a valores, que funcionam como elementos **integradores supremos da comunidade**. O recurso à ordem de valores obriga o intérprete a assumir o sentimento e a realidade dessa comunidade e a **compartilhar** do mesmo sistema de valores que ela. Assume-se, assim, o **risco de reduzir o indivíduo** à condição de **mera peça**, desprovida de qualquer diferença significativa ou de relevo diante de uma imensa estrutura de engrenagens sociais.[133]

E) Metódica jurídica normativo-estruturante: trabalha com a concepção de que a norma jurídica não se identifica com seu texto (expresso), pois ela é o resultado de um processo de **concretização**. Portanto, o texto da norma não possui normatividade, mas apenas validade[134]. A metódica de ***Müller*** defende, então, os seguintes postulados: (a) tem como tarefa investigar as ***várias funções de realização do direito constitucional*** (legislação, administração, jurisdição); (b) busca captar a transformação das normas a serem concretizadas por uma decisão voltada para a solução de um problema prático; (c) preocupa-se com a ***estrutura*** da norma e do texto normativo a partir de uma conexão entre **concretização normativa** e **funções jurídicas-práticas**; (d) parte de uma compreensão hermenêutica da **norma, que a difere de seu texto**; (e) o **texto de uma norma** deve ser tomado apenas **como um ponto inicial do programa normativo**; (f) uma vez que a norma não pode ser reduzida ao seu texto, ela abrange um **"âmbito (campo) normativo"**, ou seja, um **"pedaço de realidade social"** que o **programa normativo** contempla apenas parcialmente; e (g) a **concretização** normativa, então, deve levar em conta dois elementos: **um** formado pelos conjunto de domínios linguísticos resultantes da abertura semântica proporcionada pelo texto do preceito jurídico (***programa normativo***) e **outro**, que diz respeito ao conjunto de domínios reais fáticos, abrangidos em função do programa normativo, ou seja, a porção da realidade social tomada como estrutura fundamental e que o próprio programa normativo autoriza a recortar (***âmbito ou campo normativo***).[135] Dessa forma, afirma-se que existe uma implicação necessária entre ***programa normativo*** e ***âmbito (campo) normativo***, ou seja, entre **preceitos jurídicos (e suas aberturas semânticas)** e a **realidade a se regular**. Portanto a **norma jurídica** resulta da **união** entre o *programa normativo* e o *âmbito (campo) normativo*[136]. Desse

133. Contra tal radicalização da teoria integracionista, alguns constitucionalistas acreditam solucionar o problema através de uma reafirmação da *dignidade humana* como "premissa antropológico-cultural do Estado de Direito e valor fundante de toda a experiência ética". MENDES, Gilmar Ferreira et al., *Curso de direito constitucional*, p. 99.

134. Nesses termos: O que caracteriza o **texto da norma** é a sua **validade**, a obrigação dos destinatários de se conformarem às suas disposições e do juiz, ou outros juristas, de tomar decisões utilizando os textos das normas pertinentes à espécie, trabalhando com elas apropriadamente do ponto de vista metodológico. (...) Assim sendo, **o texto da norma** é o **ponto de partida** do processo de concretização, **não sendo**, entretanto **ele próprio dotado de normatividade**, apenas de **validade**, o que torna sua observância obrigatória pelos operadores do direito quando da inauguração do processo de concretização. SILVA, Anabele Macedo. *Concretizando a Constituição*. p.140.

135. CANOTILHO, José Joaquim Gomes, *Direito constitucional e teoria da Constituição*, 6. ed., p. 1.199.

136. Nesse sentido: (*NJ= PN+A ou CN*). Müller, Friedrich, *Discours de La Méthode Juridique*, p.191-207, 1996.

processo surge a **norma jurídica** e posteriormente a **norma-decisão** (resultado final do processo: *norma concretizada que decide o caso*)[137]. Por isso, ***Müller*** dirá que a normatividade não é produzida pelo texto (o texto seria **apenas a forma da lei** atuando como diretriz e limite para uma **determinada concretização**[138]), mas resulta de **dados** (um conjunto) extralinguísticos de tipo estatal-social. Assim sendo, **não é teor literal** do texto de uma norma que é capaz de regulamentar o **caso concreto**, mas, antes, o órgão governamental – seja legislativo, seja administrativo, seja judiciário –, que ao publicar **a decisão**, implementa a mesma **decisão** no caso, **concretizando** a norma.[139] Acrescenta o jurista alemão que **não é apenas no texto da norma** em que tais **decisões** se apoiam, pois buscam se afirmar também com a ajuda de materiais legais, manuais didáticos, estudos monográficos, precedentes jurisprudenciais, direito comparado e mais todo um universo linguístico-argumentativo, que podem **transcender o texto literal normativo**. Metaforicamente, o texto de uma norma deve ser visto apenas como a "ponta do ***iceberg***".[140] É interessante que Müller na sua ***teoria estruturante***, lança bases de uma perspectiva pós-positivista que busca superar os dualismos clássicos do "*ser*" e "*dever ser*", "real" e "ideal", "sujeito" e "objeto" e "direito" e "realidade". Porém, apesar de reconhecer a contribuição da hermenêutica filosófica (do giro hermenêutico), no fim agarra-se numa metodologização. Embora reconheça a falibilidade e a limitação dos métodos, Müller propõe uma ***teoria metódica*** (que deve reconhecer a si própria como limitada) **da *práxis***, que utiliza métodos e cânones como recursos auxiliares para o **processo de concretização da norma jurídica**. Como já dito, ele reconhece a limitação do método (que não deve ser absolutizado, e sim reconhecido como relativo), mas assevera que ele é

137. José Afonso da Silva citando Enrique Alonso Garcia fala em normas subconstitucionais para as normas decisão (normas individuais em matéria constitucional). Para ele, para se chegar à sua formação há diversos fatos que se hão de levar em conta, como precedentes, a contribuição dos advogados e juristas, as audiências públicas, a ponderação, sopesamento, entre outros. Teoria do conhecimento constitucional, p. 892, 2014.
138. MÜLLER, Friedrich, *Métodos de trabalho do direito constitucional,* p. 53-63.
139. Nesses termos: A partir do **texto da norma** extrai-se o **programa normativo**, o qual, aliado ao **campo (ou âmbito) normativo** (decodificação da realidade segundo parâmetros jurídicos), gera a **norma jurídica**, a qual fundamenta a **norma-decisão**, produto último do processo de concretização." SILVA, Anabele Macedo. *Concretizando a Constituição*. p.141.
140. MÜLLER, Friedrich, *Métodos de trabalho do direito constitucional,* p. 45. "Refletindo, igualmente, essa nova postura hermenêutica, Konrad Hesse – a quem se deve a mais sólida contribuição para o êxito dessa linha de pensamento – nos dirá que a interpretação constitucional é *concretização*; que precisamente aquilo que não aparece, de forma clara, como conteúdo da constituição, é o que deve ser determinado mediante a incorporação da *realidade*, de cuja ordenação se trata; que o conteúdo da norma interpretada só se torna completo com a sua interpretação e, assim, não pode realizar-se baseado apenas nas pretensões contidas nas normas – exigências que se expressam, via de regra – através de enunciados linguísticos –, ainda mais quando o texto dessas normas se mostrar genérico, incompleto e indeterminado; que, para dirigir a conduta humana em cada situação, a norma, mais ou menos, fragmentária, precisa de *concretização*, o que só será possível se nesse processo forem levadas em consideração, junto ao contexto normativo, também as peculiaridades das concretas relações vitais, que essa norma pretende regular (...)" (MENDES, Gilmar Ferreira et al., *Curso de direito constitucional*, p. 101). Ver ainda HESSE, Konrad, *Elementos de direito constitucional da República Federal da Alemanha*, p. 49-50 e p. 61-69.

indispensável para uma racionalidade do Direito, para a segurança jurídica e para a controlabilidade das decisões judiciais.

<table>
<tr><th colspan="2">QUADRO SINÓTICO[141]</th></tr>
<tr><th colspan="2">Texto da Constituição – artigos 205; 208, I; 211, § 2º</th></tr>
<tr><td colspan="2">– Direito fundamental da criança à educação por meio da escolarização básica.</td></tr>
<tr><td colspan="2">– Dever do Município de oferecer os recursos indispensáveis à realização do direito da criança.</td></tr>
<tr><td colspan="2">– Dever da família de buscar os recursos necessários ao direito da criança.</td></tr>
<tr><th>Programa normativo</th><th>Campo normativo</th></tr>
<tr><td>– Direito da criança de ser matriculada na escola.
– Dever dos pais de procurar a rede escolar pública ante a ausência de recursos próprios.
– Dever do Município de oferecer vaga para matrícula da criança.</td><td>– Criança de 8 anos.
– Família com renda de um salário mínimo.
– Município com número de vagas insuficiente, com poucas unidades escolares de ensino fundamental.
– Município com recursos financeiros do FUNDEF regularmente depositados e com orçamento próprio para educação.
– Déficit de 300 vagas para o ensino fundamental, segundo o estudo realizado por entidades da sociedade civil.</td></tr>
<tr><th colspan="2">Norma Jurídica</th></tr>
<tr><td colspan="2">O Município encontra-se obrigado a prestar o serviço de educação fundamental ante a idade da criança e a hipossuficiência econômica da família, devendo ampliar o número de unidades escolares de ensino fundamental.</td></tr>
<tr><th colspan="2">Norma-decisão</th></tr>
<tr><td colspan="2">Em ação civil pública proposta pelo MP para defesa dos direitos das crianças em tal situação, o juiz concretiza a norma-decisão que obriga o Município a construir em seis meses mais três escolas, nos bairros X, Y, Z, com oferecimento de 300 novas vagas, devendo durante tal período garantir o acesso à escola das 300 crianças mediante criação de turno escolar extra nas unidades já existentes.</td></tr>
</table>

F) Método da comparação constitucional e a sociedade aberta de intérpretes da Constituição: esse (sexto) método se encontra arrolado nas explanações de Canotilho, sendo fruto do trabalho de pesquisa de Peter Häberle, que defende o

141. Exemplo de concretização de normas constitucionais segundo a metódica estruturante, conforme explicitado por Anabelle Macedo Silva. ***In: Concretizando a Constituição,*** p. 130, 2005.

comparatismo como um **quinto método** de interpretação, segundo a listagem de Savigny (**gramatical, lógico, histórico e sistemático**). Nesses termos, ele consistiria na comparação de ordenamentos constitucionais – pela busca por **pontos comuns ou divergentes** entre dois ou mais **ordenamentos jurídicos** ou **textos constitucionais** – levando, ainda, em consideração seus respectivos contextos. Todavia, há que se destacar que tal atividade comparativa não detém **qualquer independência metodológica**, sendo **tributária dos demais métodos** e, por isso, se mostra apenas como um recurso a mais para otimizar seu trabalho hermenêutico.[142] Porém, devemos salientar que Häberle é considerado um autor de **suma importância nas digressões hermenêuticas contemporâneas** em razão de uma de suas teses, ou seja, a sua **tese da hermenêutica constitucional baseada em uma *sociedade aberta de intérpretes da Constituição.*** Nesses termos, o autor, **nesse ponto** de sua vasta obra, **afasta-se** da questão atinente a regras ou mesmo a procedimentos modelares para interpretação constitucional, para colocar em **relevo os sujeitos** que devem **participar** desse processo interpretativo da lei maior.[143] Com isso, a proposta do renomado professor alemão se dirige a uma **ampliação do círculo** de **intérpretes constitucionais,** advogando uma **pluralidade de intérpretes** alinhada a uma perspectiva típica de um **Estado Democrático de Direito** que busca a **abertura** e não o **fechamento** (sociedade fechada de intérpretes típica da hermenêutica tradicional clássica)[144] no processo de concretização e densificação das normas constitucionais.[145] Porém, para alguns autores, a perspectiva de Häberle não seria blindada de críticas. Nesse sentido, advogam alguns que uma radical abertura (alargamento) de intérpretes da Constituição poderia levar ao esfacelamento (ou enfraquecimento) da **unidade da constituição,** bem como a ***déficits*** na sua **força normativa**. Mas, sem dúvida, a proposta de Häberle se alinha ao pluralismo e abertura típicos e necessários às sociedades democráticas (***constitucionalismo constitucionalmente adequado ao Estado Democrático de Direito***).

Em conclusão, o que percebemos é que **não há um método único** capaz de solucionar um problema tão complexo e controvertido **como a interpretação das normas constitucionais, tampouco, uma "teoria dos métodos constitucionais",** como já assinala Gustavo Zagrebelsky, que norteia a aplicação e solucione eventuais conflitos que possam surgir no curso da sua aplicação (normas constitucionais).[146] Além disso, **mais uma vez,** como aprendizado do movimento do giro hermenêutico, sabemos com Gadamer **que método algum pode satisfatoriamente solucionar problemas** de

142. MENDES, Gilmar Ferreira et al., *Curso de direito constitucional*, p. 102.
143. Para o professor Paulo Bonavides, Peter Häberle estabelece um "**método concretista da Constituição aberta**". BONAVIDES, Paulo, *Curso de direito constitucional*, 2008, p. 466.
144. HÄBERLE, Peter. *Hermenêutica constitucional*, p. 13-14.
145. Como exemplos dessa perspectiva, podemos citar no **Brasil** a figura do *Amicus curiae* (art. 7 § 2º da Lei nº 9.868/99) e a possibilidade de *audiências públicas* no processo de uma ADI (art. 9º da Lei nº 9.868/99). Nesses exemplos, temos que a sociedade tem a possibilidade ou é chamada a participar do jogo de concretização e densificação da Constituição.
146. MENDES, Gilmar Ferreira et al., *Curso de direito constitucional*, p. 91 e p. 103.

interpretação das normas constitucionais.[147] Esses **métodos (embora alguns deles mais sofisticados e até mesmo críticos em relação à hermenêutica clássica)** atinentes **à hermenêutica constitucional** acabam caindo na mesma **"armadilha falaciosa"** da hermenêutica clássica. Ou seja, **a crença em um sujeito a-histórico e atemporal (absolutamente neutro e apartado de suas pré-compreensões)** que, fazendo uso **do instrumental específico e "pretensamente"** mais sofisticado da hermenêutica constitucional, **iria nos levar à "redenção"**.

2.3. O debate no Direito Constitucional norte-americano: para além do debate entre interpretativistas e não interpretativistas: R. Dworkin, J. H. Ely, C. Sunstein, A. Vermeule, M. Tushnet, B. Friedman, Robert Post e Reva Siegel, J. Waldron, L. Tribe, R. Posner e M. Sandel

2.3.1. Introdução

Quando se fala em Hermenêutica Constitucional no interior do debate jurídico **norte-americano**, o que primeiro vem à mente – até mesmo porque **muitas obras nacionais** parecem **não ir além** – é o debate entre ***interpretativistas*** e ***não interpretativistas***. Todavia, nesse pequeno excurso, pretendemos demonstrar que o debate norte-americano alcançou planos mais altos em termos de sofisticação,[148] incorporando conquistas evolutivas do movimento do giro linguístico e, com isso, lançando-se para análises mais complexas, como, por exemplo, a questão da legitimidade do direito e das decisões judiciais. Dessa forma, esse texto assume como movimento o seguinte percurso: primeiro, partiremos de uma reconstrução do primeiro debate, apresentando suas teses básicas, para, em seguida, passarmos à análise dos debates mais complexos.

Sendo assim, a corrente conhecida hoje como ***interpretativistas*** vem defendendo, ainda, uma posição conservadora – como faz, por exemplo, grandes expoentes como o juiz Robert Bork e o falecido ***Justice*** Antonin Scalia – na qual atestam que o intérprete, mas, principalmente, os juízes, ao interpretar a Constituição,

147. Aqui uma **advertência** interessante para o leitor. Não estamos neste ensaio **contra os métodos** (*satanizando-os*). Nem foi isso que **Gadamer** fez em seu **giro hermenêutico**. A questão é outra! A questão é que os métodos não fazem com que nós possamos chegar (ou alcançar) à verdade sobre os objetos investigados. Aliás, o próprio título da principal obra de **Gadamer**, *Verdade e método*, pode (e deve) ser lido como "verdade ou método" ou mesmo "verdade contra o método" (porém, como já dito, não contra o método em si mesmo, mas à sua prática desenvolvida de forma salvífica (e absolutizada) pelos teóricos iluministas e seus seguidores (sobretudo, do século XVIII ao século XX) em vários campos do saber. Conforme **Richard Palmer**, com **Gadamer**: "Abandona-se a antiga concepção de hermenêutica como sendo a base metodológica especifica das *geisteswissenschaften*; o próprio estatuto do método é posto em causa, pois o título do livro de Gadamer é irônico: o método não é o caminho para a verdade. Pelo contrário, a verdade zomba do homem metódico. A compreensão não se concebe como um processo subjetivo do homem face a um objeto, mas sim como o modo de ser do próprio homem." PALMER, Richard, *Hermenêutica*, 1997, p. 168.

148. O ex-professor de *Yale* e *Harvard*, **John Hart Ely**, considerado um dos maiores expoentes do direito norte-americano, já dizia na obra *Democracy and Distrust* em 1980 que o debate deveria ir além da discussão *interpretativistas x não interpretativistas*.

devem se limitar a captar o **sentido** dos preceitos **expressos** ou, pelo menos, tidos como **claramente** implícitos (textura semântica).[149] Sendo assim, ao interpretar a Constituição, o leitor tem de ter os olhos **voltados apenas para o texto constitucional** que se situa à sua frente, tendo como limite máximo de abertura uma busca pela intenção dos fundadores.[150] Alegam que dar um passo para além das molduras do texto seria subverter o princípio do ***rule of law***, desnaturando-o na forma de um direito feito por magistrados (***law of judges***). Isso se mostraria imperativo no controle judicial dos atos legislativos, que deveria ser limitado à ***moldura constitucional*** sob alegação de violação do princípio democrático (fato da lei ou ato legislativo ter sido feito contando com apoio de uma maioria dos membros do órgão).

A segunda corrente, que se encontra em franco crescimento, de maneira geral, ainda que pese uma constelação de divergências internas, preza mais pela concretização dos direitos consagrados no texto constitucional que por sua interpretação formalista. Princípios de justiça, de liberdade e igualdade deveriam falar mais alto compondo o "projeto" constitucional de uma sociedade que se preze democrática, em vez de uma subserviência cega a uma leitura redutora do princípio democrático.[151] Nesse sentido, enquanto os *interpretativistas* vão afirmar que a solução adequada constitucionalmente para os dilemas e conflitos que surgem na seara jurídica deve ser buscada (e trabalhada) na intenção dos criadores da Constituição, os *não interpretativistas*, de modo geral, irão buscar as respostas nos valores (e tradições) advindos da própria sociedade.

Apenas como exemplo, temos que, Ronald Dworkin,[152] na visão de Canotilho,[153] seria o principal representante dessa corrente. Todavia, achamos que uma leitura que faça *jus* ao projeto teórico do jurista da *New York School of Law* apresentaria uma abertura maior, escapando a **reduções** drásticas a que uma **diferenciação dicotômica** presa ao debate clássico (interpretativistas x não interpretativistas) estaria atrelada.

Nesses termos, como veremos, o projeto dworkiano é bem mais rico e amplo que o debate anterior, principalmente porque se assenta em uma compreensão do direito **afeita às conquistas do giro linguístico** e intimamente preocupada com a questão da busca por uma justificação da legitimidade do direito e das decisões jurídicas.

149. É claro que o interpretativismo não pode ser confundido com *literalismo*, ou seja, a compreensão apenas da dimensão literal do texto constitucional como limite hermenêutico.

150. SIFFERT, Paulo de Abreu, *Breves notas sobre o constitucionalismo americano*, p. 74.

151. Didaticamente teríamos que: "[...] O primeiro (**corrente interpretativista**) consistiria resumidamente, numa compreensão de que o papel constitucional dos juízes está adstrito ao que está estatuído e escrito na Constituição, sendo que princípios e valores não são vinculantes (o juiz não pode ampliar o rol de direitos previstos expressamente na Constituição, pois isto acarretaria subjetivismo), ao contrário do segundo (**corrente não interpretativista**), onde existe a ideia de que as Cortes devem basear seus julgamentos em elementos que vão além do mero texto, buscando referências por detrás dos limites estritos do documento, vinculados a aspectos morais e valorativos." HENNING LEAL, Mônica Clarissa, *Jurisdição constitucional aberta*, p. 149.

152. DWORKIN, *O império do direito, 1999.*

153. CANOTILHO, José Joaquim Gomes, *Direito constitucional e teoria da Constituição*, 6. ed., p. 1.182-1.183.

2.3.2. *Ronald Dworkin e a Teoria da Integridade*

Para o jurista e filósofo norte-americano, Ronald Dworkin, professor da *New York University* e do *University College London*, o **direito deve ser lido** como parte de um empreendimento coletivo e compartilhado por toda a sociedade. Os direitos, assim, seriam frutos da história e da moralidade, no sentido de que observam uma construção histórico-institucional, a partir do compartilhamento em uma mesma sociedade de um mesmo conjunto de princípios e o reconhecimento de iguais direitos e liberdades subjetivas a todos os seus membros **(comunidade de princípios**[154]**)**. Isso implica reconhecer que todos que pertencem a uma mesma sociedade, necessariamente, compartilham um conjunto de direitos e deveres básicos, inclusive o direito de participar da construção e da atribuição de sentido a esses direitos, seja na seara do Poder Legislativo, seja na seara do Poder Judiciário.

Logo, ninguém – e principalmente os magistrados – seria livre para decidir casos concretos levados ao Judiciário (ou seja, ele nega a existência da discricionariedade na solução de um caso ***sub judice***) nem poderia subordinar suas decisões à persecução de metas coletivas (que beneficiam uma parcela da sociedade em detrimento de outra parcela) se direitos individuais (corporificados pelos princípios jurídicos) estivessem em discussão, pois – assim como curingas em um jogo de cartas – detêm primazia sobre as primeiras (metas coletivas), dado o seu caráter de universalidade – como já dito, são válidos para todos os membros dessa sociedade.

Além disso, a construção da decisão do caso, e, consequentemente, da própria interpretação constitucional, mostra-se como algo coletivo e aberto a uma evolução – e por que não, revisão – constante.

Dworkin imagina uma **metáfora (do romance em cadeia)** na qual cada juiz é apenas o autor de um capítulo em uma longa obra coletiva sobre um determinado direito (princípio). Ele se encontra, então, não apenas vinculado – e não amarrado ou subserviente – ao passado, mas com o compromisso de ler tudo o que já foi feito por seus antecessores para buscar continuar sua tarefa e redigir um esquema melhor – dotado do que ele **denomina *integridade*** – dos princípios existentes e reconhecidos pela comunidade. Logo, a teoria de Dworkin (embora alguns autores brasileiros insistam em não entender) nos traz quatro pontos que são merecedores de destaque, uma vez que são pertinentes a esse debate: **(1)** a negativa da discricionariedade judicial (leia-se "decisionismos" ou interpretações como "ato de vontade do magistrado"); **(2)** a negativa de que decisões judiciais possam se apoiar em diretrizes políticas; **(3)** a importância da noção de devido processo para a dimensão

154. A *comunidade de princípios* se mostra como **ideia fundamental na teoria dworkiana,** já que é condição de possibilidade para as metáforas do Juiz Hércules e do romance em cadeia. Esse inclusive é mais um dos termos mal compreendidos em Dworkin.

da integridade; e (4) a própria noção de integridade, que levanta a exigência de que cada **caso** seja compreendido como parte de uma história encadeada, não podendo, portanto, ser descartado sem uma razão baseada em uma coerência de princípios.[155]

A integridade na atividade de aplicação do direito (visto que a integridade também deve existir na atividade de produção legislativa), portanto, passa a ser um elemento necessário, e não uma opção, no Estado democrático de direito que se apresenta dotado de legitimidade, permitindo, assim, que as **decisões judiciais** sejam tomadas por magistrados membros (inseridos) de um mesmo *"corpo coletivo"*, ou seja, de uma *"comunidade de princípios"*[156], que mesmo diante do desacordo razoável (do pluralismo de modos de vida e de opções de vida digna atuais) têm como exigência igual respeito e consideração a todos os cidadãos. Ou seja, Dworkin defende que os juízes, independentemente de suas *convicções pessoais e morais*, devem ser dotados da responsabilidade (*"moralidade política"*) de tomar por meio de uma "interpretação criativa" **a melhor decisão** (decisão que melhor justifique as práticas de sua comunidade) para o caso, que se coloca como evento único e irrepetível.

É interessante que, a cada dia, surgem novos *"questionamentos"* sobre as digressões dworkianas. Algumas não são interpretações ou opiniões divergentes, mas leituras que subvertem o autor, ou seja, ***"não levam o autor a sério"***.

Essas vão desde a afirmação 1) da "não aplicação da teoria da integridade no Brasil sob o argumento (inadequado) de que no Brasil viveríamos em uma comunidade de regras e não de princípios no sentido dworkiano" (nesse ponto, podemos desenvolver a seguinte explicação: a **comunidade de princípios** também é uma "metáfora", ela é *"contrafactual"*. Aliás, que país seria o da "comunidade de princípios"? Os EUA, terra de Dworkin, com 8 anos de governo Bush, que protagonizou torturas e desrespeito a direitos humanos (como em Guantánamo)? A Espanha, com 30% da população ativa desempregada? Talvez a Suíça? Quem sabe

155. Os Tribunais devem proferir suas decisões respeitando a **integridade** a partir de *"argumentos de princípio"* e não *de "argumentos de política"*. Um **princípio** prescreve um **direito**, já uma **diretriz política** estabelece um **objetivo ou meta a ser alcançada em termos econômicos, políticos ou sociais.** Para Dworkin os princípios são *trunfos* mediante as diretrizes políticas e devem prevalecer (perspectiva antiutilitarista). Assim: "Os tribunais **devem decidir** sobre que **direitos** as pessoas têm em nosso sistema constitucional e não como faz o **legislador**, sobre *como* se promove melhor o *bem-estar geral*" BAHIA, Alexandre. *Recursos Extraordinários no STF e STJ*, p.274, 2009. PEDRON, Flávio. *Mutação Constitucional na crise do positivismo jurídico.* 2012.

156. Analisando a **integridade** do ponto de vista jurisdicional, (...) os juízes deveriam interpretar o direito como sendo criado por um único ator, a comunidade personificada. Este autor construiria o direito com base em uma noção própria e coerente de justiça e equidade. Dessa forma, não bastaria analisar o direito como um processo histórico, ou apenas contemporâneo. É necessário interpretá-lo de maneira que a história jurídica seja coerente com o presente e com o futuro. CHUEIRI, Vera Karam; SAMPAIO, Joanna Maria de Araújo. *Como levar o Supremo Tribunal Federal a sério: sobre a suspensão da tutela antecipada.* p. 56, 2009.

a Dinamarca? Ora, façam-me o favor.)[157]; 2) até a recorrente afirmação de que a proposta de Dworkin serve apenas para solucionar casos difíceis e não toda e qualquer espécie de decisão (essa visão "literal" não enxerga a perspectiva lógico-argumentativa das normas em Dworkin, bem como não leva a sério o "giro hermenêutico"); 3) outros não entendem que o Juiz Hércules é uma metáfora (e sua *contrafactualidade*) ou o chamam de *"ativista"* ou de *"passivista"*[158]; 4) sem contar os que ainda insistem na dicotomia radical *common law* e *civil law*, desconhecendo: a) o *"hibridismo"* desenvolvido nesses sistemas (e nas sociedades que os adotam) nos últimos 40 anos; e b) a influência das teorias interpretativas norte-americanas no STF e até mesmo na Europa (basta uma simples análise de julgados e teses adotadas para tal).

Todavia, o debate constitucional não se esgota aqui. Há ainda **outros participantes** que devemos chamar atenção, cujas teorias ocupam lugar de destaque, gerando frutíferas digressões acerca dos rumos da **Hermenêutica Constitucional norte-americana** que a cada dia mais influenciam a doutrina e a jurisprudência pátrias.

2.3.3. John Hart Ely e sua concepção procedimental de democracia

John Hart Ely ganhou celebridade por sua obra *Democracy and Distrust*, na qual argumenta a insuficiência (inconsistência) teórica das teses clássicas,[159] notadamente em face do papel que um juiz deve assumir quando em uma situação de controle de constitucionalidade das leis e atos normativos. **John Ely** refuta ambas as teses clássicas.

Nesse sentido, resumidamente: 1) *contra os interpretativistas* (que adotam uma noção mais restrita de atuação do judiciário), sustenta o professor que o estrito respeito ao texto que fixa aplicação da Constituição no limite encontrado no próprio texto exige um respeito à vontade da maioria expressa e traduzida na forma da lei. Ele então conclui que a maioria pode muito bem lhe conceder benefícios

157. E o pior: os que dizem que o "Brasil é uma comunidade de regras" **são os mesmos que atuam sem perceber que estão atuando em uma comunidade de princípios,** e, ainda, **escrevem livros, "ensinam" e dão palestras** sobre: a força normativa da Constituição, a constitucionalização do direito, o Constitucionalismo, o Neoconstitucionalismo, Constitucionalismo Contemporâneo, dignidade da pessoa humana na jurisprudência do STF, Princípios Constitucionais, democracia deliberativa, Estado Democrático de Direito, pluralismo político, Ação popular, Ação civil pública, Princípio Republicano, Princípio da Segurança Jurídica, Devido processo legal, Concretização de direitos fundamentais etc.

158. Quando Dworkin cunha a **metáfora de Hércules** (um superjuiz com conhecimento e paciência sobre-humanas) na realidade o que ele deseja é traçar as linhas das posturas de alguém comprometido com uma **teoria hermenêutica condizente com o giro linguístico, capaz de pôr em dúvida suas pré-compreensões, bem como realizar o movimento da fusão de horizontes, atualizando o texto ao contexto do intérprete, mas sem perder de vista que o texto, como obra que é, é fruto de uma construção de sentido coletivo que ultrapassa a vontade e os desejos de seu criador.** É impressionante a dificuldade da doutrina brasileira em entender que estamos diante de uma metáfora. Os absurdos vão desde chamá-lo de jusnaturalista até intitulá-lo de ativista.

159. *Democracy and Distrust*, p. 7 e p. 50-52 e ss. Ver: HENNING LEAL, Mônica Clarissa, *Jurisdição constitucional aberta*, p. 150-15.

em detrimento da minoria. Assim, apesar de o critério da maioria estar alocado no centro do sistema democrático americano, ele, segundo Ely, não é nem deve ser absolutizado. Nesse sentido, afirma que as minorias precisam ser protegidas contra possíveis abusos que podem ocorrer em uma democracia representativa. Além disso, o apego ao texto pode gerar outro entrave, qual seja, a possibilidade de déficits interpretativos pela falta de clareza, precisão e lacunas dos textos normativos; **2)** *contra os não interpretativistas*, Ely se volta ao problema de quais seriam os modos de complementação e integração do texto constitucional pelos magistrados. Ou seja, uma questão atinente às fontes nas quais seriam retiradas as complementações e colmatações. Seriam do Direito natural, tradições, razão, consenso, princípios, digressões morais? Nesse sentido, o elemento democrático (de uma construção normativa fruto do sistema de representação popular) poderia ser firmemente abalado, pois estaríamos sujeitos a subjetividades ou mesmo a arbitrariedades dos juízes com base em critérios que não seriam dotados de certeza e segurança. Ao magistrado sempre pesa a presunção de ilegitimidade, já que não é eleito ou possui responsabilidade política igual aos membros do Congresso Nacional ou do Parlamento, que foram escolhidos e, pelo menos em tese, representam o povo de um país.

Ely, então, propõe que os Tribunais Constitucionais compreenderão melhor o seu papel se assumirem-se como "reforços da democracia",[160] isso porque parte de uma concepção **procedimental de democracia** (em vez de uma **concepção substantiva**, que permitiria aos magistrados fazerem escolhas que pudessem ser fundamentadas em argumentos de origem moral ou ética) que se volta aos problemas de regulamentação dos procedimentos justos e iguais a todos. Porém, é bom que se diga que, apesar da função reservada aos Tribunais ser sobretudo de fiscalização e controle da regularidade e da adequada participação de todos no processo político, ele atuaria de forma ativa em situações ou na ocorrência de eventuais desvirtuamentos do processo político, nos quais a minoria não conseguisse se sustentar com suas próprias forças.[161]

Portanto, afirma o ex-professor de ***Yale*** e ***Harvard*** que os Tribunais devem desempenhar a função similar à de **árbitros** em um jogo de futebol (que não dizem quem é o vencedor, apenas atuando no intuito **de garantir que o jogo seja jogado** de maneira **limpa, justa e em igualdades de condição**),[162] de modo a deixar a democracia seguir seu curso, agindo apenas de modo a "desobstruir os bloqueios" que se formam no processo democrático.[163]

160. MONTEBELLO, Marianna, *Estudo sobre a teoria da revisão judicial no constitucionalismo norte-americano*, p. 105.
161. ELY, John Hart, *Democracy and Distrust*, p. 169.
162. Nesse sentido, conforme Henning Leal (2007), a Suprema Corte (dos EUA) teria, então, na expressão cunhada por *Ulrich Haltern*, uma função que se assemelha à de um "*cão de guarda da democracia*". p. 157.
163. ELY, John Hart, *Democracy and Distrust*, p. 88.

Portanto, para ele, o Judiciário não está autorizado a anular toda e qualquer deliberação, assim como também não pode ficar de braços cruzados deixando os demais "Poderes" constituídos fazer o que quiserem da Constituição. Em sua forma de ver, o Judiciário tem um importante papel, desobstruindo os bloqueios criados no curso do processo legislativo que impeçam o real debate constitucional. Metaforicamente, como dito anteriormente, seria como imaginar o Judiciário como árbitro esportivo num jogo argumentativo entre os diversos blocos e facções ideológicas existentes no Legislativo. Como árbitro, ele não pode dizer quem ganha ou quem perde, quem tem ou não razão, ele apenas atua para que o jogo que está em prática seja limpo, isto é, imparcial, sem vantagens antecipadas ou privilégios para um grupo.

Sendo assim, o Judiciário não tem (e nem deve ter!) autoridade para alterar decisões fruto de deliberações democráticas (legislativas), não cabendo a eles a tarefa de uma pretensa interpretação valorativa da Constituição garantidora de direitos (já que esses direitos devem ser especificados em uma instância política, não sendo da alçada de uma instância jurídica), mas podem, sim, (os Tribunais) agir no intuito da defesa e da preservação de direitos relativos à comunicação e à participação que constroem a vontade democrática nos processos políticos.[164]

2.3.4. *Cass R. Sunstein: minimalismo judicial e as personas constitucionais*

Cass R. Sunstein, professor da Universidade de Chicago e hoje em dia professor da *Harvard law School*, é outro expoente do Direito Constitucional norte-americano na atualidade. Sua proposta (que é crítica ao ***judicial review***[165]) se insere no seio de um movimento que se autodenomina ***Minimalismo Judicial*** (***judicial minimalism***),[166] que tem por proposta uma retomada do papel que o Judiciário deveria ocupar em um Estado que se considera democrático. Sendo assim, um dos seus principais interlocutores será Ronald Dworkin que, na visão de Weithman,[167] entre outros, coloca todo o peso nas decisões dos juízes.[168]

---

164. Nesse sentido, conforme Henning Leal: *"[...] a posição de Ely se apresenta com uma característica aparentemente contraditória, a partir do momento em que fortalece e ao mesmo tempo limita a atuação da jurisdição constitucional. Por meio da retração e limitação do aspecto procedimental, a atuação das Cortes é restringida e o processo político fortalecido, porém, sem que isso implique a discriminação ou prejuízo de minorias, que devem ter seus direitos fundamentais assegurados (no que a atuação jurisdicional é reforçada). [...] trata-se de um modelo que intenciona, a um só tempo, fortalecer e restringir a jurisdição constitucional por meio de um retorno a um referencial de controle de natureza procedimental, em que o processo político pretende ser reforçado sem que isso implique uma renúncia de proteção dos direitos das minorias." Jurisdição constitucional aberta*, p. 157.
165. Controle de Constitucionalidade realizado pelo Poder Judiciário.
166. PETERS, Christopher J., *Assessing the New Judicial Minimalism.*
167. WEITHMAN, Paul J., *Review of Cass R. Sunstein's One Case of at a Time.*
168. Sinteticamente, respondemos a tal crítica aclarando que o magistrado **não** desempenha no pensamento de **Dworkin** posição de privilégio no curso de um debate sobre a interpretação jurídica. Como afirmado em nota anterior, quando ele cunha a **metáfora de Hércules** (*um superjuiz com conhecimento e paciência sobre-humanas) na realidade o que deseja é traçar as linhas das posturas de alguém comprometido com uma* ***teoria hermenêutica condizente com o giro hermenêutico-pragmático.***

Como bem coloca Rogério Gesta Leal,[169] os **minimalistas** são juristas que não creem em nenhuma Teoria da Constituição e da Jurisdição como algo salvador ou mesmo com fins emancipatórios, portanto, não concebem nenhum tipo de compromisso social por parte do Judiciário, que deveria tão somente se concentrar na solução do caso concreto que têm em mãos.

A ideia básica de **Sunstein,** então, é que os juízes, no curso de suas sentenças, devem deixar a **questão em aberto,** não tendo pressa em apresentar respostas substantivas e conclusivas – ou mesmo brilhantes teses acadêmicas – para seus jurisdicionados. **Sunstein** reconhece que o Congresso norte-americano compreende a dimensão democrática bem melhor que a Suprema Corte e, por isso, é o mais autorizado para dar respostas finais sobre todas as questões jurídicas. Com isso, há uma "promoção maior da democracia", com a diminuição da interferência judicial no processo político. Assim, uma decisão **minimalista** tem o mérito de deixar um espaço para que futuras reflexões sobre ela se façam, tanto em nível nacional e estadual quanto em nível local.[170]

Para tanto, os magistrados devem entender que não tem a menor necessidade – nem legitimidade – para decidir questões que não possam ser consideradas como essenciais para a resolução do caso concreto que têm em mãos, bem como devem evitar a apreciação de casos complexos que ainda não atingiram um nível de maturidade no curso das decisões na sociedade, simplesmente negando o ***certiorari.***[171]

Sunstein[172] sustenta, então, que uma decisão **minimalista** deve apresentar como características dois pontos: **superficialidade** (***shallowness***) e **estreiteza** ou restrição (***narrowness***). Assim, objetiva que a Corte decida o caso que tem em mãos, em vez de realizar uma tentativa de estabelecer regras para aplicação a outros casos futuros ou similares.[173] Portanto, as decisões devem ser *"estreitas em vez de largas"* e "*rasas em vem de profundas*". Nesses termos, "devem ser estreitas na medida em que a corte deve decidir (como já citado) simplesmente o caso concreto sem antecipar como outros casos semelhantes (ou análogos) seriam solucionados. E devem

169. LEAL, Rogério Gesta, *Perfis democrático-procedimentais da jurisdição comunitária*, p. 247.
170. Michael Dorf (*The Supreme Court 1997 term – The Limits of Socratic Deliberation) prefere referir a essa postura judiciária como experimentalismo judiciário, uma vez que tal espaço para complementação, tanto do Legislativo quanto das Cortes estaduais, permite uma maior ventilação do problema a ser discutido por toda a sociedade em seus diversos níveis* (favorecimento do pluralismo).
171. SOUZA CRUZ, Álvaro Ricardo. p. 63. Aqui temos, a diminuição dos encargos de decisões judiciais, a diminuição do risco do erro judicial: "Com isso evita-se sobrecarregar as tarefas das decisões judiciais e torna menos frequentes e menos prejudiciais os erros dos tribunais, já que a solução judicial de questões que tecnicamente são altamente complexas e politicamente muito controvertidas podem gerar efeitos colaterais políticos e econômicos". OLIVEIRA, Cláudio Ladeira, *Ativismo judicial, Autorestrição judicial e o Minimalismo de Cass Sunstein*. p.12, 2008.
172. SUNSTEIN, Cass R., *One case at a time: judicial minimalism on the Supreme Court*, p. 10.
173. Um exemplo é o julgamento sobre a **discriminação sexual** no Instituto Militar da Virgínia (*Virginia Military Institute*), em 1995. Ao adotar uma **compreensão minimalista** da decisão, a Suprema Corte não tentaria estabelecer uma regra geral que pudesse finalizar qualquer discussão sobre a constitucionalidade ou não da discriminação sexual de qualquer escola militar norte-americana que somente aceite alunos do sexo masculino, apenas se pronunciaria no estrito caso do Estado da Virgínia.

ser rasas, na medida em que não devem tentar justificar a decisão por fundamentos que envolvam princípios constitucionais básicos".[174]

Nesses termos, a perspectiva ***minimalista*** teria o condão de fazer: "a) que os tribunais não decidam questões desnecessárias para a resolução de um caso; b) que os tribunais devam recusar a decidir os casos que ainda não estejam maduros ("*ripe*") para a decisão; c) que os tribunais devam evitar discutir questões constitucionais; d) que os tribunais devam respeitar seus próprios precedentes; e) que os tribunais não devam emitir opiniões consultivas; f) que os tribunais devam seguir os precedentes judiciais anteriores, mas não necessariamente as opiniões pessoais expressas no voto que não tenham a força de precedente; g) que os tribunais devam exercer virtudes passivas associadas com a manutenção do silêncio nas grandes questões cotidianas".[175]

Com isso, temos, na teoria de **Sunstein**, o papel desempenhado pelo uso construtivo do silêncio, que seria "medida corriqueira e adequada no funcionamento das instituições judiciais, seja porque permite "ganhar tempo" enquanto os fóruns políticos adequados não solucionam o problema, ou porque juízes possuem pouca legitimidade democrática para fornecer amplas justificações públicas sobre determinados assuntos".[176]

Porém, apesar de assumir a perspectiva minimalista, **Sunstein**[177] também explicita o que ele entende por ***maximalismo***. Para o professor de Harvard, o *maximalismo*

---

174. OLIVEIRA, Daniel de Almeida, *Stephen Griffin e a teoria constitucional Americana*, p.32, 2009. SUNSTEIN, Cass R., *One case at a time*, p. 10-11."Devem decidir "um caso de cada vez" e apenas aquilo que o caso concreto exige, evitando ao máximo posicionar-se sobre controvérsias morais ou políticas que não sejam indispensáveis à solução do problema particular". OLIVEIRA, Cláudio Ladeira, *Ativismo judicial, Autorestrição judicial e o Minimalismo de Cass Sunstein* p.12, 2008.

175. SUNSTEIN, Cass R., *One case at a time: judicial minimalism on the Supreme Court*, p. 04-05 (*tradução livre*).

176. OLIVEIRA, Cláudio Ladeira, p.15. "*No Direito, como em toda a parte, aquilo* **que é dito não é necessariamente** *mais importante do que o que não é dito*." Isto é assim especialmente quando a aceitação de uma teoria controversa pode ampliar os riscos decorrentes de erros de análise, erros cuja existência juízes e tribunais muitas vezes não se encontram em boa posição para avaliar. É importante perceber que o "uso construtivo do silêncio" não consiste numa defesa da prática nada recomendável de postergar a tomada de uma decisão judicial exclusivamente pelas repercussões políticas que ela viria a gerar: o silêncio refere-se aos fundamentos mais abstratos que suportam a decisão específica. Por exemplo: na decisão (...) da ADI 939 (STF), na qual afirmou o caráter de cláusula pétrea de uma das imunidades tributárias previstas no art. 150 CF/88, o tribunal poderia ter evitado a criação da figura do "cidadão-contribuinte" e a extensão do caráter fundamental às demais imunidades não discutidas na ADI. Ou então, ao afirmar que uniões civis entre casais homossexuais possuem os mesmos direitos que uniões entre heterossexuais, os juízes podem apoiar-se em argumentos de analogia, mais do que numa definição (inevitavelmente controversa) sobre o caráter da família moderna". *Ativismo judicial, Autorestrição judicial e o Minimalismo de Cass Sunstein*, p.15, 2008.

177. Fazendo uma análise sistemática da obra de Cass SUNSTEIN, temos que o mesmo não apenas demonstra uma "*certa preferência*" pelo minimalismo, afinal, ele é o "principal teórico do **minimalismo" (embora reconheça que o contexto e as circunstâncias podem levar a aplicação de uma outra alternativa interpretativa, como o seu "maximalismo")**. Portanto, não podemos analisar apenas o texto: *One case at a time: judicial minimalism on the Supreme Court* Cambridge: Oxford University Press, 1999. Mas sim: SUNSTEIN, Cass. **Legal Reasoning and Political Conflitct**. New York: Oxford University Press, 1996. **Radicals in Robes: why extreme Right-wing courts are wrong for America**, New York: Basic Books, 2005, e **Designing Democracy: what Constitutions do?** New York: Oxford University Press, 2001. Ver também, texto do prof. da UNB, Cláudio Ladeira Oliveira (2008).

se traduz em decisões judiciais que estabelecem *"regras gerais para o futuro"* além de *"justificativas teóricas ambiciosas"*. São decisões que vão ter como característica a "profundidade" (*depth*) e a "largura" (*width*). Essas decisões, em determinados **contextos** e **circunstâncias** são necessárias (o *minimalismo* não prevalece sempre, pois não é absoluto, aliás, como nenhuma teoria interpretativa poderia ser, nos dizeres de Sunstein). Nesses termos, existe uma ***presunção em favor do minimalismo,*** embora, essa possa ser vencida em determinadas situações concretas (contextuais) de aplicação judicial.

Portanto, temos que, "se o caráter "limitado" e "superficial" das decisões é uma ***presunção*** e não um **dogma**, como seria possível saber quando é desejável adotar uma postura francamente mais "ativa"? Certamente, não seria possível uma resposta que solucionasse em definitivo este problema, porém, conforme a doutrina, para Sunstein, algumas considerações gerais podem ser adiantadas".[178]

Assim, "segundo **Sunstein**, existem **algumas hipóteses,** nas quais pode ser recomendável uma construção de argumentos apoiados em princípios mais amplos e abstratos, especialmente nos casos seguintes: **(i)** Quando alguma solução mais ampla pode reduzir os custos da incerteza da decisão para o próprio tribunal e para as partes litigantes; quando é necessário estabelecer condições para o planejamento prévio, capaz de fornecer segurança jurídica e previsibilidade aos atores na sociedade de um modo geral; quando a falta de decisões claras podem privar cidadãos de um suporte sólido para atuarem democraticamente. Além disso **(ii)** quando uma postura mais ativista promove objetivos democráticos, ativando pré-condições essenciais ao funcionamento da democracia deliberativa. A decisão da corte estadunidense no caso *Brown versus Board of Education* é certamente o exemplo mais adequado. Já as características que tornam recomendável uma postura mais modesta são as seguintes: **(i)** a situação na qual o tribunal deve decidir é de grande incerteza sobre aspectos fundamentais das normas, especialmente constitucionais, ou de rápida mudança e instabilidade social; **(ii)** qualquer solução mais ampla parece acarretar grandes incertezas para casos futuros; **(iii)** quando não há alguma necessidade urgente de estabelecer critérios públicos e seguros de planejamento para o futuro; **(iv)** Quando as pré-condições da deliberação democrática não estão em jogo e os objetivos democráticos dificilmente serão promovidos por um juízo mais ousado."[179]

Nesse momento, passamos a analisar a interessante obra *Constitutional Personae*, de Sunstein, lançada em 2015, e que, segundo o autor, representa o resultado do amadurecimento de sua teoria.[180]

178. OLIVEIRA, Cláudio Ladeira, *Ativismo judicial, Autorestrição judicial e o Minimalismo de Cass Sunstein*. p.18, 2008.
179. OLIVEIRA, Cláudio Ladeira, *Ativismo judicial, Autorestrição judicial e o Minimalismo de Cass Sunstein.* p.18. SUNSTEIN, Cass R., *One case at a time: judicial minimalism on the Supreme Court*, p. 57.
180. SUNSTEIN, Cass R. *Constitutional Personae*. New York: Oxford University Press, 2015. (eBook)

Na obra, por meio de um detalhamento minucioso dos perfis básicos potencialmente assumidos pelos juízes da Suprema Corte, o autor eleva a sua construção acerca do minimalismo judicial, confrontando as *personas constitucionais* do juiz ***herói, soldado, mudo e minimalista,*** para sustentar que o último representa o perfil mais adequado às sociedades democráticas, em que os temas públicos estão sob a deliberação coletiva de pessoas livres.[181]

Sunstein destaca que as *personas* são conceitos abstratos e estilizados (*stylized*) e que nenhum juiz "real" é apenas uma ou outra *persona*, embora possa ter traços *mais acentuados* de um determinado perfil. Ou seja, não se exclui a possibilidade de certo juiz apresentar tendência a adotar determinada *persona*, embora, referida identificação geralmente aconteça *case-by-case*, à luz da situação concreta em análise. Nesse sentido, pode um juiz apresentar-se, por exemplo, como herói, ao votar a favor da união homoafetiva e, como soldado, ao posicionar-se pela autocontenção judicial. Iniciando pelos juízes **heróis**, afirma Sunstein, que são aqueles que acreditam em seu amplo papel transformador (e da Corte) em nome da Constituição. Por tal entendimento, são eles os incumbidos de promover os avanços constitucionais e democráticos da nação em prol do que consideram uma melhor concepção de igualdade, liberdade ou, ainda, de privacidade. Para tanto, a Constituição é elevada a parâmetro de invalidação de leis, políticas públicas e decisões judiciais, levando ao chamado ativismo judicial. Nesse sentido, temos que os heróis podem ser considerados "*ativistas*" no sentido peculiar de que eles estão dispostos a usar a Constituição para derrubar os atos do Congresso e das legislaturas estaduais. Eles pensam que podem direcionar a sociedade e seus anseios via decisões judiciais. Para eles, o poder judiciário pode ser a vanguarda (*iluminista?* Como afirmaria o Ministro Roberto Barroso do STF) do país, corrigindo o marasmo ou inércia dos demais Poderes (legislativo e Executivo). Com isso, heróis e ativismo judicial passariam a ser duas faces da mesma moeda.[182]

Dessa maneira, partindo da interpretação de princípios constitucionais, os heróis pretendem colaborar e até mesmo implementar reformas sociais, abrindo caminhos de vanguarda (no caso dos H=heróis-liberais) em meio à morosidade dos processos políticos-institucionais. Foi assim, por exemplo, no célebre caso norte-americano *Brown v. Board of education*, em que, em heroica decisão, o juiz Earl Warren invalidou a segregação racial. No mesmo sentido, temos o caso brasileiro de reconhecimento da união homoafetiva, em que, em célebre julgamento, o STF, na ADI 4277 e na ADPF 132, reconheceu a união de pessoas do mesmo sexo.

Para os fins propostos pelo professor norte-americano, portanto, heróis serão todos aqueles que apresentarem um alto grau de ambição teórica, ainda que esta derive de diferentes teorias da interpretação constitucional (originalismo ou

181. SUNSTEIN, Cass R. *Constitutional Personae*. New York: Oxford University Press, 2015. (eBook)
182. STRECK, Lenio Luiz, *Heróis, Soldados, Minimalistas ou Mudos: São Estes os Perfis dos Juízes?* CONJUR, 12.11.2015.

não originalismo, por exemplo). Outrossim, por mais acentuado que seja o grau de ambição do juiz, o heroísmo não pode ser travestido em uma forma de afronta ou descumprimento da Constituição, em um heroísmo "desmedido" e "*across-the--board*", eis que sequer encontraria respaldo em uma teoria da interpretação constitucional.[183]

Diversamente dos heróis, os **soldados** caracterizam-se por uma maior deferência ao processo político, entendendo por seu dever a concretização das normas produzidas pelos poderes politicamente legitimados. Os juízes soldados visam, dessa forma, concretizar a Constituição, as leis e os atos governamentais como quem dá cumprimento a ordens superiores, entendendo não ser de sua competência a redefinição das valorações presentes em tais ordens.

Assim como os heróis, os soldados também se apresentam em diferentes graus. Nesse sentido, temos, em posicionamento radical, os ensinamentos do também professor de *Harvard*, James Bradley Thayer, um dos principais defensores da deferência judicial ao processo político. Entende o professor que a Suprema Corte apenas deveria invalidar atos legislativos diante de uma violação clara e inequívoca, desprovida de qualquer ambiguidade, da Constituição. Do contrário, como visto, deveria acatar a decisão democraticamente tomada. Ora, certo é que o texto constitucional frequentemente é ambíguo e, se as Cortes Constitucionais devem manter os atos legislativos sempre que forem encontradas ambiguidades, certamente quase toda e qualquer legislação será mantida.[184]

No Brasil, podemos citar como paradigma de "*soldiering*", a postura adotada pelo Supremo Tribunal Federal, no contexto pré-Constituição de 1988, quanto à possibilidade de judicialização de direitos sociais. Esquivava-se o Judiciário de intervir no âmbito das políticas públicas, sob a alegação de que os direitos sociais se encontravam inseridos na ordem interna do decisionismo político do Estado, não se mostrando cabível ao Judiciário intervir no âmbito de sua conformação. Ou seja, restringia-se o espaço de atuação da Constituição em favor das instâncias tipicamente políticas.

Anote-se, ainda, antes de passarmos à análise dos **mudos**, que Sunstein, admite, em sua obra, uma categoria híbrida de Persona, os Heróis-Soldados (ou *soldados de segunda ordem*). Nesse viés, enquanto os soldados de "*primeira ordem*" são deferentes aos julgamentos oriundos do processo político, os heróis-soldados nem sempre o serão, notadamente quando as decisões dos Poderes Políticos contrariarem o sentido público original ("*original public meaning*") da Constituição. Dessa maneira, sob a alegação de que estão meramente seguindo a Constituição (em seu sentido público original), bem como os seus mandamentos, os soldados "*de*

183. SUNSTEIN, Cass R. *Constitutional Personae*. New York: Oxford University Press, 2015. (eBook)
184. SUNSTEIN, Cass R. *Constitutional Personae*. New York: Oxford University Press, 2015. (eBook)

segunda ordem", assim como os heróis, estão dispostos a invalidar atos legislativos, embora utilizem-se de fundamentações distintas.[185]

Os **mudos**, por sua vez, optam pelo silêncio diante de grandes controvérsias constitucionais, preferindo manter, sempre que possível, casos altamente problemáticos fora do Tribunal, a fim de deixar o espaço aberto para a ação do processo político.[186] Em suma, o mudo é aquele que *"não quer falar nada"*.

Merece destaque, como defensor da *persona* do mudo, o Professor de Yale, Alexander Bickel, o qual, por meio do desenvolvimento das *"virtudes passivas"*, sustenta a possibilidade de as Cortes se esquivarem de decidir o mérito dos casos.[187]

Nesse entendimento, Bickel afirma que uma *postura passiva* das Cortes pode ser virtuosa, uma vez que, ao evitar uma inserção prematura dos juízes no processo, permite e deixa aberto à sociedade o debate constitucional, o que, certamente, promove um amadurecimento democrático. Ademais, também evita consequências prejudiciais tanto para a nação quanto para o Tribunal, por exemplo, a produção de *"backlash"* (pressão popular) ou o comprometimento do capital político do Tribunal, o que poderia afetar, a longo prazo, as suas próprias metas.

Diferentemente de Bickel – para o qual o silêncio judicial deve ser entendido com base em considerações de estratégia e de prudência – a *persona* do mudo, para os adeptos da corrente supracitada, deve ser adotada em respeito e reconhecimento de suas próprias limitações, notadamente quando não estiverem seguros de que os seus posicionamentos estão corretos.[188]

Conforme elucida Sunstein, diante da impossibilidade de juízes se manterem sempre silentes, os mudos são personas pouco frequentes no cenário constitucional, daí porque o autor não identifica nenhum juiz da Suprema Corte como tipicamente mudo. Outrossim, como exemplo de silêncio judicial norte-americano, temos o caso *Naim v. Naim*, no qual a Suprema Corte declinou de pronunciar sobre a constitucionalidade do casamento inter-racial.[189]

Perpassadas as personas do herói, do soldado e do mudo, nós voltamos para o **minimalista** (já trabalhado na obra). Este, conforme já observamos, assume uma postura essencialmente cautelosa, orientada pelos pressupostos de *"narrowness"* (estreiteza) e *"shallowness"* (superficialidade). Sob a alegação de um dever de prudência, procura o Minimalista evitar intervenções intensas ou abrangentes, privilegiando as práticas e tradições socialmente sedimentadas. Nesses termos, Sunstein não se esquiva de opinar quanto à sua *persona* favorita. Minimalista, então (como

185. SUNSTEIN, Cass R. *Constitutional Personae*. New York: Oxford University Press, 2015. (eBook)
186. "Mutes are enthusiastic about the idea that the Court should often refuse to resolve hotly disputed issues, on which the nation is divided". SUNSTEIN, Cass R. *Constitutional Personae*. New York: Oxford University Press, 2015, p. 19).
187. SUNSTEIN, Cass R. *Constitutional Personae*. New York: Oxford University Press, 2015. (eBook)
188. SUNSTEIN, Cass R. *Constitutional Personae*. New York: Oxford University Press, 2015. (eBook)
189. SUNSTEIN, Cass R. *Constitutional Personae*. New York: Oxford University Press, 2015. (eBook)

já citado), seria a *persona* Constitucional cuidadosa, que direciona a sua atividade jurisdicional no sentido de favorecer passos curtos e cautelosos, construindo paulatinamente o futuro, a partir das decisões e práticas sociais do passado. Provavelmente, o minimalista adotaria o jargão do *"devagar se vai ao longe"*, preferindo a precisão e a mitigação dos custos (da decisão e do erro) a passos constitucionais largos e incertos.[190]

Para Sunstein, a *persona* do juiz minimalista, e, portanto, o minimalismo, encontra-se imbuída(o) da ideia de humildade (*humility*) e modéstia (*modesty*), em que são reconhecidos a falibilidade e os limites do ser humano. Entretanto, ao contrário do *"soldiering"*, não a utiliza para defender uma deferência aos poderes políticos, inclusive por estes também serem dirigidos por homens (também falhos), mas para sustentar a adoção de pequenas e gradativas mudanças, valorizando a estabilidade da Corte e da nação.

Como já observado o minimalista conduz as suas decisões tendo em vista, basicamente, dois pressupostos: *"shallowness"* (superficialidade) e *"narrowness"* (estreiteza). O primeiro valoriza a superficialidade à profundidade, de modo que o minimalista não busca desenvolver ou se filiar a teorizações complexas e herculanas, tampouco a valorizar abstrações, mas, sim, voltar sua atenção às tradições e práticas sociais, entendidas a partir de um nível mínimo de concretude. O vetor de *"narrowness"* conduz o juiz a se ater ao caso particular e específico *sub judice*, decidindo apenas as questões pertinentes e necessárias à lide. Isso porque minimalistas são temerosos dos custos que uma decisão ampla pode produzir – muitas vezes de difícil reversibilidade –, os quais são substancialmente reduzidos se o juiz se ativer apenas ao *case* em suas mãos. Nesse sentido, o minimalismo mitiga os riscos que uma decisão judicial equivocada pode ensejar ao processo democrático, ao mesmo tempo que estimula o seu próprio desenvolvimento e amadurecimento, ao deixar em aberto, aos demais membros da nação, a discussão e a construção da significação constitucional.[191]

---

190. Conforme a doutrina, a maior inovação desse livro Sunstein em relação às obras anteriores é o refinamento da ***persona minimalista***. O autor dedica um longo capítulo a uma especificação dessa persona: o ***minimalista burkeano***. Identificando-o com as teses do filósofo político irlandês Edmund Burke, Sunstein atribui a essa espécie de minimalista maior respeito aos costumes e às tradições socialmente sedimentadas, os quais traduziriam o resultado da experiência de gerações. Para o autor, essa persona possui a vantagem de evitar equívocos que poderiam advir de voluntarismos da Corte, ao mesmo tempo em que sua ênfase na resolução do caso concreto deixa amplo espaço para a deliberação social e possível revisão da tradição. Contudo, reconhecendo que tradições podem ser injustas, Sunstein considera a *persona* burkeana adequada para a decisão sobre temas institucionais como separação de poderes e federalismo, mas devendo ser relativizada para casos envolvendo o direito de igualdade. Assim, para o *minimalista burkeano*, a tradição é considerada como ponto de partida, cabendo ao juiz, a partir das particularidades do caso sob julgamento, refletir sobre a racionalidade da prática tradicional. Aqui citamos a excelente síntese de Mario Cesar Andrade, Siddharta Legale, Margarida Maria Lacombe Camargo, José Ribas Vieira. *Juízes como Heróis, Soldados, Mudos ou Minimalistas*. SUNSTEIN, Cass R. **Constitutional Personae**. New York: Oxford University Press, 2015.

191. SUNSTEIN, Cass R. **Constitutional Personae**. New York: Oxford University Press, 2015. (eBook)

Por último, é importante ressaltar que existem algumas críticas às *personas* de Sunstein.[192] Uma delas é a seguinte: seriam heróis, soldados, mudos e minimalistas os únicos perfis possíveis na Suprema Corte norte-americana (e nas demais Cortes do mundo)? O que dizer do soldado que, ao invés de ser deferente ao Legislativo (como previu Sunstein), cede para o Executivo? Do magistrado acadêmico ou do julgador político? Do soldado-mudo, do minimalista-soldado? As possibilidades, como é possível antever, são infinitas.

Além disso, se a definição de Sunstein pode ser tão flexível a ponto de uma *persona* ser ao mesmo tempo minimalista e herói, ou muda e soldado (e demais variantes) e, como visto, até mesmo outro perfil sequer contemplado pelo autor – sendo a teoria, porquanto, precária e insuficiente –, não há como se falar em uma classificação real e suficiente a partir das *personas* Constitucionais.[193]

Porém, reconhecer a existência de falhas e insuficiências na construção do pensamento de Sunstein, entretanto, não desqualifica ou desmerece o seu trabalho, que, segundo Jeremy Waldron, *"possui diversos tesouros"*, sendo esclarecedor, mesmo que não funcione, de fato, como uma classificação.[194]

2.3.5. Adrian Vermeule e a virada institucional

O professor Adrian Vermeule é um dos autores norte-americanos que advogam uma intitulada *"virada institucional"* na interpretação do Direito. Ele apresenta, na obra *Judging Under Uncertainty*, uma interessante versão de formalismo para a interpretação jurídica (que poderíamos chamar de *formalismo institucional*). Nessa versão, a tarefa dos juízes seria a de observar o significado claro e específico dos textos legais (quando apresentarem essas características, ou seja, quando os textos, por serem claros, permitirem tal prática), ou a de observar a interpretação oferecida por órgãos legisladores ou agências (administrativas) quando os textos legais não possuírem um significado claro e específico.

---

192. WALDRON, Jeremy. **On the Supreme Court Battlefield**. The New York Review of Books, p. 5, 2016. Disponível em: <http: //www.nybooks.com/articles/2016/03/24/on-the-supreme-court-battlefield>. STRECK, Lenio Luiz, **Heróis, Soldados, Minimalistas ou Mudos:** *São Estes os Perfis dos Juízes?* CONJUR, 12.11.2015.

193. Nesses termos: *"(...) por uma questão de princípio, não faz sentido adotar uma Persona particular para todas as ocasiões, e de fato poucas pessoas fazem isso. A Persona certa é um produto de uma teoria certa da interpretação. No fundo, contra o perigo de sociologizarmos em demasia o direito, sobretudo, diante de uma realidade institucional e complexa, como a de um Estado Democrático de Direito, cujas exigências de princípio escapam a todo maniqueísmo, à doutrina nunca deverá restar apenas a tarefa de descrever, como um quadro comparativo, as decisões de cada um dos supostos tipos ou categorias de juízes, e de apostar, como em um jogo de cartas marcadas, o modo como esses mesmo juízes, pela própria teoria caricaturizados (alerto apenas para esse risco), uma vez incrivelmente descolados de toda uma história institucional mais complexa do que inutilmente a própria classificação seria capaz de abarcar, irão decidir daqui para frente. (...) Imaginemos o exemplo de uma ADI absolutamente impactante, em que o placar esteja em 5x5; o último a votar é visto (enquadrado) pela comunidade jurídica como minimalista, mas como o caso trata de uma questão religiosa, ele se transmuda para o perfil "herói". Ou quando todos esperam um voto heroico e dali sai um voto mudo? De que adiantou a pesquisa empírica sobre os perfis, em um caso destes? Afinal, se um perfil se manifesta de forma* ad hoc, *é ele, ainda, um perfil?"* STRECK, Lenio, CONJUR, 2015.

194. WALDRON, Jeremy. **On the Supreme Court Battlefield**. The New York Review of Books, p. 5, 2016. Disponível em: <http://www.nybooks.com/articles/2016/03/24/on-the-supreme-court-battlefield>.

A tese metodológica de Vermeule se sustenta em uma *abordagem institucional* da interpretação jurídica. A proposta é uma inversão na questão interpretativa de um enfoque material para um enfoque institucional.[195]

Nesses termos, o objetivo da interpretação não seria o de verificar "*como o texto deve ser interpretado*", mas na verdade "*quais procedimentos, determinadas instituições, com determinadas capacidades institucionais, devem utilizar para interpretar o texto*". Com isso, seria necessário analisar as **capacidades empíricas de interpretação** de determinada instituição, bem como os **efeitos sistêmicos (as consequências**) das abordagens interpretativas.

Vermeule é um crítico das teorias hermenêuticas jurídicas anglo-americanas que reivindicam a adoção de posturas interpretativas a partir de *conceitos abstratos* como a de *proteção das condições de democracia* (reforços da democracia) da teoria procedimental de JH Ely ou a do pressuposto de *igual respeito e consideração da teoria da integridade* de Ronald Dworkin, entre outras.[196]

Assim, Vermeule critica a dedução de regras de interpretação de nível operacional diretamente de conceitos jurídicos ou políticos superiores (*high-level conceptual commitments*) como *democracia, estado de direito, constitucionalismo, dignidade da pessoa humana, integridade* etc. Isso seria, para Vermeule, uma "*cegueira institucional*" manifestada pela interpretação direta de princípios ou conceitos superiores para as regras operacionais (*dedução de regras operacionais diretamente de princípios morais superiores*), suprimindo a análise intermediária das características (fatores) institucionais de quem interpreta.[197]

O argumento aqui é de que esse tipo de dedução (*first-best conceptualism*) é incompleto, pois não considera fatores intermediários sobre a *capacidade empírica da instituição que interpreta o texto*. Com isso, o entrave é o de que essa forma de dedução de princípios *abstratos* para *regras operacionais* não tem como determinar um procedimento decisório que seja melhor que os demais *prima facie*, justamente, porque essa *qualidade deve ser extraída* de acordo com as ***capacidades institucionais*** e com as ***consequências da decisão*** (*second-best effects*).[198]

---

195. *Judging under uncertainty – As institutional theory of legal interpretation.* Cambridge: Harvard University Press, 2006. Ver também: SUNSTEIN, Cass e VERMEULE, Adrian. Interpretation and Institutions. Michigan Law Review, v.101, n.4, p.888/951, 2003.
196. BRANDÃO, Rodrigo. *Supremacia Judicial versus Diálogos Constitucionais*, p 183, 2012. Nesse sentido: "O fundamento básico para tal patologia, segundo Sunstein e Vermeule, decorre do fato de os teóricos do direito – os quais, em regra, apresentam profundos conhecimentos sobre a matéria de sua predileção, e reduzidas limitações de tempo – formularem a pergunta errada: Como eu decidiria tal questão, se fosse juiz?; ou, em outras palavras, como um juiz perfeito, com todo o tempo e conhecimento possíveis – como o juiz Hercules de Dworkin –, decidiria questão altamente complexa e controvertida?" Ver também: SUNSTEIN, Cass e VERMEULE, Adrian. Interpretation and Institutions. Michigan Law Review, v.101, n.4, p.888/951, 2003.
197. Judging under uncertainty – As institutional theory of legal interpretation. Cambridge: Harvard University Press, 2006.
198. Judging under uncertainty – As institutional theory of legal interpretation. Cambridge: Harvard University Press, 2006. No modelo institucionalista de Vermeule, seria possível que os intérpretes, mesmo quando discordassem

Para Vermeule, uma decisão total e absolutamente racional é impossível, tendo em vista que a capacidade do juiz *"de carne e osso"* de obter e de processar informações é limitada, por vários fatores, como as deficiências cognitivas (de conhecimento), de informação ou mesmo de tempo.

Com isso, surgiria o que o autor chama de ***dilema institucionalista***: os juízes devem observar um procedimento interpretativo, fundado em bases empíricas, sem poderem contar com toda a informação necessária, e a solução para tal seria a de que os juízes deveriam escolher procedimentos interpretativos que orientassem suas escolhas sob condições de informação e racionalidade *limitadas*. A proposta clara do autor é a de que os juízes deveriam limitar suas *ambições interpretativas* (deveriam ser menos ambiciosos), como já dito, buscando uma interpretação literal do texto legal quando ele permitir (texto claro e preciso), ou, sendo ambíguo o texto, deveriam dar prevalência à interpretação das agências administrativas (no caso de regulamentos) e dos órgãos legisladores (por exemplo: no caso da Constituição).[199]

É bom deixar claro que, segundo Vermeule, não se trata de um positivismo formalista empobrecido (*tosco*), mas, sim, de uma análise que busca considerar a ***capacidade institucional dos intérpretes*** e os ***efeitos sistêmicos da decisão*** *(numa vertente consequencialista)*. Segundo Vermeule, a sua teoria institucionalista não incorre no *erro* de trabalhar uma visão *idealizada e romântica das capacidades judiciais*, na qual o juiz teria todo o conhecimento e tempo necessários para obter resultados ótimos, ou seja, para desenvolver uma *resposta correta* mesmo em face de questões, por exemplo, muito complexas (casos complexos). Entende Vermeule que, se o juiz estiver consciente de suas limitações de tempo e conhecimento e dos problemas com os *custos* de *erros* em suas decisões em casos complexos, ele deve tomar uma decisão de *segunda ordem de decidir os casos* (ou seja: decisão sobre como decidir), em regra usando de decisões rasas e estreitas nos moldes minimalistas já citados aqui quando analisamos a obra de Sunstein.[200]

Esse novo formalismo defendido por Vermeule, que se fundamenta em uma base empírica (a partir das capacidades institucionais limitadas dos intérpretes) e,

a respeito de qual conceito superior seria aplicável, ou mesmo quando fossem céticos a respeito de um princípio abstrato, concordassem, com base em verificações empíricas, nos resultados operacionais. Nesses termos, a discordância a respeito dos conceitos superiores seria até mesmo irrelevante. Nesse sentido, Vermeule assume a postura de um pensador de viés antiteórico, na medida em reputa irrelevante as divergências a respeito de questões meta-interpretativas, caso os resultados das diversas interpretações venham a convergir em um patamar operacional. Porém, trata-se de uma forma fraca de argumento antiteórico, pois o próprio Vermeule admite a necessidade de uma **teoria valorativa que oriente a análise consequencialista da decisão.** Nesse ponto Vermeule se distancia de R. Posner (que será trabalhado posteriormente na obra).

199. *Judging under uncertainty – As institutional theory of legal interpretation*. Cambridge: Harvard University Press, 2006.

200. *Judging under uncertainty – As institutional theory of legal interpretation*. Cambridge: Harvard University Press, 2006. Ver também: SUNSTEIN, Cass e VERMEULE, Adrian. *Interpretation and Institutions.* Michigan Law Review, v.101, n.4, p.888/951, 2003.

também, em uma base consequencialista, acredita ser globalmente mais eficiente os julgadores adotarem uma interpretação mais literal (quando possível) e menos ambiciosa, de forma a evitarem absurdidades quando observadas as decisões em conjunto. Com isso, os Tribunais deveriam adotar uma escolha de segunda ordem (*second-order decision*), privilegiando a segurança jurídica e a harmonia do sistema jurídico como um todo. Nesse sentido, o novo formalismo seria a melhor metodologia a ser adotada pelos juízes de "carne e osso", pois produziria melhores consequências para o sistema jurídico.[201]

Aqui é interessante citarmos, recente decisão do STF que trabalha com a teorização ora apresentada de Adrian Vermeule. No RE 1083955/DF julgado em 28.05.2019, o STF entendeu que o Poder Judiciário não pode fazer a revisão judicial do mérito da decisão administrativa proferida pelo CADE (Conselho Administrativo de Defesa Econômica).[202]

Conforme a decisão a *expertise* técnica e a capacidade institucional do CADE em questões de regulação econômica exige que o Poder Judiciário tenha uma postura deferente (postura de respeito) ao mérito das decisões proferidas pela Autarquia. Nesses termos, para a 1ª Turma do STF, a análise jurisdicional deve se limitar ao exame da legalidade ou abusividade do ato administrativo na medida em que o CADE é quem detém competência legalmente outorgada para verificar se a conduta de agentes econômicos gera efetivo prejuízo à livre concorrência. As sanções antitruste, aplicadas pelo CADE por força de ilicitude de conduta empresarial, dependem das consequências ou repercussões negativas no mercado analisado, sendo certo que a identificação de tais efeitos anticompetitivos reclama acentuada *expertise* que não está afeta ao Poder Judiciário.[203]

Os argumentos que justificam a necessidade desse dever de deferência do Judiciário com relação às decisões técnicas adotadas pelos órgãos reguladores, na esteira da perspectiva de Vermeule, seriam: a) falta de expertise e capacidade institucional dos tribunais para decidir sobre intervenções regulatórias, que envolvem questões policêntricas e prognósticos de natureza técnica e b) possibilidade de a revisão judicial ensejar efeitos sistêmicos nocivos à coerência e dinâmica regulatória

---

201. Judging under uncertainty – As institutional theory of legal interpretation. Cambridge: Harvard University Press, 2006. A questão atinente à capacidade julgadora dos agentes seria dividida em duas partes. A parte motivacional e a parte cognitiva. Julgadores bem motivados, segundo Vermeule, ainda podem cometer erros por falsa avaliação da realidade. E contrariamente, se os agentes não são confiáveis, a adoção da tese formalista minimiza o dano que eles podem causar.
202. No caso o CADE instaurou um Processo Administrativo para apurar os indícios de que uma empresa estaria promovendo a formação de cartel e criando barreiras à entrada de outras empresas no mesmo ramo de mercado. Tais condutas configuram infração da ordem econômica. Ao final do processo administrativo, o CADE concluiu que a empresa exerceu pressão em membros do Poder Executivo e do Legislativo para que não fosse autorizada a entrada de um concorrente no mercado. O CADE aplicou à empresa penalidades previstas no art. 37 da Lei nº 12.529/2011. A empresa punida ajuizou, então, ação ordinária, na Justiça Federal contra o CADE pedindo a anulação da decisão proferida no processo administrativo.
203. RE 1083955/DF, STF. 1ª Turma Rel. Min. Luiz Fux, julgado em 28.05.2019 (Info 942).

administrativa; c) a intervenção judicial desproporcional no âmbito regulatório pode ensejar consequências negativas às iniciativas da Administração Pública. Em perspectiva pragmática, a invasão judicial ao mérito administrativo pode comprometer a unidade e coerência da política regulatória, desaguando em uma paralisia de efeitos sistêmicos acentuadamente negativos; d) A Administração Pública ostenta maior capacidade para avaliar elementos fáticos e econômicos próprios da regulação. O Judiciário não é a autoridade mais apta para decidir questões policêntricas de efeitos acentuadamente complexos.[204]

2.3.6. Mark Tushnet e o Constitucionalismo popular

O professor de Harvard **Mark Tushnet**, que foi um dos precursores do *Critical Legal Studies*[205] é outro crítico do ***judicial review*** (controle de constitucionalidade), e, em uma linha ainda mais radical, defende, em seus estudos, a tese do intitulado **"constitucionalismo popular"** ou posição populista (***populist constitutional law***[206]).

Nesses termos, o pressuposto fundamental é o de que a interpretação judicial da Constituição não possui *a priori* nenhum peso superior em relação à interpretação feita por outro departamento estatal.

Aqui ressaltamos que o *ponto-chave* do constitucionalismo popular é a limitação da *supremacia judicial* em prol de uma elaboração da doutrina constitucional que tenha o povo como protagonista.[207]

Com isso, postula-se a retirada da *"Constituição dos tribunais"*, na medida em que os tribunais não teriam legitimidade para se manifestar de forma final (**dar a última palavra**) no que tange à **interpretação constitucional.**[208] Tushnet é um dos

---

204. VERMEULE, Adrian. Judging under uncertainty: An institutional theory of legal interpretation. Cambridge: Harvard University Press, 2006, p. 248–251. STF. 1ª Turma. RE 1083955/DF, Rel. Min. Luiz Fux, julgado em 28.05.2019 (Info 942).

205. Movimento Crítico do Direito (*CLS*) desenvolvido na década de 70 do século XX, nos Estados Unidos, sobretudo por acadêmicos de *Harvard* e *Yale* e que teve como um dos líderes o professor *Roberto Mangabeira Unger*. Tinha como adversários o positivismo jurídico e as posturas da intitulada "direita norte-americana". Nesses termos, a partir de um viés de cunho realista (realismo norte-americano) entendia o direito, e sua atividade de aplicação, eminentemente como política. Ver: MANGABEIRA UNGER, Roberto, *The Critical Legal Studies Movement*, Cambridge: Harvard, University Press, 1986.

206. Segundo **Tushnet,** sua teoria é **populista** porque **distribui** a **responsabilidade pelo direito constitucional** amplamente. Assim afirma que: em uma "teoria populista do direito constitucional, a intepretação constitucional feita pelas cortes não tem nenhum peso normativo decorrente do fato de serem produzidas por Cortes." *Taking the Constitution Away from the Courts, 1999*. **J. Waldron**, na defesa do "populismo constitucional" (ou majoritarismo") afirma de forma explícita que foi construído um retrato "idealizado" do julgar emoldurado conjuntamente com um retrato de "*má fama*" do legislar. *A dignidade da Legislação*, 2003.

207. NIEMBRO O., Roberto. *Una Mirada al Constitucionalismo Popular*. *Isonomia*, n. 38, abr. 2013, pp. 191-224.

208. TUSHNET, Mark. *Taking the Constitution Away from the Courts, 1999.* TUSHNET, Mark. *Popular Constitucionalism as Political Law*. Chicago: Chicago-Kent College of Law: 2006. Ver também*: WALDRON Jeremy. A Dignidade da Legislação, 2003. Ele* (Professor em Nova York) sustenta que o judiciário não será a instância mais adequada para resolver matérias conflituosas (controvertidas) sobre os direitos fundamentais. A resolução dessas querelas pode ser resolvida por instâncias de representação democrática (legislativas). **Jeremy Waldron** sustenta basicamente que: **a)** a prática *do judicial review* é procedimentalmente antidemocrática; e **b) não há razão** para supor que

críticos do ***judicial review*** não pelo aspecto da *"objeção contramajoritária"* (questionamento tradicional da legitimidade dos magistrados da Suprema Corte, em face de sua origem não democrática, em decidirem questões complexas de conteúdo das normas constitucionais), mas, sim, pela tese da *"supremacia judicial"* (ou seja, a consideração de que o judiciário se torna poder condutor acima dos demais poderes).

Nesses termos, **Tushnet** apresenta-se como um crítico da Suprema Corte no que tange ao seu **monopólio** em dizer **o que é** (o teor) **direito constitucional**. Nesse sentido, entende que essa postura acaba por **retirar a importância** das **opiniões** que são prolatadas **fora** da **Suprema Corte**. Nesses termos, sua crítica ácida **à definição** do **que é o direito constitucional** e de como devemos **entender a Constituição** só tem relevância se for emitida pela Suprema Corte. A defesa, então, é pela ampliação das opiniões em torno das questões constitucionais.[209]

O constitucionalismo popular diz respeito a um sistema no qual o **povo** deve assumir, ativa e continuamente, a interpretação e a aplicação (*"enforcement"*) do direito constitucional.[210] O pressuposto dessa proposta é que todos possuem a mesma autoridade sobre a interpretação da Constituição. Assim, se os juízes podem interpretar, não é porque são mais aptos a fazê-lo, ou porque possuem poderes específicos para tal, mas, sim, porque a Constituição os concede esse direito, assim como faz também em relação a todos os outros cidadãos.[211]

Diante disso, um dos principais pontos do constitucionalismo popular é o desafio **à supremacia judicial.** Para Kramer, a prerrogativa das Cortes de dar a "última palavra" constituiria um forte desincentivo à participação popular[212], o que constituiria um problema porque um sistema de interpretação juriscêntrico levaria não apenas a excessos judiciais, como também a uma indesejável passividade popular, o que, em conjunto, ameaçaria a própria legitimidade da cultura constitucional.

---

os direitos **serão protegidos** de maneira **mais efetiva** pelas **cortes** do que pelas **legislaturas**. In: WALDRON, Jeremy. *The Core of the Case Against Judicial Review*, In Yale Law Jornal, V.115, nº 6, 2006. BERMAN, José Guilherme, *Direito, Desacordo e Judicial Review*. p. 110, 2010. Outro autor que sustenta a tese do *constitucionalismo popular* é o professor **Lerry Kramer**, *In: The People Themselves: Popular Constitutionalism and Judicial Review*. New York: Oxford University Press, 2004.

209. Nesses termos: "**Tushnet** introduz uma distinção entre o que ele chama de constituição grossa (*thick constitution*) e constituição delgada (*thin constitution*) ou fina. Aquela seria composta por provisões detalhadas acerca da organização do governo que, apesar de importantes, são indiferentes ao público, ou seja, não costumam gerar controvérsias populares. Esta (Constituição delgada ou fina), por sua vez, é composta pelas garantias fundamentais de igualdade, liberdade de expressão e liberdade. Este conteúdo está previsto especialmente na Declaração de Independência e no Preâmbulo da Constituição. A questão enfrentada por **Tushnet** é a de como esta Constituição é interpretada fora dos Tribunais, em especial em comparação com a habilidade do Congresso dos EUA em realizar tal interpretação. E sua conclusão é a de que, embora os **parlamentares** não raciocinem da mesma maneira que os juízes, eles **também atuam na direção de promover o significado dos valores constitucionais**, ainda que sem o estilo formal do mundo jurídico." OLIVEIRA, Daniel de Almeida, *Críticas contemporâneas ao judicial review*, p.62-63.
210. KRAMER, Larry D. *The People Themselves:* Popular Constitutionalism and Judicial Review. Oxford University Press, 2004.
211. NIEMBRO O., Roberto. *Una Mirada al Constitucionalismo Popular. Isonomia*, n. 38, abr. 2013.
212. Isso porque, para Kramer, "a supremacia judicial é um princípio ideológico que leva os cidadãos a pensar que eles não podem contradizer os *justices* da Suprema Corte.". Cf. NIEMBRO O., Roberto. *Una Mirada al Constitucionalismo Popular*, p. 197.

Conforme Roberto Gargarella, em síntese, são características comuns da tese do constitucionalismo popular: a) desafiar a supremacia judicial tirando a Constituição das mãos dos tribunais; b) recuperar e reconhecer a importância e o peso institucional da participação popular; c) defender uma interpretação extrajudicial da Constituição; d) fomentar uma releitura crítica sobre os efeitos do *judicial review*; e) mostrar como a sociedade influi, reconstrói e, às vezes, mina o valor das decisões judiciais; f) e impulsionar uma maior participação popular nas decisões políticas.[213]

Voltando as digressões de **Tushnet**, é interessante que elas, atreladas à perspectiva *"populista constitucional"*, são eivadas de certo radicalismo. Ele chega a afirmar a defesa de uma emenda constitucional visando abolir o controle de constitucionalidade realizado pelo Judiciário (abolição ***do judicial review***).[214] Embora, é bom que se diga, que em recentes trabalhos, ele vem alterando sua proposta radical de abolir o ***judicial review*** optando por sua admissão desde que o judiciário seja extremamente deferente ao legislativo, e desde que o Parlamento possa reverter, de forma célere e fácil (isto é, por maioria simples), as decisões judiciais indesejadas.[215]

2.3.7. Barry Friedman e o constitucionalismo popular mediado: levando a Constituição para além das Cortes

Barry Friedman é graduado em Direito pela University of Chicago e, atualmente, é Professor da New York University, sendo uma das maiores autoridades dos Estados Unidos em matéria de teoria constitucional. Ele defende a tese da existência de um "constitucionalismo popular mediado" (*mediated popular constitutionalism*), em crítica ao chamado "constitucionalismo popular".

Como vimos, o chamado "constitucionalismo popular", no âmbito dos Estados Unidos, desenvolveu-se sobretudo como uma forma de crítica à supremacia judicial no estabelecimento do significado da Constituição. Para esses teóricos se a Constituição é do povo, conforme estampado no preâmbulo, e a participação popular também ocorre no âmbito da fase de aplicação das normas constitucionais, então, caberia ao povo estabelecer o significado das normas constitucionais e não as Cortes. Ou seja, a base da reflexão seria, como já visto, devolver a Constituição ao povo.[216]

---

213. GARGARELA, Roberto. El Nascimento del constitucionalismo popular. Sobre The People Themselves, de Larry Kramer. *Revista De Libros De La Fundación Caja Madrid*, n. 112, 2006, pp. 15–18
214. TUSNHET, Mark. *Democracy v. Judicial Review. Is It Time Amend the Constitution*? In. *Dissent Magazine*, V. 51, nº 2, 2005 (*acesso* em *16.12.2010*).
215. BRANDÃO, Rodrigo. Supremacia Judicial versus Diálogos Constitucionais, p. 196-197, 2012. Aqui temos o caminho para formas alternativas de controle de constitucionalidade que ensejariam um sistema de controle de constitucionalidade fraco, na medida em que, da possibilidade de os juízes declararem a inconstitucionalidade de lei, não decorreria competir-lhes a última palavra (supremacia judicial), já que maiorias parlamentares ordinárias poderiam, de forma célere e constante, superar decisões judiciais que reputassem infelizes.
216. FRIEDMAN, Barry. **The Will of the People: how public opinion has influenced the Supreme Court and Shaped the Meaning of the Constitution**. New York: Farrar, Straus and Giroux, 2009. (eBook) FERNANDES, Bernardo Gonçalves; CRUZ Gabriel Soares. LEVANDO A CONSTITUIÇÃO PARA ALÉM DAS CORTES: uma análise crítica das

Em análise descritiva, Larry Kramer enfrenta o problema do porquê deixar sob a responsabilidade de uma minoria não eleita o papel de intérprete final da Constituição. Para tanto, apresenta um panorama histórico que, segundo ele, demonstra que a Constituição do Estados Unidos foi escrita dentro de um contexto de constitucionalismo popular, de modo que a palavra final sobre ela deveria ficar com o povo, e não com a Suprema Corte. Todavia, em que pese a sociedade norte-americana ter vivido sob o constitucionalismo popular, cuja ascensão ocorrera na primeira metade do século XIX, aos poucos houve a aceitação (passiva) da revisão judicial dos atos, tendo em vista uma leitura do Poder Judiciário como agente do povo e com isso admitindo-se uma intervenção maior dos tribunais sobre questões constitucionais.[217]

Nesses termos, aqueles que defendem a supremacia judicial se assentam no fato de que os tribunais são mais confiáveis na determinação do direito constitucional, mantendo-se um mínimo de integridade e coerência sobre o significado da Constituição. No entanto, o que haveria, na verdade, é um medo de o povo tomar por si só decisões sobre seus próprios direitos, de aceitar que as pessoas podem tomar decisões por si mesmas. Assim, para o constitucionalismo popular a mais alta autoridade sobre o significado da Constituição é o povo, e não uma Corte Suprema. A defesa, portanto, é a de retomar o significado de participação popular na interpretação final acerca dos direitos constitucionais.

Barry Friedman, lançando uma crítica aos pressupostos do constitucionalismo popular, defende que, na verdade, a sociedade americana vige sob um ***constitucionalismo popular mediado***.

Nesse sentido, a discussão estaria para além do aspecto contramajoritário da atividade judicial ou da extinção (ou mesmo enfraquecimento) da revisão judicial. Ao revés, a história apresenta dados que mostram que a interpretação da Suprema Corte dos Estado Unidos ***reflete a vontade do povo***, de modo que os tribunais atuam no sentido de diminuir a distância entre a vontade do povo e a decisão exarada pela Corte.[218]

A partir de uma análise histórica, tanto do posicionamento da Suprema Corte do Estados Unidos como de aspectos político-sociais observados na sociedade norte-americana, desde a promulgação da constituição, Barry Friedman, em *The Will Of The People*, chega ao entendimento que a questão acerca da revisão judicial está para além da dicotomia entre a premissa majoritária e a ampla tutela dos direitos

---

audiências públicas no Supremo Tribunal Federal a partir da teoria do constitucionalismo popular mediado de Barry Friedman. CONPEDI, 2015.

217. FRIEDMAN, Barry. **The Will of the People: how public opinion has influenced the Supreme Court and Shaped the Meaning of the Constitution.** New York: Farrar, Straus and Giroux, 2009. (eBook) CRUZ, Gabriel Soares, Levando a constituição a sério (e para além das cortes), 2015. FERNANDES, Bernardo Gonçalves; CRUZ Gabriel Soares. Levando a Constituição para além das cortes: uma análise crítica das audiências públicas no Supremo Tribunal Federal a partir da teoria do constitucionalismo popular mediado de Barry Friedman. CONPEDI, 2015

218. **Mediated popular constitutionalism.** 101 Mich. L. Rev. 2596, 2003.

da minoria. Segundo ele, a lição mais importante que a história ensina sobre o controle de constitucionalidade não é o papel da Suprema Corte, mas como a opinião pública reage às decisões que são exaradas por ela nesse processo dialógico de "decisão judicial – resposta popular – re-decisão.[219]

Os tribunais funcionariam, portanto, como uma ***instituição mediadora*** que colheria as informações advindas da opinião pública e canalizariam isso na identificação dos valores constitucionais. Essa mediação se mostra importante, eis que evitariam que as eclosões políticas do momento viessem a ser implementadas sem a análise daquilo que ganhou apoio popular ao longo do tempo e refletiria com maior precisão a vontade do povo.[220]

Na implementação dos direitos previstos na Constituição, há uma forte sintonia entre a revisão judicial (controle de constitucionalidade) e a opinião popular. Os juízes reconhecem isso, de modo a se vislumbrar uma ***interação*** e não a uma ***submissão*** às opiniões da maioria dominante.[221]

Assim, aplicando de forma tangente os estudos realizados em 2005 no texto *The Politics of Judicial Review*, o autor aborda que o exercício do controle judicial de constitucionalidade não está livre de determinadas influências, como da opinião pública dominante, da imprensa, de fatores internos, externos etc.[222]

Com isso, tem-se uma interação e também uma distância da opinião pública que somente será alcançada por uma instituição afastada minimamente do fervor popular. Há, portanto, que se reconhecer a importância da revisão judicial na análise e na implementação dos direitos constitucionais, todavia, sem deixar de lado as opiniões da maioria e a interação dela com os tribunais, principalmente com a Suprema Corte.[223]

A revisão judicial ocorre em meio a um cenário político e o reconhecimento desse cenário é essencial para compreender aquilo que motiva os juízes em suas decisões. Afastar por completo a opinião pública ou acabar com a revisão judicial seria fechar os olhos para a função do controle judicial de constitucionalidade e os seus reflexos dentro da prática constitucional. O reconhecimento e a interação dos diversos fatores dentro do processo de revisão judicial, exige o abandono de uma

---

219. FRIEDMAN, Barry. **The Will of the People: how public opinion has influenced the Supreme Court and Shaped the Meaning of the Constitution.** New York: Farrar, Straus and Giroux, 2009. (eBook) CRUZ, Gabriel Soares, Levando a Constituição a sério (e para além das cortes), 2015. FERNANDES, Bernardo Gonçalves; CRUZ Gabriel Soares. Levando a Constituição para além das cortes: uma análise crítica das audiências públicas no Supremo Tribunal Federal a partir da teoria do constitucionalismo popular mediado de Barry Friedman. CONPEDI, 2015.
220. **Mediated popular constitutionalism**. 101 Mich. L. Rev. 2596, 2003.
221. FRIEDMAN, Barry. **The Will of the People: how public opinion has influenced the Supreme Court and Shaped the Meaning of the Constitution.** New York: Farrar, Straus and Giroux, 2009. (eBook)
222. **The politics of judicial review.** Texas Law Review, Vol. 84, pp. 257-337. ***Mediated popular constitutionalism***. 101 Mich. L. Rev. 2596, 2003. CRUZ, Gabriel Soares, Levando a constituição a sério (e para além das cortes), 2015.
223. **Mediated popular constitutionalism**. 101 Mich. L. Rev. 2596, 2003. CRUZ, Gabriel Soares, Levando a constituição a sério (e para além das cortes), 2015. CRUZ, Gabriel Soares, Levando a constituição a sério (e para além das cortes), 2015.

postura ideal – como querem os teóricos do constitucionalismo popular – para trabalhar com uma perspectiva a partir do cenário político o qual a tomada de decisão é realizada. Segundo Barry Friedman, ao se fazer isso, percebe-se que a decisão seria apenas o começo da implementação ou reconhecimento de um direito constitucional, eis que quase todas as consequências sobre a revisão judicial ocorreriam após a decisão e a reação dela pelo povo.[224]

Para Barry Friedman o que importa, assim, não é o papel de uma Corte nesse processo, mas como o povo reage às decisões, ou seja, o momento pós-decisional.

Nesses termos, os magistrados devem observar esse importante papel desempenhado pela opinião pública nos processos decisórios, tendo em vista que a jurisdição constitucional ocorre num cenário político e o ambiente decisório em muito se parece com o fórum deliberativo do Poder Legislativo, de forma que a participação não fica condicionada à fase de elaboração legislativa. De igual modo, é irrelevante afirmar que a decisão final ficaria a cargo de uma única instituição, eis que tudo de importante ocorre após a tomada de decisão e a resposta da opinião pública a ela.[225]

Diante disso, portanto, a tese de Friedman é a de que há que se levar a ***Constituição para além das Cortes.*** Uma decisão para ser adequada precisa estar aberta às influências da opinião pública para se compreender se os juízes decidiram ou não adequadamente.

O fato de os juízes serem seres humanos pode dizer bem mais sobre a correspondências das decisões com a opinião pública, nada obstante de que a história ensinou, por meio de medidas drásticas, que coisas ruins podem acontecer à Corte quando ela decide de modo contrário à opinião pública.

Barry Friedman observa que nenhum acontecimento político ou decisão da Suprema Corte dos Estados Unidos se manterão sem o endosso do povo. A revisão judicial atua apenas como um mediador dessa relação política (tensão) que se expressa tanto de modo interno ao processo como externo, a partir da reação às decisões pela opinião popular. A Suprema Corte norte-americana, em regra, sempre esteve em sintonia com a vontade do povo.

O povo e os seus representantes têm habilidade de realizar pressões sobre os juízes. Nenhuma decisão pode enfrentar a vontade do povo por muito tempo. Se os juízes têm liberdade de agir é porque o povo deu isso a eles e se ele (o povo) não estiver contente, irá sinalizar isso, fazendo com que a Corte altere suas posturas ou decida em conformidade da opinião pública (*anticipated reaction*). A Corte não é

224. **The politics of judicial review.** Texas Law Review, Vol. 84, pp. 257-337.
225. FRIEDMAN, Barry. **The Will of the People: how public opinion has influenced the Supreme Court and Shaped the Meaning of the Constitution.** New York: Farrar, Straus and Giroux, 2009. (eBook),**The politics of judicial review.** Texas Law Review, Vol. 84, pp. 257-337.

irresponsável nas decisões. Não é subserviente, mas está atenta e em sintonia com a opinião pública.

O reconhecimento e a observância da interação (e influência) que a opinião pública impõe nas decisões judiciais são essenciais para a reflexão da prática constitucional. Para Barry Friedman, é preciso repensar o papel das Cortes e dos instrumentos processuais para que as decisões judiciais sejam tomadas de forma mais adequadas e reflitam – ao menos dialoguem com – a opinião popular.[226]

É a reação da opinião pública às decisões que importa no processo de revisão judicial, e não o papel da Suprema Corte; é nesse diálogo que a Constituição toma o significado que ela tem, num processo inacabado e sempre passível de ser implementado a todo tempo.

Barry Friedman extraiu dos fatos históricos que a revisão judicial atua como uma forma de mitigar a tensão entre o governo pelo povo e o governo sob uma Constituição; e que não há como haver separação entre direito e política. Ademais, mostra ainda que nenhum acontecimento político ou decisão da Suprema Corte se manterá sem o endosso do povo. Ele que será responsável pelo significado da Constituição. A revisão judicial será apenas um catalisador para tal fim. O diálogo com opinião pública está muito além da questão sobre (in)existência da última palavra sobre o significado da Constituição.[227]

Com isso, algumas conclusões podem ser desenvolvidas:

1) Em *The Will of The People*, Barry Friedman deixa explícito que o papel da Corte no âmbito do exercício da revisão judicial dos atos do poder público não se mostra como essencial, pois é o diálogo com a opinião pública, sempre como reação à decisão tomada, que é o que mais importa, e esse diálogo demonstra, a partir da história, o importante papel da opinião pública no estabelecimento do significado da Constituição dos Estados Unidos;

2) Para Friedman, devemos ficar atentos à relação do direito com a política e à influência da política nas decisões da Corte. A influência da política aqui é entendida de forma ampla, que vai desde a opinião pública à influência e interação com outras instituições na tomada das decisões pela Corte Suprema, inclusive a partir da deliberação interna (que ocorre entre os membros da Corte) e a partir das decisões das Cortes inferiores;

226. FRIEDMAN, Barry. **The Will of the People: how public opinion has influenced the Supreme Court and Shaped the Meaning of the Constitution.** New York: Farrar, Straus and Giroux, 2009. (eBook),**The politics of judicial review.** Texas Law Review, Vol. 84, pp. 257-337. CRUZ, Gabriel Soares, Levando a constituição a sério (e para além das cortes), 2015.

227. FRIEDMAN, Barry. **The Will of the People: how public opinion has influenced the Supreme Court and Shaped the Meaning of the Constitution.** New York: Farrar, Straus and Giroux, 2009. (eBook),**The politics of judicial review.** Texas Law Review, Vol. 84, pp. 257-337. CRUZ, Gabriel Soares, Levando a constituição a sério (e para além das cortes), 2015.

3) Recentemente, diante de várias decisões tomadas pela Suprema Corte americana, ficou claro que a prática constitucional não pode ser isolada da política ordinária, de modo que ficou mais forte o reconhecimento da relação entre direito e política, necessitando de uma teoria que reconheça tal relação;

4) A teoria positiva defendida por Barry Friedman identifica várias forças políticas que influenciam nas decisões e que, portanto, a relação entre direito e política é simbiótica e não pode ser precisamente separada. A principal delas, embora totalmente rechaçada pela teoria normativa, é que os juízes impõem seus próprios valores e pontos de vista quando decidem. A mais proeminente teoria dessa influência nas decisões é o modelo atitudinal (*attitudinal model*), que sugere que os juízes atuam segundo suas convicções políticas ou sua ideologia. Há, ainda, o modelo estratégico (*strategic model*), cujo comportamento dos juízes é analisado em conjunto com o ambiente político como um todo, demonstrando que a atuação dos juízes é limitada por outras forças institucionais (como os poderes legislativo e executivo, a opinião pública, entre outros). Assim, os juízes adotam posicionamentos um pouco mais sofisticados levando em consideração não apenas suas preferências pessoais, mas as outras forças políticas em jogo, a fim de ajustarem seus comportamentos de acordo com isso (postura estratégica);

5) Barry Friedman em crítica as teorias normativas identifica várias influências que caminham no sentido contrário daquelas identificadas pela teoria normativa sobre a revisão judicial: o processo de deliberação e a interação entre os juízes na Corte Suprema (*intracourt interaction*); interação com as Cortes inferiores (*intrabranch interaction*); interação entre instituições como o legislativo e o executivo (separação de poderes – *interbranch interaction*); e a vontade popular (*will of the people*);

6) O mito da separação mostra a necessidade de uma abordagem sobre a revisão judicial que leve em consideração o cenário interativo entre direito e política. Exige-se o abandono de uma perspectiva da revisão judicial que seja ideal para trabalhar com uma abordagem a partir do cenário prático que observa as influências na tomada de decisão. Para Barry Friedman, uma prática constitucional adequada deve reconhecer todas as forças políticas que atuam sobre a revisão judicial. O direito constitucional é produto de inevitável compromisso e, também, como um produto de várias influências: das Cortes inferiores e de pressões externas;

7) Para além das discussões acerca de quem cabe a última decisão sobre o significado da Constituição no âmbito da revisão judicial ou de qualquer aspecto da prática constitucional, deve-se ter em mente que o cenário da revisão judicial se dá no meio político, em que várias forças, internas, externas, normativas etc., atuam como influência nas decisões judiciais;

8) Ademais, a partir de tais influências veem-se duas consequências: i) a insuficiência das teorias normativas sobre a revisão judicial e; ii) que a Suprema Corte dos Estados Unidos sempre esteve e está atenta à opinião pública quando de suas decisões, a fim de conformá-la com tais fatores externos. Assim, o que importa

sobre o controle judicial de constitucionalidade e todo os processos de conformação constitucional não é o processo em si ou o procedimento de deliberação, mas as influências às quais os juízes estão sujeitos;

9) Com isso, a decisão é apenas o começo do processo dialógico. Portanto, a função central da revisão judicial, atualmente, é atuar como um ***catalisador*** para que o povo leve a sério a Constituição; logo, não há a necessidade de devolver a Constituição ao povo, na medida em que ela sempre esteve com o povo na ótica de um constitucionalismo popular mediado;[228]

10) Para Barry Friedman, portanto, o controle judicial está, sim, justificado e não é contrário à vontade popular, uma vez que os Tribunais não são deliberadamente separados da sociedade, interagindo com ela, na realidade, por meio de um inevitável diálogo, no qual os cidadãos também interpretam a Constituição. Para ele, o papel que os juízes constitucionais têm dentro do sistema é aquele que lhes foi outorgado pelas pessoas, de tal maneira que seria um erro considerar que eles "tomaram" a Constituição dos cidadãos. E isso não significa que o Judiciário deve sempre expressar a vontade majoritária. Ao contrário: o *judicial review* deve servir para algo além de expressar as preferencias populares imediatas, sob pena de completa coincidência com a política comum. Os Tribunais teriam o papel de facilitar o diálogo, e o fariam ao sintetizar as visões constitucionais prolatadas pela sociedade, enfocando o debate e organizando as ideias. Ademais, catalisariam o diálogo limítrofe, trazendo à tona questões que de outra forma teriam sido deixadas de fora.[229]

2.3.8. O Constitucionalismo Democrático da Escola de Yale: Robert Post e Reva Siegel. A análise do efeito Backlash

O Constitucionalismo Democrático derivado dos autores Robert Post e Reva Siegel surge como uma tentativa de superar visões maniqueístas da academia norte-americana centradas em polarizações entre direito e política, constitucionalismo e democracia, supremacia judicial e autogoverno do povo. Entendem Post e Siegel que tais fragmentações vão na contramão de um estudo comprometido do constitucionalismo, que tem em seu cerne a tensão construtiva entre estado de direito e democracia.[230]

---

228. FRIEDMAN, Barry. **The Will of the People: how public opinion has influenced the Supreme Court and Shaped the Meaning of the Constitution.** New York: Farrar, Straus and Giroux, 2009. **The politics of judicial review.** *Texas Law Review*, Vol. 84, pp. 257-337; **Mediated popular constitutionalism**. 101 Mich. L. Rev. 2596, 2003. CRUZ, Gabriel Soares, *Levando a Constituição a sério (e para além das cortes)*, 2015. FERNANDES, Bernardo Gonçalves; CRUZ Gabriel Soares. *Levando a Constituição para além das cortes: uma análise crítica das audiências públicas no Supremo Tribunal Federal a partir da teoria do constitucionalismo popular mediado de Barry Friedman*. CONPEDI, 2015.

229. NIEMBRO, Roberto, ***Una mirada al constitucionalismo popular***. Isonomia Nº. 38, abril 2013, pp. 191-224.

230. POST, Robert; SIEGEL, Reva. *Roe rage: democratic constitutionalism and backlash*. Harvard Civil-Rights Civil-Liberties Law Review, 2007. p. 385. Disponível em: <http://digitalcommons.law.yale.edu/fss_papers/169>. Esse item deriva do artigo CONSTITUCIONALISMO DEMOCRÁTICO Entre as teorias populares do constitucionalismo e um

Para os autores, as cortes, assim como as demais instituições, governo, movimentos sociais e o povo, são partes constitutivas do sistema político no qual estão imersas e em interconexão. Tal sistema faz parte de um projeto nacional assumido com a Constituição que está em processo contínuo de evolução e significação, sendo aberto e inacabado e, porquanto, objeto constante de interpretação e de desacordos por parte dos membros da sociedade.

Como vivemos em uma sociedade plural, em que o que é sinônimo de uma vida boa para uns não o é para outros, por vezes existem desacordos tão profundos que a deliberação coletiva não é suficiente para solucioná-los. Nesses casos, recorre-se às cortes para dirimir a controvérsia. A resposta judicial, embora seja definitiva para o caso concreto, é apenas provisória em relação ao desacordo maior subjacente a ele. Ou seja, a decisão das cortes não encerra o debate político, não põe fim a possibilidade de que o povo, as demais instituições e o governo discordem do seu sentido.

A legitimidade da jurisdição constitucional, para a teoria de Post e Siegel, reside em sua responsividade democrática, ou seja, em sua habilidade de ser reconhecida, ainda que no futuro, como expressão da própria identidade do povo. Uma decisão judicial apenas será democraticamente legítima se for capaz de conquistar a aderência da sociedade ao sentido constitucional posto judicialmente, ainda que essa adesão venha a ocorrer em momento posterior da história.

Nesse sentido, o Constitucionalismo Democrático nos apresenta uma proposta mais refinada que a do constitucionalismo popular quanto ao papel das cortes no constitucionalismo. Assim sendo, os tribunais não são instituições antidemocráticas que se impõem em face dos demais membros da sociedade, relegando-os à uma posição insuperável de silêncio e passividade. Da mesma forma, também não são meros reflexos da voz do povo, facilitadores (intermediadores/mediadores) da opinião popular e de suas políticas públicas.

Na verdade, as cortes, assim como as demais instituições, movimentos sociais e o povo, são entendidas como partes distintas e interconectadas do sistema político no qual estão inseridas. Tal sistema faz parte de um projeto nacional (partilhado por todos) e de nação (enquanto ideal a ser atingido) assumido com a Constituição e que está em processo contínuo de evolução e significação. Por ser aberto e inacabado, tal projeto é constantemente objeto de interpretação e de desacordos por parte dos seus membros, que devem se engajar no debate para persuadir uns aos outros quanto ao melhor resultado.[231]

No centro do debate constitucional não está o consenso entre cortes, povo e instituições, mas, exatamente, o contrário. É no desacordo que o constitucionalismo

novo aporte do papel das cortes na democracia de autoria de Ingrid Cunha Dantas e Bernardo Gonçalves Fernandes (2017).

231. POST, Robert; SIEGEL, Reva. *Roe rage: democratic constitutionalism and backlash*. Harvard Civil-Rights Civil-Liberties Law Review, 2007. p. 395. Disponível em: <http://digitalcommons.law.yale.edu/fss_papers/169>.

democrático se desenvolve e se legitima em uma democracia, permitindo que os vários atores constitucionais interajam reciprocamente na reivindicação do sentido de constituição compatível com seu projeto individual e coletivo de vida. No entanto, como já dito, como vivemos em uma sociedade plural, em que o que é sinônimo de uma vida boa para uns não o é para outros, existem desacordos tão profundos que a deliberação coletiva não é suficiente para solucioná-los, nesses casos, as cortes são provocadas à dirimir a controvérsia.

Embora a decisão judicial seja definitiva em relação ao caso concreto, ela é apenas provisória em relação ao desacordo maior subjacente a ele. Desse modo, a voz judicial não encerra o debate político, não silencia o povo, as demais instituições e o governo, muitas vezes, ampliando e elevando os parâmetros da discussão por meio de uma nova rodada procedimental de debates.

Nesse contexto, as cortes não são alheias à política, mas partes ativas em seu processo mais abrangente, atuando como catalisadoras do debate público institucionalizado e não-institucionalizado. São também elas próprias influenciadas e conformadas pelas circunstâncias da política, que tensionam o judiciário a reafirmar, através do direito, os valores e práticas fundamentais do povo.[232]

Ainda que Post e Siegel atribuam uma função mais significativa às cortes do que Kramer e Tushnet, os autores, assim como no Constitucionalismo Popular, conferem ao povo a autoridade final sobre a Constituição. A legitimidade da jurisdição constitucional, para a teoria, reside em sua responsividade democrática, ou seja, em sua habilidade de ser reconhecida, ainda que no futuro, como expressão da própria identidade popular.[233] Uma decisão judicial, para Post e Siegel, apenas será democraticamente legítima se for capaz de conquistar a aderência da sociedade ao sentido constitucional posto judicialmente, ainda que essa adesão venha ocorrer, como já dito, em momento posterior da história. Não basta que as cortes decidam conforme o direito, devem também ser permeáveis às circunstâncias políticas que fazem parte da vida em sociedade.

É importante salientar que para os autores, o ***desacordo*** não é algo estranho ao constitucionalismo e, sim, ***parte constitutiva dele e de sua constante legitimação na democracia***.[234] Assim sendo, o conflito é inerente à disputa pelo sentido constitucional e não uma ameaça à autoridade da Constituição. Nessa disputa, o ativismo popular, por meio reações e contrarreações às decisões judiciais é uma das várias formas de reivindicação do sentido constitucional e de manutenção de sua responsividade democrática, dialogando e, simultaneamente, tensionando as cortes em direção aos seus valores mais profundos.

---

232. POST, Robert; SIEGEL, Reva. *Roe rage: democratic constitutionalism and backlash*. Harvard Civil-Rights Civil-Liberties Law Review, 2007. p. 395. Disponível em: <http://digitalcommons.law.yale.edu/fss_papers/169>.
233. POST, Robert; SIEGEL, Reva. *Roe rage: democratic constitutionalism and backlash*. Harvard Civil-Rights Civil-Liberties Law Review, 2007. p. 374. Disponível em: <http://digitalcommons.law.yale.edu/fss_papers/169>.
234. POST, Robert; SIEGEL, Reva. Democratic Constitutionalism. *In*: BALKIN, Jack; SIEGEL, Reva B. (Orgs.). **Constitution 2020**. Oxford: Oxford University Press, 2009, p, 27.

Desse modo, em sentido semelhante a outras teorias positivas[235], o Constitucionalismo Democrático reconhece que, ainda que as cortes possam (e devam) levar a sério a lei e o direito, esses não são suficientes para impedir a influência de fatores políticos sobre a decisão judicial, sobretudo nos casos de maior repercussão e controvérsia em sociedade. As cortes não são alheias à política, fazendo parte da estrutura institucional na qual estão inseridas.

Direito e política, nesses termos, embora distintos, são também faces opostas e interconectadas de uma mesma moeda. Post e Siegel enxergam na sua reconciliação premissa básica do processo de legitimação da constituição, de modo a romper com tentativas de insulá-los ou opô-los um ao outro. Nesse sentido, desenvolvem uma abordagem que leva em conta as peculiaridades próprias de cada um, sem excluir ou mitigar a importância do outro, uma vez que ambos são valores constitutivos do sistema constitucional.[236]

Assim, para teorizarmos a relação entre direito e política, devemos entender que acordos e desacordos são fatos sociais persistentes tanto em um quanto em outro, ainda que em medidas distintas. Direito e política não são fenômenos distantes e incomunicáveis, mas práticas sociais com funções próprias de solidariedade voltadas à integração social. Embora sejam independentes, como abordagens distintas de uma mesma questão, são também interdependentes, necessitando-se reciprocamente.

O Constitucionalismo Democrático reconhece que a permanência da constituição ao longo do tempo está condicionada à sua abertura para influências além do direito, dentre elas as reivindicações sociais sobre o seu sentido. A constituição não subsiste em nossa sociedade de forma isolada e estranha aos valores e práticas que orientam a vida política. Pelo contrário, disputas sobre o seu sentido fazem parte da construção da identidade coletiva da nação, permitindo que os cidadãos se identifiquem uns com os outros e com a própria Constituição. Através do debate constitucional, as diversas compreensões e visões políticas existentes em sociedade são confrontadas e tensionadas em um processo deliberativo inclusivo, em que todos estão legitimados a participar. O sentido constitucional, assim, não é algo a ser imposto autoritariamente pelas cortes, mas um projeto de todos. Mesmo porque, como bem ressalta o constitucionalismo democrático, a corte é um ator ao lado de outros atores que constituem esse sentido.

---

235. O modelo atitudinal, por exemplo, por meio de uma análise empírico-comportamental da Suprema Corte americana, sustenta que os juízes tomam as suas decisões e emitem seus posicionamentos a partir de suas próprias convicções políticas e pessoais e não, como se acredita, pela melhor resposta segundo o direito. Ainda que o modelo atitudinal seja passível de críticas quanto à sua metodologia, não podemos desprezar o que dizem sobre a influência da política na atividade dos juízes e que é um dos pontos centrais de discussão das teorias de influência positiva POST, Robert; SIEGEL, Reva. Protecting the Constitution from the People: *Juricentric Restrictions on Section Five Power*. **Faculty Scholarship Series**, paper 182. 2002.

236. POST, Robert; SIEGEL, Reva. Democratic Constitutionalism. *In*: BALKIN, Jack; SIEGEL, Reva B. (Orgs.). **Constitution 2020**. Oxford: Oxford University Press, 2009, p, 20.

Embora reconheçam a existência de tensões entre o estado de direito e a democracia, Post e Siegel os entendem como elementos interdependentes e indispensáveis ao sistema constitucional. De um lado, o princípio democrático, para que não se converta em um mecanismo de opressão das minorias (fascismo) e para a própria permanência dos seus valores no jogo político, depende da instituição de limitações e garantias pelo estado de direito. Este, por sua vez, a fim de adquirir legitimidade no ambiente democrático, deve ser capaz de dialogar com o espírito do povo e seus valores mais profundos, sem que isso implique em sua conversão em um instrumento de maiorias ocasionais. Em suma, o Constitucionalismo Democrático explicita o paradoxo constitutivo da autoridade da constituição, relacionada, simultaneamente, à sua responsividade democrática e à sua legitimidade enquanto direito.

Ou seja, a crença na responsividade da ordem constitucional possibilita a perpetuação da Constituição em meio a desacordos morais razoáveis, garantindo a filiação do povo ao seu sentido ainda que esse seja contrário à sua compreensão individual de constituição. É a expectativa de um dia ver sua posição vencedora que mantém a adesão e a fidelidade dos cidadãos ao texto constitucional, dependendo da existência de mecanismos que os permitam expressar suas convicções e reafirmá-las através das instituições que dizem o direito, sobretudo das cortes.[237]

A jurisdição constitucional, nesses termos, não é vista como antagônica à democracia e ao exercício do autogoverno, mas, muitas vezes, a sua própria catalisadora. A decisão judicial é mais uma voz, ao lado das demais (outras vozes), no processo de interpretação constitucional, não encerrando o debate público democrático subjacente às principais controvérsias existentes em sociedade. A oposição popular ao sentido judicial não deslegitima a Constituição e tão pouco a própria jurisdição constitucional, fazendo parte do seu processo de legitimação no ambiente democrático.[238]

Embora reconheçam algum caráter final à decisão judicial, os autores atribuem a sua legitimidade à capacidade de ser reconhecida, ainda que no futuro, enquanto expressão da identidade do povo. Tal atribuição, não implica a conversão das cortes em instituições representativas como os poderes políticos, mas a compreensão de que suas decisões fazem parte de um processo deliberativo mais amplo responsável pela conformação do projeto constitucional coletivo ao qual todos (e não apenas os juízes) estão filiados.

O Constitucionalismo Democrático não pretende desenvolver uma teoria da interpretação constitucional, sobretudo porque não vislumbra em tal metodologia relevância prática para a compreensão das interações conformativas da constituição. Ao atribuir a legitimidade das cortes (e da constituição) ao seu reconhecimento pelo

237. POST, Robert; SIEGEL, Reva. Democratic Constitutionalism. *In*: BALKIN, Jack; SIEGEL, Reva B. (Orgs.). **Constitution 2020**. Oxford: Oxford University Press, 2009, p. 20.

238. POST, Robert; SIEGEL, Reva. *Roe rage: democratic constitutionalism and backlash*. Harvard Civil-Rights Civil-Liberties Law Review, 2007. p. 375. Disponível em: <http://digitalcommons.law.yale.edu/fss_papers/169>.

povo, os autores não dizem como a decisão judicial deve ser justificada, tão pouco prescrevem uma determinada conduta a ser observada pelos tribunais. Desse modo, Post e Siegel não se preocupam em endereçar como as cortes, do ponto de vista interno das suas decisões (em sua estrutura, alcance e justificação), serão sensíveis às reivindicações políticas e populares, reconhecendo, no entanto, que a ausência de tal sensibilidade compromete a sua legitimidade em uma democracia. Nesse viés, o Constitucionalismo Democrático se aproxima de uma teoria democrática da constituição e da jurisdição constitucional, voltada à análise dos processos externos de conformação do sentido constitucional e de legitimação das decisões judicias.

Tal abordagem difere, por exemplo, da desenvolvida pelo minimalismo de Sunstein, direcionado, exatamente, à prescrição de uma conduta, no caso, minimalista, às cortes quando da interpretação constitucional. Sunstein (2001) desenvolve um modelo de decisão centrado nos valores da superficialidade (*shallowness*) e da estreiteza (*narrowness*), em que o primeiro, determina que as decisões judiciais se esquivem de teorizações complexas e abstratas, prestigiando "acordos incompletamente teorizados"; e, o segundo, que as cortes se atenham ao caso particular e específico *sub judice*, evitando posicionamentos sobre temas para os quais não foram provocadas.

Em defesa do minimalismo, Sunstein argumenta pela mitigação dos riscos que uma decisão judicial equivocada pode ensejar ao processo democrático, ressaltando o estímulo promovido ao seu desenvolvimento e amadurecimento ao deixar em aberto a discussão e a construção do significado constitucional. Para o autor, uma decisão minimalista expressa respeito às diversas posições existentes em sociedade, evitando a imposição sobre os cidadãos de uma visão constitucional contrária aos seus compromissos individuais. Nesse sentido, reduz a intensidade dos conflitos sociais e as reações negativas à própria decisão judicial, facilitando a aderência popular ao seu resultado.

Em suma, para o autor, as reações sociais à jurisdição constitucional são ameaças à autoridade e estabilidade da ordem constitucional, razão pela qual as cortes devem se esquivar de emitir pronunciamentos gerais e profundos, deixando para a deliberação democrática a responsabilidade sobre as principais controvérsias constitucionais existentes.[239]

No núcleo do minimalismo judicial, está a visão juriscêntrica de que as cortes encerrariam o debate democrático, retirando do espaço político a deliberação constitucional. Por isso, deveriam adotar uma posição minimalista, preservando a continuidade do debate público e o pluralismo democrático.

Como vimos, o Constitucionalismo Democrático se recusa a aceitar tal ideia. As cortes não estão alheias às circunstâncias políticas nas quais estão inseridas, mas em constante diálogo com elas. Em suas decisões, devem ser sensíveis às diversas

239. SUNSTEIN, Cass R. *One case at a time: judicial minimalism on the Supreme Court*. 2a Ed., Cambridge: Harvard University Press, 2001, p. 59.

formas de reivindicação do sentido constitucional, dentre elas as reações populares aos seus próprios pronunciamentos. Ademais, a voz judicial, embora final para o caso concreto, é apenas provisória quanto ao desacordo maior subjacente a ele, estando sujeita à revisão e superação.

Ao lado das cortes, instituições políticas e governo, o povo é reconhecido como intérprete constitucional legítimo, capaz de reivindicar o sentido de constituição compatível com seus ideais de vida. Não apenas o povo, mas também as cortes e agentes governamentais, os quais igualmente participam da deliberação constitucional, por vezes, alinhando-se ao posicionamento popular, outras, confrontando o seu entendimento. Nesse processo, que certamente é permeado por inúmeros desacordos e conflitos, cada intérprete, cada qual com seus meios, dialoga e tensiona os demais a acatar a sua visão, em um debate agônico que é responsável pela conformação do sentido da constituição ao longo da sua história.[240]

A constituição, portanto, transcende os limites do direito, apresentando um componente político que reivindica a sua legitimação democrática. A legitimidade constitucional não é concebida como algo estático, dado *a priori*, e, sim, um fluxo contínuo entre o seu sentido e os valores fundamentais do povo, que tem como pilar a deliberação coletiva. Esta requer que as instituições permitam aos cidadãos se envolverem no processo de criação e interpretação do direito, mantendo-se abertas aos influxos populares.

Post e Siegel, no entanto, não são ingênuos ou superficiais quanto a essa influência e, por isso, antecipam que nem sempre o engajamento popular terá êxito na adesão das instituições à sua interpretação. A autoridade da constituição não resulta de uma identificação direta entre o seu significado e a opinião popular, mas de sua abertura às diversas formas de reivindicação do seu sentido, dentre elas o *backlash*. Ou seja, não é a persuasão momentânea das cortes que garante a adesão dos cidadãos às decisões judiciais, mas a expectativa e a crença de influenciá-las em uma nova rodada procedimental de discussão.[241] Isso porque é o esforço e a esperança de persuadir e convencer as instituições que "dizem o direito" que provoca a mobilização, contramobilização, coalização e compromisso popular com os seus mandamentos.

Reconhecer o papel ativo da população na interpretação constitucional não implica adotar uma posição excludente ou mitigadora do Poder Judiciário, o qual é considerado intérprete igualmente legítimo, dotado de uma função relevante no sistema político-jurídico. Se a aderência da constituição ao espírito do povo garante a sua legitimidade e autoridade democrática como norma fundamental, a proteção judicial dos valores postos constitucionalmente lhe confere permanência e estabilidade ao longo do tempo.

240. POST, Robert; SIEGEL, Reva. *Roe rage: democratic constitutionalism and backlash*. Harvard Civil-Rights Civil-Liberties Law Review, 2007. Disponível em: <http://digitalcommons.law.yale.edu/fss_papers/169>.

241. POST, Robert; SIEGEL, Reva. Democratic Constitutionalism. *In*: BALKIN, Jack; SIEGEL, Reva B. (Orgs.). **Constitution 2020**. Oxford: Oxford University Press, 2009, p. 27.

A jurisdição constitucional, dessa forma, não é algo a ser oposto à democracia ou estranho e redutor dela, mas, como já dito, seu próprio catalisador, fomentando o debate político dentro e fora das instituições. A relação entre jurisdição constitucional e democracia é interdependente, de forma que a primeira fortalece a segunda. Nesse sentido, assim como as crenças constitucionais do povo são, muitas vezes, reforçadas pela interpretação judicial de direitos fundamentais, tornando-as exigíveis enquanto direito, também as decisões judiciais são inspiradas e sustentadas por ditas crenças, estando em constante diálogo com elas.

Ademais, Post e Siegel entendem que alguma forma de autoridade final das cortes é necessária ao constitucionalismo e à democracia, uma vez que certas condições devem ser preenchidas a fim de que os cidadãos possam verdadeiramente participar do debate público. Sem a garantia de igualdade, liberdade, de direitos sociais básicos, como a saúde e a educação, a deliberação se torna mero instrumento discursivo que não se sustenta na realidade. Os direitos constitucionais, nesse viés, asseguram aos cidadãos prerrogativas necessárias à reafirmação da sua participação livre e igualitária no espaço público de discussão. Sua proteção judicial é também uma garantia do princípio democrático.

Além disso, a supremacia judicial desempenha uma importante função de estabilização e segurança da constituição, conferindo resposta a conflitos e divergências. Diga-se que supremacia judicial, para os autores, não é dizer que as cortes podem definir as crenças e os valores dos cidadãos ou, ainda, impor a sua interpretação sobre eles. Da mesma forma, também não representa impedimento à persecução, pelas vias legais e políticas possíveis, da visão popular, sendo este um processo legítimo e necessário ao constitucionalismo.

Assim sendo, diante de uma decisão judicial incompatível com o projeto constitucional ao qual estão filiados, os cidadãos devem buscar rechaçá-la, por exemplo, pressionando seus representantes políticos a propor emendas constitucionais que superem a interpretação judicial (*overruling*) ou, ainda, mobilizando-se, por meio dos movimentos sociais, para a persuasão da opinião popular e das instituições (*backlash*).

Percebe-se, assim, que em nenhum momento os autores propõem que a voz do judiciário se sobreponha às demais vozes não-judiciais ou que ocupe o lugar solitário na interpretação constitucional. Admitir que as cortes integram o constitucionalismo e que seu papel é relevante para o sistema não é o mesmo que lhe conferir qualquer tipo de protagonismo constitucional. Aqui repetimos que a corte é um ator ao lado de outros atores.

Na verdade, como já dito, no Constitucionalismo Democrático, a supremacia judicial não é antagônica ao exercício da democracia, mas uma garantia da sua própria efetivação, assegurando as práticas e direitos necessários à formação e à autonomia da vontade popular. Por outro lado, a democracia é o fundamento precípuo da autoridade das cortes e, por isso, embora as suas decisões ponham fim a um processo judicial, não encerram o debate público e democrático, sendo sempre provisórias, temporárias, precárias e sujeitas à revisão e superação. Em suma, a supremacia judicial não é identificada com a "última palavra" ou "a última autoridade" da corte para determinar o significado constitucional, sendo uma voz importante ao lado de outras na interpretação da constituição.

Apesar de Post e Siegel reconhecerem que as cortes apresentam uma forma distinta para declarar e fazer valer direitos, submetem a legitimidade judicial à sua responsividade democrática ou ao seu reconhecimento pelo povo. Nesse viés, caso interpretem a Constituição em termos que destoem profundamente das crenças dos cidadãos, as cortes podem ter seus pronunciamentos resistidos e confrontados nas demais áreas da vida pública, o que, caso tornado à regra, levará ao seu próprio estranhamento na democracia.

Ou seja, embora atribuam um papel importante às decisões judiciais na estabilidade e segurança do ordenamento político-jurídico, elas não são consideradas fenômenos alheios à política, mas em constante diálogo com essa. É do povo que o judiciário e demais poderes estatais extraem a sua legitimidade, devendo ser a ele e à sua cultura sensíveis. Sua legitimidade, portanto, está no fino equilíbrio entre supremacia judicial e democracia, entre o direito "das cortes" e os valores constitutivos da cultura constitucional dos cidadãos.[242]

Embora a legitimidade das decisões judiciais esteja vinculada à sua capacidade de conquistar aderência popular, a supremacia judicial não se limita à estrita vontade do povo. Os tribunais não devem se converter em uma instituição representativa como é o legislativo, mas compreender que a Constituição tem uma importante dimensão política que também deve estar refletida na decisão. Por ser a autoridade da constituição simultaneamente política e legal é de suma importância que, em suas decisões, as cortes estabeleçam conexões com a cultura política da nação, enquanto, simultaneamente, preservem o seu discurso técnico próprio de "pronunciar direito" (*declaring law*).[243]

Ora, se a autoridade judicial depende de sua responsividade democrática, o que ocorre quando o direito pronunciado "nas cortes" confronta ou contraria a interpretação constitucional e os valores políticos dos membros não-judiciais? Como dito, o ***backlash*** é um dos resultados possíveis.

Backlash[244], ou resistência popular (ou mesmo *refluxo*), é uma das várias práticas de contestação de normas por meio das quais o povo busca influenciar o

242. POST, Robert; SIEGEL, Reva. Popular Constitutionalism, Departmentalism and Judicial Supremacy. *In*: **California Law Review**. v. 92. Berkeley: Berkeley University, 2004. p. 1027-1044.

243. POST, Robert; SIEGEL, Reva. Protecting the Constitution from the People: Juricentric Restrictions on Section Five Power. **Faculty Scholarship Series**, paper 182. 2002.

244. Conforme o dicionário Oxford de inglês ***backlash*** se referia incialmente à reação de uma roda ou de um conjunto articulado de rodas em um mecanismo, quando o movimento não é uniforme ou quando se aplica pressão repentina. O conceito muito rapidamente começou a se associar a efeitos indesejáveis e contraproducentes, como o algodão que se enrola nas roldanas de uma desmontadora. Em meados do século XX o alcance da palavra se expandiu de forma tal que uma demanda por difamação poderia gerar um contra golpe (backlash) e as figuras políticas deveriam se preocupar devido a golpes de opinião. Conforme salientam Post e Siegel a palavra

conteúdo do direito constitucional. Através da *resistência popular, os cidadãos se engajam politicamente na reinvindicação dos seus ideais e na persuasão das cortes,* que, embora nem sempre seja exitosa, *tensiona a interpretação judicial a observar os influxos desenvolvidos fora dos tribunais.*

No Constitucionalismo Democrático, os *movimentos sociais são uma das principais formas de organização e mobilização das reações populares, apresentando-se como importante canal de expressão das inquietudes, críticas e oposições populares às decisões judiciais e políticas governamentais.*[245]

Nesse sentido, ao servir de veículo às reivindicações populares, os movimentos sociais influenciam não apenas a relação do povo com as cortes (e demais intérpretes constitucionais), mas, a sua relação entre si, ou seja, como os membros de uma comunidade interagem e se identificam uns com os outros. Isso porque, para que consigam persuadir as instituições que "dizem o direito", os cidadãos devem ser capazes de mobilizar e acomodar as diversas visões e ideais políticos existentes em sociedade, evitando desacordos sobre questões tidas como inconciliáveis.

Nesse sentido, ao compartilharem de um mesmo propósito, voltado à promoção e consolidação de valores e práticas caros à sociedade, os cidadãos são aproximados a partir de sua identificação coletiva, ou seja, de um sentimento de pertença que os tornam membros de uma dada comunidade e não de outra. Tal identificação contribui não apenas para a legitimação democrática das instituições, como para o desenvolvimento solidário de uma comunidade normativamente heterogênea, em que o desacordo, embora permanente, não é visto como impedimento ao reconhecimento recíproco dos cidadãos.[246]

---

começou a ser aplicada de forma habitual na arena política durante o movimento por direitos civis, quando o termo recebeu um conceito mais amplo. O Termo chegou a dominar as forças opostas desatadas pelas mudanças ameaçadoras do status quo. Nesse sentido: *Backlash veio a designar forças contrárias desencadeadas por mudanças ameaçadoras do status quo. Cientistas sociais começaram a se referir àquilo que Seymour Martin Lipset e Earl Raab rotularam de 'política do retrocesso', que 'pode ser definida como a reação de grupos que estão em declínio em termos de importância, influência e poder, como resultado de uma mudança endêmica e secular na sociedade.* POST e SIEGEL, *Constitucionalismo Democrático. Por uma Reconciliacion entre Constitucion y Pueblo*, 2007. POST, Robert; SIEGEL, Reva. *Roe Rage: Democratic Constitucionalism and Backlash*. Harvard Civil Rights-Civil Liberties Law Review, vol. 42, pp. 373-433, 2007, pp. 389. Cass Sunstein, por sua vez, fornece um conceito de ***backlash*** mais aproximado do eixo jurídico, tendo como pano de fundo a jurisdição constitucional. Para ele, trata-se da "intensa e duradoura desaprovação social de uma decisão do Judiciário, acompanhada de medidas agressivas para resistir a esta decisão e remover sua força jurídica". A definição é útil, mas não compreende as ricas variáveis do fenômeno. Trata-se de um conceito estadunidense de backlash, idealizado para a conjuntura da primeira década do século XX, razão pela qual convém, analiticamente, desenvolver um significado universal e que atenda aos tempos mais modernos. Aqui esse conceito seria no máximo **um ponto de partida**, mas não de chegada, visto que o conceito é mais rico. Ver: FONTELES, Sales Samuel. *Direito e Backlash*, p.27, 2019.

245. POST, Robert; SIEGEL, Reva. **Democratic Constitutionalism: a reply to Professor Barron.** Cambridge: Harvard Law & Policy Review, v. 01, 2006, p.1362-1366. Disponível em: <http://harvardlpr.com/online-articles/democratic-constitutionalism-a-reply-to-professor-barron>.

246. POST, Robert; SIEGEL, Reva. **Democratic Constitutionalism: a reply to Professor Barron.** Cambridge: Harvard Law & Policy Review, v. 01, 2006, Disponível em: <http://harvardlpr.com/online-articles/democratic-constitutionalism-a-reply-to-professor-barron>.

Por outro lado, os movimentos sociais também impulsionam o debate público, desafiando os grupos favorecidos pela decisão a responder às suas reivindicações, em uma contra mobilização ao seu próprio posicionamento. Nesse debate, cada movimento social é tensionado a argumentar suas posições em vista das considerações e críticas do outro, em uma relação de agonismo que requer, mesmo que indiretamente, o reconhecimento do seu oponente.

A apreensão dos argumentos contrários aos seus, ainda que para rebatê-los, contribui para o refinamento da visão constitucional levada adiante por cada movimento social, que é compelido a repensar, por meio das críticas, a sua própria posição e, por vezes, incorporá-las às suas reivindicações. Ademais, a interação entre mobilização e contra mobilização, embora marcada pelo conflito, é também um canal de interação entre os movimentos sociais, que, apesar de suas diferenças, dividem um mesmo espaço de debate, reconhecendo mutualmente suas posições mesmo que para questioná-las perante a opinião popular e as instituições.[247]

Dessa forma, os movimentos sociais expressam o confrontamento e a acomodação de posições constitucionais e políticas distintas, as quais se aproximam a partir do compartilhamento de uma identidade comum, a história da constituição e de seu povo. O êxito de suas reivindicações dependerá da sua capacidade de persuadir e conquistar a filiação das autoridades que "dizem o direito", principalmente as cortes, uma vez que o processo legislativo da proposição de emendas constitucionais é mais moroso e complexo.

Pois bem, subjacente ao *backlash*, está a compreensão de que o direito constitucional, no longo prazo, é susceptível a influências políticas. Desse modo, uma desidentificação profunda e persistente entre o discurso profissional das cortes e os valores populares, ameaça a legitimidade da jurisdição constitucional e da própria constituição.[248]

Aqui ao contrário de autores que vislumbram no ***backlash*** uma ameaça ao constitucionalismo, os autores de Yale o veem ***como uma prática necessária ao seu processo de legitimação.*** Post e Siegel entendem que a participação popular é positiva para a ordem constitucional, constituindo uma das formas de fortalecimento da coesão social e da legitimação da Constituição em uma sociedade plúrima de valores, convicções e ideais.

O engajamento do povo na deliberação constitucional reforça o seu compromisso com os valores constitucionais individuais e coletivos, o que mantém a sua adesão e fidelidade à constituição mesmo quando sua interpretação não é prevalente. Na tentativa de persuasão do outro e das instituições, os cidadãos apropriam-se de

247. POST, Robert; SIEGEL, Reva. **Democratic Constitutionalism: a reply to Professor Barron.** Cambridge: Harvard Law & Policy Review, v. 01, 2006, p.1362-1366. Disponível em: <http://harvardlpr.com/online-articles/democratic-constitutionalism-a-reply-to-professor-barron>.

248. POST, Robert; SIEGEL, Reva. *Roe rage: democratic constitutionalism and backlash*. Harvard Civil-Rights Civil-Liberties Law Review, 2007, p.378-379. Disponível em: <http://digitalcommons.law.yale.edu/fss_papers/169>.

memórias e princípios compartilhados em comum, permitindo que se identifiquem entre si e com a ordem constitucional.

Assim, o *locus* ocupado pelo povo no Constitucionalismo Democrático vai de encontro a tentativas de evitar o desacordo no sistema constitucional, já que é o conflito que permite a legitimação da constituição ao longo de sua história.

A jurisdição constitucional, como vimos, não encerra ou silencia o processo político, mas pode exatamente catalisá-lo ao fomentar o debate dentro e fora das instituições a partir de suas decisões. Portanto, é na tensão entre supremacia judicial, ***backlash,*** direito e política, que a Constituição encontra seu reconhecimento e legitimação no constitucionalismo e na democracia, em uma interação dialógica marcada pela persistência de desacordos.[249]

No que diz respeito ao efeito ***backlash*** algumas considerações ainda são pertinentes e necessárias.

Como salienta Katia Kozicki, no âmbito do Constitucionalismo Democrático, fortemente marcado pelo pluralismo de posicionamentos políticos e pela possibilidade de debate acerca da interpretação da Constituição (como tem acontecido no Brasil hodiernamente), torna-se inquestionável que as manifestações e/ou reações populares contrárias a certa interpretação constitucional feita pelo Poder Judiciário engrandecem a legitimidade do sistema jurídico.[250]

Como explicita a doutrina, o fenômeno do ***backlash*** não é novidade no cenário internacional e vem merecendo especial aprofundamento na doutrina americana (não só na corrente do constitucionalismo democrático, que ora trabalhamos na obra).

Na história dos Estados Unidos, despontam reações de toda ordem havidas em decorrência do julgamento dos conhecidos casos Brown v. Board of Education[251] e Roe v. Wade[252], que provocaram intensa discussão acerca do poder da Suprema Corte de dar respostas a questões de ordem social e institucional tão caras à população. Assim sendo, esclarece Mariana Pimentel, de forma adequada, que o conceito

249. Aqui a premissa do Constitucionalismo Democrático reside justamente no fato de que a autoridade da Constituição depende de sua legitimidade democrática, o que se dá no momento em que os cidadãos reconhecem a Constituição como a sua Constituição. Essa crença, para Robert Post e Reva Siegel, é sustentada por tradições de engajamento popular, que autorizam os cidadãos a não só interpretar a Constituição, como também a se opor a quem quer que a esteja desrespeitando POST, Robert; SIEGEL, Reva. *Roe rage: democratic constitutionalism and the backlash.* Harvard Civil Rights - Civil Liberties Law Review, v. 42, n. 2, p. 373-433, 2007.

250. KOZICKI, Katya. Backlash: as "reações contrárias" à decisão do Supremo Tribunal Federal na ADPF no 153. In: SOUZA JÚNIOR, José Geraldo de et al. (Org.). O Direito Achado na Rua: introdução crítica à justiça de transição na América Latina. Brasília: UnB, 2015. v. 7. p. 192-194.

251. Nesse caso, a Suprema Corte dos Estados Unidos decidiu ser inconstitucional a divisão racial entre estudantes brancos e negros em escolas públicas do país. PIMENTEL, Mariana Barsaglia. *Backlash às decisões do Supremo Tribunal Federal sobre união homoafetiva.* Revista de Informação Legislativa: RIL, v. 54, n. 214, p. 189-202, abr./ jun. 2017.

252. Nesse caso, a Suprema Corte decidiu que a mulher, amparada pelo direito à privacidade e pela cláusula do devido processo legal da "Décima Quarta Emenda", detém o poder de decidir, por si só, acerca da continuidade ou da interrupção da sua gravidez. PIMENTEL, Mariana Barsaglia. Backlash. *Backlash* às decisões do Supremo Tribunal Federal sobre união homoafetiva. Revista de Informação Legislativa: RIL, v. 54, n. 214, p. 189-202, abr./ jun. 2017.

de ***backlash*** não se associa com erro ou acerto da decisão objeto da reação. Não há, por assim dizer, um liame inexorável entre a reação social e a correção da decisão.[253] Conforme Katia Kozicki:

> O termo backlash pode ser traduzido como reação, resposta contrária, repercussão. Dentro da teoria constitucional, vem sendo concebido como a reação contrária e contundente a decisões judiciais que buscam outorgar sentido às normas constitucionais. Seriam, então, reações que acontecem desde a sociedade e questionam a interpretação da Constituição realizada no âmbito do Poder Judiciário. No Brasil, penso ser o caso, especialmente, das reações populares às decisões do Supremo Tribunal Federal proferidas em sede de controle concentrado/abstrato de constitucionalidade. O engajamento popular na discussão de questões constitucionais não apenas é legítimo dentro dessa perspectiva, mas pode contribuir, também, para o próprio fortalecimento do princípio democrático.[254]

Certo é que, reações (ou contra-reações/ refluxos) sociais e "ondas" em certo sentido "conservadoras" ou mesmo não conservadoras (progressistas) podem surgir de decisões judiciais proferidas no *judicial review* (na jurisdição constitucional).[255]

---

253. Nesse sentido: É de Krieger (2001, p.1-76) a explicitação de que o ***backlash*** resulta de uma relação entre um regime legal instituído para promover uma mudança social, e o sistema de normas e práticas consolidadas destinatário dessa nova disciplina normativa. O backlash tende a emergir quando a aplicação de um regime legal transformativo gera resultados que divirjam visceralmente da normatização já consagrada ou de instituições em relação às quais segmentos influentes da população mantenham uma consciente e significativa fidelidade normativa. [...] Está-se então no plano puro e simples da manifestação do dissenso a uma alteração brusca do status quo – sem que se possa afirmar aprioristicamente que essa divergência seja em si boa ou ruim; o que ela expressa é em princípio, o descontentamento com a solução. A reação à mudança brusca – e em síntese é disso que se cuida quando se alude a backlash – só pode receber signo valorativo quando se tem uma avaliação sobre a bondade ou maldade do regime anterior (superado pela decisão) que funcione como elemento de orientação quanto à pertinência da mudança em si. VALLE, Vanice Regina Lírio do. *Backlash à decisão do Supremo Tribunal Federal: pela naturalização do dissenso como possibilidade democrática* [online]. 2013. p. 9) PIMENTEL, Mariana Barsaglia. *Backlash às decisões do Supremo Tribunal Federal sobre união homoafetiva.* Revista de Informação Legislativa: RIL, v. 54, n. 214, p. 189-202, abr./ jun. 2017.
254. KOZICKI, Katya. Backlash: as "reações contrárias" à decisão do Supremo Tribunal Federal na ADPF no 153. In: SOUZA JÚNIOR, José Geraldo de et al. (Org.). O Direito Achado na Rua: introdução crítica à justiça de transição na América Latina. Brasília: UnB, 2015. v. 7. p. 192-194.
255. Aqui Samuel Sales nos lembra que o efeito ***Backlash*** não surge apenas de decisões de cortes constitucionais: Na maioria dos casos, o fenômeno social em estudo nascerá contra decisões de uma Corte Constitucional, entidade que usualmente é alheia à intimidade estrutural do Judiciário e posiciona-se acima deste Poder. Ademais, como apontado alhures, a literatura jurídica mais moderna reconhece a existência do fenômeno contra decisões que emanam das Cortes de Direitos Humanos (v.g caso Fontevecchia - 2011), que inegavelmente estão fora do organograma do Judiciário. Outrossim, há hipóteses de arranjos institucionais ainda mais específicos, a exemplo do constitucionalismo da Inglaterra, que, durante muito tempo, permitiu ao Parlamento o exercício de funções jurisdicionais. (...)O senso comum também pode levar à precipitada conclusão de que o backlash só é desencadeado por decisões de Tribunais hierarquicamente mais elevados, o que é um erro palmar. Figure-se, por exemplo, que um Tribunal de Justiça se posicione a respeito da constitucionalidade de uma lei editada por um populoso Município, capital de um Estado (v.g lei municipal de São Paulo). Admitamos que o referido diploma proíba a doutrinação político-partidária de alunos da rede pública e municipal de ensino. Eventual manifestação quanto à (in)constitucionalidade da norma descrita tem, sim, potencial para deflagrar uma revolta social de magnitude suficiente para ser concebida como um backlash. A própria história já se encarregou de fornecer exemplos, como se percebe no backlash endereçado contra Baehr v. Lewin (1993), decidido pela Suprema Corte do Hawaii (EUA), assim como em face de Goodridge v. Department of Public Health (2003), decisão que adveio do Tribunal de Massachusetts (EUA). Em ambas, o posicionamento favorável ao casamento gay inflamou reações sociais das mais hostis. *Direito e Backlash*, p.31-32, 2019.

Os casos *Brown v. Board of Education* (1954), *Furman vs Georgia* (1972), *Roe v. Wade* (1973), bem como *Obergefell v. Hodges*,[256] são alguns interessantes exemplos nos EUA.

Em *Roe v. Wade* reações conservadoras (institucionais e não institucionais) ocorreram a partir de 1973, sobretudo pelo partido republicano, contra a decisão que permitiu o aborto nos EUA sob determinadas condições (parâmetros). No caso Furman vs Georgia - a Suprema Corte decidiu, por 5 a 4, que a pena de morte seria incompatível com a oitava emenda da Constituição do País. Ocorreu uma forte reação da sociedade nas eleições seguintes para o Parlamento, com votação expressiva dos que defendiam a volta da pena capital, e com endurecimento da legislação penal em diversos Estados. Esse quadro levou com a reavaliação da Suprema Corte, em 1976. Assim sendo, respeitadas algumas condições, a pena de morte passou a ser compatível com a oitava emenda. É interessante que a partir desse momento, o número de Estados que passou a permitir a pena de morte cresceu exponencialmente, aumentando a quantidade em relação ao número anterior à mencionada decisão, ocorrida 4 anos antes.[257]

No Brasil, também podemos observar tal possibilidade de efeito ***backlash*** a partir de reações, para muitos, conservadoras (embora possam não ser). São exemplos: a) As decisões do STF nas ADCs 43, 44 e 54 em novembro de 2019. Em **07.11.2019**, o STF julgou as ADC 43/DF, ADC 44/DF e também a ADC 54/DF e decidiu que o art. 283 do CPP, que exige o trânsito em julgado da condenação para que se inicie o cumprimento da pena, **é constitucional**, sendo compatível com o princípio da *presunção de inocência*, previsto no art. 5º, LVII, da CR/88. Assim sendo, voltou a ser proibida a chamada execução provisória da pena. Com isso, ocorreu uma forte e rápida reação popular e de setores mais conservadores da sociedade. Devido a essa reação de forte de apelo popular e de determinados setores da sociedade algumas propostas no Congresso Nacional que já existiam, foram no final do ano de 2019 colocadas em relevo e ênfase.

---

256. Em decisão histórica, a Suprema Corte dos Estados Unidos legalizou em 2015 o casamento entre pessoas do mesmo sexo em todo o país. Os 13 Estados que ainda proibiam não podem mais barrar os casamentos entre homossexuais, que passam a ser legalizados em todos os 50 estados americanos. A decisão foi por cinco votos contra quatro votos na Suprema Corte. Nessa decisão, O presidente da Supre Corte (John Roberts) que foi voto vencido, alertou dos riscos das reações conservadoras as decisões polêmicas. No governo Donald Trump, houve o retrocesso na tutela dos direitos de homossexuais. Por exemplo, o presidente suspendeu orientação do presidente anterior, de que transgêneros poderiam utilizar o banheiro de escolas públicas, de acordo com a identidade de gênero. Também proibiu o ingresso de transgêneros nas forças armadas. Sobre essa medida, temos questionamentos judicias e inclusive decisão da justiça do EUA (Juíza federal Colleen Kollar-Kottely) de 2017, suspendendo a medida do Presidente Trump. Com essa decisão, todos os que já fizeram cirurgia de redesignação sexual poderão participar normalmente das atividades militares, conforme autorização dada em junho de 2016, durante o governo do ex-presidente Barack Obama. Posteriormente o juiz Marvin Garbis, Do Estado de Meryland tomou decisão no mesmo sentido. Ver, In: MARMELSTEIN, George (2017).
257. O curioso nesse processo é que, após a decisão proferida no caso Furman v. Georgia e a consequente vitória eleitoral do grupo favorável à pena capital, a quantidade de Estados que passaram a adotar a pena de morte aumentou em relação ao quadro anterior. Ou seja, como já citamos, Estados que antes não adotavam a pena de morte passaram a adotá-la graças à mudança na opinião pública provocada pela reação contra a postura liberal adotada pela Suprema Corte. Ao fim e ao cabo, a tentativa frustrada de acabar com a pena de morte por meio de uma decisão judicial teve um efeito indesejado, que prejudicou bastante o avanço da tese abolicionista. MARMELSTEIN, George *Efeito Backlash da Jurisdição Constitucional*: reações políticas à atuação judicial, 2017.

Essas propostas que passaram a ser debatidas no Poder Legislativo, de forma mais enfática, vão desde a alteração constitucional do art. 5º, LVII da CR/88 via emenda constitucional, ou da alteração ou supressão infraconstitucional do art. 283 do CPP, ou mesmo da alteração na sistemática do Recurso Extraordinário e do Recurso Especial (respectivamente do art. 102, III e do art. 105, III da CR/88) para permitir a execução provisória da condenação. Tudo isso visando alterar a questão da presunção de inocência enfrentada pelo STF nas ADCs 43, 44 3 54[258]; b) a postura liberal do Supremo Tribunal Federal no julgamento da ADPF 132/RJ e da ADI 4.277/DF que reconheceu a união estável homoafetiva causou reações negativas em setores da sociedade, com uma forte ascensão do conservadorismo no que concerne ao tema das uniões homoafetivas. Nesses termos, foi dada ênfase na tramitação do Estatuto da Família. Esse é um projeto de lei (PL 6583/13) em trâmite no Congresso Nacional, que propõe regras jurídicas para definir quais grupos podem ser considerados como entidade familiar perante a lei. Nos termos do art. 2o do Estatuto da Família: "Para os fins desta Lei, define-se entidade familiar como o núcleo social formado a partir da união entre um homem e uma mulher, por meio de casamento ou união estável, ou ainda por comunidade formada por qualquer dos pais e seus descendentes"[259]; c) O STF em 2016 na ADI 4983 o STF declarou inconstitucional Lei do Estado do Ceara sobre a vaquejada, por entender que essa prática era dotada de crueldade com os animais. A decisão do STF gerou uma forte reação popular e de setores sociais (reação social) sobretudo do nordeste brasileiro (nos Estados em que é comum a pratica da vaquejada). No caso, temos que essa reação acabou por produzir um o *override* (superação/reação legislativa) no Congresso Nacional com a edição da Lei nº 13.364/2016 e posteriormente com a Emenda Constitucional nº 96/2017, e, posteriormente, com a Lei nº 13.873/2019.

Aqui é interessante que no STF o Ministro Fux na decisão da ADC nº 29/DF e na ADI 4587/DF citou expressamente o termo backlash. Nesse sentido, conforme o Ministro: *a verdade é que a jurisprudência do STF nessa matéria vem gerando fenômeno similar ao que os juristas norte-americanos Robert post e Reva Siegel identificaram como backlash, expressão que se traduz como um forte sentimento de um grupo de pessoas em reação a eventos sociais ou políticos.*[260]

Por último, é importante interpretarmos o backlash à melhor luz e nos afastarmos de posições inadequadas sobre o referido efeito.

George Marmelstein delimita em seus estudos a lógica dos passos do Backlash da seguinte maneira: (1) Em uma matéria que divide a opinião pública, o Judiciário profere uma decisão liberal, assumindo uma posição de vanguarda na defesa dos direitos

258. Sobre as propostas, ver as críticas: *PECs contra a Presunção da Inocência são fraude à Constituição*. STRECK, Lenio Luiz; CATTONI, Marcelo. CONJUR, 11.11.2019. *Alterar a Presunção de Inocência? Não se mudam leis com raiva*. STRECK, Lenio Luiz, CONJUR, 21.11.2019.
259. PIMENTEL, Mariana Barsaglia. *Backlash às decisões do Supremo Tribunal Federal sobre união homoafetiva*. Revista de Informação Legislativa: RIL, v. 54, n. 214, p. 189-202, abr./ jun. 2017.
260. ADC nº 29 e ADI nº 4587, Julgamento pelo Pleno do STF em 2012.

fundamentais. (2) Como a consciência social ainda não está bem consolidada, a decisão judicial é bombardeada com discursos conservadores inflamados, recheados de falácias com forte apelo emocional. (3) A crítica massiva e politicamente orquestrada à decisão judicial acarreta uma mudança na opinião pública, capaz de influenciar as escolhas eleitorais de grande parcela da população. (4) Com isso, os candidatos que aderem ao discurso conservador costumam conquistar maior espaço político, sendo, muitas vezes, campeões de votos. (5) Ao vencer as eleições e assumir o controle do poder político, o grupo conservador consegue aprovar leis e outras medidas que correspondam à sua visão de mundo. (6) Como o poder político também influencia a composição do Judiciário, já que os membros dos órgãos de cúpula são indicados politicamente, abre-se um espaço para mudança de entendimento dentro do próprio poder judicial. (7) Ao fim e ao cabo, pode haver um retrocesso jurídico capaz de criar uma situação normativa ainda pior do que a que havia antes da decisão judicial, prejudicando os grupos que, supostamente, seriam beneficiados com aquela decisão.[261]

Entendemos, porém, que o fenômeno deve ser visto de forma mais ampla. Certo é que ele não deve ser visto apenas como um fenômeno que gera *estritamente retrocessos* e ondas de conservadorismo, embora elas possam existir. Nesse sentido, o ***backlash*** pode gerar efeitos indesejados e efeitos desejados, ondas de conservadorismo ou de extremo progresso em termos de direitos fundamentais. Ele deve ser visto como um fenômeno político de reações sociais e contra reações à decisões do Poder Judiciário (ou mesmo dos outros poderes). Ele então é parte constitutiva da democracia e do jogo democrático.

> A história do constitucionalismo norte-americano também fornece uma ótima ilustração de backlash "progressista", a exemplo das reações ao caso Bowers v. Hardwick (1986), quando a Suprema Corte Norte-Americana deixou de pronunciar a inconstitucionalidade de uma lei que criminalizava a sodomia, inflamando uma avalanche de protestos. A pretexto de multar um cidadão americano, um policial dirigiu-se à sua residência e, ao aproximar-se da casa, testemunhou o proprietário mantendo relações sexuais com outro homem, fato este que rendeu ensejo à persecução penal pelo crime de sodomia. Invocando o direito constitucional à privacidade, porquanto surpreendido na intimidade do seu lar, o acusado postulou a invalidação da lei estadual que criminalizava as práticas homossexuais. Contudo, a Suprema Corte se negou a fazê-lo, posicionamento que foi compreendido simbolicamente como um apartheid entre heterossexuais e homossexuais. A fração LGBT norte-americana reagiu ao julgado com ira, demonstrando que o backlash nem sempre é uma tentativa de conservar o status quo, que ataca uma decisão transformadora ou subversiva. O caso narrado evidencia que o backlash também pode representar exatamente uma tentativa de mudança do status quo, reagindo-se contra uma decisão vocacionada à sua manutenção. Outro exemplo de backlash "progressista" pode ser extraído do caso Dred Scott v. Sandford (1857), ocasião em que a Suprema

---

261. **MARMELSTEIN, George.** *Efeito Backlash da Jurisdição Constitucional: reações políticas à atuação judicial, 2017.* É verdade que o próprio Marmelstein reconhece a possibilidade do **Backlash** produzir outros efeitos além da mera possibilidade de retrocesso e conservadorismo.

> Corte Norte-Americana negou a um escravo legitimidade ativa para postular a própria liberdade, sonegando-lhe cidadania. A decisão foi considerada como a mais abjeta da história da Suprema Corte e, nas palavras de João Carlos Souto, "uma das causas remotas da deflagração da Guerra Civil". Cuida-se, na espécie, de mais um backlash que se levantou contra uma decisão conservadora do status quo escravocrata, portanto, que também escapa ao senso comum de que o fenômeno social é sempre proveniente de conservadores e contra algum tipo de progresso.[262]

Também achamos pouco razoável definir de forma simplória o ***backlash*** como "*reações majoritárias contra uma decisão contramajoritaria*".[263] Nesses termos, ele pode ser uma reação de grupos majoritários em termos de influência ou de grupos minoritários da sociedade civil. E a decisão judicial (pensando em decisões da jurisdição constitucional) pode ser contramajoritária ou não. Ou seja, como instrumento de mobilização popular (da sociedade civil e de grupos de pressão os mais diversos) ele se apresenta como um fenômeno muito mais complexo do que essa simples definição.

Nesses termos, o backlash não gera necessariamente prejuízo para a ***jurisdição constitucional*** (que não deve deixar de decidir com medo de possíveis reações sociais[264]) e nem mesmo para a sociedade. Ele a partir de um movimento pendular de avanços e retrocessos é parte constitutiva da democracia.[265]

Aqui, repetindo passagem do nosso texto, a conclusão é a de que, ao contrário de autores que vislumbram no ***backlash*** uma ameaça ao constitucionalismo ou de forma pessimista, os autores de Yale ora trabalhados (com os quais nós concordamos), o veem ***como uma prática necessária ao seu processo de legitimação.*** Portanto, concordamos com Post e Siegel, que como já citado, entendem que a participação popular é positiva para a ordem constitucional, constituindo uma das formas de fortalecimento da coesão social e da legitimação da Constituição, mediante a

---

262. FONTELES, Sales Samuel. *Direito e Backlash*, p.28-29, 2019. No Brasil, Katya Kozicki sustenta que a decisão do Supremo Tribunal Federal de considerar recepcionada a Lei de Anistia foi alvo de uma reação backlash orquestrada por importantes setores da sociedade, que reagiram à impossibilidade de responsabilização penal dos agentes do Regime Militar (1964-1985) pela prática de tortura e de desaparecimentos forçados (ADPF 153).
263. Como descreve, por exemplo, Flávio Martins (2019).
264. Conforme Marmelstein: *A questão que surge a partir daí é a seguinte: será que o mero risco de uma reação política conservadora, por si só, é motivo suficiente para justificar o abandono da arena judicial como espaço de luta para a implementação de direitos? Entendo que não. Há vários outros exemplos que demonstram que o efeito* backlash *nem sempre acarreta um prejuízo para o grupo beneficiado pela decisão judicial.* Em outra passagem afirma o autor que: *É preciso ter consciência de que o efeito* backlash, *mesmo gerando resultados indesejados, faz parte do jogo democrático, o que não deve impedir, obviamente, uma análise jurídica sobre a validade constitucional de qualquer lei aprovada pelo parlamento, seja ela gerada ou não pelo efeito* backlash. **MARMELSTEIN, George *Efeito Backlash da Jurisdição Constitucional*: reações políticas à atuação judicial, 2017.**
265. Conforme Samuel Sales, temos que: (...) historicamente, o termo ***backlash*** foi percebido como uma reação às lutas por direitos civis, a exemplo dos direitos fundamentais dos negros norte-americanos ("*white backlash*") e das mulheres (backlash como reação ao feminismo). É importantíssimo fazer esse registro histórico, porque, até os dias de hoje, muitos ainda insistem em empregar o termo backlash como se estivessem aprisionados no século XX, ou seja, somente *compreendem a expressão de maneira pejorativa e designadora de algo intrinsecamente hostil a direitos fundamentais*. Com esse tipo de pré-compreensão, ofusca-se a análise científica de um fenômeno tão multifacetado.

constante disputa pelo seu sentido (ou sentidos), em uma sociedade plúrima de valores, convicções, ideais e formas de vida digna.[266]

2.3.9. *Jeremy Waldron e sua crítica ao judicial review*

O neozelandês **Jeremy Waldron,** professor da New York University (*NYU*), é considerado atualmente um dos mais renomados expoentes da teoria constitucional de tradição anglo-saxã. Seus estudos envolvem uma gama de nuances que vão do direito constitucional à filosofia do direito e da filosofia do direito à filosofia política. Temas como democracia, direitos fundamentais, separação de poderes, legitimidade das decisões judiciais e do controle de constitucionalidade, argumentação jurídica e argumentação moral, entre outros, são analisados em sua trajetória acadêmica.[267]

A principal tese de Waldron desenvolvida nos últimos anos se relaciona com uma severa e sofisticada crítica ao *judicial review* e a questão atrelada a ele da "supremacia judicial". Segundo Waldron, a prática do *judicial review* que concede aos juízes o poder de invalidar normas advindas do parlamento e de decidir sobre questões de fundo (dar a última palavra sobre questões fulcrais de direitos fundamentais) não estaria em consonância com as sociedades plurais em que vivemos, nas quais existe um recorrente desacordo entre as diversas concepções de direito e seus significados (e desavenças morais sobre os vários modos de vida e concepções de vida digna).

Waldron defende que as premissas que sustentam o controle jurisdicional de constitucionalidade (*judicial review*) devem ser postas em xeque, quais sejam:

a) determinados direitos devem ser assegurados por um documento jurídico que deve ser uma proteção (garantia) contra a atuação e a vontade das maiorias;

b) o Judiciário por ser um poder que atua tradicionalmente apartado da influência das maiorias (visto que não passa pelo crivo eleitoral e é tido como "*contramajoritário*") deve ser o encarregado por "zelar" pelo respeito aos direitos assegurados no documento jurídico. Certo é que ele rejeita ambos os pressupostos que alicerçam a "***teoria da supremacia judicial***" nos grandes conflitos constitucionais (questões constitucionais de "fundo" que envolvem as grandes desavenças morais da sociedade).[268]

266. Aqui a premissa do ***Constitucionalismo Democrático*** reside justamente no fato de que a autoridade da Constituição depende de sua legitimidade democrática, o que se dá no momento em que os cidadãos reconhecem a Constituição como a sua Constituição. Essa crença, para Robert Post e Reva Siegel, é sustentada por tradições de engajamento popular, que autorizam os cidadãos a não só interpretar a Constituição, como também a se opor a quem quer que a esteja desrespeitando POST, Robert; SIEGEL, Reva. *Roe rage: democratic constitutionalism and the backlash.* Harvard Civil Rights - Civil Liberties Law Review, v. 42, n. 2, p. 373-433, 2007.
267. No Brasil, Waldron é citado de forma explícita na PEC nº33 que propôs uma redefinição da relação institucional entre o STF e o Poder Legislativo no exercício da jurisdição constitucional. A PEC defendeu um "modelo fraco" de jurisdição constitucional.
268. Com isso, "ele questiona tanto a necessidade/utilidade de se resguardar determinados direitos contra a vontade da maioria quanto a suposta vantagem que o Judiciário teria na sua proteção". BERMAN, José Guilherme. Direitos,

Porém, para desenvolver essas críticas Waldron assume um percurso diferente de seus antecessores e contemporâneos, passando a ser um autor central na discussão jurídica e política estadunidense.

No capítulo quinto de sua principal obra *Law and Disagreement* (1999), ele nos apresenta o argumento das "circunstâncias da política". Nesses termos, o direito só surge diante das "circunstâncias da política" e essas ocorrem quando estamos diante de uma enorme desavença (desacordo) na sociedade e nós tomamos consciência de que é impossível chegar a um consenso.[269]

Segundo Waldron, por mais que busquemos com base em considerações morais coordenar nossas ações com vistas a objetivos comuns seria impossível chegar ao consenso. Mas, por outro lado, defende o autor que temos um consenso de que é absolutamente necessário e moralmente justificado que se tome uma decisão (que uma decisão seja tomada). Nesses termos, é necessária "uma" decisão para sair de um impasse até mesmo para que haja comunidade (para que a comunidade continue a existir).

Mas como sair desse dilema: entre a falta de consenso (devido a intensos desacordos) e o consenso para a tomada de uma decisão? É nesse momento que surge o que Waldron chama de "circunstâncias da política" que justifica a criação do direito. Com isso, a autoridade do direito (e a capacidade de obrigar que o direito é dotado) vem de um consenso acerca de um procedimento do que seja "moralmente justificado" para a tomada de decisão.

Mas que tipo de procedimento seria esse? Para Waldron, é o procedimento que considere todos como iguais e que garanta iguais possibilidades de participação. Esse é justamente o **processo legislativo democrático**. Ou seja, a única forma de justificar moralmente a autoridade do direito é por meio da democracia mediante um processo legislativo democrático que garanta iguais possibilidades de participação a todos.[270]

É bom lembrarmos que no capítulo 12 de *Law and Disagreement* (1999), Waldron estabelece *constrições* sobre o procedimento. Nesse capítulo intitulado de "*Disagreement and Precommitment*" Waldron também desenvolve uma crítica à visão do "pré-comprometimento das restrições constitucionais". Segundo ele, essa é uma tese defendida por muitos constitucionalistas, na qual os cidadãos que elegeram democraticamente um parlamento se resguardam, por meio de um acordo (pacto) contra futuras e incertas alterações de opinião sobre certos valores.

Desacordo e Judicial Review: Um exame da Crítica de Jeremy Waldron ao Controle Jurisdicional de Constitucionalidade das Leis. p, 100-101, 2011.

269. O professor da NYU apresenta como fio condutor de sua obra *Law and Disagreement* (1999) a questão das desavenças (intensos desacordos) e afirma que as desavenças não podem ser respondidas apenas com argumentos substancialistas. Waldron inclusive deixa claro que precisamos de valorizar os processos de solução de nossas próprias desavenças (não só quem deve decidir, mas a forma de decisão deve ser levada em consideração).

270. *Law and Disagreement* Capitulo 12, Oxford: Oxford University Press, 1999.

Esses valores fruto do pré-comprometimento deveriam, segundo tradicional doutrina, ser defendidos por um corpo de juristas e não pelo legislativo. Waldron cita Jon Elster e a metáfora do *"canto da sereia"*. No caso para evitar que o canto das sereias destronasse com a embarcação, Ulisses se amarra ao mastro e consegue passar por elas mantendo o curso (e mesmo se pedisse para desamarrar os marinheiros não o fariam conforme combinado com o próprio Ulisses). Ou seja, limitamos nossos próprios poderes, pois sabemos que podemos cair numa tentação (ceder ao apelo da sereia, leia-se a vontade momentânea de uma maioria). Nesses termos, na política seria assim, pois temos um contrato social (um pacto) de igual respeito e consideração (igual proteção) e sabemos que podemos sucumbir. Com isso já de antemão nós limitamos o poder do Estado através dos Direto Fundamentais constitucionais e atribuímos a um terceiro imparcial (Tribunal Constitucional) a tarefa de zelar por esses direitos fundamentais e impedir que nós próprios venhamos a usurpar esses direitos.

Esse auto-estabelecimento de limites em momentos de lucidez para evitar que em um momento posterior a emoção perturbe a razão pré-concebida não satisfaz Waldron, porque: *1) Essas formas de restrição não necessariamente podem representar a intenção daqueles que criaram a restrição; 2) O que garante que o momento em que o pré-comprometimento foi firmado era um momento adequado e não um momento viciado pela fraqueza das vontades?; 3) E quais seriam realmente os direitos que deveriam ser resguardados em um pré-compromisso? Eles realmente foram? 4) Não seria um absurdo pensar que milhões de habitantes dos EUA estão vivendo de acordo com um pré-compromisso de 1791 que "supostamente" seria um pré-compromisso da população atual?*

Para Waldron esse tipo de tese não demonstra o triunfo da racionalidade preventiva, mas sim a ascendência artificial de um determinado ponto de vista político sobre os demais em questões morais complexas. *Por isso, defende Waldron, que um processo legislativo semelhante ao das Emendas à Constituição é muito mais satisfatório para a imposição de restrições do que o judicial review. Daí a defesa de um modelo procedimental com regras procedimentais constitutivas para a tomada de decisões públicas (a democracia como um processo constante de discussão pública, livre e racional entre cidadãos juridicamente iguais). Com isso temos a continuidade e permanência das desavenças que deveriam ser discutidas permanentemente de forma democrática e não por um irreal, artificial (e duvidoso) pré-comprometimento popular. Waldron perguntaria: por que aquele pré-comprometimento firmado lá no momento originário da Constituição (ou da declaração de direitos) é melhor que o pré-comprometimento que nós poderíamos chegar hoje por meio de um processo legislativo democrático do qual todos nós participamos?*[271]

Com isso, resta claro que, para Waldron, a legislação tem uma "dignidade" especial. Ele deixa assente que, nas *"democracias consolidadas"*,[272] existe uma espécie

271. *Law and Disagreement* Capitulo 12, Oxford: Oxford University Press, 1999.

272. Waldron trabalha aqui com a lógica de um sistema político representativo de sufrágio universal adulto e com eleições realizadas periodicamente e de maneira regular. WALDRON, Jeremy. The Core of the Case Against Judicial Review, in Yale Law Journal, vol.115, nº 6, p. 1360-1361. BERMAN, José Guilherme. Direitos, Desacordo e Judicial

de "filiação moral" ao procedimento (o *procedimento* em si tem um valor fundante porque justifica o exercício da autoridade dentro daquela comunidade)

Waldron entende que o mais importante dos direitos é o direito de participação (na elaboração das leis). E por isso a legislação deve ser o centro do sistema. Nesse sentido, qualquer resposta a grandes questões (de intensa *desavença)* dadas por outros mecanismos (como um judiciário não eleito) padeceriam de um grave vício por não respeitarem as capacidades morais e políticas dos cidadãos (teríamos aí um sério desrespeito ao *princípio democrático).*

Nesses termos, ele critica duramente o *judicial review* e entende que quem tem que decidir as grandes questões que geram intenso *desacordo* (que envolvem "moralidade política") é o legislador devido sobretudo a "dignidade" especial a que a lei é dotada[273]. Com isso, Waldron atribui maior peso ao que chama de *"razões procedimentais"* para afirmar que os juízes não seriam melhores na tarefa de resolver o desacordo envolvendo direitos centrais (não marginais) do que os legisladores (representantes legítimos da sociedade[274]).

Portanto, em uma vertente mais moderada e menos radical de seu pensamento, desenvolvida em recentes trabalhos,[275] entende Waldron, que a Suprema Corte deveria se restringir a enfrentar questões técnico-jurídicas, que não se remetem a temas de moralidade política como: aborto (se seria permitido ou não), ações afirmativas, redistribuição de renda e interferência governamental nas leis do mercado, direitos de acusados criminais, tolerância religiosa, direitos culturais das minorias, regulação da expressão e dos gastos no financiamento de campanha. Essas para Waldron são questões centrais (não marginais) de filosofia política, e não simples questões

Review: Um exame da Crítica de Jeremy Waldron ao Controle Jurisdicional de Constitucionalidade das Leis. p, 100-101, 2011.

273. "O neozelandês não aceita que o judiciário possa modificar o significado dos direitos livremente, enquanto os legisladores esbarram na dificuldade colocada pelo árduo procedimento exigido para a aprovação de emendas constitucionais. Ainda que reconheça a imperfeição do sistema representativo (ou mesmo de uma democracia direta plebiscitária), isto não significa o reconhecimento de qualquer vantagem do judiciário sobre tais mecanismos". BERMAN, José Guilherme. Direitos, Desacordo e Judicial Review: Um exame da Crítica de Jeremy Waldron ao Controle Jurisdicional de Constitucionalidade das Leis. p, 106, 2011.

274. Ainda que os sistemas representativos e eleitorais sejam imperfeitos, caso funcionem razoavelmente bem, serão mais representativos do que qualquer Judiciário, ainda quando seus membros sejam indicados por um dos poderes políticos (como no caso dos EUA ou mesmo do Brasil). E, ainda vale destacar, as cortes, ao decidirem questões de direitos, o fazem utilizando o mesmo princípio majoritário, com a diferença de que, em vez de algumas centenas de vozes, serão ouvidos apenas um punhado de cidadãos. Portanto, razões procedimentais são colocadas a favor do legislativo, mesmo sem estabelecer um modelo perfeito, uma vez que embora falível, comparativamente este modelo será sempre superior àquele que atribui ao Judiciário a primazia de tomar tais decisões. WALDRON, Jeremy. *The Core of the Case Against Judicial Review,* in Yale Law Journal, vol.115, nº 6, p. 1390-1391. BERMAN, José Guilherme. Direitos, Desacordo e Judicial Review: *Um exame da Crítica de Jeremy Waldron ao Controle Jurisdicional de Constitucionalidade das Leis.* p, 117, 2011.

275. WALDRON, Jeremy. Judges as moral reasoners, in International Journal of Constitutional Law, vol.7, nº 1, 2009. Algumas interpretações da obra *Law and Disagreement* (1999) indicam que Waldron defende a desnecessidade do judicial review. Ou seja, que o mesmo não se justificaria em nenhuma hipótese. Entendemos que o autor relativiza essa leitura no texto acima citado. No mesmo sentido ver: HÜBNER, Conrado Mendes, *Constitutional Courts and Deliberative Democracy*, Oxford UP, 2013.

interpretativas de direitos constitucionalmente assegurados. Nesses termos, seria preferível deixá-las sob a responsabilidade dos legisladores, e não dos juízes.[276]

2.3.10. Laurence Tribe: Constitutional choices

Nesse momento, é mister citar as digressões desenvolvidas pelo também jurista de Harvard **Laurence Tribe**. Tribe, em sua famosa obra *American Constitutional Law*, bem como na também famosa coletânea *Constitutional choices*, critica de forma contundente as teorias intituladas de procedimentalistas. Na sua visão, essas teorizações que visariam apenas garantir mecanismos de participação democrática (nos moldes defendidos, por exemplo, por Ely) seriam insuficientes, na medida em que seria necessária uma perspectiva substantiva que reconheça, na maioria das normas constitucionais e na sua aplicação, seu viés axiologizante.

Para o autor, a Constituição é uma conjunção de escolhas e de opções desenvolvidas por uma pluralidade de sujeitos. Nesses termos, as decisões que devem ser tomadas guardam íntima correlação com a nossa inarredável inserção em uma tradição, ou seja, essa seria um limite ou uma restrição à nossa capacidade decisória. Porém, as deliberações, fruto de escolhas, não são (unívocas) e não devem levar a uma univocidade (com as mesmas conclusões sendo levadas a cabo) de posturas constitucionais. Com isso, Tribe afirma que as escolhas constitucionais devem ser principiológicas.[277] Mas qual é a base de tal postura principiológica? E em que estaria fundamentada sua legitimidade?

Certo é que Tribe, em sua extensa obra, não terá a pretensão de construir uma metodologia alternativa às existentes (como a praticada atualmente em alguns julgados da Suprema Corte de "cunho administrativo"), que possa nos levar a escolhas constitucionais adequadas e absolutamente determinadas (e inquestionáveis), na medida em que, para o autor, "toda interpretação constitucional possui elementos de indeterminação". Com isso, a dificuldade estaria em que "a Constituição pressupõe uma série indeterminável de escolhas, escolhas que se

---

276. BERMAN, José Guilherme. Direitos, Desacordo e Judicial Review: Um exame da Crítica de Jeremy Waldron ao Controle Jurisdicional de Constitucionalidade das Leis. p, 124, 2011. WALDRON, Jeremy. *Judges as moral reasoners*, p.22-23, 2009. É importante lembrarmos ainda que, no capítulo 12 de *Law and Disagreement* (1999), Waldron interpreta o princípio majoritário de uma forma muito interessante, pois diz ele que a melhor decisão não é a decisão rápida. A melhor decisão deve ser aquela que encontra uma série de mecanismos de desaceleração para que possamos no procedimento democrático permitir o amadurecimento da discussão (e quanto mais garantirmos a participação melhor será a qualidade da decisão).

277. Nesse sentido, corroborando com nosso entendimento: "Ao asseverar que tais escolhas devem ser tomadas num sentido principiológico, Tribe tem como foco principal fazer uma crítica a compreensão e operacionalização que as concebe como meros cálculos instrumentais de utilidade entre o custo e os benefícios sociais, comumente adotadas pela Suprema Corte americana que, segundo ele, tem, cada vez mais, se tornado uma administradora de orçamentos, de caráter imediatista, ao pautar suas decisões neste jogo de custo/benefício, o que acaba por (só) negar, em última instância, a responsabilidade com relação à escolha que lhe compete." HENNING LEAL, Mônica Clarissa, *Jurisdição constitucional aberta*, p. 179.

apresentam a todos nós, isto é, todos nós somos chamados a decidir o que é a Constituição e o que ela abarca em sua existência enquanto tal: texto, intenções (de quem?), premissas morais e políticas (de que tipo?)."[278] Porém, mesmo não havendo uma teoria da interpretação constitucional totalmente viável em consistência e segurança, o professor de Harvard não se esquiva de traçar algumas diretrizes que possam apontar possibilidades de redução do ***déficit*** interpretativo hodierno nas suas mais variadas bases legitimadoras (por exemplo, a da superada dicotomia: ***interpretativistas*** e a ***não interpretativistas***, ou mesmo a de autores **procedimentalistas** ou **minimalistas**).

Em instigante obra, de coautoria com Michel Dorf, o autor descreve o projeto intitulado de ***"conversas constitucionais" (diálogos constitucionais)***, no qual enfrenta, de forma veemente, uma série de teorizações e estabelece certos parâmetros reflexivos, sobretudo a partir das críticas, entre outras: a dicotomia ***hard cases*** (casos difíceis) e ***easy cases*** (casos simples),[279] ou mesmo a superação da busca pela interpretação constitucional com base em posturas objetivas ou subjetivas (da hermenêutica clássica).

Portanto, o autor (apesar de, em última instância, não concordarmos em vários aspectos com suas digressões[280]) vai além das correntes interpretativistas e não interpretativistas e, com isso, explicita sua contribuição, justamente, conforme já dito, na **crítica às concepções de cunho procedimentalistas**. Assim, **Tribe**, embora reconheça certo **caráter procedimental** em algumas normas constitucionais (dispositivos de *viés processual*), não admite que seja desconsiderado o **caráter substantivo das constituições** com os **valores** que lhes são inerentes, sobretudo *se os direitos fundamentais são postos no cerne do debate constitucional.* Por tudo, há uma necessária vinculação entre processo e substância (procedimentalismo e substancialismo), em sua teoria e, a partir daí, uma opção pela defesa do *substancialismo.*[281]

278. HENNING LEAL, Mônica Clarissa, *Jurisdição constitucional aberta*, p. 187.

279. Segundo os autores, é um equívoco supor que os grandes problemas de interpretação aparecem apenas nos casos difíceis, ou apenas quando o objeto tratado se refere a aspectos para os quais o texto é vago e ambíguo. (TRIBE, Laurence; DORF, Michel, 2007, p. 38-45). Aqui, temos uma interessante contribuição da **hermenêutica filosófica** que corrobora com o trabalhado pelos autores: "[...] a *distinção entre easy cases e hard cases é um problema de compreensão, isto é,* ***não*** há casos simples ou difíceis em si. Somente há, na verdade, casos que demandam uma adequada interpretação, que jamais é apenas produto de suficiências ônticas do texto. Em definitivo: ***não há*** *uma distinção estrutural entre casos simples e difíceis. Dito de outro modo, distinguir casos simples dos casos difíceis, significa cindir o que não pode ser cindido: o compreender, com o qual operamos, e que é condição de possibilidade para a interpretação. Afinal de que modo e quando podemos saber se estamos em face de um easy case ou de um hard case? Já não seria um caso difícil decidir se um caso é fácil ou difícil?"* STRECK, Lenio. 2007, p. xxiv. In: TRIBE, Laurence; DORF, Michel, 2007.

280. Sem dúvida, entre os autores trabalhados, nos filiamos à perspectiva da hermenêutica crítica de Ronald Dworkin. Ver em nosso: *O poder judiciário e(m) crise*, Ed. Lumen Juris, 2008. FERNANDES, Bernardo Gonçalves e PEDRON, Flávio Quinaud.

281. TRIBE, Laurence, *American Constitutional Law*, 2 ed., Cambridge: Foundation Press, 1988. TRIBE, Laurence. *Constitutional Choices*. Cambridge, Massachusetts: Harvard University Press, 1985. In: TRIBE, Laurence; DORF, Michel, *Hermenêutica constitucional*, 2007.

Porém, diferentemente de Tushnet, em momento algum Tribe advoga o fim do ***judicial review***. Pelo contrário, defende o autor a necessidade da manutenção da Suprema Corte e da atuação (tradicional) do judiciário como mecanismo de defesa das minorias (que poderiam ser prejudicadas em seus direitos), bem como da defesa do equilíbrio entre os poderes e da própria democracia constitucional fundada nesse modelo.[282]

2.3.11. Richard Posner: a análise econômica do direito e o movimento antiteórico

Nesse momento vamos analisar as digressões do professor de Chicago **Richard Posner**. As suas obras vêm sendo extremamente debatidas em vários países, e suas contribuições dizem respeito, sobretudo, à intitulada ***"análise econômica do direito"***. Além disso, chama a atenção em seus escritos o forte consequencialismo, bem como a defesa de um movimento antiteórico do direito.

O marco da ***"análise econômica do direito"*** está alocado na obra *Economic Analysis of Law* lançada no início da década de 70 do século passado em Chicago por **Richard Posner** e que marca uma primeira fase de seu pensamento. Esse trabalho foi dividido em sete partes, envolvendo temas como o direito das empresas e dos mercados financeiros, a distribuição das riquezas e da arrecadação tributária, o processo legal americano, bem como a natureza da argumentação jurídica econômica (*economic legal reasoning*)[283].

O ponto fulcral de tal teorização é a de que o direito é um instrumento para a consecução de fins sociais e, com isso, o fim central seria o da eficiência econômica. Para tal empreitada, Posner considerará que a economia é a ciência por excelência das escolhas racionais, afirmando em suas digressões que a economia guia a versão da análise econômica do direto e que as pessoas são maximizadoras racionais de suas satisfações. Assim, todas as pessoas (com exceção de crianças e dos mentalmente retardados), em todas as suas atividades (exceto sob a influência de psicose ou desarranjos mentais ocasionados por uso de drogas ou abuso de álcool), trabalham com escolhas e devem maximiza-las[284].

A tese central da **análise econômica do direito**, então, poderia ser sintetizada em uma perspectiva de cunho utilitarista (embora não seja do "*tradicional utilitarismo*" ou "*puro utilitarismo*" que visa maximizar o "bem-estar", o "prazer" ou a "felicidade"), na qual a decisão de um juiz deve se pautar por uma relação custo-benefício. Com isso, o direito só é perspectivo quando promove a maximização das relações econômicas,

282. OLIVEIRA, Daniel de Almeida, *Críticas contemporâneas ao judicial review*, p.66. TRIBE, Laurence. H., WALDRON, Jeremy e TUSHNET, Mark. *On Judicial Review*, In Dissent Magazine, v.51, 2005, p.82-83 (*acesso 16.12.2010*).

283. POSNER, Richard. *Economic Analysis of Law*. 6. ed. New York: Aspen, 2003.

284. POSNER, Richard. *Economic Analysis of Law*. 6. ed. New York: Aspen, 2003. Assim, a **Escola de Chicago**, conforme **Posner**, deixa assente a aplicação de análise microeconômica no direito, partindo de três premissas: **(a)** os indivíduos são maximizadores racionais de suas satisfações em comportamentos fora do mercado e no mercado; **(b)** os indivíduos respondem aos incentivos de preços no comportamento de mercado e fora do mercado; **(c)** regras e ações jurídicas podem ser avaliadas com base na eficiência, ao ponto que as decisões judiciais devem promover a eficiência.

sendo que a maximização da riqueza (*wealth maximization*) deve orientar a atuação do magistrado[285]. Sendo assim, **Posner**, ao indicar o critério do custo-benefício/maximização da riqueza, estabelece um lugar para o sistema judicial de garante de dogmas (por exemplo, a propriedade privada, contratos etc.), que deslocam a legitimidade das decisões judiciais do direito para a parametricidade econômica. As decisões jurídicas perdem, então, seu caráter deontológico, pautando-se por uma relação de custos e impactos econômicos interconectados pela lógica da eficiência.

Certo é que a *Economic Analysis of Law* é uma obra centrada na tentativa de sistematização do direito norte-americano a partir da análise econômica e, mais precisamente, microeconômica. Nesses termos, a narrativa do livro está centrada na hipótese histórica de que a formação da *Common Law* possa ser entendida como uma resposta dos juízes para tornar as normas cada vez mais eficientes. Mas Posner não procura demonstrar que toda decisão ou doutrina da *Common Law* seja necessariamente eficiente. Para Posner, a hipótese da evolução da *Common Law* americana no sentido da eficiência é a expressão jurídica de um sistema social de alguma forma voltado à maximização da riqueza da sociedade. Então, a *Common Law* norte-americana refletiria um arcabouço jurídico que permitiria que o sistema econômico fosse cada vez mais próximo dos resultados que um mercado com competição perfeita proporcionaria.[286]

Ressalta-se ainda a perspectiva eficientista de Posner. Como bem salienta Bruno Salama, a teoria de justiça "eficientista" de Posner se resume à ideia de que o critério para avaliar se os atos e as instituições são justos ou bons é a maximização de riqueza da sociedade. Esta visão permitiria, segundo Posner, "uma reconciliação entre utilidade, liberdade, e até mesmo igualdade, como princípios éticos que [tradicionalmente] competem entre si." O que Posner propôs, portanto, é que as instituições jurídico-políticas, inclusive as regras jurídicas individualmente tomadas, devam ser avaliadas em função do paradigma de maximização da riqueza. Regras jurídicas e interpretações do direito que promovam a maximização da riqueza (isto é: *eficiência*) seriam justas; regras que não a promovessem, injustas.[287]

Porém, é importante salientar a mudança de pensamento de Posner dos anos 90 do século XX em diante. Nos termos explicitados por Bruno Salama, Posner passou boa parte da década de 80 defendendo-se de seus críticos, sobretudo pelas perspectivas da maximização da riqueza e eficientismo. Porém, finalmente, em 1990, Posner "joga a toalha". No livro *Problemas de Filosofia do Direito*, de 1990, afirma Bruno Salama, Posner finalmente abandonou a defesa da maximização de riqueza como fundação ética do direto.[288] Nesse sentido, Posner modifica (revê) sua posição

285. GODOY, Arnaldo. *Direito e Economia: Introdução ao movimento Law and Economics*. Revista Jurídica, Brasília, v. 7, n. 73, jun/jul, 2005, p. 4. ROSA, Alexandre de Morais. *Diálogos com a Law & Economics*, 2 ª Edição, 2011. POSNER, Richard. *Economic Analysis of Law*. 6. ed. New York: Aspen, 2003.
286. SALAMA, Bruno Meyerhof. *Direito, Justiça e Eficiência: A Perspectiva de Richard Posner*, 2008, p. 5.
287. SALAMA, Bruno Meyerhof. *Direito, Justiça e Eficiência: A Perspectiva de Richard Posner*, 2008.
288. SALAMA, Bruno Meyerhof. *Direito, Justiça e Eficiência: A Perspectiva de Richard Posner*, 2008.

e em vez de defender a maximização da riqueza como sendo propriamente um norte para a formulação e aplicação do direito, passa a propor a maximização de riqueza ao lado de diversos outros valores, que englobam, de um modo geral, o que Posner enxerga como as intuições de justiça do povo americano. Temos aí a guinda de Posner ao pragmatismo jurídico.[289] Aqui resta claro que o eficientismo é abandonado em sua forma inicial e radical e passa a ser a eficiência considerada apenas como um critério subsidiário de decisão e não como o principal (ou seja, ela é um critério ao lado de outros).[290]

A partir de então podemos observar a defesa da perspectiva do intitulado **pragmatismo jurídico** norte-americano, de "matriz realista", que enxerga o direito pela lógica exógena (**externa**) por meio da busca pelos melhores resultados práticos e em uma via consequencialista forte.[291] Assim, o direito se apresenta, inexoravelmente, como um instrumental estratégico e indeterminado de qualquer base de legitimidade e justificação **interna**, conduzindo a um déficit de legitimidade e correção judicial.

Sobre o **pragmatismo jurídico**, é bom explicitar que, embora haja inúmeras divergências dentro dele, temos que, em linhas gerais (em regra), são três as características fundamentais que o definem, quais sejam: **"contextualismo, consequencialismo** e **antifundacionalismo**. O ***contextualismo*** implica que toda e qualquer proposição seja julgada a partir de sua conformidade com as necessidades humanas e sociais. O ***consequencialismo***, por sua vez, requer que toda e qualquer proposição seja testada por meio da antecipação de suas consequências e resultados possíveis. E, por fim, o ***antifundacionalismo*** consiste na rejeição de quaisquer espécies de entidades metafísicas, conceitos abstratos, categorias apriorísticas, princípios perpétuos, instâncias últimas, entes transcendentais e dogmas, entre outros tipos de fundações possíveis ao pensamento".[292]

Ou seja, temos aí uma vertente do ***"consequencialismo forte"***, que sustenta que a decisão judicial deve ser tomada não com os olhos no passado (seguindo um viés,

289. *"Embora Posner não tenha deixado claro quais críticas teriam sido mais fundamentais na sua mudança de posição, um artigo publicado recentemente oferece boas pistas. Rememorando o período da sua mudança de posição, Posner publicou um tributo a Ronald Dworkin – com quem Posner mantém, até hoje, variadas divergências teóricas. Neste tributo, Posner diz o seguinte: "um artigo que [Dworkin] escreveu há muitos anos, criticando de maneira enérgica minha posição sobre a maximização da riqueza, apesar de exagerar em seu argumento, foi convincente e me fez alterar alguns dos meus pontos de vista, o que eu evidentemente fiz com má vontade e com um certo atraso. Estou grato [a Dworkin] pelas críticas." O artigo de Dworkin ao qual Posner se referia era o célebre Is Wealth a Value ("A Riqueza é um Valor?"), em que Dworkin defendeu o argumento de que a maximização da riqueza não poderia ser um guia para a justiça, simplesmente porque a eficiência não é um valor; e a justiça requer valores."* SALAMA, Bruno Meyerhof. *Direito, Justiça e Eficiência: A Perspectiva de Richard Posner*, 2008, p, 8.

290. Conforme Posner: *Eu não quero apostar todas as minhas fichas na defesa do conceito Koldor-Hicks de eficiência. Para mim, o teste final do emprego da análise de custo-benefício é pragmático: se sua utilização melhora o desempenho do governo em qualquer sentido de melhoria que o observador considere adequada.*

291. Posner retoma toda a crítica à naturalização de conceitos jurídicos e propõe uma fundação para o direito calcada em três esteios: (1) um pragmatismo jurídico – e ele passa a dizer "agora sou pragmatista"; (2) o liberalismo clássico; (3) e a economia. SALAMA, Bruno Meyerhof. *Direito, Justiça e Eficiência: A Perspectiva de Richard Posner*, 2008, p. 95.

292. POGREBINSCHI, Thamy. *O que o pragmatismo jurídico?*

por exemplo, interpretativista), mas sempre com os olhos voltados **para o futuro** (de forma prospectiva), de modo a escolher, dentre as opções, aquela que trouxer uma maior linha de vantagem que, para Posner, deve ser de cunho econômico. Posner, que é Juiz Federal, será muito criticado por muitas de suas posições. Uma delas chegou a fundamentar o acerto da Suprema Corte Americana na decisão sobre a eleição *Bush* X *Gore* na qual, por cinco votos a quatro, foi mantido o resultado original do pleito (com a vitória de *Bush*), ainda que sabidamente viciado no Estado da Florida[293]. Segundo **Posner**, a decisão contrária pela recontagem de votos (mesmo se fosse **juridicamente coerente** em virtude da possível fraude) causaria um enorme prejuízo às instituições do país, além de uma excessiva instabilidade pela falta de uma decisão sobre quem seria o futuro Presidente naquele período de reanálise da eleição. Observamos que, para o autor, torna-se mais importante a avaliação das *consequências* da decisão do que propriamente a sua juridicidade e normatividade.

Em tom crítico, temos que, se os imperativos de mercado passam a guiar a conduta judicial, o Direito passa a ser colonizado por outro sistema, com uma lógica distinta, que se perfaz na relação *"lucro e prejuízo"* e, então, com isso, o Direito tende a desaparecer com todos os riscos evidentes para a legitimidade e a estabilização de uma sociedade democrática[294].

Outro ponto importante a ser levantado é que o ***pragmatismo*** de Posner ataca frontalmente o academicismo teórico do direito (os ***juristas acadêmicos***[295]). Ou seja, ele faz parte do que alguns chamariam, atualmente, de movimento ***antiteórico populista,*** que sustenta que nenhuma **teoria moral pode oferecer base sólida para um juízo moral** (com isso nenhuma teoria moral pode fazer uma pessoa, por exemplo, **um juiz**, aceitar um juízo moral que ela inicialmente rejeita)[296]. Nesses termos, segundo ele, os moralistas acadêmicos partilham a crença de que a teoria moral pode auxiliar e aperfeiçoar os juízos morais das pessoas, e em especial, para os envolvidos com a *práxis* jurídica. Para Posner, a teoria moral em nada pode auxiliar o direito, sendo apenas uma "grande mistificadora". Posner se apresenta como um

---

293. Conforme **Dworkin** "de longe, a mais conhecida defesa da decisão da Suprema Corte em *Bush vs. Gore* está na afirmação de que a corte poupou o país de um novo, e talvez prolongado, período de batalhas judicias e políticas, além da continua incerteza sobre quem seria o novo Presidente. Desse ponto de vista, os cinco juízes conservadores sabiam que era *impossível* justificar sua decisão em bases legais, mas decidiram, heroicamente, pagar o preço de ter arranhada sua reputação como juristas a fim de poupar à nação todas essas dificuldades: como às vezes se diz, eles se *queimaram* para nos preservar. Em um livro do qual fui organizador, Richard Posner, com seu vigor e causticidade habituais, apresenta uma argumentação favorável a essa concepção com mais clareza que qualquer outro já fez". DWORKIN, Ronald. *A Justiça de toga*, Ed. Martins Fontes, p.133, 2011.

294. CRUZ, Álvaro Ricardo de Souza. *A resposta correta: Incursões jurídicas sobre as teorias da justiça*, p.219-220, 2011.

295. "Aqueles de alguma forma, estabelecem uma aproximação entre a filosofia do Direito e a filosofia moral ou, melhor ainda, colocam a teoria jurídica para dentro da teoria moral. Os alvos privilegiados de Posner (os "juristas acadêmicos") são os seguintes: Ronald Dworkin, Charles Fried, Anthony Kronman, John Noonan e Martha Nussbaum".

296. DWORKIN, Ronald. *A Justiça de toga*, Ed. Martins Fontes, p.117, 2011. Aqui, o autor defende não um *niilismo moral* (ou seja: nada é moralmente certo ou errado), mas, sim, um relativismo moral no qual existam afirmações morais válidas, quais sejam, aquelas que derivam de uma perspectiva local, ou seja, relativas a um código moral de uma cultura particular.

"cético moral pragmático", que defende uma forma própria de *relativismo moral*, colocando a moral como um fenômeno local incapaz de ser universalizado.

Além disso, defende também que, qualquer que seja a força que uma teoria moral possa ter na vida comum, ou mesmo na política, os **juízes devem ignorá-la**, porque os magistrados dispõem de **recursos melhores** para defender seus objetivos e suas decisões.[297] O argumento central, aqui, é o de que os juízes nos casos que lhe são colocados **não** se defrontam com **questões morais**, e, mais, **não** se interessam **nem devem** se interessar por **questões de justiça**.

Segundo **Posner**, os juízes, quando se veem diante de casos que não encontram uma resposta simples a partir das fontes corriqueiras de orientação (Constituição, leis, precedentes), "nada podem fazer além de recorrer a noções derivadas da condução dos negócios públicos, dos valores profissionais e pessoais, da intuição e da opinião".[298] Portanto vai afirmar ainda o professor de Chicago que buscar ajuda para decisão judicial na filosofia não é útil, pois as diversas teorias morais disponíveis são, ao mesmo tempo, abstratas e culturalmente específicas. Logo, é inevitável que o juiz faça uma escolha de valores baseada na intuição e na experiência pessoal.

Conforme **Posner**, explicitando mais uma vez sua vertente consequencialista, "no momento de decidir, mais importante do que o juiz conhecer tais conteúdos morais (por exemplo, qual o valor da democracia no seio de uma comunidade; o que significa a cláusula de igual respeito; ou se é compatível com a Constituição uma lei que proíbe o suicídio assistido por médicos), é ele (*magistrado*) ter o domínio instrumental das questões econômicas, políticas e sociais envolvidas na questão. É preciso que ele tenha um domínio, com *máxima previsibilidade possível*, sob as *consequências geradas por sua decisão*, tendo sempre como guia a adoção da medida que traga *maior benefício ou uma melhora* nas condições gerais observadas pelas pessoas envolvidas no caso"[299].

297. DWORKIN, Ronald. *A Justiça de toga*, Ed. Martins Fontes, p.117, 2011.
298. Posner, Richard A. *A Problemática da Teoria Moral e Jurídica*. p. VIII, 2012.
299. Posner, Richard A. *A Problemática da Teoria Moral e Jurídica*, 2012. Rafael Tomaz, comentando o debate de **Dworkin** e **Posner**, afirma que: "Em sua avassaladora resposta, Dworkin inicia argumentando que sua abordagem teórica difere substancialmente da descrição oferecida por Posner. Sua proposta não se desenha a partir de um emaranhado de conceitos morais e jurídicos abstratos. O argumento moral não é construído pelos juízes apenas nos casos limítrofes, de decisões "difíceis". Na verdade, **qualquer interpretação jurídica implica uma argumentação moral.** Em sua proposta, **Dworkin** afirma que conceitos como os de democracia, liberdade, igualdade, devido processo legal etc., são conceitos jurídicos que **estão impregnados pela moralidade política** e que, no momento em que **são discutidos judicialmente, eles são, necessariamente, interpretados.** Nesse sentido, a sua proposta teórica é **interpretativa e construtivista**. Melhor seria dizer, quem interpreta o Direito, deve fazê-lo de modo a construir argumentos que se ajustem, de melhor forma, às **práticas jurídicas da comunidade política.** Nessa medida, sua abordagem teórica "alega que há princípios de tal modo inseridos em nossa prática jurídica que, quando os aplicamos ao caso em questão, eles dão (ou não) o direito" à parte que o reivindica. Vale dizer: "justificamos as alegações jurídicas ao demonstrar que os princípios que as sustentam também oferecem a melhor justificação de uma prática jurídica mais geral na área do direito em que se situa o caso". Por certo, haverá discordância com relação a qual conjunto de princípios oferece a melhor solução para o caso. Mas essa discordância, antes de ser o retrato da improcedência da tese é, ela mesma, o que a torna mais atraente (para usar uma expressão dworkiniana). A controvérsia sobre esse conjunto de princípios – que é uma **questão moral**

2.3.12. *Michael Sandel e sua Filosofia Política: Justice*

Por último, merecem nossa atenção as digressões do filósofo **Michael Sandel.** Apesar de não ser jurista, o autor é um dos principais expoentes de *Harvard* e nos últimos 30 anos, vem lecionando filosofia política, tendo alcançado enorme sucesso com seus estudos sobre **"teorias da justiça"**. Em livro publicado em 2009, intitulado *Justice*, o autor nos apresenta uma introdução extremamente acessível à filosofia política, expondo, de maneira clara, didática e quase jornalística (embora não sem críticas), três grandes vertentes éticas que se desenvolveram na filosofia moral e que guardam íntima relação com a Hermenêutica Constitucional. Nesses termos, Sandel explicita as seguintes correntes: **utilitarismo, liberalismo e virtude ética**. Assim, por meio da construção de uma série de dilemas morais (mediante casos práticos), percorre todas essas teorizações, analisando o que cada uma entende por "justiça".

Conforme Sandel, para o **utilitarismo** uma sociedade justa é aquela que visa maximizar o bem-estar (a felicidade ou prazer) de um maior número de pessoas[300]. Nesse sentido, Sandel, citando um dos expoentes do utilitarismo, afirma que: Bentham, filósofo moral e estudioso das leis, fundou a doutrina utilitarista. Sua ideia central é formulada de maneira simples e tem apelo intuitivo: o mais elevado objetivo da moral é maximizar a felicidade, assegurando a hegemonia do prazer sobre a dor. De acordo com Bentham, a coisa certa a fazer é aquela que maximizará a utilidade. Como "utilidade" ele define qualquer coisa que produza prazer ou felicidade e que evite a dor ou o sofrimento. Com isso, a partir de uma lógica nitidamente consequencialista, um estado de coisas é mais justo que outro se conduz a um maior nível de bem estar geral (de um maior número de pessoas) em termos de utilidade.[301]

Sandel estabelece algumas críticas à postura utilitarista. A primeira seria a incapacidade de respeitar direitos individuais, já que, muitas vezes, a maximização de

---

– será resolvida a partir do confronto dos vários argumentos lançados para o caso sendo que, prevalecerá aquele que, de forma mais responsável, demonstrar o melhor ajuste às práticas jurídicas. Na mesma linha, a questão a respeito do consequencialismo deve ser colocada em devidos termos. Na verdade, Dworkin afirma que também **sua proposta é consequencialista**. Mas o é, em um sentido diferente daquele retratado por Posner. Nos termos propalados por **Dworkin**, sua proposta é consequencial no seguinte sentido: "cada argumento jurídico interpretativo tem por finalidade assegurar um estado de coisas que, de acordo com princípios incorporados à nossa prática, seja superior às alternativas". Por fim, a proposta de **Posner**, com toda a sua aparente indiferença às questões morais, acaba sendo **portadora de certa concepção de moralidade: aquela que se verifica no utilitarismo**. No fundo, o debate sobre os **conteúdos morais dos conceitos jurídicos é inescapável**. Do mesmo modo que a **reflexão teórica também o é**. E isso por um motivo muito simples: todo aquele que estiver comprometido com alguma ambição de **igualdade e democracia** terá melhor sucesso se enveredar pelos caminhos da teoria. TOMAZ, Rafael, *Um debate sobre o lugar da Teoria do Direito*, 2012.

300. SANDEL, Mchael, *Justiça*, p.48, 2011.

301. Como um contraponto à posição consequencialista, temos a posição deontológica, segundo a qual, a correção moral de um ato depende das *qualidades intrínsecas da ação*, e não de suas consequências: "Se assumirmos que toda teoria *ética* é composta de duas partes, uma *teoria do bem* – qual é ou quais são os bens mais valiosos – e uma *teoria do que é correto* – o que devemos fazer –, o consequencialismo subordina a *teoria do correto* à *teoria do bem*: deve-se fazer aquilo que maximize o bem (no caso do utilitarismo, deve-se maximizar o bem-estar geral). O deontologismo, por outro lado, considera que o *correto* é independente do que é *bom* e, além disso, considera que *o correto* tem primazia sobre *o que é bom*". GARGARELLA, Roberto, p.4, 2008.

interesses coletivos liquidaria a individualidade (e a dignidade) de alguns cidadãos. Sandel cita inúmeros casos, por exemplo, o de cristãos sendo jogados aos leões, quando a felicidade da coletividade romana estaria sendo aumentada, bem como o da tortura de suspeitos de terrorismo com o objetivo de evitar que um atentado eminente se materialize (ou seja, a tortura de um indivíduo para a salvaguarda de centenas ou milhares). Por fim, questiona se seria aceitável a busca de uma felicidade que se desse por meio de algo tido como "moralmente errado". A segunda objeção, por sua vez, é referente à crítica em relação à quantificação introduzida pela ciência da moralidade utilitarista. Essa quantificação se daria transformando valores em "moeda comum", pois, embora exista o atrativo de não julgar cada um dos valores presentes na sociedade, pesando-os igualmente, é exatamente essa simplificação que acaba por dar a mesma natureza a princípios morais muito diversos. Com isso, essa crítica tem, por consequência, a finalidade de demonstrar ser impossível esse tipo de equiparação, uma vez que a ela acaba por gerar a quantificação (monetarização) da própria vida humana.[302]

Já para o **liberalismo**, a justiça guarda íntima relação com a liberdade, ou seja, a justiça se realiza com o respeito à liberdade. Com isso, um estado de coisas é justo se permitir que cada indivíduo seja habilitado para desenvolver de forma livre seu projeto de vida (sua concepção de vida digna). Assim, Sandel, trabalhando em linhas gerais a perspectiva liberal, afirma que as pessoas têm diferentes concepções sobre o significado de viver bem e, para essa vertente, o governo (ou um grupo majoritário) não poderia impor uma determinada concepção de vida boa (que iria preponderar sobre as demais). Com isso, o Estado deveria ser neutro e apenas fornecer condições para que a liberdade de cada indivíduo seja efetivada e suas próprias escolhas sejam garantidas.

Sobre o **liberalismo**, é importante salientar que o ele é fundamento de inúmeros autores e matizes. Nesses termos, poderíamos afirmar a existência de derivações do liberalismo em várias tradições e autores (I. Kant, J. Rawls, R. Dworkin, R. Nozick, entre outros), embora todos tenham "a defesa da liberdade como traço comum". Com isso, temos que a tradição liberal da tutela da liberdade pode manifestar-se na esfera política ou na esfera econômica. Na esfera econômica,

302. Aqui é interessante a crítica de Lenio Streck sobre assunção da obra de Sandel pelos juristas: *Em muitos cursos de graduação e pós, estão discutindo os dilemas morais que o professor de filosofia de Harvard levanta, como se isso fosse uma discussão de* e *sobre* o *direito. Rechaço isso. Os exemplos apresentados pelo Sandel tais como o "trolley dilemma" (Dilema do Vagão) servem como pontos de partida para a problematização aceca dos sistemas éticos. Ou seja, tem uma finalidade didática e uma abordagem específica. Para delírio de operadores do direito (estou usando a palavra com um tom um tanto sarcástico, confesso), os exemplos acerca das "escolhas morais" que devem ser feitas fluem como se fossem um bálsamo. A partir dos exemplos de Sandel, já começam as adaptações... E os ativismos... E os decisionismos... E, lógico, as "escolhas" erradas. Claro que as vezes, a escolha é acertada... Mas um relógio parado também acerta a hora duas vezes por dia. Vem Sandel e diz: você está em um trem que tem pela frente cinco pessoas... mas tem um desvio que pode ser feito, onde está um gordinho... O que você faz? Salva as cinco pessoas, matando o gordinho? Na sequência: e se você está em uma plataforma do trem e este matará cinco pessoas...Mas você pode salvá-las, derrubando um gordinho sobre os trilhos, parando, assim, a trajetória do trem. No primeiro, as pessoas dizem que matariam o gordinho; na segunda, não, porque teriam que empurrá-lo... Ou não. E daí? O que isso tem a ver (diretamente) com o direito? Serve, sim, para discutir filosofia moral e correlatas; mas, para o direito, uma aplicação direta só fragiliza sua autonomia. Matar o Gordinho ou não. STRECK, Lenio. O que as escolhas morais tem a ver com o Direito? CONJUR, 2014.*

"o liberalismo diz respeito a não intervenção do Estado no mercado (lógica do Estado mínimo), bem como, a defesa da livre iniciativa e propriedade privada. Já no âmbito da esfera política, o liberalismo está atrelado à defesa de liberdade públicas e existenciais, como a liberdade de expressão, de religião e da privacidade"[303]. Sem dúvida, a vertente mais cultuada do liberalismo político da atualidade é a do ***liberalismo igualitário*** que tem como pensadores John Rawls[304] e Ronald Dworkin. Para essa corrente, temos a prevalência (prioridade) dos direitos individuais sobre os interesses da coletividade ou do Estado (viés liberal); todavia, além da liberdade, existe uma preocupação com a igualdade material (com a justiça social e a distribuição de recursos). Nesse sentido, temos que "o ***liberalismo igualitário*** sustenta que não é papel do Estado promover valores hegemônicos na sociedade, (ou seja, **uma** concepção heterônoma de vida), interferindo nas liberdades individuais. Cada pessoa deve ter a liberdade para eleger os seus planos de vida, além do acesso aos meios necessários para persegui-los, desde que isso não fira direito de terceiros. Uma premissa básica é a de que as pessoas são sujeitos morais autônomos, que devem ter a possibilidade de fazer escolhas, inclusive se responsabilizando pelas mesmas (Dworkin). O Estado não deve ser um 'tutor', limitando a liberdade dos indivíduos para lhes impor concepções de vida boa, como se fosse seu papel protegê-los de suas próprias escolhas e decisões. Com isso, o *liberalismo igualitário* reconhece a existência de um amplo pluralismo na sociedade (pluralismo razoável), na medida em que as pessoas têm diferentes concepções sobre a vida digna (religiosas, morais, políticas, de projetos de vida etc.). Nesses termos, mediante o igual respeito e consideração a todos (Dworkin), defendem os *liberais igualitários*, a 'tolerância' e o 'dever de neutralidade estatal' diante das diversas concepções sobre *o bem* existentes na sociedade"[305], além,

303. SARMENTO, Daniel e SOUZA NETO, Cláudio Pereira, *Direito Constitucional*, p.207, 2012. "O liberalismo político pode ou não endossar as teses do liberalismo econômico. É possível, por exemplo, defender intransigentemente as liberdades públicas, mas apoiar, simultaneamente, enérgicas intervenções do Estado no campo econômico voltadas à promoção da igualdade material. Essa é a característica central do *liberalismo igualitário*". Com efeito, o que distingue o liberalismo igualitário do liberalismo tradicional é que o primeiro tem um forte compromisso não só com a liberdade, mas também com a igualdade material. O liberalismo igualitário contemporâneo legitima o Estado de Direito, não o Estado Mínimo (com isso se afasta do liberalismo clássico, bem como do neoliberalismo). Uma vertente mais próxima da perspectiva clássica liberal e divergente do *liberalismo igualitário* é a do *liberalismo libertário* de **Robert Nozick**. Conforme Roberto Gargarella: "Para o ***liberalismo libertário***, a única coisa que o Estado deve assegurar é a chamada liberdade negativa das pessoas. Ou seja, o Estado deve vigiar para que ninguém interfira nos direitos básicos de cada um (a vida, propriedade, etc.). O Estado, não deve se preocupar com a liberdade positiva, isto é, ele não tem a obrigação de fornecer nada aos indivíduos, para que possam levar adiante seus planos de vida". p, 37,2008.

304. Para Rawls na "***posição original***" os princípios de justiça escolhidos seriam: **1)** Cada pessoa deve ter um direito igual ao esquema mais abrangente de liberdades básicas iguais, que for compatível com um esquema semelhante de liberdade para os demais (princípio da liberdade). **2)** As desigualdades econômicas e sociais devem satisfazer duas condições: **1º)** devem estar vinculadas a cargos e posições acessíveis a todos em condições de igualdade equitativa de oportunidades; e, **2º)** têm de beneficiar ao máximo os membros menos favorecidos da sociedade (princípio da diferença). RAWLS, John, *Uma Teoria da Justiça*, p. 13-21. Para Rawls, o princípio da liberdade prepondera e tem esteio constitucional, já o relacionado a distribuição social (que envolve o "princípio da diferença") teria base infraconstitucional.

305. SARMENTO, Daniel e SOUZA NETO, Cláudio Pereira, *Direito Constitucional*, p.208, 2012. Ver também: LARMORE, Charles. The *Morals of Modernity*, p.121-127,1996. CITADINO, Gisele, *Pluralismo, direito e justiça distributiva*, p.75-78.

como já dito, da necessidade de distribuição de recursos básicos que produzam igualdade material.

Por último, temos a perspectiva das **virtudes cívicas** (*virtuosismo ético*). Nessa, a justiça se relaciona com o cultivo de virtudes que são atitudes e qualidades de caráter das quais dependem uma boa sociedade.[306] Aqui, em um viés nitidamente aristotélico[307], temos que o objetivo da política não seria o de proteger o direito das pessoas à liberdade de escolha (ao seu projeto de vida boa), mas, em vez disso, nutrir boas qualidades de caráter, para formar bons cidadãos.

Mas qual seria a posição de Sandel? A da realização da justiça com base na maximização do bem-estar (felicidade), na liberdade de escolha ou no cultivo de virtudes cívicas? Certo é que o professor de Harvard assume uma posição de viés nitidamente ***comunitarista***[308], pela realização e efetivação da justiça por meio do fomento e desenvolvimento de **virtudes cívicas** (para o bem comum). Com isso, resta claro para o autor que o governo não deve ser neutro sobre concepções de vida boa (sobre a melhor maneira de viver). Sendo assim, uma sociedade justa não se constrói mediante a maximização do bem-estar (utilidade), ou do respeito a liberdade, pois é necessário ir além, definindo valores morais para a coletividade.

Nesses termos, **Sandel** termina a sua obra apresentando **algumas possibilidades** para uma política que vise ao *bem comum*, sendo elas: **(1)** *Cidadania, sacrifício e serviços*. Se uma sociedade justa requer um forte sentimento de comunidade, ela precisa encontrar uma forma de incutir nos cidadãos uma preocupação com o todo, uma dedicação ao bem comum; **(2)** *Os limites morais dos mercados*. Trata-se de questões como a contratação de mercenários para o serviço militar, o pagamento a terceiros para gerar um filho, compra e venda de órgãos etc. Considerando que a comercialização das práticas sociais pode corromper ou degradar as normas que as definem, precisamos perguntar quais são as normas não dependentes do mercado que desejamos proteger da interferência do mercado; **(3)** *Desigualdade, solidariedade e virtude cívica*. Na visão do autor, um importante motivo de preocupação com a crescente desigualdade na vida americana seria o fosso muito grande entre ricos

---

DWORKIN, Ronald. *A Virtude Soberana*, 2005. RAWLS, John. *A Theory of Justice*, 1971; *Political Liberalism*, 1993.

306. SANDEL, Michael, *Justiça*, p.16, 2011.

307. SANDEL, Michael, *Justiça*, 2011. Ao contrário das teorias modernas de justiça (que buscam princípios que sejam neutros), Aristóteles não acha que a justiça pode ser neutra. Ele acredita que as discussões sobre justiça sejam, inevitavelmente, debates sobre a honra, a virtude e a natureza de uma vida boa.

308. "De acordo com os **comunitaristas**, o liberalismo veria no indivíduo um ser *desenraizado*, por desprezar o fato de que as pessoas já nascem no interior de comunidades que estão impregnadas de valores, nele forjando suas identidades. Por isso – dizem os **comunitaristas** – as cosmovisões e os planos de vida não estão à disposição das pessoas, que são meros consumidores num mercado de ideias, mas seres engajados em contextos culturais específicos, que partilham valores, objetivos, interesses e afetos com seus concidadãos. Para os **comunitaristas**, a visão liberal não só estaria errada do ponto de vista **descritivo**, mas também pecaria do ponto de vista **normativo**, pelo seu tom excessivamente individualista, que fragiliza os vínculos sociais e incentivaria o egocentrismo. A ênfase no indivíduo, dada pelo liberalismo, é substituída no **comunitarismo** pela valorização da comunidade; o foco nos direitos individuais é alterado para o destaque às tradições e valores compartilhados". SARMENTO, Daniel e SOUZA NETO, Cláudio Pereira, *Direito Constitucional*, p.211, 2012.

e pobres. Esse enfraqueceria a solidariedade que a cidadania democrática requer. Sem dúvida, esse hiato dificulta o cultivo do hábito da solidariedade e do senso de comunidade. Além disso, a desigualdade (social) destrói a virtude cívica. Uma política do bem comum teria como um dos seus principais objetivos a reconstrução da infraestrutura da vida cívica; (4) *Uma política de comprometimento moral.* Uma política de engajamento moral não é apenas um ideal mais inspirador do que uma política que se esquiva do debate moral (de debater, por exemplo, temas controvertidos como religião). Ela é também uma base mais promissora para uma sociedade justa. Com isso, um comprometimento público maior com nossas divergências morais proporcionaria uma base para o respeito mútuo mais forte e não mais fraco[309].

2.4. A Hermenêutica Constitucional no paradigma do Estado Democrático de Direito: a ponderação de princípios por meio da técnica da proporcionalidade

2.4.1. Considerações iniciais

Se acompanharmos as decisões mais recentes do Supremo Tribunal Federal (STF) sobre a aplicação de direitos fundamentais (o que inclui os chamados "casos de colisões" entre direitos fundamentais), assim como a leitura que vem estabelecendo entre a relação dos interesses públicos com os privados, veremos que é cada vez mais crescente a utilização de um instrumental importado do direito constitucional alemão, que muitos denominam de ponderação de bens e interesses, com base na aplicação do "princípio da proporcionalidade".[310]

Mas não é apenas no campo jurisprudencial que tal aparato teórico aparece. É possível constatar, como consequência, um interesse cada vez mais crescente por parte da doutrina constitucional brasileira, que vem publicando trabalhos sobre o tema.

Todavia, não há como discordar de Virgílio Afonso da Silva,[311] quando este critica a falta de precisão e rigor técnico-metodológico, seja por parte dos Tribunais

---

309. Um exemplo trabalhado por **Sandel** é o discurso efetuado por John Kennedy, em 1960, candidato democrata à presidência dos EUA. Na ocasião, o político afirmou que sua crença religiosa não teria qualquer influência sobre suas responsabilidades públicas. Em 2006, conforme **Sandel,** Barack Obama, prestes a ser indicado por seu partido como candidato à presidência dos EUA, fez um discurso bastante diferente sobre o papel da religião na política. Ele falou sobre sua crença cristã e defendeu a importância da religião no debate político. A visão de Kennedy da religião como uma questão privada refletia uma filosofia pública que atingiria sua plena expressão nas décadas de 1960 e 1970 – uma filosofia segundo a qual o governo deveria manter-se neutro quanto a questões morais e religiosas para que todos os indivíduos pudessem escolher livremente suas concepções da vida boa. Em 1971, *Uma teoria de justiça,* de **John Rawls,** fez uma defesa filosófica da concepção liberal de neutralidade expressa no discurso de Kennedy. Todavia, na visão de **Sandel**, em termos de filosofia política, a tentativa de dissociar os argumentos de justiça e direitos dos argumentos da vida boa é equivocada por duas razões: primeiro, nem sempre é possível decidir sobre questões de justiça e direitos sem resolver importantes questões morais; segundo, mesmo quando isso é possível, pode não ser desejável. SANDEL, Michael, *Justiça*, p.323-330, 2011.

310. No que tange à jurisprudência do STF, no decorrer da história recente, embora sem um rigor adequado, temos a título de exemplo as decisões: RE nº 181.331; RE nº 86.297; ADI nº 223/DF; ADI nº 319/DF; ADI nº 855; HC nº 71.374; ADI nº 1.158; HC nº 82.424.

311. SILVA, Virgílio Afonso da, *O proporcional e o razoável.*

brasileiros, notadamente o STF, que parece ter encontrado na "proporcionalidade" o remédio taumaturgo **(milagroso)** para todos os problemas constitucionais, ou por parte dos juristas pátrios – seja por descuido epistemológico (equívoco que se corrige com estudo), seja por perversidade ideológica (mal a ser combatido) – que abraçam tal tese de maneira acrítica e irrefletida, sem pesar (ou por que não dizer, como querem, "sopesar") as consequências para a construção do paradigma de um direito afeito a um Estado Democrático.

Dessa forma, esse ponto do ensaio pretende reconstruir a estrutura teórica da "proporcionalidade", iniciando por uma discussão anterior – qual seja a distinção entre regras e princípios jurídicos – para avançar para questões mais estruturais – a análise das chamadas "sub-regras" da "proporcionalidade" – realizando, ao final, uma apreciação crítica de tal instituto, bem como a reflexão acerca de sua adequação ao paradigma do Estado Democrático de Direito – tomando como fio condutor, principalmente, a crítica de Jürgen Habermas e a réplica de Robert Alexy quanto à irracionalidade da "proporcionalidade".

2.4.2. Princípios e regras

Em nossas digressões, desde a hermenêutica jurídica clássica (com seus métodos), bem como com a teoria da interpretação de Kelsen, ficamos imersos em um "***mar ou reino de incertezas***" derivadas do positivismo (e normativismo), que nos levaram à afirmação da discricionariedade[312] como uma constante em meio à reconhecida ***indeterminação estrutural do direito***. A questão para importantes teóricos contemporâneos pós-positivistas (que buscam superar o positivismo e o seu modelo de ordenamento jurídico, bem como de hermenêutica) é: **qual certeza podemos ter do direito e de sua aplicação? Quem ou o que pode limitar o aplicador?**[313]

Nesses termos, será um pressuposto, para uma correta compreensão das teorias supracitadas, a compreensão da distinção que a ciência jurídica, nas últimas décadas, na maioria dos autores, vai desenvolver entre princípios e regras jurídicas.

Vários juristas vão pôr em relevo a construção de um ordenamento jurídico com base não só em regras, mas também em princípios jurídicos. Essa perspectiva vai ter como objetivo central **superar a concepção positivista** atrelada a um sistema jurídico fechado, preso a um modelo de regras.

Ao longo da história do direito, os princípios jurídicos percorreram um longo caminho até se desgarrarem totalmente da noção de Direito Natural e alcançarem

312. Uma crítica frontal ao positivismo e ao axiologismo, bem como ao subjetivismo, decisionismo e a discricionariedade, pode ser encontrada, *In*: STRECK, Lenio Luiz. *O que é isso – decido conforme minha consciência*? Ed. Livraria do Advogado, 2010.

313. CARVALHO NETTO, Menelick de, *Racionalização do ordenamento jurídico e democracia*. *RBEP*, n. 88, p. 81-108. Belo Horizonte, dez. 2000, p. 100.

uma leitura que lhes atribuísse normatividade. Nesse sentido, deixaram de ser vistos como elementos de uma racionalidade especial e atemporal (divina ou universal), para pertencerem ao conceito de ***norma jurídica***, passando essa a ser formada agora por duas espécies distintas: as regras jurídicas e os princípios jurídicos.[314]

Em que pese a conquista de normatividade dos princípios, uma vez que – assim como as regras – passaram a ser tomados como normas jurídicas, expressando um conteúdo deôntico (ou seja, um ***dever*** no sentido de que ***estabelecem obrigações, permissões ou proibições de condutas***), ainda faltavam critérios teóricos suficientes que fossem capazes de separar uma espécie da outra.

Nesses termos, Canotilho, recorrendo a uma plêiade de autores (Larenz, Esser, Borowsky, Alexy, Dworkin, entre outros), irá nos apresentar excelente síntese sobre os principais critérios diferenciadores entre essas normas, sendo eles: "a) ***Grau de abstração*: os *princípios*** são normas com um grau de abstração relativamente elevado; de modo diverso, as *regras* possuem uma abstração relativamente reduzida; b) ***Grau de determinabilidade*** na aplicação do caso concreto: os *princípios* por serem vagos e indeterminados, carecem de mediações concretizadoras (do legislador ao juiz), enquanto as *regras* são susceptíveis de aplicação direta; c) ***Caráter de fundamentalidade*** no sistema das fontes do direito: os *princípios* são normas de natureza estruturante ou com um papel fundamental no ordenamento jurídico devido à sua posição hierárquica no sistema das fontes (ex: princípios constitucionais) ou à sua importância estruturante dentro do sistema jurídico (ex: princípio do Estado de Direito); d) ***Proximidade da ideia de direito*: os *princípios*** são **"standards"** juridicamente vinculantes radicados nas exigências de justiça (Dworkin) ou na "ideia de direito" (Larenz); as *regras* podem ser normas vinculativas com um conteúdo meramente funcional; e) ***Natureza normogenética*:** os ***princípios*** são fundamentos de regras, isto é, são normas que estão na base ou constituem a *ratio* de regras jurídicas, desempenhando, por isso, um a função normogenética fundamentante".[315]

Porém, temos que as duas teses (critérios de diferenciação) que ganharam maior destaque na teoria do direito foram a distinção **quantitativa** (tese fraca) e a distinção **qualitativa** (tese forte) entre regras e princípios.[316]

Para tanto, autores como Bobbio e Del Vecchio[317] passaram a defender que a ***generalidade*** de cada um seria um critério suficiente para uma distinção. Nesse

314. Muitos autores atribuem a Alexy (*Teoría de los derechos fundamentales*, p. 82-83) a originalidade da distinção atual entre regras e princípios. Entretanto, estes se olvidam do importante ensaio publicado por Ronald Dworkin, *Model of Rules*, originalmente, na *Chicago Law Review*, n. 35 (1967-1968), sendo, depois, republicado como o capítulo 2 da obra *Levando os direitos a sério* (com tradução para o português pela Ed. Martins Fontes, em 2002). Todavia, importante lembrar, mais uma vez, que a distinção dworkiana se pauta pelo prisma lógico-argumentativo, e não por critérios estruturais – ou morfológicos.

315. CANOTILHO, Gomes, *Direito Constitucional e Teoria da Constituição*, 7ª edição, p. 1159-1162, 2003.

316. Canotilho adota o viés da tese qualitativa em suas digressões. *Direito Constitucional e Teoria da Constituição*, 7ª ed. p. 1159-1162, 2003.

317. GALUPPO, Marcelo, *Igualdade e diferença*, p. 170-171.

sentido, os princípios seriam normas de um grau de generalidade e abstração mais alto que as regras.[318] Alexy designa tal tese como a ***tese fraca*** de separação entre regras e princípios, uma vez que se apoiam em uma distinção meramente ***quantitativa*** (grau de abstração de cada espécie normativa). Nesse prisma, uma norma que afirma que "todos gozamos de liberdade religiosa" seria considerada um princípio, ao passo que uma norma que afirma que "todo preso tem direito a conviver com outros presos" adquire a designação de regra.

Com o pensamento de Josef Esser, a sustentabilidade dessa tese começa a ruir.[319] Na sequência, Larenz vem afirmar que os princípios jurídicos refletem normas fundamentais, pois representam **vetores de interpretação** para um determinado ordenamento jurídico,[320] que não poderiam ser consideradas regras, pelo fato de ***não ligarem ao comando normativo uma consequência jurídica*** (ou seja, não apresentam sanção, quer na modalidade ***punitiva***, para o caso de descumprimento, quer na modalidade ***premial***, nos casos de cumprimento).

Aproveitando a construção de Ronald Dworkin, o jurista de Kiel, Robert Alexy, apresenta sua ***tese forte*** da separação entre regras e princípios, também chamada de ***tese qualitativa***, que toma o ***modo de aplicação*** de cada espécie de norma como critério distintivo suficiente da separação (o modo pelo qual o "conflito" é resolvido). Aqui, pode-se perceber que a generalidade não é um critério adequado para tal distinção, pois é, quando muito, uma consequência da natureza dos princípios, sendo incapaz de proporcionar uma diferenciação essencial. A questão, então, está em assentar a distinção por meio dos ***modos de aplicação*** de cada espécie normativa, bem como na forma de proceder em caso de um ***conflito normativo***.

Regras, então, são diferentes dos princípios porque são aplicáveis na maneira do ***tudo-ou-nada*** (***all-or-nothing-fashion***); isso significa dizer que, se uma **regra** é ***válida***, ela deve ser aplicada da maneira como preceitua, nem mais nem menos, conforme um procedimento de **subsunção *silogístico***.[321]

Todavia, o principal traço distintivo com relação aos princípios é observado quando, diante de um **conflito** entre **regras**, algumas posturas deverão ser tomadas

318. ALEXY, Robert, *Teoría de los derechos fundamentales*, p. 83. ALEXY, *Derecho y razón práctica*, p. 9. ÁVILA, *Teoria dos princípios*, p. 26-28.
319. GALUPPO, Marcelo, *Igualdade e diferença*, p. 170-171. "Para Josef Esser, princípios são aquelas normas que estabelecem fundamentos para que determinado mandamento seja encontrado. Mais do que uma distinção baseada no grau de abstração da prescrição normativa, a diferença entre os princípios e as regras seria uma distinção qualitativa. O critério distintivo dos princípios em relação às regras seria, portanto, a função de fundamento normativo para a tomada de decisão." (ÁVILA, *Teoria dos princípios*, p. 27).
320. ÁVILA, Humberto, *Teoria dos princípios*, p. 27. Curioso é que ainda encontramos obras nacionais presas ao pensamento histórico de Larenz, como, por exemplo, o *Curdo direito administrativo* do Prof. Celso Antônio Bandeira de Melo.
321. ALEXY, Robert, *Derecho y razón práctica*, p. 9-10. SILVA, *O proporcional e o razoável*, p. 25. ÁVILA, Humberto, *Teoria dos princípios*, p. 29-30. É interessante que contrariamente a Alexy, **Humberto Ávila** defende que em **alguns casos** os **conflitos entre regras** (a serem aplicadas) **também** devem passar por um processo **de ponderação (sopesamento)**. Definitivamente, essa perspectiva não é aceita por Alexy. Sobre as críticas a essa posição de Ávila, ver, Virgílio Afonso da Silva (2009).

para que apenas uma delas seja considerada válida. Como consequência, a outra regra não somente não será considerada pela decisão como ***deverá ser retirada do ordenamento jurídico***, por ser considerada como ***inválida***, salvo se não for estabelecido que essa regra se encontra em uma situação que excepciona a outra – trata-se do critério da excepcionalidade das regras (cláusula de exceção).

Um exemplo é fornecido pelo próprio Alexy:[322] uma lei estadual proibia o funcionamento de estabelecimentos comerciais após as 13h, concomitantemente, existia uma lei federal estendendo esse funcionamento até às 19h. Nesse caso, o Tribunal Constitucional alemão solucionou a controvérsia, apoiando-se no cânone da hierarquia das normas, de modo a entender pela validade da legislação federal.

Já os **princípios** não são razões determinantes para uma decisão (ou seja, não são **mandamentos definitivos** como as regras), de modo que somente apresentariam razões em favor de uma ou de outra posição argumentativa.[323] Logo, apresentam obrigações ***prima facie***, na medida em que podem ser **superadas** em razão de outros princípios,[324] o que difere da natureza de obrigações absolutas das **regras**. Nesses termos, conforme Virgílio Afonso da Silva, temos "(...) que se um direito é garantido por uma norma que tenha a estrutura de uma **regra**, esse direito é definitivo e deverá ser realizado totalmente, caso a regra seja aplicável ao caso concreto (exceto, como já citado, se existir ***cláusula de exceção***). No caso dos **princípios**, não se pode falar de realização total daquilo que se exige. Ao contrário: em geral essa realização é apenas parcial. Isso porque no caso dos **princípios** há uma diferença entre aquilo que é garantido (ou imposto) ***prima facie*** e aquilo que é garantido (ou imposto) definitivamente. Pode-se dizer que há um longo caminho entre um (o ***'prima facie'***) e outro (o ***definitivo***)".[325]

É por isso que o Alexy afirma existir uma ***dimensão de peso*** entre princípios – que permanece inexistente nas regras – nos chamados casos de colisão, exigindo para sua aplicação um mecanismo de "proporcionalidade".[326] Em razão disso, os princípios se-

322. ALEXY, Robert, *El concepto y la validez del derecho*, p. 163-164.
323. ALEXY, Robert, *Derecho y razón práctica*, p. 9-10.
324. SILVA, Virgílio Afonso da, *A constitucionalização do direito*, p. 32. ÁVILA, *Teoria dos princípios*, p. 30.
325. SILVA, Virgílio Afonso da, *Direitos Fundamentais*, p.45, 2009.
326. Interessante destacar a polêmica levantada por Virgílio Afonso da Silva (*O proporcional e o razoável*, p. 25) quanto à **falta de precisão metodológica** de diversos **autores brasileiros**, principalmente quanto ao emprego da expressão **"princípio da proporcionalidade"**. Ora, seguindo a própria teoria que tais autores supostamente defendem, **a técnica de proporcionalidade deveria ser capaz de produzir efeitos em variadas medidas, o que seria um absurdo, uma vez que ela deve ser seguida à risca, como preceitua e, por isso, de modo constante e sem variações**. Basta ver as obras de J. J. Gomes Canotilho (*Direito constitucional e teoria da Constituição*), Gilmar Ferreira Mendes (*O princípio da proporcionalidade na jurisprudência do Supremo Tribunal Federal*), Willis Santiago Guerra Filho (*Princípio da proporcionalidade e teoria do direito*), Luís Roberto Barroso (*Interpretação e aplicação da Constituição)*, entre outros. Logo, diversas discussões foram levantadas sobre a natureza da expressão: Virgílio Afonso da Silva p. 25-26, fala em uma "*regra de proporcionalidade*", já que suas **sub-regras** seriam aplicadas por meio de um raciocínio de **subsunção**; enquanto **Humberto Ávila** (*Teoria dos* princípios, p. 88-89) avalia a "proporcionalidade" como um "*postulado constitucional*", ou seja, um *referencial lógico presente no arcabouço constitucional para a aplicação dos princípios jurídicos*. Na verdade, entendemos que a proporcionalidade é um *procedimento metodológico* (**um método ou um caminho) de caráter** *instrumental* **para a aplicação de princípios conforme a perspectiva de Alexy,** ou seja, em nosso entendimento, equiparando-os a valores. Por isso, vemos tal tese

riam normas que obrigam que algo seja realizado, **na medida do possível**, de acordo com as possibilidades **fáticas** e **jurídicas** do caso concreto. Alexy, então, afirma que os princípios apresentam a natureza de ***mandamentos de otimização***.

Destarte, em face de uma **colisão** entre **princípios**, o valor decisório será dado a um princípio que tenha, naquele caso concreto, **maior peso relativo**, sem que isso signifique a **invalidação** daquele compreendido como de **peso** menor. Para **Alexy**, nesses termos, teríamos que observar a ***lei da ponderação***: "Quanto maior é o grau de não satisfação ou de afetação de um princípio, tanto maior deve ser a importância da satisfação do outro." Em face de outro caso, portanto, o peso dos princípios poderá ser redistribuído de maneira diversa,[327] pois nenhum princípio goza antecipadamente de primazia (precedência incondicionada) sobre os demais.[328] É dessa forma que Alexy apresenta a distinção fundamental entre regras e princípios:

> [...] princípios são normas que ordenam que algo se realize na maior medida possível, em relação às possibilidades jurídicas e fáticas. Os princípios são, por conseguinte, ***mandamentos de otimização*** que se caracterizam porque podem ser cumpridos em diferentes graus e porque a medida de seu cumprimento não só depende das possibilidades fáticas, mas também das possibilidades jurídicas. [...] Por outro lado, as regras são normas que exigem um cumprimento pleno e, nessa medida, podem sempre ser somente cumpridas ou não. Se uma regra é válida, então é obrigatório fazer precisamente o que se ordena, nem mais nem menos. As regras contêm por isso determinações no campo do possível fático e juridicamente.[329]

Porém, em um tom crítico, poderíamos perguntar: mas como explicar a natureza de ***mandamentos de otimização*** atribuída aos princípios? Ou, dito de outra forma: como uma **norma** pode ter sua aplicação em ***diferentes graus***? Tal condição somente pode ser explicada por Alexy,[330] se passássemos a considerar os princípios

como uma **técnica ou método para mediar tal aplicação.** Como todo **método**, portanto, é falho (viciado por *nós mesmos*) e, por isso, devemos remetê-lo às reflexões realizadas por **Gadamer** no curso do movimento do *giro hermenêutico*.

327. "No caso das colisões entre princípios, portanto, não há como se falar em um princípio que *sempre* tenha precedência em relação a outro. [...] É por isso que **não** se pode falar que um princípio *P1* **sempre prevalecerá** sobre o princípio *P2* – (*P1* P *P2*) –, devendo-se sempre falar em **prevalência** do princípio *P1* sobre o princípio *P2* **diante das condições** *C* – (*P1* P *P2*) *C*." (SILVA, Virgílio Afonso da, *A constitucionalização do direito*, p. 35).

328. Isso pode ser percebido no julgamento do **HC nº 82.424/RS** pelo STF, que identificou um conflito envolvendo os princípios da *dignidade da pessoa humana* e da *liberdade de expressão*. Em momento algum afirmou-se que a dignidade da pessoa humana (ou mais exatamente, não discriminação) seria hierarquicamente superior à liberdade de expressão. Assim, um ou outro princípio pode ser ponderado por meio de sua aplicação gradual no caso *sub judice*. Assim, como bem reconhece o Min. **Marco Aurélio** em seu voto: "as colisões entre princípios [sob essa ótica] somente podem ser superadas se algum tipo de **restrição ou de sacrifício** forem impostos a **um ou os dois lados.** Enquanto o conflito entre regras resolve-se na dimensão da validade, [...] o choque de **princípios** encontra solução na **dimensão do valor**, a partir do critério da '**ponderação**', que possibilita um meio-termo entre a vinculação e a flexibilidade dos direitos."

329. ALEXY, Robert, *Derecho y razón práctica*, p. 12. Porém uma advertência: a afirmação trivial (e banalizada) de que o conflito entre regras se resolve pela "subsunção" e o conflito entre princípios pela "ponderação" (sopesamento) pode induzir a erro no que tange aos **princípios.** Na Teoria de Alexy, certo é que o conflito entre **princípios** além da **ponderação** também vai exigir um procedimento posterior de **subsunção.**

330. ALEXY, Robert, *Teoría de los derechos fundamentales*, p. 138. ALEXY. *Derecho y razón práctica*, p. 14.

como algo que pudesse ser equiparado a ***valores***, que indicam razões que podem ser comparadas e medidas reciprocamente.

Sendo assim, princípios passam a não mais ligar-se a um ***nível deontológico*** (ligado à fixação de uma conduta de **dever**, típica das normas, isto é, que trace uma conduta que possa ser avaliada pelo direito como proibida, permitida ou obrigatória), voltando-se para um ***nível axiológico*** (ligado a questões de **preferências subjetivas** sobre uma determinada situação concreta, o que a filosofia denomina de ***bem***).

Ao final, percebe-se, ainda, que a distinção que toma lugar na teoria de Alexy separa princípios e regras por meio de ***critérios morfológico-estruturais***, ou seja, as **condições de aplicação** se dão de **maneira prévia** à **situação real e concreta de aplicação**[331], de modo que é possível, nessa perspectiva teórica, analisar uma norma (em abstrato) e ter segurança de estarmos diante de um **princípio** ou de uma **regra.**[332]

2.4.3. A Teoria dos princípios de Humberto Ávila e suas contribuições para a derrotabilidade

Embora as distinções tradicionais e majoritárias (na doutrina e na jurisprudência) sejam as anteriormente trabalhadas (tese quantitativa e tese qualitativa), é importante trazermos a cotejo algumas reflexões de **Humberto Ávila** sobre a "teoria das normas". Esse jurista ganhou notoriedade quando desenvolveu sua "***teoria dos princípios***". Nessa se encontra uma concepção própria de diferenciação entre regras e princípios, além da explicitação da possibilidade de superação de normas (*superabilidade*) por meio do instituto que alguns vão intitular derrotabilidade (***defeasibility***).

Para Humberto Ávila, temos que, as distinções, usualmente feitas pela doutrina para as normas **regras x princípios**, muitas vezes, manipulam elementos que só podem ser avaliados no plano concreto de aplicação. O professor gaúcho é um crítico radical[333] dos critérios de diferenciação tradicionais, anteriormente trabalhados (seja da tese quantitativa/fraca ou da qualitativa/forte).

Afirma, então, que a maioria dos critérios de distinção, visualizados abstratamente, não se confirmam no momento da aplicação concreta, dificultando, em última análise, a aplicação do Direito. Nesses termos, não é adequada, para o autor, a já tradicional diferenciação entre regras e princípios, na qual as primeiras (as

331. ÁVILA, Humberto. *Teoria dos Princípios, p.69.*

332. Embora as colisões **não** se desenvolvam **em abstrato**, mas, sim, à luz de um **caso concreto**, é possível, sim, de antemão (de maneira prévia), definirmos se estamos diante de um princípio ou de uma regra para a resolução das mesmas (colisões). Esta é uma das **críticas** que podemos fazer à teoria de **Alexy**, com base na teoria da integridade de **Dworkin**, conforme veremos. Essa crítica, inclusive, já mereceu resposta dos teóricos afetos à doutrina de Alexy. Ver, sobretudo: SILVA, Virgílio Afonso, *Direitos Fundamentais*, p.57, 2009. Aqui, embora o autor afirme que é *tarefa do intérprete* definir se a norma produto da interpretação é *regra* ou *princípio*, a diferença (entre as espécies) ainda continua a ser dada pelo *critério estrutural*.

333. ÁVILA, Humberto. *Teoria dos Princípios.*

regras) possuem um modo de aplicação baseado no *tudo ou nada*, e os últimos (os princípios), baseados na *maior medida possível*.[334]

Assim, defende que tanto as regras como os princípios, podem envolver a "consideração de aspectos específicos, em razão das circunstâncias concretas e individuais de aplicação". Ambas as espécies de normas devem ser aplicadas de tal modo que seu conteúdo de *dever-ser* seja realizado totalmente. A conclusão é a de que tanto as **regras** quanto **os princípios** possuem o mesmo conteúdo de dever-ser. A distinção seria **quanto à determinação da prescrição de conduta** que resulta da sua interpretação, ou seja:

- os princípios **não** determinam diretamente a conduta a ser seguida, apenas estabelecem fins normativamente relevantes, cuja concretização depende mais intensamente de um ato institucional de aplicação, que deverá encontrar o comportamento necessário à **promoção do fim;**
- já regras dependem de modo **menos intenso** de um **ato institucional** de aplicação nos casos *normais, pois o comportamento já está previsto frontalmente pela norma."*[335]

Nessa linha de raciocínio, as **regras,** para **serem aplicadas**, nos termos de Humberto Ávila, exigiriam um processo argumentativo **mais complexo**, não podendo ser simplesmente afastadas ou superadas (como ocorre com os princípios), sendo certo que algumas vezes entram em conflito, sem que percam sua validade, havendo nesses casos a atribuição de maior peso a uma delas. A **declaração de invalidade da regra**, portanto, passa ser qualidade contingente (dependente de contexto) e não necessária (obrigatória em virtude de conflito). Aqui, temos a defesa de que existiriam ***"sopesamentos"*** também entre **regras** (e não só entre princípios como na teoria Alexyana)[336].

Nesses termos, são trabalhados três critérios de dissociação (baseados em um caráter *pluridimensional* dos enunciados normativos) entre as normas regras e as normas princípios:

(1) Critério da natureza do comportamento prescrito, que diz respeito ao modo como regras e princípios prescrevem comportamentos[337].

334. ÁVILA, Humberto. *Teoria dos Princípios.* Entendemos que as críticas de Ávila às distinções tradicionais são interessantes, porém, **não concordamos, definitivamente, com a sua afirmação de que o seu modelo visa superar "o modelo de Dworkin"**. Aqui, questionamos: **Qual Dworkin**? O do texto *"Modelo de Regras I"* de 1967? Aí sim, mas ao que parece, Humberto Ávila e a esmagadora maioria da doutrina brasileira não perceberam que, logo em seguida, em 1972, Dworkin no texto *"Modelo de Regras II"*, deixou claro que as diferenças entre categorias de normas não estão em um critério taxonômico (fixo, estático, estrutural). Ou seja, **Dworkin** (há bem mais de **20 anos**!) já explicitou que a diferença entre regras e princípios é *lógico-argumentativa*, a partir de uma perspectiva do *giro hermenêutico-pragmático*. Ver: *Justice in Robes*, 2006.

335. ÁVILA, Humberto. *Teoria dos Princípios,* p,69,2012.

336. Defendendo a ponderação entre regras, também: Daniel Sarmento, entre outros.

337. "Regras são normas imediatamente prescritivas e mediatamente finalísticas, que estabelecem obrigações, permissões e proibições mediante a descrição da conduta a ser adotada, estabelecendo, ainda, de forma indireta, fins (seu

(2) Critério da natureza da justificação exigida. Por esse critério a diferenciação das categorias normativas é dada não pelo modo de aplicação, mas pelo modo de justificação necessário à sua aplicação[338].

(3) Critério da medida de contribuição para a decisão[339].

A partir daí, chega-se à definição (embora criticada na doutrina[340]), de que: **(a)** As regras "são normas imediatamente descritivas, primariamente retrospectivas e com pretensão de decidibilidade de abrangência, para cuja a aplicação se exige a avaliação da correspondência, sempre centrada na finalidade que lhes dá suporte ou nos princípios que lhes são axiologicamente adjacentes, entre a construção conceitual da descrição normativa e a construção conceitual dos fatos"; **(b)** Já "os princípios são normas imediatamente finalísticas, primariamente prospectivas e com pretensão de complementariedade e de parcialidade, para cuja a aplicação se demanda uma avaliação da correlação entre o estado de coisas a ser promovido e os efeitos decorrentes da conduta havida como necessária à sua promoção"[341].

---

elemento frontal é o descritivo, possuindo, daí, caráter deôntico-deontológico: deôntico porque estipulam razões para existência de obrigações, permissões e proibições e deontológico porque tais obrigações, permissões e proibições decorrem de uma norma que indica "o que" deve ser feito). "Daí afirmar-se que as regras são *normas-do-que-fazer* (*ought-to-do-norms*): seu conteúdo diz diretamente respeito a ações (*acctions*)." Os princípios, por sua vez, são normas imediatamente finalísticas e mediatamente descritivas, uma vez que estabelecem um estado ideal de coisas a ser atingido, possuindo um caráter deôntico-teleológico: deôntico, por que estipulam razões para a existência de obrigações, permissões e proibições; teleológico, porque as obrigações, permissões e proibições decorrem dos efeitos advindos de determinado comportamento que preservam ou promovem determinado estado de coisas. "Daí afirmar-se que os princípios são *normas-do-que-deve-ser* (*ought-to-be-norms*): seu conteúdo diz respeito a um estado ideal de coisas (*state of affairs*)." ÁVILA, Humberto. *Teoria dos Princípios*. p.79, 2012.

338. "Para regras, deve o aplicador argumentar de modo a fundamentar uma correspondência de construção factual à descrição normativa e à finalidade que lhe dá suporte. Se tal demonstração for fácil, o ônus argumentativo é menor, uma vez que a descrição normativa por si só serve como justificação. Ao revés, teremos casos difíceis quando a construção conceitual do fato, embora corresponda à construção conceitual da descrição normativa, não se adeque à finalidade que lhe dá suporte ou é superável por outras razões (e nesses casos, o ônus argumentativo é maior). No caso dos princípios, deve o aplicador argumentar de forma a fundamentar uma avaliação de correlação entre os efeitos da conduta adotada e a realização gradual do estado de coisas exigido. Ali, o ônus argumentativo é estável, não havendo que se falar em casos fáceis ou difíceis. Portanto, temos que de acordo com esse critério, regras e princípios divergem quanto à sua força justificativa e quanto ao seu objeto de avaliação. ÁVILA, Humberto. *Teoria dos Princípios*.p.82, 2012.

339. "Os princípios seriam normas primariamente complementares e preliminarmente parciais, vez que abarcam apenas parte dos aspectos relevantes para a tomada de decisão, não tendo a pretensão de uma solução específica, mas podendo, ainda assim, auxiliar, ao lado de outras razões, a chegar-se em tal decisão. As regras, ao seu turno, seriam normas **preliminarmente decisivas** e abarcantes, na medida em que possuem aspiração de produzir uma solução específica para a tomada de decisão, uma vez que tem a pretensão de abranger todos os aspectos relevantes para tal". Convém ressaltar que as regras são apenas preliminarmente decisivas. Isso significa que não são decisivas na medida em que podem ter suas condições de aplicabilidade preenchidas e, ainda assim, não ser aplicáveis, pela consideração a razões excepcionais que superem a própria razão que sustenta a aplicação normal da regra. Esse fenômeno denomina-se *aptidão para cancelamento* (*defeasibility*) ÁVILA, Humberto. *Teoria dos Princípios*, p. 84.

340. Entre os críticos, ver: SILVA, Virgílio Afonso da, *Direitos Fundamentais, 2009.*

341. ÁVILA, Humberto. *Teoria dos Princípios*. p, 85,2012. *É claro que não podemos esquecer que o autor, além de diferenciar regras e princípios também explicita o que chama de deveres de segundo grau que vão determinar "a estrutura de aplicação de outras normas". Esses estariam no âmbito das metanormas. Nesse sentido, teríamos então os "Postulados normativos". Ora, o que seriam eles? Seriam metanormas que estruturam a aplicação e prescrevem modos de*

Mas, aqui, perguntamos, como seria possível, em uma situação de aplicação, a **superação** de uma regra ou de um princípio? Como normas poderiam, nessa perspectiva, ser "superadas"? Assim, outro tema sobre a estrutura das normas jurídicas, bem como sobre o seu processo de aplicação, refere-se ao que poderíamos intitular de **"derrotabilidade das normas"** (***defeasibility***). Conforme a doutrina,[342] "o conceito de derrotabilidade (***defeasibility***) surgiu em um artigo de **Herbert Hart** intitulado *The Ascription of Responsibility and Rights"*. Nesse sentido, o professor de ***Oxford*** desenvolveu o tema da derrotabilidade na seara jurídica, "a partir do reconhecimento da existência de condições que poderiam derrotar a previsão de uma norma jurídica, mesmo estando presentes os seus requisitos necessários e suficientes"[343].

É claro que essa análise, adverte a doutrina, não diz respeito aos clássicos institutos da revogação ou derrogação de normas, mas, diferentemente, envolve uma questão hermenêutica, ou seja, um problema relativo à aplicação do direito em diferentes contextos fáticos e jurídicos. Nesses termos, se uma norma, devido à sua textura aberta, não rege *a priori* todas as suas possíveis situações de aplicação, e, se justamente por isso, não podemos trabalhar com uma incidência normativa infalível e predeterminada, a derrotabilidade passou a ser trabalhada como um mecanismo de justificação e estabilização das decisões judiciais.[344]

Assim, embora o termo ***"derrotabilidade"*** seja por demais amplo e, com isso, aberto a várias vertentes teóricas, é possível "afirmar a existência de um núcleo comum atribuído ao seu conceito, consistente na ideia segundo a qual a consequência da norma jurídica pode ser derrotada, afastada, não aplicada, em razão da existência de um fato, interpretação ou circunstância com ela incompatível".[345]

Nesses termos, **Humberto Ávila**, trabalhando a possibilidade de superação (derrotabilidade) das normas, entende que as ***regras*** possuem uma rigidez maior, uma vez que sua superação só é admitida quando houver razões suficientemente fortes para tanto, razões estas localizadas tanto na própria regra quanto na sua finalidade subjacente, como também nos princípios que a informam. Aqui, o autor utiliza a expressão ***"trincheira"*** para denotar os obstáculos que as **regras** criam para sua **superação**, maior do que aqueles que são criados pelos **princípios**[346].

---

raciocínio e de argumentação em relação a princípios e regras. Um exemplo de metanorma ou postulado normativo seria a "proporcionalidade", p. 88-90, 2012.

342. VASCONCELLOS, Fernando Andreoni, *Hermenêutica Jurídica e derrotabilidade*, p.54-54, 2010.
343. VASCONCELLOS, Fernando Andreoni, *Hermenêutica Jurídica e derrotabilidade*, p.54-54, 2010.
344. VASCONCELLOS, Fernando Andreoni, *Hermenêutica Jurídica e derrotabilidade*, 2010.
345. "Em termos processuais pode-se falar em fatos impeditivos, modificativos ou extintivos capazes de infirmar a norma *"prima facie"*, derrotando-a a fim de permitir a aplicação de uma norma excepcional, diferente daquela prevista *a priori* a partir da literalidade textual". VASCONCELLOS, Fernando Andreoni, *Hermenêutica Jurídica e derrotabilidade*, p.57, 2010.
346. **Thomas Bustamante**, em *"Princípios, regras e conflitos normativos: uma nota sobre a superabilidade das regras jurídicas e as decisões contra legem"*, com uma visão Alexyana, sustenta ser a superabilidade uma característica tanto dos princípios quanto das regras. Para os primeiros, a superabilidade seria imanente, enquanto para os últimos seria reservada para casos especiais.

Por este motivo, na visão de Ávila, havendo um conflito entre uma **regra** e um **princípio**, deve o **primeiro prevalecer**, dada essa função decisiva que o qualifica e pelo fato de se portar como decisão parlamentar preliminar acerca de uma questão. Temos, portanto, a função eficacial de ***"trincheira das regras"***. Percebe-se, dessa forma, que o autor vai de encontro à concepção, difundida na doutrina por alguns, de que **princípios** *prevaleceriam* sobre **regras**, sob argumento de aqueles carregariam os *valores fundamentais ordenamento jurídico*. Ou seja, as **regras** são normas que possuem pretensão de solucionar conflitos entre bens e interesses, possuindo caráter ***prima-facie*** "forte" e **superabilidade mais rígida**, enquanto os **princípios** consistem em normas com pretensão de complementariedade, por isso tendo caráter ***prima-facie*** "fraco" e **superabilidade mais flexível**.

Além disso, sustenta, ainda, que as **regras** devem ser obedecidas apenas por serem regras. Tal **obediência** seria positiva por três motivos:

1) evitam o surgimento de um conflito moral, uma vez que possuem a função de pré-decidir o meio de exercício do poder, afastando a incerteza que surgiria se não tivesse sido feita essa escolha;
2) eliminam ou reduzem a arbitrariedade que eventualmente poderia surgir no caso de aplicação direta de valores morais, o que auxilia na restrição da discricionariedade do aplicador;
3) evita problemas de coordenação, deliberação e conhecimento que potencialmente surgiriam no caso de várias pessoas sustentando seu ponto de vista[347].

E quais são, então, as condições necessárias para superação (derrotabilidade) das regras?

Primeiramente, em termos de conteúdo (***requisitos materiais***), temos que o grau de resistência de uma regra à sua superação está vinculado tanto à promoção do valor subjacente à regra (valor substancial específico) quanto à realização do valor formal subjacente às regras (valor formal de **segurança jurídica**). Este último ainda está vinculado à possibilidade de reaparecimento frequente de situação similar.

Nesses termos, a resistência à **superação** será **muito baixa**, nos casos em que o alargamento ou a restrição da hipótese da regra em razão da sua finalidade forem **indiferentes** ao ***valor segurança jurídica*** (e **maior** quando a **superação** comprometer a realização **desse valor**). Conclui-se, dessa maneira, por considerar as "regras como instrumentos de justiça geral, na medida que configuram meios utilizados

347. Aqui devemos registrar: no caso de um conflito entre normas (regra x princípio) a regra afasta *a priori* a possibilidade de aplicação do princípio. Assim, em um embate entre uma regra constitucional e um princípio constitucional deve prevalecer a regra. Caso não exista regra constitucional aplicável de forma imediata, mas haja regra infraconstitucional, esta só poderia ser afastada nos casos de violação ao ordenamento constitucional ou em casos que escapassem à normalidade (extraordinários) com base no **"postulado" da razoabilidade**. ÁVILA, Humberto. *Neoconstitucionalismo: entre a ciência do direito e o direito da ciência, p190-195, 2008.*

pelo Poder Legislativo para eliminar ou reduzir a ***controvérsia, a incerteza e a arbitrariedade***, evitando problemas de coordenação, deliberação e conhecimento existentes no momento particular na decisão"[348]. Aqui, ressalta-se a questão da segurança jurídica conjugada com a coerência do julgador como fundamentais para a derrotabilidade ou não de uma determinada regra[349].

Em segundo lugar, temos **requisitos procedimentais (formais)** que fazem três exigências de **forma** para superabilidade das regras:

1) uma **justificação condizente**, com demonstração de incompatibilidade entre a hipótese da regra e sua finalidade subjacente somada à demonstração de que o afastamento da regra não provocará expressiva insegurança jurídica;

2) uma **fundamentação condizente**, com exteriorização racional e transparente das razões que permitem a superação, ou seja, por uma fundamentação jurídica e logicamente estruturada;

3) **comprovação condizente**, demonstrando a ausência do aumento excessivo de controvérsias, de incertezas e de arbitrariedades, bem como a inexistência de altos custos de deliberação.

2.4.4. Proporcionalidade x Razoabilidade

Não é estranho encontrar em diversos textos jurídicos nacionais e em manuais a afirmação de uma equivalência quando se referem à proporcionalidade e à razoabilidade. Nesse sentido, ambos os termos seriam sinônimos e designam o modo como princípios jurídicos seriam, supostamente, aplicados em face de um caso concreto.

Todavia, Virgílio Afonso da Silva[350] alerta que tal confusão de termos representa um **equívoco metodológico** que vem crescendo não apenas na jurisprudência do STF, como em trabalhos acadêmicos. Suzana de Toledo Barros[351] reduz a questão afirmando que a razoabilidade seria a nomenclatura norte-americana para que os alemães chamam de proporcionalidade.

348. "O grau de resistência da regra deverá ser tanto superior quanto mais a tentativa de fazer justiça para um caso mediante a superação de uma regra afetar a promoção da justiça na maior parte dos casos. E o grau de resistência da regra deverá ser tanto inferior quanto menos a tentativa de fazer justiça para um caso afetar a promoção da justiça para a maior parte dos casos." ÁVILA, Humberto. *Teoria dos Princípios. p, 126, 2012.*

349. Aqui **Thomas Bustamante** em posição diferenciada, afirma que: "A exigência de justiça formal faz com que todas as decisões judiciais devam ser justificadas a partir de uma regra universal (ou universalizável). Ainda quando o juiz estiver em posição de afastar a incidência de uma regra por excesso de generalidade, isso só será possível se a regra excepcional criada para o caso for igualmente aplicável a todos os casos análogos. O modelo que se pretende estabelecer para as decisões *contra legem* caminha, portanto, na direção contrária a qualquer tipo de particularismo jurídico. Se uma exceção a uma determinada regra jurídica não puder ser universalmente estabelecida, essa exceção não poderá ser justificada de forma correta", p.97, 2010.

350. SILVA, Virgílio Afonso da, *O proporcional e o razoável*, p. 27-31.

351. BARROS, Suzana de Toledo, *O princípio da proporcionalidade e o controle de constitucionalidade das leis restritivas de direitos fundamentais*, p. 57.

No entanto, o constitucionalista paulista lembra que as distinções são muito mais profundas que apenas a origem dos termos, radicando, essencialmente, na ***estrutura*** de ambos os institutos.[352] Assim, falar, como Luís Roberto Barroso,[353] que tanto a proporcionalidade quanto a razoabilidade têm suas gêneses históricas na Magna Carta de 1215 soa (em nossa perspectiva) um tanto quanto inadequado. Primeiro, porque na tradição inglesa fala-se em "***irrazoabilidade***" – como condição para anulação e controle judicial dos atos estatais; e, segundo, porque sua origem não decorre da Magna Carta nem de qualquer documento legislativo posterior, mas de uma construção jurisprudencial em uma decisão de 1948, que criou o chamado ***teste Wednesbury***, que basicamente representa uma rejeição aos atos estatais ***excepcionalmente*** irrazoáveis.[354] Como veremos mais à frente, tal teste é menos intenso do que a proposta veiculada pela "proporcionalidade", destinando-se apenas a afastar atos absurdos.

No cenário inglês, o interesse pela "proporcionalidade" só foi acontecer com a adoção do ***Human Rights Act***, em 1998, de modo que paulatinamente essa substitui a noção de "irrazoabilidade".

Outra fonte de associação estaria, então, na jurisprudência dos Estados Unidos da América baseada no ***devido processo substantivo*** (***substantive due process***),[355] que, de maneira bem sintética, estabelece uma relação de contabilidade entre o meio empregado pelo legislador e os fins visados – razoabilidade interna –, bem como a aferição da legitimidade dos fins – razoabilidade externa.[356]

---

352. **Humberto Ávila** (embora não seja nosso marco teórico) também entende que há diferenças marcantes, entre o que ele chama de *postulado da proporcionalidade* e *postulado da razoabilidade*. Para o autor, o *postulado da proporcionalidade* trabalha com uma relação típica da causalidade entre meios e fins, ou seja, dos Poderes Públicos seria exigido para a consecução de seus fins (objetivos) a escolha de meios adequados, necessários e proporcionais. *Já a razoabilidade* deveria ser trabalhada (e aplicada) em relações de conflitos manifestos entre o **geral** e o **individual** (o que ele chama de dever de equidade), **norma** e **realidade regulada por ela** (chamado pelo autor de dever de congruência) ou, por último, um conflito entre **critério** e **medida** (intitulado de dever de equivalência). Portanto, o postulado da razoabilidade (diferentemente do postulado da proporcionalidade) seria utilizado como um dever de equidade, ou de congruência ou mesmo de equivalência. *Teoria dos princípios*, p. 94-111, 2012.
353. BARROSO, Luís Roberto, *Os princípios da razoabilidade e da proporcionalidade no direito constitucional*, p. 65.
354. Aqui, afirma-se que, se um ato é de tal forma irrazoável, que nenhuma autoridade dotada de um mínimo de razoabilidade a tomaria, então é passível a arguição e anulação por uma Corte ou Tribunal. Ver: *Concil of Civil Service Unions v. Minister of the Civil Service* [1985], AC nº 374, p. 410.
355. SILVA, Virgílio Afonso, *O proporcional e o razoável*, p. 30-31. No STF, temos a ADI nº 2.667 (MC) explicitando que: "(...) todos os atos emanados do Poder Público estão necessariamente sujeitos, para efeito de sua validade material, à indeclinável observância de padrões mínimos de razoabilidade. – as normas legais devem observar, no processo de sua formulação, critérios de razoabilidade que guardem estrita consonância com os padrões fundados no princípio da proporcionalidade, pois todos os atos emanados do Poder Público devem ajustar-se à cláusula que consagra, em sua dimensão material, o princípio do '*substantive due process of law*'. Lei distrital que, no caso, não observa padrões mínimos de razoabilidade. – a exigência de razoabilidade qualifica-se como parâmetro de aferição da constitucionalidade material dos atos estatais. – a exigência de razoabilidade – que visa a inibir e a neutralizar eventuais abusos do Poder Público, notadamente no desempenho de suas funções normativas – atua, enquanto categoria fundamental de limitação dos excessos emanados do estado, como verdadeiro parâmetro de aferição da constitucionalidade material dos atos estatais." Rel. Min. Celso de Mello, julg. em 19.06.2002.
356. BARROS, Suzana de Toledo, *Os princípios da razoabilidade e da proporcionalidade no direito constitucional*, p. 66.

Desse modo, a noção de "razoabilidade" **apenas** corresponde à primeira das três sub-regras que compõem a estrutura da "proporcionalidade", a ***adequação***, como veremos no próximo item.

Fato é que a metodologia (ou critério) de "proporcionalidade" tem seu desenvolvimento nos trabalhos do Tribunal Constitucional alemão[357] e, nessa perspectiva, é muito mais complexa que a noção ***tópica*** de "razoabilidade", pois envolve mais que uma simples pauta que sugere que os atos estatais devem ser razoáveis a partir de uma relação simples de ***meio-fim***. Isso porque ela se desenvolve a partir de três sub-regras (postulados ou máximas, para alguns autores) independentes, mas obrigatoriamente observadas em sequência: (1) ***adequação***, (2) ***necessidade*** e (3) ***proporcionalidade em sentido estrito***.

2.4.5. *A estrutura "racional" da proporcionalidade*

Conforme descrito no tópico anterior, a "proporcionalidade" apresenta uma estrutura mais complexa que a razoabilidade, que se divide em três sub-regras as quais devem sempre ser analisadas em sequência: (1) ***adequação***, (2) ***necessidade*** e (3) ***proporcionalidade em sentido estrito***.

Tal procedimento teórico é, na realidade, uma construção alçada a partir de uma **teoria da argumentação jurídica**, que, se seguida, conduziria a **decisões dotadas** sempre de **racionalidade**.[358] Assim, nas digressões de **Robert Alexy,** encontramos um verdadeiro **critério racional da ponderação,** que será configurado por um método (um caminho).

Nesse prisma, então, temos de acentuar que, para Alexy, a **racionalidade** de uma decisão se dá a partir de uma **perspectiva formal**, ou seja, se forem observadas as sub-regras (ou para alguns: máximas) do método (ou critério) da "proporcionalidade": independentemente do conteúdo concreto da decisão, esta deverá ser considerada **racional**.

Passamos, então, à análise das sub-regras do mecanismo de proporcionalidade que são estruturadas de maneira a funcionarem sucessiva e subsidiariamente, mas nunca aleatoriamente.[359] Por isso, nem sempre será necessária uma análise de todas as três sub-regras.[360]

---

357. Sem dúvida, na **Corte alemã** o caso *Lüth* julgado em **janeiro de 1958** deu origem à incidência do princípio da proporcionalidade como um critério para a ponderação de bens. Posteriormente, temos o caso Apotheken decidido em junho do mesmo ano. O interessante é que, atualmente, no Brasil, a regra (ou para alguns: postulado ou máxima) da proporcionalidade vem atuando recorrentemente como critério de aferição da **legitimidade material dos atos realizados pelos Poderes públicos.** Nesses termos, a "proporcionalidade", seja como **proibição do excesso** ou como **proibição de proteção insuficiente**, apresenta-se como um parâmetro (uma norma constitucional não expressa, mas implícita) para o controle de constitucionalidade de leis ou atos normativos.
358. ALEXY, Robert, *Teoria da argumentação jurídica*: a teoria do discurso racional como teoria da justificação jurídica.
359. "Se simplesmente as enunciarmos, independentemente de qualquer ordem, pode-se ter a impressão de que tanto faz, por exemplo, se a necessidade do ato estatal é, no caso concreto, questionada antes ou depois da análise da adequação ou da proporcionalidade em sentido estrito. Não é o caso. A análise da adequação precede a da necessidade, que, por sua vez, precede a da proporcionalidade em sentido estrito." (SILVA, Virgílio Afonso da, *O proporcional e o razoável*, p. 34).
360. "A impressão que muitas vezes se tem, quando se mencionam as três sub-regras da proporcionalidade, é que o juiz deve *sempre* proceder à análise de todas elas, quando do controle do ato considerado abusivo. Não é correto,

No Brasil, difundiu-se o conceito de ***adequação*** como aquilo que é apto a alcançar o resultado pretendido (ou seja, se a medida ou o meio adotado são aptos ao fim visado).[361] Todavia, trata-se de uma compreensão (apesar de **majoritária** na **doutrina nacional!**) **equivocada** da sub-regra (ou máxima), derivada da tradução imprecisa do termo alemão ***fördern*** como ***alcançar***, em vez de ***fomentar***, o que seria mais correto. Nessa leitura, "adequado, então, não é somente o meio com cuja utilização um objetivo é alcançado, mas também ***o meio com cuja utilização a realização de um objetivo é fomentada, promovida, ainda que o objetivo não seja completamente realizado***. Há uma grande diferença entre ambos os conceitos, que fica clara na definição de Martin Borowski, segundo a qual uma medida estatal é adequada quando o seu emprego faz com que o 'objeto legítimo pretendido seja alcançado ou pelo menos fomentado'. Dessa forma, uma medida somente pode ser considerada inadequada se sua utilização não contribuir em nada para fomentar a realização do objetivo pretendido."[362]

Por ***necessidade***, entende-se uma imposição que é posta ao Poder Público para que adote sempre a medida menos gravosa possível (***de menor ingerência possível***) para atingir um determinado objetivo. Aqui, um ato que limita um direito fundamental só será considerado necessário se, para realizar seu objetivo pretendido, não houver outra medida ou ato que limite, em menor intensidade (***menos gravidade***), o direito fundamental a ser atingido.[363]

Podemos, assim, concluir que enquanto a adequação exige um exame ***absoluto*** do ato, a necessidade demanda um exame ***comparativo*** dos atos.[364]

O último passo a ser verificado, ***a proporcionalidade em sentido estrito***, apenas acontecerá depois de averiguado que o ato é adequado e necessário. A proporcionalidade em sentido estrito, então, é um raciocínio de sopesamento (balanceamento) que se dá entre a intensidade da restrição que o direito fundamental irá sofrer e a importância da realização do outro direito fundamental que lhe é colidente e que, por isso, parece fundamentar a adoção da medida restritiva.[365]

Segundo Daniel Sarmento,[366] há aqui um raciocínio baseado na ***relação custo-benefício*** da norma avaliada, isto é, o ônus imposto pela norma deve ser inferior ao benefício (bônus) que pretende gerar. A constatação negativa deve ser tomada, portanto, como

---

contudo, esse pensamento. É justamente na relação de subsidiariedade acima mencionada que reside a razão de ser da divisão em sub-regras." SILVA, Virgílio Afonso da, *O proporcional e o razoável*, p. 34.

361. Como aparece, por exemplo, nas obras de Daniel Sarmento (*A ponderação de interesses na Constituição federal*, p. 87) e Gilmar Ferreira Mendes (*A proporcionalidade na jurisprudência do supremo tribunal federal*, p. 371).
362. SILVA, Virgílio Afonso da, *O proporcional e o razoável*, p. 36-37.
363. "Suponha-se que, para promover o **objetivo** O, o Estado adote a **medida** M1, que **limita** o direito fundamental D. Se houver uma **medida** M2 que, tanto quanto M1, seja adequada para promover com igual eficiência o objetivo O, mas limite o direito fundamental D em **menor intensidade**, então a **medida** M1, utilizada pelo Estado, **não é necessária.**" (SILVA, Virgílio Afonso da, *O proporcional e o razoável*, p. 38). Ver também SARMENTO, Daniel, *A ponderação de interesses na Constituição federal*, p. 88.
364. ALEXY, Robert, *Derecho y razón práctica*, p. 30.
365. SILVA, Virgílio Afonso da, *O proporcional e o razoável*, p. 40.
366. SARMENTO, Daniel, *A ponderação de interesses na Constituição federal*, p. 89.

um juízo pela desproporcionalidade do ato. Todavia, "[p]ara que uma medida seja reprovada no teste da proporcionalidade em sentido estrito, não é necessário que ela implique a não realização de um direito fundamental. Também não é necessário que a medida atinja o chamado núcleo essencial de algum direito fundamental. Para que ela seja considerada desproporcional em sentido estrito, basta que os motivos que fundamentam a adoção da medida não tenham peso suficiente para justificar a restrição ao direito fundamental atingido. É possível, por exemplo, que essa restrição seja pequena, bem distante de implicar a não realização de algum direito ou de atingir o seu núcleo essencial. Se a importância da realização do direito fundamental, no qual a limitação se baseia, não for suficiente para justificá-la, será ela desproporcional."[367]

Ou seja, para que possa fazer uma avaliação sobre qual direito fundamental deverá ter prevalência em caso de conflito, o aplicador do direito deverá fazer uma avaliação equacionada da situação (do caso concreto), objetivando verificar se de fato a medida original a ser adotada apresenta uma leitura que considera o direito fundamental preservado mais importante do que o seu rival, uma vez que traria um benefício superior para a comunidade do que se adotasse uma interpretação que se voltasse para a maior proteção do outro direito fundamental.[368]

367. SILVA, Virgílio Afonso da, *O proporcional e o razoável*, p. 41.

368. Para **Alexy**, nesses termos, conforme já citado, teríamos que observar a *lei da ponderação*: "Quanto maior é o grau de não satisfação ou de afetação de um princípio, tanto maior deve ser a importância da satisfação do outro." *Teoria dos derechos fundamentales*, p. 161. Nesse sentido, o peso dos princípios é sempre relativo! Temos ainda, como derivação, que salientar que na **colisão de princípios** existe também o que **Alexy** chama de *lei de Colisão*: "As condições sobre as quais um princípio precede ao outro constituem o suposto fático de uma regra que expressa a consequência jurídica do princípio precedente." Com isso, as condições de precedência que são estabelecidas informam sobre o peso relativo no caso concreto e permitem uma decisão de prevalência. Por isso, teremos uma ponderação que irá determinar a **precedência de um dos princípios sobre o outro**. Assim, um ponto importante, também constitutivo da teoria em voga de **Alexy**, diz respeito ao que intitulamos, com base em sua obra, de: **precedências ou prioridades** *prima facie*. Nesse sentido, **Alexy**, apesar da impossibilidade de estabelecer **precedências incondicionadas** (absolutas ou definitivas) entre princípios, defende a possibilidade de se estabelecer **condições gerais de precedência** *prima facie* visando determinar uma **ordem** (*ordem fraca*) no campo dos princípios. Nesses termos, conforme Wilson Steinmetz: "As precedências prima *facie* não contêm determinações definitivas em favor de um princípio (*e.g*: P1) – e precisamente por isso são determinações prima *facie* e denominadas de precedências prima *facie* ou prioridades prima *facie*; contudo, estabelecem um ônus de argumentação para a procedência do outro princípio (*e.g*:P2), no caso concreto. Assim, uma precedência prima *facie* constitui uma carga de argumentação a favor de um princípio – e, por conseguinte uma carga de argumentação contra o outro princípio. De um lado, essas precedências não estabelecem determinações definitivas; de outro, exigem o cumprimento ou a satisfação de um ônus de argumentação para serem afastadas. [...] Dizendo de outro modo: uma precedência geral *prima facie* estabelecida em favor de um **princípio P1** ante um **princípio P2**, pode ser afastada se os argumentos (leia-se **condições de precedência condicionada**) em favor da **precedência de P2, forem mais fortes**. O caso **Lebach** (caso: um programa de televisão desejava passar um documentário sobre o assassinato de soldados em Lebach. Esses foram assassinados enquanto dormiam para a subtração das armas dos mesmos para a realização de outros delitos. Uma das pessoas que haviam sido condenada por cumplicidade no crime estava pronto para sair da prisão e considerou que a veiculação do documentário iria violar seu direito fundamental a ressocialização) **parece ser um exemplo paradigmático para o autor**. Nesse caso, em um primeiro momento argumentativo o Tribunal estabeleceu uma precedência geral do *princípio da liberdade de informação* ante a *proteção à personalidade*, na hipótese de uma informação atual sobre um delito grave. Porém, na argumentação que se desenvolveu, após, a precedência geral do princípio da liberdade de informação ante ao princípio da proteção à personalidade, o Tribunal Constitucional alemão, sustenta que no caso de repetição de uma informação sobre um delito grave, que já não responde a interesses atuais de uma informação e que põe em perigo a ressocialização do autor, deve ter precedência a proteção da personalidade ante a liberdade

Em síntese interessante, que é acolhida **pela maioria da doutrina nacional**, temos um trecho do voto do Ministro **Gilmar Mendes** no **HC nº 82.424/RS** em que explicita:

> [...] São **três máximas parciais** do princípio da proporcionalidade: a adequação, a necessidade e a proporcionalidade em sentido estrito. [...] há de perquirir-se, na aplicação do princípio da proporcionalidade, se, em face do conflito entre dois bens constitucionais contrapostos, o ato impugnado afigura-se adequado (isto é, apto para produzir o resultado desejado), necessário (isto é, insubstituível por outro meio menos gravoso e igualmente eficaz) e proporcional em sentido estrito (ou seja, se estabelece uma relação ponderada entre o grau de restrição de um princípio e o grau de realização do princípio contraposto) [...].

Com isso, à luz da tese Alexyana, desenvolve-se a "crença" de que usando desse método ora analisado (critério da proporcionalidade) seríamos capazes de assegurar decisões dotadas de racionalidade, evitando-se, assim, o decisionismo, bem como a incerteza e a insegurança. Porém, apenas para deixarmos assente, várias críticas já foram e ainda são desenvolvidas à prática da ponderação baseada no "princípio (em nosso entendimento, regra, ou para alguns, máxima ou mesmo postulado) da proporcionalidade", entre elas:

a) desnaturação do princípio da separação dos poderes;[369]

b) limitação da supremacia constitucional pela transformação dos Tribunais Constitucionais em verdadeiras Assembleias Constituintes (poder constituinte originário permanente);

c) desnaturação dos direitos fundamentais e da unidade normativa da Constituição;

d) politização do Judiciário, por meio de decisões utilitárias de custo/benefício sociais;

e) abertura para decisões dotadas de puro arbítrio;

de informação. Com essa argumentação, o Tribunal decidiu pela prevalência da proteção da personalidade. Portanto, a precedência geral (informação atual sobre fatos delituosos) foi afastada por uma argumentação que explicitou condições de precedências mais fortes, como: informação televisiva repetida, falta de interesse atual na informação e perigo para a ressocialização da pessoa." STEINMETZ, Wilson, *Princípio da proporcionalidade e atos de autonomia privada*, p. 42-44. Ver também ALEXY, Robert, *Sistema jurídico, principios jurídicos y razón práctica*, p. 172; *Teoría de los derechos fundamentales*, p. 95. É interessante, como veremos à frente, que uma das **críticas** centrais à teoria de **Alexy** envolve o estabelecimento da aplicação gradual de princípios mediante o estabelecimento de uma ordem de preferências (ainda que não absoluta). Sem dúvida, para os críticos, Alexy "esvazia os princípios jurídicos de sua função prescritiva quando fala em uma precedência (mesmo que condicionada) de um princípio sobre o outro em razão de seu peso". GALUPPO, Marcelo Campos, *Igualdade e diferença*, p. 180.

369. Até mesmo **Gilmar Mendes**, adepto da ponderação com base no princípio da proporcionalidade, reconhece o perigo de tal postura: "[...] *a utilização do princípio da proporcionalidade ou da proibição do excesso pode estimular o constitucionalista e, mormente, a Corte Constitucional ou o órgão que desempenha função análoga a arrogar poderes que, efetiva ou aparentemente afetam a esfera de competência dos demais órgãos constitucionais.* Isto, *todavia, infirma a imprescindibilidade desse princípio para a aferição de constitucionalidade das leis restritivas*, até porque, como observado por Krebs, *eventual escorregão (**Gratwanderung**) entre o direito e a política constitui risco inafastável da profissão de constitucionalista." Direitos fundamentais e controle de constitucionalidade*, p. 40.

f) abertura para decisões dotadas de preferências pessoais dos juízes (com a diluição da positividade-juridicidade da Constituição);[370]

g) irracionalidade metodológica;

h) transformação da Constituição em uma ordem concreta de valores que seriam explicitados pelo Poder Judiciário[371] (guardião e tradutor de uma "pretensa" virtude cívica).[372]

---

370. Para alguns, a crítica passa **pela postura do juiz**, e, a partir dela, seu reflexo na sistemática processual e constitucional, pois, para alguns, o *arbítrio que o magistrado visa conter (inibir) é a armadilha na qual ele cai*! E o pior é que apesar de o feitiço (proibição do excesso) virar contra o próprio feiticeiro (na medida em que ele, juiz na luta contra o excesso, se torna o excesso ilimitado) o comunitarismo e o instrumentalismo aplaudem! Conforme Souza Cruz, temos, com relação aos subprincípios da proporcionalidade e ao uso dos mesmos, severas críticas. Analisando (1) **a adequação**; (2) **a necessidade** e (3) **a proporcionalidade em sentido estrito** à luz da teoria discursiva do direito, temos como objeções, respectivamente, que: (1) a exigência da **adequação** faz com a norma jurídica seja considerada um bem **teleológico**, num retorno à "jurisprudência dos interesses". Sem dúvida, nesses moldes a função jurisdicional se confunde totalmente com a função legislativa, na medida em que o juiz passa a ter que **examinar se as estratégias de ação previstas em uma norma são adequadas (aptas) a seu fim**. Pergunta-se: será que isso não seria tarefa do **legislador político**? A quem incumbiria definir sobre meios e sua adequação a fins, no que tange a uma norma jurídica à luz por exemplo de argumentos pragmáticos, éticos ou mesmo morais? Sem dúvida, o subprincípio da adequação nos leva à confusão entre os discursos de justificação (típicos do legislador) com os discursos de aplicação (típicos do judiciário), na esteira desenvolvida pelo jurista **Klaus Günther** (1993); (2) a exigência da **necessidade** também nos remete **à assunção do Juiz de poderes legislativos que definitivamente não são de sua alçada**, na medida em que o Poder Judiciário deve-se colocar como legislador (travestido de legislador) para a "bizarra" verificação à luz de argumentos **políticos e pragmáticos se haveria ou não uma medida menos gravosa** a ser tomada, ou seja, uma medida (na opinião dele judiciário!) que fosse melhor! Nesse sentido, a decisão judicial se torna um **cálculo utilitarista** na lógica do custo-benefício, na qual o que menos pode importar é o caso concreto e suas especificidades. Além disso, é de se perguntar: **necessidade ou utilidade** de quem? Não há outro **meio menos gravoso para quem**? Geralmente quando ponderamos **interesses estatais/coletivos**, em face de direitos privados, os primeiros recorrentemente tendem a prevalecer. Surgem por parte de Tribunais Superiores e das Cortes Constitucionais jargões como **"postura responsável" ou o "judiciário não pode quebrar o Estado" ou mesmo "o judiciário não fez a inflação explodir" e até mesmo "o judiciário não pode ser responsável por um apagão e suas consequências trágicas"**. Sem dúvida, as normas jurídicas perdem aquilo que lhes caracteriza na sua fundamentalidade, que é seu caráter deontológico, pois transformam-se em objeto de **manipulação política (joguete) para a espúria justificação de erros e desmandos (ou de acertos aplausos ou até mesmo omissões!)** dos poderes Executivo ou Legislativo; (3) a **exigência da ponderação em sentido estrito** nos remete ao que aqui **chamamos de balanceamento**, na medida em que são verificados o ônus e o bônus de determinada norma jurídica (ou mesmo de ato do Executivo) fazendo com que o julgador assuma uma postura axiológica, na medida em que deve analisar literalmente o que vale mais (em sua ótica através de um exercício de graduação e sopesamento) na situação de aplicação (análise: ônus/bônus). O Direito passa a indicar o que é preferível, em vez do que é devido, num raciocínio instrumental de meios a fins transformando aqui novamente o juiz em um legislador permanente.

371. Em suas pesquisas, **Ingeborg Maus** (2000) demonstra como, à luz do paradigma jurídico do Estado Social, este pode assumir a função de "tutor" de uma sociedade desprovida de orientação, de uma sociedade "órfã" e "incapaz". Caberia, então, ao Judiciário a *tarefa de materialização de direitos fundamentais – principalmente dos chamados direitos sociais – como forma de emancipar e conduzir seus clientes à condição de cidadãos*. Todavia, *tal empreendimento está fadado ao fracasso. Isso porque, à luz de uma compreensão procedimentalista do paradigma do Estado Democrático de Direito, pode-se perceber que tal quadro conduz a uma espécie de círculo vicioso, de modo que a posição privilegiada de autoridade conferida pela teoria processual ao Judiciário apenas fez com que este assumisse o papel do "superego" da sociedade, passando a ditar para aquela – sempre com base em uma racionalidade solipsista – os padrões de comportamento desejáveis.*

372. SOUZA CRUZ, Álvaro Ricardo, *Jurisdição constitucional democrática*, p. 193– 210.

2.4.6. *A distinção das teorias de Alexy (ponderação de princípios pela proporcionalidade) e Dworkin (integridade do direito)*

É comum encontrar nos livros jurídicos brasileiros a indicação de uma relativa compatibilidade entre as teorias de Robert Alexy e Ronald Dworkin acerca da aplicação dos princípios jurídicos. Todavia, um olhar mais cuidadoso revela que tal proximidade é, na realidade, uma ilusão, já que os pressupostos teóricos dos quais partem ambos os autores são totalmente distintos.

Alexy, reconhecidamente, parte de um ensaio de autoria de Dworkin para chegar as suas conclusões sobre as distinções entre princípios e regras no direito.[373] Todavia, após uma leitura do ensaio, é possível constatar que as conclusões assumidas por ambos os juristas são distintas, para não dizer até mesmo contrárias.

A principal divergência se assenta no fato de que, ***em momento algum de seu*** *percurso acadêmico*, ***Dworkin afirma que regras e princípios podem ser diferenciados em razão de sua estrutura de aplicação ou por características morfológicas*** (de forma ou de estrutura); ao contrário, para o autor norte-americano, ***princípios e regras apresentam uma distinção lógico-argumentativa,*** isto é, toma por base não uma construção semântica (dirigida a forma ou estrutura de cada espécie de normas jurídicas em tese e, por isso, longe do caso concreto), mas pragmática,[374] já que ***a separação se dará de acordo com a argumentação e a apresentação de razões pelos envolvidos na discussão.*** Nessa perspectiva, ***é só pela análise das razões trazidas pelos participantes da discussão é que podemos compreender se a norma invocada funciona como um princípio ou como uma regra jurídica.***[375]

373. Trata-se do texto *Model of Rules*, publicado originalmente na *Chicago Law Review*, n. 35 (**1967-1968**), tendo sido depois republicado como o capítulo 2 da obra *Levando os direitos a sério* (com tradução para o português pela Editora Martins Fontes). Isso não quer dizer que **Alexy** tenha superado **Dworkin** (ou coisas do gênero, que demonstram, salvo raras exceções, *uma preguiça intelectual!*), mesmo porque **Dworkin** continuou desenvolvendo suas teorizações nos **últimos 40 anos.** Apenas como exemplos, temos: *Law's Empire* **(1986)**; *Freedom's Law* **(1996)**; *Justice in robes* **(2006)** e *justice for hedgehogs* **(2011)**.

374. Por essa diferenciação, resta claro que a teoria Dworkiana é a mais condizente com o giro **hermenêutico-pragmático** (que defendemos), e fica absurda (para não dizer outra coisa) qualquer teoria que afirme, de **forma estrutural e extremamente semântica**, que um princípio não pode operar por si só, mas somente a partir de regras que dele são extraídas. As conclusões desses teóricos, infelizmente, podem ser as seguintes: **a)** um conflito entre princípios seria apenas um conflito de regras; **ou b)** um eventual conflito entre um princípio e uma regra deveria ser decidido a favor da regra (o absurdo semântico é: a regra sempre prevalece sobre um princípio!). Aqui temos um *retorno* à **década de 40** do século XX! Pois, afirmar que uma regra *a priori* (de forma prévia) *sempre* prevalece sobre um princípio, seria voltar a uma **hierarquização** espúria a partir de uma **teoria semântica** (que definitivamente não leva em consideração à situação de aplicação).

375. Nesse sentido, **Dworkin** na introdução da obra "*Justice in robes* (2006)" explicita, até mesmo, que a afirmação de que o direito seja formado por padrões de normas distintos não passaria de "*uma elaboração escolástica*". Ou seja, a famosa distinção entre regras e princípios elaborada por ele em 1967 (no texto: *Modelo de Regras I*) que inspirou inúmeros juristas (incluindo o próprio Alexy) não seria um ponto fulcral em suas análises posteriores à década de 70 do século XX. Nesses termos, respondendo aos críticos, afirma **Dworkin**: "Temo que boa parte do que afirmei em um artigo publicado em 1967 tenha estimulado a interpretação que (Scott) Shapiro deu a minha argumentação. Sua interpretação, porém, é **incorreta,** como demonstrei num artigo publicado em **1972** (que posteriormente foi chamado de: *Modelo de Regras II*). Referindo-me ao artigo de **1967,** afirmei: *Não tive a intenção de dizer que o direito contém um número fixo de padrões, alguns dos quais são regras, e outros princípios. Na verdade,*

Outra distinção importante e que deve ser destacada provém do fato de Dworkin realizar **não uma separação** entre **duas** espécies de normas jurídicas, mas, sim, entre **três: regras, princípios e diretrizes políticas.** Esta última espécie simplesmente se encontra omissa nos estudos de Alexy, até mesmo quando comenta a separação dworkiana.

Enquanto um princípio consagra uma exigência de um ***direito***, uma diretriz política traz um ***objetivo*** a ser alcançado, que geralmente coincide com algum aspecto econômico, político ou social da comunidade, buscando promover ou assegurar uma situação econômica, política ou social considerada desejável. As diretrizes políticas, sim, adquirem o sentido e a aplicação que em Alexy se quer dar aos princípios. Enquanto conteúdos relativos, elas podem ser ponderadas e aplicadas em diferentes graus, mas não os princípios. Os princípios são **trunfos**, inclusive prevalecendo contra **diretrizes políticas**. E mais, dado o caráter flexível das diretrizes políticas, apenas o Poder Legislativo seria o órgão legitimado para estabelecer definições e programas de aplicação; ao Judiciário, caberia apenas a aplicação das regras e dos princípios conforme a dimensão de adequação do caso ***sub judice***, uma vez que a ele está fechada a porta para a realização de escolhas políticas, que só estão disponíveis para um conjunto de parlamentares ou congressistas eleitos democraticamente (e, por isso, representantes de um povo em um Estado democrático).

Nesse texto, o jurista norte-americano, de fato, coloca que regras são aplicadas ao modo do tudo ou nada, e princípios jurídicos, para serem aplicados, dependeriam de uma análise do caso concreto, para que se pudesse definir qual princípio teria o maior peso. Todavia, o uso, no texto dworkiano, dos termos ***"peso"*** e ***"ponderar"*** **não recebe a mesma significação e aplicação** na tradição norte-americana, na qual Dworkin se situa, daquela que está presente na obra de Alexy.[376]

Seguindo a tradição norte-americana, **ponderar** é nada mais do que **refletir** sobre uma coisa, de modo que Dworkin se propõe a **"ponderar sobre princípios" (e não "ponderar os princípios")**. Logo, conflitos envolvendo princípios seriam solucionados por meio de uma análise cuidadosa e pormenorizada da leitura que **a sociedade** (e não exclusivamente o intérprete) faz da sua história jurídica. Nessa leitura, devemos nos esforçar, ainda, para construir um **esquema coerente** de princípios e de regras que estão inscritos em **nossa prática social**. Dworkin denomina, então, de

quero contrapor-me à ideia de que o direito seja um conjunto fixo de padrões de qualquer espécie". DWORKIN, Ronald, *A Justiça de Toga*, p. 330-331, 2011.

376. Aleinikoff (*Constitutional law in the age of balancing*) busca traçar um panorama da utilização da chamada ponderação ou balanceamento, que os tribunais norte-americanos alegam adotar, a partir do início do século XX. Todavia, aponta que, em vários os casos, *não é preciso vislumbrar a questão a partir da ótica do conflito entre interesses a serem ponderados*; desse modo, ele assinala uma importante diferença que parece ser olvidada pelos seus defensores: *nem sempre ponderar significaria algo como colocar interesses concorrentes (ou princípios) numa balança e sopesá-los.* Dentro da tradição norte-americana, ponderar acaba por significar, ainda, *refletir*; de modo que *a solução dos conflitos entre princípios envolve muito mais um exercício de reflexão que vai culminar com uma construção teórica acerca do princípio adequado do que um tratamento axiológico*. Logo, há uma diferença importante no emprego do termo por um autor como Dworkin – que dele faz uso no sentido de realizar uma reflexão – e por outro como Alexy – que o utiliza no primeiro sentido. Infelizmente a maioria da doutrina pátria (por erro de leitura**!) não consegue entender** o sentido que o termo "**ponderar**" adquire na obra de Dworkin.

"integridade" uma concepção do direito que se destaca por tentar agir assim. Como consequência, um direito que apresente **integridade** é capaz de sinalizar e nortear a aplicação dos princípios em face de cada caso concreto, que deve sempre ser tratado como um **evento único e irrepetível.**[377] Em cada caso, portanto, podemos observar os argumentos trazidos por todos os participantes (o que inclui, principalmente, os argumentos que, num processo judicial, são veiculados tanto pelo autor quanto pelo réu), assim como as discussões anteriores sobre aqueles direitos envolvidos. Se posto dessa maneira, seremos capazes de compreender que o que se mostra aparentemente como um conflito entre direitos (ou princípios) é, na realidade, uma ilusão.[378]

Um exemplo é ilustrativo: para os defensores da proporcionalidade, como Alexy, a restrição de subir a Avenida Paulista (ou qualquer outra grande avenida de uma cidade), pela contramão, seria lida como uma medida estatal que limita o "direito individual de liberdade" no que diz respeito à liberdade de ir/vir/permanecer. Todavia, analisando essa questão à luz da **teoria Dworkiana**, é possível recolocar a questão. Não temos uma restrição à liberdade quando o Estado, definindo questões de política de trânsito, impede que se siga por um determinado caminho. Na verdade, o que surge como uma limitação a um direito individual para Alexy é para Dworkin a condição necessária e lógica para seu exercício. Basta imaginar o que aconteceria em uma cidade se todos os seus cidadãos resolvessem dirigir por qualquer uma das vias.

Para explicar melhor, então, a dinâmica de aplicação do direito à luz da **integridade**, Dworkin desenvolve uma **metáfora** (já citada nessa obra) a qual denomina de "romance em cadeia". Aqui, cada juiz deve assumir o papel de um **romancista** que está escrevendo um capítulo para uma obra coletiva. Ele tem de ler tudo o que os demais fizeram para se inteirar da narrativa e procurar construir uma história que preserve a linha de raciocínio já estabelecida pelos romancistas anteriores. Logo, não lhe é autorizado ignorar o que passou nem transformar o livro coletivo em uma obra de contos desconexos. Ao contrário, seu capítulo tem de ter uma ligação com o passado e, ao mesmo tempo, permitir uma abertura para o futuro,

377. "O **direito como integridade**, portanto, começa no presente e só se volta para o passado na medida em que seu enfoque contemporâneo assim o determine. Não pretende recuperar, mesmo para o direito atual, os ideais ou objetivos práticos dos políticos que primeiro o criaram. Pretende, sim, justificar o que eles fizeram [...] em uma história geral digna de ser contada aqui, uma história que traz consigo uma afirmação complexa: a de que a prática atual pode ser organizada e justificada por princípios suficientemente atraentes para oferecer um futuro honrado. O direito como integridade deplora o mecanismo do **antigo ponto de vista** de que **'lei é lei'**, bem como o **cinismo do novo 'relativismo'**. Considera esses dois pontos de vista como enraizados na mesma falsa dicotomia entre encontrar e inventar a lei. Quando um juiz declara que um determinado princípio está imbuído no direito, sua opinião não reflete uma afirmação ingênua sobre os motivos dos estadistas do passado, uma afirmação que um bom cínico poderia refutar facilmente, mas sim, uma proposta interpretativa: o princípio se ajusta a alguma parte complexa da prática jurídica e a justifica; oferece uma maneira atraente de ver, na estrutura dessa prática, a **coerência de princípios** que a integridade requer." DWORKIN, Ronald, *O império do direito*, 1999, p. 274.

378. Nesses termos, em Dworkin, **não há** uma contradição ou colisão entre princípios que será resolvida a partir do estabelecimento de prioridades ou preferências (como para Alexy). Para Dworkin, não há uma **colisão de princípios**, mas, sim, uma **concorrência entre eles** para um determinado caso.

de modo que a história possa evoluir e não apenas ser repetida pelos futuros participantes dessa prática.[379]

Assim aconteceria com o direito. Cada decisão judicial preenche um momento de nossa **histórica institucional**, tentando revelar a ***melhor*** leitura que nossa sociedade faz de suas práticas sociais. Logo, o magistrado **não é uma figura criadora do direito**, mas, antes disso, um **participante que argumenta com o restante da sociedade**[380], tentando convencê-la de que sua leitura de fato atinge o objetivo de trazer o direito ao caso à sua melhor luz.[381] Esse convencimento, ainda, não se dá por um argumento que pode ser deduzido de uma fórmula matemática, como acontece com Alexy, mas por uma via **hermenêutica** afiliada à perspectiva de Gadamer e a **pragmática** de Wittgenstein. Nesse mesmo diapasão, temos ainda que, para **Alexy,** a ponderação ainda que justificada de forma racional pelo critério da proporcionalidade não teria como chegar a uma única solução correta para cada caso. Nesses termos, teríamos apenas soluções ***discursivamente aceitáveis;*** já para **Dworkin,** por meio de uma interpretação construtiva com base na teoria da integridade, há sim a possibilidade de uma ***única resposta correta*** a um caso concreto.

2.4.7. A racionalidade das decisões judiciais: uma apreciação crítica à luz da teoria discursiva do direito e da democracia de Jürgen Habermas

Nesse tópico, a proposta não é mais explicar a estrutura ou lógica da "proporcionalidade", mas lançar um questionamento maior – que parece estar **ausente** nas reflexões acadêmicas e decisões judiciais que dizem apoiar tal procedimento: **poder-se-ia considerar a metodologia desenvolvida por Robert Alexy uma resposta adequada ao paradigma do Estado Democrático de Direito?**

379. Este é o sentido de *correção* a que se refere Dworkin – uma pretensão de validade, um elemento argumentativo/discursivo – nunca o resultado equacionário de um cálculo. A irrepetibilidade da "resposta correta" é, portanto, **para o caso concreto específico**, nunca a criação de uma regra geral, o que parece passar despercebido no discurso de muitos constitucionalistas brasileiros, ainda apegados a uma perspectiva mais *metodológica* que *hermenêutica* (MENDES, Gilmar Ferreira et al., *Curso de direito constitucional*, p. 73; FREITAS, Juarez, *A melhor interpretação constitucional versus a única resposta correta*).

380. Nesses termos, em Dworkin, **não há** um juiz, por exemplo, de cunho "*ativista*", nos moldes trabalhados (e defendidos) por alguns constitucionalistas brasileiros! Em uma visão equivocada da obra de Dworkin e também de Habermas (que a seguir iremos trabalhar), temos inúmeros autores em solo pátrio. Certo é que **há uma diferença fundamental (que não é apenas formal)** entre a atuação do legislador e a do juiz nesses autores. Em **Habermas** (que é um **crítico** da constituição como ordem concreta de valores tão festejada no Brasil), por exemplo, temos com base em Günther a diferença entre "discursos de justificação" (típicos do legislador) e "discursos de aplicação" (típicos do julgador). Aqui, registra-se, não podemos interpretar esses autores por citações **literais e esparsas.**

381. Por isso mesmo, se já absurda do ponto de vista hermenêutico, mais ainda quando examinada pelo prisma da racionalidade argumentativa e da legitimidade da atividade jurisdicional a famosa **Súmula nº 400 do STF**, *que veda a possibilidade de interposição de recurso extraordinário contra decisão que desse **razoável** interpretação à lei, mesmo que se reconhecesse que tal interpretação não fosse a melhor.* Ora, concordar com a manutenção dessa súmula, como parece ser o caso de Gilmar Mendes (MENDES, Gilmar, *Curso de direito constitucional*, p. 73), entre outros tantos juristas, *é retornar aos limites do pensamento de Kelsen que – antidemocraticamente – reconhecia uma discricionariedade aos magistrados, perdendo de vista a legitimidade do direito em prol de uma facticidade (sanção/eficácia).*

Marcelo Cattoni,[382] pautando-se no pensamento de Habermas,[383] apresentará uma ***resposta negativa*** à questão. Como problemas que pesem contra a sua utilização podem ser levantados os seguintes aspectos: (1) ao equiparar princípios a valores,[384] Alexy acaba por subverter a lógica natural do direito – qual seja dispor sobre condutas (permitidas, proibidas ou obrigatórias) – que toma como ponto de referência as noções de ***dever e de obrigação jurídica***, para, em vez disso, ser lido como aquilo que pode ser posto em uma ordem de ***preferências*** subjetivas; e, (2) em consequência, os direitos fundamentais, que deveriam gozar de pretensão de universalidade – isto é, deveriam traçar direitos iguais à ação de todos os membros da comunidade jurídica – passam a ser relativizados, de modo que alguns de seus membros acabam por ter reconhecidos mais direitos que os demais, criando uma situação desigual na sociedade.[385]

Outra consequência que daqui se abstrai é que, uma vez relativizado o conteúdo deôntico do direito (ligado à fixação dos deveres jurídicos), passamos a conceber que condutas opostas sejam admitidas, afetando a noção de segurança jurídica. Dito de outro modo, ao se admitir que direitos fundamentais possam colidir em um caso concreto, estamos afirmando que não temos um referencial seguro para afirmar o que o direito, tomado como um sistema coerente de regras e princípios, nos diz e como devemos agir. Logo, as condutas que antes somente deveriam ser lidas a partir de uma dupla opção (ou são lícitas ou são ilícitas) caem em uma **zona gris**, cuja definição ficará **não** a cargo de um Legislativo democrático, mas da racionalidade e da ***(pretensa)*** sensibilidade de um magistrado (ou um grupo de magistrados, no caso de um Tribunal). Ao final, retornamos ao risco do **decisionismo** que já estava presente em Hans Kelsen e que, **supostamente**, a teoria de Alexy pretendia evitar.

---

382. CATTONI DE OLIVEIRA, Marcelo Andrade, *Argumentação jurídica e decisionismo*, p. 535.
383. HABERMAS, Jürgen, *Facticidad y validez*, p. 327-333. Contra *especificamente* essas críticas de Habermas e Cattoni, temos o posicionamento de Thomas Bustamante.
384. Embora Alexy tenha tentado diferenciar **princípios e valores,** por meio do caráter deontológico dos princípios e do caráter axiológico dos valores, o tratamento empreendido pelo professor alemão no caso de conflitos principiológicos deixa claro que ele acaba por tratar os **princípios axiologicamente.** Em sua obra, temos que: "[...] *princípios podem ser introduzidos como descrições de estados de coisas em que são considerados bons* [...]" (*Teoria de los derechos fundamentales*, p. 147).
385. "[...] um **direito** não pode ser compreendido como **um bem**, mas como algo que **é devido** e não como algo que seja **meramente atrativo**. Bens e interesses, assim como valores, podem ter negociada a sua 'aplicação', são algo que se pode ou não optar, já que se estará tratando de preferências otimizáveis. Já direito não. Tão logo os direitos sejam compreendidos como bens e valores, eles terão que competir no mesmo nível que esses pela prioridade no caso individual. Essa é uma das razões pelas quais, lembra Habermas, Ronald Dworkin haver concebido os direitos como *'trunfos' que podem ser usados nos discursos jurídicos contra os argumentos de políticas*." (CATTONI DE OLIVEIRA, Marcelo Andrade, *Direito constitucional*, p. 90-91). Acrescentando a isso: "*Esse entendimento judicial, que pressupõe a possibilidade de aplicação gradual, numa maior ou menor medida, de normas, ao confundi-las com valores*, nega exatamente o caráter obrigatório do Direito. Tratar a Constituição como uma *ordem concreta de valores* é pretender *justificar a tese segundo a qual compete ao Poder Judiciário definir o que pode ser discutido e expresso como digno de valores, pois haveria democracia*, nesse ponto de vista, sob o pressuposto de que todos os membros de uma sociedade política compartilham, *ou tenham de compartilhar, de um modo comunitarista, os mesmos supostos axiológicos*, uma mesma concepção de vida e de mundo. Ou, *o que também é incorreto, que os interesses majoritários de uns devem prevalecer, de forma utilitarista, sobre os interesses minoritários de outros, quebrando assim, o princípio do reconhecimento recíproco de iguais direitos de liberdade a todos*." CATTONI DE OLIVEIRA, Marcelo Andrade, *O caso Ellwanger*, p. 7.

É por isso que Habermas, na obra *Facticidade y Validez*, apresenta uma objeção à tese da adequação do uso da proporcionalidade no paradigma do Estado Democrático de Direito: a ***noção de racionalidade*** que se encontra subjacente ao pensamento de Alexy. Uma vez que o constitucionalista alemão pretende desenvolver um **método** que pudesse dotar de **racionalidade as decisões** sobre direitos fundamentais, ele assume uma **versão limitada** do que seja a racionalidade.

Isto é, ele afirma que ser racional é única e exclusivamente encontrar o **melhor meio para um determinado fim;** uma vez selecionado o meio, se ele se mostrar condizente ao fim, tal escolha será reputada como racional. Todavia, o contra-argumento que Habermas levanta é o de que Alexy reconhece como racionalidade apenas uma noção herdada da tradição do Iluminismo e, com isso, ou parece desconhecer ou deixa de lado[386] as mudanças na noção de racionalidade que o movimento do giro linguístico passou a incorporar. Antônio Maia resume bem essa crítica, quando cunha uma metáfora: a teoria de Alexy nada mais é do que uma **"receita de bolo"** para se preparar uma decisão racional; se seguirmos seus passos à risca, colocando os ingredientes da ordem prefixada e levando ao "liquidificador teórico", o produto final seria ***sempre*** racional e teríamos a solução **mágica** para se alcançar a **racionalidade**, o "pote de ouro atrás do arco-íris".[387]

Como consequência, a decisão que se alcança por meio da "proporcionalidade" não está aberta a uma construção que deveria se dar por meio do diálogo (ou discurso) no qual todos os destinatários da decisão poderiam tomar parte na condição de seus coautores.[388]

Isso, para **Habermas**, é peça fundamental para que se possa atestar a legitimidade de uma decisão, e não a mera construção de um argumento que não é posto ao crivo da crítica de uma sociedade aberta, que no paradigma do Estado Democrático de Direito, reclama por condições sempre crescentes de participação e de inserção no processo de tomada de decisão estatal.

2.4.8. A Hermenêutica Jurídica na Doutrina pátria: as contribuições de Lenio Streck em "Verdade e Consenso"

De início, é necessário situarmos o autor, dentro de sua trajetória acadêmica. Para tal podemos localizar três fases em seus estudos. A primeira fase é derivada da obra *Hermenêutica Jurídica em crise*. Nessa, observamos uma crítica da linguagem, ou seja, uma fase analítica, em que pelas brechas das institucionalidades o autor tinha como questão fulcral "jogar" de forma crítica com as vaguezas e ambiguidades dos

386. Alexy pretende apresentar uma réplica à crítica de Habermas em dois ensaios mais recentes (*Constitutional rights, balancing and rationality*; e *Balancing, constitutional review, and representation*). Entretanto, em ambos, a resposta se dá afirmando ainda mais a noção iluminista de racionalidade, inclusive, chegando-se ao cúmulo de resumir a lógica de funcionamento da "proporcionalidade" em uma *equação matemática*.
387. MAIA, Alexandre, *Dogmática jurídica e multiplicidade*, p. 34.
388. HABERMAS, Jürgen, *Facticidad y validez*, p. 332.

textos. A segunda fase de suas pesquisas visou à desconstrução da dogmática jurídica, mostrando como a dogmática jurídica é dotada de um discurso autoritário e avesso à sociedade. Já na terceira fase, derivada da obra *Verdade e Consenso*, Lenio está sensivelmente preocupado em *como* os juízes decidem os casos, ou seja, em construir uma *teoria da decisão* no debate que gira em torno da Hermenêutica e do Constitucionalismo democrático. Embora todas essas fases tenham como fio condutor um processo de desmistificar (desconstruir) alguns "fantasmas" que rondam o direito, vamos nos ater à terceira e atual fase desenvolvida em *Verdade e Consenso*[389].

Logo no primeiro capítulo de *Verdade e Consenso*, Lenio nos apresenta o que chama de uma ***tríplice questão*** que, segundo ele, movimenta toda a teoria jurídica em tempos de pós-positivismos e do Constitucionalismo contemporâneo[390], a saber: como se interpreta o direito, como se aplica o direito e se é possível alcançar condições interpretativas que sejam capazes de garantir uma resposta correta (constitucionalmente adequada) diante do fenômeno da indeterminabilidade do direito e da crise de efetividade da Constituição.[391]

Lenio, em seus estudos atuais, estabelece uma verdadeira cruzada contra todo tipo de teorizações que apostam (ou mesmo deságuam) na ***"discricionariedade***[392]***"*** do aplicador do direito. Para o autor, na medida em que aumentam as demandas por direitos fundamentais e que o constitucionalismo invade, cada vez mais, a liberdade de conformação do legislador, cresce a necessidade de se colocar limites ao "poder hermenêutico" dos juízes, ou seja, devido a uma série de demandas e compromissos constitucionais (mormente em direitos fundamentais) quanto mais o judiciário passa a atuar (crescimento do espaço destinado à justiça constitucional e a atuação do Poder Judiciário em relação ao Legislativo e ao próprio Executivo), mais se faz extremamente necessário construir *condições* para um

---

389. Que poderia perfeitamente chamar Verdade *contra* o Consenso, visto que, para o autor, verdade não é consenso. Além disso, é necessário ressaltar, de início, que a Hermenêutica defendida por Lenio se desenvolve no interior de duas rupturas paradigmáticas localizadas pelo autor: **(1)** a revolução do constitucionalismo, que institucionaliza um elevado grau de autonomia do direito; **(2)** a revolução na teoria do direito provocada pelo giro *linguístico-ontológico*.

390. O autor em *Verdade e Consenso* abandona o termo neoconstitucionalismo e passa a usar o termo Constitucionalismo contemporâneo. Assim, o uso do termo neoconstitucionalismo seria eivado de equívocos e sincretismos inadequados. Um dos equívocos seria o que nos levaria à jurisprudência dos valores e suas derivações axiológicas que Lenio tanto critica na obra em comento. STRECK, Lenio Luiz, *Verdade e Consenso*, p.35-37, 2011.

391. STRECK, Lenio Luiz, *Verdade e Consenso*, p.58, 2011.

392. Aqui uma importante observação. É claro que o autor não está a falar da *discricionariedade* trabalhada no direito administrativo pátrio. Em *Verdade e Consenso*, na parte introdutória destinada à compreensão da obra, Lenio explicita que: "(...) no âmbito judicial, o termo discricionariedade refere-se a um espaço a partir do qual o julgador estaria legitimado a criar a solução adequada para o caso que lhe foi apresentado para julgamento (Nos termos da crítica de Dworkin a Hart: o juiz teria o poder discricionário toda vez que uma regra clara e preestabelecida não esteja disponível). No caso do administrador, tem-se por referência a prática de um ato autorizado pela lei, e que, por esse motivo, mantém-se adstrito ao princípio da legalidade (...)". p.40, 2011. É interessante que afirma também o autor que: "(...) no Brasil, a discricionariedade vai muito além do informado por Hart e pela crítica de Dworkin. Em qualquer espaço de sentido – vaguezas, ambiguidades, cláusulas abertas etc.– , o imaginário dos juristas vê um infindável terreno para o exercício da subjetividade do intérprete". p.43, 2011.

controle democrático de aplicação (judicial) da lei que evite decisões arbitrarias (decisionismos).[393]

Temos que o principal inimigo do professor gaúcho, em sua empreitada, sem dúvida, é o **positivismo** em suas mais variadas formas.[394] Assim, tanto o "*velho e desgastado*" positivismo exegético-legalista do século XIX, como, sobretudo (*e com maior ênfase*), o "*positivismo normativista*" Kelseniano da segunda metade do século XX (e sua tese da interpretação como "ato de vontade" do magistrado), bem como o "*positivismo axiológico*" (das atuais teorias axiológicas) e o "*positivismo fático*" (que entende que o sentido da norma se dá na decisão) são **faces de uma mesma moeda**, qual seja, a que faz da **aplicação do direito** pelo magistrado algo ilimitado, arbitrário e decisionista, não condizente com uma **hermenêutica crítica do direito**[395], constitucionalmente adequada a um Estado Democrático de Direito.[396]

Assim, ressalta o autor que, se quisermos *levar o direito a sério* resgatando "o mundo prático *do* **direito** e *no* **direito** devemos colocar a interpretação no centro da problemática da aplicação jurídica e com isso explorar o 'elemento hermenêutico da experiência' jurídica e enfrentar aquilo que o positivismo desconsiderou: *o espaço de discricionariedade do juiz e o que isso representa na confrontação com o direito produzido democraticamente.*"[397]

Porém, aqui, devemos registrar que Lenio de modo algum nega que o intérprete (aplicador) sempre atribua sentido (*sinngebung*) ao texto, mas essa óbvia afirmação jamais pode significar a possibilidade de este aplicador estar autorizado a atribuir sentidos de forma ***arbitrária/discricionária***, como se texto e norma estivessem separados (e, portanto, tivessem existência autônoma). Ou seja, não é porque texto e norma são coisas distintas (e aqui lembramos *Friedrich Müller*) que a

---

393. STRECK, Lenio Luiz, *Verdade e Consenso*, p.59, 2011.

394. Embora o autor também seja **crítico de teorias procedimentais** do direito (ver caps. 2,3, 6 e 7 da obra) e de Teorias da Argumentação Jurídica. É interessante citarmos também as críticas feitas às **recepções equivocadas** no direito brasileiro da Jurisprudência dos Valores, ponderação alexyniana e do ativismo norte-americano. p. 47-55, 2011.

395. Que se pretende pós-metafisica e pós-positivista, e que, portanto, busca superar a filosofia da consciência e seu sujeito *solipsista* (esquema sujeito-objeto) tendo como mote as obras de *Martin Heidegger* e *H.G Gadamer*. Nesse sentido, a **linguagem** deixa de ser **uma terceira coisa** que se interpõe entre sujeito e objeto, e passa a ser *condição de possibilidade*.

396. Aqui, o autor ressalta a importância da hermenêutica (de uma "renovada *hermenêutica constitucional*") no direito que exsurge no Estado Democrático de Direito. Nesse sentido: "(...) há visivelmente uma aposta na Constituição (direito produzido democraticamente) como instancia da autonomia do direito para delimitar a transformação das relações jurídico-institucionais, protegendo-as do constante perigo da exceção. Disso tudo, é possível dizer que tanto o velho discricionarismo positivista quanto o pragmatismo fundado no declínio do direito têm algo em comum: o *déficit democrático*, isso porque, se a grande conquista do século XX foi o alcance de um direito transformador das relações sociais, a essa altura da história é um retrocesso reforçar/acentuar formas de exercício de poder fundadas na possibilidade de atribuição de sentidos de forma discricionária, circunstância que conduz, inexoravelmente, às arbitrariedades, soçobrando, com isso a própria Constituição. (...) Se a autonomia do direito aposta na determinabilidade dos sentidos como uma das condições para a garantia da própria democracia e de seu futuro, as posturas axiologistas e pragmatistas – assim como os diversos positivismos stricto sensu – apostam na indeterminabilidade. É por tais caminhos que passam as novas demandas de uma renovada hermenêutica constitucional." STRECK, Lenio Luiz, *Verdade e Consenso*, p.49, 2011.

397. STRECK, Lenio Luiz, *Verdade e Consenso*, p.46, 2011.

norma pode ser qualquer coisa, ao alvedrio (fruto) do voluntarismo, subjetivismo, arbitrariedade ou decisionismo do intérprete.

Outro ponto importante, na sua teorização explícita de defesa de um efetivo *controle hermenêutico* das decisões judiciais, é o de que esse (necessário) controle não impede nem deve impedir que, em determinadas circunstâncias, haja uma atuação propositiva do Poder Judiciário (*justiça constitucional*). Lenio, que é adepto de uma teoria material (substantiva) da Constituição (e crítico das teorias procedimentais da Constituição), alerta que "a defesa de posturas substancialistas e concretistas acerca da utilização da jurisdição constitucional (que são um avanço em relação a posturas de *self restraint*) não podem ser confundidas com decisionismos e atitudes pragmatistas, em que o Judiciário se substitui ao legislador, com o aumento desmesurado de protagonismos judiciais".[398]

Nesses termos, a questão central da ***"hermenêutica crítica do direito"***, ora em debate, é a de como enfrentar o arbítrio (discricionariedade) do aplicador que produz inexorável *déficit* democrático e, portanto, desestima constitucional (ataque à força normativa da Constituição). Portanto, seria o direito "o café da manhã dos magistrados"? Dito de outro modo: "ninguém teria direito a nada a não ser a uma decisão judicial"? Tudo dependeria da *"má"* ou *"boa vontade"* do magistrado? De suas convicções pessoais ou de "sua consciência"? Nesse sentido, para o autor ora em debate, a resposta para todas essas alegações fulcrais seria negativa.

Assim, Lenio desenvolve uma contundente **"teoria da decisão judicial"** que trabalha a necessidade de se colocar "limites ao poder hermenêutico dos juízes". Mas, em meio ao reino de incertezas (indeterminismos e relativismos) e arbítrios na aplicação do direito, naturalizados pelos "vários positivismos e suas vertentes", como realizar tal empreitada?

Nesse sentido, se colocando, então, como "antirrelativista"[399] e "antidiscricionário", o autor busca, a partir da imbricação entre a hermenêutica filosófica de **H.G. Gadamer** e a Teoria da Integridade de **Ronald Dworkin,** a possibilidade de respostas corretas no direito (*respostas adequadas à Constituição*).

Com isso, **Lenio** opta por uma Hermenêutica ontológica (*da faticidade*) e não por uma hermenêutica epistemológica (metodológica). Assim, a Hermenêutica não se apresenta (como em termos clássicos ou mesmo em teorias da argumentação, como a de Alexy[400]) como um instrumental (externo) para algo; ou seja, como conjun-

398. STRECK, Lenio Luiz, *Verdade e Consenso*, p.46, 2011. É bom que se diga que o autor é um crítico do *ativismo judicial*. Os pressupostos da hermenêutica filosófica que ele defende não coadunam com ativismos judiciais. Para Lenio, um Juiz ou Tribunal pratica ativismo quando decide a partir, por exemplo, de argumentos de política ou moral.

399. Sobre o problema do relativismo em face da ausência de método, bem como os esclarecimentos em torno do conceito de pré-compreensão, ver, STRECK, Lenio Luiz, *Verdade e Consenso*, p.486-501, 2011. Nessa passagem há uma contundente crítica àqueles autores que entendem a hermenêutica filosófica de modo relativista e irracionalista.

400. "É evidente – e compreensível – que qualquer teoria que esteja refém do esquema sujeito-objeto acreditará em **metodologias** que introduzam discursos adjudicadores no direito (**Alexy** é um caso típico). Isso explica, também, por que a ponderação repristina a velha **discricionariedade** positivista. (...) Com efeito a teoria da argumentação

to de métodos (critérios, regras ou técnicas) que levam a compreender um objeto (algo no mundo) adequadamente.

Com **Heidegger** e **Gadamer**, resta claro que a compreensão é um existencial (compreender é um *compreender-se no mundo*) e por isso esse processo sofre sempre uma antecipação de sentido derivado da nossa condição de ser-no-mundo (enquanto seres historicamente situados que somos). Nesse sentido, não há como **compreender algo** à margem (fora) do conjunto de nossas **pré-compreensões**. E, nesses termos, qualquer subterfúgio metódico (externo) seria viciado por nós mesmos (por nossa historicidade), ou seja, o método (que nesse sentido sempre chega "*atrasado*") não nos leva à redenção, não nos leva a conhecer "*o pote de ouro atrás do arco íris*"; ao contrário, ele "se apresenta como o supremo momento da subjetividade" de uma razão ingenuamente ilimitada e absolutilizada.

Por isso, **Lenio** é adepto do giro hermenêutico (*ontológico-linguístico*) e, com Gadamer,[401] entende o processo de compreensão a partir da consciência de nossa historicidade (da situação hermenêutica em que se encontra o intérprete) e dos efeitos da história (*história efetual*), do "círculo hermenêutico" e da "fusão de horizontes" (interação circular entre o passado e o presente, ou seja, entre mundo do objeto e o mundo daquele a que se propõe conhecê-lo[402]), da "diferença ontológica", do "diálogo" e da "linguisticidade". Portanto, compreender é *sempre um processo de fusão de horizontes* e não há, aqui, a clássica cisão entre os momentos de compreensão, interpretação e aplicação (não são momentos distintos). A interpretação, para **Gadamer**, *é a explicitação do (já) compreendido* (ou seja, é a *forma explícita da compreensão*). Nesses termos, não se compreende primeiramente para depois interpretar e aplicar o compreendido a algo, pois quando compreendemos algo já estamos aplicando[403].

Com **Dworkin**, Lenio faz uso das já trabalhadas (em nosso curso) metáforas do Juiz Hércules, do romance em cadeia e da tese da resposta correta como *motes* para a "*Teoria do direito como integridade*". Integridade que nada mais é do que "moralidade política", ou seja, responsabilidade política do magistrado (dever) de, independentemente de sua consciência, duas ideologias, ou crenças pessoais, dar a resposta

de Alexy não consegui fugir ao velho problema engendrado pelo subjetivismo – a discricionariedade (...) Esse ponto que liga a teoria Alexyana ao **protagonismo judicial**, isto é, o *sub-jectum* da interpretação termina sendo o juiz e suas escolhas". STRECK, Lenio Luiz, *Verdade e Consenso* p, 488, 2011.

401. GAMER, Hans. Georg. *Verdade e Método I, Ed. Vozes, 2002.*

402. "O horizonte do presente está num processo de constante formação, na medida em que estamos obrigados a pôr a prova constantemente todos os nossos preconceitos. Parte dessa prova é o encontro com o passado e a compreensão da tradição da qual nós mesmos procedemos. O horizonte do presente não se forma pois à margem do passado, nem mesmo existe um horizonte do presente por si mesmo". GADAMER, Hans Georg, *Verdade e Método* **I**, p.457-458, 2011.

403. "Com isso, são colocados em xeque, os modos procedimentais de acesso ao conhecimento". STRECK, Lenio Luiz, *Verdade e Consenso*, p.404-468, 2011. Como por exemplo: regras como a da *subsunção* ou da *proporcionalidade*. Ou a "irritante" **cisão** entre *easy cases* (**casos fáceis**) e *hard cases* (**casos difíceis**) típica da filosofia da consciência (esquema sujeito-objeto).

correta para um caso (resposta adequada à Constituição), ou, nas palavras de Lenio, "trata-se de um direito fundamental a uma resposta adequada à Constituição[404]".

Observa também o autor que, para tal empreitada existem obstáculos que devem ser solvidos na sistemática jurídica brasileira. Necessitamos então desenvolver uma renovada a) Teoria das fontes; b) Teoria da norma; c) Teoria da interpretação; e d) Teoria da decisão (esta, inclusive, é o mote principal de sua abordagem) que leve a respostas adequadas (conforme) à Constituição.

Aqui, na construção de uma **Teoria da decisão** adequada ao Constitucionalismo contemporâneo, temos alguns princípios que terão como função estabelecer padrões hermenêuticos[405] que visarão:

1) **Preservar a autonomia do direito**: nos dizeres de Lenio "uma blindagem contra predadores do direito" tanto **endógenos,** que funcionam no plano da dogmática (ensino jurídico *estandardizado*, "panprincipiologismo", embargos de declaração, aposta na discricionariedade judicial, no decisionismo e no ativismo), quanto **exógenos,** que funcionam no plano da teoria do direito (inserção da moral como corretiva do direito, uso da política, da análise econômica do direito);

2) **Estabelecer condições hermenêuticas para a realização de um controle da interpretação constitucional:** aqui, por óbvio, Lenio não está dizendo que o intérprete está proibido de interpretar (visto que ele não é um exegetista), mas está, sim, deixando assente a necessidade da imposição de limites às decisões judiciais, ou seja, limites à interpretação do direito mediante o arbítrio da malfadada tese da "interpretação como ato de vontade (ato de poder) do magistrado", que fere a própria autonomia do direito (a força normativa da Constituição) e a própria democracia. Assim, os desejos pessoais dos juízes devem ser suspensos (como agente do Estado). Aqui, com Dworkin temos que os juízes devem lançar mão de argumentos de princípios e não de argumentos de políticas.

3) **Garantir o respeito à integridade e coerência no direito**: o direito e as decisões judiciais não podem ser entendidos como um conjunto assistemático

404. STRECK, Lenio Luiz, *Verdade e Consenso*, p.619, 2011. Assim sendo, afirma o autor com base em Dworkin e Gadamer, contra a discricionariedade e o relativismo, que: **(1)** Em Dworkin, a integridade e a coerência são o modo de amarrar o intérprete, evitando discricionariedades, arbitrariedades e decisionismos; **(2)** Já na Hermenêutica filosófica (gadameriana) a **não cisão** entre a *interpretação* e *aplicação* (com Gadamer: "*quando interpretamos já estamos aplicando*") e a autoridade da tradição ("que obviamente não aprisiona, mas funciona como *condição de possibilidade*") são componentes que "blindam" a interpretação contra irracionalismos e relativismos. Por isso, é que se chama Hermenêutica da faticidade. (...) E para quem até hoje acredita que a interpretação é um *ato de vontade*, basta que se acrescente a esse ato de vontade a expressão "de poder" e estaremos de volta ao último princípio epocal da modernidade: a *Wille zur Macht*, a vontade de poder de Nietsche, que sustenta as diversas formas de pragmatismos no direito, além da concepção realista como as dos *Critical Legal studies*. p.489, 2011. Nesses termos, "A Hermenêutica filosófica, com os aportes da teoria integrativa de Dworkin, representa, uma *blindagem* contra interpretações deslegitimadoras e despistadoras de conteúdo que sustenta o domínio normativo dos textos constitucionais. Trata-se de substituir qualquer pretensão solipsista pelas condições histórico-concretas, sempre lembrando, nesse contexto, a questão da tradição, da coerência e da integridade. (...)". p. 588-589, 2011.

405. STRECK, Lenio Luiz, *Verdade e Consenso*, p.619, 2011. Sobre Dworkin, ver *In*: "*O Império do Direito*", Caps. 2, 6, 7 e 11. BORGES MOTTA, José Francisco, *Levando o Direitos a Sério*, 2012.

e esparso que não guardam interconexões com a comunidade de princípios (Dworkin) e a tradição (Gadamer) no qual estão inseridos. Se os capítulos de um romance escrito por vários autores devem guardar uma conexão interna de tal modo que cada autor continue a história de seu antecessor de forma coerente (impedindo que o romance vire um conjunto de contos desconexos, afinal é um *romance em cadeia*), isso também deve acontecer com as decisões judiciais, que nada mais são do que a continuidade de uma história institucional. Ou seja, decisões judiciais não podem e não devem ser dadas (arbitrariamente) *ad hoc*[406].

4) **Estabelecer que a fundamentação das decisões é um dever básico dos juízes e Tribunais**: aqui entendida como uma responsabilidade política para que o juiz explicite as condições pelas quais ele compreendeu. Em síntese, isso não significa que já que o juiz pode e deve fundamentar que ele faça isso do jeito que bem quiser (ou conforme sua consciência ou ideologias). Temos aqui um *accountability* hermenêutico (dever de prestação de contas da comunidade que decide) que está ligado à coerência e integridade[407].

5) **Garantir que cada cidadão tenha sua causa julgada a partir da Constituição e que haja condições para aferir se essa resposta está ou não constitucionalmente adequada**: aqui, o objetivo é, nas palavras do autor, "uma blindagem contra interpretações *deslegitimadoras* e *despistadoras* do conteúdo que sustenta o domínio normativo dos textos constitucionais". Mais uma vez, embora texto e norma não sejam a mesma coisa, a proposta é a de que devemos levar o texto constitucional a sério. Em síntese, há um *direito fundamental a uma reposta adequada à Constituição,*

---

406. "Ora, a decisão judicial se dá, não a partir de uma escolha, mas sim, a partir do comprometimento com algo que se antecipa. No caso da decisão jurídica, esse algo que se antecipa é a compreensão daquilo que a comunidade política constrói como direito (ressalta-se, por relevante, que essa construção não é a soma de diversas partes, mas, sim, um todo que se apresenta como a melhor interpretação – mais adequada – do direito). (...) Esse todo que se antecipa, esse todo que se manifesta na decisão, é aquilo que mencionamos como pré-compreensão (que não pode ser confundida, como muitas vezes acontece na doutrina brasileira, com mera subjetividade ou pré--conceito do intérprete). E esse ponto é fundamental! Isso porque é o modo como se compreende esse sentido do direito projetado pela comunidade política (que é comunidade virtuosa de princípios) que condicionará a forma como a decisão jurídica será realizada de maneira que, somente a partir desse pressuposto, é que podemos falar em respostas corretas ou adequadas. Sendo mais claro, toda decisão deve se fundar em um compromisso (pré-compreendido). Esse compromisso passa pela reconstrução da história institucional do direito – aqui estamos falando principalmente, dos princípios enquanto indícios formais dessa reconstrução – e pelo momento de colocação do caso julgado dentro da cadeia da integridade do direito. Não há decisão que parta do "grau zero de sentido". Portanto, a decisão jurídica não se apresenta como um processo de escolha do julgador por diversas possibilidades de solução da demanda. Ela se dá como um processo em que o julgador deve estruturar sua interpretação – como a melhor, a mais adequada – de acordo com o sentido do direito projetado pela comunidade jurídica". STRECK, Lenio Luiz, *O que é isto – decido conforme minha consciência?* p.98, 2010.

407. Outra questão fulcral refere-se ao jargão comum entre os magistrados de que "*primeiro o juiz decide e só depois fundamenta* (justifica)". A refutação se dá pela consideração hermenêutica de que a *compreensão depende sempre da pré-compreensão* e, com isso, "(...) na verdade o juiz só decide porque já encontrou, na antecipação de sentido, o fundamento. O fundamento, no caso, é condição de possibilidade para a decisão tomada. Há um sentido que lhe é antecipado, em que a decisão é parte inexorável (dependente) do fundamento. E a resposta, segundo Lenio, está em Heidegger: quando olho para um lugar e vejo um fuzil, é porque antes disso eu já sei o que é uma arma. Sem isso, a questão do sentido do fuzil não exsurgiria como fuzil". A defesa de Lenio aqui é a de que "não é possível desdobrar o ato de aplicação em dois momentos distintos: decisão e fundamentação, pois um faz parte do outro à luz círculo hermenêutico". STRECK, Lenio Luiz, *Verdade e Consenso*, p.449, 2011.

em virtude de, em uma democracia, as leis serem votadas democraticamente (produção democrática das normas) e passarem por uma esfera pública de discussão (e com isso passam a ter vigência e validade). Com isso, temos o direito de as leis serem aplicadas (e cumpridas), salvo se contrárias à Constituição. Dessa maneira, temos um direito fundamental que as leis sejam cumpridas (aplicadas) e o Juiz, nessa perspectiva, só poderia deixar de aplicar as leis em determinados casos específicos (6 hipóteses), pois, fora deles, estaríamos no **arbítrio**, quais sejam:

a) Em face do controle de constitucionalidade, ou seja, se a lei ou o ato normativo forem inconstitucionais (seja no controle difuso ou concentrado);
b) Em face do clássico problema das antinomias (aplicação dos critérios de resolução das antinomias. Porém, aqui, devemos ter cuidado com a análise constitucional, pois a lei posterior que derroga lei anterior pode ser inconstitucional);
c) Em face da Interpretação Conforme a Constituição. No caso, o texto da lei (entendido na sua literalidade) permanece intacto e o que muda é o seu sentido. Nesses termos, o sentido alterado é compatível (adequado) com a Constituição;
d) Em face da inconstitucionalidade parcial sem redução de texto (temos a nulidade parcial sem redução do texto). Com isso, afasta-se uma hipótese de aplicação da norma sem reduzir seu texto;
e) Quando for o caso da declaração de inconstitucionalidade com redução de texto, ocasião em que a exclusão de uma palavra ou expressão leva à manutenção da constitucionalidade do dispositivo;
f) Em face de uma questão concreta em torno de regras e princípios. Nesse sentido, por exemplo, uma norma votada democraticamente pode não ter aplicação em determinado caso em face, por exemplo, da deontologia de um determinado princípio jurídico. Lenio, então, afirma que, "ou isso, ou teremos que admitir que: a) o Judiciário constrói leis; b) a elas se sobrepõe; c) as revoga".[408]

Nesses termos, a conclusão é de que **Lenio** defende, a partir de uma Hermenêutica Crítica do direito, uma teoria da decisão que "tanto com base em Gadamer como em Dworkin é possível distinguir boas e más decisões (pré-juízos autênticos/legítimos e inautênticos/ilegítimos)". Com isso, independentemente das convicções pessoais ou ideológicas dos Juízes sobre a Justiça ou sobre o direito, deve haver uma "restrição" a eles (*independente e superior*) que decorre da **integridade**, ou seja, da responsabilidade política de buscar a melhor solução para o caso, interpretando o direito à melhor luz (solução adequada à Constituição, ou seja, temos aí, um direito fundamental a que a Constituição seja cumprida).[409]

408. STRECK, Lenio Luiz, *Verdade e Consenso*, p.605-606, 2011.
409. STRECK, Lenio Luiz, *Verdade e Consenso*, p.618, 2011.

4

Histórico das Constituições brasileiras

Sumário: 1. Introdução: advertência – 2. Antecedentes históricos do nosso constitucionalismo – 3. A Constituição do Império de 1824 – 4. A Constituição da República de 1891 – 5. A Constituição de 1934 – 6. A Constituição de 1937 – 7. A Constituição de 1946 – 8. A Constituição de 1967 – 9. A Constituição de 1969 (EC nº 01/69) – 10. A Constituição de 1988.

1. INTRODUÇÃO: ADVERTÊNCIA

Apenas como delimitação teórica, deixamos assente que a construção histórica sobre as Constituições brasileiras a ser desenvolvida no presente capítulo parte da "história tradicional", embora sabedora (como qualquer linha investigativa) de suas fragilidades e *déficits*.

Obviamente, essa perspectiva investigatória (que alguns manuais pensam que é a única, como se a história fosse apenas um mero conjunto sequencial de grandes acontecimentos) estará marcada, sobretudo, por uma descrição linear e retilínea de fatos, pela ideia de continuidade, pelos "grandes acontecimentos" e suas respectivas datas, pelo culto a "relevantes" personalidades e a suas atribuições[1]. Porém, apesar de suas nuances (românticas), ela também pode, na medida do possível, ser feita em tom crítico[2].

1. Como crítica a essa perspectiva que estamos adotando, a partir dos estudos de **Koselleck**, ver: "*As origens do Poder Moderador na Constituição Imperial de 1824 – Um exemplo de disputa teórica e conceitual segundo a história dos conceitos*", OLIVEIRA CATTONI, Marcelo Andrade, ALVES, Adamo Dias, p.164-165, 2011. Nesses termos: "A história como objeto de estudos comporta várias perspectivas de investigações. A primeira é a perspectiva da **história tradicional**, que entende ser a história marcada por continuidades, pelos grandes acontecimentos e suas datas, pelo culto aos heróis e às grandes personalidades. A segunda perspectiva, própria da **nova historiografia**, rechaça a postura da primeira e busca demarcar que a história não é caracterizada por ideia de progresso constante, não é linear, nem mesmo contínua. A história é factual, complexa, contingente, expressa relações de poder que se manifestam inclusive na forma de se interpretar a história (...) Essa perspectiva de analisar a história desconfia dela mesma, critica-a, pois reconhece no discurso o resultado de relações de poder que se manifestam na forma como são usadas as palavras, os termos, os conceitos para recontar uma experiência vivida no passado (..)". Sobre a proposta de uma "*nova história do processo de constitucionalização brasileiro*", Cattoni de Oliveira, p. 19-59, 2011.
2. SARMENTO, Daniel. *Por um Constitucionalismo Inclusivo, 2010.*

2. ANTECEDENTES HISTÓRICOS DO NOSSO CONSTITUCIONALISMO

Como fase prévia ao nosso constitucionalismo, e ainda à época do domínio de Portugal, podemos observar que o Brasil colônia enfrentou diferenciadas formas de organização até chegar à sua independência e se tornar um país soberano. Nesse sentido, como mera digressão histórica, temos a seguinte sequência:

- Sistema de feitorias (1501-1532);
- Capitanias hereditárias (1532-1549);
- Sistemas dos governadores gerais (1549-1572);
- Divisão do Brasil colônia nos *Estados do Brasil* e *Estado do Maranhão* (1621);
- Chegada do Rei de Portugal, Dom João VI, ao Brasil, em 1808, e instalação da corte, na cidade do Rio de Janeiro. Com isso, o Brasil foi elevado à condição de Reino Unido de Portugal, sendo finalizado o sistema colonial pretérito;
- Proclamação da Independência em 07 de setembro de 1822, com o início da era do Estado do Brasil Imperial[3].

3. A CONSTITUIÇÃO DO IMPÉRIO DE 1824

Após a Independência e a criação do Estado Soberano Brasileiro, a Constituição de 1824 foi desenvolvida com o objetivo de dar legitimidade a uma forma de governo Monárquica, tendo em vista a efetivação de um governo altamente centralizado, que fosse capaz de desenvolver uma adequada unidade nacional.

Certo é que a Assembleia Nacional Constituinte foi instalada em 03 de maio de 1823. Porém, após inúmeras divergências entre o Imperador Dom Pedro I e a Assembleia Constituinte, que ele mesmo havia convocado, ela foi dissolvida. Com isso, um Conselho de Estado, criado pelo Imperador, produziu um anteprojeto, que deu origem à Constituição do Império de 1824. Essa, intitulada de a primeira Constituição do Brasil, foi outorgada por D. Pedro I, em 25 de março de 1824.

Nesses termos, temos que a Constituição do Império de 1824 teve influência francesa e foi de viés liberal (típica do constitucionalismo liberal). Como suas principais características, podemos apontar:

a) Estabeleceu uma forma de governo monárquica, declarando o Brasil como um Império. Assim, foi definido um Governo Monárquico hereditário, constitucional e representativo;

b) A forma de Estado determinada foi a do Estado Unitário. Com isso, o território foi dividido em Províncias, sendo elas governadas por um presidente de livre nomeação do Imperador.

3. CUNHA JÚNIOR, Dirley da, *Curso de direito constitucional*, p. 489, 2010.

c) A cidade do Rio de Janeiro foi determinada como capital do Brasil Império. É interessante que, com o ato adicional nº 16 de 1834, a cidade do Rio de Janeiro foi transformada em "município neutro" ou "município da corte" e considerada entidade territorial para a sede da Monarquia.

d) Estabeleceu a separação de poderes (funções) em quatro (Teoria *quadripartita* dos Poderes), quais sejam: Poder Moderador (considerado a *chave* de toda a organização política e exercido privativamente pelo Imperador), Poder Legislativo (composto pela Câmara dos Deputados eletiva e temporária e pelo Senado composto de membros vitalícios nomeados pelo Imperador dentre os integrantes de uma lista tríplice eleita pela província), Poder Executivo (que tinha como chefe o Imperador), Poder Judicial (composto pelo Supremo Tribunal de Justiça, com sede na capital do Império, pelos Tribunais de relação nas províncias e pelos juízes de direito).

e) Sobre o Poder Moderador, devido à sua singularidade, temos alguns comentários[4]. Nos termos da Constituição, ele, como já dito, era a chave de toda a organização política, sendo delegado ao Imperador como chefe Supremo da Nação, para que velasse sobre a manutenção da independência, equilíbrio e harmonia dos demais poderes políticos, nos termos do art. 98. Dentre as competências que foram atribuídas ao Imperador, merecem destaque: nomeação de senadores (art. 101), a aprovação e suspensão das resoluções dos conselhos das Províncias (art. 101), a prorrogação ou o adiamento da Assembleia Geral de dissolução da Câmara dos Deputados (art. 101), bem como a suspensão dos magistrados (art. 101). Com isso, "tamanha era a concentração de poderes ensejada pela instituição do Poder Moderador, que Paulo Bonavides e Paes de Andrade a caracterizaram como a constitucionalização do absolutismo, se isso fora possível"[5].

---

4. Aqui a clássica crítica de Afonso Arinos de Melo Franco: "Constant começa definindo o Poder Real como sendo "*laclef de touteorganisation politique*", frase que a Constituição de 1824 (art. 98) traduziu literal, e a nosso ver imperfeitamente, na expressão: "O Poder Moderador é a chave de toda a organização política". Dizemos que a tradução é imperfeita porque nos parece que no texto francês a palavra *chef* não quer dizer chave, em português, e sim fecho no sentido de fecho de abóbada. Esta distinção não é bizantina, porque a tradução que nos parece certa dá muito mais a ideia de apoio e coordenação do que de intervenção e imposição, como a ideia da chave que abre qualquer porta. E toda a discussão entre conservadores e liberais no Império brasileiro vem exatamente desta diferença de pontos de vista, a saber, os liberais querendo atribuir ao Poder Moderador uma força de composição, enquanto os conservadores viam nele uma força de imposição, que de fato foi, principalmente quando dissolvia a Câmara de maioria contrária ao gabinete". FRANCO, Afonso Arinos, *O Constitucionalismo de D. Pedro I no Brasil e em Portugal*, p. 26,1972. No mesmo sentido, CARVALHO Netto, Menelick, *A sanção no procedimento legislativo*, p.73, 1992.
5. Nesse sentido, "na verdade o modelo adotado no Brasil **não** correspondia com fidelidade às teorias de Benjamim Constant – pensador liberal, extremamente preocupado com a contenção do arbítrio dos governantes em prol das liberdades individuais. Para Constant, o poder moderador deveria ser um **poder neutro**, que agisse sempre de forma imparcial, para manter o equilíbrio e a concórdia dentre os demais poderes, e garantir o respeito aos direitos individuais. Para ele, isto jamais seria possível se esse poder neutro fosse atribuído ao titular de qualquer dos outros poderes ativos, como ocorreu com a carta de 1824, em que o Imperador cumulava o Poder Moderador com a chefia do executivo". SARMENTO, Daniel. *Por um Constitucionalismo Inclusivo*, p.11, 2010.

f) Atrelada, como já salientado, a uma perspectiva liberal (*constitucionalismo liberal*), a Constituição declarou direitos civis e políticos, entre eles: a liberdade, propriedade e segurança. O trágico é que esses direitos foram assegurados constitucionalmente sem que se fizesse qualquer referência à escravidão (como se a escravidão não existisse). Essa só foi abolida pela Lei Áurea, assinada pela princesa Isabel, em 13 de maio de 1888.

g) Estabeleceu um órgão de consulta (superior) do Imperador intitulado de Conselho de Estado. Os conselheiros eram vitalícios e todos eram nomeados pelo Imperador.

h) As cidades e vilas eram administradas por Câmara dos Vereadores eletivas e temporárias.

i) O estabelecimento de uma religião oficial, qual seja, a católica, apostólica, romana. Portanto, o Estado era confessional. Porém, é de se salientar que eram permitidos cultos de outras religiões, porém cultos domésticos ou de cunho particular.

j) Não estabeleceu nenhum tipo de sistema de controle de constitucionalidade das leis ou atos normativos (isso se deveu ao dogma da soberania do parlamento, atrelado à figura do Poder Moderador, que permitia ao Imperador manter a independência, o equilíbrio e a harmonia entre os demais poderes).

k) A Constituição foi classificada como semirrígida, na medida em que apresentava uma parte rígida (que só poderia ser modificada por procedimentos especiais e envolvia: os limites e atribuições dos Poderes Políticos, os direitos políticos e individuais dos cidadãos) e uma parte flexível (que poderia ser modificada por procedimentos ordinários ou comuns). Além disso, não havia limite material para a alteração da Constituição, ou seja, para o seu poder de reforma[6].

Como conclusão, temos que, a Constituição de 1824 vigorou por 65 anos (até hoje a mais duradoura da história constitucional brasileira). Ela foi objeto de duas revisões. Certo é que "a primeira ocorreu com o Ato Adicional de 12.08.1834. Essa reforma extinguiu o Conselho de Estado; criou as Assembleias Legislativas Provinciais; conferiu competência legislativa às Assembleias Provinciais e esboçou uma reação ao poder centralizado até então existente, com ideias descentralizadoras ou de cunho federalistas que logo em seguida foram reprimidas. Já a segunda revisão se deu com a Lei de Interpretação do Ato Adicional de 12.03.1840. Essa teve orientação conservadora e restabeleceu o Conselho de Estado"[7].

6. SARMENTO, Daniel. *Por um Constitucionalismo Inclusivo*, p.13, 2010.
7. CUNHA JÚNIOR, Dirley da, *Curso de direito constitucional*, p. 490, 2010. Ver também: CALMON, Pedro. *Curso de Direito Constitucional Brasileiro*, p. 09-10, 1947.

4. A CONSTITUIÇÃO DA REPÚBLICA DE 1891

Inicialmente, é interessante salientar que a doutrina nos mostra que as ideias descentralizadoras ou federalistas foram fomentadas no iter do Brasil Imperial. Nesses termos, "várias manifestações separatistas eclodiram: Cabanadas, Balaiadas, Sabinadas e República do Piratini". Além dessas, as teses republicanas e federalistas foram objeto de inúmeras vozes no devir do Império. Nesse sentido, "fatores como a grande extensão do território brasileiro, a criação de poderes locais, efetivos e autônomos, associados a ideias republicanas e democráticas, foram decisivos para, em 15 de novembro de 1889, por meio do decreto nº1, ser proclamada no Brasil uma República Federativa"[8].

Com a ascensão dos Republicanos ao Poder, foi instaurado um governo provisório. Logo, em dezembro de 1889, esse governo nomeou uma comissão composta por cinco membros para a elaboração de um projeto de constituição. Esse projeto serviria de norte para a Assembleia Constituinte, que seria posteriormente efetivada. Nesses termos, em 15.09.1890, foi eleita uma assembleia constituinte que, em 15.11.1890, iniciou seus trabalhos[9]. Com isso, em 24.02.1891 foi promulgada nossa primeira Constituição republicana e federativa.

Nesses termos, temos que a Constituição da República de 1891 teve influência Norte-americana e também foi de viés liberal (típica do constitucionalismo liberal). Ela foi nossa menor Constituição, tendo 90 artigos no corpo permanente e 9 artigos nas disposições transitórias. Como suas principais características, podemos apontar:

a) A forma de Governo foi a Republicana e a forma de Estado foi a Federativa. Nesses termos, conforme o art. 1º a Nação brasileira adota como forma de Governo, sob o regime representativo, a República Federativa, proclamada a 15 de novembro de 1889, e constitui-se, por união perpétua e indissolúvel das suas antigas Províncias, em Estados Unidos do Brasil[10].

b) Com isso as antigas províncias transformaram-se em Estados. Nesses termos, o art. 2º afirma que: Cada uma das antigas Províncias formará um Estado e o antigo Município Neutro (do Rio de Janeiro) constituirá o Distrito Federal, continuando a ser a Capital da União, enquanto não se der execução ao disposto no artigo 3º, que rezava que ficaria pertencendo à União, no planalto central da República, uma zona de 14.400 quilômetros quadrados, que seria oportunamente demarcada para nela estabelecer-se a futura Capital federal.

---

8. CUNHA JÚNIOR, Dirleyda, *Curso de direito constitucional*, p. 491, 2010. Ver também: CALMON, Pedro. *Curso de Direito Constitucional Brasileiro*, p. 09-10, 1947.
9. CUNHA JÚNIOR, Dirley da, *Curso de direito constitucional*, p. 491, 2010. Aqui, registra-se o fato de que a Assembleia Constituinte foi deflagrada com limitações, na medida em que não poderia intervir no governo existente à época nem mexer na República e na Federação determinadas em 1889.
10. A citada influência norte-americana é refletida até mesmo no nome do nosso país, que passou a chamar-se oficialmente Estados Unidos do Brasil. É importante destacar também a influência do jurista Ruy Barbosa na Assembleia Constituinte que elaborou a Constituição.

c) Nos termos da Constituição, em seu art. 4º, os Estados poderiam incorporar-se entre si, subdividir-se ou desmembrar-se, para se anexar a outros, ou formar novos Estados, mediante aquiescência das respectivas Assembleias Legislativas, em duas sessões anuais sucessivas e aprovação do Congresso Nacional.

d) A repartição dos Poderes (diferentemente da Constituição do Império de 1824) foi tripartite com a definição dos Poderes Legislativo, Executivo e Judiciário.

e) O Poder Legislativo era exercido pelo Congresso Nacional, composto pela Câmara dos Deputados e pelo Senado Federal. O mandato dos Deputados era de 3 anos e o dos Senadores de 9 anos. Porém, o mandato dos Senadores era renovado de três em três anos em 1/3. Por isso, nos termos do art. 16, § 2º, haveria eleição simultânea para Deputados e Senadores em todo o país de três em três anos, para as vagas de Deputado e para 1/3 das vagas do Senado. A legislatura tinha duração de 3 anos equivalendo-se ao mandato do Deputado Federal. Nos termos do art. 32, o Vice-Presidente da República era o Presidente do Senado, onde só tinha voto de qualidade, e seria substituído, nas ausências e impedimentos, pelo Vice-Presidente da mesma Câmara.

f) É interessante citarmos as imunidades parlamentares de cunho material e formal. No que tange à imunidade material, rezava na Constituição, no art. 19, que os Deputados e Senadores eram invioláveis por suas opiniões, palavras e votos no exercício do mandato. Já no que diz respeito à imunidade formal, nos termos do art. 20, temos que os Deputados e Senadores, desde que tivessem recebido diploma até a nova eleição, não poderiam ser presos nem processados criminalmente, sem prévia licença de sua Câmara, salvo caso de flagrância em crime inafiançável. Neste caso, levado o processo até pronúncia exclusiva, a autoridade processante remeteria os autos à Câmara respectiva para resolver sobre a procedência da acusação, se o acusado não optasse pelo julgamento imediato.

g) O Sistema de Governo, nos moldes norte-americano, foi o presidencialista. Nesses termos, o art. 41 determinava que exerceria o Poder Executivo o Presidente da República dos Estados Unidos do Brasil, como chefe eletivo da Nação. Ele seria auxiliado pelos Ministros de Estado, nos termos do art. 49. Já o § 1º dizia que substitui o Presidente, no caso de impedimento, e sucede-lhe no de falta o Vice-Presidente, eleito simultaneamente com ele.

h) A eleição para o cargo de Presidente exigia maioria absoluta de votos. Conforme o art. 47, o Presidente e o Vice-Presidente da República serão eleitos por sufrágio direto da Nação e maioria absoluta de votos. O interessante é que se não alcançada a maioria absoluta a Constituição determinava um peculiar modo de escolha para os cargos. Nesses termos, se nenhum dos votados houvesse alcançado maioria absoluta, o Congresso elegeria, por maioria dos votos presentes, um, dentre os que tivessem alcançado as duas votações mais elevadas na eleição direta. Em caso de empate, considerar-se-ia eleito o mais velho.

i) Sobre o Poder Judiciário da União, ele teria como órgãos um Supremo Tribunal Federal, com sede na Capital da República, e Juízes e Tribunais Federais, distribuídos pelo País. Já o Poder Judiciário dos Estados era composto por Tribunais e Juízes.

j) A Constituição de 1891, em virtude do federalismo, nos apresentou pela primeira vez o que chamamos na doutrina de Poder Constituinte Decorrente, pois, nos termos do art. 63, afirmava-se que cada Estado iria ser regido pela Constituição e pelas leis que adotasse, respeitados os princípios constitucionais da União.

k) No que tange aos direitos fundamentais foram garantidos direitos civis e políticos, nos termos do art. 72: "A Constituição assegura a brasileiros e a estrangeiros residentes no País a inviolabilidade dos direitos concernentes à liberdade, à segurança individual e à propriedade"[11].

l) Sobre os direitos fundamentais, é interessante salientar, também, que o art. 78 afirmava que o rol de direitos fundamentais não era exaustivo (taxativo). Nesses termos, rezava que "a especificação das garantias e direitos expressos na Constituição não exclui outras garantias e direitos não enumerados, mas resultantes da forma de governo que ela estabelece e dos princípios que consigna".

m) O Estado se tornou laico, ou seja, tivemos a separação entre igreja e Estado e o fim do Estado confessional e da religião oficial como sendo a católica, apostólica e romana. Com isso, foi garantida a liberdade religiosa e possibilidade de cultos públicos para todas as religiões. Nesses termos, como exemplos, temos, conforme o art. 72: § 3º – Todos os indivíduos e confissões religiosas podem exercer pública e livremente o seu culto, associando-se para esse fim e adquirindo bens, observadas as disposições do direito

11. Nos termos do art. 72, dentre outros direitos, destacamos: § 1º – Ninguém pode ser obrigado a fazer ou deixar de fazer alguma coisa senão em virtude de lei. § 2º – Todos são iguais perante a lei. A República não admite privilégios de nascimento, desconhece foros de nobreza e extingue as ordens honoríficas existentes e todas as suas prerrogativas e regalias, bem como os títulos nobiliárquicos e de conselho. § 8º – A todos é lícito associarem-se e reunirem-se livremente e sem armas; não podendo intervir a polícia senão para manter a ordem pública. § 9º – É permitido a quem quer que seja representar, mediante petição, aos Poderes Públicos, denunciar abusos das autoridades e promover a responsabilidade de culpados. § 10 – Em tempo de paz qualquer pessoa pode entrar no território nacional ou dele sair com a sua fortuna e bens, quando e como lhe convier, independentemente de passaporte. § 11 – A casa é o asilo inviolável do indivíduo; ninguém pode aí penetrar de noite, sem consentimento do morador, senão para acudir as vítimas de crimes ou desastres, nem de dia, senão nos casos e pela forma prescritos na lei. § 12 – Em qualquer assunto é livre a manifestação de pensamento pela imprensa ou pela tribuna, sem dependência de censura, respondendo cada um pelos abusos que cometer nos casos e pela forma que a lei determinar. Não é permitido o anonimato. § 15 – Ninguém será sentenciado senão pela autoridade competente, em virtude de lei anterior e na forma por ela regulada. § 17 – O direito de propriedade mantém-se em toda a sua plenitude, salva a desapropriação por necessidade ou utilidade pública, mediante indenização prévia. § 18 – É inviolável o sigilo da correspondência. § 19 – Nenhuma pena passará da pessoa do delinquente. § 20 – Fica abolida a pena de galés e a de banimento judicial. § 24 – É garantido o livre exercício de qualquer profissão moral, intelectual e industrial. § 31 – É mantida a instituição do júri.

comum. § 4º – A República só reconhece o casamento civil, cuja celebração será gratuita. § 5º – Os cemitérios terão caráter secular e serão administrados pela autoridade municipal, ficando livre a todos os cultos religiosos a prática dos respectivos ritos em relação aos seus crentes, desde que não ofendam a moral pública e as leis. § 6º – Será leigo o ensino ministrado nos estabelecimentos públicos. § 7º – Nenhum culto ou igreja gozará de subvenção oficial, nem terá relações de dependência ou aliança com o Governo da União ou dos Estados.

n) Foi constitucionalizado o instituto do *habeas corpus*. Nesse sentido, conforme o art. 72, § 22, a Constituição deixou assente que: "Dar-se-á o *habeas corpus*, sempre que o indivíduo sofrer ou se achar em iminente perigo de sofrer violência ou coação por ilegalidade ou abuso de poder".

o) Foi instituído o controle de constitucionalidade das leis (inexistente na Constituição do Império de 1824). Esse controle (que, diga-se, já aparecera na Constituição provisória de 1890), nos moldes norte-americanos, foi o difuso-concreto. Portanto, com a Constituição de 1891, ficou definida a existência de uma análise de adequação de leis em relação à Constituição.

p) A Constituição de 1891 previa a possibilidade da decretação do Estado de Sítio. Nesses termos, era o art. 80: "Poder-se-á declarar em estado de sítio qualquer parte do território da União, suspendendo-se aí as garantias constitucionais por tempo determinado quando a segurança da República o exigir, em caso de agressão estrangeira, ou comoção intestina (interna)". Alcançamos a marca (incrível) de onze decretações no período de vigência da Constituição de 1891. Todas aprovadas pelo Poder Legislativo[12].

É importante ressaltar que a Constituição de 1891 foi reformada apenas uma vez, em 07.09.1926. Nessa reforma, de viés centralizador, destacamos a restrição da concessão de *habeas corpus* apenas aos casos de violência ou coação à liberdade de locomoção, restringindo a aplicação do instituto a esses casos e a proibição do controle judicial sobre a decretação do estado de sítio ou sobre atos praticados durante a sua vigência.

Por último, temos que a Constituição teve vigência por 39 anos e, além disso, concordamos com o entendimento de que "a Constituição de 1891 teve pouquíssima efetividade. Entre o país constitucional – liberal e democrático – e o país real – autoritário e oligárquico, manteve-se um intransponível abismo"[13].

12. Apesar de protestos e de algumas impugnações judiciais, prevaleceu, na prática, a visão conservadora de que o estado de sítio era como que um interregno constitucional, durante o qual o governo estava livre para agir de forma plenamente discricionária. SARMENTO, Daniel. *Por um Constitucionalismo Inclusivo*, p.26, 2010.
13. SARMENTO, Daniel. *Por um Constitucionalismo Inclusivo*, p.27, 2010.

5. A CONSTITUIÇÃO DE 1934

Certo é que a nossa primeira República, instaurada com a proclamação e, posteriormente, com a Constituição de 1891, teve inúmeros percalços à luz de uma perspectiva constitucional democrática, respeitadora das liberdades civis e limitadora do poder.

Após a fase militar dos Marechais Presidentes Deodoro da Fonseca e Floriano Peixoto, ambos profundamente autoritários, tem-se início, com Prudente de Morais, o modelo oligárquico de governar. Esse modelo de um Presidente civil que está atrelado aos interesses da oligarquia e, em virtude disso, do "*coronelismo*", foi o dominante na intitulada "República Velha". Nessa, foi consolidado o domínio político dos Estados de Minas Gerais e de São Paulo, ficando esse período conhecido como República do café-com-leite.

Pois bem, em outubro de 1930 eclode uma revolução comandada pelos Estados de Minas Gerais, Rio Grande do Sul e Paraíba. Essa revolução sai vitoriosa e, em um curto período de tempo, Getúlio Vargas (candidato derrotado por Júlio Prestes nas eleições realizadas) assume o Governo. Com isso, temos o fim da primeira República. Já em 11 de novembro de 1930 Getúlio Vargas edita o decreto nº 19.938, regulamentando um Governo Provisório que vigorou até a Constituição de 1934. Esse decreto o investe de poderes excepcionais. Para se ter uma ideia, todo o Congresso Nacional foi dissolvido, todos os órgãos legislativos estaduais e municipais também foram dissolvidos e os governadores foram afastados mediante a nomeação de interventores federais. Nos termos do art. 1º do Decreto, "o Governo Provisório[14] exerceria discricionariamente, em toda sua plenitude, as funções e atribuições, do Poder Executivo, como também do Poder Legislativo, até a provação da nova Constituição".

Apesar do viés de cunho social do governo provisório e de suas medidas, em 09.07.1932, eclodiu a Revolução constitucionalista, capitaneada pelo Estado de São Paulo. A revolução foi liderada pelo próprio interventor do Estado de São Paulo. O seu objetivo era a legalidade, ou seja, a restauração do regime democrático com uma nova Constituição. Embora abafada e esmagada pela União e suas forças nacionais, a Revolução de 1932 evidenciou que não teria mais como a reconstitucionalização ser postergada. Portanto, acredita-se que ela teve um efeito moral e, com isso, catalisador da nova Constituição de 1934. Certo é que, em 15 de novembro de 1933, foi instaurada uma nova Assembleia Constituinte no Brasil, que culminou com a Constituição de 16 de julho de 1934.

14. Nesses termos, o governo provisório teve como foco a perspectiva social: "Durante o Governo provisório, diversas medidas relevantes foram adotadas. Foi editado um Código Eleitoral, criando a Justiça Eleitoral e o voto secreto, estendendo o direito de voto as mulheres, instituindo a representação classista e adotado o sistema proporcional nas eleições em substituição do sistema distrital que antes vigorava. Foram criados os Ministérios da Educação, da Saúde e do Trabalho, Indústria e Comercio, que desenhavam um perfil, mais social e interventor do Estado brasileiro". SARMENTO, Daniel. *Por um Constitucionalismo Inclusivo*, p.28, 2010.

Diferentemente das Constituições anteriores, a Constituição de 1934 irá nos apresentar o constitucionalismo social, rompendo com o modelo constitucional pretérito de viés liberal. Ou seja, é a nossa primeira constituição do constitucionalismo social[15].

Essa Constituição foi dotada de 187 artigos no seu corpo permanente e 26 disposições transitórias[16], e teve como principais características:

a) Foi mantida a forma de Governo Republicana e a forma de Estado Federativa, além do sistema de governo presidencialista.

b) Porém, no que tange ao federalismo, surge a figura do federalismo cooperativo ou de integração, nos moldes da Constituição de Weimar da Alemanha de 1919. Com isso, além de competências privativas e remanescentes entre os entes, temos, também, as competências concorrentes entre a União e os Estados. Essas, previstas no art. 10 da Constituição, visam a que os entes (poder central e poderes estaduais) atuem em determinados temas de forma conjunta para a realização de objetivos comuns. Porém, apesar desse avanço, o rol de competências privativas da União foi alargado (ampliado) consideravelmente (tendência centralizadora). Um exemplo interessante envolveu o direito processual, que antes era de competência legislativa dos Estados e passou nessa Constituição para a esfera da União[17].

c) No que diz respeito à separação de Poderes, foram mantidos o Legislativo, o Executivo e o Judiciário. Porém, com novidades em relação a eles.

d) O Legislativo foi muito modificado, pois o bicameralismo foi nitidamente relativizado. Nesses termos, o art. 22 rezou que o Poder Legislativo seria composto pela Câmara dos Deputados com a colaboração do Senado Federal. Cada Legislatura teria a duração de 4 anos. Com isso, resta que o Senado deixou de ser um órgão legislativo e o nosso Poder Legislativo se tornou unicameral. Ou seja, o exercício do poder (em regra) estava afeto apenas à Câmara dos Deputados e o Senado seria um órgão apenas de colaboração. Na Câmara, foram instituídos dois tipos de representantes, dotados de mandato de quatro anos: os representantes do povo, eleitos pelo sistema proporcional e sufrágio universal e direto e os representantes das profissões, eleitos indiretamente pelas associações profissionais. Esses equivaleriam a 1/5 da representação popular e se dividiam, nos termos do art. 23, § 3º, em representantes da: lavoura e pecuária; indústria, comércio

15. "Ela incorporou uma série de temas que não eram objeto de atenção das constituições pretéritas, voltando-se à disciplina da ordem econômica, das relações de trabalho, da família, da educação e da cultura. A partir dela, pelo menos sob o ângulo jurídico, a questão social não poderia mais ser tratada no Brasil como caso de polícia, como se dizia na República Velha, mas sim como caso de direito, aliás, de Direito Constitucional". SARMENTO, Daniel. *Por um Constitucionalismo Inclusivo*, p.31, 2010.

16. É importante salientar que a Constituição de 1934, quanto à estabilidade, era rígida e poderia ser modificada pelos procedimentos distintos da revisão (procedimento mais complexo) e das emendas, nos termos do art. 178.

17. SARMENTO, Daniel. *Por um Constitucionalismo Inclusivo*, p.31, 2010.

e transportes; profissionais liberais e funcionários públicos.[18] Os Senadores, que, em regra (salvo em casos definidos na própria Constituição), não participariam do processo legislativo, teriam mandato de 8 anos e seriam eleitos 2 representantes de cada Estado e do DF[19].

e) O Poder Executivo era exercido pelo Presidente da República, nos termos do art. 51, auxiliado por seus Ministros (art. 59). O mandato do Presidente era de 4 anos e não era permitida a reeleição para o período subsequente.[20] Com isso, nos termos do art. 52, o período presidencial duraria um quadriênio, não podendo o Presidente da República ser reeleito senão quatro anos depois de cessada a sua função, qualquer que tenha sido a duração desta. Ainda, sobre o Poder Executivo, é importante ressaltar que foi suprimida a figura do Vice-Presidente.

f) No que tange ao Poder Judiciário, dispôs o art. 63 que: "são órgãos do Poder Judiciário: a Corte Suprema; os Juízes e Tribunais federais; os Juízes e Tribunais militares; os Juízes e Tribunais eleitorais". Com isso, a Justiça Eleitoral, que fora instituída 2 anos antes, ainda sob as bases do Governo Provisório, ganhou positivação constitucional.

g) A Constituição faz referência ao Ministério Público (arts. 95 a 98) e também aos Tribunais de Contas (arts. 99 a 102), como órgão de cooperação nas atividades de governo (atividades governamentais).

h) O Controle de constitucionalidade difuso-concreto foi mantido constitucionalmente. Porém, nesse sistema, foi acrescentado: a cláusula de reserva de plenário, no art. 179; e a competência do Senado para suspender a

---

18. Constituição **de 1934**: Art 22 - *O Poder Legislativo é exercido pela Câmara dos Deputados com a colaboração do Senado Federal. Parágrafo único - Cada Legislatura durará quatro anos. Art 23 - A Câmara dos Deputados compõe-se de representantes do povo, eleitos mediante sistema proporcional e sufrágio universal, igual e direto, e de representantes eleitos pelas organizações profissionais na forma que a lei indicar. § 1º - O número dos Deputados será fixado por lei: os do povo, proporcionalmente à população de cada Estado e do Distrito Federal, não podendo exceder de um por 150 mil habitantes até o máximo de vinte, e deste limite para cima, de um por 250 mil habitantes; os das profissões, em total equivalente a um quinto da representação popular. Os Territórios elegerão dois Deputados. § 3º - Os Deputados das profissões serão eleitos na forma da lei ordinária por sufrágio indireto das associações profissionais compreendidas para esse efeito, e com os grupos afins respectivos, nas quatro divisões seguintes: lavoura e pecuária; indústria; comércio e transportes; profissões liberais e funcionários públicos. (...) Art 24 - São elegíveis para a Câmara dos Deputados os brasileiros natos, alistados eleitores e maiores de 25 anos; os representantes das profissões deverão, ainda, pertencer a uma associação compreendida na classe e grupo que os elegerem.*

19. Constituição de **1934**: Art. 88 – Ao Senado Federal, nos termos dos arts. 90, 91 e 92, incumbe promover a coordenação dos Poderes federais entre si, manter a continuidade administrativa, velar pela Constituição, colaborar na feitura de leis e praticar os demais atos da sua competência. Art. 89 – O Senado Federal compor-se-á de dois representantes de cada Estado e o do Distrito Federal, eleitos mediante sufrágio universal, igual e direto por oito anos, dentre brasileiros natos, alistados eleitores e maiores de 35 anos. § 1º – A representação de cada Estado e do Distrito Federal, no Senado, renovar-se-á pela metade, conjuntamente com a eleição da Câmara dos Deputados. § 2º – Os Senadores têm imunidade, subsídio e ajuda de custo idênticos aos dos Deputados e estão sujeitos aos mesmos impedimentos incompatibilidades.

20. Embora não tenha tido nenhuma eleição presidencial sob a égide dessa Constituição, exceto a indireta que elegeu Getúlio Vargas, realizada no dia seguinte a promulgação da Constituição. SARMENTO, Daniel. *Por um Constitucionalismo Inclusivo*, p.31, 2010.

execução das normas declaradas inconstitucionais pelo Poder Judiciário, nos termos do art. 91.

i) Temos também a possibilidade de Intervenção Federal da União nos Estados, nos termos do art. 12. Em uma dessas hipóteses, a lei federal que decretasse a intervenção sofreria um controle preventivo (para ter validade), realizado pela Corte Suprema, nos termos do art. 12, § 2º, da Constituição[21].

j) Sobre os direitos fundamentais, a Constituição de 1934 traz uma plêiade de inovações, na medida em que inaugura o constitucionalismo social no Brasil. Sobre o rol de direitos individuais (civis e políticos), temos a instituição do: mandado de segurança (art. 113) e da ação popular (art. 113). É garantido o direito de propriedade, mas afirma-se que ele não poderá ser exercido contra o interesse social ou coletivo (art. 113), prefigurando a figura da função social da propriedade. Sobre os direitos sociais, dentre eles, temos: direitos sociais e econômicos no título da "ordem econômica e social," bem como os "direitos da família, educação e cultura," em título próprio. Além disso, é importante fazer referência aos direitos trabalhistas, no art. 121 da Constituição.

Em sede conclusiva, temos que a Constituição de 1934 teve curta duração, pois só vigorou até novembro de 1937, ou seja, pouco mais de 3 anos, momento em que foi outorgada a Constituição de 1937, período que ficou conhecido como Estado Novo.

6. A CONSTITUIÇÃO DE 1937

Na segunda metade do ano 1937, a sociedade brasileira já aguardava as novas eleições presidenciais, que seriam disputadas no começo do ano de 1938, pelos candidatos José Américo, Plínio Salgado e Armando Sales. Porém, em 30 de setembro de 1937, com fundamento em uma ameaça (suposta) comunista, o General Góes Monteiro explicita um suposto plano comunista para a tomada do Poder. Essa farsa, devidamente arquitetada pelo *status quo*, foi o mote para que Getúlio Vargas, no mesmo dia, divulgasse uma proclamação ao povo brasileiro que romperia com a Constituição de 1934 e definiria a necessidade de uma nova Constituição.

21. Art. 12 – A União não intervirá em negócios peculiares aos Estados, salvo: I – para manter a integridade nacional; II – para repelir invasão estrangeira, ou de um Estado em outro; III – para pôr termo à guerra civil; IV – para garantir o livre exercício de qualquer dos Poderes Públicos estaduais; V – para assegurar a observância dos princípios constitucionais especificados nas letras *aah*, do art. 7º, nº I, e a execução das leis federais; VI – para reorganizar as finanças do Estado que, sem motivo de força maior, suspender, por mais de dois anos consecutivos, o serviço da sua dívida fundada; VII – para a execução de ordens e decisões dos Juízes e Tribunais federais.§ 1º – Na hipótese do nº VI, assim como para assegurar a observância dos princípios constitucionais (art. 7º, nº I), a intervenção será decretada por **lei federal**, que lhe fixará a amplitude e a duração, prorrogável por nova lei. A Câmara dos Deputados poderá eleger o Interventor, ou autorizar o Presidente da República a nomeá-lo. § 2º – Ocorrendo o primeiro caso do nº V, a intervenção só se efetuará **depois que a Corte Suprema**, mediante **provocação do Procurador-Geral da República**, tomar conhecimento da **lei** que a tenha decretado e lhe **declarar a constitucionalidade**. Autores como Daniel Sarmento (2010) e Gilmar Mendes (1998) reconhecem essa hipótese como o "embrião do controle de constitucionalidade concentrado e abstrato no Brasil".

Pois bem, a Constituição de 1937, que teve seu texto redigido pelo jurista Francisco Campos, foi outorgada em 10.11.1937. Essa nova Constituição, que ficou conhecida como "polaca" (influência da Constituição da Polônia de 1935), é profundamente autoritária. Ela tinha 174 artigos em seu corpo permanente e 13 artigos nas disposições transitórias e finais, e teve como principais características:

a) Manteve a forma republicana de Governo e a forma federativa de Estado com uma estrutura equivalente à da Constituição anterior. Porém, certo é que o federalismo foi apenas de cunho nominal, devido ao extremo autoritarismo e centralização de poder existentes na Constituição. Nesse sentido, a repartição de competências entre os entes definida na Constituição de 1937 não saiu do papel, prevalecendo um Estado, na prática, unitário, sobretudo mediante a nomeação dos interventores pelo Presidente da República.

b) Em relação aos Poderes, temos a definição formal dos Poderes Legislativo, Executivo e Judiciário, embora não houvesse nenhuma preocupação com o equilíbrio entre eles[22].

c) Porém, a Constituição de 1937 dissolveu o Poder Legislativo da União (com o fechamento do Congresso Nacional), bem como o dos Estados (Assembleias Legislativas) e dos Municípios (Câmaras Municipais). As novas eleições para o preenchimento desses cargos só ocorreriam após a realização de plebiscito, que iria confirmar (aprovar) a Carta de 1937, o que nunca ocorreu. Certo é que, enquanto não fosse eleito o novo Parlamento, seria de competência do Presidente da República, nos termos do art. 180, expedir decretos-lei sobre todas as matérias de competência legislativa da União.

d) Sobre o Poder Executivo, é necessário salientar que foi fortalecido de sobremaneira pela Carta de 1937, o que inclusive expressou o caráter autoritário e fascista desse texto constitucional. Certo é que o Presidente da República teria mandato de 6 anos. Dentre algumas das atribuições que foram designadas ao Presidente da República, temos que ele poderia confirmar ou não o mandato dos governadores dos Estados e, em caso de não confirmação, poderia nomear interventores, nos termos do art. 176. Além disso, rezava na Constituição, no seu art. 75, que seriam prerrogativas do Presidente da República, entre outras: a) indicar um dos candidatos à Presidência da República; b) dissolver a Câmara dos Deputados no caso do

22. SARMENTO, Daniel. *Por um Constitucionalismo Inclusivo*, p.40, 2010. Nos termos do **art. 38** da Constituição de 1937: *"O Poder Legislativo é exercido pelo Parlamento Nacional com a colaboração do Conselho da Economia Nacional e do Presidente da República, daquele mediante parecer nas matérias da sua competência consultiva e deste pela iniciativa e sanção dos projetos de lei e promulgação dos decretos-leis autorizados nesta Constituição. § 1ºO Parlamento nacional compõe-se de duas Câmaras: a Câmara dos Deputados e o Conselho Federal".* Conforme o ***art. 46***: *"A Câmara dos Deputados compõe-se de representantes do povo, eleitos mediante sufrágio indireto". Já o* ***art. 50***: *"O Conselho Federal compõe-se de representantes dos Estados e dez membros nomeados pelo Presidente da República. A duração do mandato é de seis anos". E o art. 56: "O Conselho Federal será presidido por um Ministro de Estado, designado pelo Presidente da República.*

parágrafo único do art. 167; c) nomear os Ministros de Estado; d) designar os membros do Conselho Federal reservados à sua escolha; e) adiar, prorrogar e convocar o Parlamento. Por último, temos que, nos termos do art. 96, na hipótese de declaração de inconstitucionalidade de lei, seria permitido ao Presidente que a submetesse de novo ao parlamento. Com isso, se o Parlamento confirmasse a norma por 2/3 dos membros de cada uma das casas, restaria sem efeito a declaração de inconstitucionalidade[23].

e) No nível estadual, os Governadores de Estados, confirmados pelo Presidente, ou os interventores, nomeados pelo Presidente, deveriam outorgar as Constituições Estaduais.

f) No que tange ao Judiciário, foram designados como órgãos do Poder Judiciário: a) o Supremo Tribunal Federal; b) os Juízes e Tribunais dos Estados, do Distrito Federal e dos Territórios; c) os Juízes e Tribunais militares. A Justiça do Trabalho, embora prevista, nos termos do art. 139, continuava fora do Poder Judiciário[24].

g) Nessa Constituição também tivemos um catálogo de direitos fundamentais nos termos do art. 122[25]. É interessante que, dentre esses direitos, não estavam o mandado de segurança e a ação popular, que foram contemplados pela Constituição de 1934. Os direitos trabalhistas também foram objeto da Constituição de 1937, embora tenhamos a proibição da greve e do *lock-out*. A verdade é que temos, também, a referência na Constituição à família, à educação, à cultura e à ordem econômica.

h) A Constituição, nos termos do art. 186, declarou em todo o país o estado de emergência. Além disso, ela também sofreu 21 modificações pelas chamadas "Leis Constitucionais" que foram editadas unilateralmente pelo Executivo.

---

23. SARMENTO, Daniel. *Por um Constitucionalismo Inclusivo*, p.41-42, 2010. "Aqui temos que: como o Legislativo esteve fechado durante o Estado Novo, o Próprio Presidente chegou a editar um decreto-lei (DL 1.564/1939) cassando decisão do STF que exercera controle de constitucionalidade sobre outro decreto–lei do regime, invocando o art. 180 da Carta, que lhe permitia desempenhar as funções do Parlamento enquanto este não se reunisse. Houve protestos no STF, naturalmente, a posição do governo prevaleceu. (Karl Loewenstein, *Brazilundervargas*, 115-120)"

24. SARMENTO, Daniel. *Por um Constitucionalismo Inclusivo*, p.41-45, 2010. É interessante salientar que a **Consolidação das Leis do Trabalho (CLT)** foi editada em **1943**, ou seja, dentro do período de vigência da Constituição de 1937. Os direitos sociais concebidos na era Vargas foram concebidos, diferentemente de alguns países da Europa, de cima para baixo. Nesses termos: "os direitos sociais eram vistos pelo ângulo predominantemente paternalista, mais como favores, decorrentes da generosidade de um Presidente pai dos pobres, do que genuinamente como direitos".

25. SARMENTO, Daniel. *Por um Constitucionalismo Inclusivo*, p.44, 2010. Conforme a doutrina: "No campo dos direitos fundamentais, abundaram violações. Houve generalizada perseguição de opositores, com prisões, exílios e tortura, sobretudo de comunistas, mas também de integralistas e liberais. A censura à imprensa era institucionalizada, acompanhada de uma onipresente propaganda do regime, sob a égide do Departamento de Imprensa e Propaganda (DIP) pautada pelo ufanismo e culto à personalidade de Getúlio. Os partidos políticos foram proibidos, bem como as associações civis que promovessem propaganda política, através do Decreto-Lei nº 37 de 02 de novembro de 1937".

Por fim, a reflexão é a de que a Constituição de 1937, que também pendia para o nacionalismo econômico, foi profundamente autoritária e de cunho corporativista, demonstrando um total desprezo pelas instituições alinhadas a um regime democrático. O Brasil, durante o seu período de vigência, foi governado de forma ditatorial e em verdadeiro estado de exceção. Porém, certo é que, com o fim da 2ª Guerra Mundial, em 1945, os questionamentos sobre o Estado Novo, implantado por Getúlio Vargas se avolumaram. Nesse sentido, intensifica no mundo um sentimento voltado para a valorização das instituições democráticas. Fato é que, em 29.10.1945, os militares tomam o poder ocorrendo a deposição de Getúlio Vargas. Ocorrem eleições Presidenciais em 02.12.1945 e em 31.01.1946; o poder é transmitido ao novo Presidente eleito democraticamente: Eurico Gaspar Dutra. Com isso, temos um explícito movimento de redemocratização do país[26]. A Assembleia Constituinte é instalada em 02.02.1946. Nesses termos, em 18 de setembro de 1946 foi promulgada a Constituição dos Estados Unidos do Brasil de 1946.

7. A CONSTITUIÇÃO DE 1946

A Constituição de 1946 vem acompanhada de um movimento de redemocratização e valorização dos direitos humanos não só no âmbito nacional, mas, também, internacional, após a derrota do nazifascismo na 2ª grande Guerra Mundial.

Nesse sentido, a Constituição de 1946, de viés democrático (adotando postulados democráticos), e, ao mesmo tempo, de viés social (de constitucionalismo democrático-social), apresentou-se com 222 artigos na parte dogmática (permanente) e outros 36 artigos nas disposições transitórias, e teve como principais características:

a) Manteve a forma de Governo Republicana e a forma de Estado Federativa. No que tange ao federalismo, temos o fim do federalismo apenas nominal da Carta de 1937. Nesses termos, temos a definição de competências enumeradas para a União e competências remanescentes para os Estados, conjugadas com competências concorrentes, nas quais os Estados teriam legitimidade para legislar de forma complementar ou supletiva no que tange a normas da União[27].

b) Em relação aos Poderes (separação de poderes ou de "funções"), temos a definição dos Poderes Legislativo, Executivo e Judiciário.

c) No caso do Poder Legislativo temos a volta do tradicional sistema bicameral (de derivação norte-americana) com a Câmara dos Deputados e o Senado Federal. Os Deputados teriam mandato de 4 anos e seriam eleitos

26. CUNHA JÚNIOR, Dirley da, *Curso de direito constitucional*, p. 497, 2010.

27. Nesse sentido: "O federalismo seria bidimensional congregando União e Estados, mas assegurou ampla autonomia para os municípios através da eleição de prefeitos e vereadores, e do reconhecimento da sua autoadministração, do seu poder tributário próprio e de sua competência para a organização dos serviços públicos locais". SARMENTO, Daniel. *Por um Constitucionalismo Inclusivo*, p.50, 2010.

pelo sistema proporcional nos Estados, no Distrito Federal e nos Territórios (cada território teria direito a 1 deputado). Os Estados e o DF teriam o número de deputados proporcional à sua população, com o mínimo de 7 e o máximo a ser fixado via legislação, nos termos do art. 58. Já os Senadores teriam mandato de 8 anos e seriam eleitos pelos Estados pelo sistema majoritário (as eleições seriam de 4 em 4 anos com a alternância de 1/3 ou 2/3 das vagas). Além disso, o Vice-presidente da República exerceria a função de Presidente do Senado, porém, só teria o voto de qualidade. Por último, temos, à luz do art. 53, que a Câmara dos Deputados e o Senado Federal poderiam criar Comissões de Inquérito sobre fato determinado, sempre que o requerer um terço dos seus membros (figura da comissão parlamentar de inquérito).

d) O Poder Executivo continuou com o sistema de governo presidencialista, porém com a presença de um vice-presidente (ausente das Constituições de 1934 e 1937). O mandato do Presidente e do Vice-presidente seria de 5 anos e eles seriam eleitos de forma direta (embora sem a necessidade de integrarem a mesma chapa, ou seja, poderia ser eleito um Presidente de uma chapa e um vice de outra chapa). Era proibida a reeleição para o período imediatamente subsequente, nos termos do art. 139[28]. No que tange aos possíveis crimes praticados pelo Presidente, sublinhamos que, conforme o art. 88, o Presidente da República, depois que a Câmara dos Deputados, pelo voto da maioria absoluta dos seus membros, declarasse procedente a acusação, seria submetido a julgamento perante o Supremo Tribunal Federal nos crimes comuns, ou perante o Senado Federal, nos de responsabilidade.

e) Já o Poder Judiciário, nos termos constitucionais, seria exercido pelos seguintes órgãos: Supremo Tribunal Federal; Tribunal Federal de Recursos; Juízes e Tribunais militares; Juízes e Tribunais eleitorais; Juízes e Tribunais do trabalho. Aqui, é interessante pontuarmos que, pela primeira vez, a Justiça do Trabalho foi alocada (inserida) como órgão do Poder Judiciário (visto que antes estava na seara do Poder Executivo). Outra questão interessante diz respeito às garantias do Poder Judiciário que nos termos do art. 95, eram: a vitaliciedade, a inamovibilidade e a irredutibilidade de vencimentos. Além dessas garantias, foram expressas vedações ao Poder Judiciário, nos termos do art. 96, sendo vedado aos juízes: exercer, ainda

28. Ainda conforme a Constituição de 1946: Art. 78 – O Poder Executivo é exercido pelo Presidente da República. Art. 79 – Substitui o Presidente, em caso de impedimento, e sucede-lhe, no de vaga, o Vice-Presidente da República. § 1º – Em caso de impedimento ou vaga do Presidente e do Vice-Presidente da República, serão sucessivamente chamados ao exercício da Presidência o Presidente da Câmara dos Deputados, o Vice-Presidente do Senado Federal e o Presidente do Supremo Tribunal Federal. § 2º – Vagando os cargos de Presidente e Vice-Presidente da República, far-se-á eleição sessenta dias depois de aberta a última vaga. Se as vagas ocorrerem na segunda metade do período presidencial, a eleição para ambos os cargos será feita, trinta dias depois da última vaga, pelo Congresso Nacional, na forma estabelecida em lei. Em qualquer dos casos, os eleitos deverão completar o período dos seus antecessores.

que em disponibilidade, qualquer outra função pública, salvo o magistério secundário, e superior, além dos casos previstos na Constituição, sob pena de perda do cargo judiciário; receber, sob qualquer pretexto, porcentagens, nas causas sujeitas a seu despacho e julgamento; exercer atividade político-partidária.

f) O Controle difuso de constitucionalidade foi mantido e, nos termos do art. 64, foi novamente explicitada a atuação do Senado para suspensão no todo ou em parte de lei ou decreto declarados inconstitucionais por decisão definitiva do STF.

g) A declaração de direitos foi prevista no Título IV da Constituição inicialmente com direitos de nacionalidade e cidadania[29] (capítulo I); posteriormente, com os direitos e garantias individuais (capítulo II). Nesses, foi assegurada em um rol exemplificativo (art. 144) a inviolabilidade dos direitos concernentes à vida, à liberdade, à segurança individual e à propriedade. Temos, novamente, em termos constitucionais, um Título sobre a ordem econômica e social[30] (Título V) e outro sobre família[31], educação e cultura (Título VI). No Título sobre a ordem econômica e social, é necessário ressaltar que os direitos trabalhistas continuaram a ser garantidos constitucionalmente, com destaque para a inovação do direito a participação obrigatória e direta do trabalhador nos lucros da empresa, nos termos e pela forma que a lei determinar (lei que não chegou a ser produzida). Além disso, foi garantido o direito de greve, também, a ser regulado mediante lei.

Certo é que a Constituição de 1946, que, diga-se, era rígida (portanto, só poderia ser modificada por procedimentos especiais, nos termos de seu art. 217), vigorou por 20 anos até o advento da Constituição militar de janeiro de 1967[32]. É interessante registramos que durante a vigência da Constituição de 1946, o Brasil, em um conturbado período de sua história institucional, teve a positivação do sistema

29. No campo dos direitos políticos, assegurou-se o sufrágio universal direto e secreto. O voto passou a ser obrigatório para homens e mulheres alfabetizados, extinguindo-se a discriminação de gênero remanescente (desde 1932 as mulheres tinham direito a voto, mas ele era obrigatório apenas para os homens e para as mulheres que exercessem profissão pública remunerada). SARMENTO, Daniel. *Por um Constitucionalismo Inclusivo*, p.51, 2010.
30. Conforme a **Constituição de 1946** em um viés **intervencionista** e **nacionalista** que a marcou: Art. 145 – A ordem econômica deve ser organizada conforme os princípios da justiça social, conciliando a liberdade de iniciativa com a valorização do trabalho humano. Parágrafo único – A todos é assegurado trabalho que possibilite existência digna. O trabalho é obrigação social. Art. 146 – A União poderá, mediante lei especial, intervir no domínio econômico e monopolizar determinada indústria ou atividade. A intervenção terá por base o interesse público e por limite os direitos fundamentais assegurados nesta Constituição. Art. 147 – O uso da propriedade será condicionado ao bem-estar social. A lei poderá, com observância do disposto no art. 141, § 16, promover a justa distribuição da propriedade, com igual oportunidade para todos.
31. Conforme o art. 163, a família era constituída pelo casamento de vínculo indissolúvel e teria direito à proteção especial do Estado.
32. Aqui, registra-se, inclusive, que a ADI (Ação Direta de Inconstitucionalidade) foi criada pela EC nº16/65, tendo como único legitimado a propô-la o Procurador Geral da República.

de governo parlamentarista. Esse sistema vigorou nos termos da Emenda Constitucional nº 04/61 de 02 de setembro de 1961 até janeiro de 1963.

Nesses termos, em nossa prática republicana, tivemos um período de sistema de governo parlamentarista, sob a égide da Constituição de 1946, no qual o país teve inicialmente como Primeiro Ministro Tancredo Neves. Certo é que vamos ter novamente o presidencialismo com a Emenda Constitucional nº 06/63, em 23 de janeiro de 1963.

Além disso, é necessário salientar que durante o período que vai do golpe militar de 31 de março de 1964 até o mês janeiro de 1967 a Constituição de 1946 foi "*tábua rasa*" nas mãos do autoritarismo que se instaurou no Brasil[33].

Aqui, é interessante citarmos a formalização inicial do regime militar, no Brasil, após o golpe (erroneamente intitulado de "revolução") de 31 de março de 1964. Essa se deu com o autoritário Ato Institucional nº 1 de 09 de abril de 1964[34]. Após

33. Tropas partiram de Minas Gerais da cidade Juiz de Fora em direção à cidade do Rio de Janeiro, na qual o Presidente João Goulart se encontrava. O Presidente recebeu um manifesto do General Mourão Filho, exigindo sua renúncia. Jango, como era conhecido, tentou sufocar o movimento, porém não teve êxito e teve que deixar o país, refugiando-se em asilo político no Uruguai. Aqui nota-se, ocorreu o golpe militar por meio da movimentação das tropas, sem que houvesse a existência de confronto armado. Certo é que, em 1º de abril, antes mesmo que João Goulart saísse do país, o Presidente do Senado, Auro Moura Andrade, declara vaga a Presidência da República, que é formalmente assumida pelo Presidente da Câmara, Ranieri Mazzilli. Este a ocupou por poucos dias, sendo logo substituído pelo General Humberto Castelo Branco. CUNHA JUNIOR, Dirley, *Curso de Direito Constitucional*, p.498, 2010. SARMENTO, Daniel. *Por um Constitucionalismo Inclusivo*, p.58, 2010.

34. Texto do **Ato Institucional nº 1**: Artigo 1º São mantidas a Constituição de 1946 e as Constituições estaduais e respectivas emendas, com as modificações constantes deste Ato. Artigo 2º **A eleição do Presidente e do Vice-Presidente da República, cujos mandatos terminarão em 31 de janeiro de 1966, será realizada pela maioria absoluta dos membros do Congresso Nacional, dentro de dois dias, a contar deste Ato, em sessão pública e votação nominal.** § 1º Se não for obtido *quorum* na primeira votação, outra realizar-se-á, no mesmo dia, sendo considerado eleito quem obtiver maioria simples de votos; no caso de empate, prosseguir-se-á na votação até que um dos candidatos obtenha essa maioria.§ 2º Para a eleição regulada neste artigo, não haverá inelegibilidades. Artigo 3º O Presidente da República poderá remeter ao Congresso Nacional projetos de emenda à Constituição. Parágrafo único. Os projetos de emenda constitucional, enviados pelo Presidente da República, serão apreciados em reunião do Congresso Nacional, dentro de trinta dias, a contar do seu recebimento, em duas sessões, com o intervalo mínimo de dez dias, e serão considerados aprovados quando obtiverem, em ambas as votações, a maioria absoluta dos membros das duas Casas do Congresso. Artigo 4º O Presidente da República poderá enviar ao Congresso Nacional projetos de lei sobre qualquer matéria, os quais deverão ser apreciados dentro de trinta dias, a contar do seu recebimento na Câmara dos Deputados e de igual prazo no Senado Federal; caso contrário, serão tidos como aprovados. Parágrafo único. O Presidente da República, se julgar urgente a medida, poderá solicitar que a apreciação do projeto se faça em trinta dias, em sessão conjunta do Congresso Nacional, na forma prevista neste artigo. Artigo 5º Caberá, privativamente, ao Presidente da República a iniciativa dos projetos de lei que criem ou aumentem a despesa pública; não serão admitidas a esse projeto, em qualquer das Casas do Congresso Nacional, emendas que aumentem a despesa proposta pelo Presidente da República. Artigo 6º **O Presidente da República, em qualquer dos casos previstos na Constituição, poderá decretar o estado de sítio, ou prorrogá-lo, pelo prazo máximo de trinta dias. O seu ato será submetido ao Congresso Nacional, acompanhado de justificação, dentro de 48 horas.** Artigo **7º Ficam suspensas, por seis meses, as garantias constitucionais ou legais de vitaliciedade e estabilidade.** § 1º Mediante investigação sumária, no prazo fixado neste artigo, os titulares dessas garantias poderão ser demitidos ou dispensados, ou ainda, com vencimentos e vantagens proporcionais ao tempo de serviço, postos em disponibilidade, aposentados, transferidos para a Reserva ou reformados por decreto do Presidente da República ou, em se tratando de servidores estaduais, por decreto do Governo do Estado, desde que tenham atentado contra a segurança do País, o regime democrático e a probidade da administração pública, sem prejuízo das sanções penais a que estejam sujeitos. § 2º Ficam sujeitos às mesmas sanções os servidores municipais. Neste caso, a sanção prevista no § 1º lhes será aplicada por decreto do Governador do Estado, mediante proposta do Prefeito Municipal. § 3º Do ato que atingir servidor estadual

esse ato, tivemos uma sucessão de outros atos institucionais (Ais nº 2[35], nº 3 e nº 4) de cunho extremamente arbitrários, até o advento da Constituição de 1967 e também posteriormente (com destaque para o famigerado AI nº 5 de 1968). Certo é que a ditadura militar durou de 1964 até o ano de 1985 no Brasil.

8. A CONSTITUIÇÃO DE 1967

Em 07 de fevereiro de 1966, foi editado o Ato Institucional nº 4, que convocava o Congresso Nacional para se reunir extraordinariamente, de 12 de dezembro de 1966 até 24 de janeiro de 1967, para discutir, votar e promulgar o projeto de Constituição que seria apresentado pelo Presidente. Com isso, foi especificado, no próprio ato, o funcionamento da Assembleia Constituinte, para a elaboração de uma nova Constituição para o país governado pelo regime militar. Os prazos (extremamente exíguos para a reflexão e elaboração de uma Constituição[36]) foram respeitados e em 24 de janeiro de 1967 foi promulgada a Constituição que entrou em vigor em 15 de março de 1967. Nessa Constituição, que foi composta por 189 artigos, destacamos as seguintes características:

a) Manteve a forma de Governo Republicana e a forma de Estado Federativa[37], embora tenha deixado assente um exacerbado viés centralizador,

---

ou municipal vitalício, caberá recurso para o Presidente da República. § 4º **O controle jurisdicional desses atos limitar-se-á ao exame de formalidades extrínsecas, vedada a apreciação dos fatos que os motivaram, bem como da sua conveniência ou oportunidade.** Artigo 8º Os inquéritos e processos visando apuração da responsabilidade pela prática de crimes contra o Estado ou o seu patrimônio e a ordem política e social ou de atos de caráter revolucionário poderão ser instaurados individual ou coletivamente. Artigo 9º **A eleição do Presidente e do Vice-Presidente da República, que tomarão posse no dia 31 de janeiro de 1966, será realizada em 3 de outubro de 1965**. Artigo 10º **No interesse da paz, da honra nacional e sem as limitações previstas na Constituição, os comandantes em chefe que editam o presente Ato poderão suspender os direitos políticos pelo prazo de dez anos e cassar os mandatos legislativos federais, estaduais e municipais, excluída a apreciação judicial desses atos**. Parágrafo único. Empossado o Presidente da República, esse, por indicação do Conselho de Segurança Nacional dentro de sessenta dias, poderá praticar os atos previstos neste artigo. Artigo 11º O presente Ato vigora desde a sua data até 31 de janeiro de 1966; revogadas as disposições em contrário. **Rio de Janeiro-GB, 9 de abril de 1964**. General do Exército Artur da Costa e Silva. Tenente-Brigadeiro Francisco de Assis Correia de Melo. Vice-Almirante Augusto Radamaker.

35. Esse ato institucionalizou a existência na prática de apenas 2 partidos no Brasil: um de situação (Arena) e outro de oposição (MDB). Aqui a ressalva da doutrina: "(...) Apesar do seu caráter discricionário, o governo militar preocupava-se em manter alguma aparência democrática, e por isso, não chegou ao ponto de abolir os partidos políticos, como fizera Vargas em 1938, ou de decretar o unipartidarismo." (...) Temos ainda que o AI nº 2 tornou "permanente a eleição indireta para a Presidência, bem como autorizou o Presidente a baixar atos complementares dos atos institucionais, bem como editar decretos-leis em matéria de segurança nacional e deu ainda o poder de determinar o recesso do Congresso, das Assembleias Legislativas e das Câmaras de Vereadores, situação em que o Executivo correspondente legislaria através de decretos-leis. Ademais ampliou a composição do STF para 16 Ministros o que permitiu ao governo construir uma maioria confortável na Corte". SARMENTO, Daniel. *Por um Constitucionalismo Inclusivo*, p.60, 2010.

36. Nesses termos: "Paulo Bonavides e Paes de Andrade, entre outros, afirmam que não houve propriamente uma tarefa constituinte, mas uma farsa constituinte, que os Deputados além de não estarem investidos de faculdades constituintes, encontravam-se cerceados pelos atos institucionais". MENDES, Gilmar Ferreira, *Curso de Direito Constitucional*, p. 175, 2009.

37. Conforme a **Constituição de 1967**: art. 1º – O Brasil é uma República Federativa, constituída sob o regime representativo, pela união indissolúvel dos Estados, do Distrito Federal e dos Territórios. Já o art. 2º afirmava que:

com uma extensa gama de competências para a União em detrimento dos Estados. Nesses termos, temos competências enumeradas para a União e remanescentes para os Estados convivendo com competências concorrentes, nas quais os Estados poderiam legislar supletivamente sobre algumas matérias, nos termos do art. 8º da Constituição. Certo é que, aos Municípios, foi dada autonomia nos termos do art. 16, porém extremamente relativizada. Além disso, na perspectiva tributária (prevista no capítulo V do Título I) a repartição de receitas tributárias concentrou (na maior parte) recursos na União, deixando os Estados, bem como os Municípios, em situação de verdadeira dependência financeira[38].

b) Manteve a separação dos Poderes em Poder Legislativo, Executivo e Judiciário. Nos termos do art. 29 o Poder Legislativo seria exercido pelo Congresso Nacional composto pela Câmara dos Deputados e pelo Senado Federal. A Câmara dos Deputados seria composta de representantes do povo, eleitos em um sistema proporcional pelo voto direto e secreto em cada Estado e Território para um mandato de 4 anos. Nos termos do art. 43 – o Senado Federal seria composto de representantes dos Estados, eleitos pelo voto direto e secreto, segundo o princípio majoritário. Cada Estado elegeria três Senadores, com mandato de oito anos, renovando-se a representação, de quatro em quatro anos, alternadamente, por um e por dois terços.

c) Já o Poder Executivo, extremamente exacerbado, seria exercido pelo Presidente com o auxílio dos Ministros. Nos termos do art. 76, o Presidente seria eleito pelo sufrágio de um Colégio Eleitoral em sessão pública e mediante o voto nominal. Ou seja, teríamos uma eleição indireta por maioria absoluta do Colégio Eleitoral. O Colégio Eleitoral era composto dos membros do Congresso Nacional e de Delegados indicados pelas Assembleias Legislativas dos Estados. O mandato do Presidente seria de 4 anos.

d) Já o Poder Judiciário da União, seria exercido pelos seguintes órgãos: Supremo Tribunal Federal; Tribunais Federais de Recursos e Juízes Federais; Tribunais e Juízes Militares; Tribunais e Juízes Eleitorais; Tribunais e Juízes do Trabalho. Além disso, nos termos do art. 108, salvo as restrições expressas na Constituição, gozariam os Juízes das garantias seguintes: vitaliciedade, não podendo perder o cargo senão por sentença judiciária; inamovibilidade, exceto por motivo de interesse público; irredutibilidade de vencimentos, sujeitos, entretanto, aos impostos gerais. Aqui, registra-se a manutenção do controle difuso-concreto de constitucionalidade e do controle

O Distrito Federal é a Capital da União. Aliás, essa diretiva do DF como Capital Federal irá mudar apenas com a Constituição de 1988 que vai determinar que Brasília será a Capital Federal nos termos do art. 18 § 1º da CR/88.

38. SARMENTO, Daniel. *Por um Constitucionalismo Inclusivo*, p.65, 2010.

concentrado-abstrato de constitucionalidade via Ação Direta de Inconstitucionalidade (ADI) advindo da EC nº16/65.

e) No que tange aos direitos e às garantias fundamentais, foram previstos no Título II, a partir do art. 140 (prevendo os direitos de nacionalidade, direitos políticos, dos partidos políticos e individuais). Nesses termos, no Capítulo IV desse Título, foi alocado um rol exemplificativo de direitos e garantias individuais, assegurando a inviolabilidade dos direitos concernentes à vida, à liberdade, à segurança e à propriedade, nos termos do art. 150. Também foram feitas previsões normativas sobre a ordem econômica e social, no Título III, e sobre a família[39], educação e cultura no Título IV.

Porém, é necessário salientar que a Constituição de 1967 (que era rígida, ou seja, necessitava de procedimentos especiais para a sua modificação), teve vida curta. Nesses termos, já no ano de 1968, mais precisamente, em 13 de dezembro de 1968, foi editado o Ato Institucional nº 05/68. Esse, tipicamente de recrudescimento da ditadura militar, dilacera (rompe) com a ordem constitucional, estabelecendo uma plêiade de poderes discricionários ao Presidente da República[40], que, com isso, expediu o Ato Complementar nº 38, de 13 de dezembro de 1968, que teve o condão de decretar o recesso do Congresso Nacional das Assembleias Legislativas e das Câmaras dos Vereadores, que só poderiam voltar a funcionar quando houvesse convocação do próprio Presidente da República. Nesses termos, foi possibilitada a suspensão de direitos políticos e de garantias da magistratura. Foi permitida a cassação de mandatos parlamentares, além da autorização para que o Presidente suspendesse a liberdade de reunião e de associação e instituísse a censura. Ministros do STF foram cassados (Vitor Nunes Leal, Evandro Lins e Silva e Hermes Lima) e a garantia do *habeas corpus* foi suspensa em relação a crimes políticos, crimes contra a segurança nacional, crimes contra a ordem econômica e social e economia popular. Nesses termos, "(...) com a edição do AI-5, desfaz-se a expectativa de que a Constituição pudesse institucionalizar o regime. Tornara-se claro que o governo militar só seguiria a Constituição se e quando isto lhe conviesse. Quando não lhe interessasse cumpri-la, bastava editar um novo ato institucional. E, de fato, seriam editados outros doze atos institucionais, até a outorga da Constituição de 1969 – do AI-6 ao AI-17, impondo medidas diversas"[41].

39. Aqui, é interessante ressaltar que, por influência religiosa, nos termos do art. 167, § 1º o casamento continuava indissolúvel.
40. Conforme a Ementa do **AI-5**: Suspende a garantia do *habeas corpus* para determinados crimes; dispõe sobre os poderes do Presidente da República de decretar: estado de sítio, nos casos previstos na Constituição Federal de 1967; intervenção federal, sem os limites constitucionais; suspensão de direitos políticos e restrição ao exercício de qualquer direito público ou privado; cassação de mandatos eletivos; recesso do Congresso Nacional, das Assembleias Legislativas e das Câmaras de Vereadores; exclui da apreciação judicial atos praticados de acordo com suas normas e Atos Complementares decorrentes; e dá outras providências.
41. SARMENTO, Daniel. *Por um Constitucionalismo Inclusivo*, p.69, 2010.

9. A CONSTITUIÇÃO DE 1969 (EC Nº 01/69)

A Constituição de 17 de outubro de 1969, para a corrente majoritária, apresenta-se como uma nova Constituição. Ela foi outorgada pela junta militar que, à época, governava o país. Apesar de ser comumente intitulada de Emenda Constitucional nº 01/69, sem dúvida, tratou-se de um diploma constitucional. Nesse sentido é a posição clássica de José Afonso da Silva, recorrentemente citada sobre o tema: "Teórica e tecnicamente, não se tratou de emenda, mas de nova Constituição. A emenda só serviu como mecanismo de outorga, uma vez que verdadeiramente se promulgou texto integralmente reformulado, a começar pela denominação que se lhe deu: Constituição da República Federativa do Brasil, enquanto a de 1967 se chamava apenas de Constituição do Brasil"[42]. Dentre as modificações trazidas pelo diploma, podemos citar: a) A alteração do mandato de Presidente para 5 anos (que inclusive seria ampliado para 6 anos com a Emenda nº 8 do pacote de abril de 1977); b) A Presidência do Congresso Nacional passou a ser exercida pelo Presidente do Senado (e não mais pelo Vice-presidente da República); c) redução no número de deputados federais; relativização da imunidade material dos parlamentares; d) foi dificultado o processo de reforma da Constituição; e) ocorreram retrocessos no sistema de direitos fundamentais[43].

10. A CONSTITUIÇÃO DE 1988

A história prévia da nossa Constituição de 1988 é dotada de várias passagens marcantes, até o seu advento. Dentre elas, a distensão lenta e gradual (embora com idas e vindas) do regime ditatorial militar que se iniciou com o Presidente Geisel e teve continuidade com o Presidente Figueiredo (que teve a anistia como um momento importante, permitindo a volta de inúmeras pessoas exiladas que estavam fora do país). Além disso, vamos observar o desenvolvimento de um combativo e organizado movimento sindicalista, bem como a volta do pluripartidarismo e das eleições diretas para o cargo de Governador em 1982 (essas eleições, fruto da Emenda Constitucional nº 15/80). Tivemos, também, o importante movimento das "Diretas já", de 1983-84, que produziu intensa mobilização nacional em grandes comícios pelo país explicitando a cara de uma sociedade civil que clamava por mudanças[44]. E, por último, a eleição

42. SILVA José Afonso, Curso de Direito Constitucional Positivo, p.89, 2003. No mesmo sentido, inclusive citando o autor, temos: SARMENTO, Daniel. Por um Constitucionalismo Inclusivo, p.70-71, 2010. CUNHA JÚNIOR, Dirley da, Curso de direito constitucional, p. 497, 2010. Com isso, sustenta também Sarmento que "a Constituição de 1969 não foi outorgada com fundamento na Constituição de 1967, mas, sim, com base no suposto poder constituinte originário da revolução vitoriosa (...)".
43. SARMENTO, Daniel. *Por um Constitucionalismo Inclusivo*, p.72-73, 2010. O autor ainda nos mostra que: "É possível dividir em **três momentos** o período de vigência da **Carta de 1969**: o **primeiro**, que corresponde aos *anos de chumbo*, abrange o governo Médici; o **segundo**, em que se inicia um lento processo de distensão do regime, ocorre durante os governos de Geisel e Figueiredo; e o **terceiro**, que começa com a derrota da ARENA nas eleições indiretas para a Presidência da República e a escolha do Presidente Civil, transcorre durante o governo de José Sarney, já finda a ditadura militar".
44. Em um número de 479 Congressistas, a Emenda necessitava de 320 votos para ser aprovada, mas alcançou somente 298 votos favoráveis.

indireta de Tancredo de Almeida Neves para o cargo de Presidente do Brasil, em 1985, fruto de uma aliança do PMDB com dissidentes do PDS (que formaram a "frente liberal")[45]. Fato é que Tancredo Neves, então Presidente eleito, por motivos de saúde, não chegou a tomar posse e pouco tempo depois do veio a falecer. Com isso, o Vice-Presidente eleito, José Sarney, tornou-se Presidente e cumpriu promessa da época de campanha enviando ao Congresso Nacional proposta de emenda constitucional prevendo a instauração de uma nova Assembleia Constituinte no Brasil. Nesse sentido, posteriormente, foi promulgada a Emenda Constitucional nº 26, em 27 de novembro de 1985[46]. Nessa, foi estabelecida a previsão de que os membros do Congresso Nacional reunir-se-iam unicameralmente, em Assembleia Nacional Constituinte, livre e soberana, no dia 1º de fevereiro de 1987[47].

Com isso, após as eleições parlamentares de 1986, os trabalhos da Assembleia Nacional Constituinte iniciaram-se em fevereiro de 1987, tendo sido finalizados em outubro de 1988[48]. Nesse sentido, em 05 de outubro de 1988, foi promulgada a nova Constituição da República Federativa do Brasil. Podemos apontar como características da atual Constituição de 1988:

45. Tancredo Neves obteve 480 votos contra 180 do candidato derrotado do PDS Paulo Maluf.
46. Aqui, registra-se, uma Emenda Constitucional que mataria a própria Constituição vigente.
47. "Na verdade a grande legitimidade que caracteriza a Constituição de 1988 decorreu de uma via inesperada e, até o momento da eleição da eleição da Assembleia Constituinte, bastante implausível. Com a morte do Presidente eleito Tancredo Neves, e a posse como Presidente do Vice-presidente eleito, José Sarney, as forças populares mobilizadas pela campanha diretas já voltaram a sua atenção e interesse de maneira decisiva para os trabalhos constituintes (...) Como resultado dessa renovada atenção, o tradicional processo constituinte preordenado, contra todas as previsões, subitamente não pode mais ser realizado em razão da enorme mobilização e pressão populares que se seguiram, determinando a queda da denominada comissão de notáveis – a comissão encarregada da elaboração do anteprojeto inicial – e a adoção de uma participativa metodologia de montagem do anteprojeto a partir da coleta de sugestões populares. Canais de participação direta e indireta da sociedade civil organizada terminaram encontrando significativa acolhida no regimento do processo constituinte; o despertar do interesse de todos alimentou e fomentou o aprofundamento dos debates, acompanhados, por todo o país todas as noites através da televisão. Foi desse processo profundamente democrático, que a Constituição hauriu sua legitimidade original, resultado de uma autêntica manifestação de poder constituinte, em razão do processo adotado". CARVALHO NETTO, *A sanção no procedimento legislativo*, p.43-45, 1992.
48. **Contra** teses conservadoras que advogam uma transição "*pelo alto*" ou uma mera "*mudança na permanência*" sem rupturas e "**estrategicamente planejada da ditatura para a democracia**", ou ainda uma mera "*democracia possível*", que não levam em consideração o complexo processo seja direto ou mesmo indireto de mobilização social da sociedade civil no iter de todo o período autocrático, temos: "O processo Constituinte de 1987-88 é um marco importantíssimo na história brasileira de um processo de constitucionalização (Marramao, 2003, p.228) que se reinicia antes mesmo do momento de promulgação do texto da Constituição e que se expressa tanto na tensão constitutiva entre *desterritorialização* e *reterritorialização* presente na declaração de direitos e seus princípios fundamentais, quanto no seu caráter *infuturante* – histórico, polêmico e dinâmico, embora não relativo – desses direitos e princípios (Marramao, 2008a, p.170, e 2008b, pp.17-27). Numa leitura reconstrutiva, o processo constituinte de 1987-88 resgata, pois nele também se expressam, os princípios de autonomia e de emancipação das grandes revoluções do final do século XVIII – a liberdade, a igualdade e a fraternidade – sobre o pano de fundo da história política brasileira: ele, assim, se faz *herdeiro sem testamento* (Arendt,1990) de um processo de constitucionalização, perpassado por lutas de reconhecimento de atores e de direitos, que se desenvolve há pelo menos duzentos anos, todavia, de modo não linear, sujeito a tropeços e interrupções. Assim, cabe também resgatar nossa história política *aqui e agora* e relê-la no sentido da afirmação de princípio de que só em liberdade se garantem condições para o exercício da liberdade". OLIVEIRA CATTONI, Marcelo Andrade, *Democracia sem espera e processo de constitucionalização*...p, 221, 2011.

a) É uma Constituição aberta, eclética, plural e alinhada ao processo de redemocratização do Brasil, sendo, nesse sentido, típica de um Estado Democrático de Direito (inclusive consagrado em seu texto). Embora ela seja de viés dirigente, em algumas de suas normatividades, estabelecendo em seu bojo uma série de normas programáticas (que explicitam uma plêiade de tarefas e programas para o Estado e a sociedade).

b) Diferentemente de Constituições pretéritas, apresenta um sistema de direitos e garantias fundamentais logo no início do texto (dando-lhe ênfase). Nesse sentido, após os princípios fundamentais (que, para boa parte da doutrina, apresentam como ponto fulcral a *dignidade da pessoa humana*), teremos o Título II dos direitos e garantias fundamentais, prevendo um rol exemplificativo de direitos individuais e coletivos, um rol de direitos sociais (incluindo direitos como os dos trabalhadores), direitos de nacionalidade, direitos políticos e de organização em partidos políticos. É bom que se diga que esses direitos fundamentais não estão apenas no Título ora referido, pois percorrem uma série de normas constitucionais. Nesse sentido, citamos apenas como exemplo os direitos ambientais (de 3ª dimensão) previstos no art. 225 da Constituição[49].

c) Sobre a separação de Poderes, temos o Poder Legislativo, o Executivo e o Judiciário. No que tange ao Poder Legislativo, foi preservado o bicameralismo, com a Câmara dos Deputados com representantes do povo, eleitos pelo sistema proporcional para um mandato de 4 anos, e o Senado Federal, com representantes dos Estados e DF, eleitos pelo sistema majoritário para mandatos de 8 anos, com uma alternância de 1/3 ou 2/3 de 4 em 4 anos. Ao Poder Executivo, exercido pelo Presidente da República, foram atribuídas diversas funções em rol meramente exemplificativo, previsto no art. 84. Sem dúvida, a opção foi por um sistema de governo presidencialista (confirmado pelo plebiscito de 1993), de viés forte e centralizado na figura do Presidente como chefe de Estado e chefe de Governo. O mandato do Presidente, inicialmente, foi de 5 anos, mas foi modificado pela Emenda Constitucional nº 05/94 para 4 anos. Com a Emenda Constitucional nº 16/97, foi permitida a reeleição para um único período subsequente. Já o Poder Judiciário teve como órgãos definidos o Supremo Tribunal Federal; o Superior Tribunal de Justiça; os Tribunais Regionais Federais e Juízes Federais; os Tribunais e Juízes do Trabalho; os Tribunais e Juízes Eleitorais; os Tribunais e Juízes Militares; os Tribunais e Juízes dos Estados e do Distrito Federal e Territórios. Posteriormente, com a Emenda Constitucional nº 45/2004, foi acrescentado ao rol de órgãos o CNJ (Conselho Nacional de Justiça), embora tal órgão não tenha função jurisdicional.

49. Art. 225. Todos têm direito ao meio ambiente ecologicamente equilibrado, bem de uso comum do povo e essencial à sadia qualidade de vida, impondo-se ao Poder Público e à coletividade o dever de defendê-lo e preservá-lo para as presentes e futuras gerações.

d) No que diz respeito à forma de Governo e a forma de Estado, foram mantidas a República (confirmada no plebiscito de 1993) e o Federalismo, respectivamente. No caso do Federalismo, foram definidos como entes federativos dotados de autonomia política a União, os Estados, os Municípios e o Distrito Federal. Além disso, foram determinadas competências enumeradas (privativas e exclusivas) e remanescentes na repartição horizontal, conjuntamente com competências comuns e concorrentes na repartição vertical entre os entes (federalismo cooperativo ou de integração).

e) O controle de constitucionalidade difuso-concreto continuou previsto, também, com a cláusula de reserva de plenário, bem como com a atuação do Senado nos termos do art. 52, X. Já o controle concentrado trouxe a previsão da ADI[50] (existente desde a EC nº 16/65) e da Representação de Inconstitucionalidade Interventiva (ADI interventiva) e acrescentou a ADI por omissão e a ADPF (Arguição de Descumprimento de Preceito Fundamental). Posteriormente, com a EC nº 03/93, foi agregado ao mesmo controle a ADC (Ação Declaratória de Constitucionalidade).

f) Por último, como forma de explicitar a estrutura da Constituição[51], temos atualmente 250 artigos no corpo permanente e 114 artigos nas disposições transitórias, assim delimitados: Título I: Dos Princípios Fundamentais (ou estruturantes), que determinam as decisões jurídicas e políticas fundamentais que estruturam o Estado e a sociedade (forma de estado, forma de governo, fundamentos do Estado como a cidadania, o pluralismo, a dignidade da pessoa humana, os valores sociais do trabalho e da livre iniciativa, os objetivos da RFB, e os princípios do Brasil nas relações internacionais); Título II: Dos Direitos e Garantias Fundamentais (direitos individuais, sociais, de nacionalidade, políticos e organização dos partidos políticos); Título III: Da Organização do Estado (que explicita os entes autônomos e define a repartição de competências); Título IV: Da Organização dos Poderes (delimita as atribuições do Poder Legislativo, do Poder Executivo e do Poder Judiciário e das funções essenciais à justiça); Título V: Da Defesa do Estado e das Instituições Democráticas (normatiza o Estado de Defesa, o Estado de Sítio e delimita a segurança pública); Título VI: Da Tributação e do orçamento (explicita o Sistema Tributário Nacional); Título VII: Da ordem Econômica e Financeira (explicita os princípios da atividade econômica e as formas de intervenção do Estado); Título VIII; Da Ordem Social (expressa

---

50. Certo é que a legitimidade da ADI (que era afeta apenas ao PGR conforme a EC nº 16/65, a Constituição de 1967 e a de 1969) foi ampliada nos termos do art. 103, I a IX da CR/88.
51. No mesmo sentido, CUNHA JÚNIOR, Dirley da, *Curso de direito constitucional*, p. 503, 2010.

normativamente direitos sociais, do meio ambiente, da família[52], da criança, do adolescente, do jovem[53], do idoso e do índio).

Concluímos afirmando que a Constituição democrática e cidadã de 1988 (com suas virtudes e mazelas), atualmente, com mais de 30 anos, coloca-se de forma aberta e plural em um permanente e constante processo de (re)construção de identidades em meio às diferenças, que vem possibilitando (apesar das contradições sociais) os mais variados projetos e concepções de vida.

52. É interessante citarmos o importante e inovador artigo 226 da CR/88: A família, base da sociedade, tem especial proteção do Estado. § 1º – O casamento é civil e gratuita a sua celebração. § 2º – O casamento religioso tem efeito civil, nos termos da lei. § 3º – Para efeito da proteção do Estado, é reconhecida a união estável entre o homem e a mulher como entidade familiar, devendo a lei facilitar sua conversão em casamento. § 4º – Entende-se, também, como entidade familiar a comunidade formada por qualquer dos pais e seus descendentes. § 5º – Os direitos e deveres referentes à sociedade conjugal são exercidos igualmente pelo homem e pela mulher. § 6º O casamento civil pode ser dissolvido pelo divórcio. (Redação dada Pela Emenda Constitucional nº 66, de 2010) § 7º – Fundado nos princípios da dignidade da pessoa humana e da paternidade responsável, o planejamento familiar é livre decisão do casal, competindo ao Estado propiciar recursos educacionais e científicos para o exercício desse direito, vedada qualquer forma coercitiva por parte de instituições oficiais ou privadas. § 8º – O Estado assegurará a assistência à família na pessoa de cada um dos que a integram, criando mecanismos para coibir a violência no âmbito de suas relações.

53. Conforme a Emenda Constitucional nº 65/2010.

PARTE 2

Direito Constitucional

5

Princípios Fundamentais (Estruturantes) da Constituição de 1988

1. INTRODUÇÃO

Já na abertura do texto constitucional de 1988, o constituinte se preocupou em destacar, no seu título I, o que chamou de ***princípios fundamentais*** – ou conforme a doutrina de Canotilho, ***os princípios estruturantes*** – da Constituição. Esses princípios são responsáveis pela organização da ordem política do Estado brasileiro, demarcando teórica e politicamente o pensamento e as convicções da Assembleia Constituinte.

É importante que desde já se faça uma advertência: aqui não se trata de diretrizes, mas sim de normas jurídicas, dotadas de vinculação aos órgãos encarregados da atividade de aplicação e criação do Direito.

2. A NOÇÃO DE PRINCÍPIOS JURÍDICOS E SUA RECONSTRUÇÃO A PARTIR DO MOVIMENTO DO PÓS-POSITIVISMO

A noção de princípios foi originariamente derivada de uma perspectiva ligada à afirmação da existência de um **Direito Natural**. Os autores ligados a uma herança de pensamento dessa tradição vão identificar os princípios como **espécies de supranormas** – isto é, elementos norteadores da conduta humana, que atuam definindo padrões substanciais de justiça. É importante aqui lembrar que nesse momento histórico o Direito não havia conseguido se dissociar da ***amálgama*** normativa que indistintamente aglomerava ordens normativas como a moral, a ética, a religião, a economia etc., mantendo coesa a sociedade pré-moderna.

Num primeiro momento, esses padrões de justiça serão definidos a partir de uma determinada realidade religiosa, configurando, assim, o chamado "jusnaturalismo teológico", que afirmará, sinteticamente, que a ordem jurídica é derivada de mandamentos originados por uma racionalidade superior à dos homens, isto é, Deus. Sendo assim, as ordens e disposições fixadas pela divindade corporificariam um conjunto de comandos aos quais o Direito positivo deveria se espelhar a fim de que fosse considerado legítimo. Por terem sua origem na divindade, os princípios forneceriam padrões de comportamento e de justiça perfeitos – sem anomias ou antinomias – e imutáveis (eternos).

Uma segunda corrente, dentro dessa mesma tradição, substituirá a fonte dos princípios de Deus, passando a compreender sua origem na **razão**. Aqui, uma racionalidade legisladora fixará também de modo atemporal padrões de justiça para toda a humanidade. O exemplo da ideia de imperativo categórico é bastante sugestivo: por meio de um mecanismo racional é possível pensar condutas morais que definam se uma determinada ação é sempre certa ou errada, isto é, justa ou injusta. A avaliação se dá em abstrato, sem levar em conta a situação particular envolvida, sem as perspectivas individuais do agente e do sujeito da ação. Essas normas morais materializariam os chamados Direitos naturais que, devido a sua abstração, funcionariam como princípios – ou seja, apenas referenciais de justiça.

Com o advento do positivismo jurídico, temos, nas palavras de Paulo Bonavides[1], uma ***etapa intermediária*** na afirmação e efetivação da juridicidade dos princípios. Nesses termos, com o positivismo, os princípios passam a figurar nos códigos jurídicos ao lado de outras normas jurídicas e, com isso, deixam de ser considerados uma instância supralegal, carente de juridicidade. Com isso, eles vão lentamente adquirindo a dignidade de normas jurídicas, sendo entendidos como generalizações das regras jurídicas (e não de um ilusório direito natural descoberto pela razão ou com fundamento divino). Porém, aqui, apesar de alocarem-se dentro do ordenamento jurídico (e não fora!), os princípios integram esse ordenamento no mais baixo grau de hierarquia, visto que na lógica positivista prepondera a concepção de que o Direito é um sistema fechado de regras (normas jurídicas cujas condições de aplicação estão previstas no texto normativo). Nesses termos, os princípios são tidos como princípios gerais do Direito (normas generalíssimas nos dizeres de Norberto Bobbio), que têm como função impedir o vazio normativo que ocorreria no caso da falta de regras (específicas para situações concretas). Com isso, os princípios vão se apresentar como verdadeiras fontes secundárias (válvulas de segurança) do sistema, tendo uma função de cunho supletivo. Teriam assim a tarefa de auxiliar o intérprete na interpretação e na integração (preenchimento de falhas) do ordenamento jurídico. Certo é que nesse período de transição as regras continuavam a ser as normas jurídicas por excelência.[2] Com o advento do pós-positivismo (e

1. BONAVIDES, Paulo, *Curso de Direito Constitucional*, p, 232-245.
2. A partir da transição do Estado Liberal para o Estado Social, Weber identificará um processo de materialização do direito – recepção de conteúdos morais e de termos indeterminados, verdadeiras cláusulas gerais ou termos

as suas inúmeras perspectivas), os princípios passam a ser considerados tão normas como as regras jurídicas. Ou seja, eles passam a ter força normativa plena com juridicidade equivalente à das regras jurídicas. Eles, nessa vertente contemporânea (de verdadeira reconfiguração do sistema jurídico), deixam de ser uma mera fonte supletiva (de interpretação e integração) e passam a serem usados de forma principal (e primária) tanto quanto as regras em situações de aplicação. Com isso, nas atuais Constituições da segunda metade do século XX em diante, para uma série de teóricos as normas constitucionais se apresentam como um gênero que contém as espécies: regras e princípios[3]. Nesses termos (já que normas não são apenas regras jurídicas), uma questão é colocada: como diferenciar essas duas espécies?

Nesse sentido, **Canotilho**, recorrendo a uma plêiade de autores (Larenz, Esser, Borowsky, Alexy, Dworkin, entre outros) irá nos apresentar excelente síntese sobre os principais critérios diferenciadores entre essas normas, sendo eles: "a) ***Grau de abstração***: os ***princípios*** são normas com um grau de abstração relativamente elevado; de modo diverso, as *regras* possuem uma abstração relativamente reduzida; b) ***Grau de determinabilidade*** na aplicação do caso concreto: os ***princípios*** por serem vagos e indeterminados, carecem de mediações concretizadoras (do legislador ao juiz), enquanto as *regras* são susceptíveis de aplicação direta; c) ***Caráter de fundamentalidade*** no sistema das fontes do Direito: os ***princípios*** são normas de natureza estruturante ou com um papel fundamental no ordenamento jurídico devido à sua posição hierárquica no sistema das fontes (ex: princípios constitucionais) ou à sua importância estruturante dentro do sistema jurídico (ex: princípio do Estado de Direito); d) ***Proximidade da ideia de Direito***: os ***princípios*** são ***"standards"*** juridicamente vinculantes radicados nas exigências de justiça (Dworkin) ou na "ideia de Direito" (Larenz); as *regras* podem ser normas vinculativas com um conteúdo meramente funcional; e) ***Natureza normogenética***: os *princípios* são fundamentos

indeterminados como "boa-fé" ou "interesse público" ou "razões de Estado". É agora nesse cenário que os **princípios jurídicos** voltam a aparecer na ordem jurídica. Nessa perspectiva, **Karl Larenz** declara que princípios são elementos **interpretativos** do direito – **bússolas de referência,** como também pensa Celso Antônio Bandeira de Mello apesar da enorme distância histórica entre ambos os pensamentos – que permitem ao aplicador do direito atingir uma decisão. Aqui, os princípios são postos para dentro do ordenamento jurídico, mas são destituídos de normatividade, uma vez que não trazem sanção. No final, seriam apenas **máximas** doutrinárias que atuariam como guias no processo de aplicação e concretização dos direitos, ou seja, permitiram auxiliar os aplicadores a escolher as regras – estas sim, normas jurídicas por excelência – a serem utilizadas. ÁVILA, Humberto, *Teoria dos princípios***:** da definição à aplicação dos princípios jurídicos.

3. É interessante que o professor Canotilho, seguindo essa nova linha, cuida em sua obra (2003) de diferenciar os princípios pela função desempenhada. Ou seja, os princípios (atualmente) teriam apenas função retórico-argumentativa ou são normas de conduta? Com isso, Canotilho distingue o que intitula de princípios hermenêuticos e princípios jurídicos. Segundo ele, os princípios hermenêuticos (mais precisamente: cânones de interpretação) desempenham uma função argumentativa, permitindo, por exemplo, denotar a *ratio legis* de uma disposição ou revelar normas que não são expressas por qualquer enunciado legislativo, possibilitando aos juristas, sobretudo aos juízes, o desenvolvimento, integração e complementação do direito. Já os princípios jurídicos são verdadeiras normas, qualitativamente distintas de outras categorias de normas, ou seja, das regras jurídicas. *Direito Constitucional e Teoria da Constituição*, p. 1161, 2003.

de regras, isto é, são normas que estão na base ou constituem a *ratio* de regras jurídicas, desempenhando, por isso, um a função normogenética fundamentante".[4]

Porém, temos que as duas teorias (critérios de diferenciação) que ganharam maior destaque na teoria do Direito foram a distinção quantitativa (tese fraca) e a distinção qualitativa (tese forte) entre regras e princípios.[5]

Para os autores tributários Norberto Bobbio e Del Vecchio, os princípios e regras deveriam se discernir pelo grau de abstração (ou de determinabilidade). Nesses termos, as regras teriam baixa abstração e alta determinabilidade. Já os princípios seriam dotados de alta abstração e baixa determinabilidade. Essa perspectiva intitulada de critério quantitativo (por colocar em relevo a quantidade de abstração) foi objeto de inúmeras críticas na doutrina[6]. Robert Alexy irá nomeá-la de tese fraca em oposição a sua tese forte, que busca diferenciar as espécies de normas pelo critério qualitativo[7]. Este leva em consideração a forma ou modo de aplicação das regras e princípios no caso de colisões (tensões). Nesses termos, as regras são aplicadas ao modo tudo ou nada (sim/não), ou seja, se a hipótese de incidência de uma regra é preenchida, ou a regra é válida e a consequente normatividade deve ser aceita, ou ela não é considerada válida e deve sair do ordenamento jurídico.[8] Portanto, as regras garantem direitos (ou impõem deveres) definitivos, ou seja, são mandamentos definitivos, e os conflitos entre regras que porventura venham a surgir devem ser resolvidos pela dimensão da validade por meio da técnica da ***subsunção.*** Com isso, uma das regras é válida e a outra deve ser declarada inválida, sendo extirpada do ordenamento (exceto se existir uma cláusula de exceção que permita sua continuidade). Já os princípios não apresentam **razões definitivas.** Eles irão apresentar razões ***prima facie.*** Como consequência (de **não** serem normas definitivas), são passíveis de cumprimento em **diferentes graus.** Por isso, em casos de colisão não há que se falar em declaração de **invalidade** de um deles (ou mesmo determinação de uma ***cláusula de exceção***) em detrimento do outro. Aplica-se um princípio no caso concreto e o outro (não aplicado) continua válido e pode ser aplicado em outro caso. Certo é que, em uma colisão entre o princípio da liberdade e o da igualdade, pode ser aplicado o princípio da igualdade sem que o princípio da liberdade seja extirpado do sistema jurídico.[9] A conclusão é a de que a colisão entre princípios é decidida pela **dimensão do peso** por meio da técnica do

4. CANOTILHO, Gomes, *Direito Constitucional e Teoria da Constituição*, 7ª edição, p. 1159-1162, 2003.
5. O próprio Canotilho adota o viés da tese qualitativa em suas digressões. In: *Direito Constitucional e Teoria da Constituição*, 7ª Edição, p. 1159-1162, 2003.
6. Entre elas, a que afirma que essa é uma classificação estática e meramente textual que define uma norma pelo seu texto (apenas pelo seu texto) sem levar em consideração a situação de aplicação da mesma.
7. ALEXY, Robert, *Derecho y razón práctica*.
8. GALUPPO, Marcelo Campos, *Princípios e a solução de seus conflitos*, p. 134-142. SILVA, Virgílio Afonso, *Direitos Fundamentais*, p. 47-48. QUINAUD PEDRON, Flávio, *Comentários sobre as interpretações de Alexy e Dworkin*.
9. "Os princípios, ao contrário das regras, como demonstra Dworkin, podem ser contrários sem ser contraditórios, sem se eliminarem reciprocamente. E, assim, subsistem no ordenamento princípios contrários que estão sempre em concorrência entre si para reger uma determinada situação." CARVALHO NETTO, Menelick de, *Requisitos pragmáticos da interpretação jurídica sob o paradigma do estado democrático de direito*, p. 483.

sopesamento (balanceamento). Na teoria de Alexy, então, é famosa a definição de que "os princípios são **mandamentos de otimização,** ou seja, normas que exigem que algo seja realizado na maior medida possível diante das condições fáticas e jurídicas existentes".[10] Com isso, na aplicação dos princípios, Alexy aposta na metodologia da ***ponderação/proporcionalidade,***[11] ao passo que Dworkin (conforme já estudado), desenvolvendo um raciocínio hermenêutico, apostará na preservação da ***integridade*** do Direito.[12]

De qualquer modo, o texto constitucional, logo em sua abertura, apresenta os chamados ***princípios estruturantes ou princípios fundamentais,*** que estabelecem as decisões políticas essenciais quanto à forma e à estrutura do Estado e do governo (arts. 1º a 4º).

A doutrina constitucional ainda busca afirmar a existência de ***princípios gerais*** na Constituição, que, por sua vez, seriam especificações dos princípios fundamentais, como se fossem desdobramentos destes. É o caso, por exemplo, de inúmeros direitos fundamentais individuais contidos no art. 5º da CR/88 (princípios: da legalidade, igualdade, liberdade).

Fala-se, ainda, em ***princípios setoriais ou em princípios especiais,*** cuja lógica seria a de presidir um conjunto de normas específicas sobre determinado tema ou de fornecer um detalhamento dos princípios gerais. Aqui os exemplos poderiam ser os princípios da legalidade tributária, no primeiro caso, ou o princípio da reserva legal em matéria penal, no segundo.[13]

---

10. Nesses termos, explicitando a tese de Alexy das relações condicionadas de precedência, conforme Virgílio Afonso da Silva, temos que: Esse conceito costuma ser expresso da seguinte forma: (*P*1 **P** *P*2) C". Isso significa, pura e simplesmente, que nos casos de colisão entre dois princípios – *P*1 e *P*2 – o primeiro *P*1 prevalece sobre o princípio *P*2 apenas nas condições daquele caso C. É possível – e provável –, contudo, que em uma situação C' seja o princípio *P*2 que prevaleça sobre o *P*1, ou seja: (*P*2 **P** *P*1) C'. A despeito de se tratar, nos dois casos dos mesmos princípios não é possível formular, em abstrato, uma relação de precedência entre eles. Essa relação é **sempre condicionada à situação concreta.** SILVA, Virgílio Afonso, *Direitos Fundamentais*, p. 50-51; ALEXY, Robert. *Teoria dos Direitos Fundamentais*, p. 97-98.
11. Nessa lógica, Canotilho resume que: (...) os princípios coexistem, as regras antinômicas excluem-se. Consequentemente, os princípios, ao constituírem exigências de otimização, permitem o balanceamento de valores e interesses (não obedecem, como as regras, à lógica do tudo ou nada), consoante o seu peso e a ponderação de outros princípios eventualmente conflitantes; as regras não deixam espaço para qualquer outra solução, pois se uma regra vale (tem validade) deve cumprir-se na exata medida de suas prescrições, nem mais nem menos. (...) em caso de conflito entre princípios, estes podem ser objeto de ponderação e de harmonização, pois contém apenas exigências ou "*standards*" que, em primeira linha (*prima facie*) devem ser realizados. As regras contêm fixações normativas definitivas, sendo insustentável a validade simultânea de regras contraditórias. *Direito Constitucional e Teoria da Constituição*, p. 1161-1162, 2003.
12. Escapa ao presente momento tecer maiores considerações sobre a distinção entre o pensamento de Alexy e Dworkin, bem como às críticas ao primeiro pensador, remetendo nosso leitor a tópico específico no capítulo sobre Hermenêutica Jurídica.
13. O que causa curiosidade, para não dizer perplexidade, é o fato de a despeito da teoria constitucional dominante, com nomes como Luís Roberto Barroso, Ana Paula de Barcellos, Humberto Ávila, Marcelo Novelino etc., concordarem que os princípios jurídicos são normas próprias, distintas das regras e de que os mesmos não se distinguem pelo critério de abstração (como em Alexy), em segundos depois em suas obras, ainda abraçam, ora as concepções de Esser e Larenz, ora de Bobbio e Del Vecchio, ou pior, tecem raciocínios que buscam apagar as diferenças histórico-paradigmáticas e de posições existentes entre esses grandes pensadores do direito, desenvolvendo, a

Por fim, **Humberto Ávila** afirma, também, a existência de *postulados normativos*, ou princípios instrumentais de interpretação constitucional, como quer Novelino (entre outros[14]). Esses (postulados) devem ser entendidos como **normas** ainda que **não previstas no texto das constituições,** e que foram desenvolvidas pela doutrina e pela jurisprudência, atuando como premissas conceituais, finalísticas ou metodológicas no processo de aplicação do Direito. Seriam, assim, ***metanormas*** que fixam o raciocínio, com o qual as **demais normas constitucionais** deveriam ser aplicadas. Como exemplos, teríamos o princípio da *unidade; do efeito integrador, da concordância prática; da força normativa; da proporcionalidade; da razoabilidade; da máxima efetividade*, entre outros.[15]

3. CLASSIFICAÇÃO DOS PRINCÍPIOS ESTRUTURANTES

Segundo a doutrina,[16] os princípios estruturantes (ou fundamentais) podem ser divididos no seguinte esquema lógico: – Princípios que definem a forma, estrutura e fundamento do Estado brasileiro: art. 1º; – Princípio da divisão dos poderes: art. 2º; – Princípio que fixam os objetivos primordiais a serem perseguidos: art. 3º; e – Princípios que traçam diretrizes a serem adotadas nas relações internacionais: art. 4º.

Na sequência, analisaremos alguns desses princípios estruturantes.

4. PRINCÍPIO REPUBLICANO

O princípio republicano é responsável por fixar a **forma de Governo** do Estado, estabelecendo a relação entre governantes e governados. A ***res publica*** (ou a coisa

nosso ver, de forma inadequada um tipo de "sincretismo", como bem diria Virgílio Afonso da Silva. Basta ver: BARROSO, Luís Roberto; BARCELLOS, Ana Paula de, *O começo da história*: a nova interpretação constitucional e o papel dos princípios no direito brasileiro; ÁVILA, Humberto, *Teoria dos princípios: da definição à aplicação dos princípios jurídicos*; e NOVELINO, Marcelo, *Direito constitucional.*

14. Aqui é interessante relembramos citação anterior, em que Canotilho distingue o que intitula de *princípios hermenêuticos* e *princípios jurídicos*. Segundo ele, os princípios hermenêuticos (mais precisamente em nosso entendimento: *cânones de interpretação*) desempenham uma função argumentativa, permitindo, por exemplo, denotar a *ratio legis* de uma disposição ou revelar normas que não são expressas por qualquer enunciado legislativo, possibilitando aos juristas, sobretudo aos juízes, o desenvolvimento, integração e complementação do direito. Já os princípios jurídicos, conforme o professor de Coimbra, são verdadeiras normas, qualitativamente distintas de outras categorias de normas, ou seja, das regras jurídicas. *Direito Constitucional e Teoria da Constituição*, p. 1161, 2003.
15. Mas uma vez, aqui fica um questionamento: o que se quer dizer com **metanorma**? E até que ponto tal afirmação não acaba por apagar novamente a dignidade jurídica dos princípios? De qualquer modo, fato é que tais autores que alegam seguir o raciocínio de Alexy e compreender que princípios não podem ser razões definitivas, mas sim relativas, passíveis de cumprimento em graus, assinam uma enorme incoerência, que **Virgílio Afonso da Silva** (*O proporcional e o razoável*) já denuncia: como seria possível cumprir em graus tais princípios? Ora, se tomarmos o exemplo da proporcionalidade, o próprio Alexy identifica aqui uma *regra* constitucional, e não um princípio! Ou se segue a metodologia proposta para aplicação ou não se está aplicando a proporcionalidade! O mesmo vale para outro raciocínio: não há como aplicar em graus a ideia de *unidade da Constituição* ou mesmo de *força normativa*. Será mesmo que tais autores imaginam uma situação na qual no curso da aplicação de uma norma a Constituição deixe de ser o referencial normativo para atribuirmos maior hierarquia a uma norma de Direito Civil ou de Direito Penal?
16. NOVELINO, Marcelo, *Direito constitucional*, p. 337.

do povo) se caracteriza pelo fato do povo, em todo ou em parte, possuir o poder soberano, ao passo que na monarquia, tem-se apenas um governante, marcando uma oposição, principalmente, contra a tradição do Absolutismo.

Tal forma de governo tem por base a defesa da igualdade formal entre as pessoas, de modo que o poder político será exercido eletivamente, por mandato representativo, temporário.[17] Destaca-se, ainda, uma característica importante na forma republicana, que é a responsabilidade: os governantes são responsabilizáveis por seus atos, seja com sanções políticas (***impeachment***), seja com sanções penais e civis.

O princípio republicano, portanto, é radicalmente oposto ao princípio monárquico, já que com base no princípio monárquico o critério de exercício do poder político se assenta na determinação de ordem genética-hereditária.

Ao se falar em República, destacamos os seguintes elementos:

1) **forma de Governo** que se opõe ao modelo monárquico, pois o povo é o titular do poder político, exercendo este direta ou indiretamente por meio de representantes;
2) **igualdade formal entre as pessoas**, pois não há tratamento estamental na sociedade, e a legislação não permite discriminações, devendo todos receber o mesmo tratamento;
3) **eleição dos detentores do poder político**, tais eleições marcam o caráter temporário de permanência como detentor do poder;
4) **responsabilidade política do Chefe de governo e/ou do Estado**, cabendo a prestação de contas de suas condutas.

Monarquia	República
Vitaliciedade	Temporariedade
Hereditariedade	Eletividade
Irresponsabilidade	Responsabilidade

Por fim, **Canotilho** destaca que o princípio republicano traz internamente mecanismos de criação e manutenção de instituições políticas vinculadas à decisão e à participação da sociedade (cidadãos) – o que os norte-americanos chamam de ***self-government***. Isso implica a afirmação de ***autodeterminação*** e ***autogoverno***,

17. CUNHA JÚNIOR, Dirley da, *Curso de direito constitucional*, p. 492. Ver, STF: Inq 1.376-AgR, Rel. Min. Celso de Mello, julgamento em 15-2-07, Plenário, *DJ* de 16-3-07.

impondo a observância das seguintes normas: (1) ***representação territorial***; (2) ***procedimento justo*** de seleção de representantes; e (3) ***deliberação*** majoritária.[18]

O princípio republicano em nosso entendimento ainda se liga (conecta) ao princípio da democracia e ao princípio da igualdade (tratamento igual, ou seja, com igual respeito e consideração a todos os cidadãos que participam da esfera pública), bem como também a virtudes como integridade e justiça.

Por exemplo, na ADI 4545/PR, envolvendo dispositivo normativo da Constituição do Estado do Paraná, afirmou o STF ser inconstitucional o pagamento de subsídio mensal e vitalício a ex-Governadores de Estado, assim, como o pagamento de pensão às viúvas dos ex-ocupantes do cargo de Governador.

Segundo o STF, a instituição de prestação pecuniária mensal e vitalícia a ex--governadores corresponde à ***concessão de benesse*** que não se compatibiliza com a Constituição Federal (notadamente com o ***princípio republicano*** e o ***princípio da igualdade***, consectário daquele), por configurar tratamento diferenciado e privilegiado sem fundamento jurídico razoável, em favor de quem não exerce função pública ou presta qualquer serviço à administração.[19]

Já no RE 637.485, o STF decidiu que o art. 14, § 5º, da CR/88, deveria ser interpretado no sentido de que a proibição de segunda reeleição seria total (ampla e sem flexibilizações) e tornaria inelegível para determinado cargo de Chefe do Poder Executivo o cidadão que já cumprira 2 mandatos consecutivos (reeleito uma única vez) em cargo da mesma natureza, ainda que, por exemplo, os municípios não sejam limítrofes ou mesmo sejam em ente da federação diverso. Essa prática agora proibida configuraria um terceiro mandato que não é permitido, configurando a intitulada figura do *"Prefeito itinerante"* ou *"Prefeito profissional"*.[20]

5. PRINCÍPIO DO ESTADO DEMOCRÁTICO DE DIREITO

5.1. Introdução: a conexão interna entre Direito e Democracia

O chamado Estado Democrático de Direito é também nominado pelos autores de tradição alemã como ***Estado Constitucional***, uma vez que as aquisições históricas deixaram claro que não é a submissão ao Direito que justificaria a limitação quer do próprio Estado quer dos Governantes, mas necessariamente uma subjugação total à Constituição.

18. CANOTILHO, José Joaquim Gomes, *Direito constitucional e teoria da Constituição*, 2. ed., p. 217-218.
19. **ADI 4545/PR,** STF. Plenário. Rel. Min. Rosa Weber, julg. em **05.12.2019** (Info 962). Ver também: **ADI 3418**, Rel. Min. Dias Toffoli, julg. em 20.09.2018.
20. **RE 637.485/RJ**, Rel. Min. Gilmar Mendes, julg. **01.08.2012**. Ver, AC 2821 em 25.08.2011. *"(...) de acordo com a interpretação do art. 14, § 5º, da CF, à luz do* ***princípio republicano*** *(CF, art. 1º, caput), não seria permitida a reeleição do requerente ao cargo de Chefe do Poder Executivo municipal, pois o novo Município teria surgido, (...) como desmembramento do primeiro, onde já exercido o mesmo cargo em 2 gestões. Dessa forma, assinalou estar presente a figura do "****Prefeito itinerante****", caracterizada pela alteração do domicílio eleitoral com a finalidade de burla à regra constitucional que tolera a reeleição por uma única vez."*

Para muitos autores, o Estado Democrático de Direito seria a união de dois princípios fundamentais, o ***Estado de Direito*** e o ***Estado Democrático***. Todavia, mais que uma junção, o produto desses dois princípios acaba por formalizar-se e revelar-se como um conceito novo que, mais do que adicionar um no outro, equivale à afirmação de um novo ***paradigma*** de Estado e de Direito.

Na realidade, o Estado Democrático de Direito é muito mais que um princípio, configurando-se em verdadeiro paradigma – isto é, pano de fundo de silêncio – que compõe e dota de sentido as práticas jurídicas contemporâneas. Vem representando, principalmente, uma vertente distinta dos paradigmas anteriores do Estado Liberal e do Estado Social. Aqui a concepção de Direito não se limita a um mero formalismo como no primeiro paradigma, nem descamba para uma materialização totalizante como no segundo. A perspectiva assumida pelo Direito caminha para a procedimentalização e, por isso mesmo, a ideia de democracia não é ideal, mas configura-se pela existência de procedimentos ao longo de todo o processo decisório estatal, permitindo e sendo poroso à participação dos atingidos, ou seja, da sociedade.

A tradição portuguesa entende que o termo ***democrático*** deveria adjetivar Direito em vez de Estado – como acontece conosco brasileiros –, por isso falam em ***Estado de Direito democrático***. Contudo, o art. 1º da atual Constituição da República brasileira fez uso da outra expressão, muito possivelmente para realçar a ruptura com a postura autocrática assumida pelo Estado brasileiro a partir de 1964.

Todavia, a partir de uma compreensão ***procedimentalista***, como faz Habermas, é possível ainda defender que tanto "democrático" quanto "de Direito" representam adjetivações simultâneas de Estado. Com isso, caracteriza-se a relação de tensão de ambos os conceitos, em substituição à noção de oposição, que transparece no debate entre as tradições liberais e republicanas, no sentido de procurarem estabelecer uma relação de prioridade entre Estado de Direito (constitucionalismo) e Democracia (soberania popular).

5.2. Estado de Direito

No plano histórico, a expressão Estado de Direito[21] deriva da ideia originária da Prússia, o ***Rechtsstaat***, como idealização da impessoalidade do poder político. Aqui é

21. No que tange aos chamados *modelos de supremacia do direito* que vão se instaurar e a consequente maneira ou modo de controle de constitucionalidade em cada um desses sistemas básicos, é interessante citarmos as digressões de **Cezar Saldanha Souza Júnior**, muito bem explicitadas por Daniel Mitidieiro em texto sobre o **Estado Constitucional**, bem como sobre os **sistemas de controle de constitucionalidade** adstrito aos mesmos. Nesses termos, embora o tema seja objeto de capítulo próprio, temos que: "A supremacia do direito, consoante as lições de Cezar Saldanha Souza Junior, é um aspecto substancial do Estado de Direito, denotada pela acolhida, por consenso da comunidade, de valores éticos supremos do direito como fins últimos da convivência política e – a partir daí – a sujeição ao ordenamento jurídico vigente, por meio de técnicas normativas adequadas, da organização e do funcionamento do Estado e de toda vida social. Ao longo da historiografia ocidental, essa supremacia busca se articular de diferentes formas, mercê da especificidade cultural de cada povo, isto é, dos fatos sociais e

o Estado, e não o monarca, o detentor da soberania, submetendo todos, sem exceção, ao seu império. É por excelência uma expressão do Estado Liberal, limitando-se

valores que dão azo ao fenômeno jurídico, havendo um certo consenso no constitucionalismo a respeito de, no mínimo, quatro modelos básicos em que essa superioridade pode ser surpreendida: de um lado, o *Rule of Law*, com as suas vertentes sem codificação e codificada; de outro o *État Legal* e o *Rechtsstaat*. O modelo do *Rule of Law* é próprio da tradição jurídica do *common law*; ao passo que que o *Etat Legal e o Rechtsstaat* são produtos sócio-históricos do mundo romano-canônico. A diferença entre essas tradições (ou famílias ou sistemas, como preferem respectivamente Revê David e John Gilissen) está, principalmente, na maneira como o direito vem entendido e, bem assim, nos instrumentos jurídicos que presidem uma e outra experiência jurídica. No *common Law*, próprio da Inglaterra e dos Estados Unidos, a fonte primária do direito está nos juízes, nos precedentes judiciais, havendo uma legitimação procedimental do direito, orientado pelo senso natural do justo em concreto. O instrumento técnico para constituição do jurídico é o processo, operando o direito com o emprego da cláusula do *due process of Law*. Em termos institucionais, o *common Law* vem fortemente marcado pela distinção entre o domínio da política e o domínio do direito, cabendo ao legislativo às deliberações políticas e ao judiciário às questões jurídicas, tudo à base de um consenso histórico entre essas instituições a respeito dos limites de cada uma dessas atividades. Na tradição romano-canônica, em que ensertam a maioria dos países da Europa Ocidental [...] todavia, o direito encontra a sua primeira e mais clara expressão na lei, em um ato formal promanado do Poder Legislativo, partindo-se de uma legitimação material da ordem jurídica. [...] O instrumento de que se vale o jurista para tanto é a legislação, sendo norma fundamental do sistema jurídico a legalidade. [...] No *Rule of Law*, seja qual for a sua vertente, há a inafastabilidade da jurisdição (judicial review) com o emprego do devido processo legal (*due processo of Law*). Agregando-se a esses dois elementos uma Constituição escrita, chega-se ao controle difuso de constitucionalidade, deferido a todos os membros do Poder Judiciário. As principais personagens convocadas para o tablado em que nasce e movimenta-se o direito, nessa vereda, são os juízes. O *Rule of Law*, pois, significa proteção pela via do Judiciário contra qualquer exercício arbitrário de poder. As coisas se passam diferentes na tradição romano-canônica. No *État Legal*, a garantia da supremacia do direito repousa na garantia de legalidade do próprio Estado, seu instrumento fundamental, cuja legitimidade encontra-se fundada. [...] Nesse ambiente político, filosófico e metodológico, os juízes limitam-se a vocalizar estritamente as palavras da lei, tendo em conta mesmo dois dos postulados capitais da Escola de Exegese, qual seja, a identificação de todo o direito com a lei e a assunção da exclusividade da lei como único critério jurídico possível. Em decorrência desse papel central outorgado à legalidade e da dimensão minimalista do Judiciário, o *État Legal* desconhece um controle de constitucionalidade da lei propriamente dita, cifrando-se à aferição da conformidade do projeto de lei à Constituição, relegando-o ainda a um órgão não-jurisdicional. No que agora nos interessa, importa observar que o modelo do *État Legal* repousa a sua tônica sobre o legislador, principal artífice da ordem jurídica francesa da idade moderna, decorrência inexorável da ruptura advinda da Revolução de 1789. [...] O *Rechtsstaat*, de seu turno, experimentou uma formação diversa tanto do *Rule of Law* como do *État Legal*, o que se prestou a forjar diferentes soluções em tema de supremacia do direito e, notadamente, da Constituição. Desde logo, mostra-se importante observar que o direito alemão, de um modo geral, é o direito dos juristas alemães, dos letrados, dos professores, com refere Franz Wieacker, no quadro da apreciação das fontes medievais do direito moderno alemão. Ao contrário do *État Legal*, que nasce da legalidade estatal, entendida essa como expressão de uma revolução que toma o poder do Estado, o *Rechtsstaat* é fruto de uma elaboração jurídico-doutrinária a partir de textos histórico-jurídicos que prescindem, em um primeiro momento, da chancela estatal para se constituírem como direito, sendo produto de uma gradual evolução. O *Rechtsstaat* alemão nasce, pois, de um centro de poder não estatal. [...] Consoante leciona Cezar Saldanha Souza Junior, pontuando as diferenças entre os dois modelos francês e alemão, a primeira está em que, no *État Legal*, a supremacia do direito é a supremacia da lei. A lei goza de supremacia fechada sobre si mesma, que não conhece limites jurídicos superiores. Esta supremacia absoluta do princípio da legalidade decorre da presunção de que, sendo expressão da vontade geral, ou seja, da soberania nacional, a lei não pode errar, pois a nação – a sua vontade – é a fonte de todo o direito e de toda a justiça. O *Rechtsstaat*, ao contrário, trabalha a legalidade positiva sobre o pano de fundo de uma supralegalidade. Eis tudo: no *Rechtsstaat* o direito não se esgota na legalidade. Esta abre-se a supralegalidade. E essa supralegalidade, principal traço distintivo entre o *Rechtsstaat* e o *État Legal*, vai acabar institucionalizada no Tribunal Constitucional, órgão a que cabe, de maneira concentrada exercer a jurisdição constitucional. Em resumo, pode-se afirmar que a supralegalidade do *Rechtsstaat* encontrou resposta na jurisdição constitucional concentrada do Tribunal Constitucional, com o que se deu a plena institucionalização do verfassungsstaat. A supremacia do direito, na Alemanha, é uma supremacia da Constituição assegurada pelo Tribunal Constitucional, pelo poder de seus juízes de corrigir a *loi écrite*, fato que levou Luc Heuschiling mesmo a nomear o Estado de Direito alemão como um verdadeiro Estado de Juízes." *Processo civil e estado constitucional*, 2007, p. 15-23.

à defesa da ordem e da segurança pública. Assume os direitos fundamentais (primeiramente como direitos negativos) como esfera da liberdade individual.

Todavia, apesar de a tradição norte-americana, por meio de noção de ***Rule of Law***, trazer ideias semelhantes, há alguns pontos que merecem ser destacados. Seu surgimento está ligado à ideia de limitação ao arbítrio dos reis, marcando, desde a Magna Carta de 1215, uma dimensão processual – ou seja, o Estado deve se submeter a procedimentos legais e previamente fixados. Em seguida, absorveu a ideia de que as leis e os costumes deveriam compor a ordem jurídica, não abrindo espaço para arbítrios por parte do monarca. Por fim, essa noção ainda significa historicamente o dever do Executivo de se submeter a todos os atos do Parlamento (doutrina do ***"King in Parliament"***). Além disso, na tradição dos EUA, muito se discutiu e assinalou a noção de ***"always under Law"***. Aqui, há um destaque na ideia de Estado de Direito do movimento constitucionalista e de sua defesa dos direitos e liberdades fundamentais. Tais liberdades estão inscritas na ordem constitucional como lógica inerente à ordem constitucional. Além disso, afirma que há um dever de publicação das razões públicas que conduzem a qualquer decisão institucional, a fim de que estas possam não apenas compor o núcleo de conhecimento dos cidadãos/eleitores, como ainda sua esfera de aprovabilidade.

Na tradição francesa, a expressão ***État legal*** designa primordialmente uma ordem hierarquizada de normas, cujo vértice está na Declaração de 1789, que consagra direitos naturais aos homens/cidadãos. Logo após viria a Constituição, ficando as normas infraconstitucionais em um posterior escalão. São expressões do ***État Legal*** a ideia da ***vontade geral*** e da soberania popular atrelada ao poder (representativo) legislativo, bem como a ideia da legalidade, forjada com base no mesmo poder.

5.3. Democracia

Buscar um conceito do que seja democracia é simplesmente uma tarefa hercúlea. Se focarmos em sua etimologia, nos referiríamos ao "governo do povo", mas, mais que isso, seria correto afirmar que democracia é uma lógica na qual o povo participa do Governo e do Estado. Para tanto, a ordem jurídica consagrará instrumentos não apenas de democracia direta – plebiscito e referendo – como de democracia indireta – eleição de representantes que concorrerão aos cargos políticos.

Fato é que a democracia hoje não se dá apenas pela possibilidade de escolha dos atores políticos, mas inclui ainda uma proteção constitucional que afirma: **a superioridade da Constituição; a existência de direitos fundamentais; da legalidade das ações estatais; um sistema de garantias jurídicas e processuais.**

Bobbio traz uma leitura interessante da ideia de democracia ao afirmar que esta é um conjunto de regras que estabelecem quem está autorizado a tomar as decisões coletivas e com quais procedimentos. Via de regra, nessa leitura, a democracia faz uso de um instrumento que é a ***regra da maioria***, baseando-se em critérios ***quantitativos***.

Habermas, por sua vez, apostando na racionalidade comunicativa, apresentará uma outra possibilidade de leitura da democracia, agora numa perspectiva ***qualitativa***. Isto é, com a razão comunicativa, a decisão democrática será aquela inserida em uma dinâmica procedimental na qual tanto autores como sujeitos da decisão possam consentir e reconhecer que o resultado foi o correto, por ser um produto do ***"melhor argumento"***. Aqui, tanto quem tomará a decisão quanto quem sofrerá seus efeitos serão e poderão se assumir – ao menos virtualmente – como coautores da mesma decisão, uma vez que serão participantes de um mesmo discurso que conduzirá à sua definição.

Nesses termos, com Habermas podemos observar que as democracias contemporâneas trabalham com uma conexão entre o autogoverno do povo e os direitos fundamentais (relação cooriginária, ou seja, de pressuposição recíproca entre soberania popular e direitos humanos).[22]

Nesse momento, é interessante, então, citarmos um conceito muito em voga na **filosofia política** das últimas décadas do século passado e início do século XXI. Esse conceito envolve a intitulada **"democracia deliberativa"** que, não obstante as críticas (até mesmo em virtude de suas várias nuances), vem recebendo inúmeros adeptos, como o próprio Habermas acima trabalhado. **Cláudio Pereira de Souza Neto,** em interessante definição, deixa assente sobre a **democracia deliberativa**, em linhas gerais, que: "A **democracia deliberativa** surge, nas duas últimas décadas do séc. XX, como alternativa às teorias da democracia então predominantes, as quais a reduziam a um processo de agregação de interesses particulares, cujo objetivo seria a escolha de elites governantes. Em oposição a essas teorias agregativas e elitistas a **democracia deliberativa** repousa na compreensão de que o processo democrático **não pode restringir à prerrogativa popular de eleger representantes**. A experiência histórica demonstra que, assim concebida, pode ser **amesquinhada** e **manipulada**. A democracia deve envolver, **além da escolha de representantes**, também **a possibilidade de se deliberar publicamente sobre as questões a serem decididas**. A troca de argumentos e contra-argumentos racionaliza e legitima a gestão da *res* pública. Se determinada proposta política logra superar a crítica formulada pelos demais participantes da deliberação, pode ser considerada, pelo menos *prima facie*, legítima e racional. Mas para que essa função se realize, a **deliberação** deve se dar em um ***contexto aberto, livre***

22. Nesse sentido, "a participação do indivíduo na esfera pública é condição necessária para a legitimação das decisões tomadas pelo Poder Público em um regime fundado na soberania popular. Por outro lado, há um amplo reconhecimento de que democracia não se resume à regra da maioria, pois se não forem respeitadas as suas pre-condições (isto é, a garantia de um mínimo existencial e as diversas dimensões da autonomia privada), ela pode degenerar em tirania da maioria. Portanto, autogoverno e direitos fundamentais se pressupõem reciprocamente, são cooriginários". BRANDÃO, Rodrigo. *Supremacia Judicial versus Diálogos Constitucionais*, p. 211, 2012.

e igualitário. Todos devem **participar**. A **participação** *deve ocorrer livre de qualquer coerção física ou moral. Todos devem ter, de fato,* ***iguais possibilidades*** *para influenciar e persuadir*. Esses pressupostos de uma deliberação justa e eficiente são institucionalizados por meio do **Estado de Direito**, que é entendido, portanto, como condição, requisito ou pressuposto da democracia. De fato, não há verdadeira democracia sem respeito aos direitos fundamentais."[23]

Any Gutmann e Dennis Thompson, no texto *"o que significa a democracia deliberativa?"*, vão afirmar que a democracia deliberativa pode ser entendida como uma "forma de governar na qual cidadãos livres e iguais (e seus representantes) justificam suas decisões, em um processo no qual apresentam uns aos outros motivos que são mutuamente aceitos e geralmente acessíveis, com o objetivo de atingir conclusões que vinculem no presente os cidadãos, mas que possibilitem discussão futura."[24] Com isso, quatro "vetores" ou características da ***democracia deliberativa*** são levantadas:

1) A primeira e principal seria a da necessidade de *justificação das decisões* tomadas pelos cidadãos e pelos seus representantes, pois ao contrário de concepções *agregativas* de democracia, nas quais as decisões políticas refletem as preferências *cruas* da maioria, a democracia deliberativa exige que as decisões políticas sejam *justificadas pela razão*, ou mais especificamente, à luz de *princípios que são aceitos por cidadãos que estejam dispostos a encontrar termos justos de cooperação*[25];

2) Os motivos das decisões do Poder Público devem ser públicos em dois sentidos: as deliberações devem ser tomadas em público e as razões devem ser públicas em seu conteúdo[26];

3) Os resultados dos processos de deliberação devem ser vinculantes por um *certo período de tempo;*[27]

---

23. SOUZA NETO, Cláudio Pereira. *Constitucionalismo Democrático e Governo das Razões*, p. 3-4, 2010. Sobre a Democracia Deliberativa, ver: Constitucionalismo e Democracia, GODOY, Miguel Gualano, 2012.
24. GUTMANN, Any e THOMPSON, Dennis. *O que significa a democracia deliberativa?* Revista Brasileira de Estudos Constitucionais, p, 23. Também em excelente síntese a seguir trabalhada de: BRANDÃO, Rodrigo. *Supremacia Judicial versus Diálogos Constitucionais*, p. 212, 2012.
25. BRANDÃO, Rodrigo. *Supremacia Judicial versus Diálogos Constitucionais*, p. 213, 2012. Nesses termos: "essa exigência se impõe pelo reconhecimento da autonomia do cidadão, pois, se ele não é mero destinatário das ações do Estado, mas agente autônomo, os motivos se destinam a demonstrar que a decisão do poder Público se reconduz a princípios genericamente aceitos, e não, por exemplo, à troca política de favores, garantindo-se o respeito mútuo."
26. *"Conforme Rawls, as razões públicas consistem em verdades claras, hoje amplamente aceitas pelos cidadãos em geral, ou acessíveis a eles, de modo que podem ser objeto de um consenso sobreposto entre doutrinas abrangentes razoáveis (overlapping consensus). Dessa forma o exercício do poder de império pelos governantes, se justifica na medida em que embasado em razões que podem ser aceitas por cidadãos que adotem diferentes doutrinas abrangentes, de forma a respeitar o pluralismo sem prejuízo à estabilidade social."* BRANDÃO, Rodrigo. *Supremacia Judicial versus Diálogos Constitucionais*, p. 212, 2013.
27. *Ao contrário de um seminário acadêmico em que os participantes não se encontram premidos pela necessidade de tomar uma decisão objetiva em determinado momento, nos processos democráticos em algum momento a deliberação cessa e a autoridade competente deve tomar a decisão.* BRANDÃO, Rodrigo. *Supremacia Judicial versus Diálogos Constitucionais*, p. 213, 2012.

4) O processo deliberativo é *dinâmico*, no sentido de que, por mais que se busque uma decisão que tenha solida justificativa hoje, não se tem a pretensão de que as virtudes deliberativas do processo conduzam a uma decisão definitiva (absoluta e eterna). Portanto, os resultados da deliberação *são provisórios* e sujeitos a permanente processo de revisão, pois abertos a crítica e a reversibilidade.[28]

Com isso, resta claro que a **democracia deliberativa** na visão de Gutmann e Thompson tem como objetivo geral promover a melhor justificação possível para lidar com o desacordo moral (profundas desavenças morais) existentes nas sociedades modernas. Nesse sentido, são apresentados objetivos para os quais a democracia deliberativa deve servir, sendo eles:

a) legitimidade das decisões: a democracia deliberativa busca facilitar a aceitação da decisão coletiva por parte de quem não foi beneficiado pela decisão, já que, todos podem, ao menos, contentar-se com o fato de que o mérito de suas reivindicações foi levado em consideração;

b) encorajar perspectivas calcadas no espírito público em assuntos públicos: mesmo que poucas pessoas sejam altruístas, a deliberação encoraja a todos a adotarem uma visão mais ampla acerca das questões de interesse comum;

c) promover processos decisórios baseados no respeito mútuo: devido ao problema da incompatibilidade dos valores morais, a deliberação não pode tornar valores morais incompatíveis compatíveis, mas ela auxilia os participantes a identificar o mérito moral da reivindicação de seu oponente e também a identificar situações em que a divergência não é tão profunda quanto aparentava a princípio;

d) auxiliar na correção de equívocos na tomada de decisão: os fóruns deliberativos, mais do que as barganhas, concedem aos participantes oportunidades de expandirem seu conhecimento à conscientização tanto individual como coletiva.[29]

Mas é importante ressaltarmos também que o desenvolvimento da democracia nunca foi linear, pois é sempre sujeito a tropeços e retrocessos (idas e vindas). Norberto Bobbio fala, então, em promessas não cumpridas da democracia, uma vez que esta não foi capaz de por si só libertar a sociedade de oligarquias ainda existentes no cenário político, nem de se assumir como condição para emancipação da sociedade.

---

28. "Essa provisoriedade é fundamental por dois motivos: se mesmo os processos desenhados para potencializar o seu aspecto deliberativo são imperfeitos, não podemos ter certeza que as decisões tomadas hoje serão corretas amanhã, ou mesmo hoje, sobretudo se surgirem depois da decisão fatos desconhecidos ou se emergirem consequências não antecipadas (problemas do entendimento incompleto). O segundo decorre do respeito mútuo: como decisões sobre questões complexas são raramente consensuais, os que não concordam com a decisão estarão mais propensos a aceitá-la se tiverem a possibilidade de revertê-la no futuro". BRANDÃO, Rodrigo. *Supremacia Judicial versus Diálogos Constitucionais*, p. 213-214, 2012.
29. GUTMANN, Any e THOMPSON, Dennis. *O que significa a democracia deliberativa?* Revista Brasileira de Estudos Constitucionais, 2007.

Fato é que a Constituição de 1988, para uma doutrina tradicional (*clássica*), conseguiu articular tanto o plano da democracia indireta como o da democracia direta, criando a figura de uma **democracia**, para alguns, intitulada de ***semidireta de cunho participativo***. Assim, os que defendem tal postura, afirmam que além da possibilidade de eleição dos representantes políticos (*parte indireta, representativa*), o texto constitucional contempla as modalidades de *participação direta* como a do plebiscito (art. 14, I), *referendum* (art. 14, II), iniciativa legislativa popular (art. 14, III, regulada pelo art. 61, § 2º) e ação popular (art. 5, LXXIII). O propósito aqui seria o de criar condições para o desenvolvimento de uma cidadania plena e inclusiva, com livre exercício das liberdades públicas.

6. PRINCÍPIO FEDERATIVO

O princípio federativo é responsável por definir a nossa ***forma de Estado***, qual seja, a Federação, caracterizada pela ***união indissolúvel*** de organizações políticas dotadas de ***autonomia***, com fim de criação e manutenção do Estado Federal.

As coletividades, ao se reunirem (na forma de entes federados), não perdem sua personalidade jurídica, mas apenas algumas prerrogativas em benefício do todo (o Estado Federal). A mais relevante perda é a ***soberania*** já que apenas o Estado Federal será reputado como soberano para o plano do Direito Internacional. No plano interno, portanto, falamos, antes, em ***autonomia*** dos entes federados.[30] Nesses termos: "Por isso mesmo, podemos dizer que, no Estado Federal, há um governo central (ordem jurídica central) e vários governos locais (ordens jurídicas parciais), todos exercendo, em condições de igualdade e com fundamento imediato na Constituição, o poder político".[31]

A ideia de Federação está necessariamente correlacionada com a noção de ***território***, como limite espacial do exercício da soberania estatal. Na Federação, encontramos um processo de ***descentralização política*** no qual temos a retirada de competências de um centro para transferi-las para novos centros, o que irá gerar não uma unidade central, mas outras entidades parciais, cuja capacidade foi concedida diretamente pela Constituição.[32]

Por isso mesmo, para que tal descentralização se efetive na prática, é necessária uma repartição rígida de competências entre o órgão de poder central – União – e as demais expressões regionais – via de regra, os Estados-membros, mas no caso brasileiro também os Municípios.

30. CUNHA JÚNIOR, Dirley da, *Curso de direito constitucional*, p. 488.
31. CUNHA JÚNIOR, Dirley da, *Curso de direito constitucional*, p. 489.
32. CUNHA JÚNIOR, Dirley da, *Curso de direito constitucional*, p. 489. Ver STF: ADI nº 2.995, Rel. Min. Celso de Mello, julgamento em 13-12-06, *DJ* de 28-9-07). No mesmo sentido: ADI nº 3.189, Rel. Min. Celso de Mello, julgamento em 13-12-06, *DJ* de 28-9-07; ADI nº 3.293, Rel. Min. Celso de Mello, julgamento em 13-12-06, *DJ* de 28-9-07; ADI nº 3.148, Rel. Min. Celso de Mello, julgamento em 13-12-06, *DJ* de 28-9-07.

Historicamente, a Federação é uma aquisição da Modernidade, só surgindo no século XVIII a partir da experiência norte-americana, em 1787. Por isso mesmo, é natural que a Federação brasileira tivesse forte inspiração norte-americana, mas é de se registrar que sua formação se deu de modo distinto do seu paradigma. Seu surgimento dá-se pela via do Decreto nº 1 de 15/11/1889, que também instituiu a forma republicana de governo, consolidando-se após a Constituição de 1891. E acabamos por adotar uma perspectiva centrífuga (do centro para a periferia), ou seja, um Estado unitário centralizado que se descentraliza, tornando-se um Estado Federal (por isso, classificamos quanto à origem o nosso federalismo de centrífugo[33]). No caso norte-americano, **a sua origem** é classificada como centrípeta (da periferia para o centro), pois de uma Confederação (1781-1787) nasce um Estado Federal.

A Constituição de 1988 institui como entidades da Federação a União, os Estados-membros, o Distrito Federal e os Municípios. Para estes, não há que se falar de soberania, mas, sim, de ***autonomia***.

É importante lembrar que o princípio federativo atua como princípio estruturante no momento em que representa uma diretriz hermenêutica dupla: pode-se voltar ora para os aplicadores do Direito e, principalmente, da Constituição; ora para o legislador, no curso da elaboração das leis.[34] A busca pela sua manutenção é comando constitucional essencial, uma vez que a lógica federalista **não** contempla o direito de secessão de algum ente federativo (art. 1º da CR/88). Qualquer tentativa autoriza a intervenção federal no intuito de preservação da integridade nacional (art. 34, I, da CR/88).

Deve-se ainda destacar que o Judiciário ganha relevância no plano federativo no momento em que caberá a ele dirimir conflitos de competência que eventualmente venham a surgir entre os entes federados.

7. PRINCÍPIO DA SEPARAÇÃO DE PODERES

A Constituição de 1988 traz o princípio da separação de poderes, já no seu art. 2º, inclusive protegendo-o no rol do art. 60, § 4º como *cláusula pétrea*.

Podemos encontrar as primeiras bases de uma teoria da separação de poderes no pensamento de Aristóteles, que vislumbrava a necessidade de fragmentar as funções administrativas da ***pólis***, principalmente a necessária separação entre administração do governo e solução de litígios existentes na comunidade.

Com Montesquieu, sob inspiração de Locke, vislumbrou-se a necessidade de interconectar as funções estatais, a fim de manter a autonomia e independência

33. É bom lembrarmos que essa é apenas **uma classificação (quanto à origem)**, pois existem outras (classificações e características), que serão abordadas no capítulo referente à organização do nosso Estado Federal.
34. NOVELINO, Marcelo, *Direito constitucional*, p. 338.

que lhes são típicas, nascendo daí a famosa ***teoria dos freios e contrapesos*** (*"checks and balances"*).[35]

Cada uma das funções estatais – Executivo, Legislativo e Judiciário – passaram a realizar funções típicas (tradicionais) de sua natureza, mas, ainda, por dicção constitucional, funções atípicas (não tradicionais), fiscalizando e limitando a ação dos demais.

A lógica aqui é que "apenas o poder limita o poder", de modo que cada órgão tem, não apenas que cumprir sua função essencial, como ainda atuar de modo a impedir que outro abuse de sua competência. Por isso mesmo, mais que uma forma de racionalização da atividade estatal, o projeto de Montesquieu traz uma preocupação política e de proteção da democracia.[36]

Essas teorias acabaram por influenciar o constitucionalismo norte-americano, bem como a formação do seu projeto constituinte. Nesses termos, "a ideia fundamental da doutrina da separação de Poderes, portanto, é evitar a concentração e o exercício despótico do poder, isto porque as consequências da concentração do poder são desastrosas. Daí, é fácil percebemos que o princípio da separação de Poderes é, senão de todas, uma das principais garantias das liberdades públicas. Sem a contenção do poder, o seu exercício ilimitado desborda para práticas iníquas e arbitrárias, pondo em risco a liberdade. Ao revés, poder limitado é liberdade garantida. Daí a importância de um equilibrado ***sistema de freios e contrapesos***, em virtude do qual o *poder* possa controlar o *poder*."[37]

Não é sem razão que **Canotilho** afirma que o **princípio da separação de poderes** apresenta uma **dupla** dimensão: **1)** se, por um lado, traça a ordenação e a organização dos poderes constituídos – ***dimensão positiva***; **2)** por outro, fixa limites e controles – ***dimensão negativa*** – em sua dinâmica com os demais.[38]

Portanto, podemos resumir e definir a análise do art. 2º da CR/88 na perspectiva: **a)** da especialização funcional (análise das funções típicas e atípicas); **b)** da não usurpação de um poder sobre o outro (*ingerência indevida* que fere a separação de poderes); e **c)** dos controles recíprocos (freios e contrapesos).

Assim, no caso brasileiro, por exemplo, o Judiciário realiza o controle de constitucionalidade das leis e atos normativos dos outros poderes; 0 Executivo veta projetos lei aprovados no parlamento, além de indicar e nomear membros do Judiciário; Já o Legislativo detém poderes de investigação em CPIs, aprova (ou pode rejeitar) a indicação de Ministros dos Tribunais Superiores do Poder Judiciário, julga anualmente as contas prestadas pelo Presidente da República, susta os atos normativos do Poder Executivo que exorbitem do poder regulamentar ou dos limites de

35. ADI nº 1905-MC, Rel. Min. Sepúlveda Pertence, *DJ* 05/11/2004; e ADI nº 2.911, Rel. Min. Carlos Britto, *DJ* 02/02/2007.
36. STRECK, Lenio; BOLZAN DE MORAIS, José Luiz, *Ciência política e teoria geral do Estado*, p. 163.
37. CUNHA JÚNIOR, Dirley da, *Curso de direito constitucional*, p. 504.
38. CANOTILHO, José Joaquim Gomes, *Direito constitucional e teoria da Constituição*, 2. ed., p. 244.

delegação, bom como pode rejeitar o veto do Presidente da República a projetos de lei, nos termos do art. 66 da CR/88.

Aqui temos exemplos do debate sobre a ***separação de poderes***.

a) Exemplo recente envolveu a crise econômica vivenciada pelo Estado do RJ. Certo é que o governo do RJ ficou sem condições para custear os serviços públicos. Em virtude disso, diversas ações foram propostas, na Justiça comum estadual e na Justiça do Trabalho, pedindo a realização desses pagamentos. Os órgãos judiciais estavam acolhendo os pedidos e determinando a apreensão de valores nas contas do Estado para a concretização dos pagamentos. Assim sendo, o Governador do Estado ajuizou ADPF no STF com o objetivo de suspender os efeitos de todas as decisões judiciais do TJRJ e do TRT da 1ª Região que tenham determinado o arresto, o sequestro, o bloqueio, a penhora ou a liberação de valores das contas administradas pelo Estado do Rio de Janeiro.

O STF afirmou que esse conjunto de decisões representa uma usurpação das competências constitucionais reservadas ao Poder Executivo (a quem cabe exercer a direção da administração) e ao Poder Legislativo (a quem compete autorizar a transposição, remanejamento ou transferência de recursos de uma categoria de programação para outra, ou de um órgão para outro). Logo, isso significa uma ofensa ao art. 2º (***princípio da separação dos poderes***), art. 84, II e art. 167, VI e X, da Constituição da República de 1988. Diante desse cenário, o STF determinou a suspensão dos efeitos das decisões que tenham determinado o arresto, o sequestro, o bloqueio, a penhora ou a liberação de valores das contas administradas pelo Estado do Rio de Janeiro e que tenham recaído sobre recursos escriturados, com vinculação orçamentária específica ou vinculados a convênios e operações de crédito, valores de terceiros sob a administração do Poder Executivo e valores constitucionalmente destinados a municípios, devendo, ainda, ser devolvidos os recursos que ainda não tenham sido repassados aos beneficiários dessas decisões judiciais.[39]

b) No mesmo sentido, já decidiu o STF na ADPF 485, que verbas estaduais não podem ser objeto de bloqueio, penhora e/ou sequestro para pagamento de valores devidos em ações trabalhistas, ainda que as empresas reclamadas detenham créditos a receber da administração pública estadual, em virtude do disposto no art. 167, VI e X, da CF/88, e do princípio da separação de poderes (art. 2º da CR/88).[40]

c) Segundo o STF na ADI 5468, *salvo em situações graves e excepcionais, não cabe ao Poder Judiciário, sob pena de violação ao princípio da separação de Poderes, interferir na função do Poder Legislativo de definir receitas e despesas da Administração Pública, emendando projetos de leis orçamentárias, quando atendidas as condições previstas no art. 166, §§ 3º e 4º, da CF.*[41]

39. **ADPF 405 MC/RJ**, STF. Plenário. Rel. Min. Rosa Weber, julgado em **14.06.2017**.
40. **ADPF 485/AP**, STF. Plenário. Rel. Min. Roberto Barroso, julgado em **04.12.2020** (Informativo 1001).
41. **ADI 5468/DF**, STF. Plenário. Rel. Min. Luiz Fux, julgado em **29 e 30.06.2016** (Inf. 832). Outros exemplos, *ver: ADI nº 1.578, Rel. Min. Cármen Lúcia, julg. em 04.30.09; ADI nº 3.458, Rel. Min. Eros Grau, julg. em 21.02.08; RE nº 365.368-AgR,*

d) Na sequência, temos a Súmula nº 649 do STF que afirma que: *"é inconstitucional a criação, por Constituição Estadual, de órgão de controle administrativo do Poder Judiciário do qual participem representantes de outros poderes ou entidades"*.

e) Na ADI 179, o Plenário do STF conheceu, em parte, de ADI, na parte conhecida, julgou procedente pedido formulado para declarar a inconstitucionalidade de diversos dispositivos do ADCT da Constituição do Estado do Rio Grande do Sul. Os preceitos impugnados fixam prazo para o Poder Executivo encaminhar proposições legislativas e praticar atos administrativos. (...) *No mérito, a Corte reputou inconstitucionais os artigos 4º; 9º, parágrafo único; 11; 12,* caput; *13; 16, inciso II e parágrafo único; 19; 26; 28; 29; 30; 31; 38; 50; 60; 61 e 63 ao fundamento de que exorbitariam da autorização constitucional para fins de auto-organização da unidade federativa. Asseverou a indevida interferência dos dispositivos questionados na independência e harmonia entre os Poderes ao criar verdadeiro plano de governo".*[42]

f) Na ADI 4284/RR, julgada em 09.04.2015, o STF declarou a inconstitucionalidade de normas de Constituição Estadual que *determinavam que os titulares da Universidade Estadual, da Companhia de Águas do Estado, da Companhia Energética do Estado e inúmeras outras autoridades deveriam comparecer anualmente à Assembleia Legislativa para apresentar relatório de atividades, que seria referendado ou não pelos Deputados e, caso fosse rejeitado, isso implicaria o afastamento imediato do titular do cargo. O fundamento foi o de que essas normativas instituiriam um* ***modelo de fiscalização exacerbado e, desse modo, violariam o princípio da separação de Poderes***.

g) Já no referendo de MC na ADPF 309 em 25.09.2014, o STF entendeu que decisão de TRF (de *anular portaria do Ministério das Comunicações*) afrontou preceitos fundamentais, como a separação de Poderes, o devido processo legal e a eficiência administrativa.

h) Temos ainda, que segundo o STF, é inconstitucional, por violar o princípio da separação dos poderes, lei estadual que exige autorização prévia do Poder Legislativo estadual (Assembleia Legislativa) para que sejam firmados instrumentos de cooperação pelos órgãos componentes do Sistema Nacional do Meio Ambiente – SISNAMA. Também é inconstitucional lei estadual que afirme que Fundação estadual de proteção do meio ambiente só poderá transferir responsabilidades ou atribuições para outros órgãos componentes do SISNAMA se houver aprovação prévia da Assembleia Legislativa.[43]

i) Conforme o STF, é inconstitucional norma de Constituição Estadual que exija prévia arguição e aprovação da Assembleia Legislativa para que o Governador do Estado nomeie os dirigentes das autarquias e fundações públicas, os presidentes

---

Rel. Min. Ricardo Lewandowski, julg. em 22.05.07, 1ª Turma; ADI nº 2.654-MC, Rel. Min. Sepúlveda Pertence, julg. em 26.06.02, Plenário.

42. **ADI 179 STF**, Pleno, julg. em **19.02.2014**.
43. **ADI 4348/RR**, STF. Plenário. Rel. Min. Ricardo Lewandowski, julg. em **10.10.2018**. (Informativo 919).

das empresas de economia mista e assemelhados, os interventores de Municípios, bem como os titulares da Defensoria Pública.[44] e da Procuradoria Geral do Estado.[45]

Assim sendo, a legislação estadual não pode exigir aprovação prévia da Assembleia Legislativa para que o Governador do Estado nomeie os dirigentes das autarquias e fundações públicas, os presidentes das empresas de economia mista e assemelhados, os interventores de Municípios, bem como os titulares da Defensoria Pública e da Procuradoria-Geral do Estado.

Segundo o STF, somente se pode exigir prévia aprovação da Assembleia Legislativa para aquilo que consta do modelo constitucional federal, sob pena de afronta à reserva de administração, corolário da separação dos Poderes e das competências privativas do chefe do Executivo de dirigir a Administração Pública.

Para o STF, além de não ser possível submeter à arguição do Legislativo a nomeação de titulares de fundações e autarquias, é ilegítima a intervenção parlamentar no processo de preenchimento da direção das entidades privadas da Administração indireta dos estados. A escolha dos dirigentes dessas empresas é matéria inserida no âmbito do regime estrutural de cada uma delas.[46]

No que diz respeito a intervenção, conforme vamos estudar em capítulo próprio, temos que ela é um ato do chefe do Poder Executivo. O interventor é de sua escolha e confiança. Essa é a divisão entre o Executivo e o Legislativo no tema. Desse modo, é inconstitucional a norma da Constituição do Estado que exige prévia sabatina e aprovação da Assembleia para que o Governador possa nomear o interventor.

Segundo o STF, a Assembleia Legislativa não irá examinar o nome do interventor nem mesmo a *posteriori*. Permitir a rejeição do nome de interventor resulta, na verdade, na escolha dele pela Assembleia Legislativa, considerando que o parlamento poderá, em tese, recusar sucessivamente as indicações do Governador até ser chamado alguém de seu interesse. Se a Assembleia Legislativa entender que a intervenção decretada é questão meramente política e inadequada, deverá rejeitar a medida.[47]

Na mesma decisão, afirmou o STF, que exigir a prévia arguição e aprovação do Procurador-Geral do Estado pela Assembleia Legislativa viola a Constituição Federal porque afeta a separação dos Poderes e interfere diretamente na estrutura hierárquica do Poder Executivo. Essa previsão transfere ao Legislativo o controle sobre

---

44. No tocante ao Defensor Público-geral do Estado, a previsão é inconstitucional porque CR/88 afirmou que lei complementar deve prescrever as normas gerais das Defensorias Públicas dos Estados (art. 134, § 1º). A fim de cumprir esse mandamento constitucional, foi editada a Lei Complementar Federal 80/94. A Lei Complementar 80/94 *estabeleceu que o Chefe da Defensoria Pública da União precisa ser aprovado pela* ***maioria absoluta do Senado Federal***. Porém, LC 80/94 ***não fez essa mesma exigência quanto ao titular da Defensoria Pública estadual***.
45. **ADI 2167/RR**, STF. Plenário. red. p/ o ac. Min. Alexandre de Moraes, julgado em **03.06.2020** (Info 980).
46. Porém, no caso das **autarquias**, ressaltamos que é possível *exigir sabatina prévia para os membros das agências reguladoras, que são autarquias especiais. Pela legislação, os conselheiros, no modelo federal, são submetidos à aprovação do Poder Legislativo.*
47. **ADI 2167/RR**, STF. Plenário. red. p/ o ac. Min. Alexandre de Moraes, julgado em **03.06.2020** (Info 980).

agente público, que, conforme lei orgânica, integra o gabinete do chefe do Executivo como secretário de governo.[48]

j) Por último, decidiu o STF na ADI 5373, que a exigência de prévia autorização da assembleia legislativa para o governador e o vice-governador do Estado ausentarem-se, "em qualquer tempo", do território nacional mostra-se incompatível com os postulados da simetria e da separação dos Poderes.

Conforme a decisão, a Constituição Federal, em seu art. 49, III e em seu art. 83, prevê que é da competência do Congresso Nacional autorizar o Presidente e o Vice-presidente da República a se ausentarem do País quando a ausência for por período superior a 15 dias. Logo, afronta os ***princípios da separação dos Poderes*** e da simetria a norma da Constituição estadual que exige prévia licença da Assembleia Legislativa para que o Governador e o Vice-governador se ausentem do País por qualquer prazo. Nesses termos, os Estados-membros não podem criar novas ingerências de um Poder na órbita de outro que não derivem explícita ou implicitamente de regra ou princípio previsto na Constituição Federal.[49]

Além disso, no que tange às funções típicas e atípicas, temos no quadro abaixo que:

Órgão	Função típica	Função atípica
Executivo	• Chefia de Estado, de Governo e da administração pública	• **Natureza legislativa:** editar medidas provisórias com força de lei (art. 62 da CR/88) e Leis Delegadas (art. 68 da CR/88); • **Natureza (viés) Jurisdicional:** exercício do contencioso administrativo, embora, por óbvio, não seja uma função judicial *stricto sensu*.
Legislativo	• Legislar; • Fiscalização via CPIs e contábil, financeira, orçamentária e patrimonial do Estado	• **Natureza executiva:** definir sua organização, prover cargos, gerenciar servidores (conceder férias, licenças etc.) • **Natureza Jurisdicional:** Julgamento pelo Senado nos crimes de responsabilidade, nos termos do art. 52, I e II da CR/88).
Judiciário	• *Julgar* – função jurisdicional	• **Natureza legislativa:** elaborar regimento interno para cada tribunal (art. 96, *I, a* da CR/88); • **Natureza executiva:** administrativa, concessão de licença/férias para magistrados e serventuários, provimento dos cargos de magistrados, entre outras nos termos do art. 96, I, *b, c, d, e, f* da CR/88)

48. **ADI 2167/RR**, STF. Plenário. red. p/ o ac. Min. Alexandre de Moraes, julgado em **03.06.2020** (Info 980).
49. **ADI 5373 MC/RR**, STF. Plenário. Rel. Min. Celso de Mello, julgado em 09.05.2019 (Informativo 939).

8. FUNDAMENTOS DO ESTADO BRASILEIRO

8.1. Introdução

A doutrina constitucional tradicional afirma que os incisos do art. 1º da Constituição de 1988 constituiriam os ***valores fundamentais e estruturantes*** do Estado brasileiro. Para a doutrina, devem ser entendidos como ***postulados normativos interpretativos*** – isto é, princípios instrumentais.[50] Em nossa opinião, coadunado com uma adequada leitura sobre os princípios, apenas pontuamos, mais uma vez, que os mesmos princípios são efetivamente normas jurídicas vinculantes.

8.2. Soberania

O conceito de soberania tem seu nascimento no século XVI, como elemento essencial para estruturação e formação do Estado Moderno. Aqui, a soberania emerge eminentemente como um poder acima dos demais poderes.

A primeira tentativa de teorização se deu com Bodin, em 1576. A soberania será ligada a noção de ***summa potestas***. Aqui, o soberano é o monarca que não mais se submete a nenhum outro poder, seja dos senhores feudais, seja até mesmo do Papado. Esse conceito da Teoria do Estado foi fundamental para o processo de unificação do poder, com a eliminação das guerras civis ou religiosas, o que conduzirá a um desenvolvimento econômico do Estado e da sociedade. Só em 1762, todavia, Rousseau irá reelaborar o conceito, passando a adjetivá-lo necessariamente e, portanto, afirmando uma ***soberania popular***. Aqui a vontade popular soberana é ilimitada no seu poder de criação do Direito.

Kelsen afirma que a soberania é qualidade do poder do Estado, sendo absoluta, já que nenhuma outra manifestação pode se contrapor à vontade estatal.

Por isso mesmo, a doutrina tradicional irá afirmar que a soberania tem como características ser:

1) **Una:** um poder acima de todos os outros;
2) **Indivisível:** aplicável a todos os acontecimentos internos ao Estado;
3) **Inalienável:** se o Estado a perder, ele desaparece; e
4) **Imprescritível:** não há limite de duração, existindo tão quanto exista o Estado.[51]

Há, então, quem divida a soberania em duas: (a) SOBERANIA EXTERNA: referente à representação dos Estados em uma ordem internacional (relação de coordenação

50. NOVELINO, Marcelo, *Direito constitucional*, p. 345.
51. "A imprescindibilidade do uso do idioma nacional nos atos processuais, além de corresponder a uma exigência que decorre de razões vinculadas à própria soberania nacional, constitui projeção concretizadora da norma inscrita no art. 13, caput, da Carta Federal, que proclama ser a língua portuguesa 'o idioma oficial da República Federativa do Brasil'." (HC nº 72.391-QO, Rel. Min. Celso de Mello, julgamento em 8-3-95, Plenário, *DJE* de 17-3-95).

e não sujeição); e (b) SOBERANIA INTERNA: responsável por delimitar a supremacia estatal perante a sociedade na ordem interna (relação de subordinação e poder máximo interno)[52].

Canotilho bem reconhece que, hoje, a ideia de *soberania popular* é noção umbilicalmente relacionada ao princípio democrático.[53] Mas diversos fatores, notadamente a globalização (seja ela econômica, política, cultural, tecnológica, ambiental, entre outras), têm atuado como flexibilizadores da ideia de soberania e conduzido o conceito a uma crise. Nesse sentido, atualmente, o **Direito comunitário**, que não se apresenta como Direito nacional nem mesmo como (o tradicional) Direito internacional, traz para o seio do debate sobre a soberania reflexões, que demonstram uma relativização do conceito clássico. Assim sendo, na União Europeia, embora ainda em processo de desenvolvimento (lento e gradual), temos a soberania dos Estados-membros convivendo com uma soberania da União Europeia (ideia de uma **soberania dual** ou compartilhada, até então sem precedentes).

8.3. Cidadania

Cidadania refere-se à participação política das pessoas na condução dos negócios e interesses estatais. Fato é que o conceito de cidadania sofre uma gradativa ampliação ao longo dos anos, principalmente a partir da Segunda Guerra. Antes, ser cidadão era ter capacidade para votar e ser votado (o que, diga-se, ainda é válido para a dogmática do Direito Constitucional). Porém, hoje, compreende-se que a cidadania se expressa por outras vias, além da política, se desenvolvendo também por meio dos direitos e garantias fundamentais, ou da tutela dos direito

---

52. Um debate sobre o tema da soberania ocorreu na análise pelo STF da intitulada Lei Geral da Copa (Lei nº 12.663/2012). No julgamento da ADI nº 4976 decidiu o STF em 07.05.2014 que: I – A disposição contida no art. 37, § 6º, da Constituição Federal não esgota a matéria relacionada à responsabilidade civil imputável à Administração, pois, em situações especiais de grave risco para a população ou de relevante interesse público, pode o Estado ampliar a respectiva responsabilidade, por danos decorrentes de sua ação ou omissão, para além das balizas do supramencionado dispositivo constitucional, inclusive por lei ordinária, dividindo os ônus decorrentes dessa extensão com toda a sociedade. II – Validade do oferecimento pela União, mediante autorização legal, de garantia adicional, de natureza tipicamente securitária, em favor de vítimas de danos incertos decorrentes dos eventos patrocinados pela FIFA, excluídos os prejuízos para os quais a própria entidade organizadora ou mesmo as vítimas tiverem concorrido. Compromisso livre e soberanamente contraído pelo Brasil à época de sua candidatura para sediar a Copa do Mundo FIFA 2014. (...) V – É constitucional a isenção fiscal relativa a pagamento de custas judiciais, concedida por Estado soberano que, mediante política pública formulada pelo respectivo governo, buscou garantir a realização, em seu território, de eventos da maior expressão, quer nacional, quer internacional. Legitimidade dos estímulos destinados a atrair o principal e indispensável parceiro envolvido, qual seja, a FIFA, de modo a alcançar os benefícios econômicos e sociais pretendidos. VI – Ação direta de inconstitucionalidade julgada improcedente. Conforme o Ministro Luís Roberto Barroso: "a análise da lei em debate configuraria hipótese típica de autocontenção judicial. Nesse sentido, a visão do julgador em relação a essa decisão política não poderia se sobrepor a decisões de conveniência e oportunidade tomadas pelos agentes públicos eleitos. Explicou que, caso não se configurasse inconstitucionalidade evidente, de direitos fundamentais e das regras da democracia, não haveria razão para que o STF se sobrepusesse à valoração feita pelos agentes políticos". ADI 4976 julg. em 07.05.2014. Rel. Min. Ricardo Lewandowski.
53. CANOTILHO, José Joaquim Gomes, *Direito constitucional e teoria da Constituição*, 2. ed., p. 281.

e interesses difusos.[54] Assim sendo, podemos afirmar que a cidadania não é algo pronto e acabado, mas se apresenta como processo (***um caminhar para***) de participação ativa na formação da vontade política e afirmação dos direitos e garantias fundamentais, sendo ao mesmo tempo um ***status*** e um direito.

8.4. Dignidade Humana

Falar em dignidade da pessoa humana não é uma novidade na História da humanidade. Estudos indicam que já na China Imperial, século IV a.C., confucionistas afirmavam que cada ser humano nasce com uma dignidade que lhe é própria, sendo-lhe atribuída por ato da divindade.[55] Aqui, bem como nas diversas tradições que se seguiram, inclusive cristãs, o homem é tomado como um ser especial, dotado de uma natureza ímpar perante todos os demais seres, razão pela qual não pode ser instrumentalizado, tratado como objeto, nem mesmo por outros seres humanos.

Na Antiguidade, todavia, encontraremos culturas que afirmaram que a ***dignidade*** (do latim, ***dignitas***) é expressão da posição social ocupada pelo indivíduo e pelo grau de reconhecimento que os demais componentes daquela comunidade atribuíam a um sujeito. Sob esse prisma, existiriam, então, pessoas mais ou menos dignas socialmente.[56]

No período da Escolástica, Santo Tomás de Aquino irá conjugar dignidade com o fato de que o ser humano foi criado à semelhança de Deus, razão pela qual reside sua especialidade e, como consequência, sua capacidade de autonomia, autodeterminação, dando-lhe vontade própria, e, assim, liberdade por natureza.

Apenas com **Kant**, no Iluminismo alemão, veremos a dessacralização da ideia de dignidade humana. A partir da defesa da autonomia moral do indivíduo, o filósofo alemão afirmará que o homem deve ser levado a sério, sendo sempre o fim maior das relações humanas e nunca um mero meio.[57] Influenciados por Kant, então, a grande maioria dos teóricos do Direito Constitucional identificará a noção de que a dignidade representa o reconhecimento da singularidade e da individualidade de uma determinada pessoa, razão pela qual ela se mostra insubstituível e igualmente importante para a ordem jurídica.

Hegel,[58] por sua vez, irá sofisticar ainda mais a noção de dignidade humana quando concebe que esta é fruto de um complexo processo de ***reconhecimento***. A

54. "Ninguém é obrigado a cumprir ordem ilegal, ou a ela se submeter, ainda que emanada de autoridade judicial. Mais: é dever de cidadania opor-se à ordem ilegal; caso contrário, nega-se o Estado de Direito." (HC nº 73.454, Rel. Min. Maurício Corrêa, julgamento em 22-4-96, 2ª Turma, *DJ* de 7-6-96).
55. SARLET, Ingo Wolfgang, *Dignidade da pessoa humana*, p. 212.
56. SARLET, Ingo Wolfgang, *Dignidade da pessoa humana*, p. 212.
57. KANT, Immanuel, *Fundamentação da metafísica dos costumes*.
58. O termo tem sua origem no alemão, *Anerkennung*, derivado do verbo *anerkennen*, criado no século XVI a partir do latim, *agnoscere*. Aqui, o significado é o de identificar uma pessoa ou uma coisa, ou característica, por meio de um saber prévio, seja este produto ou não de uma experiência direta. Mas o conceito filosófico do termo apresenta

ideia de reconhecimento surge no discurso filosófico a partir do pensamento de Hegel, ao trabalhar a ***dialética do senhor e do escravo***, na ***Fenomenologia do Espírito***. Aqui, o reconhecimento surge como uma ***luta***. Assim, a mente existe como consciência individual. Cada consciência é incapaz de reconhecer autonomia em outra consciência; mais que isso, ela rouba essa autonomia, escravizando-a – impondo sobre ela sua visão de mundo e seus projetos para garantir o reconhecimento. Desse modo, em um primeiro momento, o escravo é obrigado, pela força, a reconhecer no senhor o autor das ideias que guiam suas próprias ações; ao passo que o senhor não reconhece o escravo – senão como objeto, meio para atingir suas ideias e projetos. Mas esse reconhecimento conquistado pela força acaba por perder seu efeito: "ele só é reconhecimento efetivo quando aquele que reconhece o valor do outro também tem seu próprio valor honrado por ele".[59] Isso nos revela que a ***reciprocidade*** é condição essencial dessa dinâmica.

Destacamos, portanto, uma diferença fundamental com o pensamento de **Kant**. Na ***Fundamentação da Metafísica dos Costumes***, Kant irá despir o sujeito de todos os seus predicados contingentes, reduzindo o homem ao ser racional, que toma decisões morais autônomas, levando em conta apenas o fato de ele partilhar um mundo com outros indivíduos igualmente racionais e potencialmente autônomos. Com isso atinge o imperativo categórico. **Hegel**, por outro lado, por partir da contingência do particular, afirma que reconhecer o outro como racional – e com isso, autônomo – transforma o ponto de partida de Kant num problema crucial. E esse problema somente pode ser solucionado através de percurso de desenvolvimento que culminará nas instituições complexas do Mercado e do Estado.

Para o Direito, a redescoberta da ideia de *dignidade humana* vem acompanhada de diversos documentos internacionais, na qual é citada, como por exemplo no Estatuto (ou Carta) da Organização das Nações Unidas **(1945)**, na Declaração Universal dos Direitos do Homem **(1948)**, bem como na Constituição italiana **(1948)** e na Lei Fundamental da República Federal Alemã **(1949)**. Ela representa, de certo modo, uma contraposição aos horrores vividos durante o período das Guerras Mundiais, sobretudo da 2ª Guerra mundial.[60]

---

uma modificação, uma vez que se ultrapassa aqui a ideia de uma "identificação cognitiva de uma pessoa", mas deve ser entendido como "atribuição de um valor positivo a essa pessoa, algo próximo do que entendemos por respeito". (ASSY, Bethânia; FERES JÚNIOR, João, *Reconhecimento*, p. 705).

59. ASSY, Bethânia; FERES JÚNIOR, João. "Reconhecimento". BARRETO, Vicente de Paulo (Coord.). *Dicionário de Filosofia do Direito*. São Leopoldo / Rio de Janeiro: Unisinos / Renovar, 2006, p. 706.

60. Outros exemplos: Declaração dos Direitos dos Povos Indígenas (art. 15, 1), Declaração sobre Educação e Formação em Direitos Humanos (art. 5º , 1), Convenção Internacional dos Direitos das Pessoas com Deficiência (art. 1), Convenção Internacional de Proteção das Pessoas contra o Desaparecimento Forçado (art. 19, 2), Convenção Internacional sobre os Direitos da Criança (art. 28, 2), Convenção contra Tortura e Outros Tratamentos ou Penas Cruéis, Desumanos ou Degradantes (preâmbulo), Convenção Internacional sobre a Eliminação de Todas as Formas de Discriminação Racial (preâmbulo), dentre outras. (...) a utilização do termo não aparece somente em textos constitucionais ocidentais. Ao contrário, são diversas as constituições que, mundo afora, expressam a preocupação em preservar o entendimento do que esteja caracterizado como dignidade, elevando tal conceito ao patamar jurídico-constitucional. São exemplos as Constituições do Afeganistão (art. 24), China (art. 38), Azerbaijão

Na tradição do Direito alemão, isso significou, principalmente, afirmar que todos têm direito a serem tratados como pessoas, sendo respeitados de modo igual os seus direitos fundamentais (direitos humanos) independentemente de sexo, raça, língua, religião ou opiniões políticas, condições de nascimento, econômicas e sociais. Isso, é claro, vem no sentido de combater a noção nazista de ***Untermensch*** (subumano), que afirmava uma desigualdade eugênica em prejuízo dos arianos.[61]

Para os italianos, a dignidade não é tão intangível e sua adjetivação não se faz com referência ao "humano", mas, sim, fala-se em uma "dignidade social" e está ligada ao desenvolvimento "segundo as próprias possibilidades e a própria escolha, uma atividade ou uma função que concorra ao progresso material e espiritual da sociedade" (art. 4º, § 2º da Constituição italiana de 1948). Isso significa atar à ideia de dignidade a um conceito "econômico-social" e, por isso mesmo, associá-la ao "trabalho" como forma de dignificação do homem. A preocupação aqui não é com a pessoa em si (a partir de bases jusnaturalistas), como acontece na doutrina alemã, mas no processo de inserção dessa pessoa no tecido social; isto é, a pessoa assume não apenas um direito, mas também um dever de contribuir para o progresso da sociedade com seu trabalho. Ao que parece, essa vertente da ideia de dignidade parece ter ficado olvidada por alguns juristas brasileiros que importaram a matriz alemã.

Fato é que muitos autores registram uma dificuldade em conceber um conceito pacífico do que seja a dignidade humana, como reconhece Sarlet.[62] Isso se deve, principalmente, porque tais autores não conseguem – ou talvez não queiram – lançar mão de uma leitura, primeiro, dessacralizada do Direito moderno – razão pela qual assumem concepções jusnaturalistas e valores ético-religiosos no intuito de substancializar seu argumento, procurando uma forma de perenidade na fluidez da modernidade; e segundo, rigorosa paradigmaticamente –, dessa forma falta-lhes uma teoria do Direito.

Mas, partindo das noções afirmadas pela teoria constitucional majoritária – ainda que pesem as críticas feitas, bem como as incoerências internas a essa teoria –, com fortes heranças germânicas e bases axiológicas, a ***dignidade da pessoa humana*** (art. 1º, III da CR/88) é erigida à condição de ***meta-princípio***[63]. Por isso mesmo, esta **irradia**

(art. 13, III), Iraque (art. 37, 1o , a), Irã (art. 2o , 6), Bahrein (art. 18), Cazaquistão (art. 45), Paquistão (art. 14), Kuwait (art. 29), Tailândia (section 4), Arménia (art. 13), Turquia (art. 17), Suécia (art. 2º), Finlândia (art. 1º), Suíça (art. 7º), Montenegro (art. 25), Polônia (art. 30), Romênia (art. 1º, 3), Rússia (art. 7º), Sérvia (art. 19), Japão (art. 24), Holanda (art. 11), África do Sul (art. 10), dentre outras. *A dignidade da pessoa humana em processos criminais no STF: valor intrínseco, autonomia e valor comunitário.* LOURENÇO, Cristina Sílvia Alves, BALHE GUEDES, Maurício Sullivan, p. 10, 2014.

61. ALEXY, Robert, *El concepto y la validez del derecho.*
62. SARLET, Ingo Wolfgang, *Dignidade da pessoa humana*, p. 217.
63. A dignidade da pessoa humana seria classificada por alguns doutrinadores como sendo um "sobreprincípio", na medida em que atuaria "sobre" outros princípios. No RE 898060 julgado em 21 e 22.09.2016: *"O Supremo Tribunal Federal afirmou que o sobreprincípio da dignidade humana, na sua dimensão de tutela da felicidade e realização pessoal dos indivíduos a partir de suas próprias configurações existenciais, impõe o reconhecimento, pelo ordenamento jurídico, de modelos familiares diversos da concepção tradicional."*

valores e vetores de **interpretação para todos os demais direitos fundamentais**, exigindo que a figura humana receba sempre um tratamento moral condizente e igualitário, sempre tratando cada pessoa como fim em si mesma, nunca como meio (coisas) para satisfação de outros interesses ou de interesses de terceiros.[64]

Sendo assim, para os teóricos do constitucionalismo contemporâneo, direitos – como vida, propriedade, liberdade, igualdade, dentre outros –, apenas encontram uma justificativa plausível se lidos e compatibilizados com o postulado da **dignidade humana**. Afirmam, portanto, que a dignidade seria um ***superprincípio***, como uma norma dotada de maior importância e hierarquia que as demais,[65] que funcionaria como elemento de comunhão entre o Direito e a moral, na qual o primeiro se fundamenta na segunda, encontrando sua base de justificação racional.[66]

Por isso mesmo afirmam alguns autores, que questões limites como eutanásia, aborto e feto anencefálico fazem remissão (remetem) a uma discussão da dignidade humana, uma vez que são muitas vezes lidas na forma de uma colisão entre direitos à liberdade, à integridade corporal e à vida biológica.[67] Daí ressalta-se, conforme Ingo Sarlet, "a função *integradora* e *hermenêutica* do **princípio da dignidade da pessoa humana** que serviria de parâmetro para a aplicação, interpretação e integração não apenas dos direitos fundamentais e das demais normas constitucionais, mas de todo o ordenamento jurídico". Afirma o autor que, de "modo todo especial, o princípio da dignidade da pessoa humana acaba por servir de referencial inarredável no âmbito da indispensável hierarquização axiológica inerente ao processo de criação e desenvolvimento jurisprudencial do Direito. Justamente no âmbito dessa função do princípio da dignidade da pessoa humana, pode-se afirmar a existência não apenas de um dever de interpretação conforme a Constituição e os direitos fundamentais, mas acima de tudo, de uma hermenêutica que, para além do conhecido postulado do *in dubio pro libertati*, tenha sempre presente o imperativo segundo o qual em favor da dignidade não deve haver dúvida"[68].

Em outra linha de raciocínio, temos a (importante) leitura de **Dworkin** sobre a dignidade humana.[69] Esta, na realidade, busca conciliar os princípios da **igualdade e da liberdade**, afirmando duas dimensões da dignidade:

64. "O princípio fundamental consagrado pela Constituição Federal da *dignidade da pessoa humana* apresenta-se em uma dupla concepção. Primeiramente, prevê um direito individual protetivo, seja em relação ao próprio Estado, seja em relação aos demais indivíduos. Em segundo lugar, estabelece verdadeiro dever fundamental de tratamento igualitário entre semelhantes. Esse dever configura-se pela exigência do indivíduo respeitar a *dignidade* de seu semelhante tal qual a Constituição Federal exige que lhe respeitem a própria." (MORAES, Alexandre de, *Direitos humanos fundamentais*, p. 46).
65. SIQUEIRA Jr., Paulo Hamilton, *Dignidade da pessoa humana*, p. 710.
66. Todavia, um alerta: proceder assim é ignorar os riscos de retroceder à tradição jusnaturalista, ou pior, apagar os traços de autonomia sistêmica que separa o direito e a moral. Ver: HABERMAS, Jürgen. *A inclusão do outro*, 2002.
67. VIEIRA, Oscar Vilhena, *Direitos fundamentais*: uma leitura da jurisprudência do STF, p. 69.
68. SARLET, Ingo, *Dignidade da Pessoa Humana e novos Direitos na Constituição Federal de 1988*, p. 106, 2005.
69. DWORKIN, Ronald, *Is Democracy Possible here?*, p. 9-11. CORDEIRO, Karine, *Direitos Fundamentais Sociais*, p. 75, 2012.

1ª) por meio do reconhecimento da importância de cada projeto de vida individual; e 2ª) por meio da proteção da autonomia individual na persecução desse projeto de vida. Para tanto, falar em dignidade da pessoa humana somente faz sentido se entendido como vista pelo prisma da garantia de ***iguais liberdades subjetivas para ação.***

Partindo dessa perspectiva, podemos tentar recolocar a dignidade da pessoa humana como condição de legitimação não apenas dos direitos fundamentais, mas de todo o ordenamento jurídico, sem correr os riscos de esbarrar com questões de fundamentação moral ou assumir uma via de volta ao jusnaturalismo. Mais que afirmar que o ser humano deve ser tratado como um ser único, individual, como faz boa parte dos juristas nacionais, a leitura de Dworkin busca justificar-se na própria autofundação do Direito moderno.

Além disso, para o ex-professor de Oxford, o respeito à dignidade acaba por legitimar o próprio governo, no sentido de que apenas os governos que demonstram igual consideração e respeito por cada uma das pessoas sob seu domínio (isso implica, obviamente, em atender aos dois princípios da dignidade citados acima) podem ser considerados legítimos[70].

Já **Habermas** identificará tal proposição com o código da modernidade (*liberdade* e *igualdade*) e buscará explicar como se dá tal processo de produção de normas jurídicas legítimas, no qual cada sujeito é ao mesmo tempo autor e destinatário das normas.[71] Isso é fundamental e, por isso parece ser uma leitura mais adequada, já que não busca assentar a noção de **dignidade humana** sob um conjunto de valores que reflete apenas uma visão particular de mundo – mais exatamente a tradição judaico-cristã.[72] Ao se abrir a porta para uma fundamentação normativa própria do Direito, participantes de outras concepções podem tomar assento nessa prática comunicativa, sentindo-se igualmente coautores das normas a que se submetem.

Verdade é que a jurisprudência do STF ainda não desenvolveu um entendimento do que seja a dignidade de maneira sistematizada. Apesar disso, a doutrina vem fazendo esforços hercúleos no sentido de dotar as decisões de uma lógica e coerência, extraindo delas uma doutrina sobre a dignidade da pessoa humana.[73]

---

70. DWORKIN, Ronald, *Is Democracy Possible here?*, p. 90-140. É interessante que, em sua obra *Justice for Hedgehogs*, Dworkin eleva ao máximo a dimensão axiológica da **dignidade da pessoa humana**, considerando-a o valor que unifica a ética (*o que se deve fazer para viver bem*) e a moralidade (*como se deve tratar os outros*), legitima a ordem política e orienta a interpretação de diversas questões como justiça, igualdade e liberdade. *Justice for Hedgehogs*, p. 204-255, 2011.
71. HABERMAS, Jürgen, *Facticidad y validez.*
72. Basta ver a afirmação de Luís Roberto Barroso: "O princípio da dignidade da pessoa humana identifica um espaço de integridade moral a ser assegurado a todas as pessoas por sua só existência no mundo. Relaciona-se tanto com a liberdade e valores do espírito quanto com as condições materiais de subsistência." *Gestação de fetos anencefálicos e pesquisas com células-tronco*: dois temas acerca da vida e da dignidade na Constituição, p. 15.
73. No julgamento do *HC nº 71.373-4 RS*, o STF entendeu por solucionar um suposto conflito entre dignidade humana e direito à intimidade, no que diz respeito a possibilidade (ou não) de condução coercitiva do suposto pai em sede de processo de investigação de paternidade. Já em recente decisão, afirmou o STF que: "*É lícito ao Poder*

O Ministro Luís Roberto Barroso em sede doutrinária já afirmou que para finalidades jurídicas, a dignidade da pessoa humana pode ser dividida em três componentes: ***valor intrínseco***, que se refere ao status especial do ser humano no mundo; ***autonomia***, que expressa o direito de cada pessoa, como um ser moral e como um indivíduo livre e igual, tomar decisões e perseguir o seu próprio ideal de vida boa; e ***valor comunitário***, convencionalmente definido como a interferência social e estatal legítima na determinação dos limites da autonomia pessoal.[74]

Aqui é interessante salientar que esses componentes, trabalhados pelo Ministro, foram usados de forma explícita para a fundamentação de recente decisão do STF sobre a possibilidade de *estrangeiro residente* no país ter direito de ser beneficiário da *assistência social* prevista no art. 203, V da CR/88. No caso, afirmou o STF que o substrato do conceito de dignidade humana pode ser decomposto nos três elementos acima elencados: a) *valor intrínseco*, b) *autonomia* e c) *valor comunitário*.

Nesses termos, como "*valor intrínseco*", a dignidade requer o reconhecimento de que cada indivíduo é um fim em si mesmo. Impede-se, de um lado, a funcionalização do indivíduo e, de outro, afirma-se o valor de cada ser humano, independentemente das escolhas, situação pessoal ou origem. Assim, deixar desamparado um ser humano que não tem condições de se sustentar pelo simples fato de ele ser oriundo de outro país seria uma desconsideração desse valor.

Já como "*autonomia*", a dignidade protege o conjunto de decisões e atitudes relacionado especificamente à vida de certo indivíduo. Para que determinada pessoa possa mobilizar a própria razão em busca da construção de um ideal de vida boa, é fundamental que lhe sejam fornecidas condições materiais mínimas. Nesse aspecto, a previsão do art. 203, V, da CR/88 também funciona como um meio de assegurar esta concepção de vida digna, cabendo ao Estado brasileiro dar essa sustentação até mesmo ao estrangeiro.[75]

Já no que tange ao "*valor comunitário*", restou estabelecido na decisão que o estrangeiro residente no País, inserido na comunidade, participa do esforço

Judiciário impor à Administração Pública obrigação de fazer, consistente na promoção de medidas ou na execução de obras emergenciais em estabelecimentos prisionais para dar efetividade ao postulado da dignidade da pessoa humana e assegurar aos detentos o respeito à sua integridade física e moral, nos termos do que preceitua o art. 5º, XLIX, da CF, não sendo oponível à decisão o argumento da reserva do possível nem o princípio da separação dos poderes. (...) O quadro revelaria desrespeito total ao postulado da dignidade da pessoa humana, em que haveria um processo de ***"coisificação"*** *de presos, a indicar retrocesso relativamente à lógica jurídica atual. A sujeição de presos a penas a ultrapassar mera privação de liberdade prevista na lei e na sentença seria um ato ilegal do Estado, e retiraria da sanção qualquer potencial de ressocialização."* RE 592.581/RS Pleno do STF, julg. em 13.08.2015, *É interessante que em pesquisa realizada no sítio eletrônico do STF, tendo por parâmetro o período de 01 de janeiro de 2010 a 31 de dezembro 2013, o termo "dignidade da pessoa humana" aparece empregado em 108 acórdãos, 1.515 decisões monocráticas, e 1 questão de ordem. A dignidade da pessoa humana em processos criminais no STF.* LOURENÇO, Cristina Sílvia Alves, BALHE GUEDES, Maurício Sullivan, p. 10, 2014.

74. BARROSO, Luís Roberto. *A dignidade da pessoa humana no direito constitucional contemporâneo: a construção de um conceito jurídico à luz da jurisprudência mundial*, p. 112, 2012.
75. RE 587970/SP STF. Plenário, Rel. Min. Marco Aurélio, julgado em 19 e 20.04.2017 (repercussão geral).

mútuo, na construção de um propósito comum. Esse laço de irmandade nos faz, de algum modo, responsáveis pelo bem de todos, até mesmo daqueles que adotaram o Brasil como novo lar e fundaram seus alicerces pessoais e sociais nesta terra. Desde a criação da nação brasileira, a presença do estrangeiro no País foi incentivada e tolerada. Não seria coerente com a história estabelecer diferenciação tão somente pela nacionalidade, especialmente quando a dignidade está em xeque em momento de fragilidade do ser humano – idade avançada ou algum tipo de deficiência.[76]

Por último, também é muito comum a afirmação de que existiria um certo *"consenso sobreposto"* sobre a aplicação da **dignidade da pessoa humana**, mas não existiria uma delimitação de como se daria sua concretização e densificação. Seria a dignidade um conceito tão amplo e aberto de tal modo que *qualquer prática seria justificável com base nela*? Acreditamos que não.

Por isso, para alguns doutrinadores, parâmetros mínimos de **aferição (vetores ou "dimensões")** devem ser sempre defendidos para a consecução normativa (adequada) da **dignidade da pessoa humana**, sobretudo para que não seja *amesquinhada*. Na obra adotamos esses vetores. São eles:

1) **Não Instrumentalização:** concepção de que o ser humano não pode ser instrumentalizado (coisificado) ou seja, não pode ser tratado como um meio para a obtenção de determinado fim (Kant). O ser humano deve ser *"um fim em si mesmo"*. Aqui, um exemplo interessante pode ser encontrado em uma decisão do Tribunal Constitucional Alemão, pois, segundo Habermas, em recente obra, "a inviolabilidade da dignidade da pessoa humana dominou a esfera pública alemã em 2006, quando o Tribunal Constitucional Federal considerou inconstitucional a *Lei de Segurança Aérea* promulgada pelo parlamento Alemão. Na época, o parlamento tinha em mente o cenário de *11 de setembro*, ou seja, o ataque terrorista às torres gêmeas do *World Trade Center*. Com isso, pretendia autorizar as forças armadas a, em situação semelhante, abater aviões de passageiros transformados em *bomba*, de modo a proteger um número indefinidamente maior de pessoas ameaçadas em solo. Porém, segundo a concepção do Tribunal, a morte de passageiros por meio de órgãos estatais seria inconstitucional. O dever do Estado de proteger a vida das potenciais vítimas de um ataque terrorista não pode vir antes do dever de respeitar a dignidade dos passageiros. (...) O eco do imperativo categórico de Kant é evidente nessas palavras do Tribunal. O respeito à dignidade humana de cada pessoa proíbe o Estado de dispor de qualquer indivíduo apenas *como meio para outro fim*, mesmo se for para salvar a vida de muitas outras pessoas[77].

---

76. RE 587970/SP STF. Plenário, Rel. Min. Marco Aurélio, julgado em 19 e 20.04.2017 (repercussão geral).
77. BVerG, I 357/05 de 15 de fevereiro de 2006. HABERMAS, Jürgen, *Sobre a Constituição da Europa*, p. 08-09, 2011.

2) **Autonomia Existencial:** cada pessoa deve ter o direito de fazer suas escolhas essenciais de vida e agir de acordo com suas escolhas desde que elas não sejam práticas ilícitas (ou não prejudiquem de forma indevida direitos de terceiros). Portanto, essa dimensão nos garante a liberdade existencial, ou seja, a possibilidade dos mais variados projetos de vida, concepções de vida digna em meio ao pluralismo razoável em que vivemos;

3) **Direito ao Mínimo Existencial:** direito (derivado do constitucionalismo social) a que existam condições materiais básicas para a vida. Seja esse mínimo de condições trabalhado de forma absoluta (dado a *priori*) ou relativa (contextualizado em diferentes formas e modos), o fato é que ele acaba sendo pressuposto não só para a vida em si, mas para uma vida digna como condição até mesmo para o exercício das liberdades privadas (autonomia existencial) e públicas (direitos políticos). O próprio STF atualmente já reconheceu que em algumas situações não estaríamos submetidos à *"reserva do possível"*, tendo em vista a necessidade proeminente de concretização de determinados direitos fundamentais sociais mínimos.

4) **Direito ao Reconhecimento:** aqui temos a concepção de que as injustiças podem se dar **não** apenas no campo da redistribuição de bens, mas também no campo do reconhecimento.[78] Aqui o olhar que as pessoas lançam sobre as outras pessoas (o olhar que nós lançamos sobre "o outro" ou "o tarjado" de diferente) pode diminuí-las em sua dignidade. Temos, com isso, a necessidade de respeitar as identidades singulares[79]. Para Axel Honneth os padrões de reconhecimento (intersubjetivo) ocorrem em três etapas: "**a)** na esfera das relações primárias (a forma de reconhecimento relaciona-se ao *amor* e à *amizade*; **b)** na dimensão das relações jurídicas (o reconhecimento se identifica com o *direito*. Com isso, direito acaba por constituir uma etapa fundamental do reconhecimento intersubjetivo e de afirmação da visibilidade, na medida em que a adjudicação de direitos representa uma dimensão indispensável da ***cidadania***); e **c)** na comunidade valorativa (a maneira de reconhecimento é a *solidariedade* através da autocompreensão cultural de uma sociedade que determina critérios pelos quais se orienta a estima social das pessoas)"[80].

---

78. É interessante aqui que a Lei nº 12.966 de 12.04.2014, alterou a Lei no 7.347/85 (Lei da Ação Civil Pública), para incluir a proteção à honra e à dignidade de grupos raciais, étnicos ou religiosos. Portanto, atualmente a dignidade e a honra de grupos raciais, étnicos ou religiosos pode ser objeto de Ação Civil Pública.
79. Aqui remetemos o leitor para interessante debate sobre o tema travado por **Nancy Fraser** e **Axel Honneth**. Nancy Fraser estabelece uma certa separação (perspectiva dualista da análise dos conflitos sociais) entre as demandas por reconhecimento e as demandas por redistribuição. Já **Axel Honneth** defende que todos os conflitos sociais advêm da luta por reconhecimento e, com isso, não concorda com a separação feita por **Fraser**. Para ele, essa dicotomia suprime ou pelo menos negligencia as *lutas por reconhecimento* presentes em todos os conflitos por igualdade legal. Sobre o Tema ver: *Fundamentos de uma Teoria da Constituição Dirigente*, MOREIRA, Nelson Camatta, p 34-67, 2010. FRASER, Nancy, *Reconhecimento sem ética*? In: SOUZA, Jessé; MATTOS Patrícia (orgs.) *Teoria Crítica do Século XXI*, São Paulo, 2007. HONNETH, Axel, *Luta por reconhecimento: A gramática moral dos conflitos sociais*, 2ª Ed. 2009.
80. MOREIRA, Nelson Camatta *Fundamentos de uma Teoria da Constituição Dirigente*, p. 57-58, 2010. HONNETH, Axel, *Luta por reconhecimento: A gramática moral dos conflitos sociais*, 2ª Ed. 2009.

8.5. Valores Sociais do Trabalho e da Livre Iniciativa

Supostamente correlacionado à noção de dignidade da pessoa humana, o ***valor social do trabalho*** impõe a abstenção do Estado no que concerne à concessão de privilégios econômicos a uma pessoa ou grupo. Cada indivíduo deve poder compreender que, com seu trabalho, ele está contribuindo para o progresso da sociedade, recebendo a justa remuneração e condições razoáveis de trabalho. O trabalho é, então, também um direito social (art. 6º da CR/88), recebendo proteção constitucional em diversos aspectos (arts. 7º ao 11 da CR/88).

A noção de livre iniciativa, por sua vez, está coligada à liberdade de empresa e de contrato, como condição mestra do liberalismo econômico e do capitalismo.[81] A livre iniciativa é reproduzida também no plano da ordem econômica (art. 170) e tem como finalidade assegurar condições de dignidade e de justiça social (distributiva). Todavia, o uso dessa liberdade não é absoluto, sendo direcionada sempre para a função social da empresa.[82]

Como recente exemplo sobre a livre iniciativa e livre concorrência prevista no art. 170 da CR/88, temos julgados do STF em que o Pretório Excelso decidiu que a proibição ou restrição por lei municipal da atividade de transporte privado individual por motorista cadastrado em aplicativo é inconstitucional, por violação aos princípios da livre iniciativa e da livre concorrência.[83]

Nas decisões, afirmou o STF, que a liberdade de iniciativa, garantida pelos arts. 1º, IV, e 170 da CR/88, consubstancia cláusula de proteção destacada, no ordenamento

---

81. "É certo que a ordem econômica na Constituição de 1988 define opção por um sistema no qual joga um papel primordial a livre iniciativa. Essa circunstância não legitima, no entanto, a assertiva de que o Estado só intervirá na economia em situações excepcionais. Mais do que simples instrumento de governo, a nossa Constituição enuncia diretrizes, programas e fins a serem realizados pelo Estado e pela sociedade. Postula um plano de ação global normativo para o Estado e para a sociedade, informado pelos preceitos veiculados pelos seus artigos 1º, 3º e 170. A livre iniciativa é expressão de liberdade titulada não apenas pela empresa, mas também pelo trabalho. Por isso a Constituição, ao contemplá-la, cogita também da 'iniciativa do Estado'; não a privilegia, portanto, como bem pertinente apenas à empresa. Se de um lado a Constituição assegura a livre iniciativa, de outro determina ao Estado a adoção de todas as providências tendentes a garantir o efetivo exercício do direito à educação, à cultura e ao desporto [artigos 23, inciso V, 205, 208, 215 e 217, § 3º, da Constituição]. Na composição entre esses princípios e regras há de ser preservado o interesse da coletividade, interesse público primário. O direito ao acesso à cultura, ao esporte e ao lazer, são meios de complementar a formação dos estudantes." (ADI nº 1.950, Rel. Min. Eros Grau, julgamento em 3-11-05, Plenário, *DJ* de 2-6-06). No mesmo sentido: ADI nº 3.512, Rel. Min. Eros Grau, julgamento em 15-2-06, *DJ* de 23-6-06.
82. "***O princípio da livre iniciativa não pode ser invocado para afastar regras de regulamentação do mercado e de defesa do consumidor.***" (RE nº 349.686, Rel. Min. Ellen Gracie, julgamento em 14.06.2005, 2ª Turma, *DJ* de 5-8-05). Ver também: "Em face da atual Constituição, para conciliar o fundamento da livre iniciativa e do princípio da livre concorrência com os da defesa do consumidor e da redução das desigualdades sociais, em conformidade com os ditames da justiça social, pode o Estado, por via legislativa, regular a política de preços de bens e de serviços, abusivo que é o poder econômico que visa ao aumento arbitrário dos lucros." (ADI nº 319-QO, Rel. Min. Moreira Alves, julgamento em 03.03.93, Plenário, *DJ* de 30-4-93).
83. **ADPF 449/DF**, Rel. Min. Luiz Fux; **RE 1054110/SP**, STF. Plenário. Rel. Min. Roberto Barroso, julg em **8** e **09.05.2019** (repercussão geral). O STF julgou inconstitucional a Lei nº 10.553/2016, do Município de Fortaleza, que vedou a utilização de carros cadastrados ou não em aplicativos (ADPF 449/DF). Além disso, o STF considerou inconstitucional a Lei nº 16.279/2015, do Município de São Paulo, que igualmente proibia o uso de veículos cadastrados em aplicativos (RE 1054110/SP).

pátrio, como fundamento da República. Por essa razão, é possível o controle judicial de atos normativos que afrontem as liberdades econômicas básicas. Segundo o constitucionalismo moderno, é necessário que haja uma restrição da interferência do poder estatal sobre o funcionamento da economia de mercado. O *"rule of law"* deve se sobrepor a iniciativas estatais autoritárias que sejam destinadas a concentrar privilégios, a impor monopólios ou a estabelecer salários, preços e padrões arbitrários de qualidade. Tais iniciativas são arbitrárias e restringem a competição, a inovação, o progresso e a distribuição de riquezas.[84]

Nesse sentido, o processo político por meio do qual as regulações são editadas é frequentemente capturado por grupos de poder interessados em obter proveitos superiores aos que seriam possíveis em um ambiente de livre competição. Um recurso político comumente utilizado por esses grupos é o poder estatal de controle de entrada de novos competidores em um dado mercado, a fim de concentrar benefícios em prol de poucos e dispensar prejuízos por toda sociedade. Assim, o exercício de atividades econômicas e profissionais por particulares deve ser protegido da coerção arbitrária por parte do Estado.[85]

Afirmou ainda o STF, que a proibição dos aplicativos de transporte afronta ainda o princípio da busca pelo pleno emprego, que está consagrado como princípio setorial no art. 170, VIII, da CR/88. Isso porque essa proibição impede a abertura do mercado a novos entrantes eventualmente interessados em migrar para a atividade.[86]

Na decisão, presente no informativo 937 do STF, o Ministro Roberto Barroso asseverou que vivemos um ciclo próprio do desenvolvimento capitalista, em que há a substituição de velhas tecnologias e velhos modos de produção por novas formas de produção, num processo chamado de inovação disruptiva, por designar ideias capazes de enfraquecer ou substituir indústrias, empresas ou produtos estabelecidos no mercado. Nesse cenário, é muito fácil perceber o tipo de conflito entre os detentores dessas novas tecnologias disruptivas e os agentes tradicionais do mercado: players já estabelecidos em seus mercados, por vezes monopolistas, são ameaçados por atores que se aproveitam das lacunas de regulamentação de novas atividades para a obtenção de vantagens competitivas, sejam elas regulatórias ou tributárias. A melhor forma de o Estado lidar com essas inovações e, eventualmente, com a destruição criativa da velha ordem, não é impedir o progresso, mas sim tentar produzir as vias conciliatórias possíveis.

O Ministro Roberto Barroso destacou ainda em seu voto, os três fundamentos pelos quais considerou inconstitucionais as leis municipais (dos municípios de Fortaleza e de São Paulo) impugnadas.

84. **ADPF 449/DF**, Rel. Min. Luiz Fux; **RE 1054110/SP**, STF. Plenário. Rel. Min. Roberto Barroso, julg em **8** e **09.05.2019** (repercussão geral).
85. **ADPF 449/DF**, Rel. Min. Luiz Fux; **RE 1054110/SP**, STF. Plenário. Rel. Min. Roberto Barroso, julg em **8** e **09.05.2019** (repercussão geral).
86. **ADPF 449/DF**, Rel. Min. Luiz Fux; **RE 1054110/SP**, STF. Plenário. Rel. Min. Roberto Barroso, julg em **8** e **09.05.2019** (repercussão geral).

Em primeiro lugar, a Constituição estabelece, como princípio, a livre iniciativa. A lei não pode arbitrariamente retirar determinada atividade econômica da liberdade de empreender das pessoas, salvo se fundamento constitucional autorizar a restrição imposta. A edição de leis ou atos normativos proibitivos, pautada na exclusividade do modelo de exploração por táxis, não se amolda ao regime constitucional da livre iniciativa. Em segundo lugar, a livre iniciativa significa livre concorrência. A opção pela economia de mercado baseia-se na crença de que a competição entre os agentes econômicos e a liberdade de escolha dos consumidores produzirão os melhores resultados sociais. Por fim, é legítima a intervenção do Estado, mesmo em um regime de livre iniciativa, para coibir falhas de mercado e para proteger o consumidor. Entretanto, são inconstitucionais a edição de regulamentos e o exercício de fiscalização que, na prática, inviabilizem determinada atividade. A competência autorizada por lei para os municípios regulamentarem e fiscalizarem essa atividade não pode ser uma competência para, de maneira sub-reptícia ou implícita, interditar, na prática, a prestação desse serviço.[87]

Por último, destacamos a recente **Lei nº 13.874** de 2019 que institui a ***Declaração de Direitos de Liberdade Econômica*** e estabeleceu garantias de livre mercado.

Assim sendo, foi positivada a ***Declaração de Direitos de Liberdade Econômica***, que estabeleceu normas de proteção à livre iniciativa e ao livre exercício de atividade econômica e disposições sobre a atuação do Estado como agente normativo e regulador, nos termos do inciso IV do *caput* do art. 1º, do parágrafo único do art. 170 e do *caput* do art. 174 da CR/88.

8.6. Pluralismo Político

O pluralismo político decorre de um desdobramento do princípio democrático, autorizando em uma sociedade a existência de uma constelação de convicções de pensamento e de planos e projetos de vida, todos devidamente respeitados. Isso significa que o Estado não pode desautorizar nem incentivar nenhum. Todos têm o mesmo direito e liberdade de existência e proliferação no ambiente social. Traz também a noção e o respeito à ***alteridade***, nos fazendo sempre perceber que o diferente é necessário.

O pluralismo é um traço do pensamento liberal e, por isso mesmo, os direitos fundamentais são condições ***sine qua non*** para a manutenção dessa ordem plural no interior do Estado. Intolerâncias, então, constituem práticas que devem ser reprimidas pelo Direito e pelo Estado. Por último, é necessário salientar que o pluralismo político se apresenta não só como abertura para opções políticas (expressão de pensamentos e sua manifestação, abertura ideológica com o adequado respeito

87. **ADPF 449/DF**, Rel. Min. Luiz Fux; **RE 1054110/SP**, STF. Plenário. Rel. Min. Roberto Barroso, julg em **8** e **09.05.2019** (repercussão geral).

aos mais variados projetos de vida), mas também como a possibilidade de participação em partidos políticos.

9. PRINCÍPIOS QUE FIXAM OS OBJETIVOS PRIMORDIAIS A SEREM PERSEGUIDOS PELA CR/88

Nos termos definidos constitucionalmente, são objetivos fundamentais da República Federativa do Brasil: a) construir uma sociedade livre, justa e solidária; b) garantir o desenvolvimento nacional; c) erradicar a pobreza e a marginalização e reduzir as desigualdades sociais e regionais; d) promover o bem de todos, sem preconceitos de origem, raça, sexo, cor, idade e quaisquer outras formas de discriminação.[88]

Certo é que esses objetivos não devem ser enxergados com desconfiança ou mesmo como uma espécie de panaceia formal, mas em vez disso, como alocados dentro dos princípios fundamentais da República Federativa do Brasil. São, portanto, normas (tese dos princípios como normas) constitucionais que devem ser seguidas (***diuturnamente***). Nesses termos, a noção dos objetivos deve ser eminentemente **processual** (***sempre um caminhar para***) e **normativa** (***com medidas jurídicas e políticas concretas***) para o cumprimento dos ditames constitucionais neles inseridos.

Nesses termos, como exemplo da normatividade a ser seguida, temos a **Emenda Constitucional nº 31/2000** que nos moldes do **art. 79** dos Atos das Disposições Constitucionais Transitórias (ADCT), determinou a instituição, do ***Fundo de Combate e Erradicação da Pobreza*** para vigorar até o ano de 2010, no âmbito do Poder Executivo Federal. Esse, foi regulado pela **Lei Complementar nº 111/2001** com o objetivo de viabilizar a todos os brasileiros acesso a níveis **dignos de subsistência**, cujos recursos serão aplicados em ações suplementares de nutrição, habitação, educação, saúde, reforço de renda familiar e outros programas de relevante interesse social voltados para melhoria da qualidade de vida.

88. Aqui é interessante citarmos a **Lei nº 13.146** de **06.06.2015**, que instituiu a **Lei brasileira de inclusão da pessoa com deficiência** (*Estatuto da pessoa com deficiência*). Como exemplo, no estatuto temos: *Art. 4º Toda pessoa com deficiência tem direito à igualdade de oportunidades com as demais pessoas e não sofrerá nenhuma espécie de discriminação. § 1º Considera-se discriminação em razão da deficiência toda forma de distinção, restrição ou exclusão, por ação ou omissão, que tenha o propósito ou o efeito de prejudicar, impedir ou anular o reconhecimento ou o exercício dos direitos e das liberdades fundamentais de pessoa com deficiência, incluindo a recusa de adaptações razoáveis e de fornecimento de tecnologias assistivas. § 2º A pessoa com deficiência não está obrigada à fruição de benefícios decorrentes de ação afirmativa. Art. 5º A pessoa com deficiência será protegida de toda forma de negligência, discriminação, exploração, violência, tortura, crueldade, opressão e tratamento desumano ou degradante. Parágrafo único. Para os fins da proteção mencionada no* ***caput*** *deste artigo, são considerados especialmente vulneráveis a criança, o adolescente, a mulher e o idoso, com deficiência.* Temos também como exemplo a recente **Lei n° 13.185** de **06.11.2015** que instituiu o *Programa de Combate a Intimidação Sistemática* (***Bullying***) em todo o território nacional. Ver também a **Lei n° 13.257** de **08.03.2016** que estabelece princípios e diretrizes para a formulação e a implementação de políticas públicas para a primeira infância em atenção à especificidade e à relevância dos primeiros anos de vida no desenvolvimento infantil e no desenvolvimento do ser humano.

Além disso, no mesmo sentido, recentemente, foi promulgada a **Emenda Constitucional nº 67 de 22 de Dezembro de 2010,** que deixou assente, a prorrogação por **tempo (prazo) indeterminado** do prazo de vigência do **Fundo de Combate e Erradicação da Pobreza** a que se refere o ***caput*** do **art. 79** do Ato das Disposições Constitucionais Transitórias e, igualmente, o prazo de vigência da Lei Complementar nº 111, de 6 de julho de 2001, que "Dispõe sobre o Fundo de Combate e Erradicação da Pobreza, na forma prevista nos arts. 79, 80 e 81 do Ato das Disposições Constitucionais Transitórias".

Outro exemplo interessante foi positivado na Lei 13.153 de 30.06.2015, que instituiu a *Política Nacional de Combate à Desertificação e Mitigação dos Efeitos da Seca e seus instrumentos* e que deixou assente a criação da Comissão Nacional de Combate à Desertificação e outras providências. Nesses termos, conforme o art. 10 desse diploma normativo, os princípios, objetivos, diretrizes e instrumentos das políticas públicas e programas governamentais deverão compatibilizar-se com os princípios, objetivos, diretrizes e instrumentos da Política Nacional de Combate à Desertificação e Mitigação dos Efeitos da Seca, instituída pela esta Lei nº 13.153/2015.[89]

Sobre o tema que envolve o art. 3º da CR/88, já decidiu o STF, que o intitulado "Bolsa Família" é um programa de transferência direta de renda, voltado a famílias de todo o País, de modo a fazer frente a situação de pobreza e vulnerabilidade; logo, não se pode fazer restrição em relação à região ou ao Estado do beneficiário.[90]

No caso concreto, os Estados da Bahia, Ceará, Maranhão, Paraíba, Pernambuco, Piauí e Rio Grande do Norte ajuizaram ação cível originária, em face da União, com pedido de tutela provisória, questionando a redução de recursos do Programa Bolsa Família destinados à Região Nordeste.

---

89. Nos termos da Lei nº 13.153/2015: *Art. 3º A Política Nacional de Combate à Desertificação e Mitigação dos Efeitos da Seca tem por objetivos: I – prevenir e combater a desertificação e recuperar as áreas em processo de degradação da terra em todo o território nacional; II – prevenir, adaptar e mitigar os efeitos da seca em todo o território nacional; III – instituir mecanismos de proteção, preservação, conservação e recuperação dos recursos naturais; IV – integrar socioambientalmente de forma sustentável a produção e o uso dos recursos hídricos, a produção e o uso da infraestrutura de captação, de armazenamento e de condução hídrica com as ações de prevenção, adaptação e de combate à desertificação e à degradação da terra; V – estimular as pesquisas científicas e as tecnológicas; VI – promover mecanismos de fomento para pesquisas e a ampliação do conhecimento sobre o processo de desertificação e a ocorrência de secas no Brasil, bem como sobre a recuperação de áreas degradadas; VII – promover a segurança ambiental, alimentar, hídrica e energética nas áreas susceptíveis à desertificação; VIII – promover a educação socioambiental dos atores sociais envolvidos na temática do combate à desertificação; IX – coordenar e promover ações interinstitucionais com a parceria das organizações da sociedade civil no âmbito temático; X – fomentar a sustentabilidade ambiental da produção, incluindo ecoagricultura, silvicultura e sistemas agroflorestais, com a diversificação e o beneficiamento da produção na origem; XI – melhorar as condições de vida das populações afetadas pelos processos de desertificação e pela ocorrência de secas; XII – apoiar e fomentar o desenvolvimento socioambientalmente sustentável nas áreas susceptíveis à desertificação; XIII – apoiar sistemas de irrigação socioambientalmente sustentáveis em áreas que sejam aptas para a atividade, levando em consideração os processos de salinização, alcalinização e degradação do solo; XIV – promover infraestruturas de captação, armazenagem e condução hídrica, a agricultura irrigada e a prática de uso eficiente e reuso da água na modalidade agrícola e florestal nas áreas susceptíveis à desertificação.*
90. ACO 3359 Ref-MC/DF, STF. Plenário. Rel. Min. Marco Aurélio, julgado em 05.08.2020 (Inf. 985).

O Min. Marco Aurélio, relator da ACO 3359, deferiu medida cautelar determinando que: a) a União disponibilizasse dados que justifiquem a concentração de cortes de benefícios do Programa Bolsa Família na Região Nordeste, bem assim dispense aos inscritos nos Estados autores tratamento isonômico em relação aos beneficiários dos demais entes da Federação. b) não haja cortes no Programa enquanto perdurar o estado de calamidade pública; c) a liberação de recursos para novas inscrições seja uniforme considerados os Estados da Federação. Posteriormente em 05.08.2020, o Plenário do STF referendou a medida cautelar concedida.[91]

Na decisão, salientou o Ministro Marco Aurélio, que o "Bolsa Família" é um programa de transferência direta de renda, voltado a famílias de todo o País, de modo a fazer frente a situação de pobreza e vulnerabilidade.

Observou o Ministro, que o benefício está previsto no art. 2º, I a IV, da Lei nº 10.836/2004 e não apresenta qualquer restrição atinente a região ou Estado. Destacou que não se pode valorar (medir) a extrema pobreza conforme a unidade da Federação, devendo haver isonomia no tratamento, tendo em conta que são objetivos da República Federativa do Brasil erradicar a pobreza e reduzir as desigualdades sociais, a teor dos arts. 3º, II e III, 19, III, 203 e 204 da CR/88, bem como da Lei nº 10.836/2004[92]

Para o Ministro, não se pode conceber comportamento discriminatório da União em virtude do local de residência de brasileiros em idêntica condição. A diferença numérica demonstrada pelos autores na Inicial demonstra que existe um desequilíbrio tanto na concessão de novos benefícios quanto na liberação dos recursos para aqueles já inscritos na Região Nordeste.[93]

10. PRINCÍPIOS QUE TRAÇAM DIRETRIZES A SEREM ADOTADAS NAS RELAÇÕES INTERNACIONAIS

Nos termos previstos na Constituição de 1988, o Brasil rege-se nas suas relações internacionais pelos seguintes princípios (normas): a) independência nacional; b) prevalência dos direitos humanos; c) autodeterminação dos povos; d) não intervenção; e) igualdade entre os Estados; f) defesa da paz; g) solução pacífica dos conflitos; h) repúdio ao terrorismo e ao racismo; i) cooperação entre os povos para o progresso da humanidade; j) concessão de asilo político.[94]

Além disso, temos também que, a República Federativa do Brasil buscará a integração econômica, política, social e cultural dos povos da América Latina, visando à formação de uma comunidade latino-americana de nações. Desenvolvendo esse ditame constitucional e tendo como base o Tratado de Assunção assinado em 1991,

91. ACO 3359 Ref-MC/DF, STF. Plenário. Rel. Min. Marco Aurélio, julgado em 05.08.2020 (Inf. 985).
92. ACO 3359 Ref-MC/DF, STF. Plenário. Rel. Min. Marco Aurélio, julgado em 05.08.2020 (Inf. 985).
93. ACO 3359 Ref-MC/DF, STF. Plenário. Rel. Min. Marco Aurélio, julgado em 05.08.2020 (Inf. 985).
94. O tema da concessão de Asilo Político será abordado no capítulo 9 da obra, referente aos Direitos de Nacionalidade.

foi instituído o Mercado Comum do Sul (MERCOSUL), que está ainda em processo de desenvolvimento (e real efetivação) e que, até agosto de 2012, tinha como Estados-partes: Argentina, Brasil, Uruguai e Paraguai.

A Venezuela figurava como Estado-parte em processo de adesão (o protocolo de adesão foi assinado em abril de 2006 pelos Estados-partes e a própria Venezuela). Certo é que o Brasil (por meio do DLG 934/2009), a Argentina e o Uruguai já tinham aprovado (em seus respectivos parlamentos) a entrada da Venezuela no MERCOSUL, restando ainda a manifestação interna e final do Paraguai (Congresso Nacional do Paraguai). Porém, o Paraguai foi suspenso do MERCOSUL em 29 de junho de 2012, devido a alegação de *Golpe de Estado* (suspensão da ordem democrática) com a destituição pelo Senado do Paraguai do então Presidente Fernando Lugo. Certo é que o Paraguai ficaria suspenso até 2013, quando deveria ocorrer novas eleições presidenciais no país (e possivelmente sua volta ao bloco[95]).

Com isso, em agosto de 2012, a Venezuela, por decisão (aprovação em 31 de julho de 2012) dos Estados-partes (sem a presença do Paraguai pelo motivo da suspensão), foi inserida oficialmente no Bloco. Assim sendo, o MERCOSUL passou a contar com 5 Membros: Brasil, Argentina, Uruguai, Paraguai e Venezuela.

É importante lembrar que o Mercosul em dezembro de 2016 suspendeu a Venezuela do exercício de membro do Mercosul por descumprir obrigações com as quais se comprometeu em 2012. E logo em seguida, em 05.08.2017, suspendeu os direitos políticos da Venezuela no bloco por ***ruptura da ordem democrática***. Nesse sentido, a decisão indica que a Venezuela só poderá ser reintegrada ao bloco depois de restaurada a ordem democrática. A decisão de agosto de 2017, foi baseada na cláusula do Protocolo de Ushuaia, assinado em 1996, que afirma que os países do bloco devem respeitar a democracia.

Por último, é mister salientar que são considerados Estados associados do MERCOSUL: Bolívia, Chile, Peru, Colômbia e Equador.[96] Temos ainda que a Bolívia iniciou, em dezembro de 2012, processo de adesão ao bloco para se tornar Estado-parte.

95. As eleições ocorreram de forma democrática e, posteriormente, foi revogada a "suspensão do Paraguai" em julho de 2013. Ficou deliberado pelo Mercosul que o Paraguai poderia voltar ao bloco a partir de 15.08.2013. O interessante é que até dezembro de 2013, o Paraguai (por sua própria vontade) ainda não havia voltado ao Bloco. Outro fato interessante, é que em dezembro de 2013, mesmo não tendo retornado da "suspensão", o Parlamento do Paraguai aprovou a entrada da Venezuela no Bloco (entrada essa que já tinha ocorrido desde de 2012). Certo é que em 2014 o Paraguai voltou ao Mercosul de forma oficial.

96. Ver In: MAZZUOLI, Valério de Oliveira. *Curso de direito internacional,* 5ª ed., 2010. REZEK, Francisco, *Direito Internacional público,* 12ª ed., 2010.

6

Teoria Geral dos Direitos Fundamentais

1. O QUE SÃO DIREITOS FUNDAMENTAIS?

1.1. Introdução: Direitos Humanos e Direitos Fundamentais

Parece inegável a relação que pode ser estabelecida entre o avanço do constitucionalismo e a afirmação dos direitos fundamentais.[1] A afirmação da superioridade da Constituição, como norma superior e matriz das demais normas, só faz sentido se direcionada a assegurar a maior proteção possível de iguais direitos fundamentais a todos os membros de uma dada sociedade.[2] No caso brasileiro, então, a preocupação do constituinte em tal tutela se dá desde o Preâmbulo do

1. MENDES, Gilmar Ferreira et al., *Curso de direito constitucional*, p. 221.
2. RAWLS, John, *Liberalismo político*.

texto constitucional, quando afirma "assegurar o exercício dos direitos sociais e individuais, a liberdade, a segurança".

Todavia, estabelecer um conceito para os direitos fundamentais não é uma tarefa simples, e isso deve ficar claro bem de início. Diversos manuais traçam propostas de conceituações, mas, no geral, como alerta Virgílio Afonso da Silva,[3] o pressuposto teórico que fica no pano de fundo de quem se compromete nessa empreitada fica sem elucidação. A consequência direta disso é que o conceito acaba ficando preenchido de uma imprecisão dogmática ou, na pior das hipóteses, temos uma repetição estéril de características sem que saibamos o porquê de suas existências.

É muito comum encontrar obras que tomem como sinônimas as expressões **"direitos fundamentais"** e **"direitos humanos"**. Entendemos, com auxílio das lições de Pérez Luño,[4] que o último termo acaba atraindo uma carga semântica (de significação) muito aberta e, por isso mesmo, muitas vezes associada a conteúdos divergentes. Assim, não é difícil encontrar, por exemplo, associações entre **"direitos humanos" ou "direitos do homem"** e os **direitos naturais**. Isso se deve à força da tradição jusnaturalista[5], que concebia nos direitos humanos ou **"direitos do homem"** a forma materializada (quer por Deus, quer pela razão humana) dos chamados **direitos naturais**.[6] Todavia, com o processo de dessacralização do mundo e com a consequente positivação do direito, como conquista do Estado de Direito, o recurso a uma fundamentação jusnaturalista do direito se encontra de portas fechadas. Por isso mesmo, bem-posta é a afirmação de Marcelo Neves, segundo a qual os **"direitos humanos"**, nos moldes que conhecemos hoje, são uma invenção da Modernidade.[7] Assim sendo, os **direitos humanos** se relacionariam com um discurso com pretensão normativa de universalidade, abrangendo, desse modo, qualquer pessoa numa perspectiva extraestatal (internacional)[8].

Já o termo **"direitos fundamentais"**, por sua vez, aparece na França do século XVIII, no curso do movimento político-cultural que levou à Declaração dos Direitos do Homem e do Cidadão, em 1789.[9]

---

3. SILVA, Virgílio Afonso da, *A constitucionalização do direito*, p. 128.
4. PÉREZ LUÑO, Antonio Enrique, *Derechos humanos, estado de derecho y Constitución*, p. 30. Outras expressões citadas são: liberdades públicas, liberdades fundamentais, direitos subjetivos públicos, direitos individuais, direitos humanos fundamentais. Aqui alertamos para a heterogeneidade, ambiguidade e falta de precisão terminológica sobre o significado dos termos utilizados. A ideia aqui é, tanto no plano interno, como no plano internacional, definir uma nomenclatura adequada e satisfatória para os direitos do homem e do cidadão.
5. Nesse sentido: "A expressão *direitos humanos*, ou *direitos do homem*, é reservada para aquelas reivindicações de perene respeito a certas posições essenciais ao homem. São direitos postulados em bases jusnaturalistas, contam índole filosófica e não possuem como característica básica a positivação numa ordem jurídica particular." MENDES, Gilmar Ferreira et al., *Curso de direito constitucional*, p. 234.
6. CANOTILHO, José Joaquim Gomes, *Direito constitucional e teoria da Constituição*, 5. ed., p. 391. QUADROS DE MAGALHÃES, José Luiz, *Direito constitucional*, t. 1, p. 30-41. Para Canotilho a perspectiva jusnaturalista-universalista afirmava que: *"direitos do homem são direitos validos para todos os povos e em todos os tempos"*.
7. NEVES, Marcelo, *A força simbólica dos direitos humanos*, p. 144. Logo, a leitura feita por Kildare Gonçalves Carvalho (*Direito constitucional*, 11. ed., p. 398), no sentido de identificar no Cristianismo medieval o marco inicial dos direitos fundamentais, deve ser rechaçada, dada a ausência total de normatividade jurídico-institucional desses conteúdos.
8. NEVES, Marcelo, *A força simbólica dos direitos humanos*, p. 146.
9. PÉREZ LUÑO, Antonio Enrique, *Derechos humanos, Estado de Derecho y Constitución*, p. 30. QUADROS DE MAGALHÃES, José Luiz. *Direito Constitucional*, t. 1, p. 42.

Em seguida, no século XIX, dissipou-se pelo pensamento jurídico **alemão**, que cunhou a expressão ***Grundrechte***, como um sistema de relações jurídicas básicas entre indivíduo e o Estado, como fundamento de toda a ordem jurídica (à época liberal) de autolimitação do Poder Estatal em face de esferas de interesse privado. Por isso mesmo, seguindo a tradição alemã, seria comum se falar que os direitos fundamentais **são os direitos humanos (ou "do homem") que passaram por um processo de positivação.**

Acontece que, para alguns autores, os **"direitos humanos" (ou "direitos do homem")** ainda seriam tomados apenas no plano contrafactual (abstrato), despidos de qualquer normatividade (seguindo a tradição jusnaturalista[10]), enquanto os **"direitos fundamentais"** já trariam em si as exigências de cumprimento (e sanção), como toda e qualquer norma jurídica.

Porém, certo é que, na doutrina à qual filiamos, a leitura mais **recorrente** e **atual** sobre o tema, é aquela que afirma que os **"direitos fundamentais"** e os **"direitos humanos"** se separariam apenas **pelo plano de sua positivação,** sendo, portanto, normas jurídicas exigíveis, os primeiros no **plano interno** do Estado, e os segundos no **plano do Direito Internacional**, e, por isso, positivados nos instrumentos de normatividade internacionais (como os Tratados e Convenções Internacionais, por exemplo).[11] Com isso, adotamos aqui (ainda que para *fins didáticos*) o posicionamento de que teríamos os **"direitos do homem"** (no sentido de direitos naturais, não positivados ou ainda não positivados); os **"direitos humanos"** (reconhecidos e positivados na esfera do direito internacional); e os **"direitos fundamentais"** (direitos positivados e protegidos pelo direito constitucional interno de cada Estado)[12]

Nesse diapasão, Marcelo Galuppo[13] sintetiza que os **direitos fundamentais** são produtos de um processo de constitucionalização dos direitos humanos, entendidos

---

10. Em tom crítico, ao qual nos filiamos: (...) "A consideração de que o termo direitos humanos pode ser equiparado ao de direitos naturais não nos parece correta, uma vez que a própria positivação em normas de direito internacional, de acordo com a lúcida lição de Bobbio, já revelou, de forma incontestável, a dimensão histórica e relativa dos direitos humanos, que se despreenderam ao menos em parte (mesmo para os defensores de um jusnaturalismo) – da ideia de um direito natural". SARLET, Ingo. *A Eficácia dos Direitos Fundamentais*, p. 29, 2011.
11. "Essa distinção conceitual **não** significa que os **direitos humanos** e os **direitos fundamentais** estejam em esferas estanques, incomunicáveis entre si. Há uma **interação recíproca** entre eles. **Os direitos humanos internacionais** encontram, muitas vezes, matriz nos **direitos fundamentais** consagrados pelos Estados e estes, de seu turno, não raro acolhem no seu catálogo de **direitos fundamentais** os **direitos humanos** proclamados em diplomas e em declarações internacionais. É de ressaltar a importância da Declaração Universal de 1948 na inspiração de tantas constituições do pós-guerra." MENDES, Gilmar Ferreira et al., *Curso de direito constitucional*, p. 234.
12. SARLET, Ingo. *A Eficácia dos Direitos Fundamentais*, p. 30-31, 2011. MARMELSTEIN, George, p. 25-27, 2008. **Essa inclusive** é a **classificação** adotada **em regra** (embora existam exceções na mesma) **por nossa** *Constituição de 1988 em seu Título II*. Registramos que a adoção desse posicionamento é para fins didáticos. Contra, temos Alexandre Pagliarini defendendo que: "*Direitos Humanos são normas jurídicas contidas em regras, princípios e costumes, escritos ou não – mas que tenham sido positivados pelo Estado ou pela comunidade política internacional – que salvaguardam o indivíduo e a coletividade em face da atuação do próprio Estado, da própria comunidade Jurídica Internacional organizada e até dos particulares*". Afirma, portanto, que **Direitos Humanos** querem dizer exatamente o mesmo que as expressões *Direitos Fundamentais, Direitos do Homem e Direitos Humanos fundamentais*. Ou seja, eles são direito positivo no plano interno e internacional. PAGLIARINI, Alexandre Coutinho, *Teoria Geral e Crítica do Direito Constitucional e Internacional dos Direitos Humanos*. p. 44, 2012.
13. GALUPPO, Marcelo Campos, *O que são direitos fundamentais?*, p. 233.

estes últimos como elementos de discursos morais justificados ao longo da História. Assim, os **direitos fundamentais** não podem ser tomados como verdades morais dadas previamente, mas como elementos em constante processo de (re)construção, haja vista que sua justificação e normatividade decorrem de uma Constituição positiva, igualmente mutável.

Por isso mesmo, falar em **direitos fundamentais** é falar em condições para a construção e o exercício de todos os demais direitos previstos no Ordenamento Jurídico (interno), e não apenas em uma leitura reducionista, como direitos oponíveis contra o Estado.[14] Não é por menos que, ainda no presente trabalho, se discutirá as intituladas *"dimensões dos direitos fundamentais"* (**subjetiva** e **objetiva**), bem como a eficácia (ou o efeito) horizontal dos direitos fundamentais, ou seja, a aplicação dos direitos fundamentais nas relações privadas (entre particulares).

1.2. As dimensões subjetiva e objetiva dos direitos fundamentais

A doutrina,[15] seguindo tradição sobretudo da matriz alemã[16], trabalha os direitos fundamentais como, a um só tempo, ***direitos subjetivos*** e ***elementos fundamentais da ordem constitucional objetiva.*** No primeiro aspecto, significa dizer que eles outorgam a seus titulares possibilidades jurídicas de impor interesses pessoais em face dos órgãos estatais obrigados. No outro, os direitos fundamentais formam a base do ordenamento jurídico de um Estado Democrático de Direito.

Nesse sentido, temos as intituladas **dimensões subjetiva** e **objetiva** dos direitos fundamentais. A primeira **(subjetiva)**, conforme descrito acima, importa na faculdade de impor uma atuação negativa ou positiva aos titulares do Poder Público. A segunda **(objetiva)** vai além da perspectiva subjetiva dos direitos fundamentais como garantias do indivíduo frente ao Estado e coloca os direitos fundamentais como um verdadeiro "norte" de "eficácia irradiante" que fundamenta todo o ordenamento jurídico. Essa concepção **objetiva** é mais recente no (Novo) Direito Constitucional e é típica do ***Constitucionalismo Social,*** apresentando-se na doutrina e jurisprudência europeia[17] e brasileira a partir das seguintes premissas:

a) As Constituições democrático-sociais vão ser consubstanciadas por um sistema de valores que os direitos fundamentais, à luz dessa perspectiva, explicitam e positivam;

---

14. BONAVIDES, Paulo, *Curso de direito constitucional*, 14. ed., p. 561.
15. MENDES, Gilmar Ferreira, *Direitos fundamentais e controle de constitucionalidade*, p. 2. Nesse mesmo entendimento Konrad Hesse, *Elementos de direito constitucional da República Federal da Alemanha.*
16. Ver: HESSE, Konrad (1998); PÉREZ LUÑO, Antonio Henrique (1999, 2004); CANOTILHO, José Joaquim Gomes (2003).
17. Conforme Ingo Sarlet, podemos encontrar nas Constituições de Portugal (art. 18 nº 1), Espanha (art. 53, I) e Alemanha (art. 1º, III) expressamente a vinculação dos poderes públicos aos direitos fundamentais. É justamente a partir dessa explicitação que a **dimensão objetiva** passa a ser desenvolvida e trabalhada. Porém é importante salientar que no Brasil, apesar de não estar explicitada na Constituição a dimensão objetiva, a partir da doutrina pátria, vem paulatinamente se desenvolvendo doutrinária e jurisprudencialmente.

b) Com isso, eles acabam por influenciar todo o ordenamento jurídico, servindo de esteio para a atuação de todos os poderes estatais;

c) No mesmo diapasão, é mister salientar que os mesmos valores vão se estabelecer como verdadeiras diretrizes para a interpretação e aplicação de todo o ordenamento jurídico;

d) Daí eles serem considerados uma correia de interligação entre todos os direitos existentes e dotados de validade. Portanto, eles se tornaram (pela dimensão objetiva) a base do ordenamento jurídico do Estado e da sociedade, sendo dotados do que autores como Ingo Sarlet, entre outros, conceituam como *"eficácia irradiante."*[18] Com isso, não há direito que não deva passar pelo filtro dos direitos fundamentais previstos na Constituição (nessa visão: uma espécie de ***interpretação conforme os direitos fundamentais*** nos moldes da Interpretação conforme à Constituição).[19]

Nesses termos, os direitos fundamentais seriam vistos não só como **direitos de defesa** (garantias negativas), ligados a um dever de omissão, (um ***não fazer*** ou ***não interferir*** do Estado no universo privado dos cidadãos), e **direitos de prestações** (garantias positivas) para o exercício das liberdades (e aqui, entendidos como obrigações ***de fazer*** ou ***de realizar***) por parte do Estado, mas, além disso, nos termos **objetivos**, eles, como a base do ordenamento (normas de eficácia irradiante), seriam um "vetor" a ser seguido (pelos Poderes Públicos e particulares) para interpretação e aplicação de todas as normas constitucionais e infraconstitucionais. Daí que, a **dimensão objetiva** indo além das funções de cunho subjetivo tradicionalmente consagradas aos direitos fundamentais e **não** sendo apenas um "reverso da medalha" da dimensão subjetiva se apresentaria como um verdadeiro ***"reforço de juridicidade"***[20] das ***normas de direitos fundamentais***, bem como da "sistemática" de concretização e densificação dessas normas.

Além disso, a dimensão objetiva permite (possibilita) que os direitos fundamentais sejam também aplicados nas relações entre particulares, na medida em que eles vão muito além da dimensão subjetiva de direitos do indivíduo frente (oponíveis) aos Poderes Públicos. Ou seja, sendo a base do ordenamento jurídico, os direitos fundamentais não vinculam apenas os Poderes Públicos, mas vinculam também os particulares nas relações com outros particulares.

1.3. Classificação dos direitos fundamentais: constitucional-literal

A teoria constitucional clássica adotou uma leitura semântica, textual e, por isso mesmo, literal dos direitos fundamentais, classificando-os a partir de uma estrutura

18. MENDES, Gilmar Ferreira et al., *Curso de direito constitucional*, 2007. SARLET, Ingo Wolfgang, *A eficácia dos direitos fundamentais*, 2003.
19. FREITAS, Luiz Fernando Calil de, *Direitos fundamentais. Limites e restrições*, 2007, p. 41.
20. SARLET, Ingo Wolfgang, *A eficácia dos direitos fundamentais*, 10ª Ed. p. 144, 2011. Viera de Andrade, JC. *Direitos Fundamentais*.

topográfica, baseada mais no próprio agrupamento e organização do texto constitucional que em qualquer outro critério. Nesse sentido, conforme a doutrina[21], bem como a dicção constitucional os direitos fundamentais, se classificam em:

1) Direitos individuais e coletivos: art. 5º;

2) Direitos sociais: art. 6º a art. 11;

3) Direitos de nacionalidade: art. 12;

4) Direitos políticos: art. 14 a art. 16; e

5) Direitos de organização em partidos políticos: art. 17.

Todavia, devemos nos ater ao fato de que uma primeira crítica deve ser feita, já que tal classificação é por demais míope para perceber a existência de direitos fundamentais consagrados em outras partes do texto constitucional. Nesses termos, a classificação "não leva a sério" o sistema de direitos fundamentais previsto na Constituição, que vai muito além do Título II explicitado no diploma Constitucional. Como exemplos, podemos citar: direitos econômicos (art. 170), direitos ambientais (art. 225), direitos à educação (art. 205), direitos à saúde (art. 196), entre outros. O próprio Supremo Tribunal Federal (STF) reconheceu a insatisfatoriedade dessa classificação no curso do julgamento da ADI nº 939, na qual um princípio do direito tributário (princípio da anterioridade tributária do art. 150, III, "b" foi entendido como um direito e garantia fundamental.[22]

Com base no pensamento de Cattoni de Oliveira,[23] podemos propor outra crítica, ainda mais contundente: uma leitura constitucionalmente adequada e consciente da abertura que a linguagem (seja jurídica ou seja ordinária) apresenta aos participantes de uma prática social, o que nos revela uma dimensão pragmática dos direitos fundamentais. Nesse sentido, os direitos fundamentais não poderiam ser classificados ***no vácuo***, ou seja, em abstrato, sem uma situação concreta de aplicação, pois, no caso real, de acordo com o uso argumentativo dos participantes é que se poderia definir as proporções e significados do direito em debate.

Conforme o caso, por exemplo, o direito ao meio ambiente saudável pode ser tratado argumentativamente como questão interindividual de direito de vizinhança, como condições adequadas de trabalho de uma categoria profissional ou, até

21. SILVA, José Afonso da, *Curso de direito constitucional positivo*, p. 164-165. É interessante, que o autor, trabalha, nos moldes constitucionais, com 5 grupos (espécies) de direitos fundamentais, a saber: *a) direitos fundamentais do homem-indivíduo (art. 5º); b) direitos fundamentais do homem membro de uma coletividade (art. 5º); c) direitos fundamentais do homem-social (art. 6º); direitos fundamentais do homem-nacional (art. 12); direitos fundamentais do homem-cidadão (art. 14).*

22. Embora esse entendimento (que envolveu a anterioridade tributária) guarde íntima correlação com direitos previstos no art. 5º da CR/88.

23. CATTONI DE OLIVEIRA, Marcelo Andrade, *Teoria discursiva da argumentação jurídica de aplicação e garantia processual jurisdicional dos direitos fundamentais*, p. 132.

mesmo, como direito das gerações futuras: depende da perspectiva argumentativa, se individual, coletiva, social ou difusa de quem o defende em juízo.[24]

1.4. Classificação dos direitos fundamentais: Gerações de direitos fundamentais

A concepção e classificação dos direitos fundamentais por gerações teve como precursor o professor Karel Vasak na década de 70 do século XX. A sua teorização foi apresentada em conferência proferida em 1979 no Instituto Internacional de Direitos Humanos em Estrasburgo. Karel Vasak nos seus estudos identificou três gerações direitos.[25]

No Brasil, Paulo Bonavides tornou-se um dos principais juristas a tornar célebre a leitura (e separação), operada dentro do constitucionalismo, que trabalha os direitos fundamentais classificando-os a partir de um perfil histórico e, por isso mesmo, os agrupa a partir de ***gerações de direitos***.[26] Nessa leitura os direitos estariam esculpidos pelo gênio político francês que os dotaria de seus três conteúdos iniciais no curso de um processo histórico de institucionalização: liberdade, igualdade e fraternidade.[27] Com isso, revelariam uma fórmula descoberta com as revoluções burguesas de generalização e universalidade. Nesses termos, os direitos fundamentais seriam classificados a partir de seu reconhecimento e afirmação históricos.

Os ***direitos de primeira geração (ou dimensão para alguns)*** seriam chamados também de ***direitos de liberdade ou direitos civis e políticos***, que inaugurariam o constitucionalismo do Ocidente, no final do século XVIII e início do século XIX. Seu titular é, então, o indivíduo, ao passo que encontra no Estado o dever de abstenção. Traduzem-se como "faculdades ou atributos das pessoas e ostentam uma subjetividade que é seu traço mais característico; enfim, são direitos de resistência ou de oposição perante o Estado".[28] Afirmam-se, portanto, com uma natureza ***negativa***, como quer Jellinek, de modo a isolar juridicamente Sociedade e Estado, já que acabam por supervalorizar o homem singular.

---

24. CATTONI DE OLIVEIRA, Marcelo Andrade, *Teoria discursiva da argumentação jurídica de aplicação e garantia processual jurisdicional dos direitos fundamentais*, p. 137-138. Como exemplo: "é correto afirmar, por exemplo, que uma associação de pescadores pode defender em juízo o direito ao 'meio ambiente ecologicamente equilibrado' (Constituição da República, art. 225), numa situação concreta de lesão ou de ameaça, porque seus associados ou, até mesmo, toda uma coletividade retira o seu sustento e desenvolve formas de vida culturais em que a pesca legalmente permitida assume papel central, ainda que tal finalidade 'ambientalista' ou 'cultural' não esteja prevista em seus estatutos. Afinal, não há pesca de peixe morto, contaminado ou ameaçado de extinção."
25. VASAK, Karel. *Pour une troisième génération des droit de l'homme. Estudes et essais sur le droit internacional humanitaire et sur les príncipes de la Croix-Rouge em el honneur de Jean Pictet*, p.837-845.
26. BONAVIDES, Paulo, *Curso de direito constitucional*, 14. ed., p. 561. Ainda que pesem as críticas, por exemplo, feitas por Humberto Ávila, que prefere falar em *dimensões de direitos*, nota-se ainda um interesse grande na doutrina brasileira sobre o tema. Cattoni de Oliveira (*Direito constitucional*, p. 103), *com propriedade, alerta que tal leitura é por demais míope, já que não procede a uma compreensão paradigmática, dando, assim, a falsa noção de que ao longo da História novos direitos foram agregados ao rol de direitos fundamentais de um Estado, como se tudo não passasse de uma mera atividade de adição. Ao contrário, constatamos que a cada paradigma de Estado, todos os direitos fundamentais passam por um processo de redefinição.*
27. BONAVIDES, Paulo, *Curso de direito constitucional*, 14. ed., p. 562.
28. BONAVIDES, Paulo, *Curso de direito constitucional*, 14. ed., p. 563-564.

No curso do século XX, tem-se o surgimento dos ***direitos de segunda geração (dimensão)***. São eles: direitos sociais, culturais e econômicos. São chamados de sociais não pela perspectiva coletiva, mas sim pela busca da realização de prestações sociais. Sua introdução acabou por acontecer no desenvolvimento do Estado Social, como resposta aos movimentos e ideias antiliberais. Supostamente, abraçariam a noção de ***igualdade*** dos indivíduos que compõem uma dada sociedade, recebendo previsão normativa nas Constituições marxistas e no Constitucionalismo da República de Weimar, após o segundo pós-guerra. Pode-se constatar que nos primeiros anos receberam uma baixa normatividade (ou até mesmo uma eficácia duvidosa), uma vez que invertiam a lógica da geração anterior: passava-se, agora, a exigir do Estado determinadas prestações materiais; o que os remeteu à esfera das normas constitucionais programáticas. Apenas na sua segunda fase foram assumidos como dotados de uma eficácia diversa, de modo que, ainda que pese a tese da eficácia imediata, podemos encontrar leituras que irão defender uma eficácia mediata, porque condicionada à ação de legislador infraconstitucional.

Para Bonavides,[29] com o desenvolvimento dos direitos de segunda geração, também se operou uma mudança na leitura dos direitos fundamentais, percebendo-os agora não apenas como direito de defesa do indivíduo contra o Estado, mas também como ***garantias institucionais***, já que remetiam a uma ideia de sociedade muito mais ampla que o modelo atomista dos liberais, centrado no indivíduo como ator solitário e egoísta da vida em sociedade. Tal tese encontra divulgação no pensamento de Schmitt, no curso da República de Weimar. Para o jurista alemão, entre outras, essas garantias objetivariam a proteção do funcionalismo público (e não do funcionário público), do magistério (e não do professor), da autonomia municipal, da independência dos magistrados etc.[30]

No final do século XX, um resgate do teor humanístico oriundo da tomada de consciência de um mundo partido entre nações desenvolvidas e subdesenvolvidas teria sido um elemento importante para o pensar de uma nova geração de direitos fundamentais, uma ***terceira geração de direitos (dimensão)***. Em uma leitura ainda mais expandida, enxerga como destinatário todo o gênero humano (presente e futuro), como um todo conectado, de modo que se fundamentaria no **princípio da fraternidade** (ou segundo alguns, no da solidariedade). Estaríamos falando, então, de direito ao desenvolvimento, direito à paz, direito ao meio ambiente, direito de comunicação, no entender de Karel Vasak.[31]

29. BONAVIDES, Paulo, Curso de direito constitucional, 14. ed., p. 565-566.
30. Segundo Bonavides (*Curso de direito constitucional*, 14. ed., p. 568): "A importância porém das garantias institucionais é que elas valorizam sobremodo os direitos de liberdade, até então concebidos numa oposição irremediável entre o indivíduo e o Estado, e o fizeram na medida em que se pôde transitar de uma concepção de subjetividade para uma concepção de objetividade, com respeito aos princípios e valores da ordem jurídica estabelecida."
31. BONAVIDES, Paulo, *Curso de direito constitucional*, 14. ed., p. 569. VELOSO, Carlos Mário da Silva, *A evolução da interpretação dos direitos fundamentais no Supremo Tribunal Federal*, p. 349.

Com o avanço da Globalização, Bonavides antecipa uma exigência normativa de universalização dos direitos fundamentais para além do campo estatal, conectando-os a elementos essenciais para a formação de uma sociedade aberta do futuro. Por isso mesmo, enuncia como ***direitos de quarta geração (dimensão)***, *o direito à democracia, o direito à informação e o direito ao pluralismo.*[32] Em síntese, diz-se que tais direitos alicerçam o futuro da cidadania e da liberdade de todos os povos em uma era de globalização político-econômica.

É bom que se diga que, alguns autores, reconhecem na **quarta geração** (**dimensão**) os chamados novos direitos frente as novas tecnologias. Nesses termos, teríamos, o direito contra manipulações genéticas, o direito ao patrimônio e respeito à identidade genéticas, a proteção contra as técnicas de clonagem, o direito à mudança de sexo. Aqui a ênfase seria nos direitos relacionados à biotecnologia e ao biodireito.[33] Além desses, teríamos também os direitos da informática e do ciberdireito.

O que se nota aqui é que o reconhecimento, bem como os direitos (da possível) quarta geração (dimensão), ainda não encontraram um consenso razoável entre os doutrinadores. Embora a corrente majoritária atualmente seja a de que a quarta geração (dimensão) seria sim, como citado, a dos ***novos direitos frente às novas tecnologias.***

Acontece que já existem autores defendendo (ou pelo menos explicitando) uma ***quinta geração* (dimensão)** de direitos, com múltiplas interpretações e concepções. Aqui mais uma vez não há consenso sobre o tema.

Um deles é o próprio Paulo Bonavides que acaba, nas últimas edições de seu *curso de direito constitucional*, visualizando a "paz" como um direito **de quinta geração (*dimensão*)**. Nesses termos, o direito à "paz" seria alçado de um direito de terceira dimensão para a quinta dimensão, alcançando assim um patamar superior e específico de fundamentalidade no início do século XXI.[34]

---

32. BONAVIDES, Paulo, *Curso de direito constitucional*, 14. ed., p. 570-572.
33. Nesse sentido: OLIVEIRA JÚNIOR, José Alcebiades, *Teoria da Norma e novos Direitos*, p. 97, 2000. No mesmo sentido, Dirley da Cunha Junior, p. 595, 2011.
34. Conforme o autor: *"(...) A paz, até o Congresso Internacional Ibero-Americano de Direito Constitucional de 2006, celebrado em Curitiba, no Paraná, era, nas considerações teóricas da literatura jurídica e nomeadamente da ciência constitucional contemporânea, segundo vimos, um direito quase desconhecido. Karel Vasak o classificara entre os direitos da fraternidade, fazendo avultar, acima de todos, o direito ao desenvolvimento; o mais característico, portanto, em representar os direitos da terceira geração. Tão característico e idôneo quanto a liberdade o fora em relação aos da primeira geração, a igualdade aos da segunda, a democracia aos da quarta, e doravante a paz há de ser com respeito aos da quinta. De último, a fim de acabar com a obscuridade a que ficara relegado, o direito a paz está subindo a um patamar superior, onde, cabeça de uma geração de direitos fundamentais, sua visibilidade fica incomparavelmente maior. Ontem, a Europa e a América do século XIX testemunharam a abertura da era constitucional, na idade moderna, em tempos de universalismo. Mas os dois continentes inauguravam, em verdade, durante as primeiras décadas daquele século, um constitucionalismo de vocação programática e idealista, inspirado no contrato social, doutrinário e abstrato, filosófico e racionalista, desde as nascentes. Hoje, o Ocidente, ao revés, assiste ao advento irresistível de outro constitucionalismo– o da normatividade–, dinâmico e evolutivo e, ao mesmo passo, principiológico e fecundo na gestação de novos direitos fundamentais. A concretização e a observância desses direitos humanizam a comunhão social, temperam e amenizam as relações de poder; e fazem o fardo da autoridade pesar menos sobre os foros da cidadania (...)"* BONAVIDES, Paulo, *Curso de Direito Constitucional*, p. 580-593, 2008.

Em conclusão de sua tese, finaliza o professor Paulo Bonavides afirmando que "O novo Estado de Direito das cinco gerações de direitos fundamentais vem coroar, por conseguinte, aquele espírito de humanismo que, no perímetro da juridicidade, habita as regiões sociais e perpassa o Direito em todas as suas dimensões. A dignidade jurídica da paz deriva do reconhecimento universal que se lhe deve enquanto pressuposto qualitativo da convivência humana, elemento de conservação da espécie, reino de segurança dos direitos. Tal dignidade unicamente se logra, em termos constitucionais, mediante a elevação autônoma e paradigmática da paz a direito da quinta geração. (...) Vamos, por conseguinte, retirar o direito à paz da invisibilidade em que o colocou o edificador da categoria dos direitos da terceira geração. (...) Devemos assinalar, doravante, que a defesa da paz se tornou princípio constitucional, insculpido no art. 4º, VI, da CR. Desde 1988 avulta entre os princípios que o legislador constituinte estatuiu para regerem o país no âmbito de suas relações internacionais. E, como todo princípio na Constituição, tem ele a mesma força, a mesma virtude, a mesma expressão normativa dos direitos fundamentais. Só falta universalizá-lo a cânone de todas as Constituições. Vamos requerer, pois, o direito à paz como se requerem a igualdade, a moralidade administrativa, a ética na relação política, a democracia no exercício do poder. No mundo globalizado da unipolaridade, das economias desnacionalizadas e das soberanias relativizadas e dos poderes constitucionais desrespeitados, ou ficamos com a força do Direito ou com o direito da força. Não há mais alternativa. A primeira nos liberta; o segundo nos escraviza; uma é a liberdade; o outro, o cárcere; aquela é Rui Barbosa em Haia, este é o Bush em Washington e Guantánamo; ali se advogam a Constituição e a soberania; aqui se canonizam a força e o arbítrio, a maldade e a capitulação. A ética social da contemporaneidade cultiva a pedagogia da paz. Impulsionada do mais alto sentimento de humanismo, ela manda abençoar os pacificadores. Elevou-se, assim, a paz ao grau de direito fundamental da quinta geração ou dimensão (as gerações antecedentes compreendem direitos individuais, direitos sociais, direitos ao desenvolvimento, direito à democracia). (...) Subimos, agora, o derradeiro degrau na ascensão ao patamar onde, desde já, é possível proclamar também, em regiões teóricas, o direito à paz por direito de quinta geração, tirando-o da obscuridade a que dantes ficara confinado, enquanto direito esquecido da terceira dimensão".[35]

Além de suas digressões, temos também que fazer referência à explicitação de uma possível **quinta geração** (ou dimensão) de direitos trazida a lume nos trabalhos de **José Adércio Leite Sampaio**.

Apesar de estabelecer algumas críticas à tese das gerações, José Adércio apresenta, em sua obra, como a doutrina (que **admite essa perspectiva**) vem concebendo as gerações, as quais, para **alguns autores**, já seriam 5 (cinco) e não mais **3** (três) ou **4** (quatro) gerações. Nesse sentido:

35. BONAVIDES, Paulo, *Curso de Direito Constitucional*, p. 580-593, 2008.

"(...) Como o sistema de direitos anda a incorporar os anseios e necessidades humanas que se apresentam com o tempo, há quem fale de uma quinta geração dos direitos humanos com múltiplas interpretações. Tehrarian (1997 *a* e *b*) diz sobre "direitos ainda a serem desenvolvidos e articulados", mas que ***tratam do cuidado, compaixão e amor por todas as formas de vida***, reconhecendo-se que a segurança humana não pode ser plenamente realizada se não começarmos a ver o indivíduo como parte do cosmos e carente de sentimentos de amor e cuidado, todas definidas como prévias condições de "segurança ontológica" para usar a expressão de Laing (1969). Para Marzouki (2003), tais direitos seriam direitos oriundos de respostas à dominação biofísica que impõe uma visão única do predicado "animal" do homem, conduzindo os "clássicos" direitos econômicos, culturais e sociais a todas as formas físicas e plásticas, de modo a conduzir a formas de preconceitos com raças ou padrões reputados inferiores ou fisicamente imperfeitos. Essa visão de complementaridade é encontrada também em Lebech (2000), todavia em relação ao direito à vida sob os desafios das novas tecnologias, derivando então um ***direito à identidade individual, ao patrimônio genético e à proteção contra o abuso de técnicas de clonagem.***"[36]

Temos ainda, para alguns autores, uma **sexta geração (dimensão)** de direitos. Essa seria a do ***direito à água potável***. Aqui o fundamento seria o de que o direito à água potável, devido às suas peculiaridades, está destacado e alçado a um plano justificador de nascimento como *nova dimensão* de direitos. Portanto, ele não estaria abarcado na terceira geração (dos direitos ambientais), mas sim de forma autônoma em uma sexta geração.[37]

Por meio de uma análise da jurisprudência do STF, inicialmente, o Tribunal reconheceu a existência de apenas três gerações. É interessante que o Pretório Excelso a partir das digressões de **Celso de Mello** associou as gerações (dimensões) aos cânones da revolução francesa (***liberdade, igualdade e fraternidade***). Sendo assim, afirmou-se que a primeira geração de direitos deu ênfase à **liberdade** a partir da ideia da autonomia individual e da abstenção do Estado, já na segunda geração, dos

36. José Adércio, em sua obra, apesar de citar autores que trabalham **cinco gerações**, defende a existência (com as devidas críticas a teoria ora em debate) de **quatro gerações**. Conforme o autor: "A classificação geracional tem o mérito de nos mostrar em forma simples e didática um resumo da história dos direitos, mas peca se for tomada a fundo e a sério feito compartimentalização estanque, misturando estruturas e funcionalidades em uma mesma categoria. Se formos admitir a classificação, com as reservas feitas e atentos a uma mescla de tempo de surgimento com a estrutura-função dos direitos, podemos distinguir, no estágio atual, **quatro gerações**: a dos **direitos civis e políticos** a responder a necessidades de liberdade e participação máximas com igualdade e solidariedade mínimas, projetadas em direitos mais nacionais que internacionais; a dos **direitos sociais**, **econômicos e culturais**, como projeções de igualdade máxima, participação, liberdade e solidariedade mínimas, promovidas tanto no plano interno, quanto internacional; a dos **direitos de fraternidade** pressupõem máximas solidariedade, igualdade, liberdade e participação. São os direitos de **síntese** (...) tendo direitos de realização **apenas internacional** (desenvolvimento, domínio dos próprios recursos naturais pelos Estados, autodeterminação dos povos), **predominantemente internacional** (paz) e **tanto nacional quanto internacional** (meio ambiente ecologicamente equilibrado, cultura comum da humanidade, benefícios gerados pelo desenvolvimento da ciência e da técnica, inclusive os biodireitos, os direitos virtuais e comunicacionais, as minorias, a mulher, a criança, o idoso e os portadores de necessidades especiais). SAMPAIO, José Adércio Leite. *Direitos Fundamentais*, p, 302, 2004.
37. Aqui temos que a caracterização do ***direito à água potável*** deve ser considerado como essencial à vida; contudo, em nossa opinião, sabemos que esse direito já está protegido, com base na *terceira* geração/dimensão.

direitos sociais o destaque recaiu sobre a **igualdade**; e, na terceira geração, há a ênfase na **fraternidade e na solidariedade** (típica dos direitos coletivos metaindividuais e transindividuais).

Porém, atualmente, é mister salientar, nas pegadas do **Ministro Ricardo Lewandowski** que já temos, em algumas manifestações do Pretório Excelso, o reconhecimento (ainda que tímido) da existência de uma quarta geração de direitos (que também teria como mote o cânone da fraternidade e a solidariedade). Na histórica decisão da **ADI 3510** em 2005, afirmou o ministro que: "(...) Atualmente, assentei eu, já se cogita de "direitos de quarta geração", decorrentes de novas carências enfrentadas pelos seres humanos, especialmente em razão do avanço da tecnologia da informação e da bioengenharia. Assim é que, hoje, busca-se proteção contra as manipulações genéticas (...)". É interessante que o ministro trabalhou a concepção da **quarta geração** (diferentemente de Paulo Bonavides) tendo como base o biodireito e as novas tecnologias.

Certo é que, para alguns doutrinadores, a tese das **gerações (dimensões)** de direitos fundamentais não se mostra adequada ao momento contemporâneo, pois não lograria explicar por si mesma a complexidade de formação histórica e social dos direitos.

Uma primeira crítica seria a da ideia de que uma geração nova eliminaria a antiga. Ou seja, a velha geração seria sucumbida (ou substituída) pela nova (como se o surgimento de *direitos sociais eliminasse os direitos individuais*). Aliás, o termo **dimensão**, cunhado por alguns autores, surgiu (a nosso ver de forma insuficiente) na tentativa de resolver esse problema (ou pseudoproblema). É óbvio que trata-se de uma crítica fraca, na medida em que os teóricos geracionais não defendem que o surgimento de uma nova geração (ou dimensão) elimine a geração anterior. Eles mesmos defendem que o que teríamos seria adição (jogo de adição) e não de subtração de direitos.

Aqui a conclusão é a de que a geração (ou **dimensão**) nova **não** eliminaria a antiga, mas teríamos sim um acréscimo no rol de direitos fundamentais. Porém, entendemos que essa tese, apesar de, a princípio correta, pode gerar a falsa ideia de que cada categoria (geração ou dimensão) de direitos fundamentais representa um **mero acréscimo** – ou uma sedimentação – no catálogo de direitos fundamentais. Ou seja, apenas um jogo de adição. O que não é verdade.

Ora, uma leitura paradigmática (que defendemos) da questão nos mostra que tal ideia é falsa, afinal a cada "geração" não só assistimos à **inserção** de novos direitos, mas também a uma **redefinição** do sentido e do conteúdo dos direitos anteriormente fixados. Isto é, ao falar em uma segunda geração de direitos, é inevitável que voltemos os olhares para os direitos de primeira geração e busquemos desenvolver uma leitura compatibilizada e harmonizada desses dois níveis.

Assim, não há como imaginar que, por exemplo, a inclusão dos direitos sociais no texto constitucional não levou a uma rediscussão sobre os direitos de liberdade ou de propriedade.[38] Um exemplo interessante, pode ser explicitado com o direito de propriedade (da primeira geração). Com o advento do Estado Social e com os intitulados direitos de segunda geração, temos não só um alargamento da tábua de direitos fundamentais, mas também uma redefinição dos direitos de primeira geração à luz do paradigma do constitucionalismo social.[39] Nesses termos, a propriedade perde sua perspectiva absoluta (ilimitada) e passa a ser trabalhada a partir da sua função social (função social da propriedade). O mesmo ocorre com a igualdade ou com a liberdade que ganham novas atribuições de sentido. Outro exemplo interessante seria o dos direitos econômicos de 2ª geração (dimensão) que com o estabelecimento dos direitos de 3º geração seriam redefinidos (relidos) na medida em que só se faz sentido um desenvolvimento econômico que seja (ambientalmente) sustentável (à luz de um meio ambiente ecologicamente equilibrado).

Em outro giro, Antônio Augusto Cançado Trindade (defensor da chamada "tese da indivisibilidade") em "ácida" crítica afirma que a *fantasia das chamadas gerações de direitos* corresponde a uma visão **atomizada** ou **fragmentada destes no tempo**:

> "(...) A noção *simplista* das chamadas gerações de direitos histórica e juridicamente infundada, tem prestado um desserviço (...) a evolução do direito internacional dos direitos humanos. (...) contra as tentações de fragmentar os direitos humanos em categorias (...) se insurge o Direito dos Direitos Humanos, afirmando a unidade fundamental de concepção, a **indivisibilidade e a justiciabilidade** de todos os direitos humanos.[40]

Afirma ainda a doutrina, em tom crítico, que o breve olhar lançado sobre as diversas dimensões de direitos fundamentais nos revela que seu processo de reconhecimento é de cunho essencialmente dinâmico e dialético, marcado por *avanços, retrocessos* e contradições.[41]

38. CATTONI DE OLIVEIRA, Marcelo Andrade, *Direito Constitucional, 2000.* Aqui, também se aplica a crítica (feita à classificação anterior) de que os direitos fundamentais não poderiam ser classificados *no vácuo*, ou seja, em *abstrato*, sem uma situação concreta de aplicação, pois, só diante de um "caso concreto" e de acordo com o uso argumentativo dos participantes é que se poderia definir as proporções e significados de um determinado direito (se individual, social ou coletivo, por exemplo).
39. Alguns doutrinadores na esteira de **Norberto Bobbio** chamam esse fenômeno de dimensão histórica dos direitos fundamentais. Embora essa terminologia seja usual, preferimos aqui o que intitulamos de "releitura paradigmática dos Direitos Fundamentais."
40. PIOVESAN, Flávia, *Direito Internacional dos Direitos Humanos*. p. 47,2011.
41. SARLET, Ingo, *A Eficácia dos Direitos Fundamentais*, p. 52, 2011. Nesse sentido: *Assim como não se pode falar em modelos uniformes de Estado e constituição, visto que se trata de categorias de conteúdo muito variável e que não experimentaram um processo evolutivo linear (por exemplos, muitos Estados, em pleno século XXI, ainda não vivenciaram o Estado Social, embora o possam – e mesmo assim, várias vezes nem isso – ter consagrado formalmente nos textos constitucionais), também a evolução do reconhecimento jurídico-positivo dos direitos humanos e fundamentais não se revela uniforme. Com efeito seguem havendo constituições que não contemplam uma série de direitos fundamentais, notadamente os assim chamados direitos sociais de segunda dimensão, ao passo que outros diplomas constitucionais já asseguraram direitos até mesmo a vida não humana. Já no plano internacional, percebe-se que, partindo da Declaração da ONU, de 1948 (que já recolhia toda a experiencia acumulada até então, contendo inclusive direitos sociais), o reconhecimento de direitos civis e políticos (habitualmente enquadrados na primeira dimensão) ocorreu na mesma época (aliás, no mesmo ano, 1966) que o reconhecimento dos direitos sociais, econômicos e culturais,*

1.5. Direitos Fundamentais e suas funções: Uma análise introdutória

Sem dúvida, os direitos fundamentais são dotados de inúmeras funções nos ordenamentos jurídicos. Essa conclusão pode ser aferida não só por digressões históricas de afirmação dos direitos ao longo do Estado de direito ou Estado Liberal, bem como posteriormente com o advento do Estado social (***welfare state***) e, para alguns, do paradigma procedimental do Estado Democrático de Direito, conforme nossa visão paradigmática trabalhada na teoria da Constituição. Para os adeptos da teoria geracional (ou mais adequadamente dimensional) não é diferente, na medida em que com o desenvolver das gerações (dimensões) os direitos vão surgindo e se agregando à tabua de direitos e garantias fundamentais, adquirindo assim novas facetas frente ao ***devir*** social e constitucional. Uma teoria precursora e por isso já clássica que trabalhou as funções dos direitos e garantias fundamentais é a intitulada ***teoria dos quatro status de Georg Jellinek***. Para tal teoria, todo membro de uma comunidade está vinculado ao Estado e é dotado de capacidade e personalidade jurídica, e, portanto, pode ser enquadrado em quatro espécies de situações jurídicas, ou seja, de ***status*** (verdadeiras posições) frente ao Estado como sujeito de deveres e titular de direitos em relação a este.

Nesse sentido, **Jellinek** explicita os quatro ***status***, que são: a) ***status*** passivo ou ***subjectionis***; b) ***status*** negativo ou ***status libertatis***; c) ***status*** positivo ou ***status civitatis***; d) ***status*** ativo ou ***status activus***.

a) o ***status*** passivo ou ***subjectionis*** é aquele em que o indivíduo está subordinado aos poderes estatais. Nesses termos ele diz respeito a um conjunto de deveres do indivíduo frente ao Estado. Com isso, o Estado juridicamente vincula os indivíduos por meio de ordenações, mandamentos e proibições.

b) o ***status*** negativo ou ***libertatis*** é aquele em que o indivíduo tem o direito de exigir do estado uma abstenção. Certo é que o indivíduo deve ter uma esfera de autonomia e liberdade imune à intervenção ou interferência estatal. Nesse sentido, o indivíduo desfruta de um poder jurídico circunscrito (delimitado) em que o Estado não pode interferir, exceto, obviamente, se for para garantir o próprio direito de autonomia privada do indivíduo. Portanto, são direitos de cunho negativo, abstencionistas do indivíduo (no que tange a suas liberdades) frente ao Estado, pois, sem dúvida, conforme Jellinek, citado por Jorge Miranda, a autoridade do Estado "é exercida sobre homens livres".[42]

c) o ***status*** positivo ou ***civitatis*** é aquele em que o indivíduo tem o direito de exigir do Estado o cumprimento de determinadas prestações positivas que visem a satisfação de necessidades. Nesses termos, estamos diante do que chamamos de

---

presentes até mesmo direitos corretamente atribuídos a uma terceira dimensão, tudo a demonstrar a ausência de linearidade neste campo.

42. MIRANDA, Jorge, *Manual de direito constitucional*, Tomo IV, p. 84.

direitos de cunho positivo, ou seja, direitos que em algumas situações o indivíduo pode exigir do Estado uma prestação, ou seja, que atue em seu favor.

d) o ***status*** ativo ou ***activus*** é aquele em que o indivíduo tem a possibilidade de participar de forma ativa na formação da vontade política do Estado, ou seja, participar como membro da comunidade política na condição de cidadão ativo, exercendo, por exemplo, o direito de voto. Portanto, estamos diante de direitos de cunho político que o indivíduo também seria acometido.

Certo é que, na esteira do constitucionalista português Jorge Miranda, a teoria do **Jellinek** pode ser analisada pelo ângulo da emancipação da pessoa humana no que diz respeito ao seu processo histórico, na medida em que, de início, os homens conseguem se desvencilhar da batuta de objetos conduzidos e alienados pelo Estado (meros objetos eivados de deveres) de cunho absoluto e total para terem uma esfera de liberdade assegurada contra o arbítrio, sendo, com isso, alçados à condição de sujeitos de direito frente ao Estado. Após todo esse (doloroso e revolucionário) processo, o indivíduo passa a ter o direito de exigir prestações do Estado para reduzir desigualdades fáticas e nesse ***iter*** assumem em termos amplos e não restritos (censitários) o direito de participar ativamente da formação do poder e da vontade política (processo político), tornando-se, nos dizeres do constitucionalista lusitano, sujeitos do próprio Estado.[43]

A teoria dos quatro ***status***, embora sujeita a críticas[44] e a readaptações, foi, sem dúvida alguma, como dito acima, precursora. Porém, vem sofrendo adaptações no decorrer do tempo, sobretudo pelas doutrinas alemã[45] e portuguesa.[46]

Nesse sentido, a doutrina pátria mais rigorosa[47] vem caracterizando e adequando os desenvolvimentos propedêuticos ora trabalhados explicitando a existência hodierna (conforme observaremos de forma detalhada) da função dos direitos fundamentais como: **direitos de defesa** (são, em linhas gerais, aqueles que se caracterizam por impor ao Estado um dever de abstenção ou de não interferência no

---

43. MIRANDA, Jorge, *Manual de direito constitucional*, Tomo IV, p. 85.
44. Entendemos que uma **crítica inicial central** é que a teoria era por demais arraigada na perspectiva **estatalista** de abordagem do ordenamento jurídico. Vejamos que os direitos gravitavam sempre em função do Estado e das posições do indivíduo frente ao mesmo. Não que o Estado tenha perdido sua centralidade, mas esta tende a ser relativizada sob perspectivas mais atuais (contemporâneas) do direito constitucional. Peter Häberle, por sua vez, objeta que a leitura de Jellinek é dicotômica, colocando em dois extremos a vida política e a vida privada, como quase que antagônicas. Tal tese é fruto, na verdade, de uma leitura que separa a sociedade e o Estado, estabelecendo a sociedade civil como figura apolítica e hostil a qualquer intervenção estatal. Tal cisão figura ainda na oposição entre *liberdade dos antigos* e *liberdade dos modernos*. A primeira entendida, a partir de **Aristóteles**, como proteção da participação nos negócios da *pólis*, ao passo que a outra, a partir de **Constant**, reservada à proteção dos assuntos privados de cada indivíduo tomado como elemento isolado do todo social. CANOTILHO, José Joaquim Gomes, *Direito constitucional e teoria da Constituição*, p. 392, 2003.
45. Ver sobretudo: ALEXY, Robert, *Teoria dos direitos fundamentais*, 2008.
46. Ver sobretudo: ANDRADE, José Carlos Vieira de, *Os direitos fundamentais na Constituição portuguesa*, 1987; e CANOTILHO, José Joaquim Gomes, *Direito constitucional e teoria da Constituição*, 2003.
47. MENDES, Gilmar Ferreira et al., *Curso de direito constitucional*, 2008; FARIAS, Edilson Pereira. *Colisão de direitos*: honra, a intimidade, a vida privada e a imagem versus a liberdade de expressão e informação, 1996.

espaço de autodeterminação do indivíduo. Como exemplos: art. 5º, II; art. 5º III; art. 5º, IV e art. 5º VI da CR/88), de **prestação** (são, em linhas gerais, aqueles que exigem do Estado uma atuação para atenuar as desigualdades.[48] Com isso, requerem uma atuação positiva no sentido de redução das desigualdades fático-sociais, justamente para que os indivíduos possam desfrutar das liberdades alcançadas pela efetivação dos clássicos direitos de defesa), e, para alguns autores, também teríamos os **direitos de participação** (são aqueles que visam a garantir a participação do indivíduo como um cidadão ativo na formação da vontade política do Estado e da sociedade[49]).

É importante observarmos, que, se seguirmos Stephen Holmes e Cass Sunstein, temos que essa *"distinção cerrada e estanque"* (direitos de defesa X direitos de prestação) estaria, em *certo sentido*, superada, pois, para os autores, todos os direitos são positivos (ou seja, **prestacionais,** tendo um suporte *econômico-financeiro dispendioso*), inclusive as liberdades. Nesse sentido, entendem que é injustificada a noção de que os **direitos de defesa** estariam sujeitos a apenas uma política de não intervenção (abstenção), uma vez que eles também implicam no direcionamento de recursos públicos para sua efetivação. No mesmo sentido, "ocorre que mesmo os direitos de primeira dimensão, exigem uma prestação positiva do Estado (apesar de caracterizarem tecnicamente como um *não intervir*). Assim, v.g., como o direito de propriedade e a própria liberdade de locomoção que estão a demandar um aparato policial (segurança pública custeada pelo Estado) nas ruas"[50].

1.6. Direitos Fundamentais como direitos de defesa

A leitura dos direitos fundamentais como sendo ***direitos de defesa*** constitui-se na sua primeira forma de compreensão perante a Ciência do Direito.[51] Nessa concepção, operam **como instrumentos de proteção da liberdade individual contra**

48. Temos conforme a doutrina: "a) **Prestações jurídicas** que visam a uma atuação positiva do Estado para a proteção de bens jurídicos estabelecidos como direitos fundamentais. Essa prestação jurídica visa à emissão de normas penais (para coibir práticas atentatórias as liberdades fundamentais, como, por exemplo, na efetivação do art. 5º, XLI ou XLIII) ou mesmo de organização ou procedimento (exemplo: acesso à justiça para ser efetivado necessita de normas processuais e de estrutura de órgãos encarregados de desenvolver o tal acesso); b) **Prestações materiais** (considerados direitos a prestação em sentido estrito) que visam a atenuar desigualdades de fato na sociedade (como exemplos: art. 6º, art. 205, art. 215). Esses direitos, como iremos estudar, se sujeitam a reserva do possível e a limitações orçamentárias (devido a conjunturas econômicas), mas conforme entendimento atual do STF devem respeitar um *grau mínimo de efetividade* dos direitos sociais (mínimo social de prestações materiais ou o chamado de mínimo social dos direitos a prestação) à luz da dignidade da pessoa humana (como exemplo: RE 410.715)" MENDES, Gilmar Ferreira et al., *Curso de direito constitucional*, 2008, p. 258-264.
49. Como exemplo, teríamos os **direitos políticos**. Porém, conforme a doutrina, para Ingo Sarlet e Gilmar Mendes: "[...] Tanto Canotilho como Alexy situam os diversos direitos políticos, conforme suas características, entre os direitos de prestação ou entre os de defesa. Com isso, não cogitam dos direitos de participação como um terceiro grupo de direitos fundamentais. Mesmo quem adota essa terceira categoria não nega que esses direitos de participação possuem características mistas de direitos de defesa e direitos de participação." MENDES, Gilmar Ferreira et al., *Curso de direito constitucional*, 2008, p. 265.
50. TAVARES, André Ramos, *Curso de Direito Constitucional*, p. 540, 2012.
51. SAMPAIO, José Adércio Leite, *A Constituição reinventada pela jurisdição constitucional*, p. 673.

interferências ilegítimas (usurpadoras) do Poder Público, independentemente, de sua ordem (ou seja, quer o ato provenha do Executivo, quer do Legislativo, quer do Judiciário).[52] Havendo violação dessa liberdade, decorre a possibilidade de se exigir uma das seguintes condutas:

a) pretensão de abstenção;

b) pretensão de revogação; ou

c) pretensão de anulação.

Fato é que os direitos fundamentais ainda podem legitimar outras pretensões adicionais, como:

a) pretensão de consideração, que impõe ao Poder Público o dever de levar em conta a situação do atingido pelo ato, fazendo devidas ponderações;

b) pretensão de defesa ou de proteção, que impõe ao Poder Público, nos casos extremos, dever de agir contra terceiros.

Tal leitura deixa clara a noção de que se centra numa ideia de Estado Liberal, cujas características são a neutralidade e a limitação de sua ação no sentido de proteção da segurança exterior do grupo ou a ordem interior do Estado – por isso mesmo, muitas vezes apelidado de Estado "guarda noturno" (***Gramsci***).

Assim, tais direitos visam à garantia de um espaço de liberdade por parte dos cidadãos a partir de uma limitação do poder estatal. Tais direitos são, portanto, ***direitos subjetivos*** tanto para se evitar a interferência indevida (função preventiva), quanto para eliminar agressões que esteja sofrendo no plano da autonomia privada (função corretiva).[53]

Canotilho, então, sintetizando a questão, leciona que os direitos fundamentais, compreendidos como **direitos de defesa,** acabam por apresentar uma configuração ***negativa***, ou seja, se transformam em liberdade negativas, no sentido de que constituem, no plano jurídico-objetivo, normas de competência negativa para os poderes públicos, proibindo as ingerências na esfera jurídico-individual; mas também não se pode perder de vista que, num plano jurídico-subjetivo, tais direitos garantem aos seus titulares o poder de exercer positivamente direitos fundamentais – daí também um ***status positivo*** desses direitos – e de exigir omissões em face dos Poderes Públicos.[54]

52. MENDES, Gilmar Ferreira, *Direitos fundamentais e controle de constitucionalidade*: estudos de direito constitucional, p. 3; MENDES, Gilmar Ferreira et al., *Curso de direito constitucional*, p. 246.
53. HESSE, Konrad, *Elementos de direito constitucional da República Federal da Alemanha*, p. 235.
54. CANOTILHO, José Joaquim Gomes, *Direito constitucional e teoria da Constituição*, 5. ed., p. 405-406. "Canotilho, a propósito, cogita de uma nota específica das liberdades, no contexto do conjunto dos direitos de defesa. Para o autor, as liberdades teriam como traço típico a alternativa de comportamento, a possibilidade de escolher uma conduta. Exemplifica mencionando que o direito à vida tem natureza defensiva contra o Estado, mas não é uma liberdade, já que o seu titular não pode escolher entre viver ou morrer. Já a liberdade de escolha de profissão

Nesse rol de direitos fundamentais situam-se os direitos de liberdade religiosa, liberdade pessoal, liberdade de pensamento, direito de propriedade e o direito à vida.[55]

1.7. Direitos Fundamentais como normas de proteção de institutos jurídicos

Segundo a doutrina,[56] algumas vezes a Constituição estabelece normas de proteção não a sujeitos, mas a **um complexo organizado de normas**, que, por sua vez, configuram um **instituto jurídico** – por exemplo, a propriedade, o casamento, a religião, a imprensa (e os meios de comunicação) etc. Nessa lógica, falar em um direito de associação somente tem sentido se antes se falar em instrumentos de defesa do instituto das sociedades (normas estas que garantam a sua constituição, organização e, principalmente, a sua atribuição de personalidade – aqui como pessoa jurídica, é claro).

Outros institutos que poderíamos apontar como exemplos são: o Tribunal do Júri, os Partidos Políticos, a língua portuguesa, entre outros.

O importante aqui é a noção de que a atuação do Legislador é fundamental para a concretização efetiva desses institutos. Gilmar Mendes fala, então, de um autêntico ***dever constitucional de legislar*** (***Verfassungsauftrag***), obrigando o órgão a expedir normas "conformadoras" e concretizadoras desses institutos, enquanto direitos.[57]

1.8. Direitos Fundamentais como garantias positivas para o exercício das liberdades

Mesmo tendo por base o sistema de proteção dos direitos fundamentais nos moldes anteriormente apresentados, este se revela, ainda, insuficiente para o asseguramento pleno das liberdades. A doutrina lembra, então, que não é apenas a existência de lei, mas, principalmente, a sua falta que pode acabar por afrontar os direitos fundamentais.[58]

Verificamos tal afirmação em face dos direitos à **prestação positiva** de índole normativa (**prestações jurídicas**), notadamente em relação ao direito à organização e ao processo, bem como ao direito de igualdade.

A perspectiva e a lógica informativa de tais direitos promovem uma mudança de curso no sentido das leituras anteriores. Passa-se a compreender que o Estado **não tem sua atuação limitada** à *não intervenção* na esfera da liberdade pessoal dos

envolve a possibilidade de escolher esta ou aquela profissão." (MENDES, Gilmar Ferreira et al., *Curso de direito constitucional*, p. 247).

55. SAMPAIO, José Adércio Leite, *A Constituição reinventada pela jurisdição constitucional*, p. 674.
56. MENDES, Gilmar Ferreira, *Direitos fundamentais e controle de constitucionalidade*, p. 4.
57. MENDES, Gilmar Ferreira, *Direitos fundamentais e controle de constitucionalidade*, p. 5.
58. MENDES, Gilmar Ferreira, *Direitos fundamentais e controle de constitucionalidade*, p. 5.

indivíduos privados, mas ainda, é por meio do Estado que se dá a garantia da liberdade, quando esta depender de uma **postura ativa** dos Poderes Públicos.

Nesse diapasão, enquanto os **direitos de defesa** pregam uma posição abstencionista por parte do Estado, os **direitos a prestações** requerem uma postura ativa, no sentido de demarcar uma obrigação ao Estado de colocar à disposição dos indivíduos prestações de natureza jurídica e material (representando o que Jellinek chamava de *status positivus*). Assim, além dos direitos de **prestação jurídica**, temos os direitos de **prestação material** que visam reduzir desigualdades fáticas (sociais).

Tais prestações, que caracterizam a leitura que fazemos dos chamados ***direitos sociais***, entretanto, se voltam, no entendimento de Gilmar Ferreira Mendes, *"mais para conformação do futuro do que para a preservação do* ***status quo****"*. Nesse sentido, por exemplo, o direito ao trabalho (art. 6º CR/88) ou o direito à educação (art. 205 c/c art. 6º CR/88) são ambos dependentes de uma política pública adequada para o respectivo desenvolvimento. Mas, para que tais políticas públicas sejam instrumentalizadas, antes devem ser convertidas em situações jurídicas, com previsão em regras jurídicas.[59] Todavia, aqui, no entender de Gilmar Mendes, o ato de conversão para a forma jurídica não aliena as situações de concretização dos direitos do elemento político que lhe deu origem. Por isso mesmo, a efetivação desses direitos fundamentais se mostra dependente das condições político-econômicas (*limite orçamentário*), demarcando-se aí uma **"reserva do possível"** (*Vorbehalt des finanziell Möglichen*).[60]

Porém, apesar da ***reserva do possível***, existiria **um grau mínimo** de eficácia dos direitos sociais que, para alguns doutrinadores, deve ser observado, com base na "tese do **mínimo existencial**", atrelada à dignidade da pessoa humana, tendo como "norte" o princípio da proporcionalidade. Nesses termos, já decidiu o STF no Recurso Extraordinário nº 410.715.[61]

59. A esse fenômeno, alguns autores denominam juridicização da política, marcando a tensão que se estabelece entre Direito e Política.

60. MENDES, Gilmar Ferreira, *Direitos fundamentais e controle de constitucionalidade*: estudos de direito constitucional, p. 8. Outra leitura da tese da "reserva do possível" é feita por Canotilho (*Direito constitucional e teoria da Constituição*, 5. ed., p. 406), para quem os direitos sociais somente são devidos para aqueles que não possuem condições financeiras para obtê-los de modo satisfatório a partir de seus próprios recursos junto ao comércio privado (planos de saúde, seguros privados, ensino na rede particular etc.).

61. Ementa: *Recurso extraordinário – criança de até seis anos de idade – atendimento em creche e em pré-escola – educação infantil – direito assegurado pelo próprio texto constitucional (CR, art. 208, iv) – compreensão global do direito constitucional à educação – dever jurídico cuja execução se impõe ao Poder Público, notadamente ao município (CR, art. 211, § 2º) – recurso improvido. – A educação infantil representa prerrogativa constitucional indisponível, que, deferida às crianças, a estas assegura, para efeito de seu desenvolvimento integral, e como primeira etapa do processo de educação básica, o atendimento em creche e o acesso à pré-escola (CR, art. 208, IV). – Essa prerrogativa jurídica, em consequência, impõe, ao Estado, por efeito da alta significação social de que se reveste a educação infantil, a obrigação constitucional de criar condições objetivas que possibilitem, de maneira concreta, em favor das "crianças de zero a seis anos de idade" (CR, art. 208, IV), o efetivo acesso e atendimento em creches e unidades de pré-escola, sob pena de configurar-se inaceitável omissão governamental, apta a frustrar, injustamente, por inércia, o integral adimplemento, pelo Poder Público, de prestação estatal que lhe impôs o próprio texto da Constituição Federal. – A educação infantil, por qualificar-se como direito fundamental de toda criança, não se expõe, em seu processo de concretização,*

Além do agrupamento dos direitos a **prestações positivas**, a doutrina constitucional destaca ainda o conceito de ***direito à organização e ao procedimento*** no rol de garantias positivas às liberdades.

Sob tal título, designam "todos aqueles direitos fundamentais que dependem, na sua realização, tanto de providências estatais com vistas à criação e conformação de órgãos, setores ou repartições (direito à organização), como de outras, normalmente de índole normativa, destinadas a ordenar a fruição de determinados direitos ou garantias, como é o caso das garantias processuais-constitucionais (direito de acesso à Justiça, direito de proteção judiciária, direito de defesa)."[62]

Nesse catálogo, incluir-se-iam os direitos de livre associação (art. 5º, XVII, CR/88) e as garantias processuais-constitucionais: do contraditório e da amplitude de defesa (art. 5º, LV), do Juízo natural (art. 5º, XXXVII) e de natureza penal (como a inadmissibilidade de provas ilícitas, o direito ao silêncio e à não autoincriminação). Gilmar Ferreira Mendes inclui ainda dentro desse grupo os direitos dos partidos políticos a recursos do fundo partidário e do acesso à propaganda política gratuita nos meios de comunicação (art. 17, § 3º, CR/88), já que tais direitos se justificam à luz da manutenção da estrutura organizacional dos partidos, bem como à luz de uma garantia de igualdade de oportunidades entre os mesmos direitos no curso do processo democrático.[63]

Para Ingo Sarlet, os *direitos de participação* **na organização e procedimentos** têm sua finalidade na possibilidade de exigir do Estado (notadamente, do legislador) a emissão de atos legislativos e administrativos capazes de **criar órgãos e procedimentos** ou **medidas de garantia dos indivíduos à participação efetiva na organização e no procedimento.**[64] Desse modo, toda ação do Estado que imponha medidas que afetem direitos fundamentais deve observar um determinado procedimento sob pena de ***nulidade***.

Outra vertente de leitura dos direitos fundamentais como garantia do exercício de liberdade positiva, está nos **direitos de igualdade**, que se apresentam em uma

a avaliações meramente discricionárias da Administração Pública, nem se subordina a razões de puro pragmatismo governamental. – Os Municípios – que atuarão, prioritariamente, no ensino fundamental e na educação infantil (CR, art. 211, § 2º) – não poderão demitir-se do mandato constitucional, juridicamente vinculante, que lhes foi outorgado pelo art. 208, IV, da Lei Fundamental da República, e que representa fator de limitação da discricionariedade político-administrativa dos entes municipais, cujas opções, tratando-se do atendimento das crianças em creche (CR, art. 208, IV), não podem ser exercidas de modo a comprometer, com apoio em juízo de simples conveniência ou de mera oportunidade, a eficácia desse direito básico de índole social. – Embora resida, primariamente, nos Poderes Legislativo e Executivo, a prerrogativa de formular e executar políticas públicas, revela-se possível, no entanto, ao Poder Judiciário, determinar, ainda que em bases excepcionais, especialmente nas hipóteses de políticas públicas definidas pela própria Constituição, sejam estas implementadas pelos órgãos estatais inadimplentes, cuja omissão – por importar em descumprimento dos encargos político-jurídicos que sobre eles incidem em caráter mandatório – mostra-se apta a comprometer a eficácia e a integridade de direitos sociais e culturais impregnados de estatura constitucional. A questão pertinente à "reserva do possível".

62. MENDES, Gilmar Ferreira, *Direitos Fundamentais e Controle de Constitucionalidade*, p. 8.
63. MENDES, Gilmar Ferreira, *Direitos fundamentais e controle de constitucionalidade*, p. 9.
64. SARLET, Ingo, *A eficácia dos direitos fundamentais*, p. 196-197.

dupla identidade: como direitos de tratamento igualitário, bem como direitos de não discriminação.[65]

No direito constitucional alemão, fala-se em lesão aos **direitos de igualdade** em razão da chamada ***exclusão de benefício incompatível com princípio da igualdade*** (*willkürlicher Begünstigungausschluss*). Observa-se tal quadro, quando a norma desobedece ao princípio da isonomia, concedendo vantagens ou benefícios a um grupo ou segmento da sociedade sem contemplar os demais que estejam em idênticas condições. Identifica-se assim duas modalidades de exclusão: na modalidade ***concludente***, a lei concede benefícios somente para um grupo da sociedade; já na modalidade ***explícita***, a norma geral garante benefícios a certo grupo, excluindo os demais da hipótese de aplicação.[66]

1.9. Direitos Fundamentais como Garantias Institucionais

As **garantias institucionais** são aquelas que desempenham uma função de proteção de "bens jurídicos" indispensáveis à preservação de certos valores reputados essenciais por uma sociedade. A classificação ganhou disseminação na doutrina de Paulo Bonavides, reportando-se a Carl Schmitt. Aqui a tutela *jus* fundamental se volta para proteção das ***instituições***, a fim de que sejam preservadas as suas características substantivas básicas. Exemplos de instituições são a família (art. 226 da Constituição de 1988) e a autonomia universitária (art. 207 CR/1988).[67] Por isso mesmo, tais tipos de garantias não outorgam direitos subjetivos aos indivíduos, como acontece com as garantias fundamentais. A doutrina[68] traz os seguintes exemplos a fim de aclarar melhor o tema:

a) Ao passo que a Constituição traz uma proteção à consciência e à crença, assegurando o livre exercício de cultos religiosos (direitos fundamentais), traz ainda uma proteção aos locais de cultos, como proteção institucional à Religião (**garantia institucional**).

b) Se, processualmente, falamos em direito ao juízo natural (direito fundamental), garantimos correlatamente a vedação de Tribunais de Exceção, como defesa do próprio Poder Judiciário imparcial (**garantia institucional**).

1.10. Deveres Fundamentais

A doutrina é vasta em discorrer sobre os direitos fundamentais, porém, pouca atenção se dá aos deveres fundamentais. Aqui, é interessante salientarmos que nossa atual Constituição dispõe no seu texto normativo sobre direitos e deveres

65. CANOTILHO, José Joaquim Gomes, *Direito constitucional e teoria da Constituição*, 5. ed., p. 407-408.
66. MENDES, Gilmar Ferreira, *Direitos fundamentais e controle de constitucionalidade*, p. 10.
67. MENDES, Gilmar Ferreira et al., *Curso de direito constitucional*, p. 259.
68. LENZA, Pedro, *Direito constitucional esquematizado*, p. 589-590.

individuais e coletivos (ou seja: não só em direitos). Fato é que, após mais de 20 anos de existência da Constituição de 1988, ainda damos pouca relevância aos deveres fundamentais previstos constitucionalmente. Acreditamos que essa postura (de evidente *desequilíbrio*) decorre de uma série de fatores, dentre eles, a cultura individualista intrínseca a uma perspectiva Liberal (*herança liberal*, nos dizeres de Vieira de Andrade[69]), que ainda persiste enfatizando a tutela e a promoção da pessoa em sua individualidade, considerada como titular de direitos (e prerrogativas) sem a devida atenção aos deveres também juridicamente definidos. Para Ingo Sarlet, "tal *hipertrofia* dos direitos, guarda intima conexão com a noção de um cidadão pouco (ou quase nada) comprometido com sua comunidade e seus semelhantes"[70].

Porém, em detrimento dessa conduta, o Estado Social e o constitucionalismo social, bem como o Estado Democrático de Direito e atual constitucionalismo do Estado Democrático de Direito, vão buscar inspiração na tutela dos interesses da comunidade (e não só do indivíduo considerado isoladamente). Esses ditos valores sociais, que convivem (ou devem conviver em equilíbrio em uma democracia) com os projetos e concepções individuais (de vida), devem ser respeitados e tutelados pelo Estado e também pelos particulares. Nesses termos, "o reconhecimento de deveres fundamentais diz respeito à participação ativa dos cidadãos na vida pública e implica em um empenho solidário (de *responsabilidade social*) de todos na transformação das estruturas sociais"[71].

Surge, então, daí a noção de **deveres fundamentais**. Como já dito, a Constituição da República de 1988, em seu Capítulo I do Título II, se refere expressamente aos direitos e deveres individuais e coletivos, mas ao longo de seu corpo normativo, enuncia vários deveres (de natureza política, social, econômica, cultural, ambiental, entre outros deveres) alguns voltados ao Estado, outros aos particulares e outros a entidades sem personalidade jurídica, como, por exemplo, a coletividade (art. 225, CR/88) e a família (art. 227, da CR/88)[72].

Certo é que os deveres fundamentais, nos termos doutrinários, possuem uma série de **classificações.** Passamos agora, a desenvolver um conjunto de **classificações (tipologias)** desses deveres.

---

69. VIEIRA DE ANDRADE, J.C. *Os Direitos fundamentais na Constituição da República Portuguesa de 1976*, p. 162.
70. SARLET, Ingo. *A Eficácia dos Direitos Fundamentais*, p. 227, 2011.
71. SARLET, Ingo. *A Eficácia dos Direitos Fundamentais*, p. 229, 2011.
72. DIMOULIS, Dimitri e MARTINS, Leonardo, *Teoria Geral dos Direitos fundamentais*, p. 74, 2011. Para boa parte da doutrina a dificuldade em se exigir o cumprimento efetivo de tais deveres fundamentais decorre de sua baixa densidade normativa. Nesse sentido, a eles, segundo alguns doutrinadores, não se aplicaria o comando previsto no §1°, do art. 5° da CR/88, cuja abrangência envolve apenas os direitos fundamentais, emprestando-lhes aplicação e eficácia direta. Contrariamente, para que os deveres fundamentais possuam exigibilidade coercitiva é necessário que estejam regulamentados por normas infraconstitucionais, ou seja, é imperativa a atuação do legislador (o primeiro destinatário de tais deveres) para que se possam fazer valer em um caso concreto. Ingo Sarlet, embora com a devida cautela defenda que em algumas hipóteses os deveres fundamentais podem ter aplicação direta e imediata, reconhece a diferença entre direitos e deveres à luz do art. 5, §1° da CR/88, e afirma que em Portugal e na Alemanha, prevalece o entendimento da necessidade da mediação legislativa.

1) Deveres conexos ou correlatos e deveres autônomos: aqui o objeto dos deveres fundamentais repousa na dependência ou não da existência de um direito fundamental correlato. Assim, existem: a) **deveres fundamentais conexos ou correlatos** (pois tais deveres tomam forma a partir dos direitos fundamentais aos quais se encontram atrelados); e b) **deveres fundamentais autônomos** (pois não se relacionam diretamente à conformação de nenhum direito fundamental)[73].

São exemplos de **deveres fundamentais conexos ou correlatos** na nossa Constituição da República: o art. 225, direito ao meio ambiente equilibrado, e o art. 196, direito à saúde. Tais deveres estão vinculados de forma direta ao comando normativo-constitucional que prevê os direitos fundamentais em questão. O dever de proteção ao meio ambiente equilibrado (*obrigação da tutela ambiental por toda a coletividade*) e de proteção à saúde foi, ainda no nosso exemplo, concretizado infraconstitucionalmente pela art. 158 da CLT e regulamentado na Convenção 148 da OIT, ratificada pelo Brasil em 14.01.1982. Inclusive nesse sentido há decisão do STF sobre o **dever de solidariedade** que se projeta a partir do direito fundamental ao meio ambiente, gerando uma obrigação de tutela ambiental por parte de toda coletividade (ou seja, de particulares) e não apenas por parte do Estado[74].

Os **deveres fundamentais autônomos** podem ser exemplificados nos deveres de pagar impostos, prestar serviço militar, de colaborar na administração eleitoral, de votar, para os maiores de 18 anos e menores de 70 anos[75].

2) Outra classificação pode ser feita conforme os deveres fundamentais apresentem conteúdo de **natureza defensiva ou de natureza prestacional** (da mesma forma que os direitos fundamentais), na medida em que impõe um **comportamento negativo ou positivo**, respectivamente. Há deveres que, dada a sua inerente complexidade, poderão se **encaixar em ambas as categorias (exigindo abstenções ou ações positivas)**. A doutrina cita, como exemplo, os deveres de defesa e promoção da saúde, meio ambiente e patrimônio cultural.

73. SARLET, Ingo. *A Eficácia dos Direitos Fundamentais*, p. 228, 2011.
74. SARLET, Ingo. *A Eficácia dos Direitos Fundamentais*, p. 228-229, 2011. Aqui temos que: "a existência de deveres conexos a direitos (deveres-direitos-deveres, a depender da ênfase) como bem lembra Canotilho, não afasta a circunstância de que os deveres fundamentais constituem uma categoria constitucional autônoma, especialmente por não poderem serem confundidos com as restrições e limitações de direitos fundamentais, ainda que possam servir de justificativa constitucional para eventuais limitações ou restrições".
75. SARLET, Ingo. *A Eficácia dos Direitos Fundamentais*, p. 228, 2011. Questão polêmica gira em torno da classificação do exercício do direito de propriedade de acordo com sua função social (art. 5°, XXIII, da CR/88). Há quem sustente (Leonardo Martins) que a função social da propriedade não se trata de um dever fundamental, mas de um limite constitucional de natureza especial porque permite e impõe ao legislador o dever de concretizá-la, tendo em vista o princípio de ordem constitucional econômica, previsto no art. 170, III, da CR/88. Para outros, como Ingo Sarlet, trata-se de autentico dever fundamental conexo ao direito de propriedade, dada sua íntima vinculação a esse direito. DIMOULIS, Dimitri e MARTINS, Leonardo, *Teoria Geral dos Direitos fundamentais*, p. 72, 2011.

3) Temos também a classificação **em deveres fundamentais expressos** (embora seja parca sua previsão na nossa Constituição de 1988) e **implícitos** (embora não haja consenso sobre quais seriam esses deveres).[76]

4) Por fim, temos a classificação desenvolvida por Dimoulis e Martins, que estabelece algumas categorias de deveres fundamentais. É interessante, aqui, que os autores se preocupam tanto com o Poder Público (Estado) bem como com o particular no aparato tipológico. Nesses termos, são trabalhados: ***a) deveres estatais implícitos e não autônomos:*** são deveres de efetivação dos direitos fundamentais, sobretudo sociais. Esses devem ser realizados por meio de ações apropriadas (políticas públicas). Temos também, aí, a necessidade de garantias das instituições públicas e privadas que só podem ser realmente efetivadas por meio do cumprimento do dever do Estado. Aqui, o Estado é o principal destinatário, por meio da adoção de medidas protetivas; ***b) deveres estatais explícitos (específicos) e não autônomos.*** Segundo os autores, em alguns casos, a Constituição estabelece deveres explícitos do Estado para com os indivíduos. Como exemplos, citam: assistência jurídica gratuita, indenização por *erro do judiciário*, entre outros; ***c) deveres autônomos dos particulares (do cidadão e da sociedade).*** Conforme os autores, a Constituição estabelece deveres para determinadas categorias da população. Como exemplo, temos o alistamento eleitoral e o voto, previstos constitucionalmente no art. 14 da CR/88, bem como a Educação, prevista no art. 205, como dever do Estado e da família[77]; ***d) deveres de criminalização*** do Estado. Aqui, verifica-se o dever (por parte do legislador) de tipificação de determinadas condutas em virtude bens jurídicos considerados necessários de proteção. Como exemplos: art. 5º, XLI, XLII e XLII da CR/88; ***e) deveres de tutela***: Aqui, citam os autores parte da doutrina e jurisprudência que trabalham os deveres estatais de tutela. Nesse sentido, afirmam que o termo indica o dever do Estado de proteger ativa e preventivamente o direito fundamental contra ameaças de agressão provenientes principalmente de particulares[78]; ***f) deveres***

---

76. SARLET, Ingo. *A Eficácia dos Direitos Fundamentais*, p. 228-229, 2011. Sobre os deveres implícitos há doutrina que afirma que *"eles decorrem diretamente dos direitos explicitamente declarados"*. Aqui, vislumbramos a tese de que *"a cada direito em espécie teríamos um dever fundamental correspondente (pelo menos de natureza implícita)"*. Isso implicaria em reconhecer uma relação de correspondência direta e absoluta entre direitos e deveres fundamentais. Conforme Sarlet, *"em outras palavras, haveria sempre pelo menos tantos deveres fundamentais quanto direitos, sem prejuízo da existência de deveres autônomos"*.

77. *"As normas que estabelecem deveres autônomos aos particulares costumam ter baixa densidade normativa. Sendo necessária a intermediação do legislador que é o primeiro e crucial destinatário das normas definidoras de deveres fundamentais. (...) Os autores também trabalham a questão dos deveres coletivos (deveres impostos aos cidadãos que endereçam-se a um sem número de pessoas, tendo caráter coletivo). Para os mesmos, há uma diferença entre os deveres coletivos tradicionais (prestação de serviço militar do art. 143 da CR/88) e os "novos" deveres coletivos de "natureza difusa" (segurança pública como "responsabilidade de todos", a "educação promovida e incentivada com a colaboração da sociedade", a preservação ambiental, entre outros). Nesse caso, também é imprescindível a atuação legislativa, segundo os mesmos."* DIMOULIS, Dimitri e MARTINS, Leonardo, *Teoria Geral dos Direitos fundamentais*, p. 68-75, 2011.

78. DIMOULIS, Dimitri e MARTINS, Leonardo, *Teoria Geral dos Direitos fundamentais*, p. 68-75, 2011. Nesse sentido: "encontram-se, sob o gênero dos deveres estatais de tutela, as categorias do dever de mera prevenção de riscos, do dever de fomentar a segurança e, até mesmo, do dever de proibição de condutas a ser imposto pelo Estado".

decorrentes do exercício de direitos (direitos fundamentais acompanhados de dever do seu titular). Aqui, para o exercício de determinados direitos existiria o dever constitucional (exigência) de um convívio harmônico e solidário (que leve em consideração os interesses da sociedade) na atuação do titular. O exemplo mais adequado (na posição de Dimitri Dimoulis) é o do *"direito de propriedade"* previsto na CR/88, que deve ser exercido de acordo com sua função social, nos termos do art. 5º, XXIII da CR/88; ***g) deveres implícitos***, na medida em que, nos termos dessa perspectiva, a todo direito explícito corresponderia um dever implícito decorrente dele mesmo[79].

2. ESTRUTURA DAS NORMAS SOBRE DIREITOS FUNDAMENTAIS: DIREITOS OU VALORES?

Trabalhando em paralelo, Canotilho[80] aponta a existência de duas grandes teorias sobre os direitos fundamentais.

Na primeira, a ***Teoria Liberal***, os direitos fundamentais são necessariamente ***direitos de autonomia do sujeito*** e, por isso mesmo, são ***direitos de defesa*** contra agressões estatais. Remetendo-se às teorias contratualistas, tais direitos são antes de tudo ***pré-estatais***, uma vez que definem os espaços de liberdade individual e social nos quais é vedada a ingerência estatal. Aqui, então, detêm uma natureza absoluta, sendo universais, válidos, portanto, em todo o tempo e espaço territorial. Sua estrutura normativa, então, compõe-se de comandos (ordens) absolutas, cujo descumprimento gera a nulidade do ato estatal.

De outro lado, a ***Teoria Comunitarista*** afirmará a existência de uma ordem de valores que compõe os chamados direitos fundamentais. Sob essas luzes, os direitos fundamentais deixam de ser direitos subjetivos, pertencentes a cada indivíduo da sociedade, para ganhar uma nova compreensão: o indivíduo deixa de ser a medida do direito, pois os direitos fundamentais reconduzem-se a uma realização *otimizada*, e não absoluta. Os direitos fundamentais, por serem a representação dos valores sociais dos quais a sociedade considera mais importante, não possuem uma universalidade no tempo, variam de acordo com cada arranjo social e tradição. Logo, são elementos relativos. Justamente, tal relatividade é que permitirá a concretização em graus, bem como a intervenção do Judiciário nos demais Poderes a fim de garantir a eficácia ótima, já mencionada.

Porém, aqui, é bom que se diga que, segundo os autores, o dever de ação do Estado cumpre-se primordialmente pelo Legislativo, que deve decidir quais as formas de tutela e em qual intensidade apresentam adequação e necessidade. Com isso, concluem que a referência a deveres de tutela em nível constitucional permanece sem relevância prática para a dogmática dos deveres fundamentais, sendo impossível, na visão dos autores (embora existam posicionamentos contrários aos mesmos), aferir se o grau e a forma de cumprimento de cada dever de tutela pelo legislador condiz com a Constituição.

79. DIMOULIS, Dimitri e MARTINS, Leonardo, *Teoria Geral dos Direitos fundamentais*, p. 68-75, 2011.

80. CANOTILHO, José Joaquim Gomes, *Direito constitucional e teoria da Constituição*, 5. ed., p. 1.378-1.379.

3. CARACTERÍSTICAS DOS DIREITOS FUNDAMENTAIS

Para uma constelação de autores sobre o Direito Constitucional, os direitos fundamentais, agrupados em uma única perspectiva, seriam dotados de algumas características comuns, quais sejam:

a) ***Relatividade:*** Para a maioria da doutrina (de viés axiológico), os direitos fundamentais se caracterizam pela relatividade (por serem "direitos relativos"), ou seja, eles não podem ser entendidos como absolutos (ilimitados). Nesses termos, é comum em vários estudos sobre o tema (não sem críticas) a afirmação de que não podemos nos esconder sob o véu (ou atrás) de um direito fundamental para a prática de atividades ilícitas. Assim sendo, não haveria possibilidade de absolutização de um direito fundamental ("ilimitação" de seu manuseio) pois esse direito encontraria limites em outros direitos tão fundamentais quanto ele. Embora aqui alguns autores defendam o direito de não ser torturado (e a proibição da tortura) e de não ser escravizado (e a proibição da escravidão) como direitos fundamentais absolutos. Esses seriam exceções à regra delineada pela doutrina majoritária, nos termos do art.4 e art.5 da Declaração Universal dos Direitos Humanos de 1948.

Ainda sobre a corrente majoritária, temos como correlato de sua tese a consideração da ***não existência*** (*inexistência*) de hierarquia entre os direitos fundamentais. Com isso, advogam doutrinadores que as tensões, conflitos ou colisões entre os direitos fundamentais deveriam ser resolvidos à luz do caso concreto, tendo em vista as circunstâncias fáticas e jurídicas do caso.

b) ***Imprescritibilidade***: os direitos fundamentais não desaparecem pelo decurso do tempo. Nesse sentido, eles são sempre dotados de exigibilidade. Aqui, também podemos observar que os direitos fundamentais devem apresentar um processo de agregação que avança sempre no sentido a aumentar o seu núcleo, incorporando novos direitos ou aumentando o âmbito de incidência nas relações humanas, mas nunca recuando ou eliminando-se direitos já conquistados.[81]

c) ***Inalienabilidade***: constata-se a impossibilidade jurídica de um indivíduo alienar um direito fundamental seu transferindo-o para outro titular.[82] Para autores ligados à tradição alemã, tal inalienabilidade é resultado do princípio da dignidade da pessoa humana, razão pela qual o homem nunca poderá deixar de ser homem, tendo sempre os direitos fundamentais como peças-chave para a

---

81. Ora, se direitos fundamentais são imprescritíveis para seus titulares, poderíamos falar também na impossibilidade de subtração (abolição ou revogação) ou mesmo de diminuição (amesquinhamento) dos mesmos (a intitulada "**proibição de retrocesso**"). Para alguns doutrinadores, esse princípio de forma autônoma (em relação às outras características) também seria uma das características dos direitos fundamentais. Cunha Junior, Dirley, *Curso de Direito Constitucional*. p. 607, 2009.
82. "A inalienabilidade traz uma consequência prática importante – a de deixar claro que a preterição de um direito fundamental não estará sempre justificado pelo mero fato de o titular do direito nela consentir." (MENDES, Gilmar Ferreira et al., *Curso de direito constitucional*, p. 232).

garantia de tal condição.[83] Nessa ótica, ao ligar a dignidade humana à inalienabilidade de direitos fundamentais, podemos perceber que nem todos os direitos fundamentais seriam inalienáveis; estes seriam apenas aqueles que tivessem por objetivo resguardar a potencialidade do homem e de sua autodeterminação. Nesse prisma, a ***indisponibilidade*** surgiria apenas para os direitos à vida, bem como os direitos à saúde, à integridade física e às liberdades pessoais (liberdade ideológica e religiosa, liberdade de expressão, direito de reunião).[84] Todavia, tal postura merece ser vista com cuidado, pois não é fácil **separar** direitos inalienáveis dos demais a partir de um exame ***in abstrato (sem levar em consideração uma situação de aplicação)***. Canotilho e Gilmar Mendes posicionam-se no sentido de admitir restrições a direitos fundamentais em nome de "uma finalidade acolhida ou tolerada pela ordem constitucional".[85]

d) ***Irrenunciabilidade***: tal característica apresenta a noção de que, em regra, direitos fundamentais não podem ser objeto de renúncia por seu titular (na medida em que seu titular não poderia dispor desses direitos, embora possa deixar de *exercê-los*). Essa noção também está atrelada à fundamentalidade material dos direitos fundamentais na dignidade da pessoa humana.[86] Mas aqui temos que considerar que, segundo a doutrina, "é admissível, sob certas condições, a autolimitação voluntária ao ***exercício*** *dos direitos fundamentais* num caso concreto (ou seja, a renúncia não seria ao direito, mas sim ao exercício do direito). Embora isso deva estar sempre sujeito à constante (a todo o tempo) *reserva de revogação*"[87].

e) ***Inviolabilidade***: estabelece a observância obrigatória de seus preceitos. Portanto, não podem ser violados por atos do Poder Público, sob pena de nulidade e nem mesmo por particulares na ótica da aplicação dos direitos fundamentais nas relações privadas.

f) ***Universalidade***: reconhece-se como seu titular toda a coletividade jurídica, garantindo assim um sistema de igualdade na distribuição dos direitos fundamentais que não comporta discriminação de qualquer espécie. Porém, é mister salientar que nem todos os direitos são dotados de universalidade. Um exemplo são os direitos trabalhistas atinentes apenas aos trabalhadores.

---

83. MENDES, Gilmar Ferreira et al., *Curso de direito constitucional*, p. 233.
84. MENDES, Gilmar Ferreira et al., *Curso de direito constitucional*, p. 233. "Do ponto de vista prático, o caráter inalienável entrevisto em alguns direitos fundamentais conduziriam à nulidade absoluta, por ilicitude de objeto, de contratos em que se realize a alienação desses direitos. Na doutrina nacional, José Afonso da Silva acolhe essa característica." (Idem, p. 233).
85. Um exemplo trazido é o da liberdade de expressão e manifestação que pode ceder no caso de um contrato de trabalho no qual fique estabelecido cláusula de confidencialidade. Outro exemplo poderia ser o de um reality show como o "Big Brother".
86. Embora aqui haja divergência na doutrina, pois **nem todos os constitucionalistas** advogam uma **fundamentalidade material dos direitos fundamentais** na **dignidade da pessoa humana**.
87. Cunha Junior, Dirley, *Curso de Direito Constitucional*. p. 605, 2009. Canotilho, J. J. Gomes, p. 435, 2003.

g) ***Diferença entre direitos e garantias***: embora de forma clássica e de cunho meramente semântico a doutrina convencional diferencia direitos e garantias. Os direitos seriam disposições declaratórias (para alguns: *bens da vida explicitados*). Já as garantias, seriam disposições assecuratórias (para alguns: instrumentos para a defesa, fruição ou realização dos direitos).

h) ***Efetividade***: em termos teóricos temos que o Poder Público em suas ações deve sempre se voltar para o cumprimento dos direitos fundamentais. Todavia, aqui cabe pontuar, que uma vez assumindo uma ou outra teoria sobre os direitos fundamentais, as consequências práticas serão radicalmente opostas: na **perspectiva liberal**, por serem os direitos fundamentais direitos subjetivos de todos os indivíduos de uma sociedade que se reconhece livre e igual, devem ser efetivados na mesma medida para todos, sem exceção. Além do mais, sua condição de norma pré-estatal não transmite o dever de efetivação ao Poder Público, garantindo-se, desde o início, o mesmo catálogo de direitos fundamentais aos seus cidadãos; por outro lado, na **perspectiva do comunitarismo**, a tese dos direitos fundamentais como ordens de valores delega ao Poder Público a sua implementação na sociedade, que se pode dar em graus, ou seja, de modo não efetivo para todos, mas sempre buscando um resultado otimizado.

i) ***Interdependência***: os direitos fundamentais não podem ser vistos como elementos isolados, mas sim como um todo (***bloco***) que apresenta interpenetrações e coligações. Nesse sentido, por exemplo, o direito à liberdade de locomoção se conecta à garantia do ***habeas corpus***, bem como ao ***devido processo legal***. Entendemos também nesses termos que não há como se falar em direito à liberdade ou à igualdade desconectando-os de direitos como saúde e educação.[88]

j) ***Complementaridade***: no plano da interpretação dos direitos fundamentais, deve-se atentar para o fato de que esses direitos não podem ser lidos isoladamente, mas demandam um esforço de conjugação em um só sistema de direitos coerentemente integrados.[89]

k) ***Historicidade***: os direitos fundamentais são o resultado de um processo histórico (processo de construção) que conduz à sua afirmação e consolidação. Com isso, eles não são apenas o resultado de um acontecimento histórico determinado, mas, sim, de todo um processo de afirmação que envolve antecedentes, evolução, reconhecimento, constitucionalização e até mesmo universalização[90]. Gilmar Mendes, compartilhando da tese de Bobbio, afirma que os direitos

88. A doutrina fala também na **concorrência** para o exercício de direitos fundamentais. Ou seja, "os direitos fundamentais podem ser exercidos cumulativamente. Vale dizer, num mesmo titular podem acumular-se vários direitos, como, por exemplo, o direito de liberdade de manifestação do pensamento com o direito de reunião ou associação". Cunha Júnior, Dirley, *Curso de Direito Constitucional*, p. 607, 2009.
89. Ver nesse sentido a afirmação de DWORKIN, *Império do direito*, assim como HABERMAS, *Facticidad y validez*.
90. CUNHA JÚNIOR, Dirley, *Curso de Direito Constitucional*, p. 603-604, 2009.

fundamentais passam por profundo processo de evolução ao longo da história da humanidade, permitindo a introdução de novos "remédios" de acordo com o próprio surgimento de novas ameaças.[91] Portanto, a conclusão é de que os direitos fundamentais historicamente vão não só se agregando (acréscimo de novos direitos) devido a novas querelas sociais, mas também pela mutabilidade se reinterpretando (redefinição dos direitos já existentes) a novos contextos (paradigmas) ou novas realidades sociais[92].

l) ***Aplicabilidade dos direitos fundamentais***: Conforme a doutrina os direitos fundamentais podem ou não ter aplicabilidade imediata. Isso vai depender do marco teórico a ser desenvolvido e trabalhado. Em nossa atual Constituição o art. 5º, § 1º da CR/88 preleciona que as normas definidoras dos direitos e garantias fundamentais têm aplicação imediata. Aqui há uma divisão doutrinária[93] sobre a interpretação desse dispositivo: 1) Manoel Gonçalves Ferreira Filho afirma de forma categórica que "não se pode atentar contra a natureza das coisas" e por isso "os direitos fundamentais só tem aplicação imediata se as normas que os definem são completas na sua hipótese e no seu dispositivo"[94] 2) Já na visão de Eros Grau,[95] entre outros (como Flávia Piovesan, Dirley da Cunha e Luís Roberto Barroso), os direitos fundamentais são dotados de aplicação imediata, mesmo se a norma que o prescreve é de cunho programático. Portanto, esses direitos devem ser imediatamente consubstanciados, mesmo não havendo a interposição legislativa; 3) Porém, autores como Ingo Sarlet, Celso Bastos, José Afonso, bem como Gilmar Mendes adotam uma posição intermediária.[96] Para esses autores, há situações em que **não há** como dispensar **uma concretização** pelo legislador (por exemplo, no caso de alguns direitos sociais). Segundo esses autores, a norma do art. 5 § 1º da CR/88 determina um mandado de otimização, que impõe aos órgãos estatais a obrigação de reconhecerem a maior eficácia possível aos direitos fundamentais, gerando uma presunção em favor da aplicabilidade imediata das normas que definem direitos. Nesses termos, os autores

91. MENDES, Gilmar Ferreira et al., *Curso de direito constitucional*, p. 231-232. "Ilustração de interesse prático acerca do aspecto da historicidade dos direitos fundamentais é dada pela evolução que se observa no direito a não receber pena de caráter perpétuo. Tanto a Constituição atual como a anterior estabeleceram vedação à pena de caráter perpétuo. Esse direito, que antes de 1988 se circunscrevia à esfera das reprimendas penais, passou a ser também aplicável a outras espécies de sanções. Em fins de 1998, o STF, confirmando acórdão do STJ, estendeu a garantia ao âmbito das sanções administrativas." (RE nº 154.103-SP, Rel. Min. Sydney Sanches, *DJ* de 29/10/1999)
92. Porém, resta claro também que, embora esse **processo de afirmação e consolidação** seja a **regra** (*dimensão histórica*), em momentos históricos e em contextos específicos, situações fáticas podem nos apresentar contraexemplos, como no caso de um *Golpe de Estado* que fulmina a liberdade de expressão ou de manifestação de pensamento ou mesmo com direitos políticos por um período de tempo em um país.
93. CUNHA JÚNIOR, Dirley da, 2008, p. 603-615.
94. FERREIRA FILHO, Manoel Gonçalves, *Direitos humanos fundamentais*, p. 98-100. Segundo o autor: *[...] uma norma de definidora de direito ou garantia fundamental é completa e, portanto, auto executável, ou não o é, caso em que não poderá ser aplicada. Pretender que uma norma incompleta seja aplicada é desejar uma impossibilidade, ou forçar a natureza que rejeitada, volta a galope, como disse o francês.*
95. GRAU, Eros Roberto, *A ordem econômica na Constituição de 1988*, 2008, p. 310-323.
96. CUNHA JÚNIOR, Dirley da, 2009, p. 613.

prelecionam que deve-se observar a norma específica e o direito contido nela para a **possibilidade de aplicação imediata,** embora deva-se sempre buscar, como já dito, a **maior eficácia** possível.[97]

4. TITULARES DOS DIREITOS FUNDAMENTAIS

Nos moldes da dicção constitucional presente na literalidade do art. 5º da CR/88, os direitos fundamentais têm como *titulares*[98]principais os ***brasileiros – tanto natos quanto naturalizados – e os estrangeiros residentes no Brasil.***

Entretanto, há que se registrar que essa perspectiva literal (interpretação literal) não deve prevalecer. Nesses termos, de forma extensiva (interpretação extensiva)[99] o próprio STF, em sua jurisprudência, já no início dos anos 90, reconheceu aos estrangeiros, mesmo que não residentes no país, a condição de titulares – não de todos[100] – mas de alguns dos direitos fundamentais consagrados pela Constituição de 1988. Nesse sentido, nada impede que um ***habeas corpus*** seja impetrado por estrangeiro de passagem, que tenha sua liberdade de locomoção dentro do território nacional violada. Nesses termos, conforme o Pretório Excelso: "O súdito estrangeiro, mesmo aquele sem domicílio no Brasil, tem direito a todas as prerrogativas básicas que lhe assegurem a preservação do ***status libertatis*** e a observância, pelo Poder Público, da cláusula constitucional do ***due process***. O súdito estrangeiro, mesmo o não domiciliado no Brasil, tem plena legitimidade para impetrar o remédio constitucional do ***habeas corpus*** (...)"[101] Temos, ainda, que o STF já reconheceu a estrangeiro, com base no prin-

---

97. SARLET, Ingo, 2008, p. 248-253. Nesses termos, conforme Gilmar Mendes: *"Essas circunstâncias levam a doutrina a entrever no art. 5º § 1º, da Constituição Federal, uma norma-princípio, estabelecendo uma ordem de otimização, uma determinação para que se confira a maior eficácia possível aos direitos fundamentais. O princípio em tela valeria como indicador de aplicabilidade imediata de uma norma constitucional, devendo-se presumir a sua perfeição, quando possível."* (2008, p. 253).
98. Aqui passamos a seguir essa terminologia, embora sem radicalismo (pois vários autores não a seguem). Nesse sentido: "Embora a existência no Brasil de considerável doutrina utilizando o termo destinatário (no sentido de destinatário da proteção ou tutela do direito) como sinônimo de titular de direitos fundamentais, é preciso enfatizar que a terminologia que corresponde à tendência dominante no cenário constitucional contemporâneo é a de titular dos direitos fundamentais. Em apartada síntese, titular do direito é o sujeito de direito, ou seja, é quem figura como sujeito ativo da relação de direito subjetivo, ao passo que destinatário do direito é a pessoa (física ou mesmo jurídica ou ente despersonalizado) em face da qual o titular pode exigir respeito, a proteção ou a promoção de seu direito." Sarlet, Ingo, p, 316, 2014. No mesmo sentido: Mendes e Branco, 171, 2014.
99. É interessante vislumbrarmos uma divergência doutrinária, pois autores como *Celso Bastos* e *Alexandre de Moraes* advogam a interpretação extensiva tanto para os estrangeiros não residentes como para as pessoas jurídicas. Já *José Afonso da Silva* (que entendemos ser minoritário) afirma que os destinatários (como titulares) dos direitos individuais e sociais devem ser somente os brasileiros e os estrangeiros residentes no Brasil além das pessoas jurídicas nacionais, pois os estrangeiros não residentes devem ser tutelados pela normatividade do direito internacional. (SILVA, José Afonso da, 2007, p. 190).
100. Por exemplo, carece ao estrangeiro (em regra) o gozo de direitos políticos e, por isso, ele não poderia ajuizar uma Ação Popular.
101. Conforme a **Ementa**, temos ainda que: Impõe-se, ao Judiciário, o dever de assegurar, mesmo ao réu estrangeiro sem domicílio no Brasil, os direitos básicos que resultam do postulado do devido processo legal, notadamente

cípio da isonomia, o benefício da substituição da pena privativa de liberdade por restritiva de direitos em virtude do preenchimento dos requisitos do Código Penal[102]. Também já decidiu o STF que o estrangeiro que cumpre pena no Brasil pode ser beneficiado com a progressão de regime. Nesses termos, não há fundamento para negar aos estrangeiros que cumprem pena no Brasil os benefícios da execução penal, dentre eles a progressão de regime. Isso porque, conforme o Pretório Excelso, a condição humana da pessoa estrangeira submetida a pena no Brasil é protegida constitucionalmente e no âmbito dos direitos humanos. Assim, em regra, é juridicamente possível a progressão de regime para estrangeiros que cumpram pena no Brasil.[103]

No mesmo sentido que o estrangeiro, as pessoas jurídicas, modernamente, são igualmente titulares de alguns direitos fundamentais. O STF reconhece, por exemplo, o direito à indenização por danos morais, o direito à imagem, o direito de propriedade. Assim também não há impedimento para exercício de direitos fundamentais pelas ***pessoas jurídicas,***[104] podendo as mesmas pessoas jurídicas reclamar ofensas a seu direito de igualdade, de propriedade, de sigilo de correspondência etc. Há, inclusive, na Constituição de 1988, direitos específicos destas, como o de não interferência estatal no funcionamento das associações (art. 5º, XVIII) e o de não serem dissolvidas compulsoriamente (art. 5º, XIX).

Porém, certo é que há direitos e garantias que se mostram exclusivas de pessoas físicas (naturais), e logicamente se mostram incapazes de serem estendidos às pessoas jurídicas, como, por exemplo, as garantias em caso de prisão (art. 5º, LXI).[105]

---

as prerrogativas inerentes à garantia da *ampla defesa, à garantia do contraditório, à igualdade entre as partes perante o juiz natural e à garantia de imparcialidade do magistrado* processante." **HC 94.016**, Rel. Min. Celso de Mello, julg. em 16.9.2008, 2ª Turma, *DJ* de 27.2.2009. **No mesmo sentido:** HC 94.404, Rel. Min. Celso de Mello, julg. em 18.11.2008, 2ª Turma, *DJ* de 18-6-2010.

102. Conforme o **HC 103.311** em relação a estrangeiro em situação irregular no Brasil, julgado em **07.06.2011**: Ementa: Penal e Processo Penal. Habeas corpus. Tráfico ilícito de entorpecentes. Lei nº 6.368/76, artigos 12 e 18, I. Substituição de pena privativa de liberdade por restritiva de direitos. Requisitos objetivos e subjetivos do art. 44 do Código Penal presentes. Estrangeiro. Possibilidade. Ordem concedida. 1. O Princípio da Isonomia, garantia pétrea constitucional extensível aos estrangeiros, impede que o condenado não nacional pelo crime de tráfico ilícito de entorpecentes seja privado da concessão do benefício da substituição da pena privativa por restritiva de direitos quando atende aos requisitos objetivos e subjetivos do art. 44 do Código Penal. Também nesses termos, no HC 94.477 jugado em **06.09.2011**, no que tange ao direito de substituição de pena para o estrangeiro não residente: "Assentou -se que a interpretação do art. 5º, caput, da CF não deveria ser literal, porque, de outra forma, os estrangeiros não residentes estariam alijados da titularidade de todos os direitos fundamentais. Ressaltou a existência de direitos assegurados a todos, independentemente da nacionalidade do indivíduo, porquanto considerados emanações necessárias do princípio da dignidade da pessoa humana". HC 94.477/PR, Rel. Min. Gilmar Mendes, Julg. em 06.09.2011.
103. Porém, no caso de existir pedido de extradição para o estrangeiro que estiver cumprindo pena no Brasil, conforme o STF decidiu na ExT 893/QO,a providência de progressão de regime será ineficaz até que o STF delibere acerca das condições da prisão para extradição. Ou seja, é possível que seja deferida a progressão de regime ao apenado que aguarda o cumprimento da ordem de extradição. Mas isso só poderá ser concretizado pelo juízo das execuções (juiz de 1ª instância) depois que o STF concordar. 2ª Turma do STF. Julg. em **10.03.2015**. Rel. Min Gilmar Mendes.
104. MENDES, Gilmar Ferreira et al., *Curso de direito constitucional*, p. 261.
105. MENDES, Gilmar Ferreira et al., *Curso de direito constitucional*, p. 261.

Por último, deixamos assente que **somos adeptos** do entendimento de que embora os direitos fundamentais sejam tradicionalmente ***oponíveis*** ao Estado (poderes públicos), o próprio **poder público** pode ser alvo de **proteção** fazendo uso deles (possibilidade, por exemplo, de impetração de *mandado de segurança* por um município).

5. VINCULAÇÃO DOS PODERES PÚBLICOS

É bastante claro para o constitucionalismo que os direitos fundamentais funcionam como parâmetros de organização e de limitação dos poderes constituídos; sendo assim, representam proteções que *vinculam* os Poderes Públicos como *destinatários* (embora não só eles, como veremos posteriormente na obra), que não podem suprimi-los, devendo regular suas ações em conformidade e consonância a eles.

a) **Vinculação do Poder Legislativo:** a primeira e a mais básica forma de vinculação do órgão legiferante está no dever de guardar coerência e respeito aos direitos fundamentais no exercício da atividade legislativa. É de levar-se em consideração, ainda, que o legislador também deve, por estar vinculado aos direitos fundamentais, elaborar normas que visam regular os direitos fundamentais que dependem de concretização legislativa.[106] Certo é que a adequação do Poder Legislativo aos DGF passa não só pela **ação** (em consonância com os direitos), mas, também, pela **não omissão** na concretização de direitos. E, além disso, temos que, mesmo que a Constituição entregue ao órgão legislativo a tarefa de restringir por meio da legislação o âmbito de certos direitos (como no caso dos de livre exercício profissional), há de se ater para o respeito do núcleo essencial do direito, sob pena de inconstitucionalidade do ato.[107] Outro ponto polêmico que merece destaque é sobre a aplicabilidade da chamada ***proibição do retrocesso***: aqui, o núcleo essencial dos direitos sociais já realizados e efetivados pela legislação deve ser considerado como constitucionalmente garantido, de modo que qualquer medida que busque aniquilar ou revogar tal núcleo será reputada inconstitucional, se não prever um plano alternativo.[108] Mas não é só o legislador (ordinário) que se sujeita aos direitos fundamentais, pois o próprio Poder Constituinte de reforma, por força do art. 60, §

---

106. *"Um direito fundamental pode necessitar de normas infraconstitucionais que disciplinem o processo para a sua efetivação ou que definam a própria organização de que depende a sua efetividade (pense-se, v. g., no direito à ampla defesa). A inércia do legislador em satisfazer uma imposição de concretização do direito pode ensejar a ação direta de inconstitucionalidade por omissão ou o mandado de injunção."* (MENDES, Gilmar Ferreira et al., *Curso de direito constitucional*, p. 235).
107. Nesse sentido, o STF já declarou a inconstitucionalidade de limitação, por desarrazoada, de um período de quarentena de dois anos, a que certa lei submeta os juízes aposentados, antes de passarem a exercer a advocacia. Rep. nº 1.054, *RTJ*, 110/937.
108. MENDES, Gilmar Ferreira *et al.*, *Curso de direito constitucional*, p. 246. Para o autor, *"mesmo os que acolhem a tese da proibição do retrocesso entendem que o princípio da proporcionalidade pode inspirar uma nova regulação do direito fundamental, que não destrua totalmente, sem alternativas, o direito antes positivado."*

4º, está impedido de propor emendas a fim de abolir direitos e garantias individuais fundamentais.[109]

b) **Vinculação do Poder Executivo:** a Administração Pública, em seu sentido mais amplo – incluindo aqui inclusive não apenas pessoas jurídicas de direito público, mas aquelas de direito privado que disponham de poderes públicos ao tratar com o particular – está estritamente vinculada à observância dos direitos fundamentais, sob pena de nulidade de seus atos. Ainda, aqueles que atestam a duvidosa existência de um espaço discricionário para a ação administrativa, acabam por reconhecer que dentro desse espaço deve-se priorizar o atendimento dos direitos fundamentais, como elementos necessários para a concretização do bem e da finalidade pública.[110] Assim sendo, políticas públicas voltadas para concretização dos direitos fundamentais (por exemplo: sociais) são necessárias à luz da Constituição e estão atreladas a vinculatividade do Poder Executivo no exercício de suas atividades.

c) **Vinculação do Poder Judiciário:** o artigo 5º, XXXV da Constituição de 1988 é bastante claro ao determinar que o Judiciário conhecerá sempre de situações que envolvam lesões ou ameaças de lesões a direitos, sendo a defesa de direitos fundamentais sua atividade mais basilar. Como desenvolvimento histórico, coube ao Judiciário a tarefa de controle dos atos dos demais Poderes Públicos a fim de fiscalizar se estão em consonância com as normas constitucionais. Por isso mesmo, diversos doutrinadores apresentam teses no sentido de que devem os órgãos judicantes agir sempre na persecução da **máxima efetividade** possível dos direitos fundamentais, recusando, ainda, precedentes que desrespeitem tais direitos.[111]

6. LIMITES (RESTRIÇÕES) AOS DIREITOS FUNDAMENTAIS E A TESE DOS LIMITES DOS LIMITES

O entendimento contemporâneo dos direitos fundamentais, ainda mais quando tomados como valores, representa uma leitura ***relativista***. Isto é, os direitos

---

109. Ou todos os direitos e garantias fundamentais, dependendo da corrente jurídica adotada (conforme já explicitamos no capítulo referente ao Poder Constituinte Derivado reformador).

110. Aqui deve ser colocada ainda uma importante questão: Pode o administrador público no curso de sua atividade, ao identificar uma inconstitucionalidade em uma norma, deixar de aplicá-la por entender que viola direitos fundamentais? Segundo Gilmar Mendes, a jurisprudência atual do STF não nos fornece uma resposta (segura). Anteriormente à Constituição de 1988, o Tribunal assumiu o entendimento – ainda que pesem posicionamentos minoritários em contrário – de que o governador poderia elaborar decreto determinando a seus subordinados o descumprimento de lei considerada inconstitucional; tese, todavia, que não limitava que em juízo a discussão obtivesse solução e decisão em sentido contrário. Nesse sentido, a posição do órgão judicante era de afirmar que os administradores públicos assumem um compromisso de respeito ao texto constitucional ao serem empossados. Atualmente, tendo em vista a ampliação do rol de legitimados para propositura de ações visando o controle de constitucionalidade concentrado, questiona-se a prevalência dessa jurisprudência, havendo quem afirme a necessidade de instaurar a controvérsia constitucional, antes da desobediência legal. MENDES, Gilmar Ferreira et al., *Curso de direito constitucional*, p. 247. Esse tema será estudado oportunamente, no capítulo referente ao controle de constitucionalidade.

111. MIRANDA, Jorge, *Manual de Direito Constitucional*, p. 284. 2001. CANOTILHO, José Joaquim Gomes, *Direito constitucional e teoria da Constituição*, p. 407. MENDES, Gilmar Ferreira *et al.*, *Curso de direito constitucional*, p. 250.

fundamentais não podem ser tomados como elementos absolutos na ordem jurídica, mas sempre compreendidos e analisados caso a caso e de modo relativo (ou limitado). Nesses termos, temos a afirmação da **inexistência** de hierarquia entre direitos fundamentais, sendo a posição topográfica que ocupam no texto constitucional apenas um elemento circunstancial, mas nunca revelador de uma superioridade entre eles.

Logo, no caso concreto em si é que se poderia verificar com segurança a extensão e os limites a serem impostos a um determinado direito fundamental.

Nesse sentido, com base na tese da **não absolutização** dos direitos fundamentais, é mister, agora, trabalharmos a possibilidade (ou não) de **restrição (limitação) dos direitos fundamentais** e com a intitulada tese dos ***limites dos limites.***

Nesses termos, a pergunta seria a seguinte: ***direitos fundamentais podem ser restringidos (limitados) por atos normativos infraconstitucionais***? A resposta para a corrente mais atual é que sim! Ou seja, embora tenhamos clássicos autores que ainda defendem a tese de que os direitos fundamentais previstos na Constituição só poderiam ser limitados pelas próprias normas constitucionais (ex.: relação do art. 5º, I com o art. 7º, XVIII e XIX da CR/88), não há dúvida de que as normas infraconstitucionais poderiam desenvolver esse papel para a doutrina majoritária de derivação europeia. Mas como permitir isso? Como realizar tal perspectiva?

Primeiramente, devemos explicitar alguns termos que embasam tal teorização. É de fundamental importância que sejam delimitadas as bases que permitem o **reconhecimento da possibilidade de restrições** aos **direitos fundamentais.** Com base nas digressões de **Virgílio Afonso da Silva**[112], temos que diferenciar **a (1) teoria interna** da **(2) teoria externa.** Sem dúvida, a possibilidade de restrições aos direitos fundamentais, ora analisada, só ocorre para os adeptos da **teoria externa**. Nesse sentido:

(1) Teoria interna: Por essa teoria o limite de um direito está interno a ele. Conforme Borowski "existe apenas um direito com limites imanentes (inerentes) a ele".[113] Nesses termos, a definição do conteúdo e da existência de um direito não depende de fatores externos a esse direito, e, por isso mesmo, não há que se falar na possibilidade de restrições. Assim sendo, não existiria a possibilidade de um direito não poder ser exercido por ter esse direito sido restringido. A tese dessa doutrina é que ou se tem o direito subjetivo ou não se tem o direito. Com isso, qualquer limitação só se dá a partir de dentro, não ocorrendo restrições externas. Virgílio Afonso nos lembra que a principal tese (verdade

---

112. Nesse ponto, adota-se a forma e definições (descrições) teóricas de Virgílio Afonso da Silva. *In*: SILVA, Virgílio Afonso. *Direitos Fundamentais, conteúdo essencial, restrições e eficácia*, p. 128-143.
113. SILVA, Virgílio Afonso. *Direitos Fundamentais, conteúdo essencial, restrições e eficácia*, p. 128.

que não única) que sustenta essa postura relaciona-se com a *"teoria dos limites imanentes"*[114]. Essa teoria (atrelada à teoria interna) não admite restrições externas a um direito fundamental. Nos termos definidos por **Ana Paula Barcelos,** nessa perspectiva, "cada direito apresenta limites lógicos, *imanentes*, oriundos da própria estrutura e natureza do direito e, portanto, da própria distinção que o prevê. Os limites já estão contidos no próprio direito, portanto não se cuida de uma restrição imposta a partir do exterior."[115]

(2) Teoria externa: Para essa teoria, diferentemente da teoria interna (que trabalha com o pressuposto de apenas um objeto, ou seja, o direito e seus limites imanentes), temos **dois** objetos: o *direito em si* e destacado dele suas *restrições*. Com isso, passa-se a reconhecer a possibilidade de **restrições** a direitos fundamentais e a sua **aferição**, conforme veremos, por meio de determinados **parâmetros.** Assim sendo, a restrição ao direito não tem influência no conteúdo do direito, pois a restrição ao seu exercício se dará em uma situação concreta (contextualizada). Portanto, a **teoria externa** relaciona-se diretamente com a possibilidade de **restrições** aos direitos fundamentais constitucionais. Mas a questão passa a ser: como restringir um direito fundamental e não eivar a prática de vício (inconstitucionalidade)?

Ora, a procedimentalização de tal tese se dá nos seguintes termos: a limitação **deve surgir** para desenvolver o direito fundamental ou outros direitos fundamentais previstos constitucionalmente em casos de colisão. Certo é que a **restrição** (limitação) não pode ser tal que, em vez de desenvolver (dar mais efetividade), prejudique o direito fundamental (ou os direitos fundamentais em questão), amesquinhando-o(s) de tal forma (***de tal monta***) que torne o **ato** (do legislador ou do administrador[116]) inconstitucional.

Mas como medir ou **aferir** tal prática? Ora, a doutrina irá afirmar que o **parâmetro (adequado)** é a **proporcionalidade** da atuação (princípio ou, adequadamente, regra da proporcionalidade[117]) do poder público. Nesse sentido,

114. Aqui, **nos afastamos** da perspectiva do professor **Gomes Canotilho** sobre *limites imanentes*. Para Canotilho: "(...) os chamados '*limites imanentes*' são o resultado de uma ponderação de princípios jurídico-constitucionais conducente ao afastamento definitivo, num caso concreto, de uma dimensão que, *prima facie*, cabia no âmbito prospectivo de um direito, liberdade e garantia." Nesse ponto, adota-se as definições (e descrições) teóricas de Virgílio Afonso da Silva. *In*: SILVA, Virgílio Afonso. *Direitos Fundamentais, conteúdo essencial, restrições e eficácia*, p. 166. Para o autor, em **termos rigorosos**, os limites imanentes não se relacionam com a possibilidade de restrições aos direitos fundamentais e, com isso a ponderação mediante a regra da proporcionalidade.

115. SILVA, Virgílio Afonso. *Direitos Fundamentais, conteúdo essencial, restrições e eficácia*, p. 165. BARCELLOS, Ana Paula, *Ponderação, racionalidade e atividade jurisdicional*, p. 59.

116. Registra-se aqui que a querela pode envolver os *particulares* no caso de *colisão entre direitos fundamentais,* com o uso, por exemplo, de um DF restringindo outro DF, o que também poderá ser *aferido judicialmente*. Esses casos de **colisões** serão abordados em tópico posterior.

117. Nesses termos, conforme **Virgílio Afonso da Silva**: "(...) se a constitucionalidade de uma restrição a um direito fundamental garantido por um princípio depende sobretudo de sua fundamentação constitucional, e se essa fundamentação constitucional é controlada a partir da regra da proporcionalidade, pode-se dizer que **toda restrição proporcional é constitucional**. Se é inimaginável considerar como constitucional uma restrição que

criam-se **limites** para as **limitações (restrições)** aos direitos fundamentais. Essa tese, surge no cenário constitucional como **mecanismo de defesa** dos direitos fundamentais contra atos abusivos de origem legislativa ou administrava (ou seja, contra a atuação do Poder Legislativo e do Poder Executivo, respectivamente[118]). Reconhece-se, então, que os direitos fundamentais **não** são absolutos e suplanta-se a tese clássica de que **só** o próprio texto constitucional (com seus limites inerentes) pode lhes trazer limites.

Nesses termos, surge a ***teoria dos limites dos limites* (*Schranken- Schranken*)**, ou seja, limites (com base em determinados parâmetros) para a limitação (restrição) dos direitos fundamentais. Assim sendo, critérios (limites) para que tais limitações ocorram foram estabelecidos[119]. Em termos formais (requisitos formais) certo é que os direitos fundamentais só podem ser restringidos por meio de normas elaboradas por órgãos dotados de atribuição legiferante conferida pela Constituição. Portanto, a eventual restrição deve estar expressa ou implicitamente autorizada nos ditames constitucionais. Já em termos materiais, temos os seguintes limites (requisitos materiais):

1) Qualquer limitação (restrição) aos direitos fundamentais tem que respeitar o ***núcleo essencial***[120] destes, ou seja, o **núcleo essencial que envolve diretamente** os direitos fundamentais e por derivação a noção de **dignidade da pessoa humana, que não pode ser abalada.**[121]

---

invada o conteúdo essencial de algum direito, então, o proporcional respeita sempre o conteúdo essencial. O raciocínio pode ser resumido no seguinte silogismo: restrições que atingem o conteúdo essencial são inconstitucionais; restrições que passem pelo teste da proporcionalidade são constitucionais." SILVA, Virgílio Afonso. *Direitos Fundamentais, conteúdo essencial, restrições e eficácia*, p. 206.

118. Ou mesmo contra o *particular* no caso de *colisão de direitos entre particulares* em situação de *tensão* entre *direitos fundamentais*, no qual o uso de um DF pode restringir a aplicação de outro DF.

119. A expressão "***limites dos limites***" segundo Jane Reis, foi utilizada por Karl August Betterman, em uma conferência realizada em Berlim (1964), na qual sustentou que as limitações aos direitos fundamentais, para serem legítimas, devem atender a um conjunto de condições materiais e formais estabelecidas na Constituição, que são os limites dos limites dos direitos fundamentais."

120. CANOTILHO, José Joaquim Gomes, *Direito constitucional e teoria da Constituição*, p. 454. Aqui, há uma **distinção importante**, pois observamos, na doutrina, a **teoria absoluta do núcleo (conteúdo) essencial** e a **teoria relativa sobre o núcleo (conteúdo) essencial**. Nesses termos, a **teoria absoluta** advoga que o núcleo essencial independe de contextualização, sendo, portanto, predeterminado (predefinido) de forma absoluta e inquestionável (para o legislador ou administrador). Já a **teoria relativa** trabalha com uma noção mais flexível de que o núcleo essencial deve ser definido caso a caso, tendo em vista as situações concretas, bem como o objetivo a ser visado pela norma de caráter restritivo. Aqui, nos dizeres de Gilmar Mendes, o procedimento da ponderação deveria ser usado para guiar a análise sobre se a restrição tornou-se inadequada (desproporcional) ou não, ou seja, se atingiu (e feriu) ou não o **núcleo essencial**. Ver também, In: SILVA**,** Virgilio Afonso. *Direitos Fundamentais, conteúdo essencial, restrições e eficácia*, p. 27.

121. CANOTILHO, José Joaquim Gomes, *Direito constitucional e teoria da Constituição*, p. 454. É interessante que determinados ordenamentos constitucionais positivaram de forma expressa a proteção do núcleo essencial. Exemplos: art. 19, III da **Lei Fundamental alemã** de 1949 e art. 18, III **Constituição Portuguesa** de 1976. No Brasil **não há** previsão expressa na CR/88, mas, sem dúvida, o mesmo deve ser juridicamente protegido. Nesses termos, conforme **Virgílio Afonso da Silv**a: "a ideia de que os **direitos fundamentais têm um conteúdo essencial** é algo que vem sendo sustentado pela **doutrina e pela jurisprudência brasileiras** com frequência cada vez maior." O autor cita como exemplos, casos emblemáticos como o *caso Ellwanger* e o do debate sobre **progressão de regime nos**

2) Pesa uma exigência de clareza e precisão. Ou seja, a limitação, via de regra, deve ser estabelecida de forma explícita no texto normativo infraconstitucional, principalmente como forma de proteção da (princípio da segurança jurídica). Não há como trabalharmos, via de regra, com restrições implícitas ou sub-reptícias.

3) As limitações, em regra, devem ser de cunho geral e abstrato, ou seja, visando abarcar uma constelação de situações e de indivíduos; logo, mostra-se proibido o uso da legislação como forma de criar limitações casuísticas, que gerem discriminações absurdas ou arbitrárias (desarrazoadas). Aqui a proteção projeta-se no princípio da igualdade (isonomia).[122]

4) As limitações devem ser proporcionais, e, para tanto, devem obedecer ao instrumental da proporcionalidade. Com isso, devem estar em consonância com o princípio (máxima, postulado ou **mais** corretamente **regra**) da proporcionalidade e seus subprincípios (máximas, postulados ou mais corretamente **sub-regras**): **adequação** (meio que deve ser apto ao fim visado), **necessidade** (não deve haver outro meio menos gravoso para se atingir o objetivo, ou seja, a única forma de alcançar o fim visado deve ser pela restrição ou limitação ao DF, visto que não há outro meio menos gravoso) e **proporcionalidade em sentido estrito** (relação ***custo/benefício***), ou seja, o **ônus** com a medida restritiva (que obviamente causa ônus) deve ser menor que o **bônus**. Nesse caso, a restrição (ou limitação) irá **desenvolver** mais do que **prejudicar** o direito fundamental em questão (ou os direitos fundamentais em questão).[123]

---

crimes hediondos. E acrescenta que: ***"Mesmo quando o STF não fala, expressamente, em conteúdo essencial ou núcleo essencial, a ideia é utilizada em um sem-número de julgados,*** *quando os votos ressaltam, por exemplo,* ***que na ponderação de valores contrapostos (...) a restrição imposta nunca pode chegar a inviabilização de um deles,*** *ou que* ***(...) a garantia constitucional da ampla defesa tem, por força direta da Constituição, um conteúdo mínimo essencial, que independe da interpretação da lei ordinária que a discipline, ou quando se fala em um mínimo existencial."*** SILVA, Virgílio Afonso. *Direitos Fundamentais, conteúdo essencial, restrições e eficácia*, p. 21-22.

122. Temos, portanto, a defesa da Isonomia (**igualdade**). Na doutrina de **Canotilho,** temos as razões materiais desta proibição, nos seguintes termos: **a)** as leis particulares (individuais e concretas), de natureza restritiva, violam o princípio material da igualdade, discriminando, de forma arbitrária, quanto a imposição de encargos para uns cidadãos em relação a outros; **b)** as leis individuais e concretas restritivas de direitos, liberdades e garantias representam a manipulação da forma da lei pelos órgãos legislativos ao praticarem um ato administrativo individual e concreto sob as vestes legais (os autores discutem a existência, nesse caso, de abuso de poder legislativo e violação do princípio da separação dos poderes; **c)** as leis individuais e concretas não contêm uma normatização dos pressupostos da limitação, expressa de forma previsível e calculável e, por isso, não garantem aos cidadãos nem a proteção da confiança nem alternativas de ação e racionalidade de atuação. CANOTILHO, José Joaquim Gomes, *Direito constitucional e teoria da Constituição*, p. 614.

123. Nesses termos, resumidamente, conforme a doutrina alemã, *"o conceito de limites dos limites* (*Schranken– Schranken) indica as restrições para os poderes públicos (legislador) quando o mesmo restringe o exercício de direitos fundamentais e nele, como já salientado incluem: a reserva do parlamentar, o princípio da proporcionalidade (proibição do Excesso – Übermassverbot) – a garantia do conteúdo essencial* (art. 19, § 2°, da Lei fundamental); – a proibição de leis casuísticas (art. 19, § 1°, alínea 1); – *o dever de clareza e plena determinação do suporte fático e da consequência jurídica* (princípio da determinação – *Bestimmtheitsgrundsatz), PIEROTH/SCHLINK (Grundrechte Staatsrecht II.*

7. SUPORTE FÁTICO DOS DIREITOS FUNDAMENTAIS

Trabalhamos, anteriormente, a possibilidade de restrições aos direitos fundamentais, o que é pertinente à esfera negativa dessas normas, uma vez que as restrições excluem certas condutas do âmbito de proteção dos direitos fundamentais. Para além dessa questão, no entanto, é necessário trabalhar o **lado positivo das normas de direitos fundamentais**, pertinente ao chamado **suporte fático**.

Por dizer respeito ao lado positivo dessas normas, o suporte fático é o "conjunto de condições previstas por uma norma que, quando verificadas, geram uma determinada consequência jurídica.".[124] Dessa maneira, a consequência jurídica de uma norma só pode ocorrer se devidamente preenchido o suporte fático.[125] Em outras palavras, os efeitos constantes do consequente da norma só serão irradiados se preenchido o suporte fático descrito em seu antecedente.

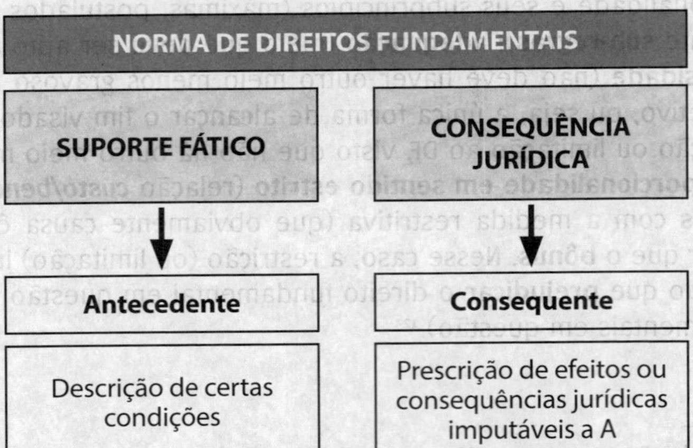

7.1. Elementos do suporte fático

Pela teoria de Robert Alexy, são, via de regra, elementos do suporte fático o **âmbito de proteção** e a **intervenção**. Ou seja, constituem o suporte fático, respectivamente, tanto os bens protegidos pela norma (âmbito de proteção) quanto aquilo contra o qual eles são protegidos (intervenção). Essa formulação se dá porque normas de direitos fundamentais têm, em geral, a exigência de cessação de determinada intervenção como consequência jurídica, o que implica dizer que a existência de tal intervenção é pressuposto (sob pena de perda de objeto),

Heidelberg: C. F Müller, 1999, p. 65)" In TORRES, Ricardo Lobo, o Mínimo existencial como conteúdo essencial dos Direitos Fundamentais, 2010.

124. NOVELINO, Marcelo. *Manual de Direito Constitucional*. São Paulo: Editora Método, 2015, 10ª ed., p. 322.

125. SILVA, Virgílio Afonso. *Direitos Fundamentais: conteúdo essencial, restrições e eficácia*, p. 70.

devendo, portanto, constar no antecedente da norma (ou no suporte fático).[126] Ora, parece certo que o dever de cessar uma intervenção sobre um direito de liberdade só pode existir se tal direito tivesse, em primeiro lugar, sofrido uma determinada intervenção.

Vale mencionar que essa formulação não se aplica no caso das normas permissivas de direitos fundamentais, nas quais há total coincidência entre o suporte fático e o âmbito de proteção, o que será melhor abordado a seguir.

7.1.1. *Suporte fático, âmbito de proteção e intervenção nas diferentes espécies de normas de direitos fundamentais*

Suporte fático, âmbito de proteção e intervenção apresentam conceitos vinculados, uma vez que os dois últimos são elementos constitutivos do primeiro, conforme visto acima.[127] Não obstante, é importante se ter em mente que suas formulações conceituais são condicionadas à espécie de norma de direito fundamental a que se referem. Ora, são três as espécies de normas de direitos fundamentais aqui trabalhadas:

- **Normas de direitos fundamentais permissivas:** são aquelas normas que simplesmente atribuem uma permissão, sem, no entanto, determinar deveres comissivos ou omissivos correlatos.[128]
- **Normas que garantem direitos de defesa**: garantem ao destinatário da norma o direito de não sofrer intervenções sobre determinados bens protegidos, com o correlato dever dos poderes públicos de não realização destas intervenções. Assim, essas normas exercem dupla função: por um lado, se portam como normas de competência negativa para os poderes públicos, evitando ações comissivas que figurem indevidas intervenções e, por outro, estabelecem o correlato poder de se exigir dos poderes públicos determinadas ações omissivas, de forma a evitar condutas lesivas.[129]
- **Normas que garantem direitos a prestações**: garantem ao destinatário da norma o direito a ações positivas por parte dos poderes

126. SILVA, Virgílio Afonso. *Direitos Fundamentais: conteúdo essencial, restrições e eficácia*, p. 71.
127. Para além disso, vale ressaltar, ainda, que suporte fático e âmbito de proteção "dizem respeito àquilo que a norma de direito fundamental garante *prima facie*, ou seja, sem levar em consideração as possíveis restrições.". Cf. ALEXY, Robert. *Teoria dos Direitos Fundamentais*. Tradução de: Virgílio Afonso da Silva. São Paulo: Editora Malheiros, 2015, 2ª ed., p. 302, grifo do autor.
128. SILVA, José Afonso. *Aplicabilidade das Normas Constitucionais*. São Paulo: Malheiros, 2007, 7ª ed.
129. FREITAS, Luiz Fernando Calil de. *Direitos Fundamentais: Limites e Restrições*. Porto Alegre: Livraria do Advogado, 2007.

públicos[130], uma vez que esses são considerados responsáveis pela disponibilização dos meios materiais e das condições fáticas necessárias ao exercício do bem protegido (liberdades).[131] Os direitos a prestações dizem respeito aos direitos sociais, às liberdades públicas e aos direitos políticos.[132]

Tendo em mente essa distinção entre as espécies de normas de direitos fundamentais, importa, então, a análise dos elementos do suporte fático de acordo com as espécies de normas de direitos fundamentais, questão para a qual nos atentaremos a seguir.

	Âmbito de Proteção	**Intervenção**
Normas de direitos fundamentais permissivas	Há total coincidência entre suporte fático e âmbito de proteção. Observemos a seguinte preposição, que diz respeito à construção de uma norma permissiva de direito fundamental: *se uma conduta constitui um valor X, então, ela é prima facie constitucionalmente permitida.* Diante desta forma condicional, afirma-se que o suporte fático é constituído pelo *valor X* e que, por conseguinte, pertencem ao âmbito de proteção dessa norma todas as condutas que representem o *valor X* em questão.	Havendo total coincidência entre o suporte fático e o âmbito de proteção, parece claro que não há que se falar em intervenção no que tange às normas de direitos fundamentais permissivas.
Normas que garantem direitos de defesa	O suporte fático das normas que garantem direitos de defesa deve ser composto por dois elementos: o bem protegido e a intervenção. Essa composição é necessária	Considerando que o âmbito de proteção do suporte fático de normas que garantem direitos de defesa diz respeito ao direito à não realização de intervenções no

130. Esse é o sentido amplo colocado por Alexy. Assim, "todo direito a uma ação positiva, ou seja, a uma ação do Estado, é um direito a uma prestação. Nesse sentido, o conceito de direito a prestações é exatamente o oposto do conceito de direito de defesa, no qual se incluem todos os direitos a uma ação negativa, ou seja, a uma abstenção estatal.". Cf. ALEXY, Robert. *Teoria dos Direitos Fundamentais*, p. 442.
131. FREITAS, Luiz Fernando Calil de. *Direitos Fundamentais: Limites e Restrições*.
132. SILVA, Virgílio Afonso. *Direitos Fundamentais: conteúdo essencial, restrições e eficácia*, p. 78-79.

	Âmbito de Proteção	Intervenção
Normas que garantem direitos de defesa	pois somente pode-se saber a abrangência da proteção *prima facie* se determinadas as extensões dos conceitos de bem protegido e de intervenção. Diante desta composição do suporte fático, é fundamental que se ressalte que nas normas que garantem direitos de defesa não há congruência entre os conteúdos do suporte fático e do âmbito de proteção, justamente porque aquele incorpora o conteúdo da intervenção.	bem jurídico protegido, então "intervir" significa "agir de forma restritiva ou reguladora no âmbito de proteção de uma liberdade.".[133] Em outras palavras, "nos **direitos de defesa** a *intervenção* consiste na afetação, embaraço ou eliminação do bem jurídico protegido.".[134]
Normas que garantem direitos a prestações	O âmbito de proteção de um direito a prestação (como o direito à saúde) "é composto pelas *ações estatais que fomentem a realização desse direito*.". [135]	De forma contrária à dimensão negativa das liberdades públicas, a intervenção se configura como o "não agir ou agir de forma insuficiente",[136] justamente porque o âmbito de proteção está ligado a uma ação comissiva estatal.

7.1.2. A crítica de Virgílio Afonso da Silva: o elemento da ausência de fundamentação constitucional

É importante mencionar que a composição do suporte fático conforme trabalhada por Robert Alexy (contendo o âmbito de proteção e a intervenção) encontra, na doutrina, algumas críticas. Nesse sentido, Virgílio Afonso da Silva salienta que o problema do mencionado modelo reside no fato de considerar o suporte fático como constituído somente pelo âmbito de proteção e pela intervenção, ignorando, portanto, a necessidade de **ausência de fundamentação constitucional** para tal intervenção. Para o autor, a presença de previsão constitucional para a intervenção faria configurar uma restrição constitucional ao direito fundamental – e não uma violação, o que impediria "a ativação da consequência jurídica (declaração de inconstitucionalidade e retorno ao *status quo ante*).".[137] À luz dessas considerações, Virgílio Afonso da Silva propõe um modelo alternativo, incluindo mais um elemento no conceito de suporte fático (a ausência de fundamentação constitucional para a intervenção). Assim, para o autor, o suporte fático seria composto, portanto, pelo âmbito de proteção e pela intervenção não fundamentada constitucionalmente.

133. SILVA, Virgílio Afonso da. *Direitos Fundamentais: conteúdo essencial, restrições e eficácia*, p. 77.
134. NOVELINO, Marcelo. *Manual de Direito Constitucional*, p. 323, grifo do autor.
135. SILVA, Virgílio Afonso da. *Direitos Fundamentais: conteúdo essencial, restrições e eficácia*, p. 77, grifo do autor.
136. SILVA, Virgílio Afonso da. *Direitos Fundamentais: conteúdo essencial, restrições e eficácia*, p. 77.
137. SILVA, Virgílio Afonso da. *Direitos Fundamentais: conteúdo essencial, restrições e eficácia*, p. 74, grifo do autor.

Em sentido semelhante, Marcelo Novelino[138] argumenta haver dois tipos de intervenções: a restritiva e a violadora. A **intervenção restritiva** diz respeito a intervenção em direito fundamental constitucionalmente fundamentada, que causa, portanto, apenas uma restrição a este direito (e não uma violação), o que faria dela admissível e não acionaria a consequência jurídica da norma. Por outro lado, a **intervenção violadora** é aquela que por não ser constitucionalmente fundamentada, impõe uma violação ao direito fundamental notadamente inconstitucional, fazendo acionar, por conseguinte, a consequência jurídica da norma.

7.2. Espécies de suporte fático

Uma das discussões mais importantes relacionadas ao suporte fático diz respeito à sua amplitude, sendo que as teorias a esse respeito podem ser agrupadas em dois grandes grupos: as teorias de suporte fático restrito e as de suporte fático amplo.

As teorias de **suporte fático restrito** se caracterizam fundamentalmente pela "não-garantia a algumas ações, estados ou posições jurídicas que poderiam ser, em abstrato, subsumidas no âmbito de proteção dessas normas.".[139] O que se tem, assim, é uma não proteção de certas ações que poderiam estar sob a égide da proteção de um determinado direito, mas que dela são excluídos, *in concreto* e *a priori*. Virgílio Afonso da Silva[140] cita como exemplos dessa exclusão algumas decisões prolatadas pelo Supremo Tribunal Federal, como o HC nº 70.814, no qual o Ministro Celso de Mello afirmou que "a cláusula tutelar da inviolabilidade do sigilo epistolar não pode constituir instrumento de salvaguarda de práticas ilícitas"[141], excluindo, *a priori*, certas condutas (ações que fossem consideradas "práticas ilícitas") do âmbito de proteção do sigilo de correspondência (art. 5º, XII, CR/88). Nesse caso, assim como em outros que pressuponham um suporte fático restrito, não há espaço para se falar em restrições a direitos fundamentais ou em sopesamento de princípios, ficando tais possibilidades afastadas em razão da "delimitação precisa do âmbito de proteção de cada direito fundamental.".[142]

Importa ressaltar que existem diversas maneiras de se excluir certas condutas, *a priori*, do âmbito de proteção do direito fundamental, ou seja, são várias as formas pelas quais se pode definir o conteúdo do suporte fático restrito. As estratégias mais relevantes são:

- **A interpretação histórico-sistemática**: forma mais comum de definição do conteúdo do suporte fático restrito[143], consiste na sustentação de que a

138. NOVELINO, Marcelo. *Manual de Direito Constitucional*, p. 323, grifo do autor.
139. SILVA, Virgílio Afonso da. *Direitos Fundamentais: conteúdo essencial, restrições e eficácia*, p. 79-80.
140. SILVA, Virgílio Afonso da. *Direitos Fundamentais: conteúdo essencial, restrições e eficácia.*
141. BRASIL. SUPREMO TRIBUNAL FEDERAL. Primeira Turma, HC n. 70.814/SP. Relator: Min. Celso de Mello. *Diário Oficial de Justiça Eletrônico*, Brasília, 24 jun. 1994. Disponível em: <. Acesso em jan. 2017.
142. NOVELINO, Marcelo. *Manual de Direito Constitucional*, p. 325.
143. NOVELINO, Marcelo. *Manual de Direito Constitucional.*

delimitação da essência de cada direito fundamental ficaria a cargo da interpretação constitucional. A descoberta dessa essência dependeria sobretudo de se analisar as normas constitucionais por meio das perspectivas **histórica** (contexto histórico-cultural de formulação e criação das normas constitucionais) e **sistemática** (relações que as normas de direitos fundamentais guardam entre si e para com as demais normas constitucionais).[144]

- **A delimitação do âmbito da norma e especificidade**, de Friedrich Müller: para a teoria do alcance material, a impossibilidade de se garantir ilimitadamente os direitos fundamentais (reserva da natureza jurídica dos direitos fundamentais) levaria à imposição de limites materiais a *cada* direito fundamental. Esses limites materiais seriam definidos a partir da delimitação do âmbito da norma e da interpretação do programa da norma, não havendo que se falar, assim, em restrições aos direitos fundamentais. A delimitação do âmbito da norma, por sua vez, se daria a partir da análise da *especificidade* da conduta, excluindo do âmbito de proteção, *a priori*, aquelas modalidades de condutas *não específicas*, isto é, aquelas condutas que pudessem ser substituídas por outras condutas (específicas) sem prejuízos para os exercícios *típicos* dos direitos fundamentais. Dessa maneira, a título exemplificativo, a proibição de fazer uma "pintura em um cruzamento entre ruas movimentadas" não configuraria restrição ao direito à liberdade artística, uma vez que esta conduta, por ser uma modalidade não específica e por poder ser substituída pela pintura na calçada, por exemplo, teria sido *a priori* excluída do âmbito de proteção da norma.[145]
- **A fixação de um sistema de priorização das liberdades básicas**, de John Rawls: por esta acepção, deve-se rejeitar uma concepção ampla de suporte fático com o objetivo de se evitar colisões entre direitos fundamentais e um consequente sopesamento de princípios. Para tal, deve-se, a um, reduzir o número de liberdades fundamentais[146], visando evitar que as liberdades mais essenciais tenham a proteção enfraquecida pelos problemas decorrentes de sopesamentos. A isso se relaciona intimamente o segundo ponto necessário, que diz respeito à priorização dessas liberdades frente potenciais conflitos com outros direitos ou interesses coletivos. A três, "para que as liberdades essenciais possam ser combinadas em um sistema e adaptadas a certas condições sociais necessárias para o seu exercício duradouro, é preciso que sejam *regulamentadas*."[147], devendo o

144. SILVA, Virgílio Afonso da. *Direitos Fundamentais: conteúdo essencial, restrições e eficácia*.
145. Cf. MÜLLER, Friedrich. *Die Positivität der Grundrechte*. Fragen einer praktischen Grudrechtsdogmatik. Berlim: Duncker & Humblot, 1969.; SILVA, Virgílio Afonso da. *Direitos Fundamentais: conteúdo essencial, restrições e eficácia.*; ALEXY, Robert. *Teoria dos Direitos Fundamentais*.
146. Inserindo-se nesse rol apenas as liberdades de pensamento e de consciência, liberdades políticas e de associação, liberdades decorrentes da integridade das pessoas e aquelas abarcadas pelo Estado de Direito.
147. SILVA, Virgílio Afonso da. *Direitos Fundamentais: conteúdo essencial, restrições e eficácia*, p. 91, grifo do autor.

seu *conteúdo essencial* ser respeitado, sob pena de violação aos princípios da justiça.[148]

Não obstante existam diversas teorias que buscam fundamentar a exclusão definitiva da proteção de um direito fundamental, as teorias de suporte fático restrito foram alvos de diversas críticas[149], dando lugar, portanto, às **teorias de suporte fático amplo**. Estas teorias se caracterizam por construir um modelo de suporte fático que abarca *todas* as condições necessárias à produção das consequências jurídicas da norma.

Isto é, uma teoria de suporte fático abarcada neste grupo "inclui no âmbito de proteção de cada princípio de direito fundamental tudo aquilo que milite em favor de sua proteção.".[150] Mais especificamente, "toda ação, estado ou posição jurídica que tenha alguma característica que, isoladamente considerada, faça parte do 'âmbito temático' de um determinado direito fundamental deve ser considerada como abrangida por seu âmbito de proteção, independentemente da consideração de outras variáveis.".[151]

Certamente essa ampliação do âmbito de proteção implica no aumento da amplitude da intervenção, uma vez que esta também compõe o suporte fático. Dessa maneira, o conceito amplo de intervenção engloba "qualquer tipo de regulamentação, sem diferenciá-las de potenciais restrições.".[152] Os efeitos dessa ampliação da intervenção podem ser compreendidos a partir do seguinte quadro:

	Intervenção Restrita: nem toda regulação do exercício de direitos fundamentais é considerada como intervenção.	**Intervenção ampla: são consideradas intervenções todas potenciais restrições ao âmbito de proteção de um direito, inclusive mínimas regulamentações.**
Âmbito de Proteção Amplo: conduta não é excluída, *a priori*, da proteção da norma.	A intervenção costuma ser considerada constitucional, uma vez que muitas das ações estatais que regulamentam a forma do exercício do direito sequer são consideradas intervenções, afastando a exigência de fundamentação constitucional.	A constitucionalidade da intervenção depende de fundamentação, isto é, "qualquer intervenção é acompanhada de um grande ônus argumentativo para demonstrar sua constitucionalidade.".[153]

148. RAWLS, John. *Political Liberalism*. New York: Columbia University Press, 1993.; SILVA, Virgílio Afonso da. *Direitos Fundamentais: conteúdo essencial, restrições e eficácia*.
149. Por exemplo, a teoria do alcance material de Müller se apresenta de forma problemática, porque ainda que uma ação reúna todas as características do suporte fático, ela não gozará da proteção da norma caso possua características não específicas. Dessa forma, uma única conduta pode abarcar tanto uma modalidade protegida quanto uma modalidade não específica, sendo a primeira permitida e a segunda não, o que apontaria para um defeito da norma. Cf. ALEXY, Robert. *Teoria dos Direitos Fundamentais*.
150. ALEXY, Robert. *Teoria dos Direitos Fundamentais*, p. 322.
151. SILVA, Virgílio Afonso da. *Direitos Fundamentais: conteúdo essencial, restrições e eficácia*, p. 109.
152. NOVELINO, Marcelo. *Manual de Direito Constitucional*, p. 329.
153. SILVA, Virgílio Afonso da. *Direitos Fundamentais: conteúdo essencial, restrições e eficácia*, p. 112.

	Intervenção Restrita: nem toda regulação do exercício de direitos fundamentais é considerada como intervenção.	**Intervenção ampla: são consideradas intervenções todas potenciais restrições ao âmbito de proteção de um direito, inclusive mínimas regulamentações.**
Âmbito de Proteção Restrito: ação não é protegida por ter sido excluída *a priori*.	A intervenção tende a ser constitucional, mesmo sem fundamentação, porque a conduta já foi excluída, a priori, do âmbito de proteção da norma, razão pela qual não há necessidade de fundamentação constitucional para uma ação estatal que a restrinja.	Da mesma forma, a intervenção tende a ser constitucional, mesmo sem fundamentação, porque a conduta já foi excluída, *a priori*, do âmbito de proteção da norma, razão pela qual não há necessidade de fundamentação constitucional para uma ação estatal que a restrinja.

Dessa maneira, nas teorias de **suporte fático amplo**, não há qualquer exclusão *a priori* de condutas ou situações do âmbito de proteção das normas de direitos fundamentais, o que enseja uma interpretação ampla do âmbito de proteção. Vale mencionar que "esta proteção extremamente ampla ocorre, no entanto, apenas *prima facie*"[154], sendo que sua proteção definitiva somente se torna possível *a posteriori*, geralmente via ponderação de princípios que eventualmente venham a colidir. Em outras palavras, a definição do que é protegido pela norma é, nas teorias de suporte fático amplo, "apenas um primeiro passo, já que condutas ou situações abarcadas pelo âmbito de proteção de um direito fundamental ainda dependerão eventualmente de um sopesamento em situações concretas antes de se decidir pela sua proteção definitiva, ou não.".[155]

8. COLISÕES ENTRE DIREITOS FUNDAMENTAIS E A CRÍTICA A ELAS

Outra situação que enseja discussão e debate sobre a possibilidade de **limitação (restrição) dos direitos fundamentais** envolve os chamados **casos** de ***colisão entre direitos fundamentais***. Segundo Gilmar Ferreira Mendes, é possível falar em colisão quando entre direitos fundamentais se identifica um conflito decorrente do exercício por diferentes titulares.[156]

---

154. NOVELINO, Marcelo. *Manual de Direito Constitucional*, p. 329, grifo do autor.
155. SILVA, Virgílio Afonso da. *O conteúdo essencial dos direitos fundamentais e a eficácia das normas constitucionais*, p. 109.
156. Conforme **Steinmetz**, temos ainda que: *"Há colisão de direitos fundamentais quando, in concreto, o exercício de um direito fundamental por um particular, obstaculiza, afeta ou restringe o exercício de um direito fundamental de um outro titular."* STEINMETZ, Wilson, *Colisão de direito fundamentais* p. 139, 2001. FARIAS, Edilson Pereira de, *Colisão de Direitos* p. 94-105, 1996. MENDES, Gilmar Ferreira, *Curso de Direito Constitucional* p. 341-342. É bom que se diga que os casos de colisão podem ser **diferenciados** em: a) **Colisão em sentido estrito**: dizem respeito apenas aos conflitos entre direitos fundamentais; b) **Colisão em sentido amplo**: envolvem os direitos fundamentais e outros princípios ou valores que tenham por finalidade a proteção de interesses da coletividade.

Aqui, a doutrina de tradição alemã se divide em **duas** correntes, ambas com suporte teórico de extensa fundamentação. Nesses termos:

(1) Para um grupo de doutrinadores, temos colisões aparentes e colisões reais. Nesses termos, ultrapassadas as situações nas quais **o conflito** seja, conforme essa doutrina alemã **aparente** – ou seja, **não há** uma **real situação de colisão,** uma vez que uma determinada prática **transborda** o limite de proteção constitucional, **não podendo gozar** de proteção constitucional –, os **casos de colisão** entre direitos fundamentais podem se situar em **quatro modalidades**:

- ***Colisão de direito fundamental enquanto direito liberal de defesa:*** dois grupos contrários desejam realizar uma manifestação na mesma praça pública. A permissão de ambos, simultaneamente, aniquilaria ambos os interesses.
- ***Colisão de direito de defesa de caráter liberal e o direito de proteção:*** situação exemplificativa da polícia que tem de escolher atirar no sequestrador para salva a vida da vítima ou do refém.
- ***Colisão do caráter negativo de um direito com caráter positivo desse mesmo direito***: um exemplo fica no campo do direito de liberdade religiosa, quando a prática de uma religião pressupõe a não prática de outra. É o caso de aulas de educação religiosa cristã fornecidas em escola pública municipal a todos os alunos, independentemente da sua religião professada e de seus pais.
- ***Colisão entre o aspecto jurídico de um direito fundamental e o seu aspecto fático:*** a exemplificação aqui fica nítida no caso do princípio da igualdade; havendo tratamento diferenciado – política de cotas em universidades –, como ficaria o tratamento igualitário fornecido pelo critério de seleção do vestibular do aluno que obtém as maiores notas em uma prova?[157]

(2) Para outro grupo de doutrinadores[158] não há que se falar na dicotomia colisão **aparente** e colisão **real.** Nesse caso, a crítica refere-se diretamente à figura da **colisão aparente,** pois entendem que uma conduta ou prática (aparentemente) ilícita não está "de início", ou seja, ***a priori*** (e de forma **absoluta** e inquestionável) afastada do manto de proteção dos direitos fundamentais. Essa doutrina, **que** advoga um intitulado **"suporte fático amplo" para os direitos fundamentais, não coaduna** com as tradicionais máximas que dizem: *"**um direito fundamental** não pode servir de **salvaguarda para prática de atividades ilícitas**"*, ou, ***"não podemos esconder sob o véu de um direito fundamental para a realização de atividades ilícitas".***

157. MENDES, Gilmar Ferreira, *Direitos fundamentais e controle de constitucionalidade*: estudos de direito constitucional, p. 78-79. MENDES, Gilmar Ferreira et al., *Curso de direito constitucional*, p. 263.
158. SILVA, Virgilio Afonso. *Direitos Fundamentais, conteúdo essencial, restrições e eficácia*, p. 153-154.

Como exemplos práticos, recorrentemente citados: "a previsão da liberdade de ir e vir **não** assegura a possibilidade da prática de furto ou roubo"; "a liberdade de expressão **não** assegura o direito de incitação ao racismo, ou a apologia ao crime". Mas, apesar disso, é bom que fique claro, que essa corrente não defende a **absolutização** dos direitos fundamentais, pois também deixa assente o entendimento de que os direitos fundamentais são **relativos** (limitados). Acontece que esses teóricos **não** admitem a possibilidade de normas de direitos fundamentais serem, **de plano** (*ab initio*), constitucionalmente inadmissíveis (e com isso descartadas). Advogam, sob a égide da teoria **principiológica de Alexy**, que mesmo condutas proibidas não podem ser excluídas e devem ser consideradas ***prima facie*** como exercício de um direito que, obviamente à luz de um caso concreto (contextualizado), **pode não se** tornar um **direito definitivo**. Nas palavras de Virgílio Afonso da Silva: "(...) em um conceito amplo de liberdade devem ser incluídas, ***prima facie***, condutas que eventualmente seriam consideradas imorais ou até mesmo ilícitas. Para ficar em um exemplo simples: a liberdade de expressão protege, por exemplo um direito à calúnia (...) É obvio, contudo, que ninguém – nem mesmo os defensores do suporte ***fático amplo*** e da ***teoria externa*** – imagina que no direito definitivo de liberdade estão incluídas ações como furtar, ou que no direito definitivo de liberdade de expressão está incluída a possibilidade de caluniar a verdade, ou, por fim, que no direito definitivo à liberdade religiosa está incluída, a possibilidade de fazer sacrifícios humanos." Porém, mesmo nesses casos, temos uma situação de **colisão** em que o caso concreto (e suas circunstancias) irá afastar, segundo essa corrente, o direito ***prima facie*** e estabelecer o **direito definitivo.**[159]

Mas como **solucionar (resolver)** tais colisões? Ora, a solução, em ambas as correntes (acima citadas), é concebida na tradição alemã do instrumental da **ponderação de princípios**. Nesse sentido, utilizando-se da **regra da proporcionalidade** e de suas três sub-regras[160] (adequação, necessidade e proporcionalidade em sentido estrito), o **aplicador** do direito diante de um **caso concreto,** seria, supostamente, capaz de atingir uma justificação racional quanto à **aplicação** de um direito fundamental em **precedência** a outro também previsto constitucionalmente.[161]

159. Como exemplo: *"Segundo* Vieira de Andrade *não há restrição alguma à liberdade artística se se proíbe um artista de montar seu cavalete de pintura em um cruzamento viário. Isso porque tal ação está excluída "à partida", do âmbito de proteção desse direito fundamental. O mesmo valeria, no exemplo de* Friedrich Müller, *para o caso do trombonista que queira fazer improvisações de trombone durante a madrugada. (...) A exclusão de ambas as condutas da proteção de um direito fundamental (liberdade artística) tem como* ***consequência inafastável a possibilidade*** *– sem qualquer necessidade de fundamentação – de* ***retirar – à força, caso necessário*** *– o pintor que pinta seu quadro em um cruzamento viário bloqueado, ou seja, no qual não circula, por alguma razão, em determinado momento, qualquer automóvel. No caso do trombonista, se fazer improvisações de madrugada é algo não protegido, pouco pode importar se o apartamento do artista tem algum tipo de isolação acústica ou se todos os seus vizinhos estejam viajando; ou seja, pouco importa se sua improvisação atrapalha alguém."* SILVA, Virgilio Afonso. *Direitos Fundamentais,* p. 155-156.

160. Conforme já citado, no capítulo referente à Hermenêutica Constitucional, no Brasil, majoritariamente, fala-se em sub-princípios, mas o correto, sem dúvida, é o termo sub-regras, na perspectiva desenvolvida por Robert Alexy (2009) e Virgilio Afonso da Silva (2009).

161. Tema analisado no capítulo sobre a Hermenêutica e a Hermenêutica Constitucional.

Ora, assumir a figura da "ponderação"[162] como solução para a aplicação de direitos fundamentais pode levar (em nossa opinião) a **consequências desastrosas para o direito**. Uma vez que ela leva a uma leitura axiológica do direito – isto é, trata normas sobre direitos fundamentais como se fossem valores –, tal tese acaba por desenvolver uma hierarquização dos direitos fundamentais, o que é possível, única e exclusivamente, a partir de uma perspectiva individual.

Coletivamente – à luz de um levantamento do que a sociedade como um todo pensa e avalia – não é possível definir se o direito de liberdade é mais importante do que o direito de igualdade, por exemplo, ou se o ***habeas corpus*** é um instrumental processual mais importante do que o mandado de segurança. Se fizermos uma enquete hipotética, para seguir a metáfora de Ronald Dworkin,[163] elegendo os direitos que nossa sociedade considera primordiais, nunca terminaremos nosso trabalho com uma escala hierarquizada ou uma pirâmide de direitos fundamentais. Em vez disso, o que teremos é o reconhecimento de um catálogo de direitos equiprimordialmente importantes, ficando a cargo de cada projeto de vida individual a constatação e a decisão de qual projeto de vida e de quais direitos priorizar.

Por isso mesmo, uma decisão a partir da técnica de "ponderação" **é sempre uma leitura individualista, solipsista e presa a uma visão de mundo apenas – a visão do magistrado decisor.** Tal consequência reduz drasticamente a **legitimidade da decisão,** já que perde de vista a perspectiva, visão, compreensões e argumentos trazidos por aqueles que de fato serão os afetados pela decisão. Não é à toa que – ainda que pese a possibilidade de justificar a decisão por meio de uma equação,[164] o que, supostamente para seus defensores, garantiria sua racionalidade – para Jürgen Habermas,[165] tal decisão é ***irracional***. Tal crítica deve ser mais bem explicada, uma vez que tem gerado mal-entendidos: o que **Habermas afirma – à luz dos pressupostos de sua teoria discursiva** – é que uma decisão institucional democrática deve necessariamente poder contar com a participação argumentativa dos seus destinatários. Somente dentro dessa discussão, mediada pelo princípio do melhor argumento é que se poderá estabelecer qual projeto de vida cada um tem para si e se tal projeto é colidente ou não com o projeto levado pelo restante da sociedade; no momento em que o magistrado assume virtualmente a perspectiva de detentor do saber e lança mão da "ponderação", ele desconsidera os participantes reais daquele diálogo e projeta uma imagem pessoal da sociedade em que vive; tal fechamento para o discurso conduz à

162. Em defesa dessa perspectiva, que ora vamos criticar, ver, sobretudo: SILVA, Virgílio Afonso. *Direitos Fundamentais, conteúdo essencial, restrições e eficácia*, p. 50-51. Em um outro enfoque, ver: Paulo Gonet Branco em sua obra: *Juízo de ponderação na jurisdição constitucional*, 2009.

163. DWORKIN, Ronald. *Sovereign Virtue*.

164. ALEXY, Robert, *Teoria da argumentação jurídica*: a teoria do discurso racional como teoria da justificação jurídica. ALEXY, Robert, *Constitutional rights, balancing and rationality*. ALEXY, Robert, *Balancing, constitutional review, and representation*.

165. HABERMAS, Jürgen, *Facticidad y validez*: sobre el derecho y el estado democrático de derecho en términos de teoría del discurso.

irracionalidade – unilateralidade de visão – da sua decisão, que perde legitimidade. A apresentação de uma equação matemática não é capaz de suprir essa abertura discursiva, muito menos de garantir legitimidade à decisão, já que cria um "melhor argumento" fictício, apenas verificável pela mente do seu próprio produtor.[166]

Além do mais, a **tese da relativização dos direitos fundamentais** (embora amplamente desenvolvida no Brasil) **se mostra um tanto quanto simplória – para não dizer ingênua**. Apresenta uma leitura que tenta compatibilizar eventuais colisões entre direitos fundamentais, sem, contudo, procurar compreender melhor a leitura que a própria sociedade faz desses direitos fundamentais. Uma perspectiva diversa é a apresentada por Ronald Dworkin,[167] cuja teoria do ***Direito como Integridade*** busca alcançar a melhor luz na compreensão e interpretação das práticas jurídicas de uma sociedade.

Nesse sentido, o autor norte-americano afirma a possibilidade de se realizar um esforço no sentido de **compreender o direito** a partir de um esquema único de princípios. Nesse prisma, os direitos fundamentais representam normas protetivas de um mesmo conjunto de liberdades para todos os membros da sociedade, de maneira igualitária. Como tais, os direitos fundamentais expressos nos princípios jurídicos são ***trunfos*** nas discussões jurídicas e políticas que envolvam ***diretrizes políticas*** – conjunto de argumentos que beneficiam (social, econômica ou culturalmente) apenas um grupo ou parcela (mesmo que majoritária) da sociedade; isto é, os **direitos fundamentais trazem um interesse universalizante,** e, por isso mesmo, racionalmente aceito por ***todos*** os membros da sociedade, razão pela qual derrubam decisões que veiculem apenas benefícios parciais. A construção de tal **esquema de princípios** coerentes é de fato uma tarefa ***hercúlea***, mas não impossível; seu trabalho é sensivelmente reduzido por meio de uma análise da história institucional daquela sociedade, principalmente à luz de ***paradigmas jurídicos***, que balizam sua visão dentro da gramática de práticas sociais compartilhadas intersubjetivamente por todos os membros e partícipes daquela sociedade, reduzindo, assim, a complexidade da tarefa de redefinição das relações de ***primazia*** – e não de ***preferência*** – entre as normas, de forma que estas são postas em relação dentro de uma ordem transitiva.[168]

A "colisão" é então substituída **pela noção de *adequabilidade*. Günther, desenvolvendo** a ideia de **Dworkin, então,** apresenta uma **diferenciação importante de discursos jurídicos:** ao passo que ***discursos de justificação*** definiriam quais as normas (princípios) uma determinada sociedade concebe como válidas para todos, os ***discursos de aplicação*** definiriam para aqueles envolvidos no caso concreto qual norma é a adequada e, por isso mesmo, a que deve ser

---

166. Para mais detalhes, ver: QUINAUD PEDRON, Flávio. *É possível uma resposta correta para casos controversos?*: uma análise da interpretação de Robert Alexy da tese dworkiana.
167. DWORKIN, Ronald, *O império do direito, 1999.*
168. GÜNTHER, Klaus, *Un concepto normativo de coherencia para una teoría de la argumentación jurídica.*

aplicada.[169] No campo dos discursos de aplicação, os participantes da prática jurídica argumentativa devem levar em conta as situações particulares daquele caso concreto – como único e irrepetível – a fim de identificar o princípio (ou direito) aplicável. A noção de sistema aqui é fundamental, pois é o exame do caso que norteará os participantes a excluir a aplicação de um princípio por outro. Com isso, a argumentação também muda: não se está buscando o princípio maior pelo valor – quer para uma suposta sociedade virtual ou mesmo para o intérprete – mas aquele que responda às exigências do caso concreto ao mesmo tempo que compõe sem choques – harmoniosamente – o esquema de práticas sociais que chamamos de direito. Desse modo, todos os participantes da prática social, bem como toda a sociedade – como participante virtual – podem concordar com o argumento condutor da decisão.

Com Dworkin, ainda, podemos identificar outro problema na **tese da "proporcionalidade"**: a leitura axiológica, bem como o decisionismo individualista por parte do magistrado, acabam por destruir a noção de ***dever*** (***sollen***) inerente ao direito – deontológica. O direito estabelece condutas a partir de uma linguagem binária: ou algo é lícito ou é ilícito. Não há uma terceira via; não há o meio lícito ou o meio ilícito! A leitura axiológica levada a cabo pela teoria da "proporcionalidade" comete o equívoco de tratar tudo como uma questão de preferência, retirando do direito a sua função de traçar antecipadamente as condutas socialmente corretas (lícitas) do seu oposto (o ilícito), e, com isso, perde-se o norte de qual conduta é correta. Logo, fica ao **arbítrio** do magistrado defini-las, abrindo espaço para particularismos que vão novamente "engolir" o esquema coerente de direitos, bem como o referencial de licitude para uma ação. No meio desse ***mar revolto de incertezas***, o direito perde sua força de coesão social, colocando em risco a estrutura da sociedade.[170]

Passamos, então, a adotar uma postura pragmatista – até certo ponto utilitarista – do direito. Sinteticamente, isso significa afirmar que mais que relativos, os direitos fundamentais **não existem**! O que existe é a normatividade decorrente das decisões dos magistrados. Se tais juízes entenderem que tal decisão é benéfica a um grupo social relevante (seja pelas mais diversas razões, porque eles são a maioria ou porque são um grupo marginalizado), tal decisão constituirá o direito para aqueles casos, que pode ser totalmente divergente da leitura realizada por outro magistrado ou tribunal. Assistiríamos, assim, um total descompromisso – uma completa ***discricionariedade*** – do magistrado em decidir, libertando-o de qualquer expectativa social e destruindo a possibilidade de legitimidade de tal decisão. Beneficiando a parte em detrimento do todo, assistiríamos a um uso autoritário da autoridade e do aparato coercitivo estatal, desnaturando a **construção do Estado Democrático de Direito**.

169. GÜNTHER, Klaus, *The sense of appropriateness*: application discourses in morality and law.
170. HABERMAS, Jürgen, *Facticidad y validez*: sobre el derecho y el estado democrático de derecho en términos de teoría del discurso.

9. EFICÁCIA DOS DIREITOS FUNDAMENTAIS NAS RELAÇÕES PRIVADAS: EFICÁCIA HORIZONTAL

Na formulação clássica dos direitos fundamentais, de matriz eminentemente liberal, os direitos fundamentais representavam limites ao exercício do poder do Estado, de modo a barrar a ação usurpadora deste nas suas relações com os particulares. Com o aumento de complexidade percebido pelo direito e o desenvolvimento de novos paradigmas jurídicos, uma nova possibilidade de incidência dos direitos fundamentais foi teorizada para além da dicotomia Estado-Particular. Sem dúvida, essa nova possibilidade de **aplicação dos direitos fundamentais** irá ter íntima relação com a ruptura paradigmática com o **Estado Liberal** (constitucionalismo clássico de cunho negativo abstencionista), adstrito a uma perspectiva subjetiva dos direitos fundamentais, e o advento do **Estado Social** (constitucionalismo social de cunho positivo intervencionista), que, para além da dimensão subjetiva, desenvolveu uma dimensão objetiva dos direitos e garantias fundamentais.[171]

Nesses termos, a relação que se dá entre Estado, de um lado, e particular, de outro – agora chamada de ***eficácia vertical*** dos direitos fundamentais – continua a existir. Porém, além dessa perspectiva, surge a necessidade de defender, com base no catálogo de direitos fundamentais, o particular nas suas relações com outros particulares, fazendo-se com que nesse novo quadro seja repensada toda a dinâmica posta para aplicação dos direitos fundamentais. Por isso mesmo, fala-se em ***eficácia horizontal ou*** de direitos fundamentais nas relações privadas.[172]

Segundo Sarmento, os debates iniciais encontram como marco histórico inicial o período logo após o advento da Lei Fundamental de Bonn, na Alemanha. Na gênese dessa discussão delineou-se que o dever do Estado de proteção dos direitos fundamentais não estava limitado a uma atividade omissiva – uma abstenção de não

171. Nesse sentido: a defesa de alguns autores europeus é que os direitos fundamentais, com o advento do Estado Social e de suas funções, passaram a ter também uma dimensão objetiva. Esta, embora não sem divergência, consistiria na consideração de que os direitos fundamentais devem se apresentar como a base de todo o ordenamento jurídico (função legitimadora e corporificadora) de um Estado. Sendo os mesmos dotados de vinculação entre os órgãos públicos e os particulares, por percorrerem todo o sistema com uma eficácia irradiante. Sem dúvida, essa dimensão, não obstante as críticas, constituirá um reforço de proteção aos direitos fundamentais, sobretudo no modo de como eles devem e podem incidir nas mais variadas situações de aplicação dos mesmos que obviamente não estariam restritas ao parâmetro Estado frente ao Particular. Conforme os adeptos de tal tese: na sentença do caso *Lüth* deduziu-se da dimensão objetiva dos direitos fundamentais um *efeito de irradiação* destes sobre todo o sistema normativo. Esse efeito traduz a ação conformadora que o Direito constitucional deve exercer sobre todos os ramos do Direito. (*Apontamentos sobre a aplicação das normas de direito fundamental nas relações entre particulares*. GONÇALVES PEREIRA, Jane Reis, 2003, p. 154).

172. SARMENTO, Daniel, *A vinculação dos particulares aos direitos fundamentais no direito comparado e no Brasil*, p. 193-194. Certo é que o termo '**direitos fundamentais' nas relações privadas** é o **mais adequado**, visto que em **determinadas hipóteses** (casos concretos) os **particulares não estão** em **relação de horizontalidade** devido à **discrepância** de uns em relação aos outros. É interessante registrarmos que alguns doutrinadores, atualmente, falam em "**eficácia diagonal dos direitos fundamentais**". **Essa seria,** justamente, **a referente aos particulares nas relações com outros particulares não numa relação de horizontalidade (nos termos da crítica de Daniel Sarmento), mas sim de verticalidade, ou seja, um particular (por exemplo com grande poderio econômico) em relação a outro (por exemplo: hipossuficiente).** Nesse sentido, **teríamos a eficácia diagonal dos direitos fundamentais (e não a horizontal) apesar da relação ser entre particulares.**

violação – mas também se incluía no rol de condutas esperadas ações em defesa de lesões ou ameaças que os particulares poderiam vir a sofrer em virtude da ação de terceiros (também particulares). Sendo assim, o debate que envolveu a eficácia horizontal dos direitos fundamentais é de cunho tipicamente europeu, tendo como precursoras a doutrina e jurisprudência tedesca.[173]

Pois bem, a doutrina e jurisprudência alemã,[174] a partir da década de 50, passam a reconhecer a **aplicação dos direitos fundamentais nas relações privadas.** O problema, então, passou a ser não a questão da eficácia dos direitos fundamentais nessas relações, mas, sim, a forma de incidência dos direitos fundamentais previstos na Constituição nas relações entre particulares. Surgiu aí a dúvida se os direitos fundamentais deveriam ser aplicados de forma direta ou indireta nas relações privadas. Nesse sentido, teremos a partir daí duas teses, acerca da afirmação e aplicação da intitulada eficácia horizontal (direitos fundamentais nas relações privadas).[175]

Na **primeira corrente**, fala-se em uma ***eficácia indireta e mediata***[176] ***dos direitos fundamentais***. Aqui, a proteção aos direitos fundamentais em relações privadas somente pode se dar a partir da consagração de leis infraconstitucionais voltadas para tais relações. Em tal perspectiva, as normas infraconstitucionais são interpretadas à

---

173. Nesses termos: na **Alemanha**, embora haja certa hesitação quando se trata de identificar a origem precisa do debate, é possível afirmar que este ganhou consistência a partir da década de cinquenta, quando foi cunhado o célebre termo drittwirkung der grundrechte. Há quem sustente, inclusive, que a própria ideia de eficácia dos direitos fundamentais em relações privadas é uma criação da ciência jurídica alemã, verdadeiro produto *made in germany*, que mais tarde tornou-se artigo de exportação jurídica. Com efeito, embora a construção norte-americana da state action doctrine torne questionável o *pioneirismo invocado pela dogmática germânica, o fato é que esta conferiu ao tema densidade e originalidade ímpares, vindo a tornar-se ponto de referência para toda a doutrina europeia*. (*Apontamentos sobre a aplicação das normas de direito fundamental nas relações entre particulares.* GONÇALVES PEREIRA, Jane Reis, 2003, p. 134).

174. O Tribunal Constitucional alemão debateu e enfrentou o tema da eficácia dos direitos fundamentais nas relações privadas no famoso **caso** *Lüth* (1958). Este se tornou uma verdadeira referência não só na Alemanha no que diz respeito à aplicação dos direitos fundamentais nas relações entre particulares. Um resumo do caso pode ser assim descrito: em 1950 *Erich Lüth*, presidente do clube de imprensa de Hamburgo, em um discurso feito perante produtores e distribuidores da indústria cinematográfica, defendeu que fosse realizado um boicote ao filme *Unsterbiliche Gelibte* (Amante imortal), dirigido por *Veit Harlam*, em virtude do cineasta ter elaborado filmes de conotação antissemita na época nazista de Hitler. A produtora do filme de *Harlam* recorreu ao Tribunal de Hamburgo com o objetivo de que fosse determinado a *Lüth* que cessasse a conclamação ao boicote, com fundamento no art. 826 do Código Civil (quem, de modo contrário aos bons costumes, cause danos dolosamente a outro, está obrigado a reparar o dano). A demanda foi acolhida pelo Tribunal. Ocorreu em virtude de tal decisão recurso por parte de *Lüth* perante a Corte Constitucional, que por sua vez reformou a sentença entendendo ter havido violação ao direito fundamental de *Lüth* à liberdade de expressão. É bom que se diga que nesse caso a Corte adotou a tese da eficácia indireta ou mediata. *Apontamentos sobre a aplicação das normas de direito fundamental nas relações entre particulares*. GONÇALVES PEREIRA, Jane Reis, p. 166. SARMENTO, Daniel, *A vinculação dos particulares aos direitos fundamentais no direito comparado e no Brasil*).

175. CANOTILHO, José Joaquim Gomes, *Direito constitucional e teoria da Constituição*, 5. ed., p. 446.

176. Essa teoria foi inicialmente defendida pela teorização de *Günther Dürig e* posteriormente por outros autores. É atualmente a tese majoritária na doutrina e na jurisprudência alemã a partir do caso *Lüth. No caso acima citado, a Corte Constitucional entendeu que os Tribunais civis ao examinarem litígios de natureza privada devem levar em consideração os direitos fundamentais, interpretando os preceitos de direito civil de forma a harmonizá-los com os valores que emanam da Constituição.* (*Apontamentos sobre a aplicação das normas de direito fundamental nas relações entre particulares.* GONÇALVES PEREIRA, Jane Reis, 2003, p. 134).

luz das disposições constitucionais, como se esta fosse um filtro. Com isso, segundo Robert Alexy, a aplicação dos direitos fundamentais na relação entre particulares seria sempre mediada pela atuação do legislador (e sua produção normativa ordinária) ou mesmo pelo Juiz, que deveria interpretar o direito infraconstitucional (privado) à luz das normas de direitos fundamentais.[177]

Esta é a posição majoritária na doutrina tedesca (alemã), sendo assumida, por exemplo, por Konrad Hesse[178], para quem tal teoria visaria proteger o núcleo da autonomia privada dos indivíduos. Todavia, em nossa opinião, o que se vê, é o inverso. A assunção de tal tese, para alguns doutrinadores, adota uma perspectiva "hipertrofiada" do que seja autonomia privada que fragiliza a si mesma, uma vez que passa a aplicação de direitos fundamentais a ser dependente da produção legislativa infraconstitucional, e, além disso, trabalha a autonomia privada como um direito fundamental que sempre preponderaria sobre outros direitos fundamentais (precedência incondicionada ou absolutização).[179]

Já a **segunda corrente**, que apresenta um acolhimento atualmente minoritário em solo tedesco (alemão) – mas majoritário em países ibéricos como a Espanha –, entende que ***a eficácia dos direitos fundamentais é direta e imediata.***[180]

Seus defensores afirmam que os direitos fundamentais, tal como previstos no texto constitucional, já trazem condições de plena aplicabilidade nas relações entre particulares, dispensando a mediação infraconstitucional, não necessitando, portanto, da atuação (sindicabilidade) do legislador e nem mesmo da interpretação da legislação infraconstitucional à luz da Constituição.

Nesse sentido, com base na perspectiva da **máxima efetividade** a Constituição (com seu rol de direitos fundamentais) deveria ser aplicada diretamente nas relações entre particulares[181].

---

177. ALEXY, Robert, *Teoría de los derechos fundamentales*, 1997, p. 243.
178. HESSE, Konrad, *Derecho constitucional y derecho privado*, p. 60-61.
179. "Sustentam os defensores da tese da eficácia indireta e mediata que a adoção da tese contrária da eficácia direta e imediata: **a)** poderia comprometer em demasia a autonomia privada; **b)** daria poderes excessivos aos juízes em detrimento do legislador eleito democraticamente; **c)** geraria insegurança jurídica, pois ensejaria que os conflitos privados seriam solucionados com base em princípios constitucionais vagos e abstratos; **d)** poderia por em risco a autonomia do direito privado permitindo sua dissolução pelo direito público (colonização pelo direito constitucional)." SARMENTO, Daniel, *A vinculação dos particulares aos direitos fundamentais no direito comparado e no Brasil*, p. 219-248.
180. O autor que preliminarmente defendeu essa tese foi *Hans Carl Nipperdey*, juiz do Tribunal Federal do Trabalho alemão. O texto inicial que demarcou sua posição foi "*Die wüde dês menschen*" publicado em obra coletiva em **1954** pela Editora *Dunker & Humboldt*. Nipperdey concordou com a premissa definida pela Corte Constitucional de que a Lei Fundamental não era neutra, mas sim vincularia uma ordem objetiva de valores. Porém, ele não compartilhava a noção de que o efeito irradiante dos direitos fundamentais nas relações entre os particulares deveria se propagar por meio das cláusulas gerais do Direito Civil (ou de qualquer outro ramo do Direito), mas sim de forma direta sem a intermediação infraconstitucional. *Apontamentos sobre a aplicação das normas de direito fundamental nas relações entre particulares*. GONÇALVES PEREIRA, Jane Reis, p. 158.
181. Já Daniel Sarmento e em especial Bilbao Ubillos, defendem a eficácia direta, mas não descartam a aplicação das normas infraconstitucionais (mediante a irradiação de valores constitucionais). *Advogam que se as normas infraconstitucionais são inadequadas ou mesmo insuficientes (ou inexistentes), o juiz deve aplicar a Constituição para*

Mas aqui uma advertência. Além das duas correntes de maior sucesso aventadas, existem também ***teorias alternativas***, que não advogam a "dicotomia" (hiato) eficácia indireta/mediata e eficácia direta/imediata.

Uma delas é a do jurista Robert Alexy. Para o professor de Kiel deveríamos buscar uma teorização que tenha como objetivo explicar de forma mais satisfatória e, porque não dizer, mais completa a incidência de direitos fundamentais nas relações privadas. Nesses termos, Alexy trabalha um modelo de ***complementariedade*** entre as eficácias indireta e direta e acrescenta nesse modelo a "teoria dos deveres de proteção".

Com isso, defende a ***teoria*** ou ***modelo dos três níveis de efeitos*** (nível dos deveres do Estado, o nível dos direitos frente ao Estado e o nível da relação entre sujeitos privados). No primeiro nível teríamos a teoria da eficácia indireta ou mediata. Ou seja, o juiz deve buscar inicialmente (inclusive por uma questão de segurança jurídica) interpretar o direito privado (e sua legislação infraconstitucional produzida pelo legislador democraticamente eleito pelo povo) à luz da Constituição. No segundo nível, teríamos os deveres de proteção, ou seja, há um dever de proteção do Estado na relação entre os particulares com outros particulares, e, portanto, o judiciário ao dirimir conflitos interpretativos deve sempre levar em consideração os direitos fundamentais. E no terceiro nível teríamos a tese da eficácia direta e imediata dos direitos fundamentais sendo trabalhada e aplicada.[182]

Já na tradição **norte-americana,** a discussão sobre a eficácia horizontal dos direitos fundamentais ganha outros contornos. Salvo a 13ª Emenda, que prevê a proibição de escravidão, todos os demais direitos se voltam e vinculam única e exclusivamente o Estado. Nesse diapasão, a doutrina da ***state action*** objetiva preservar o espaço de autonomia dos Estados-membros para legislar sobre direitos privados, vedando tal matéria ao espaço de competências da União. Sendo assim, proíbe-se que as cortes federais, mesmo que a pretexto de estarem aplicando a Constituição, intervenham na *disciplina das relações entre particulares* (portanto a regra é a da não aplicação dos direitos fundamentais nas relações privadas).

Todavia, a partir da década de 40, a Suprema Corte começa a temperar (**relativizar**) a tese da inaplicabilidade dos direitos fundamentais em relações privadas[183].

resolver a querela entre particulares. É claro que pesa (até mesmo por deferência ao legislador democraticamente eleito) um ônus argumentativo para a aplicação direta das normas constitucionais nas relações privadas (ou seja, deve restar claro que solução definida pelo legislador infraconstitucional não foi suficiente ou não foi adequada para resolver a questão, não proporcionando a tutela ao direito fundamental exigida pela Constituição). Defendem uma ponderação entre a autonomia privada e o outro direito fundamental em jogo. SARMENTO, Daniel. *A vinculação dos particulares aos direitos fundamentais no direito comparado e no Brasil, p. 242-244.*

182. ALEXY, Robert, *Teoría de los derechos fundamentales*, 1997, p. 514-521. SARMENTO, Daniel. *A vinculação dos particulares aos direitos fundamentais no direito comparado e no Brasil, p. 242-244.*

183. SARMENTO, Daniel, *A vinculação dos particulares aos direitos fundamentais no direito comparado e no Brasil*, p. 200. Nesse sentido, a doutrina afirma que se pode vislumbrar duas hipóteses em que a Suprema Corte estabelecia uma interpretação ampliativa da noção de *state action*, viabilizando, assim, o exame da relação jurídica privada à luz dos preceitos que garantem as liberdades constitucionais: *a) o exercício, por um sujeito privado, de uma função*

Ao adotar a ***public function theory***, afirma a aplicabilidade dos direitos fundamentais quando o particular exercer atividades de **natureza tipicamente estatal** (atos equiparados ao do poder público).[184] A Suprema Corte também entende que o Estado não está autorizado por meio de sua legislação a estimular – seja de modo direto, seja de modo indireto – o desrespeito aos direitos fundamentais.[185] No campo doutrinário, se fazem presentes diversos questionamentos da doutrina da ***state action***, uma vez que, ainda que pesem os temperamentos e variações adotados pela Suprema Corte, ela não comporta um tratamento adequado aos direitos fundamentais em sua eficácia horizontal (nas relações privadas).

Conforme a doutrina de **Virgílio Afonso da Silva**, quando a ***state action*** afirma não trabalhar a aplicação dos direitos fundamentais nas relações privadas, aceitando apenas o raciocínio (artificial) da equiparação de uma ação privada a uma ação pública (de Estado) para que particulares possam ser protegidos nas relações com outros particulares, está usando, na verdade, de um "artifício", pois a negativa da proteção a particulares seria apenas (tão somente) "aparente" e de cunho casuísta. Nesse sentido, "a equiparação só ocorre quando já há um fim deliberado de coibir uma violação a um direito fundamental causada por uma ação privada."[186]

Pois bem, como último aporte, resta saber como podemos trabalhar a doutrina da eficácia horizontal dos direitos fundamentais em ***terrae brasilis***. Adotamos tal aplicação dos direitos fundamentais ou nos filiamos à perspectiva norte-americana?

Sem dúvida, o Brasil vem adotando, tanto doutrinária quanto jurisprudencialmente, a posição europeia do manuseio dos direitos fundamentais nas relações privadas. Portanto, a vinculação de particulares aos direitos fundamentais previstos constitucionalmente vem sendo reconhecida. Porém, ainda não há na jurisprudência

típica do Estado; e b) a existência de circunstâncias que permitam vincular uma ação estatal à uma conduta privada. Ou seja, as liberdades civis limitariam as pessoas privadas quando estas exercessem uma função estatal ou quando atuassem em conexão com o Estado. Apontamentos sobre a aplicação das normas de direito fundamental nas relações entre particulares. GONÇALVES PEREIRA, Jane Reis, p. 175.

184. O caso mais significativo foi o precedente *March v. Alabama* (326 U.S. 501), de 1946, que discutia "se uma empresa privada, que possuía terras no interior das quais se localizavam ruas, residências, estabelecimentos comerciais etc., podia ou não proibir Testemunhas de Jeová de pregarem no interior da sua propriedade. A Suprema Corte declarou **inválida tal proibição**, pois ao manter uma 'cidade privada' (*private owned town*), a empresa se equiparava ao Estado e se sujeitava à 1ª Emenda da Constituição norte-americana, que assegura liberdade de culto." (SARMENTO, Daniel, *A vinculação dos particulares aos direitos fundamentais no direito comparado e no Brasil*, p. 201). Em caso anterior *Smith v. Allwright* (1944) a mesma teoria foi aplicada aos partidos políticos quando decidiram excluir ou não filiar pessoas negras, impedindo-as, portanto, de participação nas intituladas eleições primárias (internas), pois as primárias integram a engenharia eleitoral e as mesmas vedações que limitam a discriminação nas eleições devem ser as primárias aplicadas. Em *Evens v. Newton* (382 U.S. 296), de 1966, a Suprema Corte reconheceu que, mesmo sendo privado, se um parque fosse aberto ao público, não poderia ter restrições de acesso a negros.

185. Baseado nessa orientação, em *Reitman v. Mulkey* (387 U.S. 369), de 1967, a Suprema Corte **invalidou** uma emenda à Constituição do Estado da Califórnia, que concedia aos proprietários de imóveis o poder de negar-se a vendê-los ou arrendá-los para quem quisessem, sob o argumento de que o ato normativo em questão tivera o objetivo de **estimular** a **discriminação racial privada** no acesso à moradia. SARMENTO, Daniel, *A vinculação dos particulares aos direitos fundamentais no direito comparado e no Brasil*, p. 204.

186. SILVA, Virgílio Afonso da, *A constitucionalização do direito*: os direitos fundamentais nas relações privadas, 2005, p. 106.

do STF uma teorização[187] (fundamentação teórica) sobre os limites e alcances dessa aplicação, ou seja, sobre o campo de incidência dos direitos fundamentais de forma direta (imediata) ou indireta (mediata) nas relações privadas.

Portanto, apesar da falta de uma construção teórica específica, o STF vem aplicando de forma direta os direitos fundamentais nas relações privadas. Nesses termos, trazemos a cotejo três casos que entendemos serem paradigmáticos:

1) **RE nº 158.215/RS.** Nesse caso, julgado em 30/04/96, o Supremo Tribunal Federal considerou a expulsão de associados de uma cooperativa sem a observância do direito adequado de defesa e do devido processo legal como violações aos direitos fundamentais previstos constitucionalmente. A ementa da decisão assim preleciona:

> **DEFESA – DEVIDO PROCESSO LEGAL – INCISO LV DO ROL DAS GARANTIAS CONSTITUCIONAIS – EXAME – LEGISLAÇÃO COMUM.** A intangibilidade do preceito constitucional assegurador do devido processo legal direciona ao exame da legislação comum. Daí a insubsistência da óptica segundo a qual a violência à Carta Política da República, suficiente a ensejar o conhecimento de extraordinário, há de ser direta e frontal. Caso a caso, compete ao Supremo Tribunal Federal exercer crivo sobre a matéria, distinguindo os recursos protelatórios daqueles em que versada, com procedência, a transgressão a texto constitucional, muito embora torne-se necessário, até mesmo, partir-se do que previsto na legislação comum. Entendimento diverso implica relegar à inocuidade dois princípios básicos em um Estado Democrático de Direito – o da legalidade e do devido processo legal, com a garantia da ampla defesa, sempre a pressuporem a consideração de normas estritamente legais.
>
> **COOPERATIVA – EXCLUSÃO DE ASSOCIADO – CARÁTER PUNITIVO – DEVIDO PROCESSO LEGAL.** Na hipótese de exclusão de associado decorrente de conduta contrária aos estatutos, impõe-se a observância ao devido processo legal, viabilizado o exercício amplo da defesa. Simples desafio do associado à assembleia geral, no que toca à exclusão, não é de molde a atrair adoção de processo sumário. Observância obrigatória do próprio estatuto da cooperativa. (Rel. Min. Marco Aurélio de Mello– 2ª Turma *DJ* 07.06.1996)

2) **RE nº 161.243/DF.** Nesse histórico caso julgado em 29/10/1996, o Supremo Tribunal Federal entendeu que o princípio da igualdade (isonomia), previsto na Constituição como um direito fundamental, deve ser observado também nas relações entre particulares, não devendo um trabalhador brasileiro ser discriminado por empresa estrangeira, conforme a ementa abaixo:

> EMENTA: CONSTITUCIONAL. TRABALHO. PRINCÍPIO DA IGUALDADE. TRABALHADOR BRASILEIRO EMPREGADO DE EMPRESA ESTRANGEIRA: ESTATUTOS DO PESSOAL DESTA: APLICABILIDADE AO TRABALHADOR ESTRANGEIRO E AO TRABALHADOR BRASILEIRO. C.F., 1967, art. 153, § 1º; C.F., 1988, art. 5º, caput. I. – Ao recorrente, por não ser francês,

187. SARMENTO, Daniel, *A vinculação dos particulares aos direitos fundamentais no direito comparado e no Brasil*, p. 260.

não obstante trabalhar para a empresa francesa, no Brasil, não foi aplicado o Estatuto do Pessoal da Empresa, que concede vantagens aos empregados, cuja aplicabilidade seria restrita ao empregado de nacionalidade francesa. Ofensa ao princípio da igualdade: C.F., 1967, art. 153, § 1º; C.F., 1988, art. 5º, caput). II. – A discriminação que se baseia em atributo, qualidade, nota intrínseca ou extrínseca do indivíduo, como o sexo, a raça, a nacionalidade, o credo religioso, etc., é inconstitucional. Precedente do STF: Ag 110.846(AgRg)-PR, Célio Borja, RTJ 119/465. III. – Fatores que autorizariam a desigualização não ocorrentes no caso. IV. – R.E. conhecido e provido. (Rel. Min. Carlos Mario Velloso *DJ* 19.12.1997)

3) **RE nº 201.819/RJ.** Nesse caso, que envolveu a UBC (União Brasileira de Compositores) e um associado que foi excluído sem o direito ao devido processo legal, contraditório e à ampla defesa, o Ministro Gilmar Ferreira Mendes desencadeou a divergência em relação ao voto proferido pela Relatora Ministra Ellen Gracie (voto vencido). O Eminente Ministro afirmou que os direitos fundamentais previstos na Constituição devem ser aplicados não só nas relações entre o Estado e o particular, mas também nas relações entre os particulares envolvendo, por exemplo, pessoas físicas e jurídicas privadas, conforme a ementa:

> **EMENTA: SOCIEDADE CIVIL SEM FINS LUCRATIVOS. UNIÃO BRASILEIRA DE COMPOSITORES. EXCLUSÃO DE SÓCIO SEM GARANTIA DA AMPLA DEFESA E DO CONTRADITÓRIO. EFICÁCIA DOS DIREITOS FUNDAMENTAIS NAS RELAÇÕES PRIVADAS. RECURSO DESPROVIDO. EFICÁCIA DOS DIREITOS FUNDAMENTAIS NAS RELAÇÕES PRIVADAS.** As violações a direitos fundamentais não ocorrem somente no âmbito das relações entre o cidadão e o Estado, mas igualmente nas relações travadas entre pessoas físicas e jurídicas de direito privado. Assim, os direitos fundamentais assegurados pela Constituição vinculam diretamente não apenas os poderes públicos, estando direcionados também à proteção dos particulares em face dos poderes privados. **II. OS PRINCÍPIOS CONSTITUCIONAIS COMO LIMITES À AUTONOMIA PRIVADA DAS ASSOCIAÇÕES.** A ordem jurídico-constitucional brasileira não conferiu a qualquer associação civil a possibilidade de agir à revelia dos princípios inscritos nas leis e, em especial, dos postulados que têm por fundamento direto o próprio texto da Constituição da República, notadamente em tema de proteção às liberdades e garantias fundamentais. O espaço de autonomia privada garantido pela Constituição às associações não está imune à incidência dos princípios constitucionais que asseguram o respeito aos direitos fundamentais de seus associados. A autonomia privada, que encontra claras limitações de ordem jurídica, não pode ser exercida em detrimento ou com desrespeito aos direitos e garantias de terceiros, especialmente aqueles positivados em sede constitucional, pois a autonomia da vontade não confere aos particulares, no domínio de sua incidência e atuação, o poder de transgredir ou de ignorar as restrições postas e definidas pela própria Constituição, cuja eficácia e força normativa também se impõem, aos particulares, no âmbito de suas relações privadas, em tema de liberdades fundamentais. **III. SOCIEDADE CIVIL SEM FINS LUCRATIVOS. ENTIDADE QUE INTEGRA ESPAÇO PÚBLICO, AINDA QUE NÃO-ESTATAL. ATIVIDADE DE CARÁTER PÚBLICO. EXCLUSÃO DE SÓCIO SEM GARANTIA DO DEVIDO PROCESSO LEGAL. APLICAÇÃO DIRETA DOS DIREITOS FUNDAMENTAIS À AMPLA DEFESA E AO CONTRADITÓRIO. As associações privadas que exercem** função predominante em determinado âmbito econômico e/ou social, mantendo seus associados em relações de dependência econômica e/ou social, integram o que se pode denominar de espaço público, ainda que

não-estatal. A União Brasileira de Compositores – UBC, sociedade civil sem fins lucrativos, integra a estrutura do ECAD e, portanto, assume posição privilegiada para determinar a extensão do gozo e fruição dos direitos autorais de seus associados. A exclusão de sócio do quadro social da UBC, sem qualquer garantia de ampla defesa, do contraditório, ou do devido processo constitucional, onera consideravelmente o recorrido, o qual fica impossibilitado de perceber os direitos autorais relativos à execução de suas obras. A vedação das garantias constitucionais do devido processo legal acaba por restringir a própria liberdade de exercício profissional do sócio. O caráter público da atividade exercida pela sociedade e a dependência do vínculo associativo para o exercício profissional de seus sócios legitimam, no caso concreto, a aplicação direta dos direitos fundamentais concernentes ao devido processo legal, ao contraditório e à ampla defesa (art. 5º, LIV e LV, CR/88). **IV. RECURSO EXTRAORDINÁRIO DESPROVIDO.** (Rel. do Acórdão Min. Gilmar Ferreira Mendes. 2ª T *DJ* 26.10.2006)

4) **RR nº 122600-60.2009.5.04.0005**, O caso julgado pelo TST envolveu regulamento de empresa em que o empregador, por meio de seu poder diretivo, proibia o namoro entre empregados, dentro e fora do local de trabalho. Dispensados os empregados que mantinham um relacionamento, a decisão do TST reconheceu a invalidade desse regulamento e, consequentemente, a arbitrariedade da dispensa, fixando danos morais para os empregados dispensados, conforme a ementa:

RECURSO DE REVISTA. **DANO MORAL. NORMA REGULAMENTAR QUE PROÍBE O RELACIONAMENTO AMOROSO ENTRE EMPREGADOS. ABUSO DO PODER DIRETIVO DA RECLAMADA. INOBSERVÂNCIA DO PRINCÍPIO DA DIGNIDADE DA PESSOA HUMANA E DO DIREITO À LIBERDADE. VIOLAÇÃO DOS ARTIGOS 5º, INCISO X, DA CONSTITUIÇÃO FEDERAL E 927 DO CÓDIGO CIVIL CARACTERIZADA.** A partir da segunda metade do século XX, consolidou-se a percepção de que também os denominados -poderes privados- podem vulnerar os direitos fundamentais das pessoas com as quais mantêm relações jurídicas, principalmente naquelas de natureza assimétrica, em que um dos polos está em estado de sujeição ou é hipossuficiente do ponto de vista jurídico, econômico ou social. Daí a consagração da denominada eficácia horizontal dos direitos fundamentais ou a sua eficácia na esfera do Direito Privado ou entre particulares, instrumento mediante o qual o Poder Judiciário atua para limitar o exercício arbitrário ou abusivo do poder por particulares que atinja os direitos fundamentais daqueles com os quais estes se relacionam. Também não cabe, hoje, nenhuma dúvida quanto à aplicabilidade direta e imediata dos direitos fundamentais em geral no âmbito das relações trabalhistas. Afinal, a doutrina contemporânea reconhece e proclama que -os direitos fundamentais não são como os chapéus que se deixam na entrada do local de trabalho, eis que tais direitos, assim como as cabeças, não podem ser separados da pessoa humana em nenhum lugar, sob nenhuma circunstância. Discute-se, no caso, a configuração do dano moral decorrente de demissão fundamentada em norma interna da reclamada que proíbe o relacionamento amoroso entre empregados dentro e fora da empresa. A situação fática explicitada na decisão regional é de que o reclamante trabalhava no supermercado e exercia o cargo de operador de supermercado, o qual passou a ter relacionamento amoroso com uma colega, que trabalhava no setor de segurança, de controle patrimonial. Foi aberto, então, um procedimento administrativo contra os dois empregados, com base em norma interna da empresa, por meio da qual se proibia o relacionamento amoroso entre empregados do departamento de segurança e qualquer outro empregado da empresa, sob pena de desligamento imediato. A dispensa dos dois empregados, na mesma data, decorreu do simples fato de estarem morando juntos, tendo um relacionamento, e da companheira do reclamante exercer suas atividades exatamente no setor de Divisão de Loss Prevention ou de prevenção de perdas, presumindo-se que ela poderia não agir corretamente no exercício de suas funções na área de segurança do supermercado. Na hipótese dos autos, não houve nenhuma alegação ou registro de que eles agiram mal, de que entraram em choque ou de que houve algum incidente, envolvendo esse casal, no âmbito da empresa. Esses fatos configuram, sim, invasão injustificável ao patrimônio moral de cada empregado e da liberdade de cada pessoa que, por ser empregada, não deixa de ser pessoa e não pode ser proibida de se relacionar amorosamente com seus colegas de trabalho. Ao contrário: isso é inerente à natureza humana. Diante desse contexto fático, não cabe a menor dúvida de que preceitos constitucionais fundamentais estão sendo atingidos, como a dignidade da pessoa humana e a liberdade, tendo em vista que a vida pessoal desse empregado, sem nenhuma justificativa razoável e sem real necessidade, está sendo desproporcionalmente limitada pelo empregador fora do ambiente de trabalho. Com efeito, em razão da condição hierárquica da relação existente entre empregado – subordinado – e empregador, tem-se que esse último detém o poder diretivo, o qual, no entanto, deve observar os limites estabelecidos na Constituição Federal e nas leis, devendo os atos empresariais, sejam eles tácitos, sejam escritos (regulamentos internos e demais normas internas), ser razoáveis, sendo vedado seu uso abusivo e contrário à função social que deve presidir e, ao mesmo tempo, servir de limite daqueles próprios atos empresariais. Destaque-se, aqui, **a necessidade de respeito ao princípio da dignidade da pessoa humana, preconizado no artigo 1º, inciso III, da Constituição Federal, o qual se concretiza pelo reconhecimento e pela positivação dos direitos e das garantias fundamentais, sendo o valor unificador de todos os direitos fundamentais, e à liberdade, que constitui um dos pilares principais de efetivação da dignidade humana.** Vale ressaltar, por oportuno, que uma das principais características dos direitos fundamentais é sua inalienabilidade ou indisponibilidade, que resulta da fundamentação do direito no valor da dignidade humana: **da mesma forma que o homem não pode deixar de ser homem, ele não pode ser livre para ter ou não dignidade – o Direito não pode permitir que o homem se prive de sua dignidade. Nesse contexto, serão indisponíveis exatamente os direitos fundamentais que visam resguardar diretamente a potencialidade do homem de viver com dignidade e de se autodeterminar, como o direito à proteção da personalidade e da vida privada do trabalhador, que se destina a salvaguardar a liberdade do trabalhador de tomar decisões sem coerções externas, mormente quando envolver questões inerentes à própria natureza humana, como é, sem dúvida, o direito de estabelecer relacionamentos amorosos com pessoas com quem um determinado empregado ou empregada houver convivido no ambiente de trabalho, situação ora em análise.** Ademais, a norma regulamentar que proíbe aos empregados da reclamada que, de forma absoluta e até mesmo fora de seu local de trabalho, mantenham qualquer forma de relacionamento afetivo ou amoroso com alguns de seus colegas de trabalho também fere direta e frontalmente o artigo 5º, II, da Constituição Federal, ao tentar tornar ilícito, no âmbito da empresa, um comportamento que a Constituição e as leis absolutamente não proíbem e até estimulam por meio do artigo 226 da

> mesma Norma Fundamental, que assegura a especial proteção do Estado à família e à união estável entre o homem e a mulher, como entidade familiar. Por fim, tal conduta empresarial também ignora por completo o disposto no artigo 21 do Código Civil brasileiro, que estabelece incisivamente que -a vida privada da pessoa natural é inviolável, e o juiz, a requerimento do interessado, adotará as providências necessárias para impedir ou fazer cessar ato contrário a essa norma- (destacou-se). Diante disso, é forçoso concluir que está configurado, no caso, o abuso do poder diretivo da empresa, a qual, fundamentando-se exclusivamente em norma interna que proíbe o relacionamento amoroso entre empregados, dispensou sem causa justificada o reclamante, violando direta e indiscutivelmente seu patrimônio moral, lesão que deve ser reparada, nos termos dos artigos 5º, inciso X, da Constituição Federal e 927, caput, do Código Civil. Recurso de revista conhecido e provido. (...) Redator Ministro: José Roberto Freire Pimenta, Data de Julgamento: **11/06/2014**, **2ª Turma,** Data de Publicação: DEJT **08/08/2014**).

10. DIREITOS HUMANOS

10.1. Histórico dos Direitos Humanos a partir de uma perspectiva clássica

Os Direitos Humanos sofreram importantes alterações conceituais e normativas ao longo da história, como forma de adaptação e resposta coerente às novas perspectivas conjunturais. Eis que os direitos humanos não constituem um dado objetivo, portanto, mas são, na realidade, uma invenção humana decorrente de um contínuo processo de (re)construção.[188] O que se defende, portanto, a teor do que coloca Norberto Bobbio[189], é que não obstante sejam fundamentais, os direitos humanos são "históricos, ou seja, nascidos em certas circunstâncias, caracterizadas por lutas em defesa de novas liberdades contra velhos poderes, e nascidos de modo gradual, não todos de uma vez e nem de uma vez por todas.". Dessa maneira, para fins didáticos, abordaremos a historicidade dos direitos humanos de forma clássica a partir da percepção de que o processo histórico dos direitos humanos pode ser dividido em três grandes etapas[190]: i) etapa de conversão em direito positivo; ii) etapa de generalização e; iii) etapa de internacionalização.

10.2. Etapa de Conversão em Direito Positivo

Uma noção bastante insipiente de proteção aos Direitos Humanos surgiu ainda nos séculos XII e XIII, com as promulgações da Declaração das Cortes de Leão de 1188 e da Magna Carta de 1215. Ambos os instrumentos foram promulgados em resposta à reconcentração do poder característica à Baixa Idade Média, de tal vênia que "no embrião dos direitos humanos, portanto, despontou antes de tudo o valor da

188. PIOVESAN, Flávia. **Direitos Humanos e o Direito Constitucional Internacional.** São Paulo: Editora Saraiva, 2013, 14ª ed.
189. BOBBIO, Noberto. **A Era dos Direitos.** Tradução de Carlos Nelson Coutinho. Rio de Janeiro: Elsevier, 2004, p. 9.
190. Cf. MARTÍNEZ, Gregorio Peces-Barba (ed.). Derecho Positivo de los Derechos Humanos. Madrid: Editora Debate, 1987.

liberdade.".[191] Ainda que muito importantes, esses instrumentos falhavam em reclamar a liberdade contra possíveis ingerências do Estado de forma universal, sendo que eram protegidas somente as classes mais privilegiadas, notadamente o clero e a nobreza.

Foi somente no século XVII, com a chamada "crise da consciência europeia"[192] que o tema da proteção aos direitos humanos foi efetivamente revisitado, quando ocorreu a promulgação de diversos atos protetivos em âmbito doméstico, tais como a Petição de Direitos de 1628, a Declaração de Habeas Corpus de 1679 e a Declaração de Direitos de 1689 ("*Bill of Rights*").[193] Os mencionados atos foram reconhecidos como necessários sobretudo em razão dos séculos XV e XVI terem sido marcados por grande recrudescimento da concentração de poder em diversos Estados europeus, de tal forma que visava-se a afirmação da liberdade. Dado o contexto da época, sabe-se que se iniciou, então, a moldagem do conceito clássico de Direitos Humanos, o qual consiste, em termos didáticos, no estabelecimento de garantias básicas dos indivíduos para protegê-los contra ingerências indevidas do Estado.

10.3. Etapa de Generalização

O processo de reconhecimento dos direitos de liberdade foi especialmente intensificado com a Declaração dos Direitos do Homem e do Cidadão, aprovada pela Assembleia Nacional em agosto de 1789 como decorrência da Revolução Francesa. A mencionada Declaração firmava "*o direito de um povo decidir seu próprio destino*"[194], nos sentidos de autodeterminação, autonomia e capacidade de se auto legislar.[195] Dessa maneira, iniciava-se o processo de mudança da titularidade do poder político para o indivíduo, enquanto parte do povo. Fundamental salientar que a ideia de soberania popular mencionada se deu nas bases da igualdade, haja vista que o artigo 1º da Declaração diz respeito à condição natural dos indivíduos, a saber, "os homens nascem livres e iguais em direitos", frisando, adicionalmente, que "as distinções sociais só podem fundamentar-se na utilidade comum.".

Já no início do século XX, por ocasião do fortalecimento das ideologias de cunho social provenientes do século XIX, inauguram-se, também, os direitos sociais, culturais e econômicos, que, conforme teremos a oportunidade de mostrar, não apenas

---

191. COMPARATO, Fábio Konder. Afirmação Histórica dos Direitos Humanos. São Paulo: Editora Saraiva, 2003, 3ª ed., p. 58.
192. COMPARATO, Fábio Konder. Afirmação Histórica dos Direitos Humanos. São Paulo: Editora Saraiva, 2003, 3ª ed.
193. BOUVIER, Antoine A. O Direito Internacional dos Direitos Humanos e o Direito Internacional Humanitário. In: BOUVIER, Antoine A. **O Direito Internacional Humanitário e Direito dos Conflitos Armados.** Williamsburg: Instituto para Treinamento em Operações de Paz, 2011.
194. KANT apud BOBBIO, Norberto. **A Era dos Direitos**. Trad. de Carlos Nelson Coutinho. Rio de Janeiro: Elsevier, 2004, p. 40.
195. KANT apud BOBBIO, Norberto. **A Era dos Direitos**. Trad. de Carlos Nelson Coutinho. Rio de Janeiro: Elsevier, 2004, p. 40.

alargaram a tábua de Direitos Humanos, como também remodelaram (reinterpretaram) a visão sobre os direitos clássicos (de fundo liberal) até então já reconhecidos em âmbito estatal. Passa a ser paradigmático a defesa de direitos como educação, saúde, trabalho digno, moradia, lazer, cultura, entre outros, de cunho social que vão além da mera autodeterminação de indivíduos e que servem inclusive como pressupostos para um adequado exercício dos clássicos direitos de liberdade.

10.4. Etapa de Internacionalização

Interessante notar que as mencionadas etapas de conversão em direito positivo e de generalização ocorreram sob a égide do Estado, sendo que cabia exclusivamente à legislação doméstica estabelecer um sistema protetivo para os direitos então conclamados.[196] Assim, conforme salienta Flávia Piovesan[197], o "Direito Humanitário, a Liga das Nações e a Organização Internacional do Trabalho situam-se como os primeiros marcos de internacionalização dos direitos humanos.".

O **Direito Humanitário** trouxe a noção de limitações à atuação estatal sob a égide de situações extraordinárias, isto é, a noção de que certos direitos individuais devem ser protegidos ainda que em situações de conflitos. Foi, portanto, "a primeira expressão de que, no plano internacional, há limites à liberdade e à autonomia dos Estados, ainda que na hipótese de conflito armado.".[198] Em complementaridade à regulação em situações de conflito encabeçada pelo Direito Humanitário, a **Liga das Nações** visava, a partir do estabelecimento de certas obrigações, a promoção da cooperação entre as Nações e a garantia da paz e da segurança internacionais[199], além de enaltecer certas previsões genéricas relativas ao desenvolvimento dos direitos humanos[200]. Assim, redefinia-se "a noção de soberania absoluta do Estado, que passava a incorporar em seu conceito compromissos e obrigações de alcance internacional no que diz respeito aos direitos humanos.".[201] Finalmente, a **Organização Internacional do Trabalho** contribuiu para o processo de internacionalização dos direitos humanos na medida em que fixou balizas para as condições de trabalho para todo o ambiente internacional.

196. Certo é que breve análise política-jurídica do período pode explicar o porquê de tal exclusividade doméstica: com o Direito Internacional ainda incipiente, não havia espaço político para que o enaltecimento da noção de interesses coletivos – a própria noção de sociedade internacional, portanto – fosse suficiente à relativização da até então mais absoluta norma internacional; o princípio da não intervenção, consubstanciado pela noção de soberania.
197. PIOVESAN, Flávia. **Direitos Humanos e o Direito Constitucional Internacional.** São Paulo: Editora Saraiva, 2013, 14ª ed., p. 188.
198. PIOVESAN, Flávia. **Direitos Humanos e o Direito Constitucional Internacional.** São Paulo: Editora Saraiva, 2013, 14ª ed, p. 189.
199. PACTO DA SOCIEDADE DAS NAÇÕES. 1919.
200. Conforme menciona Thomas Burgenthaul, *embora o Pacto da Liga das Nações não contivesse provisões gerais regulamentando a questão dos direitos humanos, ele continha duas provisões, estabelecidas em seus artigos 22 e 23, que conclamavam ao desenvolvimento do Direito Internacional dos Direitos Humanos*. Cf. BUERGENTHAL, Thomas; SHELTON, Dinah L.; STEWART, David P. International Human Rights in a Nutshell. **GW Law Faculty Publications & Other Works.**
201. PIOVESAN, Flávia. **Direitos Humanos e o Direito Constitucional Internacional.** São Paulo: Ed. Saraiva, 2013, 14ª ed, p. 189.

Ainda que os mencionados dispositivos e Organizações, especialmente a **Liga das Nações**, tenham representado importantes passos na direção da relativização do princípio da soberania e da efetiva internacionalização da proteção dos direitos humanos, foi somente no ditame e em razão da Segunda Guerra Mundial que o pensamento vigente em relação aos direitos das gentes sofreu significativas alterações, haja vista ter se apresentado como marco conjuntural suficientemente expressivo para a percepção da necessidade de mudança dos moldes do sistema internacional. Conforme coloca Godinho[202], os abusos cometidos contra os indivíduos no decorrer da II Grande Guerra foram tamanhos que serviram como elemento de propulsão para a criação de normas protetivas à dignidade humana. Isso porque, quando "os seres humanos se tornam supérfluos e descartáveis, no momento em que vige a lógica da destruição, em que cruelmente se abole o valor da pessoa humana, torna-se necessário a reconstrução dos direitos humanos, como paradigma ético de restaurar a lógica do razoável.".[203]

É nessa lógica que se afirma, a teor do que leciona Piovesan[204], que "se a Segunda Guerra significou a ruptura com os direitos humanos, o pós-guerra deveria significar sua reconstrução". Salienta-se que essa reconstrução dos direitos humanos se deu nos termos da percepção da necessidade de fortalecimento das regras internacionais e da criação de uma Organização Internacional mais participativa – na visão de alguns, mesmo de cunho intervencionista – haja vista os "horrores gerados pela omissão injustificada da comunidade internacional em não intervir nos assuntos domésticos de um Estado.".[205]Ademais, percebia-se também a insuficiência dos sistemas de proteção de direitos humanos eminentemente domésticos, encaminhando de forma mais efetiva a chamada "comunidade internacional" ao processo de internacionalização desse sistema protetivo.

10.4.1. Sistema Internacional de Proteção aos Direitos Humanos

As supracitadas questões levaram à criação da **Organização das Nações Unidas (ONU)** enquanto fundamento, estrutura e norte do sistema internacional de proteção aos direitos humanos. O órgão internacional, de cunho fundamentalmente político-jurídico, tinha dois principais propósitos, a saber: primeiramente, **visava o estabelecimento e manutenção da paz e segurança internacionais** e, em segundo lugar, **buscava a efetiva proteção dos direitos do homem.**

202. GODINHO, Fabiana de Oliveira. **A Proteção Internacional dos Direitos Humanos.** Belo Horizonte: Del Rey, 2006.
203. PIOVESAN, Flávia. **Direitos Humanos e o Direito Constitucional Internacional.** São Paulo: Ed. Saraiva, 2013, 14ª ed, p. 191.
204. PIOVESAN, Flávia. **Direitos Humanos e o Direito Constitucional Internacional.** São Paulo: Ed. Saraiva, 2013, 14ª ed, p. 192.
205. SUDRE, Fréderic. Droit International et européen des droits de l'homme. Paris: Presses Universitaires de France, 1995, 2ª ed., p. 13 *apud* RAMOS, André de Carvalho. **Teoria Geral dos Direitos Humanos na Ordem Internacional.** São Paulo: Editora Saraiva, 2012, 2ª ed, p. 44.

Conforme mencionado anteriormente, em função da comoção gerada pelo extermínio em massa dos judeus e do sofrimento e privação impostos a indivíduos do mundo inteiro como consequência da II Grande Guerra, voltou-se a atenção aos direitos humanos, enaltecendo-se o papel que deveria ser desempenhado pela sociedade internacional.[206] Dessa maneira, as Nações Unidas firmaram, em sua Carta originária, **a proteção dos direitos humanos** como um de seus **objetivos elementares**[207]**, o fazendo em termos de coletividade internacional.**

No iter desse projeto normativo embasado por uma nova concepção do Direito Internacional, a Carta da Organização das Nações Unidas relativizou a soberania dos Estados ao estabelecer exceções ao **princípio da não intervenção**, ficando enfim superada, portanto, a noção de que o tratamento concebido a indivíduos é uma questão restrita à jurisdição doméstica. As possibilidades de intervenção internacional em prol dos direitos humanos outorgadas às Nações Unidas por seu instrumento originário são intrinsecamente relacionadas à mudança da percepção do indivíduo, que passou a ser reconhecido como um sujeito de Direito Internacional, dotado de direitos, portanto – e não mais apenas um objeto internacional[208].

É certo, portanto, que a Carta das Nações Unidas é um marco na consolidação do ***Direito Internacional dos Direitos Humanos***[209], na medida em que consagra "o movimento de internacionalização dos direitos humanos, a partir do consenso de Estados que elevam a promoção desses direitos a propósito e finalidade das Nações Unidas.".[210]

Ainda que a Carta das Nações Unidas tenha representado um fundamental passo em direção à proteção internacional dos direitos das gentes, principalmente no que tange ao reconhecimento da necessidade de proteção normativa fundamentada sobre os pilares da universalidade, este dispositivo apresenta disposições sobre o assunto de forma um tanto quanto genérica[211]. Ora, parece certo que

---

206. HAAS, Michael. **International Human Rights: a Comprehensive Introduction**. Nova York: Routledge, 2008.
207. Inclusive, a importância dada à proteção dos Direitos Humanos pela Carta das Nações Unidas pode ser observada ainda em seu preâmbulo: *"Nós, os povos das Nações Unidas, resolvidos a preservar as gerações vindouras do flagelo da guerra, que por duas vezes, no espaço da nossa vida, trouxe sofrimentos indizíveis à humanidade, e a reafirmar a fé nos direitos fundamentais do homem, na dignidade e no valor do ser humano, na igualdade de direito dos homens e das mulheres, assim como das nações grandes e pequenas, e a estabelecer condições sob as quais a justiça e o respeito às obrigações decorrentes de tratados e de outras fontes do direito internacional possam ser mantidos, e a promover o progresso social e melhores condições de vida dentro de uma liberdade ampla* [...]". Cf. ORGANIZAÇÃO DAS NAÇÕES UNIDAS. **Carta da Organização das Nações Unidas**. São Francisco:1945.
208. PIOVESAN, Flávia. **Direitos Humanos e o Direito Constitucional Internacional.** São Paulo: Editora Saraiva, 2013, 14ª ed.
209. O direito internacional dos direitos humanos pode ser definido como o conjunto de normas que estabelece os direitos que os seres humanos possuem para o desenvolvimento de sua personalidade e estabelecem mecanismos para a proteção de tais direitos. Cf. MELLO, Celso D. Albuquerque. ***Curso de Direito Internacional Público***. Rio de Janeiro: Ed. Renovar, 2002, 14ª ed.
210. PIOVESAN, Flávia. **Direitos Humanos e o Direito Constitucional Internacional.** São Paulo: Editora Saraiva, 2013, 14ª ed, p. 200.
211. "Embora a Carta das Nações Unidas seja enfática em determinar a importância de defender, promover e respeitar os direitos humanos e as liberdades fundamentais [...], ela não define o conteúdo dessas expressões, deixando-as

esse era o próprio propósito da Carta, na medida em que representava o início do desenvolvimento do sistema internacional de proteção aos direitos humanos, dispondo-se, portanto, tão somente à proposição normativa da questão para que fosse trabalhada ao longo do tempo no próprio seio das Nações Unidas.

Dessa maneira, ocorreram diversas discussões, no âmbito da ONU, relativas à promulgação de outros documentos internacionais relativos aos Direitos Humanos. Parte das discussões realizadas na esfera da Assembleia Geral culminou na **Declaração Universal dos Direitos Humanos**, datada de 1948, a qual definiu e delimitou o elenco dos "direitos humanos e liberdades fundamentais" mencionados pela Carta das Nações Unidas a partir dos princípios da universalidade e da indivisibilidade. Nesse sentido, leciona a Professora Flávia Piovesan[212]: "É como se a Declaração, ao fixar um código comum e universal de direitos humanos, viesse a concretizar a obrigação legal relativa à promoção desses direitos – obrigação esta constante da Carta das Nações Unidas.". Necessário tecermos algumas considerações quanto à Declaração de 1948:

- Vale mencionar que essa Declaração, diferentemente de documentos que a antecederam, não invocou preceitos ou credos específicos[213], tornando mais fácil sua adaptação. Entretanto, necessário ressaltar a dubiedade consequente de tal característica: se, por um lado, permitiu o reconhecimento mais geral frente a sociedade de Estados, permitindo que todos os indivíduos se tornassem sujeitos de direito na esfera internacional, por outro permitiu a discricionariedade interpretativa dos Estados frente suas disposições, o que acarretou, frente a diversidade de correntes interpretativas, dificuldade na aplicação prática do instrumento normativo.
- Outro ponto que merece destaque diz respeito à vinculação jurídica da Declaração. Por ser, na realidade, uma Resolução da Assembleia Geral das Nações Unidas, é, a princípio, meramente recomendatória, sendo, portanto, um instrumento de "*soft law*". Dessa maneira, nos termos da *corrente voluntarista* do Direito Internacional, seu cumprimento não seria de observância obrigatória. Entretanto, diversos doutrinadores entendem que ao longo das décadas o conteúdo da Declaração tornou-se obrigatório, sendo abordadas três principais justificativas para esse vínculo jurídico-obrigacional: i) por ter sido abarcada pelo direito consuetudinário internacional; ii) por ser considerada um método válido de interpretação

em aberto. Daí o desafio de desvendar o alcance e significado da expressão "direitos humanos e liberdades fundamentais", não definida pela Carta.". Cf. PIOVESAN, Flávia. **Direitos Humanos e o Direito Constitucional Internacional.** São Paulo: Editora Saraiva, 2013, 14ª ed., p. 201.

212. PIOVESAN, Flávia. **Direitos Humanos e o Direito Constitucional Internacional.** São Paulo: Editora Saraiva, 2013, 14ª ed., p. 201.
213. ALVES, José A.L. **A arquitetura Internacional dos Direitos Humanos.** São Paulo: FTD, 1997.

dos artigos 1º e 55º da Carta da ONU[214] e; iii) por já ser considerada norma de *jus cogens* – isto é, norma que, por ser considerada fundamental à própria existência do sistema internacional, é hierarquicamente superior e tem eficácia erga omnes, de tal forma que sua aplicabilidade independe do consentimento estatal.

Conforme mencionado anteriormente, o sistema internacional de proteção aos direitos humanos é ainda composto por outros **instrumentos normativos,** citando-se, especificamente:

- O **Pacto Internacional de Direitos Civis e Políticos** foi adotado pela XXI Sessão da Assembleia-Geral das Nações Unidas em 16 de dezembro de 1966, sendo que se apresentava como um instrumento para aplicação imediata. Esse tratado apresentava, originalmente, um mecanismo de denúncia facultativo estatal[215], o qual foi ampliado por seu Protocolo Adicional, ficando o Comitê de Diretores Humanos autorizado a também receber denúncias ou petições de indivíduos, desde que esgotadas as instâncias domésticas[216].
- O **Pacto Internacional de Direitos Econômicos, Sociais e Culturais,** também adotado pela AGNU em 16 de dezembro de 1966, apresentava caráter distinto, haja vista que se propunha a uma aplicação progressiva[217]. Dessa maneira, originalmente esse Pacto não apresentava mecanismos de *enforcement* – ou seja, mecanismos que garantam a aplicação das normas –, produzindo, tão somente, relatórios informativos. Vale mencionar que o Protocolo Adicional de 2008 adicionou a possibilidade de denúncia estatal e individual para os Estados que reconhecem o Protocolo.
- A Declaração de Viena de 1993, a qual, embora recomendatória e de conteúdo semelhante ao da Declaração de 1948, representou dois importantes avanços. Primeiramente, foi a primeira Declaração posterior à Guerra Fria, de tal forma que não apresentava a concepção de que o capitalismo seria mais afeto a certos direitos e o socialismo a outros. Em segundo lugar, mostra-se importante porque quando da Declaração de 1948, a ONU possuía

214. Essa seria uma "interpretação autorizada da expressão 'direitos humanos' constante da Carta das Nações Unidas". Cf. PIOVESAN, PIOVESAN, Flávia. **Direitos Humanos e o Direito Constitucional Internacional.** São Paulo: Editora Saraiva, 2013, 14ª ed,., p. 208.
215. Vide art. 41 do Pacto Internacional de Direitos Civis e Políticos.
216. Nos termos do art. 1o do Protocolo Adicional de 1976: "Os Estados Partes no Pacto que se tornem partes no presente Protocolo reconhecem que o Comité tem competência para receber e examinar comunicações provenientes de particulares sujeitos à sua jurisdição que aleguem ser vítimas de uma violação, por esses Estados Partes, de qualquer dos direitos enunciados no Pacto. O Comité não recebe nenhuma comunicação respeitante a um Estado Parte no Pacto que não seja parte no presente Protocolo.".
217. Vide o art. 2º(1) do Pacto: "Cada Estado Parte do presente Pacto compromete-se a adotar medidas, tanto por esforço próprio como pela assistência e cooperação internacionais, principalmente nos planos econômico e técnico, até o máximo de seus recursos disponíveis, que visem a assegurar, progressivamente, por todos os meios apropriados, o pleno exercício dos direitos reconhecidos no presente Pacto, incluindo, em particular, a adoção de medidas legislativas.".

apenas 53 Estados-membros, sendo que em 1993 as Nações Unidas já possuíam em torno de 190 Estados-membros.

- Existem, ainda, diversos tratados temáticos, tais como: Convenção para a Prevenção e Repressão do Crime de Genocídio (1951); Convenção Internacional sobre a Eliminação de Todas as Formas de Discriminação Racial (1965); Convenção sobre a Eliminação de Todas as Formas de Discriminação contra as Mulheres (1979); Convenção sobre os Direitos da Criança (1989); Convenção contra a Tortura e Outras Penas ou Tratamentos Cruéis, Desumanos ou Degradantes (1984); Convenção sobre os Direitos das Pessoas com Deficiência (2008); Convenção Internacional para a Proteção de Todas as Pessoas contra os Desaparecimentos Forçados (2010); entre outros.

Ademais, o sistema internacional é também composto por diversos órgãos internacionais, sendo que, no âmbito da ONU, todos os seus principais órgãos podem atuar nesse sentido. Assim, temos:

- A **Assembleia Geral da ONU**, consistente em um fórum político multilateral, sendo que a promoção e a proteção dos direitos humanos constantemente fazem parte da Agenda. Inclusive, diversos importantes instrumentos normativos foram adotados no âmbito da AGNU, como a Declaração de 1948 e a Declaração de Viena de 1993.

- O **Secretariado das Nações Unidas** desempenha função eminentemente administrativa no âmbito das Nações Unidas. Assim, considerando que é sua função administrar as políticas e os programas determinados pelos demais órgãos, o Secretariado tem importante papel na condução das Operações de Paz da ONU. Ademais, o Secretário-Geral das Nações Unidas atua no sentido de ser uma espécie de "porta-voz dos interesses dos povos do mundo", enaltecendo, portanto, a necessidade de proteção aos direitos humanos.

- O **Conselho de Segurança** é o órgão responsável pela manutenção da paz e da segurança internacionais; assim, originalmente, não lidava com questões de violações a Direitos Humanos. Entretanto, em 1961, com o episódio do Massacre de Shaperville, o Conselho considerou que violações graves e generalizadas de Direitos Humanos consistiam em ameaça à paz e a à segurança internacionais. Esse entendimento foi novamente prolatado – e então efetivamente implementado – em 1999, no caso do Kosovo. A clara extensão do mandato do CSNU o permite, portanto, atuar em situações de graves e generalizadas violações aos direitos humanos.

- O **Conselho Econômico e Social das Nações Unidas** tem como preocupação central o desenvolvimento econômico e social, sendo, portanto, o órgão da ONU mais marcante em termos de atuação em prol da proteção aos direitos humanos.

- Finalmente, a **Corte Internacional de Justiça**, enquanto principal órgão jurisdicional do sistema ONU, atua em prol da justiça internacional. Importante notar que por não possuir restrições temáticas, pode lidar com questões de direitos humanos de forma incidental, a exemplo do caso Alemanha v. Itália[218], julgado em 2012.

Certamente existem, ainda, outros órgãos internacionais que atuam de forma relevante no âmbito do sistema internacional de proteção aos direitos humanos. Destaca-se o Tribunal Penal Internacional (TPI), o qual foi criado pelo Estatuto de Roma em 1998 e entrou em vigor em 2002. Esse Tribunal exerce jurisdição sobre os indivíduos – note-se: não os Estados – que cometam os seguintes crimes: crime de genocídio, crimes contra a humanidade, crimes de guerra e crime de agressão. Importante salientar que o TPI "é concebido como complementar das jurisdições penais nacionais", sendo que "as próprias condições de exercício de sua competência (artigos 12-14) dão primazia às jurisdições nacionais para investigar e julgar os crimes consignados no Estatuto de Roma, estando o 'acionamento' do TPI circunscrito a circunstâncias excepcionais.".[219] Dessa maneira, o que se entende é que, via de regra, os Estados exercem suas respectivas jurisdições para processar e punir os indivíduos que cometam os crimes de genocídio, agressão, crimes de guerra ou crimes contra a humanidade; ficando à cargo do TPI atuar nos casos em que os Estados falhem em exercer sua atividade jurisdicional.

Finalmente, é interessante notar que além da óbvia complementaridade dos sistemas de proteção domésticos em relação ao sistema internacional, há também a atuação dos sistemas de proteção regionais. Entende-se que aos sistemas regionais fica designada a responsabilidade de promoção e proteção dos direitos ora delimitados no âmbito do sistema internacional[220], haja vista que, conforme mencionado anteriormente, este trata primordialmente da formulação de normas gerais de conduta, não estabelecendo, no entanto, mecanismos de *enforcement* à observância das normas em questão. Em outras palavras, *a priori* ficou reservada, aos sistemas regionais, a função de efetivação da proteção aos direitos humanos via estabelecimento de mecanismos fiscalizatórios e sancionatórios.[221] Adicional-

218. A Alemanha apresentou petição junto à Corte Internacional de Justiça alegando que a Itália – e a Grécia, que fora admitida como parte interveniente – teria descumprido obrigações internacionais por intermédio da atuação de suas cortes domésticas, as quais teriam falhado em respeitar a imunidade jurisdicional que a Alemanha goza perante o Direito Internacional. Incidentalmente, a questão era se Estados poderiam ser julgados em Cortes domésticas de outros Estados em casos de graves violações de direitos humanos. A Corte Internacional de Justiça entendeu que a imunidade jurisdicional dos Estados não era passível de relativização no caso em questão, sendo que o Juiz brasileiro Cançado Trindade proferiu voto dissidente.
219. CANÇADO TRINDADE, Antônio Augusto. Os Tribunais Internacionais Contemporâneos e a Busca da Realização do Ideal da Justiça Internacional. **Rev. Fac. Direito UFMG**, Belo Horizonte, n. 57, pp. 37-68, jul./dez. 2010, p. 43.
220. FREITAS, Jeane Silva de; MACEDO, Sibelle Silva. Sistemas Regionais de Proteção aos Direitos Humanos: Relevância da Carta Africana dos Direitos do Homem e dos Povos. **Conjuntura Austral.** ISSN 2178-8839, vol. 4, no. 18, jun/jul 2013.
221. CARMO NETO, Manoel. **O Papel dos Sistemas Regionais na Proteção dos Direitos Fundamentais**. São Paulo: 2008.

mente, os sistemas regionais também abarcam função eminentemente legislativa e interpretativa. Mais especificamente, esses sistemas, visando aproximar os bens jurídicos protegidos pelas normas internacionais de direitos humanos às particularidades regionais, a partir de um senso de coletividade identitária regional[222], estabelecem normas de direitos humanos complementares e especificaram aquelas já existentes.

São, atualmente, sistemas regionais de proteção aos direitos humanos o sistema europeu, o americano e o africano. A título exemplificativo, o ***Sistema Interamericano de Direitos Humanos*** é desenvolvido no âmbito da **Organização dos Estados Americanos** (OEA). Importante notar que o maior controle sobre a observância às normas de direitos humanos, especialmente àquelas delimitadas pela Declaração Americana de Direitos Humanos de 1948 e pelo Pacto São José da Costa Rica de 1969, se deve à atuação de dois principais órgãos, a saber: a Comissão e a Corte Interamericanas de Direitos Humanos.

A ***Comissão Interamericana de Direitos Humanos*** desempenha as seguintes funções em relação aos Estados-membros da OEA: i) produção de relatórios anuais acerca da situação dos direitos humanos nos Estados americanos, realizando, portanto, um diagnóstico; ii) prestação de assistência e fornecimento de informações aos Estados que assim necessitarem e; iii) realização de visitas "*in loco*", de tal maneira que pode enviar técnicos a um Estado, desde que exista o consentimento prévio. Para além dessas funções, a Comissão pode ainda desempenhar outras três em relação àqueles Estados que ratificaram o Tratado pertinente à Comissão, sendo elas: i) implementação do mecanismo de denúncia individual, pelo qual o órgão pode aceitar de um indivíduo a denúncia acerca de violações de direitos humanos; ii) encaminhamento de casos para a Corte Interamericana de Direitos Humanos e; iii) Visita "in loco" automática, sendo desnecessário o consentimento do Estado para tal.

Em outro giro, a ***Corte Interamericana de Direitos Humanos*** atua no sentido de monitoramento e *enforcement* dos direitos humanos. A Corte trabalha com dois tipos de demanda. Primeiramente, pode emitir pareceres consultivos de caráter não obrigatório, desde que motivados por qualquer Estado-membro da OEA. Em segundo lugar, pode atuar de forma contenciosa em relação aos Estados que reconhecerem o mecanismo facultativo de reconhecimento da sua jurisdição, emitindo em relação a eles, portanto, sentenças de caráter obrigatório.

222. Ao apontar as vantagens dos sistemas regionais, Rhona K. M. Smith destaca que, "na medida em que um número menor de Estados está envolvido, o consenso político se torna mais facilitado, com relação aos textos convencionais e quanto aos mecanismos de monitoramento. Muitas regiões são ainda relativamente homogêneas, relativamente à cultura, à língua e às tradições, o que oferece vantagens". Cf. SMITH, Rhona K. M. **Textbook on International Human Rights**. Oxford: Oxford University Press, 2007,p. 84, tradução livre.

10.5. Universalismo, Relativismo (cultural) e Multiculturalismo

10.5.1. Introdução

O sistema internacional de proteção aos direitos humanos antes mencionado tem como pressuposto que certos direitos são tão caros e tão fundamentais à sociedade internacional que devem ser por ela protegidos e garantidos em todo o globo. Conforme visto anteriormente, essa noção coaduna com um processo histórico, fomentado pela internacionalização dos direitos humanos e ainda constantemente aprofundado, sobretudo via Tratados e ações afirmativas de diversas Organizações Internacionais, notadamente a Organização das Nações Unidas.

Importa mencionar que a existência de um sistema internacional de proteção aos direitos humanos suscita diversos questionamentos, sendo que um deles é pertinente ao fundamento de validade de tal proteção. Isto é, se esses direitos devem ser internacionalmente protegidos por serem tão caros e fundamentais à sociedade internacional, cabe questionar *por que* são eles tão caros e tão fundamentais. O questionamento acerca do fundamento de validade para a proteção dos direitos humanos encontra a princípio duas respostas diferenciadas que se traduzem no universalismo e no relativismo (cultural).

10.5.2. Alcance e aplicabilidade dos direitos humanos: universalismo e relativismo cultural

Sem dúvida que visões tão distintas acerca dos fundamentos de validade de proteção dos direitos humanos só poderiam resultar em concepções igualmente contrapostas no que tange ao alcance e à aplicabilidade desses direitos, bem como no que diz respeito aos seus limites.

Nesse sentido, o **universalismo** entende que para que possa ser assegurada a existência digna, os direitos humanos constituem um conjunto mínimo de direitos que deve ser garantido a todos os indivíduos, sem quaisquer distinções de raça, cor, sexo, língua, religião, opinião, nacionalidade, cultura ou sociedade. Defesa essa corrente que "os direitos humanos são, portanto, direitos 'universais' no sentido de que eles são universalmente assegurados a todos os seres humanos.".[223]

Essa concepção parece ser a mais aplicada pela sociedade internacional, o que é evidenciado em diversos dispositivos normativos, como a Declaração de Direitos Humanos de 1948 e pela atuação de diversas Organizações Internacionais. Inclusive, nesse sentido, vale mencionar que mais recentemente, já na década de 1990 e nos anos 2000, fortaleceu-se a noção de que a sociedade internacional é responsável

223. DONNELLY, Jack. The Relative Universality of Human Rights. Human Rights Quarterly, v. 29, n. 2, mai. 2007, pp. 281-306, p. 283, tradução nossa do original: "Human rights are thus "universal" rights in the sense that they are held "universally" by all human beings.".

pela proteção desses direitos, em razão de diversos importantes acontecimentos, como a realização de intervenções humanitárias[224], o início do funcionamento do Tribunal Penal Internacional, fundamentando na prática a noção de responsabilidade pessoal por crimes internacionais[225], e o fortalecimento e ampliação das normas de *jus cogens*.

Não obstante, suscitaram, ao longo dos anos, diversos questionamentos a essa concepção acerca da aplicabilidade e do alcance dos direitos humanos. A um, até que ponto realmente se poderia falar em *universalismo* de um dado direito? A dois, ainda que se pudesse admitir um rol de direitos considerados universais, *qual* seria esse rol e *quem* teria o condão de defini-lo?[226]

É com base nesses questionamentos que o relativismo cultural se estabelece como contraponto ao universalismo, defendendo, com fulcro na corrente positivista de fundamento de validade dos direitos humanos, que certos direitos só seriam considerados "universais" porque a própria sociedade internacional assim o fez. Com base nisso, seria importante se ter em mente que o sistema internacional de proteção aos direitos humanos foi constituído em meados do século XX, em uma época na qual muitos Estados ainda lutavam por suas respectivas independências ou ainda tentavam obter uma mínima relevância política internacional. Por conseguinte, o "mínimo irredutível" considerado pela sociedade internacional consistiria, na realidade, na imposição de certos valores a outras culturas, de tal sorte que o universalismo seria somente mais uma justificativa etnocêntrica para o imperialismo cultural das potências do ocidente.

Dessa maneira, para o **relativismo cultural**, "cada cultura possui seu próprio discurso acerca dos direitos fundamentais, que está relacionado às específicas circunstâncias culturais e históricas de cada sociedade.".[227] Ora, o fato da história da humanidade ser formada por uma pluralidade de culturas implicaria na necessidade de reconhecimento de cada uma delas como competentes para produção e implementação de seus próprios valores e impediria, por conseguinte, a formação de um sistema moral universal.

Para o universalismo, essa concepção falha para com a proteção dos direitos humanos, uma vez que ofereceria legitimação argumentativa para graves e generalizadas violações de direitos humanos. Isto é, o relativismo justificaria "graves casos de violações dos direitos humanos que, com base no sofisticado argumento do relativismo cultural, ficariam imunes ao controle da comunidade internacional.".[228] Ademais, pode-se argumentar que o relativismo parece

224. PIOVESAN, Flávia. *Direitos Humanos e o Direito Constitucional Internacional*. São Paulo: Saraiva, 2013, 14ª ed.
225. Notadamente: crimes de Guerra, crimes contra a humanidade, crime de genocídio e crime de agressão.
226. RENTEL, Alison Dundes. *International Human Rights*: Universalism versus Relativism. Nova Orleans: Quid Pro Books, 2013. Acesso em jan. 2017.
227. PIOVESAN, Flávia. *Direitos Humanos e o Direito Constitucional Internacional*, p. 211.
228. PIOVESAN, Flávia. *Direitos Humanos e o Direito Constitucional Internacional*, p. 213.

esquecer "que as culturas não são herméticas, mas sim abertas aos valores universais".[229]

Universalismo	Relativismo Cultural
Primazia do individualismo: os indivíduos são o foco, razão pela qual devem ter seus direitos e liberdades garantidos universalmente.	Primado do coletivismo: o indivíduo é percebido como parte integrante (viva) de sua sociedade, razão pela qual a moral da coletividade na qual está inserido deve prevalecer.
Ênfase na proteção do indivíduo, reconhecido como sujeito de direito internacional.	Ênfase na proteção da cultura e, portanto, da própria sociedade e de suas particularidades.
Principal crítica: seria um instrumento de dominação cultural ocidental, não respeitando, portanto, as particularidades culturais existentes nas diversas sociedades.	Principal crítica: forneceria um importante argumento justificador de graves violações de direitos humanos, que seriam escondidas sob a égide da "diversidade cultural".

10.5.3. Diferentes correntes do universalismo e do relativismo cultural

Ainda que a supramencionada diferenciação acerca do alcance e da aplicabilidade dos direitos humanos seja importante, ela falha em oferecer respostas satisfatórias a diversos casos ("*hard cases*") que se mostram relevantes no cenário internacional. Consideremos, por exemplo, o caso da prática de infanticídio em uma determinada tribo indígena: pode o sujeito que tirou a vida de uma criança recém-nascida de sua tribo por considerar tal prática necessária para a elevação de seu espírito (ou para que ele ou a coletividade não sejam castigados por forças superiores) ser penalmente responsabilizado? O que dizer das práticas de ablação do órgão sexual feminino em determinadas tribos e comunidades? Parece-nos claro que a simples relação binária (universalismo *versus* relativismo cultural) anteriormente apresentada não consegue oferecer respostas satisfatórias a estes casos – e a diversos outros.

Em razão disso, é necessário se ter em mente que o embate entre universalismo e relativismo não é tão simples, uma vez que se pode (e deve) identificar diferentes correntes sob a égide de ambos. Dessa maneira, nem sempre o universalismo implica em uma espécie de "canibalismo cultural"[230] e, por outro lado, não necessariamente o relativismo cultural oferece uma justificativa irredutível para graves violações de direitos humanos.

229. CANÇADO TRINDADE, Antônio Augusto. Desafios e Conquistas do Direito Internacional dos Direitos Humanos no início do século XXI. Curso de Direito Internacional, OEA, Rio de Janeiro, ago. 2006, p. 418. Disponível em: https://www.oas.org/dil/esp/407-490%20cancado%20trindade%20OEA%20CJI%20%20.def.pdf. Acesso em jan. 2017.

230. PIOVESAN, Flávia. *Direitos Humanos e Justiça Internacional*. São Paulo: Saraiva, 2011, 2ª ed., p. 45.

Na realidade, pode-se afirmar que existem, por um lado, "diversos graus de universalismos, a depender do alcance do 'mínimo ético irredutível'."[231], assim como existem diversas correntes do relativismo[232]. Dessa maneira, o universalismo e o relativismo cultural anteriormente apresentados seriam tipos ideais, representando os extremos de um *continuum*, no qual haveria, ainda, outros dois principais graus: os universalismos e relativismos fortes e fracos.[233]

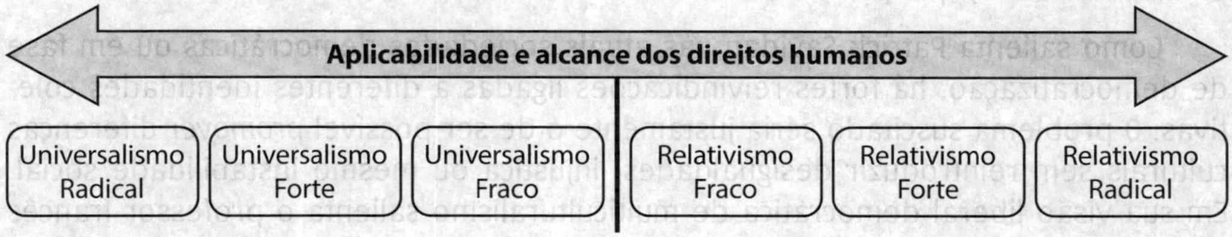

Importa dizer que os termos "forte" e "fraco" dizem respeito às variações, em termos quantitativos e qualitativos, do alcance do "mínimo ético irredutível", no caso do universalismo, e às variações culturais permitidas, no que tange ao relativismo cultural.[234] Os diferentes graus do universalismo e do relativismo podem ser assim sumarizados, portanto:

Universalismo Radical	**Universalismo Forte**	**Universalismo Fraco**	**Relativismo Cultural Fraco**	**Relativismo Cultural Forte**	**Relativismo Cultural Radical**
Irrelevância da cultura para a validação de direitos e de regras morais, que são presumidos como universalmente válidos, por dizerem respeito à existência digna dos indivíduos.	Universalidade moral e fundamental clara, com limitado grau de variações culturais no modo e na interpretação dos direitos humanos.	Defende a possibilidade de existência de um "mínimo ético irredutível", valorizando a heterogeneidade cultural que marca a história da humanidade.	Cultura como potencial importante fonte de validação de regras e direitos. Há uma fraca presunção de universalidade, mas a relatividade das culturas serve como elemento de verificação dos potenciais excessos do universalismo.	Cultura como principal fonte de validação, servindo a universalidade dos direitos humanos como elemento de verificação dos potenciais excessos do relativismo cultural radical.	Cultura como única fonte de validade de regras ou de direitos.

231. PIOVESAN, Flávia. *Direitos Humanos e Justiça Internacional*, p. 45.
232. DONNELLY, Jack. *Universal Human Rights in Theory and Practice*. Ithaca: Cornell University Press, 2003, 2ª ed.
233. DONNELLY, Jack. Cultural Relativism and Universal Human Rights. *Human Rights Quarterly*, 1984, 6(4), pp. 400-419. Disponível em: <http://www.jstor.org/stable/762182?seq=1#page_scan_tab_contents>. Acesso em jan. 2017.
234. DONNELLY, Jack. *Cultural Relativism and Universal Human Rights*.

10.5.4. *Críticas à dicotomia entre o universalismo e o relativismo: multiculturalismo*

É importante notar que certos autores buscaram superar o debate entre universalismo e relativismo cultural, apresentando outras opções no que tange ao alcance e à aplicabilidade dos direitos humanos. Forte exemplo dessa tentativa é o **multiculturalismo**, que pode ser visto de diferentes maneiras.

Como salienta Patrick Savidan nas atuais sociedades democráticas ou em fase de democratização, há fortes reivindicações ligadas a diferentes identidades coletivas. O problema suscitado seria justamente o de ser possível *promover* diferenças culturais sem reintroduzir desigualdades, injustiça ou mesmo instabilidade social. Em sua visão liberal democrática de multiculturalismo salienta o professor francês que o multiculturalismo compreende uma concepção de integração que estabelece que é de certa forma dever do Estado democrático reconhecer, por um lado, a multiplicidade dos grupos etnoculturais que constituem significativamente parte de sua população, e, por outro lado, a recepção, na medida do possível, tendo como base princípios claramente identificáveis, dessa mesma diversidade cultural.[235]

Na defesa do **multiculturalismo,** em uma linha mais socialista, **Boaventura de Souza Santos** parte do pressuposto de que a globalização consiste em um processo no qual o local torna-se global, isto é, um processo pelo qual "determinada condição ou entidade local estende a sua influência a todo o globo, e, ao fazê-lo, desenvolve a capacidade de designar como local outra condição social ou entidade rival."[236] Nesses termos, não haveria globalização *genuína*, mas apenas globalizações bem sucedidas de localismos.

À luz dessa concepção, o autor defende que "enquanto forem concebidos como direitos humanos universais, os direitos humanos tenderão a operar como localismo globalizado", o que torna opostas a proteção aos direitos humanos e a legitimidade local. Para que isso não aconteça, o autor propõe que os direitos humanos sejam concebidos como *multiculturais*, uma vez que o multiculturalismo seria elemento necessário ao estabelecimento de uma relação equilibrada e harmônica entre a competência global e a legitimidade local.

Para que se possa conceber os direitos humanos como *multiculturais* e para que se possa estabelecer um *diálogo intercultural* sobre a dignidade da pessoa humana, Boaventura de Souza Santos estabelece algumas premissas. *A primeira premissa* é

235. Segundo o autor, "o pluralismo etnocultural é uma premissa ancestral da história da humanidade. Por mais que recuemos no tempo, encontraremos sempre populações que se deslocam, grupos que se misturam, territórios que foram anexos, conquistados ou cedidos, trocas comerciais que se mantiveram e se intensificaram, processos de integração política que foram levados a cabo, fronteiras alteradas. Todos esses fenômenos contribuem para o aumento da diversidade etnocultural e tendem a atenuar o princípio da nacionalidade (...)"SAVIDAN, Patrick. *O Multiculturalismo*, p.13, 2010.

236. SANTOS, Boaventura de Sousa. Por uma concepção multicultural de direitos humanos. *Revista Crítica de Ciências Sociais*, n. 48, jun. 1997, p. 14.

a *superação do debate entre universalismo e relativismo cultural*. Para o autor, todas as culturas são relativas e todas aspiram a valores universais, mas tanto o universalismo como o relativismo seriam incorretos enquanto atitudes filosóficas. Assim, o embate acima mencionado seria intrinsecamente falso. *A dois*, seria necessário se ter em mente que não obstante todas as culturas tenham concepções acerca da dignidade da pessoa humana, nem todas a concebem em termos de direitos humanos. *A terceira premissa* diz respeito à percepção de que as *concepções de dignidade humana de todas as culturas são incompletas e problemáticas*. De fato, "a incompletude provém da própria existência de uma pluralidade de culturas, pois, se cada cultura fosse tão completa como se julga, existiria apenas uma só cultura.".[237] *Em quarto lugar*, há que se considerar que todas as culturas têm diferentes concepções do que é a dignidade da pessoa humana. Finalmente, a quinta premissa é que todas as culturas tendem a operar seus critérios de distribuição pelos princípios da igualdade e da diferença. Ocorre no entanto, que "os dois princípios não se sobrepõem necessariamente e, por esse motivo, nem todas as igualdades são idênticas e nem todas as diferenças são desiguais.".[238]

A partir dessas premissas, pode-se ter um *diálogo intercultural*, no qual ocorre a troca entre diferentes saberes e *diferentes culturas*. Para permitir o diálogo entre universos de sentidos diferentes, faz-se uso dos *topoi*, que são "os lugares comuns retóricos mais abrangentes de determinada cultura."[239] Assim, "funcionam como premissas de argumentação que, por não se discutirem, dada a sua evidência, tornam possível a produção e a troca de argumentos."[240] Entretanto, a utilização dos *topoi* de um cultura para a compreensão de outras pode se mostrar bastante problemática, razão pela qual o autor defende um procedimento hermenêutico chamado de **hermenêutica diatópica**, o qual parte do pressuposto que os *topoi* de uma cultura são sempre incompletos, uma vez que a própria cultura o é.

Boaventura de Souza Santos frisa que o objetivo central da hermenêutica diatópica não é, no entanto, tornar completos os *topoi* de um cultura, mas sim "ampliar ao máximo a consciência de incompletude mútua através de um diálogo que se desenrola, por assim dizer, com um pé numa cultura e outro, noutra."[241] É justamente por isso que diz respeito a um procedimento hermenêutico "*dia-tópico*". Dessa maneira, a hermenêutica diatópica possibilitaria um real diálogo entre culturas que reconhecem suas incompletudes mútuas a partir de um processo de produção de conhecimento coletivo, interativo, intersubjetivo e reticular.

Importa dizer que para que a hermenêutica diatópica tenha real caráter emancipatório é necessário que dois imperativos interculturais sejam aceitos por seus

237. SANTOS, Boaventura de Sousa. *Por uma concepção multicultural de direitos humanos...*, p. 22.
238. SANTOS, Boaventura de Sousa. *Por uma concepção multicultural de direitos humanos...*, p. 22.
239. SANTOS, Boaventura de Sousa. *Por uma concepção multicultural de direitos humanos...*, p. 23.
240. SANTOS, Boaventura de Sousa. *Por uma concepção multicultural de direitos humanos...*, p. 23.
241. SANTOS, Boaventura de Sousa. *Por uma concepção multicultural de direitos humanos...*, p. 23.

participantes. A um, que "*das diferentes versões de um dada cultura, deve ser escolhida aquela que representa o círculo mais amplo de reciprocidade dentro dessa cultura, a versão que vai mais longe no reconhecimento do outro.*".[242] A dois, considerando que as culturas tendem a operar critérios de distribuições à luz dos princípios da igualdade e da diferença, "*as pessoas e os grupos sociais têm o direito a ser iguais quando a diferença os inferioriza, e o direito a ser diferentes quando a igualdade os descaracteriza.*".[243]

Diante de todo o exposto, Boaventura de Souza Santos defende, em suma, que, ao ligar "em rede línguas nativas de emancipação, tornando-as mutuamente inteligíveis e traduzíveis"[244], o **multiculturalismo**, por meio da **sua perspectiva hermenêutica**, permitiria um real **diálogo intercultural** acerca da dignidade da pessoa humana que poderia potencialmente levar "a uma concepção mestiça de direitos humanos, uma concepção que, em vez de recorrer a falsos universalismos, se organiza como uma constelação de sentidos locais, mutuamente inteligíveis, e se constitui em redes de referências normativas capacitantes.".[245]

10.5.5. Integridade Transnacional dos Direitos Humanos

Como ponto de reflexão, nesse momento, trazemos à baila a tese da ***integridade transnacional dos direitos humanos***. Nesse sentido, **Alonso Freire** apresenta uma nova alternativa ao debate entre universalismo e relativismo cultural, na qual, embora não argumente em favor de uma harmonização global, defende a ideia de *integridade transnacional dos direitos humanos*. O autor, à luz de Dworkin[246], toma como ponto de partida a afirmação de que a **integridade** é a *chave para a melhor interpretação* das relações políticas e pessoais de uma sociedade e, notadamente, do modo como os juízes devem decidir os casos. Ocorre que a integridade, no Direito, pode ser dividida em dois princípios: o primeiro "exige que os legisladores, ao legislarem, mantenham o Direito coerente com os princípios que o compõe"[247], ao passo que o segundo "exige que os juízes, ao aplicarem as leis e decidirem sobre casos, façam-no de maneira coerente com os princípios jurídicos."[248]

Importante destacar, no entanto, que a **integridade** não se limita à **coerência**. De fato, esta se liga ao *passado*, exigindo que decisões anteriores sejam repetidas o mais fiel e precisamente possível. Ocorre que essa exigência pode ter um lado perverso, na medida em que pode acabar por exigir, frente um excesso de fidelidade, a continuidade de um *erro*. Assim, quando a coerência acaba por exigir a aplicação

242. SANTOS, Boaventura de Sousa. *Por uma concepção multicultural de direitos humanos...*, p. 30.
243. SANTOS, Boaventura de Sousa. *Por uma concepção multicultural de direitos humanos...*, p. 30.
244. SANTOS, Boaventura de Sousa. *Por uma concepção multicultural de direitos humanos...* p. 30.
245. SANTOS, Boaventura de Sousa. Por uma concepção multicultural de direitos humanos..., p. 22.
246. Cf. DWORKIN, Ronald. Império do Direito...
247. FREIRE, Alonso. Integridade transnacional dos direitos humanos. *Revista de Informação Legislativa*, Brasília, a. 53, n. 209, jan./mar. 2016, p. 265.
248. FREIRE, Alonso. *Integridade transnacional dos direitos humanos...*, p. 265-266.

de precedentes injustos e incompatíveis com o *presente*, a integridade assume, em relação à coerência, um aspecto *correcional*.

Isso porque a **integridade** exige a consideração do "sistema jurídico como se ele expressasse e respeitasse um conjunto coerente de princípios, um juiz que honra a integridade em sua atividade judicante às vezes se afastará da linha de suas decisões anteriores em busca da melhor interpretação dos princípios mais fundamentais que conformam o sistema.".[249] Nesses termos, a integridade, não obstante considere o *passado*, a ele não se prende, combinando também elementos do *futuro*.

Para o autor, essa integridade não pode ser apenas *nacional*, devendo assumir, em complementaridade, um **caráter transnacional**, uma vez que, em muitos casos, a "resposta certa" poderia ser extraída da experiência de outrem.

A título exemplificativo, cita-se o caso **Lawrence v. Texas**, no qual a Suprema Corte dos Estados Unidos rejeitou, por maioria, a fundamentação de casos anteriores, optando por não considerar manter presos dois homens que haviam sido pegos praticando a sodomia (definida como "qualquer ato sexual envolvendo os órgãos sexuais de uma pessoa e a boca ou o ânus de outra de mesmo sexo"). Nesse caso, a Suprema Corte optou por abrir mão da "coerência" (não seguindo o precedente do caso *Bowers v. Hardwick*, de 1986) em favor da integridade, uma vez que os precedentes norte-americanos anteriores foram considerados como *erros*. Importa dizer que a Corte considerou, à época, que "o direito estrangeiro e internacional eram relevantes para decidirem um caso constitucional que envolvia os direitos à privacidade, à liberdade e à igualdade"[250], citando, como parte da fundamentação da decisão, as *legislações europeias* que já haviam descriminalizado práticas homossexuais, bem como citando uma decisão da Corte Europeia de Direitos Humanos (*Dudgeon v. UK*, de 1981). Mais além, Alonso Freire ainda argumenta que se essa *integridade transnacional* tivesse sido observada no caso **Bowers v. Hardwick**, o erro poderia ter sido evitado, uma vez que as experiências protetivas europeias haviam sido anteriores ao julgamento do caso.

Esses exemplos demonstram, para Freire, a **necessidade do respeito *à integridade transnacional***. Ocorre, no entanto, que não obstante seja inegável o dever de um Tribunal de manter a integridade do direito interno, essa questão por vezes não é tão óbvia no que tange ao direito estrangeiro. De fato, "o que pode ser dito em favor do dever de consideração de precedentes e outras fontes estrangeiras e internacionais por um tribunal nacional em suas decisões envolvendo direito humanos ou direitos fundamentais inegavelmente humanos?".[251]

249. FREIRE, Alonso. *Integridade transnacional dos direitos humanos...*, p. 266.
250. FREIRE, Alonso. *Integridade transnacional dos direitos humanos...*, p. 269.
251. FREIRE, Alonso. *Integridade transnacional dos direitos humanos...*, p. 269-270.

Para responder a esse questionamento, o autor, com base em Jeremy Waldron,[252] faz uso de **dois** argumentos. **Em primeiro lugar**, Freire se vale da analogia de Waldron entre o papel representado pelo consenso e a comunidade na ciência e aquele representado pelo consenso e a comunidade jurídica, isto é, "tal como as autoridades nacionais de saúde ao enfrentarem uma doença nunca antes detectada em seu território não devem olhar apenas para os conhecimentos científicos desenvolvidos dentro de seu país ao decidirem qual deve ser o melhor tratamento a ser dado aos pacientes, também os juízes e tribunais de um determinado sistema não deveriam ater-se apenas em suas leis e doutrinas nacionais ao decidirem os casos complexos que se repetem ao redor do mundo.".[253]

À luz dessa lógica, não seria apenas recomendado que juízes e tribunais olhassem para experiências de outros sistemas jurídicos, mas também devido. De fato, "mesmo que juízes e juristas reconheçam que aspectos culturais ou políticos de seus sistemas devam ser levados em consideração ao analisarem os casos que devem julgar, seria insensato que desconsiderassem ou resistissem a investigar se há alguma espécie de consenso jurídico sobre o caso em questão.".[254] Assim, a integridade transnacional seria de observância necessária, sob pena das decisões judicias responderem somente "arbitrariamente ou irracionalmente às peculiaridades locais.".[255]

O **segundo argumento** utilizado para justificar a observância à integridade transnacional diz respeito à ideia de "*coerência mundial*" defendida por Waldron[256], pela qual a ausência de uma instituição única para aplicação da justiça em um mesmo local não impede a exigência de coerência e harmonização. Isso porque, ainda que inexista uma única autoridade administrando os direitos humanos nos diversos países, as diferentes declarações de direitos nacionais guardam muitas semelhanças e, mais além, as pessoas desses países têm consciência dos direitos que são concedidos a outrem em situação de semelhança. Dessa maneira, Waldron argumenta que essas circunstâncias permitem o pensamento de uma comunidade global em termos de administração dos direitos humanos.

De forma menos exigente, Freire opta por não defender uma harmonização global e regional entre direitos humanos constitucionais. Na realidade, embora adote a noção de "*coerência mundial*" de Waldron, admite o que chama de "margem de apreciação comparativa", pela qual os tribunais, ao apreciarem casos de direitos humanos, "devem levar a sério, entre outras questões, as características das sociedades e os aspectos situacionais dos casos concretos".[257]

252. Cf. WALDRON, Jeremy. *Partly laws common to all mankind*: foreign law in American courts. Yale University Press, 2012.
253. FREIRE, Alonso. *Integridade transnacional dos direitos humanos...*, p. 271.
254. FREIRE, Alonso. *Integridade transnacional dos direitos humanos...*, p. 271.
255. Cf. WALDRON, Jeremy. *Partly laws common to all mankind...*, p. 102.
256. Cf. WALDRON, Jeremy. *Partly laws common to all mankind...*
257. FREIRE, Alonso. *Integridade transnacional dos direitos humanos...*, p. 273.

10.5.6. *Considerações finais*

Conforme trabalhado no início de nossa análise, os Direitos Humanos sofreram importantes alterações conceituais e normativas ao longo da história, como forma de adaptação e resposta coerente a uma série de perspectivas conjunturais nas quais foram paulatinamente inseridos. Ainda, a conversão em direito positivo, a generalização, a internacionalização e a consequente construção do sistema de proteção internacional foram de extrema relevância para o desenvolvimento e afirmação histórica dos Direitos Humanos.

Em que pese a ideia subjacente ao universalismo ter tido relevância ímpar no supramencionado processo, qual seja, o processo de consolidação de um sistema internacional de proteção aos direitos humanos, tem-se que tal corrente vem sofrendo mitigações (a exemplo do universalismo fraco) e questionamentos, destacando-se, nesse último ponto, o relativismo cultural e o multiculturalismo. Para além da óbvia conclusão acerca da busca por autonomia, ainda no que no iter de direitos mínimos compartilhados pela dita "sociedade internacional", interessante ressaltar que esses questionamentos podem muito bem ser a própria causa de sobrevida do sistema a que se refere.

Nesse cenário, apesar do tradicional debate entre universalismo e relativismo ainda ter alguma relevância, existem outras questões fulcrais que merecem atenção. A opção pelo multiculturalismo frente a recentes ondas de xenofobia na Europa e nas Américas, bem como uma ênfase na construção da integridade transnacional dos direitos humanos são vertentes interessantes para a continuidade do debate.

Portanto, se, no passado, o universalismo foi fundamental para o estabelecimento e o fortalecimento de direitos humanos (ditos) universais, hoje são as contraposições a essa vertente, bem como as respostas do universalismo a tais contraposições, que permitem a manutenção de um (ainda verdadeiro?) sistema internacional de direitos humanos.

11. JUSTIÇA DE TRANSIÇÃO

11.1. Introdução

A construção do Estado Democrático de Direito em sociedades pós-conflituosas ou recém-saídas de regimes autoritários está necessariamente pautada na criação das condições necessárias para a construção de uma paz sustentável, que só é possível a partir do esclarecimento e reconhecimento crítico do passado e da provisão do direito à justiça das vítimas de violações de direitos humanos; questões as quais são alcançadas por meio das ferramentas da Justiça de Transição.[258]

---

258. REÁTEGUI, Félix (org.). Justiça de Transição: Manual para a América Latina. Brasília e Nova Iorque: Centro Internacional para a Justiça de Transição, 2011. *No que diz respeito à ora mencionada relação entre justiça de transição e paz, ressalta-se que a necessidade de tal interação foi percebida em razão da atribuição de mais recursos, frente maior*

É nesse sentido que o contexto vivido pela América Latina faz prosperar a concordância quanto à necessidade da Justiça de Transição: fato é que diversos Estados da América Latina foram marcados por governos autoritários especialmente nas décadas de 1970 e 1980, aos quais se sucederam processos de democratização[259]; contexto que impôs e impõe desafios ligados aos direitos de memória, verdade e justiça ainda nos dias atuais[260]. É precisamente porque a América Latina ainda luta pela consolidação da democracia e da paz que se entende que a Justiça de Transição se apresenta, regionalmente, como uma "demanda em ebulição".[261]

Nesse sentido, é importante salientar que se configura especialmente como uma "demanda em ebulição" no Brasil, considerando que embora o término do regime autoritário tenha ocorrido em 1985, somente em 2007 os debates acerca da Justiça de Transição ganharam destaque, com a publicação do livro-relatório "*Direito à Memória e à Verdade*", que registra a história de 479 militantes políticos que foram vítimas da ditadura civil-militar brasileira. Não obstante seu importante simbolismo, em razão do (enfim) reconhecimento governamental acerca dos abusos cometidos no decorrer da ditadura, ressalta-se que ainda existem muitos avanços necessários, sobretudo no que tange à responsabilização penal individual dos perpetradores dos crimes de direitos humanos cometidos à época.[262]

É justamente por ainda se mostrar insipiente em diversos países que a Justiça de Transição é também alvo de esforços regionais e internacionais, ainda que a responsabilidade primária sobre a proteção e o desenvolvimento dos direitos à verdade, à memória e à justiça seja do Estado.[263] Nesse sentido, necessário mencionar que a Corte Interamericana de Direitos Humanos e a Comissão Interamericana de Direitos Humanos, de acordo com as balizas definidas pela Organização das Nações

---

preocupação da comunidade internacional, à construção da paz pós-conflito. O que se percebe é que as ferramentas da justiça de transição são parte imprescindível do supracitado processo, haja vista que elas, ao se atentaram às necessidades e reclamações das vítimas, promovem a reconciliação e reformam as instituições estatais, (re)estabelecendo o Estado de Direito. (REÁTEGUI, 2011, p. 48).

259. *Vale mencionar, no que diz respeito ao contexto latino-americano de autoritarismo, que a região sofreu, ao longo do século XX, com diversos governos autoritários, alguns de cunho militar, tais quais os casos do Brasil, da Argentina, do Chile e do Uruguai, nas décadas de 1970 e 1980. Outros casos nos quais o Estado aparece como perpetrador de violações massivas de direitos humanos, em razão de governos autoritários, são os casos da Guatemala e de El Salvador. Nos casos do Peru e da Colômbia, por outro lado, além das violações de direitos humanos cometidas pelos Estados, organizações armadas não-estatais também foram responsáveis pelo cometimento de atrocidades contra a população civil.* (REÁTEGUI, 2011, p. 37-38).

260. Não obstante mencione-se a América Latina, é importante salientar que *"no final dos anos 80, com o fim da guerra-fria, várias sociedades passaram por transições radicais, do regime ditatorial para a democracia na América Latina, do regime comunista para a democracia liberal no Leste Europeu, e do regime apartheid para o regime democrático na África do Sul. As diferenças entre as transformações vividas pelas mencionadas sociedades teve como consequência a criação de diferentes concepções de Justiça de Transição, não obstante todas abarcadas sob a égide da "necessidade de enfrentamento do legado de violações de direitos humanos impostos pelo regime anterior."* (MORAIS, 2013, p. 9).

261. REÁTEGUI, Félix (org.). Justiça de Transição: Manual para a América Latina. Brasília e Nova Iorque: Centro Internacional para a Justiça de Transição, 2011, p. 36-37.

262. MORAIS, André de Oliveira. **Por uma Justiça de Transição Efetiva**: análises crítico-jurídicas da atuação do Ministério Público Federal na promoção das ações judiciais destinadas à implementação das dimensões fundamentais da justiça transicional. 2013. Dissertação (Mestrado em Direito)

263. Vide o Caso Velásquez v. Honduras (1988) da Corte Interamericana de Direitos Humanos.

Unidas[264], tem firmado jurisprudência fundamental em termos de justiça de transição[265], "constituindo um marco normativo com força legal para o processo penal de crimes e o ressarcimento das vítimas".[266] Eis que o fortalecimento da democracia a nível mundial[267] e a já mencionada atuação dos órgãos que compõem o sistema interamericano de proteção dos direitos humanos têm feito com que os elementos da justiça de transição sejam, aos poucos, expressos por obrigações jurídicas vinculantes, além de continuadamente contribuírem para a fundação das instituições democráticas e reforçarem a vontade política e social necessária à confrontação de uma herança de violações de direitos humanos.

11.2. Conceito e Características

Diante de todo o exposto, considera-se, em suma, que a justiça de transição está intimamente ligada aos direitos das vítimas à verdade, à memória, à reparação, visando reformas que garantam a não repetição dos fatos, de tal forma que se possa avançar nos processos de consolidação da democracia e da paz. Importante salientar que para que a Justiça de Transição possa promover a reconciliação da nação com a sua história e para que o faça garantindo a não repetição dos fatos, "o enfrentamento do passado deve privilegiar a anamnese, por meio de criações de políticas públicas que aprofundem as bases democráticas e afirmem permanentemente o direito internacional dos direitos humanos e suas ações concretizadora.". Dessa forma, conforme leciona Emílio Meyer[268], a justiça de transição permite "que uma concepção normativa de justiça questione a situação política e, a partir disto, novos elementos para a reconstrução do Estado de Direito aportem.". Eis que, portanto, torna-se "possível depositar no sistema do direito um tipo potencial independente para efetivar políticas de transformação.".[269]

Nesse sentido, entende-se que a justiça transicional é condição mínima para a promoção da reconciliação da nação com um passado recente e sombrio de sua história, de tal forma que torna-se pertinente ressaltar que, no Brasil, foram empregadas

264. A exemplo do já mencionado relatório do Conselho de Segurança das Nações Unidas, "The rule of law and transitional justice in conflict and post-conflict societies", datado de 2004.

265. A exemplo dos seguintes casos: O Massacre de Mapiripán vs. Colômbia (2005); Gomes Lund e Outros (Guerrilha do Araguaia) vs. Brasil (2010); García Lucero e Outros vs. Chile (2013); Rochac Hernández e Outros vs. El Salvador (2014); entre outros.

266. REÁTEGUI, Félix (org.). **Justiça de Transição**: Manual para a América Latina. Brasília e Nova Iorque: Centro Internacional para a Justiça de Transição, 2011, p. 47-48.

267. No que diz respeito ao fortalecimento da democracia a nível mundial, cita-se, especialmente, a América Latina, a Ásia e a África (REÁTEGUI, 2011, p. 48). Em um movimento intrinsecamente relacionado, ressalta-se que a democracia passou a ser vista pela comunidade internacional em geral como um valor e como um objetivo, questão corroborada pelo fato das missões de paz da Organização das Nações Unidas estabelecerem modelos democráticos.

268. MEYER, Emilio Peluso Neder. **Responsabilização por graves violações de direitos humanos na ditadura de 1964-1985:** a necessária superação da decisão do Supremo Tribunal Federal na ADPF nº 153/DF pelo Direito Internacional dos Direitos Humanos. 2012, p. 233. Tese (Doutorado em Direito)

269. MEYER, Emilio Peluso Neder. **Responsabilização por graves violações de direitos humanos na ditadura de 1964-1985:** a necessária superação da decisão do Supremo Tribunal Federal na ADPF nº 153/DF pelo Direito Internacional dos Direitos Humanos. 2012, p. 233. Tese (Doutorado em Direito)

algumas ferramentas, tais quais a criação de comissões da verdade, a promoção de caravanas itinerantes de Anistia e o pagamento de indenizações às famílias dos mortos e desaparecidos políticos, o qual foi possibilitado em função da Lei n. 9.140/95.[270] Dessa percepção, salienta-se que a Justiça de Transição faz uso de diversas ferramentas, que dizem respeito, portanto, ao processamento dos violadores de direitos humanos, à investigação e revelação da verdade acerca dos crimes ora cometidos, ao fornecimento de reparações às vítimas e à reforma das instituições que possibilitaram as violações, de tal forma que possa ser promovida a reconciliação.[271]

É fundamental ressaltar que a preocupação e a manifestação da justiça de transição não estão limitadas a contextos pós-conflituosos ou de transição entre regimes autoritários e regimes democráticos, tendo sido essa visão histórica clássica superada pela noção de que a justiça de transição se faz e deve se fazer presente em tempos ordinários, sendo tal concepção possível em razão da normalização de suas ferramentas e objetivos.[272] No mesmo sentido, Eric A. Posner e Adrian Vermeule[273]argumentam contrariamente àqueles teóricos que tratam regimes de transição como sujeitos contidos em si mesmos, uma vez que não atribuem devida importância às comparações e analogias possíveis entre regimes de transição, bem como ignoram as diversas transições que ocorrem nos ordenamentos jurídicos de democracias consolidadas. Argumentam, pois, que sistemas legais ordinários lidam constantemente com problemas de transição, causados por mudanças econômicas, tecnológicas ou mesmo nos julgamentos de valor da população; o que faz com que a justiça de transição se alinhe continuamente à justiça ordinária.

11.3. Elementos da Justiça de Transição

Diante de todo o exposto, pertinente a conclusão de que são pilares fundamentais da justiça de transição a justiça, os direitos à verdade e a reparação, os quais só podem ser trabalhados conjuntamente, em consonância com as reformas institucionais, visando a reconciliação. Para fins didáticos, atentar-nos-emos, portanto, a cada um deles a seguir.

11.3.1. Justiça

A busca pela justiça é o motor da justiça de transição, haja vista que somente dessa forma a democracia e a paz podem ser consolidadas. Isso porque,

270. MORAIS, André de Oliveira. **Por uma Justiça de Transição Efetiva**: análises crítico-jurídicas da atuação do Ministério Público Federal na promoção das ações judiciais destinadas à implementação das dimensões fundamentais da justiça transicional. 2013. Dissertação (Mestrado em Direito)
271. REÁTEGUI, Félix (org.). **Justiça de Transição**: Manual para a América Latina. Brasília e Nova Iorque: Centro Internacional para a Justiça de Transição, 2011, p. 42; 48.
272. TEITEL, Ruti G. **Transitional Justice**. Oxford: Oxford University Press, 2002, p. 89-90.
273. POSNER, Eric A.; VERMEULE, Adrian. **Transitional Justice as Ordinary Justice**. Chicago: Universidade de Chicago, 2003, p. 2-4.

conforme ressaltado pela Corte Interamericana de Direitos Humanos no caso Gomes Lund[274], a exigência de responsabilidade dos perpetradores das violações[275] é elemento essencial para o fornecimento de reparação eficaz às vítimas. Além disso, citando a antiga Comissão de Direitos Humanos das Nações Unidas[276], entende-se que o combate à impunidade dos perpetradores de direitos humanos é fundamental para que se possa garantir um sistema de justiça minimamente efetivo e para que se possa promover a reconciliação e estabilidade da população com sua própria história.

Outra questão que confere à busca pela justiça papel tão central, em termos de justiça de transição, diz respeito à quebra do ciclo vicioso de repressão, a qual, segundo Naomi Roht-Arriazi[277] só seria possível a partir do reconhecimento afirmativo da obrigação estatal de investigar e punir graves violações de direitos humanos. Isso porque somente assim seriam causados constrangimentos suficientes aos governos futuros, no sentido de não cometerem abusos semelhantes. Em sentido semelhante, entendeu o Conselho de Segurança das Nações Unidas[278], em sua 61ª sessão, que a impunidade frente "violações criminosas de direitos humanos e de direito internacional humanitário incentiva tais violações e é um obstáculo fundamental para a observância" dessas normas internacionais.

É justamente pela punição dos perpetradores ter tamanha importância que a Lei n. 6.683/1979 se mostrou tão controversa no que diz respeito à total impunidade garantida aos agentes públicos que cometeram violações de direitos humanos no decorrer do regime ditatorial. Conforme salienta Emilio Meyer, as consequências de tal impunidade são devastadoras, sendo que estudos revelam que nos países nos quais os perpetradores de violações aos direitos humanos foram julgados e foram instaladas Comissões da Verdade, os índices da "*Political Terror Scale*" só decresceram. Esse, no entanto, não foi o caso brasileiro, que teve seu índice aumentado de 3.2 para 4.1. Explica Meyer que "o alvo alterou-se: do esquerdista ou comunista ao traficante. Além disto, observa-se uma crescente criminalização da atuação de movimentos sociais.".[279]

---

274. CORTE INTERAMERICANA DE DIREITOS HUMANOS. **Caso Gomes Lund e Outros ("Guerrilha do Araguaia) vs. Brasil**: Exceções Preliminares, Mérito, Reparação e Custas. 2010, p. 53.
275. Inclusive, necessário mencionar que a exigência de responsabilidade dos perpetradores de violações dos direitos humanos se constitui como uma obrigação estatal: o direito internacional convencional e o direito internacional consuetudinário estabelecem a obrigação de investigar e processar graves violações de direitos humanos. ROTH-ARRIAZA, Naomi. State Responsibility to Investigate and Prosecute Grave Human Rights Violations in International Law. **California Law Review**, vol. 78, no. 02, 1990, p. 451.
276. COMISSÃO DE DIREITOS HUMANOS. **Impunidade**. Resolução 2005/81, 61° período de sessões, U.N. Doc. E/CN.4/RES/2005/81, de 21 de abril de 2005.
277. ROTH-ARRIAZA, Naomi. State Responsibility to Investigate and Prosecute Grave Human Rights Violations in International Law. **California Law Review**, vol. 78, no. 02, 1990, p. 452-453; 461.
278. CONSELHO DE SEGURANÇA DAS NAÇÕES UNIDAS. **The rule of law and transitional justice in conflict and post-conflict societies**. Report of the Secretary-General, 2004, p. 01.
279. MEYER, Emilio Peluso Neder. **Responsabilização por graves violações de direitos humanos na ditadura de 1964-1985:** a necessária superação da decisão do Supremo Tribunal Federal na ADPF n° 153/DF pelo Direito Internacional dos Direitos Humanos. 2012, p. 254. Tese (Doutorado em Direito)

Em razão dos problemas acima apontados, ressalta-se a necessidade da reconciliação com o passado se dar de uma forma que se garanta a não repetição dos fatos. E isso, conforme salientado anteriormente, só pode se dar por meio do acesso amplo à Justiça[280], de tal forma que os perpetradores possam ser punidos individualmente.[281]

11.3.2. Verdade e Memória

O direito à verdade e à memória, que são "entendidos como a imprescindibilidade de dar publicidade aos acontecimentos do passado de modo a evitar a repetição das graves violações de direitos humanos no futuro"[282], tiveram suas respectivas importâncias reconhecida pelos membros da Organização dos Estados Americanos, sendo que já haviam sido reconhecidos jurisprudencialmente pela Corte Interamericana de Direitos Humanos. Adicionalmente, em situações de violações graves de direitos humanos, esses direitos se apresentam como uma forma de reparação, na medida em que permitem o reconhecimento da importância valorativa das pessoas como indivíduos, vítimas e sujeitos de direitos.[283]

Considerando o exposto, a Comissão Interamericana de Direitos Humanos[284] sustenta que a verdade é, por um lado, um direito da vítima e de seus familiares, o qual permite, portanto, uma forma de reparação individual; mas é, também, direito da sociedade como um todo. Isso porque, para que se possa prevenir a ocorrência de violações dos direitos humanos, a verdade tem que ser considerada um direito inalienável de toda a sociedade, pois somente assim o sistema democrático pode ser plenamente desenvolvido. O que se entende, dessa forma, é que a busca pela

280. No que diz respeito à utilização do termo "acesso amplo" à Justiça, destaca-se que, para além da questão desse acesso (e de ser acessado) ser em relação a todos, há também outra questão. Tradicionalmente, essa busca pela justiça se daria via direito penal e direito processual penal, os quais certamente merecem destaque, mas considera-se pertinente ressaltar que a justiça buscada pela justiça de transição extrapola a mencionada justiça penal, abrangendo também outros elementos dos quais se destaca a responsabilidade, a equidade na proteção e na reinvindicação de direitos, bem como na prevenção e na punição de infrações. AMBOS, K. et al. Justicia de Transición: con informes de América Latina, Alemania, Italia y España. Montevideo: Fundación Konrad -Adenauer -Stiftung, 2009, p. 24). Inclusive, nesse sentido, ressaltou a Corte Interamericana de Direitos Humanos no Caso Gomes Lund (2010, p. 53) que a obrigação de observância e fazer observar as normas do Direito Internacional dos Direitos Humanos inclui, para além das obrigações de investigação e processamento, o dever de adotar medidas preventivas.

281. Quanto a essa questão: "Se a 'justiça' for concebida tão somente como a responsabilidade jurídica por crimes, ela teria se ausentado inúmeras vezes ante as imunidades que um chefe de Estado detém. Tais imunidades não têm mais a dimensão que tinham no passado justamente em virtude da força que o Direito Internacional dos Direitos Humanos tem ganhado. Isto se deve a três ordens de fatores como: violações de direitos humanos não são atos de Estado, mas crimes imputáveis a indivíduos; tais indivíduos podem ser processados; e, por fim, eles também são titulares de direitos e de, portanto, um devido processo legal. Este último fato marca a diferença de um julgado político para um julgamento de direitos humanos.". (MEYER, 2013, p. 256).

282. MORAIS, André de Oliveira. **Por uma Justiça de Transição Efetiva**: análises crítico-jurídicas da atuação do Ministério Público Federal na promoção das ações judiciais destinadas à implementação das dimensões fundamentais da justiça transicional. 2013, p. 22. Dissertação (Mestrado em Direito) – Universidade Federal de Minas Gerais.

283. COMISSÃO INTERAMERICANA DE DIREITOS HUMANOS. **The Right to Truth in the Americas**. OEA/Ser.L/V/II.152, 13 de Agosto de 2014.

284. COMISSÃO INTERAMERICANA DE DIREITOS HUMANOS. **The Right to Truth in the Americas**. OEA/Ser.L/V/II.152, 13 de Agosto de 2014.

verdade sobre as violações massivas de direitos humanos do passado permite à sociedade e às suas gerações futuras que reconheçam e ofereçam resistência frente um possível retorno de práticas autoritárias e abusivas[285] . Nesse sentido, salienta-se, a teor do que lecionam Emilio Meyer e Marcelo Cattoni[286], que a vivência inconstitucional do período autoritário, bem como as atrocidades cometidas pelo Estado nesta época, "devem ser relembradas, recordadas e jamais esquecidas, pois fazem parte da identidade constitucional brasileira.".

Com isso em mente, destaca-se que uma das principais ferramentas da Justiça de Transição, que está intimamente ligada ao direito à verdade, é a constituição das chamadas Comissões da Verdade, essas que são "organismos de inquérito oficiais, temporários e não-judiciais que investigam os padrões de abuso aos direitos humanos ou ao direito humanitário, geralmente cometidos ao longo de vários anos."[287] . As Comissões da Verdade, ao darem voz pública às vítimas, dificultam possíveis acobertamentos dos abusos institucionalizados realizados pelos governos anteriores, servindo, portanto, à verdade; além de oferecem certo conforto às vítimas[288]. Nesse sentido, é perceptível que a adoção das Comissões da Verdade se justifica por diversos fatores; e, para além dos já mencionados, quais cita-se: i) a ênfase na necessidade de promoção de uma reconciliação nacional e a superação do passado; ii) o entendimento de que constituem um passo necessário para a responsabilização e; iii) o entendimento de que as Comissões atenderiam a um clamor de se marcar diferenciação entre os governos passados e o novo governo, no qual se teria o início de um período de contínua reafirmação de direitos fundamentais[289].

Importante salientar que a instalação de Comissões da Verdade não é incompatível com a instauração de processos jurisdicionais de responsabilidade. Na realidade, entende-se que "deve haver uma lógica comunicativa entre o que ocorre em uma comissão da verdade e o que pode se desdobrar em um processo jurisdicional"[290], sendo que as comissões podem contribuir amplamente com o Poder Judiciário, sobretudo no que tange à determinação de seu papel nos sistemas repressivos,

285. REÁTEGUI, Félix (org.). **Justiça de Transição**: Manual para a América Latina. Brasília e Nova Iorque: Centro Internacional para a Justiça de Transição, 2011.
286. MEYER, Emilio Peluso Nedes; OLIVEIRA, Marcelo Andrade Cattoni de (orgs.). **Justiça de Transição nos 25 anos da Constituição de 1988.** Belo Horizonte: Initia Via, 2014, p. 13.
287. COMISSÃO DE DIREITOS HUMANOS. **Impunidade**. Resolução 2005/81, 61° período de sessões, U.N. Doc. E/CN.4/RES/2005/81, de 21 de abril de 2005, p. 6 – tradução nossa do original: "As used in these principles, the phrase "truth commissions" refers toofficial, temporary, non-judicial fact-finding bodies that investigate a pattern of abuses of human rights or humanitarian law, usually committed over a number of years.".
288. REÁTEGUI, Félix (org.). **Justiça de Transição**: Manual para a América Latina. Brasília e Nova Iorque: Centro Internacional para a Justiça de Transição, 2011.
289. MEYER, Emilio Peluso Neder. **Responsabilização por graves violações de direitos humanos na ditadura de 1964-1985:** a necessária superação da decisão do Supremo Tribunal Federal na ADPF n° 153/DF pelo Direito Internacional dos Direitos Humanos. 2012. Tese (Doutorado em Direito)
290. MEYER, Emilio Peluso Neder. **Responsabilização por graves violações de direitos humanos na ditadura de 1964-1985:** a necessária superação da decisão do Supremo Tribunal Federal na ADPF n° 153/DF pelo Direito Internacional dos Direitos Humanos. 2012, p. 236. Tese (Doutorado em Direito)

à recomendação de reformas institucionais e ao reforço da exigência pelo Estado Democrático de Direito.

No que diz respeito à afirmação brasileira do direito à memória e à verdade, destaca-se que se iniciou de forma mais contundente no decorrer do governo Fernando Henrique Cardoso, com a Lei n. 9.140/1995[291], processo que foi continuado em 2005, quando da transferência dos documentos relativos ao período militar para o Arquivo Público Nacional e, posteriormente, para o Ministério da Justiça. Nesse sentido, caminhando lentamente em direção aos direitos à memória e à verdade, somente em 2011 foi aprovada a instalação de uma Comissão da Verdade no Brasil[292], por meio da sanção da Lei n. 12.528/2011. Não obstante avanços possam ser percebidos, destaca-se que "a implementação da dimensão do resgate da memória e da verdade ainda se dá de forma tímida."[293].

11.3.3. Reparação das vítimas e de suas famílias

O Direito Internacional determina que os Estados têm a obrigação de reparar as vítimas[294] de graves violações dos direitos humanos[295], o que constitui elemento fundamental na busca pela justiça. Dessa forma, é um dever internacional imposto aos Estados a reparação adequada e satisfatória das vítimas de violações de direitos humanos e, se necessário, de suas famílias. Uma política de reparação, nos termos da justiça de transição, deve se pautar no reconhecimento dos crimes cometidos, bem como no reconhecimento da responsabilidade estatal, visando a reparação de todas as vítimas por meio de ações afirmativas, de tal forma que se garanta a não repetição dos fatos.

291. "A lei reconheceu oficialmente como mortos, para todos os efeitos legais, os desaparecidos políticos entre 02 de setembro de 1961 e 15 de agosto de 1979, assim como instalou, no âmbito do Ministério da Justiça, a *Comissão sobre Mortos e Desaparecidos Políticos*.". (MEYER, 2013, p. 237, grifo do autor).
292. Foram objetivos da Comissão da Verdade do Brasil: *"a) esclarecer os fatos e as circunstâncias em que ocorreram as graves violações de direitos humanos, tais como os casos de tortura, mortes, desaparecimentos, ocultação de cadáveres, e a respectiva autoria; b) encaminhados aos órgãos públicos competentes toda e qualquer informação obtida que possa auxiliar na localização e identificação dos restos mortais dos desaparecidos políticos; c) colaborar com todas as instâncias do poder público para a apuração de violação de direitos humanos; d) recomendar a adoção de medidas e políticas públicas para prevenir violação de direitos humanos e assegurar sua não repetição; e) promover, com base nas informações obtidas, a reconstrução da história dos casos de graves violações de direitos humanos, bem como colaborar para que seja prestada assistência às vítimas de tais violações."*
293. MORAIS, André de Oliveira. **Por uma Justiça de Transição Efetiva**: análises crítico-jurídicas da atuação do Ministério Público Federal na promoção das ações judiciais destinadas à implementação das dimensões fundamentais da justiça transicional. 2013. Dissertação (Mestrado em Direito) – Universidade Federal de Minas Gerais.
294. No que diz respeito às vítimas, é importante salientar que é necessário que se determine conceitualmente quem são as vítimas que serão reparadas; podendo elas serem somente as vítimas de violações graves de direitos humanos ou podendo estar contempladas classes mais amplas de vítimas.
295. Nos termos do art. 31 do "Articles on State Responsibility for International Wrongful Acts": "Artigo 31 – Reparação. 1. O Estado responsável está sob a obrigação de realizar a reparação plena pelo prejuízo causado pelo ato internacionalmente ilícito. 2. Prejuízo inclui qualquer dano, seja material ou moral, causado pelo ato internacionalmente ilícito do Estado.". ORGANIZAÇÃO DAS NAÇÕES UNIDAS, 2001, tradução nossa do original: "Article 31 – Reparation 1. The responsible State is under an obligation to make full reparation for the injury caused by the internationally wrongful act. 2. Injury includes any damage, whether material or moral, caused by the internationally wrongful act of a State.".

Com isso em mente, entende-se que as medidas pertinentes à reparação dizem respeito à restituição, à compensação, à reabilitação, à satisfação e às garantias de não repetição[296], sendo que elas são aplicadas em termos materiais e não materiais[297] . Nesse sentido, leciona Meyer[298] que o termo "reparação" assume diferentes concepções, sendo elas:

- Pode significar "restituição", isto é, restaurar a situação anterior da vítima, de tal forma que sejam restaurados seus direitos;
- Pode significar "compensação", de tal forma que as medidas tomadas sejam em termos de quantificação dos danos materiais, morais, físicos e psicológicos;
- Pode significar "reabilitação", de tal forma que seja oferecido às vítimas assistência médica, psicológica e jurídica;
- Pode significar "satisfação e garantia de não repetição", as quais envolvem a investigação dos fatos, desculpas oficiais, sentenças, a revelação da verdade, entre outros. Em razão dessa concepção, torna-se perceptível, portanto, que as medidas de reparação não são satisfatórias para as vítimas quando empenhadas individualmente, sendo necessário um caráter de complementaridade para com a atuação dos tribunais criminais e das comissões da verdade.[299]

Dessa forma, no que tange à natureza das reparações, destaca Emilio Meyer[300] que a "reparação vai desde aquela de cunho pecuniário até a realização de atos simbólicos, como a construção de monumentos, museus, publicações oficiais, reconhecimento oficial da responsabilidade estatal, entre outros.". Isso porque, para além dos prejuízos patrimoniais sofridos pelas vítimas, as reparações visam recolocá-las em posição que se considerem dignas de serem reconhecidas como pessoas.

Com tudo isso em mente, destaca-se que o sistema de reparações brasileiro foi inaugurado pela Lei n. 6.683/1979, dispositivo normativo por meio do qual foram estabelecidas as balizas iniciais do sistema de reparação dos anistiados políticos brasileiros. Importante salientar que a Lei em questão, ao estabelecer a previsão

296. REÁTEGUI, Félix (org.). **Justiça de Transição**: Manual para a América Latina. Brasília e Nova Iorque: Centro Internacional para a Justiça de Transição, 2011.
297. Em termos não materiais, ressalta-se programas de reabilitação para as vítimas e medidas simbólicas (CONSELHO DE SEGURANÇA DAS NAÇÕES UNIDAS, 2004, p. 18).
298. MEYER, Emilio Peluso Neder. **Responsabilização por graves violações de direitos humanos na ditadura de 1964-1985:** a necessária superação da decisão do Supremo Tribunal Federal na ADPF n° 153/DF pelo Direito Internacional dos Direitos Humanos. 2012, p. 246. Tese (Doutorado em Direito)
299. CONSELHO DE SEGURANÇA DAS NAÇÕES UNIDAS. **The rule of law and transitional justice in conflict and post-conflict societies**. Report of the Secretary-General, 2004.
300. MEYER, Emilio Peluso Neder. **Responsabilização por graves violações de direitos humanos na ditadura de 1964-1985:** a necessária superação da decisão do Supremo Tribunal Federal na ADPF n° 153/DF pelo Direito Internacional dos Direitos Humanos. 2012, p. 246. Tese (Doutorado em Direito) – Universidade Federal de Minas Gerais.

para readmissão dos servidores que haviam sido demitidos em razão de perseguição política entre 1961 e 1979, inaugurou uma tradição *sui generis* do processo de reparação brasileiro, frente relação comparativa aos demais Estados sul-americanos, "qual seja: o viés laboral, privilegiando a perda do emprego como um dos principais critérios não só para a verificação da perseguição, como também para sua reparação."[301]. Importante salientar que a adoção desse critério se justifica em razão do regime militar brasileiro ter implementado uma política geral de afastamento de funcionários públicos e privados que fossem considerados '"subversivos" e é justamente por essa questão que as legislações reparatórias brasileiras dedicaram "ampla atenção às medidas de saneamento das violações relativas a perseguição política no ambiente de trabalho.".

Com isso em mente, destaca-se que a Constituição de 1988 preleciona a ideia de anistia como reparação, sendo que a estende, potencialmente, ao setor privado, bem como aos trabalhadores demitidos por terem participado de manifestações grevistas. A regulamentação dessa questão ocorreu somente no Governo FHC, via Medida Provisória e, posteriormente, por meio da Lei nº 10.559, "que é o instrumento para a reparação individual aos perseguidos políticos brasileiros, ampliando significativamente a gama de direitos até então existentes e alcançando um nível de efetividade muito superior ao de qualquer medida anterior."[302].

11.3.4. A Justiça de Transição no Brasil

As primeiras medidas de justiça de transição foram tomadas durante o próprio processo (lento e gradual) de redemocratização (ainda no regime militar). A Lei de Anistia (Lei nº 6.683/1979) pode ser considerada como marco inicial do eixo de reparações, na medida em que previu hipóteses de readmissão em serviço público e de restituição de direitos políticos a cidadãos que tinham sofrido sanções políticas a partir de 1964. A mesma lei, no entanto, estendeu a concessão de anistia aos agentes que cometeram graves violações de direitos humanos no período ditatorial, tornando-se um obstáculo às iniciativas de investigação e de persecução penal dos responsáveis pela prática de crimes de Estado.[303]

Logo na sequência com a Constituição de 1988 o vetor das reparações é reforçado pelo artigo 8º do Ato das Disposições Constitucionais Transitórias (ADCT) da CR/88, que garantiu medidas de compensação a todos os atingidos por atos de exceção no período de 1946 até 1988. De forma mais ampla, conforme Cláudia Paiva de Carvalho, esse dispositivo pode ser considerado como um **marco jurídico-político da**

---

301. REÁTEGUI, Félix (org.). **Justiça de Transição**: Manual para a América Latina. Brasília e Nova Iorque: Centro Internacional para a Justiça de Transição, 2011, p. 475-476.
302. REÁTEGUI, Félix (org.). **Justiça de Transição**: Manual para a América Latina. Brasília e Nova Iorque: Centro Internacional para a Justiça de Transição, 2011, p. 478.
303. CARVALHO, Cláudia Paiva de. *Panorama da Justiça de Transição em 2015. Justiça de Transição na América Latina – Panorama 2015.*

justiça de transição no Brasil. Nesses termos, ele direciona a reparação, mas também fixa os trilhos da responsabilização e permite orientar o trabalho de memória.[304]

Nas décadas seguintes ao retorno à democracia, foi o programa de reparações que recebeu maior desenvolvimento por parte da política de justiça transicional no Brasil. Primeiramente, por meio da criação, em 1995, da Comissão Especial sobre Mortos e Desaparecidos Políticos (CEMDP), nos termos da Lei nº 9.140/1995, com o objetivo de: i) reconhecer as vítimas da ditadura que foram mortas ou estavam desaparecidas; ii) conceder indenização aos familiares; iii) localizar e identificar os restos mortais dos desaparecidos políticos. Por sua vez, em 2002, foi constituída a *Comissão de Anistia*, no Ministério da Justiça, por meio da Lei nº 10.559/2002, com o escopo de reconhecer o estatuto de anistiado político e de conceder reparação a todas as pessoas atingidas por atos de exceção entre 1946 e 1988. A Comissão de Anistia também passou a desenvolver programas voltados à promoção da memória política, como as Caravanas da Anistia, e, mais recentemente, à reparação psíquica das vítimas de violência do Estado.[305]

Na sequência, a partir de 2007, sustenta Cláudia Paiva, que é possível notar uma aceleração do processo da justiça de transição no Brasil, com o crescimento do debate público e das demandas por revisão da Lei de Anistia e pela criação de uma Comissão da Verdade. Nesses termos, em 2008, a Ordem dos Advogados do Brasil (OAB) ajuizou a Ação de Descumprimento de Preceito Fundamental (ADPF nº 153) perante o Supremo Tribunal Federal para questionar a validade da interpretação do dispositivo da Lei de Anistia que estendia seus efeitos aos agentes da repressão. Por sua vez, em 2009, foi lançado o Plano Nacional de Direitos Humanos que dedicou um de seus eixos à promoção do direito à memória e à verdade.[306]

Em 2010, dois acontecimentos marcaram o campo da judicialização da justiça de transição no Brasil. No mês de abril, o STF julgou a ADPF nº 153 e decidiu pela validade da autoanistia (ou anistia bilateral) prevista pela interpretação da Lei de nº 6.683/1979. Já em novembro, o Estado brasileiro foi condenado pela Corte Interamericana de Direitos Humanos, no caso Gomes Lund e outros vs. Brasil, pelo desaparecimento de cerca de 70 militantes na guerrilha do Araguaia. Entre as resoluções da Corte IDH, destaca-se a afirmação de incompatibilidade de leis de autoanistia com a Convenção Americana de Direitos Humanos e a determinação de que a Lei de Anistia brasileira não pode servir de obstáculo ao cumprimento das obrigações

304. CARVALHO, Cláudia Paiva de. *Panorama da Justiça de Transição em 2015. Justiça de Transição na América Latina – Panorama 2015.*

305. CARVALHO, Cláudia Paiva de. *Panorama da Justiça de Transição em 2015. Justiça de Transição na América Latina – Panorama 2015.* Aqui é interessante ressaltar, que o STF recentemente afirmou ser constitucional lei estadual que responsabiliza o Estado-membro por danos causados a pessoas presas na ditadura. No caso decidiu o STF que é constitucional a Lei nº 5.751/98, do Estado do Espírito Santo, de iniciativa parlamentar, que versava sobre a responsabilidade do ente público por danos físicos e psicológicos causados a pessoas detidas por motivos políticos. STF. Plenário. ADI 3738/ES, Rel. Min. Marco Aurélio, julgado em 03.11.2020 (Informativo 997).

306. CARVALHO, Cláudia Paiva de. *Panorama da Justiça de Transição em 2015. Justiça de Transição na América Latina – Panorama 2015.*

do Estado de investigar, julgar e punir os responsáveis pela prática de graves violações de direitos humanos. Após a condenação da Corte IDH, foram apresentados embargos declaratórios contra a decisão do STF na ADPF nº 153, ainda pendentes de julgamento.[307]

Em 2011 foi promulgada a Lei de Acesso à Informação (Lei nº 12.527/2011), que determinou a observância da publicidade como preceito geral e proibiu a restrição de acesso a documentos que tratem de violações de direitos humanos.[308]

Na dimensão do direito à memória e à verdade, em resposta às pressões da sociedade civil e, especialmente, dos grupos de familiares de vítimas, em novembro de 2011, foi criada a Comissão Nacional da Verdade (CNV) no âmbito da Casa Civil da Presidência da República, por meio da Lei nº 12.528/2011. Nesses termos, à instauração da CNV seguiu-se um movimento de criação de comissões estaduais, municipais e setoriais – vinculadas a entidades de classe, universidades, movimentos sociais, etc. – com relevante impacto na demanda transicional de busca pela verdade.[309]

A CNV desenvolveu os trabalhos de investigação entre maio de 2012 e dezembro de 2014, quando apresentou seu relatório final, acompanhado de um conjunto de recomendações que apontam medidas necessárias à garantia de não repetição. Entre as recomendações se destaca a necessidade de revisão da lei de anistia, a desmilitarização da polícia (das forças de segurança) e a criação de um órgão de seguimento que dê continuidade aos trabalhos de investigação. O Relatório da CNV também indicou 377 agentes que foram responsáveis pela prática de crimes durante a ditadura, incluindo tortura, execução e desaparecimento forçado.[310]

Temos também que tendo em vista a necessidade de cumprimento da sentença da Corte Interamericana de Direitos Humanos, no início de 2014, o Partido Socialismo e Liberdade (PSOL) ajuizou nova Ação de Arguição de Descumprimento de Preceito Fundamental (ADPF nº 320) perante o STF, com o objetivo de afastar a aplicação da Lei de Anistia para casos de graves violações de direitos humanos e de crimes continuados ou permanentes.[311]

Salienta ainda Cláudia Paiva, que existem também tentativas de responsabilização penal contra os agentes da repressão em curso na Justiça pátria. Elas têm sido conduzidas por membros do Ministério Público Federal, especialmente integrantes do Grupo de Trabalho de Justiça de Transição, que têm apresentado denúncias contra agentes responsáveis por crimes da ditadura – cerca de 17 ações penais estão

307. CARVALHO, Cláudia Paiva de. *Panorama da Justiça de Transição em 2015. Justiça de Transição na América Latina – Panorama 2015.*
308. *Panorama da Justiça de Transição em 2014. Justiça de Transição na América Latina – Panorama 2014.*
309. *Panorama da Justiça de Transição em 2014. Justiça de Transição na América Latina – Panorama 2014.*
310. *Panorama da Justiça de Transição em 2014. Justiça de Transição na América Latina – Panorama 2014.*
311. CARVALHO, Cláudia Paiva de. *Panorama da Justiça de Transição em 2015.* In: *Justiça de Transição na América Latina – Panorama 2015.*

em curso. Não obstante, via de regra, as ações penais contra agentes da repressão têm sido suspensas pelo Poder Judiciário.[312]

12. DIREITO DOS ANIMAIS

Como bem se sabe, uma das questões mais controvertidas da atualidade diz respeito ao direito dos animais. Poderiam os animais ser utilizados como cobaias em quaisquer testes científicos? Ou em testes científicos de caráter não estéticos? Eles poderiam ser criados em condições questionáveis para fins de subsistência humana? Ou mesmo: poderiam ser destinados à alimentação humana, sobretudo à luz das novas tecnologias?

Em que pesem os inúmeros questionamentos acerca da matéria, alguns dos quais foram acima explicitados, a questão gira em torno da percepção (ou não) dos animais como sujeitos de direitos. E, nesse sentir, é importante dizer que as respostas às questões ora colocadas dependem dos fundamentos jurídicos e filosóficos adotados.

Para Peter Singer[313], um dos principais defensores dos direitos dos animais, o princípio ético sobre o qual se assenta a igualdade humana cominaria na conclusão de igual consideração para com os animais, razão pela qual o fim da opressão e da exploração dos seres não humanos seria imperativo.

A base do pensamento do autor reside em seu entendimento de que a igualdade não depende de considerações acerca da inteligência, da capacidade moral, da força física ou de quaisquer outros aspectos atribuíveis aos sujeitos, na medida em que *"o princípio da igualdade dos seres humanos não é uma descrição de uma suposta igualdade factual entre os humanos: é uma prescrição do modo como devemos tratar os seres humanos."*[314] Desse modo, em sendo a igualdade uma ideia moral, e não uma consideração factual, ela imporia igual consideração das necessidades e interesses de todos os sujeitos, no escopo de um comando normativo.

---

312. CARVALHO, Cláudia Paiva de. *Panorama da Justiça de Transição em 2015*. In: *Justiça de Transição na América Latina – Panorama 2015*. Conforme observa Emílio Peluso Meyer: *"são 17 as ações penais propostas por membros do MPF em todo o país. Cinco denúncias foram inicialmente recebidas, mas, em todos esses casos, houve suspensão do processo, seja por reclamação ajuizada no Supremo Tribunal Federal, seja por habeas corpus concedido pelo Tribunal Regional Federal competente. Oito denúncias foram rejeitadas de plano e, em quatro ações penais, não havia elementos para aferir o andamento da denúncia. Do que se pode aferir, há sinais interessantes de que a litigância de direitos humanos levada adiante pelo MPF possa trazer futuros benefícios para a justiça de transição brasileira. O quadro em relação à atuação do Poder Judiciário, contudo, é bastante árduo. Há vários problemas relativos a uma ausência de compreensão do significado e cogência do direito internacional dos direitos humanos e de seus conceitos: crimes contra a humanidade, imprescritibilidade, impossibilidade de incidência de anistia passam ao largo de decisões que ainda enxergam uma oposição entre soberania e direitos humanos, com franca precedência da primeira, principalmente em nome da suposta eficácia vinculante da decisão do STF na ADPF 153". Responsabilização e Ditadura. Justiça de Transição na América Latina – Panorama 2015.*
313. SINGER, Peter. **Animal Liberation**. 3a ed. Nova York: Harper Collins Publishers, 2002.
314. SINGER, Peter. ***Animal Liberation...,*** p. 05, grifo do autor, tradução nossa do original: *"The principle of the equality of human beings is not a description of an alleged actual equality among humans: it is a prescription of how we should treat human beings".*

Ora, se a ideia ética por trás do princípio da igualdade determina que a preocupação e a consideração com o bem-estar de todos os sujeitos não dependem das capacidades ou dos aspectos que possuem, então este elemento básico, qual seja, "levar em consideração os interesses do ser, quaisquer que sejam tais interesses – deve, de acordo com o princípio da igualdade, ser estendido a todos os seres, negros ou brancos, masculinos ou femininos, humanos ou não humanos."[315]

Nesses termos, a limitação do alcance do princípio da igual consideração à espécie humana seria simplesmente arbitrária, justamente porque a suposta inferioridade intelectual e a alegada ausência de racionalidade dos animais não poderiam servir como justificativas para que fossem privados de direitos e submetidos a condições de opressão e exploração. De fato, "se um ser sofre, não pode haver justificação moral para recusar levar em consideração esse sofrimento. Independentemente da natureza do ser, o princípio da igualdade requer que o seu sofrimento seja levado em conta tanto quanto o sofrimento semelhante – na medida em que é possível estabelecer uma comparação aproximada – de qualquer outro ser."[316] Assim, para Singer, somente a senciência (por ele entendida como a capacidade sofrer e/ou de experimentar alegria) poderia limitar o alcance do princípio da igual consideração, sendo que a adoção de qualquer outro critério (como a inteligência, a racionalidade ou a espécie do ser) constituiria uma arbitrariedade intolerável, que, inclusive, acabaria por esvaziar o sentido do próprio comando normativo da igualdade.

Tom Regan[317], por sua vez, também defende o reconhecimento do direito dos animais, mas o faz sob uma ótica distinta, com base na teoria da moral de Kant.

Embora o filósofo adote alguns elementos da teoria kantiana, é preciso dizer que constrói uma visão ampliada acerca dos indivíduos que detêm valor moral. É que, para Kant, somente os seres racionais possuiriam tal valor, de modo que não consegue explicar porque, por exemplo, as crianças e os deficientes mentais não deveriam ser instrumentalmente explorados.

Reconhecendo tal limitação, Regan argumenta que todos os seres humanos têm valor moral porque são "sujeitos de uma vida", isto é, são capazes de experimentar desejos e emoções, entre outros aspectos. Tal limiar faria com que, por consequência, os animais também fossem reconhecidos como detentores de valor moral, posto que seriam igualmente "sujeitos de uma vida, o que os torna capazes

315. SINGER, Peter. ***Animal Liberation...***, p. 05, tradução nossa do original: "But the basic element – the taking into account of the interests of the being, whatever those interests may be – must, according to the principle of equality, be extended to all beings, black or white, masculine or feminine, human or nonhuman.".

316. SINGER, Peter. ***Animal Liberation...***, p. 08, tradução nossa do original: "If a being suffers there can be no moral justification for refusing to take that suffering into consideration. No matter what the nature of the being, the principle of equality requires that its suffering be counted equally with the like suffering – insofar as rough comparisons can be made – of any other being.".

317. REGAN, Tom. **Defending animal rights**. Urbana/Chicago: University of Illinois Press, 2001; REGAN, Tom. **Animal Rights, Human Wrongs**: An Introduction to Moral Philosophy. Nova York: Rowman & Littlefield Publishers, Inc, 2003.

de experimentar desejos e preferências, de ter recordações, de experimentar emoções e de serem racionais e por isso carecem de direitos como os humanos.".[318]

Cass R. Sunstein[319], em outro giro, conforme texto publicado em 2003, com fulcro em bases utilitaristas, entende que a questão dos direitos dos animais perpassa pelo sofrimento a que são submetidos. Desse modo, assim coloca o autor: "*se nos concentrarmos no sofrimento, como acredito que devamos fazê-lo, não é necessariamente proibido matar animais e usá-los para o alimento; mas é totalmente inadmissível ficar indiferente aos seus interesses, enquanto eles estão vivos.*"[320] Desse modo, ainda dentro do exemplo da pecuária, frisa o filósofo que seria aceitável o consumo de carne, caso os animais recebessem tratamento digno, mas, caso fossem submetidos a sofrimento, então ter-se-ia um bom argumento para não se comer carne. É que, para o autor, o limiar que separa as condutas justificáveis das injustificáveis, em termos de direitos dos animais é, conforme dito, o sofrimento.

Assim, para Sunstein, o interesse dos animais (notadamente em termos de sofrimento) deve ser sempre levado em conta, o que não significaria dizer, no entanto, que o sofrimento animal sempre é injustificável. Para o professor de Harvard, essa seria uma questão de equilíbrio, dependendo dos pesos atribuídos a determinados interesses, de modo que, por exemplo, avanços cosméticos não seriam suficientes para justificar a imposição de sofrimento, mas avanços médicos poderiam ser.

Uma quarta linha argumentativa funda-se, ainda, na dignidade da pessoa humana, valor central no ordenamento jurídico brasileiro. Conforme argumentam Raquel Fabiana Lopes Sparemberger e Juliana Lacerda[321], a restrição da dignidade aos seres humanos seria uma visão excessivamente antropocêntrica, que acabaria por ignorar o fato de que o homem não vive apenas em um ambiente social, mas também em um ambiente natural. Nesses termos, imperativo seria o reconhecimento do valor intrínseco não apenas dos próprios homens, mas também de outros seres.

Ressaltados alguns dos mais relevantes aspectos jurídico-filosóficos que norteiam as discussões acerca da classificação dos animais como sujeitos de direitos, é importante ressaltar que os direitos dos animais têm começado a encontrar reconhecimento no Direito Comparado, tendo sido, inclusive, objeto da Declaração Universal dos Direitos dos Animais, promulgada pela UNESCO com o objetivo de estabelecer parâmetros jurídicos mínimos de proteção aos animais, embora desprovida de vinculatividade. No mesmo movimento, cite-se, a título exemplificativo, as legislações protetivas da Irlanda do Norte ("Welfare of Animals Act", de 2001) e da Suíça ("Swiss Federal Act on

---

318. REGAN, Tom. ***Defending animal rights...***, p. 179.
319. SUNSTEIN, Cass R. Os Direitos dos Animais. Tradução de Heron José Santana Gordilho. **Revista Brasileira de Direito Animal**, vol. 9, n. 16, pp. 47-70, mai./abr., 2014, Salvador. Disponível em: < https://portalseer.ufba.br/index.php/RBDA/article/view/12118> 06/01/2018.
320. SUNSTEIN, Cass R. *Os Direitos dos Animais...*, p. 55.
321. SPAREMBERGER, Raquel Fabiana Lopes; LACERDA, Juliana. Os Animais no Direito Brasileiro: Desafios e Perspectivas. **Revista Amicus Curiae**, vol. 12, n. 02, jul./dez. 2015, pp. 184-202.

Animal Protection", de 1978, com regulamentações posteriores), bem como a exclusão da categorização dos animais como "coisas" nos Códigos Civis francês e alemão.

Os avanços europeus no reconhecimento dos animais como sujeitos de direitos foram ainda consolidados no Tratado de Lisboa sobre o funcionamento da União Europeia, assinado em 2007, cujo art. 13 assim dispõe: "*Na definição e aplicação das políticas da União nos domínios da agricultura, da pesca, dos transportes, do mercado interno, da investigação e desenvolvimento tecnológico e do espaço, a União e os Estados-Membros terão plenamente em conta as exigências em matéria de bem-estar dos animais, enquanto seres sensíveis, respeitando simultaneamente as disposições legislativas e administrativas e os costumes dos Estados-Membros, nomeadamente em matéria de ritos religiosos, tradições culturais e património regional.*".

Em outro giro, já na América Latina, destaque-se importante decisão do Supremo Tribunal de Justiça da Argentina[322], que emitiu parecer favorável ao direito dos animais ao conceder a uma orangotanga o status de "sujeito não humano" para conceder-lhe *habeas corpus*.

No Brasil, no entanto, os direitos dos animais ainda estão, em certo sentido, em uma etapa inicial de reconhecimento, considerando que o que se tem é, tão somente, o início de uma legislação protetiva. Ora, conforme lembra Sustein, "quase todo mundo concorda que as pessoas não devem torturar animais ou praticar atos de crueldade contra eles"[323], de modo que as leis que os protegem contra a crueldade e a negligência, embora obviamente necessárias, constituem apenas um primeiro passo.

Assim, há que se lembrar de que a Constituição da República determina, em seu art. 225, § 1º, VII, que é incumbência do Poder Público a proteção da fauna e da flora, "vedadas, na forma da lei, as práticas que coloquem em risco sua função ecológica, provoquem a extinção de espécies ou submetam os animais a crueldade.".

Nesse diapasão, cite-se que o art. 32 da Lei nº 9.605/1998 tipifica criminalmente as condutas de "praticar ato de abuso, maus-tratos, ferir ou mutilar animais silvestres, domésticos ou domesticados, nativos ou exóticos" e de "realizar experiência dolorosa ou cruel em animal vivo, ainda que para fins didáticos ou científicos, quando existirem recursos alternativos", cominando-lhes penas de detenção, de três meses a um ano, e de multa.

Em que pesem os fundamentos pelos direitos dos animais acima evidenciados e considerando a crescente demanda pelo reconhecimento de tais seres como sujeitos de direitos, torna-se importante ressaltar que o ordenamento jurídico brasileiro ainda é muito deficitário.[324]

322. Resolução Judicial do dia 29 de abril de 2015, proferida pelo Juiz Penal, Contravencional e de Faltas nº 15 da Cidade Autônoma de Buenos Aires, Dr. Gustavo Letner, no caso Orangotango Sandra.
323. SUSTEIN, Cass R. ***Os Direitos dos Animais...***, p. 51.
324. Aqui é interessante que a Lei nº 11.794/2008 permite o uso científico de animais.

Para a maioria da doutrina brasileira[325] os animais são considerados coisas, ***res***, ou seja, eles são entendidos como objeto de direito e não como sujeitos de direito. Porém, mesmo como ***res***, como já explicitado, eles são protegidos pelo direito Constitucional pátrio à luz do art. 225 da CR/88. Somos da opinião que eles não deveriam ser considerados como ***coisas*** (conceito clássico de semovente), mas deveriam ser considerados, no mínimo como seres dotados de proteção especial[326], como por exemplo, o meio ambiente, e numa visão mais ampla e avançada, deveriam ser sim considerados como sujeitos de direitos e titulares de direitos fundamentais (pelo menos de alguns direitos fundamentais, como por exemplo, o direito de viver dignamente[327]).

Além disso, ainda não há regulamentação das práticas abusivas realizadas no âmbito, por exemplo, da pecuária contemporânea. E, conforme pontua Sunstein, "já que a esmagadora maioria dos animais são produzidos e utilizados para a alimentação, a cobertura das leis contra a crueldade é extremamente limitada."[328]

Não obstante, insta reconhecer que recentes aplicações do art. 225, § 1°, VII, da Constituição pelo STF demonstram de forma gradual a atenção e sensibilidade à questão da proteção dos direitos dos animais.

Sobre essa proteção, o STF, em 26.05.2011, decidiu a ADI 1856 que envolveu o tema da "*rinha de galos*" e crueldade com animais, no sentido de não conceber a

---

325. E para o STF, conforme o HC nº 50.343 (1ª Turma, Rel. Min. Djaci Falcão, 15.12.1972).

326. Em nosso entendimento, temos inclusive a possibilidade de guarda compartilhada de animais. Aqui é interessante observarmos a decisão da 4ª Turma do STJ em junho de 2018 no Recurso Especial 1.713.167/SP, que reconheceu o direito de visitas a um animal (uma cadela adquirida durante uma união estável desfeita). Conforme a Ementa: *2. O Código Civil, ao definir a natureza jurídica dos animais, tipificou-os como coisas e, por conseguinte, objetos de propriedade, não lhes atribuindo a qualidade de pessoas, não sendo dotados de personalidade jurídica nem podendo ser considerados sujeitos de direitos. Na forma da lei civil, o só fato de o animal ser tido como de estimação, recebendo o afeto da entidade familiar, não pode vir a alterar sua substância, a ponto de converter a sua natureza jurídica. 3. No entanto, os animais de companhia possuem valor subjetivo único e peculiar, aflorando sentimentos bastante íntimos em seus donos, totalmente diversos de qualquer outro tipo de propriedade privada. Dessarte, o regramento jurídico dos bens não se vem mostrando suficiente para resolver, de forma satisfatória, a disputa familiar envolvendo os pets, visto que não se trata de simples discussão atinente à posse e à propriedade. 4. Por sua vez, a guarda propriamente dita - inerente ao poder familiar - instituto, por essência, de direito de família, não pode ser simples e fielmente subvertida para definir o direito dos consortes, por meio do enquadramento de seus animais de estimação, notadamente porque é um munus exercido no interesse tanto dos pais quanto do filho. Não se trata de uma faculdade, e sim de um direito, em que se impõe aos pais a observância dos deveres inerentes ao poder familiar. 5. A ordem jurídica não pode, simplesmente, desprezar o relevo da relação do homem com seu animal de estimação, sobretudo nos tempos atuais. Deve-se ter como norte o fato, cultural e da pós-modernidade, de que há uma disputa dentro da entidade familiar em que prepondera o afeto de ambos os cônjuges pelo animal. Portanto, a solução deve perpassar pela preservação e garantia dos direitos à pessoa humana, mais precisamente, o âmago de sua dignidade. 6. Os animais de companhia são seres que, inevitavelmente, possuem natureza especial e, como ser senciente - dotados de sensibilidade, sentindo as mesmas dores e necessidades biopsicológicas dos animais racionais -, também devem ter o seu bem-estar considerado. 7. Assim, na dissolução da entidade familiar em que haja algum conflito em relação ao animal de estimação, independentemente da qualificação jurídica a ser adotada, a resolução deverá buscar atender, sempre a depender do caso em concreto, aos fins sociais, atentando para a própria evolução da sociedade, com a proteção do ser humano e do seu vínculo afetivo com o animal. 8. Na hipótese, o Tribunal de origem reconheceu que a cadela fora adquirida na constância da união estável e que estaria demonstrada a relação de afeto entre o recorrente e o animal de estimação, reconhecendo o seu direito de visitas ao animal, o que deve ser mantido. Min. Relator: Luiz Felipe Salomão, Julg. em 19.06.2018.*

327. Nesses termos, também a defesa de Flávio Martins (*Curso de Direito Constitucional*, 2019).

328. SUSTEIN, Cass R. ***Os Direitos dos Animais...***, p. 52.

"briga de galos" como mera atividade desportiva, prática cultural ou expressão folclórica. Entendeu o STF que tal perspectiva seria uma tentativa de fraude à aplicação da regra constitucional de proteção à fauna.[329]

No mesmo sentido, o STF na ADI 4983 também declarou inconstitucional legislação estadual que regulamentava a atividade da "vaquejada"[330]. No caso, o PGR que ajuizou a ADI sustentava a ocorrência de exposição dos animais a maus-tratos e crueldade, ao passo que o governador do Estado-membro defendia a constitucionalidade da norma, por versar patrimônio cultural do povo nordestino. Foi observado, portanto, conflito de normas constitucionais sobre direitos fundamentais – de um lado, o art. 225, § 1º, VII da CR/88; de outro, o art. 215 da CR/88.

Segundo decidiu o STF por maioria de votos (6x5), os animais envolvidos nessa prática sofrem tratamento cruel, razão pela qual essa atividade contraria o art. 225, § 1º, VII, da CR/88. Nesses termos, a crueldade provocada pela "vaquejada" faz com que, mesmo sendo esta uma atividade cultural, não possa ser permitida. Restou claro que a obrigação de o Estado garantir a todos o pleno exercício de direitos culturais, incentivando a valorização e a difusão das manifestações, não prescinde da observância do disposto no inciso VII do § 1º do art. 225 da CR/88, que veda práticas que submetam os animais à crueldade.[331]

---

329. Ementa: *briga de galos (lei fluminense nº 2.895/98) – Legislação Estadual que, pertinente a exposições e a competições entre aves das raças combatentes, favorece essa prática criminosa – diploma legislativo que estimula o cometimento de atos de crueldade contra galos de briga – crime ambiental (Lei nº 9.605/98, art. 32) – Meio Ambiente – direito à preservação de sua integridade (CF, art. 225)* – Prerrogativa qualificada por seu caráter de metaindividualidade – direito de terceira geração (ou de novíssima dimensão) que consagra o postulado da solidariedade – proteção constitucional da fauna (CF, art. 225, § 1º, VII) – *descaracterização da briga de galo como manifestação cultural* – reconhecimento da inconstitucionalidade da Lei Estadual impugnada – *Ação direta procedente*. Legislação Estadual que autoriza a realização de exposições e competições entre aves das raças combatentes – norma que institucionaliza a prática de crueldade contra a fauna – inconstitucionalidade. – *A promoção de briga de galos, além de caracterizar prática criminosa tipificada na legislação ambiental, configura conduta atentatória à Constituição da República, que veda a submissão de animais a atos de crueldade, cuja natureza perversa, à semelhança da* ***"farra do boi"*** (RE 153.531/SC), **não permite sejam eles qualificados como inocente manifestação cultural, de caráter meramente folclórico**. (...) **ADI 1856** julg. em **26.05.2011**, Rel. Min. Celso de Mello. O mesmo, conforme citado na ementa, foi decidido pelo STF no **RE 153.531/SC** envolvendo a prática da "*Farra do Boi*".

330. Conforme a doutrina a vaquejada é uma prática cultural comum nos Estados do nordeste do Brasil. Nela, dois vaqueiros, cada um montado em seu cavalo, perseguem o boi na arena e, após emparelhá-lo com os cavalos, tentam conduzi-lo até uma região delimitada, onde deverão derrubar o boi puxando-o pelo rabo. Se o boi, quando foi derrubado, ficou, ainda que por alguns instantes, com as quatro patas para cima antes de se levantar, o juiz declara ao público "Valeu boi!" e a dupla recebe os pontos. O Ceará editou a Lei nº 15.299/2013, regulamentando a atividade de "vaquejada" no Estado. A referida lei fixou os critérios para a competição e obrigou os organizadores a adotarem medidas de segurança para os vaqueiros, público e animais. O Procurador-Geral da República, no entanto, ajuizou ADI contra a lei.

331. Informativo 842 do STF: *"(...) O requerente alegava que o art. 225 da CF consagraria a proteção da fauna e da flora como modo de assegurar o direito ao meio ambiente sadio e equilibrado. Seria, portanto, direito fundamental de terceira geração, fundado na solidariedade, de caráter coletivo ou difuso, dotado de altíssimo teor de humanismo e universalidade. Tal manutenção do ecossistema beneficiaria as gerações do presente e do futuro, visto que o indivíduo é considerado titular do direito e, ao mesmo tempo, destinatário dos deveres de proteção ("direito dever" fundamental). Sustentava que o STF, ao constatar conflito entre normas de direitos fundamentais, ainda que presente a manifestação cultural, conferiria interpretação mais favorável à proteção ao meio ambiente, sobretudo quando verificada situação de inequívoca crueldade contra animais. Tudo isso demonstra preocupação maior com a manutenção, em prol dos cidadãos de hoje e de amanhã, das condições ecologicamente equilibradas para uma vida mais saudável e segura. O Tribunal asseverou ter o autor juntado laudos técnicos comprobatórios das consequências nocivas à saúde dos bovinos, tais como fraturas nas patas, ruptura dos ligamentos e dos vasos sanguíneos, traumatismos e deslocamento da articulação do rabo e até seu arrancamento, das quais resultariam comprometimento da medula espinhal e dos nervos espinhais, dores físicas e*

É importante ressaltar, no que diz respeito à *vaquejada*, que ocorreu o que atualmente intitulamos de superação legislativa (*override*), pois após a decisão do STF de outubro de 2016, logo em novembro, foi publicada a Lei nº 13.364 de 29.11.2016. Essa Lei, contrariando a decisão do STF, elevou o rodeio, a vaquejada, bem como as respectivas expressões artístico-culturais, à condição de manifestação cultural nacional e de patrimônio cultural imaterial. Posteriormente, tivemos também, a Lei 13.873/2019, que reconheceu o rodeio, a vaquejada e o laço, bem como as respectivas expressões artísticas e esportivas, como manifestações culturais nacionais, e elevou essas atividades à condição de bens de natureza imaterial integrantes do patrimônio cultural brasileiro e dispôs sobre as modalidades esportivas equestres tradicionais e sobre a proteção ao bem-estar animal.

Resta aguardar a manifestação do STF sobre a validade dessas normas (no que tange à vaquejada), visto que o legislador na sua função típica legislativa não está vinculado à decisão do STF (ver o capítulo sobre o controle de constitucionalidade). O interessante aqui é que após a edição da Lei nº 13.364/2016, o legislador não se contentou e produziu no exercício do poder constituinte derivado uma Emenda Constitucional sobre o tema.

Nesses termos, foi promulgada a EC nº 96/2017, que determina que para fins do disposto na parte final do inciso VII do § 1º do artigo 225 da CR/88, não se consideram cruéis as práticas desportivas que utilizem animais, desde que sejam manifestações culturais, conforme o § 1º do art. 215 dessa Constituição Federal, registradas como bem de natureza imaterial integrante do patrimônio cultural brasileiro, devendo ser regulamentadas por lei específica que assegure o bem-estar dos animais envolvidos. Portanto, essa Emenda Constitucional acrescentou o § 7º ao art. 225 da CR/88. Assim sendo, a superação legislativa (*override*) também se deu por alteração constitucional e não mais apenas por legislação ordinária (alteração infraconstitucional).

13. ESTATUTO DA PESSOA COM DEFICIÊNCIA

A **Convenção Internacional sobre os Direitos das Pessoas com Deficiência** foi ratificada pelo Congresso Nacional em 2008 pelo procedimento constante do art. 5º, § 3º, CR/88, tendo adentrado no ordenamento jurídico brasileiro a partir do **Decreto nº 6.949/2009** e com força de norma constitucional. Desse modo, o sistema constitucional pátrio passou a reconhecer expressamente que o exercício dos direitos das pessoas com deficiência deve se dar nas bases da igualdade e da inclusão[332], tendo o Estado

sofrimento mental. Ante os dados empíricos evidenciados pelas pesquisas, é indiscutível o tratamento cruel dispensado às espécies animais envolvidas, em descompasso com o preconizado no art. 225, § 1º, VII, da CF. À parte das questões morais relacionadas ao entretenimento à custa do sofrimento dos animais, a crueldade intrínseca à "vaquejada" não permite a prevalência do valor cultural como resultado desejado pelo sistema de direitos fundamentais da Constituição. Portanto, o sentido da expressão "crueldade" constante da parte final do inciso VII do § 1º do art. 225 da CF alcança a tortura e os maus-tratos infligidos aos bovinos durante a prática impugnada, de modo a tornar intolerável a conduta humana autorizada pela norma estadual atacada." **ADI 4983/CE** Plenário do STF, Rel. Min. Marco Aurélio, julgado em **06.10.2016**.

332. Veja-se, nesse sentido, trechos do preâmbulo da Convenção:
"Os Estados Partes da presente Convenção, a) *Relembrando* os princípios consagrados na Carta das Nações Unidas, que reconhecem a dignidade e o valor inerentes e os direitos iguais e inalienáveis de todos os membros da família humana como o fundamento da liberdade, da justiça e da paz no mundo, b) *Reconhecendo* que as Nações Unidas, na

Brasileiro se comprometido a adotar, entre outras, medidas legislativas que visassem "assegurar e promover o pleno exercício de todos os direitos humanos e liberdades fundamentais por todas as pessoas com deficiência" (art. 4.1 e art. 4.1.a da Convenção).

Assim, foi editada a **Lei nº 13.146/2015**, pela qual foi instituído o **Estatuto da Pessoa com Deficiência (EPD)**, com o objetivo de dar execução às diretrizes constantes da Convenção. A legislação em questão, então, visa assegurar e promover a inclusão e igualdade de direitos da pessoa com deficiência, isto é, da pessoa que "*tem impedimento de longo prazo de natureza física, mental, intelectual ou sensorial, o qual, em interação com uma ou mais barreiras, pode obstruir sua participação plena e efetiva na sociedade em igualdade de condições com as demais pessoas*", nos termos do art. 2º da Lei n. 13.146/2015.

Nesse âmbito, o Estatuto da Pessoa com Deficiência trouxe diversas inovações, que podem ser analisadas em dois principais eixos:

- **Inclusão**: a Convenção e o Estatuto buscam assegurar o pleno exercício dos direitos fundamentais pela pessoa com deficiência, de modo a possibilitar a sua real inclusão social.

Conforme leciona Bruno Zampier, o EPD trouxe, nesse ponto, uma espécie de giro hermenêutico em relação ao modelo de enfrentamento da pessoa com deficiência. É que, até então, vigorava o "modelo médico", cuja perspectiva era a de adaptação da pessoa com deficiência, para que ela pudesse superar suas barreiras pessoais e, então, viver em sociedade. Com a nova perspectiva, no entanto, essa noção foi superada pelo chamado "modelo social", pelo qual entende-se que é a sociedade que deve se adaptar para que possa adequadamente receber a pessoa com deficiência, garantindo-lhe mais igualdade, humanidade e naturalidade nas situações cotidianas.[333]

Em outras palavras, o Estatuto da Pessoa com Deficiência realizou "*giro linguístico e conceitual ao adotar o modelo biopsicossocial de deficiência, ao direcionar que os impedimentos físicos, sensoriais, mentais e intelectuais não produzem obstáculos por si só, e sim que estas barreiras que impedem o exercício de direitos são produzidas socialmente, sendo fundamentais estratégias políticas, jurídicas e sociais que excluam esses obstáculos e discriminações negativas permitindo aos deficientes demonstrar suas capacidades e usufruir de autonomia e independência para uma real inclusão social*".[334]

Declaração Universal dos Direitos Humanos e nos Pactos Internacionais sobre Direitos Humanos, proclamaram e concordaram que toda pessoa faz jus a todos os direitos e liberdades ali estabelecidos, sem distinção de qualquer espécie, c) *Reafirmando* a universalidade, a indivisibilidade, a interdependência e a inter-relação de todos os direitos humanos e liberdades fundamentais, bem como a necessidade de garantir que todas as pessoas com deficiência os exerçam plenamente, sem discriminação, (...) e) *Reconhecendo* que a deficiência é um conceito em evolução e que a deficiência resulta da interação entre pessoas com deficiência e as barreiras devidas às atitudes e ao ambiente que impedem a plena e efetiva participação dessas pessoas na sociedade em igualdade de oportunidades com as demais pessoas, (...) k) *Preocupados* com o fato de que, não obstante esses diversos instrumentos e compromissos, as pessoas com deficiência continuam a enfrentar barreiras contra sua participação como membros iguais da sociedade e violações de seus direitos humanos em todas as partes do mundo, (...) n) *Reconhecendo* a importância, para as pessoas com deficiência, de sua autonomia e independência individuais, inclusive da liberdade para fazer as próprias escolhas, o) *Considerando* que as pessoas com deficiência devem ter a oportunidade de participar ativamente das decisões relativas a programas e políticas, inclusive aos que lhes dizem respeito diretamente, (...) Acordaram o seguinte: (...)."

333. ZAMPIER, Bruno. **Estatuto da Pessoa com Deficiência**. 2018. Aula ministrada em disciplina isolada no curso Supremo Concursos. Belo Horizonte, 2016.

334. ARAÚJO, Luiz Alberto David; COSTA FILHO, Waldir Macieira da Costa. O Estatuto da Pessoa com Deficiência – EPCD (Lei 13.146, de 06.07.2017): algumas novidades. **Revista dos Tribunais Online**, vol. 962/2015, pp. 65-80, dez.

A título exemplificativo, cite-se os arts. 37 e 38 do EPD, que determinam a inclusão da pessoa com deficiência no trabalho, os parâmetros de inclusão em atividades artísticas dos arts. 42 a 45, os arts. 46 e seguintes, que garantem o acesso ao transporte e à mobilidade, entre outros.

- **Igualdade**: um dos principais objetivos do EPD é possibilitar o exercício isonômico dos direitos fundamentais por todas as pessoas, ou, em outras palavras, promover a igualdade entre a pessoa com deficiência e a pessoa não deficiente.

Nessa seara, o Estatuto da Pessoa com Deficiência modificou radicalmente o regime do exercício da capacidade de fato constante do Código Civil, que considera a idade e a sanidade como critérios de atribuição de capacidade. Em relação ao critério da sanidade, tem-se que no regime anterior a pessoa com deficiência era, em regra, considerada como absolutamente incapaz (art. 3º, II e III, CC – redação antiga) ou relativamente incapaz (art. 4º, II e III, CC – redação antiga), a depender da redução de discernimento operada pela deficiência, conforme cada caso concreto. Tinha-se, assim, uma presunção de redução de discernimento atrelada à deficiência.

O EPD, no entanto, revogou os incisos que caracterizavam a pessoa com deficiência como incapaz (absoluta ou relativamente), estabelecendo, como **regra geral**, que a **pessoa com deficiência é plenamente capaz** (art. 3º, CC), "o que visa a sua plena inclusão social, em prol de sua dignidade"[335]. Assim, o portador de deficiência pode praticar quaisquer atos da vida civil sozinho e pessoalmente, com presunção de validade. Inclusive, frise-se que a Lei nº 13.146/2015 expressamente determina que "*a deficiência não afeta a plena capacidade civil da pessoa*" (art. 6º).[336]

Redação original do Código Civil	Nova redação, dada pela Lei nº 13.146/2015
Art. 3º São absolutamente incapazes de exercer pessoalmente os atos da vida civil: I – os menores de dezesseis anos; II – os que, por enfermidade ou deficiência mental, não tiverem o necessário discernimento para a prática desses atos; III – os que, mesmo por causa transitória, não puderem exprimir sua vontade. Art. 4º São incapazes, relativamente a certos atos, ou à maneira de os exercer: I – os maiores de dezesseis e menores de dezoito anos; II – os ébrios habituais, os viciados em tóxicos, e os que, por deficiência mental, tenham o discernimento reduzido; III – os excepcionais, sem desenvolvimento mental completo; IV – os pródigos.	Art. 3º São absolutamente incapazes de exercer pessoalmente os atos da vida civil os menores de 16 (dezesseis) anos. (Redação dada pela Lei nº 13.146, de 2015). Art. 4º São incapazes, relativamente a certos atos ou à maneira de os exercer: (Redação dada pela Lei nº 13.146, de 2015) I – os maiores de dezesseis e menores de dezoito anos; II – os ébrios habituais e os viciados em tóxico; (Redação dada pela Lei nº 13.146, de 2015) III – aqueles que, por causa transitória ou permanente, não puderem exprimir sua vontade; (Redação dada pela Lei nº 13.146, de 2015) IV – os pródigos.

2015, p. 4. Disponível em: http://www.egov.ufsc.br/portal/sites/default/files/o_estatuto_da_pessoa_com_deficiencia_-_epcd.pdf.

335. TARTUCE, Flávio. **Alterações do Código Civil pela Lei 13.146/2015 (Estatuto da Pessoa com Deficiência)**. Repercussões para o Direito de Família e Confrontações com o novo CPC. Parte I. (online). Acesso em 18.02.2018.

336. ZAMPIER, Bruno. ***Estatuto da Pessoa com Deficiência...***

É preciso ressaltar que a plena capacidade de fato é a regra geral, a qual admite **exceções**. Caso uma pessoa com deficiência não tenha discernimento suficiente para praticar regularmente os atos da vida civil, ela poderá ser excepcionalmente considerada **relativamente incapaz**[337], sob a égide do **art. 4º, III, CC**, após ser submetida ao procedimento da curatela (art. 84, §§ 1º e 3º, EPD). Conforme leciona Nelson Rosenvald[338], admite-se a curatela em caráter excepcional, sem qualquer associação à incapacidade absoluta, no entanto.

Em suma, "*a regra geral passa a ser a garantia do exercício da capacidade legal por parte do portador de transtorno mental, em igualdade de condições com os demais sujeitos (art. 84, Estatuto da Pessoa com Deficiência). A curatela passa a ter o caráter de medida excepcional, extraordinária, a ser adotada somente quando e na medida em que for necessária*".[339]

Inclusive, há que se dizer que a ação de curatela também sofreu modificações, devendo ser considerada um procedimento que visa resguardar os interesses da pessoa com deficiência, e não de seus familiares, de modo que é plenamente assegurado o contraditório participativo.[340] Nesse ponto é interessante notar que o Estatuto da Pessoa com Deficiência aboliu o vocábulo "interdição", posto que este remetia "*a uma noção da curatela como medida restritiva de direitos e substitutiva da atuação da pessoa que não se concilia com a vocação promocional da curatela especial concebida pelo estatuto.*".[341]

Nesse diapasão, tem-se, aqui, forte expressão do giro linguístico anteriormente mencionado. Ora, em vez de se interditar pessoas portadoras de deficiência, passa-se a ter pessoas curateladas por não poderem exprimir e exercer seu discernimento de forma adequada.[342]

Ademais, um outro ponto interessante é que, caso provida a curatela, apenas a autonomia patrimonial do curatelado será afetada, restando preservados os seus direitos pessoais (art. 1.772 c/c art. 1.782, CC).

Outra figura introduzida pelo EPD diz respeito ao instituto da **tomada de decisão apoiada (TDA)**, que é "*o processo pelo qual a pessoa com deficiência elege pelo menos 2 (duas) pessoas idôneas, com as quais mantenha vínculos e que gozem de sua confiança, para prestar-lhe apoio na tomada de decisão sobre atos da vida civil*" (art. 1.783-A, CC). Assim, caso julgue necessário, o deficiente poderá, por sua própria vontade, iniciar

---

337. Aqui, importa frisar que a pessoa com deficiência não poderá ser considerada absolutamente incapaz, mas, no máximo, relativamente incapaz, vez que as modificações realizadas pelo EPD implicaram na consideração exclusiva do critério etário para a determinação da incapacidade absoluta.
338. ROSENVALD, Nelson. **Conheça o Estatuto da Pessoa com Deficiência**. Disponível em: < https://www.nelsonrosenvald.info/single-post/2015/08/24/Conhe%C3%A7a-o-Estatuto-da-Pessoa-com-Defici%C3%AAncia>. Acesso em 23.02.2018.
339. REQUIÃO, Maurício. Estatuto da Pessoa com Deficiência altera regime civil das incapacidades. **Revista Consultor Jurídico**, jul. 2015. Disponível em: < https://www.conjur.com.br/2015-jul-20/estatuto-pessoa-deficiencia-altera-regime-incapacidades>. Acesso em 18.02.2018.
340. ZAMPIER, Bruno. ***Estatuto da Pessoa com Deficiência...***
341. ROSENVALD, Nelson. ***Conheça o Estatuto da Pessoa com Deficiência...***
342. ROSENVALD, Nelson. ***Conheça o Estatuto da Pessoa com Deficiência...***

procedimento que resulte na nomeação de dois apoiadores, sem qualquer prejuízo à sua capacidade de fato, vez que o sujeito portador da deficiência continuará sendo plenamente capaz. Esquematicamente, tem-se, em relação ao novo regime da capacidade de fato, introduzido pelo Estatuto da Pessoa com Deficiência:

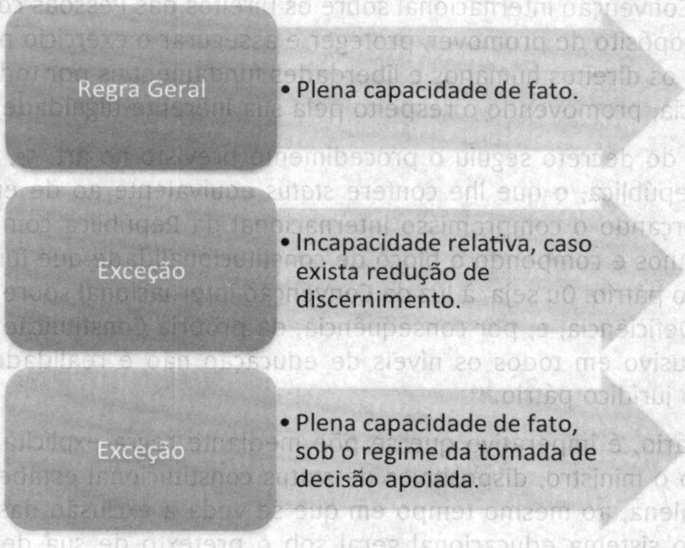

Por último, ressaltamos recente e importante decisão do STF na ADI 5357 sobre o tema da impossibilidade de escolas particulares cobrarem a mais de alunos com deficiência.

O tema da Ação Direta de Inconstitucionalidade foi o da obrigatoriedade das escolas privadas de oferecer atendimento educacional adequado e inclusivo às pessoas com deficiência. Em apertada síntese, a requerente da ADI (Confederação Nacional dos Estabelecimentos de Ensino – CONFENEN) afirmou que a Lei nº 13.146/2015 estabelece medidas de alto custo para as escolas privadas, violando os dispositivos constitucionais supramencionados, o que levaria ao encerramento das atividades de muitas delas.

O ministro Edson Fachin como relator da ADI 5357-MC em seu voto afirmou que a Constituição da República prevê em diversos dispositivos a proteção da pessoa com deficiência, conforme se verifica nos artigos 7º, XXXI, 23, II, 24, XIV, 37, VIII, 40, § 4º, I, 201, § 1º, 203, IV e V, 208, III, 227, § 1º, II, e § 2º, e 244.[343]

Assim sendo, pluralidade e igualdade são duas faces da mesma moeda. O respeito à pluralidade não prescinde do respeito ao princípio da igualdade. E na atual quadra histórica, uma leitura focada tão somente em seu aspecto formal não satisfaz a completude que exige o princípio.[344]

343. **ADI 5357-MC** STF, Pleno. Conversão da MC em julg. de mérito. Julg. em **09.06.2016**. Rel. Min Edson Fachin.
344. **ADI 5357-MC** STF, Pleno. Conversão da MC em julg. de mérito. Julg. em **09.06.2016**. Rel. Min Edson Fachin.

Assim, afirmou o ministro, que a igualdade não se esgota com a previsão normativa de acesso igualitário a bens jurídicos, mas engloba também a previsão normativa de medidas que efetivamente possibilitem tal acesso e sua efetivação concreta. Posta a questão nestes termos, citou o ministro que foi promulgada pelo Decreto nº 6.949/2009 a Convenção Internacional sobre os Direitos das Pessoas com Deficiência, dotada do propósito de promover, proteger e assegurar o exercício pleno e equitativo de todos os direitos humanos e liberdades fundamentais por todas as pessoas com deficiência, promovendo o respeito pela sua inerente dignidade (art. 1º).[345]

A edição do decreto seguiu o procedimento previsto no art. 5º, § 3º, da Constituição da República, o que lhe confere *status* equivalente ao de emenda constitucional, reforçando o compromisso internacional da República com a defesa dos direitos humanos e compondo o bloco de constitucionalidade que funda o ordenamento jurídico pátrio. Ou seja, à luz da Convenção Internacional sobre os Direitos da Pessoa com Deficiência, e, por consequência, da própria Constituição da República, o ensino inclusivo em todos os níveis de educação não é realidade estranha ao ordenamento jurídico pátrio.[346]

Ao contrário, é imperativo que se põe mediante regra explícita. Mais do que isso, segundo o ministro, dispositivos de status constitucional estabelecem a meta de inclusão plena, ao mesmo tempo em que se veda a exclusão das pessoas com deficiência do sistema educacional geral sob o pretexto de sua deficiência. Se é certo que se prevê como dever do Estado facilitar às pessoas com deficiência sua plena e igual participação no sistema de ensino e na vida em comunidade, bem como, de outro lado, a necessária disponibilização do ensino primário gratuito e compulsório, é igualmente certo inexistir qualquer limitação da educação das pessoas com deficiência somente a estabelecimentos públicos ou privados que prestem o serviço público educacional.[347]

Na sequência, afirmou o relator que a Lei nº 13.146/2015 estabelece a obrigatoriedade de as escolas privadas promoverem a inserção das pessoas com deficiência no ensino regular e prover as medidas de adaptação necessárias sem que o ônus financeiro seja repassado às mensalidades, anuidades e matrículas. Analisada a moldura normativa, ao menos neste momento processual, infere-se que, por meio da lei impugnada, o Brasil atendeu ao compromisso constitucional e internacional de proteção e ampliação progressiva dos direitos fundamentais e humanos das pessoas com deficiência.[348]

Assim sendo, a Lei nº 13.146/2015 parece justamente assumir esse compromisso ético de acolhimento quando exige que não apenas as escolas públicas, mas

345. **ADI 5357-MC** STF, Pleno. Conversão da MC em julg. de mérito. Julg. em **09.06.2016**. Rel. Min Edson Fachin.
346. **ADI 5357-MC** STF, Pleno. Conversão da MC em julg. de mérito. Julg. em **09.06.2016**. Rel. Min Edson Fachin.
347. **ADI 5357-MC** STF, Pleno. Conversão da MC em julg. de mérito. Julg. em **09.06.2016**. Rel. Min Edson Fachin.
348. **ADI 5357-MC** STF, Pleno. Conversão da MC em julg. de mérito. Julg. em **09.06.2016**. Rel. Min Edson Fachin.

também as particulares, devam pautar sua atuação educacional a partir de todas as facetas e potencialidades que o direito fundamental à educação possui e que são densificadas em seu Capítulo IV.

Para além de vivificar importante compromisso da narrativa constitucional pátria - recorde-se uma vez mais a incorporação da Convenção sobre os Direitos das Pessoas com Deficiência pelo procedimento previsto no art. 5º, §3º, CRFB - o ensino inclusivo milita em favor da dialógica implementação dos objetivos esquadrinhados pela Constituição da República. É somente com o convívio com a diferença e com o seu necessário acolhimento que pode haver a construção de uma sociedade livre, justa e solidária, em que o bem de todos seja promovido sem preconceitos de origem, raça, sexo, cor, idade e quaisquer outras formas de discriminação (Art. 3º, I e IV, CRFB).[349]

Nessa mesma linha, em sede doutrinária se percebeu que "(...) conviver com a diferença não é direito dos diferentes apenas; é direito nosso, da maioria, de poder conviver com a minoria; e aprender a desenvolver tolerância e acolhimento".[350]

Pois bem, no caso, o STF, por unanimidade, deliberou converter o julgamento do referendo da cautelar em julgamento de mérito, julgando, por maioria, improcedente a ação direta, nos seguintes termos do voto condutor (relator) do ministro Edson Fachin:

> 1. A Convenção Internacional sobre os Direitos da Pessoa com Deficiência concretiza o princípio da igualdade como fundamento de uma sociedade democrática que respeita a dignidade humana. 2. À luz da Convenção e, por consequência, da própria Constituição da República, o ensino inclusivo em todos os níveis de educação não é realidade estranha ao ordenamento jurídico pátrio, mas sim imperativo que se põe mediante regra explícita. 3. Nessa toada, a Constituição da República prevê em diversos dispositivos a proteção da pessoa com deficiência, conforme se verifica nos artigos 7º, XXXI, 23, II, 24, XIV, 37, VIII, 40, § 4º, I, 201, § 1º, 203, IV e V, 208, III, 227, § 1º, II, e § 2º, e 244. 4. Pluralidade e igualdade são duas faces da mesma moeda. O respeito à pluralidade não prescinde do respeito ao princípio da igualdade. E na atual quadra histórica, uma leitura focada tão somente em seu aspecto formal não satisfaz a completude que exige o princípio. Assim, a igualdade não se esgota com a previsão normativa de acesso igualitário a bens jurídicos, mas engloba também a previsão normativa de medidas que efetivamente possibilitem tal acesso e sua efetivação concreta. 5. O enclausuramento em face do diferente furta o colorido da vivência cotidiana, privando-nos da estupefação diante do que se coloca como novo, como diferente. 6. É somente com o convívio com a diferença e com o seu necessário acolhimento que pode haver a construção de uma sociedade livre, justa e solidária, em que o bem de todos seja promovido sem preconceitos de origem,

349. **ADI 5357-MC** STF, Pleno. Conversão da MC em julg. de mérito. Julg. em **09.06.2016**. Rel. Min Edson Fachin.

350. ARAÚJO, Luiz Alberto David. Painel sobre a Proteção das Pessoas com Deficiência no Brasil: A Aparente Insuficiência da Constituição e uma Tentativa de Diagnóstico. In: ROMBOLI, Roberto; ARAÚJO, Marcelo Labanca Corrêa de (Orgs.). Justiça Constitucional e Tutela Jurisdicional dos Direitos Fundamentais. Belo Horizonte: Arraes, 2015. p. 510. **ADI 5357-MC** STF, Pleno. Conversão da MC em julg. de mérito. Julg. em **09.06.2016**. Rel. Min Edson Fachin.

raça, sexo, cor, idade e quaisquer outras formas de discriminação (Art. 3º, I e IV, CRFB). 7. A Lei nº 13.146/2015 indica assumir o compromisso ético de acolhimento e pluralidade democrática adotados pela Constituição ao exigir que não apenas as escolas públicas, mas também as particulares deverão pautar sua atuação educacional a partir de todas as facetas e potencialidades que o direito fundamental à educação possui e que são densificadas em seu Capítulo IV. 8. Medida cautelar indeferida. 9. Conversão do julgamento do referendo do indeferimento da cautelar, por unanimidade, em julgamento definitivo de mérito, julgando, por maioria e nos termos do Voto do Min. Relator Edson Fachin, improcedente a presente ação direta de inconstitucionalidade.[351]

351. **ADI 5357-MC** STF, Pleno. Conversão da MC em julg. de mérito. Julg. em **09.06.2016**. Rel. Min Edson Fachin.

7

Direitos Fundamentais Individuais e Coletivos na Constituição de 1988

1. INTRODUÇÃO: A NOÇÃO DE DIGNIDADE DA PESSOA HUMANA COMO POSTULADO/AXIOMA JUSTIFICANTE DOS DIREITOS FUNDAMENTAIS

A Constituição de 1988 elenca um rol de direitos fundamentais notadamente em seu artigo 5º, sem, contudo, como já discutimos, criar impedimentos para que existam outros direitos fundamentais para além desse dispositivo normativo. Também, lembramos, que não é possível afirmar hierarquização prévia, ***in abstrato***, entre direitos fundamentais, já que a sua aplicação somente pode se verificar caso a caso.

Curiosamente, todavia, o entendimento (apesar da falta de sistematicidade) jurisprudencial do STF –, e que parece receber abrigo na doutrina de diversos constitucionalistas pátrios – seguindo entendimento já esposado pelo Judiciário europeu, sobretudo o alemão, vem afirmar – paradoxalmente – a existência de um superprincípio corporificado na forma da ***dignidade da pessoa humana***. Originalmente construído a partir de uma leitura kantista,[1] dotado de uma normatividade meta-jurídica, isto é, moralizante, já que oriunda da fórmula do ***imperativo categórico***, refere-se à proteção da pessoa – como sujeito de direitos – como ***fim em si mesma***, e nunca como meio para realização de objetivos de terceiros.[2]

Nesse sentido, **a dignidade da pessoa humana** é mais do que uma referência normativa à proteção da autonomia individual, pois não se confunde com a proteção às liberdades.[3] Todavia, se seguirmos a coerência interna dessa linha de raciocínio, a **dignidade da pessoa humana** não poderia ser compreendida como princípio, haja vista sua notada **superioridade** sobre os demais princípios (direitos fundamentais) que sempre deveriam ceder espaço para sua aplicação.

Dessa forma, tal norma que a assegura **não** se encaixa na compreensão de princípio definida pela mesma teoria, deixando sérias dúvidas sobre sua natureza jurídica: para uns, coerentemente, dever-se-ia falar em uma ***regra da dignidade da pessoa humana;*** para outros, por meio de uma saída **criativa** – porém não menos **falaciosa** –, equipara-se a dignidade da pessoa humana a um ***axioma constitucional***, que, assim como na matemática, representa uma ideia (**pressuposta**) que faz-se verdadeira independentemente de demonstração.

Mas, partindo das noções afirmadas pela teoria constitucional **majoritária** – ainda que pesem as críticas feitas, bem como as incoerências internas a essa teoria –, com fortes heranças germânicas e bases axiológicas, a ***dignidade da pessoa humana*** (art. 1º, III, da CR/88) é erigida à condição de ***metaprincípio***. Por isso mesmo esta **irradia valores e vetores de interpretação para todos os demais direitos fundamentais**, exigindo que a figura humana receba sempre um tratamento moral condizente e igualitário, sempre tratando cada pessoa como fim em si mesma, nunca como meio (coisa) para satisfação de outros interesses ou de interesses de terceiros.[4]

Por isso mesmo, afirmam alguns autores que questões limites como eutanásia, aborto e feto anencefálico fazem remissão (remetem) a uma discussão da dignidade humana, uma vez que, são muitas vezes lidas na forma de uma colisão entre

---

1. KANT, Immanuel, *Fundamentação da metafísica dos costumes.*
2. VIEIRA, Oscar Vilhena, *Direitos fundamentais*: uma leitura da jurisprudência do STF, p. 67.
3. Um exemplo, para tais defensores dessa leitura do que seja **dignidade da pessoa humana**, está no caso julgado pela Corte alemã, que envolveu a proibição de serviços degradantes. Notadamente, o julgamento envolve a proibição de que um anão seja contratado por um bar alemão como forma de entretenimento dos clientes por meio de um jogo que ficou conhecido como "arremesso de anão". Aqui, não há que se falar em liberdade de contratação, o que se questionou foi a finalidade da contratação, já que tinha por escopo colocar o anão arremessado em posição ofensiva à dignidade de todo e qualquer ser humano, transformando-o em objeto para diversão dos clientes do estabelecimento comercial.
4. "O princípio fundamental consagrado pela Constituição Federal da *dignidade da pessoa humana* apresenta-se em uma dupla concepção. Primeiramente, prevê um direito individual protetivo, seja em relação ao próprio Estado, seja em relação aos demais indivíduos. Em segundo lugar, estabelece verdadeiro dever fundamental de tratamento igualitário entre semelhantes. Esse dever configura-se pela exigência do indivíduo respeitar a *dignidade* de seu semelhante tal qual a Constituição Federal exige que lhe respeitem a própria." (MORAES, Alexandre de, *Direitos Humanos Fundamentais*, p. 46).

direitos à liberdade, à integridade corporal e vida biológica.[5] Daí ressalta-se, conforme **Ingo Sarlet**, "a função *integradora* e *hermenêutica* do **princípio da dignidade da pessoa humana** que serviria de parâmetro para a aplicação, interpretação e integração não apenas dos direitos fundamentais e das demais normas constitucionais, mas de todo o ordenamento jurídico". Afirma o autor que, de "modo todo especial, o princípio da dignidade da pessoa humana acaba por servir de referencial inarredável no âmbito da indispensável hierarquização axiológica inerente ao processo de criação e desenvolvimento jurisprudencial do Direito. Justamente no âmbito dessa função do princípio da dignidade da pessoa humana, pode-se afirmar a existência não apenas de um dever de interpretação conforme a constituição e os direitos fundamentais, mas acima de tudo, de uma hermenêutica que, para além do conhecido postulado do *in dubio pro libertati*, tenha sempre presente o imperativo segundo o qual em favor da dignidade não deve haver dúvida"[6].

Em outra linha de raciocínio, temos a (importante) leitura de **Dworkin** sobre a dignidade humana.[7] Esta, na realidade, busca conciliar os princípios da igualdade e da liberdade, afirmando duas dimensões da dignidade: **1ª)** por meio do reconhecimento da importância de cada projeto de vida individual; e **2ª)** por meio da proteção à autonomia individual na persecução desse projeto de vida. Para tanto, falar em dignidade da pessoa humana somente faz sentido se entendido como vista pelo prisma da garantia de ***iguais liberdades subjetivas para ação.*** Partindo dessa perspectiva, podemos tentar recolocar a dignidade da pessoa humana como condição de legitimação não apenas dos direitos fundamentais, mas de todo o ordenamento jurídico.

À luz dos pressupostos trazidos pela teoria discursiva do direito e da democracia de **Jürgen Habermas**, temos que o único meio pelo qual **pessoas não possam** ser consideradas como objeto para interesses de terceiros – e que excluam os

5. VIEIRA, Oscar Vilhena, *Direitos fundamentais*: uma leitura da jurisprudência do STF, p. 69.
6. SARLET, Ingo, *Dignidade da Pessoa Humana e novos Direitos na Constituição Federal de 1988*, p. 106, 2005.
7. **Ronald Dworkin** (*Is Democracy Possible here?*, p. 09-11). Para o jurista norte-americano, a dignidade humana representa uma construção que ao mesmo tempo consagra os dois princípios (direitos) fundantes do ordenamento jurídico de um Estado de Direito (e, por que não, democrático?): liberdade e igualdade. Isso porque a noção de dignidade da pessoa humana traz duas ideias complementares: **1)** afirma que cada ser humano é especial em si, e, por isso, mesmo uma violação a tal situação é uma violação que atinge não apenas à pessoa prejudicada, mas a toda a coletividade. Logo, todos devemos ser destinatários de um mesmo catálogo (rol) de direitos fundamentais; e **2)** a definição e a responsabilidade pelo sucesso ou fracasso de um projeto de vida em particular depende de escolhas pessoais que somente podem ser definidas pela própria pessoa – vedando-se assim qualquer forma de ação política paternalista pelo Estado ou postura que subtraia dos cidadãos e da esfera pública a possibilidade de escolha e deliberação. Nesse sentido, dignidade é autonomia, que somente se satisfaz por meio do uso das liberdades definidas pelo Direito. Desse modo, isometricamente, igualdade e liberdade se convergem para afirmar que cada cidadão tem *direitos iguais à liberdade de ação juridicamente autorizadas ou não proibidas*, para que cada um, de acordo com sua própria concepção de vida-boa, persiga tal ideal. É interessante que em sua última obra vivo, *Justice for Hedgehogs*, Dworkin eleva ao máximo a dimensão axiológica da **dignidade da pessoa humana**, considerando-a o valor que unifica a ética (*o que se deve fazer para viver bem*) e a moralidade (*como se deve tratar os outros*), legitima a ordem política e orienta a interpretação de diversas questões como justiça, igualdade e liberdade. *Justice for Hedgehogs*, p. 204-255, 2011.

seus próprios – não passa pela via de afirmação de um postulado moral – como querem os constitucionalistas alemães e brasileiros, em sua maioria; em vez disso, a proposta procedimental de Habermas nos conduz ao princípio da democracia,[8] que afirma – contrafactualmente – a necessidade de existência de procedimentos no curso da tomada de decisão estatal em todos os seus níveis (Legislativo, Executivo e Judiciário), de forma a ventilar as discussões, permitindo a participação da sociedade, notadamente daquela parcela que será atingida pelo provimento (decisão de caráter imperativo).[9] Uma **construção racional**, baseada na ausência de coerções reais e afirmada pelo melhor argumento, consegue manter, simultaneamente, a legitimidade do direito e a perspectiva de cada participante – fazendo com que sejam considerados como coautores do provimento e, por isso mesmo, sempre fins em si mesmos, em vez de objetos para satisfações de outros interesses.[10]

Verdade é que a jurisprudência do STF não desenvolveu ainda um entendimento do que seja a dignidade de maneira sistematizada. Apesar disso, alguns autores fazem esforços hercúleos no sentido de dotar tais decisões de uma lógica e coerência, extraindo dessas uma doutrina sobre a dignidade da pessoa humana.[11]

O Ministro Luís Roberto Barroso já afirmou em sede doutrinária que, para finalidades jurídicas, a dignidade da pessoa humana pode ser dividida em três componentes: ***valor intrínseco***, que se refere ao status especial do ser humano no mundo; ***autonomia***, que expressa o direito de cada pessoa, como um ser moral e como um indivíduo livre e igual, tomar decisões e perseguir o seu próprio ideal de vida boa; e ***valor comunitário***, convencionalmente definido como a interferência social e estatal legítima na determinação dos limites da autonomia pessoal.[12]

Aqui é interessante salientar que esses componentes, trabalhados pelo Ministro, foram usados de forma explícita para a fundamentação de recente decisão do STF sobre a possibilidade de *estrangeiro residente* no país ter direito de ser beneficiário da *assistência social* prevista no art. 203, V da CR/88. No caso, afirmou o STF que o substrato do conceito de dignidade humana pode ser decomposto nos três elementos acima elencados: a) *valor intrínseco*, b) *autonomia* e c) *valor comunitário*.

8. HABERMAS, Jürgen, *Facticidad y validez*: sobre el derecho y el estado democrático de derecho en términos de teoría del discurso.
9. CATTONI DE OLIVEIRA, Marcelo Andrade, *Devido processo legislativo*.
10. FERNANDES, Bernardo Gonçalves; QUINAUD PEDRON, Flávio, *Poder judiciário e(m) crise*.
11. Em recente decisão, o STF afirmou que: *"É lícito ao Poder Judiciário impor à Administração Pública obrigação de fazer, consistente na promoção de medidas ou na execução de obras emergenciais em estabelecimentos prisionais para dar efetividade ao postulado da dignidade da pessoa humana e assegurar aos detentos o respeito à sua integridade física e moral, nos termos do que preceitua o art. 5º, XLIX, da CF*, não sendo oponível à decisão o argumento da reserva do possível nem o princípio da separação dos poderes.(...) *O quadro revelaria desrespeito total ao postulado da dignidade da pessoa humana, em que haveria um processo de "**coisificação**" de presos, a indicar retrocesso relativamente à lógica jurídica atual. A sujeição de presos a penas a ultrapassar mera privação de liberdade prevista na lei e na sentença seria um ato ilegal do Estado, e retiraria da sanção qualquer potencial de ressocialização."* RE592.581/RS Pleno do STF, julg. em 13.08.2015, Rel. Min. Ricardo Lewandowski.
12. BARROSO, Luís Roberto. *A dignidade da pessoa humana no direito constitucional contemporâneo: a construção de um conceito jurídico à luz da jurisprudência mundial*, p. 112, 2012.

Nesses termos, como *"valor intrínseco"*, a dignidade requer o reconhecimento de que cada indivíduo é um fim em si mesmo. Impede-se, de um lado, a funcionalização do indivíduo e, de outro, afirma-se o valor de cada ser humano, independentemente das escolhas, situação pessoal ou origem. Assim, deixar desamparado um ser humano que não tem condições de se sustentar pelo simples fato de ele ser oriundo de outro país seria uma desconsideração deste valor.

Já como *"autonomia"*, a dignidade protege o conjunto de decisões e atitudes relacionado especificamente à vida de certo indivíduo. Para que determinada pessoa possa mobilizar a própria razão em busca da construção de um ideal de vida boa, é fundamental que lhe sejam fornecidas condições materiais mínimas. Nesse aspecto, a previsão do art. 203, V, da CR/88 também funciona como um meio de assegurar esta concepção de vida digna, cabendo ao Estado brasileiro dar essa sustentação até mesmo ao estrangeiro.[13]

Já no que tange ao *"valor comunitário"*, restou estabelecido na decisão que o estrangeiro residente no País, inserido na comunidade, participa do esforço mútuo, na construção de um propósito comum. Esse laço de irmandade nos faz, de algum modo, responsáveis pelo bem de todos, até mesmo daqueles que adotaram o Brasil como novo lar e fundaram seus alicerces pessoais e sociais nesta terra. Desde a criação da nação brasileira, a presença do estrangeiro no País foi incentivada e tolerada. Não seria coerente com a história estabelecer diferenciação tão somente pela nacionalidade, especialmente quando a dignidade está em xeque em momento de fragilidade do ser humano – idade avançada ou algum tipo de deficiência.[14]

Por último (*conforme já discorremos no capítulo sobre os Princípios Fundamentais da RFB*), também é muito comum a afirmação de que existiria um certo *"consenso sobreposto"* sobre a aplicação da **dignidade da pessoa humana**, mas não existiria uma delimitação de **como se daria sua concretização e densificação**. Seria a dignidade um conceito tão amplo e aberto de tal modo que *qualquer prática seria justificável com base nela*? Acreditamos que não.

Por isso, para alguns doutrinadores (conforme ***já trabalhado***), parâmetros mínimos de **aferição (vetores ou "dimensões")** devem ser sempre defendidos para a consecução normativa (adequada) da **dignidade da pessoa humana**, sobretudo para que não seja *amesquinhada*. Na obra, usaremos esses vetores. São eles: **1)** *Não Instrumentalização:* concepção de que o ser humano não pode ser instrumentalizado, ou seja, não pode ser tratado como um meio para a obtenção de determinado fim (Kant). O ser humano deve ser *"um fim em si mesmo"*. Aqui, um exemplo interessante pode ser encontrado em uma decisão do Tribunal Constitucional Alemão, pois, segundo Habermas, em recente obra, "a inviolabilidade da dignidade da pessoa humana dominou a esfera pública alemã em 2006, quando o Tribunal Constitucional Federal

13. RE 587970/SP STF. Plenário, Rel. Min. Marco Aurélio, julgado em 19 e 20.04.2017 (repercussão geral).
14. RE 587970/SP STF. Plenário, Rel. Min. Marco Aurélio, julgado em 19 e 20.04.2017 (repercussão geral).

considerou inconstitucional a *Lei de Segurança Aérea* promulgada pelo parlamento Alemão. Na época, o parlamento tinha em mente o cenário de *11 de setembro*, ou seja, o ataque terrorista às torres gêmeas do *World Trade Center*. Com isso, pretendia autorizar as forças armadas a, em situação semelhante, abater aviões de passageiros transformados em *bomba*, de modo a proteger um número indefinidamente maior de pessoas ameaçadas em solo. Porém, segundo a concepção do Tribunal, a morte de passageiros por meio de órgãos estatais seria inconstitucional. O dever do Estado de proteger a vida das potenciais vítimas de um ataque terrorista não pode vir antes do dever de respeitar a dignidade dos passageiros. (...) O eco do imperativo categórico de Kant é evidente nessas palavras do Tribunal. O respeito à dignidade humana de cada pessoa proíbe o Estado de dispor de qualquer indivíduo apenas *como meio para outro fim*, mesmo se for para salvar a vida de muitas outras pessoas[15]. 2) *Autonomia Existencial*: cada pessoa deve ter o direito de fazer suas escolhas essenciais de vida e agir de acordo com suas escolhas desde que elas não sejam práticas ilícitas (ou não prejudiquem de forma indevida direitos de terceiros). Portanto, essa dimensão nos garante a liberdade existencial, ou seja, a possibilidade dos mais variados projetos de vida, concepções de vida digna em meio ao pluralismo razoável em que vivemos; 3) *Direito ao Mínimo Existencial*: direito (derivado do constitucionalismo social) a que existam condições materiais básicas para a vida. Seja esse mínimo de condições trabalhado de forma absoluta (dado a *priori*) ou relativa (contextualizado em diferentes formas e modos), o fato é que ele acaba sendo pressuposto não só para a *vida em si*, mas para uma vida digna como condição até mesmo para o exercício das liberdades privadas (autonomia existencial) e públicas (direitos políticos). O próprio STF atualmente já reconheceu que em algumas situações não estaríamos submetidos à *"reserva do possível"*, tendo em vista a necessidade proeminente de concretização de determinados direitos fundamentais sociais mínimos 4) *Direito ao Reconhecimento*: aqui temos a concepção de que as injustiças podem se dar **não** apenas no campo da redistribuição de bens, mas também no campo do reconhecimento.[16] Aqui, o olhar que as pessoas lançam sobre as outras pessoas (o olhar que nós lançamos sobre "o outro" ou "o tarjado" de diferente) pode diminuí-las em sua dignidade. Temos, com isso, a necessidade de respeitar as identidades singulares[17]. Para Axel Honneth, os padrões de reconhecimento (intersubjetivo) ocorrem em três etapas: "a) na esfera das

15. BVerG, I 357/05 de 15 de fevereiro de 2006. HABERMAS, Jürgen, *Sobre a Constituição da Europa*, p. 08-09, 2011.
16. É interessante aqui que a Lei nº 12.966 de 12.04.2014, alterou a Lei no 7.347/85 (Lei da Ação Civil Pública), para incluir a proteção à honra e à dignidade de grupos raciais, étnicos ou religiosos. Portanto, atualmente a dignidade e a honra de grupos raciais, étnicos ou religiosos pode ser objeto de Ação Civil Pública.
17. Aqui remetemos o leitor para interessante debate sobre o tema travado por **Nancy Fraser** e **Axel Honneth**. Nancy Fraser estabelece uma certa separação (perspectiva dualista da análise dos conflitos sociais) entre as demandas por reconhecimento e as demandas por redistribuição. Já Axel Honneth defende que todos os conflitos sociais advêm da luta por reconhecimento, e com isso, não concorda com a separação feita por Fraser. Para ele, essa dicotomia suprime ou pelo menos negligencia as *lutas por reconhecimento* presentes em todos os conflitos por igualdade legal. Sobre o Tema ver: *Fundamentos de uma Teoria da Constituição Dirigente*, MOREIRA, Nelson Camatta, p 34-67, 2010. FRASER, Nancy, *Reconhecimento sem ética*? In: SOUZA, Jessé; MATTOS Patrícia (orgs) *Teoria Crítica do Século XXI*, São Paulo, 2007. HONNET, Axel, *Luta por reconhecimento*: *A gramática moral dos conflitos sociais*, 2ª Ed. 2009.

relações primárias (a forma de reconhecimento relaciona-se ao *amor* e à *amizade*; **b)** na dimensão das relações jurídicas (o reconhecimento se identifica com o *direito*. Com isso, direito acaba por constituir uma etapa fundamental do reconhecimento intersubjetivo e de afirmação da visibilidade, na medida em que a adjudicação de direitos representa uma dimensão indispensável da ***cidadania***); e **c)** na comunidade valorativa (a maneira de reconhecimento é a *solidariedade* através da autocompreensão cultural de uma sociedade que determina critérios pelos quais se orienta a estima social das pessoas)"[18].

2. VIDA

Umbilicalmente ligado – e, até mesmo, confundido – à noção de **dignidade da pessoa humana** está o ***direito à vida***, como elemento intrínseco à condição de pessoa e de sujeito de direitos. Nesses termos, a vida se coloca como pressuposto para o exercício de uma série de outros direitos fundamentais.

No plano da Biologia, vida é aquela condição na qual um determinado organismo seja capaz de manter suas funções de modo contínuo, como metabolismo, crescimento, reação a estímulos provindos do ambiente, reprodução etc.

Porém, temos que a vida, enquanto direito fundamental básico, não pode e não deve ser analisada apenas pela ótica biológica.[19] Daí a atual concepção de que o direito à vida deve ser analisado sob um duplo enfoque, qual seja: o direito da vida em si mesma (direito de estar vivo) e o direito à vida digna (com condições mínimas de existência). Portanto, as doutrinas constitucionais mais recentes desenvolvem uma compreensão diversa do entendimento biológico, compreendendo a concepção de vida conectada à de dignidade humana.

Por isso mesmo, passa-se a discutir, atualmente, situações como a do aborto de feto anencéfalos e a das pesquisas em células tronco, que, sem dúvida, envolvem uma compreensão constitucionalmente adequada da *vida em si* e de *vida digna*.

No caso da **ADPF 54** se discutiu a possibilidade da permissão de interrupção terapêutica de feto anencéfalo.

Nesses termos, o STF, em **abril de 2012**, julgou definitivamente a questão. Assim sendo, o Plenário do STF, por maioria (a minoria vencida foi composta apenas pelos Ministros Ricardo Lewandowski e Ayres Britto), julgou **procedente** pedido formulado na referida Arguição de Descumprimento de Preceito Fundamental, ajuizada pela Confederação Nacional dos Trabalhadores na Saúde – CNTS, a fim de declarar a "*inconstitucionalidade da interpretação segundo a qual a interrupção da gravidez de feto*

---

18. MOREIRA, Nelson Camatta *Fundamentos de uma Teoria da Constituição Dirigente*, p. 57-58, 2010. HONNETH, Axel, *Luta por reconhecimento: A gramática moral dos conflitos sociais*, 2ª Ed. 2009.
19. Nesse sentido específico, haveria uma proteção jurídica ao embrião, mas não no sentido de lhe garantir as condições de nascimento por meio de prestações positivas estatais, mas apenas de proibir – inclusive por meio de tipificação penal – o aborto.

anencéfalo seria conduta tipificada nos artigos 124, 126 e 128, I e II, do Código Penal". Prevaleceu o voto do Ministro Relator Marco Aurélio, conforme o informativo 661 do STF, em que podemos extrair, resumidamente, os seguintes pontos:

- Realçou que o pleito da requerente seria o reconhecimento do direito da gestante de submeter-se a antecipação terapêutica de parto na hipótese de gravidez de feto anencéfalo, previamente diagnosticada por profissional habilitado, sem estar compelida a apresentar autorização judicial ou qualquer outra forma de permissão do Estado;

- Destacou a alusão realizada pela própria arguente ao fato de não se postular a proclamação de inconstitucionalidade abstrata dos tipos penais em comento, o que os retiraria do sistema jurídico. Assim, o pleito colimaria tão somente que os referidos enunciados fossem interpretados conforme a Constituição;

- Dessa maneira, exprimiu que se mostraria despropositado veicular que o Supremo examinaria a descriminalização do aborto, especialmente porque existiria distinção entre aborto e antecipação terapêutica de parto. Nesse contexto, afastou as expressões "aborto eugênico", "eugenésico" ou "antecipação eugênica da gestação", em razão do indiscutível viés ideológico e político impregnado na palavra eugenia;

- Na espécie, aduziu inescapável o confronto entre, de um lado, os interesses legítimos da mulher em ver respeitada sua dignidade e, de outro, os de parte da sociedade que desejasse proteger todos os que a integrariam, independentemente da condição física ou viabilidade de sobrevivência;

- Sublinhou que o tema envolveria a dignidade humana, o usufruto da vida, a liberdade, a autodeterminação, a saúde e o reconhecimento pleno de direitos individuais, especificamente, os direitos sexuais e reprodutivos das mulheres;

- No ponto, relembrou que não haveria colisão real entre direitos fundamentais, apenas conflito aparente. Versou que o Supremo fora instado a se manifestar sobre o tema no HC 84025/RJ (DJU de 25.6.2004), entretanto, a Corte decidira pela prejudicialidade do writ em virtude de o parto e o falecimento do anencéfalo terem ocorrido antes do julgamento;

- Ressurtiu que a tipificação penal da interrupção da gravidez de feto anencéfalo não se coadunaria com a Constituição, notadamente com os preceitos que garantiriam o Estado laico, a dignidade da pessoa humana, o direito à vida e a proteção da autonomia, da liberdade, da privacidade e da saúde;

- Ressaltou que as garantias do Estado secular e da liberdade de culto representariam que as religiões não guiariam o tratamento estatal dispensado a outros direitos fundamentais, tais como os direitos à autodeterminação, à saúde física e mental, à privacidade, à liberdade de expressão, à liberdade de orientação sexual e à liberdade no campo da reprodução. Nesse tocante, dessumiu que a questão debatida não poderia ser examinada sob os influxos de orientações morais religiosas, apesar de a oitiva de entidades ligadas a profissão de fé não ter sido em vão. Isso porque, em uma democracia, não seria legítimo excluir qualquer ator do âmbito de definição do sentido da Constituição;

- No que tange à anencefalia, explicou que as informações e os dados revelados na audiência pública em muito teriam contribuído para esclarecer seu conceito, que consistiria na malformação do tubo neural, a caracterizar-se pela ausência parcial do encéfalo e do crânio, resultante de defeito no fechamento do tubo neural durante o desenvolvimento embrionário. Explanou que, para o diagnóstico dessa anomalia, seria necessária a ausência dos hemisférios cerebrais, do cerebelo e de um tronco cerebral rudimentar ou a inexistência parcial ou total do crânio. Nestes termos, aludiu que o anencéfalo, assim como o morto cerebral, não deteria atividade cortical, de modo que se mostraria deficiente de forma grave no plano neurológico, dado que lhe faltariam não somente os fenômenos da vida psíquica, mas também a sensibilidade, a mobilidade, a integração de quase todas as funções corpóreas. Portanto, o feto anencefálico não desfrutaria de nenhuma função superior do sistema nervoso central "responsável pela consciência, cognição, vida relacional, comunicação, afetividade e emotividade";

- Afirmou que, conforme a Resolução 1.480/97, do Conselho Federal de Medicina – CFM, os exames complementares a serem observados para a constatação de morte encefálica deveriam demonstrar, de modo inequívoco, a ausência de atividade elétrica cerebral ou metabólica deste órgão ou, ainda, inexistência de perfusão sanguínea nele. Elucidou que, por essa razão, o CFM, mediante a Resolução 1.752/2004, consignara serem os anencéfalos natimortos cerebrais. Desse modo, eles jamais se tornariam pessoa. Nessa senda, sintetizou que não se cuidaria de vida em potencial, porém, seguramente, de morte. Acentuou que a respiração e o batimento cardíaco não excluiriam o diagnóstico de morte cerebral e que no conhecido caso da suposta portadora de anencefalia, que teria sobrevivido por um ano, oito meses e doze dias, o diagnóstico estaria equivocado, consoante teriam informado renomados especialistas;

- No tocante ao argumento de possibilidade de doação de órgão dos anencéfalos, asseverou que não seria dado invocá-lo em prol da proteção destes, por ser vedado obrigar a manutenção de gravidez apenas para viabilizar a doação de órgãos, sob pena de se coisificar a mulher e ferir a sua dignidade, bem como por se revelar praticamente impossível o aproveitamento dos órgãos dos fetos em questão. Expôs que a mulher, portanto, deveria ser tratada como fim em si mesma, e não sob perspectiva utilitarista, como instrumento para geração de órgãos e posterior doação;

- Observou que seria improcedente a alegação de direito à vida dos anencéfalos, haja vista que estes seriam termos antitéticos. Explicou que, por ser o anencéfalo absolutamente inviável, não seria titular do direito à vida, motivo pelo qual o conflito entre direitos fundamentais seria apenas aparente, dado que, em contraposição aos direitos da mulher, não se encontraria o direito à vida ou à dignidade humana de quem estivesse por vir. Assentou que o feto anencéfalo, mesmo que biologicamente vivo, porque feito de células e tecidos vivos, seria juridicamente morto, de maneira que não deteria proteção jurídica, principalmente a jurídico-penal. Corroborou esse entendimento ao inferir o conceito jurídico de morte cerebral da Lei 9.434/97, de modo que seria impróprio falar em direito à vida intra ou extrauterina do anencéfalo, natimorto cerebral. Destarte, a interrupção de gestação de feto anencefálico não configuraria crime contra a vida, porquanto se revelaria conduta atípica;

- Aclarou que, quando a Constituição reportara-se a "direitos da pessoa humana" e a "direitos e garantias individuais" como cláusulas pétreas, teria tratado de direitos e garantias do indivíduo-pessoa, destinatário dos "direitos fundamentais à vida, à liberdade, à igualdade, à segurança e à propriedade". Ponderou, entretanto, que jamais haveria indivíduo-pessoa no caso do anencéfalo, razão pela qual não se justificaria sua tutela jurídico-penal, principalmente na hipótese em que esbarraria em direitos fundamentais da mulher;

- Reputou inquestionável o caráter não absoluto do direito à vida ante o texto constitucional, cujo art. 5º, XLVII, admitiria a pena de morte no caso de guerra declarada na forma do seu artigo 84, XIX. No mesmo sentido, citou previsão de aborto ético ou humanitário como causa excludente de ilicitude ou antijuridicidade no Código Penal, situação em que o legislador teria priorizado os direitos da mulher em detrimento dos do feto. Recordou que a proteção ao direito à vida comportaria diferentes gradações, consoante o que estabelecido na ADI 3510/DF;

- Reputou incontroverso que impor a continuidade da gravidez de feto anencéfalo poderia conduzir a gestante a quadro psíquico devastador, haja vista que predominariam, na maioria das vezes, sentimentos mórbidos de dor, angústia, impotência, luto e desespero, tendo em conta a certeza do óbito. Descreveu o sofrimento dessas mulheres, de forma que se poderia classificar como tortura o ato estatal de compeli-las a prosseguir na gestação de feto portador da anomalia, porquanto a colocaria em espécie de cárcere privado de seu próprio corpo, desprovida do mínimo essencial de autodeterminação e liberdade;

- Definiu como violência todo ato ou conduta baseada no gênero que causasse morte, dano ou sofrimento físico, sexual ou psicológico à mulher, tanto na esfera pública, como na esfera privada (Convenção Interamericana para Prevenir, Punir e Erradicar a Violência contra a Mulher). Nestes termos, não se coadunaria com o princípio da proporcionalidade proteger apenas um dos seres da relação, de modo a privilegiar aquele que, no caso da anencefalia, não deteria sequer expectativa de vida fora do útero e aniquilar-se, em contrapartida, os direitos da mulher ao lhe impingir sacrifício desarrazoado. Sublinhou que a imposição estatal da manutenção de gravidez cujo resultado final seria irremediavelmente a morte do feto iria de encontro aos princípios basilares do sistema constitucional, mais precisamente à autodeterminação, à saúde, ao direito de privacidade, ao reconhecimento pleno dos direitos sexuais e reprodutivos das mulheres;

- Esclareceu que a integridade que se colimaria alcançar com a antecipação terapêutica de uma gestação fadada ao fracasso seria plena e que eventual direito à vida do feto anencéfalo, acaso existisse, cederia, em juízo de ponderação, em prol dos direitos à dignidade da pessoa humana, à liberdade no campo sexual, à autonomia, à privacidade, à integridade física, psicológica e moral e à saúde (CF, artigos 1º, III, 5º, caput e II, III e X, e 6º, caput);

- Por derradeiro, versou que atuar com sapiência e justiça, calcados na Constituição e desprovidos de qualquer dogma ou paradigma moral e religioso, determinaria garantir o direito da mulher de manifestar-se livremente, sem o temor de tornar-se ré em possível ação por crime de aborto.[20]"

Já na **ADI 3510,** foi debatida a constitucionalidade da **Lei de biossegurança,** que disciplinava entre outros itens, a pesquisa com células-tronco envolvendo embriões humanos. A princípio, segundo o critério biológico, os embriões seriam considerados seres vivos e, por isso mesmo, estaria impossibilitada a utilização dos embriões em experimento científico.

Em 2008 o STF decidiu a **ADI 3510** e por maioria julgou improcedente pedido formulado em ação direta de inconstitucionalidade proposta pelo Procurador-Geral da República contra o art. 5º da Lei federal 11.105/2005 (Lei da Biossegurança), que permite, para fins de pesquisa e terapia, a utilização de células-tronco embrionárias obtidas de embriões humanos produzidos por fertilização in vitro e não usados no respectivo procedimento, e estabelece condições para essa utilização.

Na decisão prevaleceu o voto do Ministro Carlos Britto, relator. Nos termos do seu voto, salientou, inicialmente, que o artigo impugnado seria um bem concatenado bloco normativo que, sob condições de incidência explícitas, cumulativas e razoáveis, contribuiria para o desenvolvimento de linhas de pesquisa científica das supostas propriedades terapêuticas de células extraídas de embrião humano ***in vitro***. Esclareceu o ministro que as células-tronco embrionárias, pluripotentes, ou seja, capazes de originar todos os tecidos de um indivíduo adulto, constituiriam, por isso, tipologia celular que ofereceria melhores possibilidades de recuperação da saúde de pessoas físicas ou naturais em situações de anomalias ou graves incômodos genéticos.

Asseverou então que as pessoas físicas ou naturais seriam apenas as que sobrevivem ao parto, dotadas do atributo a que o art. 2º do Código Civil denomina personalidade civil, assentando que a Constituição da República de 1988, quando se refere à "dignidade da pessoa humana" (art. 1º, III), aos "direitos da pessoa

20. ADPF nº 54/DF, julgada em 11 e 12 de Abril de 2012, Rel. Min. Marco Aurélio. (Informativo 661 do STF)

humana" (art. 34, VII, *b*), ao "livre exercício dos direitos individuais" (art. 85, III) e aos "direitos e garantias individuais" (art. 60, § 4º, IV), estaria falando de direitos e garantias do indivíduo-pessoa. Assim, numa primeira síntese, a Carta Magna não faria de todo e qualquer estágio da vida humana um autonomizado bem jurídico, mas da vida que já é própria de uma pessoa concreta, por ser nativiva, e que a inviolabilidade de que trata seu art. 5º diria respeito exclusivamente a um indivíduo já personalizado.[21]

Temos, por último, que trabalhar alguns itens fundamentais que dizem respeito ao direito à vida, sendo eles:

1) Quando se **inicia** a vida? Certo é que não há um consenso (seja científico ou mesmo filosófico) sobre esta questão, por isso o que temos são posições sobre o tema, sendo elas:[22] **a)** a vida tem início a partir da concepção (surgimento do ovo ou zigoto em virtude da fecundação do óvulo pelo espermatozoide); **b)** a vida tem início a partir da nidação (vida viável), o que deve ocorrer, em regra (em termos aproximados), no prazo de sete a dez dias após a fecundação. Com isso, o zigoto é fixado no útero materno e a vida se torna viável (na medida em que a vida não seria viável fora do útero); **c)** a vida tem origem com a formação do sistema nervoso central a partir aproximadamente do décimo quarto dia de concepção (com isso, teríamos uma capacidade neurológica dotada de viabilidade, explicitando a vida);[23] **d)** a vida tem início quando o feto pode existir independentemente da mãe, o que ocorreria aproximadamente após a vigésima terceira semana de gestação (conforme dados científicos o feto passaria a ter a capacidade de existir sem a mãe).

Nesse tópico, apenas devemos deixar assente que a Constituição de 1988, apesar de deixar expresso o direito à vida não delimitou qual a posição adotada quanto ao início (momento) da proteção. Certo é que o legislador infraconstitucional, à luz da Constituição, vem estabelecendo vetores normativos para a proteção seja na seara civil, seja na seara penal.

2) Na seara penal a inviolabilidade do **direito à vida** está prefixada não só nas tipificações do homicídio, mas também no caso do aborto, ou seja, na interrupção voluntária da gravidez que causa a ocisão da vida do feto que é definido como

---

21. ADI 3510/DF, rel. Min. Carlos Ayres Britto, 28 e 29.05.2008.
22. No mesmo sentido: BARROSO, Luís Roberto, *Em defesa da vida digna*: constitucionalidade e legitimidade das pesquisas com células-tronco embrionárias, 2007, p. 248-249; Também In: NOVELINO, Marcelo, 2009, p. 392. Luís Roberto Barroso em sua análise ainda coloca uma quinta possibilidade de início da vida, sendo a mesma: *"a existência de indicadores morais no indivíduo"*.
23. Conforme Luís Roberto Barroso essa é a posição do Tribunal Constitucional alemão. BARROSO, Luís Roberto, *Gestação de fetos anencefálicos e pesquisas de células-tronco*, p. 104. Aqui é interessante citarmos a Lei nº 9434/97, que permite a retirada de órgãos para transplante. Essa possibilidade, designada pela referida lei, se dá, conforme seu art. 3º, a partir da morte encefálica do possível doador. Daí a afirmação de alguns, que se a doação só pode ocorrer pela morte encefálica, que (pela Lei) determina o fim da vida, o início da mesma (e, portanto, sua proteção) se daria com surgimento do sistema nervoso central. Ou seja, com a definição do fim teríamos a definição do início.

crime nos termos dos arts. 124 a 127 do Código Penal.[24] Porém, existem exceções em que o aborto não é crime: a) certo é que o art. 128 do CP traz duas hipóteses em que o aborto é permitido: 1ª) se não há outro meio de salvar a vida da gestante. É o chamado aborto "necessário" ou "terapêutico"; 2ª) no caso de gravidez resultante de estupro. Aqui estamos diante do aborto "humanitário", "sentimental", "ético" ou "piedoso". Nesses termos, se observarmos o texto expresso do Código Penal, essas são as duas únicas hipóteses em que o aborto seria permitido no Brasil.

Porém, além dessas duas hipóteses ainda temos uma terceira. Será no caso, conforme já citado, da Interrupção da gravidez de feto anencéfalo, conforme citamos acima, no julgamento da ADPF 54/DF. Sem dúvida, essa decisão criou uma nova exceção e decidiu que a interrupção da gravidez de feto anencéfalo é conduta atípica. Nesses termos, por força de interpretação constitucional definida pelo STF, realizar aborto de feto anencéfalo também não é crime.

Acontece que recentemente a 1ª turma do STF nos apresentou uma possível quarta hipótese de Interrupção da gravidez sem crime. Essa se daria no primeiro trimestre da gestação. Nesses termos, a 1ª Turma do STF, no julgamento do HC 124.306, entendeu que a interrupção da gravidez no primeiro trimestre da gestação provocado pela própria gestante (art. 124) ou com o seu consentimento (art. 126) também não seria crime.[25] Nesses termos, afirmou o STF, que é preciso conferir interpretação conforme a Constituição aos arts. 124 a 126 do Código Penal – que tipificam o crime de aborto – para excluir do seu âmbito de incidência a interrupção voluntária da gestação efetivada no primeiro trimestre. A criminalização, nessa hipótese, violaria diversos direitos fundamentais da mulher, bem como o princípio da proporcionalidade. Aqui, por óbvio, é preciso ressaltar que a decisão tem um marco, que é até o terceiro trimestre de gravidez.

No que diz respeito a violação a direitos fundamentais das mulheres, o Ministro Roberto Barroso elencou um rol de violações: a) Violação à autonomia da mulher;

24. Para uma visão reflexiva do estudo do aborto: "*Legalização do aborto e Constituição.*" SARMENTO, Daniel, 2007, p. 3-51.

25. HC 124306/RJ, rel. orig. Min. Marco Aurélio, red. p/ o ac. Min. Roberto Barroso, julgado em 29.11.2016. Segundo o Min. Roberto Barroso, *para ser compatível com a Constituição, a criminalização de uma conduta exige o preenchimento de três requisitos: a) este tipo penal deverá proteger um bem jurídico relevante; b) o comportamento incriminado não pode constituir exercício legítimo de um direito fundamental; e c) deverá haver proporcionalidade entre a ação praticada e a reação estatal. Em outras palavras, se determinada conduta for prevista como crime, mas não atender a algum desses três requisitos, este tipo penal deverá ser considerado inconstitucional. A conduta de praticar aborto com consentimento da gestante no primeiro trimestre da gravidez não pode ser punida como crime porque não preenche o segundo e terceiro requisitos acima expostos. Os arts. 124 e 126 do CP protegem um bem jurídico relevante (a vida potencial do feto). No entanto, a criminalização do aborto antes de concluído o primeiro trimestre de gestação viola diversos direitos fundamentais da mulher, além de não observar suficientemente o princípio da proporcionalidade. A criminalização da interrupção voluntária da gestação ofende diversos direitos fundamentais das mulheres, com reflexos sobre a sua dignidade humana. A mulher que realiza um aborto, o faz por se encontrar diante de uma decisão trágica e não precisa que o Estado torne a sua vida ainda pior, processando-a criminalmente. Desse modo, a mulher que realiza aborto age de forma legítima, sendo também, por via de consequência, legítima a conduta do profissional de saúde que a viabiliza.*

b) Violação do direito à integridade física e psíquica; c) Violação aos direitos sexuais e reprodutivos da mulher; d) Violação à igualdade de gênero; e) Discriminação social e impacto desproporcional sobre mulheres pobres. Com isso, a criminalização da interrupção da gestação no primeiro trimestre vulnera o núcleo essencial de um conjunto de direitos fundamentais da mulher. No caso, segundo o Ministro Roberto Barroso, estaríamos diante de restrição que ultrapassa os limites constitucionalmente aceitáveis.

Em relação ao princípio da proporcionalidade entendeu o Ministro que as normas do art. 124 e 126 do CP não vencem os subprincípios (ou sub-regras ou submáximas) da adequação, necessidade e proporcionalidade em sentido estrito. Conforme seu voto[26]:

Adequação: A questão é se os tipos penais previstos nos arts. 124 e 126 do CP protegem realmente o feto. A medida adotada (punir o aborto consensual) é idônea para proteger o feto? O voto do Ministro Roberto Barroso deixa claro que não. De acordo com estudos da Organização Mundial da Saúde (OMS) a criminalização não produz impacto relevante sobre o número de abortos. As taxas de aborto nos países onde esse procedimento é permitido são muito semelhantes àquelas encontradas nos países em que ele é ilegal. Atualmente, existem medicamentos que são facilmente encontrados e que a mulher, ao usá-los, consegue interromper a gravidez sem que o Poder Público tenha meios para tomar conhecimento e impedir a sua realização. Desse modo, a criminalização não gera uma diminuição na quantidade de abortos. Eles continuam sendo realizados constantemente, de forma clandestina e perigosa para a saúde da mulher. Por outro lado, se não houvesse a punição haveria a possibilidade de estes procedimentos serem realizados de forma segura e sem tantos riscos. Na prática, portanto, a criminalização do aborto é ineficaz para proteger o direito à vida do feto. Do ponto de vista penal, ela constitui apenas uma reprovação "simbólica" da conduta.

Necessidade: Segundo o Ministro Roberto Barroso existem instrumentos que são eficazes à proteção dos direitos do feto e, simultaneamente, menos lesivos aos direitos da mulher. Portanto existem meios alternativos à criminalização que protegem igualmente o direito à vida do nascituro, mas que produzem menor restrição aos direitos das mulheres. Esses instrumentos são desenvolvidos (ou podem ser) por políticas públicas. O argumento aqui é o de que o Estado deve atuar sobre os fatores econômicos e sociais que dão causa à gravidez indesejada ou que pressionam as mulheres a abortar. Nesses termos, comprovado é que as duas razões mais comumente invocadas para o aborto são a impossibilidade de custear a criação dos filhos e a drástica mudança na vida da mãe.

26. HC 124306/RJ 1ª Turma do STF, red. p/ o ac. Min. Roberto Barroso, julg. em 29.11.2016. Seguimos também excelente síntese de: Márcio André Lopes Cavalcante, In: *Comentários ao Informativo 849 do STF*. 13.12.2016.

Proporcionalidade em sentido estrito: As restrições aos direitos fundamentais das mulheres decorrentes da criminalização são ou não compensadas pela proteção à vida do feto? Segundo o Ministro Roberto Barroso o fato de as mulheres serem privadas do direito de abortar não gera uma maior proteção ao feto. Conforme demonstrado, no voto, a tipificação penal do aborto produz um grau elevado de restrição a direitos fundamentais das mulheres. Por outro lado, a criminalização do aborto promove um grau reduzido (se algum) de proteção dos direitos do feto, uma vez que não tem sido capaz de reduzir o índice de abortos. Dessa forma, não há proporcionalidade em sentido estrito em se manter a punição do aborto consentido nos três primeiros meses da gravidez. Afirmou o Ministro que praticamente nenhum país democrático e desenvolvido do mundo trata a interrupção da gestação durante a fase inicial da gestação como crime, aí incluídos Estados Unidos, Alemanha, Reino Unido, Canadá, França, Itália, Espanha, Portugal, Holanda e Austrália.

Por último, é importante observarmos que o STF ainda não descriminalizou o aborto realizado nos três primeiros meses de gravidez. Por isso, afirmamos (no início da análise) que estaríamos diante de uma *"possível quarta exceção"*. Ressaltamos que apesar da importância da decisão e de seu óbvio simbolismo, ela foi prolatada em um caso concreto com suas especificidades. Portanto, foi uma decisão da 1ª Turma que valeu apenas para o caso *sub judice*. Certo é que uma questão dessa magnitude terá ainda que ser enfrentada pelo plenário do STF seja em sede de controle difuso-concreto ou de controle abstrato (via ADPF).[27]

3) Apesar de ligada ao conceito de dignidade da pessoa humana, o direito à vida não pode ser tomado como ***absoluto***.

O próprio Ordenamento Jurídico brasileiro o relativiza quando, por exemplo, prevê no art. 5º da CR/88 a pena de morte em casos de guerra declarada; a figura penal da legítima defesa no âmbito penal; ou, então, a permissibilidade já citada para o aborto sem sanção penal (art. 128 do Código Penal) nos casos de risco de vida da mãe – chamado de aborto necessário – e em caso de estupro, quando por uma ausência de sentimento da mãe, ela pode abdicar da vida do feto – chamado

---

27. *"No caso concreto, o STF analisava um habeas corpus impetrado por dois médicos que foram presos em flagrante no momento em que supostamente estariam realizando um aborto com o consentimento da gestante (art. 126 do CP). No HC impetrado, os pacientes buscavam a liberdade provisória. O Min. Roberto Barroso, ao analisar o writ, entendeu que não estavam presentes os pressupostos da prisão preventiva. Um desses pressupostos é a existência de crime, o que é exigido na parte final do art. 312 do CPP. Segundo o Ministro, não havia motivo para a prisão preventiva, considerando o fato de que a gravidez da mulher estava ainda no primeiro trimestre, razão pela qual a punição prevista nos arts. 124 e 126 do CP não seria compatível com a Constituição Federal, ou seja, não teria sido recepcionada pela atual Carta Magna. Por conta disso, o Ministro concedeu a ordem de habeas corpus para afastar a prisão preventiva dos pacientes, concedendo-lhes liberdade provisória. É importante, no entanto, pontuar três observações: 1) Esta decisão foi tomada pela 1ª Turma do STF (não se sabe como o Plenário decidiria); 2) A discussão sobre a criminalização ou não do aborto nos três primeiros meses da gestação foi apenas para se analisar se seria cabível ou não a manutenção da prisão preventiva; 3) O mérito da imputação feita contra os réus ainda não foi julgado e o STF não determinou o "trancamento" da ação penal. O habeas corpus foi concedido apenas para que fosse afastada a prisão preventiva dos acusados."* Márcio André Lopes Cavalcante, In: Comentários ao Informativo 849 do STF. 13.12.2016.

de aborto ***sentimental***. Também temos como exemplo, o art. 303 do Código Brasileiro da Aeronáutica que estabelece a possibilidade de abate de aeronaves.[28]

4) Conexo ao direito à vida e, de certo modo, dele dependente, está a proteção constitucional à **integridade física** do indivíduo. Agredir sua integridade, seu corpo, não deixa de ser uma forma de colocar em risco o dever de proteção à vida humana. Por isso mesmo, expõem-se como **atentatório** à Constituição a **prática de torturas** ou de qualquer modo de tratamento desumano ou degradante (art. 5º, III). Igualmente, temos uma importante norma de proteção à integridade física dos presos (art. 5º, XLIX).[29]

Nesse sentido, de forma expressa destaca-se a ***vedação constitucional à tortura*** (art. 5º, III e XLIII), que já recebeu, inclusive, normatização infraconstitucional. Tal tipificação se deu com a edição da Lei nº 9.455/97, ressaltando que, para sua caracterização faz-se necessária a conduta de constranger alguém com emprego de violência ou grave ameaça, causando-lhe sofrimento físico ou mental[30]. Também pretendendo conceituar a prática de tortura é importante lembrar-se da Resolução nº 39/46 da Assembleia Geral das Nações Unidas, de 1984. Assim, é compreendida como: "Qualquer ato pelo qual dores ou sofrimentos agudos, físicos ou mentais, são infligidos intencionalmente a uma pessoa a fim de obter, dela ou de terceira pessoa, informações ou confissões; de castigá-la por ato que ela ou terceira pessoa tenha cometido, ou seja, suspeita de ter cometido; de intimidar ou coagir esta pessoa ou outras pessoas; ou por qualquer motivo baseado em descriminação de qualquer natureza; quando tais dores ou sofrimento são infligidos por um funcionário público ou outra pessoa no exercício de funções públicas, ou por sua instigação, ou com o seu consentimento ou aquiescência. Não se considerará como tortura as dores ou sofrimentos que sejam consequência unicamente de sanções legítimas, ou que sejam inerentes a tais sanções ou delas decorram".[31]

---

28. Art. 303 do CBA: § 1° *A autoridade aeronáutica poderá empregar os meios que julgar necessários para compelir a aeronave a efetuar o pouso no aeródromo que lhe for indicado. § 2° Esgotados os meios coercitivos legalmente previstos, a aeronave será classificada como hostil, ficando sujeita à medida de destruição, nos casos dos incisos do caput deste artigo e após autorização do Presidente da República ou autoridade por ele delegada. (Incluído pela Lei nº 9.614, de 1998) (Vide Decreto nº 8.265, de 2014)*

29. Sobre o tema vale referência a edição pelo STF da **Súmula Vinculante nº 11** em **2008**: *"Só é lícito o uso de algemas em casos de resistência e de fundado receio de fuga ou de perigo à integridade física própria ou alheia, por parte do preso ou de terceiros, justificada a excepcionalidade por escrito, sob pena de responsabilidade disciplinar, civil e penal do agente ou da autoridade e de nulidade da prisão ou do ato processual a que se refere, sem prejuízo da responsabilidade civil do Estado."*

30. O STF no HC 111.840, já decidiu que é inconstitucional a Lei que impõe o regime inicial fechado para os crimes hediondos e equiparados. Nesse sentido, para o STJ, esse entendimento também se aplica ao delito de tortura, por ser este equiparado a crime hediondo. Assim sendo, o juiz deve desconsiderar a regra disposta no art. 1º, § 7º, da Lei nº 9.455/1997, por ser esta norma também inconstitucional. Assim, conforme o STJ, não é obrigatório que o condenado por crime de tortura inicie o cumprimento da pena no regime prisional fechado. O juiz, no momento da dosimetria da pena, deverá seguir as regras do art. 33 do CP. (STJ. 6ª Turma. AgRg no AREsp 629.324/SP, julg. em 24.02.2015, Rel. Min. Maria Thereza de Assis Moura)

31. É importante registrar também a recente **Lei nº 12.847** de **02.08.2013,** *que instituiu o Sistema Nacional de Prevenção e Combate à Tortura-**SNPCT**, com o objetivo de fortalecer a prevenção e o combate à tortura, por meio de*

5) É mister salientar que, recentemente, o STF, no que tange à ***questão da tortura***, decidiu sobre tema diretamente ligado, em nossa opinião, à concepção de dignidade da pessoa humana e aos seus fundamentos em um ordenamento jurídico atrelado à perspectiva de um Estado Democrático de Direito. Nesse sentido, temos o enfrentamento da questão da **"Lei da Anistia"** e a sua **recepção** ou **não** pelo ordenamento constitucional de 1988. Nesses termos, O Supremo Tribunal Federal decidiu (de forma contrária à OAB e a vários doutrinadores nacionais) em **29.04.2010** que a Lei 6.683/79 (Lei da Anistia) é **compatível** com a Constituição Federal de 1988 e a anistia por ela concedida foi **ampla e geral**, alcançando os **crimes de qualquer natureza** praticados pelos **agentes da repressão** no período compreendido entre 2.9.61 e 15.8.79. Com base nesse entendimento, o Tribunal, por maioria, julgou improcedente Arguição de Descumprimento de Preceito Fundamental ajuizada pelo Conselho Federal da Ordem dos Advogados do Brasil em que se pretendia fosse declarada a não recepção pela Constituição Federal de 1988 da Lei 6.683/79 ou conferido ao § 1º do seu art. 1º interpretação conforme a Constituição, "de modo a declarar, à luz dos seus preceitos fundamentais, que a anistia concedida pela citada lei aos crimes políticos ou conexos **não** se estende aos crimes comuns praticados pelos agentes da repressão contra opositores políticos, durante o regime militar (1964/1985)"[32]

---

articulação e atuação cooperativa de seus integrantes, dentre outras formas, permitindo as trocas de informações e o intercâmbio de boas práticas.

32. No mérito da decisão da **ADPF 153**: "*afastou-se, primeiro, a alegação de que a* ***Lei 6.683/79*** *não teria sido recebida pela CF/88 porque a conexão criminal que aproveitaria aos agentes políticos que praticaram crimes comuns contra opositores políticos, presos ou não, durante o regime militar ofenderia diversos preceitos fundamentais. Quanto à apontada afronta ao art. 5º, caput, da CF (isonomia em matéria de segurança) – em razão de ter sido estendida a anistia a classes absolutamente indefinidas de crimes –, afirmou-se, salientando a desigualdade entre a prática de crimes políticos e crimes conexos com eles, que a lei poderia, sem violar a isonomia, que consiste também em tratar desigualmente os desiguais, anistiá-los, ou não, desigualmente. No que se refere à ofensa ao art. 5º, XXXIII, da CF – em virtude de ter sido concedida anistia a pessoas indeterminadas, o que não permitira o conhecimento da identidade dos responsáveis pelos crimes perpetrados contra as vítimas de torturas –, asseverou-se que a anistia teria como característica a objetividade, porque ligada a fatos, devendo ser mesmo concedida a pessoas indeterminadas. (...). No que respeita à citada agressão aos princípios democrático e republicano – ao fundamento de que para produzir o efeito de anistia de agentes públicos que cometeram crimes contra o povo, o diploma legal deveria ser legitimado, depois da entrada em vigor da CF/88, pelo órgão legislativo oriundo de eleições livres ou diretamente pelo povo soberano, mediante referendo –, enfatizou-se que o argumento adotado levaria não só ao afastamento do fenômeno da recepção do direito anterior à Constituição, mas ao reconhecimento de que toda a legislação anterior à ela seria, exclusivamente por força dela, formalmente inconstitucional. No que tange à assertiva de* ***desrespeito à dignidade da pessoa*** *humana e do povo brasileiro que não poderia ser negociada, e que, no suposto acordo político, a anistia aos responsáveis por delitos de opinião servira para encobrir a concessão de impunidade aos criminosos oficiais, tendo sido usada a dignidade das pessoas e do povo como moeda de troca para permitir a transição do regime militar ao Estado de Direito, reputou-se que se estaria a ignorar o momento talvez mais importante da luta pela redemocratização do país, o da batalha da anistia. Frisou-se que toda gente que conhece a história do Brasil saberia da existência desse acordo político que resultara no texto da Lei 6.683/79. Concluiu-se que, não obstante a* ***dignidade não tenha preço,*** *a indignidade que o cometimento de qualquer crime expressa não poderia ser retribuída com a proclamação de que o instituto da anistia violaria a dignidade humana. (...) Em seguida, repeliu-se a pretensa interpretação conforme a Constituição. Salientou-se, de início, que o § 1º do art. 1º da Lei da Anistia definiria os crimes conexos aos crimes políticos como os crimes de qualquer natureza relacionados com os crimes políticos ou praticados por motivação política, ou seja, seriam crimes comuns, porém com essa relação. (...). No ponto, aduziu-se que o legislador realmente teria procurado estender a conexão aos crimes praticados pelos agentes do Estado contra os que lutavam contra o Estado de exceção.* ***Daí o caráter bilateral da anistia****, ampla e*

Acontece que, no dia **14 de dezembro de 2010,** em decisão histórica (caso: ***Gomes Lund*** e outros ***versus*** Brasil), a **Corte Interamericana de Direitos Humanos** (Tribunal em San José, na Costa Rica) afirmou que a interpretação da Lei de Anistia de 1979, exarada pelo Brasil, **não pode** continuar a ser um ***"obstáculo"*** para a investigação dos fatos e punição dos responsáveis por torturas realizadas durante o regime militar. Nesses termos, a **CIDH** analisou a compatibilidade (adequação) da Lei de Anistia nº 6.683/79 com as obrigações internacionais assumidas pelo Brasil, à luz da Convenção Americana sobre Direitos Humanos (**CADH**).

Com isso, temos que, com base em sua jurisprudência, a Corte Interamericana concluiu que as disposições da Lei de Anistia (recepcionada pelo STF, em decisão na **ADPF nº 153**, acima citada) que impedem a investigação e sanção de graves violações de direitos humanos são incompatíveis com a Convenção Americana e carecem de efeitos jurídicos. Portanto, a Lei da Anistia não poderia ser óbice para a investigação dos fatos do caso em questão, acima citado, nem para a identificação e a punição dos responsáveis por graves violações aos direitos humanos.

Assim sendo, (conforme já externalizado em parte anterior da obra) resta-nos aguardar a resolução da questão com a prevalência do posicionamento do STF (questão atinente à noção clássica de soberania) ou da CIDH à qual o Brasil está filiado pela vigência e validade em nosso ordenamento da Convenção Americana de Direitos Humanos[33] (questão atinente ao *controle de convencionalidade*[34]).

6) Temos ainda que se a **integridade física** é um **direito**, decorre daí saber se é **lícito ao indivíduo dispor de seu próprio corpo**, seja por meio da alienação de órgãos ou de membros. Se tal alienação – onerosa ou gratuita – se dá após a morte

geral, que só não fora irrestrita porque não abrangera os já condenados, com sentença transitada em julgado, pela prática de crimes de terrorismo, assalto, sequestro e atentado pessoal. (...) Destacou-se que, no Estado Democrático de Direito, o Poder Judiciário não estaria autorizado a alterar, a dar outra redação, diversa da nele contemplada, a texto normativo. Não incumbiria ao Supremo modificar, portanto, textos normativos concessivos de anistias, mas tão-somente apurar a sua compatibilidade com a Constituição. A revisão de lei de anistia, se mudanças do tempo e da sociedade a impuserem, haveria, ou não, de ser feita pelo Poder Legislativo (...)" (Rel. Min. Eros Grau).

33. Para uma sólida crítica a posição exarada pelo STF, ver: ***Ditadura e Responsabilização***. MEYER, Emilio Peluso Neder, 2012. Nesse sentido: "A ***justiça de transição*** *é um conjunto de medidas fundamental para a consolidação de um projeto constituinte de um Estado Democrático de Direito sob o signo do patriotismo constitucional. Isso implica no cumprimento de todos os elementos que a compõem. Desse modo, foge o Supremo Tribunal Federal de seu papel de guarda da Constituição ao não rechaçar a interpretação da Lei de Anistia de 1979 que visou estabelecer uma "autoanistia"*. Consequentemente, uma compreensão que leve na devida conta as exigências de uma Constituição permeada pelo Direito Internacional dos Direitos Humanos não poderá deixar de exigir o cumprimento *in totum* da decisão da Corte Interamericana de Direitos Humanos no caso *Gomes Lund* e, mais que isso, que a partir dela outras graves violações de direitos humanos ocorridas entre 1964 e 1985 sejam também investigadas e punidas." p. 305, 2012.
34. O *controle de convencionalidade* pode ser conceituado como "uma forma de compatibilização entre as normas de direito interno e os tratados de direitos humanos ratificados pelo governo e em vigor no país. Trata-se, portanto, de um *controle de validade das normas nacionais*, tendo por parâmetro não o texto constitucional, mas os compromissos internacionais assumidos em matéria de **proteção aos direitos humanos**". MAZZUOLI, Valério de Oliveira. *O Controle Jurisdicional da convencionalidade das Leis*. 2ª ed. p, 73, 2011.

do sujeito, a questão torna-se mais simples, já que não existindo mais vida, não há que se falar em extensão da proteção constitucional em estudo.

Todavia, como compreender a **alienação em vida**? A doação de órgãos sempre foi avaliada positivamente pela doutrina constitucional, já que visa suprimir uma deficiência ou mesmo a morte de outro sujeito. O art. 199, § 4º, da Constituição de 1988 dota de licitude a alienação a ***título gratuito***, deixando a cargo da legislação infraconstitucional a definição de condições e de requisitos para remoção de órgãos, tecidos e substâncias humanas para fins de transplantes, bem como a coleta e transfusão de sangue humano.[35] Trata-se, portanto, da figura de ***bens postos fora do comércio***.[36] Mesmo assim, somente poderá ser doado ***in vida*** para fins de transplante dos órgãos em duplicidade (rins, pulmão etc.) e de partes de órgãos e tecidos, cuja retirada não impeça a manutenção da vida do indivíduo doador.

Já a alienação ***post mortem*** está definida normativamente nos seguintes termos: a retirada de tecidos, órgãos e partes do corpo de pessoas falecidas para transplantes ou outra finalidade terapêutica, **dependerá da autorização** do cônjuge ou parente, maior de idade, obedecida a linha sucessória, reta ou colateral, até o segundo grau inclusive, firmada em documento subscrito por duas testemunhas presentes à verificação da morte.[37] Além disso, certo é que a retirada ***post mortem*** de tecidos, órgãos ou partes do corpo humano destinados a transplante ou tratamento **deverá ser precedida de diagnóstico de morte encefálica**, constatada e registrada por **dois médicos** não participantes das equipes de remoção e transplante, mediante a utilização de critérios clínicos e tecnológicos definidos por resolução do Conselho Federal de Medicina.

7) Outra questão interessante refere-se a ***Eutanásia*** que deriva do grego *eu* (boa) *thanatos* (morte), traduzindo-se como "boa morte" ou "morte apropriada". Nesses termos, ela pode ser entendida como a promoção do óbito através de uma conduta, ação (eutanásia ativa) do médico, que produz meio eficiente com o fim de alcançar a morte de um paciente cuja cura para sua doença não existe ou que esteja em sofrimento exacerbado.

No Brasil, a ***eutanásia*** é tratada como homicídio, conforme dispõe o Código Penal Brasileiro: *Art. 121. Matar alguém – Pena: reclusão de 6 a 20 anos.*[38] O Código Penal também prevê, no art. 121, §1º, a causa de diminuição de pena quando o agente

---

35. Art. 199. § 4º: a lei disporá sobre as condições e os requisitos que facilitem a remoção de órgãos, tecidos e substâncias humanas para fins de transplante, pesquisa e tratamento, bem como a coleta, processamento e transfusão de sangue e seus derivados, sendo vedado todo tipo de comercialização.
36. SILVA, José Afonso da, *Curso de direito constitucional positivo*. 25 ed, p. 200.
37. Nos termos da **Lei nº 9.434/97** com redação dada pela **Lei nº 10.211/2001.** Segundo esse diploma normativo, temos ainda que: A remoção *post mortem* de tecidos, órgãos ou partes do corpo de **pessoa juridicamente incapaz** poderá ser feita desde que permitida **expressamente por ambos os pais**, ou por seus **responsáveis** legais. E por último: É **vedada a remoção** *post mortem* de tecidos, órgãos ou partes do corpo de **pessoas não identificadas**.
38. Para uma crítica sobre o tema: FREIRE SÁ, Maria de Fatima; MOUREIRA, Diego Luna. Autonomia Para Morrer. 2ª Edição, Del Rey, 2015.

cometer o crime impelido por motivo de relevante valor social ou moral, como é o caso da ***eutanásia***, pois temos que o ato de tirar a vida daquele que se encontra em grande sofrimento pode ser considerado motivo de relevante valor moral.

A **eutanásia**, como já explicitado acima, tem como pressuposto a qualidade de médico daquele que a pratica. Contudo, o Código Penal Brasileiro não exige que tal conduta seja praticado por esse profissional, podendo, então, qualquer pessoa vir a praticar. Além de proibida pelo Código Penal, a eutanásia também é vedada pelo Conselho Federal de Medicina através do art. 41 da Resolução nº 2.217/2018, vejamos: *Art. 41. Abreviar a vida do paciente, ainda que a pedido deste ou de seu representante legal.*

A **distanásia**, em sentido oposto à eutanásia, tem como objetivo o prolongamento da vida humana através de meios artificiais e até mesmo desproporcionais, procurando combater a morte a qualquer custo. Essa prática também é vedada pela Resolução 2.217/2018. A **ortotanásia** (eutanásia passiva) diz respeito à morte natural, sem interferência da ciência. Neste caso, deixa-se ocorrer a evolução da doença, permitindo a morte do paciente.

Diferentemente da **distanásia**, aqui temos que os métodos extraordinários para o prolongamento da vida não serão utilizados, pois apenas adiariam a morte com sofrimento e angústia para o enfermo e seus familiares. Temos a chamada morte correta que significa deixar morrer em paz, proporcionando ao enfermo uma morte digna e respeitando os seus direitos permitindo a morte do paciente. Portanto, a **ortotanásia** difere-se da eutanásia por não pretender pôr fim à vida do paciente. O médico não tem a intenção de acabar sumariamente com a vida do doente. A intenção é deixá-lo morrer em seu tempo certo. Não ocorre a ação de interromper a vida do paciente, mas sim a omissão em forçar sua manutenção.[39]

---

39. FREIRE SÁ, Maria de Fatima; MOUREIRA, Diego Luna. Autonomia Para Morrer. 2ª Edição, Del Rey, 2015. *Pode-se concluir por essas definições que a eutanásia se resume apenas aos casos em que se aplica algo que busque o resultado morte. A ortotanásia, aceitação da morte, é a não aplicação de terapias que prolongariam uma vida inútil de alguém que tenha a morte como fato iminente. E por fim, a distanásia constitui-se na chamada obstinação terapêutica que tem por fim fazer meio de todos as terapias disponíveis para manter o paciente vivo, mesmo que isso seja apenas uma forma de prolongar uma vida sem qualquer perspectiva de recuperação.* Aqui ainda citamos que em 28.11.2006, o Conselho Federal de Medicina publicou a Resolução 1.805/2006, que afirma que: *Art 1º É permitido ao médico limitar ou suspender procedimentos e tratamentos que prolonguem a vida do doente em fase terminal, de enfermidade grave e incurável, respeitada a vontade da pessoa ou de seu representante legal. §1º O médico tem a obrigação de esclarecer ao doente ou a seu representante legal as modalidades terapêuticas adequadas para cada situação. §2º A decisão referida no caput deve ser fundamentada e registrada no prontuário. §3º É assegurado ao doente ou a seu representante legal o direito de solicitar uma segunda opinião médica. Art.2º O doente continuará a receber todos os cuidados necessários para aliviar os sintomas que levam ao sofrimento, assegurada a assistência integral, o conforto físico, psíquico, social e espiritual, inclusive assegurando-lhe o direito à alta hospitalar. Esse sintético normativo deixa claro que não há obrigação do médico em prolongar a vida do paciente a qualquer custo, cabe a este ou a seu representante legal decidir a respeito da continuação do tratamento, contando com todas as afirmações disponíveis sobre as alternativas terapêuticas. Consegue-se preservar a autonomia individual e a dignidade do paciente, que receberá os cuidados necessários ao alívio de seu sofrimento. É dada, inclusive, a opção de requisitar a alta hospitalar, podendo morrer de maneira mais humana, ao lado de sua família.*

3. LIBERDADE

Segundo a doutrina filosófica de Kant, a liberdade constitui o maior direito do ser humano, sendo o único direito inato daquele. Aqui, liberdade é compreendida como autonomia (capacidade de autodirigir sua vida e suas escolhas a partir da razão). Nesse aspecto, o direito no pensamento do filósofo prussiano tem um papel fundamental, que é o de limitar arbítrios por meio do conceito de ***legalidade***. Sendo assim, o direito demarcaria um espaço dentro do qual diversas ações são lícitas – o que não quer dizer que seja impossível a prática do ilícito, mas que tal conduta é inaceitável socialmente e por isso mesmo punível pelo Estado.

Outro pensador importante da "liberdade" é Isaiah Berlin, que explorou não a existência de uma concepção de liberdade, mas de duas, no seu ensaio de 1969, intitulado "Dois conceitos de liberdade", que na mesma linha de Benjamin Constant (1819), com o texto "A liberdade dos antigos comparada à dos modernos", nos revela que, num primeiro sentido, liberdade é tomada como ausência de constrangimento; já em outro, assume uma significação como autonomia, autogoverno.[40]

A primeira concepção sobre a liberdade, ou seja, liberdade como não intervenção ou ausência de constrangimento, remonta ao pensamento de autores modernos como Hobbes e Locke, revelando uma ideia de que liberdade apresenta um ***status*** negativo. Nesse sentido, representa um direito dirigido ao Estado no sentido de uma vedação, limitando seu poder de interferência na vida da sociedade. Aqui, a legitimidade dos atos estatais estaria dependente da criação de um direito que conserve um equilíbrio entre liberdade de membros da sociedade, sem que uma interfira na do outro, ao mesmo tempo em que também está ligada à noção de que o poder coercitivo estatal somente se justifica para harmonizar e garantir essas liberdades.[41]

Diferentemente, a compreensão da liberdade como liberdade positiva, no plano político, significa a participação nas discussões públicas que levam à formação da vontade coletiva (razão pública). Esta é a noção de liberdade que imperava na antiguidade, fazendo que, por exemplo, somente fosse considerado cidadão grego aquele que de fato se juntasse e participasse das discussões realizadas na ***ágora***, discussões estas que comprometiam e definiam toda a vida em sociedade. Rousseau, modernamente, resgata essa noção e a traz para seu "Contrato Social". Destaca-se, então, a proteção às "liberdades políticas" como fundamento para o exercício da cidadania, o que se dá por um conjunto de direitos que levem em consideração a participação popular no processo de tomada de decisões estatais: sufrágio universal, secreto e com igual valor para todos; existência de um pluralismo

40. VIEIRA, Oscar Vilhena, *Direitos Fundamentais*: uma leitura da jurisprudência do STF, p. 135.
41. VIEIRA, Oscar Vilhena, *Direitos fundamentais*: uma leitura da jurisprudência do STF, p. 139.

político, garantindo múltiplas possibilidades de escolhas; liberdade na criação de partidos políticos e na filiação partidária.[42]

Na realidade, não é possível falar em prioridade de um modelo sobre outro, isso porque, se de um lado a "liberdade dos modernos" é garantia de existência e de manutenção da esfera privada, de outro, a "liberdade dos antigos" é elemento essencial para se falar em uma esfera pública democrática. Por isso mesmo, Habermas[43] irá recolocar ambas em uma mesma linha de prioridades, dizendo que ambas são equiprimordiais, e mais, uma é pressuposta da outra; isto é, apenas podemos ter uma proteção adequada, por exemplo, às liberdades negativas, se simultaneamente despendermos igual tratamento e proteção às liberdades positivas.

No plano da Constituição brasileira de 1988, o tratamento jurídico dado à liberdade no artigo 5º revela uma concepção ampla desse direito, o que leva alguns autores a falar em um ***direito geral de liberdade***:[44] liberdade de expressão e manifestação de pensamento, liberdade de locomoção, liberdade de consciência e crença, liberdade de escolha de trabalho ou ofício, liberdade de reunião, liberdade de associação ou de não se associar, entre outras. Passamos, então, a analisar algumas dessas manifestações do direito de liberdade previsto no texto constitucional.

3.1. Liberdade de ação

É a afirmação de que toda privação à liberdade de um indivíduo se fará mediante a existência de uma lei (art. 5º, II, da CR/88), como expressão da construção histórica do Estado de Direito na Modernidade. Nesses termos, ninguém será obrigado a fazer ou deixar de fazer algo senão em virtude de lei. Lei aqui tem sentido ***formal***, de ato emanado por meio de um procedimento legislativo regular de tramitação no Congresso Nacional. Apenas excepcionalmente há que se admitir a produção legislativa pelo Poder Executivo, mas sempre condicionada à apreciação do Congresso Nacional.

3.2. Liberdade de manifestação de pensamento e de expressão

Por liberdade de pensamento e de manifestação entendemos a tutela (proteção) constitucional a toda mensagem passível de comunicação, assim como toda opinião, convicção, comentário, avaliação ou julgamento sobre qualquer temática, seja essa relevante ou não aos olhos do interesse público, ou mesmo dotada – ou não – de valor.[45] Por isso mesmo, não é apenas a transmissão da mensagem falada

---

42. VIEIRA, Oscar Vilhena, *Direitos fundamentais*: uma leitura da jurisprudência do STF, p. 145.
43. HABERMAS, Jürgen, *Facticidad y validez*: sobre el derecho y el estado democrático de derecho en términos de teoría del discurso.
44. VIEIRA, Oscar Vilhena, *Direitos fundamentais*: uma leitura da jurisprudência do STF, p. 135. CARVALHO, Kildare Gonçalves, *Direito constitucional*: teoria do estado e da Constituição, direito constitucional positivo, 11. ed., p. 426.
45. MENDES, Gilmar Ferreira et al., *Curso de direito constitucional*, p. 350-351.

ou escrita que encontra proteção constitucional, como ainda a mensagem veiculada por meio de gestos e expressões corporais[46].

Certo é que a análise da prática deve ser contextualizada, ou seja, analisada à luz de um **caso concreto**, não cabendo (*a priori*) uma delimitação absoluta sobre o exercício da liberdade de expressão (por exemplo: artística) ou a falta dela.

Por isso mesmo, como exemplo inicial de decisões do STF, é interessante trazermos um julgado que ficou conhecido como ***"caso Gerald Thomas"***. Assim, na estreia de uma de suas peças o diretor *Gerald Thomas* foi vaiado (e segundo alguns também ofendido) no final do espetáculo pela plateia. Como reação a tal ato, o diretor exibiu as nádegas ao público. Em virtude disso, foi acusado em ação penal da prática do ***"crime de ato obsceno"***. O STF foi chamado a enfrentar a questão via ***habeas corpus*** e concedeu-o devido às peculiaridades e circunstancias do caso: "(...) tendo em conta as circunstancias em que se deram os fatos – momento seguinte a uma apresentação teatral que tinha no próprio roteiro um simulação de ato sexual, após manifestação desfavorável de um público adulto e às 2 horas da manhã –, entendeu-se atípica a conduta praticada pelo paciente, que, apesar de inadequada ou deseducada, configuraria apenas demonstração de protesto ou reação contra o público, que estaria **inserida** no **contexto** da **liberdade de expressão."**[47]

Nesses termos, para a doutrina dominante, falar em direito de expressão ou de pensamento não é falar em um direito absoluto de dizer tudo aquilo ou fazer tudo aquilo que se quer. De modo lógico a proteção constitucional, por exemplo, não se estende à ação violenta. Nesse sentido, para a corrente majoritária de viés axiológico, a liberdade de manifestação é **limitada por outros direitos e garantias fundamentais** como a vida, dignidade, igualdade, a integridade física, a liberdade de locomoção. Assim sendo, embora haja liberdade de manifestação, essa **não** pode ser usada para manifestações que venham a desenvolver atividades ou práticas ilícitas (antissemitismo, apologia ao crime etc.)[48].

Apesar de o texto constitucional, no art. 220, afirmar que a manifestação do pensamento, a criação, a expressão e a informação, sob qualquer forma, processo ou veículo não sofrerão qualquer restrição, temos que, para a corrente majoritária,

46. Frederick Schauer *explicita que a liberdade de expressão é protegida por ser o meio, por excelência, de chegar-se à verdade. No seu entendimento, há completa inaptidão do Governo para selecionar o que se deve entender por verdade, sendo que a obtenção desta somente é possível pelo mercado livre de ideias, qualificado pela livre troca de opiniões, pela liberdade de informação e pela liberdade de crítica* SCHAUER, Frederick. Free Speech: *A Philosophical Enquiry. Cambridge University Press*, 1982. p. 17-34.
47. Nos termos do **HC nº 83.996**, Julgado em **17.08.2004**. Rel. Min. Carlos Velloso. Outro gesto muito discutido é a *queima da bandeira* de um País como sinal nítido de protesto. No **contexto norte-americano**, a **Suprema Corte, em 1989**, entendeu **ser inconstitucional** a criminalização de tal conduta, justamente, pela mesma se encontrar **amparada** no exercício da **liberdade de expressão** (caso *Texas* v. *Johnson*, 491 US 397:414).
48. É por isso mesmo que o direito à liberdade de expressão não comporta a violência, não sendo lícita a coação física.

esses direitos (por não serem absolutos) não podem ser manuseados de forma inadequada, gerando práticas ilícitas ou mesmo que venham a ferir outros direitos fundamentais.

A própria Constituição de 1988 estabelece alguns limites à liberdade de expressão, como por exemplo: a) vedação do anonimato (art. 5º, IV); b) direito de resposta (art. 5º, V); c) restrições à propaganda comercial de tabaco, bebidas alcoólicas, agrotóxicos e terapias (art. 220, § 4º); d) classificação indicativa (art. 21, XVI); e) dever de respeitar a intimidade, a vida privada, a honra e a imagem das pessoas (art. 5º, X).[49]

Por isso mesmo, como explicitado acima, o texto constitucional consagra a liberdade de pensamento, mas veda o ***anonimato***,[50] uma vez que é por meio do

---

49. Aqui ver a **Lei nº 13.709/2018** (Lei Geral de Proteção de Dados Pessoais) e suas alterações pela **Lei nº 13.853/2019**.
50. Embora sistemas como o **disque denúncia** (ou *delação de cunho anônimo*) sejam usados em nosso ordenamento tanto para particulares quanto para funcionários públicos. Obviamente *a **simples denúncia anônima em regra não é uma prova em si mesmo adequada*** (portanto: prova processual lícita), mas haverá uma análise da mesma pela administração (observância sobre a veracidade da denúncia) e com isso, pode surgir de forma autônoma (desvinculada) a instauração de procedimento penal ou mesmo administrativo. Nesses termos, a manifestação do Min. Celso de Mello sobre o tema no **MS nº 24.369**: *[...] o tema pertinente à vedação constitucional do anonimato (CR, art. 5º, IV) posiciona-se, de modo bastante claro, em face da necessidade ético-jurídica de investigação de condutas funcionais desviantes, considerada a obrigação estatal, que, imposta pelo dever de observância dos postulados da legalidade, da impessoalidade e da moralidade administrativa (CR, art. 37, **caput**), torna imperioso apurar comportamentos eventualmente lesivos ao interesse público. Não é por outra razão que o magistério da doutrina admite, não obstante a existência de delação anônima, que a Administração Pública possa, ao agir autonomamente, efetuar averiguações destinadas a apurar a real concreção de possíveis ilicitudes administrativas, consoante assinala Jorge Ulisses Jacoby Fernandes(...): "Ocorrendo de a Administração vislumbrar razoável possibilidade da existência efetiva dos fatos denunciados anonimamente, deverá promover diligências e, a partir dos indícios coligidos nesse trabalho, instaurar a TCE, desvinculando-a totalmente da informação anônima." Essa orientação é também admitida, mesmo em sede de persecução penal, por Fernando Capez (**Curso de processo penal**, item n. 10.13, 7. ed., Saraiva, 2001, p. 77): "A delação anônima (**notitia criminis inqualificada**) não deve ser repelida de plano, sendo incorreto considerá-la sempre inválida; contudo, requer cautela redobrada, por parte da autoridade policial, a qual deverá, antes de tudo, investigar a verossimilhança das informações." Com idêntica percepção da matéria em exame, revela-se o magistério de Júlio Fabbrini Mirabete (Código de processo penal interpretado, p. 95, item n. 5.4, 7ª ed., 2000, Atlas): "[...] Não obstante o art. 5º, IV, da CR, que proíbe o anonimato na manifestação do pensamento, e de opiniões diversas, nada impede a notícia anônima do crime (**notitia criminis inqualificada**), mas, nessa hipótese, constitui dever funcional da autoridade pública destinatária, preliminarmente, proceder com a máxima cautela e discrição a investigações preliminares no sentido de apurar a verossimilhança das informações recebidas. Somente com a certeza da existência de indícios da ocorrência do ilícito é que deve instaurar o procedimento regular. [...]" Julg. 10.10.2002, Rel. Min. Celso de Mello.* Conforme o STF: *As notícias anônimas ("denúncias anônimas") **não autorizam, por si sós, a propositura de ação penal ou mesmo, na fase de investigação preliminar, o emprego de métodos invasivos de investigação, como interceptação telefônica ou busca e apreensão**. Entretanto, elas podem constituir fonte de informação e de provas que não podem ser simplesmente descartadas pelos órgãos do Poder Judiciário. Procedimento a ser adotado pela autoridade policial em caso de "denúncia anônima": 1) Realizar investigações preliminares para confirmar a credibilidade da "denúncia"; 2) Sendo confirmado que a "denúncia anônima" possui aparência mínima de procedência, instaura-se inquérito policial; 3) Instaurado o inquérito, a autoridade policial deverá buscar outros meios de prova que não a interceptação telefônica (esta é a última ratio). Se houver indícios concretos contra os investigados, mas a interceptação se revelar imprescindível para provar o crime, poderá ser requerida a quebra do sigilo telefônico ao magistrado.* STF. 1ª Turma. **HC 106.152/MS**, Rel. Min. Rosa Weber, julg. em **29.03.2016**. No mesmo sentido: HC 133148/ES, STF. 2ª Turma Rel. Min. Ricardo Lewandowski, julg em **21.02.2017**. Nesses termos: *Denúncias anônimas não podem embasar, por si sós, medidas invasivas como interceptações telefônicas, buscas e apreensões, e devem ser complementadas por diligências investigativas posteriores. Se há notícia anônima de comércio de drogas ilícitas*

conhecimento da autoria que se faz possível a utilização do direito de resposta, ***proporcional*** ao agravo, bem como o pleito judicial por indenização por **danos materiais** e **morais** que atinjam a imagem (art. 5º, IV da CR/88) ou, até mesmo, ***ações penais*** para as tipificações dos crimes contra a honra.[51]

Aliás, sobre a tipificação penal, a 2ª Turma do STF, no HC nº 141.949/DF em 13.03.2018, decidiu, seguindo entendimento já prolatado pelo STJ, que o ***Desacato*** continua sendo crime.[52]

Entendeu o STF que o *crime de desacato* é compatível com a Constituição Federal e com o Pacto de São José da Costa Rica. Nesses termos, a figura penal do desacato não tolhe o direito à liberdade de expressão, não retirando da cidadania o direito à livre manifestação, desde que exercida nos limites de marcos civilizatórios bem definidos, punindo-se os excessos.

Aqui é interessante afirmar que, há muitos anos, a Comissão Interamericana de Direitos Humanos (CIDH) vem decidindo que a criminalização do desacato contraria o artigo 13 do Pacto de San José da Costa Rica. Para a CIDH, as leis de desacato restringem indiretamente a liberdade de expressão, porque carregam consigo a ameaça do cárcere ou multas para aqueles que insultem ou ofendam um funcionário público. Por essa razão, este tipo penal (desacato) é inválido, por contrariar o artigo 13 da Convenção Americana de Direitos Humanos.

Porém, o STJ e o STF não adotaram tal tese. Afirmou inicialmente o STJ no HC nº 379.269-MS que desacatar funcionário público no exercício da função ou em razão dela continua a ser crime, conforme previsto no art. 331 do Código Penal. Conforme o Informativo 607, entendeu o STJ que a figura penal do desacato não prejudica a liberdade de expressão, pois não impede o cidadão de se manifestar, "desde que o faça com civilidade e educação". Assim sendo, responsabilização penal por desacato existe para inibir excessos e constitui uma salvaguarda para os agentes públicos, expostos a todo tipo de ofensa no exercício de suas funções.[53]

---

numa determinada casa, a polícia deve, antes de representar pela expedição de mandado de busca e apreensão, proceder a diligências veladas no intuito de reunir e documentar outras evidências que confirmem, indiciariamente, a notícia. Se confirmadas, com base nesses novos elementos de informação o juiz deferirá o pedido. Se não confirmadas, não será possível violar o domicílio, sendo a expedição do mandado desautorizada pela ausência de justa causa. O mandado de busca e apreensão expedido exclusivamente com apoio em denúncia anônima é abusivo. STF. 2ª Turma. **HC 180709/SP**, Rel. Min. Gilmar Mendes, julgado em **05.05.2020** (Informativo 976).

51. É interessante aqui que a Lei nº 12.966 de 12.04.2014, alterou a Lei nº 7.347/85 (Lei da Ação Civil Pública), para incluir a proteção à honra e à dignidade de grupos raciais, étnicos ou religiosos. Portanto, atualmente a dignidade e a honra de grupos raciais, étnicos ou religiosos pode ser objeto de Ação Civil Pública.
52. Código Penal Brasileiro: Art. 331. Desacatar funcionário público no exercício da função ou em razão dela: Pena – detenção, de seis meses a dois anos, ou multa. Já o Código Penal Militar O Código Penal Militar tipifica o desacato em três artigos: Art. 298: pune o desacato cometido por militar contra outro militar de hierarquia superior Art. 299: pune o desacato cometido por qualquer pessoa contra militar no exercício de função de natureza militar ou em razão dela; Art. 300: pune o desacato cometido contra funcionário civil no exercício de função ou em razão dela, em lugar sujeito à administração militar.
53. Informativo 607 do STJ: "A exclusão do desacato como tipo penal não traria benefício concreto para o julgamento dos casos de ofensas dirigidas a agentes públicos. Isso porque, com o fim do crime de desacato, as ofensas a

Já o STF, no HC nº 141.949/DF acima citado, ao julgar uma situação envolvendo civil acusado de desacato contra militar (art. 299 do CPM), também entendeu no mesmo sentido do STJ.[54] Na fundamentação, o STF trabalhou e explicitou sobre: a) Natureza do Pacto de São José da Costa Rica; b) A não incompatibilidade do Desacato com o Pacto de São José da Costa Rica; c) O fundamento do Direito à liberdade de expressão não ser absoluto; d) As decisões contrárias da Corte Interamericana de Direitos Humanos em relação ao posicionamento da Comissão de Direitos Humanos; e) o fundamento de que Desacato não tolhe a liberdade de expressão; f) Não se aplica a teoria da adequação social.[55]

No que se refere à suposta incompatibilidade do crime de Desacato com a liberdade de expressão e de pensamento, garantidos pelo Pacto de São José da Costa Rica e pela Constituição, sabe-se que os tratados de direitos humanos podem ser: a) equivalentes às emendas constitucionais, se aprovados após a EC 45/2004; ou b) supralegais, se aprovados antes da referida emenda. De toda forma, estando acima das normas infraconstitucionais, são também paradigma de controle da produção normativa. Nesse sentido, não se infere, da leitura do aludido tratado, afronta na tipificação do crime de desacato. Não houve revogação da norma penal, mas recepção pela regra supralegal. O texto dispõe que o exercício do direito à liberdade de pensamento e de expressão, embora não sujeito a censura prévia, deve assumir responsabilidades ulteriores, expressamente fixadas em lei, para assegurar o respeito aos direitos ou à reputação das demais pessoas. Portanto, não se está diante de descriminalização ou de "abolitio criminis".[56]

agentes públicos passariam a ser tratadas pelos tribunais como injúria (art. 140 do CP), crime para o qual a lei já prevê um acréscimo de 1/3 da pena quando a vítima é servidor público (art. 141, II). Apesar de a posição da Comissão Interamericana de Direitos Humanos ser contrária à criminalização do desacato, a Corte Interamericana de Direitos Humanos, órgão que efetivamente julga os casos envolvendo indivíduos e estados, já deixou claro em mais de um julgamento que o Direito Penal pode punir as condutas que representem excessos no exercício da liberdade de expressão. (...) Assim, o Poder Judiciário brasileiro deve continuar a repudiar reações arbitrárias eventualmente adotadas por agentes públicos, punindo pelo crime de abuso de autoridade quem, no exercício de sua função, reagir de modo autoritário a críticas e opiniões que não constituam excesso intolerável do direito de livre manifestação do pensamento." STJ. 3ª Seção. HC 379.269-MS, Rel. Min. Reynaldo Soares da Fonseca, Rel. para acórdão Min. Antônio Saldanha Palheiro, julgado em 24/5/2017 (Info 607).

54. A 2 ª Turma assinalou que o delito de desacato, quer conforme tipificado na legislação penal comum, quer na militar, tem por sujeito passivo secundário o funcionário público (civil ou militar), figurando o Estado como sujeito passivo principal. O bem jurídico tutelado é a Administração Pública, levando-se em conta seu interesse patrimonial e moral. A tutela penal está no interesse em se assegurar o normal funcionamento do Estado, protegendo-se o prestígio do exercício da função pública. Assim, a norma tem como destinatário da proteção legal mais a função pública do que a pessoa (civil ou militar). Portanto, para a configuração do crime, não é necessário que o funcionário público se sinta ofendido, sendo indispensável que o menoscabo tenha alvo certo, de forma que a vítima deve ouvir a palavra injuriosa ou sofrer diretamente o ato. O desacato é crime comum, podendo ser praticado por qualquer pessoa. É essencial para a configuração do delito que o funcionário público esteja no exercício da função, ou, estando fora, que a ofensa seja empregada em razão dela. Deve, pois, haver o chamado nexo funcional. A crítica ou a censura sem excessos, por sua vez, não constituem desacato, ainda que veementes. STF. 2ª Turma. **HC 141949/DF**, Rel. Min. Gilmar Mendes, julg. em 13.03.2018.
55. STF. 2ª Turma. HC 141949/DF, Rel. Min. Gilmar Mendes, julgado em 13/3/2018 (Informativo 894).
56. STF. 2ª Turma. HC 141949/DF, Rel. Min. Gilmar Mendes, julgado em 13/3/2018 (Informativo 894).

A liberdade de expressão prevista no Pacto de São José da Costa Rica não difere do tratamento conferido pela Constituição ao tema, sendo que esse direito não possui caráter absoluto. A Constituição, ao tutelar a honra, a intimidade e a dignidade da pessoa humana, recepcionou a norma do desacato prevista na legislação penal. Nesses termos, o direito à liberdade de expressão deve harmonizar-se com os demais direitos envolvidos, não eliminá-los. Incide o princípio da concordância prática, pelo qual o intérprete deve buscar a conciliação entre normas constitucionais.[57]

Na sequência, afirmou o STF que o exercício abusivo das liberdades públicas não se coaduna com o Estado democrático. A ninguém é lícito usar sua liberdade de expressão para ofender a honra alheia. O desacato constitui importante instrumento de preservação da lisura da função pública e, indiretamente, da dignidade de quem a exerce. Não se pode despojar a pessoa de um dos mais delicados valores constitucionais, a dignidade da pessoa humana, em razão do "status" de funcionário público (civil ou militar). A investidura em função pública não constitui renúncia à honra e à dignidade.[58]

Nesse aspecto, a Corte Interamericana de Direitos Humanos, órgão responsável pelo julgamento de situações concretas de abusos e violações de direitos humanos, reiteradamente tem decidido contrariamente ao entendimento da Comissão de Direitos Humanos, estabelecendo que o direito penal pode punir condutas excessivas no exercício da liberdade de expressão.[59]

Por conseguinte, nos termos do Informativo 894 do STF, a figura penal do desacato não tolhe o direito à liberdade de expressão, não retirando da cidadania o direito à livre manifestação, desde que exercida nos limites de marcos civilizatórios bem definidos, punindo-se os excessos. A Constituição impõe à Administração a observância dos princípios da legalidade, impessoalidade, moralidade, publicidade e eficiência, podendo-se dessumir daí a compatibilidade entre a defesa da honra e intimidade do funcionário público e a liberdade de expressão.[60]

Por último, segundo o STF, não parece ainda o caso de se invocar a teoria da adequação social como causa supralegal de exclusão da tipicidade, pela qual se preconiza que determinadas condutas, consensualmente aceitas pela sociedade, não mais se ajustam a um modelo legal incriminador. A evolução dos costumes seria fator decisivo para a verificação da excludente de tipicidade, circunstância ainda não passível de aferição, mas é preciso que o legislador atualize a legislação para punir eficazmente desvios e abusos de agentes do Estado. Havendo lei, ainda que

57. STF. 2ª Turma. HC 141949/DF, Rel. Min. Gilmar Mendes, julgado em 13/3/2018 (Informativo 894).
58. STF. 2ª Turma. HC 141949/DF, Rel. Min. Gilmar Mendes, julgado em 13/3/2018 (Informativo 894).
59. STF. 2ª Turma. HC 141949/DF, Rel. Min. Gilmar Mendes, julgado em 13/3/2018 (Informativo 894).
60. STF. 2ª Turma. HC 141949/DF, Rel. Min. Gilmar Mendes, julgado em 13/3/2018 (Informativo 894).

deficitária, punindo o abuso de autoridade, pode-se afirmar que a criminalização do desacato se mostra compatível com o Estado democrático.[61]

Na sequência, sobre o ***direito de resposta,*** é importante tecermos algumas considerações. Temos que ele pode ser definido como uma reação ao uso indevido dos meios de comunicação, tendo a perspectiva de um desagravo (art. 5º, V da CR/88).

Aqui é necessário dizer, que a recente Lei 13.188 de 11.11.2015, disciplinou em nosso ordenamento o exercício do **direito de resposta** ou retificação do ofendido em matéria divulgada, publicada ou transmitida por veículo de comunicação social. Para os efeitos desta Lei, considera-se matéria qualquer reportagem, nota ou notícia divulgada por veículo de comunicação social, independentemente do meio ou da plataforma de distribuição, publicação ou transmissão que utilize, cujo conteúdo atente, ainda que por equívoco de informação, contra a honra, a intimidade, a reputação, o conceito, o nome, a marca ou a imagem de pessoa física ou jurídica identificada ou passível de identificação. São excluídos da definição os comentários realizados por usuários da internet nas páginas eletrônicas dos veículos de comunicação social.

O diploma legal afirma que a retratação ou retificação espontânea, ainda que a elas sejam conferidos os mesmos destaque, publicidade, periodicidade e dimensão do agravo, não impedem o exercício do direito de resposta pelo ofendido nem prejudicam a ação de reparação por dano moral. Temos ainda que o direito de resposta ou retificação deve ser exercido no prazo decadencial de 60 (sessenta) dias, contado da data de cada divulgação, publicação ou transmissão da matéria ofensiva, mediante correspondência com aviso de recebimento encaminhada diretamente ao veículo de comunicação social ou, inexistindo pessoa jurídica constituída, a quem por ele responda, independentemente de quem seja o responsável intelectual pelo agravo.

Temos ainda que o intitulado *direito de resposta* ou retificação poderá ser exercido, de forma individualizada, em face de todos os veículos de comunicação social que tenham divulgado, publicado, republicado, transmitido ou retransmitido o agravo original. Além disso, consta na normativa que o direito de resposta ou retificação poderá ser exercido, também, conforme o caso: a) pelo representante legal do ofendido incapaz ou da pessoa jurídica; b) pelo cônjuge, descendente, ascendente ou irmão do ofendido que esteja ausente do País ou tenha falecido depois do agravo, mas antes de decorrido o prazo de decadência do direito de resposta ou retificação. No caso de divulgação, publicação ou transmissão continuada e ininterrupta da mesma matéria ofensiva, o prazo será contado da data em que se iniciou o agravo. É interessante que a resposta ou retificação atenderá, quanto à forma e à duração, ao seguinte: I – praticado o agravo em mídia escrita ou na internet, terá a resposta ou retificação o destaque, a publicidade, a periodicidade e a dimensão da

61. STF. 2ª Turma. HC 141949/DF, Rel. Min. Gilmar Mendes, julgado em 13/3/2018 (Informativo 894).

matéria que a ensejou; II – praticado o agravo em mídia televisiva, terá a resposta ou retificação o destaque, a publicidade, a periodicidade e a duração da matéria que a ensejou; III – praticado o agravo em mídia radiofônica, terá a resposta ou retificação o destaque, a publicidade, a periodicidade e a duração da matéria que a ensejou.[62]

Na sequência, não podemos esquecer que o direito de expressão livre (liberdade de expressão e de manifestação) traz ainda a figura do ***direito ao silêncio***, não podendo seu titular ser forçado quer por particulares quer pelo Estado a se manifestar ou exprimir opiniões sem sua vontade. Também aliado à livre manifestação do pensamento está a liberdade de manifestação artística, intelectual, científica, de comunicação, independentemente de licença ou censura (art. 5º, IX, da CR/88). Na mesma linha, o art. 220 da CR/88 afirma que a manifestação do pensamento, a

62. *Lei nº 13.188/2015: Art. 4º § 1º Se o agravo tiver sido divulgado, publicado, republicado, transmitido ou retransmitido em mídia escrita ou em cadeia de rádio ou televisão para mais de um Município ou Estado, será conferido proporcional alcance à divulgação da resposta ou retificação. § 2º O ofendido poderá requerer que a resposta ou retificação seja divulgada, publicada ou transmitida nos mesmos espaços, dia da semana e horário do agravo. § 3º A resposta ou retificação cuja divulgação, publicação ou transmissão não obedeça ao disposto nesta Lei é considerada inexistente. § 4º Na delimitação do agravo, deverá ser considerado o contexto da informação ou matéria que gerou a ofensa. Art. 5º Se o veículo de comunicação social ou quem por ele responda não divulgar, publicar ou transmitir a resposta ou retificação no prazo de 7 (sete) dias, contado do recebimento do respectivo pedido, na forma do art. 3º, restará caracterizado o interesse jurídico para a propositura de ação judicial. § 1º É competente para conhecer do feito o juízo do domicílio do ofendido ou, se este assim o preferir, aquele do lugar onde o agravo tenha apresentado maior repercussão. § 2º A ação de rito especial de que trata esta Lei será instruída com as provas do agravo e do pedido de resposta ou retificação não atendido, bem como com o texto da resposta ou retificação a ser divulgado, publicado ou transmitido, sob pena de inépcia da inicial, e processada no prazo máximo de 30 (trinta) dias, vedados: I – a cumulação de pedidos; II – a reconvenção; III – o litisconsórcio, a assistência e a intervenção de terceiros. (§ 3º Vetado). Art. 6º Recebido o pedido de resposta ou retificação, o juiz, dentro de 24 (vinte e quatro) horas, mandará citar o responsável pelo veículo de comunicação social para que: I – em igual prazo, apresente as razões pelas quais não o divulgou, publicou ou transmitiu; II – no prazo de 3 (três) dias, ofereça contestação. Parágrafo único. O agravo consistente em injúria não admitirá a prova da verdade. Art. 7º O juiz, nas 24 (vinte e quatro) horas seguintes à citação, tenha ou não se manifestado o responsável pelo veículo de comunicação, conhecerá do pedido e, havendo prova capaz de convencer sobre a verossimilhança da alegação ou justificado receio de ineficácia do provimento final, fixará desde logo as condições e a data para a veiculação, em prazo não superior a 10 (dez) dias, da resposta ou retificação. § 1º Se o agravo tiver sido divulgado ou publicado por veículo de mídia impressa cuja circulação seja periódica, a resposta ou retificação será divulgada na edição seguinte à da ofensa ou, ainda, excepcionalmente, em edição extraordinária, apenas nos casos em que o prazo entre a ofensa e a próxima edição indique desproporcionalidade entre a ofensa e a resposta ou retificação. § 2º A medida antecipatória a que se refere o* ***caput*** *deste artigo poderá ser reconsiderada ou modificada a qualquer momento, em decisão fundamentada. § 3º O juiz poderá, a qualquer tempo, impor multa diária ao réu, independentemente de pedido do autor, bem como modificar-lhe o valor ou a periodicidade, caso verifique que se tornou insuficiente ou excessiva. § 4º Para a efetivação da tutela específica de que trata esta Lei, poderá o juiz, de ofício ou mediante requerimento, adotar as medidas cabíveis para o cumprimento da decisão. Art. 8º Não será admitida a divulgação, publicação ou transmissão de resposta ou retificação que não tenha relação com as informações contidas na matéria a que pretende responder nem se enquadre no § 1º do art. 2º desta Lei. Art. 9º O juiz prolatará a sentença no prazo máximo de 30 (trinta) dias, contado do ajuizamento da ação, salvo na hipótese de conversão do pedido em reparação por perdas e danos. Parágrafo único. As ações judiciais destinadas a garantir a efetividade do direito de resposta ou retificação previsto nesta Lei processam-se durante as férias forenses e não se suspendem pela superveniência delas. Art. 10. Das decisões proferidas nos processos submetidos ao rito especial estabelecido nesta Lei, poderá ser concedido efeito suspensivo pelo tribunal competente, desde que constatadas, em juízo colegiado prévio, a plausibilidade do direito invocado e a urgência na concessão da medida.*

criação, a expressão e a informação, sob qualquer forma, processo ou veículo não sofrerão qualquer restrição, observado o disposto na Constituição. Na sequência, em seu § 1º, afirma que nenhuma lei conterá dispositivo que possa constituir embaraço à plena liberdade de informação jornalística em qualquer veículo de comunicação social, observado o disposto no art. 5º, IV, V, X, XIII e XIV. E novamente, corroborando com o art. 5º, IX da CR/88, o § 2º do art. 220 deixa assente que é vedada toda e qualquer censura de natureza política, ideológica e artística.

É importante salientar que ***a censura***, para a corrente majoritária, tem o significado de ação governamental de caráter **prévio e vinculante** sobre conteúdo de uma determinada mensagem (artística, jornalística etc.), e como visto, é vedada em nosso ordenamento constitucional.[63]

Há, ainda, autorização constitucional, nos termos do art. 220 da CR/88, para que o Poder Público defina, por Lei Federal, de acordo com a natureza das diversões e dos espetáculos públicos, as faixas horárias em que são recomendados, bem como locais e horários para apresentações inadequadas. Também compete à Lei Federal estabelecer os meios legais que garantam à pessoa e à família a possibilidade de se defenderem de programas ou programações de rádio e televisão que contrariem o disposto no art. 221 da CR/88, bem como da propaganda de produtos, práticas e serviços que possam ser nocivos à saúde e ao meio ambiente.

Nos termos constitucionais, temos que a propaganda comercial de tabaco, bebidas alcoólicas, agrotóxicos, medicamentos e terapias estará sujeita a restrições legais, nos termos do inciso II, § 3º do art. 220 da CR/88 (que como dito acima delimita a competência de legislação federal sobre o tema em virtude da possibilidade de nocividade à saúde ou risco ao meio ambiente), e conterá, sempre que necessário, advertência sobre os malefícios decorrentes de seu uso.

Corroborando com a ideia de não absolutização da liberdade de expressão, manifestação e informação, trabalhada pela corrente majoritária, reza, na Constituição, que a produção e a programação das emissoras de rádio e televisão, atenderão aos seguintes princípios: a) preferência a finalidades educativas, artísticas, culturais e informativas; b) promoção da cultura nacional e regional e estímulo à produção independente que objetive sua divulgação; c) regionalização da produção cultural, artística e jornalística, conforme percentuais estabelecidos em lei; d) respeito aos valores éticos e sociais da pessoa e da família.

No entanto, é necessário que fique bem claro que a regulação dessas atividades e espetáculos públicos pelo Poder Público, informando, como já dito, sobre

63. Para uma interessante crítica a essa conceituação, temos Virgílio Afonso da Silva. Para o autor, a contraposição entre proibição prévia e posterior não seria um critério adequado (e absoluto) para a definição da censura. Para ele, a jurisprudência e a literatura constitucional brasileiras com a fixação pela contraposição entre *restrição prévia* e *restrição posterior* acaba por subestimar os impactos dessa última na liberdade de expressão. In; *Direito Constitucional Brasileiro*, p, 176-177, 2020.

a natureza destes, bem como faixa etária que recomendam, horários e locais de apresentações ou funcionamento não configura nem pode se configurar como *censura* (que, como já dito, é vedada em nosso ordenamento). Aqui é necessário aclarar que o art. 220 da CR/88 não se trata de *censura*, já que o conceito jurídico de ***censura***, conforme já citado, tem o significado de ação governamental de caráter **prévio e vinculante** sobre conteúdo de uma determinada mensagem (artística, jornalística etc.).[64] Logo, não cabe ao Estado definir quais mensagens e ideias circulam no espaço público, rotuladas como válidas e corretas, mas, antes, cabe ao próprio espaço público sua filtragem.[65]

Justamente sobre esse tema, temos recente caso enfrentado pelo STF sobre a intitulada *classificação indicativa de rádio e televisão*. Certo é que o art. 21, XVI da CR/88 afirma que compete à União exercer a classificação, para efeito indicativo, de diversões públicas e de programas de rádio e televisão. Já o acima citado art. 220, § 3º da CR/88 diz que compete à lei federal regular as diversões e espetáculos públicos, cabendo ao Poder Público informar sobre a natureza deles, as faixas etárias a que não se recomendem, locais e horários em que sua apresentação se mostre inadequada. Na sequência, o art. 221, IV da CR/88 determina que a produção e a programação das emissoras de rádio e televisão atenderão aos princípios do respeito aos valores éticos e sociais da pessoa e da família.

Nesse sentido, o art. 254 do ECA (*visando compatibilizar a defesa da criança e do adolescente contra a exposição a conteúdos inapropriados veiculados em diversões públicas e programas de rádio e de televisão, de um lado, e a garantia constitucional da liberdade de expressão*) normatizou que "transmitir, através de rádio ou televisão, espetáculo em horário diverso do autorizado ou sem aviso de sua classificação levaria a pena de multa de vinte a cem salários de referência; duplicada em caso de reincidência a autoridade judiciária poderá determinar a suspensão da programação da emissora por até dois dias. Resta claro que a redação do art. 254 do Estatuto da Criança e Adolescente estabeleceu que as emissoras de rádio e televisão teriam dois deveres impostos por lei: a) Avisar, antes de o programa começar, qual é a classificação etária do espetáculo (aviso: "programa recomendado para todos os públicos" ou "programa recomendado para maiores de X anos"); b) Somente transmitir os programas nos horários compatíveis com a sua classificação etária. Pois bem, na ADI 2404 julgada em 31.08.2016, o STF decidiu que é inconstitucional a expressão "*em horário diverso do autorizado*" contida no art. 254 do ECA.

64. No **ARE 892127** o STF decidiu pela *Inexistência do direito à indenização em razão da divulgação, no jornal, de imagem do cadáver morto em via pública*. No caso, um Jornal divulgou a foto do cadáver de um indivíduo morto em tiroteio ocorrido em via pública. Os familiares do morto ajuizaram ação de indenização por danos morais contra o jornal alegando que houve violação aos direitos de imagem. O STF julgou a ação improcedente argumentando que condenar o jornal seria ***uma forma de censura***, o que afronta a liberdade de informação jornalística. **ARE 892127 AgR/SP**, STF. 2ª Turma. Rel. Min. Cármen Lúcia, julgado em **23.10.2018**.

65. Ver capítulo 8 da obra HABERMAS, Jürgen, *Facticidad y validez*: sobre el derecho y el estado democrático de derecho en términos de teoría del discurso, bem como a obra HABERMAS, Jürgen, *Mudança estrutural da esfera pública*: investigações quanto a uma categoria da sociedade burguesa.

Conforme o Pretório Excelso, o Estado não pode determinar que os programas somente possam ser exibidos em determinados horários, pois isso seria uma imposição, o que é vedado pelo texto constitucional por configurar censura. Nesses termos, o Poder Público pode apenas recomendar os horários adequados. A classificação dos programas, portanto, é indicativa e não obrigatória.

Com isso, temos que a classificação indicativa deve ser entendida como um aviso aos usuários sobre o conteúdo da programação, jamais como **obrigação** às emissoras de exibição em horários específicos, especialmente sob pena de sanção administrativa. Por essa razão, o art. 254 do ECA violou a Constituição ao instituir punição para as emissoras que transmitam espetáculo "*em horário diverso do autorizado*" (aqui o uso do verbo "autorizar" expressa a ilegitimidade do dispositivo legal).[66]

Aliás, na própria decisão da ADI 2404, o STF se manifestou nesse sentido, afirmando que seria sempre possível a responsabilização judicial das emissoras de radiodifusão por abusos ou danos à integridade de crianças e adolescentes, tendo em conta, inclusive, a recomendação do Ministério de Estado da Justiça em relação aos horários em que determinada programação seria adequada. Nesse aspecto, a liberdade de expressão exigiria igualmente responsabilidade no seu exercício. As emissoras deveriam observar na sua programação as cautelas necessárias às peculiaridades do público infanto-juvenil.[67]

Com esse raciocínio, o interesse daquele que está manifestando seu pensamento poderia ceder espaço para o interesse daqueles que estão sendo expostos ao

---

66. *"(...) A competência da União para exercer a classificação indicativa somente se legitimaria por expressa disposição constitucional. Mas essa incumbência não se confundiria com autorização, e sequer poderia servir de anteparo para que se aplicassem sanções de natureza administrativa. Assim, o uso do verbo "autorizar", contido na expressão impugnada, revelaria sua ilegitimidade. A submissão de programa ao Ministério de Estado da Justiça não consistiria em condição para que pudesse ser exibido, pois não se trataria de licença ou de autorização estatal, vedadas pela CF. A submissão ocorreria, exclusivamente, com o fito de que a União exercesse sua competência administrativa para classificar, a título indicativo, as diversões públicas e os programas de rádio e televisão (CF, art. 21, XVI). Desse modo, o Estado não poderia determinar que a exibição da programação somente se desse em horários determinados, o que caracterizaria imposição, e não recomendação. Inexistiria dúvida de que a expressão questionada teria convertido a classificação indicativa em obrigatória. A Constituição conferira à União e ao legislador federal margem limitada de atuação no campo da classificação dos espetáculos e diversões públicas. A autorização constitucional seria para que aquele ente federativo classificasse, informasse, indicasse as faixas etárias e/ou horários não recomendados, e não que proibisse, vedasse ou censurasse. A classificação indicativa deveria, pois, ser entendida como aviso aos usuários acerca do conteúdo da programação, jamais como obrigação às emissoras de exibição em horários específicos, mormente sob pena de sanção administrativa. O dispositivo adversado, ao estabelecer punição às empresas do ramo por exibirem programa em horário diverso do autorizado, incorreria em abuso constitucional. Embora a norma discutida não impedisse a veiculação de ideias, não impusesse cortes em obras audiovisuais, mas tão-somente exigisse que as emissoras veiculassem seus programas em horário adequado ao público-alvo, implicaria censura prévia, acompanhada de elemento repressor, de punição. Esse caráter não se harmonizaria com os artigos 5º, IX; 21, XVI; e 220, § 3º, I, todos da CF. A exibição do aviso de classificação indicativa teria efeito pedagógico, a exigir reflexão por parte do espectador e dos responsáveis. Seria dever estatal, nesse ponto, conferir maior publicidade aos avisos de classificação, bem como desenvolver programas educativos acerca desse sistema. Ademais, o controle parental poderia ser feito, inclusive, com o auxílio de meios eletrônicos de seleção e de restrição de acesso a determinados programas, como já feito em outros países. A tecnologia, inclusive, seria de uso obrigatório no Brasil, apesar de ainda não adotada (Lei 10.359/2001)."* ADI 2404/DF, Plenário do STF, Rel. Min. Dias Toffoli, julg. em 31.08.2016.
67. ADI 2404/DF, Plenário do STF, Rel. Min. Dias Toffoli, julgado em **31.08.2016** (Informativo 837 do STF).

pensamento ou manifestação artística ou cultural, ou seja, por toda uma vizinhança de direitos dos demais membros da coletividade que estariam sendo lesionados.[68]

No mesmo diapasão, afirma o texto constitucional que nenhuma lei conterá dispositivo que possa constituir embaraço à plena liberdade de informação jornalística em qualquer veículo de comunicação social, observado, para que se evitem abusos, o disposto no art. 5º, IV, V, IX, X, XIII, XIV e art. 220 da Constituição de 1988. E nesses termos, é assegurado constitucionalmente a todos o acesso à informação e resguardado o sigilo da fonte, quando necessário ao exercício profissional (art. 5º, XIV, da CR/88).[69]

Nesses termos, conforme o Ministro Celso de Mello, o exercício concreto, pelos profissionais da imprensa, da liberdade de expressão, cujo fundamento reside no próprio texto da Constituição da República, assegura, ao jornalista, o direito de expender crítica, ainda que desfavorável e em tom contundente, contra quaisquer pessoas ou autoridades. Assim sendo, ninguém ignora que, no contexto de uma sociedade fundada em bases democráticas, mostra-se intolerável a repressão estatal ao pensamento, ainda mais quando a crítica – por mais dura que seja – revele-se inspirada pelo interesse coletivo e decorra da prática legítima de uma liberdade pública de extração eminentemente constitucional.[70]

Não se pode desconhecer, segundo a doutrina e o STF, que a liberdade de imprensa, enquanto projeção da liberdade de manifestação de pensamento e de comunicação, reveste-se de conteúdo abrangente, por compreender, dentre outras prerrogativas relevantes que lhe são inerentes:[71]

(a) o direito de informar;

(b) o direito de buscar a informação;

(c) o direito de opinar; e

(d) o direito de criticar.

---

68. Porém, outra perspectiva mais crítica também pode ser lançada, principalmente em razão do julgamento do **HC nº 82.424-2**, RS. Aqui, um editor de obras antissemitas, filiado às ideologias neonazistas, foi processado pelo Ministério Público gaúcho sob a acusação de ter praticado *racismo*. Em julgamento do caso no STF, a problemática do caso foi posta como uma colisão de direitos: de um lado a **liberdade de expressão do denunciado**, de outro a **dignidade dos judeus**. Todavia, os ministros do STF, notadamente Gilmar Mendes e Marco Aurélio Mello, que reconheceram e afirmaram em seus votos tal conflito, olvidaram-se para os limites naturalmente existentes nas liberdades subjetivas. Assim sendo, a prática de uma liberdade que fere o curso normal de outros direitos nunca poderia ser vista como um direito, muito menos um interesse juridicamente protegido; o que temos, então, é um claro exemplo de *abuso de um direito*, o que em outras palavras significa o mesmo que um *ilícito*. Nesse prisma, **em nossa opinião (embora não seja a corrente majoritária!) não há** que se falar em conflito, pois o que temos é um **interesse ilícito lesando interesses lícitos**! Para uma abordagem mais aprofundada ver: CATTONI DE OLIVEIRA, Marcelo Andrade, Direito política e filosofia, p. 113; e QUINAUD PEDRON, Flávio, *Direitos e interesses*: (re) pensando a relação para além de uma compreensão semântica.
69. Nos termos da Súmula 221 do STJ: São civilmente responsáveis pelo ressarcimento do dano, decorrente de publicação pela imprensa, tanto o autor do escrito quanto o proprietário do veículo de divulgação.
70. ARE nº 722.744/DF julg. em 19.02.2014. Rel Min. Celso de Mello.
71. ARE nº 722.744/DF julg. em 19.02.2014. Rel. Min. Celso de Mello.

A crítica jornalística, desse modo pontua Celso de Mello, traduz direito impregnado de qualificação constitucional, plenamente oponível aos que exercem qualquer atividade de interesse da coletividade em geral, pois o interesse social, que legitima o direito de criticar, sobrepõe-se a eventuais suscetibilidades que possam revelar as figuras públicas, independentemente de ostentarem qualquer grau de autoridade[72].

Questão interessante, ainda sobre a liberdade de expressão e de manifestação de pensamento, foi o posicionamento do STF, exarado em abril de 2009 na célebre **ADPF 130**. Nessa, o Pretório Excelso decidiu pela **não recepção** no ordenamento constitucional de 1988 da **Lei de Imprensa** (Lei nº 5250/67). O fundamento central de tal entendimento foi, justamente, o caráter antidemocrático (ou não democrático) de inúmeros dispositivos da referida Lei, elaborada durante o regime militar.

No julgamento da ADPF 130, o STF proibiu enfaticamente a censura de publicações jornalísticas, bem como tornou **excepcional** qualquer tipo de intervenção estatal na divulgação de notícias e de opiniões.

Nesses termos, deixou assente o STF que a liberdade de expressão desfruta de uma posição preferencial no Estado democrático brasileiro, por ser uma pré-condição para o exercício esclarecido dos demais direitos e liberdades. Assim, a retirada de circulação de matéria jornalística configura, em regra, censura. Portanto, apenas em situações extremas e excepcionais essa retirada poderia ocorrer.

O STF, nesses termos, tem sido mais flexível na admissão de **reclamação** em matéria de liberdade de expressão, em razão da persistente vulneração desse direito na cultura brasileira, inclusive por via judicial.[73]

---

72. ARE nº 722.744/DF julg. em 19.02.2014. Rel. Min. Celso de Mello.
73. Rcl 22328/RJ, STF. 1ª Turma. Rel. Min. Roberto Barroso, julgado em 06.03.2018. Em regra, o STF é muito restritivo em aceitar reclamações propostas contra decisões que teriam desrespeitado acórdãos da Corte. Essa posição do STF está dentro daquilo que se chama de "jurisprudência defensiva", ou seja, uma postura interpretativa dos Tribunais Superiores de restringir o cabimento de recursos e de ações autônomas (como é o caso da reclamação), com o objetivo de reduzir a quantidade de processos que chegam aos Tribunais. Assim, os Ministros do STF e do STJ adotam um "rigor" maior na análise dos aspectos formais a fim de limitar os casos que chegam para análise dos Tribunais. Um exemplo de "jurisprudência defensiva" é a interpretação consolidada no STF no sentido de que não se deve adotar a teoria da transcendência dos motivos determinantes. Pela teoria da transcendência dos motivos determinantes (efeitos irradiantes dos motivos determinantes), a *ratio decidendi*, ou seja, os fundamentos determinantes da decisão do STF também teriam efeito vinculante. Ocorre que, como já dito, o Supremo não acolhe esta posição e entende que, em regra, as decisões proferidas pelo STF em controle abstrato de constitucionalidade devem ter eficácia vinculante apenas quanto à parte dispositiva do julgado. (...)Essa linha restritiva, no entanto, tem sido excepcionada em processos relacionados com a liberdade de expressão ou liberdade de imprensa. Nesses casos, o STF tem proferido inúmeras decisões admitindo reclamações mesmo que a decisão reclamada não esteja baseada no mesmo ato declarado inconstitucional em sede concentrada. A justificativa para essa postura mais ampla está no fato de que "a liberdade de expressão ainda não se tornou uma ideia suficientemente enraizada na cultura do Poder Judiciário de uma maneira geral. Não sem sobressalto, assiste-se à rotineira providência de juízes e tribunais no sentido de proibirem ou suspenderem a divulgação de notícias e opiniões, num "ativismo antiliberal" que precisa ser contido." (Min. Roberto Barroso). Em suma, o STF possui uma posição menos rigorosa ao analisar reclamações envolvendo decisões que violem a liberdade de expressão. Por essa razão, é cabível reclamação contra decisão judicial que determina a retirada de matéria jornalística da página

Sobre o tema, o STF recentemente decidiu que cabe reclamação contra decisão judicial que determina retirada de matéria jornalística de *site*. No caso tratou-se de reclamação, com pedido liminar, contra decisão proferida em 26.05.2015, pela 7ª Vara Cível da Comarca do Rio de Janeiro/RJ, que determinou que a parte reclamante retirasse, de seu sítio eletrônico, matéria referente ao reclamado, publicada em 05.06.2013, por entender que restou induvidosa a ofensa à sua honra e à sua dignidade. Conforme o inteiro teor da decisão reclamada: *"Restando induvidosa a ofensa à honra e dignidade do autor, pela publicação de matéria no site da Revista Veja Rio intitulada 'Um bicão na alta-roda', que extrapolou os limites do direito de informação, com fulcro nas normas dos artigos 5º, X, da C.F. e 20 do Código Civil, defiro a antecipação para determinar à 2ª ré que retire de seu sítio eletrônico tal matéria, disponível no endereço indicado na inicial, no prazo de 48 horas, sob pena de multa diária de R$5.000,00. Intime-se e cite-se."*[74]

O fundamento é o de que a decisão do juiz teria afrontado o entendimento do Supremo Tribunal Federal firmado na ADPF 130/DF (citada acima), que declarou a **não recepção** da chamada "Lei de Imprensa" (Lei nº 5.250/1967) pela CR/88. Entendeu o STF que a decisão reclamada configura censura à atividade de imprensa, restringe a liberdade de expressão e afronta o direito de acesso à informação.[75]

Conforme o STF, diante da existência de diversos dispositivos assegurando a liberdade de expressão, podemos dizer que a Carta de 88 conferiu uma espécie de "prioridade" para essa garantia. Na linguagem de teóricos da argumentação, poderíamos chamar de uma ***precedência condicionada***. Assim, embora como já observamos, não exista hierarquia entre direitos fundamentais, a liberdade de expressão (aqui entendida em sentindo amplo) possui uma posição preferencial (*preferred position*) em relação aos demais direitos. Isso significa que o afastamento da liberdade de expressão pode se dar, mas é excepcional, e o ***ônus argumentativo*** é de quem sustenta o direito oposto. Como consequência disso, deve-se fazer uma análise muito rigorosa, criteriosa e excepcional de toda e qualquer medida que tenha por objetivo restringir a liberdade de expressão.

eletrônica do meio de comunicação mesmo que esta decisão esteja supostamente baseada no art. 20 do Código Civil, e não na Lei de Imprensa. LOPES CAVALCANTE, Márcio André, *Dizer o Direito*, Informativo 893 do STF.

74. Rcl 22328/RJ, STF. 1ª Turma. Rel. Min. Roberto Barroso, julgado em 06.03.2018.

75. *Direito Constitucional. Agravo regimental em reclamação. Liberdade de expressão. Decisão judicial que determinou a retirada de matéria jornalística de sítio eletrônico. Afronta ao julgado na ADPF 130. Procedência. 1. O Supremo Tribunal Federal tem sido mais flexível na admissão de reclamação em matéria de liberdade de expressão, em razão da persistente vulneração desse direito na cultura brasileira, inclusive por via judicial. 2. No julgamento da ADPF 130, o STF proibiu enfaticamente a censura de publicações jornalísticas, bem como tornou excepcional qualquer tipo de intervenção estatal na divulgação de notícias e de opiniões. 3. A liberdade de expressão desfruta de uma posição preferencial no Estado democrático brasileiro, por ser uma pré-condição para o exercício esclarecido dos demais direitos e liberdades. 4. Eventual uso abusivo da liberdade de expressão deve ser reparado, preferencialmente, por meio de retificação, direito de resposta ou indenização. Ao determinar a retirada de matéria jornalística de sítio eletrônico de meio de comunicação, a decisão reclamada violou essa orientação. 5. Reclamação julgada procedente.* Rcl 22328/RJ, STF. 1ª T. Rel. Min. Roberto Barroso, julg em 06.03.2018.

Na decisão da Rcl 22328/RJ em 06.03.2018, o Ministro Roberto Barroso citou 5 motivos principais pelos quais a liberdade de expressão ocupa um lugar privilegiado tanto no ordenamento jurídico interno como nos documentos internacionais. São eles:

1) a liberdade de expressão desempenha uma função essencial para a democracia, ao assegurar um livre fluxo de informações e a formação de um debate público robusto e irrestrito, condições essenciais para a tomada de decisões da coletividade e para o autogoverno democrático;

2) a proteção da liberdade de expressão está relacionada com a dignidade humana, ao permitir que indivíduos possam exprimir de forma desinibida suas ideias, preferências e visões de mundo, bem como terem acesso às dos demais indivíduos, fatores essenciais ao desenvolvimento da personalidade, à autonomia e à realização existencial;

3) este direito está diretamente ligado à busca da verdade. Isso porque as ideias só podem ser consideradas ruins ou incorretas após o confronto com outras ideias;

4) a liberdade de expressão possui uma função instrumental indispensável ao gozo de outros direitos fundamentais, como o de participar do debate público, o de reunir-se, de associar-se, e o de exercer direitos políticos, dentre outros; e

5) a liberdade de expressão é garantia essencial para a preservação da cultura e da história da sociedade, por se tratar de condição para a criação e o avanço do conhecimento e para a formação e preservação do patrimônio cultural de uma nação.[76]

76. Rcl 22328/RJ, STF. 1ª Turma. Rel. Min. Roberto Barroso, voto: pag. 5-12, julg. em 06.03.2018. O Min. Roberto Barroso em seu voto defendeu a aplicação *de 8 critérios ou elementos a serem considerados na ponderação entre a liberdade de expressão e os direitos da personalidade*. São eles: *a) veracidade do fato: a notícia divulgada dever ser verdadeira. Isso porque a informação que goza de proteção constitucional é a verdadeira. A divulgação deliberada de uma notícia falsa, em detrimento de outrem, não constitui direito fundamental do emissor. Os veículos de comunicação têm o dever de apurar, com boa-fé e dentro de critérios de razoabilidade, a correção do fato ao qual darão publicidade. É bem de ver, no entanto, que não se trata de uma verdade objetiva, mas subjetiva, subordinada a um juízo de plausibilidade e ao ponto de observação de quem a divulga. Para haver responsabilidade, é necessário haver clara negligência na apuração do fato ou dolo na difusão da falsidade. b) licitude do meio empregado na obtenção da informação: o conhecimento acerca do fato que se pretende divulgar tem de ter sido obtido por meios admitidos pelo direito. A Constituição, da mesma forma que veda a utilização, em juízo, de provas obtidas por meios ilícitos, também proíbe a divulgação de notícias às quais se teve acesso mediante cometimento de um crime. Se o jornalista ou alguém empreitado pelo veículo de comunicação realizou, por exemplo, uma interceptação telefônica clandestina, invadiu domicílio, violou o segredo de justiça em um processo de família ou obteve uma informação mediante tortura ou grave ameaça, sua divulgação, em princípio, não será legítima. Note-se ainda que a circunstância de a informação estar disponível em arquivos públicos ou poder ser obtida por meios regulares e lícitos torna-a pública e, portanto, presume-se que a divulgação desse tipo de informação não afeta a intimidade, a vida privada, a honra ou a imagem dos envolvidos. c) personalidade pública ou privada da pessoa objeto da notícia: a depender se a pessoa for uma personalidade pública ou privada, o grau de exposição é maior ou menor. d) local do fato: deve-se analisar também se os locais dos fatos narrados são reservados ou protegidos pelo direito à intimidade. e) natureza do fato: deve-se analisar se os fatos divulgados possuem caráter sigiloso ou se estão relacionados com a intimidade da pessoa. f) existência de*

Na mesma linha, salientamos ainda que, em outro recente julgado, o STF se posicionou no mesmo sentido. No caso, um *blog* publicou matéria jornalística criticando vazamentos de informações na *"Operação Lava-Jato"* e os atribuindo a uma Delegada e a membros do Ministério Público Federal que atuam na força-tarefa.

A Delegada ajuizou ação de indenização por danos morais acusando o jornalista responsável pelo *blog* de ter veiculado matérias jornalísticas supostamente atentatórias a sua honra. A autora, além de requerer reparação pecuniária pelas alegadas ofensas, postulou, em sede de tutela de urgência, a retirada das matérias publicadas do *blog* do jornalista, bem como a proibição de que ele divulgasse novas matérias acerca de sua atuação na "Operação Lava-Jato". O juízo do 8ª Juizado Especial Cível de Curitiba (PR) concedeu liminar determinando a retirada da matéria jornalística veiculada no *blog*, sob pena de multa diária.

O jornalista ingressou com reclamação (RcL 28747) no STF alegando que o magistrado, ao assim agir, teria violado a autoridade do que decidiu o Tribunal na ADPF 130, que entendeu que a Lei de Imprensa (Lei 5.250/1967) não foi recepcionada pela Constituição de 1988. Na decisão da 1ª Turma em **05.06.2018,** entendeu o Pretório Excelso que a determinação de retirada de matéria jornalística afronta a liberdade de expressão e de informação, além de constituir censura prévia.

Como já citado no caso anterior, essas liberdades ostentam preferência em relação ao direito à intimidade (mesmo que apenas ***preferência condicionada*** ao caso concreto e às suas circunstâncias fáticas e jurídicas), ainda que a matéria tenha sido redigida em tom crítico. Assim sendo, o STF assumiu mais uma vez, mediante reclamação, papel relevante em favor da liberdade de expressão, para derrotar uma cultura censória e autoritária que começava a se projetar no Judiciário.[77]

---

interesse público na divulgação em tese: presume-se, como regra geral, o interesse público na divulgação de qualquer fato verdadeiro. g) existência de interesse público na divulgação de fatos relacionados com a atuação de órgãos públicos. h) preferência por sanções a posteriori, que não envolvam a proibição prévia da divulgação: o uso abusivo da liberdade de expressão pode ser reparado por mecanismos diversos, que incluem a retificação, a retratação, o direito de resposta, a responsabilização civil ou penal e a proibição da divulgação. Somente em hipóteses extremas se deverá utilizar a última possibilidade. Nas questões envolvendo honra e imagem, por exemplo, como regra geral será possível obter reparação satisfatória após a divulgação, pelo desmentido – por retificação, retratação ou direito de resposta – e por eventual reparação do dano, quando seja o caso.

77. **Rcl 28747/PR**, STF. 1ª Turma. red. p/ ac. Min. Luiz Fux, julg. em **05.06.2018**. Informativo 905: *(...) A decisão reclamada determinou, cautelarmente, a retirada de matéria de "blog" jornalístico, bem como a proibição de novas publicações, por haver considerado a notícia ofensiva à honra de delegado da polícia federal. Quanto ao cabimento, o colegiado entendeu que a ADPF 130/DF pode ser utilizada como parâmetro para ajuizamento de reclamação que verse sobre conflito entre a liberdade de expressão e de informação e a tutela das garantias individuais relativas aos direitos de personalidade. No julgamento da citada ADPF, o STF considerou que a Lei de Imprensa (Lei 5.250/1967) não foi recepcionada por incompatibilidade com a CF. Posteriormente, passou a entender que a transcendência dos motivos determinantes daquela decisão se projeta, de modo a flexibilizar o critério da aderência estrita para fins de cabimento do remédio constitucional nessas situações. No mérito, entendeu que a determinação de retirada de matéria jornalística afronta a liberdade de expressão e de informação, além de constituir censura prévia. Essas liberdades ostentam preferência em relação ao direito à intimidade, ainda que a matéria tenha sido redigida em tom crítico. O Supremo assumiu, mediante reclamação, papel relevante em favor da liberdade de expressão, para derrotar uma cultura censória e autoritária que começava a se projetar no Judiciário.*

Já decidiu o STF na ADPF 722, deferir medida cautelar para suspender todo e qualquer ato do Ministério da Justiça e Segurança Pública de produção ou compartilhamento de informações sobre a vida pessoal, as escolhas pessoais e políticas, as práticas cívicas de cidadãos, servidores públicos federais, estaduais e municipais identificados como integrantes de movimento político antifascista, professores universitários e quaisquer outros que, atuando nos limites da legalidade, exerçam seus direitos de livremente expressar-se, reunir-se e associar-se. Nesses termos, o voto da Relatora Ministra Cármen Lúcia explicitou:

> *(...) Afirma o Ministro da Justiça e Segurança Pública, em suas informações iniciais, que eventual dano de algum cidadão quanto a seus direitos fundamentais poderá sujeitar-se a exame judicial posteriormente. Direitos fundamentais não podem ser objeto de ameaça ou lesão, nos termos constitucionalmente estampados. Nem o Judiciário atua para reparar direitos, senão quando não há mais via jurídica adequada para impedir o dano. O que se busca é que lesões a direitos fundamentais não ocorram, não persistam, não possam ser praticados. O Estado não pode ser infrator. Menos ainda em afronta a direitos fundamentais, que é sua função garantir e proteger. No Estado de direito tem o Poder Judiciário o dever de impedir, quando convocado, ameaça ou lesão a direito. 23. Também não se demonstra a legitimidade da atuação de órgão estatal de investigar e de compartilhar informações de participantes de movimento político antifascista a pretexto de se cuidar de atividade de inteligência, sem observância do devido processo legal e quanto a cidadãos que exercem o seu livre direito de manifestar-se sem incorrer em afronta ao sistema constitucional ou legal(...).*[78]

Conforme a Ministra, a jurisprudência do Supremo Tribunal assentou que "a livre discussão, a ampla participação política e o princípio democrático estão interligados com a liberdade de expressão, tendo por objeto não somente a proteção de pensamentos e ideias, mas também opiniões, crenças, realização de juízo de valor e críticas a agentes públicos, no sentido de garantir a real participação dos cidadãos na vida coletiva".[79]

E nem se teria como aceitável, como nas informações se assenta, que os dados colhidos em atividade de inteligência não seriam utilizados para persecução penal, mas para o "tratamento de conhecimento sobre elementos que, imediata ou potencialmente, possam impactar o processo decisório e ação governamental, bem como a defesa e a segurança da sociedade e do Estado". Para a Ministra, essa confissão não se compadece com o direito constitucional. Assim, o uso – ou o abuso – da máquina estatal para a colheita de informações de servidores com postura política contrária ao governo caracteriza desvio de finalidade.[80]

No caso concreto, não ficou demonstrada que essa investigação estatal de participantes de movimento político antifascista tenha sido legítima. Sob o

78. **ADPF 722 MC/DF**, STF. Plenário. Rel. Min. Cármen Lúcia, julgado em **19** e **20.08.2020**.
79. **ADPF 722 MC/DF**, STF. Plenário. Rel. Min. Cármen Lúcia, julgado em **19** e **20.08.2020**.
80. **ADPF 722 MC/DF**, STF. Plenário. Rel. Min. Cármen Lúcia, julgado em **19** e **20.08.2020**.

pretexto de se cuidar de atividade de inteligência, foi iniciada uma investigação contra cidadãos que estavam exercendo seu direito à liberdade de expressão, investigação essa feita sem observância do devido processo legal, em afronta ao sistema constitucional.[81]

Porém, é interessante salientar que, a 2ª Turma do STF na Rcl 32052 AgR/MS, afirmou que a decisão judicial que proibiu a realização de entrevista com Adélio Bispo, autor da facada contra o atual Presidente da República Jair Bolsonaro, não significa restrição indevida à liberdade de imprensa nem qualquer espécie de censura prévia, ou mesmo proibição de circulação de informações que configure ofensa ao assentado na ADPF 130.

Nesse sentido, a decisão não configurou ofensa ao entendimento firmado pelo STF na ADPF 130, que julgou não recepcionada a Lei de Imprensa (Lei nº 5.250/67).[82]

Para o STF, a decisão judicial do TRF da 3ª Região, que impediu a entrevista teria o objetivo de proteger as investigações e evitar possíveis prejuízos processuais, inclusive quanto ao direito ao silêncio do investigado.

Além disso, a decisão teve como finalidade proteger o próprio custodiado, que autorizou a entrevista, mas cuja sanidade mental era discutível na época, tendo sido, inclusive, posteriormente, declarado inimputável em razão de transtorno delirante persistente.[83]

---

81. **ADPF 722 MC/DF**, STF. Plenário. Rel. Min. Cármen Lúcia, julgado em **19** e **20.08.2020**.
82. **Rcl 32052 AgR/MS,** STF. 2ª Turma. Rel. Min. Gilmar Mendes, julg. em **14.04.2020** (Inf. 973). *A revista Veja conseguiu agendar uma entrevista com Adélio Bispo, e que se encontrava custodiado no Presídio Federal de Campo Grande-MS. Após a concordância de Adélio e autorização do Juiz das Execuções Criminais, a entrevista foi marcada para o dia 28 de setembro de 2018. Ocorre que o Ministério Público Federal não concordou e impetrou mandado de segurança contra o ato do Juiz Federal. O TRF 3 deferiu a liminar e impediu a realização da entrevista. Essa decisão baseou-se em três pontos principais: 1) trata-se de preso provisório custodiado em presídio federal de segurança máxima e ao qual é imputado crime gravíssimo contra a segurança nacional; 2) por ser preso provisório, havia necessidade de resguardar-se a investigação em curso e o próprio interesse do preso/investigado, na medida em que tem o direito ao silêncio e da entrevista poderia resultar-lhe prejuízo, pois ainda não tinha ouvido pela autoridade judicial; 3) havia dúvida quanto à sua higidez mental, tanto que a própria defesa pediu o exame de insanidade mensal, o que põe em dúvida a própria autorização dele para ser entrevistado. A revista ingressou, então, com reclamação, no STF, contra a decisão do TRF alegando que ela representaria censura prévia e que, portanto, violado os arts. 5º, IX e XIV, e 220 da Constituição Federal, além de ter afrontado o entendimento do STF proferido na ADPF 130.*
83. **Rcl 32052 AgR/MS,** STF. 2ª Turma. Rel. Min. Gilmar Mendes, julg. em **14.04.2020** (Inf. 973). Vencido o ministro Edson Fachin que deu provimento ao agravo regimental *para julgar procedente a reclamação. Entendeu que, em razão da fundamentalidade que a liberdade de expressão possui no estado de direito democrático, não encontra amparo a decisão judicial que, sem examinar os parâmetros reconhecidos pela jurisprudência deste tribunal, restringe, indevidamente, a imprescindível atividade jornalística. Para o ministro, ainda que relevantes os fundamentos da decisão reclamada, a restrição à liberdade de expressão só poderia ser justificada se tivesse em conta os demais elementos que a resguardam. Ressaltou que, à época, havia elevado interesse público na informação a ser obtida decorrente de fato ocorrido durante uma campanha presidencial. Ponderou que a entrevista sequer foi realizada, providência que, à míngua de fortes razões, contraria o disposto no art. 13.2 do Pacto de San José da Costa Rica. Ou seja, a decisão reclamada, sem se pronunciar sobre o elevado interesse público na realização da entrevista, impediu que ela fosse feita, coarctando, indevidamente, o alcance da liberdade de expressão. Ademais, no que diz respeito à saúde mental do custodiado, assentou que o exame de sanidade para fins de responsabilidade penal não se confunde nem substitui o procedimento de tomada de decisão. No ponto, citou o disposto nos arts. 84 e 87 da Lei 13.146/2015. Frisou que esses*

Na sequência, temos a análise da recente ADI 2566/DF, julgada em 16.05.2018. Nessa, o STF decidiu ser inconstitucional norma que proíbe *proselitismo em rádios comunitárias*.

Assim, o STF declarou inconstitucional o § 1º do art. 4º da Lei nº 9.612/98. Essa norma proibia, no âmbito da programação das emissoras de radiodifusão comunitária, a prática do chamado ***proselitismo***, ou seja, a transmissão de conteúdo tendente a converter pessoas a uma determinada doutrina, sistema, religião, seita ou ideologia.

O STF entendeu que essa proibição afrontaria os arts. 5º, IV, VI e IX, e 220, da CR/88. Nesses termos, a *liberdade de pensamento* inclui o discurso persuasivo, o uso de argumentos críticos, o consenso e o debate público informado e pressupõe a livre troca de ideias e não apenas a divulgação de informações. Portanto, a restrição imposta pelo § 1º do art. 4º da Lei nº 9.612/98 ao proselitismo não é compatível com as liberdades de expressão e de religião previstas constitucionalmente.[84]

O STF na ADI 2566 mais uma vez asseverou que a jurisprudência da Corte tem realçado a primazia que goza o *direito à liberdade de expressão* na Constituição (ADI 4.451/DF, ADPF 130/DF e ADI 2.404/DF). Observou que esses julgados sublinham, precisamente, que as restrições à ampla liberdade de expressão devem ser interpretadas à luz do que estritamente previsto em lei. Para o Ministro Edson Fachin, há, nesse sentido, convergência entre os dispositivos constitucionais e o contido em tratados internacionais de direitos humanos, especialmente no art. 134 do Pacto de San Jose da Costa Rica (Convenção Americana sobre Direitos Humanos), segundo o qual o exercício do direito à liberdade de pensamento e de expressão não pode estar sujeito a censura prévia, mas a responsabilidades ulteriores.[85]

Em seu voto, afirmou o Ministro Edson Fachin que não bastasse a manifesta incompatibilidade com o direito assegurado no art. 5º da CR/88 e em tratados de direitos humanos, o art. 220 da CF consigna, expressamente, a liberdade de expressão sob qualquer forma, processo ou veículo. E nesse sentido, a rádio ou serviço de radiodifusão comunitária se insere nessa hipótese.

Por último, na ADPF 548 MC-Ref/DF em paradigmático caso sobre a *liberdade de expressão no âmbito eleitoral*, afirmou o STF que são inconstitucionais os atos judiciais ou administrativos que determinem ou promovam: a) o ingresso de agentes públicos em universidades públicas e privadas; b) o recolhimento de documentos (por exemplo: panfletos); c) a interrupção de aulas, debates ou manifestações de docentes e discentes universitários; d) a realização de atividade disciplinar docente e discente e a coleta irregular de depoimentos desses cidadãos

---

elementos seriam ainda mais relevantes especialmente ao considerar-se que tanto o juiz responsável pela investigação quanto o responsável pela execução autorizaram a entrevista.

84. **ADI 2566/DF**, STF. Plenário. rel. orig. Min. Alexandre de Moraes, red. p/ o ac. Min. Edson Fachin, julg. em **16.05.2018** (Info 902).
85. **ADI 2566/DF**, STF. Plenário. rel. orig. Min. Alexandre de Moraes, red. p/ o ac. Min. Edson Fachin, julg. em **16.05.2018** (Info 902).

pela prática de manifestação livre de ideias e divulgação do pensamento nos ambientes universitários ou em equipamentos sob a administração de universidades públicas e privadas.

No caso, durante o segundo turno das eleições presidenciais de 2018 existiram "denúncias" de que, em algumas universidades públicas, professores e alunos estariam fazendo campanha eleitoral contra o então candidato Jair Bolsonaro (atual presidente da República). Diante disso, alguns juízes e Tribunais Regionais Eleitorais proferiram decisões determinando busca e apreensão de supostos panfletos e materiais que estariam sendo distribuídos em tais instituições[86] e que representariam campanha eleitoral, o que seria vedado por se tratar de uma entidade pública, nos termos do art. 37 da Lei nº 9504/97.[87]

Assim, a Procuradora-Geral da República ajuizou ADPF contra esse conjunto de atos do Poder Público (decisões judiciais e ações policiais). A alegação foi a de que tais apreensões ultrapassaram os limites de fiscalização do processo eleitoral e afrontaram o preceito fundamental da liberdade de expressão, na qual se incluem a livre manifestação do pensamento e de cátedra e a autonomia universitária.

Pois bem, o Plenário do STF referendou, com efeito vinculante e eficácia contra todos, decisão monocrática na ADPF ora citada e suspendeu efeitos de atos judiciais ou administrativos emanados de autoridades públicas.[88]

No mérito, o Plenário entendeu que os atos questionados violam os princípios constitucionais assecuratórios da liberdade de manifestação do pensamento e desobedecem às garantias inerentes à autonomia universitária (artigos 5º, IV, IX e XVI; 206, II e III; e 207 da CR/88).[89]

Afirmou o STF que, às vésperas do pleito eleitoral de 2018, denso e tenso, as providências judiciais e os comportamentos administrativos interrompem atos pelos quais se expressam ideias e ideologias, preferências, propostas e percepções do que se quer no processo político.

86. Tais panfletos conteriam a frase "Ele Não" e outras mensagens (como, por exemplo: fascista) contra o referido candidato.

87. Art. 37 da Lei nº9504/97: *Nos bens cujo uso dependa de cessão ou permissão do poder público, ou que a ele pertençam, e nos bens de uso comum, inclusive postes de iluminação pública, sinalização de tráfego, viadutos, passarelas, pontes, paradas de ônibus e outros equipamentos urbanos, é vedada a veiculação de propaganda de qualquer natureza, inclusive pichação, inscrição a tinta e exposição de placas, estandartes, faixas, cavaletes, bonecos e assemelhados. § 1º A veiculação de propaganda em desacordo com o disposto no caput deste artigo sujeita o responsável, após a notificação e comprovação, à restauração do bem e, caso não cumprida no prazo, a multa no valor de R$ 2.000,00 (dois mil reais) a R$ 8.000,00 (oito mil reais). § 2º Não é permitida a veiculação de material de propaganda eleitoral em bens públicos ou particulares, exceto de: I – bandeiras ao longo de vias públicas, desde que móveis e que não dificultem o bom andamento do trânsito de pessoas e veículos; II – adesivo plástico em automóveis, caminhões, bicicletas, motocicletas e janelas residenciais, desde que não exceda a 0,5 m² (meio metro quadrado).*

88. Preliminarmente, o Colegiado do STF reconheceu adequada a utilização da ADPF, haja vista o respeito ao princípio da subsidiariedade e a viabilidade da impugnação, por meio desse instrumento processual, de decisões judiciais ou de interpretações judiciais de textos normativos. (Informativo 922 do STF.)

89. **ADPF 548 MC-Ref/DF**, STF. Plenário. Rel. Min. Cármen Lúcia, julgado em **31.10.2018** (Info 922).

Asseverou, ainda, que as normas jurídicas impeditivas de práticas durante o processo eleitoral devem ser interpretadas de acordo com sua finalidade e nos limites por elas contemplados, sem transgredir princípios constitucionais. Caso se extrapole o limite necessário ao resguardo de todas as formas de manifestação livre de pensar e do espaço livre de cada um agir segundo seu pensamento político, ocorre abuso não por parte de quem se expressa, mas de quem limita a expressão.[90]

Segundo o STF, a finalidade do art. 37 da Lei 9.504/1997, que regulamenta a propaganda eleitoral e impõe proibição de alguns comportamentos em períodos que especifica, é a de impedir o abuso do poder econômico e político e de preservar a igualdade entre os candidatos no processo. A norma visa resguardar a liberdade do cidadão, o amplo acesso às informações, para que ele decida conforme sua livre convicção, sem cerceamento direto ou indireto a seu direito de escolha. Nesses termos, a vedação por ela estabelecida possui a finalidade específica de lisura do processo eleitoral. Nesse sentido, o que não estiver dentro dos limites dessa finalidade e, diversamente, atingir a livre manifestação do cidadão não se afina com a teleologia da norma eleitoral nem com os princípios constitucionais garantidores da liberdade de pensamento, manifestação, informação, ensino e aprendizagem.[91]

Portanto, as providências judiciais e administrativas impugnadas na ADPF, além de ferir o princípio garantidor de todas as formas de manifestação da liberdade, desrespeitam a autonomia das universidades e a liberdade dos docentes e discentes. Dessa maneira, as condutas limitadas pelos atos questionados restringem não os direitos dos candidatos, mas o livre pensar dos cidadãos.[92]

O Colegiado esclareceu que os dispositivos da Lei 9.504/1997 somente têm interpretação válida em sua adequação e compatibilidade com os princípios previstos no art. 5º, IV, IX e XVI, da CR/88, por meio dos quais são asseguradas todas as formas de manifestação da liberdade de pensamento, de divulgação de ideias e de reunião dos cidadãos.

Para o STF, as autoridades judiciais e policiais, ao impor comportamentos restritivos ou impeditivos do exercício desses direitos, proferiram decisões com eles incompatíveis e em afronta, ainda, ao princípio democrático e ao modelo de Estado de Direito erigido e vigente no Brasil.[93]

Por sua vez, deixou assente o STF que as normas previstas nos artigos 206, II e III, e 207 da CR/88 se harmonizam com os direitos às liberdades de expressão do pensamento, de informar e de ser informado. Esses direitos são constitucionalmente assegurados, para o que o ensino e a aprendizagem se conjugam, de modo a

90. **ADPF 548 MC-Ref/DF**, STF. Plenário. Rel. Min. Cármen Lúcia, julgado em **31.10.2018** (Info 922).
91. **ADPF 548 MC-Ref/DF**, STF. Plenário. Rel. Min. Cármen Lúcia, julgado em **31.10.2018** (Info 922).
92. **ADPF 548 MC-Ref/DF**, STF. Plenário. Rel. Min. Cármen Lúcia, julgado em **31.10.2018** (Info 922).
93. **ADPF 548 MC-Ref/DF**, STF. Plenário. Rel. Min. Cármen Lúcia, julgado em **31.10.2018** (Info 922).

garantir espaços de libertação da pessoa, a partir de ideias e compreensões do mundo convindas ou não e expostas para convencer ou simplesmente expressar o entendimento de cada qual.

Em relação à autonomia, afirmou o STF que é o espaço de discricionariedade conferido constitucionalmente à atuação normativa infralegal de cada universidade para o excelente desempenho de suas funções. Nesses termos, as universidades são espaços de liberdade e de libertação pessoal e política. Seu título indica a pluralidade e o respeito às diferenças, às divergências para se formarem consensos, legítimos apenas quando decorrentes de manifestações livres. Por isso, a Constituição ali garante, de modo expresso, a liberdade de aprender e ensinar e, ainda, de divulgar livremente o pensamento.[94]

Além disso, também o pluralismo de ideias está na base da autonomia universitária como extensão do princípio fundante da democracia brasileira, previsto no art. 1º, V, da CR/88. Dessa forma, os atos impugnados, ao se contrapor a esses direitos fundamentais e determinar providências incompatíveis com seu pleno exercício e eficaz garantia, interpretam a referida norma eleitoral de forma incompatível com sua dicção e traidora dos fins a que se destina, que são os de acesso igual e justo a todos os cidadãos, garantindo-lhes o direito de informar-se e projetar suas ideias, ideologias e entendimentos, sobretudo em espaços afetos diretamente à atividade do livre pensar e divulgar pensamentos plurais.[95]

Na sequência, é importante registrarmos a também recente e paradigmática decisão do STF na **ADI 4815**, versando sobre o tema das ***biografias não autorizadas*** e a *liberdade de expressão*. Aqui, a questão enfrentada foi a seguinte: seria necessária a autorização prévia para a publicação de ***biografias não autorizadas***?

Entendeu o plenário do STF que não é exigível o consentimento de pessoa biografada relativamente a obras biográficas literárias ou audiovisuais, sendo por igual desnecessária a autorização de pessoas retratadas como coadjuvantes ou de familiares, em caso de pessoas falecidas ou ausentes. Portanto, o STF em 10.06.2015, julgou procedente pedido formulado ADI 4815, para dar *interpretação conforme a Constituição aos artigos 20 e 21 do Código Civil*[96], *sem redução de texto,* em consonância com os direitos fundamentais à liberdade de pensamento e de sua expressão, de criação artística, de produção científica, de liberdade de informação e de proibição de censura (artigos 5º, IV, V, IX, X e XIV; e 220 da CR/88). Com isso, para que seja

94. **ADPF 548 MC-Ref/DF**, STF. Plenário. Rel. Min. Cármen Lúcia, julgado em **31.10.2018** (Info 922).
95. **ADPF 548 MC-Ref/DF**, STF. Plenário. Rel. Min. Cármen Lúcia, julgado em **31.10.2018** (Info 922).
96. Código Civil: "*Art. 20. Salvo se autorizadas, ou se necessárias à administração da justiça ou à manutenção da ordem pública, a divulgação de escritos, a transmissão da palavra, ou a publicação, a exposição ou a utilização da imagem de uma pessoa poderão ser proibidas, a seu requerimento e sem prejuízo da indenização que couber, se lhe atingirem a honra, a boa fama ou a respeitabilidade, ou se se destinarem a fins comerciais. Parágrafo único. Em se tratando de morto ou de ausente, são partes legítimas para requerer essa proteção o cônjuge, os ascendentes ou os descendentes. Art. 21. A vida privada da pessoa natural é inviolável, e o juiz, a requerimento do interessado, adotará as providências necessárias para impedir ou fazer cessar ato contrário a esta norma*".

publicada uma biografia *não é necessária autorização prévia do indivíduo biografado*, das demais pessoas retratadas, nem de seus familiares. Para o Pretório Excelso, essa necessidade de autorização prévia seria uma forma de censura, não sendo compatível com a liberdade de expressão consagrada em nossa Constituição.

Na histórica decisão, o Plenário do STF considerou, para a questão em debate: a) que a Constituição asseguraria como direitos fundamentais a liberdade de pensamento e de sua expressão, a liberdade de atividade intelectual, artística, literária, científica e cultural; b) que a Constituição garantiria o direito de acesso à informação e de pesquisa acadêmica, para o que a biografia seria fonte fecunda; c) que a Constituição proibiria a censura de qualquer natureza, não se podendo concebê-la de forma subliminar pelo Estado ou por particular sobre o direito de outrem; d) que a Constituição garantiria a inviolabilidade da intimidade, da privacidade, da honra e da imagem da pessoa; e e) que a legislação infraconstitucional não poderia amesquinhar ou restringir direitos fundamentais constitucionais, ainda que sob pretexto de estabelecer formas de proteção, impondo condições ao exercício de liberdades de forma diversa da constitucionalmente fixada.[97]

Porém, é bom deixar assente, que foram feitas ressalvas para que os direitos do biografado não ficassem desprotegidos. Assim sendo, entendeu o STF, que se ficar constatado que houve abuso da liberdade de expressão e violação à honra do indivíduo retratado, este pode pedir: a reparação dos danos morais e materiais que sofreu; a retificação das informações veiculadas; o direito de resposta, e até mesmo, em último caso, a responsabilização penal do autor da obra.[98] Portanto, se o biografado ou qualquer outra pessoa retratada na obra entender que seus direitos foram violados pela publicação, ele terão direito à reparação, que poderá ser feita não apenas por meio de indenização pecuniária, como também com a publicação de ressalva, de nova edição com correção e de direito de resposta.[99]

97. Informativo 789: "*O Ministro Roberto Barroso ponderou que, embora os artigos 20 e 21 do CC produzissem legítima ponderação em favor dos direitos da personalidade e em desfavor da liberdade de expressão, esta deveria prevalecer, por algumas razões. Em primeiro lugar, o país teria histórico de graves episódios de censura, de modo que, para que não se repetissem, a liberdade de expressão deveria ser sempre reafirmada. Em segundo lugar, a liberdade de expressão não seria apenas um pressuposto democrático, mas também um pressuposto para o exercício dos outros direitos fundamentais. Por último, a liberdade de expressão seria essencial para o conhecimento histórico, o avanço social e a conservação da memória nacional. Como consequências de se estabelecer a prevalência da liberdade de expressão, haveria o ônus argumentativo de aquele que pretendesse cerceá-la demonstrar o seu direito. Além disso, quaisquer manifestações de cerceamento de liberdade de expressão deveriam sofrer forte suspeição e escrutínio rigoroso. Por fim, seria vedada a censura prévia ou a licença. Apontou que, se a informação sobre determinado fato tivesse sido obtida por meios ilícitos, isso poderia comprometer a possibilidade de vir a ser divulgada legitimamente. Ademais, a mentira dolosa, com o intuito de fazer mal a alguém, poderia também ser fundamento para considerar-se ilegítima a divulgação de um fato, e que essas transgressões seriam reparáveis por meio de indenização. De toda forma, qualquer intervenção jurisdicional haveria de processar-se sempre "a posteriori". Assinalou que a liberdade de expressão não necessariamente significaria a prevalência da verdade ou da justiça, mas seria um valor em si relevante para as democracias".* **ADI 4815**, Pleno do STF, Julg. em **10.06.2015**, Rel. Min. Cármen Lúcia.
98. ADI 4815, Pleno do STF, Julg. em **10.06.2015**, Rel. Min. Cármen Lúcia (Informativo 789 do STF)
99. ADI 4815, Pleno do STF, Julg. em **10.06.2015**, Rel. Min. Cármen Lúcia (Informativo 789 do STF)

Sobre o direito de informar e ser informado, é importante salientar também a discussão atual do intitulado *"**direito ao esquecimento**"*.

Esse termo, de derivação francesa, pode ser definido como *o direito de não ser lembrado contra a sua vontade, especificamente no tocante a fatos desabonadores*. A questão aqui seria a seguinte: existe um direito fundamental do acesso à informação (no uso da liberdade de informação e de imprensa) frente a fatos ocorridos no passado, ou transcurso de tempo acarretaria o perecimento desse direito de informação (que pode ser de interesse público)?

No famoso caso Lebach, julgado em 1973 pelo Tribunal Constitucional Alemão o tema foi enfrentado. Em 1969, em virtude de um roubo de armas em um quartel, quatro soldados alemães foram assassinados em uma cidade na Alemanha chamada Lebach. Após o processo, três réus foram condenados, sendo dois à prisão perpétua e o terceiro a seis anos de reclusão.

Esse terceiro condenado, cumpriu integralmente sua pena e, dias antes de deixar a prisão, tomou conhecimento que uma emissora de TV iria exibir um programa especial sobre o crime no qual seriam mostradas, inclusive, fotos dos condenados. Ele ingressou com uma ação inibitória para impedir a exibição do programa. A questão chegou até o Tribunal Constitucional Alemão, que decidiu que a proteção constitucional da personalidade não admite que a imprensa explore, por tempo ilimitado, a pessoa do criminoso e sua vida privada.

Assim, naquele caso concreto, entendeu-se que o princípio da proteção da personalidade deveria prevalecer em relação à liberdade de informação. Isso porque não haveria mais um interesse atual naquela informação (o crime já estava solucionado e julgado há anos). Em contrapartida, a divulgação da reportagem iria causar grandes prejuízos ao condenado, que já havia cumprido a pena e precisava ter condições de se ressocializar, o que certamente seria bastante dificultado com a nova exposição do caso. Dessa forma, a emissora foi proibida de exibir o documentário.

Portanto, os fundamentos foram que a *exibição do programa poderia comprometer a ressocialização do preso que estava prestes a ocorrer e também de que não haveria um significativo interesse público na informação, em razão da passagem de vários anos da data do crime*. Aqui é bom que se diga que na Alemanha, também existiram decisões que não adotaram o direito ao esquecimento.

No Brasil, os adeptos da tese do direito ao esquecimento afirmam que ele possui assento constitucional e legal, considerando que é uma consequência do direito à vida privada (privacidade), intimidade e honra, assegurados pela CR/88 no art. 5º, X e pelo Código Civil nos termos, do seu art. 21. Alguns autores também sustentam que o direito ao esquecimento é uma decorrência da dignidade da pessoa humana (art. 1º, III da CR/88).

Além disso, defendem que ele não se aplica apenas no campo penal, mas também em outras áreas do direito.[100]

E interessante salientar, que em 2013, na VI Jornada de Direito Civil do CJF/STJ, foi aprovado um enunciado defendendo a existência do direito ao esquecimento como uma expressão da dignidade da pessoa humana. Nesses termos, foi editado o Enunciado 531: A tutela da dignidade da pessoa humana na sociedade da informação inclui o direito ao esquecimento.

No STJ temos julgados nos quais já se afirmou que o sistema jurídico brasileiro protege o direito ao esquecimento (REsp 1.335.153-RJ e REsp 1.334.097-RJ, Rel. Min. Luis Felipe Salomão, julgados em 28/5/2013). Contudo, o deferimento, ou não, do direito ao esquecimento depende da análise do caso concreto e da ponderação dos interesses envolvidos.

No REsp nº 1.334.097 (caso: Chacina da Candelária) um homem foi denunciado por ter, supostamente, participado da conhecida "chacina da Candelária" (ocorrida em 1993 no município do Rio de Janeiro). Ao final do processo, ele foi absolvido. Anos após a absolvição, a rede Globo de televisão realizou um programa chamado "Linha Direta", no qual contou como ocorreu a "chacina da Candelária" e apontou o nome desse homem como uma das pessoas envolvidas nos crimes e que foi absolvido.

O indivíduo ingressou, então, com ação de indenização, argumentando que sua exposição no programa, para milhões de telespectadores, em rede nacional, reacendeu na comunidade onde reside a imagem de que ele seria um assassino, violando seu direito à paz, anonimato e privacidade pessoal. Alegou, inclusive, que foi obrigado a abandonar a comunidade em que morava para preservar sua segurança e a de seus familiares. A 4ª Turma do STJ reconheceu que esse indivíduo possuía o direito ao esquecimento e que o programa poderia muito bem ser exibido sem que fossem mostrados o nome e a fotografia desse indivíduo que foi absolvido. Se assim fosse feito, não haveria ofensa à liberdade de expressão nem à honra do homem em questão.[101]

100. Nesses termos: *A discussão quanto ao direito ao esquecimento surgiu, de fato, para o caso de ex-condenados que, após determinado período, desejavam que esses antecedentes criminais não mais fossem expostos, uma vez que lhes causavam inúmeros prejuízos. No entanto, esse debate foi se ampliando e, atualmente, envolve outros aspectos da vida da pessoa que ela almeja que sejam esquecidos. É o caso, por exemplo, da apresentadora Xuxa, que, no passado, atuou em determinado filme ("Amor Estranho Amor") do qual se arrepende e que não mais deseja que seja exibido ou rememorado por lhe causar prejuízos profissionais e transtornos pessoais. Pode-se mencionar ainda que o indivíduo deseje simplesmente ser esquecido, deixado em paz. Nesse sentido, podemos imaginar o exemplo de uma pessoa que era famosa (um artista, esportista, político etc.) que, em determinado momento de sua vida, decide voltar a ser um anônimo e não mais ser incomodado com reportagens, entrevistas ou qualquer outra forma de exposição pública. Em certa medida, isso aconteceu na década de 90 com a ex-atriz Lídia Brondi e, mais recentemente, com Ana Paula Arósio que, mesmo tendo carreiras de muito sucesso na televisão, optaram por voltar ao anonimato. Essa é, portanto, uma das expressões do direito ao esquecimento, que deve ser juridicamente assegurado. Assim, se um veículo de comunicação tiver a infeliz ideia de fazer um especial mostrando a vida atual dessas ex-atrizes, com câmeras acompanhando seu dia-a-dia, entrevistando pessoas que as conheciam na época, mostrando lugares que atualmente frequentam etc., poderão elas requerer ao Poder Judiciário medidas que impeçam essa violação ao seu direito ao esquecimento.* In: *Dizer o Direito*, Informativo, 1005.

101. In: *Dizer o Direito*, Informativo, 1005.

Portanto, o STJ entendeu que o réu condenado ou absolvido pela prática de um crime tinha o direito de ser esquecido, pois se a legislação garante aos condenados que já cumpriram a pena o direito ao sigilo da folha de antecedentes e a exclusão dos registros da condenação no instituto de identificação (art. 748 do CPP), logo, com maior razão, aqueles que foram absolvidos não podem permanecer com esse estigma, devendo ser assegurado a eles o direito de serem esquecidos. Como o programa já havia sido exibido, a 4ª Turma do STJ condenou a rede Globo ao pagamento de indenização por danos morais em virtude da violação ao direito ao esquecimento.[102]

O outro caso enfrentado pelo STJ, foi o REsp nº 1.335.153 (o Caso Aída Curi). Nesse, a 4ª Turma do STJ entendeu que não seria devida a indenização, considerando que, no caso, o crime em questão foi um fato histórico, de interesse público e que seria impossível contar esse crime sem mencionar o nome da vítima, a exemplo do que ocorre com os crimes históricos, como os casos "Dorothy Stang" e "Vladimir Herzog". Mesmo reconhecendo que a reportagem trouxe de volta antigos sentimentos de angústia, revolta e dor diante do crime, que aconteceu quase 60 anos atrás, a 4ª Turma do STJ entendeu que o tempo, que se encarregou de tirar o caso da memória do povo, também fez o trabalho de abrandar seus efeitos sobre a honra e a dignidade dos familiares. Nesses termos:

> "(...) o direito ao esquecimento que ora se reconhece para todos, ofensor e ofendidos, não alcança o caso dos autos, em que se reviveu, décadas depois do crime, acontecimento que entrou para o domínio público, de modo que se tornaria impraticável a atividade da imprensa para o desiderato de retratar o caso Aída Curi, sem Aída Curi.[103]

O STF enfrentou o tema do direito ao esquecimento recentemente no RE 1010606/RJ (caso Aída Curi). O julgamento foi finalizado em 11.02.2021. O Tribunal, por maioria dos votos, negou provimento ao Recurso Extraordinário nº 1.010606, com repercussão geral reconhecida, em que familiares da vítima de um crime de grande repercussão nos anos 1950 no Rio de Janeiro buscavam reparação pela reconstituição do caso, em 2004, no programa "Linha Direta", da TV Globo, sem a sua autorização.

Entendeu o STF, que o ordenamento jurídico brasileiro não consagra o denominado "direito ao esquecimento", *entendido como a pretensão apta a impedir a divulgação de fatos ou dados verídicos e licitamente obtidos, mas que, em razão da passagem do tempo, teriam se tornado descontextualizados ou destituídos de interesse público relevante.*

102. In: *Dizer o Direito*, Informativo, 1005.

103. *O caso analisado foi o dos familiares de Aída Curi, abusada sexualmente e morta em 1958 no Rio de Janeiro. A história desse crime, um dos mais famosos do noticiário policial brasileiro, foi apresentada pela rede Globo, também no programa "Linha Direta", tendo sido feita a divulgação do nome da vítima e de fotos reais, o que, segundo seus familiares, trouxe a lembrança do crime e todo sofrimento que o envolve. Em razão da veiculação do programa, os irmãos da vítima moveram ação contra a emissora, com o objetivo de receber indenização por danos morais, materiais e à imagem.* In: *Dizer o Direito*, Informativo, 1005.

Nesses termos, afirmou que a previsão ou aplicação de um "direito ao esquecimento" afrontaria a liberdade de expressão.[104]

Ao votar pelo desprovimento do recurso, a ministra Cármen Lúcia afirmou que não há como extrair do sistema jurídico brasileiro, de forma genérica e plena, o esquecimento como direito fundamental limitador da liberdade de expressão "e, portanto, "como forma de coatar outros direitos à memória coletiva".

A ministra Cármen Lúcia fez referência ao direito à verdade histórica no âmbito do princípio da solidariedade entre gerações e considerou que não é possível, do ponto de vista jurídico, que uma geração negue à próxima o direito de saber a sua história. "Quem vai saber da escravidão, da violência contra mulher, contra índios, contra gays, senão pelo relato e pela exibição de exemplos específicos para comprovar a existência da agressão, da tortura e do feminicídio?[105]

Já o ministro Ricardo Lewandowski, no voto em que acompanhou o relator, ministro Dias Toffoli, pelo desprovimento do RE, afirmou que a liberdade de expressão é um direito de capital importância, ligado ao exercício das franquias democráticas. No seu entendimento, enquanto categoria, o direito ao esquecimento só pode ser apurado caso a caso, em uma ponderação de valores, de maneira a sopesar qual dos dois direitos fundamentais (a liberdade de expressão ou os direitos de personalidade) deve ter prevalência.[106]

Para o ministro Luiz Fux, é inegável que o direito ao esquecimento é uma decorrência lógica do princípio da dignidade da pessoa humana, e, quando há confronto entre valores constitucionais, é preciso eleger a prevalência de um deles. Para o ministro, o direito ao esquecimento pode ser aplicado.

Porém, no caso dos autos, ele observou que os fatos são notórios e assumiram domínio público, tendo sido retratados não apenas no programa televisivo, mas em livros, revistas e jornais. Por esse motivo, ele acompanhou o relator pelo desprovimento do recurso.[107]

---

104. RE 1010606/RJ, STF. Plenário. Rel. Min. Dias Toffoli, julgado em 11.02.2021 (Repercussão Geral – Tema 786) (Info 1005).
105. RE 1010606/RJ, STF. Plenário. Rel. Min. Dias Toffoli, julgado em 11.02.2021 (Repercussão Geral – Tema 786).
106. RE 1010606/RJ, STF. Plenário. Rel. Min. Dias Toffoli, julgado em 11.02.2021 (Repercussão Geral – Tema 786).
107. RE 1010606/RJ, STF. Plenário. Rel. Min. Dias Toffoli, julgado em 11.02.2021 (Repercussão Geral – Tema 786). Aqui é importante deixar claro que, conforme o STF o: *Direito ao esquecimento é a pretensão apta a impedir a divulgação de fatos ou dados verídicos e licitamente obtidos, mas que, em razão da passagem do tempo, teriam se tornado descontextualizados ou destituídos de interesse público relevante.* Foi, sob essa perspectiva que o STF decidiu o tema. Essa ressalva, conforme Márcio André Lopes, é importante porque o Min. Relator Dias Toffoli defendeu que: "*Como se observa, muitos dos precedentes mais longínquos apontados no debate sobre o chamado direito ao esquecimento, na verdade, passaram ao largo do direito autônomo ao arrefecimento de fatos, dados ou notícias pela passagem do tempo, tendo os julgadores se valido essencialmente de institutos jurídicos hoje bastante consolidados em suas razões de decidir, como a ressocialização, a proteção ao nome e à imagem do indivíduo. Desse modo, não obstante os esforços para se identificarem precedentes remotos do que viria a ser o direito ao esquecimento, o que se pode observar, em âmbito judicial, é a utilização discreta de expressões que remetem a alguma modalidade de direito*

Na fundamentação, deixou expresso o STF, que o "direito ao esquecimento" caracteriza restrição excessiva e peremptória às liberdades de expressão e de manifestação de pensamento e ao direito que todo cidadão tem de se manter informado a respeito de fatos relevantes da história social, bem como equivale a atribuir, de forma absoluta e em abstrato, maior peso aos direitos à imagem e à vida privada, em detrimento da liberdade de expressão, compreensão que não se compatibiliza com a ideia de unidade da Constituição.

Conforme o Pretório Excelso, o ordenamento jurídico brasileiro está repleto de previsões constitucionais e legais voltadas à proteção da personalidade, com repertório jurídico suficiente a que esta norma fundamental se efetive em consagração à dignidade humana. Em todas essas situações legalmente definidas, é cabível a restrição, em alguma medida, à liberdade de expressão, sempre que afetados outros direitos fundamentais, mas não como decorrência de um pretenso e prévio direito de ver dissociados fatos ou dados por alegada descontextualização das informações em que inseridos, por força da passagem do tempo.

A existência de um comando jurídico que eleja a passagem do tempo como restrição à divulgação de informação verdadeira, licitamente obtida e com adequado tratamento dos dados nela inseridos, precisaria estar prevista, de modo pontual, em lei.

Ademais, a ordem constitucional ampara a honra, a privacidade e os direitos da personalidade, bem como, oferece, pela via da responsabilização, proteção contra informações inverídicas, ilicitamente obtidas ou decorrentes do abuso no exercício da liberdade de expressão, com reflexos no âmbito penal e cível.[108]

Portanto, o STF fixou a seguinte tese: "É incompatível com a Constituição a ideia de um direito ao esquecimento, assim entendido como o poder de obstar, em razão da passagem do tempo, a divulgação de fatos ou dados verídicos e licitamente obtidos e publicados em meios de comunicação social analógicos ou digitais. Eventuais excessos ou abusos no exercício da liberdade de expressão e de informação devem ser analisados caso a caso, a partir dos parâmetros constitucionais – especialmente os relativos à proteção da honra, da imagem, da privacidade e da personalidade em geral – e as expressas e específicas previsões legais nos âmbitos penal e cível.[109]

---

a reclusão ou recolhimento, aplicada de forma muito pontual, com significativa menção, ademais, nas razões de decidir, a direitos da personalidade/privacidade. Essa compreensão é relevante porque, não raro, buscam os doutrinadores estabelecer um conceito para o direito ao esquecimento embasando-se em tais precedentes, que, como visto, são significativamente distintos na lida com pretensões voltadas ao ocultamento de dados ou fatos dentro de contextos específicos. Não por outra razão, há significativa multiplicidade de definições propostas para a expressão direito ao esquecimento." In: Dizer o Direito, Informativo 1005.

108. RE 1010606/RJ, STF. Plenário. Rel. Min. Dias Toffoli, julgado em 11.02.2021 (Repercussão Geral – Tema 786).
109. RE 1010606/RJ, STF. Plenário. Rel. Min. Dias Toffoli, julgado em 11.02.2021 (Repercussão Geral – Tema 786) (Info 1005). Aqui é interessante também trazer recente julgado do STJ: *O chamado direito ao esquecimento, apesar de ser reconhecido pela jurisprudência, não possui caráter absoluto. Em caso de evidente interesse social no cultivo à memória histórica e coletiva de delito notório, não se pode proibir a veiculação de matérias jornalísticas relacionados com o fato criminoso, sob pena de configuração de censura prévia, vedada pelo ordenamento jurídico pátrio. Em tal*

Aqui, entendemos que o STF afirmou o caráter preferencial da liberdade de expressão e de informação sobre o direito ao esquecimento (que tal como foi definido pelo próprio STF é incompatível com a CR/88) e à luz do caso concreto, não aceitou um direito ao esquecimento na extensão pleiteada pelos recorrentes no "caso Aida Curi". Aqui conforme Ingo Sarlet:

> *(...) o que para o STF é incompatível é um direito ao esquecimento entendido de determinado modo (quando se trata de impedir a divulgação de fatos ou dados verídicos e licitamente obtidos) mas ressalvou ao mesmo tempo a possibilidade de se avaliar, caso a caso, se houve excesso e/ou abuso no manejo da liberdade de expressão, quando em causa a dignidade, honra, privacidade, entre outros. Note-se, ainda que também as expressas e específicas previsões legais foram ressalvadas, dentre as quais se encontram as acima citadas, assim como outros, como é o caso da configuração dos crimes de calúnia, injúria e difamação.*[110]

Na sequência, corroborando com a ideia de não absolutização da liberdade de expressão, manifestação e informação, trabalhada pela corrente majoritária, reza na Constituição, que a produção e a programação das emissoras de rádio e televisão, atenderão aos seguintes princípios: a) preferência a finalidades educativas, artísticas, culturais e informativas; b) promoção da cultura nacional e regional e estímulo à produção independente que objetive sua divulgação; c) regionalização da produção cultural, artística e jornalística, conforme percentuais estabelecidos em lei; d) respeito aos valores éticos e sociais da pessoa e da família.

Aqui, é interessante ressaltarmos que o STF enfrentou na ADI 4747/DF a questão atinente à constitucionalidade da Lei nº 12.485/2011, que dispõe sobre a "*comunicação audiovisual de acesso condicionado*", mais conhecida como "TV por assinatura". No caso, trata-se do marco regulatório da TV por assinatura no Brasil, definido por tal legislação.

Nessa Lei, em algumas normas, temos as chamadas ***cotas de conteúdo nacional*** (arts. 16, 17, 18, 19, 20, 23). Ou seja, esses dispositivos estabelecem cotas de conteúdo nacional para as TVs por assinatura. Os artigos que foram impugnados na ADI 4747 instituíam três obrigações fundamentais: a) veiculação mínima de conteúdo brasileiro nos canais de TV por assinatura (art. 16); b) existência de um número também mínimo de canais brasileiros nos pacotes ofertados aos assinantes (art. 17) e c) disponibilização de, pelo menos, um canal alternativo de

---

situação, não se aplica o direito ao esquecimento. STJ. 3ª Turma. REsp 1.736.803-RJ, Rel. Min. Ricardo Villas Bôas Cueva, julgado em 28.04.2020 (Informativo 670).

110. Nesses termos: (...) *a nossa Suprema Corte rechaçou muito mais o rótulo do que a existência e o conteúdo propriamente dito de um determinado direito de se ver responsabilizado, em determinadas situações e com base em determinados critérios, alguém pela disseminação de certas informações ou opiniões sobre a vida passada de outrem. Além disso, como já adiantado, não temos dúvida alguma, e sempre assim nos posicionamos, inclusive na* ***ConJur****, de que o STF acertou ao afastar o direito no caso concreto (Aida Curi) que deu azo ao reconhecimento da repercussão geral da matéria e ao julgamento.* SARLET, Ingo, In: CONJUR/05.03.2021, O STF e o Direito ao esquecimento: julgamento a ser esquecido ou comemorado?

jornalismo sempre que, no pacote vendido, houver canal de programação gerado por programadora brasileira que possua majoritariamente conteúdos jornalísticos no horário nobre (art. 18).

Afirmou o STF, nos termos do informativo 884, que não há inconstitucionalidade nessas normas. Segundo o Pretório Excelso, a legitimidade constitucional de toda intervenção do Estado sobre a esfera jurídica do particular está condicionada à existência de uma finalidade lícita que a motive, bem como ao respeito ao postulado da proporcionalidade. As referidas normas, ao fixarem cotas de conteúdo nacional para canais e pacotes de TV por assinatura, promovem a cultura brasileira e estimulam a produção independente, dando concretude ao art. 221 da CR/88 e ao art. 6º da Convenção Internacional sobre a Proteção e Promoção da Diversidade das Expressões Culturais.[111]

Na sequência, no que tange à liberdade de expressão, vamos trabalhar com o tema intitulado de ***discurso do ódio***.

O **discurso de ódio** é um dos aspectos polêmicos que envolvem a garantia da liberdade de expressão. Ele consiste na manifestação de ideias (palavras gestos ou qualquer outra manifestação de sentido) que incitam a discriminação racial, social ou religiosa em relação a determinados grupos, na maioria das vezes as minorias. Tal discurso pode desqualificar esse grupo como detentor de direitos. Portanto, indo de forma mais ampla, são manifestações de pensamento que ofendam, ameacem ou insultem determinado grupo de pessoas com base na raça, na cor, na religião, na nacionalidade, na orientação sexual, na ancestralidade, na deficiência ou em outras características próprias.[112]

Adverte a doutrina que um grave problema desse tipo de discurso é o chamado **efeito inibidor ou "silenciador"**, pois grupos minoritários podem deixar de ter plena participação em diversas atividades sociais em virtude da citada desqualificação provocada, contribuindo, com isso, para diminuir a autoridade e a própria atuação das vítimas nos debates na sociedade civil.[113]

---

111. ADI 4747/DF, ADI 4756/DF, ADI 4923/DF e ADI 4679/DF, STF. Plenário. Rel. Min. Luiz Fux, julgado em **08.11.2017**.
112. BERNARDES, Juliano Taveira; FERREIRA, Olavo Augusto Vianna Alves. Direito Constitucional. Tomo II. 7ª ed. Juspodivm, 2017, p. 128. Aqui é importante salientar que existe a possibilidade de reconhecer o ***partidismo*** como discurso do ódio. O ***partidismo*** segundo Cass Sunstein é *uma forma de hostilidade e preconceito que opera através de linhas políticas. A ideia central é a de que pela mera identificação com um partido político, uma pessoa se torna hostil ao partido político oposto e disposta a acreditar que os seus membros têm características ruins*. Para Sunstein, o ***partidismo*** é real e está em franco crescimento, se demonstrando até mesmo pior que o racismo, ao provocar consequências não apenas no espectro político e governamental, mas também em questões corriqueiras. (...) Sendo assim, o ***partidismo*** *fomenta o ódio contra o opositor político*. Ele implica em negação ao direito de disputar em critérios iguais, uma posição política. E implica no intuito de eliminar o adversário político como se inimigo fosse. Ele implica também em *desrespeitar os princípios básicos do partidarismo. E esses seriam elementos básicos do pluripartidarismo que se apresenta como condição de existência da democracia*. MARTINS, João Victor Nascimento. *Partidismo, Discurso do ódio e Liberdade de Expressão*. p, 140-179, 2018.
113. MEYER PFLUG, Samantha Ribeiro. *Liberdade de expressão e discurso do ódio*, p. 97.

Aqui é interessante analisarmos como o direito norte-americano trata a questão. Nesses termos, "no direito americano o discurso do ódio está protegido e englobado pela liberdade de expressão desde que não se configure crime contra a honra (*libel*) ou palavras que possam provocar uma retaliação da pessoa comum (*obscenity* ou *fighting words*).

A proteção à liberdade de expressão, principalmente no que se refere à incitação ao ódio, é confrontada com o princípio da isonomia e da dignidade da pessoa humana. O sistema americano privilegia a *liberdade de expressão que abarca o discurso do ódio*, desde que ele não resulte em uma ação ilegal imediata.

Assim, apesar de a regra ser essa, a doutrina constitucional norte-americana entende que a veiculação de mensagens que podem provocar reações de violenta quebra de ordem – como o caso de um grito de "Fogo!", em um recinto fechado sem que isso esteja acontecendo (por exemplo: em um teatro lotado) –, não se apresenta como uso regular do direito de liberdade de expressão. Do mesmo modo, o uso de palavras belicosas (*fighting words*), que representam "*estopins de ação, em vez de pautas de persuasão*"[114], não devem estar garantidas pela liberdade constitucional de expressão.

Explicando de forma mais clara, tem-se que a regulação do Estado com a limitação à liberdade de expressão excepcionalmente só ocorre em algumas situações específicas, como por exemplo, a do uso das palavras provocadoras (as acima citadas: *fighting words*) bem como no discurso do ódio em situações de *claro e iminente perigo*.

Nesse sentido, a Suprema Corte fixou o entendimento de que devemos estar diante de um discurso que represente perigo claro e iminente (*clear and present danger*) de uma ação concreta que venha a violar outro direito fundamental. Exige-se que o emprego da expressão seja capaz de produzir uma ação eminentemente ilegal. Aqui seria necessário a demonstração da viabilidade da realização dessa ação ilegal. Assim, não se admite a regulação estatal, quando se está diante da defesa geral e abstrata de ideias (*geral advocacy of ideas*). Ou seja, não se pune a manifestação de uma ideia ou ideologia em abstrato, apenas quando ela representar uma ação concreta. É o emprego do já citado critério do *clear and present danger.*[115]

114. *"Isso não pode significar que palavras duras ou desagradáveis estejam excluídas do âmbito de proteção da liberdade de expressão. A diferença entre uma discussão robusta e um discurso violento e injurioso não permitido pela Constituição, está em que no primeiro há chance e oportunidade de se corrigirem os erros do discurso, expondo sua falsidade e falácias, evitando o mal por um processo educativo. Nesse caso, o remédio seria mais liberdade de expressão, mais discurso."* Outra questão interessante também levantada *"é a necessidade de se atentar para o contexto em que o discurso é proferido. Isso é crucial para que se concilie a legislação repressiva de abusos de imprensa com a própria liberdade de imprensa, tendo em vista os limites que a liberdade de expressão se submete em uma sociedade democrática."* MENDES, Gilmar Ferreira et al., *Curso de direito constitucional*, p. 370.

115. A Suprema Corte norte-americana no caso *Brandenburg* vs. *Ohio* analisou o ato de um cidadão que num comício da Ku Klux Klan, em uma fazendo distante em Ohio, manifestou suas ideias no sentido de discriminar negros. Essa decisão protegeu o direito de manifestação da Ku Klux Klan aplicando o caso critério do perigo iminente e manifesto. É dizer, por ser uma manifestação isolada entendeu que não seria capaz de representar um perigo

Nesse sentido, enquanto na maioria dos países democráticos interpreta-se o direito à liberdade de expressão como não englobando pelo discurso de ódio (portanto, no sentido da validade de leis que proíbem esse tipo de discurso), a jurisprudência norte-americana, diferentemente, interpreta de modo mais amplo o espaço de liberdade de expressão.

Como já dito, no direito norte-americano, prevalece o entendimento de que até o discurso de ódio (*hate speech*) inclui-se no âmbito de proteção da liberdade de expressão. Nesses termos, entende-se como indispensável à própria democracia uma concepção de liberdade de expressão que admita o discurso de ódio, desde que ele não ultrapasse determinados limites (como citamos acima) que em determinadas situações específicas guardam relação com a dignidade da pessoa humana.

Dessa maneira, a solução para o combate ao discurso do ódio no direito norte-americano está em permitir mais liberdade de expressão, ou seja, evitar a regulação estatal no sentido de restringir a manifestação de ideias. Conforme salientou o Juiz Oliver Holmes, há uma maior probabilidade de que a verdade nasça de um debate no qual nenhuma ideia, por mais abjeta (agressiva ou odiosa) que seja, seja excluída da discussão.[116]

Aqui é importante observarmos a perspectiva de J. Waldron na obra *The harm in hate speech*. Waldron entende, no que concordamos com ele, que uma interpretação muito extensa da liberdade de expressão que abarque o discurso do ódio em sua esteira estaria equivocada. Waldron estaria preocupado com os efeitos que tais discursos de ódio podem acarretar à dignidade das minorias vulneráveis referidas no discurso de ódio, enquanto indivíduos e não enquanto coletividade, bem como no impacto de um ambiente valorativo desfavorável à participação social em igualdade de *status* dessas mesmas minorias (indivíduos a elas pertencentes).

Para a defesa de sua tese Waldron desenvolve uma concepção de dignidade enquanto *status* e não como algo intrínseco já dado no sujeito. Assim, a dignidade se traduz no *status* do indivíduo enquanto membro de uma sociedade em uma boa posição, em igualdade com os demais, o que reivindicaria uma demanda por reconhecimento e tratamento de acordo com tal *status* igualitário, ou seja, de ser tratado com igual respeito e consideração.[117]

---

real que justificasse uma restrição à liberdade de expressão. Analisou-se a probabilidade de essa manifestação da liberdade de expressão vir a produzir um efetivo resultado, ou seja, uma ação concreta. Não pode o Estado censurar aquelas pessoas que se manifestam favoráveis à violência, desde que tal exposição de ideias não tenha o condão de gerar uma ação concreta. MEYER PFLUG, Samantha Ribeiro. *Liberdade de expressão e discurso do ódio*, p. 140-141.

116. No caso Abrahms vs United States fica claro: *O bem maior desejado é melhor alcançado por um comércio livre de ideias, ou seja, a comprovação da veracidade das ideias se da por meio da capacidade de cada expressão de ser aceita dentro desse competitivo marketplace of ideias*. MEYER PFLUG, Samantha Ribeiro. *Liberdade de expressão e discurso do ódio*, p. 144.

117. WALDRON. Jeremy. *The Harm in Hate Speech*. Cambridge: Harvard University Press, 2012. MEIRA, Renam Sales. *Liberdade de expressão, discurso do ódio e o papel da religião na política*, 2013. *Dworkin em uma outra perspectiva afirma que a liberdade de expressão deve ser protegida mesmo que o discurso tenha*

Certo é que Waldron desenvolve a noção rawlsiana de uma "sociedade bem ordenada", em que todos aceitam e sabem que os demais membros da sociedade também concordam e estão comprometidos com os mesmos princípios de justiça, como um ponto a favor da interpretação da liberdade de expressão que exclui o discurso de ódio.

Nesse sentido, o discurso de ódio contribui para a formação de uma sociedade que desrespeita essa deferência aos princípios de justiça, convidando à demonstração pública da existência de pré-compreensões aviltantes à dignidade de vulneráveis minorias, retirando-lhes a segurança do reconhecimento mútuo do igual respeito à sua condição de pessoa digna. Assim, a proibição dos discursos de ódio valorizaria tal segurança, valorizando um bem público relativo à manutenção de uma sociedade inclusiva, que garanta a todos a possibilidade a manutenção de sua dignidade enquanto *status.*[118]

Aqui é de se perguntar, como a jurisprudência do Supremo Tribunal Federal vem se posicionando sobre o tema? Ora, certo é que o ***discurso do ódio*** não vem sendo tolerado pela ordem constitucional brasileira. Em *hard case* envolvendo publicações (antissemitas) de um editor gaúcho contra os judeus (*fazendo apologia de ideias preconceituosas e discriminatórias contra a comunidade judaica*), os argumentos centrais, da corrente majoritária dos Ministros, foram a contrariedade ao princípio da dignidade da pessoa humana e ao princípio da igualdade.

---

conteúdo discriminatório e abominável, mesmo que tenha consequências indesejáveis, mesmo que prejudique indiretamente determinados grupos. (...) o principal argumento de Dworkin relaciona-se com a questão da legitimidade. Segundo o autor norte-americano, respeitar a decisão da vontade majoritária não é o único aspecto para que um processo democrático seja legítimo. Além do resultado, é preciso existir legitimidade no procedimento e este consiste possibilitar que cada cidadão tenha direito participar do ambiente público onde as posições e opinião são expostas, antes de comporem a tomada da decisão – é o que Dworkin denomina de "democractic background". Impedir a expressão de determinados discursos torna-se, em certa medida, limitar a horizontalidade democrática, limitar o direito de participação na construção política e moral da comunidade. O problema da liberdade de expressão no construtivismo jurídico de Dworkin. ABRAS OLIVEIRA, Rafael Guimarães, *Filosofia do Direito*, p. 509. 2015. "*Segundo Dworkin, uma democracia justa exige que todo cidadão tenha não apenas voto, como também voz. Em outros termos, Dworkin defende que a legitimidade de um governo democrático deriva da possibilidade de cada cidadão influenciar esse governo através de sua voz, da expressão das suas ideias, teses e preconceitos. Assim, caso ele pretenda legitimamente combater a discriminação, por exemplo – algo que ele defende – deve-se dar voz a todos aqueles que são favoráveis e todos aqueles que são contrários a dita regulamentação, inclusive por meio de discursos de ódio. Os discursos de ódio seriam, então, para Dworkin, o preço a se pagar para alcançar a legitimidade política.* Porém, conforme João Victor Martins: (...) *Há que se questionar, contudo, quem paga esse preço imposto pela liberdade de expressão para se defender a democracia. Trata-se de um preço compartilhado por todos os cidadãos de forma justa e igualitária ou apenas uma parcela da população é responsável por esse ônus?*" Nesses termos: "(...) *parece, que, ao contrário, a história se dedicou a demonstrar que apenas algumas minorias de indivíduos e grupos sociais se encarregaram de pagar o alto preço pela ilimitada liberdade de expressão.*" MARTINS, João Victor Nascimento. *Partidismo, Discurso do ódio e Liberdade de Expressão*, p. 102-103, 2018.

118. WALDRON. Jeremy. *The Harm in Hate Speech*. Cambridge: Harvard University Press, 2012. Aqui registramos que se Waldron demonstra que o discurso do ódio tem o condão de provocar um dano a dignidade do indivíduo, Owen Fiss demonstra que esse tipo de discurso também provoca danos à igualdade. FISS Owen, *A ironia da liberdade de expressão: estado, regulação e diversidade na esfera pública*. Renovar, 2005.

Nesses termos, afirmou o STF, que o *preceito fundamental de liberdade de expressão não consagra o "direito à incitação ao racismo"*, dado que um direito individual não pode constituir-se em salvaguarda de condutas ilícitas, como sucede com os delitos contra a honra. Assim sendo, o direito à livre expressão não pode abrigar, em sua abrangência, manifestações de conteúdo imoral que implicam ilicitude penal.[119]

Em outro recente caso, entendeu a 2ª Turma do STF, no RHC nº 146303/RJ julgado em 06.03.2018, que a incitação ao ódio público contra quaisquer denominações religiosas e seus seguidores não está protegida pela cláusula constitucional que assegura a liberdade de expressão. Assim, é possível, a depender do caso concreto, que um líder religioso seja condenado pelo crime de racismo (art. 20, §2º, da Lei nº

119. *Habeas-Corpus. Publicação de livros: Antissemitismo. Racismo. Crime imprescritível. Conceituação. Abrangência constitucional. Liberdade de expressão. Limites. Ordem denegada. 1. Escrever, editar, divulgar e comerciar livros "fazendo apologia de ideias preconceituosas e discriminatórias" contra a comunidade judaica (Lei 7716/89, artigo 20, na redação dada pela Lei 8081/90) constitui crime de racismo sujeito às cláusulas de inafiançabilidade e imprescritibilidade (CF, art. 5º, XLII). 2. Aplicação do princípio da prescritibilidade geral dos crimes: se os judeus não são uma raça, segue-se que contra eles não pode haver discriminação capaz de ensejar a exceção constitucional de imprescritibilidade. Inconsistência da premissa. 3. Raça humana. Subdivisão. Inexistência. Com a definição e o mapeamento do genoma humano, cientificamente não existem distinções entre os homens, seja pela segmentação da pele, formato dos olhos, altura, pelos ou por quaisquer outras características físicas, visto que todos se qualificam como espécie humana. Não há diferenças biológicas entre os seres humanos. Na essência são todos iguais. 4. Raça e racismo. A divisão dos seres humanos em raças resulta de um processo de conteúdo meramente político-social. Desse pressuposto origina-se o racismo que, por sua vez, gera a discriminação e o preconceito segregacionista. 5. Fundamento do núcleo do pensamento do nacional-socialismo de que os judeus e os arianos formam raças distintas. Os primeiros seriam raça inferior, nefasta e infecta, características suficientes para justificar a segregação e o extermínio: inconciliabilidade com os padrões éticos e morais definidos na Carta Política do Brasil e do mundo contemporâneo, sob os quais se ergue e se harmoniza o estado democrático. Estigmas que por si só evidenciam crime de racismo. Concepção atentatória dos princípios nos quais se erige e se organiza a sociedade humana, baseada na respeitabilidade e dignidade do ser humano e de sua pacífica convivência no meio social. Condutas e evocações aéticas e imorais que implicam repulsiva ação estatal por se revestirem de densa intolerabilidade, de sorte a afrontar o ordenamento infraconstitucional e constitucional do País(..) 7. A CF 88 impôs aos agentes de delitos dessa natureza, pela gravidade e repulsividade da ofensa, a cláusula de imprescritibilidade, para que fique, ad perpetuam rei memoriam, verberado o repúdio e a abjeção da sociedade nacional à sua prática. 8. Racismo. Abrangência. Compatibilização dos conceitos etimológicos, etnológicos, sociológicos, antropológicos ou biológicos, de modo a construir a definição jurídico-constitucional do termo. Interpretação teleológica e sistêmica da Constituição, conjugando fatores e circunstâncias históricas, políticas e sociais que regeram sua formação e aplicação, a fim de obter-se o real sentido e alcance da norma. (...) A edição e publicação de obras escritas veiculando ideias antissemitas, que buscam resgatar e dar credibilidade à concepção racial definida pelo regime nazista, negadoras e subversoras de fatos históricos incontroversos como o holocausto, consubstanciadas na pretensa inferioridade e desqualificação do povo judeu, equivalem à incitação ao discrímen com acentuado conteúdo racista, reforçadas pelas consequências históricas dos atos em que se baseiam. 11. Explícita conduta do agente responsável pelo agravo revelador de manifesto dolo, baseada na equivocada premissa de que os judeus não só são uma raça, mas, mais do que isso, um segmento racial atávica e geneticamente menor e pernicioso. 12. Discriminação que, no caso, se evidencia como deliberada e dirigida especificamente aos judeus, que configura ato ilícito de prática de racismo, com as consequências gravosas que o acompanham. 13. Liberdade de expressão. Garantia constitucional que não se tem como absoluta. Limites morais e jurídicos. O direito à livre expressão não pode abrigar, em sua abrangência, manifestações de conteúdo imoral que implicam ilicitude penal. 14. As liberdades públicas não são incondicionais, por isso devem ser exercidas de maneira harmônica, observados os limites definidos na própria Constituição (CF, art. 5º, § 2º, primeira parte). O preceito fundamental de liberdade de expressão não consagra o "direito à incitação ao racismo", dado que um direito individual não pode constituir-se em salvaguarda de condutas ilícitas, como sucede com os delitos contra a honra. Prevalência dos princípios da dignidade da pessoa humana e da igualdade jurídica (...)".* HC 82.424, Rel. p/ Ac. Min. Maurício Corrêa, Julg. 17.09.2003. Sobre: OMMATI, José Emílio Medauar, *Liberdade de Expressão e discurso de ódio na Constituição de 1988.*

7.716/81) por ter proferido discursos de ódio público contra outras denominações religiosas e seus seguidores.[120]

Na sequência, uma outra indagação interessante sobre a liberdade de expressão e de informação é se apenas a mensagem verdadeira está protegida pela norma de direito fundamental ou se a extensão da proteção normativa atinge ainda a mensagem falsa (atualmente chamada de *fake news*). Para o jurista alemão Konrad Hesse, a mensagem falsa não pode ser protegida, já que conduziria a uma pseudo-operação de formação de opinião, devendo-se, portanto, atentar-se para a função social da liberdade de informação.[121] Aqui, então, deve-se verificar a confluência do interesse da coletividade de ser informada a partir de notícias verdadeiras.

Nesses termos, temos inclusive a recente tipificação da ***fake news*** na seara eleitoral. Essa pratica que se ternou disseminada em processos eleitorais devido ao avanço tecnológico e a facilidade de deslocamento de informações recebeu a disciplina do legislador no âmbito eleitoral. A Lei nº 13.834/2019 alterou a Lei nº 4.737/65 (Código Eleitoral) para tipificar ***o crime de denunciação caluniosa com finalidade eleitoral***.

Conforme o novo art. 326-A, da Lei nº 4.737/65, acrescentado pela Lei 13.834/2019 é crime *dar causa à instauração de investigação policial, de processo judicial, de investigação administrativa, de inquérito civil ou ação de improbidade administrativa, atribuindo a alguém a prática de crime ou ato infracional de que o sabe inocente, com finalidade eleitoral*: Pena - *reclusão, de 2 (dois) a 8 (oito) anos, e multa*. Conforme o § 1º a *pena é aumentada de sexta parte, se o agente se serve do anonimato ou de nome suposto*. Já § 2º afirma que *a pena é diminuída de metade, se a imputação é de prática de contravenção*. E o § 3º determinou que *incorrerá nas mesmas penas do art.326-A quem, comprovadamente ciente da inocência do denunciado e* ***com finalidade eleitoral****, divulga ou propala, por qualquer meio ou forma, o ato ou fato que lhe foi falsamente atribuído.*

Coisa diferente é, todavia, o uso de *charges políticas*, que, mesmo não agradando o retratado, recebem proteção como manifestações legítimas da liberdade de expressão. Sendo, por sua vez, com o propósito de causar riso, é natural a construção jocosa, mas dentro de limites. Se assumir postura nitidamente ofensiva – a partir de uma verificação no sentimento geral de reprovação da conduta –, a manifestação pode ensejar punição indenizatória.[122]

---

120. RHC 146303/RJ. 2ª Turma do STF. red. p/ o ac. Min. Dias Toffoli, julgado em 06.03.2018 (Info 893).
121. HESSE, Konrad. *Elementos de direito constitucional da República Federal da Alemanha*. p. 304.
122. No cenário do Direito Norte-Americano, a **Suprema Corte** entendeu como constitucional e, por isso, exercício regular do direito de manifestação de pensamento e de expressão, a **charge** grosseira que possa envolver aberrações sexuais (caso *Falwell* vs. *Hustler Maganize*, 485 US 46 (1988). Já para a doutrina alemã, o Tribunal Constitucional entendeu por **punível** um cartunista que desenhou determinado agente político em situação sexual de bestialidade, considerando tal caricatura uma ofensa à dignidade humana – 75, *BVerfGE*, 369 – MENDES, Gilmar Ferreira et al., *Curso de direito constitucional*, p. 365.

Questão pertinente sobre esse tema, teve análise no Supremo Tribunal Federal. A discussão envolveu a **ADI 4451** no que tange à *possibilidade* ou *não* de humor em determinado *lapso temporal* do processo eleitoral.

Certo é que a Lei nº 9.504/97 estabeleceu uma série de proibições do manuseio do humor no processo eleitoral, e foi questionada na referida ADI 4451.

No caso em tela, a Associação Brasileira de Emissoras de Rádio e Televisão – ABERT alegou que alguns dispositivos da Lei nº 9504/97 não estariam em harmonia com o sistema constitucional das liberdades de expressão e de imprensa e do direito à informação, ofendendo aos artigos 5º, IV, IX e XIV, e 220, da CR/88. Conforme o informativo 598, o Pretório Excelso por maioria referendou liminar anteriormente concedida pelo Ministro Carlos Ayres Britto para suspender as normas do inciso II e da segunda parte do inciso III, ambos do art. 45, bem como, por arrastamento, dos §§ 4º e 5º do mesmo artigo, todos da Lei 9.504/97.[123]

Pois bem, em 20 e 21.06.2018, o STF de forma definitiva decidiu que são inconstitucionais dispositivos da Lei das Eleições que vedavam sátira a candidatos.

No caso, o Plenário do STF confirmou os termos da medida cautelar da ADI 4451[124] e julgou procedente pedido formulado em ação direta para declarar a inconstitucionalidade do inciso II, da segunda parte do inciso III e, por arrastamento, dos §§ 4º e 5º, todos do art. 45 da Lei 9.504/1997.[125]

Os dispositivos impugnados da "Lei das Eleições" estabeleceram ser vedado às emissoras de rádio e televisão, em sua programação normal e noticiário, a partir de 1º de julho do ano da eleição: a) "usar trucagem, montagem ou outro recurso de áudio ou vídeo que, de qualquer forma, degradem ou ridicularizem candidato, partido ou coligação, ou produzir ou veicular programa com esse efeito" (inciso II) e b) "difundir opinião favorável ou contrária a candidato, partido, coligação, a seus órgãos ou representantes" (segunda parte do inciso III). Os §§ 4º e 5º explicam o que se entende, respectivamente, por *trucagem* e por *montagem*.[126] Certo é que essas normas impediriam que as emissoras veiculassem programas que venham a degradar ou ridicularizar candidatos nos meses que antecedem as eleições. Como, por exemplo, os programas de humor que satirizam os candidatos.

Na decisão, afirmou o STF que, historicamente, a liberdade de discussão, a ampla participação política e o princípio democrático sempre estiveram interligados

---

123. **ADI 4451** Referendo de MC/DF Rel. Min. Ayres Brito, julg. em **02.09.2010**.
124. *Nesses termos, como citamos acima, desde 2010, tais dispositivos não estavam produzindo efeitos.*
125. **ADI 4451/DF**, STF. Plenário. Rel. Min. Alexandre de Moraes, julgado em **20 e 21.06.2018** (Informativo 907).
126. Art.45. da Lei 9.504/97: *§ 4º Entende-se por trucagem todo e qualquer efeito realizado em áudio ou vídeo que degradar ou ridicularizar candidato, partido político ou coligação, ou que desvirtuar a realidade e beneficiar ou prejudicar qualquer candidato, partido político ou coligação. (Incluído pela Lei nº 12.034/2009) § 5º Entende-se por montagem toda e qualquer junção de registros de áudio ou vídeo que degradar ou ridicularizar candidato, partido político ou coligação, ou que desvirtuar a realidade e beneficiar ou prejudicar qualquer candidato, partido político ou coligação.* (Incluído pela Lei nº 12.034/2009.

com a liberdade de expressão. Todos têm por objeto a proteção de pensamentos, ideias, opiniões, crenças, realização de juízo de valor e críticas a agentes públicos, com vistas a garantir a real participação dos cidadãos na vida coletiva.[127]

Assim, a Constituição protege a ***liberdade de expressão*** no seu duplo aspecto: *positivo* e *negativo*. O ***positivo*** é a livre possibilidade de manifestação de qualquer pessoa e permite a responsabilização nos termos constitucionais. É a liberdade com responsabilidade. O ***negativo*** proíbe a ilegítima intervenção do Estado por meio de censura prévia.

Nesse sentido, a decisão afirma que não existe permissivo constitucional para limitar preventivamente o conteúdo do debate público em razão de conjectura sobre o efeito que alguns conteúdos possam vir a ter junto ao público. O exercício do direito à liberdade de expressão não pode ser cerceado pelo Estado ou por particular.

Registrou o STF que o traço marcante da ***censura prévia***, com seu caráter preventivo e abstrato, está presente em ambas as normas questionadas na ADI 4451. Portanto são inconstitucionais porque consistem na restrição, subordinação e forçosa adequação programática da liberdade de expressão a mandamentos normativos cerceadores durante o período eleitoral, pretendendo diminuir a liberdade de opinião e de criação artística e a livre multiplicidade de ideias, com a nítida finalidade de controlar ou mesmo aniquilar a força do pensamento crítico, indispensável ao regime democrático. Deste modo, está configurada a ilegítima interferência estatal no direito individual de criticar.[128]

Afirmou também o STF na decisão que não se ignora a possibilidade de riscos impostos pela comunicação de massa ao processo eleitoral – como o fenômeno das *"fake news"* –, porém se revela constitucionalmente inidôneo e realisticamente falso assumir que o debate eleitoral, ao perder em liberdade e pluralidade de opiniões, ganharia em lisura ou legitimidade. Ao contrário, o combate às *"fake news"* dá-se pelos meios legais e pela boa imprensa, que rapidamente podem levar a correta notícia à população.[129]

Dessa maneira, a ***censura prévia*** desrespeita diretamente o princípio democrático, pois a liberdade política termina e o poder público tende a se tornar mais corrupto e arbitrário quando pode usar seus poderes para silenciar e punir seus críticos.[130]

Não cabe ao Poder Público previamente escolher ou ter ingerência nas fontes de informação, nas ideias ou nos métodos de divulgação de notícias ou no controle do juízo de valor das opiniões dos meios de comunicação e na formatação

127. **ADI 4451/DF**, STF. Plenário. Rel. Min. Alexandre de Moraes, julgado em **20 e 21.06.2018** (Informativo 907).
128. **ADI 4451/DF**, STF. Plenário. Rel. Min. Alexandre de Moraes, julgado em **20 e 21.06.2018** (Informativo 907).
129. **ADI 4451/DF**, STF. Plenário. Rel. Min. Alexandre de Moraes, julgado em **20 e 21.06.2018** (Informativo 907).
130. **ADI 4451/DF**, STF. Plenário. Rel. Min. Alexandre de Moraes, julgado em **20 e 21.06.2018** (Informativo 907).

de programas humorísticos a que tenham acesso os indivíduos. Nesses termos, o funcionamento eficaz da democracia representativa exige absoluto respeito à ampla liberdade de expressão, proporcionando a liberdade de opinião, de criação artística, a proliferação de informações, a circulação de ideias, de modo a garantir os diversos e antagônicos discursos.[131]

Entendeu o STF que a **liberdade de expressão** autoriza que os meios de comunicação optem por determinados posicionamentos e exteriorizem seu juízo de valor, bem como autoriza programas humorísticos, "charges" e sátiras realizados a partir de trucagem, montagem ou outro recurso de áudio e vídeo, como costumeiramente se realiza, não havendo nenhuma justificativa constitucional razoável para a interrupção durante o período eleitoral.

Por fim, ressaltou a decisão do STF que a plena proteção constitucional da exteriorização da opinião **não** significa a impossibilidade posterior de análise e de responsabilização por eventuais informações mentirosas, injuriosas, difamantes.[132]

Outro tema que será abordado mais à frente na obra refere-se à liberdade de expressão no que tange à intitulada ***"marcha da maconha"***. Conforme veremos (na análise da *liberdade de reunião*), em decisão prolatada em 15.06.2011, por entender que o exercício dos direitos fundamentais de reunião e de livre manifestação do pensamento devem ser garantidos a todas as pessoas, o Plenário do STF julgou procedente pedido formulado na ADPF 187 para dar ao art. 287 do CP, com efeito vinculante, interpretação conforme a Constituição, de forma a excluir qualquer exegese que possa ensejar a criminalização da defesa da legalização das drogas, ou de qualquer substância entorpecente específica, inclusive por meio de manifestações e eventos públicos.

Ainda sobre a Liberdade de expressão e manifestação, o STF foi chamado em 2014 a decidir sobre a constitucionalidade do § 1º art. 28 da Lei nº 12.663/2012 (intitulada de ***Lei Geral da Copa***). A norma impugnada na **ADI 5136**, impunha restrições à liberdade de expressão nos locais oficiais da competição da Copa do mundo da FIFA 2014. Afirmava o dispositivo que *"É ressalvado o direito constitucional ao livre exercício de manifestação e à plena liberdade de expressão em defesa da dignidade da pessoa humana"*. Nesse sentido, ressoou claro, a possibilidade de restrições à liberdade nos locais oficiais de competição, somente sendo excepcionadas as manifestações que fossem em defesa da dignidade da pessoa humana. O fundamento central da ADI seria a impossibilidade de legislação impor restrições à liberdade de expressão para além das previstas constitucionalmente.

131. **ADI 4451/DF**, STF. Plenário. Rel. Min. Alexandre de Moraes, julgado em **20 e 21.06.2018** (Informativo 907).
132. Informativo 907: *Por fim, o relator assinalou serem inconstitucionais quaisquer leis ou atos normativos tendentes a constranger ou inibir a liberdade de expressão a partir de mecanismos de censura prévia, como na presente hipótese, em que os dispositivos interferem prévia e diretamente na liberdade artística e na liberdade jornalística e de opinião.* **ADI 4451/DF**, STF. Plenário. Rel. Min. Alexandre de Moraes, julgado em **20 e 21.06.2018**.

Pois bem, o Plenário do STF julgou, por maioria, improcedente o pedido formulado na **ADI 5136**, e declarou constitucional o § 1º do art. 28 da Lei nº 12.663/2012. Os fundamentos da decisão foram os seguintes:

a) O direito à liberdade de expressão não é absoluto e insuscetível de restrição, fosse pelo Judiciário, fosse pelo Legislativo;

b) Haveria hipóteses em que a liberdade de expressão acabaria por colidir com outros direitos e valores também constitucionalmente protegidos. Explicou que essas tensões dialéticas precisariam ser sopesadas a partir da aplicação do princípio da proporcionalidade. Afirmou que a incidência desse princípio se daria quando verificada restrição a determinado direito fundamental ou quando configurado conflito entre distintos princípios constitucionais, o que exigiria a ponderação do peso relativo de cada um dos direitos por meio da aplicação das máximas que integrariam o mencionado princípio da proporcionalidade;

c) Realçou o STF, que se deveria perquirir se, em face do conflito entre dois bens constitucionais contrapostos, o ato impugnado afigurar-se-ia adequado, ou seja, apto para produzir o resultado desejado. Além disso, verificar-se-ia se esse ato seria necessário e insubstituível por outro meio menos gravoso e igualmente eficaz, e proporcional em sentido estrito, de modo que se estabelecesse uma relação ponderada entre o grau de restrição de um princípio e o grau de realização do princípio contraposto;

d) O Plenário do STF sublinhou que as restrições impostas pelo art. 28 da Lei Geral da Copa trariam limitações específicas aos torcedores que comparecessem aos estádios em evento de grande porte internacional e contariam com regras específicas para ajudar a prevenir confrontos em potencial. Consignou que o legislador, a partir de juízo de ponderação, teria objetivado limitar manifestações que tenderiam a gerar maiores conflitos e a atentar não apenas contra o evento em si, mas, principalmente, contra a segurança dos demais participantes;

e) Recordou o STF que várias dessas restrições já haveriam, inclusive, sido inseridas no Estatuto do Torcedor (Lei 10.671/2003) pela Lei 12.299/2010, que dispõe sobre medidas de prevenção e repressão aos fenômenos de violência por ocasião das competições esportivas;

f) Asseverou o STF que, ao contrário do que defendido na inicial da ADI, o dispositivo impugnado não constituiria limitação à liberdade de expressão. Salientou, contudo, que seria vedada qualquer espécie de censura injustificada e desproporcional à liberdade de expressão.[133]

Por último, em uma leitura mais analítica, os constitucionalistas brasileiros assinalam (em sua maioria) que, sendo a liberdade de expressão um direito

133. ADI nº5136/DF julg. em 01.07.2014, Rel. Min. Gilmar Mendes.

oponível em regra ao Estado, não ensejaria (em regra) uma pretensão a se exercer contra terceiros (particulares).[134] Nesses termos, especificamente, para que a *eficácia horizontal* desse direito fundamental ocorra (e ela obviamente pode ocorrer), seria necessária uma aplicação em cada caso ponderada ("técnica da ponderação"), balanceando os interesses envolvidos em contextos (casos) concretos. Nesses termos, ressalta a corrente majoritária, mais uma vez, que a liberdade de expressão não pode ser manuseada para a prática de atividades ilícitas e que venham a ferir *outros* direitos fundamentais.

3.3. Liberdade de Consciência e Liberdade de crença

3.3.1. Liberdade de Consciência

Por "liberdade de consciência" entende-se uma noção mais estendida que a "liberdade religiosa" ou a "liberdade de crença", já que está ligada à faculdade de um indivíduo formular juízos, ideias e opiniões seja sobre si mesmo, seja sobre o mundo que o circunscreve (permite ao indivíduo escolher seus padrões de valoração ética e moral).[135]

Representa, portanto, uma determinação constitucional para que o Estado não interfira na esfera de pensamento do indivíduo, impondo-lhe concepções de qualquer ordem (filosóficas, religiosas, políticas, sociológicas etc.).

Mas o que acontece, então, quando o Estado, mesmo reconhecendo essa modalidade de liberdade, impõe ao indivíduo a realização de uma conduta que se choca com seu sistema interno de convicções? Fala-se, então, no cabimento da arguição pelo indivíduo da chamada ***objeção de consciência*** (*escusa de consciência*), que originalmente estava ligada a situações de dispensa do serviço militar (art. 143 da CR/88), mas que não está restrita a essa situação.

O art. 5º, VIII, do Texto Constitucional, portanto, apresenta-se aberto a outras situações quando determina a possibilidade de que aquele que discorde do cumprimento de obrigação legal a todos imposta, alegando motivos de crença religiosa, convicção política ou filosófica (escusa de consciência), realize obrigação substitutiva (prestação alternativa), a ser fixada em lei. Como exemplo temos:

134. *"A liberdade constitucional não pode ser invocada para exigir a publicação, por exemplo, de uma dada opinião, num jornal privado, em situação não abrangida pelo direito de réplica."* MENDES, Gilmar Ferreira et al., *Curso de direito constitucional,* p. 362. No contexto norte-americano, temos precedente confirmando o entendimento de que mesmo os locais abertos aos públicos, mas administrados por entidades privadas, como o caso dos *shopping centers*, não caberia falar em liberdade de expressão na distribuição de panfletos, sendo tal prática matéria a ser definida pelo particular. No cenário brasileiro, todavia, temos decisões em sentido contrário, *permitindo* a comunicação e mais, *estabelecendo a obrigatoriedade* de fixação de comunicados dos sindicatos de trabalhadores, através da criação de quadros de avisos (*RE nº 197.911*, Rel. Min. Octavio Galloti, 24.09.1996).

135. MENDES, Gilmar et al., *Curso de direito constitucional*, p. 403.

a) o imperativo de consciência alegado no alistamento militar. No caso, que determinado indivíduo, por convicções filosóficas (ou políticas ou religiosas), mostre-se contrário ao serviço militar. No caso, o art. 143 da CR/88 afirma que: o serviço militar é obrigatório nos termos da lei. § 1º Às Forças Armadas compete, na forma da lei, atribuir serviço alternativo aos que, em tempo de paz, após alistados, alegarem imperativo de consciência, entendendo-se como tal o decorrente de crença religiosa e de convicção filosófica ou política, para se eximirem de atividades de caráter essencialmente militar.

No caso do serviço militar obrigatório, o serviço alternativo é disciplinado pela Lei nº 8.239/91. O art. 3º da Lei afirma que:(...) § 1º Ao Estado-Maior das Forças Armadas compete, na forma da lei e em coordenação com os Ministérios Militares, atribuir Serviço Alternativo aos que, em tempo de paz, após alistados, alegarem imperativo de consciência decorrente de crença religiosa ou de convicção filosófica ou política, para se eximirem de atividades de caráter essencialmente militar. § 2º Entende-se por Serviço Alternativo o exercício de atividades de caráter administrativo, assistencial, filantrópico ou mesmo produtivo, em substituição às atividades de caráter essencialmente militar.

b) O exemplo do voto, para os maiores de 18 e menores de 70 anos, que não são analfabetos. No caso, voto sabidamente é obrigatório. Porém o individuo pode por objeção de consciência não votar. No caso, a prestação alternativa é a justificativa do voto, nos termos legais, conforme estabelecido no Código Eleitoral (Lei nº 4.737/65).[136]

c) Participação como jurado. Em regra, a participação como jurado, no Tribunal do Júri, é obrigatória, nos temors do art. 436 do Código de Processo Penal. É possível, no entanto, que a pessoa sorteada alegue que a função de jurado contraria sua convicção religiosa, filosófica ou política. Em outras palavras, ela invoca a escusa de consciência. Neste caso, ela poderá ser dispensada do serviço do júri, mas terá o dever de prestar um serviço alternativo, conforme o art. 438 do CPP.[137]

---

136. Art. 7º *O eleitor que deixar de votar e não se justificar perante o juiz eleitoral até 30 (trinta) dias após a realização da eleição, incorrerá na multa de 3 (três) a 10 (dez) por cento sobre o salário-mínimo da região, imposta pelo juiz eleitoral e cobrada na forma prevista no art. 367. § 1º Sem a prova de que votou na última eleição, pagou a respectiva multa ou de que se justificou devidamente, não poderá o eleitor: I - inscrever-se em concurso ou prova para cargo ou função pública, investir-se ou empossar-se neles; II - receber vencimentos, remuneração, salário ou proventos de função ou emprego público, autárquico ou para estatal, bem como fundações governamentais, empresas, institutos e sociedades de qualquer natureza, mantidas ou subvencionadas pelo governo ou que exerçam serviço público delegado, correspondentes ao segundo mês subsequente ao da eleição; III - participar de concorrência pública ou administrativa da União, dos Estados, dos Territórios, do Distrito Federal ou dos Municípios, ou das respectivas autarquias; IV - obter empréstimos nas autarquias, sociedades de economia mista, caixas econômicas federais ou estaduais, nos institutos e caixas de previdência social, bem como em qualquer estabelecimento de crédito mantido pelo governo, ou de cuja administração este participe, e com essas entidades celebrar contratos; (Vide Medida Provisória nº 958, de 2020) (Vide Lei nº 13.999, de 2020) (Vide Medida Provisória nº 975, de 2020). (Vide Medida Provisória nº 1.028, de 2021); V - obter passaporte ou carteira de identidade; VI - renovar matrícula em estabelecimento de ensino oficial ou fiscalizado pelo governo; VII - praticar qualquer ato para o qual se exija quitação do serviço militar ou imposto de renda.*

137. CPP: Art. 438. *A recusa ao serviço do júri fundada em convicção religiosa, filosófica ou política importará no dever de prestar serviço alternativo, sob pena de suspensão dos direitos políticos, enquanto não prestar o serviço imposto. § 1º Entende-se por serviço alternativo o exercício de atividades de caráter administrativo, assistencial, filantrópico ou*

d) Atividades escolares em dia de *guarda religiosa*. A Lei nº 13.796/2019 acrescentou na Lei nº 9.394/96 (Lei de Diretrizes e Bases da Educação Nacional) o art. 7º-A estabelecendo a possibilidade de alteração das datas de provas e de aulas caso estejam marcadas em "*dias de guarda religiosa*". Em linhas gerais, o que estabelece esse art. 7º-A da LDB: - O aluno de instituição de ensino pública ou privada de qualquer nível (ou seja, mesmo ensino superior), - possui o direito de - se ausentar de aula ou mesmo de prova - caso essa aula ou prova esteja marcada em um dia no qual, - segundo os preceitos da religião desse aluno, - ele não puder exercer tais atividades, - ou seja, se a atividade estiver designada para um "dia de guarda religiosa".

Caso se recuse a cumprir a obrigação originária (legal a todos imposta) e também a prestação alternativa fixada em lei, o indivíduo poderá ter seus direitos políticos suspensos (ou perdidos), nos termos do art. 15, IV da CR/88. Aqui existe uma forte divergência na doutrina sobre se seria caso de perda ou de suspensão dos direitos políticos.[138] Além disso, embora isso seja esquecido pela doutrina, ele poderá perder o exercício de outros direitos.

Um outro ponto importante é o de que, a falta de lei prevendo tal obrigação substitutiva (alternativa) não pode conduzir a uma situação de inviabilidade do exercício da objeção (escusa) de consciência, uma vez que, ainda segundo a clássica classificação da *eficácia das normas constitucionais*, devemos lembrar que o art. 5º, § 1º, da CR/88 garante *aplicabilidade imediata* às normas de direito fundamentais. Além disso, a norma do art. 5º, VIII da CR/88 é classificada tradicionalmente como de eficácia contida, e por isso, a falta de lei não poderia impedir a garantia e o exercício da escusa (objeção) de consciência. Portanto, a corrente majoritária entende que, em não existindo (ainda que de forma temporária) a prestação alternativa fixada, deve ser garantida a escusa (objeção) de consciência.[139]

Sobre o tema, é interessante afirmarmos ainda, que em nítida conclusão mais sociológica do que jurídica, Gilmar Mendes e outros afirmam que a objeção de consciência que leva a uma atitude meramente omissiva tende a ser mais bem tolerada do que o comportamento ativo que desafia a norma. Estes últimos são mais propensos a provocar maior impacto sobre a sociedade, influenciando negativamente sobre sua admissibilidade.[140]

---

mesmo produtivo, no Poder Judiciário, na Defensoria Pública, no Ministério Público ou em entidade conveniada para esses fins. § 2º O juiz fixará o serviço alternativo atendendo aos princípios da proporcionalidade e da razoabilidade.

138. Por exemplo, no caso da Lei nº 8.239/91, embora a Lei fale expressamente em caso de suspensão dos direitos políticos, boa parte da doutrina entende por uma interpretação sistemática (não literal) que seria caso de perda.
139. A solução encontrada por Gilmar Ferreira et al. (*Curso de direito constitucional*, p. 404) não deixa de ser menos complicada (para não dizer reprovável): utilizar da *técnica de ponderação de interesses* no intuito de verificar a possibilidade *jurídica de desobrigar o objetor do cumprimento da obrigação original*. Isso porque o autor, no mesmo texto, *lembra que a finalidade da objeção de consciência não é anular a regra, mas* ***reforçá-la*** *na medida em que impõe a prestação alternativa.*
140. MENDES, Gilmar Ferreira et al., *Curso de direito constitucional*, p. 405. *"Nesse sentido, a Suprema Corte americana não reconheceu o direito de índios usarem drogas proibidas (o* ***peyote****) em seus rituais religiosos. Tampouco, em outra ocasião, admitiu a poligamia pretendida por seguidores de certa denominação religiosa."*

Importante, também é distinguir a objeção de consciência da figura da ***desobediência civil***. Nesta, a recusa não é quanto a uma norma específica, mas contra o Ordenamento Jurídico como um todo, entendido, como fundamento para reações de mudança política. Nesses termos, a desobediência civil se apresenta de uma forma mais sistemática e estrutural.

Nesse momento, vamos trazer importantes decisões do STF sobre a escusa de consciência bem como sobre o exercício da liberdade de consciência.

1) Sobre o tema da escusa de consciência, o STF recentemente já decidiu, que é possível que o candidato a concurso público consiga a alteração das datas e horários previstos no edital por motivos religiosos, desde que cumpridos alguns requisitos.[141]

Assim sendo, nos termos do art. 5º, VIII, da Constituição Federal, é possível a realização de etapas de concurso público em datas e horários distintos dos previstos em edital, por candidato que invoca escusa de consciência por motivo de crença religiosa, desde que presentes a razoabilidade da alteração, a preservação da igualdade entre todos os candidatos e que não acarrete ônus desproporcional à Administração Pública, que deverá decidir de maneira fundamentada.

Também decidiu o STF, que é possível que o servidor público cumpra seus deveres funcionais em dias alternativos por motivos religiosos, desde que cumpridos alguns requisitos.[142]

Assim sendo, nos termos do art. 5º, VIII, da Constituição Federal, é possível à Administração Pública, inclusive durante o estágio probatório, estabelecer critérios alternativos para o regular exercício dos deveres funcionais inerentes aos cargos públicos, em face de servidores que invocam escusa de consciência por motivos de crença religiosa, desde que presentes a razoabilidade da alteração, não se caracterize o desvirtuamento do exercício de suas funções e não acarrete ônus desproporcional à Administração Pública, que deverá decidir de maneira fundamentada.

Na fundamentação das decisões, afirmou o STF, que a fixação de obrigações alternativas para a realização de certame público ou para aprovação em estágio probatório, em razão de convicções religiosas, não significa privilégio, mas sim permissão ao exercício da liberdade de crença sem indevida interferência estatal nos cultos e nos ritos (CR, art. 5º, VI). O fato de o Estado ser laico (CR, art. 19, I) não lhe impõe uma conduta negativa diante da proteção religiosa.[143]

---

141. RE 611874/DF, Plenário. red. p/ o ac. Min. Edson Fachin, julgado em 19.11, 25.11 e 26.11.2020 (Repercussão Geral – Tema 386) (Info 1000).
142. RE 611874/DF, red. p/ o ac. Min. Edson Fachin, julg. em 19.11, 25.11 e 26.11.2020 (Repercussão Geral – Tema 386) (Info 1000).
143. RE 611874/DF, red. p/ o ac. Min. Edson Fachin, julg. em 19.11, 25.11 e 26.11.2020 (Repercussão Geral – Tema 386) (Info 1000).

Conforme o STF, a separação entre o Estado brasileiro e a religião não é absoluta. O Estado deve proteger a diversidade em sua mais ampla dimensão, dentre as quais se inclua a liberdade religiosa e o direito de culto.

Nesse sentido, para o STF, o papel da autoridade estatal não é o de remover a tensão por meio da exclusão ou limitação do pluralismo, mas sim assegurar que os grupos se tolerem mutuamente, principalmente quando em jogo interesses individuais ou coletivos de um grupo minoritário.

A separação entre religião e Estado, portanto, não pode implicar o isolamento daqueles que guardam uma religião à sua esfera privada. O princípio da laicidade não se confunde com laicismo. O princípio da laicidade, em verdade, veda que o Estado assuma como válida apenas uma crença religiosa. Nessa medida, ninguém deve ser privado de seus direitos em razão de sua crença ou descrença religiosa, salvo se a invocar para se eximir de obrigação legal a todos imposta e recusar-se a cumprir prestação alternativa (CR, art. 5º, VIII).[144]

2) Por último, vale a pena observarmos recente julgado do STF que diz respeito a liberdade de crença na relação com o direito à saúde.

O STF no ARE 1267879/SP fixou a seguinte tese: "É constitucional a obrigatoriedade de imunização por meio de vacina que, registrada em órgão de vigilância sanitária, (i) tenha sido incluída no Programa Nacional de Imunizações ou (ii) tenha sua aplicação obrigatória determinada em lei ou (iii) seja objeto de determinação da União, estado, Distrito Federal ou município, com base em consenso médico-científico. Em tais casos, não se caracteriza violação à liberdade de consciência e de convicção filosófica dos pais ou responsáveis, nem tampouco ao poder familiar.[145]

No caso, tratou-se de recurso extraordinário contra acórdão do Tribunal de Justiça do Estado de São Paulo (TJSP), que determinou que pais veganos submetessem o filho menor às vacinações qualificadas como obrigatórias pelo Ministério da Saúde, a despeito de suas convicções filosóficas.

Para o STF, é ilegítima a recusa dos pais à vacinação compulsória de filho menor por motivo de convicção filosófica.

Na fundamentação da decisão afirmou a Corte que o direito à liberdade de consciência e de crença é objeto de especial proteção pelo texto constitucional (CF, art. 5º, VI e VIII), que destaca o pluralismo como um dos valores essenciais do Estado brasileiro (CF, art. 1º, V). Todavia, em certas hipóteses, a liberdade de crença e de convicção filosófica precisa ser ponderada com outros direitos, entre os quais a vida e a saúde.[146]

---

144. RE 611874/DF, red. p/ o ac. Min. Edson Fachin, julg. em 19.11, 25.11 e 26.11.2020 (Repercussão Geral – Tema 386) (Info 1000).
145. STF. Plenário. ARE 1267879/SP, Rel. Min. Roberto Barroso, julgado em 16 e 17.12.2020 (Repercussão Geral – Tema 1103) (Info 1003).
146. STF. Plenário. ARE 1267879/SP, Rel. Min. Roberto Barroso, julgado em 16 e 17.12.2020 (Repercussão Geral – Tema 1103) (Info 1003).

Para o STF, a obrigatoriedade de tomar vacinas testadas, aprovadas e registradas pelas autoridades competentes é uma dessas situações. No caso em que estiverem em jogo direitos fundamentais de terceiros ou de toda a coletividade, a decisão do indivíduo de se submeter ou não a uma medida sanitária não produz efeitos apenas sobre a sua esfera jurídica, mas também sobre a de outras pessoas, que não necessariamente compartilham das mesmas ideias.

A obrigatoriedade da vacinação está prevista em alguns diplomas legais vigentes de longa data, como a Lei 6.259/1975 (Programa Nacional de Imunizações), a Lei 6.437/1977 (relativa às infrações à legislação sanitária federal) e a Lei 8.069/1990 (Estatuto da Criança e do Adolescente). Tal previsão jamais foi reputada inconstitucional. Mais recentemente, a Lei 13.979/2020 (referente às medidas de enfrentamento da pandemia da Covid-19), de iniciativa do Poder Executivo, instituiu comando na mesma linha.[147]

Ademais, sustentou o Pretório Excelso, que diversos fundamentos justificam a legitimidade do caráter compulsório de vacinas quando existentes consenso científico e registro nos órgãos de vigilância sanitária, entre os quais: a) o Estado pode, em situações excepcionais, proteger as pessoas mesmo contra a sua vontade (dignidade como valor comunitário); b) a vacinação é importante para a proteção de toda a sociedade, não sendo legítimas escolhas individuais que afetem gravemente direitos de terceiros (necessidade de imunização coletiva); e c) o poder familiar não autoriza que os pais, invocando convicção filosófica, coloquem em risco a saúde dos filhos (melhor interesse da criança).[148]

3) O STF também decidiu na ADI 6586 que o Poder Público pode determinar a vacinação compulsória contra a Covid-19, o que, por óbvio, é diferente de vacinação forçada.

Nesses termos foram fixadas as seguintes teses na decisão: "(A) A vacinação compulsória não significa vacinação forçada, por exigir sempre o consentimento do usuário, podendo, contudo, ser implementada por meio de medidas indiretas, as quais compreendem, dentre outras, a restrição ao exercício de certas atividades ou à frequência de determinados lugares, desde que previstas em lei, ou dela decorrentes, e (i) tenham como base evidências científicas e análises estratégicas pertinentes, (ii) venham acompanhadas de ampla informação sobre a eficácia, segurança e contraindicações dos imunizantes, (iii) respeitem a dignidade humana e os direitos fundamentais das pessoas; (iv) atendam aos critérios de razoabilidade e proporcionalidade, e (v) sejam as vacinas distribuídas universal e gratuitamente; e (B) tais medidas, com as limitações acima expostas, podem ser implementadas

147. STF. Plenário. ARE 1267879/SP, Rel. Min. Roberto Barroso, julgado em 16 e 17.12.2020 (Repercussão Geral – Tema 1103) (Info 1003).
148. STF. Plenário. ARE 1267879/SP, Rel. Min. Roberto Barroso, julgado em 16 e 17.12.2020 (Repercussão Geral – Tema 1103) (Info 1003).

tanto pela União como pelos Estados, Distrito Federal e Municípios, respeitadas as respectivas esferas de competência".[149]

Nesses termos, afirmou o STF que, a obrigatoriedade da vacinação a que se refere à legislação sanitária brasileira não pode contemplar quaisquer medidas invasivas, aflitivas ou coativas, em decorrência direta do direito à intangibilidade, inviolabilidade e integridade do corpo humano, afigurando-se flagrantemente inconstitucional toda determinação legal, regulamentar ou administrativa no sentido de implementar a vacinação sem o expresso consentimento informado das pessoas.

Assim sendo, deixou claro que a compulsoriedade da vacinação, cujo marco legal foi institucionalizado pela Lei 6.259/1975, regulamentada pelo Decreto 78.231/1976, não contempla a imunização forçada, porquanto é levada a efeito por meio de sanções indiretas, consubstanciadas, basicamente, em vedações ao exercício de determinadas atividades ou à frequência de certos locais (Portaria 597/2004 do Ministério da Saúde, arts. 4º e 5º).

No caso do enfrentamento à pandemia causada pela COVID-19, a previsão de vacinação obrigatória, excluída a imposição de vacinação forçada, afigura-se legítima, desde que as medidas a que se sujeitam os refratários observem os critérios que constam da própria Lei 13.979/2020 (art. 3º, § 2º, I, II e III), a saber, o direito à informação, à assistência familiar, ao tratamento gratuito e, ainda, ao "pleno respeito à dignidade, aos direitos humanos e às liberdades fundamentais das pessoas". E, assim como ocorre com os atos administrativos em geral, essas medidas indiretas precisam respeitar os princípios da razoabilidade e da proporcionalidade, de forma a não ameaçar a integridade física e moral dos recalcitrantes.[150]

A vacinação universal e gratuita pode ser implementada por meio de medidas indiretas, as quais compreendem, dentre outras, a restrição ao exercício de certas atividades ou à frequência de determinados lugares, desde que previstas em lei, ou dela decorrentes.

Essas medidas, afirmou o STF, devem (i) ter como base evidências científicas e análises estratégicas pertinentes, (ii) vir acompanhadas de ampla informação sobre a eficácia, segurança e contraindicações dos imunizantes, (iii) respeitar a dignidade humana e os direitos fundamentais das pessoas; e (iv) atender aos critérios de razoabilidade e proporcionalidade.[151]

Em outra monta também deixou expressa decisão que União, Estados, Distrito Federal e municípios, observadas as respectivas esferas de competência, poderão estabelecer medidas indiretas para implementação da vacinação compulsória.[152]

---

149. ADI 6586, STF. Plenário. Rel. Min. Ricardo Lewandowski, julgado em 17.12.2020.
150. ADI 6586, STF. Plenário. Rel. Min. Ricardo Lewandowski, julgado em 17.12.2020.
151. ADI 6586, STF. Plenário. Rel. Min. Ricardo Lewandowski, julgado em 17.12.2020.
152. ADI 6586, STF. Plenário. Rel. Min. Ricardo Lewandowski, julgado em 17.12.2020.

Nesse sentido, a competência do Ministério da Saúde para coordenar o Programa Nacional de Imunizações e definir as vacinas integrantes do calendário nacional de imunização não exclui a dos estados, do Distrito Federal e dos municípios para estabelecer medidas profiláticas e terapêuticas destinadas a enfrentar a pandemia decorrente do novo coronavírus, em âmbito regional ou local, no típico exercício da competência comum para "cuidar da saúde e assistência pública" (CF, art. 23, II)

A defesa da saúde compete a qualquer das unidades federadas, seja por meio da edição de normas legais, seja mediante a realização de ações administrativas, sem que, como regra, dependam da autorização de outros níveis governamentais para levá-las a efeito, cumprindo-lhes, apenas, consultar o interesse público que têm o dever de preservar.[153]

3.3.2. Liberdade de crença

A liberdade de crença é o direito de um indivíduo adotar ou não uma religião sem ser prejudicado (inclusive o de não adotar nenhuma religião).

Assim sendo, a liberdade de crença admite o direito de se empreender o proselitismo religioso (realizar esforços para convencer outras pessoas a também se converterem à sua religião). A liberdade de crença diferencia-se da liberdade de culto. Esse é o direito, individual ou coletivo, de praticar atos externos de louvação próprios de uma determinada religião (e das suas liturgias).

Entendemos que o termo "liberdade de crença" nos parece mais acertado do que a expressão "liberdade religiosa", uma vez que o ateísmo representa uma opção a ser respeitada e protegida pelo Estado (art. 5º, VI, da CR/88)[154].

Muitos autores afirmam que tal direito surgiu no Constitucionalismo brasileiro a partir da Carta de 1824. Assim, a liberdade religiosa no Brasil teria surgido na Constituição de 1824, quando o Estado era confessional (com religião oficial).

Todavia, a questão tem de ser mais bem esclarecida, pois a única religião que poderia ter culto público era somente a religião oficial do Estado, ou seja, a católica apostólica romana; as outras somente poderiam realizar o culto doméstico. Ora, chamar isso de direito é um tanto quanto precipitado; o que vislumbramos é mera ***tolerância***, uma vez que, para ser elevada ao patamar de direito, é imprescindível

153. ADI 6586, STF. Plenário. Rel. Min. Ricardo Lewandowski, julgado em 17.12.2020.

154. Em posicionamento divergente, que coloca a liberdade religiosa como gênero, temos: "*A liberdade religiosa pode ser subdividida em três espécies: a) liberdade de consciência: é o direito que a pessoa tem de fazer suas próprias convicções, escolher seus padrões de valoração ética ou moral. b) liberdade de crença: é o direito de a pessoa adotar ou não uma religião sem ser prejudicada por isso e também o direito de fazer proselitismo religioso (proselitismo religioso significa empreender esforços para convencer outras pessoas a também se converterem à sua religião). c) liberdade de culto: é o direito, individual ou coletivo, de praticar atos externos de veneração próprios de uma determinada religião.* Assim, a liberdade religiosa significa que o indivíduo tem o direito não apenas de escolher qual religião irá seguir (ou se não irá seguir nenhuma), mas também a liberdade de fazer proselitismo e de explicitar os atos próprios de sua religiosidade. A proteção à liberdade religiosa não se limita à crença, assegurando condutas religiosas exteriores." CANOTILHO, JJ Gomes; MOREIRA, Vital. Constituição da República Portuguesa Anotada. Vol. 1. São Paulo: Coimbra Editora / RT, 2007, p. 609.

a observância de um tratamento igual para os sujeitos; a proibição de culto público notadamente descaracteriza a tese de existência de uma liberdade religiosa (como um direito a todas as religiões) nesse período.[155]

Por isso mesmo, apenas quando o Estado passa a ser laico, operando a separação entre Igreja e Estado (política), em 1891, temos de fato a proteção às liberdades de crença, principalmente porque agora todos os cultos podem ser públicos e não mais domésticos.

Importante lembrar que as liberdades religiosas não podem servir de escudo para prática de atos que lesem direitos de outros membros da sociedade.[156] A figura da ***escusa*** (ou *objeção*) ***de consciência*** pode ser invocada (art. 5º, VIII, da CR/88) também por motivos de crença religiosa, para tanto, o indivíduo pode deixar de cumprir uma obrigação legal a todos imposta, mas deve se submeter à prestação alternativa fixada em lei em caráter de substituição.

Aqui é importante ressaltar (conforme já citado na obra) a recente Lei nº 13.796/2019, que alterou a Lei nº 9.394/1996 (Lei de Diretrizes e Bases da Educação Nacional), para fixar, em virtude de escusa de consciência, prestações alternativas à aplicação de provas e à frequência a aulas realizadas em dia de guarda religiosa.

Nesses termos, o aluno regularmente matriculado em instituição de ensino pública ou privada, de qualquer nível, é assegurado, no exercício da liberdade de consciência e de crença, o direito de, mediante prévio e motivado requerimento, ausentar-se de prova ou de aula marcada para dia em que, segundo os preceitos

155. RAWLS, John. *Liberalismo político*; HABERMAS, Jürgen, *Facticidad y validez: sobre el derecho y el estado democrático de derecho en términos de teoría del discurso*; DWORKIN, Ronald, *Is Democracy Possible here?*.

156. Segundo julgados trabalhistas, principalmente do TRT da 10ª Região: *a pregação no ambiente da empresa, prejudicando o exercício regular da mesma, bem como a esfera íntima dos demais empregados, constitui razão para demissão por **justa causa***. Outra questão interessante ocorreu na década de 90 quando deputados católicos da Assembleia Legislativa do Estado de São Paulo questionaram judicialmente uma suposta ofensa aos seus direitos religiosos quando o então presidente da Casa, evangélico, retirou símbolos religiosos (crucifixo) do local (plenário). O TJ/SP *não concedeu segurança aos Deputados católicos, argumentando que retirar ou colocar enfeites é prerrogativa do Presidente da Casa (ou do seu representante máximo administrativo). É interessante considerarmos que o **TJ/SP** considerou o símbolo como **mero ornamento***. Essa questão foi **rediscutida** recentemente pelo **CNJ** no que diz respeito à colocação de crucifixos nos Órgãos do Poder Judiciário. O CNJ entendeu que a colocação dos mesmos não contraria a liberdade religiosa. Conforme a decisão: o Conselho Nacional de Justiça (CNJ) indeferiu o pedido de retirar os símbolos religiosos das dependências do Judiciário. O plenário concluiu o julgamento dos quatro pedidos de providência (1344, 1345, 1346 e 1362) que questionavam a presença de crucifixos em dependências de órgãos do Judiciário. A decisão, quanto ao mérito, foi tomada pela maioria do plenário na sessão do **dia 29 de maio de 2007**. *O relator propôs a abertura de consulta pública, com o objetivo de aprofundar o debate. O plenário rejeitou a proposta e decidiu julgar o mérito da questão. Todos os presentes, exceto o relator, entenderam que os **objetos seriam símbolos da cultura brasileira e que não interferiam na imparcialidade e universalidade do Poder Judiciário.** O julgamento não foi concluído porque, na ocasião, o relator declarou restar dúvidas sobre o assunto e não proferiu o voto. Posteriormente com o voto do relator o julgamento foi encerrado em **06 de junho de 2007**. O relator apresentou o voto a favor da retirada dos símbolos das dependências do Judiciário. Segundo o relator, o Estado laico deve separar privado de público. O relator defendeu que no âmbito privado cabe as demonstrações pessoais como o uso de símbolos religiosos, o que não deve ocorrer no âmbito público. Porém, a posição **majoritária** prevaleceu e o **CNJ considerou os crucifixos símbolos culturais, permitindo sua permanência nos Tribunais pátrios.*** Portanto, a maioria do plenário manteve a decisão **contrária** à retirada dos **símbolos** religiosos. Para uma **crítica** a questão dos **crucifixo**s como enfeite (ou mero ornamento), ver: SARMENTO, Daniel, 2010.

de sua religião, seja vedado o exercício de tais atividades, devendo-se-lhe atribuir, a critério da instituição e sem custos para o aluno, uma das seguintes prestações alternativas, nos termos do inciso VIII do ***caput*** do art. 5º da Constituição Federal: I – prova ou aula de reposição, conforme o caso, a ser realizada em data alternativa, no turno de estudo do aluno ou em outro horário agendado com sua anuência expressa; II – trabalho escrito ou outra modalidade de atividade de pesquisa, com tema, objetivo e data de entrega definidos pela instituição de ensino.[157]

Na sequência, dentro da compreensão da liberdade religiosa está a "liberdade de organização religiosa", determinando que o Estado não pode interferir sobre a estrutura organizacional interna de entidades religiosas.[158] Uma forma, então, constitucionalmente prevista de garantir tal liberdade é a existência de ***imunidade de impostos***[159] sobre templos de qualquer culto (art. 150, VI, ***b***, da CR/88). Mas em razão da referência se dar a ***culto religioso***, não é extensível a ***seitas*** que não tenham natureza religiosa; ou seja, não basta a referência religiosa, é impreterível que a organização se apresente com rituais e adoração. Logo, uma entidade comercial ou de ensino não pode gozar da norma constitucional apenas porque suas atividades são sempre abertas por orações.

Além disso, a invocação da liberdade religiosa não pode servir de anteparo para a prática de ilícitos penais, de modo que o STF decidiu que a prática do ***curandeirismo*** não está tutelada pela norma constitucional de proteção à crença.[160]

Temos ainda que tecermos considerações finais sobre o tema ora em debate:

a) O STF recentemente decidiu na ADI 4439 em 27.09.2017 sobre a questão do **ensino religioso nas escolas públicas**. Segundo o art. 210 § 1º da CR/88

---

157. A Lei nº 9.394/1996, passa a vigorar acrescida do seguinte art. *7º-A: Ao aluno regularmente matriculado em instituição de ensino pública ou privada, de qualquer nível, é assegurado, no exercício da liberdade de consciência e de crença, o direito de, mediante prévio e motivado requerimento, ausentar-se de prova ou de aula marcada para dia em que, segundo os preceitos de sua religião, seja vedado o exercício de tais atividades, devendo-se-lhe atribuir, a critério da instituição e sem custos para o aluno, uma das seguintes prestações alternativas, nos termos do inciso VIII do* ***caput*** *do art. 5º da Constituição Federal: I – prova ou aula de reposição, conforme o caso, a ser realizada em data alternativa, no turno de estudo do aluno ou em outro horário agendado com sua anuência expressa; II – trabalho escrito ou outra modalidade de atividade de pesquisa, com tema, objetivo e data de entrega definidos pela instituição de ensino. § 1º A prestação alternativa deverá observar os parâmetros curriculares e o plano de aula do dia da ausência do aluno. § 2º O cumprimento das formas de prestação alternativa de que trata este artigo substituirá a obrigação original para todos os efeitos, inclusive regularização do registro de frequência. § 3º As instituições de ensino implementarão progressivamente, no prazo de 2 (dois) anos, as providências e adaptações necessárias à adequação de seu funcionamento às medidas previstas neste artigo. (Vide parágrafo único do art. 2) § 4º O disposto neste artigo não se aplica ao ensino militar a que se refere o art. 83 desta Lei." Art. 2º Esta Lei entra em vigor após decorridos 60 (sessenta) dias de sua publicação oficial. Parágrafo único. A contagem do prazo de que trata o § 3º do art. 7º-A da Lei nº 9.394, de 20 de dezembro de 1996 (Lei de Diretrizes e Bases da Educação Nacional), inicia-se na data de entrada em vigor desta Lei.*

158. Uma situação, por exemplo, seria por entender que há violação do princípio da igualdade no tratamento de gênero dos clérigos cristãos.

159. Lembramos que a imunidade se refere a impostos, não abrangendo contribuições sindicais (STF, RE nº 129.930). Além disso é importante registrar que a imunidade dos templos religiosos não se aplica a maçonaria. STF RE nº 562.351, (2012).

160. RHC nº 62.240, RTJ nº 114/1038.

o ensino religioso, de matrícula facultativa, constituirá disciplina dos horários normais das escolas públicas de ensino fundamental. Esse ensino, portanto, deve obrigatoriamente existir nas escolas públicas, embora, conforme a dicção constitucional, com a matrícula facultativa em respeito à liberdade religiosa que significa inclusive a liberdade de não professar nenhuma religião. Nos termos da LDB[161] (Lei de Diretrizes e Bases da Educação) está consignado que "o ensino religioso, de matrícula facultativa, é parte integrante da formação básica do cidadão e constitui disciplina dos horários normais das escolas públicas de ensino fundamental, assegurado o respeito à diversidade cultural religiosa do Brasil, vedadas quaisquer formas de proselitismo. Os sistemas de ensino regulamentarão os procedimentos para a definição dos conteúdos do ensino religioso e estabelecerão as normas para a habilitação e admissão dos professores. Os sistemas de ensino ouvirão entidade civil, constituída pelas diferentes denominações religiosas, para a definição dos conteúdos do ensino religioso."[162] Em edições anteriores da obra, defendíamos (interpretando a LDB) que o ensino deveria ser ministrado de forma interconfessional (análise dos princípios comuns às religiões) ou de forma não confessional (análise de todas as religiões de forma descritiva, expositiva e dotada de generalidade), não existindo atualmente espaço à luz da Constituição de 1988, para um estudo do tipo confessional (análise dos cânones de uma religião específica e determinada)[163]

Aqui é interessante que o Procurador-Geral da República (PGR), justamente nesse sentido, ajuizou ADI (ADI 4439) pedindo que fosse conferida *interpretação conforme a Constituição* ao art. 33, §§ 1º e 2º da LDB e também ao art. 11, § 1º do *Acordo Brasil-Santa Sé*. Na ação, o PGR defendeu que não é permitido que se ofereça ensino religioso confessional (vinculado a uma religião específica). Para o PGR, o ensino religioso deveria ser voltado para a história e a doutrina das várias religiões, ensinadas sob uma perspectiva laica, e ser ministrado por professores regulares da rede pública de ensino, e não por pessoas vinculadas às igrejas ou confissões religiosas.

Para a Procuradoria-Geral da República, a única forma de compatibilizar o caráter laico do Estado brasileiro com o ensino religioso nas escolas públicas seria pela adoção do modelo não confessional, em que o conteúdo programático da

161. Lei nº 9.394/96 em seu art. 33 com redação dada pela Lei nº 9.475/97.

162. Citamos também que o Acordo Brasil-Santa Sé (Estatuto Jurídico da Igreja Católica no Brasil) foi aprovado pelo Decreto Legislativo 698/2009 e promulgado pelo Presidente da República por meio do Decreto nº 7.107/2010. O artigo 11, § 1º do acordo prevê o seguinte: Artigo 11 A República Federativa do Brasil, em observância ao direito de liberdade religiosa, da diversidade cultural e da pluralidade confessional do País, respeita a importância do ensino religioso em vista da formação integral da pessoa. §1º O ensino religioso, católico e de outras confissões religiosas, de matrícula facultativa, constitui disciplina dos horários normais das escolas públicas de ensino fundamental, assegurado o respeito à diversidade cultural religiosa do Brasil, em conformidade com a Constituição e as outras leis vigentes, sem qualquer forma de discriminação.

163. **ADI 4439/DF**, STF. Plenário. rel. orig. Min. Roberto Barroso, red. p/ o ac. Min. Alexandre de Moraes, julgado em **27.09.2017.**

disciplina consistiria na exposição das doutrinas, das práticas, da história e de dimensões sociais das diferentes religiões – bem como de posições não religiosas, como o ateísmo e o agnosticismo – sem qualquer tomada de partido por parte dos educadores.

Pois bem, o STF, por 6x5, julgou improcedente a ADI 4439 e decidiu que o ensino religioso nas escolas públicas brasileiras pode ter ***natureza confessional***, ou seja, pode sim ser vinculado a religiões específicas. Entendeu o STF que a partir da conjugação do binômio Laicidade do Estado (art. 19, I da CR/88) e Liberdade religiosa (art. 5º, VI da CR/88), o Estado deverá assegurar o cumprimento do art. 210, § 1º da CR/88, autorizando na rede pública, em igualdade de condições, o oferecimento de ensino confessional das diversas crenças, mediante requisitos formais previamente fixados pelo Ministério da Educação.

O STF rejeitou a tese do PGR de que as aulas de ensino religioso deveriam ser voltadas para a história e a doutrina das várias religiões, ensinadas sob uma perspectiva laica, neutra e "isenta".

Para o Pretório Excelso, não faria sentido garantir a frequência facultativa às aulas de ensino religioso se esse se limitasse a enunciar, de maneira absolutamente descritiva e neutra, princípios e regras gerais das várias crenças. Assim sendo, o argumento, presente no informativo 879, foi o de que se fosse para fazer apenas a descrição das religiões sob os enfoques histórico, sociológico ou filosófico, a CR/88 não teria dito que a frequência é facultativa. E, além disso, existem matérias, como a filosofia, a sociologia e a história que já abordam, de forma descritiva, os movimentos religiosos, sendo tais disciplinas, em regra, obrigatórias. Portanto, como o Estado é laico e vigora a liberdade religiosa, os alunos não podem ser obrigados a frequentar aulas de uma religião específica, mas elas podem existir, conforme previsto no art. 210, § 1º da CR/88.[164]

Nesses termos, deve ser permitido aos alunos, que expressarem e voluntariamente se matricularem, o pleno exercício de seu direito subjetivo ao ensino religioso como disciplina dos horários normais das escolas públicas de ensino fundamental,

164. **ADI 4439/DF**, STF. Plenário. rel. orig. Min. Roberto Barroso, red. p/ o ac. Min. Alexandre de Moraes, julgado em **27.09.2017.** Apesar de o Estado brasileiro ser laico, ele não é avesso à religiosidade. Ao contrário, existe um relacionamento entre o Estado e as Igrejas, conforme explica José Afonso da Silva: "O Estado Brasileiro é um Estado laico. A norma-parâmetro dessa laicidade é o art. 19, I, que define a separação entre Estado e Igreja. Mas como veremos ao comentá-lo, adota-se uma separação atenuada, ou seja, uma separação que permite pontos de contato, tais como a previsão de ensino religioso (art. 210, §1º), o casamento religioso com efeitos civis (art. 226, §2º) e a assistência religiosa nas entidades oficiais, consubstanciada neste dispositivo. Enfim, fazem-se algumas concessões à confessionalidade abstrata, porque não referida a uma confissão religiosa concreta, se bem que ao largo da história do país o substrato dessa confessionalidade é a cultura haurida na prática do Catolicismo". (Comentário Contextual à Constituição. São Paulo: Malheiros, 7ª ed., p. 97). Assim, a separação entre o Estado e as igrejas, proclamada no art. 19, I, da CF/88, não prejudica a colaboração do Poder Público com entidades religiosas. Isso é, inclusive, previsto na parte final do referido dispositivo constitucional. Citem-se, como exemplo, as parcerias do Poder Público nas áreas da saúde com as Santas Casas de Misericórdia (católicas) e com a Sociedade Beneficente Israelita Brasileira Albert Einstein. In: *Dizer o Direito*, Informativo 879, 2017.

ministrada de acordo com os princípios de sua confissão religiosa, por integrantes dela, devidamente credenciados a partir de chamamento público já estabelecido em Lei para hipóteses semelhantes (Lei nº 13.204/2015) e, preferencialmente, sem qualquer ônus para o Poder Público.[165]

No caso de a igreja católica ou uma igreja evangélica desejar oferecer ensino religioso confessional cristão, ministrado por um padre ou pastor vinculado a igreja, elas poderão. Se uma mesquita islâmica também assim desejar, igualmente deve ser permitido. Do mesmo modo um rabino, representante do judaísmo, ou mesmo se o representante de uma religião de matriz africana quiser oferecer as aulas, isso deverá ser permitido.

Segundo a corrente majoritária do STF, a Constituição garante a liberdade de expressão às ideias majoritárias e a minoritárias, progressistas e conservadoras, políticas e religiosas. Assim, não se pode, previamente, censurar a propagação de dogmas religiosos no ensino religioso para aquele que realmente quer essas ideias. Os dogmas de fé são o núcleo do conceito de ensino religioso. Dessa forma, entendeu a Corte, que o Estado violaria a liberdade de crença ao substituir os dogmas da fé, que são diversos em relação a cada uma das crenças, por algo neutro. A neutralidade no ensino religioso não existe. O que deve existir é o respeito às diferenças no ensino religioso.[166]

Segundo o STF, o que não se pode adotar nem admitir é o dirigismo estatal no ensino religioso. Nesses termos, o dirigismo estatal pode se manifestar de duas formas:

1ª) Na intenção do Estado de elaborar um conteúdo único e oficial para a disciplina de ensino religioso, resumindo nesse curso a exposição de aspectos descritivos, históricos, filosóficos e culturais de todas as religiões, matéria que deveria ser ministrada por professores do Estado sem vinculação com qualquer religião. Esta forma de dirigismo estatal violaria a Consagração da Liberdade Religiosa, pois simultaneamente estaria mutilando diversos dogmas, conceitos e preceitos das crenças escolhidas e ignorando de maneira absoluta o conteúdo das demais. Além disso, estaria obrigando alunos de uma determinada religião a ter contato com crenças, dogmas e liturgias contrários à sua própria fé, em desrespeito ao art. 5º, VI, da CR/88; 2ª) Na intenção do Estado de optar pelo conteúdo programático de uma única crença, concedendo-lhe o monopólio do ensino religioso uniconfessional.

---

165. **ADI 4439/DF**, STF. Plenário. rel. orig. Min. Roberto Barroso, red. p/ o ac. Min. Alexandre de Moraes, julgado em **27.09.2017.** Aqui as Secretarias de Educação deverão realizar prévio chamamento público para cadastrarem as confissões religiosas interessadas. Posteriormente, no período de matrícula da rede pública, deverão ser ofertadas as diversas possibilidades para que os alunos ou seus pais/responsáveis legais, facultativamente, realizem expressamente sua opção entre as várias confissões ofertadas ou pela não participação no ensino religioso. Com a demanda definida, o Poder Público poderá estabelecer os horários, preferencialmente nas últimas aulas do turno, para que haja a liberação daqueles que não pretendam participar. In: *Dizer o Direito*, Informativo 879, 2017.

166. **ADI 4439/DF**, STF. Plenário. rel. orig. Min. Roberto Barroso, red. p/ o ac. Min. Alexandre de Moraes, julgado em **27.09.2017**. In: *Dizer o Direito*, Informativo 879, 2017.

Isso também seria inconstitucional por configurar flagrante privilégio e desrespeito ao Estado Laico, em clara violação ao art. 19, I, da CF/88. Não pode, portanto, haver o monopólio do ensino religioso uniconfessional. Dessa forma, em se tratando de ensino religioso, o Estado não deve interferir para determinar o conteúdo programático nem para direcionar o estudo para uma religião específica.[167]

O STF afirmou, como já dito, que a Constituição de 1988 não proíbe que sejam oferecidas aulas de uma religião específica, que ensine os dogmas ou valores daquela determinada religião. Ou seja, não há qualquer óbice nisso, desde que se garanta oportunidade a todas as doutrinas religiosas.[168] Portanto, no que tange ao ensino religioso, o Estado disponibilizaria a estrutura física das escolas públicas, assim como já acontece com alguns *hospitais* e *presídios*, para que seja usada para que a religião que assim desejar possa fazer a livre disseminação de suas crenças e ideais para aqueles alunos que professam da mesma fé e que voluntariamente queiram cursar a disciplina.[169] Sobre o ensino nas escolas particulares, entendemos que pode ser confessional, interconfessional ou não confessional, à luz da linha a ser delimitada pela própria escola, porém a matrícula, como nas escolas públicas, também deve ser facultativa.[170]

b) Questão dos **feriados religiosos**: conforme o § 2º do art. 215 da CR/88 a lei disporá sobre a fixação de datas comemorativas de alta significação para os diferentes segmentos étnicos nacionais. Nesse sentido, a legislação infraconstitucional pode determinar a existência de feriados, incluindo os de apelo cultural ou mesmo os de cunho religioso. Porém, boa parte da doutrina questiona se seria adequado em país um laico a existência de feriados de cunho cristão como a páscoa, ***corpus christi*** ou mesmo o natal.

c) Questão da **transfusão de sangue** das testemunhas de Jeová: A doutrina[171] majoritária e a jurisprudência vêm entendendo que, não havendo outra

167. ADI 4439/DF, STF. Plenário. rel. orig. Min. Roberto Barroso, red. p/ o ac. Min. Alexandre de Moraes, julgado em 27.09.2017. In: Dizer o Direito, Informativo 879, 2017.

168. **ADI 4439/DF**, STF. Plenário. rel. orig. Min. Roberto Barroso, red. p/ o ac. Min. Alexandre de Moraes, julgado em **27.09.2017.** Vencidos os ministros Roberto Barroso (relator), Rosa Weber, Luiz Fux, Marco Aurélio e Celso de Mello, que julgaram o pedido procedente, para dar interpretação conforme à Constituição aos preceitos impugnados, por considerar que o ensino religioso ministrado em escolas públicas deve ser de matrícula efetivamente facultativa e ter caráter não confessional, vedada a admissão de professores na qualidade de representantes das religiões para ministrá-lo (Informativo 870).

169. ADI 4439/DF, STF. Plenário. rel. orig. Min. Roberto Barroso, red. p/ o ac. Min. Alexandre de Moraes, julgado em 27.09.2017. In: Dizer o Direito, Informativo 879, 2017.

170. Sobre o tema, temos a ADI nº 1.266: Ementa: *Ação direta de inconstitucionalidade. Lei n. 6.584/94 do Estado da Bahia. Adoção de material escolar e livros didáticos pelos estabelecimentos particulares de ensino. Serviço público. Vício formal. Inexistência. 1. Os serviços de educação, seja os prestados pelo Estado, seja os prestados por particulares, configuram serviço público não privativo, podendo ser prestados pelo setor privado independentemente de concessão, permissão ou autorização. 2. Tratando-se de serviço público, incumbe às entidades educacionais particulares, na sua prestação, rigorosamente acatar as normas gerais de educação nacional e as dispostas pelo Estado-membro, no exercício de competência legislativa suplementar (§ 2º do ar. 24 da Constituição do Brasil). 3. Pedido de declaração de inconstitucionalidade julgado improcedente.*

171. NOVELINO, Marcelo, *Direito constitucional*, 2009, p. 422.

opção a não ser a transfusão sanguínea (que segundo o cânone interpretativo bíblico das testemunhas de Jeová os tornariam impuros), teríamos que: a) se o paciente for incapaz ou estiver inconsciente a transfusão deverá ser feita. O entendimento, embora de difícil enquadramento, é o de que não há como a vontade dos pais suprir a incapacidade do paciente. Nem mesmo uma vontade antecipada mediante termo escrito pelo próprio paciente seria suficiente para evitar o procedimento médico de transfusão; b) se o paciente estiver lúcido com capacidade **absoluta** e de forma consciente manifestar sua vontade de não realizar o procedimento, não há como de forma heterônoma ser imposto ao mesmo um determinado tratamento (no caso a transfusão). Assim sendo, deveria ser respeitada a liberdade religiosa, bem como a sua autonomia da vontade, ambas à luz da dignidade da pessoa humana.[172] Aqui é interessante trazermos, recente decisão da 6ª turma do STJ, prolatada em agosto de 2014, sobre a questão. No caso, em 1993 foi internada no interior do Estado de São Paulo (São Vicente-SP) uma jovem de 13 anos (portanto incapaz) em precário estado de saúde em virtude da doença anemia falciforme (doença genética, com altos índices de mortalidade). Havia a urgente necessidade de realização de transfusão sanguínea, que prontamente foi proibida pelos pais em virtude de serem testemunhas de Jeová (*a mãe chegou a afirmar que preferia ver a filha morta do que vê-la receber a transfusão sanguínea que a tornaria impura*). Com isso, a transfusão não foi realizada e a paciente veio a falecer. O Superior Tribunal de Justiça (6ª turma) em sua decisão isentou os pais da responsabilidade pela morte da filha e afirmou que a responsabilidade pelo ocorrido (óbito) foi exclusivamente dos médicos. Nesse sentido, o entendimento foi o de que em virtude do iminente risco de morte, os médicos deveriam ter feito a *transfusão mesmo contra a vontade da família* (ou seja, deveriam desrespeitar à vontade dos pais e cumprir o código de ética médica[173]).

---

172. Porém, mesmo nesses casos, segundo alguns posicionamentos judiciais, teríamos (como uma alternativa) a possibilidade de determinação judicial para a realização do procedimento. Nesses termos, como exemplo, temos decisão do **TRF da 1ª região** proferida pelo Desembargador Federal **Fagundes de Deus**, que assegurou, em sede de liminar, ao Hospital das Clínicas da Universidade Federal de Goiás, executar o procedimento de transfusão de sangue em paciente que se recusava a sofrê-lo em função de sua crença religiosa, Testemunha de Jeová. No caso em tela explicitou a Universidade Federal de Goiás (autarquia responsável pelo Hospital das Clínicas) que o estado do paciente era grave e requereria, com urgência, a transfusão de sangue. Explicou a UFGO que o hospital seria obrigado a respeitar o direito de autodeterminação da pessoa humana, reconhecido pela ordem jurídica, nada podendo fazer sem a autorização da Justiça. Sustentou também que o direito à vida é um bem indisponível, cuja proteção incumbe ao Estado e que, no caso concreto, a transfusão sanguínea é a única forma de efetivação de tal direito (para a manutenção da vida do paciente). Nesse sentido, *o desembargador registrou que no confronto entre os princípios constitucionais do direito à vida e do direito à crença religiosa importa considerar que atitudes de repúdio ao direito à própria vida vão de encontro à ordem constitucional – interpretada na sua visão teleológica. Isso posto, exemplificou o magistrado que a legislação infraconstitucional não admite a prática de eutanásia e reprime o induzimento ou auxílio ao suicídio, exarando assim sua decisão pela transfusão.*

173. *"É vedado ao médico*: art. 31: *Desrespeitar o direito do paciente ou de seu representante legal de decidir livremente sobre a execução de práticas diagnósticas ou terapêuticas, salvo em caso de iminente risco de morte;* art. 32: *Deixar de usar todos os meios disponíveis de diagnóstico e tratamento, cientificamente reconhecidos e ao seu alcance, em favor do paciente."* Vejamos, então, que a decisão do STJ protege e reafirma a liberdade religiosa e de crença ao

d) Análise do caso Jonas Abib sob a ótica do ***proselitismo religioso***. Jonas Abib, sacerdote da Igreja Católica, escreveu um livro intitulado *"Sim, Sim! Não, Não! Reflexões de cura e libertação"*. Essa obra foi direcionada aos católicos e nela o padre faz duras críticas ao espiritismo e a religiões de matriz africana, como a umbanda e o candomblé. O autor associa o espiritismo ao demônio, afirma que a doutrina espírita é maligna e que o espiritismo precisa ser eliminado da vida dos cristãos. Defende também que os católicos que possuam livros espíritas em casa devem queimá-los.

Nesses termos, o Ministério Público da Bahia ofereceu denúncia contra ele, acusando-o de ter cometido o crime do art. 20, § 2º da Lei nº 7.716/89 (Lei do Racismo). Conforme o diploma legal, o art. 20 determina que: *Praticar, induzir ou incitar a discriminação ou preconceito de raça, cor, etnia, religião ou procedência nacional. Pena: reclusão de um a três anos e multa. (...) § 2º Se qualquer dos crimes previstos no caput é cometido por intermédio dos meios de comunicação social ou publicação de qualquer natureza: Pena: reclusão de dois a cinco anos e multa.*

Entendeu o Ministério Público, que as afirmações feitas no livro incitariam os leitores à discriminação ou preconceito com pessoas das religiões criticadas no livro do padre católico.[174] Mas como decidiu o STF? No caso concreto, o STF entendeu que não houve o crime. Segundo o Pretório Excelso, a CR/88 garante o direito à liberdade religiosa, nos termos do aqui citado art. 5, VI da CR/88. E, sendo assim, um dos aspectos da liberdade religiosa é o direito que o indivíduo possui de não apenas escolher qual religião irá seguir, mas também o de fazer *proselitismo religioso*. Proselitismo religioso significa empreender esforços para convencer outras pessoas a também se converterem à sua religião. Desse modo, a prática do proselitismo, ainda que feita por meio de comparações entre as religiões (dizendo que uma é melhor que a outra) não configura, por si só, crime de racismo. Nos termos do informativo 849, o STF afirmou que esse proselitismo ainda que acarrete incômodas

explicitar que os pais não cometeram homicídio, mas ao mesmo tempo (de forma paradoxal e esdruxula para alguns ou genial para outros) reafirma o direito a vida como uma espécie de bem a ser tutelado (obrigatoriamente pelos médicos) independentemente da questão religiosa. Concluindo, a fórmula "mágica" (e claramente simplista) seria: os pais proíbem a transfusão para se eximirem da culpa religiosa (e de sua crença na posterior impureza) e os médicos realizam à transfusão para não serem processados.

174. Na denúncia do MP temos os seguintes trechos: *"O demônio, dizem muitos, "não é nada criativo". Ele continua usando o mesmo disfarce. Ele, que no passado se escondia por trás dos ídolos, hoje se esconde nos rituais e nas práticas do espiritismo, da umbanda, do candomblé e de outras formas de espiritismo. Todas essas formas de espiritismo têm em comum a consulta aos espíritos e a reencarnação." (págs. 29/30) Os próprios pais e mães-de--santo e todos os que trabalham em centros e terreiros são as primeiras vítimas: são instrumentalizados por Satanás. (...) A doutrina espírita é maligna, vem do maligno. (...)" (pág 16) "O espiritismo não é uma coisa qualquer como alguns pensam. Em vez de viver no Espírito santo, de depender dele e ser conduzida por Ele, a pessoa acaba sendo conduzida por espíritos malignos. (...) O espiritismo é como uma epidemia e como tal deve ser combatido: é um foco de morte. O espiritismo precisa ser desterrado da nossa vida. Não é preciso ser cristão e ser espírita, (...) Limpe-se totalmente! " (...) "Há pessoas que já leram muitos livros do chamado "espiritismo de mesa branca", de um kardecista muito intelectual que realmente fascina – as coisas do inimigo fascinam. Desfaça-se de tudo. Queime tudo. Não fique com nenhum desses livros.* In: Márcio André Lopes Cavalcante, Comentários ao informativo 849 do STF. 13.12.2016.

comparações religiosas, não materializa, por si só, o espaço normativo dedicado à incriminação de condutas preconceituosas. Essa ação (de prática do *proselitismo*) constitui não apenas desdobramento da liberdade de expressão religiosa, mas figura como núcleo essencial desse direito, de modo que negar sua prática configuraria excessiva restrição às liberdades constitucionais. Assim, eventual animosidade decorrente de observações desigualadoras não configura, necessariamente, preconceito ou discriminação.[175]

Para o STF, na linha do informativo 849, a ***desigualação*** desemboca em ***discriminação*** na hipótese em que ultrapassa, de forma cumulativa, três etapas. A primeira delas relaciona-se a um ***juízo cognitivo*** em que se reconhecem as diferenças entre os indivíduos. Na segunda, implementa-se um ***juízo valorativo direcionado à hierarquização***. Na hipótese de discursos religiosos, a comparação entre crenças e a ocorrência de explicitações quanto à mais adequada entre elas é da essencialidade da liberdade de expressão religiosa. Por fim, a terceira fase consiste em um ***juízo em que se exterioriza a necessidade ou legitimidade de exploração, escravização ou eliminação do indivíduo ou grupo considerado inferior***. Desse modo, não apenas a finalidade de eliminação, mas também o intuito de supressão ou redução de direitos fundamentais sob razões religiosas já configura, em si, conduta discriminatória e, nessa medida, não albergada pela Constituição e sujeita, em tese, à censura penal. Necessário, portanto, precisar o sentido de exploração e eliminação, que se relaciona à avaliação de que o suposto superior tem o dever e, ao mesmo tempo, a prerrogativa de subjugar o indivíduo considerado inferior. Por sua vez, nas hipóteses em que se reconhece caber ao pretenso superior a prestação de auxílio ao considerado inferior, verifica-se a presença somente das primeiras etapas, de modo que, nesses casos, não se cogita de conduta discriminatória apta a merecer reprimenda penal. O discurso proselitista, nessas hipóteses, associa-se ao dever de auxílio a adeptos de outras religiões, vistas como equivocadas. Objetiva-se assegurar que o outro alcance o mesmo nível moral em que o agente se vê inserido. O discurso que persegue alcançar, pela fé, adeptos de outras crenças não se qualifica intrinsecamente como discriminatório.[176]

Conforme o informativo 849 do STF, só haverá racismo se o discurso de uma religião for supostamente superior no sentido de dominação, opressão, restrição de

175. **RHC 134682/BA** STF. 1ª Turma, Rel. Min. Edson Fachin, julgado em **29.11.2016** (trecho do informativo 849 do STF).

176. **RHC 134682/BA**, STF. 1ª Turma, Rel. Min. Edson Fachin, julgado em **29.11.2016** (trecho do informativo 849 do STF) Na doutrina: *"O embate religioso, invariavelmente, envolve esta concepção de que determinada religião ou igreja há de ajudar o terceiro a alcançar um nível mais alto de bem-estar, de salvação. Esta é a pedra angular, por exemplo, do cristianismo, presente na sua missão de evangelizar (...), reputada como um dever, mas não apenas do cristianismo. Esta conduta, contudo, não implica discriminação. Apenas a concepção de que o superior tem o direito de suprimir o inferior (que só pode ser verificada adequadamente em cada caso concreto e que não se manifesta no caso em apreço) é que enseja prática discriminatória, a ser, por conseguinte, considerada legalmente (penalmente) censurável."* (TAVARES, André Ramos. O direito fundamental ao discurso religioso: divulgação da fé, proselitismo e evangelização).

direitos ou violação da dignidade humana das pessoas integrantes dos demais grupos. Por outro lado, se essa religião supostamente superior pregar que tem o dever de ajudar os "inferiores" para que estes alcancem um nível mais alto de bem-estar e de salvação espiritual, neste caso não haverá conduta criminosa. Portanto, o STF entendeu no caso que o réu apenas fez comparações entre as religiões, procurando demonstrar que a sua deveria prevalecer e que não houve tentativa de subjugar os adeptos do espiritismo.

No caso, segundo o STF, a publicação escrita pelo sacerdote católico dedica-se à pregação da fé católica, e suas explicitações detêm público específico. Sua intenção seria a de orientar a população católica sobre a incompatibilidade verificada, segundo sua visão, entre o catolicismo e o espiritismo. A conclusão do Pretório Excelso foi a de que pregar um discurso de que as religiões são desiguais e de que uma é inferior à outra não configura, por si, o elemento típico do art. 20 da Lei nº 7.716/89.[177] Para haver o crime, seria indispensável que tivesse ficado demonstrado o especial fim de supressão ou *redução da dignidade do diferente*, elemento que confere sentido à discriminação que atua como verbo núcleo do tipo.[178]

e) Porém, é interessante observarmos, que em uma decisão também recente, no RHC nº 146.303 julgado pela 2ª Turma do STF em 06.03.2018, o Pretório Excelso adotou um posicionamento diferente. No caso, o paciente, na condição de pastor da "Igreja Pentecostal Geração Jesus Cristo", foi acusado e condenado em primeiro grau pela prática do crime previsto no art. 20, § 2°, da Lei n. 7.716/89, providência confirmada em sede de apelação.

A denúncia narrou que o recorrente ajudado por terceiro "vinha reiteradamente praticando e incitando a discriminação religiosa, inclusive por meios de comunicação", bem como que "os denunciados, unidos pelo mesmo propósito e congregados na mesma cédula religiosa, difundem por meio de comunicação através da internet (vídeos e *blogs*) suas ideias de discriminação religiosa, além de ofenderem autoridades públicas e seguidores de outras manifestações de fé espiritual".

---

177. Em outros trechos do livro: *"No entanto, em outros trechos da obra, o padre deixa claro que não está pregando contra as pessoas, mas sim contra a religião: "Não estou falando contra as pessoas espíritas, contra as pessoas que frequentam umbanda, candomblé, mas estou falando aos cristãos que são inocentes úteis: sem saber dos fatos, vão e fazem tudo isso, só para conseguir o que desejam e do jeito que desejam. (...) Não estamos condenando os espíritas, mas o espiritismo. Estamos denunciando a obra covarde, suja, desleal que o inimigo tem feito, enganando muita gente, retirando os filhos de Deus da salvação de Jesus, arrancando os filhos de Deus dos braços de Jesus e os jogando nas garras do lobo. Podemos dizer sem medo que, infelizmente, os espíritas são as primeiras vítimas deste embuste do demônio. Não estamos contra eles: estamos contra aquele que os enganou. (...) São filhos de Deus, são filhas de Deus! Ele os quer resgatar a todos, sem exceção. Não estamos condenando os espíritas nem seus entes queridos, que foram vítimas do espiritismo. Pelo contrário, estamos afirmando que Deus quer salvá-los."* In: Márcio André Lopes Cavalcante, Comentários ao informativo 849 do STF.

178. Segundo o Min. Edson Fachin, *a afirmação do autor de que a sua religião é superior e que ela deverá resgatar e salvar os espíritas, "apesar de indiscutivelmente preconceituosa, intolerante, pedante e prepotente, encontra guarida na liberdade de expressão religiosa e, em tal dimensão, não preenche o âmbito proibitivo da norma penal incriminadora".* (Informativo 849)

A sentença condenatória (de 1º grau) reproduziu trechos atribuídos ao paciente e que traduziriam ofensa à grupo religioso. Nesses: 1) o acusado exibiu os livros "guia das ciências ocultas", "Wicca", "Feitiçaria Antiga", "Dogma" e "Ritual de Alta Magia" e "São Cipriano, o Bruxo", afirmando que: irão para o lixo e que não os rasgaria para não sujar o estúdio; 2) aduz que seu ministério é superior às religiões pagãs em que pessoas sofrem, padecem, são estupradas, violentadas, vivem em medo, em angústia, em aflição; 3) acrescenta que satanismo não é religião, que lugares onde as pessoas são destruídas e marionetadas a seguir caminhos de podridão, não são religião; 4) afirma ainda que o conteúdo dos referidos livros ensina enganos, a roubar, a furtar, a dominar o sentimento dos outros; 5) diz, por fim, se tratar de pilantragem e hipocrisia, e que é uma religião assassina como o Islamismo. Já na notícia crime que deu origem a instauração do inquérito policial, foi transcrito texto extraídos de *blog*, no qual o acusado se refere à outra religião como "prostituta espiritual" e à Igreja Católica como "prostituta católica".[179]

No caso, o ministro Edson Fachin, na linha do ***proselitismo religioso***, deixou assente que a afirmação de superioridade da crença professada pelo paciente, apesar de indiscutivelmente intolerante, pedante e prepotente, além de certamente questionável na própria ambiência em que explicitada, encontra guarida na liberdade de expressão religiosa e, em tal dimensão, não preenche o âmbito proibitivo da norma penal incriminadora. Ele votou pelo provimento parcial ao recurso para determinar o trancamento da ação penal.

Acontece que a 2ª Turma do STF, por decisão majoritária, conduzida pela divergência do Ministro Dias Toffoli, negou provimento ao Recurso ordinário constitucional (RHC nº 146303). O Ministro Toffoli afirmou que deve se fazer distinção entre o discurso religioso (que é centrado na própria crença e nas razões da crença) e o discurso sobre a crença alheia, especialmente quando se faça com intuito de atingi-la, rebaixá-la ou desmerecê-la (ou a seus seguidores). Um é tipicamente a representação do direito à liberdade de crença religiosa; outro, em sentido diametralmente oposto, é o ataque ao mesmo direito.

Afirmou o Ministro, que a liberdade de crença e de culto pode ser visualizada sob seu aspecto positivo – liberdade de se expressar e de viver de acordo com a própria fé – e sob seu aspecto negativo: sintetizado na tolerância religiosa (e, nesse passo, na abstenção de conduta) para com fé distinta, igualmente protegida. A forma de o Estado coibir eventual descompasso com o ordenamento – dada a

179. Conforme a decisão de 1º Grau: "Nota-se que não se trata de liberdade de expressão ou de livre manifestação religiosa, eis que não se restringem seus autores a propagar sua crença, mas sim atacam as demais (Católica, Protestante, Espírita, Islâmica, Wicca), exorbitando o direito de crítica, por exemplo, em referências como "religião assassina", "líderes assassinos", "prostituta católica", "prostituta espiritual" e "pilantragem". Vinculam de forma pejorativa tais religiões à adoração ao Diabo, Demônio ou Satanás, uma vez que o termo satanismo foi utilizado pelas religiões abraâmicas para designar práticas religiosas que consideravam estar em oposição direta do Deus de Abraão". RHC 146303/RJ, pag.17-18 do acordão.

essencialidade da liberdade religiosa para o Estado Democrático de Direito – é a *ultima ratio* de sua atuação: a legislação penal.

Assim, em seu entendimento o conceito positivo de liberdade religiosa (direito à manifestação e vivência da fé) não pode ser amplificado a ponto de reduzir ao mínimo seu viés negativo (abstenção de conduta frente a outra fé), sob pena de redução do espectro de punitividade da norma penal em contrassenso à proteção que se quis promover com sua edição. Surgindo a intolerância religiosa, portanto, e havendo congruência com fatos tipificados como delito, cabe ao Estado, sim, agir: poderá condenar ou absolver seu eventual autor nas instâncias ordinárias.

No caso dos autos, deixou assente o Ministro, que a sentença transcreve uma série de fatos publicados em vídeos, na internet, de maneira permanente, com palavras de incitação ao ódio, alimento base da intolerância religiosa.[180] Compreendo que este tipo de agir não se enquadra no direito à liberdade de expressão; não se enquadra, com a devida vênia, na ideia de liberdade religiosa; muito pelo contrário. Trata-se de manifestação que atinge diretamente o direito de crença do outro e a própria integridade de conduta de seus fiéis.

Conforme explicou o Ministro Dias Toffoli, o Brasil, social e historicamente, orgulha-se de ser um país de tolerância religiosa, valor que faz parte da construção de nosso estado democrático de direito. De acordo com o Ministro, existem diversos trechos no discurso do condenado que alimentam o ódio e a intolerância. Assim, se o Estado não exercer seu papel de pacificar a sociedade, vai se chegar a uma guerra de religiões. "Ao invés de sermos instrumento de pacificação, vamos aprofundar o que acontece no mundo".[181]

O Ministro Celso de Mello que acompanhou o Ministro Dias Toffoli explicitou a essencialidade de propiciar-se a livre circulação de ideias, particularmente no plano das formulações de índole confessional. Para ele, tal prerrogativa individual representa um signo inerente às formações democráticas que convivem com a diversidade, vale dizer, com pensamentos antagônicos que se contrapõem, em permanente movimento dialético.[182]

180. Cita o Ministro, apenas a título de exemplo, trecho do parecer ministerial que faz referência à frase do paciente, utilizada para abordar o islamismo: "Diz, por fim, tratar-se de pilantragem e hipocrisia, e que é uma religião assassina".

181. RHC 146303/RJ, 2ª Turma do STF. red. p/ o ac. Min. Dias Toffoli, julgado em 6/3/2018 (Info 893) No voto do Ministro Ricardo Lewandowski: "(...) *o preâmbulo de nossa Carta Magna, que é, de certa maneira, um vetor para a interpretação de todos os dispositivos constitucionais. Portanto, eu penso, pelo menos num primeiro olhar dos autos, que, de fato, o acusado aqui – ora recorrente – está indo de encontro ao que consigna nosso preâmbulo. Na verdade, ele está agindo contra a harmonia social, contra a fraternidade que os constituintes procuraram construir a partir da promulgação desta Constituição. E observo, também, que o art. 3º da nossa Carta Magna estabelece que dentre os objetivos fundamentais da República Federativa do Brasil está a construção de uma sociedade livre, justa e solidária.*"

182. RHC 146303/RJ. 2ª Turma do STF. rel. Min. Edson Fachin, red. p/ o ac. Min. Dias Toffoli, julgado em 06.03.2018 (Info 893).

Porém, afirmou que a irradiação das liberdades do pensamento, não obstante a sua extração eminentemente constitucional, deslegitima-se quando a sua exteriorização lesionar valores e bens jurídicos postos sob a imediata tutela da ordem constitucional. É por tal razão que a incitação ao ódio público contra qualquer pessoa, povo ou grupo social não está protegida pela cláusula constitucional que assegura a liberdade de expressão.[183]

Entendeu que a incitação ao ódio público contra outras denominações religiosas e seus seguidores não está protegida pela cláusula constitucional que assegura a liberdade de expressão. Sendo assim, pronunciamentos, como os de que trata o processo ora citado, que extravasam os limites da prática confessional, degradando-se ao nível primário do insulto, da ofensa e, sobretudo, do estímulo à intolerância e ao ódio público contra fiéis de outras denominações religiosas, não merecem a dignidade da proteção constitucional. Portanto, a conclusão é a de que a liberdade de expressão do pensamento, não pode compreender, em seu âmbito de tutela, manifestações revestidas de ilicitude penal.[184]

f) Questão de **professar a religião** em ocasiões (**datas**) específicas: o caso envolveu a (im)possibilidade de judeus participarem do Exame Nacional do Ensino Médio (ENEM) em data alternativa ao ***Shabat*** (data judaica). Nesse caso, decidiu o Pretório Excelso que não ocorreu a alegação de inobservância ao **direito fundamental de liberdade religiosa** e ao direito à educação. Prolatou o STF (em decisão da Presidência) conforme a Ementa que: "(...) pode-se afirmar que a designação de **data alternativa** para a realização dos exames não se revela em sintonia com o **princípio da isonomia**, convolando-se em privilégio para um determinado grupo religioso. (...) Pendência de julgamento da ADI 391 e da ADI 3.714, nas quais este Corte poderá analisar o tema com maior profundidade."[185]

g) O Supremo Tribunal Federal, em 28.03.2019, entendeu que a lei do Rio Grande do Sul que permite o *sacrifício de animais em cultos de religiões de matriz africana é constitucional*. Nesses termos, o Plenário da Corte finalizou o julgamento do Recurso Extraordinário nº 494601, no qual se discutia a validade da Lei 12.131/2004 do Estado do Rio Grande do Sul que incluiu parágrafo único ao art. 2º da Lei 11.915/2003 do Estado do Rio Grande do Sul. Essa Lei instituiu Código Estadual de Proteção aos Animais.[186]

183. RHC 146303/RJ. 2ª Turma do STF. rel. Min. Edson Fachin, red. p/ o ac. Min. Dias Toffoli, julgado em 06.03.2018 (Info 893).
184. Conforme o Ministro: "Se assim não fosse, caluniar, injuriar, difamar ou fazer apologia de fatos criminosos não seriam suscetíveis de punições". RHC 146303/RJ. 2ª Turma do STF. Red. p/ o ac. Min. Dias Toffoli, julg. em 06.03.2018.
185. **STA 389-AgR**, Rel. Min. Presidente Gilmar Mendes, julg. em 03.12.2009, Plenário, *DJ* de 14.05.2010.
186. O art. 2º da Lei 11.915/2003, proíbe uma lista de condutas que são consideradas maus-tratos de animais: *É vedado: I - ofender ou agredir fisicamente os animais, sujeitando-os a qualquer tipo de experiência capaz de causar sofrimento ou dano, bem como as que criem condições inaceitáveis de existência; II - manter animais em local completamente desprovido de asseio ou que lhes impeçam a movimentação, o descanso ou os privem de ar e luminosidade; III - obrigar*

No caso o Ministério Público do Rio Grande do Sul ingressou com ADI no TJ/RS alegando que o parágrafo único seria inconstitucional tanto sob o ponto de vista formal como material.

Pois bem, o STF entendeu que a legislação Estadual está em consonância com a Constituição da República de 1988. Sob o prisma formal, afirmou o Pretório Excelso que improcede a alegação de inconstitucionalidade ao argumento de a legislação versar sobre matéria penal (inconstitucionalidade formal por contrariar o art. 22, I da CR/88). Nesses termos, para o STF, o ato normativo impugnado acrescentou ao código estadual situação de exclusão de responsabilidade administrativa na hipótese de abate de animais em cultos religiosos, que em nada se relaciona com a excludente de ilicitude penal.[187]

Sob o prisma material, que nos interessa mais nessa parte da obra, asseverou o STF, que a temática envolve uma interpretação de normas fundamentais, alcançando a conformação do exercício da liberdade de culto e de liturgia. Aliás, não e sem sentido, que a religião desempenha papel importante em vários aspectos da vida da comunidade, e essa centralidade está consagrada no art. 5º, VI, da CR/88.[188]

Por isso mesmo, entendeu o STF, que existe a necessidade e o dever do Estado brasileiro de proteger as "manifestações das culturas populares, indígenas e afro-brasileiras, e das de outros grupos participantes do processo civilizatório nacional" conforme o art. 215, § 1º da CR/88. E assim sendo, o modo de ser e viver das comunidades, bem como a experiência da liberdade religiosa são vivenciadas com base em práticas não institucionais. E essas práticas devem ser respeitadas e garantidas.[189]

Na sequência da análise material, deixou assente o STF, que não existiu na Legislação gaúcha violação aos princípios da laicidade e da igualdade.

Para o STF, a proteção legal às religiões de matriz africana não representa um privilégio, mas sim um mecanismo de ***assegurar a liberdade religiosa***, mantida a laicidade do Estado. Nesses termos, conforme o STF, o Estado não pode estar associado a nenhuma religião, nem sob a forma de proteção nem de perseguição, numa separação formal entre Igreja e Estado. Portanto, a ***laicidade do Estado veda***

animais a trabalhos exorbitantes ou que ultrapassem sua força; IV - não dar morte rápida e indolor a todo animal cujo extermínio seja necessário para consumo; V - exercer a venda ambulante de animais para menores desacompanhados por responsável legal; VI - enclausurar animais com outros que os molestem ou aterrorizem; VII - sacrificar animais com venenos ou outros métodos não preconizados pela Organização Mundial da Saúde - OMS -, nos programas de profilaxia da raiva. Parágrafo único. ***Não se enquadra nessa vedação o livre exercício dos cultos e liturgias das religiões de matriz africana.*** (Incluído pela Lei nº 12.131/2004)

187. Nesse sentido, entendeu o STF, que o caráter penal da legislação, por sua vez, exigiria a definição de fatos puníveis e suas respectivas sanções. Já o mencionado código estabelece regras de proteção à fauna, define conceitos e afasta a prática de determinadas condutas. Inexiste, portanto, descrição de infrações, tampouco de penas a serem impostas. Dessa forma, a natureza do diploma não é penal, mostrando-se impróprio falar em usurpação de competência da União.
188. RE 494601/RS, STF. Plenário. red. p/ o ac. Min. Edson Fachin, julgado em 28/3/2019 (Info 935).
189. RE 494601/RS, STF. Plenário. red. p/ o ac. Min. Edson Fachin, julgado em 28/3/2019 (Info 935).

o menosprezo ou a supressão de rituais, principalmente no tocante a religiões minoritárias ou revestidas de profundo sentido histórico e social.[190]

Assim sendo, nos moldes do informativo 935, entendeu o STF, que a Constituição de 1988, prometeu uma sociedade livre de preconceitos, entre os quais o religioso. Por isso mesmo, a cultura afro-brasileira merece maior atenção do Estado, por conta de sua estigmatização, fruto de preconceito estrutural. E no caso, a *proibição do sacrifício negaria a própria essência da pluralidade cultural*, com a *consequente imposição de determinada visão de mundo.*[191]

Nesses termos, essa designação de especial proteção aos cultos de culturas historicamente estigmatizadas ***não ofende o princípio da igualdade***, sendo válida a permissão do sacrifício de animais a determinado segmento religioso, como previsto na norma questionada.[192]

Por fim, a Corte entendeu que admitir a *prática de imolação* não significa afastar o amparo aos animais estampado no art. 225, § 1º, VII da CR/88. No caso, para o STF, deve-se evitar que a tutela de um valor constitucional relevante aniquile o exercício de um direito fundamental, revelando-se desproporcional impedir todo e qualquer sacrifício religioso quando diariamente a população consome carnes de várias espécies.[193]

Assim, a tese produzida pelo STF foi a seguinte: *"É constitucional a lei de proteção animal que, a fim de resguardar a liberdade religiosa, permite o sacrifício ritual de animais em cultos de religiões de matriz africana"*.[194]

h) Por último, é interessante observarmos, o caso do especial de Natal do grupo Porta dos Fundos que explicitou um conteúdo que satiriza crenças e valores do cristianismo.

Aqui apesar de ser um caso que envolve a liberdade de expressão, temos também o debate religioso. No caso, o grupo de comédia "Porta dos Fundos" produziu, em 2019, um programa de humor satírico denominado *"Especial de Natal Porta dos Fundos: A Primeira Tentação de Cristo"*.

---

190. RE 494601/RS, STF. Plenário. rel. orig. Min. Marco Aurélio, red. p/ o ac. Min. Edson Fachin, julgado em 28/3/2019 (Info 935).
191. RE 494601/RS, STF. Plenário. rel. orig. Min. Marco Aurélio, red. p/ o ac. Min. Edson Fachin, julgado em 28/3/2019 (Info 935).
192. RE 494601/RS, STF. Plenário. rel. orig. Min. Marco Aurélio, red. p/ o ac. Min. Edson Fachin, julgado em 28/3/2019 (Info 935).
193. O Ministro Roberto Barroso ressaltou que, *de acordo com a tradição e as normas das religiões de matriz africana, não se admite nenhum tipo de crueldade com o animal e são empregados procedimentos e técnicas para que sua morte seja rápida e indolor*. Conforme o Ministro: *"Segundo a crença, somente quando a vida animal é extinta sem sofrimento se estabelece a comunicação entre os mundos sagrado e temporal"*. RE 494601/RS julg. em 28.03.2019, Pleno do STF.
194. RE 494601/RS, STF. Plenário. rel. orig. Min. Marco Aurélio, red. p/ o ac. Min. Edson Fachin, julgado em 28/3/2019 (Info 935).

No filme, lançado pela Netflix, foram feitas diversas sátiras com as crenças e valores da religião cristã com até mesmo Jesus sendo retratado como gay. Pois bem, a Associação Centro Dom Bosco de Fé e Cultura ajuizou ação civil pública contra a "Porta dos Fundos" e a Netflix pedindo a não exibição do especial e a condenação dos requeridos em danos morais coletivos.

Em 08.01.2020, um Desembargador do Tribunal de Justiça do Rio de Janeiro deferiu medida liminar para que a Netflix suspendesse a exibição do filme.

A Netflix ingressou com reclamação, no STF, contra esta decisão alegando que a suspensão da exibição do filme é incompatível com o entendimento firmado pelo STF no julgamento da ADPF 130, na qual o Supremo afirmou não ser possível qualquer tipo de censura prévia e de restrição à liberdade de expressão não prevista na Constituição.

Em 09.01.2020, o Presidente do STF deferiu a liminar para suspender a decisão do Desembargador e para, portanto, permitir a exibição do filme. O então presidente do STF, Mininistro Dias Toffoli, afirmou que na ADPF 130, foi assegurada a plenitude da liberdade de expressão como decorrência da dignidade da pessoa humana e como meio de reafirmação ou potencialização de outras liberdades constitucionais.

Em 03.11.2020 a 2ª Turma do STF, decidiu a questão afirmando que retirar de circulação produto audiovisual disponibilizado em plataforma de "streaming" apenas porque seu conteúdo desagrada parcela da população, ainda que majoritária, não encontra fundamento em uma sociedade democrática e pluralista como a brasileira.[195]

Entendeu o STF, que a obra não incita a violência contra grupos religiosos. Trata-se de mera crítica, realizada por meio de sátira a elementos do Cristianismo. Por mais questionável que possa vir a ser a qualidade da produção artística, não se identifica, em seu conteúdo, fundamento que justifique qualquer tipo de ingerência estatal.

A liberdade de expressão artística está em posição preferencial em relação às demais liberdades. Eventual colisão entre ela e outros direitos constitucionalmente garantidos deve levar em conta o fato de que o conceito de arte tem sentido amplo, incluindo-se aí obras provocativas, que pretendem atingir fins políticos ou religiosos também por meio de sátiras. Somente seria possível proibir a exibição do conteúdo se fosse caracterizado ato ilícito de incitação à violência ou violador de direitos humanos, o que não se verificou no caso.[196]

Além disso, é de se destacar a importância da liberdade de circulação de ideias e o fato de que deve ser assegurada à sociedade brasileira, na medida do possível, o livre debate sobre todas as temáticas, permitindo-se que cada indivíduo forme suas próprias convicções, a partir de informações que escolha obter.

195. **Rcl 38782/RJ**, STF. 2ª Turma. Rel. Min. Gilmar Mendes, julgado em **03.11.2020** (Informativo 998).
196. **Rcl 38782/RJ**, STF. 2ª Turma. Rel. Min. Gilmar Mendes, julgado em **03.11.2020** (Informativo 998).

Há diversas formas de indicar descontentamento com determinada opinião e de manifestar-se contra ideais com os quais não se concorda – o que, em verdade, nada mais é do que a dinâmica do chamado "mercado livre de ideias". A censura, com a definição de qual conteúdo pode ou não ser divulgado, deve-se dar em situações excepcionais, para que seja evitada, inclusive, a ocorrência de verdadeira imposição de determinada visão de mundo.[197]

Nesse contexto, atos estatais de quaisquer de suas esferas de Poder praticados sob o manto da moral e dos bons costumes ou do politicamente correto apenas servem para inflamar o sentimento de dissenso, de ódio ou de preconceito, afastando-se da aproximação e da convivência harmônica.[198]

Para o STF, por se tratar de conteúdo veiculado em plataforma de transmissão particular, na qual o acesso é voluntário e controlado pelo próprio usuário, é possível optar-se por não assistir ao conteúdo disponibilizado, bem como é viável decidir-se pelo cancelamento da assinatura contratada. Nesses termos, conforme a ementa:

> *"(...)2. Liberdade de expressão. 3. Decisões reclamadas que restringem difusão de conteúdo audiovisual em que formuladas sátiras a elementos religiosos inerentes ao Cristianismo. 4. Ofensa à autoridade de decisão proferida pelo Supremo Tribunal Federal nos julgamentos da ADPF 130 e da ADI 2.404. 5. Limites da liberdade artística. 6. Importância da livre circulação de ideias em um Estado democrático. Proibição de divulgação de determinado conteúdo deve-se dar apenas em casos excepcionalíssimos, como na hipótese de configurar ocorrência de prática ilícita, de incitação à violência ou à discriminação, bem como de propagação de discurso de ódio. 7. Distinção entre intolerância religiosa e crítica religiosa. Obra que não incita violência contra grupos religiosos, mas constitui mera crítica, realizada por meio de sátira, a elementos caros ao Cristianismo. 8. Reclamação julgada procedente".*[199]

3.4. Liberdade de locomoção

O direito à liberdade de locomoção à luz da Constituição de 1988, por óbvio, é muito mais que falar em locomoção apenas como deslocamento: é pensar no acesso, na permanência, no deslocamento e na saída do território nacional.

Assim, é possível determinar que a liberdade de locomoção engloba as seguintes situações: (1) direito de acesso e ingresso no território nacional; (2) direito de saída do território nacional; (3) direito de permanência no território nacional; e (4) direito de deslocamento dentro do território nacional.

197. **Rcl 38782/RJ**, STF. 2ª Turma. Rel. Min. Gilmar Mendes, julgado em **03.11.2020** (Informativo 998).
198. **Rcl 38782/RJ**, STF. 2ª Turma. Rel. Min. Gilmar Mendes, julgado em **03.11.2020** (Informativo 998).
199. **Rcl 38782/RJ**, STF. 2ª Turma. Rel. Min. Gilmar Mendes, julgado em **03.11.2020** (Informativo 998).

Certo é que a garantia expressa na Constituição contra a violação ou mesmo ameaça de violação a esse direito fundamental é o *habeas corpus* previsto no art. 5º, LXVIII da CR/88.

Outra questão importante é a de que, falar em direito de ir, vir ou permanecer sem restrições em tempo de paz não pode receber uma interpretação absoluta. Isso pode ser observado em várias situações, como por exemplo, no uso dos meios de transporte, cabendo às autoridades o poder de polícia para estabelecer o controle do tráfego, mas de modo a não eliminar tal direito.[200]

Mas por não ser absoluto, como já dissemos, há limitação, por exemplo, no curso de um Estado de Sítio (art. 139, I, II, da CR/88).

Entendemos ainda que essas limitações também podem ser fixadas em lei, mas nunca, é claro, a partir de critérios desarrazoados e arbitrários. As limitações (ou restrições) devem ser, para a corrente majoritária, dotadas de proporcionalidade (respeito ao: *princípio, máxima, postulado,* ou mesmo para alguns, *regra da proporcionalidade*).

Alias, isso pode ser obervado na pandemia do novo coronavírus. A Lei nº 13.979/2020 estabeleceu uma serie de limitações (restrições) a direitos fudnamentais em virtude do ***estado de exceção sanitária*** derivado justamente da pandemiada da Covid-19. Dentre elas, tivemos restrições em diferentes graus à liberdade de locomoção em determinadas áreas e em determinados momentos de agravamento dos números de casos e de saturação do sistema de saúde (em relação à capacidade de atendimento). Muitos disseram que tais medidas so poderiam ser tomadas pela decretação do Estado de Sítio, o que se traduz em total desconhecimento do Direito Constitucional.

As medidas tomadas pelo Executivo Federal (Presidência da República) e até mais especificamente pelos Governadores e Prefeitos, com base na decisão do STF das ADIs 6341 e 6343, atraves de atos normativos (como leis e decretos), estão de acordo com a tese da possibilidade de restrição de direitos fundamentais em determinadas situações (contextos de aplicação).

Aqui relembramos a corrente majoritária na teoria dos direitos fundamentais, que admite a restrição (limitação) de direitos fundamentais para desenvolver o direito (restringido) ou outros direitos fundamentais (do sistema de direitos fundamentais).

---

200. As restrições ao tráfego, como, por exemplo, a proibição de subir a Avenida Paulista pela contramão de direção, não deve ser compreendida como uma restrição ao direito de liberdade de locomoção, afinal, se compreendermos adequadamente o direito de liberdade, bem como sua função de harmonização de iguais liberdades, o estabelecimento de uma política de tráfego é vital o exercício do direito de locomoção; caricato seria imaginar a inexistência, por exemplo, de semáforos em um grande cruzamento no centro de uma cidade, pois apenas poderíamos falar em caos e arbitrariedade – isto é, abuso! –, ao invés de um exercício (ilimitado) da liberdade de locomoção QUINAUD PEDRON, Flávio, *Direitos e interesses*, p. 219-220.

No caso, para essa corrente, a restrição (limitação à liberdade de locomoção) veio para desenvolver e potencializar o direito à saúde, integridade física e vida de milhões de brasileiros. Agora, para essa mesma corrente majoritária, por obvio, que os eventuais abusos e ilicitudes derivados de atos normativos desproporcionais (que descumprem o princípio da proporcionalidade e seus subprincípios) devem ser analisados no caso concreto, tendo em vista as circunstancias fáticas e jurídicas do caso.

Outra questão interessante, sobre a liberdade de locomoção, foi decidida pelo STF na ADPF 90 em 03.04.2020. Entendeu o STF que Lei estadual pode exigir que servidor more no Município em que atua (exerce suas funções), mas não pode exigir que ele peça autorização todas as vezes em que for sair da localidade.[201]

Para o STF, a regra que estabelece a necessidade de residência do servidor no município em que exerce suas funções é compatível com a Constituição de 1988, a qual já prevê obrigação semelhante para magistrados, nos termos do seu art. 93, VII da CR/88. Porém, viola a Constituição da República a lei estadual que proíba a saída do servidor do Município sede da unidade em que atua sem autorização do superior hierárquico. Essa previsão configura grave violação da liberdade fundamental de locomoção (art. 5º, XV, da CR/88) e do devido processo legal (art. 5º, LIV da CR/88). Nesses termos,

> "(...) 4. A proibição de saída do município sede da unidade em que o servidor atua sem autorização do superior hierárquico configura grave violação da liberdade fundamental de locomoção (artigo 5º, XV, da Constituição de 1988) e do devido processo legal (artigo 5º, LIV, da Constituição), mercê de constituir medida de caráter excepcional no âmbito processual penal (artigo 319, IV, do CPP), a revelar a desproporcionalidade da sua expansão como regra no âmbito administrativo. 5. A investidura em cargo público não afasta a incidência dos direitos e garantias fundamentais assegurados pela Carta Magna, consoante já definido pelo Plenário desta Corte mesmo no âmbito militar (ADPF 291, Relator Min. ROBERTO BARROSO, Tribunal Pleno, julgado em 28/10/2015), de modo que o agente público não pode ficar confinado aos limites do Município no qual exerce suas funções, submetido ao alvedrio de seus superiores para transitar pelo território nacional. 6. Arguição de Descumprimento de Preceito Fundamental a que se julga PARCIALMENTE PROCEDENTE para declarar não recepcionada a expressão "não podendo afastar-se sem prévia autorização superior, salvo para atos e diligências de seus encargos" constante do artigo 244 da Lei Complementar estadual 3.400/1981 do Espírito Santo."[202]

Temos por último, que a liberdade de locomoção não é exclusiva aos brasileiros, abrangendo também os estrangeiros. Todavia, estes podem ser limitados

201. ADPF 90, STF. Plenário. Rel. Luiz Fux, julgado em 03.04.2020 (Informativo 977). O art. 244 do Estatuto dos Policiais Civis do Estado do Estado do Espírito Santo (LC estadual 3.400/81) *previu que as autoridades policiais, seus agentes e auxiliares: são obrigados a residir no Município onde prestam serviços ou outro local onde tenha sido permitido; e não podem afastar-se do Município sem prévia autorização superior, salvo para atos e diligências de sua função.*
202. ADPF 90, STF. Plenário. Rel. Luiz Fux, julgado em 03.04.2020 (Informativo 977).

– sempre por lei – quanto à possibilidade de permanência, entrada ou saída do território nacional com seus bens, o que, diga-se, em tempo de guerra poderá sofrer ainda mais restrições.

3.5. Liberdade de profissão

A Constituição, no seu artigo 5º, XIII, garante a livre escolha da profissão ou ofício. Nesses termos, afirma que é livre o exercício de qualquer trabalho, ofício ou profissão, atendidas as qualificações profissionais que a lei estabelecer. É interessante que tal liberdade é condicionada às qualificações profissionais previstas na Legislação Federal (art. 22, XVI, parte final, da CR/88). O entendimento para o STF é de que a norma do art. 5º, XIII se trata de norma de ***eficácia contida***,[203] e, por isso, pode ser restringida pela própria Constituição ou pelo legislador infraconstitucional, nas legislações das profissões.[204]

Aqui devemos ressaltar que o direito de liberdade de profissão, para o STF e para a doutrina majoritária, não é absoluto. Embora, é bom observarmos também, que o legislador não possui ampla liberdade para estabelecer quaisquer requisitos (desarrazoados) para o exercício das profissões.

O STF entende que nem todos os trabalhos, ofícios ou profissões podem ser condicionados ao cumprimento de exigências legais para o seu exercício. Isso significa dizer que algumas exigências que a lei faz para o exercício de determinadas profissões podem ser declaradas inconstitucionais.

A regra é a liberdade no exercício das profissões. E nesse sentido, somente podem ser exigidas, pela lei, restrições para aquelas profissões que, de alguma forma, possam trazer perigo de dano à coletividade ou prejuízos diretos a direitos de terceiros, sem culpa das vítimas, como a medicina e as demais profissões ligadas à área da saúde, a engenharia, a advocacia e a magistratura, dentre outras.

Nesses termos, é claro também que a legislação somente poderá fixar exigência e limitações como condicionamentos capacitários dotados de nexo lógico com as funções e atividades a serem desempenhadas, sob pena de se caracterizar vício (abuso) de inconstitucionalidade por violação ao princípio da igualdade.[205]

203. Aqui ressaltamos (conforme o capítulo 1) nossas **críticas** a teoria da *aplicabilidade das normas constitucionais*. Agora independentemente das críticas, a posição do STF é de que se trata de uma *norma constitucional de eficácia contida*.

204. Conforme a decisão Liminar do **RE 753.475** julg. em **11.06.2013**: "Administrativo. Exercício profissional. Acupuntura. Atividade não regulamentada. Lei 4.119/62. Regulamentação de profissão de psicólogo. *1. A Lei n. 4.119/62, art. 13, parágrafo primeiro, estabeleceu que é função privativa do Psicólogo a utilização de métodos e técnicas psicológicas com os seguintes objetivos: a) diagnóstico psicológico; b) orientação e seleção profissional; c) orientação psicopedagógica; d) solução de problemas de ajustamento. 2. Como se pode verificar do texto acima transcrito, não é possível a tais profissionais de saúde alargar seu campo de trabalho por meio de Resolução, pois suas competências já estão fixadas em lei que regulamenta o exercício da profissão. 3. A prática milenar de Acupuntura pressupõe a realização de prévio diagnóstico e a inserção de agulhas em determinados pontos do corpo humano, a depender do mal diagnosticado no exame."*

205. STF Ag.Rg. AI nº 134.449/SP, *DJ* 21.09.1990 e STF, RTJ nº 666/230.

Dessa forma, a lei que restrinja o desempenho das profissões, especificando requisitos mínimos ao exercício de atividades técnicas, apresenta-se como exceção à regra geral da liberdade de exercício profissional.

Essas restrições legais precisam, portanto, ser proporcionais e necessárias e estão restritas às "qualificações profissionais" — formação técnico/científica indispensável para o bom desempenho da atividade. Certas profissões, como as de médico, engenheiro, arquiteto, advogado, se desempenhadas por pessoa desprovida de qualificação técnica específica, podem resultar em dano à sociedade. Por essa razão existe a ressalva na parte final do inciso XIII do art.5º da CR/88. É a salvaguarda para que a atividade profissional envolvendo riscos à coletividade seja exercida por indivíduos conhecedores da técnica.

Em importante *hard case* julgado 17.06.2009 entendeu o STF que o jornalismo é uma profissão diferenciada por sua estreita vinculação ao pleno exercício das liberdades de expressão e de informação. No caso, decidu o STF no RE 511961, que é inconstitucional a exigência do diploma de jornalismo e registro profissional no Ministério do Trabalho como condição para o exercício da profissão de jornalista.

Na decisão, afirmou o STF, que o jornalismo é a própria manifestação e difusão do pensamento e da informação de forma contínua, profissional e remunerada. Nesse sentido, os jornalistas são aquelas pessoas que se dedicam profissionalmente ao exercício pleno da liberdade de expressão.

E justamente em virtude disso, o jornalismo e a liberdade de expressão, portanto, são atividades que estão imbricadas por sua própria natureza e não podem ser pensadas e tratadas de forma separada. Isso implica, logicamente, que a interpretação do art. 5º, inciso XIII, da Constituição, na hipótese da profissão de jornalista, se faça, impreterivelmente, em conjunto com os preceitos do art. 5º, incisos IV, IX, XIV, e do art. 220 da Constituição, que asseguram as liberdades de expressão, de informação e de comunicação em geral.[206]

206. RE 511961 julg. Em 17.06.2009: (...) 6. *Diploma de curso superior como exigência para o exercício da profissão de jornalista. Restrição inconstitucional às liberdades de expressão e de informação. As liberdades de expressão e de informação e, especificamente, a liberdade de imprensa, somente podem ser restringidas pela lei em hipóteses excepcionais, sempre em razão da proteção de outros valores e interesses constitucionais igualmente relevantes, como os direitos à honra, à imagem, à privacidade e à personalidade em geral. Precedente do STF: ADPF nº 130, Rel. Min. Carlos Britto. A ordem constitucional apenas admite a definição legal das qualificações profissionais na hipótese em que sejam elas estabelecidas para proteger, efetivar e reforçar o exercício profissional das liberdades de expressão e de informação por parte dos jornalistas. Fora desse quadro, há patente inconstitucionalidade da lei. A exigência de diploma de curso superior para a prática do jornalismo - o qual, em sua essência, é o desenvolvimento profissional das liberdades de expressão e de informação - não está autorizada pela ordem constitucional, pois constitui uma restrição, um impedimento, uma verdadeira supressão do pleno, incondicionado e efetivo exercício da liberdade jornalística, expressamente proibido pelo art. 220, § 1º, da Constituição. 7. Profissão de jornalista. Acesso e exercício. Controle estatal vedado pela ordem constitucional. Proibição constitucional quanto à criação de ordens ou conselhos de fiscalização profissional. No campo da profissão de jornalista, não há espaço para a regulação estatal quanto às qualificações profissionais. O art. 5º, incisos IV, IX, XIV, e o art. 220, não autorizam o controle, por parte do Estado, quanto ao acesso e exercício da profissão de jornalista. Qualquer tipo de controle desse tipo, que interfira na liberdade profissional no momento do próprio acesso à atividade jornalística, configura, ao fim e ao cabo, controle prévio que, em verdade,*

Outra questão aventada pelo Pretório Excelso, e prolatada no RE 414.426/SC, é a de que qualquer tipo de restrição *ao exercício de qualquer profissão ou atividade profissional deveriam obedecer ao princípio da mínima intervenção – a qual se pautaria pela razoabilidade e pela proporcionalidade* e só se justificaria **se existir necessidade de proteção a um interesse público,** a exemplo de atividades para as quais fosse requerido **conhecimento específico, técnico,** ou ainda **habilidade já demonstrada.**

Nesses termos, decidiu o STF que a ***atividade de músico não*** *depende de* ***registro ou licença de entidade de classe*** *para o seu exercício. Essa foi a conclusão do Plenário do STF ao negar provimento a recurso extraordinário, em que a Ordem dos Músicos do Brasil – Conselho Regional de Santa Catarina alegava que o livre exercício de qualquer profissão ou trabalho estaria constitucionalmente condicionado às qualificações específicas de cada profissão e que, no caso dos músicos, a Lei 3.857/60 estabeleceria essas restrições.* Nesses termos:

> *Direito constitucional. Exercício profissional e liberdade de expressão. Exigência de inscrição em conselho profissional. Excepcionalidade. Arts. 5º, IX e XIII, da Constituição. Nem todos os ofícios ou profissões podem ser condicionadas ao cumprimento de condições legais para o seu exercício. A regra é a liberdade. Apenas quando houver potencial lesivo na atividade é que pode ser exigida inscrição em conselho de fiscalização profissional. A atividade de músico prescinde de controle. Constitui, ademais, manifestação artística protegida pela garantia da liberdade de expressão.*[207]

No mesmo sentido, no **RE 795.467** julgado em **05.06.2014, o** Plenário do Supremo Tribunal Federal, citou o julgamento do RE 414426, e reafirmou o entendimento de que a atividade de músico é manifestação artística protegida pela garantia da liberdade de expressão, sendo, por isso, incompatível com a Constituição Federal de 1988 a exigência de inscrição na Ordem dos Músicos do Brasil, bem como de pagamento de anuidade, para o exercício de tal profissão.[208]

Porém, já decidiu o STF, no RE 607107/MG em 12.02.2020, que é constitucional a imposição da pena (prevista no art. 302 do CTB) de suspensão de habilitação para

caracteriza censura prévia das liberdades de expressão e de informação, expressamente vedada pelo art. 5º, inciso IX, da Constituição. A impossibilidade do estabelecimento de controles estatais sobre a profissão jornalística leva à conclusão de que não pode o Estado criar uma ordem ou um conselho profissional (autarquia) para a fiscalização desse tipo de profissão. O exercício do poder de polícia do Estado é vedado nesse campo em que imperam as liberdades de expressão e de informação. Jurisprudência do STF: Representação n.° 930, Redator p/ o acórdão Ministro Rodrigues Alckmin, DJ, 2-9-1977. 8. Jurisprudência da corte interamericana de direitos humanos. Posição da organização dos estados americanos - OEA. A Corte Interamericana de Direitos Humanos proferiu decisão no dia 13 de novembro de 1985, declarando que a obrigatoriedade do diploma universitário e da inscrição em ordem profissional para o exercício da profissão de jornalista viola o art. 13 da Convenção Americana de Direitos Humanos, que protege a liberdade de expressão em sentido amplo(...).

207. *"(...) Ressaltou-se que a liberdade de exercício profissional, contida no* ***art. 5º, XIII, da CF****, seria quase absoluta e que qualquer restrição a ela só se* ***justificaria se houvesse necessidade de proteção a um interesse público****, a exemplo de atividades para as quais fosse requerido* ***conhecimento específico, técnico, ou ainda, habilidade já demonstrada****".* **RE 414.426/SC**, Rel. Min. Ellen Gracie, julg. em **01.08.2011**.
208. **RE 795467,** STF, Pleno, Teori Zavascki, Julg. em 05.06.2014.

dirigir veículo automotor ao motorista profissional condenado por homicídio culposo no trânsito. Na decisão, deixou assente, que o direito ao exercício de atividades profissionais (art. 5º, XIII da CR/88) não é absoluto e a restrição imposta pelo legislador se mostra razoável.[209]

Também já entendeu o Pretório Excelso no RE 115197, que a restrição imposta pela Lei 13.021/2014, no sentido de que apenas farmacêuticos legalmente habilitados podem figurar como responsáveis técnicos de farmácias e drogarias, não é incompatível com o 5º XIII, da Constituição da República.[210]

No caso, são constitucionais os artigos 5º e 6º, inciso I, da Lei nº 13.021/2014, no que previsto ser do farmacêutico a responsabilidade técnica por drogaria. Certo é que. Após edição da Lei 13.021/2014, passou a ser proibido que técnico de farmácia seja o responsável técnico por drogaria ou farmácia. O arts. 5º e 6º da Lei nº 13.021/2014 estabeleceram que apenas farmacêuticos habilitados na forma da lei poderão atuar como responsáveis técnicos por farmácias de qualquer natureza, seja com manipulação de fórmulas, seja drogaria.

Conforme o STF, a responsabilidade técnica por drogaria, sem diploma universitário, pode colocar em risco a saúde de outras pessoas. Na medida em que o cliente fica desguarnecido de informações em relação ao medicamento prescrito, bem como ao uso inadequado e irracional. Também revela lesão à coletividade, considerada a proteção à saúde. Assim, o objetivo maior da disciplina jurídica contida na Lei nº 13.021/2014 é assegurar que atividade de risco seja desempenhada por pessoa com conhecimento técnico suficiente, evitando-se, tanto quanto possível, danos à coletividade.[211]

Em outro interessante julgado, o STF afirmou que a exigência de que o leiloeiro preste caução para o exercício da profissão é compatível com a Constituição de 1988, não havendo ofensa ao art. 5º, XIII, tendo em vista que a garantia é necessária para resguardar eventuais danos ao patrimônio de terceiros.

Nesses termos, conforme o Pretório Excelso a exigência de garantia para o exercício da profissão de leiloeiro, prevista nos arts. 6º a 8º do Decreto 21.981/1932, é compatível com o art. 5º, XIII, da Constituição de 1988.

O fundamento é o de que o leiloeiro lida diariamente com o patrimônio de terceiros, de forma que a prestação de fiança como condição para o exercício de sua profissão busca reduzir o risco de dano ao proprietário, o que reforça o interesse

209. **RE 607107/MG**, STF. Plenário. Rel. Min. Roberto Barroso, julg. em **12.02.2020** (repercussão geral – Tema 486) (Inf. 966). Esse também é o entendimento do STJ: *Os motoristas profissionais - mais do que qualquer outra categoria de pessoas - revelam maior reprovabilidade ao praticarem delito de trânsito, merecendo, pois, a reprimenda de suspensão do direito de dirigir, expressamente prevista no art. 302 do CTB, de aplicação cumulativa com a pena privativa de liberdade. Dada a especialização, deles é de se esperar maior acuidade no trânsito.* STJ. 6ª Turma. AgRg no REsp 1771437/CE, julg. em **11.06.2019**.

210. **RE 1156197,** STF. Plenário. Rel. Marco Aurélio, julgado em **24.08.2020** (Repercussão Geral – Tema 1.049).

211. **RE 1156197,** STF. Plenário. Rel. Marco Aurélio, julgado em **24.08.2020** (Repercussão Geral – Tema 1.049).

social da norma protetiva, bem como justifica a limitação para o exercício da profissão. Conforme o STF:

> O art. 5º, XIII, da CF é norma constitucional de eficácia contida. Por isso, o legislador ordinário pode restringir o alcance da liberdade de exercício de qualquer trabalho nela prevista, a fim de disciplinar certas atividades cuja prestação possa, por falta de técnica, atingir negativamente a esfera de outros indivíduos ou de valores ou interesses da própria sociedade. Entretanto, a legitimidade da atuação legislativa no campo do exercício do trabalho deve ser limitada ao indispensável para viabilizar a proteção de outros bens jurídicos de interesse público igualmente resguardados pela própria Constituição, como a segurança, a saúde, a ordem pública, a incolumidade das pessoas e do patrimônio, a proteção especial da infância e outros. No caso, o leiloeiro lida diariamente com o patrimônio de terceiros, de forma que a prestação de fiança como condição para o exercício de sua profissão busca reduzir o risco de dano ao proprietário, o que reforça o interesse social da norma protetiva, bem como justifica a limitação para o exercício da profissão.[212]

Na sequência, afirmou o STF, ser constitucional a Resolução 27/2008, do CNMP, que proíbe que os servidores do Ministério Público exerçam advocacia. Conforme o Pretório Excelso, a Resolução 27/2008 do CNMP tem por objetivo assegurar a observância dos princípios constitucionais da isonomia, da moralidade e da eficiência no Ministério Público, estando, portanto, abrangida pelo escopo de atuação do CNMP (art. 130-A, § 2º, II da CR/88). No caso, se fosse autorizado que os servidores do MP exercessem atividade privada de advocacia, de modo concomitante ao exercício das atribuições do cargo público, isso poderia gerar conflito de interesses, em potencial vulneração aos princípios da eficiência e da moralidade, previstos no art. 37 da CR/88.[213]

Nesses termos, a Resolução 27/2008 vai ao encontro da sistemática normativa estabelecida pelo próprio Estatuto da OAB quando esse elenca os impedimentos e as incompatibilidades entre as mais variadas atividades e o exercício da advocacia. Entre as atividades incompatíveis com a função de advogado, está o exercício de cargo ou função "vinculados direta ou indiretamente a qualquer órgão do Poder Judiciário" (art. 28, IV do Estatuto da OAB). Se, de um lado, é certo que o Ministério Público não está vinculado ao Poder Judiciário, a própria Constituição Federal o define como função essencial à atividade jurisdicional, sendo certo que as atividades exercidas em ambos se entrecruzam de diversas maneiras, sendo inúmeras as possibilidades que um servidor do Ministério Público teria para interferir indevidamente no trâmite de um processo judicial no qual vislumbrasse algum escuso interesse.

Além disso, sobre a possível *ofensa à liberdade de exercício profissional*, o STF, deixou assente mais uma vez, que não se trata de um direito absoluto. Conforme a jurisprudência consolidada do STF, a proibição de que determinadas categorias

---

212. RE 1263641/RS, Plenário. red. p/ o ac. Min. Alexandre de Moraes, julg. em 09.10.2020 (Repercussão Geral – Tema 455) (Inf 994).
213. **ADI 5454**, STF. Plenário. Rel. Alexandre de Moraes, julgado em **15.04.2020** (Informativo 978).

funcionais exerçam a advocacia não se revela inconstitucional, devendo ser feito um juízo de ponderação entre os valores constitucionais eventualmente conflitantes.

Para o STF, o direito dos administrados de ter uma Administração Pública proba e eficiente se sobressai em face do direito individual de alguns servidores de exercer a advocacia privada concomitantemente ao exercício do cargo público. Acrescente-se que absolutamente nada impede que o servidor se desligue do Ministério Público e ingresse no exercício da advocacia. Ou seja, não há violação ao direito do servidor público ao livre exercício de atividade profissional, cabendo-lhe unicamente efetuar a escolha de qual caminho seguir.

Por último, o Pretório Excelso já se posicionou, a nosso ver de forma acertada, que é inconstitucional a suspensão do exercício profissional em razão do inadimplemento de anuidades devidas à entidade de classe.[214]

O caso concreto mais recente, envolveu advogado que estava há alguns anos sem pagar a anuidade. O Estatuto da OAB (Lei nº 8.906/94) prevê que o advogado que deixar de pagar as contribuições devidas à OAB (anuidades) pratica infração disciplinar (art. 34, XXIII, da Lei nº 8.906/94) e pode ser suspenso do exercício, ficando proibido de exercer a advocacia enquanto não pagar integralmente a dívida, com correção monetária (art. 37, § 2º).

No caso, o advogado, foi suspenso pelo Tribunal de Ética e Disciplina da OAB, com base no Estatuto da OAB. O advogado questionou judicialmente a suspensão argumentando que essa suspensão seria inconstitucional porque violaria o livre exercício profissional (art. 5º, XIII, da CR/88).

O STF entendeu, que esses dispositivos do Estatuto da OAB são inconstitucionais, porque representam medida desproporcional que caracteriza sanção política, além de ofender a livre iniciativa e a liberdade profissional.[215]

É interessante que o caso enfrentado envolvia a OAB, mas a tese foi fixada pelo STF de modo amplo, abrangendo todo e qualquer conselho profissional. Nesses termos, afirmou o STF, que é inconstitucional a suspensão realizada por conselho de fiscalização profissional do exercício laboral de seus inscritos por inadimplência de anuidades, pois a medida consiste em sanção política em matéria tributária.[216]

3.6. Liberdade de reunião

O direitos de liberdade de reunião têm conexões lógico-genéticas com o direito de liberdade de expressão (e de manifestação de pensamento) e com a assunção

---

214. **RE 647885**, STF. Plenário. Rel. Min. Edson Fachin, julgado em 27.04.2020 (Repercussão Geral – Tema 732) (Inf. 978).
215. **RE 647885**, STF. Plenário. Rel. Min. Edson Fachin, julgado em 27.04.2020 (Repercussão Geral – Tema 732) Para o Min. Edson Fachin: "*As sanções políticas consistem em restrições estatais no exercício da atividade tributante que culminam por inviabilizar injustificadamente o exercício pleno de atividade econômica ou profissional pelo sujeito passivo de obrigação tributária, logo representam afronta aos princípios da proporcionalidade, da razoabilidade e do devido processo legal substantivo.*"
216. **RE 647885**, STF. Plenário. Rel. Min. Edson Fachin, julgado em 27.04.2020 (Repercussão Geral – Tema 732) (Inf. 978).

de uma perspectiva democrática de Estado, já que é por meio da livre opinião pública que se dá o controle do exercício do poder e se assegura o direito de ingresso na vida pública de um Estado. Por isso mesmo, temos aqui um direito individual, mas de exercício coletivo.

Nesses termos, reza na CR/88 que todos podem reunir-se pacificamente, sem armas, em locais abertos ao público, independentemente de autorização, desde que não frustrem outra reunião anteriormente convocada para o mesmo local, sendo apenas exigido prévio aviso à autoridade competente.

Certo é que, para caracterizar uma reunião, alguns elementos têm que ser observados, já que não é qualquer agrupamento humano que pode ser chamado de reunião:

- elemento ***subjetivo***: a reunião é formada por um conjunto agrupado de seres humanos. Não há reuniões individuais;
- elemento ***formal***: a reunião se caracteriza por apresentar um mínimo de coordenação – uma estrutura organizada de modo mais complexo não é exigência, sendo requisito apenas para configuração de uma associação –, não podendo se formar a partir de um ajuntamento espontâneo de transeuntes em um determinado tempo e espaço. Exige-se minimamente uma prévia convocação, além do fato de que seus integrantes estarem ali conscientemente;[217]
- elemento ***teleológico***: as pessoas unidas a partir de uma liderança comum devem visar objetivos compartilhados – quer seja este de cunho político, religioso, artístico etc. Ali irão expor as suas convicções ou ouvir sobre convicções alheias;[218]
- elemento ***temporal***: a reunião deve ser transitória, passageira. A existência de laço mais duradouro pode acabar configurando a existência de uma associação. Por isso, a reunião tem de trazer pelo menos uma previsão temporal para seu início, bem como para seu término.
- elemento ***objetivo***: toda reunião, para ser protegida constitucionalmente, deve visar fins pacíficos (e lícitos), não podendo seus participantes portarem armas. Por pacífica, então, entende-se aquela que não se destina a pôr em risco pessoas e bens alheios, não sendo, por óbvio, considerada

---

217. *"O indivíduo que porta um cartaz com palavras de ordem à frente de uma multidão que sai de uma estação do metrô não está participando de uma reunião e pode até ser chamado a, por exemplo, desobstruir uma passagem, sem poder invocar o exercício do direito constitucional em estudo. Tampouco é exercício do direito de reunião o encontro casual de automóveis em ruas e pistas, em que habitualmente os carros afluem para, com buzinas, comemorar algum resultado esportivo."* MENDES, Gilmar Ferreira et al., *Curso de direito constitucional*, p. 384.

218. Por isso mesmo, não podemos tomar uma fila em um banco ou a espera por um ônibus na rodoviária como uma reunião.

violenta reunião que, sendo pacífica, acaba por atrair reação violenta de pessoas estranhas ao movimento;[219]

- elemento ***espacial***: mesmo que venhamos a falar em uma reunião com manifestações estáticas, circunscritas a um único espaço físico territorial, como situação de deslocamento pelas vias públicas, há que se delimitar o(s) local(is) no(s) qual(is) a reunião acontecerá. Além disso, o fato de a Constituição fazer referência a locais e ambientes público não impede a ocorrência de reuniões em espaços privados.

As normas constitucionais submetem ainda o exercício do direito de reunião a condicionantes:

1) Um encontro não pode frustrar a existência de outro, de modo que a simultaneidade pode acabar inviabilizando ambos os eventos. Havendo coincidência, terá precedência a que primeiro realizou a convocação, sendo tal ato apurado também pelo momento de aviso às autoridades;

2) O aviso prévio à autoridade competente, a fim de que esta dê proteção ao evento. É claro que tal requisito só surge nas manifestações que tomam parte em espaços públicos abertos. Importante destacar que a Constituição **não** fala em ***autorização prévia***, mas sim em ***aviso prévio*** às autoridades. Para exercício do direito de reunião **não** há que se falar em consentimento do Poder Público, mesmo porque a reunião independe de autorização.

O prévio aviso destina-se, portanto, apenas a dar publicidade à manifestação.[220] Frisa-se ainda que não há lei determinando o modo como esse aviso deve-se dar; todavia, compreende-se que tal norma é dotada de eficácia imediata, sendo, portanto, autoaplicável.

Aqui, é interessante registrar, que no RE 806339 em 14.12.2020, o STF definiu o que ele entende por *aviso prévio* para os fins do direito de reunião do art. 5º, XVI, da CR/88. Portanto, a pergunta colocada foi: qual é o sentido de "prévio aviso" mencionado pelo dispositivo constitucional?

O STF fixou a seguinte tese: A exigência constitucional de aviso prévio relativamente ao direito de reunião é satisfeita com a veiculação de informação que permita ao poder público zelar para que seu exercício se dê de forma pacífica ou para que não frustre outra reunião no mesmo local.[221]

---

219. "Que dizer da passeata que, sem realizar atos violentos ilegítimos, faz apologia deles? Nesses casos, a reunião poderá ser considerada imprópria, pela finalidade ilícita que a anima, mas não por ser, ela própria, violenta." MENDES, Gilmar Ferreira et al., *Curso de direito constitucional*, p. 385. No direito espanhol, reuniões nas quais possam ocorrer quer a figura da violência física ou da violência moral são desmerecedoras de proteção constitucional. Já nos Estados Unidos, há uma tolerância das reuniões que versam sobre atividades ilícitas, desde que a proposição não as incite, nem produza ou seja apta a produzir ação ilegal (caso *Brandenburg* vs. *Ohio*, 395 US 444 (1969)).
220. Na ordem constitucional anterior (1967/1969), o § 27 do art. 153 *acabava por abrir margem para que as autoridades fixassem lugares nos quais as reuniões pudessem ser admitidas.*
221. **RE 806339/SE**, STF. Plenário. Red. p/Ac. Min. Edson Fachin, julgado em **14.12.2020** (Repercussão Geral – Tema 855) (Inf. 1003) Conforme explicou o Mininistro Dias Toffoli: "(...) *o 'prévio aviso à autoridade competente', nos termos*

No paradigmático julgado, o STF deixa claro que deve-se afastar, de plano, qualquer interpretação que condicione a exigência de "prévio aviso" à realização de uma manifestação. Em outros termos, a exigência constitucional de prévia notificação não pode se confundir com a necessidade de autorização prévia.

Portanto, não é possível, para o STF, interpretar a exigência constitucional como uma condicionante ao exercício do direito.

Nesses termos, o único sentido possível para a exigência de aviso prévio é precisamente o de permitir que o poder público zele para que o exercício do direito se dê de forma pacífica e que não frustre outra reunião no mesmo local. Para tanto, basta que a notificação seja efetiva, isto é, que permita ao poder público realizar a segurança da manifestação ou reunião.

Deve-se reconhecer que tal interpretação exige das autoridades públicas uma postura ativa, afinal, manifestações espontâneas não estão proibidas nem pelo texto constitucional, nem pelos tratados de direitos humanos. Assim, conforme o STF, a inexistência de notificação não torna ipso facto ilegal a reunião.[222]

De igual modo, segundo o STF, não se depreende do texto constitucional qualquer exigência relativamente à organização. A liberdade de expressão e reunião pode, com efeito, assumir feição plural e igualitária, não sendo possível estabelecer, como regra, uma organização prévia. Assim, não há como exigir-se que a notificação seja pessoal ou de algum modo registrada, porque implica reconhecer como necessária uma organização que a própria Constituição não impôs.[223]

Por último, é mister observarmos alguns relevantes posicionamentos do STF sobre o tema:

a) O primeiro julgado envolveu o Decreto nº 20.098/1999 editado pelo Governador do Distrito Federal, que objetivou regulamentar o exercício do direito de reunião previsto constitucionalmente. Nesse sentido, determinou em seu art. 1º que ficaria vedada a realização de manifestações públicas, com a utilização de carros, aparelhos e objetos sonoros na Praça dos Três Poderes, Esplanada dos Ministérios e Praça do Buriti e vias adjacentes. Sem dúvida, "o Governador" visou (conforme sua exposição de motivos) disciplinar a liberdade de reunião fundamentado na ótica de que a utilização de carros de som prejudicaria o adequado funcionamento dos Poderes da República. Nesses termos, na decisão da **ADI 1.969**, prolatou o Pretório Excelso que o referido ato normativo era **inconstitucional**, exarando que a **restrição**

do art. 5º, inciso XVI, da Constituição, não constitui condicionante ao exercício do direito de reunião e de manifestação, mas formalidade a ser cumprida, sempre que possível, a fim de propiciar que o direito de reunião e de livre manifestação seja exercido de maneira pacífica, ordeira e segura (...)".

222. **RE 806339/SE**, STF. Plenário. Red. p/Ac. Min. Edson Fachin, julgado em **14.12.2020** (Repercussão Geral – Tema 855) (Inf. 1003).

223. **RE 806339/SE**, STF. Plenário. Red. p/Ac. Min. Edson Fachin, julgado em **14.12.2020** (Repercussão Geral – Tema 855) (Inf. 1003).

delimitada **ao direito de reunião** não se compatibilizava com "o princípio da proporcionalidade" e seus subprincípios (adequação, necessidade e proporcionalidade em sentido estrito).

Conforme trecho do voto do relator Min. Ricardo Lewandowski, acolhido à unanimidade, temos categoricamente que "o Decreto distrital 20.098/99 simplesmente inviabiliza a liberdade de reunião e de manifestação, logo na Capital Federal, em especial na emblemática Praça dos Três Poderes, local aberto ao público, que, na concepção do genial arquiteto que a esboçou, constitui verdadeiro símbolo de liberdade e cidadania do povo brasileiro. Proibir a utilização de carros, aparelhos e objetos sonoros, nesse e em outros espaços públicos que o Decreto vergastado discrimina, inviabilizaria por completo a livre expressão do pensamento nas reuniões levadas a efeito nesses locais, porque as tornaria emudecidas, sem qualquer eficácia para os propósitos pretendidos.(...) Ademais, analisando-se a questão sob uma ótica pragmática, cumpre considerar que as reuniões devem ser, segundo a dicção constitucional, previamente comunicadas às autoridades competentes, que haverão de organizá-las de modo a não inviabilizar o fluxo de pessoas e veículos pelas vias públicas. Há que se ter em conta, por outro lado, que a utilização aparelhos de som nas reuniões, que são limitadas no tempo, certamente não causará prejuízo irreparável àqueles que estão nas imediações da manifestação. (...) Não vejo, portanto, à luz dos princípios da razoabilidade e da proporcionalidade, e em face do próprio texto da Carta Magna, como considerar hígida, do ponto de vista constitucional, a vedação a manifestações públicas que utilizem com a utilização de carros, aparelhos ou objetos sonoros na Praça dos Três Poderes, Esplanada dos Ministérios, Praça do Buriti e vias adjacentes."[224]

---

224. Ementa: *"I. A liberdade de reunião e de associação para fins lícitos constitui uma das mais importantes conquistas da civilização, enquanto fundamento das modernas democracias políticas. II. A restrição ao direito de reunião estabelecida pelo Decreto distrital 20.098/99, a toda evidência, mostra-se inadequada, desnecessária e desproporcional quando confrontada com a vontade da Constituição (Wille zur Verfassung). III. Ação direta julgada procedente para declarar a inconstitucionalidade do Decreto distrital 20.098/99".* ***ADI 1.969***, *Rel. Min. Ricardo Lewandowski Julg. em* ***28.06.2007***, *DJ: 31.08.2007. É importante registrar que no ano de 2013, foi ajuizada* ***ação de Reclamação*** *no STF (para preservar a autoridade das decisões do STF) que teve como parâmetro (paradigma) a ADI 1969. O questionamento se deu em virtude de decisão liminar do Tribunal de Justiça de Minas Gerais em Ação Cautelar, que afirmou que determinado Sindicato teria que se abster de realizar manifestações em vias e logradouros públicos de qualquer parte do território do Estado de Minas Gerais. Alegou o referido Sindicato, que a decisão do TJ-MG restringiu substancialmente (de forma inconstitucional) o conteúdo do direito fundamental de livre manifestação de pensamento (art.5º, IV da CR/88) e de reunião (art.5º, XVI da CR/88) indo de encontro ao decido na ADI 1969 (desafiando a autoridade do acordão proferido pelo ST).* O Min. Luiz Fux concedeu liminar na **Reclamação 15.887/MG**: *"Presente o fumus boni iuris quanto à liceidade das passeatas ordeiras, o periculum in mora se evidencia pelo fato de que manifestações têm sido realizadas diariamente em diversas cidades do país, de modo que a manutenção da eficácia da decisão impugnada tolhe injustificadamente o exercício do direito de reunião e de manifestação do pensamento por aqueles afetados pela ordem judicial, contrariando o quanto estabelecido pelo Supremo Tribunal Federal no julgamento da ADI nº 1.969/DF. Ex positis, concedo a liminar, cassando a decisão reclamada, nos termos do art. 21, V, do RISTF, porquanto consideradas legítimas as manifestações populares realizadas sem vandalismo, preservado o poder de polícia estatal na repressão de eventuais abusos"* julg. em **19.06.2013.**

b) O segundo, envolveu a liberdade de reunião conjugada com a liberdade de manifestação de pensamento, no que diz respeito à intitulada *"marcha da maconha"* e as liberdades fundamentais. Em 15.06.2011, por entender que o exercício dos direitos fundamentais de reunião e de livre manifestação do pensamento devem ser garantidos a todas as pessoas, o Plenário do STF julgou procedente pedido formulado na referida ação de descumprimento de preceito fundamental (ADPF) para dar, ao art. 287 do CP, com efeito vinculante, **interpretação conforme a Constituição**, de forma a **excluir** qualquer exegese que possa ensejar a **criminalização da defesa** da legalização das drogas, ou de qualquer substância entorpecente específica, inclusive por meio de manifestações e eventos públicos.

Nos termos da decisão, presente no informativo 631 do STF, temos que: "(...) a marcha impugnada mostraria a interconexão entre as liberdades constitucionais de reunião – direito-meio – e de manifestação do pensamento – direito-fim – e o direito de petição, todos eles dignos de amparo do Estado, cujas autoridades deveriam protegê-los e revelar tolerância por aqueles que, no exercício do direito à livre expressão de suas ideias e opiniões, transmitirem mensagem de abolicionismo penal quanto à vigente incriminação do uso de drogas ilícitas. Dessa forma, esclareceu-se que seria nociva e perigosa a pretensão estatal de reprimir a liberdade de expressão, fundamento da ordem democrática, haja vista que não poderia dispor de poder algum sobre a palavra, as ideias e os modos de sua manifestação. Afirmou-se que, conquanto a livre expressão do pensamento não se revista de caráter absoluto, destinar-se-ia a proteger qualquer pessoa cujas opiniões pudessem conflitar com as concepções prevalecentes, em determinado momento histórico, no meio social. Reputou-se que a mera proposta de descriminalização de determinado ilícito penal não se confundiria com ato de incitação à prática do crime, nem com o de apologia de fato criminoso. Concluiu-se que a defesa, em espaços públicos, da legalização das drogas ou de proposta abolicionista a outro tipo penal, não significaria ilícito penal, mas, ao contrário, representaria o exercício legítimo do direito à livre manifestação do pensamento, propiciada pelo exercício do direito de reunião. (...)". Já o Ministro Luiz Fux ressalvou na decisão que: "(...) deveriam ser considerados os seguintes parâmetros: 1) que se trate de reunião pacífica, sem armas, previamente noticiada às autoridades públicas quanto à data, ao horário, ao local e ao objetivo, e sem incitação à violência; 2) que não exista incitação, incentivo ou estímulo ao consumo de entorpecentes na sua realização; 3) que não ocorra o consumo de entorpecentes na ocasião da manifestação ou evento público e 4) que não haja a participação ativa de crianças e adolescentes na sua realização".[225]

225. ADPF 187/DF, Rel. Min. Celso de Mello, julg. em 15.06.2011. No mesmo sentido, na ADI 4274 em 23.11.2011, o Plenário do STF julgou procedente o pedido formulado, <u>*para dar interpretação conforme a Constituição*</u> *ao § 2º do artigo 33 da Lei 11.343/2006* ["Art. 33... § 2º *Induzir, instigar ou auxiliar alguém ao uso indevido de droga. Pena – detenção de 1 (um) a 3 (três) anos, e multa de 100 (cem) a 300 (trezentos) dias-multa*"], *com o fim de dele excluir qualquer significado que ensejasse a proibição de manifestações e debates públicos acerca da descriminalização ou*

3.7. Liberdade de associação

Devemos compreender que a liberdade de associação se destina ao atendimento das mais diversas finalidades e necessidades dos sujeitos, que se coligam entre si com intuito de estabilidade, sob uma mesma direção, direcionados para a realização de fins lícitos.

A doutrina apresenta uma justificativa para a constitucionalização desse direito. Nesses termos, "quando os indivíduos não podem obter os bens da vida que desejam, por si mesmo, os homens somam esforços, e a associação é a fórmula para tanto. Associando-se com outros, promove-se maior compreensão recíproca, amizade e cooperação, além de expandirem as potencialidades de autoexpressão. A liberdade de associação propicia autoconhecimento, desenvolvimento da personalidade, constituindo-se um meio orientado para a busca da autorrealização. Indivíduos podem se associar para alcançar metas econômicas, ou para se defenderem, para mútuo apoio, para fins religiosos, para promover interesses gerais ou da coletividade, para fins altruísticos, ou para se fazerem ouvir, conferindo maior ímpeto à democracia participativa."[226]

Importante ainda destacar que essa liberdade não pode ser lida como direito subordinado ou meramente complementar ao exercício de outro, mas, sim, dotado de autonomia com relação a seus objetivos que pode vir a buscar.

Numa perspectiva histórica, pode-se indicar como marco protetivo de tal direito a Constituição italiana de 1947, que, no seu art. 18, traçava a garantia de associação desde que para fins não adversos ao Direito Penal, proibindo-se associações secretas ou paramilitares.[227]

Segundo o texto constitucional brasileiro de 1988 (art. 5º, XVII ao XIX), há dois parâmetros que necessariamente devem ser atendidos: (1) ninguém é obrigado a ser associado. Se associado, não pode ser compelido a permanecer associado; (2) toda associação tem que ter fins lícitos. São vedadas as associações de caráter paramilitar.

Nessa ótica, garante-se ao indivíduo faculdades de:

a) constituir uma associação,

b) ingressar em uma já existente,

---

da legalização do uso de drogas ou de qualquer substância que leve o ser humano ao entorpecimento episódico, ou então viciado, das suas faculdades psicofísicas. Rejeitou-se, de início, a preliminar de não-conhecimento da ação. Aduziu-se que o preceito impugnado estaria servindo como fundamento para a proibição judicial de eventos públicos – popularmente chamados de "Marcha da Maconha" – de defesa da legalização ou da descriminalização do uso de entorpecentes. Assim, destacou-se que o dispositivo comportaria pluralidade de sentidos, sendo um deles contrário à Constituição, a possibilitar a aplicação da técnica de interpretação com ela conforme. (ADI 4274 Rel. Min. Ayres Brito julg. em 23.11.2011)

226. MENDES, Gilmar Ferreira et al., *Curso de direito constitucional*, p. 391.

227. MENDES, Gilmar Ferreira et al., *Curso de direito constitucional*, p. 392.

c) abandoná-las ou não se associar,

d) auto-organização e desenvolvimento a partir da concordância de seus sócios.

Um pressuposto lógico para a criação da associação, portanto, é a ***pluralidade de pessoas***[228], já que a figura de uma sociedade ou de uma associação unipessoal não é acolhida pelo Direito brasileiro. Além disso, tais pessoas devem pretender um objetivo comum de ***estabilidade***, não havendo que se falar em associação à reunião esporádica de pessoas, ainda que possuam interesses comuns.[229] Por isso mesmo, encontramos aqui o traço distintivo entre o direito de associação e o direito de reunião: na última temos um encontro ***provisório*** cujo ***local*** (compartilhamento do mesmo espaço) é elemento essencial; já na primeira, temos a estabilidade como condição precípua, enquanto o elemento espacial se torna irrelevante.[230]

Outro pressuposto é a existência de um ***ato de vontade***. Tendo a natureza de direito subjetivo, é inaceitável a obrigação de associação ou sua permanência forçada, devendo então o indivíduo, voluntariamente, desejar ambas as condutas.

A Constituição, todavia, fixa um limite expresso à liberdade de associação, que é quanto a seu objeto, qual seja a existência de finalidade que não viole o Ordenamento Jurídico, podendo ser de natureza comercial ou não. Importante lembrar que a ilicitude dos fins aqui não se reduz às referências às normas de Direito Penal, mas abrange toda e qualquer conduta contrária ao Direito. Identificam-se tais fins, portanto, não apenas no dizer formal de seus atos constitutivos, mas na própria realidade e efetividade das atividades desenvolvidas pela entidade.

Por último, temos que a interpretação constitucional adequada à "liberdade de associação" não a restringe ao conceito do Direito Civil de associação (o que poderíamos chamar, aqui, de associação *em sentido estrito*), mas abrange também outras formas de agrupamento, como as sociedades, que possuem fins lucrativos. Assim, a proteção constitucional é mais ampla do que uma leitura rápida dos incisos do art. 5º poderia sugerir. É nesse sentido o entendimento de José Afonso da Silva[231], bem

228. Aqui algumas exceções podem excepcionar a regra: 1) a possibilidade jurídica da criação de subsidiárias integrais (há um só acionista); 2) sociedades unipessoais em caráter transitório, até o prazo máximo de 180 dias, nos termos do art. 1.033, IV, CC/02); 3) a depender da doutrina que se adote, a atual existência da EIRELI no direito brasileiro (*alguns doutrinadores sustentam que é uma hipótese de sociedade unipessoal; outros, que é um novo tipo de pessoa jurídica privada. Na V Jornada de Direito Civil do CJF, aprovou-se o enunciado nº 469, segundo o qual não seria sociedade unipessoal, mas novo ente jurídico personificado*).

229. É o que distingue um conjunto de expectadores de uma partida de futebol que por casualidade ou até mesmo intencionalidade comparecem aos mesmos jogos de futebol de uma torcida organizada. MENDES, Gilmar Ferreira et al., *Curso de direito constitucional*, p. 394.

230. Por isso mesmo nas associações o contato entre membros pode se dar das mais variadas formas: e-mails, telefonemas, cartas etc. MENDES, Gilmar Ferreira et al., *Curso de direito constitucional*, p. 394.

231. *"A ausência de fim lucrativo não parece ser elemento da associação, pois parece-nos que o texto abrange também as sociedades lucrativas. Então, a liberdade de associação inclui tanto as associações em sentido estrito (em sentido técnico estrito, associações são coligações de fim não lucrativo) e as sociedades (coligações de fim lucrativo). O texto também compreende as bases gerais e os fundamentos primeiros dos partidos políticos, que são espécies de associações*

como o que decorre do excerto do voto do Rel. Min. Celso de Mello na ADI 3.045, em que afirma que: "Cabe enfatizar, neste ponto, que *as normas inscritas no art. 5º, XVII a XXI, da atual CF, protegem as associações, inclusive as sociedades*, da atuação eventualmente arbitrária do legislador e do administrador, eis que somente o Poder Judiciário, por meio de processo regular, poderá decretar a suspensão ou a dissolução compulsórias das associações. Mesmo a atuação judicial encontra uma limitação constitucional: apenas as associações que persigam fins ilícitos poderão ser compulsoriamente dissolvidas ou suspensas. Atos emanados do Executivo ou do Legislativo, que provoquem a compulsória suspensão ou dissolução de associações, mesmo as que possuam fins ilícitos, serão inconstitucionais."[232]

A Constituição de 1988 não estabelece como limite para o direito de associação a configuração na forma de uma pessoa jurídica, de modo que, estando presentes os requisitos acima, ***ainda que a associação seja despersonalizada***, incide a tutela constitucional.

Consequentemente, para a criação de uma associação **não** é necessária uma **autorização** do Poder Público, apenas o preenchimento dos requisitos. Desse modo, igualmente é o direito de existência, de modo que as associações só poderão ser compulsoriamente dissolvidas ou ter suas atividades suspensas[233] por decisão judicial, exigindo-se, no primeiro caso (da dissolução), o trânsito em julgado.

Sobre a representação judicial dos associados existe uma questão importante no que diz respeito à necessidade ou não de autorização expressa para o ajuizamento de ação para a defesa deles.

No caso do ***mandado de segurança coletivo*** nos termos da **súmula nº 629 do STF** "a impetração de mandado de segurança coletivo por entidade de classe em favor dos associados ***independe da autorização destes.***"[234]

Quanto às **demais demandas judiciais**[235], carecerá de interesse processual a entidade se não houver autorização de seus membros para o ajuizamento nos termos do art. 5, XXI da CR/88 que afirma que "*as entidades associativas, quando expressamente autorizadas, têm legitimidade para representar seus filiados judicial ou extrajudicialmente*". Portanto, o ***mandado de segurança coletivo*** citado acima constitui uma exceção.

---

com disciplina constitucional específica estabelecida no art. 17. SILVA, José Afonso da. *Curso de direito constitucional positivo.* 23. ed. São Paulo, 2004, p. 266.

232. ADI 3045, voto do Rel. Min. Celso de Mello, julgamento em 10-8-2005, Plenário, DJ de 1º-6-2007.
233. No caso de suspensão das atividades, mediante decisão judicial, não há a necessidade de aguardar o trânsito em julgado, pois as atividades podem ser suspensas por decisões de cunho cautelar (ou mesmo antecipatório).
234. Nesse caso trata-se de *substituição processual (legitimação extraordinária)*, dispensando a autorização específica por parte de seus sócios para a impetração da demanda.
235. Tal representação, ressalta-se, limita-se ao âmbito cível, não se estendendo à promoção de interpelações judiciais em defesa da honra de associados (crimes contra a honra), já que, nesse caso, temos um direito de natureza personalíssima. Pet. Ag.Rg. nº 1.249, *DJ* 09/04/1999. Rel. Celso de Mello.

Mas como deve se dar essa autorização (regra)? Afirmou o STF, em recente decisão, que a **autorização estatutária genérica** conferida a **associação** *não é suficiente* para legitimar a sua atuação em juízo na defesa de direitos de seus filiados, sendo indispensável que a **declaração expressa** exigida no inciso XXI do art. 5º da CR/88, seja manifestada por ato individual do associado ou por assembleia geral da entidade. Nesse sentido, para cada ação a ser ajuizada será necessária uma autorização de forma expressa e específica (seja por declaração individual ou por assembleia geral da entidade associativa).[236]

Por conseguinte, somente os **associados** que apresentaram, na data da propositura da ação de conhecimento, **autorizações individuais expressas** à associação, podem **executar título judicial** proferido em ação coletiva. Ou seja, no momento em que a associação ajuíza a demanda, ela deverá juntar aos autos autorização expressa dos associados para a propositura dessa ação e uma lista com os nomes de todas as pessoas que estão associadas naquele momento. Nesses termos, a associação não tem legitimidade ativa para defender os direitos de pessoas que, depois da propositura da ação, vierem a se agregar à entidade. Caso a ação seja julgada procedente, o título executivo irá beneficiar apenas os associados cujos nomes estão na lista de filiados juntada com a petição inicial. Só essas pessoas é que poderão executar o título. A conclusão é a de que as pessoas que se filiarem à associação em momento posterior à data do ajuizamento da ação e que, por esse motivo, não constaram da relação de nomes anexada à inicial da demanda, não são alcançadas e beneficiadas pela eficácia da coisa julgada. Com base nessa orientação, o Plenário do STF, em conclusão do julgamento do **RE 573.232**, e por votação majoritária, proveu recurso extraordinário no qual se discutia a legitimidade ativa de associados que, embora não tivessem autorizado explicitamente a associação a ajuizar a demanda coletiva, promoveram a execução de sentença prolatada em favor de outros associados que, de modo individual e expresso, teriam fornecido autorização para a entidade atuar na fase de conhecimento.[237] No caso o STF, reafirmou a jurisprudência da Corte quanto ao alcance da expressão ***"quando expressamente autorizados"***, constante da cláusula inscrita no mencionado inciso XXI do art. 5º da CR/88.[238]

---

236. RE nº 573.232 julg. em 14.05.2014, Rel. p/ o Acordão Min. Marco Aurélio. Essa ***autorização*** inclusive é um traço que distingue a legitimidade das entidades associativas (art. 5º, XXI da CR/88) em relação à legitimidade das entidades sindicais (art. 8º, III da CR/88). A associação atua como representante processual (atua em nome dos associados); Já o sindicato atua como substituto processual (em nome próprio defendendo direito alheio). Nesses termos, *o sindicato não precisa da autorização dos membros da categoria (trabalhadores) para propor a ação coletiva na defesa de seus interesses. O sindicato não precisa apresentar a relação nominal dos substituídos juntamente com a petição inicial da ação proposta.*
237. RE nº 573.232 julg. em 14.05.2014, Rel. p/ o Ac. Min. Marco Aurélio (Informativo 746 do STF). Aqui registramos posicionamento do STJ em sentido contrário ao do STF no EResp nº 766.637/RS.
238. Asseverou o STF, que esse requisito específico acarretaria a distinção entre a legitimidade das entidades associativas para promover demandas em favor de *seus associados (art. 5º, XXI da CR/88) e a legitimidade das entidades sindicais que defendem interesses coletivos de uma categoria (art. 8º, III da CR/88). RE nº 573.232 julg. em 14.05.2014,* Rel. p/ o Acordão Min. Marco Aurélio.

O Colegiado do Pretório Excelso, reputou, portanto, não ser possível, na **fase de execução do título judicial**, alterá-lo para que fossem incluídas pessoas não apontadas como beneficiárias na inicial da ação de conhecimento e que não autorizaram a atuação da associação, como exigido no preceito constitucional em debate. Ademais, lembrando novamente, a **simples previsão estatutária de autorização geral** para a associação seria **insuficiente para lhe conferir legitimidade**.[239]

Na sequência, afirmou o STF no **RE 612043/PR**, que a eficácia subjetiva da coisa julgada formada a partir de ação coletiva, de rito ordinário, ajuizada por associação civil na defesa de interesses dos associados, *somente alcança os filiados, residentes no âmbito da jurisdição do órgão julgador, que o fossem em momento anterior ou até a data da propositura da demanda, constantes da relação jurídica juntada à inicial do processo de conhecimento*.[240]

4. IGUALDADE

O princípio (ou direito) da igualdade apresenta uma construção constitucional multifacetária.[241] Várias são as manifestações constitucionais sobre o tema: art. 3º, III e IV; art. 5º, ***caput***; art. 5º, I; art. 7º, XXX e XXXI; arts. 170, 193, 196 e 205.

Todavia, sua atual construção, no entendimento da maioria da doutrina constitucional, parece se reduzir à afirmação da necessidade de "tratar os iguais de maneira igual, e os desiguais na medida de sua desigualdade".[242] Ou seja, ***tratar desigualmente os desiguais na medida em que se desigualam***.

---

239. RE nº 573.232 julg. em 14.05.2014. Rel. p/ o Acordão Min. Marco Aurélio.

240. **RE 612043/PR**, STF. Plenário. Rel. Min. Marco Aurélio, julg. em **10.05.2017**. (Inf. 864 do STF). Aqui observamos os seguintes passos, sobre o tema em comento: 1) *As associações podem propor ações coletivas em favor dos seus associados. 2) A associação precisa da autorização dos associados para propor a ação na defesa de seus interesses. 3) A autorização dada pelos associados precisa ser expressa e específica para cada ação. Assim, não é suficiente a autorização genericamente prevista no estatuto da associação. 4) Essa autorização pode ser feita de duas formas: a) por declaração individual do associado; ou b) por aprovação na assembleia geral da entidade. 5) Vale ressaltar que, no caso de impetração de mandado de segurança coletivo, a associação não precisa de autorização específica dos filiados (Súmula 629-STF). 6) Para que seja beneficiada pela sentença favorável obtida na ação coletiva proposta pela associação é necessário que a pessoa: a) esteja filiada à associação no momento da propositura; b) seja residente no âmbito da jurisdição do órgão julgador; c) tenha autorizado o ajuizamento da ação e seu nome esteja na lista anexada junto à petição inicial. 7) O art. 2-A da Lei nº 9.494/97 é constitucional.* LOPES CAVALCANTE, Márcio André. *Dizer o Direito*, Informativo 884.

241. José Afonso da Silva (*Curso de direito constitucional positivo*. 25 ed, p. 211), revelando sua preocupação com os direitos de igualdade, parece reconhecer pesarosamente certo descaso por parte dos constitucionalistas contemporâneos acerca da discussão do tema em detrimento de uma *hipertrofia* das discussões sobre os *direitos de liberdade*.

242. **Celso Antônio Bandeira de Mello** (*O Conteúdo jurídico do princípio da igualdade*) ainda complementa: devemos tratar os iguais igualmente, mas os desiguais desigualmente na medida de suas desigualdades. Todavia, aqui adiantamos o alerta de **Marcelo Galuppo** (*Igualdade e diferença*: estado democrático de direito a partir do pensamento de Habermas, p. 16), no sentido de que a leitura feita do princípio da igualdade pelo professor Bandeira de Mello, como por muitos outros juristas, não consegue apresentar um fundamento que não esteja ainda preso ao paradigma do **Estado Social**.

Ora, tal premissa, todavia, nada tem de moderna, sendo tributária do pensamento de Aristóteles, em sua obra ***Ética a Nicômaco***.[243] No pensamento do filósofo grego, primeiro poderíamos falar que uma ***igualdade aritmética*** é estabelecer uma estrita relação entre a retribuição e a causa; ou, dito de outra forma, nessa perspectiva cada indivíduo tem exatamente a mesma importância e consideração, pressupondo equivalência na importância de cada um. Já a chamada ***igualdade geométrica*** implica uma proporcionalidade definida a partir da comunidade política; desse modo, o critério de merecimento é variável conforme o papel e a importância social do sujeito para a comunidade grega. Logo pessoas que desempenham funções diferentes na ***pólis*** recebem direitos diferentes.[244] Como consequência, o princípio da igualdade servia para consagrar direitos hereditários decorrentes do pertencimento a uma determinada casta social.[245]

Com a Modernidade, todavia, o triunfo das Revoluções Burguesas marcou historicamente que todos os cidadãos estão no mesmo patamar, merecendo do Estado o mesmo catálogo de direitos,[246] inicialmente tomados como direitos de não intervenção na vida privada de cada um. Posteriormente, entretanto, no curso que levou ao apogeu do Estado Social, tais direitos passaram a compreender também direitos a prestações positivas por parte do Estado (direitos econômicos e sociais). Com isso, a igualdade que era tomada apenas em uma perspectiva ***formal*** – visando abolir privilégios ou regalias de classe, tendo em vista o tratamento isonômico entre todos[247] – transforma-se em uma igualdade ***material***[248] – voltada para o atendimento de condições de "justiça social" (direitos sociais mediante uma atuação positiva para a atenuação das desigualdades[249]).

---

243. ARISTÓTELES. "Ética a Nicômaco". *Os Pensadores*. São Paulo: Abril Cultural, 1974. Aliás o próprio STF afirmou recentemente que: "*A igualdade, desde Platão e Aristóteles, consiste em tratar-se de modo desigual os desiguais. Prestigia-se a igualdade, no sentido mencionado, quando, no exame de prévia atividade jurídica em concurso público para ingresso no MPF, dá-se tratamento distinto àqueles que já integram o Ministério Público. Segurança concedida.*" **MS 26.690**, Rel. Min. Eros Grau, julg. em **03.09.2008**.
244. Segundo **Aristóteles**, então, aquele cidadão que cometera uma lesão a outro cidadão deveria receber uma punição determinada, mas se o mesmo ato fosse praticado contra um magistrado a punição deveria ser bem mais severa, não em razão do ato, mas em razão do valor social (importância) para o *polis* que o magistrado detém. *Tal tese ainda perdura no constitucionalismo contemporâneo, principalmente quando alguns autores ainda tentam justificar uma supremacia do Estado sobre seus cidadãos, ou justificar privilégios abusivos concedidos pela legislação a agentes públicos (principalmente políticos de carreira) sob o pretexto de serem direitos, o que é absurdo à luz de uma leitura adequada do Estado Democrático de direito que conserva a proteção da igualdade aritmética, reconhecendo todos os indivíduos como sujeito de direitos livres e iguais, ou seja, titulares das mesmas (igualdade procedimental) liberdades subjetivas* GALUPPO, Marcelo Campos. *Igualdade e diferença: estado democrático de direito a partir do pensamento de Habermas*.
245. SOUZA CRUZ, Álvaro Ricardo de, *O Direito à diferença: as ações afirmativas como mecanismo de inclusão social de mulheres, negros, homossexuais e pessoas portadoras de deficiência*, p. 9.
246. GALUPPO, Marcelo Campos, *Igualdade e diferença*, p. 49. SOUZA CRUZ, Álvaro Ricardo de, *O Direito à diferença*, p. 9.
247. SILVA, José Afonso da, *Curso de direito constitucional positivo*. 25 ed., p. 214.
248. "A igualdade jurídica material não consiste em um tratamento sem distinção de todos em todas as relações. Senão, só aquilo que é igual deve ser tratado igualmente. O princípio da igualdade proíbe uma regulação desigual de fatos iguais, casos iguais devem encontrar regra igual. A questão é, quais fatos são iguais e, por isso, não devem ser regulados desigualmente." HESSE, Konrad. *Elementos de direito constitucional da República Federal da Alemanha*, p. 330.
249. Como exemplos, em nossa atual Constituição de 1988, podemos citar: art. 3°, III, art. 6° e o art. 7°.

Uma outra perspectiva (ainda que fraca) de vislumbrar a igualdade é geralmente desenvolvida no significado das expressões ***"igualdade na lei"*** e ***"igualdade perante a lei"***[250].

Enquanto a primeira seria direcionada ao legislador, a segunda seria dirigida aos aplicadores do direito. É clássica a posição exarada pelo Ministro Celso de Mello, que em interessante síntese, explicitou que: "(...) o **princípio da isonomia** – cuja observância vincula **todas** as manifestações do **Poder Público** – deve ser considerado, em sua precípua função de **obstar discriminações** e de extinguir privilégios, sob **duplo** aspecto: a) **o da igualdade na lei** e b) **o da igualdade perante a lei**. A **igualdade na lei** – que opera numa fase de generalidade puramente abstrata – constitui exigência destinada ao legislador, que, no processo de formação do ato legislativo, nele não poderá **incluir fatores de discriminação** responsáveis pela ruptura da ordem isonômica. (...) A **igualdade perante a lei**, de outro lado, pressupondo lei já elaborada, traduz imposição destinada aos **demais poderes estatais**, que, na aplicação da norma legal, não poderão subordiná-la a critérios que ensejem tratamento **seletivo** ou **discriminatório**. A eventual inobservância desse postulado pelo legislador, em **qualquer das dimensões** referidas, imporá, ao ato estatal por ele elaborado e produzido, a eiva de inconstitucionalidade."[251]

Entendemos que essa distinção, tão bem exarada por Celso de Mello, atualmente deve ser relativizada, na medida em que há o entendimento, já consolidado (doutrinário e jurisprudencial), de que a previsão constitucional da "igualdade perante a lei" (princípio da igualdade) tem como destinatários todos os poderes (legislativo, executivo e judiciário) incluindo (conforme já estudado), até mesmo, os particulares nas relações privadas (direitos fundamentais nas relações privadas).

Voltando à diferenciação entre a **igualdade formal** e a **material**, certo é que já é possível encontrar autores que apresentam uma visão mais ampla e adequada do princípio da igualdade quando lido sob o prisma do **Estado Democrático de Direito**.

Com isso, estes irão afirmar ***um ir além*** da igualdade meramente formal e da igualdade material, em favor de uma ***igualdade procedimental***, orientando-se para garantia da igual condição (opção) de participação do cidadão em todas as práticas estatais. Trata-se de uma igualdade ***aritmeticamente inclusiva***, já que viabiliza um número cada vez mais crescente de cidadãos na simétrica participação da produção de políticas públicas.[252]

Temos ainda a **Igualdade como reconhecimento.** Essa é aquela igualdade que visa a respeitar as pessoas nas suas diferenças. O sentido da igualdade como

250. SILVA, José Afonso da, *Curso de direito constitucional positivo*. 25 ed., p. 215-216.

251. AI nº 360.461 AgR. Rel. Min Celso de Mello, Julg. em **06.12.2005**. 2ª Turma, *DJ*: **28.03.2008**.

252. SOUZA CRUZ, Álvaro Ricardo de, *O Direito à diferença*, p. 15-16. Mas sem dúvida, é preciso informar ao leitor que a **igualdade formal e sobretudo a igualdade material**, ainda continuam a serem usadas pela doutrina e jurisprudência.

reconhecimento visa a composição (ou recomposição) da relevância social de determinados grupos historicamente excluídos. No caso, a dimensão da igualdade como reconhecimento assume, assim, um papel verdadeiramente psicológico: potencializa para que diversos segmentos sociais acreditem que é possível serem dotados de respeito e consideração dentro da comunidade (processo de dignificação) e ser também possível a esses grupos alçar posições socialmente destacadas. Segundo Nancy Fraser, o reconhecimento seria a solução para situações de injustiça cultural. Para Fraser, o conjunto de medidas que promovem esse reconhecimento:

> [...] Pode envolver a revalorização das identidades desrespeitadas e dos produtos culturais dos grupos difamados (tarjados). Pode envolver, também, o reconhecimento e a valorização positiva da diversidade cultural. Mais radicalmente ainda, pode envolver uma transformação abrangente dos padrões sociais de representação, interpretação e comunicação, de modo a transformar o sentido do eu de todas as pessoas.[253]

Dessa feita, a preocupação do **constitucionalismo contemporâneo** no tocante ao princípio da igualdade tem sido de diferenciar ***discriminação (ou discriminação arbitrária e absurda)*** e ***diferenciação*** *(que para alguns poderia ser intitulada de discriminação adequada e razoável).*[254] Enquanto as **diferenciações** (ou **discriminações lícitas**, não absurdas) se mostram como mecanismos necessários à proteção das minorias, excluídas da condição de participação na tomada de decisões institucionais (igualdade procedimental), as **discriminações** (ilícitas) são elementos ***arbitrários*** e, por isso mesmo, **lesivos** à própria igualdade.[255]

---

253. FRASER, Nancy. Da redistribuição ao reconhecimento? *Dilemas da justiça numa era "pós-socialista".* Cadernos de Campo (São Paulo, 1991), v. 15, n. 14-15, p. 231-239, 2006.

254. Álvaro Ricardo prefere falar em *discriminações lícitas* em oposição a *discriminações ilícitas*. O *Direito à diferença, p. 17.*

255. CANOTILHO, José Joaquim Gomes, *Direito constitucional e teoria da Constituição***.** 5. ed., p. 426. Um exemplo envolve o art. 5, I da CR/88, referente à igualdade entre ***homens*** e ***mulheres***. Sobre o tema, temos inúmeras discussões. Uma delas envolveu o foro privilegiado da mulher no que tange ao art. 100, I do *antigo* CPC de 1973 frente a CR/88. Nesse sentido, já decidiu o STF que: o *art. 100, I, do antigo CPC ("Art. 100. É competente o foro: I – da residência da mulher, para a ação de separação dos cônjuges e a conversão desta em divórcio, e para a anulação de casamento")* não afrontava o princípio da igualdade entre homens e mulheres (CF, art. 5º, I), tampouco a isonomia entre os cônjuges (CF, art. 226, § 5º). Com base nesse entendimento, a 2ª Turma desproveu recurso extraordinário por reputar que a norma processual fora recepcionada pela Constituição. *(...) Destacou-se que a Constituição seria marco histórico no processo de proteção dos direitos e garantias individuais e, por extensão, dos direitos das mulheres. Ressaltou-se que, ao longo de mais de 2* décadas de vigência da Constituição, a doutrina e a jurisprudência alinhar-se-iam segundo 3 concepções distintas acerca do dispositivo em discussão, que preconizariam: a) a sua não-recepção; b) a sua recepção; e c) a recepção condicionada às circunstâncias específicas do caso, em especial levando-se em conta o fato de a mulher se encontrar em posição efetivamente desvantajosa em relação ao marido. Asseverou-se não se cuidar de privilégio estabelecido em favor das mulheres, mas de norma que visaria a dar tratamento menos gravoso à parte que, em regra, se encontrava e, ainda hoje se encontraria, em situação menos favorável do ponto de vista econômico e financeiro. Assim, a propositura da ação de separação judicial no foro do domicílio da mulher seria medida que melhor atenderia ao ***princípio da isonomia****, consistente em "tratar desigualmente os desiguais na medida em que se desigualam". Ademais, a competência prevista no inciso I do (antigo) art. 100 do CPC seria relativa, ou seja, se a mulher não apresentasse exceção de incompetência em tempo hábil, a competência prorrogar-se-ia; ou, a própria mulher poderia ajuizar a ação no foro do domicílio do ex-marido, de forma a inexistir óbice legal a que a ação prosseguisse.* (RE 227.114/SP, j.22.11.2011). Aqui é importante salientar que conforme a **Lei nº**

Assim, a regra geral é tomada no artigo 5º, *caput* e art. 5°, inciso I, da Constituição brasileira, que apresentam uma leitura da igualdade como ***imparcialidade*** (não discriminação), representando norma dirigida aos Poderes Públicos.[256] Fala-se, assim, como já dito, em uma igualdade na criação e aplicação do direito.[257]

Mas, com isso, obviamente, não se quer afirmar uma cegueira em face das múltiplas injustiças sociais existentes em nosso país, já que uma **postura distributiva** é desejada até mesmo como imperativo de "justiça social". A questão que se coloca, então, é como estabelecer condições e critérios para que uma diferenciação (para alguns, ***discriminação adequada ou não absurda***) **não** se transforme em **verdadeira** discriminação (***absurda e desarrazoada***). Como tratar *desigualmente os desiguais* na medida em que se desigualam?[258]

É interessante que, segundo **Robert Alexy**, a fórmula clássica implica em um *mandamento* de tratamento desigual, isto é, o princípio da igualdade deve ser interpretado no sentido de uma norma que, *prima facie*, exige um tratamento igual e só permite um tratamento desigual se esse tratamento desigual puder ser justificado com razões suficientes. Assim, o enunciado sobre o mandado de tratamento desigual adquire a seguinte estrutura: Se há uma razão suficiente para ordenar um tratamento desigual, então está ordenado um tratamento desigual.[259]A exigência de razões suficientes para o tratamento desigual impõe uma carga de argumentação ao legislador ou àquele (administrador) que emite a norma que implica tratamento desigual. Há diversas formas de fundamentação dos juízos de valor sobre igualdade e desigualdade que podem justificar um tratamento desigual.[260]

13.271 de **15.04.2016**: *Art. 1º* As empresas privadas, os órgãos e entidades da administração pública, direta e indireta, ficam proibidos de adotar qualquer prática de revista íntima de suas funcionárias e de clientes do sexo feminino. *Art. 2º Pelo não cumprimento do art. 1º, ficam os infratores sujeitos a: I – multa de R$ 20.000,00 (vinte mil reais) ao empregador, revertidos aos órgãos de proteção dos direitos da mulher; II – multa em dobro do valor estipulado no inciso I, em caso de reincidência, independentemente da indenização por danos morais e materiais e sanções de ordem penal.*

256. VIEIRA, Oscar Vilhena, *Direitos fundamentais*: uma leitura da jurisprudência do STF, p. 289-290.
257. CANOTILHO, José Joaquim Gomes, *Direito constitucional e teoria da Constituição*. 5. ed., p. 424.
258. Aqui é interessante citarmos a Lei nº 13.146 de 06.06.2015, que instituiu a Lei brasileira de inclusão da pessoa com deficiência (*Estatuto da pessoa com deficiência*). Como exemplo, no estatuto temos: *Art. 4º Toda pessoa com deficiência tem direito à igualdade de oportunidades com as demais pessoas e não sofrerá nenhuma espécie de discriminação. § 1º Considera-se discriminação em razão da deficiência toda forma de distinção, restrição ou exclusão, por ação ou omissão, que tenha o propósito ou o efeito de prejudicar, impedir ou anular o reconhecimento ou o exercício dos direitos e das liberdades fundamentais de pessoa com deficiência, incluindo a recusa de adaptações razoáveis e de fornecimento de tecnologias assistivas. § 2º A pessoa com deficiência não está obrigada à fruição de benefícios decorrentes de ação afirmativa. Art. 5º A pessoa com deficiência será protegida de toda forma de negligência, discriminação, exploração, violência, tortura, crueldade, opressão e tratamento desumano ou degradante. Parágrafo único. Para os fins da proteção mencionada no **caput** deste artigo, são considerados especialmente vulneráveis a criança, o adolescente, a mulher e o idoso, com deficiência.*
259. ALEXY, Robert. *Teoría de los derechos fundamentales*, 2001. Embora Alexy não seja nosso marco teórico suas digressões são importantes no tema em debate.
260. RE nº 635.739/AL, julg. em **19.02.2014**, voto proferido pelo Min. Gilmar Mendes.

Em monografia especializada – ainda presa ao paradigma do **Estado Social** –, Celso Antônio Bandeira de Mello[261] apresenta **quatro elementos** identificadores de **lesões** ao princípio da igualdade:

1º) a diferenciação não pode atingir apenas uma pessoa[262];

2º) as situações (ou pessoas) a serem diferenciadas pela norma jurídica devem ser de fato distintas (isto é, apresentarem características diferenciadas);

3º) deve existir, abstratamente, uma lógica entre os fatos diferenciais e a distinção estabelecida pela norma jurídica; e

4º) concretamente, o vínculo de correlação deve ser pertinente em razão de interesses constitucionais protegidos, tendo em vista para tanto o "bem público".

Em outro relevante trabalho, o mesmo professor[263] (embora também atrelado ao paradigma do **Estado social**) afirma, contundentemente, que as **discriminações lícitas** (também chamadas pela doutrina de ***diferenciações***) seriam possíveis, nos casos em que:

1º) não atinjam de modo atual e absoluto os princípios da generalidade e abstração da norma jurídica;[264]

2º) haja realmente nas situações, coisas ou pessoas com características ou traços diferenciados;

3º) existe lógica entre os fatores existentes e a distinção estabelecida;

4º) a distinção estabelecida tenha um valor positivo, à luz do que estabelece a Constituição.

261. BANDEIRA DE MELLO, Celso Antônio, *Regime constitucional dos servidores da administração direta e indireta*, p. 51.

262. Embora esse elemento não possa ser aferido apenas de forma absolutizada e descontextualizada. Nesse sentido, temos a 2ª Turma do STF no RE 405.386, julg. em **26.02.2013**: "Constitucional. Pensão especial a viúva de Prefeito. Lei municipal de efeitos concretos. Validade. Isonomia e princípio da moralidade (CF, art. 37). Imunidade material de vereadores (CF, art. 29, VIII). 1. ***Não** há empecilho constitucional à edição de leis **sem caráter geral e abstrato**, providas apenas de efeitos concretos e individualizados. Há matérias a cujo respeito a disciplina não pode ser conferida por ato administrativo, demandando a edição de lei, ainda que em sentido meramente formal. É o caso da concessão de pensões especiais. 2. O tratamento privilegiado a certas pessoas somente pode ser considerado **ofensivo ao princípio da igualdade** ou da moralidade **quando não decorrer** de uma causa razoavelmente justificada*".

263. BANDEIRA DE MELLO, Celso Antônio, *Princípio da isonomia desiquiparações proibidas e desiquiparações permitidas*. RDTDP v.1, p.79-83, 1993.

264. Sobre esse primeiro requisito (para que as discriminações sejam lícitas) Álvaro Ricardo Souza Cruz externaliza que o mesmo **não** deve ser considerado de forma absoluta. Afirma em tom crítico que: *"A argumentação racional no Direito não é produzida exclusivamente nos discursos de justificação normativa (criação das normas jurídicas), mas também e necessariamente nos discursos de aplicação (aplicação pelo Estado destas normas jurídicas a casos concretos). A constatação de ambos **não** impossibilita o reconhecimento de **normas específicas/singulares** que podem ser obtidas por **qualquer dos poderes estatais**"*. SOUZA CRUZ, Álvaro Ricardo de, *O Direito à diferença*, p. 16-17. Sobre o tema: **RE 405.386/RJ**, julg. em **26.02.2013.**

Certo é que, o constitucionalista mineiro Álvaro Ricardo de Souza Cruz,[265] baseando-se em Ronald Dworkin,[266] apresenta, em nosso entendimento, critérios mais adequadamente compatíveis a uma noção de igualdade procedimental e, por isso mesmo, a um Estado Democrático de Direito, para que **minorias** possam ser **identificadas** e para que, com isso, possam receber **tratamento diferenciado**, ou seja, um **tratamento especial** pelo **Poder Público.**[267] Nesses termos, dois mecanismos para o reconhecimento (e possibilidade) da atuação pública devem ser levados em consideração:

- A minoria deve ser marginalizada economicamente, socialmente e politicamente, de modo a lhe faltar meios para atrair a atuação dos políticos e de outros eleitores para seus interesses; e
- A minoria pode ser vítima de preconceitos, ódio ou estereótipos tão sérios que aos olhos da maioria façam com que eles sejam limitados ou punidos em razão de seus traços distintivos (traços de diferenciação). Aqui, isso pode ocorrer, mesmo que tal limitação-punição não atenda a nenhum outro interesse mais respeitável ou dotado de legitimidade para outros grupos.

Assim sendo, a grande questão é: como realizar a **igualdade**? Ou seja, como identificar e reconhecer as particularidades e especificidades individuais e coletivas em nossa sociedade complexa e plural (***pluralismo de formas e projetos de vida***)?

Sob o foco da perspectiva da **igualdade** que só se efetiva na diferença (ideia da ***"igualdade na diferença"*** e a necessidade de conviver-se com a diferença), como **diferenciar** sem **violentar**? Ou seja, como estabelecer discriminações lícitas e legítimas?[268]

Sem dúvida, a atuação dos Poderes Públicos (seja o executivo, legislativo e judiciário) deve ser levada recorrentemente em consideração. Os atos do Poder Executivo, bem como do Legislativo, não podem ser contrários à igualdade prevista constitucionalmente e a seus desdobramentos (que, como vimos, estão inseridos no contexto da dignidade da pessoa humana).

Incumbe, via de regra, ao **Poder Judiciário,**[269] como controlador da atuação normativa (e administrativa), realizar a tarefa de aferição,[270] bem como de adequação à

265. SOUZA CRUZ, Álvaro Ricardo de, *O Direito à diferença*, p. 16-17. Nesse sentido: *"para que uma **minoria** possa receber **tratamento diferenciado** é necessário que seja considerada uma classe suspeita, ou seja, carecedora de força dentro do processo político."*
266. DWORKIN, Ronald, *Sovereign Virtue*, p. 501.
267. SOUZA CRUZ, Álvaro Ricardo de, *O Direito à diferença*. p. 16-17.
268. Sem dúvida essa tarefa, no **Estado Democrático de Direito,** envolve a participação de uma **esfera pública ativa na qual os atores sociais** (da sociedade civil) devem procurar **desenvolver** suas capacidades (*possibilidades discursivas*). Nesse sentido: *"(...) o **pluralismo** eleva-se a condição de princípio indissociável da ideia de **dignidade humana**, exigindo do **Estado e da sociedade** a proteção de todos os '**outros**', diferentes de **nós** (...)"*. SOUZA CRUZ, Álvaro Ricardo de, *O Direito à diferença*. p. 13.
269. No mesmo sentido: *"A **adequação** de normas válidas ao **caso concreto** é absolutamente indispensável para a **aferição da legitimidade** de medidas ou ações de cunho discriminatório."* SOUZA CRUZ, Álvaro Ricardo de, *O Direito à diferença*. p. 18.
270. Nos dizeres de **Souza Cruz:** *"Nos Estados Unidos, no afã de adequar a **legislação ao caso concreto,** a jurisprudência demonstra que a Suprema Corte é muito rigorosa no exame da correlação lógica entre os*

normativa constitucional.[271] Certo é que são proibidas (na análise dos casos concretos) ações ou omissões dos Poderes públicos que levem a ferir o princípio (norma) da igualdade previsto constitucionalmente.

Como exemplo inicial, recentemente, o STF foi chamado a decidir no RE 658.312/SC, se o art. 384 da CLT que estabelece que as trabalhadoras do sexo feminino têm direito a um intervalo de 15 minutos antes de iniciarem hora extra (regra que não se aplica para os trabalhadores do sexo masculino) deveria ou não ser recepcionado pela ordem constitucional de 1988.

Segundo exarou o STF em 27.11.2014, o art. 384 da CLT foi recepcionado pela Constituição de 1988 e não contraria o princípio da isonomia. O fundamento (argumentativamente posto) foi o de que a norma está em harmonia com dois critérios que justificam o tratamento diferenciado, quais sejam, o componente biológico (menor resistência física da mulher) e o componente social (o fato de ser comum o acúmulo de atividades pela mulher no lar e no ambiente de trabalho).[272]

Um bom exemplo de ***discriminação (ilícita)*** que também pode ser trabalhado, é a exigência desarrazoada de um limite máximo de idade para concursos públicos (por exemplo, 30 anos ou 40 anos). Nesses termos, o art. 5º ***caput*** e o art. 7º, XXX da CR/88 deixam expresso tal impedimento.

A jurisprudência do STF tem confirmado seguidamente que tal prática constitui o estabelecimento de uma ofensa ao princípio da igualdade, porém existem exceções

---

fatores diferenciais existentes e a distinção imposta, sob pena de tachá-los como discriminatórios. Nesse sentido, a Suprema Corte americana sujeita a um exame rigoroso qualquer critério de diferenciação tal como a raça, o sexo, etc. Nesse campo, Siqueira Castro destaca que o ***leading case*** *é o feito* ***Skinner v. Oklahoma, 313 U. S. 535 (1942)****: No qual a Suprema Corte dos Estados Unidos invalidou lei estadual de odiosa inspiração* 'lombrosiana' *que estabelecia a esterilização compulsória dos condenados reincidentes por crimes apenados com reclusão e que envolvessem torpeza moral* ***(felonies involving moral turpitude)****. Tratando exatamente do alcance da chamada* ***business necessity*** *é que a Corte considerou a exigência de aposentadoria aos 50 (cinquenta) anos para pilotos de avião uma discriminação ilegítima por idade* ***[Western Airlines v. Criswell, 472 U. S. 400 (1985)]****. Da mesma forma, a Corte rechaçou a alegação de* ***administrative convenience*** *de uma companhia aérea, segundo a qual as aeromoças magras poderiam melhor se desincumbir das funções de comissariado de bordo* ***[(Gerdan v. Continental Airlines – 460 U. S. 1074 – 1983)]****. Assim também a Corte negou a ideia de* ***business necessity*** *sob o fundamento de* ***customer preference,*** *quando o dono de uma pizzaria recusou-se a dar emprego de entregador de pizza a pessoas que usassem barba* ***[(Bradley v. Pizzaco of Nebraska 7f3d 395 8º circ. 1983)]****. Da mesma maneira, a exigência da experiência prévia pode ser tida por discriminatória, desde que fique provado, o impacto desproporcional sobre minorias e quando o empregador não consegue provar de maneira cabal que a exigência seria absolutamente indispensável para atividade* ***[(Davis v. Richmond, Tredericksburg 803 F. ed. 1322 4º circ. 1989)]****. Todavia, a discriminação seria legítima caso negasse emprego de piloto de avião a um portador de deficiência visual. Da mesma maneira, se se vedasse acesso à guarda de honra presidencial a homens de baixa estatura. A Suprema Corte americana considerou legítima a exigência de sexo masculino para o exercício de guarda de presídio masculino no caso Dothard v. Rawlinson, 433 U. S. 321 (1977)".* SOUZA CRUZ, Álvaro Ricardo de. *p, 18-**20***.

271. É bem verdade que o mesmo (**Poder Judiciário**) também analisa as condutas dos particulares que podem em inúmeras situações contrariarem a igualdade praticando *atos discriminatórios que geram ilícitos*, por exemplo, na seara cível ou penal.
272. RE 658.312/SC, julg. em 27.11.2014 pelo Plenário do STF (com Repercussão Geral), Rel. Min. Dias Toffoli.

(discriminações que se apresentam razoáveis/lícitas/não absurdas).[273] Essas, dependendo do caso concreto, devem estar ligadas a uma razão decorrente da natureza e atribuições do próprio cargo a ser ocupado.[274]

Nesse sentido, deixa assente o STF na Súmula nº 683 que "*o limite de idade para a inscrição em concurso público só se legitima em face do art. 7º, XXX, da constituição, quando possa ser justificado pela natureza e atribuições do cargo a ser preenchido*".[275]

Por exemplo, já decidiu o STF que a fixação de limite etário, máximo e mínimo, como requisito para o ingresso na carreira da magistratura viola o disposto no art. 93, I, da Constituição Federal.[276]

No caso, a Lei nº 11.697/2008 que dispõe sobre a organização judiciária do Distrito Federal e dos Territórios no seu art. 52, V, determinou que um dos requisitos para ser Juiz seria ter mais de 25 e menos de 50 anos de idade. Conforme a Lei: *O ingresso na Carreira da Magistratura dar-se-á nos cargos de Juiz de Direito Substituto do Distrito Federal ou de Juiz de Direito dos Territórios e dependerá de concurso de provas e títulos realizado pelo Tribunal de Justiça, com a participação do Conselho Seccional da Ordem dos Advogados do Brasil do lugar em que se realizarem as provas, exigindo-se dos candidatos que satisfaçam os seguintes requisitos: (...) V – ter mais de 25 (vinte e cinco) e menos de 50 (cinquenta) anos de idade, salvo quanto ao limite máximo, se for magistrado ou membro do Ministério Público.*

Conforme o STF, em assuntos diretamente relacionados à magistratura nacional, como as condições para investidura no cargo, a disciplina da matéria deve

---

273. Conforme o STF: *"Os pronunciamentos do Supremo são reiterados no sentido de não se poder erigir como critério de admissão não haver o candidato ultrapassado determinada idade, correndo à conta de exceção situações concretas em que o cargo a ser exercido engloba atividade a exigir a observância de certo limite – precedentes: RMS 21.033-8/DF, Plenário, Rel. Min. Carlos Velloso, Mostra-se **pouco razoável** a fixação, contida em edital, de **idade máxima – 28 anos** –, a alcançar ambos os sexos, para ingresso como soldado **policial militar**."* (**RE 345.598-AgR**, Rel. Min. Marco Aurélio, julgamento em 29-6-2005, 1ª Turma) No mesmo sentido: *AI 488.727-AgR, Rel. Min. Joaquim Barbosa, julg. em 05.08.2008, 1ª Turma. **Vide: RE 523.737-AgR**, Rel. Min. Ellen Gracie, julg. em **22.06.2010**, 2ª Turma, DJ de 06.08.2010.*

274. Em julgamento recente, **RE nº 253.604/RS**, o STF entendeu por ser **arrazoada** a limitação de idade, se as peculiaridades do cargo exigem do candidato – futuro servidor – a realização de trabalhos braçais em geral. Em outro *decisum* entendeu o STF que era **razoável** o uso do **critério de idade** para **desempate** para fins de **promoção por merecimento**. Conforme a Ementa: "(...) *II. Justiça Federal: lista de promoção por merecimento de juízes ao Tribunal Regional Federal: desempate em favor do mais idoso, conforme norma regimental: validade. Não ofende a Constituição a norma regimental de TRF de que, após sucessivos empates na composição da lista de juízes para a promoção por merecimento, prescreve o desempate em favor do mais idoso*(...)" **MS 24.509**/DF, julg. em **23.10.2003**.

275. É claro que também deve haver **previsão legal** definindo os **critérios de admissão** para **o cargo**. Nesses termos: Limitação de idade. **Edital que fixa idade limite** para o ingresso na corporação, o que a **Lei ordinária** (Lei n. 7289/84) **não restringiu**. Jurisprudência assentada. **RE (AgR) 307.112**/DF, Rel. Min. Cezar Peluso julg. em **02.05.2005**. Portanto, a jurisprudência está assentada no sentido de que é possível exigir limite de idade para o ingresso em determinado cargo público, desde que haja previsão em **lei específica** e no **edital do concurso público** nos termos da **Súmula 683** do STF. *Aqui é importante registrar, que o STF também já se manifestou no sentido de que o limite de idade, quando regularmente fixado em lei e no edital de determinado concurso público, há de ser comprovado no momento da inscrição no certame.* **ARE 840.592/CE**, 1ª T STF, julg. em **23.06.2015**, Rel. Min. Roberto Barroso.

276. **ADI 5329/DF**, STF. Plenário. Rel. p/ o ac. Min. Alexandre de Moraes, julg. em **14.12.2020** (Informativo 1002).

ser versada pela CR/88 ou pelo Estatuto da Magistratura (LOMAN), não podendo lei ordinária federal inovar e prever norma de caráter restritivo ao ingresso na magistratura que não encontra pertinência nos citados diplomas normativos.

E nesses termos, os preceitos constitucionais e as disposições da LOMAN não estabelecem a idade como requisito para o acesso ao cargo, de modo que a ausência de previsão normativa nesse sentido não autoriza que os Estadosmembros disciplinem a matéria. Cabe lembrar que a CR/88 não exige idade mínima para o ingresso na magistratura, mas tão somente o cumprimento do requisito de "três anos de atividade jurídica" ao bacharel em direito (CR, art. 93, I).

Ademais, segundo o STF, o estabelecimento de um limite máximo de idade para investidura em cargo, cujas atribuições são de natureza *preponderantemente intelectual, contraria o entendimento sintetizado no Enunciado da Súmula 683 do STF*, no sentido de que restrições desse tipo somente se justificam em vista de necessidade relacionada às atribuições do cargo, como ocorre em carreiras militares ou policiais.[277]

Também é desarrazoado, gerando discriminação ilícita, estabelecer como regra geral (padrão) restrições em concurso público por uso de tatuagem. Segundo recente decisão do STF, editais de concurso público não podem estabelecer restrição a pessoas com tatuagem, salvo situações excepcionais em razão de conteúdo que viole valores constitucionais.

No caso, o candidato fora excluído de concurso público para provimento de cargo de soldado da polícia militar por possuir tatuagem em sua perna esquerda.[278]

277. **ADI 5329/DF**, STF. Plenário. Rel. p/ o ac. Min. Alexandre de Moraes, julg. em **14.12.2020** (Informativo 1002).

278. **RE 898450/SP** Plenário do STF, Rel. Min. Luiz Fux, julgado em **17.08.2016**. *"De início, o Tribunal reafirmou jurisprudência no sentido de que qualquer restrição para o acesso a cargo público constante em editais de concurso dependeria da sua específica menção em lei formal, conforme preceitua o art. 37, I, da CF ("os cargos, empregos e funções públicas são acessíveis aos brasileiros que preencham os requisitos estabelecidos em lei"). Desse modo, revelar-se-ia inconstitucional toda e qualquer restrição ou requisito estabelecido em editais, regulamentos, portarias, se não houver lei que disponha sobre a matéria. No caso concreto, não existiria lei no sentido formal e material no ordenamento jurídico local que pudesse ser invocada para a existência da restrição editalícia que motivara a exclusão do recorrente do certame. Sob outro enfoque, a mera previsão legal do requisito não levaria ao reconhecimento automático de sua juridicidade. O legislador não poderia escudar-se em pretensa discricionariedade para criar barreiras arbitrárias para o acesso às funções públicas. Assim, seriam inadmissíveis e inconstitucionais restrições ofensivas aos direitos fundamentais, à proporcionalidade ou que se revelassem descabidas para o pleno exercício da função pública objeto do certame. Toda lei deveria respeitar os ditames constitucionais, mormente quando referir-se à tutela ou restrição a direitos fundamentais, pois os obstáculos para o acesso a cargos públicos deveriam estar estritamente relacionados com a natureza e as atribuições das funções a serem desempenhadas. Além disso, não haveria qualquer ligação objetiva e direta entre o fato de um cidadão possuir tatuagens em seu corpo e uma suposta conduta atentatória à moral, aos bons costumes ou ao ordenamento jurídico. A opção pela tatuagem relacionar-se-ia, diretamente, com as liberdades de manifestação do pensamento e de expressão (CF, art. 5°, IV e IX). Na espécie, estaria evidenciada a ausência de razoabilidade da restrição dirigida ao candidato de uma função pública pelo simples fato de possuir tatuagem, já que seria medida flagrantemente discriminatória e carente de qualquer justificativa racional que a amparasse. Assim, o fato de uma pessoa possuir tatuagens, visíveis ou não, não poderia ser tratado pelo Estado como parâmetro*

O tema da *"altura mínima"* para determinados cargos públicos, também vai exigir uma análise específica da natureza e atribuições do cargo, entendendo o STF que o critério da "razoabilidade" deve ser observado no caso concreto. Porém, o STF entende que a "razoável" limitação de altura para ser constitucional deve estar prevista não só no edital do certame, mas em Lei.

Ainda sobre os concursos públicos, o STF analisou recentemente a questão da *"cláusula de barreira"*. O Pretório Excelso afirmou no RE nº 635.739, que é constitucional a regra denominada "cláusula de barreira", inserida em edital de concurso público, que limita o número de candidatos participantes de cada fase da disputa, com o intuito de selecionar apenas os concorrentes mais bem classificados para prosseguir no certame. Essa foi a conclusão do Plenário, que proveu o recurso extraordinário no qual se discutia a legitimidade da aludida cláusula à luz do princípio da isonomia.[279]

Por último, decidiu o STF recentemente, que é inconstitucional a fixação de critério de desempate em concursos públicos que favoreça candidatos que pertencem ao serviço público de um determinado ente federativo.[280]

No caso, foi editada no Pará a Lei estadual nº 5.810/94, que estabeleceu uma preferência, na ordem de classificação de concursos públicos, em favor de candidato já pertencente ao serviço público estadual paraense.

Na fundamentação, o STF afirmou que a CR/88 prevê, expressamente, no art. 19, III, que "é vedado à União, aos Estados, ao Distrito Federal e aos Municípios criar distinções entre brasileiros ou preferências entre si" e o ato normativo com aquele conteúdo possui o nítido propósito de conferir tratamento mais favorável aos candidatos que já são servidores da unidade federativa.[281]

Na hipótese, a norma não assegura a seleção de candidatos mais experientes. Ao contrário, possibilita que um candidato mais experiente, proveniente da administração pública federal, municipal ou, ainda, da iniciativa privada, seja preterido em prol de um servidor estadual com pouco tempo de serviço, desde que pertença aos quadros da unidade federativa.

---

discriminatório quando do deferimento de participação em concursos de provas e títulos para ingresso em carreira pública. Entretanto, tatuagens que representassem obscenidades, ideologias terroristas, discriminatórias, que pregassem a violência e a criminalidade, discriminação de raça, credo, sexo ou origem, temas inegavelmente contrários às instituições democráticas, poderiam obstaculizar o acesso a função pública. Eventual restrição nesse sentido não se afiguraria desarrazoada ou desproporcional. Essa hipótese, porém, não seria a do recorrente que teria uma tatuagem tribal, medindo 14 por 13 cm. (...)" (Informativo 835 do STF).

279. **RE nº 635.739/AL**, Rel. Min. Gilmar Mendes julg. em **19.02.2014**: "Recurso Extraordinário. Repercussão Geral. 2. Concurso Público. Edital. Cláusulas de Barreira. Alegação de violação aos arts. 5º, caput, e 37, inciso I, da Constituição Federal. 3. Regras restritivas em editais de concurso público, quando fundadas em critérios objetivos relacionados ao desempenho meritório do candidato, não ferem o princípio da isonomia. 4. As cláusulas de barreira em concurso público, para seleção dos candidatos mais bem classificados, têm amparo constitucional. 5. Recurso extraordinário provido."
280. **ADI 5358/PA**, STF. Plenário. Rel. Min. Roberto Barroso, julgado em **27.11.2020** (Inf. 1000).
281. **ADI 5358/PA**, STF. Plenário. Rel. Min. Roberto Barroso, julgado em **27.11.2020** (Inf. 1000).

A medida, segundo o STF, é inadequada para a seleção do candidato mais experiente, viola a igualdade e a impessoalidade e não atende ao interesse público, favorecendo injustificada e desproporcionalmente os servidores estaduais. O art. 37, I e II, da CR/88 assegura ampla acessibilidade aos cargos e empregos públicos a todos os brasileiros que preencham os requisitos legais, por meio de aprovação prévia em concurso público de provas ou de provas e títulos, realizado de acordo com a natureza e complexidade do cargo ou emprego, ressalvada a hipótese de nomeação para cargo em comissão de livre nomeação e exoneração.

Para o STF, a regra de acessibilidade a cargos e empregos públicos prevista no dispositivo visa conferir efetividade aos princípios constitucionais da isonomia e da impessoalidade, de modo que a imposição legal de critérios de distinção entre os candidatos é admitida tão somente quando acompanhada da devida justificativa em razões de interesse público e/ou em decorrência da natureza e das atribuições do cargo ou emprego a ser preenchido. No ponto, o Supremo Tribunal Federal já decidiu que é inconstitucional o ato normativo que estabelece critérios de discriminação entre os candidatos de forma arbitrária ou desproporcional.[282]

No que tange à normativa envolvendo a igualdade entre **homens e mulheres**, a questão segue no mesmo diapasão, na medida em que a discriminação (ilícita) é vedada, sendo permitida apenas a diferenciação (***discriminação lícita***) nos casos que envolvam a natureza do cargo a ser preenchido e a sua disposição normativa adstrita.

Certo é que essa análise estará sempre afeta ao caso concreto[283]. Mais uma vez nos devemos voltar para a reconstrução dos contornos da "situação de aplicação". Nesses termos, o STF já se pronunciou, no que tange ao concurso público e ao critério de admissão por motivo de sexo, pela regra que direciona no **sentido da inconstitucionalidade** da diferença de critério de admissão considerado o sexo (art. 5º, I; e § 2º do art. 39 da CR/88). A **exceção** corre à conta das hipóteses aceitáveis, tendo em vista a ordem sócio constitucional."[284]

Nessa linha de raciocínio, decidiu o STF no RE 528.684 que a imposição de *discrimen* de gênero para fins de participação em concurso público somente é compatível com a Constituição, como já dito, nos excepcionais casos em que demonstradas a fundamentação proporcional e a legalidade da imposição, sob pena de ofensa ao princípio da isonomia.

Com base nesse entendimento, a 2ª Turma do STF deu provimento ao recurso ordinário em mandado de segurança no qual se questionava edital de concurso

282. **ADI 5358/PA**, STF. Plenário. Rel. Min. Roberto Barroso, julgado em **27.11.2020** (Inf. 1000).
283. ADI 598.715 AgR julg. em 01.04.2008 p/ 1ª Turma: *Concurso público – Altura mínima – Inexistência de lei. Longe fica de vulnerar a Constituição Federal pronunciamento no sentido da inexigibilidade de altura mínima para habilitação em concurso público quando esta for prevista estritamente no edital, e não em lei em sentido formal e material.* (rel. Min. Marco Aurélio).
284. **RE nº 120.305**, Rel. Marco Aurélio, Julg. Em 08.09.1994, *DJ*: 09.06.1995.

público para ingresso em curso de formação de oficiais de polícia militar do Estado do Mato Grosso do Sul que previa a possibilidade de participação apenas de candidatos do sexo masculino. A luz do caso concreto, decidiram os Ministros, que havia afronta ao **princípio da isonomia**, haja vista que tanto o edital quanto a legislação que regeria a matéria não teriam definido **qual a justificativa** para não permitir que mulheres concorressem ao certame e ocupassem os quadros da polícia militar.[285]

No que tange ao sistema de promoção em determinadas carreiras, já decidiu o STF, também levando em consideração uma gama de especificidades, que **não** afeta o **princípio da isonomia** a adoção de **critérios distintos** para a promoção de integrantes do corpo feminino e masculino da aeronáutica.[286]

No que diz respeito a pensão por morte, já decidiu o STF, que é inconstitucional, por transgressão ao princípio da isonomia entre homens e mulheres (art. 5º, I, da CR/88), a exigência de requisitos legais diferenciados para efeito de outorga de pensão por morte de ex-servidores públicos em relação a seus respectivos cônjuges ou companheiros/companheiras (art. 201, V, da CR/88).[287]

No caso, a então Lei estadual nº 7.672/82 disciplinava o regime próprio de previdência social do Estado do Rio Grande do Sul, e um dos benefícios previstos era a pensão por morte.

A Lei afirmava que, a viúva do servidor público teria sempre direito à pensão por morte. Já o viúvo da servidora publica só receberia o benefício se conseguisse provar que, durante a vida, dependia economicamente de sua mulher. Pois bem, o STF entendeu que essa diferenciação contraria o princípio da isonomia entre homens e mulheres previsto no art. 5º, I da CR/88.[288]

Na fundamentação afirmou o STF que estudos recentes do Instituto de Pesquisa Econômica Aplicada (IPEA) revelam a importância das mulheres como "chefes de família", o que torna completamente ultrapassada a presunção de dependência econômica da mulher em relação a seu cônjuge ou companheiro a justificar a mencionada discriminação.

Ainda ressaltou o Pretório Excelso, que a atual lei que disciplina o regime de previdência social dos servidores públicos do estado do Rio Grande do Sul (Lei Complementar estadual 15.142/2018) revogou expressamente a Lei estadual nº 7.672/82,

285. **RE nº 528.684**, Rel. Marco Aurélio, Julg. Em **03.09.2013**. rel. Min. Gilmar Mendes.
286. **RE 498.900– AgR**, Rel. Min. Carmen Lúcia. Julg. em **23.10.2007** Primeira Turma, DJ: 07.12.2007. No mesmo sentido: *Promoção de militares dos sexos masculino e feminino: critérios diferenciados:* ***carreiras regidas por legislação específica****: ausência de violação ao princípio da isonomia:* precedente (RE 225.721, Ilmar Galvão, *DJ* de 24.04.2000)." (**AI 511.131-AgR**, Rel. Min. Sepúlveda Pertence, julg. em 22-3-2005, Plenário, *DJ* de 15-4-2005.) **No mesmo sentido**: **RE 597.539-AgR**, Rel. Min. Eros Grau, julg. em **12.05.2009**, 2ª Turma. **Vide**: **RE 489.064-ED**, Rel. Min. Ellen Gracie, julg. em **08.09.2009**, 2ª Turma.
287. **RE 659424/RS**, STF. Plenário. Rel. Min. Celso de Mello, julgado em **09.10.2020** (Repercussão Geral – Tema 457).
288. **RE 659424/RS**, STF. Plenário. Rel. Min. Celso de Mello, julgado em **09.10.2020** (Repercussão Geral – Tema 457).

que exigia essa comprovação de invalidez e de dependência econômica do cônjuge varão para o recebimento de pensão por morte. Assim, eliminou qualquer fator de discriminação entre homens e mulheres e consagrou, de maneira explícita, a presunção de dependência econômica do cônjuge ou companheiro/companheira, sem nenhuma ressalva quanto ao gênero do beneficiário.[289]

Outra questão interessante, envolve a **exigência** de teste de **esforço físico** em concurso público, diferenciado por **faixa etária**. O STF, recentemente, prolatou entendimento de que a **exigência** era **desarrazoada** (contrária ao **princípio da igualdade**). Nesse sentido: "Concurso público da polícia militar. Teste de esforço físico por faixa etária: exigência desarrazoada, no caso. Ofensa aos princípios da igualdade e legalidade. O Supremo Tribunal Federal entende que a restrição da admissão a cargos públicos a partir da idade somente se justifica se previsto em lei e quando situações concretas exigem um limite razoável, tendo em conta o grau de esforço a ser desenvolvido pelo ocupante do cargo ou função. No caso, se mostra **desarrazoada** a exigência de teste de **esforço físico** com critérios **diferenciados** em razão da faixa etária."[290]

O princípio da isonomia também é objeto de debate em relação a possibilidade de **segunda chamada** para teste de aptidão física em concurso público.

Existiam precedentes no STF no sentido de que a remarcação de teste de aptidão física para data diversa daquela prevista em edital de certame, em virtude da ocorrência de caso fortuito que comprometesse a saúde de candidato, devidamente comprovado por atestado médico, não afrontaria o princípio da isonomia.[291]

Porém, em recente julgamento, o Pretório Excelso mudou de entendimento. Nesse sentido, o STF no **RE 630.733** (com repercussão geral reconhecida) julgado em **15.05.2013**, entendeu que os candidatos em concurso público não têm direito à prova de segunda chamada nos testes de aptidão física em razão de circunstâncias pessoais, ainda que de caráter fisiológico ou de força maior, salvo contrária disposição editalícia (ou seja, se houver previsão no edital permitindo essa possibilidade).

No caso concreto objeto o candidato não se submetera ao teste de aptidão física na data designada pelo edital do concurso, pois se encontraria temporariamente incapacitado em virtude de doença (epicondilite gotosa no cotovelo esquerdo). Porém em 2002, obteve liminar em 1ª Instancia e posteriormente decisão de mérito na 1ª Instancia e acordão da 2ª Instancia, lhe concedendo o direito ao **teste**

289. **RE 659424/RS**, STF. Plenário. Rel. Min. Celso de Mello, julgado em **09.10.2020** (Repercussão Geral – Tema 457).
290. **RE 523.737-AgR**, Rel. Min. Ellen Gracie, julg: 22-6-2010, Segunda Turma, *DJ* de **06.08.2010**.
291. **AI 825545 AgR/PE** julg. em **13.04.2011**: *"A jurisprudência desta Corte firmou-se no sentido de que não implica em ofensa ao princípio da isonomia a possibilidade de remarcação da data de teste físico, tendo em vista motivo de força maior"*. **RE 584444 AgR / DF julg. em 02.03.2010:** *"A decisão agravada está em harmonia com o entendimento firmado neste Tribunal, no sentido de ser possível a realização de novo exame de aptidão física, em virtude de motivo de força maior que tenha alcançado a higidez física do candidato no dia do teste".*

em segunda oportunidade (o que o possibilitou a assumir o cargo público). O Tribunal de origem fundamentou a decisão no **princípio da isonomia** e afastou norma prevista também em edital, que regulamentaria aplicação de prova de capacidade física em processo seletivo instituído pela Academia Nacional de Polícia ("os casos de alterações orgânicas[292]que impossibilitem o candidato de submeter-se aos testes ou diminuam sua capacidade física e/ou orgânica não serão aceitos para fins de tratamento diferenciado por parte da Administração".

O STF, como já dito, alterando seu posicionamento, entendeu de forma contrária ao Tribunal de 2ª instancia e negou o direito *a segunda chamada de teste de aptidão física*, nos moldes já explicitados. Nesse sentido, o **princípio da isonomia** não possibilitaria, de plano, a realização de segunda chamada em etapa **de concurso público** decorrente de situações individuais e pessoais de cada candidato, *especialmente, quando o edital estabelecesse tratamento isonômico a todos os candidatos* que, em presumida posição de igualdade dentro da mesma relação jurídica, seriam tratados de forma igualitária.

Assim sendo, os principais argumentos do novo posicionamento do STF seriam: a) o princípio da isonomia estaria violado se a Administração Pública beneficiasse determinado indivíduo em detrimento de outro nas mesmas condições; b) o princípio da isonomia não possibilita que o candidato tenha direito de realizar prova de segunda chamada em concurso público por conta de situações individuais e pessoais, especialmente porque o edital estabelece tratamento isonômico a todos os outros candidatos; c) o concurso público é um processo de seleção que deve ser realizado com transparência, impessoalidade, igualdade e com o menor custo para os cofres públicos. Dessa maneira, não é razoável a movimentação de toda a máquina estatal para privilegiar determinados candidatos que se encontrem impossibilitados de realizar alguma das etapas do certame por motivos exclusivamente individuais; d) ao se permitir a remarcação do teste de aptidão física nessas circunstâncias, está se possibilitando que o término do concurso seja adiado inúmeras vezes, sem limites, considerando que, naquele determinado dia marcado, algum candidato poderia ter problemas de ordem individual, o que causaria tumulto e dispêndio desnecessário para a Administração; e) não seria razoável que a Administração fique à mercê de situações adversas para colocar fim ao certame, de modo a deixar os concursos em aberto por prazo indeterminado.[293]

292. Como: estados menstruais, indisposições, câibras, contusões, etc.

293. Afirmou o STF no **Informativo 706**: *"que o concurso público permitiria não apenas a escolha dos candidatos mais bem qualificados, mas também que o processo de seleção fosse realizado com transparência, impessoalidade, igualdade e com o menor custo para os cofres públicos. Dessa maneira, não seria razoável a movimentação de toda a máquina estatal para privilegiar determinados candidatos que se encontrassem impossibilitados de realizar alguma das etapas do certame por motivos exclusivamente individuais. Consignou-se que, ao se permitir a remarcação do teste de aptidão física nessas circunstâncias, possibilitar-se-ia o adiamento, sem limites, de qualquer etapa do certame, pois o candidato talvez não se encontrasse em plenas condições para realização da prova, o que causaria tumulto e dispêndio desnecessário para a Administração. Aludiu-se que não seria razoável que a Administração ficasse à mercê de*

Entretanto, é bom deixar consignado que no caso concreto em questão, devido sobretudo a alteração jurisprudencial, entre outros fundamentos, o indivíduo não perdeu o cargo em que fora empossado, bem como foi assegurada a validade das provas de segunda chamada realizadas até a data do julgamento do RE 630.733[294].

Acontece que, no RE 1058333/PR, julgado em 21.11.2018, o STF vai nos apresentar uma exceção à sua regra delimitada no RE 630773. A exceção diz respeito justamente à gestante. Nesses termos, afirmou o STF que *é constitucional a remarcação do teste de aptidão física de candidata que esteja grávida à época de sua realização, independentemente da previsão expressa em edital do concurso público*. Portanto, o Pretório Excelso entendeu que a situação da candidata grávida merece tratamento diferente do caso de candidatos doentes ou que não compareceram ao teste por motivo de força maior. Assim, justifica-se fazer um *distinguishing* em relação ao que foi decidido no RE 630733.[295]

Dessa maneira, enquanto a saúde pessoal do candidato em concurso público configura motivo exclusivamente individual e particular, a maternidade e a família constituem direitos fundamentais do homem social e do homem solidário. Nesse sentido, por ter o Poder Constituinte estabelecido expressamente a proteção à maternidade, à família e ao planejamento familiar, a condição de gestante goza de proteção constitucional reforçada.

Portanto, os principais argumentos da decisão, nos termos do Informativo 924 do STF, foram: a) como dito acima, a CR/88 protege a maternidade, a família e o planejamento familiar, de forma que a condição de gestante goza de proteção constitucional reforçada; b) em razão deste amparo constitucional específico, a gravidez não pode causar prejuízo às candidatas, sob pena de malferir os princípios da isonomia e da razoabilidade; c) o interesse de que a grávida tenha uma boa gestação e que o bebê nasça com saúde ultrapassa os limites individuais da genitora, interessando a outros indivíduos e à própria coletividade. Portanto, não seria proporcional nem razoável exigir que a candidata colocasse a vida de seu bebê em risco, de forma irresponsável, ao se submeter a teste físico

---

situações adversas para colocar fim ao certame, de modo a deixar os concursos em aberto por prazo indeterminado. Ver In: Dizer o Direito, Informativo 924 do STF. **RE 630733/DF**, Rel. Min. Gilmar Mendes, julg. em **15.05.2013**.

294. *"Sublinhou-se que, em casos como este, em que se* ***alteraria jurisprudência longamente adotada****, seria sensato considerar a necessidade de se modular os efeitos da decisão com base em razões de segurança jurídica. Essa seria a praxe nesta Corte para as hipóteses de modificação sensível de jurisprudência. (...) Tratar-se-ia de* ***substancial mudança de jurisprudência****, decorrente de nova interpretação do texto constitucional, a impor ao STF, tendo em vista razões de segurança jurídica, a tarefa de proceder a ponderação das consequências e o devido ajuste do resultado, para adotar a técnica de decisão que pudesse melhor traduzir a mutação constitucional operada. Registrou-se que a situação em apreço não diria respeito a referendo à teoria do fato consumado, tal como pedido pelo recorrido, mas de garantir a segurança jurídica também nos casos de sensível mudança jurisprudencial. Por fim, conquanto o recurso tivesse sido interposto antes da sistemática da repercussão geral, atribuiu-se-lhe os efeitos dela decorrentes e assegurou-se a validade das provas de segunda chamada ocorridas até a data de conclusão do presente julgamento"*. **RE 630.733.** Rel Min. Gilmar Mendes julg. em **15.05. 2013**.

295. **RE 1058333/PR**, STF. Plenário. Rel. Min. Luiz Fux, julg. em **21.11.2018** (repercussão geral) (Informativo 924).

mediante a prática de esforço incompatível com a fase gestacional; d) segundo o STF, o direito ao planejamento familiar é de livre decisão do casal, bem como a liberdade decisória tutelada pelo planejamento familiar vincula-se estreitamente à privacidade e à intimidade do projeto de vida individual e parental dos envolvidos. Nesses termos, tendo em vista a prolongada duração dos concursos públicos e sua tendente escassez, muitas vezes inexiste planejamento familiar capaz de conciliar os interesses em jogo. Por tais razões, as escolhas tomadas muitas vezes impõem às mulheres o sacrifício de sua carreira, traduzindo-se em direta perpetuação da desigualdade de gênero; e) as mulheres têm dificuldade em se inserir no mercado de trabalho e enfrente obstáculos para alcançar postos profissionais de maior prestígio e remuneração. Por consequência, acirra-se a desigualdade econômica, que por si só é motivo de exclusão social; f) o direito de concorrer em condições de igualdade ao ingresso no serviço público, além de previsto em todas as Constituições brasileiras, foi reconhecido pelo Pacto de São José da Costa Rica e pela Declaração Universal dos Direitos Humanos, e, nesses termos, o não reconhecimento desse direito da mulher compromete a autoestima social e a estigmatiza.[296]

No que tange às exigências que dizem respeito a títulos em concursos, entende o STF que deve ser observada **a peculiaridade do caso concreto e da situação em tela**, pois há *in concreto* a necessidade de análise da sua **razoabilidade** (conforme afirmam boa parte dos Ministros). Nesse sentido, como exemplo, o Pretório Excelso decidiu em 2011, na **ADI 3830**, que **não fere o princípio da isonomia** determinados critérios de valorização de títulos para concursos de ingresso e remoção nos serviços notarial e de registro.

Assim sendo, o Plenário do STF julgou improcedente pedido formulado em ação direta de inconstitucionalidade contra os incisos IV a IX, XII e XIII do art. 16 da Lei 11.183/98, do Estado do Rio Grande do Sul, que dispunha sobre os critérios de valorização de títulos para concursos de ingresso e remoção nos serviços notarial e de registro. Alegava o requerente que as mencionadas normas, ao valorar apenas títulos diretamente relacionados à função notarial ou de registro e ao desempenho profissional anterior de atividades concernentes às áreas de advocacia, judicatura e promotoria, violariam o princípio da isonomia, conferindo aos integrantes dessas categorias profissionais vantagem indevida em relação aos demais candidatos. No caso (com suas especificidades) o Pretório Excelso considerou que por se tratar de critérios ligados diretamente à função notarial ou de registro, eles seriam **razoáveis**, na medida em que buscariam arregimentar os melhores para os cargos e funções ofertados.[297]

Já a súmula vinculante n° 6 do STF afirma que "não viola a Constituição o estabelecimento de remuneração inferior ao salário mínimo para as praças prestadoras

296. **RE 1058333/PR**, STF. Plenário. Rel. Min. Luiz Fux, julg. em **21.11.2018.** (repercussão geral) (Informativo 924).
297. ADI 3830/RS, rel. Min. Marco Aurélio, 23.02.2011, nos termos do Informativo 617 do STF.

de serviço militar inicial." O entendimento, aqui, foi o de que **não** há na hipótese discriminação **desarrazoada** (***ilícita***) que afete (contrarie) o princípio da igualdade.

No campo de aplicabilidade e de efetivação do **princípio da igualdade**, é importante ainda, tecermos alguns comentários sobre as ***ações afirmativas*** (*affirmative actions*), que se caracterizam pelo tratamento diferenciado pelo Estado de um grupo ou de uma identidade a fim de que se estabeleçam ***medidas compensatórias*** por toda uma história de marginalização socioeconômica ou de hipossuficiência. Aqui, o foco é a **concretização de igualdades de oportunidades** em face dos demais indivíduos. A origem de tal ideia vem do direito **norte-americano**, que em substituição à doutrina do ***separate but equal*** entre brancos e negros (por exemplo, uma escola para brancos e uma escola para negros), percebe a importância e a necessidade de uma ação mais interventiva pelo Estado no sentido de afastar sentimentos discriminatórios (desarrazoados). Certo é que as **ações afirmativas** irão se inserir no intitulado âmbito de uma política social de **discriminação positiva** que, como já salientado, visam a corrigir desigualdades de cunho histórico.

Um exemplo atual no Brasil (visto que cada país nessa matéria tem suas peculiaridades e contextos), envolve a discussão sobre a *"política de cotas"* para a reserva de vagas no ensino superior.[298]

Nesse sentido, em **26 de abril de 2012**, o Plenário do STF concluiu o julgamento da **ADPF 186**, para considerar **constitucional** a política de cotas étnico-raciais para seleção de estudantes da Universidade de Brasília (UnB) que instituiu um sistema de reserva de 20% de vagas no processo de seleção para ingresso de estudantes com base em critério ***étnico-racial***. Por unanimidade, os ministros julgaram **improcedente** a Arguição de Descumprimento de Preceito Fundamental (ADPF) 186, ajuizada pelo Partido Democratas (DEM).

Conforme o informativo 663, afirmou o plenário do Pretório Excelso que: "(...) o legislador constituinte não se restringira apenas a proclamar solenemente a **igualdade de todos diante da lei**. Ele teria buscado emprestar a **máxima concreção** a esse importante postulado, para **assegurar a igualdade material** a todos os brasileiros e estrangeiros que viveriam no país, consideradas as diferenças existentes por motivos naturais, culturais, econômicos, sociais ou até mesmo acidentais. Além disso, atentaria especialmente para a desequiparação entre os distintos grupos sociais. Asseverou-se que, para **efetivar a igualdade material**, o Estado poderia lançar mão de políticas de cunho universalista – a abranger

298. Aqui salientamos que o STF em **março de 2010** realizou **audiências públicas** sobre o tema das políticas de cotas (ação afirmativa para a reserva de vagas no ensino superior) nas universidades públicas. A decisão de ouvir setores da sociedade civil a respeito da matéria partiu do Ministro Ricardo Lewandowski, relator da Arguição de Descumprimento de Preceito Fundamental (**ADPF nº 186**) ajuizada pelo Partido Democratas (DEM) contra a política de reserva de vagas em universidades públicas com base em critérios raciais (que foi decidida em **Abril de 2012 pelo STF**). Um outro caso interessante é o do Recurso Extraordinário (**RE nº 597.285**) apresentado por um estudante que se sentiu prejudicado pelo sistema de cotas adotado pela Universidade Federal do Rio Grande do Sul (UFRGS).

número indeterminado de indivíduos – mediante ações de natureza estrutural; ou de ações afirmativas – a atingir grupos sociais determinados – por meio da atribuição de certas vantagens, por tempo limitado, para permitir a **suplantação de desigualdades ocasionadas por situações históricas particulares.** Certificou-se que a adoção de políticas que levariam ao afastamento de perspectiva meramente formal do princípio da isonomia integraria o cerne do conceito de democracia. Anotou-se a superação de concepção estratificada da igualdade, outrora definida apenas como direito, sem que se cogitasse convertê-lo em possibilidade. (...) entretanto, que esse desiderato somente seria alcançado por meio da denominada **"justiça distributiva"**, que permitiria a **superação das desigualdades no mundo dos fatos**, por meio de intervenção estatal que realocasse bens e oportunidades existentes na sociedade em benefício de todos. Lembrou-se que o modelo constitucional pátrio incorporara diversos mecanismos institucionais para corrigir distorções resultantes da incidência meramente formal do princípio da igualdade. Sinalizou-se que, na espécie, a aplicação desse preceito consistiria em técnica de distribuição de justiça, com o objetivo de **promover a inclusão social de grupos excluídos**, especialmente daqueles que, historicamente, teriam sido compelidos a viver na periferia da sociedade. Em seguida, elucidou-se o **conceito de ações afirmativas**, que seriam medidas **especiais e concretas para assegurar o desenvolvimento ou a proteção de certos grupos, com o fito de garantir-lhes, em condições de igualdade, o pleno exercício dos direitos do homem e das liberdades fundamentais.** Explanaram-se as diversas modalidades de ações afirmativas empregadas em vários países:

a) a consideração do critério de raça, gênero ou outro aspecto a caracterizar certo grupo minoritário para promover sua integração social;

b) o afastamento de requisitos de antiguidade para a permanência ou promoção de membros de categorias socialmente dominantes em determinados ambientes profissionais;

c) a definição de distritos eleitorais para o fortalecimento de minorias; e

d) o estabelecimento de cotas ou a reserva de vagas para integrantes de setores marginalizados. Ademais, expôs-se a origem histórica dessas políticas. Sublinhou-se que a Corte admitira, em outras oportunidades, a constitucionalidade delas"[299].

Logo em seguida, no mês de **maio de 2012**, reforçando o posicionamento pela adoção de ***"ação afirmativa"*** no tema educação superior ("ingresso em curso superior"), o Supremo Tribunal Federal julgou improcedente o **RE nº 597.285/RS**, ajuizado por um candidato que teve sua vaga preterida em virtude do sistema de cotas implantado pela UFRGS. Nos termos do informativo 665,

299. **ADPF nº 186** Min. rel. Ricardo Lewandowski, julg. em **26.04.2012**.

temos que: "(...) Reveste-se de **constitucionalidade** o ***programa de ação afirmativa*** estabelecido pela Universidade Federal do Rio Grande do Sul – UFRGS, que instituiu o **sistema de cotas como meio de ingresso em seus cursos de nível superior**. Ao reafirmar esse entendimento, o Plenário, por maioria, **desproveu recurso extraordinário** em que pretendida a **declaração de inconstitucionalidade da reserva de vagas**. Na espécie, candidato que não alcançara classificação suficiente em exame vestibular para ser admitido naquela universidade – não obstante tivesse atingido pontuação **maior do que a de aprovados** no mesmo curso pelas cotas destinadas a **egressos das instituições de ensino público e a estudantes negros e indígenas de escolas governamentais** – insurgira-se contra os mencionados critérios. Destacou-se que a matéria fora debatida de forma exaustiva no julgamento da **ADPF 186/DF** (acórdão pendente de publicação, v. Informativo 663), em que se concluíra pela constitucionalidade: **a) das políticas de ação afirmativa; b) da utilização dessas políticas na seleção para o ingresso em curso superior, especialmente nos estabelecimentos de ensino públicos; c) do uso do critério étnico-racial por essas políticas; d) da auto identificação como método de seleção; e e) da modalidade de destinação de vagas ou de instituição de cotas.** Rechaçou-se, ainda, o argumento de ausência de lei formal autorizadora dessa ação afirmativa de reserva de cotas ao fundamento de que a Lei 9.394/96 (Lei de Diretrizes e Bases da Educação Nacional) deixaria para as universidades a fixação dos critérios a serem utilizados na seleção de estudantes. Asseverou-se que o art. 51 do mencionado estatuto ("As instituições de educação superior credenciadas como universidades, ao deliberar sobre critérios e normas de seleção e admissão de estudantes, levarão em conta os efeitos desses critérios sobre a orientação do ensino médio, articulando-se com os órgãos normativos dos sistemas de ensino") teria esteio no art. 207 da CF, a garantir às universidades a autonomia didático-científica"[300].

Ainda sobre o tema educação superior, no interstício entre as decisões da ADPF 186 e do RE nº 597.285, o STF decidiu sobre a constitucionalidade do **PROUNI**. Esse programa (política pública) foi instituído pela Medida Provisória 213/2004 que foi convertida na **Lei 11.096/2005**, visando a concessão de **bolsas de estudos** em **Universidades privadas** a **alunos** que cursaram o ensino médio completo em escolas públicas ou em particulares, como bolsistas integrais, cuja renda familiar fosse de pequena monta, com quotas para negros, pardos, indígenas e àqueles com necessidades especiais.

No caso, o STF julgou improcedente a **ADI 3330**, definindo pela constitucionalidade do Programa (**PROUNI**) e de sua normatividade (MP 213/2004 e posteriormente Lei 11.096/2005). Conforme o informativo 664 do STF: "(...) Foram rechaçadas as alegações de afronta aos princípios da igualdade, da isonomia, da não discriminação e do devido processo legal ao argumento de que não se afiguraria legítimo, no

300. **RE nº 597.285/RS**, Rel. Min. Ricardo Lewandowski, julg. em **09.05.2012**.

ordenamento, que vagas no ensino superior fossem reservadas com base na condição socioeconômica do aluno ou em critério racial ou de suas condições especiais. Salientou-se, que a igualdade seria valor que teria, no combate aos fatores de desigualdade, o seu modo próprio de realização. Além disso, a distinção em favor dos estudantes que tivessem cursado o ensino médio em escolas públicas e os egressos de escolas privadas contemplados com bolsa integral constituiria *discrímen* a compensar anterior e factual inferioridade. Desacolheu-se a tese de que o art. 7º da Lei 11.096/2005 violaria o princípio da autonomia universitária (CF, art. 207), porque o **Prouni** seria programa **de ações afirmativas que se** *operacionalizaria mediante concessão de bolsas e por ato de adesão ou participação voluntária e, portanto, incompatível com a ideia de vinculação forçada*. Esgrimiu-se, ademais, a assertiva de ofensa ao princípio da livre iniciativa (CR, art. 170), ao fundamento de que este postulado já nasceria relativizado pela própria Constituição. Isso porque a liberdade de iniciativa estaria sujeita aos limites impostos pela atividade normativa e reguladora do Estado, justificados pelo objetivo maior de proteção de valores também garantidos pela ordem constitucional e reconhecidos pela sociedade como relevantes para uma existência digna, conforme os ditames da justiça social."[301]

Aqui é mister ressaltar também que, em 2012, não foi apenas o STF que cunhou decisões a favor das ações afirmativas para ingresso em educação superior, pois certo é que o legislador pátrio também se direcionou nesse sentido.

Assim sendo, a **Lei nº 12.711** de **29.08.2012** determinou que as **instituições federais de educação superior** vinculadas ao Ministério da Educação reservarão, em cada concurso seletivo para ingresso nos cursos de graduação, por curso e turno, no mínimo 50% (cinquenta por cento) de suas vagas para estudantes que tenham cursado integralmente o ensino médio em escolas públicas. No preenchimento dessas vagas 50% (cinquenta por cento) deverão ser reservados aos estudantes oriundos de famílias com renda igual ou inferior a 1,5 salário-mínimo (um salário-mínimo e meio) per capita.

Segundo a **Lei nº 12.711/2012**, em cada instituição federal de ensino superior, as vagas acima citadas serão preenchidas, por curso e turno, por autodeclarados

301. **ADI 3330**, Rel. Min. Ayres Britto, julg. em **03.05.2012**. Conforme o Ministro Joaquim Barbosa: *"Salientou ser a pobreza crônica, a perpassar diversas gerações e atingir contingente considerável de famílias do país, fruto da falta de oportunidades educacionais, o que levaria, por conseguinte, a certa inconsistência na mobilidade social. A soma desses fatores caracterizar-se-ia como* ***ciclo cumulativo de desvantagens competitivas*** *– elemento de bloqueio socioeconômico a* ***confinar milhões de brasileiros a viver eternamente na pobreza.*** *Entendeu que o* ***Prouni seria suave tentativa de mitigar essa cruel condição e que investir pontualmente, ainda que de forma gradativa*** *– mas sempre com o intuito de abrir oportunidades educacionais a segmentos sociais mais amplos, que historicamente não a tiveram –,* ***constituiria objetivo governamental constitucionalmente válido****. Asseverou que o importante seria a interrupção do mencionado* ***ciclo de exclusão*** *para esses grupos sociais desafortunados e a forma de* ***proporcionar mobilidade social*** *estaria no investimento no* ***nível de escolaridade da população****, com facilidades no acesso e na permanência no ensino superior. Demonstrou, com base em dados estatísticos, que o* ***nível de emprego teria aumentado*** *de forma significativa dentre aqueles que integraram o referido programa, com efetiva melhoria da renda familiar, a enfraquecer o argumento de vulneração constitucional da isonomia. O Prouni estaria inserido em conceito mais amplo de ação afirmativa, em face da natureza elitista e excludente do sistema educacional brasileiro".*

pretos, pardos e indígenas, em proporção no mínimo igual à de pretos, pardos e indígenas na população da unidade da Federação onde está instalada a instituição, segundo o último censo do Instituto Brasileiro de Geografia e Estatística (IBGE). No caso de não preenchimento das vagas segundo esses critérios, aquelas remanescentes deverão ser completadas por estudantes que tenham cursado integralmente o ensino médio em escolas públicas[302].

O Poder Executivo promoverá, no prazo de **10 (dez) anos**, a contar da publicação da **Lei nº 12.711/2012**, a revisão do programa especial para o acesso de estudantes pretos, pardos e indígenas, bem como daqueles que tenham cursado integralmente o ensino médio em escolas públicas, às instituições de educação superior.

No que tange ao acompanhamento do programa, reza no diploma normativo, que o Ministério da Educação e a Secretaria Especial de Políticas de Promoção da Igualdade Racial, da Presidência da República, serão responsáveis pelo acompanhamento e avaliação do programa de que trata a **Lei nª 12.711/2012**, ouvida a Fundação Nacional do Índio (Funai).

Aqui é interessante observarmos que legislações sobre ***ações afirmativas*** podem ser problemáticas e inconstitucionais. O simples fato de ser uma legislação de discriminação positiva não garante a consonância com a Constituição.

O STF, na ADI 4868, decidiu em 27.03.2020, que é inconstitucional a Lei Distrital (Lei nº 3361/2004) que estabelecia que 40% das vagas das universidades e faculdades públicas do Distrito Federal deveriam ser reservadas para alunos que estudaram em escolas públicas do Distrito Federal.[303]

No caso, a Legislação excluiu alunos de escolas públicas de outros Estados da Federação. entendeu o Pretório Excelso que ocorreu uma discriminação em razão da origem. Ou seja, foi adotado um critério espacial que não se justifica em razão da política de ação afirmativa que busca garantir igualdade de oportunidade aos oriundos da escola pública.

Para o STF, a referida Lei ao restringir a cota apenas aos alunos que estudaram no Distrito Federal, violou o art. 3º, IV e o art. 19, III, da CR/88, tendo em vista que

302. A **Lei nº 12.711/2012**, também cita as **instituições Federais de ensino técnico de nível médio**: *Art. 4º As instituições federais de ensino técnico de nível médio reservarão, em cada concurso seletivo para ingresso em cada curso, por turno, no mínimo 50% (cinquenta por cento) de suas vagas para estudantes que cursaram integralmente o ensino fundamental em escolas públicas. Parágrafo único. No preenchimento das vagas de que trata o caput deste artigo, 50% (cinquenta por cento) deverão ser reservados aos estudantes oriundos de famílias com renda igual ou inferior a 1,5 salário-mínimo (um salário-mínimo e meio) per capita. Art. 5º Em cada instituição federal de ensino técnico de nível médio, as vagas de que trata o art. 4º desta Lei serão preenchidas, por curso e turno, por autodeclarados pretos, pardos e indígenas, em proporção no mínimo igual à de pretos, pardos e indígenas na população da unidade da Federação onde está instalada a instituição, segundo o último censo do Instituto Brasileiro de Geografia e Estatística (IBGE). Parágrafo único. No caso de não preenchimento das vagas segundo os critérios estabelecidos no caput deste artigo, aquelas remanescentes deverão ser preenchidas por estudantes que tenham cursado integralmente o ensino fundamental em escola pública.*

303. ADI 4868, STF. Plenário. Rel. Min. Gilmar Mendes, julgado em 27.03.2020 (Informativo 973).

faz uma restrição injustificável entre brasileiros.[304] E aqui, como fundamentação, podemos acrescentar também o princípio da igualdade previsto art. 5º da CR/88.

Nesses termos, é importante ressaltar, que a inconstitucionalidade não está no fato de ter sido estipulada a cota em favor de alunos de escolas públicas, mas sim em razão de a lei ter restringindo as vagas para alunos do Distrito Federal, em detrimento dos estudantes de outros Estados da Federação.

É interessante que como esta Lei do DF estava em vigor desde 2004, o STF decidiu modular os efeitos da decisão (aplicação do art. 27 da Lei nº 9.868/99), para não causar uma situação de insegurança jurídica para aqueles que forem oriundos do sistema de seleção de cotas da Lei Distrital nº 3.361/2004. Nesse sentido, o STF julgou ***procedente o pedido contido na ADI para declarar inconstitucional a expressão "do Distrito Federal"***, constante do art. 1º da Lei Distrital 3.361/2004, e aplicou o art. 27 da Lei nº 9.868/99, a fim de consignar que o juízo de inconstitucionalidade somente surtirá efeitos para os processos seletivos que forem posteriores ao trânsito em julgado da decisão.[305]

Na sequência, observamos a **Lei nº 12.990** de **09.06.2014**, que positivou em nosso ordenamento jurídico, a reserva aos negros de 20% (*vinte por cento*) das vagas oferecidas nos **concursos públicos** para provimento de cargos efetivos e empregos públicos no âmbito da administração pública federal, das autarquias, das fundações públicas, das empresas públicas e das sociedades de economia mista controladas pela União. Segundo o diploma normativo, a reserva de vagas será aplicada sempre que o número de vagas oferecidas no concurso público for igual ou superior a 3 (três).[306] Além disso, a reserva de vagas a candidatos negros constará expressamente dos editais dos concursos públicos, que deverão especificar o total de vagas correspondentes à reserva para cada cargo ou emprego público oferecido.

---

304. ADI 4868, STF. Plenário. Rel. Min. Gilmar Mendes, julgado em 27.03.2020 (Info 973). CR/88: art. 3º Constituem objetivos fundamentais da República Federativa do Brasil: (...) IV - promover o bem de todos, sem preconceitos de origem, raça, sexo, cor, idade e quaisquer outras formas de discriminação; Já o art. 19 da CR/88: É vedado à União, aos Estados, ao Distrito Federal e aos Municípios: (...) III - criar distinções entre brasileiros ou preferências entre si.
305. ADI 4868, STF. Plenário. Rel. Min. Gilmar Mendes, julgado em 27.03.2020 (Informativo 973).
306. Conforme o art. 1 § 2º da Lei nº 12.990/2014: *"Na hipótese de quantitativo fracionado para o número de vagas reservadas a candidatos negros, esse será aumentado para o primeiro número inteiro subsequente, em caso de fração igual ou maior que 0,5 (cinco décimos), ou diminuído para número inteiro imediatamente inferior, em caso de fração menor que 0,5 (cinco décimos)". Temos ainda que: Art. 3º Os candidatos negros concorrerão concomitantemente às vagas reservadas e às vagas destinadas à ampla concorrência, de acordo com a sua classificação no concurso. § 1º Os candidatos negros aprovados dentro do número de vagas oferecido para ampla concorrência não serão computados para efeito do preenchimento das vagas reservadas. § 2º Em caso de desistência de candidato negro aprovado em vaga reservada, a vaga será preenchida pelo candidato negro posteriormente classificado. § 3º Na hipótese de não haver número de candidatos negros aprovados suficiente para ocupar as vagas reservadas, as vagas remanescentes serão revertidas para a ampla concorrência e serão preenchidas pelos demais candidatos aprovados, observada a ordem de classificação. Art. 4º A nomeação dos candidatos aprovados respeitará os critérios de alternância e proporcionalidade, que consideram a relação entre o número de vagas total e o número de vagas reservadas a candidatos com deficiência e a candidatos negros. Art. 5º O órgão responsável pela política de promoção da igualdade étnica de que trata o § 1º do art. 49 da Lei no 12.288, de 20 de julho de 2010, será responsável pelo acompanhamento e avaliação anual do disposto nesta Lei, nos moldes previstos no art. 59 da Lei no 12.288, de 20 de julho de 2010.*

Certo é que, nos termos da Lei nº 12.990/2014, poderão concorrer às vagas reservadas a candidatos negros aqueles que se autodeclararem pretos ou pardos no ato da inscrição no concurso público, conforme o quesito cor ou raça utilizado pela Fundação Instituto Brasileiro de Geografia e Estatística – IBGE. E na hipótese de constatação de declaração falsa, o candidato será eliminado do concurso e, se houver sido nomeado, ficará sujeito à anulação da sua admissão ao serviço ou emprego público, após procedimento administrativo em que lhe sejam assegurados o contraditório e a ampla defesa, sem prejuízo de outras sanções cabíveis. Importante ainda salientar que a Lei nº 12.990/2014 entrou em vigor na data de sua publicação e terá vigência pelo prazo de 10 (dez) anos (e não se aplicou aos concursos cujos editais já tiverem sido publicados antes de sua entrada em vigor). Após esse período, acabam as cotas para negros em concursos públicos da administração pública federal, salvo se for verificado que a medida ainda é necessária e, nesse caso, deverá ser editada uma nova lei prorrogando o prazo.

Aqui, por último, é interessante salientar que na Ação Declaratória de Constitucionalidade (ADC nº 41) julgada em 08.06.2017, o STF decidiu sobre a constitucionalidade do sistema de cotas raciais em concursos públicos. Afirmou o Pretório Excelso que é constitucional a acima citada reserva de 20% das vagas oferecidas nos concursos públicos para provimento de cargos efetivos e empregos públicos no âmbito da administração pública direta e indireta.[307]

Na fundamentação ficou assente que a questão das cotas raciais seria enfrentada, segundo o Ministro Roberto Barroso, em três planos de igualdade, tal como compreendida na contemporaneidade: a) formal; b) material; e c) como reconhecimento.

a) A *igualdade formal* impede a lei de estabelecer privilégios e diferenciações arbitrárias entre as pessoas, isto é, exige que o fundamento da desequiparação seja razoável e que o fim almejado seja compatível com a Constituição. No caso analisado, o fundamento e o fim são razoáveis, motivados por um dever de reparação histórica e por circunstâncias que explicitam um racismo estrutural na sociedade brasileira a ser enfrentado.

b) Quanto à *igualdade material*, o Colegiado observou que o racismo estrutural gerou uma desigualdade material profunda. Desse modo, qualquer política redistributivista precisará indiscutivelmente assegurar vantagens competitivas aos negros.

c) Em relação à *igualdade como reconhecimento*, foi enfatizado que esse aspecto identifica a igualdade quanto ao respeito às minorias e ao tratamento da diferença de um modo geral. Significa respeitar as pessoas nas suas diferenças e procurar aproximá-las, igualando as oportunidades. A política afirmativa instituída pela Lei 12.990/2014 tem exatamente esse papel. Frisou o STF haver uma dimensão simbólica importante no fato de negros ocuparem posições de destaque na sociedade

307. **ADC 41/DF**, STF. Plenário. Rel. Min. Roberto Barroso, julgado em **08.06.2017** (Informativo 868).

brasileira. Além disso, há um efeito considerável sobre a autoestima das pessoas. Afinal, cria-se resistência ao preconceito alheio. Portanto, a ideia de pessoas negras e pardas serem símbolo de sucesso e ascensão e terem acesso a cargos importantes influencia a autoestima das comunidades negras. Ademais, o pluralismo e a diversidade tornam qualquer ambiente melhor e mais rico.[308]

Nesses termos, O STF concluiu que a lei em análise supera com facilidade o teste da *igualdade formal, material e como reconhecimento.*

Também foi afastada a alegada violação ao *princípio do concurso público.* Afinal, para serem investidos em cargos públicos, os candidatos negros têm de ser aprovados em concurso público. Caso não atinjam o patamar mínimo, sequer disputarão as vagas. Observou o STF que apenas foram criadas duas formas distintas de preenchimento de vagas, em razão de reparações históricas, sem abrir mão do critério mínimo de suficiência.[309]

Foi rejeitada também a apontada violação ao *princípio da eficiência.* Registrou ser uma visão linear de meritocracia a ideia de que necessariamente os aprovados em primeiro lugar por um determinado critério sejam absolutamente melhores que os outros. Tal conceito já havia sido rechaçado pelo ministro Ricardo Lewandowski no julgamento da ADPF 186/DF (DJE de 20.10.2014), segundo o qual a noção de meritocracia deve comportar nuances que permitam a competição em igualdade de condições.[310]

Afirmou o Pretório Excelso haver um ganho importante de eficiência. Afinal, a vida não é feita apenas de competência técnica, ou de capacidade de pontuar em concurso, mas, sim, de uma dimensão de compreensão do outro e de variadas realidades. A eficiência pode ser muito bem-servida pelo pluralismo e pela diversidade no serviço público.[311]

Aqui é importante ainda salientar que a Corte também não vislumbrou ofensa ao *princípio da proporcionalidade.* Nesses termos, o fundamento é o de que a demanda por reparação histórica e ação afirmativa não foi suprida pelo simples fato de existirem cotas para acesso às universidades públicas. O impacto das cotas raciais não se manifesta no mercado de trabalho automaticamente, pois há um tempo de espera até que essas pessoas estudem, se formem e se tornem competitivas. Ademais, seria necessário supor que as mesmas pessoas que entraram por cotas nas universidades estariam disputando as vagas nos concursos.

Reputou o STF, então, que a proporção de 20% escolhida pelo legislador é extremamente razoável. Assim sendo, se essa escolha fosse submetida a um teste de proporcionalidade em sentido estrito, também não haveria problema, porque 20%,

308. **ADC 41/DF**, STF. Plenário. Rel. Min. Roberto Barroso, julgado em **08.06.2017** (Informativo 868).
309. **ADC 41/DF**, STF. Plenário. Rel. Min. Roberto Barroso, julgado em **08.06.2017** (Informativo 868).
310. **ADC 41/DF**, STF. Plenário. Rel. Min. Roberto Barroso, julgado em **08.06.2017** (Informativo 868).
311. **ADC 41/DF**, STF. Plenário. Rel. Min. Roberto Barroso, julgado em **08.06.2017** (Informativo 868).

em rigor, representariam menos da metade do percentual de negros na sociedade brasileira.[312]

Também decidiu o Pretório Excelso que além da autodeclaração, é possível que a Administração Pública adote critérios de heteroidentificação para analisar se o candidato se enquadra nos parâmetros da cota.

Nesses termos, entendeu o STF, que o critério de autodeclaração presente no art. 2º da Lei 12.990/2014 é constitucional. Entretanto, é possível também que a Administração Pública adote um controle heterônomo, sobretudo quando existirem fundadas razões para acreditar que houve abuso na autodeclaração. Assim, é legítima a utilização de critérios subsidiários de heteroidentificação dos candidatos que se declararam pretos ou pardos. Nesse sentido, a finalidade é combater condutas fraudulentas e garantir que os objetivos da política de cotas sejam efetivamente alcançados. Aqui ressaltamos, nos termos do informativo 868 do STF, que tais critérios deverão respeitar a dignidade da pessoa humana e assegurar o contraditório e a ampla defesa. Como exemplos de um controle heterônomo, poderíamos citar: exigência de autodeclaração presencial perante a comissão do concurso; exigência de apresentação de fotos pelos candidatos; formação de comissões com composição plural para entrevista dos candidatos em momento posterior à autodeclaração.[313]

Por último, afirmou o STF que a reserva de vagas vale para todos os órgãos e, portanto, para todos os Poderes da União. Os Estados e os Municípios não estão obrigados pela Lei 12.990/2014, mas serão consideradas constitucionais as leis estaduais e municipais que adotarem essa mesma linha.[314]

E quanto aos critérios de alternância e proporcionalidade na nomeação dos candidatos, o Plenário exemplificou a forma correta de interpretar a lei. No caso de haver vinte vagas, quatro seriam reservadas a negros, obedecida a seguinte sequência de ingresso: primeiro colocado geral, segundo colocado geral, terceiro

---

312. ADC 41/DF, STF. Plenário. Rel. Min. Roberto Barroso, julgado em 08.06.2017 (Informativo 868).

313. ADC 41/DF, STF. Plenário. Rel. Min. Roberto Barroso, julgado em 08.06.2017 (Informativo 868).

314. ADC 41/DF, STF. Plenário. Rel. Min. Roberto Barroso, julgado em 08.06.2017 (Informativo 868) *É importante salientar que os candidatos negros não concorrem apenas às vagas da cota. Os candidatos negros concorrerão concomitantemente às vagas reservadas e às vagas destinadas à ampla concorrência, de acordo com a sua classificação no concurso. Por exemplo, em determinado concurso, 80 vagas são destinadas à ampla concorrência e 20 reservadas para negros. João, que se autodeclarou negro no momento da inscrição, ficou em 25º lugar na lista de candidatos negros. Ao mesmo tempo, na lista de ampla concorrência, ele ficou em 79º lugar. Logo, ele será nomeado nas vagas destinadas à ampla concorrência. Os candidatos negros aprovados dentro do número de vagas oferecido para ampla concorrência não serão computados para efeito do preenchimento das vagas reservadas (art. 3º, § 1º da Lei 12.990/2014). Por exemplo, em determinado concurso, 80 vagas eram destinadas à ampla concorrência e 20 reservadas para negros. X, que se autodeclarou negro no momento da inscrição, ficou em 19º lugar na lista de candidatos negros. Ao mesmo tempo, na lista de ampla concorrência, ele ficou em 79º lugar. Logo, ele será nomeado nas vagas destinadas à ampla concorrência e a sua vaga na lista da cota (19º lugar) será utilizada por outro candidato negro. Em caso de desistência de candidato negro aprovado em vaga reservada, a vaga será preenchida pelo candidato negro posteriormente classificado. Assim sendo, em determinado concurso, 20 vagas eram reservadas para negros. Y, que se autodeclarou negro no momento da inscrição, ficou em 20º lugar na lista de candidatos negros. Ocorre que ele desistiu de sua nomeação em razão de ter passado em outro certame. Com isso, a administração pública terá que convocar o 21º candidato negro.* In: *Dizer o Direito*, Informativo 868, junho de 2017.

colocado geral, quarto colocado geral, até que o quinto convocado seria o primeiro colocado entre os negros, e assim sucessivamente. Dessa forma, evita-se colocar os aprovados da lista geral primeiro e somente depois os aprovados por cotas.[315]

5. PROPRIEDADE

5.1. Conceito de propriedade

Para muitos autores, a figura da **propriedade** suscita mais elementos de ordem política que necessariamente jurídica, sendo considerada, por um tempo, um dos mais importantes direitos naturais, presente nas declarações de direitos da época do surgimento do constitucionalismo.[316] Com as tendências socializantes, assistimos uma mudança de fisionomia do instituto, inclusive com autores levantando a tese de que a propriedade seria um direito provisório que se diluiria à coletivização das massas.

Juridicamente, a propriedade fora outrora concebida como uma ***relação*** entre uma pessoa e uma coisa. Todavia, mostrava-se absurdo afirmar a possibilidade de uma relação jurídica entre um sujeito de direito e uma coisa, razão pela qual o desenvolvimento do conceito de propriedade passou a adotar um sujeito passivo (devedor) ***universal***, integrado por todas as pessoas existentes, as quais passariam a ter o dever de respeitar – abstração de violação – o direito à coisa.[317] Mas tal leitura é ainda por demais presa ao âmbito do direito civil e da esfera privada de relações entre indivíduos, razão segundo a qual deve também ser abandonada.

A atual proteção à propriedade (art. 5º, XXII, e art. 170, II, da CR/88) é abrangente, incluindo o patrimônio e sob esse título os direitos reais[318], os direitos pessoais e as propriedades literárias e artísticas, as invenções e as descobertas.[319] Mas a noção de patrimônio inclui ainda o conjunto, não apenas de direitos, mas ainda

---

315. ADC 41/DF, STF. Plenário. Rel. Min. Roberto Barroso, julgado em 08.06.2017 (Informativo 868).
316. CARVALHO FILHO, José dos Santos, *Manual de direito administrativo*, p. 640. SILVA, José Afonso da, *Curso de direito constitucional positivo*. 25 ed., p. 272.
317. SILVA, José Afonso da, *Curso de direito constitucional positivo*. 25 ed, p. 272.
318. O STF já decidiu que devem prevalecer as linhas divisórias definidas por laudo pericial elaborado pelo Exército brasileiro no caso de discussão sobre os critérios adotados para a fixação de divisas (fronteiras) entre Estados (no caso concreto: Minas Gerais, Tocantins, Bahia, Piauí e Goiás). Como havia essa divergência sobre as fronteiras, em alguns casos aconteceu de dois Cartórios de Estados diferentes fazerem o registro do mesmo imóvel, com diferentes proprietários. Isso porque para um Estado o imóvel estava em seu território; já para outro Estado estava dentro de seu território. Segundo o STF tendo sido emitido mais de um título sobre o mesmo imóvel, deverão ser adotadas as seguintes soluções nas ações individuais que discutirem o tema: *1ª) Se dois Estados tiverem emitido título de posse ou de propriedade em relação a uma mesma área abrangida pela decisão do STF, prevalecerá o título concedido judicialmente. Logo, se um dos títulos tiver sido expedido por força de decisão judicial e o outro apenas pela via registral, prevalecerá aquele que foi determinado judicialmente. 2ª) Se os dois títulos tiverem sido concedidos por decisão judicial, prevalecerá o que já transitou em julgado. 3ª) Se nenhum dos dois já transitou em julgado, prevalecerá o primeiro provimento judicial oriundo do juízo competente em razão do local ("ratione loci"), segundo o laudo realizado pelo Exército. ACO 347/BA e ACO 652/PI*, Rel. Min. Luiz Fux, julg. em 08.10.2014.
319. Aqui a doutrina lembra que a extensão do conceito de propriedade, para além dos bens móveis e imóveis, não é novidade no constitucionalismo, surgindo na Constituição de Weimar.

de obrigações de um indivíduo. Coligado também ao direito de propriedade está a proteção constitucional à herança (art. 5º, XXX, da CR/88).

Alguns autores entendem pela necessidade de dissociar o conceito de propriedade de outros institutos jurídicos similares. Assim sendo, para a Corte Constitucional alemã, a propriedade não pode ser confundida com a figura do patrimônio de um sujeito, já que esta é o somatório de valores patrimoniais ou de dinheiro de alguém. A aplicabilidade dessa distinção se destaca à luz do Direito Tributário, afirmando que o patrimônio não goza de proteção constitucional, todavia, tanto doutrinária quanto jurisprudencialmente há o reconhecimento da impossibilidade de leis tributárias agirem de modo confiscatório.[320]

Outra distinção que lhes parece importante é entre o direito de propriedade e os direitos subjetivos de caráter patrimonial (pensões previdenciárias, salários de servidores públicos ou direito à restituição de tributos indevidos). Para a doutrina alemã, os últimos se fazem presentes no primeiro, sendo, portanto, englobados pela proteção constitucional.

Por último, é importante salientar que o STF recentemente já afirmou que é possível o confisco de todo e qualquer bem de valor econômico apreendido em decorrência do tráfico de drogas, sem a necessidade de se perquirir (investigar) a habitualidade, reiteração do uso do bem para tal finalidade, a sua modificação para dificultar a descoberta do local do acondicionamento da droga ou qualquer outro requisito além daqueles previstos expressamente no art. 243, parágrafo único, da Constituição de 1988.[321] Nesses termos, conforme o informativo 865 do STF, o *confisco* previsto no art. 243, parágrafo único, da CR/88, deve ser interpretado à luz dos princípios da unidade e da supremacia da Constituição, ou seja, não se pode ler o *direito de propriedade* em separado, sem considerar a restrição feita a esse *direito*. Assim, a habitualidade do uso do bem na prática criminosa ou sua adulteração para dificultar a descoberta do local de acondicionamento não são pressupostos para o confisco de bens.[322]

Porém, nos termos do informativo 851 do STF, para que haja a sanção do art. 243 da CR/88, não se exige a participação direta do proprietário no cultivo ilícito. No entanto, apesar disso, trata-se de medida sancionatória, exigindo-se algum ***grau de culpa*** para sua caracterização. Assim, mesmo que o proprietário não tenha participado diretamente, mas se agiu com culpa, deverá ser expropriado.

---

320. MENDES, Gilmar Ferreira et al., *Curso de direito constitucional*, p. 415.
321. **RE 638491/PR**, STF. Plenário. Rel. Min. Luiz Fux, julgado em **17.05.2017** (repercussão geral) (Informativo 865).
322. A Lei de Drogas (Lei nº 11.343/2006) também traz uma previsão nesse sentido: *Art. 62. Os veículos, embarcações, aeronaves e quaisquer outros meios de transporte, os maquinários, utensílios, instrumentos e objetos de qualquer natureza, utilizados para a prática dos crimes definidos nesta Lei, após a sua regular apreensão, ficarão sob custódia da autoridade de polícia judiciária, excetuadas as armas, que serão recolhidas na forma de legislação específica. (...) Art. 63. Ao proferir a sentença de mérito, o juiz decidirá sobre o perdimento do produto, bem ou valor apreendido, sequestrado ou declarado indisponível.*

O fundamento aqui é o de que a ***função social da propriedade*** gera para o proprietário o dever de zelar pelo uso lícito do seu imóvel, ainda que não esteja na posse direta.

Portanto, é bom salientar que o proprietário poderá evitar a expropriação se provar que não teve ***culpa*** pelo fato de estarem cultivando plantas psicotrópicas em seu imóvel. Nesses termos, a expropriação prevista no art. 243 da Constituição da República pode ser afastada, desde que o proprietário comprove que não incorreu em culpa, ainda que *in vigilando* ou *in eligendo*.[323]

Por último, é importante salientar, que o STF já entendeu que é impenhorável a pequena propriedade rural familiar constituída de mais de 01 (um) terreno, desde que contínuos e com área total inferior a 04 (quatro) módulos fiscais do município de localização.[324]

No caso, o fato de o devedor ter dado o bem em garantia não representa uma renúncia à garantia da impenhorabilidade. Assim sendo, a pequena propriedade rural é impenhorável por determinação da Constituição. Tal direito fundamental é indisponível, pouco importando que o bem tenha sido dado em hipoteca.[325]

Para o STF, a pequena propriedade rural consubstancia-se no imóvel com área entre 1 e 4 módulos fiscais, ainda que constituída de mais de 1 imóvel, desde que contínuos, e não pode ser objeto de penhora.

A garantia da impenhorabilidade é indisponível, assegurada como direito fundamental do grupo familiar, e não cede ante gravação do bem com hipoteca. O disposto no art. 5º, XXVI, da Constituição Federal volta-se à proteção da família e de seu mínimo existencial. Portanto, quando se tratar de dívida contraída pela família, em prol da atividade produtiva desenvolvida na pequena propriedade rural, deve ser observada a regra da impenhorabilidade, que não pode ser distorcida pelo legislador ordinário, e muito menos pelo intérprete, por regras não enunciadas pelo constituinte.[326]

5.2. Função Social da propriedade

Todavia, dada a inexistência de força absoluta de tal direito, o artigo 5º, XXIII, da nossa Constituição retira a noção individualista de propriedade típica do século XVIII. Compreendemos a propriedade, agora, como socializada, o que não significa

323. **RE 635336/PE**, Rel. Min. Gilmar Mendes, julgado em **14.12.2016**. (Informativo 851) Aqui destacamos que cabe ao proprietário (e não à União) o ônus da prova. Nesse sentido, caberá ao proprietário provar que não agiu com culpa.
324. **ARE 1038507**, STF. Plenário. Rel. Min. Edson Fachin, julgado em **18.12.2020** (Repercussão Geral – Tema 961).
325. Conforme o STJ: *A pequena propriedade rural trabalhada pela entidade familiar é impenhorável, mesmo quando oferecida em garantia hipotecária pelos respectivos proprietários*. STJ. 4ª Turma. AgInt no REsp 1177643/PR, Rel. Min. Raul Araújo, julgado em 21.11.2019.
326. **ARE 1038507**, STF. Plenário. Rel. Min. Edson Fachin, julgado em **18.12.2020** (Repercussão Geral – Tema 961).

a negação ou abolição de tal direito, mas antes a sua afirmação como algo maior que a esfera privada do seu sujeito titular. A propriedade deve oferecer uma maior utilidade à coletividade.

Nesse sentido, a ***função social*** da propriedade é elemento integrador do conceito de propriedade como seu objeto constitutivo,[327] ***não se confundindo com os elementos limitadores do direito de propriedade***.[328] Isto é, não poderá ser juridicamente considerado proprietário aquele que não der ao bem uma destinação compatível e harmoniosa com o interesse público. Logo, é muito mais que o estabelecimento de limitação ao exercício do bem, fixando condutas que podem, até mesmo, colidir com os interesses do proprietário, mas que, se não atendidas, desnaturam a sua própria condição.[329]

Ao se falar em propriedade imóvel urbana, o texto constitucional (art. 182, § 2º) estabelece que a função social seja atendida de acordo com a exigência de ordenação da cidade, fixada em seu plano diretor. Já a função rural qualificada no artigo 186 da CR/88 traz como requisitos simultâneos: (1) aproveitamento racional e adequado; (2) utilização adequada dos recursos naturais disponíveis e preservação do meio ambiente; (3) observância das disposições que regulam as relações de trabalho; e (4) exploração que favoreça o bem-estar dos proprietários e dos trabalhadores.

5.3. Formas de intervenção estatal no direito de propriedade: Servidão, Desapropriação e Requisição

5.3.1. Servidão

O descumprimento da função social, como já dito antes, desnatura a condição de proprietário do bem, e, por isso mesmo, dá ensejo à desapropriação por parte do Estado caso haja necessidade ou utilidade pública ou interesse social.[330] Para tanto, deve haver ***prévia*** e ***justa*** indenização em dinheiro, salvo hipóteses nas quais o pagamento se dará em títulos da dívida pública (arts. 182, § 4º, III) e títulos da dívida agrária (art. 184 e 186). Assim, opera-se a transferência compulsória do bem particular para a esfera do patrimônio público.[331]

---

327. Rompendo-se, portanto, com o conceito civilista e absolutizante de uma propriedade que ia "dos céus aos infernos", concedendo a seu titular um direito ilimitado e incondicionado.
328. SILVA, José Afonso da, *Curso de direito constitucional positivo*. 25 ed, p. 282.
329. Conforme a **Emenda Constitucional nº 81 de 05 de Junho de 2014**: Art. 243. *As propriedades rurais e urbanas de qualquer região do País onde forem localizadas culturas ilegais de plantas psicotrópicas ou a exploração de trabalho escravo na forma da lei serão expropriadas e destinadas à reforma agrária e a programas de habitação popular, sem qualquer indenização ao proprietário e sem prejuízo de outras sanções previstas em lei, observado, no que couber, o disposto no art. 5º. Parágrafo único. Todo e qualquer bem de valor econômico apreendido em decorrência do tráfico ilícito de entorpecentes e drogas afins e da exploração de trabalho escravo será confiscado e reverterá a fundo especial com destinação específica, na forma da lei."*
330. CARVALHO FILHO, José Carlos. *Manual de direito administrativo*, p. 640.
331. Estranho, todavia, é que ainda que pese toda uma história de reflexões sobre o Estado Democrático de Direito, bem como da relação entre função social e o direito de propriedade, ainda assistimos autores do Direito

A ***competência legislativa*** sobre desapropriação, bem como sobre o direito de propriedade, está definida constitucionalmente como sendo da União Federal (art. 22, I a III, da CR/88). Tal não significa, entretanto, que as possibilidades legislativas estejam esgotadas, cabendo ainda tanto à União quanto aos Estados, ao Distrito Federal e aos Municípios a possibilidade de legislar sobre ***restrições*** e ***condicionamentos*** ao uso da propriedade em seus âmbitos.

Por ***servidão administrativa***, entendemos o direito real público no qual fica autorizado o Poder Público a usar de uma propriedade imóvel para permitir a execução de obras e serviços de interesse coletivo.[332] São exemplos comuns: a instalação de redes elétricas, implantações de gasodutos ou oleodutos em áreas privadas para execução de serviços públicos. A servidão administrativa decorre ou de um ***acordo*** entre o particular e o Poder Público, que declara a necessidade pública de sua instituição, ou por ***sentença judicial***. Não tendo havido acordo, o Poder Público promove uma demanda judicial contra o proprietário, demonstrando em juízo um decreto específico que indica a declaração de utilidade pública (art. 40 do Decreto-Lei nº 3.365/41).[333]

5.3.2. Desapropriação

Desapropriação é, antes de mais nada, um *procedimento* administrativo de direito público no qual o Poder Público transfere para si a propriedade de um terceiro, por razões definidas como utilidade pública, necessidade pública ou interesse social.[334]

Importante destacar, então, que os conceitos de ***necessidade***, de ***utilidade pública*** e de ***interesse social*** são, por essência, conceitos jurídicos indeterminados, segundo a doutrina publicista brasileira, e chaves para a compreensão do instituto da ***desapropriação***. Em clássica leitura, Hely Lopes Meirelles os definem do seguinte modo:

Administrativos – ao que parece pouco preocupados com a fundamentação democrática das ações Estatais – afirmar que o ato de desapropriação é um poder de império (*ius imperii*) ao qual deve o particular se subjugar.

332. "No art. 1.378 do Código [Civil] vigente, o legislador deixou registrados os dois elementos da servidão: 1) a servidão é imposta sobre um prédio em favor de outro, pertencente a diverso dono; 2) o dono do prédio sujeito à servidão (prédio serviente) se obriga a tolerar seu uso, para certo fim, pelo dono do prédio favorecido (prédio dominante)." (CARVALHO FILHO, José Carlos, *Manual de direito administrativo*, p. 645).

333. Pode ainda acontecer situação assemelhada à *desapropriação indireta*, quando o Poder Público a *manu militari* deixa de proceder à expedição do decreto e ao ajuizamento da demanda e adentra na propriedade dando início à instalação da servidão. Aqui, a solução é idêntica: o ajuizamento de um procedimento judicial por parte do proprietário para pleitear a indenização de eventuais prejuízos sofridos. CARVALHO FILHO, José Carlos, *Manual de direito administrativo*, p. 648.

334. CARVALHO FILHO, José Carlos, *Manual de direito administrativo*, p. 680. É importante também citarmos ***a Ação de desapropriação.*** Ela trata de ação proposta pelo Poder Público contra o expropriado que não concordou com o valor oferecido como indenização pela desapropriação de seu bem. Na petição inicial, deve constar o valor da indenização oferecida ao expropriado. Em regra, a posse do Poder Público sobre o bem somente ocorre quando tiver terminado o ***processo de desapropriação*** e paga a indenização. No entanto, o juiz pode determinar a imissão provisória na posse, ou seja, que o Poder Público fique com a posse do bem mesmo antes do processo chegar ao fim. Para a imissão provisória na posse são necessários dois requisitos: a) urgência da medida; b) depósito do valor do bem, segundo critérios definidos na lei.

a) **Necessidade pública** surge quando a Administração defronta situações de emergência que, para serem resolvidas satisfatoriamente, exigem a transferência urgente de bens de terceiro para o seu domínio;

b) **Utilidade pública** apresenta-se quando a transferência de bens de terceiros para a Administração é conveniente, embora não seja imprescindível;

c) **Interesse social** ocorre quando as circunstâncias impõem a distribuição ou o condicionamento da propriedade para melhor aproveitamento, utilização ou produtividade em benefício da coletividade ou de categorias sociais merecedoras de amparo específico do Poder Público.[335]

Sendo assim, parece ter-se construído uma leitura pacífica na jurisprudência e na doutrina jurídica publicista no sentido de que, se por um lado a desapropriação fundada na necessidade ou na utilidade pública tem por escopo incorporar o bem do particular ao patrimônio público, por outro lado a desapropriação por interesse social encontra fundamento na distribuição ou condicionamento da propriedade para um melhor aproveitamento em benefício de uma coletividade, já que, nessa modalidade, não vislumbramos a incorporação na esfera da Administração Pública, mas o credenciamento legal de beneficiários que irão recebê-los ou utilizá-los convenientemente.[336]

Por isso mesmo, temos uma espécie de desapropriação por interesse social, no caso do imóvel rural, cuja destinação poderá ser a efetivação de política pública de reforma agrária.[337]

Outra questão importante é a de que a indenização "justa" e prévia, como condição constitucional para a desapropriação, entende-se aquela *"reposição do valor retirado do patrimônio do expropriado"*. Todavia, tal definição peca por ser demais rasa e superficial, em nada esclarecendo quanto aos conceitos. Na realidade, o que se busca aqui é a defesa do patrimônio do desapropriado, de modo que ele não sofra diminuições indevidas.[338]

É importante também chamarmos a atenção para **a Ação de desapropriação.** Ela se trata de ação proposta pelo Poder Público contra o expropriado que não concordou com o *valor oferecido como indenização pela desapropriação de seu bem.*

335. MEIRELLES, Hely Lopes, *Direito administrativo brasileiro*, p. 607-608.

336. MENDES, Gilmar Ferreira et al., *Curso de direito constitucional*, p. 435.

337. Curiosa, então, é a jurisprudência do STF que, *desde antes da Constituição de 1988, mas inalterada após a égide desta, afirma que a proteção constitucional é exclusivamente à propriedade, que, no caso de desapropriação, se condiciona ao pagamento de "justa" e prévia indenização. Entretanto a mesma tutela não alcançaria a posse do imóvel, razão pela qual não há que se falar em indenização pela sua perda em razão da imissão provisória por parte do Poder Público. Ver: RE nº 195.586, DJ, 26/04/1996;* RE nº 141.795, *DJ*, 26/02/1999. MENDES, Gilmar Ferreira et al., *Curso de direito constitucional*, p. 436.

338. *Por isso mesmo, o STF entende que é objeto do cálculo indenizatório também as matas existentes na propriedade, ainda que de cobertura vegetal sujeita à preservação permanente.* (RE nº 267.817, *DJ*, 29/11/2002; AI-AgRg nº 187.726, *DJ*, 20/06/1997).

Na petição inicial, deve constar o valor da indenização oferecida ao expropriado. Em regra, a posse do Poder Público sobre o bem somente ocorre quando tiver terminado o ***processo de desapropriação*** e paga a indenização.

No entanto, o juiz pode determinar a imissão provisória na posse, ou seja, que o Poder Público fique com a posse do bem mesmo antes do processo (da ação de desapropriação) chegar ao fim. Para a imissão provisória na posse são necessários dois requisitos: a) urgência da medida; b) depósito do valor do bem, segundo critérios definidos na lei. Nesses termos, cumpridos os requisitos, é direito subjetivo do expropriante a imissão provisória.

Posteriormente o juiz, com base no laudo pericial, fixará na sentença o valor da justa indenização.[339]

A sentença que julga a desapropriação gera os seguintes efeitos: a) autoriza a imissão definitiva na posse; b) constitui título hábil para o registro da propriedade do bem no Registro de Imóveis. É importante explicitar que o momento da aquisição da propriedade é a data em que se efetiva o pagamento do preço.

Ocorre que, conforme a doutrina, se o valor da indenização fixada na sentença for maior do que a quantia oferecida pelo Poder Público, isso significa que o proprietário do bem estava certo ao questionar esse valor e que ele foi "injustamente" retirado prematuramente da posse de seu bem. O termo "injustamente" aqui é utilizado porque o valor oferecido era menor *realmente* do que o preço devido. Assim, a legislação, como forma de compensar essa perda antecipada do bem, prevê que o expropriante deverá pagar juros compensatórios ao expropriado. Assim sendo, os juros compensatórios na desapropriação são aqueles fixados com o objetivo de compensar o proprietário em razão da ocorrência de imissão provisória na posse."[340]

Aqui é interessante sublinharmos que o Plenário do STF no julgamento da ADI 2332 em 17.05.2018, reconheceu a constitucionalidade do percentual de juros compensatórios de 6% ao ano para remuneração do proprietário pela imissão provisória do ente público na posse de seu bem. Nesses termos, com essa decisão estão superadas as Súmulas 618 do STF e 408 do STJ (essa inclusive foi cancelada).[341]

---

339. LOPES CAVALCANTE, Márcio André. *Dizer o Direito*, Informativo 902-STF.
340. LOPES CAVALCANTE, Márcio André. *Dizer o Direito*, Informativo 902-STF.
341. Sobre a ADI2332 julgada em 17.05.2018: 1) em relação ao "caput" do art. 15-A do DL 3.365/41: 1.a) reconheceu a constitucionalidade do percentual de juros compensatórios no patamar fixo de 6% ao ano para remuneração do proprietário pela imissão provisória do ente público na posse de seu bem; 1.b) declarou a inconstitucionalidade do vocábulo "até"; 1.c) deu interpretação conforme a Constituição ao "caput" do art. 15-A, de maneira a incidir juros compensatórios sobre a diferença entre 80% do preço ofertado em juízo pelo ente público e o valor do bem fixado na sentença; 2) declarou a constitucionalidade do § 1º do art. 15-A, que condiciona o pagamento dos juros compensatórios à comprovação da "perda da renda comprovadamente sofrida pelo proprietário"; 3) declarou a constitucionalidade do § 2º do art. 15-A, afastando o pagamento de juros compensatórios quando o imóvel possuir graus de utilização da terra e de eficiência iguais a zero; 3) declarou a constitucionalidade do § 3º do art. 15-A, estendendo as regras e restrições de pagamento dos juros compensatórios à desapropriação indireta. 4) declarou a inconstitucionalidade do § 4º do art. 15-A; 5) declarou a constitucionalidade da estipulação de parâmetros mínimo (0,5%) e máximo (5%) para a concessão de honorários advocatícios e a inconstitucionalidade da expressão

Na sequência, na modalidade de ***desapropriação de imóvel rural para fins de reforma agrária***, encontramos algumas peculiaridades. Aqui, o fundamento é a quebra ou o desvio da função social do bem, autorizando a União a sua desapropriação. Todavia a indenização que continuará sendo prévia e "justa" se dará não em dinheiro, mas em títulos da dívida agrária, com cláusula de preservação do seu valor real, resgatáveis no prazo de até 20 anos, a partir do segundo ano de sua emissão (art. 184, ***caput***, da CR/88).

Porém, haverá indenização prévia e em dinheiro das benfeitorias úteis e necessárias – conceitos estes fixados pela legislação civil, como aquelas que aumentam ou facilitam o uso do bem, e as segundas, como aquelas que têm por fim conservar o bem ou evitar sua deterioração (art. 96 do Código Civil). As benfeitorias voluptuárias, por sua vez, serão também pagas em títulos da dívida agrária.

Em mesma lógica, a Constituição de 1988 prevê medidas para que o Poder Público municipal desaproprie e dê aproveitamento a imóveis urbanos não edificados, subutilizados ou não utilizados. O pagamento, aqui, se dá em títulos da dívida pública municipal (art. 182). Para tanto, o art. 182, § 4º, da Constituição de 1988, faculta ao Poder Público municipal editar lei específica que exija dos proprietários de tais imóveis acima qualificados o atendimento da função social, sob pena sucessiva, de:

a) parcelamento ou edificação compulsórios;

b) imposto sobre propriedade predial rural ou territorial urbana progressivo no tempo; e

c) desapropriação com pagamento em títulos da dívida pública com prazo de resgate de até 10 anos, em parcelas anuais, iguais e sucessivas, assegurados o valor real da indenização e os juros legais.

Figura curiosamente tratada com naturalidade pela doutrina publicista brasileira é a da ***desapropriação indireta***, situação na qual o Poder Público violando o devido processo legal expropria bem do particular. Aqui, o natural seria a identificação de que a violação ao procedimento de desapropriação desautorizaria a ação do Poder Público, caracterizando a sua nulidade, em razão de sua antijuridicidade. Todavia, a ainda sustentada ***supremacia do interesse público sobre o particular*** parece ser a ideologia por detrás, forçando o particular a ir ao Judiciário para pleitear indenização, que já, ***ab initio***, dever-lhe-ia ser garantida.

Portanto, a desapropriação indireta é aquela que ocorre quando o Estado (Poder Público) se apropria do bem de um particular sem observar as formalidades previstas em lei para a desapropriação, dentre as quais a declaração indicativa de seu interesse e a indenização prévia. É interessante aqui analisarmos as saídas que o particular pode ter frente à situação da desapropriação indireta, sendo elas: a)

"não podendo os honorários ultrapassar R$ 151.000,00 (cento e cinquenta e um mil reais)" prevista no § 1º do art. 27. LOPES CAVALCANTE, Márcio André. *Dizer o Direito*, Informativo 902-STF.

Se o bem expropriado ainda não está sendo utilizado em nenhuma finalidade pública: pode ser proposta uma ação possessória visando a manter ou retomar a posse do bem; b) *Se o bem expropriado já está afetado a uma finalidade pública*: considera-se que houve fato consumado e somente restará ao particular ajuizar uma **"ação de desapropriação indireta"** a fim de ser indenizado.[342] Sem dúvida, a "ação de desapropriação **indireta"** (ou ação expropriatória indireta) **será uma** ação proposta pelo prejudicado em face do Poder Público, que se apossou do bem pertencente a particular sem observar as formalidades legais da desapropriação. Trata-se de uma ação condenatória que objetiva indenização por perdas e danos.

Questão extremamente relevante e objeto de debate é justamente a referente ao prazo para o ajuizamento dessa ação. O Código Civil de 1916 falava em 20 anos, e a súmula 119 do STJ expressava-se no mesmo sentido ("A ação de desapropriação indireta prescreve em vinte anos"). Porém, com o advento do novo Código Civil de 2002, a discussão voltou à tona.

A doutrina administrativista majoritária, entende, de forma categórica, que o prazo, após o novo Código Civil seria de **15 anos** nos termos do **art. 1238 do CC** (citam inclusive a revogação da súmula 119 do STJ que estipulava o citado prazo de 20 anos). Porém, ao que parece discussão ainda subsiste. Nesse sentido, a 2ª Turma do STJ em 18.06.2013 determinou no Recurso Especial 1.300.442-SC que o prazo deve ser de 10 anos[343].

O fundamento da 2ª Turma do STJ foi o de que a **ação de desapropriação indireta** possui natureza real, e pode ser proposta pelo particular prejudicado enquanto não tiver transcorrido o prazo para que o Poder Público adquira a propriedade do bem por meio da usucapião. Ou seja, como não há um prazo específico previsto na legislação, o STJ entendeu que deveria ser aplicado, por analogia, o prazo da **usucapião extraordinária**. Nesse sentido, enquanto não tiver passado o prazo para que o Estado adquira o imóvel por força de **usucapião,** o particular poderá buscar a indenização decorrente do **ato ilícito de apossamento administrativo.** Nesses termos, o **prazo de usucapião extraordinária** que era de **20 anos** no **antigo CC, passou a ser de 15 anos no novo CC (art. 1238)**. Porém, este prazo passaria a ser de **10 anos** se o possuidor tiver realizado obras ou serviços de caráter produtivo no local **(§ único do art. 1.238)**. Como na desapropriação indireta pressupõe-se que o Poder Público

342. Nesse sentido é o art. 35 do Decreto-Lei 3.365/41: *Os bens expropriados, uma vez incorporados à Fazenda Pública, não podem ser objeto de reivindicação, ainda que fundada em nulidade do processo de desapropriação. Qualquer ação, julgada procedente, resolver-se-á em perdas e danos.*

343. Segundo o relator, Ministro Herman Benjamin, *"com a entrada em vigor do novo Código Civil, houve alteração no prazo do usucapião extraordinário, o que, para o STJ, implicou a redução do prazo prescricional para o ajuizamento de ação de desapropriação indireta. O Tribunal de Justiça de Santa Catarina (TJSC) entendeu que, no caso específico dos autos, o prazo para o ajuizamento da ação de desapropriação indireta era de 15 anos, havendo para o particular direito à indenização. O Deinfra sustentou no STJ que deveria ser aplicado o prazo de três anos, previsto para reparação civil, conforme o disposto no artigo 206, parágrafo terceiro, inciso V, do novo código. Para a Segunda Turma do STJ, não se aplica o prazo trienal, tampouco o prazo de 15 anos, mas se deve adotar o prazo decenal, previsto no § único do artigo 1.238 do CC/2002".* (Informativo – STJ).

tenha realizado obras no local ou tenha dado ao imóvel uma utilidade pública ou de interesse social, entendeu a 2ª Turma do STJ que a situação se enquadraria no § único do art. 1.238 do CC (na medida em que nesse caso o prazo para a **usucapião seria de 10 anos**).

5.3.3. *Requisição*

Outra forma de intervenção pública no direito de propriedade é a ***requisição***, que se dá em razão de ***iminente*** perigo público (art. 5º, XXV).[344]

Aqui não há a perda de propriedade, como na desapropriação, mas apenas o uso do bem pelo Poder Público visando atender o interesse público. Há previsão de indenização que supriria os eventuais danos e/ou prejuízos sofridos pelo particular pela privação do uso do bem.

Tendo em vista sua natureza e finalidade, destaca-se que a requisição se dá independentemente de definição do Poder Judiciário, configurando-se forma de auto execução da autoridade administrativa competente.[345]

5.4. Proteção constitucional ao bem de família

Na Lei nº 8.009/90 encontra-se a determinação de impenhorabilidade do **bem de família (legal)** – imóvel residencial do casal, ou da entidade familiar, sobre o qual se assentam a construção, as plantações, as benfeitorias de qualquer natureza e todos os equipamentos, inclusive de uso profissional, ou mesmo, móveis, desde que quitados, excluídos os veículos de transporte, obras de arte e adornos suntuosos[346].

---

344. "[...] aquele perigo que não somente coloque em risco a coletividade como também que esteja prestes a se consumar ou a expandir-se de forma irremediável se alguma medida não for adotada." CARVALHO FILHO, José Carlos, *Manual de direito administrativo*, p. 652.

345. *"As requisições civis e militares em tempo de guerra estão disciplinadas no Decreto-Lei nº 4.812, de 1942. A requisição de bens e serviços essenciais ao abastecimento da população está prevista no Decreto-Lei nº 2, de 1966. A Lei nº 6.439, de 1997, autoriza requisições em caso de calamidade pública, perigo público iminente ou ameaça de paralisação das atividades de interesse da população, a cargo de entidades de previdência e assistência social."* (MENDES, Gilmar, *Curso de direito constitucional*, p. 441).

346. Lei nº 8.009/90: *Art. 3º A impenhorabilidade é oponível em qualquer processo de execução civil, fiscal, previdenciária, trabalhista ou de outra natureza, salvo se movido: I (Revogado pela Lei Complementar nº 150, de 2015); II – pelo titular do crédito decorrente do financiamento destinado à construção ou à aquisição do imóvel, no limite dos créditos e acréscimos constituídos em função do respectivo contrato; III – pelo credor da pensão alimentícia, resguardados os direitos, sobre o bem, do seu coproprietário que, com o devedor, integre união estável ou conjugal, observadas as hipóteses em que ambos responderão pela dívida; (Redação dada pela Lei nº 13.144 de 2015) IV – para cobrança de impostos, predial ou territorial, taxas e contribuições devidas em função do imóvel familiar; V – para execução de hipoteca sobre o imóvel oferecido como garantia real pelo casal ou pela entidade familiar; VI – por ter sido adquirido com produto de crime ou para execução de sentença penal condenatória a ressarcimento, indenização ou perdimento de bens. VII – por obrigação decorrente de fiança concedida em contrato de locação. (Incluído pela Lei nº 8.245, de 1991) Art. 4º Não se beneficiará do disposto nesta lei aquele que, sabendo-se insolvente, adquire de má-fé imóvel mais valioso para transferir a residência familiar, desfazendo-se ou não da moradia antiga. § 1º Neste caso, poderá o juiz, na respectiva ação do credor, transferir a impenhorabilidade para a moradia familiar anterior, ou anular-lhe a venda, liberando a mais valiosa para execução ou concurso, conforme a hipótese. § 2º Quando a residência familiar constituir-se em imóvel rural, a impenhorabilidade restringir-se-á à sede de moradia, com os respectivos bens móveis, e, nos*

No RE nº 407.688, o STF entendeu que essa proteção **não** pode tomar uma leitura **absoluta**, representando mais uma manifestação do direito constitucional, de ordem social, à moradia.[347] Nesses termos, a impenhorabilidade do bem de família não se aplica no caso de dívidas do fiador decorrentes do contrato de locação. É isso o que diz o inciso VII do art. 3º da Lei nº 8.009/90. O STF já decidiu que o art. 3º, VII, da Lei nº 8.009/90 é constitucional, não violando o direito à moradia (art. 6º da CR/88) nem qualquer outra norma da CR/88. No STJ, inclusive, temos a Súmula 549 que afirma que: *É válida a penhora de bem de família pertencente a fiador de contrato de locação.*

Porém, segundo o STF, **não** é penhorável o *bem de família do fiador* no caso de contratos de locação comercial. Ou seja, não é possível a penhora de bem de família do fiador em contexto de locação comercial. Nesses termos, o bem de família (um apartamento, por exemplo) do fiador de um *contrato de locação* **pode** ser penhorado caso o locatário não pague os aluguéis se a locação for **residencial**. Já se a locação for **comercial** (uma sala comercial, por exemplo) não há que se falar em *penhora de bem de família* do fiador de um contrato de locação comercial.[348]

6. DIREITO À PRIVACIDADE, DIREITO À INTIMIDADE E DIREITO À IMAGEM

A Constituição consagra no seu artigo 5º, X, uma gama de direitos ligados à proteção da esfera pessoal dos sujeitos, considerando invioláveis: a intimidade, a vida privada, a honra e a imagem das pessoas. Em caso de violação prevê o pagamento de indenização por dano material e moral[349] decorrente da violação.

---

casos do art. 5º, inciso XXVI, da Constituição, à área limitada como pequena propriedade rural. Art. 5º Para os efeitos de impenhorabilidade, de que trata esta lei, considera-se residência um único imóvel utilizado pelo casal ou pela entidade familiar para moradia permanente. Parágrafo único. Na hipótese de o casal, ou entidade familiar, ser possuidor de vários imóveis utilizados como residência, a impenhorabilidade recairá sobre o de menor valor, salvo se outro tiver sido registrado, para esse fim, no Registro de Imóveis e na forma do art. 70 do Código Civil. É importante ressaltar que no ordenamento brasileiro temos o **"bem de família legal"** (ora citado e trabalhado) disciplinado pela Lei nº 8.009/90. Nesses termos, o **"bem de família legal"** não tem custo algum, **não** depende de escritura, de registro, torna o imóvel **impenhorável**, mas **não** o torna **inalienável**. Porém, também temos o **"bem de família voluntário ou convencional"** disciplinado no **Código Civil de 2002** a partir do art. 1711 até o art. 1720. Esse necessita de registro, torna o bem **"impenhorável"** e **"inalienável"**, além de **incidir também** sobre **valores mobiliários**. Apesar das diferenças entre eles, ambos **não são absolutos** na medida em que existem **exceções** legais no art. 3º da Lei nº 8.009/90 e no CC/2002.

347. *Ementa: (...) Penhora de seu imóvel residencial. Bem de família. Admissibilidade. Inexistência de afronta ao direito de moradia, previsto no art. 6º da CF. Constitucionalidade do art. 3º, inc. VII, da Lei nº 8.009/90, com a redação da Lei nº 8.245/91. Recurso extraordinário desprovido. Votos vencidos. A* ***penhorabilidade*** *do* ***bem de família do fiador*** *do* ***contrato de locação****, objeto do art. 3º, inc. VII, da Lei nº 8.009, de 23 de março de 1990, com a redação da Lei nº 8.245, de 15 de outubro de 1991, não ofende o art. 6º da CR. Julg. em* ***08.02.2006****. Min. Cezar Peluso. No mesmo sentido, o* ***Ag RE 608.558****: (...) I – O Plenário do Supremo Tribunal Federal, ao julgar o RE 407.688/SP, considerou ser* ***legítima a penhora do bem de família pertencente a fiador de contrato de locação****, ao entendimento de que o art. 3º, VII, da Lei 8.009/90* ***não viola*** *o disposto* ***no*** *art. 6º da CF/88 (redação dada pela EC 26/2000) (...). Rel. Ricardo Lewandowski 1ª Turma. Julg.* ***01.06.2010****. Sobre as críticas a esse posicionamento do* ***STF*** *ver: SARLET, Ingo. A Eficácia e Efetividade do Direito à Moradia na sua Dimensão negativa. p, 1019-1049, 2010.*
348. **RE 605709/SP**, STF. 1ª Turma. red. p/ ac. Min. Rosa Weber, julg. em **12.06.2018** (Info 906).
349. Segundo o STJ (4ª Turma no Resp 1.245.550), ***o absolutamente incapaz ainda que impassível de detrimento anímico (espiritual) pode sofrer dano moral.*** Ou seja, *existe a possibilidade de dano moral sem dor.*

O ***direito à honra*** está ligado ao valor moral do sujeito, bem como à consideração social, seu nome, fama, refletindo, assim, a própria dignidade pessoal através dos outros. É comum a divisão entre ***honra subjetiva***, representando o sentimento de autoestima do indivíduo, e ***honra objetiva***, significando, por sua vez, o conceito social que o indivíduo possui (reputação no meio social).

> "Em estudo clássico, Willian Prosser, dos Estados Unidos, sustentou que haveria quatro meios básicos de afrontar a privacidade: 1) intromissão na reclusão ou na solidão do indivíduo, 2) exposição pública de fatos privados, 3) exposição do indivíduo a uma falsa percepção do público (***false light***), que ocorre quando a pessoa é retratada de modo inexato ou censurável, 4) apropriação do nome e da imagem da pessoa, sobretudo para fins comerciais."[350]

O ***direito à imagem*** também recebe juridicamente um tratamento bipartido: por ***"imagem-retrato"*** trata-se do direito à reprodução gráfica do sujeito, seja total, seja parcial; e por ***"imagem-atributo"*** protege-se a imagem dentro do seu contexto ("conjunto de atributos cultivados pelo indivíduo e reconhecidos pelo meio social"[351]).

O ***direito à privacidade*** está ligado à exigência de o indivíduo encontrar-se protegido na sua solidão, na sua paz e equilíbrio, sendo a reclusão periódica uma necessidade da vida moderna, até mesmo como elemento de saúde mental.

Além disso, a privacidade é condição para o correto desenvolvimento da personalidade. Certo é que a divulgação de erros e/ou dificuldades acaba por inibir ou mesmo aniquilar os esforços de autossuperação, razão pela qual a esfera da privacidade visa a fornecer um ambiente de tranquilidade emocional fundamental para uma autoavaliação e a revisão de metas e objetivos pessoais. Assim, o direito à privacidade é explicado como um direito que um indivíduo tem de se destacar (se separar) de um grupo, isolando-se da observação dele ou como, ainda, o direito ao controle das informações veiculadas sobre si mesmo.[352] Lembramos que a definição ou a qualificação de uma determinada conduta como admissível ou abusiva em relação ao direito à privacidade somente é possível quando nos colocamos diante de um caso concreto específico.

Uma questão importante é a referente à **restrição ao direito de privacidade** a partir do **consentimento** do próprio indivíduo, já que os direitos fundamentais, mesmo não sendo passíveis de renúncia plena, comportam formas de autolimitação. Se a restrição é **feita espontaneamente**, com o seu titular falando sobre sua intimidade

---

350. MENDES, Gilmar Ferreira et al., *Curso de direito constitucional*, p. 369.

351. Em recente caso, um Jornal divulgou a foto do cadáver de um indivíduo morto em tiroteio ocorrido em via pública. Os familiares do morto ajuizaram ação de indenização por danos morais contra o jornal alegando que houve ***violação aos direitos de imagem***. *O STF julgou a ação improcedente argumentando que condenar o jornal seria uma forma de censura, o que afronta a liberdade de informação jornalística*. STF. 2ª Turma. **ARE 892127 AgR/SP**, Rel. Min. Cármen Lúcia, julgado em **23.10.2018** (Info 921).

352. MENDES, Gilmar Ferreira et al., *Curso de direito constitucional*, p. 369.

como em uma entrevista, o caso é de mais fácil problematização. Todavia, um cuidado maior deve ser dispensado quando ocorre o chamado ***consentimento tácito*** na divulgação da matéria ou da imagem. Nesse sentido, "em princípio, se alguém se encontra num lugar público está sujeito a ser visto e a aparecer em alguma foto ou filmagem do mesmo lugar. Haveria, aí, um consentimento tácito na exposição. A pessoa não poderá objetar a aparecer, sem proeminência, numa reportagem, se se encontra em lugar aberto ao público e é retratada como parte da cena como um todo".[353]

Mas, controversa se torna a questão, quando percebemos que a imagem fotografada ou filmada acaba por dar destaque a uma determinada pessoa, bem como a seus atos na cena de um local público. A postura francesa quanto ao assunto é de condenar e de proibir, por exemplo, a publicação de foto em reportagem sobre as praias francesas de uma banhista fazendo ***topless*** se ela não foi previamente consultada.

No cenário brasileiro, a tese do consentimento tácito é mais tradicional, de modo que o STJ rejeita reiteradamente pedidos de danos morais em casos similares, sob o argumento de que o retratado consentiu, mesmo que ***tacitamente*** com a sua exposição pública.[354]

Mas a questão se torna ainda mais controvertida se levamos em conta que o retratado é pessoa pública (*políticos, artistas de renome ou mesmo desportistas*). Ao que parece, a leitura jurisprudencial brasileira acaba por concluir que o **homem público** renuncia, de certo modo, a sua vida privada quando assume sua condição, aceitando (*às vezes de forma não adequada*) como **natural** que em torno dele surja uma curiosidade pública sobre sua vida particular.[355]

Nesse ponto, o STF admitiria a ideia de que a proteção conferida, por exemplo, à privacidade dos servidores públicos situar-se-ia em nível inferior à dos cidadãos comuns.[356] O argumento, segundo o Ministro Marco Aurélio seria singelo: *aqueles*

---

353. MENDES, Gilmar Ferreira et al., *Curso de direito constitucional*, p. 372.
354. Por exemplo, o julgamento do REsp nº 595.600, *DJ* 13/09/2004, e do REsp nº 58.101, *DJ* 09/03/1998.
355. MENDES, Gilmar Ferreira et al., *Curso de direito constitucional*, p. 372-373. Já sobre a questão da **crítica**, afirmou o Min. Celso de Mello no **AI nº 505.595 AgR** que: "A crítica jornalística,(...) traduz direito impregnado de qualificação constitucional, plenamente oponível aos que exercem qualquer atividade de interesse da coletividade em geral, pois o interesse social, que legitima o direito de criticar, sobrepõe-se a eventuais suscetibilidades que possam revelar as pessoas públicas ou as figuras notórias, exercentes, ou não, de cargos oficiais .A crítica que os meios de comunicação social dirigem às pessoas públicas, por mais dura e veemente que possa ser, deixa de sofrer, quanto ao seu concreto exercício, as limitações externas que ordinariamente resultam dos direitos de personalidade. Não induz responsabilidade civil a publicação de matéria jornalística cujo conteúdo divulgue observações em caráter mordaz ou irônico ou, então, veicule opiniões em tom de crítica severa, dura ou, até, impiedosa, ainda mais se a pessoa a quem tais observações forem dirigidas ostentar a condição de figura pública, investida, ou não, de autoridade governamental, pois, em tal contexto, a liberdade de crítica qualifica-se como verdadeira excludente anímica, apta a afastar o intuito doloso de ofender." Julg. em **22.03.2011** 2ª Turma do STF.
356. Conforme decidido na SS 3.902 AgR-segundo/SP, Pleno do STF, julg. em 09.06.2011: "*1. Caso em que a situação específica dos servidores públicos é regida pela 1ª parte do inciso XXXIII do art. 5º da Constituição. Sua remuneração bruta, cargos e funções por eles titularizados, órgãos de sua formal lotação, tudo é constitutivo de informação*

que ocupassem cargos públicos teriam a esfera de privacidade reduzida. Isso porque o regime democrático imporia que estivessem mais abertos à crítica popular. Sob tal luz, a invasão da privacidade de tal sujeito somente se caracterizaria quando ocorresse a veiculação de fatos e notícias desvinculadas de sua figura pública e do seu papel social.[357]

Para muitos constitucionalistas, ainda, é possível traçar uma distinção entre direito à ***privacidade*** e direito à ***intimidade***. O primeiro é o direito à **vida privada**, no qual se estabelecem os relacionamentos familiares, de lazer, negócios, amorosos etc.

Já a **intimidade** seria um núcleo ainda menor, que perpassa e protege relações mais íntimas ou pessoais. Se no primeiro as relações pessoais devem ser ocultadas do público (preservadas), no segundo temos uma proteção até mesmo contra atos das pessoas mais próximas a nós.[358]

Na sequência, é importante salientar como devem ser analisadas as informações pessoais em se tratando do direito de ***acesso à informação*** em órgão público (direito geral de informação do art. 5º, XXXIII da CR/88).

Nesses termos, o art. 31, da Lei nº 12.527/2011 (*Lei de Acesso à Informação*), afirma que o tratamento das informações pessoais deve ser feito de forma transparente e com respeito à ***intimidade, vida privada, honra e imagem das pessoas, bem como às liberdades e garantias individuais***. As informações pessoais, a que se refere este artigo, relativas à intimidade, vida privada, honra e imagem: I – terão seu acesso restrito, independentemente de classificação de sigilo e pelo prazo máximo de 100 (cem) anos a contar da sua data de produção, a agentes públicos legalmente

de interesse coletivo ou geral. Expondo-se, portanto, a divulgação oficial. Sem que a intimidade deles, vida privada e segurança pessoal e familiar se encaixem nas exceções de que trata a parte derradeira do mesmo dispositivo constitucional (XXXIII do art. 5º), pois o fato é que não estão em jogo nem a segurança do Estado nem do conjunto da sociedade. 2. Não cabe, no caso, falar de intimidade ou de vida privada, pois os dados objeto da divulgação em causa dizem respeito a agentes públicos enquanto agentes públicos mesmos; ou, na linguagem da própria Constituição, agentes estatais agindo "nessa qualidade" (§ 6º do art. 37). E quanto à segurança física ou corporal dos servidores, seja pessoal, seja familiarmente, claro que ela resultará um tanto ou quanto fragilizada com a divulgação nominalizada dos dados em debate, mas é um tipo de risco pessoal e familiar que se atenua com a proibição de se revelar o endereço residencial, o CPF e a CI de cada servidor. No mais, é o preço que se paga pela opção por uma carreira pública no seio de um Estado republicano. 3. A prevalência do princípio da publicidade administrativa outra coisa não é senão um dos mais altaneiros modos de concretizar a República enquanto forma de governo. Se, por um lado, há um necessário modo republicano de administrar o Estado brasileiro, de outra parte é a cidadania mesma que tem o direito de ver o seu Estado republicanamente administrado. O "como" se administra a coisa pública a preponderar sobre o "quem" administra – falaria Norberto Bobbio –, e o fato é que esse modo público de gerir a máquina estatal é elemento conceitual da nossa República. O olho e a pálpebra da nossa fisionomia constitucional republicana. 4. A negativa de prevalência do princípio da publicidade administrativa implicaria, no caso, inadmissível situação de grave lesão à ordem pública. 5. Agravos Regimentais desprovidos." Rel. Min. Ayres Brito.

357. Todavia, os exemplos fornecidos por Gilmar Mendes e outros constitucionalistas apresentam-se por demais caricatos, como se apenas restritos a hábitos sexuais ou facetas exóticas de sua personalidade.

358. CARVALHO, Kildare Gonçalves, *Direito constitucional*. 11. ed., p. 420. Como exemplo, o autor cita o ato do pai que devassa o diário da filha adolescente. Mas as violações acontecem até mesmo de modo mais simples, como a quebra do sigilo de comunicações, como e-mails, telefones celulares, correspondência etc.

autorizados e à pessoa a que elas se referirem; e II – poderão ter autorizada sua divulgação ou acesso por terceiros diante de previsão legal ou consentimento expresso da pessoa a que elas se referirem.

Além disso, aquele que obtiver acesso às informações, de que trata o artigo 31 da Lei nº 12.527/2011, será responsabilizado por seu uso indevido. Já o consentimento, referido no item II acima, não será exigido quando as informações forem necessárias: a) à prevenção e diagnóstico médico, quando a pessoa estiver física ou legalmente incapaz, e para utilização única e exclusivamente para o tratamento médico; b) à realização de estatísticas e pesquisas científicas de evidente interesse público ou geral, previstos em lei, sendo vedada a identificação da pessoa a que as informações se referirem; c) ao cumprimento de ordem judicial; d) à defesa de direitos humanos; ou e) à proteção do interesse público e geral preponderante.

Temos ainda que a restrição de acesso à informação relativa à vida privada, honra e imagem de pessoa não poderá ser invocada com o intuito de prejudicar processo de apuração de irregularidades em que o titular das informações estiver envolvido, bem como em ações voltadas para a recuperação de fatos históricos de maior relevância.

Por último, temos que a Lei nº 13.709/2018 (agora intitulada de Lei Geral de Proteção de Dados Pessoais pela recente Lei nº 13.853/2019[359]) dispôs sobre o tratamento de dados pessoais, inclusive nos meios digitais, por pessoa natural ou por pessoa jurídica de direito público ou privado, com o objetivo de proteger os direitos fundamentais de liberdade e de privacidade e o livre desenvolvimento da personalidade da pessoa natural.

Essa Lei traz regras para disciplinar a forma como os dados pessoais dos indivíduos podem ser armazenados por empresas ou mesmo por outras pessoas físicas. O objetivo da Lei é proteger os direitos fundamentais de liberdade e de privacidade e o livre desenvolvimento da personalidade da pessoa natural.

Nesses termos afirmou novo diploma normativo em seu art. 2º que a disciplina da proteção de dados pessoais tem como fundamentos: I - o respeito à privacidade; II - a autodeterminação informativa; III - a liberdade de expressão, de informação, de comunicação e de opinião; IV - a inviolabilidade da intimidade, da honra e da imagem; V - o desenvolvimento econômico e tecnológico e a inovação; VI - a livre iniciativa, a livre concorrência e a defesa do consumidor; e VII - os direitos humanos, o livre desenvolvimento da personalidade, a dignidade e o exercício da cidadania pelas pessoas naturais.[360]

---

359. A **Lei nº13.853/2019** alterou vários dispositivos da Lei nº **13.709/2018**. Incluindo a criação da **Autoridade Nacional de Proteção de Dados.**

360. No que diz respeito a ***entrada em vigor*** da ***Lei de Proteção de Dados***, temos o **art. 65,** que afirma que: *Esta Lei entra em vigor: (Redação dada pela Lei nº 13.853, de 2019) I - dia 28 de dezembro de 2018, quanto aos arts. 55-A, 55-B,*

Questão interessante foi enfrentada pelo STF em Ações Diretas de Inconstitucionalidade contra a MP 954/2020.

Em abril de 2020 foi editada a Medida Provisória nº 954/2020, que dispôs sobre o compartilhamento de dados por empresas de telecomunicações (prestadoras de Serviço Telefônico Fixo Comutado-STFC e de Serviço Móvel Pessoal-SMP) com o IBGE.

A MP 954/2020 determinava que, durante a emergência de saúde decorrente do covid-19, as empresas de telefonia fixa e móvel (respectivamente: STFC e SMP) deveriam fornecer ao IBGE os dados dos seus clientes: relação dos nomes, números de telefone e endereços.

Segundo a MP, essas informações seriam utilizadas para a produção das estatísticas oficial, com o objetivo de realizar entrevistas não presenciais com os clientes das empresas.

A Medida Provisória foi editada a pedido do IBGE que argumentou junto à Presidência da República que, durante o período da pandemia decorrente da Covid-19, foram adotadas diversas providências para evitar a transmissão comunitária do vírus. Entre elas teríamos o intitulado isolamento social, que seria para evitar o contato presencial entre as pessoas. Com isso, as entrevistas domiciliares feitas pelos pesquisadores do IBGE ficaram prejudicadas e a forma de resolver essa questão seria utilizar as informações das companhias para a realização de entrevistas via telefone.

Foram ajuizadas cinco ações diretas de inconstitucionalidade contra a MP 954/2020 alegando, em síntese, que ela violaria os dispositivos da CR/88 que garantem a intimidade, a vida privada, a honra e a imagem das pessoas, o sigilo dos dados e a autodeterminação informativa.

Na decisão, o STF entendeu que a MP 954/2020 exorbitou dos limites traçados pela Constituição ao autorizar a disponibilização dos dados pessoais de todos os consumidores dos serviços STFC e SMP, pelos respectivos operadores, ao IBGE.

Para o STF, as informações disciplinadas pela MP 954/2020 configuram dados pessoais e, portanto, estão protegidas pelas cláusulas constitucionais que asseguram a liberdade individual (art. 5º, *caput*), a privacidade e o livre desenvolvimento da personalidade (art. 5º, X e XII). Assim sendo, sua manipulação e seu tratamento, desse modo, devem observar, sob pena de lesão a esses direitos, os limites delineados pela proteção constitucional.

Decorrências dos direitos da personalidade, o respeito à privacidade e à autodeterminação informativa foram positivados, no art. 2º, I e II, da Lei 13.709/2018 (Lei

55-C, 55-D, 55-E, 55-F, 55-G, 55-H, 55-I, 55-J, 55-K, 55-L, 58-A e 58-B; e (Incluído pela Lei nº 13.853, de 2019) I-A – dia 1º de agosto de 2021, quanto aos arts. 52, 53 e 54; (Incluído pela Lei nº 14.010, de 2020) II - 24 (vinte e quatro) meses após a data de sua publicação, quanto aos demais artigos. (Incluído pela Lei nº 13.853, de 2019)

Geral de Proteção de Dados Pessoais), como fundamentos específicos da disciplina da proteção de dados pessoais.

O colegiado do STF observou que o único dispositivo da MP 954/2020 a dispor sobre a finalidade e o modo de utilização dos dados objeto da norma é o § 1º do seu art. 2º. E esse limita-se a enunciar que os dados em questão serão utilizados exclusivamente pelo IBGE para a produção estatística oficial, com o objetivo de realizar entrevistas em caráter não presencial no âmbito de pesquisas domiciliares.

Para o STF, o art. 1º, parágrafo único, da MP 954/2020 apenas dispõe que o ato normativo terá aplicação durante a situação de emergência de saúde pública decorrente do Covid-19. Ainda que se possa associar, por inferência, que a estatística a ser produzida tenha relação com a pandemia invocada como justificativa da edição da MP, tal ilação não se extrai de seu texto.

Assim, entendeu o STF que não emerge da MP 954/2020, nos termos em que posta, interesse público legítimo no compartilhamento dos dados pessoais dos usuários dos serviços de telefonia, consideradas a necessidade, a adequação e a proporcionalidade da medida.

Para o Pretório Excelso, ao não definir apropriadamente como e para que serão utilizados os dados coletados, a MP 954/2020 não oferece condições para avaliação da sua adequação e necessidade, assim entendidas como a compatibilidade do tratamento com as finalidades informadas e sua limitação ao mínimo necessário para alcançar suas finalidades. Nesses termos, ela contraria, assim, a garantia do devido processo legal (CR, art. 5º, LIV), em sua dimensão substantiva.

Portanto a MP 954/2020, não delimita o objeto da estatística a ser produzida, nem a finalidade específica, tampouco sua amplitude. Igualmente não esclarece a necessidade de disponibilização dos dados nem como serão efetivamente utilizados.

De outra parte, conforme o STF, o art. 3º, I e II, da MP 954/2020 dispõe que os dados compartilhados "terão caráter sigiloso" e "serão utilizados exclusivamente para a finalidade prevista no § 1º do art. 2º", e o art. 3º, § 1º, veda ao IBGE compartilhar os dados disponibilizados com outros entes, públicos ou privados.

Porém, para o STF, a MP 954/2020 não apresenta mecanismo técnico ou administrativo apto a proteger os dados pessoais de acessos não autorizados, vazamentos acidentais ou utilização indevida, seja na sua transmissão, seja no seu tratamento. Limita-se a delegar a ato do presidente do IBGE o procedimento para compartilhamento dos dados, sem oferecer proteção suficiente aos relevantes direitos fundamentais em jogo.

Segundo o pretório Excelso, ao não prever exigência alguma quanto a mecanismos e procedimentos para assegurar o sigilo, a higidez e, quando o caso, o anonimato dos dados compartilhados, a MP 954/2020 não satisfaz as exigências que exsurgem do texto constitucional no tocante à efetiva proteção de direitos fundamentais dos brasileiros.

A ausência de garantias de tratamento adequado e seguro dos dados compartilhados é agravada pela circunstância de que, embora aprovada, ainda não está em vigor a Lei Geral de Proteção de Dados Pessoais (Lei 13.709/2018), definidora dos critérios para a responsabilização dos agentes por eventuais danos ocorridos em virtude do tratamento de dados pessoais. Ou seja, apesar de aprovada, a maior parte da lei ainda está em *vacatio legis*, de modo que suas regras não poderiam ser utilizadas para impor limites e restrições ao IBGE.[361]

7. QUEBRAS DE SIGILOS: DE CORRESPONDÊNCIA, COMUNICAÇÃO TELEGRÁFICA E DE DADOS. INTERCEPTAÇÃO TELEFÔNICA E GRAVAÇÃO CLANDESTINA

Sem dúvida, os direitos alocados no art. 5º, X da CR/88 guardam íntima conexão com a inviolabilidade em torno de sigilos também presentes no âmbito da normatividade constitucional.

Conforme dicção constitucional, temos que é inviolável o sigilo da correspondência e das comunicações telegráficas, de dados[362] e das comunicações telefônicas, salvo, no último caso, por ordem judicial, nas hipóteses e na forma que a lei estabelecer para fins de investigação criminal ou instrução processual penal.

Aqui é necessário separarmos os sigilos para uma melhor análise. Inicialmente, podemos afirmar que os **sigilos das correspondências, comunicações telegráficas** ou mesmo **de dados** que por definição são invioláveis não podem ser entendidos como absolutos (inviolabilidade absoluta).

Nesses termos, conforme a doutrina majoritária, não havendo a existência de direitos e garantias fundamentais absolutos, esses direitos podem ser afastados (violados) em regra por ordem judicial. Afirmamos em regra porque existem exceções, como a possibilidade de quebra de sigilo bancário por CPIs ou mesmo a possibilidade de quebra de sigilo de correspondência de forma excepcional por razões que dizem respeito à segurança de cunho público. O exemplo típico é a possibilidade de violação da correspondência de presidiário (em virtude do seu uso de

361. Repetindo o já citado **art. 65** da ***Lei de Proteção de Dados***: *Esta Lei entra em vigor: (Redação dada pela Lei nº 13.853, de 2019) I - dia 28 de dezembro de 2018, quanto aos arts. 55-A, 55-B, 55-C, 55-D, 55-E, 55-F, 55-G, 55-H, 55-I, 55-J, 55-K, 55-L, 58-A e 58-B; e (Incluído pela Lei nº 13.853, de 2019) I-A – dia 1º de agosto de 2021, quanto aos arts. 52, 53 e 54; (Incluído pela Lei nº 14.010, de 2020) II - 24 (vinte e quatro) meses após a data de sua publicação, quanto aos demais artigos. (Incluído pela Lei nº 13.853, de 2019)*

362. Aqui ver mais uma vez a Lei nº13.709 de 2018 que dispõe sobre a proteção de dados pessoais e alterou a Lei nº 12.965, de 23 de abril de 2014 (Marco Civil da Internet). Na Lei, temos que: *Art. 1º Esta Lei dispõe sobre o tratamento de dados pessoais, inclusive nos meios digitais, por pessoa natural ou por pessoa jurídica de direito público ou privado, com o objetivo de proteger os direitos fundamentais de liberdade e de privacidade e o livre desenvolvimento da personalidade da pessoa natural. Art. 2º A disciplina da proteção de dados pessoais tem como fundamentos: I – o respeito à privacidade; II – a autodeterminação informativa; III – a liberdade de expressão, de informação, de comunicação e de opinião; IV – a inviolabilidade da intimidade, da honra e da imagem; V – o desenvolvimento econômico e tecnológico e a inovação; VI – a livre iniciativa, a livre concorrência e a defesa do consumidor; e VII – os direitos humanos, o livre desenvolvimento da personalidade, a dignidade e o exercício da cidadania pelas pessoas naturais.*

forma ilícita, para violar outros direitos fundamentais) por ato motivado do diretor da prisão.[363]

Também já afirmou o STF que sem autorização judicial ou fora das hipóteses legais, é ilícita a prova obtida mediante abertura de carta, telegrama, pacote ou meio análogo.[364]

Conforme o entendimento atual do STF, é possível a abertura de carta, telegrama, pacote ou meio análogo nas situações: quando houver prévia autorização judicial; e nas hipóteses em que a lei autoriza que os agentes públicos abram a correspondência. Neste caso, não é necessária autorização judicial porque se considera que, em razão da natureza do serviço, não há violação do sigilo.[365] Porém, as hipóteses previstas na lei como autorizadoras da violação das correspondências, para serem legítimas, precisam atender a um fim legítimo e que seja necessário em uma sociedade democrática. Em outras palavras, exige-se que a restrição obedeça a um rígido teste de proporcionalidade.

Certo é que, em situações como a de práticas de atividades ilícitas (uso como um "véu" para a realização de atividade ilícitas) ou mesmo no caso de uso abusivo da inviolabilidade que prejudique (ou usurpe) outros direitos fundamentais como a vida, a integridade física, a liberdade de locomoção, entre outros, a doutrina **majoritária** trabalha com base na ponderação das normas em jogo (em tensão) a violação da correspondência ou mesmo de comunicações telegráficas, bem como de dados[366] (como, por exemplo, telefônicos, fiscais[367] ou bancários).

363. **HC nº 70.814/SP**: *"A administração penitenciaria, com fundamento em razoes de segurança pública, de disciplina prisional ou de preservação da ordem jurídica, pode, sempre excepcionalmente, e desde que respeitada a norma inscrita no art. 41, § único, da Lei nº7.210/84, proceder a interceptação da correspondência remetida pelos sentenciados, eis que a cláusula tutelar da inviolabilidade do sigilo epistolar não pode constituir instrumento de salvaguarda de práticas ilícitas."* Rel. Min. Celso de Mello. Julg. em 01.03.1994.

364. RE 1116949, STF. Plenário. Rel. p/ Acórdão Min. Edson Fachin, julg. em 18.08.2020 (Repercussão Geral – Tema 1041) (Inf. 993).

365. Lei nº 6.538/78 (Leis dos Serviços Postais): *Art. 10. Não constitui violação de sigilo da correspondência postal a abertura de carta: I - endereçada a homônimo, no mesmo endereço; II - que apresente indícios de conter objeto sujeito a pagamento de tributos; III - que apresente indícios de conter valor não declarado, objeto ou substância de expedição, uso ou entrega proibidos; IV - que deva ser inutilizada, na forma prevista em regulamento, em virtude de impossibilidade de sua entrega e restituição. Parágrafo único. Nos casos dos incisos II e III a abertura será feita obrigatoriamente na presença do remetente ou do destinatário.* Portanto, se não for cumprida a cautela legal, a prova será considerada ilícita.

366. Alguns doutrinadores, como Manoel Gonçalves Ferreira Filho, interpretam o termo 'dados' de forma restrita apenas a dados de informática. Adotamos uma interpretação ampla que abrange "os dados" também como: telefônicos, fiscais ou bancários.

367. Sobre os dados fiscais a **LC nº 104/2001,** que alterou o CTN, determina que: art. 198: *Sem prejuízo do disposto na legislação criminal, é vedada a divulgação, por parte da Fazenda Pública ou de seus servidores, de informação obtida em razão do ofício sobre a situação econômica ou financeira do sujeito passivo ou de terceiros e sobre a natureza e o estado de seus negócios ou atividades. § 1º Excetuam-se do disposto neste artigo, além dos casos previstos no art. 199, os seguintes: I – requisição de autoridade judiciária no interesse da justiça; II – solicitações de autoridade administrativa no interesse da Administração Pública, desde que seja comprovada a instauração regular de processo administrativo, no órgão ou na entidade respectiva, com o objetivo de investigar o sujeito passivo a que se refere a informação, por prática de infração administrativa. § 2º O intercâmbio de informação sigilosa, no âmbito da Administração Pública, será realizado mediante processo regularmente instaurado, e a entrega será feita pessoalmente à*

Aqui temos que o STF em 29.11.2016, decidiu no RHC 132062/RS, que não há nulidade se, em mandado de busca e apreensão, o titular do órgão entrega para ser periciado pela polícia o computador utilizado pela chefia e, após esse fato, antes de a perícia ser iniciada, o magistrado responsável pela investigação autoriza a diligência na máquina. Aqui não há violação do sigilo de correspondência eletrônica se o magistrado autoriza a apreensão e perícia de computador e nele estão armazenados os e-mails do investigado que, então, são lidos e examinados. A proteção a que se refere o art. 5º, XII, da CR/88, é da 'comunicação de dados' e não dos 'dados em si mesmos', ainda quando armazenados em computador.

Sobre o tema dos dados bancários, é mister salientar que há uma grande produção doutrinária, legislativa e jurisprudencial.

Assim sendo, certo é que o sigilo bancário pode ser quebrado por **ordem judicial**, mas não só em virtude dessas. Nesses termos, conforme o STF, temos que as Comissões Parlamentares de Inquérito podem diretamente quebrar esse sigilo.

Já o Ministério Público, em regra, **não** possui a faculdade de diretamente quebrar sigilo bancário; porém, de forma excepcional o STF já reconheceu esse direito ao ***parquet***, se o caso em debate guardar ***envolvimento com dinheiro ou verbas públicas***.[368]

É interessante que o STF reafirmou esse posicionamento recentemente e de forma ainda mais incisiva. Nesses termos, entendeu o Pretório Excelso que é lícita a requisição pelo Ministério Público de informações bancárias de contas de titularidade de Prefeitura, com o fim de proteger o patrimônio público, não se podendo falar em quebra ilegal de sigilo bancário. Nesses termos, o sigilo de informações necessário à preservação da intimidade é relativizado quando há interesse da sociedade em conhecer o destino dos recursos públicos.[369]

Assim sendo, diante da existência de indícios da prática de ilícitos penais envolvendo verbas públicas, cabe ao Ministério Público, no exercício de seus poderes investigatórios (art. 129, VIII, da CR/88), requisitar os registros de operações financeiras relativos aos recursos movimentados a partir de conta corrente de titularidade, por exemplo, de Prefeitura. Essa requisição compreende, por extensão, o

---

autoridade solicitante, mediante recibo, que formalize a transferência e assegure a preservação do sigilo. § 3º Não é vedada a divulgação de informações relativas a: I – representações fiscais para fins penais; II – inscrições na Dívida Ativa da Fazenda Pública; III – parcelamento ou moratória.

368. O **MS nº 21.729** envolveu especificamente o Banco do Brasil e transações financeiras subsidiadas pelo erário público: *"[...] 5. Não cabe ao Banco do Brasil negar, ao Ministério Público, informações sobre nomes de beneficiários de empréstimos concedidos pela instituição, com recursos subsidiados pelo erário federal, sob invocação do sigilo bancário, em se tratando de requisição de informações e documentos para instruir procedimento administrativo instaurado em defesa do patrimônio público. Princípio da publicidade, ut art. 37 da CF. 6. No caso concreto, os empréstimos concedidos eram verdadeiros financiamentos públicos, porquanto o Banco do Brasil os realizou na condição de executor da política creditícia e financeira do Governo Federal, que deliberou sobre sua concessão e ainda se comprometeu a proceder à equalização da taxa de juros, sob a forma de subvenção econômica ao setor produtivo, de acordo com a Lei nº 8.427/1992. [...].* (Rel. Min. p/Acórdão Neri da Silveira. Julg. 05.10.1995)

369. **RHC 133118/CE,** STF. 2ª Turma, Rel. Min. Dias Toffoli, julgado em **26.09.2017.**

acesso aos registros das operações bancárias sucessivas, ainda que realizadas por particulares, e objetiva garantir o acesso ao real destino desses recursos públicos. Portanto, o poder do Ministério Público de requisitar informações bancárias de conta corrente de titularidade do Município abrange, por extensão, o direito de acesso aos registros das operações bancárias realizadas por particulares, a partir das verbas públicas creditadas naquela conta. Nesse sentido, o Ministério Público pode, por exemplo, requisitar, sem autorização judicial, os valores que o Município transferiu para contas de particulares.[370]

No que tange ao referido tema, é mister salientar que o STF de forma equivalente também já decidiu que o **TCU** (Tribunal de Contas da União) poderia requisitar informações bancárias de contas envolvendo recursos públicos. Ou seja, apesar de o TCU não poder, em regra, quebrar o sigilo bancário (prerrogativa afeta ao Poder Judiciário) existe uma exceção, pois ele pode, excepcionalmente, requisitar diretamente informações bancárias que envolvam recursos públicos. Conforme a Ementa:

> O sigilo de informações necessárias para a preservação da intimidade é relativizado quando se está diante do interesse da sociedade de se conhecer o destino dos recursos públicos. Operações financeiras que envolvam recursos públicos não estão abrangidas pelo sigilo bancário a que alude a Lei Complementar nº 105/2001, visto que as operações dessa espécie estão submetidas aos princípios da administração pública insculpidos no art. 37 da Constituição Federal. Em tais situações, é prerrogativa constitucional do Tribunal [TCU] o acesso a informações relacionadas a operações financiadas com recursos públicos. (...) O Tribunal de Contas da União não está autorizado a, manu militari, decretar a quebra de sigilo bancário e empresarial de terceiros, medida cautelar condicionada à prévia anuência do Poder Judiciário, ou, em situações pontuais, do Poder Legislativo. (...) In casu, contudo, o TCU deve ter livre acesso às operações financeiras realizadas pelas impetrantes, entidades de direito privado da Administração Indireta submetidas ao seu controle financeiro, mormente porquanto operacionalizadas mediante o emprego de recursos de origem pública. Inoponibilidade de sigilo bancário e empresarial ao TCU quando se está diante de operações fundadas em recursos de origem pública. Conclusão decorrente do dever de atuação transparente dos administradores públicos em um Estado Democrático de Direito. (...)[371]

Voltando ao tema central, portanto, como já estabelecido, temos proteção especial aos sigilos bancários (art. 192 da CR/88 e Lei Complementar nº 105/2001). Nesse sentido, o direito ao sigilo bancário representa obrigação imposta às instituições financeiras e a seus funcionários no sentido de discrição a respeito de negócios (presentes e passados) dos seus clientes e demais usuários com que lidam, assumindo a abrangência tanto dos dados sobre aberturas e fechamento de contas como, ainda, quanto às suas movimentações.[372]

370. **RHC 133118/CE,** STF. 2ª Turma, Rel. Min. Dias Toffoli, julgado em **26.09.2017**.
371. **MS 33340**, STF. 1ª Turma. Rel. Min. Luiz Fux, julgado em **26.05.2015**.
372. MENDES, Gilmar Ferreira et al., *Curso de direito constitucional*, p. 375.

O entendimento jurisprudencial brasileiro, então, é que o sigilo bancário pode ser quebrado pelo Poder Judiciário toda vez que outro "valor" (perspectiva "axiológica") constitucional se veja situado em posição superior.

É interessante observarmos também, a discussão que foi travada nos últimos anos, sobre a possibilidade de **quebra desse sigilo** apenas pelo Poder Judiciário (e CPIs no exercício de poderes de investigação próprios de autoridade judiciária) ou se o sigilo bancário também poderia ser quebrado pelos **agentes tributários** no exercício de suas funções fiscalizatórias, fundamentados na necessidade de obter tais informações junto às instituições bancárias, nos termos da LC n° 105/2001.

O STF, inicialmente em Recurso extraordinário, **afastou** a possibilidade de a **Receita Federal** ter acesso direto (sem ordem judicial) a dados bancários. Nesses termos, foi o RE 389.808/PR de relatoria do Min. Marco Aurélio, julgado em 15.12.2010[373]

Porém, em **24.02.2016**, no julgamento das ADIs 2390/DF, 2386/DF, 2397/DF e 2859/DF, e do RE 601.314/SP (com repercussão geral), decidiu o STF, que as autoridades e os agentes fiscais tributários da União, dos Estados, do Distrito Federal e dos Municípios podem requisitar diretamente das instituições financeiras informações sobre as movimentações bancárias dos contribuintes. Com isso, o STF declarou constitucional o art. 6º da LC 105/2001.[374]

Aqui, registra-se, que o STF entendeu que esta previsão normativa não se caracterizaria como ***"quebra"*** de sigilo bancário, ocorrendo no caso apenas a ***"transferência de sigilo"*** dos bancos ao Fisco. Temos também, que na decisão das ADIs e do RE acima citados, o art. 5º da LC 105/2001, que permite obrigar as instituições financeiras a informarem periodicamente à Receita Federal as operações financeiras realizadas acima de determinado valor, também foi considerado constitucional. Nesses termos:

> *No que tange à impugnação dos artigos 5º e 6º da LC 105/2001, ponto central das ações diretas de inconstitucionalidade, haveria que se consignar a inexistência, nos dispositivos combatidos, de violação a direito fundamental, notadamente de ofensa à intimidade. Não haveria "quebra de sigilo bancário", mas, ao contrário, a afirmação desse direito. Outrossim, seria clara a confluência entre os deveres do contribuinte – o dever fundamental de pagar tributos – e os deveres do Fisco – o dever de bem tributar e fiscalizar. Esses últimos com fundamento, inclusive, nos mais recentes compromissos internacionais assumidos pelo Brasil. Nesse sentido, para se falar em*

373. *"(...) O Plenário, por maioria, proveu recurso extraordinário para afastar a possibilidade de a Receita Federal ter acesso direto a dados bancários da empresa recorrente. Na espécie, questionavam-se disposições legais que autorizariam a requisição e a utilização de informações bancárias pela referida entidade, diretamente às instituições financeiras, para instauração e instrução de processo administrativo fiscal (LC 105/2001, regulamentada pelo Decreto 3.724/2001).*

374. Art. 6º *As autoridades e os agentes fiscais tributários da União, dos Estados, do Distrito Federal e dos Municípios somente poderão examinar documentos, livros e registros de instituições financeiras, inclusive os referentes a contas de depósitos e aplicações financeiras, quando houver processo administrativo instaurado ou procedimento fiscal em curso e tais exames sejam considerados indispensáveis pela autoridade administrativa competente. Parágrafo único. O resultado dos exames, as informações e os documentos a que se refere este artigo serão conservados em sigilo, observada a legislação tributária.*

> *"quebra de sigilo bancário" pelos preceitos impugnados, necessário seria vislumbrar, em seus comandos, autorização para a exposição das informações bancárias obtidas pelo Fisco. A previsão de circulação dos dados bancários, todavia, inexistiria nos dispositivos questionados, que consagrariam, de modo expresso, a permanência no sigilo das informações obtidas com base em seus comandos.* ***O que ocorreria não seria propriamente a quebra de sigilo, mas a "transferência de sigilo" dos bancos ao Fisco.*** *Nessa transmutação, inexistiria qualquer distinção entre uma e outra espécie de sigilo que pudesse apontar para uma menor seriedade do sigilo fiscal em face do bancário. Ao contrário, os segredos impostos às instituições financeiras – muitas das quais de natureza privada – se manteria, com ainda mais razão, com relação aos órgãos fiscais integrantes da Administração Pública, submetidos à mais estrita legalidade*

No caso, portanto, o Plenário destacou que, em síntese, a LC 105/2001 possibilitara o acesso de dados bancários pelo Fisco, para identificação, com maior precisão, por meio de legítima atividade fiscalizatória, do patrimônio, dos rendimentos e das atividades econômicas do contribuinte. Não permitiria, contudo, a divulgação dessas informações, resguardando-se assim a intimidade e a vida íntima do correntista.[375]

Conforme o informativo 815, o STF também ressaltou que os Estados-Membros e os Municípios somente poderiam obter as informações previstas no art. 6º da LC 105/2001, uma vez regulamentada a matéria de forma análoga ao Decreto 3.724/2001, observados os seguintes parâmetros: a) pertinência temática entre a obtenção das informações bancárias e o tributo objeto de cobrança no procedimento administrativo instaurado; b) prévia notificação do contribuinte quanto à instauração do processo e a todos os demais atos, garantido o mais amplo acesso do contribuinte aos autos, permitindo-lhe tirar cópias, não apenas de

375. Argumentos levantados na decisão: a) O sigilo bancário não é absoluto e deve ceder espaço ao princípio da moralidade nas hipóteses em que transações bancárias indiquem ilicitudes; b) A LC 100/2001 é um instrumento para fiscalizar o dever fundamental do contribuinte de pagar tributos. O dever fundamental de pagar tributos está alicerçado na ideia de solidariedade social. Assim, dado que o pagamento de tributos, no Brasil, seria um dever fundamental — por representar o contributo de cada cidadão para a manutenção e o desenvolvimento de um Estado que promove direitos fundamentais —, é preciso que sejam adotados mecanismos efetivos de combate à sonegação fiscal; c) A prática prevista na LC 105/2001 é comum em vários países desenvolvidos e a declaração de inconstitucionalidade do dispositivo questionado seria um retrocesso diante dos compromissos internacionais assumidos pelo Brasil para combater ilícitos como a lavagem de dinheiro e evasão de divisas e para coibir práticas de organizações criminosas; d) A identificação de patrimônio, rendimentos e atividades econômicas do contribuinte pela administração tributária dá efetividade ao princípio da capacidade contributiva, que, por sua vez, sofre riscos quando se restringem as hipóteses que autorizam seu acesso às transações bancárias dos contribuintes; e) A LC 105/2001 não viola a CF/88. Isso porque o legislador estabeleceu requisitos objetivos para requisição de informação pela administração tributária às instituições financeiras e exigiu que, quando essas informações chegassem ao Fisco, ali mantivessem o dever de sigilo. Com efeito, o parágrafo único do art. 6º preconiza que o resultado dos exames, as informações e os documentos deverão ser conservados em sigilo, observada a legislação tributária. Assim, não há ofensa a intimidade ou qualquer outro direito fundamental, pois a LC 105/2001 não permite a "quebra de sigilo bancário", mas sim a transferência desse sigilo dos bancos ao Fisco; f) O art. 6º da LC 105/2001 é taxativo e razoável ao facultar o exame de documentos, livros e registros de instituições financeiras somente se houver processo administrativo instaurado ou procedimento fiscal em curso e tais exames sejam considerados indispensáveis pela autoridade administrativa competente. (Informativo 815)

documentos, mas também de decisões; c) sujeição do pedido de acesso a um superior hierárquico; d) existência de sistemas eletrônicos de segurança que fossem certificados e com o registro de acesso; e, finalmente, e) estabelecimento de mecanismos efetivos de apuração e correção de desvios.[376]

Portanto, os Estados, os Municípios e o Distrito Federal, também poderão requisitar informações de instituições bancárias relativas a seus clientes. Para tal, no entanto, vão necessitar editar o mencionado regulamento, além de só poderem fazer essa requisição se houver processo administrativo instaurado ou procedimento fiscal em curso e tais dados forem considerados indispensáveis pela autoridade administrativa competente.

É importante salientar ainda que no RE 601.314/SP (com repercussão geral), o STF também considerou constitucional a Lei nº 10.174/2001 que, ao trazer nova redação do art. 11 da Lei nº 9.311/96 (que à época instituiu a CPFM) permitiu que a Receita Federal, de posse das informações sobre a movimentação financeira de titulares de contas bancárias as utilizasse para a averiguação de divergências e, em face delas, instaurasse procedimento administrativo tendente à verificação da existência de crédito tributário relativo a impostos e contribuições, e o lançamento de crédito porventura existente.[377]

Na sequência, e sobre o mesmo tema, é interessante que o STJ, antes da decisão do STF, já entendia que *os **dados poderiam ser obtidos pela Receita Federal com fundamento no art. 6º da LC 105/2001**, mediante requisição direta às instituições bancárias no âmbito de processo administrativo fiscal sem prévia autorização judicial*, mas entendia *que esses dados não poderiam ser utilizados no processo penal* sem autorização judicial.[378]

Assim, para o STJ, o Fisco poderia requisitar, sem autorização judicial, informações bancárias das instituições financeiras para fins de constituição de créditos tributários. Contudo, tais informações obtidas pelo Fisco não poderiam ser enviadas ao Ministério Público para servirem de base para a propositura de uma ação penal, **salvo quando houvesse autorização judicial**, *sob pena de configurar quebra de sigilo bancário.*

376. ADI 2390/DF, ADI 2386/DF, ADI 2397/DF e ADI 2859/DF, Rel. Min. Dias Toffoli, julg. em 24.02.2016. STF. Plenário. RE 601314/SP, Rel. Min. Edson Fachin, julg. em 24.02.2016 (repercussão geral). Votaram pela constitucionalidade do art. 6º da LC 105/2001 os Ministros Edson Fachin, Dias Toffoli, Roberto Barroso, Teori Zavascki, Rosa Weber, Cármen Lúcia, Luiz Fux, Gilmar Mendes, e Ricardo Lewandowski. *Ficaram vencidos os Ministros Marco Aurélio e Celso de Mello, que conferiam interpretação conforme aos dispositivos legais atacados, de modo a afastar a possibilidade de acesso direto aos dados bancários pelos órgãos públicos, vedado inclusive o compartilhamento de informações. Este só seria possível, consideradas as finalidades previstas na cláusula final do inciso XII do art. 5º da CF, para fins de investigação criminal ou instrução criminal. Nesse sentido, a decretação da quebra do sigilo bancário, ressalvada a competência extraordinária das CPIs (CF, art. 58, § 3º), pressuporia, sempre, a existência de ordem judicial, sem o que não se imporia à instituição financeira o dever de fornecer à Administração Tributária, ao Ministério Público, à Polícia Judiciária ou, ainda, ao TCU, as informações que lhe tivessem sido solicitadas.*
377. RE 601.314/SP, Rel. Min. Edson Fachin, julg. em 24.02.2016 (repercussão geral).
378. **REsp 1.361.174-RS**, STJ. 5ª Turma. Rel. Min. Marco Aurélio Bellizze, julgado em **03.06.2014**.

Aqui restaria saber se após a decisão do STF de 2016, o STJ e o próprio STF, iriam permitir que os dados bancários obtidos pela Receita sejam utilizados não só nos processos administrativo-tributários (constituição definitiva do crédito tributário) mas também nos processos penais por crimes contra a ordem tributária.

Pois bem, o STF em 2019 enfrentou o tema, e decidiu no **RE 1055941/SP** que é constitucional o compartilhamento dos relatórios de inteligência financeira da UIF (Unidade de Inteligência Financeira) e da íntegra do procedimento fiscalizatório da Receita Federal do Brasil, que define o lançamento do tributo, com os órgãos de persecução penal para fins criminais, sem a obrigatoriedade de prévia autorização judicial, devendo ser resguardado o sigilo das informações em procedimentos formalmente instaurados e sujeitos a posterior controle jurisdicional. Portanto, é possível o compartilhamento, sem autorização judicial, dos relatórios de inteligência financeira da UIF (Unidade de Inteligência Financeira[379]) e do procedimento fiscalizatório da Receita Federal com a Polícia e o Ministério Público.[380]

Também entendeu o STF que o compartilhamento pela UIF (Unidade de Inteligência Financeira) e pela Receita Federal, deve ser feito unicamente por meio de comunicações formais, com garantia de sigilo, certificação do destinatário e estabelecimento de instrumentos efetivos de apuração e correção de eventuais desvios.[381]

379. Unidade de Inteligência Financeira é um órgão vinculado administrativamente ao Banco Central, mas dotado de autonomia técnica e operacional sendo responsável por produzir e gerir informações de inteligência financeira que sirvam para prevenir e combater crimes como lavagem de lavagem de dinheiro, financiamento de terrorismo, financiamento da proliferação de armas de destruição em massa etc. A UIF também é responsável por estabelecer uma interlocução institucional com órgãos e entidades nacionais, estrangeiros e internacionais que tenham conexão com a matéria. Assim, conforme o Ministro Alexandre de Morais em seu voto, ***a Unidade de Inteligência é um grande banco de dados que recebe informações dos bancos, das seguradoras, dos cartórios de registro de imóveis, de joalherias. Em seguida, cruza dados e produz relatórios que poderão ser encaminhados à Receita Federal e aos órgãos de persecução penal em caso de indícios de ilícitos tributários ou de infrações penais.*** A UIF faz atualmente as mesmas funções que eram desempenhadas pelo Conselho de Controle de Atividades Financeiras (COAF). A MP 893/2019 transformou o COAF na UIF. As competências do ex-COAF (atualmente UIF) estão previstas nos arts. 14 e 15 da Lei nº 9.613/98. **RE 1055941/SP**, STF. Plenário. Rel. Min. Dias Toffoli, julg em **04.12.2019** (repercussão geral – Tema 990).

380. RE 1055941/SP, STF. Plenário. Rel. Min. Dias Toffoli, julgado em 04.12.2019 (repercussão geral – Tema 990).

381. **RE 1055941/SP**, STF. Plenário. Rel. Min. Dias Toffoli, julg em **04.12.2019** (repercussão geral – Tema 990). No caso concreto o Plenário do STF, em conclusão e por maioria, ao apreciar o Tema 990 da Repercussão Geral, deu provimento a recurso extraordinário para restabelecer a sentença condenatória de 1º grau. Discutiu-se a possibilidade de compartilhamento com o Ministério Público, para fins penais, dos dados bancários e fiscais do contribuinte, obtidos pela Receita Federal no legítimo exercício de seu dever de fiscalizar, sem autorização prévia do Poder Judiciário. No caso, a Receita Federal, após procedimento administrativo e constituição do débito tributário, encaminhou, ao Ministério Público Federal, Representação Fiscal Para Fins Penais (RFFP), com dados regularmente obtidos no curso da fiscalização e remetidos em caráter sigiloso. De posse destes elementos, e finalizado o procedimento preparatório de investigação, o Parquet ofereceu denúncia contra os recorridos pela prática de crime contra a ordem tributária. Os acusados foram condenados nas penas do art. 1º, I, da Lei 8.137/1990 e absolvidos do crime previsto no art. 1º, II, do mesmo diploma legal. O tribunal de origem, ao dar parcial provimento à apelação interposta, reconheceu a ilicitude da prova apresentada e invalidou a ação penal desde o início. Considerou que a materialidade delitiva foi demonstrada exclusivamente com base no aludido procedimento administrativo fiscal da Receita Federal, o qual foi encaminhado, mediante requisição, a membro do Ministério Público para a formação da *opinio delicti*, sem prévia autorização judicial. Concluiu, portanto, pela impossibilidade de a Receita

Segundo o ministro Alexandre de Morais, a regra constitucional é a proteção à inviolabilidade da intimidade e da vida privada (art. 5º, X), bem assim à inviolabilidade de dados (art. 5º, XII), que incluem os dados financeiros, sigilos bancário e fiscal. Entretanto, ela não é absoluta. Seja no direito constitucional brasileiro, seja no direito comparado, os direitos fundamentais não podem servir como escudo protetivo à prática de atividades ilícitas, de atividades criminosas. Não é essa a finalidade das garantias individuais, das liberdades públicas. Em virtude de não se permitir um desvio de finalidade, não há mais dúvidas de que existe a possibilidade de relativização dessas inviolabilidades se existirem situações excepcionais, razoáveis e proporcionais.

A proteção lícita do exercício dos direitos fundamentais é prevista na Declaração Universal dos Direitos Humanos da Organização das Nações Unidas (ONU). Em seu art. XXIX, afirmou o ministro, o documento afirma tanto a finalidade quanto a relatividade dos direitos individuais. Na finalidade, sujeita o exercício dos direitos e liberdades individuais às limitações estabelecidas pela lei.

O ministro Alexandre de Moraes sublinhou também inexistir inconstitucionalidade em excepcionais restrições às liberdades públicas, inclusive à intimidade, à vida privada e ao sigilo de dados, se a finalidade for a garantia de direitos e liberdades dos demais membros da sociedade às justas exigências da moral, da ordem pública e do bem-estar de uma sociedade democrática. A excepcional relativização das liberdades públicas, dentro de critérios razoáveis, é possível no âmbito dos três Poderes, salvo quando exista expressamente cláusula de reserva jurisdicional, que não é a situação em apreço.

Conforme o ministro Alexandre de Morais, em seu voto, não permitir a informação da íntegra do procedimento fiscalizatório, com todos os dados fiscais e bancários a partir dos quais verificada a materialidade e indícios de autoria, vai contra o mecanismo legal de relativização. Não há sentido em se produzir prova lícita, obtida de acordo com a Constituição e a legislação, e não permitir o compartilhamento com o titular da ação penal, que é outro órgão de fiscalização. O compartilhamento dessa prova, obtida mediante procedimento regular, nada mais é que ***típica prova emprestada***, lícita.[382]

Federal, sem prévia autorização judicial, compartilhar dados obtidos pelo fisco com o Ministério Público Federal, inclusive da RFFP.

382. **RE 1055941/SP**, Plenário. Rel. Min. Dias Toffoli, julg em **04.12.2019** (repercussão geral – Tema 990). Para o ministro somente serão enviadas as informações imprescindíveis. Deverá ser encaminhada a prova lícita, produzida durante o procedimento que ensejou o lançamento definitivo do tributo e trouxe indícios de autoria de um crime material contra a ordem tributária. Isso porque apenas a partir do lançamento definitivo, conforme o Enunciado 24 da SV do STF, a materialidade do delito fica constatada. A Receita pode enviar tudo — dados, provas, informações — que a fez chegar ao lançamento definitivo do tributo e embasá-lo, por ser necessário à constituição da materialidade na infração penal. O restante, como já é feito, ou se devolve ao contribuinte ou se destrói. Eventual excesso, qualquer desvio formal ou material dessa atuação, deve ser combatido e poderá ser afastado pelo Poder Judiciário. Não há inconstitucionalidade ou ilegalidade no compartilhamento entre Receita e Ministério Público das provas e dados imprescindíveis à conformação e ao lançamento do tributo.

Entendeu ainda o ministro, ser constitucional o compartilhamento pela UIF dos seus relatórios com os órgãos de persecução penal para fins criminais. Mas aqui o STF decidiu não fixar, neste julgamento, o valor probante do relatório de inteligência financeira, ou seja, se seria possível condenar apenas com base nele ou se ele seria apenas um meio de obtenção de provas.[383]

Quanto à proteção constitucional ao **sigilo das comunicações**, podemos concebê-la como um corolário do direito à intimidade e à privacidade, já que está relacionado com o fato de proteger o direito do emissor de escolher o destinatário de sua comunicação (art. 5º, XII da CR/88). Excepcionalmente, o sigilo das comunicações poderá ser suspenso em razão da vigência de ***estado de defesa*** ou de ***estado de sítio*** (art. 136, § 1º, I, ***b*** e ***c***, art. 139, III da CR/88). Todavia, o "princípio" da proporcionalidade pode fornecer ou indicar situações concretas de quebra de sigilo distintas das anteriormente previstas pelo constituinte. Aqui ressaltamos novamente (conforme já citado) que o entendimento do STF compreende o sigilo apenas à *comunicação de dados*, mas não dos *dados em si mesmos*, ainda que armazenados em computador.[384]

Nesse momento, vamos trabalhar os institutos da **gravação clandestina** e da **interceptação telefônica** (quebra de sigilo de comunicação telefônica).

A **gravação clandestina**, segunda a doutrina, é aquela feita por **um** dos interlocutores **sem** o conhecimento do **outro** interlocutor. Essa pode se dar por meio de telefone, ou mesmo de forma ambiental (gravação ambiental). Embora exista antiga corrente que entende que a gravação clandestina afeta o art. 5º, X da CR/88, se perfazendo em uma indevida usurpação na privacidade ou intimidade daquele que sofre tal prática, devendo inclusive ser considerada prova ilícita, esse **não** é o atual posicionamento majoritário do STF. Nesse sentido, conforme o Pretório Excelso, são consideradas (com algumas ressalvas) provas lícitas em nosso ordenamento. Nesses termos, o **RE 402.717,** no qual temos que, "não há ilicitude alguma no uso de gravação de conversação telefônica feita por um dos interlocutores sem o conhecimento do outro, com a intenção de produzir prova do intercurso sobretudo para a defesa própria em procedimento criminal, se não pese, contra tal divulgação, alguma específica razão jurídica de sigilo nem de reserva, como a que, por exemplo, decorra de relações profissionais ou ministeriais, de particular tutela da intimidade, ou doutro valor jurídico superior. A gravação aí **é clandestina**, mas **não ilícita**, nem ilícito é seu uso, em particular como meio de prova. A matéria em nada se entende com disposto no art.

---

383. Informativo 962: *(...) o Tribunal não deve fixar, desde logo, que taxativamente as informações são meios de obtenção de prova. A UIF produz informações, não tem por finalidade produzir provas, mas eventualmente as peças por ela produzidas podem ser utilizadas dentro do contraditório.* **RE 1055941/SP**, STF. Plenário. Rel. Min. Dias Toffoli, julgado em **04.12.2019** (repercussão geral – Tema 990) (Info 962).

384. **RE nº 418.416/SC**: *"(...) Não há violação do art. 5º. XII, da Constituição que, conforme se acentuou na sentença, não se aplica ao caso, pois não houve "quebra de sigilo das comunicações de dados (interceptação das comunicações), mas sim apreensão de base física na qual se encontravam os dados, mediante prévia e fundamentada decisão judicial". 4. A proteção a que se refere o art. 5º, XII, da Constituição, é da comunicação 'de dados' e não dos 'dados em si mesmos', ainda quando armazenados em computador.* (voto no MS 21.729, Pleno, 5.10.95, red. Néri da Silveira).(...)" Sepúlveda Pertence, Julg.10.05.2006.

5º, XII, da Constituição da República, o qual apenas protege o sigilo das comunicações telefônicas, na medida em que as põe a salvo da ciência **não autorizada de terceiro**, em relação ao qual se configura, por definição mesma, a interceptação ilícita."[385]

Já a **interceptação telefônica** pode ser definida como a captação e gravação de conversa telefônica, no momento em que se realiza, feita por terceiros, sem o conhecimento dos interlocutores (quebra do sigilo de comunicação telefônica[386]). Ela de **forma expressa** (art. 5º, XII da CR/88) aceita exceção em nosso ordenamento constitucional (ou seja, a própria Constituição já especifica exceção) por meio do preenchimento de requisitos. Certo é que o descumprimento dos requisitos constitucionais (e infraconstitucionais), irá contrariar o art. 5º, XII da CR/88, consubstanciando a ilicitude da prova obtida.[387] Nesse sentido, temos como requisitos **constitucionais**:

a) Ordem judicial (cláusula de reserva jurisdicional prevista na Constituição);

b) na forma e nas hipóteses que a lei estabelecer (Lei nº 9.296/96);

c) para fins de investigação criminal ou instrução processual penal.[388]

Já os requisitos **infraconstitucionais,** atualmente estão presentes na Lei nº 9.296/96, que regulamentou o procedimento lícito de interceptação telefônica em nosso ordenamento. São eles:

385. **RE 402.717**, julg. em 02.12.2008: *Prova. Criminal. Conversa telefônica. Gravação clandestina, feita por um dos interlocutores, sem conhecimento do outro. Juntada da transcrição em inquérito policial, onde o interlocutor requerente era investigado ou tido por suspeito. Admissibilidade. Fonte lícita de prova. Inexistência de interceptação, objeto de vedação constitucional. Ausência de causa legal de sigilo ou de reserva da conversação. Meio, ademais, de prova da alegada inocência de quem a gravou. Improvimento ao recurso. Inexistência de ofensa ao art. 5º, X, XII e LVI, da CF. Como gravação meramente clandestina, que se não confunde com interceptação, objeto de vedação constitucional, é lícita a prova consistente no teor de gravação de conversa telefônica realizada por um dos interlocutores, sem conhecimento do outro, se não há causa legal específica de sigilo nem de reserva da conversação, sobretudo quando se predestine a fazer prova, em juízo ou inquérito, a favor de quem a gravou.* Rel. Min. Cezar Peluso. O mesmo se deu com a **"gravação ambiental" feita por um interlocutor sem o conhecimento do outro** no **RE 583.937** QO julg. em **19.11.2009**. Rel. Min. Cezar Peluso.

386. Aqui é importante diferenciarmos que a **interceptação telefônica** (que envolve comunicação telefônica) não guarda correlação com os **dados telefônicos**. Esses (dados telefônicos) envolvem não a gravação de conversa telefônica, mas sim a descrição de ligações recebidas e dadas. Os dados telefônicos (diferentemente das comunicações telefônicas!), conforme veremos, podem ser quebrados não só por decisão judicial, mas também por determinação de **CPIs**.

387. Nos termos da Lei nº 9296/96 em seu art. 10: Constitui crime realizar interceptação de comunicações telefônicas, de informática ou telemática, ou quebrar segredo da Justiça, sem autorização judicial ou com objetivos não autorizados em lei. Pena: reclusão, de dois a quatro anos, e multa.

388. Informamos que o STF já decidiu que a prova obtida mediante interceptação telefônica no âmbito do inquérito policial ou no âmbito do processo penal poderá ser utilizada contra a mesma pessoa ou as mesmas pessoas (ou ainda contra outros servidores nos termos definidos pelo STF) no âmbito do processo administrativo disciplinar. **Inq (QO) 2424/RJ**: *Prova Emprestada. Penal. Interceptação telefônica. Escuta ambiental. Autorização judicial e produção para fim de investigação criminal. Suspeita de delitos cometidos por autoridades e agentes públicos. Dados obtidos em inquérito policial. Uso em procedimento administrativo disciplinar, contra outros servidores, cujos eventuais ilícitos administrativos teriam despontado à colheita dessa prova. Admissibilidade. Resposta afirmativa a questão de ordem. Inteligência do art. 5º, inc. XII, da CR, e do art. 1º da Lei federal nº 9.296/96. (...) Dados obtidos em interceptação de comunicações telefônicas e em escutas ambientais, judicialmente autorizadas para produção de prova em investigação criminal ou em instrução processual penal, podem ser usados em procedimento administrativo disciplinar, contra a mesma ou as mesmas pessoas em relação às quais foram colhidos, ou contra outros servidores cujos supostos ilícitos teriam despontado à colheita dessa prova.* Rel. Min Cezar Peluso, julg. em 20.06.2007.

a) haver indícios razoáveis de autoria ou participação em infração penal;

b) a prova não puder ser feita por outros meios disponíveis[389] (a interceptação deve ser a última *ratio*);

c) o fato investigado constituir infração penal punida com pena de reclusão (não haverá o procedimento se o crime for punido no máximo com pena de detenção).[390]

Segundo a regulamentação legal, a interceptação das comunicações telefônicas poderá ser determinada pelo juiz, de **ofício** ou a requerimento:

a) da autoridade policial, na investigação criminal;

b) do representante do Ministério Público, na investigação criminal e na instrução processual penal.[391]

Assim sendo, nos termos do art. 4º da Lei nº 9.296/96, o pedido de interceptação de comunicação telefônica conterá a demonstração de que a sua realização é necessária à apuração de infração penal, com indicação dos meios a serem empregados. Porém, excepcionalmente, o juiz poderá admitir que o pedido seja formulado verbalmente, desde que estejam presentes os pressupostos que autorizem a interceptação, caso em que a concessão será condicionada à sua redução a termo.

---

389. **HC 108.147/PR** julg. em **11.12.2012**: *"A 2ª Turma do STF concedeu HC impetrado em favor de denunciado por crime contra a ordem tributária, assim como por violação do dever funcional e prevaricação, com o fim de se declarar a* ***ilicitude de provas produzidas em interceptações telefônicas,*** *ante a ilegalidade das autorizações e a nulidade das decisões judiciais que as decretaram* ***amparadas apenas em denúncia anônima****, sem investigação preliminar. Além disso, determinou a juízo federal de piso examinar as implicações da nulidade dessas interceptações nas demais provas dos autos. Na espécie, a autorização das interceptações* ***deflagrara-se a partir de documento apócrifo recebido por membro do Ministério Público****. Este confirmara com delegado da Receita Federal os dados de identificação de determinada empresa e do ora paciente, auditor fiscal daquele órgão. Em seguida, solicitara a interceptação, sem, no entanto, proceder a investigação prévia. Ressaltou-se, no ponto,* ***ausência de investigação preliminar****. Apontou-se que a interceptação deveria ter sido acionada após verificação da ocorrência de indícios e da impossibilidade de se produzir provas por outros meios"*. Rel. Min. Cármen Lúcia. (**Inf. 692**) Logo, se a autoridade policial ou o Ministério Público recebe uma "*denúncia anônima*" ("delação apócrifa") contra determinada pessoa, não é possível que seja requerida, de imediato, a interceptação telefônica do suspeito. Isso seria uma grave interferência na esfera privada da pessoa, sem que houvesse justificativa idônea para isso. O entendimento correto na jurisprudência é o de que antes, a autoridade deverá realizar uma investigação prévia para confirmar se a "denúncia anônima" possui um mínimo de plausibilidade.

390. Embora aqui o STF afirme que caberá a interceptação se o ***crime punido com pena de reclusão for conexo com crime punível com pena de detenção***: *[...] a interceptação teria sido realizada de forma legal e legítima para apuração de crimes puníveis com reclusão. Dessa forma, os elementos probatórios levantados a partir desse procedimento em relação a outros crimes conexos puníveis com detenção poderiam e deveriam ser levados em consideração para fundamentar denúncia quanto a estes, sob pena de se inviabilizar a interceptação telefônica para a investigação de crimes apenados com reclusão quando estes forem conexos com crimes punidos com detenção. [...]"* HC nº 85.515. Rel. Min Nelson Jobim. Julg. em 16.09.2004.

391. Apesar do texto expresso na CR/88, no que tange às possibilidades para a interceptação, temos que o STF vem relativizando tal dicção constitucional, na medida em que, excepcionalmente, vem permitindo o **traslado de prova obtida por interceptação telefônica** para instruir outros **procedimentos ou processos de natureza administrativa ou mesmo civil**. Um exemplo encontra-se na decisão proferida no **Inq. nº 2.424-QO** de rel. do Min. Cezar Peluso, julg. em **25.04.2007.**

Temos ainda que o juiz, no prazo máximo de 24 (vinte e quatro horas), decidirá sobre o pedido e a decisão será fundamentada,[392] sob pena de nulidade, indicando também a forma de execução da diligência, que não poderá exceder o prazo de 15 (quinze dias), renovável por igual tempo uma vez comprovada a indispensabilidade do meio de prova.[393] Conforme a Lei nº 9.296/96, certo é que a interceptação de comunicação telefônica, de qualquer natureza, ocorrerá em autos apartados, apensados aos autos do inquérito policial ou do processo criminal, preservando-se o sigilo das diligências, gravações e transcrições respectivas[394]. Mas aqui um questionamento interessante: haveria nulidade caso a interceptação não seja formalizada em autos apartados? Segundo a 1ª turma do STF não. Nesse sentido, preenchidas as exigências previstas na Lei nº 9.296/96 (ex: autorização judicial, prazo etc.), não deve ser considerada ilícita a interceptação telefônica pela simples ausência de autuação. Assim sendo, a ausência de autos apartados configura mera irregularidade que não viola os elementos essenciais à validade da interceptação.[395]

Outro ponto que merece nossa atenção é o entendimento do STF e do STJ no sentido de que não é necessária a gravação integral das escutas, sendo bastante que dos autos constem excertos suficientes a embasar o oferecimento da denúncia.[396]

Conforme recentemente entendeu o STF, o fato de a interceptação telefônica visar elucidar outra prática delituosa não impede a sua utilização em persecução criminal diversa por meio do compartilhamento da prova.[397] Na mesma linha, afir-

---

392. Conforme o art. 6° da **Lei nº 9.296/96**: *Deferido o pedido, a autoridade policial conduzirá os procedimentos de interceptação, dando ciência ao Ministério Público, que poderá acompanhar a sua realização. § 1° No caso de a diligência possibilitar a gravação da comunicação interceptada, será determinada a sua transcrição. § 2° Cumprida a diligência, a autoridade policial encaminhará o resultado da interceptação ao juiz, acompanhado de auto circunstanciado, que deverá conter o resumo das operações realizadas. § 3° Recebidos esses elementos, o juiz determinará a providência do art. 8° (que diz respeito ao estabelecimento dos autos apartados), ciente o Ministério Público.*

393. O STF de forma reiterada já decidiu pela possibilidade de renovação por sucessivas vezes (obviamente demonstrada a necessidade para tal e com a observância dos requisitos acima citados). Nesse sentido: HC nº 83.515 (Pleno); HC nº 84.301/SP (2ª Tuma); HC nº 84.388 (2ª Tuma). No mesmo sentido, temos atualmente também algumas decisões do STJ, como no HC 50193/ES (6ª Turma) de Rel. Min. Nilson Naves e HC nº 43.958 (5ª Turma) de Rel. Min. Laurita Vaz. *DJ*:**12.06.2006**. STF. 2ª Turma. HC 133148/ES, Rel. Min. Ricardo Lewandowski, julg. em 21.02.2017 (Info 855). STF. 2ª Turma. RHC 132115/PR, Rel. Min. Dias Toffoli, julg. em 06.02.2018 (Info 890).

394. Conforme o informativo 742 do STF: *"Não é necessária a transcrição integral das conversas interceptadas, desde que possibilitado ao investigado o pleno acesso a todas as conversas captadas, assim como disponibilizada a totalidade do material que, direta e indiretamente, àquele se refira, sem prejuízo do poder do magistrado em determinar a transcrição da integralidade ou de partes do áudio. Essa a conclusão do Plenário que, por maioria, rejeitou preliminar de cerceamento de defesa pela ausência de transcrição integral das interceptações telefônicas realizadas. O Tribunal reafirmou que a concessão de acesso às gravações afastaria a referida alegação, porquanto, na espécie, os dados essenciais à defesa teriam sido fornecidos. Vencidos os Ministros Marco Aurélio e Celso de Mello, que acolhiam a preliminar para que o julgamento fosse convertido em diligência, a fim de que ocorresse a degravação da íntegra dos diálogos."* Inq 3693, julg. em 10.04.2014.Rel. Min. Cármen Lúcia.

395. STF. 1ª Turma. HC 128102/SP, Rel. Min. Marco Aurélio, julg. em 09.12.2015 (Informativo 811 do STF).

396. RMS 28774/DF, STF. 1ª Turma, red. p/ o acórdão Min. Roberto Barroso, julg. em 09.08.2016. Ver: AP 508 julg. em 06.02.2019.

397. STF. 1ª Turma. HC 128.102/SP, Rel. Min. Marco Aurélio, julg. em **09.12.2015**. (Informativo 811 do STF). Também já entendeu o STF que *a prova colhida mediante autorização judicial e para fins de investigação ou processo criminal pode ser utilizada para instruir procedimento administrativo punitivo. Com isso, é possível que as provas provenientes*

mou o Pretório Excelso que é sim possível a utilização de dados obtidos por *descoberta fortuita* em interceptações telefônicas devidamente autorizadas como ***prova emprestada*** em processo administrativo disciplinar (PAD).[398]

Além disso, segundo o STF, é possível que a interceptação telefônica seja decretada por um juiz que atue em Vara de Central de Inquéritos Criminais mesmo que esse juiz não seja o competente para conhecer da futura ação penal que será proposta. Segundo o STF não há, neste caso, nulidade na prova colhida, nem violação ao art. 1º da Lei nº 9.296/96, considerando que este dispositivo não fixa regra de competência, mas sim reserva de jurisdição para quebra do sigilo das comunicações. Ou seja, ele não trata sobre qual juízo é competente, mas apenas quer dizer que a interceptação deve ser decretada pelo magistrado (Poder Judiciário). Assim sendo, é possível admitir a divisão de tarefas entre juízes que atuam na fase de inquérito e na fase da ação penal.[399]

Aqui, é interessante salientar mais uma vez que, segundo entendimento do STF e STJ, não é possível decretar interceptação telefônica com base unicamente em "denúncia anônima".[400]

Temos também que deixar assente que no caso da interceptação telefônica lícita realizada, não há a possibilidade de ser usada a interceptação telefônica da comunicação entre o **acusado** e seu **defensor**, com base no sigilo profissional do advogado no exercício de sua profissão.[401] Obviamente, essa interceptação só poderá ser usada se ocorrer de o advogado estar participando da atividade criminosa. Nesse caso, ele não será propriamente o advogado e sim um participante da atividade criminosa. Conforme o STJ:

> *(...) 1. Como se sabe, não existem direitos absolutos no ordenamento jurídico pátrio, motivo pelo qual a suspeita de que crimes estariam sendo cometidos por profissional da advocacia permite que o sigilo de suas comunicações telefônicas seja afastado, notadamente quando ausente a demonstração de que as conversas gravadas se referiram exclusivamente ao patrocínio de determinado cliente. 2. Há*

de interceptações telefônicas autorizadas judicialmente em processo criminal sejam emprestadas para o processo administrativo disciplinar. RMS 28774/DF, *STF. 1ª Turma.* rel. orig. Min. Marco Aurélio, red. p/ o acórdão Min. Roberto Barroso, julg. em **09.08.2016**.

398. MS 30361 AgR/DF STF. 1ª Turma, Rel. Min. Rosa Weber, julgado em 29.08.2017.
399. Nesse sentido, um juiz pode atuar na fase pré-processual decretando medidas que dependam da intervenção do Poder Judiciário, como a interceptação telefônica, mesmo que ele não seja o competente para julgar a ação penal que será proposta posteriormente. STF. 2ª Turma. HC 126.536/ES, Rel. Min. Teori Zavascki, julg. em 01.03.2016.
400. Mais uma vez citamos: HC 204.778/SP, STJ. 6ª Turma. Rel. Min. Og Fernandes, julgado em 04.10.2012.
401. Informativo 832 do STF: *O simples fato de o advogado do investigado ter sido interceptado não é causa, por si só, para gerar a anulação de todo o processo e da condenação que foi imposta ao réu. Se o Tribunal constatar que houve indevida interceptação do advogado do investigado e que, portanto, foram violadas as prerrogativas da defesa, essa situação poderá gerar três consequências processuais: 1ª) Cassação ou invalidação do ato judicial que determinou a interceptação; 2ª) Invalidação dos atos processuais subsequentes ao ato atentatório e com ele relacionados; 3ª) Afastamento do magistrado caso se demonstre que, ao assim agir, atuava de forma parcial. Se o próprio juiz, ao perceber que o advogado do investigado foi indevidamente "grampeado", anula as gravações envolvendo o profissional e, na sentença, não utiliza nenhuma dessas conversas nem qualquer prova derivada delas, não há motivo para se anular a condenação imposta.* STF. 2ª Turma. HC 129706/PR, Rel. Min. Gilmar Mendes, julg. em 28.06.2016.

> *que se considerar, ainda, que o exercício da advocacia não pode ser invocado com o objetivo de legitimar a prática delituosa, ou seja, caso os ilícitos sejam cometidos valendo-se da qualidade de advogado, nada impede que os diálogos sejam gravados mediante autorização judicial e, posteriormente, utilizados como prova em ação penal, tal como sucedeu no caso dos autos(...).*[402]

Aqui uma reflexão sobre as interceptações telefônicas sem autorização judicial ainda merece nossa atenção. Assim sendo, em regra, como já dito, tais interceptações são consideradas provas ilícitas nos termos do art. 5º, XII (interceptação telefônica sem autorização judicial), porém a corrente majoritária entende que existem exceções que podem fazer com que esses atos se tornem lícitos. As exceções envolvem o princípio da proporcionalidade ***pro réu*** e a intitulada **legitima defesa** das liberdades públicas fundamentais ("excludente de ilicitude") com base na dignidade da pessoa humana (por exemplo a gravação de um interlocutor que está praticando o delito de extorsão ou de sequestro).[403]

É importante ressaltar também, sobre o tema dos sigilos, que o STF decidiu recentemente que os dados obtidos por meio da quebra dos sigilos bancário, telefônico e fiscal devem ser mantidos sob reserva. Nesses termos, a página do Senado Federal na internet (*site* oficial do Senado) não pode divulgar os dados obtidos por meio da quebra de sigilo determinada por comissão parlamentar de inquérito. No caso, os dados bancário, telefônico e fiscal de determinada empresa constaram no relatório final da CPI que foi para o *site* do Senado.[404]

Por último, a recente Lei 13.964/2019 incluiu o art.8-A na Lei nº 9296/96 que afirma que para investigação ou instrução criminal, poderá ser autorizada pelo juiz, a requerimento da autoridade policial ou do Ministério Público, a captação ambiental de sinais eletromagnéticos, ópticos ou acústicos, quando: I - a prova não puder ser feita por outros meios disponíveis e igualmente eficazes; e II - houver elementos probatórios razoáveis de autoria e participação em infrações criminais

402. RHC 51.487/SP, STJ. 5ª Turma. julg. em 23.06.2015.
403. Nesse sentido, a decisão do **HC nº 75.338/RJ**: "*habeas corpus. Prova. Licitude. Gravação de telefonema por interlocutor. É lícita a gravação de conversa telefônica feita por um dos interlocutores, ou com sua autorização, sem ciência do outro, quando há investida criminosa deste último. É inconsistente e fere o senso comum falar-se em violação do direito à privacidade quando interlocutor grava diálogo com sequestradores, estelionatários ou qualquer tipo de chantagista. Ordem indeferida.*" (Rel. Min. Nelson Jobim, julg. em 11.03.98). Outro exemplo interessante foi prolatado pelo STF no Informativo nº 366: *Não ofende a garantia constitucional da intimidade (CR, art. 5º, X) a **gravação realizada por ocupante de imóvel residencial** que instala, em sua própria vaga de garagem, equipamento de filmagem com o objetivo de identificar autor de danos criminosos provocados em seu automóvel.* Com base nesse entendimento, a Turma indeferiu ***habeas corpus*** em que se pretendia o trancamento de ação penal instaurada contra o paciente, oficial do exército, pela suposta prática do crime de dano (CPM, art. 259), sob alegação de que a prova indiciária seria clandestina, já que obtida por meio ilícito, e de inépcia da denúncia, por não restar comprovada a materialidade do delito. Considerou-se *válida a prova questionada, uma vez que a gravação realizada, pelo próprio morador na sua vaga de garagem, não fora realizada com o intuito de promover indevida intrusão na esfera privada da vida pessoal de terceiro. Ressaltou-se, ainda, que o paciente não estava sendo vigiado em sua própria residência ou tendo a sua imagem e intimidade devassadas*, e que ele próprio é que ingressara em vaga alheia com a intenção dolosa de praticar o crime de dano no veículo que lá estava estacionado. HC nº 84.203/RS, Rel. Min. Celso de Mello, 19.10.2004.
404. **MS 25940,** STF. Plenário. Rel. Min. Marco Aurélio, julgado em **26.04.2018** (Informativo 899).

cujas penas máximas sejam superiores a 4 (quatro) anos ou em infrações penais conexas.

O requerimento deverá descrever circunstanciadamente o local e a forma de instalação do dispositivo de captação ambiental. A captação ambiental não poderá exceder o prazo de 15 (quinze) dias, renovável por decisão judicial por iguais períodos, se comprovada a indispensabilidade do meio de prova e quando presente atividade criminal permanente, habitual ou continuada. E conforme a recente lei, aplicam-se subsidiariamente à captação ambiental as regras previstas na legislação específica para a interceptação telefônica e telemática.

Por último, sobre o tema dos dados, temos recente decisão do STF na ADI 6529, em que o Plenário, por maioria, deferiu, em parte, o pedido de medida cautelar em ação direta de inconstitucionalidade, a fim de conferir interpretação conforme à Constituição Federal ao parágrafo único do art. 4º da Lei 9.883/99.

No caso, com base no art. 4º da Lei 9.883/99, os órgãos componentes do Sistema Brasileiro de Inteligência fornecerão à ABIN, nos termos e condições a serem aprovados mediante ato presidencial, para fins de integração, dados e conhecimentos específicos relacionados com a defesa das instituições e dos interesses nacionais.

A Rede Sustentabilidade e o Partido Socialista Brasileiro ajuizaram Ação Direta de Inconstitucionalidade contra o parágrafo único do art. 4º da Lei nº 9.883/99. Segundo os autores, com base no art. 4º da Lei 9.883/99, a Abin teria o poder de requisitar dados de investigações sigilosas, sigilo fiscal, relatórios do Coaf e dados de sigilo telefônico, "dentre tantas outras informações absolutamente sensíveis e sigilosas".

Nesses termos, para os requerentes, esse dispositivo possibilita o desvirtuamento de finalidade da Agência e atenta contra direitos e garantias fundamentais.

Como já salientado, o STF deu interpretação conforme à Constituição Federal ao parágrafo único do art. 4º da Lei 9.883/99, para estabelecer que:

a) Os órgãos componentes do Sistema Brasileiro de Inteligência (Sisbin) somente podem fornecer dados e conhecimentos específicos à Agência Brasileira de Inteligência (Abin) quando comprovado o interesse público da medida, afastada qualquer possibilidade de esses dados atenderem interesses pessoais ou privados;

b) Toda e qualquer decisão que solicitar os dados deverá ser devidamente motivada para eventual controle de legalidade pelo Poder Judiciário;

Conforme o Informativo 986 temos que é imprescindível que os atos administrativos, incluídos aqueles relativos às atividades de inteligência, sejam motivados, para que haja a possibilidade de serem eventualmente contrastados. A legitimidade dos atos da Administração Pública não pode ser averiguada pelos cidadãos e pelo Poder Judiciário se não houver a comprovação de sua devida motivação. Ademais, a obrigatoriedade de motivação dos atos administrativos está expressa no art. 50 da Lei do Processo Administrativo Federal (Lei nº 9.784/99).

Para o STF, mesmo que as atividades de inteligência se desenvolvam em regime de sigilo ou de restrição de publicidade, ainda assim será necessária a motivação porque esses atos podem importar acesso a dados e informações sensíveis dos cidadãos, e podem comprometer ou limitar direitos fundamentais à privacidade e à intimidade. Desse modo, como existe uma potencial limitação de direitos fundamentais, deve-se exigir que as solicitações pela Abin sejam acompanhadas de motivação demonstrativa da necessidade dos dados pretendidos e a adequação da solicitação às finalidades legais. Isso é indispensável para que, se provocado, o Poder Judiciário realize o controle de constitucionalidade e de legalidade, examinando sua conformidade aos princípios da proporcionalidade e da razoabilidade e precipuamente garantindo os direitos fundamentais.[405]

c) Mesmo quando presente o interesse público, os dados referentes a comunicações telefônicas ou dados sujeitos à reserva de jurisdição não podem ser compartilhados na forma do dispositivo em razão daquela limitação, decorrente do respeito aos direitos fundamentais;

Aqui como já observamos, o ordenamento jurídico nacional prevê situações nas quais se impõe a necessidade de análise e autorização prévia do Poder Judiciário. Isso se dá, por exemplo, nos casos de interceptações em dispositivos e dados telemáticos. A esse respeito, a Constituição de 1988 estabeleceu ser essencial a intervenção e autorização prévia do Estado-juiz, sem o que qualquer ação de autoridade estatal será ilegítima. Dessa maneira, deve-se interpretar o art. 4º, parágrafo único, da Lei nº 9.883/99 no sentido de que se deve respeitar a reserva de jurisdição. Nesses termos, para o STF, o sistema constitucional garante o direito à privacidade das pessoas, nele incluído o segredo dos dados e de comunicações telemáticas e telefônicas, entendido, o último, como o não compartilhamento das informações sem prévia autorização judicial.[406]

d) Nas hipóteses cabíveis de fornecimento de informações e dados à Abin, é imprescindível procedimento formalmente instaurado e existência de sistemas eletrônicos de segurança e registro de acesso, inclusive para efeito de responsabilização, em caso de eventuais omissões, desvios ou abusos.[407]

E também, conforme já citado na obra, decidiu o STF na ADPF 722, deferir medida cautelar para suspender todo e qualquer ato do Ministério da Justiça e Segurança Pública de produção ou compartilhamento de informações sobre a vida pessoal, as escolhas pessoais e políticas, as práticas cívicas de cidadãos, servidores públicos federais, estaduais e municipais identificados como integrantes de movimento político antifascista, professores universitários e quaisquer outros que, atuando nos limites da legalidade, exerçam seus direitos de livremente expressar-se, reunir-se e associar-se.

405. **ADI 6529 MC/DF**, STF. Plenário. rel. Min. Cármen Lúcia, julgado em **13.08.2020** (Inf. 986).
406. **ADI 6529 MC/DF**, STF. Plenário. rel. Min. Cármen Lúcia, julgado em **13.08.2020** (Inf. 986).
407. **ADI 6529 MC/DF**, STF. Plenário. rel. Min. Cármen Lúcia, julgado em **13.08.2020** (Inf. 986).

No caso, a ADPF foi ajuizada contra ato do MJSP de promover investigação sigilosa sobre grupo de 579 servidores federais e estaduais de segurança identificados como integrantes do "movimento antifascismo" e professores universitários.

Segundo a inicial, a confecção de dossiê, que teria sido compartilhado com diversos órgãos, como Polícia Rodoviária Federal, Casa Civil da Presidência da República, Agência Brasileira de Inteligência, Força Nacional de Segurança e três centros de inteligência vinculados à Secretaria de Operações Integradas (Seopi), nas regiões Sul, Norte e Nordeste, viola os preceitos fundamentais da liberdade de expressão, reunião, associação, inviolabilidade de intimidade, vida privada e honra.

Segundo a Ministra Carmen Lúcia (relatora), sequer é aceitável, como nas informações do Ministério da Justiça foi colocado, que os dados colhidos em atividade de inteligência não seriam utilizados para persecução penal, mas para o "tratamento de conhecimento sobre elementos que, imediata ou potencialmente, possam impactar o processo decisório e ação governamental, bem como a defesa e a segurança da sociedade e do Estado". Para a Ministra, essa confissão não se compadece com o direito constitucional. Assim, o uso – ou o abuso – da máquina estatal para a colheita de informações de servidores com postura política contrária ao governo caracteriza desvio de finalidade.[408]

No caso concreto, conforme citamos na obra, não ficou demonstrada que essa investigação estatal de participantes de movimento político antifascista tenha sido legítima. Sob o pretexto de se cuidar de atividade de inteligência, foi iniciada uma investigação contra cidadãos que estavam exercendo seu direito à liberdade de expressão, investigação essa feita sem observância do devido processo legal, em afronta ao sistema constitucional.[409]

8. A INVIOLABILIDADE DO DOMICÍLIO

O artigo 5º, XI da Constituição de 1988, traz a ***proteção ao domicílio***, tornando-o inviolável. Por domicílio, entende-se o espaço físico no qual o indivíduo goza de sua privacidade, nas suas mais variadas modalidades. É, portanto, criticável o termo utilizado pelo constituinte. Por isso, ele deve ser interpretado (de forma ampliativa à luz do conceito jurídico de casa) como qualquer compartimento habitado, até mesmo um aposento que não seja aberto ao público, utilizado para moradia, ***profissão***[410] ou atividade, nos termos do art. 150, § 4º do Código Penal. Com isso, temos que os consultórios, escritórios ou mesmo estabelecimentos comerciais ou industriais de acesso restrito ao público (locais nos quais as pessoas exercem

408. **ADPF 722 MC/DF**, STF. Plenário. Rel. Min. Cármen Lúcia, julgado em **19** e **20.08.2020**.
409. **ADPF 722 MC/DF**, STF. Plenário. Rel. Min. Cármen Lúcia, julgado em **19** e **20.08.2020**.
410. Ver Código Penal, art. 150, § 4º. Ver, ainda, MS-MC 23.595 do STF, *DJ* 01/02/2000, *no qual o Tribunal sinalizou para o entendimento que o direito a ser protegido no caso se consagra não apenas na residência do indivíduo, como também é extensível ao espaço privado no qual ele exerce sua atividade profissional.*

atividade de índole profissional com exclusão de terceiros) devem ser enquadrados no conceito de domicílio previsto na Constituição.[411]

Nesses termos, resta-nos observar, com rigor, o que realmente deve ser entendido como domicílio. Conforme a doutrina[412] e a jurisprudência, várias situações devem ser aventadas:

- **Pátio da casa:** Tratando-se de local cercado ou, ainda que não haja essa delimitação, havendo evidências certas de que integra o ambiente da residência, o pátio deverá ter o mesmo tratamento desta, exigindo, para que se proceda à busca e apreensão, a ordem judicial. Bem diferente, todavia, é a situação dos campos abertos ou terrenos baldios, nos quais é permitida a livre ação da autoridade para diligenciar e apreender objetos e provas;

- **Veículos:** Não podem ser equiparados a domicílio, pois se tratam de coisas que pertencem à pessoa. No mesmo caso encontram-se os ônibus de transporte de passageiros, que podem ser livremente examinados. Diferente, contudo, a situação da rotulada *boleia* do caminhão, que se equipara a domicílio na hipótese de encontrar-se o motorista em viagem prolongada, valendo-se da cabine do veículo como dormitório, lá possuindo seus objetos pessoais, roupas e material de higiene. Nesse caso, deve ser respeitada a previsão constitucional exigente de ordem judicial para revista específica, quer dizer, a abordagem diretamente relacionada àquele veículo.[413] Evidentemente, essa regra não tem aplicabilidade na hipótese de *blitz*, que se caracteriza como operação de revista geral em todos os veículos que passam por determinado local, caso em que a revista aos veículos deve ser livremente facultada;

- ***Trailers*, cabine de barcos, barracas, *motor homes* e afins:** Tratando-se de locais destinados à habitação, ainda que provisória, da pessoa, deverão receber idêntico tratamento conferido à busca na casa propriamente dita;

- **Quarto ocupado de hotel, motel, pensão, hospedaria e congêneres**: Quarto de hotel e similares, quando ainda ocupados, qualificam-se juridicamente como casa para fins da tutela da inviolabilidade domiciliar. Assim, a inobservância das regras legais e constitucionais na busca e apreensão realizada nesta espécie de

---

411. No STF ver o HC nº 82.788 de rel. Min. Celso de Mello julgado em 12.04.2005.

412. AVENA, Norberto, *Processo Penal Esquematizado*, p. 590, 2012. O STF afirmou que a CR/88, no seu art. 5º, X e XI, garante a inviolabilidade da intimidade e do domicílio dos cidadãos, sendo equiparados a domicílio, para fins dessa inviolabilidade, os escritórios de advocacia, locais não abertos ao público, e onde se exerce profissão (art. 150, § 4º, III, do CP). No entanto, apesar disso, entendeu-se que tal inviolabilidade pode ser afastada quando o próprio advogado seja suspeito da prática de crime concebido e consumado, sobretudo no âmbito do seu escritório, sob pretexto de exercício da profissão.

413. Informativo 843 do STF: *"A apreensão de documentos no interior de veículo automotor constitui uma espécie de "busca pessoal" e, portanto, não necessita de autorização judicial quando houver fundada suspeita de que em seu interior estão escondidos elementos necessários à elucidação dos fatos investigados. Como Exceção: será necessária autorização judicial quando o veículo é destinado à habitação do indivíduo, como no caso de trailers, cabines de caminhão, barcos, entre outros, quando, então, se inserem no conceito jurídico de domicílio.* STF. 2ª Turma. RHC 117767/DF, Rel. Min. Teori Zavascki, julgado em 11.10.2016.

recinto conduz à ilicitude da prova, acarretando o seu banimento do processo criminal. Neste sentido, o STF: "Para os fins da proteção jurídica a que se refere o art. 5°, XI, da Constituição da República, o conceito normativo de "casa" revela-se abrangente e, por estender-se a qualquer aposento da habitação coletiva, desde que ocupado (CP, art. 150, § 4°, II), compreende, observada essa específica limitação espacial, os quartos de hotel". (RHC 90.376/RJ, DJ 18.05.2007);

- **Escritório, consultório, gabinete de trabalho e similares quando não ocupados por qualquer pessoa no momento da diligência de busca:** Embora haja controvérsia, decidiu-se, no Supremo Tribunal Federal, por afastar os referidos ambientes da proteção constitucional da inviolabilidade domiciliar quando não estiverem ocupados no momento da diligência. Isto ocorreu no julgamento do inquérito 2.424/RJ (20.11.2008), entendendo aquela Corte que "é, no mínimo, duvidosa a equiparação entre escritório vazio com domicílio *stricto sensu*, que pressupõe a presença de pessoas que o habitem". Neste contexto, validou a busca e apreensão realizada no local, durante a noite (*in casu*, tratava-se do escritório de advogado a quem se imputava participação em crimes), refutando os argumentos de que essa providência teria afrontado o art. 5°, XI, da CF por não ter sido realizada no período diurno"[414].

Na sequência de análise, com relação ao direito à inviolabilidade do domicílio, vislumbra-se nítida sua eficácia horizontal (direito fundamental nas relações privadas), valendo o mesmo para fixação de limites à ação estatal, bem como à ação de particulares, podendo ser invocado tanto por pessoas físicas, como por pessoas jurídicas.[415]

Para seu exercício, existe ainda a tese de que não se refere apenas ao proprietário do imóvel, sendo passível de invocação por quem também resida sem título legitimador. Nos casos de múltiplos titulares, é possível registrar hipóteses de conflitos de interesses, cabendo, por força do art. 226, § 5º, da CR/88, ao chefe da casa, não importa o sexo (levando em conta o fato que tanto o marido quanto a mulher têm igual direito), ou ao chefe da comunidade (diretor do estabelecimento, por exemplo), a palavra final e definitiva. Reconhece-se aos dependentes destes o direito à inviolabilidade com respeito às suas dependências (quarto do filho, quarto de empregada etc.), mas este não exclui o direito de o chefe da família ter acesso a todas as dependências do imóvel, ainda que contra a vontade dos que ali se encontrarem, bem como neles proibir o ingresso de pessoas não autorizadas.

Mas, por não se tratar de um direito absoluto, o próprio texto constitucional consagra exceções à inviolabilidade domiciliar, durante o dia ou durante a noite: **a) nos casos de desastre; b) prestação de socorro;** ou **c) flagrante delito;** ou ainda durante o dia: **por determinação judicial.**

---

414. AVENA, Norberto, *Processo Penal Esquematizado*, p, 590, 2012.
415. MENDES, Gilmar Ferreira et al., *Curso de direito constitucional*, p. 379.

Portanto, nas situações emergenciais (extraordinárias) de desastre, prestação de socorro ou flagrante delito, a casa pode ser invadida durante o dia ou durante a noite. Já para cumprimento de determinação judicial, exceto se houver consentimento do morador, só durante o dia será permitida a violação.

Mas o que devemos entender com **dia**? A doutrina e a jurisprudência fixaram critérios, sendo os seguintes: a) critério físico-astronômico: equivalente ao lapso de tempo entre o crepúsculo e a aurora[416] (ou seja, período de iluminação solar); b) critério cronológico: das 6h às 18h[417]; c) critério misto: junção do físico-astronômico com o cronológico das 6h às 18h[418]; d) critério cronológico: das 6h às 20 h (por analogia ao CPC)[419].

É interessante que a Constituição, mesmo havendo ordem judicial, não permite (salvo as exceções já citadas) o **ingresso** no domicílio no período noturno, mas não diz nada sobre a possibilidade da busca domiciliar que foi iniciada de forma adequada (período diurno) se estender para o período noturno. Entendemos que as diligências não podem se estender ao período noturno (adentrando-lhes de forma indefinida), de modo a afrontar o sossego e a privacidade. Porém, excepcionalmente e de forma proporcional (proporcionalidade) poderíamos ter uma extensão (excepcional), dependendo das circunstâncias e especificidades do caso, e, até mesmo, dos objetos procurados (em uma ação, por exemplo, de grande complexidade).[420]

Porém, registramos ainda que, se o morador permitir as buscas no período noturno, não há que se falar em prática violadora por parte da autoridade policial. É o que se depreende, inclusive, do art. 245 do CPP.

Temos também que, conforme o art. 240 do Código de Processo Penal, para o deferimento de ordem judicial de busca e apreensão domiciliar é necessária a existência de ***fundadas razões*** que a autorizem. É interessante que a intitulada *busca pessoal* somente necessita de fundada ***suspeita***.[421]

---

416. O critério mais adequado é o físico-astronômico, sobretudo em um país de dimensões continentais como o Brasil e que ainda em determinados meses do ano passa pelo intitulado horário de verão. No mesmo sentido Guilherme de Souza Nucci e Fernando Capez.
417. Posição de José Afonso da Silva e Fernando da Costa Tourinho. Essa posição visa a preservar ao máximo a vida privada e a intimidade no âmbito doméstico.
418. Posição de Alexandre de Morais.
419. Posição de Norberto Avena e Aury Lopes Júnior.
420. "É interessante que, a doutrina processual penal, chega a reconhecer a exceção não só da permanência (após a entrada adequada no período diurno), mas inclusive a autorização judicial para a **busca e apreensão no período noturno** (essa não permitida pela Constituição). Nesse sentido: (...) excepcionalmente, **poderá e deverá** ser autorizado pelo juiz, sempre fundamentadamente, que se proceda a **busca e apreensão domiciliar no período noturno**. Isto deverá ocorrer nas hipóteses em que a execução da diligência durante o dia mostrar-se, de plano, absolutamente despida de qualquer efetividade. É o caso, por exemplo, de a providência ser destinada à localização de menores em casas de prostituição clandestinas (aparentemente simples residências, mas onde se realizam, na verdade, encontros para fins libidinosos) e cujo funcionamento haja notícia de que ocorre apenas à noite. Cabe ressaltar, que ao deliberar sobre o **Inq 2424/RJ** o STF aceitou como **válida busca e apreensão** realizada em **período noturno**, utilizando, como um dos fundamentos para tanto, o fato de que a medida, no caso concreto, se realizada durante o dia, **seria ineficaz**". AVENA, Norberto, *Processo Penal Esquematizado*, p, 593, 2012.
421. Segundo o STF no RE 603.616 (repercussão geral): *A entrada forçada em domicílio sem mandado judicial só é lícita, mesmo em período noturno, quando amparada em fundadas razões, devidamente justificadas "a posteriori", que*

Assim, ao autorizar a busca domiciliar, a autoridade deve, de forma inequívoca, demonstrar **fundados motivos**, para que a restrição ao direito individual se mostre inafastável, para a persecução penal. Devem ficar claras a "imprescindibilidade, oportunidade e conveniência". Deve haver ainda, a determinação quanto ao **objeto** da providência (apreensão de armas, localização de drogas, obtenção de documentos, cartas, objetos receptados etc.).[422] Nesses termos, o mandado deve especificar o que deve ser buscado, não sendo adequado, se revestir de caráter genérico.[423] Aqui, como exemplo, citamos, recente caso julgado em 16.12.2014 pela 2ª Turma do STF no **HC 106.556/SP**, em que o juiz competente deferiu mandado de busca e apreensão tendo como alvo o escritório de um banco, localizado no 28º andar de um prédio comercial. Acontece que quando os policiais chegaram para cumprir a diligência, perceberam que a sede do banco ficava no 3º andar do mesmo prédio. Em virtude disso, entraram em contato com o juiz substituto que autorizou, por meio de ofício sem maiores detalhes, a apreensão na sede do banco. Pois bem, a 2ª Turma do STF declarou a ilegalidade da busca e apreensão por ausência de mandado judicial específico.[424]

Além disso, já decidiu o STF que "tratando-se de local onde existem documentos que dizem respeito a outros sujeitos não investigados, é indispensável a especificação do âmbito de abrangência da medida, que não poderá ser executada sobre a esfera de direitos de não investigados."[425]

---

indiquem que dentro da casa ocorre situação de flagrante delito, sob pena de responsabilidade disciplinar, civil e penal do agente ou da autoridade, e de nulidade dos atos praticados. STF. Plenário. Rel. Min. Gilmar Mendes, julg. em 04 e 05.11.2015.

422. AVENA, Norberto, *Processo Penal Esquematizado*, p, 592, 2012. Por óbvio: "portando mandado judicial, destinado, por exemplo, à localização de armas de uso restrito, caso venha a autoridade a encontrar drogas ilícitas, nada impedirá, a respectiva apreensão, uma vez que, nesse caso, a manutenção da substancia proibida, por si, já importa em prática criminosa, ensejando inclusive, a voz de prisão em flagrante do morador".

423. *"De que vale declarar a Constituição que 'a casa é asilo inviolável do indivíduo' (art. 5º, XI) se moradias são invadidas por policiais munidos de mandados que consubstanciem verdadeiras cartas brancas, mandados com poderes de a tudo devassar, só porque o habitante é suspeito de um crime? Mandados expedidos sem justa causa, isto é, sem especificar o que se deve buscar e sem que a decisão que determina sua expedição seja precedida de perquirição quanto à possibilidade de adoção de meio menos gravoso para chegar-se ao mesmo fim. A polícia é autorizada, largamente, a apreender tudo quanto possa vir a consubstanciar prova de qualquer crime, objeto ou não da investigação. Eis aí o que se pode chamar de autêntica 'devassa'. Esses mandados ordinariamente autorizam a apreensão de computadores, nos quais fica indelevelmente gravado tudo quanto respeite à intimidade das pessoas e possa vir a ser, quando e se oportuno, no futuro, usado contra quem se pretenda atingir."* HC 95009, julg. 06.11.2008, rel. Min. Eros Grau. Nesse sentido, "a apreensão de cartas (CPP, art. 240, § 1º, f), por exemplo, somente pode ser admitida, quando houver determinação específica no mandado judicial ou quando *guarde pertinência com o crime objeto da investigação*". NOVELINO, Marcelo, p,511, 2011.

424. HC 106.566/SP julg. em 16.12.2014: *"A busca e apreensão de documentos e objetos realizados por autoridade pública no domicílio de alguém, sem autorização judicial fundamentada, revelar-se-ia ilegítima, e o material eventualmente apreendido configuraria prova ilicitamente obtida. Assim, não seria procedente o argumento de que o mandado de busca e apreensão não precisaria indicar endereço determinado. A legislação processual determinaria que os mandados judiciais de busca e apreensão – notadamente de busca e apreensão domiciliar – não poderiam revestir-se de conteúdo genérico, nem poderiam mostrar-se omissos quanto à indicação, o mais precisamente possível, do local objeto dessa medida extraordinária, em conformidade com o art. 243 do CPP."*

425. HC 91.610, julg. em 08.06.2010, rel. Min. Gilmar Mendes.

É interessante que a 2ª turma do STF na Reclamação 24473 decidiu caso que guarda íntima correlação com o tema em comento. Nesses termos, um juiz de 1º grau determinou, contra um investigado, busca e apreensão. Ocorre que ele residia com a sua esposa, que era Senadora, em um imóvel funcional cedido pelo Senado. O STF entendeu que a ordem judicial de busca e apreensão foi ampla e vaga, sem prévia individualização dos bens que seriam de titularidade da Senadora e daqueles que pertenciam ao seu marido.

Assim sendo, o STF entendeu que o juiz, ao dar essa ordem genérica, acabou por também determinar medida de investigação contra a própria Senadora. E como ela tinha foro por prerrogativa de função no STF (art. 102, I, "b", da CR/88), somente o STF poderia ter ordenado qualquer medida de investigação contra a parlamentar. A conclusão da 2ª Turma do STF foi a de que o juiz de 1ª instância usurpou competência que era do STF. No caso, o Pretório Excelso julgou procedente a Reclamação 24473 e reconheceu, por conseguinte, a ilicitude da prova obtida (art. 5º, LVI, da CR/88) e de outras diretamente dela derivadas.[426]

Por último, a exigência do mandado de busca e apreensão (ordem judicial) pode ser dispensada, não só nas hipóteses constitucionais de desastre, flagrante e prestação de socorro, mas, também, quando o próprio juiz competente para expedir a ordem realizar a busca e apreensão pessoalmente (acompanhado de agente da força pública).

9. DIREITO ADQUIRIDO, ATO JURÍDICO PERFEITO E COISA JULGADA

É fácil concordar com a afirmação de que a eficácia da legislação no tempo possa se constituir um dos temas mais polêmicos do estudo do direito contemporâneo.[427]

426. **Rcl 24473/DF**, STF. 2ª Turma. Rel. Min. Dias Toffoli, julgado em **26.06.2018:** *"(...) 14. Nessas circunstâncias, a precipitação da diligência por juízo sem competência constitucional maculou a, insanavelmente, de nulidade. 15. Na hipótese de usurpação da competência do Supremo Tribunal Federal para supervisionar investigações criminais, ainda que de forma indireta, a consequência deve ser a nulidade dos atos eventualmente praticados na persecução penal. Precedentes. 16. Ainda que a decisão impugnada tenha sido proferida em inquérito desmembrado por determinação do Supremo Tribunal Federal, a diligência ordenada, em razão da busca indiscriminada de elementos de convicção que, em tese, poderiam incriminar parlamentar federal, se traduziu em indevida investigação desse, realizada por juízo incompetente. 17. O reconhecimento, portanto, da imprestabilidade do resultado da busca realizada no apartamento funcional da Senadora da República para fins probatórios, como também de eventuais elementos probatórios diretamente derivados (fruits of the poisonous tree), é medida que se impõe. 18. Nos termos do art. 5º, LVI, da CF, "são inadmissíveis, no processo, as provas obtidas por meios ilícitos". 19. Por sua vez, o art. 157 do Código de Processo Penal, ordena o desentranhamento dos autos e a inutilização das provas ilícitas, "assim entendidas as obtidas em violação a normas constitucionais ou legais", a fim de não interferir, subjetivamente, no convencimento do juiz. 20. Reclamação julgada procedente, para o fim de invalidar a ordem de busca no domicílio funcional do titular de prerrogativa de foro e, por consequência óbvia, reconhecer a ilicitude das provas ali obtidas, bem como de eventuais elementos probatórios outros delas derivados. 21. Determinado o desentranhamento dos respectivos autos de apreensão e dos relatórios de análise de material apreendido, com sua consequente inutilização, bem como a inutilização de cópias e espelhamentos de documentos, computadores e demais dispositivos eletrônicos, e a restituição de todos os bens apreendidos no citado local, caso já não tenha ocorrido. 22. Determinada, ainda, a inutilização de todas as provas derivadas daquelas obtidas na busca, que deverão ser desentranhadas dos autos e, se for o caso, restituídas a quem de direito."*

427. MENDES, Gilmar Ferreira et al., *Curso de direito constitucional*, p. 446.

Nessa ótica, os autores identificam um possível conflito entre a ***segurança jurídica*** (ora compreendida como previsibilidade, ora compreendida como interpretação literal do texto legal) e a *necessidade* ***contingente de mudanças***.

O legislador infraconstitucional (escorado em clássica doutrina) procurou apresentar um conceito individual e distinto para as figuras do ***direito adquirido***, da ***coisa julgada*** e do ***ato jurídico perfeito*** no art. 6º da **antiga** Lei de Introdução ao Código Civil, conforme alteração dada pela Lei nº 3.238/57.[428] A nossa atual Constituição no art. 5º, XXXVI, estabeleceu a previsão da garantia desses itens, nos seguintes termos: *"a lei não prejudicará o direito adquirido, o ato jurídico perfeito e a coisa julgada."*

No que tange ao direito adquirido, o Direito brasileiro abraçou, tradicionalmente a tese da proteção do ***direito adquirido*** (teoria ***subjetiva***), de modo que nova legislação deveria observar e respeitar o direito adquirido.[429]

Aqui, é interessante afirmarmos que, na jurisprudência do STF, após a Constituição de 1988, ascendeu-se um debate, no RE nº 226.855/RS, se a matéria do direito adquirido ficaria a exame apenas do STJ, em virtude da definição infraconstitucional existente, ou se o tema também deveria ser enfrentado pelo STF, em virtude da dicção constitucional. Em interessante voto, o Ministro Moreira Alves destacou, que a matéria se apresentava como de ordem constitucional, tendo o art. 6º da LICC, apenas conceituado e explicitado os institutos, de modo que sua norma matriz é o art. 5º, XXXVI, da CR/88, divergindo, então, da tese invocada pelo Min. Celso de Mello[430]. Nesse sentido, conforme voto condutor do Min. Moreira Alves, na ADI nº 493, decidiu o STF que tal proteção além de "constitucional" se coloca contra qualquer norma, seja de direito público, seja de direito privado (lei de ordem pública ou de ordem privada[431]).

Em termos históricos, nas décadas de 50 e 60 do sec. XX, no que tange ao **direito adquirido frente ao direito de propriedade** (e outros direitos reais), o STF

428. *"Art. 6º. A Lei em vigor terá efeito imediato e geral, respeitados o ato jurídico perfeito, o direito adquirido e a coisa julgada. § 1º Reputa-se ato jurídico perfeito o já consumado segundo a lei vigente ao tempo em que se efetuou. § 2º Consideram-se adquiridos assim os direitos que o seu titular, ou alguém por ele, possa exercer, como aqueles cujo começo do exercício tenha termo pré-fixo, ou condição pré-estabelecida inalterável, a arbítrio de outrem. § 3º Chama-se coisa julgada ou caso julgado a decisão judicial de que já não caiba recurso."*

429. *"A doutrina dos direitos adquiridos (ou teoria subjetiva) e doutrina do facto passado (teoria objetiva). (...) Para a primeira doutrina seria retroativa toda lei que violasse direitos já constituídos (adquiridos); para a segunda seria retroativa toda lei que se aplicasse a factos passados antes de seu início de vigência.* Para a primeira *a Lei nova deveria respeitar os direitos adquiridos, sob pena de retroatividade;* para a segunda *a lei nova não se aplicaria (sob pena de retroatividade) a fatos passados e aos seus efeitos (só se aplicaria a factos futuros)."* MACHADO, João Batista, *Introdução ao direito e ao discurso legitimador*, p. 232.

430. Em voto o Min. Sepúlveda Pertence *ironizou* a posição do Min. Celso de Mello: "[...] fiquei com medo de acordar amanhã e verificar que a Lei de Introdução fora revogada por uma medida provisória e, então, não teríamos mais como invocar o direito adquirido, nem a coisa julgada, nem o ato jurídico perfeito [...]"

431. *"Ação direta de inconstitucionalidade. – Se a lei alcançar os efeitos futuros de contratos celebrados anteriormente a ela, será essa lei retroativa (retroatividade mínima) porque vai interferir na causa, que e um ato ou fato ocorrido no passado. – O disposto no artigo 5, XXXVI, da CF se aplica a toda e qualquer lei infraconstitucional, sem qualquer distinção entre lei de direito público e lei de direito privado, ou entre lei de ordem pública e lei dispositiva".* Rel. Min. Moreira Alves, julg: 25.06.92.

enfrentou a controvérsia acerca da resgatabilidade das enfiteuses instituídas anteriormente ao Código Civil de 1916, que tinham cláusula gravada de perpetuidade[432]. O Tribunal, então, entendeu que a disposição do art. 693 do Código Civil aplicava-se às enfiteuses anteriores constituídas, e igualmente reconheceu a possibilidade de redução do prazo de resgate pela Lei nº 2.437/55. Assim, rechaçou-se a tese de ***ofensa ao direito adquirido ou ao ato jurídico perfeito***, o que levou a criação da Súmula nº 170 do STF: "é resgatável a enfiteuse instituída anteriormente à vigência do Código Civil (de 1916)."

Na década de 80, o STF manteve esse entendimento, sobre as questões afetas ao direito propriedade, continuando a afirmar que não há que se falar em defesa do direito adquirido caso lei nova modifique o regime jurídico de um determinado instituto.[433]

Nesse sentido, ainda que pese a **proteção constitucional do direito adquirido** (ou mesmo do ato jurídico perfeito) às relações decorrentes de determinado instituto jurídico, essas não podem representar impedimentos à modificação ou à supressão do próprio instituto por legislação (obviamente, desde que a Constituição não seja descumprida).[434]

Nesses termos, apenas como exemplo, o STF compreendeu, no julgamento da ADI nº 3105, que a incidência da Emenda Constitucional nº 41/2003, que instituiu contribuição previdenciária sobre proventos de aposentadoria e pensões dos servidores públicos federais, estaduais, distritais e municipais, era constitucional. No caso, a votação afirmou a não configuração de um ***direito adquirido***, de modo que a não incidência inicial (da contribuição) não representava imunidade para situações futuras.

Aqui, é importante salientar que doutrina portuguesa apresenta analiticamente uma distinção de **três graus** concernentes à figura da retroatividade (em termos, por exemplo, contratuais, ou mesmo sobre outras situações jurídicas):

1º) ***retroatividade de grau máximo***: seria aquela na qual a lei nova **não** estabelece o respeito às situações jurídicas já decididas, ou respeito a decisões judiciais transitadas em julgado ou mesmo a situações nas quais o direito de ação já haveria

432. MENDES, Gilmar, *Curso de direito constitucional*, p. 467. A enfiteuse é instituto do Direito Civil considerado o mais amplo de todos os direitos reais, pois consiste na permissão dada ao proprietário de entregar a outrem todos os direitos sobre a coisa de tal forma que o terceiro que recebeu (enfiteuta) passe a ter o domínio útil da coisa, mediante pagamento de uma pensão ou foro ao senhorio. Assim, pela enfiteuse o foreiro (ou enfiteuta) tem sobre a coisa alheia o direito de posse, uso, gozo e inclusive poderá alienar ou transmitir por herança, contudo com a eterna obrigação de pagar a pensão ao senhorio direto.

433. RE nº 94.020: "Em matéria de direito adquirido vigora o princípio – que este Tribunal tem apresentando inúmeras vezes – de que não há direito adquirido a regime jurídico de um instituto de direito. Quer isso dizer que, se a lei nova modificar o regime jurídico de determinado instituto de direito (como é o caso do direito de propriedade, seja ela de coisa móvel ou imóvel, ou de marca), essa modificação se aplica de imediato". Rel. Min. Moreira Alves. Julg: 04.11.1981.

434. *Fundamentam os defensores de tal tese que se tal entendimento contrário fosse levado a cabo impedindo a extinção de direitos por parte da nova legislação a legislação que, por exemplo, aboliu a escravidão deveria ser considerada inconstitucional.* MENDES, Gilmar, p. 467.

caducado (pela prescrição ou pela decadência), chamadas de ***causae finitae***;[435] ou seja, a nova Lei, por exemplo, alcança fatos consumados no passado.

2º) *retroatividade de grau médio*: aqui, há o respeito às ***causae finitae***, mas aqueles fatos que não foram objetos de decisões judiciais, nem cobertos por títulos equivalentes podem ser modificados pela nova legislação; ou seja, a nova Lei, alcança, por exemplo, pretensões vencidas anteriormente e ainda não pagas.[436]

3º) *retroatividade de grau mínimo*: na qual há o respeito aos efeitos jurídicos já produzidos pela situação fixada anteriormente à nova legislação;[437] ou seja, a nova Lei, aplica-se de imediato e não desfaz os efeitos passados de fatos passados.

Pois bem, um outro plano de análise da proteção ao direito adquirido, se dá pela discussão sobre a possibilidade de retroatividade normativa no que tange a dinâmica do **direito contratual**. Nesse sentido, João Batista Machado[438] entende que a vontade das partes, sendo a base do pacto jurídico, necessariamente leva em conta a legislação vigente no momento do ato; razão pela qual, a sua substituição ou alteração implica em necessária mudança da vontade dos contratantes.

O STF tem entendido – como no julgamento do **RE nº 226.855**,[439] que "as leis que afetam os efeitos futuros de contratos celebrados anteriormente são retroativas (**retroatividade mínima**), afetando a causa, que é um fato ocorrido no passado".[440]

Nesses termos, segundo a jurisprudência do STF, nas situações de natureza contratual, a lei nova pode incidir imediatamente sobre as cláusulas presentes no contrato, desde que as normas legais sejam de natureza cogente, ou seja, aquelas cujo conteúdo foge do domínio da vontade dos contratantes. Com isso,

---

435. MACHADO, João Batista, *Introdução ao direito e ao discurso legitimador*, p. 226.
436. MACHADO, João Batista, *Introdução ao direito e ao discurso legitimador*, p. 226.
437. MENDES, Gilmar et al., *Curso de direito constitucional*, p. 463. Aqui, *seria o caso se lei nova viesse a estabelecer prazo mínimo mais longo para arrendamento rural e mandasse aplicar esse prazo aos contratos em curso no momento do início de vigência da Lei nova, ou, ainda, se a lei nova viesse a reduzir o máximo da taxa legal de juros e se declarasse aplicável aos juros dos contratos de mútuo em curso no momento do seu início de vigência, relativamente aos juros que viesse a vencer no futuro.*
438. MACHADO, João Batista. *Introdução ao direito e ao discurso legitimador*, p. 237-238.
439. RE nº 226.855, *DJ*, 13.10.2000. Ver também: *"Recurso extraordinário. Mensalidade escolar. Atualização com base em contrato. – Em nosso sistema jurídico,* ***a regra de que a lei nova não prejudicará o direito adquirido, o ato jurídico perfeito e a coisa julgada****, por estar inserida no texto da CF (art. 5º, XXXVI), tem caráter constitucional,* ***impedindo,*** *portanto, que a* ***legislação infraconstitucional, ainda quando de ordem pública, retroaja para alcançar o direito adquirido, o ato jurídico perfeito ou a coisa julgada, ou que o Juiz a aplique retroativamente.*** *E a retroação ocorre ainda quando se pretende aplicar de imediato a lei nova para alcançar os efeitos futuros de fatos passados que se consubstanciem em qualquer das referidas limitações, pois ainda nesse caso há retroatividade – a retroatividade mínima –, uma vez que se a causa do efeito é o direito adquirido, a coisa julgada, ou o ato jurídico perfeito, modificando-se seus efeitos por força da lei nova, altera-se essa causa que constitucionalmente é infensa a tal alteração. Essa orientação, que é firme nesta Corte, não foi observada pelo acórdão recorrido que determinou a aplicação das Leis 8.030 e 8.039, ambas de 1990, aos efeitos posteriores a elas decorrentes de contrato celebrado em outubro de 1.989, prejudicando, assim, ato jurídico perfeito. Recurso extraordinário conhecido e provido."* (RE nº 188.366).
440. MENDES, Gilmar et al., *Curso de direito constitucional*, p. 464.

se estivermos diante de um contrato de trato sucessivo e execução diferida, se surgir uma lei nova que determine, de forma cogente, sua aplicação imediata, ***os contratantes não podem invocar direito adquirido ou ato jurídico perfeito*** *com o objetivo de manter o teor das cláusulas na forma* ***como originalmente foram previstas no contrato***. Aqui, conforme o STF:

> (...) 1. A aplicação da cláusula constitucional que assegura, em face da lei nova, a preservação do direito adquirido e do ato jurídico perfeito (CF, art. 5º, XXXVI) impõe distinguir duas diferentes espécies de situações jurídicas: (a) as situações jurídicas individuais, que são formadas por ato de vontade (especialmente os contratos), cuja celebração, quando legítima, já lhes outorga a condição de ato jurídico perfeito, inibindo, desde então, a incidência de modificações legislativas supervenientes; e (b) as situações jurídicas institucionais ou estatutárias, que são formadas segundo normas gerais e abstratas, de natureza cogente, em cujo âmbito os direitos somente podem ser considerados adquiridos quando inteiramente formado o suporte fático previsto na lei como necessário à sua incidência. Nessas situações, as normas supervenientes, embora não comportem aplicação retroativa, podem ter aplicação imediata. 2. Segundo reiterada jurisprudência do Supremo Tribunal Federal, as normas que tratam do regime monetário - inclusive, portanto, as de correção monetária -, têm natureza institucional e estatutária, insuscetíveis de disposição por ato de vontade, razão pela qual sua incidência é imediata, alcançando as situações jurídicas em curso de formação ou de execução. É irrelevante, para esse efeito, que a cláusula estatutária esteja reproduzida em ato negocial (contrato), eis que essa não é circunstância juridicamente apta a modificar a sua natureza. 3. As disposições do art. 21 da Lei 9.069/95, resultante da conversão da MP 542/94, formam um dos mais importantes conjuntos de preceitos normativos do Plano REAL, um dos seus pilares essenciais, justamente o que fixa os critérios para a transposição das obrigações monetárias, inclusive contratuais, do antigo para o novo sistema monetário. São, portanto, preceitos de ordem pública e seu conteúdo, por não ser suscetível de disposição por atos de vontade, têm natureza estatutária, vinculando de forma necessariamente semelhante a todos os destinatários. Dada essa natureza institucional (estatutária), não há inconstitucionalidade na sua aplicação imediata (que não se confunde com aplicação retroativa) para disciplinar as cláusulas de correção monetária de contratos em curso. 4. Recurso extraordinário a que se nega provimento.[441]

No mesmo sentido, em recente julgado na ADPF 77 em 16.05.2019, afirmou o STF que é constitucional o art. 38 da Lei 8.880/94, não importando a aplicação imediata desse dispositivo em violação ao direito adquirido previsto no art. 5º, XXXVI, da CR/88.[442]

No caso, o art. 38 da Lei nº 8.880/94 previu que a URV deveria ser utilizada como parâmetro de cálculo dos índices de correção monetária nos dois primeiros meses

441. RE 212609/SP, RE 215016/SP, RE 211304/RJ, RE 222140/SP e RE 268652/RJ, Pleno do STF, Rel. p/ o acórdão Min. Teori Zavascki, julg. em 29.04.2015.

442. **ADPF 77/DF,** STF. Plenário. Rel. Min. Dias Toffoli, julgado em **16.05.2019** (Info 940). Ver também: **RE 307108/RJ,** STF. 1ª Turma. red. p/ o ac. Min. Alexandre de Moraes, julgado em **12.11.2019** (Info 959).

de implantação do Plano Real. As pessoas que tinham contratos em vigor e que haviam sido celebrados antes da Lei nº 8.880/94 começaram a questionar a aplicação imediata deste dispositivo. Alegaram que a sua aplicação aos contratos em vigor seria inconstitucional por violar o direito adquirido previsto no art. 5º, XXXVI, da CR/88. Porém seguindo seu posicionamento aqui já exarado, afirmou o STF, que é constitucional o art. 38 da Lei nº 8.880/94 e que a sua aplicação imediata para os contratos em vigor não violou a garantia do "direito adquirido".[443]

Conforme o informativo 940 do STF, temos que segundo o Pretório Excelso, não é possível opor a cláusula de proteção ao direito adquirido ou ato jurídico perfeito em face da aplicação imediata de normas que ***tratam de regime monetário***, as quais possuem ***natureza estatutária*** e ***institucional***, como é a situação daquelas responsáveis por ***substituir uma moeda por outra***. Nesses termos, as normas que tratam do regime monetário - inclusive, portanto, as de correção monetária -, têm natureza institucional e estatutária, insuscetíveis de disposição por ato de vontade, razão pela qual sua incidência é imediata, alcançando as situações jurídicas em curso de formação ou de execução.[444]

Outra discussão que parece atravessar os estudos sobre o direito adquirido fica a cargo de saber **qual recurso judicial** *deveria ser interposto contra determinada decisão judicial quando há modificação legislativa no curso do julgamento*: a lei do tempo da decisão; ou a lei do tempo de sua publicação. O STF afirma que "*a admissibilidade e a legitimação para o recurso regem-se pela lei do tempo da decisão recorrida e os efeitos do recurso, pela lei vigente no dia da interposição*".[445]

Por último, temos alguns posicionamentos do **STF**, que merecem nossa consideração. São eles:

a) O direito adquirido não pode ser alegado frente à mudança de regime jurídico. Portanto, não há direito adquirido a regime jurídico;[446]

---

443. **ADPF 77/DF,** STF. Plenário. Rel. Min. Dias Toffoli, julgado em **16.05.2019** (Info 940).

444. ADPF 77/DF, STF. Plenário. Rel. Min. Dias Toffoli, julgado em 16.05.2019 (Info 940).

445. No primeiro caso, reportamos aos julgados: RE nº 78.057, RTJ nº 68/879; RE nº 85815, RTJ nº 81/26; e ADI nº 1.591, *DJ*, 12/09/2003. No segundo, ver: RE nº 82902, RTJ nº 78/274; e, também, ADI nº 1.591, *DJ*, 12/09/2003.

446. Como exemplo no STF o RE nº 114.282, julgado em **05.05.2009,** Rel. Min. Menezes **Direito**: *"A Turma, por maioria, proveu recurso extraordinário para assentar que os recorridos não possuem* ***direito adquirido*** *à promoção a posto imediatamente superior. No caso, quando os recorridos ingressaram na polícia militar, tinham assegurado o* ***direito*** *à aposentadoria especial aos 25 anos de serviços prestados com vencimentos e vantagens do posto imediatamente superior, mas, ao longo do tempo, sua situação funcional fora atingida por leis que subtraíram esse benefício. Considerou-se que, quando os ora recorridos completaram o tempo para a aposentadoria, já estava em vigor nova disciplina legal e constitucional, que não autorizava o favor, não restando, pois, acobertados pela legislação protetiva invocada, alterada no período de aquisição do* ***direito*** *à aposentadoria.". Outro exemplo: "Por não vislumbrar ofensa à garantia de irredutibilidade da remuneração ou de proventos, e na linha da jurisprudência do Supremo no sentido de não haver direito adquirido à manutenção à forma de cálculo da remuneração, o que importaria em direito adquirido a regime jurídico, o Tribunal, por maioria, negou provimento a RE interposto, por servidora pública aposentada, contra acórdão do TJ do Estado do Rio Grande do Norte. Na espécie, com a edição da Lei Complementar Estadual 203/2001, o cálculo das gratificações da recorrente deixou de ser sobre a forma de percentual, incidente sobre o vencimento, para ser transformado em valores pecuniários, correspondentes ao valor da gratificação do mês anterior à publicação da lei. Considerou-se que a*

b) O princípio da irretroatividade das leis não pode ser alegado pelo mesmo ente do Estado que editou a lei, nos termos da **Súmula nº 654** do STF: "A garantia da irretroatividade da lei, prevista no art. 5º, XXXVI, da Constituição da República, não é invocável pela entidade estatal que a tenha editado";

c) Nos termos da **Súmula 473** do STF: "A administração pode anular seus próprios atos, quando eivados de vícios que os tornam ilegais, porque deles não se originam direitos; ou revogá-los, por motivo de conveniência ou oportunidade, respeitados os direitos adquiridos, e ressalvada, em todos os casos, a apreciação judicial";

Sobre o tema, decidiu o STF no RE 817338/DF que mesmo depois de terem-se passado mais de 5 anos, a Administração Pública pode anular a ***anistia política*** concedida quando se comprovar a ausência de perseguição política, desde que respeitado o devido processo legal e assegurada a não devolução das verbas já recebidas. Ou seja, no exercício do seu ***poder de autotutela***[447], poderá a Administração Pública rever os atos de concessão de *anistia a cabos da Aeronáutica com fundamento na Portaria 1.104/1964*, quando se ***comprovar a ausência de ato com motivação exclusivamente política***, assegurando-se ao anistiado, em procedimento administrativo, o devido processo legal e a não devolução das verbas já recebidas.[448]

No caso, por meio da Portaria MJ 1.960/2012, o Ministro da Justiça anulou a anistia concedida a ex-cabo da Aeronáutica, dispensado do serviço, na década de 1960, por força da Portaria 1.104/1964-GM3. Judicializada a questão, o acórdão recorrido concedeu a segurança para declarar a decadência do ato da Administração que anulou portaria anistiadora.[449] O Plenário do STF afirmou que, por ser

LC 203/2001 teria preservado o montante percebido pela recorrente, tendo, inclusive, expressamente garantido que "os índices da revisão geral da remuneração dos servidores públicos serão obrigatoriamente aplicados aos adicionais e gratificações que passam a ser representados por valores pecuniários". RE 563.965/RN, Rel. Min. Cármen Lúcia, julg. em 11.02.2009.

447. O ***princípio da autotutela*** indica que *a Administração tem o poder-dever de controlar seus próprios atos, com a possibilidade de anular aqueles que forem ilegais e revogar os que se mostrarem inconvenientes ou inoportunos, sem precisar recorrer ao Poder Judiciário.*

448. **RE 817338/DF**, STF. Plenário. Rel. Min. Dias Toffoli, julgado em **16.10.2019** (repercussão geral – Tema 839) (Info 956).

449. **RE 817338/DF**, STF. Plenário. Rel. Min. Dias Toffoli, julg. em **16.10.2019** (repercussão geral – Tema 839) (Inf. 956). *Em 1964, cabo da Aeronáutica, foi dispensado do serviço militar por meio da Portaria nº 1.104/1964. Em 2003, o Ministro da Justiça concedeu a ele a anistia reconhecendo a sua condição de perseguido político. Em 2006, a Advocacia-Geral da União emitiu nota técnica (AGU/JD-1/2006) fazendo questionamentos sobre a forma indevida pela qual estavam sendo concedidas anistias políticas, dentre elas a que foi outorgada a esse cabo. Segundo esta nota, a Comissão de Anistia estava concedendo o benefício com base apenas em um documento produzido na época do regime militar de exceção, não sendo suficiente, considerando que seriam necessárias provas complementares. Em 2011, o Ministro da Justiça, motivado pela nota técnica editada em 2006, determinou que fossem revistas as portarias de anistia de inúmeros militares, dentre elas a desse cabo. Em 2012, foi aberto processo administrativo para examinar a situação dele e, ao final, determinou-se a anulação da anistia política que lhe havia sido concedida sob o argumento de que a Portaria nº 1.104/1964, que ensejou a dispensa do cabo, não tinha motivação política. A Portaria nº 1.104/1964 limitou-se a desligar João da Aeronáutica – assim como inúmeros outros – pelo fato de ele ter completado o tempo de serviço militar (8 anos). O Ministério da Justiça fundamentou seu ato no poder de autotutela.*

matéria de ordem pública, em regra, o prazo decadencial não sofre interrupção ou suspensão. Porém, excepcionalmente, o ordenamento jurídico admite a suspensão do prazo decadencial. É o caso do disposto na parte final do *caput* do art. 54 da Lei 9.784/1999, que autoriza a anulação do ato administrativo consumado em situações de **manifesta má-fé** ou em termos jurisprudenciais por ***absoluta contrariedade (afronta) à Constituição da República***.[450]

Conforme o STF, a jurisprudência da Corte é no sentido de que o poder-dever de ***autotutela*** autoriza a Administração a proceder a revisão da condição de anistiado político, não havendo que se falar em desrespeito ao ***princípio da segurança jurídica*** ou a ***direito líquido e certo***. No mais, nem mesmo, como já dito, o decurso do lapso temporal de cinco anos é causa impeditiva bastante para inibir a Administração Pública de revisar determinado ato, haja vista que a ressalva da parte final do caput do art. 54 da Lei 9.784/1999 autoriza sua anulação a qualquer tempo, uma vez ***demonstrada a má-fé*** do beneficiário, no âmbito do procedimento administrativo, assegurado o devido processo.[451]

Ademais, situações de ***flagrante*** *inconstitucionalidade*, não devem ser consolidadas pelo transcurso do prazo decadencial previsto no art. 54 da Lei 9.784/1999, sob pena de subversão das determinações insertas na Constituição da República. Desse modo, para o STF, não pode haver ***usucapião de constitucionalidade***, pois a obrigatoriedade da Constituição deriva de sua vigência. Não é possível entender, portanto, que o tempo derrogue a força obrigatória de seus preceitos por causa de ações omissivas ou comissivas de autoridades públicas.[452]

Aqui, afirmou ainda o STF, que já assentou em julgados que a Portaria 1.104/1964, por si, não constitui ato de exceção, sendo necessária a comprovação, caso a caso, da ocorrência de motivação político-ideológica para o ato de exclusão das Forças Armadas e consequente concessão de anistia política. Portanto, para o STF, o ato administrativo que declarou o recorrido anistiado político não é passível de convalidação pelo tempo, dada a sua manifesta inconstitucionalidade, uma vez que viola frontalmente o art. 8º do ADCT da CR/88.[453] No caso, concluiu então o STF, que o ato de concessão da anistia malfere a ordem constitucional, pois não se amolda ao figurino do art. 8º do ADCT da CR/88, que não agasalha os militares licenciados pelo decurso do tempo, situação que não se reveste de motivação estritamente política.[454]

---

450. **RE 817338/DF**, STF. Plenário. Rel. Min. Dias Toffoli, julgado em **16.10.2019** (repercussão geral – Tema 839) (Info 956).
451. **RE 817338/DF**, STF. Plenário. Rel. Min. Dias Toffoli, julgado em **16.10.2019** (repercussão geral – Tema 839).
452. **RE 817338/DF**, STF. Plenário. Rel. Min. Dias Toffoli, julgado em **16.10.2019** (repercussão geral – Tema 839).
453. **RE 817338/DF**, STF. Plenário. Rel. Min. Dias Toffoli, julgado em **16.10.2019** (repercussão geral – Tema 839).
454. **RE 817338/DF**, STF. Plenário. Rel. Min. Dias Toffoli, julgado em **16.10.2019** (repercussão geral – Tema 839).

d) Conforme o STF, o prazo decadencial quinquenal, previsto no art. 54 da Lei nº 9.784/99, não se aplica para a atuação do TCU em processo de tomada de contas, considerando que se trata de procedimento regido pela Lei nº 8.443/92, que se constitui em norma especial.

Para o Pretório Excelso, a compreensão de que o prazo decadencial quinquenal é impróprio para regular a atuação da Corte de Contas em processo que pode resultar na apuração de prejuízo ao erário e na correlata imputação de débito aos responsáveis é consentânea com o entendimento firmado pelo STF no julgamento do RE 852.475 (Tema 897 da repercussão geral), em que assentada a seguinte tese: *"São **imprescritíveis** as ações de **ressarcimento ao erário** fundadas na prática de ato doloso tipificado na Lei de Improbidade Administrativa".*[455]

e) Não há direito adquirido aos critérios legais de fixação do valor da remuneração, nos termos do **RE 364.317**, julgado em 21.10.2003 pelo STF;[456]

f) E no mesmo sentido, também não há direito adquirido a regime jurídico funcional pertinente à composição de vencimentos ou à permanência de regime legal de reajuste de vantagem, nos termos do **RE nº 602.029/MG AgR** julgado em **02.02.2010**, nos moldes da seguinte ementa:

> "Servidor público estadual. Alteração na forma de composição salarial. Lei estadual 14.683/03. Direito adquirido. Regime jurídico. Inexistência. O Supremo Tribunal Federal fixou jurisprudência no sentido de que não há direito adquirido a regime jurídico-funcional pertinente à composição dos vencimentos ou à permanência do regime legal de reajuste de vantagem, desde que eventual modificação introduzida por ato legislativo superveniente preserve o montante global da remuneração, não acarretando decesso de caráter pecuniário";

g) Na mesma linha a jurisprudência do Supremo Tribunal Federal consolidou-se no sentido de que não existe direito adquirido nem a regime jurídico, nem aos critérios que determinaram a composição da remuneração ou dos proventos, desde que o novo sistema normativo assegure a ***irredutibilidade dos ganhos anteriormente percebidos***. Não havendo redução dos proventos percebidos pelo inativo, **não há inconstitucionalidade** na lei que estabelece, para a carreira, o **sistema de vencimento único**, com absorção de outras vantagens remuneratórias[457].

---

455. **MS 35038 AgR/DF**, STF. 1ª Turma. Rel. Min. Rosa Weber, julg em **12.11.2019**. *Não vislumbrou direito líquido e certo à incidência do prazo quinquenal, considerados os precedentes do STF que: (a) não admitem a submissão de processo de tomada de contas especial ao estabelecido no art. 54 da Lei 9.784/1999; (b) afastam a aplicação desse dispositivo legal se evidenciada flagrante inconstitucionalidade; e (c) asseveram a possibilidade de apuração de má-fé e a de indicação de medida impugnativa ao longo do processo administrativo. Noutro passo, o Colegiado rejeitou a apontada ofensa ao art. 71, § 1º, da CF.* (Informativo 959)

456. RE 364317: *"Gratificação incorporada aos proventos, por força de lei. Sua redução numa posterior majoração de vencimentos e proventos, sem prejuízo para o servidor, que teve aumentada a sua remuneração. Inexistência de direito adquirido, na forma da jurisprudência do STF."* Observamos, nas palavras do Relator, Min. Carlos Velloso que *"o princípio da irredutibilidade de vencimentos não veda a redução de parcelas que componham os critérios legais de fixação, desde que não se diminua o valor da remuneração na sua totalidade."*

457. RE AgR 634.732/PR julg. em **04.06.2013**, Rel. Min Teori Zavascki. *O STF possui entendimento consolidado no sentido de que o servidor público não tem direito adquirido de manter o regime jurídico existente no momento em*

h) Segundo o STF, desde que mantida a irredutibilidade, o servidor inativo, embora aposentado no último patamar da carreira anterior, ***não tem direito adquirido*** de perceber proventos correspondentes aos da última classe da nova carreira reestruturada por lei superveniente. Todavia, relativamente à reestruturação da carreira disciplinada pela nova Lei assegura-se aos servidores inativos, com base no art. 40, § 8º, da CR (na redação anterior à EC 41/2003), *o direito de terem seus proventos ajustados em condições semelhantes aos dos servidores da ativa*, com alicerce nos requisitos objetivos decorrentes do tempo de serviço e da titulação, aferíveis até a data da inativação[458].

i) Conforme recente posicionamento do plenário do STF, a nomeação tardia de candidatos aprovados em concurso público, por meio de ato judicial, à qual atribuída eficácia retroativa, ***não gera direito*** às *promoções ou progressões funcionais que alcançariam se houvesse ocorrido, a tempo e modo, a nomeação.*[459] Além disso, na hipótese de posse em cargo público determinada por decisão judicial, o servidor não faz jus à indenização, sob fundamento de que deveria ter sido investido em momento anterior, salvo (exceto) na situação de arbitrariedade flagrante.[460]

j) Conforme decidiu o STF no **RE 630.501**, o segurado do regime geral de previdência social ***tem direito adquirido*** a benefício calculado de modo mais vantajoso, sob a vigência da mesma lei, consideradas todas as datas em que o direito poderia ter sido exercido, desde quando preenchidos os requisitos para a jubilação.

Nesse sentido, o Plenário do STF, por maioria, proveu, em parte, recurso extraordinário para garantir a possibilidade de os segurados verem seus benefícios deferidos ou revisados de modo que correspondam à maior renda mensal inicial (RMI) possível no cotejo entre aquela obtida e as rendas mensais que estariam percebendo na mesma data caso tivessem requerido o benefício em algum momento anterior, desde quando possível a aposentadoria proporcional, com efeitos financeiros a contar do desligamento do emprego ou da data de entrada do requerimento, respeitadas a decadência do direito à revisão e a prescrição quanto às prestações vencidas.[461]

---

que ingressou no serviço público. No entanto, as mudanças no regime jurídico do servidor não podem reduzir a sua remuneração, considerando que o art. 37, XV, da CR/88 assegura o princípio da irredutibilidade dos vencimentos. Conforme o **MS 25.875/DF** julg. em **09.10.2014**: *determinada lei duplicou a jornada de trabalho dos servidores públicos (médicos do TCU) e permitiu que eles continuassem a prestar a jornada menor, desde que recebessem apenas a metade da remuneração. O STF, entendeu que essa modificação da jornada de trabalho não foi válida para os médicos que já eram servidores do órgão antes da Lei. Isso porque se eles continuassem a trabalhar na mesma jornada de trabalho anterior, iriam receber apenas a metade da remuneração. Logo, houve, indiretamente, uma redução do valor dos vencimentos. Rel. Min. Marco Aurélio.* Ver também: ARE 660.010/PR julg. em **30.10.2104**.

458. RE 609.119/PR julg. em **09.10.2013**, Rel. Teori Zavascki.
459. RE 629392 RG/MT, STF. Plenário Rel. Min. Marco Aurélio, julgado em 08.06.2017 (repercussão geral) (Informativo 868).
460. RE 724347/DF, STF. Plenário. rel. orig. Min. Marco Aurélio, red. p/ o acórdão Min. Roberto Barroso, julg. em 26.02.2015.
461. **RE 630.501/RS** julgado em **21.02.2013**. "Reputou que, uma vez incorporado o direito à aposentação ao patrimônio do segurado, sua permanência na ativa não poderia prejudicá-lo. Esclareceu que, ao não exercer

k) Porém, já decidiu o STF em 17.03.2010 que ***não há direito adquirido*** em continuar a receber **quintos incorporados** após mudança de regime jurídico. No caso em questão, um membro do Ministério Público Federal foi nomeado e ingressou no STJ. A decisão do STF foi, então, pela negativa de direito adquirido aos quintos incorporados.[462]

l) Também já decidiu o STF em 10.03.2020, que Escrevente notarial do Estado de São Paulo que se aposentou segundo as regras da Lei estadual nº 10.393/70 pode ser atingido pelas regras da Lei estadual 14.016/2010, que alterou a forma de reajuste das aposentadorias e aumentou as alíquotas da contribuição previdenciária.

Nesses termos, conforme o STF, a Lei estadual nº 14.016/2010 previu novos critérios para os reajustes futuros da aposentadoria e, conforme jurisprudência do STF, não existe direito adquirido à manutenção de regime jurídico anterior.[463]

Além disso, afirmou o STF, que a Lei estadual 10.393/70 indexava a aposentadoria ao valor do salário-mínimo, o que é expressamente vedado pelo art. 7º, IV, da Constituição Federal. Nesse sentido, também é a Súmula Vinculante 4.[464]

Aqui ressaltou também o STF, que a alíquota da contribuição previdenciária também é perfeitamente possível considerando que não existe direito adquirido a regime jurídico e, a contribuição previdenciária possui natureza jurídica tributária, não havendo norma jurídica válida que confira o direito ao não recolhimento de tributo.

m) Segundo o STF, nos termos do MS 22.423/RS, julgado em 26.11.2015, *não há garantia* à continuidade de recebimento de adicional por tempo de serviço em percentual superior àquele previsto em legislação posterior sob o fundamento de direito adquirido.[465]

---

seu direito assim que cumpridos os requisitos mínimos para tanto, o segurado deixaria de perceber o benefício mensal desde já e ainda prosseguiria contribuindo para o sistema. Não faria sentido que, ao requerer o mesmo benefício posteriormente (aposentadoria), o valor da sua RMI fosse inferior àquele que já poderia ter obtido."

462. "(...) No mérito, considerou-se que o agravado **não teria direito adquirido** em continuar recebendo os **quintos incorporados** após a mudança de regime jurídico, tendo em conta a pacífica **jurisprudência** da Corte no sentido da inexistência de direito adquirido a regime jurídico. Asseverou-se que o agravado, ao ingressar no **STJ**, passara a ser regido por **novo regime jurídico**, diverso do da carreira do **Ministério Público**. Observou-se, ainda, não haver previsão dessa vantagem na Lei Orgânica da Magistratura – LOMAN (LC 35/79), não existindo, assim, **direito adquirido** do recorrido de manter vantagem concedida **antes** do seu ingresso na magistratura. Não obstante, reconheceu-se que deveriam ser **preservados** os valores da incorporação por ele já percebidos, em respeito ao princípio da boa-fé." **AI nº 410.946 AgR/DF**, rel. Min. Ellen Gracie, Julg. em **17.03.2010**. (Informativo 579 do STF)
463. **Rcl 37892** AgR/SP, STF. 1ª Turma red. p/ o ac. Min. Luiz Fux, julg. em **10.03.2020** (Informativo 969).
464. Súmula vinculante 4 do STF: *Salvo os casos previstos na Constituição, o salário mínimo não pode ser usado como indexador de base de cálculo de vantagem de servidor público ou de empregado, nem ser substituído por decisão judicial.*
465. Informativo 809 do STF: "Com base nessa orientação, o Plenário, em conclusão de julgamento e por maioria, denegou a segurança no tocante a percepção dos referidos adicionais. No caso, os impetrantes pretendiam restabelecer, sob a alegação de ofensa à coisa julgada e ao direito adquirido, a percepção da parcela relativa ao adicional por tempo de serviço, suprimida de seus proventos pelo TCU com base no art. 17 do ADCT (...). O Colegiado entendeu que, a partir da vigência da Lei 6.035/1974, seria incabível a pretensão dos impetrantes no sentido de manter a sistemática de aquisição de adicionais por tempo de serviço prevista na Lei 4.097/1962.

n) Entende o STF que o teto de retribuição (*teto remuneratório*) fixado pela EC nº 41/2003 é norma de eficácia imediata e, com isso, todas as verbas de natureza remuneratória recebidas pelos servidores públicos da União, dos Estados, do Distrito Federal e dos Municípios devem se submeter a ele, ainda que adquiridas de acordo com regime legal anterior.

Nesses termos, a aplicação imediata da EC nº 41/2003 e a redução das remunerações acima do teto ***não afronta o princípio da irredutibilidade*** *nem viola a garantia constitucional* ***do direito adquirido***. Portanto, com a EC nº 41/2003, quem recebia acima do teto fixado, teve a sua remuneração reduzida para respeitar o teto, e conforme o STF, essa redução é legítima.[466]

o) Conforme o STF, a concessionária de serviço público ***não tem direito adquirido*** à renovação do contrato de concessão de usina hidrelétrica. A União possui a faculdade de prorrogar ou não o contrato de concessão, tendo em vista o interesse público, não se podendo invocar direito líquido e certo a tal prorrogação. Dessa forma, a prorrogação do contrato administrativo insere-se no campo da discricionariedade.[467]

No que tange ao intitulado **ato jurídico perfeito**, ele pode ser definido como aquele ato que sob a égide de uma determinada normatividade (em consonância com a ordem jurídica) reuniu todos os elementos necessários a sua formação, estando, portanto, apto a produzir efeitos.

Conforme o clássico posicionamento do STF, amplamente divulgado pela doutrina, a observância (respeito) do **ato jurídico perfeito** se impõe a qualquer tipo de espécie de atos normativos, incluindo entre eles os atos normativos de ordem pública. Eles vão se distinguir do direito adquirido na medida em que o direito adquirido resulta diretamente da lei e o ato jurídico perfeito decorre diretamente da vontade de quem o originou, estando apenas em consonância com a lei.

Nesse ponto, *a perpetuação do direito a adicionais, na forma estabelecida em lei revogada, implicaria, na situação dos autos, na possibilidade de aquisição de direitos com base em regras abstratas decorrentes de sistema remuneratório já não mais em vigor, em clara afronta ao princípio da legalidade. Quanto a esse tema, a jurisprudência da Corte teria se consolidado no sentido de não haver direito adquirido a regime jurídico. Ademais, no julgamento do RE 146.331 EDiv/SP, DJU de 20.4.2007, – no qual se discutiu a legitimidade da cumulação de adicionais sob o mesmo fundamento, o chamado "efeito cascata" ou "repique", com base em decisão judicial proferida antes do advento da Constituição de 1988 –, o* ***Plenário decidiu que a coisa julgada não estaria a salvo da incidência do disposto no art. 17 do ADTC.*** *Esse entendimento teria sido ratificado no exame do RE 600.658/PE (DJe 16.6.2011), com repercussão geral."*

466. RE 609.381/GO, julg. em 02.10.2014, Pleno do STF, Rel. Min. Teori Zavascki. É interessante apenas acrescentar que, conforme o art.37 § 11 da CR/88: *Não serão computadas, para efeito dos limites remuneratórios de que trata o inciso XI do caput do art. 37, as parcelas de caráter indenizatório previstas em lei.* (Incluído pela Emenda Constitucional nº 47, de 2005)

467. No caso, a Lei nº 12.783/2013 subordinou a prorrogação dos contratos de concessão de geração, transmissão e distribuição de energia elétrica à aceitação expressa de determinadas condições. Se estas são recusadas pela concessionária, a Administração Pública não é obrigada a renovar a concessão. A Lei nº 12.783/2013 pode ser aplicada para a renovação de contratos ocorrida após a sua vigência mesmo que a assinatura do pacto original tenha ocorrido antes da sua edição. **RMS 34203/DF** e **AC 3980/DF**, STF. 2ª Turma Rel. Min. Dias Toffoli, julgados em **21.11.2017**.

Devemos ressaltar sobre o **ato jurídico perfeito** que a sua melhor tradução se encontra na própria explicitação pretoriana da lavra do Min. Celso de Mello, que nos mostra de forma clara toda a sua caracterização.[468] Nesses termos: "Os contratos submetem-se, quanto ao seu estatuto de regência, ao ordenamento normativo vigente à época de sua celebração. Mesmo os efeitos futuros oriundos de contratos anteriormente celebrados não se expõem ao domínio normativo de leis supervenientes. As consequências jurídicas que emergem de um ajuste negocial válido são regidas pela legislação em vigor no momento de sua pactuação. Os contratos – que se qualificam como atos jurídicos perfeitos (RT 547/215) – acham-se protegidos, em sua integralidade, inclusive quanto aos efeitos futuros, pela norma de salvaguarda constante do art. 5º, XXXVI, da Constituição da República. Doutrina e precedentes. – A incidência imediata da lei nova sobre os efeitos futuros de um contrato preexistente, precisamente por afetar a própria causa geradora do ajuste negocial, reveste-se de caráter retroativo (retroatividade injusta de grau mínimo), achando-se desautorizada pela cláusula constitucional que tutela a intangibilidade das situações jurídicas definitivamente consolidadas."

No que diz respeito ao tema ora debatido, ressaltamos a existência do verbete da **Súmula Vinculante nº 1** do STF que preleciona que: "Ofende a garantia constitucional do ato jurídico perfeito a decisão que, sem ponderar as circunstâncias do caso concreto, desconsidera a validez e a eficácia de acordo constante de termo de adesão instituído pela Lei Complementar nº 110/2001."

Também já decidiu o STF, que o art. 26 da Lei nº 8.177/71 é inconstitucional porque permite a incidência da TR (taxa referêncial) em substituição ao IPC (Índice de Preços ao Consumidor) nos contratos celebrados antes do início de sua vigência, o que se afigura incompatível com a garantia fundamental de proteção ao ***ato jurídico perfeito***, previsto no inciso XXXVI do art. 5º da Constituição Federal.[469]

Por último, sobre o ato jurídico perfeito, entendeu o STF, que as disposições da Lei nº 9.656/98, à luz do art. 5º, XXXVI, da Constituição Federal, somente incidem sobre os contratos celebrados a partir de sua vigência, bem como sobre os contratos que, firmados anteriormente, foram adaptados ao seu regime, sendo as respectivas disposições inaplicáveis aos beneficiários que, exercendo sua autonomia de vontade, optaram por manter os planos antigos inalterados.

No caso, temos que a a Lei nº 9.656/98 dispõe sobre os planos e seguros privados de assistência à saúde (Lei dos Planos de Saúde). Um debate interessante envolvendo o tema foi justamente sobre à possibilidade, ou não, de aplicação da Lei nº 9.656/98 aos contratos firmados anteriormente à sua vigência.

Pois bem, o STF, afirmou que os contratos celebrados antes da edição da Lei nº 9.656/98 não podem ser por ela atingidos. Assim sendo, o Pretório Excelso declarou

468. CUNHA JÚNIOR, Dirley da, 2008, p. 680; MORAES, Alexandre de, 2008; NOVELINO, Marcelo, 2009, p. 440.
469. ADI 3005/DF, STF. Plenário. Rel. Min. Ricardo Lewandowski, julgado em 01.07.2020 (Inf. 984).

inconstitucionais dispositivos da Lei nº 9.656/98 que estabeleciam que ela deveria incidir mesmo se o contrato tivesse sido celebrado antes da sua vigência. O fundamento foi o de que estaríamos diante qe uma afronta ao art. 5º, XXXVI, da CR/88, pois a lei não prejudicará o direito adquirido, o ato jurídico perfeito e a coisa julgada.[470]

É interessante que ao julgar o Tema 123 da repercussão geral, o STF reiterou a impossibilidade de aplicação da Lei nº 9.656/98 aos contratos firmados antes de sua vigência. A Corte fez, contudo, uma ressalva e disse: é possível que se aplique a Lei nº 9.656/98 para contratos celebrados antes da sua vigência desde que seja feita a opção prevista no art. 35 da Lei, com a adaptação ao seu regime.[471]

Para o STF, a vida democrática pressupõe segurança jurídica e não há segurança jurídica se uma lei nova desrespeita o ato jurídico perfeito e acabado, como é o caso de um contrato já assinado. Não se pode aplicar uma lei nova para relações contratuais já consolidadas, considerando que essas regras não existiam no momento da manifestação da vontade das partes.

Conforme o Pretório Excelso, as relações jurídicas livremente pactuadas, com o uso da autonomia da vontade, devem dar valor à segurança jurídica, conferindo-se estabilidade aos direitos subjetivos e, mais ainda, conhecimento inequívoco das regras às quais todos estão vinculados, bem como a tão importante previsibilidade das consequências de suas respectivas condutas.[472]

Nesses termos, dentro do debate sobre a possibilidade de retroatividade da Lei nº 9.656/98 a negócios jurídicos anteriores à sua vigência, devem ser aplicáveis as previsões constitucionais que preservam o ato jurídico perfeito, a segurança jurídica e, por sua relevância, a autonomia da vontade e a liberdade de contratar.

Além disso, o entendimento que tem sido consolidado no STF ao longo dos anos é contrário à possibilidade da retroatividade da lei nova, assegurando a máxima efetividade da norma constitucional carreada pelo art. 5º, XXXVI, da CR/88, ressalvada a aplicação da chamada retroatividade mínima, em situações excepcionais, a permitir que sejam temperadas para o futuro algumas relações jurídicas constituídas no passado.[473]

---

470. *A Lei nº 9.656/98, que disciplina os planos e seguros privados de assistência à saúde, é constitucional. Este diploma, contudo, não pode ser aplicado para contratos celebrados antes de sua vigência. Assim, são inconstitucionais os dispositivos da Lei nº 9.656/98 que determinavam a sua aplicação para contratos celebrados antes da sua edição.* STF. Plenário. **ADI 1931**/DF, Rel. Min. Marco Aurélio, julgado em **07.02.2018** (Informativo 890).
471. **RE 948634**, STF. Plenário. Rel. Min. Ricardo Lewandowski, julgado em **20.10.2020** (Repercussão Geral – Tema 123) (Inf. 995).
472. **RE 948634**, STF. Plenário. Rel. Min. Ricardo Lewandowski, julgado em **20.10.2020** (Repercussão Geral – Tema 123) (Inf. 995).
473. **RE 948634**, STF. Plenário. Rel. Min. Ricardo Lewandowski, julgado em **20.10.2020** (Repercussão Geral – Tema 123) (Inf. 995).

Desse modo, entendeu o Pretório Excelso, que os contratos de planos de saúde firmados antes do advento da Lei nº 9.656/98 podem ser considerados atos jurídicos perfeitos, e, como regra geral, estão blindados às mudanças supervenientes das regras vinculantes. Ademais, nos termos do art. 35 da Lei nº 9.656/98, assegurou-se, aos beneficiários dos contratos celebrados anteriormente ao início de sua vigência, a possibilidade de opção pelas novas regras, tendo o § 4º do mencionado dispositivo proibido que a migração fosse feita unilateralmente pela operadora.[474]

Temos também, que a ordem constitucional protege a ***coisa julgada*** (art. 5º, XXXVI) que é entendida como a decisão judicial que não cabe mais recurso (transitada em julgado)[475]. Essa proteção visa a garantir estabilidade nas relações humanas. Embora alguns autores, prefiram lançar mão de concepções juspositivistas, afirmando a importância da coisa julgada para a segurança jurídica[476].

Certo é que, essa proteção envolve tanto a coisa julgada formal como a coisa julgada material.[477] Todavia, é de se notar que, principalmente através do instru-

---

474. **RE 948634**, STF. Plenário. Rel. Min. Ricardo Lewandowski, julgado em **20.10.2020** (Repercussão Geral – Tema 123) (Inf. 995). Aqui apenas ressaltamos, que o STJ faz a seguinte ponderação: *Embora as regras da Lei nº 9.656/98 não retroajam para atingir contratos celebrados antes de sua vigência, a eventual abusividade das cláusulas pode ser aferida à luz do Código de Defesa do Consumidor. Isto porque o contrato de seguro de saúde é obrigação de trato sucessivo, que se renova ao longo do tempo e, portanto, se submete às normas supervenientes, especialmente às de ordem pública, a exemplo do CDC, o que não significa ofensa ao ato jurídico perfeito.* STJ. 4ª Turma. AgInt no AREsp 970.611/SP, Rel. Min. Marco Buzzi, julgado em 15/05/2018.

475. Nos termos do RE nº 666.589 julg. em **25.03.2014**: *Conta-se o prazo decadencial de ação rescisória, nos casos de existência de capítulos autônomos, do trânsito em julgado de cada decisão. Essa a conclusão da 1ª Turma, que proveu recurso extraordinário para assentar a decadência do direito e, por conseguinte, negar seguimento ao pedido rescisório.* Discutia-se a conceituação da coisa julgada e o momento preciso em que ocorre o fenômeno, considerado o início da fluência do prazo decadencial para a propositura da ação rescisória. (...) *Frisou que o STF admitiria a coisa julgada progressiva, ante a recorribilidade parcial também no processo civil. Sublinhou que a coisa julgada, reconhecida no art. 5º, XXXVI, da CF como cláusula pétrea, constituiria aquela que pudesse ocorrer de forma progressiva quando fragmentada a sentença em partes autônomas. Assinalou que, ao ocorrer, em datas diversas, o trânsito em julgado de capítulos autônomos da sentença ou do acórdão, ter-se-ia a viabilidade de rescisórias distintas, com fundamentos próprios. Enfatizou que a extensão da ação rescisória não seria dada pelo pedido, mas pela sentença, que comporia o pressuposto da rescindibilidade.* (Informativo 740 do STF). O STF decidiu da mesma forma na ACO nº 1995 em 2015. Já o STJ pensa diferente. Segundo o STJ *é incabível o trânsito em julgado de capítulos da sentença ou acórdãos em momentos distintos, a fim de evitar tumulto processual de corrente de inúmeras coisas julgadas em um mesmo feito* (REsp. 736.650/2014).

476. Entendemos que a proteção a coisa julgada também se engloba na lógica do modelo constitucional do processo que será a seguir estudado (próximo tópico intitulado de: *devido processo legal constitucional*).

477. Porém, devemos ressaltar que a proteção da coisa julgada ***não se estende a chamada coisa julgada administrativa***, RE 144.996 de Rel. Min. Moreira Alves. Sobre a ***coisa julgada material*** questão interessante é a relacionada a ser ou não possível a *reabertura da investigação e o oferecimento de denúncia se o inquérito policial havia sido arquivado com base em excludente de ilicitude.* Aqui duas correntes: **1)** *Para o STJ, o arquivamento do inquérito policial com base na existência de causa excludente da ilicitude faz coisa julgada material e impede a rediscussão do caso penal. Segundo o STJ, o art. 18 do CPP e a Súmula 524 do STF permitem o desarquivamento do inquérito caso surjam provas novas. No entanto, essa possibilidade só existe na hipótese em que o arquivamento ocorreu por falta de provas, ou seja, por falta de suporte probatório mínimo (inexistência de indícios de autoria e certeza de materialidade).* STJ. 6ª Turma. REsp 791.471/RJ, Rel. Min. Nefi Cordeiro, julg. em **25.11.2014**; **2)** *Já para o STF, o arquivamento de inquérito policial em razão do reconhecimento de excludente de ilicitude não faz coisa julgada material. Logo, surgindo novas provas seria possível reabrir o inquérito policial, com base no art. 18 do CPP e na Súmula 524 do STF. STF.* 1ª T. HC 95211, Rel. Min. Cármen Lúcia, julg. em **10.03.2009**. STF. 2ª T. HC 125101/SP, Rel. p/ o ac. Min. Dias Toffoli, julg. em **25.08.2015.**

mental da ***proporcionalidade***, o STF e o STJ vêm cada vez mais aceitando o balanceamento (sopesamento) de tal garantia constitucional, resultando no seu afastamento caso a caso, o que é conhecido como ***relativização da coisa julgada***. Como exemplo, temos a decisão do STF no **RE nº 363889**, sobre investigação de paternidade:

> *Direito processual civil e constitucional. Repercussão geral reconhecida. Ação de Investigação de Paternidade declarada extinta, com fundamento em coisa julgada, em razão da existência de anterior demanda em que não foi possível a realização de exame de DNA, por ser o autor beneficiário da justiça gratuita e por não ter o Estado providenciado a sua realização. Repropositura da ação. Possibilidade, em respeito à prevalência do direito fundamental à busca da identidade genética do ser, como emanação de seu direito de personalidade. 1. É dotada de repercussão geral a matéria atinente à possibilidade da repropositura de ação de investigação de paternidade, quando anterior demanda idêntica, entre as mesmas partes, foi julgada improcedente, por falta de provas, em razão da parte interessada não dispor de condições econômicas para realizar o exame de DNA e o Estado não ter custeado a produção dessa prova. 2. Deve ser relativizada a coisa julgada estabelecida em ações de investigação de paternidade em que não foi possível determinar-se a efetiva existência de vínculo genético a unir as partes, em decorrência da não realização do exame de DNA, meio de prova que pode fornecer segurança quase absoluta quanto à existência de tal vínculo. 3. Não devem ser impostos óbices de natureza processual ao exercício do direito fundamental à busca da identidade genética, como natural emanação do direito de personalidade de um ser, de forma a tornar-se igualmente efetivo o direito à igualdade entre os filhos, inclusive de qualificações, bem assim o princípio da paternidade responsável.*[478]

Um dos principais fatores condicionantes dessa interpretação permissiva é a chamada ***coisa julgada inconstitucional*** (*que se torna inconstitucional*), em virtude de decisões dos Tribunais Superiores, principalmente do STF. Nesses termos, é bom deixar assente, que o próprio STF já chegou a **afastar** a aplicação da **Súmula nº 343** (*"não cabe a ação rescisória por ofensa a literal disposição de lei, quando a decisão rescindenda se tiver baseado em texto legal de interpretação controvertida nos tribunais."*)[479] para que fosse possível a ação rescisória[480].

---

478. **RE 363889**, *STF, Pleno, Rel.* Min. Dias Toffoli, julg. em **02.06.2011**. Porém, já afirmou o STJ, na lavra do Ministro Paulo de Tarso Sanseverino que: *a existência de admissão de reanálise de negativa de paternidade transitada em julgado depende da demonstração de insuficiência de provas no primeiro processo ou de dúvida razoável sobre a existência de fraude em teste de DNA anteriormente realizado. Nesta última hipótese, deve haver fundamentação concreta sobre os motivos que colocariam sob suspeita o exame genético. Entendimento é da 3ª turma do STJ ao reformar acórdão do TJ/MG que, analisando novo pedido de investigação de paternidade, entendeu que a coisa julgada poderia ser relativizada diante de incertezas sobre o procedimento genético.*

479. Segundo o Ministro Teori Zavascki, o fundamento que inspirou a *Súmula 343*, é o de que se há nos tribunais divergência sobre um mesmo preceito normativo, é porque ele comporta mais de uma interpretação, significando que não se pode qualificar qualquer dessas interpretações, mesmo a que não seja a melhor, como ofensiva ao teor literal da norma interpretada. Trata-se da chamada *"doutrina da tolerância da razoável interpretação da norma"*.

480. RE 567765 AgR, 1ª Turma do STF. Rel. Min. Rosa Weber, julgado em 16.04.2013. O argumento para afastar a súmula e permitir a ação rescisória era o de que violar a Constituição seria muito mais grave que ofender uma lei infraconstitucional. Assim, se a sentença transitada em julgado estivesse em confronto com a interpretação atual da CR/88, ela deveria ser rescindida, mesmo que, na época em que prolatada, aquele fosse o entendimento majoritário.

Entendia o STF, de forma ampla, que se a controvérsia fosse constitucional (que seria mais grave do que a infraconstitucional) a *Súmula 343* poderia ser afastada. Nesses termos: [...] Ação Rescisória. Matéria constitucional. **Inaplicabilidade da Súmula 343/STF.** 5. A manutenção de decisões das instâncias ordinárias divergentes da interpretação adotada pelo STF revela-se **afrontosa** à **força normativa da Constituição e ao princípio da máxima efetividade da norma constitucional.** 6. Cabe ação rescisória por ofensa à literal disposição constitucional, ainda que a decisão rescindenda tenha se baseado em interpretação controvertida, ou seja, anterior à orientação fixada pelo Supremo Tribunal Federal. 7. Embargos de Declaração rejeitados, mantida a conclusão da Segunda Turma para que o Tribunal *a quo* aprecie a ação rescisória.[481]

Acontece que, esse posicionamento do STF, de afastar a Súmula 343 se a controvérsia for constitucional (diferenciando *violação à norma constitucional de violação de norma infraconstitucional*), se modificou.

O STF, em recente julgado, decidiu aplicar a **Súmula 343** em um caso que envolvia ação rescisória tratando sobre matéria constitucional. O ministro Marco Aurélio (relator) no **RE 590.809,** julgado pelo pleno do STF em **22.10.2014**, afirmou que, mesmo estando em jogo matéria constitucional (controvérsia sobre norma constitucional) deve prevalecer, em tese, a regra da súmula 343 do STF.

A exceção, segundo ministro, seria "se a sentença transitada em julgado baseou-se em uma lei e esta foi, posteriormente, declarada inconstitucional pelo STF com eficácia *erga omnes* e sem modulação de efeitos, nesse caso caberia ação rescisória, afastando-se a súmula 343 do STF".[482] Com isso, se a sentença foi proferida com base na jurisprudência do STF vigente à época e, posteriormente, esse entendimento foi alterado pelo STF, não se pode dizer que essa decisão impugnada tenha violado literal disposição de lei. Desse modo, **não cabe ação rescisória** em face de acórdão que, à época de sua prolação, estava em *conformidade* com a jurisprudência predominante do STF.

Em outro giro, é importante deixarmos assente também que, nos termos de recente decisão do STF, a ***coisa julgada*** sobre relações jurídicas de trato continuado funciona segundo a cláusula ***"rebus sic stantibus"*** (*somente enquanto as coisas permanecerem do modo que estão*).

Se houver modificação na situação de fato, a coisa julgada deixa de produzir seus efeitos. Portanto, "não atenta contra a coisa julgada o entendimento de que, em face de efetiva alteração do estado de direito superveniente, a sentença anterior, a partir de então, deixa de ter eficácia. Assim, modificadas as premissas originalmente adotadas pela sentença, a cessação de seus efeitos, via de regra, é imediata e automática, sem depender de novo pronunciamento judicial.

481. RExt nº **328.812**. Rel. Min. Gilmar Mendes. Julgado em **06.03.2008**, ***DJ*** 02.05.2008.
482. RExt nº 590.809. Rel. Min. Marco Aurélio. Julgado em **22.10.2014**.

Com base nessa orientação, a 2ª Turma do STF no MS 32435/AgR/DF, por maioria, decidiu que o TCU agiu corretamente ao determinar a supressão do percentual de 28,86% dos proventos de servidora de universidade federal. Percentual esse, que tinha sido determinado por decisão judicial transitada em julgado. Nesse sentido, conforme o informativo 793 do STF: "(...) A força vinculativa das sentenças sobre relações jurídicas de trato continuado atua *rebus sic stantibus*: sua eficácia permanece enquanto se mantiverem inalterados os pressupostos fáticos e jurídicos adotados para o juízo de certeza estabelecido pelo provimento sentencial. A superveniente alteração de qualquer desses pressupostos determina a imediata cessação da eficácia executiva do julgado, independentemente de ação rescisória ou, salvo em estritas hipóteses previstas em lei, de ação revisional. (...)".[483]

Por último, é importante fazermos referência a julgados do STF sobre a ***teoria do fato consumado*** na relação com o ***princípio da segurança jurídica*** e da ***estabilidade das relações sociais***. Segundo a ***teoria do Fato Consumado***, as situações jurídicas consolidadas pelo decurso do tempo, amparadas por decisão judicial, não devem ser desconstituídas, em razão do princípio da segurança jurídica e da estabilidade das relações sociais.

Nesses termos, de acordo com esse posicionamento, se uma decisão judicial autorizou determinada situação jurídica e, após muitos anos, constatou-se que tal solução não era acertada, ainda assim ela não deve ser desconstituída, para que não haja insegurança jurídica. Nesse sentido, seria uma espécie de convalidação da situação pelo decurso de longo prazo.

Porém, a ***teoria do Fato Consumado*** não é admitida pelo STF no caso de posse em cargo público por força de decisão judicial provisória. Pelo menos *em regra*, não produzem ***fato consumado*** a posse e o exercício em cargo público decorrentes de decisão judicial tomada à base de cognição não-exauriente.

---

483. **MS 32.435AgR/DF**, 2ª Turma, julg. em **04.08.2015**: (...) *Direito à diferença de percentual remuneratório de 28,86%, inclusive para o futuro, reconhecido por sentença transitada em julgado. Perda da eficácia vinculante da decisão judicial, em razão da superveniente alteração dos pressupostos fáticos e jurídicos que lhe deram suporte. Submissão à cláusula rebus sic stantibus. Inexistência de ofensa à garantia da coisa julgada.* 1. Conforme entendimento da Corte, *o procedimento administrativo complexo de verificação das condições de validade do ato de concessão inicial de aposentadoria, reforma e pensão não se sujeita à regra prevista no art. 54 da Lei 9.784/99. 2. A força vinculativa das sentenças sobre relações jurídicas de trato continuado* atua *rebus sic stantibus*: sua eficácia permanece enquanto se mantiverem inalterados os pressupostos fáticos e jurídicos adotados para o juízo de certeza estabelecido pelo provimento sentencial. A superveniente alteração de qualquer desses pressupostos determina a imediata cessação da eficácia executiva do julgado, independentemente de ação rescisória ou, salvo em estritas hipóteses previstas em lei, de ação revisional. 3. No caso, após o trânsito em julgado da sentença que reconheceu o direito à diferença de 28,86% nos vencimentos do servidor, sobreveio, além da sua aposentadoria, substancial alteração no estado de direito, consistente na edição da MP 1.704/1998, que estendeu o aumento inicialmente concedido aos servidores militares aos servidores civis, e de leis posteriores reestruturadoras da Carreira de Magistério Superior (Lei 10.405/2002, que alterou a tabela de vencimentos dos professores de 3º grau, a Lei 11.344/2006, que reestruturou a carreira dos professores de 3º grau, e a Lei 11.784/2008, que instituiu a Gratificação Temporária para o Magistério – GTMS e a Gratificação Específica do Magistério Superior – GEMAS, dentre outras). *Por força dessa superveniente mudança do quadro fático e normativo que dera suporte à condenação, deixou de subsistir a eficácia da sentença condenatória.* 4. Agravo regimental provido."

Para o STF, conforme o RE 608482/RN, julgado em 07.08.2014, não é compatível com o regime constitucional de acesso aos cargos públicos a manutenção no cargo, sob fundamento de ***fato consumado***, de candidato não aprovado que nele tomou posse em ***decorrência de execução provisória de medida liminar ou outro provimento judicial de natureza precária***, supervenientemente revogado ou modificado. Igualmente incabível, em casos tais, invocar o *princípio da segurança jurídica* ou o da *proteção da confiança legítima*.[484]

Com isso, a posse ou o exercício em cargo público por força de decisão judicial de caráter provisório ***não implica*** a manutenção, em definitivo, do candidato que não atende a exigência de prévia aprovação em concurso público (art. 37, II, da CR/88), valor constitucional que prepondera sobre o interesse individual do candidato, que não pode invocar, na hipótese, o princípio da proteção da confiança legítima[485], pois conhece a precariedade da medida judicial.[486]

Porém, conforme a 1ª Turma do STF no RE 740029 AgR/DF, a situação é diferente (exceção) se a pessoa, após permanecer vários anos no cargo, conseguiu a concessão de aposentadoria. Neste caso, em razão do elevado grau de estabilidade da situação jurídica, o ***princípio da proteção da confiança legítima*** incide com maior intensidade. Aqui temos uma excepcionalidade que autoriza a distinção (***distinguish***) quanto ao *leading case* do RE 608482/RN.

No mesmo sentido é o posicionamento do STJ. Assim, quando o exercício do cargo foi amparado por decisões judiciais precárias e o ***servidor se aposentou***, antes do julgamento final do mandado de segurança, por tempo de contribuição durante esse exercício e após legítima contribuição ao sistema, a denegação posterior da segurança que inicialmente permitira ao servidor prosseguir no certame não pode ocasionar a cassação da aposentadoria.[487]

484. RE 608482/RN, STF. Plenário. Rel. Min. Teori Zavascki, julgado em 07.08.2014 (repercussão geral) (Info 753) O STJ tem o mesmo entendimento: *(...) Esta Corte já pacificou o entendimento de que candidatos que acabam por participar das demais etapas do certame por força de decisões judiciais passíveis de reforma, não têm direito adquirido à nomeação definitiva, uma vez que não se pode perpetuar uma situação precária. Como cediço, o candidato continua na disputa por uma vaga, consciente de que sua situação ainda encontra-se pendente de julgamento, ou seja, com o iminente risco de reversão. (...)* STJ. 1ª Turma. AgRg no AREsp 474.423/RS, Rel. Min. Napoleão Nunes Maia Filho, julgado em 04.04.2017.

485. O ***princípio da confiança legítima*** *indica que os comportamentos adotados pelo Estado, em virtude da presunção de legitimidade, geram no particular a confiança de que são atos legais. Logo, o administrado não pode ser prejudicado caso esse ato seja desfeito (revogado ou anulado) já que, de boa-fé, acreditou (confiou) que eram legítimos.* Em situações envolvendo concurso público, *em regra, não faz sentido invocar-se o princípio da* ***proteção da confiança legítima****, haja vista que o candidato beneficiado com a decisão não desconhece que o provimento jurisdicional tem natureza provisória e que pode ser revogado a qualquer momento, acarretando automático efeito retroativo. Salientamos que a concessão da tutela antecipada corre por conta e responsabilidade do requerente.*

486. RE 608482/RN, STF. Plenário. Rel. Min. Teori Zavascki, julgado em 07.08.2014 (repercussão geral) (Info 753).

487. **MS 20.558-DF**, STJ. 1ª Seção. Rel. Min. Herman Benjamin, julgado em **22.02.2017**.

10. O DIREITO AO DEVIDO PROCESSO LEGAL (CONSTITUCIONAL) E SEUS PRINCÍPIOS CORRELATOS

10.1. Devido Processo Legal, Contraditório, Ampla Defesa, Juiz Natural, Acesso à Justiça e Duração Razoável do Processo

Para muitos autores,[488] o surgimento da proteção estatal ao devido processo legal decorre de uma complexa e longa história ocidental, cujas raízes podem ser buscadas na Magna Carta de 1215. Por meio do pacto estabelecido entre o Rei João e os barões, reconheceu-se uma série de privilégios dentre os quais o previsto no Capítulo 39: "nenhum homem será detido ou preso, nem privado de seus bens, banido ou exilado ou, de algum modo, prejudicado, nem agiremos ou mandaremos agir contra ele, senão mediante um ***juízo legal*** de seus pares ou segundo a ***lei da terra***".[489]

Desse modo, os privilégios consagrados não poderiam ser cassados ou revogados de modo unilateral, pela simples vontade e desejo do Rei. De modo duplo tal dispositivo fixou não apenas que a autoridade estaria presa (adstrita) a agir em conformidade com procedimentos preestabelecidos pela lei, como, ainda, que os direitos só poderiam sofrer limitações em conformidade com a ***"lei da terra"*** (***law of the land***), que por sua vez remetia à ideia de direito costumeiro – aquele decorrente de sedimentações de decisões judiciais passadas[490] – que funcionava como um limite à ação legislativa do Rei ou do Parlamento em ascensão.

Importante, ainda, creditar aos julgamentos de Lord Coke (*Chief Justice* da *Court of Common Pleas*), no início do século XVII, e aos escritos de William Blackstone (*Commentaries on the Laws of England*), no século XVIII, a solidificação da proteção jurisdicional ao devido processo legal, agora no sentido de garantia de um ***juízo imparcial***, com garantia do contraditório entre as partes, direito de defesa e de recursos a fim de que os julgamentos pudessem atingir o maior grau de "justiça" possível; e ainda, como limite material aos atos das autoridades públicas.[491]

A Constituição norte-americana de 1787, incorporou tal leitura do devido processo legal (***due process of law***) por intermédio das Emendas V e XIV, garantindo a todos a necessidade de um "processo" – aqui entendido não apenas em decisão do Judiciário, mas ao transcurso ***imparcial*** dos atos procedimentais – para que alguém seja privado de sua vida, propriedade ou liberdade, vedando, assim, qualquer possibilidade de decisão política legislativa sobre tais temas.

Inicialmente, tal norma foi compreendida exclusivamente em sua dimensão formal, como no julgamento *Marbury vs. Madison*, de 1803, limitando-se a impugnar

488. BARACHO, José Alfredo de Oliveira. *Processo e Constituição*: o devido processo legal, p. 87. VIEIRA, Oscar Vilhena, *Direitos fundamentais*: uma leitura da jurisprudência do STF, p. 474.
489. VIEIRA, Oscar Vilhena, *Direitos fundamentais*: uma leitura da jurisprudência do STF, p. 474.
490. BARACHO, José Alfredo de Oliveira. *Processo e Constituição: o devido processo legal*, p. 87.
491. VIEIRA, Oscar Vilhena, *Direitos fundamentais*: uma leitura da jurisprudência do STF, p. 476.

ato legislativo que "havia sido produzido à margem das competências formais"[492] conferidas. Porém, em 1905, no caso *Lochner vs. New York*,[493] a Suprema Corte adotou uma compreensão mais ampla, autorizando ao Judiciário uma análise da legislação a fim de verificar sua conformidade aos princípios constitucionais (como liberdade ou propriedade).

O que se tem aqui, é a análise da ***substância*** da lei, abrindo espaço para a construção de um ***devido processo substantivo***. Tal construção é muito criticada na doutrina norte-americana, uma vez que pressupõe uma autorização para que o Judiciário ataque a normatividade das decisões do Legislativo. Dito de outro modo, o argumento de crítica afirma que um **grupo de supostos especialistas** estaria autorizado a validar (ou não) as decisões tomadas pelos representantes democráticos da sociedade e decidir se esses representantes fizeram (ou não) um bom trabalho.

Todavia, não é bem verdade, já que há um limite para o controle jurisdicional. O Judiciário está limitado a intervir, apenas e exclusivamente, para proteção das normas constitucionais. Toda matéria que não entre em choque com as normas constitucionais está, portanto, reservada a deliberação democrática do Legislativo. Logo, a noção de **devido processo substantivo** se apresenta como um reforço (ou mesmo um mecanismo de proteção) da superioridade hierárquica da Constituição, como norma acima das demais.[494]

Importante, ainda, destacar que o **devido processo substantivo** é comumente confundido, entre os constitucionalistas brasileiros, **confundido** com a ***regra (ou para muitos: princípio) de proporcionalidade*** do Direito alemão.[495] Na teoria germânica, a análise legal se dá a partir de uma leitura axiológica do direito, a partir de uma equivalência das normas com valores. Isso é muito diferente da perspectiva norte-americana, pois enquanto o judiciário alemão, valendo-se da proporcionalidade, busca imaginar-se (e muitas vezes, usurpar) na função de Poder Constituinte, projetando um modelo de sociedade conforme a carga valorativa pessoal de cada magistrado, a tradição do devido processo substantivo,

---

492. VIEIRA, Oscar Vilhena, *Direitos fundamentais*: uma leitura da jurisprudência do STF, p. 477.
493. *Lochner vs. New York*, 1485 U.S. 45 (1905).
494. John Hart Ely é um autor importante sobre a legitimidade do controle de constitucionalidade na tradição dos EUA. Para ele, o Judiciário não está autorizado a anular toda e qualquer deliberação, assim como também não pode ficar de braços cruzados deixando os demais "Poderes" constituídos fazer o que quiserem da Constituição. Em sua forma de ver, o Judiciário tem um importante papel, desobstruindo os bloqueios criados no curso do processo legislativo que impeçam o real debate constitucional. Metaforicamente, seria como imaginar o Judiciário como árbitro esportivo num jogo argumentativo entre os diversos blocos e facções ideológicas existentes no Legislativo. Como árbitro, ele não pode dizer quem ganha ou quem perde, quem tem ou não razão, ele apenas atua para que o jogo que está em prática seja um jogo limpo, isto é, imparcial, sem vantagens antecipadas ou privilégios para um grupo. (*Democracy and distrust, 1980*)
495. VIEIRA, Oscar Vilhena, *Direitos fundamentais*: uma leitura da jurisprudência do STF, p. 483. ALEXY, Robert. *Teoría de los derechos fundamentales*. HESSE, Konrad. *Elementos de direito constitucional da República Federal da Alemanha*.

nos Estados Unidos, afirma um controle da atividade legislativa numa perspectiva hermenêutica-argumentativa.

Não se pode perder de vista que os EUA assumem a tradição do ***stare decisis*** (precedentes judiciais), de modo que o controle judicial da atividade legislativa pauta-se a partir dos parâmetros demarcados pelos próprios julgados, vinculando os tribunais, e por isso mesmo, indiretamente, o Legislativo ao conjunto de decisões já estabelecidas no passado, revelando, assim, certa dose de apego às tradições e práticas jurídicas pretéritas (convencionalismo).[496]

A Constituição brasileira de 1988 abre-se com a afirmação de se constituir como um "Estado Democrático de Direito", revelando, assim, uma constante preocupação com o exercício legítimo do Poder Público[497] e, por isso mesmo, denotando uma forte preocupação com o processo como instituto jurídico garantidor dessa legitimidade.

Mas, para que isso seja bem compreendido, é preciso que superemos de vez a arcaica noção de processo como ***"instrumento da jurisdição"*** veiculada por autores ligados à Escola Paulista de Processo (que abrange diversas faculdades de direito).[498]

Sua origem remonta à vinda do processualista italiano Enrico Túlio Liebman para o Brasil. Seguindo a tradição ítalo-germânica que supera a leitura privatística do processo,[499] Oskar von Bülow, em 1868, ganha destaque no cenário jurídico, afirmando que o processo se apresenta na forma de uma "relação jurídica" entre o magistrado, o autor e o réu. Como consequência disso, haveria um enlace de direitos e obrigações entre os sujeitos processuais, mas, principalmente, um vínculo de subordinação do autor e do réu ao juiz.[500]

Se por um lado positivo o pensamento de Bülow foi importante para realizar uma completa cisão entre direito material e direito processual, por outro levou a uma leitura que confundia o ***processo*** com a ***jurisdição***, colocando o primeiro (processo) a serviço do segundo (jurisdição), como um instrumento.[501]

496. DWORKIN, Ronald, *O império do direito.*
497. VIEIRA, Oscar Vilhena, Direitos *fundamentais*: uma leitura da jurisprudência do STF, p. 484.
498. Para detalhes remetemos à obra: FERNANDES, Bernardo Gonçalves; QUINAUD PEDRON, Flávio, *Poder judiciário e(m) crise*, 2008.
499. Inicialmente entendeu-se, com Pothier (1800), que o processo seria constituído na forma de um *contrato* entre os sujeitos processuais, no qual as partes se obrigariam livremente a acatar a decisão jurisdicional independentemente do seu resultado. Posteriormente, Savigny e Guényvau reconheceram que a participação do réu na dinâmica processual se dava independentemente de sua vontade, razão pela qual o processo não mais poderia ser considerado como um contrato, passando a ser designado como um *quase-contrato*.
500. BÜLOW, Oskar Von, *La teoría de las excepciones procesales y los presupuestos procesales*, p. 2.
501. DINAMARCO, Cândido Rangel. *A instrumentalidade do processo.* "*Falar em instrumentalidade do processo, pois, não é falar somente nas suas ligações com a lei material. O Estado é responsável pelo bem-estar da sociedade e dos indivíduos que a compõem: e, estando o bem-estar social turbado pela existência de conflitos entre pessoas, ele se vale do sistema processual para, eliminando os conflitos, devolver à sociedade a paz desejada. O processo é uma realidade desse mundo social, legitimada por três ordens de objetivos que através dele e mediante o exercício da jurisdição o Estado persegue: sociais, políticos e jurídicos. A consciência dos escopos da jurisdição e, sobretudo do seu escopo social magno da pacificação social constitui fator importante para a compreensão da instrumentalidade do processo, em*

Na verdade, tal teoria não pode prosperar, já que contribui para a perda de legitimidade da decisão jurisdicional, uma vez que **"hipertrofia"** o papel **do magistrado** dentro da dinâmica processual, causando, em nossa ótica, perda de legitimidade decisória e um verdadeiro bloqueio para a abertura dialógica entre o magistrado e as partes.[502]

Preocupado com a questão da **legitimidade** dos atos estatais, notadamente do Judiciário, o jurista **Elio Fazzalari**[503] coloca a discussão em uma nova perspectiva. Primeiro, irá partir de uma distinção satisfatória entre ***processo e procedimento***. Deslocando o segundo (**o procedimento**) do campo da teoria do processo para o seu devido lugar na teoria geral do direito, Fazzalari ressalta a necessidade, após o advento do Estado de Direito, de produção de toda decisão estatal – seja qual for sua natureza: administrativa, legislativa ou jurisdicional, se proveniente, respectivamente, do Executivo, do Legislativo ou do Judiciário –, a partir de uma cadeia de atos necessariamente fixados previamente pela Constituição ou pela legislação constitucional (princípio da reserva legal).[504]

Dessa forma, a autoridade pública não detém poderes para com sua simples vontade dotar de existência e normatividade qualquer ato jurídico. Todo ato então de caráter imperativo, que Fazzalari denomina de ***provimento*** (lei, ato administrativo, sentença) é produzido por um ***procedimento***[505] – que é tal cadeia de atos – construído por lei e estruturado logicamente. O ***processo***, então, seria uma espécie de procedimento no qual se faz presente a figura do ***contraditório***.[506]

Com isso, Fazzalari afasta, mais uma vez, a noção de que o processo seria atividade eminentemente ligada à atividade jurisdicional, sendo, portanto, correto afirmar a existência (também) de um processo legislativo[507] e de um processo administrativo.

---

sua conceituação e endereçamento social e político." CINTRA, Antônio Carlos de Araújo; GRINOVER, Ada Pellegrini; DINAMARCO, Cândido Rangel, *Teoria geral do processo*, p. 41.

502. NUNES, Dierle, *O recurso como possibilidade jurídico-discursiva das garantias do contraditório e da ampla defesa*, p. 53.

503. FAZZALARI, Elio, *Istituzioni di diritto processuale*. GONÇALVES, Aroldo Plínio, *Técnica processual e teoria do processo*; 2001.

504. *"O procedimento é uma atividade preparatória de um determinado ato estatal, atividade regulada por uma estrutura normativa, composta de uma sequência de normas, de atos e de posições subjetivas, que se desenvolvem em uma dinâmica bastante específica, na preparação do provimento. O provimento é ato do Estado, de caráter imperativo, produzido pelos seus órgãos no âmbito de sua competência, seja um ato administrativo, um ato legislativo ou um ato jurisdicional."* GONÇALVES, Aroldo Plínio, *Técnica processual e teoria do processo*, p. 102-103.

505. FAZZALARI, Elio. *Istituzioni di diritto processuale*, p. 78-79.

506. *"Há processo onde houver o* ***procedimento realizando-se em contraditório*** *entre os interessados, e a essência deste está na 'simétrica paridade' da participação, nos atos que preparam o provimento, daqueles que nele são interessados porque, como seus destinatários, sofrerão seus efeitos."* GONÇALVES, Aroldo Plínio, *Técnica processual e teoria do processo*, p. 115.

507. CATTONI DE OLIVEIRA, Marcelo Andrade, *Devido processo legislativo*. Lembra Aroldo Plínio Gonçalves (*Técnica processual e teoria do processo*) que, na compreensão de Fazzalari, o processo legislativo sempre é um processo, uma vez que *"sempre se realiza com a participação de parlamentares que representem e reproduzem os interesses divergentes dos grupos e comunidades dos cidadãos"*.

O elemento, então, necessário para que o procedimento receba a qualidade de processo, passa a ser a presença do ***contraditório***. Todavia, o contraditório não pode mais ser compreendido como o direito a ser ouvido pelo juiz ou direito à bilateralidade da audiência, como querem as teorias tradicionais. Acontece que tais compreensões – derivadas da doutrina italiana[508] – apenas vislumbram o contraditório em seu aspecto estático, ainda ligado à estrutura procedimental monológica e dirigida pela perspectiva do magistrado.[509]

Hoje, o **contraditório** é entendido como simétrica paridade das partes na preparação do provimento.[510] Por isso mesmo, importante ter em mente que o contraditório é garantia das partes, ou seja, daqueles a quem se destinam os efeitos do provimento. Sua inobservância representa causa de ***nulidade***, de modo que deve sempre ser observado.

A noção de **devido processo legal**, então, deve abarcar não apenas o **princípio do contraditório**,[511] como ainda **outros princípios**, sendo eles: ampla defesa, direito ao recurso, juízo natural, direito ao advogado, entre outros. Por isso mesmo, Andolina e Vignera[512] observam que os **princípios processuais** uma vez consagrados nos textos das Constituições contemporâneas – a Constituição de 1988 não é uma exceção, vide o art. 5º, LIV – traçam um esquema geral de processo (*modelo constitucional do processo*).

Logo, a noção de **devido processo** ultrapassa a esfera da legalidade, como conjunto de normas infraconstitucionais, e se insere à órbita da constitucionalidade, permitindo a afirmação não mais de um "devido processo legal", mas agora de um ***devido processo constitucional***.[513]

508. NUNES, Dierle José Coelho, *O princípio do contraditório*, p. 77.
509. A afirmação aparece, na lição de Dinamarco, Cintra e Grinover (*Teoria geral do processo*, p. 55), que reduz o contraditório à bilateralidade da audiência: *"O princípio do contraditório também indica a atuação de uma garantia fundamental de justiça: absolutamente inseparável da distribuição da justiça* ***[sic]*** *organizada, o princípio da audiência bilateral encontra expressão no brocado romano* ***audiatur et pars***.*"*
510. Segundo Fazzalari (*Istituzioni di diritto processuale*, p. 82), caracterizam a estrutura do contraditório os seguintes elementos: *(1) participação dos destinatários do ato final na fase preparatória do mesmo; (2) simétrica paridade desses interessados; (3) mútua implicação de seus atos; (4) relevância de tais atos para o ato final.*
511. **HC nº 84.517/SP** julg. em **19.10.2004** de Rel. Min Sepúlveda Pertence: "Ofende a garantia constitucional do contraditório fundar-se a condenação exclusivamente em elementos informativos do inquérito policial não ratificados em juízo. Com base nesse entendimento, a Turma deferiu habeas corpus para anular decisão que condenara o paciente pela prática do delito previsto no art. 157, § 2º, I e II, do CP."
512. ANDOLINA, Ítalo; VIGNERA, Giuseppe, *Il modelo Costituzionale del processo civile italiano – corso di lesioni*, p. 13.
513. Segundo o STF, viola o princípio do ***devido processo legal*** a inscrição de unidade federativa em cadastros de inadimplentes antes de iniciada e julgada tomada de contas especial pelo Tribunal de Contas da União. Nesses casos, mostra-se necessária a tomada de contas especial e sua respectiva conclusão, a fim de reconhecer que houve realmente irregularidades. Portanto, apenas a partir desse momento é que seria possível a inscrição do ente nos cadastros de restrição ao crédito organizados e mantidos pela União. 1ª Turma do STF, AC 2614/PE, AC 781/PI e AC 2946/PI, julg. em **23.06.2015** Rel. Min. Luiz Fux.

No campo da proteção ao devido processo e seus princípios correlatos, devemos destacar a previsão expressa de proteção do contraditório e da ampla defesa,[514] bem como do direito ao recurso (todos no artigo 5º, LV[515]).

Nesse sentido, temos a súmula vinculante nº 14 que preleciona que: "É direito do defensor, no interesse do representado, ter acesso amplo aos elementos de prova que, já documentados em procedimento investigatório realizado por órgão com competência de polícia judiciária, digam respeito ao exercício do direito de defesa".[516]

Aqui é importante destacar, que decidiu o STF em 27.08.2019, que em ação penal envolvendo réus colaborares e não colaboradores, o réu delatado tem o direito

514. **HC 83.810,** julg. em **05.03.2009**: *Recurso ordinário em Habeas Corpus. art. 594 do Código de Processo Penal. Conhecimento da apelação e recolhimento do réu condenado à prisão. Violação aos princípios da igualdade e da ampla defesa.* Recurso provido. *1. O recolhimento do condenado à prisão não pode ser exigido como requisito para o conhecimento do recurso de apelação, sob pena de violação aos direitos de ampla defesa e à igualdade entre as partes no processo. 2. Não recepção do art. 594 do Código de Processo Penal da Constituição de 1988. 3. Recurso ordinário conhecido e provido. Rel. Min. Joaquim Barbosa.* E conforme o **HC nº 118.344**, julg. em **18.03.2014**: *"A juntada do voto vencido em momento posterior à publicação do acórdão afronta o princípio da ampla defesa, a ensejar que o tribunal de origem proceda a novo juízo de admissibilidade do recurso cabível. Com base nessa orientação, a 2ª T do STF deferiu, em parte, "habeas corpus" para reconhecer a nulidade da certidão de trânsito em julgado da condenação e determinar ao tribunal de justiça que, superada a intempestividade do recurso interposto, proceda a novo juízo de admissibilidade. Determinou, ainda, fosse oficiado ao juízo das execuções para sobrestar o andamento da execução e recolher o mandado de prisão. Na espécie, o acórdão da apelação fora publicado em determinada data, a constar decisão unânime, e o voto divergente a ele fora juntado posteriormente. A 2ª T entendeu que, ante a ausência do mencionado voto, a defesa teria sido impedida de verificar os fundamentos e a extensão da divergência para apresentar o recurso cabível. Acentuou que esse fato não poderia ser tratado como mera irregularidade, em face do manifesto prejuízo ao paciente".*

515. Art. 5º, LV da CR/88: *"Aos litigantes, em processo judicial ou administrativo, e aos acusados em geral são assegurados o contraditório e ampla defesa, com os meios e recursos a ela inerentes."* É interessante que no que tange aos processos administrativos temos, segundo o STF que: **Súmula vinculante nº 21:** *"É inconstitucional a exigência de depósito ou arrolamento prévios de dinheiro ou bens para admissibilidade de recurso administrativo."* Temos ainda, no Pretório Excelso, a ***questionável***, **Súmula vinculante nº 5:** *"A falta de defesa técnica por advogado no processo administrativo disciplinar não ofende a Constituição."* Já no MS 25399/DF julg. em **15.10.2014**, decidiu o STF que: *A Administração Pública pode anular seus próprios atos quando estes forem ilegais. No entanto, se a invalidação do ato administrativo repercute no campo de interesses individuais, faz-se necessária a instauração de processo administrativo que assegure o devido processo legal e a ampla defesa. Nesses termos, a prerrogativa de a Administração Pública controlar seus próprios atos não dispensa a observância do contraditório e ampla defesa prévios em âmbito administrativo.* Plenário do STF, Rel. Min. Marco Aurélio. Citamos ainda, decisão na **ACO 1995/BA** em que o STF afirmou que: *"A União, antes de incluir Estados-membros ou Municípios nos cadastros federais de inadimplência (como: CAUC ou SIAF) deverá observar o devido processo legal, o contraditório e a ampla defesa."* Pleno do STF. Rel. Min. Marco Aurélio, julg. em **26.03.2015**.

516. Aqui a Lei nº 11.417/2006 prevê o cabimento de **reclamação** (art.102, I, l da CR/88) contra decisão judicial ou ato administrativo que violar súmula vinculante. Conforme o STF: Não há violação da SV 14 no caso em que, ***ao contrário do que alega a defesa, os áudios interceptados foram juntados ao inquérito policial e sempre estiveram disponíveis para as partes, inclusive na forma digitalizada depois de deflagrada a investigação.*** No Caso concreto a defesa ingressou com reclamação no STF alegando *que o magistrado não permitiu que ela tivesse acesso ao procedimento de interceptação telefônica que serviu de base ao oferecimento da denúncia.* Porém, restou provado, que o procedimento estava disponível para a defesa, de forma que não houve violação à SV 14. 1ª Turma. **Rcl 27919 AgR/GO**, Rel. Min. Rosa Weber, julg em **27.08.2019**. Aqui temos que no curso de inquérito se o advogado não tiver acesso aos elementos de prova já documentados que digam respeito ao exercício da defesa (não por obvio acesso às investigações que ainda devem correr em sigilo) ele *poderá fazer uso* ***da Reclamação (para preservar autoridade da SV nº14)***, ou até mesmo do ***mandado de segurança*** ou do ***habeas corpus.***

de apresentar suas alegações finais somente após o réu que firmou acordo de colaboração premiada. Ou seja, o réu delatado tem o direito de apresentar suas alegações finais somente após o réu delator. No caso, a defesa alegou que, embora inexistente previsão legal específica, o paciente – delatado – deveria ter o direito de apresentar sua peça defensiva após os delatores.

Entendeu o STF que o direito fundamental ao **contraditório** e à **ampla defesa** deve permear todo o processo legal, garantindo-se sempre a possibilidade de a defesa se manifestar depois do agente acusador. E no caso pouco importa a qualificação jurídica do agente acusador: se Ministério Público ou corréu colaborador. Nesses termos, se é um *"agente acusador"*, a defesa deve falar depois dele. Por isso mesmo, os réus colaboradores não podem se manifestar por último (ou no mesmo prazo dos réus delatados).[517]

Para o STF, ao se permitir que os réus colaboradores falem por último (ou simultaneamente com os réus delatados), há uma inversão processual que ocasiona sério prejuízo ao delatado, tendo em vista que ele não terá oportunidade de repelir os argumentos eventualmente incriminatórios trazidos pelo réu delator ou para reforçar os favoráveis à sua defesa.[518]

Ainda sobre o ***devido processo legal*** e o ***contraditório,*** um exemplo interessante vem da 2ª Turma do STF, que recentemente concedeu *habeas corpus* para determinar o retorno de preso preventivo a estabelecimento penal no juízo de origem, diante da manifesta ilegalidade de sua transferência para presídio em outra unidade da federação. A mudança foi determinada com fundamento em ***supostas regalias*** que o paciente teria recebido no ambiente carcerário, em atendimento à requisição do Ministério Público Federal. Para o Colegiado, no entanto, seria inviável a remoção de apenado para outro Estado com fundamento em suposto tratamento privilegiado. Apenas razões excepcionalíssimas e devidamente fundamentadas poderiam legitimar essa medida.

Assim sendo, afirmou o STF que a determinação de remoção teve amparo fático em apurações realizadas unilateralmente pela acusação (MP) e, a despeito de inexistir urgência, a defesa **não** foi **previamente** ouvida. No caso, o paciente não estava sequer sofrendo procedimento disciplinar em decorrência de seu comportamento carcerário. Não houve, assim, respeito ao ***devido processo legal*** nem ao ***contraditório*** (art. 5º, LIV e LV, da CR/88).[519]

Na sequência, segundo o STF, temos que a ausência de defensor, devidamente intimado, à sessão de julgamento não implica, por si só, nulidade processual. No caso em ação penal originária que tramitava no Tribunal de Justiça, o defensor foi intimado da sessão de julgamento, mas deixou de comparecer e de fazer a

517. **HC 157627 AgR/PR**, STF. 2ª Turma. red. p/ o ac. Min. Ricardo Lewandowski, julgado em **27.08.2019** (Inf. 949).
518. **HC 157627 AgR/PR**, STF. 2ª Turma. red. p/ o ac. Min. Ricardo Lewandowski, julg em **27.08.2019** (Inf. 949).
519. Aqui teríamos violação também ao art. 282, § 3º do Código de Processo Penal.

sustentação oral. Para o Pretório Excelso não há nulidade. Assim sendo, intimada a defesa para a sessão de julgamento da ação penal originária, a *ausência da sustentação oral* prevista no art. 12 da Lei nº 8.038/90 não invalida a condenação.[520] Aqui citamos também que o Pretório Excelso já afirmou que *não há nulidade se o advogado de um réu foi intimado para o interrogatório dos demais corréus, mas não compareceu.*[521]

Porém, o STF também já se manifestou no sentido de que se o interrogatório é de um ***corréu delator, a presença do advogado dos réus delatados é indispensável***. Neste caso, deve-se exigir a presença dos advogados dos réus delatados, pois, na colaboração premiada, o delator adere à acusação em troca de um benefício acordado entre as partes e homologado pelo julgador natural. Normalmente, o delator presta contribuições à persecução penal incriminando eventuais corréus, razão pela qual seus advogados devem acompanhar o ato.[522]

Em outro giro, o STF afirmou o ***princípio do devido processo legal*** em um recente caso. Nesses termos, um réu na fase de defesa prévia arrolou uma série de testemunhas, mas o juiz negou a oitiva afirmando que o requerimento seria protelatório, haja vista que as testemunhas não teriam, em tese, vinculação com os fatos criminosos imputados. O STF entendeu que houve constrangimento ilegal. Nesses termos, o direito à prova é expressão de uma inderrogável prerrogativa jurídica, que não pode ser, arbitrariamente, negada ao réu.[523]

Afirmou o STF que o princípio do livre convencimento motivado (art. 400, § 1º, do CPP) faculta ao juiz o indeferimento das provas consideradas irrelevantes, impertinentes ou protelatórias. No entanto, no caso concreto houve o indeferimento de todas as testemunhas de defesa. Dessa forma, conforme o Pretório Excelso, houve ofensa ao ***devido processo legal,*** visto que frustrou a possibilidade de o acusado produzir as provas que reputava necessárias à demonstração de suas alegações.[524]

Aqui é interessante citar um outro caso que envolveu a constitucionalidade da verba "auxílio-voto", paga aos juízes convocados para atuar nos processos de

---

520. **HC 165534/RJ**, 1ª T, red. p/ o ac. Min. Roberto Barroso, julg em **03.09.2019**. Informativo 950: *"Com base nessa orientação, a 1ª Turma não conheceu de habeas corpus em que se alegava a nulidade do julgamento(...). Os impetrantes sustentavam a existência de ofensa ao **art. 5º, LV, da CF**, em face da ausência de comparecimento, à sessão de julgamento, do representante da Defensoria Pública, da falta de nomeação de defensor dativo para o ato e de intimação do paciente. O colegiado esclareceu que o paciente é advogado e vinha exercendo sua própria defesa. Entretanto, quando intimado, por Diário Oficial e pessoalmente, para apresentar alegações finais, deixou de fazê-lo. Em decorrência disso, foi designado defensor público para representá-lo, o qual apresentou as alegações finais. Posteriormente, o defensor foi **intimado pessoalmente para a sessão de julgamento**, mas não compareceu. Citou precedente da Corte (RHC 119.194) no qual fixado o entendimento de que, intimada a defesa para a sessão de julgamento da ação penal originária, a ausência da sustentação oral prevista no art. 12 da Lei 8.038/1990 não invalida a condenação."* *No mesmo sentido: STJ. 6ª T (HC 281.263/SP), Rel. Min. Sebastião Reis Júnior, julg. em 23.08.2016.*
521. **AO 2093/RN**, STF. 2ª Turma. Rel. Min. Cármen Lúcia, julgado em **03.09.2019** (Informativo 950 e 955).
522. **AO 2093/RN**, STF. 2ª Turma. Rel. Min. Cármen Lúcia, julgado em **03.09.2019** (Informativo 950 e 955).
523. **HC 155363/RJ**, STF. 2ª Turma. Rel. Min. Dias Toffoli, julgado em **08.05.2018** (Informativo 901).
524. **HC 155363/RJ**, STF. 2ª Turma. Rel. Min. Dias Toffoli, julgado em **08.05.2018** (Informativo 901).

2ª instância em Tribunal. O CNJ, em procedimento de controle administrativo (PCA), considerou essa verba irregular, por suposta ofensa ao teto constitucional, e determinou a devolução dos valores recebidos pelos juízes.

O STF cassou a decisão do CNJ e um dos argumentos foi o de que a decisão do CNJ violou o ***devido processo legal administrativo*** e os ***princípios do contraditório*** e da ***ampla defesa***. Isso porque os magistrados não foram notificados para apresentação de defesa escrita, além de não terem participado da instrução processual. A decisão proferida pelo Conselho surpreendeu a todos os envolvidos. Além disso, o PCA no qual o CNJ decidiu pela irregularidade da verba foi instaurado para tratar sobre assunto completamente diverso.[525]

O STF também já decidiu que é inconstitucional lei estadual que proíba que a Administração Pública contrate empresa cujo diretor, gerente ou empregado tenha sido condenado por crime ou contravenção relacionados com a prática de atos discriminatórios. Para o Pretório Excelso, essa lei (Lei estadual nº 10.218/99 do Estado de São Paulo) viola os princípios da intransmissibilidade da pena, da responsabilidade pessoal e do devido processo legal.[526]

Entendeu o STF, na ADI 3092, que a proibição de contratar com a Administração Pública somente se justifica se o motivo impeditivo estiver relacionado com exigências de qualificação técnica e econômica indispensáveis à garantia do cumprimento das obrigações contratuais.

A lei estadual, sem prévio processo ou exercício de contraditório, impede que a empresa celebre contrato com a Administração Pública em virtude de condenação criminal de pessoa natural que pertenceu ao rol de empregados ou diretores. Essa previsão afronta os princípios da responsabilidade pessoal e do ***devido processo legal***.[527]

No âmbito do direito civil e empresarial, recentemente afirmou o STF, que a busca e apreensão da alienação fiduciária em garantia[528], prevista no art. 3º do DL 911/69, é compatível com a CR/88, não violando as garantias do devido processo legal, do contraditório e da ampla defesa. Portanto o art. 3º do Decreto-Lei nº 911/69 foi recepcionado pela Constituição de 1988, sendo igualmente válidas as sucessivas alterações efetuadas no dispositivo.[529]

---

525. **MS 29002/DF**, STF. 2ª Turma. Rel. Min. Dias Toffoli, julgado em **07.08.2018** (Informativo 910).
526. **ADI 3092**, STF. Plenário. Rel. Marco Aurélio, julgado em **22.06.2020**.
527. **ADI 3092**, STF. Plenário. Rel. Marco Aurélio, julgado em **22.06.2020**.
528. *"A alienação fiduciária em garantia é um contrato instrumental em que uma das partes, em confiança, aliena a outra a propriedade de um determinado bem, ficando esta parte (uma instituição financeira, em regra) obrigada a devolver àquela o bem que lhe foi alienado quando verificada a ocorrência de determinado fato."* RAMOS, André Luiz Santa Cruz. Direito Empresarial Esquematizado. São Paulo: Método, 2012, p. 565.
529. **RE 382928**, STF. Plenário. Rel p/ Ac. Min. Alexandre de Moraes, julgado em **22.09.2020**. conforme o STF: *"O procedimento especial previsto para a proposição de ação de busca e apreensão, conversível em ação de depósito, com prazo diminuto e rápida resposta judicial para as operações de alienação fiduciária, apresenta-se como procedimento diferenciado destinado a viabilizar esse tipo de financiamento creditício. Tal procedimento, ainda que restrinja o prazo*

Já na seara do direito administrativo e financeiro, já decidiu o STF em 2019 que em caso de irregularidades do Estado-membro em convênio federal, a União somente poderá inscrever o ente no SIAFI, no CADIN e no CAUC após o término do *processo de prestação de contas especial*, observados os princípios constitucionais da ampla defesa e do contraditório.[530]

Afirmou o STF no julgado que o *"cadastro restritivo"* não deve ser feito de forma ***unilateral e sem acesso à ampla defesa e ao contraditório***. Isso porque, muitas vezes, a inscrição pode ter, além de motivação meramente financeira, razões políticas. Nesses termos, ao poder central (União) é possível suspender imediatamente o repasse de verbas ou a execução de convênios, mas o cadastro deve ser feito nos termos da lei, ou seja, mediante a verificação da veracidade das irregularidades apontadas. Isso porque o cadastro tem consequências, como a impossibilidade da repartição constitucional de verbas das receitas voluntárias.

Conforme o STF, a ***tomada de contas especial***, procedimento por meio do qual se alcança o reconhecimento definitivo das irregularidades, com a ***devida observância do contraditório e da ampla defesa***, tem suas regras definidas em lei. Ao final, é possível tornar o dano ao erário dívida líquida e certa, e a decisão tem eficácia de título executivo extrajudicial.[531]

Também já decidiu o STF na ADPF 485, que é inconstitucional a interpretação que permite o bloqueio, a penhora e/ou o sequestro de verbas estaduais, ao fundamento de que os valores em questão constituem créditos devidos pelo estado a empresas que sejam rés em ações trabalhistas.[532]

O STF entendeu, que os atos de constrição praticados pela Justiça do Trabalho sobre verbas públicas, sob alegação de que as empresas reclamadas deteriam créditos a receber da administração estadual, configuram violação dos princípios do contraditório, da ampla defesa, do juiz natural, do sistema de precatórios e da segurança orçamentária.

---

para defesa e limite a ordem temática pertinente ao exercício desse direito, não apresenta qualquer violação ao direito de acesso à jurisdição, nem aos princípios do devido processo legal e seus corolários de defesa, uma vez que não impede que o devedor busque, pelos meios ordinários de litígio, o questionamento acerca de eventual abusividade de cláusulas contratuais. (...)A Constituição brasileira não proíbe a coexistência de procedimentos especiais que possibilitem ao credor a execução de seu crédito de forma mais rápida e eficaz.

530. **ACO 2892 AgR/DF**, STF, Pleno. red. p/ o ac. Min. Alexandre de Moraes, julg em **11.09.2019** (Informativo 951).

531. **ACO 2892 AgR/DF**, STF. Plenário. red. p/ o ac. Min. Alexandre de Moraes, julg em 11.09.2019 (Informativo 951). No mesmo sentido, **ACO 2910 AgR**, Rel. Roberto Barroso, julgado em **29.06.2020**: *A tomada de contas especial é a medida adequada para se alcançar o reconhecimento definitivo das irregularidades detectadas. Só a partir daí é que se permite a inscrição do ente nos cadastros de restrição ao crédito organizados e mantidos pela União. O processo de contas é essencial para a apuração de responsabilidades. Não se pode impor sanção sem anterior identificação de responsáveis.*

532. **ADPF 485/AP**, STF. Plenário. Rel. Min. Roberto Barroso, julgado em **04.12.2020** (Informativo 1001). Aqui a tese fixada foi: *Verbas estaduais não podem ser objeto de bloqueio, penhora e/ou sequestro para pagamento de valores devidos em ações trabalhistas, ainda que as empresas reclamadas detenham créditos a receber da administração pública estadual, em virtude do disposto no art. 167, VI e X, da CF, e do princípio da separação de poderes (art. 2º da CF)*

Para o STF, há ofensa ao contraditório e à ampla defesa porque o Estado não fez parte do processo de conhecimento, não tendo tido a oportunidade de se opor aos argumentos apresentados. Também existe ofensa ao juiz natural, considerando que a cobrança e a execução dos créditos que a empresa tem direito em relação ao Estado não são de competência da Justiça do Trabalho.[533]

No âmbito do **direito eleitoral** o STF julgou parcialmente procedente ADI para conferir interpretação conforme à Constituição às normas do art. 47, caput e § 2º, da Res nº 23.432/2014 do TSE; do art. 48, *caput* e § 2º, da Res nº 23.546/2017 TSE; e do art. 42, caput, da Res nº 23.571/2018 do TSE[534], afastando qualquer interpretação que permita que a sanção de suspensão do registro ou anotação do órgão partidário regional ou municipal seja aplicada de forma automática, como consequência da decisão que julga as contas não prestadas, assegurando que tal penalidade somente pode ser aplicada após decisão, com trânsito em julgado, decorrente de procedimento específico de suspensão de registro, conforme o art. 28 da Lei nº 9.096/95.[535]

Entendeu o STF que as normas impugnadas (das resoluções), ao determinarem a suspensão do registro ou a anotação do partido como consequência imediata do julgamento das contas, ***violam o devido processo legal.*** Pontuou o Pretório Excelso que a legislação eleitoral prevê um procedimento específico para o cancelamento do registro em relação ao partido em âmbito nacional. Por questão de **coerência**, relativamente aos ***órgãos regionais ou municipais***, consequência análoga deve ser precedida de processo específico em que se possibilite ***o contraditório e a ampla defesa***.[536]

Aqui para o STF é necessário compatibilizar as diversas normas incidentes sobre o dever dos partidos políticos de prestar contas em todos os níveis de direção partidária, de modo a concluir que a suspensão do órgão regional ou municipal por decisão da Justiça Eleitoral só poderá ocorrer ***após o citado processo específico***.[537]

Conjugado com o princípio da reserva legal, que afirma que ninguém é obrigado a fazer ou deixar de fazer algo senão em virtude de Lei (5º, II da CR/88), temos

---

533. **ADPF 485/AP**, STF. Plenário. Rel. Min. Roberto Barroso, julgado em **04.12.2020** (Informativo 1001).
534. Res. nº 23.546/2017: *Art. 48. (...) § 2º O órgão partidário, de qualquer esfera, que tiver as suas contas julgadas como não prestadas fica obrigado a devolver integralmente todos os recursos provenientes do Fundo Partidário que lhe forem entregues, distribuídos ou repassados, bem como terá suspenso o registro ou a anotação, no caso de órgão de direção estadual ou municipal.* Res. nº 23.571/2018: *Art. 42. Será suspenso o registro ou a anotação do órgão de direção estadual ou municipal que tiver suas contas partidárias julgadas como não prestadas, devendo o órgão ser inativado e novas anotações indeferidas até que seja regularizada a situação.*
535. **ADI 6032 MC-Ref/DF**, Rel. Min. Gilmar Mendes, julg em **05.12.2019** (Info 962).
536. **ADI 6032 MC-Ref/DF**, Rel. Min. Gilmar Mendes, julg em **05.12.2019** (Info 962).
537. Lei nº 9.096/95: art. 28. *O Tribunal Superior Eleitoral, após trânsito em julgado de decisão, determina o cancelamento do registro civil e do estatuto do partido contra o qual fique provado: III - não ter prestado, nos termos desta Lei, as devidas contas à Justiça Eleitoral; § 1º A decisão judicial a que se refere este artigo deve ser precedida de processo regular, que assegure ampla defesa. (...) § 6º O disposto no inciso III do caput refere-se apenas aos órgãos nacionais dos partidos políticos que deixarem de prestar contas ao Tribunal Superior Eleitoral, não ocorrendo o cancelamento do registro civil e do estatuto do partido quando a omissão for dos órgãos partidários regionais ou municipais.*

o importante princípio do ***Juízo natural***[538] (art. 5º, XXXVII da CR/88), que **proíbe a existência de julgamentos** por órgãos criados posteriormente ao fato supostamente punível – os chamados **Tribunais de Exceção**, tendo como o caso mais emblemático o ***Tribunal de Nuremberg*** para julgamento dos criminosos nazistas após a 2ª Guerra Mundial.

Sendo o procedimento estritamente subordinado à reserva legal, todos os atos internos a ele – de sua instauração ao seu término, com ou sem decisão de mérito – se mostra dependente de expressa previsão legal.

Sobre o tema em questão, o STF em 08.04.2010 decidiu o **HC 96.821/SP,** no qual deixou assente que **não** há ofensa ao ***princípio do juiz natural*** quando da decisão de Câmara Criminal de Tribunal de Justiça participam juízes de primeiro grau convocados (conforme disposição normativa para tal). No caso foi ajuizado *habeas corpus* que sustentava a nulidade do julgamento de apelação do paciente pela 11ª Câmara Criminal "B" do Tribunal de Justiça de São Paulo, pois a **exceção** do Desembargador que presidia a turma **todos** os demais membros do órgão eram **juízes de primeiro grau** convocados.[539]

Ainda sobre o tema, é interessante salientar que é possível a remessa pelo relator de *habeas corpus* que em regra deve ser julgado pela Turma, ao Plenário do STF, de forma discricionária, com fundamento no art. 6º, II, "c" e no art. 21, XI, do RI/STF. O STF afirmou que essa afetação ao Plenário não viola o ***princípio do juízo natural,*** considerando que o Plenário do STF é que seria, em tese, o órgão naturalmente competente para julgar todas as causas da Corte, havendo essa divisão em Turmas apenas para se conseguir manter uma funcionalidade.[540]

---

538. A doutrina tradicional costumeiramente denomina tal princípio como *Juiz natural*, o que é um equívoco, já que a proteção constitucional é para a garantia de um *órgão jurisdicional* competente (seja em razão do lugar, seja em razão da pessoa, seja em razão da matéria) para o processamento da causa, e não de uma *pessoa*. Outra questão interessante é a de que ao contrário do que ocorre com ***o princípio do Juiz natural*** (ora citado) e do ***promotor natural***, o STF ***não reconhece o princípio do delegado natural*** (Ver: RHC nº 126885/RJ). Nesses termos, em recente julgado: "*O fato de os crimes de competência da Justiça Estadual terem sido investigados pela Polícia Federal não geram nulidade. Isso porque esse procedimento investigatório, presidido por autoridade de Polícia Federal, foi supervisionado pelo Juízo estadual (juízo competente) e por membro do Ministério Público estadual (que tinha a atribuição para a causa). O inquérito policial constitui procedimento administrativo, de caráter meramente informativo e não obrigatório à regular instauração do processo-crime, cuja finalidade consiste em subsidiar eventual denúncia a ser apresentada pelo Ministério Público, razão pela qual irregularidades ocorridas não implicam, de regra, nulidade de processo-crime. O art. 5º, LIII, da CF, afirma que "ninguém será processado nem sentenciado senão pela autoridade competente". Esse dispositivo contempla o chamado "**princípio do juiz natural**", princípio esse que **não se estende para autoridades policiais**, considerando que estas não possuem competência para julgar. Logo, não é possível anular provas ou processos em tramitação com base no argumento de que a Polícia Federal não teria atribuição para investigar os crimes apurados. A desconformidade da atuação da Polícia Federal com as disposições da Lei nº 10.446/2002 e eventuais abusos cometidos por autoridade policial, embora possam implicar responsabilidade no âmbito administrativo ou criminal dos agentes, não podem gerar a nulidade do inquérito ou do processo penal.*" STF. 1ª Turma. **HC 169348/RS**, Rel. Min. Marco Aurélio, julg. em **17.12.2019** (Informativo 964)
539. **HC 96.821**, Rel. Min. Ricardo Lewandowski, julg. em **08.04.2010** (Pleno). *DJ*: **25.06.2010.**
540. Como ressaltou o Ministro Edson Fachin: "*O STF encontra, em sua composição Plenária, a unidade sinérgica à qual incumbe, por excelência, a guarda da Constituição e o exercício integral de sua competência. Embora, regimentalmente, sejam admitidas e legítimas diversas atuações fracionárias e unipessoais, é no colegiado maior que a missão*

Havendo, então, um **Juízo competente** predefinido (legalmente) pela ordem jurídica, nenhum caso que envolva **lesão** ou mesmo a **ameaça de lesão** poderá ser **excluído da apreciação do Poder Judiciário.** A isso se pode denominar de ***acesso à Jurisdição***[541] (art. 5º, XXXV), como garantia de resolução legítima – como negação da autotutela – dos conflitos existentes entre particulares ou entre estes e o Estado.

Todavia, falar em **acesso à Jurisdição** não é concepção que se esgota com a oportunidade de propositura (postulação) da demanda perante o Judiciário, mas requer a observância irrestrita dos **princípios do contraditório** e da **ampla defesa**, como consectários do **princípio do devido processo**, como condição de legitimidade da decisão jurisdicional – e só assim podemos falar (legitimamente) em ***composição do conflito***.[542]

Certo é ainda que o **acesso à Justiça** (ou mais corretamente o *acesso à jurisdição*) nos remete também à figura da **inexistência** da **jurisdição condicionada** ou **instância administrativa de cunho forçado**, pois com o advento da Constituição de 1988, não mais existe em nosso ordenamento a necessidade de se **esgotar a via administrativa**, para só depois adentrar na **via judiciária.**

Porém, existe uma **"relativa" exceção** que devemos citar. Essa exceção diz respeito à Justiça desportiva. Conforme a Constituição, em seu **art. 217**, o Poder Judiciário só admitirá ações relativas à disciplina e às competições desportivas após esgotarem-se as instâncias da justiça desportiva, regulada em lei. Porém, mesmo nessa **exceção**, a própria Constituição afirma que a justiça desportiva terá o prazo máximo de 60 (sessenta dias), contados da instauração do processo, para proferir decisão final. Portanto, temos que pode ocorrer o ajuizamento de uma ação judicial mesmo **antes** do término do processo na justiça desportiva, desde que ela não respeite o prazo máximo de 60 dias para a prolatação da decisão.

Por último, temos que abordar a intitulada ***duração razoável do processo***. Nos termos da EC 45/2004 foi acrescentado[543] o art. 5, LXXVIII na CR/88 que afirmou que "a todos, no âmbito judicial e administrativo, são assegurados a razoável duração do processo e os meios que garantam a celeridade de sua tramitação". Certo é que a duração razoável do processo é conceito em certo sentido aberto, que depende da análise de critérios como "a complexidade da causa, o comportamento das partes e a atuação dos órgãos estatais, não só os órgãos jurisdicionais diretamente envolvidos

---

constitucional da Corte resta exercitada em sua inteireza." **HC 143333/PR**, STF. Plenário. Rel. Min. Edson Fachin, julgado em **11** e **12.04.2018** (Info 897).

541. Deve ser aclarado que o termo 'acesso à Justiça', muito difundido pelos processualistas filiados à corrente instrumentalista, expressa uma confusão (talvez perversidade proposital) entre o *Judiciário*, como órgão estatal para discussão de conflitos normativos e a Justiça, como consenso racional sobre a ação humana. FERNANDES, Bernardo Gonçalves; QUINAUD PEDRON, Flávio, *Poder judiciário e(m) crise*, 2008.

542. A leitura carneluttiana, então, de que a composição do conflito se dá com a **sentença** é por demais **fraca, para não dizer autoritária**. *Apenas por meio de um processo capaz de produzir uma decisão legítima, mediante a presença do contraditório e da ampla defesa, é que a discursividade pode se fazer presente, levando à "coerção" do melhor argumento*, como afirma **Habermas** (*Facticidad y validez, 1998*).

543. Embora para alguns doutrinadores, essa norma já estaria contemplada na Constituição, seja na consagração do princípio do devido processo legal, seja na previsão do princípio da eficiência aplicável à Administração Pública.

em um determinado processo, mas também, de um modo geral, as autoridades administrativas e legislativas, a quem incumbe a responsabilidade de criar um sistema judicial ágil, inclusive dotado de aparato material necessário.[544] Sem dúvida alguma, esse princípio visa a especificar que é direito inerente às partes disporem de um processo no qual as decisões cheguem em tempo razoável, sem que ocorram dilações indevidas estendendo o curso processual exaustivamente de maneira desnecessária.

Sobre o tema em comento, o STF, recentemente determinou ao STJ que apresentasse determinado recurso especial para ser julgado em, no máximo, cinco sessões daquele Tribunal, prazo a ser contado da comunicação da ordem. Portanto, em paradigmático julgado temos a possibilidade de o STF, reconhecendo que há uma demora muito grande, determinar ao STJ que julgue recurso pendente.

No caso concreto a 2ª Turma do STF concedeu a ordem em "*habeas corpus*" no qual se pretendia atribuir celeridade ao julgamento do mérito de REsp no STJ. A defesa alegava que a demora no julgamento do recurso violaria o princípio do devido processo legal, que pressupõe a célere prestação jurisdicional, sobretudo quando o bem jurídico em questão é a liberdade do cidadão e da justiça efetiva ou celeridade processual. O Colegiado assentou que, em regra, o grande volume de trabalho do STJ permite flexibilizar, em alguma medida, o princípio constitucional da razoável duração do processo. No caso, contudo, a demora demasiada para o julgamento do recurso, em razão do elevado número de substituição de relatores – no total de cinco substituições –, configura negativa de prestação jurisdicional e flagrante constrangimento ilegal sofrido pelo paciente. Tal circunstância justifica a concessão da ordem para determinar que o STJ julgue o recurso imediatamente.[545]

10.2. Presunção da Inocência e sua análise jurisprudencial

Outro importante princípio é a ***presunção de inocência*** (art. 5º, LVII), que se traduz em uma presunção constitucional da não culpabilidade (garantia constitucional da não culpabilidade), vedando-se qualquer forma de prejulgamento por parte do aparato estatal e da própria sociedade, bem como dos órgãos do Poder Judiciário. Esse princípio de viés processual guarda relação, entre outros, com a dignidade da pessoa humana. Temos que ele é consagrado não apenas na Constituição da República de 1988, mas também em documentos internacionais, como a Declaração Universal dos Direitos do Homem de 1948 e a Convenção Americana Sobre os Direitos Humanos.

Nesse sentido, conforme o ditame constitucional do art.5, LVII, temos que ***ninguém será considerado culpado*** *até o trânsito em julgado de sentença penal condenatória.*

---

544. Critérios definidos pela Corte Europeia dos Direitos do Homem (*European Court of Human Rights*). WELSCH, Gisele Mazzoni. A Razoável Duração do Processo (art. 5º, LXXVIII da CF/88) como Garantia Constitucional. Revista Páginas de Direito, Porto Alegre, ano 8, nº 789, 24 de junho de 2008.

545. **HC 136435/PR**. 2ª Turma do STF, Rel. Min. Ricardo Lewandowski, julgado em **22.11.2016**.

Sobre a **presunção da inocência estabelecida constitucionalmente,** temos um importante **histórico de sua interpretação e aplicação pelo STF.**

Até fevereiro de 2009, o STF entendia que era possível a execução provisória da pena. Assim, se o réu estivesse condenado e interpusesse recurso especial ou recurso extraordinário, teria que iniciar o cumprimento provisório da pena enquanto aguardava o julgamento.

O STF em 2009 por maioria de votos entendeu no HC 84.078 que a execução da pena privativa de liberdade, antes do trânsito em julgado da sentença condenatória, fere (contraria) o princípio da presunção da inocência previsto no art. 5º, LVII[546].

Apesar, é bom que se diga, que, com isso, não se estava negando a possibilidade de prisão cautelar (preventiva) quando preenchidos os requisitos do Código de Processo Penal, tendo assim a evidência da real necessidade de sua adoção.[547]

---

546. Nesse sentido: "*A Constituição do Brasil de 1988 definiu, em seu art. 5º, LVII, que 'ninguém será considerado culpado até o trânsito em julgado de sentença penal condenatória'. Daí que os preceitos veiculados pela Lei 7.210/1984, além de adequados à ordem constitucional vigente, sobrepõem-se, temporal e materialmente, ao disposto no art. 637 do CPP. A prisão antes do trânsito em julgado da condenação somente pode ser decretada a título cautelar. A ampla defesa, não se a pode visualizar de modo restrito. Engloba todas as fases processuais, inclusive as recursais de natureza extraordinária. Por isso a execução da sentença após o julgamento do recurso de apelação significa, também, restrição do direito de defesa, caracterizando desequilíbrio entre a pretensão estatal de aplicar a pena e o direito, do acusado, de elidir essa pretensão. (...) A antecipação da execução penal, ademais de incompatível com o texto da Constituição, apenas poderia ser justificada em nome da conveniência dos magistrados – não do processo penal. A prestigiar-se o princípio constitucional, dizem, os tribunais [leia-se STJ e STF] serão inundados por recursos especiais e extraordinários e subsequentes agravos e embargos, além do que 'ninguém mais será preso'.* Eis o que poderia ser apontado como incitação à 'jurisprudência defensiva', que, no extremo, reduz a amplitude ou mesmo amputa garantias constitucionais. A comodidade, a melhor operacionalidade de funcionamento do STF não pode ser lograda a esse preço (**HC 84.078**, Rel. Min. **Eros Grau**, julg. em 05.02.2009, Plenário do STF). No mesmo sentido, a 2ª Turma do STF no **HC nº 122 592**, julg. em 12.08.2014: "*Ofende o princípio da não-culpabilidade a determinação de execução imediata de pena privativa de liberdade imposta, quando ainda pendente de julgamento recurso extraordinário.*" Na mesma linha**, o HC 100.091** julg. em **15.09.2009** pela 2ª Turma do STF: "*A mera sujeição de alguém a simples investigações policiais ou a persecuções criminais ainda em curso não basta, por si só, para justificar a decretação de prisão cautelar. Ao aplicar esta orientação, a Turma concedeu habeas corpus para invalidar decreto de prisão exarado contra a paciente fundamentado na existência de inquéritos e procedimentos penais que tramitam em seu desfavor. Assentou-se que a prisão processual, de ordem meramente cautelar, mesmo que mantida ou decretada em sentença condenatória recorrível, tem, como pressuposto legitimador, a existência de situação de real necessidade – não configurada na espécie –, apta a ensejar, ao Estado, quando efetivamente ocorrente, a adoção – sempre excepcional – dessa medida constritiva de caráter pessoal. Ressaltou-se que a submissão de uma pessoa a meros inquéritos policiais – ou, ainda, a persecuções criminais de que não haja derivado, em caráter definitivo, qualquer título penal condenatório – não se reveste de suficiente idoneidade jurídica para autorizar a formulação, contra o indiciado ou o réu, de juízo (negativo), em ordem a recusar,* ao que sofre *persecutio criminis*, o acesso a determinados benefícios legais. Observou-se que tal entendimento – que se revela compatível com a presunção constitucional *juris tantum* de inocência (CR, art. 5º, LVII) – ***ressalta, com apoio na jurisprudência dos tribunais, que processos penais em curso, ou inquéritos policiais em andamento ou, até mesmo, condenações criminais ainda sujeitas a recurso não podem ser considerados, enquanto episódios processuais suscetíveis de pronunciamento judicial absolutório, como elementos evidenciadores ou justificadores da restrição ou supressão do direito de permanecer em liberdade.***"

547. "*Direito de apelar em liberdade. Não concessão. Adoção dos fundamentos do decreto de prisão cautelar, do qual se extrai que o paciente registra intensa atuação nas atividades ilícitas pelas quais foi condenado. Associação para o tráfico em nível internacional, com aquisição de cocaína da Colômbia e do Paraguai e remessa a compradores na Holanda, Espanha e Portugal. O* ***modus operandi*** *da quadrilha evidencia a periculosidade do paciente, justificando sua custódia cautelar para garantia da ordem pública. Ausência, portanto, de violação do princípio da presunção de inocência.*" (**HC 98.428**, Rel. Min. **Eros Grau**, julg: 18.08.2009, 2ª T STF)

Nesses termos, o chamado **princípio da presunção de inocência** foi definido nesse *leading case* (HC nº 84.078) de uma nova forma pelo STF. Logo, enquanto pendente qualquer recurso da defesa, existiria uma presunção de que o réu é inocente.

Dessa forma, enquanto *não houver trânsito em julgado* para a acusação e para a defesa, o réu não poderia ser obrigado a iniciar o cumprimento da pena porque ainda é ***presumivelmente inocente***. Assim, a decisão do citado HC nº 84.078, deixava expresso que não existiria no Brasil a execução provisória (antecipada) da pena.

Portanto, pela *presunção de inocência*, o recurso interposto pela defesa contra a decisão condenatória era recebido no duplo efeito (devolutivo e suspensivo) e o acórdão de 2º grau que condenava o réu ficava sem produzir efeitos. Aqui, reiteramos o dito acima, pois o condenado poderia até aguardar o julgamento do Recurso Especial ou do Recurso Extraordinário preso, desde que estivessem previstos os pressupostos necessários para a ***prisão preventiva*** (art. 312 do CPP). Ou seja, ele poderia ficar preso, mas ***cautelarmente (preventivamente)*** e não mediante a execução provisória da pena.

Porém, o STF, por maioria, mudou seu entendimento no HC nº 126.292/SP julgado pelo pleno em 17.02.2016. Entendeu o STF, em 2016, que seria possível o início da execução da pena condenatória após a prolação de acórdão condenatório em 2º grau e que tal prática não ofenderia o princípio constitucional da **presunção da inocência**.

Nesse sentido, restou claro que o recurso especial e o recurso extraordinário não possuem efeito suspensivo (art. 637 do CPP e art. 27, § 2º da Lei nº 8.038/90). Isso significa que, mesmo a parte tendo interposto algum desses recursos, a decisão recorrida continuaria produzindo efeitos. Com isso, passou a ser possível a *execução provisória da decisão recorrida enquanto se aguarda o julgamento do recurso*.

É interessante salientar, que na decisão de 2016 o então ministro Teori Zavascki defendeu que até que fosse prolatada a sentença penal, confirmada em 2º grau, deve-se presumir a inocência do réu. Mas, após esse momento, exaure-se o princípio da não culpabilidade.

Com isso, a execução provisória de acórdão penal condenatório proferido em julgamento de apelação, ainda que sujeito a recurso especial ou extraordinário, não compromete o princípio constitucional da presunção de inocência, até porque os recursos ***cabíveis da decisão de segundo grau ao STJ ou STF não se prestam a discutir fatos e provas, mas apenas matéria de direito.***[548]

548. Inf. 814 do STF: *"O Plenário ressaltou que, antes de prolatada a sentença penal, haveria de se manter reservas de dúvida acerca do comportamento contrário à ordem jurídica, o que levaria a atribuir ao acusado, para todos os efeitos — mas, sobretudo, no que se refere ao ônus da prova da incriminação —, a presunção de inocência. Nessa senda, a eventual condenação representaria juízo de culpabilidade, que deveria decorrer da logicidade extraída dos elementos de prova produzidos em regime de contraditório no curso da ação penal. Para o sentenciante de primeiro grau, ficaria superada a presunção de inocência por um juízo de culpa — pressuposto inafastável para condenação —, embora*

Conforme o informativo 814 do STF, a Corte afirmou que o tema relacionado com a execução provisória de sentenças penais condenatórias envolveria reflexão sobre: a) o alcance do princípio da presunção da inocência aliado à b) busca de necessário equilíbrio entre esse princípio e a efetividade da função jurisdicional penal. E neste equilíbrio, deveria ser atendido não apenas os interesses dos acusados, como também da sociedade diante da realidade do intrincado e complexo sistema de justiça criminal brasileiro.[549]

Nesses termos, conforme a decisão, seria possível o estabelecimento de determinados limites ao princípio da presunção da inocência. Assim, a presunção da inocência não impediria que, como já dito, ***mesmo antes do trânsito em julgado, o acórdão condenatório produza efeitos contra o acusado.***

Na decisão de 2016 o STF considerou que a ***execução da pena*** na pendência de recursos de natureza extraordinária ***não compromete o núcleo essencial do pressuposto da não culpabilidade***, desde que o acusado tenha sido tratado como inocente no curso de todo o processo ordinário criminal, observados os direitos e as garantias a ele inerentes, bem como respeitadas as regras probatórias e o modelo acusatório atual. Um exemplo usado foi o da LC 135/2010 – Lei da Ficha Limpa, que, em seu art. 1º, I, expressamente consagrou como causa de inelegibilidade a existência de sentença condenatória por crimes nela relacionados, quando proferidas por órgão colegiado.

O Ministro Teori Zavascki, afirmou, que ***em país nenhum do mundo,*** *depois de observado o duplo grau de jurisdição,* ***a execução de uma condenação fica suspensa aguardando referendo da Suprema Corte***. Assim sendo, a jurisprudência anterior que assegurava, em grau absoluto, o princípio da presunção da inocência a ponto de negar executividade a qualquer condenação enquanto não esgotado definitivamente o julgamento de todos os recursos (ordinários e extraordinários) ***permitiu e***

não definitivo, já que sujeito, se houver recurso, à revisão por tribunal de hierarquia imediatamente superior. Nesse juízo de apelação, de ordinário, ficaria definitivamente exaurido o exame sobre os fatos e provas da causa, com a fixação, se fosse o caso, da responsabilidade penal do acusado. Então, ali que se concretizaria, em seu sentido genuíno, o duplo grau de jurisdição, destinado ao reexame de decisão judicial em sua inteireza, mediante ampla devolutividade da matéria deduzida na ação penal, tivesse ela sido apreciada ou não pelo juízo "a quo". Ao réu ficaria assegurado o direito de acesso, em liberdade, a esse juízo de segundo grau, respeitadas as prisões cautelares porventura decretadas. Desse modo, ressalvada a estreita via da revisão criminal, seria, portanto, no âmbito das instâncias ordinárias que se exauriria a possibilidade de exame de fatos e provas e, sob esse aspecto, a própria fixação da responsabilidade criminal do acusado. Portanto, os recursos de natureza extraordinária não configurariam desdobramentos do duplo grau de jurisdição, porquanto não seriam recursos de ampla devolutividade, já que não se prestariam ao debate da matéria fática e probatória. Noutras palavras, com o julgamento implementado pelo tribunal de apelação, ocorreria uma espécie de preclusão da matéria envolvendo os fatos da causa. Os recursos ainda cabíveis para instâncias extraordinárias do STJ e do STF — recurso especial e extraordinário — teriam âmbito de cognição estrito à matéria de direito. Nessas circunstâncias, tendo havido, em segundo grau, juízo de incriminação do acusado, fundado em fatos e provas insuscetíveis de reexame pela instância extraordinária, pareceria inteiramente justificável a relativização e até mesmo a própria inversão, para a situação concreta, do princípio da presunção de inocência até então observado. Faria sentido, portanto, negar efeito suspensivo aos recursos extraordinários, como o fazem o art. 637 do CPP e o art. 27, § 2º, da Lei 8.038/1990."

549. HC 126.292/SP, STF – Pleno, rel. Min. Teori Zavascki, julg. em 17.02.2016 (Informativo 814 do STF).

incentivou a indevida e sucessiva interposição de recursos *das mais variadas espécies,* ***unicamente com propósitos protelatórios.***

O objetivo era o de conseguir a prescrição da pretensão punitiva ou executória. Dessa forma, cumpre ao Poder Judiciário e, sobretudo, ao STF, garantir que o processo – único meio de efetivação do "jus puniendi" estatal – resgate sua inafastável função institucional. Nesses termos, a retomada da tradicional jurisprudência, ***de atribuir efeito apenas devolutivo aos recursos especial e extraordinário*** – como previsto em textos normativos – seria, sob esse aspecto, mecanismo legítimo de ***harmonizar*** o ***princípio da presunção de inocência com o da efetividade da função jurisdicional.***[550]

Por fim, afirmou o STF, que seria possível tanto a ocorrência de equívocos nos juízos condenatórios proferidos pelas instâncias ordinárias quanto em relação às instâncias extraordinárias. Todavia, para essas eventualidades, sempre haveria outros mecanismos aptos a inibir consequências danosas para o condenado, suspendendo, se necessário, a execução provisória da pena.

Assim sendo, medidas cautelares de outorga de efeito suspensivo ao recurso extraordinário ou especial seriam instrumentos inteiramente adequados e eficazes para controlar situações de injustiça ou excessos em juízos condenatórios recorridos. Por outro lado, a ação constitucional do *"habeas corpus"* igualmente comporia o conjunto de vias processuais com inegável aptidão para controlar eventuais atentados aos direitos fundamentais decorrentes da condenação do acusado. Portanto, mesmo que exequível provisoriamente a sentença penal contra si proferida, ***o acusado não estaria desamparado da tutela jurisdicional em casos de flagrante violação de direitos.***[551]

---

550. HC 126.292/SP, STF – Pleno, rel. Min. Teori Zavascki, julg. em 17.02.2016 (Informativo 814 do STF). Votaram a favor da execução provisória da pena 7 Ministros: *Teori Zavascki, Edson Fachin, Roberto Barroso, Luiz Fux, Dias Toffoli, Cármen Lúcia e Gilmar Mendes.* Vencidos os Ministros Marco Aurélio, Rosa Weber, Celso de Mello e Ricardo Lewandowski (Presidente), que, ao concederem a ordem, mantinham a jurisprudência firmada a partir do julgamento do HC 84.078/MG (DJe de 26.2.2010), *no sentido de que a prisão antes do trânsito em julgado da condenação somente poderia ser decretada a título cautelar, e de que a ampla defesa não poderia ser visualizada de modo restrito, porquanto englobaria todas as fases processuais, inclusive as recursais de natureza extraordinária. Aqui é importante registrar ainda que a decisão foi tomada pelo Plenário da Corte em um habeas corpus, e portanto não seria dotada de efeito vinculante.* No entanto, na prática, *o entendimento passou a ser adotado em alguns Tribunais de 2º grau. Aqui registramos que ainda que o TJ ou o TRF que condenarem o réu não impuserem o início do cumprimento da pena, o Ministro Relator do recurso extraordinário no STF poderia fazê-lo. Dessa forma, na prática, mesmo os Tribunais que tinham posicionamento em sentido contrário ao do STF acabariam se curvando à posição do STF.* Além disso, o entendimento proferido no HC 126.292/SP teria plena aplicabilidade para os processos que estão em andamento, considerando que, para o STF, não existe proibição de se aplicar nova jurisprudência a casos em andamento, mesmo que mais prejudiciais ao réu, salvo se houver modulação dos efeitos (o que não ocorreu no caso). Aqui é interessante ainda que em **01.07.2016** no **HC nº 135.100** o Min. Celso de Mello prolatou *decisão liminar* contrária à do HC nº 126.292 causando um constrangimento no próprio STF sobre a questão. Enfim, como os Tribunais de 2º grau iriam seguir uma decisão que nem Ministro do próprio STF estaria seguindo. Entendemos que a questão só seria resolvida a contento com a decisão de MC nas ADCs 43 e 44 em outubro de 2016 (conforme veremos mais a frente).

551. HC 126.292/SP, STF – Pleno, rel. Min. Teori Zavascki, julg. em 17.02.2016 (Informativo 814 do STF).

A reformulação da jurisprudência até então vigente gerou muitas desavenças no campo jurídico, fomentando críticas de diversos doutrinadores e mesmo dos próprios Ministros do STF que votaram contra à decisão em comento. Nesse sentido, apresentaremos algumas das principais críticas a seguir.

(a) **Da extensão do princípio da presunção de inocência.** O Ministro Celso de Mello, ao proferir voto divergente no HC nº 126.292/SP, discordou da decisão de não provimento proferida pelo Ministro Relator e dos fundamentos por ele utilizados. Primeiramente, destacou o Ministro que o princípio da presunção da inocência é uma conquista histórica fundamental, legitimado pelos pilares da democracia e intrinsecamente ligado à dignidade da pessoa humana. Nesse sentido, a Constituição da República de 1988, enaltecendo os valores mais caros à democracia, consagrou uma das mais importantes proteções ao indivíduo: "o direito do indivíduo de jamais ser tratado, pelo Poder Público, como se culpado fosse.".[552] A teor da doutrina dos Professores Luiz Flávio Gomes e Valério de Oliveira Mazzuoli, destacou também o Min. Celso de Mello que do princípio da presunção de inocência decorre uma regra de tratamento, a qual se traduz na impossibilidade do acusado ser tratado como condenado antes do trânsito em julgado da sentença condenatória. Em termos práticos, isso significaria dizer que o acusado tem o direito de ser tratado como não participante do fato imputado, de tal forma que a regra de tratamento característica à presunção de inocência impede qualquer antecipação de juízo condenatório.[553] Ora, conforme coloca Marcos Paulo Dutra[554], imperioso é o *nulla poena sine culpa:* fato é que pena e culpa são elementos essencialmente indissociáveis, de tal forma que a execução provisória da pena é fundamentalmente a antecipação da culpa do acusado, o que é vedado vigorosamente pela Constituição[555].

Mais especificamente no que tange à extensão da aplicabilidade do princípio da presunção de inocência, necessário destacar que a Constituição da República de 1988 estabelece de forma clara e inequívoca que a única possibilidade de afastamento do princípio da presunção de inocência é o trânsito em julgado da sentença condenatória[556], de tal forma que o princípio em comento só poderia perder sua eficácia e sua força normativa após o trânsito em julgado[557]. Consequentemente, o que se tem na Constituição de 1988 é uma clara limitação ao poder punitivo estatal. Assim, conforme leciona o Ministro Celso de Mello, o diploma constitucional

---

552. STF – HC nº 126.292/SP, Rel. Min. Teori Zavascki, DJ: 17/02/2016 – **Voto do Min. Celso de Mello**, p. 4.
553. STF – HC nº 126.292/SP, Rel. Min. Teori Zavascki, DJ: 17/02/2016 – **Voto do Min. Celso de Mello**, p. 4-5.
554. DUTRA, Marcos Paulo. *STF e a Execução Provisória da Pena*. YouTube, 20 de fevereiro de 2016-a. Disponível em: <https://www.youtube.com/watch?v=nfLHIAeVXAw>. Acesso em 29/02/2016.
555. Tal entendimento resiste, inclusive, frente a diferenciação entre princípio da presunção da inocência e princípio da presunção da não-culpabilidade. Ainda que se opte por tratar o inciso LVII do art. 5º da Constituição de 1988 mais restritivamente, sob a égide do que se entende por presunção da não culpabilidade, a antecipação da pena é antecipação também da culpa, uma *nulla poena sine culpa* – uma não pode existir sem a outra (DUTRA, 2016-b).
556. MEYER, Emílio Peluso Neder. *Presunção de inocência até a condenação em segunda instância?* Disponível em: <http://jota.uol.com.br/presuncao-de-inocencia-ate-a-condenacao-em-segunda-instancia>. Acesso em 19/02/2016.
557. STF – HC nº 126.292/SP, Rel. Min. Teori Zavascki, DJ: 17/02/2016 – **Voto do Min. Celso de Mello,** p. 9.

brasileiro "estabelece, de maneira muito nítida, limites que não podem ser ultrapassados pelo Estado (ou por seus agentes) no desempenho da atividade de persecução penal", sendo que, "na realidade, é a própria Lei Fundamental que impõe, para efeito de descaracterização da presunção de inocência, o trânsito em julgado da condenação criminal.".[558]

Ainda a teor do dever estatal de tratamento do réu como inocente, destacou o Ministro Celso de Mello, com base no HC nº 96.095/SP, de sua relatoria, que o direito fundamental à liberdade não pode ser ofendido por interpretações doutrinarias ou jurisprudenciais que culminem na restrição de direitos e garantias fundamentais consagrados pela Constituição. Ora, sendo o princípio da presunção de inocência uma garantia fundamental, fato é que só há que se falar em pena restritiva de liberdade nas situações expressamente autorizadas pela Constituição, a saber: trânsito em julgado de sentença condenatória.

Outra crítica fundamental à decisão proferida pelo STF diz respeito ao ***princípio da integridade de Ronald Dworkin.*** Sendo a integridade necessariamente compreendida conjuntamente à coerência, necessário ressaltar que esta última "só pode ser sustentada diante de uma decisão que respeite o conjunto normativo que dá conteúdo ao sistema jurídico".[559] Assim, não há que se falar em coerência da decisão em relação a outra decisão proferida anteriormente, mas sim em relação a todo o núcleo principiológico normativo do ordenamento jurídico brasileiro, tornando completamente inadmissível "julgar inconstitucional o próprio texto constitucional", nas palavras de Lenio Luiz Streck.[560]

(b) Da questão da legitimidade. Indo além do argumento anteriormente estabelecido, mas nele embasado, pode-se arguir, ainda, em relação à questão da legitimidade do Supremo para alterar interpretativamente cláusulas formalmente pétreas. Ora, fundamental destacar que a Constituição estabelece vedação expressa às Emendas Constitucionais que ***visem abolir ou restringir direitos, de tal forma que qualquer alteração formal ao princípio da presunção de inocência deveria ser, necessariamente, expansiva.***

No entanto, conforme salienta Juliano Zaiden Bienvindo[561], o desenho institucional inerente às cláusulas pétreas impõe barreiras significativas às alterações

558. STF – HC nº 126.292/SP, Rel. Min. Teori Zavascki, DJ: 17/02/2016 – **Voto do Min. Celso de Mello,** p. 9.
559. STRECK, Lenio Luiz. *Teori do STF contraria Teori do STJ ao ignorar lei sem declarar inconstitucional.* Consultor Jurídico, 2016-b. Acesso em 13/03/2016.
560. STRECK, Lenio Luiz. *Teori do STF contraria Teori do STJ ao ignorar lei sem declarar inconstitucional.* Consultor Jurídico, 2016. Disponível em: <http://www.conjur.com.br/2016-fev-19/streck-teori-contraria-teori-prender-transito-julgado>. Acesso em 13/03/2016. Inclusive, é em sentido decorrente que Lenio Luiz Streck (2016-b) critica o ativismo judicial, alegando que o aceite de que a Corte Constitucional ultrapasse os limites semânticos constitucionais pode se apresentar como um empecilho à própria democracia. Isso porque, no Estado Democrático de Direito, é necessário que o texto legislativo seja levado "em sério", considerando a legalidade constitucional (STRECK, 2016-a).
561. BENVINDO, Juliano Zaiden. *Interpreting Unamendable Clauses: Brazil's New Precedent on the Presumption of Innocence.* Acesso em 02/03/2016.

formais ao texto constitucional, não o fazendo, entretanto, em relação às alterações provenientes de interpretações jurisdicionais. Dessa forma, haveria um ***efeito paradoxal proveniente da proteção formal estabelecida pelas cláusulas pétreas,*** haja vista que às Cortes Constitucionais seriam conferidos especiais poderes de alteração constitucional ***via interpretação.***

Desdobramento lógico da conclusão acima explicitada é o questionamento quanto à legitimidade: ora, se a Constituição opta por proteger a garantia de certos direitos, poderia uma Corte Constitucional interpretar esses direitos de forma a burlar a proteção constitucional?

A falta de clareza quanto aos limites à interpretação judicial de cláusulas pétreas suscita, portanto, diversos problemas e questionamentos quanto à legitimação do Supremo para alterar interpretativamente o direito à presunção de inocência, consagrado pela Constituição de 1988 como uma cláusula pétrea.[562] Nesse sentido, destaca Emílio Peluso Neder Meyer[563], que o caso em comento seria uma flagrante ***desconstitucionalização a direito fundamental consolidado como cláusula pétrea*** e que, portanto, constituiria uma "agressão a uma perspectiva 'procedimentalista', seja pelo desprezo às garantias fundamentais, seja por se sobrepor o STF ao Congresso Nacional a algo que nem pela via de emenda constitucional seria tolerável.".[564]

De maneira mais enfática, destacou Thiago Bottino[565] que o STF não teria legitimidade para modificar o sentido interpretativo de uma cláusula pétrea constitucional cujo teor literal não permite tal interpretação. Isso porque, ainda que o Supremo possa interpretar a Constituição para além de seu sentido literal, ele não o poderia fazer para reduzir e restringir garantias e direitos fundamentais e para aumentar o poder punitivo estatal.

(c) Do respaldo no cenário internacional. O Ministro Relator do HC n. 126.292, Teori Zavascki, argumentou, a partir de um estudo comparativo, que a execução provisória da pena seria prática recorrente em diversos outros países, como a Inglaterra, os Estados Unidos, o Canadá, a Alemanha, a França, Portugal, a Espanha e a Argentina.

Entretanto, conforme salientou o Ministro Celso de Mello, o estabelecimento da supramencionada base comparativa enquanto pilar argumentativo para a possibilidade de execução provisória de pena é inadequado. Isso porque nos Estados

562. BENVINDO, Juliano Zaiden. *Interpreting Unamendable Clauses: Brazil's New Precedent on the Presumption of Innocence*. Int'l J. Const. L. Blog, Feb. 28, 2016. Acesso em 02/03/2016.
563. MEYER, Emílio Peluso Neder. *Presunção de inocência até a condenação em segunda instância?* Acesso em 19/02/2016.
564. MEYER, Emílio Peluso Neder. *Presunção de inocência até a condenação em segunda instância?* 2016, p. 4.
565. BOTTINO, Thiago. *Os problemas da decisão do STF sobre execução provisória da pena*. Disponível em: <http://jota.uol.com.br/os-problemas-da-decisao-do-stf-sobre-execucao-provisoria-da-pena>. Acesso em 26/02/2016.

Unidos e na França, por exemplo, as Constituições domésticas não estabelecem expressamente a limitação temporal referente ao trânsito em julgado.[566]

Em outras palavras, a identidade constitucional dos países mencionados pelo ministro Relator Teori Zavascki, com exceção de Portugal, não foi estabelecida de forma a vincular o princípio da presunção de inocência ao trânsito em julgado[567], o qual é o caso da identidade democrática constitucional brasileira, de tal forma que o estabelecimento de uma base comparativa se mostra inadequado. Nesse sentido, a mera tentativa de conformação do modelo brasileiro aos demais modelos implicaria, pois, no desrespeito à conquista histórica consagrada pela Constituição de 1988 no que diz respeito ao direito à presunção de inocência[568].

(d) Do Princípio da proibição da *reformatio in pejus ex officio*. O art. 617 do Código de Processo Penal (CPP) consagra expressamente o princípio da proibição da *reformatio in pejus ex officio*, este que se configura como a impossibilidade de agravamento da pena imposta ao Réu se somente a defesa tiver apresentado recurso e a acusação tiver, portanto, confirmado a decisão.[569] Isso porque, conforme salienta Antônio Scarance Fernandes[570], não se pode invocar um princípio em prejuízo do Réu se tal princípio se constitui como um direito individual. De forma mais enfática, explicita Renato Brasileiro que, de fato, no caso do instrumento recursal ser utilizado exclusivamente pela defesa frente sentença condenatória, "transitada, pois, em julgado para a acusação, é inadmissível que se imponha pena mais grave ao réu", não se admitindo "a imposição de efeitos mais gravosos ao réu do que aqueles que subsistiriam com o trânsito em julgado caso não tivesse recorrido. Entender-se o contrário consubstancia violação frontal à proibição da *reformatio in pejus*.".[571]

Considerando o acima exposto, fundamental ressaltar dois pontos relativos ao caso concreto. Primeiramente, há que se destacar que o Juízo *a quo* havia concedido ao Réu o direito de permanecer em liberdade no decurso de sua apelação. Em segundo lugar, fundamental frisar que a apelação que ensejou a confirmação dada

566. STF – HC nº 126.292/SP, Rel. Min. Teori Zavascki, DJ: 17/02/2016 – Voto do Min. Celso de Mello.
567. MEYER, Emílio Peluso Neder. *Presunção de inocência até a condenação em segunda instância?* 2016. Acesso em 19/02/2016.
568. A título ilustrativo, citou o Min. Celso de Mello em seu voto o Decreto-lei nº. 88/37, *o qual, sob a égide autoritária do Estado Novo, impunha ao acusado o ônus da prova de sua inocência. É em razão de tal dispositivo legal, absolutamente incompatível com os ditames da democracia, que o STF reiteradamente advertia que as acusações penais não se presumem provadas, cabendo a quem acusa o ônus da prova. Isso significa dizer que não compete ao réu demonstrar a sua própria inocência, desdobramento fundamental do próprio princípio da presunção de inocência.* (STF – HC nº 126.292/SP, Rel. Min. Teori Zavascki, DJ: 17/02/2016 – Voto do Min. Celso de Mello). *É, pois, considerando o passado autoritário sofrido pelo Brasil, que a Constituição da República de 1988 consagrou as conquistas da democracia, dentre as quais se destaca o direito do réu de não ser considerado culpado até o trânsito em julgado da sentença penal condenatória.*
569. BRASILEIRO, Renato. *Manual de Processo Penal: Atualizado de acordo com a Lei n. 12.403/2011 (prisão cautelar)*. Editora Impetus Ltda: Niterói, 2011, p. 57.
570. FERNANDES, Antônio Scarance. Processo Penal Constitucional. apud BRASILEIRO, Renato. *Manual de Processo Penal: Atualizado de acordo com a Lei n. 12.403/2011 (prisão cautelar)*. Editora Impetus Ltda.: Niterói, 2011.
571. BRASILEIRO, Renato. *Manual de Processo Penal: Atualizado de acordo com a Lei n. 12.403/2011 (prisão cautelar)*. Editora Impetus Ltda.: Niterói, 2011, p. 478, grifo nosso.

à sentença condenatória de primeiro grau pelo Tribunal de Justiça de São Paulo, da qual resultou a expedição do mandado de prisão, foi recurso apresentado exclusivamente pela defesa.

Dessa forma, o que se tem é que a cláusula da sentença condenatória que garantiu ao Réu o direito de recorrer em liberdade "havia transitado em julgado para a acusação, logo o Tribunal, ao determinar a execução provisória, promoveu **inadmissível** *reformatio in pejus ex officio*, em descompasso com o art. 617 do CPP."[572], de tal forma que o Habeas Corpus em questão não poderia ter sido julgado de forma a confirmar a decisão da Turma de segundo grau. Inclusive, havia decidido o Supremo Tribunal Federal em sentido semelhante ao da crítica acima formulada, no **HC no 90077/PR**, de relatoria da Ministra Cármen Lúcia.[573]

Considerando essa questão, afirma, ainda, Marcos Paulo Dutra,[574] que a decisão do Habeas Corpus em comento inclusive ensejaria embargos de declaração. Isso porque, para além do descompasso entre a decisão e a matéria fática, houve, ainda, omissão quanto ao princípio da proibição de *reformatio in pejus ex officio*.

(e) Da Efetividade da Jurisdição Penal. Argumentou o Ministro Relator no HC nº. 126.292/SP que uma das razões para o cabimento da aplicação da pena provisória seria a efetividade da jurisdição penal. Isso porque existiriam muitos casos de extinção da punibilidade em virtude da decorrência do prazo prescricional, situação que seria ensejada pela interposição excessiva de recursos protelatórios pela defesa. Contra esse argumento, entretanto, necessário tecer algumas considerações.

Primeiramente, há que se considerar as estatísticas apresentadas pelo Ministro Celso Mello em seu voto, segundo as quais, desde 2006, mais de 25% dos recursos extraordinários interpostos pela defesa em matéria criminal foram inteiramente providos. Se considerados também os parcialmente providos, as estatísticas mostram que chegaríamos a quase 30% dos recursos extraordinários. Se de fato aplicado o entendimento da possibilidade da aplicação provisória da pena, portanto, abrira-se espaço para constantes anulações de processos criminais e reformas das decisões condenatórias, depois de já cumprida a pena pelo Réu[575], o que ensejaria,

572. DUTRA, Marcos Paulo. *Da Possibilidade de Execução Provisória da Pena Privativa de Liberdade Proveniente das Condenações Prolatadas ou Confirmadas pelos Tribunais.* Acesso em 02/03/2016.

573. *1. O Supremo Tribunal Federal tem admitido, em sua jurisprudência, a impetração da ação de habeas corpus, quando, excepcionalmente, se comprovar flagrante ilegalidade, devidamente demonstrada nos autos, a recomendar o temperamento na aplicação da súmula. Precedentes. 2. Configura-se reformatio in pejus decisão de Tribunal de Justiça que, ao negar provimento à apelação da defesa, determina a expedição de mandados de prisão contra o recorrente, quando a sentença condenatória lhe havia concedido o direito de recorrer em liberdade até o trânsito em julgado da decisão. Precedentes. A prisão justifica-se, exclusivamente, quando for o caso de objetiva necessidade de prisão cautelar, nos termos previstos no art. 312 do Código de Processo Penal. 3. Habeas corpus concedido para que o Paciente permaneça em liberdade até o trânsito em julgado da sentença condenatória.* (1ª T. do STF, Rel. Min. Cármen Lúcia, DJ: 20/03/2007).

574. DUTRA, Marcos Paulo. *Da Possibilidade de Execução Provisória da Pena Privativa de Liberdade Proveniente das Condenações Prolatadas ou Confirmadas pelos Tribunais.* Acesso em 02/03/2016.

575. DUTRA, Marcos Paulo. *Da Possibilidade de Execução Provisória da Pena Privativa de Liberdade Proveniente das Condenações Prolatadas ou Confirmadas pelos Tribunais.* 2016. Acesso em 02/03/2016.

ainda, diversas ações de responsabilidade civil contra o Estado.[576] Nesse sentido, "esta perspectiva, por si só, já desaconselharia a aguda relativização da presunção de não culpabilidade implementada pelo Supremo", de tal forma que a consciente ignorância deste percentual, reconhecidamente expressivo, só reforçaria "a ideologia utilitarista que cada vez mais tem tomado de assalto a Justiça Penal pátria."[577]

Outra questão que precisa ser abordada diz respeito ao cálculo da pena. Em julgamentos de matéria penal, após a expedição de sentença condenatória, revisa-se a fundamentação fática para fins de cálculo de pena, sendo que a fixação da pena pode ser amplamente discutida em sede de Recursos Extraordinário ou Especial. O que se teria como consequência da aplicação provisória da pena, portanto, seria o total descompasso entre as execuções implementadas na íntegra nas instâncias ordinárias e as futuras decisões dos Tribunais Superiores em relação ao mesmo caso concreto. Em termos materiais, por exemplo, o Tribunal Superior poderia decidir por uma pena privativa de direito frente um Réu que já tenha cumprido, desnecessariamente, portanto, anos de pena privativa de liberdade; ou ainda, poderia decidir por um regime aberto em um caso no qual o Réu já cumpre pena em regime fechado. Essa questão, assim como a possibilidade de reforma do mérito anteriormente apresentada, ensejaria diversas ações de responsabilidade civil em razão da imposição a esses apenados de uma execução penal em desconformidade com a jurisprudência dos Tribunais Superiores.[578]

Ainda, em outro giro, fundamental ressaltar que a questão da extinção da punibilidade em razão da decorrência do prazo prescricional motivada pela sucessiva interposição de recursos protelatórios poderia ser resolvida nos limites do atual sistema processual penal constitucional brasileiro.

Isso porque, conforme salienta Marcos Paulo Dutra[579], não sendo o direito de defesa absoluto, pode-se reconhecer a abusividade de seu exercício, notadamente em situação de interposição de recursos protelatórios, casos nos quais pode-se, inclusive, certificar o trânsito em julgado da decisão. Inclusive, nesse sentido, já decidiu o STF no **RE 801164/PR**, de relatoria do Ministro Luiz Fux[580].

576. DUTRA, Marcos Paulo. *STF e a Execução Provisória da Pena*. YouTube, 20 de fevereiro de 2016. Acesso em 29/02/2016.
577. DUTRA, Marcos Paulo. *Da Possibilidade de Execução Provisória da Pena Privativa de Liberdade Proveniente das Condenações Prolatadas ou Confirmadas pelos Tribunais*. 2016. Acesso em 02/03/2016.
578. DUTRA, Marcos Paulo. *STF e a Execução Provisória da Pena*. Acesso em 29/02/2016.
579. DUTRA, Marcos Paulo. *STF e a Execução Provisória da Pena*. YouTube, 20 de fevereiro de 2016. Acesso em 29/02/2016.
580. Ementa: *Embargos de declaração nos embargos de divergência no agravo regimental no recurso extraordinário com agravo. Embargos recebidos como agravo regimental. Artigo 335, § 2º, RISTF. Processual penal. Crime de tráfico de influência. Ausência de impugnação específica da decisão agravada. Súmula 284/STF. Ausência de demonstração objetiva do dissenso jurisprudencial. Mera referência às razões anteriormente apresentadas. A sucessiva interposição de recursos contrários à jurisprudência consolidada pelo pretório excelso configura abuso do direito de recorrer. Precedentes. Caráter protelatório do recurso. Determinada a certificação do trânsito em julgado com a consequente baixa imediata dos autos. Agravo regimental desprovido.* (STF – RE nº. 801164/PR, tribunal pleno, rel. Min. Luiz Fux, DJ: 18/12/2015, DJe: 03/03/2016).

Dessa forma, o problema que os recursos protelatórios ensejam quanto à extinção da punibilidade poderia ser facilmente resolvido dentro dos próprios limiares de nosso sistema constitucional, por meio do reconhecimento do abuso do direito de defesa e da consequente certificação do trânsito em julgado.[581]

Diante de todo o exposto, o que se argumenta é que mesmo a justificação da necessidade de conciliação da efetividade da jurisdição penal com o princípio da não culpabilidade não se sustenta, seja em razão da grande quantidade de recursos extraordinários que ensejam a reforma de suas respectivas sentenças, seja em razão dos descompassos entre Tribunais Inferiores e Superiores em razão do cálculo da pena ou, ainda, seja em razão do fato da efetividade da jurisdição penal poder ser garantida nos limiares do próprio Direito Processual Penal Constitucional.

(f) Da incompatibilidade da jurisprudência majoritária na década de 1990. Outro argumento utilizado para corroborar o entendimento prolatado pelo STF no dia 17 de fevereiro de 2016 diz respeito ao resgate à jurisprudência majoritária na década de 1990. Conforme salientou o Ministro Teori Zavascki, "a possibilidade da execução provisória da pena privativa de liberdade era orientação que prevalecia na jurisprudência do STF, mesmo na vigência da Constituição Federal de 1988".[582]

Entretanto, fundamental ressaltar que o contexto que envolvia o entendimento consagrado da época é extremamente distinto do contexto atual. Isso porque, na década de 1990, havia diversos dispositivos normativos que favoreciam *a restrição da liberdade*, dos quais se destaca as vedações à liberdade provisória, que ainda eram entendidas como constitucionais, e a obrigatoriedade do regime inicial fechado. Ademais, destaca-se que a possibilidade da substituição da pena restritiva de liberdade por pena privativa de direitos para condenações inferiores a quatro anos só ocorreu em 1998, com a promulgação da Lei no 9.714. Entretanto, a realidade conjuntural atual é extremamente diversa, considerando que falamos, a título exemplificativo, em inconstitucionalidade da obrigatoriedade do regime inicial fechado, em inconstitucionalidade da vedação da pena restritiva de direitos ao tráfico e em inconstitucionalidade das vedações à liberdade provisória, entendimentos os quais demonstram que a justiça penal tem procurado potencializar a liberdade.[583] É justamente por essa marcante diferença conjuntural que a retomada da orientação da década de 1990 se mostra tão desmedida aos olhos do mundo jurídico, podendo, inclusive, representar um flagrante retrocesso em termos de direitos e garantias fundamentais.

(g) Da constitucionalidade do art. 283 do Código de Processo Penal. Outra crítica que mereceu atenção diz respeito ao art. 283 do Código de Processo Penal (CPP), o qual trata de aplicação material do princípio da presunção de inocência. Conforme

581. DUTRA, Marcos Paulo. *STF e a Execução Provisória da Pena*. 20 de fevereiro de 2016.
582. STF – HC nº 126.292/SP, Rel. Min. Teori Zavascki, DJ: 17/02/2016 – Voto do Min. Relator.
583. DUTRA, Marcos Paulo. *STF e a Execução Provisória da Pena*. 20 de fevereiro de 2016.

o art. 283, *ninguém poderá ser preso senão em flagrante delito ou por ordem escrita e fundamentada da autoridade judiciária competente, em decorrência de sentença condenatória transitada em julgado ou, no curso da investigação ou do processo, em virtude de prisão temporária ou prisão preventiva.* (Redação dada pela Lei nº 12.403, de 2011).

Ora, a doutrina alegou que teríamos total incompatibilidade entre a regra processual acima mencionada e a decisão proferida pelo STF, questão que leva ao questionamento de como se dá, portanto, tal relação em termos práticos.

Conforme a Teoria da decisão de Lenio Luiz Streck[584], somente a declaração formal de inconstitucionalidade de uma lei permite que o Poder Judiciário deixe de aplicá-la, entendimento o qual foi inclusive corroborado pelo Ministro Teori Zavascki quando de sua atuação no Superior Tribunal de Justiça[585]. No caso em questão, no entanto, *não houve qualquer declaração de inconstitucionalidade*[586] referente ao art. 283[587], o que, de acordo com o entendimento acima mencionado, resultaria na conservação da validade do dispositivo normativo em questão.

Pontuou ainda Lenio Streck[588] que os Tribunais Inferiores não estariam vinculados à decisão do STF, considerando que não tinha ocorrido declaração de inconstitucionalidade e que não será cabível, portanto, reclamação frente decisão ordinária que não aplique o novo entendimento do Supremo. Diante dessas questões, defendeu o autor a aplicabilidade do art. 283 do CPP, de tal forma que ele atuaria como uma "barreira para chegar ao resultado que chegou a Suprema Corte"[589], pois não seria possível o afastamento da aplicação da regra processual sem sua declaração formal de inconstitucionalidade[590].

584. STRECK, Lenio Luiz. *Hermenêutica e Positivismo contra o Estado de Exceção Interpretativo.* 2016. Acesso em 13/03/2016.

585. Nesse sentido, necessário ressaltar as palavras de Lenio Luiz Streck (2016-b): "Para tanto, com toda a vênia, vou usar Zavascki contra Zavascki. Explico: *é do ministro Teori Zavascki, quando ainda no Superior Tribunal de Justiça, o brilhante voto na Recl. 2.645, que diz (e já citei no mínimo uma dezena de vezes essa bela passagem): não se admite que seja negada aplicação, pura e simplesmente, a preceito normativo "sem antes declarar formalmente a sua inconstitucionalidade". Perfeito! Resposta correta: não se pode deixar de aplicar um texto normativo sem lhe declarar, formalmente, a inconstitucionalidade.".*

586. *Necessário salientar que um possível juízo de constitucionalidade no presente caso se daria pela via incidental, considerando que foi a julgamento em sede de Habeas Corpus. "Mas, olhando bem, nesse caso, sequer houve declaração incidental, porque foi uma interpretação da Constituição e, ao que se sabe, não há dispositivo do CPP declarado inconstitucional."* (STRECK, 2016-b). Essas críticas vão ensejar a ADC nº 43 e nº 44 que serão posteriormente comentadas na obra.

587. Inclusive, não houve sequer menção ao art. 283 do CPP no voto do Min. Relator, o que leva ao questionamento: "Grave omissão ou propositada omissão?" (LOPES JUNIOR, 2016).

588. STRECK, Lenio Luiz. *Teori do STF contraria Teori do STJ ao ignorar lei sem declarar inconstitucional.* Consultor Jurídico, 2016.

589. STRECK, Lenio Luiz. *Uma ADC contra a decisão no HC 126.292 – sinuca de bico para o STF!.* Conjur, 29 de fevereiro de 2016-c.

590. Importante salientar que a Súmula Vinculante no. 10 do STF, conjugada ao art. 97 da Constituição, existe "*para evitar que um texto jurídico válido seja ignorado ou contornado para se chegar a um determinado resultado. No caso, o STF afastou — sem dizer — a incidência do artigo 283. E ao não dizer e fundamentar devida e claramente, fez algo que ele mesmo proíbe aos demais tribunais.*" (STRECK, 2016-c).

Lenio Streck[591] ainda destacou que a solução para essa anomalia jurídica na qual a decisão da Suprema Corte é absolutamente incompatível com regra processual válida seria a interposição de Ação Declaratória de Constitucionalidade (ADC) frente o art. 283 do CPP ou, no seu entendimento, a Arguição de Descumprimento de Preceito Fundamental (ADPF) contra a própria decisão do Supremo.

Aqui é interessante salientar, que justamente nesse sentido, em maio de 2016, o Partido Ecológico Nacional (PEN) e o Conselho Federal da Ordem dos Advogados do Brasil (OAB) ajuizaram no Supremo Tribunal Federal (STF) Ações Declaratórias de Constitucionalidade, com pedido de liminar, visando ao reconhecimento da legitimidade constitucional da redação do artigo 283 do Código de Processo Penal, inserida pela Lei 12.403/2011. Nesses termos, o caminho para tal enfrentamento se deu via ADC.

Para as entidades, a norma objetivou condicionar o início do cumprimento da pena de prisão ao trânsito em julgado da sentença penal condenatória. Nesses termos, na ADC nº 43, o PEN sustentou que o dispositivo é uma interpretação possível e razoável do princípio da presunção de inocência, previsto no artigo 5º, inciso LVII, da CR/88. Já a OAB, na ADC nº 44, argumentou que a nova redação do dispositivo do CPP buscou harmonizar o direito processual penal ao ordenamento constitucional, espelhando e reforçando o princípio da presunção da inocência. Em ambos os casos, conforme observamos acima, o pedido de declaração de constitucionalidade do artigo 283 do CPP surgiu da controvérsia instaurada em razão da decisão proferida pelo STF no ora trabalhado HC nº 126.292.

Pois bem, o STF, em 05.10.2016, julgou as medidas cautelares na ADC nº 43 e na ADC nº 44 e entendeu que execução provisória de acórdão penal condenatório proferido em grau de apelação, ainda que sujeito a recurso especial ou extraordinário, não ofende o princípio constitucional da presunção de inocência (art. 5º, LVII, da CR/88) e não viola (contrasta) o texto do art. 283 do CPP.

Nesses termos, por maioria (7 x 4), o plenário do STF **indeferiu** medida cautelar em ações declaratórias de constitucionalidade e conferiu interpretação conforme à Constituição ao art. 283 do Código de Processo Penal (CPP). Dessa forma, como já dito, o STF ainda em 2016, manteve o posicionamento do HC nº 126.292 e permitiu a execução provisória da pena após a decisão condenatória de segundo grau e antes do trânsito em julgado.

Após as decisões das Medidas Cautelares nas ADCs em outubro de 2016, logo em 10.11.2016, o STF em regime de repercussão geral, reafirmou a sua jurisprudência no sentido de que a execução provisória de acórdão penal condenatório proferido em grau recursal, ainda que sujeito a recurso especial ou extraordinário, não

591. STRECK, Lenio Luiz. *Uma ADC contra a decisão no HC 126.292 – sinuca de bico para o STF!*. Conjur, 29 de fevereiro de 2016.

compromete o princípio constitucional da presunção de inocência afirmado pelo artigo 5º, inciso LVII, da Constituição Federal. STF. Plenário virtual.[592]

Nesses termos, ficamos no aguardo da decisão de mérito do STF nas ADCs nº 43 e 44, acima citadas, para que a questão seja fosse resolvida de forma definitiva (ou com a manutenção do posicionamento de 2016, ou com sua modificação).[593]

Pois bem, em **07.11.2019**, o STF julgou as ADC 43/DF, ADC 44/DF e também a ADC 54/DF (ajuizada pelo Partido Comunista do Brasil em 2018) e decidiu que o art. 283 do CPP, que exige o trânsito em julgado da condenação para que se inicie o cumprimento da pena, **é constitucional**, sendo compatível com o princípio da presunção de inocência, previsto no art. 5º, LVII, da CR/88. Assim sendo, voltou a ser proibida a chamada execução provisória da pena.[594]

Prevaleceu o voto do ministro Marco Aurélio (relator), que foi acompanhado pelos ministros Rosa Weber, Ricardo Lewandowski, Gilmar Mendes, Celso de Mello e Dias Toffoli.

Vale ressaltar que para o STF, com esse retorno ao posicionamento de fevereiro de 2009 (do HC nº 84.078), é possível que o réu seja preso antes do trânsito em julgado (antes do esgotamento de todos os recursos), no entanto, para isso, é necessário que seja proferida uma decisão judicial individualmente fundamentada, na qual o magistrado demonstre que estão presentes os requisitos para a ***prisão preventiva*** previstos no art. 312 do CPP.[595] Dessa forma, o réu até pode ficar preso antes do trânsito em julgado, mas cautelarmente (preventivamente), e não como execução provisória da pena.[596]

592. ARE 964246 RG, Rel. Min. Teori Zavascki, julgado em 10.11.2016.

593. Sobre o julgamento que se aproximava, ver sobretudo: STRECK, Lenio Luiz. *A Presunção da inocência e meu telescópio: 10 pontos para (não) jejuar* Conjur, 02 de abril de 2018.

594. **ADC 43/DF, ADC 44/DF e ADC 54/DF**, STF. Plenário. Rel. Min. Marco Aurélio, julg em **07.11.2019**. Se o Tribunal de 2ª instância (TJ ou TRF) condenou o réu ou manteve a condenação imposta pelo juiz na sentença e o condenado interpôs recurso especial ou extraordinário, isso significa que, enquanto tais recursos não forem apreciados, não houve trânsito em julgado. Se não houve ainda trânsito em julgado, não se pode determinar que o réu inicie o cumprimento provisório da pena. Não importa que os recursos pendentes possuam efeito meramente devolutivo (sem efeito suspensivo). Não existe cumprimento provisório da pena no Brasil porque ninguém pode ser considerado culpado antes do trânsito em julgado (art. 5º, LVII, da CF/88).

595. Art. 312 do CPP: *A prisão preventiva poderá ser decretada como garantia da ordem pública, da ordem econômica, por conveniência da instrução criminal, ou para assegurar a aplicação da lei penal, quando houver prova da existência do crime e indício suficiente de autoria. Parágrafo único. A prisão preventiva também poderá ser decretada em caso de descumprimento de qualquer das obrigações impostas por força de outras medidas cautelares (art. 282, § 4º).* Portanto, a prisão, não é mais automática. O TJ ou TRF deve decidir, de forma individualizada, sobre a liberdade do réu, podendo até decretar a prisão, mas nos termos do art.312 do CPP. É indispensável que seja analisada a necessidade ou não da prisão. Trata-se de prisão cautelar (que não é prisão-pena).

596. Segundo o entendimento que vigorou de 2016 (fevereiro) a 2019 (novembro) havendo condenação em 2º grau passados os eventuais embargos de declaração contra o acórdão, o TJ ou TRF determinava a prisão do condenado com uma simples decisão invocando a execução provisória da pena. Não se analisava a necessidade da prisão porque esta decorria do cumprimento provisório da condenação (prisão-pena).

Aqui os principais argumentos para essa nova alteração no posicionamento do STF com o retorno do posicionamento de 2009 (HC nº 84.078) foram basicamente os seguintes:

a) A plena compatibilidade do art. 283 do CPP (com redação dada pela Lei nº 12.403/2011) com a Constituição de 1988. Nesses termos, o art.283 do CPP prevê que "ninguém poderá ser preso senão em flagrante delito ou por ordem escrita e fundamentada da autoridade judiciária competente, em decorrência de sentença condenatória transitada em julgado ou, no curso da investigação ou do processo, em virtude de prisão temporária ou prisão preventiva; "

b) O inciso LVII do art. 5º da CR/88, segundo o qual "ninguém será considerado culpado até o trânsito em julgado de sentença penal condenatória", não deixa margem a dúvidas ou a controvérsias de interpretação;

c) A falta de fundamento da interpretação de que a defesa do princípio da presunção de inocência pode obstruir as atividades investigatórias e persecutórias do Estado. Nesses termos, resta claro que a repressão a crimes não pode desrespeitar e transgredir a ordem jurídica e os direitos e garantias fundamentais dos investigados em um Estado Constitucional e Democrático de Direito;

d) A Constituição não pode se submeter à vontade dos poderes constituídos nem o Poder Judiciário embasar suas decisões no clamor público.[597]

Portanto, com as decisões de 2019 das ADCs 43, 44 e 54 temos um novo momento, no que diz respeito a interpretação e aplicação do art.5, LVII da CR/88. Como vimos, ao todo foram 4 momentos na nossa atual história constitucional (1988-2009; Fevereiro de 2009-2016; Fevereiro de 2016-2019; Novembro de 2019 em diante).

Aqui uma pergunta é pertinente: a questão está definitivamente resolvida? Por hora sim, mas essa história de ate agora de 4 momentos ainda pode ser modificada.

As possibilidades seriam por ***overrule*** ou ***superação (reação) legislativa*** (ativismo congressual)[598] ou pelo próprio STF com a modificação de sua composição. Lembramos que a decisão do STF foi construída com um placar de 6x5. E o ministro Celso de Mello que votou pela *proibição da execução provisória da pena* se aposenta em novembro de 2020. Se o novo Ministro do STF nomeado pelo Presidente da República defender a *possibilidade da execução provisória da pena*, o quadro determinado em novembro de 2019 pode ser novamente alterado (embora alterações constantes e

597. Sobre o tema ver: *Constitucionalismo Democrático: Sobre Constituição, Presunção de Inocência e Execução Provisória da Pena*. DANTAS, Ingrid Cunha. Dissertação de Mestrado-UFMG, 2018.

598. As propostas no Congresso Nacional, dentre outras, iriam desde a alteração constitucional do art.5, LVII da CR/88, ou da alteração ou supressão infraconstitucional do art.283 do CPP ou mesmo da alteração na sistemática do Recurso Extraordinário e do Recurso Especial (respectivamente do art. 102, III e do art.105, III da CR/88). Sobre as propostas, ver as críticas: *PECs contra a Presunção da Inocência são fraude à Constituição*. STRECK, Lenio Luiz; CATTONI, Marcelo. CONJUR, 11.11.2019. *Alterar a Presunção de Inocência? Não se mudam leis com raiva*. STRECK, Lenio Luiz, CONJUR, 21.11.2019.

recorrentes de precedentes em um curto espaço de tempo possam gerar um alto grau de insegurança jurídica).

Passamos agora a análise dos votos dos ministros da corrente vencedora. Aqui vamos nos ater estritamente ao explicitado no informativo 958 do STF. Embora seja interessante observarmos que várias das digressões da doutrina (trabalhada em nosso livro e que fizemos questão de manter na atual edição) estejam presentes na posição majoritária do STF.[599]

Ministro Marco Aurélio:

- De acordo com o referido preceito constitucional, ninguém será considerado culpado até o trânsito em julgado de sentença penal condenatória. A literalidade do preceito não deixa margem a dúvidas: a culpa é pressuposto da sanção, e a constatação ocorre apenas com a preclusão maior (coisa julgada).

- O dispositivo não abre campo a controvérsias semânticas. A CF consagrou a excepcionalidade da custódia no sistema penal brasileiro, sobretudo no tocante à supressão

599. ADC 43/DF, ADC 44/DF e ADC 54/DF, STF. Plenário. Rel. Min. Marco Aurélio, julg em **07.11.2019**. O Ministro Celso de Mello apresentou os seguintes fundamentos: a) a presunção de inocência qualifica-se como direito público subjetivo, de caráter fundamental, expressamente contemplado na CF (art. 5º, LVII); b) o estado de inocência, que sempre se presume, cessa com a superveniência do efetivo e real trânsito em julgado da condenação criminal, não se admitindo, por incompatível com a cláusula constitucional que o prevê, a antecipação ficta do momento formativo da coisa julgada penal; c) a presunção de inocência não se reveste de caráter absoluto, em razão de constituir presunção juris tantum, de índole meramente relativa; d) a presunção de inocência não se esvazia progressivamente, à medida em que se sucedem os graus de jurisdição, pois só deixa de subsistir quando resultar configurado o trânsito em julgado da sentença penal condenatória; e) o postulado do estado de inocência não impede que o Poder Judiciário utilize, quando presentes os requisitos que os legitimem, os instrumentos de tutela cautelar penal, como as diversas modalidades de prisão cautelar (entre as quais, p. ex., a prisão temporária, a prisão preventiva ou a prisão decorrente de condenação criminal recorrível) ou, então, quaisquer outras providências de índole cautelar diversas da prisão (CPP, art. 319); f) a Assembleia Constituinte brasileira, embora lhe fosse possível adotar critério diverso (como o do duplo grau de jurisdição), optou, conscientemente, de modo soberano, com apoio em escolha política inteiramente legítima, pelo critério técnico do trânsito em julgado; g) a exigência de trânsito em julgado da condenação criminal, que atua como limite inultrapassável à subsistência da presunção de inocência, não traduz singularidade do constitucionalismo brasileiro, pois foi também adotada pelas vigentes Constituições democráticas da República Italiana de 1947 (art. 27) e da República Portuguesa de 1976 (art. 32, n. 2); h) a execução provisória (ou antecipada) da sentença penal condenatória recorrível, por fundamentar-se, artificiosamente, em uma antecipação ficta do trânsito em julgado, culmina por fazer prevalecer, de modo indevido, um prematuro juízo de culpabilidade, frontalmente contrário ao que prescreve o art. 5º, LVII, da CF; i) o reconhecimento da possibilidade de execução provisória da condenação criminal recorrível, além de inconstitucional, também transgride e ofende a legislação ordinária, que somente admite a efetivação executória da pena após o trânsito em julgado da sentença que a impôs (LEP, arts. 105 e 147; CPPM, arts. 592, 594 e 604), ainda que se trate de simples multa criminal (CP, art. 50; LEP, art. 164); j) as convenções e as declarações internacionais de direitos humanos, embora reconheçam a presunção de inocência como direito fundamental de qualquer indivíduo, não estabelecem, quanto a ela, a exigência do trânsito em julgado, o que torna aplicável, configurada situação de antinomia entre referidos atos de direito internacional público e o ordenamento interno brasileiro e em ordem a viabilizar o diálogo harmonioso entre as fontes internacionais e aquelas de origem doméstica, o critério da norma mais favorável (Pacto de São José da Costa Rica, art. 29), pois a CF, ao proclamar o estado de inocência em favor das pessoas em geral, estabeleceu o requisito adicional do trânsito em julgado, circunstância essa que torna consequentemente mais intensa a proteção jurídica dispensada àqueles que sofrem persecução criminal; k) a exigência do trânsito em julgado vincula-se à importância constitucional e político-social da coisa julgada penal, que traduz fator de certeza e de segurança jurídica (*res judicata pro veritate habetur*); e l) a soberania dos veredictos do júri, que se reveste de caráter meramente relativo, não autoriza nem legitima, por si só, a execução antecipada (ou provisória) de condenação ainda recorrível emanada do Conselho de Sentença. (Informativo 958)

da liberdade anterior ao trânsito em julgado da decisão condenatória. A regra é apurar para, em virtude de título judicial condenatório precluso na via da recorribilidade, prender, em execução da pena, que não admite a forma provisória. A exceção corre à conta de situações individualizadas nas quais se possa concluir pela aplicação do art. 312 do CPP e, portanto, pelo cabimento da prisão preventiva.

- O abandono do sentido unívoco do texto constitucional gera perplexidades, observada a situação veiculada: pretende-se a declaração de constitucionalidade de preceito que reproduz o texto da CF.
- Ao editar o dispositivo em jogo, o Poder Legislativo, por meio da Lei 12.403/2011, limitou-se a concretizar, no campo do processo, garantia explícita da CR/88, adequando-se à óptica então assentada pelo próprio STF no julgamento do HC 84.078, julgado em 5 de fevereiro de 2009, segundo a qual "a prisão antes do trânsito em julgado da condenação somente pode ser decretada a título cautelar".
- Também não merece prosperar a distinção entre as situações de inocência e não culpa. A execução da pena fixada por meio da sentença condenatória pressupõe a configuração do crime, ou seja, a verificação da tipicidade, antijuridicidade e culpabilidade. Assim, o implemento da sanção não deve ocorrer enquanto não assentada a prática do delito. Raciocínio em sentido contrário implica negar os avanços do constitucionalismo próprio ao Estado Democrático de Direito.
- O princípio da não culpabilidade é garantia vinculada, pela CF, à preclusão, de modo que a constitucionalidade do art. 283 do CPP não comporta questionamentos. O preceito consiste em reprodução de cláusula pétrea cujo núcleo essencial nem mesmo o poder constituinte derivado está autorizado a restringir. A determinação constitucional não surge desprovida de fundamento. Coloca-se o trânsito em julgado como marco seguro para a severa limitação da liberdade, ante a possibilidade de reversão ou atenuação da condenação nas instâncias superiores.
- Em cenário de profundo desrespeito ao princípio da não culpabilidade, sobretudo quando autorizada normativamente a prisão cautelar, não cabe antecipar, com contornos definitivos – execução da pena –, a supressão da liberdade. Deve-se buscar a solução consagrada pelo legislador nos arts. 312 e 319 do CPP, em consonância com a CF e ante outra garantia maior – a do inciso LXVI do art. 5º: "ninguém será levado à prisão ou nela mantido, quando a lei admitir a liberdade provisória, com ou sem fiança".
- Uma vez realinhada a sistemática da prisão à literalidade do art. 5º, LVII, da CF – no que direciona a apurar para, em virtude de título judicial condenatório precluso na via da recorribilidade, prender, em execução da pena –, surge inviável, no plano da lógica, acolher o requerimento formalizado, em caráter sucessivo, nas ADCs 43 e 54, concernente ao condicionamento da execução provisória da pena ao julgamento do recurso especial pelo Superior Tribunal de Justiça (STJ), como se esse tribunal fosse um "Supremo Tribunal de Justiça", nivelado ao verdadeiro e único Supremo.

Ministra Rosa Weber

- Asseverou a ministra que o 5º, LVII, da CF, além de princípio, representa também regra específica e expressamente veiculada pelo constituinte – a fixar, objetivamente, o trânsito julgado como termo final da presunção de inocência, o momento em que passa a ser possível impor ao acusado os efeitos da atribuição da culpa. E o texto do art. 283 do CPP guarda higidez frente à ordem objetiva de princípios, valores e regras inscritos na Carta constitucional de 1988.

- A Constituição de 1988 não assegura uma presunção de inocência meramente principiológica. Ainda que não o esgote, ela delimita o âmbito semântico do conceito legal de culpa, para fins de condenação criminal, na ordem jurídica por ela estabelecida. E o faz ao afirmar categoricamente que a culpa supõe o trânsito em julgado.
- Considerada a conformação específica dada pela Constituição brasileira ao princípio da presunção de inocência – qual seja, a de assegurá-la até o trânsito em julgado ou a irrecorribilidade do título condenatório –, não se justifica qualquer tentativa de assimilação da ordem jurídica pátria a razões de direito comparado em relação a ordenamentos jurídicos que, por mais merecedores de admiração que sejam, não contemplam figura normativa-constitucional análoga.
- De outra parte, ainda que se pretendesse relativizar a densidade normativa do art. 5º, LVII, da CF, despindo-o da sua literalidade, não seria possível identificar, no art. 283 do CPP, qualquer ofensa a este ou a qualquer outro preceito constitucional.
- Em face de ato normativo editado pelo Poder Legislativo com exegese plenamente compatível com o parâmetro constitucional de controle, a tônica do exame de constitucionalidade deve ser a deferência da jurisdição constitucional à interpretação empreendida pelo ente legislativo. Não cabe ao Poder Judiciário, no exercício do controle jurisdicional da exegese conferida pelo Legislador a uma garantia constitucional, simplesmente substituí-la pela sua própria interpretação da Constituição.
- O direito processual penal tem como norte a maior das garantias constitucionais, que é a observância, na tutela constitucional da liberdade, do devido processo legal. A Constituição assegura, expressamente, que "ninguém será considerado culpado até o trânsito em julgado de sentença penal condenatória". Uma vez adotado, pelo legislador infraconstitucional, marco normativo que, longe de a ela se contrapor, visa assegurar a máxima efetividade da garantia constitucional da presunção de inocência e guarda absoluta consonância com a Lei Fundamental, não pode o intérprete da norma constitucional ceifar-lhe o potencial humanizador.
- Embora fortes razões de índole social, ética e cultural amparem seriamente a necessidade de que sejam buscados desenhos institucionais e mecanismos jurídico-processuais cada vez mais aptos a responder, com eficiência, à exigência civilizatória que é o debelamento da impunidade, não há como, do ponto de vista normativo-constitucional vigente – cuja observância irrestrita também traduz em si mesma uma exigência civilizatória –, afastar a higidez de preceito que institui garantia, em favor do direito de defesa e da garantia da presunção de inocência, plenamente assimilável ao texto magno.

Ministro Ricardo Lewandowski

- Pontuou o ministro que a presunção de inocência integra a cláusula pétrea alusiva aos direitos e garantias individuais que representa a mais importante das salvaguardas do cidadão.

- Segundo o ministro, é vedado, até mesmo aos deputados e senadores, ainda que no exercício do poder constituinte derivado do qual são investidos, extinguir ou minimizar a presunção de inocência, plasmada na Constituição de 1988, porquanto foi concebida como um antídoto contra a volta de regimes ditatoriais. Com maior razão não é dado aos juízes fazê-lo por meio da estreita via da interpretação, eis que esbarrariam nos intransponíveis obstáculos das cláusulas pétreas, verdadeiros pilares das instituições democráticas.
- Afirmou o ministro que não se mostra possível superar a taxatividade do inciso LVII do art. 5° da CF, salvo em situações de cautelaridade, por tratar-se de comando constitucional absolutamente imperativo, categórico, com relação ao qual não cabe qualquer tergiversação. Ademais, o texto do dispositivo constitucional, além de ser claríssimo, jamais poderia ser objeto de uma inflexão jurisprudencial para interpretá-lo in malam partem, ou seja, em prejuízo dos acusados em geral.
- Por fim, a Declaração Universal dos Direitos do Homem de 1948, elaborada sob os auspícios da Organização das Nações Unidas e subscrita pelo Brasil, de observância obrigatória por todos os Estados que a assinaram, consagrou, em seu art. 30, o princípio da proibição do retrocesso em matéria de direitos e garantias fundamentais, plenamente aplicável à espécie.

Ministro Gilmar Mendes

- Destacou o ministro que, nos últimos anos, o CPP sofreu alterações, com o objetivo de se adequar à CF/1988. No mesmo sentido, o STF tem se posicionado contra a prisão abusiva, como, por exemplo, a fundada no clamor público, ou a prisão aplicada de modo automático, sem fundamentação.
- A execução penal antes do trânsito em julgado não é compatível com a CF, e a ordem de prisão decretada antes desse marco processual deve se revestir dos requisitos da prisão preventiva, sob pena de ofensa ao princípio de presunção de não culpabilidade. Esse postulado tem a feição de garantia institucional do réu, para que não seja tratado da mesma forma durante o trâmite do processo. Assim, a lei pode impor a ele tratamento diferenciado ao longo da marcha processual, conforme são preenchidos determinados requisitos.
- Para o ministro ainda que existam graves disfuncionalidades no sistema processual penal, que levam à prescrição e à não aplicação da pena, elas não legitimam a prática de medidas abusivas por parte do Poder Judiciário, como prisões processuais infundadas ou baseadas na manutenção da ordem pública e na gravidade do delito, como a denominada "prisão provisória de caráter permanente".
- A problemática da prescrição, ademais, pode ser solucionada de maneira mais satisfatória a depender de medidas administrativas tomadas pelos tribunais. Desse modo, é preciso tornar o sistema mais eficiente; e não promover a ablação de uma norma constitucional.
- Para o ministro o combate a qualquer tipo de criminalidade deve sempre ser feito dentro dos limites da Constituição e da lei.

Ministro Dias Toffoli

- Demonstrou indicadores no sentido de que a morosidade da justiça, que porventura leva à impunidade de criminosos, tem relação com erros, omissões e abusos cometidos em diversas fases, processuais e pré-processuais, e não se pode imputar esse fenômeno exclusivamente ao intervalo entre a condenação em segundo grau e o trânsito em julgado, que tem um papel residual nesses números. A estatística é ainda mais alarmante em relação aos procedimentos relativos a processo e julgamento pelo tribunal do júri, tendo em vista sua inerente complexidade.

- Além disso, existem mecanismos processuais à disposição das partes e do juiz, que podem ser aplicados para que se evite a superveniência da prescrição.
- Registrou o ministro, que o elevado e crescente número de presos no país cujo decreto prisional não está fundado em decisão condenatória transitada em julgado.
- Assim, para o ministro, cabe ao Legislativo dispor sobre a temática de maneira diversa da que está no art. 283 do CPP, desde que o faça em respeito ao postulado da presunção de inocência. Enquanto não houver essa mudança, a prisão que não estiver fundada nos requisitos de prisões cautelares somente poderá subsistir se baseada no trânsito em julgado do édito condenatório. Em outras palavras, a presunção de inocência não impede a prisão em qualquer fase, processual ou pré-processual, desde que preenchidos os requisitos da prisão cautelar.

Na decisão, é importante salientar ainda que ficaram vencidos os ministros Edson Fachin, que julgou improcedentes os pedidos formulados; e os ministros Alexandre de Moraes, Roberto Barroso, Luiz Fux e Cármen Lúcia, que julgaram os pedidos parcialmente procedentes, no sentido de dar interpretação conforme ao art. 283 do CPP. Admitiram a execução da pena após decisão em segundo grau de jurisdição, ainda que sujeita a recurso especial ou extraordinário.[600]

Por último, uma pergunta trazida pela doutrina e nos debates no STF é extremamente pertinente: ***Os réus que estavam presos por força da execução provisória da pena deverão ser soltos com a decisão das** ADCs 43, 44 e 54*? A resposta é a de que, deverá ser analisada a situação individual de cada um desses réus.

Se eles estavam *presos unicamente por força da execução provisória da pena*, é totalmente possível que sejam soltos. Se eles estavam presos porque presentes os requisitos da prisão cautelar (art. 312 do CPP), a decisão do STF não altera a situação. Por isso, os Tribunais deverão analisar cada caso concreto.

Aqui, temos que a 1ª Turma do STF aplicou esse entendimento em novembro de 2019 em um caso no qual o réu estava preso unicamente pelo fato de o TJ ter confirmado a sua condenação em 1ª instância, não tendo havido ainda, o trânsito em julgado:

> *"A Primeira Turma, por maioria,* ***concedeu a ordem de habeas corpus*** *impetrado contra decisão monocrática de ministro do Superior Tribunal de Justiça, para afastar a execução provisória de título condenatório. No caso, o magistrado de primeiro grau condenou a paciente a quatro anos e dois meses de reclusão, em regime inicial*

600. ADC 43/DF, ADC 44/DF e ADC 54/DF, STF. Plenário. Rel. Min. Marco Aurélio, julgados em 07.11.2019.

> *semiaberto de cumprimento, e ao pagamento de 20 dias-multa, ante a prática da infração descrita no art. 171 (estelionato), na forma do 71 (continuidade delitiva), do Código Penal. Em seguida, o tribunal de origem desproveu a apelação interposta pela defesa e determinou a expedição de mandado de prisão. A Turma* ***rememorou que, ao julgar as ADCs 43, 44 e 54, o Plenário fixou entendimento pela impossibilidade de execução provisória da pena. Ressaltou que em nenhum momento foi decretada a prisão preventiva.*** *(...)"*[601]

Em dezembro de 2019, em um novo caso, o STF concedeu a ordem em habeas corpus (de ofício), mas não para a liberdade imediata do condenado, e sim para que o Tribunal de Justiça analise eventual necessidade de prisão preventiva ou a aplicação de medidas cautelares diversas.[602]

No caso, Juiz condenou o réu, concedeu a ele o direito de recorrer em liberdade, mas lhe aplicou uma série de medidas cautelares diversas da prisão previstas no art. 319 do CPP. Em apelação, o Tribunal de Justiça manteve a condenação. A decisão do TJ foi proferida na época em que o entendimento do STF era no sentido de ser cabível a execução provisória da pena.[603]

Assim sendo, o Tribunal de Justiça, logo depois de receber os recursos especial e extraordinário (que foram interpostos), determinou que o condenado iniciasse imediatamente o cumprimento da pena. Porém o STF alterou a sua posição, conforme analisamos, e passou a proibir a execução provisória da pena. Nesses termos, a defesa do réu impetrou *habeas corpus* pedindo a liberdade imediata do condenado.[604]

Como já dito, o STF concedeu a ordem, mas **não para a liberdade imediata do condenado**, e sim para que o Tribunal de Justiça analise eventual necessidade de prisão preventiva ou a aplicação de medidas cautelares diversas. O argumento aqui é o de que se o Tribunal de 2ª instância não analisou a necessidade da prisão

---

601. **HC 169727/RS**, STF. 1ª Turma. Rel. Min. Marco Aurélio, julg **26.11.2019** (Informativo 961).
602. **HC 174875/MG**, STF. 1ª Turma. Red. p/ o ac. Min. Alexandre de Moraes, julg em **03.12.2019**. *"A Primeira Turma do STF, por maioria, não conheceu de habeas corpus impetrado contra decisão monocrática de ministro do Superior Tribunal de Justiça; revogou a medida cautelar anteriormente deferida e concedeu a ordem, de ofício, para que o tribunal de origem analise eventual necessidade de prisão preventiva ou a aplicação de medidas cautelares diversas. Prevaleceu o voto do ministro Alexandre de Moraes, que distinguiu a situação dos autos. Explicitou que o magistrado de piso concedeu o direito de o paciente recorrer em liberdade, mas aplicou uma série de medidas restritivas. Ou seja, substituiu eventual prisão preventiva por medidas restritivas. Na sentença, o juiz deixou claro que qualquer descumprimento seria imediatamente convertido em prisão. Portanto, os requisitos do art. 312 do Código de Processo Penal (CPP) estavam presentes no momento da condenação do paciente em primeira instância. Contudo, em segunda instância, o tribunal de origem não analisou essa questão e determinou a execução antecipada da pena, pois, à época, o Supremo Tribunal Federal ainda entendia ser possível a execução provisória. Por fim, o ministro salientou que o tribunal não deve ter examinado a necessidade de manutenção das medidas cautelares ou mesmo de decretação de prisão preventiva, porque havia a possibilidade da execução provisória. Assim, indicou que a análise pelo tribunal de origem é medida necessária em virtude da alteração de posicionamento do STF, principalmente para crimes graves, com violência ou grave ameaça, e aqueles em que a primeira instância havia determinado restrições."* (Informativo 962)
603. **HC 174875/MG**, STF. 1ª Turma. Red. p/ o ac. Min. Alexandre de Moraes, julg em 03.12.2019 (Info 962).
604. **HC 174875/MG**, STF. 1ª Turma. Red. p/ o ac. Min. Alexandre de Moraes, julg em 03.12.2019 (Info 962).

preventiva em razão de ter aplicado o antigo entendimento do STF sobre a execução provisória, antes de ser decretada a liberdade, deve o Tribunal fazer essa análise.[605]

Na sequência, ainda sobre o **princípio da presunção da inocência**, temos outras relevantes decisões do STF, que passaremos a analisar:

a) O STF, ao julgar em 04.04.2018 *habeas corpus* impetrado pelo ex-Presidente Lula, decidiu manter o seu entendimento e reafirmar que é possível a execução provisória de acórdão penal condenatório proferido em grau recursal, ainda que sujeito a recurso especial ou extraordinário. Entendeu à época que a execução provisória da pena não ofende o princípio constitucional da presunção de inocência (art. 5º, LVII, da CR/88).[606]

No caso em questão, o ex-Presidente Lula foi condenado em 1ª instância pelo juízo da 13ª Vara Federal de Curitiba. Contra esta decisão, o réu interpôs apelação para o Tribunal Regional Federal da 4ª Região. O TRF4 manteve a condenação e ainda aumentou a pena que havia sido imposta. A defesa opôs, então, embargos de declaração para o próprio TRF. Após o TRF julgar os embargos de declaração, Lula ainda poderia, em tese, interpor recursos especial e extraordinário, mas pelo posicionamento do STF acima exposto, Lula teria que aguardar o julgamento desses recursos preso. Nesse sentido, a partir do momento em que o TRF rejeitasse os embargos e mantivesse a condenação, Lula já seria preso, mesmo que ainda recorresse ao STJ e STF, seria iniciada a execução provisória da pena. Em virtude disso, a defesa do ex-presidente Lula impetrou *habeas corpus* no STJ contra o TRF4. O STJ negou o *habeas corpus* afirmando que se o TRF 4, após rejeitar os embargos de declaração, determinar a execução provisória da pena, tal decisão será correta. Contra a decisão do STJ, a defesa impetrou novo *habeas corpus*, agora para o STF, pedindo que a Corte revisse seu entendimento e voltasse a proibir a execução provisória da pena. O Plenário do STF, por maioria, denegou a ordem em *habeas corpus* no qual se pleiteava a vedação do início da execução provisória da pena.[607]

605. **HC 174875/MG**, STF. 1ª Turma. Red. p/ o ac. Min. Alexandre de Moraes, julg em 03.12.2019 (Info 962). Em caso semelhante, após o STF alterar seu posicionamento (proibir a execução provisória da pena na ADC 43/DF), a defesa do réu impetrou *habeas corpus* pedindo a liberdade imediata do condenado. Novamente o STF concedeu a ordem, mas não para a liberdade imediata do condenado, e sim para que o Tribunal de Justiça analise eventual necessidade de prisão preventiva (art. 312 do CPP) ou a aplicação de medidas cautelares diversas (art.319 do CPP). STF. 1ª Turma. HC 175405/PR e HC 176841/SC, red. p/ o ac. Min. Alexandre de Moraes, julgados em **17.12.2019** (Informativo 964).

606. HC 152752/PR, STF. Plenário. Rel. Min. Edson Fachin, julgado em 04.04.2018.

607. O STF afirmou que não houve qualquer ilegalidade, abusividade ou teratologia na decisão do STJ, considerando que ela espelhou o entendimento majoritário do Supremo. O Min. Edson Fachin afirmou que não se deveria fazer, no presente caso, uma revisão do tema. Ficaram vencidos os Ministros Gilmar Mendes, Dias Toffoli, Ricardo Lewandowski, Marco Aurélio e Celso de Mello. HC 152752/PR, STF. Plenário. Rel. Min. Edson Fachin, julgado em 04.04.2018. Sobre o julgamento vale uma análise do voto da Ministra Rosa Weber. Em 2016, a Ministra Rosa Weber votou contra a possibilidade de prisão de condenados em segunda instância. Foi voto vencido. Desde então, a ministra vem seguindo esse entendimento geral, negando *habeas corpus* solicitados pela defesa de condenados em segundo grau mesmo sendo, pessoalmente, contra a medida.

Porém, com a decisão das **ADCs 43,44 e 54** em 8 de novembro de 2019, um dia depois que o STF fixou seu novo entendimento sobre a execução provisória, o ex-presidente Lula foi solto beneficiado pela decisão da Corte. Ele que fora detido após condenação em segunda instância, estava preso há 580 dias na Superintendência da Polícia Federal de Curitiba.

b) O Ministro Gilmar Mendes, em decisão paradigmática na **ADPF 444** em 18.12.2017, deferiu de forma monocrática medida liminar para vedar a condução coercitiva de investigados para interrogatório[608], sob pena de responsabilidade disciplinar, civil e penal do agente ou da autoridade e de ilicitude das provas obtidas, sem prejuízo da responsabilidade civil do Estado.

Segundo o Ministro, em sua fundamentação, a maior parte dos ordenamentos jurídicos confere algum poder às autoridades policiais de restringir temporariamente, por decisão própria, a liberdade de suspeitos de crimes graves. No entanto, nossa Constituição enfatiza o direito à liberdade, no deliberado intuito de romper com práticas autoritárias como as prisões para averiguação. Assim, salvo as exceções nela incorporadas, exige-se a ordem judicial escrita e fundamentada para a prisão – art. 5º, LXI. Logo, tendo em vista que a legislação consagra o direito de ausência ao interrogatório, a condução coercitiva para tal ato viola os preceitos fundamentais previstos no art. 5º, caput, LIV e LVII da CR/88. Em consequência, deve ser declarada a *incompatibilidade da condução coercitiva de investigado ou de réu para ato de interrogatório* com a Constituição Federal. Acrescentou o Ministro que ainda que se vislumbrasse espaço para a condução coercitiva para interrogatório, essa

---

Para a ministra, ainda que em seu entendimento individual o cumprimento de pena antes do trânsito em julgado (quando esgotados todos os recursos) seja incorreto, é importante seguir o entendimento estabelecido pelo plenário do Supremo. Segundo Rosa Weber, um dos fundamentos é garantir que todos os condenados em segunda instância recebam o mesmo tratamento da Justiça. Ou seja, se ela mantivesse sua posição individual, condenados que pedissem habeas corpus a ela seriam beneficiados por uma decisão monocrática. Na votação do HC 152752/PR, a Ministra Rosa Weber indicou que votaria de forma diferente se estivesse julgando as ações declaratórias de constitucionalidade (ADCs nº 43 e 44), mas manteve o entendimento de respeitar o princípio da colegialidade e votou contra o *habeas corpus* para o ex-presidente Lula. O que gerou protestos do Ministro Marco Aurélio (que criticou veementemente a Ministra Cármen Lúcia por não pautar as ADCs nº 43 e 44 e ao invés disso pautar o HC 152752/PR) e do Ministro Celso de Mello, bem como de inúmeros doutrinadores. No caso do Ministro Marco Aurélio, ele afirmou contra a Ministra Cármen Lúcia, em plenário: *"Vence a estratégia: o fato de vossa excelência não ter colocado em pauta as ações declaratórias de constitucionalidade."*

608. *A condução coercitiva para interrogatório é, portanto, a ordem judicial, materializada em um mandado, por meio do qual a polícia fica autorizada a levar o investigado, compulsoriamente, para a Delegacia (ou outro lugar escolhido) a fim de que ali ele seja interrogado, no dia e horário escolhidos pela autoridade policial. Em geral, o objetivo idealizado para a condução coercitiva é que o órgão de investigação criminal atue com o "fator surpresa", fazendo com que o investigado preste suas declarações no interrogatório sem ter tido muito tempo para refletir naquilo que irá responder e sem ter tido a oportunidade de conversar com os outros investigados ou ainda de conhecer quais os outros elementos informativos que a polícia já dispõe contra ele.(...) Vale ressaltar que, na condução coercitiva, o investigado é obrigado a comparecer à Delegacia, mas lá poderá permanecer em silêncio e não responder a qualquer das perguntas formuladas. Os partidários da condução coercitiva sustentam a ideia de que se trata de uma restrição temporária da liberdade e que corresponde a uma medida bem menos gravosa que a prisão. Além disso, defendem que, se o juiz pode decretar a prisão (medida mais grave), significa que ele poderia também decretar a condução coercitiva (medida menos drástica).* In *Dizer o Direito*, Informativo 906 do STF.

seria uma excepcional restrição da liberdade do acusado. Nesse contexto, afirmou ele que mesmo quem considere a condução possível, se possa deixar de exigir a rigorosa observância da integralidade do art. 260 do CPP, ou seja, intimação prévia para comparecimento não atendida. Assim sendo, deixou assente o Ministro que as conduções coercitivas para interrogatório têm se disseminado, especialmente no curso da investigação criminal. Representam uma restrição importante a direito individual. Muito embora alegadamente fundada no interesse da investigação criminal, essa restrição severa da liberdade individual não encontra respaldo no ordenamento jurídico.[609]

Na sequência em 13 e 14.06.2018, o plenário do STF, por maioria, julgou procedente o pedido formulado em arguições de descumprimento de preceito fundamental (ADPF 444 e ADPF 395) para declarar a não recepção da expressão ***"para o interrogatório"*** constante do art. 260 do CPP e a ***incompatibilidade*** com a Constituição Federal da condução coercitiva de investigados ou de réus para interrogatório, sob pena de responsabilidade disciplinar, civil e penal do agente ou da autoridade e de ilicitude das provas obtidas, sem prejuízo da responsabilidade civil do Estado.

Ou seja, o STF declarou na decisão da ADPF 444 (e também na ADPF 395) que a expressão "para o interrogatório", prevista no art. 260 do Código de Processo Penal[610], não foi recepcionada pela Constituição da República.

Assim, caso seja determinada a condução coercitiva de investigados ou de réus para interrogatório, tal conduta poderá ensejar: a) a responsabilidade disciplinar, civil e penal do agente ou da autoridade; b) a ilicitude das provas obtidas; c) a responsabilidade civil do Estado.

O STF modulou os efeitos da decisão e destacou que a decisão não desconstitui interrogatórios realizados até a data desse julgamento, ainda que os interrogados tenham sido coercitivamente conduzidos para o referido ato processual.

Sobre a paradigmática decisão[611], algumas considerações sobre a fundamentação são importantes:

1) Sobre quais conduções coercitivas o STF está julgando: O relator, Ministro Gilmar Mendes, esclareceu que a hipótese de condução coercitiva objeto das arguições restringe-se, tão somente, àquela destinada à condução de investigados e réus à presença da autoridade policial ou judicial para serem interrogados. Assim, não foi analisada a condução de outras pessoas como testemunhas, ou mesmo de investigados ou réus para atos diversos do interrogatório, como o reconhecimento

609. ADPF 444/MC, decisão de 18.12.2017.

610. Art. 260 do CPP: *Se o acusado não atender à intimação para o interrogatório, reconhecimento ou qualquer outro ato que, sem ele, não possa ser realizado, a autoridade poderá mandar conduzi-lo à sua presença.*

611. ADPF 395/DF e ADPF 444/DF, STF. Plenário. Rel. Min. Gilmar Mendes, julgados em 13 e 14.06.2018. Ver o *Informativo 906 do STF.*

(de pessoas ou coisas). Isso significa que, a princípio, essas outras espécies de condução coercitiva continuam sendo permitidas.

2) Sobre esse tipo de condução ter se tornado obsoleta: A condução coercitiva no curso da ação penal tornou-se obsoleta. Isso porque, a partir da Constituição Federal de 1988, foi consagrado o direito do réu de deixar de responder às perguntas, sem ser prejudicado (direito ao silêncio). A condução coercitiva para o interrogatório foi substituída pelo simples prosseguimento da marcha processual, à revelia do acusado CPP, art. 367.

3) Sobre o uso abusivo do art. 260 do CPP e violação à direitos fundamentais: O art. 260 do CPP — conjugado ao poder do juiz de decretar medidas cautelares pessoais — vem sendo utilizado para fundamentar a condução coercitiva de investigados para interrogatório, especialmente durante a investigação policial, no bojo de engenhosa construção que passou a fazer parte do procedimento padrão das investigações policiais dos últimos anos. Nessa medida, as conduções coercitivas tornaram-se um novo capítulo na espetacularização da investigação, inseridas em um contexto de violação a direitos fundamentais por meio da exposição de pessoas que gozam da presunção de inocência como se culpados fossem.

4) No que diz respeito à *presunção de não culpabilidade*: Quanto à presunção de não culpabilidade (CF, art. 5º, LVII), seu aspecto relevante ao caso é a vedação de tratar pessoas não condenadas como culpadas. A condução coercitiva consiste em capturar o investigado ou acusado e levá-lo, sob custódia policial, à presença da autoridade, para ser submetido a interrogatório. A restrição temporária da liberdade mediante condução sob custódia por forças policiais em vias públicas não é tratamento que possa normalmente ser aplicado a pessoas inocentes. Assim, o conduzido é claramente tratado como culpado.

5) Quanto à violação da dignidade da pessoa humana: A dignidade da pessoa humana (CF, art. 1º, III), prevista entre os princípios fundamentais do estado democrático de direito, orienta seus efeitos a todo o sistema normativo, constituindo, inclusive, princípio de aplicação subsidiária às garantias constitucionais atinentes aos processos judiciais. No contexto da condução coercitiva para interrogatório, faz-se evidente que o investigado ou réu é conduzido, eminentemente, para demonstrar sua submissão à força. Não há finalidade instrutória clara, na medida em que o arguido não é obrigado a declarar, ou mesmo a se fazer presente ao interrogatório. Desse modo, a condução coercitiva desrespeita a dignidade da pessoa humana.

6) Quanto à violação da liberdade de locomoção: A liberdade de locomoção é vulnerada pela condução coercitiva para interrogatório. A Constituição Federal consagra o direito à liberdade de locomoção, de forma genérica, ao enunciá-lo no "caput" do art. 5º. Tal direito pode ser restringido apenas se observado o devido processo legal (CF, art. 5º, LIV) e obedecido o regramento estrito sobre a prisão (CF, art. 5º, LXI, LXV, LXVI, LXVII). A Constituição também enfatiza a liberdade de locomoção ao consagrar a ação especial de "habeas corpus" como remédio contra restrições e

ameaças ilegais (CF, art. 5º, LXVIII). A condução coercitiva representa uma supressão absoluta, ainda que temporária, da liberdade de locomoção. O investigado ou réu é capturado e levado sob custódia ao local da inquirição. Portanto, há uma clara interferência na liberdade de locomoção, ainda que por um período determinado e limitado no tempo. Ademais, a expressão "para o interrogatório", constante do art. 260 do CPP, tampouco foi recepcionada pela Constituição Federal, na medida em que representa restrição desproporcional da liberdade, visto que busca finalidade não adequada ao sistema processual em vigor.

7) Do interrogatório como meio de defesa do acusado: O ministro Celso de Mello acrescentou que a impossibilidade constitucional de constranger-se o indiciado ou o réu a comparecer, mediante condução coercitiva, perante a autoridade policial ou a autoridade judiciária, para fins de interrogatório, resulta não só do sistema de proteção das liberdades fundamentais, mas, também, da própria natureza jurídica de que se reveste o ato de interrogatório. Referido ato processual, segundo o Ministro, é qualificável como meio de defesa do acusado, especialmente em face do novo tratamento normativo que lhe conferiu a Lei 10.792/2003. Essa particular qualificação do interrogatório como meio de defesa permite que nele se reconheça a condição de instrumento viabilizador do exercício das prerrogativas constitucionais do contraditório e da plenitude de defesa.[612]

c) Em caso de condenação pelo Tribunal do Júri, é possível a execução provisória da pena mesmo antes de o Tribunal julgar a apelação interposta pela defesa? Como o STF vem se posicionando sobre o tema? A 2ª turma do STF, em 19.11.2019 no HC nº163814/ED decidiu que não é possível a execução provisória da pena mesmo em caso de condenações pelo Tribunal do Júri.[613]

Porém, sobre o tema, nos últimos anos se formaram duas correntes no STF:

1ª corrente: É possível a execução da condenação pelo Juiz Presidente do Tribunal do Júri, independentemente do julgamento da apelação ou de qualquer outro recurso, em face do princípio da soberania dos veredictos. Assim, nas condenações pelo Tribunal do Júri não é necessário aguardar julgamento de recurso em segundo grau de jurisdição para a execução da pena. Nesses termos, essa possibilidade

612. Informativo 906 do STF: *De todo modo, a ausência de colaboração do indiciado ou réu com as autoridades públicas e o exercício da prerrogativa constitucional contra a autoincriminação não podem erigir-se em fatores subordinantes da decretação de prisão cautelar ou da adoção de medidas que restrinjam ou afetem a esfera de liberdade jurídica do réu. Por fim, afirmou o Ministro Celso de Melo que não haveria como concluir que a condução coercitiva do indiciado ou do réu para interrogatório, independentemente de prévia e regular intimação, justificar-se-ia em face do poder geral de cautela do magistrado penal. Isso porque, diante do postulado constitucional da legalidade estrita em matéria processual penal, inexiste, no processo penal, o poder geral de cautela dos juízes.* ADPF 395/DF e ADPF 444/DF, STF. Plenário Rel. Min. Gilmar Mendes, julgados em 13 e 14.06.2018 (Info 906) Sobre a posição do Ministro Celso de Melo, é bom salientar que ela não foi enfrentada. O STF afirmou que: *a possibilidade de o juiz conceder ou não medidas cautelares atípicas no processo penal é um tema controvertido e este Tribunal não irá, neste momento, definir uma posição sobre o tema.* Assim, o STF não disse, na análise do caso, *se existe ou não poder geral de cautela do juiz no processo penal.*

613. **HC 163814 ED/MG**, STF. 2ª Turma. Rel. Min. Gilmar Mendes, julgado em **19.11.2019** (Info 960).

está alinhada com a lógica do precedente firmado pelo STF no ARE 964.246, já que, também no caso de decisão do Júri, o Tribunal, mesmo em apelação, não poderá reapreciar os fatos e provas, na medida em que a responsabilidade penal do réu já foi assentada soberanamente pelo Tribunal Popular. Aqui o entendimento é o de que a condenação no júri abalaria fortemente a presunção de inocência, ficando autorizado o imediato início da execução penal, logo após a leitura da sentença. É interessante que essa posição, ora citada, ao que parece (em nossa opinião), é muito mais do Ministro Roberto Barroso do que propriamente da 1ª Turma do STF.[614] Aqui lembramos, que esse entendimento da 1ª Turma foi tomado antes do resultado das ADC 43/DF, ADC 44/DF e ADC 54/DF, julgadas em 07.11.2019 pelo STF.

2ª corrente: Não é possível a execução provisória da pena em face de decisão do júri sem que haja o exaurimento em grau recursal das instâncias ordinárias, sob pena de macular o princípio constitucional da presunção de inocência. O fundamento aqui é o de que a execução provisória da pena somente é admitida se o recurso pendente de julgamento não tiver efeito suspensivo. Para a segunda corrente, o Plenário do Supremo Tribunal Federal, ao julgar o ARE 964.246, entendeu que o início da execução da pena condenatória após a confirmação da sentença em segundo grau não ofende o princípio constitucional da presunção de inocência, sendo permitida a prisão, entretanto, apenas após o esgotamento das instâncias ordinárias. Logo, não há o esgotamento da jurisdição nas instâncias ordinárias antes do julgamento da apelação pelo Tribunal de 2ª instância.[615] Lembramos também que esse posicionamento da 2º turma do STF foi anterior resultado das ADC 43/DF, ADC 44/DF e ADC 54/DF julgadas em 07.11.2019 pelo STF.

Acreditamos que esse debate deve ser relativizado em virtude do novo posicionamento do STF nas já citadas ADCs 43,44 e 54 decididas em 07.11.2019. Nesses termos:

> A Segunda Turma, em conclusão de julgamento e por maioria, concedeu, de ofício, a ordem de habeas corpus para declarar a ilegalidade da execução provisória da pena e, assim, revogar a prisão decretada por tal fundamento, se inexistente

614. STF. 1ª Turma. HC 140449/RJ, red. p/ o ac. Min. Roberto Barroso, julg. em 6/11/2018 (Info 922). STF. 1ª Turma. HC 118770 ED, Red. do acórdão Min. Roberto Barroso, julg. em 04/06/2018.

615. STF. 2ª Turma. HC 136223, Rel. Min. Dias Toffoli, Segunda Turma, julgado em 25/04/2017 STJ. 5ª Turma. HC 438.088, Rel. Min. Reynaldo Soares da Fonseca, julg. em 24/05/2018. STJ. Presidente Min. Laurita Vaz, em decisão monocrática no HC 458.249, julg. em 12/07/2018. No caso, entende-se ainda que, *mesmo na esfera do Júri, o Tribunal em sede de apelação, nas hipóteses do art. 593, III, do CPP, pode: reconhecer eventual nulidade posterior à pronúncia; proclamar que a decisão soberana é manifestamente contrária às provas dos autos; retificar a sentença do juiz-presidente, quando for contrária à lei ou divergir das respostas dos jurados aos quesitos; e pode, ainda, corrigir eventual equívoco no procedimento de individualização da pena. Assim, em que pese não seja possível a modificação da decisão dos jurados, como absolver o réu ou reconhecer/afastar qualificadora, por exemplo, em razão da soberania do veredicto, é certo que esse controle revisional pode ter repercussão direta no que foi decidido em primeiro grau, seja submetendo o réu a novo julgamento, seja alterando aspectos da sentença que são da competência do juiz-presidente. Por fim, considera-se que a soberania dos veredictos não é absoluta e convive em harmonia com o sistema recursal desenhado pelo CPP. Em outras palavras, o fato de o tribunal, no julgamento de apelação contra decisão do Tribunal do Júri, não estar legitimado a efetuar o juízo rescisório, em nada influencia nem tampouco implica na execução imediata da sentença condenatória, pois permanece intacta a sua competência para efetuar o juízo rescindente e determinar, se for o caso, um novo julgamento. Dizer o Direito,* Informativo 922.

outro motivo para a segregação do paciente e se ausentes fundamentos concretos de prisão preventiva, nos termos do art. 312 do Código de Processo Penal (CPP) e em conformidade com a jurisprudência do Supremo Tribunal Federal (STF) (Informativo 926). O Colegiado aplicou orientação jurisprudencial acerca da execução provisória da pena, firmada em recente julgamento de ações declaratórias de constitucionalidade pelo Plenário. Nesta assentada, o ministro Gilmar Mendes (relator) reajustou o voto anteriormente proferido para aplicar o entendimento da Corte. A ministra Cármen Lúcia salientou ser hipótese de execução de condenação confirmada pela segunda instância, pendente de trânsito em julgado. O ministro Ricardo Lewandowski alertou não vislumbrar distinção, no que diz respeito ao Tribunal do Júri, quanto à decisão tomada pelo Plenário do STF. Por seu turno, o ministro Celso de Mello asseverou que o fato de ter sido emanada pelo Tribunal do Júri não pode ser invocado para justificar a possibilidade de execução antecipada ou provisória da condenação penal recorrível.[616]

d) Segundo o entendimento do STF, não é necessário que o juiz das execuções penais aguarde que a pessoa seja condenada com trânsito em julgado para determinar a regressão de regime (art. 118, I da LEP *estabelece que o apenado deverá regredir de regime se "praticar fato definido como crime doloso"*). Portanto, a regressão de regime pela prática de fato definido como crime doloso, durante a execução da pena, não depende do trânsito em julgado da condenação.[617]

e) Já na decisão do RHC 83.810, entendeu o Pretório Excelso que se deve conhecer de apelação da defesa independentemente do recolhimento do réu à prisão.[618]

f) Outra decisão importante foi a prolatada na ADPF 144, na qual se discutia a questão atinente à possibilidade de candidatura ou não (inelegibilidade) daqueles que estavam sofrendo processos de improbidade administrativa (ainda não transitados em julgado). Na decisão com base no **princípio da presunção da inocência,** assentou o Pretório Excelso que:

---

616. Não é possível a execução provisória da pena mesmo em caso de condenações pelo Tribunal do Júri. STF. 2ª Turma. **HC 163814 ED/MG**, Rel. Min. Gilmar Mendes, julgado em **19.11.2019** (Info 960).

617. STF. Plenário. EP 8 ProgReg-AgR/DF, Rel. Min. Roberto Barroso, julgado em 01.07.2016. No mesmo sentido: STJ. 5ª Turma. HC 333.615/SC, Rel. Min. Reynaldo Soares da Fonseca, julg em 15.10.2015.

618. RHC 83.210, Julg. em 05.03.2009, Rel. Min. Joaquim Barbosa. Nesses termos: *"(...) Com base nesse entendimento, o Tribunal proveu recurso ordinário em habeas corpus interposto pelo Ministério Público Federal no qual se discutia, em face do princípio da presunção da não-culpabilidade, ser possível, ou não, o conhecimento do recurso de apelação interposto em favor de condenado foragido (CPP, art. 594: "O réu não poderá apelar sem recolher-se à prisão, ou prestar fiança, salvo se for primário e de bons antecedentes, assim reconhecido na sentença condenatória, ou condenado por crime de que se livre solto"). Considerou-se que o* ***princípio constitucional da presunção de inocência impõe, como regra, que o acusado recorra em liberdade, podendo-se determinar o seu recolhimento, se preenchidos os requisitos para a prisão cautelar****. Salientou-se, ainda, que o não-conhecimento da apelação pelo fato de o réu ter sido revel durante a instrução ofende o princípio que assegura a ampla defesa, bem como a regra do duplo grau de jurisdição prevista em pactos internacionais, como o de São José da Costa Rica, assinados pelo Brasil posteriormente à edição do Código de Processo Penal. Enfatizou-se, ademais, que a Lei 11.719/2008 revogou expressamente o aludido art. 594 do CPP e introduziu o parágrafo único ao art. 387 desse mesmo código (O juiz decidirá, fundamentadamente, sobre a manutenção ou, se for o caso, imposição de prisão preventiva ou de outra medida cautelar, sem prejuízo do conhecimento da apelação que vier a ser interposta.)".*

"(...) Presunção constitucional de inocência: um direito fundamental que assiste a qualquer pessoa – evolução histórica e regime jurídico do princípio do estado de inocência – o tratamento dispensado à presunção de inocência pelas declarações internacionais de direitos e liberdades fundamentais, tanto as de caráter regional quanto as de natureza global – o processo penal como domínio mais expressivo de incidência da presunção constitucional de inocência – eficácia irradiante da presunção de inocência – possibilidade de extensão desse princípio ao âmbito do processo eleitoral – hipóteses de inelegibilidade – enumeração em âmbito constitucional (CR, art. 14, §§ 4º a 8º) – reconhecimento, no entanto, da faculdade de o congresso nacional, em sede legal, definir "outros casos de inelegibilidade" – necessária observância, em tal situação, da reserva constitucional de Lei Complementar (CR, art. 14, § 9º) – impossibilidade, contudo, de a Lei Complementar, mesmo com apoio no § 9º do art. 14 da Constituição, transgredir a presunção constitucional de inocência, que se qualifica como valor fundamental, verdadeiro *"cornerstone"* em que se estrutura o sistema que a nossa carta política consagra em respeito ao regime das liberdades e em defesa da própria preservação da ordem democrática – **privação da capacidade eleitoral passiva e processos, de natureza civil, por improbidade administrativa** – necessidade, também em tal hipótese, de **condenação irrecorrível.**"[619]

Porém, a doutrina que trabalha a **relativização** dos direitos fundamentais (afirmando que nem mesmo a presunção da inocência seria absoluta ou ilimitada) mais uma vez se colocou. E nesse sentido, temos que a Lei Complementar n° 135 de 2010 (*"Lei da Ficha Limpa"*) determinou a possibilidade de inelegibilidade **sem que haja condenação transitada em julgado.**

A Lei Complementar nº 135/2010 estabeleceu a *possibilidade de inelegibilidade de candidatos condenados por órgão colegiado sem a necessidade de que a decisão tenha transitado em julgado*. Nesse caso, o indivíduo ficaria desvestido da capacidade eleitoral passiva (direito de ser eleito) mesmo sem uma condenação final (transitada em julgado).

O STF, então, foi chamado em 2011, nas **ADCs 29 e 30**, para enfrentar a validade da LC 135/2010 frente a Constituição de 1988. Certo é que em **16.02.2012**, o Pretório Excelso, por maioria de votos, declarou de forma definitiva a constitucionalidade **da LC nº 135/2010**, permitindo, assim, as inelegibilidades definidas no seu texto, mesmo **sem o trânsito em julgado das condenações.**

Sem dúvida, esse posicionamento nos apresenta uma *ruptura* com o adotado na **ADPF 144** (citada anteriormente). Os argumentos para tal, no que tange à presunção da inocência, envolveram (conforme doutrina majoritária de cunho axiológico) uma ***ponderação*** *(sopesamento) de normas (entre a presunção da inocência e moralidade administrativa)*, ***com a precedência*** *das normas que dizem respeito* ***à*** *moralidade administrativa* ***como um direito fundamental*** aplicado às eleições à luz da dignidade da pessoa humana e do princípio democrático.

619. ADPF nº144, Julgado em 06.08.2008, Rel. Min. Rel. Celso de Mello.

g) Temos ainda, que o STF no **MS 23.262/DF** com base no ***princípio da presunção da inocência***, declarou inconstitucional (*de forma incidental*) o art. 170 da Lei 8.112/1990[620].

No caso, o Pleno do STF concedeu mandado de segurança para cassar decisão do Presidente da República que, embora reconhecendo a prescrição da pretensão punitiva de infração disciplinar praticada pelo impetrante, determinara a anotação dos fatos apurados em assentamento funcional. O STF asseverou que, em virtude do reconhecimento da extinção da punibilidade pela prescrição, obstar-se-ia a imposição de punição administrativo-disciplinar, tendo em conta que a pretensão punitiva da Administração estaria comprometida de modo direto e imediato. Assim, afirmou-se que a anotação dessa ocorrência em ficha funcional violaria o princípio da presunção de inocência[621].

h) Já no **HC nº 121.125/SP**, entendeu a 2ª turma do STF que não ofende o princípio constitucional da ***presunção de inocência*** a exigência de comprovação da origem de valores estabelecida no art. 42 da Lei 9.430/1996 (*"Caracterizam-se também omissão de receita ou de rendimento os valores creditados em conta de depósito ou de investimento mantida junto a instituição financeira, em relação aos quais o titular, pessoa física ou jurídica, regularmente intimado, não comprove, mediante documentação hábil e idônea, a origem dos recursos utilizados nessas operações"*). Com base nesse entendimento, foi denegado *"habeas corpus"* no qual discutida a legalidade da condenação do paciente pelo crime previsto no art. 1º, I, da Lei 8.137/1990 (*"Art. 1º Constitui crime contra a ordem tributária suprimir ou reduzir tributo, ou contribuição social e qualquer acessório, mediante as seguintes condutas: I – omitir informação, ou prestar declaração falsa às autoridades fazendárias"*) em continuidade delitiva (CP, art. 71).[622]

i) É interessante também observarmos, que o plenário do STF no **RE nº 839.163 QO,** decidiu (conforme posicionamentos anteriores) em **06.11.2014**, que o *abuso do direito de recorrer no processo penal, com o escopo de obstar o trânsito em julgado da condenação, autoriza a determinação monocrática de baixa imediata dos autos por Ministro do STF, independentemente de publicação da decisão*. Portanto, a interposição de recurso cujo único propósito é protelar o trânsito em julgado da decisão caracteriza **abuso** do direito de recorrer e **autoriza (monocraticamente)** a certificação **do trânsito em julgado** do pronunciamento judicial.[623]

---

620. Art. 170 da Lei nº 8112/90: *"Extinta a punibilidade pela prescrição, a autoridade julgadora determinará o registro do fato nos assentamentos individuais do servidor"*.
621. MS nº 23.262/DF Rel. Min. Dias Toffoli. Julg. em 23.04.2014.
622. HC nº121.125/PR Rel. Min. Gilmar Mendes. Julg. em 10.06.2014.
623. RE nº839.163 QO julg. em **06.11.2014**, Rel. Min. Dias Toffoli: *"O Ministro Teori Zavascki acrescentou que o tema envolveria o conflito de vários princípios constitucionais: da presunção de inocência; do devido processo legal; da duração razoável do processo; da efetividade da jurisdição; e do monopólio da jurisdição. Sob esse aspecto, a prevalência pura e simples de entendimento segundo o qual a pena só poderia ser executada depois da preclusão de todos os recursos possíveis comprometeria o dever do Estado de prestar jurisdição efetiva, em tempo útil e adequado,*

j) Registramos aqui, conforme o **RE nº 713.138 AgR,** que a jurisprudência do STF vem adotando entendimento de que em regra **viola** o *princípio da presunção de inocência* a **exclusão** de certame público de candidato que responda a *inquérito policial* ou *ação penal sem trânsito em julgado da sentença condenatória.*[624]

No RE 560900/DF decidiu o STF que sem previsão constitucionalmente adequada e instituída por lei, não é legítima a cláusula de edital de concurso público que restrinja a participação de candidato pelo simples fato de responder a inquérito ou a ação penal.[625]

Essa recente decisão de fevereiro de 2020, manteve a diretriz do STF sobre a questão ora debatida. Nesses termos, por maioria de votos, o Plenário do Supremo Tribunal Federal, julgou inconstitucional a exclusão de candidato de concurso público que esteja respondendo a processo criminal. A decisão tomada no RE nº 560900, foi com repercussão geral reconhecida. Segundo o STF a decisão tomada se refletirá em pelo menos 573 casos sobrestados em outras instâncias.[626]

No caso examinado, um policial militar que pretendia ingressar no curso de formação de cabos teve sua inscrição recusada porque respondia a processo criminal pelo delito de falso testemunho. O Tribunal de Justiça do Distrito Federal e dos Territórios (TJDFT) considerou ilegítima a exigência constante do edital e invalidou a decisão administrativa que havia excluído o candidato. No recurso interposto ao Supremo, o Distrito Federal argumentava que a promoção de policiais que estejam sendo investigados pelo cometimento de crimes e sérios desvios de conduta afeta o senso de disciplina e hierarquia inerentes à função. Afirmava, ainda, que o princípio constitucional da presunção de inocência se aplica apenas no âmbito penal, visando à tutela da liberdade pessoal, e não à esfera administrativa.[627]

Prevaleceu o entendimento do relator, ministro Roberto Barroso, pelo não provimento do recurso. Em voto apresentado em ainda maio de 2016, afirmou o ministro que a exclusão do candidato apenas em razão da tramitação de processo penal

tendo em vista a possibilidade de serem usados mecanismos procrastinatórios e abusivos pela defesa. Considerado esse conflito, deveria ser construída solução a permitir a convivência mais harmônica possível entre os citados postulados no caso concreto, a exemplo do que a Corte reiteradamente faria ao determinar a baixa imediata dos autos, independentemente de trânsito em julgado, em hipóteses nas quais houvesse possibilidade de se levar à falência da função jurisdicional em nome da presunção de inocência. O Ministro Celso de Mello frisou que o processo não poderia ser manipulado para viabilizar abuso de direito, tendo em conta o dever de probidade imposto à observância das partes. O Ministro Ricardo Lewandowski (Presidente) anotou que o processo, de maneira geral, seria um conjunto de atos preordenados com o objetivo de atingir um resultado juridicamente relevante, e não poderia ser manipulado para se tornar imóvel. (Informativo 766 do STF)

624. ARE 713138 AgR julg. em **20.08.2013**, pela 1ª Turma: "direito administrativo. Concurso público. Soldado da polícia civil. Candidato. Eliminação na fase de investigação social. Transação penal pactuada. Ausência de caráter condenatório. Princípio da presunção de inocência". Rel. Min. Rosa Weber.
625. **RE nº 560.900**, STF, Pleno, Rel, Min. Roberto Barroso, Julg em **05 e 06.02.2020.**
626. **RE nº 560.900**, STF, Pleno, Rel, Min. Roberto Barroso, Julg em **05 e 06.02.2020.**
627. **RE nº 560.900**, STF, Pleno, Rel, Min. Roberto Barroso, Julg em **05 e 06.02.2020.**

contraria o entendimento do STF sobre a presunção de inocência. De acordo com o ministro, para que a recusa da inscrição seja legítima, é necessário, cumulativamente, que haja condenação por órgão colegiado ou definitiva e que o crime seja incompatível com o cargo.[628]

O voto do Ministro Roberto Barroso (relator), assentou a necessidade de ponderação entre bens jurídicos constitucionais para a solução da controvérsia posta. Assim, a questão, para o Ministro, não poderia ser solucionada a partir de um tradicional raciocínio silogístico, ou dos critérios usuais para resolução de antinomias — hierárquico, de especialidade e cronológico —, haja vista a existência de normas de mesma hierarquia indicando soluções diferentes.

Enfatizou que nessas situações, o raciocínio deve percorrer três etapas: a) identificar as normas que postulam incidência na hipótese; b) identificar os fatos relevantes ou os contornos fáticos gerais do problema; e c) harmonizar as normas contrapostas, calibrando o peso de cada qual e restringindo-as no grau mínimo indispensável, de modo a fazer prevalecer a solução mais adequada à luz de todo o sistema jurídico.[629]

Na espécie, de um lado, segundo o Ministro, destaca-se o princípio da presunção de inocência do art. 5º, LVII da CR/88, reforçado pelos princípios da liberdade profissional (art. 5º, XIII da CR/88) e da ampla acessibilidade aos cargos públicos (art. 37, I da CR/88). De outro lado, ressalta-se o princípio da moralidade administrativa (CR, art. 37, *caput*).

O ministro Roberto Barroso apresentou duas regras para a ponderação dos valores em jogo e a determinação objetiva de idoneidade moral, quando aplicável ao ingresso no serviço público mediante concurso.

A ***primeira regra***, apta a estabelecer parâmetro pelo qual se pode recusar a alguém a inscrição em concurso público, é a necessidade de condenação por órgão colegiado ou de condenação definitiva. Há analogia com a Lei da "Ficha Limpa" (LC 135/2010), critério que já foi aplicado mesmo fora da seara penal.[630]

A ***segunda regra*** é a necessidade de relação de incompatibilidade entre a natureza do crime e as atribuições do cargo. Conforme o Ministro Barroso, nem toda condenação penal deve ter por consequência direta e imediata impedir alguém de se candidatar a concurso público.[631]

Entretanto, afirmou que, para concorrer a determinados cargos públicos, pela natureza deles, é possível, por meio de lei, a exigência de qualificações mais restritas e rígidas ao candidato. Por exemplo, as carreiras da magistratura, das funções

628. **RE nº 560.900**, STF, Pleno, Rel, Min. Roberto Barroso, Julg em **05 e 06.02.2020**.
629. **RE nº 560.900**, STF, Pleno, Rel, Min. Roberto Barroso, Julg em **05 e 06.02.2020**.
630. **RE nº 560.900**, STF, Pleno, Rel, Min. Roberto Barroso, Julg em **05 e 06.02.2020**.
631. **RE nº 560.900**, STF, Pleno, Rel, Min. Roberto Barroso, Julg em **05 e 06.02.2020**.

essenciais à justiça – Ministério Público, Advocacia Pública e Defensoria Pública – e da segurança pública.[632]

Por fim, o relator concluiu que a solução mediante o emprego dessas regras satisfaz o princípio da razoabilidade ou proporcionalidade, visto que é: a) adequada, pois a restrição imposta se mostra idônea para proteger a moralidade administrativa; b) não excessiva, uma vez que, após a condenação em segundo grau, a probabilidade de manutenção da condenação é muito grande e a exigência de relação entre a infração e as atribuições do cargo mitiga a restrição; e c) proporcional em sentido estrito, na medida em que a atenuação do princípio da presunção de inocência é compensada pela contrapartida em boa administração e idoneidade dos servidores públicos.[633]

k) Temos também, que o Plenário do STF, por maioria, no **RE nº 591.054/SC** entendeu que a existência de inquéritos policiais ou de ações penais sem trânsito em julgado não pode ser considerada como **maus antecedentes** para fins de *dosimetria da pena*. Aqui com fundamento na *cláusula constitucional da presunção da inocência ou da não culpabilidade* (art. 5º, LVII da CR/88) apenas podem ser valoradas como maus antecedentes as decisões condenatórias irrecorríveis. Assim, não podem ser considerados para esse fim quaisquer outras investigações ou processos criminais em andamento, mesmo em fase recursal. Sem dúvida, esse posicionamento está em consonância inclusive com a atual jurisprudência da Corte Interamericana de Direitos Humanos e do Tribunal Europeu dos Direitos do Homem.[634]

l) Nesses termos, debate interessante vem sendo travado sobre ser ou não possível que juiz negue o benefício do § 4º do art. 33 da Lei nº 11.343/2006[635](Lei de Drogas) pelo simples fato de o acusado ser investigado em inquérito policial ou réu em outra ação penal que ainda não transitou em julgado.

Para o STJ, é possível a utilização de inquéritos policiais e/ou ações penais em curso para formação da convicção de que o réu se dedica a atividades criminosas, de modo a afastar o benefício legal previsto no art. 33, § 4º, da Lei n.º 11.343/2006.[636]

---

632. **RE nº 560.900**, STF, Pleno, Rel, Min. Roberto Barroso, Julg em **05 e 06.02.2020**: 1ª regra: só se pode eliminar o candidato se houver condenação: - definitiva (transitada em julgado); ou - pelo menos a existência de condenação por órgão colegiado (ex: Tribunal de Justiça), aplicando-se por analogia o que prevê a Lei da Ficha Limpa (LC 135/2010), critério que já foi aplicado mesmo fora da seara penal. 2ª regra: é necessário que a necessidade de relação de incompatibilidade entre a natureza do crime e as atribuições do cargo. Portanto, nem toda condenação penal deve ter por consequência direta e imediata impedir alguém de se candidatar a concurso público.
633. **RE nº 560.900**, STF, Pleno, Rel, Min. Roberto Barroso, Julg em **05 e 06.02.2020**.
634. RE nº 591.054 julg. em 17.12.2014, Rel. Min. Marco Aurélio. Vencidos os Ministros: Ricardo Lewandowski, Rosa Weber, Luiz Fux e Cármen Lúcia. Ver aqui a **Súmula 444 do STJ**: *É vedada a utilização de inquéritos policiais e ações penais em curso para agravar a pena-base.*
635. A Lei de Drogas prevê, em seu art. 33, § 4º, a figura do "traficante privilegiado", também chamada de "traficância menor" ou "traficância eventual". Trata-se de uma causa de diminuição de pena. Art. 33 (...) § *4º Nos delitos definidos no caput e no § 1º deste artigo, as penas poderão ser reduzidas de um sexto a dois terços, vedada a conversão em penas restritivas de direitos, desde que o agente seja primário, de bons antecedentes, não se dedique às atividades criminosas nem integre organização criminosa.*
636. STJ. 3ª Seção. EREsp 1.431.091-SP, Rel. Min. Felix Fischer, julgado em **14.12.2016** (Inf. 596). STJ. 6ª Turma. AgRg no HC 539.666/RS, Rel. Min. Nefi Cordeiro, julgado em **05.03.2020**.

Já para o STF, não se poderia negar a aplicação da causa de diminuição pelo tráfico privilegiado, prevista no art. 33, § 4º, da Lei nº 11.343/2006, com fundamento no fato de o réu responder a inquéritos policiais ou processos criminais em andamento, mesmo que estejam em fase recursal, sob pena de violação ao art. 5º, LIV (princípio *da presunção de não culpabilidade*).[637]

m) Também já decidu o STF, que é inconstitucional a determinação de afastamento automático de servidor público indiciado em inquérito policial instaurado para apuração de crimes de lavagem ou ocultação de bens, direitos e valores. Com base nesse entendimento, o STF declarou inconstitucional o art. 17-D da Lei de Lavagem de Dinheiro (Lei nº 9.613/98).[638]

No caso, o art. 17-D da Lei de Lavagem de Dinheiro (Lei nº 9.613/98) estabelece que: Em caso de indiciamento de servidor público, este será afastado, sem prejuízo de remuneração e demais direitos previstos em lei, até que o juiz competente autorize, em decisão fundamentada, o seu retorno. (Incluído pela Lei nº 12.683/2012)

A Associação Nacional dos Procuradores da República ajuizou ADI contra o dispositivo alegando que ele violaria os princípios constitucionais da presunção de inocência, da segurança jurídica, da razoabilidade e da proporcionalidade, do devido processo legal, do contraditório e ampla defesa e da inafastabilidade da jurisdição.

O STF entendeu ser inconstitucional a previsão legal que determina o afastamento do servidor público pelo simples fato de ele ter sido indiciado pela prática de crime. Os fundamentos utilizados na decisão foram: a) O afastamento deve ser apreciado pelo Poder Judiciário; b) Afronta ao princípio da proporcionalidade; c) Presunção de inocência; d) Violação à isonomia.[639]

Para o STF, o ***afastamento do servidor***, em caso de necessidade para a investigação ou instrução processual, somente se justifica quando demonstrado nos autos o risco da continuidade do desempenho de suas funções e a medida ser eficaz e proporcional à tutela da investigação e da própria Administração Pública, circunstâncias a serem apreciadas pelo Poder Judiciário.

Nesses termos, afirmou o Pretório Excelso que, reputa-se ***violado o princípio da proporcionalidade*** quando não se observar a necessidade concreta da norma para tutelar o bem jurídico a que se destina, já que o afastamento do servidor pode ocorrer a partir de representação da autoridade policial ou do Ministério Público, na forma de medida cautelar diversa da prisão, conforme os arts. 282, § 2º, e 319, VI, ambos do Código de Processo Penal (CPP).

637. HC 173806/MG, STF. 1ª Turma. Rel. Min. Marco Aurélio, julgado em **18.02.2020** (Inf. 967). STF. HC 144309 AgR, 2ª Turma. Rel. Min. Ricardo Lewandowski, julgado em **19.11.2018**.
638. ADI 4911/DF, STF. Plenário. red. p/ o ac. Min. Alexandre de Moraes, julgado em 20.11.2020 (Informativo 1000).
639. ADI 4911/DF, STF. Plenário. red. p/ o ac. Min. Alexandre de Moraes, julgado em 20.11.2020 (Informativo 1000).

Ademais, a ***presunção de inocência*** exige que a imposição de medidas coercitivas ou constritivas aos direitos dos acusados, no decorrer de inquérito ou processo penal, seja amparada em requisitos concretos que sustentam a fundamentação da decisão judicial impositiva, não se admitindo efeitos cautelares automáticos ou desprovidos de fundamentação idônea.

Por fim, sendo o indiciamento ato dispensável para o ajuizamento de ação penal, a norma que determina o afastamento automático de servidores públicos, por força da opinio delicti da autoridade policial, ***quebra (viola) a isonomia*** entre acusados indiciados e não indiciados, ainda que denunciados nas mesmas circunstâncias. Nesses termos, nas palavras do STF, sendo inquérito policial e o indiciamento dispensáveis, o Ministério Público pode oferecer a denúncia mesmo que não sejam realizados. Isso significa que a norma do art. 17-D cria uma distinção sem sentido na medida em que os acusados que foram previamente indiciados pela autoridade policial estarão afastados de suas funções. Por outro lado, os acusados que foram denunciados sem prévio indiciamento irão permanecer, em regra, no exercício de seus cargos.[640]

n) Na mesma linha de raciocínio, decidiu o STF no **MS nº 32.491**, julgado em **19.08.2014**, que a mera existência de inquérito não pode ser fator impeditivo para que advogado tome posso como Desembargador pelo Quinto constitucional. A conclusão do STF é a de que o princípio constitucional da presunção de inocência veda o tratamento diferenciado a qualquer pessoa, ou a restrição de seus direitos, pelo simples fato de responder a inquérito. No caso a 2 ª Turma do STF concedeu a segurança ao impetrante contra ato do CNJ que lhe impedira a posse no cargo.[641]

o) Segundo o STF, verificado empate no julgamento de **ação penal**, deve prevalecer a decisão mais favorável ao réu. Esse mesmo entendimento, inclusive, deve ser aplicado em caso de empate no julgamento dos embargos de declaração opostos contra o acórdão que julgou a **ação penal**. Portanto, terminando o julgamento dos embargos empatado, aplica-se a decisão mais favorável ao réu. No caso não seria possível o Presidente do Plenário (ou Presidente da Turma) proferir voto de desempate. Conforme deixa assente o Ministro Celso de Mello: "Tratando-se de matéria penal, o empate somente pode beneficiar aquele que sofre a persecução estatal, de tal modo que, em não havendo maioria em sentido contrário, o empate importará, necessariamente, em respeito à ***presunção constitucional de inocência*** (art. 5º, LVII da CR/88) (...) em rejeição da denúncia,

640. ADI 4911/DF, STF. Plenário. red. p/ o ac. Min. Alexandre de Moraes, julgado em 20.11.2020 (Informativo 1000).

641. MS nº 32.491/DF julg. em 19.08.2014: "*Mandado de segurança. Ato do Conselho Nacional de Justiça. Advogado nomeado ao cargo de desembargador pelo quinto constitucional. Idoneidade moral. Inquérito policial em curso instaurado contra o nomeado. Suspensão da posse. Inadmissibilidade. Princípio da presunção de inocência. Advogado nomeado que exercia cargo de juiz eleitoral do tribunal regional eleitoral. Preenchimento, anterior, dos requisitos constitucionais de notório saber jurídico e idoneidade moral para assumir o cargo de desembargador. Vedação a ocupante de vaga destinada a advogados no TRE para concorrer ao cargo de desembargador pelo quinto constitucional no tribunal de justiça. Inexistência. Ordem concedida.*"

ou, então, em absolvição, ou, na hipótese de "habeas corpus", em concessão do próprio "writ" constitucional. (...) A norma regimental que confere ao Presidente do Plenário ou ao Presidente de cada uma das Turmas o voto de qualidade não pode nem deve incidir na hipótese de empate que eventualmente se registre em julgamentos penais, como sucede na espécie. E a razão é simples: mera norma de índole regimental jamais poderá prevalecer, em situação de antinomia, sobre o texto normativo da Constituição."[642]

p) Por último, sobre a presunção da inocência, também não podemos olvidar do debate sobre a necessidade do ***uso de algemas***. Nos termos da **Súmula Vinculante nº 11**, temos que "só é lícito o uso de algemas em casos de resistência e de fundado receio de fuga ou de perigo à integridade física própria ou alheia, por parte do preso ou de terceiros, justificada a excepcionalidade por escrito, sob pena de responsabilidade disciplinar, civil e penal do agente ou da autoridade e de nulidade da prisão ou do ato processual a que se refere, sem prejuízo da responsabilidade civil do Estado".

Portanto, a regra é o *não uso da algema*. Entendemos, conforme a doutrina, que a vedação quanto ao uso de algemas incide tanto no momento da prisão (seja em flagrante ou por ordem judicial) como também nas hipóteses em que o réu preso comparece em juízo para participar de um ato processual (como exemplo: réu durante a audiência). Nesses termos, o indivíduo que acaba de ser preso, em regra, não pode ser algemado. Se ele tiver que ser deslocado para a delegacia, por exemplo, em regra, não pode ser algemado. Se tiver que comparecer para seu interrogatório, em regra, não pode ser algemado.[643]

Aqui, porém, registra-se, que conforme decidiu a 1ª Turma do STF, *a apresentação do custodiado algemado à imprensa pelas autoridades policiais não afronta a Súmula Vinculante nº 11*. Nesse sentido, entendeu o Pretório Excelso, *que o enunciado da súmula refere-se apenas a situações em que o emprego abusivo da algema decorre de decisão judicial, ou seja, no âmbito de um ato processual*. Assim sendo, ele não abrange hipóteses em que seu uso decorreu de ato administrativo da autoridade policial.[644]

642. STF. Plenário. AP 565 ED-ED/RO, Rel. Min. Cármen Lúcia, red. p/ o ac. Min. Dias Toffoli, julgado em 14/12/2017 (Info 888).In: LOPES CAVALCANTE, Márcio André. *Dizer o Direito*, Informativo 888 do STF.

643. Ver: Márcio André Lopes Cavalcante, *Comentários ao Informativo 827 do STF*, 02.06.2016.

644. Rcl 7116/PE, STF. 1ª Turma do STF. Rel. Min. Marco Aurélio, julg. em 24.05.2016. Conforme o Inf. 827 do STF: *"(...) A Turma asseverou que a decisão judicial que determinara a segregação do reclamante não determinara o uso de algemas. Destacou que, embora evidenciado* ***o emprego injustificado do referido artefato****, seu manuseio decorrera* ***de ato administrativo da autoridade policial****, situação* ***não*** *abarcada pelo verbete, que se refere à prática de ato processual. As algemas teriam sido utilizadas um dia após a prisão, quando o reclamante já se encontrava na delegacia de polícia, tão somente no momento da exibição dos presos à imprensa. Assim, eventual responsabilização do Estado ou dos agentes envolvidos, decorrente dos fatos noticiados na inicial, deve ser buscada na via apropriada."*

10.3. Garantias Constitucionais de cunho Penal e Processual Penal à luz da Dignidade da pessoa Humana

Nesse momento vamos trabalhar garantias constitucionais de cunho penal e processual penal que também estão intimamente ligadas à **dignidade da pessoa humana**[645].

Nesses termos, por dicção constitucional, a **prisão** de qualquer pessoa e o local onde se encontre serão comunicados imediatamente ao **juiz** competente e à família do preso ou à pessoa por ele indicada. Além disso, o **preso** será informado de seus direitos, entre os quais o de permanecer calado, sendo-lhe assegurado a assistência da família e de advogado, bem como o preso terá direito à identificação dos responsáveis por sua prisão ou por seu interrogatório policial.

Sobre o advogado, temos que o enunciado da Súmula Vinculante nº 14 do STF afirma que: "*É direito do defensor, no interesse do representado, ter acesso amplo aos elementos de prova que, já documentados em procedimento investigatório realizado por órgão com competência de polícia judiciária, digam respeito ao exercício do direito de defesa.*"

Aqui também é bom registrar, que embora a jurisprudência reconheça o direito à não autoincriminação, enquanto manifestação do direito de permanecer calado (art. 5º, LXIII, CR/88), o STJ sumulou, em 2015, o entendimento de que de tal direito não decorre a possibilidade de se atribuir falsa identidade perante autoridade policial, ainda que em situação de alegada autodefesa. Nesses termos afirma a "Súmula 522 que: "*A conduta de atribuir-se falsa identidade perante autoridade policial é típica, ainda que em situação de alegada autodefesa*"). Tal entendimento inclusive está em consonância com o posicionamento do STF, reafirmado no RE 640.139, julgado em 2011 sob o regime de Repercussão Geral.[646]

Por último, é mister salientar que:

- Não há crime sem lei anterior que o defina, nem pena sem prévia cominação legal;[647]

645. Sobre essa relação constitucional entre o ***princípio da dignidade da pessoa humana*** e ***princípios processuais penais***, registramos importante decisão do STF de **não recepção do art. 25** da ***Lei de Contravenções Penais*** (DL 3688/41) pela **CR/88**, conforme o **RE583.523** e o **RE755.565** julg. em **03.10.2013.**
646. Constitucional. Penal. Crime de falsa identidade. Artigo 307 do Código Penal. Atribuição de falsa identidade perante autoridade policial. Alegação de autodefesa. Artigo 5º, inciso LXIII, da CR. Matéria com repercussão geral. Confirmação da jurisprudência da corte no sentido da impossibilidade. Tipicidade da conduta configurada. O princípio constitucional da autodefesa (art. 5º, inciso LXIII, da CR/88) não alcança aquele que atribui falsa identidade perante autoridade policial com o intento de ocultar maus antecedentes, sendo, portanto, típica a conduta praticada pelo agente (art. 307 do CP). O tema possui densidade constitucional e extrapola os limites subjetivos das partes. (RE 640139 rg, rel. Min. Dias Toffoli, julgado em 22/09/2011, (Repercussão geral).
647. No Inq 3590/DF a 1ª Turma do STF entendeu que: "*Proferir manifestação de natureza discriminatória em relação aos homossexuais NÃO configura o crime do art. 20 da Lei nº 7.716/89, sendo conduta atípica*". *Segundo a tese defendida pelo Ministério Público, no caso em comento, seria possível aplicar a Lei nº 7.716/89 (Lei de Racismo) para todas as formas de homofobia e transfobia, porque tal pedido repousa na técnica de interpretação conforme*

- A lei penal não retroagirá, salvo para beneficiar o réu;
- A lei punirá qualquer discriminação atentatória dos direitos e liberdades fundamentais;
- A prática do racismo constitui crime inafiançável e imprescritível, sujeito à pena de reclusão, nos termos da lei;
- A lei considerará crimes inafiançáveis e insuscetíveis de graça ou anistia a prática da tortura, o tráfico ilícito de entorpecentes e drogas afins, o terrorismo[648] e os definidos como crimes hediondos[649], por eles respondendo os mandantes, os executores e os que, podendo evitá-los, se omitirem;
- Constitui crime inafiançável e imprescritível a ação de grupos armados, civis ou militares, contra a ordem constitucional e o Estado Democrático;
- Nenhuma pena passará da pessoa do condenado, podendo a obrigação de reparar o dano e a decretação do perdimento de bens ser, nos termos

---

a Constituição, em que o STF poderá adotar decisão de perfil aditivo a partir da legislação existente. De acordo com a denúncia do MP, a frase de Deputado Federal no Twitter "revela o induzimento à discriminação dos homossexuais em razão de sua orientação sexual". A 1ª Turma do STF rejeitou a denúncia contra o parlamentar, entendendo que a conduta do Deputado foi atípica. Para o STF *o art. 20 da Lei nº 7.716/89 pune a discriminação ou o preconceito incidentes sobre a raça, a cor, a etnia, a religião ou a procedência nacional, não contemplando a discriminação decorrente da opção sexual do cidadão ou da cidadã. Assim, esse dispositivo, como toda norma penal incriminadora, possui rol exaustivo de condutas tipificadas, cuja lista não contempla a discriminação decorrente de opção sexual. Nesse sentido, os Ministros entenderam que, por mais que fosse reprovável a postura do Parlamentar, sua conduta não poderia ser classificada como crime, diante da ausência de lei tipificando* (art. 5º, XXXIX da CR/88). Julg. em 12.08.2014. Rel. Min. Marco Aurélio.

648. A **Lei nº 13.260** de **16.03.2016** regulamentou o disposto no inciso XLIII do art. 5º da CR/88, disciplinando o terrorismo, tratando de disposições investigatórias e processuais e reformulando o conceito de organização terrorista. Conforme o art. 2º da Lei, *o terrorismo consiste na prática por um ou mais indivíduos dos atos previstos neste artigo, por razões de xenofobia, discriminação ou preconceito de raça, cor, etnia e religião, quando cometidos com a finalidade de provocar terror social ou generalizado, expondo a perigo pessoa, patrimônio, a paz pública ou a incolumidade pública. Conforme a Lei em seu art. 2º, são atos de terrorismo: a) usar ou ameaçar usar, transportar, guardar, portar ou trazer consigo explosivos, gases tóxicos, venenos, conteúdos biológicos, químicos, nucleares ou outros meios capazes de causar danos ou promover destruição em massa; b)sabotar o funcionamento ou apoderar-se, com violência, grave ameaça a pessoa ou servindo-se de mecanismos cibernéticos, do controle total ou parcial, ainda que de modo temporário, de meio de comunicação ou de transporte, de portos, aeroportos, estações ferroviárias ou rodoviárias, hospitais, casas de saúde, escolas, estádios esportivos, instalações públicas ou locais onde funcionem serviços públicos essenciais, instalações de geração ou transmissão de energia, instalações militares, instalações de exploração, refino e processamento de petróleo e gás e instituições bancárias e sua rede de atendimento; c) atentar contra a vida ou a integridade física de pessoa. Aqui registra-se que a pena será de reclusão, de doze a trinta anos, além das sanções correspondentes à ameaça ou à violência.* É importante salientar que o disposto no art. 2º da Lei nº 13.260/2016, *não se aplica à conduta individual ou coletiva de pessoas em manifestações políticas, movimentos sociais, sindicais, religiosos, de classe ou de categoria profissional, direcionados por propósitos sociais ou reivindicatórios, visando a contestar, criticar, protestar ou apoiar, com o objetivo de defender direitos, garantias e liberdades constitucionais, sem prejuízo da tipificação penal contida em lei.*

649. *É inconstitucional lei distrital que preveja o pagamento de pensão especial a ser concedida pelo Governo do Estado (DF) em benefício dos cônjuges de pessoas vítimas de crimes hediondos, independentemente de o autor do crime ser ou não agente do Estado. Tal lei amplia, de modo desmesurado (irrazoável), a responsabilidade civil do Estado prevista no art. 37, § 6º, da CF/88. STF. Plenário. ADI 1358/DF*, Rel. Min. Gilmar Mendes, julg. em 04.02.2015. Aqui conforme a Lei nº 13.491/2017: Consideram-se também hediondos o crime de genocídio previsto nos arts. 1º, 2º e 3º da Lei nº 2.889, de 1º de outubro de 1956, e o de posse ou porte ilegal de arma de fogo de uso restrito, previsto no art. 16 da Lei nº 10.826, de 22 de dezembro de 2003, todos tentados ou consumados."

da lei, estendidas aos sucessores e contra eles executadas, até o limite do valor do patrimônio transferido (garantia da pessoalidade da pena);

Sobe o tema, já decidiu o STF, que é inconstitucional lei estadual que proíba que a Administração Pública contrate empresa cujo diretor, gerente ou empregado tenha sido condenado por crime ou contravenção relacionados com a prática de atos discriminatórios. Para o Pretório Excelso, essa lei (Lei estadual nº 10.218/99 do Estado de São Paulo) viola os princípios da intransmissibilidade da pena, da responsabilidade pessoal e do devido processo legal.[650]

Entendeu o STF, na ADI 3092, que a proibição de contratar com a Administração Pública somente se justifica se o motivo impeditivo estiver relacionado com exigências de qualificação técnica e econômica indispensáveis à garantia do cumprimento das obrigações contratuais.

Nesses termos, a situação imposta pela lei impugnada na ADI implica em ofensa ao *princípio da intransmissibilidade da pena*. Esse princípio preconiza que as restrições jurídicas decorrentes de processo judicial ou administrativo não podem transbordar a dimensão estritamente pessoal do infrator, para atingir direitos de terceiros.

A lei estadual, sem prévio processo ou exercício de contraditório, impede que a empresa celebre contrato com a Administração Pública em virtude de condenação criminal de pessoa natural que pertenceu ao rol de empregados ou diretores. Essa previsão afronta os princípios da responsabilidade pessoal e do devido processo legal.[651]

- A lei regulará a individualização da pena e adotará, entre outras, as seguintes: a) privação ou restrição da liberdade[652]; b) perda de bens; c) multa[653];

650. **ADI 3092**, STF. Plenário. Rel. Marco Aurélio, julgado em **22.06.2020.**
651. **ADI 3092**, STF. Plenário. Rel. Marco Aurélio, julgado em **22.06.2020.**
652. O Senado Federal em **15.02.2012** promulgou a **Resolução 5/2012**, suspendendo a *vedação (proibição) da conversão da pena privativa de liberdade em penas restritivas de direitos nos casos do intitulado "tráfico privilegiado"*, presente na hipótese do art. 33, § 4º da Lei 11.343/06. Tal dispositivo (agora suspenso com eficácia *erga omnes*) foi objeto de declaração de inconstitucionalidade pelo STF (controle *in concreto*) no julgamento do **HC 97.256/RS**. É interessante que o STF decidiu também que: *O chamado **"tráfico privilegiado"**, previsto no § 4º do art. 33 da Lei nº 11.343/2006 (Lei de Drogas), **não** deve ser considerado crime equiparado a hediondo.* STF. Plenário. **HC 118533/MS**, Rel. Min. Cármen Lúcia, julgado em **23.06.2016.** Antes deste julgamento, o STF decidia que o § 4º do art. 33 da Lei nº 11.343/2006 *era também equiparado a hediondo*. O fundamento do STF era o de que a causa de diminuição de pena prevista no art. 33, § 4º não constituía tipo penal distinto do *caput* do mesmo artigo, sendo o mesmo crime, no entanto, com uma causa de diminuição. Nesses termos, o § 4º ***não era um delito diferente do caput***. Portanto, também deveria ser equiparado a hediondo (1ª Turma. RHC 114842, Rel. Min. Rosa Weber, julg. em 18.02.2014). O STJ seguia o mesmo entendimento anterior do STF, ou seja, também decidia que o § 4º do art. 33 seria equiparado a hediondo. Nesse sentido, o STJ editou a Súmula 512: *A aplicação da causa de diminuição de pena prevista no art. 33, § 4º, da Lei n. 11.343/2006 não afasta a hediondez do crime de tráfico de drogas.* STJ. (3ª Seção. Aprovada em 11.06.2014). A **súmula 512 do STJ** foi **cancelada** em novembro de 2016.
653. *O Ministério Público possui legitimidade para propor a cobrança de multa decorrente de sentença penal condenatória transitada em julgado, com a possibilidade subsidiária de cobrança pela Fazenda Pública.* Quem executa a pena de multa? *Prioritariamente: o Ministério Público, na vara de execução penal, aplicando-se a LEP. Caso o MP se mantenha inerte por mais de 90 dias após ser devidamente intimado: a Fazenda Pública irá executar, na vara de execuções*

d) prestação social alternativa; e) suspensão ou interdição de direitos (garantia da individualização da pena);

Conforme já citado em nossa obra, já decidiu o STF que, não é possível a fixação de regime de cumprimento de pena fechado ou semiaberto para crime de tráfico privilegiado de drogas sem a devida justificação. Não se admite a fixação automática do regime fechado ou semiaberto pelo simples fato de ser tráfico de drogas. Não se admite, portanto, que o regime semiaberto tenha sido fixado utilizando-se como único fundamento o fato de ser crime de tráfico, não obstante se tratar de tráfico privilegiado e ser o réu primário, com bons antecedentes. A gravidade em abstrato do crime não constitui motivação idônea para justificar a fixação do regime mais gravoso.[654]

- Não haverá penas: a) de morte, salvo em caso de guerra declarada, nos termos do art. 84, XIX; b) de caráter perpétuo; c) de trabalhos forçados; d) de banimento; e) cruéis;
- A pena será cumprida em estabelecimentos distintos, de acordo com a natureza do delito[655], a idade e o sexo do apenado[656];

---

fiscais, aplicando-se a Lei nº 6.830/80. STF. Plenário. **ADI 3150/DF**, Rel. para acórdão Min. Roberto Barroso, julg. em **13.12.2018**. Com isso, a Súmula 521 do STJ deve ser cancelada.

654. **HC 163231/SP**, STF. 1ª T. Red. p/ o ac. Min. Alexandre de Moraes, julg em **25.06.2019** (Inf. 945). Também conforme o STF: *É inconstitucional o § 1º do art. 2º da Lei 8.072/90 (...). Com base nesse entendimento, o Plenário, por maioria, deferiu habeas corpus com a finalidade de* ***alterar para semiaberto o regime inicial de pena do paciente****, o qual fora condenado* ***por tráfico de drogas*** *com* ***reprimenda inferior a 8 anos de reclusão e regime inicialmente fechado, por força da Lei 11.464/2007****, que instituíra a* ***obrigatoriedade de imposição desse regime a crimes hediondos e assemelhados****. Destacou-se que a fixação do regime inicial fechado se dera exclusivamente com fundamento na lei em vigor. Observou-se que* ***não*** *se teriam constatado requisitos subjetivos desfavoráveis ao paciente, considerado tecnicamente primário. Ressaltou-se que, assim como no caso da vedação legal à substituição de pena privativa de liberdade por restritiva de direitos em condenação pelo delito de tráfico –* ***já declarada inconstitucional pelo STF*** *–, a definição de regime deveria sempre ser* ***analisada independentemente da natureza da infração****. Ademais, seria imperioso aferir os critérios, de forma concreta, por se tratar de* ***direito subjetivo garantido constitucionalmente*** *ao indivíduo. Consignou-se que a Constituição contemplaria as restrições a serem impostas aos incursos em dispositivos da Lei 8.072/90, e dentre elas não se encontraria a obrigatoriedade de imposição de regime extremo para início de cumprimento de pena. Salientou-se que o art. 5º, XLIII, da CF, afastaria somente a fiança, a graça e a anistia, para, no inciso XLVI, assegurar, de forma abrangente, a individualização da pena.* HC 111.840/ES julg: **27.06.2012**, Rel. Min. Dias Toffoli.

655. *Se o réu, não reincidente, for condenado, por tráfico de drogas, a pena de até 4 anos, e se as circunstâncias judiciais do art. 59 do CP forem positivas (favoráveis), o juiz deverá fixar o regime aberto e deverá conceder a substituição da pena privativa de liberdade por restritiva de direitos, preenchidos os requisitos do art. 44 do CP. A gravidade em abstrato do crime não constitui motivação idônea para justificar a fixação do regime mais gravoso.* 1ª Turma do STF. HC 129714/SP, Rel. Min. Marco Aurélio, julg em 11.10.2016.

656. **HC 115.539**, 1ª Turma, julg. em **03.09.2013**: *"A transferência de preso para presídio federal de segurança máxima sem a sua prévia oitiva, desde que fundamentada em fatos caracterizadores de situação emergencial, não configura ofensa aos princípios do devido processo legal, da ampla defesa, da individualização da pena e da dignidade da pessoa humana.* Aduziu-se que, no caso, estariam demonstrados os fatos ensejadores da situação emergencial: *a) rebeliões ocorridas em determinado período, com a morte de vários detentos; b) julgamento, pela Corte Interamericana de Direitos Humanos, do Brasil e do estado-membro em que localizada a penitenciária na qual inicialmente recluso o paciente; c) interdição do presídio; e d) periculosidade do paciente. Ressaltou-se, a inexistência de direito subjetivo do reeducando de cumprir a pena em penitenciária específica"*. Rel. Min. Luiz Fux. Temos ainda que: *"O cumprimento de pena em penitenciária federal de segurança máxima por motivo de segurança pública não é compatível com a progressão de regime prisional."*. 2ª Turma STF. **HC 131.649/RJ**, rel. p/ac. Min. Dias Toffoli, julg. em **06.09.2016**.

De início, é importante registrarmos que, quando a CR/88 fala em ***"penas de caráter perpétuo"***, deve-se interpretar a expressão em sentido amplo, ou seja, são proibidas sanções penais de caráter perpétuo, incluindo, assim, tanto as penas como as medidas de segurança. Atualmente, tanto o STJ como o STF afirmam que existe prazo máximo de duração das medidas de segurança porque estas possuem caráter punitivo. Portanto, conforme o STF: *É inconstitucional a manutenção em Hospital de Custódia e Tratamento Psiquiátrico – estabelecimento penal – de pessoa com diagnóstico de doença psíquica que teve extinta a punibilidade. Essa situação configura uma privação de liberdade sem pena.*[657]

Além disso, já decidiu o STF que é inconstitucional, por denotar sanção de caráter perpétuo, o parágrafo único do artigo 137 da Lei 8.112/1990, o qual dispõe que não poderá retornar ao serviço público federal o servidor que tiver sido demitido ou destituído do cargo em comissão por infringência do art. 132, I (crimes contra a administração pública), IV (atos de improbidade), VIII (aplicação irregular de recursos públicos), X (lesão aos cofres públicos) e XI (corrupção), da referida lei. Para o Pretório Excelso, essa previsão viola o art. 5º, XLVII, "b", da CR/88, que afirma que não haverá penas de caráter perpétuo.[658]

É importante ressaltar que, nos termos do STF, embora a norma constitucional encontre-se estabelecida enquanto garantia à aplicação de sanções penais, viável sua extensão às sanções administrativas, em razão do vínculo existente entre essas duas esferas do poder sancionatório estatal.

Critério razoável para a delimitação constitucional da atividade punitiva é a impossibilidade da imposição de sanções administrativas mais graves que as penas aplicadas pela prática de crimes, já que os conceitos de subsidiariedade e da intervenção penal mínima corroboram a afirmação de que o ilícito administrativo seria um minus em relação às infrações penais.

E nesse sentido, concluiu o STF que a norma constante do art. 5º, XLVII, b, da CR/88 também se aplica às sanções administrativas. Essa conclusão se aplica até mesmo para os ilícitos administrativos que também se enquadram como infrações penais, como ocorre com o art. 132, I, IV, VIII, X e XI, da Lei 8.112/1990, já que a jurisprudência da Corte tem entendido pela possibilidade de aplicação das mesmas regras penais a esses ilícitos administrativos no que se refere, por exemplo, ao prazo de prescrição.

Lembou ainda o STF, que em sentido semelhante, a Corte possui jurisprudência no sentido da impossibilidade de aplicação da penalidade administrativa de inabilitação permanente para o exercício de cargos de administração ou gerência de instituição financeira.[659]

657. **HC 151523**, STF. 2ª Turma. Rel. Min. Edson Fachin, julg. em **27.11.2018.**
658. **ADI 2975,** STF. Plenário. Rel. Min. Gilmar Mendes, julgado em **04.12.2020** (Informativo 1001).
659. **ADI 2975,** STF. Plenário. Rel. Min. Gilmar Mendes, julgado em **04.12.2020** (Informativo 1001).

Na sequência, conforme decisão do STF no RE 641.320/RS, a falta de estabelecimento penal adequado não autoriza a manutenção do condenado em regime prisional mais gravoso. Certo é que em nosso ordenamento jurídico, adota-se o sistema progressivo no que tange às penas. Nesses termos, de acordo com o Código Penal e com a Lei de Execuções Penais (LEP), as penas privativas de liberdade deverão ser executadas (cumpridas) em forma progressiva, com a transferência do apenado de regime mais gravoso para menos gravoso tão logo ele preencha os requisitos legais. Acontece que nas palavras do STF, temos que esse sistema progressivo de cumprimento de penas não vem funcionando na prática de forma satisfatória. Isso porque há falta de vagas nos regimes semiaberto e aberto. Assim sendo, os presos dos referidos regimes estão sendo mantidos nos mesmos estabelecimentos que os presos em regime fechado e provisórios.

Para o STF, essa situação viola duas garantias constitucionais da mais alta relevância: a) a individualização da pena (art. 5º, XLVI) e; b) a legalidade (art. 5º, XXXIX). Portanto, a manutenção do condenado em regime mais gravoso do que é devido caracteriza-se como "excesso de execução", ocorrendo violação ao direito do apenado. Aqui é importante dizer também, *que não seria possível "relativizar" esse direito do condenado com base em argumentos ligados à manutenção da segurança pública.*[660]

---

660. **RE 641320/RS**, Pleno do STF, Rel. Min. Gilmar Mendes, julg, em **11.05.2016** (repercussão geral). Nesses termos: "*A Corte destacou que o sistema progressivo de cumprimento de penas não estaria funcionando a contento. Haveria falta de vagas nos regimes semiaberto e aberto, este último sendo desprezado por várias unidades da Federação. Assim, a lei prevê 3 degraus da progressão, mas o último grau simplesmente não existiria em mais da metade do País. Por outro lado, na prática, os modelos de estabelecimentos de cumprimento de pena, necessariamente adequados aos regimes semiaberto e aberto (CP, art. 33, §1º, "b" e "c"), teriam sido abandonados. Desse modo, os presos dos referidos regimes estariam sendo mantidos nos mesmos estabelecimentos que os presos em regime fechado e provisórios. Contudo, a possibilidade de manutenção de condenado em regime mais gravoso, na hipótese de inexistir vaga em estabelecimento adequado ao seu regime, seria uma questão ligada a duas garantias constitucionais em matéria penal da mais alta relevância: a individualização da pena (CF, art. 5º, XLVI) e a legalidade (CF, art. 5º, XXXIX). O sistema brasileiro teria sido formatado tendo o regime de cumprimento da pena como ferramenta central da individualização da sanção, importante na fase de aplicação (fixação do regime inicial) e capital na fase de execução (progressão de regime). Assim, a inobservância do direito à progressão de regime, mediante manutenção do condenado em regime mais gravoso, ofenderia o direito à individualização da pena. A violação ao princípio da legalidade seria ainda mais evidente. Conforme art. 5º, XXXIX, da CF, as penas devem ser previamente cominadas em lei. A legislação brasileira prevê o sistema progressivo de cumprimento de penas. Logo, assistiria ao condenado o direito a ser inserido em um regime inicial compatível com o título condenatório e a progredir de regime de acordo com seus méritos. A manutenção do condenado em regime mais gravoso seria um excesso de execução, com violação a direitos dele. Em outra perspectiva, haveria que ser rechaçada qualquer possibilidade de ponderar os direitos dos condenados à individualização da pena e à execução da pena de acordo com a lei e com os interesses da sociedade na manutenção da segurança pública. Não se poderia negar o dever do Estado de proteger os bens jurídicos penalmente relevantes. A proteção à integridade da pessoa e ao seu patrimônio contra agressões injustas estaria na raiz da própria ideia de Estado Constitucional. Em suma, o Estado teria o dever de proteger os direitos fundamentais contra agressões injustas de terceiros, como corolário do direito à segurança (CF, art. 5º). No entanto, a execução de penas corporais em nome da segurança pública só se justificaria com a observância de estrita legalidade. Regras claras e prévias seriam indispensáveis. Permitir que o Estado executasse a pena de forma deliberadamente excessiva seria negar não só o princípio da legalidade, mas a própria dignidade humana dos condenados (CF, art. 1º, III). Por mais grave que fosse o crime, a condenação não retiraria a humanidade da pessoa condenada. Ainda que privados de liberdade e dos direitos políticos, os condenados não se tornariam simples objetos de direito (CF, art. 5º, XLIX).*" (Informativo 825).

O STF assentou, assim, em sede de repercussão geral, o entendimento de que: a) a falta de estabelecimento penal adequado não autorizaria a manutenção do condenado em regime prisional mais gravoso; b) os juízes da execução penal poderiam avaliar os estabelecimentos destinados aos regimes semiaberto e aberto, para qualificação como adequados a tais regimes. E que seriam aceitáveis estabelecimentos que não se qualificassem como "colônia agrícola, industrial" (regime semiaberto) ou "casa de albergado ou estabelecimento adequado" (regime aberto) (art. 33, §1º, "b" e "c"); c) havendo "déficit" de vagas, deveria ser determinada: 1) a saída antecipada de sentenciado no regime com falta de vagas; 2) a liberdade eletronicamente monitorada ao sentenciado que saísse antecipadamente ou fosse posto em prisão domiciliar por falta de vagas; 3) o cumprimento de penas restritivas de direito e/ou estudo ao sentenciado que progredisse ao regime aberto.[661]

Outrossim, entendeu o STF, no mesmo RE 641.320/RS, que até que fossem estruturadas as medidas alternativas propostas, poderia ser deferida a prisão domiciliar ao sentenciado. O Tribunal ressaltou, ainda, que o CNJ deveria apresentar: a) em 180 dias, contados da conclusão do julgamento: 1) projeto de estruturação do Cadastro Nacional de Presos, com etapas e prazos de implementação, devendo o banco de dados conter informações suficientes para identificar os mais próximos da progressão ou extinção da pena; 2) relatório sobre a implantação das centrais de monitoração e penas alternativas, acompanhado, se for o caso, de projeto de medidas ulteriores para desenvolvimento dessas estruturas; e b) em um ano, relatório com projetos para: 1) expansão do Programa Começar de Novo e adoção de outras medidas buscando o incremento da oferta de estudo e de trabalho aos condenados; e 2) aumento do número de vagas nos regimes semiaberto e aberto.[662] Aqui temos ainda como desfecho o verbete da recente Súmula Vinculante nº 56 do STF, que afirma que: "A falta de estabelecimento penal adequado não autoriza a

---

661. **RE 641320/RS**, Pleno do STF, Rel. Min. Gilmar Mendes, julg, em **11.05.2016** (repercussão geral).

662. **RE 641320/RS**, Pleno do STF, Rel. Min. Gilmar Mendes, julg, em **11.05.2016** (repercussão geral) *"O Plenário asseverou que, atualmente, haveria duas alternativas de tratamento do sentenciado que progredisse de regime quando não houvesse vagas suficientes. Ou seria mantido no regime mais gravoso ao que teria direito (fechado), ou seria colocado em regime menos gravoso (prisão domiciliar). Contudo, já não bastaria apenas afirmar o direito ao regime previsto na lei ou ao regime domiciliar. Apesar de ser imprescindível cobrar dos poderes públicos soluções definitivas para a falta de vagas – pela melhoria da administração das vagas existentes ou pelo aumento do número de vagas –, não haveria, porém, solução imediata possível. Desse modo, seria necessário verificar o que fazer com os sentenciados se a situação de falta de vagas estivesse configurada. A prisão domiciliar seria uma alternativa de difícil fiscalização e, isolada, de pouca eficácia. Todavia, não deveria ser descartada sua utilização, até que fossem estruturadas outras medidas, como as anteriormente mencionadas. Desse modo, seria preciso avançar em propostas de medidas que, muito embora não fossem tão gravosas como o encarceramento, não estivessem tão aquém do "necessário e suficiente para reprovação e prevenção do crime" (CP, art. 59). As medidas em questão não pretenderiam esgotar as alternativas a serem adotadas pelos juízos de execuções penais no intuito de equacionar os problemas de falta de vagas nos regimes adequados ao cumprimento de pena. As peculiaridades de cada região e de cada estabelecimento prisional poderiam recomendar o desenvolvimento dessas medidas em novas direções. Assim, seria conveniente confiar às instâncias ordinárias margem para complementação e execução das medidas. O fundamental seria afastar o excesso da execução – manutenção do sentenciado em regime mais gravoso – e dar aos juízes das execuções penais a oportunidade de desenvolver soluções que minimizassem a insuficiência da execução, como se daria com o cumprimento da sentença em prisão domiciliar ou outra modalidade sem o rigor necessário."* (Inf. 825 do STF).

manutenção do condenado em regime prisional mais gravoso, devendo-se observar, nessa hipótese, os parâmetros fixados no RE 641.320/RS".

Porém, é importante salientar que o STF também já afirmou que não viola a Súmula Vinculante nº 56 a situação do condenado ao regime semiaberto que está cumprindo pena em presídio do regime fechado, mas em uma ala destinada aos presos do semiaberto.[663] Aqui voltamos à decisão do STF do RE 641.320, para relembrar que *"os juízes da execução penal podem avaliar os estabelecimentos destinados aos regimes semiaberto e aberto, para qualificação como adequados a tais regimes. São aceitáveis estabelecimentos que não se qualifiquem como 'colônia agrícola, industrial' (regime semiaberto) ou 'casa de albergado ou estabelecimento adequado'* (regime aberto) (art. 33, §1º, 'b' e 'c', do CP). No entanto, observamos que **não** deverá haver alojamento conjunto de presos dos *regimes semiaberto* e *aberto* com *presos do regime fechado."* Assim, até mesmo pela carência inequívoca de estabelecimentos próprios, conforme decidiu o Pretório Excelso, os presos do regime semiaberto podem ficar em outra unidade prisional que **não** seja ***colônia agrícola ou industrial***, desde que se trate de ***estabelecimento similar*** (adequado às características do semiaberto). Da mesma forma, os presos do regime aberto podem cumprir pena em outra unidade prisional que **não** seja **casa de albergado**, desde que se trate de um **estabelecimento adequado**.[664]

Por último, salientamos que conforme a 1ª Turma do STF, a *data da prisão preventiva* deve ser considerada como termo inicial para fins de obtenção de progressão de regime e demais benefícios da execução penal, desde que não ocorra condenação posterior por outro crime apta a configurar falta grave.[665]

- É assegurado aos presos o respeito à integridade física e moral;

Aqui temos que em caso de *inobservância de seu dever específico de proteção previsto no art. 5º, inciso XLIX*, da CR/88, o Estado é responsável pela morte de detento. É importante lembrarmos do caos que se encontra o sistema penitenciário nacional. Em apenas 15 dias do mês de janeiro de 2017 foram 138 presos mortos em massacres em Manaus– AM (64 mortos), Boa Vista-RR (33 mortos) e Natal-RN (26 mortos).[666]

---

663. **RHC 142463/MG**, 1ª Turma do STF.Rel. Min. Luiz Fux, julgado em **12.09.2017.**
664. **Rcl 25123/SC** 2ª Turma STF, Rel. Min. Ricardo Lewandowski, julgado em **18.04.2017.** Exemplo: X foi condenado a cumprir pena em regime semiaberto. Diante da falta de vagas em colônia agrícola ou industrial, X encontra-se cumprindo pena no presídio destinado ao regime fechado. Nesse presídio existe uma ala destinada somente aos sentenciados do regime semiaberto e aberto, concedendo-lhes os benefícios próprios destes regimes. X foi preso nesta ala do presídio. X não se conformou com a situação e pediu ao juiz das execuções penais que, diante da inexistência de colônia agrícola, ele tivesse direito à prisão domiciliar ou à antecipação do regime aberto. O magistrado negou o pleito e X ajuizou reclamação no STF alegando que a decisão do magistrado violou a SV nº 56. O STF julgou improcedente a Reclamação por não violação a SV nº 56.
665. **Rcl 25123/SC** 2ª Turma STF, Rel. Min. Ricardo Lewandowski, julgado em **18.04.2017.**
666. **RE 841526/RS**, Rel. Min. Luiz Fux, julg. em **30.03.2016**. Nesses termos, a regra é a de que o *Estado é objetivamente responsável pela morte de detento. Isso porque houve inobservância de seu dever específico de proteção previsto no art. 5º, inciso XLIX, da CR/88. Porém, temos a exceção em que Estado poderá ser dispensado de indenizar se ele*

Certo é que o sistema prisional brasileiro vive uma crise extrema. São observados inúmeros problemas, como a superlotação e a falta de condições mínimas de saúde e de higiene. O STF, inclusive, já reconheceu na ADPF 347 (conforme veremos no capítulo sobre o *controle de constitucionalidade*) que o sistema penitenciário brasileiro vive um *"Estado de Coisas Inconstitucional"*, com uma violação estrutural, recorrente e generalizada de direitos fundamentais dos presos. As penas privativas de liberdade cumpridas nos presídios nacionais acabam sendo penas cruéis e desumanas. A ausência de medidas legislativas, administrativas e orçamentárias eficazes representa uma verdadeira "falha estrutural" que gera ofensa a direitos básicos dos presos.

Nesses termos, recentemente decidiu o STF que, considerando que é dever do Estado, imposto pelo sistema normativo, manter em seus presídios os padrões mínimos de humanidade previstos no ordenamento jurídico, é de sua responsabilidade (do Estado), nos termos do art. 37, § 6º, da CR/88, a obrigação de ressarcir os danos, inclusive morais, comprovadamente causados aos detentos em decorrência da falta ou insuficiência das condições legais de encarceramento.[667]

Conforme o STF, o dever do Estado de garantir a segurança pessoal, física e psíquica dos detentos é imposto não apenas no ordenamento nacional, mas também por compromissos internacionais assumidos pelo Brasil.[668] Assim, ocorrido o dano e

---

conseguir provar que a morte do detento não podia ser evitada. Neste caso, rompe-se o nexo de causalidade entre o resultado morte e a omissão estatal. Nesses termos, a responsabilidade civil do Estado, apesar de ser *objetiva, é regrada pela teoria do risco administrativo.* Com isso, o Estado *poderá ser dispensado de indenizar se ficar demonstrado que ele não tinha a efetiva possibilidade de evitar a ocorrência do dano.* Já no **RE 592581/RS** julg. em **13.08.2015**, temos que: *"É lícito ao Poder Judiciário impor à Administração Pública obrigação de fazer, consistente na promoção de medidas ou na execução de obras emergenciais em estabelecimentos prisionais para dar efetividade ao postulado da dignidade da pessoa humana e assegurar aos detentos o respeito à sua integridade física e moral, nos termos do que preceitua o art. 5º, XLIX, da CF, não sendo oponível à decisão o argumento da reserva do possível nem o princípio da separação dos poderes. Essa a conclusão do Plenário, que proveu recurso extraordinário em que discutida a possibilidade de o Poder Judiciário determinar ao Poder Executivo estadual obrigação de fazer consistente na execução de obras em estabelecimentos prisionais, a fim de garantir a observância dos direitos fundamentais dos presos. O Colegiado assentou tratar-se, na espécie, de estabelecimento prisional cujas condições estruturais seriam efetivamente atentatórias à integridade física e moral dos detentos. Pontuou que a pena deveria ter caráter de ressocialização, e que impor ao condenado condições sub-humanas atentaria contra esse objetivo. Entretanto, o panorama nacional indicaria que o sistema carcerário como um todo estaria em quadro de total falência, tendo em vista a grande precariedade das instalações, bem assim episódios recorrentes de sevícias, torturas, execuções sumárias, revoltas, superlotação, condições precárias de higiene, entre outros problemas crônicos."* (Inf. 794)

667. RE 580252/MS, Plenário do STF. Rel. p/ o ac. Min. Gilmar Mendes, julg. em 16.02.2017 (*repercussão geral*) (Informativo 854) . Aqui é interessante registrar que recentemente também decidiu o STF que: *"O Estado responde, objetivamente, pelos atos dos tabeliães e registradores oficiais que, no exercício de suas funções, causem dano a terceiros, assentado o dever de regresso contra o responsável, nos casos de dolo ou culpa, sob pena de improbidade administrativa. O Estado possui responsabilidade civil direta, primária e objetiva pelos danos que notários e oficiais de registro, no exercício de serviço público por delegação, causem a terceiros."* STF. Plenário. RE 842846/RJ, Rel. Min. Luiz Fux, julgado em 27.02.2019 (repercussão geral) (Inf. 932).

668. No informativo 854 temos os fundamentos: (a)*constitucional*, (b) *legal* e (c) *convencional com fontes normativas internacionais*: **a)** Constituição Federal, art. 5º, XLVII, "e"; XLVIII; XLIX; **b)** Lei 7.210/84 (LEP), arts. 10; 11; 12; 40; 85; 87; 88; Lei 9.455/97 (Lei de tortura); Lei 12.874/2013 (Sistema Nacional de Prevenção e Combate à Tortura); **c)** Pacto Internacional de Direitos Civis e Políticos das Nações Unidas, de 1966, arts. 2; 7; 10; e 14; Convenção Americana de Direitos Humanos, de 1969, arts. 5º; 11; 25; Princípios e Boas Práticas para a Proteção de Pessoas Privadas de

estabelecido o seu nexo causal com a atuação da Administração ou dos seus agentes, observa-se a responsabilidade civil do Estado.[669]

Nesses termos, e tendo em conta que, no caso, a configuração do dano é matéria incontroversa, segundo o STF, não há como acolher os argumentos que invocam para negar o dever estatal de indenizar, o *princípio da reserva do possível*, na dimensão reducionista de significar a insuficiência de recursos financeiros. Asseverou o STF que as violações a direitos fundamentais causadoras de danos pessoais a detentos em estabelecimentos carcerários não poderiam ser relevadas ao argumento de que a indenização não teria alcance para eliminar o grave problema prisional globalmente considerado, dependente da definição e da implantação de políticas públicas específicas, providências de atribuição legislativa e administrativa, não de provimentos judiciais. Sustentou o Pretório Excelso que admitir essa assertiva significaria justificar a perpetuação da desumana situação constatada em presídios como aquele onde foi cumprida a pena do recorrente.[670]

Portanto, a criação de subterfúgios teóricos – como a separação dos Poderes, a reserva do possível e a natureza coletiva dos danos sofridos – para afastar a responsabilidade estatal pelas calamitosas condições da carceragem afronta não apenas o sentido do art. 37, § 6º, da CR/88, mas também determina o esvaziamento das inúmeras cláusulas constitucionais e convencionais citadas acima. Para o STF, o descumprimento reiterado dessas cláusulas se transforma em mero e inconsequente ato de fatalidade, o que não pode ser tolerado.[671]

Por fim, o relator do recurso extraordinário, nos termos do informativo, enfatizou que a invocação seletiva de razões de Estado para negar, especificamente a determinada categoria de sujeitos, o direito à integridade física e moral não é compatível com o sentido e o alcance do princípio da jurisdição. Acolher essas razões é o mesmo que recusar aos detentos os mecanismos de reparação judicial dos danos sofridos, deixando-os descobertos de qualquer proteção estatal, em condição de vulnerabilidade juridicamente desastrosa. Aqui seria dupla negativa: do direito e da jurisdição.[672]

É importante colocarmos que durante os debates do julgamento, o Ministro Luís Roberto Barroso propôs que a indenização não fosse paga em dinheiro, mas sim por

Liberdade nas Américas – Resolução 01/08, aprovada em 13 de março de 2008, pela Comissão Interamericana de Direitos Humanos; Convenção da ONU contra Tortura e Outros Tratamentos ou Penas Cruéis, Desumanos ou Degradantes, de 1984; e Regras Mínimas para o Tratamento de Prisioneiros – adotadas no 1º Congresso das Nações Unidas para a Prevenção ao Crime e Tratamento de Delinquentes em 1995.

669. RE 580252/MS, Plenário do STF. Rel. p/ o ac. Min. Gilmar Mendes, julg. em 16.02.2017 (*repercussão geral*). Aqui é importante explicitar que o **Estado-membro responsável pela unidade prisional é que deverá pagar a indenização**. Se as condições degradantes forem verificadas em presídio federal a indenização seria paga pela União.

670. RE 580252/MS, Plenário do STF. Rel. p/ o ac. Min. Gilmar Mendes, julg. em 16.02.2017 (*repercussão geral*).

671. RE 580252/MS, Plenário do STF. Rel. p/ o ac. Min. Gilmar Mendes, julg. em 16.02.2017 (*repercussão geral*).

672. RE 580252/MS, Plenário do STF. Rel. p/ o ac. Min. Gilmar Mendes, julg. em 16.02.2017 (*repercussão geral*).

meio de remição da pena.[673] O voto do Ministro Barroso foi acompanhado pelos Ministros Luiz Fux e Celso de Mello. Nesses termos, em vez de receber uma reparação pecuniária, os presos que sofrem danos morais por cumprirem pena em presídios com condições degradantes teriam direito ao "abatimento" de dias da pena. Pela proposta do Ministro, os danos morais causados a presos por superlotação ou condições degradantes deveriam ser reparados, preferencialmente, pela remição de parte do tempo da pena – à razão de um dia de remição para cada 3 a 7 dias cumpridos sob essas condições adversas, a critério do juiz da Vara de Execuções Penais competente.

O Ministro Luís Roberto Barroso argumentou que, com a solução, ganharia o preso, que reduz o tempo de prisão, e ganharia o Estado, que se desobriga de despender recursos com indenizações, dinheiro que pode ser, inclusive, usado na melhoria do sistema. Porém, a maioria do plenário do STF decidiu que a indenização deve ser paga em pecúnia. Aqui, é interessante salientar que no caso concreto, o Estado do Mato Grosso do Sul foi condenado a indenizar o preso em R$ 2 mil.

Ainda sobre o tema da integridade física e mental dos presos, é importante citar também a *prisão domiciliar humanitária* do art.318, II do Código de Processo Penal. Nesses termos, afirma o CPP que o juiz poderá substituir a prisão preventiva pela domiciliar quando o agente for: extremamente debilitado por motivo de doença grave. Aqui, apenas como exemplo, a 2ª Turma do STF, em um recente caso concreto, entendeu que deveria conceder prisão humanitária a réu tendo em vista o alto risco de saúde, a grande possibilidade de desenvolver infecções no cárcere e a impossibilidade de tratamento médico adequado na unidade prisional ou em estabelecimento hospitalar — tudo demostrado satisfatoriamente no laudo pericial. O STF considerou que a concessão da medida era necessária para preservar a integridade física e moral do paciente, em respeito à dignidade da pessoa humana (art. 1º, III, da CR/88).[674]

Por último, já decidiu o STF que nos termos do artigo 37, § 6º, da Constituição Federal, não se caracteriza a responsabilidade civil objetiva do Estado por danos decorrentes de crime praticado por pessoa foragida do sistema prisional, quando não demonstrado o nexo causal direto entre o momento da fuga e a conduta praticada.[675]

É sabido que a responsabilidade civil das pessoas jurídicas de direito público e das pessoas jurídicas de direito privado prestadoras de serviço público é objetiva e baseia-se na teoria do risco administrativo. Para a configuração do dever de indenizar é necessário o preenchimento dos seguintes requisitos: a) ocorrência do dano; b) ação ou omissão administrativa; c) existência de nexo causal entre o dano e a ação ou omissão administrativa; e d) ausência de causa excludente da responsabilidade estatal.[676]

673. A solução não tem previsão normativa e seria feita por meio da aplicação, por analogia, do art. 126 da LEP.
674. HC 153961/DF, 2ª Turma do STF. Rel. Min. Dias Toffoli, julgado em **27.03.2018** (Informativo 895 do STF).
675. RE 608880, STF. Plenário. Rel. p/ Ac. Alexandre de Moraes, julgado em **08.09.2020** (Repercussão Geral – Tema 362).
676. RE 608880, STF. Plenário. Rel. p/ Ac. Alexandre de Moraes, julgado em **08.09.2020** (Repercussão Geral – Tema 362).

A jurisprudência do STF tem entendido que também é objetiva a responsabilidade civil decorrente de omissão, seja das pessoas jurídicas de direito público, seja das pessoas jurídicas de direito privado prestadoras de serviço público.

Porém, o princípio da responsabilidade objetiva não é absoluto. Como se adota a teoria do risco administrativo, o Estado poderá eximir-se do dever de indenizar caso prove alguma causa excludente de responsabilidade: a) caso fortuito ou força maior; b) culpa exclusiva da vítima; c) culpa exclusiva de terceiro.

Nesses termos, não há como se reconhecer nexo causal entre uma suposta omissão genérica do Poder Público e o dano causado, e, consequentemente, não é possível imputar responsabilidade objetiva ao Estado. No caso concreto, devem ser analisados: a) o intervalo entre fato administrativo e o fato típico (critério cronológico); e b) o surgimento de causas supervenientes independentes (v.g., formação de quadrilha), que deram origem a novo nexo causal, contribuíram para suprimir a relação de causa (evasão do apenado do sistema penal) e efeito (fato criminoso).[677]

- Às presidiárias serão asseguradas condições para que possam permanecer com seus filhos durante o período de amamentação;

Sobre o tema das presidiárias, é importante salientar que a Lei nº 13.257/2016 (que prevê a formulação e implementação de políticas públicas voltadas para as crianças que estão na "primeira infância") promoveu alterações no Código de Processo Penal, em especial no regime de prisão domiciliar do CPP[678]. O CPP, ao tratar da prisão domiciliar, prevê a possibilidade de o réu, em vez de ficar em prisão preventiva, permanecer recolhido em sua residência. Trata-se de uma medida cautelar que substitui a prisão preventiva pelo recolhimento da pessoa em sua residência. É interessante observarmos que antes da Lei nº 13.257/2016 o art.318 do CPP dizia que: Poderá o juiz substituir a prisão preventiva pela domiciliar quando o agente for: (...) IV – gestante a partir do 7º (sétimo) mês de gravidez ou sendo esta de alto risco. Já após a Lei nº 13.257/2016 o art.318 passou a ter a seguinte redação: Poderá o juiz substituir a prisão preventiva pela domiciliar quando o agente for: (...) IV – gestante.

Nesse sentido, basta que a investigada ou ré esteja grávida para ter direito à prisão domiciliar. Assim sendo, não mais se exigiria tempo mínimo de gravidez nem que haja risco à saúde da mulher ou do feto. Temos ainda, que a Lei nº

---

677. Conforme o STF: *A responsabilidade do Estado, embora objetiva, não dispensa, obviamente, o requisito, também objetivo, do nexo de causalidade entre a ação ou a omissão atribuída a seus agentes e o dano causado a terceiros. Em nosso sistema jurídico, a teoria adotada quanto ao nexo de causalidade e a teoria do dano direto e imediato, também denominada teoria da interrupção do nexo causal. O dano decorrente do assalto por uma quadrilha de que participava um dos evadidos da prisão não foi o efeito necessário da omissão da autoridade pública que o acórdão recorrido teve como causa da fuga dele, mas resultou de concausas, como a formação da quadrilha, e o assalto ocorrido cerca de vinte e um meses após a evasão.* STF. 1ª Turma. **RE 130764**, Rel. Moreira Alves, julgado em 12.05.1992.

678. É importante registrar que a LEP (Lei de Execuções Penais) diferentemente do CPP, ao tratar da prisão domiciliar, está se referindo à possibilidade de a pessoa já condenada cumprir a sua pena privativa de liberdade na própria residência. Trata-se, portanto, da execução penal (cumprimento da pena) na própria residência. Aqui remetemos o leitor ao art.117 da LEP.

13.257/2016 acrescentou o inciso V ao art. 318 com a seguinte redação: Poderá o juiz substituir a prisão preventiva pela domiciliar quando o agente for: (...) V – mulher com filho de até 12 (doze) anos de idade incompletos;[679] Porém, apesar da previsão do art. 318, IV e V, do CPP, muitas mulheres, mesmo estando grávidas ou com filhos menores de 12 anos, permaneciam recolhidas nas unidades prisionais cumprindo prisão preventiva. Apenas em alguns casos, os juízes concediam a prisão domiciliar.[680]

Em virtude disso, advogados do "Coletivo de Advogados em Direitos Humanos" impetraram ***habeas corpus* coletivo** no STF pedindo que o Pretório Excelso reconhecesse, de forma ampla e geral, que as presas grávidas ou com filhos menores de 12 anos possuem direito à prisão domiciliar. Em 20.02.2018, a 2ª Turma do STF decidiu o HC nº 143.641 (*Habeas Corpus Coletivo*) sobe o tema e concedeu a ordem.

O STF determinou que, em regra, deve ser concedida prisão domiciliar para todas as mulheres presas que sejam – gestantes – puérperas (que deram à luz há pouco tempo) – mães de crianças (isto é, mães de menores até 12 anos incompletos) ou – mães de pessoas com deficiência. As exceções nas quais não deve ser autorizada a prisão domiciliar seriam nos casos de: a) a mulher tiver praticado crime mediante violência ou grave ameaça; b) a mulher tiver praticado crime contra seus descendentes (filhos e/ou netos); c) em outras situações excepcionalíssimas, as quais deverão ser devidamente fundamentadas pelos juízes que denegarem o benefício.[681]

Segundo o STF, embora a provocação por meio de advogado não seja vedada para o cumprimento desta decisão, ela é dispensável, pois o que se almeja é, justamente, suprir falhas estruturais de acesso à Justiça da população presa. Cabe ao Judiciário adotar postura ativa ao dar pleno cumprimento a esta ordem judicial. Assim sendo, é importante ressaltar que o STF no HC coletivo estendeu a ordem, de ofício, às demais mulheres presas, gestantes, puérperas ou mães de crianças e de pessoas com deficiência, bem assim às adolescentes sujeitas a medidas socioeducativas em idêntica situação no território nacional, observadas as restrições previstas e citadas acima.[682]

---

679. Ainda foi acrescentado, para o homem, o inciso VI: *Art. 318. Poderá o juiz substituir a prisão preventiva pela domiciliar quando o agente for: (...) VI – homem, caso seja o único responsável pelos cuidados do filho de até 12 (doze) anos de idade incompletos.*
680. As hipóteses de prisão domiciliar previstas nos incisos IV e V do art. 318 do CPP eram consideradas facultativas. O entendimento que prevalecia era o de que a substituição da prisão cautelar pela domiciliar não era automática e o juiz deveria analisar, em cada caso concreto, se a prisão domiciliar seria suficiente. Nesse sentido: STJ. 5ª Turma. HC 381.655/AC, Rel. Min. Ribeiro Dantas, julgado em 09/05/2017. STJ. 6ª Turma. RHC 81.300/SP, Rel. Min. Nefi Cordeiro, julgado em 06/04/2017.
681. A decisão também vale para adolescentes que tenham praticado atos infracionais. Além disso, a regra e as exceções acima explicadas também valem para a reincidente. O simples fato de que a mulher ser reincidente não faz com que ela perca o direito à prisão domiciliar. STF. 2ª Turma. HC 143641/SP. Rel. Min. Ricardo Lewandowski, julgado em 20.02.2018 (Info 891).
682. Informativo 891 do STF: *"A fim de se dar cumprimento imediato a esta decisão, deverão ser comunicados os Presidentes dos Tribunais Estaduais e Federais, inclusive da Justiça Militar Estadual e Federal, para que prestem informações e, no prazo máximo de 60 dias a contar de sua publicação, implementem de modo integral as determinações estabelecidas*

Questão interessante é a de saber se a mulher presa possui ou não a guarda efetiva do(a) filho(a). Entendeu o STF, nos termos do Informativo 891, que se deve dar credibilidade à palavra da mãe. Assim, em regra, basta a palavra da mãe. Excepcionalmente, em caso de dúvida, o juiz poderá requisitar a elaboração de laudo social. Porém, a prisão domiciliar já deverá ser imediatamente implementada enquanto se aguarda a elaboração do laudo. Caso se constate a suspensão ou destituição do poder familiar por outros motivos que não a prisão, a mulher não terá direito à prisão domiciliar com base no art. 318, IV e V, do CPP.

Por último, é também necessário salientar que estrategicamente, decidiu o STF que não cabe reclamação caso algum juiz ou Tribunal descumpra essa decisão do HC coletivo.

O STF, com o objetivo de se proteger do grande número de reclamações que receberia (de forma defensiva), afirmou na decisão do *habeas corpus coletivo* que, nas hipóteses de descumprimento da presente decisão, a ferramenta a ser utilizada é o **recurso,** e não a reclamação como já explicitado na ADPF 347 MC/DF (caso referente ao *Estado de Coisas Inconstitucional*).

- O civilmente identificado não será submetido a identificação criminal, salvo nas hipóteses previstas em lei (Conforme regulamentação prevista na Lei nº 12.037/09 e Lei nº 12.654/2012[683]);
- A lei só poderá restringir a publicidade dos atos processuais quando a defesa da intimidade ou o interesse social o exigirem.[684]

---

no presente julgamento, à luz dos parâmetros ora enunciados. Com vistas a conferir maior agilidade, e sem prejuízo da medida determinada acima, também deverá ser oficiado ao DEPEN para que comunique aos estabelecimentos prisionais a decisão, cabendo a estes, independentemente de outra provocação, informar aos respectivos juízos a condição de gestante ou mãe das presas preventivas sob sua custódia. Deverá ser oficiado, igualmente, ao Conselho Nacional de Justiça — CNJ, para que, no âmbito de atuação do Departamento de Monitoramento e Fiscalização do Sistema Carcerário e do Sistema de Execução de Medidas Socioeducativas, avalie o cabimento de intervenção nos termos preconizados no art. 1º, § 1º, II, da Lei 12.106/2009 (3), sem prejuízo de outras medidas de reinserção social para as beneficiárias desta decisão. O CNJ poderá ainda, no contexto do Projeto Saúde Prisional, atuar junto às esferas competentes para que o protocolo de entrada no ambiente prisional seja precedido de exame apto a verificar a situação de gestante da mulher. Tal diretriz está de acordo com o Eixo 2 do referido programa, que prioriza a saúde das mulheres privadas de liberdade. Os juízes responsáveis pela realização das audiências de custódia, bem como aqueles perante os quais se processam ações penais em que há mulheres presas preventivamente, deverão proceder à análise do cabimento da prisão, à luz das diretrizes ora firmadas, de ofício." STF. 2ª Turma. HC 143641/SP. Rel. Min. Ricardo Lewandowski, julgado em 20.02.2018.

683. A **Lei nº 12.654** de **28.05.2012** modificou a **Lei nº 12.037/09** para prever a coleta de *perfil genético como forma de identificação criminal.* Nesses termos, a identificação criminal poderá incluir a coleta de **material biológico para a obtenção do perfil genético**. Nesses termos: *"Art. 5º-A. Os dados relacionados à coleta do perfil genético deverão ser armazenados em banco de dados de perfis genéticos, gerenciado por unidade oficial de perícia criminal. § 1º As informações genéticas contidas nos bancos de dados de perfis genéticos não poderão revelar traços somáticos ou comportamentais das pessoas, exceto determinação genética de gênero, consoante as normas constitucionais e internacionais sobre direitos humanos, genoma humano e dados genéticos. § 2º Os dados constantes dos bancos de dados de perfis genéticos terão caráter sigiloso, respondendo civil, penal e administrativamente aquele que permitir ou promover sua utilização para fins diversos dos previstos nesta Lei ou em decisão judicial. § 3º As informações obtidas a partir da coincidência de perfis genéticos deverão ser consignadas em laudo pericial firmado por perito oficial devidamente habilitado." "Art. 7º-A. A exclusão dos perfis genéticos dos bancos de dados ocorrerá no término do prazo estabelecido em lei para a prescrição do delito."*

684. Nos termos do **informativo 695** do STF: *"O acusado, embora preso, tem o direito de comparecer, de assistir e de presenciar, sob pena de nulidade absoluta, os atos processuais, notadamente aqueles que se produzem na fase de*

- Ninguém será preso senão em flagrante delito ou por ordem escrita e fundamentada de autoridade judiciária competente, salvo nos casos de transgressão militar ou crime propriamente militar, definidos em lei;[685]
- A prisão de qualquer pessoa e o local onde se encontre serão comunicados imediatamente ao juiz competente e à família do preso ou à pessoa por ele indicada;
- O preso será informado de seus direitos, entre os quais o de permanecer calado, sendo-lhe assegurada a assistência da família[686] e de advogado;

Essa norma constitucional, prevista no art.5, LXIII da CR/88, guarda equivalência com o *"aviso de Miranda"* do direito norte-americano. Conforme a doutrina:

> "É relevante, ademais, mencionar o chamado aviso de Miranda (advertência de Miranda, Miranda warning ou Miranda rights), originado do julgamento Miranda vs. Arizona, onde a Suprema Corte dos Estados Unidos (384 U.S 436, de 1966), pelo voto do juiz Earl Warren, absolveu o réu confesso Ernesto Miranda, acusado de estupro, sequestro e roubo, pois a polícia não havia lhe informado o direito de ser assistido por um advogado e de não produzir prova contra si. Desde então, toda pessoa presa nos EUA tem os seguintes direitos: (i) de permanecer calado; (ii) de ser alertado de que tudo o que disser poderá ser usado contra si; e (iii) à assistência de um advogado ou, na impossibilidade, um defensor público custeado pelo Estado. No Brasil, não há uma regra explícita a esse respeito, isto é, de os policiais dizerem referida frase; todavia, a Constituição da República, no art. 5º, LXIII, assim dispõe: o preso será informado de seus direitos, entre os quais o de permanecer calado, sendo-lhe assegurada a assistência da família e de advogado. Além do mais, serão consideradas ilícitas as provas obtidas a partir de declarações do preso sem prévia e formal advertência quanto ao direito ao silêncio (art. 157, CPP)."[687]

Nesses termos, conforme o STF, ofende o **princípio da não-autoincriminação** denúncia baseada unicamente em *confissão feita por pessoa ouvida na condição de testemunha*, quando não lhe tenha sido feita a advertência quanto ao direito de permanecer calada. Com base nesse entendimento, a 2ª Turma *do STF deu* provimento

---

instrução do processo penal. Ao reafirmar esse entendimento, a 2ª Turma concedeu habeas corpus para restabelecer decisão do tribunal de justiça paulista, que declarara a nulidade do processo desde a audiência de oitiva da vítima e das testemunhas de acusação. Na situação dos autos, conquanto tivesse sido requisitado pelo juiz, os pacientes, acautelados em comarca diversa, não foram apresentados à referida audiência, sobrevindo condenação". **HC 111.728/ SP** 2ª Turma do STF, julg. em **19.02.2013**.

685. Aqui lembramos a ressalva do **art. 136, § 3º, I, II, III** da CR/88. Além disso, devemos lembrar também da intitulada prisão civil que atualmente só poderá ser efetivada em virtude do inadimplemento voluntário e inescusável de obrigação alimentícia, não se admitindo mais em relação ao depositário infiel. Nesse sentido a **Súmula Vinculante 25**: "É ilícita a prisão civil de depositário infiel, qualquer que seja a modalidade do depósito".
686. É inviável a remoção de apenado para outro Estado com fundamento em suposto tratamento privilegiado. Apenas razões excepcionalíssimas e devidamente fundamentadas poderiam legitimar essa medida. STF. 2ª Turma. HC 152.720/DF, Rel. Min. Gilmar Mendes, julgado em 10.04.2018 (Info 897). O STJ também entende que "a transferência para distante localidade, com afastamento do preso de sua família, exige especial motivação." (STJ. 6ª Turma. RHC 93.825/RS, julgado em 17.04.2018).
687. COSTA, Klaus Negri; ARAÚJO, Fábio Roque. *Processo Penal didático*. Salvador: Juspodivm, 2018, p. 65-66. Ver também: *Dizer o Direito*, Informativo 944, junho de 2019.

a recurso ordinário em *"habeas corpus"* para reconhecer a inépcia da denúncia apresentada em desfavor do recorrente, que, ouvido na condição de testemunha em inquérito policial militar, confessara a prática do crime de furto simples (CPM, art. 240).[688]

Na sequência, certo é que, alguns Tribunais de Justiça (Estados de São Paulo, Minas Gerais, Santa Catarina e Rio Grande do Sul) possuíam entendimento no sentido de que este crime do art. 305 do CTB seria inconstitucional ou, pelo menos, inconvencional. Sob o fundamento de que ele violaria o direito à não autoincriminação. O direito à não autoincriminação, como já citado, é uma decorrência da ampla defesa, prevista no art. 5º, LV e LXIII da CR/88. Além disso, o Pacto de San José da Costa Rica (Convenção Americana de Direitos Humanos), que vigora em nosso ordenamento jurídico com caráter supralegal, estabelece em seu artigo 8º, inciso II, alínea "g", que "toda pessoa tem direito de não ser obrigada a depor contra si mesma, nem a declarar-se culpada.

Porém, para o STF, a regra que prevê o crime do art. 305 do Código de Trânsito Brasileiro (*Afastar-se o condutor do veículo do local do acidente, para fugir à responsabilidade penal ou civil que lhe possa ser atribuída:* Penas - detenção, de seis meses a um ano, ou multa) é constitucional, *posto não infirmar o princípio da não incriminação, garantido o direito ao silêncio e ressalvadas as hipóteses de exclusão da tipicidade e da antijuridicidade.*

Conforme o Pretório Excelso o art. 305 do CTB exige que o agente permaneça no local do acidente e se identifique perante a autoridade de trânsito. Mas o tipo penal *não obriga que o condutor assuma eventual responsabilidade cível ou penal.* Se o agente permanecer no local e negar que tenha culpa, não incide o crime do art. 305 do CTB.[689]

---

688. **RHC nº122.279** julg. em **12.08.2014**: *A Turma, ao reafirmar a jurisprudência do STF sobre a matéria, consignou que o direito do preso, e do acusado em geral, de permanecer em silêncio (CF, art. 5º, LXIII), seria expressão do princípio da não-autoincriminação, pelo qual se lhe outorgaria o direito de não produzir prova contra si mesmo. Asseverou, outrossim, que o direito à oportuna informação da faculdade de permanecer calado teria por escopo assegurar ao acusado a escolha entre permanecer em silêncio e a intervenção ativa. Não haveria dúvida, portanto, que a falta de advertência quanto ao direito ao silêncio tornaria ilícita a prova contra si produzida. Afirmou, ademais, que, embora o mencionado dispositivo constitucional **se referisse à pessoa presa**, a doutrina e a própria jurisprudência do Supremo, teriam **ampliado a aplicação daquela cláusula para estendê-la, também, às pessoas que estivessem soltas**.*

689. Informativo 923: *"O bem jurídico tutelado é a administração da justiça, prejudicada pela fuga do agente do local do evento, uma vez que tal atitude impede sua identificação e a consequente apuração do ilícito, para fins de se promover a responsabilização cível ou penal de quem, eventualmente, provocar um acidente de trânsito, dolosa ou culposamente. Essa diligência administrativa, aliás, transforma-se em meio de defesa do próprio acusado. A exigência de permanência no local do acidente e de identificação perante a autoridade de trânsito **não** obriga o condutor a assumir eventual responsabilidade cível ou penal pelo sinistro nem, tampouco, enseja que contra ele se aplique qualquer penalidade caso não o faça. O condutor, após sua identificação pela autoridade de trânsito, pode optar, quando indagado, por permanecer em silêncio e não prestar nenhum esclarecimento acerca das circunstâncias do acidente"*. Portanto, o *condutor, após sua identificação pela autoridade de trânsito, pode optar por permanecer em silêncio quanto à dinâmica do acidente e não prestar nenhum esclarecimento sobre como ocorreu o sinistro. Em suma, depois de se identificar, pode exercer seu direito ao silêncio, que não significará confissão nem poderá ser interpretado em prejuízo da defesa (art. 186, parágrafo único, do CPP). (...)* Temos ainda que: *"Vale ressaltar, por fim, que o abandono do local do acidente pode ser legitimado em caso de eventual risco de agressões que o condutor possa vir a sofrer por parte dos populares presentes ou*

Também já decidiu o STF, que é ***nula*** *a* ***"entrevista"*** *realizada pela autoridade policial com o investigado, durante a busca e apreensão em sua residência, sem que tenha sido assegurado ao investigado o direito à prévia consulta a seu advogado e sem que ele tenha sido comunicado sobre seu direito ao silêncio e de não produzir provas contra si mesmo. Trata-se de um* ***"interrogatório travestido de entrevista"***, *havendo violação do* ***direito ao silêncio*** *e à* ***não autoincriminação.***[690]

No caso, o relator ministro Gilmar Mendes, observou que, nas ADPFs 395 e 444, a Corte decidiu pela impossibilidade de se conduzir coercitivamente os suspeitos de prática de crimes com o intuito de serem interrogados. Entre o rol de direitos potencialmente atingidos pela conduta, destacou a violação do direito à não autoincriminação e ao silêncio.

Aduziu ainda que a contrariedade aos referidos direitos ocorreu com a realização de interrogatório travestido de entrevista, na medida em que utilizada técnica de interrogatório forçado, proibida a partir do julgamento das ADPFs 395 e 444. Observou o ministro que o reclamante foi interrogado em ambiente intimidatório que diminuiria o direito à não incriminação. Além disso, na entrevista formalmente documentada, não se oportunizou ao sujeito da diligência o direito à prévia consulta a advogado, tampouco certificou-se, no respectivo termo, o direito ao silêncio e à não produção de provas contra si mesmo, nos termos da legislação e dos aludidos precedentes.[691]

- O preso tem direito à identificação dos responsáveis por sua prisão ou por seu interrogatório policial;
- A prisão ilegal será imediatamente relaxada pela autoridade judiciária[692] e de forma correlata ninguém será levado à prisão ou nela mantido, quando a lei admitir a liberdade provisória[693], com ou sem fiança;

---

ainda caso ele esteja ferido e precise se deslocar imediatamente em busca de atendimento médico. Para o Min. Lewandowski, nos casos concretos em que houver perigo de vida do causador do evento caso permaneça no local do acidente, o juiz poderá aferir a exclusão da antijuridicidade da conduta, tal como a legítima defesa ou o estado de necessidade. STF. Plenário. **RE 971.959/RS**, Rel. Min. Luiz Fux, julg em **14.11.2018**." **ADC 35/DF**, red. p/ o ac. Min. Edson Fachin, julg. em **09.10.2020** (Inf. 994).

690. **Rcl 33711/SP**, STF. 2ª Turma. Rel. Min. Gilmar Mendes, julg em **11.06.2019.** No caso, o juiz autorizou a realização de busca e apreensão na residência do agente, investigado pela prática de determinados crimes. O Delegado e os agentes de polícia foram até o local para cumprir o mandado. Durante a diligência, o Delegado realizou uma "entrevista" com o agente, tendo sido feitas a ele algumas perguntas a respeito dos crimes que estavam sendo investigados. Essa "entrevista" foi documentada e utilizada, posteriormente, como elemento informativo para subsidiar a denúncia. A "**entrevista**" foi feita de modo informal e o agente não estava acompanhado de advogado.
691. Rcl 33711/SP, STF. 2ª Turma. Rel. Min. Gilmar Mendes, julgado em 11.06.2019 (Info 944).
692. Conforme o STF: "*Fuga posterior do réu do distrito da culpa. Fato irrelevante. Precedentes. Constrangimento ilegal caracterizado. HC concedido de ofício. (...)2. É ilegal o decreto de prisão preventiva que se funda na gravidade abstrata do delito e na consequente periculosidade presumida do réu. Ademais, em* ***situações excepcionalíssimas***, *é legitima a fuga do réu para impedir prisão preventiva que considere ilegal. Nesses termos: é legítima a fuga do réu para impedir prisão preventiva que considere ilegal, porque não lhe pesa ônus de se submeter a prisão cuja legalidade pretende contestar."* (HC 93.296, Rel. Min. Cezar Peluso, julg. em 20.04.2010, 2ª T) No mesmo sentido: HC 101.981, Rel. Min. Dias Toffoli, julg. em 17.08.2010, 1ª T do STF.
693. Em **10.05.2012** o Plenário do STF decidiu que a regra que *proibia a liberdade provisória para presos por tráfico de drogas é inconstitucional.* Essa declaração foi dada incidentalmente na decisão do **HC 104.339/SP**: *"Por votação majoritária, declarou a inconstitucionalidade da expressão "e liberdade provisória", constante do art. 44, caput, da Lei*

Aqui, é interessante salientar, que o STF em 20.08.2015, julgou improcedente pedido formulado na ADI 5240 em face do Provimento Conjunto 3/2015 da Presidência do Tribunal de Justiça e da Corregedoria-Geral de Justiça do Estado de São Paulo, que determinava a apresentação de pessoa detida, até 24 horas após a sua prisão, ao juiz competente, para participar de ***audiência de custódia*** no âmbito daquele tribunal. Portanto, o STF determinou que é constitucional a audiência de custodia adotada no âmbito do TJ/SP.

Conforme a doutrina, a **audiência de custódia** consiste no direito que a pessoa presa em flagrante possui de ser conduzida sem demora, à presença de uma autoridade judicial (do magistrado) que irá analisar se os direitos fundamentais dessa pessoa foram respeitados (o juiz poderá avaliar eventual ocorrência de tortura ou de maus-tratos, entre outras irregularidades), se a prisão em flagrante foi legal e se a prisão cautelar deve ser decretada ou se o preso poderá receber a liberdade provisória ou medida cautelar diversa da prisão.[694]

No caso em tela, o STF entendeu, que o Provimento Conjunto 3/2015 não inovaria na ordem jurídica, mas apenas explicitaria conteúdo normativo já existente em diversas normas do Código de Processo Penal (recepcionado pela Constituição Federal de 1988 como lei federal de conteúdo processual) e da Convenção Americana sobre Direitos do Homem – reconhecida pela jurisprudência do STF como norma de "*status*" jurídico *supralegal*. No caso da CADH (*Pacto de San Jose de Costa Rica*), afirmou o STF, que o art. 7º, item 5, da Convenção Americana de Direitos Humanos, ao dispor que "*toda pessoa presa, detida ou retida deve ser conduzida, sem demora, à presença de um juiz*", teria sustado os efeitos de toda a legislação ordinária conflitante com esse preceito convencional. Isso em decorrência do caráter supralegal que os tratados sobre direitos humanos possuiriam no ordenamento jurídico brasileiro, como ficara assentado pelo próprio STF, no julgamento do RE 349.703/RS (*DJe* de 05.06.2009). Também entendeu o Plenário do STF, que inexistiria violação ao princípio da separação dos poderes (art. 2º da CR/88), pois, não seria o ato normativo emanado do TJ/SP que criaria obrigações para os delegados de polícia, mas sim a citada Convenção Americana sobre Direitos do Homem e o CPP, os quais, teriam efeito imediato e geral, ninguém se escusando de cumpri-los.[695]

É interessante que em 09.09.2015, na decisão de medida cautelar na ADPF nº 347 (*estado de coisas inconstitucional*), o STF concedeu parcialmente cautelar para

---

11.343/2006. Asseverou-se, (...) *que essa vedação conflitaria com outros princípios também revestidos de dignidade constitucional, como a presunção de inocência e o devido processo legal. Demonstrou-se que esse empecilho apriorístico de concessão de liberdade provisória seria incompatível com estes postulados. Ocorre que a disposição do art. 44 da Lei 11.343/2006 retiraria do juiz competente a oportunidade de, no caso concreto, analisar os pressupostos de necessidade da custódia cautelar, a incorrer em antecipação de pena. Frisou-se que a inafiançabilidade do delito de tráfico de entorpecentes, estabelecida constitucionalmente, não significaria óbice à liberdade provisória, considerado o conflito do inciso XLIII com o LXVI, do art. 5º da CF."*

694. ADI 5240/SP Pleno do STF, julg. **20.08.2015**, Rel. Min. Luiz Fux. (Informativo 795 do STF)
695. ADI 5240/SP Pleno do STF, julg. **20.08.2015**, Rel. Min. Luiz Fux. (Informativo 795 do STF)

determinar que juízes e Tribunais de todo o país implementem, no prazo máximo de 90 dias, a audiência de custódia.

E nesse sentido, observamos, que o Conselho Nacional de Justiça editou em 15.12.2015 a Resolução nº 213, regulamentando a Audiência de Custódia em todo o território nacional a partir do dia 01 de fevereiro de 2016.[696]

---

696. Citamos aqui, alguns artigos da Resolução: *Art. 1º Determinar que toda pessoa presa em flagrante delito, independentemente da motivação ou natureza do ato, seja obrigatoriamente apresentada, em até 24 horas da comunicação do flagrante, à autoridade judicial competente, e ouvida sobre as circunstâncias em que se realizou sua prisão ou apreensão. § 1º A comunicação da prisão em flagrante à autoridade judicial, que se dará por meio do encaminhamento do auto de prisão em flagrante, de acordo com as rotinas previstas em cada Estado da Federação, não supre a apresentação pessoal determinada no caput. § 2º Entende-se por autoridade judicial competente aquela assim disposta pelas leis de organização judiciária locais, ou, salvo omissão, definida por ato normativo do Tribunal de Justiça,* Tribunal de Justiça Militar, Tribunal Regional Federal, Tribunal Regional Eleitoral ou do Superior Tribunal Militar que instituir as audiências de apresentação, incluído o juiz plantonista. *§ 3º No caso de prisão em flagrante delito da competência originária de Tribunal, a apresentação do preso poderá ser feita ao juiz que o Presidente do Tribunal ou Relator designar para esse fim. §4º Estando a pessoa presa acometida de grave enfermidade, ou havendo circunstância comprovadamente excepcional que a impossibilite de ser apresentada ao juiz no prazo do caput, deverá ser assegurada a realização da audiência no local em que ela se encontre e, nos casos em que o deslocamento se mostre inviável, deverá ser providenciada a condução para a audiência de custódia imediatamente após restabelecida sua condição de saúde ou de apresentação. § 5º O CNJ, ouvidos os órgãos jurisdicionais locais, editará ato complementar a esta Resolução, regulamentando, em caráter excepcional, os prazos para apresentação à autoridade judicial da pessoa presa em Municípios ou sedes regionais a serem especificados, em que o juiz competente ou plantonista esteja impossibilitado de cumprir o prazo estabelecido no caput. Art. 2º O deslocamento da pessoa presa em flagrante delito ao local da audiência e desse, eventualmente, para alguma unidade prisional específica, no caso de aplicação da prisão preventiva, será de responsabilidade da Secretaria de Administração Penitenciária ou da Secretaria de Segurança Pública, conforme os regramentos locais. Parágrafo único. Os tribunais poderão celebrar convênios de modo a viabilizar a realização da audiência de custódia fora da unidade judiciária correspondente. Art. 3º Se, por qualquer motivo, não houver juiz na comarca até o final do prazo do art. 1º, a pessoa presa será levada imediatamente ao substituto legal, observado, no que couber, o § 5º do art. 1º. Art. 4º A audiência de custódia será realizada na presença do Ministério Público e da Defensoria Pública, caso a pessoa detida não possua defensor constituído no momento da lavratura do flagrante. Parágrafo único. É vedada a presença dos agentes policiais responsáveis pela prisão ou pela investigação durante a audiência de custódia. Art. 8º Na audiência de custódia, a autoridade judicial entrevistará a pessoa presa em flagrante, devendo: I – esclarecer o que é a audiência de custódia, ressaltando as questões a serem analisadas pela autoridade judicial; II – assegurar que a pessoa presa não esteja algemada, salvo em casos de resistência e de fundado receio de fuga ou de perigo à integridade física própria ou alheia, devendo a excepcionalidade ser justificada por escrito; III – dar ciência sobre seu direito de permanecer em silêncio; IV – questionar se lhe foi dada ciência e efetiva oportunidade de exercício dos direitos constitucionais inerentes à sua condição, particularmente o direito de consultar-se com advogado ou defensor público, o de ser atendido por médico e o de comunicar-se com seus familiares; V – indagar sobre as circunstâncias de sua prisão ou apreensão; VI – perguntar sobre o tratamento recebido em todos os locais por onde passou antes da apresentação à audiência, questionando sobre a ocorrência de tortura e maus tratos e adotando as providências cabíveis; VII – verificar se houve a realização de exame de corpo de delito, determinando sua realização nos casos em que: a) não tiver sido realizado; b) os registros se mostrarem insuficientes; c) a alegação de tortura e maus tratos referir-se a momento posterior ao exame realizado; d) o exame tiver sido realizado na presença de agente policial, observando-se a Recomendação CNJ 49/2014 quanto à formulação de quesitos ao perito; VIII – abster-se de formular perguntas com finalidade de produzir prova para a investigação ou ação penal relativas aos fatos objeto do auto de prisão em flagrante; IX – adotar as providências a seu cargo para sanar possíveis irregularidades; X – averiguar, por perguntas e visualmente, hipóteses de gravidez, existência de filhos ou dependentes sob cuidados da pessoa presa em flagrante delito, histórico de doença grave, incluídos os transtornos mentais e a dependência química, para analisar o cabimento de encaminhamento assistencial e da concessão da liberdade provisória, sem ou com a imposição de medida cautelar. § 1º Após a oitiva da pessoa presa em flagrante delito, o juiz deferirá ao Ministério Público e à defesa técnica, nesta ordem, reperguntas compatíveis com a natureza do ato, devendo indeferir as perguntas relativas ao mérito dos fatos que possam constituir eventual imputação, permitindo-lhes, em seguida, requerer: I – o relaxamento da prisão em flagrante; II – a concessão da liberdade provisória sem ou com aplicação de medida cautelar diversa da prisão; III – a decretação de prisão preventiva; IV – a adoção de outras medidas necessárias à preservação*

Portanto, resta claro, em recente decisão do STF, que a audiência de custódia (ou de apresentação) constitui direito público subjetivo, de caráter fundamental, assegurado por convenções internacionais de direitos humanos a que o Estado brasileiro aderiu, já incorporadas ao direito positivo interno (Convenção Americana de Direitos Humanos e Pacto Internacional sobre Direitos Civis e Políticos). Traduz prerrogativa não suprimível assegurada a qualquer pessoa. Sua imprescindibilidade tem o beneplácito do magistério jurisprudencial (ADPF 347 MC) e do ordenamento positivo doméstico (Lei nº 13.964/2019 e Resolução 213/2015 do CNJ).[697]

E o que acontece se, injustificadamente, não for realizada a audiência de custódia? Pois bem, conforme o STF, a ausência da realização da audiência de custódia qualifica-se como causa geradora da ilegalidade da própria prisão em flagrante, com o consequente relaxamento da privação cautelar da liberdade.[698]

Aqui ressaltamos, a recente alteração do art. 310 do CPP, pelo pacote Pacote Anticrime (Lei nº 13964/2019), que deixa clara a indispensabilidade da realização da audiência de custódia. Nesse sentido, deixou estabelece o art. 310 do CPP que: "*Após receber o auto de prisão em flagrante, no prazo máximo de até 24 (vinte e quatro) horas após a realização da prisão, o juiz deverá promover audiência de custódia com a presença do acusado, seu advogado constituído ou membro da Defensoria Pública e o membro do Ministério Público, e, nessa audiência, o juiz deverá, fundamentadamente*".

Nesses termos, se o magistrado deixar de realizar a audiência de custódia e não apresentar uma motivação idônea para essa conduta, ele estará sujeito à tríplice responsabilidade, nos termos do art. 310, § 3º do Código de Processo Penal.

Ainda é importante salientar, que atualmente, não mais é possível a decretação "ex officio" de prisão preventiva em qualquer situação (em juízo ou no curso de investigação penal), inclusive no contexto de audiência de custódia, sem que haja, mesmo na hipótese da conversão a que se refere o art. 310, II, do CPP, prévia, necessária e indispensável provocação do Ministério Público ou da autoridade policial. Nesses termos, a Lei nº 13.964/2019, ao suprimir a expressão "de ofício" que

---

de direitos da pessoa presa. § 2º A oitiva da pessoa presa será registrada, preferencialmente, em mídia, dispensando-se a formalização de termo de manifestação da pessoa presa ou do conteúdo das postulações das partes, e ficará arquivada na unidade responsável pela audiência de custódia. § 3º A ata da audiência conterá, apenas e resumidamente, a deliberação fundamentada do magistrado quanto à legalidade e manutenção da prisão, cabimento de liberdade provisória sem ou com a imposição de medidas cautelares diversas da prisão, considerando-se o pedido de cada parte, como também as providências tomadas, em caso da constatação de indícios de tortura e maus tratos. § 4º Concluída a audiência de custódia, cópia da sua ata será entregue à pessoa presa em flagrante delito, ao Defensor e ao Ministério Público, tomando-se a ciência de todos, e apenas o auto de prisão em flagrante, com antecedentes e cópia da ata, seguirá para livre distribuição. §5º Proferida a decisão que resultar no relaxamento da prisão em flagrante, na concessão da liberdade provisória sem ou com a imposição de medida cautelar alternativa à prisão, ou quando determinado o imediato arquivamento do inquérito, a pessoa presa em flagrante delito será prontamente colocada em liberdade, mediante a expedição de alvará de soltura, e será informada sobre seus direitos e obrigações, salvo se por outro motivo tenha que continuar presa.

697. **HC 188888/MG**, Rel. Min. Celso de Mello, julgado em **06.10.2020** (Inf. 994).
698. **HC 188888/MG**, Rel. Min. Celso de Mello, julgado em **06.10.2020** (Inf. 994).

constava do art. 282, § 2º, e do art. 311, ambos do Código de Processo Penal, vedou, de forma absoluta, a decretação da prisão preventiva sem o prévio requerimento das partes ou representação da autoridade policial.[699]

Por último, ainda sobre a *audiência de custódia*, afirmou recentemente a 1ª Turma do STF que a decisão que, na audiência de custódia, determina o relaxamento da prisão em flagrante sob o argumento de que a conduta praticada é atípica ***não faz coisa julgada***. Assim, esta decisão não vincula o titular da ação penal, que poderá oferecer acusação contra o indivíduo narrando os mesmos fatos e o juiz poderá receber essa denúncia.[700]

10.4. Juiz das Garantias e o Pacote anticrime da Lei nº13.964 de 24.12.2019

Com o advento da Lei nº 13.964 de 24.12.2019 em nosso ordenamento jurídico temos a instituição do ***juiz de garantias***.[701]

O juiz das garantias é instituto que corrobora com os mais avançados parâmetros internacionais relativos às garantias do processo penal, tanto que diversos países já o adotam, não sendo uma novidade no cenário do direito comparado.

Nesse sentido, passará a existir uma divisão de competência funcional entre os juízes na seara criminal, como já ocorre em vários países do mundo. Um juiz ***atuará durante a fase de investigação no controle da legalidade e da garantia dos direitos fundamentais*** e outro, durante ***a instrução do processo e em seu julgamento,*** embora ambos sejam juízes independentes e com todas as garantias da magistratura, previstas no art. 95 da CR/88.[702]

Como ressaltado pela doutrina e também pelo ministro Roberto Barroso na ADI 5104-MC, a Constituição de 1988 fez uma opção inequívoca pelo *sistema penal acusatório*. Disso decorre uma separação rígida entre, de um lado, as tarefas de investigar e acusar e, de outro, a função propriamente jurisdicional. Além de preservar a imparcialidade do Judiciário, essa separação promove a paridade de armas entre acusação e defesa, em harmonia com os princípios da isonomia e do devido processo legal.[703]

699. **HC 188888/MG**, Rel. Min. Celso de Mello, julgado em **06.10.2020** (Inf. 994). Aqui sobre a prisão preventiva no pacote anticrime, já decidiu o STF que: *A inobservância do prazo nonagesimal do art. 316 do Código de Processo Penal não implica automática revogação da prisão preventiva, devendo o juízo competente ser instado a reavaliar a legalidade e a atualidade de seus fundamentos.* **SL 1395 MC** Ref/SP, STF. Plenário. Rel. Min. Luiz Fux, julgado em **14** e **15.10.2020** (Inf. 995).
700. **HC 157.306/SP**, STF. 1ª Turma. Rel. Min. Luiz Fux, julgado em **25.09.2018** (Info 917).
701. Sobre o Pacote Anticrime, Ver: SANTOS, Marcos Paulo Dutra. *Comentários ao Pacote Anticrime*, Ed. Método, 2020.
702. ADI 6298-MC; 6299-MC e 6300-MC, Decisão Monocrática do Ministro Dias Toffoli em 15.01.2020.
703. ADI 6298-MC; 6299-MC e 6300-MC, Decisão Monocrática do Ministro Dias Toffoli em 15.01.2020.

Dentro dessa lógica, a atuação do Judiciário na fase pré-processual objetiva exatamente proteger as garantias fundamentais dos investigados ou acusados. Conforme salienta o ministro Dias Tofolli, sob a ordem constitucional vigente, interessa ao Estado, na mesma medida, a absolvição do inocente e a condenação do culpado, sendo essa uma das dimensões da imparcialidade no processo penal. E nesses termos:

> A imparcialidade dos órgãos jurisdicionais afigura-se, segundo Aury Lopes Jr. e Ruiz Ritter, "um 'princípio supremo do processo' e, como tal, imprescindível para o seu normal desenvolvimento e final julgamento da pretensão acusatória e do caso penal". Segundo evidenciam os referidos autores, "a posição do juiz funda um processo acusatório e democrático ou inquisitório e autoritário. Mexer na posição do juiz pode significar uma mudança completa da estrutura processual (...)" (A imprescindibilidade do juiz das garantias para uma jurisdição penal imparcial: reflexões a partir da teoria da dissonância cognitiva. Revista Duc In Altum Cadernos de Direito, v. 8, n. 16, p. 57, set.-dez. 2016). É essa, portanto, a conformação constitucional de nosso sistema de persecução penal: um sistema acusatório no qual é central a salvaguarda dos direitos fundamentais do acusado - uma decorrência do forte componente ético da Constituição de 1988.[704]

Portanto, a instituição do "juiz das garantias" pela Lei nº 13.964/2019 veio a reforçar o modelo de processo penal preconizado pela Constituição de 1988. Tal medida constitui um avanço sem precedentes em nosso processo penal, o qual tem, paulatinamente, caminhado para um reforço do modelo acusatório. Nesses termos:

> A nova ordem passou a exigir que o processo não fosse mais conduzido, prioritariamente, como mero veículo de aplicação da sanção penal, mas, além e mais que isso, que se transformasse em um instrumento de garantias do indivíduo em face do Estado"[705]

Por isso mesmo, a atuação do Judiciário na fase pré-processual objetiva exatamente proteger as garantias fundamentais dos investigados ou acusados. Conforme Aury Lopes Jr:

> "O juiz passa a assumir uma relevante função de garantidor, que não pode ficar inerte ante violações ou ameaças de lesão aos direitos fundamentais constitucionalmente consagrados, como no superado modelo positivista. O juiz assume uma nova posição no Estado Democrático de Direito e a legitimidade de sua atuação não é política, mas constitucional, consubstanciada na função de proteção dos direitos fundamentais de todos e de cada um. Essa é a posição que o juiz deve adotar quando chamado a atuar no inquérito policial: como garante dos direitos fundamentais do sujeito passivo".[706]

704. ADI 6298-MC; 6299-MC e 6300-MC, Decisão Monocrática do Ministro Dias Toffoli em 15.01.2020. *Direito Processual Penal*. 9. edição. São Paulo: Saraiva, 2012. p. 293.
705. PACCELI, Eugenio. *Curso de Processo Penal*. 17. edição. São Paulo: Atlas, 2013. p. 8-9.
706. JUNIOR, Aury Lopes. *Direito Processual Penal*. 9. edição. São Paulo: Saraiva, 2012. p. 293. Ver também: ADI 6298-MC; 6299-MC e 6300-MC, Decisão Monocrática do Min. Dias Toffoli em 15.01.2020.

Nesses termos, a designação de um magistrado para atuar especificamente na fase pré-processual busca atender a dois objetivos "o aprimoramento da atuação jurisdicional criminal própria desta fase e a minimização da contaminação subjetiva do juiz responsável pelo julgamento do processo, inerente ao contato (necessário) do magistrado com os elementos informativos colhidos na investigação criminal".[707]

Para o Ministro Toffoli, o sistema instituído pela Lei nº 13.964/2019 avança em relação às centrais ou aos departamentos de inquérito (já existentes em alguns Estados como São Paulo[708]), visto que, além de dispor sobre o recebimento da denúncia pelo juiz das garantias, determina o impedimento do magistrado que exercer essa função de participar da instrução e do julgamento da ação penal, minimizando, de forma mais efetiva, os fatores de contaminação subjetiva do julgador do processo e reforçando sua imparcialidade.[709]

Em verdade, conforme salientou Dias Toffoli, muitas das críticas formuladas ao juiz das garantias são relativas ao plano prático, e não propriamente aos planos legal e constitucional. Para o Ministro:

> (...) a efetiva implementação do juiz das garantias não demanda necessariamente a criação de novos cargos, não incrementa o volume de trabalho do Judiciário, não gera nova demanda. Não se criou uma nova atividade dentro da estrutura do Poder Judiciário. A supervisão judicial da legalidade dos atos praticados nas investigações criminais e a proteção dos direitos fundamentais dos investigados são atividades já realizadas pelos juízes criminais do país. Faz-se necessário redistribuir o trabalho que antes competia ao mesmo juízo/juiz. Trata-se de questão que passa mais por gestão judiciária e menos por criação ou provimento de cargos. O que ocorrerá, na prática, é uma adequação da estrutura já existente em todo o país para que as funções de juiz de garantias e de juiz responsável pela instrução e pelo julgamento não recaiam mais sobre a mesma pessoa, garantindo-se a efetividade da norma de impedimento contida no caput do art. 3º-D. Ademais, segundo consta do Relatório do Conselho Nacional de Justiça referido acima, 59% das comarcas e subseções judiciárias do país atuam como juízos únicos – ou seja, como varas com competência genérica, cabendo-lhes também julgar e processar feitos criminais. No entanto, em 2018,

---

707. ADI 6298-MC; 6299-MC e 6300-MC, Decisão Monocrática do Ministro Dias Toffoli em 15.01.2020. MACHADO, André Maya. *O juizado de garantias como fator determinante à estruturação democrática da jurisdição criminal: o contributo das reformas processuais penais latino-americanas à reforma processual penal brasileira.* Revista Novos Estudos Jurídicos - Eletrônica, v. 23, n. 1, p. 74, jan-abr 2018.

708. Na capital paulista, funciona, há décadas, o Departamento de Inquéritos Policiais (DIPO), o qual, nos termos do Provimento nº 167/1984, concentra "[t]odos os atos relativos aos inquéritos policiais e seus incidentes, bem como os pedidos de habeas corpus" (art. 2º). Portanto, em São Paulo já ocorre a cisão de competência determinada pela lei questionada, ficando a atividade de supervisão dos atos de investigação a cargo de juízes especialmente designados para tanto, atuantes no Departamento de Inquéritos Policiais. O fato de os juízes do DIPO não serem competentes para o recebimento da denúncia não desnatura sua função, na essência, de juiz das garantias. Relatório do Conselho Nacional de Justiça acerca da estrutura e da localização das unidades judiciárias com competência criminal identificou sete tribunais de justiça com centrais ou departamentos de inquéritos policiais, dentre os quais se inclui o do Estado de São Paulo.

709. ADI 6298-MC; 6299-MC e 6300-MC, Decisão Monocrática do Ministro Dias Toffoli em 15.01.2020.

apenas 19% delas atuou com um único juiz durante todo o ano de 2018, sem qualquer sistema de substituição (foram descontados os períodos de atividade inferiores a 60 dias, a fim de evitar o cômputo das substituições automáticas que ocorrem em razão de férias). Ou seja, em 81% das unidades judiciárias, registrou-se a atuação, no decorrer de 2018, de dois ou mais juízes. Além disso, o relatório também demonstrou que essas comarcas de juízo único recebem 10% dos processos criminais e 13% dos procedimentos investigatórios de todo país.

Assim sendo, resta então que nos termos da Lei nº 13.964/2019, o processo penal terá estrutura acusatória[710], vedadas a iniciativa do juiz na fase de investigação e a substituição da atuação probatória do órgão de acusação.

Conforme a recente Lei nº 13.964/2019, o ***juiz das garantias*** é responsável pelo controle da legalidade da investigação criminal e pela salvaguarda dos direitos individuais cuja franquia tenha sido reservada à autorização prévia do Poder Judiciário, competindo-lhe especialmente: I - receber a comunicação imediata da prisão, nos termos do inciso LXII do **caput** do art. 5º da Constituição Federal; II - receber o auto da prisão em flagrante para o controle da legalidade da prisão, observado o disposto no art. 310 do Código de Processo Penal; III - zelar pela observância dos direitos do preso, podendo determinar que este seja conduzido à sua presença, a qualquer tempo; IV - ser informado sobre a instauração de qualquer investigação criminal; V - decidir sobre o requerimento de prisão provisória ou outra medida cautelar, observado o disposto no § 1º deste artigo; VI - prorrogar a prisão provisória ou outra medida cautelar, bem como substituí-las ou revogá-las, assegurado, no primeiro caso, o exercício do contraditório em audiência pública e oral, na forma do disposto neste Código ou em legislação especial pertinente; VII - decidir sobre o requerimento de produção antecipada de provas consideradas urgentes e não repetíveis, assegurados o contraditório e a ampla defesa em audiência pública e oral; VIII - prorrogar o prazo de duração do inquérito, estando o investigado preso, em vista das razões apresentadas pela autoridade policial e observado o disposto no § 2º do artigo 3- B da Lei nº 13.964/2019; IX - determinar o trancamento do inquérito policial quando não houver fundamento razoável para sua instauração ou prosseguimento; X - requisitar documentos, laudos e informações ao delegado de polícia sobre o andamento da investigação; XI - decidir sobre os requerimentos de: a) interceptação telefônica, do fluxo de comunicações em sistemas de informática e telemática ou de outras formas de comunicação; b) afastamento dos sigilos fiscal, bancário, de dados e telefônico; c) busca e apreensão domiciliar; d) acesso a informações sigilosas; e) outros meios de obtenção da prova que restrinjam

710. Outra inovação importante e em direção ao ***sistema acusatório*** foi trazida no texto do ***artigo 311 do Código de Processo Penal***, que passou a ter a seguinte redação: "***Em qualquer fase da investigação policial ou do processo penal, caberá a prisão preventiva decretada pelo juiz, a requerimento do Ministério Público, do querelante ou do assistente, ou por representação da autoridade policial***". Ou seja, o magistrado que ***antes podia decretar de ofício a prisão preventiva***, agora, com a nova redação dada pela Lei 13.964/2019, *apenas poderá decretar se esta for requerida pelo Ministério Público, querelante ou assistente, ou ainda, através de representação da autoridade policial competente*.

direitos fundamentais do investigado; XII - julgar o **habeas corpus** impetrado antes do oferecimento da denúncia; XIII - determinar a instauração de incidente de insanidade mental; IV - decidir sobre o recebimento da denúncia ou queixa, nos termos do art. 399 do Código de Processo Penal; XV - assegurar prontamente, quando se fizer necessário, o direito outorgado ao investigado e ao seu defensor de acesso a todos os elementos informativos e provas produzidos no âmbito da investigação criminal, salvo no que concerne, estritamente, às diligências em andamento; XVI - deferir pedido de admissão de assistente técnico para acompanhar a produção da perícia; XVII - decidir sobre a homologação de acordo de não persecução penal ou os de colaboração premiada, quando formalizados durante a investigação; XVIII - outras matérias inerentes às atribuições definidas no **caput** do art. 3º-B da Lei nº 13.964/2019.

Nos termos do § 2º do art. 3º-B da Lei nº 13.964/2019 se o investigado estiver preso, o juiz das garantias poderá, mediante representação da autoridade policial e ouvido o Ministério Público, prorrogar, uma única vez, a duração do inquérito por até 15 (quinze) dias, após o que, se ainda assim a investigação não for concluída, a prisão será imediatamente relaxada.

É importante salientar ainda que nos termos do art. 3º-C da Lei nº 13.964/2019 a competência do juiz das garantias abrange todas as infrações penais, exceto as de menor potencial ofensivo, e cessa com o recebimento da denúncia ou queixa na forma do art. 399 do Código Processo Penal.

Nesses termos, recebida a denúncia ou queixa, as questões pendentes serão decididas pelo juiz da instrução e julgamento.

As decisões proferidas pelo juiz das garantias não vinculam o juiz da instrução e julgamento, que, após o recebimento da denúncia ou queixa, deverá reexaminar a necessidade das medidas cautelares em curso, no prazo máximo de 10 (dez) dias.

Os autos que compõem as matérias de competência do juiz das garantias ficarão acautelados na secretaria desse juízo, à disposição do Ministério Público e da defesa, e não serão apensados aos autos do processo enviados ao juiz da instrução e julgamento, ressalvados os documentos relativos às provas irrepetíveis, medidas de obtenção de provas ou de antecipação de provas, que deverão ser remetidos para apensamento em apartado.

É importante salientar que fica assegurado às partes o amplo acesso aos autos acautelados na secretaria do juízo das garantias.

Conforme a Lei nº 13.964/2019, o juiz que, na fase de investigação, praticar qualquer ato incluído nas competências dos arts. 4º e 5º do Código de Processo Penal ficará impedido de funcionar no processo.

Temos ainda, que nas comarcas em que funcionar apenas um juiz, os tribunais criarão um sistema de rodízio de magistrados, a fim de atender às disposições do capítulo sobre o juiz das garantias presente no CPP (arts. 3º-A ao art. 3º-F) nos termos da Lei 13.964/2019.

Além disso, o juiz das garantias será designado conforme as normas de organização judiciária da União, dos Estados e do Distrito Federal, observando critérios objetivos a serem periodicamente divulgados pelo respectivo tribunal.

Por último, a nova Lei determina que o juiz das garantias deverá assegurar o cumprimento das regras para o tratamento dos presos, impedindo o acordo ou ajuste de qualquer autoridade com órgãos da imprensa para explorar a imagem da pessoa submetida à prisão, sob pena de responsabilidade civil, administrativa e penal.[711]

O Interessante é que a Lei nº 13.964/2019 que instituiu o juiz das garantias, nos termos do seu art. 20 determinou a sua entrada em vigor no dia 23 de janeiro de 2020. Tempo a nosso ver extremamente exíguo para tal viabilização em termos razoáveis.

Nesses termos, foram ajuizadas as ADIs 6298, 6299 e 6300 e posteriormente a ADI 6305 contra a normativa que instituiu o juiz das garantias em nossa sistemática do Processo Penal. No conjunto de ações, alega-se, em síntese, o seguinte:

> 1) Inconstitucionalidade formal da norma, por dispor não somente sobre normas gerais de processo penal, mas também sobre procedimento em matéria processual, matéria de competência legislativa concorrente entre os Estados e a União, no contexto da qual cabe à União editar tão somente normas de caráter geral (art. 24, XI e § 1º, da Constituição Federal); 2) Inconstitucionalidade formal por ofensa à competência dos tribunais para a criação de órgãos do Poder Judiciário (art. 96, I, "d"; e II, "b" e "d"; e art. 110 da CF/88), bem como à competência dos estados para organizarem sua própria justiça e à competência dos tribunais de justiça para iniciarem a lei de sua organização judiciária (art. 125, § 1º, da CF/88). Nesse sentido, a AMB e a AJUFE aduzem que os arts. 3º-A a 3º-F, por não tratarem, "(...) de alteração de competência dos Juízos criminais existentes, mas de instituição de um novo Juízo (o das Garantias) de forma imediata, sem prever a efetiva criação e instituição por meio das leis de organização judiciária no âmbito da União e dos Estados -- estão violando os dispositivos da CF referidos" (ADI nº 6.298); 3) Ofensa ao pacto federativo, visto que as alterações introduzidas pela nova lei "promovem mudanças que não se enquadram propriamente como processuais, na medida em que revestida[s] de caráter eminentemente estrutural, comprometendo a organização judiciária em todos os entes federados"; 4) Ofensa ao princípio do juiz natural (art. 5º, inciso LIII), visto que a norma questionada "criou uma instância interna dentro do primeiro grau, um segundo juiz natural, por meio de lei ordinária" (ADI nº 6.298); 5) Ofensa ao princípio da isonomia (art. 5º, *caput*, da CF/88), decorrente

711. Parágrafo único do art.3-F do CPP: *Por meio de regulamento, as autoridades deverão disciplinar, em 180 (cento e oitenta) dias, o modo pelo qual as informações sobre a realização da prisão e a identidade do preso serão, de modo padronizado e respeitada a programação normativa aludida no* ***caput*** *deste artigo, transmitidas à imprensa, assegurados a efetividade da persecução penal, o direito à informação e a dignidade da pessoa submetida à prisão.*'"(incluído pela Lei nº13964 de 2019)

do fato de que a figura do juiz das garantias foi criada apenas para a primeira instância, e não para os tribunais, diante da ausência de alteração da Lei nº 8.038/90, que institui normas procedimentais para os processos nos tribunais, gerando assimetria entre o primeiro grau e os julgamentos de competência originária dos tribunais; 6) Violação dos princípios da razoável duração do processo e da segurança jurídica, uma vez que a persecução penal seria dificultada pela aplicação da norma. Nesse sentido, aduz-se que "o juiz responsável pela instrução não acompanhará o desenvolvimento das investigações, ficando totalmente alheio aos acontecimentos empreendidos pela autoridade policial e pelo Ministério Público, o que poderá ocasionar um julgamento mais tardio, tendo em vista que o magistrado precisará de mais tempo para firmar sua convicção" (ADI nº 6.299); 7) Violação do art. 169, § 1º, da CF/88, ao argumento de que a instituição do juiz das garantias implicaria, necessariamente, aumento de despesas, sem correspondente previsão orçamentária; 8) Ausência de demonstração da estimativa do impacto financeiro e orçamentário da medida, em ofensa ao art. 113 do Ato das Disposições Constitucionais Transitórias; 9) Embaraço ao combate de ilícitos, pois, segundo se alega, a adaptação à lei "ensejará inúmeros habeas corpus, recursos e incidentes processuais nas ações criminais, que poderão significar, na prática, maior risco de impunidade, na contramão do espírito do 'pacote anticrime'" (ADI nº 6.300); 10) Necessidade de interpretação conforme à Constituição do art. 3º-D, no sentido de que o impedimento referido na norma seja aplicado ao juiz das garantias propriamente dito, "(...) vale dizer, aquele que, a partir da vigência da Lei n. 13.964/2019, passou a ser (a) o responsável pelo controle da legalidade da investigação criminal e pela salvaguarda dos direitos individuais, referido no art. 3º-B, (b) o detentor das competências previstas no art. 3º-C, que cessam com o recebimento da denúncia ou queixa e, (d) que tiver sido designado para exercer essa jurisdição especial, conforme previsto no art. 3º-E" (ADI nº 6.298). Isso porque, segundo alegam, a "aplicação ao Juiz que funcionou na fase de investigação, sem que fosse ainda o 'Juiz das Garantias' implicará a aplicação retroativa da lei de processo penal, que a jurisprudência dessa Corte recusa", além de violar o princípio do juiz natural (art. 5º, inciso LIII, da Constituição Federal), "uma vez que o impedimento previsto para alcançar o novo 'juiz natural das garantias' -- se isso for possível --passará a alcançar o Juiz Criminal que era o único 'juiz natural' da investigação havida" (ADI nº 6.298); 11) Quanto ao art. 157, § 5º, alega-se que o dispositivo, ao criar uma nova hipótese de impedimento judicial, afastando o juiz da instrução do processo, viola o princípio da identidade física do juiz, podendo acarretar prejuízo à ampla defesa do acusado. Assevera-se que "a medida pode ter o condão de prejudicar o próprio jurisdicionado réu em seu direito à ampla defesa, uma vez que o distanciamento entre a prova e o magistrado sentenciante prejudica a formação de um quadro probatório coeso e harmônico, colocando em xeque um dos escopos do processo penal, que é a busca da verdade material" (ADI nº 6.299); 12) A insuficiência do prazo de vacatio legis de 30 dias, conferido pelo art. 20 da Lei nº 13.964/2019, para o início da eficácia do juízo das garantias, visto que o Poder Judiciário brasileiro não possuiria estrutura suficiente para a implementação e o funcionamento regular do novo instituto até o próximo dia 23 de janeiro, quando encerrará o prazo legal. Argumentam os autores que há periculum in mora, em razão da iminência do esgotamento do prazo fixado no art. 20 da Lei nº 13.964/2019, bem como da insegurança jurídica decorrente da necessidade de tempo para que os órgãos se adaptem à nova disciplina legal.

Pois bem, o Ministro Dias Toffoli decidiu em **15.01.2020** ante a urgência de análise liminar, tendo em vista a entrada em vigor da Lei nº 13.964/19 no dia 23 de janeiro de 2020 (art. 20 da lei), conceder parcialmente a medida cautelar pleiteada, *ad referendum* do Plenário, para:

> (i) suspender-se a eficácia dos arts. 3º-D, parágrafo único, e 157, § 5º, do Código de Processo Penal, incluídos pela Lei nº 13.964/19; (ii) suspender-se a eficácia dos arts. 3º-B, 3º-C, 3º-D, caput, 3º-E e 3º-F do CPP, inseridos pela Lei nº 13.964/2019, até a efetiva implementação do juiz das garantias pelos tribunais, o que deverá ocorrer ***no prazo máximo de 180 (cento e oitenta) dias, contados a partir da publicação desta decisão***; (iii) conferir-se interpretação conforme às normas relativas ao juiz das garantias (arts. 3º-B a 3º-F do CPP), para esclarecer que não se aplicam às seguintes situações: (a) ***processos de competência originária dos tribunais, os quais são regidos pela Lei nº 8.038/1990***; (b) ***processos de competência do Tribunal do Júri***; (c) ***casos de violência doméstica e familiar***; e (d) ***processos criminais de competência da Justiça Eleitoral***. (iv) fixarem-se as seguintes regras de transição: (a) no tocante às ações penais que já tiverem sido instauradas no momento da efetiva implementação do juiz das garantias pelos tribunais (ou quando esgotado o prazo máximo de 180 dias), ***a eficácia da lei não acarretará qualquer modificação do juízo competente***. O fato de ***o juiz da causa ter atuado na fase investigativa não implicará seu automático impedimento***; (b) ***quanto às investigações que estiverem em curso no momento da efetiva implementação do juiz das garantias pelos tribunais (ou quando esgotado o prazo máximo de 180 dias), o juiz da investigação tornar-se-á o juiz das garantias do caso específico***. Nessa hipótese, ***cessada a competência do juiz das garantias, com o recebimento da denúncia ou queixa, o processo será enviado ao juiz competente para a instrução e o julgamento da causa***. (grifos nossos)

Porém, posteriormente a essa decisão, no exercício da Presidência do Supremo Tribunal Federal, o ministro Luiz Fux, vice-presidente da corte e relator das ADIs, decidiu em **22.01.2020** ***suspender a criação do juiz das garantias por tempo indeterminado***. A decisão revogou liminar concedida pelo Presidente da corte, ministro Dias Toffoli, que já havia suspendido a mudança pelo prazo 180 dias (conforme citamos acima). A decisão do ministro Fux é válida até que o Plenário analise a questão.[712]

O ministro Fux considerou que o juiz de garantias deve ser suspenso por duas razões. Segundo o ministro: a) a proposta de lei deveria ter partido do Poder Judiciário, já que afeta o funcionamento da justiça no país; b) a lei foi aprovada sem a previsão do impacto orçamentário dessa implementação de dois juízes por processo.[713]

712. Aqui registramos que o vice-presidente do Supremo Tribunal Federal, ministro Luiz Fux, marcou para os dias 16 e 30 de março as audiências públicas para debater a criação do juiz das garantias, o acordo de não-persecução penal e procedimentos de arquivamento de investigações criminais.

713. Para o ministro em sua decisão, a figura poderia levar a Justiça ao "colapso". "Multiplicando esse mesmo exemplo às milhares de varas criminais do país, propagar-se-ia uma desorganização dos serviços judiciários em efeito cascata de caráter exponencial, gerando risco de a operação da justiça criminal brasileira entrar em colapso." Afirmou que: "Em vez de se produzir uma política pública integrativa com a participação dos entes interessados, promove-se uma mudança estrutural no Poder Judiciário por meio da aprovação de uma regra de impedimento

Como reflexão final, temos que o juiz das garantias traz consigo no debate doutrinário alguns pontos positivos e negativos, que discutiremos a seguir.

- O principal argumento a favor, e talvez o mais importante, é de que o juiz das garantias aproxima o sistema acusatório (ou implementa) do Código de Processo Penal brasileiro, que, ao nosso ver, ainda possui resquícios do sistema inquisitório. Fica claro, com o disposto no art. 3-A, que o processo penal será regido pelo sistema acusatório e o juiz das garantias permite essa estrutura na medida em que segrega o juiz que irá controlar a legalidade da investigação criminal, daquele que irá instruir e julgar o processo.
- Se por um lado temos o principal argumento favorável acima descrito, por outro temos uma crítica quanto à dificuldade logística do juiz das garantias e a insuficiente estrutura do Poder Judiciário, uma vez que o número de magistrados no Brasil já não é suficiente para as demandas atuais.
- Como já citado na obra, o parágrafo único do art. 3º-D dispõe que *"nas comarcas em que funcionar apenas um juiz, os tribunais criarão um sistema de rodízio de magistrados, a fim de atender às disposições deste Capítulo"*. Aqui o juiz das garantias pode deixar de ser viável na medida em que se tem muitas comarcas com apenas um magistrado, o que dificultaria a administração de um sistema de rodízio. Nesse sentido, o que seria para salvaguardar direitos acaba indo em sentido contrário, já que os inquéritos não chegarão a termo em prazo razoável, tendo em vista que, uma vez provocado pelas autoridades policiais ou pelo Ministério Público, não haverá juiz das garantias suficiente para atender as demandas. Para aqueles que defendem o juiz das garantias, uma das soluções para o problema apresentado seria a implementação eletrônica da investigação e do processo em todas as comarcas. Com a implantação de novas tecnologias na seara penal, menos morosos serão os procedimentos e os processos e, consequentemente, juízes de outras comarcas poderão exercer o papel de juízes das garantias daquelas comarcas em que há apenas um magistrado. Nesse diapasão, além da resolução do problema logístico, não há de se falar em impactos nas despesas do Poder Judiciário, tendo em vista que não seria necessário a criação de cargos de juízes voltados para esse fim.
- Outro ponto positivo levantado é o da contribuição do juiz das garantias no que tange a imparcialidade do juiz de instrução e julgamento, já que o juiz da instrução não terá contato com aquilo que fora realizado durante a fase investigatória. Quanto a isso, em outro giro, apontam alguns críticos, a nosso ver de forma inconsistente, que o contato do julgador com a fase

processual, a qual, embora de efeitos aparentemente sutis, encontra-se apta a gerar a completa desorganização do sistema de justiça criminal." STF, Decisão Monocrática em **22.01.2020**.

de investigação não compromete sua imparcialidade. E vão além, para eles a falta de contato com o momento da colheita das provas é que compromete sua própria capacidade de compreender os fatos, o que acarretaria em uma ineficiência no judiciário (ou seja: aumentaria o risco de decisões inadequadas).

10.5. Tribunal do Júri na Constituição de 1988 e na legislação infraconstitucional

Conforme o art. 5º, XXXVIII, da CR/88 temos que é reconhecida a instituição do júri, com a organização que lhe der a lei, assegurados: a) a plenitude de defesa; b) o sigilo das votações; c) a soberania dos veredictos; e d) a competência para o julgamento dos crimes dolosos contra a vida.

Aqui, de início, devemos lembrar que a própria Constituição estabelece reserva legal qualificada, e, nesses termos, para a doutrina, a competência do Tribunal do Júri para os crimes dolosos contra a vida é uma competência mínima, nada impedindo que a legislação ordinária possa remeter a apreciação do Júri outras matérias.

A disciplina legal do Tribunal do Júri está desenhada nos arts. 406 a 497 do Código de Processo Penal.

Conforme o art. 74 do CPP, *compete ao Tribunal do Júri o julgamento dos crimes previstos nos arts. 121, §§ 1º e 2º, 122, parágrafo único, 123, 124, 125, 126 e 127 do Código Penal, consumados ou tentados.*

Essa competência é taxativa e não admite analogia ou interpretação extensiva. Logo, conforme a doutrina, não serão julgados no Tribunal do Júri os crimes de latrocínio, extorsão mediante sequestro e estupro com o resultado morte, e demais crimes em que se produz o resultado morte, mas que não se inserem nos crimes contra a vida. Porém, essa competência originária não impede que o Tribunal do Júri julgue esses delitos ou qualquer outro (como: tráfico de drogas, porte ilegal de armas, roubo, latrocínio etc), desde que seja ***conexo*** com um crime doloso contra a vida.[714]

Sobre o procedimento, temos que ele é bifásico. Com isso, temos duas fases: 1) *instrução preliminar*[715]; e 2) *julgamento em plenário.*

A instrução preliminar é a fase entre o recebimento da denúncia/queixa e a decisão de pronúncia.[716] Já a segunda fase é a de julgamento em plenário. Ela se inicia

714. LOPES JR., Aury. *Direito Processual Penal.* 15ª ed. São Paulo: Saraiva Educação, 2018. p. 790.

715. A instrução preliminar não se confunde com a investigação preliminar, que é a fase pre-processual do qual o inquérito é a principal espécie. A instrução preliminar pressupõe o recebimento da denúncia ou queixa e, portanto, o nascimento do processo.

716. Alguns doutrinadores, bem como, a maioria da jurisprudência brasileira, defendem que, na dúvida, deve o juiz presidente optar pela pronúncia do réu. É o que se chama de *in dubio pro societate*, ou seja, na dúvida, o juiz decide a ***favor da sociedade***. Porém parte da doutrina discorda do referido princípio, que para eles não fora recepcionado pela Constituição da República de 1988, tampouco pelo Código de Processo Penal. Ao contrário, entendem que o princípio que se encontra devidamente respaldado é o chamado *in dubio pro reo*, ou seja, na dúvida, se decide a favor do réu. Afirmam esses autores que a soberania do Tribunal do Júri não deve ser utilizada

com a confirmação da pronúncia (após a decisão que pronunciou o réu) e vai até a decisão proferida no Plenário do Tribunal do Júri. Nesses termos, a segunda fase apenas acontece se o juiz presidente do júri decidir por pronunciar o réu, pois caso assim não o faça (decida por absolver sumariamente[717], impronunciar[718] ou desclassificar) não há de se falar em segunda fase. Por outro lado, se o réu é pronunciado, vai ao plenário que será composto por 7 jurados e que decidirá pela absolvição ou condenação do réu. Aqui é interessante observar que na sessão em plenário será feita a chamada de 25 jurados, devendo comparecer no mínimo 15 jurados (arts. 462 a 464 do CPP), e, como já explicitado, serão sorteados 7 jurados para compor o conselho de sentença.[719]

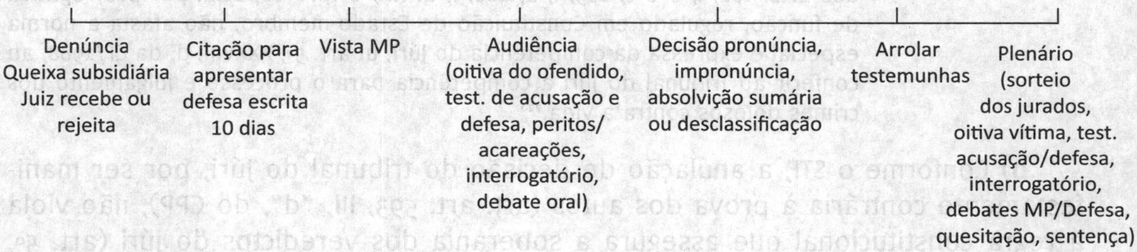

como justificadora para deixar de lado a presunção constitucional de inocência. Contra o princípio ***in dubio pro societate*** no Tribunal do Júri, temos: LOPES JÚNIOR, Aury. *Curso de Direito Processual Penal*, 15ª Edição, pag, 800, 2018. RANGEL, Paulo, *Direito Processual Penal*. 6ª Ed, Ed Lumen Juris, 2002. BADARO, Gustavo Henrique, *Direito Processual Penal*, Tomo, II, 2016.

717. CPP, *Art. 415. O juiz, fundamentadamente, absolverá desde logo o acusado, quando: (Redação dada pela Lei nº 11.689, de 2008) I – provada a inexistência do fato; (Redação dada pela Lei nº 11.689, de 2008) II – provado não ser ele autor ou partícipe do fato; (Redação dada pela Lei nº 11.689, de 2008) III – o fato não constituir infração penal; (Redação dada pela Lei nº 11.689, de 2008) IV – demonstrada causa de isenção de pena ou de exclusão do crime. (Redação dada pela Lei nº 11.689, de 2008) Parágrafo único. Não se aplica o disposto no inciso IV do caput deste artigo ao caso de inimputabilidade prevista no caput do art. 26 do Decreto-Lei nº 2.848, de 7.12.1940 – Código Penal, salvo quando esta for a única tese defensiva. (Incluído pela Lei nº 11.689, de 2008) Art. 416. Contra a sentença de impronúncia ou de absolvição sumária caberá apelação. (Redação dada pela Lei nº 11.689, de 2008)*

718. *CPP, Art. 414. Não se convencendo da materialidade do fato ou da existência de indícios suficientes de autoria ou de participação, o juiz, fundamentadamente, impronunciará o acusado.*

719. Conforme CPP: *Art. 486. Antes de proceder-se à votação de cada quesito, o juiz presidente mandará distribuir aos jurados pequenas cédulas, feitas de papel opaco e facilmente dobráveis, contendo 7 (sete) delas a palavra sim, 7 (sete) a palavra não. (Redação dada pela Lei nº 11.689, de 2008) Art. 487. Para assegurar o sigilo do voto, o oficial de justiça recolherá em urnas separadas as cédulas correspondentes aos votos e as não utilizadas. (Redação dada pela Lei nº 11.689, de 2008) Art. 488. Após a resposta, verificados os votos e as cédulas não utilizadas, o presidente determinará que o escrivão registre no termo a votação de cada quesito, bem como o resultado do julgamento. (Redação dada pela Lei nº 11.689, de 2008)Parágrafo único. Do termo também constará a conferência das cédulas não utilizadas. (Incluído pela Lei nº 11.689, de 2008) Art. 489. As decisões do Tribunal do Júri serão tomadas por maioria de votos (Redação dada pela Lei nº 11.689, de 2008) Art. 490. Se a resposta a qualquer dos quesitos estiver em contradição com outra ou outras já dadas, o presidente, explicando aos jurados em que consiste a contradição, submeterá novamente à votação os quesitos a que se referirem tais respostas. (Redação dada pela Lei nº 11.689, de 2008) Parágrafo único. Se, pela resposta dada a um dos quesitos, o presidente verificar que ficam prejudicados os seguintes, assim o declarará, dando por finda a votação.(Incluído pela Lei nº 11.689, de 2008) Art. 491. Encerrada a votação, será o termo a que se refere o art. 488 deste Código assinado pelo presidente, pelos jurados e pelas partes. (Redação dada pela Lei nº 11.689, de 2008)*

Sobre o Tribunal do Júri, algumas observações normativas e de entendimentos do STF ainda são importantes, sendo elas:

a) Conforme a Súmula Vinculante nº 45 do STF, "a competência constitucional do tribunal do júri prevalece sobre o foro por prerrogativa de função estabelecido exclusivamente pela constituição estadual." Nesses termos, conforme o Pretório Excelso:

> (...) o que concerne à competência do Tribunal do Júri, para o processo e julgamento dos crimes dolosos contra a vida, tem o STF decidido que apenas podem ser excepcionadas, nos casos de foro especial por prerrogativa de função, as hipóteses previstas na própria CF/1988, quanto à competência para o processo e julgamento de crimes comuns em geral, consoante se depreende dos arts. 102, I, b e c; 105, I, a; 108, I, a. (...) o foro especial por prerrogativa de função, regulado em Constituição de Estado-membro, não afasta a norma especial e expressa da competência do Júri, ut art. 5º, XXXVIII, d, da CF/1988, ao conferir ao Tribunal do Júri a competência para o processo e julgamento dos crimes dolosos contra a vida.[720]

b) Conforme o STF, a anulação de decisão do tribunal do Júri, por ser manifestamente contrária à prova dos autos (art. art. 593, III, "d", do CPP), não viola a regra constitucional que assegura a soberania dos veredictos do júri (art. 5º, XXXVIII, "c", da CR/88). Também conforme o Pretorio Excelso, temos que, não há contrariedade à cláusula de que ninguém pode ser julgado mais de uma vez pelo mesmo crime. Nesses termos, ainda que se forme um segundo Conselho de Sentença, o julgamento é um só, e termina com o trânsito em julgado da decisão.[721]

Certo é que, o Código de Processo Penal garante a possibilidade de recurso da decisão do Conselho de Sentença, tanto para a acusação quanto para a defesa, sem que isso signifique uma ofensa à garantia da soberania do Tribunal do Júri.[722]

720. RHC 80.477, voto do rel. min. Néri da Silveira, 2ª T, j. 31-10-2000, DJ de 4-5-2001. Em decisão mais recente: *"(...) Quanto à prerrogativa de foro, anoto que a jurisprudência tradicional desta Corte reconhece que a Constituição Federal "ao outorgar, sem reserva, ao Estado-membro, o poder de definir a competência dos seus tribunais (art. 125, § 1º) — situou positivamente no âmbito da organização judiciária estadual a outorga do foro especial por prerrogativa de função, com as únicas limitações que decorram explícita ou implicitamente da própria Constituição Federal"* (HC 70.474, rel. min. Sepúlveda Pertence, Primeira Turma, julgado em 17-8-1993). (...) Na mesma linha, a Súmula Vinculante 45 enuncia: *"A competência constitucional do tribunal do júri prevalece sobre o foro por prerrogativa de função estabelecido exclusivamente pela Constituição Estadual"*. Ao reconhecer a prevalência da competência definida na Constituição Federal, o Tribunal Pleno, ainda que de forma implícita, atestou a higidez da prerrogativa de foro definida em Constituição Estadual, desde que observadas, à obviedade, as diretrizes da Constituição Federal. Assim, de acordo com a jurisprudência da Corte, que observo por força do Princípio da Colegialidade, não há mácula na norma contida na Constituição Estadual que, ao disciplinar a competência do Tribunal de Justiça, elenca a competência penal originária de processamento e julgamento de vereador, na medida em que, ainda nos termos da posição colegiada, referida previsão não destoa das balizas traçadas pela norma nacional. Impende salientar que a prerrogativa de foro conferida aos vereadores não pode ser estendida pela Constituição Estadual no que atine aos Tribunais Regionais Federais, cuja organização foi expressamente estabelecida na Constituição Federal, inexistindo, por óbvio, espaço de conformação a ser preenchido pelo constituinte decorrente(...)". RHC 135.366, rel. min. Edson Fachin, dec. monocrática, j. 1º-8-2016, DJE 184 de 31-8-2016.
721. **RHC 170559/MT**, STF. 1ª Turma. red. p/ o ac. Min. Alexandre de Moraes, julgado em **10.03.2020** (Info 969).
722. Nesses termos: *A determinação de realização de novo julgamento pelo Tribunal do Júri não contraria o princípio constitucional da soberania dos vereditos quando a decisão for manifestamente contrária à prova dos autos.* STF.

É certo que a determinação de realização de novo julgamento pelo Tribunal do Júri não contraria o princípio constitucional da soberania dos veredítos quando a decisão for manifestamente contrária à prova dos autos.

Porém, o Tribunal só poderá dar provimento à apelação com base neste fundamento uma única vez. Portanto, se o Tribunal de Justiça determinar que seja feito um novo júri e se os jurados (serão outros sorteados) decidirem novamente que o réu deverá ser absolvido, ainda que o Ministério Público recorra, o Tribunal *não mais poderá dar provimento* à apelação sob o fundamento de que a decisão do júri foi manifestamente contrária à prova dos autos.

Nesses termos, o argumento do Tribunal de que a decisão dos jurados foi manifestamente contrária à prova dos autos **só pode ser utilizado uma única vez**.

Alias, essa é a exegese normativa do CPP no seu art. 593: *Caberá apelação no prazo de 5 (cinco) dias: (...) III- das decisões do Tribunal do Júri, quando: (...) d) for a decisão dos jurados manifestamente contrária à prova dos autos. (...) § 3º Se a apelação se fundar no nº III, d, deste artigo, e o tribunal ad quem se convencer de que a decisão dos jurados é manifestamente contrária à prova dos autos, dar-lhe-á provimento para sujeitar o réu a novo julgamento; não se admite, porém, pelo mesmo motivo, segunda apelação.*

Mas aqui temos uma divegência importante de ser trabalhada. A questão é: cabe recurso ao Tribunal apenas da decisão condenatória ou também caberá da decisão absolutória do Tribunal do Juri?[723]

Até 2008, não havia qualquer dúvida de que essa possibilidade de apelação poderia ser aplicada tanto para decisões condenatórias como absolutórias proferidas pelo Tribunal do Júri.

Assim, se o Júri condenasse o réu, a defesa poderia interpor a apelação alegando que a decisão era manifestamente contrária à prova dos autos. Da mesma forma, se o júri absolvesse o réu, o Ministério Público também poderia interpor apelação argumentando que a decisão era manifestamente contrária à prova dos autos e pedindo a realização de novo júri. Ocorre que, em 2008, foi editada a Lei nº 11.689, que incluiu o § 2º ao art. 483 do CPP prevendo um quesito genérico de absolvição do réu.

Em virtude disso, como passamos a ter um quesito genérico, diversos doutrinadores sustentaram a tese de que os jurados passaram a gozar de ampla e irrestrita autonomia no momento de decidir pela absolvição, não se achando adstritos nem vinculados, em seu processo decisório, às teses suscitadas em plenário ou a quaisquer outros fundamentos de índole estritamente jurídica.

2ª Turma. HC 134.412/RO, Rel. Min. Cármen Lúcia, Dje 15/6/2016. No mesmo sentido: *A soberania dos veredictos não é princípio intangível a não admitir relativização. Decisão do Conselho de Sentença manifestamente divorciada da prova dos autos resulta em arbitrariedade a ser sanada pelo juízo recursal, a teor do art. 593, III, d, do Código de Processo Penal*. STF. 1ª Turma. RHC 124.554/PE, Rel. Min. Rosa Weber, Dje 01/12/2014.

723. Aqui vamos nos valer da excelente síntese de Marcio André Cavalcante, In: *Dizer o Direito*, Informativo 993.

Assim, a decisão dos jurados não estaria vinculada à prova dos autos. Nesses termos, os jurados poderiam absolver o réu por clemência (pena, por exemplo). É a chamada absolvição por clemência.

Acontece que o STJ não acolheu essa tese. Para o STJ a possibilidade de apelação com base no art. 593, III, "d", do CPP não é exclusiva da defesa quando o réu for condenado pelo Tribunal do Júri. Ou seja, tanto a defesa como a acusação podem recorrer quando a decisão *dos jurados for manifestamente contrária à prova dos autos*. Nesses termos:

> (...) 2. As decisões proferidas pelo conselho de sentença não são irrecorríveis ou imutáveis, podendo o Tribunal ad quem, nos termos do art. 593, III, d, do CPP, quando verificar a existência de decisão manifestamente contrária às provas dos autos, cassar a decisão proferida, uma única vez, determinando a realização de novo julgamento, sendo vedada, todavia, a análise do mérito da demanda. 3. A absolvição do réu pelos jurados, com base no art. 483, III, do CPP, ainda que por clemência, não constitui decisão absoluta e irrevogável, podendo o Tribunal cassar tal decisão quando ficar demonstrada a total dissociação da conclusão dos jurados com as provas apresentadas em plenário. Assim, resta plenamente possível o controle excepcional da decisão absolutória do Júri, com o fim de evitar arbitrariedades e em observância ao duplo grau de jurisdição. Entender em sentido contrário exigiria a aceitação de que o conselho de sentença disporia de poder absoluto e peremptório quanto à absolvição do acusado, o que, ao meu ver não foi o objetivo do legislador ao introduzir a obrigatoriedade do quesito absolutório genérico, previsto no art. 483, III, do CPP. (...)[724]

Porém, a posição majoritária no STF é a de que tendo havido absolvição pelos jurados, não cabe apelação a ser interposta pelo Ministério Público na hipótese do art. 593, III, "d", do Código de Proceso Penal.

Nesse sentido, já decidiu a 1ª Turma do o STF no HC HC 178777/MG que a absolvição do réu, ante resposta a quesito genérico de absolvição previsto no art. 483, § 2º, do CPP, não depende de elementos probatórios ou de teses veiculadas pela defesa. Isso porque vigora a livre convicção dos jurados.[725] No mesmo sentido já decidiu também a 2ª Turma do STF:

> Na reforma legislativa de 2008, alterou-se substancialmente o procedimento do júri, inclusive a sistemática de quesitação aos jurados. Inseriu-se um quesito genérico e obrigatório, em que se pergunta ao julgador leigo: "O jurado absolve o acusado?" (art. 483, III e §2º, CPP). Ou seja, o Júri pode absolver o réu sem qualquer especificação e sem necessidade de motivação. Considerando o quesito genérico e a desnecessidade de motivação na decisão dos jurados, configura-se a possibilidade de absolvição por clemência, ou seja, mesmo em contrariedade manifesta à prova dos autos. Se ao responder o quesito

724. HC 313.251/RJ STJ. 3ª Seção., Rel. Min. Joel Ilan Paciornik, julgado em 28.02.2018. No mesmo sentido: STJ. 5ª Turma. HC 560.668/SP, Rel. Min. Reynaldo Soares da Fonseca, julgado em 18.08.2020.
725. **HC 178777/MG**, STF. 1ª Turma. Rel. Min. Marco Aurélio, julgado em **29.09.2020** (Informativo 993).

> genérico o jurado pode absolver o réu sem especificar os motivos, e, assim, por qualquer fundamento, não há absolvição com tal embasamento que possa ser considerada "manifestamente contrária à prova dos autos". Limitação ao recurso da acusação com base no art. 593, III, "d", CPP, se a absolvição tiver como fundamento o quesito genérico (art. 483, III e §2º, CPP). Inexistência de violação à paridade de armas. Presunção de inocência como orientação da estrutura do processo penal. Inexistência de violação ao direito ao recurso (art. 8.2.h, CADH). Possibilidade de restrição do recurso acusatório.[726]

Apenas aqui é importante lembrar que esse tema não está definido. Mesmo porque os Ministros Luiz Fux, Alexandre de Moraes, Roberto Barroso, Edson Fachin e Cármen Lúcia, já se manifestaram contrariamente a tese vencedora nos habeas corpus acima citados.

Essa questão só será pacificada quando o STF julgar o ARE 1225185 RG, submetido ao regime da repercussão geral. Nesses termos, temos o Tema 1087: *Possibilidade de Tribunal de 2º grau, diante da soberania dos veredictos do Tribunal do Júri, determinar a realização de novo júri em julgamento de recurso interposto contra absolvição assentada no quesito genérico, ante suposta contrariedade à prova dos autos.*

c) Decidiu o STF no HC 164535 AgR/RJ que não se deve anular a condenação do réu no Tribunal do Júri por ausência de defesa no caso em que o advogado fez sustentação oral por apenas 3 minutos, sendo que, antes disso, o Ministério Público já havia pedido a absolvição.[727]

No caso concreto, na sessão plenária do Tribunal do Júri, na fase de sustentações orais, o Ministério Público se manifestou por 1h e 30min e, ao final de sua exposição, pediu a absolvição do réu. Em seguida, o advogado constituído fez sustentação oral apenas concordando com o Ministério Público e pedindo igualmente a absolvição. A manifestação da defesa durou tão somente 3 minutos.

Acontece que mesmo com a manifestação do Ministério Público pedindo a absolvição, os jurados decidiram condenar o réu. Em virtude da condenação, o reu assistido pelo mesmo advogado, ingressou com apelação dirigida ao Tribunal de Justiça pedindo a realização de um novo júri sob o argumento de que a decisão dos jurados foi manifestamente contrária à prova dos autos. Porém, a apelação foi improvida.

Posteriormente, o advogado renunciou ao mandato e o réu passou a ser assistido pela Defensoria Pública. O Defensor Público impetrou *habeas corpus* contra o acórdão do TJ afirmando que houve nulidade absoluta no júri realizado em razão da ausência de defesa técnica efetiva.[728]

---

726. **HC 185068**, STF. 2ª Turma. Rel. Celso de Mello, Relator p/ Acórdão Gilmar Mendes, julgado em **20.10.2020**. no mesmo sentido: STF. 2ª Turma. **HC 178856**, Rel. Celso de Mello, julgado em **10.10.2020**.
727. **HC 164535 AgR/RJ**, STF. 2ª Turma. Rel. Min. Cármen Lúcia, julgado em **17.03.2020** (Informativo 970).
728. A Defensoria Pública, alegou que o advogado constituído à época, não solicitou a leitura de peças dos autos que favorecessem a tese da defesa e não desempenhou fielmente a defesa do paciente em plenário, tendo em vista

Pois bem, tanto o STJ como o STF não concordaram com a tese. Afirmaram que não houve nulidade e mantiveram a condenação.

No STF, a 2ª Turma destacou que o reu foi acompanhado pela sua defesa na sessão de julgamento pelo Tribunal do Júri realizada na origem, tendo reiterado o mandato conferido ao seu defensor na interposição da apelação.[729]

Além disso, no caso, não houve ausência de defesa, de modo que descabe cogitar de nulidade absoluta. Assim, se houve nulidade, foi apenas relativa, a qual depende da demonstração de efetivo prejuízo, o que, para o STF, não ocorreu.[730]

Conforme o Pretório Excelso, não se pode classificar como insatisfatória a atuação do advogado, que exerceu a defesa de acordo com a estratégia que considerou melhor no caso. Nesse sentido, a sustentação oral mais sucinta pode funcionar em benefício da defesa.[731]

Aqui é interessante ressaltar que no caso o Ministério Público pediu a absolvição. E no caso do MP pedir a condenação? Conforme o STJ, mesmo nesse caso, e, com uma defesa em poucos minutos, não haverá necessariamente a nulidade. Nesses termos, prevalece na jurisprudência que não ocorre nulidade pelo simples fato de a sustentação oral ter sido feita em poucos minutos,[732] embora, logicamente, seja importante observar o caso concreto.[733]

---

que a sua sustentação oral durou apenas 3 minutos, tempo esse que se mostra exíguo, irrisório e ineficaz. Para a DP, o juiz deveria ter declarado o réu indefeso no plenário do júri e constituído um novo advogado.

729. **HC 164535 AgR/RJ**, STF. 2ª Turma. Rel. Min. Cármen Lúcia, julgado em **17.03.2020** (Informativo 970).

730. **HC 164535 AgR/RJ**, STF. 2ª Turma. Rel. Min. Cármen Lúcia, julgado em **17.03.2020** (Informativo 970).

731. **HC 164535 AgR/RJ**, STF. 2ª Turma. Rel. Min. Cármen Lúcia, julgado em **17.03.2020** (Informativo 970).

732. STJ. 5ª Turma. HC 455.818/RS, Rel. Min. Ribeiro Dantas, julg. em 21/08/2018. STJ. 6ª Turma. HC 365.008-PB, Rel. Acd. Min. Rogerio Schietti Cruz, julg. em 17/04/2018 (Info 627). Em outro caso: (...) *embora seja realmente estranho que um advogado, durante a plenária do Tribunal do Júri, faça uso da palavra por apenas onze minutos, isso pode, de acordo com as peculiaridades que sabemos haver no Tribunal do Júri, decorrer de uma percepção ou de uma sinalização de que a providência máxima a ser alcançada independerá de esforço maior. Ainda é possível ser o defensor dotado de um poder de síntese muito grande ou, até mesmo, sinalizar essa postura uma conformidade entre as partes, visto que houve um pedido inicial de homicídio qualificado e o próprio Ministério Público retirou da acusação a qualificadora.* (...) STJ. 6ª Turma. HC 288.978/SP, Rel. para o acórdão Min. Rogerio Schietti, julg. em 15/3/2018. Em outro caso: (...) *2. Conforme informação prestada pelo Tribunal de origem, o recorrente não esteve indefeso durante a sessão de julgamento, apenas porque o defensor foi sucinto, objetivo, pugnando pela absolvição do acusado, pelo argumento da tese de negativa de autoria. Prejuízo para defesa não demonstrado.* (...) STJ. 5ª Turma. RHC 480.001/SP, Rel. Min. Ribeiro Dantas, DJe 23/6/2017.

733. Conforme muito bem lembra Márcio André Lopes (Infotmativo 970), o tema não é pacífico e a existência ou não de nulidade deverá ser analisado com base no caso concreto. Aqui um exemplo no qual se reconheceu a nulidade: *(...) 3. É assente a jurisprudência pátria no sentido de que o reconhecimento de nulidades, no curso do processo penal, reclama uma efetiva demonstração do prejuízo à parte, sem a qual prevalecerá o princípio da instrumentalidade das formas positivado pelo art. 563 do CPP (pas de nullité sans grief). 4. A Súmula 523 do Supremo Tribunal Federal estabelece que: "No processo penal, a falta de defesa constitui nulidade absoluta, mas a sua deficiência só o anulará se houver prova de prejuízo para o réu". 5. Na hipótese, verifica-se a deficiência da defesa do réu durante a Sessão do Júri, tendo em vista que a advogada dativa limitou-se a sustentar a mesma tese da acusação, utilizando-se de exíguos 11 minutos na fase dos debates, e ignorou a tese da excludente da legítima defesa, versão sustentada pelo réu nas oportunidades em que foi inquirido. 6. Patente o prejuízo suportado pelo réu, o que impõe o reconhecimento da nulidade da sessão de julgamento e dos atos processuais a ela subsequentes.* (...) STJ. 5ª Turma. HC 427.129/SP, Rel. Min. Ribeiro Dantas, julgado em 27/11/2018.

d) Conforme já vimos, a 2ª turma do STF em 19.11.2019 no HC nº163814/ED decidiu que não é possível a execução provisória da pena mesmo em caso de condenações pelo Tribunal do Júri.[734]

Porém, sobre o tema, conforme já observamos na obra, nos últimos anos se formaram duas correntes no STF:

1ª corrente: É possível a execução da sentença condenatória, proferida pelo Juiz Presidente do Tribunal do Júri, independentemente do julgamento da apelação ou de qualquer outro recurso, em face do princípio da soberania dos veredictos. Assim, nas condenações pelo Tribunal do Júri não é necessário aguardar julgamento de recurso em segundo grau de jurisdição para a execução da pena. Nesses termos, essa possibilidade está alinhada com a lógica do precedente firmado pelo STF no ARE 964.246, já que, também no caso de decisão do Júri, o Tribunal, mesmo em apelação, não poderá reapreciar os fatos e provas, na medida em que a responsabilidade penal do réu já foi assentada soberanamente pelo Tribunal Popular. Aqui o entendimento é o de que a condenação no júri abalaria fortemente a presunção de inocência, ficando autorizado o imediato início da execução penal, logo após a leitura da sentença. É interessante que essa posição, ora citada, ao que parece (em nossa opinião), é muito mais do Ministro Roberto Barroso do que propriamente da 1ª Turma do STF.[735] Aqui lembramos, mais uma vez, que esse entendimento da 1ª Turma foi tomado antes do resultado das ADC 43/DF, ADC 44/DF e ADC 54/DF, julgadas em 07.11.2019 pelo STF.

2ª corrente: Não é possível a execução provisória da pena em face de decisão do júri sem que haja o exaurimento em grau recursal das instâncias ordinárias, sob pena de macular o princípio constitucional da presunção de inocência. O fundamento aqui é o de que a execução provisória da pena somente é admitida se o recurso pendente de julgamento não tiver efeito suspensivo. Para a segunda corrente, o Plenário do Supremo Tribunal Federal, ao julgar o ARE 964.246, entendeu que o início da execução da pena condenatória após a confirmação da sentença em segundo grau não ofende o princípio constitucional da presunção de inocência, sendo permitida a prisão, entretanto, apenas após o esgotamento das instâncias ordinárias. Logo, não há o esgotamento da jurisdição nas instâncias ordinárias antes do julgamento da apelação pelo Tribunal de 2ª instância.[736] Lembramos também novamente que esse

---

734. **HC 163814 ED/MG**, STF. 2ª Turma. Rel. Min. Gilmar Mendes, julgado em **19.11.2019** (Info 960).

735. STF. 1ª Turma. HC 140449/RJ, red. p/ o ac. Min. Roberto Barroso, julg. em 6/11/2018 (Info 922). STF. 1ª Turma. HC 118770 ED, Red. do acórdão Min. Roberto Barroso, julg. em 04/06/2018.

736. STF. 2ª Turma. HC 136223, Rel. Min. Dias Toffoli, 2ª T, julg. em 25/04/2017 STJ. 5ª T. HC 438.088, Rel. Min. Reynaldo Soares da Fonseca, julg. em 24/05/2018. STJ. Presidente Min. Laurita Vaz, em decisão monocrática no HC 458.249, julg. em 12/07/2018. No caso, entende-se ainda que, *mesmo na esfera do Júri, o Tribunal em sede de apelação, nas hipóteses do art. 593, III, do CPP, pode: reconhecer eventual nulidade posterior à pronúncia; proclamar que a decisão soberana é manifestamente contrária às provas dos autos; retificar a sentença do juiz-presidente, quando for contrária à lei ou divergir das respostas dos jurados aos quesitos; e pode, ainda, corrigir eventual equívoco no procedimento de individualização da pena. Assim, em que pese não seja possível a modificação da decisão dos jurados, como absolver o réu ou reconhecer/afastar qualificadora, por exemplo, em razão da soberania do veredicto, é certo que esse controle revisional pode ter repercussão direta no que foi decidido em primeiro grau, seja submetendo o réu a novo julgamento,*

posicionamento da 2º turma do STF foi anterior ao resultado das ADC 43/DF, ADC 44/DF e ADC 54/DF julgadas em 07.11.2019 pelo STF.

Já observamos na obra, que esse debate pode ser relativizado em virtude do novo posicionamento do STF, nas já citadas ADCs 43,44 e 54, decididas em 07.11.2019. Nesses termos, citamos novamente a decisão do HC nº 163.814:

> A Segunda Turma, em conclusão de julgamento e por maioria, concedeu, de ofício, a ordem de habeas corpus para declarar a ilegalidade da execução provisória da pena e, assim, revogar a prisão decretada por tal fundamento, se inexistente outro motivo para a segregação do paciente e se ausentes fundamentos concretos de prisão preventiva, nos termos do art. 312 do Código de Processo Penal (CPP) e em conformidade com a jurisprudência do Supremo Tribunal Federal (STF) (Informativo 926). O Colegiado aplicou orientação jurisprudencial acerca da execução provisória da pena, firmada em recente julgamento de ações declaratórias de constitucionalidade pelo Plenário. Nesta assentada, o ministro Gilmar Mendes (relator) reajustou o voto anteriormente proferido para aplicar o entendimento da Corte. A ministra Cármen Lúcia salientou ser hipótese de execução de condenação confirmada pela segunda instância, pendente de trânsito em julgado. O ministro Ricardo Lewandowski alertou não vislumbrar distinção, no que diz respeito ao Tribunal do Júri, quanto à decisão tomada pelo Plenário do STF. Por seu turno, o ministro Celso de Mello asseverou que o fato de ter sido emanada pelo Tribunal do Júri não pode ser invocado para justificar a possibilidade de execução antecipada ou provisória da condenação penal recorrível.[737]

Porém, temos que considerar também a nova redação do Código de Processo Penal dada pelo ***pacote anticrime*** estabelecido na Lei nº 13.964/2019.

Assim sendo, o art. 492 do CPP afirma que o presidente do Júri proferirá sentença que I – no caso de condenação: a) fixará a pena-base; b) considerará as circunstâncias agravantes ou atenuantes alegadas nos debates; c) imporá os aumentos ou diminuições da pena, em atenção às causas admitidas pelo júri; d) observará as demais disposições do art. 387 do Código de Processo Penal; e) mandará o acusado recolher-se ou recomendá-lo-á à prisão em que se encontra, se presentes os requisitos da prisão preventiva, ou, no caso de ***condenação a uma pena igual ou superior a 15 (quinze) anos de reclusão, determinará a execução provisória das penas***, com expedição do mandado de prisão, se for o caso, sem prejuízo do conhecimento de recursos que vierem a ser interpostos.

Portanto, a alínea "e" do inciso I, do art. 492 do CPP, com redação dada pela recente Lei nº 13.964/2019, estabelece a possibilidade de execução provisória das penas se a condenação for igual ou superior a 15 anos.

---

seja alterando aspectos da sentença que são da competência do juiz-presidente. Por fim, considera-se que a soberania dos veredictos não é absoluta e convive em harmonia com o sistema recursal desenhado pelo CPP. Em outras palavras, o fato de o tribunal, no julgamento de apelação contra decisão do Tribunal do Júri, não estar legitimado a efetuar o juízo rescisório, em nada influencia nem tampouco implica na execução imediata da sentença condenatória, pois permanece intacta a sua competência para efetuar o juízo rescindente e determinar, se for o caso, um novo julgamento.

737. Não é possível a execução provisória da pena mesmo em caso de condenações pelo Tribunal do Júri. STF. 2ª Turma. HC 163814 ED/MG, Rel. Min. Gilmar Mendes, julgado em 19.11.2019 (Info 960)

Já o § 3º do art. 492 do CPP, com também redação dada pela Lei nº 13.964/2019, afirma que o presidente poderá, excepcionalmente, deixar de autorizar a execução provisória das penas de que trata a alínea e do inciso I do ***caput*** do art. 492, se houver questão substancial cuja resolução pelo tribunal ao qual competir o julgamento possa plausivelmente levar à revisão da condenação. Na sequência, afirma o § 4º do art. 492 do CPP, também com redação dada pela Lei nº 13.964/2019, que a apelação interposta contra decisão condenatória do Tribunal do Júri a uma pena igual ou superior a 15 (quinze) anos de reclusão não terá efeito suspensivo.[738]

Aqui vamos aguardar como o STF vai se posicionar sobre o tema. Se o STF for coerente com seu atual posicionamento entenderá que o art. 492, inciso I, alínea *e* do CPP é, em parte, inconstitucional em face das decisões proferidas nas ADCs 43,44 e 54.

e) Conforme já citamos em nota, o princípio do *in dubio pro societate* (na dúvida, em favor da sociedade) significa que, na dúvida, havendo indícios mínimos da autoria, deve-se dar prosseguimento à ação penal, ainda que não se tenha certeza de que o réu foi o autor do suposto delito. O princípio do *in dubio pro societate* contrapõe-se, como já citado, ao princípio do *in dubio pro reo* (na dúvida, em favor do réu). Citamos em nota que a mais moderna doutrina critica a existência do princípio in dubio pro societate, afirmando que ele é contrário às garantias conferidas ao réu. Apesar disso, a jurisprudência majoritária continua aplicando esse princípio em duas situações, quais sejam: 1) no momento do recebimento da denúncia; e 2) na decisão de pronúncia no procedimento do Tribunal do Júri.[739]

Porém, conforme já observado na obra, o STJ já afirmou que o testemunho por "ouvir dizer" (*hearsayrule*), produzido somente na fase inquisitorial, não serve

---

738. Temos ainda no art. 492 do CPP: § 5º Excepcionalmente, poderá o tribunal atribuir efeito suspensivo à apelação de que trata o § 4º deste artigo, quando verificado cumulativamente que o recurso: (Incluído pela Lei nº 13.964, de 2019) I - não tem propósito meramente protelatório; e (Incluído pela Lei nº 13.964, de 2019) II - levanta questão substancial e que pode resultar em absolvição, anulação da sentença, novo julgamento ou redução da pena para patamar inferior a 15 (quinze) anos de reclusão. § 6º O pedido de concessão de efeito suspensivo poderá ser feito incidentemente na apelação ou por meio de petição em separado dirigida diretamente ao relator, instruída com cópias da sentença condenatória, das razões da apelação e de prova da tempestividade, das contrarrazões e das demais peças necessárias à compreensão da controvérsia. (Incluído pela Lei nº 13.964, de 2019)

739. Conforme o STJ: *A pronúncia do réu para o julgamento pelo Tribunal do Júri não exige a existência de prova cabal da autoria do delito, sendo suficiente, nessa fase processual, a mera existência de indícios da autoria, devendo estar comprovada, apenas, a materialidade do crime, uma vez que vigora o princípio in dubio pro societate.* STJ. 5ª Turma. AgRg no AREsp 1193119/BA, Rel. Min. Jorge Mussi, julg em 05/06/2018. STJ. 5ª Turma. AgRg no REsp 1730559/RS, Rel. Min. Joel Ilan Paciornik, julg em 02/04/2019. No mesmo sentido: *A etapa atinente à pronúncia é regida pelo princípio in dubio pro societate e, por via de consequência, estando presentes indícios de materialidade e autoria do delito - no caso, homicídio tentado - o feito deve ser submetido ao Tribunal do Júri, sob pena de usurpação de competência.* STJ. 6ª Turma. HC 471.414/PE, Rel. Min. Laurita Vaz, julg. em 06/12/2018. No STF: *Na sentença de pronúncia deve prevalecer o princípio in dubio pro societate, não existindo nesse ato qualquer ofensa ao princípio da presunção de inocência, porquanto tem por objetivo a garantia da competência constitucional do Tribunal do Júri.* STF. 2ª Turma. ARE 986566 AgR, Rel. Min. Ricardo Lewandowski, julg em 21/08/2017. No mesmo sentido: *Nos crimes dolosos contra a vida, o princípio in dubio pro societate é amparado pela Constituição Federal, de modo que não há qualquer inconstitucionalidade no seu postulado.* STF. 2ª Turma. ARE 1082664 ED-AgR, Rel. Min. Gilmar Mendes, julg em 26/10/2018.

como fundamento exclusivo da decisão de pronúncia, que submete o réu a julgamento pelo Tribunal do Júri.[740]

f) O STF por unanimidade, firmou entendimento de que a tese da legítima defesa da honra é inconstitucional, por violar os princípios constitucionais da dignidade da pessoa humana, da proteção à vida e da igualdade de gênero. A decisão, tomada na sessão virtual encerrada em 12.03.2021, referendou liminar concedida pelo ministro Dias Toffoli em fevereiro de 2021, na ADPF 779, ajuizada pelo Partido Democrático trabalhista (PDT).

Ao reafirmar sua decisão liminar, o Ministro Dias Toffoli deu interpretação conforme a Constituição a dispositivos do Código Penal e do Código de Processo Penal, de modo a excluir a legítima defesa da honra do âmbito do instituto da legítima defesa. Acolhendo sugestão do ministro Gilmar Mendes, o voto de Toffoli determina que a defesa, a acusação, a autoridade policial e o juízo não podem utilizar, direta ou indiretamente, o argumento da legítima defesa da honra (ou qualquer argumento que induza à tese) nas fases pré-processual ou processual penais nem durante julgamento perante o Tribunal do Júri, sob pena de nulidade do ato e do julgamento. Na decisão liminar de fevereiro, o impedimento se restringia a advogados de réus.

Segundo o Ministro Toffoli, além de ser um argumento "atécnico e extrajurídico", a tese é um "estratagema cruel, subversivo da dignidade da pessoa humana e dos direitos à igualdade e à vida" e totalmente discriminatório contra a mulher. A seu ver, trata-se de um recurso argumentativo e retórico "odioso, desumano e cruel" utilizado pelas defesas de acusados de feminicídio ou agressões contra mulher para imputar às vítimas a causa de suas próprias mortes ou lesões, contribuindo para a naturalização e a perpetuação da cultura de violência contra as mulheres no Brasil. Ao ressaltar que o argumento não é, tecnicamente, legítima defesa (essa, sim, causa de excludente de ilicitude), o ministro registrou que, para evitar que a autoridade judiciária absolva o agente que agiu movido por ciúme, por exemplo, foi inserida no Código Penal a regra do artigo 28 de que a emoção ou a paixão não excluem a imputabilidade penal. Portanto, aquele que pratica feminicídio ou usa de violência, com a justificativa de reprimir um adultério, não está a se defender, mas a atacar uma mulher de forma, desproporcional, covarde e criminosa.

---

740. REsp 1373356-BA, STJ. 6ª Turma Rel. Min. Rogerio Schietti Cruz, julg. em 20.04.2017 (Informativo 603 do STJ). No mesmo sentido em decisão apertada (3x2) da 2ª Turma do STF: *Na fase de pronúncia deve-se adotar a teoria racionalista da prova, na qual não deve haver critérios de valoração das provas rigidamente definidos na lei, no entanto, por outro lado, o juízo sobre os fatos deve ser pautado por critérios de lógica e racionalidade, podendo ser controlado em âmbito recursal ordinário. Para a pronúncia, não se exige uma certeza além da dúvida razoável, necessária para a condenação. Contudo, a submissão de um acusado ao julgamento pelo Tribunal do Júri pressupõe a existência de um lastro probatório consistente no sentido da tese acusatória. Ou seja, requer-se um standard probatório um pouco inferior, mas ainda assim dependente de uma preponderância de provas incriminatórias.* STF. 2ª Turma. ARE 1067392/CE, Rel. Min. Gilmar Mendes, julgado em **26.03.2019** (Informativo 935 do STF). Aqui não se pode dizer que o STF tenha abandonado a aplicação do ***princípio do in dubio pro societate*** na fase de pronúncia. Na decisão o STF apenas entendeu que, no caso específico, *não cabia a pronúncia considerando que as provas produzidas eram mais fortes no sentido de o réu não foi o autor do homicídio. Segundo o Min. Gilmar Mendes, as testemunhas que incriminavam o réu eram apenas testemunhas de "ouvir dizer"*. Aqui a jurisprudência entende que a testemunha de "ouvir dizer" – conhecida no direito norte-americano como ***hearsayrule*** – não produz um depoimento confiável e, portanto, não serve como indício de autoria.

g) Por último, conforme o art. 593, inciso III do CPP (mais uma vez citado), caberá apelação no prazo de 5 (cinco) das decisões do Tribunal do Júri, quando: a) ocorrer nulidade posterior à pronúncia; b) for a sentença do juiz-presidente contrária à lei expressa ou à decisão dos jurados; c) houver erro ou injustiça no tocante à aplicação da pena ou da medida de segurança; d) for a decisão dos jurados manifestamente contrária à prova dos autos.

11. PROVAS ILÍCITAS E AS PROVAS LÍCITAS DERIVADAS DAS PROVAS ILÍCITAS

Conforme dispositivo constitucional, temos a ***proibição de provas obtidas por meios ilícitos*** (art. 5º, LVI). Sem dúvida, a todas as partes é assegurado o direito de provar o alegado pelos meios de prova fixados pela legislação processual. A utilização de meios para além desse rol implica em ***abuso*** do direito probatório e, por isso, mesmo na prática de um ***ilícito***. Ou seja, devemos deixar bem claro: a Constituição determina que é proibida a prova obtida por meio ilícito, portanto, não é a prova em si que é ilícita, mas sim o meio de obtenção da prova (que a torna ilícita). Segundo o entendimento do STF, deveríamos fazer uma distinção entre um gênero chamado prova ilegal e dois tipos (ou espécies) de provas ilegais, que são:

(1) ***provas ilícitas***, que seriam aquelas obtidas mediante a violação de norma material, ou seja, contrariando o ***direito material*** (sejam normas de direito civil, ou mesmo princípios penais, etc.). O instrumento de prova obtido por tal meio – como, por exemplo, confissão mediante tortura (Lei nº 9.455/97), gravação clandestina ou interceptação telefônica sem autorização judicial (Lei nº 9.296/96), ou ainda a violação a um domicílio (art. 150 CP) – não pode adentrar ao universo processual, ou se já adentrada, deve ser imediatamente retirada dos autos assim que declarada como tal.

Não há, portanto, qualquer possibilidade de sua convalidação. Porém, é importante salientar, que o STF já afirmou que se determinada prova é considerada ilícita, ela, como já dito aqui, deverá ser desentranhada do processo.[741] Por outro lado, as peças do processo que fazem referência a essa prova (exemplos: denúncia,

---

741. Exemplo: *A defesa do ex-Presidente Lula impetrou habeas corpus no STF pedindo o desentranhamento do "Termo de Colaboração de Antônio Palocci Filho", cuja juntada aos autos foi promovida de ofício, pelo então Juiz Federal Sérgio Moro. O STF entendeu que essa juntada foi ilícita e determinou o seu desentranhamento. Os Ministros apontaram três circunstâncias envolvendo essa conduta que revelariam a parcialidade do magistrado na condução do processo: Em primeiro lugar, o termo de colaboração foi juntado quando a fase de instrução processual havia sido encerrada, de forma que as declarações sequer estariam aptas a fundamentar a prolação da sentença. Em segundo, aconteceu cerca de três meses após a decisão judicial que o homologara. Para os Ministros, essa demora parece ter sido cuidadosamente planejada para gerar verdadeiro fato político na semana que antecedia o primeiro turno das eleições presidenciais. Ato contínuo à juntada, foi determinado o imediato levantamento do sigilo, com clara finalidade de que fosse dada publicidade às imputações dirigidas ao réu, sem que as circunstâncias narradas no ajuste fossem relevantes para a ação penal em andamento. Em terceiro, o fato de a juntada e o levantamento do sigilo terem ocorrido por iniciativa do próprio juiz, isto é, sem qualquer provocação do órgão acusatório. A determinação da juntada desse termo de delação, nesses moldes, consubstancia inequívoca quebra da imparcialidade.* A 2ª Turma do STF considerou que houve constrangimento ilegal e acolheu o pedido para desentranhamento dos autos das declarações de Antônio Palocci. Isso com fundamento no art. 157 do CPP, que impõe a exclusão de provas ilícitas, assim entendidas aquelas obtidas em violação a normas constitucionais ou legais. STF. 2ª Turma. HC 163943 AgR/PR, Red. p/ o ac. Min. Ricardo Lewandowski, julg. em 04.08.2020. Ver: Informativo 985, *Dizer o Direito*, Agosto de 2020.

pronúncia e etc.) não devem ser desentranhadas e substituídas. Assim sendo, a denúncia, a sentença de pronúncia e as demais peças judiciais não são "provas" do crime e, por essa razão, estão fora da regra que determina a exclusão das provas obtidas por meios ilícitos prevista no art. 157 do CPP. Nesses termos, conforme decisão da 2ª turma do STF, a legislação, ao tratar das provas ilícitas e derivadas, não determina a exclusão de "*peças processuais*" que a elas façam referência.[742]

(2) ***provas ilegítimas***, que seriam aquelas obtidas mediante desrespeito do ***direito processual, ou seja, violam normas processuais*** (como por exemplo: decisão de CPI de quebra de sigilo bancário sem a devida fundamentação; ou em termos processuais laudo pericial subscrito por apenas um perito). Neste tipo, a prova pode permanecer nos autos, mas será ***nula***. Todavia, há possibilidade de sua convalidação se o fundamento para tal prática ilícita for aceita pelo órgão jurisdicional.

Ora, não há como negar que tal posição assumida pelo STF é por demais conservadora. A ilicitude do meio de prova não depende da natureza jurídica da norma lesionada; caso contrário, estaríamos reafirmando a arcaica leitura de subordinação das normas processuais às normas de direito material. Além do mais, de forma mais adequada, temos que as provas ilícitas são na verdade todas aquelas que ferem direitos fundamentais.

Conexo ao tema está a questão da ***prova lícita derivada de uma prova obtida por meio ilícito***. Aqui existem duas teses: a da incomunicabilidade e a da comunicabilidade das provas. Até a metade da década de 90, o posicionamento jurisprudencial do STF era no sentido de entender as provas como instrumentos independentes; desse modo uma prova lícita que decorresse de uma prova ilícita poderia ser aceita sem qualquer limitação (teoria da incomunicabilidade).

Certo é que, da segunda metade da década de 90 em diante, o STF modificou seu posicionamento, passando a entender que a prova lícita derivada de uma prova ilícita estaria envenenada (teoria dos frutos da árvore envenenada). Portanto, atualmente a tese da comunicabilidade é a prevalente (teoria da comunicabilidade[743]). Assim sendo, a também conhecida no direito norte-americano como "***teoria dos frutos da árvore envenenada***" (*fruit of the poisonous tree*[744]) vem afirmar que mesmo que seja lícita uma prova, se o seu conhecimento foi decorrente de outra prova esta sim obtida por meio ilícito, a primeira também será considerada como ilícita e desconsiderada do processo. Como exemplo, temos: "[...] diante de uma confissão obtida mediante tortura, prova embrionariamente ilícita, cujas informações deram margem a uma busca e apreensão formalmente integra, é imperioso reconhecer que esta busca e apreensão está contaminada, pois decorreu de uma prova ilícita. Existindo prova ilícita, as demais provas dela derivadas, mesmo que formalmente perfeitas, estarão (como já dito) maculadas no seu

742. **RHC 137368/PR**, 2ª Turma do STF, Rel. Min. Gilmar Mendes, julgado em **29.11.2016**. (Informativo 849 do STF)
743. No STF temos: HC 73.351/SP DJ: 09.05.96; HC 72.588/PB – DJ 12.06.96.
744. United States Supreme Court – Silverthorne Lumber Co. v. U.S 0 251 U.S. 385 (1920) – Justice Holmes – Argued Dec. 12, 1919 – Decided Jan 26, 1920.

nascedouro [...]".[745] É bem verdade que em algumas situações específicas devemos afastar a contaminação. Segundo a doutrina processual penal[746] isso poderia ocorrer nas seguintes hipóteses limitativas da "teoria dos frutos da árvore envenenada":

A) **"Prova absolutamente independente (limitação da fonte independente):** se existirem provas outras no processo, independentes de uma determinada prova ilícita produzida, não há de se falar em contaminação, nem em aplicação da teoria dos frutos da árvore envenenada, pois, em não havendo vinculação nem relação de dependência, a prova Ilícita não terá o condão de contaminar as demais. Nesse sentido, temos posicionamento do STF no HC 82.139/BA.[747]

B) **Descoberta inevitável (limitação da descoberta inevitável):** se a prova, que circunstancialmente decorre de prova ilícita, seria conseguida de qualquer maneira, por atos de investigação válidos, ela será aproveitada, eliminando-se a contaminação. A inevitabilidade da descoberta leva ao reconhecimento de que não houve um proveito real, com a violação legal. A prova ilícita, que deu ensejo à descoberta de uma outra prova, que seria colhida mesmo sem a existência da ilicitude, não terá o condão de contaminá-la. Exemplo: não se deve reconhecer como ilícita as declarações de testemunha que foi descoberta mediante interceptação telefônica sem autorização judicial, se esta pessoa foi indicada por várias outras, não vinculadas à interceptação, como testemunha de fato. Mesmo que a interceptação não existisse, a testemunha seria revelada pelas declarações das demais. A interceptação acabou não sendo decisiva para o descobrimento desta pessoa, que inevitavelmente figuraria como testemunha, já que as demais a indicaram como tal.

C) **Contaminação expurgada ou conexão atenuada (limitação da contaminação expurgada):** é possível que o vínculo entre a prova ilícita e a derivada seja tão tênue ou superficial que acabe não havendo contaminação. Esta seria expungida. Perceba-se que a ausência de vínculo não é absoluta. Ele existe, porém, acaba sendo tão insólito que é irrelevante, preservando-se a licitude da prova derivada."

É importante observarmos, que a prova ilícita vedada em nosso ordenamento constitucional, bem como a proibição do uso de provas lícitas quando derivas de provas ilícitas (teoria da comunicabilidade ou *"frutos da árvore envenenada"* assente na jurisprudência atual do STF, devem encontrar relativizações (além das citadas acima). Ou seja, essas situações vão sofrer uma atenuação à luz da própria jurisprudência do STF, bem como pela doutrina majoritária.[748]

---

745. TAVORA Nestor e ANTONINI, Rosmar, In: *Curso de direito processual penal*, p. 339, 2009. Ver também: **Rcl 24473/DF**, STF. 2ª Turma. Rel. Min. Dias Toffoli, julg. em **26.06.2018** (Informativo 908). No caso, o STF reconheceu a ilicitude da prova obtida (art. 5º, LVI, da CR/88) e de outras diretamente dela derivadas.

746. TAVORA Nestor e ANTONINI, Rosmar, In: *Curso de direito processual penal*, p. 340, 2009. No mesmo sentido o magistério de: PACHECO, Denílson Feitoza. *Direito processual penal*: teoria, crítica e práxis, 2006, p. 549.

747. *"Constitucional. Processual penal. Habeas corpus. Prova Ilícita. "Escutas telefônicas". C.F., art. 5º, XII. PROVA. I. – A condenação não se apoia apenas na "escuta telefônica". É dizer, há, nos autos da ação penal, outras provas. II. – Exame aprofundado da prova: impossibilidade em sede de recurso especial. III. – H.C. indeferido."* Rel. Min. Carlos Velloso. Julg: 27.08.2002 (2ª Turma).

748. Conforme a doutrina majoritária de forte cunho axiológico: "[...] não deixa de ser, em última análise posição praticamente unânime que reconhece a possibilidade de utilização, no processo penal, de prova favorável ao acusado, ainda

Nesse sentido, com base na já citada ideia de que não há direitos e garantias fundamentais absolutos, defende a doutrina que o art. 5º, LVI também não pode ser absoluto (ilimitado). Nesses termos, de forma excepcional a jurisprudência vem relativizando a proibição das provas ilícitas com base no ***princípio da proporcionalidade pró réu*** (utilização de uma prova ilícita em benefício do réu).[749] Assim sendo, se **A** pratica um homicídio suprimindo a vida de **B** e **C** é acusado (injustamente) de tal conduta delituosa, entende a doutrina que, se **C** obter provas ilícitas para provar sua inocência, essas provas, deverão ser tidas como lícitas. Porém, essas mesmas provas não terão validade para incriminar **A** (serão provas ilícitas).

Uma outra questão interessante foi recentemente enfrentada pelo STF. No caso em análise, o réu estava sendo investigado pela prática do crime de tráfico de drogas. Presentes os requisitos constitucionais e legais, o juiz autorizou a interceptação telefônica para apurar o tráfico. Por meio dos diálogos, descobriu-se que o acusado foi o autor de um homicídio. Entendeu o Pretório Excelso que a prova obtida a respeito da prática do homicídio é lícita, mesmo a interceptação telefônica tendo sido decretada para investigar outro delito que não tinha relação com o crime contra a vida. Aqui estaríamos diante do intitulado **"crime achado"**, ou seja, uma infração penal desconhecida e não investigada até o momento em que, apurando-se outro fato, descobriu-se esse novo delito. Embora essa expressão seja citada pelo ministro Alexandre de Moraes, na verdade, ela nada mais é do que aquilo que a doutrina denomina ***"serendipidade"*** ou *"encontro fortuito de crime"*. Nesses termos, a ***serendipidade*** consiste na *descoberta fortuita de delitos que não são objeto da investigação*. A serendipidade (tradução literal da palavra inglesa *"serendipity"*), também é conhecida como *"descoberta casual"* ou *"encontro fortuito"*.[750]

Questão também instigante, e já citada na obra, diz respeito à denúncia anônima ou de forma mais rigorosa: "delação apócrifa", "notícia anônima" ou *"notitia criminis inqualificada"*.

---

que colhida com a infringência a direitos fundamentais seus ou de terceiros[...]". GRINOVER, Ada Pellegrini; FERNANDES, Antônio Scarance; GOMES FILHO, Antônio Magalhães, ***As nulidades no processo penal***, 2001, p. 136-137.

749. Temos aqui a *teoria da exclusão da ilicitude da prova*. Para tal teorização, a prova aparentemente ilícita, deve ser reputada como válida, se a conduta do agente na sua captação (obtenção) está amparada pelo direito (excludente de ilicitude). Nesses termos, *a ilicitude é apenas aparente ou ficta, na medida em que a legítima defesa ou o estado de necessidade autorizam a medida de obtenção da prova: "[...] Imaginemos que o réu tenha que praticar conduta típica, como a violação de domicílio, prevista legalmente como crime (art. 150 do CP), para produzir prova fundamental em favor de sua inocência. Estaria suprimindo um bem jurídico alheio (tutela domiciliar), para salvaguardar outro bem jurídico (liberdade), em face de um perigo atual (a existência de persecução penal), ao qual não deu causa, e cujo sacrifício não era razoável exigir. Está em verdadeiro estado de necessidade, que vai excluir a ilicitude da conduta. A prova é lícita, válida, valorável em qualquer sentido."* TAVORA Nestor; ANTONINI, Rosmar, *Curso de direito processual penal*, 2009, p. 342.

750. **HC 129678/SP**, STF. 1ª Turma. Red. p/ o ac. Min. Alexandre de Moraes, julg. em **13.06.2017**. *Dizer o Direito*, Junho de 2017 (Inf. 869). Ver também: **MS 34751/CE**, STF. 1ª Turma. Rel. Min. Marco Aurélio, julgado em **14.08.2018**. No caso, um indivíduo sem foro por prerrogativa está sendo interceptado por decisão do juiz de 1ª instância e ela liga para uma autoridade com foro (no caso: um Promotor de Justiça), decidiu o STF que a gravação desta conversa não seria ilícita. Isso porque se trata de encontro fortuito de provas (encontro fortuito de crimes), também chamado de *serendipidade* ou *crime achado. Tais gravações, por serem lícitas, podem servir como fundamento para que o CNMP aplique sanção de aposentadoria compulsória a este Promotor.*

Ela ocorre quando alguém, sem se identificar, relata para as autoridades (por exemplo: Delegado de Polícia, ou Ministério Público etc.) que determinada pessoa praticou um crime. É o caso dos serviços conhecidos como "disk-denúncia" ou, então, dos aplicativos de celular por meio dos quais se "denuncia" a ocorrência de delitos. Segundo a jurisprudência, não há ilegalidade em iniciar investigações preliminares com base em ***"denúncia anônima"*** a fim de se verificar a plausibilidade das alegações contidas no documento *apócrifo*.

Conforme adequado entendimento, é possível instaurar investigação criminal (inquérito policial, investigação pelo MP) com base em "denúncia anônima", mas a jurisprudência afirma que, antes, a autoridade deverá realizar uma investigação prévia para confirmar se a ***"denúncia anônima"*** possui um *mínimo de plausibilidade*. Nesses termos, "diante de uma denúncia anônima, deve a autoridade policial, antes de instaurar o inquérito policial, verificar a procedência e veracidade das informações por ela veiculadas. Recomenda-se, pois, que a autoridade policial, antes de proceder à instauração formal do inquérito policial, realize uma investigação preliminar a fim de constatar a plausibilidade da denúncia anônima. Afigura-se impossível a instauração de procedimento criminal baseado única e exclusivamente em denúncia anônima, haja vista a vedação constitucional do anonimato e a necessidade de haver parâmetros próprios à responsabilidade, nos campos cível e penal."[751] Assim, entende o Pretório Excelso que não é possível desprezar a utilidade da "denúncia anônima", visto que o crime torna-se cada vez mais complexo e organizado, e, nesse sentido, a pessoa comum tem receio de se expor ao comunicar a ocorrência de delito, sendo a *notícia crime anônima* um meio recorrente nos dias atuais.[752]

Na sequência do tema das ***provas ilícitas***, outra questão interessante, também recentemente enfrentada pelo STF, foi a da legitimidade da prova obtida por *meio de cooperação jurídica internacional*.

Entendeu o STF no Inq nº 4146 em 22.06.2016, que a utilização pelo Ministério Público de documentos enviados por outros países para fins de investigação por meio de cooperação jurídica internacional é legítima mesmo não havendo ainda legislação específica no Brasil regulamentando o tema. O fundamento é o de que a transferência de procedimento criminal encontra abrigo em convenções internacionais

751. LIMA, Renato Brasileiro de. Manual de Processo Penal. Salvador: Juspodivm, 2015, p. 129.

752. Procedimento a ser adotado, pela autoridade policial em caso de "denúncia anônima": 1) Realizar investigações preliminares para confirmar a credibilidade da "denúncia"; 2) Sendo confirmado que a "denúncia anônima" possui credibilidade (aparência mínima de procedência), instaura-se inquérito policial (IP) ou procedimento de investigação criminal conduzida pelo Ministério Público (PIC); 3) Instaurado o IP ou o PIC, a autoridade policial ou o MP deverá buscar outros meios de prova que não a interceptação telefônica (como visto, esta é a *última ratio*). Se houver indícios concretos contra os investigados, mas a interceptação se revelar imprescindível para provar o crime, poderá ser requerida a quebra do sigilo telefônico ao magistrado. LOPES CAVALCANTE, Márcio André, *Dizer o Direito*. Inf. 890 do STF, p. 24. Ainda sobre o tema, temos que: *1) Não é possível decretar medida de busca e apreensão com base unicamente em "denúncia anônima. A medida de busca e apreensão representa uma restrição ao direito à intimidade. Logo, para ser decretada, é necessário que haja indícios mais robustos que uma simples notícia anônima; 2) Não é possível decretar interceptação telefônica com base unicamente em "denúncia anônima; 3) Não é possível a propositura de ação penal com base unicamente em "denúncia anônima. A propositura de ação penal exige indícios de autoria e prova de materialidade. Logo, não é possível oferecimento de denúncia com base apenas em "denúncia anônima".*

sobre cooperação jurídica, cujas normas, quando ratificadas, assumem *status* de lei federal. Assim sendo, é legítima a providência da autoridade brasileira de, com base em material probatório obtido da Confederação Suíça, por sistema de cooperação jurídica internacional, investigar e processar congressista (parlamentar) por delito de evasão de divisas, mesmo porque tratava-se de fato delituoso diretamente vinculado à persecução penal objeto da cooperação, que tinha como foco central delitos de corrupção e lavagem de capitais.[753]

Também já decidiu o STF que a perícia realizada por perito papiloscopista não pode ser considerada prova ilícita nem deve ser excluída do processo. Certo é que o exame de corpo de delito deve ser realizado por perito oficial conforme o art. 159 do CPP. Nesses termos, do ponto de vista estritamente formal, o perito papiloscopista não se encontra previsto no art. 5º da Lei nº 12.030/2009, que lista os peritos oficiais de natureza criminal. Apesar disso, a 1ª Turma do STF já afirmou que a perícia realizada por *perito papiloscopista* não pode ser considerada prova ilícita nem deve ser excluída do processo.[754]

Em outro julgado interessante, afirmou o Pretório Excelso que são ilegais as provas obtidas por policial militar que, designado para coletar dados nas ruas como agente de inteligência, passa a atuar, sem autorização judicial, como agente infiltrado em grupo criminoso.[755]

---

753. Ementa: *(...) 3. A transferência de procedimento criminal, embora sem legislação específica produzida internamente, tem abrigo em convenções internacionais sobre cooperação jurídica, cujas normas, quando ratificadas, assumem status de lei federal. Exsurgindo do contexto investigado, mediante o material compartilhado pelo Estado estrangeiro, a suposta prática de várias condutas ilícitas, nada impede a utilização daquelas provas nas investigações produzidas no Brasil, principalmente quando a autoridade estrangeira não impôs qualquer limitação ao alcance das informações e os meios de prova compartilhados, como poderia tê-lo feito, se fosse o caso. É irrelevante, desse modo, qualquer questionamento sobre a dupla tipicidade ou o princípio da especialidade, próprios do instituto da extradição. (...)* Inq 4146/DF Plenário do STF, Rel. Min. Teori Zavascki, julg em 22.06.2016.

754. Aqui temos que na ADI 4354, Rel. Min. Luiz Fux, discute-se, a constitucionalidade da exclusão, do rol do art. 5º, dos "peritos em papiloscopia e peritos bioquímicos"; e também no julgamento (suspenso) da ADI 5.182, Rel. Min. Luiz Fux, o relator da causa deixou consignado em seu voto que a referida lei não "foi exaustiva ao especificar os peritos – criminais, médico-legistas e odontolegistas – e não vedou que se lhes equiparassem os cargos de datiloscopista ou papiloscopista. Até que haja um pronunciamento definitivo do STF sobre essa matéria, não é possível afirmar, do ponto de vista estritamente formal, que a manifestação técnica produzida pelo Instituto de Identificação da Polícia Civil tenha sido subscrita por perito oficial, nos exatos termos do art. 5º da Lei 12.030/2009. Porem o STF afirmou no informativo 953 que: *O Instituto de Identificação, unidade orgânica de execução técnico-científica, integra a estrutura da Polícia Civil, e tem atribuição formal para realizar trabalhos periciais papiloscópicos e necropapiloscópicos relativos ao levantamento, coleta, análise, codificação, decodificação e pesquisa de padrões e vestígios papilares, trabalhos periciais de prosopografia (no âmbito de sua competência), envelhecimento, rejuvenescimento, retrato falado e de representação facial humana, expedindo os respectivos laudos. Trata-se, portanto, de órgão oficial do Estado com atribuição legal para realizar exames periciais papiloscópicos e necropapiloscópicos, que ostenta qualificação ainda para proceder à identificação criminal e monodactilar dos envolvidos em práticas delitivas, proceder à coleta de impressões digitais, palmares e plantares e classificar as individuais datiloscópicas decadactilares. Não bastasse isso, veja-se que o próprio Código de Processo Penal prevê e reconhece, em pelo menos 11 dispositivos, a natureza oficial e a importância do Instituto de Identificação, sobretudo na perfeita individualização de acusados e vítimas. Não há dúvida, portanto, de que se trata de órgão auxiliar da Justiça, conforme consignado expressamente no art. 149 do Código de Processo Civil. Sendo assim, não se pode tachar o laudo produzido pelo instituto de identificação como caracterizador de prova ilícita.* STF. 1ª Turma. HC 174400 AgR/DF, red. p/ o ac. Min. Alexandre de Moraes, julg em 24.09.2019 (Inf. 953)

755. HC 147837/RJ, STF. 2ª Turma. Rel. Min. Gilmar Mendes, julgado em 26.02.2019 (Informativo 932)

No caso concreto, policial militar foi designado para participar, nas ruas, como cidadão comum (à paisana), de passeatas e manifestações, a fim de coletar dados para subsidiar a Força Nacional de Segurança em atuação estratégica diante dos movimentos sociais e dos protestos ocorridos no Brasil em 2014. Para essa atividade de mera coleta de dados, não se exige prévia autorização judicial.

No curso de sua atividade originária, o policial, percebendo que algumas pessoas estavam se reunindo para planejar a prática de crimes, aproximou-se desses suspeitos, ganhou confiança e infiltrou-se no grupo participando das conversas virtuais e das reuniões presenciais dos envolvidos.[756]

Nesses termos, o policial ultrapassou os limites da sua atribuição inicial e passou a agir como agente infiltrado. Porém, certo é que, a infiltração de agentes somente pode acontecer após prévia autorização judicial (conforme o art. 10 da Lei nº 12.850/2013[757]), o que não havia no caso. Assim sendo, o STF declarou a ilicitude e determinou o desentranhamento da infiltração realizada pelo policial militar e dos depoimentos por ele prestados em sede policial e em juízo, nos termos do art. 157, § 3º, do Código de Processo Penal.[758]

Também já afirmou o STF (conforme já citado na obra), que sem autorização judicial ou fora das hipóteses legais, é ilícita a prova obtida mediante abertura de carta, telegrama, pacote ou meio análogo.[759]

Conforme o entendimento atual do STF é possível a abertura de carta, telegrama, pacote ou meio análogo em duas situações: quando houver prévia autorização judicial; e nas hipóteses em que a lei autoriza que os agentes públicos abram a correspondência. Neste caso, não é necessária autorização judicial porque se considera que, em razão da natureza do serviço, não há violação do sigilo.[760] Porém, as

756. HC 147837/RJ, STF. 2ª Turma. Rel. Min. Gilmar Mendes, julgado em 26.02.2019 (Informativo 932).

757. O STF reconheceu que, neste caso, deveriam ser aplicadas as exigências contidas na Lei nº 12.850/2013, que define organização criminosa e dispõe sobre a investigação criminal, os meios de obtenção da prova, infrações penais correlatas e o procedimento criminal a ser aplicado: *Ainda que se sustente que os mecanismos excepcionais previstos nesse diploma legal incidem somente nas persecuções de delitos relacionados a organizações criminosas nos termos nela definidos, os procedimentos probatórios ali regulados devem ser respeitados, por analogia, em casos de omissão legislativa. Em outras palavras, mesmo que o delito investigado não seja o de organização criminosa, caso seja necessária a infiltração policial, deverão ser observados, por analogia, os requisitos da Lei nº 12.850/2013, salvo se esse crime tiver lei própria regulamentando a medida* (ECA ou Lei de Drogas). Assim, as exigências impostas para a infiltração policial se aplicam mesmo para crimes que não sejam o de organização criminosa. (Inf.932). Aqui temos também, que a distinção entre agente infiltrado e agente de inteligência se daria em razão da finalidade e amplitude de investigação. Para a 2ª Turma do STF, o *Agente de inteligência tem uma função preventiva e genérica. Ele busca informações de fatos sociais relevantes ao governo e sua atuação não precisa de autorização judicial.* Já o Agente Infiltrado *age com finalidades repressivas e investigativas em busca da obtenção de elementos probatórios relacionados a fatos supostamente criminosos e organizações criminosas específicas e a infiltração somente pode ocorrer mediante prévia autorização judicial.*

758. HC 147837/RJ, STF. 2ª Turma. Rel. Min. Gilmar Mendes, julgado em 26.02.2019 (Informativo 932).

759. RE 1116949, STF. Plenário. Rel. p/ Acórdão Min. Edson Fachin, julg. em 18.08.2020 (Repercussão Geral – Tema 1041) (Inf. 993).

760. Lei nº 6.538/78 (Leis dos Serviços Postais): *Art. 10. Não constitui violação de sigilo da correspondência postal a abertura de carta: I - endereçada a homônimo, no mesmo endereço; II - que apresente indícios de conter objeto sujeito a pagamento de tributos; III - que apresente indícios de conter valor não declarado, objeto ou substância de expedição, uso ou entrega proibidos; IV - que deva ser inutilizada, na forma prevista em regulamento, em virtude de impossibilidade de sua entrega e*

hipóteses previstas na lei como autorizadoras da violação das correspondências, para serem legítimas, precisam atender a um fim legítimo e que seja necessário em uma sociedade democrática. Em outras palavras, exige-se que a restrição obedeça a um rígido teste de proporcionalidade.

Na sequência, temos que, o STJ já afirmou que o testemunho por "ouvir dizer" (*hear-sayrule*), produzido somente na fase inquisitorial, não serve como fundamento exclusivo da decisão de pronúncia, que submete o réu a julgamento pelo Tribunal do Júri.[761]

Por último, temos que a 5ª turma do STJ já reconheceu em alguns julgados a ilegalidade de provas obtidas pela polícia sem a autorização judicial a partir de mensagens arquivadas no aplicativo WhatsApp. Em um caso, a turma, por unanimidade, determinou a retirada do material do processo penal que apura uma suposta prática de furto. Entendeu a turma que, no caso, deveria a autoridade policial, após a apreensão do telefone, ter requerido judicialmente a quebra do sigilo dos dados armazenados (violação dos dados armazenados no celular), haja vista à inviolabilidade da intimidade e da vida privada, prevista no art. 5º, X da CR/88. Nesses termos, entendemos que as mensagens armazenadas no aparelho celular estão protegidas pelo sigilo telefônico.[762]

12. COLABORAÇÃO PREMIADA E SEUS REFLEXOS NO STF

Nesse momento, trazemos a cotejo, recente debate que vem ocorrendo no STF sobre o tema da **colaboração (ou delação) premiada.** A Lei 12.850/2013 (Lei do Crime Organizado) utiliza a expressão "colaboração premiada". Certo é que para boa parte da doutrina, a nomenclatura "colaboração premiada" é mais ampla do que delação premiada, devendo ser considerada como um gênero, do qual uma das suas espécies seria a delação premiada.

Nesses termos, a **delação premiada** ocorre quando o investigado (ou acusado) colabora com as autoridades[763] delatando os comparsas, ou seja, apontando as

restituição. Parágrafo único. Nos casos dos incisos II e III a abertura será feita obrigatoriamente na presença do remetente ou do destinatário. Portanto, se não for cumprida a cautela legal, a prova será considerada ilícita.

761. REsp 1373356-BA, STJ. 6ª Turma Rel. Min. Rogerio Schietti Cruz, julg. em 20.04.2017 (Informativo 603 do STJ). No mesmo sentido em decisão apertada (3x2) da 2ª Turma do STF: *Na fase de pronúncia deve-se adotar a teoria racionalista da prova, na qual não deve haver critérios de valoração das provas rigidamente definidos na lei, no entanto, por outro lado, o juízo sobre os fatos deve ser pautado por critérios de lógica e racionalidade, podendo ser controlado em âmbito recursal ordinário. Para a pronúncia, não se exige uma certeza além da dúvida razoável, necessária para a condenação. Contudo, a submissão de um acusado ao julgamento pelo Tribunal do Júri pressupõe a existência de um lastro probatório consistente no sentido da tese acusatória. Ou seja, requer-se um standard probatório um pouco inferior, mas ainda assim dependente de uma preponderância de provas incriminatórias.* STF. 2ª Turma. ARE 1067392/CE, Rel. Min. Gilmar Mendes, julgado em 26.03.2019 (Inf. 935 do STF).

762. Como exemplos: STJ, 5ª Turma. RHC 67.379-RN, Rel. Min. Ribeiro Dantas, julg, em 20.10. 2016 (Inf. 583). Sobre o tema já decidiu o STF que: (...) o colegiado, por maioria, não vislumbrou suporte à sua alegação no sentido de que teria sido coagido ou obrigado a fornecer a senha. Explicitou inexistir expressamente, na decisão judicial, a expressão "autorizo a apreensão do aparelho celular". Entretanto, o ato decisório conteve o deferimento ao acesso, à exploração e cópia do conteúdo de mídias, dispositivos e dados armazenados em nuvem, bem assim a determinação de que deveria constar, expressamente no mandado, a autorização de acesso a dados telefônicos e telemáticos armazenados nos dispositivos eletrônicos apreendidos. Rcl 33711/SP, STF. 2ª Turma. Rel. Min. Gilmar Mendes, julg. em 11.06.2019.

763. Conforme dicção legal (art. 4º §2º da Lei 12.850/2013) o Delegado de Polícia ***pode negociar e assinar acordo de colaboração premiada com o colaborador*** (assistido por seu defensor), enviando depois esse termo para ser

outras pessoas que também praticaram as infrações penais. Assim sendo, a delação é uma forma de exercer a ***colaboração premiada***[764]

Conforme a recente Lei nº 13.964/2019, o acordo de colaboração premiada é negócio jurídico processual e meio de obtenção de prova, que pressupõe utilidade e interesse públicos.

Nesse sentido, a **colaboração** (ou delação) premiada é definida pela doutrina como um instituto previsto na legislação por meio do qual um investigado ou acusado da prática de infração penal decide confessar a prática do delito e, além disso, aceita colaborar com a investigação ou com o processo fornecendo informações que irão ajudar, de forma efetiva, na: a) obtenção de provas contra os demais autores dos delitos; b) contra a organização criminosa; c) na prevenção de novos crimes; d) na recuperação do produto ou proveito dos crimes; e) ou na localização da vítima com integridade física preservada (art. 4º da Lei 12.850/2013).

Assim sendo, o colaborador (delator), recebe em contrapartida, determinados benefícios penais (como por exemplo: não oferecimento da denúncia, redução de pena, progressão de regime, perdão judicial, entre outras). A Lei 12.850/2013 aponta os seguintes critérios para que o magistrado escolha quais benefícios serão aplicados ao colaborador: a) Personalidade do colaborador; b) Natureza, circunstâncias, gravidade e repercussão social do fato criminoso; c) Eficácia da colaboração.

É interessante que a ***colaboração premiada*** e a concessão dos benefícios dela decorrentes podem ocorrer em três momentos: 1) na fase de investigação criminal (inquérito policial ou investigação conduzida pelo MP); 2) durante o curso do processo penal (ainda que já esteja em instância recursal); 3) após o trânsito em julgado da sentença penal condenatória.

Aqui ressaltamos que a colaboração deve ser voluntária. Ou seja, o colaborador não pode ter sido coagido. Não importa que a ideia do acordo de colaboração tenha partido da polícia ou do Ministério Público. Já o termo "espontâneo" (para a corrente majoritária) significa que a ideia surgiu da própria pessoa. É importante salientar que a colaboração premiada precisa ser voluntária, mas não é necessário que seja espontânea. A colaboração é considerada válida mesmo que a proposta não tenha partido do investigado/acusado. Nesses termos, não se exige que a colaboração seja espontânea, ou seja, que tenha partido do colaborador a ideia e iniciativa de fazer a colaboração. Assim, basta que seja ***voluntária*** (que ele aceite livremente). Se a polícia ou o Ministério Público propõem o acordo e este é aceito livremente pelo colaborador, essa colaboração é tida como *voluntária*.[765]

---

homologado pelo juiz. Ou seja, a autoridade policial tem legitimidade para celebrar o acordo de colaboração premiada.

764. Exemplo de *colaboração premiada* que não é *delação premiada* apresentado por Márcio André Lopes Cavalcante: *o autor confessa a prática do crime e não delata nenhum comparsa. No entanto, ele fornece todas as informações necessárias para que as autoridades recuperem o dinheiro desviado com o esquema criminoso e que se encontrava em contas bancárias no exterior. Assim, toda delação premiada é uma forma de colaboração premiada, mas nem sempre a colaboração premiada será feita por meio de uma delação premiada.* (Comentários sobre o Informativo 796 do STF)

765. Embora, *para o Min. Marco Aurélio, em corrente minoritária, os vocábulos voluntariedade e espontaneidade são sinônimos. "Voluntário" é "aquilo que não é forçado, que só depende da vontade", ou seja, voluntário é o mesmo que*

É interessante observarmos, conforme ressaltam a doutrina e a normatividade, os procedimentos até a assinatura do acordo de colaboração: 1) negociação do acordo. O investigado (ou acusado), assistido por advogado, negocia o acordo de colaboração premiada com o Delegado de Polícia ou com o Ministério Público.[766]

O juiz **não** participará, em hipótese alguma, das negociações realizadas entre as partes para a formalização do acordo de colaboração (§ 6º do art. 4º da Lei 12.850/2013); 2) formalização do acordo e envio à Justiça. Caso as negociações tenham êxito, as declarações do colaborador serão registradas (nos termos do § 13 do art. 4º da Lei 12.850/2013) e será elaborado um termo de acordo de colaboração premiada, a ser assinado por todas as partes e, então, remetido ao juiz para homologação. Ocorre então que, após celebrado, o pacto somente terá eficácia processual se for ***homologado*** pelo juiz.

O § 7º do art. 4º, da Lei nº 12.850/2013, com redação dada pela recente Lei nº 13.964/2019 afirma que realizado o acordo na forma do § 6º deste artigo do art. 4º (acima citado), serão remetidos ao juiz, para análise, o respectivo termo, as declarações do colaborador e cópia da investigação, devendo o juiz ouvir sigilosamente o colaborador, acompanhado de seu defensor, oportunidade em que analisará os seguintes aspectos na homologação: I - regularidade e legalidade; II - adequação dos benefícios pactuados àqueles previstos no **caput** e nos §§ 4º e 5º do art.4º[767],

---

espontâneo. Para que a colaboração do réu possa receber os benefícios legais, é necessário que ela decorra de livre vontade, sendo desprovida de qualquer tipo de constrangimento, ou seja, é necessário que ela seja voluntária/espontânea. Informativo, 861: Dizer o Direito.

766. Lei nº 12.850/2013: *Art. 3º-B. O recebimento da proposta para formalização de acordo de colaboração demarca o início das negociações e constitui também marco de confidencialidade, configurando violação de sigilo e quebra da confiança e da boa-fé a divulgação de tais tratativas iniciais ou de documento que as formalize, até o levantamento de sigilo por decisão judicial. (Incluído pela Lei nº 13.964, de 2019) § 1º A proposta de acordo de colaboração premiada poderá ser sumariamente indeferida, com a devida justificativa, cientificando-se o interessado. (Incluído pela Lei nº 13.964, de 2019) § 2º Caso não haja indeferimento sumário, as partes deverão firmar Termo de Confidencialidade para prosseguimento das tratativas, o que vinculará os órgãos envolvidos na negociação e impedirá o indeferimento posterior sem justa causa. (Incluído pela Lei nº 13.964, de 2019) § 3º O recebimento de proposta de colaboração para análise ou o Termo de Confidencialidade não implica, por si só, a suspensão da investigação, ressalvado acordo em contrário quanto à propositura de medidas processuais penais cautelares e assecuratórias, bem como medidas processuais cíveis admitidas pela legislação processual civil em vigor. (Incluído pela Lei nº 13.964, de 2019) § 4º O acordo de colaboração premiada poderá ser precedido de instrução, quando houver necessidade de identificação ou complementação de seu objeto, dos fatos narrados, sua definição jurídica, relevância, utilidade e interesse público. (Incluído pela Lei nº 13.964, de 2019) § 5º Os termos de recebimento de proposta de colaboração e de confidencialidade serão elaborados pelo celebrante e assinados por ele, pelo colaborador e pelo advogado ou defensor público com poderes específicos. (Incluído pela Lei nº 13.964, de 2019) § 6º Na hipótese de não ser celebrado o acordo por iniciativa do celebrante, esse não poderá se valer de nenhuma das informações ou provas apresentadas pelo colaborador, de boa-fé, para qualquer outra finalidade. (Incluído pela Lei nº 13.964, de 2019) Art. 3º-C. A proposta de colaboração premiada deve estar instruída com procuração do interessado com poderes específicos para iniciar o procedimento de colaboração e suas tratativas, ou firmada pessoalmente pela parte que pretende a colaboração e seu advogado ou defensor público. (Incluído pela Lei nº 13.964, de 2019) § 1º Nenhuma tratativa sobre colaboração premiada deve ser realizada sem a presença de advogado constituído ou defensor público. (Incluído pela Lei nº 13.964, de 2019)*

767. Lei nº12850/2013: *Art. 4º O juiz poderá, a requerimento das partes, conceder o perdão judicial, reduzir em até 2/3 (dois terços) a pena privativa de liberdade ou substituí-la por restritiva de direitos daquele que tenha colaborado efetiva e voluntariamente com a investigação e com o processo criminal, desde que dessa colaboração advenha um ou mais dos seguintes resultados: I - a identificação dos demais coautores e partícipes da organização criminosa e das infrações penais por eles praticadas; II - a revelação da estrutura hierárquica e da divisão de tarefas da organização criminosa; III - a prevenção de infrações penais decorrentes das atividades da organização criminosa; IV - a recuperação total ou parcial do produto ou do*

sendo nulas as cláusulas que violem o critério de definição do regime inicial de cumprimento de pena do art. 33 do Decreto-Lei nº 2.848, de 7 de dezembro de 1940 (Código Penal), as regras de cada um dos regimes previstos no Código Penal e na Lei nº 7.210, de 11 de julho de 1984 (Lei de Execução Penal) e os requisitos de progressão de regime não abrangidos pelo § 5º do art. 4º; III - adequação dos resultados da colaboração aos resultados mínimos exigidos nos incisos I, II, III, IV e V do ***caput*** do art. 4º; IV - voluntariedade da manifestação de vontade, especialmente nos casos em que o colaborador está ou esteve sob efeito de medidas cautelares. Ou seja, se o investigado/acusado não foi coagido a assinar o acordo.

Conforme o § 8º do art. 4º da Lei nº 12.850/2013 (com redação dada pela Lei nº 13.964/2019) o juiz poderá recusar a homologação da proposta que não atender aos requisitos legais, devolvendo-a às partes para as adequações necessárias. Na redação anterior da Lei tínhamos que o próprio juiz poderia adequar a proposta. Entendemos que isso não pode mais ocorrer, nos termos da Lei nº13.964/2019.

Aqui temos uma questão relevante. Muito embora a lei fale apenas em "juiz", conforme o STF, é possível que a homologação da colaboração premiada seja da competência de um tribunal, nos casos em que o delator ou os delatados possuem foro por prerrogativa de função. Nesses termos, se o colaborador admite seus próprios delitos e delata outros crimes de autoridades com prerrogativas de foro a competência para a homologação não será do juiz.

Portanto, se a delação do colaborador mencionar autoridade com prerrogativa de foro (como exemplo: Deputado Federal), este acordo deve ser celebrado pelo Ministério Público respectivo (PGR), com homologação pelo Tribunal competente (STF). Se for mencionado um Governador este acordo deve ser celebrado pelo Ministério Público respectivo (PGR) com homologação pelo Tribunal competente (STF).

Esse entendimento está exarado na decisão da 2ª Turma do STF no HC nº 151605/PR julgado em 20.03.2018. No caso, a 2ª Turma, por maioria, concedeu a ordem de "*habeas corpus*" para determinar o trancamento de inquérito instaurado perante o STJ em desfavor de governador. A investigação foi instaurada para apurar a suposta prática de crimes de corrupção passiva, lavagem de dinheiro e falsidade ideológica eleitoral. O procedimento investigatório foi inaugurado com base em depoimentos colhidos em sede de colaboração premiada celebrada com o Ministério Público estadual e homologada pelo respectivo juízo. A defesa sustentou que houve usurpação de competência e de jurisdição da Procuradoria-Geral da República e do STJ, o que teria acarretado a nulidade das provas dele derivadas.[768]

---

proveito das infrações penais praticadas pela organização criminosa; V - a localização de eventual vítima com a sua integridade física preservada. (...) § 4º Nas mesmas hipóteses do ***caput*** *deste artigo, o Ministério Público poderá deixar de oferecer denúncia se a proposta de acordo de colaboração referir-se a infração de cuja existência não tenha prévio conhecimento e o colaborador: (Redação dada pela Lei nº 13.964, de 2019) I - não for o líder da organização criminosa; I - for o primeiro a prestar efetiva colaboração nos termos deste artigo. § 5º Se a colaboração for posterior à sentença, a pena poderá ser reduzida até a metade ou será admitida a progressão de regime ainda que ausentes os requisitos objetivos.*

768. *"(...) Muito embora a lei fale apenas em juiz, é possível que a homologação de delações seja da competência de tribunal. O colaborador admite seus próprios delitos e delata outros crimes. Assim, quanto à prerrogativa de função, será competente o juízo mais graduado, observadas as prerrogativas de função do delator e dos delatados. Essa*

Nesses termos, conforme entendimento do STF, se os fatos delatados tiverem que ser julgados originariamente por um Tribunal (foro por prerrogativa de função), o próprio acordo de colaboração premiada deverá ser homologado por este respectivo Tribunal, mesmo que o delator não tenha foro privilegiado. A delação de autoridade com prerrogativa de foro atrai a competência do respectivo Tribunal para a respectiva homologação e, em consequência, do órgão do Ministério Público que atua perante a respectiva Corte. Se o delator ou se o delatado terem foro por prerrogativa de função, a homologação da colaboração premiada será de competência do respectivo Tribunal.[769]

Assim, conforme o Informativo 895 do STF, quanto à prerrogativa de função, será competente o juízo mais graduado, observadas as prerrogativas de função do delator e dos delatados. Como exemplo, se um Prefeito (julgado pelo TJ, conforme o art. 29 da CR/88) faz um acordo de colaboração premiada e delata um Deputado Federal que teria praticado crimes no exercício de seu cargo e em função dele, a competência para homologar este acordo é do STF (art. 102, I, "b" da CR/88).[770]

Porém, também é importante ressaltar que, conforme o STF, a colaboração premiada, como meio de obtenção de prova, não constitui critério de determinação, de modificação ou de concentração da competência.[771]

Para o STF, conforme decidido pela Corte, nos autos do INQ 4.130, os fatos relatados em colaboração premiada não geram prevenção. Enquanto meio de obtenção de prova, os fatos relatados em colaboração premiada, quando não conexos com o objeto do processo que deu origem ao acordo, devem receber o tratamento conferido ao encontro fortuito de provas.

Assim sendo, os elementos de informação trazidos pelo colaborador a respeito de crimes que não sejam conexos ao objeto da investigação primária devem

---

prática vem sendo observada no STF. No caso, o investigado celebrou acordo de colaboração com o MP estadual, o qual foi homologado pelo juiz. O acordo foi rescindido e outro foi firmado e homologado, com os mesmos sujeitos. O colaborador imputou delitos ao governador. Sustentou que um grupo de auditores da Receita estadual cobrava de empresários vantagem indevida para deixar de apurar ou reduzir tributos. Durante o período eleitoral de 2014, parte dos recursos teria sido repassada à campanha do paciente para o cargo de governador. Como corroboração, o colaborador apresentou nota de compra de compensados, com endereço de entrega na sede do comitê eleitoral da campanha do paciente. A despeito de terem sido imputados delitos ao governador, a colaboração não foi realizada pela Procuradoria-Geral da República, tampouco foi submetida à homologação pelo STJ. Posteriormente, o STJ analisou a validade do acordo, em sede de reclamação. Reconheceu a usurpação da própria competência, mas apenas após a homologação do acordo. Conforme a decisão, até os depoimentos do colaborador, não havia elementos contra autoridades com prerrogativa de foro. Como os elementos que atraíram a competência do STJ teriam surgido com o acordo, teria sido correto homologar o acordo e, em seguida, remeter os autos ao STJ. Essa interpretação, contudo, está em descompasso com o entendimento do STF, segundo o qual a delação de autoridade com prerrogativa de foro atrai a competência do tribunal competente para a respectiva homologação e, em consequência, do órgão do MP respectivo." HC 151605/PR, STF. 2ª Turma. Rel. Min. Gilmar Mendes, julg em 20.03.2018.

769. Temos posicionamento anterior do STJ em sentido diverso, no informativo 612: "*A homologação de acordo de colaboração premiada por juiz de 1º grau de jurisdição, que mencione autoridade com prerrogativa de foro no STJ, não traduz em usurpação de competência deste Tribunal Superior*. STJ. Corte Especial. Rcl 31.629-PR, Rel. Min. Nancy Andrighi, julgado em 20.09.2017".
770. HC 151605/PR, STF. 2ª Turma. Rel. Min. Gilmar Mendes, julgado em 20.03.2018 (Informativo 895).
771. HC 181978 AgR/RJ, STF. 2ª Turma. Rel. Min. Gilmar Mendes, julgado em 10.11.2020 (Info 999).

receber o mesmo tratamento conferido à descoberta fortuita ou ao encontro fortuito de provas em outros meios de obtenção de prova, como a busca e apreensão e a interceptação telefônica.

A colaboração premiada, como meio de obtenção de prova, não constitui critério de determinação, de modificação ou de concentração da competência. Assim, ainda que o agente colaborador aponte a existência de outros crimes e que o juízo perante o qual foram prestados seus depoimentos ou apresentadas as provas que corroborem suas declarações ordene a realização de diligências (interceptação telefônica, busca e apreensão etc.) para sua apuração, esses fatos, por si sós, não firmam sua prevenção.[772]

Nesse momento, passaremos à análise de mais alguns julgados do STF sobre o tema em comento, para sua melhor compreensão e interpretação.

a) Recentemente decidiu o STF que Poder Judiciário ***não pode obrigar*** o Ministério Público a celebrar o acordo de colaboração premiada. Nesses termos, conforme o STF, não existe direito líquido e certo a compelir o Ministério Público à celebração do acordo de delação premiada, diante das características desse tipo de acordo e considerando a necessidade de distanciamento que o Estado-juiz deve manter durante o cenário investigado e a fase de negociação entre as partes do cenário investigativo.[773]

O acordo de colaboração premiada, além de meio de obtenção de prova, constitui-se em um ***negócio jurídico processual personalíssimo***, cuja conveniência e oportunidade estão submetidos à ***discricionariedade regrada*** do Ministério Público e não se submetem ao escrutínio do Estado-juiz. Trata-se, portanto, de ato voluntário por essência, insuscetível de imposição judicial.[774]

Ademais, afirmou o STF que, no âmbito da formação do acordo de colaboração premiada, o juiz não pode participar das negociações realizadas entre as partes, por expressa vedação legal (Lei 12.850/2013, art. 4º, § 6º). Isso, segundo o Pretório Excelso, decorre do sistema acusatório, que desmembra os papéis de investigar e acusar e aqueles de defender e julgar e atribui missão própria a cada sujeito processual.

É interessante que o STF na decisão diferencia a colaboração premiada do acordo de colaboração premiada. Nesses termos, a colaboração premiada é uma realidade jurídica mais ampla que o acordo de colaboração premiada. A Colaboração premiada consiste em adotar um comportamento processual que contribua para se conseguir

---

772. HC 181978 AgR/RJ, STF. 2ª Turma. Rel. Min. Gilmar Mendes, julgado em 10.11.2020. Conforme o STF: *A regra no processo penal é o respeito ao princípio do juiz natural, com a devida separação das competências entre justiça estadual e justiça federal. Assim, para haver conexão ou continência, seria necessário que, além da mera coincidência de agentes, houvesse uma conexão fático-objetiva entre os fatos imputados em ambas ações penais. Com a finalidade de viabilizar a instrução probatória e impedir a prolação de decisões contraditórias, a alteração da competência deve-se limitar às restritas situações em que houver o concurso de agentes em crime específico, simultâneo ou recíproco, nos casos de crimes cometidos com a finalidade de ocultar infração anterior, quando houver um liame probatório indispensável, ou nas hipóteses de duas pessoas serem acusadas do mesmo crime (arts. 76 e 77 do Código Penal).* Informativo 999 do STF.
773. MS 35693 AgR/DF, STF. 2ª Turma. Rel. Min. Edson Fachin, julgado em 28.05.2019 (Informativo 942).
774. MS 35693 AgR/DF, STF. 2ª Turma. Rel. Min. Edson Fachin, julgado em 28.05.2019 (Informativo 942).

alcançar algum dos resultados previstos no art. 4º da Lei nº 12.850/2013. O acusado possui direito subjetivo à colaboração e, em contrapartida, terá direito de receber uma *sanção premial* a ser concedida pelo Poder Judiciário no momento da prolação da sentença que o julgar, caso o magistrado entenda que sua colaboração foi eficaz. Isso não significa, contudo, que, na fase negocial, o Poder Judiciário possa obrigar o Ministério Público a celebrar um acordo de colaboração estando ausente a voluntariedade ministerial, ou seja, mesmo contra a vontade do membro do *Parquet*.

Porém, aqui duas questões importantes devem ser colocadas. A primeira é a de que o ato do membro do Ministério Público que se nega à realização do acordo deve ser *devidamente motivado*. Essa recusa pode ser objeto de controle por órgão superior no âmbito do Ministério Público (Procurador-Geral de Justiça ou Comissão de Coordenação e Revisão), por aplicação analógica do art. 28 do CPP (art. 62, IV, da LC 75/93).[775]

A segunda é que mesmo sem ter assinado o acordo, o acusado pode colaborar fornecendo as informações e provas que possuir. Ao final, na sentença, o juiz irá analisar esse comportamento processual e ***poderá conceder benefício*** *ao acusado mesmo sem que tenha havido a prévia celebração e homologação do acordo de colaboração premiada*. Nesses termos, o acusado pode receber a *sanção premial* mesmo sem a celebração do acordo caso o magistrado entenda que sua colaboração foi eficaz. Aqui a decisão da 2ª turma do STF cita o disposto no § 2º do art. 4º da Lei 12.850/2013[776], que estabelece a possibilidade, em tese, até mesmo de ***perdão judicial***, ainda que referida *sanção premial* não tenha sido prevista na proposta inicial.[777]

Temos ainda que o ministro Gilmar Mendes acompanhou o voto do relator (Ministro Edson Fachin), mas, à guisa de *obiter dictum*, assentou premissas ao modelo

---

775. Conforme o Informativo 942 do STF: *Considerou, também, as razões explicitadas pelo ministério público, em sede de discricionariedade regrada, para afastar, no caso concreto, a celebração do acordo de colaboração. A PGR afirmou que os elementos de corroboração apresentados não se revestem da consistência necessária à elucidação do que relatado, nem são conclusivos quanto à certificação das irregularidades apontadas, para afastar, no caso concreto, a celebração do acordo de colaboração. Essa motivada valoração, sob o ponto de vista negocial, não se submete ao crivo do Poder Judiciário, sob pena de se afetar, diretamente, a própria formação da independente convicção ministerial. Por isso, com fundamento no princípio acusatório, cabe exclusivamente ao ministério público avaliar a conveniência e a oportunidade de celebração do ato negocial, resguardando-se os direitos do agente em caso de não formalização do acordo de efetiva colaboração ao exame dessa colaboração pelo Estado-juiz na fase de sentença. Evidenciou que a ausência de acordo de colaboração, em tese, pode se submeter a eventual escrutínio implementado no seio do próprio ministério público, aplicando-se, por analogia, o art. 28 do Código de Processo Penal. Essa realidade, no entanto, não se coloca no caso concreto, visto que o ato coator é atribuído à PGR, chefe do Ministério Público da União, o que atrai a incidência da regra que prescreve a inviabilidade de atuação das câmaras de coordenação e revisão nessa hipótese [Lei Complementar 75/1993 (LC), art. 25 c/c o art. 62, IV].*

776. Lei 12.850/2013, art.4 § 2º: *Considerando a relevância da colaboração prestada, o Ministério Público, a qualquer tempo, e o delegado de polícia, nos autos do inquérito policial, com a manifestação do Ministério Público, poderão requerer ou representar ao juiz pela concessão de perdão judicial ao colaborador, ainda que esse benefício não tenha sido previsto na proposta inicial, aplicando-se, no que couber, o art. 28 do Decreto-Lei nº 3.689, de 3 de outubro de 1941 (CPP)*. Conforme o Informativo 942 do STF: *(...) no mesmo sentido, diversos diplomas normativos antecedentes à Lei 12.850/2013 já previam essa possibilidade de concessão de sanção premial, sem a exigência da celebração de acordo de colaboração, o qual, embora confira maior segurança jurídica à esfera do colaborador, não se revela indispensável à mitigação da pretensão punitiva. Portanto, independentemente da formalização de ato negocial, persiste a possibilidade, em tese, de adoção de postura colaborativa e, ainda em tese, a concessão judicial de sanção premial condizente com esse comportamento.*

777. MS 35693 AgR/DF, STF. 2ª Turma. Rel. Min. Edson Fachin, julgado em 28.05.2019 (Informativo 942).

de colaboração premiada brasileiro diante de omissões relevantes na legislação pertinente. Essas premissas foram endossadas pelos ministros Celso de Mello e Ricardo Lewandowski.

Para o ministro Gilmar Mendes, a negativa de realização do acordo por parte do órgão acusador deve ser devidamente motivada e orientada pelos critérios definidos em lei. Essa recusa também pode ser objeto de controle por órgão superior no âmbito do Ministério Público, por aplicação analógica do art. 28 do CPP (aqui antigo art. 28 do CPP antes da sua alteração pela Lei nº 13.964/2019). Ademais, informações ou elementos produzidos por investigados em negociações de acordo de colaboração premiada não formalizado não podem ser utilizadas na persecução penal. Por fim, o juiz, na sentença, pode conceder benefício ao investigado mesmo sem prévia homologação de acordo de colaboração premiada.[778]

O ministro Celso de Mello ressaltou ainda a importância de se estabelecer esses parâmetros em ordem a evitar abusos por parte do Estado e frustração da confiança depositada nos seus agentes por potenciais agentes colaboradores.[779]

b) No segundo caso, presente no informativo 796 do STF, um dos réus na operação Lava-Jato, impetrou *habeas corpus* no STF contra ato do ministro Teori Zavascki, que homologou acordo de delação premiada do *"doleiro"* Alberto Youssef. No *habeas corpus*, foi alegado, que o colaborador (delator) não teria idoneidade para firmar o acordo e que, por isso, as informações por ele repassadas não seriam confiáveis, ou seja, que o beneficiário do acordo não seria pessoa digna de confiança. Afirmou-se, ainda, que ele já descumpriu um outro acordo de colaboração premiada, demonstrando, assim, não ter compromisso com a verdade. Em razão disso, o acordo seria ilícito e todas as provas obtidas a partir dele também seriam ilícitas por derivação, devendo ser anuladas.

Pois bem, o STF denegou o *habeas corpus*. Nesses termos, no mérito, o Plenário considerou que a colaboração premiada (delação premiada) seria **meio de *obtenção* de prova**, destinado à aquisição de elementos dotados de capacidade probatória, e com isso, **não constituiria meio de prova propriamente dito**.

Nesses termos, o acordo de colaboração (delação) não se confundiria com os depoimentos prestados pelo agente colaborador. Estes seriam, efetivamente, meio de prova, que somente se mostraria hábil à formação do convencimento judicial se viesse a ser corroborado por outros meios idôneos de prova. Entendeu o STF que a Lei 12.850/2013 (*Lei do Crime Organizado*) dispõe que nenhuma sentença condenatória será proferida com fundamento exclusivo nas declarações do agente colaborador.[780]

---

778. MS 35693 AgR/DF, STF. 2ª Turma. Rel. Min. Edson Fachin, julgado em 28.05.2019 (Informativo 942).
779. MS 35693 AgR/DF, STF. 2ª Turma. Rel. Min. Edson Fachin, julgado em 28.05.2019 (Informativo 942).
780. HC 127.483/PR Rel. Min. Dias Toffoli, julg. em 26 e 27.08.2015. A colaboração premiada possui natureza jurídica de "meio de obtenção de prova" (art. 3º, I, da Lei nº 12.850/2013). Portanto, como resume Márcio André Lopes: *"a colaboração premiada não é um meio de prova propriamente dito. A colaboração premiada não prova nada (ela não é uma prova). A colaboração premiada é um meio, uma técnica, um instrumento para se obter as provas."* Nesse sentido, o

Portanto, em síntese presente na decisão: a) A colaboração premiada é apenas meio de obtenção de prova, ou seja, é um instrumento para colheita de documentos que, segundo o resultado de sua obtenção, poderão formar meio de prova; b) A colaboração premiada não se constitui em meio de prova propriamente dito; c) O acordo de colaboração não se confunde com os depoimentos prestados pelo colaborador com o objetivo de fundamentar as imputações a terceiros. Ou seja, uma coisa é o acordo, outra é o depoimento prestado pelo colaborador e que será ainda valorado a partir da análise das provas produzidas no processo; d) Homologar o acordo não significa dizer que o juiz admitiu como verídicas ou idôneas as informações prestadas pelo colaborador. Segundo o STF, quando o magistrado homologa o acordo, ele apenas afirma que este cumpriu sua regularidade, legalidade e voluntariedade.[781]

Aqui, conforme a recente Lei nº 13.964/2019, temos também que nenhuma das seguintes medidas será decretada ou proferida com fundamento apenas nas declarações do colaborador: I - medidas cautelares reais ou pessoais; II - recebimento de denúncia ou queixa-crime; III - sentença condenatória.

Na sequência, afirmou ainda o STF, que o acordo de colaboração não pode ser impugnado por terceiro, mesmo que seja uma pessoa citada na delação. O fundamento é porque o acordo é personalíssimo e, por si só, não vincula o delatado nem afeta diretamente sua situação jurídica. O que poderá atingir eventual corréu delatado são as imputações posteriores, constantes do depoimento do colaborador.[782]

---

autor citando Gustavo Badaró: *"Enquanto os meios de prova são aptos a servir, diretamente, ao convencimento do juiz sobre a veracidade ou não de uma afirmação fática (p. ex., o depoimento de uma testemunha, ou o teor de uma escritura pública), os meios de obtenção de provas (p. ex.: uma busca e apreensão) são instrumentos para a colheita de elementos ou fontes de provas, estes sim, aptos a convencer o julgador (p. ex.: um extrato bancário [documento] encontrado em uma busca e apreensão domiciliar). Ou seja, enquanto o meio de prova se presta ao convencimento direto do julgador, os meios de obtenção de provas somente indiretamente, e dependendo do resultado de sua realização, poderão servir à reconstrução da história dos fatos".* BADARÓ, Gustavo. Processo Penal. Rio de Janeiro. Elsevier. 2012, p. 270.

781. *"(...) Assinalou o STF que a colaboração premiada seria negócio jurídico processual, o qual, judicialmente homologado, confere ao colaborador o direito de: a) usufruir das medidas de proteção previstas na legislação específica; b) ter nome, qualificação, imagem e demais informações pessoais preservados; c) ser conduzido, em juízo, separadamente dos demais coautores e partícipes; e d) participar das audiências sem contato visual com outros acusados. Além disso, deverá ser feito por escrito e conter: a) o relato da colaboração e seus possíveis resultados; b) as condições da proposta do Ministério Público ou do delegado de polícia; c) a declaração de aceitação do colaborador e de seu defensor; e d) as assinaturas do representante do Ministério Público ou do delegado de polícia, do colaborador e de seu defensor. Por sua vez, esse acordo somente será válido se: a) a declaração de vontade do colaborador for resultante de um processo volitivo, querida com plena consciência da realidade, escolhida com liberdade e deliberada sem má-fé; e b) o seu objeto for lícito, possível, determinado ou determinável. Destacou que a "liberdade" de que se trata seria psíquica, e não de locomoção. Assim, não haveria óbice a que o colaborador estivesse custodiado, desde que presente a voluntariedade da colaboração. Ademais, no que se refere à eficácia do acordo, ela somente ocorreria se o ato fosse submetido à homologação judicial. Esta limitar-se-ia a se pronunciar sobre a regularidade, legalidade e voluntariedade do acordo. Não seria emitido qualquer juízo de valor a respeito das declarações eventualmente já prestadas pelo colaborador à autoridade policial ou ao MP, tampouco seria conferido o signo da idoneidade a depoimentos posteriores. Em outras palavras, homologar o acordo não implicaria dizer que o juiz admitira como verídicas ou idôneas as informações eventualmente já prestadas pelo colaborador e tendentes à identificação de coautores ou partícipes da organização criminosa e das infrações por ela praticadas ou à revelação da estrutura hierárquica e da divisão de tarefas da organização criminosa. (...)"* HC 127.483/PR Rel. Min. Dias Toffoli, julg. em 26 e 27.08.2015.

782. HC 127.483/PR Rel. Min. Dias Toffoli, julg. em 26 e 27.08.2015. (Informativo 796 do STF)

Portanto, o delatado não possui legitimidade para impugnar o acordo de colaboração premiada. Como vimos, o STF entende que o delatado não tem legitimidade para impugnar o acordo de colaboração premiada, por se tratar de negócio jurídico personalíssimo. O delatado, sem dúvida, vai exercer seu contraditório e ampla defesa, ou seja, irá ter a oportunidade de se defender das imputações na ação penal que for ajuizada contra ele. Assim sendo, a ele não cabe buscar anular o acordo de colaboração premiada.[783] Essa regra geral, no entanto, admite exceção, nos termos da decisão do HC nº 151605/PR, julgado pela 2ª Turma do STF em 20.03.2018.A exceção ocorre em caso de homologação sem respeito à prerrogativa de foro.

Assim sendo, é possível que o delatado questione o acordo se a impugnação estiver relacionada com as regras constitucionais de prerrogativa de foro. Nesses termos, se o delatado for uma autoridade com foro por prerrogativa de função e, apesar disso, o acordo tiver sido homologado em 1ª instância, será permitido que ele impugne essa homologação alegando usurpação de competência.[784]

Além disso, o STF reputou que a personalidade do colaborador ou eventual descumprimento de anterior acordo de colaboração não invalidariam o acordo atual. Primeiramente, seria natural que o colaborador, em apuração de organização criminosa, apresentasse, em tese, personalidade desajustada ao convívio social, voltada à prática de crimes graves. Assim, se a colaboração processual estivesse subordinada à personalidade do agente, o instituto teria poucos efeitos. Na verdade, a personalidade constituiria vetor a ser considerado no estabelecimento das cláusulas do acordo de colaboração, notadamente a escolha da *sanção premial*, bem assim o momento da aplicação dessa sanção, pelo juiz. Além disso, eventual "confiança" do poder público no agente colaborador não seria elemento de validade do acordo. Esta não adviria da personalidade ou dos antecedentes da pessoa, mas da fidedignidade e utilidade das informações prestadas, o que seria aferido posteriormente. Assim, também seria irrelevante eventual descumprimento de acordo anterior pelo mesmo agente. Essa conduta não contaminaria a validade de acordos posteriores.[785]

---

783. *"Por se tratar de negócio jurídico personalíssimo, o acordo de colaboração premiada não pode ser impugnado por coautores ou partícipes do colaborador na organização criminosa e nas infrações penais por ela praticadas, ainda que venham a ser expressamente nominados no respectivo instrumento no "relato da colaboração e seus possíveis resultados" (...) 7. De todo modo, nos procedimentos em que figurarem como imputados, os coautores ou partícipes delatados – no exercício do contraditório – poderão confrontar, em juízo, as declarações do colaborador e as provas por ele indicadas, bem como impugnar, a qualquer tempo, as medidas restritivas de direitos fundamentais eventualmente adotadas em seu desfavor. (...)"* STF. Plenário. HC 127483, Rel. Min. Dias Toffoli, julg. em 27.08.2015.

784. HC 151605/PR: "(...) *O contraditório em relação aos delatados seria estabelecido nas ações penais instruídas com as provas produzidas pelo colaborador. A impugnação quanto à competência para homologação do acordo, porém, diz respeito às disposições constitucionais quanto à prerrogativa de foro. Assim, ainda que seja negada ao delatado a possibilidade de impugnar o acordo, esse entendimento não se aplica em caso de homologação sem respeito à prerrogativa de foro. Portanto, o caso é de reconhecimento da ineficácia, em relação ao governador, dos atos de colaboração premiada, decorrentes de acordo de colaboração homologado em usurpação de competência do STJ. Por essa razão, as provas devem ser excluídas do inquérito. Tento em vista que a instauração se deu com base exclusivamente nos atos de colaboração, o inquérito deve ser trancado*."

785. HC 127.483/PR Rel. Min. Dias Toffoli julg. em 26 e 27.08.2015. (Informativo 796 do STF)

c) Na sequência sobre o tema da *colaboração premiada*, o STF no Inq 4146/DF, julgado em 22.06.2016, afirmou que não existe obrigatoriedade legal absoluta de que as declarações do ***colaborador premiado*** sejam registradas em meio audiovisual.

Certo é que o § 13 do art. 4º da Lei nº 12.850/2013 estabelecia que *"sempre que possível, o registro dos atos de colaboração será feito pelos meios ou recursos de gravação magnética, estenotipia, digital ou técnica similar, inclusive audiovisual, destinados a obter maior fidelidade das informações"*. Desse modo, existia uma recomendação da Lei no sentido de que as declarações sejam registradas em meio audiovisual, mas isso ***não era uma obrigação legal absoluta*** a ponto de gerar nulidade pelo simples fato de o registro não ter sido feito dessa forma.[786]

Porém, a redação do § 13 do art.4 da Lei nº12.850/2013 foi alterada pela recente Lei nº13.964/2019. A redação atual afirma que *o registro das tratativas e dos atos de colaboração* ***deverá*** *ser feito pelos meios ou recursos de gravação magnética, estenotipia, digital ou técnica similar, inclusive audiovisual, destinados a obter maior fidelidade das informações, garantindo-se a disponibilização de cópia do material ao colaborador.*

d) É interessante citarmos aqui que, conforme o STF, o sigilo sobre o conteúdo de colaboração premiada deve perdurar, no máximo, até o recebimento da denúncia conforme a anterior redação do art. 7º, § 3º da Lei nº 12.850/2013. Essa norma, segundo o STF, não traria uma regra de observância absoluta, mas sim um termo final máximo.

Assim sendo, entendeu o STF que para que o sigilo seja mantido até o recebimento da denúncia, deve-se demonstrar a existência de uma necessidade concreta. Não havendo essa necessidade, deveria-se garantir a publicidade do acordo. Com isso, nada impediria que o sigilo do acordo fosse afastado em momento anterior (prévio) ao recebimento da denúncia, possibilitando conhecer aquele que subscreveu o acordo, bem assim o conteúdo do que declarado.

Nesse sentido, afirmou o STF, que depois que forem realizadas as diligências cautelares, em regra, não subsiste mais razão para o sigilo, mesmo que ainda não tenha sido recebida a denúncia. Assim sendo, *não haveria direito subjetivo do colaborador a que se mantenha, indefinidamente, a restrição de acesso ao conteúdo do acordo*. Isso porque no âmbito da administração pública a regra é a publicidade e o sigilo é exceção, conforme estabelece o art. 5º, LX, da CR/88.[787]

Porém, ao que tudo indica o STF deve reanalisar esse seu entendimento na medida em que a Lei nº 13.964/2019 (*pacote anticrime*) alterou o § 3º do art. 7º da Lei nº12.850 para afirmar que *o acordo de colaboração premiada e os depoimentos do colaborador serão mantidos em sigilo até o recebimento da denúncia ou da queixa-crime, sendo vedado ao magistrado decidir por sua publicidade em qualquer hipótese.*

786. Inq 4146/DF, STF. Plenário. Rel. Min. Teori Zavascki, julg. em 22.06.2016 (Informativo 831).
787. **Inq 4435 AgR/DF**, 1ª Turma do STF, Rel. Min. Marco Aurélio, julgado em **12.09.2017** (Informativo 877).

e) Em outro giro, também afirmou recentemente o STF que não se pode decretar a prisão preventiva do acusado pelo simples fato de ele ter descumprido acordo de ***colaboração premiada***. Não há, sob o ponto de vista jurídico, relação direta entre a prisão preventiva e o acordo de ***colaboração premiada***. Tampouco há previsão de que, em decorrência do descumprimento do acordo, seja restabelecida prisão preventiva anteriormente revogada. Por essa razão, o descumprimento do que foi acordado não justifica a decretação de nova custódia cautelar. É necessário verificar, no caso concreto, a presença dos requisitos da prisão preventiva, não podendo o decreto prisional ter como fundamento apenas a quebra do acordo.[788]

f) Aqui é importante trazer também manifestação do STF no sentido de que a possível ***rescisão de acordo*** de colaboração (revisão total ou até mesmo parcial) afeta apenas o colaborador, não produzindo efeitos sobre terceiros. Assim sendo, a possibilidade de rescisão ou de revisão, total ou parcial, do acordo de colaboração premiada em ***decorrência do descumprimento dos deveres*** que o colaborador havia assumido não tem a força de fazer com que as provas obtidas a partir desse acordo sejam consideradas imprestáveis. Isso porque a rescisão ou revisão tem efeitos somente entre as partes, não atingindo a esfera jurídica de terceiros.[789]

g) Na sequência, em junho de 2017, foi enfrentado pelo Plenário do STF um interessante caso que gerou um intenso debate entre os Ministros. Na decisão da Pet 7074/DF o Pretório Excelso, conforme o informativo 870, decidiu que:

1) Papel do Poder Judiciário no acordo de colaboração premiada: Nos termos do informativo 870, afirmou o STF que a colaboração é um meio de obtenção de prova cuja iniciativa não se submete à reserva de jurisdição (não exige autorização judicial), diferentemente do que ocorre nas interceptações telefônicas ou na quebra de sigilo bancário ou fiscal. Nesse sentido, as tratativas e a celebração da avença são mantidas exclusivamente entre o Ministério Público e o pretenso colaborador. O Poder Judiciário é convocado ao final dos atos negociais apenas para aferir os requisitos legais de existência e validade, com a indispensável homologação;

2) Natureza da decisão que homologa o acordo de colaboração premiada: A *decisão do magistrado que homologa o acordo de colaboração premiada não julga o mérito da pretensão acusatória, mas apenas resolve uma questão incidente*. Por isso, esta decisão tem natureza **meramente homologatória**, limitando-se ao pronunciamento sobre a regularidade, legalidade e voluntariedade do acordo (art. 4º, § 7º, da Lei nº 12.850/2013). O juiz, ao homologar o acordo de colaboração, não emite juízo de valor a respeito das declarações eventualmente prestadas pelo colaborador à autoridade policial ou ao Ministério Público, nem confere o signo da idoneidade a seus depoimentos posteriores;

788. **HC 138207/PR** 1ª Turma do STF, Rel. Min. Edson Fachin, julgado em **25.04.2017** (Informativo 862).

789. **Inq 4483 QO/DF**, STF. Plenário. Rel. Min. Edson Fachin, julg em **20** e **21.09.2017**. Nos termos do art.4 §17 da Lei nº12.850/2013: *O acordo homologado poderá ser rescindido em caso de omissão dolosa sobre os fatos objeto da colaboração.* (Incluído pela Lei nº 13.964/2019)

3) Em caso de colaboração premiada envolvendo investigados ou réus com foro no Tribunal, não há qualquer óbice à homologação do respectivo acordo mediante *decisão monocrática*. O art. 21, I e II, do RISTF confere ao Ministro Relator do STF poderes instrutórios para ordenar, de forma singular, a realização de quaisquer meios de obtenção de provas;

4) Em caso de colaboração premiada envolvendo investigados ou réus com foro no Tribunal, compete ao órgão colegiado, em decisão final de mérito, avaliar o cumprimento dos termos do acordo homologado e a sua eficácia, conforme previsto no art. 4º, § 11 da Lei nº 12.850/2013;

5) Acordo de colaboração homologado pelo relator deve, em regra, produzir seus efeitos, salvo se presente hipótese de anulabilidade. O acordo de colaboração devidamente homologado individualmente pelo relator deve, em regra, produzir seus efeitos diante do cumprimento dos deveres assumidos pelo colaborador. Aqui ressalta-se, no entanto, que o órgão colegiado detém a possibilidade de analisar fatos supervenientes ou de conhecimento posterior que firam a legalidade do acordo, nos termos do § 4º do art. 966 do CPC/2015;

6) Direitos do colaborador somente serão assegurados se ele cumprir seus deveres. O direito subjetivo do colaborador nasce e se perfectibiliza na exata medida em que ele cumpre seus **deveres**. Assim, o cumprimento dos deveres pelo colaborador é condição *sine qua non* para que ele possa gozar dos **direitos** decorrentes do acordo. Por isso diz-se que o acordo homologado como regular, voluntário e legal gera vinculação condicionada ao cumprimento dos deveres assumidos pela colaboração, salvo ilegalidade superveniente apta a justificar nulidade ou anulação do negócio jurídico.[790]

h) Na sequência, decidiu o STF, na ADI 5508 em 20.06.2018, que o **delegado de polícia** pode formalizar acordos de colaboração premiada, na fase de inquérito policial, respeitadas as prerrogativas do Ministério Público, o qual deverá se manifestar, sem caráter vinculante, previamente à decisão judicial. Os §§ 2º e 6º do art. 4º da Lei nº 12.850/2013, que preveem essa possibilidade, são constitucionais e não ofendem a titularidade da ação penal pública conferida ao Ministério Público pela Constituição (art. 129, I da CR/88).

A ADI ingressada pelo PGR impugnava as expressões "*e o delegado de polícia, nos autos do inquérito policial, com a manifestação do Ministério Público*" e "*entre o delegado de polícia, o investigado e o defensor, com a manifestação do Ministério Público, ou, conforme o caso*", contidas nos referidos dispositivos, que conferem legitimidade ao delegado de polícia para conduzir e firmar acordos de colaboração premiada.[791]

---

790. Pet 7074/DF, STF. Plenário. Rel. Min. Edson Fachin, julgado em 21, 22, 28 e 29.06.2017.

791. *Para o PGR, os trechos da lei 12.850/2013, ao atribuírem a Delegados de Polícia legitimidade para negociar acordos de colaboração premiada e propor diretamente ao juiz concessão de perdão judicial a investigado ou réu colaborador, violariam os princípios do devido processo legal e da moralidade. Ofenderiam também a titularidade da ação penal pública conferida ao Ministério Público pela Constituição (art. 129, I), a exclusividade do exercício de funções do*

Conforme o Informativo 907 do STF, no que se refere ao § 2º do art. 4º da Lei 12.850/2013, o relator Ministro Marco Aurélio esclareceu que o texto confere ao delegado de polícia, no decorrer das investigações, exclusivamente no curso do inquérito policial, a faculdade de representar ao juiz, ouvido o Ministério Público, pela concessão de perdão judicial ao colaborador, ainda que esse benefício não haja sido previsto na proposta inicial. O perdão judicial é instituto que possibilita ao juiz deixar de impor sanção diante da existência de determinadas circunstâncias expressamente previstas em lei.

Considerou o Ministro que o dispositivo traz nova causa de perdão judicial, admitido a depender da efetividade da colaboração. Não se trata de questão afeta ao modelo acusatório, deixando de caracterizar ofensa ao art. 129, I, da CR/88, relacionada, apenas, ao direito de punir do Estado, que se manifesta por intermédio do Poder Judiciário.

Nesse sentido, a ***representação pelo perdão judicial***, proposta pelo delegado de polícia, ante colaboração premiada, ouvido o Ministério Público, **não** *é causa impeditiva do oferecimento da denúncia pelo órgão acusador*. Uma vez comprovada a eficácia do acordo, será extinta pelo juiz, a punibilidade do delator.

Já quanto ao § 6º do art. 4º da Lei 12.850/2013, asseverou o STF que o ato normativo em nenhum ponto afasta a participação do Ministério Público em acordo de colaboração premiada, ainda que ocorrido entre o delegado de polícia, o investigado e o defensor. Não há, portanto, afronta à titularidade da ação penal. Ao contrário, a legitimidade da autoridade policial (do delegado) para realizar as tratativas de colaboração premiada desburocratiza o instituto, sem importar ofensa a regras atinentes ao Estado Democrático de Direito, uma vez submetido o acordo à apreciação do Ministério Público e à homologação pelo Judiciário.

Nesses termos, entendeu o STF que, embora o Ministério Público seja o titular da ação penal de iniciativa pública, não o é do direito de punir. A delação premiada não retira do órgão a exclusividade da ação penal.[792]

i) Na seara de entendimentos do STF, é importante citarmos também a PET 7065/DF julgada em 30.10.2018. No caso, afirmou o STF que é possível o compartilhamento, para outros órgãos e autoridades públicas, das provas obtidas no acordo de colaboração premiada, desde que sejam respeitados os limites estabelecidos no acordo em relação ao colaborador. Nesse sentido, por exemplo, se

Ministério Público por membros legalmente investidos na carreira (art. 129, § 2º, primeira parte) e a função constitucional da polícia como órgão de segurança pública (art. 144, os §§ 1º e 4º).

792. Conforme o Ministro Marco Aurélio: *o argumento segundo o qual é privativa do Ministério Público a legitimidade para oferecer e negociar acordos de colaboração premiada, considerada a titularidade exclusiva da ação penal pública, não encontra amparo constitucional. Não se pode centralizar no Ministério Público todos os papéis do sistema de persecução criminal, atuando o Órgão como investigador – obtenção do material destinado a provar determinado fato –, acusador – titular da ação penal – e julgador – estabelecendo penas, regimes e multas a vincularem o Juízo –, em desequilíbrio da balança da igualdade de armas. Desse modo, não é indispensável a presença do Ministério Público desde o início e em todas as fases de elaboração de acordos de delação premiada. De igual forma, o parecer do MP sobre o acordo celebrado pelo Delegado com o investigado não é obrigatório nem vinculante.* **ADI 5508/DF**, STF. Plenário. Rel. Min. Marco Aurélio, julgado em 20.06.2018. In: *Dizer o Direito*, Informativo 907.

um indivíduo celebra acordo de colaboração premiada com o Ministério Público aceitando fornecer provas contra si, estas provas somente poderão ser utilizadas para as sanções que foram ajustadas no acordo.[793]

Aqui, conforme o STF, temos que as provas obtidas com o acordo de colaboração premiada podem ser compartilhadas com outros órgãos e autoridades públicas nacionais e até estrangeiras. Essas provas podem ser utilizadas por tais autoridades para fins cíveis, fiscais, administrativos e até mesmo criminais.[794] No entanto, como dito acima, tais provas não podem ser utilizadas contra os próprios colaboradores para produzir punições além daquelas pactuadas no acordo.[795]

Portanto, no acordo de colaboração premiada, o colaborador confessou a prática de ilícitos[796] e apresentou provas contra outras pessoas que também participaram dos fatos. Com isso, no próprio acordo já ficaram acertadas as sanções a que ele irá se submeter. Assim, se uma outra autoridade (por exemplo: Ministério Público de um Estado) pede para utilizar tais provas, isso pode ser autorizado, mas tais elementos fornecidos não poderão ser utilizados contra o colaborador.

Certo é que o colaborador aceitou produzir provas contra si mesmo porque isso ficou combinado segundo os termos do acordo de colaboração premiada celebrado com o Estado. Assim, o colaborador concordou em confessar justamente porque foi feito um acordo de que ele somente seria punido de acordo com aquilo que foi combinado. Nesse sentido, segundo o STF, a utilização de tais elementos probatórios, produzidos pelo próprio colaborador, em seu prejuízo, de modo distinto do firmado com a acusação e homologado pelo Judiciário, é prática abusiva, que viola o direito à não autoincriminação.[797]

j) Na sequência, conforme já citamos na obra, decidiu o STF em 27.08.2019, que em ação penal envolvendo réus colaborares e não colaboradores, o réu *delatado tem o direito de apresentar suas alegações finais somente após o réu que firmou acordo de colaboração premiada*. Ou seja, o réu delatado tem o direito de apresentar suas alegações finais somente após o réu delator.

Com isso, a Segunda Turma do STF, por maioria, deu provimento a agravo regimental em *habeas corpus* para anular a condenação imposta ao paciente e assegurar-lhe nova oportunidade de apresentar memoriais escritos, após o decurso do prazo oferecido para a apresentação dessa peça aos corréus colaboradores. No

793. **PET 7065/DF**, STF. 2ª Turma. Rel. Min. Edson Fachin, julgado em **30.10.2018** (Informativo 922).
794. Porém, conforme o STF, ainda que *remetido a outros órgãos do Poder Judiciário para apuração dos fatos delatados, o juízo que homologou o acordo de colaboração premiada continua sendo competente para analisar os pedidos de compartilhamento dos termos de depoimentos prestados no âmbito da colaboração*. **PET 7065/DF**, STF. 2ª T. Rel. Min. Edson Fachin, julg em **30.10.2018.**
795. **PET 7065/DF**, STF. 2ª Turma. Rel. Min. Edson Fachin, julgado em **30.10.2018** (Informativo 922).
796. Conforme o art.4 § 18 da Lei 12.850/2013: *O acordo de colaboração premiada pressupõe que o colaborador cesse o envolvimento em conduta ilícita relacionada ao objeto da colaboração, sob pena de rescisão*. (Incluído pela Lei nº 13.964/2019)
797. **PET 7065/DF**, STF. 2ª Turma. Rel. Min. Edson Fachin, julgado em **30.10.2018** (Informativo 922).

caso, o paciente foi condenado, no âmbito da operação Lava Jato, pelos crimes de corrupção passiva e lavagem de dinheiro. Entretanto, na fase final da instrução processual, o juízo determinou a apresentação, em prazo comum, de alegações finais pelos corréus, independentemente de ostentarem a condição de colaboradores ou de haverem sido delatados nos acordos celebrados.[798]

A defesa alegou que, embora inexistente previsão legal específica, o paciente — delatado — deveria ter o direito de apresentar sua peça defensiva após os delatores.

Entendeu o STF que o direito fundamental ao contraditório e à ampla defesa deve permear todo o processo legal, garantindo-se sempre a possibilidade de a defesa se manifestar depois do agente acusador. E no caso pouco importa a qualificação jurídica do agente acusador: se Ministério Público ou corréu colaborador.

Nesses termos, se é um *"agente acusador"*, a defesa deve falar depois dele. Por isso mesmo, os réus colaboradores não podem se manifestar por último (ou no mesmo prazo dos réus delatados).

Para o STF, ao se permitir que os réus colaboradores falem por último (ou simultaneamente com os réus delatados), há uma inversão processual que ocasiona sério prejuízo ao delatado, tendo em vista que ele não terá oportunidade de repelir os argumentos eventualmente incriminatórios trazidos pelo réu delator ou para reforçar os favoráveis à sua defesa.[799]

Portanto, permitir o oferecimento de memoriais escritos de réus colaboradores, de forma simultânea ou depois da defesa — sobretudo no caso de utilização desse meio de prova para prolação da condenação —, compromete o pleno exercício do contraditório, que pressupõe o direito de a defesa falar por último, a fim de poder reagir às manifestações acusatórias.[800]

Conforme o STF, inexistente dispositivo processual expresso, é evidente que, sob pena de nulidade, os réus colaboradores não podem se manifestar por último, em razão da carga acusatória que existe em suas informações.

Assim sendo, fere, igualmente, as garantias de defesa, todo expediente que impede o acusado, por meio do defensor, de usar sua palavra por último. Isso porque, independentemente de estar despida de roupagem acusatória, a peça processual das alegações finais, ao condensar todo o histórico probatório, pode ser determinante ao resultado desfavorável do julgamento em relação ao acusado, o que legitima este a merecer a oportunidade de exercitar o contraditório. O prejuízo da defesa é, portanto, induvidoso. Só se poderia afastar o nexo entre o defeito processual e a certeza do prejuízo da defesa se o resultado do julgamento tivesse sido favorável a ela. Porém, isso não se verifica na hipótese de condenação.[801]

---

798. **HC 157627 AgR/PR**, STF. 2ª Turma. red. p/ o ac. Min. Ricardo Lewandowski, julgado em **27.08.2019** (Info 949).
799. **HC 157627 AgR/PR**, STF. 2ª Turma. red. p/ o ac. Min. Ricardo Lewandowski, julgado em **27.08.2019** (Info 949).
800. **HC 157627 AgR/PR**, STF. 2ª Turma. red. p/ o ac. Min. Ricardo Lewandowski, julgado em **27.08.2019** (Info 949).
801. **HC 157627 AgR/PR**, STF. 2ª Turma. red. p/ o ac. Min. Ricardo Lewandowski, julgado em **27.08.2019** (Info 949). Aqui conforme o art.4 § 10-A da Lei nº13.850: ***Em todas as fases do processo, deve-se garantir ao réu delatado a***

k) Temos também que, já deixou consignado a 2ª Turma do STF, em 2019, que a imprescindibilidade da participação da defesa técnica, sob pena de nulidade, restringe-se ao acusado que é interrogado.[802]

Entretanto, excepciona-se a regra da faculdade da participação quando há a imputação de crimes pelo interrogado aos demais réus, como nos casos de colaboração premiada. Nessas hipóteses, deve-se exigir a presença dos advogados dos réus delatados, pois, na colaboração premiada, o delator adere à acusação em troca de um benefício acordado entre as partes e homologado pelo julgador natural. Em regra, o delator presta contribuições à persecução penal incriminando eventuais corréus.[803]

Conforme já estudado na obra, a presença do advogado (defesa técnica) é imprescindível durante o interrogatório do réu por ele representado, não quanto aos demais. No interrogatório dos demais réus, a presença é, em regra, facultativa. Porém temos uma exceção. A exceção, nos termos da 2ª Turma do STF, ocorre se o interrogatório é de um corréu delator. Nesse caso a presença do advogado do réu delatado seria indispensável.

No caso, a defesa de um dos apelantes apresentou questão de ordem no tribunal de justiça, na qual arguiu que o acusado esteve desprovido de defesa técnica quando do interrogatório de alguns corréus, entre os quais o delator a quem concedido perdão judicial. Dessa maneira, requereu a declaração de nulidade do processo desde as audiências em que ouvidos os corréus. No caso os autos foram ao Supremo Tribunal Federal em decorrência do impedimento/suspeição de mais da metade da composição do tribunal de justiça conforme o art. 102, I, "n" da CR/88. Aqui o STF não declarou a nulidade pelas circunstâncias do caso concreto, mas explicitou seu posicionamento acima exarado.[804]

***oportunidade de manifestar-se após o decurso do prazo concedido ao réu que o delatou**.* (Incluído pela Lei nº 13.964, de 2019)

802. **AO 2093/RN**, STF. 2ª Turma. Rel. Min. Cármen Lúcia, julgado em **03.09.2019** (Informativo 955).
803. **AO 2093/RN**, STF. 2ª Turma. Rel. Min. Cármen Lúcia, julgado em **03.09.2019** (Informativo 955).
804. **AO 2093/RN**, STF. 2ª Turma. Rel. Min. Cármen Lúcia, julg em **03.09.2019.** Conforme o STF: *"O ministro Gilmar Mendes não vislumbrou nulidade pela falta de participação de advogado no interrogatório dos corréus que se limitaram a negar a autoria da acusação e a materialidade dos fatos durantes seus interrogatórios. No entanto, entendeu ser indispensável a presença de defesa técnica no interrogatório do colaborador, que confessou a prática dos crimes e indicou quem seriam os participantes. Este corréu atuou como colaborador premiado. Apesar disso, as peculiaridades do caso levaram o ministro à solução distinta. A primeira particularidade é que o interrogatório do colaborador ocorreu antes da consolidação da jurisprudência no sentido da imprescindibilidade da participação da defesa técnica na inquirição e confronto das declarações do colaborador ou do corréu acusador. A própria colaboração prestada é anterior ao advento da norma que instituiu o procedimento e as cláusulas do acordo de colaboração premiada (Lei 12.850/2013). Portanto, o ato foi praticado consoante o entendimento legal e jurisprudencial da época. Além disso, as imputações do colaborador ocorreram no início do processo. O interrogatório do delator foi realizado antes do advento da Lei 11.719/2008, que transferiu o ato para a parte final da instrução. Isso possibilitou à defesa realizar a devida contraposição das imputações durante toda a fase probatória. Poderia inclusive ter solicitado o reinterrogatório, mas não o fez e somente arguiu a nulidade nove anos após as audiências. O ministro Gilmar Mendes ponderou que, mesmo que se considere a ineficácia absoluta do depoimento prestado em juízo para produzir efeitos sobre a esfera jurídica do apelante, há provas autônomas e independentes que, além de qualquer dúvida razoável, sustentam a acusação. Subsistem elementos suficientes a permitir a condenação, que está amparada em diversos outros elementos de prova material e testemunhal desvinculados das alegações do colaborador. No ponto, destacou que o CPP prevê a admissibilidade de provas decorrentes de fontes independentes, sem nexo de*

l) Por último, decidiu o STF na Rcl 30742 AgR/SP em 04.02.2020, que o delatado possui o direito de ter acesso às declarações prestadas pelos colaboradores que o incriminem, desde que já documentadas e que não se refiram à diligência em andamento que possa ser prejudicada. Portanto, o delatado tem o direito de acesso aos termos de colaboração premiada que mencionem seu nome, desde que já tenham sido juntados aos autos e não prejudiquem diligências em andamento.

> *"Inicialmente, o colegiado conheceu da reclamação. Embora seja meio de obtenção de prova, a colaboração premiada é fenômeno complexo a envolver diversos atos com naturezas jurídicas distintas. Em conjunto com o acordo, há elementos de prova relevantes ao exercício do direito de defesa e do contraditório. Em seguida, registrou que o terceiro delatado por corréu, em termo de colaboração premiada, tem direito de ter acesso aos trechos nos quais citado, com fundamento no Enunciado 14 da SV. À luz do referido verbete, o acesso deve ser franqueado caso estejam presentes dois requisitos. Um, positivo: o ato de colaboração deve apontar a responsabilidade criminal do requerente (Inq 3.983). Outro, negativo: o ato de colaboração não deve referir-se à diligência em andamento (Rcl 24.116). Isso porque a leitura do § 2º do art. 7° da Lei 12.850/2013 determina que, antes mesmo da retirada do sigilo, será assegurado ao defensor, no interesse do representado, amplo acesso aos elementos de prova que digam respeito ao exercício do direito de defesa, devidamente precedido de autorização judicial, ressalvados os referentes às diligências em andamento. Com efeito, a jurisprudência da Segunda Turma garante o acesso a todos os elementos de prova documentados nos autos dos acordos de colaboração, incluídas as gravações audiovisuais dos atos de colaboração de corréus, com o escopo de confrontá-los, e não para impugnar os termos dos acordos propriamente ditos."*[805]

Posteriormente, em 19.05.2020, na Pet 7494 AgR/DF, decidiu novamente a 2ª Turma do STF, que terceiros que tenham sido mencionados pelos colaboradores podem obter acesso integral aos termos dos colaboradores desde que estejam presentes os requisitos positivo e negativo.[806]

Ou seja, terceiros que tenham sido mencionados pelos colaboradores podem obter acesso integral aos termos dos colaboradores para viabilizar, de forma plena e adequada, sua defesa, invocando a Súmula Vinculante 14, desde que estejam presentes os requisitos positivo e negativo, já citados na decisão anterior.

São eles: a) Requisito positivo: o acesso deve abranger somente documentos em que o requerente é de fato mencionado como tendo praticado crime (o ato de colaboração deve apontar a responsabilidade criminal do requerente); e b) Requisito negativo: o ato de colaboração não se deve referir a diligência em andamento (devem ser excluídos os atos investigativos e diligências que ainda se encontram

causalidade com eventuais provas ilícitas, a fim de embasar decretos condenatórios (CPP, art. 157, §1º). Ademais, a tese da fonte independente também tem sido acolhida pela jurisprudência do STF como exceção à teoria dos frutos da árvore envenenada. Em conclusão, o ministro reconheceu a nulidade em menor grau, com base nos arts. 563 e 566 do CPP. Aduziu inexistir sentido em se renovar o interrogatório em relação ao recorrente quando inúmeras outras provas justificam a condenação e foram devidamente fundamentadas pelo magistrado de piso" (informativo 955).

805. Rcl 30742 AgR/SP, STF. 2ª Turma. Rel. Min. Ricardo Lewandowski, julg. em 04.02.2020 (Inf. 965).
806. Pet 7494 AgR/DF, STF. 2ª Turma. red. p/ o ac. Min. Gilmar Mendes, julg. em 19.05.2020 (Inf. 978).

em andamento e não foram consubstanciados e relatados no inquérito ou na ação penal em tramitação).[807]

Por fim, trazemos duas posições que reputamos de suma importância sobre o tema, explicitadas por Marcos Paulo Dutra em obra sobre a *colaboração premiada*.

Afirma o professor carioca que Luigi Ferrajoli, advogando a inconstitucionalidade da colaboração premiada, enfatiza o descompasso com o princípio da individualização da pena, porquanto réus cujas condutas mostraram-se menos reprováveis do que a encetada pelo delator receberiam sanção maior, considerada a recusa em negociar com o Estado. Não só o processo penal, mas a própria aplicação da pena transformar-se-iam em um balcão de negócios, o que seria inaceitável. Em última análise, compromete-se a própria isonomia material (art. 5º, caput, da Constituição), afinal réus em idêntica situação jurídico-penal receberiam tratamento diferenciado, ante a maior capacidade negocial de um em relação aos demais, vetor absolutamente estranho ao fato delituoso em julgamento e às circunstâncias pessoais de cada acusado.[808]

Não obstante a importante referência na doutrina brasileira das posições do jurista italiano, em outra monta, entende Marcos Paulo que se a individualização da pena – art. 5º, XLVI, da CR/88 – estivesse atrelada exclusivamente ao Direito Penal do fato, a colaboração premiada seria inconstitucional, inclusive à luz da isonomia, porquanto acusados que concorreram para os mesmos crimes, com idêntica reprovabilidade, receberiam respostas penais diversas na medida em que um decidiu colaborar com os órgãos de repressão estatal, ao passo que o outro, não. Contudo, afirma o autor, que a individualização da reprimenda não seria completa, caso desconsiderasse as circunstâncias pessoais do acusado, distanciando-se, totalmente, do Direito Penal do Autor. Inexistiria razoabilidade, na espécie proporcionalidade. O Direito Penal é do fato enquanto regra de julgamento, isto é, no momento de apreciar a procedência ou não da pretensão condenatória. Mas, quando da aplicação da pena, é razoável que a sua individualização passe pela análise das circunstâncias pessoais do imputado, não sendo outra a orientação do Pleno do Supremo Tribunal Federal, que, v.g., assentou, à unanimidade, a constitucionalidade da reincidência. Premiar o denunciado pela colaboração prestada, embora estranha à dinâmica delitiva em si, relaciona-se com a pessoa, não discrepando das balizas norteadoras da individualização da pena.[809]

Nesse sentido, como bem salienta o autor, a *colaboração premiada* pode significar, a depender da hipótese, redução da pena de um a dois terços, substituição da reprimenda privativa de liberdade por restritiva de direitos, fixação do regime inicial aberto ou semiaberto, independentemente do quantum penal imposto, perdão judicial e consequente extinção da punibilidade. Eventual inconstitucionalidade suprimiria do ordenamento todas essas benesses penais, invocando-se garantias primordiais do acusado – individualização da pena, devido processo legal, lealdade processual,

807. Pet 7494 AgR/DF, STF. 2ª Turma. red. p/ o ac. Min. Gilmar Mendes, julg. em 19.05.2020 (Inf. 978).
808. DUTRA, Marcos Paulo. *Colaboração Premiada (Delação)*, Ed Juspodivm, p. 74-75, 2016.
809. DUTRA, Marcos Paulo. *Colaboração (Delação) Premiada*, Ed Juspodivm, p. 74-75, 2016.

dignidade humana – contra os seus próprios interesses, o que seria ilógico, inconcebível.[810]

13. DIREITO GERAL DE INFORMAÇÃO, DIREITO DE CERTIDÃO E DIREITO DE PETIÇÃO

Nos termos constitucionais temos que todos têm direito a receber dos órgãos públicos informações de seu interesse particular, ou de interesse coletivo ou geral, que serão prestadas no prazo da lei, sob pena de responsabilidade, ressalvadas aquelas cujo sigilo seja imprescindível à segurança da sociedade e do Estado. Essa norma, presente na Constituição de 1988, assegura o intitulado direito geral de informação[811].

Essa norma foi regulamentada, em sede infraconstitucional, pela Lei nº 12.527/2011, que ficou conhecida como "Lei de Acesso à Informação".

Esta Lei dispõe sobre os procedimentos a serem observados pela União, Estados, Distrito Federal e Municípios, com o fim de garantir o acesso a informações previsto no inciso XXXIII do art. 5º, no inciso II do § 3º do art. 37 e no § 2º do art. 216 da Constituição Federal. Subordinam-se ao regime desta Lei: I – os órgãos públicos integrantes da administração direta dos Poderes Executivo, Legislativo, incluindo as Cortes de Contas, e Judiciário e do Ministério Público; II – as autarquias, as fundações públicas, as empresas públicas, as sociedades de economia mista e demais

810. *"A opção pela colaboração premiada, sem meias palavras, é um dos caminhos que o acusado pode eleger, logo, enquanto tal, é manifestação da ampla defesa (art. 5º, LV, da CR) – a depender das provas carreadas pelo Estado contra o acusado, a tornar a condenação mais do que visível no horizonte, a delação mostra-se a estratégia capaz de minorar a punição ou, a depender do caso, até evitá-la. Eliminar do ordenamento essa alternativa reduziria o cardápio de "linhas de defesa" à disposição do acusado e do seu defensor, importando involução no exercício da ampla defesa, em descompasso com um dos critérios de hermenêutica constitucional – vedação ao retrocesso. Assim deve ser encarada a colaboração premiada – uma benesse a mais à disposição dos acusados –, mesmo porque os corréus não serão condenados com lastro na delação, que, por si só, enquanto qualquer confissão, só possui eficácia obiter dictum (argumento de reforço), e sim nas provas que vierem a ser carreadas a partir dela".* DUTRA, Marcos Paulo. Colaboração (Delação) Premiada, Ed Juspodivm, p. 74-75, 2016.

811. Em decisão de **09.06.2011** sobre **divulgação de vencimentos** de **servidores públicos** o STF no **SS 3902 AgR/SP** afirmou que: *(...) 1. Caso em que a situação específica dos servidores públicos é regida pela 1ª parte do inciso XXXIII do art. 5º da Constituição. Sua remuneração bruta, cargos e funções por eles titularizados, órgãos de sua formal lotação, tudo é constitutivo de informação de interesse coletivo ou geral. Expondo-se, portanto, a divulgação oficial. Sem que a intimidade deles, vida privada e segurança pessoal e familiar se encaixem nas exceções de que trata a parte derradeira do mesmo dispositivo constitucional (inciso XXXIII do art. 5º), pois o fato é que não estão em jogo nem a segurança do Estado nem do conjunto da sociedade. 2. Não cabe, no caso, falar de intimidade ou de vida privada, pois os dados objeto da divulgação em causa dizem respeito a agentes públicos enquanto agentes públicos mesmos; ou, na linguagem da própria Constituição, agentes estatais agindo "nessa qualidade" (§ 6º do art. 37). E quanto à segurança física ou corporal dos servidores, seja pessoal, seja familiarmente, claro que ela resultará um tanto ou quanto fragilizada com a divulgação nominalizada dos dados em debate, mas é um tipo de risco pessoal e familiar que se atenua com a proibição de se revelar o endereço residencial, o CPF e a CI de cada servidor. No mais, é o preço que se paga pela opção por uma carreira pública no seio de um Estado republicano. 3. A prevalência do princípio da publicidade administrativa outra coisa não é senão um dos mais altaneiros modos de concretizar a República enquanto forma de governo. (...) O "como" se administra a coisa pública a preponderar sobre o "quem" administra – falaria Norberto Bobbio –, e o fato é que esse modo público de gerir a máquina estatal é elemento conceitual da nossa República. (...) 4. A negativa de prevalência do princípio da publicidade administrativa implicaria, no caso, inadmissível situação de grave lesão à ordem pública.* (Rel. Min. Ayres Britto)

entidades controladas direta ou indiretamente pela União, Estados, Distrito Federal e Municípios.[812]

Os procedimentos previstos na Lei 12.527/2011 destinam-se a assegurar o direito fundamental de acesso à informação e devem ser executados em conformidade com os princípios básicos da administração pública e com as seguintes diretrizes: I – observância da publicidade como preceito geral e do sigilo como exceção; II – divulgação de informações de interesse público, independentemente de solicitações; III – utilização de meios de comunicação viabilizados pela tecnologia da informação; IV – fomento ao desenvolvimento da cultura de transparência na administração pública; V – desenvolvimento do controle social da administração pública.[813]

Além disso, afirma a normativa que é dever do Estado garantir o direito de acesso à informação, que será franqueada, mediante procedimentos objetivos e ágeis, de forma transparente, clara e em linguagem de fácil compreensão. Nesses termos, cabe aos órgãos e entidades do poder público, observadas as normas e procedimentos específicos aplicáveis, assegurar a: I – gestão transparente da informação, propiciando amplo acesso a ela e sua divulgação; II – proteção da informação, garantindo-se sua disponibilidade, autenticidade e integridade; e III – proteção da informação sigilosa e da informação pessoal, observada a sua disponibilidade, autenticidade, integridade e eventual restrição de acesso.[814]

---

812. Conforme o art. 2º da Lei 12.527/2011: *Aplicam-se as disposições desta Lei, no que couber, às entidades privadas sem fins lucrativos que recebam, para realização de ações de interesse público, recursos públicos diretamente do orçamento ou mediante subvenções sociais, contrato de gestão, termo de parceria, convênios, acordo, ajustes ou outros instrumentos congêneres. Parágrafo único. A publicidade a que estão submetidas as entidades citadas no* ***caput*** *refere-se à parcela dos recursos públicos recebidos e à sua destinação, sem prejuízo das prestações de contas a que estejam legalmente obrigadas.*

813. Conforme o art. 4º da Lei 12.527/2011: *Para os efeitos desta Lei, considera-se: I – informação: dados, processados ou não, que podem ser utilizados para produção e transmissão de conhecimento, contidos em qualquer meio, suporte ou formato; II – documento: unidade de registro de informações, qualquer que seja o suporte ou formato; III – informação sigilosa: aquela submetida temporariamente à restrição de acesso público em razão de sua imprescindibilidade para a segurança da sociedade e do Estado; IV – informação pessoal: aquela relacionada à pessoa natural identificada ou identificável; V – tratamento da informação: conjunto de ações referentes à produção, recepção, classificação, utilização, acesso, reprodução, transporte, transmissão, distribuição, arquivamento, armazenamento, eliminação, avaliação, destinação ou controle da informação; VI – disponibilidade: qualidade da informação que pode ser conhecida e utilizada por indivíduos, equipamentos ou sistemas autorizados; VII – autenticidade: qualidade da informação que tenha sido produzida, expedida, recebida ou modificada por determinado indivíduo, equipamento ou sistema; VIII – integridade: qualidade da informação não modificada, inclusive quanto à origem, trânsito e destino; IX – primariedade: qualidade da informação coletada na fonte, com o máximo de detalhamento possível, sem modificações.*

814. *Art. 5º e art. 6º da Lei nº 12.527/2011. Conforme o Art. 7º : O acesso à informação de que trata esta Lei compreende, entre outros, os direitos de obter: I – orientação sobre os procedimentos para a consecução de acesso, bem como sobre o local onde poderá ser encontrada ou obtida a informação almejada; II – informação contida em registros ou documentos, produzidos ou acumulados por seus órgãos ou entidades, recolhidos ou não a arquivos públicos; III – informação produzida ou custodiada por pessoa física ou entidade privada decorrente de qualquer vínculo com seus órgãos ou entidades, mesmo que esse vínculo já tenha cessado; IV – informação primária, íntegra, autêntica e atualizada; V – informação sobre atividades exercidas pelos órgãos e entidades, inclusive as relativas à sua política, organização e serviços; VI – informação pertinente à administração do patrimônio público, utilização de recursos públicos, licitação, contratos administrativos; e VII – informação relativa: a) à implementação, acompanhamento e resultados dos programas, projetos e ações dos órgãos e entidades públicas, bem como metas e indicadores propostos; b) ao resultado de inspeções, auditorias, prestações e tomadas de contas realizadas pelos órgãos de controle interno e externo, incluindo prestações de contas relativas a*

Os procedimentos para o pedido do acesso à informação estão nos art. 10 ao 14 da Lei 12.527/2011. Já a questão atinente aos recursos está prevista nos art. 15 ao 20 da referida Lei.

Aqui é interessante sublinhar também que o art. 23 da Lei 12.267/2011 afirma que são consideradas imprescindíveis à segurança da sociedade ou do Estado e, portanto, passíveis de classificação as informações cuja divulgação ou acesso irrestrito possam: I – pôr em risco a defesa e a soberania nacionais ou a integridade do território nacional; II – prejudicar ou pôr em risco a condução de negociações ou as relações internacionais do País, ou as que tenham sido fornecidas em caráter sigiloso por outros Estados e organismos internacionais; III – pôr em risco a vida, a segurança ou a saúde da população; IV – oferecer elevado risco à estabilidade financeira, econômica ou monetária do País; V – prejudicar ou causar risco a planos ou operações estratégicos das Forças Armadas; VI – prejudicar ou causar risco a projetos de pesquisa e desenvolvimento científico ou tecnológico, assim como a sistemas, bens, instalações ou áreas de interesse estratégico nacional; VII – pôr em risco a segurança de instituições ou de altas autoridades nacionais ou estrangeiras e seus familiares; ou VIII – comprometer atividades de inteligência, bem como de investigação ou fiscalização em andamento, relacionadas com a prevenção ou repressão de infrações.

Saindo da seara administrativa e indo ao âmbito judicial o ***direito geral de informação*** do art. 5º, XXXIII da CR/88, se for usurpado mediante ilegalidade ou abuso de poder, poderá ser garantido via *mandado de segurança*.

Passamos agora a alguns julgados do Supremo Tribunal Federal sobre o tema, ora trabalhado.

1) Conforme decisão do STF, no que diz respeito a pandemia do novo coronavírus, a redução da transparência dos dados referentes à pandemia de COVID-19 representa violação a preceitos fundamentais da Constituição Federal, nomeadamente o acesso à informação, os princípios da publicidade e transparência da Administração Pública e o direito à saúde.[815]

Na fundamentação, afirmou o STF, que a Constituição de 1988 consagrou expressamente o princípio da publicidade como um dos vetores imprescindíveis à

*exercícios anteriores. § 1º O acesso à informação previsto no **caput** não compreende as informações referentes a projetos de pesquisa e desenvolvimento científicos ou tecnológicos cujo sigilo seja imprescindível à segurança da sociedade e do Estado. § 2º Quando não for autorizado acesso integral à informação por ser ela parcialmente sigilosa, é assegurado o acesso à parte não sigilosa por meio de certidão, extrato ou cópia com ocultação da parte sob sigilo. § 3º O direito de acesso aos documentos ou às informações neles contidas utilizados como fundamento da tomada de decisão e do ato administrativo será assegurado com a edição do ato decisório respectivo. § 4º A negativa de acesso às informações objeto de pedido formulado aos órgãos e entidades referidas no art. 1º, quando não fundamentada, sujeitará o responsável a medidas disciplinares, nos termos do art. 32 desta Lei. § 5º Informado do extravio da informação solicitada, poderá o interessado requerer à autoridade competente a imediata abertura de sindicância para apurar o desaparecimento da respectiva documentação. § 6º Verificada a hipótese prevista no § 5º deste artigo, o responsável pela guarda da informação extraviada deverá, no prazo de 10 (dez) dias, justificar o fato e indicar testemunhas que comprovem sua alegação.*

815. ADPF 690 MC-Ref/DF, ADPF 691 MC-Ref/DF e ADPF 692 MC-Ref/DF, Rel. Min. Alexandre de Moraes, julg. em 20.11.2020.

Administração Pública, conferindo-lhe absoluta prioridade na gestão administrativa e garantindo pleno acesso às informações a toda a sociedade. À consagração constitucional de publicidade e transparência corresponde a obrigatoriedade do Estado em fornecer as informações necessárias à sociedade.

Nesses termos, o acesso às informações consubstancia-se em verdadeira garantia instrumental ao pleno exercício do princípio democrático. Assim, salvo situações excepcionais, a Administração Pública tem o dever de absoluta transparência na condução dos negócios públicos, sob pena de desrespeito aos arts. 37, *caput*, e 5º, XXXIII e LXXII, da CR/88, pois "o modelo político-jurídico, plasmado na nova ordem constitucional, rejeita o poder que oculta e o poder que se oculta".[816]

Ademais, cumpre ressaltar que a República Federativa do Brasil é signatária de tratados e regras internacionais relacionados à divulgação de dados epidemiológicos, tais como o Regulamento Sanitário Internacional aprovado pela 58ª Assembleia Geral da Organização Mundial de Saúde (OMS), em 23 de maio de 2005, promulgado no Brasil pelo Decreto Legislativo 395/2009.[817]

2) O STF recentemente nas ADIs 6351, 6347 e 6353, declarou a inconstitucionalidade do art. 6º-B da Lei nº 13.979/2020, incluído pela MP 928/2020, porque ele impôs uma série de restrições ao livre acesso do cidadão a informações.[818]

Para o Pretório Excelso, o art. 6º-B da Lei nº 13.979/2020 não estabeleceu situações excepcionais e concretas impeditivas de acesso à informação. Pelo contrário, transformou a regra constitucional de publicidade e transparência em exceção, invertendo a finalidade da proteção constitucional ao livre acesso de informações a toda sociedade.[819]

Na fundamentação da decisão, afirmou o STF, que a Constituição Federal consagrou expressamente o princípio da publicidade como um dos vetores imprescindíveis à Administração Pública no âmbito dos três Poderes (art.37 da CR/88).

---

816. ADPF 690 MC-Ref/DF, ADPF 691 MC-Ref/DF e ADPF 692 MC-Ref/DF, Rel. Min. Alexandre de Moraes, julg. em 20.11.2020.
817. ADPF 690 MC-Ref/DF, ADPF 691 MC-Ref/DF e ADPF 692 MC-Ref/DF, Rel. Min. Alexandre de Moraes, julg. em 20.11.2020.
818. ADI 6351 MC-Ref/DF, ADI 6347/DF e ADI 6353/DF, Rel. Min. Alexandre de Moraes, julg em 30.04.2020 (Info 975)
819. Lei nº 13.979/2020: *Art. 6º-B Serão atendidos prioritariamente os pedidos de acesso à informação, de que trata a Lei nº 12.527, de 2011, relacionados com medidas de enfrentamento da emergência de saúde pública de que trata esta Lei. § 1º Ficarão suspensos os prazos de resposta a pedidos de acesso à informação nos órgãos ou nas entidades da administração pública cujos servidores estejam sujeitos a regime de quarentena, teletrabalho ou equivalentes e que, necessariamente, dependam de: I - acesso presencial de agentes públicos encarregados da resposta; ou II - agente público ou setor prioritariamente envolvido com as medidas de enfrentamento da situação de emergência de que trata esta Lei. § 2º Os pedidos de acesso à informação pendentes de resposta com fundamento no disposto no § 1º deverão ser reiterados no prazo de dez dias, contado da data em que for encerrado o prazo de reconhecimento de calamidade pública a que se refere o Decreto Legislativo nº 6, de 20 de março de 2020. § 3º Não serão conhecidos os recursos interpostos contra negativa de resposta a pedido de informação negados com fundamento no disposto no § 1º. § 4º Durante a vigência desta Lei, o meio legítimo de apresentação de pedido de acesso a informações de que trata o art. 10 da Lei nº 12.527, de 2011, será exclusivamente o sistema disponível na internet. § 5º Fica suspenso o atendimento presencial a requerentes relativos aos pedidos de acesso à informação de que trata a Lei nº 12.527, de 2011.*

Segundo o STF, o princípio da transparência e o da publicidade são corolários da participação política dos cidadãos em uma democracia representativa. Essa participação somente se fortalece em um ambiente de total visibilidade e possibilidade de exposição crítica das diversas opiniões sobre as políticas públicas adotadas pelos governantes.

A publicidade e a transparência são absolutamente necessárias para a fiscalização dos órgãos governamentais.

O Tribunal entreviu ser obrigação dos gestores prestar melhor ainda as informações num momento em que as licitações não são exigidas para a compra de inúmeros materiais, em virtude do estado de calamidade.

Realçou que o acesso a informações consubstancia verdadeira garantia instrumental ao pleno exercício do princípio democrático, que abrange debater assuntos públicos de forma irrestrita, robusta e aberta.

Dessa maneira, para o STF, a publicidade específica de determinada informação somente poderá ser excepcionada quando o interesse público assim determinar. Salvo situações excepcionais, a Administração Pública tem o dever de absoluta transparência na condução dos negócios públicos, sob pena de desrespeito aos arts. 5º, XXXIII e LXXII, e 37, *caput*, da CR/88.

Em sede de cognição sumária, o Plenário do STF concluiu, como já dito, que o dispositivo em debate transformou a regra constitucional de publicidade e transparência em exceção, invertendo a finalidade da proteção constitucional ao livre acesso de informações a toda sociedade. Pretendeu-se restringir o livre acesso do cidadão a informações que a CR/88 consagra.

O ministro Roberto Barroso ainda acrescentou que, na Lei 12.527/2011 (Lei de Acesso à Informação), existem válvulas de escape para situações emergenciais. Estão descritas no art. 11, notadamente no inciso II, que permite, na hipótese de impossibilidade fática, justificativa pela qual a informação não foi prestada.

3) Outra questão interessante, ocorreu recentemente, quando um jornal requereu ao Senado cópia de documentos que demonstrassem como os Senadores utilizaram a verba indenizatória dos seus gabinetes.

A Presidência do Senado negou ao jornal o acesso aos dados sob o fundamento de que os documentos solicitados seriam sigilosos e que haveria uma invasão à privacidade dos Parlamentares. O STF no **MS 28.178**, julgado em **04.03.2015**, determinou que o Senado fornecesse cópia dos documentos solicitados. O fundamento da decisão foi o de que a verba indenizatória se destina a custear despesas direta e exclusivamente relacionadas ao exercício da função parlamentar. Desse modo, tais valores possuem natureza pública, tanto pelo fato de estarem sendo pagas por um órgão público, como pela finalidade a que se destinam, estando vinculadas ao exercício da representação popular em mandato eletivo. O Pretório Excelso, portanto, entendeu que o fornecimento de tais informações não acarretaria qualquer risco à segurança nem viola a privacidade ou intimidade dos Parlamentares.[820]

4) Em outro caso paradigmático, e ainda mais recente, tendo como base o direito geral de informação, afirmou o STF que um interessado poderia ter acesso aos áudios das sessões de julgamento ocorridas na década de 1970 no Superior Tribunal Militar.

No caso, um interessado formulou requerimento ao Superior Tribunal Militar pedindo para ter acesso aos áudios das sessões de julgamento ocorridas na década de 1970 naquele Tribunal. O Presidente do STM indeferiu o pedido, alegando que as gravações dos debates dos Ministros e das sustentações orais não integram os processos e são de uso interno do Tribunal e de acesso privativo. Em virtude da negativa, ocorreu pelo interessado a impetração de um Mandado de Segurança para o Plenário do STM, que foi negado e em seguida foi interposto recurso ao STF (RMS 23.036/RJ).

O STF deu provimento ao RMS e afirmou, como já dito, que o interessado poderá ter acesso aos áudios das sessões de julgamento. Acontece que o STM somente autorizou que o interessado tivesse acesso aos áudios das sessões públicas realizadas e se negou a fornecer os áudios das sessões secretas. O interessado propôs, então, uma reclamação no STF, argumentando que o STM estava desrespeitando a decisão proferida pelo Pretório Excelso, que já havia garantido a ele o acesso integral aos áudios. O STF julgou procedente a reclamação, entendendo que o ato do STM desrespeitou a decisão proferida no RMS 23.036/RJ, quando foi garantido ao impetrante amplo acesso aos áudios (das sessões públicas e também das sessões secretas). Conforme o informativo 857 do STF, a recusa do STM está em descompasso com a ordem constitucional vigente, que garante o acesso à informação como direito fundamental. Nesses termos, o direito à informação, à busca pelo conhecimento da verdade sobre a história e sobre os fatos ocorridos durante a ditadura militar integra o patrimônio jurídico de todo e qualquer cidadão. Dessa forma, é um dever do Estado assegurar os meios para garantir o exercício desse direito.[821]

5) Por último, decidiu o STF que o parlamentar, na condição de cidadão, pode exercer plenamente seu direito fundamental de acesso a informações de interesse pessoal ou coletivo, nos termos do art. 5º, inciso XXXIII, da Constituição de 1988 e das normas de regência desse direito.[822]

Nesse sentido, o parlamentar, na qualidade de cidadão, não pode ter cerceado o exercício do seu direito de acesso, via requerimento administrativo ou judicial, a

820. MS nº 28.178/DF julg. em **04.03.2015**, Rel. Min. Roberto Barroso. E conforme o **ARE 652777/SP**: *É legítima a publicação, inclusive em sítio eletrônico mantido pela Administração Pública, dos nomes de seus servidores e do valor dos correspondentes vencimentos e vantagens pecuniárias.* STF. Plenário, Rel. Min. Teori Zavascki, julg. em **23.04.2015** (repercussão geral).

821. Nesse sentido: *o Plenário do STF concluiu que a autoridade reclamada deve permitir o acesso do reclamante aos documentos descritos no requerimento administrativo objeto da impetração em questão, ressalvados apenas aqueles indispensáveis ao resguardo de interesse público legítimo e à defesa da intimidade e aqueles cujo sigilo se imponha para proteção da sociedade e do Estado, o que há de ser motivado de forma explicita e pormenorizada pelo reclamado, a fim de sujeitar esse exame administrativo ao controle judicial.* Plenário do STF. **Rcl 11949/RJ**, Rel. Min. Cármen Lúcia, julgado em **15.03.2017**.

822. **RE 865401/MG**, STF. Plenário. Rel. Min. Dias Toffoli, julgado em **25.04.2018**.

documentos e informações sobre a gestão pública, desde que não estejam, excepcionalmente, sob regime de sigilo ou sujeitos à aprovação de CPI. Ainda afirmou o STF que o fato de as casas legislativas, em determinadas situações, agirem de forma colegiada, por intermédio de seus órgãos, não afasta, tampouco restringe, os direitos inerentes ao parlamentar como indivíduo.[823]

Entendeu o STF que a Constituição da República não restringe (não proíbe) o direito do parlamentar de buscar as informações de interesse individual, público ou coletivo, nas hipóteses em que o cidadão comum pode, solitariamente, exercer o direito fundamental. Em outras palavras, se o "cidadão comum" pode requisitar as informações e documentos, não faz sentido proibir o parlamentar de sozinho também requerer estes dados. Caso o parlamentar não pudesse requerer tais informações, ele seria transformado em um cidadão de segunda categoria. O fato de ser parlamentar não o despe de seus direitos de cidadão.[824]

Na sequência, temos também, previsto constitucionalmente, o ***direito de petição***. Esse direito, que é uma verdadeira garantia prevista no art. 5º, XXXIV da CR/88, busca cobrar dos Poderes Públicos providências necessárias visando a proteção de direitos ou mesmo a correção de ilegalidade ou abusos de poder.[825]

Assim sendo, são assegurados a todos independentemente do pagamento de taxas: o **direito de petição** aos Poderes Públicos em defesa de direitos ou contra ilegalidade ou abuso de poder.[826] Nesse sentido, temos que esse direito, que não contempla uma reserva legal expressa,[827] é assegurando a todos os brasileiros ou estrangeiros e visa a defesa (ou tutela) de direitos individuais (eventualmente usurpados) bem como a defesa de interesse geral ou coletivo.[828] Nesses termos, o STF vai desenvolver entendimentos sobre esse direito, nos seguintes termos: a) o direito de petição não assegura ao interessado a possibilidade de ingressar em juízo, para litigar ou em nome próprio ou representando terceiros sem a presença de advogado;[829] b) O STF, em virtude do direito de petição e com base na decisão da

823. **RE 865401/MG**, STF. Plenário. Rel. Min. Dias Toffoli, julgado em **25.04.2018.**
824. **RE 865401/MG**, STF. Plenário. Rel. Min. Dias Toffoli, julgado em **25.04.2018.**
825. O **direito de petição** já existe desde a primeira Constituição brasileira de 1824, sendo positivado em todas as demais Constituições pátrias *(1891; 1934; 1937; 1946; 1967-69 e 1988).*
826. Para a corrente majoritária no STF a intitulada reclamação prevista no art. 102, I "l" da CR/88 para preservar a autoridade e competência do STF tem a natureza jurídica de direito de petição. (ADI 2212 de Rel. Min Ellen Gracie julg. em 02.03.2003).
827. Embora possa o legislador possa fixar normas para sua organização, delimitação ou procedimentalização em determinadas hipóteses, propiciando, até mesmo, uma maior efetivação (maior desenvolvimento) do direito de petição.
828. *"O direito de petição é um típico direito fundamental de caráter geral ou universal (direito da pessoa humana), assegurado a todos, pessoas físicas ou jurídicas, brasileiros ou estrangeiros, ou até mesmo a entes não dotados de personalidade jurídica. Pode ser exercido individual ou coletivamente."* MENDES, Gilmar, 2008, p. 569. A doutrina, afirma ainda *que até mesmo o menor (independente de capacidade) poderá exercer o direito de petição desde que seja demonstrada a consciência do seu significado, o que se não ocorrer enseja apenas a representação do mesmo por seu representante de direito legal.*
829. Conforme a **AR 1354**: "[...] O direito de petição qualifica-se como prerrogativa de extração constitucional assegurada à generalidade das pessoas pela Carta Política (art. 5º, XXXIV, a). Traduz direito público subjetivo de índole essencialmente democrática. O direito de petição, contudo, não assegura, por si só, a possibilidade de o interessado – que não dispõe

ADI 1976 passou jurisprudencialmente a entender que é inconstitucional a exigência de deposito ou arrolamento prévio de bens e direitos como condição de admissibilidade de recurso administrativo.[830]

No mesmo art. 5º, XXXIV da CR/88, temos, ainda, que a todos será assegurado, independentemente do pagamento de taxas: a **obtenção de certidões** em repartições públicas, para defesa de direitos e esclarecimento de situações de interesse pessoal.[831] Temos aí o intitulado direito de certidão.[832] Este, conforme a doutrina e a jurisprudência, será protegido de arbitrariedades ou ilegalidades via mandado de segurança.

Sobre o **direito de certidão**, o STF por unanimidade, recentemente na ADI 2259, julgou parcialmente procedente o pedido formulado ADI, de modo que, conferindo interpretação conforme à Constituição à Tabela IV da Lei nº 9.289, de 4 de julho de 1996, fica afastada sua incidência quando as certidões forem voltadas para a defesa de direitos ou o esclarecimento de situação de interesse pessoal, consoante a garantia de gratuidade contida no art. 5º, XXXIV, *b*, da Carta Magna, finalidades essas que se fazem presumidas quando a certidão pleiteada for concernente ao próprio requerente, sendo desnecessária, nessa hipótese, expressa e fundamentada demonstração dos fins e das razões do pedido. Nesses termos:

> Ação direta de inconstitucionalidade. Lei Federal nº 9.289/96. Tabela IV. Cobrança de custas pela expedição de certidões pela Justiça Federal de primeiro e segundo graus. ***Direito de gratuidade de certidões (art. 5º, inciso XXXIV, alínea b, da CF/88)***. Imunidade tributária. Garantia fundamental dotada de eficácia plena e aplicabilidade imediata. Interpretação conforme à Constituição. 1. A Constituição da República garante aos cidadãos brasileiros e aos estrangeiros residentes no país a gratuidade na obtenção de certidões nas repartições públicas, desde que "para defesa de direitos e esclarecimento de situações de

---

de capacidade postulatória – ingressar em juízo, para, independentemente de Advogado, litigar em nome próprio ou como representante de terceiros. [...]" Rel. Min. Celso de Mello. Julg. em 21.10.94. Porém, devemos ressaltar que essa interpretação do STF encontra uma relativização no âmbito de alguns procedimentos (não todos!) em Juizados especiais que não vão necessitar de advogado, conforme dicção legal. Ainda, também como como exceção à essa exigência (regra), tem-se a possibilidade de ingressar em juízo na Justiça do Trabalho sem a presença de advogado.

830. Conforme a **ADI 1976**: "[...] *A exigência de depósito ou arrolamento prévio de bens e direitos como condição de admissibilidade de recurso administrativo constitui obstáculo sério (e intransponível, para consideráveis parcelas da população) ao exercício do direito de petição (CR, art. 5º, XXXIV), além de caracterizar ofensa ao princípio do contraditório (CR, art. 5º, LV). A exigência de depósito ou arrolamento prévio de bens e direitos pode converter-se, na prática, em determinadas situações, em supressão do direito de recorrer, constituindo-se, assim, em nítida violação ao princípio da proporcionalidade. Ação direta julgada procedente para declarar a inconstitucionalidade do art. 32 da MP 1699-41 – posteriormente convertida na lei 10.522/2002 –, que deu nova redação ao art. 33, § 2º, do Decreto 70.235/72.*" Rel. Min. Joaquim Barbosa. Julg. em: 28.03.2007.

831. Conforme o art. 1º da Lei 9051/95: *As certidões para a defesa de direitos e esclarecimentos de situações, requeridas aos órgãos da administração centralizada ou autárquica, às empresas públicas, às sociedades de economia mista e às fundações públicas da União, dos Estados, do Distrito Federal e dos Municípios,* ***deverão ser expedidas no prazo improrrogável de 15 (quinze dias), contado do registro do pedido no órgão expedidor.***

832. Conforme a ADI nº 2.969: Ação direta de inconstitucionalidade. Artigo 178 da Lei Complementar nº 19, de 29 de dezembro de 1997, do Estado do Amazonas. Extração de certidões, em repartições públicas, condicionada ao recolhimento da "taxa de segurança pública". Violação à alínea "b" do inciso XXXIV do 5º da Constituição Federal. Ação julgada procedente.

interesse pessoal" (art. 5º, XXXIV, CF/88). Nas palavras do eminente Ministro Celso de Mello, ***"o direito à certidão traduz prerrogativa jurídica, de extração constitucional, destinada a viabilizar, em favor do indivíduo ou de uma determinada coletividade (como a dos segurados do sistema de previdência social), a defesa (individual ou coletiva) de direitos ou o esclarecimento de situações"*** (RE 472.489-AgR, Segunda Turma, DJe de 29/8/08). Essa garantia fundamental não depende de concretização ou regulamentação legal, uma vez que se trata de garantia fundamental dotada de eficácia plena e aplicabilidade imediata. 2. O direito à gratuidade das certidões, contido no art. 5º, XXXIV, b, da Carta Magna, também inclui as certidões emitidas pelo Poder Judiciário, inclusive aquelas de natureza forense. A Constituição Federal não fez qualquer ressalva com relação às certidões judiciais, ou àquelas oriundas do Poder Judiciário. ***Todavia, a gratuidade não é irrestrita, nem se mostra absoluta, pois está condicionada à demonstração, pelo interessado, de que a certidão é solicitada para a defesa de direitos ou o esclarecimento de situações de interesse pessoal.*** Essas finalidades são presumidas quando a certidão pleiteada for concernente ao próprio requerente, sendo desnecessária, nessa hipótese, expressa e fundamentada demonstração dos fins e das razões do pedido. Quando o pedido tiver como objeto interesse indireto ou de terceiros, mostra-se imprescindível a explicitação das finalidades do requerimento. 3. Ação direta julgada parcialmente procedente, de modo que, conferindo interpretação conforme à Constituição à Tabela IV da Lei 9.289, de 4 de julho de 1996, fique afastada sua incidência ***quando as certidões forem voltadas para a defesa de direitos ou o esclarecimento de situação de interesse pessoal, consoante a garantia de gratuidade contida no art. 5º, XXXIV, b, da Carta Magna, finalidades essas presumidas quando a certidão pleiteada for concernente ao próprio requerente, sendo desnecessária, nessa hipótese, expressa e fundamentada demonstração dos fins e das razões do pedido.***[833]

Outra questão interessante nos remete à dicção constitucional do art. 5º LXXVI da Constituição, que afirma que são gratuitos para os reconhecidamente pobres, na forma da lei: a) o registro civil de nascimento; b) a certidão de óbito. Certo é que a Lei nº 9.534/97 regulamentou o tema no sentido de determinar a não cobrança pelo registro civil de nascimento e pelo assento de óbito a todos (independentemente da demonstração aludida no texto constitucional referente aos reconhecidamente pobres).

Portanto, todos os brasileiros (entendemos que até mesmo os estrangeiros), reconhecidamente pobres ou não, seriam dotados desses direitos. O fundamento seria o de que são atos necessários para o exercício da cidadania. Essa Legislação foi objeto da ADI 1800 e de ADC 5. Certo é que o STF se posicionou no sentido da constitucionalidade da Lei nº 9.534/97.[834]

833. **ADI 2259**, Plenário, Sessão Virtual de **7.2.2020** a **13.2.2020**. Rel. Min Dias Toffoli.

834. Piva, Otávio, *Teoria dos Direitos Fundamentais*, p. 316, 2009. A Lei textualmente define que "são gratuitos os assentos do registro civil de nascimento e o de óbito, bem como o da primeira certidão respectiva". Conforme a Ementa da ADI 1800, julgada em 11.06.2007: Constitucional. Atividade notarial. Natureza. Lei 9.534/97. Registros públicos. Atos relacionados ao exercício da cidadania. Gratuidade. Princípio da proporcionalidade. Violação não observada. Precedentes. Improcedência da ação. I – A atividade desenvolvida pelos titulares das serventias de notas e registros, embora seja análoga à atividade empresarial, sujeita-se a um regime de direito público. II – Não ofende

14. DIFERENÇA ENTRE O PRINCÍPIO DA LEGALIDADE E O PRINCÍPIO DA RESERVA LEGAL

Reza da Constituição dispositivo extremamente importante para a fundamentalidade de um Estado de Direito. Nesses termos, o art. 5º, II da CR/88 prescreve que ninguém será obrigado a fazer ou deixar de fazer alguma coisa senão em virtude de lei. Aqui observamos o princípio da legalidade.

Sem dúvida, o princípio da legalidade tem como finalidade precípua limitar o poder do Estado impedindo sua utilização de forma arbitrária (impedimento do arbítrio a partir da noção de legalidade). Nesse sentido, a Constituição estabelece que caberá ao Poder Legislativo (órgão de representação popular) a função precípua de elaborar as leis em nosso ordenamento. Essas devem obviamente estar em consonância com a normatividade constitucional.

Com isso, temos segundo a doutrina que o princípio da legalidade pode ser observado e analisado sob um duplo enfoque:

- Se apresenta como uma garantia ao particular contra os possíveis desmandos do Executivo e do próprio Judiciário;
- Se apresenta como base do Estado de Direito, visando conformar os comportamentos às normas jurídicas das quais as leis são máxima expressão.[835]

Segundo o magistério de José Afonso da Silva,[836] o princípio da legalidade exige, para sua plena realização, a produção de lei em sentido estrito, ou seja, lei elaborada pelo Parlamento. Porém, devemos ressaltar que própria Constituição quando prescreve que "ninguém será obrigado a fazer ou deixar de fazer alguma coisa senão em virtude de lei" permite a produção de lei em sentido amplo, nos termos do art. 59 da CR/88. Com isso, desde que sejam respeitados os intitulados limites

o princípio da proporcionalidade lei que isenta os "reconhecidamente pobres" do pagamento dos emolumentos devidos pela expedição de registro civil de nascimento e de óbito, bem como a primeira certidão respectiva. III – Precedentes. IV – Ação julgada improcedente.

835. Como exemplo, temos que, antes da Lei nº 13.465/2017 todos os moradores do bairro/conjunto habitacional que foi "fechado" e "transformado" em um loteamento fechado não eram obrigados a pagar essa taxa de manutenção. Conforme o STJ: *Os moradores que não quiserem se associar ou que não anuíram à constituição desse condomínio de fato não são obrigados a pagar. Em nosso ordenamento jurídico, somente existem duas fontes de obrigações: a LEI ou o CONTRATO. No caso concreto, não há lei que obrigue o pagamento dessa taxa; de igual forma, se o morador não quis participar da associação de moradores nem anuiu à formação desse condomínio de fato, ele não poderá ser compelido a pagar. As taxas de manutenção criadas por associações de moradores não obrigam os não associados.* STJ. 2ª Seção. REsp 1.280.871-SP e REsp 1.439.163-SP, Rel. para ac. Min. Marco Buzzi, julg. em 11/3/2015 (recurso repetitivo) (Inf. 562). O STF também chegou a conclusão semelhante: *É inconstitucional a cobrança por parte de associação de taxa de manutenção e conservação de loteamento imobiliário urbano de proprietário não associado até o advento da Lei nº 13.465/2017. O princípio da legalidade funciona como instrumento de contrapeso ao princípio da liberdade de associação. De um lado, assegurando que obrigação só é imposta por lei; e de outro – e por consequência – garantindo que, na ausência de lei, não há aos particulares impositividade obrigacional, regendo-se a associação somente pela livre disposição de vontades.* STF. Plenário. RE 695911, Rel. Min. Dias Toffoli, julgado em 14/12/2020 (Repercussão Geral – Tema 492).

836. SILVA, José Afonso da, *Curso de Direito Constitucional Positivo*. 2007, p. 368.

formais e materiais com fulcro na Constituição, estas espécies normativas adstritas ao já citado art. 59 da CR/88 podem criar direitos e deveres.

Por último, temos que existem exceções ao princípio da legalidade. São elas: as medidas provisórias previstas constitucionalmente no art. 62 da CR/88 (ato normativo com força de lei), bem como os "estados de legalidade extraordinária ou de cunho excepcional", descritos constitucionalmente na previsão do estado de defesa e do estado de sítio.

E o que poderíamos definir como princípio da reserva legal? Ora o princípio da legalidade descrito acima possui, segundo a doutrina, uma abrangência mais ampla que o princípio da reserva legal.[837]

Assim sendo, enquanto o primeiro (princípio da legalidade) consiste na submissão a todas as espécies normativas elaboradas em conformidade com o processo legislativo previsto na Constituição (leis em sentido amplo), o princípio da reserva legal incide apenas sobre campos materiais específicos (delimitados), submetidos exclusivamente ao tratamento do Poder Legislativo (leis em sentido estrito).[838]

Nesses termos, certo é que, quando a Constituição determina a regulamentação integral de suas normas por lei em sentido formal (ato emanado do Poder Legislativo e elaborado de acordo com o devido processo legislativo), temos a intitulada **reserva legal absoluta**. Porém se, apesar de exigir a edição desta espécie de lei, permite que ela fixe apenas os parâmetros de atuação a serem complementados por ato infralegal (obviamente respeitados os limites estabelecidos pela legislação), trata-se de **reserva legal relativa**.

Por último, é importante salientar que a doutrina distingue o que seria a *reserva legal simples* da *reserva legal qualificada*, quando da discussão das hipóteses em que o próprio constituinte já trouxe a previsão da possibilidade de limitação dos direitos fundamentais mediante a atuação do legislador. Nesse sentido, enquanto na reserva legal qualificada o constituinte já dispõe alguns conteúdos ou finalidades que a lei restritiva deve adotar[839], a reserva legal simples nada menciona sobre a questão.

---

837. Conforme o entendimento de José Afonso da Silva: *"O primeiro (legalidade) significa a submissão e o respeito a lei, ou seja, a atuação dentro da esfera estabelecida pelo legislador. Já o segundo (reserva legal) consiste em estatuir que a regulamentação de determinadas matérias há de fazer-se necessariamente por lei formal."* SILVA, José Afonso da, 2007, p. 368-369.

838. Segundo a doutrina: "O princípio da reserva legal vem sendo gradativamente convertido pela doutrina constitucionalista no *princípio da reserva legal proporcional*. Este exige, além da admissibilidade constitucional da restrição eventualmente fixada a um determinado direito, a compatibilidade da restrição com o *princípio da proporcionalidade*. Deve-se averiguar: I) a *legitimidade* dos meios utilizados e dos fins perseguidos pelo legislador; II) a *adequação* dos meios para a consecução dos objetivos almejados; e III) a *necessidade* de sua utilização." NOVELINO, Marcelo, 2009, p. 436; MENDES, Gilmar, *Hermenêutica constitucional e direitos fundamentais*, p. 250.

839. "Tem-se uma *reserva legal ou restrição legal qualificada* [...] *quando a Constituição não se limita a exigir que eventual restrição ao âmbito de proteção de determinado direito seja prevista em lei, estabelecendo, também, as condições especiais, os fins a serem perseguidos ou os meios a serem utilizados*". MENDES, Gilmar Ferreira. Âmbito de proteção

Seriam exemplos de reservas legais simples, dentre outras, aquelas dispostas no art. 5º, VI (prestação de assistência religiosa nas entidades civis e militares *nos termos da lei*), bem como nos inc. VI, VII, XV e XLV, XLVI e LVII, em que a reserva legal é expressa de modo mais claro (*na forma da lei; nos termos da lei; salvo nas hipóteses previstas em lei*)[840]. Em outras oportunidades, entretanto, "o constituinte utiliza-se de formas menos precisas, submetendo o direito fundamental à aplicação de conceito ou instituto jurídico que reclama densificação" – o que ocorre, dentre outros casos, no art. 5º, XLIII, LXVI, LXVII. Em relação à reserva legal qualificada, é possível citar como exemplos o art. 5º, XIII, CRFB/88 ("*atendidas as qualificações profissionais que a lei estabelecer*") e o art. 5º, LX, segundo o qual a lei poderá restringir a publicidade dos atos processuais, desde que isso seja exigência da defesa da intimidade ou do interesse social.

15. A QUESTÃO DOS TRATADOS INTERNACIONAIS FRENTE A CONSTITUIÇÃO: A NOVA EXEGESE DOS TRATADOS INTERNACIONAIS DE DIREITOS HUMANOS

Conforme extensa discussão doutrinária e jurisprudencial até o advento da EC nº 45/04 em nosso ordenamento, tínhamos duas posições jurídicas sobre a figura dos Tratados Internacionais. Ora, uma plêiade de internacionalistas entendia, à luz do art. 5º, § 2º da CR/88,[841] que determinados tratados internacionais, mormente os relativos a direitos humanos, deveriam adentrar em nosso ordenamento como normas constitucionais. Já outros juristas e cientistas do direito advogavam com base em pressupostos filiados ao princípio da soberania nacional (ou ao princípio da supremacia da Constituição, entre outros), que qualquer tratado internacional deveria entrar em nosso ordenamento como lei ordinária (legislação ordinária). Pois bem, o STF se posicionou (mesmo sob calorosos protestos) de acordo com a corrente que propugnava o recebimento dos tratados, sejam eles sobre qualquer tema, como legislação ordinária (portanto: legislação infraconstitucional).[842]

---

de direitos fundamentais e as possíveis limitações. In: MENDES; COELHO; BRANCO. *Hermenêutica constitucional e direitos fundamentais*. Brasília: Brasília Jurídica, 2000, p. 210-241. p. 236.

840. MENDES, Gilmar Ferreira. *Âmbito de proteção de direitos fundamentais e as possíveis limitações*. In: MENDES; COELHO; BRANCO. *Hermenêutica constitucional e direitos fundamentais*. Brasília: Brasília Jurídica, 2000, p. 210-241.

841. Art. 5º § 2º da CR/88: Os direitos e garantias expressos nesta Constituição não excluem outros decorrentes do regime e dos princípios por ela adotados, ou dos tratados internacionais em que a República Federativa do Brasil seja parte.

842. É importante salientar, nos termos da **ADI 1480**, que para a incorporação de um Tratado Internacional em nosso ordenamento jurídico, são necessárias **3** fases: ***1ª fase:*** *compete privativamente ao Presidente da República* ***celebrar todos os tratados, convenções e atos internacionais*** *(CR, art. 84, VIII);* ***2ª fase****: é de competência exclusiva do Congresso Nacional resolver definitivamente sobre tratados, acordos ou atos internacionais que acarretem encargos ou compromissos gravosos ao patrimônio nacional (CR, art. 49, I). A deliberação do Parlamento será realizada através da aprovação de um decreto legislativo (pelo Congresso Nacional), devidamente promulgado pelo Presidente do Senado Federal e publicado;* ***3ª fase****: Temos a edição de um Decreto do Presidente da República (Decreto do Executivo), promulgando o* ***ato ou tratado internacional*** *devidamente aprovado pelo Congresso Nacional (com publicação do texto em Português no Diário Oficial). É nesse momento que adquire* ***executoriedade interna (no plano interno)*** *a norma inserida pelo ato ou tratado internacional, podendo, inclusive, conforme entendimento do próprio STF, ser objeto de ação direta de inconstitucionalidade. Assim sendo, TI entra com paridade as leis Ordinárias, exceto, obviamente, se o mesmo for um TIDH que, como vimos, adentrará no ordenamento ou como norma Constitucional (seguindo o*

Acontece que, uma das grandes novidades da Reforma do Poder Judiciário, fruto da EC nº 45/2004, foi a positivação em nosso ordenamento constitucional de norma que determina que os Tratados Internacionais de direitos humanos que seguissem o mesmo procedimento de aprovação das Emendas Constitucionais deveriam ser recebidos como normas constitucionais. Nesses termos, temos o art. 5º § 3º da CR/88 que afirma que: os tratados e convenções internacionais sobre direitos humanos que forem aprovados, em cada Casa do Congresso Nacional, em dois turnos, por três quintos dos votos dos respectivos membros, serão equivalentes às Emendas Constitucionais.

Pois bem, a partir daí restou consignado que teríamos duas posições sobre os Tratados Internacionais: a) Tratados Internacionais que não são de direito humanos continuariam a ser recepcionados como lei ordinária; b) já os TIDH que passassem pelo procedimento descrito no art. 5º, § 3º da CR/88 seriam recepcionados como normas constitucionais (equivalentes às emendas constitucionais). Como primeiro exemplo, temos em agosto de 2009 a promulgação pelo Poder Executivo do Decreto nº 6.949/2009 (Convenção Internacional sobre os Direitos das Pessoas com Deficiência e seu Protocolo Facultativo, assinados em Nova York, em 30 de março de 2007):

> *O **PRESIDENTE DA REPÚBLICA,** no uso da atribuição que lhe confere o art. 84, inciso IV, da Constituição, e Considerando que o Congresso Nacional aprovou, por meio do Decreto Legislativo no 186, de 9 de julho de 2008, conforme o procedimento do § 3º do art. 5º da Constituição, a Convenção sobre os Direitos das Pessoas com Deficiência e seu Protocolo Facultativo, assinados em Nova York, em 30 de março de 2007; Considerando que o Governo brasileiro depositou o instrumento de ratificação dos referidos atos junto ao Secretário-Geral das Nações Unidas em 1º de agosto de 2008; Considerando que os atos internacionais em apreço entraram em vigor para o Brasil, no plano jurídico externo, em 31 de agosto de 2008; **DECRETA:** Art. 1º A Convenção sobre os Direitos das Pessoas com Deficiência e seu Protocolo Facultativo, apensos por cópia ao presente Decreto, serão executados e cumpridos tão inteiramente como neles se contém. Art. 2º São sujeitos à aprovação do Congresso Nacional quaisquer atos que possam resultar em revisão dos referidos diplomas internacionais ou que acarretem encargos ou compromissos gravosos ao patrimônio nacional, nos termos do art. 49, inciso I, da Constituição. Art. 3º. Este Decreto entra em vigor na data de sua publicação. Brasília, 25 de agosto de 2009; 188º da Independência e 121º da República. LUIZ INÁCIO LULA DA SILVA.*

Posteriormente, tivemos a Promulgação do Tratado de Marraqueche para Facilitar o Acesso a Obras Publicadas às Pessoas Cegas, com Deficiência Visual ou com Outras Dificuldades para Ter Acesso ao Texto Impresso, firmado em Marraqueche, em 27 de junho de 2013:

> O PRESIDENTE DA REPÚBLICA , no uso da atribuição que lhe confere o art. 84, caput , inciso IV, da Constituição, e Considerando que a República Federativa do Brasil firmou o Tratado de Marraqueche para Facilitar o Acesso a Obras Publicadas às Pessoas Cegas, com Deficiência Visual ou com Outras Dificuldades para Ter Acesso ao Texto Impresso, em Marraqueche, em 27 de junho de 2013; Considerando que o Congresso Nacional aprovou o Tratado por meio do Decreto Legislativo nº 261,

---

procedimento do art. 5 § 3º da CR/88) ou como norma supra legal. Aqui, observamos que o Brasil adota a tese do "dualismo moderado" no que tange a incorporação de Tratados Internacionais em nosso ordenamento.

de 25 de novembro de 2015, conforme o procedimento de que trata o § 3º do art. 5º da Constituição; e Considerando que o Governo brasileiro depositou, junto ao Diretor-Geral da Organização Mundial da Propriedade Intelectual, em 11 de dezembro de 2015, o instrumento de ratificação ao Tratado e que este entrou em vigor para a República Federativa do Brasil, no plano jurídico externo, em 30 de setembro de 2016; DECRETA: Art. 1º Fica promulgado o Tratado de Marraqueche para Facilitar o Acesso a Obras Publicadas às Pessoas Cegas, com Deficiência Visual ou com Outras Dificuldades para Ter Acesso ao Texto Impresso, firmado em Marraqueche, em 27 de junho de 2013, anexo a este Decreto. Art. 2º São sujeitos à aprovação do Congresso Nacional atos que possam resultar em revisão do Tratado e ajustes complementares que acarretem encargos ou compromissos gravosos ao patrimônio nacional, nos termos do inciso I do caput do art. 49 da Constituição . Art. 3º Este Decreto entra em vigor na data de sua publicação. Brasília, 8 de outubro de 2018; 197º da Independência e 130º da República. MICHEL TEMER

Como terceiro exemplo (e mais recente), o Presidente da República, assinou no dia 12.05.2021 o decreto de promulgação da *Convenção Interamericana contra o Racismo, a Discriminação Racial e Formas Correlatas de Intolerância*. O Congresso Nacional já havia aprovado o Tratado por meio de Decreto Legislativo em fevereiro de 2021.

Acontece que uma nova discussão passou a permear o Pretório Excelso, bem como a doutrina pátria. Qual seja: e os Tratados Internacionais de Direito Humanos que não passaram pelo procedimento expresso no art. 5º, § 3º da CR/88? Como seriam recebidos em nosso ordenamento? Ou, se já existentes, quais seriam os seus *status*?

Seriam somente leis ordinárias ou não mais caberiam em nosso ordenamento como tais em virtude de serem de direitos humanos? Também seriam recepcionados como normas constitucionais[843], mesmo não sendo procedimentalizados nos termos expressos no art. 5º, § 3º da CR/88?

A tese vencedora no STF propugnada pelo Ministro Gilmar Mendes foi a de que esses TIDH que não passaram pelo procedimento do art. 5º, § 3º da CR/88 não poderiam adentrar como leis ordinárias por serem de direito humanos (o que não mais caberia frente a nova assertiva trazida pela EC nº 45/04), mas também não seriam normas constitucionais por não terem sido aprovados nos mesmos moldes das Emendas Constitucionais. Segundo o Ministro, eles deveriam adentrar no ordenamento pátrio como normas supralegais, ou seja, um meio termo (posição intermediária) entre as normas Constitucionais e as leis ordinárias. Nesse sentido, estariam acima das leis ordinárias e abaixo das normas constitucionais. Portanto, passamos agora, em virtude desse posicionamento, assente de forma majoritária no STF a ter 3 hipóteses sobre a recepção de Tratados Internacionais em nosso ordenamento:

843. Na posição de que os TIDH são normas constitucionais independentemente do procedimento do art.5§3º da CR/88, tendo como fundamento o art.5 § 2º da CR/88 (***tese da: natureza de normas materialmente constitucionais***), temos expoentes como: Antônio Augusto Cançado Trindade, André de Carvalho Ramos, Flavia Piovesan, Valério Mazoulli, entre outros. Sobre tal tema, ver brilhante texto intitulado: *O caráter materialmente constitucional dos Tratados e Convenções Internacionais sobre Direitos Humanos*. FACHIN, Edson; GODOY, Miguel; DALLEDONE, Roberto, FORTES, Luiz Henrique. In: *Separação de Poderes: Aspectos contemporâneos da relação entre Executivo, Legislativo e Judiciário*. Pag. 281-303. Ed. Juspodivm, 2018.

a) TIDH (conforme o art. 5º, § 3º da CR/88): Norma constitucional[844]

b) TIDH (não conforme o art. 5º, § 3º da CR/88[845]): Norma supralegal[846]

c) TI que não é de DH: Norma ordinária (lei ordinária)

Essa posição, assente no STF nos termos do **RE nº 466.343**, gerou uma série de consequências em nosso ordenamento. Uma delas, obviamente, é a da (*questionável*) modificação hierárquica desse ordenamento, com a assunção de mais uma espécie normativa, que, conforme visto, foi desenvolvida (estranhamente, por falta de titularidade para tal!) pelo STF. Outra que poderíamos citar foi a do **cancelamento da Súmula nº 619 do STF** ("A prisão do depositário judicial pode ser decretada no próprio processo em que se constituiu o encargo, independentemente da propositura de ação de depósito"), bem como a da definição de que a modalidade de **prisão civil do depositário infiel** prevista no art. 5º, LXVII (Não haverá prisão civil por dívida, salvo a do responsável pelo inadimplemento voluntário e inescusável de obrigação alimentícia[847] e a do depositário infiel) **não mais** seria cabível. Nesses termos, a ementa do **RE nº 466.343**, julgado em 03.12.2008:

> "PRISÃO CIVIL. Depósito. Depositário infiel. Alienação fiduciária. Decretação da medida coercitiva. Inadmissibilidade absoluta. Insubsistência da previsão constitucional e das normas subalternas. Interpretação do art. 5º, inc. LXVII e §§ 1º, 2º e 3º, da CR, à luz do art. 7º, § 7, da Convenção Americana de Direitos

844. No que tange a relação dessas novas normas constitucionais (que passam a **integrar o bloco de constitucionalidade**) com as *cláusulas pétreas* temos que se as normas do TIDH constitucionalizadas acrescentarem (incrementarem) direitos as normas protegidas pelo art. **60, § 4º da CR/88** elas estarão em consonância com o sistema constitucional e não poderão ser suprimidas (temo as aí uma **modificação ampliativa**). Já se as novas normas constitucionais, oriundas de TIDH abolirem (ou suprimirem) direitos individuais elas (ainda que normas constitucionais) não poderão prevalecer, devido a proteção referente ao art. 60 § 4º da CR/88. Portanto, deverão ser declaradas inconstitucionais. Uma outra questão interessante, diz respeito a se novos direitos advindos de um TIDH que adentrou como norma constitucional poderão ser posteriormente suprimidos por uma Emenda constitucional posterior. Conforme Gilmar Mendes (2008) essa hipótese seria possível, pois o poder reformador da Constituição (mesmo via TIDH) não poderia impor limites a ele mesmo (autolimitação). Portanto, as limitações seriam apenas obra do Poder Constituinte originário. Já outra corrente advoga que se o rol de direitos é ampliado, não poderíamos abolir (suprimir) novos direitos individuais (que estariam agora protegidos pelo art. 60 § 4º da CR/88) via emenda constitucional. Somos adeptos dessa última corrente.
845. Essa assertiva, envolve, obviamente, os TIDH aprovados anteriormente a EC nº 45/04 e os TIDH aprovados posteriormente a EC nº 45/04.
846. É interessante que a presença da "**norma supralegal**" não advém de modificação legislativa (sobretudo constitucional via Poder Constituinte derivado), mas de um voto de um Ministro do STF no RE 466.343. A crítica aqui é a seguinte: será que um voto (ainda que vencedor e por mais brilhante que seja na sistematização com o direito comparado) pode mudar a estrutura do nosso ordenamento jurídico? Será que não existiria um "caminho mais legitimo" para determinar a qualificação de normas como supralegais (abaixo da Constituição e acima das leis ordinárias)?
847. A CR/88 (art. 5º, LXVII) só admite a prisão por dívida decorrente de pensão alimentícia quando a não prestação é voluntária e inescusável. Nesse sentido, a 2ª Turma do STF concedeu habeas corpus de ofício a determinado devedor que estava preso por não ter pago a pensão alimentícia, mas provou, no caso concreto, que estava desempregado. Os Ministros entenderam que o inadimplemento não foi voluntário em virtude da situação de desemprego. STF. 2ª Turma. HC 131554/SP, Rel. Min. Cármen Lúcia, julg. em 15.12.2015. *Aqui não significa que sempre que o devedor estiver desempregado, ele estará dispensado de pagar a pensão alimentícia. Existem situações, como lembra a doutrina, em que ele pode não estar trabalhando, mas possuir outras fontes de renda, como alugueis, investimentos etc. Neste caso, continuará tendo a obrigação de pagar, podendo, inclusive, ser preso em caso de inadimplemento.*

Humanos (Pacto de San José da Costa Rica). Recurso improvido. Julgamento conjunto do RE nº 349.703 e dos HCs nº 87.585 e nº 92.566. É ilícita a prisão civil de depositário infiel, qualquer que seja a modalidade do depósito." Rel. Min. Cezar Peluso.

Voltando a consideração da **norma supralegal**, como exemplos, temos a Convenção Americana de Direitos Humanos (CADH) e o Pacto Internacional de Direitos Civis e Políticos (PIDCP) que são tratados de direitos humanos, mas que não foram aprovados segundo as regras do art. 5º, § 3º da CR/88 (são inclusive anteriores à EC 45/2004, que acrescentou o § 3º no art. 5º da CR/88). Isso significa que esses tratados possuem status supralegal no Brasil.

16. O TRIBUNAL PENAL INTERNACIONAL E A POSIÇÃO DO BRASIL FRENTE A ELE

Nos termos da EC 45/04, temos que o Brasil se submete à jurisdição de Tribunal Penal Internacional a cuja criação tenha manifestado adesão. Mas como se deu a criação de um Tribunal Penal Internacional e como foi a adesão do Brasil? Passamos agora a analisar esse tema.

Com a aprovação do Estatuto de Roma do Tribunal Penal Internacional em 1998 na Conferência Diplomática de Plenipotenciários das Nações Unidas, foi estabelecido o Tribunal Penal Internacional[848] com sede em Haia (Holanda). Nesses termos, foi criado por meio de um Tratado entre Estados Soberanos um Tribunal dotado de poderes para compor litígios específicos de direito internacional penal.[849]

Com isso, passamos a ter uma (específica) jurisdição internacional à luz do TPI que tem como função processar e julgar crimes de alcance internacional que acabam por constituir uma ameaça à paz, à segurança e ao bem-estar da humanidade, sem que seja necessário cumprir regra de consentimento que é exigida para outros órgãos internacionais. Com isso, afirma a doutrina que: o vínculo jurisdicional estabelecido entre os Estados partes e o TPI é regido pelo princípio da competência automática. Essa, inserida no art. 12 do TPI, preceitua que o Estado aceita a competência relativamente aos crimes listados no art. 5, inerente ao Tribunal, no momento

848. A conferência de Plenipotenciários sobre o Estabelecimento de um Tribunal Penal Internacional foi aberta em Roma no dia 15 de junho de 1998 com o discurso do então secretário-geral da ONU, Kofi Annan [...] No último dia das negociações, em 17 de julho de 1998, foi adotado o Estatuto, com o voto favorável de 120 delegações, 21 abstenções e 7 votos negativos (Estados Unidos, Líbia, Israel, China, Sudão e Síria). Porém, EUA e Israel mediante o impacto negativo acerca de suas posições, posteriormente assinaram o Estatuto em 31.12.2000. Acontece que, após os ataques de 11 de setembro e as operações de guerra no Afeganistão e na Palestina, tornou-se inviável a ratificação do Estatuto por esses países. Assim sendo, em 06.08.2002 e em 28.08.2002 respectivamente EUA e Israel notificaram formalmente a ONU de que não tinham a intenção de se tornarem parte no respectivo Tratado. Porém, mesmo com a ausência desses países o Tratado em abril de 2002 já contava com a ratificação necessária de 60 países e, sendo assim, entrou em vigor em 1º julho de 2002.

849. Anteriormente ao TPI criado pelo Estatuto de Roma existiram Tribunais *ad hoc* que inclusive serviram como fontes para o TPI.

em que se torne parte dele, implicando uma atuação mais eficiente e uma maior autonomia por parte dessa jurisdição.[850]

O Brasil, em 07 de fevereiro de 2000, assinou o tratado internacional que dizia respeito ao Estatuto ora citado. Já em 2002 esse tratado foi aprovado pelo Congresso Nacional (DL nº 112/2002) e posteriormente foi promulgado pelo Presidente da República por meio do Decreto nº 4.338/2002. Sendo assim, esse Tratado, de suma importância, adentrou em nosso ordenamento.

Porém, certo é que com o advento da EC nº 45/04 (que apenas determinou, em ditame constitucional, algo já assente no ordenamento pátrio desde 2002[851]) e com a nova jurisprudência do STF (acima citada no RE nº 466.343), o TPI (e sua normatividade) deve ser entendido, atualmente, como norma supralegal (abaixo das normas constitucionais, mas acima das leis ordinárias).

Conforme o Estatuto de Roma o **TPI** é dotado de competência para julgar:

a) crimes de genocídio;

b) crimes contra a humanidade;

c) crimes de guerra; e

d) crimes de agressão.

Além disso, são **princípios** estabelecidos no Estatuto:

a) Princípio da responsabilidade penal internacional individual: Com base no art. 25 do Estatuto de Roma, o TPI será competente para julgar pessoas singulares. Nesses termos, quem cometer um crime de competência do TPI será considerado individualmente responsável.

b) Princípio da complementaridade: A competência do TPI é complementar das jurisdições penais nacionais, nos termos do art. 1º do Estatuto de Roma. Portanto, a atuação do Tribunal será restrita às hipóteses nas quais os Estados, a quem cabe a responsabilidade originária de processar e julgar os crimes cometidos por seus nacionais, não se mostrarem capazes ou mesmo não demonstrarem vontade efetiva de punir os seus criminosos. Nesse sentido, isso ocorrerá somente quando houver falha ou omissão. Nesses termos, o TPI, com base na

850. LIMA, Renata Montovani; BRINA COSTA, Marina Martins, *O tribunal penal internacional*, 2006, p. 10-11.

851. Nesses termos, a doutrina, trabalhando a adição, ao art. 5º da CR/88, de um dispositivo relacionado à submissão do Estado brasileiro à jurisdição do Tribunal Penal Internacional, a cuja criação tenha aderido (art. 5º § 4º da CR/88 acrescentado pela EC nº 45/04), afirma que: "[...] é necessário frisar que tal previsão representa, apenas, uma desnecessária reafirmação do princípio constitucional da prevalência dos Direito Humanos. Sem dizer, ainda, na clara e anterior alusão de um Tribunal de Direitos Humanos propugnado pelo art. 7º do ADCT. Dada as características e a competência material do TPI, outro não seria o aludido Tribunal. Além disso, o Estatuto de Roma encontra-se devidamente incorporado ao ordenamento pátrio. Dessa feita, a previsão constitucional, posterior à inserção deste ao direito interno, é, tão somente uma questão de mera redundância normativa, uma vez que não alcança e muito menos convalida atos jurídicos já perfeitos." LIMA, Renata Montovani; BRINA COSTA, Marina Martins, *O tribunal penal internacional*, 2006, p. 159.

complementaridade, não substitui os Tribunais nacionais, pelo contrário, só atuará subsidiariamente às cortes nacionais, uma vez que elas possuem prioridade no exercício da jurisdição.[852]

c) Princípio da imprescritibilidade: Conforme o art. 29 do Estatuto de Roma, os crimes de competência do Tribunal não prescrevem. Com isso, não há possibilidade de não punição (perda do direito de punir) por decurso de tempo.[853]

d) Princípio da Universalidade: Com base nesse princípio, não há possibilidade do estabelecimento de reservas ao Estatuto de Roma. Portanto, os Estados vão se submeter integralmente ao TPI, não havendo excepcionalidades (reservas) em determinados casos ou mesmo situações.

e) Princípio da anterioridade (irretroatividade): Esse princípio determina que ninguém pode ser julgado por delitos praticados antes da entrada em vigor do TPI. Conforme art. 24 do ER, temos que "nenhuma pessoa será considerada criminalmente responsável, de acordo com o presente Estatuto, por uma conduta anterior à entrada em vigor do referido Estatuto." Portanto, o Tribunal só terá competência para julgar crimes cometidos após 01.07.2002. Obviamente, se um Estado vem a se tornar parte do Estatuto posteriormente, o Tribunal só poderá exercer sua competência em relação a crimes cometidos depois da entrada em vigor do Estatuto naquele Estado, a menos que o próprio Estado faça uma declaração específica em sentido contrário, nos termos do art. 11 do Estatuto de Roma.[854]

f) Princípio do ***ne bis in idem***: Esse indica que, se um condenado cumpriu pena pela prática de determinado crime, ele não se submeterá a nova limitação de seus direitos devido à prática daquele mesmo crime. Nos termos do art. 20 do

852. LIMA, Renata Montovani; BRINA COSTA, Marina Martins, *O tribunal penal internacional*, 2006, p. 91. A doutrina ressalta ainda que o princípio da complementaridade aplica-se não apenas aos Estados partes, mas também em relação aos Estados não partes.
853. Aqui temos um aparente conflito com o plano interno de nosso ordenamento, pois a jurisprudência do STF é forte no sentido de não aceitar a possibilidade de extradição se já existir a prescrição da pretensão punitiva (seja no direito brasileiro ou no direito estrangeiro). Nesses termos, o ordenamento jurídico pátrio, segundo a CR/88, só admite a figura da imprescritibilidade no caso de cometimento dos crimes de racismo e da ação de grupos armados, civis ou militares, contra a ordem constitucional e o Estado Democrático. A única possibilidade de aceitação da norma do ER do TPI é aquela que afirma a separação do plano interno (Constituição como reguladora da ordem interna) do plano da jurisdição penal internacional. Um outro ponto interessante, que pode ser ventilado se refere a norma do ER que permite a imposição de pena de caráter perpétuo em virtude do elevado grau de ilicitude do fato e em razão das condições pessoais do condenado justificarem nos termos do art. 77 do Estatuto de Roma. Aqui também temos uma tensão, pois o ordenamento pátrio à luz da CR/88 bem como a jurisprudência do STF entende que não deve haver pena de caráter perpétuo. *Nesses termos, o STF vem entendendo (Ext. 855) que só é possível a extradição se ocorrer a comutação da pena de caráter perpétuo em pena privativa de liberdade não superior a 30 anos de reclusão (pena máxima admitida em nosso ordenamento). Mais uma vez, os adeptos da validade das normas do TPI se fundamentam na diferenciação entre o plano do direito interno e a jurisdição penal internacional e suas bases as quais o Brasil aderiu. Entendemos que o tema (assim como o da imprescritibilidade) deve ser objeto de manifestação do STF quando for solicitado para tal.*
854. LIMA, Renata Montovani; BRINA COSTA, Marina Martins, *O tribunal penal internacional*, 2006, p. 99.

ER do TPI, "ninguém pode ser julgado por uma outra jurisdição por um crime previsto no art. 5º (crime de genocídio, crimes contra a humanidade, crimes de guerra e crimes de agressão), pelo qual tenha sido condenado ou absolvido pela Corte". Com isso, a conclusão é a de que, pelo menos em regra, a sentença do TPI esgota o litígio no campo internacional e interno. Porém, devemos salientar que existem exceções, pois o próprio Estatuto do TPI prevê hipóteses em que o TPI poderá rejulgar pessoas que já tenham sido anteriormente julgadas por uma outra jurisdição. Nesses termos, as hipóteses: 1) julgamento que tiver por objetivo subtrair o indivíduo de sua responsabilidade penal; 2) o julgamento não for conduzido de maneira independente ou imparcial, conforme o direito internacional, mas de maneira que, nas circunstâncias descritas, desmentia a intenção de encaminhar o interessado a justiça.[855]

g) Princípio da irrelevância da função oficial (responsabilidade de comandantes e superiores hierárquicos): os indivíduos que praticarem crimes de competência do TPI serão responsabilizados penalmente, independentemente de agirem ou não em nome do Estado de origem, bem como da função oficial que porventura ocupam. Nesses termos, reza no art. 27 do Estatuto do TPI que esse princípio será aplicado a todos e sem distinção alguma baseado na qualidade de oficial.[856]

Por último, temos que tecer comentários sobre a figura da **entrega** de nacionais. Sem dúvida, passamos a ter, com a inserção do **TPI** em nosso ordenamento, a intitulada possibilidade de **entrega de nacionais**. Esse instituto da entrega (***surrender***) não guarda relação com o instituto da **extradição**.

Nesses termos, conforme iremos estudar, a Constituição proíbe a **extradição** de brasileiros, sejam natos ou mesmo os naturalizados, salvo no caso dos naturalizados cometeram crime comum antes da naturalização ou comprovado envolvimento em tráfico ilícito de entorpecentes e drogas afins, na forma da Lei (antes ou mesmo depois da naturalização). Portanto, exceto nessas duas hipóteses, o brasileiro naturalizado não será extraditado. E o nato, como já dito, não poderá ser extraditado em nenhuma hipótese. E no caso da entrega? Ora, conforme o Estatuto de Roma, temos a possibilidade da **entrega** de uma pessoa por um Estado ao Tribunal Penal Internacional. Essa se diferencia, portanto, da extradição (que será oportunamente analisada na obra) e que consiste na entrega de um indivíduo por um Estado a outro Estado nacional que é competente para julgá-lo e puni-lo, conforme previsto em um "tratado ou em uma convenção ou no direito interno"

Portanto, no caso da **entrega,** podemos ter brasileiros, mesmo natos, sendo conduzidos ao TPI. Certo é que, caso exista a concorrência de pedidos (**entrega** e **extradição**), a entrega deverá ter preferência sobre a extradição (Estatuto de Roma, art. 90, 2).

---

855. LIMA, Renata Montovani; BRINA COSTA, Marina Martins, *O tribunal penal internacional*, 2006, p. 98.
856. LIMA, Renata Montovani; BRINA COSTA, Marina Martins, *O tribunal penal internacional*, 2006, p. 100.

É interessante ainda salientar que, no caso da **entrega** prevista no TPI, não há que se falar no julgamento de um nacional de um Estado por um Estado Estrangeiro mediante a legislação elaborada pelo Estado Estrangeiro (julgamento por uma jurisdição estrangeira), mas sim no julgamento de um nacional de um Estado por uma jurisdição internacional à qual o Brasil está adstrito, mediante adesão voluntária (conforme citado acima). Assim sendo, a RFB também é parte integrante (**Estado-Parte**) dessa jurisdição internacional.

8

Ações Constitucionais

1. MANDADO DE SEGURANÇA

1.1. Conceito

Podemos conceituar o mandado de segurança como uma ação constitucional de natureza civil[1] e procedimento especial, que visa a proteger direito líquido e certo lesionado ou ameaçado de lesão, não amparado por ***habeas corpus*** ou por ***habeas data***, em virtude de ilegalidade ou abuso de poder praticado por autoridade pública ou agente de pessoa jurídica no exercício de atribuições públicas. Nesse

1. Sobre a natureza de ação civil do instituto, é corrente majoritária na doutrina pátria que o mandado de segurança mesmo impetrado no âmbito penal e processual penal (contra ato, por exemplo, de juiz criminal) não perde a natureza civil. Nesse sentido: STF – 1ª T. – HC nº 70.392 e STF 2ª T – RE nº 85.278/SP. Em relação à impetração na seara penal e processual penal podemos observar a Súmula nº 701 do STF que afirma caber a impetração do *mandamus* contra decisão judicial em processo penal.

sentido, temos que o mandado de segurança não deve ser encarado apenas como um procedimento civil de jurisdição especial e contenciosa, mas, mais do que isso, por força constitucional, ele se apresenta como verdadeira garantia fundamental, entre outras atinentes ao nosso Estado Democrático de Direito.

O mandado de segurança foi introduzido no ordenamento jurídico pátrio na Constituição de 1934[2], no art. 113, alínea 33.

Posteriormente, só é mencionado novamente pela Constituição de 1946, seguido pela carta autoritária de 1967 e pela atual Constituição democrática de 1988, no art. 5º, LXIX. No que diz respeito à normatividade infraconstitucional, registra-se, de início, que o mandado de segurança foi disciplinado pela Lei nº 1.533/51, sendo subsidiário o manejo do Código de Processo Civil. Porém, recentemente, em 10.08.2009 foi publicada a Lei nº 12.016/09,[3] que passou a regulamentar o mandado de segurança. Esse novo diploma legal revogou a tradicional Lei nº 1.533/51 e outros arcabouços normativos que diziam respeito ao ***mandamus***.[4]

1.2. Requisitos do Mandado de Segurança

Para que possamos trabalhar de forma adequada com o instituto, é mister observarmos, conforme a doutrina, os requisitos necessários para a existência de um mandado de segurança. Nesses termos, seriam eles:

1º) Ato comissivo ou omissivo da autoridade pública ou agente jurídico no exercício de atribuições públicas. Em regra: não haverá mandado de segurança sem ato (seja administrativo, legislativo ou judicial). E o mesmo, conforme externado, deve ser praticado por autoridade pública ou agente de pessoa jurídica no uso de atribuições públicas.

Mas, a rigor, o que a doutrina e a jurisprudência entendem por autoridade pública?

Ora, por autoridade pública deve-se entender todo agente público que detém poder de decisão e é titular de uma esfera de competência. Nesse sentido, são

2. Embora existisse, antes dessa Constituição, a chamada doutrina brasileira do *habeas corpus* que interpretava o mesmo *habeas corpus* de forma ampla não só para proteger a liberdade de locomoção, mas também para proteger o indivíduo de qualquer tipo de abuso de poder (ainda que sem relação com direito de ir e vir); inspirando, portanto, o que posteriormente foi concebido como mandado de segurança na Constituição seguinte.
3. A Lei nº 12.016/09 foi sancionada em 07.08.2009 e publicada no *D.O.U* de 10.08.2009 e entrou em vigor de forma imediata na data de sua publicação. Certo é que a nova Lei revogou inúmeros textos legais sobre o mandado de segurança. Porém, não inovou de maneira radical a tradicional ação do *mandamus*. O que a lei traz, além de umas poucas inovações, é a consolidação em um único diploma das diversas normas concernentes ao mandado de segurança, que existiam espalhadas nos textos normativos sobre o mesmo, bem como uma plêiade de direcionamentos jurisprudenciais sobre o remédio heroico, que já estavam sumuladas pelo STF e pelo STJ.
4. Conforme o art. 29 da Lei nº 12.016/09, foram revogadas as Leis nºs 1.533, de 31 de dezembro de 1951, 4.166, de 4 de dezembro de 1962, 4.348, de 26 de junho de 1964, 5.021, de 9 de junho de 1966; o art. 3º da Lei nº 6.014, de 27 de dezembro de 1973, o art. 1º da Lei nº 6.071, de 3 de julho de 1974, o art. 12 da Lei nº 6.978, de 19 de janeiro de 1982, e o art. 2º da Lei nº 9.259, de 9 de janeiro de 1996.

autoridades públicas os representantes da administração pública direta (União, Estados, Distrito Federal e Municípios) e os agentes da administração indireta (autarquias e fundações).

Mas, atenção, pois o conceito de autoridade pública para fins de mandado de segurança é ainda mais extenso, alcançando, também os agentes que desempenham atividades em nome de pessoas jurídicas de direito privado cujo capital social seja majoritariamente titularizado pelo Poder Público. Estamos obviamente falando dos agentes vinculados às sociedades de economia mista e às empresas públicas, quando praticarem atos regidos pelo direito público.[5]

E o que a doutrina entende pela expressão agente de pessoa jurídica no exercício de atribuição pública?

Estes seriam os representantes de pessoas jurídicas de direito privado (em cujo capital social não há a participação do Poder Público). Sendo assim, toda vez que o particular atuar sob delegação do Poder Público seria cabível o remédio heroico.[6]

Mas, aqui, há uma advertência: não devemos confundir os conceitos de atividades delegadas e autorizadas. Na atividade delegada, o particular desempenha função que seria de atribuição do Poder Público, possibilitando, assim, o cabimento do mandado de segurança (vide Súmula nº 510). Porém, na atividade (meramente) autorizada, tem-se apenas a fiscalização do Poder Público (com seu poder de polícia) em face de sua natureza ou importância social, o que não possibilita (***a priori***) o mandado de segurança.[7] Daí a conclusão insofismável de que a simples razão de ser a atividade autorizada pelo Poder Público (como, por exemplo, no caso das escolas, seguradoras, bancos e consórcios...) não torna automaticamente viável o ajuizamento da ação heroica, pois o agente de pessoa jurídica privada pode também realizar atos de interesse interno e particular. Assim, é sempre condição ***sine qua non*** a existência de delegação (ato realizado por delegação pública) para que haja a possibilidade de impetração do ***writ*** contra particular.[8]

5. Se o ato estiver regido apenas pelo direito privado (atos realizados no interesse interno e particular da empresa ou instituição), não caberá mandado de segurança! Aqui é importante citar uma interessante e recente delimitação do STJ com a edição em 2007 da Súmula nº 333, que preleciona: cabe mandado de segurança contra ato praticado em licitação promovida por sociedade de economia mista ou empresa pública.
6. Nesses termos, a súmula 510 do STF afirma que: "Praticado o ato por autoridade, no exercício de competência delegada, contra ele cabe o mandado de segurança ou a medida judicial" É interessante aqui, observarmos de forma extensiva que, conforme a doutrina: A expressão competência delegada deve ser compreendida como sinônimo de exercício de função pública. Onde quer que haja função pública cabe mandado de segurança, desde que estejam presentes seus demais pressupostos constitucionais e legais. In: *Mandado de Segurança*, Scarpinella Bueno, Cássio, p. 22, 2009.
7. In: *Mandado de Segurança*. Sodré, Eduardo, p. 92, 2007.
8. Nesses termos, conforme abalizada doutrina: quando o diretor de uma escola particular nega ilegalmente uma matrícula, ou uma instituição bancária rejeita ilegalmente uma operação de crédito, ou a empresa comete uma ilegalidade no desempenho de função delegada, cabe mandado de segurança. STF, *RTJ* nº 66/442, *RDA* nº 72/206, *RT* nº 329/840 e Súmula nº 510; STJ REsps nº 100.941-CE e nº 101596-CE, ambos Rel. Ari Pargendler, *DJU* 13.10.97. Mas, quando tais entidades, por seus dirigentes, realizam atividade civil ou comercial estranha à delegação, respondem perante a Justiça como particulares desvestidos de autoridade pública e por isso só se sujeitam às ações

A recente Lei nº 12.016/09, em consonância com a doutrina e jurisprudência sobre o tema, ora debatido, afirma categoricamente que "não cabe mandado de segurança contra os atos de **gestão comercial** praticados pelos administradores de empresas públicas, de sociedade de economia mista e de concessionárias de serviço público".

Por último, é importante deixarmos consignado que a regulamentação do ***mandamus*** também explicita aqueles que devem **ser equiparados à autoridade**, reforçando, no seu texto, a necessidade do exercício de atribuições do Poder Público. Nesses termos, para esse diploma legal, "**equiparam-se às autoridades**, os representantes ou órgãos de partidos políticos e os administradores de entidades autárquicas, bem como os dirigentes de pessoas jurídicas ou as pessoas naturais no exercício de atribuições do Poder Público, somente no que disser respeito a essas atribuições".

2º) Ilegalidade ou abuso de poder. É mister que o ato seja dotado de ilegalidade[9] (entendida de forma ampla como violação no que diz respeito a: norma constitucional, leis complementares, leis ordinárias, leis delegadas, medidas provisórias, decretos legislativos, resoluções, editais de concurso, decretos regulamentares etc.) ou abuso de poder (entendido como uma ilegalidade que vai além dos parâmetros e limites permitidos por lei)[10]. E, segundo entendimento doutrinário e jurisprudencial, esse ato pode ser tanto vinculado como discricionário[11] (este, sobretudo, no que diz respeito a alguns pressupostos, como, por exemplo, aos elementos de competência, forma e finalidade, existindo resistência da doutrina e da jurisprudência apenas no que diz respeito ao cabimento de ***mandamus*** para atacar o mérito dos atos administrativos discricionários, ou seja, seus elementos motivo e objeto. Assim, o Judiciário, conforme corrente majoritária, só pode controlar a legalidade dos atos

comuns, excluindo o *mandamus*. Certo é que a jurisprudência vem reconhecendo a possibilidade de impetração de mandado de segurança contra agentes de: estabelecimentos particulares de ensino, sindicatos, agentes financeiros e serviços sociais autônomos (SESI, SESC, SENAI, entre outros). DI PIETRO, Maria Sylvia, *Direito administrativo*, 2003, p. 662.

9. Nesses termos, conforme doutrina: "A ilegalidade é delimitada como contraste entre o ato cuja invalidade é pretendida no mandado de segurança e a norma jurídica na qual deveria ter sido (o mesmo) praticado [...] A elocução ilegalidade alcança os vícios da ilegalidade e da inconstitucionalidade, porquanto o mandado de segurança é hábil para suscitar o controle de constitucionalidade difuso, instrumentalizado pela via de exceção." MORAES, Guilherme Peña de, 2008, p. 159.
10. Conforme a doutrina: o abuso de poder é uma ilegalidade qualificada pela arbitrariedade. Todavia pode ocorrer *o abuso de poder também quando o ato impugnado for formalmente legal*, mas *substancialmente desproporcional*. ALMEIDA, Gregório Assagra de, *Manual das ações constitucionais*, 2007, p. 443.
11. Conforme as lições de Raquel Melo Urbano de Carvalho: *[...] No tocante aos atos discricionários, não se pode imiscuir no núcleo da conveniência e oportunidade administrativas, o que em nenhum momento significa a exclusão de qualquer controle jurisdicional como ortodoxamente já se defendera no Direito Administrativo. Atualmente, pode o Judiciário aferir os aspectos vinculados do ato que seja discricionário no conteúdo e/ou no motivo. Um ato discricionário quanto ao conteúdo pode ter, p. ex., o sujeito, a finalidade, o motivo, e a forma fixados de modo vinculado na lei. Nesse caso, incumbe ao magistrado verificar os pressupostos (subjetivo, teleológico e fático) e o elemento formal vinculado da atuação administrativa. Outrossim, no tocante à discricionariedade, impõe-se uma interpretação sistêmica do ordenamento constitucional, das normas legais e administrativas de regência, de modo a definir qual é a margem de liberdade que, de fato, remanesce naquele caso concreto. Deve o judiciário delimitar os contornos da discricionariedade (ação dentro dos limites da lei) a fim de evitar que, com base nela, possa o administrador resvalar em comportamento arbitrário (ação fora dos limites da lei). Curso de direito administrativo*, 2008, p. 567-568.

administrativos discricionários de outros Poderes, mas não pode controlar o mérito dos mesmos).[12]

3º) Lesão ou ameaça de lesão a direito líquido e certo. Nesses termos, o mandado de segurança poderá ser tanto repressivo quanto preventivo. O primeiro para **cessar** com a lesão a direito líquido e certo e o segundo para **evitar** a lesão a direito líquido e certo.

4º) Requisito da subsidiariedade: o ato dotado de ilegalidade ou abuso de poder que lesiona (ou ameaça de lesão) direito líquido e certo não pode ser amparado por ***habeas corpus*** (art. 5º, LXVIII, da CR/88) ou ***habeas data*** (art. 5º, LXXII, da CR/88).[13]

1.3. Espécies de Mandados de Segurança

Tradicionalmente, temos a diferenciação do mandado de segurança em repressivo e preventivo. O primeiro visa a **cessar** a lesão a direito líquido e certo já existente e o segundo objetiva a **evitar** a lesão a direito líquido e certo em virtude de ameaça concreta (demonstração de atos ou situações atuais que configurem a ameaça ou risco de lesão ao direito subjetivo[14]).

1.4. Direito Líquido e Certo

Conforme entendimento doutrinário[15] e jurisprudencial, o direito líquido e certo é aquele direito comprovado de plano, que resulta de fato certo, com prova

---

12. Nesse sentido, explicita Raquel Carvalho que: [...] O controle judicial, destarte, é possível para aferir a juridicidade que condiciona os limites da liberdade outorgada à Administração. Não se legitima a invasão do espaço de decisão política reservado ao Poder Público, sob pena do magistrado transmutar-se indevidamente em administrador, substituindo, por seus próprios critérios de escolha, a opção feita pela autoridade competente com base em razões de oportunidade e conveniência que ela, melhor do que ninguém, pode decidir diante de cada caso concreto [...] (*Curso de direito administrativo*, 2008, p. 567-568). Na mesma linha, Celso Antônio Bandeira de Mello, *Curso de direito administrativo*, 2006, p. 837 e 850. Mas, aqui, é bom que se diga, que a cada dia mais, teorias vem sendo desenvolvidas para enfrentar os limites dos atos discricionários (e a atuação do administrador com base neles). Essas, à luz de um intitulado "ativismo judicial", visam a ampliar o nível de controle judicial sobre os mesmos, com fundamentos em princípios como o da proporcionalidade.
13. Exemplos: 1) À luz do art. 5º, XVI, da CR/88 é marcada uma reunião para determinado logradouro com fins lícitos, pacífica e sem armas e com prévio aviso às autoridades competentes. Se o destacamento da Polícia Militar por ordem de seu comandante impede a passagem dos manifestantes para não deixar que aconteça a reunião, caberia o manejo de um Mandado de Segurança ou de um Habeas Corpus? A resposta correta seria o mandado de segurança, pois o cerceamento da passagem foi o meio para atingir o fim, qual seja, cercear o direito de reunião. Portanto, se o direito não estiver amparado pelo artigo 5º, incisos LXVIII e LXXII, da CR/88, caberá Mandado de Segurança, tendo em vista a subsidiariedade. 2) Um cidadão solicita certidão em repartição pública na qual trabalhou para fins de aposentadoria e lhe é negado esse direito. Apesar de ser dado da pessoa do impetrante solicitado e em banco de dado público, o remédio constitucional será o Mandado de Segurança (art. 5º, LXIX) e não o habeas data (art. 5º, LXXII), em virtude do direito de certidão pleiteado estar alocado no art. 5º, XXXIV, e não no acima referido art. 5º LXXII. Portanto, essa é a lógica da subsidiariedade.
14. Conforme o STF – 2º T. – RE nº 106.849/SC e o STJ – 3ª T. Ms nº 6.971 – rel. Min. José Arnaldo Fonseca, *DJU*, 20.11.2000, p. 266.
15. Certo é que, de longa data, a questão do direito líquido e certo, que se direcionava à certeza (ou incerteza) do direito, foi deslocada na doutrina pátria para a necessidade de comprovação dos fatos. Portanto, direito comprovado

inequívoca, apto e manifesto no ato de sua existência. Nos dizeres de Cássio Scarpinella Bueno, "o direito líquido e certo é justamente aquele direito cuja existência e delimitação são claras e passíveis de demonstração documental".[16] Nesse sentido, com a necessidade da prova pré-constituída na exordial (inicial), não há dilação probatória[17] em mandado de segurança.[18] Assim sendo, como exemplo:

> PROCESSUAL CIVIL. MANDADO DE SEGURANÇA. PROVA PRÉ-CONSTITUÍDA. AUSÊNCIA. EXTINÇÃO DO PROCESSO SEM JULGAMENTO DO MÉRITO. 1. Entre os requisitos específicos da ação mandamental está a comprovação, mediante prova pré-constituída, do direito subjetivo líquido e certo do impetrante. 2. Na hipótese, discute-se a respeito da nulidade de pesquisa mineral, sob o fundamento de que a autorização de que trata o art. 27 do Decreto-Lei 227/1967 não foi concedida pelo legítimo proprietário ou posseiro da área objeto da pesquisa. Todavia, a titularidade da propriedade onde se localizam as jazidas é objeto de ação de usucapião ainda em curso, e depende de minuciosa instrução probatória, incabível em sede de mandado de segurança. 3. Mandado de segurança extinto sem julgamento do mérito. (STJ – MS nº 11.944/DF, Rel. Ministro TEORI ALBINO ZAVASCKI, PRIMEIRA SEÇÃO, julgado em 26/11/2008, ***DJe*** 09/12/2008)[19]

É bem verdade que existe uma exceção a essa regra (não sendo a pré-constituição probatória exigida de maneira absoluta) localizada no art. 6º, § 1º, da Lei nº 12.016/09.[20]

---

de plano na verdade induz (nos leva) à noção de comprovação fática (de plano com documentação inequívoca e pré-constituída).

16. BUENO, Cássio Scarpinella, *Mandado de segurança*, 2009, p. 15.
17. Assim sendo: "o impetrante deverá demonstrar, já com a petição inicial, no que consiste a ilegalidade ou a abusividade que pretende ver expungida do ordenamento jurídico, não havendo espaço para que demonstre sua ocorrência no decorrer do procedimento." BUENO, Cássio Scarpinella, 2009, p. 15.
18. Segundo Maria Sylvia Di Pietro: "é aceitável, mesmo após o ajuizamento da inicial, a juntada de parecer jurídico, já que este não constitui prova, mas apenas reforça a tese jurídica defendida pelo impetrante." *Direito administrativo*, 2003, p. 663.
19. Em outro exemplo interessante, o STF deixou assente, que *o mandado de segurança não é a via adequada para aferir critérios utilizados pelo TCU e que culminaram por condenar solidariamente a empresa impetrante à devolução de valores ao erário, em razão de superfaturamento de preços constatado em aditamentos contratuais por ela celebrados com a Administração Pública. Isso porque para a análise do pedido seria necessária a análise pericial e verificação de preços, dados e tabelas, o que é incompatível com o rito do mandado de segurança.* STF. 1ª Turma. MS 29599/DF, Rel. Min. Dias Toffoli, julg. em 01.03.2016. Em outro caso o STF, recentemente, entendeu que não é seu papel fazer a revisão do mérito das decisões do CNJ. Assim, os atos e procedimentos do CNJ estão sujeitos apenas ao controle de legalidade por parte do STF. Assim sendo, o ***mandado de segurança não se presta ao reexame de fatos e provas analisados pelo CNJ no processo disciplinar***. STF. 2ª Turma. MS 35540/DF e MS 35521/DF, Rel. Min. Gilmar Mendes, julgados em 12.03.2019 (Info 933) No mesmo sentido: (...) *A reprimenda imposta aos recorrentes mostrou-se plenamente adequada aos atos ilícitos praticados, para os quais a lei comina a pena de demissão. Conclusão diversa em relação à proporcionalidade na dosimetria da pena demandaria a reapreciação de aspectos fáticos, o que não se admite na via estreita do mandado de segurança, haja vista tratar-se de ação que demanda prova pré-constituída.* (...) STF. 2ª Turma. RMS 31494, Rel. Min. Ricardo Lewandowski, julgado em 26.11.2013.
20. Art. 6º § 1º da Lei nº 12.016/09: *"No caso em que o documento necessário à prova do alegado se ache em repartição ou estabelecimento público ou em poder de autoridade que se recuse a fornecê-lo por certidão ou de terceiro, o juiz ordenará, preliminarmente, por ofício, a exibição desse documento em original ou em cópia autêntica e marcará, para o cumprimento da ordem, o prazo de 10 (dez) dias. O escrivão extrairá cópias do documento para juntá-las à segunda via da petição."*

É interessante afirmar ainda que o direito em si mesmo já existe (deve, portanto, estar previsto normativamente). Porém, conforme observado no conceito, o que se tem que provar de plano é a situação fática (inequívoca) que está ocorrendo e que está inviabilizando (ou usurpando) o direito.[21] Além disso, é mister salientar que, para a corrente majoritária, o direito líquido e certo deve ser entendido como condição da ação[22] do ***mandamus*** (nos moldes do ***interesse de agir***) e não como questão de mérito.[23]

Outro ponto lembrado pela doutrina e pela jurisprudência é que o juiz não pode alegar complexidade (ou mesmo controvérsia) para não conhecer do ***mandamus***, ou mesmo para não concedê-lo. Nesse sentido, por mais intrincada, conflituosa e complexa que seja a questão, o magistrado não poderá se furtar de enfrentá-la. Vide a Súmula nº 625 do STF que preleciona no sentido de que: a controvérsia em matéria de direito não impede a concessão de mandado de segurança. Nesses termos, o juiz não pode denegar o mandado de segurança sob o pretexto de tratar-se de matéria jurídica de grande complexidade.

1.5. Cabimento

Preenchidos os requisitos, caberá mandado de segurança, mas haverá casos em que não será cabível o ***mandamus***. São diversas hipóteses nas quais por dicção legal, ou mesmo jurisprudencial, não poderemos impetrar o ***writ***. Mas é bom que se

---

21. Conforme o exemplo, aqui já citado (ver nota), o direito de reunião já existe (devidamente situado no art. 5º, XVI). Necessário, portanto, será a prova dos fatos que ocorreram (ver nota) e que impediram o exercício do direito.
22. Com isso, na prática, para a doutrina majoritária (não sem divergências!), "a ausência do direito líquido e certo é obstativa somente do *cabimento*, do *conhecimento* ou da *admissibilidade* do mandado de segurança, sendo possível que por outras vias, o impetrante busque a tutela jurisdicional da afirmação de seu direito, como, de resto, permitia expressamente o art. 16 da Lei nº1533/51 **(Atualmente expressado no art. 19 da Lei nº 12.016/09)**." BUENO, Scarpinella Cássio, *Mandado de segurança*, 2009, p. 17-18. Afirma também o autor que: *[...] Direito líquido e certo, pois, é condição da ação e não corresponde à existência de ilegalidade ou de abuso de poder, mas apenas e tão somente, a uma especial forma de demonstração desses vícios que rendem ensejo ao ajuizamento do mandado de segurança. Corresponde, pois, à adequação que faz parte do interesse de agir na escolha deste writ como a ação própria para os fins descritos na petição inicial. Trata-se, friso de condição de ação do mandado de segurança, instituto de caráter nitidamente processual [...]. Porém, adverte o processualista, que devemos ficar atentos ao* ***conteúdo*** *da sentença do mandamus, pois, algumas decisões judiciais, sem o devido* ***rigor*** *(prelecionado pela corrente majoritária) que julgam o pedido improcedente ou denegam a ordem por ausência de direito líquido e certo acabam sendo decisões inequivocamente de mérito. Portanto, é sempre importante analisar o conteúdo da decisão no caso concreto.*
23. É verdade que existe aqui uma enorme **divergência**, na medida em que há autores que entendem que o direito líquido e certo não é apenas condição de ação, mas também é questão (matéria) de mérito, advogando uma natureza dúplice ao direito líquido e certo. Nas lições de Sergio Ferraz: *"o direito líquido e certo é, a um só tempo, condição da ação e seu fim último. Assim, a sentença que negue ou afirme o direito líquido e certo realiza o próprio fim da ação; trata-se de uma decisão de mérito. Cuida-se de condição da ação não-ortodoxa, amalgamada com a própria finalidade da ação, condição não afinada integralmente aos cânones da lei processual. Por tudo isso, a sentença que nega a existência do direito líquido e certo é verdadeira decisão de mérito, e não, apenas, declaratória de inexistência de uma condição da ação. Deve ela, por consequência, concluir pela denegação do writ, e não pela extinção do processo sem julgamento do mérito." Mandado de segurança (individual e coletivo): aspectos polêmicos, 1996. p. 58. Para outros autores o direito líquido e certo deve ser entendido apenas como questão de mérito. Nesses termos: "o direito líquido e certo está vinculado ao mérito do mandado de segurança. Ausente a caracterização do direito nestas condições (líquido e certo) deve a ordem ser denegada, podendo ou não ter reflexos na coisa julgada".* In: Cruz, Cerqueira, Gomes Junior, Favreto, Palharini Júnior. *Comentários à nova Lei do mandado de segurança*, p. 188, 2009.

diga que são hipóteses construídas ao longo dos anos nos diplomas normativos e nos repositórios pretorianos que, à luz da Constituição de 1988, podem estar relativizadas. Iremos estudar as situações e as suas possíveis interpretações (releituras) atuais.

É interessante que a nova Lei nº 12.016/09, que disciplina o mandado de segurança em alguns de seus dispositivos, apenas repete vedações já existentes na antiga Lei nº 1.533/51,[24] o que, a nosso ver, faz com que já esteja relativizada de antemão, ou seja, desde seu nascedouro. Nesses termos, o art. 5º, da Lei nº 12.016/09, irá explicitar que não se concederá mandado de segurança quando se tratar:

(1) de ato do qual caiba recurso administrativo com efeito suspensivo, independentemente de caução;

Essa hipótese já estava relativizada com base na Lei nº 1.533/51 e continuará relativizada, pois, à luz do art. 5º, XXXV,[25] da CR/88, não é obrigatório esgotar as vias administrativas para acionar o Poder Judiciário.[26] Mas é importante salientar que, assim como o art. 5º da Lei nº 1.533/51 não tinha sido revogado (não recepcionado) pela Constituição de 1988, o art. 5º da Lei nº 12.016/09 também terá força normativa, pois há uma hipótese em que essa disposição normativa deve prevalecer (assim como a anterior prevalecia). Nesse sentido, se o interessado optar pela via administrativa e obter o efeito suspensivo, a lesão estará suspensa (efeitos do ato sobrestados não existindo exequibilidade e operatividade na lesão) e não caberá mandado de segurança, pois será mister que aguardemos o desfecho do recurso administrativo (com efeito suspensivo) para um eventual ***mandamus***. Entretanto, mesmo existindo o recurso administrativo com efeito suspensivo, se houver omissão ilegal ou abusiva da administração, caberá mandado de segurança nos moldes da Súmula nº 429 do STF, que preleciona: "A existência de recurso administrativo com efeito suspensivo não impede o uso do mandado de segurança contra a omissão da autoridade."

24. Porém, devemos deixar consignado que a hipótese do **art. 5º, III, da Lei nº 1.533/51** foi suprimida da recente Lei do *mandamus*, **não encontrando amparo** no novo diploma legal do mandado de segurança. Esta dispunha que não caberia mandado de segurança contra: "ato disciplinar, salvo quando praticado por autoridade incompetente ou com inobservância de formalidade essencial."

25. Art. 5º XXXV: A lei não pode excluir de apreciação do poder judiciário lesão ou ameaça a direito. A necessidade do exaurimento da via administrativa para viabilizar o acesso ao judiciário presente na Constituição anterior foi abolida pelo artigo supracitado. É bem verdade, que temos uma exceção no art. 217 da atual Constituição no que tange à justiça desportiva, mas, mesmo assim, por no máximo 60 dias, pois após os mesmos, não tendo a justiça desportiva decidido, existirá a possibilidade de admissão de ações relativas à disciplina e competições desportivas no Poder Judiciário.

26. Por exemplo, a hipótese de se deixar fluir (escoar) o prazo do recurso administrativo com efeito suspensivo, sem manejar o recurso. Outro exemplo seria o de se impetrar diretamente o *mandamus*, abdicando de interpor o recurso administrativo com efeito suspensivo. Porém, é importante salientar que, se o recurso administrativo não tiver efeito suspensivo, *nada impede a propositura concomitante do mesmo (recurso administrativo sem efeito suspensivo) com o mandado de segurança.*

(2) de decisão judicial da qual caiba recurso com efeito suspensivo;

O texto normativo é claro ao tentar impedir a impetração de mandado de segurança contra decisões judiciais em que é cabível o efeito suspensivo, o que, aliás, também era assente na interpretação corrente da antiga e hoje revogada Lei nº 1.533/51. Acontece que a referida Lei nº 1.533/51, diferentemente da atual, estabelecia expressamente que não seria caso de concessão da segurança contra o ato de despacho ou decisão judicial de que houvesse recurso previsto nas leis processuais ou que pudesse ser modificado pela via da correição. Além dessa, tínhamos ainda, como reforço, a exegese da Súmula nº 267 do STF que prelecionava, e ainda preleciona (visto que não está cancelada), que "não cabe mandado de segurança contra ato judicial passível de recurso ou correição".

Advogávamos que a Lei nº 1.533/51 se encontrava relativizada à época de sua vigência, bem como a própria Súmula nº 267 do STF, pois apesar de ser possibilidade excepcional, reconhecida pela doutrina e jurisprudência, caberia o mandado de segurança contra ato judicial (seja o despacho ou a decisão judicial ora em comento), mesmo com a existência de recurso cabível.[27] As exceções, citadas pela doutrina e reconhecidas pela jurisprudência, envolviam duas hipóteses: a) decisões judiciais teratológicas (absurdas) com ilegalidade manifesta, que podem causar dano irreparável ou mesmo de difícil ou incerta reparação (lesão ou ameaça de lesão a direito líquido e certo) em virtude, por exemplo, de abuso ou arbitrariedade do magistrado; b) inexistência de efeito suspensivo no recurso, observando-se aí uma verdadeira e iminente ameaça de perecimento do direito, ou mesmo um dano irreparável ao direito líquido e certo.[28]

Com a nova redação da Lei nº 12.016/09, entendemos que os casos acima ainda devem ser objeto de mandado de segurança, pois o que prescreve a nova Lei é o impedimento do ***mandamus*** contra decisão judicial da qual caiba recurso com efeito suspensivo, não impedindo o cabimento contra ato judicial, ainda que

27. Embora seja verdade que a regra sempre foi a que preleciona a exegese da Súmula nº 267 do STF, nos seguintes termos: EMENTA: Agravo regimental. Mandado de segurança contra ato judicial emanado das turmas ou do plenário do Supremo Tribunal Federal. Inadmissibilidade, especialmente se a decisão judicial transitou em julgado. Súmulas 267 e 268. Uso do *writ* como sucedâneo de ação rescisória. Impossibilidade. 1. Não se admite a impetração de mandado de segurança contra decisões de caráter jurisdicional emanadas das Turmas ou do Plenário. Súmula n. 267. Precedentes [MS n. 24.633, Relator o Ministro Cézar Peluso, DJ de 12.03.2004 e MS n. 21.734, Relator o Ministro Ilmar Galvão, DJ de 15.10.93]. 2. Não cabe mandado de segurança contra decisão judicial com trânsito em julgado. Súmula 268. 3. O mandado de segurança não pode ser utilizado como sucedâneo de ação rescisória ou de qualquer outro recurso contra decisão judicial. 4. Agravo regimental a que se nega provimento. (MS nº 26.193/DF, Julg. em 29.11.2006. Rel. Min. Eros Grau. *DJ* 02.02.2007).

28. É necessário um esclarecimento sobre esse caso, pois **existe sim essa possibilidade**, apesar de hodiernamente ser menos usual e utilizada excepcionalmente: "Parte da doutrina e da Jurisprudência desvirtuando a natureza do mandado de segurança, passou a conferir-lhe também função cautelar, admitindo sua impetração para obter efeito suspensivo a recurso desse efeito desprovido. Essa situação, contudo, atualmente está alterada no campo do direito processual civil, pois atualmente a aplicabilidade do MS para atacar ato jurisdicional na área civil é muito tênue. A mudança de direção para evitar desvirtuamento do mandado de segurança, se deve as últimas reformas do CPC (Lei nº 9.139/95; Lei nº 8.952/94 e Lei nº 10.352/2001). [...] *Essas reformas no CPC não fecham completamente as portas para a utilização do mandado de segurança na área civil para atacar atos jurisdicionais e nem poderiam fechar, considerando a natureza de garantia constitucional fundamental do mandado de segurança."* ALMEIDA, Gregório Assagra de, *Manual das ações constitucionais*, 2007, p. 509.

passível de recurso (sem efeito suspensivo). Lapidares são as digressões de Cássio Scarpinella Bueno sobre a questão em debate, na medida em que, coadunando com nosso entendimento, afirma que

> "toda vez que se puder evitar a consumação da lesão ou da ameaça pelo próprio sistema recursal, isto é, interpretando-o de uma tal forma que ele, por si próprio, independentemente de qualquer outra medida judicial, tenha aptidão para evitar a consumação de dano irreparável ou de difícil reparação para o recorrente, e pela dinâmica do efeito suspensivo dos recursos, forte no que dispõem o ***caput*** e o parágrafo único do art. 558 do Código de Processo Civil[29], descabe o mandado de segurança contra ato judicial à míngua de interesse jurídico na impetração. Inversamente, toda vez que o sistema recursal não tiver aptidão para evitar a consumação de lesão ou ameaça na esfera jurídica do recorrente [...] o mandado de segurança contra ato judicial tem amplo cabimento."[30]

Acreditamos, que esse posicionamento, pode ser também referendado pela lógica de que o art. 5º, LXIX, da CR/88 prevê claramente que há possibilidade de impetração do ***mandamus*** quando da prática de atos ilegais ou abusivos que lesionem ou ameacem de lesão direito líquido e certo, não existindo, portanto, dispositivo constitucional que proíba o manejo do remédio heroico contra decisões judiciais.

Apenas a título de exemplo e corroborando com nosso entendimento, decidiu o STF no RMS 36.114 em 22.10.2019 que é admissível a impetração de mandado de segurança para impugnar ato judicial que decidiu pela intempestividade de recurso que havia sido protocolado dentro do prazo legal. O fundamento é da situação de excepcionalidade.[31]

(3) de decisão judicial transitada em julgado.

Essa hipótese não estava prevista na antiga Lei nº 1.533/51, mas foi explicitada pela jurisprudência do STF, nos termos da **Súmula nº 268**, que preleciona não caber mandado de segurança contra decisão judicial transitada em julgado. Nesses

29. A citação aqui é do antigo CPC de 1973 que foi revogado pelo CPC de 2015.
30. BUENO, Scarpinella Cássio, *Mandado de segurança*, 2009, p. 37.
31. **RMS 36114/AM**, STF. 1ª Turma. Rel. Min. Marco Aurélio, julg em **22.10.2019**. *A Primeira Turma deu provimento a recurso ordinário em mandado de segurança, a fim de que o Superior Tribunal de Justiça aprecie, como entender de direito, recurso especial interposto pela empresa ora impetrante, afastado o óbice relativo à tempestividade. Na espécie, a presidência do STJ não conheceu de recurso especial, interposto na vigência do novo Código de Processo Civil (CPC/2015), por considerá-lo intempestivo. No pronunciamento, aduziu que, conforme o art. 1.003, § 6º, do CPC/2015, o recorrente deve comprovar a ocorrência de feriado local no ato de interposição do recurso, o que impossibilita a regularização posterior. A recorrente então interpôs agravo, ao qual negado provimento. Na sequência, impetrou **mandado de segurança**. A Turma entendeu ser admissível a impetração de mandado de segurança para impugnar ato judicial em que assentada a intempestividade de recurso protocolado dentro do prazo legal, considerada a **excepcionalidade.** Registrou que o recurso especial foi admitido no tribunal de origem, porque presentes os feriados. Ademais, no ato da interposição do especial, o recorrente teve o cuidado de juntar calendário disponível no sítio do tribunal de justiça a revelar que certos dias se mostraram feriados na localidade. A ministra Rosa Weber enfatizou que, no caso, a observância da forma — longe de se prestar à segurança jurídica, na medida em que houve a admissão do recurso na origem — conduz à **consagração da absoluta injustiça**.* (Informativo 957)

termos, o novo dispositivo apresentado pela Lei nº 12.016/09 já se fazia presente (desde a década de 60 do século passado) no entendimento pretoriano.

Nesse sentido, conforme o STF e agora presente na nova Lei do ***mandamus***, temos que, se o prazo recursal não mais existe, a decisão judicial transita em julgado e não é mais objeto de recurso, mas tão somente de ação rescisória. A conclusão clara (com base na súmula e expressada na nova Lei) é que o mandado de segurança **não é substitutivo de recurso.**[32]

Mas, é preciso deixar assente que também nessa hipótese (jurisprudencial e legal), há exceção. Esta ocorrerá quando a decisão for teratológica (absurda) dotada de uma ilegalidade ou nulidade manifesta. Assim sendo, mesmo não cabível o recurso, caberá (ainda que excepcionalmente) mandado de segurança.[33]

Por último, outra questão interessante, que guarda relação com o tema ora debatido, se refere à figura do terceiro prejudicado no ***mandamus***. Sem dúvida, se não for o terceiro intimado de decisões judiciais proferidas no processo no qual não figurou como litigante, não é razoável que do mesmo se venha a exigir o manejo tempestivo e oportuno do instrumental recursal. Nesse sentido, é a Súmula nº 202 do STJ, que assim preleciona: "A impetração de mandado de segurança por terceiro, contra ato judicial, não se condiciona à interposição de recurso."

(4) Súmula nº 266 do STF: *não cabe mandado de segurança contra lei em tese.* O entendimento aqui envolve a assertiva de que sem um ato (comissivo ou omissivo) ilegal ou abusivo que cause lesão a direito líquido e certo de alguém não há que se falar em mandado de segurança. Sem dúvida, a busca pela nulidade ou anulabilidade de uma lei "em tese" não ocorre via ***mandamus***, mas sim pela via do controle concentrado de constitucionalidade.[34] Agora, cuidado, pois existe uma exceção! Quando a lei for de efeito concreto caberá mandado de segurança. Mas, o que vem a ser esse tipo de lei? A lei de efeito concreto é aquela que não precisa de

32. Nesses termos: "*O STJ já firmou entendimento no sentido de que o mandado de segurança não pode constituir-se em sucedâneo recursal e deve ser admitido pela jurisprudência apenas para conferir efeito suspensivo a recurso, ressalvados os casos excepcionais de erro teratológico ou ofensa ostensiva e direta à norma constitucional relevante.*" ALMEIDA, 2007, p. 510.
33. Nesses termos, corroborando com o nosso entendimento: "É de se consignar que a aplicabilidade da súmula 268 do STF não é absoluta, havendo jurisprudência admitindo, excepcionalmente, o cabimento de mandado de segurança para atacar coisa julgada decorrente de decisão teratológica ou que gere um absurdo jurídico. Assim, é certo que o mandado de segurança não pode, em regra, substituir a ação rescisória, mas em situações excepcionais é possível que lhe seja conferida função rescindente (...)" ALMEIDA, 2007, p. 518.
34. Nesse sentido, é o MS nº 25.456/DF de Rel. Min. Cezar Peluso: *(...) Pedido de declaração de inconstitucionalidade de dispositivos da Lei nº 9.099/95. Inadmissibilidade. Pedido contra lei em tese. Dedução como sucedâneo de ação direta de inconstitucionalidade. Agravo improvido. Aplicação da Súmula nº 266. Não cabe mandado de segurança contra lei em tese, nem como sucedâneo de ação direta de inconstitucionalidade.* Julg: 17.11.2005. No mesmo sentido: *O mandado de segurança não se qualifica como sucedâneo da ação direta de inconstitucionalidade, não podendo ser utilizado, em consequência, como instrumento de controle abstrato da validade constitucional das leis e dos atos normativos em geral.* STF. Plenário. MS 28554 AgR, Rel. Min. Celso de Mello, julg. em 10/04/2014. E mais recente: *O mandado de segurança não é o instrumento processual adequado para o controle abstrato de constitucionalidade de leis e atos normativos.* STF. 2ª Turma. RMS 32.482/DF, red. p/ o ac. Min. Edson Fachin, julg. em 21.08.2018 (Info 912).

ato administrativo com base nela para ferir (lesionar) direito líquido e certo, pois a lei em si já causa dano (prejuízo) no ato de sua existência (com operatividade e exequibilidade automáticas).

Nesse caso, temos lei apenas no sentido formal (emanada regularmente do Poder Legislativo), pois materialmente (no seu conteúdo) a lei se reveste de ato administrativo, sendo, portanto, um verdadeiro ato administrativo mascarado na forma de lei. São exemplos que podemos apontar: leis de planificação urbana; leis que criam municípios e suprimem distritos; leis de isenções fiscais; leis que proíbem determinadas condutas (proibitivas); decretos de desapropriação; e decretos de nomeação ou exoneração.[35]

Porém, aqui uma última observação é importante. Apesar do mandado de segurança não ser instrumento processual adequado para o controle abstrato de constitucionalidade de leis e atos normativos (ou seja, *não cabe mandado de segurança que tem como pedido autônomo a declaração de inconstitucionalidade de norma*), é possível a ***declaração incidental de inconstitucionalidade,*** em ***mandado de segurança,*** de quaisquer leis ou atos normativos do Poder Público, desde que a controvérsia constitucional não figure como pedido, mas sim como causa de pedir, fundamento ou simples questão prejudicial, indispensável à resolução do litígio principal.

(5) Também, segundo o STF, **não cabe mandado de segurança contra matéria *interna corporis*,** que é entendida como uma matéria privada (interna, de cunho particular) das Casas Legislativas, sob pena de infringir o princípio da Separação dos Poderes. Exemplo de matéria ***interna corporis*** é a interpretação do regimento interno das Casas (Câmara ou Senado Federal). Aqui devemos criticar a posição do Pretório Excelso, pois com ela temos uma interpretação privatística do que seja regimento interno, fazendo com que não raro a maioria possa "tratorar" minorias parlamentares sob os auspícios da digressão regimental. Em nosso entendimento, a interpretação do regimento das casas é matéria que diz respeito aos mais de 120 milhões de eleitores que os parlamentares representam e, sobretudo, a

35. In: Meirelles, Hely Lopes. *Mandado de Segurança*, 2003. Di Pietro cita em sua clássica obra não só o termo *'leis de efeitos concretos',* mas também as chamadas por ela de *"leis auto executórias". In literis*: *"Lei de efeito concreto é a emanada do Poder Legislativo, segundo o processo de elaboração das leis, mas sem o caráter de generalidade e abstração próprio dos atos normativos. Ela é lei em sentido formal, mas ato administrativo, em sentido material (quanto ao conteúdo), já que atinge pessoas determinadas. Por exemplo, uma lei que desaproprie determinado imóvel ou que defina uma área como sendo sujeita a restrições para a proteção do meio ambiente. Leis dessa natureza produzem efeitos no caso concreto, independentemente de edição de ato administrativo; na falta deste, o mandado deve ser impetrado diretamente contra a lei. Lei autoexecutória é aquela que independe de ato administrativo para aplicar-se aos casos concretos. Além da própria lei de efeito concreto, que é autoexecutória, também são as que encerram proibição."* (*Direito administrativo*, p. 666). Interessante também é a análise que envolve contra quem impetrar o mandado de segurança nessa situação, ou seja, contra a lei (chamada de "lei de efeito concreto"). Aqui estamos de acordo com Di Pietro, pois, partindo-se do pressuposto de que *a lei é um ato complexo, que resulta da manifestação de vontade de dois órgãos (legislativo e o executivo)*, o *mandamus* deve ser impetrado contra o legislativo que *aprovou e o Chefe do Executivo que sancionou a lei. No que tange a uma possível impetração preventiva, esta é possível e deve dar-se não contra quem aprovou a lei, mas contra autoridade administrativa que irá aplicá-la ao caso concreto.*

todo o país que pode ser prejudicado por atos praticados por parlamentares ou mesmo aprovações pelos mesmos de proposições normativas viciadas regimentalmente sem a devida possibilidade de questionamento via ***mandamus***.[36]

Mas, por outro lado, felizmente, o STF pelo menos admite que se o conflito envolver normas constitucionais não há que se falar em matéria ***interna corporis***. Segundo o Pretório Excelso, ocorrendo contrariedade a normas constitucionais (regras do processo legislativo previsto na Constituição) no ***iter*** da atividade parlamentar, a matéria deixa de ser ***interna corporis*** (por dizer respeito à Constituição) e caberá mandado de segurança.

Nesse caso, podemos construir um exemplo de acordo com o posicionamento pretoriano, usando dos requisitos já trabalhados sobre o mandado de segurança. Nesse sentido, teríamos a seguinte possibilidade: Ato da Mesa da Câmara ou do Senado; 1) ilegal (dotado de ilegalidade); 2) que cause lesão ao direito líquido e certo de um deputado ou um senador (direito ao devido processo legislativo); e 3) não amparado por ***Habeas Corpus*** ou ***Habeas Data***. A legitimidade para impetração desse tipo de mandado de segurança é somente do deputado federal ou do senador da República, pois somente eles têm direito (líquido e certo) ao devido processo legislativo. Ou seja, enquanto participantes do processo legislativo, têm direito de participarem de um processo adequado (devido) e sem vícios que porventura contrariem as regras dos arts. 59 a 69 da Constituição da República (que podem envolver, por exemplo, a tramitação de uma PEC ou mesmo de um PLO, respectivamente: Proposta de Emenda à Constituição e Projeto de Lei Ordinária).

(6) O mandado de segurança **não substitui a ação popular**, a teor da Súmula nº 101 do STF,[37] e também **não pode ser substitutivo da ação de cobrança**, nos moldes da Súmula nº 269 do STF. Porém, no que diz respeito a **Súmula nº 269**, já decidiu o STF, que cabe mandado de segurança contra ato do Ministro da Defesa que não efetua o pagamento dos valores atrasados decorrentes da reparação econômica devida a anistiado político (art. 8º do ADCT da CR/88). Diferentemente de uma ação de cobrança, que é proposta para o pagamento de valores atrasados, no caso em tela temos *um mandado de segurança impetrado para que seja cumprida norma editada pela própria*

36. Esse posicionamento do STF, inclusive, encontra-se em debate no próprio STF, após voto monocrático do Ministro Gilmar Mendes no MS nº 26.915, constante do Informativo nº 483 do STF. No caso, o Ministro trabalhando a teoria das **normas constitucionais interpostas**, derivada do professor Gustavo Zagrebelsky, sustenta que, em **determinados casos**, atos com base na interpretação e aplicação do regimento interno das Casas podem (devem) ser questionados via mandado de segurança. Porém, o posicionamento majoritário, citado acima, ainda prevalece (pelo menos, até a decisão do MS nº 26.915).

37. Nesse sentido, é ementa da decisão do MS AgR-ED nº 25.609/DF julgada em **30.08.2006**: 1. Mandado de segurança contra Decreto-Legislativo nº 780, de 7.7.05, que autorizou a realização de referendo acerca da comercialização de arma de fogo e munição em território nacional: incidência da Súmula nº 266 ("*Não cabe mandado de segurança contra lei em tese*"). 2. Mandado de segurança: pretensão à declaração de nulidade da consulta popular realizada: incidência da Súmula nº 101 ("*O mandado de segurança não substitui a ação popular*"). 3. Embargos de declaração rejeitados. Rel. Min. Sepúlveda Pertence.

Administração (Portaria do Ministro da Justiça).[38] Logo, não incide, no caso, a proibição contida nas Súmulas 269 e 271 do STF.

Aqui, conforme o STF no RMS nº 36162, além do valor principal, o acórdão do mandado de segurança deverá assegurar ao impetrante também os consectários legais (juros e correção monetária). Assim sendo, o autor não terá que ajuizar uma outra ação apenas para cobrar esses valores. Portanto, o próprio acórdão do MS deverá assegurar o pagamento dos juros e correção monetária.

Nesses termos, não é necessário o ajuizamento de ação autônoma para o pagamento dos consectários legais inerentes à reparação econômica devida a anistiado político e reconhecida por meio de Portaria do Ministro da Justiça, a teor do disposto no art. 8º do Ato das Disposições Constitucionais Transitórias (ADCT) e no art. 6º, § 6º, da Lei 10.559/2002. Assim, o acórdão concessivo do mandado de segurança deverá determinar o pagamento retroativo dos valores devidos a anistiado político acrescidos de juros de mora e correção monetária, por serem estes acessórios ao valor principal, afastando-se a incidência da Súmula 269 do STF.[39] No mesmo sentido, conforme já citado:

> (...) 2. Havendo condenação da instância inferior ao pagamento de juros de mora e correção monetária, uma vez mantido o acórdão recorrido, também está reconhecido o direito ao percebimento de tais valores, ainda que a respeito do tema não se tenha pronunciado expressamente o STF. 3. Os juros de mora e a correção monetária constituem consectários legais da condenação, de modo que incidem independentemente de expresso pronunciamento judicial. 4. Embargos de declaração acolhidos apenas para esclarecer que os valores retroativos previstos nas portarias de anistia deverão ser acrescidos de juros moratórios e de correção monetária.[40]

Aqui, na mesma linha, temos recente posicionamento do STJ, também sobre o verbete da Súmula nº 269 do STF:

> (...) 2. O Superior Tribunal de Justiça aplica orientação, segundo a qual, o direito líquido e certo amparável na via mandamental restringia-se ao reconhecimento da omissão da autoridade impetrada em providenciar o pagamento das parcelas pretéritas da reparação econômica decorrente de anistia política, conforme valor nominal previsto na Portaria Ministerial concessiva do benefício. Assim, a fixação de juros e correção monetária poderia ser buscada em ação própria, dada a impossibilidade da cobrança de valores em sede de Mandado de Segurança, consoante enunciado da Súmula 269/STF. 3. No entanto, essa orientação há de ser modificada, para se ajustar à compreensão atual e contemporânea da problemática da recomposição da situação jurídica derivada de direito líquido e certo amparável na via mandamental, ou seja, direito subjetivo na esmerada posição de liquidez e certeza, comprovado de plano e por meio de elementos materiais prévios. Parece de absoluta transparência e calcada na mais definida intuição de justiça que a

38. STF. Plenário. RE 553710/DF, Rel. Min. Dias Toffoli, julgado em 17.11.2016.
39. **RMS 36182/DF,** STF. 1ª Turma. Rel. Min. Marco Aurélio, julgado em **14.05.2019** (Info 940).
40. RE 553710 ED, STF. Plenário. Rel. Min. Dias Toffoli, julgado em 01.08.2018.

> situação ilegal ou abusiva a que o mandamus pôs fim deve retornar, integralmente, ao estado anterior à prática do ato vulnerador. Por tal razão, tudo o que for devido ao impetrante lhe deve ser reposto prontamente, pela força da decisão mandamental concessiva da ordem. 4. A Súmula 269/STF, cujo enunciado se opõe a este entendimento, tem a seu favor a ancianidade de sua edição - 55 anos - de modo que, somente por milagre, haveria de se manter atual e ensejadora de observância irrestrita. A interpretação deste verbete, porém, deve ser temperada com as várias regras legais que alteraram o perfil do Mandado de Segurança. E deve ser alterada, sobretudo, pela evolução vigorosa que este instituto sofreu nas últimas décadas, em virtude da progressiva afirmação dos Direitos Humanos e Fundamentais, no sentido albergar sob a sua proteção os mais vastos contingentes individuais e os mais amplos direitos subjetivos. 5. Não há mais razão jurídica e nem moral na alternativa de encaminhar-se o pleito de valores anteriores à impetração para as chamadas vias ordinárias, quando já se tem uma decisão judicial mandamental favorável ao direito da parte. Isso significaria protelar para as calendas gregas a fruição do direito pela parte que o titula, congestionar as instâncias judiciais, em situação de desnecessidade, expor-se a União ao pagamento de honorários, porque a Ação de Cobrança lhe seria, fatalmente, desfavorável e, além disso, amesquinhar o préstimo do Mandado de Segurança, encurtando o alcance de sua eficácia. 6. Bem por isso, no julgamento dos Embargos Declaratórios opostos no RE 553.710/DF, de relatoria do Ministro DIAS TOFFOLI, DJe 23.8.2018, o STF decidiu que os valores retroativos previstos nas Portarias de Anistia hão de ser acrescidos de juros moratórios e de correção monetária, desde o momento em que verba se tornou devida. Como bem disse o ilustre Relator, incumbe lembrar que a correção monetária e os juros moratórios consistem em consectários legais da condenação, consequências automáticas da decisão condenatória e, portanto, são devidos independentemente de expresso pronunciamento judicial - sua obrigatoriedade decorre automaticamente de dispositivo de lei. 7. A leitura principiológica desse precedente, bem como da decisão do eminente Ministro LUIZ FUX, no RE 35.990/DF, asseguram o entendimento de que os juros moratórios e a correção monetária, por serem consectários legais, são deferidos ao impetrante mandamental vitorioso, juntamente com a sua própria pretensão no writ. Isso não constitui pretensão autônoma, nem pedido isolado e, muito menos, significa deferimento de pedido não formulado. Este é o pensamento judicial contemporâneo, atualizador da máxima eficácia da plataforma garantista, de modo a prover os institutos de proteção dos direitos e das liberdades da maior abrangência possível e também de sua efetividade maximizada. (...)[41]

(7) Segundo entendimento do STF, exarado no RE nº 576.874 de Rel. do Min. Eros Grau, julgado em 20.05.2009: "Não cabe mandado de segurança das decisões interlocutórias exaradas em processos submetidos ao rito da Lei 9.099/1995." Entendeu o STF que "a Lei 9.099/1995 está voltada à promoção de celeridade no processamento e julgamento de causas cíveis de complexidade menor. Daí ter consagrado a regra da irrecorribilidade das decisões interlocutórias, inarredável." Nesses termos, "não cabe, nos casos por ela abrangidos, aplicação subsidiária do CPC, sob a forma do agravo de instrumento, ou o uso do instituto do mandado de segurança. Assim sendo, não há afronta ao princípio constitucional da ampla defesa (art. 5º, LV, da CR/88), uma vez que decisões interlocutórias podem ser impugnadas quando da

41. MS 22.221/DF, STJ. 1ª Seção. Rel. Min. Napoleão Nunes Maia Filho, julgado em 10.04.2019.

interposição de recurso inominado."[42] (Rel. Min. Eros Grau, julgado em 20.05.2009, Plenário do STF, ***DJE*** de 07.08.2009)

(8) Na seara trabalhista, o TST já se manifestou no que diz respeito a acordo e termos de conciliação que são lavrados e assinados pelo Juiz Titular ou Substituto e pelas partes. Porém, o Juiz não está obrigado a homologar acordo produzido diretamente pelas partes, não constituindo o ato indeferitório violação a direito líquido e certo dos interessados. Nesses termos, é a Súmula nº 418 do TST: "A concessão de liminar ou a homologação de acordo constituem faculdade do juiz, inexistindo direito líquido e certo tutelável pela via do mandado de segurança."

(9) Por último, entende o Pretório Excelso, que não possui lesividade que justifique a impetração de mandado de segurança o ato do STF que determina o retorno dos autos à origem para aplicação da sistemática de repercussão geral.[43]

1.6. Legitimidade do Mandado de Segurança

a) **Legitimidade Ativa:** pessoa física nacional ou estrangeira (mesmo aquela que reside no exterior[44]), pessoa jurídica (privada ou pública[45]), universalidade de bens (são exemplos o espólio e a massa falida) e órgãos públicos[46] despersonalizados (são exemplos: a Chefia dos Executivos, Chefia do Tribunal de Contas, Mesa da Câmara, Mesa do Senado, Ministério Público).

Sobre a legitimidade ativa, é interessante observarmos, recente decisão do STF, em que afirmou **não caber** a habilitação de herdeiros em mandado de segurança, quando houver falecimento do impetrante. Com base nessa orientação, a 1ª Turma do STF negou provimento a agravo regimental, interposto de decisão monocrática do Min. Dias Toffoli, que julgara extinto, sem julgamento de mérito, processo do qual relator. Reconheceu-se, entretanto, a possibilidade dos herdeiros de buscar seus direitos pelas vias ordinárias. Nos termos da ementa do RMS

42. RE nº 576.874 Julg. em **20.05.2009**, Plenário do STF. No mesmo sentido RE 857.811 julg. em **16.04.2013**.

43. MS 32.485 AgR/SP julg. em **27.02.2014**: "*1. Não possui lesividade o ato do Supremo Tribunal Federal que determina o retorno dos autos à origem, para aplicação da sistemática de repercussão geral, porquanto a instância a quo poderá, ao receber o processo, recusar-se à retratação ou à declaração de prejudicialidade (art. 543-B, § 3º, do CPC), caso em que o recurso deverá ser admitido, subindo os autos ao STF (art. 543-B, § 4º, do CPC). 2. Agravo regimental a que se nega provimento*".

44. A peça de impetração deve ser redigida em português. (STF – RE nº 215.267/SP – Rel. Min. Ellen Gracie, *DJU*, 25.05.2001).

45. Conforme abalizada doutrina, "na maioria dos casos, que envolvem a impetração de mandado de segurança por pessoa jurídica de direito público o mesmo será utilizado não como um mecanismo de proteção de direitos fundamentais, mas sim de prerrogativas e atribuições de pessoas jurídicas de direito público assumindo feição de instrumento processual apto a solucionar conflitos entre órgãos públicos, poderes ou entre entes federativos diversos." MENDES; COELHO; BRANCO, *Curso de direito constitucional*, 2008, p. 539.

46. Também no que tange aos **órgãos públicos despersonalizados**, "*o mandado de segurança poderá se destinar a resolver conflitos de atribuições entre órgãos públicos, colmatando lacuna relativa à ausência de efetivo instrumento para a solução desse tipo de conflito*". MENDES; COELHO e BRANCO, p. 540, 2008.

26.806/DF "(...) 1. A decisão ora atacada reflete a pacífica jurisprudência desta Corte a respeito do tema, conforme a qual, é de cunho personalíssimo o direito em disputa em ação de mandado de segurança. 2. Não há que se falar, portanto, em habilitação de herdeiros em caso de óbito do impetrante, devendo seus sucessores socorrer-se das vias ordinárias na busca de seus direitos. 3. Agravo regimental não provido."[47]

Também já decidiu o STF, conforme o MS 33.736/DF, que o Procurador-Geral da República não possui legitimidade ativa para impetrar mandado de segurança em face do CNJ com o objetivo de questionar decisão que reconheça a prescrição da pretensão punitiva em processo administrativo disciplinar. Entendeu a 2ª turma do STF, que a legitimidade para impetrar mandado de segurança pressupõe a titularidade do direito pretensamente lesado ou ameaçado de lesão por ato de autoridade pública. Assim sendo, o Procurador-Geral da República não é dotado de legitimidade para a impetração, pois não é o titular do direito líquido e certo que afirmara ultrajado. Nesses termos, para a impetração do mandado de segurança não bastaria a demonstração do simples *interesse* ou atuação como *custos legis*, uma vez que os direitos à ordem democrática e à ordem jurídica não são de titularidade do Ministério Público, mas de toda a sociedade.[48]

Por último, o STF já decidiu que Tribunal de Justiça, mesmo não possuindo personalidade jurídica própria, detém legitimidade autônoma para ajuizar mandado de segurança contra ato do Governador do Estado em defesa de sua autonomia institucional.[49]

b) Legitimidade Passiva: é da autoridade coatora.[50] Considerada como aquela que pratica ou ordena a execução ou a inexecução do ato a ser impugnado via mandado de segurança. É mister, também, afirmarmos que ela detém a responsabilidade administrativa pelo ato e o poder de corrigir a ilegalidade do mesmo. Mas, atenção, esse entendimento, por muitos anos consolidado, vem se modificando tanto na doutrina quanto, sobretudo, na jurisprudência. Mas, por quê?

A dúvida, objeto de controvérsia, envolve a legitimidade passiva ou não da pessoa jurídica (pública ou privada no uso de atribuições públicas) na qual está vinculada (alocada) a autoridade coatora. A pergunta é: seria a pessoa jurídica em nome da qual o ato (comissivo ou omissivo) foi praticado legitimada passiva?

---

47. **RMS 26.806 AgR**, julgado em **22.05.2012**, Rel. Min. Dias Toffoli.
48. 2ª Turma do STF. MS 33736/DF, Rel. Min. Cármen Lúcia, julg. em 21.06.2016.
49. No caso concreto: *mandado de segurança contra ato do Governador que estava atrasando o repasse dos duodécimos devidos ao Poder Judiciário.* MS 34483-MC/RJ STF. 1ª Turma do STF, Rel. Min. Dias Toffoli, julgado em 22.11.2016.
50. Lei nº 12.016/09: **Art. 7º:** Ao despachar a inicial, o juiz ordenará: I – que se notifique o coator do conteúdo da petição inicial, enviando-lhe a segunda via apresentada com as cópias dos documentos, a fim de que, no prazo de 10 (dez) dias, preste as informações.

A resposta atualmente é que sim. Apesar de entendermos de difícil enquadramento essa tese, fato é que boa parte da doutrina,[51] e posicionamentos do STJ[52] e do STF,[53] vem corroborando a posição de que a pessoa jurídica é legitimada passiva no ***mandamus*** pelos seguintes motivos: 1) É ela que suporta o ônus da decisão (por exemplo, os efeitos pecuniários decorrentes da concessão da segurança); 2) É ela que recorre da decisão prolatada no mandado de segurança;[54] 3) A redação da nova Lei nº 12.016/09, que deixa assente a possibilidade de participação da pessoa jurídica à qual está vinculada a autoridade coatora na relação processual. Nesses termos, está positivado no art. 7º, II, que no despacho da inicial o juiz ordenará "que se dê ciência do feito ao órgão de representação judicial da pessoa jurídica interessada[55], enviando-lhe cópia da inicial sem documentos, para que, querendo, ingresse no feito".[56]

---

51. Nesse sentido, legitimado passivo é *a pessoa jurídica de direito público ou de direito privado que esteja no exercício de atribuições do Poder Público.* A matéria é controvertida porque, para alguns, sujeito passivo é a autoridade coatora, já que ela é quem presta as informações e cumpre o mandado; no entanto, esse entendimento deve ser afastado quando se observa que a fase recursal fica a cargo da pessoa jurídica e não do impetrado e que os efeitos decorrentes do mandado são suportados pela pessoa jurídica e não pela autoridade coatora. (DI PIETRO, Maria Sylvia Zanella, p. 699). Nesse diapasão, *também é o posicionamento atual da professora Lucia Valle Figueiredo (2004), de Celso Agrícola Barbi (1993) e Cássio Scarpinella Bueno (2009).* Contra, sustentando ser legitimada passiva apenas a autoridade coatora, temos: MENEZES, Carlos Alberto, *Direito: manual do mandado de segurança*; além do clássico MEIRELLES, Hely Lopes, *Mandado de segurança*, 2003.
52. Nesses termos, o posicionamento do STJ, conforme a ementa: *Processual civil. Mandado de segurança. Pessoa jurídica de direito público. Parte na relação jurídica formal. 1 – A pessoa jurídica de direito público a suportar o ônus da sentença proferida em mandado de segurança é parte legítima, por ter interesse direto na causa e integrar a lide em qualquer fase que ela se encontre. 2 – Recurso provido para anular a decisão a fim de que se conheça da apelação interposta pela pessoa jurídica de direito público e se decida como de direito.* (STJ – 1ª T. – Resp. nº 83.633/ CE – v.u – rel. José Delgado, *DJU*, 15.04.1996, p. 11)
53. Nesse sentido, a decisão do STF no RE nº 412.430, julg. em 13.12.2005 de Rel. Min. Ellen Gracie: [...] 1. A Nesse sentido, a decisão do STF no RE nº 412.430, julg. em 13.12.2005 de Rel. Min. Ellen Gracie: [...] 1. A jurisprudência do Supremo Tribunal Federal é no sentido de que a pessoa jurídica de direito público a que pertence a autoridade ou o órgão tido como coator é o sujeito passivo do mandado de segurança, razão por que é ele o único legitimado para recorrer da decisão que defere a ordem. [...].Temos também, como exemplo, a decisão da Rec. nº 367/ DF de 04.02.1993: Mandado de segurança: legitimação passiva da pessoa de direito público ou assemelhada, à qual seja imputável o ato coator, cabendo à autoridade coatora o papel de seu representante processual, posto que de identificação necessária: consequente possibilidade de sanar-se o erro do impetrante na identificação da autoridade coatora, mediante emenda da inicial, para o que se determina a intimação da parte: voto médio do relator para o acórdão.
54. Apesar da nova Lei nº 12.016/09 deixar expresso no **art. 14, § 2º**, que se estende "à autoridade coatora o direito de recorrer".
55. Conforme o STF: "*A União pode intervir em mandado de segurança no qual o ato apontado como coator for do Conselho Nacional de Justiça – CNJ. Essa a conclusão do Plenário em dar provimento, por maioria, a agravo regimental interposto de decisão do Min. Marco Aurélio, em que indeferido pleito formulado pela União, agravante, em mandado de segurança do qual relator. A União postulava a intimação pessoal do Advogado-Geral da União do acórdão concessivo da ordem e a abertura de prazo para eventual interposição de recurso. (...) Assinalou-se que o aludido Conselho seria órgão de extração constitucional, destituído de personalidade jurídica e que integraria a estrutura institucional da União.* MS AgR/DF 25962 julg. em **11.04.2013.**
56. Nesses termos, conforme a atual **corrente majoritária**: "*Defendemos (...) que a pessoa jurídica é quem ocupa o pólo passivo no mandado de segurança porque quem pratica o ato o faz em nome da atribuição que lhe é feita, por ocasião da posição que ocupa e da função que exerce no órgão, pessoa jurídica. Não o pratica em nome próprio, ou seja, por força de sua vontade, tampouco como pessoa física desvinculada do órgão, mas repetimos, em nome da atribuição ou cargo que exerce. A autoridade coatora, assim, não é necessariamente parte passiva (por mais que a lei traga a previsão de constar o seu nome da petição inicial) (...) A autoridade coatora é, portanto, a*

Sobre os assim chamados **meros executores do ato** (por exemplo: os fiscais da Anatel, Aneel, INSS etc.), que cumprem ordens emanadas da autoridade coatora, é pacífico o entendimento de que não são os mesmos considerados legitimados passivos na ação de Mandado de Segurança.

Ainda sobre a legitimidade do ***mandamus***, é necessário que façamos algumas observações finais, que acreditamos serem de fundamental importância. São elas:

(1) Erro na indicação da autoridade coatora. Nesses casos, temos que refletir sobre situações diferenciadas que podem ocorrer. Senão, vejamos:

a) Hipótese de erro na indicação da autoridade na qual o impetrante ajuíza o ***mandamus*** contra um agente coator indevido, que está vinculado a uma pessoa jurídica diversa daquela em nome da qual atua o verdadeiro (adequado) agente coator. Nesse caso o processo deve realmente ser extinto sem julgamento do mérito.[57]

b) Hipótese de erro na indicação da autoridade coatora em que a correção da ilegalidade não implica em alteração do polo passivo da relação processual, pois ambas as autoridades (a indicada equivocadamente e a que deveria ser indicada) estão vinculadas à mesma pessoa jurídica. Nesse caso, sob o fundamento da economia processual, a correção pode ser realizada inclusive *ex officio* pelo magistrado.[58]

---

que presta informações no mandado de segurança, já que somente ela saberá os detalhes, de fato, do ato ao qual se atribui a violação ao direito líquido e certo do impetrante. Deverá, porém, cumprir a decisão judicial proferida no mandado de segurança, por ser atribuição sua, praticar o ato determinado. No entanto, como já foi dito, não pratica em nome próprio, mas em nome da pessoa jurídica ao qual está vinculado". In: Cruz, Cerqueira, Gomes Junior, Favreto, Palharini Júnior, p.32. É bom deixarmos consignado, também, a existência do posicionamento **minoritário** de Gregório Assagra que advoga que a legitimidade passiva do MS possui **dupla dimensão**: a) é legitimada passiva a pessoa jurídica de direito público ou de direito privado nas funções do Poder Público, conforme o caso, que vai sofrer os efeitos da decisão; e b) também é legitimada passiva a própria autoridade coatora cujo ato omissivo ou comissivo está atacado pela via do mandado de segurança. In: *Almeida*, p.455, 2007. Contra esse posicionamento, temos Cássio Scarpinella Bueno: in: *Mandado de Segurança*, 2009; Cruz, Cerqueira, Gomes Junior, Favreto, Palharini Júnior. *Comentários à nova Lei do mandado de segurança*, p. 32, 2009.

57. Conforme o STJ 6ª TURMA. Recurso em Mandado de Segurança nº 14886/TO, Rel. HAMILTON CARVALHO, j. em 09.03.2004, *DJ* de 20.09.2004, p. 334. Contra essa posição, temos a doutrina de Cássio Scarpinella Bueno, que afirma: [...] Mesmo nos casos em que a ilegitimidade passiva for visível ao magistrado – entendendo-se ilegitimidade passiva no mandado de segurança como a indicação errada da pessoa jurídica a que pertence a autoridade coatora –, melhor que a mera extinção do mandado de segurança sem julgamento do mérito, solução usualmente encontrada na jurisprudência, é a possibilidade de correção do erro nos termos do (antigo) art. 284 ou, eventualmente, pela aplicação do (antigo) art. 13, ambos do Código de Processo Civil (antigo CPC de 1973) [...] *In: Mandado de segurança*, Scarpinella Bueno, Cássio, 2009, p, 27.

58. A errônea indicação da autoridade coatora não implica *ilegitimidade ad causam* passiva, se aquela pertence à mesma pessoa jurídica de direito público; porquanto, nesse caso, não se altera a polarização processual, o que preserva a condição da ação. Deveras, a estrutura complexa dos órgãos administrativos, como sói ocorrer com os fazendários, pode gerar dificuldade, por parte do administrado, na identificação da autoridade coatora, revelando, *a priori*, aparência de propositura correta. (STJ, 1ª TURMA. RMS nº 17889/RS, Rel. Min. Luiz Fux, j. em 07.12.2004, *DJ* de 28.12.2005, p. 187)

c) Uma última situação envolve um **erro na indicação** em que, em vez de indicar o Presidente de Casa Parlamentar (como autoridade coatora), indica-se, de forma equivocada, a mesa da Casa (órgão público despersonalizado). Nesse caso, conforme o **informativo 586** do STF[59] temos que:

> "Por ilegitimidade da autoridade coatora, o Tribunal não conheceu de mandado de segurança impetrado contra suposto ato omissivo da Mesa da Câmara dos Deputados, substanciado na não nomeação dos impetrantes para o cargo de Analista Legislativo – Taquígrafo Legislativo da Câmara dos Deputados, e determinou a remessa dos autos à Justiça Federal, nos termos do art. 109, VIII, da CF – v. Informativo 502. Entendeu-se que o ato omissivo impugnado não seria da Mesa, mas do Presidente da Câmara dos Deputados, o qual não estaria incluso no rol taxativo de autoridades sujeitas à competência originária da Corte (CF, art. 102, I, d)".

(2) Teoria da encampação: ora, se ocorre a indicação como autoridade coatora de uma autoridade hierarquicamente superior àquela que seria realmente a autoridade coatora responsável pelo ato (dentro da pessoa jurídica na qual ambas estão vinculadas), será desnecessária a correção da irregularidade, se o agente trazido a lide assume a defesa do ato impugnado. Isso é muito comum, pois a autoridade superior maneja informações negando ser a autoridade realmente coatora, mas ao mesmo tempo maneja a defesa do ato em suas informações. Nesse sentido, temos, à luz do STJ, a manifestação da teoria da encampação, não havendo a necessidade da correção do polo passivo do ***mandamus***.[60]

(3) Contra quem será impetrado o Mandado de Segurança no caso da existência do que comumente chamamos de autoridade delegante e de autoridade delegada. Contra a autoridade delegante ou a autoridade delegada? Vejamos com atenção. Aqui não se trata de mero executor do ato, pois tanto a autoridade delegante quanto a autoridade delegada pode ter um mero executor do ato para a execução do mesmo. A resposta adequada é: a legitimidade passiva é da autoridade delegada, pois estamos diante da **delegação de poder,** no qual a autoridade delegante delega competência para a autoridade delegada praticar atos com poder. Então, a autoridade delegada passa a deter a responsabilidade administrativa e pode corrigir as

59. MS nº **23.977/DF** rel. Min. Cezar Peluso. Julg. em **12.05.2010**.

60. Aplica-se a teoria da encampação quando a autoridade apontada como coatora, ao prestar suas informações, não se limita a alegar sua ilegitimidade, mas defende o mérito do ato impugnado, requerendo a denegação da segurança, assumindo a *legitimatio ad causam* passiva (STJ, 1º TURMA. Recurso em MS nº 17.889, rel. Min. Luiz Fux, j. 07.12.2004). No mesmo sentido, SODRÉ, Eduardo, *Mandado de Segurança*, 2007, p. 98. Porém, *é mister salientar que a teoria da encampação não terá aplicação, conforme o próprio STJ, quando não existir vínculo hierárquico entre a autoridade apontada como coatora (que presta informações) e aquela que deveria ter sido indicada como tal.* Nesse sentido: STJ, RMS nº 13.696/DF, julg. em 24.09.2008. Também não haverá aplicação da teoria da encampação quando houver modificação da competência estabelecida na CR/88. Nesse sentido: STJ 1ª Seção, MS nº 12.779/DF, Rel. Min. Castro Moreira, julg. em 13.02.2008. BUENO, Cássio Scarpinella, *Mandado de segurança*, 2009, p. 28. No Resumo do Min. Luiz Fux: *1. A teoria da encampação é aplicável ao mandado de segurança tão-somente quando preenchidos os seguintes requisitos: existência de vínculo hierárquico entre a autoridade que prestou informações e a que ordenou a prática do ato impugnado; ausência de modificação de competência estabelecida na Constituição Federal; e manifestação a respeito do mérito nas informações prestadas. Precedentes da 1ª Seção: MS 12.779/DF.*

possíveis ilegalidades. Exemplo interessante: se o Presidente da República delega poderes para um Ministro de Estado, nos moldes do art. 84, parágrafo único, de nossa atual Constituição, ele (Ministro de Estado) é que será o legitimado passivo. É interessante que a competência para julgar o mandado de segurança contra seus atos será do STJ à luz do art. 105, I, "b", da CR/88, e não do STF (isso ocorreria se o legitimado passivo fosse a autoridade delegante do nosso exemplo: Presidente da República).

Mas, nesse ponto, ainda cabe mais uma reflexão que não podemos olvidar. Existe um outro tipo de delegação interessante de ser trabalhada que é a delegação de assinatura. Nesta **(delegação de assinatura)**, a autoridade delegante delega "meros atos de representação material" à autoridade delegada, por isso ela (autoridade delegante) continuará sendo legitimada passiva para a impetração de Mandado de Segurança.

(4) É pacífico que se aplica, no que tange ao mandado de segurança, os artigos do CPC que regulam o instituto do **litisconsórcio**, conforme prescrevia expressamente a Lei nº 1.533/51 e agora prescreve a nova Lei nº 12.016/09 no seu art. 24.[61] Nesse sentido, é mister apenas as seguintes observações:

a) Conforme a Lei nº 12.016/09, o ingresso de litisconsorte ativo não será admitido após o despacho da petição inicial.[62] Nesses termos, temos também, a observação jurisprudencial de que, após a concessão de medida liminar, não será possível a formação de litisconsórcio facultativo ativo, sob pena, segundo o STJ, de ferir o princípio do juiz natural.[63]

b) Nesse ponto, é importante salientar, que em discutível posicionamento no MS 32.033 AgR, julgado em **05.06.2013** o Pleno do STF, por maioria, admitiu a possibilidade da participação de *amicus curiae* em ação de mandado de segurança. No caso, o relator Min. Gilmar Mendes afirmou que a Corte vem aceitando a possibilidade de ingresso do *amicus curiae* não apenas em processos objetivos de controle abstrato de constitucionalidade, mas também em outros feitos com perfil de transcendência subjetiva. Entendeu o Ministro que ante a ampla repercussão do tema e a específica feição de controle preventivo do MS 32.033, que a participação de alguns parlamentares e partidos políticos, nessa qualidade, não

---

61. É interessante aqui, deixar consignado, que a doutrina, embora com divergência, aceita também a possibilidade da assistência em mandado de segurança, com base no emprego subsidiário do CPC no procedimento do *mandamus. Porém, na jurisprudência, o STJ tem decisões contrárias à admissão da assistência (1ª Turma, Resp nº 1.065.574/RJ, julgado em: 2.10.2008)*

62. Nos termos do **art. 10, § 2º**, da **Lei nº 12.016/09**. É interessante salientar que essa norma descrita na nova Lei do MS é uma novidade, pois não encontrava assento na revogada Lei nº 1533/51.

63. STJ – 2ª T. – Resp nº 89.581/PR – v.u. –Rel. Min. Ari Pargendler, *DJU* 29.06.1998 p. 139. Conforme a doutrina: "[...] a iniciativa viola o princípio do juízo natural porque, em última análise, o litisconsorte acaba escolhendo onde litigar. De preferência – a prática confirma a veracidade desta observação – aquele juízo que já concedeu a medida liminar e que, portanto, exercendo atividade jurisdicional, já se manifestou sua simpatia por determinada tese jurídica, favorável àquele que pretende litisconsorciar-se na ação já proposta e em curso. [...]" BUENO, Cássio Scarpinella, 2009, p. 211.

feriria a dogmática processual.[64] Já a 1ª Turma do STF no MS nº 29.192/DF julg. em **19.08.2014**, afirmou que: Não é cabível a intervenção de *"amicus curiae"* em mandado de segurança. Com base nessa orientação, a Turma resolveu questão de ordem suscitada pelo Ministro Dias Toffoli (relator do MS) no sentido de se indeferir pedido formulado pela Associação dos Notários e Registradores do Brasil – Anoreg/Br para que fosse admitida no feito na condição de *"amicus curiae"*. A Turma consignou que, tendo em conta o quanto disposto no art. 24 da Lei 12.016/2009 – dispositivo que afirma serem aplicáveis ao rito do mandado de segurança as normas do CPC que disciplinam exclusivamente o litisconsórcio –, a intervenção de terceiros nessa classe processual seria limitada e excepcional. Asseverou que entendimento contrário poderia, inclusive, comprometer a celeridade do "writ" constitucional.[65]

c) Sobre o litisconsórcio passivo,[66] a jurisprudência do STF já consolidou entendimento na Súmula nº 631, que: extingue-se o processo de mandado de segurança se o impetrante não promove, no prazo assinado, a citação do litisconsorte passivo necessário[67]. Um exemplo interessante pode ser observado à luz da Súmula nº 701 do STF que preleciona que os mandados de segurança impetrados pelo Ministério Público contra decisões judiciais em processos penais devem obrigatoriamente ter como litisconsorte passivo o réu.

---

64. Já o Min. Celso de Mello consignou que a figura do *amicus curiae* não poderia ser reduzida à condição de mero assistente, uma vez que ele não interviria na situação de terceiro interessado na solução da controvérsia. Entendeu que a figura do *amicus curiae* pluralizaria o debate constitucional, de modo que o STF pudesse dispor de todos os elementos informativos possíveis e necessários ao enfrentamento da questão, a enfatizar a impessoalidade do litígio constitucional. Ficaram vencidos os Ministros Teori Zavascki, Ricardo Lewandowski e Marco Aurélio. O Min. Teori Zavascki salientava que o writ conteria pretensão de controle preventivo de constitucionalidade de norma. Tendo isso em conta, afirmava a existência de dois óbices para a admissão de *amicus curiae*: a) incompatibilidade dessa figura com o mandado de segurança no seu sentido estrito de tutela de direitos subjetivos individuais ameaçados ou lesados; e b) óbice legislativo do ingresso de terceiros em ação direta de inconstitucionalidade. Registrava que os peticionantes teriam natureza de assistentes do autor, a defender interesse próprio. O Min. Ricardo Lewandowski, em acréscimo, ressaltava a jurisprudência do Supremo no sentido do não cabimento do *amicus curiae* em mandado de segurança. Observava que a feição objetiva da presente ação seria examinada durante o julgamento do writ. O Min. Marco Aurélio assentava, ainda, a vedação legal da participação do terceiro juridicamente interessado (Lei 12.016/2009: "Art. 24. Aplicam-se ao mandado de segurança os arts. 46 a 49 do Código de Processo Civil"). Reputava não ser possível acionar a legislação que disporia sobre o processo objetivo para permitir-se o ingresso do amigo da Corte em mandado de segurança, voltado à proteção de direito individual. (Informativo 709 do STF)
65. MS nº 29.192/DF julg. em 19.08.2014 pela 1ª Turma do STF, Rel. Min. Dias Toffoli. (Informativo 755 do STF)
66. É importante salientar que para a doutrina majoritária não há litisconsórcio passivo entre a autoridade coatora e a pessoa jurídica a que ela pertença. BUENO, Cássio Scarpinella, 2009, p. 208.
67. Conforme o posicionamento do STF no HC nº 76.660/PR, julgado em 09.06.1998: [...] 1. *Aplicam-se ao processo do mandado de segurança as disposições do Código de Processo Civil que regulam o litisconsórcio* (art. 19 da Lei nº 1.533/51, com a redação dada pelo art. 1º da Lei nº 6.071/74). Há litisconsórcio passivo necessário quando, pela natureza da relação jurídica, o juiz tiver de decidir a lide de modo uniforme para todos os interessados (CPC, art. 47). A não citação de litisconsorte passivo necessário para integrar a lide impede a formação de relação processual válida e, em consequência, obsta a eficácia da decisão que venha a ser lavrada, porque influi nas relações jurídicas de interessados estranhos à demanda (CPC, art. 47). **[...]**. (Rel. Maurício Correa).

1.7. Competência no Mandado de Segurança

Existem duas regras básicas de competências em sede de Mandado de Segurança:

a) Competência Constitucional, prevista na Constituição, sendo também entendida como competência funcional (por prerrogativa de função): Artigos: 102, I, "d" (STF); 102, I "r" (STF); 105, I, "b" (STJ); 108, I, "c" (TRF); 109, VIII (Justiça Federal); art. 114, IV (Justiça do Trabalho) da CR/88.

b) Competência infraconstitucional, na qual o juízo competente para a impetração do remédio heroico deve ser o da sede da autoridade coatora.[68]

Nesses termos, a competência jurisdicional para processar e julgar mandado de segurança se define pela natureza da autoridade que pratica a conduta comissiva ou omissiva da qual possa resultar lesão ou ameaça de lesão a direito.

É mister também afirmar que a competência funcional para processar e julgar o mandado de segurança é **fixada no momento da propositura da ação** e será indiferente a posterior modificação da natureza do ***status*** funcional da autoridade coatora.[69] Além disso, mesmo que a autoridade seja removida de sua função, a competência de foro não se modifica.

Sobre a competência no ***mandamus***, é mister, ainda, algumas observações. São elas:

(1) Quando a ilegalidade é praticada por um Tribunal de Justiça (desembargador ou mesmo turma), a competência para processar e julgar o mandado de segurança será do próprio Tribunal nos moldes da Súmula 41[70] do STJ e das Súmulas 330[71] e 624[72] do STF.[73]

---

68. No que tange às autoridades estaduais e municipais, desde que não haja prerrogativa de foro nas respectivas Constituições Estaduais, como, por exemplo, a de São Paulo *(que estabelece a competência do TJ/SP para processar e julgar originariamente os mandados de segurança, contra atos do Governador do Estado, da Mesa e da Presidência da Assembleia Legislativa do Estado, do Procurador-Geral de Justiça, dos membros do Tribunal de Contas do Estado e do Município de São Paulo, do Prefeito de São Paulo e do Presidente da Câmara Municipal da Capital)*, a competência será das chamadas varas de fazenda pública e nas comarcas, nas quais estas não existirem, a competência será da justiça comum, ou seja, do juiz de direito da comarca. É interessante colocarmos que na Constituição do Rio de Janeiro no art. 161 também há prerrogativa de foro no TJ/RJ para o julgamento de MS, por exemplo, contra atos do: *Governador e Secretários de Estado, Prefeito da Capital e de Municípios com mais de 200 mil eleitores, Mesa Diretora e Presidente da Assembleia Legislativa, Procurador-Geral de Justiça e Defensor Público-Geral do Estado.*

69. O STJ 3ª T – MS nº 4.515 – v.u. – rel. Min. Vicente Leal, *DJU* 02.02.1998, p. 49.

70. Súmula nº 41 do STJ: *O Superior Tribunal de Justiça não tem competência para processar e julgar, originariamente, mandado de segurança contra ato de outros tribunais ou dos respectivos órgãos.*

71. Súmula nº 330 do STF: *O Supremo Tribunal Federal não é competente para conhecer de mandado de segurança contra atos dos tribunais de justiça dos Estados.*

72. Súmula nº 624 do STF: *Não compete ao Supremo Tribunal Federal conhecer originariamente de mandado de segurança contra atos de outros tribunais.*

73. Acrescentamos, ainda, no que tange à seara do direito e processo do Trabalho, a **Súmula nº 433** do STF: *É competente o Tribunal Regional do Trabalho para julgar mandado de segurança contra ato de seu presidente em execução de sentença trabalhista.*

(2) Porém o STF decidiu recentemente que compete ao STF julgar mandado de segurança contra ato do Presidente de Tribunal de Justiça que, na condição de mero executor do ato, apenas dá cumprimento à resolução do CNJ. Nesse sentido, a Reclamação nº 4731/DF julgada em **05.08.2014**: "Alegada usurpação da *competência deste Supremo Tribunal Federal estabelecida no art. 102, inc. I, alíneas n e r, da Constituição da República.* Mandado de segurança impetrado no tribunal de justiça do Distrito Federal e Territórios. O Presidente daquele tribunal de justiça é **mero executor do ato emanado do Conselho Nacional de Justiça**. Supressão do adicional por tempo de serviço determinada pela resolução n. 13/2006 do Conselho Nacional de justiça. Interesse de toda a magistratura. *Reclamação julgada procedente.*"

(3) Compete ao STF julgar mandado de segurança impetrado pelo Tribunal de Justiça contra ato do Governador do Estado que atrasa o repasse do duodécimo devido ao Poder Judiciário. No caso, todos os magistrados do TJ possuem interesse econômico no julgamento do feito, uma vez que o pagamento dos subsídios está condicionado ao cumprimento do dever constitucional de repasse das dotações consignadas ao Poder Judiciário estadual pelo chefe do Poder Executivo respectivo. Nesses termos, a situação em comento se amolda ao art. 102, I, "n", da CR/88.[74]

(4) Contra decisões proferidas pelas turmas do STF, não cabe Mandado de Segurança, pois a turma é o próprio STF, ou seja, representam o próprio Pretório Excelso.[75]

(5) Os Mandados de Segurança contra atos dos juízes dos Juizados Especiais Cíveis, bem como contra atos das Turmas Recursais Cíveis, devem ser impetrados nas próprias Turmas Recursais, tanto da Justiça Federal quanto da Justiça Estadual. Nesse sentido, o posicionamento do STF no MS nº 24.691/03: "a competência para processar e julgar a ação mandamental impetrada contra atos dos Juizados Especiais é das Turmas Recursais Cíveis", bem como "a competência para conhecer do mandado de segurança contra atos das turmas Recursais dos Juizados Especiais é dela mesma."[76]

Aqui, é interessante salientarmos, que existe uma discussão (debate) sobre a competência no que tange aos Mandados de Segurança contra atos das Turmas Recursais dos Juizados Especiais. Com base em um posicionamento monocrático

---

74. **MS 34483-MC/RJ**, STF. 1ª Turma, Rel. Min. Dias Toffoli, julgado em **22.11.2016**.
75. Conforme trecho da ementa da decisão proferida no MS nº 26.193/DF, temos que: [...] 1. Não se admite a impetração de mandado de segurança contra decisões de caráter jurisdicional emanadas das Turmas ou do Plenário. [...] Precedentes [MS n. 24.633, Relator o Ministro CÉZAR PELUSO, DJ de 12.03.2004 e MS n. 21.734, Relator o Ministro ILMAR GALVÃO, DJ de 15.10.93]. (Julgamento em 29.11.2006. Rel. Min. Eros Grau. *DJ*: 02.02.2007).
76. Nesses termos: Ementa: Competência: Turma Recursal dos Juizados Especiais: mandado de segurança contra seus próprios atos e decisões: aplicação analógica do art. 21, VI, da LOMAN. A competência originária para conhecer de mandado de segurança contra coação imputada a Turma Recursal dos Juizados Especiais é dela mesma e não do Supremo Tribunal Federal. (**Ms nº 24.961/03 Rel. Min. Sepúlveda Pertence Pleno do STF *DJU*, 24.06. 2005). No mesmo sentido o STJ, CC nº 40.319, Rel. Min. José Armando Fonseca, Julg. 10.03.2004, *DJU* 05.04.2004.**

do Ministro Marco Aurélio (MS nº 24.674 *DJ*: 04.12.2003), há a defesa[77] de que a competência nesse caso seria não da Turma Recursal, mas sim do Tribunal de Justiça (ou na esfera Federal do TRF). Nesses termos, teríamos: a) ato de Juiz do Juizado Especial: competência da **Turma Recursal** para conhecer do mandado de segurança; b) ato da Turma Recursal: competência do TJ para processar e julgar originariamente o ***mandamus***. Porém, este (pelo menos atualmente) não é o posicionamento trabalhado nos Juizados Especiais que (ainda) estão adotando o estipulado no MS nº 24.691/03, acima citado, no qual a competência (para processar e julgar o ***mandamus***) está adstrita apenas à Turma Recursal dos Juizados Especiais (seja por ato de Juiz do Juizado ou mesmo da própria Turma Recursal).[78]

(6) Havendo foro por prerrogativa de função e o mandado de segurança tiver que ser impetrado contra diferentes autoridades coatoras, a autoridade de maior hierarquia determinará a competência para o julgamento do feito. Por exemplo, se as autoridades coatoras forem o Presidente da República e um Ministro de Estado, a competência para processamento e julgamento será do STF.

(7) Nos **órgãos colegiados**, o Mandado de Segurança será impetrado contra o presidente do órgão colegiado, pois ele é o representante máximo do órgão que subscreve o ato e responde obviamente por sua execução.

Mas cuidado, pois, aqui, é mister que prestemos atenção ao posicionamento do STJ sobre uma interessante questão. Quando o presidente do órgão colegiado for Ministro de Estado, a competência para processamento e julgamento não será do STJ. Isso se coloca a partir do teor da **Súmula nº 177** do STJ, que preleciona que: o Superior Tribunal de Justiça é incompetente para processar e julgar, originariamente, mandado de segurança contra ato de órgão colegiado presidido por Ministro de Estado. A competência, portanto, será da Justiça Federal.

(8) Aqui temos uma outra exceção interessante sobre os Ministros do Estado. Conforme a 1ª Turma do STF, por decisão majoritária, a competência para julgar mandado de segurança contra ato de Ministro da Justiça em matéria extradicional será do próprio STF. Aqui podemos considerar tal competência uma exceção pois em regra a competência para processar e julgar mandado de segurança contra ato de Ministro de Estado é do STJ nos termos, do art. 105, I, b da CR/88.[79]

---

77. Nesse sentido: [...] avançando o entendimento fixado no MS 24.691 e agora à luz da tese fixada no HC 86.834, não temos por coerente o julgamento do MS contra ato de Turma Recursal pela própria Turma Recursal. [...] *In*: Lenza, Pedro, *Direito constitucional*, 2009, p. 531.
78. Temos também em recente decisão do STF no **RE nº 586.789**, julgado em **16.11.2011** que compete à Turma Recursal o exame de mandado de segurança, quando utilizado como substitutivo recursal, contra ato de juiz federal dos juizados especiais federais. Nesse sentido: "(...) Desse modo, competente a turma recursal para processar e julgar recursos contra decisões de 1º grau, também o seria no que concerne a mandado de segurança substitutivo de recurso, sob pena de transformar o Tribunal Regional Federal em instância ordinária para reapreciação de decisões interlocutórias proferidas pelos juizados especiais".
79. **MS 33864/DF** 1ª T do STF, julg. em **19.04.2016**, Rel. Min Roberto Barroso. Vide: HC 83.113/DF, Rel. Min. Celso de Mello.

(9) Nos **atos complexos,** apesar da exigência jurisprudencial da notificação de todos os que participam do ato, a autoridade coatora é a última autoridade que nele (no ato) intervém para seu aperfeiçoamento. Nos **atos compostos,** o coator é a autoridade que pratica o ato principal, já nos procedimentos administrativos o coator é a autoridade que preside sua realização.

(10) Conforme o STJ,[80] compete à Justiça Federal processar e julgar mandado de segurança contra ato praticado por Presidente ou Secretário da Junta Comercial do Estado. Isso se deve à questão de a junta comercial exercer função delegada do Poder Público Federal, na medida em que efetua registro comercial por delegação federal (vinculada ao Ministério da Indústria e Comércio).

(11) Quando o praticante da ação ou omissão for Promotor de Justiça, a competência para julgar o ***mandamus*** é do juiz de primeiro grau e não do Tribunal (como no caso do ***habeas corpus***).

(12) Conforme entendimento jurisprudencial, se o ato comissivo ou omissivo for de autoria de Comissão Parlamentar de Inquérito, a competência para processamento e julgamento será do STF.

(13) Conforme posicionamento firmado pelo extinto TRF (Súmula nº 15), o STJ já decidiu que é de competência da Justiça Federal processar e julgar mandado de segurança contra ato de dirigente de entidade particular de ensino superior no exercício de função delegada federal. Isso se deve à questão de o ato coator ser derivado de atividade praticada por delegação do Poder Público Federal. Já no que diz respeito a atos de sociedades de economia mista a competência para processar e julgar o ***mandamus*** será (em regra) da Justiça Estadual, nos moldes das Súmulas 517 e 556 do STF.[81]

(14) O STF solucionando conflito de competência entre Tribunal Regional Eleitoral e o STJ, decidiu que compete ao **juízo da vara federal** com atuação na cidade de domicílio do impetrante processar e julgar **mandado de segurança** impetrado por Promotor de justiça contra ato administrativo de Procurador Regional Eleitoral, desde que não se trate de matéria eleitoral[82]. No caso, o STF destacou que o *"writ"* impetrado dirigir-se-ia contra a exoneração de cargo público, em processo administrativo disciplinar (exoneração do impetrante das funções de Promotor Eleitoral pelo Procurador Regional Eleitoral). Assinalou que, ante a ausência de matéria eleitoral em discussão, seria o Tribunal Regional Eleitoral incompetente para julgar o ***mandamus.***

80. STJ C. Comp. nº 313.357 – MG, 1ª Seção, Rel. Sálvio de Figueiredo Teixeira, j. 26.02.2003, *DJU* 14.4.2003.
81. Conforme a súmula 517 do STF, temos que: As sociedades de economia mista só têm foro na Justiça Federal, quando a união intervém como assistente ou oponente. Já a súmula 556 do STF expressa que: É competente a Justiça comum para julgar as causas em que é parte sociedade de economia mista.
82. CC nº 7698/PI julg. em 13.05.2014, 1ª Turma, Rel. Min. Marco Aurélio.

(15) Por último, acrescentamos posicionamento também do STF no que diz respeito ao mandado de segurança contra nomeação de magistrado pelo Presidente da República. Nesse caso, ainda que o vício que fundamenta a impetração ocorra em fase anterior do procedimento (por exemplo: na lista da OAB ou do Ministério Público ou mesmo na lista do Tribunal em questão), a autoridade coatora será o Presidente da República, sendo, portanto, o ***mandamus*** impetrado no STF; aliás é o que se depreende da Súmula 627 do STF.[83]

1.8. Procedimento

Conforme descrito no conceito, trata-se de um procedimento[84] especial de rito sumaríssimo no qual o objeto central do mandado será a anulação de ato ilegal ou abusivo a direito líquido e certo, ou a determinação da prática de ato omitido pela respectiva autoridade coatora competente ou mesmo uma ordem de não fazer. A causa de pedir envolve necessariamente a ilegalidade ou o abuso de poder que venha a causar lesão ou ameaça de lesão ao, já aqui estudado, direito líquido e certo.

O legitimado ativo[85] impetra o Mandado de Segurança no órgão do Poder Judiciário competente[86] (podendo fazer pedido de medida liminar com base no art. 7º, III, da Lei nº 12.016/09). Certo é que a petição inicial, que deverá preencher os requisitos estabelecidos pela lei processual, será apresentada em 2 (duas) vias com os documentos que instruírem a primeira, reproduzidos na segunda, e indicará, além da autoridade coatora, a pessoa jurídica que esta integra, à qual se acha vinculada ou da qual exerce atribuições. Após (não sendo,

83. Súmula nº 627 do STF: No mandado de segurança contra nomeação de magistrado da competência do Presidente da República, este é considerado autoridade coatora, ainda que o fundamento da impetração seja nulidade ocorrida em fase anterior do procedimento.
84. Conforme dicção legal, presente no **art. 20 da Lei nº 12.016/09**: Os processos de mandado de segurança e os respectivos recursos terão prioridade sobre todos os atos judiciais, salvo *habeas corpus*. Na instância superior, deverão ser levados a julgamento na primeira sessão que se seguir à data em forem conclusos ao relator. O prazo para a conclusão dos autos não poderá exceder de 5 (cinco) dias. Além disso, é mister salientar, que conforme a recente **Lei nº13.676/2018** (que alterou o **art.16 da Lei nº12.016/2009**) ***nos casos de competência originária do STF e dos outros Tribunais pátrios caberá ao relator a instrução do processo, sendo assegurada a defesa oral na sessão de julgamento do mérito ou do pedido liminar***. Ressalta-se também, conforme entendimento doutrinário e jurisprudencial, que em virtude da natureza excepcional do procedimento *não cabe em sede de mandado de segurança a alegação de incidente de falsidade e também de reconvenção de ação com pedido declaratório incidental*.
85. Nos termos do **art. 1º da Lei nº 12.016/09**, temos que: *Quando o direito ameaçado ou violado couber a várias pessoas, qualquer delas poderá requerer o mandado de segurança*. Já no **art. 3º** do mesmo diploma legal, temos ainda que: *O titular de direito líquido e certo decorrente de direito, em condições idênticas, de terceiro poderá impetrar mandado de segurança a favor do direito originário, se o seu titular não o fizer, no prazo de 30 (trinta) dias, quando notificado judicialmente*.
86. É mister afirmar que o impetrante deverá indicar o **valor da causa**, mesmo que para efeitos meramente fiscais. Além disso, temos como posição dominante na doutrina e na jurisprudência a possibilidade do impetrante do *mandamus* desistir do mesmo **sem o necessário** e devido consentimento do impetrado. Portanto não se aplica ao *writ* o dispositivo normativo previsto no antigo art. 267 § 4º do CPC de 1973 e previsto no art. 485 § 4º do novo CPC de 2015.

obviamente, o mandado de segurança indeferido de plano[87]), a autoridade coatora é notificada (e não citada) a prestar informações. O legitimado passivo terá 10 (dez) dias para prestar informações.[88] A seguir, o órgão do Poder Judiciário ouvirá o representante do Ministério Público, que opinará (como ***custos legis***), dentro do prazo improrrogável de 10 (dez) dias. Com ou sem o parecer do Ministério Público, os autos serão conclusos ao juiz para a decisão, a qual deverá ser necessariamente proferida em 30 (trinta) dias (exceto se estivermos diante da hipótese normativa do art. 20 da Lei nº 12.016/09).

Aqui são necessárias inúmeras observações sobre o procedimento. São elas:

1) Para alguns doutrinadores, a nova Lei deixa consignado a obrigatoriedade de participação do Ministério Público. Por exemplo, é o posicionamento de Cássio Scarpinella Bueno.[89] Nesses termos, não bastaria a mera intimação do *parquet*, sendo indispensável que o Ministério Público oficiasse no feito (com efetivo pronunciamento).

Assim não existiria qualquer espaço para juízo de valor do magistrado acerca da necessidade ou não da intervenção ministerial no feito. Ao magistrado caberia tão somente a abertura de vista ao membro ministerial, que por sua vez analisará o conteúdo do pedido e causa de pedir do mandado de segurança sob

---

87. Conforme a Lei nº 12.016/09, no seu **art. 10**: *A inicial será desde logo indeferida, por decisão motivada, quando não for o caso de mandado de segurança ou lhe faltar algum dos requisitos legais ou quando decorrido o prazo legal para a impetração.*
88. Conforme a exegese do **art. 7º, I e II, da Lei nº 12.016/09**, ao despachar a inicial, o juiz ordenará: *I – que se notifique o coator do conteúdo da petição inicial, enviando-lhe a segunda via apresentada com as cópias dos documentos, a fim de que, no prazo de 10 (dez) dias, preste as informações; II – que se dê ciência do feito ao órgão de representação judicial da pessoa jurídica interessada, enviando-lhe cópia da inicial sem documentos, para que, querendo, ingresse no feito.* Certo é que haverá a devida notificação da autoridade coatora e a necessária ciência ao feito para a pessoa jurídica em nome da qual a autoridade atua. Nesses termos, a autoridade apontada como coatora deverá manejar as informações e a pessoa jurídica a que a mesma está vinculada deverá, querendo, apresentar contestação. Existem algumas diferenças entre a prestação de informações e a apresentação da contestação, que não raro são olvidadas pela doutrina, entre elas, podemos citar: 1) As informações são assinadas pela autoridade coatora e a contestação exige advogado (capacidade postulatória); 2) O não oferecimento das informações pode gerar sanções civis, criminais e administrativas para a autoridade coatora e o não oferecimento da contestação acarreta a sanção processual (revelia). Nesse sentido, o não oferecimento das informações não acarreta a confissão ficta, não tendo o condão de gerar a presunção de veracidade dos fatos alegados pelo impetrante (posicionamento do STJ). Acrescentamos que, apesar de ser esse o nosso posicionamento, existe divergência doutrinária perpetuada por Hely Lopes Meirelles, entre outros; 3) Nas informações, a autoridade impetrada deve justificar a prática do ato atacado e esclarecer as circunstâncias em que ele foi levado a cabo (embora, aqui, também exista divergência doutrinária, pois autores como Hely Lopes Meirelles entendem que as informações são verdadeiras defesas da administração e não, como defendido por Fredie Didier Jr., apenas meio de prova. Sem dúvida, o posicionamento mais adequado é aquele que enxerga as informações como meio de prova, porém, excepcionalmente, acreditamos que a mesma poderá ser meio de defesa. Nesse sentido, Gregório Assagra de Almeida nos apresenta a hipótese exemplificativa, de mandado de segurança, no qual, sejam discutidas apenas questões de direito e que não haja necessariamente discussões sobre questões de fato. Nesse caso específico, não podemos vislumbrar a possibilidade das informações serem apenas meio de prova). Já na contestação a pessoa jurídica como ré (no polo passivo da relação processual) irá necessariamente apresentar verdadeira defesa.
89. BUENO, Cássio Scarpinella, *A nova lei do mandado de segurança*, 2009.

sua apreciação, para então exarar manifestação se ostenta interesse público primário ou não, que justifique sua intervenção. Assim, o juiz cumpre seu dever ao abrir vista ao Ministério Público, e este cumpre o seu exarando ou não parecer após a abertura de vista (que ao tudo indica, não seria mais obrigatório em determinadas circunstâncias dependentes do caso concreto).[90]

Aqui, é importante salientar, que em recente decisão a 2ª turma do STF afirmou que *em regra, é indispensável a intimação do Ministério Público para opinar nos processos de mandado de segurança, conforme previsto no art. 12 da Lei nº 12.016/2009.* ***No entanto, a oitiva do Ministério Público é desnecessária quando se tratar de controvérsia acerca da qual o tribunal já tenha firmado jurisprudência.*** *Assim, não há qualquer vício na ausência de remessa dos autos ao Parquet que enseje nulidade processual se já houver posicionamento sólido do Tribunal. Nesses casos, é legítima a apreciação de pronto pelo relator.*[91]

2) Conforme a dicção legal, presente no art. 4º da Lei nº 12.016/09, temos que em caso de urgência, será permitido, observados os requisitos legais, impetrar mandado de segurança por telegrama, radiograma, ***fax*** ou outro meio eletrônico de autenticidade comprovada. Nesses termos, poderá o juiz, em caso de urgência, notificar a autoridade por telegrama, radiograma ou outro meio que assegure a autenticidade do documento e a imediata ciência pela autoridade. Porém, o texto original da petição deverá ser apresentado nos 5 (cinco) dias úteis seguintes à impetração. Para os fins dessas normas, previstas na nova Lei do MS, em se tratando de documento eletrônico, serão observadas as regras da Infraestrutura de Chaves Públicas Brasileira – ICP-Brasil.

3) A concessão de liminar é direito subjetivo do autor ou ato discricionário do juiz? Existindo os requisitos (fundado receio de dano e plausibilidade do direito alegado) para a concessão, o magistrado tem escolha ou não? Resposta: a concessão da liminar é direito subjetivo do autor, sendo o juiz (preenchidos os requisitos) obrigado a concedê-la.[92] Nesses termos, ao despachar a inicial o

---

90. SOBRINHO, Osório e ANDREA, Gianfranco. *MP deve ser ouvido durante a análise do Mandado de Segurança*, CONJUR, 2013.

91. **RMS 32.482/DF**, STF. 2ª Turma. rel. orig. Min. Teori Zavaski, red. p/ o ac. Min. Edson Fachin, julgado em **21.08.2018** (Info 912).

92. Com a **Lei nº 12.016** temos que, se deferida **a Liminar**, o processo passará a ter prioridade de julgamento. Mas, aqui, cabe uma pergunta: há prazo para a manutenção da Liminar? Embora fosse questão controvertida na doutrina, pelo menos legalmente a dicção presente na antiga **Lei nº 4348/64 (hoje revogada pela Lei nº 12.016/09)** estabelecia que a liminar devia obedecer a um prazo estabelecido, sendo o mesmo de 90 dias (a contar da data de concessão) prorrogáveis por mais 30 dias quando havia acúmulo de processos a justificar a prorrogação. Certo é que o STJ, em julgados recentes afirmou que o limite para a eficácia temporal nas medidas liminares **não mais devia prevalecer** em nosso ordenamento, à luz do art. 798 do CPC, que concedeu ao magistrado o chamado Poder Geral de Cautela. Nesse sentido, as decisões: STJ – RE nº 413.343, rel. Humberto Martins j 29.09.2006 *DJU* 11.10.2006; STJ– 800.600, Rel. Min. Francisco Falcão j 05.12.2006. Certo também é que a **nova Lei do MS nº 12.016/09 no seu art. 7º**, corroborando com a jurisprudência, afirma categoricamente que: **"Os efeitos da medida liminar, salvo se revogada ou cassada, persistirão até a prolação da sentença."** Ainda sobre a liminar, nos moldes da nova **Lei do MS**, acrescentamos que será

juiz ordenará que se suspenda o ato que deu motivo ao pedido, quando houver fundamento relevante e do ato impugnado puder resultar a ineficácia da medida, caso seja finalmente deferida, sendo facultado exigir do impetrante caução, fiança ou depósito, com o objetivo de assegurar o ressarcimento à pessoa jurídica. É bem verdade que existem exceções legais,[93] presentes atualmente na Lei nº 12.016/09, que o juiz deve obedecer, pois será vedada a concessão de liminar, nos seguintes casos, que tenham por objeto: a) a compensação de créditos tributários (hipótese já prevista na Súmula nº 212 do STJ); b) a entrega de mercadorias e bens provenientes do exterior (essa hipótese estava prevista no art. 1º da Lei nº 2.770/56); c) a reclassificação ou equiparação de servidores públicos e a concessão de aumento ou a extensão de vantagens ou pagamento de qualquer natureza (hipótese prevista no art. 5º da antiga e hoje revogada Lei nº 4.348/64 e no art. 1º, § 4º, da também revogada Lei nº 5.021/66).[94]

4) Uma vez concedida a liminar (ou mesmo denegada) pelo Juiz de primeiro grau, existirá a possibilidade de recurso. Como a decisão é interlocutória, o recurso cabível será o agravo de instrumento.[95] Mas, além dessa possibilidade, a pessoa jurídica de direito público interessada (União, Estados, Municípios, e DF) ou mesmo o Ministério Público também podem requerer ao Presidente do Tribunal competente (ao qual cabe o conhecimento recursal) a concessão da *suspensão dos efeitos da liminar*. Esse instituto é chamado de pedido de *"suspensão da liminar ou de segurança"*. Ele foi previsto originalmente na legislação para suspender as *decisões liminares* ou *sentenças proferidas em mandados de segurança* (tema que será abordado posteriormente). A suspensão de liminar (e de sentença) limita-se a averiguar a possibilidade de grave lesão à ordem, à segurança, à saúde e à economia públicas[96]. É interessante que se a decisão for

decretada a perempção ou caducidade da medida liminar *ex officio* ou a requerimento do Ministério Público quando, concedida a medida, o impetrante criar obstáculo ao normal andamento do processo ou deixar de promover, por mais de 3 (três) dias úteis, os atos e as diligências que lhe cumprirem. **Portanto**, a mesma pode ser revogada *ex officio* ou a requerimento do Ministério Público, quando o impetrante criar obstáculo ao normal andamento do processo. Temos, também, que à luz do art. 807 do CPC (CPC de 1973) o juiz pode revogá-la quando ficar convencido de que ela não mais se justifica. Porém, não pode a liminar, segundo melhor doutrina, ser concedida de ofício pelo magistrado.

93. Embora seja objeto de severas críticas doutrinárias, como, por exemplo, as de Luiz Guilherme Marinoni, no texto: Proibição da concessão de liminares: inconstitucionalidade. *Revista de Processo*, n. 60, p. 148, 1994; e também as de Cássio Scarpinella Bueno (2009), temos que a jurisprudência aceita os impeditivos legais. Nesse sentido, o STJ nos Recursos Especiais nºs 380.327 (Rel. Min. Arnaldo Esteves Lima, j 06.06.2006); 626.507 (Rel. Min. João Otávio Noronha j 15.02.2007); e 666.092 (Rel. Min. Eliana Calmon, j. 22.03.2006).
94. **Art. 7º § 5º Lei nº 12.016/09**: § 5º *As vedações relacionadas com a concessão de liminares previstas nesse artigo se estendem à tutela antecipada a que se referem os arts. 273 e 461 da Lei nº 5.869, de 11 janeiro de 1973 – CPC* (antigo CPC).
95. Nos termos do art. 7º, § 1º, da Lei nº 12.016/09.
96. Portanto, contra uma decisão interlocutória proferida por um juiz, em 1ª instância, poderão ser interpostos o agravo de instrumento e, concomitantemente, o pedido de suspensão. Isso porque o pedido de suspensão não é recurso. Logo, *não há violação ao princípio da singularidade ou unirrecorribilidade. Além disso, os objetivos do agravo e do pedido de suspensão são diferentes*. Os temas de mérito da demanda principal não podem ser examinados nessa medida, que não substitui o recurso próprio. Conforme o art.15 § 3º da Lei nº 12.016: *A interposição de*

prolatada por juiz de 1ª instância, a competência para apreciar o pedido de suspensão é do Presidente do Tribunal que teria competência para julgar o recurso contra a decisão. Como Exemplo: se concedida liminar por Juiz Federal em São Paulo, o pedido de suspensão será julgado pelo Presidente do TRF da 3ª região. Já se concedida liminar por Juiz de Direito de São Paulo, o pedido de suspensão será julgado pelo Presidente do TJ/SP. Porém, se a decisão for prolatada por membro de TJ ou TRF, o pedido de suspensão será decidido pelo Presidente do STF se a matéria for constitucional (fundamento constitucional) ou pelo Presidente do STJ se a matéria for infraconstitucional. Portanto, se concedida liminar por um Desembargador do TJ/SP, o pedido de suspensão será dirigido ao Presidente do STF ou do STJ, e não ao Presidente do TJ/AM (art. 25 da Lei nº 8.038/90).

Aqui, atualmente, é importante salientar ainda, que temos **duas correntes** sobre o *caráter político ou jurídico* dessa decisão de suspensão.[97]Para o STJ, trata-se de um juízo político a respeito da lesividade do ato judicial à ordem, à saúde, à segurança e à economia públicas. Já o STF, por manifestação da sua 1ª Turma, entende que a decisão de suspensão de segurança não é estritamente política, possuindo conteúdo jurisdicional. Nesse sentido, conforme o informativo 797 do STF, o STJ não conheceu de recurso especial sob o fundamento de que não poderia ser utilizado para impugnar decisões proferidas no âmbito do pedido de suspensão de segurança. Segundo o STJ, o recurso especial se destinaria a combater argumentos que dissessem respeito a exame de legalidade, ao passo que o pedido de suspensão ostentaria juízo político. Porém, a 1ª Turma do STF entendeu que a decisão em sede de suspensão de segurança (ou de liminar em MS) não seria estritamente política, mas teria conteúdo jurisdicional, o que, de início, desafiaria recurso especial. Com base nesse entendimento, o STF decidiu que é cabível, em tese, recurso especial no STJ contra decisões proferidas no âmbito do pedido de suspensão de segurança.[98]

---

agravo de instrumento contra liminar concedida nas ações movidas contra o Poder Público e seus agentes não prejudica nem condiciona o julgamento do pedido de suspensão.

97. **Conforme a Lei nº 12.016/09: Art. 15**. *Quando, a requerimento de pessoa jurídica de direito público interessada ou do Ministério Público e para evitar grave lesão à ordem, à saúde, à segurança e à economia públicas, o presidente do tribunal ao qual couber o conhecimento do respectivo recurso suspender, em decisão fundamentada, a execução da liminar e da sentença, dessa decisão caberá agravo, sem efeito suspensivo, no prazo de 5 (cinco) dias, que será levado a julgamento na sessão seguinte à sua interposição.* § 1º Indeferido o pedido de suspensão ou provido o agravo a que se refere o ***caput*** *deste artigo, caberá novo pedido de suspensão ao presidente do tribunal competente para conhecer de eventual recurso especial ou extraordinário. § 2º É cabível também o pedido de suspensão a que se refere o § 1º deste artigo, quando negado provimento a agravo de instrumento interposto contra a liminar a que se refere este artigo. § 3º A interposição de agravo de instrumento contra liminar concedida nas ações movidas contra o Poder Público e seus agentes não prejudica nem condiciona o julgamento do pedido de suspensão a que se refere este artigo. § 4º O presidente do tribunal poderá conferir ao pedido efeito suspensivo liminar se constatar, em juízo prévio, a plausibilidade do direito invocado e a urgência na concessão da medida. § 5º As liminares cujo objeto seja idêntico poderão ser suspensas em uma única decisão, podendo o presidente do tribunal estender os efeitos da suspensão a liminares supervenientes, mediante simples aditamento do pedido original.*
98. **RE 798740 AgR/DF** julg. em **01.09.2015,** Rel. p/ acordão Min Marco Aurélio.

5) Tanto da decisão do Presidente do Tribunal (que julga o pedido de suspensão) que denega quanto da que concede a suspensão da liminar cabe recurso de agravo interno. Isso porque foram canceladas em 2003 as Súmulas nº 506 do STF e nº 217 do STJ, que diziam expressamente só caber o recurso de agravo da decisão que deferisse a suspensão da liminar e não da que denegasse a suspensão. Pois bem, atualmente, de ambas as decisões interlocutórias do Presidente do Tribunal cabe o já referido agravo conforme posicionamento jurisprudencial. Entendemos que mesmo com a Lei nº 12.016/09 fazendo referência apenas à possibilidade de agravo da decisão que defere o pedido de suspensão, deve prevalecer a possibilidade de agravo interno da decisão do presidente do Tribunal que defere e da decisão que indefere o pedido de suspensão.[99] Aqui, seguimos o entendimento de que caberá agravo interno para o Plenário ou Corte Especial do Tribunal, conforme o § 3º do art. 4º da Lei nº 8.437/92 que afirma que "do despacho que conceder ou negar a suspensão, caberá agravo, no prazo de cinco dias, que será levado a julgamento na sessão seguinte a sua interposição."

6) É mister afirmar que, se o mandado de segurança for impetrado originariamente em um Tribunal, obviamente a apreciação do possível pedido de liminar será feita pelo relator (pois cabe ao mesmo a instrução do processo, o que não é nenhuma novidade).[100] Porém, coadunando com a sistemática processual, reza o novo diploma legal do ***mandamus*** que da decisão do relator que conceder ou denegar a medida liminar caberá agravo ao órgão competente do tribunal que integre. O problema aqui é que a nova Lei do MS entra em conflito com um posicionamento já consolidado do STF. Conforme entendimento da jurisprudência reiterada do Pretório Excelso, da decisão que concede, ou mesmo da que indefere a liminar requerida, não caberia agravo interno ou regimental, a teor da Súmula nº 622 do STF, que preleciona: "Não cabe agravo regimental contra decisão do relator que concede ou indefere liminar em mandado de segurança." É bom que se diga que esse posicionamento pretoriano, embora já estivesse sendo seguido pelo STJ,[101] não era vinculante para os outros Tribunais pátrios.[102] Resta-nos aguardar como o STF e o STJ vão enfrentar essa questão,

99. Aqui é bom registrar que existe posicionamento contrário ao nosso expressado por Cássio Scarpinella Bueno. (*A nova lei do mandado de segurança*, 2009). O mesmo entende que a Lei tomou posicionamento diferente do STF e STJ (que cancelaram as súmulas acima citadas) e por isso não caberia agravo interno da decisão do Presidente que não concedesse a suspensão do pedido.

100. De acordo com a Lei nº 12.016/09, em seu **art. 16**: *Nos casos de competência originária dos tribunais, caberá ao relator a instrução do processo, sendo assegurada a defesa oral na sessão do julgamento.*

101. Conforme trecho de decisão do STJ: "[...] *O Superior Tribunal de Justiça, em observância à orientação consignada no verbete 622 da Súmula do Supremo Tribunal Federal, tem como pacífico, já, o entendimento de que não é cabível agravo regimental contra decisão de relator, que em mandado de segurança, defere ou indefere liminar* [...]" (STJ. Corte Especial. AgRg na Rcl. nº 1975/RJ. *DJ* 10.04.2006)

102. Nesse sentido, a decisão do STF de Rel. da Min. Ellen Gracie no julgamento em 19.04.2007 da Rcl. AgR nº 5.082/DF, conforme a ementa: *Agravo regimental em reclamação. Liminar em mandado de segurança. Provimento de agravo regimental no tribunal de origem. Súmula stf nº 622. Ausência de eficácia vinculante. Inocorrência de usurpação de*

na medida em que o legislador pátrio positivou norma processual que não corrobora com a prática jurisprudencial adotada nesses Tribunais Superiores. Entendemos que o posicionamento adequado está previsto na nova Lei do MS, devendo a jurisprudência ceder em prol do novo diploma legal (que é mais adequado à sistemática processual e constitucional).

7) Como fica a liminar concedida após a decisão denegatória do ***mandamus***? Conforme a Súmula nº 405 do STF: "Denegado o mandado de segurança pela sentença, ou julgamento do agravo, dela interposto, fica sem efeito a liminar concedida, retroagindo os efeitos da decisão contrária."[103] Esse posicionamento, de certa maneira, foi positivado na Lei nº 12.016/09, que afirma em seu art. 7º, § 3º que os efeitos da medida liminar, salvo se revogada ou cassada, persistirão até a prolação da sentença.

---

competência do Supremo Tribunal Federal. 1. Ato reclamado: acórdão do Conselho Especial do Tribunal de Justiça do Distrito Federal e Territórios que conheceu e deu provimento a agravo regimental interposto de decisão que deferira liminar em mandado de segurança. 2. Alegação de usurpação da competência do Supremo Tribunal Federal, ante o que dispõe a Súmula STF nº 622: inocorrência. 3. Precedentes do Supremo Tribunal Federal: Reclamações 1.616/PE e 976/ES, rel. Min. Marco Aurélio, Plenário, DJ 16.6.2003 e 25.6.2004. 4. ***Inexistência de vinculação ou subordinação por parte dos tribunais pátrios à Súmula STF nº 622, tendo em vista a sua natureza processual.*** *5. O fato de o Supremo Tribunal Federal entender que não cabe agravo regimental da decisão que defere ou indefere medida liminar em mandado de segurança, de sua competência originária, não impede que outros tribunais adotem entendimento diverso. 6. Agravo regimental improvido.* (*DJ* 04.05.2007).

103. Aqui, há de se ressaltar crítica à Súmula nº 405 do STF feita por autores que entendem que a medida liminar tem natureza cautelar. Estes advogam que o magistrado não deve apenas se manifestar sobre o mérito do *mandamus* denegando a segurança, mas também sobre a liminar anteriormente concedida, revogando-a (do contrário, ela continuaria válida até o julgamento de eventual recurso). Nesse sentido: *"sendo a medida cautelar uma providência cautelar, de preservação do direito invocado pelo impetrante, é concedida por fundamentos diversos e independentes dos da decisão de mérito. Por isso mesmo não basta que o juiz se manifeste sobre o mérito, denegando o mandado, para que fique automaticamente invalidada a medida liminar. É preciso que o julgador a revogue explicitamente para que cessem seus efeitos. O só fato de denegar a segurança não importa afirmar a desnecessidade da liminar, porque ela visa a preservar danos irreversíveis para o impetrante, e esta possibilidade pode subsistir até que a sentença passe em julgado, negando direito pleiteado. Enquanto pende o recurso, a sentença denegatória é reformável e, como tal, nenhum efeito produz em relação à suspensão provisória do ato. O que sustenta ou invalida a liminar, a nosso ver, é o pronunciamento autônomo do juiz sobre sua persistência ou insubsistência. [...] considerar-se sempre cassada a liminar quando a sentença denegue a segurança é tornar inane uma providência cautelar instituída precisamente para evitar lesões irreparáveis." Nesse sentido, três seriam as soluções engendradas: 1) se o Juiz cassa expressamente a liminar ao denegar a segurança, não nos parece admissível seu restabelecimento pela só interposição do recurso cabível contra a decisão de mérito; 2) se o Juiz silencia na sentença sobre a cassação da liminar, é de entender-se mantida até o julgamento da instância superior; 3) se o Juiz expressamente ressalva a subsistência da liminar até a sentença passar em julgado, torna-se manifesta a persistência de seus efeitos enquanto a decisão estiver pendente de recurso* (MEIRELLES, p. 84). Mas aqui uma advertência! Apesar do STJ já ter se posicionado esparsamente (em alguns julgados!) de acordo com a crítica supra exposta e o STF **já ter afirmado que a subsistência ou não da liminar depende do caso concreto**, conforme a seguinte decisão: "[...] *Decisão que cassou liminar que conferia efeito suspensivo a recurso ordinário em ação declaratória. 5. Alegação de que a extinção do processo acessório ou cautelar depende do trânsito em julgado da decisão definitiva do processo principal. 6. Eventual subsistência dos efeitos de decisão liminar em relação à decisão de mérito da ação principal deve ser analisada de acordo com o caso concreto. 7. Não há que falar, indistintamente, que a liminar sempre subsiste até o trânsito em julgado da sentença, pois ao juiz cabe conceder ou negar, manter ou revogar a liminar, segundo as peculiaridades do caso ajuizado. Natureza precária do provimento cautelar. 8. Recurso a que se nega provimento.*" (RE MS nº 23.147/SP Rel. Min. Gilmar Mendes j 25.02.2003, permanece o entendimento **no STF de acordo com a Súmula nº 405** que, diga-se de passagem, não está cancelada!

8) Nos moldes da Súmula nº 626 do STF: "A suspensão da liminar em mandado de segurança, salvo determinação em contrário da decisão que a deferir, vigorará até o trânsito em julgado da decisão definitiva da segurança ou, havendo recurso, até a sua manutenção pelo Supremo Tribunal Federal, desde que o objeto da liminar deferida coincida, total ou parcialmente, com o da impetração."[104]

9) Segundo recente posicionamento do STF o impetrante pode desistir de mandado de segurança a qualquer tempo, ainda que proferida decisão de mérito a ele favorável, e sem anuência da parte contrária. Asseverou o Pretório Excelso que o mandado de segurança, enquanto ação constitucional, com base em alegado direito líquido e certo frente a ato ilegal ou abusivo de autoridade, não se revestiria de lide, em sentido material. Pontuou-se não se aplicar, ao mandado de segurança, a condição disposta na parte final do art. 267, § 4º, do CPC de 1973 ("Art. 267. Extingue-se o processo, sem resolução de mérito: § 4º Depois de decorrido o prazo para a resposta, o autor não poderá, sem o consentimento do réu, desistir da ação"). De igual forma, não incidiria o art. 269, V, do CPC de 1973 ("Art. 269. Haverá resolução de mérito: V – quando o autor renunciar ao direito sobre que se funda a ação")[105]. Porém, o próprio STF, recentemente já se pronunciou admitindo exceção a essa regra. Nesse sentido, o STF afirmou que não é cabível a desistência de mandado de segurança, nas hipóteses em que se discute a exigibilidade de concurso público para delegação de serventias extrajudiciais, quando na espécie já houver sido proferida decisão de mérito, objeto de sucessivos recursos. No caso concreto, o pedido de desistência do Mandado de Segurança foi formulado após o impetrante ter interposto vários recursos sucessivos (embargos de declaração e agravos regimentais), todos eles julgados improvidos. Dessa forma, o Ministro Relator entendeu que tudo levaria a crer que o objetivo do impetrante ao desistir seria o de evitar o ***fim da discussão com a constituição de coisa julgada***. Com isso, ele poderia propor uma ação ordinária em 1ª instância e, assim, perpetuar a controvérsia, ganhando tempo antes do desfecho definitivo contrário. Portanto, com base nessas peculiaridades (*de intuito abusivo*), a 2ª Turma do STF indeferiu o pedido de desistência.[106]

104. Nesses termos, conforme a ementa da Rec. nº 429 de Rel. do Min. Octavio Gallotti, temos que: Persiste, após a concessão da segurança pelo Tribunal estadual, a decisão do Presidente do Supremo Tribunal, que, fundada no art. 4º da Lei nº 4.348-64, suspendeu a execução de liminar dotada dos mesmos efeitos do mandado deferido no mérito. Reclamação julgada procedente por maioria de votos. (Julgamento: 14.10.1993. *DJ* 18.05.2001).
105. **RE 669.367/RJ** julg. em **02.05.2013**, Rel. Min. Luiz Fux. (Inf. 704 do STF) Registra-se aqui que o art. 267 § 4º do CPC de 1973 tem o seu "equivalente" no art. 485 § 4º do novo CPC de 2015, já o art.269, V terá como "equivalente" o art. 487, III, "c" do novo CPC de 2015. Também: 2ª Turma do STJ. REsp 1.405.532-SP, Rel. Min. Eliana Calmon, julg em 10.12.2013. (Informativo 533 do STJ).
106. 2ª Turma do STF, MS 29093 ED-ED-AgR/DF, MS 29129 ED-ED-AgR/DF, MS 29189 ED-ED-AgR/DF, MS 29128 ED-ED--AgR/DF, MS 29130 ED-ED-AgR/DF, MS 29186 ED-ED-AgR/DF, MS 29101 ED-ED-AgR/DF, MS 29146 ED-ED-AgR/DF, julgados em 14.04.2015 Rel. Min. Teori Zavascki. (Informativo 781 do STF)

10) É importante salientar que caberá sustentação oral no julgamento final de mérito do mandado de segurança. E nos termos do art. 16 da Lei 12.016/2009 (com redação dada pela Lei nº 13.676/2018), nos casos de competência originária dos tribunais, caberá ao relator a instrução do processo, sendo assegurada a defesa oral na sessão do julgamento do mérito ou do pedido liminar. Nesses termos, com o advento da nova Lei, caberá sustentação oral no julgamento do processo de mandado de segurança no Tribunal, seja na sessão para julgar o mérito do MS, seja na sessão designada para julgar o pedido liminar.[107]

1.9. Decisão, Efeitos e Recursos Possíveis

A sentença pode, conforme a lógica processual, extinguir o feito sem julgamento de mérito ou solucionar a lide nos moldes do antigo art. 269 também do CPC de 1973. É mister consignar que, no mandado de segurança, a sentença concessiva é mandamental contendo uma ordem direcionada à autoridade coatora, sendo, em regra, de execução imediata, cumprindo-se por ofício do juiz, via oficial de justiça ou pelo correio, mediante correspondência com aviso de recebimento à luz do art. 13 da Lei nº 12.016/09.[108] Nesse sentido, antes mesmo de ser transitada em julgado, a decisão pode ser executada provisoriamente, salvo nos casos em que for vedada a concessão da medida liminar.[109] No que tange à decisão concessiva, é importante também lembrarmos da existência do reexame necessário (recurso de ofício ou duplo grau de jurisdição obrigatório) descrito no art. 14, § 3º da Lei nº 12.016/09, à qual a sentença estará sujeita.

Tanto da decisão que denega quanto da que concede a segurança, o recurso cabível é o de apelação. Os legitimados ao recurso são o impetrante (autor do ***mandamus***), a pessoa jurídica à qual está vinculada a autoridade coatora, a própria autoridade coatora[110] e o Ministério Público (como ***custos legis***) conforme

107. MS 34127 MC/DF, MS 34128 MC/DF, Pleno do STF. Rel. p/ o ac. Min. Roberto Barroso, red. p/ o acórdão Min. Teori Zavascki, julg. em **14.04.2016**. É interessante que conforme o novo CPC de 2015: Art. 937. *Na sessão de julgamento, depois da exposição da causa pelo relator, o presidente dará a palavra, sucessivamente, ao recorrente, ao recorrido e, nos casos de sua intervenção, ao membro do Ministério Público, pelo prazo improrrogável de 15 (quinze) minutos para cada um, a fim de sustentarem suas razões, nas seguintes hipóteses, nos termos da parte final do caput do art. 1.021: I – no recurso de apelação; II – no recurso ordinário; III – no recurso especial; IV – no recurso extraordinário; V – nos embargos de divergência; VI – na ação rescisória, no mandado de segurança e na reclamação; VII – (VETADO); VIII – no agravo de instrumento interposto contra decisões interlocutórias que versem sobre tutelas provisórias de urgência ou da evidência; IX – em outras hipóteses previstas em lei ou no regimento interno do tribunal.*
108. Nos termos legais, do **art. 13** da Lei nº 12.016/09: *Concedido o mandado, o juiz transmitirá em ofício, por intermédio do oficial do juízo, ou pelo correio, mediante correspondência com aviso de recebimento, o inteiro teor da sentença à autoridade coatora e à pessoa jurídica interessada. Parágrafo único. Em caso de urgência, poderá o juiz observar o disposto no art. 4º desta Lei. Esse art. 4º da Lei nº 12.016/09, diz respeito à notificação da autoridade por telegrama, radiograma ou por qualquer outro meio que assegure a autenticidade do documento e a imediata ciência da autoridade, bem como no caso da pessoa jurídica.*
109. Conforme o **art. 14** da Lei nº 12.016/09.
110. Essa novidade é fruto do art. **14 § 2º** da Lei nº 12.016/09. Aqui, também, é bom que se diga que, à luz do CPC obviamente o terceiro prejudicado sempre poderá recorrer. E, sendo ele a autoridade coatora, ele poderá recorrer na figura do terceiro prejudicado.

a Súmula nº 99 do STJ.[111] É claro que existem outras possibilidades recursais que irão depender da situação concreta e da devida adequação.

Essas outras competências recursais, que são de suma importância, estão previstas na Constituição da República, conforme: o art. 102, III (Recurso Extraordinário para o STF); o art. 105, III (Recurso Especial para o STJ); o art. 102, II, "a" (Recurso Ordinário para o STF); e o art. 105, II, "b" (Recurso Ordinário para o STJ). Essas hipóteses devem preencher requisitos previstos constitucionalmente para tal enquadramento.[112]

Se o legitimado ativo impetra o Mandado de Segurança e o juiz de primeira instância indefere, de plano, a petição inicial, caberá, conforme citado, o recurso de Apelação.[113] Mas, atenção, pois, se a impetração se deu originariamente em um Tribunal e este (por ato do relator) indefere de plano a petição inicial do ***mandamus***, não caberá apelação, mas, sim, agravo regimental.[114]

Voltando à decisão concessiva do ***mandamus***, em regra, ela não tem efeito suspensivo. É bem verdade que existem exceções (ao caráter autoexecutório da sentença) nos casos nos quais é vedada a concessão de medida liminar (conforme aqui já citado). Nessas hipóteses, o recurso terá efeito não só devolutivo, mas também efeito suspensivo.

Nos casos (em regra) que a apelação não tenha efeito suspensivo, a pessoa jurídica de direito público pode pleitear (nos moldes do estudo anterior, no que diz respeito a liminar concedida em ***mandamus*** à luz do art. 15 da Lei nº 12.016/09) a ***suspensão dos efeitos da sentença.*** Esse pedido também (como no caso da liminar) se baseia em motivos de ordem, segurança, saúde ou economia pública. Aqui, atualmente, é importante salientar, ainda, que temos duas correntes sobre o caráter político ou jurídico dessa decisão de suspensão da segurança.[115] Como já dito (no caso da suspensão de liminar anteriormente tra-

111. Súmula nº 99 do STJ: O Ministério Público tem legitimidade para recorrer no processo em que oficiou como fiscal da lei, ainda que não haja recurso da parte.

112. Art. 102, II "a": Compete ao STF julgar recurso ordinário sobre mandado de segurança se: *1) decididos em única instância pelos Tribunais Superiores e 2) se denegatória a decisão. Art. 105, II "b": Compete ao STJ julgar recurso ordinário sobre mandado de segurança se: 1) decididos em única instância pelos TRFs e TJ dos Estados e do DF e Territórios e 2) se denegatória a decisão.*

113. Se a decisão da apelação for improcedente não caberá Recurso Ordinário para o STJ, mas sim Recurso Especial ou Extraordinário respectivamente para o STJ e STF, se obviamente houver enquadramento nos dispositivos (permissivos) constitucionais do art. 102, III, e do art. 105, III, da Constituição de 1988.

114. Se houver o indeferimento do agravo regimental em um Tribunal de Justiça, caberá Recurso Ordinário para o STJ à luz do art. 105, II, CR/88. Isso agora está expresso no **art. 18** da Lei nº 12.016/09, nos seguintes termos: Das decisões em mandado de segurança proferidas em única instância pelos tribunais cabe recurso especial e extraordinário, nos casos legalmente previstos, e recurso ordinário, quando a ordem for denegada.

115. **Conforme a Lei nº 12.016/09: Art. 15.** *Quando, a requerimento de pessoa jurídica de direito público interessada ou do Ministério Público e para evitar grave lesão à ordem, à saúde, à segurança e à economia públicas, o presidente do tribunal ao qual couber o conhecimento do respectivo recurso suspender, em decisão fundamentada, a execução da liminar e da sentença, dessa decisão caberá agravo, sem efeito suspensivo, no prazo de 5 (cinco) dias, que será levado a julgamento na sessão seguinte à sua interposição.* § 1º Indeferido o pedido de suspensão ou provido o agravo a que se refere o ***caput*** *deste artigo, caberá novo pedido de suspensão ao presidente do tribunal competente para conhecer de eventual recurso especial ou extraordinário. § 2º É cabível também o pedido de suspensão a que se refere*

balhado), para o STJ, trata-se de um juízo político a respeito da lesividade do ato judicial à ordem, à saúde, à segurança e à economia públicas. Já o STF, por manifestação da sua 1ª Turma, entende que a decisão de suspensão de segurança não é estritamente política, possuindo conteúdo jurisdicional. Nesse sentido, conforme (novamente) o informativo 797 do STF, o STJ não conheceu de recurso especial sob o fundamento de que não poderia ser utilizado para impugnar decisões proferidas no âmbito do pedido de suspensão de segurança. Segundo o STJ, o recurso especial se destinaria a combater argumentos que dissessem respeito a exame de legalidade, ao passo que o pedido de suspensão ostentaria juízo político. Porém, a 1ª Turma do STF entendeu que a decisão em sede de suspensão de segurança não seria estritamente política, mas teria conteúdo jurisdicional, o que, de início, desafiaria recurso especial. Com base nesse entendimento, o STF decidiu que é cabível, em tese, recurso especial no STJ contra decisões proferidas no âmbito do pedido de suspensão de segurança.[116]Da decisão do Presidente do Tribunal que concede ou da que denega a suspensão dos efeitos da sentença, cabe agravo interno em virtude do cancelamento, aqui citado, da Súmula nº 506 e da Súmula nº 217 respectivamente do STF e do STJ, que permitiam a interposição do agravo interno somente nos casos de concessão da suspensão da sentença, e não da denegação da suspensão.[117] Embora a nova Lei nº 12.016/09 deixe assente a possibilidade do manejo recursal apenas da decisão que concede o efeito suspensivo, entendemos, em consonância com o posicionamento anterior do STF (que cancelou as referidas súmulas), que de ambas as decisões do Presidente do Tribunal caberá agravo interno. No entanto, se, na decisão do agravo, não for concedida ou mantida a suspensão, a Fazenda Pública ainda terá outro instrumento que será o de apresentar novo pedido de suspensão, desta vez para o STJ ou para o STF, a depender da natureza da matéria (se infraconstitucional ou constitucional).[118]

Ainda, sobre os efeitos da sentença do ***mandamus***, é importante ressaltar que, segundo a jurisprudência pátria, a teor da Súmula nº 271 do STF, a "concessão de mandado de segurança não produz efeitos patrimoniais em relação a

o § 1º deste artigo, quando negado provimento a agravo de instrumento interposto contra a liminar a que se refere este artigo. § 3º A interposição de agravo de instrumento contra liminar concedida nas ações movidas contra o Poder Público e seus agentes não prejudica nem condiciona o julgamento do pedido de suspensão a que se refere este artigo. § 4º O presidente do tribunal poderá conferir ao pedido efeito suspensivo liminar se constatar, em juízo prévio, a plausibilidade do direito invocado e a urgência na concessão da medida. § 5º As liminares cujo objeto seja idêntico poderão ser suspensas em uma única decisão, podendo o presidente do tribunal estender os efeitos da suspensão a liminares supervenientes, mediante simples aditamento do pedido original.

116. **RE 798740 AgR/DF** julg. em **01.09.2015,** Rel. p/ acórdão Min. Marco Aurélio.
117. Aqui, é bom registrar, que existe posicionamento contrário ao nosso, expressado por Cássio Scarpinella Bueno (A nova Lei do mandado de segurança, 2009).
118. Lei nº 8437/92, art. 4º (...) § 4º Se do julgamento do agravo de que trata o § 3º resultar a manutenção ou o restabelecimento da decisão que se pretende suspender, caberá novo pedido de suspensão ao Presidente do Tribunal competente para conhecer de eventual recurso especial ou extraordinário.

período pretérito, os quais devem ser reclamados administrativamente ou pela via judicial própria".[119]

Nesses termos, a decisão somente proporciona efeitos pecuniários relativos a períodos posteriores à impetração. Mas, não podemos olvidar que as parcelas vencidas, entre a impetração do remédio heroico e a concessão da segurança, deverão, logicamente, ser objeto de execução contra a Fazenda Pública.[120] Esse entendimento é escorado não só jurisprudencialmente,[121] mas, inclusive, na dicção legal da Lei nº 12.016/09 (e estava expresso também na revogada Lei nº 5.021/66[122]) que explicita que o pagamento de vencimentos e vantagens pecuniárias, assegurado em sentença concessiva de mandado de segurança a servidor público da administração direta ou autárquica federal, estadual e municipal, somente será efetuado relativamente às prestações que se vencerem a contar da data do ajuizamento da inicial.[123]

---

119. Além da Súmula nº 271 do STF, é mister também a explicitação da Súmula nº 269 que afirma que: *"o mandado de segurança não é substitutivo de ação de cobrança."* Assim sendo, conforme a Ementa: *2. O mandado de segurança não constitui instrumento hábil a pleitear parcelas remanescentes de Títulos da Dívida Agrária já resgatados, vez que não substitui a ação de cobrança [Súmula nº 269]. 3. Agravo regimental a que se nega provimento.* RMS-AgR nº 25.129/DF julg em 12.12.2006. Porém aqui devemos chamar a tenção para tema já abordado quando trabalhamos a Súmula nº269 do STF (e que guarda relação com a Súmula 271), qual seja, a sua releitura em determinadas situações como a de **Anistia**. Como exemplos já citados: **MS 22.221/DF**, STJ. 1ª Seção. Rel. Min. Napoleão Nunes Maia Filho, julg. em **10.04.2019**. RMS 36182/DF, STF. 1ª Turma. Rel. Min. Marco Aurélio, julgado em 14.05.2019: ***O acórdão concessivo do MS que determina o pagamento retroativo dos valores devidos a anistiado político deve incluir também os juros de mora e correção monetária***. Ver também: **RE 553710 ED**, STF. Plenário. Rel. Min. Dias Toffoli, julgado em **01.08.2018.**

120. Nos moldes inclusive do art. 730 do CPC de 1973, que foi revogado pela Lei 13.105/2015 (novo CPC).

121. Mandado de segurança. Execução do julgado. Devolução das quantias descontadas. Súmula 271/STF. Inaplicabilidade. 1. Em ação de mandado de segurança, é devida a execução do julgado das prestações vencidas entre a impetração e a concessão da segurança, não havendo que se falar em efeitos pretéritos (súmula 211/STF) 2. Agravo provido. (TRF 1 ª, 4ª T. Rel. Mário César Ribeiro, j. em 29.02.2000).

122. No mesmo sentido era o art. 1º da revogada Lei nº 5.021/66: "O pagamento de vencimentos e vantagens pecuniárias asseguradas, em sentença concessiva de mandado de segurança, a servidor público federal, da Administração direta ou autárquica, e a servidor público estadual ou municipal, somente será efetuado relativamente às prestações que se vencerem a contar da data de ajuizamento da inicial."

123. Contra esse posicionamento do STF, temos: *"Injustificável a manutenção deste entendimento. Não há qualquer sentido em obrigar a parte interessada a ingressar com nova demanda quando seu direito já foi reconhecido em sede de mandado de segurança. Os efeitos do mandado de segurança devem ser ex tunc, com o afastamento do ato ilegal e abusivo do direito violado, ainda que o mesmo tenha natureza financeira. (...) A necessidade de uma tutela jurisdicional efetiva e tempestiva é elemento essencial e encontra respaldo constitucional (art. 5°, LXXVIII, da CF/88). O tempo é sempre uma fonte de Dano, especialmente para o litigante que tem razão. A decisão judicial não pode ser apenas um prêmio de consolação, como se a mesma fosse um valor em si mesmo."* Nesses termos, como fundamento à crítica esposada, os autores (embora reconhecendo o posicionamento ainda dominante no STF), apresentam **posicionamento recente do STJ** que **afasta** a limitação quanto aos **efeitos patrimoniais**: *"(...) Na hipótese em que servidor público deixa de auferir seus vencimentos, parcial ou integralmente, por ato ilegal ou abusivo da autoridade impetrada, os efeitos patrimoniais da concessão da ordem em mandado de segurança devem retroagir à data da prática do ato impugnado, violador do direito líquido e certo. Inaplicabilidade dos enunciados das Súmulas 269/STF e 271/STF. A Alteração no texto constitucional que excluiu do regime de precatório o pagamento de obrigações definidas em lei como de pequeno valor aponta para a necessidade de revisão do alcance das referidas súmulas e, por conseguinte, do disposto no art. 1° da Lei 5.021/1966, principalmente em se tratando de débitos de natureza alimentar, tal como no caso, que envolve verbas remuneratórias de servidores públicos." (**MS 12.397-DF**, Julg. em 09/04/2008, rel. Min. Arnaldo Esteves Lima)* In: Cruz, Cerqueira, Gomes Junior, Favreto, Palharini Júnior. *Comentários à nova Lei do mandado de segurança*, p. 128, 2009.

No que tange à coisa julgada, a disciplina do mandado de segurança traz relevantes digressões. A revogada Lei nº 1.533/51, no seu art. 16, afirmava que o pedido de mandado de segurança poderia ser renovado se a decisão denegatória não tivesse apreciado o mérito do ***mandamus***. Conjuntamente com essa assertiva, que vigorou por mais de 50 anos em nosso ordenamento, a Súmula nº 304 do STF prelecionava (e ainda preleciona) que "a decisão denegatória de mandado de segurança, não fazendo coisa julgada contra o impetrante, não impede o uso de ação própria". É claro que a dicção sumular ainda válida se refere à não existência da coisa julgada material em decisões meramente terminativas. Nesse sentido, se existir **coisa julgada material**, não há que se falar na **renovação** do ***mandamus*** e nem mesmo **no manejo de uma ação ordinária** (própria). Portanto, com base no ordenamento normativo anterior do ***mandamus*** tínhamos (para a corrente majoritária) duas possibilidades: 1) se a não concessão da segurança (denegação do ***mandamus***) tivesse apreciado o mérito, não haveria que se falar na impetração de um novo mandado de segurança ou mesmo no uso de uma outra ação judicial;[124] 2) se a denegação do ***mandamus*** não houvesse apreciado o mérito, poderia ser manejado um novo mandado de segurança ou uma outra ação própria. É mister apenas lembrarmos que se a opção fosse a impetração de um novo ***writ***, esta deveria ser realizada no prazo decadencial de 120 dias advindo do mandado de segurança inicial, pois, do contrário, não caberia o ***mandamus***, mas apenas uma outra ação judicial. Mas como fica essa questão à luz da Lei nº 12.016/09? Ora, o novo diploma normativo, que regulamenta o mandado de segurança, deixa assente no art. 6º, § 6º que "o pedido de mandado de segurança poderá ser renovado dentro do prazo decadencial, se a decisão denegatória não lhe houver apreciado o mérito", e no seu art. 19 que "a sentença ou o acórdão que denegar mandado de segurança, sem decidir o mérito, não impedirá que o requerente, por ação própria, pleiteie os seus direitos e os respectivos efeitos patrimoniais". Nesse sentido, entendemos, com base no posicionamento majoritário de outrora (tanto doutrinário como jurisprudencial), que a falta da coisa julgada material (decisão denegatória sem julgamento do mérito) faz com que tenhamos a possibilidade de

124. Vejamos a posição do STJ sobre o tema: [...] *Mandado de segurança. Apreciação de mérito. Ação própria. Impossibilidade de ajuizamento. Coisa Julgada. – A jurisprudência desta corte é uníssona no sentido de que já tendo sido agitado o tema em sede de mandado de segurança e havendo pronunciamento de mérito acerca da questão, não se pode mais buscar a prestação jurisdicional em ação própria, por operar-se a coisa julgada. (STJ 1ª Turma. REsp. nº 4157. Rel. Min. César Asfor Rocha. DJ 25.10.1993). Contra esse posicionamento, ver Alexandre Freitas Câmara. (Lições de direito processual civil, v. 1, 2009, p. 485-486). Nesses termos, em posição interessante, porém minoritária: "A sentença que afirma a inexistência de direito líquido e certo (mas não a existência do direito substancial) é sentença de mérito e, por essa razão, alcança a autoridade de coisa julgada substancial. Apenas seu conteúdo, porém, é que se torna imutável, e o conteúdo da sentença, na hipótese, limita-se a declarar a inexistência de direito líquido e certo. Fica, pois, o autor, impedido de novamente impetrar mandado de segurança (contra ato de autoridade, pela mesma causa de pedir e com o mesmo objeto), mas nada impede que vá às vias ordinárias. Não existe obstáculo a propositura de nova demanda, com os mesmos elementos identificadores, mas por outra via que não seja a especialíssima do mandado de segurança, pela simples razão de que a coisa julgada tornou imutável e indiscutível, tão-somente, a inexistência de direito líquido e certo, mas não a existência do direito substancial, o qual, poderá, assim, ser deduzido, em juízo em processo que permita uma maior dilação probatória."*

renovação do pedido (impetração de novo ***mandamus***), obviamente respeitando-se o prazo decadencial de 120 dias ou, de outro modo, se vencido esse prazo, o uso de uma ação própria nos termos da Súmula nº 304 do STF, agora escorada no referido art. 19 da Lei nº 12.016/09.

Por fim, a decisão do mandado de segurança, enseja ainda algumas reflexões, sem as quais nossa análise não seria satisfatória. São elas:

1) No que tange à seara trabalhista, a Súmula nº 201 do TST[125] determina que cabe recurso ordinário para o TST de decisão em mandado de segurança decidido por Tribunal Regional do Trabalho. O prazo recursal será de 8 (oito) dias. Advertimos, porém, que o recurso ordinário aqui tratado não se confunde com o recurso ordinário constitucional delimitado para o STF (art. 102, II, *a*, da CR/88) e para o STJ (art. 105, II, *b*, da CR/88), pois esses tratam de matérias diferentes.

2) A teor da Súmula nº 392 do STF, o prazo para recorrer de acórdão concessivo de segurança conta-se da publicação oficial de suas conclusões, e não da anterior ciência da autoridade para o cumprimento da decisão.[126]

3) Conforme já salientado, das decisões denegatórias de mandado de segurança decididas em única instância por Tribunal Superior, caberá recurso ordinário para o STF, conforme o art. 102, II, "a", da Constituição, sendo o prazo para a interposição do mesmo de 15 (quinze) dias, conforme o art. 508 do Código de Processo Civil. É mister salientar que a (antiga) Súmula nº 319 do STF, que estabelecia um prazo de 5 (cinco) dias para a interposição desse recurso, encontra-se superada.

4) Conforme já aventado, existe a possibilidade de interposição de Recurso Extraordinário para o STF em sede de mandado de segurança, havendo, obviamente, a necessidade de preenchimento dos requisitos do recurso extremo e de encaixe em um dos permissivos do art. 102, III, da Constituição da República. Aqui, é interessante observarmos a posição do STF no sentido de que, existindo erro grosseiro, não se deve aplicar o princípio da fungibilidade recursal no caso em que deveria ser interposto recurso ordinário e ocorre o manejo (extremo) de recurso extraordinário (hipótese de erro grosseiro). Nesses termos, é a dicção da Súmula nº 272 do STF, que preleciona que: Não se admite como ordinário recurso extraordinário da decisão denegatória de mandado de segurança.[127]

125. Súmula nº 201 do TST: *Da decisão de Tribunal Regional do Trabalho em mandado de segurança cabe recurso ordinário, no prazo de 8 (oito) dias, para o Superior Tribunal do Trabalho, e igual dilação para o recorrido e interessados apresentarem razões de contrariedade.*

126. A Lei nº 12.016/09 apresenta uma novidade sobre as decisões proferidas em mandado de segurança. Nesses termos, conforme o **art. 17**, "nas decisões proferidas em mandado de segurança e nos respectivos recursos, quando não publicado, no prazo de 30 (trinta) dias, contado da data do julgamento, o acórdão será substituído pelas respectivas notas taquigráficas, independentemente de revisão."

127. Nesse sentido, a decisão do AI-AgR nº 410.552/CE de Rel. da Min. Ellen Gracie: *1. Incabível a conversão de recurso extraordinário em ordinário, na hipótese de decisão denegatória de mandado de segurança, prolatada pelo Superior Tribunal de Justiça, mediante disposição expressa prevista no art. 102, II, "a" da CF, ocorrendo o cometimento de erro grosseiro na utilização dos instrumentos processuais disponíveis para o acesso à devida prestação jurisdicional.*

5) A teor da Súmula nº 597 do STF, não haverá a possibilidade de interposição de "embargos infringentes de acórdão que, em mandado de segurança, decidiu por maioria de votos a apelação". Nesse sentido, também, é a exegese da Súmula nº 169 do STJ que prescreve: são inadmissíveis embargos infringentes no processo de mando de segurança. Pois bem, essas dicções presentes em verbetes sumulares foram abarcadas pela nova Lei nº 12.016/09, que, no mesmo diapasão, afirma no seu **art. 25** não caber embargos infringentes no processo do mandado de segurança.

6) Apesar de algumas críticas doutrinárias, de acordo com o posicionamento tanto do STF na Súmula nº 512, quanto do STJ, na Súmula nº 105, na ação de mandado de segurança não se admite a condenação em honorários advocatícios. O acima citado **art. 25**, da Lei nº 12.016/09, também, adota o posicionamento (extremamente criticado) jurisprudencial, deixando assente que não cabe no processo do mandado de segurança a condenação em pagamento de honorários advocatícios.[128]

7) Por último, temos a salientar que a Lei nº 12.016/09, nos apresenta a novidade (não existente na antiga Lei nº 1533/51) de, **expressamente, *criminalizar*** o comportamento de não cumprimento de decisões proferidas em sede de mandado de segurança. Nesses termos, o descumprimento de decisões de ***mandamus*** **é crime de desobediência,** nos termos do art. 330 do Código Penal. Certo é que o descumprimento pode se dar em decisões liminares ou em decisões de mérito, transitadas em julgado ou não transitadas, desde que o órgão julgador prolate a decisão e determine, com isso, seu devido cumprimento.

1.10. Prazo do Mandado de Segurança

O prazo para a impetração do ***mandamus*** é de 120 (cento e vinte) dias a contar do conhecimento (pelo interessado) oficial do ato (da autoridade coatora) a ser impugnado, conforme o art. 23 da Lei nº 12.016/09.[129] Esse prazo é

---

2. *Agravo regimental improvido. Julg.: 14.12.2004. O mesmo ocorre no* ***STJ*** *em relação à interposição* ***equivocada de recurso especial*** *quando o* ***adequado*** *(o correto) seria o* ***recurso ordinário****. Porém,* ***o STJ*** *vem entendendo que se o* ***erro*** *for o da* ***interposição*** *de* ***apelação*** *quando o correto seria o* ***recurso ordinário constitucional****, deve-se adotar a* ***fungibilidade*** *e o recurso deve ser* ***conhecido***. (RMS 20.652-MT, julg. em 03.04.2007, rel. Min. Arnaldo Esteves Lima).

128. Lei nº 12.016/09, no seu art. 25, *"não cabem, no processo de mandado de segurança, a interposição de embargos infringentes e a condenação ao pagamento dos honorários advocatícios, sem prejuízo da aplicação de sanções no caso de litigância de má-fé"*. Conforme a 1ª Turma do STF, temos ainda que: *"Não cabe a fixação de honorários recursais (art. 85, § 11, do CPC/2015) em caso de recurso interposto no curso de processo cujo rito exclua a possibilidade de condenação em honorários. Em outras palavras, não é possível fixar honorários recursais quando o processo originário não preveja condenação em honorários.* Nesses termos, se for proposta uma ação que *não admite* fixação de honorários advocatícios (como o MS) e uma das partes, no bojo do processo, interpor recurso extraordinário, o STF, ao julgar o RE, não fixará honorários recursais, considerando que o rito aplicável ao processo originário não comporta condenação em honorários advocatícios." 1ª Turma do STF. ARE 948578 AgR/RS, ARE 951589 AgR/PR e ARE 952384 AgR/MS, Rel. Min. Marco Aurélio, julg. em **21.06.2016**.

129. Lei nº 12.016/09, *"o direito de requerer mandado de segurança extinguir-se-á decorridos 120 (cento e vinte) dias, contados da ciência, pelo interessado, do ato impugnado.* Aqui algumas digressões são válidas. Segundo clássica doutrina, a fluência do prazo só se inicia na data em que o ato a ser impugnado se torna operante e exequível, ou

eminentemente decadencial, e, portanto, após iniciado, não se interrompe e nem se suspende.[130] Um exemplo desse entendimento se encontra no teor da Súmula nº 430 do STF, na qual afirma-se que: o "pedido de reconsideração na via administrativa não interrompe o prazo para o mandado de segurança". Mas, aqui, devemos ter atenção, pois não podemos confundir esse pedido com o intitulado recurso administrativo com efeito suspensivo, o qual, se interposto, faz com que o referido prazo de 120 dias seja obstaculizado de se iniciar.[131] Nesses termos, com a interposição de recurso administrativo com efeito suspensivo, o prazo para a impetração do ***mandamus*** deverá iniciar-se após o conhecimento (ciência) da decisão do mesmo.[132]

Questão de relevo envolve o debate sobre a constitucionalidade desse prazo de 120 (cento e vinte) dias para a impetração do ***mandamus,*** à luz do art. 5º, LXIX, de nossa atual Constituição. O Pretório Excelso ainda à época da Lei nº 1.533/51 firmou posicionamento pela constitucionalidade, conforme o teor da Súmula nº 632, na qual afirma: "é constitucional lei que fixa o prazo de decadência para a impetração de mandado de segurança."

Sobre o tema, ora aventado, temos ainda as seguintes digressões:

1) Nos atos ilegais ou abusivos de trato sucessivo,[133] o prazo decadencial para a impetração se renova a cada ato, ou seja, a cada vez que se verifica a lesão ao direito (por exemplo, ao patrimônio) do impetrante.

---

seja, capaz de produzir lesão ao direito líquido e certo do impetrante". Nesse sentido, uma advertência olvidada por muitos merece atenção: *é desenvolto o entendimento de que o prazo para a impetração do **mandamus** não se deve (em regra) contar da publicação da lei ou decreto normativo, mas do ato administrativo, com base nos mesmos, que concretiza a ofensa ao direito líquido e certo do impetrante*. Isso, obviamente, se a lei ou o decreto não forem de efeitos concretos, as quais, pelo simples fato de entrarem em vigor, já causam prejuízos que poderão ser imediatamente atacados pelo remédio heroico.

130. Porém, aqui, existe exceção, na medida em que o Código Civil explicita que *não corre o prazo decadencial contra os absolutamente incapazes.* Portanto, se o direito líquido e certo em voga for de incapaz, entendemos que não haverá decadência.

131. Nesses termos, o posicionamento do STJ: *[...] O Superior Tribunal de Justiça, secundando o entendimento do Supremo Tribunal Federal cristalizado na Súmula 430, possui jurisprudência uniforme no sentido de que a fluência do prazo decadencial no mandado de segurança tem início na data em que o interessado teve ciência inequívoca do ato atacado, independentemente do manejo de eventual recurso administrativo, salvo se o mesmo tivesse o excepcional efeito suspensivo, hipótese que não se vislumbra nestes autos [...].* (STJ, 5ª Turma. AgRg nos EDcl no Resp nº 644.640/RS. Rel: Min. Gilson Dipp. *DJ* 30.04.2007)

132. Lembramos aqui que não estamos trabalhando o cabimento do mandado de segurança, e sim seu prazo decadencial. Ou seja, o posicionamento adequado é aquele que afirma a obstaculização do início do prazo de 120 (cento e vinte) dias quando há recurso administrativo com efeito suspensivo interposto ainda sem decisão. Agora, é claro que, se a decisão acarretar lesão a direito líquido e certo, da sua ciência passa a contar-se o prazo de 120 (cento e vinte) dias. Porém, nunca é demais lembrarmos que o *writ* caberá mesmo com a existência de recurso administrativo com efeito suspensivo, ao teor da aqui citada Súmula nº 429 do STF que preleciona que, mesmo havendo recurso administrativo com efeito suspensivo, ocorrendo omissão, caberá mandado de segurança.

133. Mas atenção, pois abalizada doutrina em conformidade com o STJ nos apresenta uma interessante exceção. Fazendo-se uma analogia ao raciocínio que é trabalhado na Súmula nº 85 do STJ, temos que o direito negado pelo ato pode ser "o próprio direito de fundo". Nas questões que são atinentes ao "**direito de fundo**" (negado por ato da autoridade) não estaríamos diante de atos que se renovam causando lesões cíclicas. Portanto, se ocorre a negativa do "direito de fundo", o prazo para a impetração do *mandamus* deve ser contado da data

2) Ocorrendo a hipótese da impetração do remédio heroico dentro do prazo de 120 (cento e vinte) dias, porém, em juízo incompetente, e, posteriormente, sendo o ***mandamus*** remetido a juízo competente, o STF já se posicionou no sentido de que não haverá caducidade na medida em que a impetração se deu no prazo adequado.

3) Em recente julgado, a 1ª Turma do STF reconheceu que um Mandado de Segurança foi impetrado fora do prazo, no entanto, como foi concedida liminar e esta perdurou por mais de 12 anos, os Ministros entenderam que deveria ser apreciado o mérito da ação, em nome da segurança jurídica. Claro que é um posicionamento excepcional (exceção devido à peculiaridade do caso), mas que não deixa de ser interessante.[134]

4) Se o mandado de segurança é interposto contra omissão de autoridade, temos a possibilidade de: 1) se a administração não está sujeita a prazo para praticar o ato, não haverá prazo decadencial a ser observado, pois, enquanto durar a omissão, caberá mandado de segurança; 2) se a administração está sujeita a prazo para a prática de determinado ato, findo o prazo sem a sua realização, começa a valer (a existir) o prazo decadencial de 120 (cento e vinte) dias para a impetração do ***mandamus***.[135]

5) Pode ser, ainda, que, embora a autoridade em princípio não esteja sujeita a prazo, a prática de determinado ato pela autoridade pode fazer concluir que a lesão a direito líquido e certo se tornou operante e exequível. Nesses termos, enquanto a omissão existia (de forma continuada), não era deflagrado o

---

em que a denegação chega ao conhecimento do impetrante com operatividade e exequibilidade. Trazemos um exemplo à luz da jurisprudência do STJ: Mandado de Segurança. Pedido de incorporação de quintos. Indeferimento administrativo. Ato único de feitos permanentes. Decadência. I – *Por se tratar de mandamus impetrado por servidores contra ato da Administração – de efeitos imediatos e concretos – consubstanciando no indeferimento de pedido de incorporação de quintos, não há que se falar em obrigação de trato sucessivo que se renova mês a mês. II Deve ser reconhecida a decadência à impetração do presente instrumento processual, eis que o lapso temporal entre o ato da administração e o ajuizamento da ação ultrapassou o prazo de cento e vinte dias, a teor do art. 18 da Lei nº 1.533/51. Recurso não conhecido. (STJ, 5º TURMA. RMS nº 17.804, Rel. Ministro Felix Fischer, j. em 16.09.2004).* Conforme: SODRÉ, Eduardo, ***Mandado de segurança***, 2007, p. 113. Conforme o STJ: *O prazo decadencial para impetrar mandado de segurança contra redução do valor de vantagem integrante de proventos ou de remuneração de servidor público renova-se mês a mês. A redução, ao contrário da supressão de vantagem (como quintos ou outras gratificações), configura relação de trato sucessivo, pois não equivale à negação do próprio fundo de direito. Assim, o prazo decadencial para se impetrar a ação mandamental renova-se mês a mês. STJ. Corte Especial.* EREsp 1.164.514-AM, Rel. Min. Napoleão Nunes Maia Filho, julg. em 16.12.2015 (Informativo 578 do STJ)

134. **MS 25097/DF**, 2ª Turma do STF. Rel. Min. Gilmar Mendes, julg. em **28.03.2017.** No caso o MS foi proposto depois que já havia se passado mais de 120 dias da publicação do ato impugnado. Dessa forma, o Ministro Relator deveria ter extinguido o mandado de segurança sem resolução do mérito pela decadência. Porém, o Ministro não se atentou para esse fato e concedeu a liminar pleiteada. Em março de 2017, a 1ª T do STF apreciou o mandado de segurança. Ela reconheceu que o MS foi impetrado fora do prazo, no entanto, como foi concedida liminar e esta perdurou por mais de 12 anos, os Ministros entenderam que deveria ser apreciado o mérito da ação.

135. Um exemplo interessante dessa hipótese pode ser encontrado na jurisprudência do STF: *Mandado de Segurança. Omissão da mesa diretora do Senado Federal no julgamento de recurso administrativo. Decadência verificada, já que de há muito fluido o prazo legal de 120 dias para a impetração, computável, no caso, do momento em que se configurou a omissão impugnada, seja, do vencimento do lapso temporal de que dispunha o órgão impetrado para decidir, na forma do Regimento da Casa Legislativa. Precedentes da Corte. Segurança não conhecida.* (STF: pleno. MS nº 21.067/DF. Rel. Min. Ilmar Galvão. *DJ* 13.03.1992)

prazo de 120 (cento e vinte) dias, mas, a partir de determinada conduta, o prazo inicia sua contagem. Nesse sentido, é o posicionamento do Pretório Excelso exarado no julgamento do RMS nº 23.987/DF, conforme a ementa:

> Recurso ordinário em mandado de segurança. – Enquanto há omissão continuada da Administração Pública, não corre o prazo de decadência para a impetração do mandado de segurança, sendo certo, porém, que essa omissão cessa no momento em que há situação jurídica de que decorre inequivocamente a recusa, por parte da Administração Pública, do pretendido direito, fluindo a partir daí o prazo de 120 (cento e vinte) dias para a impetração da segurança contra essa recusa. – Em se tratando de concurso público, a abertura de novo concurso pela Administração Pública traduz situação jurídica de evidente recusa de aproveitamento dos candidatos do concurso anterior, pondo termo, assim, à omissão continuada pela falta desse aproveitamento, começando a correr o prazo de decadência para a impetração da segurança. – Ocorrência, no caso, da decadência. Recurso ordinário a que se nega provimento. (STF – RMS nº 23.897/DF de Rel. Min. Moreira Alves, julgado em 25.03.2003. *DJ*: 02.05.2003)

6) Conforme o MS nº 23.586 julgado pelo STF em 26.10.2011, o termo inicial para impetração de mandado de segurança a fim de impugnar critérios de aprovação e de classificação de concurso público conta-se do momento em que a cláusula do edital causar prejuízo ao candidato.[136]

7) Segundo o STF, se no curso de um processo administrativo federal é praticado ato contrário aos interesses da parte, o prazo de 120 dias para impetração de mandado de segurança somente se inicia quando a parte for intimada diretamente, na forma do § 3º do art. 26 da Lei nº 9.784/99. Ou seja, o termo inicial para a formalização de mandado de segurança pressupõe a ciência do impetrante, nos termos dos arts. 3º e 26 da Lei nº 9.784/99, quando o ato impugnado surgir no âmbito de processo administrativo do qual seja parte.[137]

8) Sobre o novo CPC de 2015 o seu art. 219 estabelece que "na contagem de prazo em dias, estabelecido por lei ou pelo juiz, computar-se-ão somente os dias úteis". A questão aqui é se este art. 219 do CP 2015 é aplicado para o prazo do mandado de segurança? Ou seja, se a partir dessa norma o prazo de 120 dias deverá ser contado em dias úteis. Por obvio que não, pois o art. 219 aplica-se apenas aos prazos processuais, ou seja, àqueles prazos para a prática de atos dentro do processo. Já o prazo de impetração do Mandado de Segurança, em regra, não é processual, de forma que ele deve ser contado de forma corrida (e não em dias úteis). Porém, existe uma exceção. Essa será no caso de mandado de segurança contra ato judicial, na qual o prazo máximo para impetração será

136. No caso a autoridade coatora, suscitava decadência do direito de impetração, uma vez que o prazo para questionar cláusula editalícia teria se dado com a publicação do edital de abertura do concurso na imprensa oficial, e não da data do ato lesivo ao candidato. Porém não foi esse o entendimento da 2ª Turma do STF. (RMS 23.586/DF, Rel. Min. Gilmar Mendes, 25.10.2011)

137. **RMS 32487/RS**, STF. 1ª Turma. Rel. Min. Marco Aurélio, julgado em **07.11.2017** (Informativo 884).

contado em dias úteis. O fundamento é do que neste caso o prazo terá natureza processual já que corre dentro do processo. Assim, por exemplo, se é prolatada uma decisão judicial irrecorrível, a parte prejudicada terá 120 dias úteis para impetrar mandado de segurança.[138]

9) Por último, é mister salientar que, se o ***mandamus*** é impetrado de forma preventiva em virtude de ameaça de lesão a direito líquido e certo, não há que se falar em prazo decadencial de 120 (cento e vinte) dias, na medida em que, enquanto perdurar a ameaça, há a possibilidade de interposição do *writ*.[139]

2. MANDADO DE SEGURANÇA COLETIVO

2.1. Conceito

A rigor, a sua conceituação é a mesma[140] do mandado de segurança individual, com exceção dos afetados (atingidos) pela proteção do ***mandamus***. Nesse sentido, podemos afirmar que o mesmo se apresenta como: uma ação constitucional de natureza civil e procedimento especial, que visa a proteger direito líquido e certo da coletividade[141] (direitos coletivos, difusos[142] e individuais homogêneos), lesionado ou ameaçado de lesão, não amparado por ***Habeas Corpus*** ou ***Habeas Data***, em virtude de ilegalidade ou abuso de poder praticado por autoridade pública ou agente jurídico (privado) no exercício de atribuições públicas. Certo é que a recente Lei nº 12.016/09 deixa assente, de forma expressa, que os direitos protegidos pelo mandado de segurança coletivo podem ser os direitos: a) coletivos, assim entendidos, para efeito da Lei, os transindividuais, de natureza indivisível, de que seja titular grupo ou categoria de pessoas ligadas entre si ou com a parte contrária por uma relação jurídica básica; b) individuais homogêneos, assim entendidos, para efeito da referida Lei, os decorrentes de

---

138. CUNHA, Leonardo Carneiro da. *A Fazenda Pública em Juízo*. Rio de Janeiro: Forense, 2016, p. 562. Também In: Márcio André Cavalcante, *Dizer o Direito*, 2016.
139. DI PIETRO, Maria Sylvia, *Direito administrativo*, 2003, p. 675. Nesse sentido, também é a jurisprudência do STJ, conforme a ementa: "*Processual Civil e Tributário. Recurso especial. Mandado de segurança preventivo. Prazo decadencial de 120 dias. Não aplicação. 1. Tratando-se de mandado de segurança preventivo, não há por que se falar em prazo decadencial de 120 dias. 2. Recurso especial provido.*" (STJ, 2ª Turma, REsp nº 652046/RJ, Rel. Min. João Otávio Noronha, j. em 24.08.2004)
140. Conforme posicionamento majoritário: "*[...] O mandado de segurança coletivo nada mais é do que a possibilidade de impetrar-se o mandado de segurança tradicional por intermédio da tutela jurisdicional coletiva. [...] O adjetivo coletivo diz respeito à forma de exercer-se a pretensão mandamental e não propriamente a pretensão deduzida em si mesma. Portanto, o mandado de segurança poderá ser utilizado para a tutela de direitos difusos, coletivos ou individuais [...]*" *In:* Almeida, 2007, p. 412.
141. Atenção à seguinte digressão: "*O que define o mandado de segurança como ação coletiva ou não é o seu objeto material e não (apenas) a simples legitimidade ativa coletiva. [...] para se definir o mandado de segurança impetrado como sendo ação coletiva ou individual, torna-se imprescindível a análise da causa de pedir e do pedido formulado concretamente.*" *In:* Almeida, 2007. Estes envolvem ilegalidade ou abuso de poder que causam lesão ou ameaça de lesão a direitos líquidos e certos coletivos.
142. É bom que o leitor seja informado, que, ainda existe corrente minoritária (e inadequada a nosso ver, apesar da falta de referência dos direitos difusos na nova Lei do MS) que entende não caber mandado de segurança coletivo para a defesa de direitos ou interesses difusos.

origem comum e da atividade ou situação específica da totalidade ou de parte dos associados ou membros do impetrante. Porém, devemos salientar que, além dos, ora citados, direitos coletivos e individuais homogêneos, devemos acrescentar os direitos difusos. Embora a Lei tenha olvidado sobre os mesmos, eles também devem ser objeto de mandado de segurança coletivo. Aliás, chega a ser risível (e **inadequado** à luz do **sistema de proteção das tutelas coletivas**) o argumento de que pela falta de inclusão no novo diploma legal, eles não poderiam ser objeto de MS coletivo. Corroborando com nosso posicionamento, temos que "andou mal o legislador, ao tentar excluir– ou deixar de incluir – os direitos difusos dentre aqueles que podem ser protegidos através do mandado de segurança coletivo". (...) De qualquer modo, a omissão do legislador em deixar de incluir os direitos difusos no rol do art. 21 da Lei do Mandado de Segurança mostra-se irrelevante, data vênia, pois o art. 5°, incisos LXIX e LXX, da CF/88 exige apenas que tenha sido violado direito líquido e certo, não restringindo a categoria do direito (difuso, coletivo ou individual homogêneo).[143] Assim, temos que o mandado de segurança é, atualmente, à luz da nossa atual Constituição, um gênero que se divide em duas espécies que são: o mandado de segurança individual e o coletivo.

2.2. Finalidades

Segundo abalizada doutrina, o Mandado de Segurança Coletivo tem tríplice finalidade, quais sejam: 1) evitar acúmulo de demandas idênticas (na medida em que, por exemplo, em vez de centenas ou milhares de mandados de segurança individuais basta um mandado de segurança coletivo); 2) facilitar o acesso à justiça; 3) fortalecer as entidades de classe (na medida em que o mandado de segurança coletivo se arvora na defesa de direitos dos membros ou associados, por exemplo, das associações ou das entidades de classe).

2.3. Legitimidade do Mandado de Segurança Coletivo

Conforme normativa constitucional, a legitimidade ativa será do Partido Político com representação no Congresso Nacional e dos sindicatos, entidades de classe e associações em funcionamento há pelo menos 1 ano, legalmente constituídas e para a defesa de seus membros ou associados.[144]

143. *In*: Cruz, Cerqueira, Gomes Junior, Favreto, Palharini Júnior. Comentários à nova Lei do mandado de segurança, p. 192-193, 2009. Afirmam ainda os autores, a nosso ver, de forma adequada que: "O art. 83 do **Código de Defesa do Consumidor**, que integra o sistema único coletivo de proteção dos direitos coletivos, autoriza a utilização de qualquer **espécie de demanda** *(incluindo logicamente o atual* ***mandado de segurança coletivo****)* para a defesa de **direitos difusos.**"

144. Cuidado com relação à legitimidade ativa, pois não devemos confundir a mesma nos mandados de segurança individual e coletivo. O seguinte caso, ilustra a advertência, ora explicitada: Em um Município X, existe uma associação que atua na defesa de interesses e direitos de seus membros ou associados que estão presentes no Município. Se o Prefeito desse Município pratica um ato ilegal que lesa a associação, o que caberá? MS Individual

Sobre o tema, algumas reflexões devem ser aventadas:

1) O Partido Político para ter representação no Congresso Nacional (e, portanto, legitimidade ativa) necessita de um deputado federal ou de um senador da República, não havendo a exigência de membros do Poder Legislativo nas duas casas para tal.[145]

2) Desde o começo da década de 90, até os dias atuais, o STJ vem entendendo que os partidos políticos com representação no Congresso Nacional, só podem ajuizar Mandado de Segurança Coletivo para defesa de direitos dos seus filiados e em questões que guardem relação com o Estatuto do partido político. Portanto, segundo esse posicionamento, não caberia a impetração de mandado de segurança coletivo para defesa de direitos da sociedade.[146] Sem dúvida, o STJ tem uma interpretação restritiva do instituto, pois, apesar dos partidos políticos serem pessoas jurídicas de direito privado, nos moldes das associações (sociedade sem fins lucrativos), eles são instrumentos de intermediação entre representantes e representados, na medida em que não existe candidatura avulsa em nosso ordenamento jurídico. Certo é que o exercício de nossa soberania popular, passa necessariamente, pela escolha de candidatos (representantes que exercem o poder em nosso nome) atrelados aos partidos que, mesmo com esse viés público, só poderiam, segundo o posicionamento do STJ, defender seus filiados. Aliás, não pode ser outra a nossa crítica à luz da dicção normativa do art. 1º da Lei nº 9.096/95 (Lei Orgânica dos Partidos Políticos), na qual: "o partido político pessoa jurídica de direito privado, destina-se a assegurar, no interesse do regime democrático, a autenticidade do sistema representativo e a defender os direitos humanos fundamentais, definidos na Constituição Federal."[147] O STF, acompanhou de forma inconteste a interpretação restritiva (e inadequada) conferida pelo STJ, até o ano de 2004. Apesar de parte da doutrina se olvidar (estranhamente) em relação a uma possível mudança de posicionamento do

ou Coletivo? Mandado de Segurança individual, pois o Prefeito feriu um direito líquido e certo da associação e não dos seus associados.

145. Alguns doutrinadores defendem que a legitimidade dos partidos, prevista na CR/88 poderia ser ampliada (interpretação extensiva) por simetria ao âmbito estadual (representação na Assembleia Legislativa) se a questão for estadual, e municipal (representação na Câmara dos Vereadores) se a questão aventada for de cunho local *In*: Cruz, Cerqueira, Gomes Junior, Favreto, Palharini Júnior. Comentários à nova Lei do mandado de segurança, p. 178, 2009. Contra esse posicionamento: Klippel, Rodrigo e Neffa Junior, José Antônio, p. 316. 2010.

146. Segundo o Superior Tribunal de Justiça: "Quando a Constituição autoriza um partido político a impetrar mandado de segurança coletivo, só pode ser no sentido de defender os seus filiados e em questões políticas, ainda assim, quando autorizado por lei ou pelo estatuto. Impossibilidade de dar ao partido político legitimidade para vir a Juízo defender 50 milhões de aposentados, que não são, em sua totalidade, filiados ao partido e que não autorizam o mesmo a impetrar mandado de segurança em nome deles." (RSTJ 12:215) (STJ – 1ª Seção – Mandado de Segurança nº 197/DF – Rel. Garcia Vieira acórdão publicado em 20/08/90). Nos mesmos moldes: STJ – 2ª T. – RMS nº 1.348/MA – Rel. Américo Luz *DJU* Seção I, 13 dez. 1993. Nesse mesmo sentido: [...] O partido político, por essa via, só tem legitimidade para postular direito integrante de sua coletividade. (STJ – 6ª T. – recurso ordinário em MS nº 2.423/PR – v.u – *DJU*, 27.04.1993)

147. Nesse diapasão, também as abalizadas doutrinas de Lucia Valle Figueiredo (2005) e Maria Sylvia Zanella Di Pietro (2006).

Pretório Excelso, esta se encontra **debatida** no Informativo nº 372,[148] no qual o STF passou a **discutir**, com **vozes dissonantes**, se os partidos políticos podem impetrar mandado de segurança coletivo para defesa de interesses da sociedade (direitos coletivos ou difusos) e não só de seus filiados. A Ministra Ellen Gracie (no que foi acompanhada pelos Ministros Carlos Ayres Britto e Marco Aurélio) entendeu que os partidos políticos podem impetrar mandado de segurança coletivo para defesa de interesses da sociedade (direitos coletivos ou difusos) não podendo, porém, impetrar mandado de segurança coletivo para impugnar exigência (cobrança) tributária.[149]

---

148. Conforme o voto da Ministra relatora Ellen Gracie, no R. Ext. nº 196.184/AM julgado em 27.10.2004, temos que: "[...] A tese do recorrente no sentido da legitimidade dos partidos políticos para impetrar mandado de segurança coletivo estar limitada aos interesses de seus filiados não resiste a uma leitura atenta do dispositivo constitucional supra. Ora, se o Legislador Constitucional dividiu os legitimados para a impetração do Mandado de Segurança Coletivo em duas alíneas, e empregou somente com relação à organização sindical, à entidade de classe e à associação legalmente constituída a expressão 'em defesa dos interesses de seus membros ou associados' é porque não quis criar esta restrição aos partidos políticos. Isso significa dizer que está reconhecido na Constituição o dever do partido político de zelar pelos interesses coletivos, independente de estarem relacionados a seus filiados. Também entendo não haver limitações materiais ao uso deste instituto por agremiações partidárias, à semelhança do que ocorre na legitimação para propor ações declaratórias de inconstitucionalidade. Com efeito, o Plenário desta Corte, no julgamento da ADIMC 1.096 (DJ 07/04/2000), entendeu que o requisito da pertinência temática é inexigível no exercício do controle abstrato de constitucionalidade pelos partidos políticos. [...] Dessa forma, tudo o que foi dito a respeito da legitimação dos partidos políticos na ação direta de inconstitucionalidade pode ser aplicado ao mandado de segurança coletivo. A previsão do art. 5º, LXX, da Constituição objetiva aumentar os mecanismos de atuação dos partidos políticos no exercício de seu mister, tão bem delineado na transcrição supra, não podendo, portanto, ter esse campo restrito à defesa de direitos políticos, e sim de todos aqueles interesses difuso e coletivos que afetam a sociedade. A defesa da ordem constitucional pelos Partidos Políticos não pode ficar adstrita somente ao uso do controle abstrato das normas. A Carta de 1988 consagra uma série de direitos que exigem a atuação destas instituições, mesmo em sede de controle concreto. À agremiação partidária, não pode ser vedado o uso do mandado de segurança coletivo em hipóteses concretas em que estejam em risco, por exemplo, o patrimônio histórico, cultural ou ambiental de determinada comunidade. Assim, se o partido político entender que determinado direito difuso se encontra ameaçado ou lesado por qualquer ato da administração, poderá fazer uso do mandado de segurança coletivo, que não se restringirá apenas aos assuntos relativos a direitos políticos e nem a seus integrantes. Não se está a excluir a necessidade do atendimento dos requisitos formais previstos nos estatutos dos partidos, tampouco afastando a necessidade de respeito aos pressupostos de cabimento de mandado de segurança, que, no presente feito, não foram objeto de impugnação no recurso extraordinário. 2. A hipótese dos autos, todavia, não trata de direito coletivo ou interesse difuso, mas da majoração de um tributo, o que, conforme já decidido pelo Plenário desta Corte, no RE 213.631, rel. Min. Ilmar Galvão (DJ 07/04/2000) configura um direito individualizável ou divisível, nos termos da ementa ora transcrita *in verbis*: 'Ministério Público. Ação Civil Pública. Taxa de iluminação pública do município de Rio Novo-MG. Exigibilidade impugnada por meio de ação pública, sob alegação de inconstitucionalidade. Acórdão que concluiu pelo seu não-cabimento, sob invocação dos arts. 102, I, a, e 125, § 2º, da Constituição. Ausência de legitimação do Ministério Público para ações da espécie, por não configurada, no caso, a hipótese de interesses difusos, como tais considerados os pertencentes concomitantemente a todos e a cada um dos membros da sociedade, como um bem não individualizável ou divisível, mas, ao revés, interesses de grupo ou classe de pessoas, sujeitos passivos de uma exigência tributária cuja impugnação, por isso, só pode ser promovida por eles próprios, de forma individual ou coletiva. Recurso não conhecido.' *Se o Partido Político pode atuar na defesa do interesse de várias pessoas, independente de filiação, não pode, contudo, substituir todos os cidadãos na defesa de interesses individuais a serem postulados em juízo por meio de ações próprias. Por estes motivos, entendo que o Partido Político pode impetrar mandado de segurança* **coletivo na defesa de qualquer interesse difuso, abrangendo, inclusive, pessoas não filiadas a ele, não estando, porém, autorizado a se valer desta via para impugnar uma exigência tributária**...".

149. STF – pleno – MS nº 24.394/DF – Rel. Min. Sepúlveda Pertence, *Diário de Justiça*, Seção I, 6 set. 2004, p. 47. STF – 2ª T. – Rextr. nº 196.184/AM – Rel. Ellen Gracie, *Informativo* STF nº 372. Porém, devemos deixar consignado que o novo posicionamento do STF ainda é insuficiente, pois, apesar de deixar assente a possibilidade da impetração

Mas aqui, ainda que o debate **permaneça,** uma advertência é necessária. Como se posicionou a atual Lei n° 12.016/09 sobre a questão?

A nova lei nº 12.016/09, que regulamenta o *mandamus*, deixa assente, em seu art. 21, que os partidos políticos com representação no Congresso Nacional devem atuar em mandado de segurança coletivo na defesa de seus interesses legítimos relativos a seus integrantes ou à finalidade partidária. Nesse sentido, embora o tema seja controvertido, entendemos que o recente diploma legal corrobora com o posicionamento da Ex-Ministra Ellen Gracie no STF. Ou seja, o dispositivo normativo explicita que os partidos devem impetrar o mandado de segurança coletivo não só para a defesa de seus filiados,[150] mas também para a finalidade partidária, que a nosso ver alcança (em uma leitura *constitucionalmente adequada*), devido ao caráter público dos partidos (como instrumentos constitucionais de intermediação entre representantes e representados no desenvolvimento da soberania popular), os interesses da sociedade, referindo-se, sem dúvida, de forma ampla a direitos da coletividade (direitos e interesses de cunho coletivo e difuso).

Nesses termos, corroborando com nosso entendimento, conforme Cássio Scarpinella Bueno, temos que à luz da nova Lei do *mandamus* "o partido político tem legitimidade para a impetração do mandado de segurança coletivo tanto que o direito (interesse) a ser tutelado coincida com as suas finalidades programáticas, amplamente consideradas, independentemente de a impetração buscar a tutela jurisdicional de seus próprios membros".[151]

---

do *mandamus* por partido político para a defesa de direitos coletivos e difusos da sociedade (de filiados e não filiados), não permite a impetração para impugnar cobrança de tributos, ou seja, para a defesa de direitos individuais homogêneos. Assim, a conclusão é a seguinte: o partido político com representação no Congresso Nacional pode impetrar mandado de segurança para a defesa da sociedade (proteção de direitos ou interesses difusos), mas não tem legitimidade para impetrar o *mandamus* para a proteção de direitos individuais homogêneos. Assim sendo, entendemos e advogamos que o posicionamento correto é o de admitir a impetração de MS coletivo para a defesa de qualquer tipo de interesse ou direito da coletividade (seja ele: direito coletivo, difuso ou mesmo individual homogêneo).

150. Nesses termos: "Os partidos políticos não têm como razão de ser a satisfação de interesses ou necessidades particulares de seus filiados, nem são eles o objeto das atividades partidárias. Ao contrário das demais associações, cujo objeto está voltado para dentro de si mesmas, já que ligado diretamente aos interesses dos associados, os partidos políticos visam a objetivos externos, só remotamente relacionados a interesses específicos de seus filiados. (...) Por conseguinte, os filiados ao partido são, na verdade, instrumentos das atividades e bandeiras partidárias, e não objeto delas. O objeto das atenções partidárias são os membros da coletividade em que atuam, independentemente da condição de filiados." ZAVASCKI, Teori Albino. *Defesa de direitos coletivos e defesa coletiva de direitos*, p. 147, 2007. No mesmo sentido, defendendo a impetração de mandado de segurança coletivo por partidos políticos para a defesa de interesses difusos, temos o clássico Celso Agrícola Barbi. BARBI, Celso Agrícola. *Do mandado de segurança*. 8ª Ed. Rio de janeiro, Forense. p. 295, 1996.

151. BUENO, Scarpinella Cássio, *A nova Lei do Mandado de Segurança*, São Paulo: Ed. Saraiva, p. 124, 2009. Contra esse posicionamento, entendendo que o art. 21 da Lei n° 12.016/09 deve ser declarado inconstitucional em virtude de ter positivado de forma restritiva (e inadequada) a legitimidade ativa dos Partidos Políticos, temos Fernando Jayme. O professor também advoga (como nós) uma legitimação mais ampliada para os Partidos Políticos visando, sobretudo, a defesa de direitos fundamentais da sociedade, porém não busca uma leitura constitucionalmente adequada (e compatível) da nova Lei n° 12.016/09 com a Legislação infraconstitucional dos partidos políticos (Lei n° 9.096/95) e com a Constituição (interpretação conforme) advogando, em virtude disso, a inconstitucionalidade do diploma normativo em comento. JAYME, Fernando G. *Mandado de Segurança*. Belo Horizonte, Del Rey, p. 151-161, 2011.

3) O STF firmou entendimento no Informativo nº 154 que o requisito em funcionamento há pelo menos 1 ano é somente para as associações[152] e não para as entidades de classe ou sindicatos.[153] Portanto, sindicato e entidade de Classe só precisam estar legalmente constituídos e terem por objetivo a defesa de interesses de seus membros ou associados.

4) Segundo entendimento consolidado no Pretório Excelso, a legitimidade ativa no mandado de segurança é a extraordinária. Ou seja, não teríamos representação, mas sim legitimidade extraordinária no ***mandamus*** coletivo, advindo daí o que chamamos processualmente de substituição processual, na qual o impetrante irá ajuizar a ação em nome próprio, só que para a defesa de direito de terceiros, quais sejam, os direitos de membros ou associados.

5) Mas, atenção, pois o STF entende, a teor do R. Ext. nº 181.438/SP, que, se o objeto do mandado de segurança coletivo é um direito dos associados, não há necessidade (independe) do direito de guardar vínculo com os fins próprios da entidade e nem mesmo há exigência de ser um direito peculiar ou próprio da classe. Porém, o direito deve estar compreendido na titularidade dos associados e existir em razão das atividades exercidas pelos mesmos.[154]

6) Sem dúvida, a entidade deve defender direitos subjetivos comuns de seus membros (direitos que estejam na titularidade dos mesmos). Mas, pode ser que o ***mandamus*** interesse apenas a uma parte da categoria, o que não obstaculiza a impetração. É o que se depreende da atual Súmula nº 630 do STF: "a entidade de classe tem legitimação para o mandado de segurança ainda quando a pretensão veiculada interesse apenas a uma parte da respectiva categoria."[155]

7) Ainda sobre a legitimidade, é mister ressaltar que o STF não exige a autorização expressa dos membros da entidade para a impetração do ***mandamus***. Nesse sentido, a determinação de autorização expressa, aludida no art. 5º, XXI (hipótese de representação), não se aplica no mandado de segurança coletivo (hipótese de substituição processual). Aliás, não é outra a dicção contida na Súmula nº 629 do STF: a impetração de mandado de segurança coletivo por entidade classe em favor de associados independe da autorização destes.

152. Embora o entendimento constitucionalmente mais adequado, em nossa opinião, seja o de que, até mesmo, as associações comportariam exceções, na medida em que em determinados casos poderíamos estar diante de um manifesto interesse social que poderia ser evidenciado pela dimensão de um dano ou mesmo pelas características do mesmo ou ainda pelo bem jurídico a ser protegido. Nesses termos, a pré-constituição no lapso temporal determinado não deveria ser exigida, inclusive, das associações. ALMEIDA, Gregório Assagra de p. 604, 2007.
153. STF – 1ª T. – Rextr. nº 198.919-DF – Rel. Min. Ilmar Galvão, decisão, decisão: 15-06-1999 – *Informativo* STF nº 154.
154. STF – Tribunal Pleno – RE nº 181.438/SP – v.u. – Rel. Min. Carlos Velloso, j. em 28.06.1996. Como exemplo: (...) um sindicato pode impetrar mandado de segurança coletivo para impugnar um tributo que incida sobre a renda dos associados, vez que a renda é fruto das atividades por ele exercidas, não sendo este um direito peculiar da classe de trabalhadores a ser defendida no *mandamus. In:* Direito Constitucional, Holthe, Leo Van, p. 360, 2008.
155. Nesse sentido, também está expresso no **art. 21** da Lei nº 12.016/09. Nesta, foi positivado o entendimento pretoriano de que o MS coletivo pode ser impetrado para a defesa da totalidade ou de parte dos membros ou associados de uma entidade de classe.

8) E, por digressão, não haverá a necessidade de constar na petição inicial do ***mandamus*** coletivo os nomes de todos os associados, pois, como aqui citado, estamos diante do instituto da legitimação extraordinária, e não de litisconsórcio ativo em mandado de segurança individual.

9) Por último, é mister colocar que, conforme entendimento externalizado no MS nº 21.059/RJ (Rel. Ministro Sepúlveda Pertence), o Supremo Tribunal Federal já decidiu que Estados-membros não são dotados de legitimidade ativa para propor mandado de segurança coletivo contra a União em defesa de "supostos interesses das populações residentes nas respectivas unidades federadas". A fundamentação de tal falta de legitimação pode ser resumida nos seguintes termos: a) os Estados não estão arrolados na restrita legitimidade ativa do art. 5º, LXX; b) os Estados (entes políticos da federação) "não são propriamente órgãos de representação ou de gestão de interesses da população".[156]

Já a legitimidade passiva é a mesma outrora trabalhada no mandado de segurança individual.

2.4. Procedimento

O procedimento,[157] em linhas gerais, segue a mesma exegese do ***mandamus*** individual, mas com uma ressalva envolvendo a concessão de medida liminar, pois ela só será possível após a audiência do representante judicial da pessoa jurídica de direito público, que deverá se pronunciar no prazo de 72 (setenta e duas) horas, conforme o art. 22, § 2º da Lei nº 12.016/09 (norma que anteriormente estava presente no art. 2º da Lei nº 8.437/92). Embora a matéria seja controvertida, inclusive no que diz respeito à constitucionalidade de tal dispositivo normativo, é mister afirmar que, apesar de sua **validade**, ela não pode ser trabalhada de forma **absoluta**, pois haverá casos em que tal procedimento ensejará a possibilidade de dano grave e de difícil reparação ao impetrante do ***mandamus***, devendo o pedido liminar ser analisado de plano à luz do art. 5º, XXXV, da Constituição da República de 1988.

156. MENDES; COELHO; BRANCO, *Curso de direito constitucional*, 2008, p. 537. Aqui, é interessante, deixarmos consignado, que pensamos diferente, em relação ao **Ministério Público**, pois esse, apesar de não estar arrolado como legitimado no rol da Constituição, bem como no rol da Lei nº 12.016/09, deve ser dotado (em nossa opinião) de legitimidade ativa em **MS coletivo.** A exegese de tal assertiva deve-se a interpretação adequada dos arts. 127 e 129 da CR/88, bem como da Lei Complementar nº 75/93 (no que tange ao MPU) e Lei nº 8625/93 (No que tange ao Ministério Público dos Estados). No mesmo posicionamento: Nelson Nery Jr e Rosa Maria de Andrade Nery, *In*: *Constituição Federal Anotada*, p. 196, 2008; Cássio Scarpinella Bueno, p. 127, 2009. *In*: *Mandado de Segurança*, 2009. Porém, contra nosso posicionamento, bem como dos autores citados: JAYME, Fernando Gonzaga, *Mandado de Segurança*, Belo horizonte: Ed. Del Rey, 2011.

157. Segundo o STF: *"Os princípios básicos que regem o mandado de segurança informam e condicionam no plano jurídico-processual, a utilização do writ mandamental coletivo."* (STF – Pleno MS nº 21.615-8/RJ – Rel. Celso de Mello, *DJU*, Seção I, 13 mar. 1998, p. 4)

2.5. Decisão e Seus Efeitos

No que tange à decisão, os seus efeitos irão abranger todos os associados que se encontram na situação descrita na petição inicial do remédio heroico, não importando se ingressaram na associação antes ou depois da impetração do ***mandamus***. Nesses termos, corroborando com o nosso entendimento, estabeleceu a Lei nº 12.016/09 que no mandado de segurança coletivo a sentença fará coisa julgada limitadamente aos membros do grupo ou categoria substituídos pelo impetrante.

Certo é que, para boa parte da doutrina,[158] havendo a concessão do ***mandamus***, existirá coisa julgada material com o agraciamento de todos aqueles que se encontram como membros da entidade no momento de execução da sentença. Mas, se a sentença for denegatória, gerará apenas coisa julgada formal, não excluindo a possibilidade de qualquer um dos membros ou associados da entidade pleitearem individualmente mandado de segurança.[159]

Portanto, a impetração do mandado de segurança coletivo não impedirá a utilização do mandado de segurança individual[160] (não ocorrendo litispendência entre o individual e o coletivo), obviamente, desde que preenchidos os requisitos, inclusive o do prazo decadencial de 120 dias. Porém, é mister explicitar que a Lei nº 12.016/09, regulando o MS individual e o coletivo, estabeleceu que o mandado de segurança coletivo **não induz litispendência** para as ações individuais, ***mas os efeitos da coisa julgada não beneficiarão o impetrante a título individual se ele não requerer a desistência de seu mandado de segurança no prazo de 30 (trinta) dias a contar da ciência comprovada da impetração da segurança coletiva***.

Entendemos que essa norma **não coaduna com o modelo processual-constitucional** ínsito ao mandado de segurança presente em nosso ordenamento, pois a desistência da ação individual fulminaria com qualquer possibilidade processual de obter um direito pleiteado e não alcançado na tutela coletiva. Certo é que a tutela coletiva pode ser eivada de insucesso por uma plêiade de motivos e possibilidades, e diante de tal ocorrência o direito individual ficaria obstado em virtude da **desistência**, acima citada. Sem dúvida, o **mais correto**

---

158. Nesse sentido, a posição de Michel Temer: "A decisão judicial fará coisa julgada quando for favorável à entidade impetrante e não fará coisa julgada quando a ela desfavorável. Com isso fica aberta a possibilidade do mandado de segurança individual quando a organização coletiva não for sucedida no pleito judicial." (1993: 196). Este também é o posicionamento de Lúcia Valle Figueiredo *Perfil do mandado de segurança coletivo*, 1989, p. 36.
159. Nesses termos: "[...] em regra a ação coletiva, não prejudica as ações individuais, mesmo quando julgada improcedente. O resultado favorável, contudo, tende a beneficiar os indivíduos. Trata-se de uma nítida opção política feita pelo legislador brasileiro para incentivar o uso das ações coletivas sem o receio de que uma má atuação do legitimado coletivo possa, por si só, prejudicar aqueles que não agiram em juízo [...]". BUENO, Cássio Scarpinella, *Mandado de segurança*, 2009, p. 189.
160. Segundo antigo posicionamento do STJ: O ajuizamento de mandado de segurança coletivo por entidade de classe não inibe o exercício do direito subjetivo de postular, por via do *writ* individual, o resguardo de direito líquido e certo, lesado ou ameaçado de lesão por ato de autoridade, não ocorrendo, na hipótese, os efeitos da litispendência. (STJ, MS nº 7.522 – DF, Rel. Min. Vicente Leal, *DJU* 06.05.2002, p. 239)

e **adequado** seria a nova Lei ter normatizado a possibilidade de **suspensão** do mandado de segurança individual (e não de **desistência**!), nos moldes do **art. 104 do CDC** (código de defesa do consumidor).[161] Porém, infelizmente não foi essa a positivação do legislador.

Por último, acreditamos que a saída mais adequada para tal problemática (envolvendo o MS individual e o Coletivo), deve ser uma **leitura constitucionalmente adequada** do mandado de segurança, coadunando com um **modelo constitucional de processo** coerente (e que dê ênfase à **força normativa da Constituição**). Nesses termos, apesar de haver divergência na doutrina, expressando apenas nossa opinião, salientamos que somos adeptos da corrente que advoga (com base no diálogo das fontes e mesmo sob a égide da Lei nº 12.016/09) a prevalência, em regra, da decisão de mérito do mandado de segurança individual sobre a decisão do mandado de segurança coletivo, nos seguintes termos: 1) "Em se tratando de mandado de segurança coletivo impetrado para a tutela de direitos difusos, a coisa julgada coletiva será (art. 103, I, do CDC) erga omnes em caso de concessão definitiva da segurança pleiteada. Denegatória a decisão, mesmo com julgamento de mérito, não haverá prejuízo às pretensões individuais (art. 103, parágrafo 1º do CDC). [...] 2) Em se tratando de mandado de segurança coletivo impetrado para a tutela de direitos coletivos em sentido estrito, a coisa julgada coletiva será (art. 103, II, do CDC): ultra partes, mas limitadamente ao grupo, classe ou categoria de pessoas, em caso de concessão definitiva da segurança pleiteada. Também se denegatória a decisão, mesmo que com julgamento de mérito, não haverá prejuízo às pretensões individuais (art. 103, parágrafo 1º, do CDC); [...] 3) Em se tratando de impetração para a tutela de direitos individuais homogêneos, a coisa julgada coletiva será (art. 103, III, do CDC): erga omnes, em caso de concessão definitiva da sentença pleiteada, beneficiando-se assim todas as vítimas e sucessores, titulares dos respectivos direitos de dimensão homogênea. Também, se denegatória a decisão não haverá prejuízo às pretensões individuais, salvo em relação aos interessados que tiverem intervindo como litisconsortes no processo do mandado de segurança coletivo (art. 103, parágrafo 2º, do CDC)."[162]

A conclusão, aqui, é a de que temos três possibilidades aventadas, que merecem nossa reflexão: a) a legal (dogmatizada na exigência de desistência do MS individual); b) a do "diálogo entre as fontes", que advoga, com base no sistema de proteção coletiva processual a interpretação de que o impetrante do MS individual poderá manejar a suspensão do MS individual (e não a desistência), nos termos do art. 104 do CDC; c) a que advoga (com base em um modelo constitucional do processo adequado) que a decisão do MS individual, deve, em regra, prevalecer sobre a decisão (denegatória) do MS coletivo, e nesse caso,

161. No mesmo sentido, temos: Cássio Scarpinella Bueno, 2009.

162. ALMEIDA, Gregório Assagra de, 2007, p. 607.

também deveria haver a suspensão do MS individual e não a necessidade de desistência do mesmo.

SÚMULAS DO STF SOBRE MANDADO DE SEGURANÇA	
Súmula nº 101	O mandado de segurança não substitui a ação popular.
Súmula nº 248	É competente, originariamente, o Supremo Tribunal Federal, para mandado de segurança contra ato do tribunal de contas da União.
Súmula nº 266	Não cabe mandado de segurança contra lei em tese.
Súmula nº 267	Não cabe mandado de segurança contra ato judicial passível de recurso ou correição.
Súmula nº 268	Não cabe mandado de segurança contra decisão judicial com trânsito em julgado.
Súmula nº 269	O mandado de segurança não é substitutivo de ação de cobrança.
Súmula nº 270	Não cabe mandado de segurança para impugnar enquadramento da lei 3780, de 12/7/1960, que envolva exame de prova ou de situação funcional complexa.
Súmula nº 271	Concessão de mandado de segurança não produz efeitos patrimoniais em relação a período pretérito, os quais devem ser reclamados administrativamente ou pela via judicial própria.
Súmula nº 272	Não se admite como ordinário recurso extraordinário de decisão denegatória de mandado de segurança.
Súmula nº 294	São inadmissíveis embargos infringentes contra decisão do Supremo Tribunal Federal em mandado de segurança.
Súmula nº 299	O recurso ordinário e o extraordinário interpostos no mesmo processo de mandado de segurança, ou de "***habeas corpus***", serão julgados conjuntamente pelo tribunal pleno.
Súmula nº 304	Decisão denegatória de mandado de segurança, não fazendo coisa julgada contra o impetrante, não impede o uso da ação própria.
Súmula nº 310	Quando a intimação tiver lugar na sexta-feira, ou a publicação com efeito de intimação for feita nesse dia, o prazo judicial terá início na segunda-feira imediata, salvo se não houver expediente, caso em que começará no primeiro dia útil que se seguir.
Súmula nº 319	O prazo do recurso ordinário para o Supremo Tribunal Federal, em "***habeas corpus***" ou mandado de segurança, é de cinco dias. (súmula superada)
Súmula nº 330	O Supremo Tribunal Federal não é competente para conhecer de mandado de segurança contra atos dos tribunais de justiça dos estados.
Súmula nº 392	O prazo para recorrer de acórdão concessivo de segurança conta-se da publicação oficial de suas conclusões, e não da anterior ciência à autoridade para cumprimento da decisão.

SÚMULAS DO STF SOBRE MANDADO DE SEGURANÇA	
Súmula nº 405	Denegado o mandado de segurança pela sentença, ou no julgamento do agravo, dela interposto, fica sem efeito a liminar concedida, retroagindo os efeitos da decisão contrária.
Súmula nº 429	A existência de recurso administrativo com efeito suspensivo não impede o uso do mandado de segurança contra omissão da autoridade.
Súmula nº 430	Pedido de reconsideração na via administrativa não interrompe o prazo para o mandado de segurança.
Súmula nº 433	É competente o tribunal regional do trabalho para julgar mandado de segurança contra ato de seu presidente em execução de sentença trabalhista.
Súmula nº 474	Não há direito líquido e certo, amparado pelo mandado de segurança, quando se escuda em lei cujos efeitos foram anulados por outra, declarada constitucional pelo Supremo Tribunal Federal.
Súmula nº 506	O agravo a que se refere o art. 4º da lei 4348, de 26/6/1964, cabe, somente, do despacho do presidente do Supremo Tribunal Federal que defere a suspensão da liminar, em mandado de segurança; não do que a "denega". (súmula cancelada em abril 2003)
Súmula nº 510	Praticado o ato por autoridade, no exercício de competência delegada, contra ela cabe o mandado de segurança ou a medida judicial.
Súmula nº 511	Compete à justiça federal, em ambas as instâncias, processar e julgar as causas entre autarquias federais e entidades públicas locais, inclusive mandados de segurança, ressalvada a ação fiscal, nos termos da constituição federal de 1967, art. 119, § 3º. (CR/88, art. 109, I)
Súmula nº 512	Não cabe condenação em honorários de advogado na ação de mandado de segurança.
Súmula nº 597	Não cabem embargos infringentes de acórdão que, em mandado de segurança decidiu, por maioria de votos, a apelação.
Súmula nº 622	Não cabe agravo regimental contra decisão do relator que concede ou indefere liminar em mandado de segurança.
Súmula nº 623	Não gera por si só a competência originária do Supremo Tribunal Federal para conhecer do mandado de segurança com base no art. 102, i, "n", da constituição, dirigir-se o pedido contra deliberação administrativa do tribunal de origem, da qual haja participado a maioria ou a totalidade de seus membros.
Súmula nº 624	Não compete ao Supremo Tribunal Federal conhecer originariamente de mandado de segurança contra atos de outros tribunais.
Súmula nº 625	Controvérsia sobre matéria de direito não impede concessão de mandado de segurança.

SÚMULAS DO STF SOBRE MANDADO DE SEGURANÇA	
Súmula nº 626	A suspensão da liminar em mandado de segurança, salvo determinação em contrário da decisão que a deferir, vigorará até o trânsito em julgado da decisão definitiva de concessão da segurança ou, havendo recurso, até a sua manutenção pelo Supremo Tribunal Federal, desde que o objeto da liminar deferida coincida, total ou parcialmente, com o da impetração.
Súmula nº 627	No mandado de segurança contra a nomeação de magistrado da competência do presidente da república, este é considerado autoridade coatora, ainda que o fundamento da impetração seja nulidade ocorrida em fase anterior do procedimento.
Súmula nº 628	Integrante de lista de candidatos a determinada vaga da composição de tribunal é parte legítima para impugnar a validade da nomeação de concorrente.
Súmula nº 629	A impetração de mandado de segurança coletivo por entidade de classe em favor dos associados independe da autorização destes.
Súmula nº 630	A entidade de classe tem legitimação para o mandado de segurança ainda quando a pretensão veiculada interesse apenas a uma parte da respectiva categoria.
Súmula nº 631	Extingue-se o processo de mandado de segurança se o impetrante não promove, no prazo assinado, a citação do litisconsorte passivo necessário.
Súmula nº 632	É constitucional lei que fixa o prazo de decadência para a impetração de mandado de segurança.
Súmula nº 701	No mandado de segurança impetrado pelo Ministério Público contra decisão proferida em processo penal, é obrigatória a citação do réu como litisconsorte passivo.

SÚMULAS DO STJ SOBRE MANDADO DE SEGURANÇA	
Súmula nº 41	O Superior Tribunal de Justiça não tem competência para processar e julgar, originariamente, mandado de segurança contra ato de outros tribunais ou dos respectivos órgãos.
Súmula nº 99	O Ministério Público tem legitimidade para recorrer no processo em que oficiou como fiscal da lei, ainda que não haja recurso da parte.
Súmula nº 105	Na ação de mandado de segurança não se admite condenação em honorários advocatícios.
Súmula nº 106	Proposta a ação no prazo fixado para o seu exercício, a demora na citação, por motivos inerentes ao mecanismo da justiça, não justifica o acolhimento da arguição de prescrição ou decadência.
Súmula nº 169	São inadmissíveis embargos infringentes no processo de mandado de segurança.

SÚMULAS DO STJ SOBRE MANDADO DE SEGURANÇA	
Súmula nº 177	O Superior Tribunal de Justiça é incompetente para processar e julgar, originariamente, mandado de segurança contra ato de órgão colegiado presidido por ministro de estado.
Súmula nº 202	A impetração de segurança por terceiro, contra ato judicial, não se condiciona a interposição de recurso.
Súmula nº 213	O mandado de segurança constitui ação adequada para a declaração do direito à compensação tributária.
Súmula nº 217	Não cabe agravo de decisão que indefere o pedido de suspensão da execução da liminar, ou da sentença em mandado de segurança. (súmula cancelada em outubro 2003).
Súmula nº 333	Cabe mandado de segurança contra ato praticado em licitação promovida por sociedade de economia mista ou empresa pública.

3. MANDADO DE INJUNÇÃO

3.1. Conceito e Antecedentes Históricos

Ação Constitucional de natureza civil e procedimento especial,[163] que visa a viabilizar o exercício de direitos, liberdades constitucionais ou prerrogativas inerentes à nossa nacionalidade, soberania ou cidadania, que estão inviabilizados por falta de norma regulamentadora de normas constitucionais ou pela insuficiência de norma regulamentadora de norma constitucional.

Sobre os antecedentes históricos, a doutrina, não raro, cita, sobretudo, o ***writ of injunction*** do direito norte-americano e institutos do ordenamento jurídico português.[164]

163. Segundo o STJ, o *Mandado de Injunção terá prioridade sobre os demais atos judiciais,* exceto sobre o ***Habeas Corpus***, Mandado de Segurança e o ***Habeas Data***.

164. A existência de ligação com o direito norte-americano não passa da similitude do nome, pois à luz de abalizada doutrina: "No direito norte-americano, inglês e nos direitos de família do ***commow law***, o ***writ of injunction*** é a ordem jurídica da Corte de Justiça, que proíbe pessoa – ou grupo de pessoas – de praticar determinada ação, ou que ordena que certa ordem seja realizada. (*'**a legal order from a court probating a person or group from carrying out a given action, or ordering a given action to be done**'* ou então, *'**a judicial process or order requiring the person or person to whom it is directed to do or, more commonly, not do a particular thing**'*). Em suma, no direito inglês e norte-americano, o ***writ of injunction*** equivale, ou tem a natureza, da antiga ação cominatória do direito brasileiro. É determinação do Poder Judiciário ao particular, consistindo em um ***facere***, ou em um ***non facere***. Já no que tange ao direito luso a relação de similitude é buscada com o art. 283 da Constituição da República Portuguesa: art. 283 – Inconstitucionalidade por omissão: 1. A requerimento do Presidente da República, do Provedor de Justiça ou, com fundamento em violação de direitos das regiões autônomas, dos presidentes das assembleias legislativas regionais, o Tribunal Constitucional aprecia e verifica o não cumprimento da Constituição por omissão de medidas legislativas necessárias para tornar exequíveis as normas constitucionais. 2. Quando o Tribunal Constitucional verificar a existência de inconstitucionalidade por omissão, dará disso conhecimento ao órgão legislativo competente." (CRETELLA JÚNIOR, 1989, p. 101). Nesse sentido, o direito português, no que diz respeito às omissões em tornar efetiva normas constitucionais,

Sem dúvida, apesar da busca no direito comparado, não há paradigma adequado no mesmo para descrever a especificidade do hodierno mandado de injunção inserido pelo Poder Constituinte Originário em nossa atual Constituição da República de 1988.

3.2. Finalidades

O mandado de injunção, segundo abalizada doutrina, trabalha com duas grandes finalidades. São elas:

1) Viabilizar o exercício de direitos previstos na Constituição.

2) Atacar a inércia do legislador ou a chamada síndrome de inefetividade dos Poderes Públicos em não complementar (regulamentar) a Constituição ou em complementar de forma insuficiente (insatisfatória) a Constituição.

3.3. Espécies de Mandado de Injunção

Nos termos da Lei nº 13.300/2016 que regulamentou a ação de mandado de injunção podemos ter o mando de injunção total e o parcial. O mandado de injunção total ocorre quando há falta de norma regulamentadora de norma constitucional, já o mandado de injunção parcial ocorre quando existe norma, porém ela é insuficiente para viabilizar o direito previsto na Constituição.[165]

Nos termos da Lei nº 13.300/2016, podemos falar ainda em mandado de injunção individual e mandado de injunção coletivo. O individual visa viabilizar direitos para pessoas físicas e jurídicas, já o coletivo visa viabilizar direitos das coletividades (direitos de cunho coletivo).[166] Aqui é interessante afirmar que conforme o parágrafo único do art. 12 da Lei nº 13.300/2016 os direitos, as liberdades e as prerrogativas protegidos por mandado de injunção coletivo são os

assemelha-se de forma direta e explícita, na verdade, com a nossa atual Ação Direita de Inconstitucionalidade por Omissão e não com o mandado de injunção.

165. Lei 13.300/2016: *Art. 2º Conceder-se-á mandado de injunção sempre que a falta total ou parcial de norma regulamentadora torne inviável o exercício dos direitos e liberdades constitucionais e das prerrogativas inerentes à nacionalidade, à soberania e à cidadania. Parágrafo único. Considera-se parcial a regulamentação quando forem insuficientes as normas editadas pelo órgão legislador competente.*

166. *Lei 13.300/2016: Art. 12 O mandado de injunção coletivo pode ser promovido: a) pelo Ministério Público, quando a tutela requerida for especialmente relevante para a defesa da ordem jurídica, do regime democrático ou dos interesses sociais ou individuais indisponíveis; ou b) por partido político com representação no Congresso Nacional, para assegurar o exercício de direitos, liberdades e prerrogativas de seus integrantes ou relacionados com a finalidade partidária; c) por organização sindical, entidade de classe ou associação legalmente constituída e em funcionamento há pelo menos 1 (um) ano, para assegurar o exercício de direitos, liberdades e prerrogativas em favor da totalidade ou de parte de seus membros ou associados, na forma de seus estatutos e desde que pertinentes a suas finalidades, dispensada, para tanto, autorização especial; d) pela Defensoria Pública, quando a tutela requerida for especialmente relevante para a promoção dos direitos humanos e a defesa dos direitos individuais e coletivos dos necessitados, na forma do inciso LXXIV do art. 5º da Constituição Federal.*

pertencentes, indistintamente, a uma coletividade indeterminada de pessoas ou determinada por grupo, classe ou categoria.

3.4. Requisitos

1) **Falta de norma regulamentadora de norma constitucional.**

O STF vai determinar em seus julgados que somente caberá mandado de injunção em relação à norma constitucional de eficácia limitada (sejam as de princípios institutivos, sejam as de princípios programáticos). Portanto, não caberá mandado de injunção em relação a todas as normas constitucionais, pois as normas constitucionais de eficácia plena e de eficácia contida não vão dar ensejo ao mandado de injunção. Isso se explica porque na doutrina da aplicabilidade das normas constitucionais de feição italiana, desenvolvida no Brasil, as únicas normas constitucionais que não são bastantes em si, ou seja, não reúnem todos os elementos necessários para a produção de todos os efeitos (dotadas apenas de uma aplicabilidade indireta ou mediata), são as normas constitucionais de eficácia limitada. Estas vão necessitar da sindicabilidade dos Poderes Públicos (mormente do legislador, mas não só dele) para terem uma eficácia plena.

A jurisprudência do Pretório Excelso já afirmou em seus julgados que não caberia mandado de injunção para buscar uma "melhor interpretação" (ou uma "interpretação mais justa") da norma regulamentadora que já regulamentou norma constitucional. Porém devemos observar como ficará esse posicionamento em virtude da recente possibilidade do mandado de injunção parcial, pois nesse caso caberá legalmente o mandado de injunção mesmo com a existência de norma regulamentadora de norma constitucional, isso em virtude de essa ser insuficiente para viabilizar (concretizar) o direito. Aqui alguns poderiam alegar que a ação do mandado de injunção parcial poderia servir para busca por uma melhor interpretação de norma infraconstitucional que regulamentou norma constitucional que está sendo aplicada de forma insuficiente (por um problema inclusive de interpretação).

O STF entende, também, que não caberá mandado de injunção em relação à falta de complemento (inexistência de regulamentação) de norma infraconstitucional. Nesses termos, se faltar regulamentação a uma determinada lei ordinária (por exemplo, a falta de um decreto regulamentar para dar-lhe fiel execução), não caberá mandado de injunção. Nesse sentido, temos recente decisão do Pretório Excelso: "(...) Os agravantes objetivam a regulamentação da atividade de jogos de bingo, mas não indicam o dispositivo constitucional que expressamente enuncie esse suposto direito. Para o cabimento do mandado de injunção, é imprescindível a existência de um direito previsto na Constituição que não esteja sendo exercido por ausência de norma regulamentadora. O mandado de injunção não é remédio destinado a fazer suprir lacuna ou ausência de regulamentação de direito previsto em norma infraconstitucional, e muito menos de legislação que se refere a eventuais prerrogativas a serem estabelecidas discricionariamente pela União. No presente caso, não existe norma constitucional que confira o direito que, segundo os impetrantes, estaria à espera de regulamentação. Como ressaltou o Procurador-Geral da República, a União não está obrigada a legislar sobre a matéria, porque não existe, na CF, qualquer preceito consubstanciador de determinação constitucional para se que legisle, especificamente, sobre exploração de jogos de bingo".[167]

Sobre o cabimento, é necessário, ainda, afirmarmos de forma contundente que:

1) A impetração do mandado de injunção ficará prejudicada pela modificação na Constituição que revogar norma constitucional de eficácia limitada, em virtude da qual existia mandado de injunção;

2) No mesmo sentido, surgimento de regulamentação da norma constitucional posterior à impetração do ***writ*** injuncional deve prejudicá-lo.[168] Nesses termos, inclusive é a norma do art. 11§ único da Lei nº 13.300/2016, que afirma que *"estará prejudicada a impetração do mandado de injunção se a norma regulamentadora for editada antes da decisão, caso em que o processo será extinto sem resolução de mérito"*. Embora, nesse ponto, é bom salientar posicionamento do STF, entendendo pela **não prejudicialidade** de mandado de injunção impetrado sobre norma constitucional que posteriormente foi regulamentada. O caso se deu em relação à impetração de mandado de injunção pela falta de regulamentação do art. 7º, XXI da CR/88 (aviso prévio proporcional) que posteriormente foi regulamentado pela Lei nº 12.506/2011. Aqui é interessante observar que essa decisão é anterior ao art. 11, parágrafo único da citada Lei nº 13.300 de 23.06.2016 que regulamentou o mandado de injunção[169];

3) Não cabe mandado de injunção para a disciplina de relações jurídicas decorrentes de medida provisória não convertida em lei, em virtude de recusa ou omissão do Congresso Nacional, conforme entendimento do STF no MI nº 415/SP[170];

167. MI 766-AgR, Rel. Min. Joaquim Barbosa, julg. em 21.10.2009, Plenário, ***DJE*** de 13.11.2009.
168. STF, MI nº 634, Rel. Min. Sepúlveda Pertence. ***DJU*** 26.10.2005. STJ, MI nº 36, Rel. Min. José de Jesus Filho, ***DJU*** 10.05.1990.
169. Entendeu o STF, nos termos do informativo nº 694, que a superveniência da lei não prejudicaria a continuidade de julgamento dos mandados de injunção sobre o tema. Registrou-se que, a *partir da valoração feita pelo legislador infraconstitucional, seria possível adotar-se, para expungir a omissão, não a norma regulamentadora posteriormente editada, mas parâmetros idênticos aos da referida lei, a fim de solucionar os casos em apreço. Nesse tocante, o Min. Marco Aurélio salientou a impossibilidade de incidência retroativa dessa norma.* Conforme o **MI 943/DF** julgado em **06.02.2013**: Ementa: *Mandado de injunção. 2. Aviso prévio proporcional ao tempo de serviço. Art. 7º, XXI, da Constituição Federal. 3. Ausência de regulamentação. 4. Ação julgada procedente (...) 7. Advento da Lei 12.506/2011, que regulamentou o direito ao aviso prévio proporcional. 8.* ***Aplicação judicial de parâmetros idênticos aos da referida legislação****. 9. Autorização para que os ministros apliquem monocraticamente esse entendimento aos mandados de injunção pendentes de julgamento, desde que impetrados antes do advento da lei regulamentadora. 10. Mandado de injunção julgado procedente.* (Rel. Min. Gilmar Mendes)
170. Nesse sentido: *"Importações favorecidas por decreto-lei transformado em medida provisória, que não veio a ser convertida em lei (art. 25, § 2º, do A.D.C.T.). Pretensão de que sejam regulados os efeitos consumados da medida. Não e idôneo, para esse fim, o mandado de injunção, por demandar-se a regulamentação de situação decorrente da aplicação*

4) Não cabe mandado de injunção para a implementação de Isonomia de vencimentos entre servidores públicos (obtenção de aumento ou extensão de vantagens pecuniárias aos servidores públicos), de acordo com o posicionamento do STF no MI nº 347/SC[171];

5) E, por último, a ***inertia deliberandi*** (inércia na deliberação sobre projeto de lei que visa a regulamentar norma constitucional de eficácia limitada), que o STF não aceitava como fundamento para o MI visto que o projeto de lei já estava tramitando, passou a ser considerada para efeitos de cabimento do Mandado de Injunção, de seu processamento e julgamento. Nesse sentido, a partir de um novo posicionamento do Pretório Excelso, não basta, para **descaracterizar a inércia**, a mera apresentação do projeto de lei, sendo necessária a devida deliberação do mesmo.

2) **Inviabilização do direito, liberdade, ou prerrogativa prevista na Constituição.**

Aqui, o Pretório Excelso trabalha com a figura do nexo de causalidade.[172] Ou seja, não basta a inércia do legislador, mas também a caracterização de que a partir desta temos um direito (liberdade ou prerrogativa) de alguém violado (não podendo ser exercitado).

3.5. Legitimidade

1) **Legitimidade Ativa:** Pessoa física (pessoa natural), pessoa jurídica, Ministério Público, Partido Político com representação no Congresso Nacional, organização sindical, entidade de classe ou associação legalmente constituída e em funcionamento há pelo menos 1 (um) ano e Defensoria Pública.

Aqui temos que o STF, na década de 90 do século XX, mesmo sem previsão legal aceitou a impetração de mandado de injunção coletivo,[173] com base analógica no Mandado de Segurança Coletivo (evitando, assim, um possível acúmulo de demandas idênticas e facilitando, com isso, o acesso à justiça).

Certo é que também foi reconhecida ao Ministério Público a legitimidade para a impetração do mandado de injunção com base no art. 129, II, da CR/88[174]

de norma ordinária, não de alguma regra que torne viável o exercício de liberdade constitucional, de direito ou liberdade constitucional, ou de prerrogativa inerente a nacionalidade, a soberania e a cidadania (art. 5º, LXXI, da CR)." (MI nº 415/SP Rel. Min. Octávio Galotti ***DJU*** 07.05.1993).

171. MI nº 347/SC Rel. Min. Néri da Silveira ***DJU*** 08-04-1994.

172. Nesses termos, conforme voto proferido pelo Ministro Celso de Mello: [...] revela-se essencial que se estabeleça, tal como sucede na espécie, a necessária correlação entre a imposição constitucional de legislar, de um lado, e o consequente reconhecimento do direito público subjetivo à legislação. [...] O exame dos elementos constantes deste processo evidencia que existe, na espécie em análise, o necessário nexo de causalidade entre o direito subjetivo à legislação, invocado pela impetrante, e o dever da União Federal em editar a lei [...]. (MI nº 708/DF, decisão do Pleno de 25.10.2007)

173. STF – Mandado de Injunção nº 361 -1 – Diário de Justiça, Seção I, 17 de Jun. 1994, p. 15.707.

174. Art. 129 – São funções institucionais do Ministério Público: [...] II – zelar pelo efetivo respeito dos poderes públicos e dos serviços de relevância pública aos direitos assegurados nesta Constituição, promovendo as medidas necessárias à sua garantia.

e na Lei Complementar nº 75/93,[175] nos casos que envolvessem direitos difusos e coletivos previstos no diploma constitucional e inviabilizados pela falta de norma regulamentadora.

Pois bem, com a recente regulamentação do mandado de injunção pela Lei nº 13.300/2006, todo esse complexo normativo da legitimidade ativa foi regulado e ampliado.

Nesses termos, o art. 3º afirma que são legitimados para o mandado de injunção, como impetrantes, as pessoas naturais ou jurídicas que se afirmam titulares dos direitos, das liberdades ou das prerrogativas descritas no art. 2º da referida Lei (aqui já citado).

Já o art. 12 também da Lei nº 13.300/2016 estabelece de forma expressa que o mandado de injunção coletivo pode ser promovido: a) pelo Ministério Público, quando a tutela requerida for especialmente relevante para a defesa da ordem jurídica, do regime democrático ou dos interesses sociais ou individuais indisponíveis; ou b) por partido político com representação no Congresso Nacional, para assegurar o exercício de direitos, liberdades e prerrogativas de seus integrantes ou relacionados com a finalidade partidária; c) por organização sindical, entidade de classe ou associação legalmente constituída e em funcionamento há pelo menos 1 (um) ano, para assegurar o exercício de direitos, liberdades e prerrogativas em favor da totalidade ou de parte de seus membros ou associados, na forma de seus estatutos e desde que pertinentes a suas finalidades, dispensada, para tanto, autorização especial; d) pela Defensoria Pública, quando a tutela requerida for especialmente relevante para a promoção dos direitos humanos e a defesa dos direitos individuais e coletivos dos necessitados, na forma do inciso LXXIV do art. 5º da Constituição Federal.

2) Legitimidade Passiva: Será sempre do órgão ou entidade pública (pessoa estatal) encarregada da viabilização (normativa[176]) de direitos previstos na Constituição da República de 1988.[177]

Nesses termos, conforme a recente Lei nº 13.300/2016 em seu art. 3º são legitimados para o mandado de injunção, como impetrado, o Poder, o órgão ou a autoridade com atribuição para editar a norma regulamentadora.

Órgãos ou Entidades privados que estiverem sendo beneficiados pela falta de regulamentação podem ser legitimados passivos? Não (embora boa parte da doutrina[178] não coadune com o entendimento pretoriano!), pois eles não legis-

---

175. Art. 6º – Compete ao Ministério Público da União: *"Promover outras ações, nelas incluídas o mandado de injunção sempre que a falta de norma regulamentadora torne inviável o exercício de direitos e liberdades constitucionais e das prerrogativas inerentes à nacionalidade, à soberania e à cidadania, quando difusos os interesses a serem protegidos"*.
176. É bom que se diga que as normas regulamentadoras não são apenas as emanadas do Poder Legislativo, mas também espécies normativas secundárias, como: os decretos, resoluções, regulamentos, portarias entre outras.
177. STF – Mandado de Injunção nº 502-8 – Rel. Min. Maurício Corrêa, ***Diário de Justiça***, Seção I, p. 12.211.
178. Aqui 3 correntes diferenciam-se, nos dizeres de Luís Roberto Barroso: *1) Sustenta que a legitimidade passiva é da autoridade ou órgão público responsável pela omissão legislativa e, em litisconsórcio, da parte, pública ou*

lam[179] (deles não emanam provimento normativo) e, segundo a jurisprudência dominante, não poderão atuar, nem mesmo, como litisconsorte passivo (seja necessário ou facultativo).

E o Presidente da República pode ser legitimado passivo? Sim, pois a inércia pode ser dele, na medida em que existem matérias que só a ele cabe deflagrar o processo legislativo, devido à sua iniciativa reservada (privativa), à luz do art. 61, parágrafo primeiro da Constituição. Em não fazendo, restará configurada sua omissão, devendo, conforme orientação jurisprudencial, logicamente, ser impetrado o mandado de injunção contra o chefe do Poder Executivo, e não contra o Congresso Nacional.[180]

Enfatizamos ainda, conforme anteriormente exarado, dúvida assaz corriqueira que o STF já enfrentou que diz respeito à deflagração do processo legislativo e sua tramitação. Nesse sentido, segundo a jurisprudência dominante, mesmo que exista projeto de lei sobre a matéria objeto de mandado de injunção, essa tramitação não faz com que o Poder Público não se encontre em mora, podendo, mesmo nesses casos, haver o reconhecimento da mora pelo Pretório Excelso (***inertia deliberandi***).

3.6. Competência

A competência do mandado de injunção é definida constitucionalmente (é interessante que a recente Lei nº 13.300/2016 que regulamentou o instituto não apresentou a positivação de competências).

Portanto, ela encontra-se nos artigos: 102, I, *q* (competência do STF) da CR/88 e no 105, I, *h*, (competência do STJ) da CR/88. O artigo 121, § 4º, V, de nossa atual Constituição traz ainda uma competência recursal do TSE para receber, em grau de recurso, mandados de injunção advindos dos Tribunais Regionais Eleitorais.

---

privada, que irá sofrer os efeitos da decisão (entendimento minoritário que já foi seguido pelo STF nos MI nºs 305/DF e 562-9/RS; 2) sustenta que a legitimidade passiva é da parte, pública ou privada, que vai sofrer os efeitos da decisão; 3) defende que a legitimidade passiva será somente da autoridade ou órgão responsável pela omissão legislativa (entendimento majoritário no STF e agora presente na Lei nº13.300/2016).

179. STF – Mandado de Injunção nº 288-6/DF Rel. Min. Celso de Mello, ***Diário de Justiça*** Seção I, 3 maio de 1995, p. 11.629. Nesse sentido, citamos parte de ementa de acórdão do STF: "*Firmou-se, no Supremo Tribunal Federal, o entendimento segundo o qual o mandado de injunção há de se dirigir-se contra o Poder, órgão, entidade ou autoridade que tem o dever de regulamentar a norma constitucional, não se legitimando **ad causam**, passivamente, em princípio, quem não estiver obrigado a editar a regulamentação respectiva. Não é viável dar curso a mandado de injunção, por ilegitimidade passiva **ad causam**, da ex-empregadora do requerente, única que se indica como demandada, na inicial. Mandado de injunção não conhecido.*" (STF – MI nº 352/RS, Rel. Min. Néri da Silveira, ***DJU***, de 12.12.1997). Em julgado de 2007, no mesmo sentido temos o MI nº 695 de Rel. do Ministro Sepúlveda Pertence, no qual foi indeferida notificação ao Banco do Brasil para figurar no polo passivo, tendo o pedido que ser retificado para o devido enquadramento no polo passivo do Congresso Nacional.

180. Nesse sentido: Gregório Assagra de Almeida (2007), Luís Roberto Barroso (2006), bem como Alexandre de Moraes (2007).

Temos ainda que os Tribunais Regionais Federais e os Juízes Federais terão competência quando a produção normativa for de atribuição das demais autoridades, órgãos ou entidades federais conforme o art. 109, I, da CR/88. Nesses termos, como exemplo, temos que segundo o STJ compete à Justiça Federal nos termos do art. 109, I, a competência para julgar mandado de injunção em virtude de omissão em relação à norma que deveria ser emanada pelo Conselho Nacional de Trânsito (Contran), órgão autônomo vinculado ao Ministério das cidades e presidido pelo chefe do Departamento Nacional de Trânsito.[181]

Pergunta recorrente na doutrina envolve a possibilidade ou não da existência de mandado de injunção estadual. A resposta é claramente afirmativa. Portanto, é possível o mandado de injunção estadual desde que haja previsão na respectiva Constituição Estadual, devendo a competência para processamento e julgamento ser definida pela própria Constituição do Estado-membro.[182]

3.7. Procedimento

A Lei nº 8.038/90, no seu art. 24, parágrafo único, determinava que enquanto não sobreviesse lei para estabelecer procedimento do mandado de injunção, o procedimento seria o estabelecido para o mandado de segurança.[183]

Pois bem, com a regulamentação do mandado de injunção pela Lei nº 13.300/2016 temos que essa questão foi resolvida.

Nesses termos, conforme o novo instrumento normativo, a petição inicial deverá preencher os requisitos estabelecidos pela lei processual e indicará, além do órgão impetrado, a pessoa jurídica que ele integra ou aquela a que está vinculado. É interessante que quando não for transmitida por meio eletrônico, a petição inicial e os documentos que a instruem serão acompanhados de tantas vias quantos forem os impetrados.

Além disso, quando o documento necessário à prova do alegado encontrar-se em repartição ou estabelecimento público, em poder de autoridade ou de terceiro, havendo recusa em fornecê-lo por certidão, no original, ou em cópia autêntica, será ordenada, a pedido do impetrante, a exibição do documento no prazo de 10 (dez) dias, devendo, nesse caso, ser juntada cópia à segunda via da

181. Nos termos do MI nº 193/DF, Corte Especial do STJ, Rel. Min. Menezes Direito, julg. em 22.05.2006.

182. Como exemplos, temos as Constituições de São Paulo, Rio de Janeiro, Minas Gerais, Bahia, Espírito Santo, Rio Grande do Sul, Santa Catarina, Ceará, Rio Grande do Norte, entre outras. Mas aqui uma advertência! Deve-se tomar cuidado com a competência para processamento e julgamento, conforme ora citado. Conforme a Constituição de São Paulo no seu art. 74 os mandados de injunção contra autoridades estaduais e municipais serão de competência originária do TJ/SP. Já no Estado do Rio de Janeiro, de acordo com o art. 158 da atual Constituição, a competência originária do TJ/RJ será apenas para os mandados de injunção contra autoridades estaduais, sendo do Juiz de primeira instância quando a omissão for de autoridade municipal.

183. Embora esse referido diploma normativo regulamente o procedimento no **STF e STJ**, esse entendimento vinha sendo observado por outros tribunais pátrios.

petição. Se a recusa em fornecer o documento for do impetrado, a ordem será feita no próprio instrumento da notificação.

Pois bem, nos termos legais, recebida a petição inicial, será ordenada: a) a notificação do impetrado sobre o conteúdo da petição inicial, devendo-lhe ser enviada a segunda via apresentada com as cópias dos documentos, a fim de que, no prazo de 10 (dez) dias, preste informações; b) a ciência do ajuizamento da ação ao órgão de representação judicial da pessoa jurídica interessada, devendo-lhe ser enviada cópia da petição inicial, para que, querendo, ingresse no feito.

Certo é que a petição inicial será desde logo indeferida quando a impetração for manifestamente incabível ou manifestamente improcedente.[184] Da decisão de relator que indeferir a petição inicial, caberá agravo, em 5 (cinco) dias, para o órgão colegiado competente para o julgamento da impetração.[185] Na sequência findo o prazo para apresentação das informações, será ouvido o Ministério Público, que opinará em 10 (dez) dias, após o que, com ou sem parecer, os autos serão conclusos para decisão.

Sobre o procedimento ainda algumas questões ainda são interessantes:

A recente Lei nº 13.300/2016 não traz a previsão de medida liminar em mandado de injunção. O STF, quando adotava a tese não concretista como a majoritária em sua jurisprudência decidiu em alguns julgados que não caberia concessão de medida liminar no mandado de injunção.[186] Aqui é interessante que mesmo com a aplicação da Lei do mandado de segurança (que prevê a concessão de liminar) entendia o STF que essa não deveria ser utilizada nos mandados de injunção processados e julgados no STF, visto que o provimento provisório (da liminar) iria além (ultrapassaria) dos limites da decisão final prolatada no mandado de injunção.

Pois bem, entendemos que com a adoção da tese concretista na jurisprudência do STF a partir de 2007 e agora também com a previsão legal dessa tese (concretista) na Lei nº 13.300/2016, seria sim viável a concessão de liminar em sede de mandado de injunção. E isso mesmo sem a previsão expressa na Lei nº 13.300/2016. Aqui temos os fundamentos: a) no reconhecimento jurisprudencial e legal (normativo) da tese concretista; b) e também na medida em que a própria Lei nº 13.300/2016 determina a aplicação subsidiaria das normas do mandado de segurança, disciplinado pela Lei nº 12.016/2009, bem como da aplicação novo CPC de 2015.[187]

---

184. *Se o indeferimento da petição inicial for feito por Juiz (de 1ª instância): será realizado por meio de sentença, que desafia apelação, admitindo-se até que o magistrado faça juízo de retratação, se assim entender (art. 331 do CPC/2015).*

185. Aqui temos o agravo interno estabelecido no art. 6º, § único, da Lei nº 13.300/2016, não se aplicando, portanto, o art. 1.021 do CPC/2015. *Certo é que o agravo interno previsto no CPC de 2015 tem prazo de 15 dias, mas a Lei especial do Mandado de Injunção determina o prazo de 5 dias.*

186. Nesses termos: MI nºs 342/ SP (Rel. Min. Celso de Mello); 530-3/SP (Rel. Min. Oscar Correia); 535-4/SP (Rel. Min. Ilmar Galvão); 536-2/MG (Rel. Min. Ilmar Galvão).

187. Conforme a Lei nº 13.300/2016: *Art. 14. Aplicam-se subsidiariamente ao mandado de injunção as normas do mandado de segurança, disciplinado pela Lei no 12.016, de 7 de agosto de 2009, e do Código de Processo Civil, instituído pela Lei no 5.869, de 11 de janeiro de 1973, e pela Lei no 13.105, de 16 de março de 2015, observado o disposto em seus arts. 1.045 e 1.046.*

Por último, é importante afirmar que o STF em julgado não conheceu de mandado de injunção usado como substituto (sucedâneo) do mandado de segurança. O caso envolveu pedido pleiteado pelo Sindicato dos Servidores do Poder Judiciário do Estado da Paraíba para a implementação do direito de greve dos servidores públicos, constante no art. 37, VII, da CR/88 e inviabilizado por omissão legislativa. Porém, além da viabilização do direito de greve, o autor do ***writ*** injuncional também pediu a fixação de multa diária a ser paga pelo Congresso Nacional caso o mesmo não legislasse sobre a matéria.[188]

3.8. Decisão, recursos viáveis e o relevante debate dos efeitos da decisão concessiva da injunção

A decisão de um mandado de injunção, podendo ser concessiva ou não concessiva, via de regra, enseja recurso. É claro que as decisões do STF prolatadas em grau originário, à luz do art. 102, I, "q", da CR/88, serão insuscetíveis de nova análise por outro órgão do Poder Judiciário. Nessa situação, não haverá dispositivo constitucional que produza revisão da decisão do ***writ***.

Porém, não sendo este o caso, as hipóteses recursais serão as seguintes:

1) Recurso Extraordinário para o STF, à luz do art. 102, III, da CR/88 (nesse caso, devem ser preenchidos os requisitos de tal recurso, além do caso ter de se encaixar em um dos permissivos previstos na Constituição);

2) Recurso Especial para o STJ, à luz do art. 105, III, da CR/88 (também nesse caso, devem ser preenchidos os requisitos de tal recurso, além do caso ter de se encaixar em um dos permissivos previstos na Constituição);

3) Recurso Ordinário Constitucional para o STF, à luz do art. 102, II, "a", da CR/88 (nesse caso, conforme explícito na CR/88, os requisitos serão: decisão denegatória da injunção oriunda de competência originária dos Tribunais Superiores[189]);

4) Competência Recursal do TSE, à luz do art. 121, parágrafo 4º, V, da CR/88 (Recurso Ordinário para o TSE);

5) Se o mandado de injunção for de competência do primeiro grau do Poder Judiciário, o recurso cabível será o de apelação, à luz da exegese subsidiária da Lei nº 12.016/09 (visto que a Lei 13.300/2016 não estabeleceu expressamente a questão);

188. Nesses termos, a decisão do STF: *1. O acesso de entidades de classe à via do mandado de injunção coletivo é processualmente admissível, desde que legalmente constituídas e em funcionamento há pelo menos um ano. 2. Este Tribunal entende que a utilização do mandado de injunção como sucedâneo do mandado de segurança é inviável. Precedentes. 3. O mandado de injunção é ação constitutiva; não é ação condenatória, não se presta a condenar o Congresso ao cumprimento de obrigação de fazer. Não cabe a cominação de pena pecuniária pela continuidade da omissão legislativa. 4. Mandado de injunção não conhecido.* (MI nº 689/PB, Pleno do STF, 07.06.2007)

189. Porém, se a decisão for concessiva da injunção, o recurso cabível será o Recurso Extraordinário para o STF à luz do art. 102, III, da CR/88.

6) Embargos de declaração, à luz do CPC, bem como os agravos (de instrumento, de acordo com o caso), também à luz da Lei nº 13.300/2016, bem como do Código de Processo Civil.

Aqui, é mister que tenhamos atenção, pois não podemos confundir, no que diz respeito às competências recursais do STJ, o mandado de injunção com o *habeas corpus* e o mandado de segurança.[190] Senão, vejamos, nas hipóteses de decisões dos Tribunais Estaduais ou Tribunais Regionais Federais, denegatórias ou concessivas do mandado de injunção, o recurso correto para o STJ é o especial (art. 105, III, da CR/88) e não o recurso ordinário constitucional do art. 105, II, da CR/88.[191] Essa observação é importante, justamente porque segundo o STJ o manejo equivocado do referido recurso caracteriza erro grosseiro que acaba por impedir a aplicação do princípio da fungibilidade, não se admitindo, definitivamente a interposição de recurso ordinário constitucional como recurso especial.[192]

Questão das mais interessantes envolve os efeitos da decisão concessiva do mandado de injunção, visto que a decisão não concessiva apenas nega provimento ao autor.

Portanto, a partir deste momento, voltaremos nossas análises e atenções para esse (instigante) debate. A proposta[193] é fazermos uma análise doutrinária, jurisprudencial e legal sobre o tema (visto que a recente Lei nº 13.300/2016 trata expressamente dos efeitos da decisão do mandado de injunção)

No **viés doutrinário**, temos três correntes sobre os efeitos da decisão que são definidas por Rodrigo Mazzei nos seguintes termos:

1) **Teoria da subsidiariedade:** nesta, o Poder Judiciário se limita a tão somente declarar a mora legislativa, nos moldes da ação direita de inconstitucionalidade por omissão.[194]

2) **Teoria da independência jurisdicional:** nesta, a sentença do mandado de injunção possui caráter constitutivo ***erga omnes***, cabendo, portanto, ao Poder Judiciário editar a norma geral se estendendo de forma abstrata a todos, inclusive a aqueles que não pleitearam a tutela.

3) **Teoria da resolutividade:**[195] nesta, a sentença do mandado de injunção produz a norma para o **caso concreto** com natureza ***constitutiva inter partes***, viabilizando

190. Nestes, conforme o art. 105, II, da decisão denegatória de competência originária dos Tribunais de Justiça ou dos Tribunais Regionais Federais caberá Recurso Ordinário constitucional para o STJ.
191. STJ: Petição nº 192-0/SP, Rel. Min. Helio Mosinamm; RSTJ nº 65/149. Nesse sentido, também ALMEIDA, 2007, p. 657.
192. STJ: Petição nº 612/MG, Rel. Min. Edson Vidigal, ***DJU*** 17.05.1999, p. 217. Nesse sentido também: ALMEIDA, 2007, p. 657.
193. Nos moldes do professor Gregório Assagra de Almeida, que em recente obra (2007) desenvolve suas digressões nesse diapasão. Também merece referência o bom trabalho desenvolvido pelo professor Rodrigo Mazzei (2007).
194. Entendimento esposado por Manoel Gonçalves Ferreira Filho em seu curso de Direito Constitucional.
195. Esta é corrente a que se filiam a maioria dos juristas pátrios. Entre eles: *José Carlos Barbosa Moreira, Calmos de Passos, Luís Roberto Barroso, José Afonso da Silva, entre outros*. Aqui ocorrem divergências sobre o modo e o limite

o direito de forma imediata à luz da própria exegese do art. 5º, LXXI, da CR/88, que preleciona a concessão da injunção justamente para viabilizar direitos inviabilizados por falta de norma regulamentadora de norma constitucional, ocorrendo, portanto, uma "atividade integradora do Poder Judiciário".

No que diz respeito **ao entendimento jurisprudencial**, é mister a análise das posições que se formaram no Pretório Excelso em torno do tema. Também no STF se formaram grandes correntes. Estas foram explicitadas pelo Ministro Néri da Silveira em sessão extraordinária do STF realizada em 16.03.1995, com publicação no ***DJU*** em 4 de abril do mesmo ano.[196] O resumo (síntese) das correntes adotadas pelo STF foi, posteriormente, descrito, de forma clara, por Alexandre de Morais com a seguinte denominação: 1) tese **concretista** (que se subdivide em **geral** e **individual** sendo esta, ainda, subdividida em **direta** e **intermediária**) e a 2) **tese não concretista.**[197]

1) **Tese Concretista:**[198] esta iria viabilizar (implementar) o exercício do direito até que sobrevenha norma regulamentadora.

a) **Tese concretista geral:** iria viabilizar (implementar) o exercício do direito previsto na Constituição com efeitos ***erga omnes***, ou seja, ao Poder Judiciário incumbiria a tarefa de elaborar a norma regulamentadora para suprir a omissão do legislador, só que com efeitos não apenas para o caso concreto, mas válido para todos. O STF, em linha de princípio, não adotou essa tese, afirmando que tal

---

de concretização dos direitos pelos órgãos julgadores. Ressaltamos aqui as posições doutrinárias de *José Carlos Barbosa Moreira e Luís Roberto Barroso*, nas quais os órgãos competentes para julgar o mandado de injunção devem não só editar a norma faltante, mas também resolver efetivamente a ***lide*** prolatando decisão condenatória, constitutiva, declaratória ou mesmo mandamental (*com a expedição de ordem para que se faça ou deixe de fazer alguma coisa*), segundo o pedido engendrado pelo autor da ação e a necessidade de adequação à situação concreta.

196. Conforme o já clássico pronunciamento do Ministro Néri da Silveira: "Há, como sabemos, na Corte, no julgamento dos mandados de injunção, três correntes: a majoritária, que se formou a partir do Mandado de Injunção 107, que entende deva o Supremo Tribunal Federal, em reconhecendo a existência mora do Congresso Nacional, comunicar a existência dessa omissão, para que o Poder Legislativo elabore a lei. Outra corrente, minoritária, reconhecendo também a mora do Congresso Nacional, 'decide', desde logo, o pedido do requerente do mandado de injunção e provê sobre o exercício do direito constitucionalmente previsto. Por último, registro minha posição, que é isolada: partilho do entendimento de que o Congresso Nacional é que deve elaborar a lei, mas também tenho presente que a Constituição, por via do mandado de injunção, quer assegurar aos cidadãos o exercício de direitos e liberdades, contemplados na Carta Política, mas dependentes de regulamentação. Adoto a posição que considero 'intermediária'. Entendendo que se deva, também, em primeiro lugar, comunicar ao Congresso Nacional a omissão inconstitucional, para que ele, exercitando sua competência, faça a lei indispensável ao exercício constitucionalmente assegurado aos cidadãos. Compreendendo, entretanto, que, se o Congresso Nacional não fizer a lei, em certo prazo que se estabeleceria na decisão, o Supremo Tribunal Federal pode tomar conhecimento de reclamação da parte, quanto ao prosseguimento da omissão, e, a seguir, dispor a respeito do direito 'In: concreto' [...]" (STF ata da 7ª sessão extraordinária realizada em 16.03.1995, p. 8.265).

197. O interessante aqui é que na verdade e a rigor não são 3 posições conforme apregoado acima pelo Ministro Néri da Silveira (e, até hoje, por boa parte da doutrina), mas sim 4 correntes com efeitos diversos, conforme depreende-se da síntese acima referida.

198. A natureza da decisão é em regra constitutiva, podendo ser também condenatória ou até mesmo de caráter executivo ou mandamental, conforme as necessidades do caso e a adoção da tese concretista geral, individual intermediária ou direta.

entendimento fere o princípio da separação dos poderes, pois estende os efeitos para todos colocando o Pretório Excelso como um verdadeiro legislador positivo.

b) Tese concretista individual: iria viabilizar (implementar) o direito previsto na Constituição com efeitos ***inter partes***. Essa corrente se subdivide em: concretista direta e concretista intermediária.

- **Concretista direta:** é a corrente que sustenta que o Poder Judiciário deve viabilizar (implementar) o direito de forma imediata (de plano);
- **Concretista intermediária:** é a corrente que entende que o Poder Judiciário não deveria viabilizar o direito de forma imediata. Reconhecida a mora e dada ciência ao poder competente para supri-la, assim, caso o mesmo, num prazo determinado (estabelecido), não a suprisse, o órgão julgador da injunção deveria tomar as providências necessárias para concretizar o direito implementando-o.

2) Tese Não Concretista: tradicionalmente, adotada pela maioria dos Ministros do STF à luz do Mandado de Injunção nº 107/DF, que teve por relator o Ministro Moreira Alves.[199] Essa tese reconhece a mora, mas não implementa (não viabiliza) o exercício do direito para o autor da ação, apenas recomendando ao legislador que supra a mora. Portanto, para essa corrente concede-se a injunção ao autor afirmando-se que, realmente, existe um direito sem regulamentação (complementação) e que os Poderes Públicos se encontram em mora, mas, após esse reconhecimento da mora do legislador, há somente a recomendação para que o mesmo a supra. Nesse caso, a natureza da decisão é meramente declaratória.

Sobre **os efeitos da decisão** do mandado de injunção, é mister afirmar que a tese não concretista, que se consolidou no início da década 90 do século XX, vem sendo paulatinamente relativizada pelo próprio STF. Isso se deve a uma série de fatores, entre os quais seguramente podemos citar:

1) A forte crítica doutrinária sobre o entendimento esposado no MI nº 107/DF. Com certeza, com raríssimas exceções, a esmagadora doutrina constitucional e processual sempre criticou veementemente o posicionamento do Pretório Excelso. Entre as críticas estão as que não concordam com a interpretação restritiva e

199. Nesses termos, o posicionamento do STF: *Em face dos textos da Constituição Federal relativos ao mandado de injunção, é ele ação outorgada ao titular de direito, garantia ou prerrogativa a que alude o art. 5º, LXXI, dos quais o exercício está inviabilizado pela falta de norma regulamentadora, e ação que visa a obter do Poder Judiciário a declaração de inconstitucionalidade dessa omissão se estiver caracterizada a mora em regulamentar por parte do Poder, órgão, entidade ou autoridade de que ela dependa, com a finalidade de que se lhe dê ciência dessa declaração, para que adote as providências necessárias, à semelhança do que ocorre com a ação direta de inconstitucionalidade por omissão (art. 103, parágrafo 2º, da Carta Magna), e de que se determine, se se tratar de direito constitucional oponível contra o Estado, a suspensão dos processos* judiciais ou administrativos de que possa advir para o impetrante dano que não ocorreria se não houvesse a omissão inconstitucional (STF, MI 107-3/DF, Rel. Min. Moreira Alves, ***DJU*** 21.09.1990, p. 9782).

amesquinhada do **writ** em detrimento da máxima efetividade da Constituição, que normativamente explicita a concessão da injunção para a viabilização de direitos, leia-se: para a implementação do exercício de direitos enquanto o legislador reste em omissão, e não para uma mera ciência ao poder competente para uma futura supressão da mora. Ou seja, a crítica contra a posição assumida pelo STF envolveria seu próprio papel (sua postura), na medida em que o mesmo afirma que não caberia ao Poder Judiciário regulamentar no caso concreto a Constituição sob a justificativa de que estaria contrariando o princípio da separação dos Poderes.[200] Nesses termos, o mandado de injunção seria ainda igualado, inadvertidamente e sem base constitucional, à ação direta de inconstitucionalidade por omissão, também, sendo isso motivo de várias manifestações em contrário pela doutrina.

2) Ao passar dos anos, com a infeliz e contumaz inércia dos Poderes Públicos em complementar a Constituição para a viabilização de direitos nela previstos (A essa altura, estamos completando mais de 27 anos da Constituição cidadã e a inefetividade legislativa, com raras exceções, continua patente) a pergunta seria: até quando? O STF, após 27 anos de promulgação do documento constitucional, talvez não queira mais assumir o risco de comunhão com o Legislativo (**parceria**), no que tange à desestima constitucional. Sem dúvida, a constante busca e afirmação da força normativa da Constituição (desenvolvida por Konrad Hesse) implícita ou mesmo explícita pode fazer com que o Pretório Excelso continue a relativizar, ou seja, a não trabalhar de forma absoluta com a tese (não concretista) construída nos primórdios de nossa atual Constituição. Portanto, o desgaste da relação: Constituição/legislador e omissão/tempo/STF, poderá pesar nas decisões pretorianas.[201] Como exemplo de nossas digressões temos o recente voto proferido pelo Ministro Celso de Mello (**Ministro,** até então, adepto recorrente da **tese não concretista**) no MI nº 708/DF:

> "Decorridos quase 19 (dezenove) anos da promulgação da vigente carta política, **ainda não se registrou** – no que concerne à norma inscrita no art. 37, VII, da constituição – **a necessária intervenção concretizadora** do Congresso Nacional, que **se absteve** de editar, **até o presente momento,** o ato legislativo **essencial ao desenvolvimento da plena eficácia jurídica** do preceito constitucional em questão, **não obstante** esta Suprema Corte, **em 19/05/1994 ao**

200. Nesse sentido, sobre o **MI 107**, explana Marcelo Cattoni a posição do STF como sendo a da velha escola formalista, liberal-conservadora, que preleciona escorada em bases privatistas a não ingerência do Poder Judiciário: "Esse julgado, que passa a ser considerado o precedente na matéria, consagra não somente uma interpretação inadequada da separação de poderes, como, em razão de uma compreensão da norma jurídica reduzida à regra, não reconhece ao ordenamento o seu caráter principiológico, carente não somente de concreção legislativa, mas também jurisdicional, pois cada uma dessas distintas tarefas cumpre papel próprio e específico no processo de possibilitar que a liberdade e a igualdade que reciprocamente nos reconhecemos tenham a garantida a chance de se enraizarem em nossa vida concreta cotidiana de tal sorte a efetivamente regerem as expectativas de comportamento internalizadas e por nós compartilhadas." ***In***: CATTONI DE OLIVEIRA, p. 115, 2007.

201. Vide as manifestações de alguns Ministros (*como, por exemplo, Eros Roberto Grau, Gilmar Ferreira Mendes e Celso de Melo*) em votos prolatados nos Mandados de Injunção nºs 712/PA, 670/ES e 708/DF, decididos em outubro de 2007 pelo STF. Esses julgados envolveram o tema do direito de greve do servidor público previsto no art. 37, VII, da CR/88.

> **julgar o MI 20/DF**, de que fui relator, **houvesse reconhecido o estado de mora** (inconstitucional) **do Poder Legislativo da União,** que ainda subsiste, **porque não editada**, até agora, a lei disciplinadora do exercício do direito de greve no serviço público. **Registra-se**, portanto, **quase decorrido** o período de uma geração, **clara situação** positivadora **de omissão abusiva** no adimplemento da prestação legislativa imposta, pela Constituição da República, à União Federal. [...] **O mandado de injunção**, desse modo, **deve traduzir significativa reação jurisdicional, fundada e autorizada** pelo texto da carta política que, nesse *writ* processual, **forjou** o instrumento destinado a **impedir** o **desprestígio** da própria Constituição, consideradas as graves consequências que decorrer **do desrespeito** ao texto da Lei Fundamental, **seja** por ação do Estado, seja, como no caso, **por omissão – e prolongada inércia** do Poder Público. [...] **A jurisprudência** se formou no Supremo Tribunal Federal a **partir** do julgamento do **MI 107/DF**, Rel. Min. Moreira Alves (RTJ 133/11) [...] **esse entendimento restritivo não mais pode prevalecer**, sob **pena de esterilizar** a importantíssima função político-jurídica **para a qual foi concebido**, pelo constituinte o **mandado de injunção**, que deve ser visto e qualificado como instrumento de concretização das cláusulas constitucionais frustradas, em sua eficácia, pela inaceitável omissão do Congresso Nacional, **impedindo-se**, desse modo, que se **degrade** a Constituição **à inadmissível** condição subalterna de um estatuto subordinado à vontade ordinária comum [...][202]

3) E, por último, não podemos olvidar a modificação de composição do STF nos últimos anos, sobretudo, de 2003, até os dias atuais. Sem dúvida, com uma composição renovada, a chance de ruptura com a conservadora posição de outrora apresentou-se. Isso demonstra, mais uma vez, que o direito e a sua interpretação à luz da Constituição e a própria Constituição são e sempre estão em processo (em permanente fazer), visto que não são e nem podem ser consideradas como algo dado (absolutizado).

Nesses termos, as exceções à tese não concretista (visando a dar uma função mais concreta e efetiva ao ***writ***), que começaram já no século passado. Senão vejamos:

1º) Exceção Fraca (chamamos **didaticamente** de exceção fraca porque não pode ser propriamente uma exceção, pois o STF ainda adota a tese não concretista, porém com novos contornos que irão se aproximar da tese concretista). Esses casos envolvem mandados de injunção impetrados com base no art. 8º, parágrafo 3º, do ADCT. Conforme salientado, o STF não decidiu de acordo com a corrente concretista. Adota o Pretório Excelso a corrente não concretista, porém afirma que as requerentes (autoras das ações) descritas no referido artigo não vão receber a indenização lá prevista, mas terão o direito a uma Ação Cível de Reparação de Danos de natureza econômica, se provado o prejuízo em decorrência da omissão dos Poderes Públicos (falta de lei regulamentadora).

Aqui, é interessante comentar a evolução do entendimento do STF, pois, primeiramente, no julgamento de injunção sobre a questão do art. 8º, § 3º, do ADCT, decidiu o

202. MI nº 708/DF, Decisão do Pleno do STF 25.10.2007.

mesmo que a omissão legislativa consubstanciada daria ensejo à ação de indenização por perdas e danos.[203] Posteriormente, o STF não apenas reconheceu o direito de reparação, mas fixou de plano em sua decisão a obrigação de indenizar, facultando aos impetrantes o ingresso em juízo já diretamente com a ação com pedido de liquidação de sentença para a fixação do ***quantum debeatur*** (valor devido).[204]

2º) Exceção Forte (nesse caso, o STF adotou a tese concretista sem nenhum tipo de cisão procedimental sendo, portanto, uma decisão completa): esse caso envolve mandado de injunção impetrado com fundamento no art. 195, § 7º, da CR/88. O STF decidiu pela tese concretista, na medida em que estabeleceu o prazo de seis meses para o legislador suprir a mora e, se não suprisse, o impetrante (entidade beneficente de assistência social) passaria a gozar da imunidade (isenção de contribuição para a seguridade social) pretendida, à luz do dispositivo constitucional ora citado. Nesse sentido, a exegese do MI nº 232-1/RJ:

> "Mandado de injunção conhecido, em parte e, nessa parte, deferido para declarar-se o estado de mora em que se encontra o Congresso Nacional, a fim de que, no prazo de seis meses, adote ele as providências legislativas que se impõe para o cumprimento da obrigação de legislar decorrente do artigo 195, parágrafo 7º da Constituição, sob pena de vencido esse prazo sem que essa obrigação se cumpra, passar o requerente a gozar da imunidade requerida." (STF – MI nº 232-1/RJ, Rel. Min. Moreira Alves, DJU, de 27.3.1992).

---

203. Conforme o Pretório Excelso: *Mandado de injunção: mora legislativa na edição da lei necessária ao gozo do direito à reparação econômica contra a União, outorgado pelo art. 8º parágrafo 3º, ADCT: deferimento parcial, com estabelecimento de prazo para a purgação da mora e, caso subsista a lacuna, facultando o titular do direito obstado a obter, em juízo, contra a União, sentença líquida de indenização perdas e danos (RDA nº 185/204, MI nº 283-5-DF, Rel. Min. Sepúlveda Pertence). Nessa decisão, observa-se que o STF fixou prazo para o suprimento da omissão e ao mesmo tempo facultou ao titular do direito obstado, caso persista a omissão, o direito de obter indenização por perdas e danos contra a União. Logo em seguida, o STF confirmou esse entendimento e ainda considerou, em relação à aplicabilidade do mesmo dispositivo constitucional, desnecessária nova comunicação ao congresso nacional sobre a omissão, firmando entendimento de que os impetrantes do mandado de injunção já poderiam ingressar em juízo com a tutela ressarcitória dos dados sofridos. Reconhecido o estado de mora infraconstitucional do Congresso Nacional – único destinatário do comando para satisfazer, no caso, a prestação legislativa reclamada – e considerando que, embora previamente cientificado no Mandado de Injunção nº 283, absteve-se de adimplir a obrigação que lhe foi constitucionalmente imposta, torna-se* **prescindível** *nova comunicação à instituição parlamentar, assegurando-se aos impetrantes,* **desde logo**, *a possibilidade de ajuizarem,* **imediatamente**, *nos termos do direito comum ou ordinário, a ação de reparação de natureza econômica instituída em seu favor pelo preceito transitório* (STF, MI nº 284-3, relator para o acórdão Min. Celso de Mello, ***DJU*** de 26.06.1992).

204. Conforme também decidiu o STF: [...] *Logo, desnecessária a renovação da notificação ao órgão legislativo que, no caso, não apenas incidiu objetivamente na omissão, mas que também, já foi anteriormente cientificado por esta Corte, como resultado da decisão de outros mandados de injunção. 2 – Nesse mesmo precedente, acolheu esta Corte proposição do eminente Ministro Nelson Jobim, e assegurou aos impetrantes o imediato exercício do direito de indenização, nos termos do direito comum e assegurado pelo parágrafo 3º do art. 8 do ADCT, mediante ação de liquidação, independentemente de sentença de condenação, para a fixação do valor da condenação. 3– Reconhecimento da mora legislativa do Congresso Nacional em editar a norma prevista no parágrafo 3º do art. 8º do ADCT, assegurando-os, aos impetrantes, o exercício da ação de reparação patrimonial, nos termos do direito comum ou ordinário, sem prejuízo de que se venham, no futuro, a beneficiar de tudo quanto, na lei a ser editada, lhes possa ser mais favorável que o disposto na decisão judicial. O pleito deverá ser veiculado diretamente mediante ação de liquidação, dando-se como certos os fatos constitutivos do direito, limitada, portanto, a atividade judicial à fixação do quantum devido. 4 – Mandado de injunção deferido em parte.* (MI – nº 526/RS – Rel. Min.ª Carlos Velloso. Rel. Acórdão Min.ª Ellen Gracie, ***DJU***. 20.02.2003. Tribunal Pleno, 20.06.2003)

3º) Por último, é mister que façamos referência às decisões prolatadas pelo Pretório Excelso em 2007[205] nos Mandados de Injunção nº 670/ES e nº 708/DF, que tiveram como relator o Ministro Gilmar Ferreira Mendes, e no nº 712/PA de relatoria do Ministro Eros Roberto Grau. Nessas, o debate envolveu o direito de greve do servidor público, previsto no artigo 37, VII, da CR/88[206] e inviabilizado por omissão dos Poderes Públicos. Sem dúvida, a tese adotada foi claramente a concretista, na medida em que, por maioria de votos, os Ministros decidiram que, já caracterizada a mora dos Poderes Públicos (mormente do legislador), deveria o Pretório Excelso concretizar o direito dos servidores públicos, até que sobreviesse lei regulamentadora do direito de greve. Para tal viabilização (implementação) do exercício do direito, seria aplicada a lei de greve da iniciativa privada, qual seja, a Lei nº 7.783/89, obviamente, com algumas adequações (alterações necessárias,

---

205. Certo é que **antes** das decisões sobre o direito de greve dos servidores públicos, o STF em **30.08.2007** já decidira (de forma propedêutica) com base na **tese concretista**. Nesses termos, ele adotou a **tese concretista individual**, julgando parcialmente procedente **mandado de injunção (MI nº 721/DF)** impetrado contra o Presidente da República, por servidora do Ministério da Saúde, para, de modo **mandamental**, **conceder (viabilizar)** o **direito da impetrante** à obtenção da aposentadoria especial, em decorrência de atividade em trabalho insalubre expressa no **§ 4º do art. 40 da CR/88**. Nesse caso, o *STF adotou como* ***parâmetro o sistema do regime geral de previdência social (Lei nº 8.213/91), que estabelece a aposentadoria especial na iniciativa privada****. No caso em questão, a impetrante era auxiliar de enfermagem e pleiteava a supressão da mora (implementação do seu direito) em virtude da falta de norma regulamentadora para o art. 40 § 4º da CR/88*, na medida em que já havia trabalhado por mais de 25 anos em atividade considerada insalubre. De acordo com a ementa: "*Conforme disposto no inciso LXXI do artigo 5º da CF, conceder-se-á mandado de injunção quando necessário ao exercício dos direitos e liberdades constitucionais e das prerrogativas inerentes à nacionalidade, à soberania e à cidadania. Há ação mandamental e não simplesmente declaratória de omissão. A carga de declaração não é objeto da impetração, mas premissa da ordem a ser formalizada. Mandado de injunção – decisão – balizas. Tratando-se de processo subjetivo, a decisão possui eficácia considerada a relação jurídica nele revelada. Aposentadoria – trabalho em condições especiais – prejuízo à saúde do servidor – inexistência de lei complementar – artigo 40, § 4º, da CF. Inexistente a disciplina específica da aposentadoria especial do servidor, impõe-se a adoção, via pronunciamento judicial, daquela própria aos trabalhadores em geral – artigo 57, § 1º, da Lei nº 8.213/91.*" (Rel. Min. Marco Aurélio. Julg. em **30.08.2007**). Também no mesmo sentido (**adoção da tese concretista individual**), foi o julgamento **em 2008** do **MI nº 758/DF**, no qual o STF julgou **procedente mandado de injunção** para, também de forma **mandamental**, conceder direito do impetrante *(servidor público federal lotado na Fundação Oswaldo Cruz) à aposentadoria especial em decorrência de atividade insalubre prevista no já citado art. 40 § 4º da CR/88*. Nesse caso, também **foi adotado como parâmetro o sistema geral de previdência social (Lei nº 8.213/91 no seu art. 57, § 1º), que dispõe sobre a aposentadoria especial na iniciativa privada**. (Julg. Em **01.07.2008**. E mais recentemente em 2019 (antes da Reforma da previdência ser finalizada) decidiu o STF que: *Na falta de lei específica que regulamente a aposentadoria especial dos servidores públicos portadores de deficiência (art. 40, § 4º, I, da CR/88), deve ser aplicada a LC 142/2013, que trata sobre a aposentadoria especial de pessoas com deficiência no RGPS:* A Primeira Turma, em julgamento conjunto, acolheu pedidos formulados em mandados de injunção para reconhecer ***o direito dos impetrantes — servidores públicos com deficiência — de ver analisado o requerimento de aposentadoria, apresentado com base no art. 40, § 4º, I, da Constituição Federal, consideradas as normas da Lei Complementar (LC) 142/2013***. No mérito, destacou que a adoção das normas da LC 142/2013 — retroativamente, inclusive — para suprir a omissão do Congresso Nacional na matéria exige um salto hermenêutico menor do que exigiria a aplicação da Lei 8.213/1991, que cuida da previdência dos trabalhadores em geral. STF. 1ª Turma. **MI 6818/DF** e MI 6988/RR, Rel. Min. Marco Aurélio, julg em **13.08.2019** (Info 947).

206. O Supremo Tribunal Federal assentou (contrariamente à boa parte da doutrina) no MI nº 20 que essa norma seria uma norma constitucional de eficácia limitada.

nos dizeres do Ministro Eros Grau, relator do MI nº 712/PA, no que foi acompanhado pela maioria dos Ministros). Nesses termos, a decisão Pretoriana:

> "O Tribunal, por maioria, nos termos do voto do Relator, conheceu do mandado de injunção e propôs a solução para a omissão legislativa com a aplicação da Lei nº 7.783, de 28 de junho de 1989, no que couber, vencidos, parcialmente, os Senhores Ministros Ricardo Lewandowski, Joaquim Barbosa e Marco Aurélio, que limitavam a decisão à categoria representada pelo sindicato e estabeleciam condições específicas para o exercício das paralisações. Votou a Presidente, Ministra Ellen Gracie. Não votou o Senhor Ministro Menezes Direito por suceder ao Senhor Ministro Sepúlveda Pertence, que proferiu voto anteriormente. Ausente, justificadamente, a Senhora Ministra Cármen Lúcia, com voto proferido em assentada anterior". (MI nº 712/PA, Plenário do STF, 25.10.2007)

Essas decisões[207] significaram a ruptura[208] com a corrente **não concretista** (também chamada de subsidiária na doutrina) e a tomada de posição do Pretório Excelso

---

207. **Informativo nº 485 do STF**: *"O Tribunal concluiu julgamento de três mandados de injunção impetrados, respectivamente, pelo Sindicato dos Servidores Policiais Civis do Espírito Santo – SINDIPOL, pelo Sindicato dos Trabalhadores em Educação do Município de João Pessoa – SINTEM, e pelo Sindicato dos Trabalhadores do Poder Judiciário do Estado do Pará – SINJEP, em que se pretendia fosse garantido aos seus associados o exercício do direito de greve previsto no art. 37, VII, da CR ('Art. 37, VII – o direito de greve será exercido nos termos e nos limites definidos em lei específica') – v. Informativos nºs 308, 430, 462, 468, 480 e 484. O Tribunal, por maioria, conheceu dos mandados de injunção e propôs a solução para a omissão legislativa com a aplicação, no que couber, da Lei nº 7.783/89, que dispõe sobre o exercício do direito de greve na iniciativa privada. No MI nº 670/ES e no MI nº 708/DF prevaleceu o voto do Min. Gilmar Mendes. Nele, inicialmente, teceram-se considerações a respeito da questão da conformação constitucional do mandado de injunção no Direito Brasileiro e da evolução da interpretação que o Supremo lhe tem conferido. Ressaltou-se que a Corte, afastando-se da orientação inicialmente perfilhada no sentido de estar limitada à declaração da existência da mora legislativa para a edição de norma regulamentadora específica, passou, sem assumir compromisso com o exercício de uma típica função legislativa, a aceitar a possibilidade de uma regulação provisória pelo próprio Judiciário. Registrou-se, ademais, o quadro de omissão que se desenhou, não obstante as sucessivas decisões proferidas nos mandados de injunção. Entendeu-se que, diante disso, talvez se devesse refletir sobre a adoção, como alternativa provisória, para esse impasse, de uma moderada sentença de perfil aditivo. Aduziu-se, no ponto, no que concerne à aceitação das sentenças aditivas ou modificativas, que elas são em geral aceitas quando integram ou completam um regime previamente adotado pelo legislador ou, ainda, quando a solução adotada pelo Tribunal incorpora "solução constitucionalmente obrigatória". Salientou-se que a disciplina do direito de greve para os trabalhadores em geral, no que tange às denominadas atividades essenciais, é especificamente delineada nos artigos 9º a 11 da Lei nº 7.783/89 e que, no caso de aplicação dessa legislação à hipótese do direito de greve dos servidores públicos, afigurar-se-ia inegável o conflito existente entre as necessidades mínimas de legislação para o exercício do direito de greve dos servidores públicos, de um lado, com o direito a serviços públicos adequados e prestados de forma contínua, de outro. Assim, tendo em conta que ao legislador não seria dado escolher se concede ou não o direito de greve, podendo tão somente dispor sobre a adequada configuração da sua disciplina, reconheceu-se a necessidade de uma solução obrigatória da perspectiva constitucional. Por fim, concluiu-se que, sob pena de injustificada e inadmissível negativa de prestação jurisdicional nos âmbitos federal, estadual e municipal, seria mister que, na decisão do writ, fossem fixados, também, os parâmetros institucionais e constitucionais de definição de competência, provisória e ampliativa, para apreciação de dissídios de greve instaurados entre o Poder Público e os servidores com vínculo estatutário. Dessa forma, no plano procedimental, vislumbrou-se a possibilidade de aplicação da Lei nº 7.701/88, que cuida da especialização das turmas dos Tribunais do Trabalho em processos coletivos. No MI nº 712/A, prevaleceu o voto do Min. Eros Grau, relator, nessa mesma linha. Ficaram vencidos, em parte, nos três mandados de injunção, os Ministros Ricardo Lewandowski, Joaquim Barbosa e Marco Aurélio, que limitavam a decisão à categoria representada pelos respectivos sindicatos e estabeleciam condições específicas para o exercício das paralisações. Também ficou vencido, parcialmente, no MI nº 670/ES, o Min. Maurício Corrêa, relator, que conhecia do writ apenas para certificar a mora do Congresso Nacional."*

208. É interessante notar que as decisões não só desenvolvem a lógica da **tese concretista** (teoria da resolutividade), mas de forma, também inovadora, **adotam o efeito geral** (***erga omnes***), até então não trabalhado jurisprudencialmente pelo Supremo Tribunal Federal. Observa-se no ***decisum*** a divergência, no que tange aos efeitos que

em favor da efetivação plena do mandado de injunção[209] em nosso ordenamento jurídico.

Certo é que as decisões do STF de outubro 2007 apontam, em nossas análises, para, pelo menos, duas conclusões:

1) A adoção pela maioria do pleno do STF da tese concretista geral,[210] contrariando a lógica do ***writ*** injuncional de viabilização do direito para o caso concreto, vem, justamente, na linha da propalada objetivação (abstrativização) dos processos subjetivos (processos que, segundo o Pretório Excelso, envolveriam uma ***lide*** com pretensões resistidas de autor e réu em um determinado caso concreto). Estes, portanto, passariam a ter (em virtude de uma série de princípios, como, por exemplo: o da economia processual e da celeridade) decisões nos moldes dos intitulados processos objetivos (que dizem respeito ao controle concentrado de constitucionalidade ***in abstrato***). A cada dia mais, abandonamos os casos (**e a especificidade dos mesmos!**) à luz de uma **instrumentalização**[211] levada às últimas consequências. Aqui salientamos que inclusive a recente Lei nº 13.300/2016 também estabelece ainda que excepcionalmente essa possibilidade de efeitos *ultra partes* ou *erga omnes* quando isso for inerente ou indispensável ao exercício do direito, da liberdade ou da prerrogativa objeto da impetração.

2) A possibilidade do STF, assumindo posturas teóricas do direito Europeu, passar a prolatar decisões aditivas (sentenças aditivas) em seus julgados (o que não é usual na sua tradição, *vide* Súmula nº 339 do STF, que se transformou na súmula vinculante nº 37 do STF), conforme se depreende da manifestação do Ministro Gilmar Mendes no **MI nº 708/DF**, no qual podemos observar, ainda **que timidamente**, o deflagrar dessa postura.

---

para os Ministros Ricardo Lewandowski, Joaquim Barbosa e Marco Aurélio deveriam cingir às partes (efeitos ***inter partes***) de acordo com a natureza ínsita ao mandado de injunção presente no art. 5º, LXXI.

209. Interessante é a passagem do extenso voto do Ministro Relator Eros Grau no **MI nº 712/PA**, na qual, citando **Fernando Pessoa**, alerta para o perigo de: "*transformarmos a Constituição em papel pintado com tinta e aplicá-la em uma coisa em que está indistinta a distinção entre nada e coisa nenhuma.*" Posteriormente defende o Ministro a tese de que: "*constitui dever-poder deste Tribunal a formação supletiva, no caso, da norma regulamentadora faltante. O argumento de que a corte estaria então a legislar o que se afiguraria como inconcebível, por ferir a independência e a harmonia entre os poderes (art. 2º da Constituição) e a separação dos poderes (art. 60, parágrafo 4º, III) é insubsistente.*" (MI nº 712/PA Decisão do STF – pleno 25. 10. 2007).

210. Embora o mesmo STF, conforme aqui já citado, tenha adotado em **2007** (MI nº **721/DF**) e em 2008 (MI nº 758/DF) a tese **concretista individual** nos casos envolvendo a viabilização do direito previsto no **art. 40, § 4º**, da CR/88.

211. Não podemos **olvidar** da magistral passagem desenvolvida por **Lenio Streck, Martonio Lima e Marcelo Cattoni (2007) que assim prelecionam contra a instrumentalidade processual desmesurada**: "Veja o problema ocasionado pela prevalência do velho paradigma representacional (sujeito/objeto) nas diversas reformas no processo: cada vez mais se coloca o procedimento à disposição do pensamento justo do juiz, valendo, por todos, citar a denominada instrumentalidade do processo (por todos, Candido Rangel Dinamarco e Jose Roberto Bedaque). *Cada vez que se pretende processualizar mais o sistema (sic), ocorre uma diminuição do processo enquanto instrumento de garantia do devido processo legal. [...]dia a dia o sistema processual caminha para o esquecimento das singularidades dos casos. Trata-se pois de um novo princípio epocal. [...] Manipulando o instrumento tem-se o resultado. Ao final dessa linha de produção, o direito é (será) aquilo que a vontade de poder quer que seja. Chega-se ao ápice da não democracia: o direito transformado em política [...]*" ***In***: STRECK; CATTONI DE OLIVEIRA; LIMA, p. 49, 2007.

Por último, passamos a análise normativa, referente a recente Lei nº 13.300/2016. É interessante observarmos como os **efeitos da decisão** do mandado de injunção foram normatizados nesse importante diploma que regulamentou essa ação.

Nos termos do art. 8º da Lei nº 13.300/2016, reconhecido o estado de mora legislativa, será deferida a injunção para: 1) determinar prazo razoável para que o impetrado promova a edição da norma regulamentadora; 2) estabelecer as condições em que se dará o exercício dos direitos, das liberdades ou das prerrogativas reclamados ou, se for o caso, as condições em que poderá o interessado promover ação própria visando a exercê-los, caso não seja suprida a mora legislativa no prazo determinado. Será dispensada a determinação a que se refere o item 1 quando comprovado que o impetrado deixou de atender, em mandado de injunção anterior, ao prazo estabelecido para a edição da norma.

Aqui observamos que o legislador, a princípio, optou pela ***tese jurisprudencial concretista intermediária***.[212] Porém, dependendo do caso, a tese a ser aplicada pode ser a concretista direta se ficar comprovada a mora na viabilização do direito decorrente de mandado de injunção anterior.

Temos ainda que a decisão terá *eficácia subjetiva* limitada às **partes** e produzirá efeitos até o advento da norma regulamentadora.[213] Embora afirme o diploma legal (como citado acima) que poderá ser conferida eficácia ***ultra partes*** ou ***erga omnes*** à decisão, quando isso for inerente ou indispensável ao exercício do direito, da liberdade ou da prerrogativa objeto da impetração. Aliás, um exemplo recente no STF, foi a decisão do MI nº 4733/DF julgado em junho de 2019, que envolveu o tema da ***criminalização da homofobia e transfobia***. No caso o STF, por maioria, julgou procedente o mandado de injunção para: a) reconhecer a mora inconstitucional do Congresso Nacional e; b) aplicar, com efeitos prospectivos, até que o Congresso Nacional venha a legislar a respeito, a Lei nº 7.716/89 a fim de estender a tipificação prevista para os crimes resultantes de discriminação ou preconceito de raça, cor, etnia, religião ou procedência nacional à discriminação por orientação sexual ou identidade de gênero. Ou seja, temos aqui a adoção na decisão do efeito *erga omnes*.[214]

É importante salientar, que nos termos da Lei nº 13.300/2016, a norma regulamentadora superveniente produzirá efeitos ***ex nunc*** em relação aos beneficiados

---

212. Nesse sentido, temos aberta pelo legislador pátrio a possibilidade de *sentenças aditivas* nas decisões de mandado de injunção. As *sentenças aditivas* serão apreciadas no capítulo sobre o controle de constitucionalidade. Entendemos também que a opção pela ***tese concretista intermediária*** apesar de em nossa opinião inadequada pois abre "*mais um prazo*" para o Poder Público suprir uma mora (que já existe) vai na linha dos *diálogos institucionais*. Isso se dá na medida em que objetiva a fomentar um *diálogo* entre, por exemplo, o Judiciário e o Legislativo no que tange a efetivação e concretização de direitos previstos nas normas constitucionais.
213. Observamos aqui que a ***coisa julgada irá se revestir de certa transitoriedade***, pois o Poder Judiciário, conforme aqui explicitado, não vai apenas declarar a mora, mas também poderá supri-la preenchendo a omissão legislativa. Obviamente, essa colmatação (integração) será limitada temporalmente até a atuação do legislador, que irá regular a norma constitucional carente de complementação.
214. **ADO 26/DF,** STF. Plenário. Rel. Min. Celso de Mello; **MI 4733/DF**, Rel. Min. Edson Fachin, julgados em **13.06.2019** (Info 944).

por decisão transitada em julgado, salvo se a aplicação da norma editada lhes for mais favorável.

Temos também que transitada em julgado a decisão, seus efeitos poderão ser estendidos aos casos análogos por decisão monocrática do relator.

Esse dispositivo presente na Lei nº 13.300/2016, inclusive já vinha sendo adotado pelo STF em sede jurisprudencial. No julgamento do **MI nº 795** em 15.04.2009, já havia sido suscitada uma questão de ordem pelo Ministro Joaquim Barbosa, que foi aceita pela maioria dos Ministros sobre a questão ora normatizada. Essa deixou assente que em casos idênticos ao do MI nº 795, o Ministro Relator estaria autorizado a decidir de forma monocrática e definitiva a ação.[215]

3.9. Considerações Finais

Por último, temos considerações finais que reputamos serem interessantes sobre o mandado de injunção:

1) A primeira envolveu decisão do STF (anterior a Lei nº 13.300/2016) sobre a questão atinente aos mandados de injunção anteriores a regulamentação do aviso prévio proporcional previsto no art. 7º, XXI da CR/88. Nesses termos, em interessante posicionamento, já citado na obra, afirmou o STF que deveriam ser aplicados os

215. Na linha da nova orientação jurisprudencial fixada no julgamento do MI nº 721/DF (***DJE*** de 30.11.2007), *o Tribunal julgou procedente pedido formulado em mandado de injunção para, reconhecendo a mora legislativa e a necessidade de se dar eficácia às normas constitucionais e efetividade ao direito do impetrante, suprir a falta da norma regulamentadora a que se refere o art. 40, § 4º, da CR, aplicando ao caso, no que couber e a partir da comprovação dos dados perante a autoridade administrativa competente, o art. 57 da Lei nº 8.213/91. Tratava-se, na espécie, de mandado de injunção impetrado por investigador da polícia civil do Estado de São Paulo que pleiteava que fosse suprida a lacuna normativa constante do aludido § 4º do art. 40, assentando-se o seu direito à aposentadoria especial, em razão do trabalho estritamente policial, por 25 anos, em atividade considerada perigosa e insalubre. Em seguida,* ***resolvendo questão de ordem suscitada pelo Min. Joaquim Barbosa, o Tribunal, por maioria, autorizou que os Ministros decidam monocrática e definitivamente os casos idênticos. Vencido, no ponto, o Min. Marco Aurélio, que entendia não caber essa autorização***. Julg. Em **15.04.2009**. Porém, é importante salientar que em **06.03.2013**, o Plenário do STF, no **MI 2140**, sedimentou entendimento, para **aplicabilidade do art. 40, §4º**, III, da CR/88, estabelecendo **duas distintas premissas**: ***1)*** *O servidor público faz jus à aposentadoria especial (conforme os Mis* ***721,758 e 795****) quando comprovar que prestou serviços* ***exclusivamente*** *em condições prejudiciais à saúde ou à integridade física, se trabalhou o tempo mínimo e nas condições fixadas no art. 57, da Lei 8.213/91;* ***2)*** *O servidor público* ***não*** *faz jus à* ***contagem diferenciada de tempo de serviço*** *prestado em condições prejudicais, nem mesmo à conversão do período especial em comum, quando esse tempo é inferior ao necessário para obtenção da aposentadoria especial.* Para o STF, **não há**, na CR/88, o dever, para União, de legislar nesse sentido, assim, inviável a concessão dessa pretensão por via de mandado de injunção. Ver ainda: AgR no **MI 2123/DF** julg. em **06.03.2013:** *"3. O preceito constitucional em foco na presente demanda não assegura a contagem diferenciada do tempo de serviço e sua averbação na ficha funcional; o direito subjetivo corresponde à aposentadoria em regime especial, devendo esta Suprema Corte atuar na supressão da mora legislativa, cabendo à autoridade administrativa a análise de mérito do direito, após exame fático da situação do servidor. 4. A pretensão de garantir a conversão de tempo especial em tempo comum mostra-se incompatível com a presente via processual, uma vez que, no mandado de injunção, cabe ao Poder Judiciário, quando verificada a mora legislativa, viabilizar o exercício do direito subjetivo constitucionalmente previsto (art. 40, § 4º, da CF/88), no qual não está incluído o direito vindicado. 5. Agravo regimental provido para julgar improcedente o mandado de injunção".* Rel. Min. Dias Toffoli.

parâmetros da Lei nº 12.506/2011 (que regulamentou o aviso prévio proporcional) aos mandados de injunção impetrados anteriormente ao advento da referida regulamentação. Entendeu o STF, conforme o informativo nº 694, que a superveniência da lei não prejudicaria a continuidade de julgamento dos mandados de injunção sobre o tema. Registrou-se que, a partir da valoração feita pelo legislador infraconstitucional, seria possível adotar-se, para expungir a omissão, não a norma regulamentadora posteriormente editada, mas parâmetros idênticos aos da referida lei, a fim de solucionar os casos em apreço. Nesse tocante, o Min. Marco Aurélio salientou a impossibilidade de incidência retroativa dessa norma.[216]

2) O indeferimento do pedido em mandado de injunção por insuficiência de prova não impede a renovação da impetração fundada em outros elementos probatórios.

3) Sem prejuízo dos efeitos já produzidos, a decisão poderá ser revista, a pedido de qualquer interessado, quando sobrevierem relevantes modificações das circunstâncias de fato ou de direito. A ***ação de revisão*** observará, no que couber, o procedimento estabelecido na Lei nº 13.300/2016. Aqui é importante salientar que não se trata de uma ação rescisória. Nesses termos, a finalidade não é desconstituir a coisa julgada que foi formada, mas sim o de rediscutir a aplicabilidade da decisão oferecida pelo Poder Judiciário diante da modificação das circunstâncias de fato e de direito. Portanto, a revisão da decisão está condicionada à comprovação de que houve uma mudança relevante nas circunstâncias de fato ou de direito que motivaram a solução dada pelo Poder Judiciário. Por último, a competência para a ação de revisão será do juízo que proferiu a decisão no mandado de injunção.

4) No mandado de injunção coletivo, a sentença fará coisa julgada limitadamente às pessoas integrantes da coletividade, do grupo, da classe ou da categoria substituídos pelo impetrante, sem prejuízo do disposto nos §§ 1º e 2º do art. 9º da Lei nº 13.300/2016.[217]

5) Seguindo os mesmos moldes da Lei nº 12.016/2009 (Lei do mandado de segurança) o mandado de injunção coletivo ***não induz*** litispendência em relação aos

216. Ressaltamos mais uma vez que essa decisão do STF é anterior a Lei n º 13.300/2006. Agora existe um parâmetro normativo para a questão nos seguintes termos: Art. 11. *A norma regulamentadora superveniente produzirá efeitos **ex nunc** em relação aos beneficiados por decisão transitada em julgado, salvo se a aplicação da norma editada lhes for mais favorável. Parágrafo único. Estará prejudicada a impetração se a norma regulamentadora for editada antes da decisão, caso em que o processo será extinto sem resolução de mérito.* Antes da Lei ora em apreço, o **MI 943/DF** julg. em **06.02.2013 teve a seguinte decisão**: "Mandado de injunção. 2. Aviso prévio proporcional ao tempo de serviço. Art. 7º, XXI, da CF. 3. Ausência de regulamentação. 4. Ação julgada procedente (...) 7. Advento da Lei 12.506/2011, que regulamentou o direito ao aviso prévio proporcional. 8. **Aplicação judicial de parâmetros idênticos aos da referida legislação**. 9. *Autorização para que os ministros apliquem monocraticamente esse entendimento aos mandados de injunção pendentes de julgamento, desde que impetrados antes do advento da lei regulamentadora.* 10. Mandado de injunção julgado procedente".

217. Lei nº 13.300/2016: *Art. 9º A decisão terá eficácia subjetiva limitada às partes e produzirá efeitos até o advento da norma regulamentadora.§ 1º Poderá ser conferida eficácia **ultra partes** ou **erga omnes*** à decisão, quando isso for inerente ou indispensável ao exercício do direito, da liberdade ou da prerrogativa objeto da impetração. § 2º *Transitada em julgado a decisão, seus efeitos poderão ser estendidos aos casos análogos por decisão monocrática do relator.*

individuais, mas os efeitos da coisa julgada não beneficiarão o impetrante que não requerer a desistência da demanda individual no prazo de 30 (trinta) dias a contar da ciência comprovada da impetração coletiva.

6) Por último, é interessante, como já citado na obra, observarmos a decisão do STF no recente MI nº 4733/DF julgado em junho de 2019, que envolveu o tema da ***criminalização da homofobia e transfobia***. No caso o STF, por maioria, julgou procedente o mandado de injunção para: a) reconhecer a mora inconstitucional do Congresso Nacional e; b) aplicar, com efeitos prospectivos, até que o Congresso Nacional venha a legislar a respeito, a Lei nº 7.716/89 a fim de estender a tipificação prevista para os crimes resultantes de discriminação ou preconceito de raça, cor, etnia, religião ou procedência nacional à discriminação por orientação sexual ou identidade de gênero. Ou seja, temos aqui a adoção mais uma vez da tese concretista, e no caso, ***a tese concretista direta*** e ***com efeito erga omnes.***[218]

4. *HABEAS DATA*

4.1. Conceito

Conforme o art. 5º, LXXII,[219] da CR/88, podemos conceituar o ***habeas data*** como uma ação constitucional, de natureza civil e procedimento especial, que visa a viabilizar o conhecimento, retificação ou a anotação[220] (ou explicação em dado exato)

---

218. **ADO 26/DF,** STF. Plenário. Rel. Min. Celso de Mello; **MI 4733/DF**, Rel. Min. Edson Fachin, julgados em **13.06.2019** (Info 944). Quanto a ADO nº 26 que também foi julgada: *O STF julgou a ADO procedente, com eficácia geral e efeito vinculante, para: a) reconhecer o estado de mora inconstitucional do Congresso Nacional na implementação da prestação legislativa destinada a cumprir o mandado de incriminação a que se referem os incisos XLI e XLII do art. 5º da Constituição, para efeito de proteção penal aos integrantes do grupo LGBT; b) declarar, em consequência, a existência de omissão normativa inconstitucional do Poder Legislativo da União; c) cientificar o Congresso Nacional, para os fins e efeitos a que se refere o art. 103, § 2º, da Constituição c/c o art. 12-H, caput, da Lei nº 9.868/99: d) dar interpretação conforme à Constituição, em face dos mandados constitucionais de incriminação inscritos nos incisos XLI e XLII do art. 5º da Carta Política, para enquadrar a homofobia e a transfobia, qualquer que seja a forma de sua manifestação, nos diversos tipos penais definidos na Lei nº 7.716/89, até que sobrevenha legislação autônoma, editada pelo Congresso Nacional, por dois motivos: d.1) porque as práticas homotransfóbicas qualificam-se como espécies do gênero racismo, na dimensão de racismo social consagrada pelo Supremo Tribunal Federal no julgamento plenário do HC 82.424/RS (caso Ellwanger), na medida em que tais condutas importam em atos de segregação que inferiorizam membros integrantes do grupo LGBT, em razão de sua orientação sexual ou de sua identidade de gênero; d.2) porque tais comportamentos de homotransfobia ajustam-se ao conceito de atos de discriminação e de ofensa a direitos e liberdades fundamentais daqueles que compõem o grupo vulnerável em questão.*

219. "Art. 5º LXXII Conceder-se á *habeas data: a) para assegurar o conhecimento de informações relativas à pessoa do impetrante, constantes de registros ou bancos de dados de entidades governamentais ou de caráter público; b) para a retificação de dados, quando não se prefira fazê-lo por processo sigiloso, judicial ou administrativo."*

220. É mister afirmar que a hipótese de **anotação ou explicação sobre dado exato** não está prevista na Constituição da República de 1988. Nesse sentido, ela surgiu de previsão do legislador infraconstitucional na Lei nº 9507/97 que regulamentou o *habeas data* em nosso ordenamento. Apesar do questionamento de alguns doutrinadores de que seria uma norma inconstitucional, visto que foi além do legislador constituinte, a posição majoritária na doutrina entende que essa assertiva legal é constitucional, visto que ampliou e não restringiu (de forma desproporcional!) ou mesmo aboliu (suprimiu!) os direitos defendidos e resguardados no art. 5º, LXXII. Nesse sentido, ela apenas não teria a **supralegalidade** das outras **duas hipóteses** que estão previstas em nosso diploma Constitucional. Nesses termos, são as digressões de Cássio Scarpinella Bueno: "Este alargamento do objeto/garantia constitucional não viola o comando, o alcance e a amplitude do art. 5º, LXXII, da Constituição Federal. Justamente

de informações da pessoa do impetrante, constantes em bancos de dados públicos ou bancos de dados privados de caráter público.

Sobre o conceito, o que pode gerar alguma dúvida é o entendimento do que seja o banco de dados privado de caráter público. Conforme dicção legal, o mesmo pode ser conceituado como: um banco de dados que contém informações particulares, que são ou que podem ser transmitidas a terceiros ou que não sejam de uso privativo da referida entidade ou órgão depositário das informações. Como exemplo, podemos citar o SPC (Serviço de Proteção ao Credito).

4.2. Cabimento

A Súmula nº 2 do STJ, do início dos anos 90, dizia que não cabe ***habeas data*** se não houver recusa das informações por parte da autoridade administrativa (aqui, podemos entender de forma ampliada não só com a recusa no fornecimento, mas se o mesmo já ocorreu e as informações fornecidas são inexatas, ou havendo um pedido de retificação, com a recusa a esse também caberia ***habeas data***). Em síntese, o STJ vai definir que não cabe a apreciação do Judiciário se não ocorrer primeiro a resposta negativa da autoridade administrativa (ou mesmo do banco de dados privado de caráter público). O STF, também na década de 90 do século passado, acompanhou o posicionamento do STJ.[221] A rigor, ambos trabalham com a condição

porque é ampliativo do direito e da garantia minimamente estabelecido no texto maior. A consequência da previsão apenas em sede infraconstitucional de emprego do *habeas data* para a anotação nos assentamentos do interessado, de contestação ou explicação sobre dado verdadeiro mas justificável e que esteja sob pendência judicial ou amigável é que ela é menos estável do que os objetos previstos nos dois incisos anteriores deste art. 7º podendo, por isso, ser alterada e até mesmo ser suprimida por lei." *In:* Scarpinella Bueno, 2007, p. 49.

221. Alguns doutrinadores (entre eles: **Vicente Greco Filho, Maria Sylvia Zanella Di Pietro, Guilherme Peña de Moraes e Alexandre de Moraes)** entendem que a referida Súmula nº 2 do STJ, o posicionamento do STF, bem como a atual legislação do *habeas data*, no que diz respeito ao seu cabimento, contrariam o artigo 5º, XXXV, da CR/88, pois a apreciação do Poder Judiciário só poderia ser efetivada após a negativa do banco de dados. Ou seja, tanto o posicionamento do STJ quanto o do STF e a dicção legal do art. 8º, da Lei nº 9507/97, estariam a exigir o esgotamento da via administrativa para o ingresso no Poder Judiciário. Como exemplo, temos a posição de Alexandre de Moraes: "Apesar da jurisprudência pacífica do Supremo Tribunal Federal e do Superior Tribunal de Justiça, entendemos contrária à Constituição Federal a exigência do prévio esgotamento da via administrativa para ter-se acesso ao Poder Judiciário, via *habeas data*. Em momento algum, o legislador constituinte restringiu a utilização dessa ação constitucional, não podendo o intérprete restringi-la." (MORAES, 2007, p. 132). No mesmo sentido, Guilherme Peña de Moraes: "Entendemos que os arts. 2º, 3º, 4º, 8º, § único e 10, *caput,* in fine da Lei nº 9507/97 não se coadunam com os art. 5º, inc. XXXV e 217, parágrafo 1º da CFB, visto que a legislação ordinária não dispõe da possibilidade de impor condições ao exercício dos remédios prescritos pela Constituição da República [...]" (MORAES, 2008, p. 204). Outros doutrinadores (entre eles: **José Joaquim Calmon de Passos, Carlos Mario Velloso e Cássio Scarpinella Bueno**) acham que tanto a jurisprudência quanto a lei estão apenas a consubstanciar uma condição de ação fundamental, que é o interesse de agir. Segundo Cássio Scarpinella Bueno *não haveria afronta ao art. 5º, XXXV, da CR/88, mas sim "uma busca por otimização à prestação de serviços tidos como função pública" para se constatar a "necessidade ou desnecessidade de ingresso no Poder Judiciário"*. Nesses termos, ainda, as digressões de Cássio Scarpinella Bueno: *"Não há como entender que a formulação deste requerimento antes do ingresso da ação em juízo seja inconstitucional por supostamente violar o art. 5º, XXXV, da Constituição Federal [...] É importante enfatizar a necessidade da formulação do pedido de acesso, retificação e anotação complementar às informações até como forma de se verificar, concretamente, se o caso exige a impetração do* ***habeas data*** *ou não. Isto é, se há necessidade de ingressar-se em juízo para obter aquilo que, eventualmente, pode lhe ser concedido*

de ação "interesse de agir" que, no entendimento dos mesmos, só existiria se restasse caracterizada a negativa do detentor das informações em fornecê-las (ou, havendo o conhecimento, a negativa de devidamente retificá-las).

O posicionamento do STJ e do STF não só foi adotado pelo legislador na regulamentação do ***habeas data***, como foi, inclusive, sofisticado, na medida em que, pela dicção legal, o "interesse de agir" surgiria com a negativa, mas também com a falta de resposta num prazo previamente estabelecido, evitando-se assim a possibilidade de omissão por parte da autoridade ou órgão que contém as informações. Nesse sentido, é a exegese do **art. 8º da Lei nº 9.507/97** que prevê a instrução da exordial (inicial) do ***habeas data*** com a recusa: a) ao acesso às informações ou o decurso de mais de dez dias sem decisão; b) na retificação ou o decurso de mais de quinze dias sem decisão; c) na anotação ou explicação sobre o dado exato ou o decurso de mais de quinze dias sem decisão.[222]

4.3. Legitimidade

A Legitimidade ativa é: a) da Pessoa física, tanto o brasileiro quanto o estrangeiro (residente ou não residente, sendo requisito que a petição inicial seja redigida em português); b) da Pessoa Jurídica; c) dos órgãos públicos despersonalizados, de acordo com o enquadramento constitucional.

Aqui, é mister afirmar que a doutrina majoritária referente ao ***habeas data*** desenvolveu e consolidou o entendimento de que o mesmo é uma ação constitucional de caráter personalíssimo. Nessa perspectiva, o ***habeas data*** deve sempre ser impetrado para o acesso, retificação ou anotação de informações relativas à pessoa do impetrante e não de terceiros. Desse modo, não caberia a impetração em favor de terceiros. Observamos então a figura da legitimação ordinária, consubstanciada como aquela em que o interessado deve ajuizar a ação em seu próprio nome para tutelar interesse próprio. Nesses termos, não seria admitida a figura da substituição processual.

A exceção ao posicionamento dominante na doutrina foi desenvolvida em 1989 em julgado do pleno do TFR[223] (Tribunal Federal de Recursos, atualmente extinto). Na decisão, foi reconhecida a legitimidade dos herdeiros do ***de cujos*** e do cônjuge

*independentemente da propositura da ação judicial. O **interesse de agir** na impetração do **habeas data** só nasce quando frustradas eventuais tentativas do interessado de obter, ratificar ou anotar informações a seu respeito na fase que estou denominando de pré-judicial."* (BUENO, 2007, p. 53) Essa última posição encontra assento nos Tribunais Superiores pátrios (*vide* o posicionamento do **STJ** e do **STF**).

222. Conforme aqui salientado, essa hipótese é infraconstitucional e está presente na Lei nº 9.507/97 que regulamentou o *habeas data*. *In verbis*: *"Art. 7º Conceder-se-á habeas data: III – para a anotação nos assentamentos do interessado, de contestação ou explicação sobre dado verdadeiro mas justificável e que esteja sob pendência judicial ou amigável."* Portanto, percebe-se aqui que o objetivo central do interessado não é conhecer o dado nem mesmo retificá-lo (visto que o mesmo é exato!). A rigor, a finalidade engendrada **é a gravação no dado** de anotação ou explicação para que, quando alguém acessá-lo, acesse também a explicação (ou mesmo contestação) sobre o mesmo (leia-se, por exemplo: sobre o teor ou sobre o porquê aquele dado lá se encontra).

223. Tribunal Federal de Recursos, *habeas data* nº 1, Rel. Min. Milton Pereira, *Diário de Justiça* Seção I, 02.05.1989.

supérstite para a retificação de dados do morto. Ou seja, uma impetração que se deu em nome próprio, mas para a defesa de direitos de terceiro, no caso, os do ***de cujos***.

Após esse julgado, tido como excepcional pela doutrina, a posição majoritária do caráter personalíssimo da ação se consolidou. Acontece que, recentemente, em dezembro de 2007, o **STJ** pela sua **5ª Turma** concedeu provimento em ***habeas data*** impetrado pela viúva de um militar em favor de dados de seu cônjuge falecido. Nesse sentido, entendeu o STJ que o cônjuge sobrevivente é parte legítima para propor ***habeas data*** com o objetivo de obter informações documentais do ***de cujos***. Nesses termos, a 5ª Turma, por unanimidade, julgou procedente o ***habeas data***[224] acompanhando o Ministro Relator Arnaldo Lima, que prolatou no seu voto a seguinte passagem:

> "[...] não procede a alegação de ilegitimidade ativa da impetrante. Com efeito, a Constituição Federal erigiu o ***habeas data*** como uma das garantias [...] Não obstante o presente habeas data não tenha por objetivo a busca de informações da pessoa própria do impetrante, mas a respeito de seu falecido marido, deve a ordem ser concedida, uma vez que lhe negar tal direito importaria ofender o próprio escopo da norma constitucional, cujo conhecimento poderá refletir no patrimônio moral e financeiro do falecido." (STJ – 5ª Turma Habeas Data nº 147/DF Rel. Min. Arnaldo Esteves Lima j. 12.12.2007)

Portanto, a conclusão é a de que, embora o ***habeas data*** seja uma ação considerada de caráter personalíssimo, a doutrina e, sobretudo, a jurisprudência pátria, desde a promulgação da Constituição da República de 1988, vêm reconhecendo, ainda que timidamente, algumas exceções, no que tange a causas relativas à transmissão de direitos ***causa mortis***.[225]

No que diz respeito **à Legitimidade Passiva**, podemos afirmar que está locada na pessoa jurídica de direito público com a qual se encontra o banco de dados público ou pessoa jurídica de direito privado que contenha o banco de dados privado de caráter público. Nesse sentido, o ***habeas data*** deve ser impetrado contra as entidades governamentais, leia-se qualquer órgão do Estado, seja ele do Executivo (administração direta ou indireta), Legislativo ou mesmo do Judiciário, ou, ainda, contra as entidades privadas (pessoas jurídicas privadas) de caráter público, ou seja, aquelas que contenham informações privadas

224. Nesses termos, o ***HD*** *nº 147:* Constitucional. Habeas Data. Viúva de militar da aeronáutica. Acesso a documentos funcionais. Ilegitimidade passiva e ativa. Não ocorrência. Omissão da administração caracterizada. Ordem concedida. (STJ – 5ª Turma *Habeas Data* nº 147/DF Rel. Min. Arnaldo Esteves Lima j. 12.12.2007)

225. Na doutrina, podemos citar o processualista pátrio **José Carlos Barbosa Moreira** que sustenta, embasado na decisão, aqui, citada do extinto TRF, a possibilidade de consideração da legitimidade ativa de herdeiros ou cônjuge supérstite para a impetração de *habeas data* quando se tratar de causas relativas à transmissão de direitos *mortis causa*. (*O habeas data brasileiro e a sua lei regulamentadora*. São Paulo: Ed. RT, 1998, p. 135-137) Nesse mesmo sentido, **Nelson Nery Jr.** e **Rosa Maria Andrade Nery** (*Código de processo civil comentado*. São Paulo: Ed. RT, 2003). Não é outro o posicionamento de Guilherme Peña, quando afirma: "A legitimidade ativa é concedida a qualquer pessoa natural, formal ou jurídica, nacional ou estrangeira, que seja titular de dados pessoais. A substituição e sucessão não são admissíveis no processo instaurado em decorrência do exercício do *habeas data*, ressalvada a legitimidade ativa dos herdeiros legítimos e cônjuge supérstite para a impetração, quando se tratar de causas relativas a transmissão de direitos *causa mortis*." (op. cit., 2008, p. 210).

que sejam ou que podem ser transmitidas a terceiros e que não são de uso particular (privativo) da entidade depositária das informações.[226] Aqui, modelares são as palavras de **Maria Sylvia Di Pietro**, afirmando que: "não teria sentido proteger a pessoa contra registro de dados falsos coletados pelo Poder Público e não conceder igual proteção quando esses dados falsos sejam registrados por particulares para uso público."[227] A autora lembra e explicita, na esteira de **Calmon de Passos**, o exemplo, aqui já citado, do Serviço de Proteção ao Crédito, que armazena dados para a orientação e direcionamento de terceiros (no caso seus clientes). Certo é que também no ***habeas data*** existem autores que debatem sobre a questão de a legitimidade passiva ser da autoridade coatora ou da pessoa jurídica (na qual a referida autoridade está alocada), mas é corrente majoritária, que a legitimidade se encontra com a pessoa jurídica e não com a autoridade que a representa.

Acrescentamos, por último, que no caso, atualmente muito comum, do uso e manuseio da internet (a chamada rede mundial de computadores que se conecta para uma série de serviços ou atividades), o legitimado passivo deverá ser o provedor. Ou seja, a princípio será esse o legitimado no ***habeas data*** para, por exemplo, a retificação de dados existentes em um determinado endereço virtual.[228]

4.4. Competência

A competência é definida em razão do ***status*** da autoridade, ou seja, por meio da hierarquia funcional do agente público, tendo explicitação na Constituição da República e no art. 20 da Lei nº 9.507/97.[229] Nesses termos, conforme a normativa constitucional:

- Art. 102, I, "d", CR/88. Competência originária do STF;
- Art. 102, I, "r", CR/88. Competência originária do STF, dada pela Emenda Constitucional nº 45/04;
- Art. 105, I, "b", CR/88. Competência originária do STJ;[230]

226. Nesse sentido, são as considerações do processualista **José Joaquim Calmon de Passos**: Legitimado passivo é o sujeito de direito a que pertencem os registros ou bancos de dado. Cuidando-se de pessoa jurídica de direito público, poderá ser representada no feito, à semelhança do que ocorre no mandado de segurança, pelo agente responsável pelas informações, mas não é ele a parte, parte é a pessoa jurídica à qual pertencem os registros e bancos de dados. Cuidando-se de entidade de direito privado, à semelhança do que ocorre nos mandados de segurança contra atos de sujeitos equiparados aos entes públicos, o réu e a empresa privada, proprietária dos registros e bancos, mas ela será presentada pelo responsável no tocante às informações desejadas, de cuja recusa derivou o inadimplemento do dever de informar. (1989, p. 145) No mesmo sentido, o professor **Cássio Scarpinella Bueno** (*Habeas data*, 2007, p. 58)
227. DI PIETRO, *Direito administrativo*, 18. ed., 2004.
228. MORAES, Guilherme Peña de, *Teoria dos direitos fundamentais*, 1. ed., 2008, p. 210.
229. Conforme dicção expressa na Lei nº 9.507/97, nos casos de competência do STF e dos demais Tribunais caberá ao relator a instrução do processo.
230. Segundo o Supremo Tribunal Federal (STF, HD nº 18/89), a competência para processamento e julgamento de *habeas data* contra atos do Serviço Nacional de Informações está delineada e definida para o STJ.

- Art. 108, I, "c", CR/88. Competência originária dos Tribunais Regionais Federais;
- Art. 109, VIII CR/88. Competência originária da Justiça Federal;
- Art. 114, IV, CR/88. Competência da Justiça do Trabalho dada pela Emenda Constitucional nº 45/04;
- Art. 121, § 4º, V, CR/88. Competência recursal do TSE em recursos advindos de decisões dos Tribunais Regionais Eleitorais.
- Art. 102, II, "a", CR/88. Competência recursal do STF, por meio de Recurso Ordinário (preenchidos os requisitos para tal);
- Art. 102, III, CR/88. Competência Recursal do STF, por meio do Recurso Extraordinário (preenchidos requisitos para tal).
- Art. 105, III, CR/88. Competência Recursal do STJ, por meio do Recurso Especial (preenchidos requisitos para tal).[231]
- Além da possibilidade de competência dos Tribunais de Justiça Estaduais[232] e do DF, conforme disposição das respectivas Constituições Estaduais e da Lei que organizar a Justiça do DF.

4.5. Procedimento

O procedimento,[233] à luz da Lei nº 9.507/97, pode ser dividido em **duas fases**, quais sejam:

1ª) Fase Pré-judicial (extrajudicial): Eminentemente de cunho administrativo (extrajudicial) ou, como definimos, pré-judicial. O interessado requer

231. Aqui é necessária uma advertência muito bem colocada por **Cássio Scarpinella Bueno** e que pode ser motivo de confusão por parte de advogados e alunos aspirantes à Magistratura, Ministério Público e outros cargos públicos. Senão vejamos: o art. 20 da Lei nº 9507/97 traz a assertiva de uma competência recursal do STJ para julgar *habeas data*. Nesse sentido, *estabelece o mesmo que compete ao STJ o julgamento* de *habeas data* em grau de recurso quando a decisão for proferida em única instância pelos Tribunais Regionais Federais. Porém, não podemos aqui trabalhar com o recurso ordinário para o STJ (nos moldes do mandado de segurança conforme o art. 105, II, da CR/88), já que a Constituição não prevê essa competência para julgamento do *habeas data* sendo inconstitucional a ampliação *da competência dos Tribunais Superiores por dicção infraconstitucional, na medida em que o rol de competências é taxativamente definido na Constituição.* Nesse caso, portanto não cabe o **recurso ordinário para o STJ** e nem se trata de um **recurso inominado**, sendo cabível apenas o **Recurso Especial** (se preenchidos os requisitos) à luz do art. 105, III, da CR/88. (BUENO, 2007, p. 83).

232. Como exemplos, a **Constituição do Estado do Rio de Janeiro** no art. 161, IV, "e", estabelece que o Tribunal de Justiça é competente para conhecer originariamente de *habeas data* contra atos do Governador do Estado e dos Secretários de Estado, Prefeito da Capital e de Municípios com mais de 200 mil eleitores, da Mesa Diretora e do Presidente da Assembleia Legislativa, do Tribunal de Contas do Estado, do Procurador-Geral de Justiça, do Procurador-Geral e do Defensor Público-Geral e dos Próprios Tribunais de Justiça. A **Constituição do Estado de São Paulo** estabelece no art. 74 que compete ao Tribunal de Justiça processar e julgar originariamente: os *habeas data* contra atos do Governador do Estado, da Mesa e da Presidência da Assembleia, do próprio Tribunal ou de seus membros, dos Presidentes dos Tribunais de Contas dos Estados e do Município de Capital. É importante ressaltar que no manejo procedimental de São Paulo, do Procurador-Geral de Justiça, do Prefeito e do Presidente da Câmara Municipal da Capital.

233. É importante ressaltar que no manejo procedimental do *habeas data* basta ao impetrante **apenas o desejo** de conhecer das informações, retificá-las (quando entender que as mesmas estão inexatas) ou mesmo anotar ou explicar (gravar) nas mesmas justificando o porquê de elas estarem no cadastro (banco de dados público ou privado de caráter público) do interessado.

administrativamente (no banco de dados) a informação, a retificação ou a anotação ou explicação sobre dado exato. A entidade pública ou privada de caráter público (no qual está inserido o banco de dados) terá 48 (quarenta e oito) horas para decidir; depois terá 24 (vinte e quatro) horas para comunicar a decisão. Ao todo são 72 (setenta e duas) horas (ou três dias). Ocorrendo a recusa ou decurso do prazo de mais de 10 dias (conhecimento) ou mais de 15 dias (retificação ou anotação) sem resposta, iremos para a fase judicial. Portanto, após a recusa ou a omissão em virtude da falta de resposta no prazo acima citado, poderá ocorrer a impetração do ***habeas data***, visto que atendida a condição da ação "interesse de agir" exigida pela jurisprudência e pela legislação.

2ª) Fase Judicial: O legitimado ativo,[234] impetrante do ***habeas data***, aciona o órgão judiciário competente definido constitucionalmente e infraconstitucionalmente, à luz do art. 20 da Lei nº 9.507/97.[235] Ao despachar a inicial, o juiz ordenará que se notifique (o mais correto seria citação) o legitimado e lhe será concedido o prazo de 10 (dez) dias para prestar informações. O processo é encaminhado, posteriormente, para o Ministério Público que irá atuar como ***custos legis***, para emitir parecer no prazo de 05 (cinco) dias. Após, o processo vai concluso para julgamento. Este (julgamento), por dicção legal, deve ocorrer no prazo (impróprio) de 05 (cinco) dias.

4.6. Decisão

A decisão pode ser concessiva[236] ou não concessiva e de ambas as decisões cabe recurso de apelação, se for o caso (por exemplo, da decisão prolatada pelo STF em competência originária do mesmo, conforme o art. 102, I, "d", não caberá

234. Conforme o **art. 8º** da Lei nº 9.507/97, *a petição inicial deverá preencher os requisitos dos arts. 282 a 285 do CPC (a redação legal cita o CPC de 1973, mas podemos utilizar aqui os requisitos da petição inicial previstos no novo CPC de 2015, após a vacatio legis do mesmo) e será apresentada em duas vias, e os documentos que instruírem a primeira serão reproduzidos por cópia na segunda (via). Conforme, aqui citado, a petição inicial será instruída com a prova: da recusa ao acesso às informações ou do decurso de mais de dez dias sem decisão; ou da recusa em fazer-se a retificação ou o decurso de mais de quinze dias, sem decisão; ou da recusa em fazer-se a anotação (explicação) sobre dado exato ou o decurso de mais de quinze dias sem decisão.*

235. Acrescente-se aqui que: a inicial pode ser indeferida de plano quando não for o caso de *habeas data* ou lhe faltar algum dos requisitos previstos na lei. Desse despacho de indeferimento caberá o recurso de apelação conforme o parágrafo único do art. 10 da Lei nº 9.507/97.

236. Guilherme Peña resume três correntes sobre a natureza jurídica da decisão de procedência do habeas data que são trabalhadas pela doutrina: "A **Natureza mandamental** da sentença concessiva é reconhecida por **Carreira Alvim**, para quem a sentença de habeas data deve conter um requisito especial, qual seja, a marcação de dia e hora para que a autoridade coatora cumpra a ordem ou preceito, constante do dispositivo, e que consubstancia uma típica obrigação de fazer, quer dizer: apresente ao impetrante as informações a seu respeito, constantes do registro ou banco de dados, ou prova da retificação ou anotação nos assentamentos do impetrante. A **natureza constitutiva** da sentença concessiva é referida por **Rogério Tucci**, para quem o *habeas data* assume, a toda evidência, o caráter de ação constitutiva, dado consubstanciar-se a objetiva prestação jurisdicional numa sentença que, contendo, como as outras, uma declaração de certeza sobre determinada relação jurídica submetida à apreciação de órgão judicial, se vê acrescida de um algo a mais: um *quid*, atinente à criação, ou à modificação ou extinção, da relação processual. **A natureza mandamental,** no caso de habeas data cognitivo, e **natureza constitutiva**, no caso do *habeas data* retificatório ou completivo, é respaldada por **Vicente Grego Filho**, para quem na primeira hipótese, o que se pleiteia é uma ordem do Poder Judiciário, para conhecimento das informações, com a comunicação de desobediência. Na segunda hipótese, o que se postula é a retificação

esse recurso. Obviamente, também não será cabível da decisão denegatória prolatada pelo STJ em instância originária, cabendo o Recurso Ordinário Constitucional, à luz do art. 102, II, "a").

A execução da sentença concessiva[237] é imediata e o recurso terá efeito meramente devolutivo, não havendo como suspender os efeitos da decisão por meio da interposição recursal. Porém, há uma hipótese de suspensão dos efeitos da sentença. Esta ocorrerá por despacho fundamentado do Presidente do Tribunal (no qual o recurso tramita). Certo é que da decisão que suspende a execução da sentença do ***habeas data*** cabe recurso de agravo, porém trata-se de agravo interno,[238] e não de instrumento, tanto é assim que esse agravo será julgado pelo próprio Tribunal (no qual o recurso tramita).

São necessárias, ainda, algumas observações:

1) Entendemos, conforme abalizada doutrina, que, embora a Lei nº 9.507/97 não tenha estabelecido a possibilidade de que um mesmo ***habeas data*** possa desenvolver procedimentalmente mais de uma função (visto que, conforme o art. 7º, o ***writ*** deve ser impetrado para obter informações ou retificação ou anotação), isso é perfeitamente viável na esteira daquilo que poderíamos chamar de procedimento bifásico (a exemplo da ação de prestação de contas). Nesse sentido, teríamos, sem dúvida, a possibilidade de uma primeira etapa (se for o caso) destinada à obtenção das informações e uma segunda etapa para (se for o caso) a sua retificação ou anotação.[239]

2) Não existe reexame necessário, ou seja, **recurso de ofício** no procedimento do ***habeas data*** (não confundir, portanto, com o mandado de segurança, no qual existe essa possibilidade).

3) Conforme dispositivo legal expresso, o pedido de ***habeas data*** poderá ser renovado, se a decisão denegatória não lhe houver apreciado o mérito.

4) O Ministério Público também é legitimado, pode recorrer da decisão na ação de ***habeas data***.

---

de dados pessoais, ou seja, a modificação do mundo jurídico, daí a natureza constitutiva do provimento judicial." (2008, p. 211)

237. Conforme dicção legal presente no art. 13 e no art. 14 da Lei nº 9.507/97: na decisão, se julgar procedente o pedido, o juiz marcará data e horário para que o coator: a) apresente ao impetrante as informações a seu respeito, constantes de registros ou bancos de dados; b) apresente em juízo a prova da retificação ou da anotação feita nos assentamentos do impetrante. Além disso, a decisão será comunicada ao coator, por correio, com aviso de recebimento, ou por telegrama, radiograma ou telefonema, conforme o requerer o impetrante.

238. O prazo de interposição desse agravo é de cinco dias. Além disso, diferentemente do mandado de segurança (que teve releitura com o cancelamento das Súmulas nº 506 do STF e nº 207 do STJ), no *habeas data* a doutrina majoritária entende que deve prevalecer a expressão literal do art. 16 da Lei n° 9.507/97, no qual é incabível o agravo interno da decisão que indefere o pedido de suspensão.

239. Nesses termos, o clássico **Hely Lopes Meirelles** e o atual **Cássio Scarpinella Bueno**; além de **José Carlos Barbosa Moreira**. Cássio Scarpinella resume a posição mais adequada: "[...] não há como negar que o impetrante, uma vez tendo ciência das informações, com a concessão do *writ* poderá formular novo pedido relativo à sua retificação ou complementação, aproveitando-se da mesma base procedimental até então desenvolvida. Sendo o caso, tão logo se dê a procedência da ação, deve ser iniciada uma nova etapa ou fase do *habeas data* relativa à implementação das correções ou anotações pretendidas pelo impetrante." (BUENO, Cássio Scarpinella, 2007, p. 74).

5) Apesar de não haver previsão na legislação do ***habeas data***, é mister afirmar que, à luz do caso concreto, há possibilidade de concessão de medida liminar. Nesse sentido, deverá ser concedida liminar sempre que ocorrer a necessidade da imediata prestação jurisdicional nos moldes do ***periculum in mora*** juntamente com a devida existência do fundamento jurídico relevante para a liminar (***fumus boni iuris***).

6) Conforme o STF o "*habeas data*" é a garantia constitucional adequada para a obtenção, pelo próprio contribuinte, dos dados concernentes ao pagamento de tributos constantes de sistemas informatizados de apoio à arrecadação dos órgãos da administração fazendária dos entes estatais. Essa foi a conclusão do Plenário do STF, que proveu recurso extraordinário em que discutida a possibilidade de o contribuinte, por meio do aludido remédio constitucional, acessar todas as anotações incluídas nos arquivos da Receita Federal, com relação a todos os tributos de qualquer natureza por ele declarados e controlados pelo Sistema Integrado de Cobrança (Sincor), ou qualquer outro.[240]

7) O ***habeas data*** é gratuito (isento de custas e despesas judiciais), tanto no procedimento administrativo (para o acesso, retificação ou anotação de dados) quanto no procedimento judicial (na ação de ***habeas data***), inclusive na fase recursal, conforme o art. 5º, LXXII, CR/88.

4.7. Considerações finais

Resta, em sede conclusiva, demarcar a diferença existente entre o ***habeas data*** e dois outros direitos fundamentais presentes no art. 5º da Constituição da República. São eles: o direito geral de informação e o direito de certidão. Nesse sentido:

---

240. Aqui registra-se que o SINCOR (Sistema de Conta Corrente de Pessoa Jurídica) é um banco de dados da Receita Federal em que ela armazena as informações sobre os débitos e créditos dos contribuintes pessoas jurídicas. As Certidões de Regularidade Fiscal dos contribuintes são emitidas com base nas informações constantes do SINCOR. E conforme o informativo 790 do STF: "O Colegiado afirmou que o "habeas data" seria ação constitucional voltada a garantir o acesso de uma pessoa a informações sobre ela, constantes de arquivos ou bancos de dados de entidades governamentais ou públicas (CF, art. 5º, LXXII, a). Estaria à disposição dos cidadãos para que pudessem implementar direitos subjetivos obstaculizados, alcançáveis por meio do acesso à informação e à transmissão de dados. A sua regulamentação legal (Lei 9.507/1997) demonstraria ser de caráter público todo registro ou banco de dados contendo informações que fossem ou que pudessem ser transmitidas a terceiros, ou que não fossem de uso privativo do órgão ou entidade produtora ou depositária dessas informações. A lei não teria por objetivo negar a seu próprio titular o conhecimento das informações que a seu respeito estivessem cadastradas junto às entidades depositárias. Pretenderia, na verdade, restringir a divulgação a outros órgãos ou a terceiros. No caso, o Sincor registraria os dados de apoio à arrecadação federal ao armazenar os débitos e créditos existentes acerca dos contribuintes. Enquadrar-se-ia, assim, no conceito mais amplo de arquivos, bancos ou registros de dados, entendidos em sentido "lato", para abranger tudo que dissesse respeito ao interessado, direta ou indiretamente. (...) Seria diferente se fossem requeridas pelos contribuintes informações sobre o planejamento estratégico do órgão fazendário, a ensejar o desprovimento do recurso. Entretanto, os extratos atinentes às anotações constantes do Sincor e outros sistemas informatizados de apoio à arrecadação federal, quanto ao pagamento de tributos federais, não envolveriam a hipótese de sigilo legal ou constitucional, uma vez requeridos pelo próprio contribuinte, sobre dados próprios. Nesse sentido, dever-se-ia entender como possível a impetração do "habeas data" de forma a esclarecer à pessoa física ou jurídica os valores por ela pagos a título de tributos ou qualquer outro tipo de pagamento constante dos registros da Receita Federal ou qualquer outro órgão fazendário das entidades estatais." **RE 673.707/MG**, julg. Em **17.06.2015**, Rel. Min. Luiz Fux.

A) O **art. 5º, XXXIII**, CR/88, traz o **Direito Geral de Informação**, no qual está expresso que: todos têm direito de receber dos órgãos públicos informações de seu interesse particular, ou de interesse coletivo ou geral, que serão prestadas no prazo da lei, sob pena de responsabilidade, ressalvadas aquelas cujo sigilo seja imprescindível à segurança da sociedade e do Estado. Nesses casos, se, por exemplo, um órgão público negar ilegalmente uma informação de interesse (particular, coletivo ou geral) da pessoa, ela deverá buscar corrigir a lesão pela via do mandado de segurança e não ***habeas data***. Nesse sentido, o ***habeas data*** é, como já afirmado, uma ação personalíssima, não cabendo para obter informações de terceiros, sejam elas de interesse particular, coletivo ou geral. Como exemplos, temos a negativa de acesso a perícias, pareceres da administração, depoimentos testemunhais etc.

B) O **art. 5º, XXXIV**, da CR/88, refere-se ao **Direito de Certidão,** no qual expressamente afirma-se que são assegurados a todos, independentemente do pagamento de taxas, a obtenção de certidões em repartições públicas, para a defesa de direitos e esclarecimento de situações de interesse pessoal. Nesse sentido, é mister observar que, se ocorre a negativa ilegal em nosso direito líquido e certo de obter certidões (seja, conforme salientado, para a defesa de direitos ou mesmo para esclarecimento de situações de interesse pessoal), a ação adequada será, também, o mandado de segurança e não o ***habeas data***, pois certo é que o impetrante tem acesso à informação (conhecimento), não quer retificá-la e nem mesmo anotar (gravar) nenhuma explicação, desejando, no caso, apenas obter a certidão.

5. AÇÃO POPULAR

5.1. Antecedentes Históricos

Sustenta a doutrina que a ação popular tem uma origem remota advinda do Direito romano[241] e uma origem próxima que remonta ao século XIX, nas intituladas Leis Comunais da Bélgica de 1836 e França de 1837. No Brasil, a ação popular surge na Constituição de 1934[242] (nº 38, art. 113[243]), desaparece na Constituição Polaca de 1937 e volta na Constituição de 1946 (art. 141, parágrafo 38), e na seguinte de 1967 (art. 150, parágrafo 31; e na Emenda Constitucional nº 01 de 1969, art. 153, parágrafo 31). Atualmente, encontra-se no art. 5º, LXXIII, da Constituição da República de 1988.

---

241. Segundo Elival da Silva Ramos e Gregório Assagra: "Era permitido que o cidadão comparecesse em juízo na defesa do interesse comum, pro indiviso, por intermédio de *actionis popularis*, tais como a *albo corrupto*, cuja finalidade era punir civilmente quem alterasse o escrito do pretor [...]" Almeida, 2007, p. 334.
242. A Constituição Imperial de 1824 no art. 157 trazia a ação popular penal. Atualmente, em virtude da titularidade da ação penal pública ser do Ministério Público (art. 129, I, da CR/88), existindo apenas a possibilidade de iniciativa privada de forma subsidiária em ação de iniciativa pública à luz do art. 5º LIX da CR/88. Iremos trabalhar, portanto, com a ação popular (não penal) que surgiu em 1934 e está alocada em nossa atual Constituição no art. 5º, LXXIII.
243. Conforme a Constituição de 1934: "Qualquer cidadão será parte legítima para pleitear a declaração de nulidade ou anulação dos atos lesivos do patrimônio da União, dos Estados e Municípios."

5.2. Conceito

A ação popular é uma ação constitucional de natureza civil, atribuída a qualquer cidadão, que visa a invalidar atos ou contratos administrativos que causem lesão ao patrimônio público ou ainda à moralidade administrativa, ao patrimônio histórico e cultural e ao meio ambiente.[244]

Alguns comentários podem e devem ser desenvolvidos à luz do conceito esculpido:

1) A lesão ao patrimônio público não é somente ao erário público (patrimônio material do Poder Público), mas, inclusive, ao intitulado patrimônio imaterial em toda a sua dimensão, seja cultural, histórica, ambiental e moral. Sem dúvida, à luz do art. 5º LXXIII, temos uma ampliação do que seja patrimônio público.

2) A ação popular não consiste apenas na possibilidade de anulação de atos lesivos ao patrimônio público, mas também na possibilidade de declaração de nulidade dos mesmos, conforme a dicção legal externada no art. 4º da Lei nº 4.717/65 (Lei da Ação Popular).

3) A rigor, não existe apenas uma espécie de ação popular. A ação popular pode ser **preventiva**, quando houver a ameaça de lesão ao patrimônio público ou à moralidade administrativa ou ao patrimônio histórico e cultural ou ao meio ambiente, visando a uma ordem impeditiva. Ou **repressiva**, na hipótese da existência de lesão ao patrimônio público, moralidade administrativa, patrimônio histórico-cultural ou meio ambiente, objetivando, a ação, uma determinação eminentemente corretiva.

4) Sobre o objeto da ação popular é necessário afirmarmos que ela será cabível contra atos ilegais ou imorais lesivos ao patrimônio público. A Lei nº 4.717/65, no seu art. 4º, traz um rol meramente exemplificativo de atos ou contratos tidos como nulos e, portanto, passíveis de ação popular. Além destes, que foram explicitados, também podem ser objeto de ação popular os atos lesivos ao patrimônio público que contenham vícios de forma, ilegalidade do objeto, inexistência de motivos, desvio de finalidade ou tenham sido praticados por autoridade incompetente. Acrescentamos, conforme iremos desenvolver, que o patrimônio público a ser protegido na ação popular, pode ser tanto o material quanto o imaterial. Isso se deve à ampliação do objeto de proteção da ação popular à luz da Constituição de 1988. Porém, é necessário expormos que, apesar de ser possível a ação popular contra atos administrativos vinculados e discricionários, não cabe ação popular contra: **a)** Leis ou atos normativos em tese, a teor da Súmula nº 266 do STF, que, apesar de ser relativa ao mandado de segurança, também pode ser manejada para a ação popular (exceto se a lei for de efeito concreto); **b)** atos jurisdicionais[245] (exceto as decisões

244. Conforme lição de Diogo de Figueiredo Moreira Neto, trabalhada por Guilherme Peña, a ação popular se coloca "como um meio de controle judicial da atividade administrativa, com vistas à legalidade, à legitimidade e à licitude, de que dispõe os cidadãos, para demandar a anulação ou declaração de nulidade de atos que ameacem ou lesem valores constitucionalmente protegidos". MOREIRA NETO, Diogo de Figueiredo, p. 149, 1992; e MORAES, Guilherme Peña de, p. 213, 2008.

245. Embora haja autores que admitem a ação popular contra ato jurisdicional, conforme leciona Geisa de Assis Rodrigues o posicionamento majoritário da doutrina e do STF é claro na medida em que as saídas cabíveis contra

judiciais homologatórias de acordo);[246] c) atos políticos, como, por exemplo, o veto do Poder Executivo a um projeto de lei.

5.3. Requisitos da Ação Popular

Para a doutrina constitucional pátria, teríamos de forma resumida dois requisitos para a existência da ação popular, seriam eles:

1) **Requisito subjetivo:** Cidadão. Há necessidade de ser cidadão para ajuizar a ação popular. Cidadão é aquele que possui capacidade eleitoral ativa (eleitor que está em dia com as obrigações eleitorais, portanto, votando).
2) **Requisito objetivo:** Lesão ao patrimônio público (ou mesmo ameaça de lesão ao patrimônio público) por ilegalidade ou imoralidade.

No caso do segundo requisito, temos algumas digressões críticas a fazer:

Não podemos mais concordar com o entendimento clássico de que a lesão ao patrimônio público seria apenas por ilegalidade, conforme o posicionamento de que apenas seria viável a ação popular quando da ocorrência do binômio lesividade-ilegalidade.[247] Acreditamos que a discussão (ou mesmo o debate) em torno do pretenso caráter subjetivo (da vagueza) da concepção de imoralidade já estaria por demais ultrapassada, na medida em que a moralidade foi alçada a princípio constitucional presente no art. 37 da CR/88 (e, portanto, como norma constitucional) e se coloca, atualmente, na doutrina e na jurisprudência dotada de parâmetros de aferição (ainda que os mesmos sejam criticáveis). Nesses termos, consideramos a moralidade administrativa (patrimônio moral)[248] como objeto autônomo da ação popular que poderá existir mesmo sem lesão ao erário público.[249]

os atos jurisdicionais seriam as recursais e após o trânsito em julgado a ação rescisória do art. 485 do CPC. Nesse sentido: "[...] Os atos de conteúdo jurisdicional – precisamente por não se revestirem de caráter administrativo – estão excluídos do âmbito de incidência da ação popular, notadamente porque se acham sujeitos a um sistema específico de impugnação, quer via recursal, quer mediante a utilização de ação rescisória. Doutrina. Jurisprudência. Tratando-se de ato de índole jurisdicional, cumpre considerar que este, ou ainda não se tornou definitivo – podendo, em tal situação, ser contestado mediante a utilização dos recursos previstos na legislação processual –, ou, então, já transitou em julgado, hipótese em que, havendo decisão sobre o mérito da causa, expor-se-á à possibilidade de rescisão (CPC, art. 485)." (PET nº 2.018 AgR/SP – AG. REG. PETIÇÃO. Rel. Min. Celso de Mello, 2ª T, *DJU* 16.02.2001). Esse posicionamento também é defendido por Rodolfo Camargo Mancuso (*Ação Popular*, 2001). Na obra, o renomado autor leciona caber a ação popular contra atos administrativos não cabendo a mesma contra atos legislativos ou jurisdicionais.

246. Conforme o posicionamento do STJ, temos que a ação popular pode ser ajuizada para a desconstituição de acordo homologado na justiça que venha a ferir (contrariar) bens protegidos pela ação popular: "Processual Civil – Decisão Judicial homologatória de acordo em ação de desapropriação – Anulabilidade por Ação Popular. 1. A decisão judicial que homologa acordo entre os litigantes do processo não produz coisa julgada material, podendo ser anulada a avença por ação diversa da rescisória. 2. Recurso especial improvido." (REsp. nº 536.762/RS; Min. Eliana Calmon, 2ª T – *DJU* 15.08.2005 p. 240)
247. Nesse sentido, o clássico Hely Lopes Meirelles (*Mandado de segurança*, 2007).
248. No mesmo sentido Rodolfo Camargo Mancuso (2001) e Gregório Assagra de Almeida (2007).
249. Em decisão, o Pretório Excelso não considerou necessária a demonstração em ação popular de prejuízo material aos cofres públicos (patrimônio material) coadunando com o entendimento aqui esposado: Ementa: Ação Popular. Abertura de conta em nome de particular para movimentar recursos públicos. Patrimônio Material do Poder

5.4. Legitimidade

A) Legitimidade Ativa: é do cidadão. Ou seja, o indivíduo dotado de capacidade eleitoral ativa que esteja em dia com as obrigações eleitorais,[250] devendo-se comprovar tal situação com a juntada do título de eleitor e os devidos comprovantes de votação atualizados. Acrescente-se, ainda, que, independentemente do logradouro eleitoral pode o cidadão ajuizar a ação, em logradouro diferenciado do seu domicílio eleitoral.

Até mesmo o menor entre 16 e 18 anos (relativamente incapaz) que já estiver com capacidade eleitoral poderá ajuizar ação popular. Questão interessante e de discussão doutrinária é aquela que se relaciona com a necessidade, ou não, de assistente para o ajuizamento da ação. Nesse tema, temos duas correntes:

1) A que advoga que ele não precisa de assistência, na medida em que a capacidade exigida é a eleitoral, pois o relativamente incapaz necessitaria de assistência para alguns atos da vida civil (não para todos). E, se ele não precisa de assistência para votar, também não precisa de assistência para ajuizar a ação popular que decorreria da manifestação da cidadania.

2) A que advoga que, embora a capacidade da ação popular seja eleitoral, ela se diferencia da capacidade civil e processual e, por isso, o eleitor menor (civilmente) deveria ser assistido ao propor a ação popular. Nesses termos, a capacidade eleitoral concede ao interessado a capacidade de ser parte, e não a capacidade para estar em juízo.[251]

Questão controvertida na ação popular se refere à natureza da legitimidade ativa do cidadão. Aqui, podemos observar três correntes:

Público. Moralidade Administrativa, art. 5º, inc. LXXIII, da CF. O entendimento sufragado pelo acórdão recorrido no sentido de que, para o cabimento da ação popular, basta a ilegalidade do ato administrativo a invalidar, por contrariar normas específicas que regem a sua prática ou por desviar dos princípios que norteiam a administração Pública, dispensável a demonstração de prejuízo material aos cofres públicos, não é ofensivo ao inc. LXXIII, art. 5º da CF, norma esta que abarca não só o patrimônio material do Poder Público, como também o patrimônio moral, cultural e o histórico. (STF *DJU* 13.08.1999, RE nº 170.768-2-SP, Rel. Min. Ilmar Galvão). Já o STJ tem entendimentos divergentes, no que diz respeito, ao tema. Ou seja, alguns julgados defendem a necessidade cabal de demonstração da prova de lesividade ao erário, porém o mesmo em decisão mais atual já decidiu que a moralidade administrativa pode ser objeto autônomo da ação popular sufragando nosso entendimento. (STJ, REsp. nº 474.475/SP, Rel. Min. Luiz Fux, 1ª T. j. 16.12.2003)

250. A perspectiva amplamente majoritária na doutrina e na jurisprudência, e que segue a dicção legal do art. 1º da Lei nº 4.717/65 do conceito restrito de cidadão para o exercício da ação popular, não é isenta de críticas. Nesses termos: "[...] a respeito da legitimidade ativa da ação popular já nos manifestamos sustentando a necessidade de revisitação do entendimento clássico sobre a matéria, o qual contraria a melhor hermenêutica sobre a interpretação das garantias constitucionais fundamentais. Assim, entendemos que a concepção de cidadão como sendo o cidadão eleitor não é a exigida pelo texto constitucional, que só faz menção à expressão cidadão. A ação popular está dentro das garantias constitucionais fundamentais (art. 5º, LXXIII, da CR/88), de sorte que, se a Constituição não estabelece qualquer restrição à concepção de cidadão, não é compatível qualquer interpretação restritiva. [...] Portanto, o art. 1º parágrafo 1º da Lei 4717/65, por estabelecer restrição indevida à condição de cidadão para efeitos de legitimidade para o ajuizamento de ação popular, não foi recepcionado pela Constituição Federal (art. 5º, LXXIII, da CR/88)." ALMEIDA, 2007 p. 367.

251. Nesse sentido, o posicionamento de Rodolfo Camargo Mancuso (*Ação Popular*, 2001).

1) Os que advogam que ocorre a substituição processual. O cidadão ajuizaria a ação popular em seu nome para a defesa de direitos de terceiros, no caso de direitos difusos da coletividade. Ou seja, direitos do povo (da coletividade) a um governo honesto.[252] Esta permanece como corrente majoritária em nosso ordenamento.

2) Os que advogam que o autor ajuíza a ação em nome próprio para a defesa de direito próprio. Ou seja, o direito de participação na vida política do Estado e fiscalização da gestão do patrimônio público.[253]

3) Os que advogam que ocorreria uma legitimação autônoma para a condução do processo. Essa perspectiva está escorada no direito alemão e na doutrina alemã de legitimação para agir em ações coletivas. Ela foge à lógica tradicional do antigo art. 6º do CPC de 1973 e do art. 18 do novo CPC de 2015, bem como à perspectiva clássica do direito processual que diferencia a legitimidade em ordinária e extraordinária.[254]

Por último, é importante colocarmos que existe na ação popular a previsão legal da habilitação de assistente ou litisconsorte ao autor da ação popular por parte de qualquer cidadão. Essa possibilidade também é extensiva às pessoas jurídicas de direito público ou de direito privado, que, em vez de contestar o pedido, poderão atuar ao lado do autor da ação popular (conforme abaixo, no estudo da legitimidade passiva).

Neste momento, é importante demarcarmos quem **não** pode ser considerado legitimado ativo na ação popular:

1) Estrangeiro, pois o mesmo não pode votar (não tendo capacidade eleitoral ativa), à luz do art. 14 da CR/88. É bem verdade que existe uma exceção que não pode ser esquecida. Esta é a do português equiparado, descrita no parágrafo 1º do art. 12 da CR/88.[255] O português equiparado ao brasileiro naturaliza-do[256] (que é dotado de capacidade eleitoral ativa) deve juntar para a comprovação de sua

252. Nesses termos: Hely Lopes Meirelles (2003), José Celso de Mello Filho e Frederico Marques.

253. Nesse sentido: MORAES, Alexandre de, *Direito Constitucional*, 2007, p. 173; MANCUSO, Rodolfo Camargo, *Ação popular*, 2001; SILVA, José Afonso da, *Ação popular constitucional*. São Paulo: Revista dos Tribunais, 1968.

254. Conforme o entendimento de Nelson Nery Junior e Rosa Maria de Andrade Nery, que são acompanhados por Gregório Assagra de Almeida (2007, p. 399).

255. Parágrafo 1º do art. 12 da CR/88: Aos portugueses com residência permanente no País, se houver reciprocidade em favor de brasileiros, serão atribuídos os direitos inerentes ao brasileiro, salvo os casos previstos nesta Constituição.

256. A igualdade de direitos e deveres entre brasileiros e portugueses atualmente se dá por meio do Tratado Bilateral, celebrado em 22.04.2002, intitulado de Tratado de Amizade, Cooperação e Consulta, entre a República Federativa do Brasil e a República Portuguesa. Esse Tratado foi promulgado no Brasil pelo Decreto nº 3.927/01. No caso do direito de voto, deve o interessado português requerer à Justiça Eleitoral o direito fazendo prova de que goza do direito em Portugal e de que reside no Brasil há pelo menos 3 (três) anos (residência mínima de 3 anos). É interessante assinalar que os direitos políticos de votar e ser votado não poderão ser usufruídos no Estado de origem e no Estado de residência. Assim assegurando os direitos no Estado de residência (no caso do português: no Brasil) esses direitos ficarão suspensos no Estado de origem (no caso do português: em Portugal). MENDES; COELHO; BRANCO, *Curso de direito constitucional*, 2008, p. 721.

legitimidade o certificado de equiparação e gozo dos direitos civis e políticos[257] e o seu título de eleitor.

2) Indivíduo que está com os direitos políticos perdidos ou suspensos, por exemplo, em virtude de ação de improbidade ou de condenação criminal transitada em julgado (enquanto durarem os efeitos da condenação e não extinta a punibilidade).

3) A pessoa jurídica, na medida em que não vota. Essa questão foi sumulada pelo STF a teor da Súmula nº 365.

4) Ministério Público. Sem dúvida, o Ministério Público (por não se enquadrar no conceito restrito de cidadão) não pode ajuizar a ação popular, mas é bom que se diga que ele será parte. É a chamada parte pública autônoma (***custos legis***). Ele deve zelar pela regularidade do processo, pois o mesmo envolve patrimônio público, seja material ou imaterial.

Nesses termos, são necessárias algumas considerações sobre a participação do Ministério Público, sendo elas:

1) Conforme estabelecido na Lei nº 4.717/65, o Ministério Público acompanhará a ação popular, cabendo-lhe apressar produção de provas e promover a responsabilidade civil ou criminal dos que nela incidirem, sendo-lhe vedado, em qualquer hipótese, assumir a defesa do ato impugnado ou de seus autores.

2) Se o autor da ação popular desistir da ação ou der motivo à absolvição de instância, serão publicados editais nos prazos e condições previstos no art. 7º, II, da Lei nº 4.717/65, ficando assegurado ao representante do Ministério Público (bem como a qualquer cidadão), dentro do prazo de 90 dias da última publicação, promover o prosseguimento da ação.

3) O Ministério Público, conforme já observado, não tem a legitimidade para propor ação popular, porém terá legitimidade para propor ação rescisória referente ao decidido na ação popular, de acordo, obviamente, com os requisitos previstos no CPC.[258]

4) O Ministério Público, conforme disposição legal, terá legitimidade ativa para a execução na ação popular. Nesse sentido, caso decorridos 60 (sessenta) dias da publicação da sentença condenatória, sem que o autor ou terceiro promova a respectiva execução, o representante do Ministério Público a promoverá nos 30 (trinta) dias seguintes, sob pena de falta grave.

257. O reconhecimento da equiparação (igualdade) de direitos e obrigações civis entre brasileiros naturalizados e portugueses equiparados será da competência do Ministério da Justiça.

258. Assim sendo: "Nos casos em que a ação popular fez coisa julgada material e havendo as hipóteses de incidência do Código de Processo Civil, nada obsta a propositura da ação rescisória, que pode ser proposta pelas partes no processo. [...] A ação rescisória, no caso, é uma ação civil para tutelar direitos difusos e pode ser manejada pelo Ministério Público. Ademais o Ministério Público está legitimado pelo Código de Processo Civil a propor ação rescisória nas ações em que deveria intervir e não o fez e quando a sentença for fruto de colusão das partes." RODRIGUES, 2007, p. 242.

B) Legitimidade Passiva: conforme dicção legal, a legitimidade passiva será: a) das pessoas jurídicas de direito público e pessoas jurídicas de direito privado e das entidades referidas no art. 1º da Lei nº 4.717/65; b) autoridades,[259] administradores e funcionários; c) beneficiários diretos.

No que diz respeito à legitimidade passiva, alguns comentários são necessários:

1) Conforme o art. 6º, § 3º, da Lei nº 4.717/65, a pessoa jurídica pública ou privada, cujo ato seja objeto de impugnação via ação popular, poderá contestar o pedido, ou abster de contestá-lo e permanecer sem se pronunciar, ou mesmo atuar como assistente ao lado do autor da ação.

2) Os beneficiários diretos a que se refere o art. 6º, § 2º, não podem ser indiretos. Ou seja, tanto a doutrina quanto a jurisprudência entendem que não basta apenas que haja beneficiário da lesão ao patrimônio público, mas exige que o mesmo seja considerado beneficiário direto.[260]

5.5. Procedimento

O procedimento será o ordinário[261] previsto no Código de Processo Civil, e não o especial como nas outras ações constitucionais, nesta obra trabalhadas. Mas, atenção, pois o mesmo será desenvolvido com algumas ressalvas e especificidades (normas modificativas) trazidas pela própria Lei nº 4.717/65, sendo estas, exemplificativamente:

a) O prazo para contestar a ação popular será de 20 (vinte) dias, prorrogável por mais 20 (vinte) dias mediante requerimento do interessado se particularmente

259. É importante ressaltar que: "As autoridades que devem figurar no polo passivo são aquelas diretamente responsáveis pelo ato administrativo impugnado, por isso os membros do Tribunal de contas que tenham apenas apreciado tal ato não tem legitimidade passiva." (RODRIGUES, 2007, p. 202) Esse posicionamento da autora ora citado é corroborado pelo STJ: "Consoante entendimento assente na corte, é desnecessária a citação dos membros do Tribunal de Contas na ação popular, vez que não participam da formação do ato impugnado, exercendo mera função consultiva ou opinativa." (REsp nº 171.317, Rel. Min. Edson Vidigal. STJ, REsp nº 215841, 6ª T, *DJU* 16.04.2001).

260. Conforme entendimento doutrinário e jurisprudencial, "[...] a lei fala em beneficiário direto, o que significa dizer que o favorecido, remota ou indiretamente não deve ser incluído no pólo passivo, ressalvado apenas ao próprio o direito de ingressar como assistente do (s) réu (s), se quiser e demonstrar efetivo interesse jurídico na causa. Em ação na qual se discutia a emissão irregular de títulos públicos, o STJ decidiu que os adquirentes de boa-fé dos títulos em questão não podiam ser caracterizados como beneficiários diretos da fraude, e, portanto, não eram litisconsortes necessários na ação popular, sendo dispensável sua citação (STJ, RMS nº 14.351, Rel. Francisco Falcão, *DJU* 3.2.2003, p. 263)." MEIRELLES, 2003, p. 136.

261. A petição inicial segue, portanto, os requisitos do CPC. Além dos mesmos, deve-se observar que a Lei nº 4.717/65 preleciona no seu art. 1º, parágrafo 3º, que a petição inicial deve estar acompanhada da prova de cidadania, que no caso será o título de eleitor ou documento a ele correspondente. Conforme a lei, temos ainda que, para instruir a inicial, o cidadão poderá requerer às entidades a que se refere o art. 1º as certidões e informações que julgar necessárias, bastando para isso indicar a finalidade das mesmas. Essas certidões e informações segundo ditame legal, deverão ser fornecidas dentro de 15 (quinze) dias dos requerimentos, sendo que só nos casos de interesse público devidamente justificado, poderá ser negada certidão ou informação. Sobre a defesa da ação popular, nos moldes do procedimento ordinário, é necessário afirmarmos serem cabíveis: contestação, exceção de impedimento e suspeição e a impugnação do valor da causa. Sobre as provas não podemos olvidar que são admitidos todos os meios desde que lícitos.

for difícil a produção de prova documental. Além disso, é mister afirmar que o mesmo será comum a todos os interessados, correndo da entrega em cartório do mandado cumprido, ou, quando for o caso, do decurso do prazo assinado em edital.[262]

b) A ação popular não admite reconvenção. Isso se deve à posição do cidadão que ajuíza a ação que, para a corrente majoritária, não age na defesa de direito próprio, mas de direito de toda a coletividade.[263]

c) Existe a possibilidade na ação popular de um julgamento antecipado da lide caso não requerida, até o despacho saneador, a produção de prova testemunhal ou pericial. Nessa hipótese, conforme expresso legislativamente, o juiz ordenará vista às partes por 10 (dez) dias, para alegações, sendo-lhes os autos conclusos para a sentença 48 (quarenta e oito) horas após a expiração desse prazo.[264]

d) Na ação popular, conforme já observado, se o autor desistir da ação ou der motivo à absolvição da instância (atualmente contumácia bilateral ou unilateral do demandante),[265] ficará assegurado a qualquer cidadão, bem como ao representante do Ministério Público, promover o prosseguimento da ação.

5.6. Competência

A competência para processamento e julgamento foi expressa na dicção legal do art. 5º da Lei nº 4.717/65 e será determinada conforme a origem do ato impugnado. Nesses termos, será competente para conhecer da ação, processá-la e julgá-la o juiz que, de acordo com a organização judiciária de cada Estado, o for para as causas que interessem à União, ao Distrito Federal, ao Estado ou ao Município.[266]

---

262. Em relação ao prazo ora explicitado é importante afirmarmos que o mesmo por ser de cunho especial não se coaduna com o estabelecido no art. 183 do novo CPC de 2015, ainda que a demandada seja pessoa jurídica de direito público.

263. Nesse sentido o posicionamento do STJ, afirmando a diversidade entre a ação popular e a reconvenção, sob o fundamento de que na ação popular o autor não ostenta posição jurídica própria, nem titulariza o direito discutido na ação, defendendo interesses de toda a sociedade. Já a reconvenção pressupõe que as partes estejam litigando sobre situações jurídicas que lhe são próprias. (STJ 2ª Turma. REsp. nº 72.065, Rel. Castro Moreira j. 03.08.2004, *DJ* 06.09.2004).

264. Porém, duas questões ainda merecem atenção, sendo as mesmas: a) conforme a própria norma, havendo requerimento de prova o processo tomará o rito ordinário; b) não há impedimento algum para o magistrado, à luz do seu poder instrutório, determinar a produção das provas de ofício, independentemente de requerimento de parte.

265. A absolvição de instância referida no art. 7º da LAP era terminologia empregada pelo CPC de 1939 (art. 201), mas, por ser terminologia equívoca (instância também significa grau jurisdicional), não é utilizada pelo antigo CPC de 1973 e nem pelo novo CPC de 2015.

266. Conforme o art. 5º, parágrafo 1º, para fins de competência, equiparam-se a atos da União, do Distrito Federal, do Estado ou dos Municípios os atos das pessoas criadas ou mantidas por essas pessoas jurídicas de direito público, bem como os atos das sociedades de que elas sejam acionistas e os das pessoas ou entidades por elas subvencionadas ou em relação às quais tenham interesse patrimonial. E, segundo o art. 5º, parágrafo 2º, da Lei nº 4.717/65, quando o pleito interessar simultaneamente à União e a qualquer outra pessoa ou entidade, será competente o juiz das causas da União, se houver; quando interessar simultaneamente ao Estado e ao Município, será competente o juiz das causas do Estado, se houver. Mas aqui uma advertência se faz necessária. Esta diz respeito à sociedade de economia mista como parte na ação popular, na medida em que não será competente para processar e julgar a ação a Justiça Federal, sendo a Justiça Estadual a adequada para conhecimento e julgamento dos feitos, salvo quando a União intervir na ação como assistente ou oponente. Esse posicionamento pretoriano

É importante salientar que a competência da ação popular não trabalha com previsão constitucional que estabelece foro por prerrogativa ou exercício de função. Nesse sentido, não há competência originária do STF para processar e julgar ação popular por foro de função. Nesses termos, decidiu o STF no **AC nº 2596** AgR julgada em **20.03.2013**: "O Supremo Tribunal Federal – por ausência de previsão constitucional – não dispõe de competência originária para processar e julgar ação popular promovida contra o Presidente da Câmara Legislativa do Distrito Federal ou contra qualquer outro órgão ou autoridade da República, mesmo que o ato cuja invalidação se pleiteie tenha emanado do Presidente da República, das Mesas da Câmara dos Deputados ou do Senado Federal ou, ainda, de qualquer dos Tribunais Superiores da União"[267].

Porém, há possibilidades excepcionais que fogem à regra em que o STF já se pronunciou por processar e julgar originariamente ação popular, e dizem respeito às normas do art. 102, I, alíneas "f" e "n",[268] da CR/88. Um exemplo, envolvendo uma dessas alíneas se encontra no Informativo nº **433** do STF e foi exarado na decisão da Reclamação nº 3.331. O caso diz respeito ao julgamento da ação popular que visava atacar o decreto presidencial que demarcou a área indígena **Raposa Serra do Sol**. Nesse sentido, o Pretório Excelso determinou sua competência originária para conhecer de ação popular que dissesse respeito à questão de conflito de competência entre os entes da federação com base no art. 102, I, "f". Nesses termos, a ementa:

é consubstanciado pelas Súmulas **nºs: 517 do STF** (As sociedades de economia mista só têm foro na Justiça Federal quando a União intervém como assistente ou oponente); **556 do STF** (É competente a justiça comum para julgar as causas em que é parte sociedade de economia mista); e **42 do STJ** (Compete a Justiça Comum Estadual processar e julgar as causas cíveis em que é parte sociedade de economia mista e os crimes praticados em seu detrimento).

267. AC 2596 AgR, julgada em **20.03.2013**, Rel. Min. Celso de Mello. STF. Plenário. Pet 5856 AgR, Rel. Min. Celso de Mello, julg. em **25.11.2015**. Em recente julgado: *Ação popular. "Operação carne fraca". Ajuizamento contra o Diretor-geral do departamento de polícia federal e contra a própria polícia federal. Ausência de competência originária do STF. Ação popular de que não se conhece.* Pet 6.910-MC/DF, Decisão: Min. Celso de Mello em **03.04.2017**.

268. Conforme o **Informativo nº 433** do STF: O Tribunal, resolvendo questão de ordem em petição, não conheceu de ação popular ajuizada por advogado contra o Conselho Nacional do Ministério Público – CNMP, na qual se pretendia a nulidade de decisão, por este proferida pela maioria de seus membros, que prorrogara o prazo concedido, pela Resolução nº 5/06, aos membros do Ministério Público ocupantes de outro cargo público, para que estes retornassem aos órgãos de origem. Entendeu-se que a alínea "r" do inciso I do art. 102 da CR ("Art. 102. Compete ao Supremo Tribunal Federal [...] I – processar e julgar, originariamente: [...] r) as ações contra o [...] Conselho Nacional do Ministério Público;"), introduzida pela EC nº 45/04, refere-se a ações contra os respectivos colegiados e não aquelas em que se questiona a responsabilidade pessoal de um ou mais conselheiros, caso da ação popular. Salientou-se, tendo em conta o que disposto no art. 6º, § 3º, da Lei nº 4.417/65 (Lei da Ação Popular), que o CNMP, por não ser pessoa jurídica, mas órgão colegiado da União, nem estaria legitimado a integrar o polo passivo da relação processual da ação popular. Asseverou-se, no ponto, que, ainda que se considerasse a menção ao CNMP como válida à propositura da demanda contra a União, seria imprescindível o litisconsórcio passivo de todas as pessoas físicas que, no exercício de suas funções no colegiado, tivessem concorrido para a prática do ato, ou seja, os membros que compuseram a maioria dos votos da decisão impugnada. Por fim, ressaltando a jurisprudência da Corte no sentido de, tratando-se de ação popular, admitir sua competência originária somente **no caso de incidência da alínea "n" do inciso I do art. 102, da CR, ou de a lide substantivar conflito entre a União e Estado-membro,** concluiu-se que, mesmo que emendada a petição inicial no tocante aos sujeitos passivos da lide e do pedido, não seria o caso de competência originária. (Pet. nº 3674 QO/DF, Rel. Min. Sepúlveda Pertence, 04.10.2006).

EMENTA: RECLAMAÇÃO. USURPAÇÃO DA COMPETÊNCIA. PROCESSOS JUDICIAIS QUE IMPUGNAM A PORTARIA Nº 534/05, DO MINISTÉRIO DA JUSTIÇA. ATO NORMATIVO QUE DEMARCOU A RESERVA INDÍGENA DENOMINADA RAPOSA SERRA DO SOL, NO ESTADO DE RORAIMA. Caso em que resta evidenciada a existência de litígio federativo em gravidade suficiente para atrair a competência desta Corte de Justiça (alínea "f" do inciso I do art. 102 da Lei Maior). Cabe ao Supremo Tribunal Federal processar e julgar ação popular em que os respectivos autores, com pretensão de resguardar o patrimônio público roraimense, postulam a declaração da invalidade da Portaria nº 534/05, do Ministério da Justiça. Também incumbe a esta colenda Corte apreciar todos os feitos processuais intimamente relacionados com a demarcação da referida reserva indígena. Reclamação procedente. (Recl. nº 3.331 Rel. Carlo Britto *DJ* 17.11.2006)

5.7. Decisão na Ação Popular

A decisão da ação popular, quando ocorrer a procedência do pedido, poderá ter a natureza declaratória positiva ou constitutiva negativa e, além destas, será condenatória.

Não é por outro motivo que alguns doutrinadores afirmam que a natureza da decisão da ação popular procedente é dúplice. Ou seja, desconstitutiva (de forma declaratória positiva ou constitutiva negativa) e, ao mesmo tempo, condenatória. Nesse sentido, conforme dicção legal, os efeitos serão:

1º) Invalidar o ato lesivo ao patrimônio público.

2º) Condenação das autoridades, dos administradores, dos funcionários e dos beneficiários em perdas e danos.

3º) Condenação das autoridades, dos administradores, dos funcionários e dos beneficiários em custas e ônus de sucumbência.

4º) Efeito ***erga omnes***.

Podemos analisar de forma precisa e esmiuçada as sentenças que acolhem o pedido manejado na ação popular, nos seguintes termos: a) a decisão que determina a nulidade do ato impugnado será de conteúdo declaratório positivo; b) a decisão que determina a anulação do ato impugnado será de conteúdo constitutivo negativo; c) a decisão que determina a condenação dos responsáveis pelo ato invalidado e dos beneficiados à reparação de perdas e danos será de conteúdo condenatório-reparatório.[269]

5.8. Considerações finais

1) Na ação popular, o juiz poderá condenar ao pagamento de perdas e danos os responsáveis pelo ato impugnado, ainda que não exista pedido do autor para

269. Gregório Assagra traz também a possibilidade de uma decisão de cunho **condenatório preventivo** (teoria trinária) ou de cunho **mandamental preventivo** (teoria quinária). Isso se daria quando após um pedido de tutela inibitória ocorresse a procedência da ação com condenação que evitaria a concretização de ameaça que era iminente a bens protegidos pela ação popular, como, por exemplo, o patrimônio histórico ou o meio ambiente. ALMEIDA, 2007, p. 386.

tal condenação. Ou seja, na ação popular, podemos vislumbrar uma mitigação do princípio da congruência (princípio da adstrição do juiz ao pedido), permitindo-se ao magistrado decidir, portanto, ***ultra petita***.

2) Na ação popular, a decisão pode perfeitamente dispor de forma diferenciada para cada litisconsorte, devendo-se demonstrar a responsabilidade de cada um dos condenados, sejam eles administradores ou autoridades ou mesmo beneficiários diretos.

3) Quem se beneficia da condenação? Sem dúvida, o beneficiário da condenação, quando se trata de lesão ao patrimônio público, será a entidade titular do patrimônio. Porém, no caso de violação a direitos, como ao meio ambiente ou ao patrimônio histórico (nos quais não há titular definido do patrimônio), o ressarcimento do dano causado deve ser revertido para o fundo de direitos difusos em consonância com o artigo 13 da Lei nº 7.347/85 (Lei da Ação Civil Pública).

4) Sobre os recursos, são admitidos todos os previstos no processo civil ordinário, definidos no CPC, existindo apenas as exceções do recurso ordinário constitucional para o STF art. 102, II, e para o STJ art. 105, II, que não podem ser interpostos. Nesses termos, não mais se sustenta a doutrina que afirmava serem possíveis na ação popular apenas a apelação e o agravo na modalidade de instrumento, conforme a terminologia do art. 19 da Lei nº 4.717/65.

5) Uma outra questão relevante sobre a via recursal da Ação popular é a que preleciona a possibilidade de qualquer cidadão, ou mesmo do Ministério Público, recorrer das sentenças e decisões proferidas contra o autor da ação (decisões de improcedência do pedido) e suscetíveis de recurso.

6) ação popular é isenta de custas para o legitimado ativo, salvo se comprovada a má-fé, conforme ditame constitucional. Porém, se o autor usar de má-fé e o órgão julgador entender que o mesmo atuou de forma manifestamente temerária na lide, ele será condenado ao décuplo das custas, conforme o art. 13 da Lei nº 4.717/65.

7) Se não houver provimento da ação popular por deficiência de provas, a ação popular poderá ser renovada por qualquer cidadão, conforme o art. 18 da Lei nº 4.717/65. Nesse caso, a sentença não terá eficácia oponível ***erga omnes***. Nesse sentido, na ação popular temos a adoção da coisa julgada ***secundum eventum litis*** (segundo o resultado do julgamento) e ***secundum eventum probationis*** (segundo resultado da prova).

8) Conforme o art. 16 da Lei nº 4.717/65, se o autor da ação popular não promover a execução, caberá obrigatoriamente ao MP promovê-la.[270]

---

270. Art. 16 da Lei nº 4.717/65: "Caso decorridos 60 (sessenta) dias da publicação da sentença condenatória de segunda instância, sem que o autor ou terceiro promova a respectiva execução, o representante do Ministério Público a promoverá nos 30 (trinta) dias subsequentes, sob pena de falta grave."

9) Na ação popular haverá a possibilidade de duplo grau de jurisdição obrigatório. Assim sendo, existirá reexame necessário (recurso de ofício) na ação popular, só que (diferentemente do mandado de segurança) com a ocorrência da improcedência da ação.

10) O prazo prescricional para ajuizar a ação popular é de cinco anos, conforme o art. 21 da Lei nº 4.717/65.

6. *HABEAS CORPUS*

6.1. Origem do *habeas corpus*, a doutrina brasileira do *habeas corpus* e a sua inserção nas Constituições pátrias (breve histórico)

Podemos observar a origem do ***habeas corpus*** à luz de duas perspectivas. Uma de origem romana, que vislumbra a etimologia do termo por sua história mais remota, e outra de matriz inglesa, que irá nos conduzir à concepção moderna do que entendemos, atualmente, pelo instituto do ***habeas corpus***.

Etimologicamente, ***habeas*** significa ter, tomar; bem como ***corpus*** é traduzido como corpo. Portanto, em acepção clássica derivada do Direito romano e de suas instituições, ***habeas corpus*** significaria "tomar o corpo do detido e submetê-lo ao Juiz para o julgamento do caso." Nesses termos, o mesmo, ainda que de forma incipiente, já existia no Direito romano.[271]

Mas, sem dúvida, é no Direito inglês que o ***habeas corpus*** finca sua origem moderna. Um ponto de partida é o capítulo XXXIX da Magna Carta de 1215, outorgada pelo Rei João Sem Terra. Esta assim prelecionava: Ninguém poderá ser detido, preso ou despojado de seus bens, costumes e liberdades, senão em virtude de julgamento por seus pares, de acordo com as leis do país. Porém, mesmo com a ***Magna Carta Libertatum***, as arbitrariedades permaneceram, visto que ainda foram necessários: o ***Petition of Rights*** de 1628 e, posteriormente, os famosos ***Habeas Corpus Act*** de 1679 e de 1816,[272] para que ocorresse a consolidação da defesa da liberdade de locomoção contra violências e abusos no Direito inglês.

---

271. Conforme Pinto Ferreira: "Raízes históricas do *habeas corpus* já podem ser encontradas no direito romano, que à distância influenciou o direito ocidental. Pretende-se que os romanos já conheciam uma garantia criminal preventiva de natureza análoga ao *habeas corpus*, como seja, o *interdictum de homine libero exhibendo*, como ordem que o pretor dava a trazer o cidadão ao seu julgamento, apreciando a legalidade da prisão efetuada." FERREIRA, Luiz Pinto, *Teoria e prática do habeas corpus*, p. 20.
272. Segundo a clássica doutrina de Pontes de Miranda, bem como a de Gamil Foppel e Rafael Santa: "Com o passar dos tempos, notou-se a imperfeição do *Act* de 1679, que só se referia a pessoas privadas de liberdade por serem acusadas de crime, de sorte que não tinham direito de pedir *habeas corpus* as detidas por outras acusações ou meros pretextos. Nem sequer havia outro remédio com que obtivessem uma decisão sobre a legalidade da encarceração. Veio a corrigir tais falhas o Habeas corpus Act de 1816, passando o remédio heroico a tutelar também a pessoas presa ou detida por motivos diversos da acusação criminal. Firmou-se assim, a garantia do *habeas corpus* contra todas as formas de coação ilegal à liberdade corpórea." In: *Ações constitucionais*: *habeas corpus*, 2007, p. 8.

No Brasil, embora não sem divergências doutrinárias,[273] é cediço afirmar que o ***habeas corpus*** somente surge no Código de Processo Criminal de 1832. Embora alguns autores insistam em apontar antecedentes remotos, não há dúvida de que só temos de forma expressa nesse referido Código. Nesse sentido, o art. 340 do mesmo assim previa: "Todo o cidadão que entender que ele ou outrem sofre uma prisão ou constrangimento ilegal em sua liberdade tem o direito de pedir uma ordem de ***habeas corpus*** a seu favor." É interessante observarmos que, inicialmente, só foi contemplada de forma explícita a defesa da liberdade no molde liberatório, não existindo previsão para a sua defesa preventiva. Essa proteção só surge em 20 de setembro de 1871 com o advento da Lei nº 2.033, na qual se explicita o ***habeas corpus*** preventivo, conforme art. 18, § 1º, nos seguintes termos: "Tem lugar o pedido e concessão da ordem de ***habeas corpus,*** ainda, quando o impetrante não tenha chegado a sofrer constrangimento corporal, mas se veja dele ameaçado."

Já a constitucionalização do remédio heroico vem com a Constituição de 24 de fevereiro de 1891, que prelecionava no seu art. 72, § 22: "Dar-se-á o ***habeas corpus*** sempre que o indivíduo sofrer ou se achar em iminente perigo de sofrer violência ou coação por ilegalidade ou abuso de poder."

Fato é que, a partir de sua constitucionalização, surge no Brasil, no final do século XIX e início do século XX, a intitulada doutrina brasileira do ***habeas corpus***. Esta buscava, na esteira de autores como Ruy Barbosa, uma interpretação mais ampla para a esfera de proteção do ***habeas corpus***. Ou seja, o remédio heroico não deveria apenas defender a liberdade de locomoção, mas seria empregado para a defesa de todo e qualquer direito[274] líquido e certo violado ou ameaçado de violação.

Nesse sentido, vislumbra-se, a princípio, duas correntes: a) a de Ruy Barbosa, buscando uma interpretação extensiva para o ***writ***; e b) a clássica, defendendo o ***habeas corpus*** como instrumento de garantia apenas da liberdade de locomoção.

Pois bem, a corrente que preponderou no STF não foi nem uma nem outra, mas, sim, uma terceira vertente, a nosso ver, intermediária. Para essa corrente o ***habeas corpus*** continuaria a ser tradicionalmente usado para a defesa da liberdade de locomoção, mas seria cabível, além dos casos de prisão e de ameaça iminente de prisão, para ser meio de proteção de direitos que tivessem na liberdade física condição necessária para seu exercício. Essa posição, que teve por defensores Pedro

---

273. Para alguns doutrinadores o *habeas corpus*, ainda que não expressamente reconhecido no ordenamento jurídico, teria surgido antes do Código de Processo Penal de 1832, com o advento do Decreto Regencial de 23 de maio 1821 e posteriormente com a Constituição Imperial de 1824, que prelecionava no seu artigo 179, VIII: Ninguém poderá ser preso sem culpa formada, exceto nos casos declarados em lei; e nestes, dentro de vinte e quatro horas, contadas da entrada na prisão, sendo em cidades, vilas ou outras povoações próximas aos lugares da residência do juiz, e nos lugares remotos, dentro de um prazo razoável que a lei marcará, atenta à extensão do território, o juiz por uma nota por ele assinada fará constar ao réu o motivo da prisão, o nome do seu acusador e os das testemunhas, havendo-as. Portanto, a tese defendida era a de que havia a previsão do *habeas corpus* mesmo que de forma implícita. Entre os defensores dessa corrente, temos Flávio Augusto Saraiva Straus.

274. Como, por exemplo, direitos políticos, de expressão, de reunião, de liberdade religiosa etc.

Lessa e Pontes de Miranda, (apesar de intermediária e sem radicalismo), ampliou a esfera de atuação do ***writ***.

Nesses termos, podemos, sem dúvida alguma, afirmar a existência de uma teoria brasileira do ***habeas corpus*** na qual o mesmo, de forma ampla, serviu à tutela de direitos para cujo exercício fosse a liberdade de locomoção condição indispensável.[275]

Acontece que a doutrina extensiva do ***habeas corpus*** e o seu reconhecimento pelo STF tiveram fim em 1926 com a reforma da Constituição de 1891. Nesta ocorreu a alteração do referido art. 72, § 22, da Constituição nos seguintes termos: "Dar-se-á ***habeas corpus*** sempre que alguém sofrer ou se achar em perigo de sofrer violência por meio de prisão ou constrangimento ilegal em sua liberdade de locomoção." Podemos observar a referência específica do novo ***writ*** a ilegalidades ou abusos de poder à liberdade de ir e vir. Mas, como ficariam os outros direitos até então com proteção garantida via ***habeas corpus***? Ora, a resposta viria com a criação na Constituição de 1934 do mandado de segurança que seria, a partir de então, o remédio adequado para a proteção de direitos líquidos e certos, lesionados ou ameaçados de lesão, não amparados pelo ***habeas corpus***.

Voltando ao ***habeas corpus***, já com a interpretação do mesmo apenas para a liberdade de locomoção, temos sua sequência nas Constituições do seguinte modo: a) Constituição de 1934 no art. 113, XXIII: "Dar-se-á ***habeas corpus*** sempre que alguém sofrer ou se achar ameaçado de sofrer violência ou coação em sua liberdade por ilegalidade ou abuso de poder. Nas transgressões militares, não cabe o ***habeas corpus***"; b) Constituição Polaca de 1937 no seu art. 122 § 16: "Dar-se-á ***habeas corpus*** sempre que alguém sofrer, ou se achar na iminência de sofrer violência ou coação ilegal, na sua liberdade de ir e vir, salvo nos casos de punição disciplinar"; c) Constituição de 1946 no seu art. 141, § 23: "Dar-se-á ***habeas corpus*** sempre que alguém sofrer, ou se achar ameaçado de sofrer violência ou coação em sua liberdade de locomoção, por ilegalidade ou abuso de poder. Nas transgressões disciplinares não cabe o ***habeas corpus***." A carta Constitucional de 1967 no seu art. 150, § 20, manteve a redação de 1946, da mesma maneira que a Emenda Constitucional nº 1 de 1969 em seu art. 153, § 20.[276] E, por último, a atual Constituição de 1988 que preceitua no art. 5º, LXVIII: "Conceder-se-á ***habeas corpus*** sempre que alguém sofrer ou se achar ameaçado de sofrer violência ou coação em sua liberdade de locomoção, por ilegalidade ou abuso de poder." Além disso, estabelece no art. 142, § 2º, que não cabe ***habeas corpus*** em relação a punições disciplinares militares.

---

275. FOPPEL, Gamil; SANTA, Rafael, op. cit., 2007, p. 12.
276. É mister salientar nessa perspectiva histórica a ocorrência de restrições e limitações ao *habeas corpus* não só no que tange às transgressões militares, conforme os textos constitucionais citados, mas também à suspensão do *writ* no caso de crimes políticos contra a segurança nacional e social e contra a economia popular, de acordo com o estabelecido no AI nº 5 de 1968.

6.2. Conceito e natureza jurídica do instituto

O ***habeas corpus*** pode ser conceituado como uma ação constitucional de natureza penal e procedimento especial que visa a reparar ou evitar violência ou coação à liberdade de locomoção em virtude da prática de ilegalidade ou abuso de poder.

Um ponto merece nossa atenção na definição acima. Nesses termos, é importante salientarmos que, não obstante no atual Código de Processo Penal o ***habeas corpus*** estar enquadrado no título que diz respeito aos recursos, ele, sem dúvida, é uma ação dotada de autonomia própria e de cunho mandamental. Esse entendimento recorrente na doutrina pátria também é jurisprudencial,[277] visto que o ***habeas corpus***, diferentemente de um recurso, pode ser impetrado sem que exista processo, sendo viável ainda que haja decisão judicial já protegida pela coisa julgada,[278] podendo, inclusive, substituir a via recursal[279] ou mesmo ser manejado cumulativamente a um recurso.[280]

6.3. Algumas características da ação de *habeas corpus*

O ***habeas corpus*** traz em seu bojo algumas peculiaridades interessantes de serem tematizadas. A primeira delas é a que deixa claro que o ***habeas corpus*** tem por objetivo fulcral garantir todos os direitos que se relacionam com a liberdade de locomoção presentes no art. 5º, XV, da CR/88. Ou seja, o remédio é meio idôneo para proteger a liberdade de ir e vir no que diz respeito ao deslocamento de alguém, mas, também, ao acesso, à permanência, bem como à saída do território nacional. Outro ponto interessante se refere ao órgão do Poder Judiciário incumbido de analisar o ***habeas corpus*** não estar vinculado ao pedido ou à causa de pedir, explicitados na inicial. Nesses termos, a jurisprudência do Pretório Excelso tem entendido que o Poder Judiciário deve e pode considerar atos de violência e coação à liberdade de locomoção mesmo que estes não tenham sido citados na exordial, podendo, inclusive, conceder o remédio heroico aquém ou mesmo além do pedido.[281]

---

277. Conforme o STJ: "O habeas corpus não tem o limite normativo do recurso. Outro é o pressuposto. Pouco importa preclusão, ou a coisa julgada; garantia constitucional, posta-se acima dos procedimentos – em homenagem ao direito de liberdade. A Carta Política é categórica, destinando-o sempre que alguém sofrer ou se achar ameaçado de sofrer violência ou coação em sua liberdade de locomoção, por ilegalidade ou abuso de poder." (STJ – 6ª Turma – RHC nº 7.553 – Rel. Luiz Vicente Cernicchiaro – *DJU* 29.06.1998).
278. Conforme Grinover, Gomes Filho e Scarance Fernandes (*Recursos no processo penal*, p. 145. Ver também Foppel e Santana (*Habeas corpus*, 2007, p. 15).
279. O ***habeas corpus*** **substitutivo** ocorre quando o impetrante, em vez de interpor o recurso cabível contra a decisão, opta por questioná-la ajuizando novo habeas corpus, dirigido à instância superior. Aqui uma pergunta interessante: A jurisprudência admite o "habeas corpus substitutivo"? Trata-se de tema extremamente polêmico. Em regra, o STJ e 1ª Turma do STF atualmente não admitem. Sustentam que não é possível a impetração de habeas corpus substitutivo de recurso próprio. No entanto, se a ilegalidade exposta for flagrante, ou então a decisão combatida for teratológica, é possível que Tribunal conceda habeas corpus de ofício. Já a 2ª Turma do STF admite o *habeas corpus* substitutivo.
280. Conforme a doutrina de Foppel e Santana (2007) e a jurisprudência do egrégio STJ – 6ª Turma (RCH nº 7.553 – Rel. Luiz Vicente Cernicchiaro – j. 09.06.1998).
281. STF – 2ª T. – HC nº 69.421/SP – Rel. Min. Marco Aurélio. STF 2ª T – HC nº 69.172/RJ (*DJ* 14.08.92) – Rel. Min. Marco Aurélio. HC nº 69.421/SP 21-08-92 – Rel. Min. Marco Aurélio.

Uma outra particularidade que caracteriza a ação de ***habeas corpus*** diz respeito à sua concessão para um corréu. Conforme o Código de Processo Penal, se a concessão não se deu por motivos exclusivamente de ordem pessoal, deve ser estendida aos corréus.[282]

É necessário também lembrarmos que:

a) segundo digressão legal presente no CPP, o ***habeas corpus*** é uma ação que pode ser concedida de ofício pelos juízes ou Tribunais pátrios;

b) a impetração do ***habeas corpus*** pode ser feita por telegrama, radiograma ou telex, por telefone e reduzido a termo pela Secretaria,[283] sendo, atualmente, possível a impetração pela via eletrônica do e-mail, nos termos da informatização do Poder Judiciário;[284]

c) o ***habeas corpus*** como ação de cognição sumária deve ser manejado com prova pré-constituída, não se viabilizando dilação probatória ou mesmo reexame de análise probatória;[285]

d) desnecessidade de advogado (capacidade postulatória para a impetração[286], além da intitulada legitimidade ativa ampla, que, posteriormente, será explicitada;

e) não há, em regra, possibilidade do conhecimento de ***habeas corpus*** que tenha como fundamentos repetição de razões já trabalhadas em impetração anteriormente indeferida;[287]

f) é uma ação que pode ser usada como sucedâneo recursal ou mesmo cumulativamente a um recurso, como já observado;

---

282. Art. 580 do CPP: No caso de concurso de agentes a decisão do recurso interposto por um dos réus, se fundado em motivo que não sejam de caráter exclusivamente pessoal, aproveitará os outros.
283. O STF também admite a impetração via fax, condicionando seu conhecimento a que o mesmo seja ratificado pelo impetrante no prazo concedido pelo ministro relator (Informativo nº 45 do STF). No STJ desde 1991 exige-se a autenticação dos originais da peça inicial sob pena de recusa da petição. (Resolução nº 43 de 23.10.1991 do STJ).
284. TAVORA, Nestor; ANTONNI, Rosmar. *Curso de direito processual penal*, 2008, p. 954.
285. Nesse sentido, acrescentamos que: *"[...] apesar de haver entendimento de que a impetração seja instruída com rol de testemunhas, a jurisprudência e a doutrina majoritária posicionam-se pelo não cabimento de qualquer colheita de prova testemunhal ou pericial, mormente quando a questão demanda urgência como no habeas corpus liberatório." TAVORA, Nestor; ANTONNI, Rosmar. Curso de direito processual penal, p. 948, 2008. Em posição minoritária, sustentando a possibilidade testemunhal no procedimento do habeas corpus, temos, por exemplo, Lucio Santoro, que preleciona ser "irracional, para garantir um direito fundamental do indivíduo, a permissão somente, da produção de prova documental no processo de habeas corpus, quando a inquirição de testemunhas fosse a única forma de demonstrar o constrangimento." Habeas corpus*, p. 109.
286. Devemos salientar que segundo o **STF** essa **capacidade se estende inclusive para a via recursal.** Nesse sentido, no HC 102.836 AgR, a 1ª Turma do STF em 08.11.2011 *conheceu de agravo regimental por considerar possível interposição de recurso em habeas corpus sem necessidade de habilitação legal. Asseverou que, nos termos do art. 654 do CPP ("O habeas corpus poderá ser impetrado por qualquer pessoa, em seu favor ou de outrem, bem como pelo Ministério Público"), qualquer um poderia impetrar essa garantia constitucional em causa própria ou em favor de outrem. Sublinhou que o estatuto da OAB excluiria essa modalidade de ação da atividade privativa da advocacia independentemente de instância ou de tribunal (Lei 8.906/94: Art. 1º § 1º).*
287. MORAES, Alexandre de, *Direito constitucional*, 2007. p. 115. Porém o autor nos mostra que o STJ em caráter excepcional já conheceu de liminar em *habeas corpus* que havia sido negada em *habeas corpus* anterior. Segundo o mesmo, essa possibilidade se daria "quando o ato coator presente manifesta ilegalidade, com efeitos danosos irreparáveis." (STJ – 5ª T. RHC nº 1.507/PB Rel. Min. Assis Toledo *DJ* 16.11.92).

g) o ***habeas corpus***, embora não possa ser abolido (suprimido) do ordenamento jurídico pátrio, em virtude do limite material explícito do art. 60, § 4º, IV, CR/88, ao Poder Constituinte derivado-reformador, pode ser limitado (restringido) por ditame previsto na própria normatividade constitucional. Nesse sentido, é mister salientar que, na hipótese excepcional de decretação e vigência do Estado de Sítio, podem ser fixadas determinações para que pessoas permaneçam em localidades determinadas, ao teor do art. 139 da CR/88.

6.4. Espécies de *habeas corpus*

Não raro a doutrina divide o ***habeas corpus*** em dois tipos. Ou seja, o ***habeas corpus*** preventivo (salvo-conduto) e o ***habeas corpus*** repressivo (liberatório). O primeiro visa a evitar a violência ou coação à liberdade de locomoção de um indivíduo que está na iminência (ameaça efetiva) de sofrer a constrição na liberdade de locomoção. Para tal, é expedida uma ordem de salvo-conduto. Já o segundo visa a cessar com a violência ou coação à liberdade de ir e vir, em virtude da violação ao direito garantido constitucionalmente já estar ocorrendo.

Porém, a doutrina vem trabalhando outras denominações para as espécies de ***habeas corpus***. Ainda que não sejam recorrentes, para a maioria dos doutrinadores, tomamos a liberdade de citá-las:

a) ***habeas corpus*** suspensivo: aquele que irá ocorrer quando já existir a expedição de mandato prisional, mas o indivíduo ainda não foi preso. Portanto, essa espécie teria por objetivo evitar o implemento prisional;[288]

b) ***habeas corpus*** profilático: aquele em que no ato ilegal não existe violência ou coação na liberdade de locomoção, nem mesmo na forma iminente, porém este (ato praticado) permite que o constrangimento (violação) à liberdade de ir e vir possa surgir. Nesse sentido, os exemplos seriam o do ***habeas corpus*** para **trancamento da ação penal**[289] ou mesmo do inquérito policial (ainda que o acusado não esteja preso ou que sequer haja ordem de prisão expedida);[290]

c) Teríamos ainda o ***habeas corpus* substitutivo:** aquele que ocorre quando o impetrante, em vez de interpor o recurso cabível contra a decisão, opta por questioná-la ajuizando novo *habeas corpus*, dirigido a instância superior;

---

288. TAVORA, Nestor; ANTONNI, Rosmar. *Curso de direito processual penal*, 2008, p. 975.

289. **HC 95.058/ES**: *"(...) I – O trancamento de ação penal pela via do habeas corpus, segundo pacífica jurisprudência desta Casa, constitui medida excepcional só admissível quando evidente a falta de justa causa para o seu prosseguimento, seja pela inexistência de indícios de autoria do delito, seja pela não comprovação de sua materialidade, seja ainda pela atipicidade da conduta do indiciado. II – Há ausência de justa causa para ação penal quando os fatos imputados ao paciente, como no caso, ictu oculi, não configuram crime. III – Ordem concedida.* Rel. Min. Ricardo Lewandowski. (**Informativo 678 do STF**). Aqui a 2ª Turma do STF já afirmou que: *"a jurisprudência do STF seria no sentido de que a extinção da ação penal de forma prematura, via "habeas corpus", somente se daria em hipóteses excepcionais, quando patentemente demonstrada: a) a atipicidade da conduta; b) a ausência de indícios mínimos de autoria e materialidade delitivas; ou c) a presença de causa extintiva da punibilidade."* HC 127288/SP, rel. Min. Teori Zavascki, 23.08.2016 (Inf. 835 do STF)

290. *Habeas corpus* CONSTANTINO, Lúcio Santoro de. p. 40.

d) E o ***habeas corpus coletivo*:** No que tange a essa espécie, temos o recente reconhecimento do ***habeas corpus coletivo*** pelo STF em **20.02.2018,** na decisão da 2ª turma, no **HC nº 143.631/SP**. A decisão envolveu a substituição da prisão preventiva pela prisão domiciliar, nos termos da Lei nº 13.257/2016. Nesse sentido, o STF determinou (como já citado na obra) a concessão de ***habeas corpus coletivo*** para: a) gestantes; b) puérperas (que deram à luz há pouco tempo); c) mães de crianças (isto é, mães de menores até 12 anos incompletos) ou; d) mães de pessoas com deficiência.[291]

Segundo a decisão, o *habeas corpus* se presta a salvaguardar a liberdade. Portanto, se o bem jurídico ofendido é o direito de ir e vir, ele pode ser pessoal, ou de um grupo determinado de pessoas. Nesse sentido, o instrumento processual para resgatá-lo pode ser o ***habeas corpus individual*** ou ***habeas corpus coletivo***. Portanto, teríamos não só o ***habeas corpus individual***, mas também o **coletivo**.

No **HC nº 143.631/SP**, o STF afirmou que a Constituição prevê que o mandado de segurança é cabível quando não for o caso de *habeas corpus* (art. 5º, LXIX). Assim sendo, existiria, portanto, uma equivalência entre essas ações constitucionais. Portanto, se a Constituição prevê a existência do mandado de segurança coletivo (art. 5º, LXX), por dedução, pode-se reconhecer a possibilidade do ***habeas corpus coletivo***.[292]

Aqui, apesar de não haver uma previsão expressa no ordenamento jurídico, existem dois dispositivos legais que, indiretamente, revelam a possibilidade de ***habeas corpus coletivo***. Seriam o art. 654, § 2º, e o art. 580, ambos do CPP. O art. 654, § 2º, estabelece que compete aos juízes e tribunais expedir ordem de habeas corpus de ofício. Já o art. 580 do CPP, permite que a ordem concedida em determinado *habeas corpus* seja estendida para todos que se encontram na mesma situação. Assim, conclui-se que os juízes ou Tribunais podem estender para todos que se encontrem na mesma situação a ordem de *habeas corpus* concedida individualmente em favor de uma pessoa.

291. A Segunda Turma, por maioria, concedeu a ordem em "habeas corpus" coletivo, impetrado em favor de todas as mulheres presas preventivamente que ostentem a condição de gestantes, de puérperas ou de mães de crianças sob sua responsabilidade. Determinou a substituição da prisão preventiva pela domiciliar — sem prejuízo da aplicação concomitante das medidas alternativas previstas no art. 319 do CPP (1) — de todas as mulheres presas, gestantes, puérperas, ou mães de crianças e deficientes sob sua guarda, nos termos do art. 2º do ECA (2) e da Convenção sobre Direitos das Pessoas com Deficiência (Decreto Legislativo 186/2008 e Lei 13.146/2015), relacionadas nesse processo pelo DEPEN e outras autoridades estaduais, enquanto perdurar tal condição, excetuados os casos de crimes praticados por elas mediante violência ou grave ameaça, contra seus descendentes ou, ainda, em situações excepcionalíssimas, as quais deverão ser devidamente fundamentadas pelos juízes que denegarem o benefício. (Informativo 891 do STF) HC 143641/SP. Rel. Min. Ricardo Lewandowski, julgado em 20.02.2018. É interessante que o entendimento atual do STJ era no sentido da impossibilidade de habeas corpus coletivo. Nesse sentido: STJ. 5ª Turma. AgRg no RHC 41.675/SP, Rel. Min. Ribeiro Dantas, julgado em 05.10.2017.
292. O Ministro Ricardo Lewandowski citou processo julgado pela Corte Suprema argentina que, em caso envolvendo pessoas presas em situação insalubre, reconheceu o cabimento de habeas corpus coletivo ("caso Verbitsky"). Na Argentina, assim como no Brasil, não há previsão constitucional expressa de *habeas corpus coletivo*.

É importante salientar que a 2ª Turma do STF entendeu cabível a impetração coletiva e afirmou que a ação coletiva é um dos únicos instrumentos capazes de garantir o acesso à justiça dos grupos mais vulneráveis socioeconomicamente. Nesse sentido, explicitou o STF que ele tem admitido com maior amplitude a utilização da ADPF e do mandado de injunção coletivo. Porém, a existência de outras ferramentas disponíveis para suscitar a defesa coletiva de direitos não deve obstar o conhecimento do ***habeas corpus coletivo***. No caso da ADPF, por exemplo, o rol de legitimados é consideravelmente mais restrito. Além disso, ponderou o STF que o acesso à justiça, sobretudo de mulheres presas e pobres, diante de sua notória deficiência, não pode prescindir da atuação dos diversos segmentos da sociedade civil em sua defesa.[293]

6.5. Cabimento do *habeas corpus*

Conforme normativa constitucional citada alhures, temos claro que o ***habeas corpus*** se torna cabível quando alguém se encontra ameaçado ou já violentado (ou coagido) na sua liberdade de locomoção. Sem dúvida, se, por um prisma processual,[294] toda ação tem uma causa de pedir, a de ***habeas corpus*** refere-se diretamente a uma violação da liberdade de ir e vir. Se não existir essa transgressão (contrariedade legal ou constrangimento ilegal), ainda que por via reflexa, à liberdade de ir e vir, não há que se falar na ação ora analisada.[295]

É bem verdade que existem hipóteses de cabimento definidas no Código de Processo Penal à luz do seu art. 648, porém, sob pena de amesquinhamento do direito fundamental consagrado na Constituição, é mister salientarmos que essas

293. Um argumento contrário à impetração do HC coletivo era o de que ele beneficiaria um universo de mulheres indeterminadas ou indetermináveis. Afirmou o STF que: "Ademais, as autoridades estaduais apresentaram listas contendo nomes e demais dados das mulheres presas preventivamente, de modo que fica superada qualquer alegação no sentido de as pacientes serem indeterminadas ou indetermináveis. O fato de a ordem, se concedida, poder se estender a outras mulheres em idêntica situação não representa novidade, ao contrário, constitui uma das consequências normais do instrumento. Fundamental, ainda, que a decisão do STF, no caso, contribua para imprimir maior isonomia às partes envolvidas, para permitir que lesões a direitos potenciais ou atuais sejam sanadas com mais celeridade e para descongestionar o acervo de processos em trâmite no país." (Inf.891 do STF)

294. Conforme o magistério de TAVORA e ANTONNI: A ação do *habeas corpus* não foge à regra. Há uma causa de pedir próxima e uma causa de pedir remota. A causa de pedir delimita a resposta jurisdicional requestada pela parte. A causa de pedir próxima é o ato que viola ou ameaça à liberdade de locomoção, espelhada na narração fática da petição inicial, que deu origem a pretensão. A causa petendi remota é a norma jurídica construída em face da compreensão do caso concreto, mormente a partir do enunciado do art. 5º, XV e LXVIII, da Constituição do Brasil, retratada nos fundamentos jurídicos do pedido. Em poucas palavras, a causa de pedir do *habeas corpus* é a violação à liberdade de ir e vir do indivíduo. (TAVORA, Nestor; ANTONNI, Rosmar. *Curso de direito processual penal*, 2008, p. 940).

295. Segundo o STF, cabe habeas corpus mesmo nas hipóteses que não envolvem risco imediato de prisão, como na análise da licitude de determinada prova ou no pedido para que a defesa apresente por último as alegações finais, se houver a possibilidade de condenação do paciente. Isso porque neste caso a discussão envolve liberdade de ir e vir. STF. 2ª Turma. HC 157627 AgR/PR, rel. orig. Min. Edson Fachin, red. p/ o ac. Min. Ricardo Lewandowski, julgado em 27.08.2019 (Info 949).

hipóteses são meramente exemplificativas. Portanto, não sendo taxativas,[296] essas hipóteses apenas detalham possíveis formas de materialização da transgressão (constrangimento ilegal) à liberdade de ir e vir que está tutelada no texto constitucional.

Pois bem, feita essa colocação, podemos observar as hipóteses de cabimento presentes na normativa processual penal. Conforme o citado art. 648 do CPP, a coação considerar-se-á ilegal quando: a) não houver justa causa;[297] b) alguém estiver preso por mais tempo que determina a lei;[298] c) quem ordenar a coação não tiver competência para fazê-lo;[299] d) houver cessado o motivo que autorizou a coação; e) não for admitida a prestação de fiança, nos casos em que a lei autoriza; f) o processo for manifestamente nulo; g) extinta a punibilidade.

É mister salientar, também, algumas hipóteses de **não** cabimento do ***habeas corpus*** que estão descritas na jurisprudência do Pretório Excelso. Inicialmente, temos que a Súmula nº 606 do STF expressa que não cabe ***habeas corpus*** originário

296. O cabimento de *habeas corpus* não atrelado ao art. 648 do CPP para defender a garantia contra autoincriminação prevista constitucionalmente é um exemplo atual e recorrente, no que diz respeito às práticas da Comissões Parlamentares de Inquérito. Sem dúvida, o STF vem reconhecendo aos investigados: *direito de exercer o privilégio constitucional contra autoincriminação, sem que se possa dotar, contra o paciente em questão, como consequência do regular exercício dessa especial prerrogativa jurídica, qualquer medida restritiva de direitos ou privativa de liberdade, não podendo, ainda, tal paciente, ser obrigado a assinar termo de Compromisso na condição de testemunha.* (STF – HC nº 88.015 – MC – Rel. Min. Celso de Melo – Decisão monocrática – j. 14.02.2006. *DJ* 21.02.2006). FOPPEL, Gamil; SANTANA, Rafael, *Habeas Corpus*, 2007, p. 24.

297. A inexistência de justa causa pode ser analisada a partir de algumas nuances. Ou seja, podemos estar diante de falta de justa causa para a: *1) prisão; 2) ação penal; 3) investigação criminal. No que tange à prisão, devem ser observados os requisitos que autorizam a prisão (seja qualquer das prisões permitidas constitucional e infraconstitucionalmente em nosso ordenamento), bem como a devida necessidade de fundamentação da mesma. A justa causa para ação penal guarda uma relação direta com a existência do que a doutrina chama de lastro probatório mínimo, no qual a denúncia deve vir acompanhada. Além disso a falta de justa causa na ação penal pode ser analisada como tema de mérito nos casos de explícita atipicidade da conduta que foi imputada ou mesmo a manifesta extinção da punibilidade. Nesses termos, posiciona-se a abalizada doutrina: certo é que a inexistência de suporte mínimo de prova, seja pela atipicidade da conduta ou pela extinção da punibilidade, admissível é o uso do habeas corpus para trancamento de ação penal deflagrada contra o paciente. Nesses últimos casos – atipicidade e extinção da punibilidade – sequer a investigação criminal pode ser realizada, cabendo igualmente o writ para trancamento de inquérito policial (ou qualquer modalidade de investigação criminal).* FOPPEL; SANTANA, *Habeas Corpus*, 2007, p. 26.

298. Temos aqui a figura do excesso de prazo prisional. Aqui um ponto merece ser trazido a cotejo. No que tange ao conhecido prazo de 81 dias (construção jurisprudencial) para encerramento da instrução penal quando o réu foi preso em flagrante ou preventivamente, observamos na atualidade uma relativização jurisprudencial. Segundo posicionamentos do STJ e STF, temos que, em regra, pode não haver constrangimento ilegal quando: 1) o razoável excesso de prazo na instrução processual penal se deu por exigências da defesa em arrolar testemunhas residentes em comarcas diversas; 2) há existência de greve dos serventuários que configura motivo de força maior; 3) há pluralidade de réus; 4) há necessidade de cumprimento de diversas cartas precatórias. (STJ RHC nº 2.434-7 5ª T; STJ RHC nº 1.818 – PA; STJ 4ª T 74507/MG; STF – HC nº 71.371/PE) (FOPPEL, Gamil; SANTANA, Rafael, *Habeas corpus*, 2007, p. 26; MORAES, Alexandre de, *Direito constitucional*, 2007).

299. Por exemplo, se estivermos diante da prisão preventiva, é competente para sua decretação a autoridade judicial com a competência para a futura e eventual ação penal. Outros casos, de incompetência podem ser lembrados: *a) Juiz Federal ordena a prisão de um indivíduo que praticou delito cuja competência do julgamento é do juiz comum estadual; b) Juiz singular determina a prisão de Desembargador de Tribunal de Justiça; c) Juiz que ordena a prisão de crime ocorrido em outra comarca.* CONSTANTINO, Lúcio Santoro de, *Habeas corpus*, p. 82.

para o Tribunal Pleno de decisão de turma, ou do plenário, proferida em ***habeas corpus*** ou no respectivo recurso.[300]

Aqui é importante salientar que o plenário do STF no HC 127.483/PR julgado em 26 e 27.08.2015, entendeu que seria cabível ***habeas corpus*** em face de **decisão monocrática** proferida por Ministro do STF.[301] Acontece que o STF posteriormente mudou de posicionamento.

Nesses termos, afirmou o plenário do STF, no **HC 115787/RJ** em **18.05.2017**, que *não cabe* habeas corpus se *a impetração for ajuizada em face de decisões monocráticas proferidas por Ministro do Supremo Tribunal Federal.*[302]

Essa posição foi novamente explicitada no HC 143476/RJ julgado pela 2ª Turma em **06.06.2017**. Nesse julgado, restou claro que, em regra, não cabe ***habeas corpus*** para o STF contra decisão monocrática de Ministro do STJ que não conhece ou denega *habeas corpus* que havia sido interposto naquele Tribunal. Porém, temos a afirmação aqui de que existe uma exceção. Nesses termos, a regra pode ser afastada em casos excepcionais, quando a decisão atacada se mostrar teratológica, flagrantemente ilegal, abusiva ou manifestamente contrária à jurisprudência do STF, situações nas quais o STF poderia conceder de ofício o *habeas corpus*.[303]

---

300. Mesmo com a exegese do art. 102, I, "i", da CR/88, a Súmula nº 606 permanece (em regra) válida. Nesses termos, o julgamento do HC nº 91.352/SP em 28.02.2008: ***Habeas corpus**. Direito à razoável duração do processo. Pretensão parcialmente prejudicada. Súmula nº 606/STF. 1. O habeas corpus não tem passagem quando impugna ato emanado por órgão fracionário desse Tribunal. Incidência da Súmula nº 606/STF. 2. Habeas corpus não conhecido. Revogada a liminar. (STF – Pleno – Rel. Min. Menezes Direito, **DJ**: 17.04.2008. No mesmo sentido o HC nº 84.779 em 28.10.2004: habeas corpus – ato do próprio tribunal – adequação. A regra é o não-cabimento de **habeas** contra acórdão proferido por Turma em idêntica medida ou por força de recurso interposto – Verbete nº 606 da Súmula do Supremo Tribunal Federal. (...) (STF – Pleno – Rel. Min. Marco Aurélio de Mello. **DJ** 26.11.2004). Por último, segundo o STF na decisão do HC nº 89.295 em 23.08.2006: HABEAS CORPUS – ato praticado por Turma do Supremo – excepcionalidade não verificada. O afastamento da óptica revelada no Verbete nº 606 da Súmula do STF, admitindo-se o habeas para o Plenário, considerado o ato de Turma, pressupõe situação extravagante, ilegalidade manifesta. Isso não ocorre quando a Turma, julgando impetração, concluiu pela impossibilidade de estender-se a corréu o que assentado, no campo da apreciação da denúncia, quanto a outros acusados, presentes situações peculiares.* (STF – Pleno – Rel. Min. Marco Aurélio de Mello. ***DJ*** 20.10.2006).
301. Informativo 796 do STF:*"(...) aduziu que o "writ" teria fundamento no art. 102, I, d, da CF, segundo o qual cabe "habeas corpus" contra atos do próprio STF. O Ministro Gilmar Mendes destacou que obstar o uso do "writ" na hipótese significaria dificultar a garantia do art. 5º, XXXV, da CF, bem assim o próprio ideário de proteção do "habeas corpus". O Ministro Marco Aurélio invocou, ainda, os artigos 5º, LXVIII, e 102, I, i, da CF. Frisou que eventual manuseio de agravo regimental não teria eficácia suspensiva, bem assim que não seria aplicável o art. 5º, I, da Lei 12.016/2009, alusiva a mandado de segurança. Lembrou que o "habeas corpus" não encontraria óbice sequer na coisa julgada,* e que o Enunciado 606 da Súmula do STF não seria referente a ato de Ministro da Corte. (...) O Ministro Ricardo Lewandowski (Presidente) destacou que, uma vez cabível o recurso de agravo interno em face de decisão monocrática — portanto via de envergadura menor —, *não se poderia falar em empecilho para o uso do remédio constitucional. Por sua vez, não conheciam do "habeas corpus" os Ministros Edson Fachin, Roberto Barroso, Rosa Weber, Luiz Fux e Cármen Lúcia. Entendiam incidir o Enunciado 606 da Súmula do STF."*
302. HC 115787/RJ, STF. Plenário. Rel. Min. Marco Aurélio, red. p/ o ac. Min. Dias Toffoli, julgado em 18.05.2017. Caso a parte deseje impugnar decisão monocrática proferida por Ministro do STF, o instrumento processual cabível é o agravo regimental, no prazo de 5 dias, nos termos do art. 39 da Lei nº 8.038/90 e art. 317 do Regimento Interno do STF.
303. **HC 143476/RJ**, STF. 2ª Turma. rel. orig. Min. Gilmar Mendes, red. p/ o ac. Min. Ricardo Lewandowski, julg. em **06.06.2017**.

Aqui é importante citar, ainda, recente decisão da 2ª Turma do STF no HC 157.604/RJ em 04.09.2018, na qual afirmou o STF que não se admite ***agravo regimental*** contra decisão do Ministro Relator que, motivadamente, defere ou indefere liminar em ***habeas corpus.***[304]

Por último, decidiu o STF no HC 162285 AgR/DF em 19.12.2019, que não cabe habeas corpus contra decisão de Ministro do STF que decreta a prisão preventiva de investigado ou réu. No caso, aplica-se, aqui, por analogia, o entendimento exposto no enunciado 606 da Súmula do STF.[305]

Já a Súmula nº 693 do STF enuncia que não cabe ***habeas corpus*** contra decisão condenatória a pena de multa, ou relativo ao processo em curso por infração penal a que a pena pecuniária seja a única cominada.[306] Nesse sentido, como o remédio heroico visa a proteger a liberdade de locomoção, não contendo o delito previsão de pena privativa de liberdade, a ação constitucional adequada seria o mandado de segurança.

A Súmula nº 695 do STF explicita que não cabe ***habeas corpus*** quando já extinta a pena privativa de liberdade.[307] Já a Súmula nº 694 preleciona que: não cabe ***habeas corpus*** contra a imposição da pena de exclusão militar ou de perda de patente ou de função pública.[308]

Interessante também é a Súmula nº 692 do STF que afirma que: não se conhece do ***habeas corpus*** contra omissão de relator de extradição, se fundado em fato ou direito estrangeiro cuja prova não constava dos autos, nem foi provocado a respeito.[309]

---

304. **HC 157.604/RJ**, STF. 2ª Turma. Rel. Min. Gilmar Mendes, julgado em **04.09.2018** (Info 914) também é o posicionamento do STJ: *Não cabe agravo regimental contra a decisão do relator que, em habeas corpus, defere ou indefere, de forma fundamentada, o pedido de liminar*. STJ. 5ª Turma. AgRg no HC 445.206/GO, Rel. Min. Reynaldo Soares da Fonseca, julgado em **15.05.2018**. STJ. 6ª Turma. AgRg no HC 463.728/SP, Rel. Min. Nefi Cordeiro, julgado em **02.10.2018**.
305. **HC 162285 AgR/DF**, STF. Plenário. Rel. Min. Alexandre de Moraes, julg. em 19.12.2019 (Inf. 964). No mesmo sentido: **HC 170263,** STF. Plenário. Rel. Edson Fachin, julg em **22.06.2020** (inf. 985).
306. HC nº 87.222/DF: *habeas corpus* – título a encerrar pena de multa – inadequação. A impossibilidade normativa e jurídica de a pena de multa ser transformada em privativa da liberdade afasta a adequação do habeas corpus – Verbete nº 693 da Súmula do Supremo: *"Não cabe habeas corpus contra decisão condenatória a pena de multa, ou relativo a processo em curso por infração penal a que a pena pecuniária seja a única cominada".* (STF. 1ª Turma. Rel. Min. Marco Aurélio. ***DJ*** 28.04.2006).
307. Nesses termos, explicitamos trecho de ementa de decisão do STF no HC nº 91.079/SP, julgado em 05.06.2007: *"(...) 1. Declarada extinta a pena em razão do seu integral cumprimento, não há se falar de constrangimento à liberdade de locomoção do Paciente a ser protegido pela garantia constitucional do habeas corpus: Incidência da Súmula 695 deste Supremo Tribunal Federal."*
308. Ela pode ser fundamentada na não existência de pena privativa da liberdade para o acusado. Conforme o STF no julg. do HC nº 70.894/DF, temos que: *"Habeas Corpus". Perda do posto ou patente militar. Instrumento processual que visa a garantir a liberdade de locomoção, não outra espécie de direito, como o de não se submeter o paciente a procedimento destinado a declaração de perda de posto ou patente. Tendo sido o paciente condenado por estelionato, mas com suspensão condicional da pena e, posteriormente, indultado, não está sujeito a privação de liberdade de locomoção. O procedimento administrativo de perda do posto ou patente, a que se submete o militar, em consequência de condenação criminal, não se sujeita a controle jurisdicional mediante "habeas corpus", mas, sim, por outros instrumentos adequados. Precedentes. "Habeas Corpus" não conhecido.* (Julg: 22.02.1994).
309. A rigor, aqui temos a explicitação de que o ***habeas corpus*** está ligado à necessária produção de prova pré-constituída, cuja apresentação está a cargo (é ônus) do impetrante. Nesses termos, farta é a jurisprudência do STF sobre o tema. Como exemplo: Habeas corpus. Processual penal. Relaxamento de prisão.

Temos, ainda, a Súmula nº 691 do STF, que afirma em seu verbete que: não compete ao Supremo Tribunal Federal conhecer de ***habeas corpus*** impetrado contra decisão de relator que, em ***habeas corpus*** requerido a tribunal superior, indefere a liminar. O objetivo desta, sem dúvida, foi obstaculizar impetrações sucessivas do ***writ*** contra a não concessão de medida liminar. Entendeu o Pretório Excelso que ele não poderia prematuramente substituir os Tribunais Superiores que ainda não julgaram definitivamente o ***habeas corpus,*** afetando, nos dizeres do Ministro Celso de Mello, "o postulado da hierarquia dos graus de jurisdição e o princípio da competência".[310] É bem verdade que essa súmula é sujeita a críticas na medida em que, segundo abalizada doutrina, não haveria a malfadada superposição de decisão, nem mesmo transgressão ao princípio da hierarquia ou da competência.[311] Além disso, é mister salientar que, atualmente, a Súmula nº 691 foi relativizada (mitigada) pelo próprio STF que a considera como regra, mas admite-lhe exceções em casos de manifesta (expressa) ilegalidade (por exemplo: decisões teratológicas[312]) que acarreta patente afronta ao direito fundamental de liberdade previsto no art. 5º, XV.[313] Nesses termos, os exemplos mais recentes, expressam que: "A jurisprudência

---

Constrangimento ilegal não caracterizado. Omissão do relator da extradição não provocado a respeito do tema. *Incidência da súmula 692 deste Supremo Tribunal Federal. 1. Pedido de relaxamento da prisão sob o argumento do constrangimento ilegal configurado pela prisão sem que se tivesse respeitado o devido processo legal quanto à extradição que estaria na base da segregação decretada, uma vez que o Estado da Bolívia ainda não teria sequer deflagrado o processo na forma legalmente estatuída. Constrangimento ilegal não configurado, especialmente porque a inicial noticia inverdade relativamente ao prazo da prisão para fins do pedido extradicional, de suas causas justificadoras e da existência do devido processo legal.* 2. A ação não merece prosseguimento pela incidência, na espécie, da Súmula 692 deste Supremo Tribunal, pois o ato coator alegado não foi questionado perante o Ministro Relator do processo de extradição. 3. Habeas corpus não conhecido. (Julg. em 19.10.2006. Rel. Min. Cármen Lúcia).

310. STF HC nº 79.748/RJ Rel. Min. Celso de Mello, 2ª Turma, *DJ* 23.06.2000. Por que não cabe? Porque o STF entende que não se exauriu a apreciação do tema, por exemplo, no STJ. A defesa, em vez de ter impetrado novo *habeas corpus* no STF, deveria ter interposto agravo regimental contra a decisão do Ministro do STJ (art. 258 do RISTJ). No mesmo sentido: **HC 138633/RJ,** STF. 1ª Turma. Rel. p/ o ac. Min. Alexandre de Moraes, julgado em **08.08.2017.**

311. Nesse sentido: FOPPEL, Gamil; SANTANA, Rafael, *Habeas Corpus*, 2007; ver também: SOUZA, José Barcelos, *Habeas corpus contra decisão denegatória de liminar em outro habeas corpus*, 2003, p. 331. Conforme o processualista penal Mineiro: "Não haverá contradição alguma nem uma temida superposição de decisão de tribunal superior sobre a eventual decisão final do outro, por cujo relator fora negada a liminar no primeiro *habeas corpus*, pela simples razão de que o deferimento da liminar no pedido subsequente será uma decisão unicamente sobre a concessão de liminar, limitada a isso, e não o julgamento do caso, afeto a outro e inferior tribunal. Que poderá, com a independência, sem receio algum de afrontar o tribunal de que tiver emanado a liminar, julgar o mérito do habeas corpus, pois disso não terá cuidado, antecipadamente o tribunal hierarquicamente superior."

312. Assim sendo: Ementa: Processual Penal. *Habeas Corpus*. Prisão Preventiva. Súmula 691 do Supremo Tribunal Federal. Irrazoabilidade. Teratologia. Abuso de poder. Inocorrência. Ordem denegada. I – A superação do teor da Súmula 691 desta Suprema Corte implica a existência da irrazoabilidade, teratologia ou abuso na decisão impugnada. II – A decisão fundamentada na insuficiência de elementos de convicção na instrução do feito não permite a superação do teor da Súmula 691 do Supremo Tribunal Federal. III – Impetração não conhecida. (Rel. Min Ricardo Lewandowski. Julg. em 23.10.2007.

313. Nesse sentido: no julgamento do HC nº 85185/PE da relatoria do Ministro César Peluso (caso em que figurava como paciente Roberto Justus) – impetrado contra decisão monocrática que negou seguimento a habeas corpus no Superior Tribunal de Justiça, este por sua vez impetrado contra indeferimento de liminar pelo TRF da 3ª Região – o Tribunal rejeitou proposta formulada pelo relator com o objetivo de revogar a Súmula nº 691. Entendeu, porém, conceder o habeas corpus de ofício, uma vez que a decisão estava em flagrante contradição com a jurisprudência predominante do Supremo Tribunal Federal, que considera indispensável (condição de procedibilidade) para a propositura da ação penal nos crimes previstos no art. 1º, I e IV, da

do STF, sempre em caráter extraordinário, tem admitido o afastamento, ***hic et nunc***, da **Súmula 691/STF**, em hipóteses nas quais a decisão questionada divirja da jurisprudência predominante nesta Corte ou, então, veicule situações *configuradoras de abuso de poder ou de manifesta ilegalidade*. Precedentes."[314]

Portanto, a regra contida na súmula 691 acima exposta pode ser afastada em casos excepcionais, quando a decisão atacada se mostrar teratológica, flagrantemente ilegal, abusiva ou manifestamente contrária à jurisprudência do STF, situações nas quais o STF poderia conceder de ofício o *habeas corpus*.

Por último, é importante trazermos à baila recentes decisões do STF sobre o não cabimento do ***habeas corpus***, sendo elas (embora não sumuladas):

a) Segundo o STF, na decisão do **HC nº 95.186,** julgado em 26.05.2009, temos que: "O exame da alegação de nulidade da sentença condenatória, por estar baseada somente em prova emprestada, é inviável na estreita via do ***habeas corpus***, que não admite revolvimento do contexto fático-probatório." (Rel. Min. Ricardo Lewandowski, Primeira Turma, ***DJE*** de 12-6-2009.)

b) No mesmo diapasão, afirma o Pretório Excelso, na decisão do **HC nº 95.056,** julgado em 03.02.2009 que: "O ***habeas corpus*** não é a via adequada para a análise da pena-base quando sua exasperação tiver apoio nas circunstâncias judiciais constantes do art. 59 do CP." (Rel. Min. Menezes Direito, julgamento em 03.02.2009, Primeira Turma, ***DJE*** de 13.3.2009. No mesmo sentido: **HC nº 101.785,** Rel. Min. Ricardo Lewandowski, julgado em 27.04.2010, Primeira Turma, ***DJE*** de 14.5.2010)

c) Conforme a decisão do **HC nº 91.440,** julgado em 25.07.2007 de relatoria do Min. Ricardo Lewandowski, temos que: "O ***habeas corpus*** não se presta a discutir os requisitos **subjetivos** para a concessão de progressão de regime." (Primeira Turma,

---

Lei nº 8137/90, a conclusão definitiva do processo administrativo-fiscal correspondente (HC nº 85.815/SP Rel. Min. César Peluso, Julgado em 10.08.2005). Também citamos, como exemplo: No HC nº 86864/SP, da relatoria do Ministro Carlos Velloso (caso impetrado em favor de Paulo Maluf), o tema foi novamente posto, tendo em vista agora eventual ilegalidade de prisão preventiva decretada e a não apreciação da matéria em sede de liminar pelo STJ. Também aqui o Tribunal houve por bem conceder a liminar, tendo em vista a flagrante ilegalidade na decretação da prisão preventiva, por vício decorrente de fundamentação (art. 93, XI, da CR/88), nos termos exigidos pelo art. 312 do CPP. (HC nº 86.864/SP Rel. Min. Carlos Velloso julg. em 20.10.2005) Ainda como exemplo, podemos citar a decisão do HC nº 91.183/SP, [...] *Viabiliza-se a superação do teor da Súmula 691 do STF quando o indeferimento liminar fundamenta-se em Verbete do STJ que esteja em confronto com a orientação jurisprudencial desta Corte relativa aos direitos fundamentais. II – É incompatível com o art. 5º, LVII, da Constituição Federal, a segregação cautelar baseada, exclusivamente, na disposição legal que prevê efeitos meramente devolutivos aos recursos excepcionais. III – Ordem concedida*. Julg.: 12.06.2007. (Rel. Min. Ricardo Lewandowski. DJ 29.06.2007).

314. HC nº 91.078-MC-AgR, Rel. Min. Celso de Mello, julg. em 29.05.2007, Segunda Turma, ***DJ*** de 05.10.2007. **No mesmo sentido**: HC nº 99.601-AgR, Rel. Min. Ayres Britto, julg. em 13.10.2009, 2ª Turma; HC nº 91.989, Rel. Min. Ricardo Lewandowski, julgado em 18.09.2007, Primeira Turma; HC nº 92.891, Rel. Min. Joaquim Barbosa, julgado em 03.06.2008, 2ª Turma; HC nº 95.009, Rel. Min. Eros Grau, julgado em 06.11.2008, Plenário; HC nº 100.082-AgR, Rel. Min. Ellen Gracie, julgado em 01.12.2009, 2ª Turma. HC 139612/MG 1ª Turma do STF, Rel. Min. Alexandre de Moraes, julgado em 25.04.2017.

DJ de 11.10.2007) No mesmo sentido temos o **HC nº 92.074** de Rel. Min. Menezes Direito, julgado em 25.09.2007 (Primeira Turma, *DJ* de 11.10.2007);

d) Conforme decisão do **HC nº 108.175**, julgado em 20.09.2011, é incabível *habeas corpus* contra autoridade judiciária com o objetivo de incluir outrem no polo passivo de ação penal. Essa foi a orientação da 1ª Turma do STF ao denegar *habeas corpus* em que requerido o aditamento de denúncia a fim de que terceiro também fosse criminalmente processado.

No caso em tela, o paciente alegava que fora condenado no juízo cível, com outra pessoa, o que vincularia o juízo criminal. Reputou-se, no caso, irreparável a decisão do STJ, que entendera inviável a impetração contra magistrado para obtenção de aditamento à inicial acusatória do Ministério Público, visto que o juiz não seria a parte legítima para propositura de ação penal. Ademais, consignou-se a independência das instâncias cível e penal, pelo que não se constataria ocorrência de constrangimento ilegal. (HC nº 108.175/SP, Rel. Min. Cármen Lúcia, 20.09.2011);

e) Segundo o STF "o afastamento ou a perda do cargo de Juiz Federal não são ofensas atacáveis por *habeas corpus*." (**HC 99.829**, Rel. Min. Gilmar Mendes, julgamento em 27.09.2011, Segunda Turma, *DJE* de 21.11.2011) Vide: **HC 95.496**, Rel. Min. Cezar Peluso, julgamento em 10.03.2009, Segunda Turma, *DJE* de 17.04.2009;

f) Conforme o STF o *habeas corpus* não se presta à revisão, em tese, do teor de súmulas da jurisprudência dos tribunais." (**RHC 92.886-AgR**, Rel. Min. Joaquim Barbosa, julgamento em 21.09.2010, Segunda Turma, *DJE* de 22.10.2010.);

g) Nos termos definidos pelo o STF, o *habeas corpus* não é instrumental próprio a questionar a sequência de processo administrativo." (**HC 100.664**, Rel. Min. **Marco Aurélio**, julgamento em 02.12.2010, Primeira Turma, *DJE* de 22.02.2011);

h) Segundo a 1ª Turma do STF o *habeas corpus* não é o meio adequado para impugnar ato alusivo a sequestro de bens móveis e imóveis bem como a bloqueio de valores." (**HC 103.823**, Rel. Min. Marco Aurélio, julg. em 03.04.2012, Primeira Turma, *DJE* de 26.04.2012.)

i) Segundo o STF "o *habeas corpus*, como garantia de liberdade de locomoção, não se presta para discutir confisco criminal de bem." (**HC 99.619**, Rel. p/ o ac. Min. Rosa Weber, julgamento em 14.02.2012, Primeira Turma, *DJE* de **22.03.2012**.)

j) Conforme o STF o *habeas corpus* não é meio hábil para revisão sobre fração pertinente de aumento da pena decorrente das qualificadoras do § 2º do art. 157 do Código Penal, salvo (exceto) se presente manifesta **ilegalidade ou arbitrariedade**[315].

315. Conforme o HC 112.116, julg. em **06.11.2012**: "(...) Configura flagrante **ilegalidade a exasperação da pena**, pela presença de causas de aumento relativas ao crime de roubo, em 3/5, **patamar superior ao máximo previsto em lei (art. 157, § 2º, do Código Penal)**. A concorrência de mais de uma qualificadora não autoriza que seja ultrapassado o limite legal. 4. Habeas corpus extinto sem resolução do mérito pela inadequação da via eleita, mas

k) O STF considerou no HC 99945-AgR e no RHC 102.871, julgados em **07.02.2013**, que o *habeas corpus* é via **inadequada** para o deslinde de controvérsia a tratar da guarda de criança, tendo em vista que existiriam meios próprios para tanto, nas vias ordinárias.

l) Conforme a 2ª turma do STF, **não** fica prejudicado *habeas corpus* impetrado contra decreto de prisão cautelar, se superveniente sentença condenatória que utiliza os mesmos fundamentos para manter a custódia do réu. Com base nessa orientação, a 2ª Turma não conheceu da impetração de *habeas corpus* (em virtude de a matéria de fundo não ter sido apreciada pelo STJ), mas concedeu a ordem de ofício, para determinar que o STJ prossiga no julgamento de *habeas corpus* lá impetrado. No caso, o STJ assentara o prejuízo do *writ*, haja vista a superveniência de sentença condenatória, a implicar a substituição do título prisional.[316]

Porém, é interessante que, em recente decisão de 2018, o Plenário do STF afirmou que a superveniência de sentença condenatória que mantém a prisão preventiva prejudica a análise do ***habeas corpus*** que havia sido impetrado contra o título originário da custódia. Se, após o *habeas corpus* ser impetrado contra a prisão preventiva, o juiz ou Tribunal prolata sentença/acórdão condenatório e mantém a prisão anteriormente decretada, haverá uma alteração do título prisional e, portanto, o ***habeas corpus*** impetrado contra prisão antes do julgamento não deverá ser conhecido. Embora seja bom observarmos que o fato de o Tribunal reconhecer que o *habeas corpus* não deve ser conhecido não impede que seja concedida a ordem de ofício. Assim sendo, o Tribunal reconhece que o *writ* impetrado está prejudicado (não deve ser conhecido) e, apesar disso, pode determinar, de ofício, a liberdade do paciente verificar que existe ilegalidade flagrante ou teratologia.[317]

6.6. Legitimidade ativa e passiva

Antes de explicitarmos a legitimidade, é mister salientarmos que quem sofre a violência ou coação ilegal (ou sua ameaça) é chamado de paciente, e quem

---

com concessão de ofício para limitar a exasperação da pena cominada ao crime de roubo ao patamar máximo, acréscimo de metade, estabelecido pelo § 2º do art. 157 do Código Penal. Ordem estendida de ofício aos demais condenados".

316. **HC 119.396/ES, Rel. Min. Cármen Lúcia, julg. em 04.02.2014 – Segunda Turma do STF.**

317. **HC 143333/PR,** STF. Plenário. Rel. Min. Edson Fachin, julgado em **11 e 12.04.2018** (Info 897) Quanto ao conhecimento do "writ", prevaleceu o voto do relator, que não conheceu do "habeas corpus", porquanto a superveniência de sentença condenatória acarreta a modificação do debate processual, bem como a alteração do título prisional originário. Isso enseja o advento de uma realidade processual de maior amplitude em relação à considerada no momento da formalização da impetração em julgamento. Nessa medida, a superveniente prolação de sentença condenatória impõe uma alteração do campo argumentativo, exigindo-se que o exame das questões articuladas pelo impetrante opere-se à luz de um espectro processual não coincidente com o inicialmente impugnado. Vencidos os ministros Dias Toffoli, Ricardo Lewandowski, Gilmar Mendes, Marco Aurélio e Celso de Mello, que conheceram do "writ". Assim, a decisão foi alcançada por pequena maioria. Devemos ficar atentos se a 2ª turma vai ou não respeitar a decisão em casos futuros.

impetra é chamado de impetrante. Eles podem ser pessoas diferentes (será a figura do ***habeas corpus*** em favor de terceiros) ou a mesma pessoa, leia-se aquele que sofre a violação à liberdade de locomoção (paciente) é também quem impetra (impetrante). Após essa pequena digressão, iremos à legitimidade ativa do ***writ***.

A legitimidade ativa do ***habeas corpus*** está afeta a qualquer pessoa em seu favor ou de outrem. Portanto, temos uma legitimação universal (**uma verdadeira ação penal de cunho popular**), na qual não há, sequer, a necessidade de advogado para a impetração do ***writ*** (independe de capacidade postulatória[318]). Nesses termos, basta que o indivíduo seja pessoa (brasileira ou estrangeira) e nada mais, independentemente de sua capacidade civil, idade, sexo, ou mesmo estado mental. Com isso, o absolutamente incapaz (seja menor ou insano mental etc.) ou mesmo o analfabeto (no caso deste, temos a exigência apenas de que alguém assine a petição a rogo) podem impetrar o remédio heroico.

O estrangeiro, inclusive o não residente no Brasil, também poderá impetrar ***habeas corpus*** (desde que a petição seja redigida em português, conforme jurisprudência firmada no STF). Temos, ainda, a possibilidade de impetração pela pessoa jurídica (desde que seja, em favor de terceiros, estes, obviamente, pessoas físicas[319]). Temos também a possibilidade impetração pelo Ministério Público (também em favor de terceiros), conforme dicção processual penal (art. 654, do CPP) e reconhecimento e acolhimento jurisprudencial. Porém, essa impetração não pode incorrer em desvio de finalidade causando nítido prejuízo ao paciente. Ou seja, o ajuizamento do ***habeas corpus*** visará sempre à defesa da liberdade de locomoção e **nunca** à sua obstaculização (favorecendo a acusação), sob pena de ferir a finalidade constitucional do ***writ***.[320]

É importante aqui falarmos também da legitimidade ativa no ***habeas corpus coletivo***. Quem é legitimado ativo para impetrar ***habeas corpus coletivo***? Em virtude da inexistência de regramento legal, o STF entendeu no HC nº 143.641/SP que se deve aplicar, por analogia, o art. 12 da Lei nº 13.300/2016, que trata sobre os legitimados

318. Devemos salientar que o **STF** já se manifestou que essa **capacidade se estende inclusive para a via recursal.** Nesse sentido, no HC 102.836 AgR, a 1ª Turma do STF em julg. em **08.11.2011**. Mas esse posicionamento é controvertido, pois a 2ª Turma do STF e a 5ª e 6ª Turmas do STJ pensam em sentido oposto. Nesses termos, citamos o RHC nº 121.722/MG julg. em 20.05.2014, pela 2ª Turma do STF. No caso, o RHC não foi conhecido por ter sido subscrito por advogado com inscrição suspensa na OAB. Entendeu a 2ª Turma do STF que somente pode propor Recurso Ordinário em HC quem detém capacidade postulatória. Registramos também, que a 1ª Turma do STF decidiu no HC 118.317/SP em **22.10.2013,** que o estagiário de Direito pode impetrar habeas corpus (em favor de terceiro) no STF, mas não tem direito de fazer sustentação oral do seu pedido. Nesses termos, o entendimento foi o de que a **sustentação oral seria ato privativo de advogado** (conforme o **Estatuto da OAB** e o **Regimento Interno do STF** no seu art. 124).

319. STF – HC nº 80.863 – Rel. Min. Moreira Alves – j. 15.05.2001.

320. Nesses termos: *a impetração do* habeas corpus *com desvio de finalidade jurídico-constitucional, objetivando satisfazer, ainda que por via reflexa, porém de modo ilegítimo, os interesses da acusação, descaracteriza a essência desse instrumento exclusivamente vocacionado a proteção da liberdade individual.* (STF – HC nº 75.347-7/MG Rel. Min. Carlos Velloso. *DJ* 05.11.97).

para propor mandado de injunção coletivo. Assim, possuem legitimidade para impetrar habeas corpus coletivo: a) o Ministério Público; b) o partido político com representação no Congresso Nacional; c) a organização sindical, entidade de classe ou associação legalmente constituída e em funcionamento há pelo menos 1 (um) ano; d) a Defensoria Pública.[321]

No que diz respeito ao juiz (ou mesmo a um Tribunal), este poderá **conceder** a ordem de ***habeas corpus*** de ofício (*ex officio*[322]), sem provocação de quem quer que seja, conforme o art. **654, § 2º, do CPP**. Se o magistrado for o paciente (que está sofrendo a coação), ele pode impetrar o ***habeas corpus***, porém não pode impetrar o ***writ*** em favor de terceiro na qualidade de juiz.

Sobre a legitimidade passiva temos a informar que o ***habeas corpus*** poderá ser impetrado contra ato de autoridade (juiz, Tribunal, promotor de justiça, delegado de polícia etc.) e também contra ato de particular.[323] No caso de autoridade, o fundamento pode ser tanto a ilegalidade quanto o abuso de poder. Já contra particular, o fundamento de impetração residirá apenas nas hipóteses de ilegalidade, pois não há como conceber atos do particular que envolvam a figura do abuso de poder.

Ainda sob a impetração contra particular é mister salientar que, em regra, o particular ameaçando ou violentando a liberdade de locomoção de alguém comete um crime previsto na legislação penal, que deve obviamente receber a intervenção policial para que seja cessada (ou a ameaça ou a violência!). Porém, mesmo assim, caberá a figura do ***habeas corpus*** na medida em que, em determinadas situações, será difícil ou até mesmo impossível a atuação interventiva do aparato policial. Podemos citar como exemplos: clínicas psiquiátricas, clínicas de tratamento de drogados, internações hospitalares, asilos, entre outros.

6.7. Competência

A competência para o processamento e julgamento do ***habeas corpus*** diz respeito à qualidade da pessoa que sofre o ato coator (lesão ou ameaça de lesão à liberdade de locomoção) ou à qualidade da pessoa que é responsável pelo ato coator.

Os critérios fundamentais se relacionam com a prerrogativa de foro e a hierarquia. O critério da prerrogativa de foro envolve a competência originária para o julgamento do ***habeas corpus*** quando o coator ou o paciente tiver foro privativo por prerrogativa de função. Já a competência pela hierarquia está definida no art. 650, §

321. **HC 143641/SP**. STF. 2ª Turma. Rel. Min. Ricardo Lewandowski, julgado em **20.02.2018** (Info 891).
322. Como exemplo de concessão de ofício: **HC 109.595/SP**, rel. Min Marco Aurélio, julg. em **06.11.2012**.
323. De acordo com a doutrina, que toda vez que o ato ilegal cometido por uma pessoa for ratificado pela autoridade com competência para apreciar a lesão, esta passará a ser parte legitima passiva, para fins de ajuizamento de outro *habeas corpus*, substitutivo, perante o órgão judiciário de grau de jurisdição superior. TAVORA, Nestor; ANTONNI, Rosmar. *Curso de direito processual penal*, 2008, p. 947.

1º, do CPP,[324] no qual fica assegurado que, quando o ato coator (lesão ou a ameaça) se originar de autoridade judiciária, a competência será do órgão do Poder Judiciário imediatamente superior.

Porém, é mister deixar consignado que pode ter vez ainda o critério territorial ou da territorialidade, na medida em que, não existindo prerrogativa de foro nem hierarquia, a competência será estabelecida à luz do art. 649 do CPP, que preleciona: o juiz ou o tribunal, dentro dos limites de sua jurisdição, fará passar imediatamente a ordem impetrada, nos casos em que tenha cabimento, seja qual for a autoridade coatora. Nesse sentido, iremos analisar as possibilidades de processamento e julgamento de acordo com a construção teórica aqui exposta:

a) quando o ato coator for praticado por:

- Delegado de Polícia: competência: Juiz de Direito.
- Juiz de Direito: competência: Tribunal de Justiça.
- Juiz de Juizado Especial Criminal: competência: Turma Recursal de Juizado Especial Criminal.[325]
- Turma Recursal de Juizado Especial Criminal: competência: Tribunal de Justiça.
- Tribunal de Justiça ou Tribunal Regional Federal (sendo ato único ou colegiado): competência: Superior Tribunal de Justiça.[326]
- Promotor de Justiça: competência: Tribunal de Justiça.
- Procurador da República: Tribunal Regional Federal da respectiva região.
- Superior Tribunal de Justiça: competência: Supremo Tribunal Federal.[327]

---

324. Art. 650, § 1º, do CPP, *in verbis*: A competência do Juiz cessará sempre que a violência ou coação provier de autoridade judiciária de igual ou superior jurisdição.

325. Aqui é preciso dizer que há divergência doutrinária, pois alguns doutrinadores entendem que a competência é do Tribunal de Justiça (Juizado Especial Estadual) ou do Tribunal Regional Federal (Juizado Especial Federal). Nesse sentido, a doutrina de Alexandre de Moraes (2007), entre outros. Não concordamos com esse posicionamento e nos alinhamos a doutrina que entende ser a competência da Turma Recursal do Juizado Especial Criminal. Corroborando com nossa posição a jurisprudência atual do STJ: Ato de Magistrado Vinculado ao Juizado Especial Criminal – *Habeas Corpus* julgado pelo Tribunal de Justiça – Nulidade da decisão – Competência da Turma Recursal – Princípio da hierarquia jurisdicional. Compete à Turma Recursal o processamento e julgamento de habeas corpus impetrado contra ato de magistrado vinculado ao juizado Especial Criminal, haja vista ser o órgão recursal desta Justiça Especializada, desvinculada da justiça comum. Aplicação do princípio da hierarquia jurisdicional. Incompetência dos Tribunais de Justiça e de Alçada. (STJ, HC nº 30.155/RS, Rel. Min. Jorge Scartezzeni, 5ª Turma J 11.05.2004, *DJ* 01.07.2004).

326. Entendimento escorado na Emenda Constitucional nº 22/99.

327. Aqui sobre o HC coletivo (HC nº 143.641), temos que, muitas das decisões que não concederam a prisão domiciliar para as gestantes e mães de filhos de até 12 anos foram proferidas pelo STJ e a competência para julgar habeas corpus contra acórdãos do STJ é do STF, nos termos do **art. 102, I, "i", da CR/88.** Temos também que, seria fundamental uma decisão de âmbito nacional do STF para garantir maior isonomia às partes envolvidas, para

b) Temos, conforme dicção constitucional, à luz da prerrogativa de foro por função, que compete:

- Ao STF compete processar e julgar originariamente ***habeas corpus*** quando o **paciente** for o Presidente da República, Vice-Presidente, membros do Congresso Nacional, Ministros do próprio STF, Procurador-Geral da República, Ministros de Estado, comandantes da Marinha, Exército e Aeronáutica, membros dos Tribunais Superiores, membros do Tribunal de Contas da União e chefes de missão diplomática de caráter permanente, conforme o art. 102, I, "d", CR/88. Também, ao STF compete processar e julgar originariamente ***habeas corpus*** quando o **coator** for Tribunal Superior ou quando o coator ou paciente for autoridade ou funcionário, cujos atos estejam diretamente sujeitos à jurisdição do Supremo Tribunal Federal, ou se trate de crime sujeito à mesma jurisdição em uma única instância, conforme o art. 102, I, "i", CR/88[328].

Aqui é interessante ressaltar que a competência para julgar determinados *habeas corpus* é de uma das duas Turmas do STF (e não do Plenário). Por exemplo, um *habeas corpus* contra decisão do STJ, em regra, é de competência de uma das Turmas do STF (conforme o art. 9º, I, "a", RISTF). Porém, recentemente, decidiu o STF, que o Ministro Relator do HC no STF, em vez de submetê-lo à Turma, pode levá-lo para ser julgado pelo Plenário. Essa possibilidade encontra-se prevista no art. 6º, II, "c" e no art. 21, XI, do RI/STF. Para tal, o Relator não precisa fundamentar essa remessa. Ou seja, não é necessário que o Relator apresente uma justificativa para que o caso seja levado ao Plenário. Assim sendo, é possível a remessa de *habeas corpus* ao Plenário do STF, pelo relator, de forma discricionária, com fundamento no art. 6º, II, "c" e no art. 21, XI, do RI/STF.[329]

---

permitir que lesões a direitos potenciais ou atuais sejam sanadas com mais celeridade e para descongestionar o acervo de processos em trâmite no país.

328. **HC 119.056** julg. em **03.10.2013**: "*O STF não tem competência para julgar habeas corpus cuja autoridade apontada como coatora seja delegado federal chefe da Interpol no Brasil.* Esse o entendimento do Plenário, que resolveu questão de ordem proposta pela Min. Cármen Lúcia, relatora do writ, no sentido de determinar a remessa dos autos à justiça federal de 1º grau. Cuidava-se de HC preventivo, impetrado em favor de equatoriano nacionalizado brasileiro, que teria notícia da existência de ação penal proposta, nos EUA, em seu desfavor, pelo suposto cometimento de crimes de corrupção, lavagem de dinheiro e formação de quadrilha."

329. **HC 143333/PR,** STF. Plenário. Rel. Min. Edson Fachin, julg. em **11 e 12.04.2018.** Conforme o Informativo 897 do STF: *"O relator registrou que a Constituição Federal atribui aos Tribunais a elaboração de seus regimentos internos (CF, art. 96, I, "a"), os quais configuram normas de idêntica categoria que as leis, solucionando-se eventual antinomia não pela categoria normativa, mas, sim, pela substância regulada (ADI 1.105 MC, DJU de 24/04/2001). Nesta senda, o RI/STF confere ao relator a atribuição de remeter processos ao Tribunal Pleno (RI/STF, artigos 6º, II, "c"; 21, XI; 22, § único, "a" e "b"), ato esse que sequer desafia impugnação recursal (RI/STF, art. 305). Determinadas matérias são naturalmente vocacionadas ao crivo do Tribunal, em sua composição Plenária, ou mesmo ao órgão especial que detenha competência para tanto (CF, art 97; 102, § 3º e 103-A; e Enunciado 10 da SV do STF). Ou seja, mesmo no que toca ao funcionamento e organização interna, os Tribunais não detêm competência normativa ilimitada, na medida em que devem ser observadas as restrições constitucionais próprias. O STF encontra, em sua composição Plenária, a unidade sinérgica à qual incumbe, por excelência, a guarda da Constituição e o exercício integral de sua competência. Embora, regimentalmente,*

- Ao STJ compete processar e julgar originariamente ***habeas corpus*** quando o **coator** ou **paciente**: for Governador de Estado ou do DF, desembargador de Tribunal de Justiça, de Tribunal Regional Federal ou de Tribunal Regional do Trabalho, membros dos Tribunais de Conta dos Estados e do DF, membros de Tribunal Regional Eleitoral, membros dos Conselhos ou Tribunais de Contas dos Municípios e membros do Ministério Público da União que oficiem perante tribunais. Compete, também, ao STJ processar e julgar, originariamente, ***habeas corpus*** quando o **coator** for Tribunal sujeito a sua jurisdição, Ministro de Estado ou comandante da Marinha, do Exército ou da Aeronáutica, ressalvada a competência da justiça eleitoral, conforme o art. 105, I, "c", CR/88.
- Aos TRFs compete processar e julgar originariamente o ***habeas corpus*** quando a autoridade coatora for Juiz Federal, conforme o art. 108, I, "d" CR/88. Também, compete aos TRFs julgar recurso contra decisão de ***habeas corpus*** julgado por Juiz Federal.
- Aos Juízes Federais compete processar e julgar os ***habeas corpus***, em matéria criminal de sua competência ou quando o constrangimento provier de autoridade cujos atos não estejam diretamente sujeitos a outra jurisdição, conforme o art. 109, VII, da CR/88.

c) Por último, é mister salientar que a Justiça Militar, Eleitoral e a Justiça dos Estados[330] têm competência para processar e julgar ***habeas corpus,*** em consonância com as respectivas legislações que lhes são afetas, conjugadas com a sistemática constitucional e a do Código de Processo Penal.[331]

6.8. Procedimento, decisão e recursos cabíveis

O procedimento do ***habeas corpus*** é caracterizado, como já aludido, pela celeridade, visto que o que está em jogo é a tutela da liberdade física violada ou ameaçada de violação. Isso pode ser facilmente percebido pela exegese descrita no CPP, desde a formulação do pedido até a decisão do ***writ*** pelo órgão do Poder

sejam admitidas e legítimas diversas atuações fracionárias e unipessoais, é no colegiado maior que a missão constitucional da Corte resta exercitada em sua inteireza. Vencidos, no ponto, os Ministros Ricardo Lewandowski e Marco Aurélio, os quais ressaltaram a necessidade de que o deslocamento de processos ao Plenário se dê motivadamente, na forma do art. 93, IX, da Constituição Federal."

330. No que diz respeito à Justiça Estadual, é importante salientar que ela detém competência residual, sendo que o que não estiver afeto à Justiça Federal e às justiças especializadas deve ser remetido à Justiça Estadual. (TAVORA, Nestor; ANTONNI, Rosmar, *Curso de direito processual penal*, 2008, p. 975).
331. Nesse sentido, ao TSE e ao STM competirão julgar *habeas corpus* em que o ato impugnado relativo às matérias de sua competência (respectivamente: eleitoral e militar) for atribuído a órgão jurisdicional especializado imediatamente inferior. (FOPPEL, Gamil; SANTANA, Rafael, *Habeas corpus*, 2007, p. 32) Também nesse sentido: GRINOVER; GOMES FILHO; FERNANDES, *Recursos no processo penal*, 2001.

Judiciário. Resumidamente e esquematicamente,[332] temos que o pedido de ***habeas corpus*** formulado em língua portuguesa deve conter:

a) o nome da pessoa que sofre ou está ameaçada de sofrer violência ou coação;

b) a declaração da espécie de constrangimento ou, em caso de ameaça, a razão em que se funda o temor. Temos, portanto, que a peça deve expor o constrangimento ou o risco iminente do mesmo;[333]

c) assinatura do impetrante, ou de alguém a seu rogo, quando não souber, ou não puder escrever, e a designação das respectivas residências. Certo é que não se admite pedido anônimo ou apócrifo.

Após a impetração no órgão do Poder Judiciário competente, havendo pedido de medida liminar, este deverá ser apreciado. Sem dúvida, até mesmo pelos fundamentos da tutela a ser defendida na ação, existe a possibilidade de concessão de liminar em ***habeas corpus***, seja ele repressivo ou preventivo. Os requisitos a serem observados pelo órgão julgador serão os tradicionais ***periculum in mora*** (risco de demora na prestação jurisdicional que possa provocar danos irreparáveis) e ***fumus boni iuris*** (existência da plausibilidade do direito invocado).

Na sequência, se o indivíduo estiver preso, poderá o juiz determinar que lhe seja apresentado em data e local determinados. Caso isso ocorra e o preso não for apresentado, tal desobediência importará na expedição de um mandado de prisão contra o detentor do preso e o juiz determinará de outra forma, que o preso lhe seja apresentado. Aqui, é mister salientar que, apesar da previsão no CPP de tais práticas, atualmente, elas não são comuns, leia-se, a apresentação do paciente e a sua oitiva.

Por isso, a sequência procedimental mais usual é a requisição de informações à autoridade apontada como a coatora, concedendo prazo para manifestação. Porém, é mister pontuar que a legislação somente explicita a requisição de informações quando a impetração do ***writ*** ocorre em um Tribunal; contudo, vem sendo comum requisição de informações determinadas por juízes de 1ª instância.[334] Outra questão interessante aqui diz respeito à possibilidade ou não de assistente de acusação na ação de ***habeas corpus***. A doutrina majoritária entende que, não obstante existam

332. CONSTANTINO, Lúcio Santoro de, *Habeas corpus*, p. 116.

333. É claro que não há necessidade de uma argumentação estritamente técnica que indique de forma escorreita uma das hipóteses do art. 648 do CPP.

334. No mesmo sentido: Oferecida a inicial, o juiz, se julgar necessário, poderá ouvir o paciente, determinando a sua imediata apresentação, se ele se encontrar preso (art. 656, CPP). Tal previsão legal encontra-se em desuso na prática forense, sendo substituída pela requisição de informações por escrito ao indigitado coator. Registre-se que tal providência só é prevista para os casos de competência originária dos Tribunais (art. 622, CPP), embora seja generalizada sua prática também no juízo de 1º grau. (FOPPEL, Gamil e SANTANA, Rafael, *Habeas corpus*, 2007, p. 34).

algumas exceções jurisprudenciais,[335] não há essa possibilidade, **não** possuindo o assistente da acusação legitimidade para intervir no processo.[336]

Temos, ainda, na continuidade do procedimento, que o órgão do Poder Judiciário poderá determinar a vista do Ministério Público, porém é importante ressaltar que essa previsão legal só está estabelecida para impetrações de ***habeas corpus*** perante os Tribunais e pelo prazo de 2 dias após a prestação de informações pela autoridade coatora. Nesse sentido, é possível que o promotor (na 1ª instância) não intervenha antes de prolatada a sentença no juízo monocrático.[337]

Por último, temos o proferimento da sentença (ou acórdão) do ***habeas corpus*** concedendo ou denegando a ordem.

Se concedida a ordem, a decisão estará diretamente relacionada à espécie de ***habeas corpus*** manejada. Se liberatório o *writ*, será dada a ordem para que o paciente seja posto em liberdade expedindo-se alvará de soltura. Se preventivo, será dada a ordem para que cesse a ameaça por meio de um salvo-conduto. Existe, ainda, a possibilidade da ordem se direcionar ao trancamento de inquérito policial ou da ação penal contra o paciente.[338]

Sobre as possibilidades recursais, é mister afirmar que são previstos na legislação processual penal o recurso em sentido estrito (art. 581, X, do CPP) e o recurso de ofício[339] (art. 574, I, do CPP).

O recurso de ofício (*ex officio*) é reservado apenas às hipóteses de concessão da ordem de ***habeas corpus*** pelo juiz de 1ª instância. Já o recurso em sentido estrito cabe da sentença que concede ou da que denega o ***habeas corpus.*** Ele pode

---

335. Exceções: 1) *decisão do STJ na qual se entendeu que a credora dos alimentos possuía legitimidade para recorrer de decisão que cassou prisão decretada.* (***DJ*** 03.06.96.) 2) *Decisão preliminar do STF entendendo legítima a intervenção na ação penal de habeas corpus de credor fiduciário autor de ação civil de depósito.* (STF HC nº 72.131/RJ Rel. Min. Marco Aurélio. ***DJ*** 28.11.2005) (CONSTANTINO, Lúcio Santoro de, *Habeas corpus*, p. 54). (MORAES, Alexandre de, *Direito constitucional*, 2007, p. 115).

336. Essa posição (**majoritária** também na **jurisprudência**) se escora na alegação de que no *habeas corpus* não há condenação ou absolvição do paciente e o fato de ele estar preso ou não desinteressa (pelo menos juridicamente) ao assistente de acusação, devendo a atuação do assistente de acusação ser restrita à ação penal. A doutrina cita precedentes nesse sentido, como por exemplo: "*Processual penal. Habeas corpus. Assistente de acusação. Inadmissibilidade. Não cabe intervenção do assistente de acusação no processo de habeas corpus, visto como a função do assistente é restrita a parte acusatória (art. 271 do CPP), enquanto que no habeas corpus, onde não existe sequer acusação, o Ministério Público não desempenha o papel de acusador e sim de fiscal da lei.*" (STJ, Ag. Rg nos EDcl no RHC nº 505/SP, Rel. Min. Assis Toledo. 5ª Turma. FOPPEL, Gamil; SANTANA, Rafael, *Habeas corpus*, 2007, p. 34). No mesmo sentido, da **ilegitimidade de assistente do MP** em *habeas corpus*, ver **recente** decisão do **STF** no **HC 93.033/RJ** (*DJ: 08.08.2011*) presente no **informativo 654 do STF** e no **RE nº 700.853** (decisão monocrática do Min. Celso de Mello em **21.06.2013**). Porém, os próprios autores citados, entendem ser diferente a situação do querelante no processo de *habeas corpus* manejado contra decisão de recebimento de queixa-crime por ele proposta. Nesse sentido, citam decisão do STF corroborando com esse entendimento. Vide STF Pet. 423 AgR/SP, Julg. em 26.04.1991.

337. Embora deva ser intimado da decisão do *habeas corpus*, sendo esta concessiva ou denegatória.

338. Lúcio Santoro em sua doutrina denomina esse *habeas corpus* como profilático, diferenciando-o do *habeas corpus* preventivo e do repressivo. (CONSTANTINO, Lúcio Santoro de, *Habeas corpus*, p. 119).

339. É mister salientar que para abalizada doutrina o intitulado recurso de ofício não tem natureza eminentemente recursal. Segundo Ada Pellegrini, Antonio Scaranse e Antônio Magalhães, ele deve ser entendido na verdade como: "condição de eficácia da sentença." (*Recursos no processo penal*, p. 146).

ser interposto pelo impetrante, pelo próprio paciente e, também, pelo Ministério Público.

Já na Constituição da República de 1988 são previstos o recurso ordinário constitucional para o STF (art. 102, II, "a") e o recurso ordinário constitucional para o STJ (art. 105, II, "a"). Além destes, caberá também, preenchidos os requisitos, recurso especial para o STJ (art. 105, III) e recurso extraordinário para o STF (art. 102, III).

Por fim, devemos observar que na ação de ***habeas corpus*** também trabalhamos com o manto da coisa julgada. Nesse sentido, é cediço na doutrina e na jurisprudência pátria o entendimento de que não cabe a reiteração de pedido de ***habeas corpus*** fundado em idênticos fundamentos veiculados em outro ***habeas corpus*** já transitado em julgado (com o devido esgotamento dos meios recursais cabíveis). É claro que, se a nova impetração tiver fundamento diferenciado do manejado em ***habeas corpus*** precedente, não haverá a proteção da *res judicata* (coisa julgada). Nesse sentido, estaríamos diante de uma nova ação. Outra possível hipótese de impetração do ***writ*** é aquela na qual, mesmo existindo o pedido com idênticos fundamentos do anterior, ocorra a apresentação de novas provas.[340]

6.9. Considerações finais

Como conclusão, devemos apenas trazer à baila algumas observações não exploradas no decorrer da análise que acreditamos ser importantes:

1) Existindo empate no julgamento de ***habeas corpus***, prevalece a decisão mais favorável ao paciente, ou seja, a concessão do ***writ***.[341]

2) A questão do ***habeas corpus*** nas punições disciplinares militares. É cediço que o art. 142, § 2º, da CR/88[342] veda o ***habeas corpus*** em relação a punições disciplinares militares. Pois bem, em conformidade com a doutrina pátria,[343] devemos interpretar essa norma no sentido de que não cabe ***habeas corpus*** em relação ao **mérito** das punições disciplinares militares, não sendo a vedação absoluta. Portanto, a norma constitucional ora citada não impede a análise pelo Poder Judiciário dos pressupostos de legalidade, tais como: poder disciplinar, hierarquia, ato ligado à função, pena susceptível de ser aplicada disciplinarmente (previsão legal para a

340. Nesses termos, conforme o magistério de Grinover, Magalhães e Scaranse: Tal possibilidade resulta do tipo especial de cognição (*secundum eventum probationis*) realizada no processo de habeas corpus, que limita a coisa julgada às provas que foram objeto de conhecimento pelo órgão judiciário. (*Recursos no processo penal*. p. 384). No mesmo diapasão: (FOPPEL, Gamil e SANTANA, Rafael, *Habeas Corpus*, 2007, p. 42).

341. Aliás, sobre o tema da **Ação Penal** o STF entende de forma extensiva que: *Verificado empate no julgamento de ação penal, deve prevalecer a decisão mais favorável ao réu. Esse mesmo entendimento deve ser aplicado em caso de empate no julgamento dos* ***embargos de declaração*** *opostos contra o acórdão que julgou a* ***ação penal.*** *Terminando o julgamento dos embargos empatado, aplica-se a decisão mais favorável ao réu.* STF. Plenário. **AP 565 ED-ED/RO**, Rel. p/ o ac. Min. Dias Toffoli, julgado em **14.12.2017** (Info 888).

342. Art. 142 § 2º: "Não cabe *habeas corpus* em relação a punições disciplinares militares."

343. CONSTANTINO, Lúcio Santoro de, *Habeas corpus*, 2001; MORAES, Alexandre de, *Direito constitucional*, 2007; FOPPEL, Gamil e SANTANA, Rafael, *Habeas corpus*, 2007.

punição), excesso de prazo da duração da medida restritiva da liberdade.[344] Nesses termos, vícios de legalidade poderão ser sanados pela via do ***habeas corpus***.

3) Conforme a doutrina, **não** há prejudicialidade na impetração de ***habeas corpus*** em concomitância com um recurso ordinário, ainda que articulem os mesmos fatos e objetivem a mesma situação jurídica. Portanto, tanto o ***habeas corpus*** quanto o recurso serão apreciados, embora, eventualmente, um julgamento possa repercutir no outro.[345]

4) Até recentemente, entendiam as 2 turmas do STF, **que o *habeas corpus*** poderia ser usado em substituição ao recurso ordinário constitucional contra decisão denegatória de ***habeas corpus***. Ou seja, em vez de interpor o recurso ordinário constitucional contra a decisão, poderia ser impetrado um novo ***habeas corpus***.[346] Porém, devemos registrar que apesar de esse ser o posicionamento tradicional no STF, em **agosto de 2012**, a 1ª Turma do STF, decidiu de **forma contrária** ao seu posicionamento até antão prevalecente (o que demonstra uma **"ruptura"**) e de forma contrária ao posicionamento de até então da 2ª Turma, pois afirmou ser *"inadmissível impetração de habeas corpus quando cabível recurso ordinário constitucional"*[347]. Assim sendo: "Com base nessa orientação e na linha do voto proferido pelo Min. Marco Aurélio, a 1ª Turma do STF, por maioria, reputou **inadequada** a via do *habeas corpus* como substitutivo de recurso. Vencido o Min. Dias Toffoli, que se alinhava à jurisprudência até então prevalecente na 1ª Turma e ainda dominante na 2ª Turma[348], no sentido da viabilidade do writ"[349].

---

344. Nesse sentido, também é o posicionamento do STF – *Habeas Corpus* nº 70.648/RJ *DJ* 04.05.96.

345. Nesse sentido: "[...] Por ser o *habeas corpus* uma ação constitucional que visa impedir lesão ou restaurar o exercício do direito de liberdade, nada impedirá a concomitância com qualquer recurso, pois prevenir ou fazer cessar a violência ou coação não encontra obstáculo por determinação de rito ou encerramento de processo, sendo, porém lícito ao Tribunal remeter o exame da pretensão para o julgamento do recurso, de maior abrangência, quando o deslinde da matéria depender do exame de fatos ou do conjunto probatório." MORAES, Alexandre de, *Direito constitucional*, 2007 p. 127.

346. Nos termos do STF: "A jurisprudência do **STF** é firme no sentido de que o eventual cabimento de recurso criminal não tem o condão de impedira impetração de *habeas corpus*". Precedente: HC 97.293 julg. em **16.06.2009**, Rel. Min. Cármen Lúcia. DJ: **16.04.2010**. Como precedentes: **STJ** – HC nº 1.527 – RS, 6ª T. Rel. Min. Vicente Cernicchiaro; STJ – 5ª T – HC nº 1.388-7 – DF – Rel. Min. Flaquer Scartezzini. O mesmo pode ocorrer na **seara Trabalhista**, conforme entendimento do **TST** em sede de **Orientação Jurisprudencial**: *Orientação Jurisprudencial do Tribunal Superior do Trabalho Seção de Dissídios Individuais (Subseção Ii)* **156.** "Habeas Corpus" originário no Tst. Substitutivo de Recurso Ordinário em "Habeas Corpus". Cabimento contra decisão definitiva proferida por Tribunal Regional do Trabalho. (DEJT divulgado em 09, 10 e 11.06.2010) *É cabível ajuizamento de "habeas corpus" originário no Tribunal Superior do Trabalho, em substituição de recurso ordinário em "habeas corpus", de decisão definitiva proferida por Tribunal Regional do Trabalho, uma vez que o órgão colegiado passa a ser a autoridade coatora no momento em que examina o mérito do "habeas corpus" impetrado no âmbito da Corte local.*

347. Porém, nos termos do **HC 112.309** julg. em **27.11.2012** pela 1ª Turma: "Nada impede, entretanto, que esta Suprema Corte, quando do manejo inadequado do habeas corpus como substitutivo (art. 102, inciso II, alínea a, da CF), analise a questão de ofício nas hipóteses de **flagrante ilegalidade, abuso de poder ou teratologia**". (Rel. Min. Dias Toffoli)

348. Exemplo: **HC 112.851** julg. em **05.03.2013** pela **2ª Turma STF**: *2. Busca e apreensão deferida em desfavor de empresa da qual o paciente é sócio. 3. Alegações de incompetência do Juízo que deferiu a cautelar e ausência de justa causa para concessão da medida perante o não-esgotamento da via administrativa, constituição definitiva do crédito tributário. 4. HC indeferido liminarmente pelo Superior Tribunal de Justiça, que entendeu não haver risco à liberdade de locomoção. 5. Na perspectiva dos direitos fundamentais de caráter judicial e de garantias do processo, é cabível o writ, porquanto efetivamente, encontra-se o paciente sujeito a ato constritivo, real e concreto do poder estatal. 6. Ordem concedida para determinar ao* ***Relator do HC 233.467 do STJ*** *que* ***aprecie o referido writ como entender de direito***.

349. **HC 109.956/PR** (1ª Turma) Rel. Min. Marco Aurélio, julg. em **07.08.2012**. **Ver também: HC 112.116 julg. em 06.11.2012** "O habeas corpus tem uma rica história, constituindo garantia fundamental do cidadão. Ação

É interessante, que esse posicionamento, foi novamente exarado só que para o recurso extraordinário em **16.10.2012** no **HC nº 110.055**: "É inadmissível *habeas corpus* **substitutivo** de recurso extraordinário. Esse o entendimento da **1ª Turma** ao extinguir, sem mérito, a impetração ante sua inadequação processual. Reputou-se contrassenso o Colegiado assentar a **impropriedade** da ação constitucional quando **substitutiva** de recurso ordinário e aceitá-la no lugar da interposição de extraordinário"[350]. Assim sendo, para a 1ª Turma do STF, ***não é possível a impetração de habeas corpus substitutivo do recurso próprio***. Porém devemos alertar, que, se a ilegalidade exposta no processo for flagrante (evidente, manifesta, muito clara), ou então a decisão impugnada for teratológica (absurda, monstruosa), admite-se que o Tribunal conceda *habeas corpus* de ofício, beneficiando o paciente. Ou seja, se a ilegalidade for indiscutível ou a decisão absurda, o Tribunal não conhecerá do *habeas corpus* impetrado (por ser ele substitutivo), mas concederá *habeas corpus* de ofício em favor do réu. Esse entendimento, salientamos mais uma vez, é adotado pela 1ª Turma do STF e pelo Superior Tribunal de Justiça.[351]

5) Segundo o STF, nos termos do HC 108.994 julg. em **15.02.2012**, o eventual cabimento de **recurso especial** não constitui óbice à impetração de ***habeas corpus***, desde que o **direito-fim** se identifique direta ou imediatamente com a liberdade de locomoção física do paciente. Com base nesse entendimento, a **2ª Turma do STF deferiu** *writ* para que o STJ conheça de ***habeas corpus*** lá impetrado e se pronuncie sobre o seu mérito. No caso, a o STJ não conhecera do HC, por considerar inadequada a utilização da garantia constitucional em substituição aos recursos ordinariamente

---

constitucional que é, não pode ser o writ amesquinhado, mas também não é passível de vulgarização. (...) Contra a denegação de habeas corpus por Tribunal Superior prevê a Constituição Federal remédio jurídico expresso, o **recurso ordinário**. Diante da dicção do art. 102, II, a, da Constituição da República, a **impetração de novo habeas corpus em caráter substitutivo escamoteia o instituto recursal próprio**, em manifesta burla do preceito constitucional. Precedente da Primeira Turma desta Suprema Corte".

350. **HC 110.055/MG**, Rel, Min. Marco Aurélio, julg. em **16.10.2012**.

351. STF. 1ª Turma. **HC 114.293/MG**, rel. orig. Min. Marco Aurélio, red. p/ o acórdão Min. Edson Fachin, julg. em **01.12.2015**. Porém, aqui, uma ressalva: a **2ª Turma** do STF **admite o habeas corpus substitutivo**. Nesse sentido:(...) ***A Segunda Turma do Supremo Tribunal Federal admite habeas corpus substitutivo de recurso ordinário constitucional (art. 102, II, a, da Constituição Federal)***. (...) (STF. 2ª Turma. **HC 125841**, Rel. Min. Dias Toffoli, julg. em **24.03.2015**). Em mais um recente exemplo: *A Segunda Turma concedeu, em parte, "habeas corpus" para substituir a prisão preventiva do paciente por medidas cautelares específicas. São elas: a) afastamento de cargos de direção e de administração eventualmente ocupados nas empresas envolvidas nas investigações, ficando proibido de ingressar em quaisquer de seus estabelecimentos; b) recolhimento domiciliar integral até que demonstre ocupação lícita, quando fará jus ao recolhimento domiciliar apenas em período noturno e nos dias de folga; c) comparecimento quinzenal em juízo, para informar e justificar atividades, com proibição de mudar de endereço sem autorização; d) obrigação de comparecimento a todos os atos do processo, sempre que intimado; e) proibição de manter contato com os demais investigados, por qualquer meio; f) proibição de deixar o País, devendo entregar passaporte em até 48 horas; g) monitoração por meio da utilização de tornozeleira eletrônica; se por outro motivo não estiver preso, destacando-se que o descumprimento injustificado de quaisquer dessas medidas ensejará decreto de restabelecimento da ordem de prisão (CPP, art. 282, § 4º). Na espécie, os decretos de custódia cautelar expedidos contra o paciente fundamentaram-se no risco concreto de reiteração delitiva, na necessidade de garantia da ordem pública e na conveniência da investigação e da instrução criminal, entre outros. Preliminarmente, conquanto o presente "habeas corpus" tenha sido impetrado contra acórdão do STJ que não conhecera do "writ", a Turma reconheceu a possibilidade de impetração de "habeas corpus" substitutivo de recurso ordinário.* 2ª Turma do STF, **HC 132.233/PR**, rel. Min. Teori Zavascki, **26.04.2016**.

previstos nas leis processuais, haja vista que seria hipótese de cabimento de recurso especial. Chamamos a atenção aqui, para a circunstância de que a **decisão**, ora explicitada, é da **2ª Turma do STF** (que "ainda" permite a substituição da interposição de recurso constitucional por *habeas corpus*). Nesse sentido, também foi a decisão da 2ª Turma do STF no **HC nº 114.188/MG** de rel. do Min. Gilmar Mendes, julgado em **30.12.2012**.

6) Conforme posição majoritária no STF, o Ministro relator pode decidir monocraticamente *habeas corpus* nas hipóteses autorizadas pelo regimento interno, sem que isso configure violação ao princípio da colegialidade.[352]

Mas certo é que se observarmos o Regimento Interno do STF e STJ, os dois permitem, porém, como já dito, dentro das hipóteses previstas. O Regimento Interno do STF e do STJ autorizam que, em determinados casos, o Ministro Relator, monocraticamente, negue seguimento ao ***habeas corpus*** caso sele seja manifestamente: inadmissível; improcedente; contrário à súmula do Tribunal; contrário à jurisprudência dominante do Tribunal; ou quando for evidente a incompetência do Tribunal para julgá-lo. Conforme o art. 21 (...) § 1º do RISTF: *Poderá o(a) Relator(a) negar seguimento a pedido ou recurso manifestamente inadmissível, improcedente ou contrário à jurisprudência dominante ou a Súmula do Tribunal, deles não conhecer em caso de incompetência manifesta, encaminhando os autos ao órgão que repute competente, bem como cassar ou reformar, liminarmente, acórdão contrário à orientação firmada nos termos do art. 543-B do Código de Processo Civil.* Já o art. 34 do RISTJ afirma que: São atribuições do relator: (...) XVIII - negar seguimento a pedido ou recurso manifestamente intempestivo, incabível, improcedente, contrário a súmula do Tribunal, ou quando for evidente a incompetência deste.

Aqui temos também, que contra a decisão do Relator cabe recurso de ***agravo regimental*** no prazo de 5 dias corridos.[353] Além disso, já entendeu a 2ª turma do STF, que *cabe sustentação oral no agravo regimental interposto contra a decisão monocrática que*

352. (...) 2. A jurisprudência consolidada da Primeira Turma do Supremo Tribunal Federal não admite a impetração de habeas corpus em substituição ao recurso extraordinário, previsto no art. 102, III, da Constituição Federal (HC 110.055, Rel. Min. Marco Aurélio; HC 106.158, Rel. Min. Dias Toffoli; e HC 118.568, Rel.ª Min.ª Rosa Weber). 3. Inexiste violação ao princípio da colegialidade na utilização, pelo Ministro relator, das faculdades previstas nos arts. 38 da Lei nº 8.038/1990 (atualmente revogado pela Lei nº 13.105/2015) e no art. 21, § 1º, do RI/STF (...) STF. 1ª Turma. HC 137265 AgR, Rel. Min. Roberto Barroso, julgado em 07/03/2017. STF. 1ª Turma. HC 137265 AgR, Rel. Min. Roberto Barroso, julgado em 07/03/2017; no mesmo sentido: STF. 2ª Turma. HC 131550 AgR, Rel. Min. Gilmar Mendes, julgado em 15/12/2015. Porém, a 1ª Turma do STF decidiu no **HC 120.496/MS**, julgado em **14.03.2017**, que o Ministro relator do STJ não poderia ter decidido o *habeas corpus* de forma monocrática e que isso violaria o princípio da colegialidade. Aqui temos que deve ser analisado o caso concreto. Ver: **HC 120496/MS** 1ª Turma do STF, Rel. Min. Marco Aurélio, julgado em **14.03.2017**.

353. Conforme o entendimento : *O agravo interposto contra decisão monocrática do Ministro Relator no STF e STJ, em recursos ou ações originárias que versem sobre matéria penal ou processual penal* ***não obedece às regras no novo CPC***. Isso significa que: o prazo deste agravo é de **5 dias**, nos termos do art. 39 da Lei nº 8.038/90 (**não se aplicando** o art. 1.070 do CPC/2015 *que determina o prazo de 15 dias úteis*); este prazo é contado em dias corridos, conforme prevê o art. 798 do CPP (**não se aplicando** a regra da contagem em dias úteis do art. 219 do CPC/2015). STF. Plenário. Rcl 25638/MG, Rel. para ac. Min. Edson Fachin, julg. em 09.05.2019. STJ. 3ª Seção. AgRg na Rcl 30.714/PB, Rel. Min. Reynaldo Soares da Fonseca, julg. em 27.04.2016.

negou seguimento ao habeas corpus.[354] Embora a 1ª Turma do STF já tenha se manifestado em sentido contrário. Nesses termos, para a 1ª Turma é incabível sustentação oral em agravo regimental interposto contra decisão monocrática que nega seguimento a *habeas corpus*. Ela entende que o art. 131, § 2º do Regimento Interno do STF veda expressamente a possibilidade de sustentação oral em agravo interno e o art. 937, § 3º do CPC/2015 a admite unicamente em ação rescisória, reclamação e mandado de segurança.[355]

7) O Supremo Tribunal Federal assentou na decisão do HC 97.256 em **01.09.2010** serem inconstitucionais os arts. 33 §, 4º e 44 da Lei 11.343/2006 na parte que vedavam a substituição de pena (privativa de liberdade por restritiva de direitos) no caso de condenação pelo crime de tráfico de entorpecentes. E no HC 11.840, julgado em 27.06.2012, assentou ser inconstitucional § 1º do art. 2º da Lei 8.072/90 com alteração da Lei 11.464/2007 (que trazia a imposição do regime fechado para o início do cumprimento de pena pela prática de crimes hediondos e equiparados).

Com isso, o Pretório Excelso, vem admitindo a possibilidade de *habeas corpus* **ser deferido** para que Juiz de vara criminal **reexamine os requisitos** para a substituição da pena privativa de liberdade por restritiva de direitos e para a fixação do regime prisional, afastadas as vedações dos art. 33 §, 4º e 44, *caput* da Lei 11.343/2006 e do art. 2º, § 1º da Lei 8.072/90[356].

8) A 1ª Turma do STF no **HC 107.448,** julgado em **18.06.2013** concedeu *habeas corpus* "para determinar a designação de audiência na qual os pacientes deverão ser advertidos sobre os efeitos do uso de entorpecente".[357]

354. **HC 152676/PR**, 2ª T. Rel. p/ ac. Min. Gilmar Mendes, julg. em **09.04.2019** (Inf. 937). A 2ª Turma do STF entende que *deveria ser feita uma interpretação constitucional do art. 937, § 3º do CPC, que trata apenas sobre o* ***agravo em ação rescisória, mandado de segurança e reclamação.*** Ou seja, ele também deve ser estendido para o agravo em ***habeas corpus***. Isso porque o *habeas corpus* é um remédio constitucional, tal qual o mandado de segurança. O ***habeas corpus*** é uma ação constitucional cuja envergadura é ainda maior que a do mandado de segurança, por cuidar da liberdade, direito essencial à cidadania.

355. **HC 151881 AgR/SP**, STF. 1ª Turma. Rel. Min. Rosa Weber, julgado em **12.11.2019** (Info 959).

356. **HC 113.471** julg. **19.02.2013, rel. Min. Cármen Lúcia**: *"1. O Supremo Tribunal Federal assentou serem inconstitucionais os arts. 33, § 4º, e 44, caput, da Lei n. 11.343/2006,* ***na parte em que vedavam*** *a substituição da pena privativa de liberdade por restritiva de direitos em condenação pelo crime de tráfico de entorpecentes. Precedente. 2. Este Supremo Tribunal Federal assentou ser inconstitucional a imposição do regime fechado para o início do cumprimento da pena, em se tratando de tráfico de entorpecente. Precedentes. 3. Ordem parcialmente concedida apenas para determinar ao juízo da 2ª Vara Criminal da Comarca de São Paulo que* ***reexamine os requisitos*** *para a substituição da pena privativa de liberdade por restritiva de direitos e para a fixação do regime prisional, afastadas as vedações dos arts. 33, § 4º, e 44, caput, da Lei n. 11.343/2006 e do art. 2º, § 1º, da Lei n. 8.072/1990".* Já no **HC 114.830** a 2º Turma em **12.03.2013**, concedeu HC para *"determinar a magistrado que* ***reduzisse a pena imposta*** *ao paciente, considerada a incidência da causa de diminuição do art. 33, § 4º, da Lei 11.343/2006 no patamar máximo de 2/3. Ademais, ordenou que fixasse o regime inicial de cumprimento da reprimenda de* ***maneira fundamentada****, com o afastamento da regra do § 1º do art. 2º da Lei 8.072/90 (na redação da Lei 11.464/2007), obrigatoriedade declarada inconstitucional pelo STF".* No HC **115.024** julg. em **19.03.2013** a 2ª Turma do STF *concedeu o HC de ofício para determinar ao juízo da execução criminal que, superada a obrigatoriedade de imposição do regime fechado aos condenados por tráfico de drogas,* ***avalie se o paciente preenche os requisitos*** *para a fixação do regime semiaberto, ou, caso entenda pela imposição de regime mais grave do que o previsto para o quantum de pena, que* ***o faça de forma fundamentada.*** Já no **HC 113.103,** julg. em **11.12.2012** a 2ª Turma do STF concedeu o HC para determinar ao STJ que conheça do HC 219.691/MT (não conhecido pelo STJ) e o julgue como entender de direito.

357. HC 107.448, Rel. p/ Ac. Min. Marco Aurélio. Na espécie, pretendia-se a *desclassificação da conduta imputada, prevista no art. 12 da Lei 6.368/76 para a disposta no art. 33, § 3º, da Lei 11.343/2006. Aduziu-se que o acórdão impugnado*

9) A 1ª Turma do STF, seguindo seu entendimento (aqui já citado), em face da inadequação da via eleita (por ser no caso o ***habeas corpus*** substitutivo de recurso constitucional) declarou habeas corpus extinto, sem resolução de mérito. Porém, por maioria, concedeu a **ordem de ofício** para afastar a qualificadora relativa ao motivo fútil e determinar a submissão do paciente ao tribunal do júri por homicídio na forma simples[358].

10) Em regra, para o STF e STJ não é cabível *habeas corpus* contra decisão judicial transitada em julgado. Aqui, vale ressaltar que, se houver alguma ilegalidade flagrante, o Tribunal poderá conceder a ordem de ofício. Nesses termos, no STF: *A orientação jurisprudencial do Supremo Tribunal Federal é no sentido de que o habeas corpus não se revela instrumento idôneo para impugnar decreto condenatório transitado em julgado.* 1ª Turma do STF. HC 143445 AgR, Rel. Min. Roberto Barroso, julgado em 05.02.2018. Também nesse sentido: *Os autos noticiam o trânsito em julgado da condenação imposta ao paciente, sendo certo que o habeas corpus não pode ser utilizado como sucedâneo de revisão criminal.* 2ª Turma do STF. HC 148631 AgR, Rel. Min. Dias Toffoli, julgado em 01.12.2017.[359]

Porém, a 2ª Turma do STF no RHC 146327/RS, julgado em **27.02.2018** entendeu ser cabível o habeas corpus.[360]E conforme a jurisprudência do STF e do STJ, noticiada pela doutrina, na hipótese de transitar em julgado uma sentença eivada de nulidade

---

teria invertido a ordem processual quanto à prova, atribuindo aos pacientes o dever de demonstrar sua condição de usuários, o que não se coadunaria com o Direito Penal. Registrou-se que eles não teriam o dever de demonstrar que a droga apreendida se destinaria ao consumo próprio e de amigos, e não ao tráfico. Asseverou-se que caberia à acusação comprovar os elementos do tipo penal. Reputou-se que ao Estado-acusador incumbiria corroborar a configuração do tráfico, que não ocorreria pela simples compra do entorpecente. Salientou-se que o restabelecimento do enfoque revelado pelo juízo seria conducente a afastar-se, até mesmo, a condenação à pena restritiva da liberdade. Vencido o Min. Ricardo Lewandowski, que denegava a ordem.

358. HC 107.199/SP. Ementa: "Júri – Qualificadoras – Insubsistência. Uma vez reconhecido que a vítima não foi alvo de surpresa, havendo provocado o agressor, descabe a qualificadora do motivo fútil – disputa pela ocupação de uma mesa de sinuca". Julg. em 20.08.2013. Rel. Min. Marco Aurélio.

359. Conforme a **5ª turma do STJ**: *O Supremo Tribunal Federal e o Superior Tribunal de Justiça não têm admitido o habeas corpus como sucedâneo do meio processual adequado, seja o recurso ou a revisão criminal, salvo em situações excepcionais, quando manifesta a ilegalidade ou sendo teratológica a decisão apontada como coatora.* STJ. 5ª Turma. HC 418.896/MA, Rel. Min. Ribeiro Dantas, julgado em 06/02/2018. Nos mesmos termos, a **6 ª turma do STJ**: *O manejo de habeas corpus após o trânsito em julgado da condenação, visando reconhecer eventual ilegalidade na dosimetria da pena, questão não suscitada em momento algum pela defesa, durante a tramitação do processo penal, importa em indevida supressão de instância e de manejo do writ de modo indevido, com feições de revisão criminal.* STJ. 6ª Turma. AgRg no HC 420.097/ES, Rel. Min. Maria Thereza de Assis Moura, julgado em 07/11/2017.

360. *"A Segunda Turma negou provimento a recurso ordinário em "habeas corpus" no qual se pleiteava a anulação de sentença penal condenatória transitada em julgado. Preliminarmente, a Turma conheceu do "habeas corpus". Considerou o "writ" cabível, na espécie, por ser mais célere e benéfico ao paciente, além de sua impetração estar autorizada no art. 648, VI, do CPP (A coação considerar-se-á ilegal: (...) VI - quando o processo for manifestamente nulo"). Ademais, a negativa de conhecimento do remédio constitucional dificultaria a defesa do direito das pessoas privadas de liberdade por condenação alegadamente injusta. No mérito, a Turma ressaltou que, apesar de parte das alegações da defesa não terem sido expressamente enfrentadas quando do julgamento da apelação interposta na origem — o que ensejaria a nulidade ora apontada —, cabia à parte interessada opor embargos de declaração, o que não ocorreu. Por outro lado, as referidas alegações foram apresentadas de forma lacônica, em dois parágrafos das razões de apelação, sem demonstrar conexão com o ponto de interesse. Concluiu não haver nulidade a ser reconhecida no acórdão condenatório impugnado."* RHC 146327/RS, 2ª T. do STF. Rel. Min. Gilmar Mendes, julg. em **27.02.2018**.

absoluta por incompetência de juízo, seria, ainda que excepcionalmente, cabível ***habeas corpus*** por se tratar de matéria de ordem pública.[361]

11) Conforme o STF, no **HC nº 113.457**, julgado em **04.12.2012**, a superveniência de sentença condenatória que mantém preso o réu sob os mesmos fundamentos expostos no decreto de prisão preventiva não é causa de prejudicialidade de *habeas corpus*[362]. Sobre o mesmo tema (em item anterior), citamos o HC nº 119.396/ES, Rel. Min. Cármen Lúcia, julgado em **04.02.2014** pela Segunda Turma do STF.

12) Conforme entendimento do STF, o ***habeas corpus*** é instrumento idôneo, em tese, para impugnar a validade de decisão judicial que decreta a quebra do sigilo bancário, considerando que de tal procedimento pode advir medida restritiva à liberdade de locomoção.

13) Segundo decisão do STF, prolatada no HC nº 96.425/SP e presente no Informativo nº 537, a garantia constitucional do ***habeas corpus* não** é a via adequada para se pleitear declaração de inconstitucionalidade de lei em tese.[363]

14) No HC nº 91.183/BA, o STF deixou assente que o ***habeas corpus*** pode ser manejado como uma ação que visa a defender não só o direito de ir e vir, mas também **o direito de ficar**, ou seja, o direito de não se locomover.[364]

15) No HC nº 99.439 de Rel. do Min. Eros Grau, julgado em 15.09.2009, assentou o STF que "há Impossibilidade de, em ***habeas corpus***, avaliar-se se as dependências do Batalhão Militar correspondem, ou não, a sala de Estado Maior."

16) Já no HC nº 99.369 decidiu o STF que: o "***Habeas corpus*** não é remédio processual adequado para tutela do direito de visita de menor cuja guarda se disputa

---

361. TAVORA, Nestor; ANTONNI, Rosmar, *Curso de direito processual penal*, 2008, p. 1001.

362. "Com base nessa orientação, a 2ª Turma concedeu a ordem apenas para determinar que fosse apreciado o mérito do writ apresentado no STJ, como entendesse de direito. Na espécie, o relator daquela Corte julgara prejudicada a impetração e cassara liminar nela deferida, tendo em conta a expedição de título condenatório pelo juízo de piso". **HC nº 113.457/SP**, rel. Min. Cármen Lúcia, julg. em **04.12.2012**. (Informativo 691 do STF)

363. Com base nesse entendimento, a 2ª Turma do STF recebeu embargos de declaração como agravo regimental, e, desprovendo-o, manteve decisão que negara seguimento a *habeas corpus* no qual se pleiteava a **declaração de inconstitucionalidade** dos artigos 276 e 277 do Código de Trânsito Brasileiro – CTB, bem como a interpretação conforme à Constituição aos artigos 165 e 309 do mesmo diploma legal. Assentou-se que, no fundo, a impetração insistia no conhecimento do feito com o intuito de ser concedida a ordem para que o paciente pudesse livremente beber e dirigir, colocando em risco a vida de terceiros sem ser tolhido pela autoridade policial. HC nº 96.425 ED/SP, Rel. Min. Eros Grau, 03.03.2009.

364. Nesses termos, conforme o Informativo nº 532 do STF, a 1ª Turma do STF deu provimento a recurso ordinário em *habeas corpus* para que a recorrente não seja obrigada a se deslocar a outra unidade da federação, às suas próprias expensas, com o propósito de **realizar exame de DNA**. Na espécie, nos autos de ação de investigação de paternidade promovida em face da recorrente e de seus irmãos, fora expedida **ordem judicial** a fim de determinar que a recorrente se submetesse à coleta de material para o citado exame na comarca em que domiciliado o autor daquela ação. Inicialmente, aduziu-se que a ora recorrente **não se opusera à realização do exame de DNA**, mas se **insurgira** quanto ao fato de ter que viajar para outro Estado-membro a fim de **efetivar providência que poderia ser feita na comarca onde mora**. Ressaltando tratar-se de situação fronteiriça, considerou-se que o caso seria de impetração de *habeas corpus*, porquanto se objetivava garantir a liberdade de ir, vir e ficar (não se locomover). RHC nº 95.183/BA, Rel. Min. Cármen Lúcia, 09.12.2008.

judicialmente." (Rel. Min. Cezar Peluso, julgamento em 18.08.2009, Segunda Turma, ***DJE*** de 16.10.2009).

17) Nos termos da decisão do HC 90.378 de Rel. do Min. Marco Aurélio, julgado em 13.10.2009: "O ***habeas corpus*** não é meio hábil para questionar-se aspectos ligados quer ao inquérito civil público, quer à ação civil pública, porquanto, nesses procedimentos, não se faz em jogo, sequer na via indireta, a liberdade de ir e vir." (Rel. Min. Marco Aurélio, Primeira Turma, ***DJE*** de 06.11.2009.)

18) Segundo a decisão do **HC nº 110.244**-AgR, julgado em 24.11.2009: "O ***habeas corpus*** é meio processual destinado à proteção do direito de ir e vir ameaçado por ilegalidade ou abuso de poder. Daí a impropriedade desse instrumento processual para solver **controvérsia cível**. Ainda que se admita que a ação de improbidade administrativa tem natureza penal, não há como trancá-la em ***habeas corpus***, porquanto as sanções previstas na Lei 8.429/1992 não consubstanciam risco à liberdade de locomoção." (Rel. Min. Eros Grau, Segunda Turma, ***DJE*** de 19-2-2010.)

19) A 2ª Turma do STF em **21.08.2012**, concedeu HC de *ofício* para determinar ao juízo da execução penal que analise a questão relativa à perda dos dias remidos nos moldes do art. 127 da Lei de Execução Penal, com a redação que lhe conferiu a Lei 12.433/2011, observado o disposto no art. 57 da LEP (Lei de Execuções Penais). Conforme a ementa do **HC 113.511**:

> "(...) O art. 127 da LEP, com a redação conferida pela Lei 12.433/2011, impõe ao juízo da execução que, ao decretar a perda dos dias remidos, atenha-se ao limite de 1/3 do tempo remido e leve em conta, na aplicação dessa sanção, a natureza, os motivos, as circunstâncias e as consequências do fato, bem como a pessoa do faltoso e seu tempo de prisão. Por se tratar de lei mais benéfica ao réu, deve ser imediatamente aplicada, consoante o disposto no art. 5º, XL, da Carta Magna, de modo que o retorno dos autos ao juízo da execução, para que redimensione a penalidade da revogação do tempo remido pelo trabalho, respeitado o limite de 1/3, é medida que se impõe. Ordem concedida de ofício para determinar ao juízo da execução que analise a questão relativa à perda dos dias remidos nos moldes do art. 127 da Lei de Execução Penal, com a redação que lhe conferiu a Lei 12.433/2011, observado o disposto no art. 57 da LEP"[365].

20) Conforme a 2ª Turma do STF no **HC nº 122.382/SP** julg. em **05.08.2014**, não cabe *habeas corpus* contra a decisão do juiz que nega o pedido do réu preso (que é advogado) para que atue sozinho em seu processo criminal. No caso, o juiz determinou que esse réu-advogado deverá atuar em conjunto com outro advogado nomeado pelo juízo em virtude de ele se encontrar preso, o que dificultaria a realização da defesa. Segundo o STF, o HC não é o instrumento processual adequado a postular o direito de exercer a autodefesa técnica, uma vez que não está em jogo a liberdade de locomoção do paciente.

365. HC nº 113.511/RS, Rel. Min. Ricardo Lewandowski, julg. em 21.08.2012.

21) No **RHC nº 118.622,** julgado em **17.03.2015,** a 1ª Turma do STF decidiu que é desnecessária a prévia discussão acerca de matéria objeto de *habeas corpus* impetrado originariamente no STJ, quando a coação ilegal ou o abuso de poder advierem de ato de TRF no exercício de sua competência penal originária. Nesse sentido, entendeu o STF, que ao fazer essa exigência, o STJ está impondo para o *habeas corpus* o requisito do "prequestionamento", que somente é aplicável nos casos de recurso especial ou recurso extraordinário.[366]

22) No **HC nº 111.567** entendeu o STF que o direito de audiência, de um lado, e o direito de presença do réu, de outro, esteja ele preso ou não, traduzem prerrogativas jurídicas essenciais que derivam da garantia constitucional do "*due process of law*" e que asseguram, por isso mesmo, ao acusado, o direito de comparecer aos atos processuais a serem realizados perante o juízo processante, ainda que situado este em local diverso daquele da sede da Organização Militar a que o réu esteja vinculado. Com isso, o STF concedeu *habeas corpus* para assegurar, aos pacientes, a efetivação do custeio a que alude o Decreto nº 4.307/2002 (art. 28, I), garantindo a requisição e apresentação dos pacientes ao longo de todos os atos de instrução e julgamento no Processo-crime nº 0000159-32-2010.7.12.0012, em tramitação, perante a Auditoria da 12ª CJM. No caso foi garantido ao Réu pela via do *habeas corpus* o custeio do deslocamento (transporte) para a participação nos atos de instrução e julgamento no âmbito do processo penal.[367]

23) A 2ª Turma do STF em **16.12.2014** no **HC 106.566,** reconheceu a legitimidade do "*habeas corpus*" para aferir procedimentos de feição penal ou processual penal, inclusive para o reconhecimento de eventual ilicitude de provas obtidas em inquérito policial.[368]

366. No caso, o STJ não conheceu da impetração afirmando que a tese alegada no habeas corpus não foi previamente enfrentada pelo TRF. Assim, para o STJ, somente após o TRF enfrentar e rechaçar essa tese é que a defesa poderia impetrar HC questionando a decisão. O STF entendeu inadequada a posição do STJ e decidiu que os autos deveriam retornar ao STJ para que a impetração seja conhecida. RHC nº 118.622 julg. em 17.03.2015. 1ª Turma, Rel. Min. Roberto Barroso.

367. HC 111.567 julg. em 06.03.2014: Ementa: "*habeas corpus" – réu militar – instrução processual – pretendido comparecimento à audiência penal em que inquirido o corréu – ausência de oferecimento de transporte para o local de realização do ato processual – constrangimento ilegal caracterizado – a garantia constitucional da plenitude de defesa: uma das projeções concretizadoras da cláusula do "due process of law" – caráter global e abrangente da função defensiva: defesa técnica e autodefesa (direito de audiência e direito de presença) – Pacto Internacional sobre Direitos civis e Políticos/onu (art. 14, n. 3, "d") e Convenção Americana de Direitos Humanos/OEA (art. 8º, § 2º, "d" e "f") – dever do Estado de assegurar, ao réu militar, o exercício dessa prerrogativa essencial, especialmente a de propiciar transporte (Decreto nº 4.307/2002, art. 28, inciso I) para comparecer à audiência de inquirição das testemunhas, ainda mais quando arroladas pelo Ministério Público – razões de conveniência administrativa ou governamental não podem legitimar o desrespeito nem comprometer a eficácia e a observância dessa franquia constitucional – nulidade processual absoluta – pedido deferido.* Rel. Min Celso de Mello. Ver também: HC 111567 AgR / AM julg. em 05.08.2014.

368. HC 106.566/SP: "*A 2ª Turma concedeu a ordem em "habeas corpus" para determinar a imediata devolução de material apreendido em procedimento de busca e apreensão realizado no bojo de persecução penal – v. Informativo 771. Na espécie, em cumprimento a mandado de busca e apreensão que teria como alvo o endereço profissional do paciente, localizado no 28º andar de determinado edifício, teriam sido apreendidos equipamentos de informática no endereço de instituição financeira localizada no 3º andar do mesmo edifício, porém, sem que houvesse mandado judicial para esse endereço.*" Rel. Min. Gilmar Mendes.

24) O Plenário do STF, segundo o Ministro Gilmar Mendes, reiteradamente tem assentado que o *habeas corpus* tem como escopo a proteção da liberdade de locomoção e seu cabimento tem parâmetros constitucionalmente estabelecidos, justificando-se a impetração sempre que alguém sofrer, ou se achar ameaçado de sofrer, violência ou coação em sua liberdade de ir e vir, por ilegalidade ou abuso de poder. Ainda, a jurisprudência prevalecente no STF é no sentido de que **não** terá seguimento *habeas corpus* que **não** afete diretamente a liberdade de locomoção. Porém, entende o Ministro que a despeito da força que essa interpretação tem assumido em nossa jurisprudência, não lhe impressiona o argumento **de que *habeas corpus*** é o meio adequado **para proteger tão somente o direito de ir e vir**.

Nesses termos, no **HC 121.089/AP** propugnou o Ministro que o *habeas corpus* configura ***proteção especial*** tradicionalmente oferecida no sistema constitucional que poderia atingir ***outras situações*** como a ***de excesso de prazo no afastamento cautelar*** *de Conselheiro de Tribunal de Contas*, ***por mais de dois anos,*** *sem que a* ***denúncia tenha sido admitida.***

No caso, ora em comento, tratou-se de habeas corpus, com pedido de liminar, buscando *provimento judicial para liminarmente, desconstituir a decisão proferida pela Corte Especial do Superior Tribunal de Justiça nos autos da Ação Penal 702/AP, a qual determinou o afastamento do paciente de suas funções de Conselheiro do Tribunal de Contas do Estado do Amapá e impediu a entrada nas dependência do Tribunal, bem como "a utilização de veículos, recebimento de vantagens decorrentes do efetivo exercício no cargo, tais como passagem aérea, diárias, ajuda de custo, telefone e quaisquer outros bens de propriedade" da Corte de Contas, até a apreciação da denúncia.* A tese defendida pelo Ministro Gilmar Mendes (não só nesse caso, mas também no HC 90.617) é a de que o **"*excesso de prazo gritante*"** para prisões, poderia ser ***transportado*** para as ***medidas cautelares de afastamento de cargo ou função pública.*** Com isso, a 2ª Turma, por maioria, em **16.12.2014,** concedeu a ordem em **"habeas corpus"** ***para desconstituir*** *decisão proferida* **pelo STJ,** *na parte em que determinado* ***o afastamento cautelar*** *do ora paciente de suas funções de Conselheiro do Tribunal de Contas do Estado do Amapá e impostas outras medidas cautelares até a apreciação da denúncia oferecida em seu desfavor.*[369]

369. HC 121.089/AP julg. em 16.12.2014: *"O Colegiado, primeiramente, rejeitou, por maioria, questão preliminar relativa à suposta inadequação da via eleita em razão de não haver, no caso, ameaça à liberdade de locomoção do paciente. Asseverou que se a eventual imposição de afastamento do cargo decorresse de decisão em processo penal ou investigação criminal, e houvesse dúvida quanto à justeza do tempo, seria cabível o "habeas corpus", porquanto se trataria, na hipótese, de um tipo de restrição associada a processo criminal ou investigação criminal. Não se trataria, portanto, de usar o referido "writ" constitucional para outro objeto diferente daquilo que a Constituição preconizaria. Vencida, no ponto, a Ministra Cármen Lúcia, que entendia incabível o "writ", dados os limites constitucionais do "habeas corpus" – proteção à liberdade de locomoção –, o que inviabilizaria o conhecimento de questões relativas ao referido afastamento e de eventual nulidade da medida cautelar imposta. No mérito, a Turma, ao reafirmar o quanto decidido no HC 90.617/PE (DJe de 7.3.2008), destacou que o afastamento do paciente do cargo perduraria por mais de quatro anos, tendo-se iniciado em 10.9.2010, interrompido este período por apenas 31 dias. A acusação fora formalizada em 13.4.2012, sem que sua admissão tivesse sido analisada. Apesar da complexidade da investigação e da posterior acusação que levara ao afastamento, este último já perduraria além do aceitável."*

25) Conforme a 1ª Turma do STF o habeas corpus pode ser empregado para impugnar medidas cautelares de natureza criminal diversas da prisão. Isso porque, se descumprida a "medida alternativa", é possível o estabelecimento da custódia, alcançando-se o direito de ir e vir.[370]

26) Conforme o HC 107.701/RS julgado pela 2ª Turma do STF em 13.09.2011, seria cabível *habeas corpus* para apreciar **toda e qualquer medida** que possa, em tese, **acarretar constrangimento à liberdade de locomoção** ou, ainda, **agravar as restrições a esse direito**. Esse foi o entendimento (numa clara manifestação no sentido de *alargamento* do âmbito de abrangência do instituto) ao deferir *habeas corpus* para *assegurar* **a detento em estabelecimento prisional** o direito de **receber visitas** de seus filhos e enteados. Nos termos do Informativo 641 do STF, foi decidido que: "(...) Na espécie, o juízo das execuções criminais decidira que o condenado não teria jus à visitação, visto que a prisão seria local impróprio aos infantes, o que poderia trazer-lhes prejuízos na formação psíquica. A defesa, então, impetrara *habeas corpus* no STJ, que o indeferira liminarmente, ao fundamento de que a pretensão não se compatibilizava com a modalidade eleita, uma vez que não ofendido o direito de locomoção do ora paciente. De início, rememorou-se que a jurisprudência hodierna da Corte estabelece sérias ressalvas ao cabimento do writ, no sentido de que supõe violação, de forma mais direta, ao menos em exame superficial, à liberdade de ir e vir dos cidadãos. Afirmou-se que essa orientação, entretanto, não inviabilizaria, por completo, o processo de ampliação progressiva que essa garantia pudesse vir a desempenhar no sistema jurídico brasileiro, sobretudo para conferir força normativa mais robusta à Constituição. A respeito, ponderou-se que o Supremo **tem alargado o campo de abrangência dessa ação constitucional**, como no caso de impetrações contra instauração de inquérito criminal para tomada de depoimento, indiciamento de determinada pessoa, recebimento de denúncia, sentença de pronúncia no âmbito do processo do Júri e decisão condenatória, dentre outras. Enfatizou-se que a Constituição teria o princípio da humanidade como norte e asseguraria aos presidiários o respeito à integridade física e moral (CF, art. 5º: "XLIX – é assegurado aos presos o respeito à integridade física e moral" e Pacto de São José da Costa Rica: "Art. 5º Direito à Integridade Social 1. Toda pessoa tem o direito de que se respeite sua integridade física, psíquica e moral. 2. Ninguém deve ser submetido a torturas, nem a penas ou tratos cruéis, desumanos ou degradantes. Toda pessoa privada da liberdade deve ser tratada com respeito devido à dignidade inerente ao ser humano"). Preconizou-se, por conseguinte, que não se poderia tratar a pena com objetivo de retaliação, mas de ressocialização (...)."[371]

---

370. HC 170735/RJ, STF. 1ª Turma. Red. p/ o ac. Min. Alexandre de Moraes, julg. em 30.06.2020. Inf. 984: Vencidos, *no ponto, os ministros Luiz Fux e Rosa Weber, que não conheceram da impetração por entenderem que o cabimento de habeas corpus diz respeito exclusivamente à liberdade de ir e vir, que não se confunde com a liberdade de exercício de uma atividade profissional. Quanto ao mérito, a Turma afirmou que não houve ilegalidade nas medidas alternativas decretadas pelo Tribunal de Justiça.*

371. No caso em tela: "(...) *Aludiu-se ainda que a visitação seria desdobramento do direito de ir e vir, na medida em que seu empece agravaria a situação do apenado. Isso porque só haveria direito de visitas porque a liberdade do paciente*

Porém, a própria 2ª turma do STF, em **decisão mais recente**, no **HC 127.685/DF**, julgado em **30.06.2015**, entendeu que o *habeas corpus* não é meio adequado para o apenado obter autorização de visita de sua companheira no estabelecimento prisional.[372] No mesmo sentido, recentemente, também a 1ª turma do STF, no **HC 128.057/SP** julgado em **01.08.2017**, decidiu que não cabe *habeas corpus* para tutelar o direito à visita em presídio. Entendeu o Pretório Excelso que não há, no caso, restrição ao direito de liberdade. A decisão atacada tem natureza administrativa. Portanto, o *habeas corpus* **não** é o meio processual adequado para discutir direito de visitas.[373] Nos mesmos termos é o HC 138286 julgado em 05.12.2017 pela 1ª Turma do STF. Aqui se registra que tanto um interessado (como, por exemplo, a esposa de um apenado) ou mesmo o próprio apenado não tem direito ao *habeas corpus*.

27) Segundo o STF, no HC 132.036/SE, julgado em 29.03.2016, **não** é cabível a utilização do "*habeas corpus*" com a finalidade de se obter a desclassificação de imputação de homicídio doloso, na modalidade dolo eventual, para homicídio culposo, na hipótese em que apurada a prática de homicídio na direção de veículo automotor. O fundamento é o de que os limites estreitos dessa via processual impossibilitam a análise apurada do elemento subjetivo do tipo penal para que se possa afirmar que a conduta do réu foi pautada por dolo eventual ou pela culpa consciente. Portanto, não cabe *habeas corpus* para se discutir se houve dolo eventual ou culpa consciente em homicídio praticado na direção de veículo automotor.[374]

28) Segundo o STF, no HC 126.869/RS, julgado em 26.06.2015, a proibição da "*reformatio in pejus*", princípio imanente ao processo penal, aplica-se ao "*habeas corpus*", cujo manejo jamais poderá agravar a situação jurídica daquele a quem busca favorecer.[375]

---

estava tolhida. Ponderou-se que, segundo a própria teleologia da segregação criminal, eventuais erros estatais ao promovê-la poderiam e deveriam ser sanados pela via do habeas corpus, sob pena de não se alcançar a harmônica reintegração à comunidade daqueles que sofrem a ação do magistério punitivo do Estado. Nesse contexto, salientaram-se como escopos para o tratamento dos condenados, enquanto perdurar a sanção: a) inspirar-lhes a vontade de viver conforme a lei; b) incutir-lhes o respeito por si mesmos; e c) desenvolver-lhes o senso de responsabilidade. (...) Ademais, explicitou-se que o notório desajuste do sistema carcerário nacional não poderia justificar o óbice à visita de menores. Esclareceu-se, pois, que caberia ao Poder Público o dever de propiciar meios para que o apenado pudesse receber, inclusive, seus filhos e enteados, em ambiente minimamente aceitável e preparado, de modo a não colocar em risco a integridade física e psíquica dos visitantes. Assim, concluiu-se que o habeas corpus seria o meio apto a tutelar todo o plexo de relações ligadas à execução penal, até porque outro instrumento não seria identicamente expedito." (Informativo 640 do STF) (**HC 107.701/RS**, Rel. Min. Gilmar Mendes, **13.09.2011**)

372. **HC 127.685**, 2ª Turma do STF, julg. em **30.06.2015**, Rel. Min. Dias Toffoli: "Habeas corpus. Execução penal. Ato impugnado. Negativa de autorização para a companheira visitar o paciente (art. 41, X, da Lei nº 7.210/84). Meio inidôneo para questionar sua legalidade. Inexistência de efetiva restrição ao *status libertatis* do paciente. *Writ* do qual não se conhece. 1. O *habeas corpus* não constitui meio idôneo para se discutir a legalidade da proibição de a companheira visitar o paciente preso, por inexistência de efetiva restrição ao seu *status libertatis*. Precedentes. 2. *Habeas corpus* do qual não se conhece."

373. **HC 128057/SP**, 1ª Turma do STF.. Red. p/ o ac. Min. Alexandre de Moraes, julgado em **01.08.2017**.

374. HC 132036/SE, 2ª Turma do STF. Rel. Min. Cármen Lúcia, julgado em 29.03.2016.

375. 2ª turma do STF, julg. em 26.06.2015: "1. *O Superior Tribunal de Justiça, ao prover o recurso especial do Ministério Público para cassar a decisão que absolveu sumariamente a paciente e condená-la desde logo, determinando*

29) A 2ª Turma do STF em 26.04.2016, concedeu, em parte, *"habeas corpus"* para substituir a prisão preventiva do paciente por medidas cautelares específicas. Sendo elas: a) afastamento de cargos de direção e de administração eventualmente ocupados nas empresas envolvidas nas investigações, ficando proibido de ingressar em quaisquer de seus estabelecimentos; b) recolhimento domiciliar integral até que demonstre ocupação lícita, quando fará jus ao recolhimento domiciliar apenas em período noturno e nos dias de folga; c) comparecimento quinzenal em juízo, para informar e justificar atividades, com proibição de mudar de endereço sem autorização; d) obrigação de comparecimento a todos os atos do processo, sempre que intimado; e) proibição de manter contato com os demais investigados, por qualquer meio; f) proibição de deixar o País, devendo entregar passaporte em até 48 horas; g) monitoração por meio da utilização de tornozeleira eletrônica; se por outro motivo não estiver preso, destacando-se que o descumprimento injustificado de quaisquer dessas medidas ensejará decreto de restabelecimento da ordem de prisão (CPP, art. 282, § 4º).[376]

30) Conforme o STF, não cabe *habeas corpus* contra decisão que negou direito de familiar de preso internado em unidade prisional de com ele ter encontro direto, autorizando apenas a visita por meio do parlatório.[377]

31) Segundo o STF o *habeas corpus* **não** é o instrumento adequado para pleitear trancamento de processo de ***impeachment***. A finalidade constitucional do *habeas corpus* é a da proteção do indivíduo contra qualquer ato limitativo ao direito de locomoção (art. 5º, LXVIII, da CR/88). Nesses termos, resta claro que o processo de *impeachment* pode resultar na aplicação de sanções de natureza político-administrativa. Com isso, afirmou o STF, que ao se impetrar um *habeas corpus* contra um processo de *impeachment*, o que se busca é proteger o exercício de direitos políticos e não o direito de ir e vir.[378]

---

o retorno dos autos "ao Tribunal a quo para a fixação da dosimetria da pena", violou os princípios do devido processo legal, do contraditório e da ampla defesa (art. 5º, LIV e LV, CF). 2. A proibição da reformatio in pejus, princípio imanente ao processo penal, aplica-se ao habeas corpus, cujo manejo jamais poderá agravar a situação jurídica daquele a quem busca, exatamente, favorecer. (HC nº 121.907/AM, Primeira Turma, DJe de 28/10/14). 3. Anulada, em habeas corpus, a decisão do Superior Tribunal de Justiça que condenou a paciente, a pena concretamente fixada não mais poderá ser agravada, razão por que passa a constituir o referencial para o cálculo da prescrição da pretensão punitiva. 4. Ordem de habeas corpus concedida para cassar o acórdão que proveu o recurso especial e julgar extinta a punibilidade da paciente, pela prescrição da pretensão punitiva." Rel. Min. Dias Toffoli.

376. 2ª Turma do STF. HC 132.233/PR, Rel. Min. Teori Zavascky, julg. em 26.04.2016.

377. *"A Segunda Turma não conheceu de "habeas corpus" no qual pleiteada a realização de visita direta a interno em estabelecimento penal e não nas dependências de parlatório. No caso, fora vedada a manutenção de contato direto entre detento recluso em penitenciária de segurança máxima e sua mãe, ambos pacientes no "writ" em comento. Não sendo possível a realização dos movimentos exigidos no procedimento de revista íntima em razão de doença — artrose no joelho direito — de que seria portadora a visitante, o juiz de execução penal, com fundamento em norma regimental, recomendara a utilização de parlatório. A Turma, ao assentar a inadequação da via eleita, reiterou os fundamentos expendidos quando do julgamento do RHC 121.046/SP e do HC 127.685/SP no sentido de que, por não haver efetiva restrição ao "status libertatis" do paciente, o "habeas corpus" seria meio inidôneo para discutir direito de visita a preso. Ademais, na espécie, nem sequer teria havido negativa de autorização para a visita, mas sim a mera restrição a que fosse realizada nas dependências do parlatório, diante da impossibilidade de a paciente, em razão de suas condições médicas particulares, ser submetida à prévia revista mecânica."* STF. 2ª Turma. HC 133.305/SP, Rel. Min. Dias Toffoli, julg. em 24.05.2016 (Informativo 827 do STF).

378. HC 134315 AgR/DF, STF. Plenário do STF. Rel. Min. Teori Zavascki, julgado em 16.06.2016.

32) Segundo o STF, não se admite *habeas corpus* para se questionar nulidade cujo tema não foi trazido antes do trânsito em julgado da ação originária e tampouco antes do trânsito em julgado da revisão criminal. Assim sendo, a nulidade não suscitada no momento oportuno é impassível de ser arguida por meio de *habeas corpus*, no afã de superar a preclusão, sob pena de transformar o writ em sucedâneo da revisão criminal.[379]

33) Conforme o STF, não cabe *habeas corpus* para reexame dos pressupostos de admissibilidade de recurso interposto no STJ.[380]

34) Conforme o STF, o *habeas corpus* não é o meio adequado para discutir crime que não enseja pena privativa de liberdade. No caso, o art. 28 da LD não prevê a possibilidade de o condenado receber pena privativa de liberdade. Assim, não existe possibilidade de que o indivíduo que responda processo por esse delito sofra restrição em sua liberdade de locomoção. Diante disso, não é possível que a pessoa que responda processo criminal envolvendo o art. 28 da LD impetre *habeas corpus* para discutir a imputação. Não havendo ameaça à liberdade de locomoção, não cabe *habeas corpus*.[381]

35) O STF decidiu na **Rcl 25509 AgR/PRA** julgado em **15.02.2017** que regra prevista no art. 654, § 2º, do Código de Processo Penal não dispensa a observância do quadro de distribuição constitucional das competências para conhecer de *habeas corpus*.

Nesses termos, somente o órgão jurisdicional competente para a concessão da ordem a pedido **pode conceder** o *habeas corpus* de ofício. Ou seja, o Tribunal pode conceder *habeas corpus* de ofício, mas, para que isso ocorra, é necessário que ele seja o Tribunal competente para apreciar eventual pedido de *habeas corpus* relacionado com o caso concreto.

Portanto, é necessário que o tema tenha sido submetido às instâncias antecedentes e que se possa depreender ato coator praticado por Tribunal Superior, ainda que se tenha por ato coator a omissão em conceder um *habeas corpus* de ofício diante de uma ilegalidade cujo conhecimento fosse possível (por exemplo, o STJ mantém a decisão do TRF que manteve a prisão decretada por Juiz Federal). Vale dizer, mais uma vez, a Suprema Corte pode conceder a ordem de ofício, se verificar que um Tribunal Superior (por exemplo, o STJ) teve a oportunidade de sanar uma coação ilegal e não o fez.[382]

---

379. RHC 124041/GO, 1ª Turma STF, rel. orig. Min. Dias Toffoli, red. p/ o acórdão Min. Roberto Barroso, julg. em 30.08.2016. No mesmo sentido: HC 102077 1ª Turma do STF, Rel. Min. Roberto Barroso, julg. em 11.03.2014.
380. **HC 138944/SC**, 2ª Turma do STF, Rel. Min. Dias Toffoli, julgado em **21.03.2017**. (Informativo 858)
381. **HC 127834/MG**, STF. 1ª Turma. Rel. p/ o ac. Min. Alexandre de Moraes, julgado em 05.12.2017 (Informativo 887)
382. Conforme o Informativo 854 do STF: *"A despeito da dicção do art. 654, § 2º, do CPP, segundo o qual "Os juízes e os tribunais têm competência para expedir de ofício ordem de 'habeas corpus', quando no curso de processo verificarem que alguém sofre ou está na iminência de sofrer coação ilegal", tal regra não dispensa a observância do quadro de distribuição constitucional das competências para conhecer do "habeas corpus". Vale dizer, somente o órgão jurisdicional competente para a concessão da ordem a pedido pode conceder o "writ" de ofício. Nessa linha, ainda que o STF seja*

36) Como já afirmado na obra, em recente decisão (alterando manifestação anterior), segundo o STF, não cabe *habeas corpus* se a impetração for ajuizada em face de decisões monocráticas proferidas por Ministro do Supremo Tribunal Federal. Salientamos mais uma vez que caso a parte deseje impugnar decisão monocrática proferida por Ministro do STF, o instrumento processual cabível é o ***agravo regimental***, no prazo de 5 dias, nos termos do art. 39 da Lei nº 8.038/90 e art. 317 do Regimento Interno do STF.[383] Essa posição foi novamente explicitada no HC 143476/RJ julgado pela 2ª Turma em **06.06.2017**. Nesse julgado, resta claro que, em **regra**, não cabe ***habeas corpus*** para o STF contra decisão monocrática de Ministro do STJ que não conhece ou denega *habeas corpus* que havia sido interposto naquele Tribunal.[384] Porém, temos a afirmação aqui de que existe uma exceção. Nesses termos, a regra pode ser afastada em casos excepcionais, quando a decisão atacada se mostrar teratológica, flagrantemente ilegal, abusiva ou manifestamente contrária à jurisprudência do STF, situações nas quais o STF poderia conceder de ofício o *habeas corpus*.[385] Aqui temos ainda (conforme já citamos) que o STF não admite agravo regimental contra decisão do Ministro Relator que, motivadamente, defere ou indefere liminar em habeas corpus.[386]

Corte de vértice, a Constituição somente lhe outorgou competência para "habeas corpus" "quando o coator for tribunal superior ou quando o coator ou o paciente for autoridade ou funcionário cujos atos estejam sujeitos diretamente à jurisdição do STF, ou se trate de crime sujeito à mesma jurisdição em uma única instância", nos exatos termos do art. 102, I, "i", da CF, e quando for paciente o presidente da República, o vice-presidente, os membros do Congresso Nacional, seus próprios ministros, o procurador-geral da República, os ministros de Estado, os comandantes da Marinha, do Exército e da Aeronáutica, os membros dos tribunais superiores, do TCU e os chefes de missão diplomática de caráter permanente, em razão da incidência da regra prevista no art. 102, I, "d", combinado com o art. 102, I, "b" e "c", todos da CF." Rcl 25509 AgR/PR, Rel. Min. Edson Fachin, julgado em 15.02.2017. Mas aqui chamamos a atenção para um caso ***esparso*** (que difere da decisão ora citada do plenário do STF) decidido pelo Ministro Dias Toffoli, conforme Márcio Ándre Lopes: *"O ex-Ministro de Estado Paulo Bernardo foi preso por ordem do Juiz da 6ª Vara Federal de São Paulo. A defesa do preso ingressou com reclamação no STF afirmando que a decretação da prisão teria violado a competência do STF para apreciar a causa, considerando que Paulo Bernardo estaria sendo investigado em conjunto com a sua esposa (Senadora Gleisi Hoffman), de forma que todo o procedimento deveria tramitar na Corte Suprema. O Min. Dias Toffoli negou o pedido da defesa na reclamação afirmando que houve desmembramento dos processos e que a Senadora continua sendo investigada no STF ao passo que a apuração penal quanto a Paulo Bernardo e os demais investigados sem foro privativo está sendo conduzida em 1ª instância. Assim, não houve violação à competência do STF na decisão do Juiz que determinou a prisão. No entanto, o Min. Dias Toffoli afirmou que, apesar disso, ele, analisando os autos, concluiu que a prisão foi decretada de forma ilegal, considerando que não estão presentes os pressupostos da custódia preventiva. Dessa forma, de ofício, ele revogou a prisão preventiva de Paulo Bernardo* (STF. *Decisão Monocrática*. Rcl 24506 MC, Rel. Min. Dias Toffoli, julg. em 29/06/2016). *Se fôssemos adotar o entendimento acima explicado (Rcl 25509 AgR/PR, Rel. Min. Edson Fachin), o Min. Dias Toffoli, em tese, não poderia ter aplicado o art. 654, § 2º do CPP e concedido o habeas corpus de ofício. Isso porque o STF não era competente para apreciar o habeas corpus "a pedido". A defesa primeiramente deveria impetrar HC no TRF3, depois no STJ e só então no STF caso as demais instâncias negassem a liberdade."* In: Informativo 854, *Dizer o Direito*, 2017. Entendemos que deve prevalecer o posicionamento do plenário como regra.

383. **HC 115787/RJ**, STF. Plenário. Rel. Min. Marco Aurélio, red. p/ o ac. Min. Dias Toffoli, julgado em **18.05.2017** (Info 865).

384. Aqui, também citamos novamente que: *Não cabe habeas corpus contra decisão de Ministro do STF que decreta a prisão preventiva de investigado ou réu. Aplica-se, por analogia, o entendimento exposto no enunciado 606 da Súmula do STF*. Plenário. **HC 162285 AgR/DF**, Rel. Min. Alexandre de Moraes, julgado em **19.12.2019** (Informativo 964).

385. **HC 143476/RJ**, STF. 2ª Turma. rel. orig. Min. Gilmar Mendes, red. p/ o ac. Min. Ricardo Lewandowski, julg. em **06.06.2017**.

386. **HC 157.604/RJ,** STF. 2ª Turma. Rel. Min. Gilmar Mendes, julgado em **04.09.2018** (Informativo 914) No mesmo sentido o STJ: *Não cabe agravo regimental contra a decisão do relator que, em habeas corpus, defere ou indefere, de forma fundamentada, o pedido de liminar*. STJ. 5ª Turma. AgRg no HC 445.206/GO, Rel. Min. Reynaldo Soares

37) Segundo o STF, o *habeas corpus* pode ser empregado para impugnar medidas cautelares de natureza criminal diversas da prisão. No caso, o Colegiado rejeitou, por maioria, a preliminar de inadequação da via eleita, suscitada sob o argumento de inexistir ameaça à liberdade de locomoção. Asseverou que, no caso, discute-se a ideia de proteção judicial efetiva e que a ação de "habeas corpus" deve ser admitida para atacar medidas criminais que, embora diversas da prisão, afetem interesses não patrimoniais importantes da pessoa física. Se, por um lado, essas medidas são menos gravosas do que os encarceramentos cautelares, por outro, são consideravelmente onerosas ao implicado. Mais do que isso, se descumpridas, podem ser convertidas em prisão processual.[387]

38) Como já salientado na obra, decidiu a 2ª turma do STF no HC nº 143.641 em 20.02.2018, que é possível a impetração de *habeas corpus coletivo*.[388]

39) Como já externalizado na obra, cabe *habeas corpus* mesmo nas hipóteses que não envolvem risco imediato de prisão, como na análise da licitude de determinada prova ou no pedido para que a defesa apresente por último as alegações finais, se houver a possibilidade de condenação do paciente. Isso porque neste caso a discussão envolve liberdade de ir e vir.[389]

No caso o Ministro Gilmar Mendes anotou que o Tribunal construiu jurisprudência segundo a qual hipóteses que não envolvem risco imediato de prisão – como análise de licitude de prova, por exemplo – são matérias que implicam conhecimento do writ. Concluiu que toda vez que houver a possibilidade de condenação e, portanto, envolvimento da liberdade de ir e vir, caberá o *habeas corpus*. O ministro Ricardo Lewandowski acrescentou então outra hipótese que enseja cognoscibilidade: o respeito à cronologia das sustentações orais, com o direito de a defesa se manifestar por último.[390]

Já a Ministra Cármen Lúcia lembrou que a jurisprudência da Corte quanto ao cabimento do habeas corpus é generosa e abarca casos nos quais, à primeira vista, não parece estar em jogo apenas a liberdade de locomoção. Frisou que o direito de locomoção é uma condição sine qua non do exercício de uma infinidade de direitos,

da Fonseca, julgado em **15.05.2018**. STJ. 6ª Turma. AgRg no HC 463.728/SP, Rel. Min. Nefi Cordeiro, julgado em **02.10.2018**.

387. **HC 147426/AP** e **HC 147303/AP**, STF. 2ª Turma. Rel. Min. Gilmar Mendes, julgados em **18.12.2017**. Enfatizou a 2ª Turma que, caso fechada a porta do "*habeas corpus*", restaria o mandado de segurança. Nos processos em primeira instância, talvez fosse suficiente para conferir proteção judicial recursal efetiva ao alvo da medida cautelar. No entanto, naqueles de competência originária de tribunal, confundem-se, na mesma instância, as competências para decretá-la e para analisar a respectiva ação de impugnação. Isso, na prática, esvazia a possibilidade de impugná-la em tempo hábil. No mérito, a Turma considerou que, conquanto o feito seja complexo, as medidas vigem por prazo excessivo, sem amparo em fatos excepcionais que justifiquem seu alongamento. Apenas na fase de ação penal, o afastamento dura mais de dois anos. (Informativo 888 do STF)

388. **HC 143641/SP**. STF. 2ª Turma. Rel. Min. Ricardo Lewandowski, julgado em **20.02.2018**.

389. **HC 157627 AgR/PR**, STF. 2ª Turma. red. p/ o ac. Min. Ricardo Lewandowski, julgado em **27.08.2019** (Info 949).

390. **HC 157627 AgR/PR**, STF. 2ª Turma. red. p/ o ac. Min. Ricardo Lewandowski, julgado em **27.08.2019** (Info 949).

como o direito à saúde, ao trabalho, ao desenvolvimento científico e religioso, entre outros.[391]

40) Segundo o STF, não cabe *habeas corpus* para discutir se foi correta ou não a fixação da competência e se existe conexão entre os crimes. Nesse sentido, o *habeas corpus* não é sede processual adequada para discussão sobre *a correta fixação da competência*, bem como sobre a *existência de transnacionalidade do delito imputado*.[392]

41) Por último, temos que, para o STF (embora tenha posicionamento contrário no STJ[393]), conforme o HC 176785/DF, a concessão do benefício da transação penal não impede a impetração de *habeas corpus* em que se busca o trancamento da ação penal.

Nesses termos, para o STF, a realização de acordo de transação penal não enseja a perda de objeto de *habeas corpus* anteriormente impetrado. Assim sendo, a aceitação do acordo de transação penal não impede o exame de *habeas corpus* para questionar a legitimidade da persecução penal. Embora o sistema negocial possa trazer aprimoramentos positivos em casos de delitos de menor gravidade, a barganha no processo penal pode levar a riscos consideráveis aos direitos fundamentais do acusado. Portanto, o controle judicial é fundamental para a proteção efetiva dos direitos fundamentais do imputado e para evitar possíveis abusos que comprometam a decisão voluntária de aceitar a transação. Além disso, não há qualquer disposição em lei que imponha a desistência de recursos ou ações em andamento ou determine a renúncia ao direito de acesso à Justiça.[394]

391. **HC 157627 AgR/PR**, STF. 2ª Turma. red. p/ o ac. Min. Ricardo Lewandowski, julgado em **27.08.2019** (Info 949).

392. **HC 151881 AgR/SP**, STF. 1ª Turma. Rel. Min. Rosa Weber, julg em **12.11.2019** (Info 959) Com base nesse entendimento, a Primeira Turma, em conclusão de julgamento e por maioria, negou provimento a agravo regimental em habeas corpus no qual se sustentava que a prescrição da pretensão punitiva em relação a delito que fundamenta a atração da competência da Justiça Federal – no caso, evasão de divisas – ensejaria o deslocamento da competência para a Justiça estadual.

393. Nesse sentido: *A concessão do benefício da transação penal impede a impetração de habeas corpus em que se busca o trancamento da ação penal.* STJ. 6ª Turma. **HC 495.148-DF**, Rel. Min. Antonio Saldanha Palheiro, julg. em **24.09.2019** (Inf. 657).

394. *"Pela própria lógica da legislação atual, a transação penal somente pode ser oferecida se não for caso de arquivamento, ou seja, se houver potencial oferecimento de denúncia apta a ensejar o início do processo penal. Não se pode admitir que a transação penal possa impor obrigações a imputado que nem poderia ser submetido à persecução penal por ausência de justa causa ou atipicidade da conduta, por exemplo. A celebração do acordo, por si só, não afasta o interesse do imputado no habeas corpus. Primeiramente, o descumprimento das cláusulas da transação penal permite o prosseguimento do processo. Além disso, a transação penal somente pode ser oferecida uma vez a cada cinco anos, de maneira a demonstrar interesse do paciente em sua desconstituição, por meio de eventual concessão da ordem para o trancamento do processo."* **HC 176785/DF**, STF. 2ª Turma. Rel. Min. Gilmar Mendes, julg. em **17.12.2019** (Inf. 964). Aqui, ressaltamos também, que no caso de ***suspensão condicional do processo***, diferentemente da ***transação penal***, o tema é pacífico. Conforme o próprio STJ: *"O fato de o denunciado ter aceitado a proposta de suspensão condicional do processo formulada pelo Ministério Público (art. 89 da Lei nº 9.099/95) não constitui empecilho para que seja proposto e julgado habeas corpus em seu favor, no qual se pede o trancamento da ação penal. Isso porque o réu que está cumprindo suspensão condicional do processo fica em liberdade, mas ao mesmo tempo terá que cumprir determinadas condições impostas pela lei e pelo juiz e, se desrespeitá-las, o curso do processo penal retomará. Logo, ele tem legitimidade e interesse de ver o HC ser julgado para extinguir de vez o processo."* STJ. 5ª Turma. **RHC 41527-RJ**, Rel. Min. Jorge Mussi, julgado em **03.03.2015** (Inf. 557).

SÚMULAS DO STF SOBRE *HABEAS CORPUS*	
Súmula nº 344	Sentença de primeira instância concessiva de ***habeas corpus*** em caso de crime praticado em detrimento de bens, serviços ou interesses da União, está sujeita a recurso ***ex officio***.
Súmula nº 395	Não se conhece do recurso de ***habeas corpus*** cujo objeto seja resolver sobre o ônus das custas, por não estar mais em causa a liberdade de locomoção.
Súmula nº 431	É nulo julgamento de recurso criminal na segunda instância sem prévia intimação ou publicação da pauta, salvo em ***habeas corpus***.
Súmula nº 606	Não cabe ***habeas corpus*** originário para Tribunal pleno de decisão de turma, ou do plenário, proferida em ***habeas corpus*** ou no respectivo recurso.
Súmula nº 690	Compete originariamente ao Supremo Tribunal Federal o julgamento de ***habeas corpus*** contra decisão de turma recursal de juizados especiais criminais. (Súmula superada em junho de 2006, conforme o Informativo nº 437 do STF).
Súmula nº 691	Não compete ao Supremo Tribunal Federal conhecer de ***habeas corpus*** impetrado contra decisão do relator que, em ***habeas corpus*** requerido a tribunal superior, indefere a liminar.
Súmula nº 692	Não se conhece de ***habeas corpus*** contra omissão de relator de extradição, se fundado em fato ou direito estrangeiro cuja prova não constava dos autos, nem foi ele provocado a respeito.
Súmula nº 693	Não cabe ***habeas corpus*** contra decisão condenatória a pena de multa, ou relativo a processo em curso por infração penal a que a pena pecuniária seja a única cominada.
Súmula nº 694	Não cabe ***habeas corpus*** contra a imposição da pena de exclusão de militar ou de perda de patente ou de função pública.
Súmula nº 695	Não cabe ***habeas corpus*** quando já extinta a pena privativa de liberdade.

7. RECLAMAÇÃO

7.1. Introdução

A Reclamação foi introduzida no ordenamento jurídico brasileiro a partir de seu uso jurisprudencial, sendo que sua primeira previsão legal ocorreu junto aos Regimentos Internos dos Tribunais Superiores[395]. O instituto jurídico em questão foi consagrado pela Constituição da República de 1988, sendo que suas nuances procedimentais foram inicialmente delimitadas pela Lei n. 8.038/90. Há que se mencionar

395. Vide artigos. 156 a 162 do Regimento Interno do STF – RISTF – e artigos 187 a 192 do Regimento Interno do STJ – RISTJ.

que a Reclamação foi prevista pelo novo Código de Processo Civil, o qual instituiu novas hipóteses de cabimento e diretrizes procedimentais, de tal forma que foi revogada a Lei nº 8.038/90.

7.2. Conceito e Natureza Jurídica

Conceitua-se a Reclamação como uma **ação** autônoma de impugnação de ato judicial, que visa, primordialmente, garantir a preservação da competência e da autoridade das decisões dos Tribunais, ainda que essas não sejam suas únicas hipóteses de cabimento. É, pois, "uma ação que provoca o exercício da jurisdição contenciosa."[396]. Mister salientar que seu fundamento teórico encontra respaldo, primordialmente, na teoria dos poderes implícitos[397].

No que diz respeito à sua natureza jurídica, destaca-se que existe, ainda, na doutrina e na jurisprudência brasileiras certa discordância quanto à natureza jurídica da Reclamação. Entendemos, a teor do que foi proferido pelo Ministro Gilmar Mendes na RCL n. 5470/PA, de sua relatoria, que a Reclamação constitui uma *"ação de rito essencialmente célere, cuja estrutura procedimental, bastante singela, coincide com o processo do mandado de segurança e de outras ações constitucionais de rito abreviado."*[398]. O entendimento de que a reclamação é uma ação parte da consideração de que contém os elementos da ação: partes, causa de pedir e pedido. Esse parece ser também o entendimento do legislador, no que diz respeito ao novo Código de Processo Civil.

Dessa forma, no que diz respeito à natureza da reclamação[399]:

---

396. DIDIER JR., Fredie; CUNHA, Leonardo Carneiro da. *Curso de Direito Processual Civil*. Salvador: Juspodivm, 2016, 13ª ed., vol. 3, p. 534.
397. A teor do RE 570.392/RS, de Relatoria da Ministra Cármen Lúcia: *"Pela teoria dos poderes implícitos se a Constituição da República atribui determinada competência a entidade jurídica, deve ser reconhecida a esta entidade a possibilidade de se utilizar dos instrumentos jurídicos adequados e necessários para o regular exercício da competência que lhe foi atribuída."* (STF – RE n. 570392/RS, Tribunal Pleno, Rel. Min. Cármen Lúcia, DJ: 11/12/2014, DJe: 18/02/2015). Considerando o referido entendimento, proferido pela Min. Cármen Lúcia no RE 570.392/RS, há que se citar Fredie Didier Jr. e Leonardo Carneiro da Cunha (2016, p. 527): *"A reclamação constitucional nasceu na jurisprudência do STF com fundamento na teoria dos poderes implícitos. Os poderes implícitos dos tribunais são necessários ao exercício de seus poderes explícitos. Tendo os tribunais o poder explícito de julgar, têm o poder implícito de dar efetividade às próprias decisões e o de defender a própria competência. Para exercer esses poderes implícitos, concebeu-se a reclamação constitucional."*.
398. RCL 5.470/PA. Decisão Monocrática.
399. Essa questão da discordância quanto à natureza jurídica da Reclamação foi muito bem sintetizada pelo Ministro Celso de Mello no julgamento da Reclamação nº 336, senão vejamos: "Como se sabe, a reclamação, qualquer que seja a natureza que se lhe atribua – ação (PONTES DE MIRANDA, "Comentários ao Código de Processo Civil", tomo V/384, Forense), recurso ou sucedâneo recursal (MOACYR AMARAL SANTOS, RTJ 56/546-548; ALCIDES DE MENDONÇA LIMA, "O Poder Judiciário e a Nova Constituição", p. 80, 1989, Aide), remédio incomum (OROSIMBO NONATO, *"apud"* Cordeiro de Mello, "O processo no Supremo Tribunal Federal", vol. 1/280), incidente processual (MONIZ DE ARAGÃO, "A Correição Parcial", p. 110, 1969), medida de direito processual constitucional (JOSÉ FREDERICO MARQUES, "Manual de Direito Processual Civil", vol. 3º, 2ª parte, p. 199, item n. 653, 9ª ed., 1987, Saraiva) ou medida processual de caráter excepcional (Ministro DJACI FALCÃO, RTJ 112/518-522) –, configura instrumento de extração constitucional, não obstante a origem pretoriana de sua criação (RTJ 112/504), destinado a viabilizar, na concretização de sua dupla função de ordem político-jurídica, a preservação da competência do Supremo

- A reclamação não pode ser considerada recurso, haja vista que: i) a depende da provocação de uma das partes ou do Ministério Público; ii) não é acolhida no mesmo processo em que o ato objeto da reclamação é praticado; iii) provoca a cassação ou a avocação dos autos. Reforça esse entendimento o fato da reclamação estar prevista na Constituição sob a égide das hipóteses de competência originária do STF e do STJ.
- A reclamação também não pode ser considerada um incidente processual, haja vista que não requer que preexista um processo. Na verdade, "pode haver reclamação sem que sequer haja processo anterior, mas simples inquérito policial, e ainda assim a competência do tribunal superior pode estar sendo usurpada"[400]. Ademais, a reclamação também é cabível frente inobservância da decisão de tribunal superior por parte de autoridade administrativa. Por fim, a reclamação também não altera o curso do procedimento, de tal forma que os requisitos para caracterização de incidente processual não foram cumpridos.

É importante salientar que o STF, na ADI 2212/CE[401], se manifestou no sentido da reclamação ser um ***direito constitucional de petição*** previsto no art. 5º, inciso XXXIV, CR/88. Consideramos, no entanto, que ela não pode ser assim entendida. Isso porque a reclamação: i) diz respeito ao exercício de pretensão à tutela jurídica do Estado – o que só pode ser realizado via ação ou demanda judicial; ii) tem procedimento predefinido com observância do contraditório, não podendo o tribunal proceder de ofício; iii) depende de provocação da parte ou do Ministério Público; iv) admite a concessão de tutela provisória, cabendo, inclusive, recurso da decisão que a defere ou indefere. Ademais, o acórdão que julga a reclamação produz coisa julgada[402].

Tribunal Federal, de um lado, e a garantia da autoridade de suas decisões, de outro (CF, art. 102, I, "l"), consoante tem enfatizado a jurisprudência desta Corte Suprema (RTJ 134/1033, Rel. Min. CELSO DE MELLO, *v.g.*).". (STF – RCL n. 336, Tribunal Pleno, Min. Rel. Celso de Mello, DJ: 19/12/1990, DJe: 15/03/1991.).

400. DIDIER JR., Fredie; CUNHA, Leonardo Carneiro da. *Curso de Direito Processual Civil*. Juspodivm, 2016, 13ª ed., vol. 3, p. 535.

401. *Ação Direta de Inconstitucionalidade. Artigo 108, inciso VII, alínea i da Constituição do Estado do Ceará e art. 21, inciso VI, letra j do regimento do tribunal de justiça local. Previsão, no âmbito estadual, do instituto da reclamação. Instituto de natureza processual constitucional, situado no âmbito do direito de petição previsto no artigo 5º, inciso XXXIV, alínea a da Constituição Federal. Inexistência de ofensa ao art. 22, inciso I da carta. 1. A natureza jurídica da reclamação não é a de um recurso, de uma ação e nem de um incidente processual. Situa-se ela no âmbito do direito constitucional de petição previsto no artigo 5º, inciso XXXIV da Constituição Federal. Em consequência, a sua adoção pelo Estado-membro, pela via legislativa local, não implica em invasão da competência privativa da União para legislar sobre direito processual (art. 22, I da CF). 2. A reclamação constitui instrumento que, aplicado no âmbito dos Estados-membros, tem como objetivo evitar, no caso de ofensa à autoridade de um julgado, o caminho tortuoso e demorado dos recursos previstos na legislação processual, inegavelmente inconvenientes quando já tem a parte uma decisão definitiva. Visa, também, à preservação da competência dos Tribunais de Justiça estaduais, diante de eventual usurpação por parte de Juízo ou outro Tribunal local. 3. A adoção desse instrumento pelos Estados-membros, além de estar em sintonia com o princípio da simetria, está em consonância com o princípio da efetividade das decisões judiciais. 4. Ação direta de inconstitucionalidade improcedente.*

402. DIDIER JR., Fredie; CUNHA, Leonardo Carneiro da. *Curso de Direito Processual Civil*. Juspodivm, 2016, 13ª ed, vol. 3.

Portanto, a conclusão é a de que para a corrente majoritária na doutrina a reclamação tem a natureza jurídica de uma ***ação*** e para o STF de ***direito de petição***.

7.3. Hipóteses de Cabimento

Sendo a reclamação uma demanda típica, ela só pode ser utilizada nos casos previamente definidos pelo legislador. Dessa forma, mister salientar que o rol apresentado pela constituição e pelo art. 988 do novo CPC é exaustivo.

Conforme dicção constitucional, cabe a propositura da Reclamação frente três hipóteses: i) para a preservação da competência e garantia da autoridade das decisões do STF; ii) para a preservação da competência e garantia da autoridade das decisões do STJ e; iii) para garantir a observância de Súmulas Vinculantes. Considerando essas questões, o novo Código de Processo Civil apresenta as seguintes hipóteses de cabimento da Reclamação: i) para preservar a competência do tribunal; ii) para garantir a autoridade do tribunal; iii) para garantir a observância de enunciado de súmula vinculante e de decisão do STF em controle concentrado de constitucionalidade; iv) para garantir a observância de acórdão proferido em julgamento de incidente de resolução de demandas repetitivas ou de incidente de assunção de competência[403].

Existe ainda uma quinta hipótese que está prevista no **§ 5º do art. 988 do CPC**. Trata-se da reclamação proposta contra decisão ***que tenha descumprido tese fixada pelo STF em recurso extraordinário julgado sob o rito da repercussão geral.*** A Lei exige, no entanto, que, antes de a parte apresentar a reclamação, ela deve ter esgotado todos os recursos cabíveis nas instâncias ordinárias.

7.3.1. Para preservar a competência do Tribunal

Por determinação expressa da Constituição de 1988, é de competência do STF (art. 102, I, "l", CR/88) e do STJ (art. 105, I, "f", CR/88) o julgamento de reclamação que vise preservar suas respectivas competências. Não obstante o diploma constitucional mencione apenas o STF e o STJ, o novo CPC estende essa hipótese de

403. Art. 988 do CPC: *Caberá reclamação da parte interessada ou do Ministério Público para: I - preservar a competência do tribunal; II - garantir a autoridade das decisões do tribunal; III - garantir a observância de enunciado de súmula vinculante e de decisão do Supremo Tribunal Federal em controle concentrado de constitucionalidade; IV - garantir a observância de acórdão proferido em julgamento de incidente de resolução de demandas repetitivas ou de incidente de assunção de competência; (...) § 4º As hipóteses dos incisos III e IV compreendem a aplicação indevida da tese jurídica e sua não aplicação aos casos que a ela correspondam.* Vale mencionar também que as hipóteses de cabimento da Reclamação sofreram modificação anteriormente à vigência do Novo CPC, por meio da Lei n. 13.256, de 4 de fevereiro de 2016. Originalmente, a redação dos incisos III e IV era a seguinte: *"III – garantir a observância de decisão do Supremo Tribunal Federal em controle concentrado de constitucionalidade" e "IV – garantir a observância de enunciado de súmula vinculante e de precedente proferido em julgado de casos repetitivos ou em incidente de assunção de competência".*

cabimento aos demais Tribunais[404], sendo pertinente destacar que "a reclamação cabe, não custa insistir, para preservar a competência do *tribunal*, e não de um órgão que lhe seja hierarquicamente inferior."[405].

Assim, é cabível a reclamação se outro órgão do Poder Judiciário exceder seus poderes ao julgar matéria que não é de sua competência, pois é de competência privativa do STF, do STJ[406] ou ainda, de outro Tribunal. Porém, a reclamação não é cabível somente frente um ato judicial, sendo também pertinente em razão de uma omissão, "quando, por exemplo, o órgão inferior demora excessiva ou injustificadamente na remessa do recurso para o tribunal destinatário."[407].

É fundamental ressaltar que a reclamação também é cabível se ato de ***autoridade administrativa*** usurpar competência do Tribunal. A título de exemplo: conforme RCL n. 4.830[408], o STF é competente para presidir o inquérito contra membro do Congresso Nacional em caso de infração comum, de tal forma que caso outra autoridade abra esse inquérito, é cabível a reclamação para preservação da competência do STF.

7.3.2. Para garantir a autoridade de decisão do Tribunal

Conforme mencionado, o desrespeito a uma decisão judicial importa na possibilidade de Reclamação, podendo tal desrespeito advir de autoridade ou membro de qualquer Poder (e não apenas do Poder Judiciário).

Não obstante, há uma limitação em relação ao Poder Judiciário, pois não há que se falar em proposição da Reclamação contra decisão ou ato do próprio Tribunal; ou seja, caso o STF, por exemplo, desobedeça decisão do próprio STF, não será essa a via adequada. Ora, "o tribunal não pode ser tido como desobediente dele mesmo."[409]

---

404. Art. 988. [...] § 1º A reclamação pode ser proposta perante **qualquer tribunal**, e seu julgamento compete ao órgão jurisdicional cuja competência se busca preservar ou cuja autoridade se pretenda garantir.
405. DIDIER JR., Fredie; CUNHA, Leonardo Carneiro da. *Curso de Direito Processual Civil*. Juspodivm, 2016, 13ª ed, vol. 3, p. 541.
406. A título de exemplo, cita-se: "Nos termos da Súmula 249 do STF, é competente o Supremo Tribunal Federal para a ação rescisória, quando, embora não tendo conhecido do recurso extraordinário, ou havendo negado provimento ao agravo, tiver apreciado a questão federal controvertida. Se o tribunal local admite ação rescisória (por entender, equivocadamente, que o Supremo Tribunal Federal não apreciou a questão controvertida), cabe reclamação. (STF, Pleno, Recl. 2.314, Min. Gilmar Mendes, relator, j. 04/05/2006).". TESHEINER, 2015.
407. DIDIER JR., Fredie; CUNHA, Leonardo Carneiro da. **Curso de Direito Processual Civil**. Juspodivm, 2016, 13ª ed, vol. 3, p. 541.
408. EMENTA: Competência criminal. Originária. Parlamentar. Deputado federal. Inquérito policial. Crime eleitoral. Crime comum para efeito de competência penal original do Supremo. Feito da competência deste. Reclamação julgada procedente. Precedentes. Inteligência do art. 102, I, "b", da CF. Compete ao STF supervisionar inquérito policial em que deputado federal é suspeito da prática de crime eleitoral.
409. DIDIER JR., Fredie; CUNHA, Leonardo Carneiro da. *Curso de Direito Processual Civil*. Juspodivm, 2016, 13a ed, vol. 3, p. 543.

Além disso, há que se ressaltar que a desobediência à decisão do Tribunal não precisa ter caráter comissivo, sendo cabível, portanto, a reclamação também frente omissão, isto é, não aplicação do conteúdo decisório.[410]

Em outro giro, importante salientar que a "autoridade da decisão" se apresenta de duas formas distintas. É que, via de regra, as decisões produzem efeitos *inter partes*, tendo, portanto, caráter vinculativo somente às partes do processo, o que significa dizer que, no tocante, por exemplo, às decisões proferidas pelo STF em processo judicial de natureza subjetiva, apenas as próprias partes possuem legitimidade para manejar reclamação constitucional para fazer valer o comando judicial que não está sendo observado. Portanto, um terceiro, que não integrou o processo judicial de índole subjetiva, carece de legitimidade ativa para utilizar a reclamação constitucional, tendo em vista que ele não participou da relação processual na qual foi proferida a decisão *inter partes*.

Já nos processos judiciais de natureza objetiva do STF, que tem a finalidade da defesa da ordem jurídica contra atos incompatíveis com a Constituição, a situação é diferente. Nesses termos, como os processos objetivos perseguem interesses de natureza publicística, não se destinando à proteção de situações individuais ou de relações subjetivas, a questão se apresenta de outro modo.

Assim sendo, temos que a posição do STF é explícita quanto à distinção entre os processos de natureza objetiva e subjetiva, no que se refere à utilização da reclamação constitucional. Nesses termos:

> Ementa: Reclamação constitucional. Alegada violação de autoridade de precedente do pleno do supremo Tribunal Federal. Aresto firmado em julgamento de alcance subjetivo. Agravo de instrumento. Legitimidade para propor a reclamação. Processual civil. Agravo regimental. Decisão que indefere de plano o seguimento da reclamação. 1. Agravo regimental interposto de decisão com a qual se negou seguimento à reclamação, destinada a assegurar a autoridade de precedente da Corte. 2. A reclamação não é instrumento de uniformização jurisprudencial. Tampouco serve de sucedâneo de recurso ou medida judicial cabível para fazer valer o efeito devolutivo pretendido pelo jurisdicionado. 3. **Nos termos da orientação firmada pelo Supremo Tribunal Federal, são legitimados à propositura de reclamação todos aqueles que sejam prejudicados por atos contrários às decisões que possuam eficácia vinculante e geral (erga omnes). Se o precedente tido por violado foi tomado em julgamento de alcance subjetivo, como se dá no controle difuso e incidental de constitucionalidade, somente é legitimado ao manejo da reclamação as partes que compuseram a relação processual do aresto.** 4. No caso em exame, o reclamante não fez parte da relação processual em que formado o precedente tido por violado (agravo de instrumento julgado pelo Pleno do Supremo Tribunal Federal). Agravo regimental conhecido, mas ao qual se nega provimento.[411]

---

410. DIDIER JR., Fredie; CUNHA, Leonardo Carneiro da. *Curso de Direito Processual Civil*. Juspodivm, 2016, 13a ed, vol. 3, p. 543.

411. Rcl 6078 AgR , Pleno, Relator Min. Joaquim Barbosa. Brasília, julg. em 08.04.2010. No mesmo sentido: EMENTA Agravo regimental em reclamação. Paradigma extraído de ações de caráter subjetivo. Ausência dos requisitos.

7.3.3. Para Garantir a Observância de Súmulas Vinculantes do STF

A Constituição de 1988 previu, em seu art. 103-A, § 3º [412], a possibilidade de proposição de Reclamação perante o Supremo Tribunal Federal em caso de inobservância a súmula aplicável. Importante ressaltar que o novo Código de Processo Civil determinou, no mesmo sentido, em seu art. 988, inciso III, que cabe Reclamação para garantir a observância do enunciado de Súmula Vinculante.

Dessa forma, sendo conhecida e julgada procedente a Reclamação, *o ato administrativo inobservante será anulado ou será cassada a decisão judicial objeto da reclamação*. Aqui ressaltamos sobretudo a Lei nº 11.417/2006 que prevê o cabimento de reclamação contra ato administrativo que violar súmula vinculante. A Lei exige, no entanto, que, antes da reclamação, tenha havido o prévio esgotamento das vias administrativas.[413]

Importante salientar que **não** cabe reclamação contra lei ou norma elaborada por órgão legislativo que contrarie súmula vinculante. Isso em razão de dois principais motivos: i) a súmula vinculante dirige-se aos Poderes Executivo e Judiciário e; ii) o legislador pode editar norma que contrarie o entendimento do STF, pois na sua função típica legislativa não está vinculado à súmula vinculante.[414]

É importante salientar que a reclamação deve servir, tão somente, para garantir a observância de enunciado de súmula vinculante, não podendo, portanto, ser utilizada para fim de cancelamento ou revisão da súmula em questão. Há procedimento próprio perante o STF, para tal finalidade, conforme disciplinado pela Lei n. 11.417/2006.

Perfil constitucional da reclamação. Agravo regimental não provido. 1. Por atribuição constitucional, presta-se a reclamação para preservar a competência do STF e garantir a autoridade de suas decisões (art. 102, inciso I, alínea l, CF/88), bem como para resguardar a correta aplicação das súmulas vinculantes (art. 103-A, § 3º, CF/88). 2. **Inadmissibilidade do uso da reclamação por alegada ofensa à autoridade do STF e à eficácia de decisão proferida em processo de índole subjetiva quando a parte reclamante não figurar como sujeito processual nos casos concretos versados no paradigma, pois não há obrigatoriedade de seu acatamento vertical por tribunais e juízos.** 3. Agravo regimental não provido. Rcl 7979 AgR, Pleno, Relator Min. Dias Toffoli. 06.02.2013.

412. *Art. 103-A. O Supremo Tribunal Federal poderá, de ofício ou por provocação, mediante decisão de dois terços dos seus membros, após reiteradas decisões sobre matéria constitucional, aprovar súmula que, a partir de sua publicação na imprensa oficial, terá efeito vinculante em relação aos demais órgãos do Poder Judiciário e à administração pública direta e indireta, nas esferas federal, estadual e municipal, bem como proceder à sua revisão ou cancelamento, na forma estabelecida em lei. (Incluído pela Emenda Constitucional nº 45, de 2004) (Vide Lei nº 11.417, de 2006). § 3º Do ato administrativo ou decisão judicial que contrariar a súmula aplicável ou que indevidamente a aplicar, caberá reclamação ao Supremo Tribunal Federal que, julgando-a procedente, anulará o ato administrativo ou cassará a decisão judicial reclamada, e determinará que outra seja proferida com ou sem a aplicação da súmula, conforme o caso. (Incluído pela Emenda Constitucional nº 45, de 2004)*

413. Lei 11.417/2006: *Art. 7º Da decisão judicial ou do ato administrativo que contrariar enunciado de súmula vinculante, negar-lhe vigência ou aplicá-lo indevidamente caberá reclamação ao Supremo Tribunal Federal, sem prejuízo dos recursos ou outros meios admissíveis de impugnação. § 1º Contra omissão ou ato da administração pública, o uso da reclamação só será admitido após esgotamento das vias administrativas. § 2º Ao julgar procedente a reclamação, o Supremo Tribunal Federal anulará o ato administrativo ou cassará a decisão judicial impugnada, determinando que outra seja proferida com ou sem aplicação da súmula, conforme o caso.*

414. DIDIER JR., Fredie; CUNHA, Leonardo Carneiro da. *Curso de Direito Processual Civil*. Salvador: Juspodivm, 2016, 13ª ed, vol. 3. Aqui os autores defendem a possibilidade de ADI contra a Lei ou ato normativo.

Aqui é interessante observarmos que o STF já decidiu que a *reclamação constitucional fundada em afronta à súmula vinculante nº 10 não pode ser usada como sucedâneo (substituto) de recurso ou de ação própria que analise a constitucionalidade de normas que foram objeto de interpretação idônea e legítima pelas autoridades jurídicas competentes.*[415]

7.3.4. Para garantir a observância de decisão do STF em controle concentrado de constitucionalidade

As decisões proferidas sob o escopo do controle concentrado de constitucionalidade têm efeito *erga omnes*, de tal forma que sua exigibilidade de estende para todo o ordenamento jurídico e, por consequência, torna-se possível a Reclamação frente qualquer desrespeito à decisão proferida a título de ADI, ADC e ADPF, seja a decisão definitiva ou provisória. Dessa forma, no caso do controle concentrado de constitucionalidade, "é cabível a reclamação pela parte ou por qualquer pessoa juridicamente interessada contra qualquer ato administrativo ou judicial que contrarie decisão"[416].

Importante salientar que há divergência quanto ao cabimento da reclamação para fazer valer a *ratio decidendi* do precedente vinculante, oriundo de decisão em sede de controle concentrado de constitucionalidade, sendo os seguintes os entendimentos:

- De acordo com o entendimento proferido pelo STF na RCL n. 4.987, de relatoria do Min. Gilmar Mendes[417], a *ratio decidendi* transcenderia o acór-

415. **Rcl 24284/SP** 1ª Turma do STF., rel. Min. Edson Fachin, julgado em **22.11.2016**.
416. DIDIER JR., Fredie; CUNHA, Leonardo Carneiro da. *Curso de Direito Processual Civil*. Juspodivm, 2016, 13ª ed, vol. 3, p. 549.
417. *"[...] Creio que tal controvérsia reside não na concessão de efeito vinculante aos motivos determinantes das decisões em controle abstrato de constitucionalidade, mas na possibilidade de se analisar, em sede de reclamação, a constitucionalidade de lei de teor idêntico ou semelhante à lei que já foi objeto da fiscalização abstrata de constitucionalidade perante o Supremo Tribunal Federal. Após refletir sobre essa questão, e baseando-me em estudos doutrinários que elaborei sobre o tema, não tenho nenhuma dúvida de que, ainda que não se empreste eficácia transcendente (efeito vinculante dos fundamentos determinantes) à decisão1, o Tribunal, em sede de reclamação contra aplicação de lei idêntica àquela declarada inconstitucional, poderá declarar, incidentalmente, a inconstitucionalidade da lei ainda não atingida pelo juízo de inconstitucionalidade. Ressalto que essa tese não é estranha à Corte. No julgamento da Rcl nº 595 (Rel. Min. Sydney Sanches), o Tribunal declarou a inconstitucionalidade de expressão contida na alínea "c" do inciso I do art. 106 da Constituição do Estado de Sergipe, que outorgava competência ao respectivo Tribunal de Justiça para processar e julgar ação direta de inconstitucionalidade de normas municipais em face da Constituição Federal. Esse entendimento segue a tendência da evolução da reclamação como ação constitucional voltada à garantia da autoridade das decisões e da competência do Supremo Tribunal Federal. Desde o seu advento, fruto de criação jurisprudencial2, a reclamação tem-se firmado como importante mecanismo de tutela da ordem constitucional. Como é sabido, a reclamação para preservar a competência do Supremo Tribunal Federal ou garantir a autoridade de suas decisões é fruto de criação pretoriana. Afirmava-se que ela decorreria da ideia dos implied powers deferidos ao Tribunal. O Supremo Tribunal Federal passou a adotar essa doutrina para a solução de problemas operacionais diversos. A falta de contornos definidos sobre o instituto da reclamação fez, portanto, com que a sua constituição inicial repousasse sobre a teoria dos poderes implícitos3. Em 1957 aprovou-se a incorporação da Reclamação no Regimento Interno do Supremo Tribunal Federal. A Constituição Federal de 1967, que autorizou o STF a estabelecer a disciplina processual dos feitos sob sua competência, conferindo força de lei federal às disposições do Regimento Interno sobre seus processos,*

dão da ADI, de tal forma que seria cabível a Reclamação para fazer valer precedente oriundo de decisão em sede de controle concentrado de constitucionalidade. Para Fredie Didier Jr. e Leonardo Carneiro da Cunha (2016, p. 550), "a reclamação, neste caso, exerce uma função que não costumava exercer: a de fazer valer a eficácia vinculativa de um precedente.".

- Posteriormente, na RCL n. 3.014[418], de relatoria do Min. Ayres Brito, o STF rejeitou a tese proferida na RCL n. 4.987. Para Fredie Didier Jr. e Leonardo Carneiro da Cunha o novo entendimento do STF seria passível de duas críticas, considerando que: "a) ignora a eficácia vinculante dos precedentes, concedida pelo próprio texto constitucional e b) não realiza qualquer referência ao acórdão que adotou essa teoria, em clara violação de uma necessidade básica de um sistema que deseja adotar eficácia dos precedentes, que seria a autorreferência, não demonstrando as razões para a realização do *overruling*."[419]

Adicionalmente, ressalta-se que o novo CPC, além de confirmar o cabimento da Reclamação frente decisão sob o escopo do controle concentrado de constitucionalidade, também garantiu seu cabimento nas hipóteses de indevida aplicação da tese jurídica e de sua não aplicação nos casos que lhe correspondam, a teor do parágrafo 4º do art. 988[420].

---

acabou por legitimar definitivamente o instituto da reclamação, agora fundamentada em dispositivo constitucional. Com o advento da Carta de 1988, o instituto adquiriu, finalmente, status de competência constitucional (art. 102, I, l). A Constituição consignou, ainda, o cabimento da reclamação perante o Superior Tribunal de Justiça (art. 105, I, f), igualmente destinada à preservação da competência da Corte e à garantia da autoridade das decisões por ela exaradas. Com o desenvolvimento dos processos de índole objetiva em sede de controle de constitucionalidade no plano federal e estadual (inicialmente representação de inconstitucionalidade e, posteriormente, ADI, ADIO, ADC e ADPF), a reclamação, na qualidade de ação especial, acabou por adquirir contornos diferenciados na garantia da autoridade das decisões do Supremo Tribunal Federal ou na preservação de sua competência. A jurisprudência do Supremo Tribunal, no tocante à utilização do instituto da reclamação em sede de controle concentrado de normas, também deu sinais de grande evolução no julgamento da questão de ordem em agravo regimental na Rcl. nº 1.880, em 23 de maio de 2002, quando no Tribunal restou assente o cabimento da reclamação para todos aqueles que comprovarem prejuízo resultante de decisões contrárias às teses do STF, em reconhecimento à eficácia vinculante erga omnes das decisões de mérito proferidas em sede de controle concentrado. [...]".

418. Ementa: *Reclamação Constitucional. Alegado desrespeito ao acórdão da Ação Direta de Inconstitucionalidade 2.868. Inexistência. Lei 4.233/02, do município de Indaiatuba/SP, que fixou, como de pequeno valor, as condenações à fazenda pública municipal até r$ 3.000,00 (três mil reais). Falta de identidade entre a decisão reclamada e o acórdão paradigmático. 1. O STF, ao julgar a ADI 2.868, examinou a validade constitucional da Lei piauiense 5.250/02. Diploma legislativo que fixa, no âmbito da Fazenda estadual, o quantum da obrigação de pequeno valor. Por se tratar, no caso, de lei do Município de Indaiatuba/SP, o acolhimento do pedido da reclamação demandaria a atribuição de efeitos irradiantes aos motivos determinantes da decisão tomada no controle abstrato de normas. Tese rejeitada pela maioria do Tribunal. 2. Inexistência de identidade entre a decisão reclamada e o acórdão paradigmático. Enquanto aquela reconheceu a inconstitucionalidade da Lei municipal 4.233/02 "por ausência de vinculação da quantia considerada como de pequeno valor a um determinado número de salários mínimos, como fizera a norma constitucional provisória (art. 87 do ADCT)", este se limitou "a proclamar a possibilidade de que o valor estabelecido na norma estadual fosse inferior ao parâmetro constitucional". 3. Reclamação julgada improcedente.".*

419. DIDIER JR., Fredie; CUNHA, Leonardo Carneiro da. *Curso de Direito Processual Civil*. Juspodivm, 2016, 13ª ed., vol. 3, p. 551.

420. TESHEINER, José Maria Rosa. Anotações aos artigos 988 a 993. IN: OAB RIO GRANDE DO SUL. *Novo Código de Processo Civil Anotado*. Porto Alegre: OAB RS, 2015.

7.3.5. Para garantir a observância ao precedente proferido em julgamento de resolução de demandas repetitivas e ao precedente proferido em incidente de assunção de competência

Outras importantes hipóteses de cabimento da Reclamação introduzidas pelo novo CPC estão dispostas no inciso IV do art. 988, que diz respeito à garantia para "garantir a observância de acórdão proferido em julgamento de incidente de resolução de demandas repetitivas ou de incidente de assunção de competência". Vale mencionar que as hipóteses contidas no supracitado inciso são oriundas do dever dos tribunais de uniformizarem suas respectivas jurisprudências, conforme preconizado pelo art. 926 do novo CPC.

Dessa forma, uma vez formado o precedente obrigatório, proveniente do julgado de incidente de resolução de demandas repetitivas ou de incidente de assunção de competência, cabe Reclamação frente sua a inobservância, sendo preciso "que o órgão jurisdicional deixe, expressamente, de seguir o precedente."[421]. Dessa forma, nas presentes hipóteses, não há que se falar em Reclamação por omissão, haja vista que se o órgão julgador simplesmente não se pronuncia acerca de um precedente, cabe embargos de declaração, a teor do art. 1.022, parágrafo único, I, CPC.

7.3.6. Reclamação proposta contra decisão que tenha descumprido tese fixada pelo STF em recurso extraordinário julgado sob o rito da repercussão geral

Conforme já salientado, existe ainda uma outra hipótese que está prevista no **§ 5º do art. 988 do CPC.** Trata-se, como já citado, da reclamação proposta contra decisão ***que tenha descumprido tese fixada pelo STF em recurso extraordinário julgado sob o rito da repercussão geral.*** A Lei exige, no entanto, que, antes de a parte apresentar a reclamação, ela deve ter esgotado todos os recursos cabíveis nas instâncias ordinárias.

Assim sendo, a recente Lei nº 13.256/2016 deu nova redação ao § 5º art. 988 do novo CPC, *tornando* ***inadmissível*** *a reclamação proposta para garantir a observância de acórdão de recurso extraordinário com repercussão geral reconhecida ou ainda de acórdão proferido em julgamento de recursos extraordinário ou especial repetitivos, quando não esgotadas as instâncias ordinárias.*[422]

Porém, o STF afirmou que essa hipótese de cabimento prevista no art. 988, § 5º, II, do novo CPC deve ser interpretada restritivamente, sob pena de o STF assumir, pela via da reclamação, a competência de pelo menos três tribunais

421. DIDIER JR., Fredie; CUNHA, Leonardo Carneiro da. **Curso de Direito Processual Civil**. Juspodivm, 2016, 13ª ed, vol. 3, p. 552.

422. Mais uma vez, é sim possível a reclamação proposta contra decisão que tenha descumprido tese fixada pelo STF em recurso extraordinário julgado sob o rito da repercussão geral, mas sem querer ser repetitivo, e já sendo, a Lei exige que antes de a parte apresentar a reclamação, ela deve *ter esgotado todos os recursos cabíveis* nas *"instâncias ordinárias"*.

superiores (STJ, TST e TSE) para o julgamento de recursos contra decisões de tribunais de 2º grau de jurisdição.

Assim, segundo entendeu o STF, quando o novo CPC exige que se esgotem as *"instâncias ordinárias"*, significa que a parte só poderá apresentar reclamação ao STF depois de ter apresentado todos os recursos cabíveis não apenas nos Tribunais de 2º grau, mas também nos Tribunais Superiores (STJ, TST, TSE).

Se ainda existir algum recurso pendente no STJ, TST ou no TSE, por exemplo, não caberá reclamação ao STF. Portanto, nos casos em que se busca garantir a aplicação de decisão tomada em recurso extraordinário com repercussão geral, somente é cabível reclamação ao STF quando esgotados todos os recursos cabíveis nas instâncias antecedentes (aqui vamos interpretar *"instâncias ordinárias"* como *"instâncias antecedentes"*).[423]

Nesse sentido, temos recente julgado do STF na Rcl 27789 AgR/BA em 17.10.2017. No caso, em 2010, no julgamento da ADC 16, o STF decidiu que o art. 71, § 1º, da Lei nº 8.666/93 seria constitucional. Acontece que inúmeras decisões da Justiça do Trabalho continuaram entendendo de forma diferente do art. 71, § 1º da referida Lei. Contra essas decisões, o Poder Público ajuizava *diretamente reclamações* no STF, que era obrigado a recebê-las considerando, como já observado, que de uma decisão, até mesmo de 1ª instância, que viola o que o STF deliberou em sede de ADI, ADC ou ADPF, cabe reclamação.

Em 2017, o STF reafirmou o entendimento de que o art. 71, § 1º, da Lei nº 8.666/93 é constitucional e deve ser aplicado. Porém, essa decisão se deu no julgamento do **RE 760931/DF**, submetido à sistemática da *repercussão geral*. Nesses termos, o STF

423. **Rcl 24686 ED-AgR/RJ** 2ª Turma do STF, Rel. Min. Teori Zavascki, julg. em **28.10.2016**. *"Segundo o entendimento tradicional, "instâncias ordinárias" são aquelas que envolvem o juízo singular e os Tribunais de 2º grau (TJ, TRF, TRE, TRT). Assim, uma apelação contra a sentença é um recurso manejado ainda na instância ordinária. "Instâncias extraordinárias", por sua vez, são aquelas que abrangem o julgamento de recursos excepcionais com requisitos específicos e que são julgados pelos Tribunais Superiores (STF, STJ, TST, TSE). Nesse sentido, se estiver pendente o julgamento de um recurso especial, isso significa que já se encerrou a instância ordinária e o processo se encontra em uma instância extraordinária. O STF, com receio da imensa quantidade de reclamações que poderia ser obrigado a julgar, conferiu interpretação bem restritiva à expressão "instâncias ordinárias". Para o Min. Teori Zavascki, a hipótese de cabimento prevista no art. 988, § 5º, II, do CPC deve ser interpretada restritivamente, sob pena de o STF assumir, pela via da reclamação, a competência de pelo menos três tribunais superiores (STJ, TST, TSE) para o julgamento de recursos contra decisões de tribunais de 2º grau de jurisdição. Assim, segundo entendeu o STF, quando o CPC exige que se esgotem as instâncias ordinárias, significa que a parte só poderá apresentar reclamação ao STF depois de ter apresentado todos os recursos cabíveis não apenas nos Tribunais de 2º grau, mas também nos Tribunais Superiores (STJ, TST e TSE). Se ainda tiver algum recurso pendente no STJ, por exemplo, não caberá reclamação ao STF."* In: Márcio André Lopes Cavalcante, *Inf. 845 do STF*, 10.11.2016. Temos também no informativo 854 do STF que: *A reclamação ao STF somente é cabível se houver necessidade de preservação da competência da Corte ou para garantia da autoridade de suas decisões (art. 102, I, "l", da CF/88). A reclamação não se destina a funcionar como sucedâneo recursal ("substituto de recurso") nem se presta a atuar como atalho processual destinado a submeter o processo ao STF "per saltum", ou seja, pulando-se todas as instâncias anteriores. As competências originárias do STF se submetem ao regime de direito estrito, não admitindo interpretação extensiva. Em outras palavras, o rol de competências originárias do STF não pode ser alargado por meio de interpretação.* Rcl 25509 AgR/PR, Plenário do STF. Rel. Min. Edson Fachin, julg. em 15.02.2017.

afirmou que a sua decisão no RE 760931/DF *"substituiu"* a eficácia da tese fixada na ADC nº 16.

A conclusão é a de que agora o Poder Público, se quiser ajuizar reclamação contra decisões contrárias à do STF, deverá fazê-lo alegando violação ao **RE 760931/DF** e não mais à Ação Declaratória de Constitucionalidade nº 16. Portanto, em caso de descumprimento de decisão do STF proferida em *recurso extraordinário sob a sistemática da repercussão geral* cabe **reclamação,** mas exige-se o esgotamento das instâncias ordinárias (art. 988, § 5º, II, do CPC/2015).

Assim, agora, a Fazenda Pública terá que esgotar as instâncias ordinárias para ajuizar reclamação discutindo esse tema. Aqui lembramos que em caso de descumprimento de decisão do STF proferida em **ADI, ADC, ADPF** caberá reclamação mesmo que a decisão "rebelde" seja de 1ª instância e ***não se exige o esgotamento de instâncias.***[424]

Ainda sobre essa hipótese, ora trabalhada do **§ 5º do art. 988 do CPC**, o STF recentemente decidiu que **cabe reclamação** contra *decisão do STJ que nega provimento a agravo interno interposto contra decisão monocrática do Vice-Presidente do STJ que negou seguimento ao recurso extraordinário sob a alegação de que houve incorreta aplicação de tese do STF fixada em repercussão geral.*[425]

Nesses termos, a erronia na observância de pronunciamento do STF formalizado, em recurso extraordinário, sob o ângulo da repercussão geral, **enseja,** esgotada a jurisdição na origem considerado o julgamento de agravo, o **acesso ao STF mediante a reclamação.**[426]

No caso concreto, a parte interpôs recurso extraordinário contra acórdão do STJ alegando que houve errônea aplicação de tese do STF fixada em repercussão geral. O Vice-Presidente do STJ negou seguimento ao recurso extraordinário. Contra esta decisão, a parte interpôs agravo interno. A Corte Especial do STJ negou provimento ao agravo interno. A parte ingressou, portanto, com reclamação no STF e essa foi conhecida pelo Pretório Excelso.[427]

---

424. **Rcl 27789 AgR/BA**, STF. 1ª Turma. Rel. Min. Roberto Barroso, julg. em **17.10.2017**. LOPES CAVALCANTE, Márcio André *Comentários ao Informativo 882 do STF*, 2017. Ver Também: 1ª Turma do STF. Rcl 28623 AgR/BA, Rel. Min. Roberto Barroso, julg em 12.12.2017 (Inf 888).
425. **Rcl 26874 AgR/SP**, STF. 1ª Turma. Rel. Min. Marco Aurélio, julg em **12.11.2019**.
426. **Rcl 26874 AgR/SP**, STF. 1ª Turma. Rel. Min. Marco Aurélio, julg em **12.11.2019**.
427. **Rcl 26874 AgR/SP**, STF. 1ª Turma. Rel. Min. Marco Aurélio, julg em **12.11.2019**. Informativo 959: "(...) a reclamação é o meio apropriado a impugnar, uma vez esgotadas as instâncias ordinárias, a observância, pelos demais tribunais, do regime da repercussão geral, descabendo articular com o manuseio desta, no caso, como sucedâneo recursal. Consoante o versado no § 5º, inciso II, do artigo 988 do Código de Processo Civil de 2015, o preenchimento do requisito está configurado a partir do desprovimento, na origem, do agravo interno interposto contra a inadmissão do extraordinário. Somente então é possível concluir materializada a usurpação da competência do Supremo ante a consideração equivocada, na origem, de entendimento surgido sob o ângulo da repercussão geral."

7.4. Da Legitimidade

Conforme determinado pelo *caput* do art. 988 do novo Código de Processo Civil, detém legitimidade ativa para a propositura de Reclamação a ***parte interessada*** e o ***Ministério Público***; o que não representa inovação do novo CPC frente o que já acontecia nos âmbitos do STF e do STJ.

Aqui é interessante que o STF recentemente nos apresenta uma novidade. Sem dúvidas, em regra, é incabível, por *ilegitimidade ativa ad causam*, o manejo de reclamação por quem não tenha sido parte no processo subjetivo que tramitou perante o STF. No âmbito dos ***processos subjetivos*** não há questionamento sobre isso.

No entanto, em um caso específico, o STF abriu uma exceção para esse entendimento. No caso, decidiu o STF em 2019, que que o filho de vítima de homicídio, mesmo que não tenha sido assistente de acusação no curso da ação penal, tem legitimidade para ajuizar reclamação contra decisão do Tribunal de Justiça que absolveu o réu no julgamento de revisão criminal, alegando que esta decisão violou a autoridade de acórdão do STF. O Pretório Excelso reconheceu a legitimidade do autor da reclamação afirmando que se *mostra inequívoco o interesse da família da vítima no deslinde do caso*. Não se pode, por excessivo apelo formal, afastar *a relação de pertinência subjetiva do autor da reclamação que, como filho da vítima, atua também na qualidade de representante dos interesses da família.*[428]

Em outro recente julgado na Reclamação 31937 já afirmou o STF que a reclamante deve ser considerada como ***"parte interessada"*** a que se refere o art. 988 do CPC, na medida em que a sua legitimidade decorre de seu qualificado interesse processual em fazer prevalecer a coisa julgada desrespeitada. Conforme o Pretório Excelso:

> Em conclusão de julgamento, a Primeira Turma, por maioria, negou provimento a agravo regimental em reclamação. O agravo foi interposto de decisão monocrática em que assentada a procedência do pedido formulado, para cassar o pronunciamento da Justiça estadual que, em ação declaratória, contrariou a autoridade do que decidido no MS 29.265 (Informativo 939). O mencionado mandado

428. Um dos filhos da vítima do homicídio figurou no processo criminal como assistente de acusação. O acusado foi condenado. Ocorre que, em revisão criminal, o réu foi absolvido pelo Tribunal de Justiça. Diante disso, um outro filho da vítima, com a mesma advogada que assistiu a família durante o processo, ajuizou reclamação no STF contra esse acórdão do TJ. O STF reconheceu a legitimidade do autor da reclamação afirmando que se mostra inequívoco o interesse da família da vítima no deslinde do caso. No caso o agente foi denunciado por homicídio doloso. Foi condenado pelo Tribunal do Júri. Contra a sentença, a defesa interpôs apelação e o TJ deu provimento ao recurso, absolvendo o réu por entender que a decisão dos jurados foi manifestamente contrária à prova dos autos (só havia uma única testemunha contra o réu e o TJ entendeu que isso não seria suficiente para a condenação). Contra o acórdão do TJ, o Ministério Público interpôs recurso extraordinário. O *STF deu provimento ao recurso para restaurar o veredicto condenatório prolatado pelo Tribunal do Júri*. Ocorre que, em revisão criminal, o *TJ voltou a absolver o réu utilizando novamente como fundamento o argumento de que a condenação é contrária à evidência dos autos (só havia uma única testemunha contra o réu e o TJ entendeu novamente que isso não seria suficiente para a condenação). A decisão do TJ na revisão criminal viola o que o STF decidiu no recurso extraordinário, razão pela qual o STF julgou parcialmente procedente reclamação contra o acórdão do TJ*. Rcl 29621 AgR/MT, STF 1ª Turma. Rel. Min. Luiz Fux, julg em 25.06.2019 (Info 945).

> de segurança voltava-se contra ato do Conselho Nacional de Justiça (CNJ) que declarou, em lista, a vacância de serventia extrajudicial ocupada pelo ora agravante mediante remoção por permuta, considerada irregular porque realizada sem concurso público após o advento da Constituição Federal de 1988. O writ foi denegado. De início, o colegiado assentou a legitimidade da reclamante para a propositura da reclamação. Esclareceu que houve a abertura de concurso público pelo tribunal local depois do trânsito em julgado da decisão do Supremo Tribunal Federal (STF) no citado MS. A reclamante venceu o certame realizado e figurou na condição de terceira interessada na ação declaratória na qual proferida a decisão impugnada nesta reclamação, inclusive tendo sido condenada às custas processuais. Desse modo, somente lhe restava ingressar com o presente feito, pois o pronunciamento na ação declaratória desrespeitou o dispositivo da decisão do STF.[429]

Na sequência, vale mencionar que o Supremo Tribunal Federal já reconheceu, a teor da Reclamação n. 15028/SP[430], a legitimidade ativa dos Ministérios Públicos estaduais para a propositura de Reclamação.

Não obstante a regra geral já citada, que perfaz o âmbito dos *processos subjetivos*, é pertinente ressaltar, conforme o STF, que detém ***legitimidade ativa*** todos aqueles que se considerem atingidos por decisão proferida em sentido contrário ao determinado em sede de ***controle abstrato*** (de processo objetivo) ***de constitucionalidade*** ou ao determinado em *enunciado de* ***súmula vinculante***.

No que diz respeito à ***legitimidade passiva***, é fundamental salientar que o reclamado **não** é aquele que usurpou competência do tribunal ou aquele que não observou determinada decisão ou entendimento. Na realidade, tem legitimidade para figurar o polo passivo da ação aquele que é beneficiário do ato reclamado.

---

429. **Rcl 31937 AgR/ES**, STF. 1ª Turma. Rel. Min. Alexandre de Moraes, julgado em **13.08.2019** (Informativo 947). No caso o CNJ determinou a vacância de uma serventia extrajudicial por violação à regra do concurso público. O titular da serventia impetrou mandado de segurança no STF questionando o ato do CNJ, tendo o writ sido julgado improcedente, com trânsito em julgado. Foi aberto concurso público e determinada candidata aprovada escolheu essa serventia para investidura. O antigo titular ajuizou ação declaratória, em 1ª instância, para excluir o oferecimento desta serventia, tendo o magistrado julgado o pedido procedente para o fim de excluir esse cartório da lista de serventias vagas e disponíveis aos aprovados no concurso. Entendeu o STF que essa candidata aprovada tem legitimidade para questionar essa decisão de 1ª instância mediante reclamação no STF. Quanto ao mérito, essa decisão de 1ª instância violou aquilo que o STF decidiu. Ao apreciar o MS, o STF entendeu ser ilícita a remoção por permuta sem concurso público e afirmou a validade da determinação de vacância exarada pelo CNJ.

430. Decisão: *"[...] Reconheço, preliminarmente, a legitimidade ativa "ad causam" do Ministério Público do Estado de São Paulo para ajuizar, em caráter originário, perante o Supremo Tribunal Federal, reclamação destinada a fazer prevalecer a autoridade e a eficácia da súmula vinculante. Entendo, na linha de anteriores decisões por mim proferidas (Rcl 7.246/SP, Rcl 9.106-MC/SP, Rcl 10.463-MC/RS, v.g.), que o Ministério Público estadual, quando atua no desempenho de suas prerrogativas institucionais e no âmbito de processos cuja natureza justifique a sua formal participação (quer como órgão agente, quer como órgão interveniente), dispõe, ele próprio, de legitimidade para ajuizar reclamação, em sede originária, perante o Supremo Tribunal Federal: "Ministério Público Estadual. Legitimidade ativa para ajuizar reclamação perante o Supremo Tribunal Federal (...). – O Ministério Público dos Estados-membros dispõe de legitimidade ativa 'ad causam' para ajuizar, originariamente, perante o Supremo Tribunal Federal, reclamação destinada a fazer prevalecer a autoridade de enunciado constante de súmula vinculante, cujo teor normativo tenha sido concretamente desrespeitado por ato emanado do Poder Executivo ou do Poder Judiciário. [...]."* (STF – RCL 15028/SP, Rel. Min. Celso de Mello, DJ: 13/02/2014, DJe: 17/02/2014).

Por conseguinte, "a autoridade, o órgão, a entidade ou a pessoa que descumpra a decisão do tribunal ou usurpe sua competência prestará informações no processo da reclamação (art. 989, I, CPC), na qualidade de fonte de prova."[431].

7.5. Do Procedimento

Observações sobre o procedimento da reclamação:

a) A teor dos §§ 2º e 3º do art. 988 do novo CPC, a Reclamação deve ser direcionada ao Presidente do Tribunal competente, ou seja, ao Presidente do Tribunal que sofreu a usurpação de competência ou cuja autoridade da decisão precise ser garantida, sendo que será, então, autuada e distribuída ao relator da causa principal, sempre que possível. Ao despachar a reclamação, o Relator: I – requisitará informações da autoridade a quem for imputada a prática do ato impugnado, que as prestará no prazo de 10 dias; II – se necessário, ordenará a suspensão do processo ou do ato impugnado para evitar dano irreparável; III – determinará a citação do beneficiário da decisão impugnada, que terá prazo de 15 dias para apresentar a sua contestação. Qualquer interessado poderá impugnar o pedido do reclamante nos termos do art. 990 do CPC. Se o Ministério Público não for o autor da reclamação, ele será ouvido como fiscal da ordem jurídica e, para isso, terá vista do processo por 5 dias, após o decurso do prazo para informações e para o oferecimento da contestação pelo beneficiário do ato impugnado.[432]

b) Assemelhando-se ao procedimento do mandado de segurança, a petição inicial da reclamação "deve vir acompanhada de prova documental pré-constituída, não se admitindo a produção de provas casuais ao longo do procedimento."[433]

c) A exemplo de uma ação inicial, a reclamação deve apresentar fundamentos de fato e de direito, além dos pedidos, os quais variam de acordo com a hipótese de cabimento.

d) A petição inicial da reclamação, conforme já observado, deve preencher os requisitos do art. 319, CPC, com exceção do inciso VII, haja vista que no processo da reclamação não há previsão de audiência preliminar de mediação ou conciliação. Além disso, deve indicar uma das hipóteses previstas no art. 988, CPC, sob pena de caracterizar inépcia da petição inicial por falta de causa de pedir.

e) Julgando procedente a reclamação, o tribunal cassará a decisão exorbitante de seu julgado ou determinará medida adequada à solução da controvérsia

---

431. DIDIER JR., Fredie; CUNHA, Leonardo Carneiro da. *Curso de Direito Processual Civil*. Juspodivm, 2016, 13ª ed, vol. 3, p. 561.
432. Segundo o STF, **é cabível a intervenção de *amicus curiae* em reclamação**. STF. Plenário. **Rcl 11949/RJ**, Rel. Min. Cármen Lúcia, julgado em **15.03.2017** (Informativo 857 do STF).
433. DIDIER JR., Fredie; CUNHA, Leonardo Carneiro da. *Curso de Direito Processual Civil*. Juspodivm, 2016, 13ª ed, vol. 3, p. 563.

(art. 992 do CPC). O Presidente do Tribunal determinará o imediato cumprimento da decisão, lavrando-se o acórdão posteriormente (art. 993 do CPC). Assim, mesmo antes da lavratura do acórdão, a decisão proferida na reclamação já produz efeitos.

f) É importante salientar ainda que pode ocorrer de a parte ter ajuizado reclamação e também interposto recurso contra a decisão. Neste caso, se o recurso for inadmitido, ou mesmo julgado antes que a reclamação, isso não prejudicará o julgamento da reclamação (art. 988, § 6º do CPC).

g) No que diz respeito ao prazo, mister salientar que não obstante a reclamação não se sujeite a qualquer prazo, o novo Código de Processo Civil estabelece uma vedação: a teor do § 5º do art. 988, *não é possível a propositura da Reclamação quando já houver trânsito em julgado do que se busca reclamar.*[434] Merece destaque o fato de tal vedação ser em relação, tão somente, à propositura da ação, de tal forma que o trânsito em julgado superveniente não impede o conhecimento e julgamento da Reclamação.[435]

h) Segundo o STF, a contagem de prazos no contexto de reclamações cujo ato impugnado tiver sido produzido em ***processo ou procedimento de natureza penal*** submete-se ao art. 798 do Código de Processo Penal, ou seja, os prazos são contados de forma contínua (e não em dias úteis). Portanto, o STF decidiu que, em caso de *agravo regimental* em *reclamação* que trata de **matéria penal ou processual penal,** a contagem do prazo processual deve submeter-se a critérios de continuidade, nos termos do art. 798 do CPP, não se aplicando o art. 219 do CPC (que fala em dias úteis). Na hipótese de reclamação, a forma de contagem de prazo deve observar a natureza do processo ou procedimento em que se insere o ato reclamado. Logo, em caso de reclamação em processo ou procedimento criminal, devem ser aplicadas as regras do CPP.[436]

434. Ver a **Súmula 734** do STF. *"A jurisprudência do Supremo Tribunal Federal, embora reconhecendo cabível a reclamação contra decisões judiciais, tem ressaltado revelar-se necessário, para esse específico efeito, que o ato decisório impugnado ainda não haja transitado em julgado (...). Cabe destacar, ainda, por necessário, que esse mesmo entendimento encontra-se consubstanciado no enunciado constante da Súmula 734/STF: (...) Impõe-se observar, finalmente, que o novo Código de Processo Civil positivou, formalmente, em seu texto (art. 988, § 5º, inciso I, na redação dada pela Lei nº 13.256/2016), referida orientação sumular."* (Rcl 24091 AgR, Rel. Ministro Celso de Mello, 2 Turma, julg. em 30.9.2016). Ver também: STF. 1ª Turma. **Rcl 24810 AgR/MG**, Rel. Min. Luiz Fux, julg. em **11.02.2020** (Inf. 966).

435. *Conforme jurisprudência firme desta Corte, sedimentada na Súmula 734, não é cabível a reclamação ajuizada em data posterior ao trânsito em julgado da decisão reclamada. Ocorre que, no presente caso, a reclamação foi proposta em 6.11.2012, e o processo transitou em julgado apenas em 19.12.2014, portanto após o ajuizamento desta demanda, o que afasta a incidência da citada Súmula."* (Rcl 14872, Rel. Min. Gilmar Mendes, 2 Turma, julg. em **31.5.2016**)

436. **Rcl 23045 ED-AgR**, STF. Plenário. Rel. Min. Edson Fachin, julgado em **09.05.2019** (Info 939). Certo é que quando uma reclamação é ajuizada no STF, será sorteado um Ministro para ser o relator desta ação. Em regra, a reclamação deve ser julgada pelo colegiado (turma ou plenário), ou seja, o relator prepara seu voto e o submete aos demais Ministros. No entanto, o regimento interno do STF autoriza que, em determinados casos, o Ministro Relator, monocraticamente, negue seguimento à reclamação caso ela seja manifestamente: inadmissível; improcedente; contrária à súmula do Tribunal; contrária à jurisprudência dominante do Tribunal; ou quando for evidente a incompetência do Tribunal para julgá-la. Contra essa decisão do relator, cabe recurso de agravo regimental, no prazo de 5 dias corridos. Segundo o STF, o prazo e a forma de contagem estabelecidos pelo novo CPC não se aplicam

i) Temos ainda que a reclamação admite a concessão de tutela provisória, sendo que o relator ordenará, se necessário, a suspensão do processo ou do ato impugnável, visando evitar dano irreparável (art. 989, II, CPC).

j) Conforme o STF, na reclamação fundada no descumprimento de decisão emanada pelo STF, o ato alvo de controle deve ser posterior ao paradigma. Ou seja, só cabe reclamação se o ato impugnado por meio desta ação é posterior à decisão paradigma.[437]

k) Por último, é importante ressaltar, que conforme o STF, não é cabível a propositura de **reclamação preventiva**. Nesses termos, a reclamação não tem caráter preventivo, de modo que não serve para impedir a eventual prática de decisão judicial ou ato administrativo. Assim sendo, o ajuizamento da reclamação pressupõe a existência de um ato que efetivamente já tenha usurpado a competência do Tribunal, violado a autoridade de alguma de suas decisões que possua efeito vinculante ou incidido em alguma das outras hipóteses de cabimento deste instituto.[438]

---

aos agravos regimentais que questionam atos produzidos em processos ou procedimentos de natureza penal. O CPC/2015 possui regra dizendo que o ***prazo para a interposição de qualquer agravo é de 15 dias úteis*** (art. 1.070 c/c art. 219). Essa regra, no entanto, ***não se aplica para o agravo regimental interposto contra decisões monocráticas proferidas por Ministros do STF ou STJ em processos de natureza criminal***. Isso porque existem previsões específicas que regem o tema no processo penal: o art. 39 da Lei nº 8.038/90 prevê que o prazo do agravo em matéria criminal é de 5 dias. o art. 798 do CPP prevê que os prazos no processo penal são contínuos, ou seja, não são contados em dias úteis. Esse entendimento então vale também para a reclamação contra ato ou decisão proferido em procedimento ou processo penal.

437. **Rcl 32655 AgR/PR, STF**. 2ª Turma. Rel. Min. Edson Fachin, julg. em **23.04.2019**. No caso, a reclamante formalizou dois acordos de colaboração premiada em período anterior ao do julgamento da referida ADI. O primeiro, com a Polícia Federal, não foi homologado judicialmente em razão da suposta ausência de atribuição da autoridade policial para, sem concordância do Ministério Público, celebrar acordo dessa natureza (*o Juiz se recusou a homologar o acordo sob o argumento de que o Delegado de Polícia não poderia celebrar acordo de colaboração premiada*). O segundo, com o Ministério Público Federal, foi homologado (pelo Juiz), porém com termos mais gravosos em relação aos do primeiro. Tendo em conta o entendimento firmado no aludido precedente, a reclamante pretendia que fossem aplicados os termos mais benéficos previstos no primeiro acordo de colaboração, com fundamento no art. 5º, XL, da CF. O colegiado considerou ***não ser viável a cogitação de afronta a precedente inexistente à época em que proferidos os atos impugnados***. Observou o STF *serem anteriores ao paradigma invocado tanto a decisão judicial que resolveu pela não homologação do acordo formalizado com a autoridade policial quanto o acordo celebrado com o Parquet, o qual, inclusive, a defesa expressamente reputou válido e se comprometeu a não questionar judicialmente*. Conforme o STF, *a reclamação não se presta a tutelar o direito objetivo, mas, sobretudo, a salvaguardar a competência e a autoridade dos pronunciamentos do STF. Eventual inobservância da retroatividade da lei penal benéfica não se insere no escopo de proteção da reclamação, devendo o interessado, se cabível, socorrer-se da tutela jurisdicional pelas vias próprias*. (Informativo 938)

438. Rcl 25310 MC STF. Decisão monocrática, Rel. Min. Celso de Mello, julg. em 03.10.2016 (Informativo 845 do STF). Rcl 4058 AgR. Plenário do STF., Rel. Min. Cezar Peluso, julg. em 17.02.2010.

9

Dos Direitos Sociais

1. INTRODUÇÃO

1.1. Conceito e desenvolvimento – perspectiva histórica

Os direitos sociais constituem-se no segundo grupo integrador do conceito de Direitos Fundamentais, que, por mais que adicionem ao catálogo anterior (direitos individuais), são responsáveis por empreender uma releitura completa e radical, inclusive produzindo alterações no significado destes (direitos individuais). Ou seja, os direitos sociais não só alargam a tábua de direitos fundamentais, mas também redefinem os próprios direitos individuais.

Sua origem histórica está na crise da tradição do Estado Liberal e na consagração do paradigma do Estado Social de Direito, que, rompendo com os padrões formalistas de igualdade e de liberdade do paradigma anterior, vão buscar mecanismos mais concretos de redução das desigualdades socioeconômicas dentre os membros da sociedade. Destaque, portanto, para as Constituições do México de 1917 e de Weimar (Alemanha) de 1919.[1] É nesse prisma que os direitos sociais serão compreendidos como uma **segunda geração (dimensão) de direitos fundamentais**.[2]

1. SILVA, José Afonso da, *Curso de direito constitucional positivo*, p. 285; QUADROS DE MAGALHÃES, José Luiz, *Direito constitucional*, p. 217.
2. Todavia, mais uma vez **advertimos** sobre **nossa posição** de considerar **artificial** a afirmação de uma separação teórica (*a priori*) entre direitos a partir de categorias como direitos individuais, direitos individuais homogêneos, direitos coletivos, direitos difusos, direitos transindividuais etc. Uma vez que é só diante de um caso concreto, seguindo a malha argumentativa desenvolvida pelos participantes, que se poderá identificar tal classificação (QUINAUD PEDRON, Flávio. *Direitos e interesses*: (re)pensando a relação para além de uma compreensão semântica). "Conforme o caso, por exemplo, o direito ao meio ambiente saudável pode ser tratado argumentativamente como questão interindividual de direito de vizinhança, como condições adequadas de trabalho de uma categoria

A partir desse movimento, vai se desmistificando o preceito da ***igualdade formal*** instituída pelo Liberalismo, e tem início a manifestação de que o Estado pode ser compreendido não mais como um inimigo (***oponível***) da sociedade, mas como um possibilitador de sua existência.

Seu traço principal é a mudança de comportamento esperado/exigido do Estado;[3] isto é, abandonam a percepção de uma postura abstencionista por parte do Estado, para, ao contrário, afirmar a necessidade desse ***intervir***, gerando condições de implementação de programas públicos (acerca de saúde, trabalho, educação etc.).[4]

Através desses programas o Estado interfere na esfera dos indivíduos a fim de garantir-lhes o mínimo de condições de existência (digna), notadamente, buscando eliminar, ou pelo menos apaziguar, as desigualdades existentes.[5]

Por isso mesmo, o traço distintivo entre os direitos sociais e os chamados ***direitos de defesa*** – clássicos do período liberal – está, justamente, no seu objeto. Os direitos sociais impõem ao Estado um ***"atuar permanente"***, ou seja, uma ação oriunda de uma prestação positiva de natureza material ou fática em benefício ao indivíduo.[6] Essas prestações materiais, portanto, correspondem a bens materiais dotados de valor econômico, de modo que sua viabilização se mostra dependente da condição econômica do próprio Estado – como principal destinatário dessas normas.[7]

No Brasil, a preocupação da ordem constitucional com os direitos sociais assume na **Constituição de 1934** o seu marco inicial. Por sua vez, a **Constituição de 1988** trouxe importantes avanços, principalmente porque ao colocar os direitos sociais no título II dos direitos fundamentais, colocou fim a uma discussão despropositada e estéril existente na doutrina constitucional acerca da natureza dos mesmos.[8]

---

profissional ou, até mesmo, como direito das gerações futuras: depende da perspectiva argumentativa, se individual, coletiva, social ou difusa de quem o defende em juízo." (CATTONI DE OLIVEIRA, Marcelo Andrade. *Teoria discursiva da argumentação jurídica de aplicação e garantia processual jurisdicional dos direitos fundamentais*).

3. QUADROS DE MAGALHÃES, José Luiz. *Direito constitucional*. t. 1, p. 217; MENDES, Gilmar Ferreira et al., *Curso de direito constitucional*, p. 674.
4. TORRES, Silvia Faber, *Direitos prestacionais, reserva do possível e ponderação*, p. 776. LEIVAS, Paulo Gilberto Cogo, *Teoria dos direitos fundamentais sociais*, p. 87.
5. RAWLS, John, *Liberalismo político*. A partir de Rawls é possível identificar nos direitos sociais as condições de implementação do objeto primário da justiça social.
6. CUNHA JÚNIOR, Dirley da, *Curso de direito constitucional*, p. 696.
7. CUNHA JÚNIOR, Dirley da, *Curso de direito constitucional*, p. 697. Conforme a doutrina: É bem verdade que, como anotado por **Canotilh**o, embora os **direitos sociais** sejam claramente de **índole positiva**, eles também podem apresentar um **componente negativo**, como exemplos: "o direito do trabalho não consiste apenas na obrigação do estado de criar ou de contribuir para criar postos de trabalho (...) antes implica também a obrigação de o Estado se abster de impedir ou limitar o acesso dos cidadãos ao trabalho (liberdade de acesso ao trabalho); o direito à saúde não impõe ao Estado apenas o dever de atuar para constituir o Serviço Nacional de saúde e realizar as prestações de saúde, (...) antes impõe igualmente que se abstenha de atuar de modo a prejudicar a saúde dos cidadãos." CANOTILHO, *Fundamentos da Constituição*, p. 127.
8. CUNHA JÚNIOR, Dirley da, *Curso de direito constitucional*, p. 698.

Hoje, é inquestionável a pertença dos direitos sociais como espécies de direitos fundamentais.

Por meio do art. 6º, o atual texto constitucional identifica quais são os direitos sociais: a educação, a saúde, a alimentação, o trabalho, a moradia, o transporte, o lazer, a segurança, a previdência social, a proteção à maternidade e à infância e a assistência aos desamparados. Por sua vez, os direitos sociais do trabalhador foram elencados nos art. 7º ao art. 11 da CR/88, além de **outros direitos sociais previstos** e **desenvolvidos** no decorrer da **Constituição**, como exemplos, temos: o art. 196 (direitos à saúde); art. 194 (direitos à seguridade social); art. 205 (direitos à educação).

2. OS DIREITOS SOCIAIS: CARACTERÍSTICAS, VINCULATIVIDADE E DELIMITAÇÃO CONSTITUCIONAL: DAS NORMAS PROGRAMÁTICAS AOS DIREITOS SUBJETIVOS *PRIMA FACIE*

Em **abril de 1996**, em colóquio realizado em ***Madri*** na Espanha, o jurista português **J. J. Gomes Canotilho** – em texto anterior ao seu atual manual de "Direito Constitucional e Teoria da Constituição" – defendeu que a realização dos direitos sociais apresentaria as seguintes características:

a) **gradatividade** ou gradualidade na sua realização;

b) **dependência financeira** do orçamento público (Estado);

c) **tendencial liberdade de conformação** (definição) pelo legislador (e administrador) em relação às políticas públicas a serem assumidas (as políticas de realização destes direitos);

d) **insuscetibilidade de controle jurisdicional** dos programas político-legislativos (ou político-administrativos), a não ser quando estes se mostram em clara contradição com as normas constitucionais ou quando manifestamente desarrazoados.[9]

Aqui, há uma questão fulcral para a normatividade e enquadramento dos direitos sociais: Como podemos trabalhar suas características, vinculatividade normativa e adequação constitucional?

Nesses termos, **de início**, seguindo uma linha **mais rígida** da leitura da ***"separação de poderes"***, o universo das normas de **direitos sociais era** tido como questão **interna** aos órgãos políticos do Estado, que a partir de razões pragmáticas (por exemplo: políticas) estabelecia a lista de prioridades internas a esses direitos, bem como os modos e formas de sua concretização.

---

9. CANOTILHO, José Joaquim Gomes. *Metodologia Fuzzy e Camaleões normativos na problemática actual dos direitos econômicos, sociais e culturais*, p. 97-113, 2004. CANOTILHO, José Joaquim Gomes, *Direito constitucional*, p. 542. TORRES, Silvia Faber. *Direitos prestacionais, reserva do possível e ponderação*, p. 782-783.

Por isso mesmo, **tradicionalmente** atribuiu-se à natureza das normas constitucionais sobre direitos sociais o ***status*** de ***normas programáticas***, que são normas de baixa efetividade, demarcando-se muito mais planos políticos de ação, que o legislador e o administrador público deverão se comprometer do que verdadeiras obrigações jurídicas concretas.

Porém, numa perspectiva mais ampla, a **doutrina** vem entendendo, conforme preleciona ***Andréas Krell*** que "as normas programáticas sobre direitos sociais, que hoje encontramos na grande maioria dos textos constitucionais dos países europeus e latino-americanos definem metas e finalidades, as quais o legislador ordinário deve elevar a um nível adequado de concretização. Essas 'normas-programa' prescrevem a realização, por parte do Estado, de determinados fins e tarefas". Nesses termos, "elas não representam meras recomendações (conselhos) ou preceitos morais com eficácia ética-política meramente diretiva, mas constituem Direito diretamente aplicável".[10]

Já outros autores, mesmo com essa **nova dimensão** que paulatinamente foi sendo atribuída às normas constitucionais ***programáticas*** (típicas dos direitos sociais), vão advogar um ir além. Esse seria necessário, justamente, porque apesar do reconhecimento da **aplicabilidade** (ainda que ***mediata/indireta***) das normas programáticas elas careceriam de uma atuação (vinculação) mais contundente no que tange à exigência de prestações positivas. Aliás, exemplos não faltam para demonstrar essa tese. Aqui não precisamos lembrar da dificuldade do STF adotar a tese concretista no mandado de injunção em relação às normas classificadas tradicionalmente como de eficácia limitada. Foram longos 19 anos (1988 a 2007, conforme já estudamos) para que essa tese iniciasse sua trajetória de consolidação no Pretório Excelso para a viabilização de direitos. Isso sem contar a ADI por omissão, que no que tange ao legislador (supressão da ***mora*** pelo Poder Legislativo) é sabido que o STF, ainda trabalha com uma perspectiva não concretista (até mesmo por uma questão clássica atrelada à separação dos poderes). Portanto, conforme balizada doutrina, não raro conceber os direitos sociais como **normas programáticas** implica deixá-los praticamente desprotegidos diante das **omissões estatais**, o que não se coaduna com o **sistema de direitos fundamentais** previsto constitucionalmente e com sua aplicação imediata. Sem dúvida, para esses teóricos os **direitos sociais** mereciam, devido a fundamentalidade dos mesmos (já que estamos falando, por exemplo em saúde, educação etc.) melhor **adequação** e **caracterização**.

Nesses termos, surgem **três** vertentes, na busca por uma delimitação dos direitos sociais, **além das normas programáticas** que merecem nossa atenção. Conforme preleciona Daniel Sarmento,[11] teremos:

10. KRELL, Andréas, *Direitos sociais e controle judicial no Brasil e na Alemanha*, p. 20.
11. SARMENTO, Daniel, *Por um Constitucionalismo Inclusivo*, p. 192-195, 2010. Para aprofundamento, temos BERNAL PULIDO, Carlos. *El Principio de porcionalidad y derechos fundamentales*, 2003.

(1) Tese dos direitos sociais como direitos não subjetivos: Essa, advoga, que os direitos sociais não são dotados de uma dimensão subjetiva e que por isso não ensejam a exigibilidade por seus titulares de prestações positivas pelo Poder Público, mas apesar disso deveria haver um controle judicial que envolveria um exame de razoabilidade das eventuais políticas públicas que são implantadas para a realização dos mesmos. Aqui, pelo menos, teríamos um controle sobre a autuação do Estado na busca pela realização dos direitos sociais, embora, diga-se, fosse negada aos indivíduos a titularidade dos direitos sociais.

(2) Tese dos direitos sociais como direitos subjetivos definitivos[12] (garantidos de forma definitiva). Essa tese, apesar de ir além da "mera" perspectiva das normas programáticas peca pelo excesso, na medida em que não há como exigir do Estado de forma incondicional a realização e concretização de todos os direitos sociais. Aqui, deve-se levar em consideração, sobretudo em países como o Brasil, a conhecida e recorrentemente citada, escassez de recursos (limitações orçamentárias), bem como as inúmeras maneiras (modos) de concretização de direitos sociais.

(3) Tese dos direitos sociais como direitos subjetivos *prima facie*. Essa tese, que também vai além da caracterização dos direitos sociais como meras normas programáticas, é a que apresenta um maior número de adeptos[13]. Para essa tese, os direitos sociais devem ser entendidos, em virtude da natureza principiológica dos mesmos, como **direitos subjetivos *prima facie*** e com isso eles se sujeitam a um processo de ponderação à luz de um caso concreto que precede o reconhecimento desses direitos sociais como direitos ***definitivos***.[14]

Para essa vertente, a ponderação será instrumentalizada pela regra (princípio, máxima ou postulado) da proporcionalidade e por suas sub-regras. Assim teríamos, um direito social exigível que entraria em uma ponderação com outro ou outros direitos (incluindo aí princípios como o da democracia ou mesmo o da separação de poderes).

Sem dúvida, a efetivação e concretização do direito social em comento dependeria desse **processo de ponderação**. Portanto, esse direito social seria um **direito subjetivo exigível sempre *prima facie*** que poderia se tornar um **direito definitivo** no caso concreto. A defesa dessa perspectiva, atrelada a teoria de **Robert Alexy**[15], **Martin Borowsky**[16], entre outros, é feita por **Daniel Sarmento**, nos seguintes termos, "(...) esta solução é profundamente comprometida com a efetivação dos direitos sociais, mas leva em consideração todas as dificuldades fáticas e jurídicas envolvidas

12. BERNAL PULIDO, Carlos. *El Principio de porcionalidad y derechos fundamentales*, 2003;
13. SARLET, Ingo: *Os Direitos Fundamentais Sociais na Constituição de 1988*, 1999; *A Eficácia dos Direitos Fundamentais*, 8ª Edição, 2007. SARMENTO, Daniel, p. 199-201, 2010.
14. Sobre a questão dos direitos *prima facie* e direitos definitivos, ver: SILVA, Virgílio Afonso, *Direitos Fundamentais: conteúdo essencial, restrições e eficácia*, p. 47-64, 2009.
15. ALEXY, Robert, *Derechos Sociales Fundamentales*, p. 69-88, 2004.
16. BOROWSKY, Martin, *La Estrutura de los Derechos Fundamentales*, p. 148-186, 2003.

neste processo, bem como a existência de uma ampla margem de liberdade para os poderes neste campo, decorrente não só da legitimidade democrática, como também de sua maior capacidade funcional.[17]

3. A IDEIA DE UM "MÍNIMO EXISTENCIAL"

Em sentido contrário ao disposto pela teoria clássica, muitos autores desenvolveram a chamada teoria do ***mínimo existencial***,[18] segundo a qual, para que se possa usufruir dos direitos de liberdade (direitos individuais),[19] antes se faz necessária a implementação e garantia de um piso mínimo de direitos. Esses direitos protegidos sobre tal rótulo voltam-se para o atendimento e concretização das **necessidades básicas** de um ser humano. Essas garantias de condições materiais básicas de vida, para alguns doutrinadores, notadamente, seriam diretamente relacionadas à saúde e à autonomia individual (o que reflexamente faz também referência à alimentação, educação, vestuário, moradia etc.).[20] Já outros, indicam um conteúdo relativo na tese do mínimo existencial, que, portanto, não poderia ser definido ***a priori*** sem que fosse levado em conta uma situação concreta e específica (contextualizada). Independente da perspectiva absoluta ou relativa adotada, certo é que, o direito ao mínimo existencial, nos lembra Daniel Sarmento[21], trabalha com duas dimensões para seu real exercício: (1) **dimensão negativa**: o mínimo existencial, opera como um limite, impedindo a prática de atos pelo Estado ou por particulares que subtraiam do indivíduo as condições materiais indispensáveis a uma vida digna; (2) **dimensão positiva:** essa diz respeito a um conjunto essencial (mínimo) de direitos prestacionais a serem implementados e concretizados que possibilitam aos indivíduos uma vida digna.[22]

---

17. Porém, aqui, uma diferença: *enquanto **Alexy** sustenta que na **ponderação** teremos de um lado **não** o direito social, mas **sim a liberdade material que esse direito tutela** (talvez isso se deva, conforme Sarmento ao fato da Constituição alemã não consagrar direitos sociais em seu texto), Sarmento defende que a ponderação deve ser feita com o próprio direito social em jogo.* Outra questão interessante é a de que o reconhecimento da dimensão subjetiva **prima facie** dos direitos sociais, não exclui (elimina) a dimensão objetiva desses direitos (Aliás a dimensão objetiva que explicita a eficácia irradiante *é uma das dimensões dos direitos fundamentais*, que está presente em vários trabalhos de Sarmento) SARMENTO, Daniel, *Por um Constitucionalismo Inclusivo*, p. 195, 2010.
18. No Brasil, temos a doutrina de **Ricardo Lobo Torres** que escreveu já em 1989, o ensaio: *"O Mínimo existencial e os Direitos Fundamentais" e posteriormente vários outros trabalhos sobre o tema.* Também ganhou destaque os estudos do constitucionalista **Ingo Sarlet**, que reconheceu nos direitos sociais prestacionais a **função de manutenção e de definição do** mínimo existencial em nossa ordem jurídica.
19. Para Silvia Faber Torres, a questão da fundamentação do mínimo existencial está posta não sob o prisma de uma teoria da justiça, mas, bem antes, como condição para exercício dos direitos individuais.
20. LEIVAS, Paulo Gilberto Cogo, *Teoria dos direitos fundamentais sociais*, p. 135.
21. SARMENTO, Daniel, *Por um Constitucionalismo Inclusivo*, p. 204-205, 2010.
22. Daniel Sarmento afirma que ***não há um consenso** sobre as prestações que compõem esse conjunto. Como exemplo, cita as digressões de **Ana Paula Barcelos** que em um estudo sobre o tema formulou o seguinte **elenco de prestações** que compreenderiam* o **mínimo existencial** e que poderiam ser *judicialmente exigidas, independente de mediação legal*: educação, saúde básica, assistência em caso de necessidade e acesso à justiça. In: *A Eficácia dos Princípios Constitucionais: o Princípio da Dignidade da pessoa humana*, p. 257-301, 2002. SARMENTO, Daniel, *Por um Constitucionalismo Inclusivo*, p. 204, 2010.

Alguns atribuirão à tese uma fundamentação ***jusmoralista*** – ligando o ***mínimo existencial*** à noção de ***dignidade da pessoa humana***[23] –, enquanto outros, vão desenvolver uma fundamentação pragmática para o tema. Aqui, **Daniel Sarmento** estabelece uma divisão entre **três** linhas de argumentação. Nesses termos, para o autor, seriam **duas** fundamentações de cunho instrumental **(a)** e **(b)** e **uma** de viés não instrumental **(c)**, a saber: **(a)** o mínimo existencial se trata de uma exigência necessária para a garantia da liberdade real; **(b)** o mínimo existencial é uma exigência para a proteção dos pressupostos da democracia; **(c)** o atendimento das necessidades materiais básicas (essenciais) constitui um fim em si mesmo e não um meio para o exercício (ou obtenção) de outras finalidades.[24]

Certo é que, por visar garantir as condições da liberdade individual, o patamar estabelecido pelo **mínimo existencial** quanto ao exercício dos direitos sociais como direito de ***aplicabilidade imediata***, para um grupo de doutrinadores, dispensaria a atuação legislativa com seu elemento concretizador;[25] o que acabaria por permitir a **intervenção judicial** no controle de políticas públicas e, com isso, na própria realização de um **grau mínimo de efetivação de direitos fundamentais** sociais à luz da dignidade da pessoa humana.

Lembram **Ingo Sarlet** e **Mariana Figueiredo,**[26] que é comum atribuir-se a Otto Bachof, já no início da década de 1950, a originalidade de um reconhecimento de um direito subjetivo à garantia positiva dos recursos mínimos para uma existência ***digna***, como leitura derivada do art. 1º, inc. I, da Lei Fundamental alemã. Todavia, Cogo Leivas aponta como sendo um julgado de 1951 o marco em termos de formação de um precedente sobre o tema na Alemanha.[27] Para Sarmento a ideia de um direito ao mínimo existencial, surgiu em uma decisão do Tribunal Federal Administrativo alemão prolatada em 1953, incorporando-se ao Tribunal Constitucional posteriormente.

---

23. MENDES, Gilmar Ferreira et al. *Curso de direito constitucional*, p. 675.
24. SARMENTO, Daniel, *Por um Constitucionalismo Inclusivo*, p. 202-203, 2010. Nesses termos em: "**(a)** *A ideia fundamental é a de que sem o atendimento de certas condições materiais básicas esvazia-se a liberdade, pela impossibilidade de concreta de seu exercício. A liberdade nessa visão não se esgota na ausência de impedimentos externos à ação do agente, envolvendo também a possibilidade real do seu exercício. Esta, por sua vez, demanda que sejam garantidas certas condições materiais mínimas para os necessitados* (teóricos afins: Ricardo Lobo Torres, Robert Alexy); **(b)** *a tese central é a de que a democracia não se confunde com o predomínio da vontade da maioria, exigindo a garantia de certos direitos que viabilizem a participação dos cidadãos no espaço público. Dentre os direitos garantidos, é necessário que figure a satisfação das necessidades materiais básicas das pessoas mais carentes, sem o que restaria comprometida a sua capacidade real de participar das deliberações adotadas na sociedade* (teóricos afins: Friedrich Müller e Habermas); **(c)** *o argumento não instrumental afirma que o atendimento as necessidades vitais básicas é uma exigência autônoma da justiça, que se impõe independentemente de suas consequências para a promoção de outros objetivos, como a garantia da liberdade ou a promoção da democracia* (teóricos afins: Paulo Cogo Leivas e o próprio Daniel Sarmento)".
25. TORRES, Silvia Faber, *Direitos prestacionais, reserva do possível e ponderação*, p. 778-779.
26. SARLET, Ingo Wolfgang. FIGUEIREDO, Mariana Filchtiner. *Reversa do possível, mínimo existencial e direito à saúde*, p. 19.
27. *BVerf*GE 1, 97. LEIVAS, Paulo Gilberto Cogo, *Teoria dos direitos fundamentais sociais*, p. 129.

Nesses termos, temos que, em decisão de 1975,[28] o Tribunal Constitucional Alemão decidiu, de modo mais explícito, reconhecendo e consagrando um direito às **condições mínimas** de existência digna.

No Brasil, Cogo Leivas aponta o julgamento da ADPF nº 45 como o marco da afirmação da tese do ***mínimo existencial.***[29] Outro exemplo interessante, que recorrentemente é citado na doutrina é o paradigmático RE nº 410.715/SP. Ambos envolvem o **direito a educação como mínimo existencial** à luz da dignidade da pessoa humana.

Por último, é mister salientar que, há autores que fazem uma distinção entre o ***mínimo existencial*** e o que identificam como ***mínimo vital*** ou (***mínimo de sobrevivência***), afirmando que o segundo conceito é mais estrito, referindo apenas a proteção às condições de garantia da vida humana, sem adjetivar qualquer outra preocupação com a dignidade dessa vida.[30] Por isso mesmo, tal leitura seria por demais reducionista e simplória, devendo ser abandonada por sua estreiteza.

4. A "CLÁUSULA" DA RESERVA DO POSSÍVEL COMO LIMITE DE IMPLEMENTAÇÃO DOS DIREITOS SOCIAIS

Stephen Holmes e Cass Sunstein[31] já advertiam que para a proteção e efetivação de todo direito positivado pela ordem constitucional haverá um dispêndio econômico. No caso dos direitos sociais, então, por se fazer em direito a prestações estatais, mais visível fica tal dispêndio de recursos.

A chamada cláusula da *"reversa do possível"* (***Der Vorbehalt dês Möglichen***), que começou a ser alegada a partir da década de 1970, é criação do **Tribunal Constitucional alemão** e compreende a possibilidade material (financeira) para prestação dos direitos sociais por parte do Estado, uma vez que tais prestações positivas são dependentes de recursos presentes nos cofres públicos. A partir daí, alguns autores vão defender que as aplicações desses recursos e, consequentemente, a implementação de medidas **concretizadoras de direitos sociais** seria uma questão restrita e limitada à esfera de ***discricionariedade*** das decisões governamentais e parlamentares, sintetizadas nos planos de *políticas públicas* destes e conforme *as previsões orçamentárias.*

28. *BVerf*GE 40, 121 (133).
29. LEIVAS, Paulo Gilberto Cogo, *Teoria dos direitos fundamentais sociais*, p. 131.
30. SARLET, Ingo Wolfgang; FIGUEIREDO, Mariana Filchtiner, *Reversa do possível, mínimo existencial e direito à saúde*, p. 22. O STJ já se valeu expressamente dessa distinção, no REsp 1.185.475 (2010), noticiado no informativo nº 431/STJ, versando sobre acesso à creche: *"6. O mínimo existencial não se resume ao mínimo vital, ou seja, o mínimo para se viver. O conteúdo daquilo que seja o mínimo existencial abrange também as condições socioculturais, que, para além da questão da mera sobrevivência, asseguram ao indivíduo um mínimo de inserção na "vida" social. 7. Sendo assim, não fica difícil perceber que dentre os direitos considerados prioritários encontra-se o direito à educação. O que distingue o homem dos demais seres vivos não é a sua condição de animal social, mas sim de ser um animal político. É a sua capacidade de relacionar-se com os demais e, através da ação e do discurso, programar a vida em sociedade"*. REsp 1185474/SC, Rel. Ministro HUMBERTO MARTINS, SEGUNDA TURMA, julgado em 20/04/2010.
31. HOLMES; SUNSTEIN, *The cost of rights: why liberty depends on taxes.* New York/London: W.W. Norton & Company, 1999.

A partir do caso ***numerus clausus,*** decidido pelo Tribunal Federal alemão,[32] essa visão passou a ser **revista**, entendendo-se que o direito de acesso ao ensino superior não poderia ficar a **cargo exclusivo** das definições internas do Estado, cabendo ao **indivíduo** exigir o cumprimento daquilo que **minimamente seria razoável exigir-se do Estado – algo nos limites do razoável.**[33]

A crítica de Dirley da Cunha Júnior, é importante e deve ser marcada, pois, afinal, a doutrina constitucional brasileira parece estar deslumbrada pelo modismo e pela autoridade da doutrina alemã, importando teses e institutos jurídicos sem a menor preocupação de adequação (adaptação) ao nosso contexto histórico-hermenêutico.[34]

Outra crítica vem de Andréas Krell, para quem tal leitura da reserva do possível é ***"falaciosa"***, pois, se os recursos são incontroversamente reconhecidos como **insuficientes**, devemos retirá-los de áreas menos importantes do ponto de vista do interesse público (cita ele como exemplo: transporte, fomento, entre outros) para aplicar em outras áreas mais essenciais (vida, integridade física, saúde, educação).[35]

Daniel Sarmento[36], em recente obra, busca delimitar um conceito constitucionalmente adequado de reserva do possível. O autor parte da diferenciação também trabalhada por Ingo Sarlet[37] na qual a reserva do possível é dotada de um ***conteúdo fático*** e um ***conteúdo jurídico***. O primeiro (***fático***) envolve a real e efetiva disponibilidade dos recursos econômicos necessários à satisfação do direito prestacional, já o segundo (***jurídico***) diz respeito à existência de autorização orçamentária para o Estado incorrer nos respectivos custos.

No que tange ao **conteúdo fático**, afirma Daniel Sarmento que ele deve ser trabalhado como uma espécie de teste da ***razoabilidade da universalização da prestação exigida, considerando os recursos existentes.***

32. BverfGE 33, 303 (333). *"Numerus clausus é a denominação de uma política adotada na Alemanha, em 1960, para limitar numericamente os ingressos de estudantes em determinados cursos universitários face à grande quantidade de interessados em áreas como direito, medicina, farmácia e outras. Estudantes que não lograram ser admitidos nas escolas de medicina das Universidades de Hamburgo e Munique contestaram a limitação com base no art. 12 da Lei Fundamental, que prevê o direito de todo alemão à livre escolha de sua profissão, seu posto de trabalho e seu centro de formação."* LEIVAS, Paulo Gilberto Cogo, *Teoria dos direitos fundamentais sociais*, p. 98. Conforme Ingo Sarlet: No caso *numerus clausus*, em apertadíssima síntese, *foi afirmado que não existe, na perspectiva do cidadão, um direito subjetivo originário a uma vaga no ensino superior, mas, sim, um direito subjetivo respeitante às condições isonômicas de disputar uma vaga no âmbito do sistema já estabelecido de ensino, ademais de um dever estatal de progressiva ampliação do número de vagas, a depender do curso e das exigências do mercado profissional. Além disso, foi nesse julgado que restou cunhada a tão falada (e malfalada) figura da reserva do financeiramente possível, acoplada também à razoabilidade da pretensão do cidadão em face do Estado. O Tribunal Constitucional Federal da Alemanha e o direito ao Ensino Superior.* CONJUR, 05.01.2018.
33. *"Para esta corte, esta avaliação sobre a reserva do possível deveria ser feita, em primeira linha, pelo legislador, que deve atender, na administração do seu orçamento, também a outros interesses da coletividade, considerando as exigências de harmonização econômica geral."* SARMENTO, Daniel, *Por um Constitucionalismo inclusivo*, p, 197.
34. CUNHA JÚNIOR, Dirley da, *Curso de direito constitucional*, p. 715.
35. KRELL, Andréas J., *Direitos sociais e controle judicial no Brasil e na Alemanha*, p. 53. Esse autor chega a afirmar que a recepção no Brasil dessa teorização apresenta-se como "fruto de um direito constitucional Comparado equivocado".
36. SARMENTO, Daniel, *Por um Constitucionalismo Inclusivo*, p. 199-201, 2010.
37. SARLET, Ingo Wolfgang. *A Eficácia dos Direitos Fundamentais*, p. 288.

Assim, se na análise fática esse teste (critério) for ultrapassado seria, possível, por exemplo, a concessão de determinado medicamento (ou tratamento no exterior) ao portador de uma doença grave. Portanto, a questão seria: todos que estiverem na mesma situação do requerente poderão receber o mesmo remédio ou tratamento? Certo é que, o autor não abdica da análise do caso concreto e de suas especificidades, mas advoga com base no ***princípio da isonomia*** a necessidade desse ***teste de universalização*** para a concessão do requerido, pois "não se pode exigir do Estado que forneça algo a um indivíduo que não seja possível conceder a todos aqueles que estiverem nas mesmas condições".[38]

Já pelo **conteúdo jurídico** observa-se um contraponto entre a questão orçamentária atrelada ao ***"princípio da legalidade da despesa"*** e a possibilidade de o Poder Judiciário prolatar decisões que determinam a realização de gastos (sem a legal previsão orçamentária) para satisfazer direitos sociais.

Aqui, ao que parece, Daniel Sarmento assume uma posição intermediária, pois: **(1)** Admite (em virtude da escassez de recursos) que aos Poderes Públicos (mormente ao legislador) dotados de legitimidade democrática, deve ser dado o ônus de escolher sobre quais são as prioridades (o que é desenvolvido na lei orçamentária). **(2)** Mas, ao mesmo tempo, não admite que a eficácia dos direitos sociais seja de forma absoluta condicionada pelos imperativos orçamentários. Isso seria ***"submeter a força normativa da Constituição à vontade do legislador"***. Com isso, apesar da discricionariedade reconhecida ao legislador e administrador públicos, não há como admitir uma discricionariedade absoluta (nas palavras do autor: um ***"campo livre"***) ao alvedrio da própria Constituição e da máxima efetividade de suas normas. Com isso, a conclusão é pela possibilidade **excepcional** da atuação do Judiciário para a concretização de direitos sociais (essenciais) previstos constitucionalmente, nos moldes e parâmetros, ora aventados.[39]

Já o jurista de Kiel, **Robert Alexy,** defende o reconhecimento da liberdade de configuração do legislador democrático na seleção das áreas nas quais serão investidos os recursos públicos, porém, é preciso lembrar que tal legislador deve escolher de forma **coerente**. Constata, então, um espaço para ação do Legislador, mas acaba por reconhecer ao **Tribunal Constitucional Federal alemão** a possibilidade de

38. SARMENTO, Daniel, *Por um Constitucionalismo Inclusivo*, p. 200, 2010. Nesses termos: "(...)Trata-se, em suma, de avaliar a legitimidade constitucional de uma omissão em matéria de política pública, o que demanda um olhar focado não só na árvore, mas em toda floresta."

39. Nesses termos: "(...) não concordo nem com a orientação que transparece em algumas decisões judiciais, inclusive do STF, no sentido de que o juiz não deveria se preocupar com a existência ou não da previsão orçamentária para a realização de despesas atreladas a direitos sociais, nem tampouco com a concepção de que a ausência desta previsão constitui barreira insuperável para o Judiciário na adjudicação de direitos sociais. (...) a ausência de previsão orçamentária é um elemento que deve comparecer na ponderação de interesses que envolve a adjudicação dos direitos fundamentais sociais previstos de forma principiológica. Trata-se de um fator relevante, mas que está longe de ser definitivo, podendo ser eventualmente superado pelas peculiaridades do caso." SARMENTO, Daniel, *Por um Constitucionalismo Inclusivo*, p. 200, 2010.

avaliar se a escolha foi feita de **modo mais eficaz** para **proteção da vida humana.**[40] Para identificação desse **meio mais eficaz**, propõe a aplicação do instrumental da ***proporcionalidade*** como critério de avaliação.[41]

Bem modelar da compreensão levada a cabo atualmente pelo Supremo Tribunal Federal é o julgamento da **ADPF 45**. Na decisão monocrática do Min. Celso de Mello, este entendeu inicialmente pela possibilidade de ***controle judicial das políticas públicas***, como medida necessária para a garantia de efetividade dos direitos sociais, em razão da omissão dos demais Poderes Constituídos.[42]

No mesmo sentido, novamente o Ministro Celso de Mello em recente decisão monocrática no **AI 598.212** em **10.06.2013**, sobre a implementação de Defensoria Pública no Estado do Paraná, conforme a Ementa:

> "Defensoria Pública. Implantação. Omissão estatal que compromete e frustra direitos fundamentais de pessoas necessitadas. Situação constitucionalmente intolerável. O reconhecimento, em favor de populações carentes e desassistidas, postas à margem do sistema jurídico, do "direito a ter direitos" como pressuposto de acesso aos demais direitos, liberdades e garantias. Intervenção jurisdicional concretizadora de programa constitucional destinado a viabilizar o acesso dos necessitados à orientação jurídica integral e à assistência judiciária gratuitas (art. 5º, LXXIV, e art. 134 da CR/88). Legitimidade dessa atuação dos Juízes e Tribunais. O papel do Poder Judiciário na implementação de políticas públicas instituídas pela Constituição e não efetivadas pelo Poder Público. A fórmula da reserva do possível na perspectiva da teoria dos custos dos direitos: impossibilidade de sua invocação para legitimar o injusto inadimplemento de deveres estatais de prestação constitucionalmente impostos ao Estado. A teoria da "restrição das restrições" (ou da "limitação das limitações"). Controle

---

40. ALEXY, Robert, *Teoría de los derechos fundamentales*, p. 422.
41. ALEXY, Robert, *Teoría de los derechos fundamentales*, p. 448.
42. Nesses termos: *"Arguição de descumprimento de preceito fundamental. A questão da legitimidade constitucional do controle e da intervenção do Poder Judiciário em tema de* ***implementação de políticas públicas****, quando configurada* ***hipótese de abusividade governamental. Dimensão política da jurisdição constitucional atribuída ao Supremo Tribunal Federal. Inoponibilidade do arbítrio estatal à efetivação dos direitos sociais,*** *econômicos e culturais. Caráter relativo da liberdade de conformação do legislador. Considerações em torno da cláusula da 'reserva do possível'. Necessidade de preservação, em favor dos indivíduos, da integridade e da* ***intangibilidade do núcleo consubstanciador do 'mínimo existencial'.*** *Viabilidade instrumental da argüição de descumprimento no processo de concretização das liberdades positivas (direitos constitucionais de segunda geração)".* *Embora a decisão final tenha sido no sentido de considerar prejudicado o pedido – diante da implementação da política por lei posterior – o teor da decisão merece referência, diante de sua defesa da possibilidade do Poder Judiciário controlar políticas públicas mesmo diante da alegação da reserva do possível usando da fundamentação do mínimo existencial. Nas palavras de* ***Celso de Mello****: "Não obstante a formulação e a execução de políticas públicas dependam de opções políticas a cargo daqueles que, por delegação popular, receberam investidura em mandato eletivo, cumpre reconhecer que não se revela absoluta, nesse domínio, a liberdade de conformação do legislador, nem a de atuação do Poder Executivo. É que, se tais Poderes do Estado agirem de modo irrazoável ou procederem com a clara intenção de neutralizar, comprometendo-a, a eficácia dos direitos sociais, econômicos e culturais, afetando, como decorrência causal de uma injustificável inércia estatal ou de um abusivo comportamento governamental, aquele núcleo intangível consubstanciador de um conjunto irredutível de condições mínimas necessárias a uma existência digna e essenciais à própria sobrevivência do indivíduo, aí, então, justificar-se-á, como precedentemente já enfatizado – e até mesmo por razões fundadas em um imperativo ético-jurídico –, a possibilidade de intervenção do Poder Judiciário, em ordem a viabilizar, a todos, o acesso aos bens cuja fruição lhes haja sido injustamente recusada pelo Estado." (ADPF nº 45).*

> jurisdicional de legitimidade sobre a omissão do Estado: atividade de fiscalização judicial que se justifica pela necessidade de observância de certos parâmetros constitucionais (proibição de retrocesso social, proteção ao mínimo existencial, vedação da proteção insuficiente e proibição de excesso). Doutrina. Precedentes. A função constitucional da Defensoria Pública e a essencialidade dessa instituição da República. Recurso extraordinário conhecido e provido."[43]

Outra recente decisão, que demonstra como o STF vem se alinhando, envolveu o tema da necessidade ***de obras emergenciais em presídios***. Nessa, o plenário do STF afirmou que é lícito ao Poder Judiciário impor à Administração Pública obrigação de fazer, consistente na promoção de medidas ou na execução de obras emergenciais em estabelecimentos prisionais para dar efetividade ao postulado da dignidade da pessoa humana e assegurar aos detentos o respeito à sua integridade física e moral, nos termos do que preceitua o art. 5º, XLIX, da CR/88, não sendo oponível à decisão o argumento da reserva do possível nem o princípio da separação dos poderes.

No caso julgado em 13.08.2015, o STF, deu provimento ao RE 592.581/RS em que se discutida a possibilidade de o Poder Judiciário determinar ao Poder Executivo estadual obrigação de fazer consistente na execução de obras em estabelecimentos prisionais, a fim de garantir a observância dos direitos fundamentais dos presos. O Colegiado do STF assentou tratar-se, na espécie, de estabelecimento prisional cujas condições estruturais seriam efetivamente atentatórias à integridade física e moral dos detentos. Pontuou que a pena deveria ter caráter de ressocialização, e que impor ao condenado condições sub-humanas atentaria contra esse objetivo.[44]

Nos termos do informativo 794, entendeu o STF, que os juízes seriam assegurados do poder geral de cautela mediante o qual lhes seria permitido conceder medidas atípicas, sempre que se mostrassem necessárias para assegurar a efetividade do direito buscado. No caso em tela, os direitos fundamentais em discussão **não** seriam normas meramente programáticas, sequer se trataria de hipótese em que o Judiciário estaria ingressando indevidamente em campo reservado à Administração. Não haveria falar em indevida implementação de políticas públicas na seara carcerária, à luz da separação dos poderes.[45]

Ressalvou o STF, que não seria dado ao Judiciário intervir, *de ofício*, em todas as situações em que direitos fundamentais fossem ameaçados. Outrossim, não caberia ao magistrado agir sem que fosse provocado, transmudando-se em administrador público. Nesses termos, a decisão deixa assente que o juiz só poderia intervir nas

43. **AI 598.212**: *"Sendo assim, pelas razões expostas, conheço do presente agravo de instrumento, para, desde logo, conhecer do recurso extraordinário e dar-lhe provimento (CPC, art. 544, § 4º, na redação anterior à Lei nº 12.322/2010), em ordem a restabelecer a sentença proferida pelo magistrado de primeira instância, que condenou o Estado do Paraná a cumprir a obrigação "de implantar e estruturar a Defensoria Pública do Estado do Paraná, no prazo de 06 (seis) meses, sob pena de cominação de multa diária de R$ 1.000,00 (um mil reais), valor que será destinado ao Fundo de Defesa dos Direitos Difusos, na forma do artigo 13 da Lei nº 7.347/85".*
44. **RE 592581/RS**, pleno do STF, julg. em **13.08.2015**, Rel. Min. Ricardo Lewandowski. (Informativo 794 do STF)
45. **RE 592581/RS**, pleno do STF, julg. em **13.08.2015**, Rel. Min. Ricardo Lewandowski. (Informativo 794 do STF)

situações em que se evidenciasse um *"não fazer"* comissivo ou omissivo por parte das autoridades estatais que colocasse em risco, de maneira grave e iminente, os direitos dos jurisdicionados. Portanto, no que tange a **separação dos poderes**, o magistrado não deve substituir o gestor público, mas pode compeli-lo (obrigá-lo) a cumprir o programa constitucional vinculante, especialmente quando se trata de preservar a dignidade da pessoa humana.

Entendeu o ministro Roberto Barroso, que a *judicialização* não substitui a política, *mas **há exceções**, como no caso, em que se trata de proteger os direitos de uma minoria sem direitos políticos (como os presos), sem capacidade de vocalizar as próprias pretensões*. Já no que tange a **reserva do possível** (aqui trabalhada) afirmou o ministro Edson Fachin, que a *cláusula da reserva do possível* somente seria oponível se *objetivamente verificado o justo motivo* que tivesse sido suscitado pelo poder público para não realizar o mandamento constitucional.[46]

Todavia, voltando ao debate doutrinário crítico, a partir do pensamento de **Ronald Dworkin**,[47] percebemos que, na verdade, toda a discussão sobre a ***reserva do possível*** ou do ***mínimo existencial*** está posta para **mascarar** o problema da **escolha política** quanto à alocação de recursos orçamentários levada a cabo pelos **Poderes Executivo e Legislativo**. Oculta-se, na verdade, a inexistência de qualquer programa político, a curto, médio e longo prazo, voltado para as ações sociais.[48]

O verdadeiro problema por detrás do discurso do ***mínimo existencial***, como bem denuncia Álvaro Ricardo de Souza Cruz,[49] está no fato do mesmo ser compreendido em solo brasileiro a partir da lógica importada pela ***ponderação de princípios*** (Alexy).

Rawls, que parece passar-se como um ilustre desconhecido para os juristas brasileiros,[50] já em sua ***Teoria da Justiça***,[51] defende uma posição equitativa de oportunidades pautadas na garantia normativa do mesmo conjunto básico de direitos capaz de garantir as necessidades básicas dos membros da sociedade.

---

46. **RE 592581/RS**, pleno do STF, julg. em **13.08.2015**, Rel. Min. Ricardo Lewandowski. (Informativo 794 do STF) *O STJ possui acórdão de 2010, noticiado no informativo nº 431/STJ, em que transparece que a tese da insuficiência de recursos (reserva do possível) não pode, para ser aceita, ser alegada em caráter abstrato. Referida insuficiência deve ser provada pelo poder público: "10. Porém é preciso fazer uma ressalva no sentido de que mesmo com a alocação dos recursos no atendimento do mínimo existencial persista a carência orçamentária para atender a todas as demandas. Nesse caso, a escassez não seria fruto da escolha de atividades não prioritárias, mas sim da real insuficiência orçamentária. Em situações limítrofes como essa, não há como o Poder Judiciário imiscuir-se nos planos governamentais, pois estes, dentro do que é possível, estão de acordo com a Constituição, não havendo omissão injustificável. 11. Todavia, a real insuficiência de recursos deve ser demonstrada pelo Poder Público, não sendo admitido que a tese seja utilizada como uma desculpa genérica para a omissão estatal no campo da efetivação dos direitos fundamentais, principalmente os de cunho social. No caso dos autos, não houve essa demonstração.* Precedente: REsp 764.085/PR, Rel. Min. Humberto Martins, Segunda Turma, julgado em 1º.12.2009.
47. DWORKIN, Ronald, *A virtude soberana*: a teoria e a prática da igualdade, p. 431 e seguintes; igual reflexão é levada a cabo em REISSINGER, Simone, *Aspectos controvertidos do direito à saúde na Constituição brasileira de 1988*, p. 69.
48. SOUZA CRUZ, Álvaro Ricardo de, *Hermenêutica jurídica e(m) debate*, p. 328.
49. SOUZA CRUZ, Álvaro Ricardo de, *Hermenêutica jurídica e(m) debate*, p. 364.
50. Dentre eles, citamos Luís Roberto Barroso, Ana Paula de Barcellos, Ingo Sarlet, Daniel Sarmento, Ricardo Lobo Torres, Dirley da Cunha Jr., entre outros.
51. RAWLS, John, *Teoria da Justiça*; RAWLS, John, *Liberalismo político*; RAWLS, John, *Justiça como equidade*: uma reformulação.

O Direito moderno está sim sujeito aos argumentos de cunho econômico – principalmente, o argumento essencial à discussão, que afirma a existência de uma ***escassez de bens***[52] –, mas também **não pode virar as costas** para os argumentos morais – como aquele trazido por **Rawls**, no sentido de iguais direitos de liberdade, que parece servir para sustentar uma nova visão do quer seja o ***mínimo existencial***.[53] Assim, como é possível sustentar uma **solução**?

Primeiro, é necessário concordar com **Álvaro Ricardo de Souza Cruz**,[54] no sentido de que fórmulas mágicas não existem! O que devemos buscar é o desenvolvimento de critérios (**pós-convencionais**, pautados em uma reciprocidade de um tratamento isonômico para todos) legítimos quanto à concessão dos pleitos. Por isso, falta na discussão sobre o ***mínimo existencial*** **uma reflexão democrática** – e não individual – de quais critérios, nós, como sociedade, levamos em conta às expectativas de cada um. Aqui, é claro, diz o constitucionalista mineiro,[55] torna-se desarrazoado o argumento econômico de que quem tem mais dinheiro possa custear um tratamento de saúde – como, por exemplo, um transplante.[56]

No estudo da ***reserva do possível***, fica claro, portanto, que o uso de argumento de racionalidade econômica (escassez) desvia o curso e obscurece os **argumentos jurídicos** por que ainda se pautam numa concepção de liberdade (conveniência) do Administrador Público de aplicação dos recursos financeiros públicos. A ausência de um **espaço** capaz de institucionalizar procedimentos de formação da vontade coletiva – à luz de um princípio democrático[57] – acaba por legitimar posturas **paternalistas** e **autoritárias** por parte do **Judiciário brasileiro**, que assume o papel ***taumaturgo*** de decisão – a semelhança de um Poder Moderador, ou de um **Poder Constituinte permanente** –, confundindo fiscalização com usurpação do espaço e espectro de decisões dos **demais** Poderes constituídos.

Para lembrar, mais uma vez Dworkin,[58] fica claro que, no julgamento da ADPF 45 pelo STF, este deixa de adotar uma postura que ***"leve o direito a sério"*** quando adentra numa racionalidade meramente econômica, e não jurídica, sobre a importância dos direitos sociais. Isso porque o **Judiciário** deveria se ater a "argumentos

52. SOUZA CRUZ, Álvaro Ricardo de, *Hermenêutica jurídica e(m) debate*, p. 370.
53. *"[...] podemos vislumbrar a noção de **mínimo existencial** já dentro da argumentação moral, eis que aqui prevalece a perspectiva de reciprocidade de modo a se garantir a todos as condições materiais para que possam participar dos discursos de formação da vontade política na sociedade. Aqui os influxos da economia são afastados, pois sem os mesmos não há bases fundamentais para o funcionamento da democracia. Nesse instante a lógica da 'melhor alocação' de recursos desaparece, eis que toda Sociedade dispõe de um mínimo de recursos que viabilize a existência física/orgânica das pessoas."* (SOUZA CRUZ, Álvaro Ricardo de, *Hermenêutica jurídica e(m) debate*, p. 372).
54. SOUZA CRUZ, Álvaro Ricardo de, *Hermenêutica jurídica e(m) debate*, p. 374.
55. SOUZA CRUZ, Álvaro Ricardo de, *Hermenêutica jurídica e(m) debate*, p. 374.
56. Parece, portanto, clara a seleção de critérios ligados à antiguidade em uma fila de espera pelo transplante ou acerca da gravidade do estado de saúde do paciente como os mais adequados para nortear a questão. SOUZA CRUZ, Álvaro Ricardo de, *Hermenêutica jurídica e(m) debate*, p. 374.
57. HABERMAS, Jürgen, *Facticidad y validez: sobre el derecho y el estado democrático de derecho en términos de teoría del discurso.*
58. DWORKIN, Ronald, *Levando os direitos a sério.*

de princípio", e não há como iniciar uma reflexão sobre as convicções ético-políticas, pois desse modo estariam assumindo uma **falsa superioridade** de conhecimentos em relações aos membros do Executivo e do Legislativo.

Ora, contra tal postura ***"ativista"*** assumida pelo Judiciário não se quer defender um ***"passivismo"*** *(cego e insensível a determinados contextos)*; mas sim deixar claro que sempre haverá uma **finitude dos recursos públicos**, que **não** pode ser desconsiderada. Além disso, os magistrados acabam com suas sentenças ***"heroicas"*** olvidando-se da racionalidade comunicativa (democrática) de suas decisões. Mesmo que o façam tomados pelas **melhores das intenções**, isso não é suficiente se tais decisões carecerem de legitimidade. Apenas a abertura para discussão em espaço institucional próprio – e este, nem de longe, é o Judiciário – a questão pode receber melhores contornos e delineamentos.

5. PRINCÍPIO DA PROIBIÇÃO (VEDAÇÃO) DO RETROCESSO

Outro ponto importante do tema direitos sociais se refere ao que comumente a doutrina nacional, orientada na doutrina europeia, vem intitulando de princípio da proibição do retrocesso.

Sem dúvida alguma, o debate sobre o princípio da proibição do retrocesso ou o **princípio da não reversibilidade dos direitos fundamentais sociais**[59] (também chamado de ***efeito cliquet***[60]) de matriz europeia (presente em debates, sobretudo, na Alemanha, Espanha e Portugal), vem sendo desenvolvido na doutrina pátria por autores como: Ingo Sarlet[61], Lenio Streck, Luís Roberto Barroso, Ana Paula Barcelos, Gilmar Mendes, entre outros. Mas como poderíamos entender e definir esse importante princípio?

Certo é que, para boa parte da doutrina estrangeira e nacional, o **princípio da proibição do retrocesso** ou da ***não reversibilidade dos direitos fundamentais*** sociais deve ser entendido na atualidade como limite material implícito, de forma que os direitos fundamentais sociais já constitucionalmente assegurados e que alcançaram um ***grau* de densidade normativa adequado** não poderão ser suprimidos por emenda constitucional e nem mesmo por legislação infraconstitucional, a não ser que se tenha prestações alternativas para os direitos em questão. Nesses termos,

---

59. QUEIROZ, Cristina. *O princípio da não reversibilidade dos direitos fundamentais sociais:* princípios dogmáticos e prática jurisprudencial. Coimbra: Coimbra Editora, 2006.
60. Essa terminologia é de derivação **francesa** (***effet cliquet***). *A analogia aqui se refere a uma determinada técnica de engenharia mecânica que não permite (obstaculiza) a reversão de um processo quando foi ultrapassado determinado estágio do mesmo. Sendo assim, não haveria a possibilidade, após atingido determinado ponto, de retroceder a estágios anteriores. É interessante assinalarmos, que na França, a jurisprudência do Conselho Constitucional afirma que o princípio da proibição do retrocesso se aplica, até mesmo, no que tange aos direitos de liberdade. Sendo assim, afirma o Conselho Constitucional que não é possível a revogação total de uma Lei que protege liberdades fundamentais, sem que haja a substituição da mesma por outra que apresente garantias dotadas de efetividade semelhante ou equivalente. In*: Marmelstein, George. *Curso de Direitos Fundamentais*, 2008.
61. **SARLET**, Ingo. *A Eficácia dos Direitos Fundamentais*, 8ª Edição, 2007.

certo é que o princípio **da proibição do retrocesso** (em uma versão "ampla") possui conteúdos **negativo e positivo.**

O **conteúdo negativo**, que para a doutrina majoritária ainda **prevalece** sobre o conteúdo positivo (*vide* o clássico conceito de proibição do retrocesso usado pela maioria dos doutrinadores), refere-se à imposição ao legislador de, ao elaborar os atos normativos, respeitar a não supressão ou a não redução do grau de densidade normativa que os direitos fundamentais sociais já tenham alcançado por meio da normatividade constitucional e infraconstitucional, salvo, como afirma Canotilho[62], se forem desenvolvidas prestações alternativas para de forma supletiva resguardarem direitos sociais já consolidados.

Já o **conteúdo positivo** encontra-se no dever dos Poderes Públicos de implementação dos direitos sociais através de efetiva concretização dos direitos fundamentais sociais, para a constante redução das desigualdades fático-sociais.[63] Aqui, diga-se, não se trata de mera manutenção do ***status quo***, mas, conforme a doutrina mais avançada, de imposição da obrigação de avanço social.

Assim sendo, temos que "o princípio da proibição do retrocesso" não deve e nem pode ser visto como um **impedimento** para modificações (legislativas) no âmbito dos direitos fundamentais,[64] porém a revogação de normas que disciplinam direitos fundamentais sociais deve ser acompanhada de medidas alternativas que tenham a capacidade de compensar as eventuais perdas. Além disso, os Poderes Públicos devem recorrentemente buscar a concretização de direitos fundamentais sociais.[65]

Por último, também temos divergência na doutrina sobre o alcance do princípio da vedação do retrocesso, pois alguns autores:

(1) Entendem que só seriam **garantidos** pela Vedação do Retrocesso os **direitos fundamentais sociais** que envolvessem o núcleo essencial (conteúdo essencial) dos direitos fundamentais. Adotando esse posicionamento, temos: Felipe Derbi (2010) **e** Rodrigo Brandão (2010).

(2) Outros entendem que seriam **garantidos** pela Vedação do Retrocesso todos os direitos fundamentais incluindo até mesmo os direitos ambientais. Essa posição **ampliada**, é a atualmente adotada pelo professor **Ingo Sarlet.**

(3) Outros entendem (em corrente extremamente minoritária) que **a garantia da** Vedação do Retrocesso incluiria **todas as normas constitucionais.**[66]

---

62. CANOTILHO, J.J. Gomes. *Direito Constitucional e Teoria da Constituição*, p. 477, 2003. Como exemplo do princípio da proibição do retrocesso, citamos o acórdão 39/84 do Tribunal Constitucional Português.
63. Sobre as críticas a essa perspectiva, ver: DERBI, Felipe. *A Aplicabilidade do princípio da Proibição do retrocesso Social no Direito Brasileiro*, p. 342-382, 2010.
64. Marmelstein, George. *Curso de Direitos Fundamentais*, 2008.
65. Certo é que, o art. 1, III da CR/88 **(Dignidade da Pessoa Humana)** conjugado com art. 3º da CR/88 **(objetivos da República Federativa do Brasil)** devem ser levados em consideração para a aplicação do **princípio da proibição do retrocesso.**
66. Na doutrina: *Felipe Derbi* **(2010) e** *Rodrigo Brandão* **(2010) (2); Ingo Sarlet**, *A Eficácia dos Direitos Fundamentais*, 8ª Edição, p.454, 2007; MENDONÇA, José Vicente dos Santos, *Vedação do Retrocesso o que é e como perder o medo*, 2003.

Independentemente da corrente doutrinária adotada sobre o tema, certo é que o STF já se manifestou pela vedação (proibição) do retrocesso socioambiental (princípio da vedação do retrocesso ambiental). Já decidiu o STF, que é inconstitucional a revogação de Resolução do Conama que protegia o meio ambiente sem que ela seja substituída ou atualizada por outra que também garanta proteção.[67]

Afirmou o STF, que o direito ao meio ambiente ecologicamente equilibrado se configura como direito fundamental da pessoa humana. A mera revogação de normas operacionais fixadoras de parâmetros mensuráveis necessários ao cumprimento da legislação ambiental, sem sua substituição ou atualização, aparenta comprometer a observância da Constituição Federal, da legislação vigente e de compromissos internacionais.

Em análise de Medidas cautelares em ADPFs afirmou o STF, que em juízo de delibação, ocorreu aparente estado de anomia e de descontrole regulatório, a configurar material retrocesso no tocante à satisfação do dever de proteger e preservar o equilíbrio do meio ambiente, incompatível com a ordem constitucional e o princípio da precaução. Portanto, demonstrado o *fumus boni juris*. Noutro passo, o *periculum in mora* estaria evidenciado pelo elevado risco de degradação de ecossistemas essenciais à preservação da vida sadia, comprometimento da integridade de processos ecológicos essenciais e perda de biodiversidade, caso o ato normativo impugnado produza efeitos.

No recente caso, o Plenário do STF referendou as medidas cautelares concedidas em arguições de descumprimento de preceito fundamental, para suspender, até o julgamento de mérito da ação, os efeitos da Resolução Conama 500/2020, com a imediata restauração da vigência e eficácia das Resoluções Conama 284/2001, 302/2002 e 303/2002.[68]

67. ADPF 747 MC-Ref/DF, ADPF 748 MC-Ref/DF e ADPF 749 MC-Ref/DF, STF. Plenário. Rel. Min. Rosa Weber, julg em 27.11.2020 (Inf. 1000).

68. ADPF 747 MC-Ref/DF, ADPF 748 MC-Ref/DF e ADPF 749 MC-Ref/DF, STF. Plenário. Rel. Min. Rosa Weber, julg em 27.11.2020. Conforme a Doutrina, um dos principais fundamentos para deferir a medida cautelar foi o ***princípio da proibição de retrocesso ambiental***. Sobre o tema, vale a pena transcrever a lição do Ministro do STJ Herman Benjamin: *"É seguro afirmar que a proibição de retrocesso, apesar de não se encontrar, com nome e sobrenome, consagrada na nossa Constituição, nem em normas infraconstitucionais, e não obstante sua relativa imprecisão – compreensível em institutos de formulação recente e ainda em pleno processo de consolidação –, transformou-se em princípio geral do Direito Ambiental, a ser invocado na avaliação da legitimidade de iniciativas legislativas destinadas a reduzir o patamar de tutela legal do meio ambiente, mormente naquilo que afete em particular a) processos ecológicos essenciais, b) ecossistemas frágeis ou à beira de colapso, e c) espécies ameaçadas de extinção. (...) Violações ao princípio da proibição de retrocesso se manifestam de várias maneiras. A mais óbvia é a redução do grau de salvaguarda jurídica ou da superfície de uma área protegida (Parque Nacional, p. ex.); outra, menos perceptível e por isso mais insidiosa, é o esvaziamento ou enfraquecimento das normas de previsão de direitos e obrigações ou, por outro lado, os instrumentos de atuação do Direito Ambiental (Estudo Prévio de Impacto Ambiental, Áreas de Proteção Permanente, Reserva Legal, responsabilidade civil objetiva, p. ex.)."* BENJAMIN, Antonio Herman. Princípio da Proibição de Retrocesso Ambiental In Princípio da Proibição de Retrocesso Ambiental. Brasília: Senado Federal, 2012. Aqui também, conforme Leonardo Garcia e Romeu Tomé: *"Uma vez dotado o direito ao meio ambiente ecologicamente equilibrado de status de direito fundamental, as garantias de proteção ambiental já conquistadas não podem retroagir. É inadmissível o recuo da salvaguarda ambiental para níveis de proteção inferiores aos já consagrados, a não ser que as circunstâncias de fato sejam significativamente alteradas. A expressão efeito cliquet é francesa e se origina da prática de alpinismo. Define um movimento que só permite*

6. CLASSIFICAÇÃO DOS DIREITOS SOCIAIS

É corrente para a classificação dos **direitos sociais** o uso da perspectiva de entendê-los tradicionalmente como direitos econômicos, sociais e culturais.[69] Em uma análise descritiva ampliada, em seu curso, José Afonso da Silva[70] apresenta uma classificação dos direitos sociais positivados pela Constituição de 1988[71] em seis agrupamentos: a) direitos sociais relativos ao trabalho; b) direitos sociais relativos à seguridade (compreendendo aqui os direitos à saúde, à previdência e assistência social); c) direitos sociais relativos à educação e à cultura; d) direitos sociais relativos à moradia; e) direitos sociais relativos à família, criança, adolescente, jovem[72] e ao idoso; f) direitos sociais relativos (relacionados) ao meio ambiente.

Ressaltamos que essa classificação não é exaustiva e é meramente didática. Nesses termos, ela será utilizada apenas para que possamos sistematizar o tema e discorrer sobre os direitos sociais.

Além disso, essa conjunção de direitos trabalhada na classificação, em virtude de seu aspecto formal, poderia ser ampliada, em razão da **Emenda Constitucional nº 64/2010** que positivou o ***direito social à alimentação*** no art. 6 da nossa atual Constituição. Aliás, aqui uma crítica: como se a alimentação não fosse (mesmo antes dessa emenda constitucional) um **direito social básico** atrelado a **dignidade da pessoa humana**. Como trabalhar a perspectiva de uma vida digna sem que o indivíduo tenha condições mínimas de subsistência alimentar? Obviamente, saúde, educação, cultura ou mesmo direitos sociais da família, da criança, do adolescente, do jovem e do idoso[73] não poderiam ser desenvolvidos e concretizados sem o (novo?) direito social da alimentação.

É interessante que mesmo antes da EC nº 64/2010 a legislação infraconstitucional já continha dispositivos normativos sobre o tema da alimentação.

Nesses termos, a **Lei nº 11.346/2006** criou o Sistema Nacional de Segurança Alimentar e Nutricional – SISAN com vistas em assegurar o direito humano à alimentação adequada.

---

que o alpinista siga para cima, ou seja, suba. O princípio da vedação do retrocesso ecológico, também conhecido por efeito cliquet ambiental, tem por escopo obstar medidas legislativas e executivas que implementem um efeito cliquet (na concepção jurídica esse termo francês assume acepção de 'não retrocesso') ou um efeito catraca, em relação ao direito ambiental. Não se pode, por exemplo, revogar uma lei que proteja o meio ambiente sem, no mínimo, substituí-la por outra que ofereça garantias com eficácia similar." GARCIA, Leonardo; TOMÉ, Romeu. Direito Ambiental. Salvador: Juspodivm, 2020, p. 69. In: *Dizer o Direito*, Informativo 1000.

69. COURTIS, Christian, *Critérios de Justiciabilidade dos Direitos Econômicos, Sociais e Culturais: Uma Breve Exploração*, p.487-513, 2010. CANOTILHO GOMES J.J *Estudos sobre Direitos Fundamentais*, 2004.
70. SILVA, José Afonso da, *Curso de direito constitucional positivo*, 25 ed., p. 287.
71. Art. 6º. São direitos sociais a educação, a saúde, a alimentação, o trabalho, a moradia, *o transporte*, o lazer, a segurança, a previdência social, a proteção à maternidade e à infância, a assistência aos desamparados, na forma dessa Constituição.
72. Nos termos da **Emenda Constitucional nº 65** de **13 de julho de 2010**.
73. Sobre a **família** o **art. 227 da CR/88** (com redação dada pela **EC nº 65/2010**) afirma que: *É dever da família, da sociedade e do Estado assegurar à criança, ao adolescente e ao jovem, com absoluta prioridade, o direito à vida, à saúde,* ***à alimentação****, à educação, ao lazer, à profissionalização, à cultura, à dignidade, ao respeito, à liberdade e à convivência familiar e comunitária, além de colocá-los a salvo de toda forma de negligência, discriminação, exploração, violência, crueldade e opressão.*

Assim sendo, o art. 1º afirma que a Lei nº 11.346 *estabelece as definições, princípios, diretrizes, objetivos e composição do Sistema Nacional de Segurança Alimentar e Nutricional – SISAN, por meio do qual o poder público, com a participação da sociedade civil organizada, formulará e implementará políticas, planos, programas e ações com vistas em assegurar o direito humano à alimentação adequada.*

Já o art. 2º determinou que *a alimentação adequada é direito fundamental do ser humano, inerente à dignidade da pessoa humana e indispensável à realização dos direitos consagrados na Constituição Federal, devendo o poder público adotar as políticas e ações que se façam necessárias para promover e garantir a segurança alimentar e nutricional da população.* Em seu § 1º temos que a adoção *dessas políticas e ações deverá levar em conta as dimensões ambientais, culturais, econômicas, regionais e sociais.*

A Lei nº 11.346/2006 traz ainda no seu art. 4º que *a segurança alimentar e nutricional abrange:* I - a ampliação das condições de acesso aos alimentos por meio da produção, em especial da agricultura tradicional e familiar, do processamento, da industrialização, da comercialização, incluindo-se os acordos internacionais, do abastecimento e da distribuição de alimentos, incluindo-se a água, bem como das medidas que mitiguem o risco de escassez de água potável, da geração de emprego e da redistribuição da renda; (Redação dada pela Lei nº 13.839, de 2019) II – a conservação da biodiversidade e a utilização sustentável dos recursos; III – a promoção da saúde, da nutrição e da alimentação da população, incluindo-se grupos populacionais específicos e populações em situação de vulnerabilidade social; IV – a garantia da qualidade biológica, sanitária, nutricional e tecnológica dos alimentos, bem como seu aproveitamento, estimulando práticas alimentares e estilos de vida saudáveis que respeitem a diversidade étnica e racial e cultural da população; V – a produção de conhecimento e o acesso à informação; e VI – a implementação de políticas públicas e estratégias sustentáveis e participativas de produção, comercialização e consumo de alimentos, respeitando-se as múltiplas características culturais do País. VII - a formação de estoques reguladores e estratégicos de alimentos. (Incluído pela Lei nº 13.839, de 2019)

Na sequência, é importante registrarmos, que essa ampliação constitucional do **art. 6º da CR/88** (dos *direitos sociais*), também está adstrita à **Emenda Constitucional nº 90/2015.** Ou seja, após **a EC nº 64/2010** temos **a EC nº 90/2015.** Conforme essa, temos a constitucionalização do ***direito social*** ao transporte.

Certo é que essa Emenda Constitucional foi aprovada tendo como motivo a concepção de que a qualidade do transporte público tem influência direta em outros aspectos da vida dos cidadãos. Portanto, o fundamento reside na assertiva de que a falta de transporte adequado prejudica o desenvolvimento da educação, saúde, trabalho, alimentação e até mesmo do lazer da população.

Com isso, faz-se necessário que o poder público, bem como as concessionárias desse serviço (de transporte) tenham um olhar mais atento a essa necessidade vital básica para quem mora, por exemplo, nas periferias das grandes cidades, ou nas cidades do interior em que, também a título de exemplo, escolas e hospitais são de difícil acesso, sobretudo para as parcelas mais pobres da população.

7. DIREITOS SOCIAIS DO TRABALHADOR

Sob esse título, a Constituição procurou agrupar um conjunto de direitos voltados, primeiro, à ***proteção e segurança da garantia de emprego***: relação de emprego protegida contra despedida arbitrária ou sem justa causa, nos termos de lei complementar, que preverá indenização compensatória, dentre outros direitos; seguro-desemprego, em caso de desemprego involuntário; fundo de garantia do tempo de serviço[74]; e aviso prévio proporcional ao tempo de serviço, sendo no mínimo de trinta dias, nos termos da lei.

Outro agrupamento de direitos está, por sua vez, ligado à ***proteção ao salário do trabalhador***: salário-mínimo, fixado em lei[75], nacionalmente unificado, capaz de atender às suas necessidades vitais básicas e às de sua família, como moradia, alimentação,

---

74. O FGTS foi criado pela Lei n.º 5.107/66 com o objetivo de proteger o trabalhador demitido sem justa causa. Atualmente, o FGTS é regido pela Lei n.º 8.036/90. O FGTS se apresenta como uma conta bancária, aberta em nome do trabalhador e vinculada a ele no momento em que celebra seu primeiro contrato de trabalho. Nessa conta bancária, o empregador deposita, todos os meses, o valor equivalente a 8% do salário pago ao empregado, acrescido de atualização monetária e juros. Com isso, vai sendo formado um fundo de reserva financeira para o trabalhador, ou seja, uma espécie de "poupança", que é utilizada pelo obreiro quando fica desempregado sem justa causa ou quando precisa para alguma finalidade relevante assim considerada pela lei. Se o empregado for demitido sem justa causa, o empregador é obrigado a depositar, na conta vinculada do trabalhador no FGTS, uma indenização compensatória de 40% do montante de todos os depósitos realizados na conta vinculada durante a vigência do contrato de trabalho, atualizados monetariamente e acrescidos dos respectivos juros (art. 18, § 1º da Lei n.º 8.036/90). O trabalhador que possui conta do FGTS vinculada a seu nome é chamado de trabalhador participante do FGTS. O STF no ARE 709.212/DF (com Repercussão Geral) julgado em 13.11.2014 decidiu que: *O prazo prescricional para a cobrança judicial dos valores devidos relativos ao FGTS é de 5 anos. O fundamento foi que a verba de FGTS tem natureza trabalhista, devendo ser aplicado o art. 7º, XXIX, da CR/88 (regra expressa na CR/88 que determina que o prazo prescricional de 5 anos para cobrança de verbas trabalhistas)*. E, segundo o STF, como o FGTS se enquadra nessa natureza jurídica, não há motivo para se aplicar o prazo de 30 anos. É importante deixar claro que antes, entendia-se, de forma consolidada (Vide: *Súmula 362 do TST: É trintenária a prescrição do direito de reclamar contra o não-recolhimento da contribuição para o FGTS, observado o prazo de 2 (dois) anos após o término do contrato de trabalho)*, que esse prazo era de 30 anos. Nesses termos, o art. 23, § 5º, da Lei 8.036/90 e o art. 55 do Decreto 99.684/90, que previam o prazo prescricional de 30 anos, foram julgados **inconstitucionais**. Nesse sentido, *como houve uma mudança de impacto na jurisprudência, o STF, por razões de segurança jurídica, modulou os efeitos desta decisão*. Assim, *o novo prazo prescricional de 5 anos somente vale a partir deste julgado do Supremo*. Rel. Min. Gilmar Mendes. Dessa forma, o STF decidiu que: **a)** para aqueles casos cujo termo inicial da prescrição – ou seja, a ausência de depósito no FGTS – ocorrer após a data do julgamento da ARE 709212/DF, aplica-se, desde logo, o prazo de 5 anos; **b)** Por outro lado, para os casos em que o prazo prescricional já estava em curso antes do julgamento da ARE 709212/DF, aplica-se o que ocorrer primeiro: 30 anos, contados do termo inicial, ou 5 anos, a partir do julg. da **ARE 709212/DF**. Ver também: **RE 522897/RN**, Rel. Min. Gilmar Mendes, julg. em **16.03.2017** (Informativo 857 do STF).

75. Porém, conforme o STF: *Por reputar observado o* ***princípio da reserva de lei*** *para a* ***fixação do salário mínimo*** (CF: *"Art. 7º São direitos dos trabalhadores urbanos e rurais, além de outros que visem à melhoria de sua condição social IV – salário mínimo, fixado em lei, nacionalmente unificado, capaz de atender às suas necessidades vitais básicas (...) o Plenário, em votação majoritária,* ***julgou improcedente pedido formulado em ação direta de inconstitucionalidade****, proposta pelo Partido Popular Socialista – PPS, pelo Partido da Social Democracia Brasileira – PSDB e pelo Democratas – DEM, contra o art. 3º da Lei 12.382/2011 ("Art. 3º Os reajustes e aumentos fixados na forma do art. 2º serão estabelecidos pelo Poder Executivo, por meio de* ***decreto****, nos termos desta Lei. Parágrafo único. O* ***decreto*** *do Poder Executivo a que se refere o caput divulgará a cada ano os valores mensal, diário e horário do salário mínimo*

educação, saúde, lazer, vestuário, higiene, transporte e previdência social, com reajustes periódicos que lhe preservem o poder aquisitivo, sendo vedada sua vinculação para qualquer fim; piso salarial proporcional à extensão e à complexidade do trabalho[76]; irredutibilidade do salário, salvo o disposto em convenção ou acordo coletivo; garantia de salário, nunca inferior ao mínimo, para os que recebem remuneração variável;[77] 13º salário com base na remuneração integral ou no valor da aposentadoria; remuneração do trabalho noturno superior à do diurno; proteção do salário na forma da lei, constituindo crime sua retenção dolosa; salário-família pago em razão do dependente do trabalhador de baixa renda nos termos da lei[78]; e adicional de remuneração para as atividades penosas, insalubres ou perigosas, na forma da lei.

Aqui é interessante obervar que a Emenda Constitucional nº 20/98 ampliou a proibição do trabalho infantil ao elevar de 14 para 16 anos a idade mínima permitida para o trabalho. Para o STF, na ADI 2096, essa alteração é constitucional e teve por objetivo proteger as crianças e adolescentes.

No caso, a Confederação Nacional dos Trabalhadores na Indústria ajuizou ADI contra a mudança feita pela EC nº 20/98 no inciso XXXIII do art. 7º da CR/88.

A autora argumentou que a EC nº 20/98, ao vedar o acesso dos menores de 16 anos ao mercado de trabalho violou o direito fundamental dos adolescentes ao trabalho e que isso, por ser direito fundamental, é uma cláusula pétrea que não poderia ser abolido nem mesmo por emenda constitucional (art. 60, § 4º, IV, da CF/88).

Também segundo a Confederação, a atividade laboral dos adolescentes menores de 16 anos mostra-se imprescindível à sobrevivência e ao sustento do próprio trabalhador infantil e de sua família, motivo pelo qual "é melhor manter o emprego do que ver passando fome o próprio menor e, não raras vezes, a sua família".

Decidiu o STF, que a norma fundada no art. 7º, XXXIII, da Constituição Federal, na alteração que lhe deu a Emenda Constitucional 20/1998, tem plena validade

---

decorrentes do disposto neste artigo, correspondendo o valor diário a um trinta avos e o valor horário a um duzentos e vinte avos do valor mensal"). (**ADI 4568/DF**, rel. Min. Cármen Lúcia, **03.11.2011**).

76. Aqui, é interessante trazer o voto do Ministro Gilmar Mendes na decisão da **ADPF 151** em sede de Medida Cautelar, presente no informativo 614 do STF: *(...) o salário mínimo, nos termos do art. 7º, IV, da CF, haveria de ter valor único, já que as necessidades vitais básicas do trabalhador e de sua família não variariam de acordo com a região do país, não sendo possível, assim, que cada Estado-membro o fixasse por lei própria. Por outro lado, em relação ao piso salarial, o inciso V desse mesmo dispositivo constitucional, ao se referir à respectiva extensão e complexidade, agasalharia a consideração do próprio trabalho desenvolvido. Asseverou que a União, partindo dessa premissa, teria editado a Lei Complementar 103/2000, que autorizou os Estados e o Distrito Federal a instituir, por meio de lei de iniciativa do Poder Executivo, piso salarial para os empregados que não o tivessem definido em lei federal, convenção ou acordo coletivo de trabalho.* **ADPF 151 MC/DF** em 02.02.2011.

77. A preocupação constitucional, aqui, deve-se destacar, não é regulação completa e final dos direitos trabalhistas, visto que a matéria escapa ao âmbito de regulação, mas sim de demarcar condições mínimas, voltada para a proteção de uma isonomia material entre trabalhadores. SILVA, José Afonso da, p. 293-294.

78. *O requisito de baixa renda instituído para o salário-família pela EC 20/98 não se aplica para quem, na data da publicação da Emenda, já estava em gozo do benefício. Assim sendo: A alteração de regência constitucional do salário-família não repercute nas relações jurídicas existentes na data em que promulgada a Emenda Constitucional nº 20/1998.* Plenário. **RE 657989**, Rel. Marco Aurélio, julg em **16.06.2020**.

constitucional. Logo, é vedado "qualquer trabalho a menores de dezesseis anos, salvo na condição de aprendiz, a partir de quatorze anos".[79]

Para o STF, atendendo às diretrizes de caráter protetivo fundadas no art. 227, a EC 20/1998 modificou os critérios etários que definem a idade mínima para o regular início de atividades laborais. No desempenho de seu poder reformador, o Congresso Nacional proibiu a exploração de natureza estritamente econômica do trabalho infantil. As sequelas físicas, emocionais e sociais infligidas à criança e ao adolescente em decorrência da exploração do trabalho infantil, justificam a proteção especial e prioritária destinada a esse grupo vulnerável.[80]

A elevação da idade mínima para o trabalho do adolescente promovida pela EC 20/1998, além estar em plena conformidade com os princípios e diretrizes que orientam a doutrina da proteção integral — diretriz estruturante da CF de 1988 (art. 227) — acha-se, ainda, em harmonia com os objetivos e os postulados fundamentais da República (CF, art. 3º, IV) e com os princípios básicos extraídos da ordem jurídica internacional.[81]

Ademais, afirmou o STF, que a cláusula que proíbe o retrocesso em matéria social traduz, no processo de sua concretização, verdadeira dimensão negativa pertinente aos direitos sociais, impedindo, em consequência, que os níveis de concretização dessas prerrogativas, uma vez atingidos, venham a ser reduzidos, degradados ou suprimidos.

Na sequência, é importante ressaltar também, que a nossa Constituição de 1988, proíbe que o ***salário mínimo seja utilizado como referência para outras finalidades que*** *não sejam a remuneração do trabalho.* Portanto, é proibido que o preço de bens, serviços ou benefícios sejam fixados com base no salário mínimo.

O objetivo dessa proibição é evitar que o salário mínimo se torne um "*indexador econômico*" (um verdadeiro índice de reajuste).[82] Assim sendo, é importante

79. **ADI 2096/DF**, STF. Plenário. Rel. Min. Celso de Mello, julgado em **09.10.2020** (Informativo 994).
80. **ADI 2096/DF**, STF. Plenário. Rel. Min. Celso de Mello, julgado em **09.10.2020** (Informativo 994).
81. **ADI 2096/DF**, STF. Plenário. Rel. Min. Celso de Mello, julgado em **09.10.2020** (Informativo 994).
82. Se a CR/88 permitisse que o salário mínimo pudesse servir como indexador econômico, o valor e o preço de vários benefícios, produtos e serviços seriam fixados em salário mínimo (Exemplo: um contrato que o valor do aluguel seria de 3 salários mínimos, de forma que todas as vezes que ele aumentasse, o valor pago também seria majorado). Exemplo interessante envolveu a decisão da ADI nº 4726/AP. No caso, o *Estado do Amapá criou um benefício assistencial e previu que seu valor seria o do salário mínimo vigente. Ou seja, estabeleceu um benefício que teria como base o salário mínimo.* Essa Lei foi objeto da **ADI 4726** por ferir o art. 7, IV da CR/88. *O STF deu interpretação conforme a Constituição à lei decidindo que a referência ao salário mínimo contida na lei seja considerada apenas como um valor certo que vigorava na data da edição da lei. Portanto, o benefício continuaria válido, mas deveria passar a ser corrigido nos anos seguintes ao da edição da Lei por meio de índice econômico diverso. Ementa: "(...) A referência ao salário mínimo contida na norma de regência do benefício há de ser considerada como a fixar, na data da edição da lei, certo valor, passando a ser corrigido segundo fator diverso do mencionado salário (...)."* **ADI 4726**, Rel. Min. Marco Aurélio, julg. em **11.02.2015**. No mesmo sentido, decidiu o STF no Informativo 929 que: *Não há vedação para a fixação de piso salarial em múltiplos do salário mínimo, desde que inexistam reajustes automáticos. Isso não configura afronta ao art. 7º, IV, da CF/88 nem à SV 4. STF*. 1ª Turma. RE 1077813 AgR/PR, Rel. Min. Marco Aurélio, julg em 05.02.2019. Ver também: STF. 2ª Turma. ARE 1110094 AgR, Rel. Min. Ricardo Lewandowski, julg. em 29.06.2018. No mesmo sentido é a **OJ 71**, da **SBDI-2 do TST**: *"A estipulação do salário profissional em múltiplos*

observarmos também a Súmula Vinculante nº 4 do STF, que afirma que: *Salvo os casos previstos na Constituição, o salário mínimo não pode ser usado como indexador de base de cálculo de vantagem de servidor público ou de empregado, nem ser substituído por decisão judicial.*

Aqui é interessante que em 2011, o Estado do Amapá editou uma Lei prevendo o pagamento de um benefício assistencial no valor de metade do salário mínimo às famílias que se encontrassem em situação de pobreza e extrema pobreza, consoante critérios de enquadramento nela definidos. Essa Lei foi objeto de ADI 4726 sob o fundamento que ela contrariou o art. 7º, IV, da CR/88, já que criou uma vinculação entre o valor do benefício e o salário-mínimo.

Pois bem, o STF conferiu interpretação conforme a Constituição a Lei. Assim sendo, o Pretório Excelso determinou que a referência ao salário mínimo contida na lei estadual seja considerada como um valor certo que vigorava na data da edição da lei, passando a ser corrigido nos anos seguintes por meio de índice econômico diverso. Com isso, o benefício continua existindo e será necessário ao governo do Amapá apenas reajustar esse valor por meio de índices econômicos.[83]

A Constituição de 1988 ainda se preocupou em ***proteger o trabalhador***[84] através de normas sobre: proteção do mercado de trabalho da mulher, mediante incentivos específicos, nos termos da lei; redução dos riscos inerentes ao trabalho, por meio de normas de saúde, higiene e segurança; seguro contra acidentes de trabalho, a cargo do empregador, sem excluir a indenização a que este está obrigado, quando incorrer em dolo ou culpa; proibição de trabalho noturno, perigoso ou insalubre a menores de dezoito e de qualquer trabalho a menores de dezesseis anos, salvo na condição de aprendiz, a partir de quatorze anos.

Aqui é interessante que a Constituição de 1988 no art.7º, XXIII proibiu o trabalho insalubre[85] para os menores de 18 anos, mas não fez referência a essa proibi-

---

do salário mínimo não afronta o art. 7º, inciso IV, da Constituição Federal de 1988, só incorrendo em vulneração do referido preceito constitucional a fixação de correção automática do salário pelo reajuste do salário mínimo."

83. **ADI 4726/AP**, STF. Plenário. Rel. Min. Marco Aurélio, julgado em **10.11.2020** (Informativo 998).

84. Conforme o STF, no **INQ nº3412**: *"Para configuração do crime do art. 149 do Código Penal, não é necessário que se prove a coação física da liberdade de ir e vir ou mesmo o cerceamento da liberdade de locomoção, bastando a submissão da vítima "a trabalhos forçados ou a jornada exaustiva" ou "a condições degradantes de trabalho", condutas alternativas previstas no tipo penal. A "escravidão moderna" é mais sutil do que a do século XIX e o cerceamento da liberdade pode decorrer de diversos constrangimentos econômicos e não necessariamente físicos. Priva-se alguém de sua liberdade e de sua dignidade tratando-o como coisa e não como pessoa humana, o que pode ser feito não só mediante coação, mas também pela violação intensa e persistente de seus direitos básicos, inclusive do direito ao trabalho digno. A violação do direito ao trabalho digno impacta a capacidade da vítima de realizar escolhas segundo a sua livre determinação. Isso também significa "reduzir alguém a condição análoga à de escravo". Não é qualquer violação dos direitos trabalhistas que configura trabalho escravo. Se a violação aos direitos do trabalho é intensa e persistente, se atinge níveis gritantes e se os trabalhadores são submetidos a trabalhos forçados, jornadas exaustivas ou a condições degradantes de trabalho, é possível, em tese, o enquadramento no crime do art. 149 do CP, pois os trabalhadores estão recebendo o tratamento análogo ao de escravos, sendo privados de sua liberdade e de sua dignidade".* (Informativo 660 do STF)

85. Segundo o art. 189 da CLT, são consideradas atividades ou operações insalubres aquelas que... - por sua natureza, condições ou métodos de trabalho - exponham os empregados a agentes nocivos à saúde, - acima dos limites de

ção para as ***gestantes*** e ***lactantes***. Ou seja, não existe no texto constitucional um dispositivo, como o art. 7º, XXXIII da CR/88, proibindo textualmente que ***empregadas grávidas*** ou ***lactantes*** possam trabalhar em atividades insalubres.

Em 2016, foi editada a Lei nº 13.287/2016, que inseriu o art. 394-A na CLT proibindo que a empregada gestante ou lactante exerça trabalho insalubre. Porém, um ano depois, foi publicada a Lei nº 13.467/2017 (conhecida como Reforma Trabalhista), que alterou a redação do art. 394-A e permitiu expressamente que empregadas grávidas ou lactantes pudessem trabalhar em atividades insalubres, desde que cumpridos alguns requisitos e precauções.

O art. 394-A, nos termos da Lei 13.467/2017 afirmou que, *sem prejuízo de sua remuneração, nesta incluído o valor do adicional de insalubridade, a empregada deverá ser afastada de: I - atividades consideradas insalubres em grau máximo, enquanto durar a gestação; II - atividades consideradas insalubres em grau médio ou mínimo, quando apresentar atestado de saúde, emitido por médico de confiança da mulher, que recomende o afastamento durante a gestação; III - atividades consideradas insalubres em qualquer grau, quando apresentar atestado de saúde, emitido por médico de confiança da mulher, que recomende o afastamento durante a lactação.*

Contra essa norma insurgiu a Confederação Nacional dos Trabalhadores Metalúrgicos. Ela ajuizou ADI contra esse art. 394-A da CLT, com redação dada pela Lei nº 13.467/2017, alegando que essa permissão para o trabalho insalubre seria inconstitucional por violar a proteção que a Constituição Federal atribui à maternidade, à gestação, à saúde, à mulher, ao nascituro, aos recém-nascidos, ao trabalho e ao meio ambiente do trabalho equilibrado.

O STF julgou a ADI 5938 procedente e declarou a *inconstitucionalidade* da expressão ***"quando apresentar atestado de saúde, emitido por médico de confiança da mulher, que recomende o afastamento"***, contida nos incisos II e III do art. 394-A da CLT, inseridos pelo art. 1º da Lei nº 13.467/2017, citados acima.[86]

O colegiado registrou que, na redação anterior, o preceito estabelecia que a empregada gestante ou lactante seria afastada, enquanto durasse a gestação e a lactação, de quaisquer atividades, operações ou locais insalubres e deveria

tolerância - fixados em razão da natureza e da intensidade do agente e do tempo de exposição aos seus efeitos. Compete ao Ministério do Trabalho (atualmente, Secretaria do Trabalho vinculada ao Ministério da Economia) aprovar o quadro das atividades e operações insalubres e adotar normas sobre os critérios de caracterização da insalubridade, os limites de tolerância aos agentes agressivos, meios de proteção e o tempo máximo de exposição do empregado a esses agentes (art. 190 da CLT) O empregado que presta serviços em atividades insalubres (ou seja, acima dos limites de tolerância estabelecidos pela Secretaria do Trabalho) tem direito de receber um valor a mais (além do salário normal), chamado de "adicional de insalubridade. O valor do adicional irá variar de acordo com o grau de insalubridade: insalubridade em grau máximo: adicional de 40%; insalubridade em grau médio: adicional de 20%; insalubridade em grau mínimo: adicional de 10%. Esses percentuais (40%, 20% e 10%) são calculados sobre o salário-mínimo. Assim, por exemplo, se uma pessoa exerce um trabalho com insalubridade em grau máximo, receberá um adicional de 40% sobre o salário-mínimo (art. 192 da CLT).

86. **ADI 5938/DF**, STF. Plenário. Rel. Min. Alexandre de Moraes, julgado em **29.05.2019** (Info 942).

exercer suas atividades em local salubre. Com a alteração implementada pela Lei 13.467/2017, que promoveu a "Reforma Trabalhista" de 2017, o art. 394-A passou a permitir que a mulher gestante continuasse a realizar suas atividades mesmo em condições insalubres em grau mínimo ou médio. Ainda mais grave, no caso da lactação, que ela permanecesse a desempenhá-las inclusive em grau máximo de insalubridade. Ademais, criou o ônus à gestante ou à lactante da apresentação de atestado de saúde, emitido por médico de sua confiança, que certificasse a necessidade do afastamento. Essa mudança trouxe a exposição dessas trabalhadoras a atividades insalubres.[87]

Assim sendo, o STF assinalou que a Constituição proclama, no caput do art. 6º, a proteção à maternidade como direito social, ligado à dignidade da pessoa humana. Essa proteção é a *ratio* para inúmeros outros direitos sociais instrumentais, como a licença-gestante, o direito à segurança no emprego, que compreende a tutela da relação de emprego contra dispensa arbitrária sem justa causa da gestante, e, nos termos do art. 7º, a proteção do mercado de trabalho da mulher, mediante incentivos específicos (inciso XX), e a redução dos riscos inerentes ao trabalho, por meio de normas de saúde, higiene e segurança (inciso XXII).[88]

Sob essa ótica, a *proteção da mulher grávida ou lactante* contra o ***trabalho insalubre*** caracteriza-se como importante ***direito social instrumental protetivo*** tanto da ***mulher quanto da criança***. Trata-se de ***normas de salvaguarda dos direitos sociais da mulher*** e *de efetivação* ***de integral proteção ao recém-nascido***, possibilitando sua convivência com a mãe, nos primeiros meses de vida, de maneira harmônica e segura, sem os perigos de um ambiente insalubre. A imprescindibilidade da máxima eficácia desse direito social também decorre da absoluta prioridade que o art. 227 do texto constitucional estabelece à integral proteção à criança, inclusive ao nascituro e ao recém-nascido lactente.[89]

Para o STF, há, na hipótese, direito de ***dupla titularidade***. A proteção à maternidade e a integral proteção à criança são direitos irrenunciáveis e não podem ser afastados pelo desconhecimento, pela impossibilidade decorrente da distância de centros médicos ou pela própria negligência da gestante ou lactante em apresentar atestado médico, sob pena de prejudicá-la e de prejudicar o recém-nascido. Outras razões poderiam levar a mulher a não apresentar o documento, como, por exemplo, o medo de vir a ser demitida posteriormente ou a pressão para não entregar o atestado.[90]

Dessa forma, para o STF, as expressões impugnadas não estão em consonância com os dispositivos constitucionais. A previsão do afastamento automático da mulher gestante ou lactante do ambiente insalubre ***está de acordo*** com a jurisprudência

87. **ADI 5938/DF**, STF. Plenário. Rel. Min. Alexandre de Moraes, julgado em **29.05.2019** (Info 942).
88. **ADI 5938/DF**, STF. Plenário. Rel. Min. Alexandre de Moraes, julgado em **29.05.2019** (Info 942).
89. **ADI 5938/DF**, STF. Plenário. Rel. Min. Alexandre de Moraes, julgado em **29.05.2019** (Info 942).
90. **ADI 5938/DF**, STF. Plenário. Rel. Min. Alexandre de Moraes, julgado em **29.05.2019** (Info 942).

do Supremo Tribunal Federal em relação à integral proteção à maternidade e à saúde da criança.[91]

Para o STF, a mudança trazida pela lei 13.467/2017, pretendeu a *inversão do ônus da demonstração probatória e documental da circunstância insalubre, a inversão da proteção à maternidade e ao nascituro ou recém-nascido.* Partiu-se erroneamente da lógica de que, em regra, a insalubridade mínima e a média, durante a gestação, e mesmo a máxima, durante a lactação, não causam riscos. Isso desfavorece a plena proteção do interesse constitucionalmente protegido, na medida em que sujeita a empregada a maior embaraço para o exercício de seus direitos.

Portanto, conforme o Pretório Excelso na ADI 5938, ***é proibido*** o trabalho da gestante ou da lactante em atividades insalubres.

Outra questão interessante enfrentada pelo STF, diz respeito ao 7º, XXVIII da CR/88, que traz o direito ao seguro contra acidentes de trabalho, a cargo do empregador, sem excluir a indenização a que este está obrigado, quando incorrer em dolo ou culpa.

No RE 828040/DF, julgado em 12.03.2020, entendeu o STF, que o art. 927, parágrafo único, do Código Civil é compatível com o art. 7º, XXVIII, da Constituição Federal, sendo constitucional a responsabilização objetiva do empregador por danos decorrentes de acidentes de trabalho nos casos especificados em lei ou quando a atividade normalmente desenvolvida, por sua natureza, apresentar exposição habitual a risco especial, com potencialidade lesiva, e implicar ao trabalhador ônus maior do que aos demais membros da coletividade.[92]

O parágrafo único do art. 927 prevê uma cláusula geral de responsabilidade objetiva por atividades de risco[93]. No caso, sentença de 1º grau aplicando o parágrafo

91. **ADI 5938/DF**, STF. Plenário. Rel. Min. Alexandre de Moraes, julg. em **29.05.2019.** Segundo o Min. Alexandre de Moraes, *não procede o argumento ad terrorem de que a declaração de inconstitucionalidade poderia acarretar retração da participação da mulher no mercado de trabalho. Eventuais discriminações serão punidas nos termos da lei, e o próprio texto constitucional determina, de maneira impositiva, a "proteção ao mercado de trabalho da mulher, mediante incentivos específicos, nos termos da lei" (art. 7º, XX, da CF/88). O Min. Roberto Barroso acrescentou que a exigência viola o princípio da precaução, que vale também para o ambiente do trabalho, pelo qual, sempre que houver risco ou incerteza, deve ser favorecida a posição mais conservadora e protetiva. A Min. Rosa Weber explicou que a alteração implica inegável retrocesso social, uma vez que revoga anterior norma proibitória desse trabalho da gestante e lactante, além do menoscabo ao direito fundamental à saúde da mãe trabalhadora, pois transfere ao próprio sujeito tutelado a responsabilidade pela conveniência de atestado indicando a necessidade de afastamento do trabalho. O Min. Celso de Mello reforçou os fundamentos trazidos e registrou que a cláusula que proíbe o retrocesso em matéria social traduz, no processo de sua concretização, verdadeira dimensão negativa pertinente aos direitos sociais, a impedir que os níveis de concretização dessas prerrogativas, uma vez atingidos, venham a ser reduzidos, degradados ou suprimidos.*

92. STF. Plenário. RE 828040/DF, Rel. Min. Alexandre de Moraes, julgado em 12/3/2020 (repercussão geral – Tema 932) (Inf. 969). Essa posição já era defendida pela doutrina majoritária: Enunciado 377 da IV Jornada de Direito Civil: *o art. 7.º, XXVIII, da CF não é impedimento para a aplicação do disposto no art. 927, parágrafo único, do Código Civil quando se tratar de atividade de risco.*

93. Código Civil: Art. 927. (...) *Parágrafo único. Haverá obrigação de reparar o dano, independentemente de culpa, nos casos especificados em lei, ou quando a atividade normalmente desenvolvida pelo autor do dano implicar, por sua natureza, risco para os direitos de outrem.*

único do art. 927 do Código Civil, foi mantida pelo TRT e posteriormente pelo TST. Contra o acórdão do TST, foi interposto recurso extraordinário alegando que não seria possível aplicar o art. 927, parágrafo único, do Código Civil para as relações trabalhistas considerando que isso violaria o art. 7º, XXVIII, da Constituição Federal.[94]

O argumento da empresa recorrente foi o de que o art. 7º, XXVIII, da CR/88 afirma que, em caso de acidente de trabalho, o empregador só pode ser condenado a indenizar o empregado quando houver dolo ou culpa do patrão. Já o art. 927, parágrafo único do CC, por outro lado, afirma que haverá a obrigação do empresário indenizar mesmo que ele não tenha agido com culpa. Nesses termos, a previsão do Código Civil, ao dispensar a culpa, contraria a regra da Constituição, que exige a culpa.

Porém, os argumentos não foram aceitos pelo STF. Afirmou o Pretório Excelso, que o art. 7º, XXVIII, da CR/88 realmente afirma que, em caso de acidente de trabalho, o empregador pode ser condenado a indenizar o empregado quando houver dolo ou culpa do patrão. No entanto, o art. 7º da CF/88 prevê direitos mínimos para o trabalhador.

O *caput* do art. 7º da CF, ao elencar uma série de direitos dos trabalhadores urbanos e rurais, permite a possibilidade de instituição ***"de outros que visem à melhoria de sua condição social"***. Nesses termos, é certo que a Constituição assegurou a responsabilidade subjetiva (art. 7º, XXVIII), mas não impediu que os direitos dos trabalhadores pudessem ser ampliados pela legislação infraconstitucional. Assim, é perfeitamente possível que a legislação ordinária estipule outros direitos sociais que melhorem e valorizem a vida do trabalhador. Logo, o parágrafo único do art. 927 do Código Civil é plenamente compatível com a Constituição de 1988.[95]

Por último, é interessante ressaltar, recente decisão do STF afirmando que é inconstitucional dispositivo da MP 927/2020 que estabelecia que os casos de contaminação por coronavírus não seriam considerados doenças ocupacionais.

---

94. Informativo 950 do STF: *No caso, trabalhador contratado por empresa de transporte de valores passou a experimentar graves consequências psíquicas, com a consequente perda total e permanente de sua capacidade laborativa, em decorrência de sua participação em tiroteio verificado em ataque de assaltantes a supermercado no qual malotes de dinheiro estavam sendo acondicionados em carro-forte. O colegiado inicialmente observou que a questão de direito debatida nos autos estaria em saber se a responsabilidade civil, na hipótese em apreciação, seria subjetiva, o que exige a demonstração de dolo ou culpa, ou objetiva, quando o dever de indenização independe dessa demonstração. Especificamente, questiona-se a compatibilidade do art. 927, parágrafo único, do CC — que tem aplicação geral, e não somente para os casos de acidente de trabalho — com o art. 7º, XXVIII, da Constituição Federal, a permitir a responsabilização objetiva do empregador por danos decorrentes de acidentes de trabalho.*

95. Informativo 950 do STF: *A regra do Direito brasileiro é a da responsabilidade civil subjetiva. Portanto, aquele que, por ato ilícito, causar dano a outrem fica obrigado a repará-lo. Entretanto, para se evitar injustiças, previu que haverá obrigação de reparar o dano, independentemente de culpa, nos casos especificados em lei, quando esta já prevê atividade perigosa, na hipótese de atividade com risco diferenciado ou quando a atividade normalmente desenvolvida pelo autor do dano implicar, por sua natureza, riscos maiores, inerentes à própria atividade. Além disso, o Código Civil estabeleceu a regra geral da responsabilidade civil e previu a responsabilidade objetiva no caso de risco para os direitos de outrem. "Outrem" abrange terceiros que não tenham qualquer tipo de vínculo com o empregador. Por conseguinte,* ***seria absolutamente incoerente que****, na mesma situação em* ***relação ao trabalhador****, a responsabilidade fosse subjetiva, e, em relação a terceiros, fosse objetiva.* RE 828040 STF Plenário, Rel. Min. Alexandre de Morais, Julg. em 04 e 05.09.2019.

No julgamento de medida cautelar, o STF decidiu suspender a eficácia do art. 29 da Medida Provisória 927/2020. O art. 29 afirmava que: *Os casos de contaminação pelo coronavírus (covid-19) não serão considerados ocupacionais, exceto mediante comprovação do nexo causal.*[96]

Para o STF, esse dispositivo não se mostra razoável ao afirmar, de forma tão ampla, que a contaminação pelo coronavírus não seria doença ocupacional, excluindo da proteção inclusive de trabalhadores de atividades essenciais que continuam expostos aos riscos.

Nesses termos, o art. 29 da MP 927/2020, conforme o Pretório Excelso, é extremamente ofensivo não apenas para os inúmeros trabalhadores de atividades essenciais que continuam expostos aos riscos, como médicos e enfermeiros, para os quais a demonstração do nexo causal pode ser mais fácil, mas também para os funcionários de farmácias, de supermercados e aos motoboys que trazem e levam entregas de alimentos.

Quanto a estes últimos (motoboys), o STF salientou a sua dificuldade em comprovar eventual nexo causal, o que iria de encontro, ademais, ao recente entendimento firmado pela Corte, no RE 828.040[97], no sentido de reconhecer a responsabilidade objetiva em alguns casos em que o risco é maior. Ou seja, não se pode admitir que o citado dispositivo exclua da consideração da contaminação por coronavírus como ocupacional, de uma maneira tão ampla, inclusive esses profissionais.[98]

Na sequência, o texto constitucional, ainda, consagra ***direitos referentes ao repouso do trabalho***: repouso semanal remunerado, preferencialmente aos domingos; gozo de férias anuais remuneradas com, pelo menos, um terço a mais do que o salário normal; licença à gestante, sem prejuízo do emprego e do salário, com a duração de cento e vinte dias[99]; licença-paternidade, nos termos fixados em lei; aposentadoria.

---

96. ADI 6342 Ref-MC/DF, STF. Plenário. ADI 6344 Ref-MC/DF, ADI 6346 Ref-MC/DF, ADI 6348 RefMC/DF, ADI 6349 Ref-MC/DF, ADI 6352 Ref-MC/DF e ADI 6354 Ref-MC/DF red. p/ o ac. Min. Alexandre de Moraes, julgados em 29.04.2020 (Inf. 975).
97. **RE 828040/DF**, Rel. Min. Alexandre de Moraes, julgado em **12.03.2020** (repercussão geral – Tema 932) (Info 969). *O art. 927, parágrafo único, do Código Civil é compatível com o art. 7º, XXVIII, da Constituição Federal, sendo constitucional a responsabilização objetiva do empregador por danos decorrentes de acidentes de trabalho nos casos especificados em lei ou quando a atividade normalmente desenvolvida, por sua natureza, apresentar exposição habitual a risco especial, com potencialidade lesiva, e implicar ao trabalhador ônus maior do que aos demais membros da coletividade*. STF.
98. ADI 6342 Ref-MC/DF, STF. Plenário. ADI 6344 Ref-MC/DF, ADI 6346 Ref-MC/DF, ADI 6348 RefMC/DF, ADI 6349 Ref-MC/DF, ADI 6352 Ref-MC/DF e ADI 6354 Ref-MC/DF red. p/ o ac. Min. Alexandre de Moraes, julgados em 29.04.2020 (Info 975).
99. O art. 210 da Lei nº 8.112/90 (bem como outras leis estaduais e municipais) prevê que o prazo para a servidora que adotar uma criança é inferior à licença que ela teria caso tivesse tido um filho biológico. Esse dispositivo também estabelece que, se a criança adotada for maior que 1 ano de idade, o prazo será menor do que seria se ela tivesse até 1 ano. Pois bem o STF, entendeu que essas previsões são inconstitucionais. Nesse sentido a TESE: ***Os prazos da licença-adotante não podem ser inferiores ao prazo da licença-gestante, o mesmo valendo para as respectivas prorrogações. Em relação à licença-adotante, não é possível fixar prazos diversos em função da idade da criança adotada.*** STF. Plenário. RE 778889/PE, Rel. Min. Roberto Barroso, julg. em 10.03.2016.

Aqui é interessante salientar que o art. 10, II, "b", do ADCT da CR/88 confere estabilidade provisória para a empregada gestante. Assim sendo, conforme o art. 10 até que seja promulgada a lei complementar a que se refere o art. 7º, I, da Constituição: (...) II – *fica vedada a dispensa arbitrária ou sem justa causa: (...) b) da empregada gestante, desde a confirmação da gravidez até cinco meses após o parto.*

Portanto, o termo inicial da estabilidade é a confirmação da gravidez, ou seja, a demonstração inequívoca e objetiva da sua existência, por meio de atestado ou laudo médico. Já o término ocorrerá 5 meses após o parto. Nesses termos, a estabilidade deve ser respeitada mesmo quando, no ato da despedida imotivada, o empregador não tenha ciência da situação. Isso porque se aplica aqui a teoria da responsabilidade objetiva, voltada à proteção da maternidade e do nascituro. Assim, se a empregada foi demitida, imotivadamente, estando grávida, ela tem direito de: a) ser reintegrada ao emprego; ou b) de ser indenizada com o pagamento dos salários e demais direitos trabalhistas referentes ao período da estabilidade.[100]

Aqui o STF, seguindo o TST, afirma que o único requisito exigido é de natureza biológica. Exige-se apenas a comprovação de que a gravidez tenha ocorrido antes da dispensa arbitrária, não sendo necessários quaisquer outros requisitos, como o prévio conhecimento do empregador ou da própria gestante. Assim, repetindo, é possível assegurar a estabilidade à gestante mesmo que no momento em que ela tenha sido demitida pelo empregador ele não soubesse de sua gravidez.[101]

Outros direitos sociais do ***trabalhador*** ainda merecem menção: participação nos lucros, ou resultados, desvinculada da remuneração, e, excepcionalmente, participação na gestão da empresa, conforme definido em lei[102]; remuneração do serviço extraordinário superior, no mínimo, em cinquenta por cento à do normal; duração do trabalho normal não superior a oito horas diárias e quarenta e quatro semanais, facultada a compensação de horários e a redução da jornada, mediante acordo ou convenção coletiva de trabalho[103]; jornada de seis horas para o trabalho realiza-

100. "Para configuração da estabilidade da gestante, doutrina e jurisprudência adotaram como regra a chamada teoria objetiva, sendo relevante apenas a confirmação da gravidez pela própria gestante, pouco importando se o empregador tinha ou não conhecimento do estado gravídico da obreira. O simples fato de estar grávida já confere à empregada gestante o direito à estabilidade, ainda que a concepção ou a guarda provisória para fins de adoção tenha ocorrido no período do aviso prévio trabalhado ou indexado (...)" SARAIVA, Renato; SOUTO, Rafael Tonassi. Direito do Trabalho para concursos públicos. 20ª dd., Salvador: Juspodivm, 2018, p. 278-279. Aqui ver a Súmula 244-TST: GESTANTE. ESTABILIDADE PROVISÓRIA.

101. **RE 629053/SP**, STF. Plenário. red. p/ ac. Min. Alexandre de Moraes, julgado em **10.10.2018** (repercussão geral) (Info 919).

102. Conforme o STF: *É constitucional a determinação de que a participação de trabalhadores nos lucros ou resultados de empresas estatais deve observar diretrizes específicas fixadas pelo Poder Executivo ao qual as entidades estejam sujeitas*. STF. Plenário. ADI 5417/DF, Rel. Min. Cármen Lúcia, julg. em 04.12.2020 (Informativo 1001).

103. O STF decidiu na ADI 4842 que é constitucional o art. 5º da Lei nº 11.901/2009 prevê que a jornada do Bombeiro Civil é de 12h de trabalho por 36h de descanso, num total de 36h semanais. **ADI 4.842/DF** Plenário do STF, Rel. Min. Edson Fachin, julgado em **14.09.2016**. Nesse sentido, também a Súmula 444 do TST: *É valida, em caráter excepcional, a jornada de doze horas de trabalho por trinta e seis de descanso, prevista em lei ou ajustada exclusivamente mediante acordo coletivo de trabalho ou convenção coletiva de trabalho, assegurada a remuneração em dobro*

do em turnos ininterruptos de revezamento, salvo negociação coletiva; assistência gratuita aos filhos e dependentes desde o nascimento até 5 (cinco) anos de idade em creches e pré-escolas; reconhecimento das convenções e acordos coletivos de trabalho; proibição de diferença de salários, de exercício de funções e de critério de admissão por motivo de sexo, idade, cor ou estado civil; proibição de qualquer discriminação no tocante a salário e critérios de admissão do trabalhador portador de deficiência; proibição de distinção entre trabalho manual, técnico e intelectual ou entre os profissionais respectivos; e igualdade de direitos entre o trabalhador com vínculo empregatício permanente e o trabalhador avulso.[104]

Na sequência, é importante registrar e criticar importante modificação trazida à lume em 2013 por Emenda Constitucional. Com advento da EC 72/2013, os direitos sociais dos trabalhadores domésticos, previstos no art. 7º, parágrafo único, da CR/88, foram ampliados, sem que, com isso, fosse efetivada a igualdade de direitos entre domésticos e empregados celetistas, apenas minorando a desigualdade no tratamento legal dispensado a essas categorias.

Não obstante, a resistência em reconhecer alguns direitos básicos a essa categoria foi, finalmente, rompida. Resistência essa, cujas origens ainda se remetem aos tempos de escravidão.

Assim, os domésticos passaram a ter reconhecidos os seguintes direitos[105]:

1) **relação de emprego protegida contra despedida arbitrária ou sem justa causa, nos termos de lei complementar, que preverá indenização compensatória, dentre outros direitos; (EC 72/2013)**
2) **seguro-desemprego, em caso de desemprego involuntário; (EC 72/2013)**
3) **fundo de garantia do tempo de serviço; (EC 72/2013)**
4) salário mínimo, fixado em lei, nacionalmente unificado, capaz de atender às suas necessidades vitais básicas e às de sua família com moradia, alimentação, educação, saúde, lazer, vestuário, higiene, transporte e previdência social, com reajustes periódicos que lhe preservem o poder aquisitivo, sendo vedada sua vinculação para qualquer fim;
5) irredutibilidade do salário, salvo o disposto em convenção ou acordo coletivo;

---

dos feriados trabalhados. O empregado não tem direito ao pagamento de adicional referente ao labor prestado na décima primeira e décima segunda horas.

104. Já decidiu o STF que, *sempre que for pago ao trabalhador com vínculo permanente, o adicional de riscos é devido, nos mesmos termos, ao* ***trabalhador portuário avulso****. O art. 7º, XXXIV, da CF/88 tem nítido caráter protetivo da igualdade material. Se há o pagamento do adicional de riscos como direito do trabalhador portuário com vínculo permanente que labora em condições adversas, essa previsão também deve ser reconhecida aos trabalhadores portuários avulsos submetidos às mesmas condições*. STF. Plenário. **RE 597124/PR**, Rel. Min. Edson Fachin, julg. em **03.06.2020** (Repercussão Geral – Tema 222) (Inf. 980).

105. Ver também a recente **Lei Complementar nº 150** de **01.06.2015** que dispôs sobre ***o contrato de trabalho doméstico***.

6) **garantia de salário, nunca inferior ao mínimo, para os que percebem remuneração variável; (EC 72/2013)**

7) décimo terceiro salário com base na remuneração integral ou no valor da aposentadoria;

8) **remuneração do trabalho noturno superior à do diurno; (EC 72/2013)**

9) **proteção do salário na forma da lei, constituindo crime sua retenção dolosa; (EC 72/2013)**

10) **salário-família pago em razão do dependente do trabalhador de baixa renda nos termos da lei; (EC 72/2013)**

11) **duração do trabalho normal não superior a oito horas diárias e quarenta e quatro semanais, facultada a compensação de horários e a redução da jornada, mediante acordo ou convenção coletiva de trabalho; (EC 72/2013)**

12) repouso semanal remunerado, preferencialmente aos domingos;

13) **remuneração do serviço extraordinário superior, no mínimo, em cinquenta por cento à do normal; (EC 72/2013)**

14) gozo de férias anuais remuneradas com, pelo menos, um terço a mais do que o salário normal;

15) licença à gestante, sem prejuízo do emprego e do salário, com a duração de cento e vinte dias;

16) licença-paternidade, nos termos fixados em lei;

17) aviso prévio proporcional ao tempo de serviço, sendo no mínimo de trinta dias, nos termos da lei; e

18) redução dos riscos inerentes ao trabalho, por meio de normas de saúde, higiene e segurança[106];

19) aposentadoria;

20) **assistência gratuita aos filhos e dependentes desde o nascimento até 5 (cinco) anos de idade em creches e pré-escolas; (EC 72/2013)**

21) **reconhecimento das convenções e acordos coletivos de trabalho; (EC 72/2013)**

22) **seguro contra acidentes de trabalho, a cargo do empregador, sem excluir a indenização a que este está obrigado, quando incorrer em dolo ou culpa; (EC 72/2013)**

106. Aqui é interessante que a **Lei nº 13.699** de **02.08.2018**, alterou a Lei nº 10.257, de 10 de julho de 2001 (Estatuto da Cidade), para instituir diretriz de política urbana que visa a garantir condições condignas de acessibilidade, utilização e conforto nas dependências internas das edificações urbanas, inclusive nas destinadas à moradia e ao serviço dos trabalhadores domésticos.

23) proibição de diferença de salários, de exercício de funções e de critério de admissão por motivo de sexo, idade, cor ou estado civil; (EC 72/2013)

24) proibição de qualquer discriminação no tocante a salário e critérios de admissão do trabalhador portador de deficiência; (EC 72/2013)

25) proibição de trabalho noturno, perigoso ou insalubre a menores de dezoito e de qualquer trabalho a menores de dezesseis anos, salvo na condição de aprendiz, a partir de quatorze anos. (EC 72/2013)

Outro ponto importante de salientar nesse momento é a recente discussão em relação à questão da ***terceirização.***

Nesses termos, ocorre a ***terceirização*** quando uma empresa, em vez de executar serviços diretamente com seus empregados, contrata outra empresa para que esta os realize, com o seu pessoal sob a sua responsabilidade. O empregado é contratado pela empresa intermediadora (empregadora), mas presta serviços em outro local (empresa tomadora). Com isso, terceirizar significa transferir uma ou mais atividades da empresa para que sejam realizadas por outra empresa.[107]

O TST sobre a questão editou a Súmula 331 em que afirmou que as empresas poderiam fazer a terceirização apenas de suas ***atividades-meio***, mas não de ***atividades-fim*** (excepcionalmente, as empresas poderiam fazer a terceirização de atividades-fim, desde que fosse para trabalho temporário).

Em março de 2017 foi publicada a Lei nº 13.429 que não restringiu os serviços passíveis de ***terceirização*** apenas à atividade-meio da empresa, o que levou à interpretação de que havia sido autorizada a terceirização nas atividades-fim das empresas. Porém, a legislação era omissa quanto à possibilidade expressa de ***terceirização*** da atividade-fim o levou a insegurança jurídica, pois a imprecisão da norma em relação a terceirização em atividade-fim levava à discussão sobre sua permissão ou não no ordenamento jurídico.

Já a Lei nº 13.467, em junho de 2017, foi expressa ao dizer que a ***terceirização*** abrange *quaisquer atividades da empresa* contratante, inclusive sua atividade principal (*atividade-fim*). Assim sendo, foi dissipada qualquer dúvida de que passou a ser permitida a terceirização de atividades-fim da empresa com essa referida Lei. Restou claro que essa Lei teve como objetivo superar o entendimento jurisprudencial da Súmula 331 do TST.

Porém, é interessante observarmos que, mesmo antes das Leis 13.429/2017 e 13.467/2017, para o STF já era lícita a ***terceirização de toda e qualquer atividade da empresa***, seja ela atividade-meio ou fim, de forma que era inconstitucional a Súmula 331 do TST. Assim sendo, o STF decidiu na ADPF 324 e no RE 958252 em 29 e

107. CORREIA, Henrique. *Direito do Trabalho para concursos de analista do TRT, TST e MPU*. Salvador: Juspodivm, 2018, p. 360.

30.08.2018 que *é lícita a terceirização ou qualquer outra forma de divisão do trabalho entre pessoas jurídicas distintas, independentemente do objeto social das empresas envolvidas, mantida a responsabilidade subsidiária da empresa contratante*. Portanto, os itens I e III da Súmula 331 do TST são inconstitucionais.[108]

Aqui salientamos apenas, que os julgados do STF, ora citados, não trataram especificamente sobre a ***terceirização*** no âmbito da *Administração Pública*. A discussão foi direcionada para a iniciativa privada. Com isso, o STF ainda terá que definir, de forma mais precisa, os limites da terceirização no serviço público, tendo em vista que, no âmbito da Administração Pública, a regra é no sentido de que as contratações deverão ocorrer por meio de concurso público (art. 37, II, da CR/88).[109]

Por fim, destaca-se um rol de ***direito voltados à proteção coletiva dos trabalhadores***: direitos de sindicalização[110] (art. 8º da CR/88); direito de greve (art. 9º da CR/88); participação dos trabalhadores e empregadores nos colegiados dos órgãos públicos em que seus interesses profissionais ou previdenciários sejam objeto de discussão e deliberação (art. 10 da CR/88); e eleição nas empresas com mais de

---

108. **ADPF 324/DF**, STF. Plenário. Rel. Min. Roberto Barroso, julgado em **29 e 30.08.2018** (Info 913). STF. Plenário. **RE 958252/MG**, Rel. Min. Luiz Fux, julgado em **29 e 30.08.2018** (repercussão geral) (Info 913). Os julgados do STF acima comentados não trataram especificamente sobre a terceirização no âmbito da Administração Pública. A discussão era direcionada para a iniciativa privada. Desse modo, o STF ainda terá que definir, de forma mais precisa, os limites da terceirização no serviço público, tendo em vista que, no âmbito da Administração Pública, a regra é no sentido de que as contratações deverão ocorrer por meio de concurso público (art. 37, II, da CR/88).

109. Aqui temos o **Decreto nº 9.507/2018**, que dispõe sobre a execução indireta, mediante contratação, de serviços da administração pública federal (terceirização na administração pública federal). O Decreto prevê que não serão objeto de execução indireta na administração pública federal direta, autárquica e fundacional, os serviços: *I – que envolvam a tomada de decisão ou posicionamento institucional nas áreas de planejamento, coordenação, supervisão e controle; II – que sejam considerados estratégicos para o órgão ou a entidade, cuja terceirização possa colocar em risco o controle de processos e de conhecimentos e tecnologias; III – que estejam relacionados ao poder de polícia, de regulação, de outorga de serviços públicos e de aplicação de sanção; e IV – que sejam inerentes às categorias funcionais abrangidas pelo plano de cargos do órgão ou da entidade, exceto disposição legal em contrário ou quando se tratar de cargo extinto, total ou parcialmente, no âmbito do quadro geral de pessoal.*

110. Conforme o STF: *A legitimidade dos sindicatos para representação de determinada categoria depende do devido registro no Ministério do Trabalho em obediência ao princípio constitucional da unicidade sindical* (art. 8º, II, da CR/88). STF. 1ª Turma. RE 740434 AgR/MA, Rel. Min. Luiz Fux, julgado em **19.02.2019**. Conforme a Súmula 677 do STF: *"Até que lei venha a dispor a respeito, incumbe ao Ministério do Trabalho proceder ao registro das entidades sindicais e zelar pela observância do princípio da unicidade"*. Temos também, no **informativo 618 do STF** que: *Por considerar violado o princípio constitucional da liberdade sindical (art. 8º, I), o Plenário, por maioria, julgou parcialmente procedente pedido formulado em ação direta proposta pela Confederação Nacional do Comércio de Bens, Serviços e Turismo – CNC para declarar a inconstitucionalidade da expressão "com a participação do Governo do Estado de Santa Catarina", contida no parágrafo único do art. 2º da Lei Complementar 459/2009, dessa mesma unidade federativa. O preceito impugnado estabelece que a atualização dos pisos salariais fixados naquele diploma legislativo serão objeto de negociação coletiva entre as entidades sindicais dos trabalhadores e empregadores, com a participação do governo estadual. Entendeu-se que a exigência da participação do governo nessas negociações coletivas, ainda que os valores dos pisos salariais tivessem sido fixados por via legislativa, implicaria restrição à autonomia sindical, uma vez que competiria aos interlocutores sociais, e não ao Estado-membro, a iniciativa autônoma de inaugurar, desenvolver e concluir as negociações coletivas. No mais, aplicou-se a orientação firmada no caso acima relatado.* ADI 4364/SC, Rel. Min. Dias Toffoli, julg. em 02.03.2011. Além disso, nos termos da **Súmula Vinculante nº 40 do STF**: *A contribuição confederativa de que trata o artigo 8º, IV, da Constituição Federal, só é exigível dos filiados ao sindicato respectivo*.

duzentos empregados, de um representante destes com a finalidade exclusiva de promover-lhes o entendimento direto com os empregadores (art. 11 da CR/88).

Importante destacar que os destinatários desses direitos constitucionais do trabalho são tanto os trabalhadores ***urbanos*** quanto ***rurais***.

Sobre o art. 8º da CR/88, decidiu recentemente o STF, na ADPF 276, que o art. 522 da CLT, que prevê um número máximo empregados que podem ser dirigentes sindicais, é compatível com a CR/88 e não viola a garantia da liberdade sindical.[111]

Para o STF, a liberdade sindical tem previsão constitucional, mas não possui caráter absoluto. Assim sendo, a previsão legal de número máximo de dirigentes sindicais dotados de estabilidade de emprego não esvazia a liberdade sindical. Mesmo porque essa garantia constitucional existe para que possa assegurar a autonomia da entidade sindical, mas não serve para criar situações de estabilidade genérica e ilimitada que violem a razoabilidade e a finalidade da norma constitucional garantidora do direito.[112]

Portanto, o art. 522 da CLT, ao invés de afrontar o dispositivo constitucional, faz com que o inciso VIII do art. 8º da Constituição tenha efetividade e razoabilidade, porque assegura a estabilidade no emprego a número determinado de dirigentes sindicais.

Uma das finalidades da garantia provisória de emprego do dirigente sindical é proteger o empregado que atua diretamente na negociação com o empregador para defender os interesses da categoria.

Para o Pretório Excelso, o entendimento de que essa garantia é conferida a todos os dirigentes sindicais, sem limitação numérica, subverteria a finalidade do instituto, convertendo-o em instrumento que impediria um legítimo direito do empregador, que, em regra, pode romper o contrato de trabalho mesmo sem justa causa, desde que arque com o pagamento dos seus deveres constitucionais e legais.[113]

Sobre o direito de greve, previsto no acima citado art. 9º, temos que a Constituição afirma que é assegurado o direito de greve, competindo aos trabalhadores decidir sobre a oportunidade de exercê-lo e sobre os interesses que devam por meio dele defender. A lei definirá os serviços ou atividades essenciais e disporá sobre o atendimento das necessidades inadiáveis da comunidade.

Os abusos cometidos sujeitam os responsáveis às penas da lei. Certo é que, nos termos do art. 7º da Lei nº 7783/89, os dias em que o trabalhador fica afastado do serviço com o objetivo de participar da greve são considerados pela legislação como período de *suspensão* do contrato de trabalho.

111. **ADPF 276,** STF. Plenário Rel. Cármen Lúcia, julgado em **15.05.2020** (Inf. 980).
112. **ADPF 276,** STF. Plenário Rel. Cármen Lúcia, julgado em **15.05.2020** (Inf. 980).
113. **ADPF 276,** STF. Plenário Rel. Cármen Lúcia, julgado em **15.05.2020** (Inf. 980).

Aqui, é importante salientar, que o **servidor público**, nos moldes do art. 37, VII da CR/88 também terá direito à greve.[114] No caso dos servidores, mesmo não havendo lei regulamentando a greve eles terão direito a fazê-la, conforme histórica decisão dos Mandados de Injunção 708 e 712, julgados em 25.10.2007. Portanto, o STF decidiu que os servidores públicos poderiam fazer greve, devendo ser aplicadas (até a regulamentação própria), no que couber, as leis que regulamentam a greve para os trabalhadores da iniciativa privada (Lei nº 7.701/88 e Lei nº 7.783/89).[115]

Temos também, que recentemente, o STF decidiu no RE nº 693.456/RJ em **27.10.2016** que administração pública deve proceder ao desconto dos dias de paralisação decorrentes do exercício do direito de greve pelos servidores públicos, em virtude da suspensão do vínculo funcional que decorre da greve. Além disso, será permitida a compensação em caso de acordo. Porém, o desconto dos dias de paralisação não será cabível se ficar demonstrado que a greve foi provocada por conduta ilícita do Poder Público.[116]

Conforme a decisão, afirmou o Pretório Excelso que o desconto dos dias de paralisação é ônus inerente à greve, assim como a paralisação parcial dos serviços públicos imposta à sociedade é consequência natural do movimento. Ressaltou o STF que esse desconto dos dias parados não tem finalidade disciplinar punitiva. Trata-se de um "afastamento" não remunerado do servidor, na medida em que, embora autorizado pela Constituição da República, esta não lhe garantiu o pagamento integral dos vencimentos. Nesses termos, é o entendimento de que,

---

114. Art. 37 da CR/88: *A administração pública direta e indireta de qualquer dos Poderes da União, dos Estados, do Distrito Federal e dos Municípios obedecerá aos princípios de legalidade, impessoalidade, moralidade, publicidade e eficiência e, também, ao seguinte: VII – o direito de greve será exercido nos termos e nos limites definidos em lei específica.* Aqui temos os requisitos para que os servidores públicos possam deflagrar uma greve no serviço público: a) tentativa de negociação prévia, direta e pacífica; b) frustração ou impossibilidade de negociação ou de se estabelecer uma agenda comum; c) deflagração após decisão assemblear; d) comunicação aos interessados, no caso, ao ente da Administração Pública a que a categoria se encontre vinculada e à população, com antecedência mínima de 72 horas (uma vez que todo serviço público é atividade essencial); e) adesão ao movimento por meios pacíficos; e f) a garantia de que continuarão sendo prestados os serviços indispensáveis ao atendimento das necessidades dos administrados (usuários ou destinatários dos serviços) e à sociedade. In: *Dizer o Direito*, junho de 2017. Sobre o direito de greve, ver também: **ADI 1306/BA**, STF. Plenário. Rel. Min. Cármen Lúcia, julg. em **13.06.2018**. No caso da ADI 1306, *o Plenário do STF, por maioria, julgou improcedente pedido formulado em ações diretas de inconstitucionalidade ajuizadas contra o Decreto 4.264/1995, da Bahia, que dispõe sobre as providências a serem adotadas em caso de paralisação de servidores públicos estaduais a título de greve. A norma impugnada determina aos secretários e dirigentes da Administração Pública direta: i) a convocação dos grevistas a reassumirem seus cargos; ii) a instauração de processo administrativo disciplinar; iii) o desconto em folha de pagamento dos dias de greve; e iv) a contratação temporária de servidores. Prevê, ainda, a exoneração dos ocupantes de cargo de provimento temporário e de função gratificada que participarem da greve.*
115. *(...) 6.1. Aplicabilidade aos servidores públicos civis da Lei nº 7.783/1989, sem prejuízo de que, diante do caso concreto e mediante solicitação de entidade ou órgão legítimo, seja facultado ao juízo competente a fixação de regime de greve mais severo, em razão de tratarem de "serviços ou atividades essenciais" (Lei no 7.783/1989, arts. 9º a 11). 6.2. Nessa extensão do deferimento do mandado de injunção, aplicação da Lei nº 7.701/1988, no que tange à competência para apreciar e julgar eventuais conflitos judiciais referentes à greve de servidores públicos que sejam suscitados até o momento de colmatação legislativa específica da lacuna ora declarada, nos termos do inciso VII do art. 37 da CF. STF.* MI 708, Rel. Min. Gilmar Mendes.
116. RE 693456/RJ Plenário do STF, Rel. Min. Dias Toffoli, julgado em 27.10.2016. (Informativo 845 do STF)

em razão da ausência de prestação específica do serviço por parte do grevista, os descontos devem ser realizados.

Portanto, conforme o informativo 845, o STF assentou que: **a)** a deflagração de greve por servidor público civil corresponde à suspensão do trabalho e, ainda que a greve não seja abusiva, como regra geral, a remuneração dos dias de paralisação não deve ser paga; e **b)** somente não haverá desconto se a greve tiver sido provocada por atraso no pagamento aos servidores públicos civis ou se houver outras circunstâncias excepcionais que justifiquem o afastamento da premissa da suspensão da relação funcional ou de trabalho. Considera-se assim aquelas circunstâncias em que o ente da administração ou o empregador tenha contribuído, mediante conduta recriminável, para que a greve ocorresse ou em que haja negociação sobre a compensação dos dias parados ou mesmo o parcelamento dos descontos.[117]

É importante salientar ainda que o STF já decidiu que a justiça comum, federal ou estadual, é competente para julgar a abusividade de greve de servidores públicos celetistas da administração pública direta, autarquias e fundações públicas. Nesses termos, a Justiça Comum é sempre competente para julgar causa relacionada ao direito de greve de servidor público da administração direta, autárquica e fundacional, pouco importando se se trata de celetista ou estatutário. Porém, temos

---

117. RE 693456/RJ Plenário do STF, Rel. Min. Dias Toffoli, julgado em 27.10.2016. (Informativo 845 do STF) Aqui registra-se que na maioria dos países onde a greve no serviço público é permitida, também ocorre o desconto da remuneração dos grevistas, o que tem mobilizado a criação, inclusive, de fundos de greve, como é o caso do Reino Unido ("*strike fund*"), da França e do Canadá ("*fonds de grève*"), da Espanha e de diversos países de língua espanhola ("*fondo de huelga*") e de Portugal ("*fundos de maneio*"). Além disso, essa posição do STF segue a linha adotada no MI 708: *"(...) 6.4. Considerados os parâmetros acima delineados, a par da competência para o dissídio de greve em si, no qual se discuta a abusividade, ou não, da greve, os referidos tribunais, nos âmbitos de sua jurisdição, serão competentes para decidir acerca do mérito do pagamento, ou não, dos dias de paralisação em consonância com a excepcionalidade de que esse juízo se reveste. Nesse contexto, nos termos do art. 7º da Lei nº 7.783/1989, a deflagração da greve, em princípio, corresponde à suspensão do contrato de trabalho. Como regra geral, portanto, os salários dos dias de paralisação não deverão ser pagos, salvo no caso em que a greve tenha sido provocada justamente por atraso no pagamento aos servidores públicos civis, ou por outras situações excepcionais que justifiquem o afastamento da premissa da suspensão do contrato de trabalho. (...)". é importante salientar que ficaram vencidos os ministros Edson Fachin, Rosa Weber, Marco Aurélio e Ricardo Lewandowski, que negavam provimento ao recurso. Consideravam que a greve dos servidores públicos seria direito fundamental ligado ao Estado Democrático de Direito. Como a greve seria o principal instrumento de reivindicações civilizatórias da classe funcional pública diante do Estado, a suspensão do pagamento da remuneração dos servidores tocaria a essencialidade do direito em debate. A adesão de servidor a movimento grevista não poderia representar uma opção economicamente intolerável ao próprio servidor e ao respectivo núcleo familiar. No âmbito privado, a greve implicaria prejuízo ao empregador e ao trabalhador. Imposto esse ônus às partes, seria natural a busca por uma solução célere ao impasse. Isso não ocorreria no serviço público, entretanto. Por vezes, a opção do administrador seria postergar ao máximo o início das negociações. Assim, permitir o desconto imediato na remuneração dos servidores significaria que os prejuízos do movimento paredista seriam suportados por apenas uma das partes em litígio. Portanto, a interpretação da legislação aplicável (Lei 7.783/1989) conforme à Constituição levaria à conclusão de que as relações obrigacionais entre agente público e administração deveriam ser regidas e sindicalizadas por decisão judicial, dada a impossibilidade de acordo, convenção ou laudo arbitral. Isso não implicaria falta de consequências aos grevistas, que deveriam compensar as horas não trabalhadas ao fim da greve. Dessa forma, a suspensão do pagamento de servidores grevistas exigiria ordem judicial, que reconhecesse a ilegalidade ou abusividade da greve em concreto. Do mesmo modo, a decisão judicial deveria fixar condições para o exercício desse direito, nos termos da lei mencionada, com o menor prejuízo possível aos beneficiários do serviço público afetado.*

uma ressalva: se a greve for de empregados públicos de empresa pública ou sociedade de economia mista, a competência será da Justiça do Trabalho.[118]

Por último, recentemente decidiu o STF na ADI 5784 que são compatíveis com a Constituição Federal os dispositivos da Lei nº 13.467/2017 (***Reforma Trabalhista***) que extinguiram a *obrigatoriedade da contribuição sindical* e condicionaram o seu pagamento à prévia e expressa autorização dos filiados.

No **âmbito formal**, o STF entendeu que a Lei nº 13.467/2017 não contempla normas gerais de direito tributário (art. 146, III, "a", da CF/88). Assim, não era necessária a edição de lei complementar para tratar sobre matéria relativa a contribuições. Também não se aplica ao caso a exigência de lei específica prevista no art. 150, § 6º, da CF/88, pois a norma impugnada não disciplinou nenhum dos benefícios fiscais nele mencionados, quais sejam, subsídio ou isenção, redução de base de cálculo, concessão de crédito presumido, anistia ou remissão.

Sob o **ângulo material**, afirmou o STF que a Constituição assegura a livre associação profissional ou sindical, de modo que ninguém é obrigado a filiar-se ou a manter-se filiado a sindicato (art. 8º, V, da CR/88). O princípio constitucional da liberdade sindical garante tanto ao trabalhador quanto ao empregador a liberdade de se associar a uma organização sindical, passando a contribuir voluntariamente com essa representação. Não há nenhum comando na Constituição Federal determinando que a contribuição sindical é compulsória. Não se pode admitir que o texto constitucional, de um lado, consagre a liberdade de associação, sindicalização e expressão (art. 5º, IV e XVII, e art. 8º) e, de outro, imponha uma contribuição compulsória a todos os integrantes das categorias econômicas e profissionais.

Desse modo, conforme o Informativo 908 do STF, a discussão a respeito do modelo de gestão sindical a ser adotado no Brasil é eminentemente política, cujo protagonista é o Congresso Nacional. O STF deve ser autocontido, de forma a respeitar as escolhas políticas do Legislativo.

Ademais, afirmou o STF (não obstante posições contrárias na doutrina), que a reforma trabalhista busca a evolução de um sistema sindical centralizador, arcaico e paternalista para um modelo mais moderno, baseado na liberdade. O modelo de

118. **RE 846854/SP**, STF. Plenário. Rel p/ o ac. Min. Alexandre de Moraes, julg. em **01.08.2017**. No caso, se os servidores públicos que estiverem realizando a greve forem municipais ou estaduais, a competência será da Justiça Estadual. Já se os servidores públicos grevistas forem da União, suas autarquias ou fundações, a competência será da Justiça Federal. Aqui nos lembra doutrina que: "*Se a greve for de servidores estaduais ou municipais e estiver restrita a uma unidade da Federação (um único Estado), a competência será do respectivo Tribunal de Justiça (por aplicação analógica do art. 6º da Lei nº 7.701/88); Se a greve for de servidores federais e estiver restrita a uma única região da Justiça Federal (ex: greve dos servidores federais de PE, do CE, do RN e da PB): a competência será do respectivo TRF (neste exemplo, o TRF5) (por aplicação analógica do art. 6º da Lei nº 7.701/88); Se a greve for de âmbito nacional, ou abranger mais de uma região da Justiça Federal, ou ainda, compreender mais de uma unidade da federação, a competência para o dissídio de greve será do STJ (por aplicação analógica do art. 2º, I, "a", da Lei nº 7.701/88)*".In: *Dizer o Direito*, Inf 871, 2017.

contribuição compulsória não estimulava a competitividade e a representatividade, levando a um verdadeiro negócio privado, bom apenas para sindicalistas.[119]

Por último, é importante salientar, que no que diz respeito às ***medidas tomadas na pandemia do novo coronavírus***, o STF decidiu pela constitucionalidade da **MP 936/2020**, que autorizou a redução da jornada de trabalho e do salário ou a suspensão temporária do contrato de trabalho por meio de acordos individuais em razão da pandemia do covid-19, independentemente de anuência sindical.

No caso, a MP 936/2020 instituiu o Programa Emergencial de Manutenção do Emprego e da Renda para enfrentamento do estado de calamidade pública decorrente do covid-19.

O objetivo foi o de ajudar os empresários e evitar que muitos trabalhadores perdessem seus empregados durante a pandemia. A medida provisória, permitiu: a redução proporcional de jornada de trabalho e de salários; e a suspensão temporária do contrato de trabalho. Ela também estabeleceu que existiria a possibilidade de essas medidas serem implementadas por meio de acordo individual ou de negociação coletiva aos empregados.

Assim sendo, o § 4º do art. 11 da MP afirmou que que "os acordos individuais de redução de jornada de trabalho e de salário ou de suspensão temporária do contrato de trabalho, pactuados nos termos desta Medida Provisória, deverão ser comunicados pelos empregadores ao respectivo sindicato laboral, no prazo de até dez dias corridos, contado da data de sua celebração."

Na decisão, prevaleceu o voto do ministro Alexandre de Moraes. Entendeu o Ministro, ser necessário definir se, durante o estado de calamidade pública, o acordo de redução proporcional tanto da jornada de trabalho quanto do salário, escrito entre empregado e empregador, é um ato jurídico perfeito e acabado; ou se a comunicação ao sindicato, no prazo de dez dias, transfere à organização sindical a possibilidade, tal qual uma verdadeira condição resolutiva, de corroborar o acordo individual, afastá-lo ou alterá-lo, mediante uma negociação coletiva.[120]

119. Informativo 908: *"A sistemática anterior criou um associativismo com enorme distorção representativa. No Brasil, são quase 17 mil sindicatos, enquanto em outros países apenas algumas centenas. A contribuição compulsória vinha gerando oferta excessiva e artificial de associações sindicais, o que configura perda social em detrimento dos trabalhadores. Esse número estratosférico de sindicatos não se revertia em aumento do bem-estar de nenhuma categoria. Nesse contexto, as entidades sindicais frequentemente se engajam em atividades políticas, lançando e apoiando candidatos, conclamando protestos e mantendo estreitos laços com partidos políticos. Ocorre que o discurso político é o núcleo por excelência da liberdade de expressão. Ao exigir que indivíduos financiem atividades políticas com as quais não concordam, por meio de contribuições compulsórias a sindicatos, o regime anterior certamente vulnerava a garantia fundamental da liberdade de expressão, protegida pelo art. 5º, IV, da CR. Por sua vez, a nova sistemática leva a um novo pensar da sociedade sobre como lidar com as categorias econômicas e trabalhistas e com as formas de atuação na sociedade, sem depender necessariamente do Estado. Os sindicatos passarão a ser sustentados por contribuições voluntárias, do mesmo modo que as demais associações."* ADI 5794/DF. red. p/ o ac. Min. Luiz Fux, julg. em 29.06.2018

120. Segundo a liminar concedida inicialmente pelo Min. Lewandowski, a comunicação ao sindicato, no prazo de 10 dias, *transferiria para a entidade sindical a possibilidade de corroborar o acordo individual, afastá-lo ou alterálo, mediante uma negociação coletiva. Ocorre que o Min. Lewandowski ficou vencido e prevaleceu o voto do Ministro*

O STF, ao analisar o pedido de medida cautelar na ADI 6363 proposta contra a Medida Provisória, decidiu manter a eficácia da MP 936/2020.

A maioria dos Ministros entendeu que, durante o estado de calamidade pública, o acordo escrito individual firmado entre o empregado e o empregador para a redução proporcional da jornada de trabalho e do salário é um ato jurídico perfeito e acabado.[121]

Para o STF, a medida provisória em análise tem o intuito de equilibrar as desigualdades sociais provocadas pela pandemia, e deve ser interpretada de acordo com diversos vetores constitucionais: a dignidade da pessoa humana, o trabalho, a livre iniciativa, o desenvolvimento nacional, a erradicação da pobreza e marginalização e a redução das desigualdades. Nesse sentido, a garantia de irredutibilidade salarial apenas faz sentido se existir o direito ao trabalho em primeiro lugar.

Para o STF, a situação de pandemia vem trazendo de forma crescente efeitos econômicos e sociais, como o desemprego e a falta de renda. Nesse contexto, a finalidade da medida provisória é a manutenção do emprego. Diversas empresas, como consequência do panorama atual, provocaram demissões em massa, e a medida provisória procura oferecer uma opção garantidora do trabalho, proporcional entre empregado e empregador.[122]

Salientou o Ministro Alexandre de Morais, que a medida provisória é específica ao definir sua eficácia durante o estado de calamidade (90 dias), período no qual o empregado terá a garantia de manutenção do seu emprego (um total de 24,5 milhões de postos de trabalho), mesmo que com uma redução salarial proporcional à redução de horas trabalhadas. Além disso, haverá complementação de renda por parte do Estado, no valor estimado de 51,2 bilhões de reais.[123]

Por outro lado, a medida provisória também permite a manutenção de diversas empresas, que permanecerão com empregados durante o período e continuarão funcionando futuramente.

Ademais, afirmou o STF que o empregado tem a opção de não aceitar essa redução, juntamente como auxílio emergencial proporcional. Nesse caso, se houver demissão, ele receberá o auxílio-desemprego.

Alexandre de Moraes. A maioria dos Ministros entendeu que, durante o estado de calamidade pública, o acordo escrito individual firmado entre o empregado e o empregador para a redução proporcional da jornada de trabalho e do salário é um ato jurídico perfeito e acabado.

121. Informativo 973: *Vencidos os ministros Ricardo Lewandowski (relator), que deferiu a medida cautelar em parte, no sentido de dar interpretação conforme à Constituição à medida provisória, de maneira a assentar que os acordos deverão ser comunicados pelos empregadores ao respectivo sindicato no prazo de até dez dias, para que este inicie a negociação coletiva se desejar; e os ministros Edson Fachin e Rosa Weber, que a deferiram integralmente, para afastar o uso de acordo individual para dispor sobre as medidas tratadas no texto impugnado.* **ADI 6363 MC-Ref**/DF, STF. Plenário. red. p/ o ac. Min. Alexandre de Moraes, julg. em 16 e 17.04.2020 (Inf 973).

122. **ADI 6363 MC-Ref**/DF, STF. Plenário. red. p/ o ac. Min. Alexandre de Moraes, julg. em 16 e 17.04.2020 (Inf 973).

123. **ADI 6363 MC-Ref**/DF, STF. Plenário. red. p/ o ac. Min. Alexandre de Moraes, julg. em 16 e 17.04.2020 (Inf 973).

Assim, para a maioria do STF, a medida provisória não tem o objetivo simples de legalizar a redução salarial, mas sim de estabelecer mecanismos emergenciais de preservação de emprego e de renda. Não se trata de conflito entre empregado e empregador e da definição salarial como resultado desse embate, que é a situação normal na qual se exige a participação sindical para equilibrar as forças.

Para o STF, a situação atual não exige conflito, mas convergência para a sobrevivência da empresa (especialmente a micro e a pequena), do empregador e do empregado, com o auxílio do governo. Se não houver pacto entre empregadores e empregados, o resultado da pandemia pode ser o dobro de desempregados no país, situação inadmissível que gerará enorme conflito social.[124]

Nesse quadro, afirmou o STF, que possibilitar aos sindicatos que "referendem" os acordos traz três desfechos possíveis: a discordância total, parcial, ou a concordância. E a última hipótese é a ***única*** que não afetará a segurança jurídica e a boa-fé dos acordos.

Isso não significa, entretanto, que os sindicatos ficarão totalmente alheios a esses acordos. Nos termos da medida provisória, eles serão comunicados, para verificar a necessidade de estender os termos de determinado acordo a outros trabalhadores da categoria, ou para indicar a anulação dos acordos, se houver algum vício. O que o texto legal não fez foi ***exigir a anuência sindical*** para que o acordo se torne ato jurídico perfeito, o que diminuiria sensivelmente a eficácia da medida emergencial.[125]

Posteriormente, tivemos também a decisão sobre a MP 927/2020. Em 24.04.2020, o Plenário, por maioria, em conclusão de julgamento conjunto de referendo em medida cautelar em ações diretas de inconstitucionalidade ajuizadas contra diversos artigos da Medida Provisória 927/2020, negou referendo ao indeferimento da medida cautelar somente em relação aos arts. 29 e 31 da referida MP e suspendeu a eficácia desses artigos.

A MP 927/2020 dispos sobre a possibilidade de celebração de acordo individual escrito, a fim de garantir a permanência do vínculo empregatício, durante o período da pandemia do novo coronarvírus (covid-19), bem como sobre diversas providências a serem tomadas nesse período de calamidade pública relativas aos contratos de trabalho.

Na decisão, prevaleceu o voto do ministro Alexandre de Moraes que não vislumbrou razoabilidade nos arts. 29 e 31 da MP 927/2020. Inicialmente, o ministro afirmou que, com exceção dos arts. 29 e 31, a MP 927/2020, em seu conjunto, veio para tentar diminuir os trágicos efeitos econômicos tanto em relação ao empregado,

124. **ADI 6363 MC-Ref**/DF, STF. Plenário. red. p/ o ac. Min. Alexandre de Moraes, julg. em 16 e 17.04.2020 (Inf 973).
125. **ADI 6363 MC-Ref**/DF, STF. Plenário. red. p/ o ac. Min. Alexandre de Moraes, julg. em 16 e 17.04.2020 (Inf 973).

o desemprego, a ausência de renda para sua subsistência, subsistência da sua família, quanto para o empregador, com o fechamento de inúmeras empresas e, consequentemente, com uma crise econômica gigantesca. Ou seja, veio para tentar conciliar durante esse período de pandemia.

Por isso, essas medidas emergenciais não seriam inconstitucionais, porque realmente pretendem compatibilizar — e vêm atingindo em certo ponto esse objetivo — os valores sociais do trabalho.

Elas perpetuam, segundo o Ministro, o vínculo trabalhista, após, inclusive, o término do isolamento com a livre iniciativa, e, nesse sentido, mantêm, mesmo que abalada, a saúde financeira de milhares de empresas, principalmente as micro, pequenas e médias empresas do setor de serviços, que geram milhões de empregos. A ideia da medida provisória na manutenção desse equilíbrio é garantir a subsistência digna do trabalhador e sua família, que continuará, dentro desses parâmetros, mantendo o seu vínculo trabalhista.

Segundo o ministro, porém, os arts. 29 (já trabalhado na nossa obra) e 31 fogem dessa *ratio da norma*, desse binômio *manutenção do trabalho e renda do empregador, sobrevivência da atividade empresarial, conciliação entre empregado e empregador para manutenção do vínculo trabalhista.*[126]

8. DIREITOS SOCIAIS DA SEGURIDADE SOCIAL

8.1. Direito à Saúde

É indiscutível que o direito à saúde relaciona-se de forma direta com o direito à vida.[127] Todavia, não é nada fácil, nem simples, desenvolver um conceito jurídico do que seja saúde. Segundo Reissinger, o principal conceito se dá a partir do próprio preâmbulo da Constituição da Organização Mundial de Saúde: "estado completo de bem-estar físico, mental e social e não apenas a ausência de doenças ou enfermidades."[128]

126. Como já trabalhamos o art.29, vamos fazer referência aqui apenas ao art.31 da MP 927: *"(...) Quanto ao art. 31, o ministro Alexandre de Moraes reputou inexistir razão para a suspender, durante o período de 180 dias, contados da data de entrada em vigor da medida provisória, a atuação completa dos auditores fiscais do trabalho no Ministério da Economia. Para o ministro, o estabelecimento de uma fiscalização menor atenta contra a própria saúde do empregado e em nada auxilia na pandemia. Esclareceu que a norma não prevê, como razão da sua existência, a necessidade do isolamento dos auditores fiscais, mas simplesmente diminui uma fiscalização que é essencial em todos os momentos, inclusive nesse momento excepcional, em que vários direitos trabalhistas estão sendo relativizados."* STF. Plenário. ADI 6342 Ref-MC/DF, ADI 6344 Ref-MC/DF, ADI 6346 Ref-MC/DF, ADI 6348 Ref-MC/DF, ADI 6349 Ref-MC/DF, ADI 6352 Ref-MC/DF e ADI 6354 Ref-MC/DF, red. p/ o ac. Min. Alexandre de Moraes, julgados em 29.04.2020 (Inf. 975).

127. Como marco constitucional, José Afonso da Silva (*Curso de direito constitucional positivo*, p. 309) *destaca que foi a Constituição italiana – e logo após a portuguesa (art. 64) – a primeira a reconhecer tratamento em seu texto à saúde, no seu art. 32.*

128. REISSINGER, Simone, *Aspectos controvertidos do direito à saúde na Constituição Brasileira de 1988*, p. 29. *Ainda que pese sua difusão, temos de concordar com a autora que ele é alvo de severas críticas que o leem sob as luzes de pretensões por demais utópicas.*

A Lei Orgânica da Saúde (Lei nº 8.080/90), por outro lado, apresenta uma leitura que engloba ainda no conceito de saúde um conjunto de ações públicas que assegurem uma vida digna e a autonomia dos sujeitos beneficiários. Por isso mesmo, fala-se em medidas de ***saúde preventiva*** e medidas de ***saúde curativa***:[129] o primeiro conceito se revelaria como um ***status positivus libertatis*** – na leitura de Jellinek, conectado à noção de ***mínimo existencial*** –, enquanto o segundo, um ***status positivus socialis*** (isto é, um direito social, propriamente dito).[130]

A Constituição de 1988, portanto, instituiu um sistema único de saúde (SUS), compreendendo as diversas ações e serviços de natureza pública ligados à saúde a partir de uma rede regionalizada e hierarquizada, sob as seguintes diretrizes: descentralização – com direção única em cada esfera de governo; atendimento integral – fixando prioridades para as atividades de cunho preventivo, mas sem prejuízo dos serviços assistenciais; e possibilidade de participação da comunidade.[131]

A partir da Emenda Constitucional nº 29/00, o § 2º do art. 198 passou a dispor da obrigatoriedade de uma aplicação de recursos mínimos em ações e serviços públicos de saúde, transformando essa reserva de recursos como norma de observância obrigatória, inclusive sob pena de intervenção no caso de descumprimento (art. 34, VII, "e").[132]

Outra importante via de efetivação do direito à saúde se dá pela ação do Ministério Público, que, através de ação civil pública, tem legitimidade para provocar o Poder Judiciário quanto às omissões totais ou parciais por parte do Poder Público na implementação das ações e serviços de saúde.[133]

129. REISSINGER, Simone, *Aspectos controvertidos do direito à saúde na Constituição Brasileira de 1988*, p. 109.
130. Fundamental é a reflexão levada a cabo por **Ronald Dworkin** (*A virtude soberana*: a teoria e a prática da igualdade, p. 431 e ss.) quanto à extensão e aos limites do direito à saúde no Estado Democrático de Direito. Reissinger (*Aspectos controvertidos do direito à saúde na Constituição Brasileira de 1988*, p. 65-69) reconstrói com maestria os principais pontos dos argumentos do jurista de Oxford, concluindo que um ideal de "justiça" na assistência médica deve garantir a todos uma prestação básica, fixando limites para a cobertura universal, abrindo-se aos indivíduos a opção de custeio de planos mais caros; assim, os valores economizados poderiam ser reinvestidos em outras áreas para garantia da melhoria das condições de vida da população. Para a autora, a Lei nº 8.080/90 está de acordo com tal perspectiva.
131. Todavia, Reissinger faz uma importante observação: essa participação pode se dar a partir dos conselhos e conferências de saúde, como forma de viabilização de uma democracia participativa. REISSINGER, Simone, *Aspectos controvertidos do direito à saúde na Constituição Brasileira de 1988*, p.110.
132. Também foi acrescido o art. 77 no ADCT, que estabeleceu, até o exercício de 2004, os valores correspondentes a esses recursos mínimos (REISSINGER, Simone. *Controvertidos do Direito à Saúde na Constituição Brasileira de 1988*, p. 92).
133. "[...] na falta de um posto médico ou unidade hospitalar necessária para a assistência da comunidade local, a decisão poderá consistir na condenação do ente estatal a construí-la e fazê-la funcionar regularmente ou a cobrir os custos de um serviço prestado pela iniciativa privada. Se não adotada nenhuma dessas providências, resta, lamentavelmente, a indenização dos parentes pela perda irreparável da vida humana, em consequência da falta do serviço público de saúde." (CUNHA JÚNIOR, Dirley da, *Curso de direito constitucional*, p. 705).

Uma discussão importante, levantada por Marcos Gouvêa,[134] fica por conta de saber se há um direito subjetivo ao recebimento de medicamentos por parte do Estado. O autor observa que a partir da década de 1990, foi se tornando cada vez mais comum o ajuizamento de ações perante o Judiciário invocando o direito ao recebimento de medicamento por parte do Poder Público – principalmente no caso de pacientes com AIDS, câncer, cirrose, doenças renais etc. Num primeiro momento, essas ações estavam fundadas, principalmente, no art. 196 da Constituição de 1988; após pressões político-sociais, foi publicada a Lei nº 9.313, dispondo sobre a "distribuição gratuita de medicamentos aos portadores do HIV e doentes de AIDS".[135] Os recursos para tais medicamentos viriam dos respectivos orçamentos da União, dos Estados e dos Municípios, a serem regulamentados.

Por parte dos Tribunais – e principalmente, dos Tribunais Superiores – a discussão de casos concretos envolvendo o direito ao recebimento de medicamentos primeiramente receberam uma leitura processual, em que não se reconhecia um ***direito líquido e certo*** a tal pretensão,[136] por reconhecer mero caráter ***programático*** a tais normas.[137] Em seguida, o STJ passou a dar plena aceitação aos pedidos (conforme o Recurso Espacial nº 83.800/RS). Certo é que o STF, desde 1999, demonstra assumir um posicionamento favorável ao deferimento (contextualizado) das pretensões aos medicamentos.[138] Nesses termos, temos ainda que o STF, recentemente, com fundamento no art. 23, II da CR/88, afirmou, a **responsabilidade solidária** dos entes da Federação no que tange ao direito fundamental a saúde. Nesse sentido, foi a ementa da **STA nº 175** em AgR julgado em **10.03.2010**: "(...) Direitos fundamentais sociais. Art. 196 da Constituição. Audiência Pública. Sistema Único de Saúde – SUS. Políticas públicas. Judicialização do direito à saúde. Separação de poderes. Parâmetros para solução judicial dos casos concretos que envolvem direito à saúde. Responsabilidade solidária dos entes da Federação em matéria de saúde. Fornecimento de medicamento: Zavesca (miglustat). Fármaco registrado na ANVISA. Não comprovação de grave lesão à ordem, à economia, à saúde e à segurança pública. Possibilidade de ocorrência de dano inverso. Agravo regimental a que se nega provimento (...)"[139].

---

134. GOUVÊA, Marcos Maselli, *O Direito ao fornecimento estatal de medicamentos*, p. 199.
135. GOUVÊA, Marcos Maselli, *O Direito ao fornecimento estatal de medicamentos*, p. 202. O autor observa que a lei não faz nenhuma distinção econômica aos portadores do HIV, garantindo a todos, portanto, o recebimento dos remédios, independentemente de qualquer demonstração de hipossuficiência.
136. Notadamente, os Recursos Especiais nº 57.613/RS e nº 57.603/RS. (GOUVÊA, Marcos Maselli, *O Direito ao fornecimento estatal de medicamentos*, p. 204).
137. Importante, então, a decisão do **RE nº 271.286**, na qual o Min. Relator Celso de Mello **considerou a norma do art. 196 da Constituição da República como de** *aplicabilidade imediata*, **respondendo que o caráter de programaticidade não poderia servir de escusa para os Poderes Públicos**, transformando a norma em uma espécie de promessa constitucional inconsequente. Ver também: LUPION, Ricardo, *O direito fundamental à saúde e o princípio da impessoalidade*, p. 349-350.
138. **RE nº 257.109, RE nº 242.859, RE nº 247.900, RE nº 279.519.**
139. Nos termos do **informativo 579** do **STF**: O Tribunal negou provimento a agravo regimental interposto pela União contra a decisão da Presidência do STF que, por **não** vislumbrar **grave lesão à ordem, à economia e**

Outra questão importante sobre o tema (do ***direito social à saúde***), envolve a discussão sobre o intitulado **atendimento de urgência na rede hospitalar**. Certo é que, a recente Lei nº 12.653 de **28.05.2012**, tipificou o *crime de condicionar atendimento médico-hospitalar emergencial a qualquer tipo garantia.*

Nesses termos, conforme o recém-criado art. 135-A do Código Penal, é crime exigir cheque-caução, nota promissória ou qualquer garantia, bem como o preenchimento prévio de formulários administrativos, como condição para o atendimento médico-hospitalar emergencial. A pena será de detenção, de 3 (três) meses a 1 (um) ano, e multa. A pena é aumentada até o dobro se da negativa de atendimento resulta lesão corporal de natureza grave, e até o triplo se resulta a morte.

Temos ainda, que, o estabelecimento de saúde que realize atendimento médico-hospitalar emergencial, a partir da nova Lei, ora em comento, fica obrigado a afixar, em local visível, cartaz ou equivalente, com a seguinte informação: "Constitui crime a exigência de cheque-caução, de nota promissória ou de qualquer garantia, bem como do preenchimento prévio de formulários administrativos, como condição para o atendimento médico-hospitalar emergencial, nos termos do art. 135-A do Decreto-Lei nº 2.848, de 7 de dezembro de 1940 – Código Penal.

8.2. Direito à Previdência Social

O direito à previdência social se expressa na prerrogativa dada ao indivíduo para que o mesmo se vincule a um regime de previdência social, sendo-lhe, portanto, assegurado, mediante contribuição: cobertura de doenças, invalidez, morte e idade avançada; ainda, a proteção à maternidade, salário-família e auxílio-reclusão para os dependentes dos segurados de baixa renda; e pensões, por morte ao cônjuge ou companheiro, bem como aos seus dependentes.

à saúde públicas, indeferira pedido de **suspensão de tutela antecipada** formulado pela agravante contra acórdão proferido pela 1ª Turma do Tribunal Regional Federal da 5ª Região. Na espécie, o TRF da 5ª Região determinara à União, ao Estado do Ceará e ao Município de Fortaleza que fornecessem a **jovem portadora da patologia denominada Niemann-Pick tipo C** certo medicamento que possibilitaria aumento de sobrevida e melhora da qualidade de vida, mas o qual a família da jovem não possuiria condições para custear. (...) Relativamente à **possibilidade de intervenção do Poder Judiciário,** reportou-se à decisão proferida na **ADPF 45** MC/DF (DJU de 29.4.2004), acerca da **legitimidade constitucional do controle e da intervenção do Poder Judiciário** em tema de **implementação de políticas públicas**, quando configurada hipótese de **injustificável inércia estatal ou de abusividade governamental.** No que se refere à assertiva de que a decisão objeto desta suspensão invadiria competência administrativa da União e provocaria desordem em sua esfera, ao impor-lhe deveres que seriam do Estado e do Município, considerou-se que a decisão agravada teria deixado claro existirem casos na jurisprudência da Corte que afirmariam a **responsabilidade solidária** dos entes **federados em matéria de saúde** (RE 195192/RS, DJU de 31.3.2000 e RE 255627/RS, DJU de 23.2.2000). Salientou-se, ainda, que, quanto ao desenvolvimento prático desse tipo de responsabilidade solidária, deveria ser construído um modelo de cooperação e de coordenação de ações conjuntas por parte dos entes federativos. (...) Rel. Min. Gilmar Mendes. Julg. em **17.03.2010**.

Para tanto, o tratamento constitucional ao tema, se dá em dois níveis. Temos os **benefícios** em que são exemplos: prestações pecuniárias consistentes na aposentadoria, auxílios por doença, salário-maternidade, bem como a pensão por morte do segurado. E de outro lado, temos os **serviços** como espécies de prestações assistenciais, tendo como exemplo: a reabilitação profissional. Os serviços são prestados por equipe multidisciplinar (médicos, assistentes sociais, psicólogos, fisioterapeutas, entre outros profissionais).[140]

8.3. Direito à Assistência Social

Já o direito à assistência social garantido na Constituição de 1988 se dá ***independentemente de qualquer contribuição prévia*** e se destina: à proteção da família, à maternidade, à infância, à adolescência e à velhice; ao amparo de crianças e adolescentes carentes. Além disso, apresenta normas para a habilitação e reabilitação de pessoas com necessidades especiais, com garantia de benefício mensal a todos aqueles que não apresentarem meios para promover sua própria manutenção e/ou de sua família, conforme previsão em legislação infraconstitucional.[141]

Caracteriza-se pela ***solidariedade financeira***, já que seus recursos têm origens no orçamento geral da seguridade social e não de contribuições específicas.[142]

9. DIREITOS SOCIAIS À EDUCAÇÃO E À CULTURA

9.1. Direito à Educação

Outro importante direito social com previsão expressa no art. 6º da Constituição brasileira é o direito à educação, que se rege pelos objetivos gerais do **pleno desenvolvimento da pessoa**; do **preparo para o exercício da cidadania**; e da **qualificação da pessoa para o trabalho**.[143]

Lembra Emerson Garcia[144] que o direito à educação não é matéria nova nas Constituições brasileiras, estando presente desde à Carta Imperial, que previa a ***instrução primária*** como direito de todos.

O art. 205 da Constituição vigente, de modo claro, explicita que a educação é direito de todos e dever do Estado. Mas o que entender com tal assertiva? Primeiro, nos termos da **EC nº 59/09**, que a educação básica será obrigatória e gratuita dos 4 (quatro) aos 17 (dezessete) anos de idade, assegurada inclusive sua oferta gratuita para todos os que a ela não tiveram acesso na idade própria.

140. Sobre o Estudo da Previdência Social e a sua recente Reforma (EC nº 103/2019) ver o capítulo 21 da obra.
141. CUNHA JÚNIOR, Dirley da, *Curso de direito constitucional*, p. 706.
142. SILVA, José Afonso da, *Curso de direito constitucional positivo*, p. 311.
143. SILVA, José Afonso da, *Curso de direito constitucional positivo*, p. 312.
144. GARCIA, Emerson, *O Direito à Educação e suas perspectivas de efetividade*, p. 165.

Assim, em caso de descumprimento, o seu titular pode exigir judicialmente que o Estado seja obrigado, por meio de procedimento judicial, a proporcionar o gozo desse direito, sob pena de caracterização de inconstitucionalidade por omissão.[145]

Também é do âmbito de competência do Ministério Público a fiscalização e o ajuizamento de medidas corretivas no sentido de:

- determinar a construção e o correto funcionamento de escolas;[146]
- o custeamento pelo Estado de estudo em instituição de ensino da rede privada existente no local; e
- condenação por indenização em razão da omissão ilícita.

É preciso lembrar que a Constituição não esgota as normas sobre educação, sendo necessária a remissão à Lei nº 8.069/90 (Estatuto da Criança e do Adolescente).[147] Outro importante diploma normativo é a Lei nº 9.394/96 (Lei de Diretrizes e Bases da Educação Nacional).

Assim como acontece na efetivação do direito à saúde, no direito à educação a Constituição fixou um mínimo de recursos financeiros que devem, necessariamente, ser aplicados a partir do montante obtido nas receitas públicas. Tais recursos destinam-se à manutenção e ao desenvolvimento do ensino: a União aplicará, anualmente, nunca menos de 18% e os Estados, o Distrito Federal e os Municípios nunca menos de 25% da sua receita proveniente de impostos – aqui compreendida a proveniente de transferências.[148]

Há ainda previsão constitucional para uma ***fonte adicional de financiamento ao ensino*** por meio de uma contribuição social (art. 212, § 5º).

Importante lembrar, também, que o direito à educação não se encontra restrito ao universo do ensino fundamental, alcançando também o ***ensino superior***. Falar em proteção constitucional à liberdade de escolha profissional (art. 5º, XIII) é, indiretamente, compreender que cabe ao Estado promover prestações para efetivação do direito ao ensino superior.[149] Aqui é interessante citarmos decisão nesse sentido, proferida pelo Tribunal Constitucional alemão,[150] em que foi acolhida essa tese, de modo que o ensino superior é direito pressuposto para o livre exercício de uma

145. CUNHA JÚNIOR, Dirley da, *Curso de direito constitucional*, p. 707.
146. "Todavia, embora juridicamente possível, essa medida judicial pode encontrar obstáculos de ordem econômica, impostos pela falácia do limite fático da reserva do possível." CUNHA JÚNIOR, Dirley da, *Curso de direito constitucional*, p. 707.
147. Notadamente, o art. 208 da Lei nº 8.069/90.
148. Conforme o **art. 212 § 3º** com redação dada pela **EC nº 59/09**: *A distribuição dos recursos públicos assegurará prioridade ao atendimento das necessidades do ensino obrigatório, no que se refere a universalização, garantia de padrão de qualidade e equidade, nos termos do plano nacional de educação.*
149. CUNHA JÚNIOR, Dirley da, *Curso de direito constitucional*, p. 710.
150. *BVerf*GE 33, 303.

profissão, marcando aqui a tese de ***direitos a prestações implícitas*** no texto constitucional alemão.

Sobre o ensino superior, é importante citarmos, novamente, a recente **Lei nº 12.711** de **29.08.2012 que** determinou que as **instituições federais de educação superior** vinculadas ao Ministério da Educação reservarão, em cada concurso seletivo para ingresso nos cursos de graduação, por curso e turno, no mínimo 50% (cinquenta por cento) de suas vagas para estudantes que tenham cursado integralmente o ensino médio em escolas públicas. No preenchimento dessas vagas 50% (cinquenta por cento) deverão ser reservados aos estudantes oriundos de famílias com renda igual ou inferior a 1,5 salário-mínimo (um salário-mínimo e meio) per capita.

Segundo a Lei n° 12.711/2012, em cada instituição federal de ensino superior, as vagas acima citadas serão preenchidas, por curso e turno, por autodeclarados pretos, pardos e indígenas, em proporção no mínimo igual à de pretos, pardos e indígenas na população da unidade da Federação onde está instalada a instituição, segundo o último censo do Instituto Brasileiro de Geografia e Estatística (IBGE). No caso de não preenchimento das vagas segundo esses critérios, aquelas remanescentes deverão ser completadas por estudantes que tenham cursado integralmente o ensino médio em escolas públicas.

O Poder Executivo promoverá, no prazo de **10 (dez) anos**, a contar da publicação da Lei nº 12.711/2012, a revisão do programa especial para o acesso de estudantes pretos, pardos e indígenas, bem como daqueles que tenham cursado integralmente o ensino médio em escolas públicas, às instituições de educação superior.

No que tange ao acompanhamento do programa, reza no diploma normativo, que o Ministério da Educação e a Secretaria Especial de Políticas de Promoção da Igualdade Racial, da Presidência da República, serão responsáveis pelo acompanhamento e avaliação do programa de que trata a Lei nª 12.711/2012, ouvida a Fundação Nacional do Índio (Funai).

9.2. Direito à Cultura

O art. 215 da Constituição de 1988, estabelece a proteção ao pleno exercício dos direitos culturais e o acesso às fontes de cultura, apoiando e incentivando a valorização e a difusão das manifestações.

Para tanto, o Poder Público, com a colaboração da comunidade, promoverá e protegerá o patrimônio cultural brasileiro, por meio de inventários, registros, vigilância, tombamento e desapropriação, e de outras formas de acautelamento e preservação. Nesses termos, os danos e ameaças ao patrimônio cultural serão punidos, na forma da lei[151].

151. Conforme o art. 216 § 3º da CR/88: A lei estabelecerá incentivos para a produção e o conhecimento de bens e valores culturais. Nos termos do art. 216 § 6º da CR/88: É facultado aos Estados e ao Distrito Federal vincular

Segundo o art. 216 da CR/88, constituem **patrimônio cultural brasileiro** bens de natureza material e imaterial, tomados individualmente ou em conjunto, portadores de referência à identidade, à ação, à memória dos diferentes grupos formadores da sociedade brasileira, nos quais se incluem: as formas de expressão; os modos de criar, fazer e viver; as criações científicas, artísticas e tecnológicas; as obras, objetos, documentos, edificações e demais espaços destinados às manifestações artístico-culturais; os conjuntos urbanos e sítios de valor histórico, paisagístico, artístico, arqueológico, paleontológico, ecológico e científico. O § 5º do art. 216, ainda, tomba, automaticamente, todos os documentos e os sítios detentores de reminiscências históricas dos antigos quilombos.

Certo é que, a Constituição de 1988, se preocupou em determinar a criação de **Plano Nacional de Cultura** plurianual para o desenvolvimento cultural do Brasil, integrando ações de defesa e valorização do patrimônio cultural, produção, promoção e difusão de bens culturais, formação de pessoal qualificado para gestão da cultura, democratização do acesso aos bens de cultura e valorização da diversidade étnica e regional.

Por último, conforme a **Emenda Constitucional nº 71** de 29.11.2012, nos termos do art. 216-A, foi criado o **Sistema Nacional de Cultura**, organizado em regime de colaboração, de forma descentralizada e participativa.

Esse sistema, institui um processo de gestão e promoção conjunta de políticas públicas de cultura, democráticas e permanentes, pactuadas entre os entes da Federação e a sociedade, tendo por objetivo promover o desenvolvimento humano, social e econômico com pleno exercício dos direitos culturais.

Nos termos do recém-positivado art. 216-A da CR/88, em seu § 1º, o **Sistema Nacional de Cultura**, fundamenta-se na política nacional de cultura e nas suas diretrizes, estabelecidas no Plano Nacional de Cultura, e rege-se pelos seguintes princípios: I – diversidade das expressões culturais; II – universalização do acesso aos bens e serviços culturais; III – fomento à produção, difusão e circulação de conhecimento e bens culturais; IV – cooperação entre os entes federados, os agentes públicos e privados atuantes na área cultural; V – integração e interação na execução das políticas, programas, projetos e ações desenvolvidas; VI – complementaridade nos papéis dos agentes culturais; VII – transversalidade das políticas culturais; VIII – autonomia dos entes federados e das instituições da sociedade civil; IX – transparência e compartilhamento das informações; X – democratização dos processos decisórios

---

a fundo estadual de fomento à cultura até cinco décimos por cento de sua receita tributária líquida, para o financiamento de programas e projetos culturais, vedada a aplicação desses recursos no pagamento de: (Incluído pela Emenda Constitucional nº 42, de 19.12.2003) I – despesas com pessoal e encargos sociais; (Incluído pela EC nº 42, de 19.12.2003) II – serviço da dívida; (Incluído pela EC nº 42, de 19.12.2003) III – qualquer outra despesa corrente não vinculada diretamente aos investimentos ou ações apoiados. (Incluído pela EC nº 42, de 19.12.2003)

com participação e controle social; XI – descentralização articulada e pactuada da gestão, dos recursos e das ações; XII – ampliação progressiva dos recursos contidos nos orçamentos públicos para a cultura.

Ainda de acordo com a **EC nº 71/2012**, constitui a estrutura do **Sistema Nacional de Cultura**, nas respectivas esferas da Federação: I – órgãos gestores da cultura; II – conselhos de política cultural; III – conferências de cultura; IV – comissões intergestores; V – planos de cultura; VI – sistemas de financiamento à cultura; VII – sistemas de informações e indicadores culturais; VIII – programas de formação na área da cultura; e IX – sistemas setoriais de cultura.

Sobre a regulamentação infraconstitucional, afirmou a **EC nº 71/2012**, que Lei federal disporá sobre a regulamentação do **Sistema Nacional de Cultura**, bem como de sua articulação com os demais sistemas nacionais ou políticas setoriais de governo. Já os Estados, o Distrito Federal e os Municípios organizarão **seus respectivos sistemas de cultura** em leis próprias.

10. DIREITOS RELATIVOS À MORADIA

No art. 23, IX, da Constituição de 1988 está a previsão do ***direito à moradia*** como direito social, fixando a competência comum dos entes da Federação para promoção de programas de construção de moradias e de melhorias das condições de habitação e de saneamento da população.

Isso significa, que todos têm direito à uma ***residência*** – não importando a forma física que assuma (se uma casa, um apartamento etc.), para nela habitar. Não pode ser confundido com o "direito à casa própria", mas apenas a garantia de um teto capaz de abrigar o indivíduo sozinho ou com sua família. Para muitos autores, todavia, fica claro que tal direito deve ser lido à luz dos parâmetros fixados pela ***dignidade humana***, sendo implícito, em seu espectro, que tal edificação tenha dimensões adequadas para abrigo do indivíduo e familiares, bem como proporcione ao indivíduo condições de higiene, privacidade e conforto mínimos.[152]

11. DIREITOS SOCIAIS AO MEIO AMBIENTE ECOLOGICAMENTE EQUILIBRADO

O meio ambiente ecologicamente equilibrado é condição fundamental para a manutenção da vida humana em nosso planeta, e, não obstante seja definido constitucionalmente como direito da ordem social, é também um direito difuso por excelência – já que ainda um direito pertencente não apenas às gerações do presente, como ainda das gerações futuras.

152. SILVA, José Afonso da, *Curso de direito constitucional positivo*, p. 314.

Nesses termos, adotando-se uma perspectiva pragmática da filosofia da linguagem, ele pode se apresentar (à luz do ***contexto de aplicação***) como um direito social, ou mesmo como um direito difuso (de cunho transindividual[153]).

Nesses termos, "de princípio conformador da ordem econômica, tem seu conteúdo ampliado, quando se reconhece que, além de um fator da produção, é a proteção do meio ambiente uma condição essencial para o livre desenvolvimento das potencialidades do indivíduo e para a melhoria da convivência social. Assim, inobstante não inserido no título II da Constituição Federal, deve-se considerar que o direito ao meio ambiente ecologicamente equilibrado, consagrado no art. 225, é, sem sombra de dúvida, um direito fundamental, porque é uma prerrogativa individual, cuja realização envolve uma série de atividades públicas e privadas, produzindo não só a sua consolidação no mundo da vida como trazendo, em decorrência disto, uma melhoria das condições de desenvolvimento das potencialidades individuais, bem como uma ordem social livre.[154]

Aqui, é importante salientar, que a doutrina já se desenvolve, no sentido de reconhecer aos direitos ambientais uma fundamentalidade (e centralidade), que visa a trabalhar a concepção da dimensão ecológica como ***"direito ao mínimo existencial ambiental"***. Nesses termos, da compreensão de necessidades humanas básicas, na perspectiva das presentes e futuras gerações, coloca-se a reflexão acerca da exigência de um patamar mínimo de qualidade ambiental, sem o qual a dignidade da pessoa humana (e, para além dessa, a qualidade da vida em termos gerais) estaria violada no seu núcleo essencial. O âmbito de proteção do direito à vida, diante do quadro de riscos ambientais contemporâneos, para atender ao padrão de dignidade (e também de salubridade) assegurado constitucionalmente, deve ser ampliado no sentido de abarcar a dimensão ambiental no seu quadro normativo. De tal sorte, impõe-se a conjugação dos direitos sociais e dos direitos ambientais para efeitos de identificação dos patamares necessários de tutela da dignidade humana, no sentido do reconhecimento de um direito-garantia do ***mínimo existencial socioambiental***, precisamente pelo fato de tal direito abarcar o desenvolvimento de todo o potencial da vida humana até a sua própria sobrevivência como espécie, no sentido de uma proteção do homem contra sua própria ação predatória[155].

Por isso mesmo, o Poder Público deve se voltar para sua proteção, podendo em casos de omissão – ou mesmo quando é o próprio Estado o ente poluidor – qualquer do povo constrangê-lo a respeitar tal direito em juízo.

---

153. Embora, é bom ressaltar que para a doutrina "**tradicional**" ele é considerado **um direito de 3ª geração (dimensão) de cunho coletivo e difuso**.
154. CUNHA JÚNIOR, Dirley da, *Curso de direito constitucional*, p. 712.
155. SARLET, Ingo e FENTERSEIFER, Tiago. *Estado socioambiental e mínimo existencial (ecológico?): algumas aproximações*. p, 27, 2010.

A participação popular, todavia, não se esgota no universo das ações judiciais, mas transborda a seara dos fóruns, para ganhar espaço em discussões públicas na forma de audiências públicas, fortificando a participação cidadã na tomada de decisões administrativas.

12. DIREITOS SOCIAIS DA CRIANÇA, DO ADOLESCENTE, DO JOVEM E DO IDOSO

A atual Constituição faz previsão expressa de proteção às crianças, aos adolescentes e aos jovens (esses nos termos da EC n° 65/2010), incluindo normas de direitos sociais, para tal. Nesse sentido, reza que é dever da família, da sociedade e do Estado assegurar à **criança, ao adolescente e ao jovem (nos termos da EC n° 65/2010)**, com absoluta prioridade, o direito à vida, à saúde, à alimentação, à educação, ao lazer, à profissionalização, à cultura, à dignidade, ao respeito, à liberdade e à convivência familiar e comunitária, além de colocá-los a salvo de toda forma de negligência, discriminação, exploração, violência, crueldade e opressão.

Assegura a Constituição, também, que o Estado **promoverá programas** de assistência integral à saúde da **criança, do adolescente e do jovem**[156], admitida a participação de entidades não governamentais, mediante políticas específicas.

No tocante à proteção à família – como instituição basilar da sociedade brasileira –, a Constituição expressamente veda qualquer designação discriminatória relativa à filiação, abolindo-se, assim, qualquer distinção entre filhos havidos ou não da relação matrimonial, ou por adoção. A Constituição assegura, com fundamento nos princípios da dignidade da pessoa humana e da paternidade responsável, o planejamento familiar como livre decisão do casal, competindo ao Estado propiciar recursos educacionais e científicos para o exercício desse direito, vedada qualquer forma coercitiva do mesmo por parte de instituições oficiais ou privadas. Temos, por último, ainda que o Estado assegurará a assistência à família na pessoa de cada um dos que a integram, criando mecanismos para coibir a violência no âmbito de suas relações.

Outra importante normatização está no art. 228 da Constituição de 1988 que prevê, nos termos de lei especial, o tratamento a ser aplicado aos menores penalmente inimputáveis (menores de dezoito anos) em caso de infrações.

Se de um lado a **infância**, a **adolescência** e agora a **juventude** (EC nº 65/2010), receberam uma preocupação do Constituinte, com igual razão o mesmo voltou-se

156. Nos termos da **EC n° 65/2010** a **lei** estabelecerá: **a)** o **estatuto da juventude**, destinado a regular os direitos dos jovens; **b)** o **plano nacional de juventude**, de duração decenal, visando à articulação das várias esferas do poder público para a execução de políticas públicas."

para proteção aos ***idosos***. Sua tutela é comum à família, à sociedade e ao Estado, devendo estes defender a sua dignidade, bem-estar e o direito à vida.[157] Todavia, não é simples definir quem são os sujeitos nesse caso, optando o sistema jurídico brasileiro por um critério legal (fixado em lei) baseado na idade (comprovada por documento hábil).[158] Nos termos da Lei nº **10.741/2003**, foi instituído o **Estatuto do Idoso**, destinado a regular os direitos assegurados às pessoas com idade igual ou superior a 60 (sessenta) anos.[159]

---

157. DINIZ, Fernanda Paula, *A interpretação constitucional dos direitos dos idosos no código civil*, p. 169.
158. DINIZ, Fernanda Paula, *A interpretação constitucional dos direitos dos idosos no código civil*, p. 166.
159. **Lei 10.741/03** (**Estatuto do Idoso**): Art. 3º: É obrigação da família, da comunidade, da sociedade e do Poder Público assegurar ao idoso, com absoluta prioridade, a efetivação do direito à vida, à saúde, à alimentação, à educação, à cultura, ao esporte, ao lazer, ao trabalho, à cidadania, à liberdade, à dignidade, ao respeito e à convivência familiar e comunitária. § 1º A garantia de prioridade compreende: (Redação dada pela Lei nº 13.466, de 2017) I – atendimento preferencial imediato e individualizado junto aos órgãos públicos e privados prestadores de serviços à população; II – preferência na formulação e na execução de políticas sociais públicas específicas; III – destinação privilegiada de recursos públicos nas áreas relacionadas com a proteção ao idoso; IV – viabilização de formas alternativas de participação, ocupação e convívio do idoso com as demais gerações; V – priorização do atendimento do idoso por sua própria família, em detrimento do atendimento asilar, exceto dos que não a possuam ou careçam de condições de manutenção da própria sobrevivência; VI – capacitação e reciclagem dos recursos humanos nas áreas de geriatria e gerontologia e na prestação de serviços aos idosos; VII – estabelecimento de mecanismos que favoreçam a divulgação de informações de caráter educativo sobre os aspectos biopsicossociais de envelhecimento; VIII – garantia de acesso à rede de serviços de saúde e de assistência social locais. IX – prioridade no recebimento da restituição do Imposto de Renda. (Incluído pela Lei nº 11.765, de 2008). § 2º Dentre os idosos, é assegurada prioridade especial aos maiores de oitenta anos, atendendo-se suas necessidades sempre preferencialmente em relação aos demais idosos. (Incluído pela Lei nº 13.466, de 2017) Art. 4º Nenhum idoso será objeto de qualquer tipo de negligência, discriminação, violência, crueldade ou opressão, e todo atentado aos seus direitos, por ação ou omissão, será punido na forma da lei. § 1º É dever de todos prevenir a ameaça ou violação aos direitos do idoso. § 2º As obrigações previstas nesta Lei não excluem da prevenção outras decorrentes dos princípios por ela adotados. Art. 5º A inobservância das normas de prevenção importará em responsabilidade à pessoa física ou jurídica nos termos da lei. Art. 6º Todo cidadão tem o dever de comunicar à autoridade competente qualquer forma de violação a esta Lei que tenha testemunhado ou de que tenha conhecimento. Art. 7º Os Conselhos Nacional, Estaduais, do Distrito Federal e Municipais do Idoso, previstos na Lei nº 8.842, de 4 de janeiro de 1994, zelarão pelo cumprimento dos direitos do idoso, definidos nesta Lei.

10

Direitos da Nacionalidade

Sumário: 1. Conceito de nacionalidade e algumas definições: povo, população, nação e cidadão – 2. Natureza jurídica dos direitos de nacionalidade – 3. Espécies de nacionalidade – 4. Critério de aquisição da nacionalidade primária – 5. Critério de aquisição da nacionalidade secundária – 6. Análise específica do Brasil: 6.1. Nacionalidade primária; 6.2. Nacionalidade secundária – 7. Distinção entre brasileiros natos e naturalizados – 8. Perda do direito de nacionalidade – 9. Reflexões sobre a lei de migração (LEI Nº 13.445/2017). Extradição, Transferência de execução de pena e de pessoa condenada. Das medidas de retirada compulsória: Expulsão, Deportação e repatriação. Asilo Político e Refúgio: 9.1. A nova Lei de Migração (Lei nº 13.445/2017); 9.2. Extradição: 9.2.1. Conceito de extradição; 9.2.2. Espécies de extradição; 9.2.3. Procedimento para a extradição e decisão sobre ela; 9.2.4. Requisitos para a extradição; 9.3. Transferência de Execução de Pena e da Pessoa Condenada; 9.4. Das Medidas de Retirada Compulsória: 9.4.1. Expulsão; 9.4.2. Deportação; 9.4.3. Repatriação; 9.5. Asilo Político e Refúgio.

1. CONCEITO DE NACIONALIDADE E ALGUMAS DEFINIÇÕES: POVO, POPULAÇÃO, NAÇÃO E CIDADÃO

Podemos entender a nacionalidade como o vínculo jurídico-político que liga o indivíduo a um determinado Estado, ou seja, que faz desse indivíduo um integrante da dimensão pessoal desse Estado.[1] Portanto, passa o indivíduo a pertencer ao povo do Estado, como sujeito de direitos e dotado de direitos e deveres, sendo, assim, um indivíduo nacional do Estado.

O conceito de nacionalidade equivale ao conceito de povo, que é um conceito de viés jurídico, que é diferente do conceito de população. Esta (população) é um conceito geográfico econômico, sendo o conjunto de habitantes de determinado Estado, sejam eles nacionais ou estrangeiros.

Assim sendo, temos ainda a definição de nação. Esse conceito é de viés sociológico e diz respeito a um agrupamento humano ligado por laços comuns, étnicos, raciais, religiosos, culturais e linguísticos. Nesses termos, a noção de nação envolve a consciência coletiva comum, um pano de fundo conjugado e independente de um Estado nacional definido territorialmente.

Por último, a doutrina pátria trabalha o conceito de cidadão, que é definido como o nacional dotado de capacidade eleitoral ativa. Ou seja, o nacional (seja nato ou naturalizado) que vota. Nesse sentido, a definição é eminentemente técnico-jurídica, não sendo de cunho político-filosófico.

1. CARVALHO, Aluísio Dardaeu de, *Nacionalidade e cidadania*, 1956, p. 11.

2. NATUREZA JURÍDICA DOS DIREITOS DE NACIONALIDADE

Os direitos de nacionalidade têm a natureza jurídica de direito público, sendo considerados normas materialmente constitucionais, ainda que não estejam dentro da constituição formal.

3. ESPÉCIES DE NACIONALIDADE

Nacionalidade primária (originária): é aquela que surge por meio de um fato natural (o nascimento).

Nacionalidade secundária (derivada/adquirida): é aquela que surge de um fato volitivo (independe do nascimento), ou seja, de um ato de vontade do indivíduo de adquirir a nacionalidade secundária.

4. CRITÉRIO DE AQUISIÇÃO DA NACIONALIDADE PRIMÁRIA

1) ***ius sanguinis*** (critério sanguíneo): será nacional de um país, aquele que for descendente dos nacionais daquele país.

2) ***ius soli*** (critério territorial): será nacional de um país, aquele que nascer no território daquele país, independentemente dos seus ascendentes.

A rigor, o critério escolhido pelo país é algo que se relaciona com suas características. Sem dúvida, a definição do critério é uma questão legal (jurídica), mas que também envolve uma perspectiva estratégica. Nesse sentido, os critérios sanguíneo e territorial vão guardar íntima relação com a história e com os objetivos do país. Nesses termos, existem países que desenvolveram nos séculos XIX e XX uma vocação para emigração e outros para imigração. Os países de forte emigração adotam o critério sanguíneo; tendo o objetivo de preservar a identidade, a nacionalidade e o conceito do seu povo, como, por exemplo, a Itália. O Brasil sempre adotou como regra o critério territorial, em decorrência da imigração, sobretudo, do século XIX, caracterizando-se como brasileiro o filho de estrangeiros nascido no Brasil, fazendo com que imigrantes criassem um laço (comunhão) com o Brasil. Concluímos reafirmando que a posição adotada pelo país depende dele ser de forte emigração ou imigração e, obviamente, das circunstâncias do momento.

Nesses termos, algumas considerações são necessárias, devido justamente à posição adotada pelos países, que pode gerar consequências para os indivíduos, quais sejam:

a) **Polipátrida**: é aquele que tem mais de uma nacionalidade. Ex.: filhos de italianos nascidos no Brasil via de regra serão italianos e brasileiros (pois a Itália tem critério sanguíneo e o Brasil tem critério territorial). O Brasil apenas não assumirá o indivíduo como brasileiro se um dos pais estiver a serviço do seu país de origem;

b) **Apátrida (*heimatlos*)**: é aquele que não tem nenhuma nacionalidade.[2] Ex.: filho de brasileiros nascido na Itália (não será italiano, pelo fato de a Itália adotar o critério sanguíneo e, pelo menos a princípio, não seria brasileiro pelo fato de o Brasil adotar o critério territorial).

A conclusão é óbvia e envolve o Brasil, pois países que adotam o critério territorial não poderão adotar o critério territorial somente, além deste terá que adotar o critério sanguíneo para que não haja indivíduos apátridas. Teremos, portanto, e, é o nosso caso, um critério regra (puro) territorial e o critério sanguíneo conjugado com formas mistas.

5. CRITÉRIO DE AQUISIÇÃO DA NACIONALIDADE SECUNDÁRIA

São critérios eminentemente legais, definidos por determinação normativa dos países. Nesse sentido, os indivíduos vão adquirir a nacionalidade secundária (derivada) conforme a legislação específica dos Estados nacionais e, conforme observado, envolvem um ato de vontade seja tácito ou expresso.

6. ANÁLISE ESPECÍFICA DO BRASIL

6.1. Nacionalidade primária

A nacionalidade primária (originária) se encontra no art. 12 da CR/88, sendo as hipóteses taxativamente previstas na Constituição. Portanto, temos um rol fechado que não é meramente exemplificativo, não havendo hipótese de nacionalidade primária na legislação infraconstitucional. A rigor, qualquer modificação na Constituição só pode se dar por emenda constitucional. Nesses termos:

1º) Critério Territorial puro do art. 12, I, "a": nacionalidade primária – os nascidos na República Federativa do Brasil. Porém, há uma exceção na qual mesmo nascendo em território brasileiro o indivíduo será estrangeiro. Isso ocorrerá se ambos os pais do mesmo forem estrangeiros e um deles estiver a serviço do país de origem.

Aqui são necessárias duas observações:

a) O que consideramos território? O território será todo o território físico; o solo (ilhas, baias, golfos), o mar territorial, o espaço aéreo nacional; e territorial ficto (navios e aviões de guerra, no espaço aéreo ou marítimo, nacional ou internacional; navios e aviões mercantis). Ex.: mulher brasileira que dá à luz em avião comercial no espaço aéreo italiano, nesse caso seu filho será brasileiro.

2. O art. XV da Declaração Universal dos Direitos Humanos de 1948 afirma que toda pessoa tem direito a uma nacionalidade.

b) Como podemos entender a exceção em que ambos os pais sejam estrangeiros, e que pelo menos um deles esteja a serviço do seu país? Senão vejamos como exemplos: 1: Mãe americana com pai holandês, sendo que o pai trabalha para a Bélgica. O filho é brasileiro, pois nenhum dos pais está a serviço de seu país de origem. 2: mãe americana e pai holandês, sendo que a mãe trabalha para a Coca-Cola e o pai trabalha para a Bélgica. O filho será brasileiro, pois a prestação de serviço é para empresa privada do país de origem e não para o país (em termos públicos). Portanto, ambos os pais devem ser estrangeiros e pelo menos um deles deve estar realmente a serviço (não privado, particular) de seu país.

2º) Critério sanguíneo mais o critério funcional – art. 12, I, "b": serão brasileiros os nascidos no estrangeiro de pai ou mãe brasileira, desde que um dos pais esteja a serviço da República Federativa do Brasil. Aqui é importante salientar que a serviço do Brasil significa da administração pública direta (federal, estadual, municipal ou do DF) ou indireta (autarquias, fundações públicas, sociedades de economia mista e empresas públicas).

Nesse item uma observação é necessária. Vejamos o exemplo: um casal de brasileiros que faz a adoção de um menino estrangeiro no país estrangeiro em que estão vivendo, sendo que um dos cônjuges está a serviço da RFB, por exemplo, da União. O filho adotado será brasileiro? Em uma leitura restrita e literal do art. 12, I, "b", não seria; porém, se interpretarmos a CR/88 de forma sistemática, conforme o art. 227, § 6º da CR/88, os filhos tidos por adoção terão os mesmos direitos dos filhos naturais advindos de relação; portanto esse filho que foi adotado terá os mesmos direitos e com isso será brasileiro nato.

3º) Critério sanguíneo, mais critério residencial e mais a opção confirmativa, art. 12, I, "c" além da hipótese pós EC nº 54/07 do critério sanguíneo mais registro em repartição brasileira competente: serão brasileiros os nascidos no estrangeiro, filhos de pai ou mãe brasileira, desde que venham a residir no Brasil e optem em qualquer tempo pela nacionalidade brasileira, bem como aquele que nascido no estrangeiro de pai ou mãe brasileira, desde que sejam registrados em repartição brasileira competente.

Aqui temos que levar em consideração uma pequena digressão histórica sobre essas hipóteses.[3] Nesse sentido, o texto originário da Constituição de 1988 no seu art. 12, I, "c", trazia a seguinte redação: São brasileiros natos: os nascidos no estrangeiro, de pai brasileiro ou mãe brasileira desde que sejam registrados em repartição brasileira competente ou venham a residir na República Federativa do

3. Na Constituição de 1967-69 os requisitos previstos no art. 145 eram os seguintes: nascido no estrangeiro (pai e mãe brasileiros); pai ou mãe que não estavam a serviço do Brasil; não realização do registro na repartição competente; vir residir antes da maioridade e realizar a opção confirmativa num prazo de 4 anos após a maioridade.

Brasil antes da maioridade e, alcançada esta, optem, em qualquer tempo, pela nacionalidade brasileira.[4]

Em 1994, com a **Emenda de Revisão nº 3**, o texto se modificou, passando a ser o seguinte: são brasileiros natos os nascidos no estrangeiro, de pai brasileiro ou mãe brasileira, desde que venham a residir na República Federativa do Brasil e optem, em qualquer tempo, pela nacionalidade brasileira. Vejam que a partir daí foi abolida a hipótese de registro na repartição brasileira competente. A ideia era a de criar, ou pelo menos tentar criar, um maior vínculo entre esse filho de pai ou mãe brasileira e o Brasil, fazendo com que ele tivesse que residir no Brasil para ter a nacionalidade brasileira. Uma outra questão interessante é que também foi suprimida a obrigatoriedade de o indivíduo vir residir no Brasil antes da maioridade. Nesse sentido, ele, após a Emenda Constitucional nº 3/94, poderia escolher vir antes ou depois da maioridade. Assim, teríamos **duas possibilidades**: **a)** se viesse antes da maioridade com a residência, tornava-se brasileiro nato, visto que a residência é o "fato gerador", mas após a maioridade (já dotado de plena capacidade) se tornaria brasileiro nato em condição suspensiva até a realização da opção confirmativa que operaria com efeitos retroativos (***ex tunc***) à residência (fato gerador da nacionalidade); **b)** se viesse após a maioridade, tornar-se-ia com a residência um brasileiro nato (visto que é ela o fato gerador da nacionalidade), mas automaticamente em condição suspensiva, que só deixaria de existir com a realização da opção confirmativa, que, como já afirmamos, opera com efeitos retroativos (***ex tunc***).[5]

Sobre o procedimento é importante salientar que, conforme o art. 213 do Decreto nº 9.199/2017, que regulamentou a Lei nº 13.445/2017, a opção de nacionalidade é ato personalíssimo e deverá ocorrer por meio de procedimento específico, de jurisdição voluntária, perante a Justiça Federal, a qualquer tempo, após atingida a maioridade civil.[6]

---

4. Com a residência antes da maioridade o indivíduo se tornava brasileiro nato, pois o fato gerador da nacionalidade é a residência e após a maioridade ele se tornaria um brasileiro nato em condição suspensiva, devendo então realizar sua opção confirmativa que teria efeito retroativo (*ex tunc*) ao momento da residência.
5. Conforme o Decreto nº 9.199/2017: Art. 215. O filho de pai ou mãe brasileira nascido no exterior e cujo registro estrangeiro de nascimento tenha sido transcrito diretamente em cartório competente no País terá a confirmação da nacionalidade vinculada à opção pela nacionalidade brasileira e pela residência no território nacional. § 1º Depois de atingida a maioridade e até que se faça a opção pela nacionalidade brasileira, a condição de brasileiro nato ficará suspensa para todos os efeitos. § 2º Feita a opção pela nacionalidade brasileira, os efeitos da condição de brasileiro nato retroagem à data de nascimento do interessado.
6. Decreto nº 9.199/2017: Art. 213. A opção pela nacionalidade é o ato pelo qual o brasileiro nascido no exterior e que não tenha sido registrado em repartição consular confirma, perante a autoridade judiciária competente, a sua intenção de manter a nacionalidade brasileira. § 1º A opção de nacionalidade não importará a renúncia de outras nacionalidades. § 3º A União sempre será ouvida no processo de opção de nacionalidade por meio de citação dirigida à Advocacia-Geral da União, observado o disposto no art. 721 da Lei nº 13.105, de 16 de março de 2015 – Código de Processo Civil. (...) Art. 216. A comprovação da opção pela nacionalidade brasileira ocorrerá por meio do registro da sentença no Cartório de Registro Civil das Pessoas Naturais, observado o disposto no art. 29, **caput,** inciso VII, da Lei nº6.015, de 31 de dezembro de 1973.

Sobre a outra situação prevista, é importante salientar que em setembro de 2007, com **Emenda Constitucional nº 54**, a redação do art. 12, I, "c" foi novamente alterada. A modificação normativa diz respeito à volta da possibilidade do registro na repartição brasileira competente. Nesse sentido, temos agora duas hipóteses no mesmo inciso: 1º) o indivíduo se tornar brasileiro nato com o registro que funciona de forma equivalente ao registro realizado no cartório de registro civil Brasil.[7] 2º) o indivíduo filho de pai ou mãe brasileira vir para o Brasil a qualquer tempo e realizar a opção confirmativa, que, como salientado, irá operar com efeitos retroativos (***ex tunc***) à data da residência (tida como fato gerador[8] da nacionalidade).

Por último, também é importante salientar como ficou a situação dos indivíduos nascidos no estrangeiro de pai brasileiro ou mãe brasileira e que não vieram para o Brasil e com isso não obtiveram a nacionalidade brasileira nata a partir da **Emenda de Revisão nº 3/94** (07.07.94) até a **Emenda Constitucional nº 54/07** (20.09.07). Estariam eles prejudicados? A resposta só pode ser que não, pois o art. 2º da **Emenda Constitucional nº 54/07** cuidou dos mesmos, acrescentado aos Atos das Disposições Constitucionais Transitórias o art. 95, que traz a seguinte redação: "Os nascidos no estrangeiro entre 7 de junho de 1994 e a data da promulgação desta Emenda Constitucional, filho de pai brasileiro ou mãe brasileira, poderão ser registrados em repartição diplomática ou consular brasileira competente ou em ofício de registro, se vierem a residir na República Federativa do Brasil."

6.2. Nacionalidade secundária

A nacionalidade secundária ou adquirida no Brasil se divide em duas espécies. Nesse sentido, temos a **naturalização tácita** e a **naturalização expressa**.

A **naturalização tácita** ocorreu na 1ª Constituição Republicana promulgada em 24.02.1891. Sem dúvida, o seu objetivo foi o de aumentar o número de nacionais de um país quando o número é considerado baixo ou insuficiente à luz de padrões e das circunstâncias do momento. Conforme o art. 69 § 4º da Constituição de 1891: "São cidadãos brasileiros: os estrangeiros, que achando-se no Brasil aos 15 de novembro de 1889, não declararem, dentro de seis meses depois de entrar em vigor a Constituição, o ânimo de conservar a nacionalidade de origem. Conforme o mesmo art. 69 no § 5º: São cidadãos brasileiros: os estrangeiros que possuírem

7. Decreto nº 9.199/2017: Art. 217. O registro consular de nascimento deverá ser trasladado em Cartório de Registro Civil das Pessoas Naturais para gerar efeitos plenos no território nacional, observado o disposto no art. 32 da Lei nº 6.015, de 1973.
8. Conforme o Supremo Tribunal Federal: se o estrangeiro filho de pai brasileiro que cometeu crime no estrangeiro vem para o Brasil e fixa residência e, se o país estrangeiro pede sua extradição, esta não será concedida se mesmo após o pedido (de extradição) o indivíduo efetivar a opção confirmativa. Nesse sentido, conforme salientado, ele não será extraditado em virtude da opção o tornar brasileiro nato com efeito *ex-tunc* desde o dia em que fixou residência na República Federativa do Brasil.

bens imóveis no Brasil e forem casados com brasileiros ou tiverem filhos brasileiros contanto que residam no Brasil, salvo se manifestarem a intenção de não mudar de nacionalidade."

Nesse item é importante salientar duas questões: a) a hipótese de naturalização tácita também ocorreu anteriormente à 1ª Constituição da República de 1891, pois a Constituição do Império de 1824 consagrou no seu art. 6º a naturalização tácita para os portugueses residentes no Brasil na época da Proclamação da Independência Pátria. Porém, é mister diferenciar, visto que essa hipótese só se referia aos portugueses e não a todos os estrangeiros residentes no Brasil, como na hipótese presente na Constituição de 1891; b) é importante lembrar, por último, que a Constituição da República de 1988 não consagra qualquer hipótese de naturalização tácita, não existindo mais nenhuma em nosso ordenamento.

A **naturalização expressa** depende de manifestação da vontade do indivíduo para se tornar brasileiro naturalizado. O interessado que desejar ingressar com pedido de naturalização ordinária, extraordinária, provisória ou de transformação da naturalização provisória em definitiva deverá apresentar requerimento em unidade da Polícia Federal, dirigido ao Ministério da Justiça e Segurança Pública. Na hipótese de naturalização especial, a petição poderá ser apresentada a autoridade consular brasileira, que a remeterá ao Ministério da Justiça e à Segurança Pública.

As notificações relacionadas com o processo de naturalização serão efetuadas preferencialmente por meio eletrônico. Os Ministérios da Justiça e Segurança Pública e das Relações Exteriores tramitarão os pedidos de naturalização por meio de sistema eletrônico integrado. A Polícia Federal, ao processar o pedido de naturalização: I – coletará os dados biométricos do naturalizando; II – juntará as informações sobre os antecedentes criminais do naturalizando; e III – relatará o requerimento de naturalização; e IV – poderá apresentar outras informações que instruam a decisão quanto ao pedido de naturalização.

Na hipótese de naturalização especial, a coleta dos dados biométricos será realizada pelo Ministério das Relações Exteriores.

O procedimento de naturalização se encerrará no prazo de cento e oitenta dias, contado da data do recebimento do pedido. Caso sejam necessárias diligências para o procedimento de naturalização, o prazo poderá ser prorrogado por meio de ato do Ministro de Estado da Justiça e Segurança Pública que fundamente a prorrogação.

Certo é que ato do Ministro de Estado da Justiça e Segurança Pública disporá sobre os documentos e as diligências necessários à comprovação dos requisitos para a solicitação de cada tipo de naturalização.

E, nesses termos, *ato do Ministro de Estado da Justiça e Segurança Pública* ***concederá a naturalização, desde que satisfeitas as condições objetivas necessárias à naturalização,*** consideradas requisito preliminar para o processamento do pedido. A naturalização produz efeitos após a data da publicação no Diário Oficial da União do ato de naturalização.

Publicado o ato de naturalização no Diário Oficial da União, o Ministério da Justiça e Segurança Pública comunicará as naturalizações concedidas, preferencialmente por meio eletrônico: I – ao Ministério da Defesa; II – ao Ministério das Relações Exteriores; e III – à Polícia Federal. O registro do ato de concessão da naturalização será realizado em sistema próprio do Ministério da Justiça e Segurança Pública, com o nome anterior e, caso exista, o traduzido ou o adaptado.

É importante ressaltar, que para fins de contagem dos prazos de residência mencionados nas exigências para obtenção da naturalização ordinária e extraordinária, serão considerados os períodos em que o imigrante tenha passado a residir no País por prazo indeterminado.

a) **Naturalização ordinária: As hipóteses são:**

1ª) Conforme o art. 12, II da CR/88, poderá se naturalizar brasileiro, os estrangeiros que na forma da Lei preencherem os requisitos (condições) para adquirir a nacionalidade brasileira. Vejamos que a própria Constituição se reporta à legislação ordinária para o preenchimento das condições.

Estas condições estavam alocadas na Lei nº 6.815/80 (antigo Estatuto do Estrangeiro) no seu art. 112. Eram elas: a) capacidade civil segundo a Lei brasileira; b) registro como permanente no Brasil; c) residência contínua no território nacional pelo prazo mínimo de 4 anos imediatamente anteriores ao pedido de naturalização; d) ler e escrever em português (domínio razoável da língua); e) boa saúde[9]; f) bom procedimento (boa conduta); f) capacidade profissional e econômica de se manter e manter a sua família; e g) inexistência de denúncia, pronúncia ou condenação por crime doloso a que seja cominada pena de prisão, abstratamente considerada, superior a 1(um) ano.

Notamos aqui que alguns dos requisitos não coadunavam com uma perspectiva humanista de direitos humanos e de Estado Democrático de Direito.

Porém, com o advento da Lei nº 13.445/2017, essas condições foram reduzidas (facilitadas) e readequadas. Nesses termos, no procedimento para a concessão de naturalização ordinária, deverão ser comprovados: I – capacidade civil, segundo a lei brasileira; II – residência no território nacional, pelo prazo mínimo de quatro

9. Conforme o art. 112 § 1º não se exigirá a prova de boa saúde a nenhum estrangeiro que residir no País há mais de dois anos.

anos[10]; III – capacidade de se comunicar em língua portuguesa, consideradas as condições do naturalizando; e IV – inexistência de condenação penal ou comprovação de reabilitação, nos termos da legislação vigente.

O procedimento é eminentemente administrativo com o devido trâmite no Ministério da Justiça. O pedido de naturalização ordinária se efetivará por meio da: I – apresentação da Carteira de Registro Nacional Migratório do naturalizando; II – comprovação de residência no território nacional pelo prazo mínimo requerido[11]; III – demonstração do naturalizando de que se comunica em língua portuguesa, consideradas as suas condições; IV – apresentação de certidões de antecedentes criminais expedidas pelos Estados onde tenha residido nos últimos quatro anos e, se for o caso, de certidão de reabilitação; e V – apresentação de atestado de antecedentes criminais expedido pelo país de origem.

É importante salientar que o prazo de residência no território nacional deverá ser imediatamente anterior à apresentação do pedido. Além disso, na contagem do prazo as viagens esporádicas do naturalizando ao exterior cuja soma dos períodos de duração não ultrapassem o período de doze meses não impedirão o deferimento da naturalização ordinária.

A posse ou a propriedade de bens no País não será prova suficiente do requisito do prazo, hipótese em que deverá ser comprovada a residência efetiva no País. O Ministério da Justiça e Segurança Pública consultará bancos de dados oficiais para comprovar o prazo de residência.

---

10. Decreto nº 9.199/2017: conforme o art.233: § 1º O prazo de residência no território nacional deverá ser imediatamente anterior à apresentação do pedido. § 2º Na contagem do prazo previsto no inciso II do **caput**, as viagens esporádicas do naturalizando ao exterior cuja soma dos períodos de duração não ultrapassem o período de doze meses não impedirão o deferimento da naturalização ordinária. § 3º A posse ou a propriedade de bens no País não será prova suficiente do requisito estabelecido no inciso II do **caput**, hipótese em que deverá ser comprovada a residência efetiva no País. (...) Art. 235. O prazo de residência mínimo estabelecido no inciso II do **caput** do art. 233 será reduzido para um ano se o naturalizando preencher um dos seguintes requisitos: I – ter filho brasileiro nato ou naturalizado, ressalvada a naturalização provisória; ou II – ter cônjuge ou companheiro brasileiro e não estar dele separado legalmente ou de fato no momento de concessão da naturalização. Art. 236. O prazo de residência mínimo estabelecido no inciso II do **caput** do art. 233 será reduzido para dois anos se o naturalizando preencher um dos seguintes requisitos: I – ter prestado ou poder prestar serviço relevante ao País; ou II – ser recomendo por sua capacidade profissional, científica ou artística. Parágrafo único. A avaliação sobre a relevância do serviço prestado ou a ser prestado ao País e sobre a capacidade profissional, científica ou artística será realizada pelo Ministério da Justiça e Segurança Pública, que poderá consultar outros órgãos da administração pública.

11. Decreto nº 9.199/2017:Art. 235. O prazo de residência mínimo estabelecido no inciso II do **caput** do art. 233 será reduzido para um ano se o naturalizando preencher um dos seguintes requisitos: I – ter filho brasileiro nato ou naturalizado, ressalvada a naturalização provisória; ou II – ter cônjuge ou companheiro brasileiro e não estar dele separado legalmente ou de fato no momento de concessão da naturalização. Art. 236. O prazo de residência mínimo estabelecido no inciso II do **caput** do art. 233 será reduzido para dois anos se o naturalizando preencher um dos seguintes requisitos: I – ter prestado ou poder prestar serviço relevante ao País; ou II – ser recomendo por sua capacidade profissional, científica ou artística. Parágrafo único. A avaliação sobre a relevância do serviço prestado ou a ser prestado ao País e sobre a capacidade profissional, científica ou artística será realizada pelo Ministério da Justiça e Segurança Pública, que poderá consultar outros órgãos da administração pública.

2º) Poderá se naturalizar brasileiro o estrangeiro de língua portuguesa[12] preenchendo os seguintes requisitos: (a) Capacidade civil; (b) 1(um) ano de residência ininterrupto; (c) Idoneidade moral.

O procedimento segue a lógica da primeira hipótese de naturalização que envolve os estrangeiros que não são de língua portuguesa.

b) Naturalização extraordinária

A naturalização extraordinária, também chamada de potestativa, está presente no art. 12, II, "b", da CR/88. Ela também exige o preenchimento de requisitos, que são os seguintes: (a) Capacidade civil; (b) Mais de 15 (quinze) anos de residência ininterrupta no Brasil;[13] e (c) Ausência de condenação penal.

Já no Decreto nº 9.199/2017 que regulamentou a Lei nº 13.445/2017, temos que a naturalização extraordinária será concedida a pessoa de qualquer nacionalidade que tenha fixado residência no território nacional há mais de quinze anos ininterruptos e sem condenação penal, ou já reabilitada na forma da legislação vigente, desde que requeira a nacionalidade brasileira.

Preenchidos os três requisitos, deverá ser decretada a naturalização requerida, não tendo o Poder Executivo discricionariedade para negar o pedido. Esse entendimento é o majoritário em virtude da dicção constitucional do art. 12, II, "b", da CR/88, que afirma *"desde que requeiram"*. Por isso, basta o preenchimento das condicionalidades para que surja um direito subjetivo à naturalização intitulada de extraordinária.

O prazo de residência no território nacional deverá ser imediatamente anterior à apresentação do pedido. Na contagem do prazo, as viagens esporádicas do naturalizando ao exterior não impedirão o deferimento da naturalização extraordinária.

A posse ou a propriedade de bens no País não será prova suficiente do requisito do prazo, hipótese em que deverá ser comprovada a residência efetiva no País. Certo é que o Ministério da Justiça e Segurança Pública poderá consultar bancos de dados oficiais para comprovar o prazo de residência no País.

Por último, temos que o pedido de naturalização extraordinária se efetivará por meio da apresentação: I – da Carteira de Registro Nacional Migratório do naturalizando; II – de certidões de antecedentes criminais expedidas pelos Estados onde

12. Países como: Açores, Guiné Bissau, Cabo Verde, Goa, Angola, Gamão, Macau, Moçambique, Timor Leste, Portugal etc.

13. O prazo de residência originário da Constituição de 1988 era de **30 (trinta) anos** e foi modificado pela **Emenda de Revisão nº 3 de 1994** para **15 (quinze) anos**. Outro ponto importante de salientar é que nesse prazo de 15 anos o estrangeiro pode se ausentar do país temporariamente (ausência temporária). Isso não significa que a residência deixou de ser contínua ou ininterrupta. Nesse sentido, o STF já se manifestou para diferenciar a "residência contínua da permanência contínua". STF – Pleno– Agravo nº 32.074-DF, Rel. Min. Hermes Lima. *DJ* 6.05.1965.

tenha residido nos últimos quatro anos e, se for o caso, de certidão de reabilitação; e III – de atestado de antecedentes criminais expedido pelo país de origem.

c) Naturalização Especial

A naturalização especial poderá ser concedida ao estrangeiro que se encontre em uma das seguintes situações: I – seja cônjuge ou companheiro, há mais de 5 (cinco) anos, de integrante do Serviço Exterior Brasileiro em atividade ou de pessoa a serviço do Estado brasileiro no exterior; ou II – seja ou tenha sido empregado em missão diplomática ou em repartição consular do Brasil por mais de 10 (dez) anos ininterruptos. São requisitos para a concessão da naturalização especial: I – ter capacidade civil, segundo a lei brasileira; II – comunicar-se em língua portuguesa, consideradas as condições do naturalizando; e III – não possuir condenação penal ou estiver reabilitado, nos termos da lei.[14]

d) Naturalização Provisória

A naturalização provisória poderá ser concedida ao migrante criança ou adolescente que tenha fixado residência em território nacional antes de completar 10 (dez) anos de idade e deverá ser requerida por intermédio de seu representante legal. A naturalização será convertida em definitiva se o naturalizando expressamente assim o requerer no prazo de 2 (dois) anos após atingir a maioridade.[15]

e) Português Equiparado por reciprocidade (quase-nacionalidade)

Nesse momento, é importante registrar uma peculiaridade do nosso sistema jurídico-constitucional. Esta se refere à figura do português equiparado.

Nesses termos, expressa o **art. 12 § 1º da CR/88**: "Aos portugueses com residência permanente no País, se houver reciprocidade em favor de brasileiros, serão atribuídos os direitos inerentes ao brasileiro, salvo os casos previstos nesta Constituição."

14. Decreto nº 9.199/2017: Art. 242. O pedido de naturalização especial se efetivará por meio da: I – apresentação de documento de identidade civil válido do naturalizando; II – demonstração do naturalizando de que se comunica em língua portuguesa, consideradas as suas condições; III – apresentação de atestado de antecedentes criminais expedido pelo país de origem e, se residir em país diferente, também pelo país de residência. Art. 243. Ato conjunto dos Ministros de Estado da Justiça e Segurança Pública e das Relações Exteriores disporá sobre os documentos necessários para a comprovação dos requisitos estabelecidos para a solicitação de naturalização especial.
15. Decreto nº 9.199/2017: Art. 245. O pedido de naturalização provisória se efetivará por meio da apresentação: I – da Carteira de Registro Nacional Migratório do naturalizando; e II – de documento de identificação civil do representante ou do assistente legal da criança ou do adolescente. Art. 246. A naturalização provisória será convertida em definitiva se o naturalizando expressamente assim o requerer ao Ministério da Justiça e Segurança Pública no prazo de dois anos após atingir a maioridade civil. § 1º Na avaliação do pedido de conversão de que trata o **caput**, será exigida a apresentação de certidões de antecedentes criminais expedidas pelos Estados onde o naturalizando tenha residido após completar a maioridade civil e, se for o caso, de certidão de reabilitação. § 2º O Ministério da Justiça e Segurança Pública consultará bancos de dados oficiais para comprovar a residência do naturalizando no País.

Assim sendo, havendo reciprocidade em Portugal para os brasileiros, no Brasil os portugueses terão os mesmos direitos que os brasileiros terão em Portugal. É importante deixar consignado, contudo, que o português será equiparado aos brasileiros naturalizados (hipótese também chamada de quase-nacionalidade).

Não é um caso ou hipótese de naturalização. O brasileiro em Portugal é equiparado ao português, mas continua brasileiro, assim como o português no Brasil continua português, embora com direitos equiparados aos do brasileiro naturalizado (embora não seja uma equiparação absoluta).[16]

O Ministério da Justiça é o órgão com competência para o devido reconhecimento da igualdade de direitos e deveres entre os brasileiros naturalizados e os portugueses equiparados.[17] Nesse sentido, o procedimento será o seguinte: "no caso de igualdade de direitos e de obrigações civis, deverá fazer-se o requerimento, dirigido ao Ministério da Justiça, com prova de sua nacionalidade, capacidade civil e admissão no Brasil em caráter permanente. No caso de pretender-se a obtenção dos direitos, deverá fazer-se prova do seu gozo em Portugal e da residência no Brasil há pelo menos três anos."[18] É importante salientar que a igualdade de direitos e obrigações civis alcançada pelo português será extinta no caso de perda de nacionalidade portuguesa ou de decretação de expulsão do Brasil.

Portanto, a conclusão é a de que o português tanto pode adquirir a nacionalidade brasileira derivada, preenchendo os requisitos do originário de língua portuguesa, ou continuar estrangeiro (português) e ter direitos equiparados em regra ao brasileiro naturalizado.

7. DISTINÇÃO ENTRE BRASILEIROS NATOS E NATURALIZADOS

Seguindo a Constituição da República Federativa do Brasil, com base no princípio da igualdade, é vedado o estabelecimento de distinção entre brasileiros natos

---

16. Obviamente essa equiparação não deve ser entendida de forma absoluta. Gilmar Mendes nos lembra na esteira de Rezek que: "[...] não se pode afirmar que a situação do português admitido no Estatuto de Igualdade seja idêntica à do brasileiro naturalizado. É que, ao contrário do naturalizado, o português beneficiário do Estatuto da Igualdade plena não pode aqui prestar serviço militar, estando submetido à expulsão e à extradição, esta requerida pelo Governo português. No caso de necessidade de proteção diplomática no exterior, ela deverá ser prestada por Portugal." (MENDES; COELHO; BRANCO, *Curso de direito constitucional*, 2008, p. 721).
17. Conferir o **Decreto nº 3927/01**, que promulgou o Tratado Bilateral de Cooperação, Amizade e Consulta Brasil/Portugal. Nesse sentido, trazemos a cotejo manifestação do STF na **Extradição nº 890** de relatoria do Min. Celso de Mello, julgada em **05.08.2004**, na qual: "A norma inscrita no art. 12 § 1º da Constituição da República – que contempla, em seu texto, hipótese de quase nacionalidade – não opera de modo imediato, seja quanto ao seu conteúdo eficacial, seja no que se refere a todas as consequências jurídicas que dela derivam, pois para incidir, além de supor o pronunciamento aquiescente do Estado brasileiro, fundado em sua própria soberania, depende ainda, de requerimento do súdito português interessado, a quem se impõe, para tal efeito, a obrigação de preencher os requisitos estipulados pela Convenção sobre Igualdade de Direitos e Deveres entre brasileiros e portugueses." É importante registrar mais uma vez que, na linha da equiparação, o português poderá inclusive votar no Brasil. Ele (português) terá que ir à Justiça Eleitoral e requerer o exercício desse direito político. Para tal, o português terá que demonstrar que reside no Brasil por no mínimo 3 (três) anos.
18. MENDES; COELHO; BRANCO, *Curso de direito constitucional*, 2008, p. 628.

e naturalizados. Porém, existem exceções que a própria Constituição traz de forma expressa, e estas, é bom salientar, serão as únicas hipóteses de tratamento diferenciado permitidas. Nesses termos, temos distinções expressas no que diz respeito a: cargos, função, extradição e propriedade de empresa jornalística e de radiodifusão sonora de sons e imagens. Segundo a dicção legal:

- Conforme o art. 12, § 3º, da CR/88 – são privativos de brasileiro nato os cargos:[19] de Presidente e Vice-Presidente da República; de Presidente da Câmara dos Deputados; de Presidente do Senado Federal; de Ministro do Supremo Tribunal Federal; da carreira diplomática; de oficial das Forças Armadas; de Ministro de Estado da Defesa (incluído pela Emenda nº 23/99).[20] Nesse sentido, os fundamentos adotados pelo Constituinte envolveram questões atinentes à linha sucessória e a questões estratégicas de segurança nacional. Sobre a linha sucessória, na falta do Presidente (que deve ser brasileiro nato) o substitui o Vice-presidente e, na falta deste, o Presidente da Câmara dos Deputados e, sucessivamente, o Presidente do Senado e o Presidente do STF (que pode ser qualquer um dos 11 ministros). Sobre a questão estratégica típica de segurança nacional, temos que a Constituição determina que as funções de diplomata e de oficiais das Forças Armadas sejam exercidas por brasileiros natos. Por último, é importante registrar que também por questões de segurança nacional o único cargo de Ministro de Estado que é privativo de brasileiro nato é o de Ministro da Defesa, visto que este substituiu os cargos de Ministro do Exército, Marinha e Aeronáutica abolidos pela Emenda Constitucional nº 23/99.
- Conforme o art. 89, VII, da CR/88 – no Conselho da República, que é um órgão de consulta do Presidente da República, haverá 6 (seis) cidadãos brasileiros natos. É importante salientar que nesse Conselho poderá ter brasileiro nato (necessariamente serão natos: os 6 cidadãos, o Vice-presidente da República, o Presidente da Câmara e o Presidente do Senado) e também brasileiro naturalizado, pois o Ministro da Justiça que o compõe poderá ser brasileiro naturalizado, além dos líderes da maioria e minoria na Câmara e no Senado que comporão o Conselho e que também podem ser brasileiros naturalizados.[21]

19. As hipóteses do art. 12 § 3º são taxativas, só podendo ser modificadas por Emenda Constitucional.
20. Comparando com a Constituição anterior, houve sensível redução dos cargos privativos de brasileiros natos. Na Constituição de 67-69, no seu art. 145 § único, além dos cargos de Presidente da República e Vice-Presidente como privativos de brasileiros natos, tínhamos os seguintes cargos: Ministros de Estado, Ministros do Supremo Tribunal Federal, Ministros do Superior Tribunal Militar, do Tribunal Superior Eleitoral, do Tribunal Superior do Trabalho, do Tribunal Federal de Recursos, do Tribunal de Contas da União, Procurador-Geral da República, Senador e Deputado Federal, Governador do Distrito Federal, Governador e Vice-Governador de Estado e Território e seus substitutos, Embaixador e os cargos de carreira diplomática, além dos cargos de oficial do Exército, Marinha e Aeronáutica.
21. Art. 89. O Conselho da República é órgão superior de consulta do Presidente da República, e dele participam: I – o Vice-Presidente da República; II – o Presidente da Câmara dos Deputados; III – o Presidente do Senado Federal; IV – os líderes da maioria e da minoria na Câmara dos Deputados; V – os líderes da maioria e da minoria no Senado

- Conforme o art. 5º, LI, da CR/88 – o brasileiro nato não pode ser extraditado,[22] porém o naturalizado pode ser extraditado por crime comum, praticado antes da naturalização, ou por crime de tráfico ilícito de entorpecentes e drogas afins praticado antes ou depois da naturalização.

- Conforme o art. 222 da CR/88 – a propriedade de empresa jornalística e de radiodifusão sonora e de sons e imagens é privativa de brasileiros natos ou naturalizados há mais de dez anos, ou de pessoas jurídicas constituídas sob as leis brasileiras e que tenham sede no país. Nesses termos, observamos uma distinção entre os brasileiros natos e naturalizados, na medida em que as referidas propriedades só poderão ser de brasileiros naturalizados há mais de 10 (dez) anos. Essa distinção veio por meio da Emenda Constitucional nº 36/02.[23]

8. PERDA DO DIREITO DE NACIONALIDADE

As espécies de perda de nacionalidade estão elencadas em um rol taxativo da Constituição da República de 1988[24] no art. 12, § 4º. Este não permite ampliação por legislação infraconstitucional, só podendo ser alterado via Emenda Constitucional. Nesses termos, temos as seguintes hipóteses de declaração de perda da nacionalidade:

a) Ação de cancelamento de naturalização procedente transitada em julgado pela prática de atividade nociva ao interesse nacional (perda-punição)

1) **Destinatários:** essa hipótese somente diz respeito aos brasileiros naturalizados.

2) **Motivos:** em virtude de atividade nociva ao interesse nacional, ou seja, uma atividade contrária à ordem pública ou à segurança social.

3) **Procedimento:** o procedimento é eminentemente judicial. Incumbe ao Ministério Público Federal efetivar uma denúncia contra o brasileiro naturalizado. Essa denúncia perpassa por uma perspectiva hermenêutica, pois não há uma tipificação

---

Federal; VI – o Ministro da Justiça; VII – seis cidadãos brasileiros natos, com mais de trinta e cinco anos de idade, sendo dois nomeados pelo Presidente da República, dois eleitos pelo Senado Federal e dois eleitos pela Câmara dos Deputados, todos com mandato de três anos, vedada a recondução. Nesses termos, podemos ter brasileiros natos e naturalizados no Conselho da República.

22. STF – HC (MC) nº 83.113/DF, Rel. Min. Celso de Mello. J. 26.06.2003. *DJ* 29.08.2003.

23. Essa Emenda Constitucional nº 36/2002 traz ainda que: § 1º Em qualquer caso, pelo menos setenta por cento do capital total e do capital votante das empresas jornalísticas e de radiodifusão sonora e de sons e imagens deverá pertencer, direta ou indiretamente, a brasileiros natos ou naturalizados há mais de dez anos, que exercerão obrigatoriamente a gestão das atividades e estabelecerão o conteúdo da programação. § 2º A responsabilidade editorial e as atividades de seleção e direção da programação veiculada são privativas de brasileiros natos ou naturalizados há mais de dez anos, em qualquer meio de comunicação social.

24. A Constituição de 1988 suprimiu a hipótese de perda de nacionalidade da Constituição de 1967-69, que atingia brasileiros que, sem licença do Presidente da República, aceitassem comissão, emprego ou pensão de governo estrangeiro.

na qual o naturalizado possa ser enquadrado pela prática de uma atividade nociva ao interesse nacional. Nesse sentido, interpretando a atividade como atentadora aos interesses nacionais, o Ministério Público oferece a denúncia que é encaminhada a um Juiz Federal, que, também, com base em uma perspectiva hermenêutica (por sua interpretação), recebe a denúncia dando início à ação penal. Nesses termos, posteriormente, há uma decisão do Magistrado Federal que, sendo procedente e transitando em julgado, condena o indivíduo à perda da naturalização. Aqui, conforme o § único do art. 75 da recente Lei nº 13.445/2017, o risco de geração de situação de apatridia será levado em consideração antes da efetivação da perda da nacionalidade.

4) **Efeitos:** os efeitos da decisão serão ***ex-nunc***, ou seja, não retroativos. Nesses termos, importante registrar, mais uma vez, que o indivíduo só perderá a naturalização brasileira após a decisão judicial transitar em julgado. Essa perda será personalíssima, não atingindo eventual cônjuge ou mesmo filhos desse indivíduo.[25]

Aqui uma observação é necessária. Poderia esse indivíduo que teve cancelada sua naturalização em virtude da sentença transitada em julgado, posteriormente, agora como estrangeiro, se naturalizar novamente (pela via administrativa)? Não, pois se manejasse um dos procedimentos para a naturalização já aqui descritos, seria uma burla ao princípio da "coisa julgada". Nesse sentido, ele só poderá voltar a ser brasileiro pela via judicial, visto que a ação transitou em julgado.

Por último, é importante trazermos a cotejo recente posicionamento do STF sobre a **perda de naturalização** em virtude de ***"fraude"*** na obtenção da nacionalidade. O caso foi o seguinte: um estrangeiro (Austríaco) adquiriu a nacionalidade brasileira de forma derivada (processo administrativo de naturalização) nos termos da Lei (conforme o art. 12, II, "*a*" da CR/88) em 1995. Porém, em 2008, foi descoberto que o procedimento visando adquirir a naturalização foi fraudado (tendo em vista, a omissão da existência de condenação do requerente anterior ao pedido de naturalização). Portanto, a naturalização foi irregular (obtida sob "premissa falsa"). Com isso, o Ministro da Justiça, conforme a portaria nº 361/2008, por meio de ato administrativo, deferiu (administrativamente) o cancelamento da naturalização, nos termos do art. 112, §2º e §3º da Lei nº 6815/80 (antigo *Estatuto do Estrangeiro*, hoje revogado).

Aqui surgiram 3 teses: 1ª) do Ministro Ricardo Lewandowski (relator) que defendeu a recepção dos §2º e §3º do art. 112 da Lei 6.815/80, bem como a possibilidade do Ministro da Justiça administrativamente cancelar a naturalização; 2ª) do Ministro Dias Toffoli da não recepção dos § 2º e § 3º do art. 112 da Lei 6.815/80 frente a Constituição de 1988 e da necessidade do cancelamento de naturalização se dar apenas pela via judicial (reserva de jurisdição); 3ª) da Ministra Cármen Lúcia que concordava (diferentemente do que diz o informativo 694 do STF que erra sobre o posicionamento da Ministra) com a recepção dos §2º e § 3º do art. 112 da Lei

25. HOLTE, Leo Van, *Direito constitucional*, 2008, p. 480.

6815/80, mas decidia pela "revogação" do § 3º do art. 112 da Lei 6.815/80, tendo em vista a adesão brasileira à **Convenção sobre o Estatuto dos Apátridas**, que, em seu art. 8º, § 4º, preveria, na hipótese em comento, a atuação do Poder Judiciário ou de órgão independente para cancelar a naturalização (que não poderia ser o Ministro de Estado da Justiça em virtude de sua vinculação hierárquica ao Chefe do Poder Executivo, não existindo ainda esse tipo de órgão no ordenamento brasileiro[26])

Pois bem, o STF em sede de recurso ordinário em mandado de segurança (RMS nº 27.840/DF), em **07.02.2013**, reformou decisão do STJ para determinar a) a nulidade da Portaria 361/2008, do Ministro de Estado da Justiça, de modo a restabelecer-se a situação do recorrente como brasileiro naturalizado em todos os órgãos públicos, sem prejuízo de que a condição de naturalizado fosse analisada judicialmente, nos termos do art. 12, § 4º, I, da CF; b) a não recepção do art. 112, §§ 2º e 3º, da Lei nº 6.815/80[27] pela atual Constituição de 1988.

Ou seja, restou claro que o pleno do STF por decisão majoritária (com a divergência apenas do relator Ministro Ricardo Lewandowski[28]) entendeu que a hipótese de perda de nacionalidade prevista no art. 12 § 4º, I da CR/88 seria "mais abrangente". Com isso, o cancelamento da naturalização (em virtude de fraude no procedimento só descoberta após a concessão da naturalização) somente pode ser realizado pelo Poder Judiciário (*reserva de jurisdição*).

Resta saber se essa nova "reserva de jurisdição" definida pelo STF, com o reconhecimento da **não recepção** do art. 112, § 2º e §3º da Lei 6.815/80 (Lei atualmente

---

26. Conforme seu voto: "Nesses termos, o Brasil firmou com a comunidade internacional o compromisso de somente exercer o direito de privar uma pessoa da nacionalidade brasileira, sob o fundamento de ter sido obtida por declaração falsa ou mediante fraude, se garantir ao interessado a realização do seu direito à ampla defesa em "*um tribunal ou outro órgão independente*". (...) **30.** *Basta, no presente caso, a constatação de que o Ministério da Justiça não caracteriza, por óbvio, um tribunal, e que tampouco pode ser considerado um órgão independente em relação à autoridade nacional incumbida da concessão da naturalização, conforme se depreende do art. 111 do Estatuto do Estrangeiro, renumerado pela Lei n. 6.964/1981.* (...) *O certo é que o* ***§ 4º do art. 8º da Convenção para a Redução dos Casos de Apatridia*** *diverge frontalmente do preceito legal utilizado para fundamentar a atuação do Ministério da Justiça na espécie (§ 3º do art. 112 do Estatuto do Estrangeiro). A inaplicabilidade desse dispositivo da Lei n. 6.815/1980* ***não resulta, portanto, de sua não recepção*** *em face da ordem constitucional vigente, mas da* ***derrogação*** *efetivada pela convenção internacional referida.* **31.** *Em resumo, por restringir a disciplina constante do § 4º do art. 12 da Constituição da República à nacionalidade validamente adquirida, considero* ***recepcionados pela Constituição de 1988 os §§ 2º e 3º do art. 112 do Estatuto do Estrangeiro (Lei n. 6.815/1980),*** *tendo o § 3º sido revogado pelo Decreto Legislativo n. 274 em 5.10.2007".* (RMS nº 27.840/DF)
27. Art. 112: § 2º verificada, a qualquer tempo, a falsidade ideológica ou material de qualquer dos requisitos exigidos neste artigo ou nos arts. 113 e 114 desta Lei, será declarado nulo o ato de naturalização sem prejuízo da ação penal cabível pela infração cometida. § 3º A declaração de nulidade a que se refere o parágrafo anterior processar-se-á administrativamente, no Ministério da Justiça, de ofício ou mediante representação fundamentada, concedido ao naturalizado, para defesa, o prazo de quinze dias, contados da notificação (Lei nº 6.815/80 hoje revogada pela Lei nº 13.445/2017).
28. Conforme voto vencido do relator Min. Ricardo Lewandowski: *"Ademais, não seria razoável imaginar que, na hipótese do art. 12, § 4º, II, o brasileiro nato poderia perder a sua nacionalidade originária declarada por ato do Presidente da República, ao passo que aquele que obteve a nacionalidade derivada, por meio de fraude dos requisitos elencados na lei, não teria a sua naturalização cancelada, a não ser por decisão do Poder Judiciário. Nesse diapasão, entendo possível o cancelamento da naturalização pela via administrativa, quando se descubram vícios no seu processo, considerando recepcionados pela Constituição de 1988 os parágrafos 2º e 3º da Lei 6.815/1980".*

revogada pela Lei nº 13.445/2017), vai impactar a hipótese de perda de nacionalidade por "aquisição voluntária de outra nacionalidade" (a seguir delineada). Ou seja, essa hipótese também estaria adstrita à reserva jurisdicional? O posicionamento do STF poderia ser estendido a ela? Apesar do STF não ter se pronunciado sobre o tema, entendemos que não, tendo em vista que a espécie do art. 12, § 4º, II não aduz a necessidade de procedimento judicial para a perda da nacionalidade. Aliás, esse é também o posicionamento legislativo, pois, conforme o art. 250 do Decreto nº 9.199/2017, que regulamentou a atual Lei nº 13.445/2017, a declaração da perda de nacionalidade brasileira se efetivará por ato do Ministro de Estado da Justiça e Segurança Pública, após procedimento administrativo, no qual serão garantidos os princípios do contraditório e da ampla defesa.

b) Aquisição voluntária de outra nacionalidade (perda-mudança)

1) **Destinatários:** atinge os brasileiros, tanto natos quanto naturalizados.

2) **Motivos:** a princípio, um ato volitivo (vontade) do brasileiro naturalizado ou nato que adquire outra nacionalidade. Os requisitos para tal perda são: a conduta voluntária, a capacidade civil do requerente e a devida aquisição da nacionalidade estrangeira.

3) **Procedimento:** o procedimento é meramente administrativo, tramitando no Ministério da Justiça, sem a necessidade de incursão judicial. Portanto, conforme a doutrina, estaremos diante de um processo administrativo, assegurada a ampla defesa, que levará a perda da nacionalidade[29]. Nesse sentido, como já citado, a declaração da perda de nacionalidade brasileira se efetivará por ato do Ministro de Estado da Justiça, após procedimento administrativo, no qual serão garantidos os princípios do contraditório e da ampla defesa.

Nesses termos, a partir do momento em que o brasileiro nato ou naturalizado deseja adquirir a naturalização em outro país, o Ministério das Relações exteriores comunicará ao Ministério da Justiça a solicitação da aquisição de nacionalidade em outro país. Porém, é importante deixar consignado que não ocorre a perda da nacionalidade apenas com a mera solicitação de outra nacionalidade pelo brasileiro. Assim sendo, somente após adquirida a nacionalidade em outro país o Ministério da Justiça deflagrará o procedimento administrativo, e após o processo instruído e finalizado, a declaração da perda de nacionalidade brasileira se efetivará por ato do Ministro de Estado da Justiça.[30] Aqui temos também que, conforme o decreto nº

29. Salientamos que o STF no RMS 27.840/DF julgado em 07.02.2013, entendeu que o cancelamento da naturalização (na hipótese de fraude) é ato reservado ao Poder Judiciário (reserva de jurisdição), não podendo ser realizado administrativamente. Esse posicionamento, pode "dar margem" a interpretação extensiva (que **discordamos,** conforme já explicitado) de que toda e qualquer perda de nacionalidade necessite de decisão judicial.

30. Decreto nº9.199/2017: Art. 251. Na hipótese de procedimento de perda de nacionalidade instaurado a pedido do interessado, a solicitação deverá conter, no mínimo: I – a identificação do interessado, com a devida documentação; II – o relato do fato motivador e a sua fundamentação legal; III – a documentação que comprove a incidência de hipótese de perda de nacionalidade, devidamente traduzida, se for o caso; IV – endereço de correio eletrônico

9.199/2017, que regulamentou a Lei nº 13.445/2017, o risco de geração de situação de apatridia será considerado previamente à declaração da perda da nacionalidade.

4) **Efeitos:** os efeitos do decreto serão ***ex-nunc***, ou seja, não retroativos. A perda da nacionalidade será personalíssima, não atingindo eventual cônjuge ou mesmo filhos desse indivíduo.[31]

Aqui uma observação se faz necessária. Se o brasileiro se torna estrangeiro em virtude da perda da nacionalidade, poderá esse indivíduo agora estrangeiro readquirir a nacionalidade brasileira? A resposta só pode ser afirmativa, visto que ele perdeu administrativamente a nacionalidade e poderá sim readquiri-la pela via administrativa. Porém, nesse ponto, existe uma divergência na doutrina pátria (que foi enfrentada pela Lei nº 13.445/2017), pois parte da doutrina entendia que:

- Se brasileiro nato, deverá voltar a ser brasileiro nato, ou seja, readquirir a nacionalidade originária por decreto do Presidente da República.[32]

Já outra parte da doutrina, que inclusive era majoritária, defendia que:

- A única forma desse brasileiro nato que perdeu a nacionalidade e virou estrangeiro readquirir a nacionalidade será enquanto brasileiro naturalizado. Nesse sentido, em virtude de ter se tornado estrangeiro, não teria como voltar a ser brasileiro nato.[33]

Porém, essa questão foi definida na recente Lei nº 13.445/2017. Nesses termos, conforme o Decreto nº 9.199/2017, que regulamentou a *Lei de Migração*, o brasileiro que houver perdido a nacionalidade, em razão do disposto no inciso II do § 4º do art. 12 da Constituição, poderá, se cessada a causa, readquiri-la ou ter revogado o ato que declarou a sua perda. Cessada a causa da perda de nacionalidade, o interessado, por meio de requerimento endereçado ao Ministro da Justiça e Segurança Pública, poderá pleitear a sua reaquisição. A reaquisição da nacionalidade brasileira ficará condicionada a: I – comprovação de que possuía a nacionalidade brasileira; e II – comprovação de que a causa que deu razão à perda da nacionalidade brasileira cessou.

---

do interessado, se o possuir. § 1º O Ministério da Justiça e Segurança Pública dará publicidade da decisão quanto à perda de nacionalidade em seu sítio eletrônico, inclusive quando houver interposição de recurso. § 2º Caberá recurso da decisão a que se refere o § 1º à instância imediatamente superior, no prazo de dez dias, contado da data da publicação no sítio eletrônico do Ministério da Justiça e Segurança Pública. Art. 252. O Ministério da Justiça e Segurança Pública dará ciência da perda da nacionalidade: I – ao Ministério das Relações Exteriores; II – ao Conselho Nacional de Justiça; e III – à Polícia Federal.

31. HOLTE, Leo Van, *Direito constitucional*, 2008, p. 480.
32. Nesse sentido: SILVA, José Afonso da, *Curso de direito constitucional positivo*, 2007; VALADÃO, Haroldo, *Direito internacional privado*, 1980. Aqui é preciso salientar que os autores entendem que para que ele volte a ser brasileiro nato ele deve voltar a residir no Brasil.
33. Nesse sentido: CARVALHO, Aluísio Dardeau de, *Nacionalidade e cidadania*, p. 208; MELLO FILHO, José Celso, *Constituição federal anotada*, 1986, p. 406; MORAES, Alexandre de, *Direito constitucional*, 2008, p. 209; REZEK, Francisco. *Direito internacional público*, 2007.

A cessação da causa da perda da nacionalidade brasileira poderá ser demonstrada por meio de ato do interessado que represente pedido de renúncia da nacionalidade então adquirida.

O ato que declarou a perda da nacionalidade poderá ser revogado por decisão do Ministro de Estado da Justiça, caso seja constatado que estava presente uma das exceções previstas nas alíneas "a" e "b" do inciso II do § 4º do art. 12 da Constituição de 1988.

A decisão de revogação será fundamentada por meio da comprovação de reconhecimento de nacionalidade originária pela lei estrangeira ou de imposição de naturalização, o que poderá ser realizado por qualquer meio permitido na legislação brasileira. Os efeitos decorrentes da perda da nacionalidade constarão da decisão de revogação.

E, por último, definiu o novo diploma normativo que o deferimento do requerimento de reaquisição ou a revogação da perda importará ***no restabelecimento da nacionalidade originária brasileira***.

Aqui, ainda é mister salientar que existem exceções alocadas no art. 12, § 4º, da Constituição de 1988 que acabam por relativizar a hipótese volitiva (ato de vontade) de perda da nacionalidade, sendo:

- Art. 12, § 4º, II, "a" – aquisição originária de outra nacionalidade via reconhecimento por outro país. Exemplo: brasileiro descendente de italiano, pois na Itália o critério sanguíneo é usado como regra para a aquisição da nacionalidade. Assim, esse brasileiro terá reconhecida a nacionalidade italiana. Esse reconhecimento surge conforme podemos observar por vínculo sanguíneo.[34]
- Art. 12, § 4º, II, "b" – imposição de naturalização, pela norma estrangeira, ao brasileiro residente em Estado estrangeiro como condição de permanência em seu território ou para o exercício de direitos civis. Exemplo: brasileira casada com um americano que, para seguir a carreira de promotora assistente da Promotoria da Justiça Federal dos EUA, teve que adquirir por naturalização a nacionalidade norte-americana.[35]

34. Nesse caso, o brasileiro poderá ter sem nenhum óbice o que chamamos de dupla nacionalidade. De acordo com essa hipótese, ele poderia ter inclusive tripla nacionalidade que não perderia a nacionalidade brasileira.
35. Como exemplo: *"Trata-se de hipótese em que uma brasileira adquiriu, por naturalização, a nacionalidade norte-americana, tendo sido instaurada contra ela processo por perda de nacionalidade brasileira, pelo Consulado Geral do Brasil em Nova York. Ocorre que a brasileira trabalhava nos Estados Unidos desde o ano de 1975, tendo concluído curso de mestrado jurídico naquele país, além de ter contraído casamento com nacional americano, e necessitou adquirir a nacionalidade americana para seguir a carreira de promotora assistente de Promotoria de Justiça Federal dos Estados Unidos. Além disso, sua condição de estrangeira inviabilizaria eventual herança deixada por seu marido norte-americano, em face da excessiva tributação. Entendeu-se que a norma constitucional procura, assim, preservar a nacionalidade brasileira daquele que, por motivos de trabalho, acesso a serviços públicos, fixação de residência e etc., praticamente se vê obrigado a adquirir a nacionalidade estrangeira, mas que, na realidade, jamais teve a intenção ou a vontade de abdicar de cidadania originária, concluído que a perda só deve ocorrer nos casos em que a vontade do*

9. REFLEXÕES SOBRE A LEI DE MIGRAÇÃO (LEI Nº 13.445/2017). EXTRADIÇÃO, TRANSFERÊNCIA DE EXECUÇÃO DE PENA E DE PESSOA CONDENADA. DAS MEDIDAS DE RETIRADA COMPULSÓRIA: EXPULSÃO, DEPORTAÇÃO E REPATRIAÇÃO. ASILO POLÍTICO E REFÚGIO

9.1. A nova Lei de Migração (Lei nº 13.445/2017)

Certo é que as políticas migratórias no Brasil viviam o paradoxo de conviver com um marco regulatório baseado na segurança nacional da época do regime militar em plena ordem democrática. A Lei nº 13.445 de 24.05.2017, que revogou a Lei nº 6.815/80 (antigo Estatuto do Estrangeiro), veio para modificar essa situação. Essa nova Lei, devido à *vacatio legis* de 180 dias, entrou em vigor em 21.11.2017.

Assim sendo, a Lei nº 13.445/2017 dispõe sobre os direitos e os deveres do migrante e do visitante, regula a sua entrada e estada no País e estabelece princípios e diretrizes para as políticas públicas para o emigrante.

Além de ultrapassado na dimensão política, o *Estatuto do Estrangeiro* engessava a tomada de decisões voltadas ao acolhimento e à integração dos imigrantes. Nesses termos, nas últimas décadas do século XX e na década atual, a saída de brasileiros para residir no exterior e a chegada de fluxos migratórios de diversas origens tornavam imperiosa a revisão do arcabouço legal da época do governo militar. A conclusão inicial é a de que a migração internacional no Brasil era regulada até então por normas legais implementadas no período do Regime Militar, nas quais o imigrante era visto como uma ameaça à "estabilidade e à coesão social" do país, predominando, portanto, o enfoque, como já dito, da segurança nacional.[36]

Com a nova Lei nº 13.445/2017, o Brasil passa a ter uma das legislações mais modernas no trato das políticas migratórias, avançando no tratamento dos pilares que

indivíduo é de, efetivamente, mudar de nacionalidade, expressamente demonstrada." (MORAES, Alexandre de, *Direito constitucional*, 2008, p. 210). Porém, recentemente o STF afirmou que se um brasileiro nato que mora nos EUA e possui o ***green card*** decidir adquirir a nacionalidade norte-americana, ele irá perder a nacionalidade brasileira. Segundo o STF, *nesse caso, não se pode afirmar que a presente situação se enquadre na exceção prevista na alínea "b" do § 4º do art. 12 da CR/88. Isso porque, como ele já tinha o* ***green card****, não havia necessidade de ter adquirido a nacionalidade norte-americana como condição para permanência ou para o exercício de direitos civis*. Nesse sentido, o estrangeiro titular de ***green card*** já pode morar e trabalhar livremente nos EUA. *Dessa forma, a conclusão é a de que a aquisição da nacionalidade americana ocorreu por livre e espontânea vontade.* (1ª Turma do STF. **MS 33864/DF**, Rel. Min. Roberto Barroso, julg. em **19.04.2016**). Aqui ressaltamos que, perdendo a nacionalidade, *ele perde os direitos e garantias inerentes ao brasileiro nato. Assim, se cometer um crime nos EUA e fugir para o Brasil, poderá ser extraditado sem que isso configure ofensa ao art. 5º, LI, da CR/88.* No mesmo sentido: **Ext 1462/DF**, 1ª Turma do STF. Rel. Min. Roberto Barroso, julg. em **28.03.2017**. (Informativo 859)

36. Nesses termos: "*cabe destacar que o novo arcabouço legal representa um grande avanço no trato da questão migratória no Brasil e abre a perspectiva de esperança para os coletivos migrantes que já se encontram por aqui, para aqueles que estão por vir e para os brasileiros que emigraram para o exterior. O maior avanço de todos, sem dúvida, foi acabar com o anacronismo do Estatuto dos Estrangeiros, aparato jurídico inspirado num regime de exceção, cuja base se assentava na doutrina da segurança nacional e que vigorava mesmo depois da aprovação da Constituição Democrática de 1988, que, entre outros objetivos, se colocava como missão sepultar os resquícios jurídicos da ditadura militar*". RIBEIRO DE OLIVEIRA, Antônio Tadeu, *Nova lei brasileira de migração: avanços, desafios e ameaças.* Revista Brasileira de Estudos de População, V.34, N1. Jan/Abril de 2017.

sustentam a integração plena do migrante à sociedade brasileira ao assegurar o pleno acesso aos serviços, garantindo a reunião familiar, reconhecendo a formação acadêmica obtida no exterior, permitindo a associação sindical e política, facilitando a inclusão laboral, repudiando práticas de discriminação e descriminalizando a migração e repudiando práticas de deportações coletivas.[37]

Esse avanço fica claramente explicitado nos termos do art. 3º da Lei nº 13.445/2017, que determina que a *política migratória brasileira* se rege pelos seguintes princípios e diretrizes: universalidade, indivisibilidade e interdependência dos direitos humanos; repúdio e prevenção à xenofobia, ao racismo e a quaisquer formas de discriminação; não criminalização da migração; não discriminação em razão dos critérios ou dos procedimentos pelos quais a pessoa foi admitida em território nacional; promoção de entrada regular e de regularização documental; acolhida humanitária; desenvolvimento econômico, turístico, social, cultural, esportivo, científico e tecnológico do Brasil; garantia do direito à reunião familiar; igualdade de tratamento e de oportunidade ao migrante e a seus familiares; inclusão social, laboral e produtiva do migrante por meio de políticas públicas; acesso igualitário e livre do migrante a serviços, programas e benefícios sociais, bens públicos, educação, assistência jurídica integral pública, trabalho, moradia, serviço bancário e seguridade social; promoção e difusão de direitos, liberdades, garantias e obrigações do migrante; diálogo social na formulação, na execução e na avaliação de políticas migratórias e promoção da participação cidadã do migrante; fortalecimento da integração econômica, política, social e cultural dos povos da América Latina, mediante constituição de espaços de cidadania e de livre circulação de pessoas; cooperação internacional com Estados de origem, de trânsito e de destino de movimentos migratórios, a fim de garantir efetiva proteção aos direitos humanos do migrante; integração e desenvolvimento das regiões de fronteira e articulação de políticas públicas regionais capazes de garantir efetividade aos direitos do residente fronteiriço; proteção integral e atenção ao superior interesse da criança e do adolescente migrante; observância ao disposto em tratado; proteção ao brasileiro no exterior; migração e desenvolvimento humano no local de origem, como direitos inalienáveis de todas as pessoas; promoção do reconhecimento acadêmico e do exercício profissional no Brasil, nos termos da lei; e repúdio a práticas de expulsão ou de deportação coletivas.

É interessante analisarmos o que o novo diploma garante ao migrante. Nesses termos, o art. 4º afirma que ao migrante é garantida no território nacional, em condição de igualdade com os nacionais, a inviolabilidade do direito à vida, à liberdade, à igualdade, à segurança e à propriedade, bem como são assegurados: direitos e liberdades civis, sociais, culturais e econômicos; direito à liberdade de circulação em território nacional; direito à reunião familiar do migrante com seu

37. RIBEIRO DE OLIVEIRA, Antônio Tadeu, *Nova lei brasileira de migração: avanços, desafios e ameaças.* Revista Brasileira de Estudos de População, V.34, N1. Jan/Abril de 2017.

cônjuge ou companheiro e seus filhos, familiares e dependentes; medidas de proteção a vítimas e testemunhas de crimes e de violações de direitos; direito de transferir recursos decorrentes de sua renda e economias pessoais a outro país, observada a legislação aplicável; direito de reunião para fins pacíficos; direito de associação, inclusive sindical, para fins lícitos; acesso a serviços públicos de saúde e de assistência social e à previdência social, nos termos da lei, sem discriminação em razão da nacionalidade e da condição migratória; amplo acesso à justiça e à assistência jurídica integral gratuita aos que comprovarem insuficiência de recursos; direito à educação pública, vedada a discriminação em razão da nacionalidade e da condição migratória; garantia de cumprimento de obrigações legais e contratuais trabalhistas e de aplicação das normas de proteção ao trabalhador, sem discriminação em razão da nacionalidade e da condição migratória; isenção das taxas de que trata esta Lei, mediante declaração de hipossuficiência econômica, na forma de regulamento; direito de acesso à informação e garantia de confidencialidade quanto aos dados pessoais do migrante, nos termos da Lei nº 12.527, de 18 de novembro de 2011; direito à abertura de conta bancária; direito de sair, de permanecer e de reingressar em território nacional, mesmo enquanto pendente pedido de autorização de residência, de prorrogação de estada ou de transformação de visto em autorização de residência; e o direito do imigrante de ser informado sobre as garantias que lhe são asseguradas para fins de regularização migratória.

Aqui acrescentamos que a Lei nº 13.445/2017 também se preocupa com o emigrante. Nesse sentido, afirma em seu art. 77 que as políticas públicas para os emigrantes observarão os seguintes princípios e diretrizes: I – proteção e prestação de assistência consular por meio das representações do Brasil no exterior; II – promoção de condições de vida digna, por meio, entre outros, da facilitação do registro consular e da prestação de serviços consulares relativos às áreas de educação, saúde, trabalho, previdência social e cultura; III – promoção de estudos e pesquisas sobre os emigrantes e as comunidades de brasileiros no exterior, a fim de subsidiar a formulação de políticas públicas; IV – atuação diplomática, nos âmbitos bilateral, regional e multilateral, em defesa dos direitos do emigrante brasileiro, conforme o direito internacional; V – ação governamental integrada, com a participação de órgãos do governo com atuação nas áreas temáticas mencionadas nos incisos I, II, III e IV, visando a assistir as comunidades brasileiras no exterior; e VI – esforço permanente de desburocratização, atualização e modernização do sistema de atendimento, com o objetivo de aprimorar a assistência ao emigrante.[38]

38. Decreto nº 9.199/2017: Art. 256. As políticas públicas para os emigrantes observarão os seguintes princípios e diretrizes: I – proteção e prestação de assistência consular por meio das representações do País no exterior, a fim de proteger os interesses dos nacionais brasileiros; II – promoção de condições de vida digna, por meio, entre outros, da facilitação do registro consular e da prestação de serviços consulares relativos às áreas de educação, saúde,

Por último, é importante apresentarmos definições extraídas do novo diploma normativo e que merecem destaque.

- imigrante: pessoa nacional de outro país ou apátrida que trabalha ou reside e se estabelece temporária ou definitivamente no Brasil;
- emigrante: brasileiro que se estabelece temporária ou definitivamente no exterior;
- residente fronteiriço: pessoa nacional de país limítrofe ou apátrida que conserva a sua residência habitual em município fronteiriço de país vizinho;
- visitante: pessoa nacional de outro país ou apátrida que vem ao Brasil para estadas de curta duração, sem pretensão de se estabelecer temporária ou definitivamente no território nacional;
- apátrida: pessoa que não seja considerada como nacional por nenhum Estado, segundo a sua legislação, nos termos da Convenção sobre o Estatuto dos Apátridas, de 1954, promulgada pelo Decreto nº 4.246, de 22 de maio de 2002, ou assim reconhecida pelo Estado brasileiro.[39]

---

trabalho, previdência social e cultura; III – promoção de estudos e pesquisas sobre os emigrantes e as comunidades de brasileiros no exterior, a fim de subsidiar a formulação de políticas públicas; IV – atuação diplomática, nos âmbitos bilateral, regional e multilateral, em defesa dos direitos do emigrante brasileiro, conforme o direito internacional; V – ação governamental integrada, sob a coordenação do Ministério das Relações Exteriores, com a participação de órgãos da administração pública com atuação nas áreas temáticas mencionadas nos incisos I, II, III e IV, com vistas a assistir as comunidades brasileiras no exterior; e VI – esforço permanente de desburocratização, atualização e modernização do sistema de atendimento, com o objetivo de aprimorar a assistência ao emigrante. Art. 257. A assistência consular compreende: I – o acompanhamento de casos de acidentes, hospitalização, falecimento e prisão no exterior; II – a localização e a repatriação de nacionais brasileiros; e III – o apoio em casos de conflitos armados e catástrofes naturais. § 1º A assistência consular não compreende o custeio de despesas com sepultamento e traslado de corpos de nacionais que tenham falecido do exterior, nem despesas com hospitalização, excetuados os itens médicos e o atendimento emergencial em situações de caráter humanitário. § 2º A assistência consular observará as disposições do direito internacional e das leis locais do país em que a representação do País no exterior estiver sediada. Art. 258. Caberá aos Ministérios das Relações Exteriores e da Fazenda buscar garantir a isonomia de tratamento aos brasileiros que, residentes no exterior, recebam suas aposentadorias e suas pensões no âmbito de tratado sobre previdência social de que o País seja parte. Art. 259. O emigrante que decidir retornar ao País com ânimo de residência poderá introduzir no País, com isenção de direitos de importação e de taxas aduaneiras, os bens novos ou usados que o viajante, em compatibilidade com as circunstâncias de sua viagem, puder destinar para o uso ou o consumo pessoal e profissional, sempre que, por sua quantidade, natureza ou variedade, não permitam presumir importação ou exportação com fins comerciais ou industriais. Art. 260. Na hipótese de ameaça à paz social e à ordem pública por instabilidade institucional grave ou iminente ou de calamidade de grande proporção na natureza, deverá ser prestada assistência especial ao emigrante pelas representações brasileiras no exterior. Parágrafo único. Em situação de instabilidade política ou catástrofe natural, caberá ao Ministério das Relações Exteriores avaliar a efetiva ameaça à integridade física dos brasileiros afetados por desastres naturais, ameaças e conturbações diversas e avaliar as ações de apoio que se mostrem efetivamente necessárias.

39. Sobre o **Apátrida** temos importantes digressões: Lei nº 13.345/2017: Art. 26. *Regulamento disporá sobre instituto protetivo especial do apátrida, consolidado em processo simplificado de naturalização. § 1o O processo de que trata o caput será iniciado tão logo seja reconhecida a situação de apatridia. § 2o Durante a tramitação do processo de reconhecimento da condição de apátrida, incidem todas as garantias e mecanismos protetivos e de facilitação da inclusão social relativos à Convenção sobre o Estatuto dos Apátridas de 1954, promulgada pelo Decreto nº 4.246, de 22 de maio de 2002, à Convenção relativa ao Estatuto dos Refugiados, promulgada pelo Decreto no 50.215, de 28 de janeiro de 1961, e à Lei no 9.474, de 22 de julho de 1997. § 3o* ***Aplicam-se ao apátrida residente todos***

9.2. Extradição

9.2.1. *Conceito de extradição:*

É o ato pelo qual um Estado entrega um indivíduo a outro Estado que é competente para julgá-lo ou puni-lo em virtude de crime praticado pelo mesmo em seu território. Ou seja, na extradição, um Estado entrega a outro Estado um indivíduo para que seja julgado ou punido (executar a pena), se já julgado.[40] Na recente Lei nº 13.445/2017, ela vem conceituada no seu art. 81, que deixa assente que a extradição é a medida de cooperação internacional entre o Estado brasileiro e outro Estado pela qual se concede ou solicita a entrega de pessoa sobre quem recaia condenação criminal definitiva ou para fins de instrução de processo penal em curso.

9.2.2. *Espécies de extradição:*

- **Extradição ativa:** é aquela requerida pelo Brasil a outro Estado nacional soberano. Ocorre quando o Brasil requer a outro país um indivíduo que lá se encontra para julgá-lo ou puni-lo pela prática de um crime praticado no Brasil. Conforme o Decreto nº 9.199/2017, que regulamentou a Lei nº 13.445/2017, a extradição ativa ocorre quando o Estado brasileiro requer a Estado Estrangeiro a entrega de pessoa sobre quem recaia condenação criminal definitiva ou para fins de instrução de processo penal em curso.[41]

os direitos atribuídos ao migrante relacionados no art. 4º. *§ 4o O reconhecimento da condição de apátrida assegura os direitos e garantias previstos na Convenção sobre o Estatuto dos Apátridas, de 1954, promulgada pelo Decreto no 4.246, de 22 de maio de 2002, bem como outros direitos e garantias reconhecidos pelo Brasil. § 5º O processo de reconhecimento da condição de apátrida tem como objetivo verificar se o solicitante é considerado nacional pela legislação de algum Estado e poderá considerar informações, documentos e declarações prestadas pelo próprio solicitante e por órgãos e organismos nacionais e internacionais. § 6o Reconhecida a condição de apátrida, nos termos do inciso VI do § 1º do art. 1º, o solicitante será consultado sobre o desejo de adquirir a nacionalidade brasileira. § 7o Caso o apátrida opte pela naturalização, a decisão sobre o reconhecimento será encaminhada ao órgão competente do Poder Executivo para publicação dos atos necessários à efetivação da naturalização no prazo de 30 (trinta) dias, observado o art. 65. § 8º O apátrida reconhecido que não opte pela naturalização imediata terá a autorização de residência outorgada em caráter definitivo. § 9o Caberá recurso contra decisão negativa de reconhecimento da condição de apátrida. § 10. Subsistindo a denegação do reconhecimento da condição de apátrida, é vedada a devolução do indivíduo para país onde sua vida, integridade pessoal ou liberdade estejam em risco. § 11. Será reconhecido o direito de reunião familiar a partir do reconhecimento da condição de apátrida. § 12. Implica perda da proteção conferida por esta Lei: I – a renúncia; II – a prova da falsidade dos fundamentos invocados para o reconhecimento da condição de apátrida; ou III – a existência de fatos que, se fossem conhecidos por ocasião do reconhecimento, teriam ensejado decisão negativa.*

40. ACCIOLY, Hildebrando. *Manual de direito internacional público*. 8. ed. São Paulo: Saraiva, 1968, p. 105.
41. Decreto nº 9.199/2017: Art. 279. O pedido que possa originar processo de extradição perante Estado estrangeiro deverá ser encaminhado ao Ministério da Justiça e Segurança Pública diretamente pelo órgão do Poder Judiciário responsável pela decisão ou pelo processo penal que a fundamenta. § 1º Compete ao Ministério da Justiça e Segurança Pública o papel de orientação, de informação e de avaliação dos elementos formais de admissibilidade dos processos preparatórios para encaminhamento ao Estado requerido, por via diplomática ou por via de autoridades centrais. § 2º Compete exclusivamente ao órgão do Poder Judiciário responsável pelo processo penal o encaminhamento do pedido de extradição ativa para o Ministério da Justiça e Segurança Pública devidamente instruído, acompanhado da tradução juramentada. § 3º Caso o pedido de extradição ativa

- **Extradição passiva:** é aquela que um Estado soberano requer ao Brasil. Ocorre em virtude de o indivíduo ter praticado um crime no referido Estado e se encontrar no Brasil. Conforme o Decreto nº 9.199/2017, que regulamentou a Lei nº 13.445/2017, a extradição passiva ocorre quando o Estado estrangeiro solicita ao Estado brasileiro a entrega de pessoa que se encontre no território nacional sobre quem recaia condenação criminal definitiva ou para fins de instrução de processo penal em curso.

No que diz respeito à extradição passiva, algumas considerações devem ser feitas. Nesse sentido, é mister salientar que o brasileiro nato nunca será extraditado, porém, o brasileiro naturalizado poderá ser extraditado (conforme já observado) no caso da prática de crime comum antes da naturalização ou da prática de crime de tráfico ilícito de entorpecentes e drogas afins antes ou depois da naturalização[42]. Já o português equiparado do art. 12 § 1º da CR/88 (já citado na obra), por ser ainda estrangeiro, poderá ser extraditado, porém somente para Portugal.[43] Por último, temos que os estrangeiros poderão ser extraditados, exceto se a prática for de crime político ou de opinião, pois nesse caso é vedada a extradição à luz de nossa atual Constituição. Aqui, conforme a Lei nº 13.445/2017, o Supremo Tribunal Federal poderá deixar de considerar crime político o atentado contra chefe de Estado ou quaisquer autoridades, bem como crime contra a humanidade, crime de guerra, crime de genocídio e terrorismo.[44]

---

seja encaminhado diretamente ao Ministério das Relações Exteriores, este deverá necessariamente retransmiti-lo ao Ministério da Justiça e Segurança Pública, a fim de ser realizado o juízo prévio de admissibilidade.§ 4º O Ministério da Justiça e Segurança Pública poderá notificar os órgãos do sistema de Justiça vinculados ao processo gerador do pedido de extradição, a fim de que tais órgãos viabilizem a apresentação ao juízo competente dos documentos, das manifestações e dos demais elementos necessários para o processamento do pedido, acompanhado das traduções oficiais. § 5º O encaminhamento do pedido de extradição pelo órgão do Poder Judiciário responsável pelo processo penal ao Ministério da Justiça e Segurança Pública confere autenticidade aos documentos. Art. 280. O Ministério da Justiça e Segurança Pública realizará o exame da presença dos pressupostos formais de admissibilidade exigidos em lei ou em tratado e, caso atendidos, providenciará o encaminhamento imediato do pedido de prisão ou de extradição ao Estado requerido, por via diplomática ou por via de autoridades centrais.

42. Informativo 649 do STF: *"Por não ser constitucionalmente admissível a extradição de brasileiro naturalizado fora das 2 únicas hipóteses excepcionais previstas no art. 5º, LI, da CF, a 2ª Turma indeferiu pleito extradicional, formulado pela República do Equador, para cumprimento de execução de sentença condenatória proferida por tribunal do Estado requerente. Em consequência, o STF determinou a imediata soltura do extraditando, se por al não estiver preso. Na espécie, ele cometera crime de estupro no Equador* ***posteriormente*** *à obtenção de sua naturalização secundária como brasileiro".* (Ext 1223/República do Equador, Rel. Min. Celso de Mello, 22.11.2011). Conforme o Informativo 834 do STF: *É possível conceder extradição para brasileiro naturalizado envolvido em tráfico de droga.* 1ª Turma do STF. Ext 1244/República Francesa, Rel. Min. Rosa Weber, julgado em 09.08.2016.
43. Isso se dá em virtude de tratado bilateral assinado entre Brasil e Portugal. Este foi convertido no Decreto Legislativo nº 70.391/72 pelo Congresso Nacional, posteriormente substituído pelo Decreto nº 3.927/01, que promulgou o Tratado de Cooperação, Amizade e Consulta Brasil/Portugal.
44. Com definição a ser desenvolvida pelo STF, inexistindo uma definição prévia sobre o caráter político do delito. É importante aqui deixar consignado, conforme o STF, que: *"os atos delituosos de natureza terrorista não se subsumem à noção de criminalidade política, pois a lei fundamental proclamou o repudio ao terrorismo como um dos princípios essenciais que devem reger o Estado brasileiro em suas relações internacionais."* (STF – Pleno – Extradição nº 855-2, Rel. Min. Celso de Mello).

Assim sendo, nos termos legais, são condições para concessão da extradição: I – ter sido o crime cometido no território do Estado requerente ou serem aplicáveis ao extraditando as leis penais desse Estado; e II – estar o extraditando respondendo a processo investigatório ou a processo penal ou ter sido condenado pelas autoridades judiciárias do Estado requerente a pena privativa de liberdade.

9.2.3. Procedimento para a extradição e decisão sobre ela

A recente Lei nº 13.445/2017 que revogou o *"estatuto do estrangeiro"* apresenta novidades no que tange ao procedimento para a extradição.

Conforme o novo diploma legal, a extradição será requerida por via diplomática ou pelas autoridades centrais designadas para esse fim. No caso da extradição passiva, o pedido de extradição originado de Estado estrangeiro será recebido pelo órgão competente do Poder Executivo e, após exame da presença dos pressupostos formais de admissibilidade exigidos na Lei 13.445/2017 ou em tratado, será encaminhado à autoridade judiciária competente, que, no caso, será o STF. Não preenchidos os pressupostos, o pedido será arquivado mediante decisão fundamentada, sem prejuízo da possibilidade de renovação do pedido, devidamente instruído, uma vez superado o óbice apontado.

Certo é que só ocorrerá a extradição após a análise da procedência do pedido pelo Pretório Excelso. Nesses termos, nenhuma extradição será concedida sem prévio pronunciamento do Supremo Tribunal Federal sobre sua legalidade e procedência, não cabendo recurso da decisão.

Assim sendo, para nosso encaminhamento, podemos dividir o procedimento em três fases:

1ª Fase: administrativa: O pedido de extradição originado de Estado estrangeiro será recebido pelo órgão competente do Poder Executivo (que é o Ministério da Justiça) e, conforme acima explicitado, após exame da presença dos pressupostos formais de admissibilidade exigidos na Lei 13.445/2017 ou em tratado, será encaminhado à autoridade judiciária competente.[45] Repetimos que não preenchidos os pressupostos, o pedido será arquivado mediante decisão fundamentada, sem

45. Lei nº13.445/2017: Art. 88. § 3º O pedido deverá ser instruído com cópia autêntica ou com o original da sentença condenatória ou da decisão penal proferida, conterá indicações precisas sobre o local, a data, a natureza e as circunstâncias do fato criminoso e a identidade do extraditando e será acompanhado de cópia dos textos legais sobre o crime, a competência, a pena e a prescrição. Apesar do art.88 da Lei nº13.445/2017, estar mais direcionado a extradição ativa, entendemos que o §3º deve ser usado para a extradição passiva. Temos também que, conforme o Decreto nº 9.199/2017: Art. 269. O pedido de extradição originário de Estado estrangeiro será recebido pelo Ministério da Justiça e Segurança Pública e, após o exame da presença dos pressupostos formais de admissibilidade exigidos na Lei nº 13.445, de 2017, ou em tratado de que o País seja parte, será encaminhado ao Supremo Tribunal Federal. § 1º Os compromissos de que trata o art. 274 deverão ser apresentados no ato de formalização do pedido pelo Estado requerente. Mais a frente veremos quais são esses compromissos.

prejuízo da possibilidade de renovação do pedido, devidamente instruído, uma vez superado o óbice apontado.

2ª Fase: judicial: Se preenchidos os pressupostos formais de admissibilidade o pedido é encaminhado ao Supremo Tribunal Federal que irá fazer um *controle de legalidade extrínseco*. Assim sendo, resta claro que o STF vai analisar se o Estado estrangeiro cumpriu os requisitos exigidos para a extradição.

Aqui, com base na Lei 13.445/2017, ao receber o pedido, o relator no STF designará dia e hora para o interrogatório do extraditando e, conforme o caso, nomear-lhe-á curador ou advogado, se não o tiver. A defesa, a ser apresentada no prazo de 10 (dez) dias contado da data do interrogatório, versará sobre a identidade da pessoa reclamada, defeito de forma de documento apresentado ou ilegalidade da extradição. Não estando o processo devidamente instruído, o Tribunal, a requerimento do órgão do Ministério Público Federal correspondente, poderá converter o julgamento em diligência para suprir a falta. Para suprir a falta referida, o Ministério Público Federal terá prazo improrrogável de 60 (sessenta) dias, após o qual o pedido será julgado independentemente da diligência. Esse prazo de 60 dias será contado da data de notificação à missão diplomática do Estado requerente. Nesses termos, após todo esse trâmite, o Pretório Excelso irá julgar o pedido de extradição.

Nesse momento, algumas observações sobre essa fase devem ser colocadas:

a) Em caso de urgência, o Estado interessado na extradição poderá, previamente ou conjuntamente com a formalização do pedido extradicional, requerer, por via diplomática ou por meio de autoridade central do Poder Executivo, prisão cautelar com o objetivo de assegurar a executoriedade da medida de extradição que, após exame da presença dos pressupostos formais de admissibilidade exigidos nesta Lei ou em tratado, deverá representar à autoridade judicial competente, ouvido previamente o Ministério Público Federal. O pedido de prisão cautelar deverá conter informação sobre o crime cometido e deverá ser fundamentado, podendo ser apresentado por correio, fax, mensagem eletrônica ou qualquer outro meio que assegure a comunicação por escrito. O pedido de prisão cautelar poderá ser transmitido à autoridade competente para extradição no Brasil por meio de canal estabelecido com o ponto focal da Organização Internacional de Polícia Criminal (Interpol)[46] no País, devidamente instruído com a documentação comprobatória da existência de ordem de prisão proferida por Estado estrangeiro[47], e, em caso de ausência de tratado, com a promessa de reciprocidade recebida por via diplomática.

---

46. *A Interpol tem legitimidade para requerer, no Brasil, prisão cautelar para fins de extradição. Dec. monocrática.* PPE 769, Rel. Min. Celso de Mello, julg. em 18.02.2016.
47. Conforme o PPE 732 QO julg. em 11.11.2014: "A Interpol tem legitimidade para requerer, no Brasil, prisão cautelar para fins de extradição tendo em vista que o Estatuto do Estrangeiro foi recentemente alterado pela Lei 12.878/2013 e passou a prever expressamente que o pedido de prisão cautelar pode ser apresentado ao Ministério da Justiça pela Interpol, desde que exista ordem de prisão proferida por Estado estrangeiro".

Efetivada a prisão do extraditando, o pedido de extradição será encaminhado à autoridade judiciária competente. Na ausência de disposição específica em tratado, o Estado estrangeiro deverá formalizar o pedido de extradição no prazo de 60 (sessenta) dias, contado da data em que tiver sido cientificado da prisão do extraditando. Caso o pedido de extradição não seja apresentado no prazo previsto acima (de 60 dias), o extraditando deverá ser posto em liberdade, não se admitindo novo pedido de prisão cautelar pelo mesmo fato sem que a extradição tenha sido devidamente requerida.

Essa prisão cautelar (uma espécie de ***prisão preventiva para a extradição***) poderá ser prorrogada até o julgamento final da autoridade judiciária competente quanto à legalidade do pedido de extradição.

Aqui é interessante salientar que no julgamento do **HC nº 91.657**, que teve por relator o Ministro Gilmar Mendes, o Tribunal, por maioria de votos, deferiu ***habeas corpus*** impetrado em favor de indivíduo colombiano, acusado da suposta prática dos crimes de lavagem de dinheiro e associação para o tráfico internacional de entorpecentes, para que ele aguardasse em liberdade o julgamento da extradição (nº 1.091) contra ele, requerida pelo governo do Panamá.[48] Também na Extradição nº 791/Portugal, o relator Ministro Celso de Mello, deferiu, monocraticamente, pedido de prisão domiciliar em favor de extraditando, sob o fundamento da situação excepcional do caso, tendo em vista que o indivíduo extraditando estava em estado precário de saúde, em situação que demandava tratamento que não poderia ser fornecido de forma adequada pelo Poder Executivo.[49] Para esse **abrandamento** da ***imprescindibilidade da prisão cautelar***, o Pretório Excelso, segundo Gilmar Mendes, utilizou dos seguintes fundamentos: a) novo significado atribuído aos direitos individuais na Constituição de 1988; b) a excepcionalidade da prisão em nosso Estado de Direito, e que por isso tal excepcionalidade não deveria ser utilizada como meio generalizado de limitação da liberdade, não havendo razão, tanto com esteio na CR/88 quanto nos tratados internacionais com relação aos direitos humanos e à dignidade da pessoa humana, para que tal entendimento não fosse aplicado no que diz respeito às prisões preventivas para fins extradicionais; c) a frequente demora na instrução dos processos extradicionais, o que leva o Estado brasileiro a ser, não raras

48. MENDES; COELHO; BRANCO, *Curso de direito constitucional*, 2008, p. 628.
49. Outro exemplo: *(...) Asseverou-se que não se poderia fazer da prisão preventiva para fins de extradição uma dura e fria negativa de acesso aos direitos e garantias processuais de base constitucional e enfaticamente proclamados em tratados internacionais de que o Brasil faz parte. Frisou-se não haver nos autos risco processual ou à coletividade pelo fato em si da liberdade do extraditando, ante a primariedade do agente e por residir há mais de 7 anos no Brasil, com vínculo laboral formal e residência própria no país. Aduziu-se a necessidade de se dar especialíssima proteção à família, porque a manutenção da custódia poderia implicar a total desassistência material de sua esposa e de seu filho brasileiro menor de idade. Por fim, estabeleceu-se que a medida conteria as seguintes cautelas: a) depósito do passaporte do nacional romeno no STF; b) impossibilidade de sair do Estado do RJ sem autorização do relator destes autos; c) compromisso de comparecer semanalmente à seção judiciária de seu domicílio, para dar conta de suas atividades; d) compromisso de atender todo e qualquer chamamento judicial.* (Ext 1254 QO/Romênia, Rel. Min. Ayres Britto, 06.09.2011)

vezes, mais rigoroso com os cidadãos estrangeiros do que com os próprios brasileiros, considerando o que preleciona o Código de Processo Penal para a prisão preventiva.

Acontece que essa situação agora foi regulada pela recente Lei 13.445/2017, que, no seu art. 86, afirma que o Supremo Tribunal Federal, ouvido o Ministério Público, poderá autorizar prisão albergue ou domiciliar ou determinar que o extraditando responda ao processo de extradição em liberdade, com retenção do documento de viagem ou outras medidas cautelares necessárias, até o julgamento da extradição ou a entrega do extraditando, se pertinente, considerando a situação administrativa migratória, os antecedentes do extraditando e as circunstâncias do caso.

b) O STF exerce a fiscalização concernente à ***legalidade extrínseca***, ou seja, um *controle de legalidade extrínseco*, não analisando o mérito do pedido.[50] Porém, é importante salientar que existem exceções nas quais a análise recai sobre o mérito, são elas: a) a questão da dupla tipicidade; b) a questão do crime ser de dissidência política ou não; c) a questão da ocorrência prescrição penal.[51]

c) Após a análise dos requisitos, haverá duas possibilidades; 1) decisão **não favorável (improcedência do pedido)** e, com isso, encerra-se nesse momento o procedimento. Essa decisão vincula o Poder Executivo, não havendo mais a hipótese de extradição nesse caso (fica proibida a extradição). Da decisão não cabe recurso. E, conforme o art. 94 da Lei nº 13.445/2017, negada a extradição em fase judicial, não se admitirá novo pedido baseado no mesmo fato; 2) **decisão favorável ao pedido de extradição**, ou seja, o STF julga o pedido procedente. Nesse caso, o Poder Executivo para a **corrente majoritária não está** vinculado à decisão do STF para extraditar ou não extraditar o estrangeiro. Assim sendo, o Poder Executivo pode não concordar em extraditar, visto que a extradição é ato de sua soberania. A corrente **minoritária** atualmente no STF[52] (que é defendida na doutrina por alguns internacionalistas e constitucionalistas) entende que o Poder Executivo está vinculado à decisão do STF, devendo, com isso, decretar a extradição.

Entendemos que o Decreto nº 9.199, de 20.11.2017, que regulamentou a Lei nº 13.445/2017, resolve essa questão a favor da corrente que já era a majoritária no STF. Nesses termos, o art. 271 afirma que julgada procedente a extradição pelo Supremo Tribunal Federal, ***o Ministério da Justiça e Segurança Pública avaliará se o estrangeiro cumpre os requisitos para ser extraditado***. Em caso positivo, o cumprimento dos requisitos será comunicado por via diplomática ou pelas autoridades

---

50. A ação de extradição passiva não confere, ordinariamente, ao STF qualquer poder de indagação sobre o mérito da pretensão deduzida pelo Estado requerente ou sobre as provas que embasam o pedido de extradição. STF. Decisão monocrática. PPE 769, Rel. Min. Celso de Mello, julg. em 18.02.2016.
51. MORAES, Alexandre de, *Direito constitucional*, 2008, p. 89.
52. Conforme o **julgamento em 18.11.2009** da **Extradição nº 1.085** (caso Battisti) se pronunciaram **a favor da vinculação do Presidente à decisão do STF** os Ministros: Cezar Peluso (relator), Gilmar Mendes, Ellen Gracie e Ricardo Lewandosky.

centrais ao Estado requerente, que, no prazo de sessenta dias, contado da data da ciência da comunicação, deverá retirar o extraditando do território nacional.

3ª Fase: administrativa: Como já observado, se procedente o pedido na decisão judicial do STF incumbe ao Poder Executivo decretar ou não a extradição. Nos termos da Lei 13.445/2017, julgada procedente a extradição e autorizada a entrega pelo órgão competente do Poder Executivo, será o ato comunicado por via diplomática ao Estado requerente, que, no prazo de 60 (sessenta) dias da comunicação, deverá retirar o extraditando do território nacional. Além disso, se o Estado requerente não retirar o extraditando do território nacional no prazo acima previsto, será ele posto em liberdade, sem prejuízo de outras medidas aplicáveis.

9.2.4. *Requisitos para a extradição*

Os requisitos para extradição são fundamentais, na medida em que o STF terá como ponto central a análise desses[53]. É importante consignar, de acordo com a jurisprudência do Pretório Excelso[54] que, se eles forem devidamente preenchidos, impõe-se o deferimento da extradição. Esses requisitos atualmente estão previstos na Lei nº 13.445/2017 (Lei de Migração) que revogou o antigo Estatuto do Estrangeiro (Lei nº 6.815/80), bem como no Regimento Interno do STF (art. 207 a 214) e são sintetizados pela doutrina pátria, nos seguintes termos:

1º) Deve haver entre Brasil e o Estado estrangeiro um tratado internacional[55] ou uma promessa de reciprocidade de tratamento em relação ao Brasil. Aqui é interessante observarmos que pode haver a extradição mesmo que o tratado de extradição firmado entre o Estado estrangeiro e o Brasil seja posterior ao crime cometido naquele país, desde que o tratado preveja expressamente que as suas disposições também serão aplicadas aos delitos praticados antes de sua vigência.[56]

---

53. **PPE 623** julg. em **29.06.2012**: *"Abertura de prazo para que o Estado requerente apresentasse os documentos requisitados em diligência determinada pelo plenário deste STF, tidos por indispensáveis ao exame da legalidade e procedência da extradição. Omissão do Estado-requerente em complementar a instrução do pedido. Pedido de extradição indeferido"*. (Rel. Min. Cármen Lúcia)

54. STF – Extradição nº 639-8, Rel. Min. Marco Aurélio. *DJU*. Seção I, 15 set. 1995, p. 29.507.

55. Conforme a PPE 732 QO julg. em 11.11.2014 pela 2 ª turma do STF: "O tratado bilateral de extradição é qualificado como lei especial em face da legislação doméstica nacional, o que lhe atribui precedência jurídica sobre o Estatuto do Estrangeiro em hipóteses de omissão ou antinomia."

56. STF. Decisão monocrática. PPE 769, Rel. Min. Celso de Mello, julg. em 18.02.2016. Nesses termos, chamamos a atenção, para a descrição feita pela doutrina, de que o STF já decidiu que os tratados de extradição têm aplicação imediata, independentemente do momento da prática do crime, salvo disposição em contrário no próprio tratado. Portanto, mesmo que o crime em que se fundamenta a extradição seja anterior ao tratado, a extradição poderá ser efetivada. Porém, salientamos também que a promessa de reciprocidade entre o Estado estrangeiro e o Brasil deve ser integral, não podendo existir obstáculo na Constituição ou na legislação infraconstitucional do Estado estrangeiro que acabe por inviabilizar o cumprimento da reciprocidade em futuros casos. Nesse sentido, temos decisão do STF trazida à baila no **Informativo nº 428**, *na qual negou a extradição em virtude da promessa de reciprocidade feita pelo Governo alemão de incluir hipótese de brasileiro naturalizado, apesar da lei fundamental alemã não permitir extradição de alemão naturalizado.* MORAES, Alexandre de, *Direito*

2º) A competência para o julgamento do indivíduo estrangeiro tem que ser exclusiva da justiça estrangeira do país requerente. Aqui, nos termos da Lei nº 13.445/2017, em seu art. 83, são condições para concessão da extradição: a) ter sido o crime cometido no território do Estado requerente ou serem aplicáveis ao extraditando as leis penais desse Estado; e b) estar o extraditando respondendo a processo investigatório ou a processo penal ou ter sido condenado pelas autoridades judiciárias do Estado requerente a pena privativa de liberdade. Porém, entendemos que a exigência desse requisito não deve ser *absoluta*.

Assim sendo, a própria Lei nº 13.445/2017 afirma que quando o extraditando estiver sendo processado ou tiver sido condenado, no Brasil, por crime punível com pena privativa de liberdade, a extradição será executada somente depois da conclusão do processo ou do cumprimento da pena, ressalvadas as hipóteses de liberação antecipada pelo Poder Judiciário e de determinação da transferência da pessoa condenada. Além disso, a entrega do extraditando será igualmente adiada se a efetivação da medida puser em risco sua vida em virtude de enfermidade grave comprovada por laudo médico oficial. Já quando o extraditando estiver sendo processado ou tiver sido condenado, no Brasil, por infração de menor potencial ofensivo, a entrega poderá ser imediatamente efetivada. Aqui, não obstante a recente Lei nº 13.445/2017, o STF, em casos concretos (com base na legislação anterior), já se manifestou sobre o tema. Nesse sentido, se o indivíduo estiver sendo processado (ou condenado) por crime praticado no Brasil, a extradição ainda pode ser deferida pelo STF, só que **ficaria** condicionada a conclusão do processo (ou do cumprimento da pena) a que responde o extraditando no Brasil, conforme decisão do Pretório Excelso de 07.10.2010.[57]

Ainda sobre esse tema, o STF em 2014 enfrentou caso extremamente interessante e que vale nossa atenção. Em 14.04.2005, o Pretório Excelso deferira extradição com a ressalva do art. 89 da Lei 6.815/1980 ("Quando o extraditando estiver sendo processado, ou tiver sido condenado, no Brasil, por crime punível com pena privativa de liberdade, a extradição será executada somente depois da conclusão do processo ou do cumprimento da pena, ressalvado, entretanto, o disposto no artigo 67"). Ocorre que, no caso em análise, o extraditando fora condenado, no Brasil, a 28 anos de reclusão e, desde 31.12.2005, cumpria pena em regime fechado. Acontece

constitucional, p. 85, 2008. Sobre o indeferimento de pedido por falta de "Tratado" ou "promessa", ver **Informativo 672 do STF**.

57. **Ext 1173-Romênia** julg. em **07.10.2010** de rel. Min. Celso de Mello: *"(...) 1. O pedido formulado pelo Governo da Romênia, com base no Tratado de Extradição entre a República Federativa do Brasil e a Romênia, atende aos pressupostos necessários ao seu deferimento, nos termos da Lei nº6.815/80. 2. Satisfeito o requisito da dupla tipicidade, previsto no art. 77, inc. II, da Lei nº6.815/80: o fato delituoso imputado ao Extraditando corresponde, no Brasil, ao crime de furto qualificado, previsto no art. 155, caput, e parágrafos 1º e 4º, I, II e IV do Código Penal. 3. A* ***existência de processo no Brasil, por crime diverso*** *e que, inclusive, teria ocorrido em data posterior ao fato objeto do pedido de Extradição,* ***não impede o deferimento da extradição, cuja execução deve aguardar a conclusão do processo ou do cumprimento da pena eventualmente aplicada, salvo determinação em contrário do Presidente da República*** *(arts. 89 e 67 da Lei nº6.815/1980). Precedentes. 4.* ***Extradição deferida****."*

que foi requerida, na origem, a progressão de regime, e o pleito fora indeferido ao fundamento de que o deferimento de extradição do apenado obstaria a progressão de regime. O tribunal "a quo" registrou, ainda, que decisão diferente frustraria a execução penal e o próprio processo de execução, aliado ao risco de fuga do extraditando.

Nesses termos, o STF na decisão da QO (questão de ordem) da Extradição nº 947 entendeu que, a prevalecer a decisão do tribunal "*a quo*", que indeferira a progressão de regime, o extraditando cumpriria a integralidade da pena em regime fechado. O Colegiado destacou que, se brasileiro fosse, com igual condenação, bastaria ao extraditando cumprir um sexto da pena – aproximadamente cinco anos de prisão – para fins de progressão de regime. No entanto, ele já teria cumprido nove anos em regime fechado. Asseverou o STF que a *exclusão do estrangeiro do sistema progressivo de cumprimento de pena* conflitaria com princípios constitucionais, especialmente o da prevalência dos direitos humanos e o da isonomia (CR/88, artigos 4º, II, e 5º, *caput*). Sublinhou o STF, que decidir de forma diversa levaria à absurda situação de a prisão provisória na extradição tornar-se prisão com prazo indeterminado, a violar princípios constitucionais. Frisou que, na hipótese, estaria configurada situação de excesso de execução, nos termos do disposto no artigo 185 da LEP ("Haverá excesso ou desvio de execução sempre que algum ato for praticado além dos limites fixados na sentença, em normas legais ou regulamentares"), a onerar, de maneira injusta, o próprio "*status libertatis*" do extraditando. Com isso, em face da peculiaridade do caso, o Plenário do STF, por maioria, indeferiu pedido de revogação de prisão preventiva para fins de extradição, mas, de ofício, concedeu "*habeas corpus*" para afastar a *vedação de progressão de regime* ao extraditando.[58]

É interessante que, em caso ainda mais recente, na Ext 893/QO, julgada em 10.03.2015, decidiu o STF que a providência de progressão de regime será ineficaz até que o STF delibere acerca das condições da prisão para extradição. Ou seja, é possível que seja deferida a progressão de regime ao apenado que aguarda o

58. *Extradição. Cumprimento de pena por crime praticado no Brasil. Revogação da prisão preventiva. Indeferimento. Progressão de regime de pena. Concessão de habeas corpus de ofício. I – Pedido de extradição deferido, com a ressalva do art. 89 da Lei 6.815/1980. II – A peculiar situação dos autos evidencia a necessidade de se perquirir se a prisão preventiva para fins de extradição deve obstar o acesso do extraditando, condenado pela prática de crimes em solo brasileiro, a direitos cuja fruição não lhe seria negada acaso inexistente o processo extradicional. III – A exclusão do estrangeiro do sistema progressivo de cumprimento de pena conflita com diversos princípios constitucionais, especialmente o da prevalência dos direitos humanos (art. 4º, II) e o da isonomia (art. 5º), que veda qualquer discriminação em razão da raça, cor, credo, religião, sexo, idade, origem e nacionalidade. IV – Cabe ao Juízo da execução das penas a análise dos riscos de fuga peculiares à situação concreta, bem como a manutenção de frequentes contatos com o Ministério de Estado da Justiça acerca do momento mais adequado para que a extradição se efetive, evitando-se, assim, eventual colocação em regime aberto sem as cautelas aplicáveis à espécie, tais como, a título de exemplo, a utilização de tornozeleiras eletrônicas, instrumentos de monitoramento que têm se mostrado bastante eficazes. V – Situação concreta a evidenciar necessidade de concessão da ordem de habeas corpus de ofício para, afastando a vedação de progressão de regime, determinar ao juízo da execução da pena brasileira a verificação da presença dos requisitos do art. 112 da LEP.* Ext nº947 QO Julg. em 28.05.2014. Rel. Min Ricardo Lewandowski.

cumprimento da ordem de extradição. Mas isso só poderá ser concretizado pelo juízo das execuções (juiz de 1ª instância) depois que o STF concordar. Portanto, cabe ao STF deliberar acerca de eventual adaptação das condições da prisão para extradição ao regime prisional da execução penal do estrangeiro. Assim, depois que o juízo da execução afirmar que os requisitos para a progressão estão preenchidos, deverá ainda o STF verificar se a concessão do regime semiaberto ou aberto ao extraditando não irá causar risco à garantia da ordem garantia da ordem pública, da ordem econômica, à conveniência da instrução criminal, nem à aplicação da lei penal pública (art. 312 do CPP). Com isso, mesmo tendo sido preenchidos os requisitos para a progressão, o STF ainda analisaria se, para os fins de extradição, seria necessário ou não que o estrangeiro (que também aguarda extradição) permaneça em regime fechado.[59]

3º) Conforme a recente Lei 13.445/2017, não se concederá a extradição quando o Brasil for competente, segundo suas leis, para julgar o crime imputado ao extraditando. Além disso, também não se concederá a extradição quando o extraditando estiver respondendo a processo ou já houver sido condenado ou absolvido no Brasil pelo mesmo fato em que se fundar o pedido.

4º) Deve haver o título penal condenatório no país ou mandado de prisão emanado de juiz ou autoridade competente no país estrangeiro.

5º) Deve haver dupla tipicidade (o ato pelo qual o indivíduo foi condenado deve ser crime tanto no país estrangeiro como no Brasil). É importante salientar que a dupla tipicidade não é analisada sob o ponto de vista do *"nomen juris"* (nome do crime). O que importa é que aquela conduta seja punida no país de origem e aqui, sendo de menor importância as diferenças terminológicas. Porém se for crime no Estado requerente da extradição e apenas contravenção penal no Brasil ou mesmo fato atípico, não será possível a concessão da extradição.[60]

---

59. ExT 893/QO Julg. em 10.03.2015. 2ª Turma do STF. Rel. Min. Gilmar Mendes.

60. Como exemplo: *Por decisão unânime, nos termos explicitados pelo STF, o Plenário do Supremo Tribunal Federal, indeferiu, em **01.10.2009**, o pedido de Extradição **(EXT) nº 1135**, pelo qual o governo da República Federal da Alemanha pedia a entrega do cidadão alemão Timur Turhan para que cumprisse, naquele país, a pena de **dois anos de reclusão** a que foi condenado pelo Tribunal da Comarca de Colônia pelos crimes de extorsão grave, com caráter de roubo e tentativa de roubo em concurso formal com lesão corporal. O pedido foi **negado** porque, à **época** do cometimento do **crime (maio de 2006)**, Timur, nascido **em junho de 1988, ainda era menor de 18 anos de idade** e, portanto, **inimputável pela legislação penal brasileira** – tanto pelo Código Penal Brasileiro (CPB) quanto pelo Estatuto da Criança e do Adolescente (ECA). O relator do processo, Ministro Eros Grau, lembrou que, em casos de extradição, a Suprema Corte deve orientar-se pela legislação brasileira. Segundo ele, o Estatuto da Criança e do Adolescente (ECA) prevê apenas medidas socioeducativas para menor infrator, que não o tornam passível de extradição. Diante disso, a Corte aplicou o disposto no artigo 77, inciso II, da Lei nº 6.815 (define a situação jurídica do estrangeiro no Brasil), que veda a extradição de estrangeiro, quando "o fato que motivar o pedido não for considerado crime no Brasil ou no Estado requerente". Na linguagem jurídica, a isso se denomina "ausência de dupla tipicidade". Rel. Min Eros Grau, Julg em 01.10.2009. É interessante que a 2ª Turma do STF na PPE 730/DF afirmou em 16.12.2014, que não seria cabível a concessão de extradição de um estrangeiro que praticou crime de terrorismo no Estado de origem, considerando que, pelo fato de o Brasil não ter definido esse crime em nosso ordenamento positivo, não estaria presente o requisito da dupla tipicidade. (Aqui observamos que a 2ª Turma do STF **não** considerou o art. 20 da lei 7.170/83 como definidor do crime de terrorismo)*

É de se ressaltar que se na data em que foi praticado, o fato era considerado crime apenas no país estrangeiro (não sendo delito no Brasil), não caberá a extradição, mesmo que, posteriormente, a conduta tenha se tornado crime também Brasil. Portanto, a *dupla tipicidade* deve ser analisada no momento da prática do crime. Como exemplo, temos a **PPE 732 QO** julgada em 11.11.2014, pela 2ª turma do STF: "(...) as supostas práticas delituosas imputadas ao extraditando teriam ocorrido em 2011, anteriormente, portanto, à vigência da Lei 12.737/2012, que acrescentara o art. 154-A ao CP ("Invadir dispositivo informático alheio, conectado ou não à rede de computadores, mediante violação indevida de mecanismo de segurança e com o fim de obter, adulterar ou destruir dados ou informações sem autorização expressa ou tácita do titular do dispositivo ou instalar vulnerabilidades para obter vantagem ilícita: Pena – detenção, de 3 (três) meses a 1 (um) ano, e multa"). Assim, estaria descaracterizado o requisito da *dupla tipicidade*, a exigir que a conduta atribuída ao extraditando, considerado o tempo de sua prática, estivesse simultânea e juridicamente qualificada como crime tanto no Brasil quanto no Estado estrangeiro interessado (CF, art. 5º, XXXIX; e CP, art. 1º)".

Em exemplo mais recente, um extraditando (com pedido de extradição solicitado pela Turquia) financiou grupo terrorista em 2013; ocorre que a Lei de Terrorismo brasileira somente foi editada em 2016 (Lei nº 13.260/2016). Decidiu o STF que não se deve conceder a extradição se, na época do fato, a conduta imputada ao extraditando não era punida como crime no Brasil, *ainda que, no momento do pedido de extradição, já exista lei tipificando como infração penal*. O fundamento para a não concessão seria o da ofensa à irretroatividade da lei penal brasileira. Portanto, no caso, a extradição é inviável, uma vez que, ao tempo da prática da conduta imputada (2013), não havia tipificação em nossa legislação penal comum.[61]

Outra questão importante é a de que segundo o STF, é possível negar a extradição se houver uma excessiva abertura dos tipos penais no Estado requerente, o que viola o princípio da legalidade (art. 5º, XXXIX, da CR/88).[62] Aqui conforme a Ext nº 633: *"O ato de tipificação penal impõe ao Estado o dever de identificar, com clareza e precisão, os elementos definidores da conduta delituosa. As normas de incriminação que desatendem a essa exigência de objetividade - além de descumprirem a função de garantia que é inerente ao tipo penal - qualificam-se como expressão de um discurso normativo absolutamente incompatível com a essência mesma dos princípios que estruturam o sistema penal no contexto dos regimes democráticos. O reconhecimento da possibilidade de instituição de estruturas*

61. **Ext 1578/DF,** STF. 2ª Turma. Rel. Min. Edson Fachin, julgado em **06.08.2019** (Info 946).
62. **Ext 1428/DF**, STF. 2ª Turma. Rel. Min. Gilmar Mendes, julg. em **07.05.2019** (Info 939). No caso da Ext 1428 (repetimos: no caso) afirmou o STF que há uma excessiva abertura dos tipos penais na China, o que violaria o princípio da legalidade (art. 5º, XXXIX, da CR/88). Nesses termos, *uma das funções do princípio da legalidade é a de proibir incriminações vagas e indeterminadas* (*nullum crimen, nulla poena sine lege certa).*

típicas flexíveis não confere ao Estado o poder de construir figuras penais com utilização, pelo legislador, de expressões ambíguas, vagas, imprecisas e indefinidas. É que o regime de indeterminação do tipo penal implica, em última análise, a própria subversão do postulado constitucional da reserva de lei, daí resultando, como efeito consequencial imediato, o gravíssimo comprometimento do sistema das liberdades públicas. A cláusula de tipificação penal, cujo conteúdo descritivo se revela precário e insuficiente, não permite que se observe o princípio da dupla incriminação, inviabilizando, em consequência, o acolhimento do pedido extradicional."[63]

6º) Não pode haver prescrição da pretensão punitiva ou executória, seja na legislação do país estrangeiro, seja na legislação brasileira. Sobre esse requisito, o STF recentemente negou o pedido de extradição do Governo da Espanha (Estado requerente) sob o fundamento de que teria ocorrido a prescrição da pretensão executória da pena do delito segundo a lei brasileira. Com isso, entendeu o STF que estando o crime prescrito, não seria possível conceder a extradição. Aqui duas questões foram decididas pelo STF: a) O Código Penal e a Lei 6.815/80 (antigo Estatuto do Estrangeiro) não preveem a apresentação do pedido de extradição como causa interruptiva da prescrição. Além disso, tal possibilidade não está prevista no tratado de extradição. Logo, criar um marco interruptivo em desfavor do extraditando viola o princípio da legalidade estrita; b) Mesmo em caso de extradição executória (ou seja, extradição para que o condenado cumpra pena no exterior), a prisão preventiva dele no Brasil possui natureza cautelar. Portanto é uma prisão realizada como condição de procedibilidade para o processo de extradição, destinada, em sua precípua função instrumental, a assegurar a execução de eventual ordem de extradição. Não se trata do início do cumprimento da pena. Aqui sustentava o Estado requerente (Espanha) que a data do cumprimento da prisão preventiva, para fins de extradição, fosse considerada como início do cumprimento da pena (o que se apresentaria como causa interruptiva da prescrição, nos termos do art. 117, V, do nosso Código Penal).[64]

Outra decisão interessante sobre o tema ocorreu na Extradição 1362/DF julgada em 09.11.2016, em que o STF afirmou que o fato de o Estado requerente ter qualificado os delitos imputados ao extraditando como de lesa-humanidade (crimes de lesa-humanidade ou *crimes contra a humanidade*) não torna tais crimes imprescritíveis no Brasil.[65] Um outro caso interessante foi enfrentado pela 1ª Turma do STF re-

63. Ext 633, STF. Plenário Rel. Min. Celso de Mello, julgado em 28.08.1996.
64. Ext 1.346 ED/DF 2ª Turma do STF, Rel. Min. Dias Toffoli, julgado em 06.09.2016.
65. Os fundamentos da decisão foram: *a) o Brasil não subscreveu a Convenção sobre a Imprescritibilidade dos Crimes de Guerra e dos Crimes contra a Humanidade, nem aderiu a ela; b) apenas a lei interna pode dispor sobre prescritibilidade ou imprescritibilidade de crimes no Brasil. STF. Informativo 846 do STF: "Relativamente à qualificação dos delitos imputados ao extraditando como de lesa-humanidade, entendeu que essa circunstância não afasta a aplicação da citada jurisprudência. A Corte se referiu a fundamentos expostos na ADPF 153/DF, no sentido da não aplicação, no Brasil, da imprescritibilidade dos crimes dessa natureza, haja vista o País não ter subscrito a Convenção sobre a Imprescritibilidade dos Crimes de Guerra e dos Crimes contra a Humanidade, nem ter a ela aderido, e, ainda, em razão de somente lei interna poder dispor sobre prescritibilidade ou imprescritibilidade da pretensão estatal de*

centemente. Na Ext 1270/DF, decidiu o STF que o crime de sequestro, por ser permanente, não prescreve enquanto não for encontrada a pessoa ou o corpo. Assim, se o Estado requerer a extradição de determinado indivíduo pelo crime de sequestro, se a vítima ou o corpo nunca foi encontrado, não terá começado a correr o prazo prescricional. No caso também decidiu o STF que o fato de o Estado requerente ter qualificado os delitos imputados ao extraditando como de lesa-humanidade não torna tais crimes imprescritíveis no Brasil. Isso por que: 1) o Brasil não subscreveu a Convenção sobre a Imprescritibilidade dos Crimes de Guerra e dos Crimes contra a Humanidade, nem aderiu a ela; 2) apenas a lei interna pode dispor sobre prescritibilidade ou imprescritibilidade de crimes no Brasil.[66]

7º) Não sujeição do extraditando a julgamento por tribunal ou juízo de exceção (que não esteja previamente positivado na legislação ou na Constituição do país). Incluímos também a necessidade da observância dos parâmetros do devido processo legal[67] e do respeito aos direitos humanos pelo Estado estrangeiro.[68]

---

punir. Ponderou que, mesmo se houvesse norma de direito internacional de caráter cogente a estabelecer a imprescritibilidade dos crimes contra a humanidade, ela não seria aplicável no Brasil, por não ter sido ainda reproduzida no direito interno. Portanto, o Estatuto de Roma, considerado norma de estatura supralegal ou constitucional, não elidiria a força normativa do art. 5º, XV, da CR, que veda a retroatividade da lei penal, salvo para beneficiar o réu. Em seguida, o Plenário afastou a ofensa ao art. 27 da Convenção de Viena sobre o Direito dos Tratados. Não ocorre, no caso, invocação de limitações de direito interno para justificar o inadimplemento do tratado de extradição entre Brasil e Argentina, mas simples incidência de limitação prevista nesse tratado. Concluiu que, estando prescritos os crimes, segundo o ordenamento jurídico brasileiro, eventual acolhimento do pedido extradicional ofenderia o próprio tratado de extradição, que demanda a observância do requisito da dupla punibilidade." (Plenário do STF, red. p/ o ac. Min. Teori Zavascki)

66. **Ext 1270/DF**, STF. 1ª Turma. Rel. p/ o ac. Min. Roberto Barroso, julgado em **12.12.2017** (Informativo 888 do STF)
67. Nesse sentido: *Durante julgamento de pedido de extradição do Governo da Bolívia, em assentada de 31-5-2007, o Min. Gilmar Mendes pediu vista dos autos para analisar alguns acontecimentos que se verificaram na Bolívia naquele momento, envolvendo o Poder Judiciário daquele país, os quais em tese, poderiam ensejar o indeferimento do pleito. O julgamento foi concluído em 15-8-2007 com o deferimento do pedido extradicional, tendo em vista que se encontravam superadas as dificuldades institucionais por que passava o Judiciário boliviano. Ressaltou-se a necessidade de aplicação do devido processo legal, que possui um âmbito de proteção alargado, a exigir o fair trial não apenas daqueles que fazem parte da relação processual, ou que atuam diretamente no processo, mas de todo o aparato jurisdicional, o que abrange todos os sujeitos, instituições e órgãos, públicos e privados, que exercem, direta ou indiretamente, funções qualificadas, constitucionalmente, como essenciais à Justiça.* MENDES; *Curso de direito constitucional*, 2008, p. 624.
68. Nesse sentido, observamos no julgamento da Ext nº 867 (*DJ* de 23.09.2004), o posicionamento do Ministro Celso de Mello: "*Extradição e respeito aos direitos humanos: paradigma ético-jurídico cuja observância condiciona o deferimento do pedido extradicional. A essencialidade da cooperação internacional na repressão penal aos delitos comuns não exonera o Estado Brasileiro – e, em particular, o STF – de velar pelo respeito aos direitos fundamentais do súdito estrangeiro que venha a sofrer, em nosso país, processo extradicional instaurado por iniciativa de qualquer estado estrangeiro.* O extraditando assume, no processo extradicional, a condição indisponível de sujeito de direitos, cuja intangibilidade há de ser preservada pelo Estado a que foi dirigido o pedido de extradição (o Brasil, no caso) O STF não deve autorizar a extradição, se se demonstrar que o ordenamento jurídico do Estado estrangeiro não se revela capaz de assegurar, aos réus, em juízo criminal, os direitos básicos que resultam do postulado do *due processo of law*, notadamente as garantias inerentes da ampla defesa, a garantia do contraditório, à igualdade entre as partes perante o juiz natural e à garantia de imparcialidade do magistrado processante. *Demonstração, no caso, de que o regime político que informa as instituições do Estado requerente reveste-se de caráter democrático, assegurador das liberdades fundamentais*".

Aqui em recente caso (já citado), o STF negou pedido de extradição sob o fundamento de que país requerente (no caso a Turquia) vem enfrentando um quadro de instabilidade política, tendo ocorrido a demissão de juízes e a prisão de opositores do governo. Isso porque, neste caso, haveria o risco de o extraditando ser submetido a um tribunal ou juízo de exceção (o que é vedado pelo art. 82, VIII, da Lei nº 13.445/2017). Essa expressão, conforme o STF, deve ser apreendida como garantia a um julgamento justo e ao devido processo legal. Conforme o STF, podem ser considerados fatos notórios a instabilidade política, as demissões de juízes e as prisões de opositores do governo do Estado requerente. Nos autos, há notícia de que o Parlamento europeu condenou o aumento do controle exercido pelo Executivo naquele país e a pressão política no trabalho dos juízes e magistrados. Em tais circunstâncias, há no mínimo uma justificada dúvida quanto às garantias de que o extraditando será efetivamente submetido a um tribunal independente e imparcial, o que se imporia num quadro de normalidade institucional.[69]

8º) A infração atribuída ao extraditando não pode ter caráter político,[70] visto que o Brasil não concede extradição por crime político. Ou seja, não se concede a extradição se o fato constituir crime político ou de opinião. Porém, a Lei nº 13.445/2017 afirma que não impedirá a extradição quando o fato constituir, principalmente, infração à lei penal comum ou quando o crime comum, conexo ao delito político, constituir o fato principal. Essa nova Lei também afirma que o Supremo Tribunal Federal poderá deixar de considerar crime político o atentado contra chefe de Estado ou quaisquer autoridades, bem como crime contra a humanidade, crime de guerra, crime de genocídio e terrorismo.[71]

---

69. **Ext 1578/DF,** STF. 2ª Turma. Rel. Min. Edson Fachin, julgado em **06.08.2019** (Info 946).
70. Conforme decisão da Ext nº 855 de relatoria do Min. Celso de Mello, **os atos terroristas não se enquadram no conceito de crime político**. *Porém, se estivermos diante de ações políticas associadas à segurança do Estado, poderá ser caracterizado o crime político. Nesse sentido a decisão da Ext nº 700/RFA: Assim, em caso em que, o extraditando fora acusado de transmitir segredo de Estado do Governo requerente utilizável em projeto de desenvolvimento de armamento nuclear, considerou o Tribunal que se cuidava de crime político puro, cujo conceito compreende não só o cometido contra a segurança interna, como o praticado contra a segurança externa do Estado, a caracterizarem, ambas as hipóteses, a excludente de concessão de extradição, prevista no art. 77, VI e §§ 1º a 3º, da Lei nº 6.815 e no art. 5º, LII, da CR/88. Gilmar Mendes lembra também de algumas situações mais delicadas, nas quais o crime de motivação política tem características de crime comum ou se assemelha a uma ação de caráter terrorista. Entende que nesses casos o STF deve decidir caso a caso levando em consideração o âmbito dos objetivos políticos e a possibilidade de se fazer uma ponderação entre o caráter comum do delito e a sua inserção em uma ação política mais ampla. Surge nessa análise a figura do caráter preponderantemente político das ações desenvolvidas pelo extraditando como fator decisivo na situação específica (caso a caso) para que possa ocorrer o indeferimento da extradição como demonstrado na Ext nº 694 de rel. do Min. Sidney Sanches. Por último, no caso "La tablada" que envolveu ações armadas realizadas por um grupo de rebeldes contra um estabelecimento militar, o STF entendeu que o perfil político do levante não permite tratar isoladamente as condutas eventualmente perpetradas e reconheceu, por isso, o caráter político do crime. Segundo Gilmar Mendes, no precedente esposado no julgamento da Ext nº 493/ARG considerou-se que o propósito político que imantava a ação emprestava-lhe um caráter unitário insuscetível de ser desdobrado em delitos singulares.* MENDES COELHO; BRANCO, *Curso de direito constitucional*, 2008, p. 619-622.
71. Em recente decisão: *"O Supremo Tribunal Federal já reconheceu como delitos políticos aqueles tipificados na Lei 7.170/1983. Nessa linha, a assimilação aos tipos penais da aludida norma traria a questão do tratamento peculiar aos crimes políticos no caso em exame e conduziria à hipótese na qual a extradição é proibida. (...) O ministro Celso de*

9º) A legislação brasileira não prevê ao crime pena de prisão inferior a 2 (dois) anos, conforme a Lei nº 13.445/2017.

10) Não se concede a extradição se o extraditando for beneficiário de refúgio, nos termos da Lei nº 9.474, de 22 de julho de 1997, ou de asilo territorial, conforme a Lei nº 13.445/2017.

Além dos requisitos supracitados, existem ainda compromissos que devem ser assumidos formalmente pelo Estado estrangeiro requerente da extradição para com o Brasil. De acordo com art. 96 da Lei nº 13.445/2017, são eles:

- Não ser o extraditando preso nem processado por fatos anteriores ao pedido.
- Efetuar a detração penal (descontar o tempo que o indivíduo ficou preso no Brasil[72]). Nesses termos, a Lei nº 13.445/2017 determina o compromisso de computar o tempo da prisão que, no Brasil, foi imposta por força da extradição.
- Comutar a pena corporal, perpétua ou de morte em pena privativa de liberdade, respeitado o limite máximo de cumprimento de 40 (quarenta) anos (de acordo com a Lei nº 13.964/2019). Temos, portanto, a comutação da pena de morte.[73] Aqui é importante deixar consignado que por decisão do STF do ano de 2004 (portanto, antes da Lei nº 13.445/2017), no Processo de Extradição nº 855-2/DF, a pena de prisão perpétua também passou a dever ser comutada em pena de prisão com o prazo máximo de 30 anos (com a nova Lei nº 13.964 de 24.12.2019,

Mello registrou que a exceção de delinquência política não é oponível aos atos criminosos de natureza terrorista. A situação exposta nos autos traduz a configuração de delito impregnado de caráter eminentemente político". **Ext 1578/DF,** STF. 2ª Turma. Rel. Min. Edson Fachin, julgado em **06.08.2019** (Info 946).

72. Aqui citamos decisão do STF na Ext 1394/DF em **20.10.2015**: *Acordo de Extradição entre os Estados Partes do Mercosul e pena remanescente A Segunda Turma indeferiu pedido de extradição formulado em desfavor de nacional argentino, condenado em seu país à pena de seis anos de reclusão pela prática do crime de abuso sexual agravado pela conjunção carnal, nos termos dos artigos 45 e 119, § 3º, do Código Penal Argentino. O Colegiado afirmou que o Acordo de Extradição entre os Estados Partes do Mercosul* e as Repúblicas da Bolívia e do Chile, promulgado pelo Decreto 5.867/2006, contemplaria cláusula a impedir a entrega do súdito estrangeiro para execução de sentença quando a pena ainda por cumprir no Estado requerente *fosse inferior a seis meses (Artigo 2, item 2: "Se a extradição for requerida para a execução de uma sentença exige-se, ademais, que a parte da pena ainda por cumprir não seja inferior a seis meses"). No caso, seria possível constatar que o extraditando efetivamente permanecera preso, de 16.8.2006 até 30.5.2011, tendo cumprido quatro anos, nove meses e 14 dias da pena imposta. Já no Brasil, fora preso em 23.1.2015, por força de decreto de prisão preventiva para fins de extradição, permanecendo preso desde então. Considerando que o período em que o extraditando ficara detido no território brasileiro deveria ser detraído da pena a ser cumprida (Lei 6.815/1980, artigos 91, II, e Acordo firmado entre os Estados Partes do Mercosul, art. 17), ter-se-ia que a pena remanescente — considerado o trânsito em julgado para a acusação — resultaria, a partir de 9.10.2015, inferior a seis meses, pelo que incidiria a cláusula restritiva disposta no artigo 2, item 2, do já aludido acordo de extradição.* Rel. Min. Teori Zavascki.

73. Salvo obviamente no caso de guerra declarada em que a CR/88 no seu art. 5º, XLVII, permite a pena de morte.

por óbvio, o prazo máximo será de 40 anos).[74] É importante ressaltar ainda que a novidade da nova Lei nº 13.445/2017 é a comutação de pena corporal.

- Exigência que o extraditando não tenha sua pena agravada por fundamentação política. Ou seja, não considerar qualquer motivo político para agravar a pena.
- Não conceder ou efetuar a intitulada reextradição (entrega do extraditando sem a aprovação do Brasil a um outro país que o requerer)[75].
- Não submeter o extraditando a tortura ou a outros tratamentos ou penas cruéis, desumanos ou degradantes.

Nesse sentido, como já observado, preenchidos os requisitos, o STF deverá julgar procedente o pedido. Porém, algumas observações ainda são pertinentes:

1) Quando mais de um Estado requerer a extradição da mesma pessoa, pelo mesmo fato, terá preferência o pedido daquele em cujo território a infração foi cometida. Em caso de crimes diversos, terá preferência, sucessivamente: a) o Estado requerente em cujo território tenha sido cometido o crime mais grave, segundo a lei brasileira; b) o Estado que em primeiro lugar tenha pedido a entrega do extraditando, se a gravidade dos crimes for idêntica; c) o Estado de origem, ou, em sua falta, o domiciliar do extraditando, se os pedidos forem simultâneos.

Nos casos não previstos na Lei nº 13.445/2017, o órgão competente do Poder Executivo decidirá sobre a preferência do pedido, priorizando o Estado requerente que mantiver tratado de extradição com o Brasil. Portanto, havendo tratado com algum dos Estados requerentes, prevalecerão suas normas no que diz respeito à preferência para a extradição.

2) Conforme a Lei nº 13.445/2017, em seu art. 87, o extraditando poderá se entregar voluntariamente ao Estado requerente, desde que o declare expressamente, esteja assistido por advogado e seja advertido de que tem direito ao processo judicial de extradição e à proteção que tal direito encerra, caso em que o pedido será decidido pelo Supremo Tribunal Federal. Esse procedimento simplificado é chamado de "extradição simplificada", "entrega voluntária" ou "extradição voluntária". Antes da Lei nº 13.445/2017 o procedimento simplificado só poderia ser adotado se

74. Extr. nº 1.060/Peru, Rel. Min. Gilmar Mendes, *DJ* de 31.10.2007; Extr. nº 1.069/EUA, Rel. Min. Gilmar Mendes, *DJ* de 14.09.2007.

75. **Ext 1276/DF**: *(...) 2. Tráfico internacional de entorpecentes. 3. Duplicidade de pedido. Extradição já concedida ao Governo da Argentina. Novo pedido declinado pelo Governo da Itália. Fatos diversos. Possibilidade. 4. A preferência concedida ao primeiro Estado solicitante do extraditando – nos termos do art. 79, § 1º, inciso II, da Lei n. 6.815/1980 –, quando os crimes forem diversos, não inibe a pretensão de um outro Estado pleitear o direito de custódia do extraditando. (...) 9. Pedido deferido parcialmente sob a condição de que, considerado o deferimento anterior do pedido de extradição requerido pelo Governo da Argentina (Ext n. 1.250), o extraditando deverá primeiramente ser encaminhado a este país e oportunamente poderá ser extraditado ao Estado italiano, com a ressalva do art. 89 do Estatuto do Estrangeiro.* Julg. em **25.03.2014**. Rel. Min. Gilmar Mendes (2ª Turma)

houvesse previsão no tratado assinado entre o Brasil e o país que pediu a extradição. Com a Lei nº 13.445/2017 esse procedimento simplificado passou a ser a regra geral todas as vezes em que o extraditando concorda com o pedido.

Mas aqui, mesmo nesse caso, apesar da concordância do indivíduo em retornar ao país que requer a extradição, não será dispensado o controle de legalidade pelo STF.[76]

Nesses termos, inclusive a 2ª Turma do STF na Ext nº 1476/DF já decidiu que em regra, o simples fato de o extraditando estar de acordo com o pedido extradicional e de declarar que deseja retornar ao Estado requerente a fim de se submeter ao processo criminal naquele País não exonera (não exime) o STF do dever de efetuar o controle da legalidade sobre a postulação formulada pelo Estado requerente.

Nesta análise, será necessário verificar se os requisitos para a extradição estão preenchidos (como, por exemplo: a dupla tipicidade) e se será necessário exigir algum compromisso do país requerente (exs.: não permitir pena de morte, realizar a detração da pena etc.).[77]

Por último, em recentes decisões o STF afirmou que se o extraditando manifestar expressamente, de modo livre e voluntário, com assistência técnico jurídica de seu advogado, concordância com o pedido de sua extradição, será possível que o Ministro Relator do processo no STF autorize, monocraticamente, a extradição, desde que o extraditando não tenha cometido crime no território nacional e se preenchidos os demais requisitos. Vale ressaltar mais uma vez que, mesmo com a declaração expressa do extraditando concordando com a extradição, o Ministro do STF ainda realizará um controle de legalidade do pedido.[78]

3) Conforme recente decisão do STF na Ext 1428/DF, o Brasil deve negar a extradição se houver possibilidade concreta de o Estado requerente condenar o extraditando a prisão perpétua ou a pena de morte, sanções que são expressamente proibidas pela Constituição de 1988 (art. 5º, XLVII).[79]

---

76. STF – pleno – Extrad. nº 786-6/República Federal da Alemanha – Rel. Min. Nelson Jobim – *DJ* 04.05.2001.
77. **Ext 1476/DF**, 2ª Turma do STF, Rel. Min. Celso de Mello, julgado em **09.05.2017**. No mesmo sentido: (...) A concordância defensiva com o pleito extradicional não afasta o controle da legalidade por este Supremo Tribunal Federal. (...) STF. 1ª Turma. Ext 1468, Rel. Min. Rosa Weber, julgado em 13.12.2016. No mesmo sentido: (...) O desejo de ser extraditado, ainda que manifestado, de modo inequívoco, pelo súdito estrangeiro, não basta, só por si, para dispensar as formalidades inerentes ao processo extradicional, posto que este representa garantia indisponível instituída em favor do próprio extraditando. (...) STF. 2ª Turma. Ext 1407, Rel. Min. Celso de Mello, julg. em 15.12.2015.
78. Ext 1564/DF, STF. 1ª Turma. Rel. Min. Luiz Fux, julg. em 21.05.2019. *A Primeira Turma resolveu questão de ordem no sentido de autorizar seus ministros a julgarem monocraticamente os pleitos extradicionais sempre que o próprio extraditando manifeste expressamente, de modo livre e voluntário, com assistência técnico-jurídica de seu advogado, concordância com o pedido de sua extradição, desde que não tenha cometido crime no território nacional e se preenchidos os demais requisitos. Na sequência, deferiu pedido de extradição formulado pelo Governo da China.* Ver também: Ext 1520, STF. 2ª Turma. Rel. Min. Dias Toffoli, julg em 13.03.2018.
79. **Ext 1428/DF**, STF. 2ª Turma. Rel. Min. Gilmar Mendes, julgado em **07.05.2019** (Info 939). Apesar de estar preenchido o requisito da dupla tipicidade, o STF entendeu que a extradição não deveria ser deferida porque havia a possibilidade concreta de o Estado chinês condenar o extraditando a prisão perpétua ou a pena de morte,

4) Conforme a 2ª Turma do STF afirmou na Ext 1428/DF as hipóteses previstas na lei nas quais a extradição é proibida podem ser expandidas pela jurisprudência para atender ao respeito a outros direitos fundamentais do extraditando. Assim sendo o rol não seria taxativo.[80]

5) Conforme a 2ª turma do STF, mesmo que o Estado requerente não junte cópia dos textos legais dos crimes que teriam sido praticados pelo indivíduo, ainda assim é possível conceder a extradição caso a defesa não impugne o descumprimento dessa formalidade e o extraditando manifeste concordância em ser prontamente extraditado.[81]

6) Na extradição vigora o **princípio da especialidade**, que significa que o extraditado somente poderá ser processado e julgado pelo país estrangeiro pelo delito objeto do pedido de extradição. Porém, o STF "permite o chamado **pedido de extensão**, que consiste na permissão, solicitada pelo país estrangeiro, de processar a pessoa já extraditada por qualquer delito praticado antes da extradição e diverso daquele que motivou o pedido extradicional, desde que o Estado requerido expressamente autorize".[82] É mister salientar que, mesmo nesse caso, o STF irá realizar um controle jurisdicional de legalidade, apesar do extraditado se encontrar no Estado estrangeiro.[83]

7) Conforme já salientado, julgada procedente a extradição e autorizada a entrega pelo órgão competente do Poder Executivo, será o ato comunicado por via diplomática ao Estado requerente, que, no prazo de 60 (sessenta) dias da comunicação, deverá retirar o extraditando do território nacional. Se o Estado requerente não retirar o extraditando do território nacional no prazo ora citado, será ele posto em liberdade, sem prejuízo de outras medidas.

8) Conforme o STF, em caso de reingresso de extraditando foragido, não é necessária nova decisão jurisdicional acerca da entrega, basta a emissão de ordem judicial. Nesses termos, a análise da extradição já foi feita pelo STF por ocasião da primeira entrega. Assim, não é necessária uma segunda avaliação jurisdicional em caso de reingresso indevido no território nacional.

---

sanções que são expressamente proibidas pela Constituição brasileira (art. 5º, XLVII). Esse risco concreto reside no fato de que a genitora do extraditando recebeu pena de morte na China por conduta semelhante. Aqui reiteramos que a Lei de Migração (Lei nº 13.445/2017) prevê, conforme citamos, que não deve ser concedida a extradição se o Estado requerente não se comprometer, formalmente, em não aplicar a pena de morte ou perpétua ao extraditando: Art. 96. *Não será efetivada a entrega do extraditando sem que o Estado requerente assuma o compromisso de: (...) III - comutar a pena corporal, perpétua ou de morte em pena privativa de liberdade, respeitado o limite máximo de cumprimento de 30 (trinta) anos.*

80. **Ext 1428/DF**, STF. 2ª Turma. Rel. Min. Gilmar Mendes, julgado em **07.05.2019** (Info 939).
81. **Ext 1512/DF**, STF. 2ª Turma. Rel. Min. Gilmar Mendes, julgado em **24.10.2017** (Informativo 883)
82. MORAES, Alexandre de, *Direito constitucional*, 2008, p. 90.
83. Ver a Extradição nº 571-5, Rel. Min. Celso de Mello. *DJ* 01.08.1994; Extr. nº 1.139 Rel. Min. Rosa Weber e **Ext 1363 Extn/DF**, STF. 1ª Turma. Rel. Min. Alexandre de Moraes, julg. em **04.12.2018** (Info 926). Por óbvio que se o crime for posterior ao pedido de extradição não há necessidade de nenhuma solicitação ou providência adicional junto ao país que autorizou a extradição.

No mesmo sentido a recente Lei nº 13.445/2017, que, no seu art. 98, afirma que: o extraditando que, depois de entregue ao Estado requerente, escapar à ação da Justiça e homiziar-se no Brasil, ou por ele transitar, será detido mediante pedido feito diretamente por via diplomática ou pela Interpol e novamente entregue, sem outras formalidades.[84]

9) Conforme o STF, existe a possibilidade de progressão de regime de estrangeiro com pedido de extradição já deferido. Nesse sentido, o apenado poderá progredir para o regime semiaberto, mesmo havendo uma ordem de extradição ainda não cumprida. Segundo decidiu o STF, o fato de estar pendente a extradição do estrangeiro não é motivo suficiente para impedir a sua progressão de regime.[85]

10) Conforme a Súmula nº 421 do STF, não impede a extradição a circunstância de ser o extraditando casado com brasileira ou ter filho brasileiro.[86]

11) Conforme a Lei nº 13.445/2017, salvo motivo de ordem pública, poderá ser permitido, pelo órgão competente do Poder Executivo, o trânsito no território nacional de pessoa extraditada por Estado estrangeiro, bem como o da respectiva guarda, mediante apresentação de documento comprobatório de concessão da medida.

12) Iremos nesse momento realizar breve análise da **Extradição nº 1085** (Caso Battisti), julgada em **18.11.2009,** pelo STF. Esse caso causou celeuma na sociedade brasileira, bem como uma repercussão internacional, sendo motivo de amplo debate entre juristas e no Pretório Excelso. É bom que se diga, como advertência, que esse caso foi analisado ainda sob a égide da antiga Lei 6.815/80 (*Estatuto do Estrangeiro*). Portanto, recomendamos atenção a esse fato. Pois bem, o italiano Cesare Battisti foi condenado em seu país por supostamente ter provocado a morte de quatro pessoas durante o tempo em que esteve na resistência comunista contrária ao governo italiano na década de 70 do século 20. Preso no Brasil e com a requisição de sua extradição pelo Estado italiano, foi considerado (mesmo com parecer contrário do CONARE) pelo Ministro da Justiça, Tarso Genro, refugiado político em 13.01.2009. No processo de extradição requerido pelo Governo italiano, a defesa de

84. **Ext 1225/DF**, STF. 2ª Turma. Rel. Min. Gilmar Mendes, julgado em **21.11.2017**.

85. **Ext 947 QO**/República do Paraguai, STF. Plenário. Rel. Min. Ricardo Lewandowski, julg. em **28.05.2014** (Info 748) Em outro julgado importante: *É possível que seja concedida a progressão de regime para apenado estrangeiro que cumpre pena no Brasil e que aguarda o julgamento de pedido de extradição para outro país. No entanto, essa providência (progressão) será ineficaz até que o STF delibere acerca das condições da prisão para extradição. Em outras palavras,* ***é possível que o juízo das execuções penais defira a progressão de regime ao apenado que aguarda o cumprimento da ordem de extradição, mas isso só poderá ser concretizado pelo juiz de 1ª instância depois que o STF concordar****. Cabe ao STF deliberar acerca de eventual adaptação das condições da prisão para extradição ao regime prisional da execução penal. Assim, depois que o juízo da execução afirmar que os requisitos para a progressão estão preenchidos, deverá ainda o STF verificar se a concessão do regime semiaberto ou aberto ao extraditando não irá causar risco à garantia da ordem garantia da ordem pública, da ordem econômica, à conveniência da instrução criminal, nem à aplicação da lei penal pública (art. 312 do CPP)*. STF. 2ª Turma. Ext 893 QO/República Federal da Alemanha, Rel. Min. Gilmar Mendes, julgado em **10.03.2015** (Informativo 777).

86. **Ext nº 839**/República italiana – Rel. Min. Celso de Mello. Ver também: **Ext 1497/DF**, STF. 2ª Turma do STF, Rel. Min. Ricardo Lewandowski, julg. em **15.08.2017**. Nesse julgado, o STF reafirmou a súmula 421 e extraditou um cidadão português mesmo ele possuindo dois filhos brasileiros com uma companheira, também brasileira.

Battisti pediu para que o processo de extradição fosse extinto, uma vez que Battisti tinha sido considerado refugiado e com isso não poderia ser extraditado. O STF, por maioria de 5 a 4 (pois da decisão não participaram os Ministros Toffoli e Celso de Mello), decidiu pela extradição de Battisti, nos seguintes termos, presentes no Informativo nº 568: "Em conclusão de julgamento, o Tribunal, por maioria, deferiu pedido de extradição executória formulado pelo Governo da Itália contra nacional italiano condenado à pena de prisão perpétua pela prática de quatro homicídios naquele país – v. Informativos 558 e 567. Prevaleceu o voto do Min. Cezar Peluso, relator, que, após reconhecer a ilegalidade do ato de concessão de refúgio ao extraditando, entendeu que os crimes a ele atribuídos teriam natureza comum, e não política, os quais não estariam prescritos, considerando atendidos os demais requisitos previstos na Lei nº 6.815/80 e no tratado de extradição firmado entre o Brasil e a Itália. Vencidos os Ministros Cármen Lúcia, Joaquim Barbosa, Eros Grau e Marco Aurélio, que indeferiam o pleito [...]" No que tange à vinculação do Presidente da República, a decisão do STF deixou assente que: "[...] O Tribunal, ainda, também por maioria, considerou que o Presidente da República não estaria compelido pela decisão do Supremo a proceder à extradição. Asseverou-se que, autorizado o pleito extradicional pelo Supremo, caberia ao Chefe do Poder Executivo, tendo em conta a competência prevista no art. 84, VII, da CR, decidir, de forma discricionária, sobre a entrega, ou não, do extraditando ao governo requerente. Nesse sentido, manifestaram-se os Ministros Cármen Lúcia, Joaquim Barbosa, Marco Aurélio, Eros Grau e Carlos Britto. Vencidos, nesse ponto, os Ministros Cezar Peluso, relator, Ricardo Lewandowski, Ellen Gracie e Gilmar Mendes[87], que afirmavam que o Presidente da República estaria obrigado a cumprir a decisão do Supremo com a entrega do extraditando ao Governo italiano, à luz do citado tratado bilateral e da legislação aplicável."

Porém, não bastasse toda a discussão em torno do tema em **16.12.2009**, julgando questão de ordem atinente ao voto do Ministro Eros Grau, o STF retificou a

87. É interessante trazermos à baila **o posicionamento vencido** do Ministro **Gilmar Mendes**. *Para Gilmar, que foi corrente* ***minoritária*** *no caso em tela, o Presidente da República tem, por* ***força do tratado de extradição*** *assinado entre* ***Brasil e Itália em 1989****, bem como do* ***artigo 86*** *do* ***Estatuto dos Estrangeiros (Lei nº 6.815/80)****, a obrigação de entregar o nacional italiano. Portanto, não tem poder discricionário de decidir pela não entrega. Nesses termos afirmou que: "Havendo tratado, todo o processo de extradição deve obedecer suas normas." Gilmar Mendes deixou assente que: "a única discricionariedade que o presidente tem para não efetuar a extradição ocorre em caso bem específico, previsto no artigo 91 da Lei 6.815/80, que é quando o país requerente não oferece condições de fazer o extraditado cumprir a pena dentro do que estabelece a legislação brasileira." Excetuando essa hipótese "[...] o presidente da República somente tem discricionariedade quanto à entrega imediata ou não do extraditando. Um retardamento pode acontecer se este sofrer de doença grave que coloque em risco sua vida, atestada por laudo médico (parágrafo único do artigo 89 a Lei 6.815), ou se ele estiver respondendo a processo no Brasil. Neste caso, o presidente pode permitir que se conclua esse processo, ou desprezar esta circunstância e efetuar a extradição. [...]" Por fim Gilmar Mendes entendeu como sendo de: [...] "arrematado absurdo dizer-se que agora, uma vez decidida a extradição, o presidente da República está livre para não cumpri-la." Segundo ele, conforme afirmou em sua exposição: "partiu-se de uma especificidade da legislação pertinente ao assunto – entrega imediata ou não, em dadas circunstâncias – para se generalizar a discricionariedade. [...]"* (Voto proferido pelo Ministro Gilmar Mendes, na sessão plenária que julgou a Extradição nº 1.085 em 18.11.2009).

decisão, deixando assente mais uma vez que o Presidente da República **não está vinculado à decisão** do STF,[88] mas no caso ele **não** tem total liberalidade no que tange a seu ato, pois deve observar (se vincular) o Tratado entre Brasil e Itália assinado em 1989.

Aqui, se não bastasse todo o imbróglio jurídico, ou seja, o Presidente **não** estar vinculado à decisão do STF, mas no que tange **a decisão de extraditar ou não**, ter que seguir o Tratado entre Brasil e Itália (que em regra em casos equivalentes em virtude da decisão do STF determina a extradição) temos que em 31 de dezembro de 2010, no último dia do ano e do mandato do Presidente Lula, ele tomou a decisão **não extraditar** *Cesare Battisti*.

Algumas questões devem ser aventadas: 1) Como o Presidente tomou a decisão de não extradição sendo que, apesar de não vinculado a decisão do STF, deveria seguir o tratado entre os dois países? 2) Qual foi o fundamento para tal postura?

Certo é que o Presidente da República em sua decisão acatou parecer da Advocacia Geral da União que manifestou-se pela **não extradição**. Os fundamentos de tal parecer envolvem diretamente o Tratado de Extradição celebrado entre o Brasil e a Itália. Nesses termos, restou claro que, como o Presidente deveria respeitar o Tratado a única solução seria **encontrar** no próprio Tratado possibilidades **excepcionais** que permitissem a **não extradição.**

Sem dúvida, foi o que ocorreu, na medida em que a AGU em parecer da lavra do professor Arnaldo Godoy (Consultor da União) **exarou** que nos termos da letra ***f*** do número 1 do **art. 3**, do referido Tratado de Extradição celebrado entre Brasil e Itália o Presidente da República poderia de forma **excepcional** determinar a **não extradição.**

Conforme a referida letra *f* do n°1 do art. 3 a **extradição não será concedida**: "se a parte requerida tiver **razões ponderáveis** para **supor que a pessoa reclamada** será **submetida** a **atos** de perseguição e discriminação por motivo de raça, religião, sexo, nacionalidade, língua, opinião pública, condição social ou pessoal; ou que sua situação possa ser agravada por um dos elementos antes mencionados."

Nesse sentido, foi a decisão do Presidente da República. O argumento central foi o de que o Presidente **não** desrespeitou o Tratado de extradição entre Brasil e

---

88. **Decisão**: *Suscitada pelo Relator questão de ordem no sentido de retificar a proclamação da decisão, quanto à vinculação do Presidente da República ao deferimento da extradição, o Tribunal*, por maioria, acolheu-a, vencidos os Senhores Ministros Marco Aurélio e Carlos Britto. *O Tribunal, por unanimidade, **retificou-a**, para constar que, **por maioria**, o Tribunal reconheceu que a decisão de deferimento da extradição **não vincula o Presidente da República**, nos termos dos votos proferidos pelos Senhores Ministros Cármen Lúcia, Joaquim Barbosa, Carlos Britto, Marco Aurélio e Eros Grau. Ficaram vencidos quanto a esse capítulo decisório os Ministros Cezar Peluso (Relator), Ricardo Lewandowski, Ellen Gracie e Gilmar Mendes (Presidente).* Não votou o Senhor Ministro Celso de Mello por ter declarado suspeição. Ausentes, licenciado, o Senhor Ministro Joaquim Barbosa e, nesse julgamento, o Senhor Ministro Dias Toffoli. (**Plenário, 16.12.2009**).

Itália e, em virtude disso, com base em ***cláusula*** do próprio Tratado **não decretou a extradição** de ***Cesare Battisti***.

Tão logo a decisão foi publicizada, o então advogado do extraditando Luís Roberto Barroso (hoje Ministro do STF) requereu em petição ao STF a imediata libertação (expedição de alvará de soltura) de Battisti. Também foi interposto pedido do governo Italiano representado pelo advogado Nabor Bulhões para a manutenção do extraditando na Prisão. O Presidente do STF, Ministro Cezar Peluso no dia 06 de Janeiro de 2011 indeferiu (conforme a decisão em nota[89]) o pedido da defesa para a soltura do extraditando e determinou a remessa dos autos ao Ministro Gilmar Mendes relator do processo (Extradição nº 1085 – Caso ***Cesare Battisti***). Aqui, é interessante perguntarmos: Se a decisão de extradição do STF exarada pelo próprio do STF foi no sentido de não vincular ao Presidente da República e deixá-lo adstrito apenas ao Tratado e se o Presidente na sua decisão se fundamentou no Tratado (ou seja, tomou a decisão respeitando o STF com base no Tratado! Ainda que alguns possam discordar da fundamentação, como **não determinar** a imediata soltura do extraditando? Não estaria, segundo alguns juristas, o Ministro Cezar Peluso a quem muito respeitamos e admiramos (diga-se, um dos ***mais competentes*** Ministros do STF) descumprindo a decisão prolatada pelo próprio órgão que ele preside, e, com isso descumprindo a Constituição?

89. **Conforme o Ministro Cezar Peluso: "*1.*** *Invocando decisão do Exmo. Sr. Presidente da República que lhe teria negado a extradição, cujo pedido foi deferido por esta Corte, Cesare Battisti requer que o Tribunal lhe expeça, de imediato, alvará de soltura (a), ou, em via alternativa, que declare esgotada sua jurisdição, tocando aos órgãos do Poder Executivo a responsabilidade pelo cumprimento da decisão presidencial (b).* ***2. Não encontro****, porém, em relação* ***a nenhum de ambos os pedidos sucessivos, ou alternativos (a e b)****, não obstante a inegável urgência da matéria, que envolve questão de liberdade física, o requisito da aparência de razoabilidade jurídica das pretensões, o qual, sintetizado na costumeira expressão fumus boni iuris, justificaria excepcional cognição ativa desta Presidência, nos termos do art. 13, inc. VIII, do RISTF.* ***3.*** *Quanto ao segundo (b), é, desde logo, óbvio que, castrando competência exclusiva do egrégio Plenário,* ***não seria lícito a esta Presidência declarar exaurida, no caso, a jurisdição da Corte, sobretudo nas perspectivas de questão inerente ao âmbito de execução de acórdão proferido pelo Tribunal Pleno e cuja relatoria toca hoje a outro Ministro. 4.*** *Tampouco deve ser outra a solução ao pedido principal (a) (...)* ***5.*** *Ora, funda-se o ato concreto do Exmo Sr. Presidente da República – o qual agora negou a entrega – em parecer que, para formalizar a motivação jurídica necessária, recorre à cláusula inserta no* ***art. 3º, inc. 1, alínea f, daquele Tratado, sob alegação de que, segundo várias notícias jornalísticas que enumera, haveria, na Itália, "comoção política em favor do encarceramento de Battisti", enquanto "caldo de cultura justificativo de temores para com a situação do extraditando, que será agravada"*** *(...)* ***6.*** *Como transparece através do dilatado parecer, não deparei, para além das declarações colhidas aos jornais italianos, com descrição nem menção de nenhum ato ou fato específico e novo, que, não considerado pelo acórdão, pudesse representar, com a nitidez exigida pela natureza singular e restrita deste juízo prévio e sumário, razão ou "razões ponderáveis para supor que a pessoa reclamada será submetida a atos de perseguição e discriminação por motivo de raça, religião, sexo, nacionalidade, língua, opinião política, condição social ou pessoal; ou que sua situação possa ser agravada por um dos elementos antes mencionados" (fls. 4329). Não tenho como, nesta estima superficial, provisória e de exceção, ver, provada, causa convencional autônoma que impusesse libertação imediata do ora requerente.****7.*** *De modo que, até para não decepar competência do novo e eminente Min. Relator e do egrégio Plenário, no controle de eventual cumprimento ou descumprimento do acórdão exequendo, com as consequências jurídicas que convenham, não me fica alternativa.* ***8.*** *Do exposto,* ***indefiro os requerimentos de fls. 4243-4244****, mantendo por ora a prisão do requerente e, diante da urgência do caso, determinando sejam os autos conclusos incontinenti ao Relator, Exmo. Sr. Min. Gilmar Mendes, que reapreciará os pedidos, se for o caso."*

Por outro lado, para outros juristas, o argumento da AGU presente no art. 3 do Tratado e adotado pelo então Presidente da República **poderia não convencer,** como aventado pelo Ministro Cezar Peluso **em sua decisão monocrática** de Janeiro de 2011. Restou-nos, então, aguardar a posição final do STF após o desarquivamento da ação conforme determinou o Ministro Cezar Peluso.

Pois bem, fato é que em 08.06.2011 o STF em votação majoritária do plenário na análise da **Reclamação 11.243** ajuizada pela República Italiana decidiu por **manter a decisão** do Presidente da República (de não extradição) e deferiu o **pedido de soltura** do extraditando *Cesare Battisti*.[90] Aqui, apenas

---

90. Conforme a decisão, que por votação majoritária, não reconheceu da reclamação interposta pelo Governo Italiano: "(...) *9. No campo da soberania, relativamente à extradição, é assente que o ato de entrega do extraditando é exclusivo, da competência indeclinável do Presidente da República, conforme consagrado na Constituição, nas Leis, nos Tratados e na própria decisão do Egrégio Supremo Tribunal Federal na Extradição nº 1.085. 10. O descumprimento do Tratado, em tese, gera uma lide entre Estados soberanos, cuja resolução não compete ao Supremo Tribunal Federal, que não exerce soberania internacional, máxime para impor a vontade da República Italiana ao Chefe de Estado brasileiro, cogitando-se de mediação da Corte Internacional de Haia, nos termos do art. 92 da Carta das Nações Unidas de 1945. (...)12. O Presidente da República, no sistema vigente, resta vinculado à decisão do Supremo Tribunal Federal apenas quando reconhecida alguma irregularidade no processo extradicional, de modo a impedir a remessa do extraditando ao arrepio do ordenamento jurídico, nunca, contudo, para determinar semelhante remessa, porquanto, o Poder Judiciário deve ser o último guardião dos direitos fundamentais de um indivíduo, seja ele nacional ou estrangeiro, mas não dos interesses políticos de Estados alienígenas, os quais devem entabular entendimentos com o Chefe de Estado, vedada a pretensão de impor sua vontade através dos Tribunais internos. 13. In casu, ao julgar a extradição no sentido de ser possível a entrega do cidadão estrangeiro, por inexistirem óbices, o Pretório Excelso exaure a sua função, por isso que functus officio est – cumpre e acaba a sua função jurisdicional (...) 14. A anulação, pelo Supremo Tribunal Federal, da decisão do Ministro da Justiça que concedeu refúgio político ao extraditando, não o autoriza, a posteriori, a substituir-se ao Chefe de Estado e determinar a remessa do extraditando às autoridades italianas. O descumprimento do Tratado de Extradição, ad argumentandum tantum, gera efeitos apenas no plano internacional, e não no plano interno, motivo pelo qual não pode o Judiciário compelir o Chefe de Estado a entregar o súdito estrangeiro. 15. O princípio da separação dos Poderes (art. 2º CRFB), indica não competir ao STF rever o mérito de decisão do Presidente da República, enquanto no exercício da soberania do país, tendo em vista que o texto constitucional conferiu ao chefe supremo da Nação a função de representação externa do país. 16. A decisão presidencial que negou a extradição, com efeito, é autêntico ato de soberania, (...) 18. A extradição não é ato de nenhum Poder do Estado, mas da República Federativa do Brasil, pessoa jurídica de direito público externo, representada na pessoa de seu Chefe de Estado, o Presidente da República. A Reclamação por descumprimento de decisão ou por usurpação de poder, no caso de extradição, deve considerar que a Constituição de 1988 estabelece que a soberania deve ser exercida, em âmbito interno, pelos três Poderes (Executivo, Legislativo e Judiciário) e, no plano internacional, pelo Chefe de Estado, por isso que é insindicável o poder exercido pelo Presidente da República e, consequentemente, incabível a Reclamação, porquanto juridicamente impossível submeter o ato presidencial à apreciação do Pretório Excelso. 19. A impossibilidade de vincular o Presidente da República à decisão do Supremo Tribunal Federal se evidencia pelo fato de que inexiste um conceito rígido e absoluto de crime político. (...) 20. Compete ao Presidente da República, dentro da liberdade interpretativa que decorre de suas atribuições de Chefe de Estado, para caracterizar a natureza dos delitos, apreciar o contexto político atual e as possíveis perseguições contra o extraditando relativas ao presente, na forma do permitido pelo texto do Tratado firmado (art. III, 1, f); por isso que, ao decidir sobre a extradição de um estrangeiro, o Presidente não age como Chefe do Poder Executivo Federal (art. 76 da CRFB), mas como representante da República Federativa do Brasil. 21. O juízo referente ao pedido extradicional é conferido ao "Presidente da República, com apoio em juízo discricionário, de caráter eminentemente político, fundado em razões de oportunidade, de conveniência e/ou de utilidade (...) na condição de Chefe de Estado". 22. O Chefe de Estado é a figura constitucionalmente capacitada para interpretar a cláusula do Tratado de Extradição, por lhe caber, de acordo com o art. 84, VII, da Carta Magna, "manter relações com Estados estrangeiros". 23. O Judiciário não foi projetado pela Carta Constitucional para adotar decisões políticas na esfera internacional, competindo esse mister ao Presidente da República, eleito democraticamente e com legitimidade*

repetimos mais uma vez que esse importante e paradigmático caso se deu sob a base do antigo Estatuto do Estrangeiro, atualmente revogado pela Lei nº 13.445/2017. Conforme já citado, o Decreto nº 9.199/2017, que regulamentou a Lei nº 13.445/2017 em seu art. 271, afirma que, atualmente julgada procedente a extradição pelo Supremo Tribunal Federal, *o Ministério da Justiça e Segurança Pública avaliará se o estrangeiro cumpre os requisitos para ser extraditado*. Em caso positivo, o cumprimento dos requisitos será comunicado por via diplomática ou pelas autoridades centrais ao Estado requerente, que, no prazo de sessenta dias, contado da data da ciência da comunicação, deverá retirar o extraditando do território nacional.

Acontece que esse paradigmático caso ainda teve um novo desfecho. No ano de 2017 a Itália pediu que o governo Temer reconsiderasse a decisão do Presidente Lula. É interessante que a defesa do italiano Cesare Battisti solicitou ao STF um *habeas corpus* preventivo para evitar tal prática. À época, o Ministro Fux concedeu liminar em favor de Cesare Battisti[91], que ele mesmo revogou em dezembro de 2018. O Ministro considerou em Dezembro de 2018 que, como o STF já havia reconhecido a possibilidade de extradição, outros Presidentes da República diferentemente do Presidente Lula poderiam sim tomar decisão diferente.

---

para defender os interesses do Estado no exterior; (...) 26. O pós-positivismo jurídico, conforme argutamente aponta Gustavo Binenbojm, "não mais permite falar, tecnicamente, numa autêntica dicotomia entre atos vinculados e discricionários, mas, isto sim, em diferentes graus de vinculação dos atos administrativos à juridicidade" (...) 27. O ato político-administrativo de extradição é vinculado a conceitos jurídicos indeterminados, em especial, in casu, a cláusula do artigo III, 1, f, do Tratado, permissiva da não entrega do extraditando (...) 29. O provimento jurisdicional que pretende a República Italiana é vedado pela Constituição, seja porque seu art. 4º, I e V, estabelece que a República Federativa do Brasil rege-se, nas suas relações internacionais, pelos princípios da independência nacional e da igualdade entre os Estados, seja pelo fato de, no supracitado art. 84, VII, conferir apenas ao Presidente da República a função de manter relações com Estados estrangeiros. 30. Reclamação não conhecida, mantendo-se a decisão da Presidência da República. Petição Avulsa provida para que se proceda à imediata liberação do extraditando." (Rcl 11.243/República Italiana, rel. orig. Min. Gilmar Mendes, red. p/ o ac. Min. Luiz Fux, 08.06.2011) (Ext 1085 Petição avulsa/República Italiana, Red. p/ o ac. Min. Luiz Fux, 08.06.2011).

91. O ministro Luiz Fux em 13.10.2017, deferiu liminar Habeas Corpus (HC) 148408 para, preventivamente, impedir eventual extradição do ex-ativista político italiano Cesare Battisti para seu país, até o julgamento em definitivo do pedido. Segundo o ministro, a matéria tratada nos autos que exige um exame mais detalhado pelo STF. O relator considerou necessária a reflexão acerca do entendimento adotado pelo Supremo no sentido de que o ato presidencial negando a extradição não poderia ser posteriormente revisto pelo Judiciário. *"Há que se verificar a possibilidade, ou não, de o atual Presidente da República suplantar decisão presidencial anterior, no afã de atender ao pedido do Estado requerente"*, destacou. O ministro observou também o requisito do perigo da demora da decisão, já que a defesa de Battisti afirma que ele se encontra em vias de sofrer a entrega ao governo estrangeiro. A defesa do italiano formulou no HC, no mérito, pedido de reconhecimento da "decadência administrativa" do ato do então presidente Lula, em 2010, negando a extradição. Afirmou que "o paciente não pode restar, *ad eternum*, submetido ao sabor das alterações do cenário político brasileiro e à consequente possibilidade de ser entregue a seu país de origem". Narrou a defesa *que notícias veiculadas pela mídia informam a existência de negociação com a Itália para viabilizar a extradição de seu cliente e a existência de procedimento administrativo a fim de embasar decisão do presidente da República.* É interessante que posteriormente o Ministro Fux converteu o HC em **Reclamação** em 24.10.2017 (**Reclamação nº 29.066**).

Nesses termos, em 12.12.2018, o Ministro Fux exarou decisão na **Reclamação nº 29.066** em conjunto com o **Pedido de Prisão Para a Extradição nº 891** e determinou ***a prisão a cautelar para fins de extradição*** do nacional italiano Cesare Battisti.[92]

Na decisão, o Ministro Fux deixou assente que os requisitos para a Extradição de Cesare Battisti já tinham sido preenchidos na Extradição nº 1085 e isso foi reconhecido pelo Plenário do STF na ocasião do julgamento. Segundo o Ministro Fux, em nenhum momento nos autos da Ext nº 1085 o STF ordenou ao Presidente da República a **não entrega** de Battisti ao Estado Italiano.

Ao contrário, o Plenário do STF consignou expressamente que compete ao Presidente da República dentro da liberdade interpretativa que decorre de suas atribuições como Chefe de Estado para caracterizar a natureza dos delitos, apreciar o contexto político atual e as possíveis perseguições contra o extraditando relativas ao presente, na forma permitida pelo tratado firmado (art. 1, III, f). Portanto, na visão do Ministro ***não há direito adquirido*** a ***não extradição*** tendo como base a decisão do então Presidente Lula. Nesses termos, a decisão do Presidente poderia ser reconsiderada por outro Presidente da República tendo em vista novas circunstâncias fáticas e jurídicas. E nesse contexto, a decisão como ato de soberania nacional do Presidente da República, bem como sua eventual reconsideração não se submetem ao controle judicial.[93]

Sendo assim tão logo o Ministro Fux prolatou a decisão, já em 14.12.2018 (em edição extra do diário oficial) o então Presidente Michel Temer assinou o decreto de extradição de Cesare Battisti. Battisti que tinha saído do Brasil foi encontrado e preso na Bolívia em 12.01.2019. Logo em seguida foi extraditado para a Itália.

9.3. Transferência de Execução de Pena e da Pessoa Condenada

Nesse momento, é importante tecermos algumas considerações presentes na Lei nº 13.445/2017, bem como no Decreto nº 9.199/2017, sobre o instituto da ***transferência de execução da pena.*** Nesses termos, nas hipóteses em que couber solicitação de extradição executória, o Ministério da Justiça e Segurança Pública exercerá a função de autoridade central e realizará o exame da presença dos pressupostos formais de admissibilidade exigidos na legislação brasileira ou em tratado de que o País faça parte, a fim de que o pedido de transferência de execução da pena possa

92. O pedido de **prisão preventiva** foi feito pela procuradora-geral da República, Raquel Dodge. Ela alegou que a medida era necessária para evitar risco de fuga e assegurar eventual extradição.
93. Segundo o ministro Fux, o fato de Battisti ter um filho brasileiro, conforme súmula (421) do próprio STF, não impediria a sua extradição. "O atual ou os futuros Presidentes podem mudar a decisão anterior porque é um juízo de conveniência e oportunidade política e de relações internacionais do Presidente da República. Conforme o então Ministro da Justiça Torquato Jardim: Lula decidiu que Battisti deveria ficar. O presidente Temer decidiu que ele deve ir embora (ser extraditado)". Assim sendo: *"Quando o presidente Temer modifica um ato do Lula, ele não está apontando nenhuma ilegalidade. O ato do Lula foi legal. Apenas mudou o juízo de oportunidade política das relações internacionais."*

ser processado perante as autoridades brasileiras competentes, desde que observado o princípio do ***non bis in idem.***

A ***transferência de execução da pena*** será possível quando preenchidos os seguintes requisitos: I – o condenado em território estrangeiro for nacional ou tiver residência habitual ou vínculo pessoal no Brasil; II – a sentença tiver transitado em julgado; III – a duração da condenação a cumprir ou que restar para cumprir for de, pelo menos, 1 (um) ano, na data de apresentação do pedido ao Estado da condenação; IV – o fato que originou a condenação constituir infração penal perante a lei de ambas as partes; e V – houver tratado ou promessa de reciprocidade.

O pedido de transferência de execução da pena de Estado estrangeiro será recebido pelo Ministério da Justiça e Segurança Pública, que, após o exame da presença dos pressupostos formais de admissibilidade exigidos na legislação brasileira ou em tratado de que o País faça parte, encaminhará a solicitação ao Superior Tribunal de Justiça para decisão quanto à homologação da sentença estrangeira.

Não preenchidos os pressupostos, o pedido será arquivado mediante decisão fundamentada, sem prejuízo da possibilidade de renovação do pedido, devidamente instruído, uma vez superado o óbice apontado.

Ato do Ministro de Estado da Justiça e Segurança Pública definirá os procedimentos necessários para efetuar as transferências de execução de pena, sejam aquelas solicitadas, sejam aquelas autorizadas pelo Estado brasileiro.

Certo é que nos casos de transferência de execução da pena, a execução penal será de competência da Justiça Federal.

Já a ***transferência da pessoa condenada***, mecanismo de cooperação jurídica internacional de natureza humanitária que visa a contribuir para a reintegração social do beneficiado, poderá ser concedida quando o pedido for fundamentado em tratado de que o País faça parte ou houver promessa de reciprocidade de tratamento.

O condenado no território nacional poderá ser transferido para o seu país de nacionalidade ou para o país em que tiver residência habitual ou vinculo pessoal, desde que expresse interesse nesse sentido, a fim de cumprir a pena a ele imposta pelo Estado brasileiro por sentença transitada em julgado.

A ***transferência da pessoa condenada*** no País poderá ser concedida juntamente com a aplicação de medida de impedimento de reingresso no território nacional.

Compete ao Ministério da Justiça e Segurança Pública o processamento e a autorização das transferências de pessoas condenadas, além da análise técnica dos processos de negociação e ampliação da rede de tratados internacionais sobre a matéria, em coordenação com o Ministério das Relações Exteriores.

Aqui temos ainda que diferenciar nos termos do Decreto nº 9.199/2017 a ***transferência passiva*** da ***transferência ativa.***

A ***transferência passiva*** ocorre quando a pessoa condenada pela Justiça brasileira solicitar ou concordar com a transferência para o seu país de nacionalidade ou para o país em que tiver residência habitual ou vinculo pessoal para cumprir o restante da pena.

O processo de transferência passiva de pessoa condenada somente será iniciado por meio de solicitação ao Ministério da Justiça e Segurança Pública feita: I - pela pessoa condenada; ou II - por qualquer pessoa ou autoridade, brasileira ou estrangeira, que tenha conhecimento do interesse da pessoa condenada em ser transferida.[94]

Já a ***transferência ativa*** ocorre quando a pessoa condenada pela Justiça do Estado estrangeiro solicitar ou concordar com a transferência para o País, por possuir nacionalidade brasileira ou residência habitual ou vinculo pessoal no território nacional, para cumprir o restante da pena.

O processo de transferência ativa de pessoa condenada somente será iniciado por meio de solicitação ao Ministério da Justiça e Segurança Pública feita: I - pela pessoa condenada; ou II - por qualquer pessoa ou autoridade, brasileira ou estrangeira, que tenha conhecimento do interesse da pessoa condenada em ser transferida.[95]

9.4. Das Medidas de Retirada Compulsória

São medidas de retirada compulsória: I - a repatriação; II - a deportação; e III - a expulsão.

A repatriação, a deportação e a expulsão serão feitas para o país de nacionalidade ou de procedência do migrante ou do visitante, ou para outro país que o aceite, em observância aos tratados de que o País seja parte.

Não se procederá à repatriação, à deportação ou à expulsão de nenhum indivíduo quando subsistirem razões para acreditar que a medida poderá colocar em

94. Decreto nº9.199/2017: Art. 293. Apresentado o pedido de transferência de pessoa condenada, o Ministério da Justiça e Segurança Pública verificará o preenchimento dos seguintes requisitos: I – o condenado no território de uma das partes ser nacional ou ter residência habitual ou vínculo pessoal no território da outra parte que justifique a transferência; II – a sentença ter transitado em julgado; III – a duração da condenação a cumprir ou que restar para cumprir ser de, no mínimo, um ano na data da apresentação do pedido ao Estado da condenação; IV – o fato que originou a condenação constituir infração penal perante a lei de ambos os Estados; V – haver manifestação de vontade do condenado ou, quando for o caso, de seu representante; e VI – haver concordância de ambos os Estados.

95. Decreto nº 9.199 de 20.11.2017: Art. 298. Apresentado o pedido de transferência de pessoa condenada, o Ministério da Justiça e Segurança Pública verificará o preenchimento dos seguintes requisitos: I – o condenado no território de uma das partes ser nacional ou ter residência habitual ou vínculo pessoal no território da outra parte que justifique a transferência; II – a sentença ter transitado em julgado; III – a duração da condenação a cumprir ou que restar para cumprir ser de, no mínimo, um ano na data da apresentação do pedido ao Estado da condenação; IV – o fato que originou a condenação constituir infração penal perante a lei de ambos os Estados; V – haver manifestação de vontade do condenado ou, quando for o caso, de seu representante; e VI – haver concordância de ambos os Estados. § 1º O Ministério da Justiça e Segurança Pública informará ao juízo competente da Justiça Federal sobre o pedido de transferência recebido, para que a vaga em estabelecimento prisional onde a pessoa condenada cumprirá o restante da pena no território nacional seja providenciada.

risco sua vida, sua integridade pessoal ou sua liberdade seja ameaçada por motivo de etnia, religião, nacionalidade, pertinência a grupo social ou opinião política.

O beneficiário de proteção ao apátrida, refúgio ou asilo político não será repatriado, deportado ou expulso enquanto houver processo de reconhecimento de sua condição pendente no País.

Na hipótese de deportação de apátrida, a medida de retirada compulsória somente poderá ser aplicada após autorização do Ministério da Justiça e Segurança Pública.

O procedimento de deportação dependerá de autorização prévia do Poder Judiciário no caso de migrante em cumprimento de pena ou que responda criminalmente em liberdade.

Aqui é interessante observar que as medidas de retirada compulsória não serão feitas de forma coletiva. Mas o que seria isso? Entende-se por repatriação, deportação ou expulsão coletiva aquela que não individualiza a situação migratória irregular de cada migrante.

Nesses termos, a individualização das medidas de repatriação ocorrerá por meio de termo do qual constarão: I – os dados pessoais do repatriando; II – as razões do impedimento que deu causa à medida; e III – a participação de intérprete, quando necessária.

A individualização das medidas de deportação e expulsão ocorrerá por meio de procedimento administrativo instaurado, nos termos estabelecidos no Decreto nº 9.199/2017.

Certo é que o imigrante ou o visitante que não tenha atingido a maioridade civil, desacompanhado ou separado de sua família, não será repatriado ou deportado, exceto se a medida de retirada compulsória for comprovadamente mais favorável para a garantia de seus direitos ou para a reintegração a sua família ou a sua comunidade de origem.

Temos, por último, que o custeio das despesas com a retirada compulsória correrá com recursos da União somente depois de esgotados todos os esforços para a sua efetivação com recursos da pessoa sobre quem recair a medida, do transportador ou de terceiros. A retirada compulsória às expensas da União conterá, para efeito de programação financeira, o detalhamento prévio das despesas com a efetivação da medida.

9.4.1. Expulsão

A) Conceito de expulsão

A expulsão consiste em medida administrativa de retirada compulsória de migrante ou visitante do território nacional, conjugada com o impedimento de reingresso por prazo determinado. Observamos que, no caso de expulsão, não ocorre pedido algum de um outro país. Nesses termos, fica claro que a conduta contrária à ordem jurídica foi praticada dentro do próprio Estado nacional que está pretendendo decretar a expulsão.

Conforme a Lei nº 13.445/2017, poderá dar causa à expulsão a condenação com sentença transitada em julgado relativa à prática de: a) crime de genocídio, crime contra a humanidade, crime de guerra ou crime de agressão, nos termos definidos pelo Estatuto de Roma do Tribunal Penal Internacional, de 1998, promulgado pelo Decreto nº 4.388, de 25 de setembro de 2002; ou b) crime comum doloso passível de pena privativa de liberdade, consideradas a gravidade e as possibilidades de ressocialização em território nacional.[96]

B) Procedimento da expulsão

O procedimento de expulsão será iniciado por meio de Inquérito Policial de Expulsão. O Inquérito Policial de Expulsão será instaurado pela Polícia Federal, de ofício ou por determinação do Ministro de Estado da Justiça e Segurança Pública, de requisição ou de requerimento fundamentado em sentença, e terá como objetivo produzir relatório final sobre a pertinência ou não da medida de expulsão, com o levantamento de subsídios para a decisão, **realizada pelo *Ministro de Estado da Justiça e Segurança Pública***, acerca: a) da existência de condição de inexpulsabilidade; b) da existência de medidas de ressocialização, se houver execução de pena; e c) da gravidade do ilícito penal cometido.[97]

O Inquérito Policial de Expulsão conterá relato do fato motivador da expulsão e a sua fundamentação legal, e determinará que seja realizada, de imediato, a notificação, preferencialmente por meio eletrônico: I – do expulsando; II – da repartição consular do país de origem do imigrante; III – do defensor constituído do expulsando, quando houver; e IV – da Defensoria Pública da União.[98] Aqui temos que a De-

96. Decreto nº 9.199/2017 que regulamentou a Lei nº13.445/2017: Art. 192. A expulsão consiste em medida administrativa da retirada compulsória do território nacional instaurada por meio de Inquérito Policial de Expulsão, conjugada com impedimento de reingresso por prazo determinado do imigrante ou do visitante com sentença condenatória transitada em julgado pela prática de: I – nos termos definidos pelo Estatuto de Roma do Tribunal Penal Internacional, de 1998, promulgado pelo Decreto nº 4.388, de 2002: a) crime de genocídio; b) crime contra a humanidade; c) crime de guerra; ou d) crime de agressão; ou II – crime comum doloso passível de pena privativa de liberdade, consideradas a gravidade e as possibilidades de ressocialização no território nacional. Art. 195. § 2º A instauração do Inquérito Policial de Expulsão será motivada: I – na hipótese prevista no inciso I do **caput** do art. 192, pelo recebimento, a qualquer tempo, por via diplomática, de sentença definitiva expedida pelo Tribunal Penal Internacional; ou II – na hipótese prevista no inciso II do **caput** do art. 192, pela existência de sentença.
97. Conforme o Decreto nº 9.199 de 20.11.2017 que regulamentou a Lei nº 13.445/2017.
98. Lei nº 13.445/2017, Art. 54 § 3º: O processamento da expulsão em caso de crime comum não prejudicará a progressão de regime, o cumprimento da pena, a suspensão condicional do processo, a comutação da pena ou a concessão de pena alternativa, de indulto coletivo ou individual, de anistia ou de quaisquer benefícios concedidos em igualdade de condições ao nacional brasileiro. § 4º O prazo de vigência da medida de impedimento vinculada aos efeitos da expulsão será proporcional ao prazo total da pena aplicada e nunca será superior ao dobro de seu tempo.

fensoria Pública da União será notificada da instauração de processo de expulsão, se não houver defensor constituído.[99]

Iniciado o processo de expulsão, o expulsando será notificado da sua instauração, além da data e do horário fixados para o seu interrogatório. Se o expulsando não for encontrado, a Polícia Federal dará publicidade à instauração do Inquérito Policial de Expulsão em seu sítio eletrônico e tal publicação será considerada como notificação para todos os atos do referido procedimento. Na hipótese de expulsando preso fora das dependências da Polícia Federal, a sua presença na repartição policial será solicitada ao juízo de execuções penais, sem prejuízo da autorização para realização de qualificação e interrogatório no estabelecimento penitenciário. O expulsando que, regularmente notificado, não se apresentar ao interrogatório será considerado revel e a sua defesa caberá à Defensoria Pública da União ou, em sua ausência, a defensor dativo. Na hipótese de revelia e de o expulsando se encontrar em lugar incerto e não sabido, a Polícia Federal providenciará a qualificação indireta do expulsando.

Os procedimentos concernentes à expulsão observarão os princípios do contraditório e da ampla defesa. Ou seja, no processo de expulsão serão garantidos o contraditório e a ampla defesa.

Além disso, enquanto o procedimento de expulsão estiver pendente, o expulsando permanecerá aguardando a sua decisão, sem alteração de sua condição migratória.

O relatório final com a recomendação técnica pela efetivação da expulsão ou pelo reconhecimento de causa de impedimento da medida de retirada compulsória será encaminhado para apreciação e deliberação do Ministro de Estado da Justiça e Segurança Pública.

---

99. Decreto nº 9.199: Art. 200: O Inquérito Policial de Expulsão será instruído com os seguintes documentos: I – o ato a que se refere o art. 195, § 1º, e a documentação que fundamentou a sua edição; II – a cópia da sentença penal condenatória e a certidão de trânsito em julgado, se disponíveis; III – o documento do juízo de execução penal que ateste se o expulsando é beneficiário de medidas de ressocialização em cumprimento de penas cominadas ou executadas no território nacional, se já houver execução; IV – o termo de notificação pessoal do expulsando ou a cópia da notificação publicada no sítio eletrônico da Polícia Federal; V – os termos de notificação: a) do representante consular do país de nacionalidade do expulsando; e b) do defensor constituído do expulsando ou, em sua ausência, da Defensoria Pública da União ou de defensor dativo; VI – o auto de qualificação e interrogatório; VII – a defesa técnica apresentada: a) pelo defensor constituído do expulsando, quando houver; ou b) pela Defensoria Pública da União ou por defensor dativo; VIII – o termo das diligências realizadas; e IX – o relatório final. § 1º O Inquérito Policial de Expulsão poderá ser instruído com outros documentos, a critério da autoridade que o presidir. § 2º O documento a que se refere o inciso VII do **caput** será dispensado quando não for apresentado pela defesa do expulsando, desde que os termos de notificação tenham sido devidamente apresentados. § 3º O termo de compromisso assinado pelo expulsando constará do auto de qualificação e interrogatório, no qual assegurará que manterá as suas informações pessoais e relativas ao local de domicílio atualizadas. § 4º Durante o inquérito, suscitada a hipótese de inexpulsabilidade, as diligências para a sua confirmação serão providenciadas. § 5º Na hipótese de indeferimento das diligências requeridas pela defesa do expulsando, a autoridade que presidir o Inquérito Policial de Expulsão deverá elaborar despacho fundamentado. Art. 201. O direito à palavra deverá ser dado ao expulsando e ao seu defensor na oitiva de testemunhas e no interrogatório, anteriormente ao encerramento do Inquérito Policial de Expulsão.

Publicado o ato do Ministro de Estado da Justiça e Segurança Pública que disponha sobre a expulsão e o prazo determinado de impedimento para reingresso no território nacional, o expulsando poderá interpor pedido de reconsideração no prazo de dez dias, contado da data da sua notificação pessoal.[100]

Ato do dirigente máximo da Polícia Federal disporá sobre a notificação pessoal por meio eletrônico nas hipóteses de expulsão.

Já o **prazo de vigência da medida** de impedimento vinculada aos efeitos da expulsão será proporcional ao prazo total da pena aplicada e não será superior ao dobro de seu tempo. O prazo de vigência da medida de impedimento definido no ato (do Ministro do Estado da Justiça) será contado da data da saída do imigrante expulso do País. Aqui é interessante que no antigo **Estatuto do Estrangeiro** o estrangeiro expulso só poderia retornar ao Brasil caso o decreto de expulsão fosse revogado pelo Presidente da República. Portanto, nova Lei de migração (Lei nº13.445/2017) altera essa questão no seu art. 54 § 4º.

O Ministério da Justiça e Segurança Pública registrará e informará à Polícia Federal sobre o decurso do período de impedimento de retorno do imigrante expulso ao País.

Encerrado o prazo para o pedido de reconsideração sem que haja formalização do pedido pelo expulsando ou no caso de seu indeferimento, a Polícia Federal ficará autorizada a efetivar o ato expulsório.[101]

C) Da impossibilidade de expulsão

O Ministério da Justiça e Segurança Pública não procederá à expulsão nos seguintes casos previstos no art. 55 da Lei nº 13.445/2017:

---

100. O Poder Judiciário poderá avaliar a decisão de expulsão. No entanto, como o ato de expulsão é considerado discricionário, somente cabe ao Poder Judiciário analisar se ele foi praticado em conformidade ou não com a legislação em vigor (controle de legalidade), não podendo examinar a sua conveniência e oportunidade, ou seja, não poderá realizar o controle sobre o mérito da decisão. Assim, o ato administrativo de expulsão, manifestação da soberania do país, é de competência privativa do Poder Executivo, competindo ao Judiciário apenas a verificação da higidez do procedimento por meio da observância das formalidades legais. STJ. 1ª Seção. HC 239.329/DF, Rel. Min. Arnaldo Esteves Lima, julg. em 28/05/2014. STJ. 1ª Seção. HC 333.902-DF, Rel. Min. Humberto Martins, julgado em 14/10/2015 (Info 571 do STJ)

101. Decreto nº 9.199: Art. 205. A existência de procedimento de expulsão não impedirá a saída do expulsando do País. § 1º A saída voluntária do expulsando do País não suspenderá o processo de expulsão. § 2º Quando verificado que o expulsando com expulsão já decretada tenha comparecido a ponto de fiscalização para deixar voluntariamente o País, será lavrado termo e registrada a saída do território nacional como expulsão. Art. 206. O requerimento de suspensão dos efeitos e de revogação da medida de expulsão e de impedimento de ingresso e permanência no território nacional deverá ter por fundamento a ocorrência de causa de inexpulsabilidade prevista no art. 193, **caput**, inciso II, alíneas "a" a "d", quando não observada ou não existente no decorrer do processo administrativo. § 1º O requerimento a que se refere o **caput** poderá ser apresentado em representação diplomática brasileira e será enviado ao Ministério da Justiça e Segurança Pública para avaliação. § 2º O efeito da medida impeditiva de reingresso não será automaticamente suspenso com a apresentação do requerimento a que se refere o **caput**, hipótese em que a suspensão ficará sujeita à decisão do Ministério da Justiça e Segurança Pública. § 3º O requerimento a que se refere o **caput** terá prioridade em sua instrução e sua decisão. § 4º Caberá ao Ministro de Estado da Justiça e Segurança Pública decidir sobre a revogação da medida de expulsão.

1) A medida configurar extradição não admitida pela lei brasileira;

2) O expulsando:

a) tiver filho brasileiro que esteja sob a sua guarda ou dependência econômica ou socioafetiva ou tiver pessoa brasileira sob a sua tutela;[102]

b) tiver cônjuge ou companheiro residente no País, sem discriminação alguma, reconhecido judicial ou legalmente;

c) tiver ingressado no País antes de completar os doze anos de idade, desde que resida, desde então, no País; ou

d) seja pessoa com mais de setenta anos que resida no País há mais de dez anos, considerados a gravidade e o fundamento da expulsão.[103]

Sobre o tema, temos recente decisão do STF. No caso concreto, o STF verificou no processo administrativo que tramitou junto ao Ministério da Justiça, que o estrangeiro não juntou provas suficientes da existência da dependência econômica do filho. Acontece que essas provas somente foram trazidas no habeas corpus.

Assim sendo, o STF concedeu parcialmente a ordem e de ofício para determinar que, por enquanto, não seja efetivada a expulsão do estrangeiro e que o Ministro da Justiça reavalie o caso concreto analisando os novos elementos trazidos pela defesa do estrangeiro em sede de *habeas corpus*.[104]

102. Aqui também a antiga súmula nº 1 do STF: *É vedada a expulsão de estrangeiro casado com brasileira, ou que tenha filho brasileiro, dependente da economia paterna.*

103. O STJ já decidiu que: *A expulsão de estrangeiro que ostente a condição de refugiado não pode ocorrer sem a regular perda dessa condição. Assim, antes da expulsão, deveria ter sido determinada a instauração de devido processo legal, com contraditório e ampla defesa, para se decretar a perda da condição de refugiado, nos termos do art. 39, III, da Lei nº 9.474/97. Somente após essa providência, ele poderá ser expulso.* STJ. 1ª Seção. HC 333.902-DF, Rel. Min. Humberto Martins, julgado em 14/10/2015 (Info 571 do STJ)

104. A Primeira Turma, por maioria e em conclusão de julgamento, não conheceu de habeas corpus, mas concedeu a ordem de ofício para determinar que o Ministro da Justiça proceda à *revisão da portaria mediante a qual ordenada a expulsão do paciente, tendo em conta as novas provas apresentadas pela defesa e os termos da Lei 13.445/2017* (Lei de Migração). De igual modo, *suspendeu os efeitos do ato expulsório até ulterior deliberação do referido órgão do Poder Executivo.* Trata-se, na espécie, de estrangeiro que teve sua expulsão determinada depois de transitar em julgado a decisão em que condenado pela prática de delitos no território nacional (Informativos 929 e 939). (...) Não bastasse isso, sobreveio o julgamento definitivo da impetração naquela Corte. Sem prejuízo de assim entender, salientou que a atual Lei de Migração não autoriza a expulsão de estrangeiro quando for comprovada a existência de filho brasileiro que esteja sob sua guarda ou dependência econômica ou socioafetiva (Lei 13.445/2017, art. 55, II, a). Assinalou que o STJ, ao denegar a ordem, assentou a absoluta falta de prova de convivência ou de vínculos afetivos mínimos do paciente com prole brasileira que pudesse impedir sua expulsão. Na mesma linha, o Ministério da Justiça, ao prestar informações, frisou a inexistência de comprovação de vínculos afetivos ou materiais mínimos entre o paciente e a prole. No entanto, esclareceu que a defesa fez vir aos autos a notícia do nascimento de filho do estrangeiro e anexou ao processo cópia de sentença homologatória de acordo firmado entre ele e a mãe do menor para fixação de guarda, regime de visitas e obrigação alimentar em benefício da criança. Estes elementos supervenientes não foram objeto de manifestação do Ministro da Justiça, tampouco das instâncias anteriores que apreciaram a questão. À vista disso, a Turma vislumbrou forte plausibilidade jurídica no pedido apresentado pelo impetrante, que, se for realmente comprovado, impede sua expulsão. Se, de um lado, a via restrita do habeas corpus não se mostra adequada à dilação probatória, do outro, a sumária denegação do presente writ sujeitaria o paciente a sério risco de imediato cumprimento do ato expulsório. Considerada a possibilidade de revogação dos efeitos da medida de expulsão, o Colegiado adotou solução intermediária a fim de assegurar os legítimos

Também já decidiu o STF, que é proibida a expulsão, caso o estrangeiro tenha filho brasileiro e ele esteja sob a sua guarda ou dependência econômica ou socioafetiva, **mesmo** que isso tenha ocorrido após o fato ensejador do ato expulsório.

Nesses termos, no RE 608898, o STF afirmou que o § 1º do art. 75 da Lei nº 6.815/80 não foi recepcionado pela Constituição Federal de 1988, sendo vedada a expulsão de estrangeiro cujo filho brasileiro foi reconhecido ou adotado posteriormente ao fato ensejador do ato expulsório, uma vez comprovado estar a criança sob a guarda do estrangeiro e deste depender economicamente.[105]

Ainda é importante salientar, conforme o STJ, que a expulsão de estrangeiro que ostente a condição de **refugiado** não pode ocorrer sem a regular perda dessa condição.

Nesses termos, antes da expulsão, deve ter sido determinada a instauração de devido processo legal, com contraditório e ampla defesa, para se decretar a perda da condição de refugiado, nos termos do art. 39, III, da Lei nº 9.474/97. Somente após essa providência, ele poderá ser expulso.[106]

O STJ também já consolidou entendimento no sentido de que a situação irregular do estrangeiro no País não é circunstância, por si só, capaz de afastar o princípio da igualdade entre nacionais e estrangeiros, razão pela qual a existência de processo ou mesmo decreto de expulsão em desfavor do estrangeiro ***não impede a concessão dos benefícios da progressão de regime*** ou do livramento condicional, tendo em vista que a expulsão poderá ocorrer, conforme o interesse nacional, após o cumprimento da pena, ou mesmo antes disto.[107]

Por último, uma observação final se faz necessária sobre a **expulsão**. Nesse sentido, é sempre de bom tom observar que não poderá ocorrer expulsão de brasileiro. Portanto, o envio compulsório de brasileiro para o exterior constitui **pena de banimento** proibida pela nossa atual Constituição de 1988 no art. 5º, XLVII, ***d***.

9.4.2. Deportação

Deportação na doutrina é a retirada forçada (compulsória) do estrangeiro de um Estado em virtude de ele se encontrar de forma irregular[108] nesse Estado. No caso

interesses dos descendentes do estrangeiro, sem comprometer os limites processuais da ação constitucional de habeas corpus. Dessa maneira, determinou a nova manifestação do Ministro da Justiça à luz dos elementos trazidos. HC 148558/SP e HC 150343/DF, Red. p/ o ac. Min. Roberto Barroso, julg 26.11.2019 (Info 961).

105. RE 608898/DF, STF. Plenário. Rel. Min. Marco Aurélio, julg. em 25.06.2020 (Repercussão Geral – Tema 373) (Info 983).

106. HC 333.902-DF, STJ. 1ª Seção Rel. Min. Humberto Martins, julgado em 14.10.2015 (Info 571).

107. HC 324.231/SP, STJ. 5ª Turma. Rel. Min. Reynaldo Soares da Fonseca, julgado em 03.09.2015. No mesmo sentido: O benefício da progressão de regime não pode ser negado ao estrangeiro pelo simples fato de estar em situação irregular no país ou, mesmo, de haver decreto de expulsão expedido contra ele. STJ. 6ª Turma. HC 309.825/SP, Rel. Min. Rogerio Schietti Cruz, julgado em 05/03/2015.

108. Conforme a doutrina de Rezek, é importante deixar, consignado que a deportação não se confunde com o impedimento de entrada no País do estrangeiro que não reúne condições formais básicas para essa finalidade como o visto ou passaporte válido. (REZEK, Francisco, *Direito internacional público*, p. 195).

brasileiro, a deportação se dará se o estrangeiro não cumpriu os requisitos para entrar (entrada irregular) ou permanecer (permanência se tornou irregular) em nosso território.[109]

Na recente Lei nº 13.445/2017, temos que a deportação é medida decorrente de procedimento administrativo que consiste na retirada compulsória de pessoa que se encontre em situação migratória irregular em território nacional.

Assim sendo, a deportação será precedida de notificação pessoal ao deportando, da qual constem, expressamente, as irregularidades verificadas e prazo para a regularização não inferior a 60 (sessenta) dias[110], podendo ser prorrogado, por igual período, por despacho fundamentado e mediante compromisso de a pessoa manter atualizadas suas informações domiciliares.

Essa notificação pessoal não impede a livre circulação em território nacional, devendo o deportando informar seu domicílio e suas atividades. Vencido o prazo sem que se regularize a situação migratória, a deportação poderá ser executada.

É importante citar que a deportação não exclui eventuais direitos adquiridos em relações contratuais ou decorrentes da lei brasileira.

Temos também que a saída voluntária de pessoa notificada para deixar o País equivale ao cumprimento da notificação de deportação para todos os fins.

O procedimento que poderá levar à deportação será instaurado pela Polícia Federal. O ato de instauração conterá relato do fato motivador da medida e a sua fundamentação legal, e determinará: I – a juntada do comprovante da notificação pessoal do deportando; II – notificação, preferencialmente por meio eletrônico: a) da repartição consular do país de origem do imigrante; b) do defensor constituído do deportando, quando houver, para apresentação de defesa técnica no prazo de dez dias; e c) da Defensoria Pública da União, na ausência de defensor constituído, para apresentação de defesa técnica no prazo de vinte dias.

Os procedimentos concernentes à deportação observarão os princípios do contraditório, da ampla defesa e da garantia de recurso com efeito suspensivo.

Ato do dirigente máximo da Polícia Federal disporá sobre os procedimentos administrativos necessários para a deportação.

Caberá recurso com efeito suspensivo da decisão sobre deportação no prazo de dez dias, contado da data da notificação do deportando.

109. Como exemplo: passaporte vencido ou visto vencido. É interessante que, para alguns doutrinadores, apesar de ser um vício (na entrada ou permanência) a falsificação de passaporte ou visto, para a lei brasileira, trata-se de ato tão grave que ensejaria a expulsão (e não mera deportação).

110. Esse prazo previsto no § 1º do art.50 da Lei nº 13.445/2017 poderá ser reduzido nos casos que se enquadrem no inciso IX do art. 45. Ou seja, caso em que: tenha praticado ato contrário aos princípios e objetivos dispostos na Constituição Federal.

É importante salientar ainda que não se procederá à deportação se a medida configurar extradição não admitida pela legislação brasileira.

Por último, uma observação final se faz necessária sobre a **deportação**. Nesse sentido, é sempre de bom tom observar que não poderá ocorrer deportação de brasileiro. Portanto, o envio compulsório de brasileiro para o exterior constitui **pena de banimento** proibida pela nossa atual Constituição de 1988 no art. 5º, XLVII, **d**.

9.4.3. Repatriação

A repatriação consiste em medida administrativa da devolução ao país de procedência ou de nacionalidade da pessoa em situação de impedimento de ingresso, identificada no momento da entrada no território nacional.

Caso a repatriação imediata não seja possível, a entrada do imigrante poderá ser permitida. Assim sendo, o transportador ou o seu agente deverá assinar termo de compromisso que assegure o custeio das despesas com a permanência e com as providências para a repatriação do imigrante, do qual constarão o seu prazo de estada, as condições e o local em que o imigrante ficará.

A ausência de manifestação da Defensoria Pública da União, desde que prévia e devidamente notificada, não impedirá a efetivação da medida de repatriação.

Ato do dirigente máximo da Polícia Federal estabelecerá os procedimentos administrativos necessários para a repatriação, conforme os tratados de que o País seja parte.

Por último, temos que não será aplicada medida de repatriação à pessoa em situação de refúgio ou de apatridia, de fato ou de direito, ao menor de 18 (dezoito) anos desacompanhado ou separado de sua família, exceto nos casos em que se demonstrar favorável para a garantia de seus direitos ou para a reintegração a sua família de origem, ou a quem necessite de acolhimento humanitário, nem, em qualquer caso, medida de devolução para país ou região que possa apresentar risco à vida, à integridade pessoal ou à liberdade da pessoa.

9.5. Asilo Político e Refúgio

Podemos conceituar o Asilo Político como o acolhimento de estrangeiro por parte de um Estado que não é o seu sob o fundamento de perseguição sofrida por ele e praticada em seu próprio país ou em um terceiro país. Sem dúvida, os motivos da perseguição que vão ensejar o asilo político envolvem a liberdade de manifestação de pensamento ou de expressão, a dissidência política ou mesmo crimes de cunho político que não configuram delitos do direito penal comum.

Conforme o Decreto nº 9.199/2017, que regulamentou a Lei nº 13.445/2017, o asilo político, que constitui ato discricionário do Estado, poderá ser diplomático ou territorial e será concedido como instrumento de proteção à pessoa que se encontre perseguida em um Estado por suas crenças, opiniões e filiação política ou por atos que possam ser considerados delitos políticos.

Não se concederá asilo a quem tenha cometido crime de genocídio, crime contra a humanidade, crime de guerra ou crime de agressão, nos termos do Estatuto de Roma do Tribunal Penal Internacional, de 1998, promulgado pelo Decreto nº 4.388, de 25 de setembro de 2002.

Conforme dicção legal, o asilo político poderá ser: I – diplomático, quando solicitado no exterior em legações[111], navios de guerra e acampamentos ou aeronaves militares brasileiros; ou II – territorial, quando solicitado em qualquer ponto do território nacional, perante unidade da Polícia Federal ou representação regional do Ministério das Relações Exteriores.

O asilo diplomático consiste na proteção ofertada pelo Estado brasileiro e na condução do asilado estritamente até o território nacional, em consonância com o disposto na Convenção Internacional sobre Asilo Diplomático, promulgada pelo Decreto nº 42.628, de 13 de novembro de 1957.

Compete à autoridade máxima presente no local de solicitação de asilo diplomático zelar pela integridade do solicitante de asilo e estabelecer, em conjunto com a Secretaria de Estado das Relações Exteriores, as condições e as regras para a sua permanência no local de solicitação e os canais de comunicação com o Estado territorial, a fim de solicitar salvo-conduto que permita ao solicitante de asilo acessar o território nacional. Considera-se Estado territorial aquele em cujo território esteja situado o local de solicitação de asilo diplomático.

A saída não autorizada do local designado pela autoridade (local de solicitação) implicará a renúncia ao asilo diplomático. Após a chegada ao território nacional, o beneficiário de asilo diplomático será imediatamente informado sobre a necessidade de registro da sua condição.

Já o asilo territorial é ato discricionário e observará o disposto na Convenção Internacional sobre Asilo Territorial promulgada pelo Decreto nº 55.929, de 19 de abril de 1965, e os elementos impeditivos constantes da legislação migratória.

Aqui, é importante deixar consignado, que compete ao Presidente da República decidir sobre o pedido de asilo político e sobre a revogação de sua concessão, consultado o Ministro de Estado das Relações Exteriores.[112]

---

111. Decreto nº 9.199/2017: Art. 116. O solicitante de asilo político fará jus à autorização provisória de residência, demonstrada por meio de protocolo, até a obtenção de resposta do seu pedido. Parágrafo único. O protocolo previsto no **caput** permitirá o gozo de direitos no País, dentre os quais: I – a expedição de carteira de trabalho provisória; II – a inclusão no Cadastro de Pessoa Física; e III – a abertura de conta bancária em instituição financeira supervisionada pelo Banco Central do Brasil. Art. 117. O direito de reunião familiar será reconhecido a partir da concessão do asilo político. Parágrafo único. A autorização provisória de residência concedida ao solicitante de asilo político será estendida aos familiares a que se refere o art. 153, desde que se encontrem no território nacional.

112. Conforme o § 1º do art.109 do Decreto nº 9.199/2017: § 1º Considera-se legação a sede de toda missão diplomática ordinária e, quando o número de solicitantes de asilo exceder a capacidade normal dos edifícios, a residência dos chefes de missão e os locais por eles destinados para esse fim.

O ato de concessão do asilo político disporá sobre as condições e os deveres a serem observados pelo asilado.

O asilado deverá se apresentar à Polícia Federal para fins de registro de sua condição migratória no prazo de trinta dias, contado da data da publicação do ato de concessão do asilo político.

Em nenhuma hipótese, a retirada compulsória decorrente de decisão denegatória de solicitação de asilo político ou revogatória da sua concessão será executada para território onde a vida e a integridade do imigrante possam ser ameaçadas.

A saída do País sem prévia comunicação ao Ministério das Relações Exteriores implicará renúncia ao asilo político.

Além disso, o solicitante de asilo político deverá solicitar autorização prévia ao Ministro das Relações Exteriores para saída do País, sob pena de arquivamento de sua solicitação.

Por último, nos termos constitucionais, a concessão de asilo político não impede que posteriormente seja analisado pedido de extradição do estrangeiro para um Estado requerente (conforme aqui já estudado). Basta apenas que o fato que fundamenta o pedido de extradição não envolva crimes políticos ou de opinião, já que se o objeto for este, a extradição é vedada, conforme aqui analisado pela normativa constitucional expressa no art. 5º, LII, da CR/88.

Temos ainda que fazer referência ao que entendemos por ***refugiado***. Nesses termos, conforme disposição normativa[113], será ***reconhecido como refugiado*** todo **indivíduo** que: a) devido a fundados temores de perseguição por motivos de raça, religião, nacionalidade, grupo social ou opiniões políticas, encontre-se fora de seu país de nacionalidade e não possa ou não queira acolher-se à proteção de tal país; b) não tendo nacionalidade e estando fora do país onde antes teve sua residência habitual, não possa ou não queira regressar a ele, em função das circunstâncias descritas no item anterior; c) devido à grave e generalizada violação de direitos humanos, é obrigado a deixar seu país de nacionalidade para buscar refúgio em outro país.

Certo é que os efeitos da condição dos refugiados serão **extensivos** ao cônjuge, aos ascendentes e descendentes, assim como aos demais membros do grupo familiar que do refugiado dependerem economicamente, desde que se encontrem em território nacional.

Temos ainda que **não** se **beneficiarão** da **condição de refugiado** os indivíduos que: a) já desfrutem de proteção ou assistência por parte de organismo ou instituição das Nações Unidas que não o Alto Comissariado das Nações Unidas para os Refugiados – ACNUR; b) sejam residentes no território nacional e tenham direitos e

113. Nos termos da Lei nº 9.474/97.

obrigações relacionados com a condição de nacional brasileiro; c) tenham cometido crime contra a paz, crime de guerra, crime contra a humanidade, crime hediondo, participado de atos terroristas ou tráfico de drogas; d) sejam considerados culpados de atos contrários aos fins e princípios das Nações Unidas.

Certo é que, o refugiado gozará de direitos e estará sujeito aos deveres dos estrangeiros no Brasil, bem como ao disposto Lei nº 9.474/97, na Convenção sobre o Estatuto dos Refugiados de 1951 e no Protocolo sobre o Estatuto dos Refugiados de 1967, cabendo-lhe a obrigação de acatar as leis, regulamentos e providências destinados à manutenção da ordem pública.

Além disso, o refugiado terá direito, nos termos da Convenção sobre o Estatuto dos Refugiados de 1951, a cédula de identidade comprobatória de sua condição jurídica, carteira de trabalho e documento de viagem.

Mas qual é o **procedimento** para a concessão do refúgio? Conforme a Lei nº 9474/97, temos que o estrangeiro que chegar ao território nacional poderá expressar sua vontade de solicitar reconhecimento como refugiado a qualquer autoridade migratória que se encontre na fronteira, a qual lhe proporcionará as informações necessárias quanto ao procedimento cabível.[114] Certo é que o ingres-

114. **Decreto nº 9.277** de **05.02.2018**: **Âmbito de aplicação** Art. 1º Este Decreto dispõe sobre a identificação do solicitante de reconhecimento da condição de refugiado no Brasil e sobre o Documento Provisório de Registro Nacional Migratório. **Emissão do documento** Art. 2º Recebida a solicitação de refúgio, a polícia federal emitirá protocolo em favor do solicitante e de seu grupo familiar que se encontre no território nacional. Parágrafo único. Com a emissão do protocolo a que se refere o **caput**, a polícia federal fornecerá gratuitamente o Documento Provisório de Registro Nacional Migratório. **Efeitos do documento** Art. 3º O Documento Provisório de Registro Nacional Migratório produzirá os seguintes efeitos: I – constituirá, para todos os fins, o documento de identificação do solicitante de refúgio, até a decisão final do processo no Comitê Nacional para os Refugiados – CONARE, nos termos do disposto no inciso I do **caput** do art. 12 da Lei nº 9.474, de 22 de julho de 1997; e II – permitirá ao seu portador o gozo de direitos no País, dentre os quais: a) a expedição da Carteira de Trabalho e Previdência Social provisória para o exercício de atividade remunerada no País; b) a abertura de conta bancária em instituição integrante do sistema financeiro nacional; c) a inscrição no Cadastro de Pessoas Físicas do Ministério da Fazenda – CPF; d) o acesso às garantias e aos mecanismos protetivos e de facilitação da inclusão social decorrentes da Convenção relativa ao Estatuto dos Refugiados, promulgada pelo Decreto nº 50.215, de 28 de janeiro de 1961, e da Lei nº 13.445, de 24 de maio de 2017; e e) o acesso aos serviços públicos, em especial, os relativos à educação, saúde, previdência e assistência social. Parágrafo único. O Documento Provisório de Registro Nacional Migratório não substitui os documentos de viagem internacional. **Requisitos do documento** Art. 4º São elementos essenciais do Documento Provisório de Registro Nacional Migratório: I – o número do protocolo emitido pela polícia federal; II – os dados biográficos e biométricos; III – as informações de que o portador: a) não poderá ser deportado fora das hipóteses legais; e b) tem assegurado os mesmos direitos dos demais imigrantes em situação regular no País e não receberá tratamento discriminatório de qualquer natureza; e IV – código de barras bidimensional, no padrão **QR Code**. § 1º O código de barras de que trata o inciso IV do **caput** permitirá a consulta da validade do documento em sistema próprio ou diretamente em sítio eletrônico oficial. § 2º Ato do Diretor-Geral do Departamento de Polícia Federal do Ministério da Justiça e Segurança Pública definirá os demais elementos e aprovará o modelo do Documento Provisório de Registro Nacional Migratório. **Perda da validade** Art. 5º O Documento Provisório de Registro Nacional Migratório perderá a validade: I – pela decisão definitiva que indeferir a solicitação do reconhecimento da condição de refugiado; II – pela expedição da Carteira de Registro Nacional Migratório em decorrência do deferimento do pedido de reconhecimento da condição de refugiado; e III – pelo arquivamento ou pela extinção do processo sem julgamento do mérito. **Emissão em meio eletrônico** Art. 6º O Documento Provisório de Registro Nacional Migratório poderá ser emitido em meio eletrônico, sem prejuízo da emissão em meio físico. **Adaptações do Regulamento da Lei de Migração** Art. 7º O Decreto nº 9.199, de 20 de novembro de 2017, passa a vigorar com as seguintes alterações: art. 119. § 2º O solicitante de reconhecimento da condição de

so irregular no território nacional **não** constitui **impedimento** para o estrangeiro solicitar refúgio às autoridades competentes. A autoridade a quem for apresentada a solicitação deverá ouvir o interessado e preparar termo de declaração, que deverá conter as circunstâncias relativas à entrada no Brasil e às razões que o fizeram deixar o país de origem. O estrangeiro, então, deverá apresentar-se à autoridade competente e externar vontade de solicitar o **reconhecimento da condição de refugiado**. A autoridade competente, então, notificará o solicitante para prestar declarações, **ato que marcará a data de abertura dos procedimentos**. A autoridade competente informará o Alto Comissariado das Nações Unidas para Refugiados – ACNUR sobre a existência do processo de solicitação de refúgio e facultará a esse organismo a possibilidade de oferecer sugestões que facilitem seu andamento. Além das declarações, prestadas se necessário com ajuda de intérprete, deverá o estrangeiro preencher a solicitação de reconhecimento como refugiado, a qual deverá conter identificação completa, qualificação profissional, grau de escolaridade do solicitante e membros do seu grupo familiar, bem como relato das circunstâncias e fatos que fundamentem o pedido de refúgio, indicando os elementos de prova pertinentes. O registro de declaração e a supervisão do preenchimento da solicitação do refúgio devem ser efetuados por funcionários qualificados e em condições que garantam o sigilo das informações. Recebida a solicitação de refúgio, o Departamento de Polícia Federal emitirá protocolo em favor do solicitante e de seu grupo familiar que se encontre no território nacional, o qual autorizará a estada até a decisão final do processo.

Compete ao **CONARE**, em consonância com a Convenção sobre o Estatuto dos Refugiados de 1951, com o Protocolo sobre o Estatuto dos Refugiados de 1967 e com as demais fontes de direito internacional dos refugiados: a) analisar o pedido e declarar o reconhecimento, em primeira instância, da condição de refugiado; b) decidir a cessação, em primeira instância, ***ex officio*** ou mediante requerimento das autoridades competentes, da condição de refugiado; c) determinar a perda, em primeira instância, da condição de refugiado; d) orientar e coordenar as ações necessárias à eficácia da proteção, assistência e apoio jurídico aos refugiados;

A decisão pelo reconhecimento da condição de refugiado será considerada **ato declaratório** e deverá estar **devidamente fundamentada**. Proferida a decisão, o **CONARE** notificará o solicitante e o Departamento de Polícia Federal, para as medidas administrativas cabíveis. No caso de decisão positiva, o refugiado será registrado junto ao Departamento de Polícia Federal, devendo assinar termo de responsabilidade e solicitar cédula de identidade pertinente. No caso de decisão negativa, esta deverá ser fundamentada na notificação ao solicitante, cabendo **direito de recurso ao Ministro de Estado da Justiça**, no prazo de quinze dias, contados do recebimento

refugiado receberá o Documento Provisório de Registro Nacional Migratório, nos termos do disposto no Decreto nº 9.277, de 5 de fevereiro de 2018.

da notificação. A decisão do **Ministro de Estado da Justiça não** será passível de recurso, **devendo ser notificada ao CONARE**, para ciência do solicitante, e ao Departamento de Polícia Federal, para as providências devidas.[115]

O reconhecimento da condição de refugiado obstará o seguimento de qualquer pedido de extradição baseado nos fatos que fundamentaram a concessão de refúgio.[116]

Por último, é mister trabalharmos as principais **semelhanças** e **diferenças** entre os institutos do Asilo político e do Refúgio. Valendo-se de apreciações doutrinárias de Luiz Paulo Barreto, temos que:

1) **Semelhanças:**

a) Ambos são instituições relacionadas com os direitos humanos e com a proteção da pessoa humana vitimada por perseguições;

b) Não há obrigatoriedade de um Estado em conceder asilo ou refúgio, em virtude desses (asilo ou refúgio) não constituírem direito subjetivo do estrangeiro. Nesses termos, são concessões do Estado no exercício do seu poder discricionário e não direitos dos indivíduos;

c) Tanto o asilo político como o refúgio não estão sujeitos à reciprocidade com outro Estado;

d) Esses institutos protegem indivíduos independentemente de sua nacionalidade;

115. Conforme a Lei 9474/97: No caso de **recusa definitiva** de **refúgio**, ficará o solicitante sujeito à legislação de estrangeiros, não devendo ocorrer sua transferência para o seu país de nacionalidade ou de residência habitual, enquanto permanecerem as circunstâncias que põem em risco sua vida, integridade física e liberdade, salvo nas situações determinadas em que o indivíduo: tenham cometido crime contra a paz, crime de guerra, crime contra a humanidade, crime hediondo, participado de atos terroristas ou tráfico de drogas; ou sejam considerados culpados de atos contrários aos fins e princípios das Nações Unidas. No caso de Concessão do Refúgio, temos ainda as possibilidades de Cessação da condição de refugiado nas hipóteses em que o estrangeiro: I – voltar a valer-se da proteção do país de que é nacional; II – recuperar voluntariamente a nacionalidade outrora perdida; III – adquirir nova nacionalidade e gozar da proteção do país cuja nacionalidade adquiriu; IV – estabelecer-se novamente, de maneira voluntária, no país que abandonou ou fora do qual permaneceu por medo de ser perseguido; V – não puder mais continuar a recusar a proteção do país de que é nacional por terem deixado de existir as circunstâncias em consequência das quais foi reconhecido como refugiado; VI – sendo apátrida, estiver em condições de voltar ao país no qual tinha sua residência habitual, uma vez que tenham deixado de existir as circunstâncias em consequência das quais foi reconhecido como refugiado. Temos ainda a possibilidade de perda da condição de refugiado, nos seguintes casos: I – a renúncia; II – a prova da falsidade dos fundamentos invocados para o reconhecimento da condição de refugiado ou a existência de fatos que, se fossem conhecidos quando do reconhecimento, teriam ensejado uma decisão negativa; III – o exercício de atividades contrárias à segurança nacional ou à ordem pública; IV – a saída do território nacional sem prévia autorização do Governo brasileiro. Os refugiados que perderem essa condição com fundamento nas hipóteses I e IV deste artigo serão enquadrados no regime geral de permanência de estrangeiros no território nacional, e os que a perderem com fundamento nos casos II e III estarão sujeitos às medidas compulsórias previstas na Lei nº 6.815, de 19 de agosto de 1980.

116. Lei nº 9.474/97: Art. 34. A solicitação de refúgio suspenderá, até decisão definitiva, qualquer processo de extradição pendente, em fase administrativa ou judicial, baseado nos fatos que fundamentaram a concessão de refúgio.

e) Ambos os institutos excluem a possibilidade de extradição com base nos fundamentos que envolveram a concessão do asilo ou do refúgio. Porém, certo é que, mesmo que haja a concessão de asilo ou refúgio a extradição **poderá ser concedida** posteriormente em virtude de fatos que preencham os requisitos da extradição (como aqui já aventado).

2) **Diferenças:**

a) o asilo via de regra (normalmente) é empregado em casos de perseguição política individualizada (crimes de dissidência política). Já o refúgio, via de regra, deve ser aplicado a casos em que a necessidade de proteção atinge a um número elevado de pessoas, ou seja, em casos em que a perseguição tem aspecto mais generalizado[117] (é claro que essa é a regra, mas há exceções: no caso ***Battisti***, por exemplo, o Ministro da Justiça em 2009, concedeu refúgio de forma individualizada a *Cesare Battisti*);

b) O asilo é uma instituição que visa à proteção frente a perseguição atual e efetiva. Já nos casos de refúgio (conforme já salientado) é suficiente o fundado temor de perseguição;

c) O asilo político tem natureza constitutiva e o refúgio (conforme a Lei n° 9.474/97) natureza declaratória.

117. O asilo normalmente decorre de casos particulares, onde o indivíduo é vítima de perseguição pessoal por motivos de opinião ou de atividades políticas. Quando a dissidência política acarreta perseguição, procura um país onde estará protegido. É comum sua concessão à personalidades notórias. Já nos casos de refúgio, normalmente o indivíduo está fugindo de agressões generalizadas, dando origem na maioria das vezes a fluxo massivo de população que atravessa a fronteira em busca de proteção. Ocorre também em casos de ocupação ou dominação estrangeira, violação dos direitos humanos ou acontecimentos que alterem gravemente a ordem pública interna no país de origem.

11

Direitos Políticos

Sumário: 1. Conceito – 2. Espécies – 3. Direito de Sufrágio: núcleo dos direitos políticos: 3.1. Conceito de sufrágio; 3.2. Espécies de sufrágio; 3.3. Digressões sobre o voto – 4. Sistemas eleitorais – 5. Direitos políticos positivos – 6. Direitos políticos negativos – 7. Nelegibilidades: absolutas e relativas – 8. Perda ou suspensão dos direitos políticos – 9. Princípio da anualidade (ou da anterioridade) da legislação eleitoral – 10. Dos partidos políticos: 10.1. Financiamento de campanha. Acesso ao rádio e à televisão. Debates eleitorais. Fidelidade partidária e extinção do mandato: 10.1.1. Financiamento de Campanha; 10.1.1.1. Financiamento de Campanha das Mulheres (Lei nº 13.165/2015 e o entendimento do STF); 10.1.2. Acesso ao Rádio e à Televisão (Direito de Antena); 10.1.3. Debates Eleitorais; 10.1.4. Fidelidade Partidária e a Extinção dos Mandatos – 11. Vacância de cargos políticos no sistema majoritário.

1. CONCEITO

Os direitos políticos são entendidos como um conjunto de regras que disciplina o exercício da soberania popular. Nesse sentido, é um grupo de normas que envolvem a participação dos indivíduos (cidadãos) nos processos de poder, ou seja, nas tomadas de decisões que envolvem a vida pública do Estado e da sociedade. Os direitos políticos fundamentam o princípio democrático presente no parágrafo único do art. 1º da CR/88 e são desenvolvidos por meio de normas que dizem respeito à escolha de representantes para o exercício do poder em nome do povo ou pela própria participação direta do povo no exercício do poder.[1]

Portanto, esses direitos instrumentalizam a condição da cidadania ativa enquanto meio de participação nos processos de formação do poder no Estado e na sociedade, viabilizando o que podemos chamar de exercício da democracia participativa em um Estado Democrático de Direito.

2. ESPÉCIES

Se os direitos políticos se apresentam como normas que visam desenvolver o exercício da soberania popular e se essa é realizada pela escolha de representantes e diretamente nos termos da Constituição, as espécies de direitos políticos, estabelecidos

1. Nesse sentido: "A participação do nacional no processo político, votando, sendo votado, exercendo cargo público e fiscalizando os atos detentores do poder, é traço do Estado Democrático de Direito. Assim ao lado da liberdade de autonomia, que se traduz na existência de direitos inerentes ao indivíduo e oponíveis ao Estado, fala-se em liberdade-participação, entendida como a prerrogativa do indivíduo de participar da vida política do Estado. Os direitos políticos configuram, pois, essa liberdade-participação, que assegurada a determinada categoria de nacionais, os chamados cidadãos." CARVALHO, Kildare Gonçalves, *Direito constitucional*, p. 605, 2007.

na normatividade constitucional são: a) direito de sufrágio (direito de votar e ser votado) com seus correlatos de alistabilidade (direito de votar em eleições, plebiscitos e referendos) e elegibilidade (direito de ser votado); b) iniciativa popular de lei; c) ação popular; d) direito de organização e participação de partidos políticos. Assim sendo:

a) **O Direito de Sufrágio**: Considerado o núcleo dos direitos políticos, visto que diz respeito à possibilidade de escolha dos nossos representantes (pelo voto) e à possibilidade de elegibilidade dos nossos representantes (direito de ser votado). Ele se traduz, portanto, no direito de votar e ser votado;

b) **Plebiscito**:[2] Deve ser entendido como uma consulta prévia aos cidadãos no gozo de seus direitos políticos sobre determinada matéria a ser posteriormente discutida pelo Congresso Nacional. Conforme o art. 2º da Lei nº 9.709/98, o plebiscito é convocado com anterioridade ao ato legislativo ou administrativo, cabendo ao povo, pelo voto, aprovar ou denegar o que lhe tenha sido submetido. É importante salientar que conforme a Constituição de 1988, no seu art. 49, XV, será do Congresso Nacional a competência para convocar plebiscito, podendo a lei ordinária estabelecer os critérios e as circunstâncias em que o plebiscito ocorrerá.

Nesses termos, é mister afirmar que a Lei nº 9.709/98 determina que o plebiscito será convocado mediante decreto legislativo, por proposta de um terço, no mínimo, dos membros que compõem qualquer das Casas do Congresso Nacional. Além disso, o plebiscito, convocado nos termos da citada Lei, será considerado aprovado ou rejeitado por maioria simples, de acordo com o resultado homologado pelo Tribunal Superior Eleitoral.

Mas, aqui é importante lembrar-se de que a própria Constituição trouxe a previsão de **um plebiscito** para o dia 7 de setembro de 1993. Essa previsão foi antecipada e o plebiscito foi realizado em 21 de abril de 1993. Neste dia o eleitorado decidiu sobre a forma e o sistema de governo que deveriam vigorar no Brasil. Com um comparecimento de 74, 24% dos 90.256.629 eleitores (existentes à época), foi decidido pela forma de governo republicana (66,05% dos votos) e pelo sistema de governo presidencialista (55,44% dos votos). A Constituição também traz a previsão de plebiscito para criação de novos Estados e municípios conforme o art. 18, §§ 3º e 4º.

c) **Referendo**:[3] Consulta ao povo posteriormente à elaboração de uma determinada lei ou ato normativo, para que o povo ratifique ou não aquela lei ou ato normativo (seja ato legislativo ou administrativo). Ele, para a corrente majoritária,

---

2. A palavra *plebiscito* tem suas raízes no latim, por volta do século IV a.C., quando as decisões da plebe romana ganhavam força no cenário político. Na nossa história constitucional é mister salientar que o plebiscito surge pela primeira vez na Constituição de 1937. Esta trouxe a previsão de algumas hipóteses de realização do plebiscito. A Constituição de 1946 também trabalhou com a figura do plebiscito, mas apenas para a incorporação, subdivisão ou desmembramento de Estados. A Constituição de 1967 trouxe o plebiscito somente para criação de novos municípios. VITALE, Denise, *Direitos de participação política na Constituição federal de 1988*, 2007, p. 55.
3. A expressão *'referendo'* origina-se do *termo ad referendum, atribuído às decisões populares nos cantões suíços a partir do século XV. Na história constitucional brasileira o referendo aparece pela primeira vez na atual Constituição de 1988, não tendo sido previsto nas constituições anteriores.* (VITALE, Denise, *Direitos de participação política na Constituição federal de 1988*, 2007, p. 56).

é um instrumento dotado de força vinculante, pois o ato legislativo ou administrativo já elaborado só adentra ou mesmo tem sua eficácia concedida ou retirada do ordenamento pátrio após a manifestação do povo. Conforme o art. 2º, § 2º, da Lei nº 9.709/98, o referendo é convocado com posterioridade ao ato legislativo ou administrativo, cumprindo ao povo a respectiva ratificação ou rejeição. É importante salientar que, conforme a Constituição de 1988 no seu art. 49, XV, será do Congresso Nacional a competência para autorizar referendo, podendo a lei ordinária estabelecer os critérios e as circunstâncias em que o referendo ocorrer. Por último, é mister afirmar que a Lei nº 9.709/98 determina que o referendo será convocado mediante decreto legislativo, por proposta de um terço, no mínimo, dos membros que compõem qualquer das Casas do Congresso Nacional. Além disso, o referendo, convocado nos termos da citada Lei, será considerado aprovado ou rejeitado por maioria simples, de acordo com o resultado homologado pelo Tribunal Superior Eleitoral.

É importante observarmos aqui que em nosso atual ordenamento jurídico-constitucional já foi realizado um *referendo*. Esse envolveu o tema normativo *"comercialização de arma de fogo e munição."* O "não" recebeu 59.109.265 votos e o "sim" 33.333.045 votos. Tivemos 1.329.207 votos brancos e 1.604.307 votos nulos. Dos 122.042.825 eleitores de então, compareceram 95.375.824 (78,15%), tendo, portanto, uma abstenção de 26.666.791 (21,85%).

d) Ação Popular: Está prevista no art. 5º, LXXIII, da CR/88 e regulamentada pela Lei nº 4.717/65. É uma ação constitucional, que visa a invalidar ato lesivo ao patrimônio público, ou ainda lesivo à moralidade administrativa, ao meio ambiente e ao patrimônio histórico-cultural. A ação popular tem por objetivo central combater lesões ao patrimônio público, podendo ser ajuizada por qualquer cidadão com fundamento na ideia de que o povo tem direito público subjetivo a um governo honesto, e que, portanto, tem poder constitucional para invalidar ou impedir lesões ao patrimônio público, participando, assim, ativamente da gestão e da fiscalização do patrimônio público;

e) Iniciativa popular de lei: Está alocada no art. 61 da CR/88: é a possibilidade de o povo apresentar projeto de lei para deflagrar o processo legislativo, conforme o art. 61 § 2º da CR/88. Nesse caso será preciso 1% do eleitorado em pelo menos 5 Estados, com não menos que 3/10 em cada um desses Estados. Para a corrente majoritária, é pacífico que o povo não tem legitimidade para apresentar PEC (Proposta de Emenda Constitucional).

Conforme a Lei nº 9.709/98 o projeto de lei de iniciativa popular deverá circunscrever-se a um só assunto. Além disso, o projeto de lei de iniciativa popular não poderá ser rejeitado por vício de forma, cabendo à Câmara dos Deputados, por seu órgão competente, providenciar a correção de eventuais impropriedades de técnica legislativa ou de redação. Aqui observamos que a casa iniciadora de projetos de lei de iniciativa popular será sempre a Câmara dos Deputados, e nos termos da Lei nº 9709/98, ela seguindo as regras acima citadas dará seguimento à iniciativa popular, consoante as normas do Regimento Interno.

É interessante salientar que desde que a Constituição de 1988 estabeleceu aos eleitores o direito de apresentar projetos de lei de iniciativa popular, somente em quatro ocasiões o Congresso Nacional converteu em Lei uma proposta elaborada pela sociedade. A primeira foi a Lei nº 8.930/94, tipificando novos crimes hediondos como homicídio qualificado, campanha esta gerada pela comoção nacional diante do assassinato da atriz Daniella Perez. A segunda foi a Lei nº 9.840/99 sobre o combate a compra de votos. A terceira foi Lei nº 11.124/2005 que criou o Fundo Nacional de Habitação de Interesse Social.[4] A quarta e mais recente foi a Lei Complementar nº 135/2010, conhecida como Lei da Ficha limpa.

Sobre a iniciativa popular de lei, temos que em julho de 2015 foi lançada a campanha batizada de *10 Medidas contra a Corrupção* com base em um trabalho feito por uma comissão de procuradores escalados pela Procuradoria Geral da República para estudar maneiras de melhorar e endurecer a legislação que pune crimes de desvios de recursos públicos. O Ministério Público Federal entregou para entidades da sociedade civil, em março de 2016, na sede da Procuradoria-Geral da República (PGR) em Brasília, um abaixo-assinado com mais de 2 milhões de assinaturas para a tramitação, em forma de projetos de lei de iniciativa popular dessas intituladas medidas contra a corrupção. Foram, no total, 2.028.263 de assinaturas, sendo 38,7% delas colhidas no Sudeste, 21,7% no Sul, 18,1% no Centro-Oeste, 14,4% no Nordeste e 7,1% no Norte. Os Estados que mais coletaram assinaturas foram São Paulo e Paraná, com 479.564 e 308.806 fichas preenchidas, respectivamente. Certo é que o projeto iniciou sua tramitação na Câmara dos Deputados e foi aprovado na Câmara dos Deputados em novembro de 2016, sendo encaminhado para o Senado de forma muito diferente do que foi apresentado originalmente. Justamente por isso, em 14.12.2016 o Ministro Luiz Fux deferiu medida liminar *inaudita altera parte* para suspender, os efeitos dos atos praticados no bojo do processo legislativo referente ao Projeto de Lei (PL) nº 4.850/2016 (*sobre as 10 medidas contra a corrupção*), determinando, por consequência: (i) o retorno do Projeto de Lei da Câmara nº 80/2016, em tramitação no Senado Federal, à casa de origem e (ii) que a Câmara dos Deputados autue o anteprojeto de lei anticorrupção encaminhado àquela Casa legislativa com as assinaturas de 2.028.263 (dois milhões, vinte e oito mil e duzentos e sessenta e três) eleitores, como Projeto de Iniciativa Popular, observando o rito correlato previsto no seu Regimento Interno, consoante os artigos 14, III, e 61, § 2º, da Constituição. Destacou, ainda, o Ministro que ficam sem efeito quaisquer atos, pretéritos ou supervenientes, praticados pelo Poder Legislativo em contrariedade à decisão.

4. No caso, o projeto foi apresentado à Câmara dos Deputados em 1992 com mais de um milhão de assinaturas e só foi sancionado em 2005.

O entendimento do Ministro foi o de que foi aprovada emenda de plenário desvirtuando o projeto e tal prática teria violado o âmbito do anteprojeto de iniciativa da lei anticorrupção, tratando de matéria que foge ao objeto do projeto. Nesses termos afirmou que a iniciativa popular de leis é, ao lado do voto, do plebiscito e do referendo, forma de exercício da soberania do povo no regime democrático brasileiro (art. 14, III, da Constituição), assegurando-se, por esse mecanismo, participação direta dos cidadãos na vida política da República. A via contemplada pela Carta Magna para a reverberação da vontade da sociedade exige, para que se resguarde sua efetividade mínima, duas características fundamentais do devido processo legislativo constitucional. Em primeiro lugar, o projeto subscrito pela parcela do eleitorado definida no art. 61, § 2º, da Constituição deve ser recebido pela Câmara dos Deputados como proposição de autoria popular, vedando-se a prática comum de apropriação da autoria do projeto por um ou mais deputados (aliás o que é realmente muito comum). Segundo Luiz Fux, a assunção da titularidade do projeto por parlamentar, legitimado independente para dar início ao processo legislativo, amesquinha a magnitude democrática e constitucional da iniciativa popular, subjugando um exercício por excelência da soberania pelos seus titulares aos meandros legislativos nem sempre permeáveis às vozes das ruas.[5]

Nesse ponto o Ministro Fux coloca algo extremamente preocupante, pois explicita que é relevante destacar que desde 1988 não houve nenhum projeto sequer autuado formalmente como de iniciativa popular na Câmara dos Deputados, atestando não apenas o completo desprestígio com que este instrumento democrático é tratado, mas também a eliminação de qualquer efetividade das normas constitucionais que regem o tema. Com isso, afirmou o Ministro categoricamente que mediante tal prática ocorre evidente sobreposição do anseio popular pelos interesses parlamentares ordinários, frustrando a *ratio essendi* da figura constitucional, destinada a abrir à sociedade uma porta de entrada eficaz, no Congresso Nacional, para que seus interesses sejam apreciados e discutidos nos termos apresentados. Na sua leitura, haveria apenas *simulacro* de participação popular quando as assinaturas de parcela significativa do eleitorado nacional são substituídas pela de alguns parlamentares, bem assim quando o texto gestado no consciente popular é emendado com matéria estranha ou fulminado antes mesmo de ser debatido, atropelado pelas propostas mais interessantes à classe política detentora das cadeiras no Parlamento nacional. Em seu raciocínio lembrou-se do que atualmente chamamos de *contrabando legislativo*, e nesse sentido entendeu que se há afronta aos preceitos democráticos e ao devido processo legislativo quando o Parlamento desvirtua o conteúdo de projeto cunhado pelo Chefe do Executivo (com matéria estranha e sem *pertinência temática* ao projeto realizando um verdadeiro *contrabando legislativo*), com maior razão a citada afronta existe nos casos de distorção da matéria versada

5. **MS 34530 MC/DF**, Decisão Monocrática, Min. Luiz Fux, Julg. em **14.12.2016**.

em proposta de iniciativa popular. Aqui resta-nos aguardar qual será a posição do plenário do STF sobre essa decisão monocrática.[6]

Nesse momento, algumas questões são pertinentes de serem objeto de crítica no que diz respeito a iniciativa popular de lei: 1) a dificuldade dos requisitos (atualmente mais 1.500.000 eleitores em pelo menos 5 estados); 2) a infeliz assunção (avocação) indevida dos projetos de lei de iniciativa popular pelos parlamentares como forma de simplificar a tramitação; 3) o desvirtuamento dos projetos de iniciativa popular pelos parlamentares por meio de *contrabandos legislativos*; 4) o recorrente descumprimento do regimento interno das casas no que tange aos projetos de lei de iniciativa parlamentar. Todas essas considerações maculam um importante instrumento de democracia direta e de participação popular direta nos processos de formação do poder.

f) **Direito de organização e participação em partidos políticos para o exercício da soberania popular**: Esse direito se apresenta como um valoroso meio para o desenvolvimento da democracia, visto que no Brasil não existe candidatura avulsa e os partidos políticos vão se apresentar como instrumentos de intermediação entre representantes e representados, sendo componentes importantes para o exercício e desenvolvimento da soberania popular.

Por último, é importante ressaltar, que a Constituição de 1988, estabelece um regime de governo no qual temos a junção da democracia indireta ou representativa (mediante a qual escolhemos de 2 em 2 anos representantes em eleições de cunho nacional e local para exercer o poder em nosso nome) com instrumentos de democracia direta (no qual o povo participa diretamente do poder como no caso do plebiscito, referendo, iniciativa popular de lei e ação popular acima citados). Essa junção em termos tradicionais (na doutrina) é intitulada então de uma democracia semidireta (reunião da democracia indireta com a direta).

Aqui ainda temos que lembrar da pouca participação do povo no que tange ao uso dos instrumentos de democracia direta como o *plebiscito* (apenas um de cunho nacional em 29 anos de Constituição) e do *referendo* (também apenas um em 29 anos de existência da Constituição de 1988) além dos poucos projetos apresentados pelo povo nesses quase 30 anos da Constituição de 1988. Dos instrumentos citados aqui apenas a *ação popular* prevista no art. 5º, LXXIII da CR/88, vem sendo usada de forma adequada no que tange ao exercício de uma cidadania efetiva e inclusiva.

Além do pouco uso de institutos de democracia direta em nossa prática constitucional, salientamos também a falta de institutos como o ***Recall*** em nosso ordenamento constitucional. O **Recall** individual nada mais é do que um instituto de revogação de mandato pelo povo que não está mais satisfeito com determinado governante. Trata-se de mecanismo onde certo número de cidadãos formula, por

6. **MS 34530 MC/DF**, Decisão Monocrática, Min. Luiz Fux, Julg. em **14.12.2016.**

meio de petição assinada (*notice of intent to recall petition*), dirigida ao governante que não tem mais a confiança (apoio) popular solicitando sua substituição ou para que se demita do cargo. Na ausência de resposta, é realizada uma votação constando na cédula a confirmação ou não da sua remoção. Alguns doutrinadores ainda defendem que ***Recall*** pode se dar também em termos coletivos, daí a defesa de um ***Recall coletivo*** como forma de o povo revogar o mandato de um **parlamento** (uma assembleia de representantes) antes de seu termino.

Outro instituto que não consta em nosso ordenamento constitucional é o do ***veto popular***. Esse pode ser definido como a possibilidade de o povo rejeitar projetos de lei aprovados pelos parlamentares. Na forma típica de manifestação do veto popular, constam três momentos: a) o órgão legislativo aprova uma lei que não entra em vigor de imediato; b) a lei é submetida a manifestação popular; c) se existir a recusa do povo, a lei não subsiste.

Não vamos aqui, cair no discurso reducionista e simplório de que a falta de plebiscitos e referendos ou mesmo a deturpação da iniciativa popular de lei é algo que torna nossa democracia uma falácia, pois isso é de uma extrema pobreza. Claro que a pouca prática desses institutos (até pela dificuldade de efetivação previstos na Constituição) prejudicam sim nosso modelo de democracia semidireta, tornando-a deficitária. Mas definitivamente a ineficácia desses institutos não são o nosso principal problema. O pouco uso desses institutos não fulmina com o nosso modelo democrático. Facilitar o uso desses institutos não é garantia de nada, aliás muito pelo contrário. Mesmo porque existem inúmeras outras formas de exercer a democracia na esfera pública e no âmago da sociedade civil organizada que vão muito além dos institutos panfletários e massificantes da democracia direta.

Uma democracia não é medida apenas pelo aspecto agregativo (mera contagem de número de assinaturas ou de votos em plebiscitos, referendos ou mesmo *recall*). Entendemos que o principal avanço deve se dar no desenvolvimento e efetivação de uma democracia deliberativa. Ou seja, precisamos melhorar a qualidade de nossas decisões, muito mais que a quantidade, o nosso maior problema político é o de qualidade da decisão. Aliás nada mais propício de se refletir no momento em que elegemos para a atual legislatura nacional, segundo maioria dos cientistas políticos, o Congresso mais conservador do período pós-Constituição de 1988. Certo é que a democracia deliberativa não é inimiga de uma democracia participativa (e de seus vários institutos e fóruns), porém o foco de análise é mais sofisticado e vai além de uma mera contagem massificada de votos.

Nesse sentido, se o problema fosse apenas o de facilitar plebiscitos, ou referendos, ou mesmo ***recalls*** bastaria copiarmos algumas Constituições como por exemplo a da Venezuela de 1999. Nessa Constituição, em seu art. 72 temos o festejado (para alguns) instituto do ***referendo revogatório*** no qual fica estabelecido que todos os cargos eletivos são revogáveis. Para que seja convocada a consulta popular, é necessário que metade do mandato tenha transcorrido e que pelo menos 20% dos eleitores assinem o pedido. Cumpridos esses requisitos, a população será convocada a responder se o ocupante do cargo público deve terminar seu mandato ou ser destituído. Se ao menos 25% dos eleitores forem às urnas e um número de pessoas igual ou superior ao que elegeu o agente votar a favor no referendo para a queda do mandatário, o mandato será revogado. Outros exemplos interessantes são as Constituições do Equador de 2008 (art. 61) e da Bolívia de 2009 (art. 11) em que o mandato eletivo também pode ser revogado pelo povo. Certo é que o ***referendo revogatório*** de mandato pelo povo nada mais é do que uma forma do que entendemos por ***Recall.***

Portanto, repetimos, os institutos de democracia direta são extremamente importantes e necessários. No Brasil poderiam sim ser ampliados. Inclusive tramitam propostas nesse sentido no Congresso Nacional, mas para além de uma democracia mais participativa e inclusiva devemos também desenvolver e sofisticar uma democracia deliberativa.

Aqui é importante diferenciarmos a *democracia deliberativa* de seu contraponto que definitivamente não é a democracia participativa, mas sim a *democracia agregativa*.

Certo é que a democracia participativa é uma concepção de democracia que defende maior participação dos cidadãos na tomada das decisões que concernem aos seus interesses, ou seja, ela se apresenta como uma forma de exercício de poder, baseada na participação dos cidadãos nas tomadas de decisões políticas.[7]

Ela se opõe à democracia *meramente* (apenas) representativa, isto é, aquela em que a única participação dos cidadãos é na eleição dos representantes, que daí por diante tomam todas as decisões em nome dos que os elegeram. Certo é que atravessamos boa parte do século XX, acreditando que a forma representativa era um modelo ideal para os cidadãos, que assegura a liberdade e igualdade de todos, que isso seria o verdadeiro conceito de democracia. Porém, ao que parece esse modelo está em crise na medida em que vem passando por inúmeros questionamentos. Certo é que os representantes do povo já não conseguem mais identificar e atender de forma satisfatória as demandas de uma sociedade hipercomplexa.[8]

---

7. COELHO, André. *Democracia Deliberativa: esclarecimentos e mal-entendidos*. In: Filósofo Grego. Acesso: 27.12.2016.
8. A democracia participativa, ou semidireta, é aquela que, partindo de uma democracia representativa, utiliza-se de mecanismos que proporcionam ao povo um engajamento nas questões políticas, legitimando questões de relevância para a comunidade como um todo por meio de uma participação direta, seja pelo plebiscito, referendo, iniciativa popular, audiência pública, orçamento participativo, consultas ou por qualquer outra forma que manifeste a ação popular. Nesse modelo de maior participação democrática, as organizações da sociedade civil tornam-se interlocutores políticos legítimos e influentes, adquirem maior visibilidade sobretudo com o processo de democratização (AVRITZER, 1993; DAGNINO, 2002; REIS, 1995; COSTA, 1994, 1997) e, de certa forma, podemos dizer que a democracia participativa só poderá ser realizada quando os cidadãos abandonarem um certo individualismo e tiverem um maior senso de coletividade. In: *Democracia Participativa. Consciência Política*. MEDEIROS, Alexsandro M. Acesso: 27.12.2016.

Nesses termos, a democracia participativa, como bem resume André Coelho é, portanto, "uma discussão sobre o "quem", sobre quais são as pessoas que deveriam tomar as decisões quando os interesses de todos estão em jogo. A resposta da democracia participativa a esta questão é que devem ser, em proporção cada vez maior, os próprios cidadãos os responsáveis por tais decisões. Portanto, a democracia participativa é (1) crítica da democracia representativa, (2) concernente à questão de "quem" deve tomar as decisões e (3) propositiva de fóruns alternativos de decisão.[9] Já a democracia deliberativa, adverte o autor, é (1) crítica da democracia agregativa, (2) concernente à questão do "como" as decisões são tomadas e (3) propositiva de modos alternativos de abordar e interpretar os procedimentos de decisão que já existem. Nesses termos, afirma o autor paraense, que o que a democracia deliberativa crítica é uma concepção de democracia em que, para cada questão que seja levantada, cada um dos responsáveis por decidir tenha uma opinião e preferência prévia sobre o assunto e a tomada de decisão consista numa simples contagem de qual das alternativas de decisão conta com a adesão do maior número de indivíduos. Esta, adverte o autor, é uma concepção agregativa de democracia. Nela a tomada de decisão é um processo de verificação quantitativa de adesões previamente formadas. Portanto, nela (a) as opiniões e preferências individuais prévias informam a decisão, (b) a tomada de decisão não afeta a formação ou transformação das opiniões e preferências e (c) a decisão final depende do número de indivíduos que tinham adesão prévia a certa alternativa".[10]

Em contraste, conforme inclusive já estudamos na obra, afirma André Coelho, que "a democracia deliberativa considera que (a) as opiniões e preferências prévias dos indivíduos são o ponto de partida, mas não o ponto de chegada do processo de decisão, (b) a tomada de decisão é um processo de formação e transformação de opiniões e preferências por meio de argumentos e (c) a decisão final depende de consenso alcançado por todos em favor de certa alternativa como igualmente boa para todos. Na verdade, afirma o autor que, *a grande diferença da democracia deliberativa para a agregativa é o papel que ela concede aos argumentos*. Uma deliberação, diferentemente de uma mera votação, não é uma contagem de quantos são a favor de quê, e sim uma busca cooperativa da melhor decisão mediante uma tentativa, dos partidários de cada um dos lados, de convencer os demais com base em boas razões que sua proposta é superior. Ela pressupõe que cada um dos lados esteja disposto a dar e receber razões, que seja capaz de crítica e passível de convencimento e que esteja mais comprometido com encontrar a melhor decisão que com fazer prevalecer a sua proposta inicial a qualquer preço" (aqui também

9. COELHO, André. Democracia Deliberativa: esclarecimentos e mal-entendidos. In: Filósofo Grego. Acesso: 27.12.2016.
10. COELHO André. Democracia Deliberativa: esclarecimentos e mal-entendidos. In: Filósofo Grego. Acesso: 27.12.2016.

remetemos ao leitor para o estudo da Democracia no capítulo sobre os princípios fundamentais da RFB).[11]

3. DIREITO DE SUFRÁGIO: NÚCLEO DOS DIREITOS POLÍTICOS

3.1. Conceito de Sufrágio

É conceituado como direito público subjetivo de natureza política de elegermos e sermos eleitos, ou seja, o direito de votarmos (alistabilidade) e sermos votados (elegibilidade), participando assim da vida política do Estado e da sociedade.[12] Ele é considerado o núcleo dos direitos políticos na medida em que, é a partir dele (direito de sufrágio) que nós viabilizamos o exercício da soberania popular, que em nossa democracia[13] semidireta (que também deve ser entendida como participativa) é exercida, em regra, por meio da escolha de nossos representantes (parte da democracia indireta de cunho representativo) e por meio de alguns institutos diretamente nos termos da Constituição (institutos como o plebiscito e o referendo. Estes, inclusive, só podem ser exercidos por quem detém o direito de sufrágio).

Nesse ponto é importante distinguirmos, de início, o direito por excelência que é o sufrágio do instrumento que o exercita que é o voto. Ou seja, o direito sem dúvida é o de sufrágio que tem como instrumento o voto. Este é dotado de um modo de exercício, intitulado de escrutínio.[14] Nas palavras já clássicas de José Afonso da Silva,

11. Temos ainda que: "*Pode-se pensar que, por causa deste compromisso da democracia deliberativa com o consenso, ela é contrária à regra de maioria e defende que decisões só sejam tomadas quando já se tenha alcançado unanimidade em torno de certa posição. Não é assim. A democracia deliberativa sabe que a argumentação que funciona como aprendizado que leva ao consenso universal é um ideal regulador, e não uma exigência concreta. O que ela exige, em termos concretos, é que a tomada de decisão tenha sido antecedida de um amplo e cuidado debate de ideias, em que cada lado tenha feito o maior esforço possível para convencer o outro com base em razões, dando argumentos, usando exemplos, dirimindo dúvidas, desfazendo mal-entendidos, respondendo a dificuldades, rebatendo contraexemplos etc. Se se tiver alcançado um ponto em que se está certo de que todos os lados estão bem informados das razões em favor e em contrário a cada posição em jogo e de que divergências que ainda persistam já são produto de convicções firmes e esclarecidas, nada impede que se aplique a regra majoritária e se verifique qual das alternativas conta com maior adesão. Porém, mesmo que a decisão acabe resultando desta verificação, ela não terá sido agregativa, porque não contou o número de votantes para cada posição a partir de suas opiniões e preferências prévias ao debate, e sim a partir das que foram formadas e transformadas por meio dele. Terá havido, mesmo sem consenso, um significativo ganho de teor cognitivo, isto é, de qualidade da reflexão e crítica, na decisão final que se terá alcançado (mesmo com uso da regra majoritária)*". COELHO André. *Democracia Deliberativa: esclarecimentos e mal-entendidos*. In: Filósofo Grego. Acesso: 27.12.2016.
12. SILVA, José Afonso da, *Curso de direito constitucional positivo*, 2007, p. 352.
13. Nesses termos: "Nele (sufrágio) consubstancia-se o consentimento do povo que legitima o exercício do poder. E aí está a função primordial do sufrágio, de que defluem as funções de seleção e nomeação das pessoas que hão de exercer as atividades governamentais." (SILVA, José Afonso da, *Curso de direito constitucional positivo*, 2007, p. 352).
14. Sobre o escrutínio, ou seja, o modo ou maneira de exercício do voto, é necessário salientar que ele pode comumente ser explicitado como o ato de contagem dos votos, realizado pelo escrutinador. Porém ele não pode ser entendido somente dessa forma, pois ele é em termos amplos a maneira de exercício do voto, justamente porque ele não envolve apenas o processo de votação. Sem dúvida o escrutínio também evolve o processo de apuração das eleições. Nesse sentido, ele se traduz em um conjunto de regras procedimentais que diz respeito ao modo de votação e ao modo de apuração de uma eleição (processo de votação e apuração). Nesse sentido: a doutrina

"[...] os três institutos se inserem no processo de participação do povo no governo, expressando: um, o direito (sufrágio), outro, o seu exercício (o voto), e o outro, o modo de exercício (escrutínio)."[15]

3.2. Espécies de Sufrágio

Seguindo a classificação das formas de sufrágio desenvolvida por José Afonso da Silva, temos que:

1) **Quanto à extensão ou sua abrangência:**

a) **Universal:** é aquele sufrágio que independe de condições discriminatórias (econômicas, culturais, intelectuais etc.) para o seu exercício. Ou seja, é universalizado a todos. Observamos, porém, que existem requisitos para o seu exercício, pois não pode ser entendido de forma absoluta. Nesses termos, temos: a) de fundo (como a nacionalidade, a idade, a capacidade); b) de forma (envolve a alistabilidade que formalmente o indivíduo tem que ter para poder votar).

b) **Restrito:**[16] é aquele que depende de condições (econômicas, educacionais, culturais ou capacidades especiais) para seu efetivo exercício. Portanto, não é estendido a todos, na medida em que condições discriminatórias são estabelecidas. Ele se divide em:

- **Censitários:** envolve condições econômicas (qualificação econômica). Como exemplos, temos: Constituição de 1824 com o estabelecimento do voto censitário; Constituição de 1891 (art. 70) e Constituição de 1934 (art. 108) com o estabelecimento de que os mendigos não poderiam votar.
- **Capacitário:** envolve condições intelectuais (de natureza intelectual). Nesses termos exige certo grau de instrução para o exercício do direito de sufrágio. Exemplo: A Constituição de 1967 no seu art. 142 § 3º, "a", estabelecia que o analfabeto não poderia votar.[17] Aqui é importante salientar que já com a Emenda nº 25/85 foi conferido direito de voto ao analfabeto no Brasil, o que posteriormente foi confirmado pela atual CR/88.

---

conceitua o mesmo como: o modo pelo qual se recolhem os votos e apuram os votos nas eleições. (SILVA, José Afonso da, *Curso de direito constitucional positivo*, 2007, p, 382).

15. SILVA, José Afonso da, *Curso de direito constitucional positivo*, 2007, p. 352.
16. José Afonso da Silva critica duramente o sufrágio restrito afirmando que o mesmo: "[...] revela um regime elitista, autocrático ou oligárquico, que, para tanto, procura vários meios de restringir ou de privar os indivíduos do direito de sufrágio. [...] trata-se de um sufrágio discriminatório e antidemocrático que exclui do direito subjetivo de votar e de participar do processo político e do governo a massa do povo que não possua aquelas qualificações fortuitas e circunstanciais de fortuna e capacidade especial." SILVA, José Afonso da, *Curso de direito constitucional positivo*, p. 354, 2007.
17. Também nas Constituições de: 1891, art. 70, §§ 1º e 2º; 1934, art. 108, § único, a; 1937, art. 117, § único; 1946, art. 132, I.

2) Quanto à igualdade:

a) Sufrágio igual: é aquele que desenvolve o princípio da igualdade de todos perante a lei, traduzindo-se na lógica do voto igual, de igual valor para todos (***one man, one vote***). Este é o adotado no art. 14 da nossa atual Constituição de 1988.[18]

b) Sufrágio desigual: é aquele em que não há um voto igual de valor igual para todos, na medida em que eleitores terão por circunstâncias específicas (excepcionais) "o direito de votar mais de uma vez ou de dispor de mais de um voto para prover um mesmo cargo".[19] Nesses termos, com base no sufrágio desigual, teríamos: o voto múltiplo (aquele em que o indivíduo pode votar em mais que uma circunscrição[20]); o voto plural (aquele em que o indivíduo tem direito a mais de um voto, porém, na mesma circunscrição); voto familiar (aquele em que o indivíduo chefe da família tem o direito de votar mais de uma vez, representando o número de membros da família).[21]

3.3. Digressões sobre o voto

Conforme visto, o voto é o instrumento pelo qual exercemos o direito de sufrágio no que diz respeito ao direito de eleger, mas nunca é demais lembrar que o direito de sufrágio também envolve o direito de ser eleito.

O voto tem a natureza de um direito público subjetivo e, ao mesmo tempo, é uma função sociopolítica para o exercício e desenvolvimento da soberania popular, na medida em que com ele escolhemos representantes para o exercício do poder em nosso nome. É bom que se diga também que para os maiores de 18 anos e menores de 70, além de um direito, o voto se apresenta como um dever, sendo, portanto, obrigatório.[22]

---

18. *É interessante assinalar que na Constituição de 1988 foi respeitado o princípio da igualdade do direito de voto, adotando-se a regra de que cada homem e, obviamente, cada mulher valem um voto. Ressalta-se que a adoção do voto feminino não é uma novidade em nosso ordenamento constitucional, visto que a Constituição de 1934 já trazia no art. 108 essa possibilidade (que já era acolhida infraconstitucionalmente pelo Código Eleitoral de 1932).* SILVA, José Afonso da, *Curso de direito constitucional positivo*, 2007, p. 356. *Sobre o tema da igualdade e a lógica do "one man, one vote", certo é que existem críticas desenvolvidas por alguns autores, em relação à representação do povo na Câmara dos Deputados que tem um mínimo de 8 e um máximo de 70 deputados federais por Estado. As objeções são no sentido de que nas eleições para o Legislativo Federal o voto de cidadãos de alguns Estados (como Acre, Rondônia, Amapá) pode valer até 8 vezes mais que o voto de cidadãos do Estado de São Paulo.*
19. As críticas feitas ao sufrágio restrito (em nota de rodapé) podem ser também produzidas em relação ao sufrágio desigual.
20. Como exemplo a doutrina cita que: Na Inglaterra até 1948 os portadores de diploma universitário e os diretores de empresas e outros negócios poderiam votar na circunscrição do seu domicílio, na circunscrição da faculdade e na circunscrição da sua empresa ou negócio. SILVA, José Afonso da, *Curso de direito constitucional positivo*, 2007, p. 357.
21. SILVA, José Afonso da, *Curso de direito constitucional positivo*, 2007, p. 357.
22. Nesse sentido: "Por isso, a legislação eleitoral impõe sanções ao eleitor que deixe de votar sem justificação perante a Justiça Eleitoral, incorrendo em multa e ficando privado de vários direitos dependentes do gozo dos direitos políticos." SILVA, José Afonso da, *Curso de direito constitucional positivo*, 2007, p. 361.

A doutrina pátria[23] apresenta de forma esquemática as características do voto, sendo elas: personalidade, obrigatoriedade, liberdade, sigilosidade, igualdade e periodicidade. Nesse sentido, conforme a doutrina, temos que:

- **Personalidade:** o voto é personalíssimo, não havendo possibilidade de votar por procuração ou mesmo por correspondência.
- **Obrigatoriedade:** existe a obrigatoriedade do comparecimento formal (assinatura que formaliza a presença e depósito do voto na urna) para os maiores de 18 anos e menores de 70. Porém, não haverá a obrigatoriedade de comparecimento formal (sendo o voto facultativo) aos maiores de 16 e menores de 18 anos, bem como aos maiores de 70 anos e aos analfabetos.
- **Liberdade:** essa característica indica que, apesar da obrigatoriedade do comparecimento formal, o eleitor votante poderá ter a opção de escolher um candidato no pleito ou mesmo não escolher nenhum dos concorrentes, votando em branco ou anulando o voto.[24]
- **Sigilosidade:** o voto é secreto, em uma cabine de votação indevassável, devendo-se garantir o sigilo.[25]
- **Direto:** essa característica indica que elegemos diretamente nossos representantes (escolha direta) que irão exercer o poder em nosso nome. Porém, há uma exceção, adstrita ao art. 81 da CR/88. Na eleição para Presidente da República, se ocorrer a vacância do cargo nos 2 últimos anos do mandato, a eleição será indireta, pois um colégio eleitoral composto por deputados e senadores é que irá escolher o Presidente e vice para o restante do mandato. Nesse sentido, nós escolhemos os deputados e senadores, que irão escolher o Presidente e o vice-presidente.
- **Periodicidade:** de tempos em tempos há necessidade do voto, na medida em que, por disposição constitucional presente no art. 60, § 4º, o voto será direto, secreto e periódico, sendo os mandatos eletivos dotados em nossa democracia de prazo determinado.

---

23. MORAES, Alexandre de, *Direito Constitucional*, 2008, p. 210-211. SILVA, José Afonso da, *Curso de direito constitucional positivo*, 2007, p. 361-363.
24. Nesses termos: "A liberdade do voto é fundamental para sua autenticidade e eficácia. Manifesta-se não apenas pela preferência a um candidato entre os que se apresentam, mas também pela faculdade até mesmo de depositar uma cédula em branco na urna ou de anular o voto. Essa liberdade deve ser garantida, daí por que mostramos que a obrigatoriedade do voto, exigida em nossa Constituição, não pode significar senão o comparecimento do eleitor, a deposição da cédula na urna e a assinatura na folha individual de votação. Quer dizer, é obrigatoriedade formal, que não atinge o conteúdo da manifestação da vontade do eleitor." SILVA, José Afonso da, *Curso de direito constitucional positivo*, 2007, p. 362.
25. Conforme o art. 103 do Código Eleitoral: O sigilo do voto é assegurado mediante as seguintes providências: I – uso de cédulas oficiais em todas as eleições, de acordo com modelo aprovado pelo Tribunal Superior; II – isolamento do eleitor em cabine indevassável para o só efeito de assinalar na cédula o candidato de sua escolha e, em seguida, fechá-la; III – verificação da autenticidade da cédula oficial à vista das rubricas; IV – emprego de urna que assegure a inviolabilidade do sufrágio e seja suficientemente ampla para que não se acumulem as cédulas na ordem que forem introduzidas.

- **Igualdade:** desenvolvimento do princípio do ***one man, one vote***, ou seja, do voto igual com valor igual para todos os cidadãos.

Aqui é interessante salientar, que nos termos da recente Lei nº 13.165/2015, foi disciplinado o ***voto em trânsito*** em nosso ordenamento jurídico. Assim sendo, conforme o art. 233-A da Lei nº 4737/65/97 (alterado pela Lei nº 13.165/2015) aos eleitores em trânsito no território nacional é assegurado o direito de votar para Presidente da República, Governador, Senador, Deputado Federal, Deputado Estadual e Deputado Distrital em urnas especialmente instaladas nas capitais e nos Municípios com mais de cem mil eleitores. Conforme o § 1º desse diploma normativo, o exercício do direito previsto neste artigo sujeita-se à observância das regras seguintes: I – para votar em trânsito, o eleitor deverá habilitar-se perante a Justiça Eleitoral no período de até quarenta e cinco dias da data marcada para a eleição, indicando o local em que pretende votar; II – aos eleitores que se encontrarem fora da unidade da Federação de seu domicílio eleitoral somente é assegurado o direito à habilitação para votar em trânsito nas eleições para Presidente da República; III – os eleitores que se encontrarem em trânsito dentro da unidade da Federação de seu domicílio eleitoral poderão votar nas eleições para Presidente da República, Governador, Senador, Deputado Federal, Deputado Estadual e Deputado Distrital. Já o § 2º do mesmo art. 233-A afirma que os membros das Forças Armadas, os integrantes dos órgãos de segurança pública a que se refere o art. 144 da Constituição Federal, bem como os integrantes das guardas municipais mencionados no § 8º do mesmo art. 144, poderão votar em trânsito se estiverem em serviço por ocasião das eleições.[26]

Por último, acrescentamos que o plenário do STF em posicionamento datado de **06.11.2013**, julgou procedente a ADI 4543 para declarar a **inconstitucionalidade** do art. 5º da Lei 12.034/2009, que dispunha sobre a criação, a partir das eleições de 2014, do voto impresso.[27]

26. Art. 233-A: *§ 3º As chefias ou comandos dos órgãos a que estiverem subordinados os eleitores mencionados no § 2º enviarão obrigatoriamente à Justiça Eleitoral, em até quarenta e cinco dias da data das eleições, a listagem dos que estarão em serviço no dia da eleição com indicação das seções eleitorais de origem e destino. § 4º Os eleitores mencionados no § 2º, uma vez habilitados na forma do § 3º, serão cadastrados e votarão nas seções eleitorais indicadas nas listagens mencionadas no § 3º independentemente do número de eleitores do Município.*

27. O Plenário do STF fundamentou a sua decisão nos seguintes termos: a) conforme a norma questionada (art. 5º da Lei 12.034/2009), seria permitido ao eleitor conferir seu voto, pois associado o conteúdo desse ato de cidadania com a assinatura digital da urna. Porém, a inviolabilidade e o segredo do voto suporiam a impossibilidade de se ter, no exercício do voto ou no próprio voto, qualquer forma de identificação pessoal; b) deixou assente o STF que o sigilo da votação também estaria comprometido caso ocorresse falha na impressão ou travamento de papel na urna eletrônica, visto que seria necessária intervenção humana para resolver o problema, o que exporia os votos registrados até então. Além disso, em eventual pedido de recontagem, seria novamente possível a identificação dos eleitores. Salientou-se ainda que a introdução de impressoras potencializaria falhas e impediria o transcurso regular dos trabalhos nas diversas seções eleitorais. O módulo impressor, além de apresentar problemas de conexão, seria vulnerável a fraudes. Ademais, conforme o Ministro, haveria a possibilidade de cópia, adulteração e troca de votos decorrente da votação impressa. Seria também maior a vulnerabilidade do sistema, porque o voto impresso não atingiria o objetivo de possibilitar a recontagem e a auditoria; c) o segredo do voto seria conquista destinada a garantir a inviolabilidade do querer democrático do eleitor e a intangibilidade do seu direito por qualquer forma de pressão. Registrou-se que a história do País conteria diversos vícios nos processos eleitorais, que teriam sido consideravelmente atenuados com o sistema de votação eletrônica. Retroagir nesse

Porém, é importante registrar que a Lei nº 13.165, de 29.09.2015, estabeleceu novamente o **voto impresso** em nosso ordenamento, nos termos do art. 59-A da Lei nº 9.504/97 (acrescentado pela Lei nº 13.165/2015). Essa norma afirmou que *no processo de votação eletrônica, a urna imprimirá o registro de cada voto, que será depositado, de forma automática e sem contato manual do eleitor, em local previamente lacrado.* Já no parágrafo único do mesmo diploma normativo, foi definido que *o processo de votação não será concluído até que o eleitor confirme a correspondência entre o teor de seu voto e o registro impresso e exibido pela urna eletrônica.*

A Procuradoria-Geral da República ajuizou ADI contra essa previsão. E o STF em 06.06.2018 decidiu novamente que é inconstitucional a lei que determina que, na votação eletrônica, o registro de cada voto deverá ser impresso e depositado, de forma automática e sem contato manual do eleitor, em local previamente lacrado (art. 59-A da Lei 9.504/97, incluído pela Lei 13.165/2015).

Segundo o STF, essa previsão acabaria permitindo a identificação de quem votou, ou seja, possibilita a quebra do sigilo, e, consequentemente, a diminuição da liberdade do voto, violando o art. 14 da CR/88 e o § 4º do art. 60 da CR/88.

Assim, cabe ao legislador fazer a opção pelo voto impresso, eletrônico ou híbrido, visto que a CR/88 nada dispõe a esse respeito, observadas, entretanto, as características do voto nela previstas. No entanto, para o STF, o *modelo híbrido* trazido pelo art. 59-A acima citado constitui efetivo retrocesso aos avanços democráticos conquistados pelo Brasil para garantir eleições realmente livres, em que as pessoas possam escolher os candidatos que preferirem.[28]

4. SISTEMAS ELEITORAIS

Intimamente ligado ao núcleo dos direitos políticos, que é o sufrágio, bem como ao exercício do mesmo através do voto, é o que classicamente intitulamos de sistemas eleitorais. Os sistemas eleitorais devem ser entendidos como os métodos de transformação de votos em mandatos. Nesse sentido, são os procedimentos realizados em uma eleição para a escolha de representantes.

---

ponto configuraria afronta à Constituição, e a impressão do voto feriria o direito ao segredo. Consignou-se que o cidadão não poderia ser compelido a prestar contas sobre seu voto, porquanto a urna seria espaço de liberdade cidadã, na qual ele poderia realizar sua escolha livre e inquestionável, não podendo ser tolhido pelo exigir do outro, sob pena de viciar todo o sistema; d) eventual vulneração do segredo do voto comprometeria não apenas o art. 14 da CR/88, mas também o art. 60, § 4º, II CR/88. Nesses termos, o § 2º do art. 5º da Lei 12.034/09 "retiraria o segredo do voto, pois o número de identificação associado à assinatura digital poderia favorecer a coação de eleitores pela possibilidade de vincular o voto a compromissos espúrios. O eleitor seria identificado e poderia ser compelido a comprovar sua ação na cabine de votação". (...) Sublinhou-se, ademais, que a impressão do voto criaria *discrímen* em relação às pessoas com deficiência visual e aos analfabetos, que não teriam como identificar seus votos, razão pela qual pediriam ajuda de terceiros, em violação ao direito de sigilo constitucionalmente assegurado". (Inf. 727 do STF)

28. **ADI 5889/DF**, STF. Plenário. red. p/ o ac. Min. Alexandre de Moraes, julgado em **06.06.2018** (Info 905).

No Brasil, atualmente adotamos o sistema majoritário e o sistema proporcional.

Pelo **sistema majoritário**, divide-se o país em circunscrições eleitorais que irão corresponder aos mandatos. Assim sendo, será eleito para exercer o poder em nosso nome o candidato mais votado dentro de cada uma das subdivisões (circunscrições) definidas. No caso brasileiro, temos uma circunscrição nacional, além das circunscrições estaduais e municipais, bem como a distrital (que diz respeito ao DF). Portanto, o sistema majoritário é adotado na eleição para Presidente da República, Governadores dos Estados e DF e Prefeitos municipais. Temos também a adoção do sistema majoritário para Poder Legislativo no que diz respeito ao Senado Federal.

Acrescentamos, por último, que o sistema eleitoral majoritário poderá ser chamado de simples, com apenas um turno de votação, ou complexo (de maioria absoluta), em que pode haver dois turnos de votação se não alcançada a maioria absoluta dos votos válidos[29] para um candidato no primeiro turno de votação. A eleição para o Senado Federal e para Prefeito de municípios com menos de 200 mil eleitores adota o sistema majoritário simples ou de um turno de votação. A eleição para Presidente, Governadores (dos Estados e DF) e Prefeitos de municípios com mais de 200 mil eleitores adota o sistema majoritário complexo ou de maioria absoluta.

Já o **sistema eleitoral proporcional** é adotado em *terrae brasilis* para as eleições parlamentares dos Deputados Federais, Deputados Estaduais e do DF e vereadores municipais.

É interessante observarmos que o sistema proporcional trabalha com subdivisões.[30] O sistema proporcional desenvolvido em alguns países é o **sistema proporcional fechado** ou de lista fechada,[31] na qual os eleitores simplesmente não votam individualizadamente nos candidatos dos partidos, mas apenas na lista do partido, ou seja, no partido, ficando a cargo dos partidos decidir qual a posição dos candidatos na lista. Assim sendo, as cadeiras eventualmente ocupadas pelo partido serão dadas àqueles que o partido colocou no início da lista (primeiros nomes). Vejamos que quanto mais votos o partido obter, mais ele poderá ter cadeiras, mas a decisão a respeito delas fica a cargo do próprio partido e de suas prioridades.

---

29. Quando falamos em **votos válidos,** afastamos do cômputo os votos em branco e os votos nulos.
30. Temos ainda o sistema de lista flexível e o de lista livre. Na lista flexível, mesmo sendo de competência dos partidos a ordenação das candidaturas, estabelecendo a posição dos candidatos na lista, os eleitores têm como intervir. Nesse sentido, eles podem, em alguns casos, alterar a posição do candidato na lista ou mesmo votar em um candidato. Já na lista livre os eleitores dispõem de um maior número de alternativas, podendo votar em tantos nomes quantas forem as cadeiras a preencher em seu distrito eleitoral, escolhidos entre os candidatos constantes de uma lista não ordenada e apresentada pelos partidos. CARVALHO, Kildare Gonçalves, Direito constitucional, p. 626, 2007.
31. É o caso de Israel e parcialmente da Alemanha. Na Alemanha metade dos parlamentares em cada Estado é eleito de forma direta nos distritos eleitorais (primeiro voto) e, a outra metade, em lista apresentada pelos partidos (segundo voto). É bom que se diga que somente participam da distribuição de mandatos os partidos que ultrapassarem a chamada cláusula de barreira de 5% dos votos ou que obtiverem pelo menos três mandatos mediante voto direto.

Conforme demonstra a doutrina, nesse sistema proporcional dá-se primazia ao controle dos partidos na designação de seus representantes. Certo é que os eleitores não podem mudar a posição dos candidatos na lista elaborada pelo partido.

No Brasil adotamos o sistema proporcional de **lista aberta** e uninominal. Ou seja, ainda que haja vários cargos em disputa, o eleitor vota apenas uma vez em um candidato (que faz parte de uma lista aberta apresentada por partido) ou no partido (em sua legenda). Nesse sistema os partidos não determinam (preordenam) a ordem dos candidatos, mas a vontade popular. Assim sendo, reafirmamos que os eleitores votam nos candidatos alocados nos partidos ou na legenda do partido. As cadeiras que o partido terá direito serão ocupadas pelos candidatos que obtiveram dentro do partido o maior número de votos.[32] As regras básicas que envolvem nosso sistema são as seguintes: **a) quociente eleitoral; b) quociente partidário; c) sistema de sobras ou restos.**

Além disso, é fundamental explicitar o conceito de **número de votos válidos**. Estes são os votos dados aos candidatos alocados nos partidos ou na legenda dos partidos, excluindo-se, portanto, os votos brancos[33] e os votos nulos.

a) O quociente eleitoral (QE) nada mais é do que a **divisão** do número de votos válidos pelo número de cadeiras a serem preenchidas (seja na Câmara dos Deputados, Assembleias Legislativas, Câmara Legislativa do DF ou Câmaras Municipais). Essa divisão indica **o número de votos que um partido precisa para obter uma vaga.**

Nesses termos, conforme o art. 106 do Código Eleitoral, *determina-se o quociente eleitoral dividindo-se o número de votos válidos apurados pelo de lugares a preencher em cada circunscrição eleitoral, desprezada a fração se igual ou inferior a meio, equivalente a um, se superior.*[34]

b) O quociente partidário (QP) nada mais é do que **divisão** do número de votos dado a um partido ou a seus candidatos pelo quociente eleitoral. Assim, temos **o número de vagas de que o partido terá direito.**

Nesses termos, conforme o art. 107 do Código Eleitoral, *determina-se para cada Partido ou coligação o quociente partidário, dividindo-se pelo quociente eleitoral o número de votos válidos dados sob a mesma legenda ou coligação de legendas,*

32. Conforme o art. 109 § 1º do Código Eleitoral: O preenchimento dos lugares com que cada Partido ou coligação for contemplado far-se-á segundo a ordem de votação recebida pelos seus candidatos.
33. Os votos em branco eram considerados válidos para a soma do quociente eleitoral, até o surgimento da Lei nº 9.504/97.
34. Além disso, devemos acrescentar que, conforme o art. 109 § 2º do Código Eleitoral: só poderão concorrer à distribuição dos lugares os Partidos e coligações que tiverem obtido quociente eleitoral. E conforme o art. 111: Se nenhum Partido ou coligação alcançar o quociente eleitoral, considerar-se-ão eleitos, até serem preenchidos todos os lugares, os candidatos mais votados. Aqui a doutrina brasileira explicita uma veemente crítica, na medida em que a Constituição estabeleceu o sistema eleitoral proporcional e não o sistema majoritário. Nesse sentido, SILVA, José Afonso da, Curso de direito constitucional positivo, 2007, p. 376; MENDES; COELHO; BRANCO, Curso de direito constitucional, p. 742, 2008.

desprezada a fração. Na norma ora em comento, é interessante salientar que as frações são desprezadas.

Porém, aqui temos uma novidade apresentada pela Lei 13.165/2015. Conforme a recente legislação, o art. 108 do Código Eleitoral foi alterado para determinar que para ser eleito, o candidato deverá ter recebido votos em número igual ou superior a 10% do quociente eleitoral. Nesses termos: *Estarão eleitos, entre os candidatos registrados por um partido ou coligação que tenham obtido votos em número igual ou superior a 10% (dez por cento) do quociente eleitoral, tantos quantos o respectivo quociente partidário indicar, na ordem da votação nominal que cada um tenha recebido.*[35]

É interessante que antes dessa alteração, se um candidato tivesse muitos votos (por exemplo: na eleição para Deputado Federal), o quociente eleitoral do partido seria alto e, com isso, um candidato desse partido poderia ser eleito mesmo tendo uma ínfima quantidade de votos. O candidato puxador de votos conseguiria eleger outros candidatos com votação ínfima (com poquíssimos votos). A Lei nº 13.165/2015, não resolve totalmente o problema, mas pelo menos nos apresenta um limite para isso, prevendo que esse candidato menos votado deverá ter um mínimo de votos (número igual ou superior a 10% do quociente eleitoral) para que ele "mereça" ser eleito.

Ressaltamos que essa alteração normativa foi objeto de impugnação na ADI 5920 julgada em 04.03.2020 pelo STF.

O requerente alegava que o dispositivo impugnado traz distorções ao sistema proporcional, uma vez que, por meio dessa regra, para que um candidato seja eleito seria necessário alcançar individualmente o índice de 10% do quociente eleitoral. Nesse sentido, partido ou coligação que possua candidatos de expressão mediana, mesmo que ultrapassem o quociente eleitoral, não fariam jus a nenhuma vaga. Além do mais, a exigência de limite mínimo individual de votação implicaria ofensa direta ao regime democrático e ao sistema proporcional, previstos, respectivamente, no parágrafo único do art. 1º e no art. 45 da Constituição Federal.

Porém, o Plenário do STF, julgou improcedente pedido formulado em ação direta de inconstitucionalidade ajuizada contra o art. 4º da Lei 13.165/2015, no trecho em que deu nova redação ao art. 108 do Código Eleitoral, para estabelecer o limite mínimo de votação individual de 10% do quociente eleitoral para preenchimento das vagas em disputa nas eleições submetidas ao sistema proporcional.[36]

Conforme o STF, a alteração trazida pelo art. 4º da Lei nº 13.165/2015 não viola o princípio democrático ou o sistema proporcional, consistindo, antes, em valorização da representatividade e do voto nominal, em consonância com o sistema de listas

35. Antes da Lei nº 13.165/2015: *Art. 108. Estarão eleitos tantos candidatos registrados por um Partido ou coligação quantos o respectivo quociente partidário indicar, na ordem da votação nominal que cada um tenha recebido.*
36. **ADI 5920/DF**, STF. Plenário. Rel. Min. Luiz Fux, julgado em **04.03.2020** (Informativo 968).

abertas e com o comportamento cultural do eleitor brasileiro.[37] Para o STF, conforme o ministro Fux (relator), o objetivo do legislador foi o de tentar acabar com a figura do "puxador de votos", excluindo da participação, no parlamento, candidatos que pessoalmente tenham obtido votação inexpressiva e, por isso, tenham representatividade popular ínfima.[38]

Entendemos, interpretando a manifestação do Ministro Luiz Fux de forma mais condizente com a legislação eleitoral, que a figura do *puxador de votos* não acaba, mas pelo menos é minimizada (relativizada), pois, como já citado, passa a ser exigido de qualquer candidato, para ser eleito, uma votação mínima de número igual ou superior a 10% do quociente eleitoral.

c) A distribuição de **restos ou sobras** poderá ocorrer se após a distribuição das vagas, ainda existir vagas a serem preenchidas sem que os partidos tenham votos suficientes para atingir o quociente eleitoral.

Isso pode ocorrer porque o quociente partidário (QP), que define o número de cadeiras por partido, dificilmente será exato. Isso significa que será um número fracionado (não inteiro), de forma que possivelmente sobrarão vagas.

Aqui é importante colocarmos duas questões sobre o sistema de sobras (restos) que sofreram alterações legislativas recentes e também enfrentamentos no STF.

c.1) A primeira diz respeito a alteração no art. 109 do Código Eleitoral pela Lei nº 13.165/2015. Antes da alteração advinda desse novo diploma normativo, o sistema de sobras (restos) era entendido apenas o sistema de sobras da "maior média".

Conforme o antigo art. 109 (antes da Lei 13.165/2015), *os lugares não preenchidos com a aplicação dos quocientes partidários serão distribuídos mediante observância das seguintes regras: I – dividir-se-á o número de votos válidos atribuídos a cada Partido ou coligação de Partidos pelo número de lugares por ele obtido, mais um, cabendo ao Partido ou coligação que apresentar a maior média um dos lugares a preencher; II – repetir-se-á a operação para a distribuição de cada um dos lugares (se for o caso) até o preenchimento de todas as cadeiras.*

Pois bem, com a Lei 13.165/2015, esse sistema foi alterado. No novo art.109 do Código Eleitoral, temos que: *os lugares não preenchidos com a aplicação dos quocientes partidários* ***e em razão da exigência de votação nominal mínima a que se refere o art. 108*** *serão distribuídos de acordo com as seguintes regras: I - dividir-se-á o número de votos válidos atribuídos a cada partido ou coligação pelo* ***número de lugares definido para o partido pelo cálculo do quociente partidário do art. 107****, mais um, cabendo ao partido ou coligação que apresentar a maior média um dos lugares a preencher, desde que tenha candidato que atenda à exigência de votação nominal mínima; II - repetir-se-á a operação para cada um dos lugares a preencher.*

37. **ADI 5920/DF**, STF. Plenário. Rel. Min. Luiz Fux, julgado em **04.03.2020** (Informativo 968).
38. **ADI 5920/DF**, STF. Plenário. Rel. Min. Luiz Fux, julgado em **04.03.2020** (Informativo 968).

Acontece que em 2015, o Procurador-Geral da República ajuizou ação direta de inconstitucionalidade contra as alterações. Conforme explicou o PGR, entre as inovações trazidas pela Lei nº 13.165/2015 estaria a exigência de percentual mínimo para que um candidato seja considerado eleito pelo sistema de representação proporcional. Por essa regra, obtido o quociente eleitoral e partidário, a lista inicial dos eleitos será restrita aos que tiverem alcançado o índice mínimo de 10% (art. 108 do Código Eleitoral), devendo as vagas remanescentes serem atribuídas de acordo com os critérios do art. 109.

Segundo a nova redação desse artigo, o quociente partidário é que deverá ser utilizado para os cálculos de atribuição das vagas remanescentes. Antes da Lei nº 13.165/2015, o art. 109 do Código Eleitoral definia apenas o método da "maior média" para o preenchimento dessas vagas. Assim sendo, para o PGR, essa mudança contraria o art. 1º, parágrafo único, e o art. 45, caput e § 1º, da CR/88, por representarem ofensa ao regime democrático e ao sistema de representação proporcional. O quociente partidário não é um critério válido, portanto, para definir com quem ficarão as sobras.[39]

Em 04.03.2020, o Plenário do STF julgou a questão na ADI 5420, e por maioria julgou parcialmente procedente o pedido para ***declarar a inconstitucionalidade*** da expressão ***"número de lugares definido para o partido pelo cálculo do quociente partidário do art. 107"***, prevista no inciso I do art. 109 do Código Eleitoral, com redação dada pela Lei nº 13.165/2015. Ao declarar essa expressão inconstitucional, o STF determinou que ***fosse adotado o critério de cálculo anterior***, ou seja, o que vigorava antes da Lei nº 13.165/2015.

Para o STF, a alteração realizada na redação do inciso I do art. 109 do Código Eleitoral acabou por acarretar consequência que praticamente desnatura o sistema proporcional no cálculo das sobras eleitorais. Na lei anterior, o cálculo utilizado para obtenção da "maior média" entre os partidos (que é o critério utilizado para distribuição das sobras eleitorais), tinha por denominador o "número de lugares por ele [partido ou coligação] obtido, mais um".[40]

Desse modo, a regra previa que cada vaga remanescente distribuída a um partido era, em seguida, levada em consideração no cálculo da distribuição das próximas vagas. Portanto, se um partido recebeu a primeira vaga, isso entrava no cálculo da segunda, diminuindo as suas chances de obtê-la e aumentando as chances de outros partidos recebê-la.

39. Conforme o PGR: "A composição das casas legislativas, consoante o novo critério legal, passaria a depender de algo como uma espécie de sorte matemática. O partido cujas sobras mais se aproximassem do necessário para ocupar uma vaga receberia todas as que remanescessem, em frontal agressão aos princípios e à lógica da democracia representativa. Com o novo critério, parte do poder não mais adviria do povo, mas de acasos matemáticos.".

40. **ADI 5420/DF**, STF. Plenário. Rel. Min. Dias Toffoli, julgado em **04.03.2020** (Informativo 968).

Pela nova sistemática, apenas o "quociente partidário, mais um" (que é um dado fixo) é que deverá ser utilizado para os seguidos cálculos de atribuição das vagas remanescentes, desprezando-se a aquisição de vagas nas operações anteriores. Nesses termos, o partido político ou coligação que primeiro obtiver a maior média e, consequentemente, obtiver a primeira vaga remanescente, acabaria por obter todas as vagas seguintes, enquanto possuir candidato que atenda à exigência de votação nominal mínima (pelo menos 10% do quociente eleitoral). Assim sendo, haverá uma tendência à concentração, em uma única sigla ou coligação, de todos os lugares não preenchidos com a aplicação dos quocientes partidários e em razão da exigência de votação nominal mínima.[41]

Evidencia-se, pois, para o STF, em tal regramento, a desconsideração da distribuição eleitoral de cadeiras baseada na proporcionalidade (art. 45 da CF/88), que é intrínseca ao sistema proporcional, em que as vagas são distribuídas aos partidos políticos de forma a refletir o pluralismo político-ideológico presente na sociedade, materializado no voto. A nova regra, portanto, por atribuir unicamente a um mesmo partido político ***todas as vagas remanescentes,*** viola, ainda, a distribuição de cadeiras legislativas às legendas representativas de ideais minoritárias no seio social.[42]

c.2) A segunda questão envolve modificação ocorrida no sistema de sobras pela recente Lei nº 13.488/2017.

Antes dessa referida lei, o art. 109 § 2º do Código Eleitoral, tinha a seguinte redação: *Somente poderão concorrer à distribuição dos lugares os partidos ou as coligações **que tiverem obtido quociente eleitoral**.* Pois bem, a Lei 13.488/2017 alterou o art. 109 § 2º do Código Eleitoral para a seguinte redação: *Poderão concorrer à distribuição dos lugares **todos os partidos e coligações** que participaram do pleito.*

Foi ajuizada ADI contra esse novo dispositivo normativo. E o STF em 04.03.2020, julgou improcedente pedido formulado na ADI ajuizada contra o art. 3º da Lei nº 13.488/2017, que, ao dar nova redação do art. 109, § 2º, do Código Eleitoral, estabeleceu que ***todos os partidos*** e coligações que participaram do pleito podem concorrer às denominadas "sobras eleitorais".[43]

Segundo o STF, o art.109 § 2º, ao flexibilizar a exigência de votação mínima para que os partidos possam concorrer à obtenção de assentos no Legislativo a partir das "sobras eleitorais", optou por uma entre as várias fórmulas possíveis para disciplinar a distribuição das cadeiras não preenchidas após a aplicação dos divisores. Foi uma opção legítima do legislador, não havendo qualquer afronta ao sistema de representação proporcional, especialmente porque se pretendeu valorizar a participação das minorias.

41. **ADI 5420/DF**, STF. Plenário. Rel. Min. Dias Toffoli, julgado em **04.03.2020** (Informativo 968).
42. **ADI 5420/DF**, STF. Plenário. Rel. Min. Dias Toffoli, julgado em **04.03.2020** (Informativo 968).
43. **ADI 5947/DF**, STF. Plenário. Rel. Min. Marco Aurélio, julgado em **04.03.2020** (Informativo 968).

Nesses termos, como não houve ofensa direta a qualquer dispositivo da Constituição Federal, não cabe ao STF atuar como fonte de direito, sob pena de indevida ingerência em legítima opção do Parlamento.[44]

Assim sendo, concluiu o STF, ser eminentemente política a decisão por meio da qual aprovada, em ambas as Casas legislativas, a norma em questão.

Portanto, ausente ofensa direta ao complexo normativo previsto nos artigos 17, 27, § 1º, 32, § 3º, e 45 da Constituição Federal, preservado o núcleo essencial do sistema representativo e proporcional, não cabe ao Supremo Tribunal Federal, como já dito acima, atuar como fonte de direito, observados os limites impostos pela Constituição, sob pena de indevida ingerência em legítima opção político-normativa do Parlamento.[45]

5. DIREITOS POLÍTICOS POSITIVOS

Os direitos políticos positivos devem ser entendidos como o direito de votar e ser votado, o que também podemos chamar de capacidade eleitoral ativa (alistabilidade) e capacidade eleitoral passiva (elegibilidade). Nesse sentido, eles nada mais são do que um outro modo de definição do direito de sufrágio (núcleo dos direitos políticos).

Portanto, iremos trabalhar com a **capacidade eleitoral ativa** e **passiva** na análise dos direitos políticos positivos.

Primeiramente, temos a **capacidade eleitoral ativa,** que pode ser traduzida como o direito de votar, que consubstancia a democracia representativa na medida em que podemos escolher os mandatários dos cargos públicos eletivos.

O direito de votar tem por pressuposto o alistamento eleitoral. Assim sendo, só podemos empreender o **direito de votar** mediante a **condição de alistados.** Por sua vez, o alistamento depende de um procedimento administrativo, **não** sendo alcançado de ofício (*ex officio*). Portanto, o indivíduo deve por iniciativa própria se dirigir aos órgãos da Justiça Eleitoral e solicitar o alistamento, tendo apenas que demonstrar o preenchimento de requisitos (idade, nacionalidade brasileira, entre outras formalidades definidas pela justiça eleitoral).

Nesse sentido, após o pedido e a verificação dos requisitos básicos, temos o alistamento, que confere ao indivíduo nacional o **direito de votar**[46]. É interessante

44. ADI 5947/DF, STF. Plenário. Rel. Min. Marco Aurélio, julgado em 04.03.2020 (Informativo 968).
45. **ADI 5947/DF**, STF. Plenário. Rel. Min. Marco Aurélio, julgado em **04.03.2020** (Informativo 968).
46. Sobre a questão da obrigatoriedade de **2 documentos** (documento oficial com foto e título de eleitor) definida pelo TSE, para a votação no pleito de 2010, decidiu o STF que: *"Por vislumbrar aparente* ***ofensa aos postulados da proporcionalidade e da razoabilidade****, e ressaltando* ***a iminência das eleições marcadas para o dia 3.10.2010****, o Tribunal, por maioria,* ***concedeu medida cautelar*** *em ação direta de inconstitucionalidade, ajuizada pelo Diretório Nacional do Partido dos Trabalhadores, para, mediante interpretação conforme conferida ao art. 91-A da Lei 9.504/97, na redação dada pela Lei 12.034/2009 – e ao art. 47, § 1º, da Resolução TSE 23.218/2010 –,*

que, conforme veremos, há com isso o preenchimento de uma das condições de elegibilidade, visto que no Brasil só podemos votar naqueles cidadãos que estão exercendo o direito de voto.

É importante salientar, também, que conforme a CR/88, o voto é obrigatório[47] para os maiores de 18 anos e menores de 70 anos, sendo facultativo o voto (e obviamente o alistamento) para os maiores de 16 anos[48] e menores de 18 anos e também para os analfabetos.

Abalizada doutrina também traz a cotejo a discussão em torno da obrigatoriedade ou não do voto dos **portadores de deficiência** que torne **impossível ou extremamente oneroso** o cumprimento das obrigações eleitorais do alistamento e do voto. Aqui, sem dúvida, estamos diante, segundo o próprio TSE, de uma lacuna a ser superada, com base nos princípios constitucionais presentes no sistema constitucional. Portanto, de acordo com o que Gilmar Mendes à luz de Peter Häberle, chamou de ***"pensamento do possível"***, o TSE determinou que aos portadores de deficiência grave fosse aplicada a norma que explicita o voto facultativo aos maiores de 70 anos. Nesse sentido, foi prolatada a Resolução nº 21.920 do TSE, publicada no *DJ* de 01.10.2004, que eximiu de sanção a pessoa portadora de deficiência que torne impossível ou demasiadamente oneroso o cumprimento das obrigações eleitorais, relativas ao alistamento e ao exercício do voto. Para finalizar, citamos também a questão atinente ao indígena e à exigência de quitação do serviço militar para fins de alistamento dos mesmos. O

reconhecer ***que somente a ausência de documento oficial de identidade com fotografia trará obstáculo ao exercício do direito de voto****. Os dispositivos impugnados determinam que, no momento da votação, sejam apresentados o título de eleitor e um documento de identificação com foto. Após breve retrospecto da legislação brasileira sobre essa dupla exigência, consignou-se que ela já teria sido inserida no ordenamento pátrio (Lei 9.100/95, art. 75), sendo posteriormente revogada, ante a dificuldade excessiva ao eleitorado (...).*" **ADI 4467MC/DF** rel. Min. Ellen Gracie, julg. em **30.09.2010**.

47. Se o eleitor não votar, ele terá que justificar perante a Justiça Eleitoral. Se o **eleitor não justificar**, não regularizando a sua situação, conforme a Justiça Eleitoral, ele **não poderá**: 1) inscrever-se em concurso ou prova para cargo ou função pública, investir-se ou empossar-se neles; 2) receber vencimentos, remuneração, salário ou proventos de função ou emprego público, autárquico ou paraestatal, bem como fundações governamentais, empresas, institutos e sociedades de qualquer natureza, mantidas ou subvencionadas pelo governo ou que exerçam serviço público delegado, correspondentes ao segundo mês subsequente ao da eleição; 3) participar de concorrência pública ou administrativa da União, dos Estados, dos Territórios, do Distrito Federal ou dos Municípios, ou das respectivas autarquias; 4) obter empréstimos nas autarquias, sociedades de economia mista, caixas econômicas federais ou estaduais, nos institutos e caixas de previdência social, bem como em qualquer estabelecimento de crédito mantido pelo governo, ou de cuja administração este participe, e com essas entidades celebrar contratos; 5) obter passaporte ou carteira de identidade; 6) renovar matrícula em estabelecimento de ensino oficial ou fiscalizado pelo governo; 7) praticar qualquer ato para o qual se exija quitação do serviço militar ou imposto de renda. 8) obter Certidão de Quitação Eleitoral, conforme disciplina a Res. TSE nº 21.823/04. Temos ainda que, de acordo com a Justiça Eleitoral: o eleitor que não votar em três eleições consecutivas, não justificar sua ausência e não quitar a multa devida terá sua inscrição cancelada e, após seis anos, excluída do cadastro de eleitores.
48. É importante salientar que segundo a jurisprudência do TSE vão ter o direito de votar aqueles menores que até a data da eleição completarem os 16 anos de idade. Portanto já decidiu o TSE que o menor pode se alistar ainda que com 15 anos, e para estar apto a votar deve completar 16 anos até a data da eleição. (Resolução do TSE nº 14.371 de 26.05.1994.

TSE entendeu que apenas em relação aos índios integrados (não considerando para tal os índios isolados ou em vias de integração) seria exigível a comprovação de quitação do serviço militar, na medida em que "as juntas de alistamento militar inscrevem, obrigatoriamente, somente os índios comprovadamente integrados."[49]

Existem, ainda, aqueles que em nosso ordenamento **estão impedidos de votar**, até mesmo porque, por dicção constitucional, são inalistáveis. Nesses termos, temos os:

- Estrangeiros: por definição constitucional, só podem votar brasileiros natos e naturalizados, embora exista uma exceção (na obra já citada), que são os portugueses equiparados (quase-nacionalidade) aos brasileiros naturalizados, à luz do art. 12, § 1º, da CR/88.[50]

- Conscritos: são aqueles que estão prestando o serviço militar obrigatório (por definição são inalistáveis). O mesmo vale para aqueles conscritos por engajamento (como os médicos e enfermeiras). Mas aqui temos uma importante digressão: o indivíduo de 16 anos engajado politicamente se alista e vota, por exemplo, aos 17 anos, e com 18 anos procede ao alistamento militar e passa a servir o exército (ou marinha ou mesmo a aeronáutica) tornando-se conscrito. Como fica sua situação, visto que já se alistou? Ora, o entendimento deve ser no sentido de que o título eleitoral é válido, porém, ficará suspenso até o fim da prestação do serviço militar. Nesses termos, a conclusão é a de que uma vez que já tinha se alistado, a única interpretação cabível será a que esposamos, pois, se não tivesse se alistado, seria inalistável até o fim da prestação do serviço militar. O mesmo irá ocorrer com os conscritos por engajamento que já detêm o título de eleitor (médicos, enfermeiras), pois nesse caso, durante o período, seu título eleitoral ficará suspenso.

Por último, é importante salientar que, conforme decisão do STF na ADPF 541/MC, é válido o cancelamento do título do eleitor que, convocado por edital, não

---

49. MENDES; COELHO; BRANCO, Curso de direito constitucional, 2008, p. 732. Nesse sentido: *"O pensamento do possível é o pensamento em alternativas. Deve estar aberto para terceiras ou quartas possibilidades, assim como para compromissos. Pensamento do possível é pensamento indagativo (fragendes Denken). Na res publica existe um ethos jurídico específico do pensamento em alternativa, que contempla a realidade e a necessidade, sem se deixar dominar por elas. O pensamento do possível ou o pensamento pluralista de alternativas abre suas perspectivas para "novas" realidades, para o fato de que a realidade de hoje pode corrigir a de ontem, especialmente a adaptação às necessidades do tempo de uma visão normativa, sem que se considere o novo como o melhor."* (Häberle, Peter. Die Verfassung des Pluralismus, Königstein/TS, 1980, p. 3 apud MENDES, Gilmar Ferreira; DO VALE, André Rufino. *O pensamento de Peter Häberle na jurisprudência do Supremo Tribunal Federal. Observatório da Jurisdição Constitucional.* Ano 2, 2008/2009).

50. Conforme já salientado, no caso do direito de voto deve o interessado português requerer à Justiça Eleitoral o direito, fazendo prova de que goza do direito em Portugal e de que reside no Brasil há pelo menos 3 (três) anos (residência mínima de 3 anos). Além disso, o português passará a ter o dever de votar, passando o voto a ser obrigatório para o mesmo. É interessante assinalar, mais uma vez, que os direitos políticos de votar e ser votado não poderão ser usufruídos no Estado de origem e no Estado de residência. Assim, assegurando os direitos no Estado de residência (no caso do português: no Brasil), esses direitos ficarão suspensos no Estado de origem (no caso do português: em Portugal). MENDES; COELHO; BRANCO, Curso de direito constitucional, p. 721, 2008.

comparecer ao processo de revisão eleitoral, em virtude do que dispõe o art. 14, *caput*, e § 1º da CR/88.

Portanto, entendeu o Pretório Excelso que são válidos o art. 3º, § 4º, da Lei nº 7.444/85 e as Resoluções do TSE que preveem o cancelamento do título dos eleitores que não comparecerem à revisão eleitoral.[51] Com esse entendimento, o Plenário do STF, por maioria, indeferiu medida liminar e, desde logo, converteu a apreciação da cautelar em julgamento definitivo para assentar a improcedência de Arguição de Descumprimento de Preceito Fundamental (ADPF) proposta por partido político.

Na decisão, o STF deixou assente que, se é válido condicionar o exercício do voto ao alistamento, é válido condicioná-lo à apresentação do título à revisão. Assim, a revisão eleitoral se destina a manter a integridade e a atualização do alistamento. Nesses termos, a CR/88 autoriza, em seu art. 14, § 1º, que o voto seja condicionado ao alistamento eleitoral. Tanto o alistamento como a revisão eleitoral possuem o mesmo propósito e, portanto, devem receber o mesmo tratamento constitucional. Conforme o Ministro Roberto Barroso, repetimos que, se é válido condicionar o exercício do voto ao alistamento, também é válido condicionar o exercício do voto à apresentação do título para revisão eleitoral.

Também entendeu o STF que o procedimento de revisão e de cancelamento é razoável, proporcional e necessário. Além disso, não há ofensa à soberania popular e à cidadania e muito menos à igualdade, pois, tal como o alistamento, a revisão eleitoral é exigida de todos, sem exceção nem discriminação.

Da mesma forma, segundo o STF, não haveria ofensa à proporcionalidade. Aqui entendeu o Pretório Excelso que a medida é adequada e necessária, não havendo meio substitutivo com eficácia equivalente, tampouco fundamento para se afirmar que o benefício de se evitarem fraudes e outros comprometimentos à regularidade do voto é menos importante do que a participação dos que não atenderam ao chamado da Justiça Eleitoral.[52]

---

51. ADPF 541 MC/DF, STF. Plenário. Rel. Min. Roberto Barroso, julgado em 26.09.2018 (Info 917) Conforme a Lei nº 7.444/85 os eleitores que não participassem da revisão eleitoral teriam seus títulos eleitorais cancelados. Atualmente, está em vigor a Resolução nº 23.440/2015, do TSE, *que disciplina os procedimentos para a realização da atualização ordinária do cadastro eleitoral, com a implementação de nova sistemática de identificação do eleitor, mediante incorporação de dados biométricos e por meio de revisões de eleitorado de ofício, em municípios previamente selecionados pelos tribunais regionais eleitorais. Essa norma afirma que é permitido que o eleitor que teve o título cancelado possa, posteriormente, fazer um novo alistamento eleitoral. Assim, não se trata de uma "perda" definitiva do direito de votar. É possível regularizar a situação. Vale ressaltar, no entanto, que, em anos eleitorais, essa regularização tem um prazo e, caso não seja feito até determinada data, somente poderá ser realizada após o pleito já ter se encerrado. Exemplo: para votar nas eleições de 2018, o eleitor teria que ter regularizado a sua situação até 09/05/2018. Em não fazendo, ficaria impedido de votar em 2018, mas regularizando votaria em 2020.*

52. ADPF 541 MC/DF, STF. Plenário. Rel. Min. Roberto Barroso, julgado em 26.9/2018 (Info 917). Conforme o informativo 917 do STF, temos ainda que: *"(...) Demais disso, a Lei 7.444/1985 está em vigor há mais de trinta anos. A biometria tem sido implementada há quase onze anos. Múltiplas eleições se processaram sob a vigência de tais normas. Milhões de títulos foram cancelados sem que se tivesse demonstrado o comprometimento do devido processo democrático ou da higidez dos pleitos. O ajuizamento tardio da ação, às vésperas da eleição e após tantos anos, compromete a alegação de urgência. Presente, contudo, gravíssimo* periculum in mora *inverso. O restabelecimento dos títulos cancelados*

Após a análise da capacidade eleitoral ativa, iremos nos debruçar sobre a **capacidade eleitoral passiva**, também intitulada de elegibilidade (direito de ser votado). O que seria a elegibilidade? Ela nada mais é do que a possibilidade que o cidadão tem de concorrer nas eleições visando ser eleito para um determinado mandato político.

Para tal, ou seja, para ter elegibilidade, o cidadão tem que preencher os requisitos de elegibilidade e não incorrer em uma das causas de inelegibilidade. Como exemplo, podemos citar o Presidente da República, que já cumpriu dois mandatos sucessivos e, embora preencha os requisitos de elegibilidade do art. 14 § 3º da CR/88, não pode se eleger para o 3º consecutivo (inelegibilidade relativa).

Certo é que temos no art. 14 § 3º da CR/88 os requisitos para elegibilidade,[53] sendo eles:

1) **Nacionalidade brasileira ou condição de português equiparado:** são elegíveis o nacional nato ou naturalizado, visto que são aqueles que podem se alistar. A única exceção na qual um estrangeiro pode se alistar, votar e, portanto, concorrer a cargo público eletivo no Brasil, é a do português equiparado, aqui já citada. Porém, conforme também já estudado, alguns cargos com base no art. 12 § 3º só poderão ser exercidos pelo brasileiro nato.

2) **Estar em pleno exercício dos direitos políticos.** Ou seja, não estar com os direitos políticos perdidos ou suspensos. Se os direitos políticos estão perdidos ou suspensos, o indivíduo não pode votar e, com isso, ele também não poderá ser votado.

3) **Alistamento eleitoral:** comprovado pela inscrição obtida no juízo eleitoral do domicílio do alistado, bem como pelo seu título de eleitor. Conforme já salientado, se não há possibilidade de votar, não há possibilidade de ser votado.

4) **Domicílio na circunscrição eleitoral:** o eleitor terá que estar alistado no local pelo qual irá se candidatar. Conforme a Lei nº 13.488/2017, o prazo de comprovação do domicílio será de no mínimo **6 meses** antes da eleição.[54] Aqui uma observação se faz necessária: o conceito de domicílio eleitoral não pode ser confundido com o conceito de domicílio presente no art. 70 do Código Civil (no qual temos que a

para o primeiro ou segundo turno do sufrágio de 2018, comprometeria o calendário eleitoral, consoante informações da presidência do TSE, colocaria em risco a higidez das eleições e poderia interferir sobre o seu resultado final. O ministro Alexandre de Moraes aduziu que a Lei de 1985 não fala em biometria, e sim em recadastramento. Os recadastramentos sempre foram realizados, a diferença agora é o método, a biometria."

53. É importante salientar que, segundo o TSE, "as condições de elegibilidade e as causas de inelegibilidade devem ser aferidas ao tempo da eleição. Precedentes: Acórdãos nº 18.847 e 647". (TSE – AgRegAI nº 4958/PI – Rel. Min. Fernando Neves, *Diário da Justiça*, Seção I, 13-8-2004, p. 401).

54. Art. 9º da Lei nº 9.504/97: Para concorrer às eleições, o candidato deverá possuir domicílio eleitoral na respectiva circunscrição pelo prazo de seis meses e estar com a filiação deferida pelo partido no mesmo prazo (alterado pela Lei nº 13.488/2017).

pessoa exerce a residência com ânimo definitivo). Sem dúvida, o domicílio eleitoral deve ser observado e caracterizado de forma mais flexível, levando-se em conta o lugar em que o cidadão tem vínculos políticos e sociais. Nesse sentido, temos, conforme abalizada doutrina, que "o Tribunal Superior Eleitoral admite a configuração de domicílio eleitoral de forma ampla, permitindo sua fixação onde o eleitor apresente ligação material ou afetiva com a circunscrição, sejam vínculos políticos, sejam comerciais, profissionais, patrimoniais, comunitários ou laços familiares".[55]

5) **Filiação partidária:** certo é que não existe candidatura avulsa no Brasil.[56] Conforme a legislação eleitoral, o prazo mínimo de filiação é de 6 meses antes da eleição (pleito),[57] ou seja, deve-se comprovar o prazo mínimo exigido de filiação em um partido até 6 meses antes da data da eleição (primeiro domingo de outubro), e não da data do registro ou mesmo da posse.[58] Porém, é importante salientar que a Lei nº 9.096/95, no seu art. 20, afirma que o partido político poderá estabelecer um outro prazo mínimo de filiação que seja superior ao exigido na Lei.[59] Ressaltamos ainda que no Brasil não se admite a intitulada dupla militância (dupla filiação). Se ocorrer dupla filiação segundo dicção legal, as duas filiações serão canceladas.[60]

6) **Idade mínima:** sem dúvida, conforme dicção constitucional, deverá ser atendido o requisito da idade mínima de: 35 anos para Presidente e vice-presidente da

---

55. Aqui temos precedentes do TSE, sendo alguns deles: Resolução nº 22.229 de 8.6.2006, e Acórdãos nºs 23.721 de 4.11.2004; 4.788, de 24.8.2004; 21.826 de 9.9.2004, entre outros. É mister ainda afirmamos que, conforme, a legislação eleitoral e o entendimento do TSE, o conceito de residência também deve ser flexibilizado não exigindo prova do local onde a pessoa reside, mas apenas "vínculos a abonar a residência exigida, como vínculos patrimoniais/econômicos (ter imóvel próprio no local ou, ainda, ser locatário de imóvel no local), profissionais/funcionais (por ex., médico que também atende no local), políticos (por ex., presidir ou compor um Diretório Estadual do Partido no local) ou comunitários (ser sacerdote no local, por ex.)". (Acórdão TSE nº 371 de 19.9.1996 Rel. Diniz de Andrada).
56. *Alguns países possibilitam a apresentação de candidaturas presidenciais diretamente aos cidadãos e não aos partidos (por exemplo: Constituição da República portuguesa, art. 127)*. Aqui, conforme o art. 11, § 14 da Lei nº 9.504/97: É vedado o registro de candidatura avulsa, ainda que o requerente tenha filiação partidária.
57. Lei nº 9504/97: *Art. 9º Para concorrer às eleições, o candidato deverá possuir domicílio eleitoral na respectiva circunscrição pelo prazo de seis meses e estar com a filiação deferida pelo partido no mesmo prazo.* (Redação dada pela Lei nº 13.488, de 2017). *Parágrafo único. Havendo fusão ou incorporação de partidos após o prazo estipulado no caput, será considerada, para efeito de filiação partidária, a data de filiação do candidato ao partido de origem.*
58. Porém o TSE já afirmou que: *Magistrados e membros dos tribunais de contas, por estarem submetidos à vedação constitucional de filiação partidária, estão dispensados de cumprir o prazo de filiação fixado em lei ordinária, devendo satisfazer tal condição de elegibilidade até seis meses antes das eleições, prazo para a desincompatibilização estabelecido pela Lei Complementar nº 64/90.* (TSE – pleno – Consulta nº 353/DF – Rel. Min. Costa Leite, DJ, Seção I, 21.10.97, p. 53.430).
59. Conforme o citado art. 20 da Lei nº 9.096/95: É facultado ao partido político estabelecer, em seu estatuto, prazos de filiação partidária superiores aos previstos nessa Lei, com vistas a candidatura a cargos eletivos. Temos ainda que no mesmo art. 20 § único que: Os prazos de filiação partidária, fixados no estatuto do partido, com vistas à candidatura a cargos eletivos, não podem ser alterados no ano da eleição.
60. À luz do art. **22 § único da Lei nº 9.095/95**: Havendo coexistência de filiações partidárias, prevalecerá a mais recente, devendo a Justiça Eleitoral determinar o cancelamento das demais. **(Redação dada pela Lei nº 12.891, de 2013).** Temos ainda, conforme o art. 22 da Lei nº 9.096/95, que salientar que o cancelamento imediato da filiação partidária verifica-se nos casos de: I – morte; II – perda dos direitos políticos; III – expulsão; IV – outras formas previstas no estatuto, com comunicação obrigatória ao atingido no prazo de quarenta e oito horas da decisão. V – filiação a outro partido, desde que a pessoa comunique o fato ao juiz da respectiva Zona Eleitoral. **(Incluído pela Lei nº 12.891, de 2013)**

república e Senador; 30 anos para Governador de Estado e do Distrito Federal; 21 anos para deputado federal, deputado estadual ou distrital, Prefeito e vice-prefeito e Juiz de Paz; 18 anos para vereador. Aqui questiona-se em que momento deve ser aferida a idade mínima? Ou seja, em que momento a idade será parâmetro para que o indivíduo possa se eleger: no registro, no pleito (eleição) ou na data da posse do cargo?

Existiram decisões do TSE do início da década de 90 do século XX determinando que a idade mínima deveria ser aferida no momento da eleição (do pleito) e não da posse. O argumento era o de que estaríamos diante de requisitos de elegibilidade, e, portanto, os mesmos teriam que ser preenchidos na data do certame eleitoral.[61] Por outro lado, também existem decisões mais recentes do TSE, afirmando que as condições de elegibilidade (e até mesmo as inelegibilidades) devem ser aferidas no momento de registro da candidatura. O entendimento aqui também passa pela lógica de que se são condições de elegibilidade (condições para que o cidadão seja eleito) e elas devem estar adequadas no momento em que o candidato registra sua candidatura para a posterior participação no pleito. Porém, é importante salientar que se as decisões mais recentes apontam que os requisitos de elegibilidade devem ser analisados no momento do registro da candidatura, a questão da idade mínima é diferente, visto que o TSE (Acórdão nº 22.900 de 20.09.2004) já firmou entendimento de que a idade mínima deve ser aferida na data da posse. E esse entendimento do TSE, segue a Lei nº 9.504/97 que no seu art. 11 § 2º, determina que o requisito da idade deve ser preenchido no momento da posse, embora tenhamos uma interessante exceção. Assim sendo, nos termos do art. 11 § 2º da Lei nº 9504/97 (alterada pela Lei nº 13.165/2015) a idade mínima constitucionalmente estabelecida como condição de elegibilidade é verificada tendo por referência a data da posse, salvo quando fixada em dezoito anos (para o vereador), hipótese em que será aferida na data-limite para o pedido de registro.

Por último, é importante salientar que, seja no sistema majoritário, seja no sistema proporcional (já analisados), depois que as eleições são realizadas e que são apurados os votos bem como os eleitos, ocorre na Justiça Eleitoral chamado de ato de ***"diplomação"***.

Assim, a ***diplomação*** é o ato pelo qual a Justiça Eleitoral atesta quem são os candidatos eleitos e os respectivos suplentes. A **diplomação** constitui ato decisório do tribunal, ainda que de natureza administrativa. A expedição do diploma ocorre apenas após a análise dos requisitos para sua concessão ao candidato, bem como ante a verificação da lisura do pleito. Os eleitos e suplentes recebem um diploma entregue em um ato solene realizado pela Justiça Eleitoral.

---

61. Assim já decidiu o TSE na década de 90 do século XX: "Relativamente à elegibilidade, os precedentes desta Corte assentam que a idade mínima há que ser atendida na data do certame eleitoral e não do alistamento ou mesmo do registro." Resolução nº 14.371/94 do TSE, Rel. Min. Marco Aurélio de Melo.

Conforme o art. 215 do Código Eleitoral, os *candidatos eleitos, assim como os suplentes, receberão diploma assinado pelo Presidente do Tribunal Regional ou da Junta Eleitoral, conforme o caso. Parágrafo único. Do diploma deverá constar o nome do candidato, a indicação da legenda sob a qual concorreu, o cargo para o qual foi eleito ou a sua classificação como suplente, e, facultativamente, outros dados a critério do juiz ou do Tribunal.*

A competência para realizar o ato de diplomação é determinada de acordo com o cargo. Nesses termos: a) Prefeito, Vice-Prefeito e Vereadores: são diplomados pela Junta Eleitoral (Juiz Eleitoral); b) Governador, Vice-Governador, Senadores, Deputados Federais e Estaduais: serão diplomados pelo TRE (Tribunal Regional Eleitoral); c) Presidente da República e Vice-Presidente da República: serão diplomados pelo TSE (Tribunal Superior Eleitoral).[62]

Por último, temos que a Lei nº 13.165/2015 inseriu o § 3º ao art. 224 do Código Eleitoral. O § 3º prevê que *"a decisão da Justiça Eleitoral que importe o indeferimento do registro, a cassação do diploma ou a perda do mandato de candidato eleito em pleito majoritário acarreta, após o trânsito em julgado, a realização de novas eleições, independentemente do número de votos anulados."*[63]

Em ADI julgada em 07 e 08.03.2018, o STF declarou a inconstitucionalidade da expressão ***"após o trânsito em julgado"*** e decidiu que basta a exigência de decisão final da Justiça Eleitoral. Assim, concluído o processo na Justiça Eleitoral (por exemplo: pendente recurso extraordinário), a nova eleição já pode ser realizada mesmo sem trânsito em julgado.

Nesses termos, tirando esse trecho, o restante do § 3º do art. 224 do Código Eleitoral é constitucional. Aqui, temos a tese fixada pelo STF, posteriormente, em 04.03.2020: *É constitucional, à luz dos arts. 1º, I e parágrafo único, 5º, LIV, e 14, caput e § 9º, da Constituição da República, o § 3º do art. 224 do Código Eleitoral, com a redação dada pela Lei nº 13.165/2015, no que determina a realização automática de novas eleições, independentemente do número de votos anulados, sempre que o candidato*

62. Conforme o Código Eleitoral: *Art. 262. O recurso contra expedição de diploma caberá somente nos casos de inelegibilidade superveniente ou de natureza constitucional e de falta de condição de elegibilidade.* Por meio do RCED, objetiva-se a cassação ou denegação do diploma em caso de: **a)** inelegibilidade de cunho infraconstitucional superveniente ao requerimento de registro da candidatura; **b)** inelegibilidade de natureza constitucional ou **c)** ausência de condições de elegibilidade. Porém, o instrumento previsto no art. 262 do Código Eleitoral, na verdade, consiste em uma ***ação proposta contra o ato de diplomação*** da Justiça Eleitoral. Competência: **a)** Se o RCED for contra a diplomação de Prefeito, Vice-Prefeito ou Vereador (eleições municipais): a competência para julgar será do TRE. **b)** Se o RCED for contra a diplomação do Presidente da República, Vice-Presidente, de Governador, Vice-Governador, Senador, Deputado Federal, Deputado Estadual/Distrital (eleições gerais federais e estaduais): a competência para julgar será do TSE. Nesse sentido: o Tribunal Superior Eleitoral (TSE) é o órgão competente para julgar os Recursos Contra Expedição de Diploma (RCED) nas eleições presidenciais e gerais (federais e estaduais). **ADPF 167/DF**, STF. Plenário Rel. Min. Luiz Fux, julgado em **07.03.2018**.

63. **ADI 5525/DF**, STF. Plenário. Rel. Min. Roberto Barroso, julg. em **07** e **08.03.2018** (Inf 893). Esse tema, ora citado, também será trabalhado no **Item 11** desse atual capítulo sobre os ***Direitos Políticos***.

eleito, em pleito majoritário, for desclassificado, por indeferimento do registro de sua candidatura, ou em virtude de cassação do diploma ou mandato.[64]

Mas quais foram os argumentos do STF para declarar o trecho do § 3º do art. 224 do CE inconstitucional? O STF entendeu que a exigência do trânsito em julgado para a perda do mandato contraria o princípio democrático e o princípio da soberania popular.

É importante salientar, conforme o STF, que o candidato eleito que é condenado pela Justiça Eleitoral interpõe sucessivos recursos. Se as novas eleições somente pudessem ser realizadas após o julgamento de todos esses recursos, é muito provável que o mandato de 4 anos do Prefeito, do Governador ou mesmo do Presidente da República se encerrasse sem que esse novo pleito fosse realizado.[65]

Além disso, enfatizou o STF, como outro argumento, que mesmo se o condenado for afastado cautelarmente do cargo enquanto se aguarda o trânsito em julgado, se não há novas eleições, quem pode assumir temporariamente é o Presidente do Poder Legislativo. Nesses termos, o Presidente do Poder Legislativo, poderia ficar (dependendo do caso) na função de chefe do executivo (por exemplo: na função de Prefeito) durante meses ou até mesmo anos aguardando o trânsito em julgado sem que tenha sido eleito para isso. Para o STF, tal situação representaria violação ao princípio democrático e ao princípio da soberania popular, porque permitiria que alguém que não foi eleito exercesse o cargo majoritário por largo período.[66]

Portanto, o STF declarou a inconstitucionalidade da expressão ***"após o trânsito em julgado"*** e decidiu que basta a exigência de decisão final da Justiça Eleitoral. Assim, concluído o processo na Justiça Eleitoral (ainda que pendente recurso extraordinário), a nova eleição já pode ser realizada mesmo sem trânsito em julgado.[67]

6. DIREITOS POLÍTICOS NEGATIVOS

São restrições e impedimentos ao exercício dos direitos políticos positivos. Essas restrições têm base constitucional e obstaculizam, por exemplo, as candidaturas aos cargos públicos eletivos, ou até mesmo, o direito de votar. Os direitos políticos negativos se dividem em inelegibilidades e normas sobre a perda e suspensão dos direitos políticos.

Pois bem, iremos começar nosso estudo com as inelegibilidades, e, posteriormente, vamos trabalhar a perda e suspensão dos direitos políticos.

64. **RE 1096029/MG**, STF. Plenário. Rel. Min. Dias Toffoli, julgado em **04.03.2020** (repercussão geral – Tema 986) (Info 968).
65. **ADI 5525/DF**, STF. Plenário. Rel. Min. Roberto Barroso, julg. em **07** e **08.03.2018** (Inf 893). RE 1096029/MG, STF. Plenário. Rel. Min. Dias Toffoli, julgado em 04.03. 2020 (repercussão geral – Tema 986) (Inf. 968).
66. **ADI 5525/DF**, STF. Plenário. Rel. Min. Roberto Barroso, julg. em **07** e **08.03.2018** (Inf 893). **RE 1096029/MG**, STF. Plenário. Rel. Min. Dias Toffoli, julgado em **04.03. 2020** (repercussão geral – Tema 986) (Inf. 968).
67. **ADI 5525/DF**, STF. Plenário. Rel. Min. Roberto Barroso, julg. em **07** e **08.03.2018** (Inf 893). **RE 1096029/MG**, STF. Plenário. Rel. Min. Dias Toffoli, julgado em **04.03. 2020** (repercussão geral – Tema 986) (Inf. 968).

7. INELEGIBILIDADES: ABSOLUTAS E RELATIVAS

1) **Inelegibilidade:** visa a obstaculizar a capacidade eleitoral passiva, ou seja, visa a restringir a capacidade de os indivíduos serem votados. Nesse sentido, o indivíduo é impedido de ser candidato, não podendo, com isso, exercer a capacidade eleitoral passiva.

As normas constitucionais do art. 14, §§ 4º a 7º, trazem as previsões das inelegibilidades. Além das normas dotadas de eficácia plena e aplicabilidade imediata,[68] outras normas infraconstitucionais (mediante lei complementar), embasadas no art. 14 § 9º, poderão trazer casos de inelegibilidades. Por último, traremos à baila digressões sobre o art. 14 § 8º, que diz respeito aos militares.

Nesses termos, para o desenvolvimento da análise, podemos diferenciar as inelegibilidades em:

- **Inelegibilidades absolutas:** elas independem da eleição e do cargo a ser preenchido, e vão fazer com que aqueles que se encontram nas situações descritas não possam concorrer em nenhuma eleição. Elas, portanto, dizem respeito a situações pessoais que não guardam relação com um determinado pleito ou mesmo com um determinado cargo a ser preenchido. Elas são taxativamente previstas na Constituição no art. 14 § 4º.

Nesse sentido, temos os inalistáveis, que são os estrangeiros (exceto portugueses equiparados) e os conscritos.[69] Além destes, a dicção constitucional afirma ainda que os analfabetos (embora tenham capacidade eleitoral ativa com o alistamento e o direito de voto) também são inelegíveis. Assim sendo, o analfabeto tem capacidade eleitoral ativa, mas não é dotado pela CR/88 de capacidade eleitoral passiva. Nesse sentido, resta aqui apenas uma observação: como deve ser a aferição da condição ou não de analfabeto de um candidato? De acordo com a Resolução nº 21.608/04 do TSE, não é lícito ao juiz eleitoral realizar teste coletivo (em audiência pública, por exemplo), na medida em que isso poderia comprometer a reputação de pré-candidatos que seriam ou poderiam ser expostos à situação degradante ou vexatória que afronte sua dignidade. Nesses termos, o candidato deve apresentar comprovante de escolaridade ou, na falta deste, declaração de próprio punho do interessado (art. 28 da Resolução nº 21.608/04). Na falta também da declaração, o juiz poderá realizar teste individual e de forma reservada.[70]

---

68. MORAES, Alexandre de, Direito constitucional, p. 219, 2008.
69. Conforme já observamos, aqueles que não podem se alistar não podem votar e também não podem ser votados, ou seja, não podem ser candidatos.
70. Aqui temos decisão do TSE sobre o tema: *"[...] A comprovação da condição de alfabetizado, para obtenção de registro como candidato obedece à norma do art. 28 da Resolução TSE n. 21.608/2004. Faz-se pelo comprovante de escolaridade e, à falta deste, pela declaração de próprio punho do interessado. Exame elementar de alfabetização ou teste de escolaridade, em audiência pública, pode comprometer a reputação de pré-candidatos, que acabam expostos a situação degradante. Ritual constrangedor, quando não vexatório, que afronta a dignidade dos pretendentes, o que*

- **Inelegibilidades relativas:** são inelegibilidades que dependem do pleito e do cargo a ser preenchido na eleição. Portanto, relacionam-se com a eleição e o cargo, não dizendo respeito a características pessoais do indivíduo que objetiva se candidatar, mas a circunstâncias relativas à eleição e ao cargo pretendido pelo mesmo. Assim sendo, um indivíduo candidato que em tese e em termos gerais é elegível, acaba sendo inelegível relativamente para um cargo em uma determinada e específica eleição. As inelegibilidades relativas envolvem hipóteses constitucionais e infraconstitucionais. Pois bem, as hipóteses previstas na Constituição são as seguintes: art. 14 § 5º; art. 14 § 6º; art. 14 § 7º; art. 14 § 8º; e art. 14 § 9º. Assim sendo, passamos a comentá-las:

A inelegibilidade em função do cargo – art. 14, § 5º – envolve o Presidente da República, governadores e prefeitos que podem se reeleger conforme a EC nº 16/97 uma única vez (2º mandato consecutivo), não podendo ter um terceiro mandato sucessivo (3º mandato consecutivo). Podem, portanto, se reeleger por um único período subsequente e não para um segundo período subsequente.

Aqui, algumas observações já trabalhadas pela doutrina[71] são válidas:

1º) Pode o Presidente, Governador ou Prefeito, no 2º mandato sucessivo, renunciar antes da próxima eleição, e voltar para concorrer a um novo mandato do mesmo cargo nesta próxima eleição? Não, pois no momento em que ele assume o novo mandato ele estaria assumindo um 3º mandato sucessivo (consecutivo).

2º) Pode o Presidente, Governador ou Prefeito, no 2º mandato sucessivo, na eleição subsequente, concorrer a vice (Presidente, Governador ou Prefeito)? Não, pois a função do vice é substituir o Presidente e, assim, estaria incorrendo num 3º mandato sucessivo.

3º) Presidente da República no seu 2º mandato não concorreu a um 3º mandato sucessivo (devido ao impedimento do art. 14 § 5º), sendo eleito um novo presidente e um novo vice. Porém, se o Presidente e o Vice-Presidente eleitos no *iter* do mandato deixarem o cargo (por morte, renúncia ou perda do mandato), o ex-Presidente poderia candidatar? Não, pois o período de vacância que o Presidente anterior que ficou 2 mandatos sucessivos deve cumprir para voltar a se candidatar é de 4 anos (1 mandato), e por isso não poderia assumir, ainda que para completar o mandato (mandato tampão), pois se assim fosse ele estaria exercendo o mandato dentro do lapso temporal de 4 anos que lhe é vedado constitucionalmente.

---

não se coaduna com um dos fundamentos da República, como previsto no inciso III do art. 1º da Constituição Federal. Violação ao inciso III do art. 5º da Carta Maior, ao art. 5º da Declaração Universal dos Direitos Humanos e ao art. 11 da Convenção da Convenção Americana sobre Direito Humanos, pacto de São José da Costa Rica, 1969. Nas hipóteses de dúvida fundada sobre a condição de alfabetizado, a aferição se fará individualmente, caso a caso, sem constrangimentos [...]" (Acórdão TSE nº 318 de 17.08.2004 Rel. Luiz Carlos Madeira).

71. MORAES, Alexandre de, Direito constitucional, 2008.

4º) Figura do intitulado *"Prefeito Itinerante"* ou "Prefeito profissional": Até as eleições municipais de 2008, o TSE entendia que Prefeito em 2 mandatos poderia se desincompatibilizar e concorrer ao cargo de Prefeito em outro município. Porém, esse entendimento se modificou após o pleito de 2008. Sobre o tema, o STF se pronunciou em 2012, no **RE 637.485**, deixando assente, por maioria do Pleno, que o art. 14, § 5º, da CR/88, deveria ser interpretado no sentido de que a proibição da segunda reeleição seria total (ampla e sem flexibilizações) e tornaria inelegível para determinado cargo de Chefe do Poder Executivo o cidadão que já cumprira 2 mandatos consecutivos (reeleito uma única vez) em cargo da mesma natureza, ainda que, por exemplo, os municípios não sejam limítrofes ou mesmo sejam em ente da federação diverso. Esse posicionamento evitaria a figura do *"Prefeito profissional"*[72].

Também temos considerações em relação ao Vice (Presidente, Governador ou Prefeito):

1º) o Vice (Presidente, Governador ou Prefeito) em 2 mandatos sucessivos pode se candidatar a Presidente, Governador ou Prefeito na eleição subsequente (a esse 2º mandato de vice)? Sim, pois ele foi vice e apenas substituiu temporariamente o chefe do executivo. Se eleito chefe do executivo, ele poderá inclusive se candidatar à reeleição. Nesse caso, ele poderia ter 2 mandatos como vice e 2 mandatos como chefe do Poder Executivo (Presidente, Governador ou Prefeito).

2º) Mas aqui temos também uma advertência, pois em relação à atuação do vice será necessário diferenciar substituição (acima citada) da sucessão (substituição definitiva). Sem dúvida, a substituição é algo de cunho temporário, já a sucessão é definitiva. E, assim sendo, se o vice sucedeu o Presidente, Governador ou Prefeito em algum mandato de forma definitiva, se tornando ele chefe do Poder Executivo, ele poderá candidatar na eleição subsequente a Chefe do Executivo, sendo que esta já será uma reeleição para um 2º mandato (ainda que o 1º tenha sido exercido apenas em parte). Ou seja, se a substituição se deu definitivamente no curso de um mandato, a próxima eleição já será uma reeleição.[73] Como exemplo, podemos citar Geraldo Alckmin (Vice de Mário Covas em 2 mandatos no governo do Estado de São Paulo). No 2º mandato Mário Covas morreu e Alckmin assumiu em caráter definitivo o governo. Ele se candidatou ao governo do Estado de São Paulo na eleição imediatamente subsequente e esta já foi considerada como uma reeleição.

72. **RE 637.485/RJ**, Rel. Min. Gilmar Mendes, julg. **01.08.2012**.
73. Conforme entendimento do TSE e do STF. No STF: Constitucional. Eleitoral. Vice-Governador eleito duas vezes consecutivas: exercício do cargo de governador por sucessão do titular. Reeleição. Possibilidade. CR, art. 14 § 5º, I. – Vice-governador eleito duas vezes para o cargo de governador. No segundo mandato de vice, teria substituído o governador. Possibilidade de reeleger-se ao cargo de governador, porque o exercício da titularidade do cargo dá-se mediante eleição ou por sucessão. Somente quando sucedeu o titular é que passou a exercer seu primeiro mandato como titular do cargo. I Inteligência do disposto no § 5º do art. 14 da CR (STF – 2 ª T RE nº 366.4888/SP – Rel. Min. Carlos Velloso, DJ, 28 de out. de 2005).

3º) E, por último, é mister afirmar que o Vice (Presidente, Governador ou Prefeito), após 2 mandatos sucessivos como Vice, não poderá ser Vice em um 3º mandato consecutivo.

Quanto ao art. 14, § 6º da CR/88, também temos uma inelegibilidade em função do cargo ou função. Nesse sentido, para concorrer à reeleição no mesmo cargo, não é preciso renunciar ao cargo, ou seja, realizar a desincompatibilização. Nesse caso, a regra constitucional é a da continuidade administrativa, podendo o Presidente, Governador ou Prefeito concorrer à sua reeleição sem renunciar ao mandato.

Porém, a norma Constitucional acima citada expressa que, se os mesmos forem concorrer a outro cargo que não o de Chefe do Poder Executivo, eles terão que desincompatibilizar (renunciar ao cargo) 6 meses antes do pleito, pois, do contrário, se tornarão inelegíveis (a outros cargos).

Nesse caso, algumas considerações também são válidas:

1º) Quando ocorrer a desincompatibilização (com a renúncia) do cargo de Presidente ou governadores ou prefeitos, então, os vices (que assumirem o cargo de chefe do Executivo) é que ficarão inelegíveis, ou seja, eles, nesse caso, não poderão concorrer a outros cargos, exceto, obviamente, ao próprio cargo do executivo (aí, como citado acima, na figura da reeleição). Qualquer outro cargo que não o de chefe do Executivo o deixará inelegível, incluindo o próprio cargo anterior de vice que ocupava.

2º) Mas, se o chefe do Executivo se afastar **apenas provisoriamente**, o vice que substituí-lo temporariamente (sem sucessão ou substituição definitiva) dentro de período de 6 meses anteriores à eleição, também não poderá concorrer a outros cargos, exceto ao cargo de chefe do Executivo (o que até na hipótese 1 acima era possível) e ao próprio cargo de vice (o que na hipótese 1 acima não era possível).[74]

Na sequência, temos a intitulada ***inelegibilidade reflexa***, presente no art. 14, § 7º. Esta tem por objetivo impedir a perpetuação, bem como o monopólio de famílias em cargos públicos. Afirma que os parentes consanguíneos ou afins[75] até 2º grau (irmãos, pais e filhos) ou por adoção ou cônjuge, não poderão candidatar-se na mesma circunscrição do titular do Poder Executivo, salvo (exceto) se já titulares de mandato e estando os mesmos concorrendo à reeleição.[76]

---

74. Conforme esse entendimento já se pronunciou o TSE na Consulta nº 1047 – Rel. Min. Fernando Neves, DJ, Seção I, 21, Jun. 2004, p. 90. Também corroborando com o nosso entendimento na doutrina: "Essa conclusão é necessária, para que haja compatibilização das normas constitucionais que obrigam ao vice-chefe do Executivo substituir o Chefe do Executivo, ao mesmo tempo em que permitem sua reeleição por uma única vez. Caso entendêssemos diferentemente, o vice-presidente, por exemplo, poderia recusar-se a assumir temporariamente a Chefia da Nação, por viagem presidencial, nos seis meses anteriores ao pleito eleitoral, pois tornar-se-ia inelegível, perdendo a possibilidade de candidatar-se à sua própria reeleição como vice-presidente." MORAES, Alexandre de, Direito constitucional, p. 219, 2008.
75. Por exemplo: cônjuge do irmão ou mesmo do filho.
76. Como exemplo: Suponhamos que o Governador de Minas quando eleito para o cargo de Governador já tivesse um irmão Deputado Federal. Ou no caso de seu irmão ser eleito para o cargo de Deputado Federal

Aqui, algumas observações devem ser trazidas à baila:

1º) Devemos, inicialmente, observar a vedação expressa e sua amplitude. Ou seja, quando falamos em circunscrição (na expressão constitucional: jurisdição) do titular, o que estamos querendo dizer? Pois bem, no caso dos parentes (alocados na vedação) do Presidente não haverá possibilidade de candidatura a qualquer cargo (no nível nacional, estadual ou mesmo municipal). Em se tratando do chefe do Executivo estadual, ou seja, os Governadores, a vedação atinge os cargos estaduais (governador, vice, senador, deputado estadual, prefeito, vice-prefeito e vereador de município do Estado). E, por último, no caso do Prefeito, seus parentes não poderão se candidatar aos cargos de prefeito, vice e vereadores no município.

2º) Porém, é mister salientar que o texto constitucional apresenta uma exceção, pois, se já titular de cargo público, não há impedimento para que pleiteie a reeleição (candidatura ao mesmo cargo), ainda que na mesma circunscrição do chefe do Poder Executivo.[77]

3º) Voltando à vedação para os parentes consanguíneos ou afins até o 2º grau ou por adoção ou cônjuge, temos como importantes alguns posicionamentos jurisprudenciais que devem ser citados:

a) A Súmula Vinculante nº 18 do STF em seu verbete afirma de forma expressa que "a dissolução da sociedade ou do vínculo conjugal, **no curso do mandato**, não afasta a inelegibilidade prevista no § 7º do artigo 14 da Constituição Federal". Porém aqui, devemos estar atentos a situação do cônjuge de chefe do executivo que **falece** no curso de mandato. Haveria a incidência da súmula vinculante nº 18 do STF? A 2ª Turma do STF, por unanimidade, em recente posicionamento, entendeu que nesse caso não há a inelegibilidade reflexa. Nesse sentido, a decisão da **AC 3298** em **22.04.2013**: "Há plausibilidade na alegação de que a morte de Prefeito, no curso do mandato (que passou a ser exercido pelo Vice-Prefeito), não acarreta a inelegibilidade do cônjuge, prevista no art. 14, § 7º, da Constituição Federal. Trata-se de situação diferente da que ocorre nos casos de dissolução da sociedade conjugal no curso do mandato, de que trata a súmula vinculante 18"[78] Posteriormente, em **22.05.2014**, o **pleno do STF** enfrentou a

concomitantemente com ele ao Governo de Minas. Portanto, mesmo sendo Governador de Minas, na eleição subsequente seu irmão poderia se candidatar (novamente, diga-se de passagem) ao cargo de Deputado Federal sem ser inelegível.

77. Mas, aqui, uma advertência sobre o permissivo constitucional. O cônjuge, parente consanguíneo ou afim até segundo grau ou por adoção, só poderá candidatar se for reeleição e na mesma circunscrição! Nesse sentido, podemos citar como exemplo de inelegibilidade: irmão do governador de Minas Gerais que já é Deputado Federal por São Paulo e que resolve (até em virtude do apoio que teria!) se candidatar novamente para Deputado Federal na circunscrição de Minas (que tem seu irmão como governador). Apesar de o cargo ser o mesmo, a circunscrição se modificou. Sendo assim, em Minas Gerais seria sua primeira eleição e, com isso, ele seria inelegível com base no art. 14, § 7º, em virtude de seu irmão ser governador.

78. AC 3298 julg. em **22.04.2013** pela 2ª Turma, Rel. Min. Teori Zavascki. É interessante observarmos que temos posicionamento do TSE em sentido contrário: Resolução nº 21.495 – Consulta nº 939 DF Rel. Min. Fernando Naves,

questão (com repercussão geral), no **RE nº 758.461**, e decidiu (dando provimento no recurso extraordinário em questão e reformando decisão do TSE) que o Enunciado 18 da Súmula Vinculante do STF **não se aplica** aos casos de **extinção** do vínculo conjugal pela **morte** de um dos cônjuges. No **RE nº 758.461**, a discussão deu-se sobre eventual inelegibilidade para reeleição de cônjuge supérstite que se elegera em pleito seguinte ao da morte do então detentor do cargo eletivo – ocorrida no curso do mandato, com regular secessão do vice. A recorrente, eleita prefeita em 2008, ano seguinte ao falecimento de seu marido (em 2007), e reeleita em 2012, fora afastada do cargo (em 2013) pelo TSE, que indeferira o registro de sua candidatura, sob o fundamento de configuração de terceiro mandato consecutivo do mesmo grupo familiar. Entendeu o STF que a interpretação correta do dispositivo constitucional em questão deveria ser teleológica, no sentido de que a dissolução do vínculo matrimonial no curso do mandato incorreria em inelegibilidade nos casos em que houvesse evidente fraude na separação ou divórcio, com o intuito de burlar a vedação constitucional e perpetuar o grupo familiar no poder, o que não se deu no caso.[79]

b) Situação que também merece atenção acontece se a separação judicial ocorrer no curso do primeiro mandato de chefe do executivo que foi reeleito para um segundo mandato. Nesses termos, conforme o TSE, "ocorrendo a separação judicial com decisão transitada em julgado ainda durante o primeiro mandato do prefeito reeleito, não incide a causa de inelegibilidade preconizada no art. 14, § 7º, da CR/88"[80].

c) O TSE considera que mesmo não havendo casamento civil e sim união estável, haverá a inelegibilidade. Portanto, são inelegíveis a companheira ou companheiro

---

decisão de 09.09.2003. Conforme o TSE: "Prefeito falecido durante o exercício do segundo mandato. Inelegibilidade de seu cônjuge e demais parentes mencionados no § 7º do art. 14 da Constituição Federal."

79. Nos termos do informativo nº 747 do STF: *"A Corte sublinhou que, entre os desideratos do art. 14, § 7º, da CF, registrar-se-iam o de inibir a perpetuação política de grupos familiares e o de inviabilizar a utilização da máquina administrativa em benefício de parentes detentores de poder. Asseverou que, no entanto, a superveniência da morte do titular, no curso do prazo legal de desincompatibilização deste, afastaria ambas as situações. Explicou que a morte, além de fazer desaparecer o "grupo político familiar", impediria que os aspirantes ao poder se beneficiassem de eventuais benesses que o titular lhes poderia proporcionar. Enfatizou que raciocínio contrário representaria perenização dos efeitos jurídicos de antigo casamento, desfeito pelo falecimento, para restringir direito constitucional de concorrer à eleição. Frisou que o aludido preceito da Constituição, norma que imporia limitação de direito, sobretudo concernente à cidadania, deveria ter sua interpretação igualmente restritiva, de modo a não comportar ampliação. Consignou que haveria outras especificidades do caso que não poderiam ser desprezadas: a) o falecimento ter ocorrido mais de um ano antes do pleito, dentro, portanto, do prazo para desincompatibilização do ex-prefeito; b) a cônjuge supérstite haver concorrido contra o grupo político do ex-marido; c) a recorrente ter se casado novamente durante seu primeiro mandato e constituído nova instituição familiar; d) o TSE ter respondido à consulta, para assentar a elegibilidade de candidatos que, em tese, estivessem em situação idêntica à dos autos. Registrou que o fundamento para a edição do Verbete 18 da Súmula Vinculante do STF fora a ocorrência de separações e divórcios fraudulentos, como forma de obstar a incidência da inelegibilidade. Aludiu que a hipótese ora versada, de extinção do vínculo matrimonial pela morte de um dos cônjuges, certamente não teria sido considerada na oportunidade." RE nº 758.461 julg. em 22.05.2014,* Rel. Min. Teori Zavascki.

80. AgR REspe 19076: "Separação judicial do ex-cunhado ocorrida durante o primeiro mandato do prefeito. Causa de inelegibilidade prevista no art. 14, § 7º, da CR/88. Não ocorrência". Julg. em 07.03.2013.

do chefe do Executivo ou mesmo do irmão do mesmo (afim de 2º grau). É de se salientar que o TSE decidiu, no que tange ao pleito de 2004, que essa vedação do art. 14 § 7º se estenderia à união (de fato) homoafetiva;[81]

d) Segundo o TSE, irmão de prefeito de município-mãe não poderá se candidatar a chefe do executivo de município recém-criado, em virtude, obviamente, de desmembramento realizado à luz do art. 18 § 4º da CR/88.[82]

e) Nesses termos, é importante salientar ainda que o TSE já se manifestou proibindo prefeito no curso de seu segundo mandato (portanto, reeleito) de concorrer ao mesmo cargo em Município que *resulte de desmembramento, incorporação ou fusão*. Isso configuraria um **terceiro mandato** (expressamente vedado pelo art. 14 § 5º) configurando a intitulada figura do *"Prefeito itinerante"*.[83]

4º) Por último, devemos ressaltar que existe uma saída para que os titulares do Poder Executivo (Presidente, Governadores ou Prefeitos) possam ter seus parentes consanguíneos ou afins até o 2º grau ou mesmo cônjuge concorrendo a cargos públicos eletivos. Mas como? Ora, basta que o chefe do Poder Executivo renuncie no período de 6 meses antes do pleito (desincompatibilização). Sendo assim, afasta-se a vedação do art. 14 § 7º da CR/88.

Porém, mesmo nessa hipótese, o TSE irá nos apresentar uma vedação. Esta foi exarada pela sua famosa **súmula nº 6**, que preleciona: *"É inelegível para o cargo de Prefeito, o cônjuge e os parentes indicados no § 7º do art. 14 da Constituição, do titular do mandato, ainda, que este haja renunciado ao cargo há mais de seis meses do pleito."* Nesse sentido, a renúncia do chefe do Poder Executivo no prazo de até seis meses antes da eleição terá o condão apenas de permitir que os parentes descritos na norma constitucional (consanguíneos ou afins até o 2º grau, ou por adoção ou cônjuge) se candidatem a outros cargos públicos eletivos, exceto ao idêntico cargo de chefe do Executivo.[84]

---

81. Nesse sentido: "Cuidava-se de possível união de fato existente entre uma **candidata** à Prefeitura de um dado Município e a Prefeita **reeleita** daquele Município. O TRE examinara a prova e concluíra pela caracterização de união de fato entre a recorrida e a prefeita reeleita, mas concluiu que, à falta de fundamento legal, não poderia impor restrição à candidatura. O Tribunal Superior Eleitoral deu provimento ao Recurso Especial (REsp. 24.564) para assentar que os sujeitos de uma relação estável homossexual, submetem-se à regra de inelegibilidade prevista no art. 14 § 7º da Constituição Federal (Relator Ministro Gilmar Mendes)." MENDES; COELHO; BRANCO, Curso de direito constitucional, p. 757, 2008.
82. MORAES, Alexandre de, Direito constitucional, 2008, p. 229. Com base ainda no TSE, afirma o autor que "não há, porém, inelegibilidade na hipótese de desmembramento há dois ou mais pleitos". (TSE – Consulta nº 926/DF. Rel. Min. Fernando Neves, DJ, Seção I, 02.09.2003).
83. MENDES; COELHO; BRANCO, Curso de direito constitucional, 2008, p. 758. Aqui, defendendo esse posicionamento, temos passagem de voto Ministro Luiz Fux sobre o tema na AC 2821 em 25.08.2011 e que ainda é objeto de debate no STF. *"(...) de acordo com a interpretação do art. 14, § 5º, da CF, à luz do princípio republicano (CF, art. 1º, caput), não seria permitida a reeleição do requerente ao cargo de Chefe do Poder Executivo municipal, pois o novo Município teria surgido, (...) como desmembramento do primeiro, onde já exercido o mesmo cargo em 2 gestões. Dessa forma, assinalou estar presente a figura do "**Prefeito itinerante**", caracterizada pela alteração do domicílio eleitoral com a finalidade de burla à regra constitucional que tolera a reeleição por uma única vez."*
84. Vide a Resolução nº 20.114 de 10.03.1998 Rel. Min. Néri da Silveira DJ, Seção I, 03.07.1998. Por interpretação e em nosso entendimento, ele não poderá concorrer também ao cargo de vice-chefe do Poder Executivo, devido à própria exegese constitucional que envolve as funções do vice de substituir o titular do Poder Executivo!

Porém, é mister informar que a **súmula nº 6 do TSE** foi relativizada (abrandada) pelo próprio TSE. Sem dúvida, ela continua em vigor, mas com *uma nova interpretação*, que vai surgir em virtude da EC nº 16/97 (Emenda da Reeleição), que permitiu no sistema eleitoral brasileiro a figura da reeleição por um único período sucessivo dos chefes do Poder Executivo (Presidente, Governadores e Prefeitos). Assim sendo, a conclusão do TSE foi a seguinte: se o chefe do Poder Executivo renunciar no lapso temporal de até seis meses antes da eleição, seu cônjuge e parente ou afins até o 2º grau poderão candidatar-se a todos os cargos eletivos, incluindo a chefia do executivo (então ocupada pelo mesmo), desde que o chefe do Poder Executivo pudesse concorrer à sua própria reeleição, ou seja, desde que ele estivesse no 1º mandato. A lógica é a de que, se o próprio titular do executivo poderia concorrer (ao 2º mandato), por que seu parente ou cônjuge não poderiam? A continuidade, após a Emenda Constitucional nº 16/97 já pode ocorrer com o próprio chefe, seria, então, anacrônico negar o direito às pessoas alocadas no art. 14, § 7º, da CR/88[85] sob o fundamento de perpetuação.[86] Por último, uma advertência: se o chefe do Poder Executivo estiver no exercício do seu 2º mandato consecutivo (em virtude de reeleição), a renúncia seis meses antes do pleito só terá efeito para que os arrolados no art. 14 § 7º possam concorrer aos outros cargos, sendo-lhes vedado concorrer ao idêntico cargo de chefe do Poder Executivo,[87] nos moldes da súmula nº 6 do TSE (que nesse caso continua em vigor).[88] Ou seja, a jurisprudência, ao interpretar o art. 14, §§ 5º e 7º, da CR/88, afirma que o cônjuge ou parente do chefe do Poder Executivo só poderá concorrer para o mesmo cargo de chefe do Executivo se forem cumpridos dois requisitos: 1) o cônjuge ou parente só pode se candidatar à sucessão do titular quando este for reelegível; 2) o titular do executivo deverá se afastar do mandato até seis meses antes das eleições.

---

85. TSE – Acórdão nº 19.442, decisão de 21.08.2001. Decidiu o TSE: *Elegibilidade. Cônjuge. Chefe do Poder Executivo. Art. 14 § 7º da Constituição. O cônjuge de chefe do Poder Executivo é elegível para o mesmo cargo do titular, quando este for elegível e tiver renunciado até seis meses antes do pleito. Um exemplo interessante ocorreu no Estado do Rio de Janeiro na eleição para o cargo de Governador em 2002. O Governador então no final do 1º mandato se desincompatibilizou renunciando (para concorrer a Presidência) e a sua esposa concorreu ao cargo de Governador na referida eleição de 2002 sendo inclusive eleita.*
86. Essa possibilidade envolve até mesmo a situação de separação judicial no curso do 1º mandato, pois, ainda que haja dentro do mandato vínculo de parentesco, o chefe do executivo poderia se reeleger (tentar um 2º mandato). Então o ex-cônjuge poderá concorrer.
87. Aqui, também citamos a questão da separação judicial, pois, se esta ocorrer no curso do 2º mandato, não haverá como o ex-cônjuge concorrer (ao cargo do chefe do executivo), na medida em que existiu em algum momento do mandato (no caso do 2º mandato) vínculo de parentesco que poderia comprometer o processo eleitoral. (*vide* Resolução nº 21.441. Rel. Min. Carlos Velloso). Se a separação judicial tivesse ocorrido no curso do 1º mandato, a situação seria diferente.
88. Ainda à luz da interpretação do TSE, não há possibilidade de ocorrer a seguinte situação: o titular do Executivo renuncia no 1º mandato no prazo hábil e seu parente (descrito no art. 14 § 7º) concorre ao seu cargo tendo êxito. Com isso, ele passará a exercer seu 1º mandato. Porém, ele não poderá desincompatibilizar para que um parente seu (descrito no art. 14 § 7º) venha a concorrer ao seu próprio cargo de chefe do Executivo, pois estaríamos assim permitindo a perpetuação de famílias na titularidade do Executivo por mais de 2 mandatos (usurpando a Súmula nº 6 do TSE relida a partir da EC nº 16/97).

Porém, sobre o tema em comento, temos ainda uma outra questão interessante. O STF decidiu recentemente no **RE nº 843.455** (com repercussão geral) que as hipóteses de inelegibilidade previstas no art. 14, § 7º, da CR/88, inclusive quanto ao prazo de seis meses, são aplicáveis às eleições suplementares (eleições que podem ocorrer no curso do mandato em virtude, por exemplo, da cassação do prefeito e do vice-prefeito). Com isso, decidiu o STF que essa hipótese de inelegibilidade do art. 14, § 7º também se aplica nas eleições suplementares. No caso concreto a mulher do prefeito cassado defendeu a tese de que ela poderia concorrer na eleição suplementar. O STF entendeu que no caso não haveria sequer que observar se o ex-prefeito (cassado) estava no primeiro mandato ou no segundo para que sua mulher concorresse, pois ele fora cassado com base no art. 1, I, c da LC 64/90 com redação dada pela LC 135/2010 (São inelegíveis I – para qualquer cargo: (...) c) o Governador e o Vice-Governador de Estado e do Distrito Federal e o Prefeito e o Vice-Prefeito que perderem seus cargos eletivos por infringência a dispositivo da Constituição Estadual, da Lei Orgânica do Distrito Federal ou da Lei Orgânica do Município, para as eleições que se realizarem durante o período remanescente e nos 8 (oito) anos subsequentes ao término do mandato para o qual tenham sido eleitos).

Portanto, sendo o ex-prefeito inelegível, sua esposa também se tornou inelegível, não podendo ser aplicada a exceção feita pela jurisprudência ao art. 14, § 7º, da CR/88 em virtude de o chefe do executivo estar no primeiro mandato. Nesse sentido, não se poderia aplicar aqui a mesma solução dada ao caso Rosinha porque nesse o seu marido Garotinho não estava inelegível (ele ainda poderia concorrer à reeleição, se quisesse). Já no presente caso é diferente porque o marido cassado ficou inelegível, fazendo com que essa inelegibilidade se transmitisse à sua mulher.[89]

89. Informativo 802 do STF: *"Na espécie, o marido da recorrente, então prefeito, tivera seu mandato cassado pela justiça eleitoral, em razão da prática de abuso do poder econômico. O Tribunal esclareceu que, na hipótese dos autos – eleições suplementares diante do afastamento por irregularidade de prefeito e em que sua esposa fosse candidata –, a questão da inelegibilidade reclamaria compreensão própria. Realçou que, conforme se observaria do § 7º do art. 14 da CF, o caso seria de inelegibilidade e não de desincompatibilização. Portanto, não se trataria de providência a ser adotada pelo candidato a de desincompatibilizar-se para concorrer. (...) A Corte consignou que, como a perda do mandato de prefeito se dera em menos de seis meses do pleito complementar, a desincompatibilização no prazo fixado no § 7º do art. 14 da CF constituiria uma condição inalcançável para a recorrente, mesmo que ela desejasse. Entretanto, a questão em análise não diria respeito à desincompatibilização da esposa candidata, já que ela não exercera o cargo do qual devesse, ela própria, desincompatibilizar-se. A hipótese seria de inelegibilidade e, nessa condição, deveria ser considerada para todos os efeitos. Salientou que o § 7º do art. 14 da CF teria o desiderato ético, político e social de prevenir possível apoderamento familiar dos mandatos eletivos, inclusive com utilização indevida da estrutura administrativa. Trataria, portanto, de hipótese constitucional de inelegibilidade e, assim, insuscetível de mitigação em favor dos seus destinatários. A par disso, a orientação da Corte seria a de compreender os §§ 5º, 6º e 7º do art. 14 da CF na sua perspectiva sistemática e teleológica, especialmente em face da introdução, em nosso sistema, do instituto da reeleição. Nessa perspectiva, nas hipóteses em que a reeleição de um dos cônjuges fosse constitucionalmente autorizada, a inelegibilidade do outro soaria incongruente. Em razão disso, o STF firmara entendimento no sentido de que quem pudesse se reeleger poderia ser sucedido pelo cônjuge, e assim, ao contrário, quem não pudesse se reeleger não poderia por ele ser sucedido. Nessa linha, cumpriria dar atenção, não tanto à circunstância da irredutibilidade do prazo constitucional de seis meses da suposta desincompatibilização, mas sim à condição de reelegibilidade do prefeito*

Em outro caso mais recente, o STF decidiu no RE 1128439/RN que a vedação ao exercício de três mandatos consecutivos de prefeito pelo mesmo núcleo familiar aplica-se na hipótese em que tenha havido a convocação do segundo colocado nas eleições para o exercício de mandato-tampão.[90]

Nesses termos, a 2ª Turma do STF negou provimento a agravo regimental para manter acórdão do Tribunal Superior Eleitoral que reconhecera a inelegibilidade de candidato ao cargo de prefeito ante a impossibilidade de exercício do terceiro mandato consecutivo pelo mesmo núcleo familiar.

No caso, o candidato X obteve o segundo lugar nas eleições municipais de 2008 para o cargo de prefeito, mas acabou assumindo a função de forma definitiva em 2009 (para o mandato que iria até 2012), em decorrência de decisão da Justiça Eleitoral que cassou o mandato do primeiro colocado. Acontece que 6 meses antes do novo pleito ele renunciou ao mandato para permitir que seu cunhado concorresse na eleição.[91]

O cunhado disputou as eleições municipais em 2012, ocasião em que foi eleito, pela primeira vez, para o mandato de prefeito (para o mandato de 2013-2016). Entretanto, ao se candidatar à eleição seguinte para o mesmo cargo (para o mandato de 2017-2020), sua candidatura foi impugnada ante o reconhecimento do exercício, pela terceira vez consecutiva, por integrante do mesmo núcleo familiar, da chefia do Poder Executivo local, em ofensa ao que disposto no art. 14, §§ 5º e 7º, da Constituição Federal.

A 2ª Turma afirmou que o Poder Constituinte se revelou hostil a práticas ilegítimas que denotem o abuso de poder econômico ou que caracterizem o exercício distorcido do poder político-administrativo.

Com o objetivo de proteger a normalidade e a legitimidade das eleições contra a influência do poder econômico ou o abuso do exercício de função pública, foram definidas situações de inelegibilidade destinadas a obstar, entre outras hipóteses, a formação de grupos hegemônicos que, ao monopolizarem o acesso aos mandatos eletivos, virtualmente patrimonializam o poder governamental, convertendo-o em verdadeira res doméstica.[92]

Além das inelegibilidades presentes na normativa constitucional (acima citada), é mister salientarmos que o art. 14 § 9º da CR/88 nos traz o que parte da doutrina intitula de **inelegibilidade legal**. Nesse sentido, o próprio texto constitucional estipula que lei complementar[93] irá dispor sobre outros casos de inelegibilidade e os prazos de sua cessação. O objetivo será (conforme a Constituição) proteger a probidade

cassado. Não haveria dúvida, por conseguinte, que o cônjuge da recorrente tornara-se irreelegível, seja para a eleição complementar, seja para novo pleito (LC 64/90, art. 1º, I, c)." RE 843455 julg. em 07.10.2015, Rel. Min. Teori Zavascki.

90. **RE 1128439/RN**, STF. 2ª Turma. Rel. Min. Celso de Mello, julgado em **23.10.2018** (Informativo 921).
91. **RE 1128439/RN**, STF. 2ª Turma. Rel. Min. Celso de Mello, julgado em **23.10.2018** (Informativo 921).
92. **RE 1128439/RN**, STF. 2ª Turma. Rel. Min. Celso de Mello, julgado em **23.10.2018** (Informativo 921).
93. Portanto, se as inelegibilidades absolutas estão previstas de forma taxativa na Constituição, as inelegibilidades relativas podem ser estatuídas infraconstitucionalmente por lei complementar. Mas, atenção, só por lei

administrativa, a moralidade para o exercício do mandato, considerada a vida pregressa do candidato, e a normalidade e legitimidade das eleições contra a influência do poder econômico ou do abuso do exercício de função, cargo ou emprego na administração direta ou indireta.

A Lei Complementar nº 64/90 estabeleceu hipóteses de inelegibilidades que merecem nossa atenção e citação. Porém, é bom que se diga, que essa Lei foi alterada[94] recentemente pela, já celebre, **Lei Complementar nº 135/2010** (Lei da "Ficha Limpa").

Essa Lei, que foi fruto de iniciativa popular, em um amplo processo, com mais de 1 milhão e 600 mil assinaturas, apresenta, entre outras novidades, que: **a)** candidatos que tiverem condenação criminal por órgão colegiado, ainda que caiba recurso, ficarão impedidos de obter o registro de candidatura, pois serão considerados inelegíveis; **b)** Além disso, é importante salientar, que a nova Lei alterou de 3 (três) para 8 (oito) anos o período que o candidato condenado ficará inelegível, após o cumprimento da pena no que tange aos crimes por ela citados (explicitados nela). Assim sendo, conforme a **LC nº 64/90** com as alterações da **LC nº 135/2010**, são inelegíveis, nos termos legais:

1) Os membros do Congresso Nacional, das Assembleias Legislativas, da Câmara Legislativa e das Câmaras Municipais que hajam perdido os respectivos mandatos por infringência do disposto nos incisos I e II do art. 55 da Constituição Federal, dos dispositivos equivalentes sobre perda de mandato das Constituições Estaduais e Leis Orgânicas dos Municípios e do Distrito Federal, para as eleições que se realizarem durante o período remanescente do mandato para o qual foram eleitos e nos **oito anos subsequentes ao término da legislatura** (Redação dada pela Lei Complementar nº 81, de 13/04/94);

2) O Governador e o Vice-Governador de Estado e do Distrito Federal **e** o Prefeito e o Vice-Prefeito que perderem seus cargos eletivos por infringência a

complementar (matéria reservada)! *Então, a legislação sobre inelegibilidade será reservada à lei complementar e de competência privativa da União.*

94. Abalizada doutrina, antes da **nova Lei complementar** (135/2010), debatia no que diz respeito ao art. 14 § 9º, o tema **assaz** controvertido envolvendo a possibilidade de **inelegibilidade com fundamento em antecedentes criminais do candidato ou mesmo sua má reputação.** Nesses termos: "*Alguns órgãos judiciais têm sustentado a auto aplicabilidade do disposto no art. 14 § 9º, da constituição, ao argumento de que alguns candidatos apresentam perfil incompatível com o exercício de mandato eletivo.* (TRE n. 31.258/RJ, Rel. Rodrigo Lins e Silva de Oliveira publicado em 23.08.2006; Acórdão TRE n. 31.241, Rel. Jaqueline Lima Montenegro, publicado em 23.08.2006) Todavia, o Tribunal Superior Eleitoral entendia **(antes da Lei Complementar nº 135/2010)** que a simples existência criminal ou processo-crime não se afigura suficiente para legitimar juízo de inelegibilidade." MENDES; COELHO; BRANCO, Curso de direito constitucional, 2008, p. 759. Nesse sentido a ementa: "*Eleições 2006. Registro de candidato. Deputado Federal. Inelegibilidade. Idoneidade moral. Art. 14 § 9º, da Constituição Federal. 1 O art. 14 § 9º, da Constituição não é autoaplicável (Súmula n. 1 3 do Tribunal Superior Eleitoral). 2 Na ausência de lei complementar estabelecendo os casos em que a vida pregressa do candidato implicará inelegibilidade, não pode o julgador, sem se substituir ao legislador, defini-los. Recurso provido para deferir o registro. (Acórdão TSE n. 1069, de 20-9-2006, Rel. Marcelo Ribeiro, caso "Eurico Miranda")*." Sem dúvida, com a Lei Complementar 135/2010 esse quadro se modificou.

dispositivo da Constituição Estadual, da Lei Orgânica do Distrito Federal ou da Lei Orgânica do Município, para as eleições que se realizarem durante o período remanescente e nos **8 (oito)** anos **subsequentes ao término do mandato** para o qual tenham sido eleitos; (**Redação dada pela Lei Complementar nº 135, de 2010**);

3) Os que tenham contra sua pessoa representação julgada procedente pela Justiça Eleitoral, **em decisão** transitada em julgado **ou proferida por órgão colegiado**, em processo de apuração de abuso do poder econômico ou político, para a eleição na qual concorrem ou tenham sido diplomados, bem como para as que se realizarem nos **8 (oito)** anos seguintes; (**Redação dada pela Lei Complementar nº 135, de 2010**)

4) Os que forem condenados, em decisão transitada em julgado ou proferida por órgão judicial colegiado, *desde a condenação até o transcurso do prazo de 8 (oito) anos após o cumprimento da pena*, pelos crimes:[95] (Redação dada pela Lei Complementar nº 135, de 2010)

- contra a economia popular, a fé pública, a administração pública e o patrimônio público; (Incluído pela Lei Complementar nº 135, de 2010)
- contra o patrimônio privado, o sistema financeiro, o mercado de capitais e os previstos na lei que regula a falência; (Incluído pela Lei Complementar nº 135, de 2010)
- contra o meio ambiente e a saúde pública; (Incluído pela Lei Complementar nº 135, de 2010)
- eleitorais, para os quais a lei comine pena privativa de liberdade; (Incluído pela Lei Complementar nº 135, de 2010)
- de abuso de autoridade, nos casos em que houver condenação à perda do cargo ou à inabilitação para o exercício de função pública; (Incluído pela Lei Complementar nº 135, de 2010)
- de lavagem ou ocultação de bens, direitos e valores; (Incluído pela Lei Complementar nº 135, de 2010)
- de tráfico de entorpecentes e drogas afins, racismo, tortura, terrorismo e hediondos; (Incluído pela Lei Complementar nº 135, de 2010)
- de redução à condição análoga à de escravo; (Incluído pela Lei Complementar nº 135, de 2010)

95. Porém, é bom salientar, que de acordo o art. 1 § 4º da Lei Complementar nº 135/2010 essa inelegibilidade, ora citada, não se aplica aos crimes culposos e àqueles definidos em lei como de menor potencial ofensivo, nem aos crimes de ação penal privada.

- contra a vida e a dignidade sexual; e (Incluído pela Lei Complementar nº 135, de 2010)
- praticados por organização criminosa, quadrilha ou bando; (Incluído pela Lei Complementar nº 135, de 2010)

5) Os que forem declarados indignos do oficialato, ou com ele incompatíveis, pelo prazo de **8 (oito)** anos; (**Redação dada pela Lei Complementar nº 135, de 2010**);

6) Os que tiverem suas contas relativas ao exercício de cargos ou funções públicas rejeitadas por irregularidade insanável **que configure ato doloso de improbidade administrativa,** e por decisão irrecorrível do órgão competente, salvo **se esta houver sido suspensa ou anulada pelo** Poder Judiciário, para as eleições que se realizarem nos **8 (oito)** anos seguintes, contados a partir da data da decisão**, aplicando-se o disposto no inciso II do art. 71 da Constituição Federal,** a todos os ordenadores de despesa, sem exclusão de mandatários **que houverem agido nessa condição;** (**Redação dada pela Lei Complementar nº 135, de 2010**)[96];

7) Os detentores de cargo na administração pública direta, indireta ou fundacional, que beneficiarem a si ou a terceiros, pelo abuso do poder econômico ou político, que forem condenados em decisão transitada em julgado ou proferida por órgão judicial colegiado, para a eleição na qual concorrem ou tenham sido diplomados, bem como para as que se realizarem nos 8 (oito) anos seguintes; (**Redação dada pela Lei Complementar nº 135, de 2010**);

8) Os que, em estabelecimentos de crédito, financiamento ou seguro, que tenham sido ou estejam sendo objeto de processo de liquidação judicial ou extrajudicial, hajam exercido, nos 12 (doze) meses anteriores à respectiva decretação, cargo ou função de direção, administração ou representação, enquanto não forem exonerados de qualquer responsabilidade;

9) Os que forem condenados, em **decisão transitada em julgado ou proferida por órgão colegiado da Justiça Eleitoral,** por corrupção eleitoral, por captação ilícita de sufrágio, por doação, captação ou gastos ilícitos de recursos de campanha ou por conduta vedada aos agentes públicos em campanhas eleitorais que impliquem cassação do registro ou do

96. Para o STF, **não é possível** fazer uma interpretação extensiva do art. 1º, I, "g", da LC 64/90 para dizer que ***a simples violação da Lei de Licitações configura ato doloso de improbidade administrativa e que, portanto, caracteriza essa hipótese de inelegibilidade***. Assim, a rejeição de contas só gera a inelegibilidade se a irregularidade insanável que for detectada configurar ato doloso de improbidade administrativa. Conforme o STF, é necessário fazer uma distinção entre "***ato meramente ilegal***" e "***ato ímprobo***", exigindo para este último uma qualificação especial: *lesar o erário ou, ainda, promover enriquecimento ilícito ou favorecimento contra legem de terceiro*. STF. 2ª Turma. **ARE 1197808 AgR**-segundo e terceiro/SP, Rel. Min. Gilmar Mendes, julg. em **03.03.2020** (Informativo 968).

diploma, pelo prazo de 8 (oito) anos a contar da eleição; (**Incluído pela Lei Complementar nº 135, de 2010**);

10) O Presidente da República, o Governador de Estado e do Distrito Federal, o Prefeito, os membros do Congresso Nacional, das Assembleias Legislativas, da Câmara Legislativa, das Câmaras Municipais, que renunciarem a seus mandatos **desde o oferecimento de representação ou petição capaz** de **autorizar a abertura de processo por infringência a dispositivo da Constituição Federal**, da Constituição Estadual, da Lei Orgânica do Distrito Federal ou da Lei Orgânica do Município, para as eleições que se realizarem durante o período remanescente do mandato para o qual foram eleitos e nos 8 (oito) anos subsequentes ao término da legislatura; (**Incluído pela Lei Complementar nº 135, de 2010**);[97]

11) Os que forem condenados à suspensão dos direitos políticos, em decisão transitada em julgado ou proferida por órgão judicial colegiado, por **ato doloso de improbidade administrativa que importe lesão ao patrimônio público e enriquecimento ilícito,** desde a condenação ou o trânsito em julgado até o transcurso do prazo de 8 (oito) anos após o cumprimento da pena; (**Incluído pela Lei Complementar nº 135, de 2010**);

12) Os que forem **excluídos do exercício da profissão**, por decisão sancionatória do órgão profissional competente, em decorrência de infração ético-profissional, pelo prazo de 8 (oito) anos, salvo se o ato houver sido anulado ou suspenso pelo Poder Judiciário; (**Incluído pela Lei Complementar nº 135, de 2010**);

14) Os que forem condenados, em decisão transitada em julgado ou proferida por órgão judicial colegiado, em razão de terem **desfeito ou simulado desfazer vínculo conjugal ou de união estável** para evitar caracterização de inelegibilidade, pelo prazo de 8 (oito) anos após a decisão que reconhecer a fraude; (**Incluído pela Lei Complementar nº 135, de 2010**);

15) Os que forem **demitidos do serviço público em decorrência de processo administrativo ou judicial**, pelo prazo de 8 (oito) anos, contado da decisão, salvo se o ato houver sido suspenso ou anulado pelo Poder Judiciário; (**Incluído pela Lei Complementar nº 135, de 2010**);

16) A pessoa física e os dirigentes de pessoas jurídicas responsáveis por doações eleitorais tidas por ilegais por decisão transitada em julgado ou proferida por órgão colegiado da Justiça Eleitoral, pelo prazo de 8 (oito)

97. Nos termos do art. 1º, § 5º da Lei complementar nº 135/2010: A renúncia para atender à desincompatibilização com vistas a candidatura a cargo eletivo ou para assunção de mandato não gerará a inelegibilidade, ora citada, a menos que a Justiça Eleitoral reconheça fraude ao disposto na própria Lei Complementar.

anos após a decisão, observando-se o procedimento previsto no art. 22; (**Incluído pela Lei Complementar nº 135, de 2010**);

17) Os magistrados e os membros do Ministério Público que forem **aposentados compulsoriamente por decisão sancionatória**, que tenham perdido o cargo por sentença ou que tenham **pedido exoneração ou aposentadoria voluntária** na pendência de processo administrativo disciplinar, pelo prazo de 8 (oito) anos; (**Incluído pela Lei Complementar nº 135, de 2010**);

É importante salientar, ainda, que conforme a referida Lei Complementar nº 60/94, será de competência da Justiça Eleitoral conhecer e decidir das arguições de inelegibilidade. Nesse sentido, a arguição de inelegibilidade será feita perante:

a) o Tribunal Superior Eleitoral, quando se tratar de candidato a Presidente ou Vice-Presidente da República;

b) os Tribunais Regionais Eleitorais, quando se tratar de candidato a senador, governador e vice-governador de Estado e do Distrito Federal, deputado federal, deputado estadual e deputado distrital;

c) os Juízes Eleitorais, quando se tratar de candidato a Prefeito, Vice-Prefeito e Vereador.

Sobre a atuação da Justiça Eleitoral, o STF na decisão da **ADI 1.082** em **22.05.2014**, declarou constitucionais o art. 7º e o art. 23 da LC nº 64/90. Com isso o Plenário do STF, julgou **improcedente** pedido formulado na ADI 1082, em face das expressões "*ainda que não alegados pelas partes*" e "*públicos e notórios, dos indícios e presunções e ... atentando para circunstâncias ou fatos, ainda que não indicados ou alegados pelas partes*", contidas, respectivamente, no art. 7º, § único e no art. 23[98], ambos da LC nº 64/1990.

Nesse sentido, segundo o Pretório Excelso, *a investigação judicial eleitoral* e o *conhecimento de fatos notórios pelo magistrado*, bem como de *fatos constantes do processo, ainda que não tenham sido articulados como causa de pedir por qualquer das partes*, não afronta o princípio do devido processo legal.[99]

---

98. Art. 7, parágrafo único: "*O Juiz, ou Tribunal, formará sua convicção pela livre apreciação da prova, atendendo aos fatos e às circunstâncias constantes dos autos, ainda que não alegados pelas partes, mencionando, na decisão, os que motivaram seu convencimento*"; Art.23: "*O Tribunal formará sua convicção pela livre apreciação dos fatos públicos e notórios, dos indícios e presunções e prova produzida, atentando para circunstâncias ou fatos, ainda que não indicados ou alegados pelas partes, mas que preservem o interesse público de lisura eleitoral*".

99. Informativo nº 747 do STF: "*A Corte lembrou que o CPC/1939, em seu art. 118, já facultava ao magistrado considerar os fatos e circunstâncias constantes no processo, ainda que não alegados pelas partes. Destacou que o CPC/1973 conferiu maiores poderes ao juiz na condução e instrução do processo. Asseverou que as normas processuais eleitorais questionadas direcionariam direitos e interesses indisponíveis, de ordem pública. Apontou que, tendo em conta a existência de relação direta entre o exercício da atividade probatória e a qualidade da tutela jurisdicional, a finalidade da produção de provas de ofício pelo magistrado seria possibilitar a elucidação de fatos imprescindíveis para a formação da convicção necessária ao julgamento do mérito. Salientou que as partes continuariam a ter a função precípua de propor os elementos indispensáveis à instrução do processo. O Colegiado anotou, ainda, que as normas questionadas teriam aberto caminho*

Além disso, é importante ressaltarmos aqui um tema recorrente no debate eleitoral brasileiro dos últimos anos: o *"caixa dois"* em campanha. Segundo o STF, a doação eleitoral por meio de "caixa dois" é uma conduta que configura ***crime eleitoral de falsidade ideológica*** do art. 350 do Código Eleitoral. Nesses termos, a competência para processar e julgar este delito é da **Justiça Eleitoral**.

Aqui é interessante que, segundo o STF, a existência de crimes conexos de competência da Justiça Comum, como **corrupção passiva** e **lavagem de capitais**, com o crime eleitoral de ***falsidade ideológica***, não afasta a competência da Justiça Eleitoral, por força do art. 35, II, do CE e do art. 78, IV, do CPP.[100] Ou seja, compete à **Justiça Eleitoral** julgar os crimes eleitorais e os comuns que lhes forem conexos.[101]

Nesses termos, o fundamento é o de que o art. 109, IV da CR/88, ao estipular a competência criminal da Justiça Federal comum, ressalva, expressamente, os casos da competência da Justiça Eleitoral. O art. 121 da CR/88 afirma que lei complementar disporá sobre a organização e competência dos tribunais, dos juízes de direito e das juntas eleitorais. Como essa lei complementar mencionada pelo art. 121 da CR/88 ainda não foi editada, o STF entende que os dispositivos do Código Eleitoral que tratam sobre a organização e competência da Justiça Eleitoral foram recepcionados (com força de lei complementar).

Assim sendo, o art. 35, II, do Código Eleitoral está de acordo com o art. 121 e com o art. 109, IV, da CR/88, e fazem, portanto, com que todos os delitos sejam de competência da Justiça Eleitoral.

Agora, outra questão importante, é a de quem é o órgão do Poder Judiciário competente para decidir se existe ou não conexão.

---

para que se pudesse suprir a deficiência da instrução. Enfatizou que a possibilidade de o juiz formular presunções mediante raciocínios indutivos feitos a partir de prova indiciária, de fatos publicamente conhecidos ou de regras da experiência, não afrontaria o devido processo legal, porquanto as premissas da decisão estariam explicitadas em seu pronunciamento, sujeito aos recursos inerentes à legislação processual." **ADI 1082** julg. em **22.05.2014**. Rel. Min. Marco Aurélio.

100. Conforme explica José Jairo Gomes: *"Note-se que a Justiça Comum é federal e estadual. A 'vis attractiva' exercida pela Justiça Eleitoral ocorrerá em ambos os casos. Apesar de a competência criminal da Justiça Federal ser prevista diretamente na Constituição (art. 109) e da Eleitoral ser estabelecida em norma infraconstitucional (no caso, o Código Eleitoral – CE, art. 35, II), a parte final do inciso IV, art. 109, da Lei Maior, ressalva expressamente a competência da Justiça Eleitoral. Em razão da expressa ressalva constitucional, há que se respeitar a competência criminal da Justiça Eleitoral, ainda quando ela seja definida pela conexão.* Crimes Eleitorais e Processo Penal Eleitoral. 2ª ed., São Paulo: Atlas, 2016, p. 325/327.

101. Em tese, se o agente pratica, por exemplo, os crimes de: a) corrupção passiva (art. 317 do CP); b) falsidade ideológica (art. 350 do Código Eleitoral); c) lavagem de dinheiro (art. 1º da Lei nº 9.613/98), e todos os crimes praticados são conexos, como ficará a competência para julgar estes delitos? Qual será a Justiça competente? Justiça Eleitoral. *Competirá à Justiça Eleitoral julgar todos os delitos.* No concurso entre a jurisdição penal comum e a especial (como a eleitoral), prevalecerá esta na hipótese de conexão entre um *delito eleitoral* e *uma infração penal comum. O fundamento para isso está no art. 35, II, do Código Eleitoral e no art. 78, IV, do CPP.* Ver: PET 7319/DF, STF. 2ª Turma. Rel. Min. Edson Fachin, julgado em **27.03.2018**. No mesmo sentido: *Compete à Justiça Eleitoral julgar os crimes eleitorais e os comuns que lhes forem conexos.* STF. Plenário. **Inq 4435 AgR**-quarto/DF, Rel. Min. Marco Aurélio, julg. em **13** e **14.03.2019** (Inf. 933). Ver também: Rcl 34805 AgR/DF, STF. 2ª Turma Red. p/ o ac. Min. Gilmar Mendes, julgado em 01.09.2020 (Inf. 989).

Segundo o STF, em recente decisão, compete à Justiça Eleitoral reconhecer a existência, ou não, do vínculo de conexidade entre delito eleitoral e crime comum a ele supostamente vinculado. Nesses termos, cabe à Justiça Eleitoral analisar, caso a caso, a existência de conexão de delitos comuns aos delitos eleitorais e, em não havendo, remeter os casos à Justiça competente.[102]

Porém aqui temos uma advertência. O STF também deixou assente que é competente para julgar ***crime eleitoral*** praticado por Deputado Federal *durante a sua campanha à reeleição* caso ele tenha *sido reeleito*. No caso concreto, um Deputado Federal, recebeu doação ilegal de uma empresa com o objetivo de financiar a sua campanha para reeleição. Esta doação não foi contabilizada na prestação de contas, configurando o chamado "caixa 2" nos termos do art. 350 do Código Eleitoral.[103]

Como o Deputado foi reeleito para um novo mandato[104], o STF entendeu que é competente para julgar este crime eleitoral. Nesses termos, conforme a AP 937 QO (a ser estudada no capítulo sobre o Poder Legislativo), o foro por prerrogativa de função aplica-se apenas aos crimes cometidos durante o exercício do cargo e relacionados às funções desempenhadas. Assim sendo, o STF entendeu que o recebimento de doação ilegal destinado à campanha de reeleição ao cargo de Deputado Federal é sim um crime relacionado com o mandato parlamentar.

Além disso, entendeu o Pretório Excelso, que mostra-se ***desimportante a circunstância de este delito ter sido praticado durante o mandato anterior***, bastando que a atual diplomação decorra de sucessiva e ininterrupta reeleição.[105]

Por último, é mister observarmos, o debate atual em torno da aplicação da, aqui citada, **Lei Complementar nº 135/2010** nas eleições de 2010 **(1)**, bem como, a questão de sua constitucionalidade, frente ao princípio da presunção da inocência, previsto no art. 5º da Constituição de 1988 **(2)**.

O **primeiro problema** envolve o art. 16 da CR/88, com base no princípio da anualidade (ou anterioridade) eleitoral. Esse afirma que "a lei que alterar o processo eleitoral entrará em vigor na data de sua publicação, não se aplicando à eleição que ocorra até um ano da data de sua vigência". **O segundo problema** se concentra na delimitação da Lei Complementar nº 135/2010, que deixa assente que: serão inelegíveis os condenados pela prática de diversos **crimes** (já citados) desde que a **decisão condenatória, advenha de órgão Judicial colegiado**. Portanto, pode ocorrer que mesmo **sem o trânsito em julgado de uma condenação judicial**, visto que **passível de recurso**, determinado candidato se torne inelegível (desvestido de capacidade eleitoral passiva).

---

102. **Inq 4435 AgR**-quarto/DF, STF. Plenário. Rel. Min. Marco Aurélio, julg. em **13** e **14.03.2019** (Informativo 933).
103. **Inq 4435 AgR**-quarto/DF, STF. Plenário. Rel. Min. Marco Aurélio, julg. em **13** e **14.03.2019** (Informativo 933).
104. Por óbvio, se o Deputado não tivesse sido reeleito a competência seria da Justiça Eleitoral. Na medida em que deixou de ser Deputado Federal, ele perde também o foro por prerrogativa de função (conforme estudaremos no capítulo 14 da obra).
105. **Inq 4435 AgR**-quarto/DF, STF. Plenário. Rel. Min. Marco Aurélio, julg. em **13** e **14.03.2019** (Informativo 933).

Mas, como se posicionou o **TSE** sobre os temas?

(1) O Plenário do **Tribunal Superior Eleitoral** (TSE) respondeu no dia 10.07.2010 a uma consulta (proposta pelo senador Arthur Virgílio (PSDB-AM) e, por maioria de votos (6X1), firmou entendimento no sentido de que a Lei Complementar nº 135/2010 **poderia ser aplicada** já a partir das eleições (nacionais) deste ano. Entendeu o TSE, que a aplicação da **Lei Complementar** no pleito de 2010 não contraria a norma do art. 16 da CR/88 (princípio da anterioridade eleitoral). Sobre o tema a maioria dos Ministros entendeu que a nova Lei não altera o processo eleitoral em curso. Nesse sentido, foi citado precedente datado de 1990 (consulta nº 11.173), no qual o TSE deixou assente que a LC nº 64/90 deveria ser aplicada de forma imediata no mesmo ano eleitoral de 1990. Também foi lembrado, na resposta à consulta que o **próprio STF** se posicionou pela afetividade imediata da LC nº 64/90 no pleito daquele mesmo ano.[106]

(2) Sobre a segunda questão da colisão (tensão) da LC nº 135/2010 com o princípio da presunção da inocência o TSE se posicionou pela validade e adequabilidade da nova Lei. Os fundamentos foram a possibilidade do art. 14 § 9º estabelecer novas hipóteses de inelegibilidades via legislação complementar, além das previstas na Constituição, bem como a ponderação entre valores, que seriam os da presunção da inocência (direito fundamental) de um lado e da moralidade administrativa (direito fundamental aplicado as eleições) do outro, com a prevalência do **segundo em detrimento do primeiro nesse caso específico**. Nesse sentido, conforme o então **Presidente do TSE,** Ministro ***Ricardo Lewandowski***: "(...) existem dois valores a serem considerados. Existe um valor fundamental, que está inscrito no rol das garantias individuais, o da presunção de inocência. Mas existe outro valor fundamental, da moral administrativa, que também está na Constituição, no rol dos direitos políticos, no mesmo artigo."

E o **Supremo Tribunal Federal,** como se posicionou sobre o tema? Entendeu pela ***constitucionalidade*** da referida Lei Complementar ante ao princípio da ***presunção da inocência*** (previsto constitucionalmente)? E no que tange à aplicação da Lei Complementar nas eleições de 2010 ante ao ***princípio da anualidade*** (anterioridade eleitoral)?

Certo é que 2 ***hard cases*** (casos difíceis e de grande repercussão) foram levados ao plenário do STF recentemente sobre o tema ora em cotejo:

(1) RE nº 630.157/DF (Caso Joaquim Roriz). Nesse caso, o STF julgou em ***22 e 23 de setembro de 2010***, Recurso Extraordinário em que foi questionado pelo candidato a governador do DF Joaquim Roriz o indeferimento pelo TSE do registro de sua

106. Conforme o TSE: Uma consulta apresentada pela Ordem dos Advogados do Brasil (OAB) questionava se a lei valeria para aquele ano. Isso porque a 64/90 determinou que os membros da OAB que pretendem se candidatar a cargo eletivo devem se afastar de suas atividades nos quatro meses anteriores à eleição, sob pena de se tornarem inelegíveis. Na ocasião do julgamento da consulta (CTA 11173), o Plenário do TSE decidiu que a lei complementar passou a vigorar na data de sua publicação devendo então ter aplicação imediata.

candidatura ao governo do DF. Aqui temos que esse Recurso Extraordinário foi interposto contra acórdão do TSE que concluiu pela inelegibilidade do então candidato Joaquim Roriz. O acórdão do TSE enfatizou a imediata aplicação da Lei Complementar 135/2010 nas eleições de 2010 (conforme aqui já citado) e, além disso, decidiu pela constitucionalidade da alínea *k* do inciso I do art. 1° da LC 135/2010. Nesses termos, a decisão TSE, assentou pela inelegibilidade do candidato para as eleições que se realizassem durante o período remanescente do mandato para o qual ele fora eleito e para os 8 anos subsequentes ao término da legislatura, nos termos da alínea *k* do inciso I do art. 1º da LC 64/90, acrescentado pela aludida LC 135/2010. Reza na normativa que: "Art. 1º São inelegíveis: I – para qualquer cargo: *k*) o Presidente da República, o Governador de Estado e do Distrito Federal, o Prefeito, os membros do Congresso Nacional, das Assembleias Legislativas, da Câmara Legislativa, das Câmaras Municipais, que renunciarem a seus mandatos desde o oferecimento de representação ou petição capaz de autorizar a abertura de processo por infringência a dispositivo da Constituição Federal, da Constituição Estadual, da Lei Orgânica do Distrito Federal ou da Lei Orgânica do Município, para as eleições que se realizarem durante o período remanescente do mandato para o qual foram eleitos e nos 8 (oito) anos subsequentes ao término da legislatura." Com isso, como Joaquim Roriz, então Senador, renunciou antes do início de eventual processo (nas circunstâncias descritas na referida LC 135/2010), estaria inelegível. A defesa de Roriz alegou contra o acórdão do TSE que: a) Em caráter incidental, a inconstitucionalidade do referido dispositivo legal (***art. 1***, I, ***k***). b) ofensa ao princípio da anterioridade da lei eleitoral (art. 16 da CR/88); c) transgressão aos princípios da irretroatividade da lei e do ato jurídico perfeito (art. 5º, XXXVI da CR/88); d) desrespeito ao princípio da presunção de não culpabilidade (art. 5º, LVII da CR/88); e) abuso do poder de legislar e f) falta de proporcionalidade e razoabilidade do preceito.

Iniciado o julgamento, após o reconhecimento da repercussão geral e da superação de eventuais vícios de inconstitucionalidade formal da LC 135/2010, o relator, Ministro Carlos Ayres Britto, desproveu o recurso extraordinário, no que foi acompanhado pelos Ministros **Cármen Lúcia, Ricardo Lewandowski, Joaquim Barbosa** e **Ellen Gracie**. Em **resumo** os **fundamentos** para o **não provimento** do Recurso Extraordinário (permitindo-se assim o **indeferimento** do registro da candidatura) forma os seguintes:

a) Inicialmente, salientou que apenas a **declaração incidental de inconstitucionalidade da alínea *k* do inciso I do art. 1º da LC 64/90**, introduzida **pela LC 135/2010**, referir-se-ia à causa de pedir dos recursos extraordinários sob exame. E o pedido consistiria no deferimento do registro da candidatura do primeiro recorrente ao cargo de Governador do Distrito Federal. Desse modo, destacou que, atento aos limites materiais do recurso, as demais hipóteses de inelegibilidade veiculadas pela versão atualizada da LC 64/90 não seriam analisadas.

b) Em passo seguinte, afirmou que ***alínea*** impugnada faria parte de um conjunto de regras explicitamente comprometidas com a **concretização do comando**

constitucional previsto no § 9º do art. 14 da CR/88 ("Lei complementar estabelecerá outros casos de inelegibilidade e os prazos de sua cessação, a ***fim de proteger*** a probidade administrativa, a moralidade para o exercício do mandato, considerada a vida pregressa do candidato, e a normalidade e legitimidade das eleições contra a influência do poder econômico ou o abuso do exercício de função, cargo ou emprego na administração direta ou indireta").

c) Enfatizou que a LC 64/90, de par com o art. 1º da LC 135/2010, objetivara atender à referida **convocação constitucional, a dispor sobre o instituto da inelegibilidade enquanto mecanismo de proteção.**

d) Nesse sentido, reputou que a LC 135/2010, por sua nova ***alínea***, poderia considerar, ***como causa de inelegibilidade para os fins que erigira, a renúncia***, *a qual teria como único propósito impedir a abertura de processo político-administrativo por falta de decoro parlamentar.*

e) Observou que a alínea questionada poderia produzir imediatamente os efeitos a que se preordenara, de forma a alcançar **fatos e condutas anteriores à data de sua publicação,** uma vez que a própria Constituição, ***ao mencionar a inelegibilidade*** *num contexto* ***de proteção da probidade administrativa e da moralidade para o exercício do mandato popular, determinara que a lei considerasse a vida pregressa do candidato.***

f) Esclareceu, no ponto, que a Constituição objetivara resgatar o significado original do termo "candidato", **que adviria de cândido, puro, limpo no sentido ético.** Daí a necessidade da **criação de institutos como o da inelegibilidade,** os quais tornariam **os *políticos dignos da política* ou que** salvariam a política dos políticos avessos ***aos princípios da moralidade e da probidade administrativa, e da não incidência do abuso do poder político ou econômico.***

g) Por conseguinte, realçou que **valores** como o da **probidade administrativa e o da moralidade** para o exercício do mandato – concretizados por norma de expressa requisição constitucional – **não comportariam procrastinação ou "quarentena".**

h) Foi exarado também que a ***LC 135/2010 decorrera de iniciativa popular*** e com a marca registrada da "urgência urgentíssima" de sua aplicabilidade.

i) Consignou que ela ***fora publicada em data anterior a das convenções partidárias deste ano,*** a ensejar a **preservação do art. 16 da CR/88,** pois os partidos políticos e seus filiados *teriam tido tempo suficiente para* ***deliberar, em igualdade de condições, relativamente à escolha dos candidatos.***

j) Aduziu que a razão de ser do art. 16 da CR/88 consistiria em ***evitar casuísmos em data próxima à da eleição*** *e que a referida alínea k, em particular, e a LC 135/2010, como um todo,* ***não introduziram surpresa, sequer oportunística, arbitrária ou maliciosa na competição eleitoral de 2010.***

k) Reiterou a inexistência de ofensa ao aludido preceito constitucional, quer em razão de a alínea k ser **norma de direito material**, quer por ***não possuir aptidão para alterar o processo eleitoral.***

l) Afastou a assertiva de afronta ao ato jurídico perfeito ao fundamento de que a **renúncia ao mandato de Senador da República não teria** por efeito **imunizar o renunciante contra a incidência de causas de inelegibilidade,** haja vista a inexistência de direito adquirido a regime jurídico (de inelegibilidades).

m) Realçou, ainda, que ***a renúncia do primeiro recorrente*** fora protocolada anteriormente à instauração de processo administrativo, a **impedir** qualquer juízo de valor pelo Senado Federal.

n) Ao ressaltar que a renúncia não constituiria pena, mencionou que **não** haveria ***efeitos futuros supostamente violados*** pela LC 135/2010 e que, para fins de inelegibilidade, a licitude, ou não, do ato ou situação jurídica seria irrelevante, de modo que a renúncia lícita do primeiro recorrente não impediria a sua previsão como causa de inelegibilidade.

o) No tocante ao ***princípio constitucional da presunção de inocência,*** asseverou que essa regra geral ***conviveria*** com normas específicas, como a do § 9º do art. 14 da CF.

p) Concluiu, destarte, que **para a perda ou suspensão de direito político** seria preciso ***o trânsito em julgado de sentença penal condenatória,*** sendo este, entretanto, ***desnecessário para a configuração de inelegibilidade***. Por fim, registrou que ***o*** *legislador estaria submetido ao exame de seus atos sobre os* ***parâmetros da razoabilidade e da proporcionalidade*** – devido processo legal substantivo – e que a alínea k não ofenderia esses critérios.

Acontece que a divergência (provimento do recurso extraordinário) foi aberta pelo Ministro **Dias Toffoli,** e, **posteriormente continuou a se desenvolver,** com os Ministros **Gilmar Mendes, Marco Aurélio, Celso de Mello** e **Cezar Peluso** (Presidente do STF).

O Ministro **Dias Toffoli** em seu posicionamento deu provimento ao RE tendo como foco central o art. 16 da CR/88 (princípio da anterioridade eleitoral) afirmou resumidamente que:

a) Assinalou que embaraços ao direito à elegibilidade deveriam ser compreendidos sob perspectiva histórica, especialmente quando razões de natureza moral poderiam ser invocadas para fins de exclusão política de segmentos incômodos ao regime.

b) Em seguida, afirmou que o ***princípio da anterioridade das leis eleitorais não distinguiria as espécies de leis*** *nem o conteúdo dos seus dispositivos, sendo, pois, genérico, direto e explícito.* Asseverou que a jurisprudência da Corte inclui o **art. 16 da CR/88 no rol de garantias individuais da segurança jurídica e do devido processo legal,** e que tal postulado **seria dirigido ao cidadão-eleitor**.

c) Consignou, ademais, que o dispositivo constitucional visaria evitar a quebra da previsibilidade das condições subjetivo-políticas dos candidatos e que, relativamente ao **desrespeito aos limites** temporais desse preceito, o que importaria seria a quebra da anterioridade e não ***o período no ano em que ela ocorrera***, dado que a diferença estaria apenas no grau de intensidade do prejuízo.

d) Mencionou que a **anualidade eleitoral** também teria por fundamento a igualdade e defesa das minorias, cuja participação no processo político não deveria ficar submetida ao alvedrio das forças majoritárias.

e) Tendo tudo isso em conta, entendeu que não se poderia distinguir ***o conteúdo da norma eleitoral selecionadora de novas hipóteses de inelegibilidade,*** *porquanto seria ele alcançável* ***pelo art. 16 da CF por afetar, alterar, interferir, modificar e perturbar o processo eleitoral em curso.***

f) Assinalou que a alínea ***k*** restringira o universo de cidadãos aptos a participar do pleito de 2010. Indagou, então, quais seriam as consequências práticas dessa inovação legislativa se, ao inverso, ela ampliasse o elenco de concorrentes, por meio da subtração de hipóteses de inelegibilidade, com eficácia para as eleições atuais.

g) Concluiu que, em nome de princípios moralizantes, os quais limitam a participação de indivíduos no processo eleitoral, não se poderia ignorar, por outro lado, o postulado, abstrato e impessoal, veiculado no art. 16 da CR/88, que protege a própria democracia ***contra o casuísmo, a surpresa, a imprevisibilidade e a transgressão da simetria constitucional dos candidatos a cargos eletivos.*** *Assim, reputou que,* ***se admitida a eficácia imediata da LC 135/2010,*** *no que concerne exclusivamente à situação dos autos, abrir-se-iam as portas para mudanças outras, de efeitos imprevisíveis e resultados desastrosos para o concerto político nacional.* Registrou, por derradeiro, que cumpriria **reconhecer a aplicação do art. 16 da CR/88 ao plano de eficácia da LC 135/2010.**

Já os Ministros **Gilmar Mendes, Marco Aurélio, Celso de Mello** e **Cezar Peluso** seguiram a ***divergência***, mas **proveram** os recursos extraordinários em **maior extensão,** por também considerarem que a *situação advinda com a* ***renúncia do primeiro recorrente ao cargo de parlamentar*** *– devidamente constituída* ***segundo a legislação da época – não poderia ser alcançada pela LC 135/2010.***

Por fim, o resultado, em virtude da existência nesse contexto (parte do ano de 2010 e início de 2011) de apenas 10 ministros, foi um ***empate*** entre o não provimento e o provimento do Recurso extraordinário.

Certo é que, várias soluções foram propostas (em plenário) e infelizmente o STF ***"decidiu não decidir"***, e o pior, as vésperas das eleições de cunho nacional que ocorreria (pouco tempo depois) no **primeiro domingo** de outubro de 2010. Aqui temos, apesar do informativo 601 do STF não fazer referência (até mesmo rechaçar tal postura), por algumas vezes em plenário (no calor da discussão, em um debate que já se arrastara pela madrugada), foi aventada a **culpa do Presidente da República** pela **falta de nomeação** de um novo Ministro para a vaga faltante, o que impediria o empate! Apesar dos vários (pelo menos 3 soluções conforme nota abaixo![107]) mecanismos legais e regimentais para enfrentar tal dilema (dilema esse que pode ocorrer em decisões colegiadas e por isso mesmo embora haja vencidos e vencedores deve-se dar uma resposta que em qualquer hipótese é melhor do que decidir não decidir). Sendo assim, o julgamento foi suspenso!

Posteriormente, ***ante a renúncia*** do candidato Joaquim Roriz, de concorrer ao governo do DF (renúncia, portanto, a obter o registro da candidatura), o STF sem ter decidido pela aplicação da LC 135/2010 no pleito de 2010, ou sobre a questão da aplicação do art. 1°, I, k em situações anteriores a lei, ou mesmo sobre a presunção da inocência, entre outros temas, julgou pela **perda superveniente de objeto** do recurso extraordinário RE 630.147. Nesses termos, conforme o **informativo 602 do STF**: "(...) Em conclusão, o Tribunal declarou extinto, sem julgamento do mérito, processo no qual pleiteado o deferimento do registro de candidatura do primeiro recorrente ao cargo político de Governador do Distrito Federal. (...) O Min. Ayres Britto, relator, tendo em conta a renúncia do candidato à pretensão de obter o registro de sua candidatura, submeteu ao Colegiado, em questão de ordem, o exame de petição formulada pelos recorrentes, em que requeriam a desistência dos recursos ou, alternativamente, a declaração da perda de seu objeto. Inicialmente, manteve-se o reconhecimento da repercussão geral da questão constitucional concernente ao art. 1º, I, k, da LC 64/90, com a redação dada pela LC 135/2010. Em passo seguinte, rejeitou-se o pedido de desistência dos recursos, haja vista que já iniciado o julgamento, e, embora não declarado o seu resultado, proferidos os votos de todos os Ministros da Corte. Entretanto, ao enfatizar que o escopo dos recorrentes seria o registro da candidatura, aduziu-se que, ante a mencionada desistência, inexistiria objeto a ser analisado pela Justiça Eleitoral e, consequentemente, não haveria lugar para a prolação de sentença de mérito.

---

107. Nos termos do **Informativo 601 do STF**: *"Em seguida, **ante o empate na votação**, deliberou-se sobre a solução a ser dada para a proclamação do resultado do julgamento. Afastou-se proposta segundo a qual se deveria aguardar a indicação de novo Ministro para compor a Corte, bem como a de se convocar Ministro do STJ. Citaram-se, também, dispositivos do Regimento Interno do Supremo, o art. 97 da CF e a Súmula Vinculante 10. Tendo em conta não se ter chegado, no caso, a um consenso quanto ao dispositivo que se aplicaria em face da vacância, o julgamento foi suspenso [RISTF: "Art. 13. São atribuições do Presidente: IX – proferir voto de qualidade nas decisões do Plenário, para as quais o Regimento Interno não preveja solução diversa, quando o empate na votação decorra de ausência de Ministro em virtude de: a) impedimento ou suspeição; b) vaga ou licença médica superior a 30 (trinta) dias, quando seja urgente a matéria e não se possa convocar o Ministro licenciado. Art. 146. Havendo, por ausência ou falta de um Ministro, nos termos do art. 13, IX, empate na votação de matéria cuja solução dependa de maioria absoluta, considerar-se-á julgada a questão proclamando-se a solução contrária à pretendida ou à proposta. Parágrafo único. No julgamento de 'habeas corpus' e de recursos de 'habeas corpus' proclamar-se-á, na hipótese de empate, a decisão mais favorável ao paciente. Art. 173. Efetuado o julgamento, com o quórum do art. 143, parágrafo único, proclamar-se-á a inconstitucionalidade ou a constitucionalidade do preceito ou do ato impugnados, se num ou noutro sentido se tiverem manifestado seis Ministros. Parágrafo único. Se não for alcançada a maioria necessária à declaração de inconstitucionalidade, estando licenciados ou ausentes Ministros em número que possa influir no julgamento, este será suspenso a fim de aguardar-se o comparecimento dos Ministros ausentes, até que se atinja o quorum."]".* RE 630.147 julg. em **22 e 23.09.2010**.

Dessa forma, asseverou-se que, na situação em apreço, ter-se-ia uma hipótese de ***extinção anômala do processo principal por perda superveniente de objeto e de interesse***, sem que resolvida a própria controvérsia suscitada no recurso em questão. Vencidos, no ponto, os Ministros Ayres Britto, Cármen Lúcia, Ricardo Lewandowski e Joaquim Barbosa que assentavam a perda de objeto dos recursos extraordinários (...)."[108]

(2) RE nº 631.102 (caso ***Jader Barbalho***) julgado em 27.10.2010. Nesse caso, foi interposto recurso extraordinário pelo candidato (eleito ao Senado) Jader Barbalho contra acórdão do TSE em virtude do mesmo ter decidido em acórdão pela inelegibilidade do candidato para as eleições de 2010, ao cargo de Senador da República. Nesses termos, passados 9 anos da data da renúncia e tendo sido o candidato eleito, nesse ínterim, Deputado Federal, por 2 vezes, a ele fora negado o registro de sua candidatura às eleições de 03.10.2010, pois o acórdão impugnado se assentou na inelegibilidade do candidato para as eleições que se realizassem durante o período remanescente do mandato para o qual ele fora eleito (de Senador ao qual ele renunciou em 2001) e para os 8 anos subsequentes ao término da legislatura (que só terminou em 2003), nos termos da alínea ***k*** do inciso I do art. 1º da LC 64/90, acrescentado pela aludida LC 135/2010 (aqui já citado). Os argumentos aventados pela requerente do RE foram a alegação de ofensas: a) ao princípio da anualidade eleitoral (CF, art. 16); b) aos princípios da segurança jurídica e da irretroatividade das leis (CF, art. 5º, XXXVI); c) ao art. 14, § 9º, da CF, pois a cláusula de inelegibilidade em questão não se amoldaria aos pressupostos constitucionais autorizadores de novas hipóteses de inelegibilidade e d) ao princípio da presunção de inocência ou de não-culpabilidade (CF, art. 5º, LVII).

O Relator da ação, Ministro Joaquim Barbosa, decidiu (na linha adotada por ele no RE 630.147) pelo **improvimento** do recurso extraordinário (pela confirmação do acórdão do TSE), nos seguintes termos:

a) Apreciou o caso a partir da perspectiva de valorização da moralidade e da probidade no trato da coisa pública, sob uma ótica de proteção dos interesses públicos e não dos puramente individuais. Em passo seguinte, rejeitou a assertiva de ofensa ao art. 16 da CR/88.

b) Afirmou que a norma adversada não se inseriria no campo temático de processo eleitoral e que a "Lei de Inelegibilidade" não se qualificaria como lei de processo eleitoral

c) Consignou que as condições de elegibilidade seriam examinadas na data do registro da candidatura, sendo que a lei em comento fora publicada antes do período fixado para a realização das convenções partidárias, de modo a inexistir surpresa ou quebra ao princípio da isonomia para os partidos políticos.

108. RE 630.147/DF Rel. Min. Ayres Brito, rel. para Acordão Marco Aurélio, julg. em **29.09.2010.**

d) Repeliu, de igual maneira, o argumento de ofensa ao art. 5º, XXXVI, da CR/88, ao fundamento de que a referida lei complementar não teria aplicação retroativa, mas concedera efeitos futuros a fatos desabonadores praticados no passado.

e) Enfatizou que retroação ocorreria se os cargos exercidos posteriormente à renúncia do recorrente tivessem sido declarados nulos.

f) No que concerne ao art. 14, § 9º, da CR/88, assinalou haver expectativa do corpo eleitoral de que os parlamentares não venham a renunciar, configurando a renúncia um ato desabonador do candidato, o qual demonstraria não se preocupar com seu eleitorado.

g) Ademais, registrou que a norma em comento teria dado concretude à opção constitucional pela avaliação da vida pregressa do candidato. Por fim, relativamente ao art. 5º, LVII, da CR/88, asseverou que inelegibilidade não seria pena ou punição e não caracterizaria repercussão prática da culpa ou do dolo do agente político, mas uma reprovação prévia, anterior e prejudicial às eleições, por comportamento objetivamente descrito como contrário às normas de organização política.

Certo é que o relator foi acompanhado pelos eminentes Ministros **Cármen Lúcia, Ricardo Lewandowski, Ayres Britto e Ellen Gracie**. Porém, os Ministros **Dias Toffoli, Gilmar Mendes, Marco Aurélio, Celso de Mello e Cezar Peluso**, Presidente, abriram divergência, também reiterando posição firmada no julgamento do aludido RE 630.147/DF. Nesses termos, votaram os Ministros:

a) Reputaram que a lei complementar repercutira em inúmeros julgamentos no processo eleitoral. Acrescentaram que a alínea k da citada LC 135/2010 não seria fruto de iniciativa popular, mas resultado de emenda a projeto de lei. Registraram que, quando da renúncia do recorrente em 2001, dentre as consequências previstas para tal ato, não havia a inelegibilidade e que uma lei posterior não poderia buscar um fato pretérito para dele extrair consequências no presente.

b) Realçaram que a concessão de eficácia retroativa à lei implicaria aplicação casuística e personalizada.

c) Observaram que, na situação dos autos, após a renúncia, o recorrente obtivera da Justiça Eleitoral o deferimento dos registros e respectivas diplomações nas 2 eleições seguintes, sendo o candidato a Deputado Federal mais votado no Brasil. Indagaram como, à época, ele seria elegível e atenderia às formalidades legais e, nos dias atuais, considerado inelegível para exercer mandato, por essa mesma Justiça Eleitoral, tendo em conta aquela mesma renúncia que não o impedira de exercer os cargos de parlamentar federal.

d) Assim, entendiam que a norma impugnada teria atribuído a um ato lícito um caráter de ilicitude para efeito de privação da elegibilidade passiva, haja vista que a inelegibilidade, dessa forma, configuraria sanção de direito eleitoral restritiva do exercício ao direito fundamental de participação política.

e) Concluíram que a interpretação conferida pelo TSE afrontaria **não só o postulado fundamental inscrito no art. 16 da CR/88,** bem como aquele **que busca prestigiar a incolumidade** de situações já **consolidadas no passado.**

Com novo **empate,** um mês depois da decisão do **RE 630.147/DF,** voltou-se a discussão (debate) sobre a **decisão** ou **não decisão** com a suspensão do processo. O Plenário, rejeitou questão de ordem suscitada da tribuna pelo patrono do recorrente, no sentido de suspender o julgamento até a nomeação de novo Ministro para compor o Tribunal.

Porém, dessa vez, o STF usou uma das possibilidades de desempate (presente no seu Regimento Interno) nos termos do **informativo 606 do STF**: "(...) Por maioria, acatou-se proposta formulada pelo Min. Celso de Mello para que fosse aplicado, por analogia, ***o inciso II do parágrafo único do art. 205 do Regimento Interno do Supremo*** e, com isso, mantida a decisão recorrida ("Art. 205. Parágrafo único. O julgamento de mandado de segurança contra ato do Presidente do Supremo Tribunal Federal ou do Conselho Nacional da Magistratura será presidido pelo Vice-Presidente ou, no caso de ausência ou impedimento, pelo Ministro mais antigo dentre os presentes à sessão. Se lhe couber votar, nos termos do art. 146, I a III, e seu voto produzir empate, observar-se-á o seguinte: II – ***havendo votado todos os Ministros, salvo os impedidos ou licenciados por período remanescente superior a três meses, prevalecerá o ato impugnado.***"). Considerou-se a presunção de legitimidade dos atos estatais e o fato de que esse critério já teria sido adotado no julgamento da ADPF 46/DF (DJ de 26.2.2010). O Min. Celso de Mello salientou que a sugestão poderia ser adotada sem **prejuízo da convicção** de cada membro da Corte, haja vista que **em discussão a superação do impasse.** Foram rejeitados outros critérios, tais como o voto de qualidade do Presidente (RISTF, art. 13, IX), a convocação de Ministros do STJ e o art. 146, caput, do RISTF. Vencidos os Ministros Dias Toffoli, Gilmar Mendes e Marco Aurélio, que determinavam a aplicação do voto de qualidade do Presidente."[109]

A **conclusão** aqui, é de que os termos da **adequação ou não** da Lei Complementar 135/2010 às eleições de 2010, bem como, questões atinentes a sua constitucionalidade e efeitos (temporais) **deveriam aguardar** uma maioria, ainda que tímida de 6 Ministros (mas maioria!), pois na forma como se desenvolveu o posicionamento dos Ministros, as decisões teriam que recorrer (conforme observamos) ao Regimento Interno do STF (como no caso do RE n° 631.102) ou a outro meio presente no ordenamento jurídico.

Pois bem, essa complexa situação, começou a receber um desfecho com a posse em 2011 do **Ministro Luiz Fux** (11° Ministro). Certo é que, o seu posicionamento iria estabelecer a necessária maioria sobre o controverso tema, ora em debate. Assim sendo, em março de 2011, foi levado a plenário o RE n° 633.703 interposto por Leonídio Correa Bouças, candidato a Deputado Estadual no Estado de Minas Gerais e que teve seu registro negado com base na LC 135/2010.

---

109. RE 631.102/PA Rel. Min. Joaquim Barbosa, julg. em **29.09.2010**.

Certo é que, por maioria de votos (6x5 devido ao posicionamento do novo Ministro Luiz Fux), o Plenário do Supremo Tribunal Federal, decidiu que a Lei Complementar 135/2010 não deveria ser aplicada às eleições realizadas em 2010. O fundamento central foi, justamente, o desrespeito dessa **Lei Complementar** ao **artigo 16 da Constituição da República**, ou seja, a normatividade constitucional que trata da anterioridade da lei eleitoral (*princípio da anterioridade eleitoral*). No caso em questão, acompanharam o relator Ministro Gilmar Mendes, os eminentes Ministros Luiz Fux, Dias Toffoli, Marco Aurélio, Celso de Mello e Cezar Peluso (Presidente do STF). Temos ainda que, o STF reconheceu, por unanimidade, a Repercussão Geral da Questão, e autorizou que os Ministros apliquem, monocraticamente, o entendimento adotado no julgamento do **RE nº 633.703**, aos demais casos semelhantes, nos termos do art. 543 do antigo Código de Processo Civil.[110]

---

110. *Lei Complementar 135/2010, denominada lei da ficha limpa. Inaplicabilidade às eleições gerais 2010. Princípio da anterioridade eleitoral (art. 16 da constituição da república). I. O PRINCÍPIO DA ANTERIORIDADE ELEITORAL COMO GARANTIA DO DEVIDO PROCESSO LEGAL ELEITORAL. O pleno exercício de direitos políticos por seus titulares (eleitores, candidatos e partidos) é assegurado pela CF por meio de um sistema de normas que conformam o que se poderia denominar de devido processo legal eleitoral. Na medida em que estabelecem as garantias fundamentais para a efetividade dos direitos políticos, essas regras também compõem o rol das normas denominadas cláusulas pétreas e, por isso, estão imunes a qualquer reforma que vise a aboli-las. O art. 16 da Constituição, ao submeter a alteração legal do processo eleitoral à regra da anualidade, constitui uma garantia fundamental para o pleno exercício de direitos políticos. Precedente: ADI 3.685, Rel. Min. Ellen Gracie, julg. em 22.3.2006. A LC 135/2010 interferiu numa fase específica do processo eleitoral, qualificada na jurisprudência como a fase pré-eleitoral, que se inicia com a escolha e a apresentação das candidaturas pelos partidos políticos e vai até o registro das candidaturas na Justiça Eleitoral. Essa fase não pode ser delimitada temporalmente entre os dias 10 e 30 de junho, no qual ocorrem as convenções partidárias, pois o processo político de escolha de candidaturas é muito mais complexo e tem início com a própria filiação partidária do candidato, em outubro do ano anterior. A fase pré-eleitoral de que trata a jurisprudência desta Corte não coincide com as datas de realização das convenções partidárias. Ela começa muito antes, com a própria filiação partidária e a fixação de domicílio eleitoral dos candidatos, assim como o registro dos partidos no Tribunal Superior Eleitoral. A competição eleitoral se inicia exatamente um ano antes da data das eleições e, nesse interregno, o art. 16 da Constituição exige que qualquer modificação nas regras do jogo não terá eficácia imediata para o pleito em curso. II. O PRINCÍPIO DA ANTERIORIDADE ELEITORAL COMO GARANTIA CONSTITUCIONAL DA IGUALDADE DE CHANCES. Toda limitação legal ao direito de sufrágio passivo, isto é, qualquer restrição legal à elegibilidade do cidadão constitui uma limitação da igualdade de oportunidades na competição eleitoral. Não há como conceber causa de inelegibilidade que não restrinja a liberdade de acesso aos cargos públicos, por parte dos candidatos, assim como a liberdade para escolher e apresentar candidaturas por parte dos partidos políticos. E um dos fundamentos teleológicos do art. 16 da CF é impedir alterações no sistema eleitoral que venham a atingir a igualdade de participação no prélio eleitoral. III. O PRINCÍPIO DA ANTERIORIDADE ELEITORAL COMO GARANTIA CONSTITUCIONAL DAS MINORIAS E O PAPEL DA JURISDIÇÃO CONSTITUCIONAL NA DEMOCRACIA. O princípio da anterioridade eleitoral constitui uma garantia fundamental também destinada a assegurar o próprio exercício do direito de minoria parlamentar em situações nas quais, por razões de conveniência da maioria, o Poder Legislativo pretenda modificar, a qualquer tempo, as regras e critérios que regerão o processo eleitoral. A aplicação do princípio da anterioridade não depende de considerações sobre a moralidade da legislação. O art. 16 é uma barreira objetiva contra abusos e desvios da maioria, e dessa forma deve ser aplicado por esta Corte. A proteção das minorias parlamentares exige reflexão acerca do papel da Jurisdição Constitucional nessa tarefa. A Jurisdição Constitucional cumpre a sua função quando aplica rigorosamente, sem subterfúgios calcados em considerações subjetivas de moralidade, o princípio da anterioridade eleitoral previsto no art. 16 da CR, pois essa norma constitui uma garantia da minoria, portanto, uma barreira contra a atuação sempre ameaçadora da maioria. IV. RECURSO EXTRAORDINÁRIO CONHECIDO E PROVIDO. Recurso extraordinário conhecido para: a) reconhecer a repercussão geral da questão constitucional atinente à aplicabilidade da LC 135/2010 às eleições de 2010, em face do princípio da anterioridade eleitoral (art. 16 da CR), de modo a permitir aos Tribunais e Turmas Recursais do país a adoção dos procedimentos relacionados ao exercício de retratação ou declaração de inadmissibilidade dos recursos repetitivos, sempre que as decisões recorridas contrariarem ou se pautarem pela orientação ora firmada. b)*

Porém, o debate sobre a "Lei da Ficha Limpa" não parou por aí, visto que, após a decisão de sua não validade no pleito de 2010, outras questões ainda mereceriam o enfrentamento e decisão dos Ministros do STF.

Pois bem, essas questões foram aventadas na **ADI 4578** (ajuizada pela Confederação Nacional das Profissões Liberais – CNPL) contra o art. 1º, I, m, da LC 135/2010 ("Art. 1º São inelegíveis: I – para qualquer cargo: m) os que forem excluídos do exercício da profissão, por decisão sancionatória do órgão profissional competente, em decorrência de infração ético-profissional, pelo prazo de 8 (oito) anos, salvo se o ato houver sido anulado ou suspenso pelo Poder Judiciário") e na **ADC 29** (ajuizada pelo Partido Popular Socialista – PPS) e **ADC 30** (ajuizada pela OAB) ambas contra a integralidade da LC 135/2010.

O plenário do STF, iniciou os julgamentos dessas três ações em novembro de 2011, e finalizou os mesmos, em 16 de fevereiro de 2012. A discussão central envolveu os temas que ainda necessitavam de definição pelo Pretório Excelso, quais sejam:

a) Aplicação da LC 135/2010 nas eleições de 2012 (eleições municipais);

b) Análise da constitucionalidade da Lei frente ao Princípio da Presunção da Inocência;

c) Análise da constitucionalidade da Lei frente ao princípio da segurança jurídica bem como à figura jurídica da irretroatividade, na medida em que a referida Lei prevê sua aplicação de forma retroativa.

Certo é que em **16.02.2012** o Plenário do STF por posição majoritária (maioria de votos) de 7x4 julgou procedente as **ADCs 29 e 30** e improcedente a **ADI 4578**. Nesse sentido, prevaleceu o entendimento em favor da **constitucionalidade** da Lei Complementar 135/2010, que poderá **ser aplicada** nas eleições do ano de 2012, **alcançando atos e fatos ocorridos antes de sua vigência** (atos e fatos pretéritos).

Inicialmente, em novembro de 2011, nos termos do informativo 647 do STF, o Ministro relator Luiz Fux votou pela procedência parcial das ADCs e pela improcedência da ADI. Em seu voto, o ministro declarou a parcial constitucionalidade da LC 135/2010, fazendo uma ressalva na qual apontou a desproporcionalidade na fixação do prazo de 8 (oito) anos de inelegibilidade após o cumprimento da pena (prevista na alínea "e" da lei). Para ele, esse tempo deveria ser descontado do prazo entre a condenação e o trânsito em julgado da sentença (mecanismo da detração). Porém, a maioria dos Ministros que acompanharam o relator decidiram pela constitucionalidade da LC 135/2010 **sem a ressalva**, entendendo assim, que toda a lei seria constitucional.[111]

dar provimento ao recurso, fixando a não aplicabilidade da Lei Complementar n° 135/2010 às eleições gerais de 2010. (RE 633.703, Rel. Min. Gilmar Mendes, julg. em 23.03.2011, DJ, 18.11.2011)

111. Votaram pela constitucionalidade da LC 135/2010 os Ministros: **Luiz Fux, Joaquim Barbosa, Rosa Weber, Cármen Lúcia, Ricardo Lewandowsky, Ayres Britto, e Marco Aurélio**. Porém, o **Ministro Marco Aurélio** votou pela Constitucionalidade da Lei (incluindo sua aplicação nas Eleições de 2012), mas votou pela inconstitucionalidade da retroatividade da LC 135/2010 a fatos e atos pretéritos. Nesse sentido, afirmou em plenário que: "A lei não pode retroagir a atos e fatos jurídicos pretéritos a junho de 2010 – época em que a Lei Complementar 135 foi

Mas aqui, é importante salientar que existem outras questões a serem enfrentadas no que diz respeito a aplicação da LC 135/2010 (aliás novas questões sempre podem surgir em se tratando da dinâmica das relações sociais).

Uma delas é a discussão sobre legitimidade da aplicação retroativa da regra inscrita no artigo 1º, inciso I, alínea 'd', da LC 64/90, na redação dada pela LC 135/2010, que ampliou de três para oito anos o prazo da inelegibilidade, nas condenações por abuso do poder econômico ou político em ação de investigação judicial eleitoral, transitada em julgado.

A redação anterior do art. 1º, I, alínea "d", era a seguinte:

> Art. 1º São inelegíveis: I – para qualquer cargo: (...) d) os que tenham contra sua pessoa representação julgada procedente pela Justiça Eleitoral, transitada em julgado, em processo de apuração de abuso do poder econômico ou político, para a eleição na qual concorrem ou tenham sido diplomados, bem como para as que se realizarem 3 (três) anos seguintes;

Com a modificação presente na LC 135/2010, a redação passou a ser a seguinte:

> Art. 1º São inelegíveis: I – para qualquer cargo: (...) d) os que tenham contra sua pessoa representação julgada procedente pela Justiça Eleitoral, em decisão transitada em julgado ou proferida por órgão colegiado, em processo de apuração de abuso do poder econômico ou político, para a eleição na qual

editada – em razão da segurança jurídica. Vamos consertar o Brasil de forma prospectiva, e não forma retroativa, sob pena de não termos mais segurança jurídica". Sobre os votos divergentes, dos Ministros **Dias Toffoli, Gilmar Mendes, Celso de Mello e Cezar Peluso**, conforme o plenário do STF: *"A divergência foi aberta pelo ministro Dias Toffoli que, baseando seu voto no princípio da presunção de inocência, salientou que só pode ser considerado inelegível o cidadão que tiver condenação transitada em julgado (quando não cabe mais recurso). A Lei da Ficha Limpa permite que a inelegibilidade seja declarada após decisão de um órgão colegiado. O ministro invocou o artigo 15, inciso III, da Constituição Federal, que somente admite a suspensão de direitos políticos por sentença condenatória transitada em julgado. Com relação à retroatividade da lei, o ministro Dias Toffoli votou pela sua aplicação a fatos ocorridos anteriores à sua edição. O ministro Gilmar Mendes acompanhou a divergência aberta pelo ministro Dias Toffoli, mas em maior extensão. Para ele, a lei não pode retroagir para alcançar candidatos que já perderam seus cargos eletivos (de governador, vice-governador, prefeito e vice-prefeito) por infringência a dispositivo da Constituição estadual, da Lei Orgânica do Distrito Federal ou da Lei Orgânica dos municípios. Segundo o ministro Gilmar Mendes, a lei não pode retroagir para alcançar atos e fatos passados, sob pena de violação ao princípio constitucional da segurança jurídica (art. 5º, inciso XXXVI). O decano do Supremo Tribunal Federal, ministro Celso de Mello, votou pela inconstitucionalidade da regra da Lei Complementar 135/10, a Lei da Ficha Limpa, que prevê a suspensão de direitos políticos sem decisão condenatória transitada em julgado. "Não admito possibilidade que decisão ainda recorrível possa gerar hipótese de inelegibilidade", disse. Ele também entendeu, como o ministro Marco Aurélio, que a norma não pode retroagir para alcançar fatos pretéritos, ou seja, fatos ocorridos antes da entrada em vigor da norma, em junho de 2010. Para o decano, isso ofende o inciso XXXVI do artigo 5º da Constituição Federal, que determina o seguinte: "a lei não prejudicará o direito adquirido, o ato jurídico perfeito e a coisa julgada". Segundo o ministro Celso de Mello, esse dispositivo é parte do "núcleo duro" da Constituição e tem como objetivo impedir formulações casuísticas de lei. O presidente do Supremo Tribunal Federal, ministro Cezar Peluso, votou no sentido de que a Lei Complementar 135/2010, ao dispor sobre inelegibilidade, não pode alcançar fatos ocorridos antes de sua vigência. Isso porque, para o presidente a inelegibilidade seria, sim, uma restrição de direitos. O ministro Peluso disse concordar com o argumento de que o momento de aferir a elegibilidade de um candidato é o momento do pedido de registro de candidatura. Ele frisou que o juiz eleitoral tem que estabelecer qual norma vai aplicar para fazer essa avaliação. Para o ministro, deve ser uma lei vigente ao tempo do fato ocorrido, e não uma lei editada posteriormente".* (STF, Plenário: julgamento em 16.02.2012)

> concorrem ou tenham sido diplomados, bem como para as que se realizarem nos 8 (oito) anos seguintes.

Portanto, restou claro que uma das alterações promovidas pela Lei da Ficha Limpa foi a ampliação, de 3 para 8 anos, do prazo de inelegibilidade para os casos em que o político é condenado por abuso de poder econômico ou político. Aliás, nesse tópico é importante também trazermos o art. 22, XIV da LC 64/90 antes da Lei da Ficha Limpa e depois da referida Lei.

Antes da LC 135/2010, o art. 22 da LC 64/90 tinha a seguinte redação:

> Art. 22 (...) XIV – julgada procedente a representação, o Tribunal declarará a inelegibilidade do representado e de quantos hajam contribuído para a prática do ato, cominando-lhes sanção de inelegibilidade para as eleições a se realizarem nos 3 (três) anos subsequentes à eleição em que se verificou, além da cassação do registro do candidato diretamente beneficiado pela interferência do poder econômico e pelo desvio ou abuso do poder de autoridade, determinando a remessa dos autos ao Ministério Público Eleitoral, para instauração de processo disciplinar, se for o caso, e processo-crime, ordenando quaisquer outras providências que a espécie comportar.

Com ao advento da LC 135/2010, a redação se alterou para:

> Art. 22 (...) XIV – julgada procedente a representação, ainda que após a proclamação dos eleitos, o Tribunal declarará a inelegibilidade do representado e de quantos hajam contribuído para a prática do ato, cominando-lhes sanção de inelegibilidade para as eleições a se realizarem nos 8 (oito) anos subsequentes à eleição em que se verificou, além da cassação do registro ou diploma do candidato diretamente beneficiado pela interferência do poder econômico ou pelo desvio ou abuso do poder de autoridade ou dos meios de comunicação, determinando a remessa dos autos ao Ministério Público Eleitoral, para instauração de processo disciplinar, se for o caso, e de ação penal, ordenando quaisquer outras providências que a espécie comportar.

A questão central que se coloca é a seguinte: seria possível aplicar o prazo de 8 anos de inelegibilidade, introduzido pela LC 135/2010, às condenações por abuso de poder econômico, mesmo nos casos em que o processo já tenha transitado em julgado quando a Lei da Ficha Limpa entrou em vigor?

Certo é que uma coisa é a LC 135/2010 ser aplicada a atos e fatos pretéritos a ela (conforme já decidido e citado anteriormente), outra coisa é a discussão sobre a possibilidade de a ampliação da inelegibilidade de 3 para 8 anos poder alcançar decisões já transitadas em julgado em que já foram cumpridos os 3 anos de inelegibilidade. Aqui vamos dividir a resposta em dois momentos:

1º) Momento: em 08.01.2015 o Ministro Ricardo Lewandowski, em sede liminar (AC 3786), decidiu monocraticamente que o aumento do prazo de inelegibilidade não poderia prejudicar a coisa julgada, ou seja, quem já havia terminado de cumprir um período de inelegibilidade de três anos, antes da alteração da Lei Complementar

(LC) 135/2010, pela hipótese da alínea "d", não pode ter tal prazo ampliado para oito anos.[112]

2º) Momento: o Pleno do STF no **RE nº 929.670** em **01.03.2018** vai resolver de forma definitiva essa questão. Na ocasião, o Plenário concluiu julgamento do recurso extraordinário em que se discutiu a possibilidade de aplicação da causa de inelegibilidade prevista no art. 1º, I, "d", da LC 64/1990, com a redação dada pela LC 135/2010, à hipótese de representação eleitoral julgada procedente e transitada em julgado antes da entrada em vigor da LC 135/2010, que aumentou de 3 para 8 anos o prazo de inelegibilidade.

Entendeu o STF que seria, sim, possível aplicar o prazo de 8 anos de inelegibilidade, introduzido pela LC 135/2010, às condenações por abuso de poder econômico, mesmo nos casos em que o processo já tenha transitado em julgado quando a Lei da Ficha Limpa entrou em vigor.

Sobre o tema, o STF fixou a seguinte **tese de *repercussão geral***: A condenação por abuso do poder econômico ou político em ação de investigação judicial eleitoral, transitada em julgado, "ex vi" do artigo 22, inciso XIV, da Lei Complementar 64/90, em sua redação primitiva, é apta a atrair a incidência da inelegibilidade do artigo 1º, inciso I, alínea "d", na redação dada pela Lei Complementar 135/2010, aplicando-se a todos os processos de registros de candidatura em trâmite.[113]

Portanto, o fato de a condenação nos autos de representação por abuso de poder econômico ou político haver transitado em julgado, ou mesmo já haver transcorrido o prazo da sanção de três anos, imposta por força de condenação pela

---

112. *"O presidente do Supremo Tribunal Federal, ministro Ricardo Lewandowski, ao analisar um pedido de liminar na Ação Cautelar 3786, entendeu que o aumento do prazo de inelegibilidade não pode prejudicar a coisa julgada, ou seja, quem já havia terminado de cumprir um período de inelegibilidade de três anos, antes da alteração da Lei Complementar (LC) 135/2010, pela hipótese da alínea 'd', não pode ter tal prazo ampliado para oito anos. Com esse entendimento, o ministro Lewandowski suspendeu os efeitos de decisão da Justiça Eleitoral que negou o registro de candidatura de Clésio Salvaro (PSDB-SC), "até julgamento da questão constitucional pelo Plenário desta Suprema Corte", e determinou sua "posse imediata no cargo de prefeito de Criciúma-SC, para o qual foi reeleito com 76,48% dos votos válidos, em respeito à manifestação da soberania popular no pleito de 2012". Salvaro foi considerado inelegível pelo prazo de três anos, por abuso de poder político, por conta da realização de cerimônia de casamento coletivo, com a colaboração do Tribunal de Justiça de Santa Catarina. O acórdão do Tribunal Regional Eleitoral catarinense, que condenou Salvaro, transitou em julgado em abril de 2009, sem que houvesse qualquer recurso contra o prazo de inelegibilidade. Ao analisar o caso, o presidente do STF destacou que "o tema constitucional versado nestes autos consiste em saber se a coisa julgada, em uma representação eleitoral transitada em julgado antes da alteração normativa, com sanção de inelegibilidade fixada em três anos e base específica no inciso XIV do artigo 22 da Lei de Inelegibilidades, pode ser desconstituída com fulcro em alteração legislativa superveniente, tendo em conta o que assegura o artigo 5º, XXXVI, da CR, in verbis: "a lei não prejudicará o direito adquirido, o ato jurídico perfeito e a coisa julgada". "No caso destes autos verifico que a situação é realmente excepcional e se reveste da maior singularidade político-jurídica, uma vez que o autor foi reeleito para o cargo de prefeito do município de Criciúma-SC, com 76,48% dos votos válidos, encontrando-se impedido de exercer o mandato legitimamente conferido pela vontade das urnas, por conta de decisão da Justiça Eleitoral que desconstituiu acórdão de 2009 já coberto pelo manto sagrado da coisa julgada (art. 5º, XXXVI, da CR), com fulcro em alteração legislativa superveniente que modificou o teor do artigo 22, XIV, da LC 64/90, dispositivo que serviu de base, ressalte-se, ao tempo dos fatos e em sua redação originária, para o decreto judicial transitado em julgado, o qual aplicou a sanção de inelegibilidade pelo prazo de três anos, de resto integralmente cumprido".*

113. **RE 929670/DF**, STF. Plenário. Red. p/ o ac. Min. Luiz Fux, julg em **01.03.2018** (Informativo 892)

Justiça Eleitoral, não afasta a incidência da inelegibilidade constante da alínea "d" do inciso I do art. 1º da LC 64/90, cujo prazo passou a ser de 8 anos.[114]

Aqui é interessante observarmos os fundamentos trabalhados pelo STF na decisão, visto que, no recurso extraordinário, foram aventadas as seguintes alegações: a) a inelegibilidade constitui espécie de sanção, razão pela qual a mudança legislativa não poderia retroagir por se tratar de lei mais grave (art. 5º, XXXVI, CR/88); b) ofensa à coisa julgada.

Afirmou o STF que o objetivo da Lei da Ficha Limpa foi o de proteger a probidade administrativa, a moralidade para exercício de mandato, considerada a vida pregressa do candidato, e a normalidade e legitimidade das eleições contra a influência do poder econômico ou do poder político, sendo, portanto, de um verdadeiro "Estatuto da Moralidade do Processo Eleitoral". Nesses termos, o STF teria o dever de afastar interpretações que enfraqueçam os propósitos republicanos e moralizadores da Lei da Ficha Limpa.

Além disso, o Min. Luiz Fux sustentou que as hipóteses de inelegibilidade não apresentam caráter sancionatório. Como exemplo, ele cita o caso do art. 14, § 4º, da CR/88, que prevê a inelegibilidade dos analfabetos. Ora, o objetivo do legislador constituinte não foi o de punir os analfabetos, não se podendo, portanto, dizer que se trata de uma sanção. A inelegibilidade ostenta natureza jurídica de "requisito negativo de adequação do indivíduo ao regime jurídico do processo eleitoral". Logo, as hipóteses de inelegibilidade previstas na LC 64/90 não possuem caráter sancionatório ou punitivo, mesmo no caso descrito no art. 22, XIV, da LC 64/90 com redação dada pela LC 135/2010. Não existe no ordenamento jurídico brasileiro a figura da inelegibilidade-sanção.[115]

---

114. Conforme Márcio André Lopes: "*Imagine agora a seguinte situação adaptada: João concorreu ao cargo de Vereador e foi condenado, nos autos de representação eleitoral por abuso de poder econômico e compra de votos por fatos ocorridos em 2004. Naquela época não havia ainda a Lei da Ficha Limpa. Vigorava a redação originária do art. 1º, I, 'd', da LC 64/90. Logo, a Justiça Eleitoral determinou que João ficasse inelegível por 3 anos. O processo transitou em julgado em 2004 e João cumpriu os 3 anos de inelegibilidade, conforme havia sido determinado. Nas eleições de 2008, já livre da inelegibilidade, ele concorreu e foi eleito para o cargo de Vereador. Ele conseguiu concorrer porque já havia passado o prazo de 3 anos (2004 + 3 = 2007). Nas eleições de 2012, ele tentou concorrer novamente ao mandato de Vereador, mas seu registro foi indeferido sob o argumento de que entrou em vigor a Lei da Ficha Limpa e que aquela sua condenação (que já transitou em julgado e que ele já cumpriu) aumentou de 3 para 8 anos. Assim, segundo a nova redação do art. 1º, I, 'd', da LC 64/90, ele teria que ficar inelegível de 2004 até 2012 (2004 + 8 = 2012). Resumindo: • em 2004, João praticou abuso de poder econômico e foi condenado a uma inelegibilidade de 3 anos, conforme previa a redação originária do art. 1º, I, 'd', da LC 64/90. • esse processo transitou em julgado e, em 2007, João terminou de cumprir o prazo de inelegibilidade para o qual foi condenado. • em 2010, a Lei da Ficha Limpa (2010) aumentou a punição prevista no art. 1º, I, 'd', da LC 64/90 de 3 para 8 anos. • a Justiça Eleitoral entendeu que, mesmo a Lei da Ficha Limpa tendo entrado em vigor após o fato praticado por João, este novo diploma deveria ser aplicado ao caso concreto. Logo, a inelegibilidade de João, que era de 3 anos (e que acabou em 2007), subiria para 8 anos (e a proibição permaneceria para as eleições de 2012).*" In: *Dizer o Direito*, Inf. 892.

115. Segundo o Min. Fux, houve uma atecnia do legislador, ou seja, uma falha de técnica legislativa ao se afirmar que a inelegibilidade do art. 22, XIV seria uma hipótese de sanção. Além disso, a natureza de um instituto jurídico não deve ser interpretada pelo seu "rótulo legal", mas sim a partir da análise dos efeitos jurídicos que efetivamente dele advêm.

Sobre a questão da retroatividade, afirmou Fux que "a aplicabilidade da Lei Complementar nº 135/10 a processo eleitoral posterior à respectiva data de publicação é uma hipótese clara e inequívoca de ***retroatividade inautêntica*** (*ou retrospectividade*), ao estabelecer limitação prospectiva ao *ius honorum* (o direito de concorrer a cargos eletivos) com base em fatos já ocorridos.

Portanto, não se trata de uma ***retroatividade máxima***[116] que em regra é vedada ao legislador infraconstitucional (nem mesmo se trata de retroatividade mínima[117] que é a regra em nosso ordenamento). A situação jurídica do indivíduo – condenação por colegiado ou perda de cargo público, por exemplo – estabeleceu-se em momento anterior, mas seus efeitos perdurarão no tempo. Portanto, ainda que se considere haver atribuição de efeitos, por lei, a fatos pretéritos, cuida-se de hipótese de ***retrospectividade***. Ou seja, trata-se, nos dizeres do Ministro, tão somente, de imposição de um novo requisito negativo para a que o cidadão possa candidatar-se a cargo eletivo, que não se confunde com agravamento de pena ou com *bis in idem*." Assim sendo, a ***retrospectividade*** é o fenômeno em que a nova lei atribui novos efeitos jurídicos, a partir de sua edição, a fatos ocorridos anteriormente.

Sobre a possível violação à **coisa julgada** entendeu o STF que a imposição do prazo de inelegibilidade configura uma relação jurídica continuativa, para a qual a coisa julgada opera sob a cláusula *rebus sic stantibus*. A decisão que reconhece a inelegibilidade somente produzirá seus efeitos na esfera jurídico-eleitoral do condenado se este vier a formalizar registro de candidatura em eleições vindouras. Nesses termos, verificado o exaurimento do prazo de 3 anos, previsto na redação originária do art. 22, XIV, da LC 64/90 alterada pela LC 135/2010 por decisão transitada em julgado, é perfeitamente possível que o legislador infraconstitucional proceda ao aumento dos prazos, o que impõe que o agente da conduta abusiva fique inelegível por mais 5 anos, totalizando os 8 anos, sem que isso implique ofensa à coisa julgada, que se mantém incólume.

Aqui é interessante salientar que o STF referendou seu posicionamento fixado **RE 929670/DF** em sede de repercussão geral, em 2019 no ARE 1180658 AgR/RN. Nesses termos:

> A Primeira Turma, em conclusão de julgamento e por maioria, deu provimento a agravo regimental para negar provimento a recurso extraordinário no qual se discutia a incidência da Lei Complementar 135/2010 (Lei da Ficha Limpa)

116. Ocorre quando a lei nova retroage para atingir fatos passados sem qualquer empecilho, mesmo que eles já estejam consumados. Se a retroatividade é máxima, a lei atinge, inclusive, direito adquirido, ato jurídico perfeito ou coisa julgada. Ex.: na época da celebração do contrato, os juros de mora eram de 6% ao ano; veio uma nova lei aumentando para 12%; pela retroatividade máxima, essa mudança produz efeitos inclusive sobre as prestações já pagas. LOPES CAVALCANTI, Márcio André, *Dizer o Direito*, informativo 892 do STF.
117. Ocorre quando a lei nova atinge efeitos futuros de fatos praticados no passado. Ex.: na época da celebração do contrato, os juros de mora eram de 6% ao ano; veio uma nova lei aumentando para 12%; pela retroatividade mínima, essa mudança produz efeitos sobre as prestações futuras; as prestações já pagas e as prestações em aberto continuam com os juros anteriores. LOPES CAVALCANTI, Márcio André, *Dizer o Direito*, informativo 892 do STF.

em relação à eleição de candidato ao cargo de prefeito no pleito de 2016. O candidato foi condenado pela prática de abuso de poder e captação ilícita de votos, por sentença, transitada em julgado em 10.9.2010, que decretou a sua inelegibilidade pelo prazo de três anos (Informativos 935 e 950). Na espécie, o recurso extraordinário impugnava acórdão do Tribunal Superior Eleitoral (TSE) que reputou o candidato inelegível no pleito de 2016, em razão da aplicação da tese (1) fixada pelo Supremo Tribunal Federal (STF) no RE 929.670 (Tema 860 da repercussão geral). O TSE assentou que o candidato foi condenado por ter, na qualidade de prefeito, praticado abuso de poder em benefício de candidatos a prefeito e vice-prefeito nas eleições de 2008. Afirmou que o exaurimento do prazo da inelegibilidade, considerada a data da eleição em que praticado o abuso (5.10.2008), ocorreu no dia 5.10.2016. Portanto, o recorrido estava inelegível na data do pleito de 2016 (2.10.2016). A Turma considerou aplicável a Lei da Ficha Limpa, que prevê oito anos de inelegibilidade para quem tenha tido o mandato cassado por abuso de poder, inclusive para eleições subsequentes. Sublinhou que a inelegibilidade não é uma sanção, mas um requisito estabelecido pela lei. Aquele que não cumprir o prazo de oito anos, em razão da aplicabilidade da lei, não preenche pressuposto necessário para voltar a ser elegível. Dessa forma, não há ofensa à coisa julgada.[118]

Por fim, sobre o tema da Lei da Ficha Limpa, temos que o STF, recentemente, entendeu que **não é possível** fazer uma interpretação extensiva do art. 1º, I, "g", da LC 64/90 para dizer que a simples violação da Lei de Licitações configura ato doloso de improbidade administrativa e que, portanto, caracteriza essa hipótese de inelegibilidade.[119]

Nesses termos, o já citado na obra, art. 1º, I, "g", da LC 64/90 (alterado pela LC 135/2010) prevê que são inelegíveis para qualquer cargo os que tiverem suas contas rejeitadas pelo Tribunal de Contas "por irregularidade insanável que configure ato doloso de improbidade administrativa". Com isso, a rejeição de contas só geraria a inelegibilidade se a irregularidade insanável que for detectada configurar ato doloso de improbidade administrativa.

No caso concreto, para o STF, o TSE realizou interpretação extensiva da cláusula de inelegibilidade para pressupor que a simples afronta à Lei de Licitações implicaria a caracterização do ato doloso de improbidade, o que se revela em desacordo com o texto constitucional e com a jurisprudência do Supremo Tribunal Federal.[120]

118. Vencidos os ministros Alexandre de Moraes (relator) e Marco Aurélio, que negaram provimento ao agravo interno. *Pontuaram que o caso em análise não se amolda ao precedente firmado pelo Plenário no qual fixada a referida tese da repercussão geral. Explicaram que, no precedente, o candidato tivera seu registro indeferido nas instâncias de origem e participara do pleito eleitoral por força de decisões judiciais meramente provisórias. No presente caso, o candidato concorreu às eleições municipais de 2016 amparado por duas decisões judiciais, anteriores à disputa, que rejeitaram as impugnações e deferiram seu pedido de registro de candidatura. Concluíram que a reversão da situação, após duas instâncias da Justiça Eleitoral permitirem que o candidato concorresse, geraria insegurança jurídica e ofenderia a coisa julgada.* ARE 1180658 AgR/RN, Red. p/ o ac. Min. Rosa Weber, julg. em 10.09.2019 (Informativo 951).

119. ARE 1197808 AgR-segundo e terceiro/SP, STF. 2ª Turma. Rel. Min. Gilmar Mendes, julgado em 03.03.2020.

120. Nesses termos: (...) *2. A norma constitucional prevista no § 4º do art. 37 exigiu tratamentos sancionatórios diferenciados entre os atos ilícitos em geral (civis, penais e político-administrativos) e os atos de improbidade administrativa, com determinação expressa ao Congresso Nacional para edição de lei específica (Lei 8.429/1992), que não punisse a mera ilegalidade, mas sim a conduta ilegal ou imoral do agente público voltada para a corrupção, e a de todo aquele*

Isso porque, ao se manifestar acerca do § 4º do art. 37 da Constituição Federal, o STF procedeu à devida distinção entre ***ato meramente ilegal*** e ***ato ímprobo***, exigindo para este último, uma qualificação especial: *lesar o erário ou, ainda, promover enriquecimento ilícito ou favorecimento contra legem de terceiro.*[121]

Nesse sentido, para o STF, o ato de improbidade administrativa não pode ser presumido pelo simples descumprimento da Lei de Licitações. Deve ser comprovado o especial fim de agir do agente público a depender do tipo enquadrado.[122]

Ainda no que tange às **inelegibilidades**, não poderíamos finalizar, **sem trabalharmos** com o **art. 14 § 8º da CR/88**. Este, diz respeito à figura do **militar**. Estabelece a **Constituição** que o militar no Brasil tem o direito de votar e ser votado, sendo, portanto, alistável e dotado de possibilidade de ser eleito. O problema em torno do militar se relaciona com a impossibilidade do militar da ativa ser (continuamente) filiado a partido político. Isso se depreende da exegese **do art. 142 § 3º, V**, da CR/88, que preleciona: **§ 3º:** Os membros das Forças Armadas são denominados militares, aplicando-se-lhes, além das que vierem a ser fixadas em lei, as seguintes disposições: V – o militar, enquanto em serviço ativo, não pode estar filiado a partidos políticos.[123]

Nesse sentido, a saída para uma aparente contradição (o militar não poder ser filiado e o militar poder se eleger) foi desenvolvida com a interpretação pelo TSE de que o art. 14, § 3º, V (requisito para a elegibilidade: filiação partidária), para os militares seria praticado a partir do registro da candidatura.

Assim sendo, ele não necessitaria de estar filiado no prazo comum de 1 ano antes da eleição, mas somente se daria sua filiação ao partido no momento do registro da candidatura e permaneceria filiado até a diplomação ou regresso às Forças

---

que o auxilie, no intuito de prevenir a corrosão da máquina burocrática do Estado e de evitar o perigo de uma administração corrupta caracterizada pelo descrédito e pela ineficiência. (...) STF. Plenário. RE 976566, Rel. Min. Alexandre de Moraes, julg. em 13.09.2019 (repercussão geral – Tema 576).

121. ARE 1197808 AgR-segundo e terceiro/SP, STF. 2ª Turma. Rel. Min. Gilmar Mendes, julgado em 03.03.2020.
122. Informativo 968: *Não se coaduna com a jurisprudência do STF e o posicionamento do Superior Tribunal de Justiça a conclusão de que a ausência ou dispensa indevida de licitação é considerada irregularidade insanável que configura ato doloso de improbidade administrativa, sendo conduta apta a atrair a inelegibilidade previstas no art. 1º, I, g, da LC 64/1990. O relator ressaltou que o fato de a ausência de licitação para a contratação de serviços de telefonia haver sido objeto de ressalva pela Controladoria Geral da União, desde 2009, não configura argumento suficiente para amparar que se trata de ato de improbidade administrativa doloso. Reiterou que não se deve confundir ilegalidade ou incompetência com ato de improbidade administrativa. Ausente o reconhecimento de dano e a clara existência de dolo, não subsiste a conclusão extraída pelo TSE. Ademais, o TCU, em sede de recurso de revisão, aprovou, com ressalva, as contas do recorrente e afastou as multas a ele impostas. Embora a decisão superveniente reforce a inadequação da interpretação dada pelo TSE ao caso, a bem da verdade, antes mesmo disso, já era incontroverso que a posição inicial do TCU não firmava a ocorrência de ato doloso ou de dano ao erário apto a amparar a incidência da aludida alínea. A decisão do TRE e a do TSE reconheceram essa circunstância, daí não há que se falar em necessidade de revolvimento fático-probatório. Em arremate, consignou que a decisão do TSE é originariamente acoimada de inconstitucionalidade, não havendo que se falar também em limitação para ocorrência de fato superveniente.* ARE 1197808 AgR-segundo e terceiro/SP, STF. 2ª Turma. Rel. Min. Gilmar Mendes, julgado em 03.03.2020 (Informativo 968).
123. Essa proibição também atinge os militares dos Estados, do Distrito Federal e Territórios nos moldes do art. 42 § 1º da CR/88.

Armadas. Mas não é só isso, pois o texto constitucional ainda afirma que o militar que, como explicitado, é alistável e elegível, deve atender as seguintes condições: **a)** se contar menos de dez anos de serviço, deverá afastar-se (definitivamente) da atividade; **b)** se contar mais de dez anos de serviço, será agregado (afastado temporariamente) pela autoridade superior e, se eleito, passará automaticamente, no ato da diplomação, para a inatividade.[124]

8. PERDA OU SUSPENSÃO DOS DIREITOS POLÍTICOS

No Brasil, além das inelegibilidades, há a perda ou suspensão dos direitos políticos. Assim sendo, essas possibilidades também fazem parte do que alguns doutrinadores chamam de direitos políticos negativos.

A diferença entre as inelegibilidades e a perda ou suspensão dos direitos políticos diz respeito à extensão da perda de capacidade eleitoral. Enquanto nas inelegibilidades perde-se apenas a capacidade eleitoral passiva (elegibilidade), na perda ou suspensão dos direitos políticos perde-se a capacidade eleitoral ativa e a passiva, ou seja, respectivamente o direito de votar e ser votado (elegibilidade).

Certo é que no nosso Estado Democrático, expressado na Constituição de 1988, os direitos políticos jamais poderão ser cassados (conforme o art. 15 da CR/88), podendo-se apenas serem perdidos ou suspensos. A diferença será que na perda há o caráter de definitividade, e na suspensão os direitos políticos são temporariamente afastados. Portanto, a perda é definitiva e a suspensão é temporária. Porém, é mister salientar uma confusão que aqui ocorre e que não raro é olvidada em nossos manuais, que diz respeito à possibilidade de retorno dos direitos políticos que pode ocorrer não só no caso da suspensão, mas também no caso da perda. Na suspensão, passado o motivo (impeditivo), o indivíduo volta a usufruir dos seus direitos políticos, e na perda ele pode, se for o caso, readquirir o que havia perdido.[125]

A Constituição atual, no seu **art. 15**, apresenta hipóteses de perda ou de suspensão dos direitos políticos,[126] porém, ela não especifica quando ocorre a perda

---

124. Corroborando com nosso posicionamento, observamos recente decisão do STF no **RE 279.469/RS**, julg. em **16.03.2011**: Servidor Público. Militar alistável. Elegibilidade. Policial da Brigada Militar do Rio Grande do Sul, com menos de 10 (dez) anos de serviço. Candidatura a mandato eletivo. Demissão oficial por conveniência do serviço. Necessidade de afastamento definitivo, ou exclusão do serviço ativo. Pretensão de reintegração no posto de que foi exonerado. Inadmissibilidade. Situação diversa daquela ostentada por militar com mais de 10 (dez) anos de efetivo exercício. Mandado de segurança indeferido. Recurso extraordinário provido para esse fim. Interpretação das disposições do art. 14, § 8º, I e II, da CF. Voto vencido. Diversamente do que sucede ao militar com mais de dez anos de serviço, deve afastar-se definitivamente da atividade, o servidor militar que, contando menos de dez anos de serviço, pretenda candidatar-se a cargo eletivo. (RE 279.469, Rel. Min. Cezar Peluso)

125. Um exemplo é a Resolução nº 19.875 do TSE que posteriormente foi modificada pela Resolução nº 19.975. Nesse sentido: "Aquele que estiver com a inscrição cancelada, por ter perdido seus direitos políticos, ou suspensa, por estar com seus direitos políticos suspensos, cessado o motivo ensejador da privação, poderá regulamentar sua situação junto a Justiça Eleitoral." (MORAES, Alexandre de, Direito constitucional, 2008, p. 234).

126. As hipóteses de perda e suspensão são previstas de forma taxativa na Constituição (não podendo ser estabelecidas por legislação ordinária), embora não só no art. 15, pois no art. 12 temos também caso de perda de direitos políticos.

ou a suspensão, ou seja, quais seriam os casos de perda ou de suspensão. Assim sendo, conforme a interpretação doutrinária e jurisprudencial, entende-se que a **perda** (privação definitiva) poderá ocorrer nos seguintes casos:

1) Condenação transitada em julgado em ação de cancelamento de naturalização pela prática de atividade nociva ao interesse nacional.[127]

2) Escusa de consciência, conforme o art. 5º, VIII da CR/88, que preleciona que: *"ninguém será privado de direitos por motivo de crença religiosa ou de convicção filosófica ou política, salvo se as invocar para eximir-se de obrigação legal a todos imposta e recusar-se a cumprir prestação alternativa, fixada em lei."* Portanto, para que ocorra tal perda, teremos que ter a junção de dois requisitos presentes no texto constitucional: a) descumprimento de obrigação a todos imposta; b) não cumprimento da prestação alternativa fixada em lei. Aqui, obviamente, ficamos na dependência da edição de lei para a regulamentação da prestação alternativa, pois do contrário não haverá obstaculização dos direitos políticos.[128]

Além dessas hipóteses previstas no art. 15 da CR/88, existem outros casos de perda (estes, apesar de não alocados no art. 15, também estão previstos na CR/88) de direitos políticos:

3) O art. 12 § 4º, II, nos apresenta a situação (já no livro trabalhada) de perda de nacionalidade por aquisição voluntária de outra. Nesse sentido, após a decretação administrativa pelo Presidente da República da perda da nacionalidade, o indivíduo se torna estrangeiro perdendo seus direitos políticos.[129]

4) Temos também a possibilidade da anulação judicial de procedimento de naturalização em virtude de algum tipo de vício (erro, dolo, fraude, simulação ou coação), que irá fazer com que a pessoa retorne ao ***status*** de estrangeiro, perdendo assim os direitos políticos que tinha adquirido.

Passamos agora à análise das hipóteses de **suspensão** (privação temporária) dos direitos políticos:

127. Ocorrendo a condenação transitada em julgado (pelo Poder Judiciário), o indivíduo retorna à condição de estrangeiro, deixando com isso de ter os direitos políticos. Aqui existe uma possibilidade de o indivíduo readquirir os direitos políticos, conforme já estudamos, e esta se dará via ação rescisória julgada procedente. Com isso, o estrangeiro iria retornar à condição de brasileiro naturalizado, readquirindo os direitos políticos.

128. No caso, por exemplo, do serviço militar obrigatório, a lei atualmente em tela que regulamenta o dispositivo constitucional é a nº 8.239/91. É interessante salientarmos, no que diz respeito a essa hipótese, que ***existe divergência doutrinária sobre ser caso de perda ou de suspensão dos direitos políticos.*** Para alguns (Por exemplo, José Afonso da Silva, 2007), seria caso de suspensão em virtude de a Lei *regulamentadora acima citada expressamente se referir à suspensão no caso do não cumprimento de obrigação legal* e da prestação alternativa em razão de escusa de consciência (a nosso ver uma interpretação literal). Porém, ficamos com a doutrina pátria, *que entende ser caso de perda, na medida em que o não cumprimento da prestação alternativa coloca o indivíduo na condição de só poder readquirir* ***os direitos políticos quando do cumprimento das obrigações não cumpridas***. MORAES, Alexandre de, Direito constitucional, 2008, p. 234.

129. Nesses termos, temos alguns julgados do TSE, como, por exemplo: TSE – Pleno Processo DP nº 2397/01 – CGE/DF – Protocolo: 14.939/01, Rel. Min. Garcia Vieira, DJ, Seção I, 10.10.2001, p. 95.

1) Indivíduo que sofre **condenação penal** (diga-se, de qualquer tipo, incluindo crime dolosos, culposos[130] com ou sem pena privativa de liberdade e até mesmo contravenção penal) transitado em julgado.[131] Certo é que, com a condenação, os direitos políticos serão suspensos[132] até a extinção da punibilidade (portanto, mesmo que exista a suspensão condicional da pena, ou seja, ***sursis***, ele permanecerá com os direitos políticos suspensos). Nesse sentido, é a exegese da **Súmula nº 9 do TSE** que preleciona: *"A suspensão de direitos políticos decorrente de condenação criminal transitada em julgado cessa com o cumprimento ou extinção da pena, independendo de reabilitação ou de prova de reparação de danos."*

Aqui é importante ressaltar, que o STF já decidiu que a suspensão de direitos políticos prevista no art. 15, III, da CR/88, aplica-se também no caso de substituição da pena privativa de liberdade pela restritiva de direitos. Ou seja, havendo condenação criminal transitada em julgado, a pessoa condenada fica com seus direitos políticos suspensos tanto no caso de pena privativa de liberdade como na hipótese de substituição por pena restritiva de direitos.[133]

Afirmou o STF, no informativo 939, que na história das constituições brasileiras, somente a Constituição de 1824 restringia a aplicabilidade da suspensão dos direitos políticos às hipóteses de sentença condenatória a pena privativa de liberdade (Constituição de 1824, art. 8, II). A partir da Constituição republicana de 1891, até a atual, não há mais essa diferenciação.

---

130. O TRE de São Paulo já externalizou posicionamento no sentido de não considerar os crimes culposos suscetíveis de suspensão dos direitos políticos (Acórdão nº 112.985 Rel. Juiz Mathias Coltro). Porém o STF não adotou esse posicionamento. Entende o Pretório Excelso que mesmo os crimes culposos são suscetíveis de suspensão dos direitos políticos. (Rext. nº 179.502/SP)
131. Questão interessante envolve a chamada absolvição (e não condenação!) em virtude de "sentença absolutória imprópria", com aplicação de medida de segurança. A pergunta é: os direitos políticos das pessoas submetidas à medida de segurança em razão da prática de infração pela qual não puderam ser responsabilizadas (em virtude da inimputabilidade do art. 26 do CP) serão ou não suspensos? Sem dúvida esse tema não encontra expressão literal no texto constitucional. A resposta foi engendrada pelo TSE e é assim descrita na doutrina: *"A interpretação, constitucional guiada por um pensamento de possibilidades abre-nos novas alternativas para preencher essa aparente lacuna constitucional. O ethos constitucional que atua como substrato axiológico do elenco de hipóteses de suspensão dos direitos políticos legitima a interpretação extensiva dos incisos II e III do art. 15, para abranger, além dos casos expressos, aqueles em que existe absolvição criminal imprópria, com a aplicação de medida de segurança aos indivíduos inimputáveis, em razão de desenvolvimento mental incompleto ou retardado. Essa orientação foi adotada pelo TSE no PA 19.297."* MENDES; COELHO; BRANCO, Curso de direito constitucional, 2008, p. 762.
132. A doutrina também chama atenção para uma diferença que envolve as condenações criminais e os crimes afetos às mesmas. É justamente a diferença da suspensão dos direitos políticos por condenação criminal transitada em julgado (por qualquer crime) e a inelegibilidade legal do art. 1º, I, da LC nº 64/90 modificada pela LC nº 135/2010 (que envolve a condenação criminal transitada em julgado pela prática de determinados crimes). *Na primeira, o indivíduo é condenado penalmente ficando sem sua capacidade eleitoral ativa e passiva, porém, extinta a punibilidade, ele volta a ter a capacidade eleitoral ativa e a passiva; já na segunda (a inelegibilidade legal), além da perda da capacidade eleitoral em virtude da condenação criminal, após extinta a punibilidade, o indivíduo ficará ainda sem sua capacidade eleitoral passiva (elegibilidade) por mais 8 anos.*
133. RE 601182/MG, STF. Plenário. Red. p/ o ac. Min. Alexandre de Moraes, julg. em 08.05.2019 (*repercussão geral*) (Info 939).

O texto constitucional fala, portanto, apenas em ***condenação criminal transitada em julgado, o que abrange as penas restritivas de direito***. A razão de ser do art. 15, III, da CR/88 é impedir aos condenados — após o devido processo legal e com sentença transitada em julgado — o exercício dos direitos políticos enquanto cumprirem pena. Não há nenhuma arbitrariedade no fato de a própria Constituição estabelecer, de forma excepcional, a possibilidade, seja temporária – no caso de suspensão –, seja permanente – no caso de perda –, do afastamento do exercício dos direitos políticos. Isso porque o exercício dos direitos políticos, assim como o exercício de qualquer outro direito fundamental, não é absoluto.[134]

É bom, também deixar consubstanciado, que enquanto não existir trânsito em julgado à condenação criminal, o indivíduo não poderá ter seus direitos políticos suspensos.

Ponto assaz relevante, envolve ainda aqueles indivíduos que são mandatários, ou seja, ocupam mandatos eletivos, e são condenados criminalmente com sentença transitada em julgado. Como eles ficam? Eles perdem o mandato?

A resposta é de que, se com a condenação criminal transitada em julgado os direitos políticos ficam suspensos, não há como sustentar a continuidade do mandato. Nesse sentido, haverá a imediata cessação do exercício do mandato. Essa, é a regra geral, que é descrita no **art. 15, III, da CR/88**.

Porém aqui, boa parte da doutrina, "reconhece" que existe uma exceção prevista constitucionalmente no **art. 55, VI, e § 2º da CR/88** que envolve os **Deputados Federais** e os **Senadores.**

Esses, **não deveriam** perder o mandato automaticamente pelos reflexos da condenação criminal, mas só após o **procedimento** (diga-se especial) exarado na norma presente no art. 55 citado acima, que **expressa** que "a perda do mandato será decidida pela Câmara dos Deputados ou pelo Senado Federal, por maioria absoluta, mediante provocação da respectiva Mesa ou de partido político representado no Congresso Nacional, assegurada ampla defesa".[135]

134. RE 601182/MG, STF. Plenário. Red. p/ o ac. Min. Alexandre de Moraes, julg. em 08.05.2019 (*repercussão geral*) (Info 939).

135. Embora como veremos no capítulo sobre o *poder Legislativo* a questão atualmente seja um pouco mais complexa: **1ª)** Se o STF condenar o parlamentar e determinar a perda do mandato nos termos do art. 92, I do CP, a Câmara ou o Senado não decidem nada e a casa respectiva deverá apenas formalizar (cumprir) a perda que já foi decretada (declarando a perda). Posicionamento adotado na AP 470 (*caso do mensalão*) e atualmente minoritário. **2ª)** Havendo a condenação criminal transitada em julgado, quem decide se haverá a perda do mandato é a Câmara dos Deputados ou o Senado Federal, nos termos do art. 55 § 2º da CR/88. Posicionamento adotado em 2013, por exemplo, na AP nº 396 e atualmente majoritário. **3ª)** a) Se o Deputado ou Senador for condenado a mais de 120 dias em regime fechado: a perda do cargo será uma consequência lógica da condenação. Neste caso, caberá à Mesa da Câmara ou do Senado apenas declarar que houve a perda (sem poder discordar da decisão do STF), nos termos do art. 55, III e § 3º da CR/88; b) Se o Deputado ou Senador for condenado a uma pena em regime aberto ou semiaberto: a condenação criminal não gera a perda automática do cargo. O Plenário da Câmara ou do Senado vai deliberar, nos termos do art. 55, § 2º da CR/88, se o condenado deverá ou não perder o mandato. Novo posicionamento da 1ª Turma do STF na AP 694 de 02.05.2017.

Essa lógica de prevalecer a regra especial do **art. 55, VI e § 2º** em relação à regra geral do **art. 15, III** da CR/88 (que envolve, como já dito, o Presidente, Governadores e Prefeitos), também se aplicaria, segundo a doutrina, aos parlamentares estaduais e distritais à luz do disposto no **art. 27, § 1º e 32, § 3º** da CR/88. Ou seja, os parlamentares estaduais também teriam esse ***plus*** de não perderem o mandato automaticamente (mesmo estando com os **direitos políticos suspensos** e não podendo **votar** e nem **serem votados**). Já os parlamentares municipais (vereadores) estariam na mesma situação (**regra geral**) dos detentores de mandatos do executivo (Presidente, Governadores e Prefeitos), acima citados, perdendo o mandato automaticamente.[136]

2) Incapacidade civil absoluta. Outro caso de suspensão dos direitos políticos é o de incapacidade civil absoluta. Aqui, com a revogação dos incisos II e III do artigo 3º do Código Civil pelo Estatuto da Pessoa com Deficiência (Lei 13.146/2016), houve, por consequência, a diminuição do âmbito de incidência do artigo 15, II, da CR/88, o qual define como uma das causas de suspensão dos direitos políticos a incapacidade civil absoluta. Assim, este dispositivo se dirige, atualmente, apenas àqueles que não atingiram os dezesseis anos.[137]

3) Improbidade administrativa conforme o **art. 37, § 4º**. Assim sendo, os atos de improbidade administrativa importarão a suspensão dos direitos políticos, a perda da função pública, a indisponibilidade dos bens e o ressarcimento ao erário, na forma e gradação previstas em lei, sem prejuízo da ação penal cabível.

Sobre o tema da improbidade administrativa, o **STF**, em **junho de 2007**, decidiu que os agentes políticos que respondem por crime de responsabilidade **não estão** submetidos à **Lei de Improbidade (Lei nº 8.429/92)**. Além disso, o Pretório Excelso também assentou que o juízo de 1ª instância não é dotado de competência para julgar ação civil de improbidade administrativa contra as referidas autoridades (agentes políticos com prerrogativa de foro).[138] Portanto, segundo o STF, não se

136. Informativo nº 162 do STF: *"Vereador, condenado criminalmente, perde o mandato, independentemente de deliberação da Câmara, como consequência da suspensão de seus direitos políticos. Não há possibilidade alguma de se estender aos Vereadores o tratamento dos Parlamentares Federais e Estaduais. A perda do mandato não depende de deliberação da Casa. É consequência da suspensão dos direitos políticos que, por sua vez, é decorrência da condenação criminal transitada em julgado. É a já reconhecida autoaplicabilidade do art. 15, III da CR (RE 179.502, Moreira Alves). O DL. 201, de 02 de fevereiro de 1967, atribui ao Presidente da Câmara a declaração da extinção do mandato (art. 8º, I)."* Rel. Min. Nelson Jobim RE nº 225.019/GO.

137. Lei 13146/2016: *Art. 76. O poder público deve garantir à pessoa com deficiência todos os direitos políticos e a oportunidade de exercê-los em igualdade de condições com as demais pessoas. (...) Art. 85. A curatela afetará tão somente os atos relacionados aos direitos de natureza patrimonial e negocial. § 1º A definição da curatela não alcança o direito ao próprio corpo, à sexualidade, ao matrimônio, à privacidade, à educação, à saúde, ao trabalho e ao voto.*

138. *Ementa: Reclamação. Usurpação da competência do STF. Improbidade administrativa. Crime de responsabilidade. Agentes políticos. I. Preliminares. Questões de ordem. I.1. Questão de ordem quanto à manutenção da competência da Corte que justificou, no primeiro momento do julgamento, o conhecimento da reclamação, diante do fato novo da cessação do exercício da função pública pelo interessado. Ministro de Estado que posteriormente assumiu cargo de Chefe de Missão Diplomática Permanente do Brasil perante a Organização das Nações Unidas. Manutenção da prerrogativa de foro perante o STF, conforme o art. 102, I, "c", da CR. Questão de ordem rejeitada. I.2. Questão de ordem quanto ao sobrestamento do julgamento até que seja possível realizá-lo em conjunto com outros processos sobre o*

aplica a **Lei de Improbidade** às autoridades submetidas a **regime especial de crime de responsabilidade.**[139]

9. PRINCÍPIO DA ANUALIDADE (OU DA ANTERIORIDADE) DA LEGISLAÇÃO ELEITORAL

O art. 16 da CR/88, traz importante normativa, que visa a desenvolver o princípio da segurança jurídica, bem como a estabilidade das instituições, em nosso Estado Democrático de Direito. Assim sendo, explicita o dispositivo constitucional em tela que: "A lei que alterar o processo eleitoral entrará em vigor na data de sua publicação, não se aplicando à eleição que ocorra até um ano da data de sua vigência."

Sem dúvida, o que temos é a impossibilidade (não raro casuística!) de modificação nas regras eleitorais no ***iter*** do processo eleitoral, ou seja, seria por analogia como que a obstaculização para mudar as regras do jogo (eleitoral) no meio do jogo (eleitoral). Vejamos bem, não se trata de vedar alteração na legislação eleitoral,

---

mesmo tema, com participação de todos os Ministros que integram o Tribunal, tendo em vista a possibilidade de que o pronunciamento da Corte não reflita o entendimento de seus atuais membros, dentre os quais quatro não têm direito a voto, pois seus antecessores já se pronunciaram. Julgamento que já se estende por cinco anos. Celeridade processual. Existência de outro processo com matéria idêntica na sequência da pauta de julgamentos do dia. Inutilidade do sobrestamento. Questão de ordem rejeitada. II. Mérito. II.1. Improbidade administrativa. Crimes de responsabilidade. Os atos de improbidade administrativa são tipificados como crime de responsabilidade na Lei n° 1.079/1950, delito de caráter político-administrativo. II.2. Distinção entre os regimes de responsabilização político-administrativa. O sistema constitucional brasileiro distingue o regime de responsabilidade dos agentes políticos dos demais agentes públicos. A Constituição não admite a concorrência entre dois regimes de responsabilidade político-administrativa para os agentes políticos: o previsto no art. 37, § 4º (regulado pela Lei n° 8.429/1992) e o regime fixado no art. 102, I, "c", (disciplinado pela Lei n° 1.079/1950). Se a competência para processar e julgar a ação de improbidade (CR, art. 37, § 4º) pudesse abranger também atos praticados pelos agentes políticos, submetidos a regime de responsabilidade especial, ter-se-ia uma interpretação ab-rogante do disposto no art. 102, I, "c", da CR. II.3. Regime especial. Ministros de Estado. Os Ministros de Estado, por estarem regidos por normas especiais de responsabilidade (CR, art. 102, I, "c"; Lei n° 1.079/1950), não se submetem ao modelo de competência previsto no regime comum da Lei de Improbidade Administrativa (Lei n° 8.429/1992). II.4. Crimes de responsabilidade. Competência do Supremo Tribunal Federal. Compete exclusivamente ao Supremo Tribunal Federal processar e julgar os delitos político-administrativos, na hipótese do art. 102, I, "c", da CR. Somente o STF pode processar e julgar Ministro de Estado no caso de crime de responsabilidade e, assim, eventualmente, determinar a perda do cargo ou a suspensão de direitos políticos. II.5. Ação de improbidade administrativa. Ministro de Estado que teve decretada a suspensão de seus direitos políticos pelo prazo de 8 anos e a perda da função pública por sentença do Juízo da 14ª Vara da Justiça Federal – Seção Judiciária do DF. Incompetência dos juízos de primeira instância para processar e julgar ação civil de improbidade administrativa ajuizada contra agente político que possui prerrogativa de foro perante o STF, por crime de responsabilidade, conforme o art. 102, I, "c", da CR/88. III. Reclamação julgada procedente.

139. Conforme Gilmar Mendes (que inclusive foi o relator do acórdão da Rcl. nº 2138/DF) outra posição não poderia ser tomada. Ele usa como exemplo para a defesa de sua tese a situação jurídica do Presidente da República. Afirma o autor que, para que o **Presidente** seja processado por **crime de responsabilidade** no Senado ou por crime comum no STF, há a **necessidade de autorização** da Câmara dos Deputados. E, então, questiona: Como poderia o mesmo (Presidente da República) ter seus direitos suspensos por decisão de instâncias ordinárias (**Juiz de 1º grau**) nos moldes da **Lei de Improbidade**? Nesse sentido, *in verbis*: "Uma resposta positiva a essa indagação tornaria todas as normas de organização e procedimento que foram previstas para julgamento do Presidente da República nos crimes comuns e de responsabilidade, na Constituição Federal. E mais! Legitima a hipótese formulada, poderia o Presidente da República ser afastado por decisão de um juiz de 1º grau que acolhesse proposta de afastamento da autoridade do cargo, com base no art. 20, parágrafo único da Lei de improbidade." (MENDES; COELHO; BRANCO, Curso de direito constitucional, 2008, p. 763-764).

mas de regulamentar que as regras eleitorais que porventura forem modificadas no ano da eleição só terão validade para a próxima eleição (eleição subsequente).

É mister salientar que o Supremo Tribunal Federal, em 2006, no julgamento da ADI, nº 3685 impediu que a Emenda nº 52 de 08.03.2006[140] estabelecesse para o processo eleitoral do mesmo ano de 2006, que teria desfecho em outubro (de 2006), a alteração das regras sobre a chamada verticalização definidas pelo TSE para essa referida eleição. Essa regra (da verticalização) obrigava que as coligações que tivessem candidatos a Presidente reproduzissem essas coligações para as outras esferas, ou seja, para as eleições parlamentares (Senado, Câmara dos Deputados e Assembleias Legislativas Estaduais ou Câmara Legislativa no DF) e governamentais (governador e vice-governador).

Nesse sentido, o Supremo Tribunal Federal entendeu que, apesar das mudanças trazidas pela EC nº 52/06 na legislação eleitoral não serem inconstitucionais, elas só teriam validade para as eleições nacionais de 2010 à luz do princípio da anualidade eleitoral.[141] Conforme a ementa, de forma resumida aqui reproduzida, temos que: Ação direta de Inconstitucionalidade. Art. 2º da EC 52, de 08.03.06. *Aplicação imediata da nova regra sobre coligações partidárias eleitorais, introduzida no texto do art. 17, § 1º, da CR. Alegação de violação ao princípio da anterioridade da lei eleitoral (CR, art. 16) e às garantias individuais da segurança jurídica e do devido processo legal (CR, art. 5º, caput, e LIV). Limites materiais à atividade do legislador constituinte reformador. arts. 60, § 4º, IV, e 5º, § 2º, da CR.* [...] 2. A inovação trazida pela EC 52/06 conferiu status constitucional à matéria até então integralmente regulamentada por legislação ordinária federal, provocando, assim, a perda da validade de qualquer restrição à plena autonomia das coligações partidárias no plano federal, estadual, distrital e municipal. 3. Todavia, a utilização da nova regra às eleições gerais que se realizarão a menos de sete meses colide com o princípio da anterioridade eleitoral, disposto no art. 16 da CR, que busca evitar a utilização abusiva ou casuística do processo legislativo como instrumento de manipulação e de deformação do processo eleitoral (...) 4. Enquanto o art. 150, III, b, da CR encerra garantia individual do contribuinte (ADI 939, rel. Min. Sydney Sanches, DJ 18.03.94), o art. 16 representa garantia individual do cidadão-eleitor, detentor originário do poder exercido pelos representantes eleitos e "a quem assiste o direito de receber, do Estado, o necessário grau de segurança e de certeza jurídicas contra alterações abruptas das regras inerentes à disputa eleitoral(...) 5. Além de o referido princípio conter, em si mesmo, elementos

140. Conforme a doutrina: "Argumento central dos defensores da aplicabilidade da emenda era de que se cuidava de reforma constitucional e não de lei ordinária. Logo, o óbice previsto no art. 16 da constituição poderia ser afastado por decisão do constituinte derivado. Questionou-se, então, se o disposto no art. 16 da Constituição não teria o perfil de cláusula pétrea e, por isso, estaria a salvo de alteração até mesmo por força de emenda constitucional (CR art. 60, § 4º, IV)." MENDES; Gilmar. Curso de direito constitucional, 2008, p. 796.

141. Assim sendo: "Considerou-se que o princípio da anualidade eleitoral integra o plexo de direitos políticos do cidadão-eleitor, do cidadão-candidato e os direitos dos próprios partidos, não podendo o legislador constituinte fazer tabula rasa, sob pena de ter uma violação ao art. 60 § 4º, IV, da Constituição Federal." MENDES; Gilmar. *Curso de direito constitucional*, 2008, p. 796.

que o caracterizam como uma garantia fundamental oponível até mesmo à atividade do legislador constituinte derivado, nos termos dos arts. 5º, § 2º, e 60, § 4º, IV, a burla ao que contido no art. 16 ainda afronta os direitos individuais da segurança jurídica (CR, art. 5º, caput) e do devido processo legal (CR, art. 5º, LIV). (...) 7. Pedido que se julga procedente para dar interpretação conforme no sentido de que a inovação trazida no art. 1º da EC 52/06 somente seja aplicada após decorrido um ano da data de sua vigência".

Ainda sobre o princípio da anualidade (anterioridade) eleitoral do art. 16 da CR/88, é mister salientar, recente posicionamento do STF, deixando assente que, a segurança jurídica advinda desse princípio, bem como o respeito ao mesmo, não devem ser exigidos apenas do legislador seja do constitucional derivado (via emendas) ou do infraconstitucional, pois também deve ser observado tal normatividade pelo **TSE** em seu entendimento jurisprudencial. Ou seja, a mudança de posicionamento do Tribunal Superior Eleitoral deve respeitar a "anterioridade eleitoral" e a "segurança jurídica" que lhe são correlatas. Nesse sentido, a decisão do **RE 637.485** em **01.08.2012**, de relatoria do ministro Gilmar Mendes, em que foi assentado que "as decisões do TSE que acarretassem mudança de jurisprudência no **curso do pleito eleitoral** ou **logo após o seu encerramento não se aplicariam imediatamente** ao caso concreto e somente teriam eficácia sobre outras situações em **pleito eleitoral posterior**".

Nesses termos, conforme o informativo 673 do STF, o caso envolveu um indivíduo que após exercer 2 mandatos consecutivos como prefeito do mesmo município, transferira seu domicílio eleitoral e, ao atender às regras de desincompatibilização, candidatara-se ao cargo de prefeito de municipalidade diversa no pleito de 2008. À época, a jurisprudência do TSE seria firme no sentido de que não se cogitaria de falta de condição de elegibilidade nessa hipótese, pois a candidatura dera-se em localidade diversa.

Por essa razão, sua candidatura não teria sido impugnada pelo Ministério Público ou por partido político. Porém, após transcorrido todo o período de campanha, pressuposta a regularidade da candidatura, conforme as normas então vigentes, o candidato nessas circunstancias saiu vitorioso no pleito eleitoral. Contudo, no período de diplomação dos eleitos, o TSE **modificou** radicalmente sua jurisprudência e **passou** a considerar a hipótese como vedada pelo art. 14, § 5º, da CR/88. Em consequência, o Ministério Público Eleitoral e a coligação adversária impugnaram o diploma do candidato, a resultar na sua cassação.

Assim sendo, a discussão chegou ao STF, via recurso extraordinário do prefeito que foi eleito no pleito de 2008. No caso, o STF, por maioria, deu provimento ao recurso, tendo como fundamento, o princípio da anterioridade e a segurança jurídica, nos seguintes termos:

> "(...) não só o Supremo, mas também o TSE deveriam adotar essas cautelas por ocasião das denominadas "viragens jurisprudenciais" na interpretação dos

preceitos constitucionais relacionados aos direitos políticos e ao processo eleitoral. Versou que, em virtude do caráter normativo dos atos judiciais emanados do TSE, os quais regeriam todo o processo de sufrágio, modificações na sua jurisprudência teriam efeitos normativos diretos sobre os pleitos eleitorais, com sérias repercussões sobre os direitos fundamentais dos cidadãos – eleitores e candidatos – e partidos políticos. Nesse âmbito, portanto, a segurança jurídica assumiria a sua face de princípio da confiança a fim de proteger a estabilização das expectativas de todos aqueles que, de alguma forma, participassem dos prélios eleitorais. (...) Desta feita, sobrelevou que a importância fundamental do princípio da segurança jurídica para regular o transcurso dos processos eleitorais plasmar-se-ia no postulado da anterioridade eleitoral, positivado no art. 16 da CF (...) Então, as decisões do TSE que implicassem alteração de jurisprudência, no curso do pleito eleitoral ou logo após o seu encerramento, não incidiriam de imediato no caso concreto e somente possuiriam eficácia sobre outras situações no pleito eleitoral posterior. (...) a **decisão do TSE** em tela, **apesar de ter asseverado corretamente que seria inelegível para o cargo de prefeito o cidadão que exercera por 2 mandatos consecutivos cargo de mesma natureza em município diverso, não poderia retroagir a fim de alcançar diploma regularmente concedido a vencedor das** eleições de 2008 para prefeito de outra **municipalidade"**[142].

10. DOS PARTIDOS POLÍTICOS

Fazendo uso da perspectiva da teoria discursiva, temos que a democracia, como princípio jurídico-constitucional a ser densificado de acordo com a lógica específica de cada um dos seus processos inerentes (seja o Legislativo, Administrativo ou Judicial), significa participação em igualdade de direitos e de oportunidades daqueles que serão afetados pelas decisões nos procedimentos deliberativos que as preparam.[143]

Uma das formas de participação (não a única, obviamente!) diz respeito à escolha de representantes para os cargos públicos eletivos tanto no Poder Legislativo quanto no Poder Executivo. Nesse sentido, os partidos políticos exercem um relevante papel no processo pelo qual o povo delibera sobre o exercício do poder, na medida em que se apresentam como instrumentos de intermediação entre o povo e os representantes do mesmo (mediação entre a sociedade e o Estado para a produção da vontade política e o exercício da soberania popular), sobretudo, em um país como o nosso, em que não há possibilidade de

---

142. **RE nº 637.485/RJ** Rel. Min. Gilmar Mendes, julg. em **01.08.2012**.

143. Nas palavras de Álvaro Ricardo Souza Cruz, que também adota uma perspectiva típica da teoria discursiva da democracia, explicitada na primeira parte de nossa obra: *"[...] os cidadãos não podem limitar-se à condição de destinatários da normatividade estatal, devendo passar à condição de coautores da mesma. Assim, os direitos de liberdade à expressão e de participação podem vir a sustentar o espaço de esfera pública, ao controlar a legitimidade jurídica através de foros permeáveis à ampla discussão. Logo, a Constituição passa a ser entendida como mecanismo de organização de procedimentos de garantia do fluxo de comunicação de argumentos para a justificação das ações estatais, de modo que elas só se legitimem se entendidas como justas, de forma recíproca entre a maioria e a minoria, em qualquer arena de debate. A Teoria Discursiva do Direito, procura demonstrar que a legitimidade do Direito repousa em normas jurídicas que criem obrigações, que tanto a maioria quanto a minoria estejam dispostas a aceitar."* SOUZA CRUZ, Álvaro Ricardo, *Jurisdição constitucional democrática*, p. 5, 2004.

candidaturas avulsas à luz do diploma constitucional, que preleciona no seu art. 14 § 3º como requisito de elegibilidade a filiação partidária.

Aqui é interessante que a Constituição no seu **art. 17, § 1º,** sofreu recente alteração. Nos termos da EC nº 52/2006, ela afirmava que seria assegurada aos partidos políticos autonomia para definir sua estrutura interna, organização e funcionamento e para adotar os critérios de escolha e o regime de suas coligações eleitorais, sem obrigatoriedade de vinculação entre as candidaturas em âmbito nacional, estadual, distrital ou municipal, devendo seus estatutos estabelecer normas de disciplina e fidelidade partidária.

Pois bem, acontece que recentemente foi promulgada a EC nº 97/2017, que determina que é assegurada aos partidos políticos autonomia para definir sua estrutura interna e estabelecer regras sobre escolha, formação e duração de seus órgãos permanentes e provisórios e sobre sua organização e funcionamento e para adotar os critérios de escolha e o regime de suas coligações nas eleições majoritárias, vedada a sua celebração nas eleições proporcionais, sem obrigatoriedade de vinculação entre as candidaturas em âmbito nacional, estadual, distrital ou municipal, devendo seus estatutos estabelecer normas de disciplina e fidelidade partidária.[144]

Nesses termos, com base na EC nº 97/2017, continua sendo possível a realização de coligações partidárias para as eleições no sistema majoritário (eleições para: Presidente, Governador, Prefeito e Senador), mas não será mais possível a realização de coligações no sistema proporcional (caso das eleições para Vereador, Deputado Estadual e Deputado Federal). Portanto, é vedada a celebração de coligações nas eleições proporcionais.

A intenção, sem dúvida, foi a de fortalecer os grandes partidos. Isso porque não sendo permitida a coligação em eleições proporcionais, dificilmente partidos muito pequenos irão conseguir atingir um quociente partidário que supere o quociente eleitoral. Significa dizer que, sozinhos, ou seja, sem coligações, partidos pequenos terão muita dificuldade de eleger Vereadores e Deputados (Federais, Estaduais ou Distritais).

Além da dificuldade de atingir o quociente eleitoral, certo é que os partidos pequenos terão poucos segundos no horário eleitoral, diminuindo sua visibilidade.

144. Decidiu o STF que a autonomia partidária **não é ilimitada ou absoluta**, pois ela não se estende a ponto de atingir a autonomia de outro partido. O STF julgou improcedente ADI contra o art. 22 da Lei nº 9.096/95: *Ação direta de inconstitucionalidade. Partidos políticos. Dupla filiação. Regulação legal da relação entre dois ou mais partidos. Princípio da fidelidade partidária. Improcedência. Ação direta de inconstitucionalidade que impugna o texto "**fica configurada dupla filiação, sendo ambas consideradas nulas para todos os efeitos**", constante do art. 22 da Lei 9.096/1995. A autonomia partidária não se estende a ponto de atingir a autonomia de outro partido, cabendo à lei regular as relações entre dois ou mais deles. A nulidade que impõe o art. 22 da Lei 9.096/1995 é consequência da vedação da dupla filiação e, por consequência, do princípio da fidelidade partidária. Filiação partidária é pressuposto de elegibilidade, não cabendo afirmar que a lei impugnada cria nova forma de inelegibilidade. Ação direta julgada improcedente*. Rel. Min. Joaquim Barbosa. Julg. em 24.02.2005.

Porém, é importante salientar, que essa vedação de coligações nas eleições proporcionais (sistema proporcional) não irá valer para as eleições de 2018, pois o art. 2º da EC nº 97 determinou que a vedação à celebração de coligações nas eleições proporcionais, prevista no § 1º do art. 17 da Constituição Federal, aplicar-se-á a partir das eleições de 2020.

Aqui, temos ainda, que além de proibir a realização de coligações em eleições proporcionais, o novo § 1º do art. 17, alterado pela EC nº 97/2017, prevê expressamente que os partidos políticos gozam de autonomia para estabelecer regras sobre escolha, formação e duração de seus órgãos permanentes e provisórios.

Conforme a Lei nº13.831 de 2019, no seu art. 3, é assegurada aos candidatos, partidos políticos e coligações autonomia para definir o cronograma das atividades eleitorais de campanha e executá-lo em qualquer dia e horário, observados os limites estabelecidos em lei. A lei também determina que é assegurada aos partidos políticos autonomia para definir o prazo de duração dos mandatos dos membros dos seus órgãos partidários permanentes ou provisórios.[145]

Na sequência, temos que os partidos políticos em nosso sistema constitucional são pessoas jurídicas de direito privado que adquirem sua personalidade na forma da Lei Civil, devendo registrar seus estatutos no Tribunal Superior Eleitoral.[146] E, temos ainda que, conforme a Lei nº13.488/2017 o partido político não se equipara às entidades paraestatais.

Sobre a autonomia dos partidos é importante destacar que, conforme a Constituição e a legislação infraconstitucional, ela não é absoluta.

A Constituição, também no **art. 17**, assegura que é livre a criação, fusão, incorporação e extinção de partidos políticos, resguardados a soberania nacional, o regime democrático, o pluripartidarismo, os direitos fundamentais da pessoa humana e observados os seguintes preceitos: I – caráter nacional; II – proibição de recebimento de recursos financeiros de entidade ou governo estrangeiros ou de subordinação

---

145. Lei nº 13.831, art.3 § 3º: *O prazo de vigência dos órgãos provisórios dos partidos políticos poderá ser de até 8 (oito) anos.* (Incluído pela Lei nº 13.831, de 2019); art.3 § 4º: *Exaurido o prazo de vigência de um órgão partidário, ficam vedados a extinção automática do órgão e o cancelamento de sua inscrição no Cadastro Nacional da Pessoa Jurídica (CNPJ).* (Incluído pela Lei nº 13.831, de 2019).

146. Conforme a Lei nº 9.096/95: *Art. 7º: O partido político, após adquirir personalidade jurídica na forma da lei civil, registra seu estatuto no Tribunal Superior Eleitoral. § 2º Só o partido que tenha registrado seu estatuto no Tribunal Superior Eleitoral pode participar do processo eleitoral, receber recursos do Fundo Partidário e ter acesso gratuito ao rádio e à televisão, nos termos fixados nesta Lei. § 3º Somente o registro do estatuto do partido no Tribunal Superior Eleitoral assegura a exclusividade da sua denominação, sigla e símbolos, vedada a utilização, por outros partidos, de variações que venham a induzir a erro ou confusão.* E Conforme a ADI nº 1817, julg. em 28.05.2014: *"Reveste-se de constitucionalidade a regra contida no art. 4º da Lei 9.504/1997, que exige prazo mínimo de um ano de existência para que partidos políticos possam concorrer em eleições. Com base nessa orientação, o Plenário do STF confirmou medida cautelar e reputou improcedente pedido formulado em ação direta ajuizada contra o citado artigo. Rel. Min. Dias Toffoli."* Porém, ***aqui registramos que o art. 4º da Lei nº 9.504/97 foi alterado recentemente pela Lei nº 13.488/2017*** e agora determina que: ***Poderá participar das eleições o partido que, até seis meses antes do pleito, tenha registrado seu estatuto no Tribunal Superior Eleitoral,*** *conforme o disposto em lei, e tenha, até a data da convenção, órgão de direção constituído na circunscrição, de acordo com o respectivo estatuto."*

a estes; III – prestação de contas à Justiça Eleitoral; IV – funcionamento parlamentar de acordo com a lei. Por fim, é vedado aos partidos a utilização de organização paramilitar[147] (art. 17, § 4º).

Sobre a ***criação e fusão de partidos*** é interessante salientar que, recentemente, a Lei 13.107/2015 alterou a Lei 9.096/95 com o objetivo de dificultar a criação de novos partidos políticos bem como a fusão de partidos já existentes.

Nesses termos, a Lei nº 13.107/2015 alterou o § 1º do art. 7º da Lei 9.096/95 para exigir que as pessoas que assinarem o apoiamento para a criação de novos partidos ***não poderão*** fazer parte de outros partidos políticos. Posteriormente, a Lei 13.165/2015 também alterou o § 1º do art.7 para afirmar que só é admitido o registro do estatuto de partido político que tenha caráter nacional, considerando-se como tal aquele que comprove, no período de dois anos, o apoiamento de eleitores não filiados a partido político, correspondente a, pelo menos, 0,5% (cinco décimos por cento) dos votos dados na última eleição geral para a Câmara dos Deputados, não computados os votos em branco e os nulos, distribuídos por um terço, ou mais, dos Estados, com um mínimo de 0,1% (um décimo por cento) do eleitorado que haja votado em cada um deles.[148]

Voltando a Lei 13.107/2015 ela determinou também ***que somente será admitida a fusão ou incorporação de partidos políticos*** *que hajam obtido o registro definitivo do Tribunal Superior Eleitoral há,* ***pelo menos, 5 anos.***[149]

É interessante que mudanças trazidas pela Lei 13.107/2015, foram impugnadas por meio da ADI 5311, mas o STF negou a medida cautelar em 30.09.2015, afirmando que as alterações ***são compatíveis*** com a Constituição de 1988, não tendo havido violação à autonomia constitucional dos partidos políticos.

---

147. Conforme a Lei nº 9.096/95 no seu art. 6º: É vedado ao partido político ministrar instrução militar ou paramilitar, utilizar-se de organização da mesma natureza e adotar uniforme para seus membros.

148. *"Art. 29 § 6º No caso de incorporação, o instrumento respectivo deve ser levado ao Ofício Civil competente, que deve, então, cancelar o registro do partido incorporado a outro. § 7º Havendo fusão ou incorporação, devem ser somados exclusivamente os votos dos partidos fundidos ou incorporados obtidos na última eleição geral para a Câmara dos Deputados, para efeito da distribuição dos recursos do Fundo Partidário e do acesso gratuito ao rádio e à televisão. § 8º O novo estatuto ou instrumento de incorporação deve ser levado a registro e averbado, respectivamente, no Ofício Civil e no Tribunal Superior Eleitoral. § 9º Somente será admitida a fusão ou incorporação de partidos políticos que hajam obtido o registro definitivo do Tribunal Superior Eleitoral há, pelo menos, 5 (cinco) anos." (NR) "Art. 41-A Parágrafo único. Para efeito do disposto no inciso II, serão desconsideradas as mudanças de filiação partidária em quaisquer hipóteses." (NR) Art. 3º O § 7º do art. 47 da Lei nº 9.504, de 30 de setembro de 1997, passa a vigorar com a seguinte redação: "Art. 47 § 7º Para efeito do disposto no § 2º, serão desconsideradas as mudanças de filiação partidária em quaisquer hipóteses.*

149 Lei nº 9096/95: *Art. 29 § 6º No caso de incorporação, o instrumento respectivo deve ser levado ao Ofício Civil competente, que deve, então, cancelar o registro do partido incorporado a outro. § 7º Havendo fusão ou incorporação, devem ser somados exclusivamente os votos dos partidos fundidos ou incorporados obtidos na última eleição geral para a Câmara dos Deputados, para efeito da distribuição dos recursos do Fundo Partidário e do acesso gratuito ao rádio e à televisão. § 8º O novo estatuto ou instrumento de incorporação deve ser levado a registro e averbado, respectivamente, no Ofício Civil e no Tribunal Superior Eleitoral. § 9º Somente será admitida a fusão ou incorporação de partidos políticos que hajam obtido o registro definitivo do Tribunal Superior Eleitoral há, pelo menos, 5 (cinco) anos." (NR) "Art. 41-A Parágrafo único. Para efeito do disposto no inciso II, serão desconsideradas as mudanças de filiação partidária em quaisquer hipóteses." (NR) Art. 3º O § 7º do art. 47 da Lei nº 9.504, de 30 de setembro de 1997, passa a vigorar com a seguinte redação: "Art. 47 § 7º Para efeito do disposto no § 2º, serão desconsideradas as mudanças de filiação partidária em quaisquer hipóteses.*

Essas duas mudanças foram impugnadas por meio da ADI 5311, mas o STF negou a medida cautelar em 30.09.2015, afirmando que as alterações ***são compatíveis*** com a Constituição de 1988, não tendo havido violação à autonomia constitucional dos partidos políticos.

Pois bem, em **04.03.2020** o STF julgou de forma definitiva a ADI 5311. O Plenário julgou improcedente o pedido formulado na ADI e decidiu que são constitucionais as alterações realizadas pela Lei nº 13.107/2015 nos arts. 7º e 29 da Lei nº 9.096/95 (Lei dos Partidos Políticos).

Conforme o STF, a Constituição Federal garante a liberdade para a criação, fusão, incorporação e extinção de partidos políticos, a eles assegurando a autonomia. Porém, não há liberdade absoluta. Também não se tem autonomia sem limitação. Logo, é possível que sejam estabelecidos requisitos e condições para a criação, fusão e incorporação de partidos políticos.

Nesses termos, as normas legais impugnadas não afetam, reduzem ou condicionam a autonomia partidária, porque o espaço de atuação livre dos partidos políticos deve estar de acordo com as a normas jurídicas que estabelecem condições pelas quais se pode dar a criação, ou recriação por fusão ou incorporação de partido sem intervir no seu funcionamento interno.[150]

Na decisão afirmou o STF, que a Constituição no seu art. 17, asseguraria a liberdade de criação, fusão, extinção e incorporação de partidos políticos, como expressão do princípio democrático e do pluripartidarismo.[151]

Assim sendo, a Constituição optou pelo princípio democrático representativo, superando-se o caráter essencialmente intervencionista prevalecente no regime autoritário anterior. Dessa forma, garantiu no ordenamento jurídico-constitucional a liberdade dos partidos políticos de se formarem e se articularem, sem serem desconsideradas as características básicas de sua conformação legítima, como a imperatividade do caráter nacional das agremiações (controle quantitativo tido como cláusula de barreira lato sensu) e do cunho democrático de seus programas (controle qualitativo ou ideológico).[152]

Na decisão, entendeu o STF, que ***a liberdade na formação dos partidos há de se conformar ao respeito aos princípios democráticos,*** competindo à Justiça Eleitoral a conferência dos pressupostos constitucionais legitimadores desse processo, sem os quais o partido político, embora tecnicamente criado, não se legitima.

Nesses termos, o Pretório Excelso reconheceu que a produção (surgimento) das normas impugnadas na ADI 5311 se justifica pela multiplicação de legendas que não têm substrato de eleitores a legitimá-las e a inequívoca comprovação de formações sem partido com força para atuar em cenários decisórios. As divulgadas "bancadas"

150. ADI 5420/DF, STF. Plenário. Rel. Min. Dias Toffoli, julgado em 04.03.2020 (Informativo 968).
151. ADI 5420/DF, STF. Plenário. Rel. Min. Dias Toffoli, julgado em 04.03.2020 (Informativo 968).
152. ADI 5420/DF, STF. Plenário. Rel. Min. Dias Toffoli, julgado em 04.03.2020 (Informativo 968).

são compostas por ideologias não representadas por partidos, mas com força decisória inegável.[153]

Observou o STF, que são formalizadas agremiações intituladas partidos políticos, e assim são objetivamente, mas sem substrato eleitoral consistente e efetivo, que atuam como verdadeiros subpartidos ou organismos de sustentação de outras pessoas partidárias, somando ou subtraindo votos para se chegar a resultados eleitorais pouco claros ou até mesmo fraudadores da vontade dos eleitores.[154]

Nesses termos, para o STF, tais legendas habilitam-se a receber parcela do fundo partidário, disputam tempo de televisão, mas não para difundir ideias e programas. Na verdade, restringem-se a atuar como nomes sob os quais atuam em deferência a outros interesses partidários. E, ainda mais grave, para obter vantagens particulares, em especial para os dirigentes.[155]

Assim sendo, ressaltou o STF que, ao assinarem fichas de apoio à criação desses partidos, não poucas vezes os eleitores sequer sabem da condição conivente, porque não valorizam a assinatura cidadã com a mesma seriedade, compromisso e responsabilidade em que atuam como quando assinam documento financeiro.[156]

Também afirmou o STF, que a proliferação partidária que se tem atualmente no Brasil agrava-se com a mesma rapidez com que avançam mecanismos tecnológicos, servis ao acesso e à coleta massiva de assinaturas para apoio a criações de legendas, não se exigindo dos subscritores responsabilidade ou compromisso, sequer a certeza de sua identidade.

Sublinhou o STF, que o direito à oposição partidária interna, a ser garantido aos filiados como corolário da plena cidadania, há que ser exercido em benefício e segundo o ideário, o fortalecimento e o cumprimento do programa do partido.

Por isso mesmo, a limitação criada pela norma impugnada na ADI quanto ao apoio para a criação de novos partidos, ***restrito aos cidadãos sem filiação partidária,*** assim, conforma-se (está de acordo), para o STF, com o regramento constitucional relativo ao sistema representativo, garantindo-lhe maior coesão e coerência.[157]

E nesses termos, também ***a exigência temporal para se levarem a efeito fusões e incorporações entre partidos,*** assegura o atendimento do compromisso do cidadão com o que afirma como sua opção partidária, evitando-se o estelionato eleitoral ou a reviravolta política contra o apoiamento dos eleitores então filiados. Assim sendo, entendeu o STF que, ao estabelecer novas condições para a criação, fusão e incorporação de partidos políticos, as normas eleitorais definiram *discrímens* a serem analisados sob o parâmetro da legitimidade representativa, fundamento do modelo partidário.

153. ADI 5420/DF, STF. Plenário. Rel. Min. Dias Toffoli, julgado em 04.03.2020 (Informativo 968).
154. ADI 5420/DF, STF. Plenário. Rel. Min. Dias Toffoli, julgado em 04.03.2020 (Informativo 968).
155. ADI 5420/DF, STF. Plenário. Rel. Min. Dias Toffoli, julgado em 04.03.2020 (Informativo 968).
156. ADI 5420/DF, STF. Plenário. Rel. Min. Dias Toffoli, julgado em 04.03.2020 (Informativo 968).
157. ADI 5420/DF, STF. Plenário. Rel. Min. Dias Toffoli, julgado em 04.03.2020 (Informativo 968).

Pontuou o STF na sua decisão que, pela norma, se distinguem cidadãos filiados e não filiados para o exclusivo efeito de conferência de legitimidade do apoio oferecido à criação de novos partidos políticos. O objetivo único da norma é a garantia de coesão, coerência e substância ao modelo representativo instrumentalizado pela atuação partidária. Trata-se, portanto, de cidadãos distintos no exercício cívico livre quanto às opções políticas. Nesses termos, constitucionalmente livres, não são civicamente irresponsáveis nem descomprometidos com as escolhas formalizadas.[158]

Portanto, deixou claro o STF que, a Constituição da República garante a liberdade para a criação, fusão, incorporação e extinção de partidos políticos, a eles assegurando a autonomia. Mas não há liberdade absoluta. Também, como já dito, não se tem autonomia sem limitação.

E nesses termos, as normas legais impugnadas na ADI ***não afetam, reduzem ou condicionam a autonomia partidária***, porque o espaço de atuação livre dos partidos políticos conforma-se a normas jurídicas postas para a definição das condições pelas quais se pode dar a criação, ou recriação por fusão ou incorporação, de partido sem intervir no seu funcionamento interno.[159]

É interessante, por último, ressaltar que, na decisão o STF deixou assente que a imperatividade de urgente legitimação dos partidos também decorre do acesso ao fundo partidário, dinheiro público a que fazem jus as agremiações reconhecidas, porque registrados os estatutos no Tribunal Superior Eleitoral. Por isso mesmo, salientou o STF, que hoje o sistema partidário é garantido por considerável soma de recursos públicos, quando não de recursos obtidos de forma nada republicana.[160]

Na sequência de nossos estudos, é importante reafirmar que devem ***os partidos se respeitarem mutuamente***, fazendo com que a autonomia de um partido não acabe por atingir a autonomia de outro partido (conforme já explicitado em nota).

Nesse sentido, é mister salientar que os partidos políticos, ***como pessoas jurídicas de direito privado, têm sua atuação limitada pelos direitos e garantias fundamentais dos seus membros*** (seus filiados)[161] ***e dos membros da sociedade,***

---

158. Conforme o Informativo 968: "(...)O descompromisso com a atuação política cobra caro em termos de política legítima e de realização democrática e atinge todos na sociedade estatal. A disseminação de práticas antidemocráticas, como a compra e venda de votos, o aluguel de cidadãos e de partidos inteiros e os indesejáveis efeitos de band-wagon (saltar para a carruagem dos mais fortes) e de under-dog (optar pelos marginais), pode e deve ser pronta e cuidadosamente combatida pelo legislador, sem prejuízo da autonomia partidária, a ser garantida em benefício da legitimação da representação democrática e não para a sua anulação. As normas impugnadas tendem a enfraquecer essa lógica mercantilista e nada republicana de se adotar prática política."
159. ADI 5420/DF, STF. Plenário. Rel. Min. Dias Toffoli, julgado em 04.03.2020 (Informativo 968).
160. ADI 5420/DF, STF. Plenário. Rel. Min. Dias Toffoli, julgado em 04.03.2020 (Informativo 968).
161. Gilmar Mendes, mesmo reconhecendo que a Constituição e a normativa infraconstitucional (Lei nº 9.096/95) não explicitaram o princípio da democracia interna nos partidos, entende (a nosso ver acertadamente) que tal princípio está contemplado em nosso sistema constitucional. Nesses termos: "*A autonomia organizatória não há de realizar-se com o sacrifício de referenciais democráticos. A função de mediação e de formação da vontade impõe que o partido assegure plena participação a seus membros nos processos decisórios. Não poderá o partido adotar, em nome da autonomia e da liberdade de organização, princípios que se revelem afrontosos à ideia de democracia, ou,*

perfazendo o que na obra chamamos de direitos fundamentais nas relações privadas (ou eficácia horizontal dos direitos fundamentais).

Assim sendo, caberá à Justiça Eleitoral observar o cumprimento do devido processo legal pelos partidos políticos, sem que esse controle venha a interferir na autonomia dos partidos no exercício de seus atos ***interna corporis***. Portanto, mesmo devendo ser respeitada a autonomia garantida constitucionalmente, qualquer lesão a direitos subjetivos poderá sim passar pelo crivo do Poder Judiciário.[162]

Nesses termos, o STF na **ADI nº 4617** julgada em **19.06.2013** decidiu que o Ministério Público é dotado de legitimidade para *representar contrapropagandas partidárias irregulares*. Com base nesse entendimento, o Plenário do Pretório Excelso, por maioria, julgou parcialmente procedente pedido formulado em ação direta de inconstitucionalidade proposta contra a expressão *"que somente poderá ser oferecida por partido político"*, constante do art. 45, § 3º, da Lei 9.096/95, com a redação conferida pela Lei 12.034/2009"[163].

Já no que tange ao tema do *"inquérito policial eleitoral e a necessidade de autorização judicial"*, o STF em **21.05.2014,** deferiu, em parte, medida cautelar na **ADI nº 5104,** para suspender, até julgamento final da ação, a eficácia do art. 8º da Resolução nº 23.396/2013, do Tribunal Superior Eleitoral. Essa resolução dispõe sobre a apuração de crimes eleitorais, e seu art. 8º afirma que *"O inquérito policial eleitoral* ***somente*** *será instaurado mediante determinação da Justiça Eleitoral, salvo a hipótese de prisão em flagrante"*. No caso prevaleceu o voto do ministro Teori Zavascki que em sede cautelar analisou o *risco de dano* e a *relevância do direito*.

Entendeu o Ministro, no que foi acompanhado pela maioria, que, à primeira vista, o preceito adversado teria inovado em relação aos atos regulamentares que disciplinaram os últimos sufrágios, de modo a subtrair a atribuição do Ministério Público Eleitoral de determinar a instauração de inquérito policial.

Vislumbrou o STF que o art. 8º da Resolução 23.396/2013, do TSE, poderia representar a existência de vício de **inconstitucionalidade formal**, com a edição de **norma processual** em desacordo com o **princípio da legalidade estrita**, e também de **inconstitucionalidade material**, ao afetar as funções constitucionais do Ministério Público (conforme os arts. 127 e 129 da CR/88). Portanto ainda que

como observa Canotilho, a democracia de partidos postula a democracia no partido. [...] Nesse sentido, *não se pode deixar de considerar que os partidos políticos, como um tipo especial de associação privada, conforme André Rufino Vale, têm sua autonomia limitada pelos direitos fundamentais de seus membros. A relevante função pública exercida pelo partido político impõe a sua submissão aos princípios constitucionais, especialmente às normas que asseguram direitos e garantias fundamentais."* Curso de direito constitucional, 2008, p. 770.

162. MENDES; COELHO; BRANCO, Curso de direito constitucional, p. 770, 2008.

163. ADI 4617 julg. em 19.06.2013: "(...) Consignou-se que a Constituição atribuiria ao *parquet* a defesa da ordem jurídica, do regime democrático e dos interesses sociais indisponíveis, por isso mesmo não lhe poderia tolher a legitimidade para representar contra propagandas partidárias irregulares. Sublinhou-se que a expressão impugnada, ao dispor que a representação "somente poderá ser oferecida por partido político", vulneraria de forma substancial o papel constitucional do Ministério Público na defesa das instituições democráticas".

medida cautelar (provisória) foi aventada a inconstitucionalidade formal e a inconstitucionalidade material do art. 8º da Resolução nº 23.396/2013 do TSE.[164]

Além disso, é mister salientar que o STF na **ADI 5522**, em 03.05.2018, decidiu que é constitucional o art. 25, § 2º, da Resolução 23.404/2014 do TSE, que proíbe a realização de propaganda eleitoral via *telemarketing*, em qualquer horário.[165]

É interessante que a resolução é de 2014, mas, segundo o STF, a demanda não perdeu seu objeto, apesar da revogação do ato ou do exaurimento de sua eficácia. O dispositivo, que tratou das eleições de 2014, possui *relevância transcendente* e produz efeitos sobre processos ainda em trâmite na Justiça Eleitoral. Além disso, o seu conteúdo foi reproduzido em outras resoluções relativas a eleições posteriores.

Quanto ao mérito, no plano formal, o Colegiado entendeu que o TSE (a) exerceu o seu poder normativo em atenção aos princípios e diretrizes traçados pela legislação eleitoral em vigor; e (b) não usurpou a competência privativa da União (Congresso Nacional) para legislar sobre Direito Eleitoral (CF, art. 22, I).[166]

Isso porque a ausência de previsão legal quanto à promoção de campanhas eleitorais por meio das novas tecnologias comunicacionais não significa a permissão para seu uso indiscriminado e irrestrito. É nesse silêncio normativo que a atuação da Justiça Eleitoral por meio de resoluções ganha maior importância, ao exigir dos partidos políticos e dos candidatos a observância aos princípios e diretrizes traçados pela legislação eleitoral em vigor. Ademais, o STF possui jurisprudência no sentido de que a individualização de restrições referentes à utilização de instrumentos de propaganda eleitoral não depende de edição de lei formal, uma vez que a diversificação de técnicas e procedimentos de propaganda exigem a ação imediata e eficiente da Justiça Eleitoral.[167]

Assim, os artigos 37, § 2º e 38, da Lei nº 9.504/1997 estabelecem um rol taxativo das situações em que a propaganda eleitoral pode ser realizada independentemente de autorização da Justiça especializada. As demais formas de divulgação

---

164. **ADI 5104 MC** julg. em **21.05.2014**: *"O Ministro Ricardo Lewandowski registrou que a justiça eleitoral seria uma justiça "sui generis", porquanto possuiria três funções: **a) judicante ou jurisdicional; b) administrativa; e c) regulamentar**. Mencionou, ainda, que estaria em jogo uma prerrogativa de caráter incondicionado do Ministério Público, a saber, requerer **não apenas investigações**, mas, também, **abertura de inquérito policial**. O Ministro Celso de Mello salientou que resolução do TSE não poderia contrariar a lei e a Constituição, seja exigindo, em matéria eleitoral, o que a lei não exigira ou proibira, ou distinguindo onde o próprio legislador não distinguira. Assinalou que se trataria de competência normativa de segundo grau ou secundária, a qual estaria necessariamente subordinada, no que diz respeito à sua validade e eficácia, à autoridade hierárquica das leis e, acima delas, da Constituição. Ratificou, além disso, que o poder de requisição do Ministério Público representaria prerrogativa de ordem constitucional (**CF, art. 129, VIII**)". Vencidos os Vencidos, em parte, os Ministros Roberto Barroso (relator), Luiz Fux, Marco Aurélio e Joaquim Barbosa (Presidente), que deferiam a medida cautelar em maior extensão. Vencidos, na integralidade, os Ministros Dias Toffoli e Gilmar Mendes, que indeferiam a medida acauteladora.*
165. **ADI 5122,** STF. Plenário. Rel. Min. Edson Fachin, julgado em **03.05.2018** (Informativo 900).
166. **ADI 5122,** STF. Plenário. Rel. Min. Edson Fachin, julgado em **03.05.2018** (Informativo 900).
167. **ADI 5122,** STF. Plenário. Rel. Min. Edson Fachin, julgado em **03.05.2018** (Informativo 900).

somente podem ocorrer mediante chancela prévia. Nesse contexto, conforme o STF, o TSE pode se antecipar a eventuais pedidos de autorização e vedar, desde logo, o uso do "telemarketing", sem que isso caracterize usurpação de competência do Congresso Nacional para legislar sobre Direito Eleitoral.

Sob o prisma material, ao reconhecer a constitucionalidade da norma, o STF asseverou que não houve violação aos *princípios constitucionais da livre manifestação do pensamento, da liberdade política, de comunicação e de acesso à informação.*

Nesses termos, a norma extraiu seu fundamento do art. 243, VI, do Código Eleitoral, o qual não tolera a propaganda que "perturbe o sossego público, com algazarras e abusos de instrumentos sonoros ou sinais acústicos", bem como dos incisos X e XI do art. 5º, da CR/88, que preservam a intimidade, a vida e a inviolabilidade domiciliar do eleitor. Entendeu, ainda, que a vedação imposta pela Resolução não configura censura de natureza política, diante da ausência de controle prévio do conteúdo ou da matéria a ser veiculada.[168]

A vedação à censura, constante no art. 220, § 2º, da CR/88, proíbe o controle prévio, exercido por autoridade administrativa, da veiculação de determinado conteúdo, permitindo-se, no entanto, que a lei lhe estabeleça, excepcionalmente, e nos parâmetros do Estado Democrático de Direito, limites e restrições, que tenham por fundamento a proteção e a promoção de direitos e bem jurídicos constitucionalmente assegurados, desde que observados os critérios da proporcionalidade e da preservação do núcleo essencial dos direitos.

Assim, na ponderação de princípios, o Tribunal entendeu que o direito à intimidade deve prevalecer em relação à liberdade de expressão. Nesses termos, conforme o STF, a liberdade de expressão não é absoluta e pode sofrer limitações, desde que razoáveis e proporcionais, com o objetivo de prestigiar outros direitos e garantias de mesmo *status*, como a vida privada e a intimidade. Os tratados e as convenções internacionais corroboram essa interpretação, no sentido de que a liberdade de expressão, embora ocupe lugar de destaque no rol dos direitos fundamentais, encontra limites quando o seu exercício importe em menoscabo de direitos alheios.[169]

Nesse âmbito, a medida restritiva contida no dispositivo questionado é apta a salvaguardar o direito à intimidade. Ela protege os indivíduos contra transtornos em seu local de descanso, que, certamente, seriam invadidos por chamadas telefônicas indesejáveis, provenientes de centenas de candidatos, no curto espaço de tempo das campanhas eleitorais.[170]

Porém, em outro paradigmático caso (já citado no capítulo 7 da obra), sobre a *liberdade de expressão no âmbito eleitoral*, afirmou o STF que são inconstitucionais os atos judiciais ou administrativos que determinem ou promovam: a) o ingresso de agentes públicos em universidades públicas e privadas; b) o recolhimento de documentos (por

168. **ADI 5122,** STF. Plenário. Rel. Min. Edson Fachin, julgado em **03.05.2018** (Informativo 900).
169. **ADI 5122,** STF. Plenário. Rel. Min. Edson Fachin, julgado em **03.05.2018** (Informativo 900).
170. **ADI 5122,** STF. Plenário. Rel. Min. Edson Fachin, julgado em **03.05.2018** (Informativo 900).

exemplo: panfletos); c) a interrupção de aulas, debates ou manifestações de docentes e discentes universitários; d) a realização de atividade disciplinar docente e discente e a coleta irregular de depoimentos desses cidadãos pela prática de manifestação livre de ideias e divulgação do pensamento nos ambientes universitários ou em equipamentos sob a administração de universidades públicas e privadas.

No caso, durante o segundo turno das eleições presidenciais de 2018 existiram "denúncias" de que, em algumas universidades públicas, professores e alunos estariam fazendo campanha eleitoral contra o então candidato Jair Bolsonaro (atual Presidente da República). Diante disso, alguns juízes e Tribunais Regionais Eleitorais proferiram decisões determinando busca e apreensão de supostos panfletos e materiais que estariam sendo distribuídos em tais instituições[171] e que representariam campanha eleitoral, o que seria vedado por se tratar de uma entidade pública, nos termos do art. 37 da Lei nº 9504/97.[172]

Assim sendo, a Procuradora-Geral da República ajuizou ADPF contra esse conjunto de atos do Poder Público (decisões judiciais e ações policiais). A alegação foi a de que tais apreensões ultrapassaram os limites de fiscalização do processo eleitoral e afrontaram o preceito fundamental da liberdade de expressão, na qual se incluem a livre manifestação do pensamento e de cátedra e a autonomia universitária.

Pois bem, o Plenário do STF referendou, com efeito vinculante e eficácia contra todos, decisão monocrática na ADPF ora citada e suspendeu efeitos de atos judiciais ou administrativos emanados de autoridades públicas. No mérito, o Plenário entendeu que os atos questionados violam os princípios constitucionais assecuratórios da liberdade de manifestação do pensamento e desobedecem às garantias inerentes à autonomia universitária (artigos 5º, IV, IX e XVI; 206, II e III; e 207 da CR/88).[173]

Afirmou o STF que, às vésperas do pleito eleitoral de 2018, denso e tenso, as providências judiciais e os comportamentos administrativos interrompem atos pelos quais se expressam ideias e ideologias, preferências, propostas e percepções do que se quer no processo político.

Segundo o STF, a finalidade do art. 37 da Lei 9.504/1997, que regulamenta a propaganda eleitoral e impõe proibição de alguns comportamentos em períodos

171. Tais panfletos conteriam a frase "Ele não" e outras mensagens (como, por exemplo: fascista) contra o referido candidato.

172. Art. 37 da Lei nº9504/97: *Nos bens cujo uso dependa de cessão ou permissão do poder público, ou que a ele pertençam, e nos bens de uso comum, inclusive postes de iluminação pública, sinalização de tráfego, viadutos, passarelas, pontes, paradas de ônibus e outros equipamentos urbanos, é vedada a veiculação de propaganda de qualquer natureza, inclusive pichação, inscrição a tinta e exposição de placas, estandartes, faixas, cavaletes, bonecos e assemelhados. § 1º A veiculação de propaganda em desacordo com o disposto no caput deste artigo sujeita o responsável, após a notificação e comprovação, à restauração do bem e, caso não cumprida no prazo, a multa no valor de R$ 2.000,00 (dois mil reais) a R$ 8.000,00 (oito mil reais). § 2º Não é permitida a veiculação de material de propaganda eleitoral em bens públicos ou particulares, exceto de: I – bandeiras ao longo de vias públicas, desde que móveis e que não dificultem o bom andamento do trânsito de pessoas e veículos; II – adesivo plástico em automóveis, caminhões, bicicletas, motocicletas e janelas residenciais, desde que não exceda a 0,5 m² (meio metro quadrado).*

173. **ADPF 548 MC-Ref/DF**, STF. Plenário. Rel. Min. Cármen Lúcia, julgado em **31.10.2018** (Info 922).

que especifica, é a de impedir o abuso do poder econômico e político e de preservar a igualdade entre os candidatos no processo. A norma visa resguardar a liberdade do cidadão, o amplo acesso às informações, para que ele decida conforme sua livre convicção, sem cerceamento direto ou indireto a seu direito de escolha. Nesses termos, a vedação por ela estabelecida possui a finalidade específica de lisura do processo eleitoral. Nesse sentido, o que não estiver dentro dos limites dessa finalidade e, diversamente, atingir a livre manifestação do cidadão não se afina com a teleologia da norma eleitoral nem com os princípios constitucionais garantidores da liberdade de pensamento, manifestação, informação, ensino e aprendizagem.[174]

Portanto, as providências judiciais e administrativas impugnadas na ADPF, além de ferir o princípio garantidor de todas as formas de manifestação da liberdade, desrespeitam a autonomia das universidades e a liberdade dos docentes e discentes. Assim sendo, as condutas limitadas pelos atos questionados restringem não os direitos dos candidatos, mas o livre pensar dos cidadãos.[175]

Por último, o STF, em 20 e 21.06.2018, decidiu (conforme já citado no capítulo 7 da obra) que são inconstitucionais dispositivos da Lei das Eleições que vedavam sátira a candidatos. No caso, o Plenário do STF confirmou os termos da medida cautelar da **ADI 4451**[176] e julgou procedente pedido formulado em ação direta para declarar a inconstitucionalidade do inciso II, da segunda parte do inciso III e, por arrastamento, dos §§ 4º e 5º, todos do art. 45 da Lei 9.504/1997.[177]

Os dispositivos impugnados da *"Lei das Eleições"* estabeleceram ser vedado às emissoras de rádio e televisão, em sua programação normal e noticiário, a partir de 1º de julho do ano da eleição: a) "usar trucagem, montagem ou outro recurso de áudio ou vídeo que, de qualquer forma, degradem ou ridicularizem candidato, partido ou coligação, ou produzir ou veicular programa com esse efeito" (inciso II) e b) "difundir opinião favorável ou contrária a candidato, partido, coligação, a seus órgãos ou representantes" (segunda parte do inciso III). Os §§ 4º e 5º explicam o que se entende, respectivamente, por *trucagem* e por *montagem*.[178] Certo é que essas normas impediriam que as emissoras veiculassem programas que venham

---

174. **ADPF 548 MC-Ref/DF**, STF. Plenário. Rel. Min. Cármen Lúcia, julgado em **31.10.2018** (Info 922).
175. **ADPF 548 MC-Ref/DF**, STF. Plenário. Rel. Min. Cármen Lúcia, julgado em **31.10.2018** (Info 922).
176. Em 2010, o STF *deferiu a medida liminar e suspendeu o inciso II e a parte final do inciso III do referido art. 45. Por arrastamento, os Ministros decidiram suspender também os §§ 4º e 5º. Nesses termos, desde 2010, tais dispositivos não estavam produzindo efeitos.*
177. **ADI 4451/DF**, STF. Plenário. Rel. Min. Alexandre de Moraes, julgado em **20 e 21.06.2018** (Informativo 907).
178. Art.45. da Lei 9.504/97: *§ 4º Entende-se por trucagem todo e qualquer efeito realizado em áudio ou vídeo que degradar ou ridicularizar candidato, partido político ou coligação, ou que desvirtuar a realidade e beneficiar ou prejudicar qualquer candidato, partido político ou coligação. (Incluído pela Lei nº 12.034/2009) § 5º Entende-se por montagem toda e qualquer junção de registros de áudio ou vídeo que degradar ou ridicularizar candidato, partido político ou coligação, ou que desvirtuar a realidade e beneficiar ou prejudicar qualquer candidato, partido político ou coligação.* (Incluído pela Lei nº 12.034/2009.

a degradar ou ridicularizar candidatos nos meses que antecedem as eleições. Como, por exemplo, os programas de humor que satirizam os candidatos.[179]

Registrou o STF, que o traço marcante da censura prévia, com seu caráter preventivo e abstrato, está presente em ambas as normas questionadas na ADI 4451. Portanto, são inconstitucionais porque consistem na restrição, subordinação e forçosa adequação programática da liberdade de expressão a mandamentos normativos cerceadores durante o período eleitoral, pretendendo diminuir a liberdade de opinião e de criação artística e a livre multiplicidade de ideias, com a nítida finalidade de controlar ou mesmo aniquilar a força do pensamento crítico, indispensável ao regime democrático. Deste modo, está configurada a ilegítima interferência estatal no direito individual de criticar.[180]

Afirmou na decisão o STF que não se ignora a possibilidade de riscos impostos pela comunicação de massa ao processo eleitoral — como o fenômeno das *"fake news"* —, porém se revela constitucionalmente inidôneo e realisticamente falso assumir que o debate eleitoral, ao perder em liberdade e pluralidade de opiniões, ganharia em lisura ou legitimidade. Ao contrário, o combate às *"fake news"* dá-se pelos meios legais e pela boa imprensa, que rapidamente podem levar a correta notícia à população.

Nesses termos, a censura prévia desrespeita diretamente o princípio democrático, pois a liberdade política termina e o poder público tende a se tornar mais corrupto e arbitrário quando pode usar seus poderes para silenciar e punir seus críticos.

Não cabe ao Poder Público previamente escolher ou ter ingerência nas fontes de informação, nas ideias ou nos métodos de divulgação de notícias ou no controle do juízo de valor das opiniões dos meios de comunicação e na formatação de programas humorísticos a que tenham acesso os indivíduos. Nesses termos, o funcionamento eficaz da democracia representativa exige absoluto respeito à ampla liberdade de expressão, proporcionando a liberdade de opinião, de criação artística, a proliferação de informações, a circulação de ideias, de modo a garantir os diversos e antagônicos discursos.[181]

Entendeu o STF que a liberdade de expressão autoriza que os meios de comunicação optem por determinados posicionamentos e exteriorizem seu juízo

179. **ADI 4451/DF**, STF. Plenário. Rel. Min. Alexandre de Moraes, julg. em **20 e 21.06.2018.** Informativo 907: *"Na decisão, afirmou o STF, que historicamente, a liberdade de discussão, a ampla participação política e o princípio democrático sempre estiveram interligados com a liberdade de expressão. Todos têm por objeto a proteção de pensamentos, ideias, opiniões, crenças, realização de juízo de valor e críticas a agentes públicos, com vistas a garantir a real participação dos cidadãos na vida coletiva. Assim sendo, a Constituição protege a liberdade de expressão no seu duplo aspecto: positivo e negativo. O positivo é a livre possibilidade de manifestação de qualquer pessoa e permite a responsabilização nos termos constitucionais. É a liberdade com responsabilidade. O negativo proíbe a ilegítima intervenção do Estado por meio de censura prévia. A decisão afirma que não existe permissivo constitucional para limitar preventivamente o conteúdo do debate público em razão de conjectura sobre o efeito que alguns conteúdos possam vir a ter junto ao público. O exercício do direito à liberdade de expressão não pode ser cerceado pelo Estado ou por particular."*
180. **ADI 4451/DF**, STF. Plenário. Rel. Min. Alexandre de Moraes, julgado em **20 e 21.06.2018** (Informativo 907).
181. **ADI 4451/DF**, STF. Plenário. Rel. Min. Alexandre de Moraes, julgado em **20 e 21.06.2018** (Informativo 907).

de valor, bem como autoriza programas humorísticos, "charges" e sátiras realizados a partir de trucagem, montagem ou outro recurso de áudio e vídeo, como costumeiramente se realiza, não havendo nenhuma justificativa constitucional razoável para a interrupção durante o período eleitoral.

Por fim, ressaltou o STF que a plena proteção constitucional da exteriorização da opinião não significa a impossibilidade posterior de análise e de responsabilização por eventuais informações mentirosas, injuriosas, difamantes.[182]

Aqui é interessante também ressaltarmos mais uma vez a recente tipificação da ***fake news*** na seara eleitoral. Essa pratica que se ternou disseminada em processos eleitorais devido ao avanço tecnológico e a facilidade de deslocamento de informações, recebeu a disciplina do legislador no âmbito eleitoral. A Lei nº 13.834/2019 alterou a Lei º 4.737/65 (Código Eleitoral) para tipificar ***o crime de denunciação caluniosa com finalidade eleitoral***.

Conforme o novo art.326-A, da Lei nº 4.737/65, acrescentado pela Lei 13.834/2019 é crime *dar causa à instauração de investigação policial, de processo judicial, de investigação administrativa, de inquérito civil ou ação de improbidade administrativa, atribuindo a alguém a prática de crime ou ato infracional de que o sabe inocente, com finalidade eleitoral*: Pena - *reclusão, de 2 (dois) a 8 (oito) anos, e multa*. Conforme o § 1º a *pena é aumentada de sexta parte, se o agente se serve do anonimato ou de nome suposto*. Já § 2º afirma que *a pena é diminuída de metade, se a imputação é de prática de contravenção*. E o § 3º determinou que *incorrerá nas mesmas penas do art.326-A quem*, ***comprovadamente ciente da inocência do denunciado e com finalidade eleitoral, divulga ou propala, por qualquer meio ou forma, o ato ou fato que lhe foi falsamente atribuído.***

10.1. FINANCIAMENTO DE CAMPANHA. ACESSO AO RÁDIO E À TELEVISÃO. DEBATES ELEITORAIS. FIDELIDADE PARTIDÁRIA E EXTINÇÃO DO MANDATO

Sobre os **partidos políticos** e a relação desses com a normatividade constitucional e infraconstitucional é importante salientar ainda, alguns temas que devem ser explicitados à luz da jurisprudência do TSE e do STF. Dentre eles, podemos citar: **(a)** o financiamento dos partidos (financiamento de campanha, incluindo o das mulheres); **(b)** o acesso ao rádio e televisão (direito de antena); **(c)** a questão dos debates eleitorais; **(d)** a questão recentemente muito debatida da fidelidade partidária e extinção do mandato.

10.1.1 Financiamento de Campanha

Em nosso Estado Democrático, de acordo com a **Lei nº 9.096/95**, foi adotado um sistema que permite a transferência de *recursos públicos* e de *recursos*

182. **ADI 4451/DF**, STF. Plenário. Rel. Min. Alexandre de Moraes, julgado em **20 e 21.06.2018** (Informativo 907).

privados para o financiamento de campanhas eleitorais. Ou seja, diferentemente de outros sistemas existentes no mundo, o que temos, trabalha com a transferência de recursos públicos e a possibilidade da utilização de recursos privados nos processos eleitorais.

Inicialmente os **recursos privados,** nos termos da Lei nº 9.504/97 e Lei nº 9.096/95 poderiam ser obtidos por meio de doações de pessoas físicas ou jurídicas sem o direito a benefício fiscal de qualquer monta.[183]

---

183. Conforme a **Lei nº 9.504/97**, com as últimas atualizações que são ***posteriores*** a decisão da ADI 4650, temos que: *Art. 20. O candidato a cargo eletivo fará, diretamente ou por intermédio de pessoa por ele designada, a administração financeira de sua campanha usando recursos repassados pelo partido, inclusive os relativos à cota do Fundo Partidário, recursos próprios ou doações de pessoas físicas, na forma estabelecida nesta Lei. (Redação dada pela Lei nº 13.165, de 2015) Art. 21. O candidato é solidariamente responsável com a pessoa indicada na forma do art. 20 desta Lei pela veracidade das informações financeiras e contábeis de sua campanha, devendo ambos assinar a respectiva prestação de contas. (Redação dada pela Lei nº 11.300, de 2006) Art. 22. É obrigatório para o partido e para os candidatos abrir conta bancária específica para registrar todo o movimento financeiro da campanha. § 1º Os bancos são obrigados a: (Redação dada pela Lei nº 12.891, de 2013) I – acatar, em até três dias, o pedido de abertura de conta de qualquer candidato escolhido em convenção, sendo-lhes vedado condicioná-la a depósito mínimo e à cobrança de taxas ou de outras despesas de manutenção; (Redação dada pela Lei nº 13.165, de 2015) II – identificar, nos extratos bancários das contas correntes a que se refere o **caput**, o CPF ou o CNPJ do doador. (Incluído pela Lei nº 12.891, de 2013) III – encerrar a conta bancária no final do ano da eleição, transferindo a totalidade do saldo existente para a conta bancária do órgão de direção indicado pelo partido, na forma prevista no art. 31, e informar o fato à Justiça Eleitoral. (Incluído pela Lei nº 13.165, de 2015)§ 2º O disposto neste artigo não se aplica aos casos de candidatura para Prefeito e Vereador em Municípios onde não haja agência bancária ou posto de atendimento bancário. (Redação dada pela Lei nº 13.165, de 2015)§ 3º O uso de recursos financeiros para pagamentos de gastos eleitorais que não provenham da conta específica de que trata o **caput** deste artigo implicará a desaprovação da prestação de contas do partido ou candidato; comprovado abuso de poder econômico, será cancelado o registro da candidatura ou cassado o diploma, se já houver sido outorgado. (Incluído pela Lei nº 11.300, de 2006)§ 4º Rejeitadas as contas, a Justiça Eleitoral remeterá cópia de todo o processo ao Ministério Público Eleitoral para os fins previstos no art. 22 da Lei Complementar no 64, de 18 de maio de 1990. (Incluído pela Lei nº 11.300, de 2006) Art. 22-A. Os candidatos estão obrigados à inscrição no Cadastro Nacional da Pessoa Jurídica – CNPJ. (Redação dada pela Lei nº 13.165, de 2015) § 1º Após o recebimento do pedido de registro da candidatura, a Justiça Eleitoral deverá fornecer em até 3 (três) dias úteis, o número de registro de CNPJ. (Incluído pela Lei nº 12.034, de 2009) § 2º Cumprido o disposto no § 1º deste artigo e no § 1º do art. 22, ficam os candidatos autorizados a promover a arrecadação de recursos financeiros e a realizar as despesas necessárias à campanha eleitoral. (Redação dada pela Lei nº 13.165, de 2015) § 3º Desde o dia 15 de maio do ano eleitoral, é facultada aos pré-candidatos a arrecadação prévia de recursos na modalidade prevista no inciso IV do § 4º do art. 23 desta Lei, mas a liberação de recursos por parte das entidades arrecadadoras fica condicionada ao registro da candidatura, e a realização de despesas de campanha deverá observar o calendário eleitoral. (Incluído pela Lei nº 13.488, de 2017) § 4º Na hipótese prevista no § 3º deste artigo, se não for efetivado o registro da candidatura, as entidades arrecadadoras deverão devolver os valores arrecadados aos doadores. (Incluído pela Lei nº 13.488, de 2017) Art. 23. Pessoas físicas poderão fazer doações em dinheiro ou estimáveis em dinheiro para campanhas eleitorais, obedecido o disposto nesta Lei. (Redação dada pela Lei nº 12.034, de 2009) § 1º As doações e contribuições de que trata este artigo ficam limitadas a 10% (dez por cento) dos rendimentos brutos auferidos pelo doador no ano anterior à eleição. (Redação dada pela Lei nº 13.165, de 2015) § 2º. As doações estimáveis em dinheiro a candidato específico, comitê ou partido deverão ser feitas mediante recibo, assinado pelo doador, exceto na hipótese prevista no § 6º do art. 28. (Redação dada pela Lei nº 12.891, de 2013) § 2º-A.* O candidato poderá usar recursos próprios em sua campanha até o total de 10% (dez por cento) dos limites previstos para gastos de campanha no cargo em que concorrer. (Incluído pela Lei nº 13.878, de 2019) *§ 3º A doação de quantia acima dos limites fixados neste artigo sujeita o infrator ao pagamento de multa no valor de até 100% (cem por cento) da quantia em excesso. (Redação dada pela Lei nº 13.488, de 2017) § 4º As doações de recursos financeiros somente poderão ser efetuadas na conta mencionada no art. 22 desta Lei por meio de: (Redação dada pela Lei nº 11.300, de 2006) I – cheques cruzados e nominais ou transferência eletrônica de depósitos; (Incluído pela Lei nº 11.300, de 2006) II – depósitos em espécie devidamente identificados até o limite fixado no inciso I do § 1º deste artigo. (Incluído pela Lei nº 11.300, de 2006) III – mecanismo disponível em sítio do candidato, partido ou coligação na internet, permitindo inclusive o uso de cartão de crédito, e que deverá atender aos seguintes requisitos: (Incluído pela Lei nº 12.034, de 2009)*

a) identificação do doador; (Incluído pela Lei nº 12.034, de 2009) b) emissão obrigatória de recibo eleitoral para cada doação realizada. (Incluído pela Lei nº 12.034, de 2009) IV – instituições que promovam técnicas e serviços de financiamento coletivo por meio de sítios na internet, aplicativos eletrônicos e outros recursos similares, que deverão atender aos seguintes requisitos: (Incluído pela Lei nº 13.488, de 2017) a) cadastro prévio na Justiça Eleitoral, que estabelecerá regulamentação para prestação de contas, fiscalização instantânea das doações, contas intermediárias, se houver, e repasses aos candidatos; (Incluído pela Lei nº 13.488, de 2017) b) identificação obrigatória, com o nome completo e o número de inscrição no Cadastro de Pessoas Físicas (CPF) de cada um dos doadores e das quantias doadas; (Incluído pela Lei nº 13.488, de 2017) c) disponibilização em sítio eletrônico de lista com identificação dos doadores e das respectivas quantias doadas, a ser atualizada instantaneamente a cada nova doação; (Incluído pela Lei nº 13.488, de 2017) d) emissão obrigatória de recibo para o doador, relativo a cada doação realizada, sob a responsabilidade da entidade arrecadadora, com envio imediato para a Justiça Eleitoral e para o candidato de todas as informações relativas à doação; (Incluído pela Lei nº 13.488, de 2017) e) ampla ciência a candidatos e eleitores acerca das taxas administrativas a serem cobradas pela realização do serviço; (Incluído pela Lei nº 13.488, de 2017) f) não incidência em quaisquer das hipóteses listadas no art. 24 desta Lei; (Incluído pela Lei nº 13.488, de 2017) g) observância do calendário eleitoral, especialmente no que diz respeito ao início do período de arrecadação financeira, nos termos dispostos no § 2º do art. 22-A desta Lei; (Incluído pela Lei nº 13.488, de 2017) h) observância dos dispositivos desta Lei relacionados à propaganda na internet; (Incluído pela Lei nº 13.488, de 2017) V – comercialização de bens e/ou serviços, ou promoção de eventos de arrecadação realizados diretamente pelo candidato ou pelo partido político. (Incluído pela Lei nº 13.488, de 2017) § 4º-A Na prestação de contas das doações mencionadas no § 4º deste artigo, é dispensada a apresentação de recibo eleitoral, e sua comprovação deverá ser realizada por meio de documento bancário que identifique o CPF dos doadores. (Incluído pela Lei nº 13.488, de 2017) § 4º-B As doações realizadas por meio das modalidades previstas nos incisos III e IV do § 4º deste artigo devem ser informadas à Justiça Eleitoral pelos candidatos e partidos no prazo previsto no inciso I do § 4º do art. 28 desta Lei, contado a partir do momento em que os recursos arrecadados forem depositados nas contas bancárias dos candidatos, partidos ou coligações. (Incluído pela Lei nº 13.488, de 2017) § 5º Ficam vedadas quaisquer doações em dinheiro, bem como de troféus, prêmios, ajudas de qualquer espécie feitas por candidato, entre o registro e a eleição, a pessoas físicas ou jurídicas. (Incluído pela Lei nº 11.300, de 2006)§ 6º Na hipótese de doações realizadas por meio das modalidades previstas nos incisos III e IV do § 4º deste artigo, fraudes ou erros cometidos pelo doador sem conhecimento dos candidatos, partidos ou coligações não ensejarão a responsabilidade destes nem a rejeição de suas contas eleitorais. (Redação dada pela Lei nº 13.488, de 2017)§ 7º O limite previsto no § 1º deste artigo não se aplica a doações estimáveis em dinheiro relativas à utilização de bens móveis ou imóveis de propriedade do doador ou à prestação de serviços próprios, desde que o valor estimado não ultrapasse R$ 40.000,00 (quarenta mil reais) por doador. (Redação dada pela Lei nº 13.488, de 2017)§ 8º Ficam autorizadas a participar das transações relativas às modalidades de doações previstas nos incisos III e IV do § 4º deste artigo todas as instituições que atendam, nos termos da lei e da regulamentação expedida pelo Banco Central, aos critérios para operar arranjos de pagamento. (Incluído pela Lei nº 13.488, de 2017) § 9º As instituições financeiras e de pagamento não poderão recusar a utilização de cartões de débito e de crédito como meio de doações eleitorais de pessoas físicas. (Incluído pela Lei nº 13.488, de 2017) Art. 24. É vedado, a partido e candidato, receber direta ou indiretamente doação em dinheiro ou estimável em dinheiro, inclusive por meio de publicidade de qualquer espécie, procedente de: I – entidade ou governo estrangeiro; II – órgão da administração pública direta e indireta ou fundação mantida com recursos provenientes do Poder Público; III – concessionário ou permissionário de serviço público; IV – entidade de direito privado que receba, na condição de beneficiária, contribuição compulsória em virtude de disposição legal; V – entidade de utilidade pública; VI – entidade de classe ou sindical; VII – pessoa jurídica sem fins lucrativos que receba recursos do exterior. VIII – entidades beneficentes e religiosas; (Incluído pela Lei nº 11.300, de 2006) IX – entidades esportivas; (Redação dada pela Lei nº 12.034, de 2009) X – organizações não-governamentais que recebam recursos públicos; (Incluído pela Lei nº 11.300, de 2006) XI – organizações da sociedade civil de interesse público. (Incluído pela Lei nº 11.300, de 2006) XII – (VETADO). (Incluído pela Lei nº 13.165, de 2015) § 1º Não se incluem nas vedações de que trata este artigo as cooperativas cujos cooperados não sejam concessionários ou permissionários de serviços públicos, desde que não estejam sendo beneficiadas com recursos públicos, observado o disposto no art. 81. (Redação dada pela Lei nº 13.165, de 2015) § 4º O partido ou candidato que receber recursos provenientes de fontes vedadas ou de origem não identificada deverá proceder à devolução dos valores recebidos ou, não sendo possível a identificação da fonte, transferi-los para a conta única do Tesouro Nacional. (Incluído pela Lei nº 13.165, de 2015) Art. 24-C. O limite de doação previsto no § 1º do art. 23 será apurado anualmente pelo Tribunal Superior Eleitoral e pela Secretaria da Receita Federal do Brasil. (Incluído pela Lei nº 13.165, de 2015) § 1º O Tribunal Superior Eleitoral deverá consolidar as informações sobre as doações registradas até 31 de dezembro do exercício financeiro a ser apurado, considerando: (Incluído pela Lei nº 13.165, de 2015) I – as prestações de contas anuais dos partidos políticos, entregues à Justiça Eleitoral até 30 de abril do ano subsequente ao da apuração, nos termos do art. 32 da Lei no 9.096, de 19 de setembro de 1995; (Incluído pela Lei nº 13.165, de 2015) II – as

Acontece que o Conselho Federal da OAB ajuizou Ação Direta de Inconstitucionalidade (ADI 4650) no STF pedindo que fossem declarados inconstitucionais os dispositivos da legislação eleitoral (Leis nº 9.096/95 e nº 9.504/97) que autorizam **doações de empresas** a candidatos e a partidos políticos. Na ação, a entidade também pediu que fosse fixado um limite máximo para as doações feitas por pessoas físicas.

Para a OAB existiria uma infiltração do poder econômico nas eleições, o que geraria graves distorções, como a desigualdade política, na medida em que aumentaria a influência dos mais ricos sobre o resultado dos pleitos eleitorais, e, consequentemente, sobre a atuação do próprio Estado. Além disso, essa forte influência do poder econômico inviabilizaria a possibilidade de sucesso eleitoral dos candidatos que não têm patrimônio para suportar os gastos de campanha nem acesso aos financiadores privados.

Pois bem, o STF decidiu que são inconstitucionais as contribuições de pessoas jurídicas às campanhas eleitorais. No que se refere às contribuições de pessoas físicas, elas seriam válidas e regulam-se de acordo com a lei em vigor. Portanto, a ADI 4650 foi julgada parcialmente procedente para declarar a inconstitucionalidade dos dispositivos legais que autorizam as contribuições de pessoas jurídicas para campanhas eleitorais e partidos políticos.

Nesses termos, foi o entendimento do Plenário, que, em conclusão de julgamento e por maioria, acolheu, em parte, pedido formulado em ação direta para declarar a inconstitucionalidade dos artigos 23, § 1º, I e II; 24; e 81, "caput" e § 1º, da Lei 9.504/1997 (Lei das Eleições), que tratam de doações a campanhas eleitorais por pessoas físicas e jurídicas, no ponto em que cuidam de doações por pessoas jurídicas.[184] Declarou, ainda, a inconstitucionalidade dos artigos 31; 38, III; 39, "caput" e § 5º, da Lei 9.096/1995 (Lei Orgânica dos Partidos Políticos), que regulam a forma e os limites em que serão efetivadas as doações aos partidos políticos, também exclusivamente no que diz respeito às doações feitas por pessoas jurídicas.

Nesse sentido, trazemos os fundamentos da decisão da maioria do plenário do STF na ADI 4650 que teve seu julgamento concluído em 16 e 17.09.2015:

a) O Colegiado do STF reputou que o modelo de autorização de doações em campanhas eleitorais por pessoa jurídica não se mostraria adequado ao regime democrático em geral e à cidadania, em particular;

prestações de contas dos candidatos às eleições ordinárias ou suplementares que tenham ocorrido no exercício financeiro a ser apurado. (Incluído pela Lei nº 13.165, de 2015) § 2º O Tribunal Superior Eleitoral, após a consolidação das informações sobre os valores doados e apurados, encaminhá-las-á à Secretaria da Receita Federal do Brasil até 30 de maio do ano seguinte ao da apuração. (Incluído pela Lei nº 13.165, de 2015) § 3º A Secretaria da Receita Federal do Brasil fará o cruzamento dos valores doados com os rendimentos da pessoa física e, apurando indício de excesso, comunicará o fato, até 30 de julho do ano seguinte ao da apuração, ao Ministério Público Eleitoral, que poderá, até o final do exercício financeiro, apresentar representação com vistas à aplicação da penalidade prevista no art. 23 e de outras sanções que julgar cabíveis. (Incluído pela Lei nº 13.165, de 2015). Ver também: art. 25 (sobre o descumprimento das normas) e art. 26 (sobre o que se consideram gastos) da Lei nº 9.504/97.

184. Lembramos mais uma vez que a decisão da ADI 4650 é **anterior** à Lei nº 13.165/2015, que alterou a Lei nº 9504/97 em vários dispositivos.

b) Ressalvou o STF que o exercício de cidadania, em sentido estrito, pressuporia três modalidades de atuação física: o *"jus sufragius"*, que seria o direito de votar; o *"jus honorum"*, que seria o direito de ser votado; e o direito de influir na formação da vontade política por meio de instrumentos de democracia direta como o plebiscito, o referendo e a iniciativa popular de leis. Destacou que essas modalidades seriam inerentes às pessoas naturais e, por isso, o desarrazoado de sua extensão às pessoas jurídicas;

c) Afirmou o STF que a participação de pessoas jurídicas apenas encareceria o processo eleitoral sem oferecer, como contrapartida, a melhora e o aperfeiçoamento do debate. O aumento dos custos de campanhas não corresponderia ao aprimoramento do processo político, com a pretendida veiculação de ideias e de projetos pelos candidatos. Ao contrário, os candidatos que tivessem despendido maiores recursos em suas campanhas possuiriam maior êxito nas eleições;[185]

d) Ponderou que a exclusão das doações por pessoas jurídicas não teria efeito adverso sobre a arrecadação dos fundos por parte dos candidatos aos cargos políticos. Nesse sentido, todos os partidos políticos teriam acesso ao fundo partidário e à propaganda eleitoral gratuita nos veículos de comunicação, a proporcionar aos candidatos e as suas legendas, meios suficientes para promoverem suas campanhas;

e) Entendeu o STF que o princípio da liberdade de expressão, no aspecto político, teria como finalidade estimular a ampliação do debate público, a permitir que os indivíduos conhecessem diferentes plataformas e projetos políticos. A excessiva participação do poder econômico no processo político desequilibraria a competição eleitoral, a igualdade política entre candidatos, de modo a repercutir na formação do quadro representativo;

f) Assim, concluiu que em um ambiente cujo êxito dependesse mais dos recursos despendidos em campanhas do que das plataformas políticas, seria de se presumir que considerável parcela da população ficasse desestimulada a disputar os pleitos eleitorais;

g) Já em relação aos mecanismos de controle dos financiamentos de campanha, o STF rechaçou a afirmação no sentido de que a discussão acerca da doação por pessoa jurídica deveria se restringir aos instrumentos de fiscalização. Entendeu que defender que a questão da doação por pessoa jurídica se restrinja aos

185. O Ministro Luiz Fux relator da ADI, registrou em seu voto que, em 2002, os candidatos gastaram 798 milhões de reais, ao passo que, em 2012, os valores superaram 4,5 bilhões de reais, com aumento de 471% de gastos. Explicitou que, no Brasil, o gasto seria da ordem de R$ 10,93 per capita; na França, R$ 0,45; no Reino Unido, R$ 0,77; e na Alemanha, R$ 2,21. Comparado proporcionalmente ao PIB, o Brasil estaria no topo do ranking dos países que mais gastariam em campanhas eleitorais. Destacou que 0,89% de toda a riqueza gerada no País seria destinada a financiar candidaturas de cargos representativos, a superar os Estados Unidos da América, que gastariam 0,38% do PIB. Voto proferido em 11.12.2013 (Informativo 732 do STF).

mecanismos de controle e transparência dos gastos seria insuficiente para amainar o cenário em que o poder político mostrar-se-ia atraído pelo poder econômico;

h) Afirmou também o Pretório Excelso que a possibilidade de que as empresas continuassem a investir elevadas quantias – não contabilizadas (caixa dois) – nas campanhas eleitorais não constituiria empecilho para que o STF declarasse ser disfuncional o corrente modelo;

i) Assinalou ainda a inconstitucionalidade dos critérios de doação a campanhas por pessoas jurídicas, sob o enfoque da isonomia entre elas, haja vista que o art. 24 da Lei das Eleições não estende essa faculdade a toda espécie de pessoa jurídica. O aludido preceito estabelece rol de entidades que não poderiam realizar doações em dinheiro ou estimáveis em dinheiro a candidatos ou a partidos políticos, a exemplo das associações de classe e sindicais, bem como entidades integrantes do terceiro setor. E como resultado desse impedimento, as empresas privadas – cuja maioria se destina à atividade lucrativa – seriam as protagonistas em doações entre as pessoas jurídicas, em detrimento das entidades sem fins lucrativos e dos sindicatos, a desaguar em ausência de equiparação entre elas.[186]

Por fim, é importante salientar, que o Colegiado do STF deliberou não modular os efeitos da decisão, tendo em vista não haver sido atingido o número necessário de votos para tanto. Assim, a decisão aplicar-se-á a partir das eleições de 2016, inclusive, independentemente da publicação do acórdão.

Ainda sobre os recursos privados, é importante ressaltar, por último, que o STF na **ADI 5394 MC/DF** inicialmente deferiu medida cautelar para suspender, até o julgamento final da ação, a eficácia da expressão "*sem individualização dos doadores*", constante da parte final do § 12 do art. 28 da Lei 9.504/1997, acrescentado pela Lei 13.165/2015. Além disso, conferiu, por maioria, efeitos "*ex tunc*" à decisão.

Nesses termos, o art. 28, § 12 da Lei nº 9.504/97, estabeleceu a possibilidade de "*doações ocultas*" de pessoas físicas a candidatos, ou seja, sem que os nomes dos doadores fiquem registrados na prestação de contas.[187] Em virtude disso, o Conselho Federal da OAB ajuizou ADI contra esse dispositivo, que foi incluído pela Lei nº 13.165/2015. A OAB argumentou que o dispositivo é inconstitucional,

186. Vencidos os Ministros Teori Zavascki, Gilmar Mendes e Celso de Mello, que julgavam parcialmente procedente o pleito, para dar interpretação conforme à Constituição às normas impugnadas e vedar as seguintes formas de contribuição a partidos políticos e a campanhas eleitorais: ***a)*** *de pessoas jurídicas ou de suas controladas e coligadas que mantivessem contratos onerosos celebrados com a Administração Pública, independentemente de sua forma e objeto;* ***b)*** *de pessoas jurídicas a partidos (ou seus candidatos) diferentes, que competem entre eles. De igual forma, proibiam que pessoas jurídicas que tivessem efetuado contribuições a partidos ou campanhas, desde então e até o término da gestão subsequente, celebrassem qualquer contrato oneroso com entidades da Administração.* ADI nº 4650/DF, Pleno do STF, julg. em **16 e 17.09.2015**, Rel. Min. Luiz Fux.

187. É interessante que, antes da inclusão do § 12 ao art. 28 da Lei nº 9.504/97, o TSE já havia editado a Resolução 23.406/2014 exigindo a identificação dos doadores de forma individualizada, com fundamento na Lei nº 12.527/2011 (Lei do Acesso à Informação). Assim sendo, a inovação legislativa promovida pela Lei nº 13.165/2015, permitindo a "*doação oculta*", teve o nítido propósito de contrariar (superar) a Resolução do TSE (superação legislativa ou *override*).

pois permite que doações feitas a partidos possam ser repassadas a candidatos sem a demonstração da origem dos recursos, o que violaria o princípio da transparência e o princípio da moralidade, além de favorecer a corrupção, dificultando o rastreamento das doações eleitorais. Nesse sentido, a possibilidade de "doações ocultas" de pessoas físicas a candidatos pode sustentar relações pouco republicanas entre os políticos e seus financiadores. A ausência de transparência impede a identificação dos interesses por trás da atuação do candidato, dificultando eventuais investigações e impedindo que o eleitor decida de modo informado.[188]

Pois bem, em 22.03.2018, o STF prolatou a decisão definitiva da ADI 5394. O STF, então, julgou procedente o pedido formulado na ADI e declarou a inconstitucionalidade da expressão *"sem individualização dos doadores"*, constante da parte final do citado § 12 do art. 28 da Lei nº 9.504/97 (acrescentado pela Lei 13.165/2015).

Afirmou o Pretório Excelso, que essa parte final do dispositivo suprime a transparência do processo eleitoral, frustra o exercício da fiscalização pela Justiça Eleitoral e impede que o eleitor exerça, com pleno esclarecimento, seu direito de escolha dos representantes políticos violando os princípios republicano e democrático (art. 1º, da CR/88), além de representar afronta aos postulados da moralidade e da transparência.[189]

Por último, é bom salientar, que conforme a 1ª Turma do STF na AP 968 julgada em 22.05.2018, candidato que omite, na prestação de contas apresentada à Justiça Eleitoral, recursos utilizados em sua campanha eleitoral, pratica o crime do art. 350 do Código Eleitoral (Falsidade ideológica para fins eleitorais).[190]

Já os **recursos públicos**, derivam inicialmente do Fundo Partidário (Fundo Especial de Assistência aos Partidos Políticos) estabelecido na **Lei nº 9.096/95**. Conforme o art. 38 do diploma infraconstitucional: o Fundo Partidário é constituído por: I – multas e penalidades pecuniárias aplicadas nos termos do Código Eleitoral e

---

188. Conforme decidiu o STF, *"a divulgação de informações sobre a origem dos recursos recebidos por partidos capacitaria a sociedade civil, inclusive aqueles que concorressem entre si na disputa eleitoral, a cooperar com as instâncias estatais na verificação da legitimidade do processo eleitoral. Afirmou também, que essa prática fortaleceria o controle social sobre a atividade político-partidária. Concluiu o STF entendendo que o acesso a esses dados ainda propiciaria o aperfeiçoamento da própria política legislativa de combate à corrupção eleitoral, ajudando a denunciar as fragilidades do modelo e a inspirar propostas de correção futuras. Nesse sentido, para o STF seria inevitável a conclusão de que a parte final do § 12 do art. 38 da Lei 9.504/1997, acrescentado pela Lei 13.365/15, suprimiria transparência do processo eleitoral. Frustraria o exercício adequado das funções constitucionais da Justiça Eleitoral e impediria que o eleitor exercesse, com pleno esclarecimento, seu direito de escolha dos representantes políticos. Isso atentaria contra a arquitetura republicana e a inspiração democrática que a Constituição Federal imprimira ao Estado brasileiro."* ADI 5394 MC/DF, STF – Pleno, julg. em 12.11.2015. É importante afirmar que a decisão do STF valeu para as eleições de 2016.
189. **ADI 5394/DF**, STF. Plenário. Rel. Min. Alexandre de Moraes, julgado em **22.03.2018.**
190. Código Eleitoral: Art. 350 *Omitir, em documento público ou particular, declaração que dele devia constar, ou nele inserir ou fazer inserir declaração falsa ou diversa da que devia ser escrita, para fins eleitorais: Pena – reclusão até cinco anos e pagamento de 5 a 15 dias-multa, se o documento é público, e reclusão até três anos e pagamento de 3 a 10 dias-multa se o documento é particular.*

leis conexas; II – recursos financeiros que lhe forem destinados por lei, em caráter permanente ou eventual; III – doações de pessoa física ou jurídica (essa parte da pessoa jurídica foi declarada inconstitucional pela ADI 4650 acima citada), efetuadas por intermédio de depósitos bancários diretamente na conta do Fundo Partidário; IV – dotações orçamentárias da União em valor nunca inferior, a cada ano, ao número de eleitores inscritos em 31 de dezembro do ano anterior, ao da proposta orçamentária, multiplicados por trinta e cinco centavos de real, em valores de agosto de 1995.

Temos, ainda, conforme os **art. 43** da ora referida Lei que "os depósitos e movimentações dos recursos oriundos do Fundo Partidário serão feitos em estabelecimentos bancários controlados pelo Poder Público Federal, pelo Poder Público Estadual ou, inexistindo estes, no banco escolhido pelo órgão diretivo do partido".

Na sequência, o art. 44 preleciona que os recursos oriundos do Fundo Partidário serão aplicados: I – na manutenção das sedes e serviços do partido, permitido o pagamento de pessoal, a qualquer título, observado, do total recebido, os seguintes limites: (Redação dada pela Lei nº 13.165, de 2015) a) 50% (cinquenta por cento) para o órgão nacional; (Incluído pela Lei nº 13.165, de 2015) b) 60% (sessenta por cento) para cada órgão estadual e municipal; (Incluído pela Lei nº 13.165, de 2015) II – na propaganda doutrinária e política; III – no alistamento e campanhas eleitorais; IV – na criação e manutenção de instituto ou fundação de pesquisa e de doutrinação e educação política, sendo esta aplicação de, no mínimo, vinte por cento do total recebido; V – na criação e manutenção de programas de promoção e difusão da participação política das mulheres, criados e executados pela Secretaria da Mulher ou, a critério da agremiação, por instituto com personalidade jurídica própria presidido pela Secretária da Mulher, em nível nacional, conforme percentual que será fixado pelo órgão nacional de direção partidária, observado o mínimo de 5% (cinco por cento) do total; (Redação dada pela Lei nº 13.877, de 2019); VI – no pagamento de mensalidades, anuidades e congêneres devidos a organismos partidários internacionais que se destinem ao apoio à pesquisa, ao estudo e à doutrinação política, aos quais seja o partido político regularmente filiado; (Incluído pela Lei nº 13.165, de 2015) VII – no pagamento de despesas com alimentação, incluindo restaurantes e lanchonetes. (Incluído pela Lei nº 13.165, de 2015); VIII - na contratação de serviços de consultoria contábil e advocatícia e de serviços para atuação jurisdicional em ações de controle de constitucionalidade e em demais processos judiciais e administrativos de interesse partidário, bem como nos litígios que envolvam candidatos do partido, eleitos ou não, relacionados exclusivamente ao processo eleitoral; (Incluído pela Lei nº 13.877, de 2019); IX - (vetado pelo Presidente da República); X - na compra ou locação de bens móveis e imóveis, bem como na edificação ou construção de sedes e afins, e na realização de reformas e outras adaptações nesses bens; (Incluído pela Lei nº 13.877, de 2019) XI - no custeio de impulsionamento, para conteúdos contratados diretamente com provedor de aplicação de internet com sede e foro no País, incluída a priorização paga de conteúdos resultantes de aplicações de busca na internet, mediante o pagamento por meio de boleto bancário, de depósito identificado ou de transferência eletrônica diretamente para conta do provedor, o qual deve manter conta bancária específica para receber recursos dessa natureza, proibido nos 180 (cento e oitenta) dias anteriores à eleição. (Incluído pela Lei nº 13.877, de 2019)

Nos termos do § 1º do mesmo art. 44, na prestação de contas dos órgãos de direção partidária de qualquer nível devem ser discriminadas as despesas realizadas com recursos do Fundo Partidário, de modo a permitir o controle da Justiça Eleitoral sobre o cumprimento do disposto nos incisos I e IV deste artigo (acima citados). Já o § 2º afirma que a Justiça Eleitoral pode, a qualquer tempo, investigar sobre a aplicação de recursos oriundos do Fundo Partidário.[191]

Na sequência, conforme já citado em nossa obra, o STF decidiu na ADI 6032, resolução do TSE não pode determinar a suspensão automática de partido por ausência de prestação de contas, devendo ser cumprido o procedimento previsto no art. 28 da Lei 9.096/95.

Nesses termos, o STF julgou parcialmente procedente ADI para conferir interpretação conforme à Constituição às normas do art. 47, caput e § 2º, da Res. nº 23.432/2014 do TSE; do art. 48, caput e § 2º, da Res. nº 23.546/2017 do TSE; e do art. 42, caput, da Res. nº 23.571/2018 do TSE[192], afastando qualquer interpretação que permita que a sanção de suspensão do registro ou anotação do órgão partidário regional ou municipal seja aplicada de forma automática, como consequência da decisão que julga as contas não prestadas, assegurando que tal penalidade somente pode

---

191. Na sequência do art. 44 da Lei 9.096/95: *§ 3º Os recursos de que trata este artigo não estão sujeitos ao regime da Lei nº 8.666, de 21 de junho de 1993, tendo os partidos políticos autonomia para contratar e realizar despesas. (Redação dada pela Lei nº 12.891, de 2013) § 4º Não se incluem no cômputo do percentual previsto no inciso I deste artigo encargos e tributos de qualquer natureza. (Incluído pela Lei nº 12.034, de 2009) § 5º O partido político que não cumprir o disposto no inciso V do* ***caput*** *deverá transferir o saldo para conta específica, sendo vedada sua aplicação para finalidade diversa, de modo que o saldo remanescente deverá ser aplicado dentro do exercício financeiro subsequente, sob pena de acréscimo de 12,5% (doze inteiros e cinco décimos por cento) do valor previsto no inciso V do* ***caput****, a ser aplicado na mesma finalidade. (Redação dada pela Lei nº 13.165, de 2015) § 5º-A. (Ver ADI 5617) § 6º No exercício financeiro em que a fundação ou instituto de pesquisa não despender a totalidade dos recursos que lhe forem assinalados, a eventual sobra poderá ser revertida para outras atividades partidárias, conforme previstas no* ***caput*** *deste artigo. (Incluído pela Lei nº 12.891, de 2013) § 7º (Ver ADI 5617).* Conforme o novo **art. 44-A**: *As atividades de direção exercidas nos órgãos partidários e em suas fundações e institutos, bem como as de assessoramento e as de apoio político-partidário, assim definidas em normas internas de organização,* ***não geram vínculo de emprego, não sendo aplicável o regime jurídico previsto na Consolidação das Leis do Trabalho,*** *aprovada pelo Decreto-Lei nº 5.452, de 1º de maio de 1943, quando remuneradas com valor mensal igual ou superior a 2 (duas) vezes o limite máximo do benefício do Regime Geral de Previdência Social. (Incluído pela Lei nº 13.877, de 2019) Parágrafo único. O partido político poderá ressarcir despesas comprovadamente realizadas no desempenho de atividades partidárias e deverá manter registro contábil de todos os dispêndios efetuados, sem computar esses valores para os fins do inciso I do* ***caput*** *do art. 44 desta Lei. (Incluído pela Lei nº 13.877, de 2019).*

192. Res. nº 23.546/2017: *Art. 48. (...) § 2º O órgão partidário, de qualquer esfera, que tiver as suas contas julgadas como não prestadas fica obrigado a devolver integralmente todos os recursos provenientes do Fundo Partidário que lhe forem entregues, distribuídos ou repassados, bem como terá suspenso o registro ou a anotação, no caso de órgão de direção estadual ou municipal.* Res. nº 23.571/2018: *Art. 42. Será suspenso o registro ou a anotação do órgão de direção estadual ou municipal que tiver suas contas partidárias julgadas como não prestadas, devendo o órgão ser inativado e novas anotações indeferidas até que seja regularizada a situação.*

ser aplicada após decisão, com trânsito em julgado, decorrente de procedimento específico de suspensão de registro, conforme o art. 28 da Lei nº 9.096/95.[193]

Entendeu o STF que as normas impugnadas (das resoluções), ao determinarem a suspensão do registro ou a anotação do partido como consequência imediata do julgamento das contas, violam o devido processo legal.

Pontuou o Pretório Excelso que a legislação eleitoral prevê um procedimento específico para o cancelamento do registro em relação ao partido em âmbito nacional. Por questão de **coerência**, relativamente aos ***órgãos regionais ou municipais***, consequência análoga deve ser precedida de processo específico em que se possibilite o contraditório e a ampla defesa.[194]

Assim, não permitir a suspensão do órgão regional ou municipal que omita a prestação de contas da Justiça Eleitoral abre uma lacuna no sistema eleitoral e inviabiliza a fiscalização desses órgãos de direção partidária, o que acarreta riscos para a própria democracia. Entretanto, é necessário compatibilizar as diversas normas incidentes sobre o dever dos partidos políticos de prestar contas em todos os níveis de direção partidária, de modo a concluir que a suspensão do órgão regional ou municipal por decisão da Justiça Eleitoral só poderá ocorrer ***após o citado processo específico***.[195]

É interessante citarmos que parte da Lei nº 9.096/95 que trazia a previsão de **como seriam distribuídos os recursos** do fundo partidário pelo TSE foi **declarada inconstitucional pelo STF** no julgamento das **ADIs nºs 1.351** e **1.354**[196]. O STF chegou à conclusão de que o modelo até então existente era extremamente restritivo em relação aos chamados partidos menores ou aos partidos em formação, ferindo critérios de proporcionalidade, bem como "o princípio de igualdade de chances".[197]

---

193. **ADI 6032 MC-Ref/DF**, Rel. Min. Gilmar Mendes, julg em **05.12.2019** (Info 962).

194. **ADI 6032 MC-Ref/DF**, Rel. Min. Gilmar Mendes, julg em **05.12.2019** (Info 962).

195. Lei nº 9.096/95: art. 28. *O Tribunal Superior Eleitoral, após trânsito em julgado de decisão, determina o cancelamento do registro civil e do estatuto do partido contra o qual fique provado: III - não ter prestado, nos termos desta Lei, as devidas contas à Justiça Eleitoral; § 1º A decisão judicial a que se refere este artigo deve ser precedida de processo regular, que assegure ampla defesa. (...) § 6º O disposto no inciso III do caput refere-se apenas aos órgãos nacionais dos partidos políticos que deixarem de prestar contas ao Tribunal Superior Eleitoral, não ocorrendo o cancelamento do registro civil e do estatuto do partido quando a omissão for dos órgãos partidários regionais ou municipais.*

196. *Partido político – Funcionamento parlamentar – Propaganda partidária gratuita – Fundo partidário. Surge conflitante com a Constituição Federal lei que, em face da gradação de votos obtidos por partido político, afasta o funcionamento parlamentar e reduz, substancialmente, o tempo de propaganda partidária gratuita e a participação no rateio do Fundo Partidário. Normatização – Inconstitucionalidade – Vácuo. Ante a declaração de inconstitucionalidade de leis, incumbe atentar para a inconveniência do vácuo normativo, projetando-se, no tempo, a vigência de preceito transitório, isso visando a aguardar nova atuação das Casas do Congresso Nacional. Nesses termos, na decisão: O Tribunal, à unanimidade, julgou procedente a ação direta para declarar a inconstitucionalidade dos seguintes dispositivos da Lei nº 9.096, de 19 de setembro de 1995: artigo 13; a expressão "obedecendo aos seguintes critérios", contida no caput do artigo 41; incisos I e II do mesmo artigo 41; artigo 48; a expressão "que atenda ao disposto no art. 13", contida no caput do artigo 49, com redução de texto; caput dos artigos 56 e 57, com interpretação que elimina de tais dispositivos as limitações temporais neles constantes, até que sobrevenha disposição legislativa a respeito; e a expressão "no art. 13", constante no inciso II do artigo 57. Também por unanimidade, julgou improcedente a ação no que se refere ao inciso II do artigo 56. Plenário, 07.12.2006.*

197. Conforme a doutrina: "[...] o princípio da igualdade de chances entre os partidos políticos abrange todo o processo de concorrência entre os partidos, não estando, por isso, adstrito a um segmento específico. É fundamental,

Posteriormente a **Lei nº 11.459/2007** alterou a distribuição de recursos do fundo partidário. Essa lei incluiu o art. 41-A na Lei nº 9.096/95 (Lei dos Partidos Políticos), permitindo a "todos os partidos" acesso a pelo **menos 5% do fundo e não a 1%**, como na redação anterior declarada inconstitucional.

Além disso, essa norma acabou com a intitulada *"cláusula de barreira"* ou de *"desempenho"* para que se tenha acesso ao fundo, conforme dispunha o anterior art. 41 da Lei nº 9.096/95 (conjugado com o art. 13 da mesma Lei). Pela redação normativa de 2007, 5% (cinco por cento) do total do Fundo Partidário seriam destacados para entrega, em partes iguais, a todos os partidos que tenham seus estatutos registrados no Tribunal Superior Eleitoral e 95% (noventa e cinco por cento) do total do Fundo Partidário seriam distribuídos a eles na proporção dos votos obtidos na última eleição geral para a Câmara dos Deputados. Acontece que a **Lei nº 12.875 de 30.10.2013** trouxe nova modificação na distribuição dos fundos alterando o art. 41-A da Lei nº 9.096/95 (que havia sido incluído pela Lei nº 11.459/2007). Nesses termos, a regra passou a ser a seguinte: 5% (cinco por cento) **seriam destacados para entrega, em partes iguais, a todos os partidos** que tenham seus estatutos registrados no Tribunal Superior Eleitoral; e 95% (noventa e cinco por cento) **seriam distribuídos aos partidos na proporção dos votos obtidos na última eleição geral para a Câmara dos Deputados.** Parágrafo único. Para efeito do disposto no inciso II, seriam desconsideradas as mudanças de filiação partidária, em quaisquer hipóteses, ressalvado o disposto no **§ 6º do art. 29 da mesma Lei.**

Aqui no caso de fusão ou incorporação os votos dos "partidos originários" serão computados para efeitos do fundo partidário. Nesse sentido, trazemos o referido **art. 29 § 6º** da **Lei nº 9.096/95** com redação dada pela **Lei nº 12.875/2013** que determinou que: "Havendo fusão ou incorporação, devem ser somados exclusivamente os votos dos partidos fundidos ou incorporados obtidos na última eleição geral para a Câmara dos Deputados, para efeito da distribuição dos recursos do Fundo Partidário e do acesso gratuito ao rádio e à televisão."

Acontece que restou evidente que o objetivo dessa Lei foi o de restringir os parlamentares que mudaram de partido de forma válida. Nesses termos, eles não levariam os votos obtidos por eles para a nova "sigla" (aumentando assim o repasse do fundo partidário). Portanto, um Deputado Federal ou um Senador que mudar de partido (como veremos: *obviamente de forma lícita*) não levaria seus votos. O objetivo foi evitar que, com a mudança, o partido de destino recebesse mais verbas do fundo partidário.

---

portanto, que a legislação que disciplina o sistema eleitoral, a atividade dos partidos políticos e dos candidatos, o seu financiamento, o acesso aos meios de comunicação, o uso da propaganda governamental, dentre outros, não negligencie a ideia de igualdade de chances sob pena de a concorrência entre agremiações e candidatos tornar-se algo ficcional, com grave comprometimento do próprio processo democrático." MENDES; BRANCO, 2008, p. 789. Sem dúvida, afirmam os autores citados que a cláusula de barreira do art. 13, conjugada com o art. 41, acabaria por condenar as agremiações menores a uma morte lenta, retirando das mesmas condições mínimas de concorrer em pleitos com igualdade de chances.

Observamos ainda que a **Lei nº 12.875/2013** também teve como um dos focos centrais a questão da criação de novos partidos e a distribuição de recursos do fundo partidário. Com isso, conforme o diploma legal citado, a fusão ou incorporação de partidos só levaria consigo os votos exclusivamente obtidos pelos **"partidos originários"** na última eleição geral para a Câmara dos Deputados. Restou claro que a Lei 12.875/2013 também foi editada com o objetivo de inibir a criação de novos partidos políticos. Para isso, restringiu de sobremaneira o acesso de novas legendas aos recursos financeiros do Fundo Partidário e ao tempo de propaganda na TV e no rádio. No caso dos recursos financeiros os **novos partidos** só teriam direito aos 5% e não participariam do rateio dos 95%. Assim, de acordo com as regras da **Lei nº 12.875/2013**, os partidos novos ficariam com pouquíssimos recursos do Fundo Partidário e reduzidíssimo tempo de rádio e TV (que será analisado posteriormente).

Aqui é importante ressaltar, que o STF já havia enfrentado esse mesmo tema (de forma equivalente) no julgamento das ADIs 4430 e 4795 MC/DF, de relatoria do Min. Dias Toffoli, julgadas em 27, 28 e 29.06.2012. Nos julgamentos dessas ações, o STF já havia afirmado que os partidos novos, criados após a realização de eleições para a Câmara dos Deputados, deveriam ter direito de acesso proporcional aos 2/3 do tempo destinado à propaganda eleitoral gratuita no rádio e na televisão. Portanto eles teriam direito aos mesmos rateios que os partidos que já existiam. O problema é que alguns meses após o julgamento dos casos supracitados, o Congresso Nacional editou a aqui citada **Lei nº 12.875/2013** que, em sentido oposto ao pronunciamento da Corte, subtraiu dos novos partidos ao *direito de antena* (rádio e televisão) bem como a maior parte do *acesso aos recursos do Fundo partidário*. Dessa forma, ficou evidente que a **Lei nº 12.875/2013** foi uma reação legislativa à decisão do STF, ou seja, uma forma de o Congresso Nacional superar a interpretação legislativa dada pela Corte ao tema.

Assim sendo, o Partido Solidariedade ajuizou no STF ação direta de inconstitucionalidade contra a **Lei nº 12.875/2013**. Nesse sentido, em 01.10.2015 o Plenário do STF, por maioria, julgou procedente pedido formulado em ação direta para declarar a inconstitucionalidade dos artigos 1º e 2º da Lei 12.875/2013. O STF não concordou com essa tentativa do Poder Legislativo de **superação legislativa (*override*)** com a reversão da jurisprudência do STF. Segundo afirmou o Min. Luiz Fux, houve abuso do legislador ao editar lei buscando modificar a interpretação constitucional do Pretório Excelso. Diante disso, a Lei nº 12.875/2013 já nasceu com o gérmen da inconstitucionalidade porque violou uma decisão do STF em controle concentrado de constitucionalidade sem trazer nenhuma novidade. Para o Ministro Fux, isso configuraria um atentado à dignidade da jurisdição do STF.[198]

198. Afirmou o STF que "o legislador poderia, por **emenda constitucional** ou lei ordinária, **superar** a jurisprudência, reclamando posturas distintas da Corte. Se veiculada por emenda, altera-se o próprio parâmetro amparador da jurisprudência. Nessas situações, a invalidade da emenda por decisão do STF somente poderá ocorrer nas

O STF apontou que, no caso em debate, a análise da justificação do projeto de lei que desaguara na norma supracitada revelaria a inaptidão dos fundamentos ali expendidos para legitimar a reversão da interpretação fixada pelo STF na matéria (superação do entendimento do STF). Os fundamentos do projeto de lei seriam: a) as migrações que ocorrem durante a legislatura vulneram a previsibilidade institucional na distribuição dos recursos dos fundos partidários e do horário de propaganda; b) essas alterações geram um cenário de insegurança jurídica; c) a medida legislativa visa a valorizar os partidos políticos, de modo a evitar disfunções no sistema partidário; d) perenidade do partido enquanto instrumento do pluralismo político; e e) o art. 17, § 3º, da CR seria observado com a distribuição equitativa dos 5% dos recursos do Fundo Partidário e do 1/3 do horário de propaganda eleitoral. Nesses termos, conforme o informativo 801 do STF, não haveria, no projeto, enfrentamento aos fundamentos das ações diretas de inconstitucionalidade referidas, e os argumentos não seriam capazes de superar a tese então exarada pelo STF. Na oportunidade, o Plenário do STF asseverou que o art. 17 da CR/88, que consagra o direito político fundamental da liberdade de criação de partidos, tutela, igualmente, as agremiações que tenham representação no Congresso, sendo irrelevante perquirir se essa representatividade resulta da criação de nova legenda no curso da legislatura ou não.[199]

O STF, nos termos do informativo 801, afirmou também, que as normas em debate seriam inconstitucionais por afrontarem as condições de funcionamento das instituições democráticas. Nesses termos, a restrição imposta pela Lei 12.875/2013, às novas legendas justificaria a intervenção do STF, pois se cuidaria de tentativa de inviabilizar os canais de acesso e de participação daqueles que estão fora do jogo democrático. Seria dever da Corte otimizar e aperfeiçoar o processo democrático, de sorte a: a) corrigir as patologias que desvirtuem o sistema representativo, máxime quando obstruam as vias de expressão e os canais de participação política; e b) proteger os interesses e direitos dos grupos

hipóteses de descumprimento do art. 60 da CR/88. Se, porém, introduzida por **legislação ordinária**, a norma *que frontalmente colidir com a jurisprudência do Tribunal nasce com presunção de inconstitucionalidade, de sorte que caberia ao legislador o ônus de demonstrar, argumentativamente, que a correção do precedente se afigura legítima, e que o posicionamento jurisprudencial deve ser superado (superação legislativa), tendo em conta novas premissas fáticas e jurídicas.* Assim, a nova legislação que frontalmente colidisse com a jurisprudência do STF se submeteria a um escrutínio de constitucionalidade mais rigoroso. Portanto para ela ser válida deveria demonstrar mudança em termos fáticos e jurídicos."

199. ADI 5105, Pleno do STF, julg. em 01.10.2015, Rel. Min. Luiz Fux. Conforme o Informativo 801: "(...) Além disso, também ficara consignado que erigir a criação de novos partidos como hipótese caracterizadora de justa causa para as migrações partidárias, somada ao direito constitucional de livre criação de novas legendas, impõe a conclusão inescapável de que é defeso privar as prerrogativas inerentes à representatividade política do parlamentar. Por sua vez, a justificação do projeto de lei se limitara a afirmar, genericamente, que a regulamentação da matéria, excluindo dos partidos criados o direito de antena e o Fundo Partidário, fortaleceria as agremiações, sem enfrentar os fundamentos das ações diretas. Portanto, a inconstitucionalidade das normas em questão se agrava, porquanto a decisão do STF fora ancorada em sólida construção argumentativa calcada em cláusulas pétreas. Em tese, a nova legislação que afrontasse decisões do Tribunal nasceria com presunção relativa de inconstitucionalidade, mas, na espécie, a inconstitucionalidade da lei seria evidente."

políticos minoritários, cujas demandas dificilmente encontram eco nas deliberações majoritárias.[200]

Assim sendo, conforme o STF, a discussão acerca dos critérios de distribuição dos recursos do Fundo Partidário e do horário de propaganda eleitoral encerram importantes ferramentas de viabilização e desenvolvimento da engenharia democrática, impactando decisivamente no pleito eleitoral. Com a imposição de severas limitações ao Fundo Partidário e ao direito de antena, as novas agremiações seriam alijadas do processo político. Por esses motivos, a reação jurisprudencial materializada na Lei 12.875/2013, ao subtrair dos partidos novos, criados no curso da legislatura, o direito de antena e o acesso a recursos do Fundo Partidário remanesceria eivada de inconstitucionalidade, na medida em que, além de o legislador não ter logrado trazer novos e consistentes fundamentos para infirmar o pronunciamento da Corte, o diploma inviabiliza, no curto prazo, o funcionamento e o desenvolvimento de minorias político-partidárias, em ofensa aos postulados do pluralismo político e da liberdade partidária.[201]

A conclusão, portanto, no que diz respeito ao fundo partidário é a de que, conforme a decisão da **ADI 5105**, os novos partidos teriam o direito a participar do rateio dos 5% em partes iguais, bem como dos 95% proporcionais. Além disso, os parlamentares que mudarem de partido de forma válida levam seus votos para o partido novo aumentando assim o repasse desse partido na parcela do fundo partidário.

Porém, aqui, neste momento, citamos a redação atual do art. 41-A da lei 9.096/95 após a decisão da ADI 5105 e de novas alterações que foram trazidas pela também recente Lei nº 13.107/2015. Sendo assim, o quadro atual é o seguinte:

ART. 41-A. DO TOTAL DO FUNDO PARTIDÁRIO:	
I – 5% (cinco por cento)	**II – 95% (noventa e cinco por cento)**
serão destacados para entrega, em partes iguais, a todos os partidos que atendam aos requisitos constitucionais de acesso aos recursos do Fundo Partidário; e (Redação dada pela Lei nº 13.165, de 2015)	serão distribuídos aos partidos na proporção dos votos obtidos na última eleição geral para a Câmara dos Deputados. Parágrafo único. Para efeito do disposto no inciso II, serão desconsideradas as mudanças de filiação partidária em quaisquer hipóteses. (Redação dada pela Lei nº 13.107, de 2015)

Vejamos aqui que a redação do inciso I foi modificada, pois a Lei nº 13.107/2015 não fala apenas que os novos partidos teriam o direito a participar do rateio dos

200. ADI 5105, Pleno do STF, julg. em 01.10.2015, Rel. Min. Luiz Fux. (Informativo 801 do STF)
201. ADI 5105, Pleno do STF, julg. em 01.10.2015, Rel. Min. Luiz Fux. (Informativo 801 do STF). Ficaram vencidos os Ministros Edson Fachin, Teori Zavascki, Gilmar Mendes, Celso de Mello e Ricardo Lewandowski (Presidente), que julgavam o pedido da ADI 5105 improcedente.

5% em partes iguais. Ela afirma que serão destacados, em partes iguais, a todos os partidos que atendam aos requisitos constitucionais de acesso aos recursos do Fundo Partidário. E isso causa um impacto na questão que vamos colocar a seguir.

Nesse sentido, não podemos terminar essas digressões sem uma nova questão. Certo é que o art. 17, § 3º, da CR/88, foi recentemente alterado pela EC nº 97 de 04.10.2017.

Aqui, temos o retorno, agora pela via constitucional (superação legislativa ou *override*) da cláusula de barreira. A redação atual da Constituição afirma que somente terão direito a recursos do fundo partidário e acesso gratuito ao rádio e à televisão, na forma da lei, os partidos políticos que alternativamente:

> I – obtiverem, nas eleições para a Câmara dos Deputados, no mínimo, 3% (três por cento) dos votos válidos, distribuídos em pelo menos um terço das unidades da Federação, com um mínimo de 2% (dois por cento) dos votos válidos em cada uma delas; ou
>
> II – tiverem elegido pelo menos quinze Deputados Federais distribuídos em pelo menos um terço das unidades da Federação.[202]

Certo é que, como já salientado, a EC nº 97/2017 criou uma cláusula de barreira (ou de desempenho) prevendo que os partidos somente terão acesso aos recursos do Fundo Partidário e ao tempo de propaganda gratuita no rádio e na televisão se atingirem o patamar mínimo acima citado. Claro que os requisitos são alternativos, mas mesmo assim não deixam de ser rigorosos. Embora, para boa parte da doutrina, eles sejam necessários.[203]

Ressaltamos, que essa restrição do novo § 3º do art. 17, fruto da EC nº 97/2017, somente vai produzir todos os seus efeitos a partir das eleições de 2030.

Enquanto isso, a Emenda Constitucional previu uma regra de transição, de forma que, a cada eleição, os requisitos vão se tornando mais rigorosos até que se atinja os critérios do § 3º do art. 17 em 2030. Observamos inclusive que a cláusula de barreira só será válida para a eleição seguinte à de 2018. Portanto, para a eleição de 2018 continua válido o regramento infraconstitucional que estamos citando nesta parte da obra. Assim sendo:

- Na legislatura seguinte às eleições de 2018:

---

202. EC nº 97/2017: Art. 17 § 5º Ao eleito por partido que não preencher os requisitos previstos no § 3º deste artigo é assegurado o mandato e facultada a filiação, sem perda do mandato, a outro partido que os tenha atingido, não sendo essa filiação considerada para fins de distribuição dos recursos do fundo partidário e de acesso gratuito ao tempo de rádio e de televisão."

203. "Os requisitos acima são muito rigorosos e praticamente asfixiam partidos pequenos. No caso do inciso II, a grande maioria dos partidos atualmente não possui 15 Deputados Federais. É o caso, por exemplo, do Solidariedade, do PC do B, do PSC, do PPS, PHS, PV, PSOL, REDE e PEN. Logo, em tese, eles terão que se valer do inciso I". LOPES CAVALCANTE, Márcio André. *Dizer o Direito*, 2017.

Terão acesso aos recursos do fundo partidário e à propaganda gratuita no rádio e na televisão os partidos políticos que:

a) obtiverem, nas eleições para a Câmara dos Deputados, no mínimo, 1,5% (um e meio por cento) dos votos válidos, distribuídos em pelo menos um terço das unidades da Federação, com um mínimo de 1% (um por cento) dos votos válidos em cada uma delas; ou

b) tiverem elegido pelo menos nove Deputados Federais distribuídos em pelo menos um terço das unidades da Federação;

- Na legislatura seguinte às eleições de 2022:

Terão acesso aos recursos do fundo partidário e à propaganda gratuita no rádio e na televisão os partidos políticos que:

a) obtiverem, nas eleições para a Câmara dos Deputados, no mínimo, 2% (dois por cento) dos votos válidos, distribuídos em pelo menos um terço das unidades da Federação, com um mínimo de 1% (um por cento) dos votos válidos em cada uma delas; ou

b) tiverem elegido pelo menos onze Deputados Federais distribuídos em pelo menos um terço das unidades da Federação;

- Na legislatura seguinte às eleições de 2026:

Terão acesso aos recursos do fundo partidário e à propaganda gratuita no rádio e na televisão os partidos políticos que:

a) obtiverem, nas eleições para a Câmara dos Deputados, no mínimo, 2,5% (dois e meio por cento) dos votos válidos, distribuídos em pelo menos um terço das unidades da Federação, com um mínimo de 1,5% (um e meio por cento) dos votos válidos em cada uma delas; ou

b) tiverem elegido pelo menos treze Deputados Federais distribuídos em pelo menos um terço das unidades da Federação.

- Na legislatura seguinte às eleições de 2030:

Terão acesso aos recursos do fundo partidário e à propaganda gratuita no rádio e na televisão os partidos políticos que:

> I – obtiverem, nas eleições para a Câmara dos Deputados, no mínimo, 3% (três por cento) dos votos válidos, distribuídos em pelo menos um terço das unidades da Federação, com um mínimo de 2% (dois por cento) dos votos válidos em cada uma delas; ou
>
> II – tiverem elegido pelo menos quinze Deputados Federais distribuídos em pelo menos um terço das unidades da Federação.

Aqui apenas fazemos duas ressalvas finais: 1) A validade da cláusula de barreira só será para as eleições seguintes à de 2018; 2) Os 5% do fundo partidário que serão destacados para entrega, em partes iguais, previstos na atual Lei nº 13.107/2015, a partir da próxima eleição serão apenas para aqueles partidos que atendam aos requisitos constitucionais agora determinados pela EC nº 97/2017 (com a nova redação do art. 17, § 3º, da CR/88).

Sobre o financiamento público de campanha, ainda temos a observar a recente Lei nº 13.487 de 06.10.2017. Essa lei instituiu o ***Fundo Especial de Financiamento de Campanha*** *(FEFC).*

Sem dúvida, o FEFC faz com que o Estado brasileiro (leia-se Poder Público) cubra boa parte do vácuo deixado pela proibição de doações de empresas privadas nas campanhas eleitorais. Nas eleições de 2014, por exemplo, elas doaram R$ 3 bilhões (em valor aproximado e atualizado em 2017, seriam mais de R$ 3,6 bilhões). Aqui é interessante salientar que a eleição municipal de 2016 foi realizada sem doação empresarial e o impacto foi grande no que diz respeito à diminuição da arrecadação. Conforme dados do TSE, a arrecadação caiu pela metade em relação às eleições municipais anteriores de 2012.

Nos termos do art. 16-C da Lei nº 9.504/97, o *Fundo Especial de Financiamento de Campanha (FEFC)* é constituído por dotações orçamentárias da União em ano eleitoral, em valor ao menos equivalente: I – ao definido pelo Tribunal Superior Eleitoral, a cada eleição, com base nos parâmetros definidos em lei;[204] II - ao percentual do montante total dos recursos da reserva específica a programações decorrentes de emendas de bancada estadual impositiva, que será encaminhado no projeto de lei orçamentária anual (Redação dada pela Lei nº 13.877, de 2019). Conforme o § 15 do art.16-C, *o percentual dos recursos a que se refere o inciso II do* ***caput*** *deste artigo poderá ser reduzido mediante compensação decorrente do remanejamento, se existirem, de dotações em excesso destinadas ao Poder Legislativo."*

Na sequência, também conforme dicção legal, o Tesouro Nacional depositará os recursos do FEFC no Banco do Brasil, em conta especial à disposição do Tribunal Superior Eleitoral, até o primeiro dia útil do mês de junho do ano do pleito.

Os recursos (do FEFC) ficarão à disposição do partido político somente após a definição de critérios para a sua distribuição, os quais, aprovados pela maioria absoluta dos membros do órgão de direção executiva nacional do partido, serão divulgados publicamente.

204. Lei nº 13.487/2017: Art. 3º O valor a ser definido pelo Tribunal Superior Eleitoral, para os fins do disposto no inciso I do **caput** do art. 16-C da Lei nº 9.504, de 30 de setembro de 1997, será equivalente à somatória da compensação fiscal que as emissoras comerciais de rádio e televisão receberam pela divulgação da propaganda partidária efetuada no ano da publicação desta Lei e no ano imediatamente anterior, atualizada monetariamente, a cada eleição, pelo Índice Nacional de Preços ao Consumidor (INPC), da Fundação Instituto Brasileiro de Geografia e Estatística (IBGE), ou por índice que o substituir.

Conforme a Lei nº 13.488, também de 06.10.2017, que acrescentou o art. 16-D na Lei nº 9.504/97, os recursos do Fundo Especial de Financiamento de Campanha (FEFC), para o primeiro turno das eleições, serão distribuídos entre os partidos políticos, obedecidos os seguintes critérios[205]:

> I – 2% (dois por cento), divididos igualitariamente entre todos os partidos com estatutos registrados no Tribunal Superior Eleitoral;
>
> II – 35% (trinta e cinco por cento), divididos entre os partidos que tenham pelo menos um representante na Câmara dos Deputados, na proporção do percentual de votos por eles obtidos na última eleição geral para a Câmara dos Deputados;
>
> III – 48% (quarenta e oito por cento), divididos entre os partidos, na proporção do número de representantes na Câmara dos Deputados, consideradas as legendas dos titulares[206];
>
> IV – 15% (quinze por cento), divididos entre os partidos, na proporção do número de representantes no Senado Federal, consideradas as legendas dos titulares[207].

Para que o candidato tenha acesso aos recursos do Fundo a que se refere esse art. 16-D, deverá fazer requerimento por escrito ao órgão partidário respectivo.

Além disso, os recursos provenientes do *Fundo Especial de Financiamento de Campanha* que não forem utilizados nas campanhas eleitorais deverão ser devolvidos ao Tesouro Nacional, integralmente, no momento da apresentação da respectiva prestação de contas.

E conforme o § 16 do art. 16-C da Lei nº 9.504/97, que foi incluído pela recente Lei nº 13.877 de 2019, os partidos podem comunicar ao Tribunal Superior Eleitoral até o 1º (primeiro) dia útil do mês de junho a renúncia ao FEFC, vedada a redistribuição desses recursos aos demais partidos.

Por último, é importante salientar, que os partidos políticos continuarão recebendo recursos públicos do Fundo Partidário, conforme o art. 38 da Lei nº 9.096/95, que não foi revogado pela Lei nº 13.487 e Lei nº 13.488. Aqui registra-se que o próprio TSE deixou de forma expressa a possibilidade do uso dos dois fundos para as

205. Já a **Lei nº13.878** de **03.10.2019** que acrescentou o **art.18-C** na Lei nº9.504/97 para as eleições de 2020, determinou que o limite de gastos nas campanhas dos candidatos às eleições para prefeito e vereador, na respectiva circunscrição, será equivalente ao limite para os respectivos cargos nas eleições de 2016, atualizado pelo Índice Nacional de Preços ao Consumidor Amplo (IPCA), aferido pela Fundação Instituto Brasileiro de Geografia e Estatística (IBGE), ou por índice que o substituir. E no **§ único do art.18-C** temos que nas campanhas para segundo turno das eleições para prefeito, onde houver, o limite de gastos de cada candidato será de 40% (quarenta por cento) do limite previsto no **caput** deste artigo."

206. Art.16-D § 3º: *Para fins do disposto no inciso III do **caput** deste artigo, a distribuição dos recursos entre os partidos terá por base o número de representantes eleitos para a Câmara dos Deputados na última eleição geral, ressalvados os casos dos detentores de mandato que migraram em razão de o partido pelo qual foram eleitos não ter cumprido os requisitos previstos no § 3º do art. 17 da Constituição Federal.* (Incluído pela Lei nº 13.877, de 2019)

207. Art.16-D § 4º: *Para fins do disposto no inciso IV do **caput** deste artigo, a distribuição dos recursos entre os partidos terá por base o número de representantes eleitos para o Senado Federal na última eleição geral, bem como os Senadores filiados ao partido que, na data da última eleição geral, encontravam-se no 1º (primeiro) quadriênio de seus mandatos.* (Incluído pela Lei nº 13.877, de 2019)

próximas eleições (campanhas eleitorais). Nesse sentido, a conclusão é que temos dois sistemas públicos de financiamento partidário.

10.1.1.1. Financiamento de Campanha das Mulheres (Lei nº13.165/2015 e o entendimento do STF)

Como já dito no presente capítulo, a Lei nº 13.165/2015 alterou diversos dispositivos da legislação eleitoral. O art. 9º da Lei nº 13.165/2015 no que tange ao financiamento de campanhas das mulheres previu que: "Nas três eleições que se seguirem à publicação desta Lei, os partidos reservarão, em contas bancárias específicas para este fim, no mínimo 5% (cinco por cento) e no máximo 15% (quinze por cento) do montante do Fundo Partidário destinado ao financiamento das campanhas eleitorais para aplicação nas campanhas de suas candidatas, incluídos nesse valor os recursos a que se refere o inciso V do art. 44 da Lei nº 9.096, de 19 de setembro de 1995."

Nesses termos, restou claro que o referido art. 9º estabeleceu percentuais mínimo e máximo de recursos do Fundo Partidário para aplicação em campanhas eleitorais de mulheres. Assim sendo, nas três eleições que se seguissem à publicação da Lei nº 13.165/2015 (Eleições 2016, 2018 e 2020), os partidos deveriam reservar, em contas bancárias específicas para este fim, no mínimo 5% e no máximo 15% do montante do Fundo Partidário destinado ao financiamento das campanhas eleitorais para aplicação nas campanhas de suas candidatas.

A Procuradoria-Geral da República ajuizou ADI contra este art. 9º. No entendimento da PGR não é suficiente que a lei reserve percentual de vagas para candidatas, é preciso garantir que elas tenham recursos suficientes para disputar o pleito eleitoral em igualdade de condições com os homens. Defendeu-se que a norma contraria o princípio fundamental da igualdade, deixa de proteger suficientemente o pluralismo político, a cidadania e o princípio democrático e falha na busca do objetivo fundamental de construir uma sociedade livre, justa e solidária, além de ferir os princípios da eficiência, da finalidade e da autonomia dos partidos políticos.

Isso porque a legislação eleitoral prevê que cada partido ou coligação deverá reservar, no mínimo, 30% de suas candidaturas nas eleições proporcionais para mulheres.[208] Com isso, o limite máximo de 15% do montante do Fundo Partidário previsto na lei produz mais desigualdade e menos pluralismo da definição das posições de gênero. A defesa aqui seria a de que o princípio da proporcionalidade só seria atendido se o percentual de recursos fosse de 30%, pois se equipararia ao patamar mínimo de candidaturas femininas.

208. O art.10, § 3º da Lei nº 9.504/97, determinou que os partidos são obrigados a preencher, do número de vagas de candidaturas, o mínimo de 30% e o máximo de 70% para cada sexo (art. 10, § 3º). Na prática, a Lei exigiu que, no mínimo 30% das candidaturas fosse do sexo feminino.

Pois bem , o STF em 15.03.2018 no julgamento da ADI 5617 decidiu dar interpretação conforme a Constituição ao art. 9º da Lei nº 13.165/2015, de modo a equiparar o patamar legal mínimo de candidaturas femininas (hoje o do art. 10, § 3º, da Lei nº 9.504/97, isto é, ao menos 30% de cidadãs), ao mínimo de recursos do Fundo Partidário a lhes serem destinados, que deve ser interpretado como também de 30% do montante do Fundo alocado a cada partido, para as eleições majoritárias e proporcionais, e fixar que, havendo percentual mais elevado de candidaturas femininas, o mínimo de recursos globais do partido destinados a campanhas lhe seja alocado na mesma proporção. Assim, o montante de recursos para as campanhas de mulheres deve ser proporcionalmente igual ao número de candidatas, sendo no mínimo 30%.[209]

Afirmou o STF que a discriminação contra a mulher significa toda distinção, exclusão ou restrição baseada no sexo e que tenha por objeto ou resultado prejudicar ou anular o reconhecimento, gozo ou exercício pela mulher, independentemente de seu estado civil, com base na igualdade do homem e da mulher, dos direitos humanos e liberdades fundamentais nos campos político, econômico, social, cultural e civil ou em qualquer outro campo.

Nesses termos, especificamente no campo da política, embora as mulheres correspondam a mais da metade da população e do eleitorado brasileiro, elas ocupam menos de 15% das cadeiras do Legislativo federal, sendo que, na Câmara dos Deputados, apenas 9,9% dos parlamentares são mulheres. Além disso, apenas 11% das prefeituras do país são comandadas por mulheres. Não se vislumbra possibilidade de reversão dessa tendência.[210]

Assim sendo, segundo a decisão do STF, os obstáculos para a efetiva participação política das mulheres são ainda mais graves, caso se tenha em conta que é por meio da participação política que as próprias medidas de desequiparação são definidas. Qualquer razão que seja utilizada para impedir que as mulheres participem da elaboração de leis inviabiliza o principal instrumento pelo qual se reduzem as desigualdades. Em razão dessas barreiras à plena inclusão política das mulheres, são, portanto, constitucionalmente legítimas as cotas fixadas em lei a fim de promover a participação política das mulheres.[211]

Afirmou o pretório Excelso na decisão da ADI 5617 que o caso em exame não se trata de impugnar as cotas para as campanhas, mas a distribuição dos recursos partidários posteriormente fixada por meio da Lei 13.165/2015. Questiona-se a fixação de patamares mínimos e máximos para o acesso a recursos públicos do fundo partidário. Quanto a esse ponto, a inconstitucionalidade é manifesta.

O estabelecimento de um piso de 5% significa, na prática, que, na distribuição dos recursos públicos que a agremiação partidária deve destinar às candidaturas,

209. **ADI 5617/DF**, STF. Plenário. Rel. Min. Edson Fachin, julgado em **15.03.2018** (Info 894).
210. **ADI 5617/DF**, STF. Plenário. Rel. Min. Edson Fachin, julgado em **15.03.2018** (Info 894).
211. **ADI 5617/DF**, STF. Plenário. Rel. Min. Edson Fachin, julgado em **15.03.2018** (Info 894).

os homens poderão receber no máximo 95%. De outro lado, caso se opte por fixar a distribuição máxima às candidaturas de mulheres, poderão ser destinados do total de recursos do fundo 15%, hipótese em que os recursos destinados às candidaturas masculinas será de 85%.[212]

No entendimento do STF, não existiria justificativa para essa diferenciação. A autonomia partidária não consagra regra que exima o partido do respeito incondicional aos direitos fundamentais. Enquanto pessoas jurídicas de direito privado, aplicam-se às agremiações não só a garantia da plena autonomia, mas também a liberdade de associação, desvinculada da interferência estatal. O respeito à igualdade não é, contudo, obrigação cuja previsão somente se aplica à esfera pública. Incide a ideia de eficácia horizontal dos direitos fundamentais, sendo importante reconhecer que é nessa segmentação entre o público e o privado que reside a principal forma de discriminação das mulheres.[213]

Além disso, afirmou o STF na decisão que não cabe sustentar que o percentual de candidaturas para as mulheres limita-se a reconhecer uma igualdade de oportunidades, no sentido de garantir iguais condições a partir de uma posição inicial, nomeadamente as candidaturas. Trata-se de reconhecer que a concepção de igualdade garantida às mulheres não autoriza o tratamento discriminatório por circunstâncias que estão fora de seu controle. Sob essa perspectiva, o ***caráter público dos recursos a elas destinados é elemento que reforça a obrigação de que sua distribuição não seja discriminatória***. A fundamentalidade das normas constitucionais referentes à atividade financeira do Estado na unidade entre obtenção de recursos, orçamento e realização de despesas engloba o regime jurídico das finanças públicas em máxima conformidade com os fins constitucionais.[214]

Segundo o STF, em virtude do princípio da igualdade, não pode, pois, o partido político criar distinções na distribuição desses recursos exclusivamente baseadas no gênero. Assim, não há como deixar de reconhecer como sendo a única interpretação constitucional admissível aquela que determina aos partidos políticos a distribuição dos recursos públicos destinados à campanha eleitoral na exata proporção das candidaturas de ambos os sexos, sendo, em vista do disposto no art. 10, § 3º, da

---

212. **ADI 5617/DF**, STF. Plenário. Rel. Min. Edson Fachin, julgado em **15.03.2018** (Info 894).
213. **ADI 5617/DF**, STF. Plenário. Rel. Min. Edson Fachin, julgado em **15.03.2018** (Info 894).
214. Informativo 894 do STF: "Conforme dispõe o art. 38 da Lei 9.096/1995, os recursos do Fundo Partidário são constituídos por multas e penalidades pecuniárias aplicadas nos termos do Código Eleitoral e leis conexas; recursos financeiros que lhe forem destinados por lei; doações de pessoas físicas ou jurídicas; e dotações orçamentárias da União. Esses recursos são destinados, nos termos do art. 44 do mesmo diploma, à manutenção das sedes e serviços do partido, à propaganda doutrinária e política, ao alistamento e às campanhas eleitorais, às fundações de pesquisa e de doutrinação política e, mais recentemente, aos programas de promoção e difusão da participação política das mulheres. A consignação desses recursos é feita ao TSE, que distribui aos órgãos nacionais dos partidos, na proporção de sua representação na Câmara. No que tange aos recursos empregados nas campanhas, os partidos possuem autonomia para distribuí-los, desde que não transbordem dos estritos limites constitucionais." **ADI 5617/DF**, STF. Plenário. Rel. Min. Edson Fachin, julgado em **15.03.2018** (Info 894).

Lei de Eleições, o patamar mínimo de 30%.[215] Nesses termos, os recursos destinados à campanha eleitoral devem ser distribuídos na exata proporção das candidaturas de ambos os sexos. Assim, se houver 45% de mulheres candidatas, 45% dos recursos devem ser destinados a elas, embora, conforme já citado, o *percentual mínimo* seja de 30% de candidatas (e segundo o STF, também será o de recursos públicos a serem destinados).

É importante ressaltar que na decisão da ADI 5617 o STF também declarou a inconstitucionalidade da expressão "três", contida no art. 9º da Lei nº 13.165/2015.

Nesses termos, no que tange ao prazo de três eleições fixado pela lei 13.165/2015, deve-se ter em conta que o critério de distribuição de recursos oriundos do Fundo Partidário deve obedecer à composição das candidaturas e deflui diretamente da cota de 30%. Assim, segundo o STF, é inconstitucional a fixação de um prazo, porquanto a distribuição não discriminatória dos recursos deve perdurar enquanto for justificada a composição mínima das candidaturas. Isso porque a legitimidade das políticas afirmativas depende de seu caráter temporário. A temporariedade incide, no caso em exame, nas cotas das candidaturas, não na distribuição de recursos, que não está sujeita a tratamento discriminatório.[216]

Portanto, não deve haver a fixação de um prazo determinado (de três eleições), já que essa regra de 30% também não tem um período certo. Assim, essa previsão mínima de 30% dos recursos para as campanhas de mulheres deverá perdurar enquanto existir a regra do art. 10, § 3º da Lei nº 9504/97 (composição mínima das candidaturas).[217]

Segundo o STF, é preciso reconhecer que ao lado do direito de votar e ser votado, como parte substancial do conteúdo democrático, a completude é alcançada quando são levados a efeito os meios à realização da igualdade. Só assim a democracia é plena. A participação das mulheres nos espaços políticos é um imperativo do Estado e produz impactos significativos para o funcionamento do campo político, uma vez que a ampliação da participação política feminina permite equacionar as medidas destinadas ao atendimento das demandas sociais das mulheres. Daí porque a atuação dos partidos políticos não pode, sob pena de ofensa às suas obrigações transformativas, deixar de se dedicar também à promoção e à difusão da participação política das mulheres.[218]

É importante ainda observarmos que o STF na ADI 5617 também declarou a inconstitucionalidade, por arrastamento, do § 5º-A e do § 7º do art. 44 da Lei nº 9.096/95.[219]

---

215. **ADI 5617/DF**, STF. Plenário. Rel. Min. Edson Fachin, julgado em **15.03.2018** (Info 894).
216. **ADI 5617/DF**, STF. Plenário. Rel. Min. Edson Fachin, julgado em **15.03.2018** (Info 894).
217. **ADI 5617/DF**, STF. Plenário. Rel. Min. Edson Fachin, julgado em **15.03.2018** (Info 894).
218. **ADI 5617/DF**, STF. Plenário. Rel. Min. Edson Fachin, julgado em **15.03.2018** (Info 894).
219. **ADI 5617/DF**, STF. Plenário. Rel. Min. Edson Fachin, julgado em **15.03.2018** (Info 894) A Lei nº 13.165/2015 acrescentou o § 5º-A e o § 7º ao art. 44 da Lei nº 9.096/95: Art. 44. Os recursos oriundos do Fundo Partidário serão

Por último, temos que em 02.10.2018 o STF modulou os efeitos da ora citada ADI 5617. Aqui ocorreu que, ao declarar inconstitucionais os dispositivos supracitados, surgiu uma relevante questão: *o que fazer com esses recursos que estavam mantidos em contas bancárias específicas?* Caso mantida na íntegra a decisão prolatada em 15.03.2018, os partidos não poderiam fazer uso dos recursos do fundo partidário para as campanhas femininas. Isso iria contrariar a finalidade do próprio julgamento da ADI 5617, pois o objetivo do STF foi o de fortalecer as candidaturas de mulheres.

Em virtude desse impasse, o STF, na sessão de 02.10.2018, resolveu modular os efeitos da decisão tomada no dia 15.03.2018 e decidiu "aproveitar" tais recursos nas campanhas eleitorais de candidatas mulheres nas eleições de 2018. No caso, conforme o STF: "*Os recursos financeiros de anos anteriores acumulados nas contas específicas mencionadas pelos §§ 5º-A e 7º do art. 44 da Lei nº 9.096/95 devem ser adicionalmente transferidos para as contas individuais das candidatas no financiamento de suas campanhas eleitorais no pleito geral de 2018, sem que haja a redução de 30% do montante do fundo alocado a cada partido para as candidaturas femininas.*"[220]

10.1.2. Acesso ao Rádio e à Televisão (Direito de Antena)

Sobre o **acesso ao rádio e à televisão** (também intitulado de: **direito de antena**), o próprio texto constitucional, no **art. 17 § 3º**, determinou que os partidos políticos terão acesso gratuito ao rádio e à televisão.

Porém, como já dito, o art. 17, § 3º, da CR/88 foi recentemente alterado pela EC nº 97/2017. A redação atual afirma quer somente terão direito a recursos do fundo partidário e acesso gratuito ao rádio e à televisão, na forma da lei, os partidos políticos que alternativamente:

> I – obtiverem, nas eleições para a Câmara dos Deputados, no mínimo, 3% (três por cento) dos votos válidos, distribuídos em pelo menos um terço das unidades da Federação, com um mínimo de 2% (dois por cento) dos votos válidos em cada uma delas; ou

---

aplicados: V – na criação e manutenção de programas de promoção e difusão da participação política das mulheres, criados e mantidos pela secretaria da mulher do respectivo partido político ou, inexistindo a secretaria, pelo instituto ou fundação de pesquisa e de doutrinação e educação política de que trata o inciso IV, conforme percentual que será fixado pelo órgão nacional de direção partidária, observado o mínimo de 5% (cinco por cento) do total; (Redação dada pela Lei nº 13.165/2015) (...) § 5º-A. A critério das agremiações partidárias, os recursos a que se refere o inciso V poderão ser acumulados em diferentes exercícios financeiros, mantidos em contas bancárias específicas, para utilização futura em campanhas eleitorais de candidatas do partido. (Incluído pela Lei nº 13.165/2015) (...) § 7º A critério da secretaria da mulher ou, inexistindo a secretaria, a critério da fundação de pesquisa e de doutrinação e educação política, os recursos a que se refere o inciso V do caput poderão ser acumulados em diferentes exercícios financeiros, mantidos em contas bancárias específicas, para utilização futura em campanhas eleitorais de candidatas do partido, não se aplicando, neste caso, o disposto no § 5º. (Incluído pela Lei nº 13.165/2015)

220. ADI 5617 ED/DF, STF. Plenário. Rel. Min. Edson Fachin, julgado em **02.10.2018** (Informativo 918).

> II – tiverem elegido pelo menos quinze Deputados Federais distribuídos em pelo menos um terço das unidades da Federação.[221]

Aqui ressaltamos novamente que essa restrição do novo § 3º do art. 17, fruto da EC nº 97/2017, somente vai produzir ***todos os seus efeitos*** a partir das eleições de 2030. Enquanto isso, a Emenda previu uma **regra de transição** de forma que, a cada eleição, os requisitos vão se tornando mais rigorosos até que se atinja os critérios do § 3º do art. 17 em 2030. Observamos inclusive que a cláusula de barreira só será válida para a eleição seguinte à de 2018. Portanto, para a eleição de 2018 continua válido o regramento infraconstitucional que estamos citando nesta parte da obra. Assim sendo:

- Na legislatura seguinte às eleições de 2018:

Terão acesso aos recursos do fundo partidário e à propaganda gratuita no rádio e na televisão os partidos políticos que:

a) obtiverem, nas eleições para a Câmara dos Deputados, no mínimo, 1,5% (um e meio por cento) dos votos válidos, distribuídos em pelo menos um terço das unidades da Federação, com um mínimo de 1% (um por cento) dos votos válidos em cada uma delas; ou

b) tiverem elegido pelo menos nove Deputados Federais distribuídos em pelo menos um terço das unidades da Federação;

- Na legislatura seguinte às eleições de 2022:

Terão acesso aos recursos do fundo partidário e à propaganda gratuita no rádio e na televisão os partidos políticos que:

a) obtiverem, nas eleições para a Câmara dos Deputados, no mínimo, 2% (dois por cento) dos votos válidos, distribuídos em pelo menos um terço das unidades da Federação, com um mínimo de 1% (um por cento) dos votos válidos em cada uma delas; ou

b) tiverem elegido pelo menos onze Deputados Federais distribuídos em pelo menos um terço das unidades da Federação;

- Na legislatura seguinte às eleições de 2026:

Terão acesso aos recursos do fundo partidário e à propaganda gratuita no rádio e na televisão os partidos políticos que:

221. EC nº 97/2017: Art. 17 § 5º Ao eleito por partido que não preencher os requisitos previstos no § 3º deste artigo é assegurado o mandato e facultada a filiação, sem perda do mandato, a outro partido que os tenha atingido, não sendo essa filiação considerada para fins de distribuição dos recursos do fundo partidário e de acesso gratuito ao tempo de rádio e de televisão."

a) obtiverem, nas eleições para a Câmara dos Deputados, no mínimo, 2,5% (dois e meio por cento) dos votos válidos, distribuídos em pelo menos um terço das unidades da Federação, com um mínimo de 1,5% (um e meio por cento) dos votos válidos em cada uma delas; ou

b) tiverem elegido pelo menos treze Deputados Federais distribuídos em pelo menos um terço das unidades da Federação.

- Na legislatura seguinte às eleições de 2030:

Terão acesso aos recursos do fundo partidário e à propaganda gratuita no rádio e na televisão os partidos políticos que:

> I – obtiverem, nas eleições para a Câmara dos Deputados, no mínimo, 3%(três por cento) dos votos válidos, distribuídos em pelo menos um terço das unidades da Federação, com um mínimo de 2% (dois por cento) dos votos válidos em cada uma delas; ou
>
> II – tiverem elegido pelo menos quinze Deputados Federais distribuídos em pelo menos um terço das unidades da Federação.

Na sequência, temos que a Lei dos Partidos Políticos (Lei nº 9.096/95) regulamentou a questão do acesso gratuito ao rádio e à televisão no seu Título IV, dos arts. 45 a 49. Porém, esses artigos foram recentemente revogados pela Lei nº 13.487/2017.

Então, no que tange à propaganda eleitoral gratuita, restou a Lei nº 9.054/97. Inicialmente, conforme o art. 36, § 2º dessa Lei (com Redação dada pela Lei nº 13.487, de 2017), não será permitido qualquer tipo de propaganda política paga no rádio e na televisão.

Além disso, esse importante diploma normativo determina que a propaganda eleitoral será realizada conforme o **art. 47**. Nesse sentido, *in verbis*: "As emissoras de rádio e de televisão e os canais de televisão por assinatura mencionados no art. 57 reservarão, nos trinta e cinco dias anteriores à antevéspera das eleições, horário destinado à divulgação, em rede, da propaganda eleitoral gratuita, na forma estabelecida neste artigo (com Redação dada pela Lei nº 13.165, de 2015)".

Aqui, faremos um histórico de 2013 a 2015 passando pela Lei nº 12.875/2013, e chegando à Lei nº 13.165/2015.

Essa análise servirá apenas para situar o leitor no debate e na sua necessária contextualização.

Em 2013 a **Lei nº 12.875** modificou a exegese da propaganda eleitoral gratuita prevista no **art. 47 da Lei nº 9.507/94**. Certo é que o art. 47 da Lei nº 9.504/97, nos termos da Lei nº 12.875/2013, passou a vigorar com as seguintes alterações: "§ 2º Os horários reservados à propaganda de cada eleição, nos termos do § 1º, serão distribuídos entre todos os partidos e coligações que tenham candidato, observados os seguintes critérios: I – **2/3 (dois terços)** distribuídos proporcionalmente ao número de representantes na Câmara dos Deputados, considerado, no caso de coligação, o resultado da soma do número de representantes de todos os partidos que a integram; II – **do restante, 1/3 (um terço) distribuído igualitariamente e 2/3 (dois terços) proporcionalmente** ao número de representantes eleitos no pleito imediatamente anterior para a Câmara dos Deputados, considerado, no caso de coligação, o resultado da soma do número de representantes de todos os partidos que a integram".

Temos ainda que no **§ 7º** do **art. 47** determinou que: "Para efeito do disposto no § 2º, serão desconsideradas as mudanças de filiação partidária, em quaisquer hipóteses, ressalvado o disposto no **§ 6º do art. 29 da Lei nº 9.096, de 19 de setembro de 1995.**" É sempre bom lembrar que o **§ 6º do art. 29 da Lei nº 9.096/95,** passou a vigorar com a seguinte alteração na obra já citada: "Havendo fusão ou incorporação, devem ser somados exclusivamente os votos dos partidos fundidos ou incorporados obtidos na última eleição geral para a Câmara dos Deputados, para efeito da distribuição dos recursos do Fundo Partidário e do acesso gratuito ao rádio e à televisão."

Aqui temos algumas questões importantes a comentar sobre a antiga Lei nº 12.875/2013:

1º) Não mais se exigia representação na Câmara dos Deputados para que o partido tenha acesso gratuito ao rádio e televisão. Antes, para que o partido ou coligação tivesse horário no rádio e TV para propaganda, era indispensável que possuísse pelo menos um representante na Câmara dos Deputados. A Lei nº 12.875/2013 aboliu com essa exigência. Portanto, é necessário apenas que o partido tenha algum candidato nas eleições e já terá direito ao tempo. Nesse ponto, é importante ressaltar que o STF já havia declarado inconstitucionalidade da expressão "*e representação na Câmara dos Deputados*", contida no § 2º do art. 47 da Lei n.º 9.504/97 (conforme citamos acima na ADI 4430/DF, julgada em junho de 2012). Nesses termos, a alteração legislativa, apenas coadunou com o que já havia decidido o STF;

2º) Conforme o diploma legal em comento, seriam desconsideradas as mudanças de filiação partidária. Assim, o Deputado Federal que mudar de partido durante o mandato não poderia **"levar"** para o outro partido os votos que obteve na última eleição, de modo que essa mudança não faria com que o **"partido de destino"** receba mais tempo de propaganda eleitoral gratuita no rádio e televisão;

3º) Porém essa restrição não alcançaria hipóteses de fusão ou incorporação. Ou seja, nos termos do **art. 29 § 6º da Lei 9.096/95,** não vale esse impedimento para os casos de fusão ou incorporação de partidos. Nesses termos, se ocorrer uma fusão ou incorporação de partidos, devem ser somados exclusivamente os votos dos partidos fundidos ou incorporados obtidos na última eleição geral para a Câmara dos Deputados, para efeito da distribuição do acesso gratuito ao rádio e à televisão. Mas se estivermos diante de partidos novos haveria a restrição e eles não teriam acesso a proporcionalidade dos 2/3 (dois terços).

Aqui, é importante ressaltar, que o STF já havia enfrentado esse mesmo tema no julgamento das ADIs 4430 e 4795 MC/DF, de relatoria do Min. Dias Toffoli, julgadas em 27, 28 e 29.06.2012. Nos julgamentos dessas ações, o STF, afirmou que os partidos novos, criados após a realização de eleições para a Câmara dos Deputados, deveriam ter direito de acesso proporcional aos 2/3 do tempo destinado à propaganda eleitoral gratuita no rádio e na televisão. Portanto, eles teriam direito aos mesmos rateios que os partidos que já existiam. O problema é que alguns meses após o julgamento dos casos supracitados, o Congresso Nacional editou a aqui ora citada Lei nº 12.875/2013 que, em sentido oposto ao pronunciamento da Corte, subtraiu dos novos partidos ao direito de antena (rádio e televisão) bem como a maior parte do acesso aos recursos do Fundo partidário. Dessa forma, ficou evidente que a Lei nº 12.875/2013 foi uma reação legislativa (*override*) à decisão do STF, ou seja, uma forma de o Congresso Nacional superar a interpretação legislativa dada pela Corte ao tema.

Assim sendo, o Partido Solidariedade ajuizou no STF ação direta de inconstitucionalidade contra a Lei nº 12.875/2013. Nesse sentido, em 01.10.2015 o Plenário do STF, por maioria, julgou procedente pedido formulado em ação direta para declarar a inconstitucionalidade dos artigos 1º e 2º da Lei 12.875/2013. Como já dito na obra, o STF não concordou com essa tentativa do Poder Legislativo de superação legislativa com a reversão da jurisprudência do STF. Segundo afirmou o Min. Luiz Fux, houve abuso do legislador ao editar lei buscando modificar a interpretação constitucional do Pretório Excelso. Diante disso, a Lei nº 12.875/2013 já nasceu com o gérmen da inconstitucionalidade porque violou uma decisão do STF em controle concentrado de constitucionalidade sem trazer nenhuma novidade. Para o Ministro Fux, isso configuraria um atentado à dignidade da jurisdição do STF.[222]

O STF apontou que, no caso em debate, a análise da justificação do projeto de lei que desaguara na norma supracitada revelaria a inaptidão dos fundamentos ali expendidos para legitimar a reversão da interpretação fixada pelo STF na matéria (superação do entendimento do STF). Os fundamentos do projeto de lei seriam: a) as migrações que ocorrem durante a legislatura vulneram a previsibilidade institucional na distribuição dos recursos dos fundos partidários e do horário de propaganda; b) essas alterações geram um cenário de insegurança jurídica; c) a medida legislativa visa a valorizar os partidos políticos, de modo a evitar disfunções no

222. Afirmou o STF que "o legislador poderia, por **emenda constitucional** ou lei ordinária, **superar** a jurisprudência, reclamando posturas distintas da Corte. Se veiculada por emenda, altera-se o próprio parâmetro amparador da jurisprudência. Nessas situações, a invalidade da emenda por decisão do STF somente poderá ocorrer nas hipóteses de descumprimento do art. 60 da CR/88. Se, porém, introduzida por **legislação ordinária**, a norma *que frontalmente colidir com a jurisprudência do Tribunal nasce com presunção de inconstitucionalidade, de sorte que caberia ao legislador o ônus de demonstrar, argumentativamente, que a correção do precedente se afigura legítima, e que o posicionamento jurisprudencial deve ser superado (superação legislativa), tendo em conta novas premissas fáticas e jurídicas.* Assim, a nova legislação que frontalmente colidisse com a jurisprudência do STF se submeteria a um escrutínio de constitucionalidade mais rigoroso". Portanto, para ela ser válida, deveria demonstrar mudança em termos fáticos e jurídicos. (Informativo 801 do STF)

sistema partidário; d) perenidade do partido enquanto instrumento do pluralismo político; e e) o art. 17, § 3º, da CR seria observado com a distribuição equitativa dos 5% dos recursos do Fundo Partidário e do 1/3 do horário de propaganda eleitoral. Nesses termos, conforme o informativo 801 do STF, não haveria, no projeto, enfrentamento aos fundamentos das ações diretas de inconstitucionalidade referidas, e os argumentos não seriam capazes de superar a tese então exarada pelo STF. Na oportunidade, o Plenário do STF asseverou que o art. 17 da CR/88, que consagra o direito político fundamental da liberdade de criação de partidos, tutela, igualmente, as agremiações que tenham representação no Congresso, sendo irrelevante perquirir se essa representatividade resulta da criação de nova legenda no curso da legislatura ou não.[223]

O STF nos termos do informativo 801, afirmou também, que as normas em debate seriam inconstitucionais por afrontarem as condições de funcionamento das instituições democráticas. Nesses termos, conforme já dissemos na obra, a restrição imposta pela Lei 12.875/2013, às novas legendas justificaria a intervenção do STF, pois se cuidaria de tentativa de inviabilizar os canais de acesso e de participação daqueles que estão fora do jogo democrático. Seria dever da Corte otimizar e aperfeiçoar o processo democrático, de sorte a: a) corrigir as patologias que desvirtuem o sistema representativo, máxime quando obstruam as vias de expressão e os canais de participação política; e b) proteger os interesses e direitos dos grupos políticos minoritários, cujas demandas dificilmente encontram eco nas deliberações majoritárias.[224]

Assim sendo, segundo o STF, a discussão acerca dos critérios de distribuição dos recursos do Fundo Partidário e do horário de propaganda eleitoral encerram importantes ferramentas de viabilização e desenvolvimento da engenharia democrática, impactando decisivamente no pleito eleitoral. Com a imposição de severas limitações ao Fundo Partidário e ao direito de antena, as novas agremiações seriam alijadas do processo político. Por esses motivos, a reação jurisprudencial materializada na Lei 12.875/2013, ao subtrair dos partidos novos, criados no curso da legislatura, o direito de antena e o acesso a recursos do Fundo Partidário remanesceria eivada de inconstitucionalidade, na medida em que, além de o legislador não ter logrado trazer novos e consistentes fundamentos para infirmar o pronunciamento da Corte,

---

223. ADI 5105, Pleno do STF, julg. em 01.10.2015, Rel. Min. Luiz Fux. Conforme o Informativo 801: "(...) Além disso, também ficara consignado que erigir a criação de novos partidos como hipótese caracterizadora de justa causa para as migrações partidárias, somada ao direito constitucional de livre criação de novas legendas, impõe a conclusão inescapável de que é defeso privar as prerrogativas inerentes à representatividade política do parlamentar. Por sua vez, a justificação do projeto de lei se limitara a afirmar, genericamente, que a regulamentação da matéria, excluindo dos partidos criados o direito de antena e o Fundo Partidário, fortaleceria as agremiações, sem enfrentar os fundamentos das ações diretas. Portanto, a inconstitucionalidade das normas em questão se agrava, porquanto a decisão do STF fora ancorada em sólida construção argumentativa calcada em cláusulas pétreas. Em tese, a nova legislação que afrontasse decisões do Tribunal nasceria com presunção relativa de inconstitucionalidade, mas, na espécie, a inconstitucionalidade da lei seria evidente."

224. ADI 5105, Pleno do STF, julg. em 01.10.2015, Rel. Min. Luiz Fux. (Informativo 801 do STF)

o diploma inviabiliza, no curto prazo, o funcionamento e o desenvolvimento de minorias político-partidárias, em ofensa aos postulados do pluralismo político e da liberdade partidária (art. 17, § 3º, CR/88).[225]

Portanto, o STF entendeu que, no nosso sistema proporcional, não há como afirmar, simplesmente, que a representatividade política do parlamentar está atrelada à legenda partidária para a qual foi eleito, ficando, em segundo plano, a legitimidade da escolha pessoal formulada pelo eleitor por meio do sufrágio. O voto do eleitor brasileiro, mesmo nas eleições proporcionais, em geral, se dá em favor de determinado candidato. O princípio da liberdade de criação e transformação de partidos, contido no *caput* do art. 17 da CR/88 serve de fundamento constitucional para reputar como legítimo o entendimento de que, na hipótese de criação de um novo partido, a nova legenda, para fins de acesso proporcional ao rádio e à televisão, leva consigo a representatividade dos deputados federais que para ela migraram diretamente dos partidos pelos quais foram eleitos. Esta interpretação prestigia, por um lado, a liberdade constitucional de criação de partidos (art. 17, *caput*, CR/88) e, por outro, a representatividade do partido que já nasce com representantes parlamentares, tudo em consonância com o sistema de representação proporcional brasileiro.

Nesse sentido, decidiu o STF, à época, na ADI 5105, que os parlamentares que mudarem de partidos de forma lícita levam seus votos para fins da contagem do tempo de rádio e televisão, bem como os novos partidos deveriam participar do rateio dos 2/3 (dois terços).

Por último, é importante salientar, o art. 47 da Lei 9.504/97 teve mais uma nova modificação. A sua última **versão**, de 2015, inclusive com data muito próxima à do julgamento da ADI 5105, aqui supracitado.

Certo é que poucos dias antes de o STF decidir de forma definitiva a ADI 5105, foi publicada em 29.09.2015 a **Lei nº 13.165/2015**.

Assim sendo, conforme o § 2º do art. 47 com redação dada pela nova **Lei nº 13.165/2015**, os horários reservados à propaganda de cada eleição, nos termos do § 1º, serão distribuídos entre todos os partidos e coligações que tenham candidato, observados os seguintes critérios:

- 90% (noventa por cento) distribuídos proporcionalmente ao número de representantes na Câmara dos Deputados, considerados, no caso de coligação para eleições majoritárias, o resultado da soma do número de representantes dos seis maiores partidos que a integrem e, nos casos de coligações para eleições proporcionais, o resultado da soma do número de

225. ADI 5105, Pleno do STF, julg. em 01.10.2015, Rel. Min. Luiz Fux. (Informativo 801 do STF) Ficaram vencidos os Ministros Edson Fachin, Teori Zavascki, Gilmar Mendes, Celso de Mello e Ricardo Lewandowski (Presidente), que julgavam o pedido da ADI 5105 improcedente.

representantes de todos os partidos que a integrem; (Redação dada pela Lei nº 13.165, de 2015)

- 10% (dez por cento) distribuídos igualitariamente. (Redação dada pela Lei nº 13.165, de 2015)

Nesse momento, é ainda importante registrar que o STF, em **24** e **25.08.2016**, afirmou ser constitucional o § 2º do art. 47 da Lei nº 9.504/97, com redação dada pela Lei nº 13.165/2015, que como observamos acima, prevê que os horários reservados à propaganda de cada eleição serão distribuídos entre os partidos e coligações proporcionalmente com base no número de representantes na Câmara dos Deputados.[226] Acontece que essa constitucionalidade, e portanto a validade do § 2º do art. 47 da Lei 9.504/97 com redação dada pela Lei nº 13.165/2015, prevalece nas eleições de 2018, mas não resiste até as eleições seguintes, em virtude da ***cláusula de barreira*** presente no novo art. 17, § 3º da CR/88, determinado pela EC nº 97 de 2017. Vamos aguardar para observarmos como o STF poderá enfrentar esse tema, visto que agora a alteração normativa se deu por Emenda Constitucional, que detém um "peso" muito maior (*presunção de constitucionalidade*) que as alterações infraconstitucionais (conforme a própria decisão da ADI 5105).

10.1.3. Debates Eleitorais

Sobre os debates eleitorais que atualmente são instrumentos importantes na análise e reflexão dos eleitores sobre os candidatos, temos algumas considerações relevantes.

Certo é que a Lei nº 13.165/2015 e posteriormente a Lei nº 13.488 modificaram a redação do art. 46 da Lei nº 9.504/97, que trata sobre os debates eleitorais no rádio e TV. Antes dessas Leis, as emissoras eram obrigadas a convidar todos os candidatos dos partidos que tivessem representação na Câmara dos Deputados. Nesse sentido, se o candidato fizesse parte de um partido político que tivesse, no mínimo, um Deputado Federal, ele deveria ser obrigatoriamente convidado para o debate.

---

226. Consignou o STF no informativo 836 que *"que os incisos I e II do § 2º do art. 47 da Lei 9.504/1997 estariam em consonância com a cláusula democrática e com o sistema proporcional. Tais preceitos estabeleceriam regra de equidade e resguardariam o direito de acesso à propaganda eleitoral das minorias partidárias, além de assegurar situação de benefício não odioso àquelas agremiações mais lastreadas na legitimidade popular. Ademais, o tempo outorgado proporcionalmente à representatividade, embora dividido de forma distinta entre as agremiações, não nulificaria a participação de nenhuma legenda concorrente. Além disso, a consideração, na distribuição do tempo de propaganda eleitoral gratuita, da representatividade dos seis maiores partidos políticos de determinada coligação, formada para as eleições majoritárias (Lei 9.504/1997, art. 47, § 2º, I), seria critério que objetivaria equilíbrio na distribuição do tempo de horário eleitoral gratuito. Evitaria, assim, a concentração, em uma coligação majoritária, de dada quantidade de tempo de forma a monopolizar o horário ou a ter um tempo muito maior do que os outros candidatos adversários. A norma impugnada, também, desestimularia a criação de legendas de ocasião, isto é, partidos políticos criados sem nenhuma motivação ideológica, com o único escopo de angariar tempo de propaganda eleitoral."* ADI 5423/DF e ADI 5491/DF Plenário STF, Rel. Min. Dias Toffoli, julgados em **24** e **25.08.2016**; ADI 5577 MC-Ref/DF, Rel. Min. Rosa Weber, julgado em **24** e **25.08.2016**.

Com o advento da Lei nº 13.165/2015, as emissoras só seriam obrigadas a convidar todos os candidatos dos partidos que tenham representação na Câmara superior a 9 Deputados. Porém, a recente Lei nº 13.488/2017 determinou ser facultada a transmissão por emissora de rádio ou televisão de debates sobre as eleições majoritária ou proporcional, assegurada a participação de candidatos dos partidos com representação no Congresso Nacional, de, no mínimo, cinco parlamentares, e facultada a dos demais.

É interessante que foram propostas algumas ADIs contra a alteração legislativa da então Lei nº 13.165/2015, e o STF enfrentou a questão em 24 e 25.08.2016. No caso o STF decidiu que:

1) É constitucional o art. 46 da Lei nº 9.504/97, com redação dada pela Lei nº 13.165/2015, que prevê que as emissoras de rádio e TV somente são obrigadas a convidar para participar dos debates eleitorais os candidatos dos partidos que tenham representação na Câmara superior a 9 Deputados Federais. Esta regra, para o STF, não violaria os princípios da proporcionalidade e da razoabilidade. Observou o STF que esse seria um critério razoável de aferição da representatividade do partido, pois não obstaria a participação de legendas com menor representatividade nos debates. De fato, reconheceu o Pretório Excelso que facultaria a participação, a critério das emissoras de rádio e televisão. Porém, frisou que o direito de participação em debates eleitorais diferentemente da propaganda eleitoral gratuita no rádio e na televisão não teria assento constitucional (art. 17, § 3º da CR/88) e poderia sofrer restrição maior, em razão do formato e do objetivo desse tipo de programação.[227]

2) Os candidatos aptos não podem deliberar pela exclusão dos debates de candidatos cuja participação seja facultativa, quando a emissora tenha optado por convidá-los. Porém, aqui temos que se a emissora decidir convidar apenas os candidatos filiados a partidos com mais de 9 Deputados Federais, estes candidatos aptos poderão decidir, desde que exista concordância de no mínimo 2/3 deles, que o debate deverá contar também com a participação dos demais candidatos. Neste caso, a emissora, que anteriormente havia convidado apenas os candidatos aptos, terá que aceitar dos partidos. O argumento para usado pelo STF foi o de que o § 5º do art. 46 da Lei nº 9.504/97 deve ser *interpretado no sentido de dar maior densidade democrática ao processo eleitoral*. Nesses termos, essa deliberação de no mínimo 2/3 dos candidatos aptos só deve valer *para tornar o debate político mais plural e não para restringi-lo*.[228]

227. ADI 5423/DF e ADI 5491/DF Plenário do STF, Rel. Min. Dias Toffoli, julgados em 24 e 25.08.2016; ADI 5577 MC-Ref/DF, Rel. Min. Rosa Weber, julgado em 24 e 25.08.2016 (Informativo 836 do STF).

228. Conforme o Informativo 836 do STF: *"Essa é a conclusão do Plenário que, por maioria, julgou parcialmente procedente pedido formulado em ação direta de inconstitucionalidade para conferir interpretação conforme a Constituição ao § 5º do art. 46 da Lei 9.504/1997, com a redação dada pela Lei 13.165/2015 ["Art. 46. § 5º Para os debates que se realizarem no primeiro turno das eleições, serão consideradas aprovadas as regras, inclusive as que definam o número de participantes, que obtiverem a concordância de pelo menos 2/3 (dois terços) dos candidatos aptos, no caso de*

3) As emissoras de rádio e TV possuem a faculdade de convidar outros candidatos não enquadrados no critério do caput do art. 46, independentemente de concordância dos candidatos aptos, mas esse convite deverá ser feito conforme critérios objetivos, que atendam os princípios da imparcialidade e da isonomia e o direito à informação, a ser regulamentado pelo Tribunal Superior Eleitoral. Aqui resta claro que deve haver um regramento para tal prática com base em critério objetivo.

É importante ressaltar mais uma vez que no momento prevalece a Lei nº 13.488/2017, que estabeleceu para o tema em análise a representação no Congresso Nacional (aqui leia-se: Deputados ou Senadores) de, no mínimo, cinco parlamentares.

10.1.4. Fidelidade Partidária e a Extinção dos Mandatos

Nesse momento, iremos trabalhar a questão da **fidelidade partidária** e a extinção dos mandatos. Certo é que tanto a normativa constitucional como a infraconstitucional deixam assente a fidelidade partidária em nosso ordenamento jurídico.[229]

Acontece que há muito, o entendimento do STF era de que a infidelidade partidária não teria o condão de repercutir no mandato parlamentar. Essa posição do Pretório Excelso foi consubstanciada em nosso ordenamento constitucional pós 1988[230] no julgamento do MS nº 20.927/DF em 1989.[231] Nesse, foi deixado assente que

---

eleição majoritária, e de pelo menos 2/3 (dois terços) dos partidos ou coligações com candidatos aptos, no caso de eleição proporcional"]. O Tribunal afirmou que a alteração promovida pela minirreforma deveria ser interpretada no sentido de somente possibilitar que dois terços dos candidatos aptos acrescentassem novos participantes ao debate com candidatos que não tivessem esse direito assegurado por lei e nem tivessem sido previamente convidados pela emissora. Assim, seria possível minorar o risco inverso, o de que o conflito de interesses estivesse na própria decisão da emissora em convidar ou não um candidato para o pleito. Observou que em pequenas cidades brasileiras ainda seria comum que os veículos de comunicação social estivessem concentrados nas mãos de oligarquias ou de políticos locais. Dessa forma, a solução evitaria tanto que os candidatos quanto as emissoras pudessem intervir de modo ilegítimo na conformação dos participantes dos debates, garantindo-se, de modo pleno, a liberdade de informação, a paridade de armas e a legitimidade do pleito."

229. Conforme a Constituição, no seu art. 17, *é assegurado aos partidos políticos autonomia para definir sua estrutura interna, organização e funcionamento devendo seus estatutos estabelecer normas de fidelidade e disciplina partidárias.* Conforme a Lei dos Partidos Políticos nº 9096/95: *Art. 23. A responsabilidade por violação dos deveres partidários deve ser apurada e punida pelo competente órgão, na conformidade do que disponha o estatuto de cada partido. § 1º Filiado algum pode sofrer medida disciplinar ou punição por conduta que não esteja tipificada no estatuto do partido político. § 2º Ao acusado é assegurado amplo direito de defesa. Art. 24. Na Casa Legislativa, o integrante da bancada de partido deve subordinar sua ação parlamentar aos princípios doutrinários e programáticos e às diretrizes estabelecidas pelos órgãos de direção partidários, na forma do estatuto. Art. 25. O estatuto do partido poderá estabelecer, além das medidas disciplinares básicas de caráter partidário, normas sobre penalidades, inclusive com desligamento temporário da bancada, suspensão do direito de voto nas reuniões internas ou perda de todas as prerrogativas, cargos e funções que exerça em decorrência da representação e da proporção partidária, na respectiva Casa Legislativa, ao parlamentar que se opuser, pela atitude ou pelo voto, às diretrizes legitimamente estabelecidas pelos órgãos partidários. Art. 26. Perde automaticamente a função ou cargo que exerça, na respectiva Casa Legislativa, em virtude da proporção partidária, o parlamentar que deixar o partido sob cuja legenda tenha sido eleito.*

230. A Constituição anterior de 1967/69 *de forma expressa afirmava que a infidelidade partidária era causa de perda de mandato, conforme o seu art. 152.*

231. *Mandado de segurança. Fidelidade partidária. Suplente de Deputado Federal. – em que pese o princípio da representação proporcional e a representação parlamentar federal por intermédio dos partidos políticos, não perde a condição*

a fidelidade partidária não era algo obrigatório aos parlamentares empossados e nem mesmo obrigaria aos suplentes. Ou seja, tanto os parlamentares poderiam mudar de partido sem a consequência de perda de mandato quanto os suplentes também poderiam fazê-lo, e, se porventura fossem chamados para assumir uma vaga no parlamento, assumiriam, mesmo não estando mais no partido em que disputaram o pleito. Resumindo, o mandato era do indivíduo eleito e não do partido pelo qual ele concorreu.

Pois bem, é mister salientar que o posicionamento do STF se **modificou** a partir do ano de 2007. Nesse sentido, iremos explicitar o novo direcionamento do mesmo.

Primeiramente, temos que o **TSE**, na histórica manifestação datada de **27.03.2007**[232] em consulta feita pelo PFL (atualmente DEM) sobre o tema ora em cotejo, se posicionou de forma contrária à jurisprudência até então seguida pelo STF. A pergunta do PFL foi a seguinte: "*Os partidos e coligações têm o direito de preservar a vaga obtida pelo sistema eleitoral proporcional quando houver pedido de cancelamento de filiação ou de transferência do candidato eleito por um partido para outra legenda?*" O TSE, por 6 votos a 1, respondeu afirmativamente ao questionamento.

O TSE fez uma releitura do instituto da fidelidade partidária à luz do nosso sistema proporcional e entendeu, a partir de sua reflexão, que o mandato não era do parlamentar e sim do partido. Com isso, a mudança de partido após a diplomação teria o condão de gerar a perda do mandato parlamentar.

O objetivo central do entendimento foi o de acabar com o troca-troca de partidos após as eleições,[233] que desvirtuariam sobremaneira o nosso sistema proporcional e com isso o próprio funcionamento da democracia representativa. Seguindo essa linha de raciocínio, o mandato parlamentar, então, passaria a ser um direito dos partidos políticos.[234] Acontece que as respostas do TSE, apesar de o direcionarem (funcionarem como balizamentos), não são dotadas de força vinculante. Nesse

de suplente o candidato diplomado pela Justiça Eleitoral que, posteriormente, se desvincula do partido ou aliança partidária pelo qual se elegeu. – a inaplicabilidade do princípio da fidelidade partidária aos parlamentares empossados se estende, no silêncio da Constituição e da Lei, aos respectivos suplentes. – mandado de segurança indeferido. Rel. Min. Moreira Alves, Julg. em **11/10/1989**.

232. Consulta nº 1398, Rel. Min. César Asfor Rocha.
233. Só para se ter uma ideia no primeiro dia da legislatura (dia 01 do mês de fevereiro) que se iniciou em 2007, 7 parlamentares deputados federais mudaram de partido. A soma do primeiro mês chegou a 12 deputados federais. Até setembro do primeiro ano da legislatura esse número ultrapassou a marca de 40 parlamentares (sendo que 90% mudaram para partidos opositores em relação aos que estavam originariamente). Além disso, certo é que mais de 90% dos deputados eleitos na legislatura 2007-2010 não alcançaram o quociente eleitoral, sendo eleitos pelo partido. Mais precisamente só 31 dos 513 deputados, ou seja, 6,04% alcançaram o quociente eleitoral sem a necessidade do partido para se elegerem!
234. Corroborando com esse posicionamento, alguns autores irão afirmar que: [...] *na realidade política atual, a mudança de legenda por aqueles que obtiveram o mandato no sistema proporcional constitui, sem sombra de dúvidas, clara violação à vontade do eleitor e um falseamento do modelo de representação popular pela via da democracia de partidos. [...] a fidelidade partidária condiciona o próprio funcionamento da democracia, ao impor normas de preservação dos vínculos políticos e ideológicos entre os eleitores, eleitos e partidos, tal como definido no momento do exercício do direito fundamental do sufrágio. Trata-se, portanto, de garantia fundamental da vontade do leitor. O transfuguismo ou na linguagem vulgar, o troca-troca de partidário contamina todo o processo democrático e corrompe o*

sentido, o STF vai ser chamado a decidir sobre a questão após as respostas do TSE, na medida em que, já que o mandato é do partido, vários deputados estariam de forma irregular exercendo o mandato. Assim sendo, no STF teremos o julgamento de três mandados de segurança que serão decisivos para o deslinde da questão envolvendo a fidelidade partidária.

No julgamento dos **MS nºs 26.602, 26.603 e 26.604**, o STF irá categoricamente mudar seu entendimento e assim consubstanciar que o mandato parlamentar pertence ao partido. Porém, um questionamento central foi também definido: Qual o lapso temporal para a decisão, ou seja, quem ela atingiria? Surgiram 3 teses: a) a decisão do STF teria força vinculante desde o início da legislatura (retroativa ao início da legislatura); b) desde a decisão do TSE de 27.03.2007 respondendo à consulta a ele formulada (modulação de efeitos); c) desde o momento em que o STF se manifestasse, portanto, desde a decisão do STF dos mandados de segurança para a frente (***ex nunc***).

A tese **vencedora** era a de que os deputados que mudaram de partido após a decisão do TSE (resposta à consulta) deveriam perder o mandato. Portanto, a tese "b" foi a decidida pelo Pretório Excelso.[235]

---

funcionamento parlamentar dos partidos, com repercussões negativas sobre o exercício do direito de oposição, um direito fundamental dos partidos políticos. MENDES; COELHO; BRANCO, Curso de direito constitucional, 2008, p. 776.

235. EMENTA do MS 26.604: *Direito Constitucional e Eleitoral. Mandado de Segurança impetrado pelo partido dos democratas – DEM contra ato do Presidente da Câmara dos Deputados. Natureza jurídica e efeitos da decisão do tribunal superior eleitoral – TSE na consulta n. 1.398/2007. Natureza e titularidade do mandato legislativo. Os partidos políticos e os eleitos no sistema representativo proporcional. Fidelidade partidária. Efeitos da desfiliação partidária pelo eleito: perda do direito de continuar a exercer o mandato eletivo. Distinção entre sanção por ilícito e sacrifício do direito por prática lícita e juridicamente consequente. Impertinência da invocação do art. 55 da Constituição da República. Direito do impetrante de manter o número de cadeiras obtidas na Câmara dos Deputados nas eleições. Direito à ampla defesa do parlamentar que se desfilie do partido político. Princípio da segurança jurídica e modulação dos efeitos da mudança de orientação jurisprudencial: marco temporal fixado em 27.3.2007. Mandado de segurança conhecido e parcialmente concedido. 1. Mandado de segurança contra ato do Presidente da Câmara dos Deputados. Vacância dos cargos de Deputado Federal dos litisconsortes passivos, Deputados Federais eleitos pelo partido Impetrante, e transferidos, por vontade própria, para outra agremiação no curso do mandato. [...] 4. O Código Eleitoral, recepcionado como lei material complementar na parte que disciplina a organização e a competência da Justiça Eleitoral (art. 121 da Constituição de 1988), estabelece, no inciso XII do art. 23, entre as competências privativas do Tribunal Superior Eleitoral – TSE "responder, sobre matéria eleitoral, às consultas que lhe forem feitas em tese por autoridade com jurisdição federal ou órgão nacional de partido político". A expressão "matéria eleitoral" garante ao TSE a titularidade da competência para se manifestar em todas as consultas que tenham como fundamento matéria eleitoral, independente do instrumento normativo no qual esteja incluído. 5. No Brasil, a eleição de deputados faz-se pelo sistema da representação proporcional, por lista aberta, uninominal. No sistema que acolhe – como se dá no Brasil desde a Constituição de 1934 – a representação proporcional para a eleição de deputados e vereadores, o eleitor exerce a sua liberdade de escolha apenas entre os candidatos registrados pelo partido político, sendo eles, portanto, seguidores necessários do programa partidário de sua opção. O destinatário do voto é o partido político viabilizador da candidatura por ele oferecida. O eleito vincula-se, necessariamente, a determinado partido político e tem em seu programa e ideário o norte de sua atuação, a ele se subordinando por força de lei (art. 24, da Lei nº 9.096/95). Não pode, então, o eleito afastar-se do que suposto pelo mandante – o eleitor –, com base na legislação vigente que determina ser exclusivamente partidária a escolha por ele feita. Injurídico é o descompromisso do eleito com o partido – o que se estende ao eleitor – pela ruptura da equação político-jurídica estabelecida. 6. A fidelidade partidária é corolário lógico-jurídico necessário do sistema constitucional vigente, sem necessidade de sua expressão literal. Sem ela não há atenção aos princípios obrigatórios que informam o ordenamento constitucional. 7. A desfiliação partidária como causa do afastamento do parlamentar do cargo no qual se investira não configura, expressamente, pela Constituição, hipótese de cassação de mandato. O desligamento*

Na sequência do tema, algumas questões ainda merecem nossa atenção, sendo elas:

1) O STF também decidiu nesses mandados de segurança que podem existir **situações especiais**, em que a **saída** de parlamentar do seu partido não configuraria caso de infidelidade partidária. Assim, as hipóteses de **desfiliação** em virtude de comprovada perseguição política ou mudança de diretriz programática do partido não poderiam dar azo à perda do mandato;

2) Deliberou o STF também que a **perda de mandato** deveria ser decidida caso a caso pela **Justiça Eleitoral**. Assim, teríamos a garantia do *contraditório, ampla defesa e devido processo legal no processo* que leve ou que possa levar à perda de mandato. Certo é que, com a devida competência do TSE, este deveria, no caso concreto, analisar **se há ou não** causas que justificariam a saída (mudança) do parlamentar de seu partido (partido pelo qual ele foi eleito).

Nesse sentido, o TSE também seria o órgão competente para editar resolução para a devida regulamentação e disciplina do processo de perda de cargo eletivo, bem como de justificação de desfiliação partidária.

Com isso, o TSE agiu de forma rápida e, em consonância com o exarado pelo STF, produziu a Resolução nº 22.610 de Relatoria do Min. Cezar Peluso. É interessante que o art. 1º da Resolução reafirma a tese da infidelidade e prevê que o partido político pode pedir, perante a Justiça Eleitoral, a decretação da perda do cargo eletivo caso o ocupante do mandato, sem possuir uma justa causa, desfilie-se do partido pelo qual foi eleito.

A Resolução do TSE trouxe um rol de situações que são consideradas como "justa causa" e que por isso não levariam à perda do mandato.

Assim, segundo a Resolução do TSE, o detentor do cargo eletivo poderia sair do partido sem perder o mandato nos seguintes casos: a) se o partido em que ele se

---

do parlamentar do mandato, em razão da ruptura, imotivada e assumida no exercício de sua liberdade pessoal, do vínculo partidário que assumira, no sistema de representação política proporcional, provoca o desprovimento automático do cargo. A licitude da desfiliação não é juridicamente inconsequente, importando em sacrifício do direito pelo eleito, não sanção por ilícito, que não se dá na espécie. 8. É direito do partido político manter o número de cadeiras obtidas nas eleições proporcionais. 9. É garantido o direito à ampla defesa do parlamentar que se desfilie de partido político. 10. Razões de segurança jurídica, e que se impõem também na evolução jurisprudencial, determinam seja o cuidado novo sobre tema antigo pela jurisdição concebido como forma de certeza e não causa de sobressaltos para os cidadãos. Não tendo havido mudanças na legislação sobre o tema, tem-se reconhecido o direito de o Impetrante titularizar os mandatos por ele obtidos nas eleições de 2006, mas com modulação dos efeitos dessa decisão para que se produzam eles a partir da data da resposta do Tribunal Superior Eleitoral à Consulta n. 1.398/2007. 11. Mandado de segurança conhecido e parcialmente concedido. ***Decisão:*** *[...] o Tribunal, por maioria, conheceu do mandado de segurança e concedeu parcialmente a ordem, para o efeito de determinar ao Presidente da Câmara dos Deputados que remeta ao TSE o pedido de declaração de vacância do posto ocupado pela litisconsorte Jusmari Terezinha de Souza Oliveira, a fim de que aquela Corte, após adotar resolução disciplinadora do procedimento de justificação, decida sobre a matéria, vencidos os Senhores Ministros Eros Grau, Ricardo Lewandowski e Joaquim Barbosa, que denegavam totalmente a ordem, e os Senhores Ministros Carlos Britto e Marco Aurélio, que a concediam em maior extensão. Votou a Presidente, Ministra Ellen Gracie. Plenário, 04.10.2007.*

elegeu passou por um processo de incorporação ou fusão com outro partido; b) se o detentor do cargo sai do partido pelo qual se elegeu para se filiar a um novo partido que foi recém-criado; c) se ficar provado que houve uma mudança substancial no partido ou desvio reiterado do programa partidário; d) se ficar provado que o detentor do cargo sofre grave discriminação pessoal no partido.

Porém, a Lei nº 13.165/2015 alterou a Lei nº 9.096/95, passando a tratar expressamente sobre o tema da *infidelidade partidária*.

Aqui, é interessante salientar, que atualmente, nos termos da recente Lei nº 13.165/2015, que acrescentou o art. 22-A à Lei nº 9.096/95, temos que perderá o mandato o detentor de cargo eletivo que se desfiliar, sem justa causa, do partido pelo qual foi eleito.

E no caso, o parágrafo único do art.22-A da Lei nº13.165/2015, considera justa causa para a desfiliação partidária somente as seguintes hipóteses: a) mudança substancial ou desvio reiterado do programa partidário; b) grave discriminação política pessoal; e c) mudança de partido efetuada durante o período de trinta dias que antecede o prazo de filiação exigido em lei para concorrer à eleição, majoritária ou proporcional, ao término do mandato vigente."

Observamos, na comparação entre a Resolução do TSE e a Lei nº13.165/2015, que a hipótese de criação de novo partido não foi mais prevista como "justa causa". De acordo com a Resolução nº 22.610/2007 e a Consulta nº 755-35, a criação de novo partido político era considerada como justa causa para desfiliação, sem perda do mandato, desde que a nova filiação ocorresse em 30 dias da criação da sigla. O art. 22-A da Lei nº 9.096/95, introduzido pela Lei nº 13.165, de 29 de setembro de 2015, excluiu essa hipótese de justa causa. Assim sendo, a troca de partido, mesmo decorrente da criação de nova legenda, passou a ser considerada como hipótese de infidelidade partidária, gerando a perda do mandato.

3) Aqui é interessante registrarmos que a Lei nº 13.165 foi publicada, em 29.09.2015. Acontece que três novos partidos haviam acabado de ser registrados no TSE[236], de modo que estavam correndo seus prazos de 30 dias para que recebessem parlamentares detentores de mandato eletivo, ao abrigo da ***justa causa de desfiliação***. Por exemplo, o Partido Rede Sustentabilidade foi registrado em 22.09.2015, ou seja, a princípio estava dentro do prazo de 30 dias para que pudesse haver a mudança de partido (parlamentares de outros partidos migrarem para a Rede) sem correr o risco de perda do mandato (ou seja: *mudança com justa causa* ou *justa causa de desfiliação*). Portanto, a Lei nº 13.165/2015, ao entrar em vigor uma semana depois da criação da nova agremiação, acabou com essa possibilidade. Em virtude

236. Em 15/09/2015, foi criado o Partido Novo. Em 22/09/2018, foi criada a Rede Sustentabilidade. Em 29/09/2015, foi criado o Partido da Mulher Brasileira. Pelas regras da Resolução nº 22.610/2007, os políticos que quisessem poderiam, dentro do prazo de 30 dias, migrar para os novos partidos (Partido Novo, Rede e Partido da Mulher Brasileira) sem perder seus mandatos. In: *Dizer o Direito*.

disso, a Rede Ingressou com uma ADI no STF alegando que o art. 22-A da Lei nº 9.096/95, inserido pela Lei nº 13.165/2015 seria inconstitucional.

No dia 09.11.2015, o Ministro Roberto Barroso, monocraticamente, deferiu liminar, *ad referendum* do Plenário, para determinar a devolução integral do prazo de 30 dias para filiações aos partidos registrados no Tribunal Superior Eleitoral (três partidos) até a data da entrada em vigor da Lei nº 13.165/2015.[237]

Em 09.05.2018, o Plenário do STF referendou a medida cautelar que havia sido concedida monocraticamente pelo Ministro Roberto Barroso.[238]

Ao referendar a cautelar, de um lado, o Tribunal entendeu presente a plausibilidade do direito alegado, ao fundamento de que houve violação à segurança jurídica, na modalidade direito adquirido, tanto das agremiações recém-criadas quanto dos parlamentares que pretendiam se filiar a elas. Criada a legenda antes da vigência da lei, o partido tem o direito de receber novas filiações. O princípio da segurança jurídica exige uma forma de transição legítima e razoável, vedada a retroação do novo regime às situações já consolidadas.

Ademais, afirmou o STF que a transferência sem perda de mandato era um direito subjetivo dos congressistas. Nesses termos, não pode uma lei superveniente retirar direito que já havia sido adquirido com base na sistemática anterior. Por outro lado, quanto ao perigo na demora, considerou caracterizada a urgência. Se a cautelar não fosse deferida, o prazo trintídio (de 30 dias) iria se expirar sem que os parlamentares que assim desejassem pudessem migrar para os novos partidos.[239]

4) Aqui é interessante registrarmos que de forma casuística a Emenda Constitucional nº 91 de 18.02.2016 determinou que é facultado ao detentor de mandato eletivo desligar-se do partido pelo qual foi eleito nos trinta dias seguintes à promulgação desta Emenda Constitucional, sem prejuízo do mandato, não sendo essa desfiliação considerada para fins de distribuição dos recursos do Fundo Partidário e de acesso gratuito ao tempo de rádio e televisão.

---

237. Conforme a decisão monocrática, o Ministro Roberto Barroso entendeu que houve uma ofensa ao direito adquirido dos partidos que haviam acabado de ser criados. Isso porque, quando a Lei entrou em vigor, os partidos já estavam criados, o que fez surgir para eles o direito de receberem em seus quadros detentores de mandato eletivo, ao abrigo da justa causa então vigente. Tal direito não poderia ser desconsiderado por eventual alteração legislativa. Se o art. 22-A se aplicasse para os 3 partidos acima e impedisse a migração que estava ocorrendo no prazo de 30 dias, isso significaria uma indevida retroatividade da lei. Para o Min. Barroso, seria necessário proteger as situações estabilizadas pela previsão normativa anterior, assegurando uma transição razoável, em respeito às legítimas expectativas geradas nas novas agremiações e também em parlamentares que estivessem em vias de se filiarem a elas. A proteção das legítimas expectativas criadas em particulares por atos do próprio Poder Público decorre da obrigação estatal de agir com boa-fé. A boa-fé exige que as autoridades públicas protejam a confiança e as legítimas expectativas, inclusive mediante a alterações legislativas posteriores. **ADI 5398/DF MC**, decisão monocrática em **09.11.2015**.

238. **ADI 5398/DF**, STF. Plenário. Rel. Min. Roberto Barroso, julgado em **09.05.2018**.

239. **ADI 5398/DF**, STF. Plenário. Rel. Min. Roberto Barroso, julgado em **09.05.2018**.

5) Inicialmente o TSE também entendeu que os cargos do **sistema eleitoral majoritário** (Presidente da República, Senadores, Governadores e Prefeitos) também estão sujeitos à fidelidade partidária e à regra de perda de mandato em virtude do abandono do partido pelo qual se elegeram, salvo as exceções que envolveriam a saída por motivo justo (justa causa) a ser analisada pelo TSE. Acontece que o Plenário do STF decidiu, em **27.05.2015**, que não se aplica aos cargos do sistema majoritário de eleição (prefeito, governador, senador e presidente da República) a regra de perda do mandato em favor do partido, por infidelidade partidária, referente aos cargos do sistema proporcional (vereadores, deputados estaduais, distritais e federais). A decisão, unânime, se deu no julgamento da **ADI 5081**, de relatoria do ministro Luís Roberto Barroso. Os ministros aprovaram a tese: *"A perda do mandato em razão da mudança de partido não se aplica aos candidatos eleitos pelo sistema majoritário, sob pena de violação da soberania popular e das escolhas feitas pelo eleitor"*, além de declararem inconstitucionais as expressões "ou o vice", do artigo 10, "e, após 16 de outubro corrente, quanto a eleições pelo sistema majoritário", do artigo 13, e conferiram interpretação conforme a Constituição Federal ao termo "suplente", do artigo 10, todos da Resolução 22.610/2007 do Tribunal Superior Eleitoral.[240]

6) Conforme observamos, então, existem casos em que a saída do partido (desfiliação partidária) é possível excepcionalmente (item 1 acima), mas certo é que, o STF em **11.03.2010** decidiu no **MS 27.938/DF** que: "o reconhecimento de **justa causa para a desfiliação partidária** permite que o parlamentar desfiliado **continue no** exercício do mandato, mas **não transfere** ao novo **partido** o direito de **sucessão** na hipótese de vacância da vaga".[241]

7) Nos termos da decisão liminar no **MS nº 29.998,** exarada pelo STF em **09.12.2010,** o STF afirmou que a renúncia de parlamentar não deveria implicar na investidura ao cargo (posse) de Deputado de suplente **que não é de seu partido.**

240. ADI 5081/DF julg. em **27.05.2015**: *"O Plenário reputou, entretanto, que haveria fundamento constitucional consistente apenas para vincular a regra da fidelidade partidária ao sistema proporcional. Sucede que, no sistema majoritário, como a regra seria da maioria de votos e não do quociente eleitoral, o candidato eleito seria o mais bem votado. Portanto, não seria necessário impor a fidelidade partidária como medida para preservar a vontade do eleitor. Não se trataria de corolário natural do princípio da soberania popular (CF, artigos 1º, parágrafo único; e 14). Ao contrário, no sistema majoritário, a imposição da perda do mandato por infidelidade partidária seria antagônica à soberania popular. Nos pleitos dessa natureza, os eleitores votariam em candidatos e não em partidos (CF, art. 77, § 2º). Embora fosse relevante o papel dos partidos, não se poderia invocar seu fortalecimento como fundamento para violar a soberania popular, ao retirar mandatos de candidatos escolhidos legitimamente por votação majoritária. Em suma, a Resolução 22.610/2007 do TSE, ao igualar os sistemas proporcional e majoritário para fins de fidelidade partidária, violaria as características essenciais dos sistemas eleitorais, extrapolaria a jurisprudência da Corte sobre o tema e, sobretudo, violaria a soberania popular."*

241. **MS 27.938/DF,** rel. Min. Joaquim Barbosa, julg. em **11.03.2010**. Conforme o **Informativo 578** do STF: *"(...)Concluiu-se que presumir que a **justa causa** permitiria a **manutenção** do mandato **não implicaria dizer**, entretanto, que a Constituição **autorizaria** a **transferência da vaga** ao novo **partido**, pois, como a troca de partidos **não é submetida** ao **crivo do eleitor**, o novo vínculo de fidelidade partidária **não receberia legitimidade democrática** inequívoca para sua perpetuação e, assim, **não** haveria a transferência da vaga a nova sigla."*

No caso em tela, ocorreu a renúncia de Deputado do PMDB e a mesa convocou para posse o **suplente imediato** da vaga que seria do PP, em virtude da **coligação** existente entre os partidos (PMDB e PP) à época da eleição. Nesses termos, a decisão reforçou a tese de que o mandato é do partido e não do parlamentar eleito pelo mesmo e nem do partido da coligação. Nesse sentido, conforme o **informativo 612** do STF: (...) O Plenário, por maioria, deferiu medida liminar em mandado de segurança impetrado pela Comissão Executiva Nacional do Diretório Nacional do Partido do Movimento Democrático Brasileiro – PMDB, para que a Mesa Diretora da Câmara dos Deputados, por seu Presidente, proceda à imediata posse, no cargo de Deputado Federal deixado vago pela renúncia de ex-parlamentar, do 1º suplente ou sucessor do PMDB, na ordem obtida nas eleições gerais do ano de 2006. Na espécie, ex-Deputado Federal pelo PMDB renunciara ao cargo, para o qual eleito, em 2006, por coligação composta por diversos partidos, dentre os quais o Partido Progressista – PP. Em razão da renúncia, a referida Mesa Diretora convocara para posse no cargo o 1º suplente da coligação, pertencente ao PP, ato contestado pelo PMDB, sob o argumento de a vaga decorrente da renúncia a ele pertencer e não à coligação. O Presidente da Câmara dos Deputados indeferira a pretensão do PMDB e definitivamente convocara e dera posse ao 1º suplente da coligação em 29.10.2010. (...) Citou-se a jurisprudência tanto do TSE quanto do STF no sentido de o mandato parlamentar conquistado no sistema eleitoral proporcional pertencer ao partido político. Aludiu-se à Resolução TSE 22.580/2007, segundo a qual o mandato pertence ao partido e estará sujeito a sua perda o parlamentar que mudar de agremiação partidária, ainda que para legenda integrante da mesma coligação pela qual eleito. *Asseverou-se que esse posicionamento teria levado em conta* ***o fato de as coligações partidárias constituírem pessoas jurídicas pro tempore, cuja formação e existência ocorreriam apenas em virtude de determinada eleição, desfazendo-se logo que encerrado o pleito.*** Assim sendo, a pessoa jurídica da coligação partidária não se confundiria com as pessoas jurídicas dos partidos que a comporiam. Afirmou-se que essa orientação constituiria aplicação da tese jurisprudencial firmada pelo STF no julgamento conjunto dos mandados de segurança 26602/DF, 26603/DF e 26604/DF (*DJe* de 17.10.2008). (...) *Concluiu-se que o posicionamento mais consentâneo com essa jurisprudência seria o de dar posse ao suplente do próprio partido político detentor do mandato eletivo antes exercido pelo parlamentar que renunciara.* Considerou-se, ademais, que, em razão de o suplente em questão não ser mais filiado ao PP, não pertencendo a qualquer dos partidos que se uniram na coligação para o pleito de 2006, ele não teria jus à suplência da coligação. Asseverou-se não se tratar de averiguar ou atestar a hipótese de infidelidade partidária, de competência da Justiça Eleitoral, mas de constatar o simples fato de o parlamentar não mais pertencer ao PP. (...)”[242]

---

242. Informativo 612 do STF: *(...) Reputou-se ser necessário estabelecer uma* ***nítida diferença*** *entre a* ***hipótese de preenchimento de vaga decorrente de renúncia ao mandato, caso dos autos****, e a do* ***cumprimento de ordem da Justiça Eleitoral para o preenchimento de vaga originada de conduta parlamentar trânsfuga.*** *Frisou-se que, nesta última, caberia ao Presidente da Câmara dar cumprimento à ordem judicial, de acordo com o ofício enviado, devendo*

Porém, pouco tempo depois, em abril de 2011 o STF modificou o entendimento esposado liminarmente (**MS 29.998**), e em decisão de mérito do **MS 30.260**, passou a entender por larga maioria que o *afastamento temporário de deputados federais deve ser suprido* pela **convocação dos suplentes** mais votados **da coligação**, e não daqueles que pertençam aos partidos, aos quais filiados os parlamentares licenciados, que compõem a coligação, de acordo com a ordem de suplência indicada pela Justiça Eleitoral.

Conforme a ementa, que determinou esse novo posicionamento, temos que: "(...) 3. As coligações são conformações políticas decorrentes da aliança partidária formalizada entre dois ou mais partidos políticos para concorrerem, de forma unitária, às eleições proporcionais ou majoritárias. Distinguem-se dos partidos políticos que a compõem e a eles se sobrepõe, temporariamente, adquirindo capacidade jurídica para representá-los. 4. A figura jurídica derivada dessa coalizão transitória não se exaure no dia do pleito ou, menos ainda, apaga os vestígios de sua existência quando esgotada a finalidade que motivou a convergência de vetores políticos: eleger candidatos. Seus efeitos projetam-se na definição da ordem para ocupação dos cargos e para o exercício dos mandatos conquistados. 5. A coligação assume perante os demais partidos e coligações, os órgãos da Justiça Eleitoral e, também, os eleitores, natureza de superpartido; ela formaliza sua composição, registra seus candidatos, apresenta-se nas peças publicitárias e nos horários eleitorais e, a partir dos votos, forma quociente próprio, que não pode ser assumido isoladamente pelos partidos que a compunham nem pode ser por eles apropriado. 6. O quociente partidário para o preenchimento de cargos vagos é definido em função da coligação, contemplando seus candidatos mais votados, independentemente dos partidos aos quais são filiados. Regra que deve ser mantida para a convocação dos suplentes, pois eles, como os eleitos, formam lista única de votações nominais que, em ordem decrescente, representa a vontade do eleitorado. 7. A sistemática estabelecida no ordenamento jurídico eleitoral para o preenchimento dos cargos disputados no sistema de eleições proporcionais é declarada no momento da diplomação, quando são ordenados os candidatos eleitos e a ordem de sucessão pelos candidatos suplentes. A mudança dessa ordem atenta contra o ato jurídico perfeito e desvirtua o sentido e a razão de ser das coligações. 8. Ao se coligarem, os partidos políticos aquiescem com a possibilidade de distribuição e rodízio no exercício do poder buscado em conjunto no processo eleitoral. (...)"[243]

---

seguir a lista de suplência ali verificada, e que eventual impugnação ao ato de posse de suplentes deveria ser realizada por meio de contestação da própria lista perante aquela Justiça, em caso de infidelidade partidária. Já na primeira, aduziu-se que seria dever da autoridade máxima da Câmara dos Deputados averiguar a forma correta de preenchimento da vaga, podendo, para tanto, até fazer consultas formais ou informais, à Justiça Eleitoral. Vencidos os Ministros Dias Toffoli, Ricardo Lewandowski e Ayres Britto que indeferiam a liminar. ***MS 29.998*** *MC/DF* Rel. Min. Gilmar Mendes, julg. em **09.12.2010**.

243. MS 30.260/DF, Rel. Min. Cármen Lúcia, 27.04.2011. No mesmo sentido: MS 30.272/MG, Rel. Min. Cármen Lúcia, 27.04.2011.

8) Por último, é importante deixarmos consignado que em 2013, com base no art. § único do 1º da LC nº 78/93, o Tribunal Superior Eleitoral editou a Resolução nº 23.389, alterando o número de vagas de Deputado Federal dos Estados e do DF (art. 45 § 1º da CR/88) e, consequentemente, por derivação, o número de vagas de Deputados Estaduais a serem disputadas nas eleições de 2014 (nos termos do art. 27 da CR/88). Porém, o STF (*como veremos no capítulo sobre o Poder Legislativo*), em 18.06.2014, declarou inconstitucionais o § único do art. 1º da LC nº 78/93 e a Resolução nº 23.389/2013 do TSE, por violarem o § 1º do art. 45 da CF/88 e a independência do Poder Legislativo. Com isso, ficou estabelecido que o TSE não detém competência para, mediante resolução, alterar o número de parlamentares federais.[244]

11. VACÂNCIA DE CARGOS POLÍTICOS NO SISTEMA MAJORITÁRIO

Tema muito interessante é o da vacância de cargos no sistema majoritário pátrio. Nesses termos, em 07 e 08.03.2018 o Plenário do STF decidiu a importante ADI 5525/DF e deixou assente seu posicionamento sobre a constitucionalidade dos §§ 3º e 4º do art. 224 do Código Eleitoral. Ressaltamos que a Lei nº 13.165/2015 (chamada de *Minirreforma eleitoral*) inseriu os §§ 3º e 4º ao art. 224 do Código Eleitoral.

Nesses termos, o § 3º do art. 224 do Código Eleitoral estabeleceu que "*a decisão da Justiça Eleitoral que importe o indeferimento do registro, a cassação do diploma ou a perda do mandato de candidato eleito em pleito majoritário acarreta, após o trânsito em julgado, a realização de novas eleições, independentemente do número de votos anulados.*" Já o § 4º, por sua vez, determinou que: "*a eleição a que se refere o § 3º correrá a expensas da Justiça Eleitoral e será: I – indireta, se a vacância do cargo ocorrer a menos de seis meses do final do mandato; II – direta, nos demais casos*".

A Procuradoria-Geral da República ajuizou ação direta de inconstitucionalidade contra estes dois parágrafos incluídos pela Lei 13.165/2015.

---

244. **ADI nº 4947/DF** julg. em **01.07.2014**: *Ação direta de inconstitucionalidade. Direito Constitucional Eleitoral. Art. 1º, caput e parágrafo único, da lei complementar nº 78/1993. Definição da representação dos Estados e do Distrito Federal na Câmara dos Deputados. Art. 45, § 1º, da Constituição da República. Proporcionalidade relativamente à população. Observância de números mínimo e máximo de representantes. Critério de distribuição.* ***Matéria reservada à lei complementar. Indelegabilidade. Tribunal Superior Eleitoral****. Função normativa em sede administrativa. Limites. Invasão de competência. 1. O art. 45, § 1º, da Constituição da República comanda a definição, por lei complementar (i) do número total de Deputados e (ii) da representação dos Estados e do Distrito Federal, proporcionalmente à população – e não ao número de eleitores –, respeitados o piso de oito e o teto de setenta cadeiras por ente federado. Tal preceito não comporta a inferência de que suficiente à espécie normativa complementadora – a LC 78/1993 –, o número total de deputados. Indispensável, em seu bojo, a fixação da representação dos Estados e do Distrito Federal.* ***A delegação implícita de tal responsabilidade política ao Tribunal Superior Eleitoral traduz descumprimento do comando constitucional em sua inteireza****. 2. Compete ao legislador complementar definir, dentre as possibilidades existentes, o critério de distribuição do número de Deputados dos Estados e do Distrito Federal, proporcionalmente à população, observados os demais parâmetros constitucionais.* ***De todo inviável transferir a escolha de tal critério, que necessariamente envolve juízo de valor, ao Tribunal Superior Eleitoral ou a outro órgão****. 3. Inconstitucionalidade do parágrafo único do art. 1º da Lei Complementar nº 78/1993 por omissão do legislador complementar quanto aos comandos do art. 45, § 1º, da Carta Política de definição do número total de parlamentares e da representação por ente federado.* ***Ação direta de inconstitucionalidade julgada procedente, sem modulação de efeitos****.* Rel. p/Acordão Min. Rosa Weber.

No que tange ao § 3º, alegou a Procuradoria Geral da República que a exigência de trânsito em julgado para a realização de novas eleições seria uma espera "exagerada e desproporcional, em face da gravidade das condutas que autorizam cassação de diploma e de mandato".

A tese aqui seria a de que se o TSE já tiver julgado todos os recursos sobre o tema e somente se estiver aguardando eventual recurso extraordinário interposto contra a decisão, então, neste caso, deve-se autorizar a realização de novas eleições. Isso porque o recurso extraordinário não tem efeito suspensivo. Logo, não deveria impedir a realização de novas eleições.

Portanto, a PGR defendeu a inconstitucionalidade da expressão "após o trânsito em julgado" prevista no § 3º do art. 224.

Já no que diz respeito ao § 4º do art. 224 do Código Eleitoral, esse no entender da PGR contrariava o art. 81, *caput* e § 1º da CR/88. Esse dispositivo constitucional afirma que para o cargo de Presidente e vice-presidente da República ocorrendo a vacância nos últimos dois anos do período presidencial, a eleição para ambos os cargos será feita trinta dias depois da última vaga, pelo Congresso Nacional, na forma da lei. Ou seja, o § 4º do art.224 do CE estabelece que, se a vacância for nos últimos 6 meses, a eleição será indireta; e a Constituição estabelece, como dito acima, para o Presidente e Vice-Presidente que, se a vacância for nos dois últimos anos, a eleição será indireta. No entendimento da PGR, existiria um explícito conflito entre a Constituição e a Lei Eleitoral.

Nos termos do Informativo 893 do STF, o Plenário, por maioria, julgou parcialmente procedente a ADI 5525 para declarar a inconstitucionalidade da locução ***"após o trânsito em julgado"***, prevista no § 3º do art. 224 do Código Eleitoral, e para conferir ***interpretação conforme a Constituição ao §*** 4º do mesmo artigo, de modo a afastar do seu âmbito de incidência as situações de vacância nos cargos de Presidente e Vice-Presidente da República, bem como no de Senador da República.[245]

De início, a Corte afirmou que o fato de a Constituição da República não listar exaustivamente as hipóteses de vacância não impede que o legislador federal, no exercício de sua competência legislativa eleitoral (CR, art. 22, I), preveja outras hipóteses, como as dispostas no § 3º do art. 224 do Código Eleitoral. Assim, é permitido ao legislador federal estabelecer causas eleitorais, ou seja, relacionadas a ilícitos associados ao processo eleitoral, que possam levar à vacância do cargo.

Em relação ao § 3º do art. 224 do Código Eleitoral, nos termos do Informativo 893, o STF concluiu que os efeitos práticos da exigência do trânsito em julgado para a perda do mandato contrariam o princípio democrático e o princípio da soberania popular.

245. ADI 5525/DF, STF. Plenário. Rel. Min. Roberto Barroso, julgado em 07 e 08.03.2018 (Informativo 893 do STF).

Isso porque a exigência em questão permite que exerçam cargo majoritário, por largo período, alguém que não foi eleito, na medida em que, a teor do que disposto no art. 171 da Resolução 23.456/2015 do TSE, "caberá ao presidente do Poder Legislativo assumir e exercer o cargo até que sobrevenha decisão favorável no processo de registro". Essa situação representaria violação ao princípio democrático e ao princípio da soberania popular acima citados, porque permitiria que alguém que não foi eleito exercesse o cargo majoritário por largo período.

Além do mais, é importante salientar, que o candidato eleito que é condenado pela Justiça Eleitoral via de regra interpõe sucessivos recursos. Se as novas eleições somente pudessem ser realizadas após o julgamento de todos esses recursos, é muito provável que o mandato de 4 anos do Prefeito, do Governador ou do Presidente se encerrasse sem que esse novo pleito fosse realizado.

Portanto, no que diz respeito ao § 3º do art. 224, o STF declarou a inconstitucionalidade da expressão *"após o trânsito em julgado"* e decidiu que basta a exigência de decisão final da Justiça Eleitoral. Com isso, concluído o processo na Justiça Eleitoral (estando restante apenas recurso extraordinário), a nova eleição já pode ser realizada mesmo sem trânsito em julgado.

Em relação ao § 4º do art.224 do Código Eleitoral o STF afirmou que esse dispositivo deveria receber uma *interpretação conforme a Constituição*, de modo a afastar do seu âmbito de incidência as situações de vacância nos cargos de Presidente e Vice-Presidente da República, bem como no de Senador da República. Vejamos aqui que o STF explicitou a questão do art.81 em seu § 1º e também a questão do art.56 § 2º da CR/88.

Nesse sentido, a norma que determina 6 meses do § 4º do art. 224 do Código Eleitoral não pode ser aplicada para os casos de Presidente ou Vice-Presidente da República porque há previsão expressa contrária no art. 81, § 1º da CR/88. Já para os Senadores também há uma previsão expressa dissonante no art. 56, § 2º da CR/88 que determina que, ocorrendo vaga e não havendo suplente, far-se-á eleição para preenchê-la se faltarem mais de quinze meses para o término do mandato.

Porém, para os outros cargos do sistema majoritário de Governador e Prefeitos o entendimento é de que pode ser aplicado o § 4º do art. 224 do Código Eleitoral. O fundamento aqui é o de que, diferentemente do estabelecido para Presidente da República, Vice-Presidente e Senador, a normativa constitucional não prevê modo específico de eleição no caso de vacância de Governador e Prefeito. Nesses termos, no que tange aos Governadores e Prefeitos, não há incompatibilidade do § 4º com a Constituição de 1988.

Porém, aqui uma importante questão: algumas Constituições estaduais e leis orgânicas de Municípios repetem, para os Governadores e Prefeitos a mesma regra do art. 81, *caput* e § 1º da CR/88 colocada para a eleição do Presidente e Vice-Presidente da República.[246]

Nesses termos, deverá prevalecer a normatividade das Constituições estaduais e Leis orgânicas ou o § 4º do art. 224 do Código Eleitoral? Entendeu o STF, nos termos da decisão da ADI 5525, que há de ser preservada a competência dos Estados-Membros e dos Municípios para disciplinar a vacância em razão de ***causas não eleitorais***, por se tratar de matéria político-administrativa, resguardada sua autonomia federativa.[247] Ou seja, explicando e exemplificando:

- Se a vacância tiver ***razões eleitorais*** (por exemplo: Governador e Vice perderam o mandato por compra de votos): aplica-se o art. 224, § 4º do Código Eleitoral
- Se a vacância estiver fundada em ***razão de causas não eleitorais*** (por exemplo: Governador e Vice morreram durante o mandato): aplica-se a regra prevista nas Constituições estaduais (para os Governadores) ou nas leis orgânicas (para os Prefeitos). Isso porque, conforme o Informativo 893, como se trata de matéria político-administrativa, tais entes possuem autonomia federativa para legislar.[248]

Por último, é necessário, ainda, observarmos a decisão da **ADI 5619/DF**, também julgada em 07 e 08.03.2018.

No caso, o Partido Social Democrático (PSD) ajuizou ADI contra o § 3º do art. 224 do Código Eleitoral (fruto da já citada Lei nº13.165/2015). O PSD alegou que a anulação de pleitos majoritários em decorrência de indeferimento de registro, cassação de diploma ou perda de mandato de candidato eleito, independentemente do número de votos anulados, apenas deveria incidir em eleições para as quais a Constituição da República determine maioria absoluta dos votos válidos.

Portanto, seria inconstitucional aplicar o § 3º do art.224 do Código Eleitoral a eleições para cargos de Senador e de Prefeito de município com menos de 200 mil eleitores. O fundamento é de que, para a eleição de Senador e de Prefeito de cidade com menos de 200 mil eleitores, não há segundo turno de votação e a

---

246. Exemplos: **Constituição do Estado do Rio de Janeiro**: Art. 142 – Vagando os cargos de Governador e de Vice-Governador do Estado, far-se-á eleição noventa dias depois de aberta a última vaga. § 1º Ocorrendo a vacância nos últimos dois anos do período governamental, a eleição para ambos os cargos será feita trinta dias depois da última vaga, pela Assembleia Legislativa, na forma da lei; **Constituição do Estado de Minas Gerais**: Art. 87. No caso de impedimento do Governador e do Vice-Governador do Estado ou no de vacância dos respectivos cargos, serão sucessivamente chamados ao exercício do Governo o Presidente da Assembleia Legislativa e o do Tribunal de Justiça. § 1º – Vagando os cargos de Governador e Vice-Governador do Estado, far-se-á eleição noventa dias depois de aberta a última vaga. § 2º – Ocorrendo a vacância nos últimos dois anos do mandato governamental, a eleição para ambos os cargos será feita trinta dias depois da última vaga, pela Assembleia Legislativa, na forma de lei complementar.
247. ADI 5525/DF, STF. Plenário. Rel. Min. Roberto Barroso, julgado em 07 e 08.03.2018 (Informativo 893 do STF).
248. ADI 5525/DF, STF. Plenário. Rel. Min. Roberto Barroso, julgado em 07 e 08.03.2018. Os exemplos ver *In*: LOPES CAVALCANTE, Márcio André. *Dizer o Direito*, Informativo 893 do STF.

investidura depende apenas de obtenção de maioria simples de votos. Para o PSD, o indeferimento de registro, cassação de diploma ou perda de mandato de candidato eleito em tais pleitos (com a ocorrência da vacância, ora objeto de estudo) deveria acarretar atribuição da vaga ao próximo mais votado, não sendo necessário fazer outra eleição para Senador ou Prefeito.

Pois bem, o STF na decisão da ADI 5616 não aceitou a tese de que § 3º do art. 224 do Código Eleitoral é incompatível com eleições majoritárias simples (aquelas eleições majoritárias em que não há 2º turno). Nos termos do Informativo 893, decidiu o STF que *é constitucional legislação federal que estabeleça novas eleições para os cargos majoritários simples – isto é, Prefeitos de Municípios com menos de duzentos mil eleitores e Senadores da República – em casos de vacância por causas eleitorais.*

Portanto, o fato de em tais eleições não haver 2º turno não impede que o legislador imponha a realização de novas eleições. Trata-se de uma escolha legítima e que está de acordo com o princípio da soberania popular. Desse modo, o STF adotou uma postura de deferência ao legislador. Conforme a decisão, o STF afirmou que o argumento de que seria mais célere e menos custoso convocar o 2º colocado não se mostra suficiente para declarar a inconstitucionalidade da previsão. Isso porque a celeridade e a economicidade cedem, nessa situação, ao princípio democrático.[249]

Aqui é interessante chamarmos a atenção para o fato de que, para o STF, nos termos da ADI 5525/DF, o § 4º do art. 224 do Código Eleitoral não se aplica para o cargo de Senador. Porém, para o mesmo cargo de Senador, incide o § 3º do art. 224 do Código Eleitoral.[250]

---

249. STF. Plenário. ADI 5619/DF, Rel. Min. Roberto Barroso, julgado em 7 e 8/3/2018 (Info 893).
250. Aqui também basta a exigência de decisão final da Justiça Eleitoral. Com isso, concluído o processo na Justiça Eleitoral (podendo estar pendente recurso extraordinário), a nova eleição (para o Senado) já pode ser realizada mesmo sem trânsito em julgado. ADI 5525/DF, STF. Plenário. Rel. Min. Roberto Barroso, julgado em 07 e 08.03.2018.

12

Organização do Estado

Sumário: 1. Introdução – 2. Espécies ou tipos de formas de Estado – 3. Análise específica do Federalismo presente em nossa atual Constituição: Antecedentes históricos do federalismo no Brasil. Estrtutura do nosso atual federalismo. A posição da União e a questão da inexistência de hierarquia entre os entes federativos. O conceito de Autonomia dos entes federativos e suas capacidades – 4. Técnicas de repartição de competências – 5. Análise da repartição de competências na Constituição de 1988 – 6. Considerações finais sobre a organização do estado: Princípio da Simetria. Regiões Administrativas ou de Desenvolvimento. Bens da União. Bens dos Estados. Homogeneidade Federativa. Análise dos Territórios. Complementações sobre o Distrito Federal. Criação de Novos Estados. Criação de Novos Municípios.

1. INTRODUÇÃO

É de fundamental importância, no início do estudo sobre a Organização do Estado, explicitarmos o conceito de "Forma de Estado", pois qualquer Estado é organizado a partir de uma determinada forma.

Nesse sentido, a forma de Estado deve ser entendida como a distribuição do poder político em função de um território,[1] ou seja, como o poder político e exercido (desenvolvido) dentro de um território.

2. ESPÉCIES OU TIPOS DE FORMAS DE ESTADO

a) **Estado Unitário:** é a forma de Estado na qual não há uma distribuição geográfica do poder político em função do território. Nesses termos, há um polo central distribuidor e emanador de normas, não existindo uma subdivisão do Poder que irá se apresentar estruturalmente enraizado no polo central. Mas, será que podemos afirmar que não existe qualquer tipo de descentralização no mesmo? Essa conclusão, embora possa parecer lógica, é, sem dúvida, equivocada. Isso porque, apesar do Estado Unitário não possuir uma distribuição geográfica do poder político, haverá descentralização, pois seria inviável, em sociedades altamente complexas, termos um Estado no qual não existisse qualquer descentralização. A necessidade de desburocratização e democratização (aproximação polo central e população) são os responsáveis pela descentralização,[2] que será intitulada de descentralização

1. Silva, José Afonso. *Curso de Direito Constitucional positivo*, p. 102, 2007. O autor, ora citado, classicamente, divide os Estados em **simples** (que teria como exemplo, o Estado unitário) e **compostos** (que teria como exemplo, o Estado federal). É claro, que essa divisão apesar de (ainda) existente, pode ser, melhor trabalhada e **atualizada**.
2. Sem dúvida, o Estado Unitário simples sem nenhum tipo de descentralização, não coaduna com os Estados Unitários atuais, que devido à complexidade quantitativa (aumento populacional) e qualitativa (das relações sociais)

administrativa, ou seja, o polo central vai criar regiões, departamentos, distritos, municípios ou outra forma de descentralização. Estas vão se colocar e se afirmar como braços da administração dotados personalidade jurídica própria e irão desenvolver a aproximação entre o polo central e a sociedade com os objetivos já citados de desburocratização e democratização.

b) **Estado Regional:** existe atualmente na Constituição da Itália. Apesar do texto da Constituição da Itália de 1948 expressar que a forma de Estado é a Unitária, temos o que alguns doutrinadores irão intitular de Estado Regional. Neste (Estado Regional), haverá a distribuição às regiões, tanto de competências administrativas quanto de competências legislativas. Assim sendo, no Estado Regional não há apenas descentralização de cunho administrativo, tendo, portanto, os entes descentralização administrativa e legislativa.[3]

c) **Estado Autonômico:** é também uma forma de Estado em que há descentralização administrativa e legislativa para os entes. Essa forma de Estado é a que existe atualmente na Espanha, conforme a Constituição espanhola de 1978. Na Espanha, as províncias podem formar regiões e, assim sendo, vão elaborar o seu "estatuto de autonomia", no qual avocam competências presentes na Constituição Espanhola. Este estatuto (de autonomia) é submetido ao Parlamento Espanhol (Cortes Gerais) e, se aprovado, explicita uma "região autonômica". O estatuto se transforma em uma lei especial que pode ser revista de 5 em 5 anos.[4]

d) **Estado Federal:** é aquela forma de Estado em que há distribuição geográfica do poder político em função do território, na qual um ente é dotado de soberania e os outros entes de autonomia.[5] Com isso, as características básicas do Federalismo podem ser assim definidas: a) indissolubilidade do pacto federativo; b) descentralização política entre as vontades central e regionais, na medida em que a federação pressupõe a existência de, pelo menos, duas ordens jurídicas, sendo uma central e uma parcial; c) Constituição rígida com um núcleo imodificável que não permita a secessão; d) existência de um órgão que represente e externalize a vontade dos membros da federação de forma isonômica (paritária); e) autonomia financeira dos entes expressa na Constituição do ente soberano; f) a existência de um órgão de cúpula do Poder Judiciário que resolva os conflitos entre os entes de federação,

vão requer uma sofisticação que desenvolva uma descentralização administrativa. Nesses termos, a doutrina irá intitulá-los de Estados Unitários descentralizados (complexos).

3. QUADROS DE MAGALHÃES, José Luiz, Direito constitucional, Tomo II, p. 74-76.
4. QUADROS DE MAGALHÃES, José Luiz, Direito constitucional, Tomo II, p. 74-76.
5. Paulo Gonet Branco explicita o que intitula de um conceito abrangente de Estado Federal. Nesse sentido, afirma que: "É correto afirmar que o Estado Federal expressa um modo de ser do Estado (daí se dizer que é uma forma de Estado) em que se divisa uma organização descentralizada, tanto administrativa quanto politicamente, erigida sobre uma repartição de competências entre o governo central e os locais, consagrada pela Constituição Federal, em que os Estados Federados participam das deliberações da União, sem dispor de direito de secessão. No Estado Federal, de regra, há uma Suprema corte com jurisdição nacional e é previsto um mecanismo de intervenção federal, como procedimento assecuratório de unidade física e de identidade jurídica da Federação." MENDES; COELHO; BRANCO, Curso de direito constitucional, p. 801, 2008.

impedindo assim a usurpação de competências e com isso o desrespeito à Constituição; g) auto-organização político-administrativa dos entes autônomos com a possibilidade de os mesmos produzirem suas próprias leis (autonormatização), terem seu próprio governo (autogoverno) e sua própria administração (autoadministração).[6]

e) Confederação: não é uma forma de Estado propriamente dita, se apresentando muito mais como uma junção de Estados, na qual há uma distribuição geográfica do poder político em que todos os entes (participantes da confederação) são dotados de soberania.

Algumas observações sobre o tema ora trabalhado merecem nossa atenção:

1) Estados regionais e autonômicos são formas intermediárias existentes na Europa, entre o Estado Unitário e o Federal. Essas formas vão trazer, conforme já salientado, além da descentralização administrativa (tradicional nos Estados Unitários atuais), a descentralização legislativa.

A pergunta, então, é: por que se desenvolveram essas novas formas de Estados? A resposta envolve, sem dúvida, o surgimento de um terceiro vetor além da desburocratização e da democratização (aproximação aparato estatal-sociedade), que é justamente a necessidade da manutenção da unidade territorial.[7]

2) Qual a diferença do Estado Regional para o Autonômico? Ela não está na descentralização, pois as duas formas trabalham com a descentralização tanto administrativa como legislativa. Assim sendo, a diferença envolve não a descentralização, mas a forma pela qual essa é desenvolvida (produzida). Embora ambos possuam descentralização administrativa e legislativa, no Estado Regional, ela é desenvolvida de cima para baixo (o Estado Nacional confere as competências e retira quando quer), já no Estado Autonômico, ela é desenvolvida de baixo para cima (as províncias se reúnem em regiões que avocam competências da Constituição espanhola e com isso produzem seus estatutos por elas mesmas).[8]

3) Quais as diferenças entre o Estado Federal e a Confederação? Podemos notar que em ambos há distribuição do poder político, porém, entre eles, haverá sim grandes diferenças:

a) O Estado Federal se origina a partir de uma Constituição (esta o cria), ou seja, todos os entes vão alienar a sua soberania a um único ente,[9] que será o ente

6. CUNHA JÚNIOR, Dirley da, Curso de direito constitucional, 2007, p. 806.
7. Isso irá ocorrer na Itália e ainda de forma mais explícita na Espanha.
8. QUADROS DE MAGALHÃES, José Luiz, Direito constitucional, Tomo II, p. 74-76.
9. Sobre os motivos que podem consubstanciar a criação de um Estado Federal, temos que: "Os Estados assumem a forma federal tendo em vista razões de geografia e de formação cultural da comunidade. Um território amplo é propenso a ostentar diferenças de desenvolvimento de cultura e de paisagem geográfica, recomendando, ao lado do governo que busca realizar anseios nacionais, um governo local atento às peculiaridades existentes. O federalismo tende a permitir a convivência de grupos heterogêneos." [...] (MENDES; COELHO; BRANCO, Curso de

soberano, restando àqueles o exercício de autonomia que a Constituição irá conferir aos mesmos.[10] Já a Confederação nasce de um tratado ou acordo entre os entes; este tratado pode até ter o nome de Constituição, mas, na verdade, não passa de um tratado, pois todos têm soberania (que será mantida), não havendo alienação da soberania a um único ente.

b) Nos Estados Federais é proibido o direito de secessão, pois não é dado o direito de ruptura do vínculo aos entes federados. Este, inclusive, é o primeiro grande princípio do federalismo, intitulado de princípio da indissolubilidade do vínculo federativo.[11] Já na Confederação existe o direito de secessão, pois todos os entes são dotados de soberania. Assim sendo, um dos componentes da Confederação pode romper o vínculo. Isso se explica pelo conceito clássico de soberania. Esta, classicamente, nada mais é do que o poder máximo internamente e poder em condições de igualdade externamente, ou seja, significa subordinação interna e coordenação externa (no nível internacional), sendo, portanto, um poder de autodeterminação plena, que não se condiciona a qualquer outro poder interna ou externamente. É claro que essa definição (clássica) de soberania vem sendo relativizada (e abrandada) pela atual globalização (nos seus mais variados vieses: político, econômico, cultural, tecnológico, ambiental etc.) e pela criação de blocos como a União Europeia,[12] porém ainda é usada pelos teóricos do Estado.

c) Nos Estados Federais, tem sido utilizado um órgão de cúpula do Poder Judiciário para dirimir conflitos entre os entes autônomos (usurpações de competências legislativas, administrativas, tributárias etc.)[13]. Já na Confederação, em regra, não existe este órgão de cúpula, pois cada ente tem o seu próprio órgão de cúpula judiciária devido ao exercício de suas próprias soberanias.

---

direito constitucional, 2008, p. 802). Ver também, DALARI, Dalmo de Abreu, Elementos de teoria geral do estado, 2003.

10. Nesses termos, corroborando com essa perspectiva, a doutrina de Paulo Gonet Branco afirma que: "a Constituição Federal atua como fundamento de validade das ordens jurídicas parciais e central. Ela confere unidade à ordem jurídica do Estado Federal, com o propósito de traçar um compromisso entre as aspirações de cada região e os interesses comuns às esferas locais em conjunto. A Federação gira em torno da Constituição Federal, que é o seu fundamento jurídico e instrumento regulador. O fato de os Estados-membros se acharem unidos em função de uma Constituição Federal, e não de um tratado de direito internacional, designa fator diferenciador do Estado Federal com relação à Confederação." (MENDES; COELHO; BRANCO, Curso de direito constitucional, 2008, p. 798).
11. Na Constituição de 1988 podemos observá-lo no art. 1º e também no art. 60, § 4º, I, CR/88.
12. Certo é que a União Europeia não tem, ainda, uma definição estrita e clara de forma de Estado, não se podendo afirmar que é uma Federação ou uma Confederação, pois, atualmente, encontram-se, com algumas características clássicas tanto de Federação como de Confederação. A conclusão é que ela está em um processo de construção de uma forma de Estado, que pode ser a Federalista, a Confederalista ou uma terceira forma nova, até então inexistente à luz do Direito Comunitário (direito esse que não é nacional e nem deve ser confundido com o clássico direito internacional). Um interessante exemplo que envolve a União Europeia se refere ao debate sobre uma possível soberania dual, na qual, os entes (Estados Nacionais) são soberanos, mas convivendo com a existência de uma soberania central da União Europeia.
13. Com base em nossa Constituição de 1988, existe ainda a possibilidade da intitulada Intervenção Federal, que visa a restaurar o equilíbrio em momentos de anormalidade mantendo-se assim a integridade nacional (da Federação). Assim, a União (mais uma vez exercendo prerrogativas da RFB) poderá exercer a competência de preservar a integridade jurídica, física e política entre os Estados-membros e o Distrito Federal.

4) Por último, é mister observarmos dentro da seara do Estado Federal o que a doutrina intitula de tipos ou modos de Federalismo. Sem dúvida, há uma gama de modalidades e nuances nas quais o Federalismo vem sendo desenvolvido desde o seu surgimento. Assim sendo, conforme síntese doutrinária,[14] temos o Federalismo:

a) **Quanto à formação (ou origem) do federalismo.** Nesse sentido, pode ser dividido em federalismo por agregação e por segregação. O primeiro é criado a partir da reunião de vários Estados até então soberanos (exemplo do federalismo norte-americano) e o segundo é formado a partir de uma divisão de um Estado unitário preexistente para um Estado Federal (exemplo do Brasil). Certo é que temos também uma outra possibilidade de **classificação quanto à formação ou origem do Federalismo**. Nesses termos, poderíamos dividir o federalismo em centrípeto ou centrífugo conforme a origem histórica do Estado Federal. Assim sendo, teríamos, quanto à origem, um federalismo centrípeto no qual o Estado Federal se forma da periferia para o centro (mais uma vez o exemplo é o EUA), e um federalismo centrífugo, no qual o Estado Federal é criado do centro para a periferia (novamente temos como exemplo o Brasil);

b) **Quanto à maior ou menor concentração de poder**. Aqui também falamos em federalismo centrípeto e centrífugo, mas acrescentamos o chamado federalismo de equilíbrio. Nesse sentido, centrípeto é o federalismo que proporciona uma maior concentração de poder no governo (polo) central. Centrifugo é o federalismo que proporciona uma maior descentralização de poder com uma sensível diminuição do poder central e um incremento (aumento ou ampliação) dos poderes regionais. Já o federalismo de equilíbrio é aquele que objetiva instaurar uma equilibrada e equitativa repartição de poderes entre o governo central e os governos regionais;

c) **Quanto à repartição de competências.** O federalismo pode ser intitulado como dual (clássico) ou de cooperação (cooperativo ou neoclássico). O federalismo dual trabalha com uma repartição de competências privativas entre os entes federados, que, assim, vão atuar em esferas distintas, separadas e independentes, não havendo cooperação ou mesmo colaboração recíproca.[15] O federalismo cooperativo, que é fruto do Estado social e do paradigma do

14. Aqui nos valemos da abordagem do professor Dirley da Cunha Júnior (*Curso de direito constitucional,* 2007, p. 806-807, 2007), com algumas novas digressões que iremos agregar ao seu raciocínio. É importante salientar que o Federalismo ainda pode ser classificado quanto as esferas integrantes da federação em: 1) federalismo de segundo grau (bidimensional) que tem uma ordem central (primeiro grau) e ordens jurídicas regionais (segundo grau) como no caso dos EUA; 2) federalismo de terceiro grau (atípico ou tridimensional) que teria uma ordem central (União), uma regional (Estados) e outra local (Municípios) que seria o caso do Brasil. Porém, aqui preferimos uma classificação diferente que afirma que nosso federalismo é de duplo grau com três níveis de ordens jurídicas distintas: para essa classificação, que repetimos, é diferente da anterior, o primeiro grau apresenta a União e Estados-membros e o segundo grau apresenta os Municípios.
15. Esse foi o modelo típico de nossa Constituição de 1891 e é condizente com o paradigma do Estado Liberal e o seu constitucionalismo clássico.

constitucionalismo social, caracteriza-se pela busca de colaboração recíproca por meio da possibilidade de atuação comum ou concorrente entre os poderes central e regionais;[16]

d) Quanto ao equacionamento das desigualdades. Essa classificação diferencia o federalismo em simétrico e assimétrico. O federalismo simétrico visa à divisão de competências e receitas de forma paritária (igualitária ou dotada de isonomia). Aqui o que prepondera é a divisão igualitária de competências, atribuições e receitas entre os entes (como exemplo: os EUA). Já o federalismo assimétrico parte do pressuposto da existência de exacerbadas desigualdades regionais (sejam socioeconômicas, políticas, culturais, geográficas ou outras) entre os entes e busca reverter esse quadro com a realização de programas (ou mesmo de atribuições) direcionados a determinadas regiões que, por isso, são tratadas de forma diferente (de modo diferenciado). Um exemplo interessante é o do federalismo canadense.

Aqui temos uma digressão importante: como poderíamos classificar o Brasil? Para alguns autores nosso federalismo seria classificado como assimétrico devido as diferenças regionais e socioeconômicas existentes entre os entes federativos. Pois bem, entendemos, que apesar de algumas óbvias manifestações assimétricas (momentos ou fragmentos de assimetria, até mesmo necessários em um país de dimensões continentais e marcado por desigualdades regionais) presentes na Constituição (art. 3, III; art. 43; art. 46; art. 151, I; art. 159, I "c" da CR/88) o nosso federalismo em regra deve ser entendido como simétrico, devido a igualitária distribuição de competências e atribuições entre os entes que estão na mesma estrutura.

Aliás, o próprio art. 19, III da CR/88 proíbe discriminações entre os entes com base no *princípio da homogeneidade federativa*. Portanto, entendemos que a regra é a simetria embora tenhamos exceções (algumas até mesmo necessárias) de fragmentos de assimetria (por exemplo: para a redução de desigualdades).[17]

---

16. Essa forma de federalismo surge no Brasil com a Constituição de 1934 à luz do Constitucionalismo social típico do paradigma do Estado social.

17. No mesmo sentido, MASSON, Nathalia, Manual de Direito Constitucional, p. 502, 2015. Aqui temos ainda outras classificações do federalismo, que podemos citar: a*) Federalismo de Integração, utilizado, a nosso ver erroneamente para designar o federalismo utilizado no regime militar que se instaurou em 1964. Nesses termos, esse federalismo (citado por Alfredo Buzaid e por Manoel Gonçalves Fereira Filho) não teve nada de um federalismo de integração, sendo muito mais nominal e com altíssima concentração de poder no polo central (no caso: com uma hegemonia extrema da União); b) Federalismo Orgânico, no qual temos também uma extrema centralização de poder no polo central (preponderância explícita do poder central) com apenas poucas áreas de atuação dos entes periféricos (por exemplo: os estados); Federalismo sinalagmático: seria um federalismo em que os entes federativos através de negociações e pactos preservariam sua liberdade de atuação (e capacidade de decisão) e evitariam o risco de um centralismo usurpador; Federalismo plurinacional: visa ir além do Estado Autonômico (no caso espanhol) sendo um estado federal que valoriza os plurinacionalismos (múltiplas identidades) existentes do próprio Estado. No caso, as diferenças e várias identidades se apresentariam como um fator de* coesão - MARTINS, Flávio (2019).

3. ANÁLISE ESPECÍFICA DO FEDERALISMO PRESENTE EM NOSSA ATUAL CONSTITUIÇÃO: ANTECEDENTES HISTÓRICOS DO FEDERALISMO NO BRASIL. ESTRTUTURA DO NOSSO ATUAL FEDERALISMO. A POSIÇÃO DA UNIÃO E A QUESTÃO DA INEXISTÊNCIA DE HIERARQUIA ENTRE OS ENTES FEDERATIVOS. O CONCEITO DE AUTONOMIA DOS ENTES FEDERATIVOS E SUAS CAPACIDADES

Primeiramente, é mister salientar os antecedentes históricos do federalismo brasileiro. A nossa primeira Constituição de 1824 definiu que a forma de Estado seria a do Estado Unitário. Acontece que em 15 de novembro de 1889, o Decreto nº 01 proclamou no Brasil uma República Federativa, com a devida transformação das Províncias em Estados Federados. Porém, é mister salientarmos que a Constituição Republicana de 24 de fevereiro de 1891 é a nossa primeira Constituição que adota a forma de Estado Federal (até então, existente via decreto).

Esse federalismo pode ser enquadrado no modelo do Estado Liberal e pode ser classificado como dual (ou clássico) quanto à repartição de competências.

Sem dúvida, o nosso federalismo surge por meio de uma origem denominada centrífuga (ou federalismo por segregação). Ou seja, é um federalismo que se desenha a partir de um movimento do centro para a periferia. O federalismo norte-americano datado de 1787, só para se ter um exemplo, é de origem centrípeta (ou por agregação), ou seja, de um movimento da periferia para o centro.

Nesses moldes, certo é que o Brasil era um Estado unitário, altamente centralizado, e esse Estado unitário abre mão da centralidade e de nichos de poder para criação de entes autônomos. Assim sendo, é mister salientar que a origem centrífuga do federalismo brasileiro acaba nos levando a um federalismo altamente centralizado, com exacerbadas competências para União. Portanto, um federalismo de cunho eminentemente centrípeto quanto à concentração de poder foi desenvolvido em *terrae brasilis*.[18] Já o federalismo norte-americano (como citado) se originou de um movimento periférico (da periferia) para o centro, porque existiam entes soberanos advindos da Confederação que vigorou entre 1781 a 1787, que abriram mão da soberania para entregá-la a um único polo (ente) central. A origem do federalismo norte-americano explica porque os Estados norte-americanos foram dotados

---

18. Nesse sentido: "*A Federação brasileira foi inspirada no modelo norte-americano. Não obstante, a nossa Federação formou-se de modo contrário àquela que serviu de paradigma. Certamente seja essa a razão de a Federação no Brasil ter sido, originariamente e por muito tempo, uma Federação sem equilíbrio, enfraquecida, com concentração de poder no ente central (a União), restando pouco, muito pouco, para os Estados-membros.*" (CUNHA JÚNIOR, Dirley da, Curso de direito constitucional, 2007, p. 490-491). Porém, Dirley da Cunha Júnior entende que o *nosso federalismo atual (da Constituição de 1988), quanto à concentração de poder, deve ser classificado como um federalismo de equilíbrio*; afirmando que com o advento da CR/88 estaríamos realmente assumindo um verdadeiro status de Federação. Até entendemos que o objetivo do Constituinte originário foi esse (como projeto explicitado em seu texto!), porém, embora estejamos em um processo para tal, ainda não alcançamos na prática esse patamar de equilíbrio!

de um rol de competências, na prática, mais alargadas que as existentes para os mesmos em nosso federalismo.[19]

Voltando ao nosso federalismo, após a Constituição de 1891, a Constituição de 1934 trouxe um federalismo de cunho ***cooperativo***, diferenciando-se do ***federalismo dual*** ou clássico até então existente. Nesse sentido, conjuntamente com as competências privativas, passamos a ter competências concorrentes entre os entes (União e Estados). A Constituição polaca de 1937 nos apresenta um federalismo de cunho nominal, pois, na prática, estivemos sob a égide de uma forte centralização e controle por parte do ente central (governo federal). A Constituição de 1946 restaura o federalismo de cooperação, porém, este acaba não sendo desenvolvido nas suas máximas possibilidades. A Constituição de 1967 e a de 1969, de viés autoritário, também trouxeram um federalismo mais nominal do que real. Alguns autores chamariam esse federalismo, por sua excessiva centralização de poderes na União, de federalismo de integração.

Certo é que, na nossa história constitucional, apesar do surgimento do federalismo cooperativo (que aparece, como já dito, desde a Constituição de 1934) em detrimento do modelo clássico so federalismo dual (clássico), nós não desenvolvemos uma tradição de equilíbrio na repartição de competências entre os entes, prevalecendo um acúmulo de poderes para União em relação aos poderes concedidos aos Estados-membros.

A Constituição de 1988, a partir do processo de redemocratização, foi delineada à luz de um federalismo de viés mais cooperativo, no qual os entes têm competências enumeradas e remanescentes (derivadas da tradição clássica), mas também compartilham competências competências comuns e concorrentes, visando o desenvolvimento e a cooperação nacional.

Uma outra questão importante aqui é a novidade presente no atual federalismo descrito na Constituição de 1988 quanto à sua estrutura. Assim sendo, temos um federalismo quanto aos integrantes da federação intitulado de "federalismo de duplo grau", que é explicitado a partir de uma estrutura em que o primeiro grau tem a União e Estados e segundo grau tem os Municípios.[20]

Nesse sentido, é importante salientar que temos como entes autônomos não só a União e os Estados-membros, mas também os Municípios, e, além deles, o Distrito Federal.

---

19. Aqui, devemos registrar que em um primeiro momento no Estado Liberal (constitucionalismo clássico) o federalismo americano era **dual.** É só com o advento do paradigma de Estado social (e um constitucionalismo social) e a sua efetivação pela Suprema Corte dos EUA é que o federalismo norte-americano ganha ares **cooperativos,** passando a se alinhar a um **federalismo de viés cooperativo.** Porém, em ambos os tipos de federalismo, as competências dos Estados-membros na prática sempre foram mais desenvolvidas (abastadas) nos EUA do que no Brasil.
20. Aqui lembramos (como citado em nota anterior) que para alguns doutrinadores a classificação do nosso federalismo quanto às esferas integrantes da federação é a de um ***federalismo de terceiro grau*** (***tridimensional*** ou de ***três graus***) em que teríamos três ordens jurídicas diferentes (Primeiro grau: União); (Segundo grau, a ordem regional: os Estados-membros); (Terceiro grau, a ordem local: os Municípios). NOVELINO, Marcelo, p. 723, 2012.

Passada essa pequena digressão histórica, o segundo ponto a ser trabalhado envolve um equívoco muito comum em nossa doutrina. Esse diz respeito à posição da União na nossa federação.

Certo é que a União **não** tem soberania. O ente soberano é a República Federativa do Brasil ou o Estado Federal. A União, e não podemos nos equivocar, é um ente autônomo, assim como os Estados-membros, os Municípios e o Distrito Federal.

Essa digressão é inteiramente explicitada pela exegese do art. 1º e do art. 18 da CR/88. Nesse sentido, conforme o art. 1º: República Federativa do Brasil, é formada pela união indissolúvel dos Estados e Municípios e do Distrito Federal. E nos moldes do art. 18: a organização político-administrativa da República Federativa do Brasil ***compreende a União, os Estados, o Distrito Federal e os Municípios, todos autônomos***, nos termos desta Constituição. Portanto, a Constituição é da República Federativa e não da União! Mas por que há celeuma sobre o tema?

É bem verdade que podemos localizar alguns motivos para a confusão existente entre União e República Federativa do Brasil (na qual a União está inserida). Nesse sentido: a) O território da RFB é o mesmo da União, pois a União engloba territorialmente os Estados, Municípios e Distrito Federal. Assim sendo, o interesse da RFB é o mesmo da União, qual seja, o interesse nacional; b) A União exerce prerrogativas da RFB representando-a. Um exemplo está explicitado no art. 21, I, da CR/88 que preleciona que compete à União: manter relações com Estados estrangeiros e participar de organizações internacionais. Vejamos aqui que, apesar dessa competência conferida pela Constituição, a União é apenas pessoa jurídica de direito público interno. Não há dúvida que a pessoa jurídica de direito público internacional é a RFB.

Um terceiro ponto importante, se relaciona com o segundo, na medida em que também envolve a União, porém, agora, na relação com os outros entes autônomos Estados-membros, Municípios e o Distrito Federal.

Já que todos são entes autônomos não dotados de soberania, como fica a questão de conflito de competências legislativas entre os mesmos? Ou seja, havendo conflito, por exemplo, entre leis federais,[21] estaduais e municipais, qual prevalece?

Certo é que não há hierarquia entre as mesmas leis federais, estaduais e municipais, a prevalência então dependerá da distribuição de competência explicitada e estabelecida pela Constituição da RFB (ente soberano). E, aqui, **não** diga que essa regra vale apenas para **a repartição horizontal** de competências! Obviamente esse postulado **também** se direciona para a **repartição vertical**! Isso é óbvio! Basta um simples raciocínio: nas competências concorrentes, a União terá uma função (que

21. Aqui é importante sublinhar que não podemos confundir o que chamamos de **lei federal** do que intitulamos de **lei nacional**. A diferença não encontra maiores dificuldades. Nesse sentido, a lei federal diz respeito apenas à União, como, por exemplo, a Lei nº 8.112/90 que envolve os servidores públicos federais. Já a lei nacional envolve todos os entes e não a União, abarcando de uma só vez a vinculatividade da União, dos Estados, dos Municípios e do DF, como, por exemplo, o Código Penal, ou o Código Nacional de Trânsito ou Código Civil.

iremos explicitar) e os Estados e o DF outra função (que aqui também será explicitada). Ora, se a União, em vez de editar normas gerais, descer a pormenores típicos de interesse regional e não geral, ela estará **invadindo** esfera de competência dos Estados e do DF e, assim, **contrariando** o art. 24 da CR/88, na medida em que a competência suplementar não é afeta à União. Acreditamos que já está mais do que na hora, de boa parte da doutrina perceber o quão é equivocado afirmar que **não** existe hierarquia apenas no exercício das competências enumeradas (da repartição horizontal). Nesse sentido, corroborando com nossa posição, temos recente decisão do STF em sede cautelar na **ADI 4582** julgada em 28.09.2011. Nessa o Plenário do STF deferiu pedido de medida cautelar em ação direta de inconstitucionalidade, ajuizada pelo Governador do Estado do Rio Grande do Sul, para restringir a aplicabilidade do que contido no art. 15 da Lei federal 10.887/2004, na redação conferida pelo art. 171 da Lei 11.784/2008, aos servidores ativos e inativos, bem como aos pensionistas da União. No caso conforme o **informativo 642** do STF "após retrospecto acerca das alterações normativas da matéria, a par da controvérsia de índole material, observou-se haver problemática alusiva à competência para dispor sobre revisão de proventos. No ponto, ressaltou-se que a Constituição, ao se referir a "lei", remeteria, de regra, à federal. Por sua vez, consoante o art. 24, XII, da CF, surgiria competência concorrente da União, dos Estados-membros e do Distrito Federal para legislar sobre previdência social, proteção e defesa da saúde. Reputou-se forçoso concluir que a **regência federal deveria ficar restrita**, como previsto no § 1º do indicado art. 24, ao **estabelecimento de normas gerais**. Ademais, realçou-se não ser possível inferir que, no campo destas últimas, definir-se-ia o modo de revisão dos proventos dos servidores estaduais. Sob esse ângulo, entendeu-se, à primeira vista, relevante a alegação do mencionado ente federativo no que apontara o **vício formal** quanto à observância do preceito questionado aos respectivos servidores."[22]

Um quarto ponto de extrema relevância é a conceituação de **autonomia**. Não podemos, inclusive, continuar a abordagem sobre nosso Estado Federal sem uma definição do que seja a autonomia.

Pois bem, autonomia é a capacidade de desenvolver atividades dentro de limites previamente circunscritos pelo ente soberano. Assim sendo, a autonomia nos traduz a ideia de algo limitado e condicionado pelo ente soberano. Mas, visto o conceito teórico, o que cabe ainda é uma pergunta sobre o que seria autonomia na prática. Ou seja, como podemos vislumbrar essa capacidade (conferida pelo ente soberano) de desenvolver atividades? Sem dúvida, na prática e para a corrente majoritária, a autonomia se subdivide em uma tríplice capacidade, ou seja, para

22. ADI 4582 MC/DF, Rel. Min. Marco Aurélio, julgamento em 28.09.2011. *DJ*: 09.02.2012. Outra decisão sobre o tema (essa de mérito) foi prolatada em **23.02.2012** na **ADI 2937** (sobre o *Estatuto do Torcedor*). Na mesma, o STF afirmou que a União não invadiu ("extravasou") a esfera de competência suplementar dos Estados. Portanto, no caso, a União teria respeitado o art. 24, IX da CR/88 (pois do contrário teria atuado de forma inconstitucional) (Informativo 655 do STF).

afirmarmos que um ente é realmente dotado de autonomia, ele (em nosso federalismo) deve ser dotado de uma tríplice capacidade.

Portanto, ele deve ser acometido de uma **auto-organização** (e normatização própria), de um **autogoverno** e de uma **autoadministração** para o exercício de suas atividades.

Atualmente, alguns autores começaram a falar, de forma até mesmo estranha e sem sentido, em 4 (quatro) capacidades. Esses diferenciam de forma claramente bizzara auto-organização e normatização própria (autolegislação).

Para esses, a autonomia dos entes é manifestada pelas seguintes quatro capacidades: a) **auto-organização**: capacidade de os Estados elaborarem suas próprias Constituições e de o Distrito Federal e os Municípios elaborarem suas Leis Orgânicas; b) **autogoverno:** prerrogativa que os entes possuem de elegerem os seus respectivos governantes (Governadores, Prefeitos, Deputados, Vereadores) e de terem seus próprios poderes (Executivo, Legislativo e Judiciário); c) **autoadministração**: capacidade que os entes possuem dirigirem os seus próprios órgãos e serviços públicos e de exercerem suas competências, sem interferência de outro ente; d) **autolegislação**: prerrogativa dos entes de editarem suas próprias leis, de acordo com as competências fixadas pela CR/88.

Entendemos que esses autores, definitivamente, estão errados. Alias, muito errados, pois a auto-organização, em uma interpretação adequada, se refere a possibilidade dos entes se auto-organizarem com suas respectivas Constituições e leis orgânicas e obviamente com suas leis infraconstitucionais. A capacidade do ente se auto-organizar é a capacidade de se auto-organizar normativamente, portanto também é de autolegislação. Afinal um ente se auto-organiza por suas normas!

Passaremos agora, a analisar cada um desses itens que compõem a autonomia dos entes, da forma mais correta e constitucionalmente adequada:

1) **Auto-organização (e normatização própria):**

- **União:** se auto-organiza pela Constituição da RFB e por sua legislação federal.
- **Estados:** se auto-organizam pelas Constituições Estaduais e pela legislação estadual conforme o art. 25 da CR/88.
- **Municípios:** se auto-organizam pelas Leis Orgânicas e pela legislação municipal em consonância com o art. 29 da CR/88.[23]

---

23. O STF na **ADI 307** explicitou a autonomia municipal, deixando assente que *Constituição Estadual não pode obrigar Municípios a transportar alunos da zona urbana para a zona rural.* Além disso, *não pode dispor sobre local de funcionamento de Câmara dos Vereadores e também exigir que a Câmara de Vereadores deva autorizar o prefeito a se ausentar do município por mais de 10 dias.* Nesses termos, a ementa da ADI nº 307: [...] 3. Inconstitucionalidade dos §§ 6º a 9º do artigo 37 da Constituição do Estado do Ceará, em razão do disposto no artigo 29, inciso V, da Constituição do Brasil.

- **Distrito Federal:** se auto-organiza por sua Lei Orgânica e por sua legislação distrital, nos termos do art. 32 da CR/88.

2) **Autogoverno:**

- **União:** conforme o art. 2º da CR/88, são poderes da União independentes harmônicos: o Legislativo, o Executivo e o Judiciário.[24]
- **Estados:** conforme o art. 27 da CR/88, os Estados-membros terão Assembleia Legislativa para o exercício de seu próprio Poder Legislativo;[25] à luz do art. 28 da CR/88, terão Poder Executivo com governador e vice-governador; e nos moldes do art. 125 da CR/88, terão Poder Judiciário estadual.[26]
- **Municípios:** em consonância com o art. 29 da CR/88, os Municípios terão Poder Executivo com prefeito e vice-prefeito e Poder Legislativo próprio com a função sendo exercida pelas Câmaras de Vereadores. Sobre as Câmaras de Vereadores, é importante consignar que em 23.09.2009, foi promulgada a **Emenda Constitucional nº 58** que alterou a redação do art. 29 e do art. 29-A[27]

---

4. O artigo 30 da Constituição cearense impõe aos Municípios o encargo de transportar da zona rural para a sede do Município, ou Distrito mais próximo, alunos carentes matriculados a partir da 5ª série do ensino fundamental. Indevida ingerência na prestação de serviço público municipal. *O preceito afronta a autonomia municipal. 5. Inconstitucionalidade do § 3º do artigo 35 da Constituição estadual em razão de afronta à autonomia municipal. [...]* Pedido julgado procedente, em parte, para declarar inconstitucionais: o artigo 30; o § 3º do artigo 35; os §§ 6º a 9º do artigo 37; e os §§ 2º e 3º do artigo 38, todos da Constituição do Estado do Ceará. (Julg. 13.02.2008. Rel. Min. Eros Grau). Sobre a autonomia municipal, ver também a decisão da ADI 144 julg. em 19.02.2014 de rel. do Min. Gilmar Mendes. Aqui é interessante observarmos também que, segundo o STF, *é constitucional norma de Constituição Estadual que preveja que "o Estado e os Municípios reservarão vagas em seus respectivos quadros de pessoal para serem preenchidas por pessoas portadoras de deficiência."* Apesar de, em tese, a Constituição Estadual não poder dispor sobre servidores municipais, sob pena de afronta à autonomia municipal, neste caso não há inconstitucionalidade, considerando que se trata de mera repetição de norma da CF/88: *Art. 37 (...) VIII – a lei reservará percentual dos cargos e empregos públicos para as pessoas portadoras de deficiência e definirá os critérios de sua admissão;* STF. Plenário. **ADI 825/AP**, Rel. Min. Alexandre de Moraes, julg. em **25.10.2018** (Info 921).

24. Aqui, uma pequena advertência. É óbvio que o Presidente da República, chefe do Poder Executivo, também é o Presidente da União (pois a União além de estar alocada na RFB acaba por exercer prerrogativas da própria RFB, representando-a). O mesmo se dá com o Congresso Nacional, que é a um só tempo Congresso Nacional da RFB (com a função de produzir ***Leis Nacionais***) e Congresso Nacional da União (com a função de elaborar ***Leis Federais***).

25. É interessante que o art. 27 da CR/88 não só determina o autogoverno por meio do Poder Legislativo, mas também delimita o **número de Deputados por Estado**. Nesse sentido: "*número de Deputados à Assembleia Legislativa corresponderá ao triplo da representação do Estado na Câmara dos Deputados e, atingido o número de trinta e seis, será acrescido de tantos quantos forem os Deputados Federais acima de doze.*" Ou seja, temos, segundo a Constituição atual, duas fórmulas possíveis de serem usadas: 1ª) (**3X Nº de DF**); 2ª) (**36 + Nº de DF – 12** ou de outra forma, chegando ao mesmo resultado: **24 + Nº de DF**).

26. Conforme o STF: *É inconstitucional lei estadual que obrigue a participação de representante da seccional da OAB em órgão colegiado da Administração Pública estadual. É possível que o chefe do Poder Executivo estadual convide, em consenso com a OAB, um representante da Ordem para integrar órgão da Administração. Isso é válido. No entanto, a lei não pode impor a presença de representante da OAB ("autarquia federal") em órgão da Administração Pública Estadual.* STF. Plenário. **ADI 4579/RJ**, Rel. Min. Luiz Fux, julgado em **13.02.2020** (Informativo 966).

27. "Art. 29-A da CR/88 com redação dada pela EC 109/2021: *O total da despesa do Poder Legislativo Municipal, incluídos os subsídios dos Vereadores e os demais gastos com pessoal inativo e pensionistas, não poderá ultrapassar os seguintes percentuais, relativos ao somatório da receita tributária e das transferências previstas no § 5º do art. 153 e nos arts. 158 e 159 desta Constituição, efetivamente realizado no exercício anterior: 7% (sete por cento) para Municípios com população de até 100.000 (cem mil) habitantes; II – 6% (seis por cento) para Municípios com*

da CR/88. Nesses termos, conforme a Emenda Constitucional o inciso IV, do *caput*, do art. 29, da CR/88 passou a vigorar com a seguinte redação: Para a **composição das Câmaras Municipais**, será observado o limite máximo de:

Limite máximo de Vereadores	**Nos Municípios**	
	de mais de	**e até**
9 (nove)	–	15.000 (quinze mil) habitantes
11 (onze)	15.000 (quinze mil) habitantes	30.000 (trinta mil) habitantes
13 (treze)	30.000 (trinta mil) habitantes	50.000 (cinquenta mil) habitantes
15 (quinze)	50.000 (cinquenta mil) habitantes	80.000 (oitenta mil) habitantes
17 (dezessete)	80.000 (oitenta mil) habitantes	120.000 (cento e vinte mil) habitantes
19 (dezenove)	120.000 (cento e vinte mil) habitantes	160.000 (cento sessenta mil) habitantes
21 (vinte e um)	160.000 (cento e sessenta mil) habitantes	300.000 (trezentos mil) habitantes
23 (vinte e três)	300.000 (trezentos mil) habitantes	450.000 (quatrocentos e cinquenta mil) habitantes

população entre 100.000 (cem mil) e 300.000 (trezentos mil) habitantes; III – 5% (cinco por cento) para Municípios com população entre 300.001 (trezentos mil e um) e 500.000 (quinhentos mil) habitantes; IV – 4,5% (quatro inteiros e cinco décimos por cento) para Municípios com população entre 500.001 (quinhentos mil e um) e 3.000.000 (três milhões) de habitantes; V – 4% (quatro por cento) para Municípios com população entre 3.000.001 (três milhões e um) e 8.000.000 (oito milhões) de habitantes; VI – 3,5% (três inteiros e cinco décimos por cento) para Municípios com população acima de 8.000.001 (oito milhões e um) habitantes. Aqui a EC nº109/2021 afirmou que a entrada em vigor da nova redação do art.29-A, se dará a partir do início da primeira legislatura municipal após a data de publicação da EC nº 109/2021.

Limite máximo de Vereadores	Nos Municípios	
	de mais de	e até
25 (vinte e cinco)	450.000 (quatrocentos e cinquenta mil) habitantes	600.000 (seiscentos mil) habitantes
27 (vinte e sete)	600.000 (seiscentos mil) habitantes	750.000 (setecentos cinquenta mil) habitantes
29 (vinte e nove)	750.000 (setecentos e cinquenta mil) habitantes	900.000 (novecentos mil) habitantes
31 (trinta e um)	900.000 (novecentos mil) habitantes	1.050.000 (um milhão e cinquenta mil) habitantes;
33 (trinta e três)	1.050.000 (um milhão e cinquenta mil) habitantes	1.200.000 (um milhão e duzentos mil) habitantes;
35 (trinta e cinco)	1.200.000 (um milhão e duzentos mil) habitantes	1.350.000 (um milhão e trezentos e cinquenta mil) habitantes;
37 (trinta e sete)	1.350.000 (um milhão e trezentos e cinquenta mil) habitantes	1.500.000 (um milhão e quinhentos mil) habitantes;
39 (trinta e nove)	1.500.000 (um milhão e quinhentos mil) habitantes	1.800.000 (um milhão e oitocentos mil) habitantes;
41 (quarenta e um)	1.800.000 (um milhão e oitocentos mil) habitantes	2.400.000 (dois milhões e quatrocentos mil) habitantes;
43 (quarenta e três)	2.400.000 (dois milhões e quatrocentos mil) habitantes	3.000.000 (três milhões) de habitantes;
45 (quarenta e cinco)	3.000.000 (três milhões) de habitantes	4.000.000 (quatro milhões) de habitantes;

Limite máximo de Vereadores	Nos Municípios	
	de mais de	e até
47 (quarenta e sete)	4.000.000 (quatro milhões) de habitantes	5.000.000 (cinco milhões) de habitantes;
49 (quarenta e nove)	5.000.000 (cinco milhões) de habitantes	6.000.000 (seis milhões) de habitantes;
51 (cinquenta e um)	6.000.000 (seis milhões) de habitantes	7.000.000 (sete milhões) de habitantes;
53 (cinquenta e três)	7.000.000 (sete milhões) de habitantes	8.000.000 (oito milhões) de habitantes; e
55 (cinquenta e cinco)	8.000.000 (oito milhões) de habitantes[28]	–

28. Porém, em 11.11.2009, o STF concedeu Liminar na ADI nº 4.307 para suspender os efeitos do inc. I do art. 3º da EC nº 58/09, o qual alterou o inciso IV do caput do art. 29 e do art. 29-A da CR, nas disposições relativas à *recomposição das Câmaras Municipais, determinando a retroação dos efeitos das alterações procedidas e fixando a sua aplicação ao processo eleitoral, já aperfeiçoado, de 2008*. Nesses termos: *"[...] Considerou-se configurada a* ***plausibilidade da tese de inconstitucionalidade da retroação de efeitos das novas regras de composição das Câmaras Municipais, por afronta, sobretudo, ao devido processo eleitoral (CR, art. 5º, LIV, 14 e 16) e à segurança jurídica, bem como presentes riscos inegáveis à legitimidade das composições dessas Câmaras.*** *Asseverou-se que a eleição é processo político aperfeiçoado, de acordo com as normas jurídicas vigentes em sua preparação e realização, e que as eleições de 2008 constituiriam processo político juridicamente perfeito, guardando inteira coerência com a garantia de segurança jurídica que resguarda o ato jurídico perfeito, de modo expresso e imodificável até mesmo pela atuação do constituinte reformador (CR, arts 5º, XXXVI, 6º, § 4º, IV). Salientou-se que os eleitos, diplomados e empossados vereadores, no número definido pela legislação eleitoral vigente segundo a previsão do art. 16 da CR ('A lei que alterar o processo eleitoral entrará em vigor na data de sua publicação, não se aplicando à eleição que ocorra até um ano da data de sua vigência.'), compõem os órgãos legislativos municipais e estão em pleno exercício de suas atribuições. Aduziu-se que a modificação do número de cargos em disputa para vereadores teria notória repercussão no sistema de representação proporcional, atingindo candidatos naquele pleito de 2008, os eleitos, partidos políticos e, principalmente, causando instabilidade nos eleitores, que foram às urnas, acreditaram no Estado que, pela Justiça Eleitoral, proclamou os eleitos, promoveu a sua diplomação e validou a posse, ficando eles sem saber ao certo o destino do seu voto e sem ter ciência de quem se elegeu e* de quem não se elegeu". *Em* **11.04.2013 ocorreu o julgamento de mérito da ADI 4307**. *O STF decidiu pela* **procedência da ADI declarando a inconstitucionalidade** *da normativa que pretendia a retroação dos efeitos da EC 58/2009 ao pleito municipal de 2008 (art. 3º, I).* Nesses termos: **"***(...) Norma que determina a retroação dos efeitos de regras constitucionais de composição das Câmaras Municipais em pleito ocorrido e encerrado: afronta à garantia do exercício da cidadania popular (arts. 1º, § único e 14 da CR) e a segurança jurídica. (...) Posse de suplentes para legislatura em curso, em relação a eleição finda e acabada, descumpre o princípio*

Mas aqui uma observação é importante, tendo em vista, que como vimos, o autogoverno dos Municípios é exercido **apenas** pelo Poder Executivo e Poder Legislativo. Nesses termos, por **não** ter **Poder Judiciário próprio**, alguns autores tentam descaracterizar o Município como ente autônomo (ente federativo). No entanto, há prestação jurisdicional, seja Federal ou Estadual, conforme a organização judiciária (seja Federal ou Estadual).

Outra questão interessante é o fato de os Municípios **não terem representação no Senado Federal**, como têm os Estados-membros e o Distrito Federal, ambos (de forma isonômica) com 3 representantes cada, sendo 26 Estados e o DF, perfazendo um total de 81 senadores.

Para alguns autores, essa falta de representação descaracterizaria a figura dos Municípios como entes federativos. Ora, essa posição também é descabida na medida em que a falta de representantes na "Câmara alta" não obstaculiza a autonomia municipal estabelecida constitucionalmente no já citado art. 29 da CR/88.[29] Aliás, se para tal autonomia necessitamos de conceder aos Municípios representação no Senado, seriam, no mínimo, mais de 5.500 Senadores. Se trabalhássemos com o número de Senadores concedidos atualmente aos Estados-membros e ao DF, seriam mais de 16.000 Senadores apenas para efetivação do Município como ente federativo.

- **Distrito Federal:** conforme o art. 32 da CR/88, o Distrito Federal terá Poder Executivo (com governador e vice-governador) e Legislativo (com a sua Câmara Legislativa Distrital). Já o Poder Judiciário será organizado pela União.[30] Assim sendo, é mister salientar que, apesar do DF ser constitucionalmente um ente federativo dotado de autonomia[31], existem **exceções à autonomia** do DF (que obviamente não a descaracterizam). Estas estão

democrático da soberania popular. (...) A aplicação da regra questionada significaria vereadores com mandatos diferentes: afronta ao processo político juridicamente perfeito". Rel. Min. Cármen Lúcia.

29. Corroborando com nosso posicionamento, temos: "[...] o fato dessas entidades políticas não participarem das decisões do Estado federal não obnubila aqueloutras características da Federação presentes nos Municípios." CUNHA JÚNIOR, Dirley da, Curso de direito constitucional, 2008, p. 834. Contra o nosso posicionamento, SILVA, José Afonso da, Curso de direito constitucional positivo, 2003, p. 474, afirma que, embora o Município tenha autonomia, ele não deve ser considerado uma entidade federativa (integrante da federação). Defende, portanto, a existência apenas de uma federação de Estados.
30. É incorreto falar que o DF não tem um Poder Judiciário! Obviamente que ele existe, porém não é organizado pelo DF, sendo uma exceção no seu autogoverno. A própria Lei Orgânica do DF assim preleciona: art. 53: "*São Poderes do Distrito Federal independentes e harmônicos entre si o Executivo e o Legislativo*. Nesse sentido, exemplificando: podemos (obviamente) afirmar a existência de um Tribunal de Justiça do DF apesar do mesmo não integrar a estrutura governamental do DF." MENDES; COELHO; BRANCO, Curso de direito constitucional, 2008, p. 816.
31. "O Tribunal, por maioria, julgou improcedente pedido formulado em ação direta de inconstitucionalidade ajuizada pelo Governador do Distrito Federal contra o § 1º do art. 10 da Lei Orgânica do Distrito Federal – LODF o qual determina que lei ordinária disporá sobre a participação popular no processo de escolha do administrador regional. (...)Quanto ao pedido residual, entendeu-se que o § 1º do art. 10 da LODF conteria mera previsão genérica de participação popular na escolha dos administradores regionais, de acordo com o que dispuser a lei. Aduziu-se não haver ofensa ao art. 32 da CF, haja vista que nenhuma das regiões administrativas do DF constituiria entidade estatal integrante da Federação, como entidade político-administrativa, dotada de autonomia política, administrativa e financeira, não passando a constituí-la pelo simples fato da previsão de participação popular na escolha dos administradores." (ADI 2588/DF, rel. Min. Cezar Peluso, julg. em **26.05.2010**).

inseridas no art. 21, XIII (alterado pela EC nº 69/2012); art. 21, XIV, (alterado pela EC nº104/2019) e art. 22, XVII (alterado pela EC nº 69/2012), da CR/88[32].

Certo é que, o Distrito Federal não organiza e mantem o seu Poder Judiciário. Além do seu Ministério Público estar dentro da estrutura do MPU. E também não organiza e mantem sua polícia civil (vide Lei nº 9.294/96), polícia penal, polícia militar e corpo de bombeiros militar.[33] Aqui, é interessante explicitarmos, que nessa competência da União, até Março de 2012, também estava a Defensoria Pública do Distrito Federal.

Porém, a EC nº 69/2012 de 29.03.2012, modificou os arts. 21 e 22 da CR/88, e determinou que para à Defensoria Pública do Distrito Federal, seriam aplicados os mesmos princípios e regras que, nos termos da Constituição Federal, regem as Defensorias Públicas dos Estados. Portanto, a DPDF, não se mais encontra na estrutura da Defensoria Pública da União (DPU), mas, sim, em uma estrutura própria, nos termos do art. 2º da EC nº 69/2012[34].

Sobre o Poder Judiciário, temos ainda a informar que não é órgão do DF, mas sim um órgão de cunho federal. Portanto, o DF é dotado apenas de Poder Executivo (governador e vice-governador) e Poder Legislativo (Câmara Legislativa Distrital).[35] O Poder Judiciário do DF (que existe e está alocado no DF) é estruturado pela União e

---

32. Conforme a Constituição: Art. 21. "Compete à União: XIII – organizar e manter o Poder Judiciário, o Ministério Público do Distrito Federal e dos Territórios e a Defensoria Pública dos Territórios" (redação dada pela **EC nº 69/2012**); **XIV** – "organizar e manter a polícia civil, a polícia penal, a polícia militar e o corpo de bombeiros militar do Distrito Federal, bem como prestar assistência financeira ao Distrito Federal para a execução de serviços públicos, por meio de fundo próprio.(redação dada pela **EC nº104/2019**)" Conforme o art. 22. "Compete privativamente à União legislar sobre: XVII – organização judiciária, do Ministério Público do Distrito Federal e dos Territórios e da Defensoria Pública dos Territórios, bem como organização administrativa destes." (Redação dada pela **EC nº 69/2012**)
33. Sobre a manutenção das Polícias, temos a **Súmula nº 647 STF**: *compete privativamente à União legislar sobre os vencimentos dos membros das polícias civis, militares e corpo de bombeiros do DF. Todavia, apesar de a União organizar e manter as polícias do DF, elas estão subordinadas ao governador do DF, conforme o art. 144 § 6º de CR/88: As polícias militares e corpos de bombeiros militares, forças auxiliares e reserva do Exército, subordinam-se, juntamente com as polícias civis, e as polícias penais estaduais e distrital, aos Governadores dos Estados, do Distrito Federal e dos Territórios.* Sobre a Polícia Militar e Corpo de Bombeiros Militar do DF, ver Lei nº 12.086 de 06.11.2009 e Lei nº 13.459 de 26.06.2017. Segundo o STF: *É inconstitucional lei do Distrito Federal que institua, extinga e transforme órgãos internos da Polícia Civil do Distrito Federal. Essa lei viola o art. 21, XIV, da CF/88, que fixa a competência da União para manter e organizar a Polícia Civil do Distrito Federal. Deve-se reconhecer que o art. 21, XIV, CF/88, trata tanto de competência administrativa quanto legislativa, sendo a matéria, portanto, atribuída, prioritariamente, à União. STF.* Plenário. **ADI 3666,** Rel. Min. Roberto Barroso, julg em **06.12.2018**.
34. Nos termos da EC nº 69/2012 de 29.03.2012, temos ainda que: **art. 3º** O Congresso Nacional e a Câmara Legislativa do Distrito Federal, imediatamente após a promulgação desta Emenda Constitucional e de acordo com suas competências, instalarão comissões especiais destinadas a elaborar, em 60 (sessenta) dias, os projetos de lei necessários à adequação da legislação infraconstitucional à matéria nela tratada; **art. 4º** Esta Emenda Constitucional entra em vigor na data de sua publicação, produzindo efeitos quanto ao disposto no art. 1º após decorridos 120 (cento e vinte) dias de sua publicação oficial.
35. Aqui a crítica da doutrina à modificação da **LODF**: **Art. 93**. *Em caso de impedimento do Governador e do Vice-Governador, ou de vacância dos respectivos cargos, serão sucessivamente chamados ao exercício da chefia do Poder Executivo o Presidente da Câmara Legislativa e o Presidente do Tribunal de Justiça do Distrito Federal e Territórios.* (redação da Emenda à Lei Orgânica nº 57/ 2010). O problema seria *a assunção ao cargo de governador do Presidente do TJDF que não está entre os Poderes do DF.*

não pelo DF[36], tanto que, conforme anteriormente exarado, compete à União a sua organização e manutenção, bem como a legislação sobre sua organização judiciária e administrativa.

Nesses termos, já decidiu o STF, que compete ao Tribunal de Justiça do Distrito Federal e dos Territórios a apresentação ao Congresso Nacional de projeto de lei sobre organização, funcionamento e provimento de serventias extrajudiciais no Distrito Federal por se cuidar de matéria afeta à organização judiciária. Portanto, Lei que trate sobre os cartórios extrajudiciais do DF deve ser de iniciativa do TJDFT, discutida e votada pelo Congresso Nacional.

No caso, Um Deputado Distrital apresentou projeto de lei na Câmara Legislativa do Distrito Federal tratando sobre os serviços notariais e de registro do Distrito Federal ("cartórios extrajudiciais"). O projeto foi aprovado e deu origem à Lei distrital nº 3.595/2005.

Para o STF, esse referida Lei possui dois vícios formais de inconstitucionalidade: a) o projeto não poderia ter sido iniciado por um Deputado Distrital (a iniciativa para propor projetos de lei que tratem sobre os serviços notariais e de registro é do Tribunal de Justiça DFT; b) a competência legislativa para tratar sobre o tema não é da Câmara Legislativa do DF (Compete à União legislar privativamente sobre organização judiciária do Distrito Federal e dos Territórios. Portanto, a lei teria que ter sido discutida e votada pelo Congresso Nacional).[37]

3) Autoadministração:

A autoadministração tem por finalidade central dar praticidade (desenvolver) à auto-organização e ao autogoverno. Nesses termos, ela nada mais é do que o exercício de competências legislativas, administrativas e tributárias pelos entes.

E o que são competências? Ora, são faculdades juridicamente atribuídas aos entes (órgãos ou agentes do Poder Público) para tomada (emissão) de decisões. Nesse sentido, "as competências são diversas modalidades de poder de que se servem os órgãos ou entidades estatais para realizar suas funções."[38]

Estas (decisões) são tomadas no ***iter*** da administração e envolvem o exercício de faculdades legislativas, administrativas e tributárias, conferidas pela Constituição da RFB. Portanto, sem dúvida, a autoadministração tem por objetivo desenvolver o autogoverno e auto-organização. Isso porque o ente só desenvolve sua auto-organização e seu autogoverno quando, no dia a dia, exerce competências administrativas (governamentais), legislativas (produção normativa) e também tributárias (que buscam consubstanciar sua autonomia financeira).

36. **Lei Orgânica do DF**, **art. 53**: "*São Poderes do Distrito Federal, independentes e harmônicos entre si, o Executivo e o Legislativo.*"
37. **ADI 3498**, STF. Plenário. Rel. Cármen Lúcia, julgado em **11.05.2020** (Inf. 980).
38. SILVA, José Afonso da, Curso de direito constitucional positivo, p. 419, 2003.

Passamos, então, ao estudo nuclear da organização do Estado. Este envolve o que intitulamos de repartição de competências entre os entes. A nossa análise irá se direcionar, sobretudo, à repartição de competências de cunho **administrativo e legislativo**.

4. TÉCNICAS DE REPARTIÇÃO DE COMPETÊNCIAS

1ª) Técnica – Repartição Horizontal

É a técnica na qual, há uma distribuição estanque (fechada) de competência entre os entes, ou seja, cada ente terá suas competências definidas de forma enumerada e específica, não as dividindo com nenhum outro ente.[39] Essa técnica advém do modelo do ***federalismo dual*** ou ***clássico***.

Temos que a origem da repartição horizontal está situada na Constituição dos EUA de 1787. Nos EUA, existem competências enumeradas para a União e remanescentes para os Estados. O Brasil vai adotar a técnica da repartição horizontal na Constituição de 1891. Atualmente, ela também é adotada em nosso ordenamento constitucional de 1988. Sem dúvida, seguimos a lógica norte-americana na Constituição de 1988, porém, acrescentamos os Municípios como entes federativos. Assim sendo, as competências são enumeradas para a União e também para os Municípios, e as remanescentes são direcionadas para os Estados-membros (esses continuam com competências remanescentes seguindo a tradição norte-americana).

2ª) Técnica – Repartição Vertical

É aquela técnica na qual dois ou mais entes vão atuar conjuntamente ou concorrentemente para uma mesma matéria. A repartição vertical surge na Constituição alemã de Weimar, de 1919. No Brasil, aparece pela primeira vez na Constituição de 1934. Atualmente, ela existe na Constituição de 1988 (com competências comuns e concorrentes). Essa técnica advém do modelo de um ***federalismo cooperativo.*** Certo é que os entes vão empreender esforços juntos (em cooperação) para atingir objetivos que, talvez, de forma individualizada (solitária), não iriam alcançar.

A repartição vertical (na espécie concorrente), é bom que se diga, pode ser desenvolvida de duas formas ou espécies. São elas, a repartição vertical cumulativa e repartição vertical não cumulativa.

---

39. Em sede de direito comparado, temos a explicitação dessa técnica do seguinte modo: a) Poderes enumerados para a União e remanescentes para os Estados. Essa forma de origem norte-americana também é adotada pela Suíça, Argentina e México. b) Poderes enumerados para os Estados e remanescentes para a União. Forma adotada no Canadá. c) Poderes enumerados de forma exaustiva explicitando todas as competências de todos os entes. É a forma adotada na Índia e na Venezuela. O Brasil adota essa técnica de enumeração esmiuçada no que diz respeito às competências tributárias (art. 153, 155 e 156 da CR/88), ficando a União apenas com um resíduo (competência residual) à luz do art. 154, I da CR/88. (SILVA, José Afonso da, *Curso de direito constitucional Positivo*, 2003; CUNHA JÚNIOR, Dirley da, *Curso de direito constitucional*, p. 809, 2007.

REPARTIÇÃO VERTICAL (CONCORRENTE)	
Cumulativa	é aquela na qual não há limites previamente definidos para a atuação concorrente entre os entes.
Não cumulativa	é aquela na qual existem limites previamente definidos para atuação concorrente. Ou seja, há uma definição prévia do que cada um irá fazer. É a adotada no Brasil. A União em uma mesma matéria editará normas gerais, e os Estados e o DF irão suplementar as normas da União para atender às peculiaridades regionais.

Portanto, temos que o Brasil adota (no âmbito administrativo e legislativo) um sistema complexo e misto de repartição de competências, trabalhando tanto a repartição horizontal (de competências enumeradas e remanescentes) quanto a repartição vertical (de competências concorrentes e comuns), tendo o objetivo de desenvolver um federalismo de equilíbrio (ainda em processo), no qual permeiam competências enumeradas (privativas e exclusivas) e remanescentes, e competências comuns e concorrentes entre os entes que compõem a Federação, ou seja, os entes federativos (União, Estados-membros, Municípios e Distrito Federal)[40]

Antes de analisarmos as técnicas de repartição administrativas (materiais) e legislativas em nossa Constituição, temos que acrescentar algo de sumo relevo. Além do **princípio da indissolubilidade** do vínculo Federativo (já citado), existe um outro princípio importante para o federalismo e para o tema ora em análise. Esse princípio é chamado de ***Princípio da predominância dos interesses***.

Nesses termos, à luz do referido princípio: a União tem sempre interesse geral; os Estados-membros, interesse regional e os Municípios, interesse local. O Distrito Federal terá interesse tanto regional como local, conforme o art. 32 § 1º da CR/88.

5. ANÁLISE DA REPARTIÇÃO DE COMPETÊNCIAS NA CONSTITUIÇÃO DE 1988

Passamos agora às digressões específicas sobre a repartição horizontal e vertical de competências na Constituição da República de 1988, iniciando pela repartição horizontal.

40. *É mister comentarmos sobre as competências tributárias que fazem parte desse sistema complexo, embora não seja nosso objeto central. Sem dúvida, o nosso constituinte adotou a técnica de enumeração exaustiva de competências para todas as entidades federadas, discriminando os tributos que cada ente pode instituir no exercício de suas competências, conforme o art. 145 da CR/88. Assim sendo, os impostos da União estão enumerados no art. 153, dos Estados e DF no art. 155 e os dos Municípios no art. 156. Além disso, a União foi agraciada com a intitulada competência residual (art. 154, I) e com a prerrogativa de instituir os chamados impostos extraordinários conforme o art. 154, II, e os empréstimos compulsórios com base no art. 148; no que tange aos Estados e ao DF, a Constituição previu a participação dos mesmos no produto da arrecadação de impostos da União (art. 157 e art. 159, II e III). Em relação aos Municípios, a CR/88 estipulou a participação dos mesmos no produto da arrecadação de impostos da União e dos Estados (art. 158 e art. 159 § 3º). Temos por último a previsão de determinados percentuais do produto de arrecadação de impostos federais ao fundo de participação dos Estados e do Distrito Federal, ao fundo de participação dos Municípios e a programas de financiamento direcionados ao setor produtivo das regiões Norte, Nordeste e Centro-Oeste* (art. 159). CUNHA JÚNIOR, Dirley da, Curso de direito constitucional, p. 810-811, 2007.

QUADRO DA REPARTIÇÃO DE COMPETÊNCIA HORIZONTAL	
União	Art. 21 – competências administrativas, também chamadas de competências exclusivas.
União	Art. 22 – competências legislativas, também chamadas de competências privativas.
Possibilidade de delegação	Art. 22, parágrafo único.
Estados	Art. 25, § 1° – competências remanescentes.
Municípios	Art. 30, I – competência legislativa.
Municípios	Art. 30, III ao IX – envolve matérias que são de competência administrativa do município.
DF	Art. 32, § 1° Ao DF são reservadas às competências legislativas dos Estados e municípios.

Sobre o art. 21, das competências enumeradas administrativas da União, também chamadas de competências exclusivas, temos, conforme à Constituição, que compete à União: I – manter relações com Estados estrangeiros e participar de organizações internacionais; II – declarar a guerra e celebrar a paz; III – assegurar a defesa nacional; IV – permitir, nos casos previstos em lei complementar, que forças estrangeiras transitem pelo território nacional ou nele permaneçam temporariamente[41]; V – decretar o estado de sítio, o estado de defesa e a intervenção federal; VI – autorizar e fiscalizar a produção e o comércio de material bélico; VII – emitir moeda; VIII – administrar as reservas cambiais do País e fiscalizar as operações de natureza financeira, especialmente as de crédito, câmbio e capitalização, bem como as de seguros e de previdência privada; IX – elaborar e executar planos nacionais e regionais de ordenação do território e de desenvolvimento econômico e social; X – manter o serviço postal e o correio aéreo nacional; XI – explorar, diretamente ou mediante autorização, concessão ou permissão, os serviços de telecomunicações, nos termos da lei, que disporá sobre a organização dos serviços, a criação de um órgão regulador e outros aspectos institucionais (Redação dada pela Emenda Constitucional nº 8, de 15/08/95); XII – explorar, diretamente ou mediante autorização, concessão ou permissão: a) os serviços de radiodifusão sonora, e de sons e imagens (Redação dada pela Emenda Constitucional nº 8, de 15/08/95); b) os serviços e instalações de energia elétrica e o aproveitamento energético dos cursos de água, em articulação com os Estados onde se situam os potenciais hidroenergéticos; c) a navegação aérea, aeroespacial e a infraestrutura aeroportuária; d) os serviços de transporte ferroviário e aquaviário entre portos brasileiros e fronteiras nacionais, ou que transponham os limites de Estado ou Território; e) os serviços de transporte

41. Ver **Lei Complementar nº 90** de **01.10.97**, bem como a **Lei Complementar nº 149** de **12.01.2015**.

rodoviário interestadual e internacional de passageiros; f) os portos marítimos, fluviais e lacustres; XIII – organizar e manter o Poder Judiciário, o Ministério Público do Distrito Federal e dos Territórios e a Defensoria Pública dos Territórios; (Redação dada pela Emenda Constitucional nº 69, de 2012) XIV - organizar e manter a polícia civil, a polícia penal, a polícia militar e o corpo de bombeiros militar do Distrito Federal, bem como prestar assistência financeira ao Distrito Federal para a execução de serviços públicos, por meio de fundo próprio; (Redação dada pela Emenda Constitucional nº 104, de 2019)[42]; XV – organizar e manter os serviços oficiais de estatística, geografia, geologia e cartografia de âmbito nacional; XVI – exercer a classificação, para efeito indicativo, de diversões públicas e de programas de rádio e televisão; XVII – conceder anistia; XVIII – planejar e promover a defesa permanente contra as calamidades públicas, especialmente as secas e as inundações; XIX – instituir sistema nacional de gerenciamento de recursos hídricos e definir critérios de outorga de direitos de seu uso; XX – instituir diretrizes para o desenvolvimento urbano, inclusive habitação, saneamento básico e transportes urbanos; XXI – estabelecer princípios e diretrizes para o sistema nacional de viação; XXII – executar os serviços de polícia marítima, aeroportuária e de fronteiras (Redação dada pela Emenda Constitucional nº 19, de 1998); XXIII – explorar os serviços e instalações nucleares de qualquer natureza e exercer monopólio estatal sobre a pesquisa, a lavra, o enriquecimento e reprocessamento, a industrialização e o comércio de minérios nucleares e seus derivados, atendidos os seguintes princípios e condições: a) toda atividade nuclear em território nacional somente será admitida para fins pacíficos e mediante aprovação do Congresso Nacional; b) sob regime de permissão, são autorizadas a comercialização e a utilização de radioisótopos para a pesquisa e usos médicos, agrícolas e industriais (Redação dada pela Emenda Constitucional nº 49, de 2006); c) sob regime de permissão, são autorizadas a produção, comercialização e utilização de radioisótopos de meia-vida igual ou inferior a duas horas (Redação dada pela Emenda Constitucional nº 49, de 2006); d) a responsabilidade civil por danos nucleares independe da existência de culpa (Incluída pela Emenda Constitucional nº 49, de 2006); XXIV – organizar, manter e executar a inspeção do trabalho; XXV – estabelecer as áreas e as condições para o exercício da atividade de garimpagem, em forma associativa.

Sobre o art. 22, das competências enumeradas legislativas da União, também chamadas de competências privativas, temos que compete privativamente à União

---

42. Para cumprir o dispositivo constitucional, o legislador editou a Lei nº 10.633/2002 instituindo o fundo que ficou conhecido como "Fundo Constitucional do Distrito Federal – FCDF. O **Fundo Constitucional do Distrito Federal (FCDF)** é um fundo de natureza contábil, instituído pela Lei nº 10.633/2002 que tem como finalidade prover os recursos necessários à organização e manutenção - da polícia civil, da polícia penal, da polícia militar e do corpo de bombeiros militar do Distrito Federal, - e, além disso, serve também como uma assistência financeira que a União oferece para que o Distrito Federal possa executar seus serviços públicos de saúde e educação. Conforme o STF: O Tribunal de Contas da União é o órgão competente para fiscalizar os recursos decorrentes do Fundo Constitucional do Distrito Federal. **MS 28584/DF**, STF. 2ª Turma. Red. p/ o ac. Min. Edson Fachin, julg em **29.10.2019** (Informativo 958).

legislar sobre: I – direito civil, comercial, penal, processual, eleitoral, agrário, marítimo, aeronáutico, espacial e do trabalho; II – desapropriação; III – requisições civis e militares, em caso de iminente perigo e em tempo de guerra; IV – águas, energia, informática, telecomunicações e radiodifusão; V – serviço postal; VI – sistema monetário e de medidas, títulos e garantias dos metais; VII – política de crédito, câmbio, seguros e transferência de valores; VIII – comércio exterior e interestadual; IX – diretrizes da política nacional de transportes; X – regime dos portos, navegação lacustre, fluvial, marítima, aérea e aeroespacial; XI – trânsito e transporte; XII – jazidas, minas, outros recursos minerais e metalurgia; XIII – nacionalidade, cidadania e naturalização; XIV – populações indígenas; XV – emigração e imigração, entrada, extradição e expulsão de estrangeiros; XVI – organização do sistema nacional de emprego e condições para o exercício de profissões; XVII – organização judiciária, do Ministério Público do Distrito Federal e dos Territórios e da Defensoria Pública dos Territórios, bem como organização administrativa destes; (Redação dada pela Emenda Constitucional nº 69, de 2012); XVIII – sistema estatístico, sistema cartográfico e de geologia nacionais; XIX – sistemas de poupança, captação e garantia da poupança popular; XX – sistemas de consórcios e sorteios; XXI – normas gerais de organização, efetivos, material bélico, garantias, convocação, mobilização, inatividades e pensões das polícias militares e dos corpos de bombeiros militares; (Redação dada pela Emenda Constitucional nº 103, de 2019); XXII – competência da polícia federal e das polícias rodoviária e ferroviária federais; XXIII – seguridade social; XXIV – diretrizes e bases da educação nacional; XXV – registros públicos; XXVI – atividades nucleares de qualquer natureza; XXVII – normas gerais de licitação e contratação, em todas as modalidades, para as administrações públicas diretas, autárquicas e fundacionais da União, Estados, Distrito Federal e Municípios, obedecido o disposto no art. 37, XXI, e para as empresas públicas e sociedades de economia mista, nos termos do art. 173, § 1º, III (Redação dada pela Emenda Constitucional nº 19, de 1998); XXVIII – defesa territorial, defesa aeroespacial, defesa marítima, defesa civil e mobilização nacional; e XXIX – propaganda comercial.

Sobre o art. 22, parágrafo único, temos expresso que: a lei complementar poderá autorizar os Estados a legislar sobre questões específicas das matérias relacionadas nesse artigo.

É mister salientar que existem requisitos para que possa ocorrer a delegação das competências privativas da União para os Estados. Nesse sentido, os requisitos de delegabilidade são: **a) Requisito Formal:** a União só pode delegar para os Estados competência legislativa mediante lei complementar. **b) Requisito material:** a União só poderá delegar questões específicas das matérias presentes nos incisos – não podendo delegar o inciso sem delimitação. **c) Requisito Implícito:** da isonomia, encontra-se no art. 19, inc. III, CR/88. Nesse sentido, é vedada à União, aos Estados, aos Municípios e ao DF, criação de preferências entre si. Nesses termos, se ocorrer delegação para um Estado, deve ocorrer para os outros. Porém, há aqui ainda uma questão: havendo delegação para os Estados deve haver também para o Distrito

Federal? Usando de uma interpretação literal do art. 22 § único, a resposta seria negativa, pois o texto só abarca os Estados-membros. Porém, o correto é que se a União delegar para os Estados, necessariamente, terá também que delegar para o DF. Assim, adotamos uma interpretação sistemática da Constituição à luz do **art. 32, § 1º** da CR/88. Nesses temos, categoricamente (como já citado), são reservadas ao DF as competências legislativas, tanto dos Estados quanto dos Municípios.

Aqui é importante salientar, que o STF já afirmou que, existindo lei complementar federal autorizando os Estados-membros (ou o DF) a legislar sobre determinada questão específica, não pode a lei estadual (ou distrital) ultrapassar os limites da competência delegada, pois, se tal ocorrer, o diploma legislativo estadual incidirá diretamente no vício da inconstitucionalidade. Nesses termos, atuar fora dos limites da delegação é legislar sem competência, e a usurpação da competência legislativa qualifica-se como ato de transgressão constitucional. Assim, a extrapolação dos limites da competência legislativa delegada pela União aos Estados e ao Distrito Federal representa a usurpação de competência legislativa da União para legislar.

Como exemplo, temos recente decisão do STF na ADI 5344/MC. No caso, o Plenário do STF converteu a apreciação de medida cautelar em exame de mérito e julgou procedente pedido formulado em ação direta para declarar a inconstitucionalidade formal da Lei piauiense 6.633/2015, que dispõe sobre o piso salarial do fisioterapeuta e do terapeuta ocupacional.

Nesses termos, a União editou a Lei Complementar nº 103/2000 autorizando que os Estados-membros e o DF editem leis fixando o piso salarial dos profissionais de acordo com suas realidades regionais. A União exigiu, dentre outros requisitos, que essa lei seja de iniciativa do chefe do Poder Executivo estadual. Ocorre que a lei do Estado do Piauí que fixou o piso salarial foi de iniciativa parlamentar (e não do Governador), e com isso, essa lei ultrapassou os limites impostos pela LC da União, e, em última análise, violou diretamente o art. 22, I e parágrafo único, da CR/88, sendo considerada inconstitucional.[43]

43. ADI 5344 MC/PI, STF. Plenário. Rel. Min. Edson Fachin, julgado em 11.10.2018 (Info 919). Outro exemplo também diz respeito à Lei Complementar 103/2000. A LC da União delegou aos Estados e ao DF a possibilidade de instituir piso salarial nos termos do art. 7º, V da CR/88 e art. 22, I da CR/88. Nesses termos, no Informativo 618: *(...) competência legislativa do Estado do Rio de Janeiro para fixar piso salarial decorre da Lei Complementar federal nº 103, de 2000, mediante a qual a União, valendo-se do disposto no artigo 22, inciso I e parágrafo único, da Carta Maior, delegou aos Estados e ao Distrito Federal a competência para instituir piso salarial para os empregados que não tenham esse mínimo definido em lei federal, convenção ou acordo coletivo de trabalho. Trata-se de lei estadual que consubstancia um exemplo típico de exercício, pelo legislador federado, da figura da competência privativa delegada. 4. A expressão "que o fixe a maior" contida no caput do artigo 1º da Lei estadual nº 5.627/09 tornou os valores fixados na lei estadual aplicáveis, inclusive, aos trabalhadores com pisos salariais estabelecidos em lei federal, convenção ou acordo coletivo de trabalho inferiores a esse. A inclusão da expressão extrapola os limites da delegação legislativa advinda da Lei Complementar nº 103/2000, violando, assim, o art. 22, inciso I e parágrafo único, da Constituição Federal, por invadir a competência da União para legislar sobre direito do trabalho. 5. Não há no caso mera violação indireta ou reflexa da Constituição. A lei estadual que ultrapassa os limites da lei delegadora de competência privativa da União é inconstitucional, por ofensa direta às regras constitucionais de repartição da competência legislativa. Existindo lei complementar federal autorizando os Estados-membros a legislar sobre determinada questão específica, não pode a lei estadual*

Por último, é mister salientar que a União, mesmo delegando competências aos Estados-membros (e Distrito Federal), não abdica delas, podendo então retomar a sua competência legislando sobre o assunto delegado a qualquer momento.

Sobre o art. 25, § 1º, das competências remanescentes dos Estados-membros, temos literalmente que: são reservadas aos Estados as competências que não lhes sejam vedadas por esta Constituição.

Nesses termos, fica claro que os Estados poderão legislar sobre todas as matérias que não lhes sejam vedadas expressamente ou mesmo implicitamente pela Constituição.[44] Como exemplo, para o exercício das competências remanescentes dos Estados, podemos observar que quem organiza e fiscaliza o transporte local são os Municípios, bem como o transporte interestadual, é a União. Todavia, em relação ao intermunicipal, não há previsão expressa. Aqui temos que a competência é remanescente dos Estados-membros.[45]

No mesmo sentido, já decidiu o STF que é constitucional lei estadual que conceda dois assentos gratuitos a policiais militares devidamente fardados nos transportes coletivos intermunicipais. A segurança pública é de competência comum dos Estados-membros (art. 144 da CR/88), sendo também sua competência remanescente

ultrapassar os limites da competência delegada, pois, se tal ocorrer, o diploma legislativo estadual incidirá diretamente no vício da inconstitucionalidade. Atuar fora dos limites da delegação é legislar sem competência, e a usurpação da competência legislativa qualifica-se como ato de transgressão constitucional. 6. Ação direta de inconstitucionalidade julgada parcialmente. (...) (ADI 4375, Rel. Min. Dias Toffoli, julg. em 02.03.2011).

44. Nesses termos, corroboramos com a doutrina na afirmação de que a maior parte da competência legislativa dos Estados-membros não é explicitamente enunciada na Constituição. Fernanda Dias Menezes nos demonstra que a competência residual dos Estados envolve a criação, extinção e fixação de cargos públicos estaduais, autorização para a alienação de imóveis, criação de secretarias de Estado, organização administrativa do Judiciário e do Ministério Público e Defensoria Pública do Estado ente outras matérias. MENEZES DE ALMEIDA, Fernanda Dias, *Competências na Constituição de 1988*, 1991.

45. Conforme a Ementa *in verbis*: Ação direta de inconstitucionalidade. § 1º e 2º do art. 5 do Decreto nº 8941, de 16.07.93, do Governo do Estado do Piauí. Alegada incompatibilidade com os arts. 21, XII, e, 22, XI, § único; 25, § 1º; e 175, § único da CR/88. Dispositivos integrantes do regulamento do serviço de transporte coletivo rodoviário intermunicipal de passageiros do Estado, editados no exercício de competência própria deste, com o fito de facultar aos municípios o fornecimento de transporte da espécie, em caráter gratuito, a alunos e trabalhadores. Ausência, em princípio, de violação aos textos constitucionais apontados. Cautelar indeferida. DJ 26-05-1995. Um outro exemplo interessante se encontra na decisão da ADI 845 pelo STF na qual o Pretório Excelso declarou a inconstitucionalidade da Constituição do Amapá no que diz respeito a cobrança de meia passagem de estudantes no transporte coletivo local (Municípios do Estado do Amapá), porém afirmou não ser inconstitucional a cobrança no transporte intermunicipal devido justamente a competência remanescente dos Estados-membros ora trabalhada. Nesse sentido citamos trecho do voto do Min. Relator Eros Grau: [...] 4. A competência para legislar a propósito da prestação de serviços públicos de transporte intermunicipal é dos Estados-membros. Não há inconstitucionalidade no que toca ao benefício, concedido pela Constituição estadual, de "meia passagem" aos estudantes nos transportes coletivos intermunicipais. 5. Os transportes coletivos de passageiros consubstanciam serviço público, área na qual o princípio da livre iniciativa (artigo 170, caput, da CR/88) não se expressa como faculdade de criar e explorar atividade econômica a título privado. A prestação desses serviços pelo setor privado dá-se em regime de concessão ou permissão, observado o disposto no artigo 175 e seu parágrafo único da Constituição do Brasil. A lei estadual deve dispor sobre as condições dessa prestação, quando de serviços públicos da competência do Estado-membro se tratar. 6. Ação direta julgada procedente para declarar a inconstitucionalidade da conjunção aditiva "e" e do vocábulo "municipais", insertos no artigo 224 da Constituição do Estado do Amapá. (DJ 07.03.2008. Rel. Min. Eros Grau).

a prerrogativa de legislar sobre transporte intermunicipal, nos termos do art. 25, § 1º da CR/88.[46]

Aqui o que podemos interpretar como competência remanescente é a organização, regulação e fiscalização do transporte (intermunicipal), o que inclui por exemplo, a definição dos preços (tarifas) e outras questões como sua organização, fiscalização e funcionamento (inclusive conceder assentos gratuitos a policiais militares). Portanto, a decisão do STF so tem sentido se interpretada dessa forma, afinal é o Estado-membro que deve cuidar e regular em termos organizatórios do seu sistema de transporte intermunicipal (isso faz parte da competência remanescente).

No caso, ainda afirmou o STF, que a concessão de dois assentos a policiais militares devidamente fardados nos transportes coletivos intermunicipais vai ao encontro da melhoria das condições de segurança pública nesse meio de locomoção, em benefício de toda a Sociedade, questão flagrantemente de competência dos Estados-membros (art. 144 da CR/88) e afasta qualquer alegação de desrespeito ao princípio da igualdade, uma vez que o discrímen adotado é legítimo e razoável, pois destinado àqueles que exercem atividade de polícia ostensiva e visam à preservação da ordem pública.[47]

Um outro exemplo interessante, foi afirmado recentemente pelo STF, no sentido de que os estados-membros detêm competência administrativa para explorar loterias. Aqui entendeu o Pretório Excelso que a competência da União para legislar privativamente sobre sistemas de consórcios e sorteios, inclusive loterias, não obsta a competência administrativa (material) para a exploração dessas atividades pelos entes estaduais ou municipais, nem a competência regulamentar dessa exploração.[48]

Nesses termos, entendeu o STF, que a Constituição de 1988 não atribuiu à União a exclusividade sobre o serviço de loterias nem proibiu expressa ou implicitamente o funcionamento de loterias estaduais. Isso significa que os Estados-membros podem explorar esse serviço com base na competência remanescente (residual) prevista no art. 25, § 1º da CR/88, pedra de toque do constitucionalismo republicano brasileiro.[49]

Sobre art. 30, I, da competência legislativa dos Municípios, o texto Constitucional preleciona que compete aos Municípios: legislar sobre assuntos de interesse local.

Aqui vigora o citado princípio da predominância dos interesses. Nesses termos, deve haver razoabilidade na análise da situação concreta porque o interesse que é local será também regional e também nacional, mas, no caso específico

---

46. **ADI 1052**, STF. Plenário. Rel. p/ Acórdão: Alexandre de Moraes, julgado em **24.08.2020** (Informativo 991).
47. **ADI 1052**, STF. Plenário. Rel. p/ Acórdão: Alexandre de Moraes, julgado em **24.08.2020** (Informativo 991).
48. ADPF 492/RJ, ADPF 493/DF e ADI 4986/MT, STF. Plenário. Rel. Min. Gilmar Mendes, julg. em **30.09.2020** (Inf. 993).
49. ADPF 492/RJ, ADPF 493/DF e ADI 4986/MT, STF. Plenário. Rel. Min. Gilmar Mendes, julg. em 30.09.2020 (Inf. 993).

da norma em questão, será predominantemente (primariamente) local. Em linhas gerais, essas atividades de interesse predominantemente local dizem respeito ao transporte coletivo municipal, coleta de lixo, ordenação do solo urbano, fiscalização das condições de higiene de bares e restaurantes,[50] além de outras competências que guardem relação com as competências administrativas que são afetas aos Municípios.

Sobre o art. 30, III a IX, das competências administrativas dos Municípios, temos que compete aos Municípios: III – instituir e arrecadar os tributos de sua competência, bem como aplicar suas rendas, sem prejuízo da obrigatoriedade de prestar contas e publicar balancetes nos prazos fixados em lei; IV – criar, organizar e suprimir distritos, observada a legislação estadual; V – organizar e prestar, diretamente ou sob regime de concessão ou permissão, os serviços públicos de interesse local, incluído o de transporte coletivo, que tem caráter essencial; VI – manter, com a cooperação técnica e financeira da União e do Estado, programas de educação infantil e de ensino fundamental (Redação dada pela Emenda Constitucional nº 53, de 2006); VII – prestar, com a cooperação técnica e financeira da União e do Estado, serviços de atendimento à saúde da população; VIII – promover, no que couber, adequado ordenamento territorial, mediante planejamento e controle do uso, do parcelamento e da ocupação do solo urbano[51]; e IX – promover a proteção do patrimônio histórico-cultural local, observada a legislação e a ação fiscalizadora federal e estadual.

Sobre o art. 32, § 1º, afirma a Constituição que: ao Distrito Federal são reservadas as competências legislativas dos Estados e dos Municípios. Nesses termos, temos o chamado interesse regional conjugado com o interesse local.

Neste momento, iremos abordar algumas observações doutrinárias e jurisprudenciais de suma importância sobre a repartição horizontal. Nesses termos, temos que:

1) A competência legislativa, por óbvio, é a competência que o ente tem para legislar. A competência administrativa é a competência, entre outras, para a tomada de decisões ou execução de políticas públicas ou mesmo para o gerenciamento e desenvolvimento da máquina administrativa. É também chamada por

50. MENDES; COELHO; BRANCO, *Curso de direito constitucional*, 2008, p. 821.

51. Conforme o STF, em regra, a competência para dar nome a logradouros públicos é do Prefeito, por meio de decreto; contudo, a lei orgânica poderá prever essa competência também para a Câmara Municipal, por meio de lei, desde que não exclua a do Prefeito. A Lei Orgânica do Município de Sorocaba/SP previu que cabe à Câmara Municipal legislar sobre "denominação de próprios, vias e logradouros públicos" (art. 33, XII). O STF decidiu por uma ***interpretação conforme a Constituição Federal*** para o fim de reconhecer que existe, no caso, ***uma coabitação normativa entre os Poderes Executivo(decreto) e Legislativo (lei formal)*** para o exercício da ***competência destinada à denominação de próprios, vias e logradouros públicos e suas alterações***, cada qual no âmbito de suas atribuições. Com isso, tanto o chefe do Poder Executivo (mediante decreto) como também a Câmara Municipal (por meio de lei) podem estabelecer os nomes das vias e logradouros públicos. STF. Plenário. **RE 1151237/SP**, Rel. Min. Alexandre de Moraes, julg em **03.10.2019** (Info 954).

alguns doutrinadores de competência material. Pelos verbos é possível verificar na Constituição de 1988 quando se trata de competência legislativa à luz do verbo legislar ou de competência administrativa que terá como característica a explicitação de variados verbos: manter, guardar, permitir, preservar, emitir, declarar, decretar etc.[52]

2) Via de regra, as competências administrativas são casadas (inter-relacionadas) com as competências legislativas, ou seja, guardam íntima conexão. Seria ilógico, em termos gerais, o ente ter competência para administrar sobre a matéria, mas não ter competência para legislar e vice-versa.[53]

3) É interessante notarmos, que, além da diferença no que tange às competências administrativas e legislativas previstas para a União, a doutrina de José Afonso da Silva defende que as competências administrativas devem ser intituladas de competências exclusivas, isso porque, segundo o autor, a competência exclusiva é aquela na qual não há possibilidade de delegação. Um outro exemplo, também previsto na Constituição, seria o art. 49 da CR/88. Para o mesmo professor, a competência privativa é aquela em há possibilidade de delegação, conforme expresso no § único do próprio art. 22 da CR/88. Outro exemplo seria o art. 84 da CR/88. Porém, é mister salientarmos que existe uma corrente doutrinária que estabelece uma crítica à tese defendida por José Afonso. Nesse sentido, a corrente com a qual filiamos entende que a teoria desenvolvida pelo professor paulista se mostra inadequada à luz da atual Constituição, visto que o próprio Constituinte Originário não a levou em consideração. Como exemplos que corroboram a opinião dessa doutrina, podemos citar o art. 51 e o art. 52 da CR/88. Nesses artigos, está explicitada a competência privativa da Câmara dos Deputados e do Senado, todavia, sem qualquer possibilidade de delegação.[54]

4) As competências enumeradas da União dos arts. 21 e 22 não fazem parte de um rol taxativo, mas exemplificativo, pois existem outras competências da União no decorrer da Constituição. Como exemplos, temos os artigos: 48, 49, 149, 164 e 184, dentre outros.

---

52. MENEZES DE ALMEIDA, Fernanda Dias, *Competências na Constituição de 1988*, 1991.

53. Exemplo: Art. 21. Compete à União: VII – emitir moeda; Art. 22. Compete privativamente à União legislar sobre: VI – sistema monetário e de medidas, títulos e garantias dos metais; VII – política de crédito, câmbio, seguros e transferência de valores. Assim sendo, se a União é quem emite moeda será ela que deverá legislar sobre sistema monetário, ou mesmo, política de crédito e câmbio.

54. Essa é a posição de Fernanda Dias Menezes de Almeida, Manoel Gonçalves Ferreira Filho, Gilmar Ferreira Mendes, entre outros. Esses autores *entendem a nosso ver acertadamente que não há diferença entre o termo exclusiva e privativa, podendo eles serem usados indistintamente*. A diferença seria meramente didática (mera convenção) de termos competências administrativas chamadas de exclusivas no art. 21 e competências legislativas intituladas de privativas no art. 22. Nesse sentido: "*o que não nos parece apropriado, no entanto, é externar mediante o uso dos termos privativo e exclusivo as competências próprias que podem e as que não podem ser delegadas, como se privativo não exprimisse, tanto quanto exclusivo, a ideia do que é deferido a um titular com exclusão de outros.*" MENEZES DE ALMEIDA, Fernanda Dias, *Competências na Constituição de 1988*, 1991.

5) Apesar de estar no art. 22, XXVII da CR/88, que estabelece as competências privativas legislativas da União, temos que as ***normas gerais sobre licitação e contratação*** podem ser complementadas pelos Estados e Municípios. Portanto, a competência privativa da União nesse caso será apenas para estabelecer normas gerais. Portanto, podem os Estados e Municípios legislarem de forma suplementar sobre licitações.[55] Aqui é interessante que o fato de não estar alocado no art. 24 da CR/88, mas sim no art. 22 da CR/88 acaba por impedir que os Estados exercem competência legislativa plena sobre essas matérias na eventual omissão da União em editar normas gerais.

6) As competências enumeradas aos Municípios não estão apenas no artigo 30 da Constituição de 1988. Nesse sentido, podemos observar competências destinadas aos Municípios também no art. 144, § 8º (guardas municipais) e art. 182, § 1º (plano diretor). Aqui, é interessante observarmos, que o STF no RE 658.570/MG, decidiu que é constitucional a atribuição às guardas municipais do exercício do poder de polícia de trânsito, inclusive para a imposição de sanções administrativas legalmente previstas (como exemplo: multas de trânsito). Portanto, as guardas municipais, desde que autorizadas por lei municipal, têm competência para fiscalizar o trânsito, lavrar auto de infração de trânsito e determinar multas.[56]

7) As competências dos Estados-membros, na repartição horizontal, são (em regra) competências eminentemente remanescentes (como já citado). Porém, existem exceções presentes na própria Constituição, nas quais os Estados terão competências enumeradas. Nesses termos, temos os artigos: 25, § 2º (gás canalizado), 25, § 3º (aglomerações urbanas[57]), e art. 18, § 4º (criação de novos

---

55. Para o STF *que* a falta de previsão expressa no art. 24 da CR/88 ***não representaria impedimento constitucional à atividade legiferante dos entes federativos sobre a matéria de licitações e contratos administrativos***. ADI 3059 Rel. Min. Luiz Fux, julg. em **09.04.2015**.
56. RE 658.570/MG julg. em **06.08.2015** (*Repercussão Geral*): 1. Poder de polícia não se confunde com segurança pública. O exercício do primeiro não é prerrogativa exclusiva das entidades policiais, a quem a Constituição outorgou, com exclusividade, no art. 144, apenas as funções de promoção da segurança pública. 2. A fiscalização do trânsito, com aplicação das sanções administrativas legalmente previstas, embora possa se dar ostensivamente, constitui mero exercício de poder de polícia, não havendo, portanto, óbice ao seu exercício por entidades não policiais. 3. O Código de Trânsito Brasileiro, observando os parâmetros constitucionais, estabeleceu a competência comum dos entes da federação para o exercício da fiscalização de trânsito. 4. Dentro de sua esfera de atuação, delimitada pelo CTB, os Municípios podem determinar que o poder de polícia que lhe compete seja exercido pela guarda municipal. 5. O art. 144, § 8º, da CF, não impede que a guarda municipal exerça funções adicionais à de proteção dos bens, serviços e instalações do Município. Até mesmo instituições policiais podem cumular funções típicas de segurança pública com exercício de poder de polícia. Entendimento que não foi alterado pelo advento da EC nº 82/2014. 6. Desprovimento do recurso extraordinário e fixação, em repercussão geral, da seguinte tese: ***é constitucional a atribuição às guardas municipais do exercício de poder de polícia de trânsito, inclusive para imposição de sanções administrativas legalmente previstas***. Pleno do STF, Rel. Min. Roberto Barroso.
57. Ver a ADI 1842 julg. em **06.03.2013** que: "*O estabelecimento de região metropolitana não significa simples transferência de competências para o estado. O interesse comum é muito mais que a soma de cada interesse local envolvido. (...) O parâmetro para aferição da constitucionalidade reside no respeito à divisão de responsabilidades entre municípios e estado. É necessário evitar que o poder decisório e o poder concedente se concentrem nas mãos de um único ente para preservação do autogoverno e da autoadministração dos municípios. Reconhecimento do poder concedente e da titularidade do serviço ao colegiado formado pelos municípios e pelo estado federado. A participação dos entes nesse colegiado não necessita de ser paritária, desde que apta a prevenir a concentração do poder*

Municípios). Sobre o art. 25 § 3º da CR/88, o STF inclusive, já decidiu que é constitucional lei complementar estadual, de iniciativa parlamentar, que inclui município limítrofe na região metropolitana. A iniciativa para esse projeto de lei não é privativa do chefe do Poder Executivo e essa inclusão (de município) não acarreta aumento de despesa, não violando assim os arts. 61, § 1º e 63, I, da CR/88.[58]

---

decisório no âmbito de um único ente. A participação de cada Município e do Estado deve ser estipulada em cada região metropolitana de acordo com suas particularidades, sem que se permita que um ente tenha predomínio absoluto". (Rel. Min. Gilmar Mendes) Sobre o tema: **Lei nº 13.089 de 12.01.2015**: *Art. 1º Esta Lei, denominada Estatuto da Metrópole, estabelece diretrizes gerais para o planejamento, a gestão e a execução das funções públicas de interesse comum em regiões metropolitanas e em aglomerações urbanas instituídas pelos Estados, normas gerais sobre o plano de desenvolvimento urbano integrado e outros instrumentos de governança interfederativa, e critérios para o apoio da União a ações que envolvam governança interfederativa no campo do desenvolvimento urbano, com base nos incisos XX do art. 21, IX do art. 23 e I do art. 24, no § 3º do art. 25 e no art. 182 da Constituição Federal. § 1º Além das regiões metropolitanas e das aglomerações urbanas, as disposições desta Lei aplicam-se, no que couber: I – às microrregiões instituídas pelos Estados com fundamento em funções públicas de interesse comum com características predominantemente urbanas; (...) Art. 2º Para os efeitos desta Lei, consideram-se: I – aglomeração urbana: unidade territorial urbana constituída pelo agrupamento de 2 (dois) ou mais Municípios limítrofes, caracterizada por complementaridade funcional e integração das dinâmicas geográficas, ambientais, políticas e socioeconômicas; II – função pública de interesse comum: política pública ou ação nela inserida cuja realização por parte de um Município, isoladamente, seja inviável ou cause impacto em Municípios limítrofes; III – gestão plena: condição de região metropolitana ou de aglomeração urbana que possui: a) formalização e delimitação mediante lei complementar estadual; b) estrutura de governança interfederativa própria, nos termos do art. 8º desta Lei; e c) plano de desenvolvimento urbano integrado aprovado mediante lei estadual; IV – governança interfederativa: compartilhamento de responsabilidades e ações entre entes da Federação em termos de organização, planejamento e execução de funções públicas de interesse comum; V – metrópole: espaço urbano com continuidade territorial que, em razão de sua população e relevância política e socioeconômica, tem influência nacional ou sobre uma região que configure, no mínimo, a área de influência de uma capital regional, conforme os critérios adotados pela Fundação Instituto Brasileiro de Geografia e Estatística – IBGE; VI – plano de desenvolvimento urbano integrado: instrumento que estabelece, com base em processo permanente de planejamento, as diretrizes para o desenvolvimento urbano da região metropolitana ou da aglomeração urbana; VII – região metropolitana: aglomeração urbana que configure uma metrópole. Parágrafo único. Os critérios para a delimitação da região de influência de uma capital regional, previstos no inciso V do* ***caput*** *deste artigo considerarão os bens e serviços fornecidos pela cidade à região, abrangendo produtos industriais, educação, saúde, serviços bancários, comércio, empregos e outros itens pertinentes, e serão disponibilizados pelo IBGE na rede mundial de computadores. Art. 3º Os Estados, mediante lei complementar, poderão instituir regiões metropolitanas e aglomerações urbanas, constituídas por agrupamento de Municípios limítrofes, para integrar a organização, o planejamento e a execução de funções públicas de interesse comum. Parágrafo único. Estado e Municípios inclusos em região metropolitana ou em aglomeração urbana formalizada e delimitada na forma do* ***caput*** *deste artigo deverão promover a governança interfederativa, sem prejuízo de outras determinações desta Lei. Art. 4º A instituição de região metropolitana ou de aglomeração urbana que envolva Municípios pertencentes a mais de um Estado será formalizada mediante a aprovação de leis complementares pelas assembleias legislativas de cada um dos Estados envolvidos. Parágrafo único. Até a aprovação das leis complementares previstas no* ***caput*** *deste artigo por todos os Estados envolvidos, a região metropolitana ou a aglomeração urbana terá validade apenas para os Municípios dos Estados que já houverem aprovado a respectiva lei. Art. 5º As leis complementares estaduais referidas nos arts. 3º e 4º desta Lei definirão, no mínimo: I – os Municípios que integram a unidade territorial urbana; II – os campos funcionais ou funções públicas de interesse comum que justificam a instituição da unidade territorial urbana; III – a conformação da estrutura de governança interfederativa, incluindo a organização administrativa e o sistema integrado de alocação de recursos e de prestação de contas; e IV – os meios de controle social da organização, do planejamento e da execução de funções públicas de interesse comum. § 1º No processo de elaboração da lei complementar, serão explicitados os critérios técnicos adotados para a definição do conteúdo previsto nos incisos I e II do* ***caput*** *deste artigo. § 2º Respeitadas as unidades territoriais urbanas criadas mediante lei complementar estadual até a data de entrada em vigor desta Lei, a instituição de região metropolitana impõe a observância do conceito estabelecido no inciso VII do* ***caput*** *do art. 2. (...).*

58. ADI 2803/RS julg. em 06.11.2014, Plenário do STF, Rel. Min. Dias Toffoli.

8) Conforme a Súmula nº 645 do STF, posteriormente convertida na **Súmula vinculante nº 38** do STF: "é competente o Município para fixar o horário de funcionamento de estabelecimento comercial". Nesse sentido, o STF, declarou a inconstitucionalidade de normas do Estado do Maranhão, que fixou os horários de funcionamento dos estabelecimentos que comercializam bebidas alcoólicas naquele Estado. A decisão foi fundamentada, na competência dos Municípios para legislar sobre o horário de funcionamento do comércio, por se tratar de interesse local.[59]

9) Porém, o mesmo Pretório Excelso afirma que a legislação municipal não pode impedir a instalação de estabelecimentos comerciais do mesmo ramo em determinada área municipal, conforme a Súmula nº 646 do STF, posteriormente convertida na **Súmula vinculante nº 49** do STF: "ofende o princípio da livre concorrência a lei municipal que impede a instalação de estabelecimentos comerciais do mesmo ramo em determinada área".

10) Segundo o STF, não viola a Constituição da República lei municipal, de iniciativa parlamentar, que veda a realização, em imóveis do Município, de eventos patrocinados por empresas produtoras, distribuidoras, importadoras ou representantes de bebidas alcoólicas ou de cigarros, com a utilização da respectiva propaganda. No caso concreto, foi aprovado pela Câmara Municipal de São Paulo um projeto de lei iniciado por um Vereador que proibia a realização de eventos patrocinados por produtoras, distribuidoras, importadoras ou representantes de bebidas alcoólicas ou de cigarros em imóveis de propriedade do Município de São Paulo. Essa referida lei foi questionada judicialmente pelo Prefeito junto ao Tribunal de Justiça sob o argumento de que ela seria inconstitucional por duas razões: a) Vício de iniciativa, pois a lei teria invadido a esfera de atribuição do Poder Executivo considerando que a iniciativa para propor projetos de lei que tratem sobre a Administração Pública municipal é do Prefeito, nos termos do art. 61, § 1º, II, "e", da Cr/88 (aplicável ao âmbito municipal em face do princípio da simetria); b) Invasão de competência federal, pois a referida lei municipal teria tratado sobre propaganda comercial, assunto que é da competência privativa da União, conforme determina o art. 22, XXIX, da CR/88. Pois bem, o STF em grau de recurso extraordinário, entendeu que essa lei Municipal não é inconstitucional.[60]

---

59. Conforme a decisão da **ADI nº 3.691** julgada em **29.07.2007**: EMENTA: Ação direta de inconstitucionalidade. 2. Portaria nº 17/2005, do Estado do Maranhão, que altera e fixa os horários de funcionamento dos estabelecimentos que comercializam bebidas alcoólicas no Estado. 3. Generalidade, abstração e autonomia que tornam apto o ato normativo para figurar como objeto do controle de constitucionalidade. 4. Competência do Município para legislar sobre horário de funcionamento de estabelecimentos comerciais (art. 30, I, CR/88). Matéria de interesse local. Precedentes. Entendimento consolidado na Súmula nº 645/STF. 5. Ação julgada procedente. Rel. Min. Gilmar Mendes).

60. **RE 305470/SP** STF. 2ª Turma, rel. p/ o ac. Min. Teori Zavascki, julg. em **18.10.2016**. *Para o Colegiado, a Lei 12.643/1998 não invadiu a esfera de atribuição própria do Poder Executivo. A competência do prefeito para exercer a administração do patrimônio municipal não impede que o Poder Legislativo estabeleça, mediante lei, limitações à realização, em imóveis do Município, de eventos patrocinados por empresas ligadas ao comércio de cigarros e de bebidas alcoólicas. Além disso, consignou que a realização de eventos não se enquadra nas atividades de mera administração*

11) Conforme a Súmula nº 19 do STJ: *"a fixação do horário bancário, para atendimento ao público, é da competência da União"*. É mister considerar que o interesse da União para regular o horário dos bancos supera (é preponderante) ao interesse municipal (que existe, mas não é o preponderante), pois se trata do sistema financeiro. Porém, devemos ficar atentos na medida em que o limite de permanência dentro do banco, nas filas de banco ou questões que envolvem a comodidade dos clientes dentro do banco, como bebedouros, cadeiras e sanitários para atendimento ao público, são da competência municipal, conforme entendimento do STF explicitado em vários julgados, como por exemplo, no informativo nº 394, *in litteres*:

> Estabelecimentos bancários. Competência do Município para, mediante lei, obrigar as instituições financeiras a instalar, em suas agências, bebedouros e sanitários destinados aos usuários dos serviços bancários (clientes ou não). Matéria de interesse tipicamente local (CR, art. 30, I). Consequente *inocorrência de usurpação da competência legislativa federal.* Recurso Extraordinário conhecido e provido. – *O Município pode editar legislação própria, com fundamento na autonomia constitucional que lhe é inerente (CR, art. 30, I), com objetivo de determinar, às instituições financeiras, que instalem, em suas agências, em favor dos usuários dos serviços bancários (clientes ou não), equipamentos destinados a proporcionar-lhes segurança (tais como portas eletrônicas e câmaras filmadoras) ou a propiciar-lhes conforto, mediante oferecimento de instalações sanitárias, ou fornecimento de cadeiras de espera, ou colocação de bebedouros, ou, ainda, prestação de atendimento em prazo razoável, com a fixação de tempo máximo de permanência dos usuários em fila de espera.*[61]

É de se acrescentar, que o STF entendeu de forma idêntica no que tange à limitação de tempo de espera em fila dos usuários dos serviços prestados por

---

dos bens públicos, sendo legítima sua regulamentação por lei. A Turma decidiu, ainda, que não houve desrespeito ao art. 22, XXIX, da CF — que atribui à União a competência privativa para legislar sobre propaganda comercial. A Lei municipal 12.643/1998 não limita a veiculação de propagandas comerciais por distribuidoras de cigarro e de bebidas alcoólicas, mas apenas proíbe a realização, em imóveis do Município, de eventos patrocinados por empresas envolvidas no comércio dessas substâncias. Concluiu, dessa forma, que a restrição imposta pela lei local recai sobre a Administração Pública municipal e não sobre as empresas comercializadoras de cigarros e bebidas alcoólicas, encontrando-se, por conseguinte, no âmbito de competência do Poder Legislativo local." (Inf. 844)

61. Em trecho do voto do Rel. Ministro Celso de Melo no RE nº 251.542-SP, temos que: *"Em suma: entendo que o diploma legislativo do Município em referência reveste-se de plena legitimidade jurídico-constitucional, pois, longe de dispor sobre controle de moeda, política de crédito, câmbio, segurança e transferência de valores ou sobre organização, funcionamento e atribuições de instituições financeiras, limitou-se, ao contrário, a disciplinar, em bases constitucionalmente legítimas, assunto de interesse evidentemente municipal, veiculando normas pertinentes à adequação dos estabelecimentos bancários a padrões destinados a propiciar, em suas agências, melhor atendimento e conforto à coletividade local (colocação de bebedouros e oferecimento de instalações sanitárias), tudo em estrita harmonia com o magistério jurisprudencial que esta Suprema Corte firmou na matéria ora em exame."* No mesmo sentido: ***Compete aos Municípios legislar sobre assuntos de interesse local, notadamente sobre a definição do tempo máximo de espera de clientes em filas de instituições bancárias.*** STF. Plenário virtual. **RE 610221 RG**, Rel. Min. Ellen Gracie, julg em **29.04.2010** (repercussão geral). Nos mesmos termos, *é constitucional lei estadual ou municipal que imponha sanções às agências bancárias que não instalarem divisórias individuais nos caixas de atendimento. Trata-se de matéria relativa à relação de consumo, o que garante ao Estado competência concorrente para legislar sobre o tema.* ADI 4633/SP, Rel. Min. Luiz Fux, julg. em **10.04.2018**.

cartórios nos territórios municipais ou do Distrito Federal, conforme decisão prolatada no RE nº 397.094.[62]

No mesmo sentido, ocorreu com Lei municipal que fixou tempo máximo de espera para atendimento em caixas de supermercado. No caso, afirmou o Pretório Excelso que jurisprudência do Supremo Tribunal Federal vem reiteradamente afirmando a competência dos municípios para legislar sobre matéria consumerista quando sobreleva o interesse local, como ocorre no caso em que a necessidade de um melhor atendimento aos consumidores nos supermercados e hipermercados é aferível em cada localidade, a partir da observação da realidade local.[63]

E mais recentemente, também decidiu o STF, que é constitucional lei municipal que estabelece que os supermercados e hipermercados do Município ficam obrigados a colocar à disposição dos consumidores, pessoal suficiente no setor de caixas, de forma que a espera na fila para o atendimento seja de, no máximo, 15 minutos. Conforme o Pretório Excelso, compete aos Municípios legislar sobre assuntos de interesse local, notadamente sobre a definição do tempo máximo de espera de clientes em filas de estabelecimentos empresariais. Aqui ressaltamos, conforme o STF, que a lei municipal objeto da decisão, não obriga a contratação de pessoal, mas sim sua colocação suficiente no setor de caixas para o atendimento aos consumidores. Entendeu o STF que a *ratio legis* é beneficiar o usuário, que não pode ficar em fila por tempo maior. Assim, irrelevante ser a fila de banco ou de supermercado. Isso sempre sob a ótica da inconstitucionalidade formal, ou seja, se a municipalidade pode ou não legislar a respeito.[64]

12) Segundo o STF, é inconstitucional dispositivo da Constituição Estadual que preveja que os serviços públicos de saneamento e de abastecimento de água serão prestados por pessoas jurídicas de direito público ou por sociedade de economia mista sob controle acionário e administrativo, do Poder Público Estadual ou Municipal.[65]

No caso, o § 3º do art. 210-A da Constituição do Estado do Paraná, incluído pela Emenda Constitucional nº 24/2008, estabeleceu que a água é um bem essencial à

62. EMENTA: *Distrito Federal: competência legislativa para fixação de tempo razoável de espera dos usuários dos serviços de cartórios. 1. A imposição legal de um limite ao tempo de espera em fila dos usuários dos serviços prestados pelos cartórios não constitui matéria relativa à disciplina dos registros públicos, mas assunto de interesse local, cuja competência legislativa a Constituição atribui aos Municípios, nos termos do seu art. 30, I. 2. A LD 2.529/2000, com a redação da LD 2.547/2000, não está em confronto com a Lei Federal 8.935/90 – que disciplina as atividades dos notários, dos oficiais de registro e de seus prepostos, nos termos do art. 236, § 1º, da Constituição – por tratarem de temas totalmente diversos. 3. RE conhecido e desprovido.* (Julg. 29.08.2006).
63. **RE 818550 AgR**, STF. 2ª Turma. Rel. Min. Dias Toffoli, julgado em **06.10.2017**.
64. **ARE 809489 AgR/SP**, STF. 1ª Turma. Rel. Min. Rosa Weber, julgado em 28.05.2019 (Info 942). Porém, aqui lembramos, que ***são inconstitucionais as leis que obrigam supermercados ou similares à prestação de serviços de acondicionamento ou embalagem das compras, por violação ao princípio da livre iniciativa*** (art. 1º, IV e art. 170 da CF/88). STF. Plenário. ADI 907/RJ, Red. p/ o ac. Min. Roberto Barroso, julg em 01.08.2017 (Info 871). STF. Plenário. RE 839950/RS, Rel. Min. Luiz Fux, julgado em 24/10/2018 (repercussão geral) (Info 921)
65. ADI 4454, STF. Plenário. Rel. Cármen Lúcia, julgado em 05.08.2020.

vida. O acesso à água potável e ao saneamento constitui um direito humano fundamental. E que os serviços públicos de saneamento e de abastecimento de água serão prestados por pessoas jurídicas de direito público ou por sociedade de economia mista sob controle acionário e administrativo, do Poder Público Estadual ou Municipal.

Para o STF, a Constituição do Estado do Paraná, ao tornar obrigatória a prestação de serviços de saneamento e abastecimento de água por pessoas jurídicas de direito público ou por sociedade de economia mista sob controle acionário e administrativo do poder público estadual ou municipal, usurpou a competência dos Municípios para legislarem sobre saneamento básico, assunto de interesse local. Houve, portanto, uma violação ao art. 30, I e V, da CR/88.

Entendeu o STF, que compete aos Municípios a titularidade dos serviços públicos de saneamento básico. Nesses termos, a eles cabe escolher a forma da prestação desses serviços, se diretamente ou por delegação à iniciativa privada mediante prévia licitação, sob o fundamento no art. 30, I e IV, da CR/88.[66]

Além disso, essa previsão da Constituição Estadual também viola o art. 175 da Constituição da República, que atribui ao poder público a escolha da prestação de serviços públicos de forma direta ou sob regime de concessão ou permissão mediante prévia licitação. Conforme o art. 175: *Incumbe ao Poder Público, na forma da lei, diretamente ou sob regime de concessão ou permissão, sempre através de licitação, a prestação de serviços públicos.*[67]

13) Na Constituição anterior de 1967/69, a competência para legislar sobre trânsito e transporte (*tráfego*) era concorrente entre a União e os Estados-membros (*parágrafo único do art.8º*). Porém, na atual Constituição, a competência para legislar sobre trânsito e transporte é privativa da União, conforme art. 22, XI. Nesses termos, podemos observar, nos últimos anos, uma série de legislações *declaradas inconstitucionais* sobre o tema trânsito e transporte.

Como exemplos, em que o STF, já se manifestou pela inconstitucionalidade de normas estaduais e distritais, temos: **a)** Legislação estadual sobre *insulfilm* (Informativo nº 275 do STF); **b)** Legislação distrital sobre inspeção e vistoria de veículos que

---

66. ADI 4454, STF. Plenário. Rel. Cármen Lúcia, julgado em 05.08.2020. É ineressante que a CR/88 prevê que compete a todos os entes promover a melhoria das condições de saneamento básico, inclusive por intermédio do sistema único de saúde: Art. 23. É *competência comum da União, dos Estados, do Distrito Federal e dos Municípios: (...) IX - promover programas de construção de moradias e a melhoria das condições habitacionais e de saneamento básico*; O papel da União, neste campo, é o de instituir diretrizes nacionais: *Art. 21. Compete à União: (...) XX - instituir diretrizes para o desenvolvimento urbano, inclusive habitação, saneamento básico e transportes urbanos.* As diretrizes nacionais para o saneamento básico foram fixadas pela União na Lei nº 11.445/2007, recentemente alterada pela Lei nº 14.026/2020. O art. 8º, I, da Lei nº 11.445/2007, estabelece que os Municípios exercem a titularidade dos serviços públicos de saneamento básico, no caso de interesse local. *A Lei autoriza que tais serviços sejam realizados por entidade não integrante da Administração Pública do titular. Neste caso, será necessária a celebração de contrato de concessão, mediante prévia licitação*, conforme o art. 10.
67. ADI 4454, STF. Plenário. Rel. Cármen Lúcia, julgado em 05.08.2020.

regulamentava a periodicidade das vistorias obrigatórias em veículos automotores que possuam mais de quinze anos de uso,[68] e no mesmo sentido, entendeu o STF, inconstitucional lei estadual do Rio Grande do Sul que tratava sobre inspeção técnica de veículos[69]; **c)** Legislação estadual sobre parcelamento ou cancelamento de multas;[70] **d)** Legislação estadual que obrigava veículos a transitar com faróis acesos permanentemente nas rodovias;[71] **e)** Legislação do Distrito Federal que dispunha que alunos aprovados na disciplina de trânsito do 3º ano científico estariam dispensados de fazer exame de trânsito;[72] **f)** Legislação distrital e também estadual regulamentando os serviços de mototáxi (ADI 679/DF e ADI 3136/MG)[73]; **g)** Legislação estadual que determinava idade mínima para condução de veículo automotor[74]; **h)** Legislação estadual que disciplinava a colocação de barreiras eletrônicas para

---

68. ADI 3323, STF jul. em 09.03.2005. Lei Distrital nº 3.425/04: *Viola a competência legislativa privativa da União a lei distrital que torna obrigatória a vistoria prévia anual de veículos com tempo de uso superior a quinze anos. Pedido julgado procedente.*
69. ADI 1982, julg. em 18.09.2014, Rel. Min Teori Zavascki. "*1. Ao disciplinar tema que está inegavelmente compreendido na noção conceitual de trânsito – não se confundindo com aquilo que o art. 23, XII, da Constituição denominou de "política de educação para segurança no trânsito" – a Assembleia Legislativa estadual se houve com nítido excesso no exercício de sua competência normativa, em afronta à previsão do art. 22, XI, da CR/88, o que implica a invalidade da Lei 11.311/99. 2. A atividade de inspeção das condições de segurança veicular somente poderá ser exercida pelos órgãos e entidades executivos de trânsito dos Estados e do Distrito Federal quando assim autorizados por delegação do órgão federal competente (art. 22, III, do Código de Trânsito Brasileiro). Ao atribuir ao DETRAN/RS competência para realizar referidas inspeções, além de possibilitar a transferência da execução das inspeções a Municípios, consórcios de Municípios e concessionárias, a Lei 11.311/99 também usurpou a titularidade da União para prestação desses serviços, ainda que por delegação. 3. ADI julgada procedente, confirmando-se liminar anteriormente concedida.*"
70. ADI 3196, julg. em 21.08.2008 de Rel. do Min. Gilmar Mendes: *ADI contra a Lei Estadual nº 7.738/2004. 2. Parcelamento de multas de trânsito. 3. Alegada ofensa à competência privativa da União para legislar sobre trânsito e transporte (art. 22, XI, da CR). 4. Precedentes: (...) ADI 3444, Rel. Min. Ellen Gracie, ADI 2432, Rel. Min. Eros Grau 5. Ação procedente. 6. Declarada a inconstitucionalidade da Lei Estadual nº 7.738, do Espírito Santo". No mesmo sentido, a **ADI 3708** julg. em **11.04.2013**: "O Plenário, por maioria, julgou procedente ADI contra a Lei 8.027/2003, que autorizou o parcelamento de multa vencida, resultante de infração de trânsito, e sua norma regulamentadora, Decreto 3.404/2004, ambos do Estado de Mato Grosso".* Rel. Min. Dias Toffoli. Ver Também **ADI 4734** julg: **16.05.2013**.
71. ADI 3055: *Lei 11.766, de 1997, do Estado do Paraná, que torna obrigatório a qualquer veículo automotor transitar permanentemente com os faróis acesos nas rodovias do Estado do Paraná, impondo a pena de multa aos que descumprirem o preceito legal: inconstitucionalidade, porque a questão diz respeito ao trânsito. III. – ADI julg procedente. Julg: 24.11.2005.*
72. ADI 1991, STF, Pleno, Rel. Min. Eros Grau. Julg. em 03.11.2004.
73. ADI 3136/MG. *Lei do Estado de Minas Gerais. Licenciamento de motocicletas para transporte de passageiros ("mototáxi"). Competência privativa da União. Inconstitucionalidade formal reconhecida. I – Competência privativa da União para legislar sobre trânsito e transporte (CR, art. 22, XI). II – Exercício de atribuição pelo Estado que demanda autorização em lei complementar. III – Inexistência de autorização expressa quanto ao transporte remunerado de passageiros por motocicletas. IV – ADI julgada procedente para declarar a inconstitucionalidade da lei mineira 12.618/97.* Rel. Min. Ricardo Lewandowski. Julg: **01.08.2006.** No que tange à Lei distrital, temos que: *Por considerar usurpada a competência privativa da União para legislar sobre trânsito e transporte (CR, art. 22, XI), o Tribunal julgou procedente pedido formulado em ação direta ajuizada pelo Procurador-Geral da República para declarar a inconstitucionalidade da Lei distrital 3.787/2006, que cria, no âmbito do DF, o sistema de moto-service e dá outras providências. Asseverou-se que a lei impugnada não trata de estabelecimento e implantação de política e educação para a segurança do trânsito (CR, art. 23, XII), e, sim, visa oficializar e dar aspecto de legalidade à modalidade de transporte remunerado de passageiros com uso de motocicletas, o que não está previsto em lei federal.* ADI 3679, julg. em 18.6.2007.
74. ADI 476: Trânsito: *idade mínima para habilitação a conduzir veículo automotor: matéria de competência privativa da União (CR, art. 22, IX): inconstitucionalidade de legislação estadual a respeito.* (Julg. 18.02.1999. Rel. Min. Sepúlveda Pertence).

aferir a velocidade dos veículos;[75] **i)** Legislação Distrital nº 3.918/06 que dispõe sobre a instauração de aparelho, equipamento ou qualquer outro meio tecnológico de controle de velocidade de veículos automotores nas vias do DF[76]; **j)** Legislação Estadual que fixava limites de velocidade nas rodovias do Estado-membro ou sob sua administração[77] ou mesmo que impunha condições para a cobrança pelo Poder Público de multas provenientes de aparelhos eletrônicos[78]; **k)** Legislação Distrital estabelecendo dispositivos antiestresse para motoristas de ônibus (concessão de medida cautelar)[79]; **l)** Legislação Estadual que dispunha sobre a obrigatoriedade de reserva de espaço para o tráfego de motocicletas nas vias públicas de grande circulação da Região Metropolitana da capital, assim consideradas pela autoridade de trânsito[80]; **m)** Legislação Estadual que estabelecia a obrigatoriedade do uso de cinto de segurança nas vias urbanas do Estado, bem como proibia aos menores de dez anos viajar nos bancos dianteiros de veículos que mencionados pela mesma[81]; **n)** Legislação Estadual que determinava o uso de carros particulares apreendidos e que se encontravam nos pátios das delegacias e no Departamento Estadual de Trânsito, notificados há mais de noventa dias, em serviços de inteligência e operações especiais, a critério da Secretaria de Defesa Social[82].

Sobre esse tipo de legislação (que visa a *apreensão de carros e uso dos carros pelo Estado*) devemos chamar a atenção para recente decisão do STF, a nosso ver, em tema correlato e que não condiz com a linha de entendimentos do próprio STF que estamos

75. ADI 2718 Julg: 06.04.2005. Rel. Min. Joaquim Barbosa: *Lei 11.824, de 14.08.2002, do Estado do Rio Grande do Sul. Inconstitucionalidade. O disciplinamento da colocação de barreiras eletrônicas para aferir a velocidade de veículos, por inserir-se na matéria trânsito, é de competência exclusiva da União (art. 22, XI, da CR/1988). Pedido julgado procedente.*
76. Conforme a ADI 3897, julgada em 04.03.2009. Rel Min. Gilmar Mendes, Informativo nº 537.
77. ADI 2.582, Julg. em 19.03.2003. Rel. Min. Sepúlveda Pertence.
78. ADI 2.328 contra a Lei nº 10.553/00 do Estado de São Paulo: 1. *É da competência exclusiva da União legislar sobre trânsito e transporte, sendo necessária expressa autorização em lei complementar para que a unidade federada possa exercer tal atribuição (CR, artigo 22, inciso XI e parágrafo único). 2. Não tem competência o Estado para legislar ou restringir o alcance de lei que somente a União pode editar (artigo 22, XI da CR/88). ADI julg. procedente.* Julg: 17.03.2004. Rel. Min. Maurício Corrêa.
79. *Ementa: (...) Arts. 1º e 2º da Lei nº 3.680/2005, do Distrito Federal. Competência legislativa. Trânsito. Serviço público. Transporte coletivo urbano. Veículos. Provisão de dispositivos redutores de estresse e cansaço físico a motoristas e cobradores. Obrigação das permissionárias de garantir descanso e prática de exercícios físicos. Inadmissibilidade. Competências legislativas exclusivas da União. Ofensa aparente ao art. 22, I e XI, da CR. Liminar concedida.* Julg: 28.08.2008.
80. Conforme a decisão em **17.03.2011** da ADI 3121/SP, que declarou a inconstitucionalidade da Lei Paulista 10.884/2001. Temos que em **28.09.2011** o STF *concedeu parcialmente Medida Liminar na ADPF 234, com a ementa: "Competência normativa –Transporte – Amianto. Surge relevante pedido voltado a afastar do cenário jurídico-normativo diploma estadual a obstaculizar o transporte de certa mercadoria (carga perigosa) na região geográfica respectiva – do Estado de São Paulo".*
81. No caso, foi declarada a inconstitucionalidade formal por ofensa ao art. 22, XI da CR/88 da Lei nº 10.521/95 do Estado do Rio Grande do Sul na **ADI 2960,** julgada em **11.04.2013**. (Rel. Min. Dias Toffoli)
82. **ADI 3639/RN** julg. em **23.05.2013**: "Constitucional. Competência legislativa. Pacto Federativo. Violação. Hipótese de uso de veículo apreendido estabelecida por estado federado. Reserva de lei da união para dispor sobre direito penal, requisição administrativa, trânsito e perdimento de bens. A Lei 84.93/2004, do Estado do Rio Grande do Norte, viola os arts. 5º, caput, XXV e XLV e 22, I, III e XI da CR/88, na medida em que estabelece hipótese de uso de veículo apreendido, ainda que em atividade de interesse público. ADI conhecida e julgada procedente". Rel. Min. Joaquim Barbosa

trabalhando nesse item. Pois bem, decidiu o STF na ADI 3327, julgada em 08.08.2013, que são constitucionais legislações Estaduais (do Estado do Espírito Santo) que autorizam a utilização, pela polícia militar ou pela polícia civil estadual, de veículos apreendidos e não identificados quanto à procedência e à propriedade, exclusivamente no trabalho de repressão penal. O fundamento da decisão foi que essas Leis (5.717/98 e 6.931/2001) **não** tratariam de trânsito e transporte (de competência privativa da União), mas sim de matéria concernente a administração do Estado (autoadministração)[83]. Aqui, realmente, fica difícil de entender tal posicionamento, na medida em que em maio de 2013 na ADI 3639 o STF declarou a inconstitucionalidade de legislação do Estado do Rio Grande do Norte (por ferir competência privativa da União sobre trânsito e transporte) em tema equivalente, conforme já citado.

Além dessas legislações, conforme o STF, no exercício de sua competência para regulamentação e fiscalização do transporte privado individual de passageiros, os municípios e o Distrito Federal não podem contrariar os parâmetros fixados pelo legislador federal. O fundamento aqui é o de que compete à União legislar sobre "trânsito e transporte", nos termos do art. 22, XI, da CR/88.[84]

No caso em 2018, foi publicada a Lei federal nº 13.640/2018, que alterou a Lei nº 12.578/2012, com o objetivo de *regulamentar o transporte remunerado privado individual de passageiros*. Essa Lei nº 13.640/2018 trouxe algumas regras para disciplinar o trabalho dos chamados motoristas de aplicativos. Conferiu aos Municípios (e ao Distrito Federal) competência exclusiva para regulamentar e fiscalizar o serviço de transporte remunerado privado individual de passageiros. Porém, no exercício de sua competência para regulamentação e fiscalização do transporte privado individual de passageiros, os municípios e o Distrito Federal ***não podem contrariar*** os parâmetros fixados pelo legislador federal.

Aqui, por último, mais uma pergunta seria pertinente: os Municípios poderiam então *proibir o transporte de passageiros mediante aplicativo*? A resposta também é que não. Ou seja, se uma lei municipal ou distrital *proibir* essa atividade, ela deve ser considerada inconstitucional. Com base no entendimento acima, o STF julgou inconstitucional a Lei nº 10.553/2016, do Município de Fortaleza, que vedou a utilização de carros cadastrados ou não em aplicativos como o Uber. Além disso, o STF também considerou inconstitucional a Lei nº 16.279/2015, do Município de São Paulo, que igualmente proibia o uso de veículos cadastrados em aplicativos.[85]

---

83. Inf. 714 do STF: *"Destacou-se que as normas disporiam sobre a regulação no plano estritamente administrativo, na esfera de autonomia do estado-membro.* **Vencidos** os Ministros **Dias Toffoli, relator, Rosa Weber, Luiz Fux, Ricardo Lewandowski e Marco Aurélio,** *que julgavam o pleito* ***procedente****. Aduziam que as leis em comento teriam invadido a esfera de competência privativa da União para legislar sobre trânsito e transporte".* ADI 3327 julg. em 08.08.2013. Rel. p/Ac Min. Cármen Lúcia. *Aqui, resta que a única diferença do da ADI 3639 para a ADI 3327 é que nessa última os veículos não estavam identificados quanto a procedência.*
84. **ADPF 449/DF**, Rel. Min. Luiz Fux; **RE 1054110/SP**, Pleno do STF, Rel. Min. Roberto Barroso, julg. em **8** e **09.05.2019**.
85. *A proibição ou restrição da atividade de transporte privado individual por motorista cadastrado em aplicativo é inconstitucional, por violação aos princípios da livre iniciativa e da livre concorrência.* STF. Plenário. **ADPF 449/DF**, Rel. Min. Luiz Fux; **RE 1054110/SP**, Rel. Min. Roberto Barroso, julgados em 8 e 09.05.2019 (repercussão geral)

14) Trazemos à baila algumas decisões do STF sobre o art. 22, I, da CR/88 que dizem respeito às competências privativas da União. Aqui temos como exemplos:

a) Lei estadual que estipulava valor máximo a ser cobrado nos estacionamentos particulares de determinados Estados da federação foi declarada inconstitucional pelo STF, por ferir a competência privativa da União para legislar sobre direito civil (ADI 1918)[86] e Lei estadual que vedava a cobrança por serviço de estacionamento em locais privados, também foi declarada inconstitucional pelo mesmo fundamento[87];

b) O STF na ADI 4862, julgada em 18.08.2016, decidiu que é inconstitucional lei estadual que estabelece regras para a cobrança em estacionamento de veículos no Estado do Paraná. Para os ministros Gilmar Mendes e Dias Toffoli a lei seria formalmente inconstitucional porque as regras sobre estacionamento de veículos estão no campo do Direito Civil e a competência para legislar sobre este assunto é privativa da União, nos termos do art. 22, I, da CR/88. Para os ministros Roberto Barroso, Cármen Lúcia e Rosa Weber a lei é materialmente inconstitucional pois não seria sobre Direito Civil, mas sim sobre Direito do Consumidor, assunto que é de competência concorrente entre União e Estados/DF (art. 24, VIII, da CR/88). Logo, em tese, o Estado-membro poderia legislar sobre o tema. Porém, a referida lei estabelece um controle de preços, o que claramente violaria o princípio constitucional da livre iniciativa (art. 170 da CR/88). Já o ministro Marco Aurélio entendeu que a lei detém tanto a inconstitucionalidade formal (competência seria privativa da União) como material (indevida intervenção da norma na iniciativa privada)[88]. No mesmo sentido o STF afirmou recentemente que Lei estadual que impõe a prestação de serviço de segurança em estacionamento a toda pessoa física ou jurídica que disponibilize local para estacionamento é inconstitucional, quer por violar a competência privativa da União para legislar sobre direito civil, quer por violar a livre iniciativa;[89]

(**Informativo 939**). Vejamos que aqui não é só um problema de ***federalismo (usurpação de competências)***, mas também de ***princípios da ordem econômica***.

86. Ementa: *Artigo 2º, caput e §§ 1º e 2º, da Lei nº 4.711/92 do Estado do Espírito Santo. Estacionamento de veículos em áreas particulares. Lei Estadual que limita o valor das quantias cobradas pelo seu uso. Direito Civil. Invasão de competência privativa da União. 1. Hipótese de inconstitucionalidade formal por invasão de competência privativa da União para legislar sobre direito civil (CR, artigo 22, I). 2. Enquanto a União regula o direito de propriedade e estabelece as regras substantivas de intervenção no domínio econômico, os outros níveis de governo apenas exercem o policiamento administrativo do uso da propriedade e da atividade econômica dos particulares, tendo em vista, sempre, as normas substantivas editadas pela União. Ação julgada procedente. (Julg: 23.08.2001. Rel. Min. Maurício Corrêa).* Em **17.03.2011**, o STF julgou **procedente** a **ADI 1623** *para declarar a inconstitucionalidade da Lei 2.050/92, que alterou a Lei 1.748/90, ambas do Estado do Rio de Janeiro, referente a medidas de segurança nos estacionamentos destinados a veículos automotores. O dispositivo impugnado proíbe a cobrança de qualquer quantia pela utilização de estacionamento em locais particulares. Aduziu-se a inconstitucionalidade material da norma, considerada a afronta ao exercício normal do direito de propriedade (art. 5º, XXII da CR/88), e a inconstitucionalidade formal, uma vez que teria sido invadida a competência privativa da União para legislar sobre direito civil (art. 22, I da CR/88).*
87. *Competência privativa da União – Direito Civil – Estacionamento – Shopping center – Hipermercados – Gratuidade – Lei nº 4.541/2005, do Estado do RJ. Invade competência legislativa da União, prevista no artigo 22, inciso I, da CR, norma estadual que veda a cobrança por serviço de estacionamento em locais privados.* AI nº 730.856/RJ AgR. Julg. em **13.05.2014**.
88. ADI 4862/PR, Plenário do STF, Rel. Min. Gilmar Mendes, julgado em **18.08.2016**.
89. ADI 451/RJ, STF. Plenário. Rel. Min. Roberto Barroso, julgado em **01.08.2017.**

c) Na ADI 5800, decidiu o STF que é inconstitucional lei estadual que isenta entidades filantrópicas de recolher as taxas de retribuição autoral arrecadadas pelo ECAD. No caso a lei estadual (Lei estadual nº 92/2010 do Estado do Amazonas) criou novas hipóteses de *não recolhimento* de direitos autorais *não previstas* na Lei federal (Lei nº 9.610/98) e usurpou a competência privativa da União para legislar sobre direito civil, direito de propriedade e para estabelecer regras de intervenção no domínio econômico (art. 22, I, da CR/88). Além disso, essa lei estadual retirou dos autores das obras musicais o seu direito exclusivo de utilização, publicação ou reprodução das obras ou do reconhecimento por sua criação, afrontando o art. 5º, XXII e XXVII, da CR/88.[90]

Para o Plenário do STF, a competência legislativa concorrente sobre produção e consumo e responsabilidade por dano ao consumidor, prevista no art. 24, V e VIII, da CR/88, não autoriza os Estados-membros e o Distrito Federal a disporem sobre direitos autorais. Nesses termos, conforme já citado, compete privativamente à União legislar sobre direito civil, direito de propriedade e estabelecer regras substantivas de intervenção no domínio econômico (art.21, I da CR/88).[91]

d) Para o STF, é inconstitucional a legislação estadual que estabelece a redução obrigatória das mensalidades da rede privada de ensino durante a vigência das medidas restritivas para o enfrentamento da emergência de saúde pública decorrente do novo Coronavírus. Nos termos do STF, a lei viola a competência privativa da União para legislar sobre Direito Civil (art. 22, I, da CR/88).[92]

No caso, ao estabelecer uma redução geral dos preços fixados nos contratos para os serviços educacionais, a lei alterou, de forma geral e abstrata, o conteúdo dos negócios jurídicos, o que as caracteriza como norma de Direito Civil.

Os efeitos da pandemia sobre os negócios jurídicos privados, inclusive decorrentes de relações de consumo, foram tratados pela Lei federal nº 14.010/2020. Ao estabelecer o Regime Jurídico Emergencial e Transitório das relações jurídicas de Direito Privado (RJET) para o período, a norma reduziu o espaço de competência complementar dos estados para legislar e não contém previsão geral de modificação dos contratos de prestação de serviços educacionais.

e) Conforme o STF na ADI 2255/ES, julgada em 19.11.2014, declarou *constitucional* lei estadual, de iniciativa parlamentar, que autorizava que o Estado-membro indenize as pessoas que foram vítimas de violências praticadas pelos agentes públicos[93];

90. ADI 5800/AM, STF. Plenário. Rel. Min. Luiz Fux, julgado em **08.05.2019** (Informativo 939).
91. ADI 5800/AM, STF. Plenário. Rel. Min. Luiz Fux, julg. em **08.05.2019.** Com base nesse entendimento, o *Plenário julgou procedente pedido formulado em ADI contra a Lei 92/2010 do Estado do Amazonas. O diploma impugnado estabelece a gratuidade para a execução pública de obras musicais e literomusicais e de fonogramas por associações, fundações ou instituições filantrópicas e aquelas oficialmente declaradas de utilidade pública estadual, sem fins lucrativos.* (Informativo 939).
92. ADI 6575, STF.Rel. Min. Alexandre de Moraes, julgado em 18.12.2020 (Informativo 1003).
93. Lei nº 5645/98: *Art. 1º Fica o Poder Executivo autorizado a reconhecer sua responsabilidade civil pelas violações aos direitos à vida e à integridade física e psicológica decorrentes das atuações de seus agentes, advindas de ações e/ou coações físicas e/ou psicólogas, contra cidadãos que estiveram ou estejam sob a guarda legal do Estado. Art. 2º O*

f) Entendeu o STF que Lei estadual não pode autorizar que o Estado utilize recursos de depósitos judiciais, em percentuais e para finalidades diferentes daquilo que é previsto na legislação federal.

Nesses termos, a Lei estadual, ao permitir a utilização dos recursos de depósitos judiciais em percentual superior ao previsto na legislação nacional, e ainda para finalidades discricionárias, bem como ao estabelecer o repasse de rendimentos dos depósitos judiciais ao Fundo de Reaparelhamento do Poder Judiciário, contraria o art. 101, §§ 2º, I e II, e 3º, do ADCT e a Lei Complementar federal 151/2015, além de invadir a competência da União para legislar sobre direito processual (art. 22, I, da CR/88) e sobre normas gerais de direito financeiro (art. 24, I, da CR/88).[94]

g) Conforme o STF, é inconstitucional lei estadual que ***crie***, como *requisito de admissibilidade para a interposição de recurso inominado* no âmbito dos juizados especiais, *o depósito prévio de 100% do valor da condenação*. Tal norma viola a competência privativa da União para legislar sobre direito processual, além de vulnerar os princípios do acesso à jurisdição, do contraditório e da ampla defesa;[95]

h) Também é inconstitucional Lei estadual que disciplinava questões atinentes a *valor da causa* interferindo no direito processual, cuja matéria é competência privativa da União.[96] Aqui, conforme acima externalizado, temos que o direito processual é de competência da União, porém, é sempre importante salientar, que a matéria ***custas forenses*** é de competência concorrente entre a União, Estados e Distrito Federal;

i) Conforme o STF, é incompatível com a Constituição Federal norma de Constituição estadual que disponha sobre nova hipótese de foro por prerrogativa de função, em especial relativo a ações destinadas a processar e julgar atos de improbidade administrativa.[97]

Afirmou o STF, que o regramento referente ao foro por prerrogativa de função encontra-se plenamente disciplinado na CR/88, inclusive, para os âmbitos estadual e municipal, não comportando qualquer tipo de ampliação.

Em outros termos, segundo o STF, considera-se que a disciplina sobre a prerrogativa de foro encontra-se exaurida no âmbito da CR/88, não havendo espaço para o exercício da autonomia dos estados nessa esfera. Além disso, o constituinte derivado decorrente (do âmbito estadual) deve observar mínima equivalência com

---

reconhecimento dependerá da comprovação dos fatos em processo administrativo, independente de condenação judicial. O STF entendeu que: 1) A iniciativa poderia ser parlamentar sem vício de iniciativa; 2) Não ocorreu afronta ao art. 22 da CR/88.

94. **ADI 5080**, STF. Plenário. Rel. Luiz Fux, julgado em **15.04.2020**. Ver também: ADI 5353 MC-Ref/MG, julgado em 28.09.2016.
95. ADI 4161/AL, julg. em **30.10.2014**, Plenário do STF, Rel. Min. Cármen Lúcia. No mesmo sentido: **ADI 2699/PE** julg. em **20.05.2015**.
96. Conforme a Ementa da ADI 2655: (...) Invade a competência da União norma estadual que disciplina matéria referente ao valor que deva ser dado a uma causa, tema especificamente inserido no campo do Direito Processual. Ação direta de inconstitucionalidade julgada parcialmente procedente. Julg: 09.10.2003. Rel. Min. Ellen Gracie.
97. ADI 4870/ES, STF. Plenário. Rel. Min. Dias Toffoli, julgado em 14.12.2020 (Informativo 1002).

o modelo federal existente – seja se atendo ao que está previsto na CR/88, seja legislando por simetria.

Cabe lembrar que em nenhum momento a CR/88 cogita de foro por prerrogativa de função para o julgamento de autoridades processadas por ato de improbidade administrativa, sendo este um claro limite à competência dos estados para disporem sobre o tema em suas constituições.

Ademais, conforme precedente do próprio STF sobre o tema, não é possível extrair da Constituição de 1988 a possibilidade de instituir foro por prerrogativa de função para os processos de natureza cível, notadamente os de improbidade administrativa.

j) Segundo o STF na ADI 4071 é inconstitucional Lei estadual que prevê prazos máximos para que as empresas de planos de saúde autorizem exames médicos aos usuários. Isso porque trata-se de lei que dispõe sobre direito civil, direito comercial e política de seguros, matérias que são de competência da União (art. 22, I e VII, da CR/88)[98];

k) O STF declarou inconstitucional Lei de Roraima de 2004, que determinou que os empregados da construção civil teriam direito, se chegassem 15 minutos antes do 1º turno, a café, leite e pão.[99] Nesse caso, observamos a competência privativa da União para legislar sobre **direito do trabalho** e, por mais digna e nobre que seja a legislação, foi declarada inconstitucional pelo Pretório Excelso;

l) Ainda na seara trabalhista, o STF já se pronunciou sobre a impossibilidade de legislação estadual, distrital ou mesmo municipal, instituir novo feriado civil, em virtude de ser competência privativa da União legislar sobre direito do trabalho. Portanto, nessa competência, está alocado o direito de criar feriados civis, mediante lei federal ordinária, justamente pela razão de que os mesmos trazem consequências nas relações trabalhistas;[100]

m) Na mesma seara, temos também, que na ADI 2.947/RJ, o STF em 05.05.2010 declarou a inconstitucionalidade da Lei 2.749/97 do Estado do Rio de Janeiro atinente ao tema *"proibição de revista íntima em funcionários"*[101];

98. ADI 4701/PE, Rel. Min. Roberto Barroso, julg. em **13.08.2014**.
99. **ADI 3251/RO** Julg. em **18.06.2007**: O Tribunal julgou procedente pedido formulado em ação direta ajuizada pelo Governador do Estado de Rondônia para declarar a inconstitucionalidade da Lei Estadual nº 1.314/2004, que impôs às empresas de construção civil, com obras no referido Estado-membro, a obrigação de fornecer leite, café e pão com manteiga aos trabalhadores que comparecerem, com antecedência de 15 minutos, ao seu primeiro turno de trabalho. Entendeu-se que a lei impugnada afronta o art. 22, I, da CR, que atribui à União a competência privativa para legislar sobre direito do trabalho.
100. Conforme a ADI 3069 **Julg. em 24.11.2005**: *Ação Direta de Inconstitucionalidade. Lei distrital 3.083, de 07.10.02. Dia do comerciário. Data comemorativa e feriado para todos os efeitos legais. Alegação de ofensa ao art. 22, I. Competência privativa da União para legislar sobre direito do trabalho. Inconstitucionalidade formal [...] 3. Implícito ao poder privativo da União de legislar sobre direito do trabalho está o de decretar feriados civis, mediante lei federal ordinária, por envolver tal iniciativa consequências nas relações empregatícias e salariais. Rel. Min. Ellen Gracie.* Aqui temos que fazer um importante registro, *pois os Estados-membros, Distrito Federal e Municípios podem fixar datas de feriados em consonância (de acordo) com o previamente estabelecido na Lei Federal 9.093/95, porém não podem instituir novo feriado civil conforme já explicitado pelo STF.*
101. Ementa: Ação Direta. **Lei nº 2.749**, de 23.07.1997, do Estado do Rio de Janeiro, e **Decreto Regulamentar nº 23.591**, de 13.10.1997. *Revista íntima em funcionários de estabelecimentos industriais, comerciais e de serviços com*

n) Temos também a decisão do STF na ADI 3610 em 01.08.2011, declarando a inconstitucionalidade da Lei 2.769/2001, do Distrito Federal, que criava e regulamentava a profissão de motoboy. O STF considerou usurpada a competência da União para legislar sobre direito do trabalho e condições para o exercício de profissões (art. 22, I e XVI da CR/88);

o) Ainda na seara trabalhista, o STF declarou inconstitucional Lei Paulista 10.872/2001 que a pretexto de assegurar a igualdade entre homens e mulheres, previu a ilicitude de um conjunto de atos discriminatórios praticados em virtude do sexo (e outros fatos, como raça ou credo)[102]. Entendeu-se que a lei usurpou a competência da União para legislar sobre relações de trabalho e sua inspeção (CR/88 art. 21, XXIV e art. 22, I);

p) Segundo o STF, na ADI 4387/SP julgada em 04.09.2014, é inconstitucional lei estadual que regule a atividade de despachante perante os órgãos da Administração Pública estadual estabelecendo requisitos para o exercício dessa profissão. O STF considerou inconstitucional a lei porque compete privativamente à União legislar sobre direito do trabalho (art. 22, I da CR/88) e sobre condições para o exercício profissional (aqui temos ofensa também ao art. 5, XIII, da CR/88, pois devido ao seu caráter nacional, não são admitidas diferenças entre os entes federados quanto a requisitos ou condições para exercer atividade profissional. No mesmo sentido, recentemente afirmou o STF que Lei estadual que impõe a utilização de empregados próprios na entrada e saída de estacionamento, impedindo a terceirização, viola a competência privativa da União para legislar sobre Direito do Trabalho;[103] Na mesma linha, decidiu o STF que Lei estadual que exige que o serviço de empacotamento nos supermercados seja prestado por funcionário do próprio estabelecimento é inconstitucional por violar a competência privativa da União para legislar sobre Direito do Trabalho;[104] Aliás, sobre a questão do empacotamento, o STF voltou recentemente a se manifestar, porém agora com ênfase na livre iniciativa. Afirmou o Plenário do STF que são inconstitucionais as leis que obrigam supermercados ou similares à prestação de serviços de acondicionamento ou

---

sede ou filiais no Estado. Proibição. Matéria concernente a relações de trabalho. Usurpação de competência privativa da União. Ofensa aos arts. 21, XXIV, e 22, I, da CF. Vício formal caracterizado. Ação julgada procedente. Inconstitucionalidade por arrastamento, ou consequência lógico-jurídica, do decreto regulamentar. É inconstitucional norma do Estado ou do DF que disponha sobre proibição de revista íntima em empregados de estabelecimentos situados no respectivo território. Rel. Min. Cezar Peluso. Julg. em **05.05.2010**.

102. Ementa: (...) *Previsão de ilicitude de atos discriminatórios em virtude de sexo, raça ou credo, praticados no Estado. Cominação de penas administrativas a agentes público e a particulares. Matérias concernentes a relações de trabalho e a agentes da administração pública. Competência legislativa exclusiva da União e de iniciativa reservada do Chefe do Poder Executivo, respectivamente. Ofensa aos arts. 22, I, 21, XXIV, e 61, § 1º, II, "c", da CF. Ação julgada procedente. É inconstitucional a lei estadual de iniciativa do Legislativo que, sob pretexto de resguardar o princípio da igualdade, prevê ilicitude de atos discriminatórios em virtude de sexo, raça ou credo, praticados no Estado, cominando penalidades a agentes públicos e a particulares.* Julg. em **27.05.2010**. Rel. Min. Cezar Peluso.

103. **ADI 451/RJ**, STF. Plenário. Rel. Min. Roberto Barroso, julgado em **01.08.2017**.

104. **ADI 907/RJ**, STF. Plenário. Rel. Min. Alexandre de Moraes, red. p/ o ac. Min. Roberto Barroso, julgado em **01.08.2017**. No caso a Lei é inconstitucional por afrontar também o princípio constitucional da livre inciativa.

embalagem das compras, por violação ao princípio da livre iniciativa (art. 1º, IV e art. 170 da CR/88). No caso, o Estado do Rio de Janeiro editou lei estadual (Lei nº 2.130/93) prevendo que todos os supermercados existentes no Estado deveriam prestar serviço de empacotamento dos produtos comercializados. Com teor equivalente, o município de Pelotas (RS) editou lei municipal (Lei nº 5.690/2010) que obriga supermercados e hipermercados localizados na cidade a prestar serviços de empacotamento de mercadorias e exige a contratação de, pelo menos, um empacotador para cada máquina registradora;[105]

q) Decidiu o STF em 19.02.2014, na ADI 144 que os Estados-membros não poderiam impor *obrigações de natureza civil, comercial ou trabalhista às empresas públicas* e *às sociedades de economia mista*, porquanto sujeitas ao regime das **empresas privadas** (Violação ao art. 22, I da CR/88)[106];

r) Entendeu o STF na ADI 3165 julgada em 11.11.2015, que é inconstitucional lei estadual que preveja punições a empresas privadas e a agentes públicos que exijam a realização de teste de gravidez e a apresentação de atestado de laqueadura para admissão de mulheres ao trabalho[107];

s) No âmbito **penal**, já decidiu o STF pela inconstitucionalidade de legislação estadual que autorizava a utilização, pelas polícias civil e militar, das armas de fogo apreendidas. Conforme o Pretório Excelso, além da União deter a competência privativa para legislação sobre direito penal, tem-se ainda que a União detém a competência exclusiva para legislar sobre material bélico na medida em que a

---

105. ADI 907/RJ, red. p/ o ac. Min. Roberto Barroso, julg. em 01.08.2017 (Info 871). STF. Plenário. RE 839950/RS, Rel. Min. Luiz Fux, julg. em 24.10.2018 (repercussão geral). Segundo o STF, o modelo econômico previsto na Constituição de 1988 é o da livre iniciativa. *Nesse modelo, não cabe ao Estado decidir se vai ter ou não empacotador nos supermercados. O Estado somente deve interferir na economia se houver fundamentos constitucionais que legitimem essa intervenção.* Isso não se verifica no caso de exigir empacotadores nos supermercados. Informativo 921: *Considerou, ainda, que a lei municipal, ao exigir, no § 1º do art. 1º, a contratação de funcionário para cumprir determinada tarefa em estabelecimento empresarial, usurpa a competência privativa da União para legislar sobre direito do trabalho e comercial (CF, art. 22, I). Citou a orientação firmada no julg. das ADIs 669 MC e 907 no sentido de reputar inconstitucional norma estadual que obrigava supermercados a manter funcionários para o acondicionamento de compras.*

106. Ementa: "(...) Artigo 28, § 5º, da Constituição do Estado do Rio Grande do Norte. 3. Fixação de data para o pagamento dos vencimentos dos servidores públicos estaduais e municipais, da administração direta, indireta, autárquica, fundacional, de empresa pública e de sociedade de economia mista, corrigindo-se monetariamente os seus valores se pagos em atraso. 4. Violação dos artigos 34, VII, c, e 22, I, da CF". Decisão nos moldes equivalentes ocorreu na ADI 318 julg. em 19.02.2014: *"consignou o STF que as empresas em questão estariam sujeitas a regime trabalhista, razão pela qual o constituinte estadual não poderia tratar de temática relativa a direito do trabalho no âmbito de empresas públicas e de sociedades de economia mista".*

107. *"Em conclusão, o Plenário, por maioria, julgou procedente pedido formulado em ação direta para declarar a inconstitucionalidade da Lei 10.849/2001 do Estado de São Paulo, que trata de punições a empresas privadas e a agentes públicos que exijam a realização de teste de gravidez e a apresentação de atestado de laqueadura para admissão de mulheres ao trabalho. O Colegiado apontou haver lei federal a tratar da matéria (Lei 9.029/1995). Desse modo, ante a inexistência de omissão legislativa por parte da União, não caberia flexibilizar a rigidez constitucional quanto à competência para o tratamento legal do tema. No ponto, a proteção contra a discriminação de gênero em relações trabalhistas seria de competência federal. Além disso, haveria vício de forma, uma vez que a lei estadual cuidara de servidor público e sua iniciativa partira da assembleia legislativa."*

União autoriza e fiscaliza a produção e o comércio de material bélico, conforme o art. 21, VI da CR/88;[108]

t) O STF também já afirmou que lei estadual ou mesmo legislação municipal determinando procedimento para julgamento de *crime de responsabilidade* é inconstitucional à luz da Súmula nº 722, transformada na Súmula Vinculante nº 46 do STF, que preleciona que: *"A definição dos crimes de responsabilidade e o estabelecimento das respectivas normas de processo e julgamento são da competência legislativa privativa da União."*

u) Voltando à seara processual, o STF julgou procedente pedido formulado na ADI 3483 para declarar a inconstitucionalidade da Lei 7.716/2001, do Estado do Maranhão. A norma estabelecia prioridade na tramitação processual, em qualquer instância, para as causas que tenham, como parte, mulher vítima de violência doméstica. O STF esclareceu que a competência para normatizar tema processual seria da União e, por isso, a lei estadual impugnada teria afrontado o art. 22, I, da CR/88;[109]

v) Porém, decidiu o STF na ADI 6039 MC/RJ, conceder medida cautelar para dar interpretação conforme à Constituição a dispositivo de Lei Estadual que previu que se a vítima do estupro for pessoa do sexo feminino menor de 18 anos, esta vítima deverá ser examinada, obrigatoriamente, por uma legista mulher, que irá fazer a perícia.[110]

Segundo o STF, na decisão da medida cautelar, as crianças e adolescentes do sexo feminino vítimas de violência deverão ser, obrigatoriamente, examinadas por legista mulher, *mas desde que isso não importe retardamento ou prejuízo da diligência*. Ou seja, seria preciso conciliar a proteção de crianças e adolescentes mulheres vítimas de violência e o acesso à Justiça.

No caso, embora essa norma estadual vise proteger as vítimas de estupro na realização da perícia, o efeito resultante foi contrário, porque peritos homens estavam se recusando a fazer o exame nas menores de idade em razão da Lei. Dessa forma, as investigações não tinham prosseguimento.

Aqui temos ainda, que segundo o STF, o Estado-membro tem competência legislativa para editar esta norma (ou seja, não haveria inconstitucionalidade formal). Em sede cautelar, afirmou o STF, que a Lei estadual (Lei nº 8.008/2018 do Estado do RJ) não trata sobre direito processual penal (art. 22, I, da CR/88), mas sim sobre

---

108. **ADI nº 3258**: *(...) Competência da União para legislar sobre direito penal e material bélico. Lei 1.317/2004 do Estado de Rondônia. Lei estadual que autoriza a utilização, pelas polícias civil e militar, de armas de fogo apreendidas. A competência exclusiva da União para legislar sobre material bélico, complementada pela competência para autorizar e fiscalizar a produção de material bélico, abrange a disciplina sobre a destinação de armas apreendidas e em situação irregular. ADI julgada procedente. (Julg: 06.04.2005. Rel. Min. Joaquim Barbosa). No mesmo sentido:* ***ADI 3193/SP*** *julg. em* ***09.05.2013*** *(sobre destinação de armas de fogo apreendidas) e* ***ADI 2729*** *julg. em* ***19.06.2013*** *(sobre* ***"regra de isenção"*** *para "porte de arma" para Procuradores do Estado do Rio Grande do Norte).*
109. ADI 3483/MA, Rel. Min. Dias Toffoli, julg. em 03.04.2014.
110. ADI 6039 MC/RJ, STF. Plenário. Rel. Min. Edson Fachin, julgado em 13.03.2019 (Info 933).

procedimento em matéria processual, assunto que é de competência concorrente (art. 24, XI, da CR/88).[111]

x) O Plenário do STF julgou improcedente pedido formulado em ADI e declarou a *constitucionalidade* do art. 2º, §§ 1º, 2º, 3º, 4º e 5º, da Lei 7.971, do Estado do Espírito Santo, que extinguiu o cargo de escrivão judiciário e criou, em seu lugar, função de confiança para o exercício de atividades de direção, chefia e assessoramento, por servidor público ocupante de cargo efetivo. O STF asseverou que os tribunais de justiça estaduais possuiriam competência para propor ao Poder Legislativo respectivo a criação e a extinção de cargos, nos termos do art. 96, II, b, da CR/88. Consignou o Pretório Excelso que a extinção do cargo de escrivão judiciário não configuraria incursão indevida na esfera de competência da União para legislar sobre Direito Processual (art. 22, I, da CR/88), mormente por se tratar de vínculo administrativo-funcional, inserido na autoadministração dos Estados-Membros (art. 18, da CR/88).[112]

15) Sobre o art. 22, IV da CR/88, temos que o Pretório Excelso na ADI 3558, julgou procedente em 17.03.2011, pedido formulado em ação direta ajuizada pelo Procurador-Geral da República para declarar, com eficácia *ex nunc*, a inconstitucionalidade das Leis 3.915/2002 e 4.561/2005, do Estado do Rio de Janeiro.

As leis questionadas determinavam a instalação de medidores individuais de consumo e a cobrança individualizada dos serviços de consumo coletivo por parte das concessionárias de serviços públicos fornecedoras de luz, água, telefonia fixa e gás naquela unidade federativa. No caso, foi caracterizada afronta aos artigos 21, XI, XII, b, e 22, IV, da CR/88.[113]

No mesmo sentido, na ADI 4369/SP, decidiu o STF, que é inconstitucional lei estadual que proíba a cobrança de assinatura mensal pelas concessionárias de serviços

---

111. ADI 6039 MC/RJ, STF. Plenário. Rel. Min. Edson Fachin, julgado em 13.03.2019. O STF, ao apreciar a medida liminar, decidiu que: não há vício de inconstitucionalidade formal; porém, seria necessário dar interpretação conforme ao dispositivo para evitar uma inconstitucionalidade material. O STF entendeu que o § 3º do art. 1º da Lei estadual nº 8.008/2018, ao estabelecer uma obrigatoriedade (sem exceções) de que as perícias em vítimas menores de 18 anos sejam feitas por legistas mulheres, gerou um conflito com: o direito de acesso à justiça (art. 5º, XXXV, da CR/88); e os princípios da proteção integral e da prioridade absoluta (art. 227, da CR/88). *Isso porque, apesar de salutar a iniciativa da norma de buscar proteger as crianças e adolescentes, o fato de impedir ou retardar a realização de exame por médico legista poderia acabar por deixá-las desassistidas da proteção criminal, direito que decorre do disposto no art. 39 da Convenção sobre os Direitos das Crianças e de outros diplomas legais. Além disso, na medida em que se nega o acesso à produção da prova na jurisdição penal, há também ofensa à proteção prioritária, porquanto se afasta a efetividade da norma, que exige a punição severa do abuso de crianças e adolescentes.* (Inf. 933)
112. ADI 3711/ES, Rel. Min. Luiz Fux, julg. em 05.08.2015.
113. ADI 3558, Rel. Min. Cármen Lúcia. No mesmo sentido: "*O Plenário, por maioria, declarou a inconstitucionalidade da Lei distrital 3.449/2004 e da Lei amapaense 1.336/2009. As normas impugnadas vedam a cobrança de tarifas e taxas de consumo mínimas ou de assinatura básica, impostas por concessionárias prestadoras de serviços de água, luz, gás, tv a cabo e telefonia – no caso da lei distrital – e por prestadoras de serviço de telefonia fixa e móvel – no caso da lei estadual.* Prevaleceu o voto do Min. Luiz Fux, que afirmou a competência exclusiva da União para legislar sobre a matéria, nos termos dos artigos 21, XI; 22, IV; e 175, parágrafo único, III, todos da CF. Reputou que, na espécie, *muito embora se tratasse de relação de consumo, as regras deveriam ser ditadas pelo poder concedente, ou seja, incumbiria à União estabelecer quais seriam os preços compatíveis com a manutenção de serviços e com o equilíbrio econômico-financeiro do contrato previamente firmado.*" ADI 3343/DF, Rel. p/ o ac. Min. Luiz Fux, julg. em 01.09.2011.

de telecomunicações, tendo em vista que a competência para legislar sobre serviços de telecomunicações é privativa da União.[114]

Já na ADI 5610, em 08.08.2019, o STF decidiu que é inconstitucional lei estadual que proíbe que as empresas concessionárias cobrem "taxa" de religação no caso de corte de fornecimento de energia por atraso no pagamento.

Segundo o STF, a lei estadual do Estado da Bahia (Lei nº 13.578/2016[115]) invadiu a competência privativa da União para dispor sobre energia, violando, assim, o art. 22, IV, da CR/88. Além disso, também interferiu na prestação de um serviço público federal, considerando que o serviço de energia elétrica é de competência da União, nos termos do art. 21, XII, "b", da CR/88.

No caso, conforme o Pretório Excelso, o direito do consumidor, à mercê de abarcar competência concorrente dos Estados-membros, não pode conduzir à frustração da teleologia das normas que estabelecem as competências legislativa e administrativa privativas da União.

Nesses termos, não se pode invocar a competência concorrente para legislar sobre direito do consumidor presente no art.24, V da CR/88 como forma de burlar ou contrariar as competências legislativa e administrativa privativas da União. Assim sendo, os prazos e valores do fornecimento de energia elétrica estão normatizados em legislação própria e se submetem à homologação da ANEEL. Portanto, nesse caso, não há espaço para atuação do legislador estadual com o pretexto de conferir maior proteção ao consumidor.[116]

É interessante destacar ainda, que afirmou o STF na ADI 3959/SP, julgada em 20.04.2016, que é inconstitucional lei estadual que determinou às empresas telefônicas que criem e mantenham um cadastro de assinantes interessados em receber ofertas de produtos e serviços, que deveria ser disponibilizado para as empresas de telemarketing.[117]

Entendeu também o STF, ser inconstitucional lei estadual que obriga as empresas concessionárias de serviços de telecomunicações a manterem escritórios regionais e representantes legais para atendimento presencial de consumidores em cidades com população superior a 100 mil habitantes, bem como a divulgarem os correspondentes endereços físicos no site, no contrato de prestação de serviços e

---

114. ADI 4369/SP, julg. em **15.10.2014**, Rel. Min. Marco Aurélio. No mesmo sentido a ADI 2615/SC julg. em **11.03.2015**. *"É inconstitucional norma local que fixa as condições de cobrança do valor de assinatura básica, pois compete à União legislar sobre telecomunicações, bem como explorar, diretamente ou mediante autorização, concessão ou permissão seus serviços."*
115. Lei 13.578/2016: art. 1º *Fica proibida a cobrança, por parte das empresas concessionárias de fornecimento de energia elétrica do Estado da Bahia, da taxa de religação no caso de corte de fornecimento de energia por atraso no pagamento da fatura relativa ao fornecimento de energia elétrica.* art. 2º *No caso de corte de fornecimento, por atraso no pagamento do débito que originou o corte, a concessionária tem que, no prazo máximo de 24 (vinte e quatro) horas, restabelecer o fornecimento de energia elétrica sem qualquer ônus ao consumidor.*
116. **ADI 5610/BA,** STF. Plenário. Rel. Min. Luiz Fux, julgado em **08.08.2019** (Informativo 946 do STF).
117. **ADI 3959/SP,** julg. em 20.04.2016, Pleno do STF, Rel. Min. Roberto Barroso (Informativo 822 do STF).

nas faturas enviadas aos usuários. No caso, trata-se de matéria relativa a "serviços públicos de telecomunicações", cuja competência é privativa da União (art. 21, XI e art. 22, IV, da CR/88).[118]

Também já decidiu o STF em 30.08.2019, que é inconstitucional lei estadual que obriga as operadoras de telefonia fixa e móvel a disponibilizarem, em seus sites, extrato detalhado de conta das chamadas telefônicas e serviços utilizados na modalidade de recarga de créditos por pagamento antecipado (plano pré-pago), tal qual é feito nos planos pós-pagos, sob pena de multa.[119] Nesse caso, ao que tudo indica o STF mudou de posicionamento, pois em 27.11.2020, entendeu que é constitucional norma estadual que disponha sobre a obrigação de as operadoras de telefonia móvel e fixa disponibilizarem, em portal da "internet", extrato detalhado das chamadas telefônicas e serviços utilizados na modalidade de planos "pré-pagos".[120]

No caso mais recente, foi editada no Piauí a Lei estadual nº 6.886/2016, que obrigava as operadoras de telefonia móvel a disponibilizarem na internet extrato detalhado das chamadas telefônicas e serviços utilizados nos planos pré-pagos.

Na fundamentação, o STF afirmou Tratar-se de norma sobre direito do consumidor que admite regulamentação concorrente pelos Estados-Membros, nos termos do art. 24, V, da Constituição Federal.

Para o STF, a lei estadual não adentrou a competência privativa da União para legislar sobre telecomunicação (no caso ela não viola o núcleo do serviço de telecomunicações). Ao obrigar que fornecedores de serviço de telefonia fixa e móvel demonstrem para os consumidores a verdadeira correspondência entre os serviços utilizados e os respectivos valores cobrados, a norma não tratou diretamente de legislar sobre telecomunicações.[121]

Isso porque o fato de disponibilizar o extrato da conta de plano "pré-pago" detalhado na "internet" não diz respeito à matéria específica de contratos de telecomunicações, tendo em vista que tal serviço não se enquadra em nenhuma atividade de telecomunicações definida pelo art. 4º da Lei 4.117/1962 e nem pelo art. 60 da Lei 9.472/1997.

A matéria tratada na lei do Piauí é de direito consumerista, pois buscou dar uma maior proteção ao direito à informação do consumidor e torná-lo mais efetivo, permitindo um maior controle dos serviços contratados. Assim, diante da caracterização de hipótese de competência legislativa concorrente, deve o intérprete priorizar o fortalecimento das autonomias locais e o respeito às diversidades, consagrando o imprescindível equilíbrio federativo. Aplicáveis, ao caso, os mesmos fundamentos adotados nos julgamentos das ADI 1.980/ DF e ADI 2.832/PR de maneira

118. **ADI 4633/PR**, STF. Plenário. Rel. Min. Luiz Fux, julgado em **10.04.2018**.
119. **ADI 5830**, STF. Plenário. Min. Rel. Luiz Fux, julgado em **30.08.2019**.
120. **ADI 5724/PI**, STF. Plenário. red. p/ o ac. Min. Alexandre de Moraes, julgado em **27.11.2020** (Inf. 1000).
121. **ADI 5724/PI**, STF. Plenário. red. p/ o ac. Min. Alexandre de Moraes, julgado em **27.11.2020** (Inf. 1000).

a reconhecer a competência dos estados-membros para dispor sobre o direito de informação dos consumidores, no exercício de sua competência concorrente.[122]

Na sequência, afirmou o STF, ser inconstitucional lei estadual que disponha sobre o fornecimento de informações por concessionária de telefonia fixa e móvel para fins de segurança pública.[123]

No caso da ADI 5040, foi editada pelo Estado do Piauí, a Lei estadual nº 6.336/2013, obrigando as operadoras de telefonia móvel a fornecerem aos órgãos de Segurança Pública, sem prévia autorização judicial, dados necessários para a localização de telefones celulares furtados, roubados ou utilizados em atividades criminosas. O STF entendeu inconstitucional a referida lei, por configurar ofensa à competência privativa da União para legislar sobre telecomunicações.

No caso, afirmou o STF, que mesmo sendo necessária e importante a devida instrumentação dos órgãos de segurança pública para viabilizarem a repressão de atos ilícitos, a definição de obrigações e procedimentos, no âmbito da prestação de serviços públicos, não se pode dar de forma não integrada, desvinculada do sistema como um todo. Nesses termos, inclusive medidas bem-intencionadas, ao desconsiderarem o funcionamento do sistema no nível mais amplo, se revelam ineficazes e, também, verdadeiramente contraproducentes na consecução dos fins a que se propõem.[124]

Também conforme o Pretório Excelso, é inconstitucional lei estadual que isenta trabalhadores desempregados do pagamento do consumo de energia elétrica e de água pelo período de seis meses.[125]

Na sequência, entendeu o STF em 03.08.2016, que é inconstitucional Lei estadual que disponha sobre *bloqueadores de sinal* de celular em presídio, pois tal legislação invade a competência da União para legislar sobre telecomunicações (art. 22, IV, além do art. 21, XI da CR/88). Aqui é interessante que os Estados alegaram que essas leis não tratariam sobre telecomunicações, mas sim sobre direito penitenciário, de forma que a competência seria concorrente nos termos do art. 24, I, da CR/88. Mas não foi esse o entendimento do STF.

A Corte afirmou que, ao determinar às empresas de telefonia a instalação de equipamentos para interrupção de sinal nas unidades prisionais, o legislador

---

122. **ADI 5724/PI**, STF. Plenário. red. p/ o ac. Min. Alexandre de Moraes, julg. em **27.11.2020**. No mesmo sentido: *É Constitucional lei estadual que obriga as prestadoras do serviço de Internet móvel e de banda larga a apresentar, na fatura mensal, gráficos informando a velocidade diária média de envio e de recebimento de dados entregues no mês. STF declarou constitucional a Lei Estadual 18.752/2016, do Paraná, que obriga as empresas de internet do Estado a demonstrar para o consumidor a velocidade de internet, por meio de gráficos*. Essa não trata sobre a matéria específica de contratos de telecomunicações, tendo em vista que tal serviço não se enquadra em nenhuma atividade de telecomunicações definida pelas Leis 4.117/1962 e 9.472/1997. Trata-se, portanto, de norma sobre direito do consumidor que admite regulamentação concorrente pelos Estados-Membros, nos termos do art. 24, V, da Constituição Federal. STF. Plenário. **ADI 5572**, Rel. Min. Alexandre de Moraes, julgado em **23.08.2019**.
123. **ADI 4.401**, STF. Plenário. Min. Rel. Gilmar Mendes, julgado em **30.08.2019**.
124. **ADI 5040/PI**, STF. Plenário. Rel. Min. Rosa Weber, julgado em **03.11.2020**
125. **ADI 2.299**, STF. Plenário. Min. Rel. Roberto Barroso, julgado em **23.08.2019**.

local instituíra obrigação diretamente relacionada ao objeto da concessão do serviço móvel pessoal. Dessa forma, teria atuado no núcleo da regulação da atividade de telecomunicações, de competência da União, já que a ela caberia disciplinar a transmissão de sinais no campo eletromagnético de maneira adequada (CR, art. 21, XI e 175, IV).[126]

Porém, é importante salientar que, na ADI 5963 em 29.06.2020, decidiu o STF, que é constitucional lei estadual que proíba, no âmbito estadual, a inserção de cláusulas que exijam a fidelização nos contratos prestação de serviços.[127]

Entendeu o STF, que a fidelização contratual consiste em contrapartida exigida do consumidor, em razão de benefícios oferecidos pela prestadora na formação do contrato de prestação de serviços, todavia, não se confunde com esse.

Para o Pretório Excelso, a cláusula de fidelidade contratual é autônoma e agregativa ao contrato de prestação de serviço, inserindo-se no espaço comercial das prestadoras, e não no campo regulatório das atividades de caráter público. O objeto da norma estadual impugnada em nada interfere no regime de exploração ou na estrutura remuneratória da prestação do serviço, tampouco os de telefonia, cujo regramento compete, nos termos dos arts. 21, XI, e 22, IV, da CR/88, à União, que disciplina a matéria nos arts. 19, VII, 93, VII, 103 a 109 e 120, III, da Lei nº 9.472/97.

Essa lei busca apenas a proteção do consumidor, ainda que realizada paralelamente a contrato de prestação de serviço.

---

126. Informativo 833 do STF: *"Além disso, o STF teria declarado a inconstitucionalidade formal e suspendido a vigência de normas estaduais e distritais que teriam interferido diretamente na prestação da atividade desempenhada pelas concessionárias de serviços de telecomunicação, sob o fundamento de que, em situações a envolver possível interdisciplinaridade, as questões relacionadas ao interesse geral ou nacional deveriam ser tratadas de maneira uniforme no País inteiro. A disciplina dos serviços públicos que funcionariam em todo o território caberia à União. Seria com amparo nessa ideia que a doutrina proporia a denominada prevalência do interesse como critério para a solução de conflitos, reconhecendo-se a competência da União quando a matéria transcender os interesses locais e regionais. Os procedimentos concernentes à operação de telefonia celular e ao bloqueio de sinal, em determinadas áreas, poderiam afetar diretamente a qualidade da prestação do serviço para a população circundante, tema a demandar tratamento uniforme em todo o País, ainda que a finalidade do legislador estadual fosse a segurança pública. Ademais, a legislação estadual não trataria propriamente de direito penitenciário, mas da relação dos estabelecimentos penitenciários com um serviço externo, serviço de telecomunicações. Seria, portanto, inegável que a questão teria alguma conexão com a segurança pública, mas seu grande objetivo seria econômico. Os Estados teriam interesse em transferir os custos do bloqueio de sinal para as prestadoras do serviço. O Tribunal observou que, o fundamento da legislação estadual pouco ou nada teria a ver com peculiaridades locais. A utilização de telefones no interior de estabelecimentos prisionais como meio para a prática de crimes seria uma questão nacional. Nesse campo, tratamentos diferentes pelas diversas unidades da federação não se justificariam como resposta customizada a realidades não semelhantes."* STF. Plenário. ADI 3835/MS, Rel. Min. Marco Aurélio, ADI 5356/MS, red. p/ o ac. Min. Marco Aurélio, ADI 5253/BA, Rel. Min. Dias Toffoli, ADI 5327/PR, Rel. Min Dias Toffoli, ADI 4861/SC, Rel. Min. Gilmar Mendes, julg em 03.08.2016. Aqui é importante observarmos que já existe Lei federal sobre o assunto. É a Lei nº 10.792/2003, que impõe este ônus aos presídios (*e não às companhias de telefonia*). Conforme o art. 4º: *Os estabelecimentos penitenciários, especialmente os destinados ao regime disciplinar diferenciado, disporão, dentre outros equipamentos de segurança, de bloqueadores de telecomunicação para telefones celulares, radiotransmissores e outros meios, definidos no art. 60, § 1º, da Lei nº 9.472, de 16.07.1997.*

127. **ADI 5963**, STF. Plenário. Rel. Rosa Weber, julgado em **29.06.2020**.

Já na ADI 5961/PR, em 19.12.2018, o STF julgou *improcedente* pedido formulado em ação direta para *declarar a constitucionalidade* da Lei 14.040/2003 do Estado do Paraná, que veda o corte do fornecimento de água e luz, em determinados dias, pelas empresas concessionárias, por falta de pagamento.

O Plenário entendeu que a referida lei dispõe sobre direito do consumidor (art.24, V e VIII da CR/88), de modo que não há vício formal na referida Lei. No caso, a Lei do Estado do Paraná proibiu concessionárias de serviços públicos de água e luz de cortarem o fornecimento residencial de seus serviços por falta de pagamento de contas às sextas-feiras, aos sábados, domingos, feriados e no último dia útil anterior a feriado. A lei também estabeleceu que o consumidor que tiver suspenso o fornecimento nesses dias passa a ter o direito de acionar juridicamente a concessionária por perdas e danos, além de ficar desobrigado do pagamento do débito que originou o corte.[128]

Na mesma linha, afirmou o STF, na ADI 5745, que é *constitucional* lei estadual que obriga as empresas prestadoras de serviços no Estado (empresas de telefonia, de TV por assinatura, de energia elétrica etc.) a informarem previamente a seus clientes os dados do empregado que realizará o serviço na residência do consumidor.

No caso, segundo o STF, o valor constitucional tutelado primariamente pela norma impugnada não é o serviço de telecomunicações em si, mas a própria segurança do consumidor. O ato normativo impugnado estabelece uma obrigação de fazer, ou seja, uma obrigação de prestação positiva, que é informar ao consumidor. Tratando-se de matéria sujeita à competência concorrente (art. 24, V da CR/88), mostra-se legítima a atividade legislativa do estado-membro ao ampliar as garantias dos **consumidores**. Assim, não há que se falar em invasão da competência privativa da União para legislar sobre telecomunicações (art. 22, IV da CR/88).[129]

No mesmo sentido entendeu o STF na ADI 4908/RJ que é constitucional lei estadual que obriga as empresas de telefonia fixa e móvel a cancelarem a multa contratual de fidelidade quando o usuário comprovar que perdeu o vínculo empregatício após a adesão do contrato.

No caso o Estado do Rio de Janeiro editou a Lei estadual nº 6.295/2012, que obriga as concessionárias de telefonia fixa e celular a cancelarem multa contratual de fidelidade quando o usuário comprovar que perdeu o vínculo empregatício após a adesão ao contrato. O colegiado do STF entendeu que se trata de norma

128. **ADI 5961**, Pleno, Rel. Min. Alexandre de Moraes, julg. em **19.12.2018**. Aqui ressaltamos que a Lei do Estado do Paraná não impediu, de forma absoluta, que a concessionária fizesse o corte dos serviços em caso de inadimplemento. Se a lei estadual tivesse feito isso, seria **inconstitucional** por afrontar o que prevê a lei federal a respeito do tema (que permite o Corte). O que a lei estadual fez foi estabelecer que esse corte ***não pode ser realizado em determinados dias*** nos quais ficaria difícil para o consumidor regularizar a situação, o que a agravaria ainda mais. Aqui é interessante observar que o STF, por maioria, em decisão anterior, *tinha julgado procedente pedido formulado em ADI proposta pelo Procurador-Geral da República para declarar a inconstitucionalidade da Lei 1.618/2004, do Estado do Acre, que proibia o corte residencial do fornecimento de água e energia elétrica pelas concessionárias por falta de pagamento, nos dias que especifica.* ADI 3661/AC, Rel. Min. Cármen Lúcia, 17.03.2011.

129. **ADI 5745/RJ**, STF. Plenário. Red. p/ o acórdão Min. Edson Fachin, julgado em **07.02.2019** (Info 929)

de **proteção ao consumidor** rigorosamente contida no art. 24, V da CR/88. Nesses termos, a norma não interfere na estrutura de prestação do serviço público nem no equilíbrio dos contratos administrativos, razão pela qual não há usurpação da competência legislativa privativa da União.[130]

Ainda sobre o IV do art. 22 da CR/88, decidiu o STF na **ADI 4925/SP**, em 12.02.2015, que é inconstitucional lei estadual que determina que os postes de sustentação à rede elétrica que estejam causando transtornos ou impedimentos aos proprietários de terrenos sejam removidos, sem qualquer ônus para os interessados.

Entendeu o STF, que a referida lei trataria sobre energia elétrica, matéria de competência privativa da União, além de interferir nos termos da relação contratual estabelecida entre o poder federal e as concessionárias que exploram o serviço de fornecimento de energia elétrica no Estado-membro.[131]

Já na ADI 4606 em 28.02.2019, decidiu o STF, que é inconstitucional lei estadual que discipline a *arrecadação das receitas* oriundas da exploração de recursos hídricos para geração de energia elétrica e de recursos minerais, inclusive petróleo e gás natural. No caso, ocorreu uma inconstitucionalidade formal, considerando que cabe à União legislar sobre o tema (art. 22, IV e XII, da CR/88).

Porém, também entendeu o STF, que a lei estadual (Lei nº 10.850/2007 da Bahia) poderia dispor sobre a fiscalização e o controle dessas receitas, tendo em vista que é de competência comum aos entes (União, Estados, Municípios e DF) registrar, acompanhar e fiscalizar as concessões de direitos de pesquisa e exploração de recursos hídricos e minerais em seus territórios (conforme o art. 23, XI, da CR/88). Sendo, portanto, nessa parte constitucional.[132]

Já no que tange à legislação municipal, decidiu o STF na ADPF 235/TO que é formalmente inconstitucional lei municipal que autoriza o Poder Executivo Municipal a conceder a exploração do Serviço de Radiodifusão Comunitária no âmbito do território do Município. Nesses termos, o art. 21, XII, "a", da CR/88 estabelece que a competência para conceder autorização para tais serviços é da União. Além disso, o art. 22, IV da CR/88 (ora analisado) confere à União a competência privativa para legislar sobre o tema "radiodifusão".

---

130. **ADI 4908/RJ,** STF. Plenário. Rel. Min. Rosa Weber, julgado em **11.04.2019** (Info 937)
131. **ADI 4925/SP**, julg. em 12.02.2015, Pleno do STF, Rel. Min. Teori Zavascki.
132. ADI 4606/BA, STF. Plenário. Rel. Min. Alexandre de Moraes, julg. em 28.02.2019. Inf. 932: *"O colegiado assentou que as rendas obtidas nos termos do art. 20, § 1º, da CF constituem receita patrimonial originária, cuja titularidade pertence a cada um dos entes federados. Todavia, embora sejam originárias de estados e municípios, suas condições* ***de recolhimento e repartição são definidas por regramento da União,*** *uma vez que a ela cabe definir as condições legislativas gerais de exploração dos potenciais recursos hídricos e minerais (art. 22, IV e XII, da CF). Salientou ainda que os estados, Distrito Federal e municípios não têm competência para definir as condições de recolhimento das compensações financeiras de sua titularidade, ou ainda para arrecadá-las diretamente, por intermédio de seus órgãos fazendários. Assim, a instituição de infrações e penalidades pelo atraso no pagamento das compensações financeiras e sua arrecadação direta* ***extrapola*** *a competência comum do art. 23, XI, da CF."*

O art. 223 do texto constitucional normatiza a forma de outorga das concessões, permissões e autorizações para o serviço de radiodifusão sonora e de sons e imagens, afirmando que "*compete ao Poder Executivo outorgar e renovar concessão, permissão e autorização para o serviço de radiodifusão sonora e de sons e imagens, observado o princípio da complementaridade dos sistemas privado, público e estatal.*" Aqui, inclusive é importante salientar, que a centralização da regulação da radiodifusão no âmbito da União se justifica pela necessidade de administração racional do espectro de radiofrequência, cuja exploração econômica não é ilimitada.[133]

Por último, para o STF, é inconstitucional lei estadual que discipline a instalação de antenas transmissoras de telefonia celular. Nesses termos, afirmou o STF, ser inconstitucional Lei estadual que, a pretexto de proteger a saúde da população, estabelece limites de radiação para a instalação de antenas transmissoras de telefonia celular.[134]

No caso, foi editada em São Paulo, a Lei estadual nº 10.995/2001, que tratou sobre a instalação de antenas transmissoras de telefonia celular no Estado.

Para o STF, a lei adentra na esfera de competência privativa da União para legislar sobre telecomunicações. A União, no exercício de suas competências previstas no art. 21, XI e art. 22, IV, da CR/88), editou a Lei nº 9.472/97, que, de forma nítida e expressa, atribui à ANATEL a definição de limites para a tolerância da radiação emitida por antenas transmissoras.[135] A União, também por meio da Lei nº 11.934/2009, fixou limites proporcionalmente adequados à exposição humana a campos elétricos, magnéticos e eletromagnéticos.

Dessa forma, a presunção de que gozam os entes menores para, nos assuntos de interesse comum e concorrente, legislarem sobre seus respectivos interesses (*presumption against preemption*) foi nitidamente afastada por norma federal expressa (*clear statement rule*).

Na fundamentação do STF, foi deixado assente que, algumas vezes uma lei trata sobre mais de um tema, abrangendo assunto que é de competência privativa e outro que é de competência concorrente.

Nos casos em que a dúvida sobre a competência legislativa recai sobre norma que abrange mais de um tema, deve o intérprete acolher interpretação que não tolha a competência que detêm os entes menores para dispor sobre determinada matéria. É o que a jurisprudência norte-americana denominou de *presumption against preemption.* Assim, por exemplo, se o Município possui competência para a matéria, ele detém primazia sobre os temas de interesse local, nos termos do disposto no art. 30, I, da CR/88.[136] Por outro lado, se a lei federal ou estadual cla-

133. **ADPF 235/TO**, STF. Plenário. Rel. Min. Luiz Fux, julgado em **14.08.2019** (Inf. 947).
134. **ADI 2902,** STF. Plenário. Rel. Edson Fachin, julgado em **04.05.2020.**
135. **ADI 2902,** STF. Plenário. Rel. Edson Fachin, julgado em **04.05.2020.**
136. **ADI 2902,** STF. Plenário. Rel. Edson Fachin, julgado em **04.05.2020.**

ramente indicar, de forma necessária, adequada e razoável, que os efeitos de sua aplicação excluem o poder de complementação que detêm os entes menores (*clear statement rule*), é possível afastar a presunção de que, no âmbito regional, determinado tema deve ser disciplinado pelo ente maior.[137]

Nesses termos, a Lei estadual nº 10.995/2001, estipulou regras que têm por objetivo proteger a saúde da população contra a radiação. Por certo que a defesa da saúde é matéria de competência concorrente (art. 24, XII, da CR/88). No entanto, esta Lei, a pretexto de proteger a saúde da população, traz regras sobre a instalação de antenas transmissoras, e esse assunto diz respeito aos serviços de telecomunicação, o que é de competência privativa da União, nos termos dos art. 21, XI e art. 22, IV, da CR/88.[138]

A regulamentação das normas constitucionais acima, foi realizada pela Lei federal nº 9.472/97 (Lei Geral das Telecomunicações), que estabelece, no seu art. 1º, parágrafo único, que compete à União organizar a exploração dos serviços de telecomunicações, incluindo disciplinamento e a fiscalização da execução, comercialização e uso dos serviços e da implantação e funcionamento de redes de telecomunicações, bem como da utilização dos recursos de órbita e espectro de radiofrequências.

Além disso, a fim de disciplinar o funcionamento do "serviço de telecomunicações", a lei federal criou a Agência Nacional de Telecomunicações que detém, entre suas competências, a de "expedir normas sobre prestação de serviços de telecomunicações no regime privado", "expedir normas e padrões a serem cumpridos pelas prestadoras de serviços de telecomunicações quanto aos equipamentos que utilizarem" e "expedir normas e padrões que assegurem a compatibilidade, a operação integrada e a interconexão entre as redes, abrangendo inclusive os equipamentos terminais".[139]

Assim sendo, a ANATEL editou a Resolução nº 303/2002, que trata da limitação da exposição a campos elétrico, magnéticos e eletromagnéticos de radiofrequências associados à operação de estações transmissoras de serviços de telecomunicações. Temos ainda que, a União, por meio da Lei nº 11.934/2009, já fixou limites proporcionalmente adequados à exposição humana a campos elétricos, magnéticos e eletromagnéticos.[140]

Porém, é importante registrar, em outro giro, que para o Pretório Excelso, é constitucional lei municipal que discipline o uso e a ocupação do solo urbano para instalação de torres de telefonia celular no respectivo município. Aqui o fundamento é o de que os municípios possuem competência para legislar sobre a instalação de antenas de telefonia móvel celular, seja por considerar um assunto de interesse

137. **ADI 2902,** STF. Plenário. Rel. Edson Fachin, julgado em **04.05.2020.**
138. **ADI 2902,** STF. Plenário. Rel. Edson Fachin, julgado em **04.05.2020.**
139. **ADI 2902,** STF. Plenário. Rel. Edson Fachin, julgado em **04.05.2020.**
140. **ADI 2902,** STF. Plenário. Rel. Edson Fachin, julgado em **04.05.2020.**

local, seja para disciplinar o uso da ocupação do solo urbano, nos termos do art. 30, I, II e VIII, da Constituição Federal.[141]

16) Sobre o art. 22, VII da CR/88, entendeu o STF que é inconstitucional lei do município de São Paulo, estabelecendo a obrigatoriedade de shoppings, restaurantes ou estabelecimentos comerciais, realizar seguro obrigatório contra furto e roubo de veículos, se seus respectivos estacionamentos tivessem capacidade superior a 50 carros. O fundamento foi o de que a competência para legislar sobre seguros e política de seguros é privativa da União.

Temos ainda, que o STF na ADI 4704/DF, julgada em 21.03.2019, decidiu pela Inconstitucionalidade de lei estadual (Lei nº 15.171/2010 do Estado de Santa Catarina) que imponha obrigações contratuais para seguradoras. Afirmou o Pretório Excelso, que é inconstitucional lei estadual que discipline as obrigações contratuais relativas a seguros de veículos e regras de registro, desmonte e comercialização de veículos sinistrados. No caso, a lei estadual violava a competência privativa da União para legislar sobre direito civil, seguros, trânsito e transporte (art. 22, I, VII e XI, da CR/88).[142]

Também já decidiu o STF, que é inconstitucional norma estadual que autoriza a suspensão, pelo prazo de 120 dias, do cumprimento de obrigações financeiras referentes a empréstimos realizados e empréstimos consignados. No caso, no Estado do Rio de Janeiro, em virtude da pandemia do COVID-19, foi editada a Lei Estadual nº 8.842/2020, que autorizava o Poder Executivo a suspender por 120 (cento e vinte) dias o desconto das mensalidades dos empréstimos celebrados e de empréstimos consignados.[143]

---

141. **ARE 1150575** STF. 2ª Turma. AgR, Rel. Edson Fachin, julg. em **05.11.2019**. *Dizer o Direito*, Inf. 981, Maio de 2020.

142. O Estado de Santa Catarina editou a Lei nº 15.171/2010, de iniciativa parlamentar, que impõe sanções às seguradoras que praticarem condutas lesivas aos segurados ou a terceiros. O STF julgou procedente ADI ajuizada contra esta Lei, tendo declarado inconstitucionais os seguintes dispositivos: *arts. 1º e 2º: previam que era vedado às empresas seguradoras imporem ao consumidor o local onde o veículo seria consertado e estabeleciam a liberdade de escolha para o segurado. art. 6º: dizia que as seguradoras deveriam emitir e entregar aos consumidores beneficiários um Certificado de Garantia dos serviços prestados e da relação de peças substituídas, indicando os respectivos valores. art. 8º: estabelecia que as seguradoras não poderiam se negar a contratar seguro para veículos salvados que tenham sido considerados aptos para circulação. art. 10: previa que as seguradoras ficavam obrigadas a fornecer, mensalmente, uma série de informações e relatórios ao DETRAN. art. 11: exigia que a seguradora, para vender um veículo sinistrado, depois de indenizado o consumidor beneficiário, deveria obter uma autorização especial do DETRAN, cumpridos determinados requisitos. art. 12: estipulava que o DETRAN deveria publicar, periodicamente, no Diário Oficial e na internet, a relação de cada um dos veículos sinistrados, seus respectivos dados, com destinação para os que sofreram desmonte e/ou comercialização das peças e partes.* O STF entendeu que os arts. 1º, 2º, 6º, 8º, 10 e 11 tratavam sobre direito civil, seguros, trânsito e transporte, assuntos que são de competência privativa da União, nos termos do art. 22, I, VII e XI, da CF/88, de forma que não poderiam ter sido objeto de lei estadual. Quanto ao art. 12 da Lei estadual, o STF entendeu que este dispositivo é *inconstitucional porque ele não poderia, em uma lei de iniciativa parlamentar, impor obrigação à uma entidade vinculada ao Poder Executivo* (DETRAN/SC, autarquia estadual), *gerando custos. Lei de iniciativa parlamentar que imponha obrigações pecuniárias aos órgãos e entidades ligadas ao Executivo é inconstitucional por usurpar a iniciativa do chefe do Poder Executivo para a elaboração de normas que estabeleçam as atribuições dos órgãos pertencentes à estrutura administrativa da unidade federativa.* É a interpretação dada pelo STF ao art. 61, § 1º, II e ao art. 84, VI, "a", da CR/88. (Informativo 933 do STF)

143. ADI 6495/RJ, STF. Plenário. Rel. Min. Ricardo Lewandowski, julgado em 20.11.2020 (Inf. 1000).

Para o STF, ao interferir em relações obrigacionais estabelecidas entre instituições de crédito e tomadores de empréstimos, adentrou a competência privativa da União, prevista no art. 22, I, da Constituição Federal, para legislar sobre Direito Civil, além de ofender a competência privativa da União, prevista no art. 22, VIII, da CF, para legislar sobre política de crédito. No sistema federativo equilibrado, não podem coexistir, em princípio, normas editadas em distintos níveis político-administrativos, que disciplinem matérias semelhantes, sob pena de gerar assimetria e desequilíbrio.

Conforme o STF, no sistema federativo equilibrado, não podem coexistir, em princípio, normas editadas em distintos níveis político-administrativos, que disciplinem matérias semelhantes, sob pena de gerar assimetria e desequilíbrio.

Para o Pretório Excelso, são aplicáveis, ao caso, os mesmos fundamentos adotados nos julgamentos das ADIs 6475 MC-Ref/MA e 6484/RN, de maneira a assentar que o Estado do Rio de Janeiro não poderia substituir-se à União para determinar a suspensão do cumprimento de obrigações financeiras, ainda que mediante lei estadual e em período tão gravoso, como o do atual surto do novo coronavírus, que atinge a todos indiscriminadamente.[144]

No caso da ADI 6484, afirmou o STF, que é inconstitucional lei estadual que determina a suspensão temporária da cobrança das consignações voluntárias contratadas por servidores públicos estaduais.[145]

No caso, entendeu o STF que há vício de inconstitucionalidade formal por violação ao art. 22, I e VII, CF, que estabelecem competência privativa da União para legislar a respeito de direito civil e de política de crédito. Os Estados-membros não estão autorizados a editar normas acerca de relações contratuais, nem a respeito da regulação da consignação de crédito por servidores públicos. A relevância das atividades desempenhadas pelas instituições financeiras demanda a existência de coordenação centralizada das políticas de crédito.[146]

E também há, conforme o STF, vício de inconstitucionalidade material por violação ao princípio da segurança jurídica, tendo em vista que a lei estadual promove intervenção desproporcional em relações privadas validamente constituídas.

17) Sobre o art. 22, VIII da CR/88, entendeu o STF na ADI 3813/RS, julgada em 12.02.2015, que é inconstitucional lei do Estado Rio Grande do Sul que proibia a comercialização, no referido Estado-membro, de produtos importados que não tenham sido submetidos à análise de resíduos químicos de agrotóxicos. O fundamento é o de que essa lei trataria sobre comércio exterior, matéria cuja competência é privativa da União. Nesses termos, é de competência da privativa da União definir

144. ADI 6495/RJ, STF. Plenário. Rel. Min. Ricardo Lewandowski, julgado em 20.11.2020 (Inf. 1000).
145. ADI 6484, STF. Plenário. Rel. Roberto Barroso, julgado em 05.10.2020.
146. ADI 6484, STF. Plenário. Rel. Roberto Barroso, julgado em 05.10.2020.

os requisitos para o ingresso de produtos estrangeiros no País, considerando que se trata de uma questão típica de comércio exterior e não de competência concorrente sobre a proteção da saúde dos consumidores.

18) Sobre o art. 22, XIV da CR/88, decidiu o STF na ADI 1499/PA, que é inconstitucional norma de Constituição Estadual que disponha as atribuições para a defesa dos direitos e interesses das populações indígenas. O fundamento foi a competência privativa da União para o tema.[147]

19) Sobre o art. 22, XX, da CR/88, o STF vem declarando inconstitucional legislação estadual relacionada ao sistema de sorteio, consórcios e bingos.

Nesses termos, já decidiu o STF que é *inconstitucional norma estadual ou distrital que regulamente o funcionamento de loterias, por ser matéria de competência privativa da União.*[148]

O STF, inclusive, editou a **Súmula Vinculante nº 02**, que preleciona que: é inconstitucional lei ou ato normativo estadual ou distrital que disponha sobre sistemas de consórcios e sorteios, inclusive bingos e loterias. Isso também ocorre se a legislação for municipal. Assim sendo, na ADPF 337 o Pretório Excelso afirmou que é inconstitucional lei municipal que cria concurso de prognósticos de múltiplas chances (loteria) em âmbito local, na medida em que a competência para tratar sobre esse assunto (sistemas de sorteios) é privativa da União, conforme determina o citado art. 22, XX, da CR/88.[149]

Porém, é importante ressaltar, que em recente decisão (já citada na obra), o STF decidiu que a competência da União para legislar exclusivamente sobre sistemas de consórcios e sorteios, inclusive loterias, não obsta a competência material (administrativa) para a exploração dessas atividades pelos entes estaduais ou municipais, nem a competência regulamentar dessa exploração. E inclusive afirmou que os arts. 1º e 32, *caput* e § 1º, do Decreto-Lei 204/1967 não foram recepcionados pela Constituição Federal de 1988.[150]

Aqui a questão deve ser interpretada de forma adequada, pois devemos diferenciar duas situações: a) Estados-membros e Municípios não podem legislar sobre os sistemas de consórcios e sorteios, incluindo as loterias; b) Estados-membros e Municípios podem explorar os serviços de loterias.

---

147. ADI 1499, julg. em 17.09.2014, 1ª Turma do STF, Rel. Min. Gilmar Mendes. No caso, foi "*declarada a inconstitucionalidade do art. 300 da Constituição do Estado do Pará e da Lei Complementar paraense 31/1996. As normas impugnadas dispunham, respectivamente, sobre populações indígenas e instituição do Conselho Estadual Indigenista – Conei, com a imposição de atribuições ao Ministério Público estadual. O Tribunal reiterou a competência privativa da União para legislar sobre a matéria, bem como a missão institucional do Ministério Público Federal para a defesa dos direitos e interesses dessas populações.*"

148. **ADI 3630,** Rel. Min. Edson Fachin, STF. Plenário julgado em **30.06.2017**: *É inconstitucional norma estadual ou distrital que regulamente o funcionamento de loterias, por ser matéria de competência privativa da União.*

149. **ADPF 337/MA**, STF. Plenário. Rel. Min. Marco Aurélio, julgado em **17.10.2018** (Informativo 920).

150. ADPF 492/RJ, ADPF 493/DF e ADI 4986/MT, STF. Plenário. Rel. Min. Gilmar Mendes, julg. em **30.09.2020** (Inf. 993).

Certo é que, a competência legislativa acerca de determinado assunto não se confunde com a competência material (administrativa), executiva, de exploração de serviço a ele correlato.

Nesse sentido, conforme o STF, não se pode conferir interpretação estendida para também gerar competência material (administrativa) exclusiva da União, que não consta do rol taxativo previsto no art. 21 da CR/88.

Assim sendo, na decisão, afirmou o STF, que a exploração de loterias é serviço público e a CR/88 não afirmou que a sua exploração seria exclusiva da União. A exploração de loterias ostenta natureza jurídica de serviço público. Portanto, quando a CR/88 quis atribuir a prestação de determinado serviço público com exclusividade à União, o constituinte o fez de forma expressa.[151]

E nesses termos, a CR/88 não atribuiu à União a exclusividade sobre o serviço de loterias nem proibiu expressa ou implicitamente o funcionamento de loterias estaduais. Isso significa que os Estados-membros podem explorar esse serviço com base na competência residual (remanescente) prevista no art. 25, § 1º, pedra de toque do constitucionalismo republicano brasileiro.

O STF também decidiu, conforme já dito, que os arts. 1º e 32, caput e § 1º, do Decreto-Lei 204/1967[152] não foram recepcionados pela Constituição Federal de 1988. O entendimento é o de que esses dispositivos colidem frontalmente com o art. 25, § 1º, da CR/88, porque esvaziam a competência constitucional subsidiária dos Estados-membros para a prestação de serviços públicos *não expressamente reservados* pelo texto constitucional à exploração pela União.[153]

Para o Pretório Excelso, a legislação federal não pode impor a qualquer ente federativo restrição à exploração de serviço público para além daquelas previstas constitucionalmente. Não se pode inferir do texto constitucional a possibilidade de a União, mediante legislação infraconstitucional, excluir outros entes federados da exploração de atividade autorizada pela própria Constituição. Em outras palavras, se a Constituição não proibiu que demais entes prestem aquele serviço público, a União não pode, por meio de norma infraconstitucional, proibir. Ato normativo da União excluindo os demais entes cria um desequilíbrio em seu próprio benefício, não sendo isso autorizado constitucionalmente (art. 19, III, da CR/88), além de a Constituição não lhe ter atribuído essa autoridade. Desse modo, viola a autonomia dos Estados-membros restringir a esfera de competência material residual, sem amparo na Constituição.[154]

151. ADPF 492/RJ, ADPF 493/DF e ADI 4986/MT, STF. Plenário. Rel. Min. Gilmar Mendes, julgados em **30.09.2020** (Inf. 993).
152. O art. 1º do DL estabelece que a União teria exclusividade para a prestação dos serviços de loteria (*serviço público exclusivo da União*). O art. 32, por sua vez, proíbe expressamente a criação de loterias estaduais.
153. ADPF 492/RJ, ADPF 493/DF e ADI 4986/MT, STF. Plenário. Rel. Min. Gilmar Mendes, julg. em **30.09.2020** (Inf. 993).
154. ADPF 492/RJ, ADPF 493/DF e ADI 4986/MT, STF. Plenário. Rel. Min. Gilmar Mendes, julg. em **30.09.2020** (Inf. 993).

Conforme o STF, configura abuso da competência de legislar quando a União se vale do art. 22, XX, da CR/88 para excluir todos os demais entes federados da arrecadação que deles provém, ou para restringi-la de forma irrazoável e anti-isonômica.

Porém, na fundamentação deixou assente o STF que existem limites. Nesses termos, as legislações estaduais instituidoras de loterias, por meio de lei estadual ou decreto, em seus territórios, devem simplesmente viabilizar o exercício de sua competência material de instituição do serviço público. Somente a União pode definir as modalidades de atividades lotéricas passíveis de exploração. Assim, a norma estadual que instituir loteria no âmbito do respectivo Estado-membro deverá simplesmente obedecer a disciplina imposta pela União. Se a norma estadual instituir disciplina ou modalidade de loteria não prevista pelo União, essa norma será inconstitucional por violar o art. 22, XX, da CR/88. Desse modo, a legislação local deve ter o caráter de ser simplesmente materializador do serviço público, ou seja, apenas institui o serviço, sem inovar.[155]

Assim sendo, de acordo com a súmula vinculante nº 2 e os precedentes que a fundamentaram, a disposição legal ou normativa vedada aos Estados-membros e ao Distrito Federal é a que inova. O aludido verbete e o art. 22, XX, da CR/88 não tratam da competência material de instituir loterias dentro das balizas federais, ainda que a materialização tenha expressão mediante decretos ou leis estaduais, distritais ou municipais.

Por último, afirmou o STF, que Estados-membros que exploram atividades de loteria não violam a Lei de Contravenções Penais. Mesmo porque, considerar o exercício de atividade pública uma contravenção penal significaria dizer que um serviço público constitui crime.[156]

20) Sobre a titularidade de Patrimônio Científico-Cultural, o Pretório Excelso enfrentou questão assaz importante no julgamento da ADI 3525. O STF julgou procedente pedido formulado em ação direta ajuizada pelo Procurador-Geral da República para declarar a inconstitucionalidade do art. 251 da Constituição do Estado do Mato Grosso. Esse artigo conferia ao citado Estado-membro a titularidade do **patrimônio** científico-cultural referente às formas de expressão, às criações artísticas, **culturais** e tecnológicas, aos conjuntos urbanos e sítios de valor **histórico,** paisagístico, artístico, espeleológico, paleontológico, arqueológico, ecológico e científico.

A ADI também envolveu pedido de inconstitucionalidade da Lei Estadual nº 7.782/02, que declarava integrante do **patrimônio** científico-cultural do Estado os sítios paleontológicos e arqueológicos localizados nos seus Municípios, e

155. ADPF 492/RJ, ADPF 493/DF e ADI 4986/MT, STF. Plenário. Rel. Min. Gilmar Mendes, julg. em **30.09.2020** (Inf. 993).

156. ADPF 492/RJ, ADPF 493/DF e ADI 4986/MT, STF. Plenário. Rel. Min. Gilmar Mendes, julg. em **30.09.2020** (Inf. 993).

condicionava a coleta de fósseis e materiais arqueológicos, bem como sua exploração socioeconômica e transporte, nas áreas por ela tratadas, a controle exercido por instituto estadual. Essa Lei (nº 7.782/02) também foi declarada inconstitucional. Entendeu o Pretório Excelso que as leis impugnadas ofendem os artigos 20, IX e X; 22, I; 23, III; e 216, V, da nossa Constituição de 1988, pois usurpam a competência privativa da União para legislar sobre o direito de propriedade. Além disso, atribuem ao Estado de Mato Grosso a titularidade de bens pertencentes à União e que constituem o patrimônio cultural brasileiro, assim como excluem, dos demais entes da federação, a responsabilidade comum de proteger os documentos, as obras e outros bens de valor **histórico,** artístico e **cultural,** os monumentos, as paisagens naturais notáveis e os sítios arqueológicos.[157]

21) No que tange ao art. 22, XXVI (competência da União para legislar sobre atividades nucleares) o STF na ADI 1.575/SP em 07.04.2010 decidiu por maioria pela inconstitucionalidade de Lei do Estado de São Paulo que previa medidas de política sanitária (com fundamentos na proteção do meio ambiente e da saúde) para o setor de energia nuclear em seu território. Nesses termos, conforme a ementa: "(...) É inconstitucional norma estadual que dispõe sobre **atividades** relacionadas **ao setor nuclear no âmbito regional,** por violação da competência da União para legislar sobre atividades nucleares, na qual se **inclui** a competência para **fiscalizar a execução** dessas atividades **e legislar** sobre a **referida fiscalização.** Ação direta julgada procedente."

Em recente julgado da ADI 330, afirmou novamente o STF que é inconstitucional norma estadual que dispõe sobre a implantação de instalações industriais destinadas à produção de energia nuclear no âmbito espacial do território estadual.[158]

No caso, a Constituição do Estado do Rio Grande do Sul trouxe artigos tratando sobre os requisitos para a implantação de instalações industriais relacionadas com a produção de energia nuclear.[159]

Entendeu o STF que a utilização de energia nuclear traz indiscutível repercussão ambiental. Contudo, existem temas relacionados com o meio ambiente e ao combate à poluição, que também possuem relação com outros assuntos para os quais o texto constitucional outorgou competência privativa à União. É o caso da energia nuclear, cuja regulamentação está inserida no domínio legislativo privativo da União.

157. EMENTA: Ação Direta de Inconstitucionalidade. 2. Artigo 251 da Constituição do Estado de Mato Grosso e Lei Estadual nº 7.782/2002, "que declara integrantes do patrimônio científico-cultural do Estado os sítios paleontológicos e arqueológicos localizados em Municípios do Estado de Mato Grosso." 3. Violação aos artigos 23, inciso III e 216, inciso V, da Constituição. Precedente: ADI nº 2.544, Rel. Min. Sepúlveda Pertence. 4. Ação julgada procedente. (DJ 26.10.2007).

158. **ADI 330/RS**, STF. Plenário. Rel. Min. Celso de Mello, julgado em **09.10.2020** (Inf. 994).

159. *Art. 256. A implantação, no Estado, de instalações industriais para a produção de energia nuclear dependerá de consulta plebiscitária, bem como do atendimento às condições ambientais e urbanísticas exigidas em lei estadual. Art. 257. É vedado, em todo o território estadual, o transporte e o depósito ou qualquer outra forma de disposição de resíduos que tenham sua origem na utilização de energia nuclear e de resíduos tóxicos ou radioativos, quando provenientes de outros Estados ou Países.*

22) Sobre o art. 22, XXV, o STF afirmou que é constitucional lei estadual que preveja que, no momento da emissão da carteira de identidade, o órgão estadual deverá incluir no referido documento o tipo sanguíneo da pessoa, se ela assim solicitar. Aqui é interessante que em princípio, poderia se considerar que a lei estadual, ao tratar sobre o tema, teria invadido a competência federal. Porém, as legislações limitaram-se a repetir, com outras palavras, o que já está previsto no art. 2º da Lei Federal nº 9.049/95. Assim, as legislações estaduais que foram objeto de ADIs, ao determinarem que o órgão estadual responsável pela emissão da carteira de identidade deve incluir no documento, quando solicitado pelo interessado, o registro do seu tipo sanguíneo e fator Rh, estão em conformidade com o regramento imposto pela União na Lei nº 9.049/95.

Além disso, entendeu o STF, que as mencionadas leis estaduais tratam sobre obrigações e deveres dos órgãos estaduais, já que eles são os responsáveis pela emissão das carteiras de identidade. Dessa forma, as leis impugnadas não violaram a Lei Federal nº 9.049/95, mas apenas reforçaram um dever que os órgãos estaduais possuem de registrar o tipo sanguíneo e fator Rh nas carteiras de identidade, sempre que solicitado pelo interessado.[160]

23) Ainda sobre o art. 22, XXV, entendeu o STF na ADI 3723, que é inconstitucional lei estadual que determine aos titulares das serventias extrajudiciais que façam a microfilmagem dos documentos arquivados no cartório.

Nesses termos, os Estados-membros não possuem competência legislativa para determinar a microfilmagem de documentos arquivados nos cartórios extrajudiciais do Estado. Esse tema envolve registros públicos e responsabilidade civil dos notários e registros, matéria que como já observamos, é de competência privativa da União, nos moldes do art. 22, XXV, da CR/88.[161]

24) Sobre o art. 22, XXVII da CR/88 (que, conforme observado no item 5, estabelece apenas a competência privativa da União para editar normas gerais sobre licitações), na ADI 3059, julgada em 09.04.2015, decidiu o STF pela improcedência de pedido formulado em ação direta ajuizada contra a Lei 11.871/2002 do Estado do Rio Grande do Sul, que estabeleceu regime de preferência abstrata em favor de "softwares" livres quando da aquisição de programas de computador pela Administração Pública do Estado do Rio Grande do Sul. A Corte entendeu que não existiria ofensa ao art. 22, XXVII, da CR/88, uma vez não haver contrariedade às normas gerais sobre licitações e contratações públicas em vigor. Afirmou o STF *que* ***a falta de previsão expressa no art. 24 da CR/88 não representaria impedimento constitucional*** *à atividade legiferante* ***dos entes federativos sobre a matéria***

160. ADI 4007/SP e ADI 4343/SC, Rel. Min. Rosa Weber, julg. em 13.08.2014 (Pleno do STF)
161. **ADI 3723**, STF. Plenário. Rel. Min. Gilmar Mendes, julgado em **27.03.2020**. Como a microfilmagem dos documentos arquivados nos serviços cartorários não é reputada essencial para a segurança ou conservação dos registros públicos (Lei nº 6.015/73), nem listada como dever de notários e registradores (Lei nº 8.935/94), não pode ser imposta por Estado-membro como medida decorrente de seu poder organizativo deste serviço público, em seu território.

de licitações e contratos administrativos. Além disso, a Lei gaúcha 11.871/2002 apenas concretizaria o princípio da padronização, já insculpido no art. 15, I, da Lei 8.666/1993 ("Art.15. As compras, sempre que possível, deverão: I – atender ao princípio da padronização, que imponha compatibilidade de especificações técnicas e de desempenho, observadas, quando for o caso, as condições de manutenção, assistência técnica e garantia oferecidas").[162]

Aqui, temos também recente decisão do STF na ADI 3735 que determinou ser inconstitucional lei estadual que exija *certidão negativa de Violação aos Direitos do Consumidor* dos interessados em participar de licitações e em celebrar contratos com órgãos e entidades estaduais. Esta lei estadual foi declarada inconstitucional porque, como já observado, compete privativamente à União legislar sobre normas gerais de licitação e contratos. Resta claro que os Estados-membros (e até os municípios) têm autonomia para legislar em matéria de licitações e contratos independentemente de autorização da União. Todavia, essa autonomia não é incondicionada, devendo ser exercida apenas para a suplementação das normas gerais expedidas pela União. Nesses termos, as inovações feitas pelo legislador estadual, distrital ou municipal sobre o tema de licitações só serão válidas se compatíveis com as normas gerais impostas pela União, o que não ocorreu no caso da referida ADI 3735. No caso, a lei estadual impugnada introduziu um requisito genérico e inteiramente novo para habilitação em qualquer licitação no Estado. Ao assim prever, a legislação estadual afrontou as normas gerais do ordenamento nacional de licitações e contratos e se apropriou de competência da União.[163]

25) Sobre o art. 22 da CR/88 (competências legislativas privativas da União), **na relação** com o art. 24 da CR/88 (competências legislativas concorrentes da União, Estados e DF), o STF discutiu o tema da **meia-entrada**. Nesse sentido, como fica a questão da meia-entrada em estabelecimentos, no que tange à diversão, esporte, lazer e cultura?

Segundo o STF, **não é inconstitucional** a lei estadual que determina meia-entrada, justamente porque a competência sobre a meia-entrada envolve o direito econômico que faz parte do rol de competência concorrente entre os entes.[164] Porém, a lei estadual que determina meia-entrada para estudante em transporte coletivo municipal é inconstitucional, pois transporte coletivo municipal é organizado e fiscalizado pelo Município, conforme art. 30, V, CR/88[165].

162. **ADI 3059** Rel. Min. Luiz Fux, julg. em **09.04.2015** (Informativo 780 do STF)
163. **ADI 3735/MS** Plenário do STF, Rel. Min. Teori Zavascki, julgado em **08.09.2016** (Informativo 838 do STF).
164. **ADI 1950** julg. em 03.11.2005: *Ação Direta de Inconstitucionalidade. Lei nº 7.844/92, do Estado de São Paulo. Meia entrada assegurada aos estudantes regularmente matriculados em estabelecimentos de ensino. Ingresso em casas de diversão, esporte, cultura e lazer. Competência concorrente entre a união, estados-membros e o Distrito Federal para legislar sobre direito econômico. Constitucionalidade. Livre iniciativa e ordem econômica. Mercado. Intervenção do estado na economia. Artigos 1º, 3º, 170, 205, 208, 215 e 217, § 3º, da constituição do brasil. [...] 6. Ação direta de inconstitucionalidade julgada improcedente.*
165. **ADI 845** julg. em 22.11.2007: *Artigo 224 da Constituição do Estado do Amapá. Garantia de "meia passagem" ao estudante. Transportes coletivos urbanos rodoviários e aquaviários municipais [artigo 30, V, da Constituição do Brasil]*

26) Interessante também é a diferença entre o art. 24, IX, e o art. 22, XXIV, no que diz respeito ao tema educação. Sem dúvida, a competência para legislar sobre educação é uma competência concorrente entre os entes (União, Estados-membros e DF).

E a competência privativa da União, no que tange à educação, envolve apenas as diretrizes da educação (por exemplo, a Lei de Diretrizes e Bases da Educação – LDB).

Nesse sentido, o STF já entendeu que é inconstitucional *lei estadual que veda ao Poder Público estadual exigir a revalidação de títulos obtidos em instituições de ensino superior dos países membros do Mercado Comum do Sul – MERCOSUL.* No entendimento do Pretório Excelso, a lei estadual que trata sobre revalidação de títulos obtidos em instituições de ensino superior dos países membros do MERCOSUL afrontaria o pacto federativo (art. 60, § 4º, I, da CR/88) na medida em que usurpa a competência da União para dispor sobre diretrizes e bases da educação nacional (art. 22, XXIV da CR/88).

> (...) A internalização de títulos acadêmicos de mestrado e doutorado expedidos por instituições de ensino superior estrangeira há de ter tratamento uniforme em todo o Estado brasileiro, devendo ser regulamentada por normas de caráter nacional. 2. A Lei alagoana n. 7.613/2014 macula-se por inconstitucionalidade formal, pela usurpação de competência privativa da União para legislar sobre diretrizes e bases da educação nacional (art. 22, inc. XXIV, da Constituição da República). 3. A União tratou de matéria relativa aos requisitos para a validação de títulos de pós-graduação stricto sensu emitidos por instituições de ensino superior de Portugal e dos Estados do Mercosul no art. 48 da Lei n. 9.394/1996, nos Decretos ns. 3.927/2001 e 5.518/2005, nos Decretos Legislativos ns. 165/2001 e 800/2005 e na Resolução n. 3/2011 da Câmara de Educação Superior do Conselho Nacional de Educação (CNE/CES) do Ministério da Educação. 3. Ação julgada procedente para declarar a inconstitucionalidade da Lei alagoana n. 7.613/2014.[166]

---

e transportes coletivos urbanos rodoviários e aquaviários intermunicipais. Serviço público e livre iniciativa. Violação do disposto nos artigos 1º, inciso IV; 5º, caput e incisos I e XXII, e 170, caput, da CR/88. 1. A Constituição do Brasil estabelece, no que tange à repartição de competência entre os entes federados, que os assuntos de interesse local competem aos Municípios. Competência residual dos Estados-membros — matérias que não lhes foram vedadas pela Constituição, nem estiverem contidas entre as competências da União ou dos Municípios. 2. A competência para organizar serviços públicos de interesse local é municipal, entre os quais o de transporte coletivo [artigo 30, inciso V, da CB/88]. 3. O preceito da Constituição amapaense que garante o direito a "meia passagem" aos estudantes, nos transportes coletivos municipais, avança sobre a competência legislativa local. 4. A competência para legislar a propósito da prestação de serviços públicos de transporte intermunicipal é dos Estados-membros. Não há inconstitucionalidade no que toca ao benefício, concedido pela Constituição estadual, de "meia passagem" aos estudantes nos transportes coletivos intermunicipais. 5. Os transportes coletivos de passageiros consubstanciam serviço público, área na qual o princípio da livre iniciativa (artigo 170, caput, da CR/88) não se expressa como faculdade de criar e explorar atividade econômica a título privado. A prestação desses serviços pelo setor privado dá-se em regime de concessão ou permissão, observado o disposto no artigo 175 e seu § único da CR/88. A lei estadual deve dispor sobre as condições dessa prestação, quando de serviços públicos da competência do Estado-membro se tratar. 6. ADI julgada procedente para declarar a inconstitucionalidade da conjunção aditiva "e" e do vocábulo "municipais", insertos no artigo 224 da Constituição do Estado do Amapá. Rel. Min. Eros Grau.

166. ADI 5168, STF. Plenário. Rel. Cármen Lúcia, julgado em 30.06.2017.

No mesmo sentido, decidu o STF na ADI 6073, que é inconstitucional lei estadual que afasta as exigências de revalidação de diploma obtido em instituições de ensino superior de outros países para a concessão de benefícios e progressões a servidores públicos.

O fundamento foi o mesmo explicitado na ADI 5168. Ou seja, a lei estadual invadiu a competência privativa da União para legislar sobre diretrizes e bases da educação nacional (art. 22, XXIV, CR/88). No caso, a União editou a Lei nº 9.394/96 (Lei de Diretrizes e Bases da Educação – LDB) que, em seu art. 48, traz regras para o reconhecimento da validade, no Brasil, dos diplomas expedidos por universidades estrangeiras.

É importante salientar, que o tema foi tratado também em decretos presidenciais e em atos normativos do Ministério da Educação. Assim, a União, no exercício de sua competência privativa para legislar sobre as diretrizes e bases da educação nacional (art. 22, XXIV, CR/88), produziu um conjunto normativo sobre a matéria. Nesses termos, conforme o STF, o tema precisa ter um tratamento uniforme em todo o território nacional, devendo os Estados seguirem, portanto, os parâmetros fixados pela União.[167]

No mesmo sentido, já decidiu o STF, que é inconstitucional lei estadual que estabelece critério diferente das regras federais para o ingresso de crianças no primeiro ano do ensino fundamental. Nesses termos, é inconstitucional lei estadual que fixa critério etário para o ingresso no Ensino Fundamental diferente do estabelecido pelo legislador federal e regulamentado pelo Ministério da Educação.[168]

No Estado do Rio Grande do Sul foi editada a Lei nº 15.433/2019 prevendo que a criança com 5 anos de idade poderá ser matriculada no ensino fundamental, dedes que ela complete 6 anos até o dia 31 de dezembro.

Pois bem, conforme o Pretório Excelso, o art. 2º, II e III, da Lei 15.433/2019, do estado do Rio Grande do Sul, ao estabelecer critérios para o ingresso de crianças de até 6 anos no ensino fundamental, invadiu a competência privativa da União para legislar a respeito de diretrizes e bases da educação nacional, nos termos do art. 22, XXIV da CR/88.

Na fundamentação, afirmou o STF, que a definição do momento de ingresso no ensino fundamental de crianças com 6 anos de idade deve receber tratamento uniforme em todo o País. Assim sendo, admitir que os estados disponham livremente sobre o tema pode colocar em risco a estrutura da política nacional de educação definida pelo Ministério da Educação, órgão que possui capacidade institucional mais adequada para produzir a melhor decisão a respeito da matéria, bem como impactar a Base Nacional Comum Curricular.

---

167. **ADI 6073,** STF. Plenário. Rel. Min. Edson Fachin, julgado em **27.03.2020.**
168. **ADI 6312,** STF. Plenário. Rel. Min. Roberto Barroso, julgado em **18.12.2020** (Informativo 1003).

Porém, o STF, com base no art. 24, IX, da CR/88, já declarou constitucional legislação do Distrito Federal que estabelecia obrigatoriedade do espanhol nas escolas públicas.[169]

No mesmo sentido, na ADI 4060 de relatoria do ministro Luiz Fux, julgada em 25.02.2015, o STF declarou constitucional Lei estadual (do Estado de Santa Catarina) que fixou o número máximo de alunos que poderiam estudar nas salas de aula de suas escolas públicas e particulares. Nesses termos, entendeu o STF que a competência para legislar sobre educação é concorrente (art. 24, IX da CR/88) e, com isso, a União tem competência para estabelecer normas gerais (LDB com a Lei nº 9.394/96) e os Estados podem suplementar a legislação federal. Segundo entendeu o STF, limite máximo de alunos em sala de aula é um tema que não precisa ser tratado de forma idêntica em todo o Brasil (não precisa ter uma uniformidade nacional).

Portanto, não é matéria de normas gerais da União, pois envolve circunstâncias peculiares, tais como: número de escolas colocadas à disposição da população do Estado, a oferta de vagas para o ensino fundamental e médio, quantitativo de crianças em idade escolar, o número de professores em oferta na região, além de aspectos ligados ao desenvolvimento tecnológico nas áreas de educação e ensino. Assim, considerou-se que a Lei do Estado de Santa Catarina, ao prever número máximo de alunos por sala de aula, apenas esmiuçou o art. 25 da LDB, não avançando sobre matéria de competência da União.

Na sequência, registramos recente julgado do STF na ADI 2663/RS, no qual o Pretório Excelso decidiu ser constitucional lei estadual que estabeleça a possibilidade de empresas patrocinarem bolsas de estudo para professores em curso superior, tendo como contrapartida a obrigação de que esses docentes ministrem aula de alfabetização ou aperfeiçoamento para os empregados da empresa patrocinadora.

Essa lei, segundo o plenário do STF, insere-se na competência legislativa do Estado-Membro para dispor sobre educação e ensino, prevista no art. 24, IX, da CR/88. Conforme o informativo 856, o STF afirmou que, por força do princípio federativo, que garante autonomia aos Estados-membros, é necessário que se abandone "*qualquer leitura inflacionada centralizadora das competências normativas da União, bem como sugere novas searas normativas que possam ser trilhadas pelos Estados-Membros, Municípios e Distrito Federal.*" Nesses termos, sustentou-se que se deve dar

169. *"O Tribunal julgou improcedente pedido formulado na ADI 3669 ajuizada pelo Governador do DF contra a Lei distrital 3.694/2005, que estabelece a oferta de ensino de língua espanhola aos alunos da rede pública daquela unidade federativa. Rejeitou-se a alegação de vício formal, por se considerar que o legislador distrital atuara nos limites da competência concorrente dos Estados-membros e do DF para legislar sobre educação, cultura, ensino e desporto (CR, art. 24, IX). Ademais, asseverou-se que a CF, ao prever a competência privativa da União para tratar de diretrizes e bases da educação nacional (art. 22, XXIV) – cujo tratamento em âmbito nacional se dá pela Lei 9.394/96 –, permitira que os entes estaduais e o DF atuassem no campo de suas especificidades. Ressaltou-se, ainda, a existência da Lei 11.161/2005 que trata do ensino da língua espanhola nos currículos plenos do ensino médio."* (Julg. em 18.06.2007).

uma interpretação que favoreça mais a autonomia legislativa dos Estados-membros, DF e Municípios.[170]

Aqui temos ainda, que o STF decidiu na ADI 3757, que é constitucional lei estadual (Lei do Estado do Paraná nº 14.808/2005) que assegure, nos estabelecimentos de ensino superior estadual e municipal, a livre organização dos Centros Acadêmicos, Diretórios Acadêmicos e Diretórios Centrais dos Estudantes. Também afirmou ser constitucional a legislação estabelecer que é de competência exclusiva dos estudantes a definição das formas, dos critérios, dos estatutos e demais questões referentes à organização dos Centros Acadêmicos, Diretórios Acadêmicos e Diretórios Centrais dos Estudantes. Entendeu ser constitucional a legislação determinar que os estabelecimentos de ensino deverão garantir espaços, em suas dependências, para a divulgação e instalações para os Centros Acadêmicos, Diretórios Acadêmicos e Diretórios Centrais Estudantis.

Porém, também na ADI 3757 afirmou o STF que a Lei Estado do Paraná não se aplica para as instituições federais e particulares de ensino superior considerando que elas integram o "sistema federal", de competência da União. Além disso, decidiu também ser inconstitucional que a lei estadual preveja multa para as entidades particulares de ensino em caso de descumprimento dessas medidas.[171]

170. Nesse sentido: "O STF, antigamente, possuía uma postura mais rígida em aceitar que leis estaduais, distritais ou municipais trouxessem ideias normativas inéditas, não previstas na legislação federal. No entanto, há algum tempo houve *overruling*, ou seja, a superação desse antigo entendimento jurisprudencial e agora a Corte vem admitindo que os demais entes federativos tratem sobre esses assuntos, desde que não contrariem expressamente a lei federal ou normas da CR/88". Conforme o informativo 856: "*A 'prospective overruling', antídoto ao engessamento do pensamento jurídico, possibilita ao STF rever sua postura em casos de litígios constitucionais em matéria de competência legislativa, viabilizando o prestígio das iniciativas regionais e locais, ressalvadas as hipóteses de ofensa expressa e inequívoca a norma da Constituição. Dessa forma, a competência legislativa de Estado-Membro para dispor sobre educação e ensino, prevista no art. 24, IX, da CF, autoriza a fixação, por lei local, da possibilidade de concessão de bolsas de estudo a professores em aprimoramento do sistema regional de ensino.*" ADI 2663/RS, Rel. Min. Luiz Fux, julg. em 08.03.2017. Ver também, in: *Dizer o Direito*, Inf. 856, 2017.

171. ADI 3757/PR, STF. Plenário. Rel. Min. Dias Toffoli, julgado em **17.10.2018.** Informativo 920: "*A Lei 14.808/2005, em seu art. 1º, assegura a livre organização dos centros e diretórios acadêmicos nos estabelecimentos de ensino superior, públicos e privados. No art. 2º, dispõe ser de competência exclusiva dos estudantes a definição das formas, dos critérios, dos estatutos e demais questões referentes a sua organização. Esses dois artigos são constitucionais, não dispõem sobre matéria atinente a direito civil e versam apenas sobre liberdade de associação. Dessa maneira, ausente violação à competência da União (CF, art. 22, I). O art. 3º preceitua que os estabelecimentos de ensino devem ceder espaço para instalações dos centros e diretórios acadêmicos e garantir: livre divulgação dos jornais e outras publicações (inciso I); participação nos conselhos universitários (inciso II); acesso à metodologia da elaboração das planilhas de custos (inciso III); e acesso dos representantes das entidades estudantis às salas de aula (inciso IV). O art. 4º preconiza que os espaços cedidos devem ser preferencialmente nos prédios correspondentes aos cursos. Ambos os dispositivos não invadem a autonomia universitária (CF, art. 207). Ao contrário, concretizam os valores constitucionais de liberdade de expressão, associação e reunião, asseguram a gestão democrática das universidades públicas e, por conseguinte, permitem a construção de tais universidades como um espaço de reflexão, de exercício da cidadania e de fortalecimento democrático. (...) O Colegiado deu interpretação conforme à Constituição aos arts. 1º a 4º **para excluir do seu âmbito de incidência as instituições federais e particulares de ensino superior, haja vista integrarem o sistema federal de que tratam** os arts. 209 e 211 da CF combinados com os arts. 16 e 17 da Lei 9.394/1996 (Lei de Diretrizes e Bases da Educação Nacional). Além disso, assentou a **inconstitucionalidade do art. 5º da lei paranaense**, no qual se prevê a aplicação de multa às instituições particulares que não observem as regras contidas nos artigos anteriores. A norma*

27) Ainda sobre o mesmo tema, mas envolvendo muncípio, decidiu recentemente o STF, que é inconstitucional lei municipal que proíba a divulgação de material com referência a "ideologia de gênero" nas escolas municipais.

O caso concreto envolveu a Lei Municipal 1.516/2015, do Município de Nova Gama-GO, que proibiu a utilização em escolas públicas municipais de material didático que contenha "ideologia de gênero.[172]

Segundo o STF, existiu uma inconstitucionalidade formal, na medida em que compete privativamente à União legislar sobre diretrizes e bases da educação nacional (art. 22, XXIV, da CR/88), de modo que os Municípios não têm competência para editar lei proibindo a divulgação de material com referência a "ideologia de gênero" (ou corretamente: "identidade de gênero") nas escolas municipais.

No caso, no exercício da competência legislativa, a União editou a Lei nº 9.394/96, Lei de Diretrizes e Bases da Educação. A LDB não traz qualquer proibição quanto à divulgação de material com referência a "ideologia de gênero" nas escolas públicas. Portanto, a Lei municipal que proíbe determinados conteúdos nas escolas públicas representa ingerência explícita do Poder Legislativo municipal no currículo pedagógico ministrado por instituições de ensino vinculadas ao Sistema Nacional de Educação (art. 214, CR/88 e a Lei Federal nº13.005/2014) e, consequentemente, submetidas à disciplina da Lei Federal nº 9.394/96 (LDB).

Portanto, esse é um assunto que necessita de tratamento uniforme em todo o país, devendo, ser tratado pela União conforme o art. 22, XXIV, da CR/88.

Nesses termos, a eventual necessidade de suplementação da legislação federal, com vistas à regulamentação de interesse local, jamais justificaria a edição de proibição à conteúdo pedagógico, não correspondente às diretrizes fixadas na LDB. Desse modo, os Municípios não dispõem de competência legislativa para a edição de normas que tratem de currículos, conteúdos programáticos, metodologias de ensino ou modos de exercício da atividade docente.[173]

E também ocorreu, conforme o Pretório Excelso, inconstitucionalidade material na referida lei, na medida em que ela violaria: a liberdade de aprender, ensinar, pesquisar e divulgar o pensamento, a arte e o saber (art. 206, II, CR/88); e o pluralismo de ideias e de concepções pedagógicas (art. 206, III, CR/88).

---

viola a competência legislativa da União para dispor sobre o sistema federal, bem como a isonomia, uma vez que estabelece multa exclusivamente em desfavor das universidades privadas."

172. Lei nº1.516/2015: *Art. 1º Fica proibida a divulgação de material com referência a ideologia de gênero nas escolas municipais de Novo Gama-GO. Art. 2º Todos os materiais didáticos deverão ser analisados antes de serem distribuídos nas escolas municipais de Novo Gama-GO. Art. 3º Não poderão fazer parte do material didático nas escolas em Novo Gama-GO materiais que fazem menção ou influenciem ao aluno sobre a ideologia de gênero. Art. 4º Materiais que foram recebidos mesmo que por doação com referência a ideologia de gênero deverão ser substituídos por materiais sem referência a mesma.*

173. **ADPF 457**, STF. Plenário. Rel. Alexandre de Moraes, julgado em **27.04.2020**.

Além disso, a lei contraria também, segundo o STF, um dos objetivos fundamentais da República Federativa do Brasil, que é a promoção do bem de todos sem preconceitos de origem, raça, sexo, cor, idade e quaisquer outras formas de discriminação (art. 3º, IV, CR/88).

Nesses termos, a lei não cumpre com o dever estatal de promover políticas de inclusão e de igualdade, contribuindo para a manutenção da discriminação com base na orientação sexual e identidade de gênero.[174]

Para o STF, o reconhecimento da identidade de gênero é constitutivo da dignidade humana. O Estado, para garantir o gozo pleno dos direitos humanos, não pode vedar aos estudantes o acesso a conhecimento a respeito de seus direitos de personalidade e de identidade.[175]

28) Porém, já decidiu o STF, que é inconstitucional lei estadual que preveja que o escritório de prática jurídica da Universidade Estadual deverá manter nos finais de semana e feriados para atender pessoas hipossuficientes que sejam presas em flagrante. O fundamento central foi o de que essa lei viola a autonomia administrativa, financeira, didática e científica assegurada às universidades no art. 207 da CR/88 (aqui temos a intitulada inconstitucionalidade material).[176]

29) Entendeu o STF, que é inconstitucional lei estadual que inclua no conceito de *"manutenção e desenvolvimento do ensino"*, para os fins do art. 212 da CR/88, o pagamento dos servidores inativos da área da educação, em contrariedade às disposições da Lei de Diretrizes e Bases da Educação Nacional.[177]

No caso, a Lei Complementar 1010/2007, do Estado de São Paulo, criou a São Paulo Previdência (SPPREV), entidade gestora do regime próprio de previdência dos servidores públicos estaduais. Acontece que os arts. 26 e 27 dessa refrida Lei permitiram que o Estado de São Paulo considerasse, como dinheiro investido em ensino (art. 212 da CR/88), as despesas de natureza previdenciária.

Conforme o art. 212 da CR/88, *a União aplicará, anualmente, nunca menos de dezoito, e os Estados, o Distrito Federal e os Municípios vinte e cinco por cento, no mínimo, da receita resultante de impostos, compreendida a proveniente de transferências, na manutenção e desenvolvimento do ensino.*

Para o STF, a definição de quais despesas podem ou não ser consideradas como manutenção e desenvolvimento de ensino é feita por meio de lei editada pela União, nos termos do art.22, XXIV e também do própro art. 24, IX da CR/88.

174. **ADPF 457**, STF. Plenário. Rel. Alexandre de Moraes, julgado em **27.04.2020**.
175. **ADPF 457**, STF. Plenário. Rel. Alexandre de Moraes, julgado em **27.04.2020**.
176. ADI 3792/RN Plenário do STF., Rel. Min. Dias Toffoli, julgado em **22.09.2016**. *No caso ainda existiu inconstitucionalidade formal por vício de iniciativa na medida em que a iniciativa para propor leis que imponham atribuições para órgãos ou entidades públicas estaduais é privativa do Governador do Estado e, no caso, a lei foi proposta por um Deputado (iniciativa parlamentar).*
177. **ADI 5719**, STF. Plenário. Rel. Edson Fachin, julgado em **18.08.2020**.

Essas normas explicitam que compete a União editar normas gerais sobre educação e ensino.

Nesses termos, a Lei nº 9.394/96 (Lei de Diretrizes e Bases da Educação Nacional), em seus arts. 70 e 71, define quais despesas podem ser consideradas como sendo destinadas à manutenção e desenvolvimento do ensino.[178]

Assim sendo, as despesas com encargos previdenciários de servidores inativos e os repasses efetuados pelo Estado para cobrir o *déficit* no regime próprio de previdência não podem ser computados como aplicação de recursos na manutenção e desenvolvimento de ensino, para os fins do art. 212 da CR/88. Portanto, é inconstitucional lei estadual que faça essa previsão.[179]

30) O STF por maioria, julgou procedente, em parte, pedido formulado na ADI 2886 para declarar a inconstitucionalidade do inciso IV art. 35 da Lei Complementar 106/2003, do Estado do Rio de Janeiro ("Art. 35. *No exercício de suas funções, cabe ao Ministério Público: IV – receber diretamente da Polícia Judiciária o inquérito policial, tratando-se de infração de ação penal pública*"). O Tribunal reconheceu o caráter procedimental do inquérito e afastou a apontada ofensa à competência privativa da União para legislar sobre direito processual (CF, art. 22, I). Entretanto, entendeu violado o § 1º do art. 24 da CF, porquanto o ato atacado dispõe de forma diversa do que estabelecido pela norma geral editada pela União sobre a matéria, qual seja, o § 1º do art. 10 do Código de Processo Penal[180].

31) O STF declarou inconstitucional norma de Constituição Estadual que estabelecia que qualquer implementação de instalações industriais para a produção de energia nuclear no Estado estaria na dependência de autorização prévia da Assembleia Legislativa estadual com a ratificação por plebiscito.[181]

---

178. Art. 70. *Considerar-se-ão como de manutenção e desenvolvimento do ensino as despesas realizadas com vistas à consecução dos objetivos básicos das instituições educacionais de todos os níveis, compreendendo as que se destinam a: I - remuneração e aperfeiçoamento do pessoal docente e demais profissionais da educação*; Art. 71. *Não constituirão despesas de manutenção e desenvolvimento do ensino aquelas realizadas com: VI - pessoal docente e demais trabalhadores da educação, quando em desvio de função ou em atividade alheia à manutenção e desenvolvimento do ensino.*

179. **ADI 5719**, STF. Plenário. Rel. Edson Fachin, julgado em **18.08.2020**.

180. Por outro lado, a *Corte afirmou a constitucionalidade do inciso V do art. 35 da lei em questão ("V– requisitar informações quando o inquérito policial não for encerrado em trinta dias, tratando-se de indiciado solto mediante fiança ou sem ela"). Asseverou competir ao Ministério Público o controle externo da atividade policial, a teor do disposto no art. 129, VII, da CF ("Art. 129. São funções institucionais do Ministério Público:... VII – exercer o controle externo da atividade policial, na forma da lei complementar mencionada no artigo anterior")*. Vencidos os Ministros Marco Aurélio, Roberto Barroso, Cármen Lúcia e Celso de Mello, que julgavam improcedente o pleito. ADI 2886 julg. em 03.04.2014. Rel. p/ acordão Min. Joaquim Barbosa.

181. ADI nº 329 julg. em 01.04.2004: *(...) Constituição do Estado de Santa Catarina. Art. 185. Energia nuclear. (...)Alegação de ofensa à competência privativa da União (CR, art. 21, XXIII). 1 – Mantida a competência exclusiva da União para legislar sobre atividades nucleares de qualquer natureza (CR, art. 22, XXVI), aplicáveis ao caso os precedentes da Corte produzidos sob a égide da CF de 1967. 2 – Ao estabelecer a prévia aprovação da Assembleia Legislativa Estadual, ratificada por plebiscito, como requisito para a implantação de instalações industriais para produção de energia nuclear no Estado, invade a Constituição catarinense a competência legislativa privativa da União 3 – Ação direta de inconstitucionalidade cujo pedido se julga procedente.*

32) O STF, na ADI 3035, decidiu em 06.04.2005 no que tange ao tema OGM (*organismos geneticamente modificados*), nos seguintes termos: "Ação Direta de Inconstitucionalidade ajuizada contra a Lei Estadual paranaense de nº 14.162, de 27 de outubro de 2003, que estabelece vedação ao cultivo, à manipulação, à importação, à industrialização e à comercialização de organismos geneticamente modificados. 2. Alegada violação aos seguintes dispositivos constitucionais: art. 1º; art. 22, incisos I, VII, X e XI; art. 24, I e VI; art. 25 e art. 170, ***caput***, inciso IV e parágrafo único. 3. Ofensa à competência privativa da União e das normas constitucionais relativas às matérias de competência legislativa concorrente. 4. Ação Julgada Procedente". No caso concreto, restou claro que os Estados-membros não têm competência legislativa para proibir uma atividade que foi expressamente autorizada por norma geral da União. Nesses termos, a Lei do Estado do Paraná proibia o plantio e a comercialização de substâncias contendo organismos geneticamente modificados em seu território. Ocorre que as normas gerais fixadas pela União (Lei Federal nº 11.105/05 – Lei da Biossegurança) permitem atividades envolvendo tais organismos, desde que cumpridas determinadas regras de segurança e fiscalização. Em virtude disso, a referida lei paranaense foi declarada inconstitucional pelo STF.[182]

33) Sobre o "sistema financeiro", o plenário do STF, nos termos do informativo 633, julgou "procedente pedido formulado em ação direta, ajuizada pelo Governador do Estado de Santa Catarina, para declarar a inconstitucionalidade da Lei 12.775/2003, daquela unidade federativa, que dispõe sobre o uso obrigatório de equipamento que ateste a autenticidade de cédulas de dinheiro por estabelecimentos bancários e dá outras providências. Reputou-se que a norma adversada teria invadido a competência privativa da União para legislar sobre o sistema financeiro nacional (art. 21, VIII; art. 22, VII; e art. 192, caput da CR/88)"[183]

34) Segundo o STF, na ADI 1241 é inconstitucional Constituição estadual ou lei estadual que amplie a abrangência do art. 19 do ADCT e estabeleça estabilidade para servidores públicos admitidos sem concurso público mesmo após 05/10/1983. Algumas Constituições e leis estaduais tentaram ampliar a abrangência do art. 19 do ADCT prevendo a estabilidade para servidores admitidos sem concurso público mesmo que admitidos após o prazo fixado pelo art. 19 do ADCT. Nesses termos, servidores teriam a estabilidade mesmo ingressando depois de 05/10/1983.[184] No mesmo sentido: "(...) A exigência de concurso público para a investidura em cargo garante o respeito a vários princípios constitucionais

182. Rel. Min. Gilmar Mendes, DJ em 14.10.2005.

183. **ADI 3515/SC**, Rel. Min. Cezar Peluso, julgada em **01.08.2011**.

184. **ADI 1241/RN** Plenário do STF, Rel. Min. Dias Toffoli, julg. em **22.09.2016**: *"O Plenário julgou procedente pedido formulado em ação direta para declarar a inconstitucionalidade dos arts. 1º e 2º da Lei 6.697/1994 do Estado do Rio Grande do Norte. Os dispositivos impugnados asseguraram a permanência de servidores da Fundação Universidade Regional do Rio Grande do Norte admitidos em caráter temporário, entre o período de 8 de janeiro de 1987 a 17 de junho de 1993, sem a prévia aprovação em concurso público, e tornaram sem efeitos os atos de direção da universidade que, de qualquer forma, excluíssem esses servidores do quadro de pessoal. (...) demais, reputou haver ofensa ao princípio do concurso público (CF/1988, art. 37, II), haja vista a estabilização de servidores contratados apenas temporariamente. O*

de direito administrativo, entre eles, o da impessoalidade e o da isonomia. O constituinte, todavia, inseriu no art. 19 do ADCT norma transitória criando uma estabilidade excepcional para servidores não concursados da União, Estados, Distrito Federal e dos Municípios que, quando da promulgação da Carta Federal, contassem com, no mínimo, cinco anos ininterruptos de serviço público. 2. A jurisprudência desta Corte tem considerado inconstitucionais normas estaduais que ampliam a exceção à regra da exigência de concurso para o ingresso no serviço público já estabelecida no ADCT."[185]

35) O Plenário do STF, por maioria, referendou medida acauteladora na ADI 5353/MC para suspender o andamento de todos os processos em que se discuta a constitucionalidade da Lei 21.720/2015 do Estado de Minas Gerais, assim como os efeitos de decisões neles proferidas, até o julgamento definitivo da ação. A lei impugnada determina que os depósitos judiciais em dinheiro, tributários e não tributários, realizados em processos vinculados ao Tribunal de Justiça do Estado de Minas Gerais (TJMG), sejam utilizados para o custeio da previdência social, o pagamento de precatórios e assistência judiciária e a amortização da dívida com a União. O STF ponderou que o tema de fundo, relativo ao aproveitamento, pelas unidades federadas, dos valores sob disputa judicial que estejam temporariamente submetidos à custódia das instituições financeiras, é objeto de controvérsia. Nesse sentido, há substanciosos contrastes entre a lei estadual de Minas em debate e a Lei Complementar 151/2015. O mais evidente deles, nos termos do informativo 840 do STF, diz respeito à natureza dos depósitos judiciais passíveis de transferência à conta única do Estado-Membro. A lei federal apenas autoriza o levantamento de valores objetos de depósitos vinculados a processos em que os entes federados sejam parte, enquanto a lei mineira contém autorização mais generosa, que se estende a todos os processos vinculados à Corte local. Além disso, a norma estadual permite que a transferência chegue a compreender, no primeiro ano de vigência, o equivalente a 75% do valor total dos depósitos. Aqui registramos que a Lei Complementar 151/2015, prevê que dos valores que estão na conta do Poder Judiciário como depósito judicial, deve-se identificar aqueles que sejam oriundos de processos nos quais os Estados, o DF e os Municípios sejam parte e desses valores, 70% poderá ser transferido para a conta única do Tesouro do Estado, do Distrito Federal ou do Município. Certo é que os 30% restantes ficarão como um fundo de reserva, a fim de serem utilizados para o pagamento dos valores devidos à outra parte, caso o Estado, o DF ou o Município venha a perder a causa. Nesses termos, tendo em vista o cenário de instabilidade criado pela exigibilidade imediata da lei atacada, a contrariedade do diploma com o regime estabelecido pela LC 151/2015, o risco para o direito de propriedade dos

---

<u>art. 19 do ADCT concedera estabilidade excepcional somente aos servidores que, ao tempo da promulgação do texto, estavam em exercício há mais de cinco anos.</u>"

185. **ADI 100/MG** Plenário STF, Rel. Min. Ellen Gracie, julg; em **09.09.2004**.

depositantes que litigam na Corte local e a predominância da competência legislativa da União para prover sobre depósitos judiciais e suas consequências, o Tribunal referendou a decisão cautelar.[186]

36) Segundo o STF na ADI 2905 julgada em 16.11.2016, é inconstitucional lei estadual que estabeleça normas sobre a comercialização de títulos de capitalização, proibindo a venda casada e prevendo regras para a publicidade desses produtos.[187]

37) Por último, conforme o STF, contraria a Constituição Federal lei municipal que proíbe o trânsito de veículos, sejam eles motorizados ou não, transportando cargas vivas nas áreas urbanas e de expansão urbana do Município.

Nesses termos, essa lei municipal invade a competência da União. Assim sendo, o Município, ao inviabilizar o transporte de gado vivo na área urbana e de expansão urbana de seu território, transgride a competência da União, que já estabeleceu, à exaustão, diretrizes para a política agropecuária, o que inclui o transporte de animais vivos e sua fiscalização.

Além disso, segundo o Pretório Excelso, sob a justificativa de criar mecanismo legislativo de proteção aos animais, o legislador municipal impôs restrição desproporcional. Esta desproporcionalidade fica evidente quando se verifica que a legislação federal já prevê uma série de instrumentos para garantir, de um lado, a qualidade dos produtos destinados ao consumo pela população e, de outro, a existência digna e a ausência de sofrimento dos animais, tanto no transporte quanto no seu abate.[188]

Passamos agora, ao estudo da **repartição vertical** nos mesmos moldes. Primeiro iremos apresentar um quadro e posteriormente adentraremos no texto Constitucional e suas nuances.

186. **ADI 5353 MC**-Ref/MG Plenário do STF, Rel. Min. Teori Zavascki, julgado em **28.09.2016**. Portanto, o STF entendeu, em sede de medida cautelar, que a lei estadual é inconstitucional por contrariar *1) O princípio da separação dos poderes. 2) A LC 151/2015 que apenas autoriza o levantamento de 70% dos valores que sejam objeto de depósitos vinculados a processos em que os entes federados sejam parte. 3) A iniciativa legislativa privativa da União, pois lei que versa sobre depósitos judiciais é de competência legislativa privativa da União, por tratar de matéria processual (art. 22, I, da CR/88).*

187. STF entendeu por decisão majoritária que a lei trata sobre direito comercial e outros temas que são de competência privativa da União, nos termos do art. 22, I, VI, VII e XIX, da CR/88. *"O Colegiado asseverou que a regra contida no § 3º do art. 24 da CF também abrange o "caput" do artigo. Em seguida, entendeu que o exercício da competência legislativa concorrente pelos Estados — presente ou não norma geral editada pela União — pressupõe o atendimento de situações peculiares do ente, circunstância* ***não verificada no caso****. Observou haver lei federal sobre a matéria (Código de Defesa do Consumidor). Ademais, ressaltou que a lei impugnada dispõe, na sua inteireza, sobre sistema de capitalização, o que compete privativamente à União, que também já editou normas sobre defesa do consumidor e publicidade nessa matéria. A norma em debate estabelece, indevidamente, vedação a uma venda casada, o que a legislação federal autoriza."* (Informativo 847 do STF)

188. ADPF 514 e ADPF 516 STF. Plenário. MC-REF/SP, Rel. Min. Edson Fachin, julgados em **11.10.2018** (Informativo 919).

QUADRO DE REPARTIÇÃO DE COMPETÊNCIA VERTICAL	
União, Estados, Municípios e Distrito Federal	Art. 23 – Competências comuns. Competências administrativas.
União, Estados e Distrito Federal	Art. 24 – Competências concorrentes. Competências legislativas.
Municípios	Art. 30, II – Competência concorrente. Competências legislativas.

Sobre o art. 23, que explicita as competências comuns administrativas, temos literalmente que é competência comum da União, dos Estados, do Distrito Federal e dos Municípios: I – zelar pela guarda da Constituição, das leis e das instituições democráticas e conservar o patrimônio público; II – cuidar da saúde e assistência pública, da proteção e garantia das pessoas portadoras de deficiência[189]; III – proteger os documentos, as obras e outros bens de valor histórico, artístico e cultural, os monumentos, as paisagens naturais notáveis e os sítios arqueológicos; IV – impedir a evasão, a destruição e a descaracterização de obras de arte e de outros bens de valor histórico, artístico ou cultural; V – proporcionar os meios de acesso à cultura, à educação, à ciência, à tecnologia, à pesquisa e à inovação; (Redação dada pela Emenda Constitucional nº 85, de 2015); VI – proteger o meio ambiente e combater a poluição em qualquer de suas formas; VII – preservar as florestas, a fauna e a flora; VIII – fomentar a produção agropecuária e organizar o abastecimento alimentar; IX – promover programas de construção de moradias e a melhoria das condições habitacionais e de saneamento básico[190];

---

189. **ARE 727.864/PR** julg. em **09.09.2014**: *"2. Ação civil pública: instrumento processual adequado à proteção jurisdicional de direitos revestidos de metaindividualidade. Legitimação ativa do ministério público (CF, art. 129, III). A função institucional do ministério público como "defensor do povo" (CF, art. 129, II). 3. Responsabilidade solidária das pessoas políticas que integram o estado federal brasileiro, no contexto do sistema único de saúde (SUS). Competência comum dos entes federados (União, Estados-membros, DF e Municípios) em tema de proteção e assistência à saúde pública e/ou individual (CF, art. 23, II). Determinação constitucional que, ao instituir o dever estatal de desenvolver ações e de prestar serviços de saúde, torna as pessoas políticas responsáveis solidárias pela concretização de tais obrigações jurídicas, o que lhes confere legitimação passiva "ad causam" nas demandas motivadas por recusa de atendimento no âmbito do sus. Consequente possibilidade de ajuizamento da ação contra um, alguns ou todos os entes estatais. Precedentes."*

190. **ADI 1842** julg. em **06.03.2013**: *"O art. 23, IX, da Constituição Federal conferiu competência comum à União, aos estados e aos municípios para promover a melhoria das condições de saneamento básico. Nada obstante a competência municipal do poder concedente do serviço público de saneamento básico, o alto custo e o monopólio natural do serviço, além da existência de várias etapas – como captação, tratamento, adução, reserva, distribuição de água e o recolhimento, condução e disposição final de esgoto – que comumente ultrapassam os limites territoriais de um município, indicam a existência de interesse comum do serviço de saneamento básico. A função pública do saneamento básico frequentemente extrapola o interesse local e passa a ter natureza de interesse comum no caso de instituição de regiões metropolitanas, aglomerações urbanas e microrregiões, nos termos do art. 25, § 3º, da Constituição Federal. Para o adequado atendimento do interesse comum, a integração municipal do serviço de saneamento básico pode ocorrer tanto voluntariamente, por meio de gestão associada, empregando convênios de cooperação ou consórcios públicos, consoante o arts. 3º, II, e 24 da Lei Federal 11.445/2007 e o art. 241 da CF, como compulsoriamente, nos termos*

X – combater as causas da pobreza e os fatores de marginalização, promovendo a integração social dos setores desfavorecidos; XI – registrar, acompanhar e fiscalizar as concessões de direitos de pesquisa e exploração de recursos hídricos e minerais em seus territórios; XII – estabelecer e implantar política de educação para a segurança do trânsito.

Aqui, é importante explicitarmos o teor do **parágrafo único do art. 23 da CR/88**. Nele, a Constituição visa que o regular e necessário exercício das competências administrativas comuns não seja conflituoso, de modo que, em vez de contribuir para a melhoria das atividades ou dos serviços, acabe por prejudicá-los. Assim sendo, com base no que poderíamos chamar de ***princípio da cooperação***, preleciona a Constituição que: *as leis complementares fixarão normas para a cooperação entre a União e os Estados, o Distrito Federal e os Municípios, tendo em vista o equilíbrio do desenvolvimento e do bem-estar em âmbito nacional.*[191] Nesse sentido, há uma responsabilidade de todos os entes para a realização das tarefas administrativas (materias) comuns.

Aliás, os entes, em determinadas situações devem atuar até mesmo de forma solidária ("responsabilidade solidária") para o cumprimento delas, nos termos, inclusive, de posicionamentos do próprio STF[192]. Um exemplo é a decisão da ADI 2544 Julgada em 28.06.2006. Nesses termos:

---

em que prevista na lei complementar estadual que institui as aglomerações urbanas. A instituição de regiões metropolitanas, aglomerações urbanas ou microrregiões pode vincular a participação de municípios limítrofes, com o objetivo de executar e planejar a função pública do saneamento básico, seja para atender adequadamente às exigências de higiene e saúde pública, seja para dar viabilidade econômica e técnica aos municípios menos favorecidos. Repita-se que este caráter compulsório da integração metropolitana não esvazia a autonomia municipal. (...)" (Rel. Min. Gilmar Mendes)

191. Como exemplo, temos a **Lei Complementar nº 140** de **08.12.2011**. Esta Lei Complementar *fixa normas, nos termos dos **incisos III, VI e VII do caput** e do **parágrafo único do art. 23 da Constituição Federal**, para a cooperação entre a União, os Estados, o Distrito Federal e os Municípios nas ações administrativas decorrentes do exercício da competência comum relativas à proteção das paisagens naturais notáveis, à proteção do meio ambiente, ao combate à poluição em qualquer de suas formas e à preservação das florestas, da fauna e da flora. Segundo o art. 3º da LC nº 140/2001:* Constituem objetivos fundamentais da União, dos Estados, do Distrito Federal e dos Municípios, no exercício da competência comum a que se refere esta Lei Complementar: *I – proteger, defender e conservar o meio ambiente ecologicamente equilibrado, promovendo gestão descentralizada, democrática e eficiente; II – garantir o equilíbrio do desenvolvimento socioeconômico com a proteção do meio ambiente, observando a dignidade da pessoa humana, a erradicação da pobreza e a redução das desigualdades sociais e regionais; III – harmonizar as políticas e ações administrativas para evitar a sobreposição de atuação entre os entes federativos, de forma a evitar conflitos de atribuições e garantir uma atuação administrativa eficiente; IV – garantir a uniformidade da política ambiental para todo o País, respeitadas as peculiaridades regionais e locais.* Nos termos do art. 4º da LC nº 140/2011: *Os entes federativos podem valer-se, entre outros, dos seguintes instrumentos de cooperação institucional: I – consórcios públicos, nos termos da legislação em vigor; II – convênios, acordos de cooperação técnica e outros instrumentos similares com órgãos e entidades do Poder Público, respeitado o art. 241 da Constituição Federal; III – Comissão Tripartite Nacional, Comissões Tripartites Estaduais e Comissão Bipartite do Distrito Federal; IV – fundos públicos e privados e outros instrumentos econômicos; V – delegação de atribuições de um ente federativo a outro, respeitados os requisitos previstos nesta Lei Complementar; VI – delegação da execução de ações administrativas de um ente federativo a outro, respeitados os requisitos previstos nesta Lei Complementar.* Temos, ainda, *as definições das ações administrativas da União (art. 7º), Estados (art. 8º), Municípios (art. 9º) e DF (art. 10º).*

192. Sobre o debate em torno da **responsabilidade solidária** de matérias do art. 23 da CR/88, citamos o **informativo 579 do STF** (AgR 175, julg. em **17.03.2010**). Esse envolveu, entre outras questões, discussão atinente à saúde

(...) Federação: competência comum: proteção do patrimônio comum, incluído o dos sítios de valor arqueológico (CR, arts. 23, III, e 216, V): encargo que não comporta demissão unilateral. 1. L. Est. 11.380, de 1999, do Estado do Rio Grande do Sul, confere aos municípios em que se localizam a proteção, a guarda e a responsabilidade pelos sítios arqueológicos e seus acervos, no Estado, o que vale por excluir, a propósito de tais bens do patrimônio cultural brasileiro (CR, art. 216, V), o dever de proteção e guarda e a consequente responsabilidade não apenas do Estado, mas também da própria União, incluídas na competência comum dos entes da Federação, que substantiva incumbência de natureza qualificadamente irrenunciável. 2. A inclusão de determinada função administrativa no âmbito da competência comum não impõe que cada tarefa compreendida no seu domínio, por menos expressiva que seja, haja de ser objeto de ações simultâneas das três entidades federativas: donde, a previsão, no parágrafo único do art. 23 CR, de lei complementar que fixe normas de cooperação (v. sobre monumentos arqueológicos e pré-históricos, a L. 3.924/61), cuja edição, porém, é da competência da União e, de qualquer modo, não abrange o poder de demitirem-se a União ou os Estados dos encargos constitucionais de proteção dos bens de valor arqueológico para descarregá-los ilimitadamente sobre os Municípios. 3. ADI julgada procedente.

Porém, devemos deixar salientado que, mesmo com a normativa constitucional objetivando o equilíbrio entre os entes no exercício das competências administrativas comuns, é mister deixar assente, que na ocorrência de conflitos ou tensões no desempenho das atividades comuns que lhes são atribuídas, a jurisprudência do STF vem trabalhando com o princípio da preponderância dos interesses para solvê-los. Nesse sentido, mesmo não havendo hierarquia entre os entes, a doutrina, acompanhada do posicionamento do Pretório Excelso,[193] vem se posicionando pela intitulada hierarquia de interesses, em que se vislumbra na solução do caso, inicialmente o interesse mais amplo da União em precedência (ou preferência) em relação aos mais restritos, como, por exemplo, o dos Estados.[194]

Sobre o art. 24, das competências concorrentes legislativas, temos inicialmente que explicitar seu conteúdo. **Assim sendo, compete à União, aos Estados e**

(*responsabilidade solidária dos Entes em matéria de saúde*). Ver também: RE nº 756.149 AgR julg. em **17.12.2013**, 1ª Turma do STF e ARE 727.864/PR.

193. AC-MC nº 1.255, Ementa: Direito Ambiental. Criação de reserva extrativista. Procedimento de instituição dessa unidade de uso sustentável. Necessidade de realização de consulta pública (Lei nº 9.985/2000, art. 22, §§ 2º e 3º, c/c o Decreto nº 4.340/2002, art. 5º, "caput"). Precedente do STF. *Instituição, pela União Federal, de reserva extrativista em área que compreende terras públicas pertencentes a um Estado-membro da Federação. Existência de potencial conflito federativo. Instauração da competência originária do STF, como Tribunal da Federação. Precedentes. A questão da desapropriação, pela união federal, de bens integrantes do domínio público estadual. Possibilidade do ato expropriatório, sujeito, no entanto, quanto à sua efetivação, à prévia autorização legislativa do Congresso Nacional (DI nº 3.365/41, art. 2º, § 2º). Controle político, pelo poder legislativo da união, do ato excepcional de expropriação federal de bens integrantes do patrimônio imobiliário estadual. Necessidade de observância do regular procedimento expropriatório, inclusive com o reconhecimento do dever da união federal de indenizar o estado-membro. Precedentes do STF. Conflito entre a União Federal e as demais unidades federadas, quando no exercício, em tema ambiental, de sua competência material comum. Critérios de superação desse conflito: critério da preponderância do interesse e critério da colaboração entre as pessoas políticas. Reconhecimento, na espécie, em juízo de delibação, do caráter mais abrangente do interesse da União Federal. Inocorrência, ainda, de situação de irreversibilidade decorrente da consulta pública convocada pelo Ibama. Medida Liminar Indeferida.* (DJ: 22.06.2006)

194. MENDES; COELHO; BRANCO, *Curso de direito constitucional*, 2008, p. 820.

ao Distrito Federal legislar concorrentemente sobre: I – direito tributário, financeiro, penitenciário, econômico e urbanístico; II – orçamento; III – juntas comerciais; IV – custas dos serviços forenses; V – produção e consumo; VI – florestas, caça, pesca, fauna, conservação da natureza, defesa do solo e dos recursos naturais, proteção do meio ambiente e controle da poluição; VII – proteção ao patrimônio histórico, cultural, artístico, turístico e paisagístico; VIII – responsabilidade por dano ao meio ambiente, ao consumidor, a bens e direitos de valor artístico, estético, histórico, turístico e paisagístico; IX – educação, cultura, ensino, desporto, ciência, tecnologia, pesquisa, desenvolvimento e inovação; (Redação dada pela Emenda Constitucional nº 85, de 2015); X – criação, funcionamento e processo do juizado de pequenas causas; XI – procedimentos em matéria processual; XII – previdência social, proteção e defesa da saúde; XIII – assistência jurídica e Defensoria pública; XIV – proteção e integração social das pessoas portadoras de deficiência; XV – proteção à infância e à juventude; e XVI – organização, garantias, direitos e deveres das polícias civis.

Primeiramente, é bom que se diga que essas competências descritas no referido art. 24 da CR/88 devem ser classificadas como **competências concorrentes não cumulativas**. Nesses termos, existem limites previamente definidos para o exercício das competências concorrentes anteriormente citadas. Assim sendo, a União edita **normas gerais** e os Estados e o Distrito Federal deverão **suplementar** essas normas gerais para atender aos seus interesses regionais.

No entanto, pode ser que a União **não** produza as normas gerais. Nesse caso, os Estados e o Distrito Federal poderão exercer competência legislativa plena. Esta está alocada no art. 24 § 3º da CR/88 nos seguintes termos: inexistindo lei federal sobre normas gerais, os Estados exercerão a competência legislativa plena para atender às suas peculiaridades. Nesse sentido, alguns doutrinadores, chamam o exercício dessa competência de suplementar-supletiva.

Então, para boa parte da doutrina (visto que essa nomenclatura não é unânime[195]), existem dois tipos de competência suplementar. Ou seja, a competência suplementar seria um gênero que apresentaria duas espécies: a **suplementar-complementar** (ideia de complementariedade) e a **suplementar-supletiva** (ideia de supletividade).

Assim sendo, se a União edita normas gerais[196] (exercendo o interesse nacional), os Estados e o DF irão **suplementar** (de forma a complementar) essas normas da União, para atender às suas peculiaridades regionais.

195. Não usando a nomenclatura: Gilmar Ferreira Mendes (2009); José Afonso da Silva (2010), entre outros. Usando da nomenclatura: André Ramos Tavares (2012), Alexandre de Morais (2010), entre outros.

196. Sobre as normas gerais e os critérios para a definição das mesmas, temos a análise de André Ramos Tavares. Na mesma, ficou explicitado, duas vertentes no STF sobre as características preponderantes das normas gerais: *a) O Ministro Ayres Britto defende que a generalidade da norma decorre da possibilidade de sua aplicação uniforme a todos os entes federativos (aplicabilidade federativamente uniforme); b) já a tese do Ministro Carlos Velloso seria a de*

Porém, se a União **não** edita as **normas gerais** (como já explicitado), os Estados e o DF irão exercer **competência legislativa plena**, intitulada para alguns, de competência suplementar-supletiva. Obviamente, nesse caso, devemos registrar, que eles (Estados) irão editar toda a normatividade, pois não há como editarem só a complementação. Não há como complementar o que não existe! Portanto, eles editam a (norma) geral e complementam a (norma) geral deles mesmos (que eles editaram). A legislação do Estado ou DF, então, irá ter validade apenas no âmbito do Estado ou no âmbito do DF.[197]

Ainda, temos que acrescentar que, se existir, por parte dos Estados ou DF o exercício da competência legislativa plena (competência, que boa parte da doutrina, chama de suplementar-supletiva), e, posteriormente a União vier a editar normas gerais (que eram até então inexistentes!), essas irão **suspender** as normas estaduais ou distritais no que **lhes forem contrárias**. Este, aliás, é o teor do art. 24 § 4º da CR/88, que preleciona que "a superveniência de lei federal sobre normas gerais **suspende** a eficácia da lei estadual, no que lhe for contrário".

Aqui, cinco observações são pertinentes para nosso estudo:

a) Resta claro então que os Estados no exercício da competência legislativa plena editam toda a normatividade (normas gerais e complementares), no entanto, a União pode editar as normas gerais (inexistentes). Fazendo isso, as normas da União suspendem as normas estaduais que lhes forem contrárias (as que não são contrárias continuam valendo).

b) Por que ocorre a suspensão e não a revogação das normas estaduais contrárias? Acreditamos que seria extremamente complicado em termos jurídicos se a CR/88 estabelecesse que normas da União revogariam normas estaduais contrárias (na lógica da "teoria do ordenamento jurídico", em regra, quem deve revogar normas estaduais são normas estaduais).

c) Nesse momento trazemos um caso concreto para reflexão: Como salientado, na omissão (falta) de normas gerais da União, os Estados-membros exercem competência legislativa plena. Porém, pode acontecer da União, posteriormente, editar outras normas gerais que, obviamente, irão **revogar** as primeiras normas

---

que uma norma seria geral em razão de sua maior abstração, a exemplo dos princípios (diretrizes ou princípios gerais). Curso de direito constitucional. p. 1164, 2012.

197. Como exemplo, temos o **RE 494601/RS,** julgado em **28.03.2019** pelo STF: "A competência para legislar sobre proteção da fauna e do meio ambiente em geral é concorrente, estando dividida entre a União, Estados, DF e Municípios (art. 24, VI c/c art. 30, II, da CR/88). Logo, compete à União editar normas gerais sobre o tema, cabendo ao Estado suplementar essa legislação federal (art. 24, § 2º). No caso concreto, o STF considerou que o art. 2º, parágrafo único, da Lei 11.915/2003 do Estado do RS, ***não ofendeu a competência da União para editar normas gerais de proteção do meio ambiente***. Isso porque *não existe lei federal tratando sobre o sacrifício de animais com finalidade religiosa*. Logo, a lei estadual, ao tratar sobre o tema, não infringiu normas gerais da União. A Lei de Crimes Ambientais (Lei federal nº 9.605/98) foi editada para tutelar a fauna silvestre, especialmente em atividades de caça. *Ela **não tratou**, nem mesmo indiretamente, sobre imolação de animais em custos religiosos. Logo, percebe-se uma omissão da União em editar normas gerais sobre esse tema específico (sacrifício de animais em rituais religiosos).* A omissão da União na edição de normas gerais faz com que o Estado-membro tenha liberdade para estabelecer regras a respeito, observado o **§ 3º do art. 24 da CR/88**." (Informativo 935 do STF)

gerais por ela (União) editadas. Nesse contexto, pode ocorrer que as novas normas gerais editadas pela União não mais contrariem as normas editadas pelos Estados que estão suspensas, então, temos que: se a segunda norma geral editada pela União não contrariar **aquelas normas editadas** pelos Estados (que estão suspensas!), elas **deixam de ficar suspensas**. Porém, é bom que se diga que não ocorrerá a chamada ***repristinação***[198] das normas dos Estados-membros ou DF. Isso se dá, justamente, porque essas normas **não foram revogadas**, mas, **suspensas** com a edição das primeiras normas gerais pela União. Assim, com essas digressões, podemos concluir que a diferença entre suspensão e revogação tem não só um fundamento jurídico, mas também um fundamento prático.

d) Nesse momento mais um questionamento é valido: no âmbito da competência concorrente, uma lei estadual que esteja suplementando a lei federal poderá estabelecer um tratamento mais restritivo (mais rigoroso ou protetivo) do que aquele que foi imposto pelas normais gerais da União? No caso, depende da situação de aplicação.

Assim sendo, as normas suplementares dos Estados-membros podem sim ser mais restritivas que as normas gerais federais, ou seja, os Estados-membros podem sim ampliar a proteção, estabelecendo novas restrições e condições ao exercício de uma atividade, bem como regras de segurança e fiscalização mais exigentes, desde que ***não sejam incompatíveis*** com a norma geral da União.

Como exemplo, já decidiu o STF, que é constitucional norma estadual que dispõe sobre a obrigatoriedade de rotulagem em produtos de gêneros alimentícios destinados ao consumo humano e animal, que sejam constituídos ou produzidos a partir de organismos geneticamente modificados, no percentual igual ou superior a 1%, no âmbito do Estado federado (Lei 14.274/2010 do Estado de São Paulo). Nesses termos:

> *A regulamentação dos critérios para a obrigatoriedade do dever de rotulagem dos produtos derivados ou de origem transgênica, como o limite de percentual igual ou superior a 1%, não excede os limites da competência suplementar dos estados, no tocante a essa matéria. não há nada na lei que represente relaxamento das condições mínimas (normas gerais) de segurança exigidas na legislação federal para o dever de informação nos rótulos dos produtos de origem transgênica. Ao contrário, o que se verifica é a implementação de critério mais protetivo e favorável ao consumidor e à proteção do direito à saúde, não comportando censura sob o prisma da vedação à proteção insuficiente. A possibilidade de o Estado federado instituir regras de proteção efetiva ao consumidor deriva de atribuição legislativa que lhe é conferida pelo arts. 24, V e VIII, combinado com o §2º do mesmo dispositivo da CF, e, consequentemente, ao fazê-lo não invadiu área reservada à União, tendo em vista que a esta apenas cabe legislar sobre normas gerais de produção e consumo e responsabilidade por dano ao consumidor, cabendo à unidade federada – vez que existe legislação federal a respeito do assunto – suprir os vácuos normativos.*[199]

198. Volta da vigência de normas que já foram revogadas.
199. Informativo 994, **ADI 4619/SP**, Plenário. Rel. Min. Rosa Weber, julg. em **09.10.2020.**

A conclusão é a de que devemos observar se as normas gerais editadas pela União dão margem (liberdade) para que os Estados-membros possam prever um tratamento mais rigoroso. Se sim, a restrição será válida. Se não, por óbvio que a legislação estadual estará usurpando (contrariando) norma geral da União e será inconstitucional.[200] Nesses termos, a lei estadual se direciona para suplementar a norma geral e não para contrariá-la ou substituí-la.[201]

e) No âmbito da competência concorrente, como já dito, a União edita normas gerais e os Estados vão suplementar (complementar) as normas gerais da União. Na falta de normas da União os Estados, também vimos que o Estado-membro pode exercer competência legislativa plena. Porém, decidiu recentemente o STF que é vedado a Estado-membro estabelecer ***renúncia*** ao direito de legislar.

No caso da ADI 2303, a competência para legislar sobre as atividades que envolvam *organismos geneticamente modificados* (OGM) é concorrente (art. 24, V, VIII e XII, da CR/88). Acontece que o Estado-membro do Rio Grande do Sul editou a Lei nº 11.463/2000 estabelecendo no seu art. 1º que toda e qualquer atividade relacionada com os OGMs no Estado deveria observar ***"estritamente à legislação federal específica"***. O STF entendeu que essa lei estadual é inconstitucional porque significou uma verdadeira ***"renúncia"*** ao exercício da competência legislativa concorrente prevista no art. 24, V, VIII e XII, da CR/88. Nesses termos, o Estado abriu mão de sua competência suplementar prevista no art. 24, § 2º da CR/88.[202]

---

200. Exemplo: O STF, por maioria, julgou procedente o pedido formulado na ADI da Lei nº 17.723/2019 do Estado de Santa Catarina, conforme a Ementa: Lei 17.723/2019, do Estado de Santa Catarina. Relação de consumo. Competência legislativa concorrente. Artigo 24, V e VIII, da CR. Conflito entre a disciplina Federal e a Estadual. (...) 1. *Nos casos em que a dúvida sobre a competência legislativa recai sobre norma que abrange mais de um tema, deve o intérprete acolher interpretação que não tolha a competência que detêm os entes menores para dispor sobre determinada matéria. 2. O federalismo é um instrumento de descentralização política que visa realizar direitos fundamentais, se a lei federal ou estadual claramente indicar, de forma necessária, adequada e razoável, que os efeitos de sua aplicação excluem o poder de complementação que detêm os entes menores (clear statement rule), é possível afastar a presunção de que, no âmbito regional, determinado tema deve ser disciplinado pelo ente maior. 3. A norma que dispõe sobre utilização de franquia de dados pelo usuário insere-se no âmbito do direito do consumidor, nos termos do art. 24, V e VIII, da CR. Sendo concorrente, no entanto, deve-se ainda perquirir sobre a existência de norma federal sobre a matéria 4. A ANATEL, entidade reguladora do setor, no exercício de sua competência normativa prevista nos arts. 19 e 22 da Lei n. 9.472/97, editou a Resolução n. 424 de 2005. Segundo o art. 18 da resolução os dados de franquia são não cumulativos para outros períodos de apuração, enquanto a norma estadual impugnada exige que a operadora permita acumulação de franquia de dados para uso no mês subsequente. Assim, sobressai a competência da União, nos termos do art. 24, §4º, c/c art 22, IV, da CRFB. 5. ADI julgada procedente.* **ADI 6204**. Plenário, Sessão Virtual de 14.02.2020 a 20.02.2020.

201. LOPES CAVALCANTE, Márcio André. *Dizer o Direito*, (Informativo 874) "*Se uma lei estadual ou municipal, ao tratar de algum assunto de competência concorrente, violar as normas gerais estabelecidas pela União, esta lei estadual/municipal será considerada ilegal (por violar a lei federal) ou inconstitucional? O vício será de inconstitucionalidade. "A norma estadual ou municipal é inválida não pelo fato de contrariar materialmente a lei nacional, mas por, ao assim proceder, atuar fora de sua competência constitucional de suplementar (complementar) as linhas gerais definidas pela União." (Min. Dias Toffoli, na ADI 3937/SP). "A edição, por determinado Estado-membro, de lei que contrarie, frontalmente, critérios mínimos legitimamente veiculados, em sede de normas gerais, pela União Federal ofende, de modo direto, o texto da Carta Política*" (ADI 2.903/PB).

202. **ADI 2303/RS,** STF. Plenário. Rel. Min. Marco Aurélio, julgado em **05.09.2018.** Lei nº 11.463/2000: *Art. 1º O cultivo comercial e as atividades com organismos geneticamente modificados (OGMs), inclusive as de pesquisa, testes,*

Segundo o STF, essa normativa estadual ***remissiva*** fragiliza a estrutura federativa descentralizada e consagra o monopólio da União, sem atentar para nuances locais. Assim, é inconstitucional lei estadual que remete o regramento do cultivo comercial e das atividades com organismos geneticamente modificados à regência da legislação federal.

Para o STF, o descompasso da lei impugnada é ainda maior quando se considera o federalismo cooperativo. A lógica mostra-se intransponível e direciona ao estabelecimento de normas gerais pela União e à atuação dos Estados no atendimento das peculiaridades regionais.[203] O Estado se exime de cumprir o dever constitucional de providenciar a implementação, harmoniosa e atenta aos interesses regionais, de valores consagrados na Lei Fundamental. Subverte-se, consequentemente, até mesmo a elaboração de políticas públicas específicas à realidade local. A ressaltar essa óptica, afirmou o STF que a própria temática versada na ADI 2303 evidencia a indispensabilidade de tratamento particularizado, tendo em vista a diversidade biológica verificada no País.[204]

Assim sendo, o atendimento às necessidades regionais é condição de viabilidade da Federação. A banalização de normas estaduais remissivas fragiliza a estrutura federativa descentralizada e consagra o monopólio da União, sem atentar para nuances locais.[205]

Por último, é mister analisarmos, a título de exemplificação, algumas decisões do STF sobre o tema da repartição de competências concorrentes e comuns entre os entes. Certo é que o exercício dessas competências, não raro, pode gerar conflitos e usurpações. E sempre devemos ficar atentos aos casos concretos, bem como à fundamentações explicitadas neles. Nesse sentido:

1) O STF decidiu na ADI 6341, sobre o tema da atuação dos entes federativos na pandemia do novo coronavírus, que o direito à saúde é matéria de competência administrativa comum (art. 23, II da CR/88) e legislativa concorrente (art. 24, XII e art. 30, II da CR/88). Nesses termos, entendeu o Pretório Excelso, que além da União, os Estados, o Distrito Federal e os Municípios também podem adotar medidas de combate ao coronavírus considerando que a proteção da saúde é de competência concorrente. Nesse sentido, o Presidente da República pode definir as atividades essenciais, mas preservando a autonomia dos outros entes para a edição de atos normativos de enfrentamento da situação de exceção sanitária de acordo com suas peculiaridades regionais e locais.[206]

---

experiências, em regime de contenção ou ensino, bem como os aspectos ambientais e fiscalização obedecerão ***estritamente à legislação federal específica.***

203. **ADI 2303/RS,** STF. Plenário. Rel. Min. Marco Aurélio, julgado em **05.09.2018** (Info 914)
204. **ADI 2303/RS,** STF. Plenário. Rel. Min. Marco Aurélio, julgado em **05.09.2018** (Info 914).
205. **ADI 2303/RS,** STF. Plenário. Rel. Min. Marco Aurélio, julgado em **05.09.2018** (Info 914).
206. **ADI 6341 MC-Ref/DF**, STF. Plenário. Rel. Min. Marco Aurélio, red. p/ o ac. Min. Edson Fachin, julg. em **15.04.2020**.

É importante ressaltar, que em fevereiro de 2020, foi publicada a Lei federal nº 13.979/2020, prevendo medidas para o enfrentamento do novo coronavírus.

O Brasil identificou a primeira contaminação pelo novo coronavírus no final do mês de fevereiro de 2020. Já a declaração de transmissão comunitária do vírus ocorreu em março, junto com a primeira morte no país.

Assim sendo, já em março de 2020, com o objetivo de tentar conter o avanço do coronavírus em nosso país, alguns Prefeitos e Governadores editaram decretos restringindo a entrada e saída de pessoas nos seus territórios (além de outras medidas restritivas, nas áreas do: comércio, entreterimento, cultura, lazer, esportes, educação, ensino e etc).

O Governo Federal entendeu que algumas dessas medidas não poderiam ser adotadas pelos Prefeitos e Governadores e, por meio da então MP 926/2020 , alterou a Lei nº 13.979/2020, para deixar expresso que somente por ato do Poder Executivo federal seria possível a restrição da locomoção interestadual e intermunicipal.[207]

O Partido Democrático Brasileiro ajuizou ação direta de inconstitucionalidade contra a MP 926/2020. O Ministro Marco Aurélio, relator da ação, no dia 24.03.2020, proferiu decisão deferindo, em parte, a medida acauteladora, para tornar explícita, no campo pedagógico e na dicção do STF, a competência concorrente dos entes.

Para o Ministro, as providências adotadas pelo Governo Federal não afastam atos a serem praticados por Estados, o Distrito Federal e Municípios considerada a competência comum na forma do artigo 23, inciso II, da Lei Maior. Assim, o Relator entendeu que os Prefeitos e Governadores podem adotar medidas de combate ao coronavírus considerando que são providências relacionadas com a proteção da saúde, matéria que é de competência comum da União, dos Estados, do DF e dos Municípios, na forma do art. 23, II, da CF/88, e competência concorrente, nos termos do art. 24, XII e art. 30, II da CR/88.

Posteriormente, o Plenário do STF, por maioria, referendou a medida cautelar na ADI 6341, deferida pelo Ministro Marco Aurélio, porém, acrescentou mais uma conclusão que não havia na decisão monocrática. O STF afirmou que deve ser dada *interpretação conforme à Constituição* ao § 9º do art. 3º da Lei nº 13.979/2020, a fim de explicitar que o Presidente da República pode dispor, mediante decreto, sobre os serviços públicos e atividades essenciais, no entanto, esse decreto deverá

207. A MP também acrescentou os §§ 8º a 11 ao art. 3º da Lei nº 13.979/2020: Art. 3º (...) § 8º As medidas previstas neste artigo, quando adotadas, deverão resguardar o exercício e o funcionamento de serviços públicos e atividades essenciais. § 9º O Presidente da República disporá, mediante decreto, sobre os serviços públicos e atividades essenciais a que se referem o § 8º. § 10. As medidas a que se referem os incisos I, II e VI do caput, quando afetarem a execução de serviços públicos e atividades essenciais, inclusive as reguladas, concedidas ou autorizadas, somente poderão ser adotadas em ato específico e desde que em articulação prévia com o órgão regulador ou o Poder concedente ou autorizador. § 11. É vedada a restrição à circulação de trabalhadores que possa afetar o funcionamento de serviços públicos e atividades essenciais, definidas nos termos do disposto no § 9º, e cargas de qualquer espécie que possam acarretar desabastecimento de gêneros necessários à população.

preservar a atribuição de cada esfera de governo, nos termos do inciso I do art. 198 da CR/88.[208]

Sublinhou o STF, que o pior erro na formulação das políticas públicas é a omissão, sobretudo a omissão em relação às ações essenciais exigidas pelo art. 23 da CR/88.

Nesses termos, para o STF, é grave do ponto de vista constitucional, quer sob o manto de competência exclusiva ou privativa, que sejam premiadas as inações do Governo Federal, impedindo que estados e municípios, no âmbito de suas respectivas competências, implementem as políticas públicas essenciais. Portanto, o Estado garantidor dos direitos fundamentais não é apenas a União, mas também os estados-membros e os municípios.[209]

Asseverou o STF, que o Congresso Nacional pode regular, de forma harmonizada e nacional, determinado tema ou política pública. No entanto, no seu silêncio, na ausência de manifestação legislativa, quer por iniciativa do Congresso Nacional, quer da chefia do Poder Executivo federal, não se pode tolher o exercício da competência dos demais entes federativos na promoção dos direitos fundamentais.

O STF também afirmou, que não seria necessária lei complementar para regular a atuação dos entes, porque o art. 3º da Lei nº 13.979/2020 (que estabelece as medidas que as autoridades poderão adotar) não está tratando sobre cooperação entre a União, os Estados, DF e Municípios.[210]

Porém, é necessário salientar também, que a atuação comum administrativa e de concorrência legislativa dos entes encontra limites, conforme afirmou na decisão, o próprio STF.[211]

A Corte enfatizou que a emergência internacional, reconhecida pela Organização Mundial da Saúde (OMS), não implica, nem menos autoriza, a outorga de discricionariedade sem controle ou sem contrapesos típicos do estado de direito

---

208. *Art. 198: As ações e serviços públicos de saúde integram uma rede regionalizada e hierarquizada e constituem um sistema único, organizado de acordo com as seguintes diretrizes: I - descentralização, com direção única em cada esfera de governo.* Conforme o Informativo 973 do STF: *"Assentou que o caminho mais seguro para identificação do fundamento constitucional, no exercício da competência dos entes federados, é o que se depreende da própria legislação. A Lei 8.080/1990, a chamada Lei do SUS - Sistema Único de Saúde, dispõe sobre as condições para a promoção, proteção e recuperação da saúde e assegura esse direito por meio da municipalização dos serviços. A diretriz constitucional da hierarquização, que está no caput do art. 198 da CF, não significou e nem significa hierarquia entre os entes federados, mas comando único dentro de cada uma dessas esferas respectivas de governo. Entendeu ser necessário ler as normas da Lei 13.979/2020 como decorrendo da competência própria da União para legislar sobre vigilância epidemiológica. Nos termos da Lei do SUS, o exercício dessa competência da União não diminui a competência própria dos demais entes da Federação na realização dos serviços de saúde; afinal de contas a diretriz constitucional é a municipalização desse serviço."* **ADI 6341 MC-Ref/DF**, STF. Plenário. Rel. Min. Marco Aurélio, red. p/ o ac. Min. Edson Fachin, julg. em **15.04.2020** (Inf. 973).
209. **ADI 6341 MC-Ref/DF**, STF. Plenário. Rel. Min. Marco Aurélio, red. p/ o ac. Min. Edson Fachin, julg. em **15.04.2020** (Inf. 973).
210. **ADI 6341 MC-Ref/DF**, STF. Plenário. Rel. Min. Marco Aurélio, red. p/ o ac. Min. Edson Fachin, julg. em **15.04.2020** (Inf. 973).
211. **ADI 6341 MC-Ref/DF**, STF. Plenário. Rel. Min. Marco Aurélio, red. p/ o ac. Min. Edson Fachin, julg. em **15.04.2020** (Inf. 973).

democrático. As regras constitucionais não servem apenas para proteger a liberdade individual e, sim, também, para o exercício da racionalidade coletiva, isto é, da capacidade de coordenar as ações de forma eficiente.

Nesses termos, afirmou o STF, que o estado de direito democrático garante também o direito de examinar as razões governamentais e o direito da cidadania de criticá-las. Os agentes públicos agem melhor, mesmo durante as emergências, quando são obrigados a justificar suas ações.

Portanto, o exercício da competência constitucional para as ações na área da saúde deve seguir parâmetros materiais a serem observados pelas autoridades políticas. Esses agentes públicos devem sempre justificar as suas ações, e é à luz dessas ações que o controle dessas próprias ações pode ser exercido pelos demais Poderes e, evidentemente, por toda sociedade.[212]

Posteriormente, na ADI 6343, o STF em maio de 2020, voltou a enfrentar o tema do federalismo e da repartição de competências dos entes, na pandemia do novo coronavírus à luz da lei nº 13.979/2020.

Essa ação direta de inconstitucionalidade também foi ajuizada contra dispositivos da Lei 13.979/2020, que dispõe sobre as medidas para enfrentamento da emergência de saúde pública de importância internacional decorrente do novo coronavírus (Covid-19).

A Lei nº 13.979/2020 previu, em seu art. 3º, um rol exemplificativo de oito medidas que podem ser adotadas pelo poder público para o combate ao coronavírus. O art. 3º, VI, "b", e os §§ 6º e 7º, II, da Lei nº 13.979/2020 estabeleceram que os Estados e Municípios somente poderia adotar algumas medidas se houvesse autorização da União. O STF, ao apreciar ADI 6343 contra a Lei nº 13.979/2020, decidiu:

a) suspender parcialmente, sem redução de texto, o disposto no art. 3º, VI, "b", e §§ 6º e 7º, II, da Lei nº 13.979/2020[213], a fim de ***excluir*** estados e municípios da necessidade de autorização ou de observância ao ente federal; e

b) conferir interpretação conforme aos referidos dispositivos no sentido de que as medidas neles previstas devem ser precedidas de recomendação técnica e

212. **ADI 6341 MC-Ref/DF**, STF. Plenário. Rel. Min. Marco Aurélio, red. p/ o ac. Min. Edson Fachin, julg. em **15.04.2020** (Inf. 973).

213. Art. 3º *Para enfrentamento da emergência de saúde pública de importância internacional decorrente do coronavírus, as autoridades poderão adotar, no âmbito de suas competências, dentre outras, as seguintes medidas: (...) VI - restrição excepcional e temporária, conforme recomendação técnica e fundamentada da Agência Nacional de Vigilância Sanitária, por rodovias, portos ou aeroportos de: (...) b) locomoção interestadual e intermunicipal; Art. 3º (...) § 6º Ato conjunto dos Ministros de Estado da Saúde, da Justiça e Segurança Pública e da Infraestrutura disporá sobre a medida prevista no inciso VI do caput. (Redação dada pela MP 927/2020) § 7º As medidas previstas neste artigo poderão ser adotadas: II - pelos gestores locais de saúde, desde que autorizados pelo Ministério da Saúde, nas hipóteses dos incisos I, II, V, VI e VIII do caput deste artigo; (Redação vigente na época do julgamento da ADI) II – pelos gestores locais de saúde, desde que autorizados pelo Ministério da Saúde, nas hipóteses dos incisos I, II, V e VI do caput deste artigo; (Redação atual, dada pela Lei nº 14.006/2020)*

fundamentada, devendo ainda ser resguardada a locomoção dos produtos e serviços essenciais definidos por decreto da respectiva autoridade federativa, sempre respeitadas as definições no âmbito da competência constitucional de cada ente federativo.[214]

Nesses termos, entendeu o STF, que os Estados-membros, DF e Municípios podem, mesmo sem autorização da União, adotar medidas previstas no art.3º da Lei 13.979/2020, como: isolamento, quarentena, exumação, necropsia, cremação e manejo de cadáver e restrição à locomoção interestadual e intermunicipal em rodovias, portos ou aeroportos.

Assim sendo, Estados e Municípios não precisam de autorização da União para adotar as medidas necessárias ao combate do coronavírus. Logo, essa exigência de que os gestores locais de saúde tenham autorização do Ministério da Saúde para adotar as medidas não é compatível com a Constituição e, por isso, foi suspensa.[215]

Para o STF, a União não deve ter o monopólio de regulamentar todas as medidas que devem ser tomadas para o combate à pandemia.

O governo federal tem o papel primordial de coordenação entre os entes federados, mas a autonomia deles deve ser respeitada.

Nesses termos, é impossível que o poder central conheça todas as particularidades regionais. Não é possível exigir que Estados-membros e Municípios se vinculem a autorizações e decisões de órgãos federais para tomar atitudes de combate à pandemia. Assim, por exemplo, a exclusividade da União quanto às regras de transporte intermunicipal durante a pandemia é danosa.[216]

Para o STF, não se excluiu a possibilidade de a União atuar na questão do transporte e das rodovias intermunicipais, desde que haja interesse geral. Por exemplo, determinar a eventual interdição de rodovias para garantir o abastecimento mais rápido de medicamentos, sob a perspectiva de um interesse nacional. Todavia, os estados também devem ter o poder de regulamentar o transporte intermunicipal para realizar barreiras sanitárias nas rodovias, por exemplo, se o interesse for regional. De igual modo, o município precisa ter sua autonomia respeitada. Cada unidade a atuar no âmbito de sua competência.[217]

Voltando ao caso do art. 3º, VI, da Lei 13.979/2020, foi estabelecido que é possível a restrição excepcional e temporária, conforme recomendação técnica e

214. **ADI 6343 MC-Ref/DF**, STF. Plenário. red. p/ o ac. Min. Alexandre de Moraes, julgado em **06.05.2020** (Informativo 976).
215. **ADI 6343 MC-Ref/DF**, STF. Plenário. red. p/ o ac. Min. Alexandre de Moraes, julgado em **06.05.2020** (Info 976).
216. **ADI 6343 MC-Ref/DF**, STF. Plenário. red. p/ o ac. Min. Alexandre de Moraes, julgado em **06.05.2020** (Informativo 976).
217. **ADI 6343 MC-Ref/DF**, STF. Plenário. red. p/ o ac. Min. Alexandre de Moraes, julgado em **06.05.2020** (Informativo 976).

fundamentada da ANVISA, por rodovias, portos ou aeroportos de: a) entrada e saída do País; e b) locomoção interestadual e intermunicipal;

A Lei diz que os gestores estaduais e municipais só poderiam adotar essas providências se tivessem autorização da União, respeitando ainda o que for previsto em Portaria interministerial dos Ministros da Saúde, Justiça e Infraestrutura. Para o STF, no caso da letra "b" (*determinar restrições à locomoção interestadual e intermunicipal*), os Estados e Municípios não precisam de autorização da União.

Nesse sentido, os Estados e Municípios podem adotar tais restrições se houver, por óbvio, recomendação técnica e fundamentada, devendo ainda ser resguardada a locomoção dos produtos e serviços essenciais definidos por decreto da respectiva autoridade federativa, sempre respeitadas as definições no âmbito da competência constitucional de cada ente federativo.[218]

Para o STF, os Poderes nos três níveis da Federação, devem se unir e se coordenar para tentar diminuir os efeitos nefastos da pandemia.

Contudo, no enfrentamento da emergência de saúde, há critérios mínimos baseados em evidências científicas para serem impostas medidas restritivas, especialmente as mais graves, como a restrição de locomoção.

A competência dos estados e municípios, assim como a da União, não lhes confere carta branca para limitar a circulação de pessoas e mercadorias com base unicamente na conveniência e na oportunidade do ato. A emergência internacional não implica nem muito menos autoriza a outorga de discricionariedade sem controle ou sem contrapesos típicos do Estado Democrático de Direito.

Por isso, como já dito, o colegiado compreendeu que o inciso VI do art. 3º da mencionada lei precisa ser lido em conjunto com o Decreto 10.282/2020. Assim, as medidas de restrição devem ser precedidas de recomendação *técnica e fundamentada do respectivo órgão de vigilância sanitária ou equivalente*.[219]

Por último, também na ADI 6343, segundo o STF, os Estados, DF e Municípios não podem fechar fronteiras, pois sairiam de suas competências constitucionais.[220]

Ainda sobre o tema do federalismo na pandemia do novo coronavírus, decidu o STF na **ADI 6362** em **02.09.2020**, que os entes federativos podem decretar a requisição administrativa de bens e serviços para enfrentar a Covid-19 sem necessidade de autorização do Ministério da Saúde.[221]

---

218. **ADI 6343 MC-Ref/DF**, STF. Plenário. red. p/ o ac. Min. Alexandre de Moraes, julgado em **06.05.2020** (Informativo 976).
219. **ADI 6343 MC-Ref/DF**, STF. Plenário. red. p/ o ac. Min. Alexandre de Moraes, julgado em **06.05.2020** (Informativo 976).
220. **ADI 6343 MC-Ref/DF**, STF. Plenário. red. p/ o ac. Min. Alexandre de Moraes, julgado em **06.05.2020** (Informativo 976).
221. **ADI 6362/DF**, STF. Plenário. Rel. Min. Ricardo Lewandowski, julgado em **02.09.2020** (Inf. 989).

No caso, a ADI foi ajuizada pela Confederação Nacional de Saúde contra o art. 3º, *caput*, VII, e § 7º, III, da Lei 13.979/2020. Esses dispositivos autorizam que os gestores locais de saúde (secretarias estaduais e municipais), mesmo sem autorização do Ministério da Saúde, façam requisição de bens e serviços.[222]

A questão central, segundo a Confederação Nacional Saúde, é que vários Estados e Municípios editaram decretos autorizando que as autoridades locais requisitassem, sem fundamentação específica, a utilização de leitos de UTIs de hospitais privados, entre outros recursos.

Para a entidade, essa requisição somente poderia ocorrer se houvesse autorização do Ministério da Saúde. O fundamwento seria o de que a requisição deve estar vinculada "a uma ação global coordenada e controlada por autoridades federais, sob pena de desequilibrar uma política unificada necessária em situações de emergência como a atual".

Além disso, deixou assente ainda que o abuso de requisições geraria insegurança jurídica e afeta o próprio direito à saúde, bem como a livre iniciativa e o direito de propriedade, em prejuízo aos estabelecimentos privados de serviços de saúde. Conforme a inicial da ADI, afirmou a Confederação que "resolver o problema da escassez de equipamentos e leitos do setor público às custas do setor privado é enfraquecer de forma injustificada o já sobrecarregado setor de saúde."

Pois bem, o STF na ADI 6362, decidiu que esses dispositivos da Lei 13.979/2020 (acima citados) são constitucionais. Para o Pretório Excelso, não deve ser exigida a autorização do Ministério da Saúde para que os Estados-membros, Distrito Federal e Municípios decretem a requisição administrativa prevista no art. 3º, *caput*, VII e § 7º, III, da Lei nº 13.979/2020, no exercício de suas competências constitucionais.[223]

Na fundamentação da decisão, o STF registrou que o federalismo fortalece a democracia, pois promove a desconcentração do poder e facilita a aproximação do povo com os governantes. Ele gravita em torno do princípio da autonomia e da participação política.[224]

Assim sendo, é natural que os municípios e os estados-membros sejam os primeiros a serem instados a reagir numa emergência de saúde, sobretudo quando se trata de pandemia.

Ademais, frisou o STF que o Estado federal repousa sobre dois valores importantes:

---

222. Lei 13.979/2020: *Art. 3º Para enfrentamento da emergência de saúde pública de importância internacional de que trata esta Lei, as autoridades poderão adotar, no âmbito de suas competências, entre outras, as seguintes medidas: (...) VII - requisição de bens e serviços de pessoas naturais e jurídicas, hipótese em que será garantido o pagamento posterior de indenização justa; e (...) § 7º As medidas previstas neste artigo poderão ser adotadas: III - pelos gestores locais de saúde, nas hipóteses dos incisos III, IV e VII do caput deste artigo.*
223. **ADI 6362/DF**, STF. Plenário. Rel. Min. Ricardo Lewandowski, julgado em **02.09.2020** (Inf. 989).
224. **ADI 6362/DF**, STF. Plenário. Rel. Min. Ricardo Lewandowski, julgado em **02.09.2020** (Inf. 989).

1º) O primeiro refere-se à inexistência de hierarquia entre os seus integrantes, de modo a não permitir que se cogite da prevalência da União sobre os estados-membros ou, destes, sobre os municípios, consideradas as competências que lhe são próprias.

2º) Já o segundo, consubstanciado no princípio da subsidiariedade, significa, em palavras simples, o seguinte: tudo aquilo que o ente menor puder fazer de forma mais célere, econômica e eficaz não deve ser empreendido pelo ente maior.

Nesses termos, dentro dos quadros do "federalismo cooperativo" ou "federalismo de integração"[225], compete concorrentemente à União, aos estados-membros e ao Distrito Federal legislar sobre a "proteção e defesa da saúde" (CR, art. 24, XII, § 1º). Constitui competência comum a todos eles, inclusive aos municípios, "cuidar da saúde e assistência pública" (CR, art. 23, II).[226]

Vale lembrar que a Constituição prevê, ao lado do direito subjetivo público à saúde, o dever estatal de dar-lhe efetiva concreção, mediante "políticas sociais e econômicas que visem à redução do risco de doença e de outros agravos e ao acesso universal e igualitário às ações e serviços para a sua promoção, proteção e recuperação" (art. 196 CR/88). Trata-se da dimensão objetiva ou institucional do direito fundamental à saúde.[227]

O colegiado do STF assinalou, portanto, que a defesa da saúde compete a qualquer das unidades federadas, sem que dependam da autorização de outros níveis governamentais para levá-las a efeito, cumprindo-lhes, apenas, consultar o interesse público que têm o dever de preservar.

Assim sendo, a competência comum de cuidar da saúde compreende a adoção de quaisquer medidas que se mostrem necessárias para salvar vidas e restabelecer a saúde das pessoas acometidas pelo novo coronavírus, incluindo-se nelas o manejo da requisição administrativa.[228]

É interessante que na decisão da ADI 6362, recordou o STF que, ao analisar a ADI 6.341 MC-Ref, ficou assentado que os entes federados possuem competência concorrente para adotar as providências normativas e administrativas necessárias ao combate da pandemia em curso, dentre as quais se inclui a requisição administrativa de bens e serviços constante do art. 3º, VII, da Lei 13.979/2020. Ficou registrado que o pior erro na formulação das políticas públicas é a omissão, sobretudo para as ações essenciais exigidas pelo art. 23 da CR/88.

Igualmente, externou o STF, que a diretriz constitucional da hierarquização, constante do caput do art. 198, não significou hierarquização entre os entes federados, mas comando único, dentro de cada um deles.

---

225. Aqui o termo foi usado no sentido de cooperação e não no sentido dado por autores como Manuel Gonçalves Ferreira filho e outros.
226. **ADI 6362/DF**, STF. Plenário. Rel. Min. Ricardo Lewandowski, julgado em **02.09.2020** (Inf. 989).
227. **ADI 6362/DF**, STF. Plenário. Rel. Min. Ricardo Lewandowski, julgado em **02.09.2020** (Inf. 989).
228. **ADI 6362/DF**, STF. Plenário. Rel. Min. Ricardo Lewandowski, julgado em **02.09.2020** (Inf. 989).

Ademais, o exercício da competência específica da União para legislar sobre vigilância epidemiológica, que ensejou a elaboração da Lei 13.979/2020, não restringiu a competência própria dos demais entes da Federação para a implementação de ações no campo da saúde. O Plenário observou que o citado diploma normativo incluiu, expressamente, aquelas unidades federativas. Na hipótese de qualquer uma delas lançar mão da referida requisição, será garantido o pagamento posterior de indenização justa.[229]

Salientou o STF, que o ordenamento jurídico brasileiro já era pródigo em prever a possibilidade de acionamento da requisição administrativa antes mesmo do advento da legislação contestada. O instituto possui fundamento nos arts. 5º, XXIII e XXV, e 170, III, da CR/88. Mais especificamente, "no caso de iminente perigo público, a autoridade competente poderá usar de propriedade particular, assegurada ao proprietário indenização ulterior, se houver dano" (art. 5°, XXV). Com base no art. 23, II, da CR, a medida pode ser desencadeada por qualquer dos entes.

Isso significa que a requisição, embora constitua ato discricionário, é também, de certa maneira, vinculada, pois o administrador não pode lançar mão dela se ausente o pressuposto do perigo público iminente.

Nesses termos, a requisição foi concebida para arrostar situações urgentes e inadiáveis. Distingue-se claramente da desapropriação, em que a indenização, como regra, é prévia. Dessa forma, a própria indenização, acaso devida, será sempre posterior. Conforme atesta a doutrina, a medida também abrange bens e serviços médico-hospitalares.

Por isso, o ato de requisição não dispensa sua apropriada motivação. A comprovação do atendimento do interesse coletivo, consubstanciado na necessidade inadiável do uso do bem ou do serviço do particular em decorrência de perigo público iminente, será contemporânea à execução do ato, possibilitando, assim, o seu posterior questionamento na justiça, se for o caso.

Aqui é interessante, que o STF reafirmou o papel da União na Pandemia do novo coronavírus. Nesses termos:

> "(...) Quanto ao papel da União no combate à pandemia, o art. 21, XVIII, da CF defere-lhe a atribuição de "planejar e promover a defesa contra as calamidades públicas, especialmente as secas e inundações". Lido em conjunto com o art. 198 da CF — o qual dispõe que o Sistema Único de Saúde (SUS) é organizado de maneira hierarquizada —, percebe-se que a ela compete assumir coordenação das atividades desse setor.Consideradas as consequências práticas da aplicação literal da Lei Orgânica da Saúde (Lei 8.080/1990), não há evidências de que o Ministério da Saúde, embora competente para coordenar, em âmbito nacional, as ações de vigilância epidemiológica e sanitária, tenha a capacidade de analisar e solucionar tempestivamente as multifacetadas situações emergenciais que eclodem em cada

229. **ADI 6362/DF**, STF. Plenário. Rel. Min. Ricardo Lewandowski, julgado em **02.09.2020** (Inf. 989).

> uma das regiões ou localidades do País [Lei de Introdução às Normas do Direito Brasileiro (LINDB), art. 20 (7)]. Avalizar todas as requisições administrativas de bens e serviços de saúde privados, levadas a efeito por gestores estaduais e municipais, retiraria dos governos locais o poder de gestão autônoma que lhes é inerente e acarretaria a absoluta ineficiência das medidas emergenciais previstas pela Lei 13.979/2020, indispensáveis ao pronto atendimento da sociedade. A atuação da União é na linha de prover, amparar e auxiliar os demais entes sem substituí-los em suas competências derivadas da CF."[230]

Nessa esteira, afirmou o STF, que as requisições levadas a efeito pelos entes subnacionais não podem ser limitadas ou frustradas pela falta de consentimento do Ministério da Saúde, sob pena de indevida invasão de competências que são comuns à União e aos entes federados, bem como diante do risco de se revelarem ineficazes ou extemporâneas.[231]

Dado esse contexto, conforme já explicitamos, o Pretório Excelso reputou ser incabível a exigência de autorização do Ministério da Saúde no concernente às requisições administrativas decretadas pelos estados-membros, Distrito Federal e municípios no exercício das respectivas competências constitucionais.

O STF também decidiu na ADI 6586 que o Poder Público pode determinar a vacinação compulsória contra a Covid-19, o que, por óbvio, é diferente de vacinação forçada.

Nesses termos foi fixadas as seguintes teses na decisão: "(A) A vacinação compulsória não significa vacinação forçada, por exigir sempre o consentimento do usuário, podendo, contudo, ser implementada por meio de medidas indiretas, as quais compreendem, dentre outras, a restrição ao exercício de certas atividades ou à frequência de determinados lugares, desde que previstas em lei, ou dela decorrentes, e (i) tenham como base evidências científicas e análises estratégicas pertinentes, (ii) venham acompanhadas de ampla informação sobre a eficácia, segurança e contraindicações dos imunizantes, (iii) respeitem a dignidade humana e os direitos fundamentais das pessoas; (iv) atendam aos critérios de razoabilidade e proporcionalidade, e (v) sejam as vacinas distribuídas universal e gratuitamente; e (B) tais medidas, com as limitações acima expostas, podem ser implementadas tanto pela União como pelos Estados, Distrito Federal e Municípios, respeitadas as respectivas esferas de competência".[232]

Nesses termos, afirmou o STF que, a obrigatoriedade da vacinação a que se refere à legislação sanitária brasileira não pode contemplar quaisquer medidas invasivas, aflitivas ou coativas, em decorrência direta do direito à intangibilidade, inviolabilidade e integridade do corpo humano, afigurando-se flagrantemente inconstitucional toda determinação legal, regulamentar ou administrativa no sentido de implementar a vacinação sem o expresso consentimento informado das pessoas.

230. **ADI 6362/DF**, STF. Plenário. Rel. Min. Ricardo Lewandowski, julgado em **02.09.2020** (Inf. 989).
231. **ADI 6362/DF**, STF. Plenário. Rel. Min. Ricardo Lewandowski, julgado em **02.09.2020** (Inf. 989).
232. ADI 6586, STF. Plenário. Rel. Min. Ricardo Lewandowski, julgado em 17.12.2020.

No caso do enfrentamento à pandemia causada pela COVID-19, a previsão de vacinação obrigatória, excluída a imposição de vacinação forçada, afigura-se legítima, desde que as medidas a que se sujeitam os refratários observem os critérios que constam da própria Lei 13.979/2020 (art. 3º, § 2º, I, II e III), a saber, o direito à informação, à assistência familiar, ao tratamento gratuito e, ainda, ao "pleno respeito à dignidade, aos direitos humanos e às liberdades fundamentais das pessoas". E, assim como ocorre com os atos administrativos em geral, essas medidas indiretas precisam respeitar os princípios da razoabilidade e da proporcionalidade, de forma a não ameaçar a integridade física e moral dos recalcitrantes.[233]

A vacinação universal e gratuita pode ser implementada por meio de medidas indiretas, as quais compreendem, dentre outras, a restrição ao exercício de certas atividades ou à frequência de determinados lugares, desde que previstas em lei, ou dela decorrentes.

Em outra monta também deixou expressa decisão que União, estados, Distrito Federal e municípios, observadas as respectivas esferas de competência, poderão estabelecer medidas indiretas para implementação da vacinação compulsória.[234]

Nesse sentido, a competência do Ministério da Saúde para coordenar o Programa Nacional de Imunizações e definir as vacinas integrantes do calendário nacional de imunização não exclui a dos estados, do Distrito Federal e dos municípios para estabelecer medidas profiláticas e terapêuticas destinadas a enfrentar a pandemia decorrente do novo coronavírus, em âmbito regional ou local, no típico exercício da competência comum para "cuidar da saúde e assistência pública" (CF, art. 23, II)

A defesa da saúde compete a qualquer das unidades federadas, seja por meio da edição de normas legais, seja mediante a realização de ações administrativas, sem que, como regra, dependam da autorização de outros níveis governamentais para levá-las a efeito, cumprindo-lhes, apenas, consultar o interesse público que têm o dever de preservar.

O federalismo cooperativo, afirmou a decisão, longe de ser mera peça retórica, exige que os entes federativos se apoiem mutuamente, deixando de lado eventuais divergências ideológicas ou partidárias dos respectivos governantes, sobretudo diante da grave crise sanitária e econômica decorrente da pandemia desencadeada pelo novo coronavírus. Bem por isso, os entes regionais e locais não podem ser alijados do combate à Covid-19, notadamente porque estão investidos do poder-dever de empreender as medidas necessárias para o enfrentamento da emergência de saúde pública decorrente do alastramento incontido da doença.[235]

233. ADI 6586, STF. Plenário. Rel. Min. Ricardo Lewandowski, julgado em 17.12.2020.
234. ADI 6586, STF. Plenário. Rel. Min. Ricardo Lewandowski, julgado em 17.12.2020.
235. ADI 6586, STF. Plenário. Rel. Min. Ricardo Lewandowski, julgado em 17.12.2020.

2) Legislação Distrital nº 2921/2002, sob o fundamento de suplementar legislação federal sobre ensino, com base no art. 24, IX da CR/88, foi suspensa com a concessão de medida cautelar pelo STF na ADI 2667. No caso, a legislação Distrital autoriza o fornecimento de histórico escolar aos alunos do 3º ano do ensino médio que comprovem a aprovação no vestibular para um curso superior.[236]

3) Na ADI 1624, o STF considerou constitucional a legislação estadual sobre custas forenses. Afirmou o STF, que *à União, ao Estado-membro e ao Distrito Federal é conferida competência para legislar concorrentemente sobre custas dos serviços forenses, restringindo-se a competência da União, no âmbito dessa legislação concorrente, ao estabelecimento de normas gerais, certo que, inexistindo tais normas gerais, os Estados exercerão a competência legislativa plena, para atender a suas peculiaridades (CR/88, art. 24, IV, §§ 1º e 3º).* Nesses termos, o Pretório Excelso declarou *a constitucionalidade da Lei nº 12.461/97,* do Estado de MG, *que isentava entidades beneficentes de assistência social do pagamento de emolumentos.*[237] O mesmo não ocorreu, devido às peculiaridades do caso, no julgamento da ADI 3260:

> *(...) Artigo 271 da Lei Orgânica e Estatuto do MP do Estado do Rio Grande do Norte – Lei complementar n. 141/96. Isenção concedida aos membros do ministério público, inclusive os inativos, do pagamento de custas judiciais, notariais, cartorárias e quaisquer taxas ou emolumentos. Quebra da igualdade de tratamento aos contribuintes. Afronta ao disposto no artigo 150, inciso II, da CF. 1. A Lei complementar estadual que isenta os membros do Ministério Público do pagamento de custas judiciais, notariais, cartorárias e quaisquer taxas ou emolumentos fere o disposto no artigo 150, inciso II, da CF. 2. O texto constitucional consagra o princípio da igualdade de tratamento aos contribuintes. 3. ADI julgada procedente para declarar a inconstitucionalidade do artigo 271 da Lei Orgânica e Estatuto do MP do Estado do Rio Grande do Norte.*[238]

---

236. ADI 2667 : *(...) A usurpação da competência legislativa, quando praticada por qualquer das pessoas estatais, qualifica-se como ato de transgressão constitucional. – A CR, nas hipóteses de competência concorrente (CR, art. 24), estabeleceu verdadeira situação de condomínio legislativo entre a União Federal, os Estados-membros e o DF, daí resultando clara repartição vertical de competências normativas entre essas pessoas estatais, cabendo, à União, estabelecer normas gerais (CR, art. 24, § 1º), e, aos Estados-membros e ao DF, exercer competência suplementar (CR, art. 24, § 2º). – A Carta Política, por sua vez, ao instituir um sistema de condomínio legislativo nas matérias taxativamente indicadas no seu art. 24 – dentre as quais avulta, por sua importância, aquela concernente ao ensino (art. 24, IX) –, deferiu ao Estado-membro e ao DF, em "inexistindo lei federal sobre normas gerais", a possibilidade de exercer a competência legislativa plena, desde que "para atender a suas peculiaridades" (art. 24, § 3º). – Os Estados-membros e o DF não podem, mediante legislação autônoma, agindo "ultra vires", transgredir a legislação fundamental ou de princípios que a União Federal fez editar no desempenho legítimo de sua competência constitucional e de cujo exercício deriva o poder de fixar, validamente, diretrizes e bases gerais pertinentes a determinada matéria (educação e ensino, na espécie).(...). Todos os atos emanados do poder público estão necessariamente sujeitos, para efeito de sua validade material, à indeclinável observância de padrões mínimos de razoabilidade. [...] Situação excepcional que se verifica no caso ora em exame, apta a justificar a outorga de provimento cautelar com eficácia "ex tunc".* (Julg. em 19.06.2002).

237. *"Lei Estadual que concede isenção: constitucionalidade. (...) I – Custas e emolumentos são espécies tributárias, classificando-se como taxas. (...). III – Constitucionalidade da Lei 12.461/97, do Estado de MG, que isenta entidades beneficentes de assistência social do pagamento de emolumentos. IV – ADI julgada improcedente."* (Julg. 08.05.2003.

238. ADI 3260, STF, Pleno, Relator Min. Eros Grau, julgada em 29.03.2007.

4) O STF declarou constitucional na ADI 3512 a legislação estadual sobre a concessão de meia-entrada aos indivíduos que fossem doadores regulares de sangue, sob o fundamento aqui já citado da competência concorrente da União, Estados e DF para legislarem sobre matéria de direito econômico.

> *1. É certo que a ordem econômica na Constituição de 1988 define opção por um sistema no qual joga um papel primordial a livre iniciativa. Essa circunstância não legitima, no entanto, a assertiva de que o Estado só intervirá na economia em situações excepcionais. Muito ao contrário. 2. Mais do que simples instrumento de governo, a nossa Constituição enuncia diretrizes, programas e fins a serem realizados pelo Estado e pela sociedade. Postula um plano de ação global normativo para o Estado e para a sociedade, informado pelos preceitos veiculados pelos seus artigos 1º, 3º e 170. 3. A livre iniciativa é expressão de liberdade titulada não apenas pela empresa, mas também pelo trabalho. Por isso a Constituição, ao contemplá-la, cogita também da "iniciativa do Estado"; não a privilegia, portanto, como bem pertinente apenas à empresa. 4. A CR em seu artigo 199, § 4º, veda todo tipo de comercialização de sangue, entretanto estabelece que a lei infraconstitucional disporá sobre as condições e requisitos que facilitem a coleta de sangue. 5. O ato normativo estadual não determina recompensa financeira à doação ou estimula a comercialização de sangue. 6. Na composição entre o princípio da livre iniciativa e o direito à vida há de ser preservado o interesse da coletividade, interesse público primário. 7. ADI julgada improcedente*[239]

5) Na ADI 2163, o STF entendeu ser constitucional lei estadual que concede o desconto de 50% no valor dos ingressos em casas de diversões, praças desportivas e similares aos jovens de até 21 anos de idade. Foi reconhecida a constitucionalidade formal e material da referida lei.

Sob o prisma formal (constitucionalidade formal), o Colegiado considerou constitucional a lei impugnada, uma vez que tanto a União quanto os Estados-membros e o Distrito Federal (DF) podem atuar sobre o domínio econômico, por possuírem competência concorrente para legislar sobre direito econômico (CR, art. 24, I). Ademais, diante da inexistência de lei federal sobre a matéria, o ente exerceu a competência legislativa plena, para atender às suas peculiaridades (CR, art. 24, § 3º).

A constitucionalidade material também foi reconhecida. Para o Tribunal, a realização dos fundamentos do art. 1º e dos objetivos do art. 3º da Constituição Federal exige a atuação do Estado sobre o domínio econômico, intervenção não só adequada, mas indispensável à consolidação e preservação do sistema capitalista de mercado.

Assim sendo, conforme o STF, se de um lado a CR/88 assegura a livre iniciativa, de outro determina ao Estado a adoção de providências tendentes a garantir o efetivo exercício do direito à educação, à cultura e ao desporto (CF, arts. 23, V; 205; 208; 215 e 217, § 3º). Na composição entre esses princípios e regras, há de ser preservado o interesse da coletividade. Segundo o Ministro Joaquim Barbosa que participou do julgamento a lei é constitucional porque facilita o acesso dos jovens à cultura, à educação

---

239. ADI 3512. STF, Pleno Rel. Min. Eros Grau Julg: 15.02.2006.

e a atividades desportivas: "Entendo que essa é uma lei evidente e eminentemente inclusiva. Tem como alvo o jovem que tradicionalmente não flui dessas regalias. O jovem excluído do sistema educacional". Já o Ministro Ricardo Lewandowski defendeu que, nesse caso, é legítima a intervenção do Estado no domínio econômico. Conforme o Ministro: "Aqui me parece que o legislador estadual foi generoso porque ele quer também dar acesso ao lazer e à cultura aos jovens em geral, mesmo aqueles que não tiveram o privilégio de ter ido à escola ou que possam ir à escola. São aqueles jovens que trabalham, que não têm lazer, não têm cultura".[240]

6) O STF na ADI 6195 entendeu que é constitucional lei estadual que autoriza a comercialização de bebidas alcoólicas nas arenas desportivas e nos estádios. Para o STF a legislação atacada na ADI é sobre consumo, matéria de competência concorrente (art. 24, V, da CR/88).[241]

No caso, o Estado do Paraná editou a lei estadual nº 19.128/2017 autorizando a venda e o consumo de bebidas alcoólicas nas arenas desportivas e estádios no âmbito do Estado.

A Procuradora-Geral da República ajuizou ADI contra a lei afirmando que ela trata sobre "consumo", matéria que é de competência concorrente (art. 24, V, da CF/88), mas que o legislador estadual teria violado as normas gerais da União sobre o tema. Isso porque a União editou a Lei nº 10.671/2003 (Estatuto do Torcedor), que proibiu o porte de bebidas alcoólicas em eventos esportivos (teríamos aqui uma inconstitucionalidade formal). A PGR alegou também que haveria inconstitucionalidade material na lei do Paraná considerando que a permissão para bebidas alcoólicas nos estádios geraria mais violência.

O STF não concordou com o PGR e julgou improcedente o pedido formulado na ADI, declarando a constitucionalidade da Lei nº 19.128/2017 do Estado do Paraná.[242]

Para o STF, o art. 13-A, II, da Lei 10.671/2003 (Estatuto do Torcedor) não especificou quais seriam as bebidas proibidas. Depois da palavra "bebidas", o legislador não incluiu o qualificativo "alcoólicas". E há razão para isso, já que, na edição de

240. **ADI 2163/RJ**, STF. Plenário. red. p/ o ac. Min. Ricardo Lewandowski, julg em **12.04.2018**. Aqui é interessante ressaltar que, depois que a Lei do Estado do Rio de Janeiro foi publicada no ano 2000, o Congresso Nacional editou duas leis que tratam sobre meia-entrada em eventos culturais e desportivos. A Lei nº 12.933/2013 que concede meia-entrada em espetáculos artístico-culturais e esportivos a: *a) Estudantes (educação infantil, ensino fundamental, médio e superior, inclusive especialização, mestrado e doutorado); b) Pessoas com deficiência, inclusive seu acompanhante quando necessário (ex.: um cego que vai ao cinema acompanhado de uma pessoa para ler as legendas para ele; nesse caso, ambos terão direito à meia-entrada); c) Jovens de 15 a 29 anos de idade de baixa renda, inscritos no Cadastro Único para Programas Sociais do Governo Federal (Cadastro Único) e cuja renda familiar mensal seja de até 2 (dois) salários mínimos; d) Idosos, ou seja, pessoas com idade igual ou superior a 60 anos (art. 23 da Lei 10.741/2003). E a Lei nº 12.852/2013 (Estatuto da Juventude) que assegura o direito à meia-entrada em eventos educativos, esportivos, de lazer e entretenimento: aos estudantes; e aos jovens de famílias de baixa renda (a família deve estar inscrita no Cadastro Único para Programas Sociais do Governo Federal – Cadastro Único e ter renda mensal de até 2 salários mínimos).*

241. **ADI 6195,** STF. Plenário. Rel. Min. Alexandre de Moraes, julgado em **27.03.2020**.

242. **ADI 6195,** STF. Plenário. Rel. Min. Alexandre de Moraes, julgado em **27.03.2020**.

normas gerais, a União não deve pormenorizar a legislação tendo em vista que cabe aos Estados-membros suplementar as normas gerais segundo suas particularidades.

Nesses termos, o STF entendeu que compete ao legislador estadual definir, observadas as especificidades locais, quais bebidas são proibidas nos estádios. Logo, não se verifica inconstitucionalidade formal na previsão da Lei do Estado do Paraná tendo em vista que não houve violação ao Estatuto do Torcedor.[243]

Sobre a negativa da inconstitucionalidade material, afirmou o STF que, o tema "violência nos estádios e bebidas alcoólicas" representa uma preocupação mundial, tendo em vista que o futebol é um dos esportes mais difundidos e praticados no mundo. Todavia, muito embora várias ocorrências em estádios de futebol costumem ser atribuídas ao consumo excessivo de álcool, não é possível afirmar, categoricamente, que existe essa correlação lógica e obrigatória. Até mesmo porque bebidas de menor teor alcoólico (como as cervejas) são, normalmente, comercializadas nos maiores eventos mundiais, inclusive na Copa do Mundo de Futebol, organizada pela FIFA.[244]

Além disso, afirmou o STF que, a proibição de venda das bebidas alcóolicas dentro dos estádios não se mostra proporcional. Isso porque essa proibição tem feito com que os torcedores permaneçam nas cercanias dos estádios, até o limite do horário para o início das partidas, consumindo bebidas alcoólicas comercializadas por ambulantes sem qualquer espécie de controle e fiscalização estatais.

Assim, para o STF, não se mostra razoável afirmar que as bebidas alcoólicas vendidas dentro dos estádios de futebol possam ser consideradas como a causa das brigas, considerando que os torcedores já consomem as bebidas comercializadas no entorno das arenas, muitas vezes com teor alcoólico muito maior que cerveja e chope, instantes antes das partidas. Desse modo, cabe ao Estado tomar essa decisão, fazendo a ponderação entre a necessidade de garantir a segurança dos cidadãos e, ao mesmo tempo, fomentar as atividades econômicas relacionadas ao consumo.[245]

7) Segundo o STF, é constitucional lei estadual que estabeleça que as instituições de ensino superior privada são obrigadas a devolver o valor da taxa de matrícula, podendo reter, no máximo, 5% da quantia, caso o aluno, antes do início das aulas, desista do curso ou solicite transferência.[246]

No caso, o Estado de Minas Gerais editou a Lei nº 22.915/2018, dispondo sobre a devolução de taxa de matrícula pelas instituições de ensino superior privadas. A Confederação Nacional dos Estabelecimentos de Ensino (Confenen) ajuizou ação direta de inconstitucionalidade contra a Lei afirmando que ela teria violado a competência da União para legislar sobre direito civil (contratos), afrontando o art. 22,

243. **ADI 6195,** STF. Plenário. Rel. Min. Alexandre de Moraes, julgado em **27.03.2020.**
244. **ADI 6195,** STF. Plenário. Rel. Min. Alexandre de Moraes, julgado em **27.03.2020.**
245. **ADI 6195,** STF. Plenário. Rel. Min. Alexandre de Moraes, julgado em **27.03.2020.**
246. **ADI 5951**, STF. Plenário. Rel. Cármen Lúcia, julgado em **16.06.2020** (Inf. 985).

I, da CR/88. A autora afirmou que a Lei federal nº 9.870/99 dispõe sobre anuidades escolares, de forma que a União já tinha exercido a competência para regulamentação de serviços educacionais prestados por entidades privadas.

Para o STF, a lei impugnada trata sobre proteção ao consumidor, matéria que é de competência legislativa concorrente, nos termos dos incisos V e VIII do art. 24 da CR/88.[247]

Aqui temos também, que é de competência concorrente legislar sobre educação (art. 24, IX, da CR/88). Nesse contexto, conforme o STF, a Lei nº 22.915/2018, de Minas Gerais, é fruto do legítimo exercício da competência concorrente do Estado-membro para legislar sobre defesa do consumidor e educação.

Portanto, a legislação relacionada com a prestação de serviços educacionais não é meramente de direito civil, de competência da União, mas envolve, também, relações de consumo e temas ligados diretamente à educação, de competência concorrente dos Estados (art. 24, V e IX da CR/88).

Assim sendo, ao estabelecer regras protetivas dos estudantes mais amplas do que as federais, o Estado atuou dentro da área de sua competência concorrente. Seu objetivo foi o de conferir proteção jurídica aos estudantes contra situações de abuso e de enriquecimento sem causa por faculdades particulares. Essa previsão se harmoniza com o art. 51, IV, do Código de Defesa do Consumidor, que prevê como nulas as cláusulas contratuais que "estabeleçam obrigações consideradas iníquas, abusivas, que coloquem o consumidor em desvantagem exagerada, ou sejam incompatíveis com a boa-fé ou a equidade". E além disso, a referida Lei estadual de Minas Gerais não viola em nada a Lei federal nº 9.870/99.[248]

É interessante que no mesmo sentido, temos legislação do Estado do Rio de Janeiro que proíbe a cobrança pelos estabelecimentos de ensino sediados no Estado do Rio de Janeiro, por provas de segunda-chamada, provas finais ou equivalentes, não podendo os estudantes ser impedidos de fazer provas, testes, exames ou outras formas de avaliação, por falta de pagamento prévio.

Para o STF, ao estabelecer regras protetivas dos estudantes mais amplas do que as federais, quanto à cobrança por provas de segunda chamada ou finais, o Estado do Rio de Janeiro atuou dentro da área de sua competência concorrente para legislar sobre direito do consumidor e educação (art. 24, incisos V e IX da CR/88).[249]

Além disso, afirmou também o Pretório Excelso que do ponto de vista da constitucionalidade material, não é desproporcional ou desarrazoada norma que impede que o aluno seja financeiramente sobrecarregado por seu desempenho acadêmico ou pela impossibilidade de realizar a prova na data agendada.[250]

---

247. **ADI 5951**, STF. Plenário. Rel. Cármen Lúcia, julgado em **16.06.2020** (Inf. 985).
248. **ADI 5951**, STF. Plenário. Rel. Cármen Lúcia, julgado em **16.06.2020** (Inf. 985).
249. **ADI 3874**, STF. Plenário. Rel. Roberto Barroso, julgado em **23.08.2019**.
250. ADI 3874, STF. Plenário. Rel. Roberto Barroso, julgado em 23.08.2019.

8) Conforme o STF, é constitucional lei estadual que obrigue os planos de saúde a fornecerem aos consumidores informações e documentos justificando as razões pelas quais houve recusa de algum procedimento, tratamento ou internação. No caso da ADI nº 4512/MS julgada em **07.12.2018**, o Estado do Mato Grosso do Sul editou uma lei estadual (Lei 3.885/2010) prevendo que, se o plano de saúde recusar algum procedimento, tratamento ou internação, ele deverá fornecer, por escrito, ao usuário, um comprovante fundamentado expondo as razões da negativa. O STF entendeu que essa norma não viola competência privativa da União, considerando que ela trata sobre proteção ao consumidor, matéria inserida na competência concorrente, nos termos do art. 24, V, da CR/88. É interessante que a ADI foi proposta sob o argumento de que ela tratou sobre direito civil, comercial e política de seguros, matérias que são de competência privativa da União, nos termos do art. 22, I e VII, da CR/88. Além disso, a ADI afirmou que a lei estadual interferiria nos contratos em vigor e violaria a livre iniciativa (art. 170 da CR/88). Porém, como já dito, entendeu o STF, que a lei estadual tratou sobre proteção do consumidor, matéria que está dentro da competência legislativa concorrente, nos termos do art. 24, V, da CR/88.

Também afirmou o Pretório Excelso, que a lei estadual impugnada não limita a livre iniciativa. Ao contrário, fomenta o desenvolvimento de um mercado mais sustentável. Além disso, conforme preconiza o inciso V do art. 170 da CR/88, a livre iniciativa deverá ser exercida observando-se como um dos seus princípios a defesa do consumidor. Conforme o Informativo 890 do STF, a lei atacada cumpre a função estatal de proteção ao consumo, não havendo interferência nos contratos firmados entre as operadoras e os usuários nem representando equilíbrio atuarial das operadoras de planos e seguros privados de assistência à saúde. Nesses termos, explicitou a Ministra Cármen Lúcia que "a entrega do documento informativo expondo as razões pelo qual um determinado tratamento ou procedimento foi negado não amplia o rol de obrigações contratuais entre a operadora e o usuário. Pelo contrário, o que se tem é apenas uma transparência maior para cumprimento dos termos legislados". Em outras palavras, as operadoras já tinham esse dever por força do próprio CDC e a lei estadual apenas explicitou o comando.[251]

9) Sobre a competência legislativa concorrente em matéria *de produção* e *consumo e em matéria ambiental* presente no art. 24, V e VI, da CR/88, o STF enfrentou o controvertido tema do ***amianto***. O amianto é uma substância utilizada na indústria com alto grau de periculosidade à saúde dos trabalhadores e dos consumidores dos produtos que o contenham. Inicialmente o STF declarou na ADI 2396 (e também na ADI 2656) a inconstitucionalidade de legislação estadual que acrescentou à lista de legislação federal a proibição de venda de amianto ou de produtos à base de amianto, indo, portanto, além da legislação federal.[252] Nos casos, a questão envolveu legisla-

251. ADI 4512/MS, STF. Plenário. Rel. Min. Cármen Lúcia, julgado em 07.02.2018 (Informativo 890 do STF).

252. ADI 2396 julg. em 08.05.2003: *ADI. Lei nº 2.210/01, do Estado de Mato Grosso do Sul. Ofensa aos artigos 22, I e XII; 25, § 1º; 170, caput, II e IV; 1º; 18 e 5º caput, II e LIV. Inexistência. Afronta à competência legislativa concorrente da União*

ções estaduais que estabeleciam a proibição do uso de **amianto**. O Pretório Excelso entendeu que a matéria era de competência concorrente (art. 24, V; VI; XII da CR/88[253]), mas que a Lei Federal 9.055/95, que tratava do tema, estaria sendo descumprida. A Lei Federal nº 9.055/95 determinou em seu art. 1º a proibição da extração, da produção, da industrialização, da utilização e da comercialização de todos os tipos de amianto, com exceção da crisotila, vedando, quanto a essa espécie, apenas a pulverização e a venda a granel de fibras em pó. O art. 2º, por sua vez, *autorizou a extração, a industrialização, a utilização e a comercialização do asbesto/amianto da variedade crisotila (asbesto branco)* na forma definida na lei. Assim sendo, o art. 2º **autorizou**, de ***forma restrita***, as atividades com ***uma das espécies de amianto***. O Entendimento, então, era o de que as Leis Estaduais que proibiam totalmente o amianto seriam inconstitucionais. Nesses termos, se a lei federal admite, ainda que de modo *restrito*, o uso do amianto, isso significa que a lei estadual não poderia proibi-lo totalmente. Ao agir assim, a lei estadual contrariava a norma geral fixada pela União.

Porém, em recente julgado, o STF mudou de entendimento, na decisão da ADI 3937 em 24.08.2017. O caso envolveu a Lei nº 12.687/2007, do Estado de São Paulo. Essa Lei, em seu art. 1º, determinava que ficaria proibido, a partir de 1º de janeiro de 2008, o uso, *no Estado de São Paulo, de produtos, materiais ou artefatos que contenham quaisquer tipos de amianto ou asbesto*.

Pois bem, o fundamento da ADI ajuizada contra a Lei de SP seguiu os precedentes anteriores, ou seja, a alegação de que a lei estadual seria inconstitucional porque impôs uma restrição maior do que aquela que é prevista na legislação Federal (art. 2º da Lei nº 9. 055/95).

Aqui resta claro que, conforme já estudado, as normas suplementares dos Estados-membros podem sim ser mais restritivas que as normas gerais federais, ou

---

para editar normas gerais referentes à produção e consumo, à proteção do meio ambiente e controle da poluição e à proteção e defesa da saúde. Artigo 24, V, VI e XII e §§ 1º e 2º da CF. [...] Não cabe a esta Corte dar a última palavra a respeito das propriedades técnico-científicas do elemento em questão e dos riscos de sua utilização para a saúde da população. Os estudos nesta seara prosseguem e suas conclusões deverão nortear as ações das autoridades sanitárias. Competência do STF circunscrita à verificação da ocorrência de contraste inadmissível entre a lei em exame e o parâmetro constitucional. Sendo possível a este Supremo Tribunal, pelos fatos narrados na inicial, verificar a ocorrência de agressão a outros dispositivos constitucionais que não os indicados na inicial, verifica-se que ao determinar a proibição de fabricação, ingresso, comercialização e estocagem de amianto ou de produtos à base de amianto, destinados à construção civil, o Estado do Mato Grosso do Sul excedeu a margem de competência concorrente que lhe é assegurada para legislar sobre produção e consumo (art. 24, V); proteção do meio ambiente e controle da poluição (art. 24, VI); e proteção e defesa da saúde (art. 24, XII). A Lei nº 9.055/95 dispôs extensamente sobre todos os aspectos que dizem respeito à produção e aproveitamento industrial, transporte e comercialização do amianto crisotila. A legislação impugnada foge, e muito, do que corresponde à legislação suplementar, da qual se espera que preencha vazios ou lacunas deixadas pela legislação federal, não que venha a dispor em diametral objeção a esta. Compreensão que o Supremo Tribunal tem manifestado quando se defronta com hipóteses de competência legislativa concorrente. Precedentes: ADI 903/MG-MC e ADI 1.980/PR-MC. ADI cujo pedido se julga parcialmente procedente para declarar a inconstitucionalidade do artigo 1º e de seus §§ 1º, 2º e 3º, do art. 2º, do art. 3º e §§ 1º e 2º e do parágrafo único do art. 5º, todos da Lei nº 2.210/01, do Estado do Mato Grosso do Sul.

253. As leis estaduais que proíbem o uso do amianto são leis que versariam sobre: produção e consumo (art. 24, V, CR/88); proteção do meio ambiente (art. 24, VI da CR/88); e proteção e defesa da saúde (art. 24, XII, CR/88).

seja, os Estados-membros podem sim ampliar a proteção, estabelecendo novas restrições e condições ao exercício de uma atividade, bem como regras de segurança e fiscalização mais exigentes, desde que ***não sejam incompatíveis*** com a norma geral da União. A conclusão é a de que devemos observar se as normas gerais editadas pela União dão margem (liberdade) para que os Estados-membros possam prever um tratamento mais rigoroso. Se sim, a restrição será válida. Se não, por óbvio que a legislação estadual estará usurpando (contrariando) norma geral da União e será inconstitucional. Nesses termos, a lei estadual se direciona para suplementar a norma geral e não para contrariá-la ou substitui-la.

Voltando para o caso em debate, a Lei do Estado de SP não teria competência legislativa para proibir uma atividade que foi *expressamente autorizada pela norma geral da União*. Assim sendo, se o STF seguisse seus precedentes, a Lei paulista seria declarada inconstitucional. Porém, como já afirmado, o STF mudou de entendimento.

Nesses termos, o STF considerou que o art. 2º da Lei nº 9.055/95 não é, atualmente, compatível com a CR/88. Ou seja, em vez de entender que a Lei de SP usurpou a Lei federal, o STF afirmou que inconstitucional seria a Lei Federal. Ela, sim, que atualmente contraria a Constituição de 1988.

Segundo o informativo 874 do STF, nos dias atuais existe um consenso científico dos órgãos nacionais e internacionais de proteção à saúde geral e saúde do trabalhador no sentido de que a crisotila (espécie de amianto permitida pelo art. 2º da Lei nº 9.055/95) é altamente cancerígena, não se podendo falar (mais) que exista a possibilidade de seu uso seguro.

Assim sendo, todas as modalidades do *amianto* são classificadas pela Agência Internacional para a Pesquisa sobre o Câncer (IARC), da Organização Mundial da Saúde (OMS), como comprovadamente carcinogênicas para os seres humanos. De acordo com a OMS, não há possibilidade de uso seguro da fibra, pois não há níveis de utilização nos quais o risco de câncer esteja ausente, e a única forma eficaz para eliminar as doenças relacionadas com essas fibras minerais é o abandono da utilização de todas as espécies de amianto. No Brasil, de acordo com o Ministério da Saúde, o amianto é responsável por 1/3 (um terço) dos casos de cânceres ocupacionais e 80% das pessoas morrem em um ano após o diagnóstico. Trata-se, portanto, de grave problema de saúde pública.[254]

Temos também que o uso de *amianto* também provoca riscos ao meio ambiente. As características do amianto e a forma como ele se comporta na natureza elevam o risco de contaminação. Trata-se de uma substância que não é biodegradável, ou seja, não existe nenhum micro-organismo que tenha condição de quebrar, de destruir, de transformar essa fibra de alguma forma. Dessa forma, ele permanece assim no meio ambiente, sem que exista qualquer possibilidade

254. **ADI 3937/SP**, STF. Plenário. rel. orig. Min. Marco Aurélio, red. p/ o ac. Min. Dias Toffoli, julgado em **24.08.2017**. In: *Dizer o Direito*, agosto de 2017 (Informativo 874).

de esse material ser incorporado a alguma estrutura orgânica. Vale ressaltar ainda, conforme o informativo 873 do STF, que a Convenção nº 162 da Organização Internacional do Trabalho, de junho de 1986 – internalizada pelo Brasil mediante o Decreto nº 126/91 –, determina, em seu artigo 10, a substituição do amianto por material menos danoso ou mesmo seu efetivo banimento, sempre que isso se revelar necessário e for tecnicamente viável. Observa-se, assim, que o Brasil assumiu o compromisso internacional de revisar sua legislação e de substituir, quando tecnicamente viável, a utilização do amianto crisotila. Destaca-se que a Comissão das Comunidades Europeias, em 1999, proibiu o uso remanescente do amianto crisotila, passando a vigorar a proibição a partir de janeiro de 2005 (Anexo I à Diretriz 769/69 EEC). Na atualidade, mais de 66 países já baniram o uso de qualquer espécie de amianto.[255]

Nesses termos, resta claro que o art. 2º da Lei federal nº 9.055/1995 passou por um processo de inconstitucionalização e, no momento atual, não mais se compatibiliza com a Constituição de 1988, razão pela qual os Estados passaram a ter competência legislativa plena sobre a matéria até que sobrevenha eventual nova legislação federal, nos termos do art. 24, §§ 3º e 4º, da CR/88.

Temos, portanto, a *inconstitucionalidade superveniente* por alterações nas relações fáticas subjacentes à norma (sob a óptica material) da Lei Federal nº 9.055/95, por ofensa: ao direito à saúde (art. 6º e 196, CR/88); ao dever estatal de redução dos riscos inerentes ao trabalho por meio de normas de saúde, higiene e segurança (art. 7º, inciso XXII, CR/88); e à proteção do meio ambiente (art. 225, CR/88).

Conforme o informativo 874 do STF, a Corte ressaltou que o processo de inconstitucionalização da Lei 9.055/1995 se operou em razão de mudança no substrato fático da norma. A discussão em torno da eventual necessidade de banimento do amianto é diferente da que havia quando da edição da norma geral. Se, antes, tinha-se notícia de possíveis danos à saúde e ao meio ambiente ocasionados pela utilização da substância, hoje há consenso em torno da natureza altamente cancerígena do mineral e da inviabilidade de seu uso de forma segura. Além disso, atualmente, o amianto pode ser substituído por outros materiais (fibras de PVA e PP), sem propriedade carcinogênica e recomendados pela Anvisa.

Nesses termos, como dito acima, diante da invalidade da norma geral federal, os Estados-Membros passam a ter competência legislativa plena sobre a matéria, até sobrevinda eventual norma de nova legislação federal. Como a lei estadual questionada proíbe a utilização do amianto, ela não incide no mesmo vício de inconstitucionalidade material da lei federal.[256]

255. **ADI 3937/SP**, STF. Plenário. rel. orig. Min. Marco Aurélio, red. p/ o ac. Min. Dias Toffoli. (Informativo 873)

256. **ADI 3937/SP**, STF. Julg. em **24.08.2017**. A Lei nº 9.055/95 passou por um processo de inconstitucionalização em razão da alteração no substrato fático do presente caso (nas relações fáticas subjacentes à norma jurídica: *no cenário jurídico, político, econômico ou social*). Isso porque antigamente havia menos informações acerca dos riscos do amianto do que existem atualmente, o que reforça a necessidade do banimento de sua utilização. Antes,

Aqui é importante salientar que, posteriormente, em 29 e 30.11.2017, o STF julgou outras ADIs sobre o mesmo tema e no mesmo sentido. Assim sendo, o STF, por maioria, julgou improcedentes pedidos formulados em ações diretas de inconstitucionalidade ajuizadas contra a Lei nº 3.579/2001 do Estado do Rio de Janeiro. O referido diploma legal proibia a extração do asbesto/amianto em todo território daquela unidade da Federação e previa a substituição progressiva da produção e da comercialização de produtos que o contenham. O Pretório Excelso, por maioria, também julgou improcedentes os pedidos formulados nas ações diretas de inconstitucionalidade ajuizadas contra a Lei nº 11.643/2001 do Estado do Rio Grande do Sul e a Lei nº 12.589/2004 do Estado de Pernambuco; bem como na arguição de descumprimento de preceito fundamental (ADPF) ajuizada em face da Lei nº 13.113/2001 e do Decreto 41.788/2002, ambos do Município de São Paulo. Os diplomas impugnados proibiam o uso, a comercialização e a produção de produtos à base de amianto/asbesto naquelas unidades federativas.[257]

10) Ainda sobre produção consumo (conforme já citado na obra), decidiu o STF na ADI 4619, que é constitucional norma estadual que dispõe sobre a obrigatoriedade de rotulagem em produtos de gêneros alimentícios destinados ao consumo humano e animal, que sejam constituídos ou produzidos a partir de organismos geneticamente modificados, no percentual igual ou superior a 1%, no âmbito do Estado federado (Lei 14.274/2010 do Estado de São Paulo).[258]

No caso, no Estado de São Paulo, foi editada a Lei Estadual nº 14.274/2010, exigindo que, no rótulo dos produtos alimentícios, seja mencionada a presença de organismo geneticamente modificado quando o percentual existente no produto seja igual ou superior a 1%.

Conforme o STF, no modelo federaticvo brasileiro, a União fixou normas gerais disciplinando as informações que devem constar nos rótulos dos produtos transgênicos. Sendo assim, a Lei nº 11.105/2005 (Lei de Biossegurança) em seu art. 40, estabeleceu que *os alimentos e ingredientes alimentares destinados ao consumo humano ou animal que contenham ou sejam produzidos a partir de OGM ou derivados deverão conter informação nesse sentido em seus rótulos, conforme regulamento*. Ainda

falava-se na possibilidade do uso controlado da crisotila (espécie de amianto permitida pelo art. 2º da Lei nº 9.055/95). Atualmente, contudo, o que se observa é um consenso em torno da natureza altamente cancerígena do mineral e da inviabilidade de seu uso de forma efetivamente segura, sendo esse o entendimento oficial dos órgãos nacionais e internacionais que detêm autoridade no tema da saúde em geral e da saúde do trabalhador. A caracterização do que é seguro ou não à saúde depende do avanço do conhecimento científico acerca da questão. Enfim, se em 1995, tolerava-se, sob certas circunstâncias e condições, a utilização da crisotila, especialmente em razão da inexistência naquele momento de substitutivos, atualmente, o consenso científico é no sentido da impossibilidade técnica do uso seguro da crisotila e da existência de substitutivo idôneo. In: *Dizer o Direito*, Agosto de 2017 (Informativo 874).

257. STF. Plenário. ADI 3406/RJ e ADI 3470/RJ, Rel. Min. Rosa Weber, julgados em 29/11/2017; ADPF 109/SP; ADI 3356/PE, Rel. Min. Dias Toffoli, julg em 30.11.2017. (ADI-3356) ADI 3357/RS, Rel. p/ o ac. Min. Dias Toffoli, julg. em 30.11.2017. (ADI-3357)

258. **ADI 4619/SP**, STF. Plenário. Rel. Min. Rosa Weber, julgado em **09.10.2020**. (Informativo 994)

tivemos o art. 2º do Decreto nº 4.680/2003 estabelecendo no seu art. 2º, que *na comercialização de alimentos e ingredientes alimentares destinados ao consumo humano ou animal que contenham ou sejam produzidos a partir de organismos geneticamente modificados, com presença acima do limite de um por cento do produto, o consumidor deverá ser informado da natureza transgênica desse produto.*

Portanto, afirmou o STF, que além da supressão de eventuais lacunas, a previsão de normas destinadas a complementar a norma geral e a atender suas peculiaridades locais, respeitados os critérios: *(i) da preponderância do interesse local, (ii) do exaurimento dos efeitos dentro dos respectivos limites territoriais – até mesmo para se prevenir conflitos entre legislações estaduais potencialmente díspares – e (iii) da vedação da proteção insuficiente.*[259]

Nesse contexto, segundo o STF, a regulamentação dos critérios para a obrigatoriedade do dever de rotulagem dos produtos derivados ou de origem transgênica, como o limite de percentual igual ou superior a 1%, não excede os limites da competência suplementar dos estados, no tocante a essa matéria.

Isso porque, em primeiro lugar, o diploma estadual não afeta diretamente relações comerciais e consumeristas que transcendam os limites territoriais do ente federado. Exaurem-se os efeitos diretos da incidência das suas normas no território estadual e traduzem escolhas legítimas do legislador adequadamente amparadas nos interesses do consumidor, de densificação do direito à informação clara e adequada, e da proteção e defesa da saúde, atendidos, assim, os critérios do exaurimento dentro dos limites territoriais e da preponderância do interesse local.

Em segundo lugar, não há nada na lei que represente relaxamento das condições mínimas (normas gerais) de segurança exigidas na legislação federal para o dever de informação nos rótulos dos produtos de origem transgênica. Ao contrário, o que se verifica é a implementação de critério mais protetivo e favorável ao consumidor e à proteção do direito à saúde, não comportando censura sob o prisma da vedação à proteção insuficiente.[260]

Nesses termos, para o Pretório Excelso, a possibilidade de o Estado federado instituir regras de proteção efetiva ao consumidor deriva de atribuição legislativa que lhe é conferida pelo arts. 24, V e VIII, combinado com o §2º do mesmo dispositivo da CR/88, e, consequentemente, ao fazê-lo não invadiu área reservada à União, tendo em vista que a esta apenas cabe legislar sobre normas gerais de produção e consumo e responsabilidade por dano ao consumidor, cabendo à unidade federada – vez que existe legislação federal a respeito do assunto – suprir os vácuos normativos.[261]

---

259. **ADI 4619/SP**, STF. Plenário. Rel. Min. Rosa Weber, julgado em **09.10.2020**. (Informativo 994)
260. **ADI 4619/SP**, STF. Plenário. Rel. Min. Rosa Weber, julgado em **09.10.2020**. (Informativo 994)
261. **ADI 4619/SP**, STF. Plenário. Rel. Min. Rosa Weber, julgado em **09.10.2020**. (Informativo 994)

11) Entende o STF que os Estados-membros e o Distrito Federal têm competência legislativa para estabelecer regras de postagem de boletos referentes a pagamento de serviços prestados por empresas públicas e privadas.[262]

No caso, no Estado do Rio de Janeiro foi editada a Lei estadual nº 5.190/2008, que dispôs sobre o prazo para envio de cobrança por parte das empresas públicas e privadas no Estado. Foi questionada a constitucionalidade da lei na medida em que compete à União manter o serviço postal (art. 21, X, da CR/88). E a União faz isso por meio dos Correios. E também com base no art. 22, V da CR/88 que afirma que compete privativamente a União legislar sobre serviço postal.

Porém, para o STF, essa competência privativa para legislar sobre serviço postal restringe-se à regulação do serviço que é prestado de modo exclusivo pela União (CR, art. 21, X) que, por envolver a comunicação em todo o território nacional, serve aos interesses de toda a comunidade como instrumento integração e coesão nacional.

Nesses termos, a prestação exclusiva de serviço postal pela União não engloba a distribuição de boletos bancários, de contas telefônicas, de luz e água e de encomendas, pois a atividade desenvolvida pelo ente central restringe-se ao conceito de carta, cartão-postal e correspondência agrupada (nos termos da ADPF 46). Isso significa que empresas privadas podem fazer os serviços de distribuição de boletos, contas e encomenda.[263]

Assim sendo, não se evidencia usurpação da competência da União para legislar em matéria de serviço postal (art. 22, V, da CR/88), haja vista que a atividade prestada pelas empresas públicas e particulares são, no presente caso, estranhas ao conceito delimitado pelo STF na ADPF 46.

Para o STF, além das competências privativas, a Constituição brasileira adotou a competência concorrente não cumulativa ou vertical, de forma que a competência da União está adstrita ao estabelecimento de normas gerais, devendo os estados e o Distrito Federal especificá-las, por meio de suas respectivas leis. É a chamada competência suplementar dos estados-membros e do Distrito Federal (CF, art. 24, § 2º).[264]

---

262. ARE 649379/RJ, STF. Plenário. red. p/ o ac. Min. Alexandre de Moraes, julg. em 13.11.2020 (Repercussão Geral – Tema 491).
263. ARE 649379/RJ, STF. Plenário. red. p/ o ac. Min. Alexandre de Moraes, julg. em 13.11.2020 (Repercussão Geral – Tema 491). Ver ADPF 46: (...) *3. A Constituição do Brasil confere à União, em caráter exclusivo, a exploração do serviço postal e o correio aéreo nacional [artigo 20, inciso X]. 4. O serviço postal é prestado pela Empresa Brasileira de Correios e Telégrafos - ECT, empresa pública, entidade da Administração Indireta da União, criada pelo decreto-lei n. 509, de 10 de março de 1.969. 6. A Empresa Brasileira de Correios e Telégrafos deve atuar em regime de exclusividade na prestação dos serviços que lhe incumbem em situação de privilégio, o privilégio postal. (...) 8. Arguição de descumprimento de preceito fundamental julgada improcedente por maioria. O Tribunal deu interpretação conforme à Constituição ao artigo 42 da Lei n. 6.538 para restringir a sua aplicação às atividades postais descritas no artigo 9º desse ato normativo.* STF. Plenário. ADPF 46, Rel p/ Ac. Eros Grau, julg. em 05.08.2009.
264. ARE 649379/RJ, STF. Plenário. red. p/ o ac. Min. Alexandre de Moraes, julg. em 13.11.2020 (Repercussão Geral – Tema 491).

No caso concreto, a lei estadual trata sobre proteção do consumidor, matéria que é de competência legislativa concorrente, nos termos do art. 24, VIII, da CR/88.

Ademais, o princípio da predominância do interesse norteia a repartição de competência entre os entes componentes do Estado federal brasileiro. Isso se dá não apenas para as matérias cuja definição foi preestabelecida pelo texto constitucional, mas também na hipótese de abranger a interpretação de diversas matérias.[265]

Assim, na dúvida sobre a distribuição de competências a envolver a definição do ente federativo competente para legislar sobre determinado assunto específico, que engloba uma ou várias matérias com previsão ou reflexos em diversos ramos do Direito, caberá ao intérprete priorizar o fortalecimento das autonomias locais e o respeito às suas diversidades como pontos caracterizadores e asseguradores do convívio no Estado federal, que garantam o imprescindível equilíbrio federativo.

Por fim, a determinação legal de aposição de datas de postagem e pagamento na parte externa do documento remetido ao destinatário/consumidor não se mostra suficientemente arbitrária a direitos fundamentais insculpidos na CR/88. Ao considerar a teleologia da norma, a exposição desses dados atende ao princípio da razoabilidade, uma vez que observadas as necessárias proporcionalidade, justiça e adequação entre a lei estadual e as normas constitucionais protetivas do direito do consumidor. Ou seja, a norma em questão não contrária o princípio da proporcionalidade.[266]

12) Também já declarou constitucional o STF, norma estadual que disponha sobre a exposição de produtos orgânicos em estabelecimentos comerciais.[267]

No caso, foi editada a Lei estadual nº 15.361/2014 no Estado de São Paulo, tratando sobre a exposição de produtos orgânicos nos estabelecimentos comerciais do Estado.

Para o STF, a regulamentação da matéria está relacionada ao Direito do Consumidor, o que atrai a competência concorrente da União, dos estados e do Distrito Federal nos termos do art. 24, V da CR/88. Além disso, não caracterizada, na espécie, violação à livre iniciativa. Verifica-se, ao contrário, o efetivo cumprimento do dever de informar o consumidor, princípio igualmente essencial para garantia da ordem econômica.

A lei estadual somente amplia uma obrigação que já é prevista no Decreto federal 6.323/2007, que regulamentou a Lei federal nº 10.831/2003, que estabelece normas para a comercialização de produtos orgânicos no mercado interno.

---

265. ARE 649379/RJ, STF. Plenário. red. p/ o ac. Min. Alexandre de Moraes, julg. em 13.11.2020 (Repercussão Geral – Tema 491).
266. ARE 649379/RJ, STF. Plenário. red. p/ o ac. Min. Alexandre de Moraes, julg. em 13.11.2020 (Repercussão Geral – Tema 491).
267. ADI 5166/SP, STF. Plenário. Rel. Min. Gilmar Mendes, julgado em 3/11/2020 (Inf. 997).

O decreto federal determina que, no comércio varejista, os produtos orgânicos que não possam ser diferenciados visualmente dos similares não orgânicos devem ser mantidos em espaço delimitado e identificado. Já a lei paulista especifica que os orgânicos devem ser expostos em espaços exclusivos.

Assim sendo, para o STF, o único acréscimo foi a ampliação de obrigação já contida em norma federal. O preenchimento dessa lacuna em nada contraria a legislação federal, mas age em consonância com ela, protegendo os interesses comuns da federação.

Por fim, o STF também afastou o argumento de que os comerciantes não mais poderiam determinar o *layout* dos seus estabelecimentos, o que violaria o princípio constitucional da livre iniciativa. Compete ao Poder Público encontrar mecanismos para influenciar o cidadão a tomar as melhores decisões. Não há de se falar em violação à livre iniciativa, mas de cumprimento do dever de informar o consumidor, princípio igualmente essencial, como já citado, para a garantia da ordem econômica.[268]

13) Segundo o STF, é inconstitucional lei estadual que prevê que é possível a supressão de vegetal em Área de Preservação Permanente (APP) para a realização de "pequenas construções com área máxima de 190 metros quadrados, utilizadas exclusivamente para lazer". No caso, temos inconstitucionalidade formal porque o Código Florestal (lei federal que prevê as normas gerais sobre o tema, nos termos do art. 24, § 1º, da CR/88) não permite a instalação em APP de qualquer tipo de edificação com finalidade meramente recreativa. Além disso, existe também inconstitucionalidade material porque houve um excesso e abuso da lei estadual ao relativizar a proteção constitucional ao meio ambiente ecologicamente equilibrado, cujo titular é a coletividade, em face do direito de lazer individual.[269]

14) Segundo o STF, o Estado-membro detém competência para legislar sobre controle de resíduos de embarcações, oleodutos e instalações costeiras. Isso porque o objeto dessa lei é a tutela ao meio ambiente, sendo essa matéria de competência concorrente, nos termos do art. 24, VI e VIII, da CF/88. No caso concreto, foi proposta uma ADI contra a Lei do Estado de Santa Catarina (Lei estadual nº 11.078/99), que estabeleceu normas sobre controle de resíduos de embarcações, oleodutos e instalações costeiras. O fundamento da ADI foi o de que a referida lei trata sobre direito marítimo e civil, existindo, portanto, contrariedade ao art. 22, I,

268. ADI 5166/SP, STF. Plenário. Rel. Min. Gilmar Mendes, julgado em 3/11/2020 (Inf. 997).

269. **ADI 4988/TO**, STF. Plenário. Rel. Min. Alexandre de Moraes, julg. em **19.09.2018**. No caso, o Estado do Tocantins editou a Lei nº 1.939/2008 prevendo situações excepcionais nas quais seria possível a supressão de vegetação em Áreas de Preservação Permanente (APP). Esta Lei previu, como uma das hipóteses, que seria possível a realização de *"pequenas construções com área máxima de 190 metros quadrados, utilizadas exclusivamente para lazer" (art. 3º, III, "l")*. Com isso, o legislador estadual permitiu a construção de casas de veraneio, sítios, xácaras etc. em APPs, desde que fossem menores que 190 m². A Procuradoria Geral da República ingressou com ADI contra este dispositivo afirmando que ele "confere proteção deficitária" às áreas de preservação permanente do Estado. A PGR argumentou que esse trecho foi incluído na lei *"com o objetivo específico de beneficiar proprietários de chácaras às margens do Lago da Usina Hidroelétrica Lajeado"* e, ao fazê-lo, o estado extrapolou sua competência legislativa.

da CR/88. Pois bem, o STF entendeu que o objeto principal da Lei nº 11.078/99, do Estado de Santa Catarina, não seria o de tratar sobre assuntos de direito marítimo e direito civil. Porém, afirmou o plenário do STF que o principal escopo dessa Lei é a *tutela ao meio ambiente e a responsabilidade do agente causador por danos ao meio ambiente*. E, nesse sentido, a competência para legislar sobre o meio ambiente é concorrente, nos termos do art. 24, VI e VIII, da CR/88.

Esclareceu ainda o Pretório Excelso que cabe à União editar normas gerais que traçam um plano, sem estabelecer pormenores. A competência legislativa dos Estados-membros e do Distrito Federal é de caráter suplementar (CR, art. 24, § 2º). Todavia, diante da ausência de lei com normas gerais, o Estado-Membro pode legislar amplamente, até que seja editada referida lei (CR, art. 24, §§ 3º e 4º). Assim, tendo em vista que, à época da edição da Lei 11.078/1999 não havia lei geral sobre o tema, o Estado de Santa Catarina tinha competência legislativa plena nessa matéria.[270]

15) Entendeu o STF na ADI 3829/RS, que é inconstitucional lei estadual que preveja que o pescador semiprofissional ou esportivo, para o exercício da atividade, deverá se cadastrar e se habilitar na Federação de Pescadores do Estado. No caso a lei do Rio grande do Sul nº 12.557/2006, no seu art. 2º estabeleceu tal determinação.[271]

Nesses termos, apesar da competência para a pesca ser concorrente, nos termos do art.24, VI da CR/88, a lei do Estado do Rio Grande do Sul, delegou para a Federação dos Pescadores a competência para realizar o procedimento de habilitação da pesca no Estado do Rio Grande do Sul. Ao fazer isso, a lei incorreu em vício de inconstitucionalidade. Aqui ressaltou o STF que já existe normatização geral a esse respeito, sendo essa atividade competência do Ministério da Pesca e da Aquicultura, órgão responsável pelo Registro Geral da Pesca.

No caso aplica-se aqui o ***princípio da predominância do interesse***, uma vez que a **competência** atribuída aos **Estados em matéria de pesca não se** pode sobrepor **ao interesse da União** na formulação de uma política nacional de desenvolvimento sustentável das atividades pesqueiras, o que inclui, manifestamente, *o estabelecimento de regras uniformes de habilitação e licenciamento de pescadores. Dessa maneira, a habilitação como pescador, seja nas modalidades comerciais ou não comerciais, deve ser efetuada perante autoridade federal. Há, portanto, nesse ponto, violação do art. 24, VI, CR/88.*[272]

---

270. **ADI 2030/SC**, STF. Plenário. Rel. Min. Gilmar Mendes, julgado em **09.08.2017** (Informativo 872).

271. Lei 12.557/2006, art. 2º *O pescador semiprofissional ou esportivo deverá, anualmente, cadastrar-se e habilitar-se para o exercício da atividade na Federação de Pescadores do Estado do Rio Grande do Sul, sem obrigatoriedade de filiação a esse órgão, na forma definida na regulamentação desta Lei. Parágrafo único. O cadastro a que se refere o caput deverá ser mantido atualizado pela Federação de Pescadores do Estado do Rio Grande do Sul, bem como remetido, anualmente, aos órgãos federais responsáveis pela pesca e pelo meio ambiente.*

272. Informativo 937: *Tais disposições invadem a competência da União para editar as normas gerais sobre pesca. Existe lei federal que regulamenta todo o procedimento de habilitação de pesca com requisitos nacionais. No diploma federal, entendeu-se necessária a centralização de regras uniformes de habilitação, licenciamento e credenciamento de*

Também decidiu o STF, ser inconstitucional a norma do art. 3º da referida lei 12.557/2006. Esse afirmou que afirmou *que a taxa de cadastro e o fornecimento da habilitação para exercer a atividade de pescador semiprofissional ou esportivo será definida em Assembleia Geral da Federação de Pescadores do Estado.*[273]

Nesses termos, entendeu o STF que o art. 2º da lei impugnada, bem como seu art. 3º, violam os art. 5º, XIII; o art. 22, XVI, e art. 21, XXIV; o art. 70, parágrafo único; o art. 149 e o art. 150, todos da Constituição, cuja interpretação conjunta veda a delegação da prestação dos serviços de cadastro e habilitação das atividades pesqueiras à Federação de Pescadores do Estado. Com efeito, o art. 145, II, CR/88, autoriza a União, os Estados, o Distrito Federal e os Municípios a instituírem taxas em virtude do exercício do poder de polícia. O poder de polícia abrange tanto a cobrança de taxas quanto a emissão de autorizações e licenças para exercício de uma determinada atividade, o que engloba, evidentemente, a habilitação. O STF entendeu que as atividades que abrangem esse poder não podem ser delegadas a pessoas jurídicas de direito privado. Ou seja, a lei não poderia ter delegado a uma entidade de direito privado (*Federação dos Pescadores*) o poder de definir o valor da taxa a ser cobrada.[274]

Além disso, a lei não poderia ter delegado a uma entidade de direito privado (Federação dos Pescadores) o poder de definir o valor da taxa a ser cobrada.

16) Nos termos do Informativo nº 542 do STF na ADI 1980 em 16.04.2009, o Pretório Excelso julgou improcedente pedido formulado em ação direta de inconstitucionalidade ajuizada pela Confederação Nacional do Comércio – CNC, contra a Lei nº 12.420/99, do Estado do Paraná, que *assegura **ao consumidor o direito de obter informações sobre natureza,** procedência e qualidade dos produtos combustíveis comercializados nos postos revendedores situados no mencionado Estado-membro.* Entendeu-se que a lei impugnada apenas pretendeu evitar a indução do consumidor a erro na aquisição dos referidos produtos, protegendo-o (art. 170, V, da CR/88), e que o Estado teria competência para promover tal proteção, já que os preceitos que editou retirariam do próprio texto constitucional o fundamento de validade (art. 24, V e VIII, § 2º da CR/88).[275]

17) O STF declarou a constitucionalidade da legislação estadual sobre proteção e defesa da saúde no âmbito da repartição concorrente, prevista no art. 24, XII da CR/88.[276]

---

pescadores. Cuida-se de norma geral para o controle dos procedimentos. ADI 3829/RS, Plenário. Rel. Min. Alexandre de Moraes, julg. em 11.04.2019 (Inf. 937).

273. **ADI 3829/RS,** STF. Plenário. Rel. Min. Alexandre de Moraes, julgado em **11.04.2019** (Info 937).

274. **ADI 3829/RS**, STF. Plenário. Rel. Min. Alexandre de Moraes, julgado em **11.04.2019** (Info 937).

275. [...] *"Por conseguinte, afastou-se a alegação de afronta ao art. 22, I, IV e XII, da CR, uma vez que tais dispositivos contêm normas genéricas que atendem a matérias alheias àquela versada na lei impugnada, ou muito mais amplas. Da mesma forma, não se vislumbrou ofensa aos princípios da liberdade de iniciativa e da livre concorrência, já que a lei não interferiu diretamente nas relações comerciais entre as distribuidoras e os postos revendedores, prevendo, tão-somente, obrigações estritamente relacionadas à proteção e defesa do consumidor, ou seja, ao resguardo do interesse público.* [...]" (Rel. Min. Cezar Peluso).

276. ADI nº 1.278: *Ação direta de inconstitucionalidade. Competência legislativa. Lei 1.179/94, do Estado de Santa Catarina, que dispõe sobre beneficiamento de leite de cabra. Competência concorrente para legislar sobre defesa e proteção*

18) Conforme o STF, é inconstitucional lei estadual que obriga a concessão de descontos a idosos na compra de medicamentos.[277]

No caso, ao determinar a concessão de desconto de até 30% nas medicações destinadas aos idosos com idade superior a 60 (sessenta) anos, entendeu o STF, que a legislação estadual violou a regulação do setor estabelecida pelas Leis federais 10.213/2001 e 10.742/2003 e pelas medidas provisórias que as antecederam, pois altera a linha condutora do equilíbrio do mercado farmacêutico traçado pela política pública de preços e acesso a medicações desenhada pela União.

A lei estadual, portanto, extrapolou a sua competência supletiva e invade a competência da União para legislar sobre normas gerais de proteção e defesa da saúde, direito econômico e proteção do consumidor (art. 24, XII, da CR/88). Nesses termos, o Plenário do STF, por maioria, declarou a inconstitucionalidade formal da Lei 3.542/2001 do estado do Rio de Janeiro.

19) Sobre o art. 24, XI, da CR/88, que prevê a competência concorrente sobre procedimento em matéria processual, o Pretório Excelso, na decisão do AI nº 253.518 de Relatoria do Ministro Marco Aurélio, declarou que a legislação estadual invadiu a esfera de competência privativa da União sobre direito processual sob o argumento de que se tratava de competência concorrente entre União, Estado e DF, no que tange aos procedimentos em matéria processual.[278]

20) O STF declarou a inconstitucionalidade da legislação estadual que, sob o fundamento de complementar a legislação federal sobre diretrizes da educação, foi além dela, contrariando a norma do art. 24, IX, da CR/88.[279]

21) O Plenário do STF julgou improcedente pedido formulado em ADI ajuizada contra a Lei 3.874/2002, do Estado do Rio de Janeiro, que dispõe sobre a comercialização de produtos por meio de vasilhames, recipientes ou embalagens reutilizáveis. Afastou-se a alegação de inconstitucionalidade formal da norma, por suposto vício de competência legislativa, pois esta seria concorrente dos estados-membros, do Distrito Federal e da União, no tocante à defesa do consumidor (fundamentos no art. 24, V e VIII da CR/88). Frisou-se que o diploma não

da saúde. Art. 24, XII, §§ 1º e 2º, da CF. I. A competência dos Estados para legislar sobre a proteção e defesa da saúde é concorrente à União e, nesse âmbito, a União deve limitar-se a editar normas gerais, conforme o artigo 24, XII, §§ 1º e 2º, da CF. II. Não usurpa competência da União lei estadual que dispõe sobre o beneficiamento de leite de cabra em condições artesanais. III. ADI julgada improcedente para declarar a constitucionalidade da Lei catarinense 1.179/94. (julg. 16.05.2007. Rel. Min. Ricardo Lewandowski).

277. **ADI 2435/RJ**, STF. Plenário. Red. do acórdão Min. Gilmar Mendes, julgado em **18.12.2020** (Informativo 1003)
278. AI nº 253.518-AgR Julg. em 28.08.1998: *Competência – Direito Processual – criação de recurso – Juizados Especiais. Mostra-se insubsistente, sob o ângulo constitucional, norma local que implique criação de recurso. Esta ocorre no âmbito da competência para legislar sobre direito processual, não estando abrangida pela competência concorrente do inciso XI do artigo 24 da CF.*
279. ADI 3098 julg. em 24.11.2005: *Educação. Lei de diretrizes e bases da educação. Lei 9.394, de 1996. (...) II. – A Lei 10.860, de 31.8.2001, do Estado de São Paulo foi além da competência estadual concorrente não-cumulativa e cumulativa, pelo que afrontou a CF, art. 22, XXIV, e art. 24, IX, § 2º e § 3º. III. – ADI julgada procedente, declarada a inconstitucionalidade da Lei 10.860/2001 do Estado de São Paulo.*

disciplinaria matéria de direito de marcas e patentes ou relacionada à propriedade intelectual.[280]

22) Segundo o STF, é inconstitucional lei estadual que impõe às montadoras, concessionárias e importadoras de veículos a obrigação de fornecer veículo reserva a clientes cujo automóvel fique inabilitado por mais de quinze dias por falta de peças originais ou por impossibilidade de realização do serviço, durante o período de garantia contratual.

No caso, Estado de Pernambuco editou a Lei nº 15.304/2014 obrigando montadoras, concessionárias e importadoras de veículos, durante o período de garantia contratual, a fornecer veículo-reserva a clientes cujo automóvel fique sem condições de uso por mais de 15 dias por falta de peças originais ou por impossibilidade de realização de serviços.

Segundo o Pretório Excelso, em princípio, os Estados-membros podem legislar sobre "direito do consumidor", considerando que se trata matéria de competência concorrente, prevista no art. 24, V, da CR/88.

Conforme estudamos na obra, a competência da União para legislar sobre normas gerais não exclui a competência suplementar dos Estados. Assim sendo, os Estados-membros podem complementar a legislação federal editada pela União. Porém, as normas estaduais não podem contrariar as normas gerais elaboradas pela União. Nesses temos, o Ministro Relator entendeu que, neste caso, o Estado de Pernambuco extrapolou a competência concorrente e não apenas complementou a legislação federal. Para o STF, foram ultrapassadas as balizas impostas ao legislador estadual para a elaboração de normas consumeristas. Com isso, temos uma inconstitucionalidade formal orgânica, na medida em que foi violada a regra de competência para a edição desta lei. Portanto, o STF julgou procedente o pedido formulado na ação direta para declarar, por vício formal, a inconstitucionalidade da Lei nº 15.304/2014, do Estado de Pernambuco, em sua integralidade.[281]

23) Também no âmbito do art. 24, V e VIII da CR/88, já decidiu o STF, ser inconstitucional a Lei nº 17.723/2019 do Estado de Santa Catarina, que exigia que a operadora permitisse acumulação de franquia de dados para uso no mês subsequente.

Nesses termos, afirmou o STF, que o federalismo é um instrumento de descentralização política que visa realizar direitos fundamentais, se a lei federal ou estadual claramente indicar, de forma necessária, adequada e razoável, que os efeitos de sua aplicação excluem o poder de complementação que detêm os entes

280. ADI 2818/RJ julg. em **09.05.2013**. Rel. Min. Dias Toffoli.
281. **ADI 5158/PE**, STF. Plenário. Rel. Min. Roberto Barroso, julgado em **06.12.2018** (Info 926). Aqui é interessante salientar que o Ministro Ricardo Lewandowski *acompanhou o entendimento pela inconstitucionalidade formal e salientou que o Estado-membro estaria também, neste caso, legislando sobre "contratos", ou seja, sobre Direito Civil, de modo que invadiu a esfera privativa da União.*

menores (clear statement rule), é possível afastar a presunção de que, no âmbito regional, determinado tema deve ser disciplinado pelo ente maior.

E nesses termos, a norma que dispõe sobre utilização de franquia de dados pelo usuário insere-se no âmbito do direito do consumidor, nos termos do art. 24, V e VIII, da Constituição da República. Sendo concorrente, no entanto, deve-se ainda perquirir sobre a existência de norma federal sobre a matéria. Assim sendo, a Anatel, entidade reguladora do setor, no exercício de sua competência normativa prevista nos arts. 19 e 22 da Lei n. 9.472/97, editou a Resolução n. 424 de 2005.

Segundo o art. 18 da Resolução, os dados de franquia são não cumulativos para outros períodos de apuração, enquanto a norma estadual impugnada exige que a operadora permita acumulação de franquia de dados para uso no mês subsequente. Nesse sentido, para o STF, sobressai a competência da União, nos termos do art. 24, § 4º, c/c art 22, IV, da CRFB.[282]

24) Segundo o STF, é constitucional lei estadual ou municipal que imponha sanções às agências bancárias que não instalarem divisórias individuais nos caixas de atendimento. No caso, trata-se de matéria relativa à relação de consumo, o que garante ao Estado competência concorrente para legislar sobre o tema (art. 24, V, da CR/88).[283]

25) Entendeu o STF na ADI 750 que é inconstitucional lei estadual que estabelece a obrigatoriedade de que os rótulos ou embalagens de todos os produtos alimentícios comercializados no Estado contenham uma série de informações sobre a sua composição, que não são exigidas pela legislação federal. No caso o Estado do Rio de Janeiro editou a Lei nº 1.939/91 prevendo que todos os produtos alimentícios comercializados no Estado deveriam conter em seu rótulo ou embalagem uma série de informações (quantidade de calorias, de proteínas, açúcares, gordura, conservantes, corantes etc.). Os produtos que não contiverem em seus rótulos ou embalagens as informações exigidas deveriam ser retirados de circulação, além de submeterem os estabelecimentos ao pagamento de multas pelo descumprimento.

Afirmou o STF que quando a lei do RJ foi editada já havia ampla legislação nacional sobre a matéria. Vale ressaltar, segundo a Corte, que a lei estadual especifica exigências mais rígidas do que o previsto na legislação federal, de forma que existe um claro conflito normativo. Assim, a lei federal estabelece algumas exigências para os rótulos dos produtos e a lei do RJ fixa outras, mais detalhadas. Dessa forma, se a lei do RJ fosse declarada válida, um mesmo produto teria que ter dois rótulos ou embalagens, um nacional e outro para o Estado do RJ. Além disso, outros Estados também poderiam editar leis semelhantes e assim cada produto teria que se adequar às exigências de cada ente federativo. Isso implicaria, em última análise,

282. **ADI 6204**, Plenário, Sessão Virtual de **14.2.2020** a **20.2.2020**. Rel Min Edson Fachin.
283. **ADI 4633/SP**, STF. Plenário. Rel. Min. Luiz Fux, julg em **10.04.2018**. ARE 756593 AgR, 1ª Turma. Rel. Min. Dias Toffoli, julg. em **16.12.2014**.

em criar uma autorização para que houvesse tantos rótulos quantos são os Estados-membros. Por último, o STF também entendeu que a referida Lei carioca viola o princípio da proporcionalidade. Nesse sentido, conforme o informativo 871, se admitido que os Estados-Membros possuam competência para legislar sobre informações contidas em embalagens de produtos que circulam em seu território, o fim de proteção ao consumidor é alcançado por meio excessivo, pois são criadas dificuldades a produtos provenientes de outros Estados-Membros. Isso significa ferir o denominado princípio da lealdade à Federação, que fomenta uma relação construtiva, amistosa e de colaboração entre os entes federados. No caso, também justifica-se a necessidade de o tema ser tratado privativamente pela União, de modo a uniformizar o comércio interestadual (art. 22, VIII da CR/88) e, consequentemente, evitar que os laços federativos sejam embaraçados. Aqui há clara predominância de interesse federal a evitar limitações que possam dificultar o comércio interestadual. Ainda que tenha havido casos em que o STF declarou a constitucionalidade de legislações estaduais que determinam o aumento do número de informações que devem ser fornecidas a consumidores locais, tratavam-se de produtos específicos, e não de todos os produtos alimentícios comercializados no local, como nesse caso. Ao estabelecer tal obrigatoriedade, o Estado dificulta a inserção de bens provenientes de outras localidades em seu mercado, bem como a livre circulação de mercadorias.[284]

26) O Plenário do STF em 22.05.2013, julgou improcedente pedido formulado na **ADI 903,** proposta contra a Lei 10.820/92, do Estado de Minas Gerais, que dispõe sobre a obrigatoriedade de empresas concessionárias de transporte coletivo intermunicipal promoverem adaptações em seus veículos, a fim de facilitar o acesso e a permanência de pessoas com deficiência física ou com dificuldade de locomoção. Entendeu o STF que a Constituição dera destaque à necessidade de proteção às pessoas com deficiência, ao instituir políticas e diretrizes de acessibilidade física (CR, artigos 227, § 2º e 244), bem como de inserção nas diversas áreas sociais e econômicas da comunidade. Enfatizou-se a incorporação, ao ordenamento constitucional, da Convenção Internacional sobre os Direitos das Pessoas com Deficiência (primeiro tratado internacional aprovado pelo rito legislativo previsto no art. 5º, § 3º, da CR) internalizado por meio do Decreto 6.949/2009. Aduziu-se que prevaleceria, no caso, a densidade do direito à acessibilidade física das pessoas com deficiência (**CR, art. 24, XIV**), não obstante pronunciamentos da Corte no sentido da competência privativa da União (CF, art. 22, XI) para legislar sobre trânsito e transporte. Consignou-se então, que a situação deveria ser enquadrada no rol de **competências legislativas concorrentes dos entes federados.** Observou-se que, à época da edição da norma questionada, não haveria lei geral nacional sobre o tema. Desse modo, possível aos estados-membros exercerem a competência legislativa plena, suprindo o espaço normativo com suas legislações locais (CR, art. 24, § 3º). Na decisão o plenário do STF expressou que a preocupação manifestada, (quando do julgamento da medida

284. **ADI 750/RJ**, STF. Plenário. Rel. Min. Gilmar Mendes, julgado em **03.08.2017** (Informativo 871).

cautelar) sobre a ausência de legislação federal protetiva encontrar-se-ia superada, haja vista a edição da Lei 10.098/2000 (que estabeleceu normas gerais e critérios básicos de promoção da acessibilidade de pessoas com deficiência). Foi registrado ainda que, diante da superveniência dessa lei nacional, a norma mineira, embora constitucional, perderia força normativa, na atualidade, naquilo que contrastasse com a legislação geral de regência do tema, nos termos do art. 24 § 4º da CR/88[285].

27) O STF julgou improcedente pedido formulado na ADI 2922, proposta contra a Lei 1.504/1989, do Estado do Rio de Janeiro, que regula a homologação judicial de acordo sobre a prestação de alimentos firmada com a intervenção da Defensoria Pública. O Tribunal afastou a alegação de que a norma impugnada estaria eivada de inconstitucionalidade formal, por invasão da competência privativa da União para legislar sobre direito civil e processual civil (CF, art. 22, I). Afirmou, no ponto, que seu conteúdo versaria sobre critérios procedimentais em matéria processual e estaria subsumido à competência concorrente, nos termos do art. 24, XI e XII, da CF. Aduziu que os entes federativos teriam a prerrogativa de definir a maneira com que a matéria processual deveria ser executada, de acordo com as particularidades deles, nos termos do art. 24, § 3º, da CF. Ressaltou que a competência legislativa concorrente, nesse aspecto, teria o condão de transformar os Estados-membros em verdadeiros laboratórios legislativos, a permitir que novas e exitosas experiências fossem formuladas e eventualmente adotadas pelos demais. Assinalou que, no caso, estar-se-ia a permitir que o defensor público atuasse junto ao juiz no sentido de promover a homologação do acordo judicial, atividade inserida no âmbito de atuação profissional daquele, ao encontro da desjudicialização e desburocratização da justiça.[286]

28) Na decisão da ADI 2314, julgada em 17.06.2015, entendeu o STF que Constituição estadual poderá prever que a Lei Orgânica da Polícia Civil de Estado-membro tenha *status* de lei complementar. Nesses termos, não haveria nada na Constituição de 1988 que impediria o constituinte estadual de exigir quórum de maioria absoluta para tratar sobre a questão. Portanto, se Constituição prevê a competência legislativa concorrente para o tema (art. 24, XVI da CR/88), não há como obstaculizar à Constituição estadual a possibilidade de escolher determinados assuntos como mais sensíveis, exigindo, para esses, uma aprovação legislativa mais qualificada. Segundo o Pretório Excelso, seria um *exagero* recusar à Constituição estadual a faculdade para eleger determinados temas como necessários de uma aprovação legislativa diferenciada.[287]

Sobre esse tema ao que tudo indica o STF pode ter alterado seu posicionamento em dezembro de 2019. Nesses termos, o STF recentemente decidiu na ADI 5003/SC, que Constituição Estadual não pode ampliar as hipóteses de reserva de lei complementar, ou seja, não pode criar outras hipóteses em que é exigida lei

285. **ADI 903/MG** julg. em **22.05.2013**. Rel. Min. Dias Toffoli. (Informativo 707 do STF)
286. **ADI 2922/RJ** julg. em **03.04.2014**. Rel. Min. Gilmar Mendes. (Informativo 741 do STF)
287. **ADI 2314/RJ**, Pleno do STF, julg. em **17.06.2015**. Rel. p/acórdão Min. Marco Aurélio. (Informativo 790 do STF)

complementar, além daquelas que já estão previstas na Constituição de 1988.[288] No caso da ADI 5003 o STF declarou a inconstitucionalidade de norma da Constituição Estadual de Santa Catarina que exigia a edição de lei complementar para dispor sobre: a) regime jurídico único dos servidores estaduais; b) organização da Polícia Militar; c) organização do sistema estadual de educação e d) plebiscito e referendo. Esses dispositivos foram declarados inconstitucionais porque a CF/88 não exige lei complementar para disciplinar tais assuntos.[289]

Assim sendo, para o STF, se a Constituição Estadual amplia o rol de matérias que deve ser tratada por meio de lei complementar, isso restringe indevidamente o "*arranjo democrático-representativo desenhado pela Constituição Federal*". Nesses termos, a criação de reserva de lei complementar decorre de juízo de ponderação específico realizado pelo texto constitucional, fruto do sopesamento entre o princípio democrático, de um lado, e a previsibilidade e confiabilidade necessárias à adequada normatização de questões de especial relevância econômica, social ou política, de outro.[290]

29) O Plenário do STF julgou em 20.08.2014 improcedente pedido formulado na ADI 4954 contra a Lei 2.149/2009, do Estado do Acre, que disciplina o comércio varejista de *artigos de conveniência em farmácias e drogarias*. Entendeu o STF que é **constitucional** lei estadual que permite o *comercio de artigos de conveniência em farmácias e drogarias.*

O STF explicitou, conforme o informativo 755 que, ao autorizar a venda de artigos de conveniência por farmácias e drogarias, o legislador estadual nada dispusera sobre saúde, e sim acerca do comércio local. Ponderou que não se trataria de operações de venda interestadual, em relação às quais incumbiria à União a disciplina (art. 22, VIII da CR/88), e que inexistiria norma constitucional específica a respeito da regulação do comércio de artigos de conveniência. Desse modo, remanesceria a competência dos Estados-membros para legislar sobre o tema (CF, art. 25, § 1º), permitido aos Municípios disporem de forma complementar, caso imprescindível diante de particularidades e interesses locais, em observância a normas federais e estaduais. Rememorou que, por meio da Lei 5.991/1973, regulamentada pelo Decreto 74.170/1974, a União estabelecera normas gerais sobre o controle sanitário do comércio de drogas, medicamentos, insumos farmacêuticos e correlatos. Entretanto, nada dispusera acerca da venda de bens de conveniência por farmácias e drogarias. Ao contrário do que afirmado na peça inicial da ADI,

---

288. **ADI 5003/SC**, STF. Plenário. Rel. Min. Luiz Fux, julgado em **05.12.2019** (Info 962).
289. **ADI 5003/SC**, STF. Plenário. Rel. Min. Luiz Fux, julgado em **05.12.2019** (Info 962).
290. **ADI 5003/SC**, STF. Rel. Min. Luiz Fux, julg em **05.12.2019.** Aqui ressaltamos que o STF possui julgado mais antigo em sentido contrário ao julgado mais recente que altera seu posicionamento: *Constituição estadual poderá prever que a Lei Orgânica da Polícia Civil daquele estado tenha status de lei complementar. Não há nada na CF/88 que impeça o constituinte estadual de exigir quórum maior (lei complementar) para tratar sobre essa questão. Seria uma demasia (um exagero) negar à Constituição estadual a possibilidade de escolher determinados temas como mais sensíveis, exigindo, para eles, uma aprovação legislativa mais qualificada por meio de lei complementar.* ADI 2314/RJ, Red. p/ o ac Min. Marco Aurélio, julg em **17.06.2015** (Inf. 790).

a disciplina federal não seria abrangente a ponto de ter excluído do legislador estadual margem política para editar atos dessa natureza e com esse conteúdo. Consignou com isso o STF que, apesar de ser privativo das farmácias e drogarias o comércio de drogas, medicamentos e de insumos farmacêuticos, não existiria proibição de esses estabelecimentos comercializarem outros produtos. Afirmou o STF que, por meio da norma federal, procurara-se garantir a segurança da saúde do consumidor e, como diretriz essencial nesse campo, que esses produtos fossem vendidos apenas por estabelecimentos especializados, nos quais atuaria profissional habilitado – o farmacêutico. Contudo, isso não autorizaria interpretação no sentido de que a especialização necessária excluiria a possibilidade de farmácias e drogarias comercializarem bens diversos. Na realidade, esse entendimento implicaria situação inversa à alegada na ADI, ou seja, a de invasão de competência dos Estados-membros pela União, haja vista que norma com esse conteúdo, ao entrar em pormenores, viria a extrapolar o campo de normas gerais, princípios e questões fundamentais. O Plenário do STF afirmou que admitir que a União, a despeito de editar normas gerais, regulasse situações particulares, de modo a esgotar o tema legislado, implicaria esvaziamento do poder dos Estados-membros de legislar de forma complementar. Ao assim proceder, não se preservariam regras de convivência entre os entes, pois se permitiria que o ente central sufocasse a autonomia política dos Estados-membros e do Distrito Federal. Reputou o STF que, ausente normatização explicitamente oposta às diretrizes gerais estabelecidas em lei federal, dever-se-ia prestigiar a autonomia dos entes estaduais. É por último, refutou a assertiva de que haveria legítima proibição ao comércio varejista de artigos de conveniência em farmácias e drogarias pela Anvisa (Resolução RDC 328/1999, com a redação dada pela Resolução RDC 173/2003). Realçou o STF que inovação infralegal na ordem jurídica não poderia ser oposta ao exercício legislativo dos Estados-membros, sob pena de afronta ao princípio da legalidade. Ou seja, as Resoluções da ANVISA que proibiram o comércio de produtos de conveniência em farmácias e drogarias são ilegítimas por violarem o princípio da legalidade considerando que essa vedação somente poderia ser instituída por meio de lei.[291]

291. **ADI 4954/AC** julg. em 20**.08.2014:** *"O STF afirmou ainda que, na espécie, a pretensão formulada na inicial revelaria medida restritiva de direitos inapta a atingir o fim público visado; desnecessária ante a possibilidade de o propósito buscado ser alcançado por meios menos onerosos às liberdades fundamentais envolvidas; e desproporcional por promover desvantagens que superariam, em muito, eventuais vantagens. Enfatizou não haver implicação lógica entre a proibição de venda de produtos de conveniência em farmácias e drogarias – o meio – e a prevenção do uso indiscriminado de medicamentos – o fim. Salientou que, ainda que se admitisse a adequação ínfima da medida, esta seria desnecessária em razão de haver outros meios menos onerosos e hábeis a alcançar o propósito almejado, sem representar limitações ao exercício da livre iniciativa, como, por exemplo, controle de venda de remédios mediante receita médica, bem assim políticas de informação e campanhas de conscientização. Asseverou que as desvantagens em cercear as atividades econômicas do referido segmento comercial, considerados os efeitos negativos, principalmente, no tocante à disponibilidade de empregos e à comodidade oferecida à população, revelar-se-iam superiores às vantagens, relativas ao campo da saúde, cujo alcance sequer se mostraria abstrato ou empiricamente viável."* (Informativo 755 do STF). No mesmo sentido, temos a decisão das ADIs: ADI 4949/RJ; ADI 4948/RO; ADI 4953/MG em 11.09.2014 e ADI 4423/DF; ADI 4955/CE; 4956/AM; 4093/SP; 4951/PI em 24.09.2014.

30) Como vimos, é competência privativa da União legislar sobre processo civil, nos termos do art. 22, I da CR/88. Já a competência para ***legislar sobre procedimentos em matéria processual***, nos termos do art. 24, XI da CR/88, é concorrente para a União, Estados e DF. Pois bem, a Lei nº 10.705/2000, do Estado de São Paulo, dispôs sobre a instituição do Imposto sobre Transmissão *Causa Mortis* e Doação de Quaisquer Bens ou Direitos – ITCMD. O Conselho Federal da OAB ajuizou ADI contra esta norma. A entidade alegou que os §§ 1º e 3º dos arts. 10 e 28 da Lei nº 10.705/2000 apresentam vício de inconstitucionalidade formal porque teriam invadido a competência da União para legislar sobre processo (art. 22, I, da CR/88).

Sobre o tema, o STF, na **ADI 4409/SP** em **06.06.2018,** decidiu que as disposições legais sobre a forma de cobrança do Imposto sobre Transmissão *Causa Mortis* e Doação de quaisquer Bens ou Direitos (ITCMD) pela Procuradoria Geral do Estado e de sua intervenção em processos de inventário, arrolamento e outros de interesse da Fazenda Pública são regras de procedimento que não violam o Código de Processo Civil. Assim sendo, são normas eminentemente procedimentais, autorizadas pelo art. 24 da CR/88, que prevê a competência concorrente da União e dos Estados. Para o STF, a possibilidade de a Procuradoria-Geral do Estado intervir e ser ouvida nos inventários, arrolamentos e outros feitos em nada atrapalha o processo.[292]

Nesses termos, afirmou o STF que, pela legislação federal, a Fazenda Pública não fica adstrita ao valor declarado no processo dos bens do espólio. Será sempre notificada e irá instaurar procedimento administrativo para verificar se aqueles valores estão corretos ou não. No caso, a lei estadual dispõe que será instaurado o respectivo procedimento administrativo — como estabelece o CPC — se a Fazenda não concordar com o montante declarado ou atribuído a bem ou direito do espólio.

Assim sendo, ponderou o STF que, concordando com o valor, encerra-se *"ab initio"* qualquer procedimento administrativo. Nesse sentido, reputou o STF constitucionais os §§ 1º e 3º do art. 10 da referida Lei por não afrontarem divisão de competência e terem finalidade de facilitação para o contribuinte, com vistas à celeridade da prestação jurisdicional. Acrescentou ainda a Corte estarem inseridos também na competência concorrente em matéria tributária (art. 24, I da CR/88).[293]

31) Conforme a ADI 5182/PE, é constitucional lei estadual que transforma o cargo de datiloscopista da Polícia Civil em perito papiloscopista. No caso, o art. 3º da Lei Complementar 156/2010, do Estado de Pernambuco redenominou o cargo de datiloscopista policial para perito papiloscopista, no âmbito da polícia civil. Entendeu o STF que a competência para dispor sobre os peritos oficiais da polícia civil é concorrente, nos termos do art. 24, XVI, da CR/88. Essa norma estabelece que compete à União, aos Estados e ao Distrito Federal legislar concorrentemente sobre organização, garantias, direitos e deveres dos policiais civis.

292. **ADI 4409/SP**, STF. Plenário. Rel. Min. Alexandre de Moraes, julgado em **06.06.2018.**
293. **ADI 4409/SP**, STF. Plenário. Rel. Min. Alexandre de Moraes, julgado em **06.06.2018.**

Aqui, temos que a União, cumprindo o que prevê o art. 24, XVI, da CR/88, editou as normas gerais sobre o tema, ao aprovar a Lei nº 12.030/2009, que "dispõe sobre as perícias oficiais". No caso, o art. 5º da Lei nº 12.030/2009 não foi exaustivo ao elencar "os peritos". Certo é que podem existir outros peritos além dos previstos na Lei Federal.[294] O STF ainda sustentou que a Lei nº 12.030/2009 não proibiu que se equiparassem os cargos de datiloscopista ou papiloscopista.

Nesses termos, para o STF, a Lei Complemetar estadual 156/2010 não possui nenhuma antinomia com a Lei federal nº 12.030/2009. Afirmou também que a expressão "perito criminal" abrange todos os peritos oficiais que possuem a incumbência estatal de elucidar crimes, sendo possível, como já dito, aventar um rol bem mais amplo de agentes que atuam como peritos oficiais.[295]

O STF deixou consignado, que não houve usurpação de competência legislativa privativa da União em matéria processual. No caso, conforme o informativo 964, não há que se falar em interferência das normas estaduais no direito processual penal, porque se trata de matéria relativa à organização administrativa da polícia civil que em nada altera a qualidade da prova pericial. Ademais, o Código de Processo Penal não trata sobre a profissão de papiloscopista, datiloscopista ou da perícia datiloscópica, nem limita ou relaciona quais servidores investidos de poder legal são considerados peritos oficiais.[296]

32) Entendeu o STF na ADI 5996, que é constitucional lei estadual que proíba a utilização de animais para desenvolvimento, experimentos e testes de produtos cosméticos, de higiene pessoal, perfumes e seus componentes.[297]

No caso, o Estado do Amazonas editou a Lei Estadual nº 289/2015 proibindo a utilização de animais para desenvolvimento, experimentos e testes de produtos cosméticos, de higiene pessoal, perfumes e seus componentes.[298] A Associação Brasileira da Indústria de Higiene Pessoal, Perfumaria e Cosméticos ajuizou ADI questionando a lei, sob o argumento de que ela teria invadido campo legislativo reservado à União para legislar sobre fauna, conservação da natureza e proteção do meio ambiente. Para a associação haveria inconstitucionalidade formal da lei ao

294. Lei federal nº 12.030/2009 Art. 5º *Observado o disposto na legislação específica de cada ente a que o perito se encontra vinculado, são peritos de natureza criminal os peritos criminais, peritos médico-legistas e peritos odontolegistas com formação superior específica detalhada em regulamento, de acordo com a necessidade de cada órgão e por área de atuação profissional.*

295. **ADI 5182/PE**, STF. Plenário. Rel. Min. Luiz Fux, julgado em 19.12.2019 (Inf. 964).

296. **ADI 5182/PE**, STF. Plenário. Rel. Min. Luiz Fux, julg em 19.12.2019 (Inf. 964) Além disso, se o próprio § 1º do art. 159 do CPP admite a realização de perícia por duas pessoas idôneas, na falta de perito, com maior razão os peritos papiloscopistas e os datiloscopistas têm aptidão para exercer essas funções e integrar essa categoria. Vale ressaltar que a legislação de Pernambuco exige nível superior para os datiloscopistas policiais, estando, portanto, em harmonia com o *caput* do art. 159 do CPP.

297. **ADI 5996**, STF. Plenário Rel. Alexandre de Moraes, julgado em **15.04.2020** (Informativo 975).

298. Lei 289/2015, do Estado do Amazonas: *Art. 1º Fica proibida, no Estado do Amazonas, a utilização de animais para desenvolvimento, experimentos e testes de produtos cosméticos, de higiene pessoal, perfumes e seus componentes, sem prejuízo do disposto em legislação Municipal, Estadual ou Federal.*

argumento de que a União, por meio da Lei nº 11.794/2008, autorizou a realização de testes em animais.

Para o STF, a Lei nº 289/2015, do Estado do Amazonas, ao proibir a utilização de animais para desenvolvimento, experimentos e testes de produtos cosméticos, de higiene pessoal, perfumes e seus componentes, não invadiu a competência da União.[299]

Nesses termos, o Estado do Amazonas, por meio da norma impugnada, não proibiu toda e qualquer realização de testes em animais dentro de seu território, tendo apenas escolhido, dentro da sua competência legiferante, proibir a utilização de animais para o desenvolvimento, experimentos e testes de produtos cosméticos, de higiene pessoal e perfumes.

No caso, a Lei federal nº 11.794/2008 autorizou a utilização de animais em atividades de ensino e pesquisas científicas, desde que sejam observadas algumas condições relacionadas aos procedimentos adotados, que visam a evitar e/ou atenuar o sofrimento dos animais. Assim sendo, no âmbito do Estado do Amazonas, o tema foi abordado apenas de uma maneira mais restrita.

O legislador amazonense, segundo o STF, optou por seguir um movimento mundial no sentido de proibir os experimentos e testes de cosméticos em animais, o que não torna censurável o exercício de sua competência concorrente para tratar do tema, visando à proteção da vida animal.

Assim sendo, o STF possui o entendimento de que, em princípio, e em regra, é possível que os Estados editem normas ***mais protetivas*** ao meio ambiente que as normas gerais da União, com fundamento em suas peculiaridades regionais e na preponderância de seu interesse, conforme o caso (sempre observando, por óbvio, o caso concreto).[300]

Temos ainda, algumas observações importantes sobre a repartição vertical concorrente, senão vejamos:

A) E os Municípios não teriam competência concorrente legislativa? Ou seja, os Municípios não teriam competência suplementar (suplementar-complementar)?

Sim, os Municípios têm competência suplementar, à luz do art. 30, II, da CR/88. Assim sendo, eles poderão suplementar a legislação estadual e federal. Porém, quais as matérias o Município terá competência para legislar?

Certo é que os Municípios não podem complementar as matérias do art. 22 da CR/88, pois são de competência privativa da União (não tendo concorrência com os outros entes), a não ser que o inciso do art. 22 deixe expresso que a União irá traçar apenas diretrizes gerais.

299. **ADI 5996**, STF. Plenário Rel. Alexandre de Moraes, julgado em **15.04.2020** (Informativo 975).
300. **ADI 5996**, STF. Plenário Rel. Alexandre de Moraes, julgado em **15.04.2020** (Informativo 975).

Nesse sentido, como exemplos, temos que os Municípios não podem legislar sobre: direito penal, direito civil, direito do trabalaho, sistema financeiro, extradição, naturalização, entre outras matérias de competência privativa da União.

Assim sendo, a resposta sobre quais matérias poderão ser objeto de competência suplementar pelos Municípios está no próprio art. 30, II, que determina que o Município poderá suplementar **"no que couber"** as legislações federais e estaduais. Assim sendo, o sentido deve ser aquele que entende que o "no **que couber**" significa que: a) matérias que envolvam assuntos de interesse local; e b) matérias que envolvam o art. 23 (competências administrativas comuns, pois o município também administra) e matérias que, em ***regra***, envolvam o art. 24 (competência legislativas concorrentes), da CR/88. Aqui, é importante registrar que no caso do art. 24 existem matérias que não há interesse local, como nas matérias, por exemplo, de cunho processual (art. 24, IV e XI) e ele não deve legislar sobre. Porém, a regra (tirando as exceções) é que o município legisle sobre as matérias do art. 24 complementando a legislação federal e estadual no que couber.

Como exemplos, podemos observar que é de competência administrativa comum e legislativa concorrente questões que envolvam a defesa do patrimônio histórico-cultural (art. 23, 24, VII e 30, IX). Nesse sentido, poderão, por exemplo, os Municípios suplementar a legislação federal e a estadual para atender às suas peculiaridades no que diz respeito ao patrimônio histórico-cultural. Outros exemplos interessantes poderiam envolver: educação, cultura, direiro econômico, ou mesmo meio ambiente e controle da poluição.

Sobre meio ambiente o STF inclusive já decidiu que os Municípios podem legislar sobre Direito Ambiental, desde que o façam fundamentadamente. Dessa forma, o Município é competente para legislar sobre o meio ambiente, juntamente com a União e o Estado-membro/DF, no limite do seu interesse local e desde que esse regramento seja harmônico com a disciplina estabelecida pelos demais entes federados (art. 24, VI, c/c o art. 30, I e II, da CR/88).

Nesses termos, se o Município legisla sobre Direito Ambiental, fazendo-o de forma fundamentada segundo seus interesses locais, não há, em princípio, violação às regras de competência.[301] Aqui outro exemplo recente foi explicitado no RE 194704/MG, julgado em 29.06.2017, no qual o STF afirmou novamente que Município tem competência para legislar sobre meio ambiente e controle da poluição quando se tratar de interesse local.

No caso entendeu o Pretório Excelso que é constitucional lei municipal, regulamentada por decreto, que preveja a aplicação de multas para os proprietários de veículos automotores que emitem fumaça acima de padrões considerados aceitáveis.[302]

301. **ARE 748206 AgR/SC**, 2ª Turma STF. Rel. Min. Celso de Mello, julgado em **14.03.2017**.

302. **RE 194704/MG**, STF. Plenário. rel. orig. Min. Carlos Velloso, red. p/ o ac. Min. Edson Fachin, julg em **29.06.2017**. No caso, o Município de Belo Horizonte editou uma lei, depois regulamentada por um decreto, estipulando a

Embora, por óbvio, possam existir distorções. Nesse sentido, também recentemente, o STF já declarou a inconstitucionalidade de Lei Municipal sobre meio ambiente (envolvendo a total proibição de queimadas para o plantio de cana-de-açúcar) usando no caso concreto (devido às suas peculiaridades) de uma ponderação de interesses.[303]

Por último, decidiu o STF recentemente, que é constitucional lei municipal que proíbe a conferência de mercadorias realizada na saída de estabelecimentos comerciais localizados na cidade. A Lei municipal previa que, após o cliente efetuar o pagamento nas caixas registradoras da empresa instaladas, não é possível nova conferência na saída. Os Municípios detêm competência para legislar sobre assuntos de interesse local (art. 30, I, da CR/88), ainda que, de modo reflexo, tratem de direito do consumidor.[304]

---

aplicação de multas para os proprietários de veículos automotores que emitem fumaça acima de padrões considerados aceitáveis. Afirmou o STF que *o controle da poluição ambiental, especialmente aquele destinado a impedir a degradação dos índices de qualidade do ar, consiste em matéria que se insere na esfera de competência legislativa dos Municípios, observado o interesse local e desde que as medidas de regulação normativa não transgridam nem conflitem com o âmbito de atuação que a Constituição atribuiu à União e aos Estados-membros.* Conforme o Informativo 870: No mérito, o Plenário considerou que as expressões "interesse local", do art. 30, I, da Constituição Federal (CF), e "peculiar interesse", das Constituições anteriores, se equivalem e não significam interesse exclusivo do Município, mas preponderante. Assim, a matéria é de competência concorrente (CF, art. 24, VI), sobre a qual a União expede normas gerais. Os Estados e o Distrito Federal editam normas suplementares e, na ausência de lei federal sobre normas gerais, editam normas para atender a suas peculiaridades. ***Por sua vez, os Municípios, com base no art. 30, I e II, da CF (3), legislam naquilo que for de interesse local, suplementando a legislação federal e a estadual no que couber.***

303. **RE 586.224** julg. em **05.03.2015**: *1. O Município é competente para legislar sobre meio ambiente com União e Estado, no limite de seu interesse local e desde que tal regramento seja e harmônico com a disciplina estabelecida pelos demais entes federados (art. 24, VI c/c 30, I e II da CRFB). 3. In casu, porquanto inegável conteúdo multidisciplinar da matéria de fundo, envolvendo questões sociais, econômicas e políticas, não é permitido a esta Corte se furtar de sua análise para o estabelecimento do alcance de sua decisão. São elas: (i) a relevante diminuição – progressiva e planejada – da utilização da queima de cana-de-açúcar; (ii) a impossibilidade do manejo de máquinas diante da existência de áreas cultiváveis acidentadas; (iii) cultivo de cana em minifúndios; (iv) trabalhadores com baixa escolaridade; (v) e a poluição existente independentemente da opção escolhida. 4. Em que pese a inevitável mecanização total no cultivo da cana, é preciso reduzir ao máximo o seu aspecto negativo. Assim, diante dos valores sopesados, editou-se uma lei estadual que cuida da forma que entende ser devida a execução da necessidade de sua respectiva população. Tal diploma reflete, sem dúvida alguma, uma forma de compatibilização desejável pela sociedade, que, acrescida ao poder concedido diretamente pela Constituição, consolida de sobremaneira seu posicionamento no mundo jurídico estadual como um standard a ser observado e respeitado pelas demais unidades da federação adstritas ao Estado de São Paulo. 5. Sob a perspectiva estritamente jurídica, é interessante observar o ensinamento do eminente doutrinador Hely Lopes Meireles, segundo o qual "se caracteriza pela predominância e não pela exclusividade do interesse para o município, em relação ao do Estado e da União. Isso porque não há assunto municipal que não seja reflexamente de interesse estadual e nacional. A diferença é apenas de grau, e não de substância." (...) 7. Entretanto, impossível identificar interesse local que fundamente a permanência da vigência da lei municipal, pois ambos os diplomas legislativos têm o fito de resolver a mesma necessidade social, que é a manutenção de um meio ambiente equilibrado no que tange especificamente a queima da cana-de-açúcar. 8. Distinção entre a proibição contida na norma questionada e a eliminação progressiva disciplina na legislação estadual, que gera efeitos totalmente diversos e, caso se opte pela sua constitucionalidade, acarretará esvaziamento do comando normativo de quem é competente para regular o assunto, levando ao completo descumprimento do dever deste Supremo Tribunal Federal de guardar a imperatividade da Constituição. 9. Recurso extraordinário conhecido e provido para declarar a inconstitucionalidade da Lei Municipal nº 1.952, de 20.12.1995, do Município de Paulínia.*

304. RE 1.052.719 AgR/PB, STF. 2ª Turma. Rel. Min. Ricardo Lewandowski, julgado em 25.09.2018. Informativo 917: *Ressaltou ser salutar que a interpretação constitucional de normas dessa natureza seja mais favorável à autonomia legislativa dos municípios, haja vista ter sido essa a intenção do constituinte ao elevá-los ao status de ente federativo em*

B) Os Municípios, além da competência suplementar (para alguns: suplementar-complementar), possuem capacidade para exercer competência legislativa plena (para alguns: suplementar-supletiva)? Aqui temos duas correntes.

1ª) Corrente: Essa corrente é sabidamente de cunho municipalista. Defende que o Município tem não só competência suplementar-complementar, mas também tem competência suplementar-supletiva (ou seja, ele poderia exercer competência legislativa plena). Dessa feita, quando a lei estadual ou federal surgir, estas suspenderiam a eficácia das normas municipais naquilo em que lhes forem contrárias. Essa corrente trabalha com uma interpretação sistemática da Constituição, adequando a norma do art. 30, II, com a norma do art. 24 § 3º da CR/88.

2ª) Corrente: Essa corrente defende que o Município só tem competência suplementar (suplementar-complementar). Portanto, se não existir lei estadual ou federal, o Município não pode exercer competência legislativa plena (suplementar-supletiva). Esta é a posição, por exemplo, de Manoel Gonçalves Ferreira Filho e Dirley da Cunha Júnior. Os autores trabalham, salvo melhor juízo, com uma interpretação literal, do nosso atual diploma constitucional. Nesse sentido, interpretam que se o constituinte quisesse dar competência supletiva para os Municípios, teria dito expressamente, assim como fez com os Estados-membros no art. 24 § 3º da CR/88. Aqui, além do argumento literal, temos ainda, numa outra vertente, um argumento hermenêutico de cunho *consequencialista*. Nesses termos, seria extremamente difícil fiscalizar e controlar juridicamente mais de 5.500 municípios na atividade de competência legislativa plena com a posterior suspensão da eficácia dessas normas por normas estaduais e federais. Apesar de a primeira corrente ser interessante em termos sistemáticos, a segunda corrente é a majoritária.

6. CONSIDERAÇÕES FINAIS SOBRE A ORGANIZAÇÃO DO ESTADO: Princípio da Simetria. Regiões Administrativas ou de Desenvolvimento. Bens da União. Bens dos Estados. Homogeneidade Federativa. Análise dos Territórios. Complementações sobre o Distrito Federal. Criação de Novos Estados. Criação de Novos Municípios

(1) A Organização do Estado e Princípio da Simetria. Certo é que[305] devemos levar em consideração, no exercício das competências por parte dos entes, não só as

nossa Carta da República. Essa autonomia revela-se primordialmente quando o município exerce, de forma plena, sua competência legislativa em matéria de interesse da municipalidade, como previsto no art. 30, I , da CF. Por isso, toda interpretação que limite ou mesmo vede a atuação legislativa do município deve considerar a primazia do interesse da matéria regulada, de modo a preservar a essencial autonomia desse ente político no sistema federativo pátrio. A norma local questionada se insere na competência legislativa municipal, porque diz respeito à proteção das relações de consumo dos seus munícipes. Ela tem por objetivo evitar o constrangimento dos particulares e de lhes proporcionar maior conforto, haja vista que impede a dupla conferência das mercadorias e evita o enfrentamento de várias filas. Ressaltou, ainda, que o bem-estar dos consumidores não tem relação com a atividade-fim das instituições, razão pela qual não se constata a violação do art. 22, I, da CF. Frisou inexistir, de fato, um critério objetivo que possa balizar de maneira absolutamente segura se a matéria normatizada transcende o interesse local. Nessas circunstâncias, há de se prestigiar a vereança local, que bem conhece a realidade e as necessidades da comunidade.

305. Como bem explicitado por MENDES; COELHO; BRANCO, *Curso de direito constitucional*, p, 812-813, 2008.

repartições típicas do federalismo, mas também o princípio da separação dos poderes. Assim sendo, o STF já declarou em várias oportunidades a inconstitucionalidade de normas constitucionais e infraconstitucionais de Estados-membros e também de normas municipais por desobediência à separação de Poderes, externalizada no art. 2º da CR/88. A base de tal postura encontra-se no intitulado ***Princípio da Simetria***, que determina o dever do constituinte estadual, ou mesmo do legislador infraconstitucional dos entes federativos, respeitar de forma rigorosa e fiel *(tanto quanto possível)* as opções de organização e de relacionamento entre os Poderes alocados na Constituição da República de 1988.[306] Porém, o próprio STF já deixou assente que o princípio da simetria não pode ser entendido e interpretado de forma absoluta. Nesse sentido, ele existe como "norte" vinculante, mas pode ser relativizado (excepcionado) em algumas situações.[307]

306. Exemplos: a) *O STF declarou na ADI nº 177 a inconstitucionalidade de normas estaduais (de Constituição Estadual) que exigia autorização legislativa para que o Estado contraísse dívida.* (Rel. Min. Carlos Velloso). b) *o STF declarou a inconstitucionalidade, na ADI nº 687, de norma de Constituição Estadual que impunha aos Prefeitos municipais o dever de comparecimento perante a Câmara dos Vereadores sob o fundamento, entre outros, da não submissão do chefe do executivo ao Poder legislativo.* c) Na ADI nº 202 *o STF declarou inconstitucional norma de Constituição Estadual que alterava o modo de investidura de desembargadores do Tribunal de Justiça estabelecendo a necessidade de aprovação pelo Poder Legislativo da escolha feita pelo governador em lista tríplice por critério de merecimento.* d) O STF *na ADI nº 3.208 declarou a inconstitucionalidade de norma de Constituição Estadual que estabelecia que o procedimento de votação para perda de mandato de parlamentar estadual deveria ser realizado mediante voto aberto. Nesses termos, essa norma alocada na referida Constituição Estadual (via emenda constitucional), com base no princípio da simetria, não estaria em consonância com o art. 55 § 2º da CR/88, que preleciona votação secreta. Conforme a Ementa: Emenda constitucional estadual. Perda de mandato de parlamentar estadual mediante voto aberto. Inconstitucionalidade. Violação de limitação expressa ao poder constituinte decorrente dos Estados-membros (CR, art. 27, § 1º c/c art. 55, § 2º). ADI julgada procedente, por maioria.* (Julg em 12.05.2005. Rel. Min. Gilmar Mendes). Nos termos do **Informativo 611**: *(...) Ante a falta de simetria com o modelo federal (CF: "Art. 49. É da competência exclusiva do Congresso Nacional: ... III – autorizar o Presidente e o Vice-Presidente da República a se ausentarem do País, quando a ausência exceder a quinze dias; ... Art. 83. O Presidente e o Vice-Presidente da República não poderão, sem licença do Congresso Nacional, ausentar-se do País por período superior a quinze dias, sob pena de perda do cargo."), o Plenário, ao prover recurso extraordinário, declarou, com efeito ex tunc, a inconstitucionalidade do parágrafo único do art. 99 da Lei Orgânica do Município de Betim/MG. O preceito impugnado determina que para que o prefeito e o vice se ausentem do país, por qualquer período, é necessária a prévia autorização legislativa, sob pena de perda do cargo. Asseverou-se que essa imposição somente seria devida para ausência superior a 15 dias e não por prazo indeterminado."* **RE 317.574**, Rel. Min. Cezar Peluso, julg. em **01.12.2010**. Nos termos do **Informativo 634**: *"O Plenário, por maioria, julgou procedente pedido formulado em ação direta, ajuizada pelo Governador do Estado do Piauí, para declarar a inconstitucionalidade dos incisos III, VII, VIII, IX e X do parágrafo único do art. 77 da CF, que impõe a edição de lei complementar para disciplinar o Estatuto dos Servidores Públicos Civis e dos Servidores Militares, a Lei Orgânica do Magistério Público do Estado, a Lei Orgânica da Administração Pública, o Estatuto da Polícia Civil e o Estatuto Administrativo do Fisco Estadual. Asseverou-se que os dispositivos impugnados ofenderiam* ***o princípio da simetria****, pois exigiriam lei complementar para regulação de matérias para as quais a CF prevê o processo legislativo ordinário.* ADI 2872 julg. **01.08.2011**.

307. Como exemplo, *temos a ADI nº 792 que declarou a constitucionalidade de norma da Constituição de Rondônia, que estabelece a possibilidade de reeleição na Mesa da Assembleia Legislativa do Estado. Essa norma, apesar de contrariar o art. 57 § 4º da CR/88, não foi declarada inconstitucional. Nesse caso o STF entendeu que não havia usurpação da Constituição da República não devendo ser desenvolvida a lógica da simetria.* Outro exemplo na **ADI 253/MT**. Julg. em **28.05.2015**: *"Por reputar* ***inexistir ofensa ao princípio da simetria****, o Plenário julgou improcedente pedido formulado em ADI proposta contra a expressão "e ao Vice-Governador", constante do art. 65 da Constituição do Estado do Mato Grosso ("Aplicam-se ao Governador e ao Vice-Governador, no que couber, as proibições e impedimentos estabelecidos para os Deputados Estaduais"). A Corte assentou que a determinação de observância aos princípios constitucionais não significaria caber ao constituinte estadual apenas copiar as normas federais. A inexistência da vedação no plano federal não obstaculizaria o constituinte de o fazer com relação ao vice-governador. Asseverou que o*

(2) Sobre as regiões administrativas ou de desenvolvimento dentro da organização político-administrativa da RFB. Com base no interesse nacional (geral), a Constituição traz no final do título sobre a organização do Estado, uma importante tarefa, não raro olvidada, a ser desempenhada pela União. Assim sendo, no art. 43 da Constituição, para efeitos administrativos, a União poderá articular sua ação em um mesmo complexo geoeconômico e social, visando a seu desenvolvimento e à redução das desigualdades regionais.[308]

Para tal, a lei complementar disporá sobre: a) as condições para integração de regiões em desenvolvimento; e b) a composição dos organismos regionais que executarão, na forma da lei, os planos regionais, integrantes dos planos nacionais de desenvolvimento econômico e social, aprovados juntamente com estes.

O mesmo diploma constitucional afirma que os incentivos regionais compreenderão, além de outros, na forma da lei: a) igualdade de tarifas, fretes, seguros e outros itens de custos e preços de responsabilidade do Poder Público; b) juros favorecidos para financiamento de atividades prioritárias; c) isenções, reduções ou diferimento temporário de tributos federais devidos por pessoas físicas ou jurídicas; e d) prioridade para o aproveitamento econômico e social dos rios e das massas de água represadas ou represáveis nas regiões de baixa renda, sujeitas a secas periódicas.

Sem dúvida, à luz de uma análise sistemática do diploma Constitucional, as possibilidades atribuídas à União visam a desenvolver os objetivos da República Federativa do Brasil, presentes no art. 3 da CR/88, sobretudo, só presentes no art. 3º, II e III.

Temos ainda, nesse mesmo diapasão, que nas áreas de baixa renda sujeitas à seca periódica, a União incentivará a recuperação de terras áridas e cooperará com os pequenos e médios proprietários rurais para o estabelecimento, em suas glebas, de fontes de água e de pequena irrigação.[309]

(3) Digressão referente aos bens da União. Conforme o diploma Constitucional de 1988, são bens da União: I – os que atualmente lhe pertencem e os que lhe vierem a ser atribuídos; II – as terras devolutas[310] indispensáveis à defesa das frontei-

---

estabelecimento de restrições a certas atividades ao vice-governador, visando a preservar a sua incolumidade política, seria matéria que o Estado-Membro poderia desenvolver no exercício da sua autonomia constitucional. Precedentes citados: ADI 4.298 MC/TO e ADI 331/PB. (Inf. 787 do STF)

308. Como exemplos de regiões administrativas ou de desenvolvimento tem-se a autorização para criar as regiões administrativas do Polo Petrolina e Juazeiro, ambas conforme a Lei Complementar nº 113 de 19.09.2001. Além da Lei Complementar nº 124/07, que instituiu novamente a Superintendência do desenvolvimento da Amazônia (SUDAM), e a Lei Complementar nº 125/07, que instituiu novamente a Superintendência do Desenvolvimento do Nordeste (SUDENE). Ambas haviam sido extintas por meio, respectivamente, das MPs nºs 2.156-5 e 2.157-6 de 24.08.2001.

309. Conforme o art. 43 § 3º da CR/88. Nesse sentido, conforme o art. 42 "d" ADCT. Art. 42. Durante 25 (vinte e cinco) anos, a União aplicará, dos recursos destinados à irrigação: (Redação dada pela Emenda Constitucional nº 43, de 15.4.2004) I – vinte por cento na Região Centro-Oeste; II – cinquenta por cento na Região Nordeste, preferencialmente no semiárido.

310. É mister salientar que as assim intituladas **terras devolutas** são terras públicas que integram o patrimônio das pessoas federativas e que não são utilizadas para qualquer finalidade (ou utilidade) pública específica. Elas

ras,[311] das fortificações e construções militares, das vias federais de comunicação e à preservação ambiental, definidas em lei; III – os lagos, rios e quaisquer correntes de água em terrenos de seu domínio, ou que banhem mais de um Estado, sirvam de limites com outros países, ou se estendam a território estrangeiro ou dele provenham, bem como os terrenos marginais e as praias fluviais; IV as ilhas fluviais e lacustres nas zonas limítrofes com outros países; as praias marítimas; as ilhas oceânicas e as costeiras, excluídas, destas, as que contenham a sede de Municípios, exceto aquelas áreas afetadas ao serviço público e a unidade ambiental federal, e as referidas no art. 26, II[312]; V – os recursos naturais da plataforma continental e da zona econômica exclusiva; VI – o mar territorial; VII – os terrenos de marinha[313] e seus

também não estão integradas ao domínio privado. Nesse sentido: *"Fazem parte do domínio terrestre da União, Estados e Municípios e, enquanto devolutas, não tem acesso para serviços administrativos."* CARVALHO FILHO, José dos Santos, *Manual de direito administrativo*, 2008, p. 1.039. *Certo é que, desde a Constituição de 1891 nos moldes de seu art. 64, as terras devolutas pertencem em regra aos Estados-membros. A nossa atual Constituição segue na mesma linha afirmando que em regra as terras devolutas pertencem aos Estados-membros excetuando-se aquelas indispensáveis à defesa das fronteiras, as fortificações e construções militares, das vias federais de comunicação, e à preservação ambiental, definidas em lei que permanecem sob o domínio da União.*

311. Súmula 477 do STF: *As concessões de terras devolutas situadas na faixa de fronteira, feitas pelos Estados, autorizam, apenas, o uso, permanecendo o domínio com a União, ainda que se mantenha inerte ou tolerante, em relação aos possuidores.* Esclarecemos aqui que o que entendemos por faixa de fronteira está no art. 20 § 2º da CR/88, *no qual as faixas de fronteiras são definidas como uma faixa de até 150 quilômetros de largura, ao longo das fronteiras terrestres.* Conforme o **art. 20 § 2º da CR/88**: *A faixa de até cento e cinquenta quilômetros de largura, ao longo das fronteiras terrestres, designada como faixa de fronteira, é considerada fundamental para defesa do território nacional, e sua ocupação e utilização serão reguladas em lei.*

312. Redação dada pela Emenda Constitucional nº 46, de 2005. Segundo o STF, a EC 46/2005 não interferiu na propriedade da União, nos moldes do art. 20, VII, da Constituição Federal, sobre os terrenos de marinha e seus acrescidos situados em ilhas costeiras sede de Municípios. STF. Plenário. **RE 636199/ES**, Rel. Min. Rosa Weber, julgado em **27.04.2017**. Conforme CARVALHO FILHO: "*A nova redação do art. 20, IV, tem suscitado interpretações divergentes quanto à situação dos terrenos de marinha situados nas ilhas costeiras. Uma delas reside em que o citado dispositivo teria excluído tais áreas do patrimônio da União, sendo elas repassadas ao Município, o que geraria a extinção das enfiteuses e ocupações legítimas de terrenos nelas situadas.*" Essa tese não foi acolhida pelo STF. Os terrenos de marinha situados em ilhas costeiras que forem sede de Município não deixaram de pertencer à União. Aqui uma interpretação sistemática do texto constitucional conduz à conclusão de que a alteração introduzida no inciso IV do art. 20 pela EC nº 46/2005 não teve a intenção de mudar a propriedade dos terrenos de marinha que continuaram previstos normalmente no inciso VII como sendo bens da União.

313. Nesses termos: *Terrenos de marinha são áreas que, banhadas pelas águas do mar ou dos rios navegáveis, em sua foz, se estendem à distância de 33 metros para a área terrestre, contados da linha preamar média de 1831. Os terrenos da marinha pertencem à União por expresso mandamento constitucional, justificando-se o domínio federal em virtude da necessidade de defesa e de segurança nacional. Entretanto, algumas áreas dos terrenos de marinha se tornaram urbanas ou urbanizáveis por aquiescência do Governo federal, passando a ser permitido o uso privado. No que concerne às construções e edificações particulares, incidem regularmente as normas próprias editadas pelos Estados e pelos Municípios, estes, inclusive, dotados de competência urbanística local por preceito expresso na Constituição (art. 30, VIII). Como essas áreas pertencem à União, o uso por particulares é admitido pelo regime da enfiteuse.* [...] *Embora excluído o instituto da enfiteuse do novo código civil, foi feita a ressalva do instituto em relação aos terrenos da marinha, em ordem a que essa matéria seja suscetível de regulação por lei especial (art. 2.038, § 2º)* [...] *O Dec.-Lei nº 9.760/46, além da enfiteuse, prevê ainda a figura da ocupação para legitimar o uso de terras públicas federais, inclusive terrenos da marinha, em favor daqueles que já as venham ocupando há determinado tempo.* [...] CARVALHO FILHO, José dos Santos, *Manual de direito administrativo*, 2008, p. 1.041. Aqui temos que fazer uma importante distinção. Não podemos confundir os terrenos da marinha com os terrenos reservados. Os terrenos reservados, também intitulados de terrenos marginais, são aqueles que banhados pelas correntes navegáveis estão fora do alcance das marés e se estendem até a distância de 15 metros para a parte da terra, contados desde a linha média das enchentes ordinárias. CARVALHO FILHO, José dos Santos, *Manual de direito administrativo*, 2008, p. 1.041. A Súmula nº 479 do STF faz referência aos terrenos reservados nas margens dos rios navegáveis (rios navegáveis que não

acrescidos;[314] VIII – os potenciais de energia hidráulica; IX – os recursos minerais, inclusive os do subsolo; X – as cavidades naturais subterrâneas e os sítios arqueológicos e pré-históricos; e XI – as terras tradicionalmente ocupadas pelos índios.

Conforme o próprio diploma constitucional de 1988, são terras tradicionalmente ocupadas pelos índios as por eles habitadas em caráter permanente, as utilizadas para suas atividades produtivas, as imprescindíveis à preservação dos recursos ambientais necessários ao seu bem-estar e as necessárias à sua reprodução física e cultural, segundo seus usos, costumes e tradições. Essas terras, tradicionalmente ocupadas pelos índios, destinam-se à sua posse permanente, cabendo-lhes o usufruto exclusivo das riquezas do solo, dos rios e dos lagos nelas existentes.[315]

Já o aproveitamento dos recursos hídricos, incluídos os potenciais energéticos, a pesquisa e a lavra das riquezas minerais em terras indígenas, só podem ser efetivados com autorização do Congresso Nacional, ouvidas as comunidades afetadas, ficando-lhes assegurada participação nos resultados da lavra, na forma da lei.

A Constituição atual afirma ainda que essas terras são inalienáveis e indisponíveis, e os direitos sobre elas imprescritíveis, sendo vedada a remoção dos grupos indígenas de suas terras, salvo ***ad referendum*** do Congresso Nacional, em caso de catástrofe ou epidemia que ponha em risco sua população, ou no interesse da soberania do País, após deliberação do Congresso Nacional, garantido, em qualquer hipótese, o retorno imediato logo que cesse o risco.

Portanto, não há dúvida que a Constituição estabelece toda uma plêiade protetiva aos indígenas,[316] de tal modo que o reforço dessa perspectiva alinha-se à

---

sofrem a influência das marés, pois, se sofressem e preenchessem os requisitos acima citados seriam terrenos de marinha), afirmando que *"as margens dos rios navegáveis são do domínio público, insuscetíveis de expropriação e, por isso mesmo, excluídas de indenização." Portanto, segundo o STF, devemos considerar de domínio público os terrenos marginais, exceto se as áreas marginais houverem sido legitimamente transferidas pelo Poder Público ao domínio privado.* CARVALHO FILHO, José dos Santos, Manual de direito administrativo, 2008, p. 1.042.

314. Os terrenos acrescidos de marinha são aqueles que se tiverem formado, natural ou artificialmente, para o lado do mar ou dos rios e lagoas, em seguimento aos terrenos da marinha, conforme o art. 3º do Decreto-Lei nº 9.760/46. Porém aqui devemos levar em consideração que: Esse domínio (da União) depende dos acréscimos terem sido agregados aos terrenos da marinha. Como estes se situam no domínio federal, federais serão também os terrenos e eles acrescidos. Se os acrescidos se tiverem formado em terrenos situados às margens de rios e lagos, poderão pertencer ao domínio público ou privado. Em se tratando de acréscimos formados em águas comuns ou das correntes públicas de uso comum, pertencerão aos proprietários privados ribeirinhos. Se se agregarem nas águas públicas dominicais, serão bens públicos dominicais, salvo se estiverem servindo ao uso comum ou se pertencerem a particular. CARVALHO FILHO, José dos Santos, Manual de direito administrativo, 2008, p. 1.041. Aqui também são válidas as palavras de Dirley da Cunha Júnior, quando nos lembra que os terrenos da marinha e seus acrescidos pertencem à União e integram seus bens dominicais, porém não devem ser confundidos com praias que são bens públicos de uso comum. In: *Curso de direito administrativo*, 2007.
315. A Constituição atual (art. 231 § 6º) também explicita que são nulos e extintos, não produzindo efeitos jurídicos, os atos que tenham por objeto a ocupação, o domínio e a posse das terras tradicionalmente ocupadas pelos índios, ou a exploração das riquezas naturais do solo, dos rios e dos lagos nelas existentes, ressalvado relevante interesse público da União, segundo o que dispuser lei complementar, não gerando a nulidade e a extinção do direito à indenização ou a ações contra a União, salvo, na forma da lei, quanto às benfeitorias derivadas da ocupação de boa-fé.
316. Como exemplo, temos o trecho do voto do Min. Celso de Melo no RE nº 183.188: "[...] *A importância jurídica da demarcação administrativa homologada pelo Presidente da República – ato estatal que se reveste de*

lógica expressa no art. 20, XI, em que temos expresso serem bens da União as terras tradicionalmente ocupadas pelos índios. Assim sendo, nessas áreas existe o que chamamos de afetação a uma finalidade pública, qual seja, a de proteção aos indígenas. Portanto, não estamos diante de um serviço estritamente administrativo, mas diante de um objetivo (social) a ser perseguido pelo Poder Público. Por isso mesmo, essas terras são bens públicos enquadrados na categoria **dos bens de uso especial.**[317]

Aqui é importante salientar que inclusive já decidiu o STF que as terras tradicionalmente ocupadas pelos índios, como já dito, são bens da União (art. 20, XI, da CR/88) e, portanto, não podem ser consideradas como terras devolutas de domínio do Estado-membro.[318]

Nesses termos, para enfatizar ainda mais o caráter protetivo que o ordenamento constitucional pátrio concede às áreas indígenas, temos a Súmula nº 650 do STF, que assim preleciona: *os incisos I e XI do art. 20 da Constituição Federal não alcançam terras de aldeamentos extintos, ainda que ocupadas por indígenas em período remoto.*

Nesse momento, devemos esclarecer alguns pontos de suma importância sobre os citados bens da União que estão regulamentados infraconstitucionalmente.

Nesse sentido, temos que explicitar os conceitos de mar territorial, zona contígua, zona econômica exclusiva e plataforma continental. Conforme art. 1º da Lei Federal nº 8.617/93, o **mar territorial** brasileiro compreende uma faixa de doze milhas marítima de largura, medidas a partir da linha de baixa-mar do litoral continental e insular, tal como indicada nas cartas náuticas de grande escala, reconhecidas oficialmente no Brasil.

Já a **zona contígua**, à luz do art. 4º da Lei nº 8.671/93, é uma faixa que se estende das 12 às 24 milhas marítimas, contadas das linhas de base que servem

presunção juris tantum de legitimidade e de veracidade – reside na circunstância de que as terras tradicionalmente ocupadas pelos índios, embora pertencentes ao patrimônio da União (CR, art. 20, XI), acham-se afetadas, por efeito de destinação constitucional, a fins específicos voltados, unicamente, à proteção jurídica, social, antropológica, econômica e cultural dos índios, dos grupos indígenas e das comunidades tribais. A QUESTÃO DAS TERRAS INDÍGENAS – SUA FINALIDADE INSTITUCIONAL. – As terras tradicionalmente ocupadas pelos índios incluem-se no domínio constitucional da União Federal. As áreas por elas abrangidas são inalienáveis, indisponíveis e insuscetíveis de prescrição aquisitiva. A Carta Política, com a outorga dominial atribuída à União, criou, para esta, uma propriedade vinculada ou reservada, que se destina a garantir aos índios o exercício dos direitos que lhes foram reconhecidos constitucionalmente (CR, art. 231, §§ 2º, 3º e 7º), visando, desse modo, a proporcionar às comunidades indígenas bem-estar e condições necessárias à sua reprodução física e cultural, segundo seus usos, costumes e tradições. [...]"

317. CARVALHO FILHO, José dos Santos, *Manual de direito administrativo*, p. 1.043, 2008.

318. **ACO 362/MT** e **ACO 366/MT**, STF. Plenário. Rel. Min. Marco Aurélio, julgados em **16.08.2017**. *O Colegiado salientou que, desde a Constituição de 1934, não se pode caracterizar as terras ocupadas pelos indígenas como devolutas. Ressaltou ainda que a Constituição Federal de 1988 estabeleceu que as terras tradicionalmente ocupadas pelos índios são bens da União e dedicou vários dispositivos para tratar da proteção dessas áreas [CF/1988, arts. 20, XI (1) e 213, § 1º a §6º(2)]. Ademais, pontuou que os laudos antropológicos juntados aos autos deixaram claro que as áreas em questão eram habitadas historicamente por indígenas. Nesse contexto, o STF assentou que a titularidade das terras não é do Estado do Mato Grosso, sendo indevida, portanto, a indenização pleiteada.* (Informativo 873)

para medir a largura do mar territorial. A **zona econômica exclusiva**, nos moldes do art. 6º da Lei nº 8.671/93, é uma faixa que se estende das 12 às 200 milhas marítimas, contadas das linhas de base que servem para medir a largura do mar territorial.

Por outro lado, e em consonância com o art. 11 da Lei nº 8.671/93, a **plataforma continental** deve ser compreendida como o leito ou subsolo das áreas marítimas que se estendem além do seu mar territorial, em toda a extensão do prolongamento natural de seu território terrestre, até o bordo da margem continental, ou até uma distância de 200 milhas marítimas das linhas de base, a partir das quais se mede a largura do mar territorial, nos casos em que o bordo exterior da margem continental não atinja essa distância.

Por último, também é importante observarmos que conforme o art. 20 § 1º da CR/88 (com redação dada pela **Emenda Constitucional nº 102** de **26.09.2019**), temos que é assegurada, nos termos da lei, à União, aos Estados, ao Distrito Federal e aos Municípios a participação no resultado da exploração de petróleo ou gás natural, de recursos hídricos para fins de geração de energia elétrica e de outros recursos minerais no respectivo território, plataforma continental, mar territorial ou zona econômica exclusiva, ou compensação financeira por essa exploração.

Aqui é interessante, que o STF na **ADI 4846**, decidiu também em 2019, que é constitucional o art. 9º da Lei nº 7.990/89, que prevê que os Estados devem repassar a todos os Municípios de seu território 25% dos royalties recebidos pela exploração dos recursos naturais.

Em 2012, o Governador do Estado do Espírito Santo ajuizou Ação Direta de Inconstitucionalidade, no STF, contra o art. 9º da Lei nº 7.990/89. Para o Governador, esse dispositivo normativo violaria o princípio federativo e o § 1º do art. 20 da CR/88.

A tese defendida foi a de que somente os Municípios "afetados", ou seja, os Municípios nos quais houvesse exploração desses recursos é que deveriam receber essas receitas. O Governador também levantou a tese de que a compensação financeira constitui-se em receita originária dos Estados e que, portanto, não poderia ser disciplinada por lei federal, devendo esse assunto ser tratado por meio de leis estaduais.

O STF julgou improcedente o pedido e declarou a constitucionalidade do art. 9º da Lei nº 7.990/89. Para o STF, essa previsão é constitucional e está em harmonia com o § 1º do art. 20 da CR/88.[319]

Para o Ministro Edson Fachin, relator da ADI, as receitas de royalties são receitas originárias da União, tendo em vista a propriedade federal dos recursos minerais, e obrigatoriamente transferidas aos Estados-membros e Municípios

319. **ADI 4846/ES,** STF. Plenário. Rel. Min. Edson Fachin, julg em **09.10.2019** (Info 955).

por força do § 1º do art. 20 da CF/88. Assim, para o ministro Edson Fachin, os royalties não são receitas originárias dos Estados-membros e dos Municípios. Nesses termos, o art. 9º da Lei nº 7.990/89 não violou o pacto federativo nem a autonomia dos Estados membros porque não tratou sobre repasse de receitas originárias dos Estados, mas sim sobre receitas originárias da União.[320]

O ministro Fachin, no seu voto, esclareceu, ainda, que as considerações desenvolvidas pelo requerente tendentes a convencer que os royalties marítimos do petróleo somente são devidos aos Estados-membros e municípios confrontantes, que são os litorâneos, não guarda perfeita similitude fático-normativa ao pleito de excluir o dever de repasse aos municípios "não produtores", isto é, não confrontantes, pois o adjetivo "produtor" somente é aplicável aos royalties terrestres.[321]

Além disso, afirmou que a eventual procedência da argumentação de que a norma do art. 20, § 1º, da CR/88 preconiza rateio federativo diferenciado, à luz de razões territoriais — o que não é objeto da ADI em questão —, será devidamente avaliada nas ADIs 4.917, 4.918, 4.920 e 5.038. Isso, no entanto, não leva a infirmar a obrigatoriedade da transferência de receitas não tributárias do Estado-membro às municipalidades. A incidência de royalty (arrecadação da receita pública) é temática substancialmente diversa da respectiva partilha ou distribuição (rateio federativo das verbas públicas).[322]

Por fim, o relator repeliu a alegação de ofensa ao *pacto federativo*, em razão de lei federal determinar o repasse de "receitas originárias" dos Estados-membros a outros entes federativos. E asseverou que a natureza jurídica da lei de rateio federativo das receitas dos royalties, a que se refere o § 1º do art. 20 da CR/88, possui natureza federal e ordinária.

E relembrou ainda o ministro Edson Fachin que, na linha da jurisprudência da Corte, não há hierarquia entre leis ordinárias e complementares, as quais se diferenciam apenas pelo quórum de aprovação. Além disso, quanto ao caráter de nacionalidade da norma extraída do referido dispositivo constitucional, o STF já se pronunciou no sentido de que há uma equivalência da territorialidade com o alcance do preceito legal, de modo que se trata de norma federal a qual ostenta

320. **ADI 4846/ES,** STF. Plenário. Rel. Min. Edson Fachin, julg em **09.10.2019** (Info 955). Aqui registramos que no julgamento da ADI 4606, o Ministro Alexandre de Moraes defendeu posição em sentido contrário. No entanto, para ele, mesmo sendo receitas originárias dos Estados e Municípios, o tema deve ser tratado por meio de lei federal. Conforme o Ministro: (...) ***Embora sejam receitas originárias de Estados e Municípios, as suas condições de recolhimento e repartição são definidas por regramento da União***, *que tem dupla autoridade normativa na matéria, já que cabe a ela definir as condições (legislativas) gerais de exploração de potenciais de recursos hídricos e minerais (art. 22, IV e XII, da CF), bem como as condições (contratuais) específicas da outorga dessa atividade a particulares (art. 176, parágrafo único, da CF). Atualmente, a legislação de regência determina seja o pagamento "efetuado, mensalmente, diretamente aos Estados, ao Distrito Federal, aos Municípios e aos órgãos da Administração Direta da União" (art. 8º da Lei 7.990/1989)".* (...) STF. Plenário. ADI 4606, Rel. Min. Alexandre de Moraes, julg em 28.02.2019 (Informativo 932).

321. **ADI 4846/ES,** STF. Plenário. Rel. Min. Edson Fachin, julg em **09.10.2019** (Info 955).

322. **ADI 4846/ES,** STF. Plenário. Rel. Min. Edson Fachin, julg em **09.10.2019** (Info 955).

abrangência nacional. De igual modo, a titularidade da União ***sobre os recursos minerais e as receitas decorrentes da exploração econômica desses bens públicos indicam o caráter federal da respectiva norma, à luz do critério da predominância do interesse***. Nesse ponto, ele citou a orientação firmada no julgamento da ADI 4.606.[323]

(4) No que tange aos bens dos Estados, a Constituição de 1988 estabelece que incluem-se entre os bens dos Estados: I – as águas superficiais ou subterrâneas, fluentes, emergentes e em depósito, ressalvadas, neste caso, na forma da lei, as decorrentes de obras da União; II – as áreas, nas ilhas oceânicas e costeiras, que estiverem no seu domínio, excluídas aquelas sob domínio da União, Municípios ou terceiros; III – as ilhas fluviais e lacustres não pertencentes à União; e IV – as terras devolutas não compreendidas entre as da União.

Aqui relembramos, que as terras devolutas são aquelas que não têm nenhuma utilização pública específica e que não se encontram, por qualquer título, integradas ao domínio privado. Conforme já estudado, as terras devolutas pertencem, em regra, aos Estados-membros, com exceção daquelas indispensáveis à defesa das fronteiras, das fortificações e construções militares, das vias federais de comunicação e à preservação ambiental, que são de propriedade da União (art. 20, II, da CR/88)[324]

(5) Em nossa organização político-administrativa existem vedações. Análise do princípio da homogeneidade federativa. Segundo a Constituição, é vedado à União, aos Estados, ao Distrito Federal e aos Municípios: a) estabelecer cultos religiosos ou igrejas, subvencioná-los, embaraçar-lhes o funcionamento ou manter com eles ou seus representantes relações de dependência ou aliança, ressalvada, na forma da lei, a colaboração de interesse público; b) recusar fé aos documentos públicos; c) criar distinções entre brasileiros ou preferências entre si. No que tange a esse dispositivo constitucional presente no art. 19, III da CR/88 resta consignado o ***princípio da homogeneidade federativa.***

Como exemplos de afronta a esse princípio (portanto, norma), temos recentes decisões do STF. Na ADI 3583, decidiu o Pretório Excelso, em fevereiro de 2008, que não é possível impor que a aquisição de automóveis oficiais de um Estado seja direcionada para veículos produzidos no próprio Estado. Nesses termos, foi julgado inconstitucional a expressão produzida no Estado do Paraná constante no art. 1º e § único da Lei nº 12.204/98 do Estado do Paraná. Essa referida lei deixava assente que

---

323. **ADI 4846/ES,** STF. Plenário. Rel. Min. Edson Fachin, julg em **09.10.2019** (Info 955).

324. Conforme o STF: *As terras devolutas pertencem, em regra, aos Estados-membros, com exceção daquelas indispensáveis à defesa das fronteiras, das fortificações e construções militares, das vias federais de comunicação e à preservação ambiental, que são de propriedade da União (art. 20, II, da CF/88). As terras devolutas pertencem aos Estados-membros desde **a Constituição de 1891**, que delas excetuava apenas a porção do território indispensável para a defesa das fronteiras, fortificações, construções militares e estradas de ferro federais. Esse mesmo tratamento jurídico foi mantido, com pequenas variações, nas Constituições de 1934, 1937, 1946, 1967, EC 1 de 1969 e, finalmente, na Constituição Federal de 1988*. STF. Plenário. **ACO 158/SP**, Rel. Min. Rosa Weber, julgado em **12.03.2020** (Informativo 969).

a aquisição ou substituição de veículos para o uso oficial deveria se dar por veículos produzidos no próprio Estado.[325]

Sobre o tema, também já decidiu o STF, que o intitulado "Bolsa Família" é um programa de transferência direta de renda, voltado a famílias de todo o País, de modo a fazer frente a situação de pobreza e vulnerabilidade; logo, não se pode fazer restrição em relação à região ou ao Estado do beneficiário.[326]

No caso concreto, os Estados da Bahia, Ceará, Maranhão, Paraíba, Pernambuco, Piauí e Rio Grande do Norte ajuizaram ação cível originária, em face da União, com pedido de tutela provisória, questionando a redução de recursos do Programa Bolsa Família destinados à Região Nordeste.

O Min. Marco Aurélio, relator da ACO 3359, deferiu medida cautelar determinando que: a) a União disponibilizasse dados que justifiquem a concentração de cortes de benefícios do Programa Bolsa Família na Região Nordeste, bem assim dispense aos inscritos nos Estados autores tratamento isonômico em relação aos beneficiários dos demais entes da Federação. b) não haja cortes no Programa enquanto perdurar o estado de calamidade pública; c) a liberação de recursos para novas inscrições seja uniforme considerados os Estados da Federação.

Posteriormente em 05.08.2020, o Plenário do STF referendou a medida cautelar concedida. Conforme o STF:

> O Plenário referendou medida cautelar em ação cível originária para que a União disponibilize dados que justifiquem a concentração de cortes de benefícios do Programa Bolsa Família na Região Nordeste, bem assim que, em consonância com o art. 19, III, da Constituição Federal (CF), dispense aos inscritos nos estados autores tratamento isonômico em relação aos beneficiários dos demais entes da Federação(...)[327]

Na decisão, salientou o Ministro Marco Aurélio, que o "Bolsa Família" é um programa de transferência direta de renda, voltado a famílias de todo o País, de modo a fazer frente a situação de pobreza e vulnerabilidade.

325. **ADI 3583**: *Licitação pública. Concorrência. Aquisição de bens. Veículos para uso oficial. Exigência de que sejam produzidos no Estado-membro. Condição compulsória de acesso. Art. 1º da Lei nº 12.204/98, do Estado do Paraná, com a redação da Lei nº 13.571/2002. Discriminação arbitrária. Violação ao princípio da isonomia ou da igualdade. Ofensa ao art. 19, III, da vigente CR. Inconstitucionalidade declarada. Ação direta julgada, em parte, procedente. Precedentes do Supremo. É inconstitucional a lei estadual que estabeleça como condição de acesso a licitação pública, para aquisição de bens ou serviços, que a empresa licitante tenha a fábrica ou sede no Estado-membro.* (Rel. Min. César Peluso. Julg. em 21.02.2008). No mesmo sentido, a **ADI 3070**: [...] 1. *É inconstitucional o preceito, segundo o qual, na análise de licitações, serão considerados, para averiguação da proposta mais vantajosa, entre outros itens os valores relativos aos impostos pagos à Fazenda Pública daquele Estado-membro. Afronta ao princípio da isonomia, igualdade entre todos quantos pretendam acesso às contratações da Administração.* 2. A Constituição proíbe a distinção entre brasileiros. A concessão de vantagem ao licitante que suporta maior carga tributária no âmbito estadual é incoerente com o preceito constitucional desse inciso III do artigo 19. 3. A licitação é um procedimento que visa à satisfação do interesse público, pautando-se pelo princípio da isonomia. (Rel. Min. Eros Grau. Julg 29.11.2007).
326. ACO 3359 Ref-MC/DF, STF. Plenário. Rel. Min. Marco Aurélio, julgado em 05.08.2020 (Inf. 985).
327. ACO 3359 Ref-MC/DF, STF. Plenário. Rel. Min. Marco Aurélio, julgado em 05.08.2020 (Inf. 985).

Observou o Ministro, que o benefício está previsto no art. 2º, I a IV, da Lei nº 10.836/2004 e não apresenta qualquer restrição atinente a região ou Estado. Destacou que não se pode valorar (medir) a extrema pobreza conforme a unidade da Federação, devendo haver isonomia no tratamento, tendo em conta que são objetivos da República Federativa do Brasil erradicar a pobreza e reduzir as desigualdades sociais, a teor dos arts. 3º, II e III, 19, III, 203 e 204 da CR/88, bem como da Lei nº 10.836/2004.[328]

Para o Ministro, não se pode conceber comportamento discriminatório da União em virtude do local de residência de brasileiros em idêntica condição. A diferença numérica demonstrada pelos autores na Inicial demonstra que existe um desequilíbrio tanto na concessão de novos benefícios quanto na liberação dos recursos para aqueles já inscritos na Região Nordeste.[329]

Por último, sobre o tema, conforme já citado na obra, já decidu o STF, que é inconstitucional a fixação de critério de desempate em concursos públicos que favoreça candidatos que pertencem ao serviço público de um determinado ente federativo.[330]

No caso, foi editada no Pará a Lei estadual nº 5.810/94, que estabeleceu uma preferência, na ordem de classificação de concursos públicos, em favor de candidato já pertencente ao serviço público estadual paraense.

Na fundamentação, o STF afirmou que a CR/88 prevê, expressamente, no art. 19, III, que "é vedado à União, aos Estados, ao Distrito Federal e aos Municípios criar distinções entre brasileiros ou preferências entre si" e o ato normativo com aquele conteúdo possui o nítido propósito de conferir tratamento mais favorável aos candidatos que já são servidores da unidade federativa.[331]

Para o STF, a regra de acessibilidade a cargos e empregos públicos prevista no dispositivo visa conferir efetividade aos princípios constitucionais da isonomia e da impessoalidade, de modo que a imposição legal de critérios de distinção entre os candidatos é admitida tão somente quando acompanhada da devida justificativa em razões de interesse público e/ou em decorrência da natureza e das atribuições do cargo ou emprego a ser preenchido. No ponto, o Supremo Tribunal Federal já decidiu que é inconstitucional o ato normativo que estabelece critérios de discriminação entre os candidatos de forma arbitrária ou desproporcional.[332]

(6) É importante também discorrermos sobre os Territórios. O que são os territórios? Como poderíamos defini-los? São descentralizações administrativas da União. Nesses termos, não são dotados de autonomia política. Porém, são dotados de personalidade jurídica própria.

328. ACO 3359 Ref-MC/DF, STF. Plenário. Rel. Min. Marco Aurélio, julgado em 05.08.2020 (Inf. 985).
329. ACO 3359 Ref-MC/DF, STF. Plenário. Rel. Min. Marco Aurélio, julgado em 05.08.2020 (Inf. 985).
330. **ADI 5358/PA**, STF. Plenário. Rel. Min. Roberto Barroso, julgado em **27.11.2020** (Inf. 1000).
331. **ADI 5358/PA**, STF. Plenário. Rel. Min. Roberto Barroso, julgado em **27.11.2020** (Inf. 1000).
332. **ADI 5358/PA**, STF. Plenário. Rel. Min. Roberto Barroso, julgado em **27.11.2020** (Inf. 1000).

Não existem territórios atualmente no Brasil. Os últimos três territórios existiram sobre a égide da Constituição anterior. Foram eles: Amapá, Roraima e Fernando de Noronha. Amapá e Roraima viraram Estados e Fernando de Noronha foi anexado ao Estado de Pernambuco.[333]

Porém, os territórios podem voltar a existir, segundo a Constituição de 1988. Como seriam os mesmos criados? Eles devem ser criados por lei complementar, após consulta plebiscitária à população diretamente envolvida, conforme o art. 18, § 2º, da CR/88.[334]

Uma vez criado o território, ele será organizado administrativa e judiciariamente por lei ordinária da União, conforme o ***caput*** do art. 33 da CR/88.

Quem irá comandar o território? Será um governador nomeado pelo Presidente da República, após aprovação do Senado Federal, com base no art. 84, XIV, da CR/88. Aqui uma observação pertinente: nesse caso, o governador não tem mandato fixo, por se tratar de ato de investidura.

No que tange à polícia civil, militar e corpo de bombeiros militar dos Territórios, temos que, apesar dos territórios serem descentralização administrativa da União, a EC nº 19/98 alterou a redação do art. 21, XIV da CR/88 e não mais estabeleceu para a União a atribuição de organização e manutenção da polícia civil, militar e do corpo de bombeiros dos Territórios.

Temos também que os territórios com mais de 100 mil habitantes terão órgãos Judiciários de 1ª e 2ª instâncias, além de Ministério Público Federal e Defensoria Pública Federal, organizados e mantidos pela União. Os Territórios poderão ter deputados federais? A resposta é afirmativa, pois terão 4 (quatro) deputados federais, conforme art. 45, § 2º (esse parágrafo é uma exceção à regra da proporcionalidade, não existindo variação do número de representantes da população local dos Territórios).

É mister salientar que os territórios poderão ser subdivididos em municípios. Aos municípios dos territórios serão aplicadas, no que couber, as normas do título III, capítulo IV, da CR/88 (arts. 29 a 31).

---

333. Nos moldes do art. 96 da Constituição do Estado de Pernambuco, o Arquipélago de Fernando de Noronha constitui região geoeconômica, social e cultural do Estado de Pernambuco, sob a forma de Distrito Estadual, dotado de Estatuto próprio, com autonomia administrativa e financeira. Já o art. 96 § 1º da CE/PE determina que o Distrito Estadual de Fernando de Noronha será dirigido por um Administrador Geral, nomeado pelo governador do Estado, com prévia aprovação da Assembleia Legislativa. O § 2º do mesmo artigo determina que haverá eleição direta, pelo voto secreto, concomitantemente com a eleição de Governador de Estado, pelos cidadãos residentes no Arquipélago, de 7 conselheiros, com mandato de 4 anos, para formação do Conselho Distrital, órgão que terá funções consultivas e de fiscalização na forma da lei. Temos também a delimitação do § único do art. 1º da Lei Estadual nº 11.304/1995 do Estado de Pernambuco que define o Distrito Estadual de Fernando de Noronha como uma entidade autárquica integrante do Poder Executivo Estadual, exercendo, sobre toda a extensão da área territorial do Arquipélago de Fernando de Noronha, jurisdição plena atribuída às competências estadual e municipal, bem como os Poderes administrativos e de polícia próprios de ente público.
334. Nos moldes do art. 18 § 3º da CR/88, os Estados poderão incorporar-se entre si, subdividir-se ou desmembrar-se para anexarem a outros, ou formarem Territórios Federais, mediante a aprovação da população diretamente interessada, por meio de plebiscito, e do Congresso Nacional, por Lei complementar.

Os territórios poderão ainda ter Assembleias ou Câmaras Territoriais. Nesse sentido, dispõe a Constituição, que a lei disporá sobre as eleições para a Câmara Territorial e sua competência deliberativa[335].

As contas dos territórios deverão ser analisadas pelo Congresso Nacional, com parecer prévio do Tribunal de Contas da União.

E, por último, o sistema de ensino dos territórios, nos termos do art. 211 da CR/88, será organizado pela União.

(7) **Sobre o Distrito Federal,**[336] temos ainda que enfatizar algumas questões de relevo. Conforme já salientado, o Distrito Federal é um ente dotado de autonomia política e é considerado ente federativo. Certo é que as exceções à sua autonomia já foram citadas e envolvem os arts. 21, XIII e XIV, e 22, XVII, da CR/88.

Também já abordamos que a sua auto-organização se dá mediante o estabelecimento de sua lei orgânica e mediante leis distritais. Resta acrescentar ainda que o Distrito Federal não pode ser subdividido em Municípios e que terá governador e vice-governador, 8 Deputados Federais, 24 Deputados Distritais (conforme o art. 27 da CR/88: 3 X nº de Deputados Federais) e 3 Senadores.

(8) Criação de novos Estados

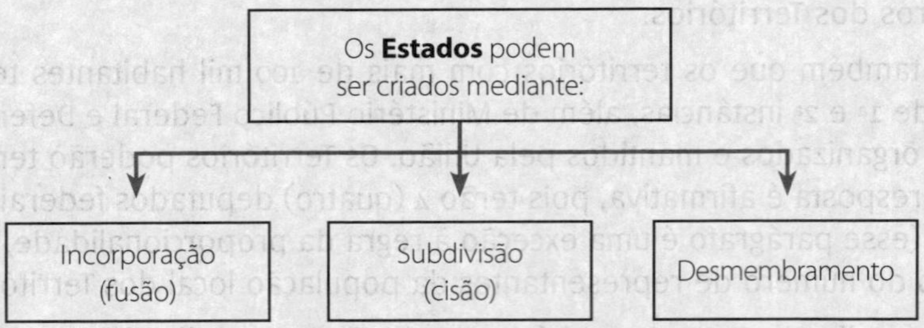

A criação de Estados se dá mediante o preenchimento de 3 (três) requisitos:

1º) **Requisito:** plebiscito da(s) população(ões) diretamente interessadas[337]. O 1º requisito é condição de procedibilidade para os demais requisitos.

335. Aqui, alguns doutrinadores, deixam assente, que a correta interpretação dessa assertiva, é aquela na qual os Territórios **não poderão desenvolver** nas Câmaras Territoriais o exercício de competências legislativas, mas somente deliberativas. Isso em virtude de serem descentralizações administrativas da União.

336. É mister salientarmos que a Capital Federal é Brasília e não todo o Distrito Federal como era até o surgimento de nossa atual Constituição. Nesse sentido, *Brasília se apresenta como uma cidade civitas sendo a Capital da RFB conforme o art. 18 § 1º da CR/88. O Distrito Federal é composto não só por Brasília, mas também pelas cidades satélites (regiões administrativas).*

337. Conforme a **ADI 2650** julg em 24.08.2011: *(...) A expressão "população diretamente interessada" constante do § 3º do art. 18 da CF ("Os Estados podem incorporar-se entre si, subdividir-se ou desmembrar-se para se anexarem a outros, ou formarem novos Estados ou Territórios Federais, mediante aprovação da população diretamente interessada, através de plebiscito, e do Congresso Nacional, por lei complementar") deve ser entendida como a população tanto da área desmembrada do Estado-membro como a da área remanescente. Essa a conclusão do Plenário ao julgar improcedente pedido formulado em ação direta de inconstitucionalidade,*

2º) Requisito: oitiva da(s) Assembleia(s) envolvida(s). A(s) Assembleia(s) produzirá(ão) mero parecer, que não é dotado de força vinculante. Dessa feita, passada a 1ª fase, fatalmente chegaremos a 3ª, pois a 2ª fase é pró-forma.

3º) Requisito: necessidade de lei complementar da União para surgimento de um novo Estado ou de novos Estados-membros. Saliente-se que a 3ª fase é tida como a fase decisiva. Nesses termos, o Congresso Nacional, ao analisar o projeto de lei complementar (PLC), verificará se há interesse nacional (e não só regional) na criação de um novo Estado ou de novos Estados[338].

Passamos agora à análise das espécies anteriormente descritas:[339]

Incorporação173/ fusão	Subdivisão/cisão	Desmembramento
Ocorre quando dois ou mais Estados vão se fundir criando um novo Estado-membro. Nesse caso, haverá perda da personalidade jurídica dos entes primitivos.	Ocorre quando um Estado vai se subdividir em dois ou mais Estados-membros. Na subdivisão, também, haverá perda da personalidade jurídica do ente primitivo.	É aquele no qual um Estado perde parte de sua população e parte de seu território. O Desmembramento se subdivide em duas espécies: **1) desmembramento anexação:** parte da população e parte do território de um Estado-membro é anexado a outro Estado. Não há perda da personalidade jurídica dos entes primitivos; **2) desmembramento formação:** um Estado-membro perde parte de sua população e parte de seu território para a formação de um novo Estado. Não há perda da personalidade jurídica do ente primitivo. Como exemplo, temos o art. 13 do ADCT que normatizou a criação do estado de Tocantins.

ajuizada pela Mesa da Assembleia Legislativa do Estado de Goiás, contra a primeira parte do art. 7º da Lei 9.709/98 ("Nas consultas plebiscitárias previstas nos artigos 4º e 5º, entende-se por população diretamente interessada tanto a do território que se pretende desmembrar, quanto a do que sofrerá desmembramento; em caso de fusão ou anexação, tanto a população da área que se quer anexar quanto a da que receberá o acréscimo; e a vontade popular se aferirá pelo percentual que se manifestar em relação ao total da população consultada"). Rel. Min. Dias Toffoli.

338. Aqui, é interessante pontuar, que, como visto, o Projeto de Lei Complementar deve ser aprovado pelo Poder Legislativo. Porém, se aprovado, vai para sanção ou veto do Presidente da República, e, pode ser vetado, nos termos do art. 66 da CR/88. Certo é que, o Congresso Nacional, irá apreciar o veto podendo mantê-lo ou rejeitá-lo. Se criado um **novo Estado**, é mister salientar, as determinações (**normas básicas**) do **art. 235 da CR/88** para os **dez primeiros anos** da criação desse novo Estado.

339. Para uma corrente minoritária *a* ***incorporação*** *se diferenciaria da* ***fusão***. Com isso, a *incorporação ocorreria quando um Estado-membro agrega-se a outro Estado, com a existência somente do Estado agregado e a manutenção do Estado agregador*. Como exemplo a doutrina cita a incorporação do Estado da Guanabara pelo Estado do Rio de Janeiro, a partir de 15 de março de 1975, por meio da LC nº 20, de julho de 1974, que nos termos do art. 8º dispôs que: *Os Estados do Rio de Janeiro e da Guanabara passarão a constituir um único Estado, sob a denominação do Estado de Rio de Janeiro, a partir de 15 de março de 1975.*

(9) Criação de novos Municípios

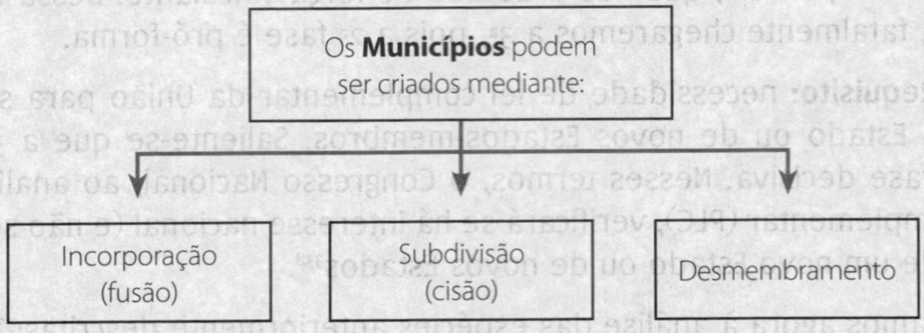

Haverá a necessidade do preenchimento de 4 (quatro) requisitos, conforme a Emenda Constitucional nº 15/96 que modificou o art. 18, § 4º, da CR/88. Nesse sentido:

1º) Lei complementar da União estabelecendo período possível para criação de novos Municípios. Essa lei foi estabelecida pela EC nº 15/96. Todavia, essa lei complementar ainda não existe, vide o julgamento da ADI por Omissão nº 3.682, no qual o STF julgou procedente o pedido formulado pela Assembleia Legislativa do Mato Grosso, declarando a inconstitucionalidade por omissão do Poder Legislativo. Nesses termos, o STF estipulou o prazo de 18 meses para que a lei complementar fosse feita a partir de sua decisão de 09.05.2007.[340] Certo é que o prazo estipulado pelo STF deveria funcionar como um lapso temporal razoável para que o legislador providenciasse a lei complementar. Porém, em novembro de 2008, o prazo de 18 meses foi ultrapassado sem que o legislador tenha produzido a lei complementar.

2º) Viabilidade para a criação de um Município em uma determinada região do País (apresentação e publicação de estudos de viabilidade municipal).

---

340. Conforme a decisão da ADI nº 3.682 em **09.05.2007**: *Ação Direta de Inconstitucionalidade por omissão. Inatividade do legislador quanto ao dever de elaborar a Lei Complementar a que se refere o § 4º do art. 18 da CF, na redação dada pela Emenda Constitucional no 15/1996. Ação julgada procedente. 1. A Emenda Constitucional nº 15, que alterou a redação do § 4º do art. 18 da Constituição, foi publicada no dia 13 de setembro de 1996. Passados mais de 10 (dez) anos, não foi editada a lei complementar federal definidora do período dentro do qual poderão tramitar os procedimentos tendentes à criação, incorporação, desmembramento e fusão de municípios. Existência de notório lapso temporal a demonstrar a inatividade do legislador em relação ao cumprimento de inequívoco dever constitucional de legislar, decorrente do comando do art. 18, § 4º, da Constituição. 2. Apesar de existirem no Congresso Nacional diversos projetos de lei apresentados visando à regulamentação do art. 18, § 4º, da Constituição, é possível constatar a omissão inconstitucional quanto à efetiva deliberação e aprovação da lei complementar em referência. As peculiaridades da atividade parlamentar que afetam, inexoravelmente, o processo legislativo, não justificam uma conduta manifestamente negligente ou desidiosa das Casas Legislativas, conduta esta que pode pôr em risco a própria ordem constitucional. A inertia deliberandi das Casas Legislativas pode ser objeto da ação direta de inconstitucionalidade por omissão. 3. A omissão legislativa em relação à regulamentação do art. 18, § 4º, da Constituição, acabou dando ensejo à conformação e à consolidação de estados de inconstitucionalidade que não podem ser ignorados pelo legislador na elaboração da lei complementar federal. 4. Ação julgada procedente para declarar o estado de mora em que se encontra o Congresso Nacional, a fim de que, em prazo razoável de 18 (dezoito) meses, adote ele todas as providências legislativas necessárias ao cumprimento do dever constitucional imposto pelo art. 18, § 4º, da Constituição, devendo ser contempladas as situações imperfeitas decorrentes do estado de inconstitucionalidade gerado pela omissão. Não se trata de impor um prazo para a atuação legislativa do Congresso Nacional, mas apenas da fixação de um parâmetro temporal razoável, tendo em vista o prazo de 24 meses determinado pelo Tribunal nas ADI nºs 2.240, 3.316, 3.489 e 3.689 para que as leis estaduais que criam municípios ou alteram seus limites territoriais continuem vigendo, até que a lei complementar federal seja promulgada contemplando as realidades desses municípios.* (Rel. Min. Gilmar Mendes).

3º) Plebiscito da população diretamente envolvida (*população diretamente interessada*). Aqui temos que será a população de todo o Município e não só a do Distrito que, por exemplo, deseja se desmembrar.[341]

4º) Lei estadual.

Aqui, uma observação é pertinente. Certo é que vários Estados continuaram, mediante lei estadual, a criar novos Municípios sem a observância do descrito no art. 18, § 4º, da CR/88, após a Emenda nº 15/96. Ou seja, inúmeros Municípios foram criados, mesmo sem a edição da lei complementar, abrindo a possibilidade de criação dos mesmos. Com isso, ADIs foram ajuizadas, questionando a constitucionalidade das leis estaduais criadoras desses Municípios, que nitidamente afrontaram o texto constitucional. O STF declarou a inconstitucionalidade das leis estaduais (por contrariarem a CR/88 no seu art. 18, § 4º), porém, não pronunciou a nulidade delas (declaração de inconstitucionalidade sem pronúncia de nulidade).[342]

Nesse sentido, sem a edição da lei complementar, devido à inércia do Poder Legislativo e com o prazo de 18 meses ultrapassado, e, mais, com o prazo de 24 meses

---

341. Nos moldes da Lei 9.709/98 e da **ADI 2650** julgada pelo STF em **24.08.2011**. Aqui temos que, até mesmo para que sejam *alterados os limites territoriais de um Município* é necessária a realização de consulta prévia, mediante plebiscito, às populações dos Municípios envolvidos, nos termos do art. 18, § 4º da CR/88. STF. Plenário. ADI 2921/RJ, rel. orig. Min. Ayres Britto, red. p/ o ac. Min. Dias Toffoli, julgado em 09.08.2017: No que se refere à Lei estadual 3.196/1999 do RJ (que alterou limites territoriais de Município do RJ), o Colegiado apontou ofensa ao § 4º do art. 18 da Constituição Federal, tendo em conta a ausência de consulta prévia, mediante plebiscito, às populações dos municípios envolvidos. (Informativo 872).

342. Como exemplo, entre outros, temos a **ADI nº 2.240** julgada pelo STF em **09.05.2007** com a seguinte Ementa: *Ação Direta de Inconstitucionalidade. Lei nº 7.619/00, do Estado da Bahia, que criou o município de Luís Eduardo Magalhães. Inconstitucionalidade de Lei Estadual posterior à EC 15/96. Ausência de Lei Complementar Federal prevista no texto constitucional. Afronta ao disposto no artigo 18, § 4º, da Constituição do Brasil. Omissão do Poder Legislativo. Existência de fato. Situação consolidada. Princípio da segurança da jurídica. Situação de exceção, estado de exceção. A exceção não se subtrai à norma, mas esta, suspendendo-se, dá lugar à exceção – apenas assim ela se constitui como regra, mantendo-se em relação com a exceção. 1. O Município foi efetivamente criado e assumiu existência de fato, há mais de seis anos, como ente federativo. 2. Existência de fato do Município, decorrente da decisão política que importou na sua instalação como ente federativo dotado de autonomia. Situação excepcional consolidada, de caráter institucional, político. Hipótese que consubstancia reconhecimento e acolhimento da força normativa dos fatos. 3. Esta Corte não pode limitar-se à prática de mero exercício de subsunção. A situação de exceção, situação consolidada – embora ainda não jurídica – não pode ser desconsiderada. 4. A exceção resulta de omissão do Poder Legislativo, visto que o impedimento de criação, incorporação, fusão e desmembramento de Municípios, desde a promulgação da Emenda Constitucional n. 15, em 12 de setembro de 1.996, deve-se à ausência de lei complementar federal. 5. Omissão do Congresso Nacional que inviabiliza o que a Constituição autoriza: a criação de Município. A não edição da lei complementar dentro de um prazo razoável consubstancia autêntica violação da ordem constitucional. 6. A criação do Município de Luís Eduardo Magalhães importa, tal como se deu, uma situação excepcional não prevista pelo direito positivo. 7. O estado de exceção é uma zona de indiferença entre o caos e o estado da normalidade. Não é a exceção que se subtrai à norma, mas a norma que, suspendendo-se, dá lugar à exceção – apenas desse modo ela se constitui como regra, mantendo-se em relação com a exceção. 8. Ao Supremo Tribunal Federal incumbe decidir regulando também essas situações de exceção. Não se afasta do ordenamento, ao fazê-lo, eis que aplica a norma à exceção desaplicando-a, isto é, retirando-a da exceção. 9. Cumpre verificar o que menos compromete a força normativa futura da Constituição e sua função de estabilização. No aparente conflito de inconstitucionalidades impor-se-ia o reconhecimento da existência válida do Município, a fim de que se afaste a agressão à federação. 10. O princípio da segurança jurídica prospera em benefício da preservação do Município. 11. Princípio da continuidade do Estado. 12. Julgamento no qual foi considerada a decisão desta Corte no MI n. 725, quando determinado que o Congresso Nacional, no prazo de dezoito meses, ao editar a lei complementar federal referida no § 4º do artigo 18 da Constituição do Brasil, considere, reconhecendo-a, a existência consolidada do Município de Luís Eduardo Magalhães. Declaração de inconstitucionalidade da lei estadual sem pronúncia de sua nulidade 13. Ação direta julgada procedente para declarar a inconstitucionalidade, mas não pronunciar a nulidade pelo prazo de 24 meses, da Lei nº 7.619, de 30.03.2000, do Estado da Bahia.*

de sobrevida dos Municípios determinado pelo STF (no julgamento das ADIs sobre as leis estaduais que criaram Municípios em desacordo com o art. 18 § 4º da CR/88) chegando ao fim com a viável possibilidade do desaparecimento dos Municípios, o Poder Legislativo, atuando como Poder Constituinte derivado-reformador, promulgou em 18 de dezembro de 2008 a **Emenda nº 57/08** à Constituição de 1988. Com isso, foi acrescentado aos Atos das Disposições Constitucionais Transitórias (ADCT), **o art. 96**, com a seguinte redação: "Ficam convalidados os atos de criação, fusão, incorporação e desmembramento de Municípios, cuja lei tenha sido publicada até 31 de dezembro de 2006, atendidos os requisitos estabelecidos na legislação do respectivo Estado à época de sua criação."

Assim sendo, 57 Municípios que teriam de deixar de existir, por terem sido criados por lei estadual contrariamente ao art. 18 § 4º da CR/88 com redação dada pela EC nº 15/96, foram literalmente anistiados. Ou seja, o nosso constituinte derivado, num péssimo exemplo, permitiu que práticas **inconstitucionais** se tornassem **constitucionais** justamente por meio da própria Constituição. E o que é pior: a EC nº 57/08 não resolve o problema, sendo apenas mais um "paliativo", pois, se novas legislações estaduais (posteriores à EC nº 57/08) surgirem, elas serão (em nosso entendimento) novamente inconstitucionais por inobservância do art. 18, § 4º, da CR/88, visto que a **"anistia"** envolve somente os Municípios criados por lei estadual (com requisitos atendidos) até 31 de dezembro de 2006! Aliás, como exemplo desse nosso posicionamento, o Plenário do STF em **26.06.2013**, concedeu medida cautelar em ação direta de inconstitucionalidade, para suspender a eficácia da Lei 2.264/2010, do Estado de Rondônia, por vislumbrar aparente ofensa justamente ao art. 18, § 4º, da CR/88[343] e em **11.09.2014**, o STF confirmou a medida cautelar e julgou procedente o pedido formulado na **ADI nº 4992/RO**, para assentar a inconstitucionalidade da Lei 2.264/2010, do Estado de Rondônia.

Por último, é importante salientar que, em **novembro de 2013**, o Congresso Nacional aprovou ***projeto de lei complementar*** (PLP 416/08) com o objetivo de regulamentar o § 4º do art. 18 da CR/88, autorizando a criação, a fusão e o desmembramento de Municípios. Porém, a *Presidente da República em 12.11.2013 vetou integralmente a proposta, de forma que continuava não existindo a Lei Complementar exigida no art. 18, § 4º, para a criação de novos Municípios.* Em **agosto de 2014**, o Congresso Nacional mais uma vez aprovou outro ***projeto de Lei complementar*** sobre o tema. Nesse novo projeto, para evitar um novo veto da Presidência da República, *foi aumentado o requisito mínimo de habitantes para a criação de municípios no Sul e Sudeste de 12 mil para 20 mil.* No Nordeste, o requisito subiria de 8,4 para 12 mil habitantes, continuando para o Norte e Centro-oeste o requisito de 6 mil habitantes. *Porém, mesmo com as modificações, ocorreu novamente o veto pela Presidente da República.*

---

343. Informativo 712 do STF: "*A norma impugnada criara a municipalidade de Extrema de Rondônia, a partir de desmembramento de área territorial de Porto Velho, fixara os seus limites, bem como informara os distritos que integrariam a municipalidade criada. Ponderou-se que, até a presente data, não fora editada a lei complementar a que aludiria o art. 18, § 4º, da CF.* Destacou-se a pacífica jurisprudência da Corte quanto ao procedimento constitucionalmente previsto para a criação de municípios, que não fora observado na espécie". **ADI 4992 MC/RO.** Julg. em **26.06.2013.** Rel. Min. Gilmar Mendes. No mérito julg. em 11.09.2014: "(...) 5. A EC nº 57/2008 não socorre a lei impugnada, editada no ano de 2010. 6. Medida cautelar confirmada. 7. Ação Direta de Inconstitucionalidade julgada procedente."

13

Da Intervenção Federal

Sumário: 1. Princípios que regem a intervenção federal: 1.1. Princípio da excepcionalidade; 1.2. Princípio da Taxatividade; 1.3. Princípio da temporalidade – 2. Conceito – 3. Procedimentos – 4. Intervenção Estadual – 5. A recente intervenção federal no estado do Rio de Janeiro.

A proposta neste item é a de primeiro apresentar os princípios basilares que regem o instituto da intervenção federal, para posteriormente conceituá-la. Logo em seguida, iremos tecer comentários sobre os procedimentos que envolvem as hipóteses de intervenção.

1. PRINCÍPIOS QUE REGEM A INTERVENÇÃO FEDERAL

1.1. Princípio da excepcionalidade

Indicará que a intervenção federal sempre será medida excepcional porque a regra no federalismo é a autonomia do ente, ou seja, a capacidade para este realizar atividades dentro de limites circunscritos pelo ente soberano. Sem dúvida, a intervenção federal é a antítese da autonomia. Nesse sentido, a intervenção é uma ingerência na autonomia visando ao reestabelecimento do equilíbrio que foi desvirtuado e, por isso, só pode ser medida excepcional (e dotada de necessidade).[1] O art. 34, *caput*, da CR/88, deixa essa assertiva clara quando afirma que a União não intervirá nos Estados nem no DF, senão excepcionalmente.

> **Art. 34.** A União não intervirá nos Estados nem no Distrito Federal, exceto para:
>
> I – manter a integridade nacional;

1. Como exemplo, temos recente decisão do STF presente no Informativo 593 envolvendo um pedido de Intervenção Federal no DF em virtude da **crise institucional (Poder Executivo e Legislativo)** que se instaurou no mesmo e foi amplamente divulgada pelos meios de comunicação. O STF levou em consideração o princípio da **excepcionalidade e o princípio da necessidade (que embora não citado textualmente acima também pode ser um parâmetro)** para a improcedência do pedido, nos seguintes termos: (...) Representação do Procurador-Geral da República. Distrito Federal. Alegação da existência de largo esquema de corrupção. Envolvimento do ex-governador, deputados distritais e suplentes. Comprometimento das funções governamentais no âmbito dos Poderes Executivo e Legislativo. Fatos graves objeto de inquérito em curso no Superior Tribunal de Justiça. Ofensa aos princípios inscritos no art. 34, inc. VII, "a", da CF. Adoção, porém, **pelas autoridades competentes**, de **providências legais eficazes para debelar a crise institucional**. Situação histórica consequentemente superada à data do julgamento. **Desnecessidade reconhecida à intervenção, enquanto medida extrema e excepcional.** Pedido julgado **improcedente**. Precedentes. *Enquanto medida extrema e excepcional, tendente a repor estado de coisas desestruturado por atos atentatórios à ordem definida por princípios constitucionais de extrema relevância, não se decreta intervenção federal quando tal ordem já tenha sido restabelecida por providências eficazes das autoridades competentes.* (...) **IF 5179**, rel. Min. Cezar Peluso, julg. em **30.06.2010**.

II – repelir invasão estrangeira ou de uma unidade da Federação em outra;

III – pôr termo a grave comprometimento da ordem pública;

IV – garantir o livre exercício de qualquer dos Poderes nas unidades da Federação;

V – reorganizar as finanças da unidade da Federação que:

a) suspender o pagamento da dívida fundada por mais de dois anos consecutivos, salvo motivo de força maior;[2]

b) deixar de entregar aos Municípios receitas tributárias fixadas nesta Constituição, dentro dos prazos estabelecidos em lei;

VI – prover a execução de lei federal, ordem ou decisão judicial;

VII – assegurar a observância dos seguintes princípios constitucionais:

a) forma republicana, sistema representativo e regime democrático;

b) direitos da pessoa humana;

c) autonomia municipal;

d) prestação de contas da administração pública, direta e indireta;

e) aplicação do mínimo exigido da receita resultante de impostos estaduais, compreendida a proveniente de transferências, na manutenção e desenvolvimento do ensino e nas ações e serviços públicos de saúde.[3]

1.2. Princípio da Taxatividade

Indica que as hipóteses de intervenção estão taxativamente previstas na Constituição. Ou seja, fazem parte do rol fechado (***numerus clausulus***). Dessa feita, o rol do art. 34 não é meramente exemplificativo.

1.3. Princípio da temporalidade

Indica que a intervenção terá sempre prazo determinado, justamente porque a regra é a autonomia. A ingerência buscará o reestabelecimento do equilíbrio. Portanto,

---

2. Conforme o **art. 98**, da **Lei nº 4.320/67**, a dívida fundada compreende os compromissos de exigibilidade superior a doze meses, contraídos para atender a desequilíbrio orçamentário ou a financeiro de obras e serviços públicos. Sobre o tema, temos recente decisão do STF, negando a Intervenção Federal no Estado do Rio Grande do Sul: EMENTA: INTERVENÇÃO FEDERAL. **Pagamento de precatório judicial. Descumprimento** *voluntário e intencional*. **Não ocorrência. Inadimplemento devido a insuficiência transitória de recursos financeiros. Necessidade de manutenção de serviços públicos essenciais, garantidos por outras normas constitucionais. Precedentes.** *Não se justifica decreto de intervenção federal por não pagamento de precatório judicial, quando o fato não se deva a omissão voluntária e intencional do ente federado, mas a insuficiência temporária de recursos financeiros*. **IF 5101/RS julg. em 28.03.2012, Rel. Min. Cezar Peluso.**

3. A alínea "e" do art. 34, VII, da CR/88, surgiu com a EC nº 14/96 e foi posteriormente aumentada com a EC nº 29/00. Nesse sentido, temos a aplicação do mínimo exigido de receitas tanto no ensino quanto nas ações e serviços públicos de saúde. Os recursos para a saúde foram fixados no art. 77 da ADCT (que surgiu justamente com a EM nº 29/00) até o ano de 2004. Porém após esse ano, com o advento do exercício financeiro de 2005, os recursos mínimos para essa área seriam fixados por Lei Complementar, nos termos do art. 198, § 3º, da CR/88. Porém, não havendo a edição de Lei Complementar, continua aplicando-se as determinações do art. 77 da ADCT. Nesse sentido, o art. 77, § 4º, da ADCT: "§ 4º Na ausência da lei complementar a que se refere o art. 198, § 3º, a partir do exercício financeiro de 2005, aplicar-se-á à União, aos Estados, ao Distrito Federal e aos Municípios o disposto neste artigo."

no decreto de intervenção deve constar o seu prazo determinado. E se dentro do prazo não se conseguir reestabelecer a normalidade? Sem dúvida, poderá haver a prorrogação da intervenção, mediante estipulação de novo prazo (de um termo final).

2. CONCEITO

A intervenção federal é um ato de natureza política excepcional, que consiste na supressão temporária da autonomia de um ente (obs.: sempre do ente mais amplo para o ente menos amplo, ou seja, a União intervirá nos Estados e DF. Assim sendo, a União não intervém em Município a não ser que seja em Município de Território da União. Nesse sentido, os Estados é que podem intervir em Municípios), em virtude de hipóteses taxativamente previstas na Constituição visando à preservação da soberania da RFB e da autonomia dos entes federativos.

3. PROCEDIMENTOS

Iremos agora trabalhar os procedimentos da intervenção, pois, conforme a Constituição, no seu art. 36, teremos procedimentos diferenciados para as hipóteses previstas no art. 34 da CR/88. Nesse sentido, conforme o quadro:

Art. 34, I, II, III e V	A intervenção será decretada *ex officio* pelo Presidente da República (sem provocação e de forma espontânea). Depende apenas da verificação de motivos pelo Presidente, que apenas irá consultar o Conselho da República e o Conselho da Defesa. É uma consulta meramente opinativa, não vinculante para o Chefe do Executivo.
Art. 34, IV	Intervenção dependerá de solicitação do Poder Legislativo ou do Poder Executivo coacto ou impedido (que está sofrendo coação ou impedimento) ou de requisição do Poder Judiciário coacto ou impedido (que está sofrendo coação ou impedimento) via STF para o Presidente da República. Há diferença para a doutrina majoritária entre a requisição e a solicitação. Nesse sentido, o Presidente da República terá a discricionariedade para decretar a intervenção na solicitação feita pelo Poder Executivo ou Legislativo do Estado-membro ou DF. Todavia, se for requisição do Poder Judiciário, via STF, para o Presidente da República estará vinculado à requisição. Ou seja, ele deverá decretar a intervenção.
Art. 34, VI, 2ª parte: descumprimento de ordem ou decisão judicial.	Intervenção dependerá de requisição do próprio STF, STJ ou do TSE para o Presidente da República. Para a corrente majoritária, existindo a requisição, o Presidente da República está obrigado a decretar a intervenção. Aqui uma observação: e se for outro órgão do Poder Judiciário que não os citados acima? Para uma corrente, qualquer outro órgão do Judiciário deverá dirigir-se ao STF e este, entendendo ser necessário (ser o caso), requisitará a intervenção ao Presidente da República.[4]

4. Nesses termos: STF: IF nº 230, Rel. Min. Sepúlveda Pertence. Julgamento em 24.04.96. DJ, 01.07.1996.

Art. 34, VI, 2ª parte: descumprimento de ordem ou decisão judicial.	Porém, uma outra corrente defende que depende do tipo de questão legal (normativa) que está sendo descumprida. Se a matéria for infraconstitucional, a competência para requisitar a intervenção seria do STJ, mas, se a matéria for de cunho constitucional, a competência seria do STF. Esse é o posicionamento do STJ em vários julgados e o do STF na IF 2792: Art. 36, II, da CF. Define-se a competência pela matéria, cumprindo ao STF o julgamento quando o ato inobservado lastreia-se na CF; ao STJ quando envolvida matéria legal e ao TSE em se tratando de matéria de índole eleitoral. (**IF 2.792**, rel. min. Marco Aurélio, j. 4-6-2003, P, *DJ* de 1º-8-2003.) Aqui o próprio STJ vem julgando pedido de intervenção que atinge o âmbito infraconstitucional. Como exemplo: A Corte Especial do STJ julgou procedente outro pedido de intervenção federal no Paraná. De acordo com o Tribunal, a requisição, dessa vez, se dá em virtude da "falta de cumprimento de ordem judicial para reintegração de posse de área rural invadida por trabalhadores sem-terra." O art. 36, II, da Constituição Federal estabelece que: "Art. 36. A decretação da intervenção dependerá: [...] II – no caso de desobediência à ordem ou decisão judiciária, de requisição do Supremo Tribunal Federal, do Superior Tribunal de Justiça ou do Tribunal Superior Eleitoral;" No caso, a Corte Especial do STJ voltou a requisitar a intervenção federal no Paraná, pois apesar de uma reintegração de posse ter sido deferida liminarmente pela Justiça em 2008, até hoje não há qualquer perspectiva de cumprimento da decisão. O ministro Herman Benjamin salientou que "a questão social não mais pode servir de escudo para o descuido no cumprimento de decisões judiciais, uma vez que, não obstante haja pedido de intervenção do interessado em 2009, passados cerca de nove anos após a liminar ainda não se tem a mínima previsibilidade de seu cumprimento. Ademais, no imóvel discutido nos autos, a última notícia é da existência de apenas cinco pessoas, não obstante o dado de 6,2 mil famílias acampadas no estado". Processo relacionado: IF 115. Outro julgado interessante envolveu a Justiça do Trabalho e a Militar: "Cabe exclusivamente ao STF requisição de intervenção para assegurar a execução de decisões da Justiça do Trabalho ou da Justiça Militar, ainda quando fundadas em direito infraconstitucional: fundamentação. O pedido de requisição de intervenção dirigida pelo presidente do Tribunal de execução ao STF há de ter motivação quanto à procedência e também com a necessidade de intervenção. (**IF 230**, rel. min. Sepúlveda Pertence, j. 24-4-1996, P, *DJ* de 1º-7-1996)". Por último, é importante salientar que eventual ordem judicial descumprida por um Tribunal não faz com que o afetado possa se insurgir diretamente no STF ou mesmo no STJ. O correto é o afetado se dirigir ao Presidente do Tribunal (por exemplo: TJ) e este, entendendo cabível, se dirigir ao STF ou mesmo STJ, se for o caso.
Art. 34, VI, 1ª parte: inexecução de lei federal.	A intervenção dependerá de provimento do STF em representação do PGR. Até 2004, esse provimento era do STJ, a partir da EC nº 45/04 a competência foi deslocada constitucionalmente para o STF, nos termos do art. 36, III da CR/88. A representação do PGR dá ensejo a uma ação. Alguns autores (como Gilmar Mendes) entendem que a representação do PGR, nesse caso, dá ensejo a uma ADI interventiva. Um fundamento seria o de que como a EC nº 45 retirou a competência do STJ e a transferiu para o STF, a ação a ser ajuizada pelo PGR seria, portanto, uma ADI

Art. 34, VI, 1ª parte: inexecução de lei federal.	interventiva. A outra corrente, defendida por José Afonso da Silva[5], entre outros[6], entende que essa representação do PGR dá ensejo a uma Ação de Execução de Lei, não se falando aqui propriamente em ADI interventiva. Assim sendo, no fundo, o que o Estado-membro ou DF está fazendo é o não cumprimento de Lei Federal e justamente por isso o PGR estaria provocando o Pretório Excelso. Acreditamos que a posição de José Afonso da Silva é a mais adequada. Porém, tal debate, atualmente, se encontra ***relativizado*** (para alguns, até mesmo**, esvaziado**) em virtude da nova **Lei nº 12.562/2011** que regulamentou o art. 36, III da CR/88. Ou seja, esse novo diploma normativo regulamentou o procedimento para todo o art. 36, III da CR/88. Com isso, tanto a **ADI Interventiva** como a **Ação visando a execução de Lei** são dotadas do mesmo procedimento. Com isso, ambas (embora, insistimos: com objetos diferentes!) seriam representações ajuizadas pelo PGR e com provimento do STF, nos moldes da Lei nº 12.562/2011.
Art. 34, VII, descumprimento (inobservância) de princípios sensíveis da Constituição[7]	A intervenção dependerá de provimento do STF em representação do PGR. Nesse caso, a representação do PGR dá ensejo a uma ADI interventiva. Atualmente regulada nos termos da Lei nº 12.562/2011.

Sobre os procedimentos anteriormente trabalhados algumas observações são pertinentes:

---

5. SILVA, José Afonso da, ***Curso de direito constitucional positivo,*** 2003.
6. Nesse sentido, Humberto Peña de Moraes afirma de forma categórica que: "essa ação não busca a alcançar oportuna declaração de inconstitucionalidade (fim a que se propõe a ação direta de inconstitucionalidade interventiva) com vista à possível intervenção, mas sim a garantir, ocorrendo recusa por parte do Estado ou DF e julgada procedente a pretensão pela Excelsa Corte, a execução de Lei Federal, sob pena, é óbvio, da prática interventiva." Do processo interventivo no contorno do Estado Federal, p. 229, 2005. Também diferenciando a hipótese de ADI interventiva e a hipótese de representação do PGR por inexecução de lei, temos: CUNHA JÚNIOR, Dirley da, ***Curso de direito constitucional,*** p. 848, 2007.
7. Um exemplo pode ser observado na **IF nº 114** de relatoria do Min. Néri da Silveira que envolve o art. 34, VII, "b": ***direitos da Pessoa Humana.*** Nesse sentido: Ementa: – Intervenção Federal. 2. Representação do Procurador-Geral da República pleiteando intervenção federal no Estado de Mato Grosso, para assegurar a observância dos "direitos da pessoa humana", em face de fato criminoso praticado com extrema crueldade a indicar a inexistência de "condição mínima", no Estado, "para assegurar o respeito ao primordial direito da pessoa humana, que é o direito à vida". Fato ocorrido em Matupá, localidade distante cerca de 700 km de Cuiabá. 3. Constituição, arts. 34, VII, letra "b", e 36, III. 4. Representação que merece conhecida, por seu fundamento: alegação de inobservância pelo Estado-membro do princípio constitucional sensível previsto no art. 34, VII, alínea "b", da Constituição de 1988, quanto aos "direitos da pessoa humana". Legitimidade ativa do Procurador-Geral da República (Constituição, art. 36, III). 5. Hipótese em que estão em causa "direitos da pessoa humana", em sua compreensão mais ampla, revelando-se impotentes as autoridades policiais locais para manter a segurança de três presos que acabaram subtraídos de sua proteção, por populares revoltados pelo crime que lhes era imputado, sendo mortos com requintes de crueldade. 6. Intervenção Federal e restrição à autonomia do Estado-membro. Princípio federativo. Excepcionalidade da medida interventiva. 7. No caso concreto, o Estado de Mato Grosso, segundo as informações, está procedendo à apuração do crime. Instaurou-se, de imediato, inquérito policial, cujos autos foram encaminhados à autoridade judiciária estadual competente que os devolveu, a pedido do Delegado de Polícia, para o prosseguimento das diligências e averiguações. 8. Embora a extrema gravidade dos fatos e o repúdio que sempre merecem atos de violência e crueldade, não se trata, porém, de situação concreta que, por si só, possa configurar causa bastante a decretar-se intervenção federal no Estado, tendo em conta, também, as providências já adotadas pelas autoridades locais para a apuração do ilícito. 9. Hipótese em que não é, por igual, de determinar-se intervenha a Polícia Federal, na apuração dos fatos, em substituição à Polícia Civil de Mato Grosso. Autonomia do Estado-membro na

1) Com o provimento do STF na Ação de Execução de Lei ou na ADI interventiva já temos a intervenção? A pergunta é: basta o provimento do STF?

Claro que não. É o perigo dos incs. VII e VII do art. 34 da CR/88 serem lidos sem levar em consideração o sistema constitucional. Nesses termos, o art. 84, X, da CR/88, vai nos indicar que a intervenção federal será sempre decretada pelo Presidente da República. Portanto, para que haja a intervenção, não basta apenas a existência de um provimento pelo STF, pois será necessário um decreto do Presidente da República para deflagrar a intervenção. Nesse caso, é bom deixar claro que a ordem judicial (provimento do STF) demandada terá a natureza de requisição, pois o Presidente terá a obrigação de decretar a intervenção, estando vinculado à decisão do STF proferida em sede de ADI interventiva ou AEL.

2) Sobre o Decreto do Presidente que deflagra a intervenção, são válidas algumas ponderações.

O decreto do Presidente vai fixar a amplitude, as condições, os termos e o prazo da intervenção. E mais, esse decreto, se couber, nomeia o interventor. Portanto, podemos ter intervenção sem interventor.

Esse decreto será submetido ao controle político por parte do Congresso Nacional. **Portanto, há controle político na intervenção** (controle de freios e contrapesos).[8] E mais, esse controle político tem que ser dotado de extrema celeridade. Decretada a intervenção, o Congresso Nacional terá 24 horas para apreciar o decreto de intervenção. É mister salientar que a intervenção já começa a existir com o decreto. Assim sendo, não é a apreciação do CN que deflagrará a intervenção, ela apenas irá analisar se o decreto foi ou não adequado. Saliente-se ainda que se o CN estiver de recesso, ele será convocado extraordinariamente para apreciar a questão.

Certo é que se o Congresso Nacional não aprovar a intervenção e o Presidente da República insistir em mantê-la, não pondo-lhe termo, ele incorrerá em crime de responsabilidade, nos termos do art. 85, II. Aqui, o fundamento é que há um atentado (desrespeito) contra o livre exercício do Poder Legislativo previsto na Constituição.

Porém, existem exceções ao controle político. Estas estão alocadas de acordo com o art. 36, § 3º, da CR/88, nas hipóteses no art. 34, inc. VI e VII. Dessa feita, não haverá controle político nas hipóteses de inexecução de lei federal, ordem ou decisão judicial, e no caso de descumprimento de princípio sensível pelos Estados ou DF. Mas qual é o fundamento de tais exceções? Sem dúvida, a fundamentação está adstrita ao princípio da separação de poderes do art. 2º da CR/88. Nesses casos, é bom

---

organização dos serviços de justiça e segurança, de sua competência (Constituição, arts. 25, § 1º; 125 e 144, § 4º).
10. Representação conhecida, mas julgada improcedente. Julgamento: 13.03.91. ***DJ:*** 27.06.96.

8. O controle político a ser realizado pelo Congresso Nacional está previsto nos artigos 36, § 1º, e 49, IV, da CR/88.

lembrarmos que existe provimento judicial. E o legislador não poderá usurpá-los; não poderá, portanto, mediante uma postura política, descumprir decisão judicial.

O art. 36, § 3º, vai além, ao dizer que, além de não haver controle político, o decreto limitar-se-á, em um primeiro momento, a suspender a execução do ato impugnado, se isso bastar para o reestabelecimento da normalidade. Se não bastar, outras medidas poderão ser adotadas para reestabelecer a normalidade no Estado ou DF. Alguns autores defendem, inclusive, que haveria dois decretos, um primeiro se direcionando ao restabelecimento da normalidade e o outro seria o decreto de intervenção, se insuficiente o primeiro. Acreditamos que o decreto que suspende a execução do ato já é um decreto interventivo (já atinge a esfera de atuação do ente, intervindo no mesmo para que seja suspenso o ato impugnado). É óbvio que, se não conseguir o reestabelecimento da normalidade, outras medidas interventivas poderão ser tomadas.[9]

3) Como fica a questão se for cessada a Intervenção:

Aqui, é importante ressaltar que, conforme a própria Constituição da República de 1988, cessados os motivos da intervenção, as autoridades afastadas de seus cargos a estes voltarão, salvo impedimento legal.

4) Existe a possibilidade de controle judicial sobre o decreto de intervenção?

Entendemos que ainda que a intervenção seja ato de natureza política, pode excepcionalmente haver controle judicial desde que ocorra o descumprimento dos procedimentos previstos na Constituição. Na prática, aqui estará ocorrendo descumprimento de normas constitucionais. Portanto, a intervenção federal, embora seja um ato de natureza política, poderá, por exemplo, ser declarada inconstitucional se não estiver em consonância com a própria Constituição que a delimita.[10]

---

9. Porém, não podemos concordar com a doutrina que afirma que um eventual segundo decreto que decretaria a intervenção federal deve ser submetido ao crivo do Congresso. Isso soa absurdo, na medida em que a própria Constituição estabeleceu exceções nas quais a intervenção não passaria pelo controle do Congresso (art. 36 § 3º). Obviamente o não reestabelecimento da normalidade e a necessidade de um novo decreto interventivo mais recrudescedor não muda a natureza do decreto, que se fundamenta no descumprimento do art. 34, VI e VII. Do contrário teríamos o perigo da contrariedade ou usurpação ao princípio da separação dos poderes! Devemos mais uma vez lembrar que as hipóteses do art. 34, VI e VII, são com fundamento em decisão judicial! Ou seja, o Presidente decreta a intervenção tendo como pano de fundo decisão judicial que ele (Presidente da República) inclusive não pode descumprir. A pergunta é: poderia o Congresso Nacional descumprir? Qual seria o esteio constitucional para tal? Concordando com nosso posicionamento, temos Gilmar Mendes (2009).
10. Na **ConJur** do dia 20.2, leio a reportagem segundo a qual para o ministro Celso de Mello, do Supremo Tribunal Federal, "*o presidente da República tem o poder para determinar intervenção federal de acordo com seu exclusivo juízo político, a partir de sua própria avaliação, não cabendo ao Judiciário avaliar a necessidade, utilidade ou conveniência do ato*". Essa é a base da decisão do ministro Celso de Mello ao negar o pedido de liminar feito pelo deputado federal Ivan Valente (Psol-SP) para suspender a análise pelo Congresso do decreto que determinou a intervenção federal no Rio de Janeiro." Não sei devia — ou poderia — o STF suspender a própria votação. Mas o argumento de que o ato de intervir é fruto de exclusivo juízo político é preocupante. Essa reportagem da **ConJur** e a posição do ministro Celso de Mello me fez lembrar, mais uma vez, o famoso caso sobre a intervenção do Reich na Prússia, de 1932, questionada perante o Tribunal do Reich. O presidente Hindenburg havia decretado a intervenção. De forma discricionária. E é preciso, antes de tudo, guardar as devidas proporções, dadas as diferenças entre a Constituição alemã

Podemos, inclusive, apresentar um exemplo. Senão, vejamos: o Presidente da República decreta a intervenção *ex officio* (significa sem provocação/ de forma espontânea) no Poder Executivo de um Estado-Membro e para tal usa como fundamento a coação (ou impedimento) do Poder Executivo do Estado-Membro no Poder Legislativo do Estado. Portanto, a motivação é que o Poder Executivo estava coagindo o Legislativo e com isso o impedindo de desenvolver de forma regular suas atividades. Pergunta-se: essa intervenção federal é constitucional?

Nesses termos, aqui ocorreu o clássico caso de descumprimento dos procedimentos previstos na Constituição da República de 1988. Assim sendo, temos uma intervenção federal com base na hipótese do inciso IV do art. 34 da CR/88. Ora, observando o quadro anterior sabemos que quando há coação (ou impedimento) a intervenção depende de solicitação do Legislativo ou Executivo ou de requisição do Poder Judiciário via STF para o Presidente da República. Concluindo, o Presidente da República teria que ser provocado e não foi, na medida em que decretou a intervenção *ex officio*, descumprindo assim procedimento previsto na Constituição.

Trazemos agora, como outro exemplo, um caso concreto ocorrido no ano de 2005. O Presidente da República decretou, em 2005, a intervenção federal no Município do RJ, mais especificamente em 9 hospitais da rede pública municipal. Essa intervenção federal veio mascarada como decreto de requisição de bens e serviços. O Município do RJ então ajuizou um mandado de segurança no STF contra o ato do Presidente da República **(MS nº 25.295/05).**[11]

---

de 1919 e a Constituição brasileira de 1988, já que a Constituição brasileira, por razões históricas que deveriam ser óbvias, é muito mais "analítica" do que a de Weimar ao tratar do assunto. Não vou entrar em maiores detalhes sobre o caso da Prússia. Apenas para lembrar o mínimo: Do lado do Reich, estava Carl Schmitt e sua interpretação do artigo 48 da Constituição de Weimar, para quem o presidente seria o "soberano" por deter o poder de decretar o "estado de exceção", sendo, portanto, um juízo, sobretudo, político e não passível de controle por tribunais, na medida, inclusive, de que é a própria Constituição que prevê a possibilidade de intervenção federal (eis o perigo de se dizer, no Brasil, que a intervenção depende do poder discricionário do Presidente). Já do lado da Prússia estava Hermann Heller, para quem as competências do presidente, previstas no artigo 48, embora envolvessem questões políticas e jurídicas, *eram passíveis de controle judicial, de acordo com os princípios da democracia social e do federalismo, sendo, portanto, uma intervenção federal sujeita ao controle da proporcionalidade*. Em outras palavras, é Heller quem defende, de modo correto em face do caráter normativo da Constituição, *que é preciso analisar juridicamente se uma intervenção federal e suas ações se justificam, inclusive se não haveria medida menos gravosa que proteja os princípios da democracia e do federalismo, estruturantes da Constituição*. Ponto para Heller. O resto da história, sabemos: o reconhecimento, pelo tribunal, da constitucionalidade da intervenção e sua recusa em analisar que medidas o Reich poderia ou não, em princípio, tomar com base no artigo 48, o que irá contribuir historicamente para os eventos de 1933... Sim, Heller perdeu. O resto, todos sabemos. Com base na Constituição brasileira, penso que cabe ainda mais seguir a posição de Heller, se quisermos levar a Constituição a sério como norma. E, assim, de todo modo, penso que o Presidente deve saber que, se tem a parte que o autoriza intervir — com todos os problemas conceituais já declinados — tem também a outra parte, bem maior, que diz o que ele não pode fazer. Um deles é achar que intervenção é estado de sítio ou de exceção. Se assim pensar, corre o risco até de sofrer *impeachment*. Intervenção federal ou militar? Ato discricionário? Qual é o limite? STRECK, Lenio, CONJUR, 22.02.2018.

11. EMENTA: Constitucional. Administrativo. Mandado de segurança. Município do Rio de Janeiro. União Federal. Decretação de Estado de calamidade pública no sistema único de saúde no município do Rio de Janeiro. Requisição de bens e serviços municipais. Decreto 5.392/2005 do Presidente da República. Mandado de segurança deferido. *Mandado de segurança, impetrado pelo município, em que se impugna o art. 2º, V e VI (requisição dos hospitais municipais Souza Aguiar e Miguel Couto) e § 1º e § 2º (delegação ao ministro de Estado da Saúde da competência para requisição de outros serviços de saúde e recursos financeiros afetos à gestão de serviços e ações relacionados aos*

O STF por 11x0 julgou procedente o MS, concedendo a segurança ao Município do Rio de Janeiro mediante os seguintes fundamentos aqui resumidos:

1º problema	2º problema	3º problema
Intervenção federal no município é vedada. Sem dúvida a União não pode determinar a intervenção Federal em municípios (exceto: municípios de território da própria União, que aliás nem existem ainda!).	Intervenção não foi submetida ao crivo do Congresso Nacional quando deveria ser visto que a hipótese era a do art. 34, III, de grave comprometimento a ordem pública. Assim sendo, não estávamos nos casos excepcionais (exceções) previstos no art. 36, § 3º, da CR/88.	Decreto de intervenção sem prazo certo desobedecendo ao princípio da temporalidade previsto no art. 36, § 1º, da CR/88.

4. INTERVENÇÃO ESTADUAL

A intervenção estadual, conforme a Constituição de 1988, será realizada pelo Estado-membro em seus Municípios (localizados em seu espaço territorial). Sem dúvida alguma somente os Estados-membros poderão intervir em Municípios, sendo que a única exceção a essa regra irá ocorrer se estivermos diante de um Município de território federal, ou seja, de território da União, no qual a intervenção será realizada pela União, mesmo porque eles são descentralizações administrativas da União.

A intervenção estadual apresenta as mesmas características principiológicas da intervenção federal, sendo, portanto, excepcional e com hipóteses taxativamente previstas na CR/88, não podendo ser ampliadas ou modificadas pelo legislador constituinte estadual.[12]

hospitais requisitados) do Decreto 5.392/2005, do presidente da República. Ordem deferida, por unanimidade. Fundamentos predominantes: (i) a requisição de bens e serviços do município do Rio de Janeiro, já afetados à prestação de serviços de saúde, não tem amparo no inciso XIII do art. 15 da Lei 8.080/1990, a despeito da invocação desse dispositivo no ato atacado; (ii) nesse sentido, as determinações impugnadas do decreto presidencial configuram-se efetiva intervenção da União no município, vedada pela Constituição; (iii) inadmissibilidade da requisição de bens municipais pela União em situação de normalidade institucional, sem a decretação de Estado de Defesa ou Estado de Sítio. Suscitada também a ofensa à autonomia municipal e ao pacto federativo. Ressalva do ministro presidente e do relator quanto à admissibilidade, em tese, da requisição, pela União, de bens e serviços municipais para o atendimento a situações de comprovada calamidade e perigo públicos. Ressalvas do relator quanto ao fundamento do deferimento da ordem: (i) ato sem expressa motivação e fixação de prazo para as medidas adotadas pelo governo federal; (ii) reajuste, nesse último ponto, do voto do relator, que inicialmente indicava a possibilidade de saneamento excepcional do vício, em consideração à gravidade dos fatos demonstrados relativos ao estado da prestação de serviços de saúde no município do Rio de Janeiro e das controvérsias entre União e município sobre o cumprimento de convênios de municipalização de hospitais federais; (iii) nulidade do § 1º do art. 2º do decreto atacado, por inconstitucionalidade da delegação, pelo presidente da República ao ministro da Saúde, das atribuições ali fixadas; (iv) nulidade do § 2º do art. 2º do decreto impugnado, por ofensa à autonomia municipal e em virtude da impossibilidade de delegação. Julg 20.04.2005. Rel. Min. Joaquim Barbosa. DJ: 05.10.2007.

12. Conforme a decisão de Medida Cautelar na ADI nº 558 contra a Constituição do Estado do Rio de Janeiro: Ação direta de inconstitucionalidade: impugnação a vários preceitos da constituição do Estado do Rio de Janeiro, com pedido de suspensão liminar dos ARTS. 100 (EM PARTE), 159 (EM PARTE), 176, "CAPUT" (EM PARTE) E SEU PAR. 2.

Nesses termos, o Estado não irá intervir em seus municípios, nem a União nos municípios localizados em seu território, exceto quando:

a) deixar de ser paga, sem motivo de força maior, por dois anos consecutivos, a dívida fundada; b) não forem prestadas contas devidas, na forma da lei; c) não tiver sido aplicado o mínimo exigido da receita municipal na manutenção e desenvolvimento do ensino e nas ações e serviços públicos de saúde;[13] d) o Tribunal de Justiça der provimento à representação para assegurar a observância de princípios indicados na Constituição Estadual, ou para prover a execução de lei, de ordem ou de decisão judicial.

É importante ressaltar que, seguindo por paridade a lógica da intervenção federal nos Estados e no DF em que o Presidente da República detém a legitimidade para decretá-las, a intervenção estadual só poderá ser decretada pelos governadores dos Estados. Assim sendo, nas hipóteses do art. 35, I, II e III (I – deixar de ser paga, sem motivo de força maior, por dois anos consecutivos, a dívida fundada; II – não forem prestadas contas devidas, na forma da lei; III – não tiver sido aplicado o mínimo exigido da receita municipal na manutenção e desenvolvimento do ensino e nas ações e serviços públicos de saúde), decretada pelo governador a intervenção estadual haverá controle político por parte das Assembleias Legislativas do Estado no prazo de 24 horas. Se não estiver funcionando a Assembleia Legislativa, far-se-á convocação extraordinária, no mesmo prazo de vinte e quatro horas.

Já na hipótese do art. 35, IV (quando o Tribunal de Justiça der provimento à representação para assegurar a observância de princípios indicados na Constituição Estadual, ou para prover a execução de lei, de ordem ou de decisão judicial), será dispensada a apreciação pela Assembleia Legislativa e o decreto limitar-se-á a suspender a execução do ato a ser impugnado, se essa medida bastar ao restabelecimento da normalidade.

É interessante lembrarmos, também que, nos termos da **súmula 637 do STF** *"não cabe recurso extraordinário contra acórdão de Tribunal de Justiça que defere pedido de intervenção estadual em Município."*

Além disso, na intervenção estadual também ocorre que, cessados os motivos da intervenção, as autoridades afastadas de seus cargos voltarão aos mesmos, salvo se existir impedimento legal que obstaculize tal retorno.

Temos ainda que, para a decretação de intervenção estadual em município, não tem relevância o fato de já ter ocorrido em outra oportunidade, em virtude

---

V, "E" E "F"; 346 E 352, PARAG. ÚNICO: MEDIDA CAUTELAR DEFERIDA PARCIALMENTE, SEM SUSPENSÃO DO TEXTO, QUANTO AO Art. 176, PAR. 2., V, "E" e "F", E, integralmente, quanto aos Artg. 346 e 352, parag. único. [...] 5. Intervenção Estadual no município por suspensão da dívida fundada (cr, art. 35, i): impugnação a norma constitucional local, que exclui a intervenção, "quando o inadimplemento esteja vinculado a gestão anterior" (C. Est. RJ, art. 352, parag. único): suspensão liminar concedida. **julg. 16.08.1991** Rel. Min. Sepúlveda Pertence. DJ 26-03-1993.

13. Conforme a redação dada pela Emenda Constitucional nº 29 de 2000.

de outro processo (e outro motivo), a declaração de intervenção no mesmo Município.[14]

Aqui, também é importante lembrarmos, que recentemente, decidiu o STF, nas ADIs 2917 e 3029 em 27.03.2020, que Constituição Estadual não pode disciplinar sobre intervenção estadual de forma diferente das regras previstas na CR/88.

Nesses termos, uma Constituição Estadual não pode trazer hipóteses de intervenção estadual diferentes daquelas que são previstas no art. 35 da CR/88. Assim sendo, as hipóteses de intervenção estadual previstas no art. 35 da CF/88 são taxativas.[15]

No caso, o STF julgou inconstitucional dispositivo da Constituição de Pernambuco que previa que o Estado-membro poderia intervir nos Municípios caso ocorressem atos de corrupção e improbidade administrativa.[16]

Também entendeu o STF, na ADI 3029, que viola a Constituição da República a previsão contida em Constituição Estadual atribuindo aos Tribunais de Contas a competência para requerer ou decretar intervenção em Município. Para o Pretório Excelso, essa previsão não encontra amparo nos arts. 34 e 36 da CR/88.[17]

Por último, o STF já afirmou que é inconstitucional norma de Constituição Estadual que exija prévia arguição e aprovação da Assembleia Legislativa para que o Governador do Estado nomeie os interventores de Municípios.

Como já estudado, temos que a intervenção é um ato do chefe do Poder Executivo. E o "possível" interventor é de sua escolha e confiança. Desse modo, é inconstitucional a norma da Constituição do Estado que exige prévia sabatina e aprovação da Assembleia para que o Governador possa nomear o interventor.

---

14. MORAES, Alexandre de, Direito constitucional, 2008, p. 294.
15. **ADI 2917,** STF. Plenário. Rel. Min. Gilmar Mendes, julgado em 27.03.2020. *Decisão: O Tribunal, por unanimidade, julgou procedente o pedido formulado na ação direta para declarar a inconstitucionalidade do art. 91, inciso V, da Constituição do Estado de Pernambuco, nos termos do voto do Relator. Plenário, Sessão Virtual de 20.3.2020 a 26.3.2020. (...) 2. Impugnação do inciso V do art. 91 da Constituição do Estado de Pernambuco. 3. Hipótese de intervenção em município para além da taxatividade assegurada no art. 35 da Constituição da República. Vulneração ao princípio da autonomia dos entes federados. Precedentes. 4. Ação direta de inconstitucionalidade procedente.*
16. **ADI 2917**, STF. Plenário. Rel. Min. Gilmar Mendes, julgado em 27.03.2020.
17. **ADI 3029**, STF. Plenário. Rel. Min. Gilmar Mendes, julgado em 27.03.2020. *Decisão: O Tribunal, por unanimidade, julgou procedente o pedido formulado na ação direta para declarar a inconstitucionalidade das expressões "ou do Tribunal de Contas do Estado" e "ou pelo Tribunal de Contas do Estado", constantes do artigo 38, inciso I e § 1º, da Constituição do Estado do Amapá, nos termos do voto do Relator. Plenário, Sessão Virtual de 20.3.2020 a 26.3.2020. Ação direta de inconstitucionalidade. 2. Inconstitucionalidade das expressões "ou do Tribunal de Contas do Estado" e "ou pelo Tribunal de Contas do Estado", contidas no art. 38, inciso I, § 1º, da Constituição do Estado do Amapá. 3. Atribuição de competência ao Tribunal de Contas do Estado para intervenção estadual em município. 4. Violação aos artigos 34 e 36 da Constituição Federal. 5. ADI julgada procedente.* No mesmo sentido: *É inconstitucional a atribuição conferida, pela Constituição do Pará, art. 85, I, ao Tribunal de Contas dos Municípios, para requerer ao Governador do Estado a intervenção em Município. Caso em que o Tribunal de Contas age como auxiliar do Legislativo Municipal, a este cabendo formular a representação, se não rejeitar, por decisão de dois terços dos seus membros, o parecer prévio emitido pelo Tribunal (CF, art. 31 31, § 2º 2º).* STF. Plenário. ADI 2631, Rel. Min. Carlos Velloso, julgado em 29.08.2002.

Segundo o STF, a Assembleia Legislativa não irá examinar o nome do interventor nem mesmo a *posteriori*. Ela apenas (nos casos de apreciação) aprova ou não a intervenção.

Portanto, permitir a rejeição do nome de interventor resulta, na verdade, na escolha dele pela Assembleia Legislativa, considerando que o parlamento poderá, em tese, recusar sucessivamente as indicações do Governador até ser chamado alguém de seu interesse. Se a Assembleia Legislativa entender que a intervenção decretada é questão meramente política e inadequada, deverá rejeitar a medida.[18]

5. A RECENTE INTERVENÇÃO FEDERAL NO ESTADO DO RIO DE JANEIRO

Em uma decisão inédita na nova democracia após a Constituição de 1988, o Presidente Michel Temer decidiu decretar **intervenção federal** na segurança pública do Estado do Rio de Janeiro, que estaria assolado em intensa e grave crise. O fundamento (objetivo) foi o estabelecido no art. 34, III da CR/88, qual seja, *por termo a grave comprometimento da ordem pública*.

Com o decreto, assinado em 19.02.2018, deixa o comando das forças de segurança o governador do Estado, Luiz Pezão (PMDB), e entra o general Walter Souza Braga Netto (interventor nomeado pelo Presidente da República). O decreto de intervenção determina que o General terá controle de todo o setor de segurança fluminense, incluindo as polícias Civil e Militar e o Corpo de Bombeiros Militar, bem como o setor carcerário.

O decreto de Intervenção foi submetido ao Congresso Nacional. Na Câmara dos Deputados, o texto foi aprovado por 340 votos a favor e 72 contra, além de uma abstenção. Já no Senado o decreto de intervenção foi aprovado por 55 votos favoráveis, 13 contrários e uma abstenção.

É interessante que o Rio de Janeiro e outros Estados (como, por exemplo, Rio Grande do Norte e Espírito do Santo) já tinham sido auxiliados pela União na gestão da segurança pública por meio das operações de Garantia da Lei e da Ordem (GLO) e do emprego da Força Nacional.

Certo é que as operações de GLO permitem a atuação das Forças Armadas na segurança pública, de forma excepcional, em momentos de grave perturbação da ordem e esgotamento das forças tradicionais de segurança. Da mesma forma, a Força Nacional é uma força de segurança federal, usada para auxiliar as operações de segurança dos Estados, após sua solicitação.

Mas o mais importante aqui é a concepção de que tanto durante as operações da GLO como durante o emprego da Força Nacional, os governos estaduais continuam responsáveis pela gestão da segurança pública. As atividades das forças da União são coordenadas com os Estados (em cooperação).

18. **ADI 2167/RR**, STF. Plenário. red. p/ o ac. Min. Alexandre de Moraes, julgado em **03.06.2020** (Inf. 980).

Já na intervenção federal no Rio de Janeiro, a situação é diferente, pois toda a segurança pública fluminense sai da esfera estadual e fica sob o comando do interventor militar. Ou seja, aqui deve ficar claro que não se trata apenas do emprego das Forças Armadas ou de forças federais. Mas, sim, da gestão federal de uma área que antes era coordenada pelo poder público estadual. Nesses termos, a intervenção federal é uma medida muito mais drástica que a GLO (que inclusive já estava sendo desenvolvida e praticada no Estado do RJ) e explicitação de uma anormalidade institucional grave.

Outra questão é a de que o restante das outras áreas do governo estadual continua sob o comando do Governador do Estado. Portanto, a intervenção, nos termos do Decreto, é direcionada apenas para a Segurança Pública.

Aqui resta claro que não se trata de uma intervenção militar, mas sim de uma intervenção federal na segurança pública de um Estado-membro, na qual o interventor é um general.

Porém, é bom que se diga que além de escolher um general como interventor, o decreto de intervenção do governo federal estipula que o cargo é de natureza militar. Aqui entendemos, salvo melhor juízo, que a natureza militar do cargo faz com que o interventor fique sob jurisdição militar e não sob a jurisdição civil.

Certo é que essa medida causa impacto para além do Estado do Rio de Janeiro, uma vez que o art. 60, § 1º da CR/88 prevê que durante uma intervenção federal não pode haver qualquer alteração constitucional. Ou seja, é vedada a alteração da Constituição na vigência da Intervenção Federal.[19] Passamos nesse momento, devido à importância do tema, à citação de todo o Decreto nº 9.288 de 16.02.2018:

> **O PRESIDENTE DA REPÚBLICA**, no uso da atribuição que lhe confere o art. 84, **caput**, inciso X, da Constituição, **DECRETA:**
>
> Art. 1º Fica decretada intervenção federal no Estado do Rio de Janeiro até 31 de dezembro de 2018.
>
> § 1º A intervenção de que trata o **caput** se limita à área de segurança pública, conforme o disposto no Capítulo III do Título V da Constituição e no Título V da Constituição do Estado do Rio de Janeiro.

19. O Ministro da Defesa afirmou que a intervenção federal só está abaixo do Estado de Sítio e do Estado de Defesa. Mas, ao contrário das duas últimas, não implica em "qualquer transferência de responsabilidade entre as instituições. Tudo permanece como antes". Em uma intervenção legal, não estão suspensos os direitos fundamentais do cidadão, como o direito de ir e vir, de protestar, de se reunir, a exigência de mandato judicial para busca e apreensão em domicílio, a prisão apenas sob circunstâncias legais e o direito ao devido processo legal. A única diferença em relação ao estado normal é que o governo federal assume, provisoriamente, um poder estadual. "A intervenção federal é a flexibilização excepcional e temporária da autonomia dos Estados. Aqui não há nenhum tipo de restrição de direitos". Já o Estado de Defesa e o Estado de Sítio são momentos de exceção constitucional previstos nos arts. 136 a 139 da CR/88 que levando à restrição ou mesmo a suspensão de direitos fundamentais. Nesses termos, a intervenção federal não suspende os direitos das pessoas. É uma questão puramente de administração pública. A população não poderá ser vítima de nenhum ato de violação de direitos sob justificava da intervenção. Fonte BBC, *Comentários do Ministro da Defesa*, 21.02.2018.

§ 2º O objetivo da intervenção é pôr termo a grave comprometimento da ordem pública no Estado do Rio de Janeiro.

Art. 2º Fica nomeado para o cargo de Interventor o General de Exército Walter Souza Braga Netto. Parágrafo único. O cargo de Interventor é de natureza militar.

Art. 3º As atribuições do Interventor são aquelas previstas no art. 145 da Constituição do Estado do Rio de Janeiro necessárias às ações de segurança pública, previstas no Título V da Constituição do Estado do Rio de Janeiro.

§ 1º O Interventor fica subordinado ao Presidente da República e não está sujeito às normas estaduais que conflitarem com as medidas necessárias à execução da intervenção.

§ 2º O Interventor poderá requisitar, se necessário, os recursos financeiros, tecnológicos, estruturais e humanos do Estado do Rio de Janeiro afetos ao objeto e necessários à consecução do objetivo da intervenção.

§ 3º O Interventor poderá requisitar a quaisquer órgãos, civis e militares, da administração pública federal, os meios necessários para consecução do objetivo da intervenção.

§ 4º As atribuições previstas no art. 145 da Constituição do Estado do Rio de Janeiro que não tiverem relação direta ou indireta com a segurança pública permanecerão sob a titularidade do Governador do Estado do Rio de Janeiro.

§ 5º O Interventor, no âmbito do Estado do Rio de Janeiro, exercerá o controle operacional de todos os órgãos estaduais de segurança pública previstos no art. 144 da Constituição e no Título V da Constituição do Estado do Rio de Janeiro.

Art. 4º Poderão ser requisitados, durante o período da intervenção, os bens, serviços e servidores afetos às áreas da Secretaria de Estado de Segurança do Estado do Rio de Janeiro, da Secretaria de Administração Penitenciária do Estado do Rio de Janeiro e do Corpo de Bombeiros Militar do Estado do Rio de Janeiro, para emprego nas ações de segurança pública determinadas pelo Interventor.

Art. 5º Este Decreto entra em vigor na data de sua publicação. Brasília, 16 de fevereiro de 2018; 197º da Independência e 130º da República.

Nesse momento passamos a realizar uma análise crítica sobre o decreto de intervenção, tecendo algumas considerações que acreditamos necessárias:

1) A primeira foi a manifestação do presidente Michel Temer de revogar o decreto temporariamente (com a permanência apenas do GLO) se ele conseguir votos para aprovar a reforma da Previdência, para depois retomar a intervenção. Nesse caso, seria uma fraude à Constituição. Aqui restaria consignada a desnecessidade da própria intervenção (afronta à análise da necessidade), na medida em que ela poderia ser interrompida temporariamente com o objetivo de aprovar uma Emenda à Constituição para depois ser novamente decretada (ou mesmo restabelecida). Essa medida não encontraria precedentes em nosso ordenamento jurídico-constitucional. Aqui pergunta-se: se a intervenção é para restabelecer o equilíbrio eventualmente perdido e no caso pôr termo agrava comprometimento da ordem pública, como suspender (ou revogar) o ato interventivo sem ter atingido o objetivo para posteriormente voltar a procedimentalizar o ato?[20]

20. O Ministro da Defesa, Raul Jungmann, explicou o plano. O presidente irá revogar o decreto e editar outro para garantia da lei e da ordem, como o que está em vigor no Rio desde o fim de agosto, mas com mais poder para

2) Outro problema que poderia ser questionado perante a Constituição de 1988 é o de que o decreto foi editado sem que o Conselho da República e o Conselho de Defesa Nacional se pronunciassem sobre a intervenção no Rio. Aqui, certo é que os artigos 90, inciso I, e 91, parágrafo 1º, inciso I, atribuem a esses órgãos competência para opinar sobre intervenções federais. Apesar de a Constituição não especificar o momento da consulta, a doutrina majoritária entende que a consulta deve ser feita antes da edição do decreto. Entendemos nesse sentido, que essa pronúncia deveria ser prévia, embora haja corrente que defenda que a consulta possa ser posterior. Mas aqui pergunta-se: qual o sentido de uma consulta posterior ao decreto tendo em vista uma série de medidas já tomadas com a efetivação e vigência da intervenção? O parecer dos conselhos embora não vinculantes seriam sobre o quê?

3) O parágrafo único do artigo 2º do Decreto nº 9.288/2018 deixa claro que o cargo de interventor é de natureza militar, mas a intervenção federal descrita no artigo 21, inciso V, da CR/88 requer um interventor civil. Vejamos que não há óbice em ser nomeado interventor um militar, porém, ele deveria ser um interventor civil (explico: com cargo de natureza civil). Aqui, entendemos conforme Eloisa Machado, que "O interventor pode ser militar, mas se submete às regras e à jurisdição civil, ocupando temporariamente cargo civil, como já menciona a Constituição. Deixar que todas as decisões do interventor, durante todo o tempo que durar a intervenção, sejam submetidas à jurisdição militar é um atentado à Constituição, ao poder civil e à democracia."[21] E aqui temos ainda mais uma questão, pois, nos termos da recente Lei nº 13.491/2017 que alterou o art. 9, § 2º, I e III do Código Penal Militar, os crimes dolosos contra a vida de civil praticados por militares das Forças Armadas (por exemplo, durante as operações decorrentes da Intervenção Federal) serão de competência da Justiça Militar da União.

---

as Forças Armadas. Se a reforma for aprovada, Temer publicará outro decreto reinstituindo o comando da União sobre a segurança fluminense. Aqui como muito bem afirma Lenio Streck, seria uma manobra inconstitucional, pois, "se a intervenção federal tiver como medida a ordem pública, como o presidente da República pode saber de antemão que pode suspendê-la e depois retomá-la? Uma intervenção federal termina quando cessam os seus motivos, como estabelece o artigo 36, parágrafo 4º, da Constituição". Olavo Alves Ferreira diz que o plano revela a intenção do governo de fraudar o mandamento constitucional para a intervenção. "É o que se chama inconstitucionalidade teleológica por desvio de finalidade. O decreto só pode ser revogado se não houver mais necessidade de intervenção. O presidente não pode é simular uma situação fática para revogar o decreto em nome de um interesse político", diz o procurador de São Paulo. Fonte: CONJUR, 16.02.2018.

21. *"Alguns problemas jurídicos são evidentes, como a questão da competência para julgamento dos crimes. O decreto intervencionista parece ter legislado sobre competência em matéria processual. Por que a intervenção tiraria a competência da Justiça estadual, passando-a à Justiça Militar? É uma intervenção ou uma tomada do poder por um interventor militar? Se não se pode fazer emenda constitucional em tempos de intervenção, não parece que se possa suspender o Código de Processo Penal. Outra questão: se a segurança pública do Estado está toda assujeitada ao general, o Ministério Público perderá o controle externo sobre a polícia civil? Isso não é suspender a própria Constituição Federal? Outro ponto que fere a Constituição é a falta de detalhamento no Decreto. Afinal, como vamos controlar abusos e questionar os limites da intervenção federal, se o Decreto interventivo — de duas singelas folhinhas — não oferece os detalhes e os próprios limites? O ônus de ser uma intervenção federal parcial é do interventor. Nesse sentido, o fato de ser parcial não pode acarretar uma invasão nas esferas de competências e atribuições do Ministério Público e do Poder Judiciário do Estado do Rio de Janeiro. Ou federalizaram a segurança pública por decreto? São questões que terão que ser respondidas a partir de agora que o Parlamento aprovou a intervenção federal. Ou seja, quem pariu Mateus que o embale. Intervenção federal ou militar? Ato discricionário? Qual é o limite?".* STRECK, Lenio, CONJUR, 22.02.2018.

14

Poder Legislativo

1. FUNÇÕES

Sem dúvida, nos moldes desenvolvidos pelo constitucionalismo, no decorrer dos tempos, os Poderes não apresentam apenas funções típicas, mas também funções atípicas. A nossa atual Constituição, seguindo essa linha, traz funções típicas e atípicas para serem exercidas pelos Poderes, seja o Legislativo, o Executivo ou mesmo o Judiciário.

1.1. Funções típicas

É importante salientar que as funções típicas são as funções tradicionais e primárias, ou seja, aquelas que eles exercem de forma padrão, desde o advento da teorização sobre a separação dos Poderes.

No caso do Poder Legislativo, são típicas a função de legislar e a função de fiscalizar. Certo é que, desde o século XIX, a função fiscalizatória também se tornou primária no âmago do Poder Legislativo.

Nesse sentido, temos os arts. 59 a 69 da CR/88 explicitando a função legislativa e suas variadas possibilidades. Já a função fiscalizatória pode ser observada em uma plêiade de normas constitucionais, como: art. 58, § 3º (Comissões Parlamentares de Inquérito); art. 70 (fiscalização das contas pelo Poder Legislativo, auxiliado pelo Tribunal de Contas); art. 49, IX (julgamento anual das contas do Presidente da República e apreciação dos relatórios sobre a execução dos planos de governo) e art. 49, X (fiscalizar e controlar, diretamente, ou por qualquer de suas Casas, os atos do Poder Executivo, incluídos os da administração indireta).

1.2. Funções atípicas

Conforme já externalizado, por normatividade constitucional, o Poder Legislativo também exerce funções atípicas, ou seja, não tradicionais e que em tese não seriam de sua alçada, mas sim da competência dos outros Poderes, seja o Executivo, seja o Judiciário. Nesse sentido, são as funções: administrativas (arts. 51, IV e 52, XIII) de organização administrativa das Casas e funções judiciárias (art. 52, I e II) de julgamento, por exemplo, do Presidente da República ou Ministros do STF por crimes de responsabilidade.

2. COMPOSIÇÃO E ATRIBUIÇÕES

O Poder Legislativo é eminentemente bicameral, sendo o Congresso Nacional composto por deputados federais (representantes do povo) e senadores (representantes dos Estados-membros e Distrito Federal). Porém, é bom lembrarmos que, diferentemente do Poder Legislativo nacional, no âmago dos Estados, Distrito Federal e Municípios, o legislativo é unicameral, sendo composto respectivamente pelas Assembleias Legislativas Estaduais, Câmara Legislativa Distrital e Câmara dos Vereadores Municipais.

Voltando ao Congresso Nacional, temos que os deputados federais são eleitos pelo sistema proporcional (já analisado) e os senadores pelo sistema majoritário simples (já analisado), pois não há necessidade de maioria absoluta de votos válidos.[1]

Na **Câmara dos Deputados**, haverá o mínimo de 8 e o máximo de 70 deputados por unidade da federação, perfazendo um total de 513 deputados.[2] O mandato, conforme disposição constitucional, será de 4 anos.[3]

Nos termos do art. 45 § 1º da CR/88, temos que o número total de deputados, bem como a representação por Estado e pelo Distrito Federal, será estabelecido por **lei complementar**, *proporcionalmente à* ***população***, procedendo-se aos ajustes necessários, no ano anterior às eleições, para que nenhuma daquelas unidades da Federação, como citado acima, tenha menos de oito ou mais de setenta deputados.

Aqui é interessante explicitar, que foi editada a Lei Complementar nº 78 em 1993, para a fixação do número de deputados federais. O art. 1º da LC nº 78/93

1. Conforme citado no capítulo sobre os direitos políticos, o TSE em março de 2007 se posicionou em consulta que o mandato eleitoral é dos partidos. O STF em outubro de 2007 referendou o entendimento do TSE, em julgados, como, por exemplo, o MS nº 26.604/07. Porém, o STF não determinou a perda de mandato de ninguém que havia mudado de partido até então. Afirmou que a perda de mandato deveria ser procedimentalizada pelo TSE, respeitada a ampla defesa. O TSE então editou a Resolução nº 22.610/07 que disciplina o processo de perda do cargo eletivo, bem como de justificação de filiação partidária.
2. Existindo Territórios Federais reza a Constituição da República no seu art. 45 § 2º que: cada Território elegerá 4 (quatro) deputados.
3. Conforme o art. 45 da CR/88: A Câmara dos Deputados compõe-se de representantes do povo, eleitos, pelo sistema proporcional, em cada Estado, em cada Território e no Distrito Federal.

estabeleceu que, em cada ano anterior às eleições, o IBGE deverá fornecer ao TSE a atualização estatística demográfica das unidades da Federação. Com base nesses dados, o TSE deveria fazer o cálculo da quantidade de deputados federais por Estados e Distrito Federal e fornecer para os Tribunais Regionais Eleitorais e para os partidos políticos o número de vagas a serem disputadas (§ único do art. 1º da LC nº 78/93).

Em 2013, com base no art. 1º da LC nº 78/93, o Tribunal Superior Eleitoral editou a Resolução nº 23.389 alterando o número de vagas de Deputado Federal dos Estados e do DF e, consequentemente, o número de vagas de Deputados Estaduais a serem disputadas nas eleições de 2014 (nos termos do art. 27 da CR/88).

O Congresso Nacional, argumentando que o TSE exorbitou do seu poder regulamentar, publicou o Decreto Legislativo nº 424/2013 sustando os efeitos da Resolução nº 23.389/2013 do TSE.

O STF em 18.06.2014, declarou inconstitucionais o § único do art. 1º da LC nº 78/93 e a Resolução nº 23.389/2013 do TSE, por violarem o § 1º do art. 45 da CF/88 e a independência do Poder Legislativo.[4] O STF também declarou inconstitucional o Decreto Legislativo nº 424/2013 do Congresso Nacional, por violar o art. 49, V, da CF/88 e a independência do Poder Judiciário.[5] Nesses termos, nas eleições de outubro de

---

4. **ADI nº 4947/DF** julg. em **01.07.2014**: Ação direta de inconstitucionalidade. Direito Constitucional Eleitoral. Art. 1º, caput e parágrafo único, da lei complementar nº 78/1993. Definição da representação dos Estados e do Distrito Federal na Câmara dos Deputados. Art. 45, § 1º, da Constituição da República. Proporcionalidade relativamente à população. Observância de números mínimo e máximo de representantes. Critério de distribuição. **Matéria reservada à lei complementar. Indelegabilidade. Tribunal Superior Eleitoral**. Função normativa em sede administrativa. Limites. Invasão de competência. 1. O art. 45, § 1º, da Constituição da República comanda a definição, por lei complementar (i) do número total de Deputados e (ii) da representação dos Estados e do Distrito Federal, proporcionalmente à população – e não ao número de eleitores –, respeitados o piso de oito e o teto de setenta cadeiras por ente federado. Tal preceito não comporta a inferência de que suficiente à espécie normativa complementadora – a LC 78/1993 –, o número total de deputados. Indispensável, em seu bojo, a fixação da representação dos Estados e do Distrito Federal. **A delegação implícita de tal responsabilidade política ao Tribunal Superior Eleitoral traduz descumprimento do comando constitucional em sua inteireza.** 2. Compete ao legislador complementar definir, dentre as possibilidades existentes, o critério de distribuição do número de Deputados dos Estados e do Distrito Federal, proporcionalmente à população, observados os demais parâmetros constitucionais. **De todo inviável transferir a escolha de tal critério, que necessariamente envolve juízo de valor, ao Tribunal Superior Eleitoral ou a outro órgão**. 3. Inconstitucionalidade do parágrafo único do art. 1º da Lei Complementar nº 78/1993 por omissão do legislador complementar quanto aos comandos do art. 45, § 1º, da Carta Política de definição do número total de parlamentares e da representação por ente federado. **Ação direta de inconstitucionalidade julgada procedente, sem modulação de efeitos**. Rel. p/Acordão Min. Rosa Weber.

5. **ADC nº 33** julg. em **18.06.2014**: Ação Declaratória de Constitucionalidade. Medida Cautelar. 2. Julgamento conjunto com as ADIs 4.947, 5.020 e 5.028. 3. Relação de dependência lógica entre os objetos das ações julgadas em conjunto. Lei Complementar 78/1993, Resolução/TSE 23.389/2013 e Decreto Legislativo 424/2013, este último objeto da ação em epígrafe. 4. O Plenário considerou que a presente ADC poderia beneficiar-se da instrução levada a **efeito nas ADIs e transformou o exame da medida cautelar em julgamento de mérito.** 5. Impossibilidade de alterar-se os termos de lei complementar, no caso, a LC 78/1993, pela via do decreto legislativo. 6. **Ausência de previsão constitucional** para **a edição** de **decretos legislativos que visem a sustar atos emanados do Poder Judiciário**. Violação à **separação dos poderes**. 7. O DL 424/2013 foi editado no **mês de dezembro de 2013, portanto, há menos de 1 (um) ano das eleições gerais de 2014**. Violação ao **princípio da anterioridade eleitoral**, nos termos do **art. 16 da CF/88**. 8. Inconstitucionalidade formal e material do Decreto Legislativo 424/2013. Ação Declaratória de Constitucionalidade julgada improcedente. Rel. Min. Gilmar Mendes.

2014, foram adotados os mesmos critérios aplicados nas eleições nacionais de 2010, e, com isso, o número de vagas de deputados federais não foi alterado (bem como o de deputados estaduais).

Já no **Senado Federal**, haverá 3 senadores por unidade da federação,[6] perfazendo um total de 81 senadores. O mandato, conforme dispositivo constitucional, será de 8 anos. É bom que se diga, ainda, que há uma alternância no Senado de 4 em 4 anos, com eleições, ou para uma ou duas das três vagas. Nesse sentido, reza a Constituição que: a representação de cada Estado e do Distrito Federal será renovada de quatro em quatro anos, alternadamente, por um e dois terços. Além disso, cada senador será eleito com dois suplentes.

A Constituição explicita as atribuições tanto da Câmara dos Deputados quanto do Senado Federal. Nesse sentido, **compete privativamente à Câmara dos Deputados**:

- Autorizar, por dois terços de seus membros, a instauração de processo contra o Presidente e o Vice-Presidente da República e os Ministros de Estado;
- Proceder à tomada de contas do Presidente da República, quando não apresentadas ao Congresso Nacional dentro de sessenta dias após a abertura da sessão legislativa;
- Elaborar seu regimento interno;
- Dispor sobre sua organização, funcionamento, polícia, criação, transformação ou extinção dos cargos, empregos e funções de seus serviços, e a iniciativa de lei para fixação da respectiva remuneração, observados os parâmetros estabelecidos na lei de diretrizes orçamentárias;[7]
- Eleger membros do Conselho da República, nos termos do art. 89, VII.

No que tange ao **Senado Federal,** também por disposição constitucional, **compete privativamente**:

- Processar e julgar o Presidente e o Vice-Presidente da República nos crimes de responsabilidade, bem como os Ministros de Estado e os comandantes da Marinha, do Exército e da Aeronáutica, nos crimes da mesma natureza conexos com aqueles;
- Processar e julgar os Ministros do Supremo Tribunal Federal[8], os membros do Conselho Nacional de Justiça e do Conselho Nacional do Ministério

6. 26 Estados-membros, mais o Distrito Federal, perfazendo 27 unidades.
7. Redação dada pela Emenda Constitucional nº 19, de 1998.
8. Conforme pesquisa de Guilherme Duarte e Rodrigo Burgarelli, *"O número de pedidos de impeachment de ministros do Supremo Tribunal Federal (STF) atingiu em 2016 o recorde absoluto das últimas décadas. Até o início da crise política que levou à cassação da presidente Dilma Rousseff, esses pedidos eram raros: de 2000 a 2014, houve apenas cinco. Em*

Público, o Procurador-Geral da República e o Advogado-Geral da União nos crimes de responsabilidade;

- Aprovar previamente, por voto secreto, após arguição pública, a escolha de: a) Magistrados, nos casos estabelecidos nesta Constituição; b) Ministros do Tribunal de Contas da União indicados pelo Presidente da República; c) Governador de Território; d) Presidente e diretores do banco central; e) Procurador-Geral da República; f) titulares de outros cargos que a lei determinar;
- Aprovar previamente, por voto secreto, após arguição em sessão secreta, a escolha dos chefes de missão diplomática de caráter permanente;
- Autorizar operações externas de natureza financeira, de interesse da União, dos Estados, do Distrito Federal, dos Territórios e dos Municípios;
- Fixar, por proposta do Presidente da República, limites globais para o montante da dívida consolidada da União, dos Estados, do Distrito Federal e dos Municípios;
- Dispor sobre limites globais e condições para as operações de crédito externo e interno da União, dos Estados, do Distrito Federal e dos Municípios, de suas autarquias e demais entidades controladas pelo Poder Público federal;[9]
- Dispor sobre limites e condições para a concessão de garantia da União em operações de crédito externo e interno;

2015, dois pedidos foram protocolados no Senado. O número explodiu em 2016, quando houve 11 requerimentos para impedir seis ministros da Corte. O movimento pode ser visto como uma reação à atuação cada vez mais política que o STF tem adotado nos últimos anos, quando tomou decisões polêmicas envolvendo autoridades de outros Poderes – e muitas vezes em caráter liminar. De 2015 para cá, por exemplo, a Corte determinou o afastamento do ex-presidente da Câmara Eduardo Cunha (PMDB-RJ), proibiu o ex-presidente Luiz Inácio Lula da Silva de assumir ministério no governo Dilma e chegou até a remover o atual presidente do Senado, Renan Calheiros (PMDB-AL), de seu cargo de maneira monocrática, decisão que depois foi revista pelo plenário." Guilherme Duarte e Rodrigo Burgarelli, Acesso: 15.01.2017.

9. Conforme o STF, é ***formalmente inconstitucional resolução do Senado que autoriza que os Estados, o Distrito Federal e os Municípios transfiram a cobrança de suas dívidas ativas a instituições financeiras***. No caso, a Resolução nº 33/2006, do Senado Federal, autorizou que os *Estados, o DF e os Municípios transferissem a cobrança de suas dívidas ativas, por meio de endossos-mandatos, a instituições financeiras*. A Associação Nacional dos Procuradores de Estado e a Federação Brasileira de Associações de Fiscais de Tributos Estaduais ajuizaram ADIs no STF questionando a resolução. As entidades alegaram, dentre outros argumentos, que a competência para a cobrança da dívida ativa é dos Fiscais de Tributos e dos Procuradores dos Estados e Municípios, de forma que a resolução tratou sobre atribuições de servidores públicos, o que não poderia ter sido feito por meio de Resolução. A Resolução foi editada sob o fundamento de que estaria ***tratando sobre operações de crédito***, nos termos do art. 52, VII, da CR/88. O STF julgou ***inconstitucional essa Resolução porque a cessão a instituições financeiras, por endosso-mandato, de valores inscritos em dívida ativa estatal não pode ser enquadrada no conceito de operação de crédito*** (art. 29, III, da LC 101/2000). Não há, portanto, *correspondência entre o conceito de operação de crédito da Lei de Responsabilidade Fiscal e a "cessão" disciplinada pela Resolução nº 33/2006*. Para o STF, a alteração na forma de cobrança da dívida ativa (seja ela tributária ou não-tributária) exige *lei em sentido estrito*, de modo que não pode o Senado Federal disciplinar a matéria por meio de resolução. STF. Plenário. ADI 3786/DF e ADI 3845/DF, julg em **03.10.2019** (Inf. 954).

- Estabelecer limites globais e condições para o montante da dívida mobiliária dos Estados, do Distrito Federal e dos Municípios;
- Suspender a execução, no todo ou em parte, de lei declarada inconstitucional por decisão definitiva do Supremo Tribunal Federal;
- Aprovar, por maioria absoluta e por voto secreto, a exoneração, de ofício, do Procurador-Geral da República antes do término de seu mandato;
- Elaborar seu regimento interno;
- Dispor sobre sua organização, funcionamento, polícia, criação, transformação ou extinção dos cargos, empregos e funções de seus serviços, e a iniciativa de lei para fixação da respectiva remuneração, observados os parâmetros estabelecidos na lei de diretrizes orçamentárias;
- Eleger membros do Conselho da República, nos termos do art. 89, VII;
- Avaliar periodicamente a funcionalidade do Sistema Tributário Nacional, em sua estrutura e seus componentes, e o desempenho das administrações tributárias da União, dos Estados e do Distrito Federal e dos Municípios.[10]

Além dessas competências, temos ainda, conforme o art. 50 da CR/88, que a Câmara dos Deputados e o Senado Federal, ou quaisquer de suas Comissões, poderão convocar Ministro de Estado ou quaisquer titulares de órgãos diretamente subordinados à Presidência da República para prestarem, pessoalmente, informações sobre assunto previamente determinado, importando crime de responsabilidade a ausência sem justificação adequada.

Aqui é interessante que o STF já se manifestou dizendo que é inconstitucional norma da Constituição Estadual que preveja a possibilidade de a Assembleia Legislativa convocar o Presidente do Tribunal de Justiça ou o Procurador-Geral de Justiça para prestar informações na Casa, afirmando que a sua ausência configura crime de responsabilidade.

Segundo o STF, o art. 50 da CR/88, somente autoriza que o Poder Legislativo convoque autoridades do Poder Executivo, e não do Poder Judiciário ou do Ministério Público. Portanto, não podem os Estados-membros ampliar o rol de autoridades sujeitas à convocação pelo Poder Legislativo e à sanção por crime de responsabilidade, por violação ao princípio da simetria e à competência privativa da União para legislar sobre o tema (crime de responsabilidade).[11]

10. Incluído pela Emenda Constitucional nº 42, de 19.12.2003.
11. ADI 5416, STF. Plenário. Rel. Gilmar Mendes, julg. em 03.04.2020 (Inf. 977). ADI 2911, STF. Plenário. Rel. Carlos Britto, julg. em 10.08.2006. Assim sendo, as Constituições Estaduais ao disciplinarem o poder da Assembleia Legislativa para convocar autoridades, deverão seguir o mesmo modelo da Constituição Federal em atenção ao princípio da simetria. Nesse sentido: *O art. 50, caput e § 2º, da Constituição Federal traduz norma de observância obrigatória pelos Estados-membros, que, por imposição do princípio da simetria (art. 25, CF), não podem ampliar o rol de autoridades*

Na sequência, a Constituição da República também garantiu que os Ministros de Estado poderão comparecer ao Senado Federal, à Câmara dos Deputados, ou a quaisquer de suas Comissões, por sua iniciativa e mediante entendimentos com a Mesa da respectiva Casa, para expor assunto de relevância de seu Ministério.

Temos ainda que as Mesas da Câmara dos Deputados e do Senado Federal poderão encaminhar pedidos escritos de informações a Ministros de Estado ou a qualquer das pessoas referidas no *caput* do art. 50 da CR/88, importando em crime de responsabilidade a recusa, ou o não – atendimento, no prazo de trinta dias, bem como a prestação de informações falsas.

Aqui temos claramente o ***princípio da colegialidade*** sendo desenvolvido no seio constitucional. Certo é que a Constituição da República, em matéria de fiscalização (incluindo a financeira, operacional e orçamentária, que serão aqui estudadas), instituiu o princípio da colegialidade para impessoalizar seu discurso e respeitar a separação de poderes. Ou seja, em regra, os atos de fiscalização do Poder Legislativo são realizados mediante atuação do colegiado (Mesa Diretora, Plenário, Comissões) e não pela atuação individual dos parlamentares.[12]

É mister salientar também, que além das atribuições conferidas à Câmara dos Deputados e ao Senado Federal, a Constituição também cuidou de explicitar atribuições para o Congresso Nacional, que foram definidas nos arts. 48 e art. 49 da Constituição da República de 1988. É interessante que, apesar de a competência ser do Congresso Nacional, há diferenças no exercício das atribuições, pois, no art. 48, temos a exigência da participação do Poder Executivo com a necessidade da sanção presidencial. Já no art. 49, em virtude de serem competências exclusivas do Congresso Nacional, não haverá a participação do Poder Executivo para a formação do ato que será produzido apenas com a participação do Legislativo.

Nesses termos, o art. 48 da CR/88 afirma que: Cabe ao Congresso Nacional, com a sanção do Presidente da República, não exigida esta para o especificado nos arts. 49, 51 e 52, dispor sobre todas as matérias de competência da União,

---

sujeitas à fiscalização direta pelo Poder Legislativo e à sanção por crime de responsabilidade. ADI 5300, STF- Plenário. Rel. Min. Alexandre de Moraes, DJe 28.06.2018.

12. "O poder de fiscalização legislativa da ação administrativa do Poder Executivo é outorgado aos órgãos coletivos de cada câmara do Congresso Nacional, no plano federal, e da Assembleia Legislativa, no dos Estados; nunca, aos seus membros individualmente, salvo, é claro, quando atuem em representação (ou presentação) de sua Casa ou comissão. (...)" **ADI 3046,** Rel. STF. Plenário. Min. Sepúlveda Pertence, julg. em **15.04.2004**. Porém, o STF já decidiu que: *A Constituição da República não restringe (não proíbe) o direito do parlamentar de buscar as informações de interesse individual, público ou coletivo, nas hipóteses em que o cidadão comum pode, solitariamente, exercer o direito fundamental. Em outras palavras, se o "cidadão comum" pode requisitar as informações e documentos, não faz sentido proibir o parlamentar (individualmente) de requerer estes dados. Caso o parlamentar não pudesse requerer tais informações, ele seria transformado em um cidadão de segunda categoria. O fato de ser parlamentar não o despe de seus direitos de cidadão.* Nesses termos: *O parlamentar, na condição de cidadão, pode exercer plenamente seu direito fundamental de acesso a informações de interesse pessoal ou coletivo, nos termos do art. 5º, inciso XXXIII, da Constituição Federal e das normas de regência desse direito.* STF. Plenário. **RE 865401/MG**, Rel. Min. Dias Toffoli, julg em **25.04.2018.**

especialmente sobre: I – sistema tributário, arrecadação e distribuição de rendas; II – plano plurianual, diretrizes orçamentárias, orçamento anual, operações de crédito, dívida pública e emissões de curso forçado; III – fixação e modificação do efetivo das Forças Armadas; IV – planos e programas nacionais, regionais e setoriais de desenvolvimento; V – limites do território nacional, espaço aéreo e marítimo e bens do domínio da União; VI – incorporação, subdivisão ou desmembramento de áreas de Territórios ou Estados, ouvidas as respectivas Assembleias Legislativas; VII – transferência temporária da sede do Governo Federal; VIII – concessão de anistia; IX – organização administrativa, judiciária, do Ministério Público e da Defensoria Pública da União e dos Territórios e organização judiciária e do Ministério Público do Distrito Federal; (Redação dada pela Emenda Constitucional nº 69, de 2012); X – criação, transformação e extinção de cargos, empregos e funções públicas, observado o que estabelece o art. 84, VI, *b*; (Redação dada pela Emenda Constitucional nº 32, de 2001); XI – criação e extinção de Ministérios e órgãos da administração pública; (Redação dada pela Emenda Constitucional nº 32, de 2001); XII – telecomunicações e radiodifusão; XIII – matéria financeira, cambial e monetária, instituições financeiras e suas operações; XIV – moeda, seus limites de emissão, e montante da dívida mobiliária federal; XV – fixação do subsídio dos Ministros do Supremo Tribunal Federal, observado o que dispõem os arts. 39, § 4º; 150, II; 153, III; e 153, § 2º, I. (Redação dada pela Emenda Constitucional nº 41 de 19.12.2003).

Já o art. 49 da CR/88, afirma que: É da competência exclusiva do Congresso Nacional: I – resolver definitivamente sobre tratados, acordos ou atos internacionais que acarretem encargos ou compromissos gravosos ao patrimônio nacional; II – autorizar o Presidente da República a declarar guerra, a celebrar a paz, a permitir que forças estrangeiras transitem pelo território nacional ou nele permaneçam temporariamente, ressalvados os casos previstos em lei complementar; III – autorizar o Presidente e o Vice-Presidente da República a se ausentarem do País, quando a ausência exceder a quinze dias; IV – aprovar o estado de defesa e a intervenção federal, autorizar o estado de sítio, ou suspender qualquer uma dessas medidas; V – sustar os atos normativos do Poder Executivo que exorbitem do poder regulamentar ou dos limites de delegação legislativa; VI – mudar temporariamente sua sede; VII – fixar idêntico subsídio para os Deputados Federais e os Senadores, observado o que dispõem os arts. 37, XI, 39, § 4º, 150, II, 153, III, e 153, § 2º, I; (Redação dada pela Emenda Constitucional nº 19, de 1998); VIII – fixar os subsídios do Presidente e do Vice-Presidente da República e dos Ministros de Estado, observado o que dispõem os arts. 37, XI, 39, § 4º, 150, II, 153, III, e 153, § 2º, I; (Redação dada pela Emenda Constitucional nº 19, de 1998); IX – julgar anualmente as contas prestadas pelo Presidente da República e apreciar os relatórios sobre a execução dos planos de governo; X – fiscalizar e controlar, diretamente, ou por qualquer de suas Casas, os atos do Poder Executivo, incluídos os da administração indireta; XI – zelar pela preservação de sua competência legislativa em face da atribuição normativa dos outros Poderes; XII – apreciar os atos de concessão e renovação de concessão de emissoras de rádio e televisão; XIII – escolher dois terços dos membros do Tribunal de Contas da União; XIV – aprovar iniciativas do Poder Executivo referentes a atividades nucleares; XV – autorizar referendo e convocar plebiscito; XVI – autorizar, em terras indígenas, a exploração e o aproveitamento de recursos hídricos e a pesquisa e lavra de riquezas minerais; XVII – aprovar, previamente, a alienação ou concessão de terras públicas com área superior a dois mil e quinhentos hectares; XVIII – decretar o estado de calamidade pública de âmbito nacional previsto nos arts. 167-B, 167-C, 167-D, 167-E, 167-F e 167-G desta Constituição. (Incluído pela Emenda Constitucional nº 109, de 2021)

Sobre o art. 49, IX da CR/88, o ministro Luís Roberto Barroso em 13.08.2015, decidiu monocraticamente indeferir pedido de medida liminar formulado em mandado de segurança em que se pleiteava a suspensão da análise isolada, pela Câmara dos Deputados, dos Projetos de Decreto Legislativo 384/1997, 1.376/2009, 40/2011 e 42/2011. Tratou-se, portanto, de mandado de segurança impetrado contra a apreciação, pela Câmara dos Deputados, dos Projetos de Decreto Legislativo nº 384/1997, 1.376/2009, 40/2011 e 42/2011, que aprovam as contas presidenciais do período de 29.09.1992 a 31.12.2002 e dos exercícios de 2006, 2002 e 2008, respectivamente. A impetrante, Senadora presidente da Comissão Mista de Planos, Orçamentos Públicos e Fiscalização (CMO), alegou que as referidas contas devem ser apreciadas pelo Congresso Nacional em sessão conjunta, presidida pelo Presidente do Senado Federal, e não por sessões isoladas de ambas as Casas.[13]

O ministro Luís Roberto Barroso, em sua decisão, deixou claro que a questão não envolvia uma suposta competência exclusiva de uma das Casas Legislativas para julgar as contas anuais do Presidente da República, pois a competência, para tal (nos termos constitucionais) é exclusiva do Congresso Nacional (art. 49, IX, CR/88), que se compõe da Câmara dos Deputados e do Senado Federal (art. 44, *caput*, CR/88). A questão seria saber se essa competência congressual deve ser exercida em sessão conjunta ou em sessões isoladas das Casas, como de praxe vinha ocorrendo, o que inclusive motivou o mandado de segurança ora debatido.[14]

Nesses termos, o ministro Luís Roberto Barroso em sua fundamentação apontou uma série de elementos no sentido de que o julgamento das contas anuais do Presidente da República pelo Congresso Nacional deve ocorrer em sessão conjunta de ambas as Casas, e não de forma isolada.[15]

Porém, explicitou que há uma prática estabelecida no sentido da apreciação das contas anuais do Presidente da República em sessões separadas da Câmara dos Deputados e do Senado Federal. Essa prática, segundo ele, nunca gerou questionamentos porque, na vigência da Constituição de 1988, não houve um único episódio de rejeição das contas presidenciais. No entanto, afirmou o ministro, que

13. MS 33.729/DF MC, julg. em **03.09.2015**, Rel. Min. Roberto Barroso (decisão monocrática).
14. MS 33.729/DF MC, julg. em **03.09.2015**, Rel. Min. Roberto Barroso (decisão monocrática).
15. MS 33.729/DF MC, julg. em **03.09.2015**, Rel. Min. Roberto Barroso (decisão monocrática).

o reconhecimento de uma prática contrária às normas constitucionais não a torna imune ao controle jurisdicional, muito pelo contrário. Entendeu que é precisamente nessa hipótese que se faz mais necessária a atuação do STF, na qualidade de guardião da Constituição.

Assim sendo, afirmou o ministro Luís Roberto Barroso, que a Corte pode, no entanto, levar em conta a duração da prática em questão para modular no tempo os seus efeitos. A existência e a longa duração dessa prática – nada obstante sua aparente incompatibilidade com a Constituição –, deveria ser levada em conta na definição dos efeitos do julgamento, sobretudo em sede liminar. Nesse sentido, entendeu que tendo as contas sido aprovadas e não sendo iminente a realização de novos julgamentos, não haveria *periculum in mora* a justificar urgência na suspensão cautelar de tais deliberações. Porém, deixou assente o ministro, que a não paralisação da eficácia das votações já ocorridas não significa tolerância *com a continuidade futura da prática*. Tratar-se-ia apenas de resguardar, por ora, os efeitos dos atos já praticados, em homenagem à segurança jurídica, sem estabilizar expectativas futuras na continuidade de procedimentos que ora se verificam inconstitucionais.[16]

Diante do exposto, o ministro Luís Roberto Barroso indeferiu o pedido liminar que se destinava a suspender a análise isolada, pela Câmara dos Deputados, dos Projetos de Decreto Legislativo nº 384/1997, 1.376/2009, 40/2011 e 42/2011, sem prejuízo de sinalizar ao Congresso Nacional que as votações futuras de contas presidenciais anuais deveriam ocorrer em sessão conjunta.[17]

---

16. MS 33.729/DF MC, julg. em **03.09.2015**, Rel. Min. Roberto Barroso (decisão monocrática). Aqui registramos crítica de parte da doutrina, na medida em que, a decisão para muitos, seria de cunho extremamente consequencialista (*consequencialismo forte*). É interessante que o ministro Barroso *modulou efeitos em um mandado de segurança e ainda em sede liminar*.

17. MS 33.729/DF MC, julg. em **03.09.2015**, Rel. Min. Roberto Barroso (decisão monocrática). "Ementa: *Direito Constitucional. Mandado de segurança. Medida liminar. Julgamento das contas anuais do Presidente da República. Competência do Congresso Nacional, em sessão conjunta de ambas as casas. 1. Decorre do sistema constitucional a conclusão de que o julgamento das contas do Presidente da República deve ser feito pelo Congresso Nacional em sessão conjunta de ambas as Casas, e não em sessões separadas. 2. Tal interpretação se extrai do seguinte conjunto de argumentos constitucionais: (i) caráter exemplificativo do rol de hipóteses de sessões conjuntas (CF, art. 57, § 3º); (ii) natureza mista da comissão incumbida do parecer sobre as contas (CF, art. 161, § 1º); (iii) reserva da matéria ao regimento comum, que disciplina as sessões conjuntas (CF, art. 161, caput e § 2º), nas quais ambas as Casas se manifestam de maneira simultânea; (iv) quando a Constituição desejou a atuação separada de uma das Casas em matéria de contas presidenciais, instituiu previsão expressa (CF, art. 51, II); e (v) simetria entre a forma de deliberação das leis orçamentárias e a de verificação do respectivo cumprimento. 3. Essa compreensão, longe de invadir matéria interna corporis do Parlamento, constitui fixação do devido processo legislativo em um de seus aspectos constitucionais mais importantes – a definição do órgão competente para o julgamento das contas anuais do Presidente da República –, matéria sensível ao equilíbrio entre os Poderes e da qual o Supremo Tribunal Federal, como guardião da Constituição (CF, art. 102, caput), não pode se demitir. Ademais, a interpretação ora adotada não contraria, e sim prestigia aquela acolhida em normas internas do próprio Congresso. 4. Há, no entanto, uma prática estabelecida em sentido diverso. Por essa razão, deixo de conceder liminar para suspender os efeitos das votações já realizadas. É necessário, porém, que os futuros julgamentos de contas presidenciais anuais sejam feitos em sessão conjunta do Congresso Nacional. 5. Medida liminar indeferida, por ausência de risco iminente ou perigo na demora.*" Acrescentamos ainda que em **03.09.2015**: "O Plenário do STF, por maioria, não conheceu de *agravo regimental interposto pelo Presidente da Câmara dos Deputados* em face de ***decisão monocrática que indeferira pedido de medida liminar formulado no mandado de segurança 33.729/DF***, em que se pleiteava a suspensão da análise isolada, pela Câmara dos Deputados, dos Projetos de Decreto Legislativo 384/1997, 1.376/2009, 40/2011 e 42/2011, mas que sinalizara ao

2.1. Comentários sobre o Teto Remuneratório: um histórico recente

Um item de suma importância refere-se aos subsídios dos deputados e senadores. Sem dúvida, o vencimento dos parlamentares está acolhido constitucionalmente, nos termos do art. 49, VII, com redação dada pela Emenda nº 19/98. Assim sendo, será de competência exclusiva do Congresso Nacional fixar idêntico subsídio para os deputados federais e os senadores, observado o que dispõem os arts. 37, XI, 39, § 4º, 150, II, 153, III, e 153, § 2º, I da CR/88. Esse subsídio será fixado por **Decreto Legislativo do Congresso Nacional** e não poderá exceder ao subsidio mensal em espécie dos Ministros do Supremo Tribunal Federal.

Nesses termos, conforme o **art. 37, XI** da CR/88 "a remuneração e o subsídio dos ocupantes de cargos, funções e empregos públicos da administração direta, autárquica e fundacional, dos membros de qualquer dos Poderes da União, dos Estados, do Distrito Federal e dos Municípios, dos detentores de mandato eletivo e dos demais agentes políticos e os proventos, pensões ou outra espécie remuneratória, percebidos cumulativamente ou não, incluídas as vantagens pessoais ou de qualquer outra natureza, ***não poderão exceder o subsídio mensal, em espécie, dos Ministros do Supremo Tribunal Federal***[18], aplicando-se como limite, nos Municípios, o subsídio do Prefeito, e nos Estados e no Distrito Federal, o subsídio mensal do Governador no âmbito do Poder Executivo, o subsídio dos Deputados Estaduais e Distritais no âmbito do Poder Legislativo e o subsídio dos Desembargadores do Tribunal de Justiça, limitado a noventa inteiros e vinte e cinco centésimos por cento do subsídio mensal, em espécie, dos Ministros do Supremo Tribunal Federal, no âmbito do Poder Judiciário, aplicável este limite aos membros do Ministério Público, aos Procuradores e aos Defensores Públicos; (Redação dada pela Emenda Constitucional nº 41)".

O art. 9º da EC nº 41/2003 determinou que qualquer remuneração ou proventos que estivessem sendo recebidos acima do teto deveriam ser imediatamente reduzidos ao limite fixado, não podendo a pessoa invocar direito adquirido. Conforme o **RE 609.381/GO** julgado em **02.10.2014**, "o teto de retribuição (teto remuneratório) estabelecido pela EC nº 41/2003 é de eficácia imediata, e submete às referências de valor máximo nele discriminadas *todas as verbas de natureza remuneratória* percebidas pelos servidores públicos da União, dos Estados, do Distrito Federal e dos Municípios, ***ainda que adquiridas de acordo com regime legal anterior.***"[19] Ou seja,

Congresso Nacional que as votações futuras de contas presidenciais anuais deveriam ocorrer em sessão conjunta. A Corte afirmou que estaria configurada, na espécie, a falta de interesse recursal, na medida em que não haveria, na decisão monocrática objeto de impugnação, ato com conteúdo decisório desfavorável ao agravante. (...) Assim, não teria sido praticado nenhum ato desfavorável à Câmara dos Deputados." (Informativo 797 do STF)

18. RE 609.381/GO, julg. em 02.10.2014, Rel. Min. Teori Zavascki.
19. Art. 39, § 4º, da CR/88: *O membro de Poder, o detentor de mandato eletivo, os Ministros de Estado e os secretários estaduais e municipais serão remunerados exclusivamente por subsídio fixado em parcela única, vedado o acréscimo de qualquer gratificação, adicional, abono, prêmio, verba de representação ou outra espécie remuneratória, obedecido, em qualquer caso, o disposto no art. 37, X e XI. (Redação dada pela EC nº 19, de 1998). Temos ainda que o art. 150, II da CR/88 explicita a vedação de tratamento privilegiado dos membros do Poder Legislativo em relação aos demais contribuintes e o art. 153, III da CR/88 proíbe à exclusão da incidência de imposto de renda e proventos de qualquer*

para o STF, a *aplicação imediata da EC nº 41/2003 e a redução das remunerações acima do teto* ***não afrontou o princípio da irredutibilidade nem violou a garantia do direito adquirido.***

É importante salientar que o teto é aplicado aos agentes públicos independentemente do tipo de vínculo: estatuário, celetista, temporário, comissionado, político. O teto se destina: a) para os agentes públicos da administração direta; b) para os agentes públicos das autarquias e fundações; c) para os empregados públicos das empresas públicas e sociedades de economia mista, o teto somente se aplica se a empresa pública ou a sociedade de economia mista receber recursos da União, dos Estados, do DF ou dos Municípios para pagamento de despesas de pessoal ou de custeio em geral (conforme o art. 37, § 9º da CR/88).

É importante salientarmos ainda que, nos termos do **Decreto Legislativo nº 805 de 20.12.2010,** o **subsídio mensal** dos membros do Congresso Nacional (Deputados e Senadores), aventado acima no **art. 49, VII da CR/88** foi fixado em **R$ 26.723,13,** a partir de **01.02.2011, para a legislatura de 2011 a 2014**[20]**.** Nesse sentido, certo é que foi igualado (apesar de **não existir** essa previsão de forma **expressa** na Constituição) ao **subsídio mensal dos Ministros do STF existente à época do Decreto Legislativo nº 805/2010.** É interessante, assinalarmos que esse subsídio também foi fixado para o Presidente da República, Vice-Presidente e Ministros de Estado.

Sobre o subsídio mensal dos Ministros do STF (parâmetro) é importante explicitarmos as modificações ocorridas em 2012 e no ano de 2015. Na **Lei nº 12.771** de **28.12.2012**, restou consignado que o subsídio (nos termos do art. 4º, condicionado a sua expressa autorização em anexo próprio da lei orçamentária anual com a respectiva dotação prévia, nos termos do § 1º do art. 169 da Constituição Federal) seria de: I – **R$ 28.059,29** (vinte e oito mil e cinquenta e nove reais e vinte e nove centavos) a partir de 1º de janeiro de 2013; II – **R$ 29.462,25** (vinte e nove mil, quatrocentos e sessenta e dois reais e vinte e cinco centavos) a partir de 1º de janeiro de 2014; e III – **R$ 30.935,36** (trinta mil, novecentos e trinta e cinco reais e trinta e seis centavos) a partir de 1º de janeiro de 2015.

Acontece que a **Lei nº 13.091** de **12.01.2015,** revogou o inciso III do art. 1º da **Lei nº 12.771**, de **28.12.2012** e determinou que: "art. 1º subsídio mensal de Ministro do Supremo Tribunal Federal, referido no inciso XV do art. 48 da Constituição Federal,

natureza, bem como o art. 153 § 2º, I prescreve o respeito aos critérios da generalidade, universalidade e progressividade. É interessante apenas acrescentar que, conforme o art. 37 § 11 da CR/88: ***Não serão computadas, para efeito dos limites remuneratórios de que trata o inciso XI do caput do art. 37, as parcelas de caráter indenizatório previstas em lei***. (Incluído pela EC nº 47/2005)

20. Tendo como base o subsídio mensal de 26.723,13 (da legislatura 2011-2014) mais a ajuda de custo, o cotão, o Auxílio-Moradia, o ressarcimento ilimitado com despesas médicas, a verba de gabinete para até 25 funcionários, temos que o valor para cada Deputado chegaria em média (pois alguns custos citados são variáveis) a R$ 140.620.09 mensais. Por ano, seriam em média **1.792,164,24** por cada Deputado Federal.

observado o disposto no art. 4º desta Lei, será de **R$ 33.763,00** (trinta e três mil, setecentos e sessenta e três reais) a contar de 1º de janeiro de 2015".[21]

É interessante, aqui, deixarmos assente, que o Congresso Nacional voltou a igualar, para a legislatura de 2015 a 2018, o subsidio mensal dos Deputados e Senadores ao dos Ministros do STF. Isso foi definido no **Decreto Legislativo nº 276/2014**, em que o subsídio dos membros do Congresso Nacional também foi estipulado em **R$ 33.763,00**[22]. A diferença agora foi que o Presidente da República, Vice-presidente e Ministros de Estado não receberam também o mesmo que os Ministros do STF. Nesse sentido, **o Decreto Legislativo nº 277/2014** fixou **em R$ 30.934,70** o subsídio mensal do Presidente, do Vice-presidente e dos Ministros de Estado.[23]

Por último, a mais recente modificação está presente na **Lei nº 13.752** de **26.11.2018**. O art. 1º da Lei afirmou que o subsídio mensal dos Ministros do Supremo Tribunal Federal, referido no inciso XV do art. 48 da Constituição Federal, observado o disposto no art. 3º da mesma Lei, corresponderá a **R$ 39.293,32** (*trinta e nove mil, duzentos e noventa e três reais e trinta e dois centavos*).

Já a **Lei nº 13.753** de **26.11.2018**, afirmou que o subsídio mensal do Procurador-Geral da República, observados o inciso XI do art. 37, o § 4º do art. 39, o § 2º do art. 127 e a alínea "c" do inciso I do § 5º do art. 128, todos da Constituição Federal, corresponderá também a **R$ 39.293,32** (*trinta e nove mil, duzentos e noventa e três reais e trinta e dois centavos*).

---

21. A **Lei nº 13.091/2015** ainda definiu que: *Art. 2º A partir do exercício financeiro de 2016, o subsídio mensal de Ministro do Supremo Tribunal Federal será fixado por lei de iniciativa do Supremo Tribunal Federal, sendo observados, obrigatoriamente, de acordo com a respectiva previsão orçamentária, os seguintes critérios: I – a recuperação do seu poder aquisitivo; II – a posição do subsídio mensal de Ministro do Supremo Tribunal como teto remuneratório para a administração pública; III – a comparação com os subsídios e as remunerações totais dos integrantes das demais Carreiras de Estado e do funcionalismo federal. Art. 3o As despesas resultantes da aplicação desta Lei correrão à conta das dotações orçamentárias consignadas aos órgãos do Poder Judiciário da União. Art. 4o O reajuste previsto no art. 1o desta Lei fica condicionado a sua expressa autorização em anexo próprio da lei orçamentária anual com a respectiva dotação prévia, nos termos do § 1o do art. 169 da Constituição Federal.* Outra questão importante enfrentada pelo STF, ***refere-se a qual seria a base de cálculo para se cobrar o Imposto de Renda e a contribuição previdenciária dos servidores que nominalmente ("no papel") recebem acima do teto***. É sabido é que alguns servidores por terem vantagens pessoais incorporadas em seus vencimentos (exemplo: quintos), "no papel", deveriam receber mais do que o teto. Portanto, *o imposto de renda e a contribuição previdenciária incidiriam sobre essa remuneração total ou sobre a remuneração total menos o* ***abate-teto.*** *Como exemplo se a remuneração total (nominal) do servidor é R$ 60 mil reais. A incidência do IR e da CP seria sobre os R $60 mil ou sobre os R$ 33.763,00?* Pois bem, decidiu o STF no **RE nº 675.978/SP** julgado em **15.04.2015**, que ***a base de cálculo para se cobrar o Imposto de Renda e a contribuição previdenciária é o valor da remuneração do servidor depois de ser excluída a quantia que exceder o teto.*** Nesse sentido, a tese firmada foi a de que: *"Subtraído o montante que exceder o teto e subteto previsto no artigo 37, inciso XI, da Constituição Federal, tem-se o valor que vale como base para o Imposto de Renda e para a contribuição previdenciária".*
22. O subsídio de deputados e senadores passou de **R$ 26.723,13** para **R$ 33.763,00**, de acordo com o Decreto Legislativo aprovado. Assim, os efeitos financeiros para os parlamentares começaram em **1º de fevereiro de 2015**.
23. Conforme noticiou a **Câmara do Deputados em 17.12.2014**: "Contrário às negociações do Congresso Nacional para igualar os salários do Executivo aos do Legislativo, em R$ 33,7 mil, o governo enviou documento à Câmara propondo o valor de R$ 30 mil para o alto escalão do Executivo. De acordo com o texto assinado pelo ministro-chefe da Casa Civil, Aloizio Mercadante, esse número resulta da aplicação do percentual de 15,76%, igual ao aplicado à maior parte das carreiras do serviço público federal para o período de 2013 a 2015". Com isso, o subsidio à época passou de R$ 26.723,13 para R$ 30.934,70.

Por último, é interessante trazermos à baila algumas decisões do STF sobre a questão do ***teto remuneratório*** bem como sobre a questão dos subsídios.

a) Conforme o STF, nos casos autorizados constitucionalmente de acumulação de cargos, empregos e funções, a incidência do art. 37, XI, da Constituição Federal pressupõe consideração de cada um dos vínculos formalizados, afastada a observância do teto remuneratório quanto ao somatório dos ganhos do agente público.[24] Portanto, a jurisprudência do STF e também do STJ entendem que, nos casos de acumulação (legítima e constitucional), os cargos devem ser considerados isoladamente para efeitos do teto.[25]

b) Conforme a decisão do **RE 606.358/SP** julgado em **18.11.2015** com repercussão geral, *"Computam-se para efeito de observância do teto remuneratório do artigo 37, XI, da Constituição da República, também os valores percebidos anteriormente à vigência da EC 41/2003 a título de vantagens pessoais pelo servidor público, dispensada a restituição de valores eventualmente recebidos em excesso e de boa-fé até o dia 18/11/2015."*[26] No caso concreto alguns servidores continuavam

24. **RE 612975/MT** e **RE 602043/MT**, STF. Plenário. Rel. Min. Marco Aurélio, julgados em **26** e **27.04.2017** (Informativo 862)

25. (...) A jurisprudência desta Corte orienta-se no sentido de que em se tratando de cumulação legítima de cargos, a remuneração do servidor público não se submete ao teto constitucional, devendo os cargos, para este fim, ser considerados isoladamente. (...) STJ. 1ª Turma. AgRg no RMS 45.937/DF, Rel. Min. Benedito Gonçalves, julgado em 05.11.2015.

26. Conforme o Informativo 808 do STF: *"Essa a conclusão do Plenário que, por maioria, proveu recurso extraordinário em que discutida possibilidade de servidor público aposentado continuar a receber as vantagens pessoais incorporadas antes da EC 41/2003, que dera nova redação ao art. 37, XI, da CF. O Colegiado rememorou o que decidido nos autos do RE 609.381/GO (DJe de 11.12.2014), oportunidade em que o Tribunal, em repercussão geral, reputara necessária a imediata adequação dos vencimentos pagos aos servidores públicos, desde a promulgação da EC 41/2003, ao teto nela previsto para cada esfera do funcionalismo. Entretanto, ainda remanesceria à Corte definir a respeito do cômputo das vantagens pessoais para fins de incidência do teto. A jurisprudência do STF revelaria o seguinte quadro: a) entendimento segundo o qual o art. 37, XI, da CF, na redação da EC 41/2003, de eficácia plena e aplicabilidade imediata, alcançaria as vantagens pessoais; b) expressivo número de julgados nos [0]quais a garantia da irredutibilidade de vencimentos, modalidade qualificada de direito adquirido, impede que as vantagens percebidas antes da vigência da EC 41/2003 sejam por ela alcançadas; e c) existência de tese fixada em repercussão geral, no julgamento do RE supracitado, no sentido de que o teto estabelecido pela EC 41/2003 tem eficácia imediata e abrange todas as verbas de natureza remuneratória percebidas pelos servidores públicos da União, Estados-Membros, do Distrito Federal e dos Municípios, ainda que adquiridas de acordo com regime legal anterior. O art. 37, XI, da CF, na redação da EC 41/2003, é expresso ao incluir as vantagens pessoais ou de qualquer outra natureza para fins de limitação dos ganhos ao teto remuneratório do serviço público. Caberia perquirir, assim, se essa nova redação afrontaria as garantias do direito adquirido e da irredutibilidade de vencimentos. Nessa perspectiva, se o regime anterior assegurava a percepção dessas vantagens contra eventual abatimento imposto pelo teto, a supressão superveniente pela referida emenda careceria de validade no tocante às vantagens até então legalmente recebidas pelo servidor, integrantes de seu patrimônio jurídico. O Colegiado assinalou que a EC 41/20013 não violaria a cláusula do direito adquirido, porque o postulado da irredutibilidade de vencimentos, desde sua redação original, já indicava a precedência do disposto no art. 37, XI, da CF, ao delimitar-lhe o âmbito de incidência. A respeito, a EC 19/1998 tornara mais explícita a opção pelo teto remuneratório como verdadeiro limite de aplicação da garantia da irredutibilidade. Assim, essa garantia não poderia ser estendida aos valores excedentes do teto remuneratório, incluídas as vantagens pessoais. Em outras palavras, a Constituição assegura a irredutibilidade do subsídio e dos vencimentos dos exercentes de cargos e empregos públicos que se inserem nos limites impostos pelo art. 37, XI, da CF. Ultrapassado o teto, cessa a garantia oferecida pelo art. 37, XV, da CF, que tem sua aplicabilidade vinculada ao montante correspondente. Acrescentou que a EC 41/2003 teria por objetivo afastar distorções remuneratórias históricas e promover o equilíbrio financeiro e atuarial das contas públicas, a consagrar mecanismo moralizador da folha de pagamentos da Administração Pública. Nesse sentido, reconhecer*

tentando excluir do teto as vantagens pessoais que haviam adquirido antes da EC 41/2003. Esses servidores argumentavam que a garantia da irredutibilidade de vencimentos, modalidade qualificada de direito adquirido, impediria que as vantagens percebidas antes da vigência da EC 41/2003 fossem por ela alcançadas. Duas perguntas aqui são necessárias: o STF acolheu esse argumento? As vantagens pessoais anteriores à EC 41/2003 estariam fora do teto? A resposta para ambas as perguntas foi negativa.

c) O STF na **ADI 3461** decidiu que é inconstitucional a vinculação automática de subsídios de agentes políticos de distintos entes federativos. Com base nesse entendimento, o Plenário do STF declarou a inconstitucionalidade do art. 1º da Lei 7.456/2003, do Estado do Espírito Santo. No caso, a norma estadual impugnada estabelecia como subsídio mensal pago a deputados estaduais o valor correspondente a 75% do subsídio mensal pago a deputados federais. O STF destacou que qualquer aumento no valor dos subsídios destes resultaria, automaticamente, no aumento dos subsídios daqueles. Ou seja, com base na referida Lei, um aumento dos subsídios dos deputados federais aumentaria ***automaticamente*** o subsídio dos deputados estaduais, contrariando o art. 27 § 2º da CR/88, que afirma que "o subsídio dos Deputados Estaduais será fixado por lei de iniciativa da Assembleia Legislativa, na razão de, no máximo, setenta e cinco por cento daquele estabelecido, em espécie, para os Deputados Federais, observado o que dispõem os arts. 39, § 4º, 57, § 7º, 150, II, 153, III, e 153, § 2º, I." Com isso, resta claro, que o aumento não pode ser automático, pois isso estaria transferindo a determinação do subsídio da Assembleia Legislativa para o Congresso Nacional. Nesses termos, reputou o STF haver violação ao *princípio da autonomia dos entes federados*[27]

d) O Plenário do STF, por maioria, deferiu Medida Cautelar na **ADI 4552/MC** julgada em **09.04.2015** para suspender a eficácia do art. 305 da Constituição do Estado do Pará, que dispunha que "*cessada a investidura no cargo de Governador, quem o tiver exercido em caráter permanente fará jus, a título de representação, a um subsídio mensal e vitalício igual à remuneração do cargo de Desembargador do Tribunal de Justiça do Estado*" e, por arrastamento, de seu § 1º ("*O pagamento de subsídio estabelecido neste artigo será suspenso durante o período em que o beneficiário estiver no exercício de mandato eletivo ou em cargo em comissão, salvo direito de opção*").Conforme o **informativo 780 do STF**, a natureza do subsídio seria de inadequado enquadramento. Nesses termos, o STF afastou, de início, a assertiva de que o subsídio em apreço teria natureza de representação. Afirmou que

nas vantagens pessoais predicado apto a excepcioná-las do teto remuneratório iria contra o sentido expresso constitucionalmente. Estaria incluída, para efeito de observância do teto, qualquer verba remuneratória paga com recursos públicos. A Constituição não só autoriza como exige o cômputo, para efeito de incidência do teto, de adicionais por tempo de serviço, sexta parte, prêmio de produtividade e gratificações, ainda que qualificados como vantagens de natureza pessoal percebidas antes do advento da EC 41/2003." (RE 606358/SP julg. em 18.11.2015)

27. ADI nº 3461/ES, julg. em 22.05.2014, Rel. Min. Gilmar Mendes. Rel. Min. Cármen Lúcia.

embora assim mencionado na norma questionada, a representação teria causas jurídicas e funcionais inocorrentes para ex-detentor de cargo político, porquanto não haveria remissão a um gabinete responsável por custeios a serem aperfeiçoados com aquele pagamento e, tampouco, o recebimento de remuneração cuja parcela pudesse ser integrada por essa representação.

Além disso, não se poderia cogitar de pensão previdenciária, porquanto, no serviço público, o benefício somente seria conferido ao dependente do agente público em razão de sua morte (CF, art. 40, § 7º). De igual modo, não haveria possibilidade de enquadramento do subsídio como pensão civil, haja vista que esta seria devida para o caso de lesão ou outra ofensa à saúde (CC, art. 949). "Assim sendo, nos termos da **Ementa:**

> "(...) 2. Ex-governador não é mais agente público, pelo que não se poderia cogitar de vinculação de categoria remuneratória afeta à desembargador do Estado, do Tribunal de Justiça do Estado. (...) 3. A carência de parâmetro constitucional nacional e a inauguração de padrão normativo estadual em desacordo com os princípios da Constituição da República, especialmente aqueles referentes às regras orçamentárias e aos princípios constitucionais da Administração Pública, evidenciam a relevância jurídica da questão posta e os gravames jurídicos e sociais que a preservação dos efeitos da norma poderia acarretar."[28]

No mesmo sentido decidiu o STF, na ADI 4545/PR envolvendo a Constituição do Estado do Paraná. No caso, afirmou novamente o STF ser inconstitucional o pagamento de subsídio mensal e vitalício a ex-Governadores de Estado, assim, como o pagamento de pensão às viúvas dos ex-ocupantes do cargo de Governador.[29]

Segundo o STF, a instituição de prestação pecuniária mensal e vitalícia a ex-governadores corresponde à concessão de benesse que não se compatibiliza com a Constituição Federal (notadamente com o princípio republicano e o princípio da igualdade, consectário daquele), por configurar tratamento diferenciado e privilegiado sem fundamento jurídico razoável, em favor de quem não exerce função pública ou presta qualquer serviço à administração.[30]

Porém, entendeu o Pretório Excelso, que as pessoas beneficiadas com o pagamento não terão que devolver as quantias recebidas. Ou seja, não seria necessário a devolução dos valores percebidos até o julgamento da ação. Isso por conta dos princípios da boa-fé, da segurança jurídica e, ainda, da dignidade da pessoa humana.[31]

e) Conforme entendimento do STF, o art. 39, § 4º, da CR/88 não é incompatível com o pagamento do terço de férias e décimo terceiro salário (Tema 484 da

28. ADI nº 4552/MC, julg. em 09.04.2015, Rel. Min. Cármen Lúcia.
29. **ADI 4545/PR,** STF. Plenário. Rel. Min. Rosa Weber, julgado em **05.12.2019** (Info 962).
30. **ADI 4545/PR,** STF. Plenário. Rel. Min. Rosa Weber, julgado em **05.12.2019** (Info 962).
31. **ADI 4545/PR,** STF. Plenário. Rel. Min. Rosa Weber, julgado em **05.12.2019** (Info 962).

Repercussão Geral). Nesses termos, os Vereadores, mesmo recebendo sua remuneração por meio de subsídio (parcela única), podem ter direito ao pagamento de terço de férias e de décimo terceiro salário.[32]

Porém, afirmou o STF, que o pagamento de décimo terceiro e do terço constitucional de férias aos agentes políticos com mandato eletivo não é um dever, mas sim uma opção, que depende do legislador infraconstitucional.

Portanto, a definição sobre a adequação de percepção dessas verbas está inserida no espaço de liberdade de conformação do legislador infraconstitucional. Com isso, cabe ao legislador municipal decidir se irá ou não conceder tais verbas aos Vereadores. E nesses termos, se não houver lei concedendo, eles não terão direito.

A conclusão então é a de que é possível o pagamento de terço de férias e de décimo terceiro salário aos Vereadores, mas desde que a percepção de tais verbas esteja prevista em legislação municipal.[33]

3. FUNCIONAMENTO E ESTRUTURA DO PODER LEGISLATIVO

3.1. Funcionamento

3.1.1. Legislatura

É o lapso temporal de 4 anos que determina o início e o fim dos trabalhos legislativos. É como se fosse um "divisor de águas", indicando quando começa e quando termina o trabalho. A legislatura equivale ao mandato de deputados federais. É bom que se diga, que os senadores exercem 2 legislaturas em apenas um mandato, isso porque o mandato dos mesmos é de 8 anos, totalizando-se com isso 2 legislaturas.

3.1.2. Sessão legislativa ordinária (sessão legislativa)

A ***sessão legislativa ordinária*** é o período de 1 ano de atividades. É o lapso temporal anual de trabalhos legislativos (ano legislativo). Com a EC nº 50/06, a sessão legislativa ordinária começa em **02.02** com término, em regra, em **17.07**. O retorno dos trabalhos dá-se em **01.08**, terminando, em regra, em **22.12**. É mister salientar, que as reuniões marcadas para essas datas serão transferidas para o primeiro dia útil subsequente, quando recaírem em sábados, domingos ou feriados. Portanto, em regra, teremos 55 dias de recesso no Congresso Nacional.

32. **Rcl 32483 AgR/SP**, STF. 1ª Turma Rel. Min. Roberto Barroso, julg em **03.09.2019** (Info 950).
33. **Rcl 32483 AgR/SP**, STF. 1ª Turma Rel. Min. Roberto Barroso, julg em **03.09.2019**. Informativo 950: "*O ministro Roberto Barroso (relator) esclareceu que, em sede de repercussão geral, a Corte concluiu pela possibilidade de pagamento de terço de férias e décimo terceiro salário a vereadores e a parlamentares em geral, mas desde que a percepção de tais verbas esteja prevista em lei municipal, o que não ocorre no caso concreto.*"

3.1.2.1. Exceções

No 1º ano da legislatura, os trabalhos legislativos não se iniciarão no dia 02.02, mas, sim dia 01.02. Portanto, o recesso será, excepcionalmente, de 54 dias. No 1º ano da legislatura, o dia 01.02, é reservado para a posse dos deputados e senadores e para a escolha das mesas.[34]

Reza ainda na Constituição de 1988, que a sessão legislativa ordinária não será interrompida sem aprovação do PLDO (Projeto de Lei de Diretrizes Orçamentárias).

3.1.3. Período legislativo

É o lapso temporal semestral dos trabalhos. Portanto, teremos 2 períodos legislativos por sessão legislativa. Assim sendo, em 1 legislatura, teremos 4 sessões legislativas e 8 períodos legislativos.

3.1.4. Sessão preparatória

As sessões preparatórias, nos termos do regimentais, são as que **precedem** a inauguração dos trabalhos do Congresso Nacional na primeira e na terceira sessões legislativas ordinárias de cada legislatura. No Senado, recebem a nomenclatura de reuniões preparatórias.

3.1.5. Sessão ordinária

É o lapso diário no Poder Legislativo. Ou seja, é o dia legislativo. Segundo o regimento interno das Casas, até o ano de 2012, as sessões ordinárias deveriam ser realizadas de segunda a sexta-feira, tanto na Câmara como no Senado Federal. Porém, em 17 de outubro de 2012, a Câmara dos Deputados modificou seu regimento interno (**Resolução nº 19/2012**), e, com isso, as **sessões ordinárias** (deliberativas) realizar-se-ão de terça a quinta (os dias de segunda e sexta seriam apenas para **sessões de debates**). O argumento fulcral, estranhamente utilizado, foi o de que, na prática, via de regra, já não havia sessões ordinárias (deliberativas) nesses dias (segunda e sexta), ou seja, estaria a ocorrer apenas a *institucionalização* de uma *práxis*. Mas, é de se ressaltar, que essa medida, tomada na Câmara, não só formaliza uma "triste prática" mas apresenta outras consequências. Uma delas é

34. Conforme o *art. 5º do RICD*: *"Na **segunda sessão preparatória** da **primeira sessão legislativa** de cada legislatura, **no dia 1º de fevereiro**, sempre que possível sob a direção da Mesa da sessão anterior, realizar-se-á a eleição do Presidente, dos demais membros da Mesa e dos Suplentes dos Secretários, para mandato de dois anos, vedada a recondução para o mesmo cargo na eleição imediatamente subsequente. ("Caput" do artigo com redação dada pela Resolução nº 19, de 2012)".* Conforme o *art. 3º V do RISF*: *"No início de legislatura, os Senadores eleitos prestarão o compromisso regimental na **primeira reunião preparatória**; em **reunião seguinte**, será realizada a **eleição do Presidente** e, na **terceira,** a dos **demais membros da Mesa**".*

a da **diminuição do risco** de perda de mandato, por falta de comparecimento ao parlamento, pois a Constituição determina que a análise para a sanção deve ser feita apenas na falta de comparecimento em **sessões ordinárias** (conforme o art. 55 da CR/88, perde o mandato o parlamentar que: deixar de comparecer a *terça parte* das sessões ordinárias) que agora só ocorrerão de terça a quinta. A conclusão é a de que as faltas segundas e sextas, na Câmara, não serão registradas para fins de eventual perda de mandato por não comparecimento.

Assim sendo, resta atualmente, que no **Senado** as sessões ordinárias devem ser realizadas de segunda a sexta (pelo menos formalmente[35]), e na Câmara dos Deputados de terça a quinta. Sobre as diferenças **entre as casas**, no que tange às sessões ordinárias, temos ainda que:

Na **Câmara dos Deputados**, as **sessões ordinárias** funcionarão de 3ª a 5ª feira das 14 às 19h (duração de 5 horas, nos termos do art. 66 do *RICD*[36]).

- **Pequeno expediente:** lapso temporal de 60 minutos. É o período dos pequenos comunicados.

- **Grande expediente:** lapso temporal de 50 minutos. Aqui, chamamos a atenção para a assertiva de que o grande expediente (período dos grandes comunicados) é menor que o pequeno expediente. Nos termos do art. 87 do *RICD*, encerrado o Pequeno Expediente, será concedida a palavra aos deputados inscritos para o Grande Expediente, pelo prazo de vinte e cinco minutos para cada orador, incluídos nesse tempo os apartes.

- **Ordem do dia:** lapso temporal de 3 horas. Período das discussões e votações (das matérias incluídas na pauta). Ou seja, é o momento das deliberações na Câmara dos Deputados.[37]

---

35. Visto que, infelizmente é *praxe* no Senado Federal transformar as **sessões de segunda e sexta** em *sessões não deliberativas*.
36. **Conforme o atual art. 65 do** *RICD*: As **sessões da Câmara dos Deputados**, serão: **I – preparatórias**, as que precedem a inauguração dos trabalhos do Congresso Nacional na primeira e na terceira sessões legislativas de cada legislatura; **II – deliberativas:** a) **ordinárias**, as de qualquer sessão legislativa, realizadas apenas **uma vez por dia**, de **terça a quinta-feira**, iniciando-se às **quatorze horas**; b) **extraordinárias**, as realizadas **em dias ou horas diversos** dos **prefixados para as ordinárias**; **III – não deliberativas: a) de debates**, as realizadas de forma idêntica às ordinárias, porém **sem Ordem do Dia**, apenas uma vez às **segundas e sextas-feiras**, iniciando-se às **quatorze horas** nas **segundas** e às **nove horas** nas **sextas-feiras**, disciplinando o Presidente da Câmara dos Deputados o tempo que corresponderia à Ordem do Dia, podendo os Líderes delegar a membros de suas bancadas o tempo relativo às Comunicações de Lideranças; **b) solenes**, as realizadas para grandes comemorações ou para homenagens especiais. É interessante que o regimento fala ainda em **Sessões secretas**, conforme os **art. 92 a 94** do **RICD**, para, por exemplo: fixar o efetivo das forças armadas; para deliberar sobre declaração de guerra ou de paz; para permitir que forças estrangeiras transitem no território nacional.
37. Conforme o atual **art. 66 do RICD**: *§ 2º O Presidente da Câmara dos Deputados poderá determinar, a fim de adequá-la às necessidades da Casa, que a* ***Ordem do Dia*** *absorva o tempo destinado aos oradores do Grande Expediente. § 3º O Presidente da Câmara dos Deputados poderá não designar Ordem do Dia para sessões ordinárias, que se converterão em sessões de debates. (Parágrafo com redação dada pela Resolução nº 19, de 2012). Temos ainda conforme o* **Art. 84 do RICD** que: *O* ***tempo reservado à Ordem do Dia*** *poderá ser* ***prorrogado*** *pelo Presidente, de ofício, pelo Colégio de Líderes, ou pelo Plenário, a requerimento verbal de qualquer Deputado, por prazo não excedente a* ***trinta ou, na hipótese do art. 72, a sessenta minutos.***

Aqui é importante diferenciarmos, no que tange ao funcionamento da Casa, dois quóruns. São eles:

- **Quórum para instalação da sessão:** é aferido no ***pequeno expediente***, é quando se inicia a sessão. Esse quórum será de **1/10 dos Deputados.**

- **Quórum para deliberação:** é aferido na "ordem do dia", e é o quórum de **maioria absoluta,** salvo disposição em contrário, conforme leitura do art. 47 da CR/88.[38] Aqui, temos que em regra devem existir 257 Deputados para o momento de deliberação.

No **Senado Federal**[39], as **sessões ordinárias** terão duração de 4h30min (salvo prorrogação nos termos dos arts. 177 a 180, do Regimento Interno do Senado). Elas serão de 2ª à 5ª feira das 14 às 18h30min e sexta de 9 às 13:30, salvo prorrogação por prazo fixo (determinado). Nesse sentido, teremos:

- **Período do expediente:** com a duração de 120 minutos.

- **Ordem do dia:** terá a duração de 150 minutos. Em regra[40] é o momento das deliberações sobre as proposições que tramitam no Senado, nos termos do art. 163 *RISF*.

No Senado Federal, também são importantes os quóruns de instalação e de deliberação. Assim sendo, temos que:

- **Quórum para instalação da sessão:** aferido no período de expediente, **1/20 dos Senadores.**

- **Quórum para deliberação:** é aferido em regra na "ordem do dia". É o quórum de **maioria absoluta** também nos moldes do art. 47 da CR/88. Esse número, no Senado, será de 41 senadores para que possam haver deliberações (votações).

38. Alterando posicionamento anterior, temos que, embora a ordem do dia possa começar com a presença em Plenário de 1/10 dos deputados no momento de votação (de deliberação) há a exigência da maioria absoluta dos membros da Câmara.

39. Conforme **o art. 154 do RISF**: As sessões do Senado podem ser: **I – deliberativas**: a) ordinárias; b) extraordinárias; **II – não deliberativas; e III – especiais.** § 1º Considera-se **sessão deliberativa ordinária**, para os efeitos do art. 55, III, da Constituição Federal, aquela realizada de **segunda a quinta-feira** às quatorze horas e **às sextas** às nove horas, quando houver **Ordem do Dia previamente designada**. § 2º As **sessões deliberativas extraordinárias**, com **Ordem do dia própria**, realizar-se-ão em horário diverso do fixado para **sessão ordinária**, ressalvado o disposto no § 3º. § 3º O Presidente poderá convocar, para qualquer tempo, **sessão extraordinária** quando, a seu juízo e ouvidas as lideranças partidárias, as circunstâncias o recomendarem ou haja a necessidade de deliberação urgente. § 4º As **sessões não deliberativas** destinam-se a discursos, comunicações, leitura de proposições e outros assuntos de interesse político e parlamentar, e realizar-se-ão **sem Ordem do dia**. § 5º A **sessão especial** realizar-se-á exclusivamente para a comemoração ou homenagem. Certo que, no Senado também podemos ter **sessões secretas.**

40. No **Senado** algumas **deliberações**, excepcionalmente, podem ser feitas **no período do expediente**. **Conforme o art. 159 do RISF:** No **Período do Expediente**, só poderão ser **objeto de deliberação** requerimentos que não dependam de parecer das comissões, que não digam respeito a proposições constantes da Ordem do Dia ou os que o Regimento não determine sejam submetidos em outra fase da sessão.

3.1.6. *Sessão extraordinária*

É aquela que ocorre dentro de um período legislativo, em dia ou hora, diferenciados das sessões ordinárias. As sessões extraordinárias podem ocorrer tanto na Câmara dos Deputados como no Senado Federal, nos moldes regimentais (art. 65 do *RICD* e art. 154 do *RISF*, já citados na obra). Nesses termos, se desenvolvem dentro do período legislativo, ou seja, dentro do trabalho regular (normal) das Casas.

3.1.7. *Sessão legislativa extraordinária*

É a que ocorre no período de recesso das Casas, em virtude de convocação extraordinária.[41] As convocações extraordinárias ocorrerão em 2 hipóteses:

A) Pelo Presidente do Senado: No caso de decretação de estado de defesa ou de intervenção federal, ou de pedido de autorização para a decretação de estado de sítio e para o compromisso e a posse do Presidente e do Vice-Presidente da República.

B) Em caso de urgência ou interesse público relevante: A Convocação será feita pelo Presidente da República, pelos Presidentes da Câmara dos Deputados e do Senado Federal ou a requerimento da maioria dos membros de ambas as Casas. É mister salientar que conforme a EC nº 50/06, nessas hipóteses (de urgência ou interesse público relevante), haverá a necessidade da aprovação da maioria absoluta de cada uma das Casas do Congresso Nacional.

Nesses termos, a EC nº 50/06 modificou a possibilidade de convocação extraordinária por urgência ou interesse público relevante. Até a EC nº 50/06 a convocação extraordinária dava-se tão somente após o requerimento (ou solicitação) do Presidente da República ou do Presidente da Câmara dos Deputados ou do Presidente do Senado ou da maioria absoluta dos membros de ambas as Casas, não havendo a necessidade de aprovação do mesmo (do pedido). Agora, além da solicitação, há a necessidade de a maioria absoluta de cada uma das Casas aprovar o pedido.[42]

Temos, ainda, algumas observações finais de suma importância:

a) Só poderá haver deliberações nas convocações extraordinárias para as matérias que foram objeto da pauta de convocação. Porém, existe uma exceção que diz respeito, justamente, às medidas provisórias.[43] Nesse sentido, havendo medidas provisórias em vigor, na data da convocação extraordinária, serão elas automaticamente incluídas na pauta de convocação.

---

41. Chamamos a atenção aqui para um ponto preocupante! A doutrina brasileira, salvo raras exceções, confunde as sessões extraordinárias (que ocorrem dentro de um período legislativo) com as sessões legislativas extraordinárias (que podem ocorrer no recesso).
42. Sem dúvida, foi uma maneira criada pelo constituinte derivado para dificultar a **convocação extraordinária** que passava por um processo de banalização. Mas aqui só um ponto soa estranho. Senão vejamos, no caso da maioria absoluta de ambas as Casas solicitarem a convocação, ela mesma terá que aprovar o que ela mesma solicitou!
43. Conforme a CR/88 no art. **57 § 8º** incluído pela **EC nº 32/01.**

b) Entendemos, conforme a corrente majoritária, que pode haver mais de uma convocação extraordinária para um mesmo período (hipótese da dupla convocação) com temas diferenciados para serem apreciados. Para tal, será necessário que os requisitos constitucionais para as convocações sejam preenchidos.

c) Mister consignar, ainda, que até a EC nº 50/2006, existia uma definição no que tange à parcela remuneratória dos deputados e senadores quando da convocação extraordinária, sendo que os mesmos, não poderiam receber parcela indenizatória superior ao subsídio mensal. Porém com o advento da EC nº 50/06 restou vedado o pagamento de qualquer parcela indenizatória. Assim sendo, agora é proibido o pagamento de parcela indenizatória, em razão da convocação extraordinária.[44]

3.1.8. Sobre os Quóruns

O parlamento é a o local, no qual, democraticamente, são produzidas as espécies normativas primárias, que constituem direito novo em nosso ordenamento, além de uma série de outras proposições que interferem de forma direta ou indireta na vida do Estado e da sociedade. Por isso, é de fundamental importância verificarmos, as regras que dizem respeito aos quóruns de deliberações (votações) das proposições.

Conforme a art. 47, da CR/88, salvo disposição constitucional em contrário, as deliberações de cada Casa e de suas Comissões serão tomadas por maioria dos votos, presente a maioria absoluta de seus membros. Nesse sentido, ainda que haja a necessidade de maioria simples, como, por exemplo, para aprovação de uma Lei Ordinária, teremos a exigência da maioria absoluta de membros para que possa haver deliberação.

Porém, além da existência do *quórum* de maioria simples ou relativa (regra conforme o citado art. 47 da CR/88) temos outros, intitulados de *quóruns* de maioria qualificada (diferenciados da maioria simples ou relativa), sendo eles, o de maioria absoluta, o de 3/5, o de 2/3 ou mesmo o de 2/5. Nesses termos, em relação aos *quóruns* previstos na CR/88:

1) **MAIORIA SIMPLES:** Esse quórum gera divergências na doutrina. Citaremos aqui, as principais correntes, sobre o tema: a) Uma primeira corrente entende

---

44. **ADI 4587/GO** julg. em **22.05.2014:** *"É inconstitucional o pagamento de remuneração a parlamentares em virtude de convocação de sessão extraordinária. Com base nessa orientação, o Plenário julgou* ***procedente pedido formulado em ADI*** *contra o* ***art. 147, § 5º, do Regimento Interno da Assembleia Legislativa do Estado de Goiás.*** *(...) O Tribunal afirmou que o art. 57, § 7º, da CF vedaria pagamento de parcela indenizatória aos parlamentares em razão de convocação extraordinária. Ressaltou que essa norma seria de reprodução obrigatória pelos Estados-membros por força do art. 27, § 2º, da CF. Realçou que o art. 39, § 4º, da CF, seria expresso ao vedar acréscimo de qualquer gratificação, adicional, abono, prêmio, verba de representação ou outra espécie remuneratória ao subsídio percebido pelos parlamentares". Rel. Min. Ricardo Lewandowski. No mesmo sentido, a decisão cautelar na* ***ADI 4509 MC/PA****, julg. em* ***07.04.2011****: Ação direta de inconstitucionalidade. EC Paraense nº 47/2010. Pagamento de parcela indenizatória por convocação extraordinária da assembleia legislativa. Vedação constitucional expressa (§ 7º do art. 57 e § 2º do art. 27, da CF). Medida cautelar deferida.* Rel Min. Cármen Lúcia.

(Celso Ribeiro Bastos, Ives Gandra, Alexandre de Morais, entre outros) que o quórum de maioria simples, é nada mais do que, aquele exige maioria de votos dos presentes para a aprovação de uma proposição (desde que haja maioria absoluta de membros para que possa ter deliberação), ou seja, tradicionalmente, metade mais um dos votos dos favoráveis dos presentes (ou o primeiro número inteiro, se o número de presentes for ímpar). Essa corrente, coloca os votos desfavoráveis (votos não) e os votos de abstenção no mesmo grupo e trabalha apenas a correlação "presentes" e "maioria de votos favoráveis desses presentes". Exemplos: Com 300 deputados presentes na Câmara, para aprovar uma Lei Ordinária (que exige MAIORIA SIMPLES) necessitaríamos de 151 votos favoráveis, ou, com 400 deputados, presentes na Câmara, para aprovar uma Lei Ordinária (que exige MAIORIA SIMPLES) necessitaríamos de 201 votos favoráveis; b) Porém, uma segunda corrente (Manoel Gonçalves Ferreira Filho, José Cretela Júnior, Gilmar Ferreira Mendes[45], entre outros) entende que, o que se exige "é apenas o maior número de votos orientado para uma direção decisória". Com isso, os votos desfavoráveis "não" e os votos de "abstenção" são diferenciados no resultado final. Nesses termos, as abstenções e os votos nulos (existindo cédulas) seriam contados apenas para ***efeitos do quórum*** e não para o resultado da votação (que computaria apenas os votos favoráveis "sim" e os votos desfavoráveis "não"). Exemplo: Com 300 Deputados presentes, poderíamos ter 130 votos favoráveis "sim", 120 desfavoráveis "não" e 50 abstenções, que estaria aprovada a Lei Ordinária (que exige MAIORIA SIMPLES). Pois bem, qual é o posicionamento do parlamento sobre o tema? Ora, o regimento interno da Câmara (art. 182 e 183 § 2º, RICD) e o do Senado (art. 288 § 2º, RISF) se posicionam pela segunda corrente[46].

2) MAIORIA ABSOLUTA: É um quórum que exige a maioria absoluta de membros para a aprovação da proposição independentemente do número de presentes. Exemplo: Com 300 Deputados presentes, para aprovar uma Lei Complementar (que exige MAIORIA ABSOLUTA) necessita-se de 257 votos favoráveis. E com 400 deputados, presentes na Câmara, para aprovar uma Lei Complementar (que exige MAIORIA ABSOLUTA) necessita-se dos mesmos 257 votos favoráveis. Já no Senado, presentes 50 Senadores, necessita-se de 41 votos favoráveis para aprovar uma Lei Complementar que (exige MAIORIA ABSOLUTA). Veja-se, que o número do quórum de MAIORIA ABSOLUTA para a aprovação, é sempre fixo, pois será sempre a maioria absoluta dos membros, independentemente do número de presentes.

45. Nesse sentido: "Maioria simples de votos significa o maior número de votos orientados numa direção decisória. Maioria simples não equivale, necessariamente, à metade mais um dos votos dos presentes. Nos casos em que há **mais de dois sentidos possíveis de voto, ou havendo votos nulos ou em branco**, pode-se configurar a maioria de votos **sem atingir** a marca numérica correspondente à **maior grandeza numérica superior à metade dos votos dos presentes**. Veja-se que a Constituição não determina que se alcance a maioria de votos dos presentes, mas apenas, que se tome a decisão por maioria de votos". MENDES, Gilmar, *Curso de direito constitucional*, p. 855, 2009.
46. Embora a primeira corrente, seja em nosso entendimento, a mais adequada, visto que, evita distorções como a da aprovação de uma proposição por "1 voto a favor contra zero, e o restante de abstenções" (respeitado o quórum de maioria absoluta do art. 47 da CR/88 para deliberação).

3) **OUTROS QUÓRUNS:** É importante salientar, que, ainda existem, na Constituição de 1988, outros quóruns para deliberações[47], como o de 3/5 e o de 2/3. Ambos exigem, para a aprovação da proposição, no mínimo 3/5 dos membros com votos favoráveis, ou 2/3 dos membros com votos favoráveis, independentemente dos presentes (portanto, também são quóruns fixos para aprovação). Temos, por último, que fazer referência ao quórum, via de regra, esquecido pela doutrina, de 2/5 dos membros do Congresso Nacional, nos termos do art. 223 da CR/88[48].

3.2. Estrutura das Casas legislativas

3.2.1. Mesas das Casas. O que são as mesas?

As Mesas são os órgãos máximos das Casas, tanto administrativamente como na condução dos trabalhos legislativos. É órgão, eminentemente, estratégico. Nesse sentido, é mister salientar que teremos 3 Mesas no Congresso Nacional: Mesa da Câmara, Mesa do Senado e Mesa do Congresso Nacional.

As Mesas da Câmara e do Senado existem por si mesmas (***per si***). Têm existência cotidiana. Todavia, a Mesa do Congresso Nacional só aparece em situações especiais nas quais ocorre a reunião conjunta da Câmara dos Deputados e do Senado. Exemplos nos quais aparece a Mesa do Congresso Nacional: inaugurar a sessão legislativa; elaborar o regimento comum e regular a criação de serviços comuns às duas Casas; receber o compromisso do Presidente e do Vice-Presidente da República; conhecer do veto e sobre ele deliberar.

Ademais, nos termos do art. 140 da CR/88, na vigência do estado de defesa e estado de sítio, ouvidos os líderes partidários, será designada comissão composta de 5 membros da Mesa do Congresso Nacional para acompanhar e fiscalizar a execução das medidas adotadas.

Sobre a composição das mesas, temos que:

Mesa da Câmara	Mesa do Senado Federal	Mesa do Congresso Nacional
1 presidente	1 presidente	1 presidente
2 vice-presidentes	2 vice-presidentes	2 vice-presidentes
4 secretários	4 secretários	4 secretários

47. A Constituição também apresenta o quórum de 1/3 para a instauração de CPIs (art. 58 § 3º), ou para a proposição de PEC por deputados ou Senadores (art. 60).
48. Art. 223: Compete ao Poder Executivo outorgar e renovar concessão, permissão e autorização para o serviço de radiodifusão sonora e de sons e imagens, observado o princípio da complementaridade dos sistemas privado, público e estatal. § 2º – A não renovação da concessão ou permissão dependerá de aprovação de, no mínimo, **dois quintos do Congresso Nacional**, em votação nominal.

Considerações pertinentes sobre as mesas:

(a) Existem suplentes de secretário, porém esses suplentes não fazem parte das mesas, não entrando no seu cômputo da composição.

(b) O Presidente da Mesa do Congresso Nacional será o Presidente do Senado, pois o Presidente do Senado é o presidente do CN. Os demais cargos serão divididos, alternadamente, entre os membros da Mesa da Câmara e da Mesa do Senado.[49]

(c) O mandato das Mesas da Câmara e do Senado é de 2 anos. Conforme o art. 57, § 4º, da CR/88 é vedada à recondução para o mesmo cargo na eleição imediatamente subsequente.

Aqui, temos uma observação, sobre essa vedação da reeleição para o mesmo cargo nas Mesas. Segundo o entendimento atual do nosso Poder Legislativo (tanto na Câmara como no Senado), a vedação de recondução diz respeito às eleições em uma mesma legislatura (legislatura, como já dissemos, é o período de 4 anos). Ou seja, durante a legislatura teremos 2 Mesas e a proibição atingiria às Mesas de uma legislatura. Assim sendo, poderia haver candidatura e consequentemente eleição de um membro da Mesa para o seu próprio cargo, desde que estivesse sendo escolhida a Mesa de uma nova legislatura.

Como exemplo recente, temos: o Senador Renan Calheiros era presidente da 2ª Mesa de uma legislatura no senado e, com fundamento de que é no âmbito da legislatura que tudo começa e termina, se reelegeu para presidente da 1ª Mesa da legislatura subsequente (nova legislatura). O mesmo ocorreu, apenas como exemplo, com Rodrigo Maia na Câmara dos Deputados.

Sem dúvida, uma crítica pode ser feita a essa prática.[50] Ora, a Constituição claramente diz que é vedada a reeleição para o mesmo cargo na eleição imediatamente subsequente. Pergunta-se: qual é a eleição imediatamente subsequente à da 2ª Mesa de uma legislatura? Logicamente é a eleição da 1ª Mesa da próxima legislatura. Porém, essa crítica não vem sendo acolhida no procedimento de escolha das mesas.

O entendimento que vem sendo adotado é o de que "a cláusula proibitória constitucional limita-se a proibir a recondução na mesma legislatura. Nesses termos, um deputado, para iniciar sua segunda legislatura (ou nova legislatura), tem de reeleger-se, o que implica obter um mandato novo. Se se fosse dar tratamento diferente para os reeleitos, estar-se-ia discriminando, sem legitimidade alguma, entre novos e 'velhos' deputados. Cada eleição, portanto, gera um novo direito de ocupar cargo na Mesa, por

49. Conforme o art. **57 § 5º** da **CR/88**: *A Mesa do Congresso Nacional será presidida pelo Presidente do Senado Federal, e os demais cargos serão exercidos, alternadamente, pelos ocupantes de cargos equivalentes na Câmara dos Deputados e no Senado Federal.* Portanto, assim sendo, *o 1º vice-presidente da Mesa do CN será o 1º vice-presidente da Mesa da Câmara. O 2º vice-presidente será o 2º vice-presidente do Senado. Já o 1º secretário da Mesa do CN será o 1º secretário da Mesa da Câmara. O 2º secretário da Mesa do CN será o 2º secretário da Mesa do Senado. O 3º secretário da Mesa do CN será o que já é o 3º secretário da Mesa da Câmara e o 4º secretário da Mesa do CN é aquele que já é o 4º secretário da Mesa do Senado.*

50. Mesmo com o advento da Emenda nº 50/06 que alterou o art. **57 § 4º** da **CR/88**.

uma legislatura. É o que expressamente dispõe o regimento interno da Câmara (parágrafo 1º do art. 5º): 'Não se considera recondução a eleição para o mesmo cargo em legislaturas diferentes, ainda que sucessivas'. O mesmo, no fundo, ocorre com o Senado, com a única diferença de que aqui o mandato já traz o direito de ocupar uma segunda legislatura, e o surgimento desta faz ressurgir seu direito de ser regulado pelo parágrafo 4º, do que advém o direito a novo cargo na Mesa, esteja o senador na primeira parte da legislatura ou na segunda."[51]

Aqui é interessante registrar também que o então Presidente da Câmara do Deputados Rodrigo Maia que exerceu um mandato tampão, pois foi eleito apenas para os últimos meses do mandato do biênio 2015-2016, que era de Eduardo Cunha (que perdeu o mandato por quebra de decoro parlamentar), foi reeleito em 02.02.2017 com 293 votos para a Presidência da Câmara.

O interessante é que ele foi reeleito na mesma legislatura, sob o argumento de que seu mandato foi apenas tampão e isso não impediria a reeleição inclusive dentro da própria legislatura. No caso, o ministro Celso de Mello, indeferiu pedido de liminar em ação contra a candidatura do Presidente Rodrigo Maia, à reeleição ao cargo. A decisão foi proferida no Mandado de Segurança MS nº 34602.[52]

Portanto, teríamos duas exceções: a) a já tradicional devido à mudança de legislatura; e b) a ocorrida com Rodrigo Maia (na Câmara dos Deputados) em virtude de ter exercido um mandato tampão (entendemos, porém, que essa exceção foi apenas casuística e não deve prosperar mais, conforme o posicionamento do STF a seguir explicitado).

Por último, aqui, é importante registrar que o STF na ADI 6524 em 14.12.2020 enfrentou o tema ora debatido e explicitou o seu entendimento.[53]

---

51. BASTOS, Celso Ribeiro. Interpretação correta das normas. Folha de São Paulo, São Paulo, 5,12, 1998, p. 3.
52. Aqui citamos *antigo* parecer do Ministro Roberto Barroso sobre o tema: *"O art. 57, § 4º da Constituição Federal não é explícito acerca da possibilidade ou não da reeleição de quem tenha sido eleito para completar o mandato de Presidente que renunciou. Do relato da norma, é possível afirmar que ambas as interpretações são plausíveis e razoáveis. (…). A matéria em discussão não envolve princípio fundamental do Estado brasileiro, não cuida de aspecto essencial para o funcionamento do regime democrático nem tampouco interfere com direitos fundamentais da cidadania. Isso significa que ela está mais próxima do universo das escolhas políticas do que da interpretação constitucional. Diante das premissas estabelecidas – existência de mais de uma interpretação plausível e não fundamentalidade da norma –, é razoável supor que o Supremo Tribunal Federal, na linha de sua jurisprudência tradicional, deverá ser deferente para com a decisão política tomada pela Casa Legislativa. Vale dizer: o sentido em que o Senado Federal se pronunciar – reelegibilidade ou não – é o que deverá prevalecer. (...) Em face das premissas alinhavadas acima, é possível extrair algumas consequências. Não será incompatível com o art. 57, § 4º da Constituição a interpretação que considere possível ao Presidente do Senado, eleito para completar mandato anterior, candidatar-se a um mandato autônomo. Não se trata, contudo, de uma imposição direta do texto constitucional. Cuida-se, afinal, de um espaço de decisão política aberto pela Constituição. Não custa lembrar que a Carta funciona como um código mínimo de regulação da vida política, mas não esgota necessariamente todas as questões possíveis. Ao contrário, o normal e desejável é que as Constituições estabeleçam princípios básicos, em cujos limites as maiorias de cada tempo terão liberdade de conformação, respeitados os direitos das minorias. Em casos como o presente, em que a Constituição admite duas interpretações possíveis, o normal é que prevaleça a decisão produzida nas instâncias políticas (...). Em se tratando de questão afeta ao funcionamento do Congresso Nacional, a solução constitucionalmente adequada será privilegiar a interpretação conferida à norma pela própria Casa Legislativa, em respeito à sua independência orgânica.(...)"*
53. ADI 6524, STF. Plenário. Rel. Min. Gilmar Mendes, julgado em 14.12.2020 (Informativo 1003).

No caso, foi aventada uma tese jurídica defendendo a ideia de que o § 4º do art. 57 da CR/88 teria sido alterado (em termos de interpretação) pela Emenda Constitucional nº 16/97, que permitiu uma reeleição para os cargos do Poder Executivo. Assim, seria permitida uma única reeleição para a mesa de cada casa legislativa, independentemente de ter ocorrido, ou não, na mesma legislatura.

O argumento seria o de que como o EC 16/97 autorizou a reeleição do Presidente da República, deve-se reconstruir sistemicamente o alcance do art. 57, § 4º, da CF/88, reconhecendo-se ter havido mutação constitucional, que autoriza a reeleição das mesas diretoras da Câmara e do Senado.

Pois bem, afirmou o STF, que não é possível a recondução dos Presidentes da Câmara dos Deputados e do Senado Federal para o mesmo cargo na eleição imediatamente subsequente, dentro da mesma legislatura. Por outro lado, é possível a reeleição dos Presidentes da Câmara dos Deputados e do Senado Federal em caso de nova legislatura. Nesses termos:

> *1. O constitucionalismo moderno reconhece aos Parlamentos a prerrogativa de dispor sobre sua conformação organizacional, condição necessária para a garantia da autonomia da instituição legislativa e do pleno exercício de suas competências finalísticas. 2. Em consonância com o direito comparado – e com o princípio da separação dos poderes – o constitucionalismo brasileiro, excetuando-se os conhecidos interregnos autoritários, destinou ao Poder Legislativo larga autonomia institucional, sendo de nossa tradição a prática de reeleição (recondução) sucessiva para cargo da Mesa Diretora. Descontinuidade dessa prática parlamentar com o Ato Institucional n. 16, de 14 de outubro de 1969 e, em seguida, pela Emenda Constitucional n. 1, de 17 de outubro de 1969 – ambas medidas situadas no bojo do ciclo de repressão inaugurado pelo Ato Institucional n. 5, de 1968, cuja tônica foi a institucionalização do controle repressivo sobre a sociedade civil e sobre todos os órgãos públicos, nisso incluídos os Poderes Legislativo e Judiciário. 3. Ação Direta em que se pede para que a Câmara dos Deputados e o Senado Federal sejam proibidos de empreender qualquer interpretação de texto regimental (art. 5º, caput e § 1º, RICD; art. 59, RISF) diversa daquela que proíbe a recondução de Membro da Mesa (e para qualquer outro cargo da Mesa) na eleição imediatamente subsequente (seja na mesma ou em outra legislatura); ao fundamento de assim o exigir o art. 57, § 4º, da Constituição de 1988. Pedido de interpretação conforme à Constituição cujo provimento total dar-se-ia ao custo de se introduzir, na ordem constitucional vigente, a normatividade do art. 30, parágrafo único, "h", da Emenda Constitucional 1/1969. 4. Ação Direta conhecida, com julgamento parcialmente procedente do pedido. Compreensão da maioria no sentido de que o art. 57, § 4º, da Constituição Federal de 1988 requer interpretação do art. 5º, caput e § 1º, do RICD, e o art. 59, RISF, que assente a impossibilidade de recondução de Membro da Mesa para o mesmo cargo, na eleição imediatamente subsequente, que ocorre no início do terceiro ano da legislatura. Também por maioria, o Tribunal reafirmou jurisprudência que pontifica que a vedação em referência não tem lugar em caso de nova legislatura, situação em que se constitui Congresso novo.*[54]

54. ADI 6524, STF. Plenário. Rel. Min. Gilmar Mendes, julgado em 14.12.2020 (Informativo 1003).

(d) No que tange às Assembleias Legislativas: a vedação de reeleição para o mesmo cargo, presente no art. 57, § 4º, é uma **norma de preordenação** para os Estados (de reprodução obrigatória para os Estados-membros) ou seria **norma**, meramente, **de imitação**, sendo de opção dos Estados alocarem ou não nas suas respectivas Constituições?

O STF decidiu sobre isso nas ADIs nºs 792 e 793. Restou decidido que a norma do art. 57, § 4º, é norma meramente de imitação. Ou seja, o Estado agrega à sua Constituição se assim o desejar, não sendo os mesmos obrigados a proibir a reeleição das Mesas.[55] Portanto, a Constituição Estadual que permite reeleição das Mesas não é inconstitucional. O mesmo também pode ser aplicado aos Municípios e às suas respetivas leis orgânicas.

3.2.2. Comissões[56]

a) **Comissões Permanentes:** Comissões, em regra, temáticas que subsistem (perpassam) às legislaturas. Um exemplo recorrentemente citado é a CCJ (Comissão de Constituição e Justiça). Ela existe tanto na Câmara dos Deputados quanto no Senado Federal.

b) **Comissões Temporárias:** São as comissões que não subsistem às legislaturas. Nesse sentido, elas nascem com objetivo definido e, uma vez alcançado, elas finalizam seus trabalhos.[57]

c) **Comissões Mistas:** São as compostas por deputados e senadores. Podem ser tanto permanentes (art. 166, § 1º)[58] quanto temporárias (Exemplo: as CPMIs: art. 58, § 3º).[59]

---

55. Conforme a decisão da ADI nº 792, julgada em 26.05.97, temos de acordo com a Ementa que: "Ação direta de inconstitucionalidade. Ataque à expressão 'permitida a reeleição' contida no inciso II do artigo 99 da Constituição do Estado do Rio de Janeiro, no tocante aos membros da Mesa Diretora da Assembleia Legislativa. – A questão constitucional que se coloca na presente ação direta foi reexaminada recentemente, em face da atual Constituição, pelo Plenário desta Corte, ao julgar a ADIN 793, da qual foi relator o Sr. Ministro CARLOS VELLOSO. Nesse julgamento, decidiu-se, unanimemente, citando-se como precedente a Representação n 1.245, que 'a norma do § 4º do art. 57 da C.F. que, cuidando da eleição das Mesas das Casas Legislativas federais, veda a recondução para o mesmo cargo na eleição imediatamente subsequente, não é de reprodução obrigatória nas Constituições dos Estados-membros, porque não se constitui num princípio constitucional estabelecido'. Ação direta de inconstitucionalidade julgada improcedente." (Rel. Min. Moreira Alves. DJ: 20.04.1997)
56. Nos moldes do art. 58 § 1º da CR/88: "Na constituição das Mesas e de cada Comissão, é assegurada, tanto quanto possível, a representação proporcional dos partidos ou dos blocos parlamentares que participam da respectiva Casa."
57. As comissões temporárias na Câmara dos Deputados subdividem-se em: a) comissões especiais; por exemplo: comissão para emitir parecer sobre uma PEC; b) comissões parlamentares de inquérito; nascem para apurar determinado fato com prazo certo; c) comissões externas; são escolhidas para realizar trabalho externo ao das Casas. Exemplo: ida à Angra do Reis para fiscalizar as usinas nucleares.
58. Conforme o art. 166 § 1º, temos que: "Os projetos de lei relativos ao plano plurianual, às diretrizes orçamentárias, ao orçamento anual e aos créditos adicionais serão apreciados pelas duas Casas do Congresso Nacional, na forma do regimento comum. § 1º – Caberá a uma Comissão mista permanente de Senadores e Deputados: I – examinar e emitir parecer sobre os projetos referidos neste artigo e sobre as contas apresentadas anualmente pelo Presidente da República; II – examinar e emitir parecer sobre os planos e programas nacionais, regionais e setoriais previstos nesta Constituição e exercer o acompanhamento e a fiscalização orçamentária, sem prejuízo da atuação das demais comissões do Congresso Nacional e de suas Casas, criadas de acordo com o art. 58."
59. Certo é que as CPIs também podem ser mistas e são chamadas de CPMI – Comissão Parlamentar Mista de Inquérito.

d) **Comissões Parlamentares de Inquérito** – art. 58, § 3º, CR/88. Sobre as CPIs, iremos, devido à importância do tema, trabalhar com uma sequência a ser desenvolvida a partir do seguinte esquema: **d.1) conceito; d.2) requisitos; d.3) o que são os poderes de investigação de autoridade judicial; d.4) limites; d.5) amplitude; d.6) impedimentos; d.7) considerações finais.**

d.1) Conceito das CPIs: São comissões fiscalizatórias que exercem uma função investigativa típica do Poder Legislativo de apuração de fato determinado com prazo certo, devendo, se for o caso, encaminhar seus relatórios para o Ministério Público para responsabilização cível ou penal dos envolvidos.

Nesses termos, conforme o art. 1º da Lei nº 1.579/52, *as Comissões Parlamentares de Inquérito, criadas na forma do § 3º do art. 58 da Constituição Federal, terão poderes de investigação próprios das autoridades judiciais, além de outros previstos nos regimentos da Câmara dos Deputados e do Senado Federal, com ampla ação nas pesquisas destinadas a apurar fato determinado e por prazo certo.*

Já o art. 6-A da Lei nº1.579/52 (incluído pela Lei nº 13.367/2016), determina que *a Comissão Parlamentar de Inquérito encaminhará relatório circunstanciado, com suas conclusões, para as devidas providências, entre outros órgãos, ao Ministério Público ou à Advocacia-Geral da União, com cópia da documentação, para que promovam a responsabilidade civil ou criminal por infrações apuradas e adotem outras medidas decorrentes de suas funções institucionais.* Aqui, conforme o STF, e de forma até mais ampla temos que:

> As Comissões Parlamentares de Inquérito – CPI possuem permissão legal para encaminhar relatório circunstanciado não só ao Ministério Público e à Advocacia-Geral da União, mas, também, a outros órgãos públicos, podendo veicular, inclusive, documentação que possibilite a instauração de inquérito policial em face de pessoas envolvidas nos fatos apurados (art. 58, § 3º, CRFB/88, c/c art. 6º-a da Lei 1.579/52, incluído pela Lei 13.367/2016)[60].

d.2) Requisitos das CPIs: (1º) Existe necessidade de assinatura de 1/3 de deputados (171 deputados) ou de 1/3 de senadores (27 Senadores) ou de 1/3 de membros do Congresso Nacional (conjuntamente) Conforme o art. 58, § 3º da CR/88 e o § único do art. 1º da Lei nº 1.579/52 (com redação dada pela Lei nº 13.367/2016), que afirma que a criação de Comissão Parlamentar de Inquérito dependerá de requerimento de um terço da totalidade dos membros da Câmara dos Deputados e do Senado Federal, em conjunto ou separadamente; **(2º)** Para a apuração de fato determinado; **(3º)** Por prazo certo.

Nesse momento, temos algumas reflexões sobre os requisitos ora citados:

Observação 1: Segundo o STF, as CPIs são direito público subjetivo das minorias. Isso foi definido e explicitado nos Mandados de Segurança nºs 24.831/2005 e

60. MS 35216 AgR, STF. Plenário. Rel. Min. Luiz Fux, julgado em 17.11.2017.

24.845/2005.[61] No caso, na CPI dos Bingos, o STF determinou que se os líderes dos partidos não indicassem os nomes, o Presidente do Senado deveria indicar (do mesmo modo se fosse CPI na Câmara, a função seria do Presidente da Câmara), de forma supletiva, os nomes para deflagrar a CPI. Certo é que os líderes da maioria não podem usurpar direito das minorias. No mesmo sentido, temos que:

> *Preenchidos os requisitos constitucionais (CF, art. 58, § 3º), impõe-se a criação da Comissão Parlamentar de Inquérito, que não depende, por isso mesmo, da vontade aquiescente da maioria legislativa. Atendidas tais exigências (CF, art. 58, § 3º), cumpre, ao Presidente da Casa legislativa, adotar os procedimentos subsequentes e necessários à efetiva instalação da CPI, não se revestindo de legitimação constitucional o ato que busca submeter, ao Plenário da Casa legislativa, quer por intermédio de formulação de Questão de Ordem, quer mediante interposição de recurso ou utilização de qualquer outro meio regimental, a criação de qualquer comissão parlamentar de inquérito.*[62]

Observação 2: Existe no Regimento Interno da Câmara dos Deputados, no art. 35, § 4º, a seguinte regra: se já estiverem em funcionamento 5 CPIs e for aprovada a instauração de uma sexta CPI, essa sexta CPI deve aguardar a finalização de uma das 5 já em funcionamento. Salvo, se 1/3 dos membros da Casa aprovarem uma resolução para que a CPI tenha início imediato.

Foi ajuizada a ADI nº 1.635 contra o art. 35, § 4º. Qual o entendimento do STF? Pergunta-se: entendeu que esse artigo fere o direito das minorias quando obriga a sexta CPI a entrar na fila? Pois bem, o STF julgou improcedente a ADI dizendo que o

---

61. Conforme o MS nº 24.845 julg. em 22.06.2005: *Comissão Parlamentar de Inquérito – Direito de oposição – Prerrogativa das minorias parlamentares – expressão do postulado democrático – Direito impregnado de estatura constitucional – instauração de inquérito parlamentar e composição da respectiva CPI – tema que extravasa os limites "interna corporis" das casas legislativas – viabilidade do controle jurisdicional – impossibilidade de a maioria parlamentar frustrar, no âmbito do congresso nacional, o exercício, pelas minorias legislativas, do direito constitucional à investigação parlamentar (CR, Art. 58, § 3º) – Mandado de Segurança concedido. Criação de CPI: requisitos constitucionais. [...] A maioria legislativa, mediante deliberada inércia de seus líderes na indicação de membros para compor determinada Comissão Parlamentar de Inquérito, não pode frustrar o exercício, pelos grupos minoritários que atuam no Congresso Nacional, do direito público subjetivo que lhes é assegurado pelo art. 58, § 3º, da CF e que lhes confere a prerrogativa de ver efetivamente instaurada a investigação parlamentar em torno de fato determinado e por período certo. [...] O Poder Judiciário, quando intervém para assegurar as franquias constitucionais e para garantir a integridade e a supremacia da Constituição, desempenha, de maneira plenamente legítima, as atribuições que lhe conferiu a própria CF, ainda que essa atuação institucional se projete na esfera orgânica do Poder Legislativo. – Não obstante o caráter político dos atos parlamentares, revela-se legítima a intervenção jurisdicional, sempre que os corpos legislativos ultrapassem os limites delineados pela Constituição ou exerçam as suas atribuições institucionais com ofensa a direitos públicos subjetivos impregnados de qualificação constitucional e titularizados, ou não, por membros do CN. Questões políticas. Doutrina. Precedentes. – A ocorrência de desvios jurídico-constitucionais nos quais incida uma Comissão Parlamentar de Inquérito justifica, plenamente, o exercício, pelo Judiciário, da atividade de controle jurisdicional sobre eventuais abusos legislativos, sem que isso caracterize situação de ilegítima interferência na esfera orgânica de outro Poder da República. Legitimidade passiva "ad causam" do presidente do Senado Federal – autoridade dotada de poderes para viabilizar a composição das comissões parlamentares de inquérito. – O mandado de segurança há de ser impetrado em face de órgão ou agente público investido de competência para praticar o ato cuja implementação se busca. – Incumbe, em consequência, não aos Líderes partidários, mas, sim, ao Presidente da Casa Legislativa (o Senado Federal, no caso), em sua condição de órgão dirigente da respectiva Mesa, o poder de viabilizar a composição e a organização das comissões parlamentares de inquérito.* (Rel. Min. Celso de Mello)

62. *MS nº 26.441, STF. Plenário. Rel. Min. Celso de Mello, julgado em 25.04.2007.*

art. 35, § 4º, é constitucional, tendo por fundamento que o dispositivo visa apenas a organizar e estruturar o trabalho das Casas com base na prerrogativa da Casa de dispor sobre seu funcionamento e sua organização. E ademais se a sexta CPI for algo imprescindível, 1/3 dos deputados podem aprovar resolução para que ela tenha início independentemente de 5 CPIs já estarem em funcionamento. Portanto, não há qualquer óbice com relação aos direitos das minorias nesse dispositivo do Regimento Interno da Câmara dos Deputados.[63]

Observação 3: O Regimento Interno da Assembleia Legislativa do Estado de São Paulo dispunha que, além da necessidade de 1/3 de assinaturas, existiria, ainda, a necessidade da aprovação, pela maioria absoluta, do plenário da Assembleia Legislativa para a deflagração de uma CPI. Sem dúvida, essa norma que fere o direito das minorias, pois torna a CPI direito ou prerrogativa da maioria. Dessa feita, o STF, na ADI nº 3.619, julgou improcedente a necessidade de aprovação pela maioria absoluta dos membros da Casa para a instauração da CPI.

Observação 4: Se fatos conexos com o fato principal surgirem no ***iter*** da CPI, eles poderão ser investigados? O STF entende que fatos conexos com o principal poderão ser investigados, desde que haja um aditamento do objeto inicial da CPI.[64]

Observação 5: Segundo o STF, pode haver prorrogação de prazo, não obstante, limitado à legislatura, pois CPI é comissão temporária. No regimento interno da Câmara dos Deputados, o art. 35 § 3º afirma que a Comissão, que poderá atuar também durante o recesso parlamentar, terá o prazo de cento e vinte dias, prorrogável por até metade, mediante deliberação do Plenário, para conclusão de seus trabalhos.

O regimento interno do Senado é silente quanto ao prazo de duração de uma CPI, embora afirme a possibilidade de sua prorrogação. Assim sendo, no art. 76 do Regimento Intero do Senado temos que: As comissões temporárias se extinguem: I - pela conclusão da sua tarefa; ou II - ao término do respectivo prazo; e III - ao término da sessão legislativa ordinária. § 1º É lícito à comissão que não tenha concluído a sua tarefa requerer a prorrogação do respectivo prazo: I - no caso do inciso II, do caput, por tempo determinado não superior a um ano; II - no caso do inciso III, do caput, até o término da sessão legislativa seguinte. § 3º O prazo das comissões

63. ADI 1635: *Comissão parlamentar de inquérito. Instauração. Regimento interno da Câmara dos Deputados. Restrição: impossibilidade de instituí-la enquanto estiver funcionando pelo menos cinco delas. 1. A restrição estabelecida no § 4º do artigo 35 do Regimento Interno da Câmara dos Deputados, que limita em cinco o número de CPIs em funcionamento simultâneo, está em consonância com os incisos III e IV do artigo 51 da Constituição Federal, que conferem a essa Casa Legislativa a prerrogativa de elaborar o seu regimento interno e dispor sobre sua organização. Tais competências são um poder-dever que permite regular o exercício de suas atividades constitucionais. 2. ADI julgada improcedente.* (Julg. 19.10.2000. Rel. Min. Maurício Corrêa)

64. Inq nº 2.245: [...] Quinta preliminar. Ampliação do objeto de investigação de Comissão Parlamentar de Inquérito no curso dos trabalhos. Possibilidade. Precedentes. Não há ilegalidade no fato de a investigação da CPMI dos Correios ter sido ampliada em razão do surgimento de fatos novos, relacionados com os que constituíam o seu objeto inicial. Precedentes. MS 23.639/DF, Rel. Min. Celso de Mello; HC 71.039/RJ, Rel. Min. Paulo Brossard. Julg: 28.08.2007. DJ: 0911.2007.

temporárias é contado a partir da publicação dos atos que as criarem, suspendendo-se nos períodos de recesso do Congresso Nacional. § 4º Em qualquer hipótese o prazo da comissão parlamentar de inquérito não poderá ultrapassar o período da legislatura em que for criada.

d.3) O que são poderes de investigação de autoridade judicial?

Certo é que, em nosso país, não há a figura do juiz investigador. Esta nunca foi tradição em nosso ordenamento processual. Mister consignar, inclusive, que o STF, em 2005, na ADI nº 1.570, declarou a inconstitucionalidade da Lei nº 9.034/95 (Lei do Crime Organizado) no que tange à figura trazida por essa lei do juiz investigador. Então, como a questão foi enfrentada?

Segundo o STF, poderes de investigação de autoridade judicial das CPIs são os poderes que o juiz tem na fase de instrução processual. Por exemplo, na instrução processual penal. Ou seja, sem dúvida, são os poderes que o juiz tem na fase de dilação probatória, "na busca da verdade material".

d.4) Limites

Certo é que, se as CPIs têm poderes que o juiz tem na fase de instrução processual, elas também terão limites. Portanto, os limites das CPIs são:

- CPIs terão que fundamentar as suas decisões, sob pena de nulidade.[65] Vejamos que, com base no art. 93, IX, o próprio Poder Judiciário tem que fundamentar suas decisões à luz do que entendemos por Estado Democrático de Direito, então, logicamente, as CPIs também terão essa necessidade. Sem dúvida, será cabível Mandado de Segurança ou ***habeas corpus*** contra decisões de CPIs não fundamentadas (em desrespeito à exegese do art. 93, IX, da CR/88)[66]. Porém, certo é que o ato de fundamentação não necessita de ter a mesma estrutura de uma fundamentação judicial (relatório, fundamentação e parte dispositiva da decisão).[67]

---

65. Nos termos do MS nº 24.217/DF, temos que: [...] *1. Se os atos judiciais são nulos quando destituídos de fundamentação (CR, artigo 93, IX), nulos também são os das CPIs, a quem o § 3º do artigo 58 da Constituição confere "os poderes de investigação próprios das autoridades judiciárias". Precedentes. 2. O Tribunal já firmou entendimento de que as Comissões Parlamentares de Inquérito são dotadas de poder investigatório, ficando assentado que devem elas, a partir de meros indícios, demonstrar a existência concreta de causa provável que legitime a quebra do sigilo.* (Rel. Min Maurício Correa, Julg. em 28.02.2002).
66. Nesses termos, o MS nº 25.698: [...] A quebra do sigilo inerente aos registros bancários, fiscais e telefônicos, por traduzir medida de caráter excepcional, revela-se incompatível com o ordenamento constitucional, quando fundada em deliberações emanadas de CPI cujo suporte decisório apoia-se em formulações genéricas, destituídas da necessária e específica indicação de causa provável, que se qualifica como pressuposto legitimador da ruptura, por parte do Estado, da esfera de intimidade a todos garantida pela Constituição da República. [...] (Rel. min. Celso de Mello. Julg. em 23.06.2006)
67. MS nº 23.716: CPI – Quebra de sigilo bancário, telefônico e fiscal – fundamentação. Para ter-se fundamentada a decisão de quebra dos sigilos, considera-se o teor do requerimento, bem como o que exposto, no momento da submissão a voto, aos integrantes da Comissão Parlamentar de Inquérito, descabendo exigir que o ato conte com a mesma estrutura, com relatório, fundamentação e parte dispositiva, de uma decisão judicial. Rel. Min. Marco Aurélio. Julg: 04.04.2001.

- Princípio da colegialidade: esse princípio indica que as decisões das CPIs devem ser tomadas sempre em colegiado, por maioria de votos. Então, além de fundamentadas, elas devem ter a aprovação do colegiado das CPIs sob pena de nulidade.[68]
- As CPIs devem obrigatoriamente guardar nexo causal com a gestão da coisa pública. Significa que a CPI só pode investigar se existir uma contrariedade a bens, serviços ou interesses que envolvam a União e a própria sociedade como um todo, não podendo as CPIs realizarem devassa na vida de instituições ou mesmo de pessoas.
- Em obediência ao princípio federativo (pacto federativo), a CPI nacional investiga questões nacionais (de interesse ou impacto nacional) e não devem investigar questões estaduais ou locais (municipais). Tais questões incubem, respectivamente, às Assembleias Legislativas estaduais e às Câmaras de Vereadores municipais. Não estamos afirmando com isso que as CPIs não podem realizar investigações no âmago dos Estados ou de municípios, mas sim que essas investigações devem ter uma relevância de cunho nacional.

d.5) Amplitude das CPIs

Quais as medidas podem ser adotadas pelas CPIs independente de requisição ao judiciário? Ora, em virtude de seus poderes de investigação, próprios das autoridades judiciais, as CPIs poderão:

- Quebrar sigilo bancário, fiscal e de dados de seus investigados (incluindo a quebra de sigilo telefônico).[69]
- Solicitar perícias, exames e vistorias.[70]
- Realizar a oitiva de testemunhas e ouvir investigados (sob pena de condução coercitiva). Certo é que nesse item as CPIs devem respeitar o sagrado direito constitucional ao silêncio (tanto para a testemunha[71] quanto

---

68. MS nº 23.669: [...] *O princípio da colegialidade traduz diretriz de fundamental importância na regência das deliberações tomadas por qualquer Comissão Parlamentar de Inquérito, notadamente quando esta, no desempenho de sua competência investigatória, ordena a adoção de medidas restritivas de direitos, como aquela que importa na revelação das operações financeiras ativas e passivas de qualquer pessoa. O necessário respeito ao postulado da colegialidade qualifica-se como pressuposto de validade e de legitimidade das deliberações parlamentares, especialmente quando estas – adotadas no âmbito de CPI – implicam ruptura, sempre excepcional, da esfera de intimidade das pessoas. A quebra do sigilo bancário, que compreende a ruptura da esfera de intimidade financeira da pessoa, quando determinada por ato de qualquer CPI, depende, para revestir-se de validade jurídica, da aprovação da maioria absoluta dos membros que compõem o órgão de investigação legislativa.* (Rel. Min. Celso de Mello, Julg. 12.04.2000).
69. Segundo o STF, os dados obtidos por meio da quebra dos sigilos bancário, fiscal e telefônicos devem ser mantidos sob reserva. Assim, a página do Senado Federal na *internet* não pode divulgar os **dados** obtidos por meio da quebra de sigilo determinada por CPI. **MS 25940**, STF. Plenário. Rel. Min. Marco Aurélio, julgado em **26.04.2018**.
70. Porém, existem perícias que envolvem a garantia de direitos fundamentais e necessitam de ordem judicial.
71. *"A condição de testemunha não afasta a garantia constitucional do direito ao silêncio (CR, art. 5º, LXIII: 'o preso será informado de seus direitos, entre os quais o de permanecer calado, sendo-lhe assegurada a assistência da família e de advogado'). Com esse entendimento, o Tribunal, confirmando a liminar concedida, deferiu habeas corpus para*

para os investigados), no qual não deve haver a produção de provas contra si mesmo.[72]

Tema eivado de controvérsia é o de se o investigado pode se recusar a comparecer na sessão da CPI na qual seria ouvido. A 2ª turma do STF enfrentou tal questão recentemente no HC 171438/DF e não a resolveu.

Para os ministros Gilmar Mendes e Celso Mello o comparecimento do investigado perante a CPI para ser ouvido é facultativo. Portanto, cabe a ele decidir se irá ou não comparecer. Porém, se decidir comparecer, ele terá direito: a) ao silêncio; b) à assistência de advogado; c) de não prestar compromisso de dizer a verdade; d) de não sofrer constrangimentos. Caso o investigado não compareça, a CPI não pode determinar a sua condução coercitiva. No caso deve ser aplicado para as CPIs o mesmo entendimento da ADPF 395/DF[73]. Já para o Ministro Edson Fachin e para a Ministra Cármen Lúcia o comparecimento do investigado perante a CPI para ser ouvido é compulsório. Ele tem que comparecer. No entanto, chegando lá, o investigado tem direito: a) ao silêncio; b) à assistência de advogado; c) de não prestar compromisso de dizer a verdade; d) de não sofrer constrangimentos. Caso o investigado não compareça, a CPI poderia determinar a sua condução coercitiva.[74]

---

assegurar ao paciente – inicialmente convocado à CPI do Narcotráfico como indiciado –, na eventualidade de retornar à CPI para prestar depoimento, ainda que na condição de testemunha, o direito de recusar-se a responder perguntas quando impliquem a possibilidade de autoincriminação." (HC 79.589-DF, Julg. 05.04.2000)

72. Trazemos aqui o **HC nº 100.341/AM** julgado em **04.11.2010**, sobre a convocação de **magistrado** por CPI: *O Plenário deferiu, em parte, habeas corpus no qual questionada a convocação de magistrado para prestar esclarecimentos perante CPI destinada a investigar a prática de delitos de pedofilia e a relação desses com o crime organizado. A impetração aduzia que o requerimento não teria indicado expressamente se o paciente seria ouvido na condição de testemunha ou de investigado. (...) verificou-se que, no caso, estaria demonstrado o fundado receio do paciente relativamente à possível ofensa de garantias constitucionais. Assim,* ***concedeu-se a ordem tão-somente para que lhe seja assegurado****: a)* ***o direito de ser assistido por seu advogado e de se comunicar com este durante a sua inquirição; b) a dispensa da assinatura do termo de compromisso legal de testemunha; c) o exercício do seu direito ao silêncio, incluído o privilégio contra a auto- incriminação, excluída a possibilidade de ser submetido a qualquer medida privativa de liberdade ou restritiva de direitos em razão do exercício de tais prerrogativas processuais.*** *Asseverou-se, ainda, que o paciente não estaria dispensado da obrigação de comparecer perante a denominada "CPI da Pedofilia" na audiência pública a ser designada oportunamente. Determinou-se, por fim, a expedição de salvo-conduto, nesses termos, e a comunicação, com urgência, à autoridade coatora.*

73. O STF, recentemente, decidiu que não é válida a condução coercitiva do investigado ou do réu para interrogatório no âmbito do processo penal: STF. Plenário. ADPF 395/DF e ADPF 444/DF, Rel. Min. Gilmar Mendes, julgados em 13 e 14.06.2018 (Inf. 906).

74. Nesse sentido, são as correntes: 1ª) Em consonância com a Lei nº 1.579/52 e o art. 218 do CPP, entendem que a condução coercitiva, por exemplo, das testemunhas seria somente mediante ordem judicial; 2ª) Interpretando o art. 58 § 3º da CR/88, em relação ao art. 3º da Lei nº 1.579/52, entendem que as CPIs, por serem dotadas de poderes de investigação próprios de autoridade judicial, poderiam diretamente determinar a condução coercitiva. Na jurisprudência, o STF, **antes da ADPF nº 395 e ADPF nº 444**, já adotou o posicionamento de admitir a condução coercitiva de testemunhas. Nesses termos, a decisão do HC nº 88.189 MC julgado em 07.03.2006: [...] *Ao contrário do que sucede com as convocações emanadas de Comissões Parlamentares de Inquérito, em que as pessoas – além de intimadas a comparecer, sob pena de condução coercitiva – estão obrigadas a depor, quando arroladas como testemunhas (ressalvado, sempre, em seu benefício, o exercício do privilégio constitucional contra a autoincriminação), cumpre observar que tais consequências não se registram, no plano jurídico, se se tratar, como na espécie, de mero convite formulado por Comissão Permanente do Senado Federal, que não dispõe dos poderes de coerção atribuídos a uma CPI [...]*. Rel. Min. Celso de Mello. Outra decisão veio da lavra do Min. Marco Aurélio

O Min. Gilmar Mendes que foi o relator do habeas corpus entendeu que, por sua qualidade de investigado, o indivíduo não pode ser convocado a comparecimento compulsório, menos ainda sob ameaça de responsabilização penal. Para o relator, se o paciente não é obrigado a falar, não faz qualquer sentido que seja obrigado a comparecer ao ato, a menos que a finalidade seja de registrar as perguntas que, de antemão, todos já sabem que não serão respondidas, apenas como instrumento de constrangimento e intimidação.[75]

- Buscas e apreensões genéricas (não domiciliares).[76]
- Temos ainda, nos termos do art. 2 da Lei n º1.579/52, com redação dada pela recente Lei nº 13.367/2016, que no exercício de suas atribuições, poderão as Comissões Parlamentares de Inquérito: determinar diligências que reputarem necessárias e requerer a convocação de Ministros de Estado, tomar o depoimento de quaisquer autoridades federais, estaduais ou municipais, ouvir os indiciados, inquirir testemunhas sob compromisso[77], requisitar da administração pública direta, indireta ou fundacional informações e documentos, e transportar-se aos lugares onde se fizer mister a sua presença (por exemplo: inspeções).
- Efetuar prisões em flagrante em caso de crime praticado na presença dos membros da comissão.

---

em 17.08.2009 no HC nº 99.893, na qual o Ministro (apesar de no caso sustar a ordem de condução coercitiva) deixa assente que a condução coercitiva pode sim ser manejada para a testemunha, mas não para investigados (ou acusados).

75. HC 171438/DF, STF. 2ª Turma. Rel. Min. Gilmar Mendes, julg 28.05.2019 Para o Ministro Gilmar Mendes: *o direito ao silêncio, que assegura a não produção de prova contra si mesmo, constitui pedra angular do sistema de proteção dos direitos individuais e materializa uma das expressões do princípio da dignidade da pessoa humana. Esse princípio proíbe a utilização ou a transformação do homem em objeto dos processos e ações estatais. O Estado está vinculado ao dever de respeito e proteção do indivíduo contra exposição a ofensas ou humilhações. O direito à não autoincriminação tem fundamento mais amplo do que o expressamente previsto no art. 5º, LXIII, da Constituição Federal. Em verdade, ele é derivado da união de diversos enunciados constitucionais, entre os quais os dos arts. 1º, III (dignidade humana), e 5º, LIV (devido processo legal), LV (ampla defesa) e LVII (presunção de inocência). Ademais, o direito ao silêncio foi consagrado em tratados internacionais de direitos humanos dos quais o Brasil é signatário, que enunciam o direito do acusado de não depor contra si mesmo (Pacto Internacional sobre Direitos Civis e Políticos, art. 14, 3, g, em execução por força do Decreto 592/1992; e Pacto de São José da Costa Rica, art. 8.2, g, em execução por força do Decreto 678/1992)."*

76. *"Impossibilidade jurídica de CPI praticar atos sobre os quais incida a cláusula constitucional da reserva de jurisdição, como a busca e apreensão domiciliar (...). Possibilidade, contudo, de a CPI ordenar busca e apreensão de bens, objetos e computadores, desde que essa diligência não se efetive em local inviolável, como os espaços domiciliares, sob pena, em tal hipótese, de invalidade da diligência e de ineficácia probatória dos elementos informativos dela resultantes. Deliberação da CPI/Petrobras que, embora não abrangente do domicílio dos impetrantes, ressentir-se-ia da falta da necessária fundamentação substancial. Ausência de indicação, na espécie, de causa provável e de fatos concretos que, se presentes, autorizariam a medida excepcional da busca e apreensão, mesmo a de caráter não domiciliar."* **MS 33.663 MC**, rel. min. Celso de Mello, dec. monocrática, julg. 19.06.2015.

77. Art. 3 § 1 da Lei nº 1.579/52: Em caso de não comparecimento da testemunha sem motivo justificado, a sua intimação será solicitada ao juiz criminal da localidade em que resida ou se encontre, nos termos dos arts. 218 e 219 do Decreto-Lei no 3.689, de 3 de outubro de 1941 – Código de Processo Penal. (Redação dada pela Lei nº 13.367, de 2016)

d.6) Impedimentos das CPIs

Existem práticas que as CPIs estão impedidas de realizar diretamente. Nesse sentido, quais as medidas necessitam de autorização do Poder Judiciário para que possam ser desenvolvidas pelas CPIs?

Certo que as CPIs, segundo a própria jurisprudência do STF, não têm **Poder Geral de Cautela**. A CPI faz às vezes de juiz, mas não é juiz. Mas, como podemos definir resumidamente esse poder? Ora o Poder Geral de Cautela é o poder que o juiz é dotado de garantir a eficácia de uma eventual sentença condenatória[78]. Assim sendo, as CPIs terão como impedimentos:

- Não podem determinar prisão temporária ou preventiva, pois é afeto constitucionalmente ao Poder Judiciário. Exceção: prisão em flagrante delito, pois prisão em flagrante pode, inclusive, ser realizada por qualquer um do povo, também cabendo às CPIs tal assertiva. Como exemplos: prisão em flagrante por falso testemunho ou por desacato.
- Não podem determinar arresto, sequestro, impedimento ou hipoteca de bens dos investigados.[79] Aqui conforme o novo art. 3º-A. da Lei nº 1579/52 (Incluído pela Lei nº 13.367, de 2016) caberá ao presidente da Comissão Parlamentar de Inquérito, por deliberação desta, solicitar, em qualquer fase da investigação, ao juízo criminal competente medida cautelar necessária, quando se verificar a existência de indícios veementes da proveniência ilícita de bens.
- Não podem impedir que o investigado saia de uma comarca ou mesmo do país.
- Não podem obstaculizar o trabalho dos advogados.[80] Sobre esse tema, podemos citar ainda a Lei nº 10.679/03. Esta alterou a Lei nº 1.579/52 para deixar expresso que em CPIs o depoente poderá fazer-se acompanhar de advogado, ainda que em reunião secreta.

---

78. É interessante que esse poder é pacífico no âmbito do processo civil, sendo questionado no âmbito do processo penal. Para boa parte da doutrina não há *poder geral de cautela no processo penal*. Embora o STF não tenha uma posição consolidada, é sabido que no informativo 906 do STF, foi afirmado que: *Diante do postulado constitucional da legalidade estrita em matéria processual penal, inexiste, no processo penal, o poder geral de cautela dos juízes* (Informativo 906). Nesse sentido, não seria possível a fixação pelo juiz de medidas cautelares atípicas, tendo, portanto, o art. 319 do CPP um rol taxativo.
79. Conforme o MS nº 23445: [...] 7. Entendimento do STF segundo o qual as CPI'S não podem decretar bloqueios de bens, prisões preventivas [...] Rel. Min. Néri da Silveira, Julg. 24.11.1999.
80. Sobre a atuação do advogado, temos decisão do STF no HC nº 88.015 em 14.02.2006: [...] Sendo assim, tendo em consideração as razões expostas, e sem dispensar o ora paciente da obrigação de comparecer perante a "CPMI dos Correios", defiro o pedido de medida liminar, nos precisos termos expostos nesta decisão, em ordem a assegurar, cautelarmente, a esse mesmo paciente, (a) *o direito de ser assistido por seu Advogado e de com este comunicar-se durante o curso de seu depoimento perante a referida Comissão Parlamentar de Inquérito e (b) o direito de exercer o privilégio constitucional contra a autoincriminação, sem que se possa adotar, contra o paciente em questão, como consequência do regular exercício dessa especial prerrogativa jurídica, qualquer medida restritiva de direitos ou privativa de liberdade, não podendo, ainda, tal paciente, ser obrigado "a assinar Termo de Compromisso na condição de testemunha"*. Rel. Min Celso Mello.

- Não podem realizar atividades que envolvam as ***cláusulas* de reserva de jurisdição**. Cláusulas, essas, que estão constitucionalmente reservadas ao Poder Judiciário. Nesse sentido, é vedada à CPI busca e apreensão domiciliar (art. 5º, XI, da CR/88) e a interceptação telefônica[81] (art. 5º, XII, da CR/88).
- Além disso, as CPIs não podem quebrar o sigilo imposto a processo que corre em segredo de justiça.[82]

d.7) Considerações finais sobre as Comissões Parlamentares de Inquérito.

1) A Lei nº 10.001, de 4 de setembro do ano 2000, não pode ser olvidada. Esta dispõe sobre a prioridade nos procedimentos a serem adotados pelo Ministério Público e por outros órgãos a respeito das conclusões das comissões parlamentares de inquérito. Nesses termos, reza nesse importante diploma normativo que:

- Os Presidentes da Câmara dos Deputados, do Senado Federal ou do Congresso Nacional encaminharão o relatório da **Comissão Parlamentar de Inquérito** respectiva, e a **resolução** que o aprovar, aos chefes do **Ministério Público da União ou dos Estados, ou ainda às autoridades administrativas ou judiciais** com poder de decisão, conforme o caso, para a prática de atos de sua competência.
- A autoridade a quem for encaminhada a resolução **informará ao remetente,** no prazo de **trinta dias,** as providências adotadas ou a justificativa pela omissão.
- A autoridade que presidir processo ou procedimento, administrativo ou judicial, instaurado em decorrência de conclusões de Comissão Parlamentar de Inquérito, comunicará, semestralmente, a fase em que se encontra, até a sua conclusão.
- O **processo ou procedimento** referido nessa Lei terá **prioridade sobre qualquer outro,** exceto sobre aquele relativo a pedido de ***habeas corpus*, *habeas data*** e mandado de segurança.
- O **descumprimento** das normas dessa Lei sujeita a autoridade a sanções administrativas, civis e penais.

81. Conforme o MS nº 27.483 REF-MC/DF julgado em 14.08.2008: *(...) Comissão Parlamentar de Inquérito não tem poder jurídico de, mediante requisição, a operadoras de telefonia, de cópias de decisão nem de mandado judicial de interceptação telefônica, quebrar sigilo imposto a processo sujeito a segredo de justiça. Este é oponível a Comissão Parlamentar de Inquérito, representando expressiva limitação aos seus poderes constitucionais.* (Rel. Min. Cezar Peluso).
82. MS nº 27.483 REF-MC/DF julg. em 14.08.2008: [...] CPI. *Prova. Interceptação telefônica. Decisão judicial. Sigilo judicial. Segredo de justiça. Quebra. Requisição, às operadoras, de cópias das ordens judiciais e dos mandados de interceptação. Inadmissibilidade. Poder que não tem caráter instrutório ou de investigação. Competência exclusiva do juízo que ordenou o sigilo. Aparência de ofensa a direito líquido e certo. Liminar concedida e referendada. Voto vencido. Inteligência dos arts. 5º, X e LX, e 58, § 3º, da CR, art. 325 do CP, e art. 10, cc. art. 1º da Lei federal nº 9.296/96. Comissão Parlamentar de Inquérito não tem poder jurídico de, mediante requisição, a operadoras de telefonia, de cópias de decisão nem de mandado judicial de interceptação telefônica, quebrar sigilo imposto a processo sujeito a segredo de justiça. Este é oponível a CPI, representando expressiva limitação aos seus poderes constitucionais.* (Rel. Min. Cezar Peluso).

Aqui, é interessante deixarmos consignado, que o STF considerou inconstitucional legislação Estadual sobre o mesmo tema, ou seja, prioridade nos procedimentos após a aprovação de relatório de CPI Estadual. Nesse sentido, o Plenário do STF em 10.11.2011, julgou procedente pedido formulado na ADI 3041/RS para declarar a inconstitucionalidade dos artigos 2º, 3º e 4º da Lei 11.727/2002, do Estado do Rio Grande do Sul, que dispunha sobre a prioridade, nos procedimentos a serem adotados pelo Ministério Público, por Tribunal de Contas e por outros órgãos a respeito de conclusões das comissões parlamentares de inquérito instauradas naquele Estado. Reputou-se, na decisão que os dispositivos impugnados, ao fixar prazos e estabelecer obrigações ao parquet e ao Poder Judiciário, no sentido de acelerar a tramitação dos processos que versem sobre as conclusões dessas comissões locais, teriam invadido a competência privativa da União para legislar sobre direito processual (art. 22, I da CR/88) do que decorreria inconstitucionalidade formal.[83]

2) O STF, no Inq. nº 2.295, decidiu que existe **legitimidade** de **prova emprestada** para a atuação de uma CPI que obteve acesso à base de dados de outra CPMI (do Banestado) em virtude de aprovação na própria CPI requerente dos dados para o acesso aos mesmos.[84]

3) O STF, decidiu no **HC nº 100.341/AM,** julgado em **04.11.2010** que a existência de procedimento penal investigatório, em tramitação no órgão judiciário competente, não impede a realização de atividade apuratória por uma Comissão Parlamentar de Inquérito, ainda que seus objetos sejam correlatos, pois cada qual possui amplitude distinta, delimitada constitucional e legalmente, além de finalidades diversas.[85]

4) O STF já decidiu, nos termos do MS nº 25.459, que havendo a extinção da CPI com a conclusão de seus trabalhos (com ou sem a aprovação do relatório final), ocorre a prejudicialidade das ações constitucionais contra CPIs. Portanto, mediante a conclusão dos trabalhos de uma CPI, os eventuais mandados de segurança ou *habeas corpus*, impetrados devem ser julgados prejudicados[86]. Porém, apesar de essa, ser a regra ("regra da prejudicialidade"), existe uma exceção presente na ACO 622[87].

---

83. ADI 3041/RS, Rel. Min. Ricardo Lewandowski, **10.11.2011**.
84. Nesses termos: *[...] Quarta preliminar. Prova emprestada. Caso "Banestado". Autorização de compartilhamento tanto pela comissão parlamentar mista de inquérito como pelo Supremo Tribunal Federal. Legalidade. O acesso à base de dados da CPMI do Banestado fora autorizado pela CPMI dos Correios. Não bastasse isso, o Presidente do Supremo Tribunal Federal deferiu o compartilhamento de todas as informações obtidas pela CPMI dos Correios para análise em conjunto com os dados constantes dos presentes autos. Não procede, portanto, a alegação de ilegalidade da prova emprestada do caso Banestado.* (Rel. Min. Joaquim Barbosa, Julg. **28.08.2007**. DJ: 09.11.2007).
85. **HC nº 100.341**, Rel. Min. Joaquim Barbosa, *DJ*: **02.12.2010**.
86. **MS 25.559/AgR/DF**: *"Mandado de Segurança. Impetração contra ato de Comissão Parlamentar de Inquérito – CPI. Extinção desta. Prejuízo consequente do pedido daquele. Extinção do processo, sem julgamento de mérito. Agravo improvido. Precedentes. Encerrados os trabalhos de Comissão Parlamentar de Inquérito, contra a qual tenha sido impetrado, extingue-se, sem julgamento de mérito, o processo de mandado de segurança".* Rel. Min. Cezar Peluso. Julg. **04.10.2010**.
87. Em virtude do reconhecimento de conflito federativo, nos termos do art. 102, I, f da CR/88, o STF determinou sua competência para processar e julgar Ação Popular derivada de CPI da ALERJ (que visou apurar as causas de acidente da plataforma P-36 da Petrobras) que já estava com seus trabalhos encerrados.

5) O STF decidiu por maioria (6x5) na **ACO nº 730** que as Comissões Parlamentares de Inquérito Estaduais terão poderes para quebrar **sigilo bancário de seus investigados**, não necessitando para tal de ordem judicial (o fundamento central foi o princípio da simetria).[88]

e) Comissão Representativa – art. 58, § 4º, CR/88. Conforme o diploma Constitucional, teremos uma comissão que terá a função de representar o Congresso Nacional nos períodos de recesso do mesmo e que será eleita sempre na última sessão ordinária de um período legislativo. Nesses termos, reza a Constituição que, durante o recesso, haverá uma Comissão representativa do Congresso Nacional, eleita por suas Casas na última sessão ordinária do período legislativo, com atribuições definidas no regimento comum, cuja composição reproduzirá, quanto possível, a proporcionalidade da representação partidária.

Especificadas as suas **espécies**, temos, ainda, que as **comissões** terão como **função constitucional**, em razão da matéria de sua competência:

- discutir e votar projeto de lei que dispensar, na forma do regimento, a competência do Plenário, salvo se houver recurso de um décimo dos membros da Casa;
- realizar audiências públicas com entidades da sociedade civil;

88. Conforme a Ementa julgada em **22.09.2004** de rel. do Min. Joaquim Barbosa: Ação Cível Originária. Mandado de Segurança. Quebra de sigilo de dados bancários determinada por Comissão Parlamentar de Inquérito de Assembleia Legislativa. Recusa de seu cumprimento pelo Banco Central do Brasil. Lei Complementar 105/2001. Potencial conflito federativo (cf. ACO 730-QO). Federação. Inteligência. Observância obrigatória, pelos estados-membros, de aspectos fundamentais decorrentes do princípio da separação de poderes previsto na Constituição federal de 1988. Função fiscalizadora exercida pelo Poder Legislativo. Mecanismo essencial do sistema de *checks-and-counterchecks* adotado pela Constituição federal de 1988. Vedação da utilização desse mecanismo de controle pelos órgãos legislativos dos estados-membros. Impossibilidade. Violação do equilíbrio federativo e da separação de Poderes. Poderes de CPI estadual: ainda que seja omissa a Lei Complementar 105/2001, podem essas comissões estaduais requerer quebra de sigilo de dados bancários, com base no art. 58, § 3º, da Constituição. Mandado de segurança conhecido e parcialmente provido. *DJ*: **11.11.2005**. Aqui, é interessante ressaltarmos, que no mesmo julgamento (em discussão plenária) foi destacada a questão da **possibilidade de CPIs municipais** também terem a condição de **quebrar o sigilo bancário** de seus investigados. A princípio, como debatido no STF, **isso não seria possível**, sob o argumento central de que os **Municípios** não teriam Poder Judiciário e em virtude disso não poderiam ter os mesmos poderes investigatórios conferidos às CPIs de cunho Estadual (que além de outros poderes previstos regimentalmente, são dotadas de poderes de investigação próprios de autoridade judicial) e Nacional (que além de outros poderes previstos regimentalmente, são dotadas de poderes de investigação próprios de autoridades judiciais). Entendemos que existe sim a possibilidade da criação de CPIs municipais, porém com poderes definidos regimentalmente. Porém, entendemos, em consonância com a doutrina e com os debates expressos (na **ACO nº 730**), que as mesmas **não terão** poder para determinar a quebra de sigilo bancário. Sobre o tema, de acordo com o nosso entendimento e usando de argumentos diferentes dos trabalhados pelo STF, temos: OLIVEIRA, Eugênio Pacelli, *Curso de processo penal*, p. 288-289. Uma outrora questão interessante, relacionada ao tema da **ACO 730**, foi iniciada no STF em **Março de 2010** e envolve a possibilidade de **CPI Estadual quebrar** diretamente **Sigilo Fiscal** (dados fiscais) de investigados. A questão está sendo enfrentada na **ACO 1271/RJ** (**ALERJ** *versus* **chefe da Superintendência Regional da Receita Federal da 7ª Região Fiscal**). O Relator da ACO Ministro Joaquim Barbosa (seguindo o entendimento da ACO 730) votou pela **procedência** do pedido da ALERJ para a quebra do sigilo de investigados (CPI para investigar a ação das milícias no Estado do RJ). Posteriormente o Ministro Dias Toffoli, pediu vista. (**Informativo 578 do STF**)

- convocar Ministros de Estado para prestar informações sobre assuntos inerentes a suas atribuições;
- receber petições, reclamações, representações ou queixas de qualquer pessoa contra atos ou omissões das autoridades ou entidades públicas;
- solicitar depoimento de qualquer autoridade ou cidadão; e
- apreciar programas de obras, planos nacionais, regionais e setoriais de desenvolvimento e sobre eles emitir parecer.

4. ESTATUTO DOS CONGRESSISTAS

4.1. Conceito

É um conjunto de normas jurídicas que estatui o regime jurídico de deputados e senadores e, que diz respeito, sobretudo, aos direitos e imunidades ou aos deveres e impedimentos dos membros do Poder Legislativo.

4.2. Análise

Iremos começar nosso estudo pelas imunidades parlamentares para, posteriormente estudar os impedimentos e vedações aos deputados e senadores e as hipóteses e procedimentos que se relacionam à perda do cargo dos mesmos.

Sem dúvida, a finalidade das imunidades parlamentares é a proteção da independência do Poder Legislativo em relação aos outros Poderes e frente à própria sociedade, para que ele possa desenvolver suas funções típicas e atípicas de forma adequada.

Assim sendo, elas (imunidades) visam ao desenvolvimento do princípio da separação dos Poderes e, com isso, desenvolve-se a própria lógica do Estado Democrático de Direito. Sem dúvida, um Poder Legislativo independente reforça o princípio democrático.[89]

Nesse sentido, inicialmente temos duas grandes imunidades parlamentares, conforme o esquema abaixo:

89. Por isso, elas não devem ser entendidas como privilégios, mesmo porque elas são do cargo que os parlamentares exercem e não dos parlamentares. Assim sendo, elas têm por objetivo proteger o exercício do mandato não traduzindo-se em privilégio de ordem pessoal. Nesse sentido, o Ministro Celso de Mello no Inq. nº 1.024: "[...] a garantia é inerente ao desempenho da função parlamentar, não traduzindo, por isso mesmo, qualquer privilégio de ordem pessoal." MENDES; COELHO; BRANCO, Curso de direito constitucional, 2008, p. 899.

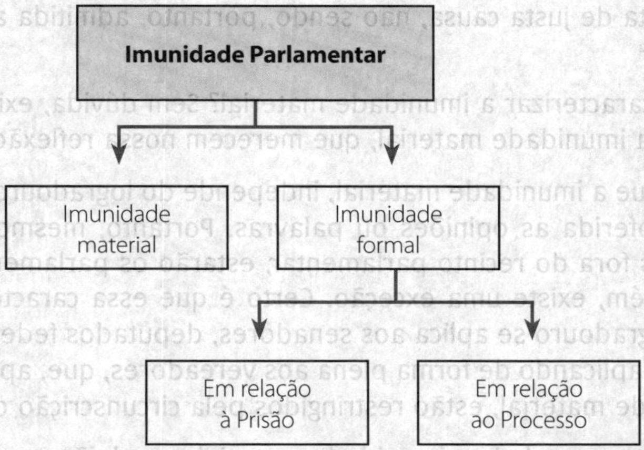

Pois bem, a imunidade parlamentar se subdivide inicialmente em:

4.3. Imunidade Material

A imunidade material também é chamada de imunidade substancial ou inviolabilidade. Ela é definida como a subtração (supressão) da responsabilidade civil, penal, disciplinar ou política dos deputados e senadores por suas opiniões, palavras e votos.

Ou seja, conforme o ***caput*** do art. 53 deputados e senadores se tornam invioláveis. E essa inviolabilidade é tanto cível quanto penal. Temos que, conforme parte da doutrina, essa inviolabilidade também pode ser administrativa de cunho disciplinar ou mesmo política,[90] apesar de não explicitado no ***caput*** do art. 53.

Nesse sentido, a norma constitucional (***caput***, art. 53) afasta a incidência, por exemplo, da norma penal do art. 138 (crime de calúnia), ou afasta a incidência do ordenamento de Direito civil, como, por exemplo, no caso de danos morais. Nesses termos, os parlamentares poderão exercer sua atividade, com uma ampla liberdade de expressão e manifestação de pensamento, tendo, com isso, a preservação de suas opiniões e palavras.

Sobre a natureza a jurídica da imunidade material, temos que, não sem divergência, é considerada pelo STF, e pela doutrina majoritária, como *"causa excludente de tipicidade"*[91]. Nesses termos, havendo denuncia ou queixa-crime, esta, deve ser

90. HORTA, Raul Machado, Estudos de direito constitucional, 1995, p. 597.
91. "Há quem entenda tratar-se de excludente do crime. Está foi a posição do Min. Ayres Britto no Inq 2282/DF ao afirmar que inviolabilidade material é "excludente do crime", ou seja, que está acobertado por ela não comete crime. Outros entendem "como causa de isenção de pena". Fernando Capez e Luiz Flávio Gomes, adotam uma terceira corrente, entendendo que a imunidade material "exclui a tipicidade da conduta", uma vez que impede a instauração de inquérito ou processo criminal contra o parlamentar. Apesar de não haver consenso, parece-nos correta esta última posição, pois as excludentes de ilicitude (legítima defesa, estado de necessidade, etc.) não obstam a instauração de procedimento policial e a propositura da ação penal para a apuração da infração penal,

rejeitada por falta de justa causa, não sendo, portanto, admitida a instauração do processo penal.[92]

Mas, como caracterizar a imunidade material? Sem dúvida, existem requisitos/ características da imunidade material, que merecem nossa reflexão:

(1) **A uma**, que a imunidade material, independe do logradouro ou do recinto[93], em que seja proferida as opiniões ou palavras. Portanto, mesmo se as opiniões forem proferidas fora do recinto parlamentar, estarão os parlamentares acobertados por ela. Porém, existe uma exceção. Certo é que essa característica da independência do logradouro se aplica aos senadores, deputados federais, estaduais e distritais, não se aplicando de forma plena aos vereadores, que, apesar de também terem a imunidade material, estão restringidos pela circunscrição do município.[94]

(2) **A duas,** para que haja a imunidade material as opiniões ou palavras devem guardar relação com o mandato. Devem ser proferidas em função do mandato. Nesse sentido, deve haver nexo de causalidade entre o exercício do mandato e o proferimento das opiniões ou palavras.[95]

---

apenas impondo, quando reconhecidas a absolvição do réu. O mesmo ocorre em relação as causas de isenção da pena (ex: inimputabilidade nos termos do art. 26, *caput* do CP, perdão judicial) que, como regra, também não impedem o inquérito ou o processo. Diferentemente, porém, é a hipótese da **exclusão da tipicidade da conduta**, em que resta inviabilizada, qualquer apuração sob pena de constrangimento ilegal impugnável por *habeas corpus*". AVENA, Norberto, *Curso de processo Penal esquematizado*. p. 72-73, 2012.

92. "É sabido que a **imunidade material** parlamentar exclui a tipicidade do fato praticado pelo deputado ou senador consistente na manifestação, escrita ou falada, exigindo-se apenas que ocorra no exercício da função. *(...) o STF já firmou orientação no sentido de que o relator pode determinar o arquivamento dos autos quando as supostas manifestações ofensivas estiverem acobertadas pela **imunidade** parlamentar **material**."* **Pet 4.934**, rel. min. **Dias Toffoli**, dec. monocrática, julg. em 25.09.2012.

93. "A imunidade parlamentar material se estende à divulgação pela imprensa, por iniciativa do congressista ou de terceiros, do fato coberto pela inviolabilidade". **RE nº 210.917/RJ**. Além disso: *a garantia se estende a "entrevistas jornalísticas", transmissão pela impressa de conteúdo de pronunciamentos ou mesmo de relatórios produzidos pelas casas. AI nº 401.600.*

94. **RE nº 600.063** julg. em **25.02.2015**, rel. min. Marco Aurélio: *"1. Vereador que, em sessão da Câmara, teria se manifestado de forma a ofender ex-vereador, afirmando que este "apoiou a corrupção [...], a ladroeira, [...] a sem-vergonhice", sendo pessoa sem dignidade e sem moral. 2. Observância, no caso, dos limites previstos no art. 29, VIII, da Constituição: manifestação proferida no exercício do mandato e na circunscrição do Município. (...) 4. Embora indesejáveis, as ofensas pessoais proferidas no âmbito da discussão política, respeitados os limites trazidos pela própria Constituição, não são passíveis de reprimenda judicial. Imunidade que se caracteriza como proteção adicional à liberdade de expressão, visando a assegurar a fluência do debate público e, em última análise, a própria democracia. 5. A ausência de controle judicial não imuniza completamente as manifestações dos parlamentares, que podem ser repreendidas pelo Legislativo. 6. Provimento do recurso, com fixação, em repercussão geral, da seguinte tese: nos limites da circunscrição do Município e havendo pertinência com o exercício do mandato, os vereadores são imunes judicialmente por suas palavras, opiniões e votos."*

95. Como exemplo, temos decisão de 08.10.2009 no AI nº 401.600: "Declarações divulgadas pelo boletim diário da sessão plenária da câmara legislativa e entrevistas jornalísticas publicadas pela imprensa local. Impossibilidade de responsabilização civil de membro do Poder Legislativo. Pressupostos de incidência da garantia constitucional da imunidade parlamentar. Prática "in officio" e prática "propter officium". Recurso improvido". Rel. Min. Celso de Mello. Outro exemplo foi o recente caso do **Senador Ronaldo Caiado** (DEM-GO) que publicou, em suas contas no Twitter e Facebook, as mensagens: *"Lula tem postura de bandido. E bandido frouxo! Igual à época que instigava metalúrgicos a protestar e ia dormir na sala do delegado Tuma". "Lula e sua turma foram pegos roubando a Petrobras e agora ameaça com a tropa MST do Stédile e do Rainha para promover a baderna". "Em vez de ir para reuniões de incitações ao ódio, Lula deveria ir à CPI da Petrobras explicar os assaltos cometidos por ele e seu governo"*. O ex-Presidente Lula, por intermédio dos seus advogados, ingressou, então, com queixa-crime contra o Senador pedindo

Porém, aqui, há uma importante questão, que merece nossa reflexão. Sempre haveria a necessidade do nexo de causalidade (entre manifestação ofensiva e o mandato) ou em proferimentos dentro do parlamento, esse requisito (básico) seria dispensado? Pois bem, o STF já entendeu, e, a nosso ver, de forma inadequada[96], no RE nº 463.671 AgR julgado em 19.06.2007, que "*sendo a ofensa irrogada em plenário, independe de conexão com o mandato para o fim de elidir a responsabilidade civil por perdas e danos*".

Assim sendo, a aferição do nexo de causalidade, nesse posicionamento do STF, seria necessária *apenas* para os pronunciamentos realizados fora do parlamento, pois os proferimentos praticados dentro do Congresso, estariam abarcados pela imunidade material independente de nexo de causalidade entre o proferimento e o mandato[97]. No mesmo sentido decidiu a 1ª turma do STF no Inq nº 3672/RJ em 14.10.2014 de relatoria da ministra Rosa Weber.[98]

---

a sua condenação por calúnia, injúria e difamação. A 1ª Turma do STF *entendeu que as declarações publicadas pelo Senador estavam protegidas pela imunidade parlamentar prevista no art. 53 da CR/88*. Segundo decidiu o Min. Relator Edson Fachin, as manifestações do congressista, no caso concreto, possuíam cunho político e estavam relacionadas com o exercício do mandato. Isso porque a função parlamentar não abrange apenas atividades legislativas, mas inclui também a fiscalização e a investigação da administração pública. A imunidade parlamentar é uma proteção adicional ao direito fundamental de todas as pessoas à liberdade de expressão, previsto no art. 5º, IV e IX, da CR/88. Assim, mesmo quando desbordem e se enquadrem em tipos penais, as palavras dos congressistas, desde que guardem alguma pertinência com suas funções parlamentares, estarão cobertas pela imunidade material do art. 53, "caput", da CR/88. Conforme o Informativo 810: "*Para o Colegiado, a Constituição teria garantido uma tolerância com o uso — que normalmente fosse considerado abusivo — do direito de expressar livremente suas opiniões, quando proveniente de parlamentar no exercício de seus respectivos mandatos. Essa condescendência se justificaria para assegurar um bem maior — a própria democracia. Entre um parlamentar acuado pelo eventual receio de um processo criminal e um parlamentar livre para expor as suspeitas que pairassem sobre outros homens públicos, mesmo que de forma que pudesse ser considerada abusiva e, portanto, criminosa, o caminho trilhado pela CF seria o de conferir liberdade ao congressista. Assim, a regra da imunidade deveria prevalecer nas situações limítrofes em que não fosse delineada a conexão entre a atividade parlamentar e as ofensas irrogadas a pretexto de exercê-la, mas que, igualmente, não se pudesse, de plano, dizer que exorbitassem do exercício do mandato.*" STF. 1ª Turma. **Inq 4088/DF** e **Inq 4097/DF**, Rel. Min. Edson Fachin, julg. em **01.12.2015**.

96. Visto que estabelece uma extrema flexibilização, ou um melhor "cheque em branco" (em termos de responsabilização) para pronunciamentos dos mais variados "quilates" e "montas" dentro do Parlamento.

97. Conforme o STF: "*é de se* ***distinguir*** *as situações em que as supostas ofensas são proferidas* ***dentro*** *e* ***fora*** *do Parlamento.* ***Somente nessas últimas ofensas irrogadas fora do Parlamento*** *é de se perquirir da chamada* ***'conexão com o exercício do mandato ou com a condição parlamentar'*** *(****Inq 390*** *e* ***1.710****). Para os pronunciamentos feitos no* ***interior das Casas Legislativas não cabe indagar sobre o conteúdo das ofensas ou a conexão com o mandato****, dado que acobertadas com o manto da inviolabilidade. Em tal seara, caberá à própria Casa a que pertencer o parlamentar coibir eventuais excessos no desempenho dessa prerrogativa. No caso, o discurso se deu no plenário da Assembleia Legislativa, estando, portanto, abarcado pela inviolabilidade. Por outro lado, as entrevistas concedidas à imprensa pelo acusado restringiram-se a resumir e comentar a citada manifestação da tribuna, consistindo, por isso, em mera extensão da* ***imunidade material****.*" ***Inq 1.958****, Rel. p/ o ac. Min.* ***Ayres Britto****, julg. em 29.10.2003.* Ver também: ***Inq 2.295****, julg. em 23.10.2008. Já no* ***Inq 2.915*** *julg. pelo STF em* ***09.05.2013****: "5. Imunidade parlamentar. Inexistência, quando não se verificar liame entre o fato apontado como crime contra a honra e o exercício do mandato parlamentar pelo ofensor. Os atos praticados em local distinto do recinto do Parlamento escapam à proteção absoluta da imunidade, que abarca apenas manifestações que guardem pertinência, por um nexo de causalidade, com o desempenho das funções do mandato (Precedentes). 6. Os indícios da prática dos crimes de calúnia e difamação nas declarações prestadas pelo querelado (Deputado Federal) em programa radiofônico no caso sub judice, impõem o recebimento da queixa-crime*". (Rel. Min. Luiz Fux)

98. No caso, a 1ª Turma do STF, por maioria, recebeu denúncia oferecida contra deputado federal pela suposta prática do crime de calúnia (CP, art. 138). Na espécie, o investigado, em blogue pessoal, imputara a delegado de polícia o

Porém, a mesma 1ª Turma do STF, no julgamento do Inq 4088 e Inq 4097 em 01.12.2015, afirmou que "*a imunidade material conferida aos parlamentares não seria uma prerrogativa absoluta. Restringir-se-ia a opiniões e palavras externadas, dentro ou fora do recinto do Congresso Nacional, mas no exercício do mandato ou em razão dele.* Prevaleceria, portanto, a compreensão de que a imunidade parlamentar não se estenderia para opiniões ou palavras que pudessem malferir a honra de alguém quando essa manifestação estivesse dissociada do exercício do mandato."

Temos aqui, que o STF ainda não definiu a contento essa questão, na medida em que a própria 1ª turma, em 21.06.2016, voltou a afirmar que dentro do parlamento a imunidade material recebe um viés absoluto (*pois o proferimento não necessita guardar relação com o mandato*).

É interessante que no caso concreto, o STF acabou por receber denúncia e queixa crime contra o parlamentar, mas em virtude de entrevistas que ele deu repetindo a fala prolatada no plenário da Câmara dos Deputados.[99] Nesses termos, em interessante *hard case* a 1ª Turma do STF, em julgamento conjunto do Inq 3932 e Pet 5243, por maioria, recebeu denúncia pela suposta prática de incitação ao crime (CP, art. 286[100]) e queixa-crime quanto à alegada prática de injúria (CP, art.

---

fato de ter arquivado investigações sob sua condução para atender a interesses políticos de seus aliados – conduta definida como crime de corrupção passiva e/ou prevaricação. A Turma consignou que as afirmações expressas no blogue do investigado não se inseririam no exercício de sua atividade parlamentar e não guardariam liame com ela. Concluiu, pois, que a imunidade material não seria aplicável ao caso concreto. Vencido o Ministro Dias Toffoli, que rejeitava a denúncia por considerar a conduta atípica. Aduzia que a crítica mais dura e ríspida faria parte da atividade de fiscalização parlamentar. Ressaltava que o fato de a crítica ter sido feita em um blogue em nada retiraria a sua qualidade de atividade fiscalizatória. (Informativo 763 do STF). *A relatora,* Ministra Rosa Weber, *ressaltou que a imunidade parlamentar material (art. 53 da CF/88) só é absoluta quando as afirmações de um parlamentar sobre qualquer assunto ocorrem dentro do Congresso Nacional. No entendimento da Ministra, fora do parlamento é necessário que as afirmações tenham relação direta com o exercício do mandato. Portanto, o STF entendeu que as declarações do Deputado não tinham relação direta com o exercício de seu mandato.*

99. Informativo 831 do STF: "*Não obstante a jurisprudência do STF tenha entendimento no sentido da impossibilidade de responsabilização do parlamentar quando as palavras tenham sido proferidas no recinto da Câmara dos Deputados, as declarações foram proferidas em entrevista a veículo de imprensa, não incidindo, assim, a imunidade. O fato de o parlamentar estar em seu gabinete no momento em que a concedera é meramente acidental, já que não foi ali que se tornaram públicas as ofensas, mas sim por meio da imprensa e da internet. Portanto, cuidando-se de declarações firmadas em entrevista concedida a veículo de grande circulação, cujo conteúdo não se relaciona com a garantia do exercício da função parlamentar, não incide o art. 53 da CR/88.*" Inq. 3932 e Pet. 5243 Rel. Min. Luiz Fux, Julg. em 21.06.2016.

100. O STF entendeu que a conduta do parlamentar configura, em tese, para fins de recebimento de denúncia, o delito do art. 286 do CP: "*Art. 286. Incitar, publicamente, a prática de crime: Pena – detenção, de três a seis meses, ou multa.*" *A manifestação do Deputado tem o potencial de incitar outros homens a expor as mulheres à fragilidade e à violência física, sexual, psicológica e moral, considerando que foi proferida por um parlamentar, que não pode desconhecer os tipos penais. O crime de estupro tem consequências graves, e sua ameaça constante mantém todas as mulheres em situação de subordinação. Portanto, discursos que relativizam essa gravidade e a abjeção do delito contribuem para agravar a vitimização secundária produzida pelo estupro. O parlamentar, ao utilizar o vocábulo "merece" transformou o estupro em algo como se fosse um prêmio, um favor, uma benesse à mulher. Além disso, transmitiu a ideia de que as vítimas podem merecer os sofrimentos a elas infligidos pelo estupro. Essa fala reflete os valores de uma sociedade desigual, que ainda tolera e até incentiva a prática de atitudes machistas e defende a naturalidade de uma posição superior do homem, nas mais diversas atividades. Para que se consuma o tipo penal do art. 286 do CP, não é necessário que o agente incentive, verbal e literalmente, a prática de determinado crime. Este delito pode ser praticado por meio de qualquer conduta que seja apta a provocar ou a reforçar em terceiros a intenção da prática criminosa. Ademais,*

140[101]), ambos os delitos imputados ao então Deputado Federal e atual Presidente da República, Jair Bolsonaro.

Os crimes diziam respeito a declarações proferidas na Câmara dos Deputados e, no dia seguinte, divulgadas em entrevista concedida à imprensa. No caso, o parlamentar afirmara que deputada federal *"não merece ser estuprada, por ser muito ruim, muito feia, não fazer seu gênero"* e acrescentara que, se fosse estuprador, *"não iria estuprá-la porque ela não merece"*. É interessante que seguindo a linha trabalhada em nossa obra, a 1ª Turma assinalou que a garantia constitucional da imunidade material protege o parlamentar, qualquer que seja o âmbito espacial em que exerça a liberdade de opinião, sempre que suas manifestações guardem conexão com o desempenho da função legislativa ou tenham sido proferidas em razão dela. Porém, conforme defendemos, para que as afirmações feitas pelo parlamentar possam ser relacionadas ao exercício do mandato, devem revelar teor minimamente político, referido a fatos que estejam sob debate público, sob investigação em CPI ou em órgãos de persecução penal ou, ainda, sobre qualquer tema que seja de interesse de setores da sociedade, do eleitorado, de organizações ou quaisquer grupos representados no parlamento ou com pretensão à representação democrática.

Consequentemente, não há como relacionar ao desempenho da função legislativa, ou de atos praticados em razão do exercício de mandato parlamentar, as palavras e opiniões meramente pessoais, sem relação com o debate democrático de fatos ou ideias e, portanto, sem vínculo com o exercício das funções cometidas a um parlamentar. Concluiu o STF, que na hipótese, tratava-se de declarações que não guardariam relação com o exercício do mandato.[102]

o delito do art. 286 do CP é crime formal, de perigo abstrato, e independe da produção de resultado. Além disso, não exige o fim especial de agir, mas apenas o "dolo genérico", consistente na consciência de que o comportamento do agente instigará outros a praticar crimes. No caso, a frase do parlamentar tem potencial para estimular a perspectiva da superioridade masculina e a intimidação da mulher pela ameaça de uso da violência. Assim, a afirmação pública do Deputado tem, em tese, o potencial de reforçar a ideia eventualmente existente em outros homens de praticarem violência contra a mulher. (Informativo 831)

101. Entendeu o STF que a conduta do parlamentar configura, em tese, para fins de recebimento de denúncia, o crime de injúria: *"Art. 140. Injuriar alguém, ofendendo-lhe a dignidade ou o decoro: Pena – detenção, de um a seis meses, ou multa." As declarações do Deputado atingiram a honra subjetiva da Deputada porque rebaixaram sua dignidade moral, expondo sua imagem à humilhação pública, além de associar as características da mulher à possibilidade de ser vítima de estupro.*

102. **AP 926/AC**, *Deputado, em resposta a ofensas do Governador do Estado, afirmou, em rede social, que o Governador era acusado de corrupção eleitoral, que tinha como costume fazer acusações falsas para tentar incriminar seus desafetos políticos, que costumava espancar seu pai e que era desequilibrado mental. No caso STF entendeu que o Deputado Federal praticou fato típico, antijurídico e culpável. Portanto não haveria imunidade material. Porém ele não deveria ser punido, com base no art. 140, § 1º, II, do CP. O Deputado postou as mensagens ofensivas menos de 24 horas depois de o Governador publicar a manifestação também injuriosa. Dessa forma, as mensagens do parlamentar foram imediatamente posteriores às veiculadas pelo ofendido e elaboradas em resposta a elas. Ao publicá-las, o acusado citou parte do conteúdo da mensagem postada pelo ofendido, comprovando o nexo de pertinência entre as condutas. Dessa maneira, o ofendido não só, de forma reprovável, provocou a injúria, como também, em tese, praticou o mesmo delito, o que gerou a retorsão imediata do acusado. O STF entendeu que não havia razão moral para o Estado punir o Deputado. 1ª Turma do STF, julg. em* ***06.09.2016.***

É interessante observarmos como no tema da ***imunidade material*** não há uma uniformização precisa de entendimento do STF (e de suas turmas). A análise acaba recaindo na situação de aplicação, tendo em vista as circunstancias fáticas e jurídicas do caso concreto. Uma prova disso foi o recente julgado do Inq. 4694, novamente envolvendo o atual Presidente da República Jair Bolsonaro.

O então Deputado Federal Jair Bolsonaro proferiu palestra no auditório do Clube Hebraica no Rio de Janeiro e ali fez críticas e comentários a respeito dos quilombolas e também de povos estrangeiros.[103]

Em 12 de abril de 2018, a Procuradora-Geral da República ofereceu denúncia, no STF, contra Jair Bolsonaro afirmando que ele, ao proferir tais palavras, praticou racismo, conduta tipificada no art. 20, *caput* da Lei nº 7.716/89, considerando que, "em seu discurso tratou os quilombolas como seres inferiores, igualando-os a mercadoria (discriminação) e ainda reputou-os inúteis, preguiçosos (preconceito) e também incitou a discriminação em relação aos estrangeiros, estimulando os presentes no Clube Hebraica, um público de cerca de trezentas pessoas, além de outras pessoas, que tiveram acesso a vídeos divulgados do evento, a pensarem e agirem de igual forma (induzimento e/ou incitação).

A 1ª Turma do STF, por maioria, rejeitou a denúncia apresentada contra Jair Bolsonaro. O colegiado entendeu que não ficou configurado o conteúdo discriminatório das declarações do acusado. Afirmou o STF que as palavras por ele proferidas estão dentro da ***liberdade de expressão*** prevista no art. 5º, IV, da CR/88, além de também estarem cobertas pela ***imunidade parlamentar*** (art. 53 da CR/88).

Entendeu por maioria a 1ª Turma que o objetivo de seu discurso não foi o de repressão, dominação, supressão ou eliminação dos quilombolas ou dos estrangeiros. Assim sendo, o pronunciamento do então parlamentar estaria vinculado ao contexto de demarcação e proveito econômico das terras e configurou manifestação política que não extrapolou os limites da liberdade de expressão.[104]

Segundo o STF, não se pode confundir o interesse na extinção ou diminuição de reservas indígenas ou quilombolas com a supressão e eliminação dessas minorias. Ademais, o emprego, no discurso, do termo "arroba" não consiste em ato de

---

103. Sobre os Quilombolas, ele afirmou: "*Eu fui em um quilombola em El Dourado Paulista. Olha, o afrodescendente mais leve lá pesava sete arrobas. Não fazem nada! Eu acho que nem para procriador eles servem mais. Mais de um bilhão de reais por ano gastado com eles. Recebem cesta básica e mais material em implementos agrícolas. Você vai em El Dourado Paulista, você compra arame farpado, você compra enxada, pá, picareta por metade do preço vendido em outra cidade vizinha. Por quê? Porque eles revendem tudo baratinho lá. Não querem nada com nada.*" Sobre os estrangeiros: "*Tá pra ser transformado em lei o novo Código de Imigração. Tomem conhecimento. Qualquer estrangeiro ou até um monte de estrangeiro (...) Se alguém quiser pegar um navio e encher de haitiano, de angolano, de chinês, japonês, seja lá o que for. Japonês não vem pra cá não, tá. E jogar no porto aqui, dez mil aqui. O pessoal, ele fala, 'eu sou refugiado', passa a ter direito a abrir conta em Banco do Brasil e Caixa Econômica, com menos diligências do que qualquer um de nós brasileiros. Passa a ter direito a Sistema Único de Saúde gratuito (...)*" **Inq 4694/DF**, STF. 1ª Turma. Rel. Min. Marco Aurélio, julg. em **11.09.2018** (Informativo 915).

104. **Inq 4694/DF**, STF. 1ª Turma. Rel. Min. Marco Aurélio, julgado em **11.09.2018** (Informativo 915).

desumanização dos quilombolas, no sentido de comparação a animais, mas forma de expressão – de toda infeliz –, evocada a fim de enfatizar estar um cidadão específico do grupo acima do peso considerado normal.

Quanto à incitação a comportamento xenofóbico, reputou insubsistentes as premissas apresentadas pela acusação. No caso, as afirmações do denunciado se situam no âmbito da crítica à política de imigração adotada pelo Governo e não revelam conteúdo discriminatório ou passível de incitar pensamentos e condutas xenofóbicas pelo público ouvinte. O próprio acusado diz não fazer distinção quanto à origem estrangeira do imigrante. A crítica também se insere na liberdade de manifestação de pensamento, insuscetível, portanto, de configurar crime.[105]

Além disso, entendeu o STF que as manifestações de Bolsonaro estavam relacionadas com a sua função de parlamentar. Inclusive, o convite para a palestra se deu em razão do exercício do cargo de Deputado Federal a fim de dar a sua visão geopolítica e econômica do País. Nesse sentido, havia uma vinculação das manifestações apresentadas na palestra com os pronunciamentos do parlamentar na Câmara dos Deputados, de sorte que incidiria a imunidade parlamentar.[106]

Concluiu o STF que, comprovado o *nexo de causalidade* entre o veiculado e o mandato, tem-se a imunidade parlamentar. As declarações, ainda que dadas fora das dependências do Congresso Nacional e, eventualmente, sujeitas à censura moral, quando retratam o exercício do cargo eletivo, a atuação do congressista, estão cobertas pela imunidade parlamentar e implicam a exclusão da tipicidade.[107]

Por último, como mais recente caso enfrentado pelo STF, temos novamente manifestação da 1ª Turma do STF. Decidiu a 1ª Turma do STF em 10.03.2020, que o fato de o parlamentar estar na Casa legislativa no momento em que proferiu as declarações não afasta a possibilidade de cometimento de crimes contra a honra, nos casos em que as ofensas são divulgadas pelo próprio parlamentar na Internet.[108]

No caso, Deputado Federal proferiu discurso no Plenário da Câmara dos Deputados no qual afirmou que determinados artistas seriam "bandidos", "membros de quadrilha", "verdadeiros ladrões", "verdadeiros vagabundos da Lei Rouanet". Os artistas ingressaram com queixa-crime contra o então Deputado afirmando que ele teria cometido os crimes de difamação (art. 139) e injúria (art. 140 do Código Penal). O STF recebeu a queixa-crime.[109]

Nesses termos, como já dito, o fato de o parlamentar estar na Casa legislativa no momento em que proferiu as declarações não afasta a possibilidade de

105. **Inq 4694/DF**, STF. 1ª Turma. Rel. Min. Marco Aurélio, julgado em **11.09.2018** (Informativo 915).
106. **Inq 4694/DF**, STF. 1ª Turma. Rel. Min. Marco Aurélio, julgado em **11.09.2018** (Informativo 915).
107. **Inq 4694/DF**, STF. 1ª Turma. Rel. Min. Marco Aurélio, julgado em **11.09.2018** (Informativo 915).
108. **PET 7174/DF**, STF. 1ª Turma. rel. Min. Alexandre de Moraes, red. p/ o ac. Min. Marco Aurélio, julgado em **10.03.2020** (Inf. 969).
109. **PET 7174/DF**, STF. 1ª Turma. rel. Min. Alexandre de Moraes, red. p/ o ac. Min. Marco Aurélio, julgado em **10.03.2020** (Inf. 969).

cometimento de crimes contra a honra, porque ele depois divulgou essas ofensas na Internet.

É interessante, que um outro argumento utilizado pelo STF, foi o de que a inviolabilidade material somente abarca as declarações que apresentem nexo direto e evidente com o exercício das funções parlamentares.

No caso concreto, embora tenha feito alusão à Lei Rouanet, para o STF, o parlamentar nada acrescentou ao debate público sobre a melhor forma de distribuição dos recursos destinados à cultura, limitando-se a proferir palavras ofensivas à dignidade dos querelantes.[110]

Afirmou o STF, que o Parlamento é o local por excelência para o livre mercado de ideias – não para o livre mercado de ofensas. *A liberdade de expressão política dos parlamentares, ainda que vigorosa, deve se manter nos limites da civilidade*. Ninguém pode se escudar na inviolabilidade parlamentar para, sem vinculação com a função, agredir a dignidade alheia ou difundir discursos de ódio, violência e discriminação.[111]

(3) A três, a divulgação de mensagens contra a honra de alguém via meio eletrônico, para serem acobertadas pela imunidade material, devem guardar relação com o exercício do mandato. Aqui, mesmo se as mensagens forem produzidas dentro de um gabinete de parlamentar[112].

(4) A quatro, já entendeu a 1ª Turma do STF que a divulgação por parlamentar de vídeo editado não estaria abrangida pela imunidade parlamentar.[113]

(5) A cinco, a imunidade material tem uma eficácia temporal absoluta. Isso significa que, mesmo após o fim do mandato, os deputados e senadores vão conservar a imunidade material que tiveram no ***iter*** do mandato. Nesse sentido, após o fim do mandato, mesmo não tendo mais imunidade, visto que ela é do cargo, será conservada a imunidade sobre as opiniões ou palavras proferidas no exercício do mandato.

110. **PET 7174/DF**, STF. 1ª Turma. rel. Min. Alexandre de Moraes, red. p/ o ac. Min. Marco Aurélio, julgado em **10.03.2020** (Inf. 969).

111. **PET 7174/DF**, STF. 1ª Turma. red. p/ o ac. Min. Marco Aurélio, julgado em **10.03.2020** (Inf. 969). Vencido o ministro Alexandre de Moraes (relator), que rejeitou a queixa-crime e absolveu sumariamente o querelado. Pontuou que as declarações do querelado foram proferidas na Casa legislativa, circunstância que desautoriza a deflagração de qualquer medida judicial censória da conduta imputada ao parlamentar, sendo indiferente indagar-se acerca do conteúdo da manifestação realizada.

112. STF– **Inq 2130/DF** julg. em **13.10.2004**: *"Calúnia. Informativo eletrônico. Divulgação de carta anônima. Parlamentar. 1. A divulgação, em informativo eletrônico gerado em gabinete de deputado federal, na Câmara dos Deputados, de fatos que, em tese, configuram crimes contra a administração pública, não pode ser tida como desvinculada do exercício parlamentar, principalmente quando tais fatos ocorrem no Estado que o parlamentar representa no Congresso Nacional. 2. Denúncia rejeitada".*

113. **Pet 5705/DF**, STF. 1ª Turma. Rel. Min. Luiz Fux, julg, em **05.09.2017**. A 1ª Turma recebeu queixa-crime formulada contra parlamentar pela prática do crime de difamação. De acordo com a inicial, o parlamentar-querelado publicou, em perfil de rede social, trecho editado de discurso feito pelo parlamentar-querelante com objetivo de difamá-lo. No caso concreto, o vídeo editado dá a entender, falsamente, que Deputado (que apresentou a queixa-crime) estaria defendendo afirmação pejorativa contra pessoas negras e pobres.

(6) A seis, segundo o STF, a garantia da imunidade material, **não** se estende ao congressista, quando, na condição de candidato a qualquer cargo eletivo, vem a ofender, moralmente, a honra de terceira pessoa, inclusive a de outros candidatos, em pronunciamento motivado por finalidade exclusivamente eleitoral, que não guarda nenhuma relação com o exercício das funções congressistas. Aqui, "considera-se que o postulado republicano impede que o parlamentar-candidato tenha, sobre seus concorrentes, qualquer vantagem de ordem jurídico-penal, resultante da garantia da imunidade parlamentar, sob pena de dispensar ao congressista, nos pronunciamentos estranhos à atividade legislativa, tratamento diferenciado e seletivo, capaz de gerar, no contexto do processo eleitoral, inaceitável quebra da essencial igualdade que deve existir entre todos aqueles, que, parlamentares ou não, disputam mandatos eletivos"[114].

(7) A sete, já decidiu o STF que Deputado Estadual que, ao defender a privatização de banco estadual, presta declarações supostamente falsas sobre o montante das dívidas dessa instituição financeira não comete o delito do art. 3º da Lei nº 7.492/86, estando acobertado pela imunidade material.[115]

(8) A oito, somente os parlamentares, são abarcados pela imunidade material, não se estendendo às pessoas que participam dos trabalhos legislativos, mas que não exercem mandato.

(9) A nove, a imunidade material dos parlamentares é de ordem pública não podendo os mesmos renunciarem a ela.

4.4. Imunidade Formal

A Imunidade formal traduz-se, em termos gerais, na possibilidade dos deputados e senadores não serem presos (ou não permanecerem presos), ou ainda, na possibilidade de sustação de ação penal contra deputado ou senador por crime praticado pelos mesmos após a diplomação. Esse é o conceito geral. Nesses termos, conforme o conceito, **a imunidade formal** se subdivide em:

114. STF, Pet 4444 AgR/DF, DJ: 19.12.2008. AVENA, Norberto. *Processo Penal Esquematizado*, p. 72, 2012. Outra **questão que merece atenção** é a de que segundo o STF, *"deve ficar imune a responsabilização civil e penal a resposta imediata a injúria realizada (praticada) por parlamentar e acobertada pela imunidade material".* (Inq 1.247. Min. Marco Aurélio, DJ: **18.10.2002**)

115. **HC 115397/ES**, 1ª Turma do STF. Rel. Min. Marco Aurélio, julgado em **16.05.2017**. No caso, o parlamentar convocou a imprensa e, no exercício da Presidência da Assembleia Legislativa do Estado do Espírito Santo, opinou sobre a conveniência da privatização do Banco do Estado do Espírito Santo (Banestes), ante a existência de dívida no valor de R$ 500 milhões. A Turma pontuou que a declaração revelou a satisfação do parlamentar com a privatização do Banco, que implicaria desoneração de dívida do Estado. Entendeu que não ficou configurado, na conduta do paciente, o dolo de divulgar informação falsa ou incompleta sobre instituição financeira, pois as afirmações do parlamentar estavam ligadas a análises de operações realizadas pelo Banestes. Nesse contexto, o Colegiado asseverou haver ligação entre o que foi veiculado e o exercício do mandato parlamentar. Tal aspecto foi potencializado pelo fato de as declarações terem ocorrido dentro da assembleia. Concluiu pelo não afastamento da imunidade parlamentar relativa às opiniões, palavras e votos, prevista no art. 53, combinado com o art. 27, § 1º, da Constituição Federal.

(1) **Imunidade formal em relação à prisão:** Conforme art. 53, § 2º, da CR/88 se traduz na possibilidade dos deputados e senadores não serem presos (ou não permanecerem presos).

Teve origem no Direito inglês, sendo que no mesmo era só com relação à prisão civil.[116] No Brasil, além da prisão civil, é ela estendida também à prisão penal e processual penal.

Assim sendo, os deputados e senadores **após a diplomação** não poderão ser presos,[117] seja por prisão penal e processual penal, ou até mesmo prisão civil (no caso atual, somente por pensão alimentícia).[118] É claro que o objetivo central aqui é o de impedir a prisão penal cautelar (provisória) dos parlamentares.

Nesse sentido, há exceção presente na própria norma constitucional que permite a prisão. Essa será no caso de prisão em flagrante, por crime inafiançável em que os deputados e senadores poderão ser presos. Nesse caso, os autos da prisão em flagrante serão enviados (remetidos) em 24 horas à respectiva casa a que pertence o parlamentar preso em flagrante, para que ela decida sobre a prisão (se o parlamentar continuará ou não preso) pelo quórum de maioria de membros (que quer dizer maioria absoluta). É bom que se diga que essa votação (após a EC nº 35/2001) será ostensiva e nominal (voto aberto)[119].

Aqui algumas observações sobre a imunidade formal em relação à prisão, merecem nossa atenção:

a) Certo é que, os deputados federais e os senadores possuem imunidade à **prisão preventiva** e à **prisão temporária**, não podendo eles sofrerem privação da liberdade por intermédio de mandados eventualmente expedidos em face dessas prisões.

Temos aí *"o chamado estado de relativa incoercibilidade pessoal (freedom from arrest)*, podendo apenas, serem presos, conforme acima, em situação de flagrância por crime inafiançável. Nesse caso uma vez cumpridas as exigências constitucionais comuns (ciência ao flagrado de seus direitos, entre os quais o de permanecer em silêncio, de assistência familiar e de advogado, nos termos do art. 5º, LXIII da CR/88) e lavrado o auto de prisão, incumbe a autoridade policial, no prazo de 24 horas, encaminhá-lo à respectiva casa para a aferição (análise) da legalidade da prisão.

---

116. Nesse sentido: [...] a instituição da imunidade teve fundamentalmente o objetivo de impedir a prisão por dívidas, frequentes antigamente no direito inglês. FALCÃO, Alcino Pinto, *Da imunidade parlamentar*, p. 7-29, 1965.

117. Qualquer prisão (seja preventiva ou temporária ou em flagrante de crime afiançável). No que tange à prisão por sentença condenatória transitada em julgado, o STF, vem entendendo de forma diferenciada.

118. O STF no final de 2008 passou a entender não mais cabível a prisão do depositário infiel. Sobre a prisão de natureza civil por inadimplemento de pensão alimentícia, é bom registrarmos, que existe divergência na doutrina. Admitindo a prisão de natureza civil, temos Uadi Bulos e Marcelo Novelino. Novelino, cita, inclusive a prisão (a nosso ver inadequada) em junho de 2010 do deputado distrital Roberto Lucena por não pagamento de pensão alimentícia. Nosso posicionamento é pela impossibilidade de qualquer tipo de prisão preventiva e temporária, exceto a prisão em flagrante de crime inafiançável (dicção constitucional) e a por condenação criminal transitada em julgado (essa conforme entendimento do STF).

119. No mesmo sentido, MENDES; COELHO; BRANCO, Curso de direito constitucional, 2008, p. 901

Porém, aqui, temos que, ao contrário do que ocorre com o cidadão comum, tratando-se da prisão em flagrante de congressista, não é do Poder Judiciário, mas, sim, do Poder Legislativo, em um primeiro momento, a competência para se pronunciar sobre a legalidade ou ilegalidade da prisão, e se for o caso decidir pelo seu relaxamento". Nesses termos, tal situação (de "***diretriz constitucional***", a não ser que a Constituição seja alterada) impede quanto aos parlamentares, a aplicação da disciplina prevista, na recente Lei nº 12.403/2011 (que alterou o art. 310, II do CPP)[120].

b) Nesse momento, é interessante analisarmos, recente caso enfrentado pelo STF, que consubstanciou na prisão do Senador Delcídio do Amaral em 25.11.2015. No caso, o Senador, em conjunto com outros investigados, estava tentando convencer o ex-diretor Internacional da Petrobrás, Nestor Cerveró (um dos réus na operação "Lava Jato"), a não assinar acordo de colaboração premiada com o Ministério Público Federal. Em troca de seu silêncio, o Senador (e o banqueiro André Esteves) teriam oferecido o pagamento de uma quantia mensal em dinheiro à família de Nestor Cerveró. Além disso, o Senador teria também prometido fazer *lobby* junto aos Ministros do STF para que estes concedessem liberdade a Cerveró e, em seguida, com o réu solto, o Senador iria facilitar a fuga de Cerveró para a Espanha (país do qual também tem cidadania). Foram realizadas pelo menos quatro reuniões para tratar sobre a proposta e o plano de fuga. Nestas reuniões participavam, além do Senador, o assessor parlamentar, o advogado de Nestor Cerveró e seu filho Bernardo Cerveró. Ocorre que Nestor Cerveró já estava decidido a fazer o acordo de colaboração premiada e não confiava na proposta do Senador. Por isso, seu filho gravou as conversas e as propostas que foram feitas e as entregou ao Ministério Público.[121] No entendi-

---

120. Esse novo diploma exige a conversão do flagrante em prisão preventiva para o fim de permanecer preso o flagrado. Nesses termos: "Afinal, se a teor do art. 53 § 2º da CR/88, e da orientação do STF, antes do trânsito em julgado de sentença condenatória, os parlamentares não estão sujeitos a prisão preventiva, cogitar da necessidade de ser o flagrante convertido em prisão preventiva por ordem de autoridade judiciária implica violar o texto constitucional, pois submete a crivo judicial situação que a Carta Magna determina seja resolvida no âmbito do Poder Legislativo. Enfim, compreendemos suficiente, para que permaneça preso o parlamentar flagrado na prática de crime inafiançável, o pronunciamento das Casas legislativas acerca da legalidade do flagrante lavrado, sem a necessidade de conversão do flagrante em prisão preventiva, nos termos do art. 310, II do CPP". AVENA, Norberto. *Processo Penal Esquematizado*, p. 74, 2012. Nesse sentido, foi o caso do Deputado Daniel Silveira. No caso, o juiz Aírton Vieira, conduziu a audiência de custódia na Superintendência da Polícia Federal do Rio de Janeiro. O deputado, foi preso em flagrante dia 16.02.2021 por pregar ditadura e atacar o Supremo e seus ministros. Ele manteve no dia 18.02.2021 a prisão do parlamentar. Antes, no dia 17.02.2021, o pleno do Supremo já havia reconhecido por unanimidade a legalidade da prisão. Afirmou o Juiz Aírton Vieira que: "*Não se aplica a prisão preventiva a parlamentares*", *em casos ordinários (comuns), caso não ocorra relaxamento da prisão, esta é convertida em preventiva ou se concede a liberdade provisória*. Assim, permanece "*a custódia cautelar do senhor deputado federal, por força da sua prisão em flagrante, assim formalizada pelo senhor ministro Alexandre de Moraes, referendada (...) pelo pleno do Supremo Tribunal Federal*". Para o juiz, que conduziu o ato, "a situação da autuação em flagrante do custodiado, no momento, foi devidamente apreciada" pelo STF. Situação essa, de permanência da ***custódia cautelar nessa modalidade***, que haverá de permanecer até eventual concessão de liberdade provisória ou a sua substituição por medidas cautelares, palmar, mediante decisão do Senhor Ministro Relator, em virtude da higidez da decisão do Supremo Tribunal Federal".

121. Para o STF é lícita a prova consistente em gravação ambiental realizada por um dos interlocutores sem conhecimento do outro. (STF. Plenário. RE 583937 QO-RG, Min. Rel. Cezar Peluso, julg. em 19/11/2009 – repercussão geral). Assim, se "A" e "B" estão conversando, "A" pode gravar essa conversa mesmo que "B" não saiba. Para o STF,

mento do Ministério Público, o Senador e os outros envolvidos teriam praticado, no mínimo, dois crimes: a) integrar organização criminosa (art. 2º, *caput*, da Lei nº 12.850/2013); b) embaraçar investigação envolvendo organização criminosa (art. 2º, § 1º da Lei nº 12.850/2013).

Pois bem, estariam esses crimes sendo praticados em flagrante? O entendimento do STF foi no sentido de que sim, pois as condutas do Senador configurariam crime permanente, considerando que ele, até antes de ser preso, integrava pessoalmente a organização criminosa (art. 2º, *caput*) e, além disso, estaria, há dias, embaraçando a investigação da operação "Lava Jato" (art. 2º, § 1º). Desse modo, ele estaria por todos esses dias cometendo os dois crimes acima, em estado, portanto, de flagrância.[122]

E a questão da necessidade do crime ser inafiançável? Nesse tema, entendeu o STF que os crimes do art. 2º, *caput* e do § 1º da Lei nº 12.850/2013 que, em tese, foram praticados pelo Senador, não são, a princípio, inafiançáveis, considerando que não se encontram listados no art. 323 do CPP. Não se tratam, portanto, do que a doutrina chama de *crimes absolutamente inafiançáveis*. No entanto, como, no caso concreto, estariam presentes os motivos que autorizam a decretação da prisão preventiva (*tentativa de calar o depoimento de colaborador, tentativa de influenciar os julgadores e planejamento de fuga*), estaríamos diante de uma situação que não admite fiança, com base no art. 324, IV, do Código de Processo Penal. Nesses termos, os crimes do art. 2º, *caput* e do § 1º da Lei nº 12.850/2013 praticados pelo Senador são inafiançáveis, no caso concreto, não por força do art. 323 do CPP[123], mas sim com fundamento no art. 324, IV do

---

a gravação de conversa feita por um dos interlocutores sem o conhecimento dos demais é considerada lícita, quando ausente causa legal de sigilo ou de reserva da conversação.

122. Conforme o informativo 809 do STF: "*A Segunda Turma, em julgamento conjunto, por entender presentes situação de flagrância, bem como os requisitos do art. 312 do CPP, referendou decisão do Ministro Teori Zavascki (relator), que decretara prisão cautelar de senador. Referendou, também, as demais decisões prisionais proferidas em relação a assessor desse mesmo senador, advogado e banqueiro. O Colegiado determinou, ainda, que os autos fossem imediatamente remetidos ao Senado para que, pelo voto da maioria de seus membros, resolvesse sobre a prisão de seu integrante, nos termos do art. 53, § 2º, da Constituição ("Art. 53. Os Deputados e Senadores são invioláveis, civil e penalmente, por quaisquer de suas opiniões, palavras e votos. ... § 2º. Desde a expedição do diploma, os membros do Congresso Nacional não poderão ser presos, salvo em flagrante de crime inafiançável. Nesse caso, os autos serão remetidos dentro de vinte e quatro horas à Casa respectiva, para que, pelo voto da maioria de seus membros, resolva sobre a prisão."). Na espécie, o Procurador-Geral da República requerera medidas restritivas de liberdade em relação às pessoas mencionadas pelo fato de empreenderem esforços para dissuadir outrem de firmar acordo de colaboração premiada submetido à homologação do STF. As tratativas dos ora investigados com o pretenso beneficiário do referido pacto compreendiam desde auxílio financeiro destinado à sua família, assim como promessa de intercessão política junto ao Poder Judiciário em favor de sua liberdade. Nas conversas gravadas, os interlocutores discutiram a possibilidade de o senador interceder politicamente junto a Ministros do STF para a concessão de "habeas corpus" que beneficiasse o pretenso colaborador na delação premiada. A Turma anuiu haver estado de flagrância na prática do crime do art. 2º, "caput" e § 1º, da Lei 12.850/2013 ("Art. 2º. Promover, constituir, financiar ou integrar, pessoalmente ou por interposta pessoa, organização criminosa: ... § 1º. Nas mesmas penas incorre quem impede ou, de qualquer forma, embaraça a investigação de infração penal que envolva organização criminosa"), porquanto os participantes atuariam com repartição de tarefas e unidade de desígnios.*" *2ª Turma do STF, AC 4036 e 4039 Referendo-MC/DF, Rel. Min. Teori Zavascki, julgados em 25.11.2015.*

123. O art. 5º, incisos XLII, XLIII e XLIV da CR/88 e o art. 323 do CPP *preveem a lista de crimes inafiançáveis: a) Racismo; b) Tortura; c) Tráfico de drogas; d) Terrorismo; e) Crimes hediondos; f) Crimes cometidos por ação de grupos armados, civis*

CPP. Portanto, para o STF, se no caso concreto, estiverem presentes os pressupostos para a decretação da prisão preventiva, o crime será considerado inafiançável (com base no art. 324, IV, do CPP) mesmo que não esteja listado no art. 323 do CPP.

Ainda sobre o tema, é interessante observarmos que o Procurador Geral da República, ao fundamentar seu pedido no STF, requereu a prisão preventiva do Senador Delcídio do Amaral, afirmando que o art. 53, § 2º da CR/88 não poderia ser tido como *absoluto* (ou seja, poderia ser relativizado). Essa tese do Ministério Público foi acolhida pelo STF? Seria possível *prisão preventiva* do Senador? Aqui, surgiram duas correntes para explicar o tema:

1ª) Sim. O STF teria autorizado a prisão preventiva do Senador, relativizando o art. 53, § 2º da CR/88 (tese da relativização do art. 53 § 2º). Nesse sentido, salienta Renato Brasileiro[124], com base no voto proferido pela Ministra Carmen Lúcia no HC n. 89.417/RO, que a excepcionalidade do contexto enseja a também excepcionalidade na forma de interpretação e aplicação de dispositivos constitucionais, de tal forma que poderia ser considerada cabível a decretação de prisão preventiva de parlamentares. No caso de Delcídio haveria, em consonância ao entendimento prolatado pelo Supremo no *Habeas Corpus* n. 89.417/RO, uma situação de completa anomalia institucional que, culminando em um quadro de excepcionalidade, daria fundamento à relativização do art. 53, § 2º, CR/88 em favor do cabimento da prisão preventiva, esta que foi instigada por indícios de autoria e prova da existência de diversos crimes, por pressupostos da conveniência da instrução criminal e pela garantia de aplicação da lei penal. Assim, salienta-se que há entendimento de que a prisão seria formalmente descabida, mas não se pode considerar tal regra como intransponível, sob pena de se atentar contra a própria Constituição. Para Rogério Sanches Cunha[125], existem algumas questões processuais penais na prisão cautelar do Senador Delcídio Amaral que indicariam que se trata, na realidade, de **prisão preventiva**. Assim, primeiramente, menciona o autor que se fosse prisão em flagrante, o pedido realizado pelo Ministério Público ao STF seria desnecessário. Em se tratando da petição formulada pelo Procurador-Geral da República, salienta Marcos Paulo Dutra[126] que o pedido fala expressamente em **prisão preventiva** e que teria sido assim acolhido pelo Min. Relator. Adicionalmente, entende Rogério Sanches que se fosse prisão em flagrante não haveria necessidade de expedição de mandado de prisão[127], haja vista que a prisão em flagrante é o único tipo de

---

ou militares, contra a ordem constitucional e o Estado Democrático. Esses seriam os crimes que são absolutamente inafiançáveis.

124. LIMA, Renato Brasileiro. Facebook, 25 de novembro de 2015. Acesso em: 07 abr. 2016. Vide também LIMA, Renato Brasileiro. **Manual de Processo Penal**. Ed. Juspodivm, 2016.

125. CUNHA, Rogério Sanches. **A prisão do Senador Delcídio foi flagrante ou preventiva?** Amo Direito, 26 de novembro de 2015. Disponível em: *http://www.amodireito.com.br/2015/11/a-prisao-do-senador-delcidio-foi.html*. Acesso em: 07 abr. 2016.

126. DUTRA, Marcos Paulo, Acesso em: 07.04.2016.

127. Conforme decisão cautelar do Min. Relator Teori Zavascki: "Expeça-se mandado de prisão, a ser cumprido na presença de representante da Procuradoria-Geral da República.".

prisão que dispensa a expedição de mandado, por força do art. 301 do Código de Processo Penal.

2ª) Não. Não seria possível a prisão preventiva de Deputado Federal ou Senador porque a única prisão cautelar que o art. 53, § 2º da CF/88 admite é a prisão em flagrante de crime inafiançável. Aqui o entendimento é o de que o Ministro Teori Zavascki não decretou a prisão preventiva do Senador Delcídio do Amaral. Nesse sentido, o que corrobora com essa posição é não apenas a argumentação por ele utilizada, mas também a forma pela qual o Ministro descreveu o comando da decisão[128]. Portanto, o STF não concordou em decretar a prisão preventiva, mas reconheceu que o Senador estava em situação de flagrância, razão pela qual ordenou o cumprimento da prisão.

É claro que sendo a prisão em flagrante, não precisaria o STF ter expedido mandados de prisão contra o Senador. Tecnicamente isso não é o adequado. Certo é que a prisão em flagrante não precisa de ordem judicial para ser cumprida.[129]

Por fim, uma outra questão relevante, é a de que a Constituição da República determina, conforme vimos acima, que os autos deverão ser remetidos dentro de 24 horas à Casa respectiva, para que, pelo voto da maioria de seus membros, resolva sobre a prisão (art. 53, § 2º). Assim, o STF remeteu os autos ao Senado Federal que, por 59 votos contra 13, decidiu manter a prisão do Senador Delcídio do Amaral.

c) Segundo entendimento do STF, existiria mais uma exceção (embora não explícita na CR/88) em que o parlamentar poderia ser preso. Essa seria no caso de **sentença penal condenatória transitada em julgado.**[130] Portanto, além da hipótese

128. Corroborando nosso entendimento, temos o informativo 809 do STF: "*No âmbito das prisões cautelares para os representantes do Senado, somente se admitiria a modalidade de prisão em flagrante decorrente de crime inafiançável em tese. Dos delitos apontados como praticados pelo senador consta, dentre eles, o de organização criminosa — crime permanente —, a contemplar não só a possibilidade de flagrante a qualquer tempo como até mesmo a chamada "ação controlada", nos termos da Lei 12.850/2013 ("Art. 8º. Consiste a ação controlada em retardar a intervenção policial ou administrativa relativa à ação praticada por organização criminosa ou a ela vinculada, desde que mantida sob observação e acompanhamento para que a medida legal se concretize no momento mais eficaz à formação de provas e obtenção de informações"). A hipótese presente é de inafiançabilidade, nos termos do CPP ["Art. 324. Não será, igualmente, concedida fiança: ... IV – quando presentes os motivos que autorizam a decretação da prisão preventiva (art. 312)"]". 2ª Turma do STF, AC 4036 e 4039 Referendo-MC/DF, Rel. Min. Teori Zavascki, julgados em 25.11.2015.* Ver também In: Marcio André Lopes, *julgados de 2015 no STF.*

129. Entretanto, defende Márcio André Lopes que, no caso concreto, o STF foi provocado e precisava decidir se seria hipótese mesmo de prisão preventiva ou não. Além disso, havia a prisão preventiva de Edson Ribeiro e as prisões temporárias de André Esteves e Diogo Ferreira que precisavam ser cumpridas simultaneamente a fim de que não houvesse risco de fuga ou de destruição de provas por parte de qualquer um dos investigados. Por essas razões, o Ministro houve por bem expedir um mandado de prisão cautelar (gênero do qual a prisão em flagrante é uma espécie). Nesses termos, não há qualquer irregularidade nisso, já que se trata de uma formalidade adicional em prol do investigado. A outra opção, conforme defende Márcio André Lopes, seria o Ministro Teori, na decisão, afirmar que qualquer do povo está autorizado a prender o Senador. Vale destacar que ***não é porque foi expedido um mandado de prisão que a custódia, no caso concreto, deixou de ser prisão em flagrante e passou a ser preventiva. A diferença entre essas duas espécies de custódia não estaria no instrumento por meio do qual ela é formalizada***.

130. Nesse sentido, conforme o Ministro Celso de Mello: Dentro do contexto normativo delineado pela Constituição, a garantia jurídico-institucional da imunidade parlamentar formal não obsta, observado o *due process of law*, a

expressa no art.53 § 2º da CR/88, teríamos uma outra possibilidade derivada de entendimento do STF.

Como exemplo, temos recente decisão do STF de **26.06.2013**, na **AP nº 396** (*caso Natan Donadon*). No caso em tela, o Plenário do STF, por maioria, após não conhecer dos embargos de declaração (meramente protelatório) determinou o **imediato trânsito em julgado – independentemente da publicação do acórdão** – de decisão condenatória proferida contra Deputado Federal. Ele fora condenado pela prática dos crimes de formação de quadrilha e peculato, em que imposta a pena de 13 anos, 4 meses e 10 dias de reclusão, além de 66 dias-multa no valor de um salário mínimo vigente à época do fato. Determinou-se o lançamento do nome do réu (Deputado Federal) no rol dos culpados e a **expedição imediata do mandado de prisão**[131]. Posteriormente, em **08.08.2013** o STF na **AP nº 565** prolatou decisão no mesmo sentido, **condenando** Senador pela prática do crime descrito no art. 90 da Lei 8666/93 à pena de 4 anos, 8 meses e 26 dias de detenção em regime inicial semiaberto[132].

d) O STF, em interessante decisão **relativizou** (flexibilizou) o art. 53, § 2º (imunidade formal em relação à prisão). No julgamento do HC nº 89.417, em 22.08.2006 (Inf. nº 437, Operação dominó da Polícia Federal), o STF afirmou que os deputados estaduais de Rondônia não poderiam deliberar sobre a manutenção ou não do Presidente da Assembleia Legislativa de Rondônia na prisão. Segundo a Ministra Carmen Lúcia, estaríamos diante de um caso de anomalia institucional, no qual a Constituição não poderia ser aplicada contra ela mesma. Ou seja, aplicar o art. 53, § 2º, seria usurpar a própria CR/88. Pois, nesse caso, 23 dos 24 deputados estavam arrolados em inquéritos ou ações penais, e vários dos mesmos faziam parte da mesma organização pretensamente criminosa do Presidente da Assembleia. Com isso, não poderiam votar para a saída ou não da prisão do possível "Chefe da Quadrilha". Nesse sentido, a Constituição teria como escopo defender os Poderes e a independência dos mesmos e, com isso, defender a democracia, não tendo a missão de ser esteio para atividades ilícitas.[133]

---

execução de penas privativas da liberdade definitivamente impostas ao membro do Congresso Nacional. (Inq. 510, RTJ 70/670).

131. Afirmou o STF que "ainda que pendente a deliberação, pela casa legislativa correspondente, sobre a perda de mandato parlamentar do condenado por sentença com trânsito em julgado (art. 55, § 2º da CR/88), não haveria empecilho a que o Judiciário promovesse a execução da pena privativa de liberdade imposta". **(AP nº 396 ED-ED)**
132. AP nº 565 Julg. em 07 e 08.08.2013 – Pleno – STF. Rel. Min. Cármen Lúcia.
133. Conforme trecho da Ementa do **HC nº 89.417/06** julg. em 22.08.2006 de Rel. da Min. Cármen Lúcia: Habeas Corpus. Processual penal. Prisão decretada em ação penal por Ministra do Superior Tribunal de Justiça. Deputado estadual. Alegação de incompetência da autoridade coatora e nulidade da prisão em razão de não ter sido observada a imunidade prevista no § 3º do art. 53 c/c parágrafo único do art. 27, § 1º, da CR. Comunicação da prisão à Assembleia Legislativa do Estado. Situação excepcional. Interpretação e aplicação à espécie da norma constitucional do art. 53, § 2º, da CR. Constrangimento ilegal não configurado. [...] *2. Os elementos contidos nos autos impõem interpretação que considere mais que a regra proibitiva da prisão de parlamentar, isoladamente, como previsto no art. 53, § 2º, da CR/88. Há de se buscar interpretação que conduza à aplicação efetiva e eficaz do sistema constitucional como um todo. A norma constitucional que cuida da imunidade parlamentar e da proibição de prisão do membro de órgão legislativo não pode ser tomada em sua literalidade, menos ainda como regra isolada do sistema constitucional. Os princípios determinam a interpretação e aplicação corretas da norma, sempre se considerando os*

e) Aqui é interessante observarmos a decisão do STF na AC 4070 de 05.05.2016. O caso envolveu o então Presidente da Câmara dos Deputados Eduardo Cunha que à época estava respondendo a cinco inquéritos instaurados no STF onde estão sendo apurados crimes que teriam sido, em tese, praticados por ele.

Pois bem, o Procurador-Geral da República formulou requerimento ao STF pedindo o afastamento de Eduardo Cunha do cargo de Deputado Federal e da função de Presidente da Câmara dos Deputados enquanto os inquéritos não são concluídos. Em síntese o PGR sustentou que Eduardo Cunha estaria se utilizando do cargo de Deputado Federal e da função de Presidente da Câmara dos Deputados para evitar que as investigações instauradas contra si fossem concluídas, além de estar utilizando de manobras para obstaculizar apuração contra ele no Conselho de Ética da Câmara dos Deputados (que poderiam levar a perda de seu mandato). Alegou também o Ministério Público que o parlamentar estaria praticando atividades ilícitas com o intuito de obter vantagens indevidas. Como explicitado pelo PGR o pedido teve a natureza jurídica de um pedido de aplicação de medida cautelar, na medida em que o art. 319 do Código de Processo Penal, prevê um rol de medidas cautelares diversas da prisão, sendo que uma delas é o afastamento da pessoa investigada ou acusada do cargo, empregou ou função pública que ocupa.[134]

O STF decidiu então pela suspensão de Eduardo Cunha do cargo de Deputado Federal e de Presidente da Câmara. Entendeu o Pretório excelso que a manutenção de Eduardo Cunha na função de parlamentar e de Presidente da Câmara dos Deputados representaria *risco para as investigações penais instauradas contra ele e, por essa razão, determinou a suspensão do exercício do seu mandato de Deputado Federal* e, por consequência, da função de Presidente da Câmara dos Deputados que era por ele ocupada. No caso, presente no informativo 824 do STF, o STF decidiu que o inciso VI do art. 319 do CPP pode ser utilizado como fundamento para se afastar do cargo Deputados Federais e Senadores. Aqui é interessante observar que os §§ 2º e 3º do art. 55 da CR/88 determinam às Casas Legislativas do Congresso Nacional a competência para decidir a respeito da **perda** do mandato político (e não sobre a suspensão do mandato). Isso não significa, por óbvio, que o Poder Judiciário não possa suspender o exercício do mandato parlamentar (resta expresso apenas que o judiciário não pode decretar a perda que deve ser exarada pelas casas).

fins a que ela se destina. A Assembleia Legislativa do Estado de Rondônia, composta de vinte e quatro deputados, dos quais, vinte e três estão indiciados em diversos inquéritos, afirma situação excepcional e, por isso, não se há de aplicar a regra constitucional do art. 53, § 2º, da Constituição da República, de forma isolada e insujeita aos princípios fundamentais do sistema jurídico vigente. 3. Habeas corpus cuja ordem se denega. DJ: 15.12.2006.

134. Art. 319 do CPP: *São medidas cautelares diversas da prisão: (...) VI – suspensão do exercício de função pública ou de atividade de natureza econômica ou financeira quando houver justo receio de sua utilização para a prática de infrações penais.* Temos aqui, como lembra Renato Brasileiro e Márcio André Lopes, que função pública deve ser compreendida em sentido amplo. "Função pública: compreende toda atividade desempenhada com o objetivo de consecução de finalidades próprias do Estado, por meio daquele que exerce cargo, emprego ou função pública, nos termos do art. 327 do Código Penal. Exercem função pública todos aqueles que prestam serviços ao Estado e às pessoas jurídicas da Administração indireta, aí incluídos os agentes políticos, os servidores públicos, assim como os particulares em colaboração com o Poder Público." *Código de Processo Penal comentado*. Salvador: Juspodivm, 2016, p. 914.

Conforme a decisão do STF, a legitimidade do deferimento das *medidas cautelares* de persecução criminal contra Deputados e Senadores encontra abrigo no princípio da inafastabilidade da jurisdição previsto no art. 5º, XXXV, da CR/88 e no fato de que as imunidades parlamentares não são absolutas, podendo ser relativizadas quando o cargo não for exercido segundo os fins constitucionalmente previstos (a tese acima citada no item 5, presente no HC 89.417 de que a Constituição não pode ser usada contra ela mesma, ou seja, as imunidades parlamentares não são um cheque em branco para a prática de atos ilícitos, abuso de prerrogativas e também percepção de vantagens indevidas).

Nos termos do informativo 824, afirmou o STF, que a presença do requerido na função por ele ora ocupada além representar risco para as investigações penais sediadas no Supremo Tribunal Federal, é um pejorativo que conspira contra a própria dignidade da instituição por ele liderada. Conforme o Pretório Excelso, o exercício do cargo, nas circunstâncias indicadas, compromete a vontade da Constituição, sobretudo a que está manifestada nos princípios de probidade e moralidade que devem governar o comportamento dos agentes políticos. Nesses termos, a Corte asseverou que *todo ocupante de mandato tem ao menos dois compromissos a respeitar: um deles é com os seus representados; o outro é com o do projeto de país que ele se obriga a cumprir ao assumir sua função pública. A atividade parlamentar só poderá ser exercida, com legitimidade, se for capaz de reverenciar essas duas balizas. Se os interesses populares vierem a se revelar contrários às garantias, às liberdades e ao projeto de justiça da Constituição, lá estará o STF para declará-los nulos, pelo controle de constitucionalidade.* No entanto, afirmou o STF que *não são apenas os produtos legislativos que estão submetidos ao controle judicial. Também o veículo da vontade popular – o mandato – está sujeito a controle. A forma preferencial para que isso ocorra é pelas mãos dos próprios parlamentares. Mas, em situações de excepcionalidade, em que existam indícios concretos a demonstrar riscos de quebra da respeitabilidade das instituições, seria sim papel do STF atuar para cessá-los, garantindo uma república para os comuns,* e não uma *comuna de intocáveis.* O Tribunal concluiu então que, em razão dos fatos descritos, a medida postulada pelo PGR *mostrava-se necessária, adequada e suficiente.*[135]

135. Informativo 824 do STF: "*O Colegiado reputou que de forma minuciosa o Ministério Público Federal descrevera diversos fatos supostamente criminosos e praticados com desvio de finalidade, sob a atuação direta do referido parlamentar que estaria a utilizar o cargo de deputado federal e a função de Presidente da Câmara dos Deputados para fins ilícitos e, em especial, para obtenção de vantagens indevidas. Apontou que a reforma positivada pela Lei 12.403/2011 no CPP trouxe alterações quanto à decretação de medidas de cautela, entre as quais o estabelecimento da preferencialidade do uso de meios alternativos à prisão preventiva. É o que dispõe o art. 282, § 6º da referida norma ["Art. 282. As medidas cautelares previstas neste Título deverão ser aplicadas observando-se a: ... § 6º. A prisão preventiva será determinada quando não for cabível a sua substituição por outra medida cautelar (art. 319)]". Entretanto, o cabimento da medida suspensiva reclama inevitável leitura a respeito da existência de riscos que possam transcender a própria instância processual penal, sobretudo quando se tratar do exercício de funções públicas relevantes. Nestes casos, a decretação da medida servirá a dois interesses públicos indivisíveis: a) a preservação da utilidade do processo (pela neutralização de uma posição de poder que possa tornar o trabalho de persecução mais acidentado); e b) a preservação da finalidade pública do cargo (pela eliminação da possibilidade de captura de suas competências em favor de*

Aqui é importante salientar, que os membros do Poder Judiciário e até o chefe do Poder Executivo podem ser suspensos de suas atribuições quando estejam sendo acusados de crime. Desse modo, embora não haja previsão expressa na Constituição de 1988, não há razão para conferir tratamento diferenciado apenas aos Parlamentares, livrando-os de qualquer intervenção preventiva no exercício do mandato por ordem judicial.[136]

---

conveniências particulares sob suspeita). (...) O relator lembrou que o CPP tutela igualmente e a um só tempo o risco tanto da prática da delinquência no poder quanto do uso do poder para delinquir ("Art. 319. São medidas cautelares diversas da prisão: ... VI – suspensão do exercício de função pública ou de atividade de natureza econômica ou financeira quando houver justo receio de sua utilização para a prática de infrações penais"). Esclareceu que compete a cada uma das Casas Parlamentares a grave missão institucional de decidir sobre a cassação do título que investe deputados e senadores nos poderes inerentes à representação popular. Isso implica admitir por mais excêntrico que possa parecer à consciência cívica em geral que um mandato parlamentar pode vir a subsistir ainda quando o seu titular tenha tido seus direitos políticos suspensos pela justiça, por decisão transitada em julgado ("Art. 55. Perderá o mandato o Deputado ou Senador: I – que infringir qualquer das proibições estabelecidas no artigo anterior; II – cujo procedimento for declarado incompatível com o decoro parlamentar; ... VI – que sofrer condenação criminal em sentença transitada em julgado. ... § 2º Nos casos dos incisos I, II e VI, a perda do mandato será decidida pela Câmara dos Deputados ou pelo Senado Federal, por maioria absoluta, mediante provocação da respectiva Mesa ou de partido político representado no Congresso Nacional, assegurada ampla defesa"). O preceito trabalha com uma lógica de harmonia entre Poderes, que não interdita o funcionamento de qualquer um deles. Pelo contrário, permite que cada um funcione dentro de suas respectivas competências. O Poder Judiciário se pronuncia quanto à formação da culpa, enquanto o Poder Legislativo se manifesta sobre a cessação do mandato, cabendo a esta última instância justificar o seu entendimento sobre a subsistência de vínculo de representatividade já debilitado no seu substrato de legitimidade diante dos apelos da opinião pública. Segundo o Plenário, a ascensão política do investigado à posição de Presidente da Câmara, além de não imunizá-lo de eventuais medidas penais de caráter cautelar, concorre para que o escrutínio a respeito do cabimento dessas medidas seja ainda mais aprofundado. Afinal, de acordo com o art. 282, II, do CPP, o exame deve considerar as condições pessoais do agente, o que remete, quando a medida postulada for aquela do art. 319, VI, do mesmo Código, a investigação sobre a realidade de Poder em que ele está inserido ("Art. 282. As medidas cautelares previstas neste Título deverão ser aplicadas observando-se a: ... II – adequação da medida à gravidade do crime, circunstâncias do fato e condições pessoais do indiciado ou acusado"). Por óbvio, quando se trata de responsabilidades da liderança de uma das duas Casas Legislativas mais importantes da Nação, que exige escrúpulos compatíveis com a sua altíssima honorabilidade, mais intensa deve ser a crítica judiciária a respeito da presença de riscos para o bom desenvolvimento da jurisdição penal. Depoimentos de testemunhas, documentos e mensagens em telefones celulares demonstraram a atuação do parlamentar que, de forma reiterada, agiria com aparente desvio de finalidade e para o alcance de fins ilícitos, entre eles o recebimento ilícito de valores expressivos. Ainda, teria o parlamentar colocado seus aliados em cargos chaves de importante CPI para fins de constranger colaboradores, bem como para evitar que ele próprio fosse investigado, além de desqualificar pessoas, empresas e políticos que se disponibilizaram a colaborar com a elucidação dos crimes." STF. Plenário. AC 4070/DF, Rel. Min. Teori Zavascki, julg. em 05.05.2016.

136. Conforme o informativo 824: "*O Colegiado considerou que os episódios narrados configurariam caso típico de abuso de poder que merece a intervenção do Judiciário, sob pena de comprometer o resultado final da investigação e, portanto, da aplicação da lei penal. Destacou o fato de que o cumprimento de qualquer diligência investigatória na Câmara dos Deputados deve ser precedido de autorização de sua Mesa Diretora, que é presidida pelo parlamentar em questão. Ou seja, a produção de provas em relação a eventuais ilícitos praticados pelo Presidente da Câmara dependeria de prévia autorização do próprio investigado. Ainda que a perfeita interação entre os Poderes seja a situação idealizada como padrão pela Constituição, que deles exige harmonia, isso se manifesta claramente impossível quando o investigado é, como no caso, o próprio Presidente da Mesa Diretora. Portanto, embora não seja a prévia autorização do Parlamento um pressuposto de validade do ato investigatório, porque ausente previsão constitucional que malfira a jurisdição do STF, não há dúvida de que a condição de investigado do Presidente da Câmara compromete a harmonia entre os Poderes da República. Ainda que não seja o momento de se formular juízo definitivo acerca dos fatos narrados, há indícios de que o requerido, na condição de parlamentar e, mais ainda, na de Presidente da Câmara dos Deputados, tem meios e é capaz de efetivamente obstruir a investigação e a colheita de provas, intimidar testemunhas e impedir, ainda que, indiretamente, o regular trâmite da ação penal em curso no STF, assim como das diversas investigações existentes nos inquéritos regularmente instaurados. Frisou haver fato superveniente ao pedido ora analisado consistente no fato de o Conselho de Ética daquela Casa Legislativa*

E por último, muito se debateu sobre a falta de previsão expressa na Constituição para tal decisão do STF. Como já tivemos oportunidade de dizer, em recente artigo, é interessante que alguns juristas insistem na tese de que a decisão não encontra esteio na Constituição e na normatividade infraconstitucional, por não se encontrar explicitamente prevista.

Aqui é de se perguntar se os direitos só são direitos se estiverem enumerados expressamente na Constituição ou mesmo na legislação infraconstitucional. Defendemos em ensaio que o uso do direito como integridade vai muito além da dicotomia direitos enumerados e não enumerados. Dworkin, ao defender o caráter *construtivo* da interpretação jurídica, critica expressamente a distinção entre direitos enumerados e não enumerados, como sendo essa distinção "apenas outro dispositivo semântico mal entendido" ("*only another misunderstood semantic device*") e como algo que "não faz sentido" ("*makes no sense*"); no que tem razão, dado o reconhecimento do caráter principiológico do Direito. Nesses termos, a crítica corriqueira e míope de não ser um *direito enumerado*, ou mesmo a busca por *direitos não enumerados*, desconsidera, portanto, o Direito como Integridade."[137]

f) Conforme citado acima, o Plenário do STF aplicou a medida cautelar do inciso VI do art. 319 do CPP e afastou Eduardo Cunha do seu cargo de Deputado Federal

haver admitido a representação formulada em desfavor do requerido. Além disso, o estado de suspeição que paira sobre a figura do atual ocupante da presidência da Casa Legislativa – formalmente acusado por infrações penais e disciplinares – contracena negativamente com todas suas responsabilidades, principalmente quando há ponderáveis elementos indiciários a indicar que ele articulou uma rede de obstrução contra as instâncias de apuração dos pretensos desvios de conduta que lhe são imputados."

137. No ensaio escrito conjuntamente com Marcelo Cattoni, Alexandre Bahia e Diogo Bacha criticamos o argumento da excepcionalidade (usado pelo STF no caso) e defendemos a possibilidade de suspensão de Eduardo Cunha com base em argumentos de princípios. Nesses termos, afirmamos que: "*A decisão assumiu um sentido pragmático que Dworkin tanto critica, ao visar exclusivamente às suas* consequências *e, assim, não respeitando a integridade. A integridade que exige que o magistrado recupere os princípios que melhor justifiquem sua decisão a partir de uma leitura* moral *ou, melhor,* normativa *da Constituição, que deveria manter hígidas as imunidades parlamentares e não criar normas "ad hoc" para aplicar contra a própria Constituição – ainda mais quando o suposto "direito" criado seria, na verdade, sob o argumento de uma pretensa excepcionalidade, uma limitação a direitos. Neste ponto, insistimos na normatividade constitucional e, com isso, concordamos com a crítica de Lenio Streck ao apelo da decisão pelo Tribunal à excepcionalidade, exatamente porque o caso se resolve como – e se trata de – uma questão de princípio, cabendo, pois, levar o* Direito mais a sério. *Por isso, bastaria ao* Supremo Tribunal Federal *recorrer aos princípios constitucionais em jogo, tais como a independência dos próprios poderes republicanos, e controlar o abuso das prerrogativas parlamentares, já que essas não podem configurar uma proteção à pessoa do parlamentar que delas abusa. Tratando-se de uma questão constitucional, o exercício abusivo de prerrogativas constitui, inclusive, falta de decoro parlamentar (art. 55, § 1º, da Constituição). Ainda que caiba à Câmara julgar e decidir acerca da perda de mandato por falta de decoro (art. 55, § 2º da Constituição) ou ao STF por crime (art. 53, § 1º, da Constituição), a própria garantia do devido processo legal nesse julgamento não constitui, mesmo no primeiro caso, matéria* interna corporis, *já que o abuso das prerrogativas atenta contra seus próprios fundamentos, configura uma fraude à Constituição. Este mesmo recurso possibilitaria a aplicação de forma adequada do art. 319, IV do CPP: "São medidas cautelares diversas da prisão: VI – suspensão do exercício de função pública ou de atividade de natureza econômica ou financeira quando houver justo receio de sua utilização para a prática de infrações penais;", já que se encontram presentes os pressupostos para o afastamento cautelar do Dep. Eduardo Cunha, pelo que fez e poderia continuar fazendo em sua atuação, tanto como deputado, quanto como Presidente da Câmara dos Deputados. O caso Cunha no STF e a defesa da integridade constitucional: a decisão liminar na AC 4.070 e o sentido adequado das prerrogativas e imunidades parlamentares.* Empório do Direito, 10.05.2016. *(Marcelo Cattoni, Diogo Bacha, Alexandre Bahia, Bernardo Fernandes)*

e da função de Presidente da Câmara dos Deputados durante a tramitação dos inquéritos que ele respondia.

Acontece que a decisão do STF afastou Eduardo Cunha do cargo e não cogitou dar à Câmara dos Deputados a possibilidade de reverter essa decisão. Ou seja, no caso de Cunha, o STF impôs a medida cautelar e o Parlamento não pôde se manifestar sobre isso (e de fato não se manifestou).

Porém, o STF, provocado sobre o tema, vai nos apresentar um novo posicionamento na **ADI 5526/DF** em **11.10.2017**. No caso, o Plenário do STF, por maioria (6x5), julgou parcialmente procedente ação direta de inconstitucionalidade na qual se pedia *interpretação conforme a Constituição* para que a *aplicação das medidas cautelares, quando impostas a parlamentares, fossem submetidas à deliberação da respectiva Casa Legislativa em 24 horas.*[138]

É interessante que à época da decisão estávamos sob toda **a controvérsia em** torno da situação do então **Senador Aécio Neves.** Na ocasião **da ADI 5526, o** Senador Aécio Neves estava sendo alvo de diversas investigações criminais. Nesses termos, a pedido do Procurador-Geral da República, o STF impôs ao investigado que cumprisse as seguintes medidas cautelares diversas da prisão: suspensão das suas funções como Senador (art. 319, VI do CPP); obrigação de recolhimento domiciliar noturno (art. 319, V do CPP); proibição de entrar em contato com outros investigados por qualquer meio (art. 319, III do CPP); proibição de se ausentar do país, com a entrega do passaporte (art. 319, IV do CPP). Aqui sublinhamos que a decisão da Primeira Turma do STF de afastar o Senador resultou em uma crise institucional entre os poderes Legislativo e Judiciário, pois, antes de o plenário do STF decidir a ADI 5526, o Senado já havia sinalizado que iria colocar em votação a decisão prolatada pela Primeira Turma do STF sobre o afastamento do cargo do Senador Aécio Neves. Certo é que o Senado nessa votação poderia deliberar de forma diferente do que havia decidido o STF e determinar o retorno do Senador ao exercício do mandato.

Pois bem, em uma situação de certa crise institucional, **como decidiu o STF?** O Pretório Excelso decidiu inicialmente que o Poder Judiciário possui competência para impor aos parlamentares, por autoridade própria, as medidas cautelares previstas no art. 319 do CPP, seja em substituição de prisão em flagrante delito por crime inafiançável, por constituírem medidas individuais e específicas menos gravosas; seja autonomamente, em circunstâncias de excepcional gravidade. E no caso de Deputados Federais e Senadores, a competência para impor tais medidas cautelares é do STF (art. 102, I, "b", da CR/88). Porém, entendeu a Corte que se a medida cautelar imposta pelo STF *impossibilitar, direta ou indiretamente*, que o Deputado Federal ou Senador *exerça o seu mandato*, então, neste caso, o Supremo deverá

138. **ADI 5526/DF,** STF. Plenário. rel. orig. Min. Edson Fachin, red. p/ o ac. Min. Alexandre de Moraes, julgado em **11.10.2017**.

encaminhar a sua decisão, no prazo de 24 horas, à Câmara dos Deputados ou ao Senado Federal para que a respectiva Casa delibere se a *medida cautelar imposta* pela Corte deverá ou não ser mantida.

Portanto, a **conclusão** é a de que o STF pode impor a Deputado Federal ou Senador qualquer das *medidas cautelares previstas no art. 319 do CPP*. No entanto, como já dito, se a medida imposta *impedir, direta ou indiretamente, que esse Deputado ou Senador exerça seu mandato, então, neste caso, a Câmara ou o Senado poderá rejeitar* ("derrubar") *a medida cautelar que havia sido determinada pelo Judiciário*. Ou seja, aqui, aplica-se, por analogia, a regra do art. 53, § 2º da CR/88 também para as *medidas cautelares diversas da prisão*.[139]

Nos termos do informativo 881, a fundamentação do STF foi no sentido de que as imunidades não dizem respeito à figura do parlamentar em si, mas à função por ele exercida, ao Poder que ele representa, no intuito de resguardar a atuação do Legislativo perante o Executivo e perante o Judiciário, consagrando-se como garantia de independência perante os outros dois Poderes constitucionais. Assim sendo, afirmou o STF que, no tocante à imunidade parlamentar processual em relação à prisão, a "*ratio*" da norma constitucional é somente permitir o afastamento do parlamentar do exercício de seu mandato conferido pelo povo em uma única hipótese: prisão em flagrante delito por crime inafiançável. O art. 53, § 2º, da CR protege o integral exercício do mandato parlamentar, ao referir, expressamente, que a restrição à liberdade de ir e vir do parlamentar somente poderá ocorrer na referida hipótese. Dessa forma, a norma constitucional estabeleceu, implicitamente, a impossibilidade de qualquer outro tipo de prisão cautelar. Nesse contexto, a Corte ponderou que, sendo a finalidade da imunidade formal proteger o livre exercício do mandato parlamentar contra interferências externas, a "ratio" da norma constitucional não pode ser contornada pela via das medidas cautelares diversas da prisão. Assim, ato emanado do Poder Judiciário que houver aplicado medida cautelar que impossibilite direta ou indiretamente o exercício regular do mandato legislativo deve ser submetido ao controle político da Casa Legislativa respectiva, nos termos do art. 53, § 2º, da CR/88.[140]

Voltando ao caso do Senador Aécio Neves, logo em seguida, passados poucos dias, o Senado Federal, aplicando o entendimento definido pelo STF na ADI 5526/DF

---

139. **ADI 5526/DF,** STF. Plenário. rel. orig. Min. Edson Fachin, red. p/ o ac. Min. Alexandre de Moraes, julgado em **11.10.2017**.

140. **ADI 5526/DF,** STF. Plenário. rel. orig. Min. Edson Fachin, red. p/ o ac. Min. Alexandre de Moraes, julgado em **11.10.2017**. Vencidos os ministros Edson Fachin, Roberto Barroso, Luiz Fux, Rosa Weber e Celso de Mello, que julgaram improcedente o pedido. Entenderam que os poderes conferidos ao Congresso para sustar processos penais em curso são estritos, circunscritos às hipóteses especificamente limitadas na CF, pois as medidas cautelares penais não são instrumentais apenas ao processo penal, mas também meios de tutela da fase pré-processual investigativa e da ordem pública. Nesse sentido, a outorga constitucional de poder para sustar um processo penal não compreende a concessão de poderes para impedir a adoção de providências cautelares necessárias à tutela da ordem pública (visando a impedir reiteração delitiva), bem como, à tutela da investigação e completa elucidação dos fatos.

em 11.10.2017, entendeu que as medidas cautelares impostas ao Senador impossibilitavam que ele exercesse o seu mandato parlamentar. Em virtude disso, o Senado decidiu rejeitar as medidas cautelares que haviam sido impostas pelo STF em desfavor de Aécio Neves. O Senado derrubou em 17.10.2017, por 44 votos (a favor de Aécio) a 26 (contra), a decisão da Primeira Turma do Supremo Tribunal Federal (STF) que havia determinado o afastamento de Aécio Neves (PSDB-MG) do mandato. Com isso, Aécio Neves retornou às atividades parlamentares.

g) Entendeu o STF em 2019, que os Deputados Estaduais gozam das mesmas imunidades formais previstas para os Deputados Federais e Senadores no art. 53 da CR/88.

Assim sendo, são constitucionais dispositivos de Constituição do Estado que estendem aos Deputados Estaduais as imunidades formais previstas no art. 53 da Constituição Federal para Deputados Federais e Senadores.

Para o STF, a leitura da Constituição da República revela, sob os ângulos literal e sistemático, que os Deputados Estaduais também têm direito às imunidades formal e material e à inviolabilidade que foram conferidas pelo constituinte aos congressistas (membros do Congresso Nacional). Isso porque tais imunidades foram expressamente estendidas aos Deputados pelo § 1º do art. 27 da CR/88.[141]

Asseverou que o dispositivo não abre campo a controvérsias semânticas em torno de quais imunidades são abrangidas pela norma extensora. A referência no plural, de cunho genérico, evidencia haver-se conferido a parlamentares estaduais proteção sob os campos material e formal. Para o STF, se o constituinte quisesse estabelecer estatuto com menor amplitude para os deputados estaduais, o teria feito expressamente, como fez, no inciso VIII do art. 29 da CR/88, em relação aos vereadores.[142]

Nesse sentido, a extensão do estatuto dos congressistas federais aos parlamentares estaduais traduz dado significante do pacto federativo. O reconhecimento da importância do Legislativo estadual viabiliza a reprodução, no âmbito regional, da harmonia entre os Poderes da República. É inadequado, portanto, segundo o STF, extrair da Constituição Federal proteção reduzida da atividade do Legislativo nos entes federados, como se fosse menor a relevância dos órgãos locais para o robustecimento do Estado Democrático de Direito.[143]

Também decidiu o STF, que a posição manifestada pelo STF na ADI 5526/DF, que concede poder ao Parlamento de dar a última palavra sobre as medidas

141. ADI 5823 MC/RN, ADI 5824 MC/RJ e ADI 5825 MC/MT, STF. Plenário. Red. p/ o ac. Min. Marco Aurélio, julg. em 08.05.2019 (Info 939).
142. ADI 5823 MC/RN, ADI 5824 MC/RJ e ADI 5825 MC/MT, STF. Plenário. Red. p/ o ac. Min. Marco Aurélio, julg. em 08.05.2019 (Info 939).
143. ADI 5823 MC/RN, ADI 5824 MC/RJ e ADI 5825 MC/MT, STF. Plenário. Red. p/ o ac. Min. Marco Aurélio, julg. em 08.05.2019 (Info 939).

cautelares (diversas da prisão), deve ser aplicada também aos Deputados Estaduais. Nesses termos, decidiu o STF, que a Assembleia Legislativa pode rejeitar a prisão preventiva e as medidas cautelares impostas pelo Poder Judiciário contra Deputados Estaduais.

Portanto, é constitucional resolução de Assembleia Legislativa que, com base na imunidade parlamentar formal (art. 53, § 2º c/c art. 27, § 1º da CR/88), *revoga a prisão preventiva* e as *medidas cautelares penais que haviam sido impostas pelo Poder Judiciário contra Deputado Estadual*, determinando o pleno retorno do parlamentar ao seu mandato. Assim sendo, o Poder Legislativo estadual tem a prerrogativa de sustar decisões judiciais de natureza criminal, precárias e efêmeras, cujo teor resulte em afastamento ou limitação da função parlamentar.[144]

h) Em 01.12.2016, o STF recebeu a denúncia formulada pelo PGR contra Renan Calheiros pela prática de peculato. Com isso, ele se tornou réu no STF. Acontece que em **05.12.2016**, o Ministro Marco Aurélio, em decisão monocrática (muito controvertida para boa parte da doutrina)[145], deferiu liminar para determinar o afastamento do Senador Renan Calheiros do cargo de Presidente do Senado Federal. Na decisão, o Ministro afirmou que, apesar de o julgamento da ADPF 402 (*que fora ajuizada pelo Partido Rede Sustentabilidade com a finalidade de impedir que réu em processo criminal possa assumir, como substituto, o cargo de Presidente da República*) ainda não ter sido concluído, já existiam 6 votos no sentido de que indivíduos que são réus não podem figurar na linha sucessória da Presidência da República. Assim sendo, seria possível aplicar, desde logo, este entendimento, de forma cautelar, para afastar o Senador Calheiros da Presidência do Senado. Nas palavras do Ministro, *"mesmo diante da maioria absoluta já formada na arguição de descumprimento de preceito*

144. O Plenário, por maioria, indeferiu medidas cautelares em ações diretas de inconstitucionalidade ajuizadas contra os arts. 33, § 3º, e 38, §§ 1º, 2º e 3º, da Constituição do Estado do Rio Grande do Norte, os §§ 2º ao 5º do art. 102 da Constituição do Estado do Rio de Janeiro e a Resolução 577/2017 da respectiva Assembleia Legislativa, bem como contra os §§ 2º ao 5º do art. 29 da Constituição do Estado do Mato Grosso e a Resolução 5.221/2017 da respectiva Assembleia Legislativa. *Os dispositivos constitucionais impugnados estendem aos deputados estaduais as imunidades formais previstas no art. 53 da Constituição Federal para deputados federais e senadores. Já as Resoluções revogam prisões cautelares, preventivas e provisórias de deputados estaduais e determinam o pleno retorno aos mandatos parlamentares, com todos os seus consectários.* **ADI 5823 MC/RN, ADI 5824 MC/RJ e ADI 5825 MC/MT, STF. Plenário. Red. p/ o ac. Min. Marco Aurélio, julg. em 08.05.2019 (Info 939).** Exemplo: *O Poder Judiciário determinou a prisão preventiva e a medida cautelar de afastamento do cargo em relação ao Deputado Estadual Gilmar Donizete Fabris. A ALE/MT, com base no entendimento firmado pelo STF no julgamento da ADI 5526/DF, reuniu-se e decidiu revogar a prisão e as medidas cautelares que haviam sido impostas em desfavor do Deputado e foi editada a Resolução nº 5.221/2017.* A Resolução foi impugnada por ADI e o STF, ao apreciar a medida cautelar, rejeitou o pedido *de liminar afirmando que o ato da Assembleia Legislativa é compatível com o art. 53, § 2º c/c art. 27, § 1º da CR/88.*

145. *"A decisão do ministro Marco Aurélio, afastando da Presidência do Senado Renan Calheiros, mostrou-se um perigoso equívoco. Não há previsão constitucional para esse afastamento. Estamos indo longe demais. O STF não é o superego da nação, para usar uma frase da jurista Ingeborg Maus, ao criticar o ativismo praticado pelo Tribunal Constitucional da Alemanha. Vou invocar uma frase famosa que eu mesmo fico repetindo e que é da autoria do ministro Marco Aurélio: os poderes da República são Legislativo, Executivo e Judiciário e não o contrário. (...) De fato, hoje mais uma vez ficou demonstrado o extremo ativismo do STF, contra o qual eu achava que o ministro Marco Aurélio estava imunizado. Mas, não."* STRECK, Lenio. *Não há previsão constitucional para o afastamento de Renan Calheiros*, CONJUR, 06.12.2016.

fundamental e réu, o senador continua na cadeira de Presidente do Senado, ensejando manifestações de toda ordem, a comprometerem a segurança jurídica".[146]

Acontece que em **07.12.2016**, o Plenário do STF se reuniu para analisar se iria referendar ou não a liminar concedida pelo Ministro Marco Aurélio. Aqui cabem parênteses, pois o então Presidente do Senado Renan Calheiros se negou a cumprir a decisão liminar do Ministro Marco Aurélio, o que gerou um enorme constrangimento institucional (situação de extrema tensão) entre os Poderes Legislativo e Judiciário.

Pois bem, o Plenário do STF referendou a liminar concedida pelo Ministro Marco Aurélio apenas parcialmente. A corrente majoritária dos Ministros decidiu que os substitutos eventuais do Presidente da República, caso ostentem a posição de réus criminais, ficarão impossibilitados de exercer a função de Presidente da República. Porém, para a maioria dos Ministros, mesmo sendo réu, o indivíduo pode continuar exercendo os cargos de Presidente da Câmara ou do Senado.

Conforme o informativo 850 do STF, a divergência ao Ministro Marco Aurélio foi iniciada pelo Ministro Celso de Mello, que entendeu não se justificar o afastamento cautelar do presidente do Senado Federal, no que foi acompanhado pelos ministros Teori Zavascki, Dias Toffoli, Luiz Fux, Ricardo Lewandowski e Cármen Lúcia. Ressaltou o Ministro que a cláusula inscrita no art. 86, § 1º, da CR/88 torna claro o sentido de intencionalidade do constituinte, que quis impor ao presidente da República o afastamento cautelar (e temporário) do desempenho do mandato presidencial, considerada, em essência, a exigência de preservação da respeitabilidade das instituições republicanas, que constitui, na verdade, o núcleo que informa e conforma esse processo de suspensão preventiva. Por isso, os substitutos eventuais do presidente da República, se tornados réus criminais perante o Supremo Tribunal Federal, não poderiam ser convocados para o desempenho transitório do ofício presidencial, pois não teria sentido que, ostentando a condição formal de acusados em juízo penal, viessem a dispor de maior poder jurídico, ou de maior aptidão, que o próprio chefe do Poder Executivo da União, titular do mandato presidencial.[147]

Por consequência, afirmou o Ministro, os agentes públicos que detêm as titularidades funcionais que os habilitam, constitucionalmente, a substituir o chefe do Poder Executivo da União em caráter eventual, caso tornados réus criminais perante esta

146. Informativo 850: *"O ministro Marco Aurélio (relator) deferiu a medida cautelar para afastar senador da Presidência do Senado Federal, por reputar presentes a urgência, a relevância do pedido e o comprometimento da segurança jurídica com a manutenção, na chefia daquela Casa legislativa, de cidadão que guarda a condição de réu. Considerou a decisão de recebimento, em parte, da denúncia oferecida contra o citado parlamentar pela suposta prática de crime de peculato nos autos do Inq 2.593/DF (julg. em 1º.12.2016) e, ainda, o fato de a maioria absoluta do Plenário já ter proferido voto na ADPF no sentido da procedência do pedido (Informativo 846). O relator asseverou, ademais, que o tema de fundo já teria sido definido pelo Tribunal, sem qualquer ressalva, no julgamento da AC 4.070 MC-REF/DF (DJU de 21.10.2016), ao referendar liminar para suspender deputado do exercício do mandato parlamentar e da função de presidente da Câmara dos Deputados, considerado o recebimento parcial da denúncia oferecida contra ele nos autos do Inq 3.983/DF (Informativo 816)."*

147. Informativo 850 do STFSTF. Plenário. ADPF 402 MC-REF/DF, Rel. Min. Marco Aurélio, julgado em 07.12.2016.

Corte, não ficariam afastados, "ipso facto", dos cargos de direção que exercem na Câmara dos Deputados, no Senado Federal e no Supremo Tribunal Federal. Na realidade, apenas *sofreriam interdição para o exercício do ofício de Presidente da República.*[148]

(2) Imunidade formal em relação a processo. Atualmente, se traduz na mera possibilidade de sustação de ação penal contra deputado ou senador por crimes praticados pelos mesmos após a diplomação[149].

Aqui, é interessante trazermos à baila as modificações advindas da Emenda nº 35/01 em relação ao texto original da Constituição de 1988, sobre o tema imunidade formal em relação ao processo. Conforme podemos observar, essa imunidade foi extremamente modificada pelo constituinte reformador em dezembro de 2001. Assim sendo:

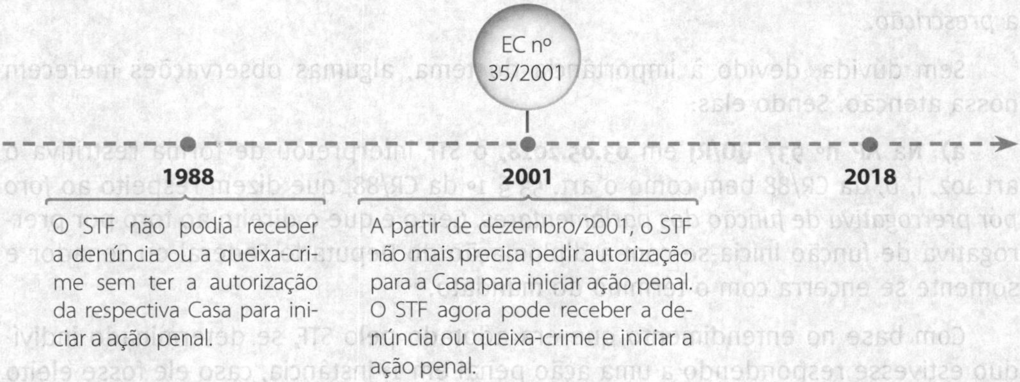

Portanto, antes da Emenda Constitucional nº 35/2001, para processar penalmente um deputado ou senador, o STF tinha que pedir autorização da respectiva Casa. Agora, não há mais a necessidade de tal autorização. Assim sendo, o procedimento passa a ser o seguinte:

Finalizada a fase de persecução penal (pré-processual) contra um deputado ou senador, pela prática e crime no exercício do mandato e em razão dele, o relator (no STF) abrirá vista no caso de uma ação penal pública ao Procurador-Geral da República, que terá 05 (cinco) dias, estando o deputado ou senador preso, ou

148. Informativo 850 do STFSTF. Plenário. ADPF 402 MC-REF/DF, Rel. Min. Marco Aurélio, julgado em 07.12.2016.

149. A imunidade formal em relação ao processo também *deve ser aplicada aos parlamentares estaduais e distritais. Portanto, nos termos do art. 27 § 1º da CR/88 ela é extensiva aos Deputados Estaduais e aos Distritais conforme o art. 32 § 3º da CR/88.* Porém, segundo a CR/88 os **Vereadores não são dotados dessa imunidade**. Nesses termos, o STF já se pronunciou pela **inconstitucionalidade** de **Constituições Estaduais que determinam imunidades formais (à prisão ou ao processo) a Vereadores**. Conforme a **ADI 371/SE**: *"1. O Estado-membro não tem competência para estabelecer regras de imunidade formal e material aplicáveis a Vereadores. A CF/88 reserva à União legislar sobre Direito Penal e Processual Penal. 2. As garantias que integram o universo dos membros do Congresso Nacional (CF, artigo 53, §§ 1º, 2º, 5º e 7º), não se comunicam aos componentes do Poder Legislativo dos Municípios. Precedentes. Ação direta de inconstitucionalidade procedente para declarar inconstitucional a expressão contida na segunda parte do inciso XVII do artigo 13 da Constituição do Estado de Sergipe".* Julg. em **05.09.2002**. Rel. Min. Maurício Corrêa.

15 (quinze) dias, estando o deputado ou senador solto, para oferecer a denúncia. Já no caso de ação penal privada será aguardado pelo relator que o ofendido ou quem de direito pelo mesmo ofereça a queixa-crime. O STF poderá receber a denúncia ou a queixa-crime sem a necessidade de autorização da respectiva Casa. Assim sendo, recebida a denúncia ou a queixa-crime, o STF comunicará à Casa respectiva que está iniciando a ação penal.

Assim sendo, um partido político da respectiva Casa, por vontade própria, deverá provocar a Mesa da Casa[150] para que haja uma apreciação sobre a sustação da ação penal que está tramitando no STF. A Mesa da Casa terá 45 (quarenta e cinco) dias, improrrogáveis, para colocar o pedido de sustação em votação, que será aberta e nominal. O quórum necessário para a sustação da ação será o de maioria absoluta e uma vez alcançado e suspendida a ação penal, será também suspensa a *prescrição*.

Sem dúvida, devido à importância do tema, algumas observações merecem nossa atenção. Sendo elas:

a) Na **AP nº 937 QO/RJ** em **03.05.2018,** o STF interpretou de forma restritiva o art.102, I, *b*, da CR/88 bem como o art. 53 § 1º da CR/88, que dizem respeito ao *foro por prerrogativa de função dos parlamentares.* Certo é que o direito ao foro por prerrogativa de função inicia-se com a diplomação do Deputado Federal ou Senador e somente se encerra com o término do mandato.[151]

Com base no entendimento que era adotado pelo STF, se determinado indivíduo estivesse respondendo a uma ação penal em 1ª instância, caso ele fosse eleito Senador, no mesmo dia da sua diplomação cessaria a competência do juízo de 1ª instância e o processo criminal deveria ser remetido ao STF (*deslocamento de competência para o STF*).

Pois bem, com base no novo posicionamento, presente na AP nº937 QO, as hipóteses de *foro por prerrogativa de função* devem ser interpretadas restritivamente, aplicando-se apenas aos crimes que tenham sido praticados durante o exercício do cargo e em razão dele.

Assim sendo, se o crime foi praticado pelo indivíduo antes de ele ser diplomado como Senador, não se justifica a competência do STF, devendo ele ser julgado pela 1ª instância, mesmo ocupando o cargo de parlamentar federal. Além disso, mesmo que o crime tenha sido cometido após a diplomação e investidura no mandato, se o

150. Certo é que a Mesa não pode agir de ofício devendo aguardar a provocação de partido político com representação na Casa.

151. Aqui é interessante que o STF já indeferiu pedido de agremiação partidária para ingressar como *amicus curiae* em ação penal. Para o STF, autoqualificando-se como *amicus curiae*, o *Partido pretendia, na verdade, ingressar numa posição que a relação processual penal não admite, considerados os estritos termos do CPP.* 1ª Turma. AP 504/DF, red. p/ o ac. Min. Dias Toffoli, julg em 09.08.2016.

delito não apresentar relação direta com as funções exercidas, também não haverá foro por exercício de função.

Portanto, foi fixada a seguinte tese: ***o foro por prerrogativa de função aplica-se apenas aos crimes cometidos durante o exercício do cargo e relacionados às funções desempenhadas.***

Conforme o Informativo 900 do STF, prevaleceu o voto do ministro Roberto Barroso (relator), o qual registrou que a quantidade de pessoas beneficiadas pelo foro (estima-se que cerca de 37 mil autoridades detenham a prerrogativa[152]) e a extensão que se tem dado a ele, a abarcar fatos ocorridos antes de o indivíduo ser investido no cargo beneficiado pelo foro por prerrogativa de função ou atos praticados sem qualquer conexão com o exercício do mandato que se deseja proteger, têm resultado em múltiplas disfuncionalidades.

A primeira delas é atribuir ao STF uma competência para a qual ele não é vocacionado. Conforme o Ministro, nenhuma corte constitucional no mundo tem a quantidade de processos de competência originária, em matéria penal, como tem a do Brasil.[153] E, evidentemente, na medida em que desempenha esse papel de jurisdição penal de primeiro grau, o STF se afasta da sua missão primordial de guardião da Constituição e de equacionamento das grandes questões nacionais.

O procedimento no Supremo é muito mais complexo do que no juízo de primeiro grau, por essa razão leva-se muito mais tempo para apreciar a denúncia, processar e julgar a ação penal. Consequentemente, é comum a ocorrência de prescrição, o que nem sempre acontece por responsabilidade do Tribunal, mas por conta do próprio sistema. Portanto, o mau funcionamento do sistema traz, além de impunidade, desprestígio para o STF. Como consequência, perde o Direito Penal o seu principal papel, qual seja, o de atuar como prevenção geral.[154]

---

152. Conforme o Ministro Barroso: *Só no STF são processados e julgados, em tese, mais de 800 agentes, que incluem o Presidente da República, o Vice-Presidente, 513 deputados federais, 81 senadores, os atuais 31 ministros de Estado e, ainda, os 3 comandantes militares, os 90 ministros de tribunais superiores, 9 membros do Tribunal de Contas da União e 138 chefes de missão diplomática de caráter permanente. Além disso, há mais de 30 mil detentores de foro por prerrogativa nos tribunais regionais federais e nos tribunais de justiça.*
153. Conforme o Ministro Roberto Barroso: *Não há, no Direito Comparado, nenhuma democracia consolidada que consagre a prerrogativa de foro com abrangência comparável à brasileira. No Reino Unido, na Alemanha, nos Estados Unidos e no Canadá nem existe foro privilegiado. Entre os países que adotam, a maioria o institui para um rol reduzido de autoridades. Na Itália, por exemplo, a prerrogativa de foro se aplica somente ao Presidente da República. Em Portugal, são três as autoridades que detêm foro privilegiado: o Presidente da República, o Presidente da Assembleia da República e o Primeiro-Ministro.*
154. Conforme Barroso: (...) *a primeira razão da disfuncionalidade é que atrapalha o funcionamento do Supremo naquilo que lhe é essencial. Mas há uma segunda razão, e é até mais grave. O Supremo Tribunal Federal, por não ser vocacionado para esse papel, não o desempenha de maneira desejavelmente satisfatória. Por quê? Exatamente pelo volume de processos e pelo tipo de formação que as pessoas aqui investidas têm. Esse não é um papel típico que os Ministros consigam desempenhar da maneira mais desejável, além do que o procedimento perante o Supremo Tribunal Federal é muito mais complexo do que perante o primeiro grau. De modo que, sem surpresas, nós constatamos que a existência do foro privilegiado, perante o Supremo, produz números muito ruins. O prazo médio para recebimento de uma denúncia pela Corte, de acordo com a Assessoria de Gestão Estratégica, é de 581 dias. Portanto, o Supremo leva um ano e meio par receber uma denúncia, quando um juiz de primeiro grau recebe em 48 horas ou um pouco mais, pelo*

Assim sendo, em resumo: a) o STF se afasta do seu verdadeiro papel, que é o de Suprema Corte, e não o de tribunal criminal de primeiro grau; b) e ainda, tal prática contribui para a ineficiência do sistema de justiça criminal.

Aqui temos também, conforme lembra o Ministro Roberto Barroso, que as autoridades com foro por prerrogativa de função no STF ficam sujeitas a julgamento por uma única instância, de forma que não gozam de duplo grau de jurisdição. Esse modelo vai de encontro com tratados internacionais sobre direitos humanos de que o Brasil é signatário. Tanto a Convenção Americana de Direitos Humanos quanto o Pacto Internacional de Direitos Civis e Políticos asseguram o "direito de recorrer da sentença para juiz ou tribunal superior". Isso não ocorre com quem tem foro por prerrogativa de função no STF. Assim sendo, após o julgamento pela Corte, não há recurso para outro Tribunal.

O Ministro Roberto Barroso frisou ainda que a situação atual revela a necessidade de mutação constitucional. Isso ocorre quando a corte constitucional muda um entendimento consolidado, não porque o anterior fosse propriamente errado, mas porque: a) a realidade fática mudou; b) a percepção social do Direito mudou; ou c) as consequências práticas de uma orientação jurisprudencial se revelaram negativas. Nesses termos, as três hipóteses que justificam a alteração de uma linha de interpretação constitucional estão presentes na hipótese dos autos.

Dessa maneira, nova interpretação prestigia os princípios da igualdade e republicano, além de assegurar às pessoas o desempenho de mandato livre de interferências, que é o fim pretendido pela norma constitucional. Ademais, viola o princípio da igualdade proteger, com foro de prerrogativa, o agente público por atos praticados sem relação com a função para a qual se quer resguardar sua independência, o que constitui a atribuição de um privilégio. O Ministro citou também a doutrina que afirma que "se o foro por prerrogativa de função não constitui um privilégio estamental ou corporativo, mas uma proteção outorgada às pessoas que desempenham certas funções, em prol do interesse público, não há porque estendê-lo para fatos estranhos ao exercício destas mesmas funções".

Além disso, segundo o Pretório Excelso, o princípio republicano tem como uma das suas dimensões mais importantes a possibilidade de responsabilização dos agentes públicos. A prescrição, o excessivo retardamento e a impunidade, que resultam do modelo de foro por prerrogativa de função, não se amoldam ao referido princípio.

---

menos o recebimento inicial antes da resposta da parte. Além disso, também por informação da Assessoria de Gestão Estratégica, a média do tempo de um procedimento perante o Supremo Tribunal Federal é de 1377 dias. E há casos de processos que tramitam por mais de dez anos. A consequência, como nós bem sabemos, é a frequência com que ocorrem prescrições aqui no Supremo Tribunal Federal, nem sempre por culpa do Supremo, mas por culpa de um sistema que faz com que o processo suba, desça, suba, desça...)

Assim, o Supremo adotou na linha seguida pelo Ministro Roberto Barroso em seu voto, uma interpretação restritiva, que seria uma espécie de redução teleológica da sua competência para ajustá-la à finalidade da norma e do sistema constitucional. Trata-se da chamada *"redução teleológica"* (Karl Larenz) ou, de forma mais geral, da aplicação da técnica da *"dissociação"* (Riccardo Guastini), que consiste em reduzir o campo de aplicação de uma disposição normativa a somente uma ou algumas das situações de fato previstas por ela segundo uma interpretação literal, que se dá para adequá-la à finalidade da norma e como já dito, do sistema constitucional. Dessa forma, o intérprete identifica uma lacuna oculta (ou axiológica) e a corrige mediante a inclusão de uma exceção não explícita no enunciado normativo, mas extraída de sua própria teleologia. Como resultado, a norma passa a se aplicar apenas à parte dos fatos por ela regulados.[155]

O Ministro Roberto Barroso apresentou vários exemplos: 1) O art. 102, I, "f" da CR/88 prevê que compete ao STF julgar "as causas e os conflitos entre a União e os Estados". O Supremo entendeu que essa competência não abarca todo e qualquer conflito entre entes federados, mas apenas aqueles capazes de afetar o *pacto federativo*. Ou seja, é competência do Supremo para as causas que envolvam conflitos entre União e Estados. Mas o Supremo refinou esta norma para dizer: só se houver conflito federativo (que afetam o pacto federativo) e não qualquer tipo de disputa; 2) No caso das ações envolvendo o CNJ, também produzimos uma interpretação restritiva para dizer: apesar do art.102, I, "r" da CR/88, não são todas as ações contra o CNJ, são somente as ações constitucionais que o STF terá competência originária para julgar. E mais do que isso, depois dissemos: somente as ações constitucionais em que haja prática de um ato positivo, ou seja, se o CNJ tiver se limitado a confirmar a decisão da instância inferior, também não cabe recurso ao Supremo Tribunal Federal; 3) Ainda nos casos em que todos os membros da magistratura são interessados, apesar do art. 102, I "n" o Supremo também produziu uma jurisprudência altamente restritiva para dizer: se o interesse for não apenas da magistratura, mas de todos os servidores, a competência não é do Supremo; 4) O art. 102, I, "a", da CR/88 estabelece que compete ao STF processar e julgar "a ação direta de inconstitucionalidade de lei ou ato normativo federal ou estadual". Embora o dispositivo não traga qualquer restrição temporal, o STF consagrou entendimento de que não cabe ADI contra lei anterior à Constituição de 1988 porque, ocorrendo incompatibilidade entre ato normativo infraconstitucional e a Constituição superveniente, fica ele revogado (não recepção).[156]

155. STF. Plenário. AP 937 QO/RJ, Rel. Min. Roberto Barroso, julgado em 03.05.2018. Como exemplo recente, também: 1ª Turma. Inq 4619 AgR-segundo/DF, Rel. Min. Luiz Fux, julgado em 19.02.2019 (Informativo 931 do STF)

156. Outro exemplo citado pelo Ministro Roberto Barroso: A imunidade material do art.53, *caput* da CR/88, como todos sabem, protege os parlamentares por suas opiniões, palavras e votos. O Supremo entendeu, que a imunidade material – ou seja, que protege o parlamentar por opiniões, palavras e votos – somente se aplica às manifestações que guardem relação com o mandato parlamentar e não para proteger qualquer outro tipo de conduta.

Em todos esses casos (e em muitos outros), entendeu-se possível a redução teleológica do escopo das competências originárias do STF pela via interpretativa.

Aqui, mais duas questões importantes. A primeira é sobre ***marco para o fim do foro***, ou seja, o momento para ***a fixação definitiva da competência do STF***. Por que essa questão é importante? Por que era comum haver um constante deslocamento da competência das ações penais de competência originária do STF. Não foram raros os casos em que o réu procurou se eleger a fim de mudar o órgão jurisdicional competente, passando do primeiro grau para o STF. De outro lado, alguns deixaram de se candidatar à reeleição, com o objetivo inverso, qual seja, passar a competência do STF para o juízo de 1ª instância, ganhando tempo com isso. E houve também os que renunciaram quando o julgamento estava próximo de ser pautado no STF.[157]

A tese fixada foi a de que: após **o final da *instrução processual***, com a publicação do despacho de intimação para apresentação de alegações finais, a competência para processar e julgar ações penais não será mais afetada em razão de o agente público vir a ocupar outro cargo ou deixar o cargo que ocupava, qualquer que seja o motivo.[158]

É importante salientar que se entende encerrada a *instrução processual* com a publicação do despacho de intimação para apresentação de alegações finais. Nesse momento, fica prorrogada a competência do juízo para julgar a ação penal mesmo que ocorra alguma mudança no cargo ocupado pelo réu. Assim, mesmo que o agente público venha a ocupar outro cargo ou deixe o cargo que ocupava, qualquer que seja o motivo, isso não acarretará modificação de competência.[159]

O STF também registrou que essa nova linha interpretativa deve ser aplicada imediatamente aos processos em curso (ou seja, já vale a partir da data do julgamento da questão de ordem em 03.05.2018), com a ressalva de todos os atos praticados e decisões proferidas pelo STF e pelos demais juízos com base na jurisprudência anterior, conforme precedente firmado no Inq. 687 QO/SP (*DJU* de 25.08.1999), ou seja, todos os atos praticados e as decisões proferidas pelo STF e pelos demais juízos antes da questão de ordem, com base no entendimento jurisprudencial anterior, devem ser considerados válidos.

Nesses termos, com a decisão proferida pelo STF na AP 937/QO, todos os inquéritos e processos criminais que estavam tramitando no Supremo envolvendo crimes

157. LOPES CAVALCANTE, Márcio André. *Dizer o Direito*, Informativo 900 do STF. "*Isso gerava, muitas vezes, o retardamento dos inquéritos e ações penais, com evidente prejuízo para a eficácia, a racionalidade e a credibilidade do sistema penal. Houve, inclusive, casos de prescrição em razão dessas mudanças.*"

158. **AP 937 QO/RJ,** Rel. Min. Roberto Barroso, julgado em **03.05.2018.**

159. Por que se escolheu esse critério do encerramento da instrução? Por três razões: 1ª) Trata-se de um marco temporal objetivo, de fácil aferição, e que deixa pouca margem de manipulação para os investigados e réus e afasta a discricionariedade da decisão dos tribunais de declínio de competência; 2ª) Este critério privilegia o princípio da identidade física do juiz, ao valorizar o contato do magistrado julgador com as provas produzidas na ação penal; 3ª) Já existia precedente do STF adotando este marco temporal. STF. Plenário. AP 937 QO/RJ, Rel. Min. Roberto Barroso, julgado em 03.05.2018. LOPES CAVALCANTE, Márcio André. *Dizer o Direito*, Informativo 900 do STF.

não relacionados com o cargo ou com a função desempenhada pela autoridade, foram remetidos para serem julgados em 1ª instância.

Aqui é interessante salientar, que a 1ª turma do STF na AP 962/DF em 16.10.2018 decidiu, corroborando com o entendimento acima, que se a instrução processual já havia terminado, mantém-se a competência do STF para o julgamento de detentores de foro por prerrogativa de função, ainda que o processo apure um crime que não está relacionado com o cargo ou com a função desempenhada. O fundamento de tal decisão, conforme vimos, relaciona-se com a tese acima exposta e já citada de que *"após o final da instrução processual, com a publicação do despacho de intimação para apresentação de alegações finais, a competência para processar e julgar ações penais não será mais afetada em razão de o agente público vir a ocupar outro cargo ou deixar o cargo que ocupava, qualquer que seja o motivo."*[160]

Outro caso interessante foi enfrentado pela 2ª Turma do STF em 18.02.2020. Nesses termos, depois de anos sendo investigado em inquérito que tramitava no STF, o Ministro Relator declinou a competência do STF para apurar os crimes porque os fatos ocorreram antes de o investigado ser Deputado Federal.[161]

Segundo o STF, o fato de as investigações estarem perto do fim e de já terem demorado anos não servem como argumento jurídico válido para prorrogar a competência do STF. Apesar da efetiva evolução das investigações, sob a supervisão do STF, não houve oferecimento de denúncia contra o agravante nem encerramento da instrução processual penal. Logo, o marco temporal relativo à data de apresentação das razões finais não foi alcançado. Assim sendo, foi aplicado o entendimento firmado na AP nº 937/QO.[162]

---

160. **AP 962/DF**, STF. 1ª Turma. Rel. Min. Marco Aurélio, red. p/ o ac. Min. Roberto Barroso, julgado em **16.10.2018.** Informativo 920: *Finalizada a instrução processual com a publicação do despacho de intimação para serem apresentadas as alegações finais, mantém-se a competência do Supremo Tribunal Federal (STF) para o julgamento de detentores de foro por prerrogativa de função, ainda que referentemente a crimes não relacionados ao cargo ou função desempenhada. Sob essa orientação, a Primeira Turma, por maioria, deu provimento a agravo regimental interposto em face de decisão que, com base no que decidido na Ação Penal (AP) 937, deslocou o processo para a primeira instância a fim de que fosse julgado o delito cometido quando o réu exercia cargo público estadual em momento anterior ao início do exercício do mandato de parlamentar federal. O Colegiado entendeu que, no caso em comento, toda a instrução processual penal ocorrera no STF, tendo sido apresentadas as alegações finais pela acusação e pela defesa. Uma das teses firmadas no julgamento da AP 937 foi precisamente a de que, após a instrução criminal, a competência do Tribunal se prorroga. No referido precedente, o Plenário firmou as seguintes teses: a) "O foro por prerrogativa de função aplica-se apenas aos crimes cometidos durante o exercício do cargo e relacionados às funções desempenhadas"; e b) "Após o final da instrução processual, com a publicação do despacho de intimação para apresentação de alegações finais, a competência para processar e julgar ações penais não será mais afetada em razão de o agente público vir a ocupar outro cargo ou deixar o cargo que ocupava, qualquer que seja o motivo". A tese "b" – preservação da competência após o final da instrução processual – deve ser aplicada mesmo quando não for o caso de aplicação da tese "a", ou seja, preserva-se a competência do STF na hipótese em que tenha sido finalizada a instrução processual, mesmo para o julgamento de acusados da prática de crime cometido fora do período de exercício do cargo ou que não seja relacionado às funções desempenhadas.*
161. **Pet 7716 AgR/DF**, STF. 2ª Turma. Rel. Min. Edson Fachin, julgado em **18.02.2020** (Informativo 967).
162. **Pet 7716 AgR/DF**, STF. 2ª Turma. Rel. Min. Edson Fachin, julgado em **18.02.2020** (Informativo 967).

Ainda sobre o tema em comento, também em recente decisão, o STF afirmou que é competente para julgar ***crime eleitoral praticado por Deputado Federal durante a sua campanha à reeleição caso ele tenha sido reeleito.***

No caso concreto, um Deputado Federal, recebeu doação ilegal de uma empresa com o objetivo de financiar a sua campanha para reeleição. Esta doação não foi contabilizada na prestação de contas, configurando o chamado "caixa 2" nos termos do art. 350 do Código Eleitoral.[163]

O Deputado foi reeleito para um novo mandato.[164] O STF entendeu que é competente para julgar este crime eleitoral. Nesses termos, conforme vimos, o foro por prerrogativa de função aplica-se apenas aos crimes cometidos durante o exercício do cargo e relacionados às funções desempenhadas.

Assim sendo, o STF entendeu que o recebimento de doação ilegal destinado à campanha de reeleição ao cargo de Deputado Federal é *sim um crime relacionado com o mandato parlamentar*. Além disso, entendeu o Pretório Excelso, que mostra-se desimportante a circunstância de este delito ter sido praticado durante o mandato anterior, bastando que a atual diplomação decorra de sucessiva e ininterrupta reeleição.[165]

Em outro recente julgado, não menos interessante, decidiu o STF, que a **prorrogação do foro** por prerrogativa de função só ocorre se houve reeleição, não se aplicando em caso de eleição para um novo mandato após o agente ter ficado sem ocupar função pública (ou seja: após o interregno de 4 anos).[166]

No caso, Prefeito cometeu o crime durante o exercício do mandato e o delito estava relacionado com as suas funções e nesses termos, a competência para julgá-lo foi do Tribunal de Justiça (no qual o processo penal teve seu início). Porém, entendeu o STF, que se o indivíduo deixar o cargo de Prefeito e, quatro anos mais tarde, for eleito novamente Prefeito do mesmo Município, nesta situação, a competência para julgar o crime será do juízo de 1ª instância. A competência então só continuaria no TJ se o Prefeito fosse reeleito para um segundo mandato sucessivo (consecutivo).[167]

---

163. **Inq 4435 AgR**-quarto/DF, STF. Plenário. Rel. Min. Marco Aurélio, julg. em **13** e **14.03.2019** (Informativo 933).
164. Por óbvio, se o Deputado não tivesse sido reeleito a competência seria da Justiça Eleitoral. Na medida em que deixou de ser Deputado Federal, ele perde também o foro por prerrogativa de função (nos termos ora estudados).
165. **Inq 4435 AgR**-quarto/DF, STF. Plenário. Rel. Min. Marco Aurélio, julg. em **13** e **14.03.2019** (Informativo 933)
166. **RE 1185838/SP**, STF. 1ª Turma. Rel. Min. Rosa Weber, julgado em 14.05.2019 (Info 940).
167. **RE 1185838/SP**, STF. 1ª Turma. Rel. Min. Rosa Weber, julgado em 14.05.2019: "*A Primeira Turma, por maioria, deu provimento a agravo regimental interposto em face de decisão monocrática que, ao negar seguimento a recurso extraordinário, manteve o foro por prerrogativa de função de prefeito denunciado por delitos cometidos em mandato anterior. A Turma determinou a remessa dos autos à primeira instância, mantida a validade de todos os atos praticados por tribunal de justiça responsável pelo recebimento de denúncia contra prefeito que supostamente havia praticado os fatos imputados em mandato anterior e, após o interregno de 4 anos, foi eleito para um novo mandato de prefeito. Considerou não se tratar, portanto, de reeleição. O Colegiado reafirmou jurisprudência firmada no Supremo Tribunal Federal (STF) no sentido de que o foro por prerrogativa de função se aplica apenas aos crimes cometidos durante o exercício do cargo e relacionados às funções desempenhadas. Entretanto, a prerrogativa de foro relaciona-se*

Por último, o **novo entendimento** que restringe o ***foro por prerrogativa de função*** não vale apenas para os Deputados Federais e Senadores, mas vale também para outras hipóteses de foro por exercício de função. Nesses termos, foi o que decidiu o próprio STF no julgamento do Inq. 4703 QO/DF, Rel. Min. Luiz Fux, julgado em 12.06.2018, no qual afirmou que o entendimento definido na AP nº937 QO vale também para Ministros de Estado.

É interessante ressaltar, que o STJ também decidiu em junho de 2018 que a ***restrição do foro*** deve alcançar Governadores e Conselheiros dos Tribunais de Contas estaduais. Nesse sentido, afirmou o STJ que o foro por prerrogativa de função no caso de Governadores e Conselheiros de Tribunais de Contas dos Estados deve ficar restrito aos fatos ocorridos durante o exercício do cargo e em razão deste.

Assim, o STJ é competente para julgar os crimes praticados pelos Governadores e pelos Conselheiros de Tribunais de Contas somente *se estes delitos tiverem sido praticados durante o exercício do cargo e em razão deste.*[168]

Dessa forma, como regra, as hipóteses de foro por prerrogativa de função perante o STJ restringem-se àquelas em que *o crime for praticado em razão e durante o exercício do cargo ou função.*

Porém, essa regra encontra exceção. A exceção são os ***Desembargadores de Tribunal de Justiça*** que continuam sendo julgados pelo STJ mesmo que o crime não esteja relacionado com as suas funções.[169] Nesses termos, o Superior Tribunal de Justiça é o tribunal competente para o julgamento nas hipóteses em que, não fosse a prerrogativa de foro (art. 105, I, da CF/88), o desembargador acusado houvesse de responder à ação penal perante juiz de primeiro grau vinculado ao mesmo tribunal. Assim, mesmo que o crime cometido pelo Desembargador não esteja relacionado com as suas funções, ele será julgado pelo STJ se a remessa para a 1ª instância significar que o réu seria julgado por um juiz de primeiro grau vinculado ao mesmo tribunal que o Desembargador. A manutenção do julgamento no STJ tem por objetivo preservar a isenção (imparcialidade e independência) do órgão julgador.[170]

Portanto, aqui temos uma espécie de "exceção" ao entendimento do STJ que também restringe o foro por prerrogativa de função. Assim, como citado acima, o STJ entendeu que haveria um risco à imparcialidade caso o juiz de 1ª instância julgasse

---

às funções desempenhadas na atualidade e a jurisprudência da Corte não abrange os interregnos de mandatos. No caso, após o término do primeiro mandato, no qual supostamente praticados os delitos apurados, a ação deveria ter sido encaminhada para a primeira instância. O fato de o denunciado ter assumido novo mandato de prefeito não enseja a prorrogação do foro". (Informativo 940)

168. STJ. Corte Especial. **APn 857/DF**, Rel. para acórdão Min. João Otávio de Noronha, julgado em **20.06.2018**. STJ. Corte Especial. **APn 866/DF**, Rel. Min. Luis Felipe Salomão, julgado em **20.06.2018**.
169. STJ. **APn 878/DF** QO, Rel. Min. Benedito Gonçalves, julgado em **21.11.2018**.
170. STJ. **APn 878/DF** QO, Rel. Min. Benedito Gonçalves, julgado em **21.11.2018** (Informativo 639 do STJ).

um Desembargador (autoridade que, sob o aspecto administrativo, está em uma posição hierarquicamente superior ao juiz).[171]

b) O STF, em 2007, anulou o ato formal de indiciamento realizado pela Polícia Federal contra Senador, alegando que a Polícia Federal não pode indiciar *de ofício* deputados e senadores, pois os parlamentares teriam foro por prerrogativa de função no STF. Nesse sentido, entendeu o STF na decisão, que indiciamento de deputados e senadores deveria ter autorização do próprio STF.[172] Assim, se houver investigação ou indiciamento envolvendo autoridade com foro por exercício de função no STF (desde a AP 937 QO, como já estudado, *por crime praticado após a diplomação e que guarda relação com o mandato*), sem autorização do Pretório Excelso, isso pode ser anulado.[173]

---

171. STJ. **APn 878/DF** QO, Rel. Min. Benedito Gonçalves, julgado em **21.11.2018** (Informativo 639 do STJ). O caso concreto enfrentado pelo STJ envolvia um Desembargador do Tribunal de Justiça do Estado do Paraná que estava sendo acusado de ter, supostamente, praticado lesão corporal contra a mãe e a irmã. Este Desembargador deve ser julgado pelo STJ (e não pelo Juiz de Direito de 1ª instância). O Min. João Otávio de Noronha argumentou que: *"Por mais que acredite na lisura dos juízes brasileiros, seria muito constrangedor para esse juiz em determinada situação votar ou condenar um superior hierárquico, que votou ou votará nele para uma promoção. Sem considerar outras hipóteses. Eu não daria essa carta em branco. Não assinaria um cheque em branco para os juízes nessa hipótese. Eu prefiro a cautela. Não quero ver juiz perseguido nem promovido por favores concedidos que pode gerar até a impunidade. Minha preocupação é sobretudo a impunidade, vamos ver Estado em que a pressão no juiz é muito grande. Juiz que tem vínculo com investigado não pode julgar. É uma blindagem que se faz à independência da magistratura. O juiz que está subordinado a um investigado não deve julgá-lo."* No mesmo sentido foi o voto do Min. Herman Benjamin: *"Para um juiz, a carreira é o fundamento da sua existência profissional. E não vejo como um juiz possa julgar o corregedor do seu Tribunal. O foro existe para o réu e em favor da sociedade. É garantia implícita."*

172. Conforme a Pet nº 3.825 QO/MT julg. em 10.10.2007: (...) III) diferenças entre a regra geral, o inquérito policial disciplinado no Código de Processo Penal e o inquérito originário de competência do STF regido pelo art. 102, I, b, da CR e pelo RI/STF. A prerrogativa de foro é uma garantia voltada não exatamente para os interesses dos titulares de cargos relevantes, mas, sobretudo, para a própria regularidade das instituições em razão das atividades funcionais por eles desempenhadas. Se a Constituição estabelece que os agentes políticos respondem, por crime comum, perante o STF (CR, art. 102, I, b), *não há razão constitucional plausível para que as atividades diretamente relacionadas à supervisão judicial (abertura de procedimento investigatório) sejam retiradas do controle judicial do STF. A iniciativa do procedimento investigatório deve ser confiada ao MPF contando com a supervisão do Ministro-Relator do STF*. 10. *A Polícia Federal não está autorizada a abrir de ofício inquérito policial para apurar a conduta de parlamentares federais ou do próprio Presidente da República (no caso do STF). No exercício de competência penal originária do STF (CR, art. 102, I, "b" c/c Lei nº 8.038/1990, art. 2º e RI/STF, arts. 230 a 234), a atividade de supervisão judicial deve ser constitucionalmente desempenhada durante toda a tramitação das investigações desde a abertura dos procedimentos investigatórios até o eventual oferecimento, ou não, de denúncia pelo dominus litis. 11. Segunda Questão de Ordem resolvida no sentido de anular o ato formal de indiciamento promovido pela autoridade policial em face do parlamentar investigado*. 12. Remessa ao Juízo da 2ª Vara da Seção Judiciária do Estado do Mato Grosso para a regular tramitação do feito. Rel. p/Ac. Min. Gilmar Mendes. DJ: 04.04.2008. Em sentido equivalente, o Inq nº 2842 julg. em 02.05.2013: *(...) III – A competência do STF, quando da possibilidade de envolvimento de parlamentar em ilícito penal, alcança a fase de investigação, materializada pelo desenvolvimento do inquérito. VI – A usurpação da competência do STF traz como consequência a inviabilidade de tais elementos operarem sobre a esfera penal do denunciado. Precedentes desta Corte. (Rel. Min. Ricardo Lewandowski). Em regra, a autoridade com foro por prerrogativa de função pode ser indiciada. Existem duas exceções previstas em lei de autoridades que não podem ser indiciadas: a) Magistrados (art. 33, parágrafo único, da LC 35/79); b) Membros do Ministério Público (art. 18, parágrafo único, da LC 75/73 e art. 40, parágrafo único, da Lei nº 8.625/93).*

173. Aqui um interessante exemplo: *surgiram indícios de que determinado Governador teria praticado crimes. Diante disso, foi requerida a abertura de inquérito criminal no STJ para investigar o Chefe do Poder Executivo estadual. Esta investigação deve ser autorizada pelo STJ porque compete a esta Corte julgar Governadores de Estado por crimes comuns (art. 105, I, "a", da CR/88). O STJ autoriza a instauração do inquérito. São ouvidas diversas testemunhas e realizadas diligências na investigação e os indícios contra o Governador aumentam. Diante disso, o Delegado entende que existem*

Assim sendo, por exemplo, em investigações da operação "Lava Jato" envolvendo Deputados Federais, Senadores e Ministros de Estado, o Procurador Geral da República deveria requerer diligências investigatórias e o Ministro-Relator no STF decidiria se autorizaria ou não. É interessante que, as diligências requeridas pelo Ministério Público Federal e deferidas pelo Ministro-Relator são meramente informativas, não sendo suscetíveis ao princípio do contraditório. Desse modo, conforme o Inq 3387 AgR, não cabe à defesa controlar, "*ex ante*", a investigação, o que acabaria por restringir os poderes instrutórios do Relator. Assim, o Ministro-Relator poderá deferir, mesmo sem ouvir a defesa, as diligências requeridas pelo Ministério Público que entender pertinentes e relevantes para o esclarecimento dos fatos.[174]

Porém, é importante ressaltar, mais uma vez, que esse entendimento tradicional do STF, agora apresenta uma ruptura interessante. Nesses termos, como vimos, **antes** da decisão da AP 937 QO, as investigações envolvendo Deputado Federal ou Senador somente poderiam ser iniciadas após autorização formal do STF.[175] Essa investigação era chamada de inquérito criminal (não era inquérito "policial") e deveria tramitar no STF, como vimos, sob a supervisão judicial de um Ministro-Relator que iria autorizar as diligências que se fizessem necessárias.

Nesses termos, repetimos, a autoridade policial e o Ministério Público só podiam investigar eventuais crimes cometidos por Deputados Federais e Senadores, se houvesse uma prévia autorização do STF. O que ocorre agora? Ora, a partir da decisão da AP nº937 QO, surge um componente novo. Qual seja, agora depende se o crime foi praticado antes ou depois da diplomação, e mais, se praticado depois da diplomação se guarda ou não relação com o mandato (em razão do mandato). Agora, se o crime foi praticado antes da diplomação, ou depois da diplomação, mas não guarda relação com o mandato, não haverá essa necessidade, mesmo porque, por óbvio, o *foro* não será o STF.[176]

c) Só ocorrerá a imunidade formal em relação processo para crimes praticados após a diplomação (é na diplomação que se forma o vínculo jurídico entre

---

elementos suficientes para realizar o indiciamento do Governador. Para que esse indiciamento seja concretizado, é imprescindível que haja uma autorização do Ministro Relator do STJ responsável pelo inquérito. (Márcio André Lopes, *Comentários ao Informativo* 825 do STF, 2016).

174. STF. 2ª Turma. Inq 3387 AgR/CE, Rel. Min. Dias Toffoli, julg. em 15.12.2015.

175. Assim, por exemplo, se a autoridade policial ou o membro do Ministério Público tivesse conhecimento de indícios de crime envolvendo Deputado Federal ou Senador, o Delegado e o membro do Ministério Público não poderiam iniciar uma investigação contra o parlamentar federal. O que eles deveriam fazer: remeter esses indícios à Procuradoria Geral da República para que esta fizesse requerimento pedindo a autorização para a instauração de investigação criminal envolvendo essa autoridade.

176. 1) ***Se o crime foi praticado antes da diplomação ou se o crime foi praticado depois da diplomação (durante o exercício do cargo), mas o delito não tem relação com as funções desempenhadas.*** Atribuição para investigar: Polícia (Civil ou Federal) ou MP. **Não há necessidade de autorização do STF.** Medidas cautelares são deferidas pelo juízo de 1ª instância (Exemplo: quebra de sigilo) 2) ***Se o crime foi praticado depois da diplomação (durante o exercício do cargo) e o delito está relacionado com as funções desempenhadas.*** Exemplo: corrupção passiva. Atribuição para investigar: Polícia Federal e Procuradoria Geral da República, com supervisão judicial do STF. Há necessidade de autorização do STF para o início das investigações. Nos termos do Informativo 900 do STF.

representantes e representados; eleitores e eleitos. Ela indica que houve uma eleição válida e que aquele indivíduo alcançou votos suficientes para ter direito ao mandato). Porém, se o Deputado ou Senador praticou crime antes da diplomação não terá imunidade formal em relação ao processo.

d) Hipótese de **concurso de pessoas**. Ou seja, se Deputado ou Senador pratica crime *após a diplomação e que guarda relação com o mandato* (em função do mandato) em concurso com outras pessoas (com outros corréus). Temos aí algumas situações:

- Se ocorre a sustação da ação penal contra o parlamentar, ocorrerá também a suspensão da ação penal para os outros corréus? Não, porque eles não têm imunidade que é inerente ao mandato parlamentar[177]. Nesse sentido, os corréus serão processados na instância originária da prática do delito (***deslocamento de competência***). Ou seja, estaremos diante da figura do desmembramento processual.
- Não ocorre a sustação da ação penal para o parlamentar. Nesse caso, o foro por prerrogativa de função do Deputado ou Senador será o STF (arts. 53, § 1º e 102, I, "b"). E os corréus, serão processados e julgados no STF ou na instância originária (competente originariamente)? Pergunta-se: haverá desmembramento processual? Aqui **depende do caso concreto e de seu contexto** para que seja exarado o posicionamento do STF.

Nesse sentido, o STF vem decidindo com base no fundamento da conveniência da instrução processual. Assim, para que não haja dúvidas, visto que a doutrina vem recorrentemente se equivocando com o posicionamento do STF, temos que:

d.1) No caso do mensalão, o STF definiu que os 40 indiciados pela prática de uma série de crimes seriam todos processados pelo STF.[178] Nesses termos, o STF já decidiu pelo **não** desmembramento. Além da conveniência da instrução processual, bem como, do contexto no qual um determinado caso está inserido, um fundamento para tal postura, pode ser manejado com base na **Súmula nº 704 do STF** que preleciona que: "não viola as garantias do juiz natural, da ampla defesa e do devido processo legal a atração por continência ou conexão do processo do corréu ao foro por prerrogativa de função de um dos denunciados".

No julgamento do Inquérito do **mensalão** nº 2.245, em 06.12.2006, os ministros do Supremo Tribunal Federal (STF) decidiram manter na Corte as investigações contra os **40 denunciados no processo**. A decisão, por maioria dos votos, foi tomada na apreciação de questão de ordem pelo Plenário. No dia 9 de

177. Conforme a **súmula 245** do STF: "*A imunidade parlamentar não se estende ao corréu sem essa prerrogativa*".
178. No julgamento do Inquérito do **mensalão** nº 2.245, em 06.12.2006, os ministros do Supremo Tribunal Federal (STF) decidiram manter na Corte as investigações contra os **40 denunciados no processo**. A decisão, por maioria dos votos, foi tomada na apreciação de questão de ordem pelo Plenário. (STF, em **16.12.2011**)

novembro de 2007, o Plenário havia decidido desmembrar o inquérito entre os denunciados que possuíam foro privilegiado e seus coautores, e outros, que não possuem tal prerrogativa e que não cometeram crimes em coautoria com quem tem privilégio, nos termos de uma proposta apresentada pelo ministro Sepúlveda Pertence. A sessão plenária foi suspensa, na ocasião, para que o ministro Joaquim Barbosa, relator do inquérito, trouxesse posteriormente uma listagem enumerando em quais casos o inquérito seria desmembrado. No dia 06.12.2006, o Ministro Joaquim Barbosa chegou a apresentar sua proposta, mas alertou para o fato, de que o voto condutor de Sepúlveda Pertence iria manter praticamente todos os denunciados sob investigação no STF. No iter da sessão, o Ministro Cezar Peluso propôs, então, que fosse reconsiderada a decisão anterior do desmembramento, votando pela manutenção de todo o inquérito no Supremo, na linha da proposta inicial do Procurador-Geral da República (PGR). A maioria adotou a solução proposta pelo ministro Cezar Peluso para, revisando deliberação anterior do Plenário, manter íntegro o inquérito no STF. Ficaram vencidos na votação os ministros Sepúlveda Pertence e Marco Aurélio. No mesmo sentido foi a decisão de 28.07.2007: "(...) Ementa: primeira preliminar. Incompetência. Foro por prerrogativa de função. Desmembramento indeferido pelo Pleno. Preclusão. Rejeitada a preliminar de incompetência do STF para julgar a acusação formulada contra os 34 (trinta e quatro) acusados que não gozam de prerrogativa de foro. Matéria preclusa, tendo em vista que na sessão plenária realizada no dia 06/12/06 decidiu-se, por votação majoritária, pela necessidade de manter-se um **processo único**, a tramitar perante o Supremo Tribunal Federal. (...)". Aqui, registramos que o Ministro Joaquim Barbosa, negou **novamente em dezembro de 2011**, pedido da defesa de José Roberto Salgado, um dos réus na Ação Penal (AP) 470, **para que o processo conhecido como mensalão fosse desmembrado**. A defesa pedia que fosse mantida a ação no Supremo apenas contra os réus que possuem foro por prerrogativa de função. Para o advogado, seria inconstitucional estender a competência especial por prerrogativa de função para quem não é titular do direito. Regras infraconstitucionais de conexão ou continência, ou mesmo razões de conveniência e oportunidade prática não podem embasar essa extensão, sustentava o defensor. Ao negar o pedido, o Ministro Joaquim Barbosa, relator do caso, lembrou que essa questão já foi submetida diversas vezes ao Plenário da Corte, "sendo, em todas as oportunidades, rejeitada"[179].

Fato é que, a questão do desmembramento, novamente foi trazida à baila, no início do julgamento da AP 470, **em 02.08.2012**. O STF, por maioria, rejeitou questão de ordem, suscitada da tribuna, em que requerido o **desmembramento** do feito, para deslocar a competência da Corte quanto ao processo e julgamento dos denunciados não detentores de mandato parlamentar. Prevaleceu o voto do relator Min. Joaquim Barbosa (com a divergência do Min. revisor Ricardo Lewandowski e do Min.

179. AP 470 STF em: **16.12.2011.** Rel. Min Joaquim Barbosa.

Marco Aurélio). O Ministro Joaquim Barbosa lembrou que o tema já teria sido objeto de deliberação pelo Pleno, na qual decidido que o Supremo seria competente para julgar **todos os réus envolvidos na presente ação**, motivo por que, inclusive, a questão estaria preclusa.

Aqui é interessante apenas ressaltarmos que **pelo menos um dos denunciados** deve ser dotado de prerrogativa de foro, pois não havendo nenhum réu ***no foro por exercício de função***, não há que se falar foro privilegiado. Um exemplo foi a decisão do Ministro Joaquim Barbosa no caso da **AP nº 420** (envolvendo a análise de empréstimos "supostamente fraudulentos" do Banco BMG para o Partido dos Trabalhadores).

No caso, decidiu que como o ex-deputado federal José Genoíno, do PT, não foi reeleito (no pleito de 2010) e era o único réu com prerrogativa de foro (no caso que investigava a realização de supostos empréstimos fraudulentos do BMG para o partido), o então Ministro Joaquim Barbosa declinou da competência do Supremo Tribunal Federal para processar e julgar a Ação Penal nº 420. Com isso, conforme exarado, o processo voltou a tramitar na 1ª instância. Nesse sentido, o Ministro determinou (mantida a validade dos atos já praticados) o encaminhamento dos autos para o juízo da 4ª Vara Federal de Belo Horizonte-MG, local no qual o feito começou a tramitar.

E, por último, no recente caso envolvendo o Senador Aécio Neves no Inq 4506 AgR/DF. Nesses termos, no caso envolvendo o Senador Aécio Neves, sua irmã, seu primo e mais um investigado, o STF decidiu que, no atual estágio, não deveria haver o desmembramento e a apuração dos fatos deveria permanecer no STF para todos os envolvidos. Isso porque entendeu-se que o desmembramento representaria inequívoco prejuízo às investigações.[180]

d.2) Porém, apenas a título de exemplo, em março,[181] agosto[182] e outubro de 2008[183], o STF adotou a tese do desmembramento processual com base na

180. **Inq 4506 AgR/DF**, STF. 1ª Turma Rel p/ o ac. Min. Alexandre de Moraes, julg em **14.11.2017**. A 1ª Turma do STF entendeu que, neste momento, o desmembramento prejudicaria o andamento das investigações. O STF entendeu que as acusações e a conduta de cada um dos investigados relaciona-se com um único fato supostamente delituoso – a solicitação de R$ 2 milhões a Joesley Batista para ajudar a pagar a defesa de Aécio Neves em investigações da Operação Lava-Jato. Desse modo, a investigação se refere a fato único, com diversidade de funções entre os acusados, o que justifica a manutenção das investigações no STF. Neste estágio das investigações, as condutas dos quatro investigados estão indissociavelmente unidas à do Senador e o desmembramento representaria "inequívoco prejuízo às investigações" (Informativo 885).
181. Inq. nº 2.597 ED Agr julg. em 13.03.2008: *"[...] Pertinente o desmembramento do processo quando conveniente à instrução penal, na forma de inúmeros precedentes da Suprema Corte. 4. Agravo regimental desprovido."* Rel. Min. Menezes Direito.
182. Nos termos do HC nº 89.056 decidido pela 1ª Turma em 12.08.2008. No caso: *por unanimidade, a Primeira Turma do Supremo Tribunal Federal (STF) concedeu a ordem a fim de desmembrar inquérito em trâmite no Superior Tribunal de Justiça (STJ). O habeas corpus para determinar o desmembramento do inquérito em curso no STJ, permanecendo naquele tribunal apenas os autos relativos ao conselheiro do Tribunal de Contas do estado do Mato Grosso, que detém a prerrogativa de foro e sendo encaminhado a 1ª instância os autos relativos a corréu que não detinha prerrogativa de foro. Conforme a Ementa: Competência – Prerrogativa de foro – natureza da disciplina. A competência por prerrogativa de foro é de Direito estrito, não se podendo, considerada conexão ou continência, estendê-la a ponto de alcançar inquérito ou ação penal relativos a cidadão comum.*
183. Em decisão de 02.10.2008, o STF decidiu em favor de desmembramento de Ação penal no qual está como corréu um Senador e outros que não detêm a prerrogativa de foro. Nesses termos, a decisão da AP AgR nº 493: *"(...) 3. Esta*

conveniência da instrução processual. Em agosto de 2009, o STF também decidiu nesse sentido, nos termos do Informativo nº 556 do STF.[184] Isso ocorreu em fevereiro de 2014, no julgamento do Inq nº 3515 AgR/SP, presente no Informativo nº 735 do STF.

Aqui, portanto, temos **duas** posições. Alguns defendem que deveria haver o processamento sempre no STF (corréus junto com o parlamentar com foro por prerrogativa de função) para evitar decisões conflitantes e contraditórias. O ministro Gilmar Mendes, por exemplo, já se manifestou nesse sentido, dizendo que "em casos de crimes plurais, dever-se-ia evitar possíveis incongruências geradas por decisões do STF e de instâncias inferiores. Reputou possível a atração da competência por conexão e ressaltou que a Convenção Interamericana de Direitos Humanos preconizaria não haver violação ao princípio do juiz natural na hipótese de decisão tomada pela Suprema Corte, porque esta consagraria, por excelência, a ideia de juiz natural". Por outro lado, há a tese defendida pelo Ministro Marco Aurélio, ao fundamento de que contra conflitos e contradições há a figura do recurso. Segundo o ministro, o que não podemos permitir é que indivíduos que **não** tenham foro por prerrogativa, sejam julgados no mesmo Tribunal daqueles que o detém. Aqui, não há tese vencedora. Ou seja, o STF vem adotando as 2 teses, mediante análise ("*ponderada*" no caso concreto) da conveniência da instrução processual, embora, é bom que se diga (não obstante o *caso do mensalão* – AP 470), que a tese do **desmembramento** seja, em regra, a mais usada pelo Pretório Excelso. Ou seja, em regra, o STF entende que deve haver o desmembramento dos processos quando houver corréus sem prerrogativa. Aliás, isso, inclusive, foi afirmado textualmente pelo plenário do STF, quando do julgamento em **12.02.2014** do Inq nº 3515/AgR/SP[185]. Aqui, é bom que diga, que na intitulada "operação Lava Jato", o STF decidiu desmembrar um dos feitos, ficando no STF a investigação relacionada com determinado Deputado

---

Corte vem se orientando no sentido de admitir a separação do processo com base na conveniência da instrução e na racionalização dos trabalhos . 4. No caso em questão, a razoável duração do processo (CR, art. 5º, LXXVIII) não vinha sendo atendida, sendo que as condutas dos 8 (oito) acusados foram especificadas na narração contida na denúncia. 5. Relativamente à imputação sobre possível crime de quadrilha, esta Corte já decidiu que há "a possibilidade de separação dos processos quando conveniente à instrução penal, [...] também em relação aos crimes de quadrilha ou bando (art. 288, do CP)" 6. Agravo regimental improvido". Rel. Min Ellen Gracie.

184. Nesses termos, temos o Inq nº 2.718, julgado em 20.08.2009: "O Tribunal decidiu, por maioria, pelo desmembramento de inquérito, e determinou fosse comunicada à Presidência a necessidade de que, em todos os processos sigilosos, sejam extraídas cópias para os Ministros para efeito de julgamento. Na espécie, trata-se de inquérito, que tramita sob o regime de sigilo, instaurado com a finalidade de apurar os crimes previstos no art. 299 do Código Eleitoral, no art. 1º da Lei 9.613/98 (lavagem de dinheiro), e no art. 288 do Código Penal (quadrilha ou bando), diante de indícios que apontam para a compra de apoio eleitoral. (...) Decidiu-se pelo desdobramento do processo, determinando-se remessa de cópia ao Superior Tribunal de Justiça para conhecimento da denúncia contra o Governador de Estado (...)". Rel Min. Ricardo Lewandowsky, Informativo nº 556 do STF.

185. Nesses termos: *"O desmembramento de inquéritos ou de ações penais de competência do STF deve ser regra geral, admitida exceção nos casos em que os fatos relevantes estejam de tal forma relacionados que o julgamento em separado possa causar prejuízo relevante à prestação jurisdicional. Essa a orientação do Plenário, que desproveu agravo regimental interposto de decisão proferida pelo Ministro Marco Aurélio, nos autos de inquérito do qual relator. Na decisão agravada, fora determinado o desmembramento do feito em relação a agente não detentor de foro por prerrogativa de função perante o STF".* (Inq nº 3515 julg. em 12.02.2014 Rel. Min. Marco Aurélio). No mesmo sentido: QO/PR nas Ações Penais: 871 a 878 julg. em 10.06.2014. Rel. Min Teori Zavascki.

Federal, e, sendo remetido de volta para a Vara Federal de Curitiba o processo que apura a conduta dos demais réus (supostos comparsas do parlamentar). É interessante que depois do desmembramento, durante a oitiva de um réu colaborador na 1ª instância, este revelou novos fatos criminosos que teriam sido praticados pelo Deputado. Segundo o Pretório Excelso essa oitiva foi correta e não houve usurpação de competência do STF. Nesse sentido, só se poderia dizer que houve violação da competência do STF se o juiz federal tivesse realizado medidas investigatórias dirigidas ao Deputado Federal, não podendo ser considerada medida de investigação o simples fato de ele ter ouvido réu colaborador e este ter mencionado durante a audiência a participação Deputado.[186]

e) Conforme entendimento do STF, se durante a investigação, conduzida em 1ª instância, de crimes praticados por pessoas sem foro por exercício de função, caso surja indício de delito cometido por uma autoridade com foro no STF, o juiz deverá paralisar os atos de investigação e remeter todo o procedimento para o Supremo Tribunal Federal. Portanto, o juiz não pode decidir separar os procedimentos e remeter ao Tribunal apenas os elementos colhidos contra a autoridade, permanecendo com o restante.

Nesse sentido, chegando ao STF, compete ao próprio STF decidir se deverá haver o desmembramento ou se o Tribunal irá julgar todos os suspeitos, incluindo as pessoas que não têm foro por exercício de função (foro privativo). Em suma, cabe apenas ao STF decidir sobre a necessidade de desmembramento de investigações que envolvam autoridades com prerrogativa de foro. No mesmo sentido, se surgirem diálogos envolvendo autoridade com foro no STF, o juiz que havia autorizado a interceptação **não** poderá levantar o sigilo do processo e permitir o acesso às conversas porque a decisão quanto a isso é também do STF.[187] É necessário acrescentar ainda que se o STF entende que não há indícios contra a autoridade com foro privativo e se ainda existem outros investigados, o STF deverá remeter os autos ao juízo de 1ª instância para que continue a apuração da eventual responsabilidade penal dos terceiros no suposto fato criminoso.[188] E, além disso, temos também que a simples menção ao nome de autoridades detentoras de prerrogativa de foro, seja em depoimentos prestados por testemunhas ou investigados, seja em diálogos telefônicos interceptados, assim como a existência de informações, até então, fluidas

186. Segundo o STF: É comum que, em casos de desmembramento, ocorra a produção de provas que se relacionem tanto com os indivíduos investigados na 1ª instância, como o dos demais réus com foro privativo. A existência dessa coincidência não caracteriza usurpação de competência. Nesses termos, a simples menção do nome do reclamante em depoimento de réu colaborador, durante a instrução em 1ª instância, não caracterizaria ato de investigação, ainda mais quando houve prévio desmembramento, como no caso. STF. Rcl 21419 AgR/PR, Pleno do STF, Rel. Min. Teori Zavascki, julg: 07.10.2015.

187. Rcl 23457, Plenário do STF. Referendo-MC/PR, Rel. Min. Teori Zavascki, julg. em **31.03.2016**. Aqui ressaltamos que *compete ao STF decidir quanto à conveniência do desmembramento de procedimento de investigação ou persecução penal, quando houver pluralidade de investigados e um deles tiver prerrogativa de foro perante a Corte. STF. 2ª Turma. AP 871, 872, 873, 874, 875, 876, 877 e 878 QO/PR*, Rel. Min. Teori Zavascki, julgados em 10.06.2014.

188. **Inq 3158 AgR/RO**, 1ª Turma do STF. Red. p/ o ac. Min. Rosa Weber, julgado em **07.02.2017** (Informativo 853).

e dispersas a seu respeito, são ***insuficientes*** para o deslocamento da competência para o Tribunal hierarquicamente superior. Nesses termos, não é porque um dos investigados mencionou o nome de uma autoridade com foro privativo que deverá haver o deslocamento da competência. Somente deverá haver a remessa da investigação para o foro por prerrogativa de função se ficar constatada a existência de ***indícios*** da participação ativa e concreta do titular da prerrogativa em ilícitos penais.[189] E claro após a AP nº937 QO se o crime for após a diplomação no exercício do mandato e em razão do mandato.

f) Deputado ou senador pratica crime no exercício da função, no ***iter*** do mandato e que guarda relação com o mandato. Pergunta-se: após o fim do mandato (por qualquer motivo), ele continuará sendo processado e julgado no STF? Antes da AP 937 QO, a jurisprudência do STF estabeleceu como regra o *deslocamento da competência* se o parlamentar não estiver mais no cargo. E as exceções seriam: a) *Fraude (ou abuso) processual*; b) *Se o julgamento no STF já tiver se iniciado (julgamento como ato único que se desdobra fisicamente)*. Porém, com o novo posicionamento e padronização na **AP nº 937 QO**, agora depende do marco temporal que foi definido nessa Ação Penal. Nesse sentido, como já explicitamos, após o final da instrução processual, com a publicação do despacho de intimação para apresentação de alegações finais, a competência para processar e julgar ações penais não será mais afetada em razão de o agente público vir a ocupar outro cargo ou deixar o cargo que ocupava, qualquer que seja o motivo.[190]

g) Decidiu o STF em 2019, que a determinação de busca e apreensão nas dependências da Câmara dos Deputados ou do Senado Federal pode ser decretada por juízo de 1ª instância se o investigado não for congressista. Entendeu o Pretório

---

189. **Rcl 25497 AgR/RN**, STF. 2ª Turma. Rel. Min. Dias Toffoli, julgado em **14.02.2017** (Informativo 854).

190. Se um Senador estiver respondendo a um processo criminal no STF e chegar ao fim o seu mandato, cessa a competência do STF para julgar esta ação penal, salvo se a instrução processual já estiver concluída, hipótese na qual haverá a perpetuação da competência e o STF deverá julgar o réu mesmo ele não sendo mais um parlamentar federal. **Aqui recordamos algumas situações que trabalhamos em edições passadas e que hoje estão sob a égide da AP 937 QO 1)** Deputado Federal foi acusado de mandar matar um governador. Ocorre que, 5 dias antes do julgamento em **dezembro de 2007,** o parlamentar renunciou ao cargo de deputado e os advogados requereram deslocamento do processo para a instância originária (no caso o Tribunal do Júri) ao argumento de que seria povo do Paraíba que deveria julgá-lo. O Ministro Joaquim Barbosa ficou nitidamente indignado e levantou a tese do abuso de direito advogando que não deveria haver o deslocamento processual para o Estado da Paraíba. O Ministro questionou do seguinte modo a situação: o parlamentar ficou praticamente 4 anos sendo processado no STF e nada questionou e 5 dias antes do julgamento pede deslocamento? Para o Ministro seria um abuso com vistas a subverter a lógica da CR/88. Porém, quando o julgamento estava 4 a 4, os Ministros Gilmar Mendes, Celso de Mello e Marco Aurélio consolidaram o entendimento (7x4) de que deputado teria o direito de renunciar e, com isso, ele não estando mais no cargo a competência deveria ser deslocada. **2)** Em **28.10.2010** na AP nº 396/RO o STF mudou seu entendimento e estabeleceu no caso **Natan Donadon** (AP nº 396/RO) uma exceção em que não haveria deslocamento de competência. Essa seria a da ***Fraude ou abuso processual***. *No caso Natan Donadon renunciou dia **27.10.2010** com julgamento marcado no STF para o dia **28.10.2010**. O STF entendeu que houve fraude processual e o julgou mesmo com a renúncia no dia anterior (ele foi condenado a 13 anos 4 meses e 10 dias de reclusão).* **3)** Além dessa exceção existia outra presente no **informativo 525 do STF**. Essa *seria se o julgamento no STF já tiver se iniciado e o parlamentar no iter do julgamento deixasse o mandato (julgamento como ato único que se desdobra fisicamente) O julgamento seria finalizado no STF.*

Excelso que a Constituição, ao disciplinar as imunidades e prerrogativas dos parlamentares, não conferiu exclusividade ao STF para determinar medidas de busca e apreensão nas dependências da Câmara dos Deputados ou do Senado Federal.[191]

Nesses termos, a determinação de busca e apreensão nas dependências do Congresso Nacional, desde que não direcionada a apurar conduta de congressista, não se relaciona com as imunidades e prerrogativas parlamentares. Isso porque, conforme o ministro Edson Fachin, ao contrário do que ocorre com as imunidades diplomáticas, as prerrogativas e imunidades parlamentares não se estendem aos locais onde os parlamentares exercem suas atividades nem ao corpo auxiliar.

Portanto, o fato de o endereço de cumprimento da medida coincidir com as dependências do Congresso Nacional não atrai, de modo automático e necessário, a competência do STF. Nesse sentido, será necessário examinar, no caso concreto, se a investigação tinha congressista como alvo, pois, como já dito, o STF não detém competência exclusiva para apreciação de pedido de busca e apreensão a ser cumprida no Congresso Nacional. Aqui ressaltamos que a determinação, pelo Poder Judiciário, de busca e apreensão a ser cumprida nas dependências de Casa Legislativa, não configura, por si só, qualquer desrespeito à separação dos poderes.

No caso, policiais legislativos do Senado Federal teriam supostamente implementado ações de contrainteligência direcionadas a frustrar a realização de interceptações telefônicas e de escutas ambientais com a finalidade de neutralizar meios de obtenção de prova licitamente determinados no contexto de operação policial contra a corrupção.

Eles estariam, supostamente, realizando medidas de contrainteligência nos gabinetes e residências de 3 senadores e 2 dos ex-senadores, com o objetivo, em tese, de obstruir as investigações da "Lava Jato". Conforme a investigação da Polícia Federal, quatro policiais legislativos estariam fazendo essas "varreduras eletrônicas", com recursos do Senado, nos escritórios e residências desses políticos com o objetivo de saber se haveria alguma escuta ou outros meios de obtenção de prova nesses locais. Em razão desses fatos, diversas medidas constritivas foram deferidas por juiz federal de 1 ª instância, inclusive prisões temporárias, suspensão de função pública e ordem de busca e apreensão a serem cumpridas na sede da polícia legislativa, localizada nas dependências do Senado Federal.

Aqui salientamos que nenhum Senador foi destinatário das medidas de busca e apreensão, interceptação telefônica ou quebra de sigilo deferidas. Impende enfatizar, ainda, que a busca e apreensão cumprida no Senado limitou-se às dependências da Polícia Legislativa, sem alcançar gabinetes de Senadores ou a Presidência da

191. *Rcl 25537/DF e AC 4297/DF, STF. Plenário. Rel. Min. Edson Fachin, julg em 26.06.2019.* A CR/88 não previu "prerrogativa de foro a locais". O fato de a medida cautelar precisar ser cumprida no Senado não enseja a competência do STF se o investigado não for o Senador.

Casa. Foi ajuizada reclamação no STF contra a decisão do Juiz Federal de 1ª instância sob a alegação de que ela teria usurpado a competência do STF.

O ministro Teori Zavascki, relator original da reclamação, deferiu liminar para suspender o inquérito e procedimentos conexos. Além disso, solicitou a pronta remessa do feito a esta Corte e determinou à autoridade reclamada (Juiz Federal de 1ª instancia) proceder à imediata soltura de quaisquer detidos em decorrência do referido inquérito. Os autos em curso em primeiro grau foram recebidos nesta Corte, resultando na autuação dos seguintes procedimentos: Inq 4.335, Pet 6.353 e AC 4.285.

Diante dessa decisão, a Procuradoria-Geral da República (PGR) ajuizou ação cautelar para a apreensão dos elementos probatórios arrecadados por meio de ordem judicial oriunda do juízo reclamado (de 1ª Instancia).[192]

O STF acolheu parcialmente a reclamação e reconheceu que o Juiz de 1ª instância realmente usurpou competência da Corte. Porém a Corte declarou a licitude das provas cuja produção dispensam prévia autorização judicial e, em relação aos detentores de prerrogativa de foro (os Senadores), a ilicitude das interceptações telefônicas e da quebra de sigilo de dados telefônicos.[193]

Na mesma assentada, em votação majoritária, deferiu o pleito em ação cautelar ajuizada pela PGR para preservar a prova produzida em busca e apreensão realizada para posterior avaliação apuratória.[194] Ou seja, decidiu o STF, que a pretensão formulada pelo Ministério Público seria merecedora de acolhimento, recomendando-se a manutenção da apreensão efetuada, com o natural e necessário prosseguimento das diligências.[195]

Assim sendo, conforme já observamos, a determinação, pelo Poder Judiciário, de busca e apreensão a ser cumprida nas dependências de Casa Legislativa, não configura, por si só, qualquer desrespeito à separação dos poderes. Além disso,

---

192. *Rcl 25537/DF e AC 4297/DF, STF. Plenário. Rel. Min. Edson Fachin, julg em 26.06.2019 (Informativo 945 do STF).*

193. A interceptação telefônica, por sua vez, constitui medida sujeita à cláusula da reserva de jurisdição (CF, art. 5º, XII), *de modo que a violação ao Princípio do Juiz Natural quanto à apreciação do deferimento do referido meio de obtenção de prova alcança seu ciclo de produção e constitui causa de nulidade em relação aos agentes detentores de foro por prerrogativa* (Informativo 945).

194. *Rcl 25537/DF e AC 4297/DF, STF. Plenário. Rel. Min. Edson Fachin, julg em 26.06.2019 (Inf 945). De forma resumida: 1) Quanto às provas que dispensam autorização judicial (ex: oitiva de testemunhas): foram declaradas lícitas (válidas). Tais provas poderão ser utilizadas tanto contra os policiais legislativos (agentes sem foro privativo) como também eventualmente contra os Senadores (autoridades com foro privativo). Isso, obviamente, caso eles sejam denunciados. 2) Quanto às provas colhidas a partir das interceptações telefônicas e quebra do sigilo dos dados telefônicos: 2.1) Em relação aos detentores de prerrogativa de foro (senadores): tais provas foram declaradas ilícitas. Logo, se algum Senador for denunciado, tais provas não poderão ser utilizadas na denúncia nem no processo; 2.2) Em relação aos investigados não detentores de prerrogativa de foro: as provas são válidas e poderão ser utilizadas contra eles. 3) Quanto à busca e apreensão: foi declarada lícita. O STF deferiu pedido formulado pelo MP para preservar a prova produzida em busca e apreensão realizada para posterior avaliação apuratória.* In: *Dizer o Direito, 2019.*

195. Informativo 945: *Revela-se adequada a apreensão de documentos e equipamentos associados à polícia do Senado Federal e aos policiais legislativos alvo de investigação, na medida em que tais elementos podem contribuir para a formação da convicção do titular da ação penal. Ganha especial relevo, nesse cenário, a apreensão de equipamentos supostamente utilizados na cogitada empreitada e que poderiam demonstrar eventual registro da realização das contramedidas de inteligência atribuídas aos agentes legislativos.*

ressaltamos também que para o STF é perfeitamente possível fazer uma **"separação"** dos efeitos da ***declaração de nulidade de uma mesma prova***. Com isso, é possível que uma mesma prova seja declarada inválida para alguns investigados e que, por outro lado, seja utilizada contra outros. Nesse sentido, o STF entende que eventual nulidade decorrente da inobservância da prerrogativa de foro não se estende aos agentes que não se enquadrem nessa condição.[196]

Portanto, a ***usurpação da competência*** do STF (que foi reconhecida, como já citamos) não contaminou os elementos probatórios colhidos no que se refere aos policiais legislativos (bem como a ex-senador). E nesses termos, as provas colhidas são, em princípio, válidas em relação a esses agentes.

Se a prova produzida não precisava de autorização judicial, não há motivo para que ela seja anulada. A inobservância das regras do juiz natural não acarreta a nulidade da prova colhida na hipótese em que isso não se constituir em fator decisivo à sua produção. Assim sendo, não estão contaminados os elementos probatórios cuja produção prescindem de prévia autorização judicial.[197]

h) Por último, trazemos a cotejo interessante questão de competência sobre crime praticado por parlamentar federal. Em 2019 a 1ª Turma do STF decidiu que Senador que pratica crime de corrupção passiva que não está relacionada com seu cargo e que não ofende bens, serviços ou interesse da União, deverá ser julgado em 1ª instância pela Justiça comum estadual.

No caso, observamos a apuração de crime de corrupção passiva praticado por um então Senador e esse crime não estava relacionado com as suas funções. Pois bem, como vimos em nosso estudo, ele deveria ser julgado em 1ª instância, pois o STF não será competente, não havendo foro por prerrogativa de função na hipótese.

Entendeu o STF que o simples fato de o agente ocupar cargo público (à época de Senador) não gera, por si só, a competência da Justiça Federal de 1ª instância. Nesses termos, a competência será definida pela prática delitiva. Assim, se o crime não foi praticado em detrimento de bens, serviços ou interesse da União ou de suas entidades autárquicas ou empresas públicas (art. 109, IV da da CR/88) e não estava presente nenhuma outra hipótese do art. 109 da CR/88, a competência para julgar o delito será da Justiça comum estadual.[198]

196. Rcl 25537/DF e AC 4297/DF, STF. Plenário. Rel. Min. Edson Fachin, julg em 26.06.2019. Em outro precedente: *Consoante entendimento da Corte, a declaração de imprestabilidade dos elementos de prova angariados em eventual usurpação da competência criminal do Supremo Tribunal Federal não alcançaria aqueles destituídos de foro por prerrogativa de função, como no caso. STF. 2ª Turma. Rcl 25497 AgR, Rel. Min. Dias Toffoli, julg em 14.02.2017.*
197. No caso, mesmo que tenha sido ***usurpada a competência*** do STF ***para supervisionar o inquérito***, não deverão ser desconstituídos (anulados) os atos de investigação que não precisavam de autorização judicial, como é o caso da tomada de depoimentos.
198. **Inq 4624 AgR**, STF. 1ª Turma. Rel. Min. Marco Aurélio, julg em **08.10.2019.** *"A Primeira Turma negou provimento a agravo regimental em inquérito em que se apura a prática do crime de corrupção passiva, e determinou a remessa dos autos à* ***justiça estadual de primeira instância****. No caso, o agravante pretendia a remessa dos autos à justiça federal em razão de um dos investigados ocupar atualmente o cargo de deputado federal. A Turma destacou,*

4.5. Outras Imunidades dos Parlamentares

1) **Imunidade Testemunhal.** Conforme o art. 53, § 6º, da CR/88, os deputados e senadores não serão obrigados a testemunhar sobre informações recebidas ou prestadas em razão do exercício do mandato, nem sobre as pessoas que lhes confiaram ou deles receberam informações. Aqui, uma observação: essa imunidade não é absoluta. Tem por requisito que exista nexo de causalidade com o mandato. Dessa feita, o parlamentar não será obrigado a testemunhar, se a situação concreta guardar relação como exercício do mandato. Obviamente, se a questão em comento não guardar relação com mandato (nexo de causalidade), ele terá que testemunhar.[199]

Porém, o STF em 22.10.2009 tomou uma decisão em QO (questão de ordem) da AP nº 421 que merece nossa atenção, na medida em que extirpou a prerrogativa constante no art. 221 do CPP (Código de Processo Penal) para os parlamentares (omissos no mister de testemunhar). No caso, em posicionamento inovador, que pedimos vênia para apresentar temos que: "(...) O Tribunal resolveu questão de ordem suscitada em ação penal no sentido de declarar a perda da prerrogativa prevista no caput do art. 221 do CPP (O Presidente e o Vice-Presidente da República, os senadores e deputados federais, os ministros de Estado, os governadores de Estados e Territórios, os secretários de Estado, os prefeitos do Distrito Federal e dos Municípios, os deputados às Assembleias Legislativas Estaduais, os membros do Poder Judiciário, os ministros e juízes dos Tribunais de Contas da União, dos Estados, do Distrito Federal, bem como os do Tribunal Marítimo serão inquiridos em local, dia e hora previamente ajustados entre eles e o juiz) em relação a deputado federal arrolado como testemunha que, sem justa causa, não atendera,

---

inicialmente, ***não haver bem da União*** *envolvido na causa. O fato de o agente ocupar cargo público* ***não gera, por si só, a competência da justiça federal****. Esta é definida pela prática delitiva. O ministro Marco Aurélio (relator) asseverou que declinou da competência à justiça comum, tendo em conta que os delitos imputados, apesar de supostamente cometidos quando o referido investigado ocupava o cargo de senador da República, não estão relacionados a esse cargo. Portanto, o julgamento da causa não cabe ao STF. Ressaltou, no ponto, a orientação fixada pela Corte, em questão de ordem na AP 937, no sentido de que a prerrogativa de foro pressupõe a prática do ato criminoso no exercício do cargo e relacionado às funções desempenhadas."* (Inf. 955)

199. Também devemos ficar atento com a condição do Parlamentar, pois conforme decisão de **11.11.2009** de Rel. Min Celso de Mello no **Inq. nº 2.839**: *Ementa: Congressista que não é testemunha, mas que figura como indiciado ou réu: ausência da prerrogativa processual a que se refere a lei (CPP, Art. 221). – Os Senadores e os Deputados somente dispõem da prerrogativa processual de serem inquiridos em local, dia e hora previamente ajustados entre eles e a autoridade competente, quando arrolados como testemunhas ou quando ostentarem a condição de ofendidos (CPP, art. 221; CPC, art. 411, VI). Essa especial prerrogativa não se estende aos parlamentares, quando indiciados em inquérito policial ou quando figurarem como réus em processo penal. – O membro do Congresso Nacional, quando ostentar a condição formal de indiciado ou de réu, não poderá sofrer condução coercitiva, se deixar de comparecer ao ato de seu interrogatório, pois essa medida restritiva, que lhe afeta o "status libertatis", é vedada pela cláusula constitucional que assegura, aos parlamentares, o estado de relativa incoercibilidade pessoal (CR, art. 53, § 2º). Nesses termos, foi a decisão: [...] defiro o pedido formulado pelo eminente Procurador-Geral da República a fls. 07, item n. 12, "c", em ordem a viabilizar a inquirição do parlamentar ora indiciado, independentemente de prévio ajuste, entre esse congressista e a autoridade competente, de dia, hora e local para a realização de referido ato. A inquirição ora mencionada deverá ser realizada pelo Senhor Delegado de Polícia Federal incumbido das investigações penais a que se refere este procedimento.*

ao chamado da justiça, no prazo de trinta dias. Na espécie, o juízo federal encarregado da diligência informara que o parlamentar em questão, embora tivesse indicado cinco diferentes datas e horários em que desejava ser inquirido, não comparecera a nenhuma das audiências designadas nessas datas por ele indicadas. Asseverou-se que a regra prescrita no art. 221 do CPP tenta conciliar o dever que todos têm de testemunhar com as relevantes funções públicas exercidas pelas autoridades ali mencionadas, por meio de agendamento prévio de dia, hora e local para a realização de audiência em que essas autoridades serão ouvidas. Afirmou-se que o objetivo desse dispositivo legal não seria abrir espaço para que essas autoridades pudessem, simplesmente, recusar-se a testemunhar, seja não indicando a data, a hora e o local em que quisessem ser ouvidas, seja não comparecendo aos locais, nas datas e nos horários por elas indicados. Em razão disso, concluiu-se que, sob pena de admitir-se que a autoridade, na prática, pudesse, indefinidamente, frustrar a sua oitiva, dever-se-ia reconhecer a perda da sua especial prerrogativa, decorrido tempo razoável sem que ela indicasse dia, hora e local para sua inquirição ou comparecesse no local, na data e na hora por ela mesma indicados (...)" Rel. Min. Joaquim Barbosa. (Julgamento em 22.10.2009. Informativo nº 564 do STF).

2) **Imunidade no que tange à incorporação das Forças Armadas.** Conforme o art. 53, § 7º, da CR/88, a incorporação às Forças Armadas de deputados e senadores, embora militares e ainda que em tempo de guerra, dependerá de prévia licença da Casa respectiva. Nesses termos, o parlamentar, mesmo militar, só poderá ser incorporado se a Casa autorizar. Aqui mais uma vez é reforçada a tese de que a imunidade parlamentar não é do indivíduo, mas do cargo que ele exerce.

Nesses termos, a única saída para se incorporar sem a autorização da Casa será mediante a renúncia ao cargo de deputado ou senador para, por exemplo, ir para a guerra. Nesse caso, não sendo mais parlamentar, ele poderá se incorporar à hora que bem entender às Forças Armadas sem necessitar de autorização para tal.

3) **Imunidade no Estado de Defesa e Estado de Sítio**. Conforme o art. 53, § 8º, os deputados e senadores, mesmo nas situações de desequilíbrio do Estado de Defesa e Estado de Sítio, conservarão as imunidades. Porém haverá uma exceção. Nesses termos, perderão as imunidades no Estado de sítio os deputados e senadores ocorrendo o preenchimento de 3 requisitos simultaneamente. A saber: (1) por atos praticados fora do Congresso Nacional. (2) por atos incompatíveis com as medidas do Estado de sítio. (3) E, por fim, devendo a perda da imunidade, ser aprovada por 2/3 dos membros da Casa.

Neste ponto de desfecho sobre o tema das **imunidades parlamentares**, uma questão final merece nossa atenção.

Ela diz respeito aos ***status*** que devemos dar às imunidades parlamentares. É muito comum em calorosos debates no parlamento, não raro com troca de farpas, que parlamentares afirmem em alto e bom som que renunciam às suas imunidades para travarem uma discussão mais aberta com seus pares. Isso seria possível? Ora, a resposta é não.

Depois de todo nosso estudo sobre o tema ora trabalhado, fica claro que as imunidades são, por definição, **irrenunciáveis**. Certo é que, os parlamentares não podem renunciar ao que não lhes pertence! Sem dúvida, as imunidades são do cargo (do mandato) e não dos indivíduos que estão exercendo o mandato de deputado ou senador. Portanto, a única forma de renunciarem às imunidades é renunciando ao cargo de parlamentar!

Nesse mesmo diapasão, apresentamos clássica questão: Deputado ou Senador quando assume o cargo de Ministro de Estado, perde as imunidades? Vejamos bem, ele será um parlamentar licenciado exercendo o cargo de Ministro com ou sem as imunidades? Ele as carrega? É lógico que o parlamentar perde as imunidades, pois a imunidade não é dele é do cargo (do mandato) e, com isso, quem as terá será o suplente que assumir a vaga de deputado ou senador. Enquanto o suplente estiver ocupando o cargo, ele que terá as imunidades.[200]

Porém, é mister salientar que o STF no **MS nº 25.579/05** (Informativo nº 406) decidiu que deputado ou senador quando assume o cargo de Ministro não carrega o bônus (das imunidades), mas carrega o ônus de poder perder o mandato por quebra de decoro parlamentar, ainda que tenha praticado atos enquanto Ministro de Estado. Esse foi o caso do então Deputado José Dirceu que exercia o cargo de Ministro de Estado (Casa Civil). Ele perdeu o cargo de deputado por quebra de decoro parlamentar por atos praticados enquanto Ministro,[201] sem nunca ter exercido a função de deputado, pois apenas tomou posse e se licenciou para exercer o cargo de Ministro, conforme permitido pelo art. 56 da CR/88. Embora seja uma situação obviamente excepcional, devido às peculiaridades do caso, o fundamento para a perda do cargo por quebra de decoro parlamentar foi o previsto no art. 4º, IV, do Código de Ética e Decoro Parlamentar da Câmara que preleciona que: ***"Perderá o cargo o deputado que viciar o processo legislativo alterando o resultado de deliberações."*** Nesses termos, o "pretenso esquema do mensalão" era justamente o de alterar o resultado de deliberações mediante pagamento (propina) aos parlamentares para votar a favor do governo.[202]

---

200. Porém, nos termos do Inq nº 3357/PR julg. em 25.03.2014: Embora a licenciado para o desempenho de cargo de Secretário de Estado, nos termos autorizados pelo art. 56, inciso I, da Constituição da República, o membro do Congresso Nacional não perde o mandato de que é titular e mantém, em consequência, nos crimes comuns, a prerrogativa de foro, "ratione muneris", perante o Supremo Tribunal Federal, consoante já o proclamou o Plenário desta Corte Suprema (Inq 780-QO/TO, Rel. Min. Moreira Alves – Inq 925-QO/GO, Rel. p/ o acórdão Min. Maurício Corrêa – Inq 1.070-QO/TO, Rel. Min. Sepúlveda pertence – Inq 1.357/PB, Rel. Min. Ellen Gracie – Inq 3.345/DF, Rel. Min. Marco Aurélio – Inq 3.728/DF, Rel. Min. Celso de Mello – Inq 3.815/SP, Rel. Min. Marco Aurélio)
201. Para alguns, ele apenas poderia ser processado por crime de responsabilidade pelos atos praticados enquanto Ministro.
202. Conforme a decisão da Medida Liminar no **MS nº 25.579/05** em 19.10.2005: *Mandado de Segurança. Medida liminar. Decisão do colegiado. Possibilidade. Mandato parlamentar. Tramitação e processamento de representação por quebra de decoro parlamentar. Deputado Federal licenciado e investido no cargo de Ministro de Estado. Liminar*

4.6. Impedimentos e vedações dos Parlamentares. Perda de mandato dos Parlamentares e Temas Conexos. Caso do Mensalão (AP nº470)

Passamos agora, a análise dos **impedimentos** e **vedações** aos deputados e senadores, bem como ao estudo das hipóteses de **perda de mandato**.

Os impedimentos (vedações) estão alocados no art. 54 da CR/88, no qual está explicitado que os deputados e senadores não poderão desde a expedição do diploma: **a)** firmar ou manter contrato com pessoa jurídica de direito público, autarquia, empresa pública, sociedade de economia mista ou empresa concessionária de serviço público, salvo quando o contrato obedecer a cláusulas uniformes; **b)** aceitar ou exercer cargo, função ou emprego remunerado, inclusive os de que sejam demissíveis ***ad nutum***, nas entidades constantes da alínea anterior;

E, além disso, afirma o texto constitucional que os deputados e senadores não poderão desde a posse: **a)** ser proprietários, controladores ou diretores de empresa que goze de favor decorrente de contrato com pessoa jurídica de direito público, ou nela exercer função remunerada; **b)** ocupar cargo ou função de que sejam demissíveis ***ad nutum***, nas entidades referidas no inciso I, "a"; **c)** patrocinar causa em

indeferida. 1. Nos órgãos jurisdicionais de composição múltipla, em regra a colegialidade deve primar sobre a individualidade no processo de tomada de decisões. Assim, é faculdade do Relator, sempre que considerar relevante a matéria, submeter ao colegiado o julgamento de pedido de concessão de medida liminar em mandado de segurança. 2. Na qualidade de guarda da Constituição, o Supremo Tribunal Federal tem a elevada responsabilidade de decidir acerca da juridicidade da ação dos demais Poderes do Estado. No exercício desse mister, deve esta Corte ter sempre em perspectiva a regra de autocontenção que lhe impede de invadir a esfera reservada à decisão política dos dois outros Poderes, bem como o dever de não se demitir do importantíssimo encargo que a Constituição lhe atribui de garantir o acesso à jurisdição de todos aqueles cujos direitos individuais tenham sido lesados ou se achem ameaçados de lesão. À luz deste último imperativo, cumpre a esta Corte conhecer de impetração na qual se discute se os atos ministeriais do parlamentar licenciado se submetem à jurisdição censória da respectiva câmara legislativa, pois a matéria tem manifestamente estatura constitucional, e não interna corporis. Mandado de segurança conhecido. 3. O membro do Congresso Nacional que se licencia do mandato para investir-se no cargo de Ministro de Estado não perde os laços que o unem, organicamente, ao Parlamento (CR, art. 56, I). Consequentemente, continua a subsistir em seu favor a garantia constitucional da prerrogativa de foro em matéria penal (INQ-QO 777-3/TO, rel. min. Moreira Alves), bem como a faculdade de optar pela remuneração do mandato (CR, art. 56, § 3º). Da mesma forma, ainda que licenciado, cumpre-lhe guardar estrita observância às vedações e incompatibilidades inerentes ao estatuto constitucional do congressista, assim como às exigências ético-jurídicas que a Constituição (CR, art. 55, § 1º) e os regimentos internos das casas legislativas estabelecem como elementos caracterizadores do decoro parlamentar. 4. Não obstante, o princípio da separação e independência dos poderes e os mecanismos de interferência recíproca que lhe são inerentes impedem, em princípio, que a Câmara a que pertença o parlamentar o submeta, quando licenciado nas condições supramencionadas, a processo de perda do mandato, em virtude de atos por ele praticados que tenham estrita vinculação com a função exercida no Poder Executivo (CR, art. 87, parágrafo único, incisos I, II, III e IV), uma vez que a Constituição prevê modalidade específica de responsabilização política para os membros do Poder Executivo (CR, arts. 85, 86 e 102, I, c). 5. Na hipótese dos autos, contudo, embora afastado do exercício do mandato parlamentar, o Impetrante foi acusado de haver usado de sua influência para levantar fundos junto a bancos "com a finalidade de pagar parlamentares para que, na Câmara dos Deputados, votassem projetos em favor do Governo" (Representação nº 38/2005, formulada pelo PTB). Tal imputação se adequa, em tese, ao que preceituado no art. 4º, inciso IV do Código de Ética e Decoro Parlamentar da Câmara dos Deputados que qualifica como suscetíveis de acarretar a perda do mandato os atos e procedimentos levados a efeito no intuito de "fraudar, por qualquer meio ou forma, o regular andamento dos trabalhos legislativos para alterar o resultado de deliberação". 6. Medida liminar indeferida. Rel. p/ac. Min. Joaquim Barbosa.

que seja interessada qualquer das entidades a que se refere o inciso I, "a"; **d)** ser titulares de mais de um cargo ou mandato público eletivo.

Passamos agora para a análise das **hipóteses de perda de mandato** dos deputados e senadores. Reza a Constituição no art. 55 que perderá o mandato o deputado ou senador que: I – que infringir qualquer das proibições estabelecidas no artigo anterior (art. 54 da CR/88, acima citado); II – cujo procedimento for declarado incompatível com o decoro parlamentar; III – que deixar de comparecer, em cada sessão legislativa, à terça parte das sessões ordinárias da Casa a que pertencer, salvo licença ou missão por esta autorizada; IV – que perder ou tiver suspensos os direitos políticos; V – quando o decretar a Justiça Eleitoral, nos casos previstos nesta Constituição; e VI – que sofrer condenação criminal em sentença transitada em julgado.

Aqui temos também que realizar digressões sobre os casos em que os Deputados ou Senadores não perderão mandato. Esses casos estão arrolados no art. 56 da CR/88. Nesse sentido, **não** perderá o mandato o deputado ou senador:

a) investido no cargo de Ministro de Estado, Governador de Território, Secretário de Estado, do Distrito Federal, de Território, de Prefeitura de Capital ou chefe de missão diplomática temporária.[203]

b) licenciado pela respectiva Casa por motivo de doença, ou para tratar, sem remuneração, de interesse particular, desde que, nesse caso, o afastamento não ultrapasse cento e vinte dias por sessão legislativa.

Além disso, acrescentamos que o suplente será convocado nos casos de vaga, de investidura em funções previstas nesse citado art. 56 da CR/88 ou de licença superior a cento e vinte dias. E, ocorrendo vaga e não havendo suplente, far-se-á eleição para preenchê-la se faltarem mais de quinze meses para o término do mandato. Porém, aqui, surge uma questão não explicitada no texto constitucional. E se faltar menos de 15 meses para o final do mandato? Ora, a resposta é que não haverá eleição ficando o cargo vago (sem o preenchimento da vaga) até a próxima eleição.

Nesse momento, vamos realizar algumas importantes observações finais sobre a perda de mandato dos parlamentares e outros temas conexos:

a) Sobre o inciso I do art. 55, nada mais adequado do que o estabelecimento de uma pesada sanção para o descumprimento das normas do art. 54 da CR/88. Ou seja, do que adiantariam os impedimentos ou vedações se o descumprimento dos mesmos não gerasse nenhum tipo de consequência para o mandato parlamentar? Por isso mesmo o Constituinte institui a perda de mandato por desobediência ao art. 54 da CR/88.

---

203. Nessas hipóteses, conforme a normativa constitucional prevista no **art. 56 § 3º**, o deputado ou senador licenciado poderá optar pela remuneração do mandato e não pela dos cargos acima descritos.

b) É cediço que a quebra do **decoro parlamentar** prevista no art. 55, II da CR/88 leva a perda do mandato. Mas o que é o decoro parlamentar? Como ele pode ser definido?

Ora, o decoro parlamentar é o conjunto de regras morais e legais que dizem respeito ao exercício da atividade parlamentar de forma e hígida e adequada. Ou seja, ele envolve, sobretudo, as condutas do parlamentar que deve se pautar pela retidão. Nesse sentido, conforme a própria Constituição, são incompatíveis com o decoro parlamentar, além dos casos definidos no regimento interno, o abuso de prerrogativas ou a percepção de vantagens indevidas.[204]

Aqui uma questão deve ser explicitada. Sem dúvida, não cabe ao Poder Judiciário decidir sobre o mérito da conduta que foi caraterizada de forma típica como usurpadora do decoro parlamentar.

Nesses termos, o Judiciário, sob pena de ingerência indevida, não deve se manifestar sobre o acerto ou erro da decisão de mérito tomada pela Câmara ou pelo Senado, no qual tange aos casos de infringência de seus respetivos regimentos internos em tema de decoro parlamentar. Porém, certo é que o Poder Judiciário pode e deve interferir nas decisões de quebra de decoro parlamentar que não garantirem procedimentalmente o devido processo legal, o contraditório e a ampla defesa. Do contrário, estaria o Poder Judiciário eximindo-se de resguardar ditames constitucionais fundamentais, sob a desculpa da preservação da independência do Poder Legislativo (em seus atos e procedimentos), como se tal preservação da independência fosse absoluta e não tivesse também que respeitar à Constituição.[205]

---

204. É interessante que o STF inclusive já decidiu que: Na primeira fase da dosimetria em caso de condenação por lavagem de dinheiro, o órgão julgador poderá aumentar a pena-base do Deputado Federal que exerce mandato há muitos anos, sob o argumento de que sua ***culpabilidade é mais intensa***. A transgressão da lei por parte de quem usualmente é depositário da confiança popular para o exercício do poder enseja *juízo de reprovação muito mais intenso do que seria cabível em se tratando de um cidadão comum.* STF. 1ª Turma. AP 863/SP, Rel. Min. Edson Fachin, julgado em 23.05.2017.

205. Como exemplo, temos a decisão do MS nº 25.917/DF de Rel. do Min. Gilmar Mendes: *Mandado de Segurança. 2. Comissão de Ética e Decoro Parlamentar da Câmara dos Deputados. Instauração de processo por quebra de decoro parlamentar contra deputado federal. Ampla defesa e contraditório. Licença médica. 3. As garantias constitucionais fundamentais em matéria de processo, judicial ou administrativo, estão destinadas a assegurar, em essência, a ampla defesa, o contraditório e o devido processo legal em sua totalidade, formal e material (art. 5º, LIV e LV, da CF). 4. O processo administrativo-parlamentar por quebra de decoro parlamentar instaurado contra deputado federal encontra sua disciplina no Código de Ética e Decoro Parlamentar da Câmara dos Deputados e no Regulamento do Conselho de Ética daquela Casa Legislativa, a partir do disposto nos incisos III e IV do art. 51 da Constituição, e se legitima perante o rol dos direitos e garantias fundamentais da Carta de 1988 quando seus dispositivos são fixados pela competente autoridade do Poder Legislativo e preveem ampla possibilidade de defesa e de contraditório, inclusive de natureza técnica, aos acusados. 5. Tal como ocorre no processo penal, no processo administrativo-parlamentar por quebra de decoro parlamentar o acompanhamento dos atos e termos do processo é função ordinária do profissional da advocacia, no exercício da representação do seu cliente, quanto atua no sentido de constituir espécie de defesa técnica. A ausência pessoal do acusado, salvo se a legislação aplicável à espécie assim expressamente o exigisse, não compromete o exercício daquela função pelo profissional da advocacia, razão pela qual neste fato não se caracteriza qualquer espécie de infração aos direitos processuais constitucionais da ampla defesa ou do contraditório. 6. Ordem indeferida.* Julg. 01.06.2006.

c) Aqui é interessante salientar que o então Deputado Federal Eduardo Cunha impetrou mandado de segurança no STF pedindo a suspensão do processo de cassação que tramitava contra ele na Câmara dos Deputados por ***quebra de decoro parlamentar***. O STF decidiu no MS 34.327/DF que o Pretório Excelso só pode interferir em procedimentos legislativos (como, por exemplo, em processo de cassação) em uma das seguintes hipóteses: a) para assegurar o cumprimento da Constituição da República; b) para proteger direitos fundamentais; ou c) para resguardar os pressupostos de funcionamento da democracia e das instituições republicanas. No caso concreto, envolvendo Eduardo Cunha, o STF entendeu que nenhuma dessas situações estava presente. Restou consignado, no informativo 838 do STF, que em se tratando de processos de cunho acentuadamente político, como é o caso da cassação de mandato parlamentar, o STF deve se pautar pela deferência (respeito) às decisões do Legislativo e pela autocontenção (*judicial self-restraint*), somente intervindo em casos excepcionalíssimos.[206]

d) As hipóteses anteriormente descritas de perda de mandato, previstas no art. 55, I a VI, da CR/88, vão trabalhar com **procedimentos diferenciados** que levarão à perda do mandato de deputados ou senadores. Assim sendo, conforme o **art. 55 da CR/88** nos seus **§ 2º** e **§ 3º**, temos que:

1) Nos casos dos incisos I, II e VI, a perda do mandato será **decidida** pela Câmara dos Deputados ou pelo Senado Federal, por maioria absoluta[207], mediante provocação da respectiva Mesa ou de partido político representado no Congresso Nacional, assegurada ampla defesa.

2) Nos casos previstos nos incisos III a V, a perda será **declarada** pela Mesa da Casa respectiva, de ofício ou mediante provocação de qualquer de seus membros, ou de partido político representado no Congresso Nacional, assegurada ampla defesa.[208]

e) No que diz respeito a hipótese prevista no **art. 55, VI da CR/88**, de perda de mandato em virtude condenação criminal transitada em julgado, reza constitucionalmente, que o procedimento seria o de decisão da casa (votação) sobre a perda nos termos do **art. 55 § 2º da CR/88.**

---

206. **MS 34.327/DF** Plenário do STF, Rel. Min. Roberto Barroso, julgado em **08.09.2016.**

207. Nos termos da **Emenda Constitucional nº 76 de 28.11.2013** que aboliu o **voto secreto** para esse procedimento de perda de mandato parlamentar. Com isso, **não há mais voto secreto** para esse procedimento.

208. Sem dúvida, devemos ficar atentos à diferença entre os procedimentos, pois o que envolve a infringência do art. 54, a quebra de decoro parlamentar e a condenação criminal em sentença transitada em julgado terá a necessidade de decisão da Casa do parlamentar após provocação (da Mesa ou de partido político representado no Congresso Nacional) com a necessidade de um quórum de maioria absoluta. Já nos outros casos descritos no art. 55 em que o parlamentar deixar de comparecer em cada sessão legislativa, à terça parte das sessões ordinárias da Casa a que pertencer, salvo licença ou missão por esta autorizada, ou que o parlamentar perder ou tiver suspensos os direitos políticos, ou ainda, quando decretar a Justiça Eleitoral, a perda será meramente declarada pela Mesa da Casa respectiva, de ofício ou mediante provocação de qualquer de seus membros, ou de partido político representado no Congresso Nacional.

Nesse caso, com a condenação criminal transitada em julgado, os direitos políticos seriam suspensos (nos termos do art. 15, III da CR/88) e os parlamentares não poderiam votar nem serem votados, mas diferentemente de outros mandatários públicos (como por exemplo: Presidente da República, Governadores, Prefeitos) a **perda do mandato** não seria automática, mas dependeria de *deliberação da casa.*

Aqui, boa parte da doutrina, "reconhece" que existe uma exceção prevista constitucionalmente no **art. 55, VI, e § 2º** que envolve os **Deputados Federais** e os **Senadores**. Esses, **não deveriam** perder o mandato automaticamente pelos reflexos da condenação criminal, mas só após o **procedimento** (diga-se especial) exarado na norma presente no art. 55 da CR/88 citado acima, que **expressa** que *"a perda do mandato será decidida pela Câmara dos Deputados ou pelo Senado Federal, por maioria absoluta, mediante provocação da respectiva Mesa ou de partido político representado no Congresso Nacional, assegurada ampla defesa"*. Essa lógica de prevalecer a regra especial do **art. 55, VI e § 2º** em relação à regra geral do **art. 15, III** (que envolve, como já dito, o Presidente, Governadores e Prefeitos), também se aplicaria, segundo a doutrina, aos parlamentares estaduais e distritais à luz do disposto no **art. 27, § 1º e 32, § 3º da CR/88**. Ou seja, os parlamentares estaduais também teriam esse ***plus*** de não perderem o mandato automaticamente (mesmo estando com os **direitos políticos suspensos** e não podendo **votar** e nem **serem votados**). Já os parlamentares municipais (vereadores) estariam na mesma situação (**regra geral**) dos detentores de mandatos do executivo (Presidente, Governadores e Prefeitos), acima citados, perdendo o mandato automaticamente.[209]

Ocorre, que essa questão (de existir uma **regra especial** para os parlamentares acima citados, em detrimento da regra geral), "aparentemente pacífica" na doutrina, foi objeto de apreciação pelo STF no julgamento do ***caso mensalão*** da **AP 470**, em dezembro de 2012, na medida em que, Deputados Federais (então com mandato em curso: João Paulo Cunha, Valdemar Costa Neto e Pedro Henry) sofreram **condenação criminal** na referida ação penal. No caso formaram-se **duas** vertentes (correntes) no STF:

(1) A perda do mandato deveria ser **decidida** (deliberada) na respectiva casa, nos termos explícitos do art. 55 § 2º da CR/88.

(2) A perda do mandato seria automática, no caso de a condenação criminal determinar a perda do mandato tendo em vista enquadramento nos requisitos

209. Informativo nº 162: *"Vereador, condenado criminalmente, perde o mandato, independentemente de deliberação da Câmara, como consequência da suspensão de seus direitos políticos. Não há possibilidade alguma de se estender aos Vereadores o tratamento dos Parlamentares Federais e Estaduais. A perda do mandato não depende de deliberação da Casa. É consequência da suspensão dos direitos políticos que, por sua vez, é decorrência da condenação criminal transitada em julgado. É a já reconhecida autoaplicabilidade do art. 15, III da CR (RE 179.502, Moreira Alves). O DL. 201, de 02 de fevereiro de 1967, atribui ao Presidente da Câmara a declaração da extinção do mandato (art. 8º, I)."* Rel. Min. Nelson Jobim RE nº 225.019/GO.

do art. 92, I do Código Penal. Nesse caso, o parlamentar com o direito político suspenso (sem poder votar e ser votado) e com uma decisão do STF determinando a perda do mandato com base no art. 92, I do CP, não poderia permanecer no cargo e, com isso, a perda seria automática e deveria a **mesa da casa apenas declarar a perda** (como ocorre nas hipóteses do art. 55 § 3º da CR/88). Nesses termos, o art. 92 do Código Penal afirma que: "São também efeitos da condenação: I – a perda de cargo, função pública ou mandato eletivo: a) quando aplicada pena privativa de liberdade por tempo igual ou superior a um ano, nos crimes praticados com abuso de poder ou violação de dever para com a Administração Pública; b) quando for aplicada pena privativa de liberdade por tempo superior a 4 (quatro) anos nos demais casos".

Pois bem, em **17.12.2012**, por maioria de votos (5x4), o Plenário do Supremo Tribunal Federal (STF) decidiu que os deputados condenados na Ação Penal (AP) 470, que ainda detinham mandato (Valdemar Costa Neto do PR-SP[210], Pedro Henry do PP-MT[211] e João Paulo Cunha[212] do PT-SP[213]) perderiam seus mandatos (de forma automática) com o trânsito em julgado do acórdão condenatório.

Para isso, **caberia à Mesa da Câmara** apenas **"declarar"** a perda do mandato (nos moldes do art. 55 § 3º da CR/88). A corrente vencedora[214], foi formada pelo voto do relator da ação, ministro Joaquim Barbosa[215], e também, pelos ministros Luiz Fux, Marco Aurélio, Gilmar Mendes e Celso de Mello. Ficaram vencidos, o revisor do

210. Em dezembro de 2013 o Deputado renunciou ao mandato.
211. Em dezembro de 2013 o Deputado renunciou ao mandato.
212. Em fevereiro de 2014 o Deputado renunciou ao mandato.
213. No início de 2013, o também condenado José Genuíno tomou posse como parlamentar, porém, posteriormente, veio a renunciar ao mandato.
214. Aqui, é bom esclarecermos, que a decisão foi por 5x4, em virtude da não participação do Ministro Teori Zavascki e do cargo vago de Ministro do STF, desde a aposentadoria do Ministro Ayres Britto em novembro de 2012. Portanto, nada impede que esse posicionamento seja modificado posteriormente.
215. Conforme o Ministro Joaquim Barbosa: *"(...) a especialidade contida no* ***art. 55, VI, da CF*** *justificar-se-ia nos casos em que a sentença condenatória não tivesse* ***decretado perda do mandato pelo parlamentar por não estarem presentes os requisitos legais*** *(CP: "Art. 92 – São também efeitos da condenação: I – a perda de cargo, função pública ou mandato eletivo: a) quando aplicada pena privativa de liberdade por tempo igual ou superior a um ano, nos crimes praticados com abuso de poder ou violação de dever para com a Administração Pública; b) quando for aplicada pena privativa de liberdade por tempo superior a 4 (quatro) anos nos demais casos. (...) Parágrafo único – Os efeitos de que trata este artigo não são automáticos, devendo ser motivadamente declarados na sentença")* ***ou por ter sido proferida anteriormente à expedição do diploma, com o trânsito em julgado o corrente em momento posterior".*** *Afirmou ainda que: "Na decisão judicial, condenado deputado federal ou senador, no curso do mandato, pela mais alta instância judiciária, inexistiria espaço para o* ***exercício de juízo político ou de conveniência pela Casa Legislativa, uma vez que a suspensão de direitos políticos, com a subsequente perda de mandato eletivo, seria efeito irreversível da sentença condenatória.*** *Concluiu que a deliberação da Casa Legislativa, prevista no art. 55, § 2, da CF, possuiria efeito meramente declaratório, sem que aquela pudesse rever ou tornar sem efeito decisão condenatória final proferida pelo STF. Por outro lado, reputou que as premissas firmadas no julgamento da AP 481/PA não seriam aplicáveis ao presente feito, haja vista que naquela oportunidade o parlamentar fora condenado a pena inferior a 4 anos de reclusão pela prática de esterilização cirúrgica irregular (Lei 9.263/96, art. 15) e não perpetrara o delito na vigência do mandato eletivo. Rememorou que João Paulo Cunha, Valdemar Costa Neto, Pedro Henry e José Borba (esse exercendo o cargo de Prefeito), ao revés, cometeram crimes contra a Administração Pública quando no exercício do cargo, a revelar conduta incompatível com a função parlamentar. Assim, decretou a perda do mandato eletivo deles".* AP 470, julg. 12, 13 e 17.12.2012.

processo, ministro Ricardo Lewandowski, e os ministros Rosa Weber[216], Dias Toffoli e Cármen Lúcia, que votaram pela **aplicação do § 2º do artigo 55** da CR/88, dando à Câmara dos Deputados, o direito de deliberar (votar) sobre a perda ou não dos mandatos[217].

Nesse sentido, ficou clara a divergência entre duas as correntes acima citadas. Certo é que **4** Ministros optaram pela decisão sobre a perda estar afeta à respectiva casa do parlamentar (condenado em sentença penal transitada em julgado) nos termos explícitos do art. 55 § 2º da CR/88. Por outro lado, **5** Ministros entenderam que no caso a perda seria automática devendo ser apenas declarada pela mesa da respectiva casa do parlamentar condenado.

É interessante que a corrente então majoritária teve como fundamento central (fulcral), como já salientado, a conjugação da Constituição (art. 55 §§ 2º e 3º da CR/88) com o art. 92 do Código Penal.

Nesses termos, entenderam os Ministros vencedores que o art. 55 § 2º da CR/88 que determina a **deliberação da casa** para perda de mandato, poderia até ser usado, mas **não em todos os casos**, pois a sua **"aplicação"** ou **"não"** deveria ser analisada em comunhão sistemática com art. 92 do Código Penal.

---

216. A Ministra **Rosa Weber**: *"(...) ao acompanhar o Revisor, manifestou que a possibilidade de perda automática do mandato parlamentar em decorrência de condenação judicial sofrida pelo respectivo titular seria tema extremamente sensível para o equilíbrio dos Poderes. (...) Observou que a Constituição de 1988 restabelecera em sua plenitude o respeito ao postulado da separação de Poderes, desprestigiado pelo regime antecedente, como princípio basilar de democracia representativa. Ressaltou que, satisfeitas as condições exigidas pela legislação eleitoral para o reconhecimento de sua legitimidade, o mandato se revestiria, durante o período para o qual constituído, da qualidade da intangibilidade. Somente poderia ser afetado nos casos expressamente previstos pela Constituição. Ponderou ser a melhor exegese aquela que* ***não atribuísse ao art. 92 do CP*** *("Art. 92 – São também efeitos da condenação: I – a perda de cargo, função pública ou mandato eletivo. Parágrafo único – Os efeitos de que trata este artigo não são automáticos, devendo ser motivadamente declarados na sentença")* a tarefa de vetor interpretativo a partir do qual se deduziria o sentido dos artigos 15, III, e 55, IV e VI, da CF. Portanto, ***o sentido da norma constitucional haveria de ser extraído, primordialmente, dela mesma, tomada como sistema, e não da legislação infraconstitucional que a ela se submeteria***"

217. No voto que definiu o embate, proferido em **17.12.2012**, O Min. Celso de Mello, decidiu no sentido de que todos os condenados por **mais de 4 (quatro) anos** de reclusão ou cuja condenação diga respeito **a ato de improbidade administrativa** – o que ocorre nos crimes **contra a administração pública**, tais como **peculato e corrupção passiva**, deve implicar automaticamente a perda dos mandados eletivos. E, neste caso, a perda deve ocorrer, no entender do Min. Celso de Mello, mesmo que a pena seja inferior a **quatro anos**, como no crime de peculato, punido com penas que vão de 2 a 12 anos de reclusão. Já quanto aos demais casos, isto é, em **condenações por tempo inferior e por delitos de menor potencial ofensivo, caberá à Câmara, no entendimento do ministro Celso de Mello, deliberar sobre a perda ou não do mandato**, conforme previsto no § 2º do artigo 55 da Constituição Federal. Em seu voto, o ministro Celso de Mello **ressaltou que não há uma diretriz jurisprudencial da Suprema Corte sobre o tema**. Mas é preciso **encontrar uma harmonização** entre disposições antinômicas contidas no texto constitucional, como no caso dos **artigos 15, inciso III** (que prevê a suspensão dos direitos políticos em caso de condenação criminal transitada em julgado, enquanto durarem os seus efeitos), e do **artigo 55, em seus parágrafos 2º e 3º**, que prevê a interveniência da respectiva Casa Legislativa, em caso de condenação criminal de seus membros. Para harmonizar esse conflito, o ministro Celso de Mello se filiou à **tese defendida pelo ministro Gilmar Mendes**, no sentido de considerar a **Constituição como um todo** e, fiel às técnicas interpretativas adotadas pelo STF para superar antinomias existentes na CF, prestigiar valores que se expressam nas ideias **da ética pública e da moralidade administrativa**, preservando, assim, a integridade de valores de fundamental importância, como os postulados da **isonomia, forma republicana de governo, moralidade pública e da probidade**. (STF em 17.12.2012)

Se a sentença condenatória não declarasse a perda do mandato parlamentar com base nos requisitos do art. 92, I da CR/88, o art. 55 § 2º seria aplicado para a deliberação (ou seja, a decisão sobre a perda do mandato seria da *casa parlamentar*). Porém, nos casos em que a sentença penal condenatória declarasse (**diretamente e de forma expressa**) a perda do mandato do parlamentar com base no art. 92, I do CP não haveria necessidade de deliberação da respectiva casa do parlamentar, pois a perda seria automática[218].

Porém, em 2013, em virtude de nova composição com os Ministros Teori Zavascki e Luís Roberto Barroso, o STF mudou de posicionamento e prolatou duas decisões com entendimento de que a condenação em sentença penal transitada em julgado não ensejaria a perda automática do mandato (a ser **declarada** pela Mesa), sendo

218. *Perda do mandato eletivo. Competência do STF. Ausência de violação do princípio da separação de poderes e funções. Exercício da função jurisdicional. Condenação dos réus detentores de mandato eletivo pela prática de crimes contra a administração pública. Pena aplicada nos termos estabelecidos na Legislação penal pertinente. 1. O Supremo Tribunal Federal recebeu do Poder Constituinte originário a competência para processar e julgar os parlamentares federais acusados da prática de infrações penais comuns. Como consequência, é ao Supremo Tribunal Federal que compete a aplicação das penas cominadas em lei, em caso de condenação. A perda do mandato eletivo é uma pena acessória da pena principal (privativa de liberdade ou restritiva de direitos), e deve ser decretada pelo órgão que exerce a função jurisdicional, como um dos efeitos da condenação, quando presentes os requisitos legais para tanto. 2. Diferentemente da Carta outorgada de 1969, nos termos da qual as hipóteses de perda ou suspensão de direitos políticos deveriam ser disciplinadas por Lei Complementar (art. 149, §3º), o que atribuía eficácia contida ao mencionado dispositivo constitucional, a atual Constituição estabeleceu os casos de perda ou suspensão dos direitos políticos em norma de eficácia plena (art. 15, III). Em consequência, o condenado criminalmente, por decisão transitada em julgado, tem seus direitos políticos suspensos pelo tempo que durarem os efeitos da condenação. 3. A previsão contida no artigo 92, I e II, do Código Penal, é reflexo direto do disposto no art. 15, III, da Constituição Federal. Assim, uma vez condenado criminalmente um réu detentor de mandato eletivo, caberá ao Poder Judiciário decidir, em definitivo, sobre a perda do mandato. Não cabe ao Poder Legislativo deliberar sobre aspectos de decisão condenatória criminal, emanada do Poder Judiciário, proferida em detrimento de membro do Congresso Nacional. A Constituição não submete a decisão do Poder Judiciário à complementação por ato de qualquer outro órgão ou Poder da República. Não há sentença jurisdicional cuja legitimidade ou eficácia esteja condicionada à aprovação pelos órgãos do Poder Político. A sentença condenatória não é a revelação do parecer de umas das projeções do poder estatal, mas a manifestação integral e completa da instância constitucionalmente competente para sancionar, em caráter definitivo, as ações típicas, antijurídicas e culpáveis. Entendimento que se extrai do artigo 15, III, combinado com o artigo 55, IV, §3º, ambos da Constituição da República. Afastada a incidência do §2º do art. 55 da Lei Maior, quando a perda do mandato parlamentar for decretada pelo Poder Judiciário, como um dos efeitos da condenação criminal transitada em julgado. Ao Poder Legislativo cabe, apenas, dar fiel execução à decisão da Justiça e declarar a perda do mandato, na forma preconizada na decisão jurisdicional. 4. Repugna à nossa Constituição o exercício do mandato parlamentar quando recaia, sobre o seu titular, a reprovação penal definitiva do Estado, suspendendo-lhe o exercício de direitos políticos e decretando-lhe a perda do mandato eletivo. A perda dos direitos políticos é "consequência da existência da coisa julgada". Consequentemente, não cabe ao Poder Legislativo "outra conduta senão a declaração da extinção do mandato" (RE 225.019, Rel. Min. Nelson Jobim). Conclusão de ordem ética consolidada a partir de precedentes do Supremo Tribunal Federal e extraída da Constituição Federal e das leis que regem o exercício do poder político-representativo, a conferir encadeamento lógico e substância material à decisão no sentido da decretação da perda do mandato eletivo. Conclusão que também se constrói a partir da lógica sistemática da Constituição, que enuncia a cidadania, a capacidade para o exercício de direitos políticos e o preenchimento pleno das condições de elegibilidade como pressupostos sucessivos para a participação completa na formação da vontade e na condução da vida política do Estado. 5. No caso, os réus parlamentares foram condenados pela prática, entre outros, de crimes contra a Administração Pública. Conduta juridicamente incompatível com os deveres inerentes ao cargo. Circunstâncias que impõem a perda do mandato como medida adequada, necessária e proporcional. 6. Decretada a suspensão dos direitos políticos de todos os réus, nos termos do art. 15, III, da CF. Unânime. 7. Decretada, por maioria, a perda dos mandatos dos réus titulares de mandato eletivo. (AP 470 julg. 17.12.2012)*

necessário a **"deliberação"** da respectiva casa nos termos expressos do art. 55 § 2º da CR/88.

As decisões foram na **AP 396 ED-ED** (caso do Deputado Natan Donadon) em 26.06.2013 e na **AP 565** (caso do Senador Ivo Cassol) em 08.08.2013. Nesses termos, é de se salientar que foram decisivas as participações dos novos Ministros acima citados que formaram uma nova maioria. Como exemplo, citamos passagens da decisão da AP 565, presentes no informativo 712 do STF: "(...) Relativamente ao atual mandato de senador da República, decidiu-se, por maioria, **competir** à **respectiva Casa Legislativa deliberar sobre sua eventual perda** (Art. 55. VI – § 2º da CR/88). A relatora e o revisor, no que foram seguidos pela Min. Rosa Weber, reiteraram o que externado **sobre o tema na apreciação da AP 470/MG**. O revisor observou que, se por ocasião do trânsito em julgado o congressista ainda estivesse no exercício do cargo parlamentar, dever-se-ia oficiar à Mesa Diretiva do Senado Federal para **fins de deliberação a esse respeito.** O Min. Roberto Barroso pontuou haver **obstáculo intransponível na literalidade do § 2º do art. 55 da CF.** O Min. Teori Zavascki **realçou que a condenação criminal transitada em julgado conteria como efeito secundário,** natural e necessário, **a suspensão dos direitos políticos,** que independeria de declaração. De outro passo**, ela não geraria,** necessária e naturalmente**, a perda de cargo público.** Avaliou que, no caso específico dos **parlamentares, essa consequência não se estabeleceria.** No entanto, isso **não** dispensaria o congressista **de cumprir a pena.** O Min. Ricardo Lewandowski concluiu que o aludido dispositivo estaria intimamente conectado com a separação dos Poderes(...)."[219]

Com isso, restou que os Parlamentares poderiam ser presos (iniciando o cumprimento da pena), mas a decisão sobre a perda do mandato seria da respectiva casa.

No caso do Deputado Natan Donadon, teve início o cumprimento da pena em 28.06.2013, e, posteriormente, o plenário da Câmara foi chamado a deliberar sobre a perda de mandato (nos termos do art. 55 § 2º da CR//88). Acontece que para "surpresa" (perplexidade) da sociedade brasileira[220] a Câmara dos Deputados em 28.08.2013 decidiu que o parlamentar deveria continuar no mandato, pois não foi alcançado o quórum de 257 votos favoráveis à cassação do mandato (foram 233 votos favoráveis a perda do mandato e 131 contra, além de 41 abstenções). É bom lembrar aqui que o voto no procedimento foi secreto, o que não poderá ocorrer

219. "Vencidos os Ministros Gilmar Mendes, Marco Aurélio, Celso de Mello e o Presidente, que reafirmavam os votos proferidos na ação penal já indicada. Reputavam ser efeito do trânsito em julgado da condenação a perda do mandato. Dessa maneira, caberia à mesa da Casa respectiva apenas declará-la. O Colegiado ordenou que, após a decisão se tornar definitiva e irrecorrível, os nomes dos réus fossem lançados no rol dos culpados e expedidos os competentes mandados de prisão. Por fim, em votação majoritária, registrou-se que a data desta sessão plenária constituiria causa interruptiva da prescrição (CP, art. 117, IV), vencido, neste aspecto, o Min. Marco Aurélio, que considerava necessária a publicação". **AP 565** julg. em **07 e 08.08.2013**. Rel. Min. Cármen Lúcia.

220. Visto que o Deputado foi condenado por formação de quadrilha e peculato (com desvio de recursos da Assembleia Legislativa de Rondônia) a mais de 13 de reclusão em sentença penal transitada em julgado.

mais em virtude da **Emenda Constitucional nº 76** de 28.11.2013 que suprimiu o voto secreto nessas circunstâncias do art. 55 § 2º da CR/88. Acreditamos, inclusive, que essa infeliz decisão da Câmara dos Deputados no caso em questão foi decisiva para a alteração constitucional.

Acontece que posteriormente a essa *"lastimável"* decisão da Câmara foi impetrado mandado de segurança no STF por Deputado Federal de São Paulo (PSDB-SP) questionando-a. O Mandado de Segurança (MS 32.326/DF) pedia a anulação da decisão da Câmara e a declaração da perda de mandato do parlamentar. Pois bem, o Ministro Luís Roberto Barroso (um dos Ministros da corrente de aplicação expressa e específica do art. 55 § 2º CR/88) em 04.09.2013 concedeu a liminar para "**suspender os efeitos da deliberação** do Plenário da Câmara dos Deputados até o julgamento definitivo do mandado de segurança".

Na decisão, carregada do que alguns chamariam de forte "*moralismo jurídico*", o Ministro manteve seu posicionamento que "a perda de mandato deve ser definida pela casa do parlamentar nos termos do art. 55 § 2º da CR/88", mas entendeu que essa "**regra geral**" (que ele aplica e respeita por *dicção* constitucional) comportaria **uma exceção**, qual seja, no caso de **condenação em regime inicial fechado**, por **tempo superior** ao **prazo remanescente do mandato parlamentar**[221].

Restaria aguardar o julgamento definitivo do **MS 32.326/DF** para que o STF deixasse assente a sua posição, mantendo novamente a corrente das duas últimas decisões (AP 396 e AP 565) ou acrescentando a tese exarada na decisão liminar, ora citada (da aplicação expressa do art. 55, § 2º da CR/88 como regra, com a exceção

221. MS 32326 julg. em 04.09.2013: *"A Constituição prevê, como regra geral, que cabe a cada uma das Casas do Congresso Nacional, respectivamente, a decisão sobre a perda do mandato de Deputado ou Senador que sofrer condenação criminal transitada em julgado. B. Esta regra geral, no entanto, não se aplica em caso de condenação em regime inicial fechado, por tempo superior ao prazo remanescente do mandato parlamentar. Em tal situação, a perda do mandato se dá automaticamente, por força da impossibilidade jurídica e física de seu exercício. C. Como consequência, quando se tratar de Deputado cujo prazo de prisão em regime fechado exceda o período que falta para a conclusão de seu mandato, a perda se dá como resultado direto e inexorável da condenação, sendo a decisão da Câmara dos Deputados vinculada e declaratória. D. Acrescente-se que o tratamento constitucional dado ao tema não é bom e apresenta sequelas institucionais indesejáveis. Todavia, cabe ao Congresso Nacional, por meio de emenda constitucional, rever o sistema vigente. DISPOSITIVO: Verifico estarem presentes os elementos que autorizam a concessão de medida liminar inaudita altera pars (antes mesmo de ouvir a autoridade impetrada). Isto porque vislumbro fumus boni iuris (aparência de bom direito) no pedido formulado, por considerar relevante e juridicamente plausível o fundamento de que, no caso em exame, a perda do mandato deveria decorrer automaticamente da condenação judicial, sendo o ato da Mesa da Câmara dos Deputados vinculado e declaratório. Assim entendo porque o período de pena a ser cumprido em regime fechado excede o prazo remanescente do mandato, tornando sua conservação impossível, tanto do ponto de vista jurídico quanto fático 8. Considero, ademais, haver periculum in mora (perigo na demora) pela gravidade moral e institucional de se manterem os efeitos de uma decisão política que, desconsiderando uma impossibilidade fática e jurídica, chancela a existência de um Deputado presidiário, cumprindo pena de mais de 13 (treze) anos, em regime inicial fechado. A indignação cívica, a perplexidade jurídica, o abalo às instituições e o constrangimento que tal situação gera para os Poderes constituídos legitimam a atuação imediata do Judiciário. Como consequência, suspendo os efeitos da deliberação do Plenário da Câmara dos Deputados acerca da Representação nº 20, de 21.08.2013, até o julgamento definitivo do presente mandado de segurança pelo Plenário do Supremo Tribunal Federal. Esclareço que a presente decisão não produz a perda automática do mandato, cuja declaração – ainda quando constitua ato vinculado – é de atribuição da Mesa da Câmara."*

no caso de a condenação em regime inicial fechado ser por lapso de tempo superior ao prazo restante do mandato parlamentar, hipótese que ensejaria a perda do mandato automática por declaração da casa).

Acontece que no dia **12.02.2014** em nova votação do Plenário foi aprovada na Câmara dos Deputados a cassação do mandato do Deputado Natan Donadon por 467 votos a favor e uma abstenção[222]. É interessante notar que essa nova votação sobre a perda de seu mandato do parlamentar se deu mediante a normativa (já citada na obra) da **EC nº 76/2013** que aboliu o "voto secreto" para o procedimento do art. 55 § 2º da CR/88. Com isso, entendemos que o MS 32.326/DF tenha ***perdido o objeto*** (e o debate sobre a tese do Ministro Luís Roberto Barroso ficou para uma outra oportunidade).

f) Na sequência, essa discussão retorna em **2017**, pois a 1ª Turma do STF na **AP 694/MT** em **02.05.2017** traz a questão da perda de mandato, nos termos do art. 55, VI da CR/88 (condenação criminal transitada em julgado) novamente para o debate. Nesses termos, afirmou a 1ª Turma do STF que:

1) Se o Deputado ou Senador for condenado a mais de 120 dias em regime fechado: a perda do cargo será uma consequência lógica da condenação. Neste caso, caberá à Mesa da Câmara ou do Senado apenas declarar que houve a perda (sem poder discordar da decisão do STF), nos termos do art. 55, III e § 3º da CR/88.[223]

2) Se o Deputado ou Senador for condenado a uma pena em regime aberto ou semiaberto: a condenação criminal não gera a perda automática do cargo. O Plenário da Câmara ou do Senado irá deliberar, nos termos do art. 55, § 2º da CR/88, se o condenado deverá ou não perder o mandato.[224]

Assim, a partir desse novo posicionamento da 1ª Turma do STF, poderíamos resumir as correntes novamente (em ordem cronológica) do seguinte modo:

1ª) Se o STF condenar o parlamentar e determinar a perda do mandato, nos termos do art. 92, I do Código Penal, a Câmara dos Deputados ou o Senado não

---

222. Diante do primeiro resultado (em que Natan Donadon teria quebrado o decoro ao participar da votação do primeiro processo de cassação, o que é proibido pelo regimento da Câmara), o PSB protocolou no Conselho de Ética novo requerimento para abertura de processo por quebra de decoro. *O colegiado aprovou em novembro de 2013 relatório do dep. José Carlos Araújo (PSD-BA) pela perda do mandato de Donadon. O processo, então, seguiu para o plenário e foi votado em 12.02.2014.*

223. *Art. 55. Perderá o mandato o Deputado ou Senador: (...) III – que deixar de comparecer, em cada sessão legislativa, à terça parte das sessões ordinárias da Casa a que pertencer, salvo licença ou missão por esta autorizada*; Esse inciso III estabelece a perda do mandato ao parlamentar que, em cada sessão legislativa, faltar a 1/3 das sessões ordinárias. Como a sessão legislativa é anual (equivalente a 1 ano), 1/3 significa 4 meses (120 dias). Logo, se o parlamentar irá ficar preso durante mais de 120 dias, ele não poderá comparecer às sessões neste período e, portanto, deverá ser declarada a perda de seu mandato. Assim, no caso do inciso III, não há necessidade de deliberação do Plenário e a perda do mandato deve ser automaticamente declarada pela Mesa Diretora da Câmara dos Deputados.

224. **AP 694/MT**, 1ª Turma do STF. Rel. Min. Rosa Weber, julgado em **02.05.2017** (Informativo 863 do STF) **No mesmo sentido, Ver: AP 863/SP**, Rel. Min. Edson Fachin, STF. 1ª Turma. Julg. em **23.05.2017** (Informativo 866).

decidem nada e a casa respectiva deverá apenas formalizar (cumprir) a perda que já foi decretada (A mesa apenas deve declarar a perda).

Para essa corrente, o § 2º do art. 55 da CR/88 não precisa ser aplicado em todos os casos nos quais o Deputado ou Senador tenha sido condenado criminalmente, mas apenas nas hipóteses em que a decisão condenatória não tenha decretado a perda do mandato parlamentar por não estarem presentes os requisitos legais do art. 92, I, do CP. Resumindo: a) Se na decisão condenatória o STF não determinou a perda do mandato eletivo, nos termos do art. 92, I, do CP: a perda do mandato somente poderá ocorrer se a maioria absoluta da Câmara ou do Senado assim votar (aplica-se o art. 55, § 2º da CR/88); b) Se na decisão condenatória o STF determinou a perda do mandato eletivo, nos termos do art. 92, I, do CP: a perda do mandato ocorrerá sem necessidade de votação pela Câmara ou Senado (não se aplica o art. 55, § 2º). Posicionamento adotado na **AP 470** em **2012** (*caso do mensalão*) e atualmente **minoritário** (no STF atualmente essa posição não é mais usada).

2ª) Havendo a condenação criminal transitada em julgado, quem decide se haverá a perda do mandato é a Câmara dos Deputados ou o Senado Federal por maioria absoluta, nos termos do art. 55, § 2º da CR/88. Posicionamento adotado em 2013, por exemplo, na AP nº 396 em **2013**.

3ª) Como já citado acima, na perspectiva da 1ª Turma do STF: **a)** Se o Deputado ou Senador for condenado a *mais de 120 dias em regime fechado*: a perda do cargo será uma consequência lógica da condenação. Neste caso, caberá à Mesa da Câmara ou do Senado apenas declarar que houve a perda (sem poder discordar da decisão do STF), nos termos do art. 55, III e § 3º da CR/88; **b)** Se o Deputado ou Senador for condenado a uma pena em regime aberto ou semiaberto: a condenação criminal não gera a perda automática do cargo. O Plenário da Câmara ou do Senado vai deliberar, nos termos do art. 55, § 2º da CR/88, se o condenado deverá ou não perder o mandato. Novo posicionamento da 1ª Turma do STF adotado em **2017**.[225]

Porém, em **2018** essa história tem um novo capítulo institucional. Temos um embate interessante, pois a 1ª Turma do STF e a 2ª Turma (que vai apresentar seu posicionamento) não pacificaram o entendimento sobre o tema. Assim, em recentes decisões do STF, temos clara a divergência entre elas.

Nos termos do Informativo 903 do STF, a 1ª Turma mantém seu posicionamento exarado acima em **2017**. Repetindo: **a)** Se o Deputado ou Senador for condenado a mais de 120 dias em regime fechado: a perda do cargo será uma consequência lógica da condenação. Neste caso, caberá à Mesa da Câmara ou do Senado apenas declarar que houve a perda (sem poder discordar da decisão do STF), nos

225. **AP 694/MT**, 1ª Turma do STF. Rel. Min. Rosa Weber, julgado em **02.05.2017. No mesmo sentido, Ver: AP 863/SP**, Rel. Min. Edson Fachin, STF. 1ª Turma. Julg. em **23.05.2017** (Informativo 866). Sobre o tema acreditamos importante aguardar o posicionamento do Plenário do STF sobre o tema.

termos do art. 55, III e § 3º da CR/88; **b)** Se o Deputado ou Senador for condenado a uma pena em regime aberto ou semiaberto: a condenação criminal não gera a perda automática do cargo. O Plenário da Câmara ou do Senado irá deliberar, nos termos do art. 55, § 2º, da CR/88, se o condenado deverá ou não perder o mandato.[226]

Já a 2ª Turma, nos termos do Informativo 904 do STF, entende que o STF deve tão somente comunicar, por meio de ofício, à Mesa da Câmara dos Deputados ou do Senado Federal informando sobre a condenação do parlamentar. E com isso, a Câmara ou o Senado irá deliberar se o parlamentar vai perder ou não o mandato eletivo, conforme prevê o art. 55, § 2º, da CR/88. Assim, conforme a aplicação do art. 55, § 2º, da CR/88 mesmo com a condenação criminal, quem decide se haverá a perda do mandato é a Câmara dos Deputados ou o Senado Federal por maioria absoluta.[227]

g) É interessante, também, trazermos a cotejo, recente **decisão do STF**, prolatada em **28.10.2009**, envolvendo a decretação de **perda de mandato pela Justiça Eleitoral** com base no **art. 55, V, da CR/88.** No caso, o STF concedeu **mandado de segurança** para determinar à Mesa do Senado Federal que cumprisse imediatamente decisão da Justiça Eleitoral, dando posse ao impetrante do mandado de segurança na vaga do senador da República, cujo registro fora cassado pela Justiça Eleitoral. Nesses termos, entendeu o STF que, embora a decisão da Justiça Eleitoral ainda seja objeto de recurso ordinário no TSE, **não** foi atribuído **efeito suspensivo** ao citado recurso, e, com isso, após a comunicação da decisão ao Presidente do Senado, deveria ser declarada a **perda de mandato.** Certo é que o Senado **não detém competência** para decidir o **erro ou acerto** do julgado da Justiça Eleitoral e muito menos para **aferir** qual é o **momento adequado para cumprir a decisão judicial.** Segundo o STF, o não cumprimento da decisão judicial pelo Senado afronta o princípio da separação de Poderes.[228]

---

226. **AP 968/SP**, STF. 1ª Turma. Rel. Min. Luiz Fux, julgado em **22.05.2018** (Informativo 903).

227. Informativo 904: *Por fim, quanto à perda do mandato parlamentar, o Colegiado, por maioria, deliberou que a perda do mandato não é automática. Após o trânsito em julgado, cumpre a esta Corte oficiar à Mesa Diretora da Câmara dos Deputados para que delibere a respeito do disposto no art. 55, VI, § 2º, da CF. A perda do mandato é medida excepcional e o modo de sua extinção é regulado expressamente na CF.* **AP 996/DF**, STF. 2ª Turma. Rel. Min. Edson Fachin, julgado em **29.05.2018.**

228. **Informativo nº 565 do STF**: *"[...]a Mesa do Senado, mesmo após comunicação dessas decisões tanto a ela quanto ao Presidente dessa Casa Legislativa, decidira aguardar o trânsito em julgado do processo para declarar a perda do mandato do parlamentar, o que ensejara a presente impetração. [...] a recusa da Mesa do Senado em cumprir a aludida decisão consubstanciaria afronta ao princípio da separação dos Poderes. [...] a atribuição da Mesa da Casa, a que pertence o parlamentar que incorrera nas hipóteses sancionatórias previstas nos incisos III e V do art. 55 da CR, circunscrever-se-ia a declarar a perda do mandato, dando posse, por conseguinte, a quem devesse ocupar o cargo vago, haja vista que o registro do parlamentar já teria sido cassado pela Justiça Eleitoral, não podendo subsistir, dessa forma, o mandato eletivo. [...] ademais, que a ampla defesa a que alude o § 3º do art. 55 da CR não diria respeito a nenhum procedimento eventualmente instaurado no âmbito de uma das Casas Legislativas, e sim à garantida nos processos que tramitam na Justiça Eleitoral, não cabendo à Mesa da Casa Legislativa a que pertence o titular do mandato eletivo cassado aferir o acerto, ou não, das decisões emanadas da Justiça Eleitoral, ou ainda fixar o momento adequado para cumprir tais julgados. Registrou-se que o ato da Mesa do Senado ou da Câmara que dispõe sobre a perda do mandato parlamentar (CR, art. 55, V) tem natureza meramente declaratória. Concluiu-se que, como a decisão da Justiça Eleitoral não era dotada de efeito suspensivo, haja vista cuidar-se de perda de*

h) Outra decisão, muito interessante, foi prolatada em **29.06.2012** fruto do **MS 31.386 MC/DF.** O caso envolveu *"mandado de segurança preventivo"*, com pedido de medida liminar, impetrado por Senador, contra "iminente ato a ser praticado pela Mesa Diretora do Senado Federal", com o objetivo de assegurar o **direito do impetrante** de **votar de forma pública e aberta** nos processos de perda de mandato parlamentar quer estejam em curso, quer venham a ocorrer no âmbito do Senado Federal. Ou seja, o Senador queria ter o direito de votar de forma aberta e não de forma secreta (conforme a determinação constitucional) nos procedimentos de perda de mandato, do acima citado art. 55 § 2º da CR/88.

Portanto, o autor do *"writ"* constitucional (Senador da República) requereu a concessão de provimento cautelar, e, posteriormente de decisão de mérito, "(...) para o fim de determinar à Mesa do Senado Federal que crie procedimento formal e eletrônico mediante o qual possa o impetrante ter seu voto individualizado e divulgado publicamente e de forma inequívoca". O relator desse MS preventivo, Min. Celso de Mello, indeferiu o pedido de liminar, nos seguintes termos: "(...) A instituição do voto secreto como faculdade do parlamentar conduziria a um sistema misto de votação dos processos de perda do mandato, sem uniformidade e sem garantir a utilização do voto aberto, em todos os casos, o que demonstra que o atendimento do princípio representativo e do dever de prestar contas aos eleitores, invocados como fundamentos do 'writ', estaria condicionado à vontade do parlamentar, já que o Impetrante pretende o reconhecimento do seu suposto direito de votar abertamente, quando assim entenda mais adequado à dicção constitucional sobre a representação democrática. Como demonstrado nos votos proferidos no julgamento da ADI 2.461 e ADI 3.208, a questão debatida, referente à permanência do voto secreto no processo de perda do mandato parlamentar, há de ser solucionada no campo político, que demanda a estrita observância do devido processo legislativo constitucional, previsto no art. 60 da Carta Política, para que a norma do seu art. 55, § 2º, seja modificada. Aliás, já existem propostas em curso em ambas as Casas do Congresso Nacional, sendo que a PEC 50, de 2006, em trâmite no Senado Federal, já foi incluída na ordem do dia. Dessa forma, não se mostra presente o direito líquido e certo a amparar a concessão da segurança postulada." As razões ora expostas pelo Senhor Presidente do Senado Federal e aquelas por mim referidas na presente decisão revelam-se suficientes para justificar, em juízo de sumária cognição, o indeferimento do pleito cautelar deduzido nesta sede mandamental"[229].

Aqui é interessante sublinharmos que o pleito do Senador impetrante do mandado de segurança perde sentido em virtude da já citada EC nº 76/2013 que suprimiu o voto secreto no procedimento de perda de mandato parlamentar previsto no art. 55 § 2º da CR/88.

---

mandato decretada com base no art. 41-A da Lei 9.504/97, a Mesa do Senado deveria simplesmente ter cumprido a decisão jurisdicional.

229. MS 31.386 MC/DF, Rel. Min. Celso de Mello, julg. em **29.06.2012**. (**Informativo 681 do STF**)

i) O STF já deferiu pedido, veiculado pelo Conselho de Ética e Decoro Parlamentar da Câmara dos Deputados, para o **compartilhamento das informações com a finalidade de apurações de cunho disciplinar.** No caso, havia a presença de dados obtidos mediante interceptação telefônica, judicialmente autorizada em inquérito e foi solicitada a intitulada "prova emprestada". Com base em um juízo de proporcionalidade, sob o fundamento do art. 5º, XII, e § 2º do art. 55 da CR/88, a medida do Conselho de Ética da Câmara, em solicitar a prova, foi considerada adequada pelo STF precedente.[230]

j) O STF decidiu que a perda de mandato por condenação em ação de improbidade administrativa transitada em julgado **não depende** de votação pela Casa do parlamentar.[231]

k) O STF decidiu, no julgamento da ADI 2.461 e da ADI 3.208 (conforme o Inf. nº 387 do STF), que o (antigo) **voto secreto** descrito no art. 55 § 2º da CR/88 para a perda de mandato nos casos dos Incisos I, II e VI seria de observância obrigatória aos Estados-membros à luz do art. 27 § 1º da CR/88, que estabelece a aplicação aos deputados estaduais, das regras da Constituição da República no que diz respeito a perda de mandato, não podendo os Estados estipularem votação aberta.[232] Entendemos que, por obvio, esse posicionamento **não** mais subsiste justamente em virtude da já citada modificação no **art. 55 § 2º da CR/88**. Com isso, o procedimento de perda de mandato de Deputados Estaduais nos Estados também deverá ser por **voto aberto** e não mais por **voto secreto**.

l) O Plenário do STF julgou procedente pedido formulado na **ADI 3200**, para declarar a inconstitucionalidade da expressão *"nos crimes apenados com reclusão, atentatórios ao decoro parlamentar"*, contida no art. 16, VI, da Constituição do Estado de São Paulo, introduzido pela EC 18/2004 ("Artigo 16 – Perderá o mandato o Deputado:

230. Conforme o *Inq. nº 2.725 QO/SP* em **25.06.2008**: *[...] 1. A medida pleiteada pelo Conselho de Ética e Decoro Parlamentar da Câmara dos Deputados se mostra adequada, necessária e proporcional ao cumprimento dos objetivos do parágrafo 2º do artigo 55 da CF de 1988. 2. Possibilidade de compartilhamento dos dados obtidos mediante interceptação telefônica, judicialmente autorizada, para o fim de subsidiar apurações de cunho disciplinar. [...]. 3. Questão de Ordem que se resolve no sentido do deferimento da remessa de cópia integral dos autos ao Sr. Presidente do Conselho de Ética e Decoro Parlamentar da Câmara dos Deputados, a quem incumbirá a responsabilidade pela manutenção da cláusula do sigilo de que se revestem as informações fornecidas.* Rel. Min. Carlos Brito. DJ: 26.09.2008.

231. Conforme o Julgamento em **29.06.2006** do MS nº 25.917 de Rel. Min. Gilmar Mendes, temos que: *1. Extinção de mandato parlamentar em decorrência de sentença proferida em ação de improbidade administrativa, que suspendeu, por seis anos, os direitos políticos do titular do mandato. Ato da Mesa da Câmara dos Deputados que sobrestou o procedimento de declaração de perda do mandato, sob alegação de inocorrência do trânsito em julgado da decisão judicial. 2. Em hipótese de extinção de mandato parlamentar, a sua declaração pela Mesa é ato vinculado à existência do fato objetivo que a determina, cuja realidade ou não o interessado pode induvidosamente submeter ao controle jurisdicional. 3. No caso, comunicada a suspensão dos direitos políticos do litisconsorte passivo por decisão judicial e solicitada a adoção de providências para a execução do julgado, de acordo com determinação do Superior Tribunal de Justiça, não cabia outra conduta à autoridade coatora senão declarar a perda do mandato do parlamentar. 4. Mandado de segurança: deferimento.*

232. ADI nº 3.208 de Rel. do Min. Gilmar Mendes julg em 12.05.2005: EMENTA: Emenda constitucional estadual. Perda de mandato de parlamentar estadual mediante voto aberto. Inconstitucionalidade. Violação de limitação expressa ao poder constituinte decorrente dos Estados-membros (CR, art. 27, § 1º c/c art. 55, § 2º). Ação direta de inconstitucionalidade julgada procedente, por maioria. DJ: 07.10.2005.

VI – que sofrer condenação criminal em sentença transitada em julgado, nos crimes apenados com reclusão, atentatórios ao decoro parlamentar"). O STF entendeu que contrariaria a Constituição Federal jungir a atuação da Assembleia Legislativa, quanto à perda de mandato de deputado estadual, no caso de condenação criminal, aos crimes apenados ***somente*** com ***reclusão e atentatórios ao decoro parlamentar***. Apontou o Pretório Excelso, que os princípios do § 1º do art. 27 da CR/88 ("§ 1º – Será de quatro anos o mandato dos Deputados Estaduais, aplicando-se-lhes as regras desta Constituição sobre sistema eleitoral, inviolabilidade, imunidades, remuneração, perda de mandato, licença, impedimentos e incorporação às Forças Armadas") deveriam ser observados pela Constituição do Estado de São Paulo. Destacou que a limitação da Constituição Paulista estaria em conflito com o que a Constituição Federal no art. 55, VI dispõe relativamente aos Deputados Federais (que perderiam o mandato, como já visto na obra, por condenação criminal transitada em julgado, independentemente da natureza da pena e do tipo de crime).[233]

m) Na **Pet 3923 QO**, de Relatoria do Ministro Joaquim Barbosa, julgado em **13.06.2007** o STF decidiu que **não** é possível o cometimento de *crime de responsabilidade por parlamentares*.[234]

n) Conforme a Constituição, no seu **art. 55 § 4º**, a renúncia de parlamentar submetido a processo que vise ou possa levar à perda do mandato, nos termos

233. ADI nº 3200, julg. em 22.05.2014, Rel. Min. Marco Aurélio. (Informativo nº 747 do STF)

234. **Ementa**: *(...) Deputado Federal, condenado em ação de improbidade administrativa, em razão de atos praticados à época em que era prefeito municipal, pleiteia que a execução da respectiva sentença condenatória tramite perante o Supremo Tribunal Federal, sob a alegação de que: (a) os* ***agentes políticos que respondem pelos crimes de responsabilidade tipificados no Decreto-Lei 201/1967 não se submetem à Lei de Improbidade (Lei 8.429/1992)****, sob pena de ocorrência de bis in idem; (b) a* ***ação de improbidade administrativa tem natureza penal*** *e (c) encontrava-se pendente de julgamento, nesta Corte, a Reclamação 2138, relator Ministro Nelson Jobim. O pedido foi indeferido sob os seguintes fundamentos:* ***1)*** *A lei 8.429/1992 regulamenta o art. 37, parágrafo 4º da Constituição, que traduz uma concretização do princípio da moralidade administrativa inscrito no caput do mesmo dispositivo constitucional. As condutas descritas na lei de improbidade administrativa, quando imputadas a autoridades detentoras de prerrogativa de foro, não se convertem em crimes de responsabilidade.* ***2) Crime de responsabilidade ou impeachment,*** *desde os seus primórdios, que coincidem com o início de consolidação das atuais instituições políticas britânicas na passagem dos séculos XVII e XVIII, passando pela sua implantação e consolidação na América, na Constituição dos EUA de 1787, é instituto que traduz à perfeição os mecanismos de fiscalização postos à disposição do Legislativo para controlar os membros dos dois outros Poderes. Não se concebe a hipótese de impeachment exercido em detrimento de membro do Poder Legislativo. Trata-se de contraditio in terminis. Aliás, a Constituição de 1988 é clara nesse sentido, ao prever um juízo censório próprio e específico para os membros do Parlamento, que é o previsto em seu artigo 55.* ***Noutras palavras, não há falar em crime de responsabilidade de parlamentar. 3)*** *Estando o processo em fase de execução de sentença condenatória, o Supremo Tribunal Federal não tem competência para o prosseguimento da execução. O Tribunal, por unanimidade, determinou a remessa dos autos ao juízo de origem.* Aqui também é bom deixar assente que o STF, julgando um caso envolvendo Ministro de Estado (e não Deputado ou Senador) em 2018, afirmou que: *Os agentes políticos, com exceção do Presidente da República, encontram-se sujeitos a duplo regime sancionatório, de modo que se submetem tanto à responsabilização civil pelos atos de improbidade administrativa quanto à responsabilização político-administrativa por crimes de responsabilidade. Não há qualquer impedimento à concorrência de esferas de responsabilização distintas, de modo que carece de fundamento constitucional a tentativa de imunizar os agentes políticos das sanções da ação de improbidade administrativa, a pretexto de que estas seriam absorvidas pelo crime de responsabilidade. A única exceção ao duplo regime sancionatório em matéria de improbidade se refere aos atos praticados pelo Presidente da República, conforme previsão do art. 85, V, da Constituição.* **Pet 3240 AgR/DF**, STF. Plenário. red. p/ o ac. Min. Roberto Barroso, julg. em **10.05.2018**.

desse artigo, terá seus efeitos **suspensos** até as deliberações finais de que tratam os §§ 2º e 3º.

Essa norma, foi incluída pela Emenda de Revisão nº 6 em 1994 e teve por objetivo impedir que os parlamentares burlassem o sistema constitucional. Certo é que os mesmos, percebendo (ou temendo) que iriam perder o mandato, renunciavam antes da finalização do processo, para que não fossem atingidos pela sanção da inabilitação para o exercício de funções públicas em virtude da perda do mandato (que gera, entre outras consequências, a inelegibilidade). Aliás, sobre as inelegibilidades é importante salientar que, conforme a **Lei Complementar nº 81/1994**, temos que os ***membros do Congresso Nacional***, das Assembleias Legislativas, da Câmara Legislativa e das Câmaras Municipais, que hajam perdido os respectivos mandatos por ***infringência do disposto nos incisos I e II do art. 55 da Constituição Federal***, dos dispositivos equivalentes sobre perda de mandato das Constituições Estaduais e Leis Orgânicas dos Municípios e do Distrito Federal, *ficarão inelegíveis* para ***as eleições que se realizarem durante o período remanescente do mandato para o qual foram eleitos e nos oito anos subsequentes ao término da legislatura***;

Mas voltando, diretamente, ao tema do **art. 55 § 4º da CR/88**, aqui, devemos realizar uma **interpretação adequada** do dispositivo constitucional em comento. Nesse sentido, temos que ter em mente que ***a renúncia***, se o parlamentar estiver sendo submetido a processo que vise ou possa levar à perda do mandato, não é definitivamente algo interessante **em nenhuma hipótese** para o parlamentar.

Assim sendo, se o processo é finalizado com uma decisão **não favorável** ao **parlamentar** (decisão **pela perda** do mandato), a renúncia não valeu para nada, sendo a declaração (de renúncia) meramente arquivada. E com isso, ocorre a inabilitação para o exercício de funções públicas em virtude da condenação. Já, se a decisão do processo **é favorável ao parlamentar** (decisão **contra a perda** de mandato), a renúncia (que estava com seus efeitos suspensos) terá validade e o parlamentar não poderá mais exercer o cargo em virtude da mesma.

Certo é que, a possibilidade que os parlamentares tinham de **não serem inabilitados para o exercício de função pública, era, justamente, a da renúncia ao cargo antes do início do processo** que levaria a perda do cargo (como exemplo, no ***caso mensalão***, podemos citar o Deputado Valdemar da Costa Neto, que renunciou antes do início do processo que levaria a possível perda do cargo e inabilitação para o exercício de funções públicas).

Pois bem, essa possibilidade (saída, diríamos) ***não mais* subsiste** com o advento da Lei Complementar 135/2010, pelo menos no que tange ao exercício de mandatos públicos eletivos. Certo é que a nova ***Lei de inelegibilidades*** afirma, de forma categórica, em seu **art. 1, I, *k*** que: O Presidente da República, o Governador de Estado e do Distrito Federal, o Prefeito, **os membros do *Congresso Nacional***, das ***Assembleias Legislativas***, da ***Câmara Legislativa, das Câmaras Municipais***, que ***renunciarem*** a seus mandatos ***desde o oferecimento de representação ou petição capaz*** de **autorizar a abertura de processo por infringência a dispositivo da Constituição Federal,** da Constituição Estadual, da Lei Orgânica do Distrito Federal ou da Lei Orgânica do Município, ficarão inelegíveis **para as *eleições* que se realizarem durante** o ***período remanescente do mandato*** **para o qual foram eleitos** e nos **8 *(oito) anos subsequentes*** *ao término da legislatura;*

Portanto, mesmo se a **renúncia** ocorrer **antes** do início do processo (na hipótese descrita na **LC nº 135/2010**), o parlamentar se tornará inelegível **para as *eleições* que se realizarem durante o *período remanescente do mandato* para o qual foram eleitos** e nos ***8 (oito) anos subsequentes ao*** *término da legislatura.*[235]

o) O Supremo Tribunal Federal, no dia 17.12.2012, após quatro meses e meio (visto que o julgamento se iniciou dia 02 de agosto de 2012 e teve 53 sessões), concluiu o histórico julgamento do **processo do mensalão.**

O Pretório Excelso decidiu condenar **25** dos **38** réus do processo (**AP nº 470**) e fixou as punições de cada um dos condenados, além de definir que os, até então, três Deputados Federais condenados teriam que deixar seus mandatos pela decisão do STF, sem a necessidade de passar pela deliberação da Câmara dos Deputados para tal (posição do STF que em 2013 foi alterada no que tange a outros parlamentares, conforme já vimos). Com isso, os Deputados deveriam perder os mandatos, que terminariam em 2015, após o trânsito em julgado do processo, ou seja, quando não houver mais possibilidade de recursos. Segundo a decisão do STF, a Câmara será devidamente notificada para cumprir a decisão.

Certo é que, durante o julgamento (dividido a partir de três núcleos: ***o financeiro, o operacional e o político***), o STF entendeu que existiu um esquema de compra de votos no Congresso Nacional durante os primeiros anos do governo do ex-presidente Luiz Inácio Lula da Silva. Os Ministros entenderam que houve desvio de dinheiro público, entre outros, de contratos da Câmara dos Deputados e do Banco do Brasil, para abastecer um esquema criminoso. O Supremo condenou os réus pelos crimes de corrupção ativa, corrupção passiva, evasão de divisas, formação de quadrilha, gestão fraudulenta, lavagem de dinheiro e peculato.

Nesse sentido, dos 38 réus do processo, um deles teve o processo remetido para a primeira instância e outros 12 acabaram inocentados. É interessante ressaltar que dos 25 réus considerados culpados, o que obteve maior pena foi o empresário Marcos Valério, apontado como o operador do esquema do mensalão, que, conforme a decisão do STF, repassava dinheiro a parlamentares. Com isso, foi condenado a mais de 40 anos de prisão.

É interessante salientar também, que nos termos do informativo 685 do STF, a definição da dosimetria das penas foi realizada apenas pelos Ministros que

235. Nesses termos, foi a decisão do **STF** no **RE nº 631.112/PA** (caso *Jader Barbalho*) julg. em **27.10.2010**.

condenaram os réus. Nesse sentido a questão de ordem: "(...) O Pleno decidiu, por maioria, questão de ordem, suscitada pelo relator, no sentido de que os Ministros que se pronunciaram pela absolvição de réus e ficaram vencidos na votação parcial de mérito, não participariam da dosimetria. O Ministro Marco Aurélio acresceu que, absolvição e condenação com imposição de pena consubstanciariam mérito e, desse modo, não vislumbrou que se pudesse, em um mesmo processo, formalizar voto para declarar a inocência e, em passo seguinte, apenar. Destacaram-se precedentes da Corte (AP 409/CE, *DJe* 1º.7.2010; AP 481/PA, *DJe* de 29.6.2012; AP 441/SP, *DJe* de 8.6.2012 e AP 503/PR, acórdão pendente de publicação) em que prevalecera a tese segundo a qual, quem absolveria, não imporia pena (...)".

Sobre os condenados, salvo possibilidade de alteração pela via recursal até o devido trânsito em julgado, foi definido inicialmente (no final do ano de 2012) que: a) 11 condenados ficariam presos em regime fechado, em presidio de segurança média ou máxima; b) 11 ficariam em regime semiaberto; c) 1 dos réus foi condenado em regime aberto; e d) 2 tiveram a pena transformada em restrição de direitos.

Acontece que em 2013, o STF julgou vários embargos de declaração interpostos pelos condenados da AP 470. Ao todo foram opostos e julgados 26 embargos de declaração na Ação Penal 470, sendo que a "maioria" dos mesmos foi julgada improcedente por serem protelatórios (a decisão de todos os embargos foi publicada pelo STF em 10.10.2013).

Mas o que gerou mais celeuma na AP 470, foi a "possibilidade" ou "não" de **embargos infringentes** para casos de condenação com no mínimo quatro votos favoráveis ao réu.

A decisão em sede de Agravo Regimental sobre a possibilidade dos **embargos infringentes** chegou a ficar empatada em 5 a 5 no Plenário do STF. O voto de desempate foi proferido pelo Ministro Celso de Mello.[236]

236. Também já decidiu o STF que: *Cabem embargos infringentes para o Plenário do STF contra decisão condenatória proferida em sede de ação penal de competência originária das Turmas do STF. O requisito de cabimento desse recurso é a existência de dois votos minoritários absolutórios em sentido próprio.* (o Ministro deve ter expressado juízo de improcedência da pretensão executória). AP 863 EI-AgR/SP, STF. Plenário. Rel. Min. Edson Fachin, julg. em 18 e 19.04.2018; HC 152707/DF, Rel. Min. Dias Toffoli, julg. em 18 e 19.04.2018. O Regimento Interno do STF afirma que são cabíveis embargos infringentes contra decisão do Plenário do STF que tiver julgado procedente a ação penal se houve, no mínimo, 4 votos divergentes (art. 333, inciso I e parágrafo único). Assim sendo, se o Plenário do STF condenou algum réu e houve pelo menos 4 Ministros que votaram a favor dele, o Regimento Interno afirma que serão cabíveis embargos infringentes. Assim, como são 11 Ministros no Plenário do STF, para caber embargos infringentes, a decisão deve ter sido 7x4, 6x5 ou 6x4. Porém, a Turma, no STF, é composta por apenas 5 Ministros. Logo, é impossível que 4 Ministros fiquem vencidos. Em uma Turma do STF, se a decisão for por maioria, os resultados possíveis são 4x1 ou 3x2. Isso significa que, no máximo, 2 Ministros podem ficar vencidos na Turma. O STF construiu a seguinte solução com base na analogia e nos princípios gerais do direito: deve ser admitida a interposição de embargos infringentes contra decisão condenatória proferida em sede de ação penal de competência originária das Turmas do STF. Como o quórum da Turma é reduzido, o requisito de cabimento desse recurso é a existência de apenas 2 votos minoritários. Assim, cabem embargos infringentes contra decisão proferida por Turma do STF se 2 Ministros votaram para absolver o condenado. (Ver: Informativo 898 do STF). Porém também já decidiu o STF que, em regra, cabem embargos

O Ministro Celso de Mello proferiu voto de desempate em 18.09.2013 no sentido de **admitir a possibilidade** de utilização dos **embargos infringentes** (RISTF, art. 333, I), desde que existentes, pelo menos, quatro votos vencidos. Considerou, em sua manifestação, que o art. 333, I, do RISTF não sofrera, no ponto, derrogação tácita ou indireta em decorrência da superveniente edição da Lei 8.038/90, que se limitara a dispor sobre normas meramente procedimentais concernentes a causas penais originárias, indicando-lhes a ordem ritual e regendo-as até o encerramento da instrução probatória[237].

Afirmou o Ministro que o art. 333, I, do RISTF, embora de natureza formalmente regimental, teria caráter material de lei, e fora recebido pela nova ordem constitucional com essa característica. Assinalou, entretanto, que, atualmente, faleceria ao STF o poder de derrogar normas regimentais veiculadoras de conteúdo processual, que somente poderiam ser alteradas mediante lei em sentido formal, nos termos da Constituição. Prosseguindo em sua manifestação, o Ministro Celso de Mello mencionou a existência de projeto de lei relativo a eventual alteração no texto da Lei 8.038/90. Referido projeto propunha a abolição dos embargos infringentes em todas as hipóteses dispostas no art. 333 do RISTF. Destacou que a proposta não fora acatada ao fundamento de que os embargos infringentes constituiriam importante canal para a reafirmação ou modificação do entendimento sobre temas constitucionais, bem como sobre outras matérias para as quais os embargos infringentes seriam previstos. Observou, ainda, que, segundo essa mesma manifestação acolhida pela Câmara dos Deputados para rejeitar o aludido projeto de lei, a exigência de, no mínimo, quatro votos divergentes para que fosse viabilizada a oposição do recurso em questão indicaria a relevância de se oportunizar novo julgamento para a rediscussão do tema e a fixação de um entendimento definitivo. O Ministro Celso de Mello reportou que nessas razões apresentadas pela manutenção dos embargos infringentes constaria, ainda, a justificativa de que eventual mudança na composição do STF no interregno poderia influir no resultado final, que também poderia ser modificado por argumentos ainda não considerados ou até por circunstâncias conjunturais relevantes[238].

O Ministro Celso de Mello reiterou em seu voto que não se presumiria a revogação tácita das leis, mormente por não incidir, no caso, qualquer hipótese configuradora de revogação das espécies normativas, na forma descrita no art. 2º, § 1º, da Lei de Introdução às Normas de Direito Brasileiro – LINDB. Registrou, ademais, que a Lei 8.038/90 abstivera-se de disciplinar o sistema recursal interno do Supremo, embora pudesse fazê-lo, a caracterizar uma lacuna intencional do legislador ordinário.

infringentes para o Plenário do STF contra decisão condenatória proferida pelas Turmas do STF, desde que 2 Ministros tenham votado pela absolvição. Neste caso, o placar terá sido 3 x 2, ou seja, 3 Ministros votaram para condenar e 2 votaram para absolver. Excepcionalmente, se a Turma, ao condenar o réu, estiver com quórum incompleto (de 4 Ministros), será possível aceitar o cabimento dos embargos infringentes mesmo que tenha havido apenas 1 voto absolutório. Isso porque o réu não pode ser prejudicado pela ausência do quórum completo. **AP 929 ED**-2º julg-EI/AL, STF. Plenário. Rel. Min. Luiz Fux, julgado em **17.10.2018** (Info 920).

237. AP 470 (Informativo 720 do STF).
238. AP 470 (Informativo 720 do STF).

Assinalou, também, que a regra consubstanciada no art. 333, I, do RISTF buscaria permitir a concretização, no âmbito desta Corte, no contexto das causas penais originárias, do postulado do duplo reexame, que visa a amparar direito consagrado na Convenção Americana de Direitos Humanos, na medida em que realizaria, embora insuficientemente, a cláusula da proteção judicial efetiva. Sublinhou, por fim, que o referido postulado seria invocável mesmo nas hipóteses de condenações penais em decorrência de prerrogativa de foro, formuladas por Estados que houvessem formalmente reconhecido, como obrigatória, a competência da Corte Interamericana de Direitos Humanos em todos os casos relativos à interpretação ou aplicação desse tratado internacional. O Ministro Celso de Mello, então, ao proferir o voto de desempate, admitiu a possibilidade de utilização, no caso, dos embargos infringentes. Vencidos os Ministros **Joaquim Barbosa**, Presidente e relator, **Luiz Fux, Cármen Lúcia, Gilmar Mendes** e **Marco Aurélio**, que **não admitiam** os infringentes por entenderem que esse recurso estaria **revogado** pela Lei 8.038/90[239].

Por último, é importante registrar que em 13.11.2013 o Plenário do STF resolveu Questão de ordem (QO) trazida pelo Ministro Joaquim Barbosa para:

1) por unanimidade, decretar o trânsito em julgado e determinar a executoriedade imediata dos capítulos autônomos do acórdão condenatório, não impugnados por embargos infringentes, considerados os estritos limites do recurso;
2) por maioria, excluir da execução imediata do acórdão as condenações já impugnadas por meio de embargos infringentes, considerados os estritos limites de cada recurso, por ainda pender o respectivo exame de admissibilidade;
3) por maioria, observados os pressupostos anteriormente citados, admitir o trânsito em julgado e a execução imediata da pena em relação aos réus cujos segundos embargos declaratórios já teriam sido julgados.

No tocante ao trânsito em julgado parcial do acórdão, à luz dos capítulos autônomos nele existentes, prevaleceu o voto do Ministro Joaquim Barbosa. O relator da AP 470 consignou que se teria operado o trânsito em julgado integral relativamente às penas impostas a alguns réus. Salientou, ainda, caso em que, apesar da existência de quatro votos em favor de determinado crime praticado por um dos acusados, não lhe teria sido imposta sanção penal, tendo em vista a extinção da pretensão punitiva, alcançada pela prescrição da pena em concreto. Desse modo, em relação aos demais crimes perpetrados por esse réu, também impor-se-ia a execução do acórdão[240].

Registrou o Ministro outras situações em que caberia a oposição de embargos infringentes no tocante a certos crimes praticados por alguns réus, motivo

239. AP 470 (Informativo 720 do STF). Com isso, doze réus da AP 470 poderiam apresentar embargos infringentes com relação aos crimes de lavagem de dinheiro e formação de quadrilha.
240. AP 470 Décima Primeira – QO/MG, rel. Min. Joaquim Barbosa, Julg. em 13.11.2013.

pelo qual ainda não ocorrido o trânsito em julgado. Entretanto, no que se refere aos demais delitos perpetrados **pelos mesmos acusados, a condenação respectiva teria transitado em julgado**. Determinou, como consequência: **a)** fosse certificado o trânsito em julgado – integral ou parcial, conforme o caso – do acórdão condenatório, independentemente de sua publicação, feitas as ressalvas anteriormente citadas; **b)** fossem lançados os nomes dos réus no rol dos culpados; **c)** fossem expedidos mandados de prisão, para fins de cumprimento da pena privativa de liberdade, no regime inicial legalmente correspondente ao quantum da pena transitada em julgado, nos termos do art. 33, § 2º, do CP. Destacou, ainda, que esse aspecto implicaria vantagem para os acusados, pois significaria o início do cumprimento de pena em regime mais brando do que o cominado às condenações integrais. Assim, decotadas as condenações passíveis de embargos infringentes, a pena seria cumprida em regime mais favorável do que o eventualmente imposto se fosse aguardado o julgamento dos infringentes; **d)** fossem informados o TSE e o Congresso Nacional, para os fins do art. 15, III, da CF; **e)** fosse delegada competência ao Juízo de Execuções Penais do Distrito Federal (LEP, art. 65) para a prática dos atos executórios, excluída a apreciação de eventuais pedidos de reconhecimento do direito ao indulto, à anistia, à graça, ao livramento condicional ou questões referentes à mudança de regime de cumprimento de pena, que deveriam ser dirigidos diretamente ao STF, assim como outros pleitos de natureza excepcional[241].

5. DA FISCALIZAÇÃO CONTÁBIL, FINANCEIRA E ORÇAMENTÁRIA E DOS TRIBUNAIS DE CONTAS

Sem dúvida, a Constituição de 1988 traz a previsão de dois grandes sistemas de controle e fiscalização contábil, financeira, orçamentária, operacional e patrimonial das entidades federadas e de suas respectivas administrações direta e indireta.

241. AP 470 Décima Primeira – QO/MG, rel. Min. Joaquim Barbosa, Julg. em 13.11.2013. Nesses termos, o Supremo Tribunal Federal acolheu, por unanimidade, o entendimento do presidente da corte e relator da ação do Mensalão (AP-470), Ministro Joaquim Barbosa, para a execução imediata da pena de 21 dos 25 réus condenados na ação penal (esse número subiu para 22 com o início da execução imediata da pena de João Paulo Cunha em fevereiro de 2014). Com isso, no caso dos réus que possuem embargos infringentes pendentes de julgamento, o cumprimento da pena alcançará tão somente a parte imutável da condenação – o entendimento foi por maioria de votos (seis votos a cinco). Sobre as prisões é importante salientar que os réus condenados que tiveram os pedidos de prisão acolhidos foram: Carlos Rodrigues (Bispo Rodrigues), Cristiano Paz, Delúbio Soares, Jacinto Lamas, José Dirceu, José Genoino, José Roberto Salgado, Katia Rabello, Marcos Valério, Pedro Corrêa, Pedro Henry, Ramon Hollerbach, Roberto Jefferson, Rogério Tolentino, Romeu Queiroz, Simone Vasconcelos, Valdemar Costa Neto e Vinicius Samarane. É importante salientar ainda que o STF deliberou, também, sobre a certificação do trânsito em julgado da ação penal quanto a 13 réus: Carlos Rodrigues (Bispo Rodrigues), Emerson Palmieri, Enivaldo Quadrado, Jacinto Lamas, José Borba, Pedro Corrêa, Pedro Henry, Roberto Jefferson, Rogério Tolentino, Romeu Queiroz, Simone Vasconcelos, Valdemar Costa Neto e Vinicius Samarane. Além disso, o STF certificou o parcial trânsito em julgado da ação em face de outros 9 réus (que terão embargos infringentes apreciados pelo plenário: Marcos Valério, Ramon Hollerbach, Cristiano Paz, Katia Rabello, José Roberto Salgado, Delúbio Soares, José Genoino e José Dirceu e João Paulo Cunha). A operacionalização da execução das penas, conforme decisão do Min. Joaquim Barbosa, ficará sob responsabilidade do juízo de Execução Penal do Distrito Federal.

Nesse sentido, temos um sistema interno de controle (1) e um sistema externo de controle (2).

(1) Se o art. 2º da CR/88 estabelece que são Poderes da União independentes e harmônicos entre si o Legislativo, Executivo e o Judiciário, temos que cada um desses Poderes estabelecidos constitucionalmente terá um sistema interno de controle, por meio de órgãos próprios dentro de suas respetivas estruturas e que irão aferir a legalidade, economicidade, aplicação de subvenções e renúncia de receitas.

Nesses termos, a CR/88 no seu art. 74 corrobora com essa assertiva, afirmando que os Poderes Legislativo, Executivo e Judiciário manterão, de forma integrada, sistema de controle interno[242] com a finalidade de:

- Avaliar o cumprimento das metas previstas no plano plurianual, a execução dos programas de governo e dos orçamentos da União;
- Comprovar a legalidade e avaliar os resultados, quanto à eficácia e eficiência, da gestão orçamentária, financeira e patrimonial nos órgãos e entidades da administração federal, bem como da aplicação de recursos públicos por entidades de direito privado;
- Exercer o controle das operações de crédito, avais e garantias, bem como dos direitos e haveres da União;
- Apoiar o controle externo no exercício de sua missão institucional.

Temos, ainda, que os responsáveis pelo controle interno, ao tomarem conhecimento de qualquer irregularidade ou ilegalidade, dela darão ciência ao Tribunal de Contas da União, sob pena de responsabilidade solidária.

(2) Já o sistema externo é exercido (conforme aqui já citado) pelo Poder Legislativo, com o auxílio do Tribunal de Contas. Nesse sentido, a Constituição estabelece que, no âmbito federal, o controle externo será de competência do Congresso Nacional e será exercido com o auxílio do Tribunal de Contas da União.

242. No **RMS 25.943/DF** julg. em **24.11.2010, decidiu o STF que**: A Controladoria-Geral da União – **CGU** *tem atribuição para fiscalizar a aplicação dos recursos públicos federais repassados, nos termos dos convênios, aos Municípios. Com base nesse entendimento, o Plenário, por maioria, desproveu recurso ordinário em mandado de segurança, afetado pela 1ª Turma, interposto contra ato de Ministro de Estado do Controle e da Transparência que, mediante sorteio público, escolhera determinado Município para que se submetesse à fiscalização e à auditoria, realizadas pela CGU, dos recursos públicos federais àquele repassados. Asseverou-se, de início, que o art. 70 da CF estabelece que a fiscalização dos recursos públicos federais se opera em duas esferas: a do controle externo, pelo Congresso Nacional, com o auxílio do Tribunal de Contas da União – TCU, e a do controle interno, pelo sistema de controle interno de cada Poder.* Explicou-se que, com o objetivo de disciplinar o sistema de **controle interno do Poder Executivo federal**, e dar **cumprimento** ao art. **70 da CF**, *fora promulgada a Lei 10.180/2001. Essa legislação teria alterado a denominação de Corregedoria-Geral da União para Controladoria-Geral da União, órgão este que auxiliaria o Presidente da República na sua missão constitucional de controle interno do patrimônio da União. Ressaltou-se que a* ***CGU poderia fiscalizar a aplicação de dinheiro da União onde quer que ele fosse aplicado, possuindo tal fiscalização caráter interno, porque exercida exclusivamente sobre verbas oriundas do orçamento do Executivo destinadas a repasse de entes federados.*** *Afastou-se, por conseguinte, a alegada invasão da esfera de atribuições do TCU, órgão auxiliar do Congresso Nacional no exercício do controle externo, o qual se faria sem prejuízo do interno de cada Poder.* Rel. Min. Ricardo Lewandowski.

Podemos definir o **Tribunal de Contas da União** como um órgão de natureza técnica que tem por objetivo auxiliar o Poder Legislativo na atividade de controle e fiscalização contábil, financeira, orçamentária, operacional e patrimonial da União tanto entidades da administração direta quanto da indireta.

Certo é que, embora **auxilie** o Poder Legislativo, ele **não integra** o Poder Legislativo nem mesmo é **subordinado** a ele (aqui temos uma relação de **cooperação** e não de **subordinação**), mantendo apenas um vínculo institucional por disposição eminentemente constitucional. Portanto, o **TCU** é um órgão **autônomo** e **independente.** É mister ainda salientar que ele goza das **mesmas garantias institucionais do Poder Judiciário, exercendo, no que couber, as atribuições previstas no art. 96 da CR/88** (artigo que diz respeito à autonomia administrativa e ao autogoverno dos Tribunais do Poder Judiciário). Nesse sentido, compete ao Tribunal de Contas da União:

- Apreciar as contas prestadas anualmente pelo Presidente da República, mediante parecer prévio que deverá ser elaborado em sessenta dias a contar de seu recebimento;
- Julgar as contas dos administradores e demais responsáveis por dinheiros, bens e valores públicos da administração direta e indireta, incluídas as fundações e sociedades instituídas e mantidas pelo Poder Público federal,[243] e as contas daqueles que derem causa a perda, extravio ou outra irregularidade de que resulte prejuízo ao erário público;
- Apreciar, para fins de registro, a legalidade dos atos de admissão de pessoal, a qualquer título, na administração direta e indireta, incluídas as fundações instituídas e mantidas pelo Poder Público, excetuadas as nomeações para cargo de provimento em comissão, bem como a das concessões de aposentadorias, reformas e pensões, ressalvadas as melhorias posteriores que não alterem o fundamento legal do ato concessório[244];
- Realizar, por iniciativa própria, da Câmara dos Deputados, do Senado Federal, de Comissão técnica ou de inquérito, inspeções e auditorias de natureza contábil, financeira, orçamentária, operacional e patrimonial, nas unidades administrativas dos Poderes Legislativo, Executivo e Judiciário,

243. Conforme a Ementa do MS nº 25.092 de Rel. do Min. Carlos Velloso julg. em 10.11.2005: *Constitucional. Administrativo. Tribunal de contas. Sociedade de economia mista: fiscalização pelo Tribunal de Contas. Advogado empregado da empresa que deixa de apresentar apelação em questão rumorosa. I. – Ao Tribunal de Contas da União compete julgar as contas dos administradores e demais responsáveis por dinheiros, bens e valores públicos da administração direta e indireta, incluídas as fundações e sociedades instituídas e mantidas pelo Poder Público federal, e as contas daqueles que derem causa a perda, extravio ou outra irregularidade de que resulte prejuízo ao erário (CR, art. 71, II; Lei 8.443, de 1992, art. 1º, I). II. – As empresas públicas e as sociedades de economia mista, integrantes da administração indireta, estão sujeitas à fiscalização do Tribunal de Contas, não obstante os seus servidores estarem sujeitos ao regime celetista.*

244. Em atenção aos princípios da segurança jurídica e da confiança legítima, os Tribunais de Contas *estão sujeitos ao prazo de cinco anos para o julgamento da legalidade do ato de concessão inicial de aposentadoria, reforma ou pensão, a contar da chegada do processo à respectiva Corte de Contas.* STF. Plenário. **RE 636553/RS**, Rel. Min. Gilmar Mendes, julg. em **19.02.2020** (repercussão geral – Tema 445).

e demais entidades referidas no inciso II (em nosso texto, segundo item explicitado de cima para baixo);

- Fiscalizar as contas nacionais das empresas supranacionais de cujo capital social a União participe, de forma direta ou indireta, nos termos do tratado constitutivo;
- Fiscalizar a aplicação de quaisquer recursos repassados pela União mediante convênio, acordo, ajuste ou outros instrumentos congêneres, a Estado, ao Distrito Federal ou a Município;[245]
- Prestar as informações solicitadas pelo Congresso Nacional, por qualquer de suas Casas, ou por qualquer das respectivas Comissões, sobre a fiscalização contábil, financeira, orçamentária, operacional e patrimonial e sobre resultados de auditorias e inspeções realizadas;
- Aplicar aos responsáveis, em caso de ilegalidade de despesa ou irregularidade de contas, as sanções previstas em lei, que estabelecerá, entre outras cominações, multa proporcional ao dano causado ao erário;
- Assinar prazo para que o órgão ou entidade adote as providências necessárias ao exato cumprimento da lei, se verificada ilegalidade;

245. No MS nº 24.832 em 19.02.2003 o STF decidiu que: *[...] Embora os recursos naturais da plataforma continental e os recursos minerais sejam bens da União (CR, art. 20, V e IX), a participação ou compensação aos Estados, Distrito Federal e Municípios no resultado da exploração de petróleo, xisto betuminoso e gás natural são receitas originárias destes últimos entes federativos (CR, art. 20, § 1º). 3 – É inaplicável, ao caso, o disposto no art. 71, VI da CF que se refere, especificamente, ao repasse efetuado pela União – mediante convênio, acordo ou ajuste – de recursos originariamente federais. 4 – Entendimento original da Relatora, em sentido contrário, abandonado para participar das razões prevalecentes [...].* Re. Min. Ellen Gracie. A tese de que a receita é originária dos entes foi mantida na ADI 4606: (...) 1. *Segundo jurisprudência assentada nesta CORTE, as rendas obtidas nos termos do art. 20, § 1º, da CF constituem receita patrimonial originária, cuja titularidade – que não se confunde com a dos recursos naturais objetos de exploração – pertence a cada um dos entes federados afetados pela atividade econômica. 2. Embora sejam receitas originárias de Estados e Municípios, as suas condições de recolhimento e repartição são definidas por regramento da União, que tem dupla autoridade normativa na matéria, já que cabe a ela definir as condições (legislativas) gerais de exploração de potenciais de recursos hídricos e minerais (art. 22, IV e XII, da CF), bem como as condições (contratuais) específicas da outorga dessa atividade a particulares (art. 176, parágrafo único, da CF). Atualmente, a legislação de regência determina seja o pagamento "efetuado, mensalmente, diretamente aos Estados, ao Distrito Federal, aos Municípios e aos órgãos da Administração Direta da União" (art. 8º da Lei 7.990/1989).* (...) STF. Plenário. ADI 4606, Rel. Min. Alexandre de Moraes, julg em **28.02.2019** (Info 932). Acontece que na ADI 4846/ES o Ministro Fachin (seguido pela corrente majoritária) entendeu que: *as receitas de royalties são receitas originárias da União, tendo em vista a propriedade federal dos recursos minerais, e obrigatoriamente transferidas aos Estados-membros e Municípios por força do § 1º do art. 20 da CF/88. Assim, para o Min. Edson Fachin, os royalties não são receitas originárias dos Estados-membros e dos Municípios. Dessa forma, o art. 9º da Lei nº 7.990/89 não violou o pacto federativo nem a autonomia dos Estados membros porque essa Lei não tratou sobre repasse de receitas originárias dos Estados, mas sim sobre receitas originárias da União.* ADI 4846/ES, STF. Plenário. Rel. Min. Edson Fachin, julgado em 09.10.2019. Aqui devemos aguardar como a questão será equacionada e qual será o impacto do posicionamento adotado em outubro de 2019 (e inclusive se ele vai ser mantido). Porém em outro julgado interessante, temos que: O Tribunal de Contas da União é o órgão competente para fiscalizar os recursos decorrentes do Fundo Constitucional do Distrito Federal (art. 21, XIV, da CF/88 e Lei nº 10.633/2002). Os recursos destinados ao Fundo Constitucional do Distrito Federal pertencem aos cofres federais, consoante disposto na Lei 10.663/2002. Logo, a competência para fiscalizar a aplicação dos recursos da União repassados ao FCDF é do TCU. **MS 28584/DF**, STF. 2ª Turma. Red. p/ o ac. Min. Edson Fachin, julg em **29.10.2019** (Info 958).

- Sustar, se não atendido, a execução do ato impugnado, comunicando a decisão à Câmara dos Deputados e ao Senado Federal;
- Representar ao Poder competente sobre irregularidades ou abusos apurados.

Segundo a Constituição,[246] temos também que, no caso de contrato, o ato de sustação será adotado diretamente pelo Congresso Nacional, que solicitará, de imediato, ao Poder Executivo as medidas cabíveis. Se o Congresso Nacional ou o Poder Executivo, no prazo de noventa dias, não efetivar as medidas previstas necessárias e cabíveis, o Tribunal decidirá a respeito.

Além disso, as decisões do **Tribunal de Contas** de que resulte imputação de débito ou multa terão eficácia de título executivo.

Certo é que o **Tribunal de Contas** encaminhará ao Congresso Nacional, trimestral e anualmente, relatório de suas atividades.

Aqui cabem algumas questões importantes sobre as competências do Tribunal de Contas definidas acima. Conforme citado é importante reforçar que o TCU **não** julga as contas do chefe do Poder Executivo, ou seja, do **Presidente da República**. Portanto, as contas do Presidente da República são anualmente apresentadas ao TCU. Este, em um prazo máximo de 60 dias, aprecia as contas e prepara um parecer prévio, que é enviado ao Congresso Nacional. De posse do parecer, o Congresso julga se as contas do chefe do Poder Executivo estão regulares ou não. Desse modo, a **competência** para julgar as contas do Presidente da República *é do **Congresso Nacional*** conforme o art. 49, IX, da CR/88.

Porém, nos termos constitucionais acima citados, as contas dos demais administradores que lidam com verbas federais serão julgadas pelo TCU. A conclusão é a de que o TCU irá julgar as contas de **todos os administradores que lidem com verbas federais, salvo as do Presidente da República** (que são julgadas pelo Congresso Nacional). Essa é a interpretação constitucionalmente adequada do art. 71, I e II da CR/88.

No mesmo sentido, com base na norma constitucional, os Tribunais de Contas Estaduais (TCEs) são competentes para julgar as contas dos administradores que lidem com verbas estaduais ou municipais, com exceção das contas dos chefes do Poder Executivo (Governador e Prefeitos). Assim sendo, o TCE irá julgar as contas de todos os administradores que lidem com verbas estaduais ou municipais, salvo as do Governador e dos Prefeitos. As contas do Governador são julgadas pela Assembleia Legislativa, após o TCE elaborar um parecer. As contas dos Prefeitos são julgadas pelas respectivas Câmaras Municipais, após o TCE elaborar um parecer.[247]

246. Art. 71 § 1º ao § 4º da CR/88.
247. Conforme o STF: É *inconstitucional norma da Constituição Estadual que preveja que compete privativamente à Assembleia Legislativa julgar as contas do Poder Legislativo estadual. Seguindo o modelo federal, as contas do Poder*

No que tange à sua composição, a normativa constitucional estabelece que o Tribunal de Contas da União, que terá sede no Distrito Federal, quadro próprio de pessoal e jurisdição em todo o território nacional, será composto por nove Ministros.

Os **requisitos** para o brasileiro ser Ministro do Tribunal de Constas são os seguintes: a) mais de trinta e cinco e menos de sessenta e cinco anos de idade; b) idoneidade moral e reputação ilibada; c) notórios conhecimentos jurídicos, contábeis, econômicos e financeiros ou de administração pública; e d) mais de dez anos de exercício de função ou de efetiva atividade profissional que exija os conhecimentos mencionados no inciso anterior.

Os **Ministros do Tribunal de Contas** serão escolhidos:

- um terço (três) pelo Presidente da República, com aprovação do Senado Federal, sendo dois alternadamente dentre auditores e membros do Ministério Público junto ao Tribunal, indicados em lista tríplice pelo Tribunal, segundo os critérios de antiguidade e merecimento;
- dois terços (seis) pelo Congresso Nacional.

Temos, ainda, que os Ministros do Tribunal de Contas da União terão as mesmas garantias, prerrogativas, impedimentos, vencimentos e vantagens dos Ministros do Superior Tribunal de Justiça, aplicando-se-lhes, quanto à aposentadoria e pensão, as normas constantes do art. 40 da CR/88.[248]

Algumas observações finais sobre o **TCU** são pertinentes:

1) A Súmula nº 347 do STF preleciona que: o Tribunal de Contas, no exercício de suas atribuições, pode apreciar a constitucionalidade das leis e dos atos do Poder Público. Porém, essa Súmula vem sendo relativizada (não entendida de forma absoluta) pelo STF, em posicionamentos monocráticos, conforme a decisão liminar do MS nº 25.888 exarada pelo Ministro Gilmar Mendes que deferiu o pedido de medida liminar, para suspender os efeitos da decisão proferida pelo Tribunal de Contas da União (Acórdão nº 39/2006) que impedia a Petrobras de realizar o chamado processo licitatório simplificado.

2) Conforme o verbete da Súmula Vinculante nº 3 do STF temos que: nos processos perante o Tribunal de Contas da União asseguram-se o contraditório e a ampla defesa quando da decisão puder resultar anulação ou revogação de ato administrativo que beneficie o interessado, excetuada a apreciação da legalidade do ato de concessão inicial de aposentadoria, reforma e pensão.

Legislativo estadual deverão ser julgadas pelo TCE, nos termos do art. 71, II c/c art. 75, da CF/88. STF. **ADI 3077/SE** Plenário do STF, Rel. Min. Cármen Lúcia, julg. em **16.11.2016**.

248. Conforme o art. 74 § 4º da CR/88: O auditor, quando em substituição a Ministro (do Tribunal de Contas da União), terá as mesmas garantias e impedimentos do titular e, quando no exercício das demais atribuições da judicatura, as de juiz de Tribunal Regional Federal.

Porém, aqui devemos chamar a atenção para uma questão. A jurisprudência do STF, antes do **RE 636553/RS** (Tema 445 – repercussão geral), havia construído uma exceção à Súmula Vinculante nº 3. Nesses termos se o Tribunal de Contas tivesse demorado mais do que 5 anos para analisar a concessão inicial da aposentadoria, ele teria que permitir contraditório e ampla defesa ao interessado.

Essa exceção deixou de existir com o julgamento do RE 636553/RS em 19.02.2020. O STF passou a dizer que, se o Tribunal de Contas demorar mais que 5 anos para julgar a aposentadoria, reforma ou pensão, o ato é considerado definitivamente registrado. Portanto, a Súmula Vinculante não possui mais exceção e em nenhum caso será necessário contraditório ou ampla defesa.[249]

3) Conforme o posicionamento do STF exarado no julgamento de medida cautelar em 24.05.2006 na **ADI 3715** temos a diferenciação entre ***dois*** tipos de competências institucionais do Tribunal de Contas (que já citamos na obra). Assim sendo, conforme o Ministro Gilmar Mendes: "No âmbito das **competências institucionais** do Tribunal de Contas, o Supremo Tribunal Federal tem reconhecido a clara **distinção** entre:

a) a competência *para apreciar e emitir parecer prévio sobre as contas prestadas anualmente pelo Chefe do Poder Executivo*, especificada no art. 71, inciso I, CR/88;

b) e a competência *para julgar as contas dos demais administradores e responsáveis*, definida no art. 71, inciso II, CR/88. Na segunda hipótese, o exercício da competência de julgamento pelo Tribunal de Contas não fica subordinado ao crivo posterior do Poder Legislativo." Nesses moldes, a competência para o **julgamento** das **contas do chefe do Executivo** é exclusiva do Poder Legislativo (Congresso Nacional com base no art. 49 da CR/88). Com isso, resta que a função do Tribunal de Contas da União é (com já dito) opinativa, atuando com auxiliar do parlamento.[250]

4) O STF no julgamento em 04.04.2001 do **MS nº 23.550** exarou que o Tribunal de Contas da União, embora **não** tenha poder para **anular ou sustar** contratos administrativos, tem competência, conforme o art. 71, IX, para **determinar** à autoridade administrativa **que promova** a **anulação do contrato** e, se for o caso, **da licitação** de que se originou. No mesmo sentido, a decisão do **MS nº 26.000/SC** em 16.10.2012.

5) Conforme o STF, o prazo decadencial quinquenal, previsto no art. 54 da Lei nº 9.784/99, não se aplica para a atuação do TCU em processo de tomada de contas, considerando que se trata de procedimento regido pela Lei nº 8.443/92, que se constitui em norma especial.

---

249. **RE 636553/RS**, STF. Plenário. Rel. Min. Gilmar Mendes, julgado em **19.02.2020** (repercussão geral – Tema 445) (Inf. 967). É importante salientar, que o entendimento vale tanto para o TCU como para os Tribunais de Contas Estaduais.

250. Essa assertiva também é válida no nível Estadual, Distrital e Municipal. Portanto, em qualquer nível, no caso do Poder Executivo, não podemos confundir a apreciação das contas feita pelo Tribunal de Contas com o julgamento das contas, realizada pelo Poder Legislativo.

Para o Pretório Excelso, a compreensão de que o prazo decadencial quinquenal é impróprio para regular a atuação da Corte de Contas em processo que pode resultar na apuração de prejuízo ao erário e na correlata imputação de débito aos responsáveis é consentânea com o entendimento firmado pelo STF no julgamento do RE 852.475 (Tema 897 da repercussão geral), em que assentada a seguinte tese: *"São **imprescritíveis** as ações de **ressarcimento ao erário** fundadas na prática de ato doloso tipificado na Lei de Improbidade Administrativa"*.[251]

6) Conforme decisão da 1ª Turma do STF, o TCU não pode suspender pagamento de pensão por considerá-la ilegal, desrespeitando decisão judicial, bem como a coisa julgada (decisão judicial transitada em julgado[252]).

7) O Plenário do STF, por maioria, em 11.04.2013 na **ADI 2198**, julgou improcedente pedido formulado pelo Governador do Estado da Paraíba, contra a Lei 9.755/98 (que dispõe sobre a criação, pelo TCU, de sítio eletrônico de informações sobre finanças públicas, com dados fornecidos por todos os entes federados).

Entendeu o Pretório Excelso que o portal teria o escopo de reunir as informações tributárias e financeiras das diversas unidades da federação, a fim de facilitar o acesso desses dados pelo público, além de não criar nenhum ônus novo (em termos de finanças públicas) aos entes federativos. Afirmou ainda que a referida Lei não violava (desrespeitava) o princípio federativo (autonomia dos entes), sendo um instrumento para o aprimoramento da transparência dos atos do Poder Público e desenvolvimento do princípio da publicidade. Na decisão, também foi afastada

251. **MS 35038 AgR/DF**, STF. 1ª Turma. Rel. Min. Rosa Weber, julg em **12.11.2019**. Não vislumbrou direito líquido e certo à incidência do prazo quinquenal, considerados os precedentes do STF que: (a) não admitem a submissão de processo de tomada de contas especial ao estabelecido no art. 54 da Lei 9.784/1999; (b) afastam a aplicação desse dispositivo legal se evidenciada flagrante inconstitucionalidade; e (c) asseveram a possibilidade de apuração de má-fé e a de indicação de medida impugnativa ao longo do processo administrativo. Noutro passo, o Colegiado rejeitou a apontada ofensa ao art. 71, § 1º, da CF. Embora o TCU *não possa, diretamente, sem prévia submissão da matéria ao Congresso Nacional, determinar a sustação ou a anulação de contrato, pode determinar às unidades fiscalizadas que adotem medidas voltadas à anulação de ajustes contratuais*, com base no art. 71, IX, da CF. Ademais, as atribuições constitucionais conferidas ao TCU pressupõem a outorga de poder geral de cautela àquele órgão. ***Ambas as prerrogativas conduzem ao reconhecimento da legitimidade do ato impugnado e afastam a configuração de ilegalidade ou de abuso de poder.*** Se a autoridade impetrada pode vir a determinar que o BNDES, o BNDESPAR e a Finame anulem os contratos de confissão de dívida, atrelado a essa possível determinação está o poder geral de cautela de impor a suspensão dos repasses mensais decorrentes dessas avenças, como forma de assegurar o próprio resultado útil da futura manifestação da Corte de Contas. Por fim, a *possibilidade de o TCU impor a indisponibilidade de bens contempla a prerrogativa de decretar a indisponibilidade de créditos devidos pelos aludidos patrocinadores, como decorrência do contrato de confissão de dívida.*

252. **MS 30312 AgR/RJ**: *"Concessão inicial de pensão julgada ilegal pelo Tribunal de Contas da União. Alteração da fonte pagadora. Ofensa à coisa julgada. Agravo regimental não provido. 1. Existência de decisão judicial transitada em julgado condenando a União ao pagamento da pensão, conforme se verifica na parte dispositiva da sentença. Não se está diante de hipótese excepcional de lacuna do título judicial ou de desvio administrativo em sua implementação. Desse modo, **não pode o Tribunal de Contas da União, mesmo que indiretamente, alterar as partes alcançadas pela decisão judicial já transitada em julgado.** Se o responsável pelo pagamento da pensão era o INSS, essa questão deveria ter sido arguida à época da discussão judicial. A questão acerca do regime de aposentação da impetrante deveria ter sido arguida durante o trâmite da ação ordinária, e, depois de transitada em julgado a decisão, eventualmente, pela via da ação rescisória, mas não no momento da análise da legalidade da pensão perante o TCU. 2. Agravo regimental não provido".* Julg. em **27.11.2012**.

a alegação de inconstitucionalidade formal (sob o fundamento da exigência de Lei complementar para a regulação da matéria de finanças públicas, nos termos do art. 163, I da CR/88) em virtude de se tratar a Lei em debate "de norma geral voltada à publicidade das contas públicas" (matéria de direito financeiro, regulada de forma concorrente no art. 24, I da CR/88).

8) Segundo o STF, as **contribuições sindicais compulsórias** possuem **natureza tributária** e constituem **receita pública**, estando os responsáveis (pela sua gestão) sujeitos à competência fiscalizadora do **TCU.** É bom que se diga, que o STF também entendeu que esse *controle sobre a atuação das entidades sindicais* **não** representa violação à respectiva autonomia assegurada a elas na Constituição.[253]

9) Conforme a 2º Turma do STF, nos processos que tramitam no TCU não é necessária a intimação pessoal da data em que será realizada a sessão de julgamento, bastando que essa informação seja publicada em veículo de comunicação oficial (imprensa oficial)[254]. No mesmo sentido, o MS nº 26.732 AgR/DF julgado pelo Plenário do STF em 25.06.2008: "Não se faz necessária a notificação prévia e pessoal da data em que será realizada a sessão de julgamento de recurso de reconsideração pelo TCU. Ausência de ofensa aos princípios da ampla defesa e do devido processo legal quando a pauta de julgamentos é publicada no Diário Oficial da União." Temos ainda que, nos termos do MS 27427 AgR, julgado em 08.09.2015, pela 2ª Turma do STF, nos processos administrativos que tramitam no TCU, é possível a citação do interessado por via postal. Portanto, o envio de carta registrada com aviso de recebimento está expressamente enumerado entre os meios de comunicação de que dispõe o TCU para proceder às suas intimações. Nesses termos, o inciso II do art. 179 do Regimento Interno do TCU é claro ao exigir apenas a comprovação da entrega no endereço do destinatário, bastando o aviso de recebimento simples.

10) O Plenário do STF decidiu na **ADI 4232** que é inconstitucional legislação estadual do Estado do Rio de Janeiro de iniciativa parlamentar que estabeleceu *normas suplementares* de fiscalização financeira, com fundamento na competência constitucional de controle externo por parte do Poder Legislativo, de modo a determinar a obrigatoriedade da declaração de bens e rendas para o exercício de cargos, empregos e funções nos três Poderes estaduais (Magistrados, membros do MP, Deputados,

253. **MS nº 28.465/DF**: "Tribunal de Contas da União – Controle – Entidades sindicais – Autonomia – ausência de violação. A atividade de controle do Tribunal de Contas da União sobre a atuação das entidades sindicais não representa violação à respectiva autonomia assegurada na Lei Maior. Mandado de segurança – Tribunal de Contas da União – Fiscalização – Responsáveis – Contribuições sindicais – Natureza tributária – Receita pública. As contribuições sindicais compulsórias possuem natureza tributária, constituindo receita pública, estando os responsáveis sujeitos à competência fiscalizatória do Tribunal de Contas da União.". Julg. em 18**.03.2014 (1ª Turma)**. Rel. Min. Marco Aurélio. Aqui, é interessante explicitarmos, que esse controle a ser realizado pelo TCU, envolve apenas a Contribuição Sindical (que é compulsória e é considerada tributo) e não envolve a Contribuição Federativa ou de "assembleia" (que não é considerada tributo).

254. MS nº 28.644/DF, Rel. Min. Ricardo Lewandowski, julg. em 12.08.2014.

Procuradores do Estado, Defensores Públicos etc.) anualmente para a Assembleia Legislativa.

O STF entendeu que a referida lei é inconstitucional, já que essa competência de fiscalização conferida pela lei à Assembleia Legislativa não tem amparo na CR/88, que não previu semelhante atribuição ao Congresso Nacional no âmbito federal (e afirmou ainda a inconstitucionalidade formal por vício de iniciativa). Portanto, não poderia a Assembleia Legislativa outorgar-se a si mesma competência que não encontra previsão na Constituição de 1988. O STF considerou que a Lei carioca somente seria válida quanto aos servidores do próprio Poder Legislativo que administrem ou sejam responsáveis por bens e valores, sendo constitucional que se exija que estes apresentem sua declaração de bens à Assembleia Legislativa por se tratar de uma forma de controle administrativo interno.[255]

11) O STF na **ADI 2444/RS** julgada em 06.11.2014, entendeu que é constitucional lei estadual, de iniciativa parlamentar (estadual), que obriga o Poder Executivo do referido Estado-membro a divulgar, na imprensa oficial e na internet, a relação completa de obras atinentes a rodovias, portos e aeroportos.[256]

12) Conforme a 1ª turma do STF no MS 26.969/DF julgado em 18.11.2014, de relatoria do ministro Luiz Fux, todo aquele que administra recursos e bens públicos está **sujeito à fiscalização** perante o Tribunal de Contas, *independentemente de ser pessoa jurídica de direito público ou privado.*

Portanto, os Tribunais de Contas possuem competência para fiscalizar pessoas jurídicas de direito privado que recebam recursos públicos e essa competência sempre esteve prevista de ***forma implícita*** no inciso II do art. 71 da CR/88. O que ocorre

255. ADI 4232 julg. em 30.10.2014: *"Lei estadual que estabeleceu, com fundamento na competência constitucional de controle externo por parte do Poder Legislativo, a obrigatoriedade de apresentação de declaração de bens por diversos agentes públicos estaduais (magistrados, membros do Ministério Público, deputados, procuradores do estado, defensores públicos, delegados etc.) à Assembleia Legislativa. 3. Modalidade de controle direto dos demais Poderes pela Assembleia Legislativa – sem o auxílio do Tribunal de Contas do Estado – que não encontra fundamento de validade na CF. Assim, faltando fundamento constitucional a essa fiscalização, não poderia a Assembleia Legislativa, ainda que mediante lei, outorgar a si própria competência que é de todo estranha à fisionomia institucional do Poder Legislativo. 4. Inconstitucionalidade formal da lei estadual, de origem parlamentar, que impõe obrigações aos servidores públicos em detrimento da reserva de iniciativa outorgada ao chefe do Poder Executivo (art. 61, § 1º, II, da CF), e da autonomia do Poder Judiciário (art. 93 da CF) e do Ministério Público (arts. 127, § 2º, e 128, § 5º, da CF) para tratar do regime jurídico dos seus membros e servidores. 5. Constitucionalidade da lei em relação aos servidores e membros da própria Assembleia Legislativa, por se tratar de controle administrativo interno, perfeitamente legítimo. 6. Ação direta julgada parcialmente procedente, declarando-se i) a inconstitucionalidade dos incisos II a V do art. 1º; dos incisos II a XII e XIV a XIX do art. 2º; das alíneas b a e do inciso XX também do art. 2º, todos da Lei nº 5.388, de 16 de fevereiro de 2009, do Estado do RJ, e ii) conferindo-se interpretação conforme à Constituição ao art. 5º do mesmo diploma legal, para que a obrigação nele contida somente se dirija aos administradores ou responsáveis por bens e valores públicos ligados ao Poder Legislativo.* Rel. Min. Dias Toffoli. Ver também ADI 4203, julg. em 30.10.2014.

256. Informativo 766 do STF: *"O Plenário julgou improcedente pedido formulado em ação direta ajuizada em face da Lei 11.521/2000 do Estado Rio Grande do Sul, a qual obriga o Poder Executivo do referido Estado-membro a divulgar na imprensa oficial e na internet a relação completa de obras atinentes a rodovias, portos e aeroportos. A Corte apontou não se verificar a existência de vício formal ou material na edição da norma em comento, visto que editada em atenção aos princípios da publicidade e da transparência, a viabilizar a fiscalização das contas públicas."* Rel. Min. Dias Toffoli.

é que em 1998, o parágrafo único do art. 70 foi alterado pela Emenda Constitucional nº 19/98 e deixou mais **explícito** essa possibilidade de controle (que já existia). Além disso, o fato de uma **associação** que recebeu ***recursos públicos*** estar sendo processada por improbidade administrativa não impede que ela seja condenada pelo Tribunal de Contas a ressarcir o erário se constatada alguma irregularidade, tendo em vista que a instâncias administrativa (TCU) e a instância judicial (ação de improbidade) são independentes (arts. 12 e 21, II, da Lei 8.429/92).[257]

13) Ainda sobre o tema acima, é interessante salientar que, recentemente, a 2ª Turma do STF no MS 32703/DF, decidiu que **não** compete ao TCU adotar procedimento de fiscalização que alcance a Fundação Banco do Brasil quanto aos recursos próprios, de natureza eminentemente privada, repassados por aquela entidade a terceiros, na medida em que a Fundação Banco do Brasil não integra o rol de entidades obrigadas a prestar contas ao Tribunal de Contas, nos termos do art. 71, II, da CR/88.

O fundamento aqui é o de que a FBB é uma pessoa jurídica de direito privado não integrante da Administração Pública. Assim, a FBB não necessita se submeter aos ditames da gestão pública quando repassar recursos próprios a terceiros por meio de convênios. Porém, quando a FBB recebe recursos provenientes do Banco do Brasil — sociedade de economia mista que sofre a incidência dos princípios da Administração Pública previstos no art. 37, *caput*, da CR/88, — ficará sujeita à fiscalização do TCU. Isso porque, neste caso, tais recursos, como são provenientes do Banco do Brasil, têm caráter público.[258]

14) Segundo o STF no MS nº 33.092/DF, o TCU possui competência para decretar, no início ou no curso de qualquer procedimento de apuração que tramite no TCU, a indisponibilidade dos bens (do responsável) por prazo não superior a 1 ano (art. 44, § 2º da Lei 8.443/92).

Conforme o STF, essa previsão é constitucional, de forma que se admite, ainda que de forma excepcional, a concessão, sem audiência da parte contrária, de medidas cautelares, por deliberação fundamentada do Tribunal de Contas, sempre que

257. *"1. O Tribunal de Contas tem atribuição fiscalizadora acerca de verbas recebidas do Poder Público, sejam públicas ou privadas (MS n° 21.644/DF), máxime porquanto implícito ao sistema constitucional a aferição da escorreita aplicação de recursos oriundos da União, mercê da interpretação extensiva do inciso II do art. 71 da Lei Fundamental. 2. O art. 71, inciso II, da CRFB/88 eclipsa no seu âmago a fiscalização da Administração Pública e das entidades privadas. (...) 6. As instâncias judicial e administrativa não se confundem, razão pela qual a fiscalização do TCU não inibe a propositura da ação civil pública, tanto mais que, consoante informações prestadas pela autoridade coatora, "na hipótese de ser condenada ao final do processo judicial, bastaria à Impetrante a apresentação dos documentos comprobatórios da quitação do débito na esfera administrativa ou vice-versa.".*

258. **MS 32703/DF** 2ª Turma do STF, Rel. Min. Dias Toffoli, julgado em **10.04.2018**. Aqui, mais uma questão interessante. A FBB não pode ser considerada como uma fundação instituída e mantida "pelo Poder Público federal", atraindo sempre a fiscalização do TCU com base no art. 71, II, da CR/88. O fundamento é o de que o STF entende que o Banco do Brasil, apesar de integrar a Administração Pública federal, não pode ser considerado como "poder público": *"O Banco do Brasil, entidade da Administração Indireta dotada de personalidade jurídica de direito privado, voltada à exploração de atividade econômica em sentido estrito, não pode ser concebida como poder público"*. STF. Plenário. MS 24427, Rel. Min. Eros Grau, DJ 24/11/06. Portanto, a FBB é uma entidade privada não instituída pelo poder público.

necessárias à neutralização imediata de situações que possam causar lesão ao interesse público ou ainda para garantir a utilidade prática de processo que tramita no TCU. Isso não viola, por si só, o devido processo legal nem qualquer outra garantia constitucional, como o contraditório ou a ampla defesa.[259]

15) Segundo o STF no MS 24.379/DF, o TCU tem legitimidade para anular acordo extrajudicial firmado entre particulares e a Administração Pública, quando não homologado judicialmente. Nesses termos, se o acordo foi homologado judicialmente, o TCU, por obvio, não pode anulá-lo tendo em vista a existência de mérito da decisão judicial (o que não poderá ser revisto pelo Tribunal de Contas). Contudo, sendo o acordo apenas extrajudicial, a situação está apenas no âmbito administrativo, de sorte que o TCU tem legitimidade para anular o ajuste celebrado.[260]

16) Conforme o STF no MS 30.788/MG julgado em 21.05.2015, o TCU tem competência para declarar a inidoneidade de empresa privada para participar de licitações promovidas pela Administração Pública. No caso o STF por maioria, denegou mandado de segurança impetrado em face de decisão do TCU que declarara não poder determinada pessoa jurídica, por cinco anos, participar de licitações públicas. No caso, a Corte de Contas aplicara a referida penalidade porque a impetrante fraudara documentos que teriam permitido a sua habilitação em procedimentos licitatórios. A decisão fora fundamentada no art. 46 da Lei 8.443/1992 – Lei Orgânica do TCU ("Art. 46. Verificada a ocorrência de fraude comprovada à licitação, o Tribunal declarará a inidoneidade do licitante fraudador para participar, por até cinco anos, de licitação na Administração Pública Federal").

17) Segundo o STF, o envio de informações ao TCU relativas a operações de crédito originárias de recursos públicos não é coberto pelo sigilo bancário. Nesses termos, conforme o MS 33.340/DF, julgado pela 1ª Turma em **26.05.2015**, o acesso a tais dados é imprescindível à atuação do TCU na fiscalização das atividades do BNDES. Aqui, registra-se, que o STF não está permitindo que o TCU quebre sigilo bancário (o próprio STF tem precedentes contra), mas está afirmando que no caso se trata de informações do próprio BNDES em um procedimento de controle legislativo financeiro de entidades federais por iniciativa do Parlamento. Portanto, o STF está apenas reforçando a aplicação do art. 71 da CR/88.[261]

259. MS 33092/DF, 2ª Turma do STF, julg. em **24.03.2015**, Rel. Min. Gilmar Mendes. Ementa: *"2. Tribunal de Contas da União. Tomada de contas especial. 3. Dano ao patrimônio da Petrobras. Medida cautelar de indisponibilidade de bens dos responsáveis. 4. Poder geral de cautela reconhecido ao TCU como decorrência de suas atribuições constitucionais. 5. Observância dos requisitos legais para decretação da indisponibilidade de bens. 6. Medida que se impõe pela excepcional gravidade dos fatos apurados. Segurança denegada."* (Inf. 779)

260. MS 24.379/DF, 1ª Turma, Rel. Min. Dias Toffoli, julg. em 07.04.2015.

261. Ementa: *"7. O Tribunal de Contas da União não está autorizado a, manu militari, decretar a quebra de sigilo bancário e empresarial de terceiros, medida cautelar condicionada à prévia anuência do Poder Judiciário, ou, em situações pontuais, do Poder Legislativo (...) 8. In casu, contudo, o TCU deve ter livre acesso às operações financeiras realizadas pelas impetrantes, entidades de direito privado da Administração Indireta submetidas ao seu controle financeiro, mormente porquanto operacionalizadas mediante o emprego de recursos de origem pública. Inoponibilidade de sigilo bancário e empresarial ao TCU quando se está diante de operações fundadas em recursos de origem pública. Conclusão decorrente do dever de*

18) O STF na decisão do MS 33.340/DF, presente no informativo 787, afirmou que os membros do TCU possuiriam as mesmas prerrogativas que as asseguradas aos magistrados, *tendo suas decisões a natureza jurídica de atos administrativos passíveis de controle jurisdicional*. Tratar-se-ia de tribunal de índole técnica e política que deveria fiscalizar o correto emprego de recursos públicos. As Cortes de Contas, nesse sentido, implementariam autêntico controle de legitimidade, economicidade e de eficiência, porquanto deveriam aferir a compatibilidade dos atos praticados pelos entes controlados com a plenitude do ordenamento jurídico, em especial com a ***moralidade, eficiência, proporcionalidade***. Assim, no atual contexto juspolítico brasileiro, em que teria ocorrido expressiva ampliação de suas atribuições, a Corte de Contas deveria ter competência ***para aferir se o administrador teria atuado de forma prudente, moralmente aceitável e de acordo com o que a sociedade dele esperasse***. Ademais, o TCU, ao deixar de ser órgão do Parlamento para tornar-se da sociedade, representaria um dos principais instrumentos republicanos destinados à concretização da democracia e dos direitos fundamentais, na medida em que o controle do emprego de recursos públicos propiciaria, em larga escala, justiça e igualdade.

19) Segundo o STF, a iniciativa de projetos de lei que tratem sobre a organização e o funcionamento dos Tribunais de Contas é reservada privativamente ao próprio Tribunal (arts. 73 e 96, II, "b", da CR/88). Portanto, a iniciativa não é nem do Poder Executivo nem de parlamentares para tal. Além disso, entendeu o STF que é possível que haja emendas parlamentares em projetos de lei de iniciativa do Tribunal de Contas, desde que respeitados dois requisitos: a) as emendas guardem pertinência temática com a proposta original (tratem sobre o mesmo tema); b) as emendas não acarretem em aumento de despesas.[262]

---

atuação transparente dos administradores públicos em um Estado Democrático de Direito. 9. A preservação, in casu, do sigilo das operações realizadas pelo BNDES e BNDESPAR com terceiros não, apenas, impediria a atuação constitucionalmente prevista para o TCU, como, também, representaria uma acanhada, insuficiente, e, por isso mesmo, desproporcional limitação ao direito fundamental de preservação da intimidade. (...) 11. A Proteção Deficiente de vedação implícita permite assentar que se a publicidade não pode ir tão longe, de forma a esvaziar, desproporcionalmente, o direito fundamental à privacidade e ao sigilo bancário e empresarial; não menos verdadeiro é que a insuficiente limitação ao direito à privacidade revelar-se-ia, por outro ângulo, desproporcional, porquanto lesiva aos interesses da sociedade de exigir do Estado brasileiro uma atuação transparente. 12. No caso sub examine: I) O TCU determinou o fornecimento de dados pela JBS/Friboi, pessoa que celebrou contratos vultosos com o BNDES, a fim de aferir, por exemplo, os critérios utilizados para a escolha da referida sociedade empresária, quais seriam as vantagens sociais advindas das operações analisadas, se houve cumprimento das cláusulas contratuais, se as operações de troca de debêntures por posição acionária na empresa ora indicada originou prejuízo para o BNDES. II) O TCU não agiu de forma imotivada e arbitrária, e nem mesmo criou exigência irrestrita e genérica de informações sigilosas. Sobre o tema, o ato coator aponta a existência de uma operação da Polícia Federal denominada Operação Santa Tereza que apontou a existência de quadrilha intermediando empréstimos junto ao BNDES, inclusive envolvendo o financiamento obtido pelo Frigorífico Friboi. Ademais, a necessidade do controle financeiro mais detido resultou, segundo o decisum atacado, de um "protesto da Associação Brasileira da Indústria Frigorífica (Abrafigo) contra a política do BNDES que estava levanto à concentração econômica do setor". III) A requisição feita pelo TCU na hipótese destes autos revela plena compatibilidade com as atribuições constitucionais que lhes são dispensadas e permite, de forma idônea, que a sociedade brasileira tenha conhecimento se os recursos públicos repassados pela União ao seu banco de fomento estão sendo devidamente empregados."

262. **ADI 5442 MC/DF** e **ADI 5453 MC/SC**, Rel. Min. Marco Aurélio, julg. em **17.03.2016**. É importante ressaltar que essa regra também se aplica aos TC dos Estados. Nesse sentido: **ADI 4191**, STF. Plenário Rel. Roberto Barroso, julg. em **22.05.2020**.

Sobre o mesmo tema, conforme o STF decidiu na ADI 3223/SC, julgada em 06.11.2014, é inconstitucional lei de iniciativa parlamentar (**estadual**) que trate sobre os cargos, a organização e o funcionamento do Tribunal de Contas. O fundamento presente na decisão da ADI 3223 foi o de que é a própria Corte de Contas quem tem competência reservada para deflagrar o processo legislativo que trate sobre essa matéria nos termos dos arts. 73, 75 e 96 da CR/88.[263]

Por último, e mais recentemente, novamente decidiu o STF na ADI 5323, que é inconstitucional lei estadual ou emenda à Constituição do Estado, de iniciativa parlamentar, que trate sobre organização ou funcionamento do TCE. Conforme o STF reiterou, os Tribunais de Contas possuem reserva de iniciativa (competência privativa) para deflagrar o processo legislativo que tenha por objeto alterar a sua organização ou o seu funcionamento (art. 96, II c/c arts. 73 e 75 da CR/88).[264]

No caso, trata-se de uma prerrogativa que decorre da independência e autonomia asseguradas às Cortes de Contas. Assim, é inconstitucional *lei estadual ou mesmo emenda à Constituição do Estado, de iniciativa parlamentar, que trate sobre organização ou funcionamento do TCE*. Nesse sentido, a promulgação de emenda à Constituição Estadual não constitui meio apto para contornar a cláusula de iniciativa reservada. Com isso, inobservância da regra constitucional de iniciativa legislativa reservada acarreta a inconstitucionalidade formal das normas resultantes (mesmo de emenda à constituição estadual). Aqui, portanto, observamos uma

---

263. ADI 3223/SC julg. em 06.11.2014: *"1. Inconstitucionalidade formal de dispositivo acrescentado por emenda parlamentar que transpõe cargos de analista de controle externo do quadro de pessoal do Tribunal de Contas do Estado de Santa Catarina para o grupamento funcional do Poder Executivo local. Essa transposição promove indiretamente a extinção de cargos públicos pertencentes à composição funcional do Tribunal de Contas do Estado. 2. Conforme reconhecido pela Constituição de 1988 e pelo STF, gozam as cortes de contas do país das prerrogativas da autonomia e do autogoverno, o que inclui, essencialmente, a iniciativa reservada para instaurar processo legislativo para criar ou extinguir cargos, como resulta da interpretação sistemática dos arts. 73, 75 e 96, II, b, da CF (cf. ADI nº 1.994/ES, Rel. o Ministro Eros Grau, DJ de 8/9/06; ADI nº 789/DF, Rel. o Ministro Celso de Mello, DJ de 19/12/94). 3. A jurisprudência da Corte é firme no sentido de que a Constituição Federal veda ao Poder Legislativo formalizar emendas a projetos de iniciativa exclusiva se delas resultar aumento de despesa pública ou se forem elas totalmente impertinentes à matéria versada no projeto (ADI 3288/MG, rel. Min. Ayres Britto; ADI n° 2350/GO, Rel. Min. Maurício Corrêa, DJ de 30/4/2004). No caso dos autos, o projeto original já versava acerca da transposição de cargos públicos, mas essa transposição limitava-se a cargos do quadro do Poder Executivo. 4. Ação julgada procedente."* Rel. Min. Dias Toffoli.

264. **ADI 5323/RN**, STF. Plenário. Rel. Min. Rosa Weber, julg em **11.04.2019**. Art. 96 da CR/88: Compete privativamente: (...) *II - ao Supremo Tribunal Federal, aos Tribunais Superiores e aos Tribunais de Justiça propor ao Poder Legislativo respectivo, observado o disposto no art. 169: a) a alteração do número de membros dos tribunais inferiores; b) a criação e a extinção de cargos e a remuneração dos seus serviços auxiliares e dos juízos que lhes forem vinculados, bem como a fixação do subsídio de seus membros e dos juízes, inclusive dos tribunais inferiores, onde houver; c) a criação ou extinção dos tribunais inferiores; d) a alteração da organização e da divisão judiciárias;* Art. 73 da CR/88. *O Tribunal de Contas da União, integrado por nove Ministros, tem sede no Distrito Federal, quadro próprio de pessoal e jurisdição em todo o território nacional, exercendo, no que couber, as atribuições previstas no art. 96.* Assim sendo, os Tribunais de Contas, assim como o Poder Judiciário, possuem competência privativa para iniciar o processo legislativo relativamente às matérias previstas no art. 96, II, da CR/88. Aqui temos ainda que os Tribunais de Contas dos Estados, por sua vez, são organizados pelas Constituições Estaduais. Contudo, por força do princípio da simetria, as regras do TCU também são aplicadas, no que couber, aos TCE's, conforme o art. 75 da CR/88.

inconstitucionalidade formal subjetiva por vício de iniciativa.[265] No mesmo sentido, também em 2019 decidiu o STF na ADI 4643 sobre lei estadual do Estado do Rio de Janeiro.[266]

20) Nos termos do MS 27.427 AgR, julgado em 08.09.2015, pela 2ª Turma do STF as atribuições do Tribunal de Contas da União são independentes em relação ao julgamento do processo administrativo disciplinar instaurado para apurar falta funcional do servidor público. Ou seja, o processo no TCU não depende e nem está vinculado ao PAD.

21) Conforme a 1ª Turma do STF, o prazo prescricional para que o TCU aplique multas é de 5 anos, aplicando-se a previsão do art. 1º da Lei nº 9.873/99. Caso esteja sendo imputada ao agente público a conduta omissiva de ter deixado de tomar providências que eram de sua responsabilidade, tem-se que enquanto ele permaneceu no cargo, perdurou a omissão. No momento em que o agente deixou o cargo, iniciou-se o fluxo do prazo prescricional.[267]

22) Segundo o STF, é constitucional a criação de órgãos jurídicos na estrutura de Tribunais de Contas estaduais, vedada a atribuição de cobrança judicial de multas aplicadas pelo próprio tribunal. Portanto, é inconstitucional norma estadual que estabeleça que compete à Procuradoria do Tribunal de Contas cobrar judicialmente as multas aplicadas pela Corte de Contas. Nesses termos, a Constituição Federal ***não outorgou aos Tribunais de Contas competência para executar suas próprias decisões***. Assim sendo, as decisões dos Tribunais de Contas que acarretem débito ou multa têm eficácia de título executivo, mas não podem ser executadas por iniciativa do próprio Tribunal.[268]

23) Conforme o STF, em auditoria realizada pelo TCU para apurar a gestão administrativa do órgão, os terceiros indiretamente afetados pelas determinações

265. Ressaltamos aqui que esse mesmo entendimento não se aplica para **emendas à Constituição Federal**. Ou seja, conforme já estudamos, se for emendas à Constituição Federal por parlamentares não haverá vício de iniciativa em matéria privativa seja do PJ ou do Tribunal de Constas da União. Portanto, temos uma marcante diferença entre a **Constituição Federal** e a **Constituição dos Estados**.

266. O Plenário julgou procedente pedido formulado em ação direita para declarar a inconstitucionalidade da Lei Complementar 142/2011 do Estado do Rio de Janeiro, que disciplina a organização e o funcionamento do tribunal de contas estadual. O Tribunal afirmou que a lei complementar fluminense, de origem parlamentar, contrariou o disposto nos arts. 73, 75 e 96, II, d (1), da Constituição Federal (CF). Ao alterar diversos dispositivos da Lei Orgânica do Tribunal de Contas do Estado do Rio de Janeiro, dispondo sobre sua forma de atuação e suas competências, bem como sobre suas garantias, deveres e organização, a referida norma invadiu matéria de iniciativa legislativa privativa da própria corte de contas. Os tribunais de contas, conforme reconhecido pela Constituição de 1988 e pelo STF, gozam das prerrogativas da autonomia e do autogoverno, o que inclui, essencialmente, a iniciativa privativa para instaurar processo legislativo que pretenda alterar sua organização e funcionamento. O ultraje à prerrogativa de instaurar o processo legislativo privativo traduz vício jurídico de gravidade inquestionável, cuja ocorrência reflete hipótese de inconstitucionalidade formal, apta a infirmar, de modo irremissível, a própria integridade do ato legislativo eventualmente concretizado. ADI 4643/RJ, Rel. Min. Luiz Fux, julgado em 15/5/2019 (Info 940).

267. **MS 32201/DF** 1ª Turma do STF, Rel. Min. Roberto Barroso, julgado em **21.03.2017**.

268. **ADI 4070/RO**, Plenário do STF, Rel. Min. Cármen Lúcia, julgado em **19.12.2016.**

do Tribunal (como por exemplo os pensionistas) não possuem direito de serem ouvidos no processo fiscalizatório.

Assim sendo, não existe, no caso, desrespeito ao devido processo legal. Entendeu o STF que nessa espécie de atuação administrativa, a relação processual envolve apenas o órgão fiscalizador e o fiscalizado, sendo dispensável a participação dos interessados. A conclusão é a de que o contraditório pressupõe a existência de litigantes ou acusados, o que não ocorre quando o Tribunal de Contas atua no campo da fiscalização de órgãos e entes administrativos. Para o Pretório Excelso, a atuação do TCU ficaria inviabilizada se, nas auditorias realizadas, fosse necessário intimar, para integrar o processo administrativo de controle, qualquer um que pudesse ser alcançado, embora de forma indireta, pela decisão da Corte de Contas. É interessante que nesse julgado também decidiu o STF que em casos de *"fiscalização linear exercida pelo Tribunal de Contas"*, nos termos do art. 71, IV, da CR/88, *não se aplica* o prazo de decadência previsto no art. 54 da Lei nº 9.784/99. Isso porque em processos de "controle abstrato", o Tribunal de Contas *não faz o exame de ato específico do qual decorre efeito favorável ao administrado*. A Corte está examinando a regularidade das contas do órgão e a repercussão sobre eventual direito individual é apenas indireta.[269]

24) Segundo o STF, é inconstitucional norma de Constituição Estadual que confira competência ao Tribunal de Contas do Estado para homologar os cálculos das cotas do ICMS devidas aos Municípios. No caso, a Constituição do Estado do Amapá estabeleceu que seria competência do TCE homologar os cálculos das cotas do ICMS devidas aos Municípios. O STF entendeu que este dispositivo é inconstitucional, sob o fundamento de que sujeitar o ato de repasse de recursos públicos à homologação do TCE representa ofensa ao princípio da separação e da independência dos Poderes.[270]

25) Segundo STF, O Tribunal de Contas da União (e não o TCDF) é o órgão competente para fiscalizar os recursos decorrentes do Fundo Constitucional do Distrito Federal. Nesses termos, os recursos destinados ao Fundo Constitucional do Distrito Federal pertencem aos cofres federais, consoante disposto na Lei 10.663/2002. Logo, a competência para fiscalizar a aplicação dos recursos da União repassados ao FCDF é do Tribunal de Contas da União.

---

269. **MS 34224/DF**, 1ª Turma do STF. Rel. Min. Marco Aurélio, julg. em **15.08.2017**. *Em conclusão de julgamento e por maioria, a 1ª Turma indeferiu a ordem em mandado de segurança impetrado em face de decisão do Tribunal de Contas da União, que determinou, em 2015, a redução no valor de pensão percebida em decorrência do falecimento do marido da impetrante, que era servidor público. A impetração sustentou óbice à revisão implementada, em razão da decadência, pois o benefício foi deferido em 2007. Além disso, alegou cerceamento de defesa e violação do devido processo legal, pela ausência de participação da beneficiária no processo administrativo. A Turma salientou que o TCU atuou não apenas no sentido de alterar a pensão recebida pela impetrante, mas realizou auditoria relativa a proventos e pensões oriundos do órgão onde trabalhava o marido dela. Assim, a defesa de um direito individual não poderia ser exercida quanto àquele ato, porque, se admitidos todos os possíveis interessados em um pronunciamento do TCU, estaria inviabilizada a fiscalização linear, externa, da corte de contas. A irresignação, portanto, deveria ser dirigida ao órgão em que trabalhava o falecido, e não o TCU.*

270. **ADI 825/AP**, STF. Plenário. Rel. Min. Alexandre de Moraes, julgado em **25.10.2018** (Info 921).

Portanto, para o STF, o TCU é o órgão competente para fiscalizar os recursos decorrentes do Fundo Constitucional do Distrito Federal (art. 21, XIV, da CR/88 e Lei nº 10.633/2002)

No caso, o art. 21 da CR/88 no seu inciso XIV afirma que compete a União organizar e manter a polícia civil, a polícia penal, a polícia militar e o corpo de bombeiros militar do Distrito Federal, bem como prestar assistência financeira ao Distrito Federal para a execução de serviços públicos, por meio de fundo próprio. Para cumprir o dispositivo constitucional, o legislador editou a Lei nº 10.633/2002 instituindo o fundo que ficou conhecido como "Fundo Constitucional do Distrito Federal – FCDF".[271]

O STF afirmou que os recursos destinados ao custeio dos serviços públicos previstos no referido dispositivo constitucional pertencem aos cofres federais. Rememorou que compete à União legislar sobre a organização das Polícias Civil e Militar e do Corpo de Bombeiros no âmbito do Distrito Federal, justamente porque caberá a ela – União – suportar os ônus correspondentes, com recursos do Tesouro Nacional. Assim, os recursos destinados à manutenção da segurança pública e execução de serviços públicos do Distrito Federal pertencem ao Tesouro Nacional, de modo que é inafastável a conclusão no sentido de que a fiscalização de sua aplicação compete ao TCU (conforme a CR/88, art. 70, parágrafo único, e 71, VI).[272]

26) Lembramos, por último, que à luz da Constituição de 1988 qualquer cidadão, partido político, associação ou sindicato é parte legítima para, na forma da lei, denunciar irregularidades ou ilegalidades perante o Tribunal de Contas da União.

Resta agora analisar o **controle externo** realizado pelos **Estados, Distrito Federal** e **Municípios.** Ora, sem dúvida, no âmbito dos Estados-membros, DF e Municípios será de competência do Poder Legislativo (respectivamente: Assembleias Legislativas, Câmara Legislativa e Câmaras Municipais) a realização do controle com auxílio dos Tribunais de Contas.

Nesses termos, a própria Constituição da República prescreve[273] que as normas estabelecidas para a fiscalização contábil, financeira e orçamentária e as que digam respeito ao **Tribunal de Contas da União** se aplicam, no *que couber*, à organização, composição e fiscalização dos **Tribunais de Contas dos Estados** e do Distrito Federal, bem como dos Tribunais e Conselhos de Contas dos Municípios[274].

---

271. **Fundo Constitucional do Distrito Federal (FCDF)** é um fundo de natureza contábil, instituído pela Lei nº 10.633/2002 que tem como finalidade prover os recursos necessários à organização e manutenção - da polícia civil, da polícia penal, da polícia militar e do corpo de bombeiros militar do Distrito Federal, - e, além disso, serve também como uma assistência financeira que a União oferece para que o Distrito Federal possa executar seus serviços públicos de saúde e educação.
272. **MS 28584/DF,** STF. 2ª Turma Red. p/ o ac. Min. Edson Fachin, julgado em **29.10.2019** (Info 958).
273. Conforme o art. 75 da CR/88. Reza ainda no § único do art. 75 que: "As Constituições estaduais disporão sobre os Tribunais de Contas respectivos, que serão integrados por sete Conselheiros."
274. Nesses termos, a decisão do STF em **02.02.2009** na ADI 916: *O Tribunal julgou procedente ADI proposta pelo Governador do Estado de Mato Grosso para declarar a inconstitucionalidade da Lei 6.209/93, do referido*

Assim sendo, as Constituições estaduais disporão sobre os Tribunais de Contas respectivos, que serão integrados por sete Conselheiros.[275] É importante ressaltar que os Estados devem seguir o modelo federal em relação à composição e modo de investidura dos conselheiros.[276]

Nesses termos, já decidiu o STF na ADI 5323/RN que o art. 75 da CR/88 estabelece que deverá haver um ***"espelhamento obrigatório"*** do modelo de controle externo do TCU previsto na CR/88 para os Tribunais de Contas dos Estados/DF e para os Tribunais e Conselhos de Contas dos Municípios.

Estado-membro, que determina que todos os contratos celebrados entre o Governo do Estado e empresas particulares dependerão de registro prévio junto ao Tribunal de Contas estadual. Entendeu-se que a lei em questão ***ofende o art. 71 da CR, aplicável aos tribunais de contas estaduais, ante a regra da simetria (CR, art. 75)****, que não prevê como atribuição do TCU o controle prévio e amplo dos contratos celebrados pela Administração Pública. Asseverou-se que, nos termos do art. 71, I, da CR, os tribunais de contas devem emitir parecer prévio relativo às contas prestadas anualmente pelo Chefe do Poder Executivo, prestação essa que tem amparo na responsabilidade geral pela execução orçamentária e não se restringe à obrigação do Presidente da República, do Governador de Estado ou do Prefeito municipal como chefes de Poderes.* Já na decisão da **MC** na **ADI 4416**, julg. em 06.10.2010, temos que: *Ação Direta de Inconstitucionalidade. Artigo 307, § 3º, da Constituição do Estado do Pará, acrescido pela EC 40, DE 19/12/2007. Indicação de Conselheiros do Tribunal de Contas do Estado e dos Municípios. Dispositivo que autoriza a livre escolha pelo governador na hipótese de inexistência de auditores ou membros do Ministério Público Especial aptos à nomeação. Ofensa aos artigos 73, § 2º, e 75, Caput, da CF. Liminar deferida. I – O modelo federal de organização, composição e fiscalização dos Tribunais de Contas, fixado pela Constituição, é de observância compulsória pelos Estados, nos termos do caput art. 75 da CR. II – Estabelecido no artigo 73, § 2º, da Carta Maior o modelo federal de proporção na escolha dos indicados às vagas para o Tribunal de Contas da União, ao Governador do Estado, em harmonia com o disposto no artigo 75, compete indicar três Conselheiros e à Assembleia Legislativa os outros quatro, uma vez que o parágrafo único do mencionado artigo fixa em sete o número de Conselheiros das Cortes de Contas estaduais. III – Em observância à simetria prescrita no caput do art. 75 da Carta Maior, entre os três indicados pelo Chefe do Poder Executivo estadual, dois, necessariamente e de forma alternada, devem integrar a carreira de Auditor do Tribunal de Contas ou ser membro do Ministério Público junto ao Tribunal. Súmula 653 do Supremo Tribunal Federal. IV – Medida cautelar deferida.* Na **ADI 3715**, julg. em **21.08.2014**: *É inconstitucional regra prevista na CE que determine que o TC do Estado não pode sustar licitação, dispensa ou inexigibilidade que estejam sendo analisadas naquela Corte. É também inconstitucional regra da CE que estabeleça a previsão de recurso contra as decisões do Tribunal de Contas do Estado para o Plenário da Assembleia Legislativa. Essas duas regras violam o modelo previsto pela CR/88 a respeito dos Tribunais de Contas da União (art. 71) e que deve ser obedecido pelos Estados (art. 75).* E por último, decidiu o STF na **ADI 2361**, julg. em **24.09.2014** que: *é inconstitucional lei estadual que proíbe que o TCE, quando estiver fazendo inspeções ou auditorias, tenha acesso a determinados documentos inerentes à Administração Pública. Essa previsão constitui ato atentatório à efetiva atuação do Tribunal de Contas, restringindo sua competência para realizar o controle externo das contas do Estado-membro sem que a CR/88 tenha permitido essa limitação (art. 71 da CR/88 que por simetria deve ser aplicado aos TC dos Estados).*

275. Segundo a **Súmula nº 653** do STF: *No Tribunal de Contas Estadual, composto por sete conselheiros, quatro devem ser escolhidos pela Assembleia Legislativa e três pelo chefe do Poder Executivo estadual, cabendo a este indicar um dentre auditores e outro dentre membros do Ministério Público, e um terceiro a sua livre escolha.*

276. (...) A Constituição Federal é clara ao determinar, em seu art. 75, que as normas constitucionais que conformam o modelo federal de organização do Tribunal de Contas da União são de observância compulsória pelas Constituições dos Estados-membros. (...)**ADI 3715,** Rel. STF. Plenário. Min. Gilmar Mendes, julg em 21/08/2014. Conforme a **ADI 1994** julg em 24.05.2006, temos que: *"[...] 1. Estrutura dos Tribunais de Contas Estaduais. Observância necessária do modelo federal. Precedentes. 2. Não é possível ao Estado-membro extinguir o cargo de Auditor na Corte de Contas estadual, previsto constitucionalmente, e substituí-lo por outro cuja forma de provimento igualmente divirja do modelo definido pela CB/88. 3. Vício formal de iniciativa no processo legislativo que deu origem à LC 142/99. A CB/88 estabelecendo que compete ao próprio Tribunal de Contas propor a criação ou extinção dos cargos de seu quadro, o processo legislativo não pode ser deflagrado por iniciativa parlamentar [artigos 73 e 96, inciso II, alínea b]. 4. Pedido julgado procedente para declarar inconstitucionais o § 6º do artigo 74 e o artigo 279, ambos da Constituição do Estado do Espírito Santo, com a redação que lhes foi atribuída pela EC n. 17/99, e toda a Lei Complementar n. 142/99, que promoveu alterações na Lei Complementar n. 32/93, do mesmo Estado-membro."*

Entendeu o STF na ADI 5323 que é *materialmente inconstitucional* norma da Constituição Estadual que trate sobre a organização ou funcionamento do TCE de forma diferente do modelo federal. Caso isso ocorra, haverá uma violação ao art. 75 da CR/88. Assim sendo, é inconstitucional dispositivo de Constituição Estadual que preveja que, se o TCE reconhecer a boa-fé do infrator e se este fizer a liquidação tempestiva do débito ou da multa, a Corte deverá considerar saneado o processo. Esta regra é inconstitucional porque não há previsão semelhante na CR/88 (art.71§ 3º).[277]

Na sequência, conforme o nosso diploma constitucional, o **controle externo** dos Municípios de competência das Câmaras Municipais será exercido com o auxílio dos Tribunais de Contas dos Estados ou do Município, ou dos Conselhos ou Tribunais de Contas dos Municípios, onde houver. O parecer prévio, emitido pelo órgão competente sobre as contas que o Prefeito deve anualmente prestar, só deixará de prevalecer por decisão de dois terços dos membros da Câmara Municipal.

Nesses termos, conforme recente decisão do STF no RE 729.744/MG, é bom que se diga, que o parecer técnico elaborado pelo Tribunal de Contas tem natureza **meramente opinativa**, competindo ***exclusivamente*** *à Câmara de Vereadores* o julgamento das contas anuais do chefe do Poder Executivo local, sendo incabível o julgamento *ficto* das contas por decurso de prazo. Com isso, conforme decisão do RE 848.826/DF, para os fins do artigo 1º, inciso I, g, da Lei Complementar 64/1990[278], a apreciação das contas de prefeito, *tanto as de governo*[279] *quanto as de gestão*[280], será exercida pelas Câmaras Municipais, com auxílio dos Tribunais de Contas competentes, cujo parecer prévio **somente** deixará de prevalecer por decisão de dois terços dos vereadores.[281]

É interessante salientar, que situação até certo ponto comum é a de o Tribunal de Contas emitir parecer reprovando as contas do Prefeito e encaminhá-lo à Câmara Municipal que pode demorar a julgar as contas. Com o advento do período eleitoral o então Prefeito solicita o registro de sua candidatura (seja para a reeleição ou seja para outro cargo como o de Deputado Federal). A questão é: poderia ele concorrer

277. **ADI 5323/RN**, STF. Plenário. Rel. Min. Rosa Weber, julgado em **11.04.2019** (Info 937). CR/88: Art. 71 (...) § 3º As decisões do Tribunal de que resulte imputação de débito ou multa terão eficácia de título executivo. Constituição do RN: *Art. 53 (...) § 3º As decisões do Tribunal de Contas, de que resulte imputação de débito ou multa, têm eficácia de título executivo, devendo a Fazenda Pública Estadual ou Municipal, no âmbito de suas competências, encaminhá-las para execução, e com o reconhecimento da boa-fé, a liquidação tempestiva do débito ou multa atualizado monetariamente sanará o processo, se não houver sido observada outra irregularidade na apreciação das contas.*

278. *Art. 1º São inelegíveis: I – para qualquer cargo: (...) g) os que tiverem suas contas relativas ao exercício de cargos ou funções públicas rejeitadas por irregularidade insanável que configure ato doloso de improbidade administrativa, e por decisão irrecorrível do órgão competente, salvo se esta houver sido suspensa ou anulada pelo Poder Judiciário, para as eleições que se realizarem nos 8 (oito) anos seguintes, contados a partir da data da decisão, aplicando-se o disposto no inciso II do art. 71 da Constituição Federal, a todos os ordenadores de despesa, sem exclusão de mandatários que houverem agido nessa condição.*

279. Também denominadas de contas de desempenho ou contas de resultado.

280. Também chamadas de contas de ordenação de despesas.

281. STF. Plenário. **RE 848826/DF**, rel. orig. Min. Roberto Barroso, red. p/ o ac. Min. Ricardo Lewandowski, julg em **10.08.2016**.

mesmo havendo um parecer do Tribunal de Contas rejeitando as suas contas? Aqui dependeria da seguinte situação: o parecer do Tribunal de Contas produziria efeitos enquanto não for rejeitado expressamente pela Câmara Municipal? Sobre este tema, duas correntes foram postas no julgamento do citado Recurso Extraordinário:

1ª) Para os Ministros Luiz Fux e Dias Toffoli, o parecer prévio do Tribunal de Contas que rejeita as contas do Prefeito deverá produzir efeitos até que a Câmara Municipal expressamente o afaste, pelo voto de 2/3 dos Vereadores (interpretação literal do § 2º do art. 31 da CR/88). Com isso, se ocorre demora no julgamento pela Câmara Municipal e o parecer foi pela reprovação das contas, o Prefeito não poderia concorrer em eleição por incidir na vedação do art. 1, I, "g" da LC 64/90 (alterada pela Lei da Ficha Limpa – LC nº 135/2010).

2ª) O parecer técnico elaborado pelo Tribunal de Contas tem natureza *meramente opinativa* e, portanto, não tem caráter decisório. Nesses termos, enquanto não houver o julgamento pela Câmara Municipal rejeitando as contas do Prefeito, não existe nenhum impedimento para que ele concorra em eleições (seja para o caso de reeleição ou para concorrer a outro cargo). A conclusão é a de que mesmo que a Câmara Municipal demore a apreciar o parecer do Tribunal de Contas, não se pode considerar que as contas do Prefeito tenham sido rejeitadas. O fundamento para a maioria dos Ministros do STF é o de que não existe julgamento *ficto* das contas por demora no prazo de apreciação por Câmara de Vereadores.[282]

---

282. Informativo 834 do STF: *"Ao analisar o RE 729.744/MG, apreciado conjuntamente com o RE 848.826/DF (...), a Corte, por decisão majoritária, negou provimento ao recurso extraordinário. No caso, a controvérsia diz respeito à competência exclusiva da câmara municipal para o julgamento das contas de prefeito, sendo o parecer prévio do tribunal de contas meramente opinativo. O Plenário manteve o deferimento do pedido de registro de candidato ao cargo de prefeito que tivera suas contas rejeitadas pelo tribunal de contas estadual. Frisou que, no tocante às contas do chefe do Poder Executivo, a Constituição conferiria ao Poder Legislativo, além do desempenho de funções institucionais legiferantes, a função de controle e fiscalização de contas, em razão de sua condição de órgão de Poder, a qual se desenvolveria por meio de processo político-administrativo, cuja instrução se iniciaria na apreciação técnica do tribunal de contas. No âmbito municipal, o controle externo das contas do prefeito também constituiria uma das prerrogativas institucionais da câmara dos vereadores, exercida com o auxílio dos tribunais de contas do estado ou do município, nos termos do art. 31 da CF. Ressaltou que a expressão "só deixará de prevalecer", constante do § 2º do citado artigo, deveria ser interpretada de forma sistêmica, de modo a se referir à necessidade de quórum qualificado para a rejeição do parecer emitido pela corte de contas. O Tribunal avaliou que, se caberia exclusivamente ao Poder Legislativo o julgamento das contas anuais do chefe do Executivo, com mais razão não se poderia conferir natureza jurídica de decisão, com efeitos imediatos, ao parecer emitido pelo tribunal de contas que opinasse pela desaprovação das contas de prefeito até manifestação expressa da câmara municipal. O entendimento de que o parecer conclusivo do tribunal de contas produziria efeitos imediatos, que se tornariam permanentes no caso do silêncio da casa legislativa, ofenderia a regra do art. 71, I, da CF. Essa previsão dispõe que, na análise das contas do Chefe do Poder Executivo, os tribunais de contas emitiriam parecer prévio, consubstanciado em pronunciamento técnico, sem conteúdo deliberativo, com o fim de subsidiar as atribuições fiscalizadoras do Poder Legislativo, que não estaria obrigado a se vincular à manifestação opinativa daquele órgão auxiliar. O ordenamento jurídico pátrio não admitiria o julgamento ficto de contas, por decurso de prazo, sob pena de permitir-se à câmara municipal delegar ao tribunal de contas, órgão auxiliar, competência constitucional que lhe seria própria, além de criar-se sanção ao decurso de prazo, inexistente na Constituição. Do mesmo modo, não se conformariam com o texto constitucional previsões normativas que considerassem recomendadas as contas do município nos casos em que o parecer*

Aqui, é importante observar ainda, que o STF, recentemente, decidiu que é inconstitucional norma de Constituição Estadual que preveja que compete às Câmaras Municipais os julgamentos das contas de seus **Presidentes.**

Nesses termos, a Constituição de 1988, somente autoriza que as *Câmaras Municipais julguem as contas dos Prefeitos*. No caso das contas dos Presidentes das Câmaras de Vereadores, estas devem ser julgadas pelo Tribunal de Contas dos Estados.[283]

No mesmo sentido, afirmou o STF na ADI 3077 em 16.11.2016 que é inconstitucional norma da Constituição Estadual que preveja que compete privativamente à Assembleia Legislativa julgar as contas do Poder Legislativo Estadual. Conforme já dito, seguindo o modelo federal, as contas do Poder Legislativo estadual deverão ser julgadas pelo TCE, nos termos do art. 71, II c/c art. 75, da CR/88.

Nessa ADI 3077, o STF também decidiu, nos termos do art. 31, § 2º, da CR/88, que a elaboração do parecer prévio do Tribunal de Contas é sempre necessária e a Câmara Municipal, conforme já observado, somente poderá do parecer se houver manifestação de, no mínimo, 2/3 dos Vereadores.

No caso em questão, a Constituição Estadual de Sergipe estabeleceu que, se o TCE não elaborasse, no prazo de 180 dias, o parecer prévio na prestação de contas do Prefeito, o processo deveria ser encaminhado à Câmara Municipal e esta julgaria as contas mesmo sem o parecer. Nesse sentido, a Constituição Estadual do ente criou uma exceção na qual a Câmara Municipal poderia julgar as contas dos Prefeitos **mesmo sem parecer do TCE**. Para o STF essa exceção não encontra esteio na Constituição da República de 1988, sendo, portanto, inconstitucional.[284]

---

técnico não fosse emitido no prazo legal e permitissem às câmaras municipais o seu julgamento independentemente do parecer do tribunal de contas. Ademais, seria importante sublinhar que, na apreciação das contas anuais do prefeito, não haveria julgamento dele próprio, mas deliberação sobre a exatidão da execução orçamentária do município. A rejeição das contas teria o condão de gerar, como consequência, a caracterização da inelegibilidade do prefeito, nos termos do art. 1º, I, "g", da Lei Complementar 64/1990. Não se poderia admitir, dentro desse sistema, que o parecer opinativo do tribunal de contas tivesse o condão de gerar tais consequências ao chefe de Poder local. Ressaltou, entretanto, que, no caso de a câmara municipal aprovar as contas do prefeito, o que se afastaria seria apenas a sua inelegibilidade. Os fatos apurados no processo político-administrativo poderiam dar ensejo à sua responsabilização civil, criminal ou administrativa. Vencidos os Ministros Luiz Fux e Dias Toffoli, que proviam o recurso. Aduziam que o parecer prévio emitido pelo tribunal de contas apenas deixaria de prevalecer por decisão de dois terços dos membros do Poder Legislativo local. Esse documento, então, passaria a produzir efeitos integralmente a partir de sua edição. A eficácia cessaria, porém, se e quando apreciado e rejeitado por deliberação dos vereadores. Analisou que entendimento contrário teria a consequência prática de tornar o parecer emitido pelo órgão competente um nada jurídico, dado o efeito paralisante de omissão do Poder Legislativo." **RE 729.744/MG**, Pleno do STF, Rel. Min. Gilmar Mendes, julg. em **10.08.2016.**

283. **ADI 1964/ES**, Pleno do STF, Rel. Min. Dias Toffoli, julg. em **04.09.2014**: *"(...) Previsão de julgamento das contas anuais do presidente da câmara municipal pela respectiva casa legislativa. Ofensa ao modelo constitucional. Agressão aos arts. 31, § 2º; 71, I e II; e 75 da Lei Fundamental. 2. A CF foi assente em definir o papel específico do legislativo municipal para julgar, após parecer prévio do tribunal de contas, as contas anuais elaboradas pelo chefe do poder executivo local, sem abrir margem para a ampliação para outros agentes ou órgãos públicos. O art. 29, § 2º, da Constituição do Estado do Espírito Santo, ao alargar a competência de controle externo exercida pelas câmaras municipais para alcançar, além do prefeito, o presidente da câmara municipal, alterou o modelo previsto na CF(...)."*

284. ADI 3077/SE, Rel. Min. Cármen Lúcia, julgado em 16.11.2016.

Por último, conforme já salientamos acima, no nosso diploma constitucional, o **controle externo** dos Municípios de competência das Câmaras Municipais será exercido com o auxílio dos Tribunais de Contas dos Estados ou do Município, ou dos Conselhos ou Tribunais de Contas dos Municípios, onde houver.

Aqui, é mister observarmos, que a Constituição de 1988 **proíbe** a criação de Tribunais, Conselhos ou órgãos de Contas Municipais.

Porém, não há proibição para que os Estados criem órgão estadual denominado Conselho ou Tribunal de Contas dos Municípios, com a incumbência de auxiliar as Câmaras Municipais no exercício de sua competência de controle externo. Sem dúvida, conforme o STF, esses Conselhos ou Tribunais de Contas dos Municípios, mesmo sendo órgãos estaduais, atuam no logradouro no qual tenham sido instituídos como órgãos auxiliares e de cooperação técnica das Câmaras dos Vereadores.

Portanto, existe sim uma diferença que deve ser observada. Não podemos confundir o que a Constituição chama de ***Tribunais de Contas dos Municípios*** com o que ela intitula ***Tribunal de Contas do Município.***[285]

Nesses termos, os ***Tribunais de Contas dos Municípios:***

- Órgão estadual que atua na fiscalização das contas de todos os Municípios de determinado Estado.
- Atua como órgão auxiliar de todas as Câmaras Municipais de determinado Estado no exercício do controle externo sobre os respectivos Municípios daquele Estado.
- A Constituição de 1988 permite que os Estados criem novos Tribunais de Contas dos Municípios.
- Atualmente, existem três: TCM/BA, TCM/GO e TCM/PA.

Em outro giro e de forma diferenciada, o ***Tribunal de Contas do Município:***

- Órgão municipal que atua na fiscalização das contas de um único Município.
- Atua como órgão auxiliar de uma única Câmara Municipal no exercício do controle externo sobre determinado Município.
- A Constituição de 1988 proíbe que sejam criados novos Tribunais de Contas Municipais.
- Atualmente, existem dois: TCM/Rio de Janeiro e TCM/São Paulo[286].

285. Conforme: LOPES CAVALCANTE, Márcio André, *Informativo 883 do STF*, outubro de 2017.
286. No caso, como exemplo: o controle externo em relação às contas do Município de São Paulo é exercido pela Câmara Municipal de São Paulo, com o auxílio técnico do Tribunal de Contas do Município de São Paulo. O controle externo em relação aos demais Municípios do Estado de São Paulo (exs: Santos, Campinas, Guarulhos etc.) é exercido pelas respectivas Câmaras Municipais com o auxílio do TCE de São Paulo. LOPES CAVALCANTE, Márcio André, *Informativo 883 do STF*, 2017.

Aliás, o STF já externalizou o raciocínio ora trabalhado na ADI 687, julgada em 02.02.1995. Nessa decisão, que já citávamos em outras edições da obra, conforme a ementa:

> *Municípios e Tribunais de Contas. – A Constituição da República impede que os Municípios criem os seus próprios Tribunais, Conselhos ou órgãos de contas municipais (CR, art. 31, § 4º), mas permite que os Estados-membros, mediante autônoma deliberação, instituam órgão estadual denominado Conselho ou Tribunal de Contas dos Municípios (RTJ 135/457, Rel. Min. Octavio Gallotti – ADI 445/DF, Rel. Min. Néri da Silveira), incumbido de auxiliar as Câmaras Municipais no exercício de seu poder de controle externo (CR, art. 31, § 1º). – Esses Conselhos ou Tribunais de Contas dos Municípios – embora qualificados como órgãos estaduais (CR, art. 31, § 1º) – atuam, onde tenham sido instituídos, como órgãos auxiliares e de cooperação técnica das Câmaras de Vereadores. – A prestação de contas desses Tribunais de Contas dos Municípios, que são órgãos estaduais (CR, art. 31, § 1º), há de se fazer, por isso mesmo, perante o Tribunal de Contas do próprio Estado, e não perante a Assembleia Legislativa do Estado-membro. Prevalência, na espécie, da competência genérica do Tribunal de Contas do Estado (CR, art. 71, II, c/c o art. 75)*[287]

Aqui, é interessante sublinharmos também que o STF, na ADI 5763/CE julgada em 26.10.2017, decidiu que a Constituição da República de 1988 não proíbe a extinção de ***Tribunais de Contas dos Municípios.*** Ou seja, não é porque a CR/88 permite a **criação** deles que eles não possam ser **extintos** por Emenda à Constituição Estadual.

No caso, o Plenário do STF, por maioria, julgou improcedente pedido formulado em ação direta de inconstitucionalidade (ADI 5763/CE) ajuizada contra emenda à Constituição do Estado do Ceará, que extinguiu o Tribunal de Contas dos Municípios desse ente federado.

Segundo o informativo 883 do STF, o art. 31, §§ 1º e 4º, da CR/88 **não proíbe** a extinção de ***Tribunais de Contas dos Municípios.*** A Constituição permitiu (facultou) que os Estados-membros concentrassem toda a fiscalização no Tribunal de Contas do Estado (TCE) ou que criassem um outro órgão (Tribunal de Contas dos Municípios) exclusivamente com a finalidade de fiscalizar as contas dos Municípios daquele respectivo Estado. Não há, assim, qualquer norma na Constituição de 1988 que **proíba a extinção** do ***Tribunal de Contas dos Municípios*** por meio da promulgação de emenda à Constituição Estadual.[288]

---

287. **ADI 687** STF Plenário, Rel. Min. Celso de Mello julg. em **02.02.95**.
288. Informativo 883 do STF: A requerente asseverou que a promulgação da citada emenda consiste em desvio do poder de legislar. Sustentou que o ato atacado foi aprovado como retaliação por parlamentares que tiveram, na condição de gestores municipais, as contas rejeitadas pelo Tribunal de Contas dos Municípios do Estado do Ceará. O Colegiado entendeu que a fraude na edição de lei com o objetivo de alcançar finalidade diversa do interesse público deve ser explicitada e comprovada. A mera menção à existência de parlamentares com contas desaprovadas não conduz à conclusão de estarem viciadas as deliberações cujo tema é a atividade de controle externo. As alegações de ausência de economia orçamentária e perda de eficiência com a promulgação da emenda questionada são insuficientes para configurar a inconstitucionalidade do ato. É impertinente, no processo objetivo, adentrar questões fáticas como, por exemplo, a produção do Tribunal de Contas dos Municípios e do Tribunal de Contas do Estado. Afastado o desvio de poder de legislar arguido na petição inicial, cumpre analisar o argumento segundo o qual o art. 31, § 1º e § 4º1, da Constituição Federal impede a extinção

Outra decisão interessante do STF foi sobre o ***Tribunal de Contas do Município de São Paulo*** (TCM/SP). Decidiu o STF, na ADI 346/SP e na ADI 4776/SP, que é constitucional dispositivo da Constituição do Estado de São Paulo que estabeleceu que o TCM/SP será composto por cinco conselheiros e que obedecerá às normas da Constituição Federal, da Constituição Estadual e as normas pertinentes aos Conselheiros do Tribunal de Contas do Estado.[289]

A Associação Nacional dos Auditores dos Tribunais de Contas do Brasil (Audicon) ajuizou ADI contra esse dispositivo. Para a autora, o número correto, seguindo os preceitos da Constituição Federal, seria de 7 conselheiros. A associação aponta que a Súmula 653 do STF prevê que, no Tribunal de Contas Estadual (TCE), composto por 7 conselheiros, quatro devem ser escolhidos pela Assembleia Legislativa e 3 pelo Governador, cabendo a este indicar um dentre auditores e outro dentre membros do Ministério Público, e um terceiro a sua livre escolha.

---

de Tribunais de Contas dos Municípios mediante norma de Constituição estadual. Os Estados, considerada a existência de tribunal de contas estadual e de tribunais de contas municipais, podem optar por concentrar o exame de todas as despesas em apenas um órgão, sem prejuízo do efetivo controle externo. O meio adequado para fazê-lo é a promulgação de norma constitucional local. O legislador constituinte permitiu a experimentação institucional dos entes federados, desde que não fossem criados conselhos ou tribunais municipais, devendo ser observado o modelo federal, com ao menos um órgão de controle externo. É possível, portanto, a extinção de tribunal de contas responsável pela fiscalização dos Municípios por meio da promulgação de Emenda à constituição estadual, pois a Constituição Federal não proibiu a supressão desses órgãos. Não se faz necessária a participação dos Municípios no processo, sobretudo quando considerado que a estrutura de controle externo é integralmente arcada pelo Estado. Quanto à iniciativa, a requerente sustenta a inconstitucionalidade da propositura por parlamentar. O poder constituinte originário viabilizou aos tribunais de contas disporem sobre a própria organização e funcionamento, e o fez com o propósito de assegurar-lhes a autonomia necessária para exercer atividade fundamental à integridade do erário. Essa norma protetiva não impede a extinção do Tribunal de Contas dos Municípios mediante emenda cujo processo de elaboração tenha sido deflagrado por deputados estaduais. O rito de emendamento constitucional observa regras próprias no tocante à iniciativa. Ante a densidade representativa envolvida no procedimento de reconfiguração da ordem constitucional, a regra para apresentação de emenda é mais rigorosa, atingindo as entidades políticas que efetivamente traduzam a vontade popular manifestada por meio do sufrágio. Segundo a Constituição do Estado do Ceará, propostas de emendas constitucionais podem ser apresentadas por 1/3 dos membros da Assembleia Legislativa, pelo Governador do Estado ou por mais da metade das Câmaras Municipais. No caso, o foi por deputados estaduais, consoante determinado na Carta Estadual. É inviável, a partir de leitura sistemática dos preceitos constitucionais, assentar a impossibilidade de emenda à Constituição, de iniciativa parlamentar, versar a extinção de tribunal de contas estadual. A requerente sustenta que a tramitação da proposta de emenda à Constituição violou o princípio democrático, a inviabilizar a plena atuação da minoria parlamentar. Descreve, na petição inicial, atos praticados no processamento da emenda (pedido de vista, questões de ordem e recursos), que alega contrariarem o Regimento Interno da Assembleia Legislativa do Estado do Ceará e a Constituição Federal. Descabe potencializar o princípio democrático, transformando-o em alavanca para ingerência do Supremo Tribunal Federal (STF) no Legislativo. A intervenção judicial pressupõe, no campo do controle concentrado, ofensa à Constituição Federal. As alegadas violações ao Regimento Interno não autorizam, por si sós, a atuação do STF no campo do controle concentrado, exceto quando revelam a subversão de norma constitucional, à qual a produção legislativa deve amoldar-se. No caso concreto, não foi o que ocorreu. Ademais, o princípio democrático não pode ser utilizado como guarda-chuva de regras regimentais em vigor no território nacional, o que transformaria o STF no guardião de todo e qualquer procedimento legislativo. **ADI 5763/CE**, Plenário do STF, Rel. Min. Marco Aurélio, julgado em **26.10.2017**. (*grifos nossos*)

289. Constituição do Estado de SP: *Art. 151. O Tribunal de Contas do Município de São Paulo será composto por cinco Conselheiros e obedecerá, no que couber, aos princípios da Constituição Federal e desta Constituição. Parágrafo único. Aplicam-se aos Conselheiros do Tribunal de Contas do Município de São Paulo as normas pertinentes aos Conselheiros do Tribunal de Contas do Estado.*

Por sua vez, o Tribunal de Contas da União (TCU) é composto por 9 Ministros, sendo 6 escolhidos pelo Congresso Nacional e 3 pelo Presidente da República, sendo 2 alternadamente dentre auditores e membros do Ministério Público junto ao TCU.

A questão é que a Constituição paulista estabeleceu que o Tribunal de Contas do Município de São Paulo seria integrado por 3 conselheiros indicados pela Câmara de Vereadores e 2 pelo Prefeito, sem destinar nenhuma vaga a auditores ou integrantes do Ministério Público.

No entendimento da Audicon, o TCM-SP deveria seguir o mesmo modelo dos tribunais estaduais, considerando que o art. 75 da CR/88 (aqui já estudado) prevê que as normas referentes ao TCU "aplicam-se, no que couber, à organização, composição e fiscalização dos Tribunais de Contas dos Estados e do Distrito Federal, bem como dos Tribunais e Conselhos de Contas dos Municípios".

Pois bem, o STF não concordou com as alegações e julgou improcedente as Ações Diretas de Inconstitucionalidade 346/SP e 4776/SP.

Para o STF, a Constituição do Estado, ao estabelecer que se aplicam aos conselheiros do TCM-SP as normas pertinentes aos membros do Tribunal de Contas estadual, não fere a autonomia municipal. Ao contrário, a Constituição estadual prestigia a autonomia municipal.[290]

Para o Ministro Gilmar Mendes, se a Constituição Federal prevê nove conselheiros para a composição do TCU e sete para composição dos tribunais de contas dos estados, é razoável que um tribunal de contas municipal tenha um número inferior de conselheiros (no caso: 5 conselheiros). Desse modo, não se vislumbra nenhuma ofensa ao princípio da simetria.[291]

Além disso, também afirmou o STF, que a norma da Constituição Estadual não faz menção à regra de equiparação de vencimentos dos conselheiros do Tribunal de Contas do Município aos dos conselheiros do Tribunal de Contas do Estado. O que o dispositivo da Constituição Estadual faz é determinar que haja aplicação das normas pertinentes aos Conselheiros do Tribunal de Contas do Estado.[292]

Portanto, para o STF, não se pode interpretar analogicamente que os conselheiros municipais teriam seus vencimentos equiparados aos dos Conselheiros Estaduais. A fixação da remuneração dos conselheiros cabe ao Município (mesmo que em valor diverso do fixado para os conselheiros estaduais), uma vez que ele dispõe de autonomia para deliberar sobre os vencimentos de seus servidores.[293]

Sobre os **Municípios**, temos ainda, nos termos do § 3º do art. 31 da CR/88, que suas contas ficarão durante sessenta dias, anualmente, à disposição de qualquer contribuinte, para exame e apreciação, o qual poderá questionar-lhes a legitimidade, nos termos da lei.

---

290. ADI 346/SP e ADI 4776/SP, STF. Plenário. Rel. Min. Gilmar Mendes, julgados em 03.06.2020 (Inf. 980).
291. ADI 346/SP e ADI 4776/SP, STF. Plenário. Rel. Min. Gilmar Mendes, julgados em 03.06.2020 (Inf. 980).
292. ADI 346/SP e ADI 4776/SP, STF. Plenário. Rel. Min. Gilmar Mendes, julgados em 03.06.2020 (Inf. 980).
293. ADI 346/SP e ADI 4776/SP, STF. Plenário. Rel. Min. Gilmar Mendes, julgados em 03.06.2020 (Inf. 980).

15

Processo Legislativo

1. CONCEITO

1.1. Conceito jurídico

O processo legislativo pode ser definido como o conjunto de regras (de fases e atos preordenados) que visam a produção (elaboração) de normas em nosso ordenamento jurídico.

1.2. Conceito sociológico

Sociologicamente, ele pode ser definido como um conjunto de fatores políticos e ideológicos que condicionam a elaboração das leis em nosso ordenamento. Como exemplos, temos fatores econômicos, políticos, geográficos (terremotos, tsunami), ambientais, religiosos, etc. Sem dúvida, o conceito sociológico nos remonta à clássica ideia das fontes de direito e, no caso específico, da fonte material do direito.

Embora o conceito sociológico seja importante, iremos trabalhar com o conceito jurídico e suas nuances.

2. ESPÉCIES NORMATIVAS PRIMÁRIAS

Se o processo legislativo é um conjunto de regras que visam a produção de normas, pergunta-se: quais espécies normativas são produzidas (ou elaboradas) no nosso processo legislativo previsto constitucionalmente?

As espécies normativas que se originam do processo legislativo são intituladas de espécies normativas primárias e estão alocadas no art. 59, da CR/88, sendo as mesmas: I. Emenda à CR/88; II. Leis complementares; III. Leis ordinárias; IV. Leis delegadas; V. Medidas provisórias; VI. Decretos legislativos; e VII. Resoluções.

Portanto, essas espécies são denominadas como ***"constitutivas de direito novo"***, ou seja, normas que trazem algo de novo ao ordenamento, daí serem chamadas de espécies normativas primárias, diferenciando-se das espécies normativas secundárias (como os decretos regulamentares editados pelo Poder Executivo), que não são elaboradas em nosso processo legislativo.

3. TIPOS DE PROCESSO LEGISLATIVO

3.1. No que diz respeito à organização política

a) **Processo legislativo autocrático:** é aquele no qual o povo não participa da elaboração das leis, na medida em que as mesmas são produzidas autocraticamente, sem legitimidade popular. Seja por um soberano, por um líder ou mesmo por um grupo.

b) **Processo legislativo direto:** é aquele no qual o povo participa diretamente na produção das leis, não havendo representantes para tal produção.

c) **Processo legislativo indireto:** é aquele no qual as leis são produzidas por meio de representantes populares. É a regra em nosso ordenamento constitucional. É o nosso processo legislativo por excelência.

d) **Processo legislativo semidireto:** é aquele no qual as leis são produzidas por representantes populares e posteriormente são encaminhadas a referendo popular. Esse tipo de processo legislativo, embora não seja a regra, poderá ocorrer em nosso ordenamento constitucional com base nas figuras do referendo (aqui já estudado) ou do plebiscito (se a consulta for prévia, para autorizar posterior produção normativa).

Mas, aqui, há uma observação. Em termos clássicos, a democracia brasileira é classificada como uma democracia semidireta de cunho participativo. Isso porque ela se apresenta à luz do art. 1º § único, da CR/88 como uma democracia em regra indireta com alguns institutos de democracia direta. Já o nosso processo legislativo, por essa perspectiva clássica, é classificado como um processo legislativo indireto com algumas exceções, nas quais o processo legislativo será semidireto.

3.2. No que diz respeito ao aspecto técnico jurídico

a) **Processo legislativo ordinário:** visa a produção das leis ordinárias.

b) **Processo legislativo sumário:** é o processo legislativo padrão (comum) dotado de maior celeridade. É também chamado de **"regime de urgência constitucional"**.

c) **Processos legislativos especiais:** são aqueles que visam a produção das emendas constitucionais, das leis complementares, das leis delegadas, das medidas provisórias, dos decretos legislativos e das resoluções.[1]

O **Processo Legislativo Ordinário** e os **Processos Legislativos Especiais** serão estudados posteriormente, passo a passo, com suas respetivas espécies.

Sobre o **Processo Legislativo Sumário**, iremos, neste momento, desenvolver algumas considerações explicitando as suas características. Nesse sentido:

1) O processo legislativo sumário depende, para ser deflagrado, de solicitação do Presidente da República em matérias de sua iniciativa privativa ou concorrente (com outras pessoas ou entes)[2].

2) O prazo do processo legislativo sumário: no máximo de 45 dias na Câmara, no máximo 45 dias no Senado, e possíveis 10 dias de emendas (emendas advindas da Casa revisora para serem apreciadas pela Casa iniciadora).

3) Existe algum tipo de sanção se descumprido esses prazos máximos? Ultrapassado o prazo regulamentar previsto constitucionalmente, todas as matérias da Casa ficarão sobrestadas (suspensas) até que se ultime a votação do processo legislativo sumário. Todavia, há uma exceção. Estas são as matérias com prazo constitucionalmente definido. Como exemplo atual, temos o art. 62, da CR/88 (medidas provisórias). As medidas provisórias terão prazo de 60 dias, podendo ser prorrogado por mais 60 dias.

4) Conforme dispositivo constitucional, o prazo do processo legislativo sumário não corre no período de recesso. Nesse sentido, fica suspenso. E o processo legislativo sumário não se aplica aos projetos dos códigos. Nesses termos, não teria sentido a tramitação e aprovação de um código em um lapso temporal máximo de 100 dias.

5) Por último, devemos ficar atentos, pois existe um outro regime de urgência em termos de processo legislativo. É o chamado **regime de urgência regimental**. Trata-se de um regime de urgência que diz respeito ao regimento interno das Casas, e é ainda mais célere do que o previsto constitucionalmente (regime de urgência constitucional) e não é deflagrado a pedido do Presidente da República em matéria de sua iniciativa, mas pelos membros do parlamento (conforme os respetivos regimentos internos das Casas). Como exemplo, temos que, na Câmara dos Deputados, deflagrada a urgência, as comissões terão prazo de 2 sessões para a emissão de pareceres para que possa posteriormente haver a deliberação (votação) da proposição em regime de urgência regimental.

1. Certo é que a produção da lei orçamentária também se submete a um processo legislativo especial.
2. Conforme o art. 204 do RICD: § 1º A solicitação do regime de urgência poderá ser feita pelo Presidente da República depois da remessa do projeto e em qualquer fase de seu andamento.

4. FASES DO PROCESSO LEGISLATIVO

4.1. Fase introdutória (de iniciativa)

É a fase de deflagração do processo legislativo. É o motor propulsor do processo legislativo, que faz com que ele tenha início.

4.2. Fase constitutiva

É a fase de tramitação do processo legislativo, na qual ocorrerão as discussões e deliberações das proposições normativas. A corrente majoritária vai entender que é na fase constitutiva que nascem as espécies normativas em nosso ordenamento jurídico. A corrente majoritária entende que, **por exemplo**, no caso do processo legislativo ordinário, a lei irá ter seu nascimento (no final da fase constitutiva) com a sanção ou com a rejeição do veto do Presidente da República pelo Congresso Nacional.[3]

4.3. Fase complementar (integração de eficácia)

É a fase na qual temos um atestado de existência da espécie normativa (proposição normativa primária) e sua publicização para todo o território nacional. Por isso, a doutrina a identifica, não raro, como fase de integração de eficácia, em razão da existência da espécie normativa em que surgiu no final da fase constitutiva.

4.4. Observações sobre a fase de iniciativa ou introdutória

Iremos, agora, tecer algumas considerações sobre a fase de iniciativa, na medida em que as outras fases (constitutiva e a complementar) serão estudadas de forma mais detida no ***iter*** da análise dos processos legislativos (tanto o ordinário como os especiais).

4.4.1. Conceito de iniciativa

É a faculdade atribuída a uma pessoa ou ente para deflagrar o processo legislativo.

4.4.2. Espécies de iniciativa

a) **Iniciativa parlamentar** é aquela em que a faculdade para iniciar o processo legislativo será atribuída a deputados ou senadores. Porém, não só eles a detêm, mas também as comissões de deputados ou comissões de senadores.

---

3. É óbvio que os exemplos se diferenciam de acordo com as espécies normativas primárias e os seus modos de constituição nessa referida fase. Nesse sentido, a Emenda Constitucional, também surge na fase constitutiva, porém após a aprovação pelas 2 casas em 2 turnos e com 3/5 de votos. Nesse caso, não haverá sanção ou veto do Presidente da República, bastando a aprovação das casas para o surgimento da Emenda Constitucional que será promulgada (já como Emenda Constitucional) pelas mesas da Câmara e do Senado.

b) **Iniciativa extraparlamentar** é aquela atribuída ao Presidente da República, ao STF, aos Tribunais Superiores, ao Procurador-Geral da República e ao povo (art. 61, § 2º).

c) **Iniciativa privativa (exclusiva ou reservada)** é aquela em que a faculdade é atribuída a uma pessoa ou ente com a exclusão dos demais. Exemplos: art. 61, § 1º (Presidente da República); art. 93 (STF), ***caput***; art. 48, XV (STF); art. 51 (Câmara dos Deputados); art. 52 (Senado).

d) **Iniciativa concorrente** é aquela em que a faculdade de deflagrar o processo é atribuída a mais de um ente em concorrência. Ou seja, todos podem concorrer para apresentação de uma proposição. Exemplo: art. 61, ***caput***, da CR/88.

e) **Iniciativa conjunta** é aquela em que a faculdade é atribuída a mais de uma pessoa ou ente, porém, em comunhão (em grupo). Nesse sentido, o processo só é deflagrado se todos os entes apresentarem o projeto conjuntamente. Um exemplo é o antigo art. 48, XV, da CR/88 (antes da EC nº 41/03). Tratava sobre o teto do funcionalismo público. O teto seria a remuneração dos ministros do STF, que seria regulado mediante Lei de iniciativa conjunta de 4 Presidentes: Presidente da República, do STF, da Câmara e do Senado. A EC nº 41/03 modificou a exegese do art. 48, XV, determinando que o teto agora é de iniciativa privativa do STF para a produção normativa.

f) **Iniciativa vinculada** é aquela em que a faculdade é atribuída a um legitimado que é obrigado a dar início ao processo legislativo, na forma e prazo estabelecido na Constituição. Portanto, o legitimado está vinculado a um prazo e a uma forma previamente definidas no diploma constitucional. Exemplo: iniciativa das leis orçamentárias (Lei do Plano Plurianual – PPA, Lei de Diretrizes Orçamentárias – LDO e Lei Orçamentária Anual – LOA). Nestas, os projetos devem ser enviados ao legislativo nos prazos estipulados no documento constitucional.

4.4.3. Observações finais sobre a fase de iniciativa

a) O art. 61, § 1º, elenca o rol de matérias de iniciativa privativa do Presidente da República para deflagrar o processo legislativo. Caso a iniciativa seja de outra pessoa ou ente, e o Presidente da República posteriormente sancione o projeto de lei, e com isso surja uma nova lei em nosso ordenamento, pergunta-se: tal lei será constitucional ou será formalmente inconstitucional por vício de forma (vício de iniciativa), visto que o Presidente deveria iniciar o processo e, por exemplo, foi um deputado que iniciou?

Afinal, a sanção do Presidente da República, tem ou não o poder de **suprir o vício de iniciativa** existente no começo do processo? Há duas posições no STF:

1ª) Posição: é datada de 1946 e está presente na Súmula nº 5 STF: ***a sanção supre o vício de iniciativa.*** Qual o fundamento do STF para tal posição? O STF baseia-se em dois grandes princípios: princípio da instrumentalidade das formas (um ato nunca pode ser considerado isolado em si mesmo. Deve ser considerado à luz da cadeia procedimental na qual ele está inserido. Com isso, atos posteriores teriam o condão de suprir o vício de ato anterior que contrariava o ordenamento. Nesse caso, o vício poderia ser suprido pelo Presidente da República, pois, apesar de não ter iniciado o processo, ele estaria finalizando-o, dando, portanto, sua aquiescência a todo o processo) e princípio da economia processual (se a sanção não supre o vício, haverá uma lei inconstitucional. Essa lei foi elaborada pela vontade dos deputados, senadores e do próprio Presidente da República. Qual a razão para, de novo, todos terem de se manifestar novamente? Ou seja, teríamos a reapresentação do projeto agora pelo Presidente da República para que seja de novo votado por deputados e senadores que já haviam votado e para que seja de novo sancionado pelo Presidente da República que também já o tinha feito).

2ª) **Posição:** é datada de 1974. Nesta, o STF **muda de entendimento** por meio da Representação nº 890/74, passando a entender que a sanção **não supre o vício de iniciativa** (ela não teria esse poder). Esse entendimento de 1974 é o que prevalece atualmente. Qual é o fundamento do mesmo? Há uma inconstitucionalidade formal propriamente dita (por inobservância das regras do devido processo legislativo). O STF está sendo dogmático e, para alguns, conservador, porém, é seu posicionamento majoritário.[4]

4. Nesse sentido, na ADI 2856/ES: *Por reputar usurpada a competência privativa do Chefe do Poder Executivo para iniciar projeto de lei que verse sobre regime jurídico e provimento de cargos de servidores públicos (CF, art. 61, § 1º, II, a e c), o Plenário julgou procedente ADI ajuizada pelo Governador do Estado do Espírito Santo para declarar a inconstitucionalidade da Lei 7.341/2002, daquele ente federado. O mencionado diploma legal, de iniciativa parlamentar, estabelecia a graduação em nível superior de ensino como requisito essencial para a inscrição em concurso público para o cargo de Agente de Polícia Civil Estadual.* Rel. Min. Gilmar Mendes, 10.02.2011. Também em 2011 na ADI 2944/PR: *"O Plenário julgou procedente ADI, proposta pelo Governador do Estado do Paraná, para declarar a inconstitucionalidade dos artigos 9º e 10 da Lei paranaense 13.667/2002, que determina a não aplicação do limitador salarial à remuneração de servidores de determinado instituto daquela unidade federativa. Aduziu-se que os dispositivos questionados – acrescentados por emenda da assembleia legislativa – não constariam do projeto de lei oriundo do Poder Executivo, o que usurparia a sua competência".* Julg. em 30.06.2011. Em 2014, na ADI 3564/PR temos que: *É inconstitucional lei estadual, de iniciativa parlamentar, que imponha obrigação ao Procurador do Estado de ajuizar ação regressiva contra o servidor causador do dano. Isso porque compete ao Governador do Estado a iniciativa de lei que trate sobre direitos e deveres dos servidores públicos. Aplica-se ao processo legislativo estadual, por força do princípio da simetria, a regra prevista no art. 61, § 1º, II, "c", da CF/88. STF.* Rel. Min. Luiz Fux, julg. em 13.08.2014. No mesmo sentido as ADIs 2300/RS, 2384/ES e 1381/AL julg. em 20.08.2014. *Entendeu o STF, que é inconstitucional lei de iniciativa parlamentar que preveja que o Poder Executivo deverá destinar às Secretarias de Cultura e de Segurança Pública recursos necessários para a realização de um evento anual de música. O Plenário do STF entendeu que a referida lei é inconstitucional por vício de iniciativa, pois a lei impõe obrigações aos órgãos públicos (serviços públicos), além de interferir no orçamento do Poder Executivo, matérias que somente poderiam ser disciplinadas em lei de iniciativa do chefe do executivo (no caso Governador do DF), nos termos do art. 61, § 1º, II, "b" e art. 165, III, da CF/88.* ADI 4180/DF, julg. em 11.09.2014. Decidiu o STF na ADI 2443/RS julg. em 25.09.2014, *que é inconstitucional lei estadual, de iniciativa parlamentar, que determinava que todos os órgãos que prestassem serviços de atendimento de emergência no Estado deveriam estar unificados em uma única central de atendimento telefônico, que teria o número 190. Essa lei trata sobre "estruturação e atribuições" de órgãos da administração pública, matéria que é de iniciativa privativa do chefe do Poder Executivo (art. 61, § 1º, II, "e", e art. 84, VI da CR/88).* Decidiu o STF que *é inconstitucional lei estadual, de iniciativa parlamentar, que conceda anistia a servidores públicos punidos em virtude de participação em movimentos reivindicatórios. O fundamento é que compete ao Chefe do Poder Executivo a iniciativa de lei que trate sobre os direitos e deveres dos servidores públicos (art. 61, § 1º, II, "c", da CR/88).* Ver também: ADI 1440/SC julg. em 15.10.2014; ADI 3627/AP julg. em 06.11.2014; ADI 2940/ES julg. em 11.12.2014; ADI 3169/SP julg. em 11.12.2014 e RE 239.458/

Nesses termos, vai entender o STF, que o descumprimento de qualquer das normas presentes nos arts. 59 a 69 da CR/88 que envolvem as regras do processo legislativo gera a *inconstitucionalidade formal* e, efetivamente, o art. 61, § 1º, estaria sendo desrespeitado, explicitando, justamente por isso, o vício de iniciativa, e, com isso, a *inconstitucionalidade formal* (o mesmo valendo, *por simetria*, para o âmbito estadual[5] e municipal[6]).

Aqui é interessante também observarmos se a *inconstitucionalidade formal* poderia ocorrer inclusive no que diz respeito a ***vício de iniciativa*** em Emenda à Constituição, ou seja, se as matérias do art. 61 § 1º da CR/88 que são de iniciativa privativa do Presidente da República deflagrar o processo legislativo, deveriam ser respeitadas no âmbito do processo para alterar a Constituição via Emendas Constitucionais (portanto se a *matéria restrita à iniciativa do Poder Executivo não pode ser regulada por **emenda constitucional** de origem parlamentar*). Aqui, é interessante lembrar inclusive, que as Emendas Constitucionais não requerem a sanção do Presidente da República, e, por simetria, não necessitam da sanção do Governador do Estado no âmbito estadual (ou seja, nesse caso nem ocorre a discussão da sanção *suprir ou não o vício*, mesmo porque, como dito, não existe a necessidade de sanção para Emendas Constitucionais).

SP julg. em 11.12.2014. Temos ainda a ADI 2295: *É inconstitucional lei estadual, de iniciativa parlamentar, que: a) determina o destino que o Poder Executivo deverá dar aos bens de empresa estatal que está sendo extinta; b) disciplina as consequências jurídicas das relações mantidas pelo Poder Executivo com particulares; c) cria conselho de acompanhamento dentro da estrutura do Poder Executivo.* Julg. em **15.06.2016** (Inf 830). Aqui é interessante apenas registrar que, diferentemente dos julgados aqui citados, no RE 570.392/RS julg. em 11.12.2014, decidiu o STF que: *As leis que proíbam o nepotismo na Administração Pública não são de iniciativa exclusiva do Chefe do Poder Executivo, podendo, portanto, ser propostas pelos parlamentares.* Ver também: *Padece de inconstitucionalidade formal lei de iniciativa parlamentar que disponha sobre atribuições de órgãos da Administração Pública (art. 61, § 1º, II, "e" e art. 84, VI, da CF).* ADI 3981, Rel. Min. Roberto Barroso, julg. em 15.04.2020.

5. O interessante aqui é que a Constituição de Minas Gerais textualmente afirma que a sanção do Governador a projetos de lei de sua iniciativa, que foram deflagrados por outra pessoa ou ente, tem o poder de suprir o vício de iniciativa. Ou seja, para o diploma constitucional mineiro a sanção supre o vício de iniciativa. Entendemos que esse é o posicionamento mais adequado, por não tratarem os atos de uma cadeia procedimental de forma atomística (isolados em si), porém, definitivamente, **não é o posicionamento majoritário no STF** (*embora ele excepcionalmente de 1974 a 2009 já tenha se manifestado de acordo com a Súmula nº 5, visto que ela ainda não foi cancelada*). Porém, insistimos, *infelizmente são manifestações esparsas e excepcionais*, pois a regra do Pretório Excelso tem sido a de que ***a sanção não supre*** o vício de iniciativa.

6. Conforme o RE **590.829/MG** julgado em **04.03.2015**. "(...) Lei Orgânica de município – Servidores – Direitos. Descabe, em lei orgânica de município, a normatização de direitos dos servidores, porquanto a prática acaba por afrontar a iniciativa do Chefe do Poder Executivo – Ações Diretas de Inconstitucionalidade nº 2944/PR, 3176/AP, 3295/AM e 3362/BA." Rel. Min. Marco Aurélio. Aqui também já decidiu o STF *que é constitucional lei de iniciativa parlamentar a criar conselho de representantes da sociedade civil, integrante da estrutura do Poder Legislativo, com atribuição de acompanhar ações do Executivo.* STF. Plenário. RE 626946/SP, Rel. Min. Marco Aurélio, julg. em 09.10.2020 (Repercussão Geral – Tema 1040). *No caso concreto, **não há criação de cargos, funções ou empregos públicos da Administração direta ou autárquica a ensejar a reserva de iniciativa legislativa prevista no art. 61, § 1º, II, "a", da CF/88.** O respeito à independência dos Poderes não pode significar exclusividade do Executivo na atividade criativa, considerados arranjos institucionais para melhor desempenho na missão constitucional. Na Carta da República, não são encontrados parâmetros a impedirem a instituição, pelo Legislativo, de novos mecanismos voltados ao exercício da atividade de controle. Muito menos blindagem destinada a proteger, do escrutínio do povo, os administradores da coisa pública.*

Nesse tema, o STF recentemente decidiu que é *possível que Emenda à Constituição da República proposta por iniciativa parlamentar trate sobre as matérias previstas no art. 61, § 1º da CR/88.*

Nesses termos, as regras de reserva de iniciativa fixadas no art. 61, § 1º da CR/88 ***não são aplicáveis ao processo de Emenda à Constituição da República***, que é disciplinado no art. 60 da CR/88. No caso, o STF decidiu (ainda que em sede cautelar) na **ADI 5296 MC/DF** julgada em **18.05.2016**, que a EC 74/2013, que conferiu autonomia às Defensorias Públicas da União e do Distrito Federal, não viola o art. 61, § 1º, II, alínea "c", da CR/88 nem o princípio da separação dos poderes, mesmo tendo sido proposta por iniciativa parlamentar.[7]

Afirmou o STF, nos termos do informativo 826, que os limites formais ao poder constituinte derivado são os inscritos no art. 60 da CR/88, segundo o qual a Constituição poderá ser emendada mediante proposta: a) de um terço, no mínimo, dos membros da Câmara dos Deputados ou do Senado Federal; b) do Presidente da República; ou c) de mais da metade das assembleias legislativas das unidades da Federação, manifestando-se, cada uma delas, pela maioria relativa de seus membros. Já a iniciativa privativa de leis sobre determinadas matérias é assegurada, no plano federal, ao Presidente da República, ao STF, aos tribunais superiores e ao Procurador-Geral da República. Nesses termos, entendeu o STF que não existe, portanto, identidade entre o rol dos legitimados para a propositura de emenda à Constituição e o dos atores aos quais reservada a iniciativa legislativa sobre determinada matéria. É, pois, seria insubsistente condicionar a legitimação para propor emenda à Constituição, nos moldes do art. 60 da CR/88, à leitura conjunta desse dispositivo com o art. 61, § 1º, que prevê as hipóteses em que a iniciativa de leis ordinárias e complementares é privativa da Presidência da República. Do contrário, segundo o STF, as matérias cuja iniciativa legislativa é reservada ao STF, aos tribunais superiores ou ao Procurador-Geral da República não poderiam ser objeto de emenda constitucional. De um lado, nenhum daqueles legitimados figura no rol do art. 60 da CR/88 e, de outro, nenhum dos relacionados no mesmo dispositivo pode propor emenda sobre essas matérias. Por exemplo, aqui perguntaríamos: já que o STF não pode apresentar propostas de emenda à Constituição, deveríamos concluir que há uma proibição de que os assuntos do art. 93 sejam objeto de emenda constitucional? Pois bem, a resposta aqui só pode ser negativa. Portanto, segundo o STF, deve-se permitir que os legitimados do art. 60 da CR/88

---

7. Conforme expresso na ADI, apesar de o art. 61, § 1º falar em "leis", essa regra valeria também para "emendas constitucionais". *O fundamento é o de que se fosse admitido que os parlamentares apresentassem emendas constitucionais tratando sobre os assuntos do art. 61, § 1º da CR/88, seria uma forma de fraude a essa vedação. Assim, a tese defendida na ação foi a de que a Emenda Constitucional que disponha sobre alguma das matérias listadas no art. 61, § 1º da CR/88 somente poderia ser proposta pelo Presidente da República.* Por conta disso, a EC 74/2013 seria inconstitucional por vício de iniciativa. Além disso, segundo os argumentos da ADI, impetrada pela Presidência da República, os parlamentares, ao proporem essa PEC concedendo autonomia à Defensoria Pública, teriam violado o princípio da separação dos poderes (art. 60, § 4º, III da CR/88). Certo é que o STF não acatou os argumentos alegados na ADI.

possam propor emendas à Constituição ainda que tratando sobre os assuntos como os do art. 93 da CR/88. Portanto, deve ser permitido que qualquer dos legitimados do art. 60 possa propor emendas à CR/88, ainda que dispondo sobre as matérias (temas) do art. 61, § 1º, II, da CR/88. Além disso, ressaltou também o STF, que existem diversas emendas constitucionais em vigor, cuja constitucionalidade poderia ser legitimamente desafiada, se prevalecesse a tese da aplicação, às propostas de emenda, das cláusulas que reservam ao Executivo e ao Judiciário a iniciativa legislativa sobre certos temas.[8]

Porém, o mesmo não vale para as Emendas **às Constituições Estaduais**. Portanto, parlamentares estaduais ***não** poderão propor Emendas à Constituição do Estado* em matérias que são reservadas ao Governador do Estado iniciar o processo legislativo (*simetria com as matérias do art. 61 § 1º da CR/88*).

Nesses termos, será eivada de inconstitucionalidade Emenda Constitucional, de iniciativa parlamentar, que insira na Constituição Estadual dispositivo versando, por exemplo, sobre servidores públicos estaduais. Aqui o fundamento é o de que seria uma forma de os Deputados Estaduais burlarem a vedação do art. 61, § 1º, II, "c", da CR/88. Assim sendo, o poder das Assembleias Legislativas de Emendar Constituições Estaduais não pode avançar sobre temas cuja reserva de iniciativa é do Governador do Estado.[9]

---

8. ADI 5296 MC/DF, Pleno do STF, Rel. Min. Rosa Weber, julgado em 18.05.2016.
9. Informativo 826 do STF: *Portanto, não se reveste de validade constitucional a emenda à Constituição estadual que, subtraindo o regramento de determinada matéria do titular da reserva de iniciativa legislativa, eleva-a à condição de norma constitucional. Desse modo, emana da jurisprudência do STF a visão de que o poder constituinte estadual jamais é originário. É poder constituído, cercado por limites mais rígidos do que o poder constituinte federal. A regra da simetria é exemplo disso. Por essa razão, as assembleias legislativas se submetem a limites rígidos quanto ao poder de emenda às constituições estaduais (...). Temos como exemplos:* **ADI 2.966**, Rel. Min. Joaquim Barbosa, julg. em 06.04.2005. Também como exemplo, decidiu o STF, *que é inconstitucional Emenda Constitucional que insira na Constituição Estadual dispositivo determinando a revisão automática da remuneração de servidores públicos estaduais. Isso porque tal matéria é prevista no art. 61, § 1º, II, "c", da CF/88 como sendo de iniciativa privativa do chefe do Poder Executivo.* **ADI 3848/RJ**, Rel. Min. Marco Aurélio, julg. em 11.02.2015. No mesmo sentido: **ADI 4284/RR** julg. em 09.04.2015. No mesmo sentido, a ADI nº 3.644: *Por entender usurpada a competência privativa do Chefe do Poder Executivo para iniciar projeto de lei que disponha sobre criação, estruturação e atribuições de órgãos da Administração Pública (CR, art. 61, § 1º, II, e), de observância obrigatória pelos Estados-membros, tendo em conta o princípio da simetria, o Tribunal julgou procedente pedido formulado em ação direta ajuizada pela Associação dos Delegados de Polícia do Brasil – ADEPOL para declarar a inconstitucionalidade da EC 35/2005, do Estado do Rio de Janeiro, que criou uma instituição responsável pelas perícias criminalística e médico-legal. Alguns precedentes citados: ADI 2808/RS (DJU de 17.11.2006); ADI 2302/RS (DJU de 24.3.2006); ADI 1182/DF (DJU de 10.3.2006);* Rel. Min. Gilmar Mendes, julg. em 04.03.2009. Na ADI 2654/AL afirmou o STF que: *É inconstitucional emenda à Constituição estadual, de iniciativa parlamentar, que disponha sobre o Conselho Estadual de Educação. Isso porque compete ao Governador do Estado a iniciativa de lei ou emenda constitucional que trate sobre a organização dos órgãos públicos, dentre os quais se inclui o referido Conselho. Aplica-se ao processo legislativo estadual, por força do princípio da simetria, a regra prevista no art. 61, § 1º, II, "e", da CF/88.* STF. Plenário, Rel. Min. Dias Toffoli, julg. em 13.08.2014. Por último, decidiu o STF que *é inconstitucional emenda à Constituição Estadual, de iniciativa parlamentar, que trate sobre as competências da Procuradoria Geral do Estado. Isso porque esta matéria é de iniciativa reservada ao chefe do Poder Executivo (art. 61, § 1º, da CF/88). É do Governador do Estado a iniciativa de lei ou emenda constitucional que discipline a organização e as atribuições dos órgãos e entidades da Administração Pública estadual.* STF. Plenário. **ADI 5262 MC/RR**, Rel. Min. Cármen Lúcia, julg. em **27** e **28.03.2019** (Info 935)

Por último, devemos ficar atentos a mais uma questão, pois, segundo o STF, não há que se analisar ***vício de iniciativa*** e ***contrariedade*** *ao art. 61, § 1º da CR/88* em normas originárias das Constituições estaduais[10].

b) Conflito entre o art. 61, § 1º, inc. II, "d", e art. 128, § 5º. Aquele dispõe que compete privativamente ao Presidente da República deflagrar projeto que disponha sobre a organização do Ministério Público. Já o art. 128, § 5º faculta aos Procuradores Gerais a apresentação de projeto sobre organização do Ministério Público. O STF foi chamado a se manifestar e entendeu que, por uma interpretação sistemática, abandonando uma interpretação literal, teremos que a iniciativa é concorrente. Porém, aqui, devemos ficar atentos, pois essa questão, ora levantada, está restrita à **organização do Ministério Público**, não envolvendo as demais matérias atinentes ao Ministério Público que, por óbvio, são de competência privativa do Ministério Público deflagrar o processo legislativo.

5. PROCESSO LEGISLATIVO ORDINÁRIO – LEI ORDINÁRIA

Iremos, agora, iniciar o estudo do processo legislativo de forma específica, analisando passo a passo a tramitação das proposições normativas presentes nos arts. 59 a 69 da CR/88.

Iremos começar pelo processo legislativo básico, que é o **processo legislativo ordinário.** Assim sendo, iremos trabalhar com as três fases básicas do processo (iniciativa, constitutiva e complementar). Nesse sentido, didaticamente, temos que:

a) Sempre haverá Casa iniciadora e a Casa revisadora no processo legislativo. Assim sendo, quando a Câmara dos Deputados for a Casa iniciadora, o Senado será a revisora e vice-versa.

b) Porém, os projetos de lei de iniciativa do Presidente da República, do STF, dos Tribunais Superiores e de iniciativa popular, **sempre** terão início da **Câmara dos Deputados**, à luz dos arts. 64, ***caput***, e 61, § 2º, da CR/88.

c) Mas dando um passo à frente. Apresentado o PLO (Projeto de Lei Ordinária) por alguém legitimado para tal (quem detém a iniciativa: 1ª Fase de iniciativa), ele será encaminhado à Mesa da Casa (órgão máximo da Casa).

Nesse sentido, o PLO será lido em plenário, receberá um número e será publicado no Diário Oficial e em avulsos. Com isso tem início a 2ª Fase intitulada de constitutiva.

10. **ADI 1167/DF** julg. em 19.11.2014: *"É constitucional o art. 24 da Lei Orgânica do Distrito Federal ("A direção superior das empresas públicas, autarquias, fundações e sociedades de economia mista terá representantes dos servidores, escolhidos do quadro funcional, para exercer funções definidas, na forma da lei"). Com base nesse entendimento, o Plenário julgou improcedente pedido formulado em ação direta de inconstitucionalidade. O Tribunal esclareceu que a norma em questão, por ser* ***oriunda do poder constituinte originário decorrente, não sofreria vício de reserva de iniciativa legislativa do chefe do Poder Executivo*** *(...)"* (Informativo 768 do STF). Com isso, fica clara a diferença (especificamente no tema do vício de iniciativa) entre as normas originárias das constituições estaduais e as normas derivadas de Emendas às Constituições estaduais.

d) De início, o Presidente da Casa (que é o Presidente da Mesa) deverá tomar algumas decisões sobre o PLO. Quais são as decisões do Presidente da Mesa quando o projeto é apresentado? Isso pode e deve ser observado no regimento das Casas. Nesses termos, o Presidente irá decidir sobre:

d.1) Ele fará um juízo de admissibilidade sobre o projeto. Portanto, ele irá devolver a matéria:

- Se ela não estiver devidamente formalizada (existe apenas um tipo de projeto de lei que não será devolvido por ausência de formalização adequada: é o projeto de lei de iniciativa popular, conforme a Lei nº 9.709/98. O presidente da Casa encaminhará à CCJ da Casa para que esta formalize de modo adequado o projeto de lei).[11]
- Se ela for antirregimental (a matéria contrariar o regimento da Casa).
- Se ela for alheia à competência da Casa (não for de competência da Casa).
- Se for evidentemente inconstitucional (flagrantemente inconstitucional).

d.2) Ele irá definir o regime de tramitação, pois existem, segundo nossa atual Constituição, no Brasil, dois regimes de tramitação. São eles:

- Regime de tramitação tradicional: é aquele em que o projeto de lei será deliberado (votado) em plenário; e
- Regime de tramitação conclusivo (ou terminativo): os projetos de lei são votados (deliberados) apenas no seio das comissões. Esse projeto não irá a plenário, nos termos do art. 58, § 2º, I, da CR/88.[12]

Mister observar que da decisão do Presidente da Casa que define o regime de tramitação como conclusivo (terminativo), está sujeita a recurso. Esse recurso, conforme

11. Conforme a Lei nº 9.709/98 o projeto de lei de iniciativa popular deverá circunscrever-se a um só assunto. Além disso, o projeto de lei de iniciativa popular não poderá ser rejeitado por vício de forma, cabendo à Câmara dos Deputados, por seu órgão competente, providenciar a correção de eventuais impropriedades de técnica legislativa ou de redação.
12. Conforme o art. 58 § 2º, I, da CR/88: às comissões, em razão da matéria de sua competência, cabe: I – discutir e votar projeto de lei que dispensar, na forma do regimento, a competência do Plenário, salvo se houver recurso de um décimo dos membros da Casa. É mister salientar que o Presidente da Casa estará relativamente vinculado ao regimento interno (art. 24 do RI da Câmara dos Deputados e art. 91 do Regimento Interno do Senado). Por exemplo, conforme o art. 24 do Regimento Interno da CD: Na Câmara dos Deputados não terão regime de tramitação conclusivo, dentre eles: projeto de lei complementar (por causa do quórum de maioria absoluta, assim tem que ir a plenário); projeto de código (projetos de alta importância); projeto de iniciativa popular; projeto de comissões (a comissão não pode votar sem a participação do plenário, o projeto que ela mesma apresentou); projetos que tramitam em regime tradicional na outra Casa (temos, aqui, uma questão de equilíbrio); matérias do art. 68, § 1º; e projetos que tramitam em regime de urgência.

a Constituição, poderá ser interposto por 1/10 dos membros da Casa. Se o recurso for provido (em plenário), o regime de tramitação de conclusivo passa a ser o regime de tramitação tradicional. Se improvido, o regime de tramitação permanece conclusivo.

d.3) Ele irá definir em quais comissões o projeto irá tramitar.

Porém, independentemente das comissões escolhidas, sempre o projeto terá de passar pela CCJ (Comissão de Constituição e Justiça) da Casa respectiva, seja na Câmara seja no Senado. Nesses termos, é na CCJ que ocorre o controle de constitucionalidade dos projetos de lei que estão tramitando pela Casa. Mas, é importante salientar que, além do controle de constitucionalidade, a CCJ também fará um controle de legalidade, juridicidade, regimentalidade e técnica legislativa das proposições.

A Comissão de Finanças também pode determinar o arquivamento de projetos de lei. Ou seja, ela também pode, como a CCJ, emitir pareceres terminativos (significa determinar o arquivamento de projetos de lei). A diferença entre essas comissões é que a CCJ irá analisar **todos** os projetos de lei. Já a comissão de finanças só irá analisar projetos de lei que envolva impacto (adequação) econômico-financeiro.

É bom que se diga que na **Câmara dos Deputados**, conforme **seu regimento interno**, se o Presidente Câmara decidir que o projeto tem que ser encaminhado a mais de três comissões, será designada (criada) uma comissão especial com membro de todas as comissões para qual o projeto de lei iria. Essa comissão especial é que irá analisar o PLO.[13]

e) Pois bem, o PLO irá tramitar nas comissões e no regime de tramitação conclusivo (RTC) será votado (deliberado) nas comissões e no regime de tramitação tradicional (RTT) será votado (deliberado) em plenário[14]. Se rejeitado no RTC ou no RTT, vai para o arquivo e, segundo ditame constitucional previsto no art. 67 da CR/88, a matéria constante no projeto rejeitado somente poderá constituir objeto de novo projeto na mesma sessão legislativa, mediante proposta da maioria absoluta dos membros de qualquer das Casas do Congresso Nacional. Porém, se aprovado no RTC ou no RTT, o PLO seguirá para a Casa revisora.

---

13. Exemplo: Iremos supor que o PLO é sobre direitos do menor. Nesse caso, o PLO poderá ser enviado à comissão de família (pode envolver a questão do menor na relação com a família), à comissão de trabalho (pode envolver o trabalho infantil), à comissão de direitos humanos (pode envolver a dignidade da pessoa humana do menor). E independentemente destas terem comissões, terá o PLO que passar pela CCJ da Câmara. Nesse caso, se o PLO disser respeito aos assuntos ora citados ele terá que ir para mais de 3 comissões e assim será criada uma comissão especial para analisar o PLO.
14. Sobre as **modalidades de votação previstas regimentalmente**, temos que o **RICD** determina que: art. 184 *"A votação poderá ser ostensiva, adotando-se o processo simbólico (O Presidente, ao anunciar a votação de qualquer matéria, convidará os Deputados a favor a permanecerem sentados e proclamará o resultado manifesto dos votos) ou o nominal (pelo sistema eletrônico ou na falta desse por chamada nominal)*, e ***secreta**, por meio do sistema eletrônico ou de cédulas".* Já no **RISF** o art. 289 determina que no Senado: *A votação poderá ser **ostensiva** (simbólica ou nominal) ou **secreta**. Essa votação secreta poderá ser pelo processo eletrônico, por cédulas ou até mesmo por esferas (esferas brancas, representando votos favoráveis, e pretas, representando votos contrários).*

f) Além disso, é mister salientar que independentemente do regime de tramitação (se tradicional ou conclusivo), poderá haver a apresentação de emendas aos projetos de lei (PLOs) em tramitação nas Casas.

Porém, o que são as **emendas?** As emendas são proposições apresentadas com exclusividade por parlamentares (deputados ou senadores) como acessórias de uma proposição principal. Temos como espécies de **emendas:**

Emendas aditivas	são aquelas que acrescentam algo à proposição principal.
Emendas supressivas	são aquelas que retiram algo da proposição principal.
Emendas aglutinativas	são aquelas que resultam da fusão de duas ou mais emendas com a proposição principal.
Emendas modificativas	são aquelas que alteram a proposição principal sem modificar sua essência.
Emendas substitutivas	são aquelas que alteram substancial ou formalmente a proposição principal modificando sua essência, de tal modo que se apresentam como sucedâneo da proposição principal (visam a substituir a proposição principal).
Emendas de redação	são aquelas que visam sanar vícios de linguagem ou incorreções técnicas na proposição principal.

Sobre as emendas (que podem ser apresentadas a projetos de lei, mesmo de iniciativa de legitimados extraparlamentares, que não são membros das Casas), é mister salientar ainda que, segundo ditame constitucional (art. 63 da CR/88), não poderá haver emendas que visem aumentar despesas nos projetos de iniciativa exclusiva do Presidente da República, ressalvado o disposto no art. 166, § 3º e § 4º, e nos projetos sobre organização dos serviços administrativos da Câmara dos Deputados, do Senado Federal, dos Tribunais Federais e do Ministério Público.[15] Como exemplo, temos que "o Plenário do STF julgou procedente pedido formulado na ADI 2305, ajuizada pelo Governador do Estado do Espírito Santo, para declarar a inconstitucionalidade dos artigos 22 e 25 da Lei Complementar capixaba 176/2000, resultantes de emenda parlamentar. A norma refutada, ao reorganizar a estrutura da Secretaria de Estado da Educação, criou 2 cargos de procurador para atuarem

15. ADI 5087 julg. em 27.08.2014: *O STF considerou inconstitucional emenda apresentada por parlamentar a uma PEC de iniciativa do Governador que instituía o teto do funcionalismo estadual. A emenda do Deputado previa exceções ao teto de forma que acabava criando despesas, o que violava o art. 63, I, da CR/88 aplicável ao processo legislativo estadual com base no princípio da simetria. Aqui é importante registrar o posicionamento do STF de que: se o projeto de lei de iniciativa privativa do Presidente da República for emendado com emendas viciadas (que descumpram o art. 63 da CR/88) haverá inconstitucionalidade, mesmo que o Presidente sancione o projeto de lei. Ou seja, a sanção do Presidente também não supre o vício ocorrido com a apresentação de emendas inadequadas à luz da Constituição.*

junto ao referido órgão, bem como mais outros 2 cargos em comissão de assessor técnico. Asseverou-se que ***a mencionada emenda, além de não ter pertinência com o projeto do Executivo, implicaria, ainda, aumento de despesa*** (CR, art. 63, I)."[16]

Portanto, resta claro, com base nessa decisão do STF, que para que a emenda parlamentar seja válida (em projetos de iniciativa exclusiva do Presidente da República), será necessário: 1) Existência de *pertinência temática* (ou seja, a emenda não pode tratar sobre assunto diferente do projeto original); 2) A emenda não pode acarretar *aumento de despesas* nos termos do art. 63, I, da CR/88.[17]

g) Voltando à tramitação do PLO, se aprovado (como citado em "**e**"), ele então seguirá para a Casa revisora. Nesses termos, PLO será também enviado para a Mesa da Casa revisora. Será lido em plenário publicado no DO e em avulsos, e receberá um número para a tramitação. Também haverá as decisões do Presidente da Casa, e com isso, teremos definições sobre o juízo de admissibilidade, regime de tramitação (se tradicional ou conclusivo)[18] e designação das comissões para as quais o PLO irá tramitar.[19]

h) Continuando a tramitação na Casa revisora, independente do regime de tramitação (RTC ou RTT), o PLO será aprovado ou rejeitado na deliberação ou do plenário (RTT) ou das comissões (RTC). Se rejeitado, ele irá para o arquivo (lembramos aqui do já citado art. 67 da CR/88). Se aprovado, temos duas possibilidades. A saber: o PLO pode ser aprovado na Casa revisora sem emendas. Nesse caso, ele seguirá para sanção ou veto do Presidente da República. Porém, se o PLO for aprovado com emendas, ele voltará conforme ditame constitucional para a Casa iniciadora para apreciação das emendas. Mas, aqui, uma advertência: embora o teor literal do art. 65 § único diga claramente que a aprovação com emendas na Casa revisora deve fazer com o que o PLO volte à Casa iniciadora para a apreciação das mesmas, não devemos interpretar essa assertiva de forma absoluta. Certo é que o STF já se pronunciou sobre o tema, entendendo que o PLO só deve voltar à Casa iniciadora se ocorreu uma alteração substancial no PLO. Portanto, por digressão jurisprudencial,

16. ADI 2305/ES, Rel. Min. Cezar Peluso, julg. em **30.06.2011**.
17. Como exemplo, o TJ-RS encaminhou um projeto de lei aumentando os vencimentos dos servidores do Poder Judiciário e um Deputado Estadual apresentou emenda à proposta prevendo anistia aos servidores que fizeram greve e compensação dos dias paralisados. O STF entendeu que não havia pertinência temática entre a emenda e o projeto apresentado pelo TJ. ADI 1333/RS julg. em 29.10.2014, Rel. Min. Gilmar Mendes. Outro exemplo ocorreu em Santa Catarina, pois o Governador enviou projeto de lei instituindo regime de subsídio para os Procuradores do Estado. Na tramitação do projeto, um Deputado apresentou emenda criando uma gratificação para os servidores da PGE. Ocorre que o projeto foi aprovado e sancionado, convertendo-se em lei. A lei foi objeto da **ADI 4433**. O STF julgou em **18.06.2015** a lei inconstitucional formalmente por vício de iniciativa, pois a proposta de aumento de remuneração, tema de iniciativa privativa do Poder Executivo (art. 61, § 2º, II, "b", da CR/88), foi incluída durante a tramitação na Assembleia Legislativa, desrespeitando o princípio da independência dos poderes (art. 2º da CR/88). Aqui ocorreu ainda a falta de pertinência temática, pois a criação da gratificação aos servidores do Poder Executivo estadual foi incluída por meio de emenda parlamentar em medida provisória destinada a estabelecer o subsídio mensal como forma de remuneração da carreira de Procurador do Estado. Ver também: **ADI 3926/SC** julg. em 05.08.2015.
18. Lembrando que se o PLO tramitou em Regime tradicional na Casa iniciadora, ele também terá que tramitar assim na Casa revisora.
19. Certo é que o PLO terá que passar também pela CCJ da Casa revisora.

se a alteração foi mínima (por exemplo, por meio de uma emenda de redação), não há que se falar em nova análise da Casa iniciadora.[20]

Mas, voltando ao tema, conforme a disposição constitucional, a Casa iniciadora apreciará apenas as emendas. Ela não aprecia novamente o PLO, e sim as emendas que foram agregadas pela Casa revisora. Assim sendo, temos que:

- Será vedada a apresentação de subemendas (isso visa a evitar um círculo vicioso).
- Essa apreciação (deliberação) das emendas, em regra, é feita em bloco. Porém, existem exceções. Portanto, a apreciação das emendas não será feita em bloco se: **(a)** Se existirem pareceres divergentes; as emendas passam pelas comissões para que emitam pareceres que balizem as votações. Assim, com divergência de pareceres, será votada emenda por emenda. **(b)** Se houver pedido de destaque (por exemplo, quando houver colisão de interesses dos partidos sobre determinadas emendas, serão votadas as emendas em que haja consenso, e, nas que há conflito de interesses, será feito pedido de destaque para deliberação em separado).

E se a Casa iniciadora, com base no art. 65, § único, da CR/88 simplesmente rejeita as emendas? O que ocorre com o projeto de lei ordinária? É óbvio que o PLO não vai ser arquivado. Rejeitadas as emendas apresentadas, o projeto de lei que tinha sido aprovado na Casa iniciadora (portanto, sem as emendas) vai ser encaminhado para sanção ou veto do Presidente da República. Conclui-se que quando o projeto de lei é aprovado na Casa revisora com emendas, quem dá a última palavra é a Casa iniciadora, visto que sua decisão será a que irá ter preponderância. E, por último, se a Casa iniciadora aprova as emendas agregadas ao PLO pela Casa revisora, o projeto segue (com as emendas aprovadas) para a **sanção ou veto do Presidente da República**.

i) Após a **aprovação** do projeto de lei pelas **duas Casas do Congresso Nacional**, o PLO segue para o **autógrafo**. Esse constitui o documento formal que reproduz o texto aprovado de forma definitiva pelo Poder Legislativo, expressando com

20. Uma outra possibilidade, foi exarada pelo STF no julgamento da ADI 2182 em 12.05.2010 (presente no informativo nº 586 do STF) e pode ser intitulada como "*técnica de pormenorização*" (na qual, também, não há uma alteração substancial no PLO, mas, segundo o STF, uma alteração, de "conteúdo mais em sentido formal do que material") Nesses termos: "*(...) Em conclusão, o Tribunal, por maioria, ao examinar apenas sob o aspecto da inconstitucionalidade formal, julgou improcedente pedido formulado em ação direta de inconstitucionalidade ajuizada pelo Partido Trabalhista Nacional – PTN contra a Lei 8.429/92, que dispõe sobre as sanções aplicáveis aos agentes públicos nos casos de enriquecimento ilícito no exercício de mandato, cargo, emprego ou função na administração pública direta, indireta ou fundacional e dá outras providências – v. Informativos 468 e 471. Considerou-se que, na espécie, a modificação do projeto iniciado na Câmara dos Deputados se dera, no Senado Federal, basicamente pela pormenorização, adoção de uma técnica legislativa, em que o conteúdo se alterara muito mais no sentido formal do que material. Ressaltou-se, ainda, a prevalência da Casa iniciadora do projeto. Vencido o Min. Marco Aurélio, relator, que julgava o pleito procedente para declarar a inconstitucionalidade formal da lei impugnada por entender que o diploma legal fora aprovado sem a devida observância do sistema bicameral.*" (ADI 2182/DF, Rel. orig. Min. Marco Aurélio, red. p/ o acórdão Min. Cármen Lúcia, Julg. em **12.05.2010**).

fidelidade o resultado da deliberação parlamentar, antes do encaminhamento ao Presidente da República para **sanção** ou **veto** do mesmo.[21]

j) Sobre a **sanção** ou **veto do** Presidente da República. **A sanção** pode ser definida como a aquiescência do Presidente da República ao projeto de lei. É ela que faz com que o projeto deixe de ser projeto e passe a ser lei. Portanto, será sempre um ato constitutivo que transforma o PLO em lei.[22] Pode ser:

Expressa	Tácita
é aquela que ocorre quando explicitamente, em um prazo de **15 dias úteis**, o Presidente da República sanciona o projeto de lei.	é aquela que ocorre quando o Presidente da República, nos **15 dias úteis**, não sanciona o projeto expressamente, mas também não o veta.

A sanção pode ser ainda especificada em total (o Presidente sanciona todo o projeto de lei) ou parcial (o Presidente sanciona parte do PLO e a outra parte é vetada).

Já o **veto** pode ser definido com a discordância do Presidente da República ao projeto de lei.[23] O veto pode ser diferenciado em:

Político	Jurídico	Político-jurídico
ocorre quando o Presidente da República veta o projeto por entendê-lo contrário ao interesse público.	ocorre quando o Presidente da República veta o projeto por entendê-lo inconstitucional.	o projeto de lei é vetado por ser, no entendimento do Presidente, contrário ao interesse público e também inconstitucional.

Existem algumas **características do veto** que são comumente explicitadas pela doutrina pátria. Nesse sentido, o veto pode ser entendido como:

1) Expresso: pois não existe veto tácito. Se o veto não for expresso, haverá sanção tácita.[24]

21. Conforme o caput do art. 66 da CR/88: *a Casa na qual tenha sido concluída a votação enviará o projeto de lei ao Presidente da República, que, aquiescendo, o sancionará.* É interessante que a 1ª Turma do STF *já decidiu que Prefeito que, ao sancionar lei aprovada pela Câmara dos Vereadores, inclui artigo que não constava originalmente no projeto votado pratica o crime de falsificação de documento público* (art. 297, § 1º do CP). STF. AP 971/RJ, Rel. Min. Edson Fachin, julg em **28.06.2016.**
22. Embora alguns autores não tenham esse posicionamento (como André Ramos Tavares), ela, sem dúvida, é a **majoritária** na doutrina pátria.
23. Nos termos do art. 66 § 1º da CR/88: *Se o Presidente da República considerar o projeto, no todo ou em parte, inconstitucional ou contrário ao interesse público, vetá-lo-á total ou parcialmente, no prazo de quinze dias úteis, contados da data do recebimento, e comunicará, dentro de quarenta e oito horas, ao Presidente do Senado Federal os motivos do veto.*
24. Nos termos do art. 66 § 3º da CR/88: Se decorrido o prazo de quinze dias (úteis), o silêncio do Presidente da República importará na sanção do projeto.

2) **Motivado e Formalizado:** o veto tem de ser fundamentado, pois ele é enviado para o Congresso Nacional apreciá-lo. Como o Congresso Nacional irá analisá-lo sem saber os seus motivos? Se o veto não for motivado, será nulo. Nesse caso, ocorrerá a sanção tácita. Quanto à formalização, quer esta dizer que o veto tem que ser sempre reduzido à forma escrita. Se não for escrito (formalizado) e transcorrer o prazo de 15 dias úteis, haverá sanção tácita.

3) **Total/Parcial:** o veto pode ser total ou parcial, porém, conforme disposição constitucional, o veto parcial tem que ser sempre de texto integral de artigo, parágrafo, inciso ou alínea, pois não existe a possibilidade do Presidente da República vetar palavras ou expressões do PLO.[25] O objetivo dessa característica é evitar que o Presidente da República legisle alterando o significado das proposições normativas.

4) **Supressivo:** o veto é sempre para retirar algo do projeto de lei. É para suprimir algo (ou o projeto inteiro ou parte do mesmo). Logo, o veto sempre suprime e nunca acrescenta nada ao PLO, pois, do contrário, o chefe do Poder Executivo estaria legislando.

5) **Irretratável:** se o Chefe do Executivo vetar o projeto, ele não poderá voltar atrás e modificar seu entendimento. Portanto, uma vez explicitado o veto com suas razões, esse ato se torna impossível de ser alterado pelo Presidente da República.

6) **Relativo:** o veto será sempre superável (passível de superação). O veto jamais será absoluto. Nesses termos, o veto sempre irá voltar ao Congresso Nacional para, em sessão conjunta, dentro de um prazo de 30 dias contados da data do recebimento, ser apreciado.[26] Assim sendo, o **veto poderá** ser:

- **Rejeitado:** quórum de maioria absoluta e com votação aberta[27]. Com isso, a lei (e não o projeto, como erroneamente diz o texto constitucional!) será encaminhada ao Presidente da República para que esse a promulgue e publique.[28] Se o Presidente da República não o fizer, o Presidente do Senado a promulga. Se não o fizer, o Vice-Presidente do Senado o fará.[29]

---

25. Aqui notamos uma diferença do Chefe do Poder Executivo em relação ao Poder Judiciário, pois certo é que o STF no controle de constitucionalidade de Leis ou atos normativos pode adotar o princípio da parcelaridade, ou seja, pode declarar a inconstitucionalidade de palavras ou expressões.
26. Art. 66 § 4º da CR/88: O veto será apreciado em sessão conjunta, dentro de trinta dias a contar de seu recebimento, só podendo ser rejeitado pelo voto da maioria absoluta dos Deputados e Senadores, em escrutínio secreto.
27. Aqui é importante registrarmos que a recente **Emenda Constitucional nº 76** de **28.11.2013** aboliu (**suprimiu**) o **voto secreto** para o procedimento de análise do veto do Presidente da República pelo Congresso Nacional.
28. Aqui, uma observação: há uma impropriedade no Texto Constitucional do art. 66 da CR/88, que afirma que o que volta para o Presidente não é a Lei, mas o projeto de lei, para sua promulgação e publicação, como se o Presidente promulgasse e publicasse projeto de lei! A interpretação adequada, é aquela que entende, que o que se dirige ao PR é a Lei para sua devida promulgação e publicação.
29. Conforme o art. 66 § 7º da CR/88: Se a lei não for promulgada dentro de quarenta e oito horas pelo Presidente da República, nos casos dos § 3º e § 5º, o Presidente do Senado a promulgará, e, se este não o fizer em igual prazo, caberá ao Vice-Presidente do Senado fazê-lo.

- **Aprovado (manutenção do veto):** caso não seja alcançada a maioria absoluta na votação para a rejeição do veto, este será mantido. Nesse caso, todo o PLO ou a parte vetada do mesmo vai para o arquivo. Nesses termos, conforme ditame constitucional, temos que a matéria constante de projeto de lei rejeitado **somente poderá constituir objeto de novo projeto, na mesma sessão legislativa,** mediante proposta da **maioria absoluta** dos membros de **qualquer das Casas** do Congresso Nacional.

Por último, é mister salientar que, em termos práticos,[30] pode ocorrer:

1) Veto total do Presidente, com posterior rejeição total pelo Congresso Nacional (aqui será encaminha ao Presidente a lei para sua devida promulgação);

2) Veto total do Presidente com posterior rejeição parcial do veto pelo Congresso (aqui o Congresso aprovou o veto (manteve o veto) a alguns dispositivos, porém rejeitou o veto em relação a outros que terão de ser encaminhados para a promulgação);

3) Veto parcial do Presidente com posterior rejeição total do veto parcial (aqui o Congresso rejeitou o veto do Presidente fazendo com que haja a promulgação da parte que estava, até então, vetada pelo Presidente); e

4) Veto parcial com posterior rejeição parcial pelo Congresso Nacional (aqui o Presidente vetou parcialmente um projeto e o Congresso rejeitou partes do veto parcial, ou seja, rejeitou o veto sobre alguns dispositivos, fazendo com que os mesmos tenham de ser promulgados).

Temos ainda, para finalizar a ***fase constitutiva***, algumas observações importantes sobre a **sanção** e o **veto**:

1) Sobre o veto parcial, temos a informar que é certo que a parte que não foi vetada do projeto (parte, portanto, sancionada) será promulgada e publicada de imediato, sem a necessidade de análise pelo Poder Legislativo.

2) Conforme o STF, não é possível ***republicar*** uma lei já sancionada, promulgada e publicada para incluir novos vetos, ainda que sob o argumento de que se trata de mera retificação da versão original. Nesses termos, não se admite "novo veto" em lei já promulgada e publicada. Manifestada a aquiescência do Poder Executivo com projeto de lei, pela aposição de sanção, evidencia-se a ocorrência de preclusão entre as etapas do processo legislativo, sendo incabível eventual retratação.[31]

Na fundamentação, afirmou o STF, que a Constituição Federal dedicou razoável atenção ao modo pelo qual se desenvolvem as relações entre Poder Legislativo e

30. PAULO, Vicente, Direito constitucional, p. 486.
31. ADPF 714/DF, ADPF 715/DF e ADPF 718/DF, STF. Plenário. Rel. Min. Gilmar Mendes, julgado em 13.02.2021 (Info 1005).

Poder Executivo quando da passagem da etapa da deliberação legislativa para a etapa da deliberação executiva.

O art. 66 da CR/88 enuncia modalidades de sanção e veto, demarca elementos e formalidades essenciais, assinala prazos e estatui consequências jurídicas na hipótese de seu descumprimento. Além disso, o Presidente da República, ao exercer a prerrogativa do veto parcial, encaminha a parte não vetada à promulgação, de modo que o projeto se transforma em lei. Já a parte vetada, por seu turno, segue para o Congresso Nacional, que deliberará, em sessão conjunta, pela manutenção ou derrubada do veto (CR, art. 57, § 3º, IV). Destaca-se, ainda, que o impasse instalado nas presentes arguições de descumprimento de preceito fundamental (ADPF) se refere ao principal diploma com normas gerais para o combate à pandemia da Covid-19, matéria da mais absoluta relevância constitucional.

Com base nesses fundamentos, o Plenário conheceu parcialmente das ações e, na parte conhecida, julgou procedentes os pedidos em relação aos "novos vetos" trazidos na "republicação" veiculada no Diário Oficial da União de 6 de julho de 2020, a fim de que seja restabelecida a plena vigência normativa do § 5º do art. 3º-B e do art. 3º-F da Lei 13.979/2020, na redação conferida pela Lei 14.019/2020.[32]

3) Sobre o veto, pode ocorrer do Congresso Nacional não deliberar sobre ele no prazo estabelecido constitucionalmente de 30 dias contados da data do seu recebimento. Nesse caso, conforme o diploma constitucional, esgotado sem deliberação o prazo estabelecido (de 30 dias), o veto será colocado na ordem do dia da sessão imediata, ficando sobrestadas (paralisadas) as demais proposições até sua votação final. Devemos salientar que as proposições que ficarão sobrestadas são as de tramitação conjunta do Congresso Nacional, portanto, as votações do Congresso (e não da Câmara e do Senado separadamente!) ficarão paralisadas até que se ultime a apreciação (votação) do veto.

Aqui, é importante explicitarmos questão aventada sobre o instituto do veto, em dezembro de 2012 no STF, que se refere à existência ou não de ordem cronológica para a análise pelo Congresso Nacional, dos vetos da Presidência da República.

Sobre o tema, o ministro Luiz Fux, em **17.12.2012, deferiu** pedido de liminar no Mandado de Segurança (MS nº 31.816), impetrado pelo Deputado Federal Alessandro Molon (RJ), e determinou que a Mesa Diretora do Congresso Nacional se abstenha de examinar o veto parcial da presidenta da República, Dilma Rousseff, ao Projeto de Lei 2.565/2011, que trata das novas regras de partilha de *royalties* e

32. ADPF 714/DF, ADPF 715/DF e ADPF 718/DF, STF. Plenário. Rel. Min. Gilmar Mendes, julgado em 13.02.2021 (Inf. 1005). Nesses termos: *"(...) a sanção, uma vez dada, escapa ao controle do outorgante, para integrar o ato complexo – a lei –, como um todo, passando, em consequência, a ser elemento da lei, que não pode ser retirado ou revogado, senão com a revogação da lei. É irretratável." (SILVA, José Afonso da. Processo Constitucional de Formação das Leis. 2ª ed. São Paulo: Malheiros, 2007, p. 214-215) "O veto é irretratável. Uma vez manifestado, e comunicadas as razões ao Legislativo, torna-se o veto insuscetível de retratação".* (MELLO FILHO, José Celso de. Constituição Federal Anotada. 2ª ed. São Paulo: Saraiva, 1986, p. 224).In: *Dizer o Direito*, Informativo 1005.

participações especiais devidos em virtude da exploração de petróleo, gás natural e outros hidrocarbonetos fluidos antes que os mais de 3.000 mil vetos existentes para a apreciação sejam apreciados.

Ao deferir a liminar, o ministro Luiz Fux, observou que a Constituição, impõe prazo de 30 dias para a deliberação acerca do veto presidencial e prevê o trancamento de pauta em caso de descumprimento. Portanto, segundo ele, isso implica a apreciação dos vetos **em ordem cronológica** de comunicação ao Legislativo. Segundo o Ministro, o primeiro veto recebido e não apreciado dentro desse prazo "sobrestou a deliberação de todos aqueles que o sucederam", e, por isso, não podem ser decididos antes que os anteriores o sejam. Nesses termos, afirmou que: "Aos olhos da Constituição, todo e qualquer veto presidencial é marcado pelo traço característico da urgência, que resta evidente pela possibilidade de trancamento da pauta legislativa em razão da sua não avaliação oportuna. (...) Daí por que não há vetos mais ou menos urgentes. Todos o são em igual grau".

Portanto, a medida liminar foi deferida, para **impedir (obstaculizar)** que o **Congresso Nacional** delibere acerca do **veto parcial ora em comento**, antes que fossem analisados, em **ordem cronológica** da respectiva comunicação ao Congresso Nacional, todos os **vetos pendentes com prazo constitucional já expirado**, observadas as regras regimentais pertinentes[33].

Acontece que, em **27.02.2013** o STF deu provimento a **Agravo Regimental** interposto contra a decisão do Ministro Luiz Fux e por decisão da maioria revogou a liminar concedida no MS 31.816. Foram vencidos os Ministros Luiz Fux (Relator), Marco Aurélio, Celso de Mello e Joaquim Barbosa que votaram pela manutenção da decisão de deferimento da liminar.

Os argumentos da corrente majoritária[34] podem ser assim resumidos:

---

33. Conforme o STF, na decisão, *"o ministro Luiz Fux entendeu ainda que a alegação de que se trata de matéria **interna corporis** (de interesse apenas do próprio órgão) não deve impedir a análise judicial da questão debatida. "É paradoxal que, em um Estado Democrático de Direito, ainda existam esferas de poder imunes ao controle jurisdicional"*, assinalou. Além disso, para o ministro Fux, *a Mesa Diretora do Congresso Nacional, ao proceder à leitura do veto sem que a matéria se encontrasse na Ordem do Dia, atuou sem amparo constitucional ou regimental, contribuindo para a controvérsia entre os membros do parlamento e frustrando "as condições necessárias à cooperação democrática no Estado brasileiro".* O ministro ressaltou *também que os artigos 104 e 105 do Regimento Interno do Congresso Nacional foram violados, já que não foi constituída comissão mista (deputados e senadores) para elaborar relatório sobre o veto presidencial. "O fato de a matéria cuidar de interesse das maiorias parlamentares não legitima qualquer tipo de ruptura ou transgressão com as normas previamente estabelecidas pelo próprio corpo legislativo".* Posteriormente, o STF recebeu ainda **novo pedido de concessão de medida liminar em Mandado de Segurança** (MS 31.832) com o fim de impedir a deliberação do CN a respeito do veto parcial nº 38/2012 da Presidência da República. O pedido também *exigiu que a deliberação sobre os **royalties fosse suspensa** até que seja designada comissão mista, composta de três senadores e três deputados federais, para relatar e estabelecer calendário de apreciação para cada um dos mais de 3 mil vetos presidenciais que foram colocados em pauta para votação conjunta no Congresso Nacional* (verdadeiro estelionato regimental). O relator do **MS 31.832 é o Min. Luiz Fux, porém o pedido de medida liminar fora apreciado e negado pelo Min. Ricardo Lewandowski.**
34. **Ementa:** "A concessão de liminar, em mandado de segurança, supõe, além do risco de ineficácia da futura decisão definitiva da demanda, a elevada probabilidade de êxito da pretensão, tal como nela formulada. 2. No caso, o que se pretende, na impetração, é provimento que iniba o Congresso Nacional de apreciar o Veto Parcial n.º

a) A aplicação rígida dos referidos artigos constitucionais, com eficácia retroativa, não apenas imporia futuro caótico para a atuação do Poder Legislativo (a paralisar nova deliberação, exceto a de vetos pendentes por ordem de vencimento), assim como causaria insegurança jurídica sobre as deliberações tomadas pelo Congresso Nacional nos últimos 13 anos; **b)** A relação de compatibilidade material que deveria ocorrer entre a decisão liminar e a sentença final, a limitar o juízo de verossimilhança, que consistiria na alta probabilidade de atendimento pela sentença definitiva da providência objeto de antecipação. Aqui o fundamento foi o de que a questão em debate seria semelhante à enfrentada pelo STF no julgamento da ADI 4029/DF (*DJe* de 27.06.2012), e embora a Corte pudesse vir a declarar a inconstitucionalidade da prática até agora adotada pelo Congresso Nacional no processo legislativo de apreciação de vetos, dever-se-ia atribuir à decisão eficácia *ex nunc*. Com isso, excluir-se-iam, as deliberações tomadas, os vetos presidenciais apreciados e os que já tivessem sido apresentados, mas pendentes de exame. Alinhavou que, sendo essa a decisão definitiva mais provável, a medida liminar deveria, desde logo, com ela se compatibilizar. Desse modo, a improbabilidade de êxito (da decisão de mérito) retiraria da impetração o indispensável requisito da verossimilhança, sendo adequada a revogação da liminar; **c)** A não exigência no art. 66 da CR/88 de ordem cronológica na apreciação de vetos; **d)** A manutenção da liminar poderia gerar conjuntura mais gravosa ao Parlamento, à sociedade brasileira e ao Direito.[35]

4) Sobre o veto, que é considerado um ato de natureza política, não há que se falar em controle judicial sobre as razões do veto.

38/2012, aposto pela Presidente da República ao Projeto de Lei n.º 2.565/2011, antes da votação de todos os demais vetos anteriormente apresentados (mais de 3.000 – três mil), alguns com prazo vencido há mais de 13 – treze – anos. 3. A medida liminar, que tem natureza antecipatória, não pode ir além nem deferir providência diversa da que deriva da sentença definitiva. Assim, no entender majoritário da Corte, não há como manter a determinação liminar ordenando ao Congresso Nacional que "se abstenha de deliberar acerca do Veto Parcial nº 38/2012 antes que proceda à análise de todos os vetos pendentes com prazo de análise expirado até a presente data, em ordem cronológica de recebimento da respectiva comunicação". Isso porque se mostra pouco provável que tal determinação venha a ser mantida no julgamento definitivo da demanda, especialmente pela gravidade das consequências que derivariam do puro e simples reconhecimento, com efeitos ex tunc, da inconstitucionalidade da prática até agora adotada pelo Congresso Nacional no processo legislativo de apreciação de vetos presidenciais. 4. Agravo regimental provido".

35. A corrente **minoritária entendeu** do seguinte modo: *O Min. Luiz Fux considerou inconstitucional a deliberação aleatória dos vetos presidenciais pendentes de análise legislativa, cuja simples existência subtrairia do Poder Legislativo a autonomia para definição da respectiva pauta política. Entendeu ser necessária a deliberação dos vetos presidenciais em ordem cronológica de comunicação ao Congresso Nacional, a resultar na apreciação do Veto Parcial 38/2012 somente após a análise daqueles com prazo constitucional expirado. Repeliu, em consequência, a doutrina das questões interna corporis ante sua manifesta contrariedade ao Estado de Direito e à proteção das minorias parlamentares. Por fim afirmou que a leitura do citado veto, em regime de urgência, violaria as disposições regimentais que impediriam a discussão de matéria estranha à ordem do dia e a deliberação do veto sem prévio relatório da comissão mista. O Min. Marco Aurélio ressaltou que a concessão da liminar não teria implicado o trancamento da pauta do Congresso. O Min. Celso de Mello reiterou que nenhum Poder da República teria legitimidade para desrespeitar a Constituição ou para ferir direitos públicos e privados de seus cidadãos. Mencionou a prática institucional em que o Congresso Nacional diminuir-se-ia perante o Poder Executivo ao não exercer o dever que lhe incumbiria, pela Constituição, de apreciar os vetos presidenciais, o que os transformaria, de superáveis e relativos, em absolutos. No mesmo sentido, pronunciou-se o Min. Joaquim Barbosa ao citar que se estaria diante de exemplo da hipertrofia do Poder Executivo, em face da abdicação, pelo CN, de suas prerrogativas.* (Informativo 696 do STF)

5) Sobre o veto, muito se discute sobre sua natureza. Nesse sentido, há duas correntes sobre o tema: a 1ª corrente entende que o veto tem natureza legislativa. Já a 2ª corrente entende que o veto tem natureza executiva. A corrente majoritária é a que entende ter o veto natureza legislativa. Nesses termos, o chefe do Poder Executivo está vetando no ***iter*** do processo legislativo, e, com isso, estaria o Presidente exercendo uma função atípica por dispositivo constitucional. É a corrente defendida, entre outros, por José Afonso da Silva.[36] A corrente minoritária é defendida, entre outros, por Kildare Gonçalves Carvalho e por Hilda Brandão.[37]

6 Por último, agora sobre a sanção, é mister salientar que não existe controle judicial em relação à ela. O que pode ser discutido, sempre, será o que foi derivado da sanção, que é a lei. Leia-se o controle será sobre o produto do ato do Presidente, que é a lei, e não sobre a sanção.

k) Nesse momento passamos para a **Fase Complementar ou de Integração de Eficácia (3ª Fase)**

Após a sanção do Presidente da República ou a rejeição do veto pelo Congresso Nacional mediante o quórum de maioria absoluta em votação aberta, já temos (para a corrente majoritária) uma nova lei em nosso ordenamento jurídico. Com isso, finaliza-se a fase constitutiva e apresenta-se a última fase do processo, intitulada de **complementar** ou de **integração de eficácia**. Nessa fase, haverá dois atos, quais sejam: a promulgação e publicação da lei.

- **Promulgação:** classicamente, é entendida como o atestado de existência da lei. Ou seja, é um referendo (consubstanciamento) que a ordem jurídica foi inovada e que, portanto, existe uma nova lei no ordenamento. A promulgação incidirá sempre sobre a lei. Dessa feita, a natureza jurídica da promulgação é meramente declaratória.[38]

- **Publicação:** nada mais é do que a oficialização da lei para todo o território nacional com sua devida publicização.[39] A publicação é condição para a lei entrar e vigor e tornar-se eficaz.[40] Portanto, a publicação conduz o texto normativo ao conhecimento de todos aqueles que serão obrigados a cumprir o texto, se colocando como uma condição de eficácia da lei.

---

36. SILVA, José Afonso da, *Curso de direito constitucional positivo*, 2007.
37. CARVALHO, Kildare Gonçalves, *Direito constitucional*, 2007.
38. Conforme a doutrina: "*A promulgação não passa de mera comunicação aos destinatários da lei, que está foi criada com determinado conteúdo. Nesse sentido, pode-se dizer que é o meio de constatar a existência da lei; esta é perfeita antes de ser promulgada; a promulgação não faz a lei, mas os efeitos dela somente se produzem depois daquela.*" (SILVA, José Afonso da, *Comentários contextuais à Constituição*, 2009, p. 458). Contra, em corrente minoritária: André Ramos Tavares, 2012.
39. Sobre o assunto ver a **Lei Complementar nº 95/98**, que trata de temas tais como: "leis de alta complexidade não podem entrar em vigor na data de sua publicação."
40. SILVA, José Afonso da, *Comentários contextuais à Constituição*, 2009, p. 458.

Aqui é interessante citarmos o art. 8º da Lei Complementar nº95/98 que determina que a vigência da lei será indicada de forma expressa e de modo a contemplar prazo razoável para que dela se tenha amplo conhecimento, reservada a cláusula "entra em vigor na data de sua publicação" para as leis de pequena repercussão.

Para finalizar, uma última digressão: a promulgação e a publicação são sempre atos conjuntos, ou seja, que ocorrem conjuntamente? Não, não são sempre atos conjuntos. Pode ocorrer a promulgação e, só posteriormente, a publicação da nova lei.

6. PROCESSOS LEGISLATIVOS ESPECIAIS – LEIS COMPLEMENTARES

Passaremos, agora, ao estudo dos processos legislativos especiais. Iremos começar pela análise das leis complementares e seu processo legislativo.

6.1. Leis Complementares: Conceito

Lei complementar é espécie normativa primária que envolve matérias taxativamente previstas na Constituição e que exige quórum de maioria absoluta para sua aprovação.

6.2. Procedimento para elaboração de leis complementares

Iremos estudá-lo diferenciando-o do procedimento de elaboração das leis ordinárias (aqui já trabalhado). Assim sendo, a doutrina pátria tem o costume de afirmar que os processos de produção da Lei Ordinária e da Lei Complementar apresentam duas distinções e, no mais, são processos equivalentes e similares. Nesse sentido, existiria a diferença material e a diferença formal e ponto. Essas diferenças iremos, aqui, intitular de diferenças comuns, pois forçoso será discordarmos da doutrina tradicional que, infelizmente, não enxergou outras diferenças nos processos legislativos: ordinário (que produz a lei ordinária) e especial (que produz a lei complementar). Essas outras diferenças iremos chamar de diferenças sofisticadas.

A) Diferenças Comuns

DIFERENÇA	PROCESSO LEGISLATIVO ESPECIAL – LEI COMPLEMENTAR	PROCESSO LEGISLATIVO ORDINÁRIO – LEI ORDINÁRIA
Diferença material	Só existirá lei complementar para matérias taxativamente previstas na CR. Exemplo: art. 22, § único; art. 93, *caput*; art. 128, § 5º; art. 79, § único.	Matérias que não sejam objeto de lei complementar. Seria a lei ordinária, sempre, subsidiária. E, subsidiária em relação a qualquer outra espécie normativa.
Diferença formal	Só pode ser aprovada com um quórum de maioria absoluta conforme art. 69, CR/88.	Para aprovação, basta maioria simples, conforme o art. 47, CR (***maioria dos votos presente a maioria absoluta de seus membros que é o quórum de deliberação***).

B) Diferenças sofisticadas[41]

DIFERENÇA	PROCESSO LEGISLATIVO ESPECIAL – LEI COMPLEMENTAR	PROCESSO LEGISLATIVO ORDINÁRIO – LEI ORDINÁRIA
Regime de tramitação	Projeto de lei complementar só terá regime de tramitação tradicional. Ou seja, tem que ir a plenário (conforme disposição regimental)	Pode ter regime de tramitação tradicional ou o conclusivo (terminativo).
Tramitação	Um projeto de lei complementar na Câmara dos Deputados terá, em regra, dois turnos de votação (está no regimento da Câmara). No senado, é um turno só nos termos regimentais.[41] No caso de regime de urgência, o turno extra na Câmara é suprimido.	O PLO terá apenas um turno de votação na Câmara e no Senado.

Fora essas diferenças, aí, sim, os processos são similares conforme os ditames constitucionais e regimentais.

Por último, são ainda necessárias algumas digressões sobre a relação entre a **lei complementar e a lei ordinária.**

1) Existe hierarquia entre lei complementar e lei ordinária?

1ª) **Corrente:** defendida por autores como Manoel Gonçalves Ferreira Filho e Alexandre de Moraes, entre outros. Sim, há hierarquia. Essa corrente trabalha com alguns fundamentos. O primeiro fundamento é o topográfico (é bem verdade que nem todos os autores que advogam a hierarquia defendem essa posição). A lei complementar está no inciso II do art. 59 e a lei ordinária está no inciso III e, nesses termos, a lei complementar teria uma superioridade hierárquica sobre a lei ordinária. Esse argumento beira o ridículo, na medida em que propõe uma diferenciação hierárquica pela alocação da espécie normativa no texto constitucional. Pergunta-se, apenas a título de exemplo: a lei delegada seria hierarquicamente inferior à lei ordinária?

O segundo fundamento (que é o trabalhado pela maioria dos autores que defendem a tese da hierarquia) envolve o aspecto formal do quórum, pois a lei complementar requer um quórum de maioria absoluta, diferentemente da lei ordinária, que trabalha com o quórum de maioria simples. Teríamos, aí, uma diferenciação hierárquica engendrada pelo constituinte, que teria criado uma figura intermediária entre a Constituição e a legislação ordinária, concedendo a ideia de

41. Conforme o art. **148 do *RICD***: As proposições em tramitação na Câmara são subordinadas, na sua apreciação, a turno único, excetuadas as propostas de emenda à Constituição, os projetos de lei complementar e os demais casos expressos neste Regimento. Conforme o **art. 270 do *RISF***: As proposições em curso no Senado são subordinadas, em sua apreciação, a um único turno de discussão e votação, salvo proposta de emenda à Constituição.

maior dificuldade para aprovar certas matérias, que não seriam de cunho meramente ordinário.

2ª) **Corrente:** Celso Ribeiro Bastos, Michel Temer, Menelick de Carvalho Netto, entre outros. Estes vão entender que não há hierarquia entre essas disposições normativas primárias. Na verdade, o que existe são campos materiais de competência diferenciados (distintos). Na doutrina, a corrente majoritária é a segunda corrente. Porém, na doutrina trabalhista, existe a posição de alguns doutrinadores[42] de que lei complementar é hierarquicamente superior à lei ordinária.

E nos tribunais? O STJ, em algumas decisões esparsas, já se pronunciou, sobretudo em matéria tributária, pela hierarquia entre lei complementar e ordinária, mas atualmente, adota como posição majoritária a de que não há hierarquia.[43] Já o STF, pelo seu entendimento majoritário, defende que não há hierarquia. O Supremo entende que existem campos materiais de competência distintos. E, além desse argumento, existe um outro, dotado de adequabilidade. Nesses termos, a questão pode e deve ser enfrentada também pela lógica do fundamento de validade, ou seja, não há que se falar em hierarquia, na medida em que **a lei ordinária não retira seu fundamento de validade da lei complementar e vice-versa.** Ambas têm por **fundamento de validade** a Constituição. Portanto, a hierarquia é delas para com a Constituição de 1988 e não entre elas. Nesse sentido:

> (...) a lei complementar, embora não possua posição hierárquica superior à ocupada pela lei ordinária no ordenamento jurídico nacional, pressupõe a adoção de processo legislativo qualificado, cujo quórum para a aprovação demanda maioria absoluta. Sua aprovação depende de mobilização parlamentar mais intensa, bem como do dispêndio de capital político e institucional que propicie a articulação(...).[44]

2) Se for aprovada uma lei ordinária em matéria reservada à lei complementar, essa lei ordinária será constitucional? Não. Ela será inconstitucional, pois invadiu esfera material de competência de lei complementar. Teremos uma inconstitucionalidade formal (orgânica).

3) E se ocorrer ao contrário? For aprovada lei complementar sobre matéria reservada subsidiariamente à lei ordinária?

Aqui, há uma relativização. Embora sejam os campos materiais de competência diferenciados, majoritariamente, entende-se que, nesse caso, essa lei complementar seria constitucional, sob o fundamento, ainda que frágil, de que quem pode mais, pode menos. Ou seja, embora tenha sido aprovada lei complementar em matéria que não é de sua competência, teria sido, também, aprovada lei ordinária, pois o quórum daquela é superior ao quórum desta.

42. Como exemplo, temos: Alice Monteiro de Barros, In: Curso de Direito do Trabalho, 2009.
43. Como precedente, entre outros: Pet (AgR) nº 5915/SP Rel. Min. Humberto Martins. DJ: **03.12.2007**.
44. **ADI 5003/SC**, STF. Plenário. Rel. Min. Luiz Fux, julgado em **05.12.2019** (Informativo 962).

4) E se, posteriormente, surgir uma lei ordinária sobre a mesma matéria? Essa lei ordinária revoga a lei complementar existente?

Sim, e é a única hipótese de que uma lei ordinária pode **revogar** lei complementar, porque nesse caso, como a lei complementar invadiu matéria reservada à lei ordinária, essa lei complementar, embora válida, será lei complementar só sobre a perspectiva formal. Porém, materialmente ela será lei ordinária (porque invadiu matéria de lei ordinária e essa matéria não perde a sua natureza). Nesses termos, quando a lei complementar for apenas formalmente complementar, mas materialmente ordinária, ela pode ser revogada por lei ordinária posterior.[45]

5) O STF recentemente decidiu na ADI 5003/SC, que Constituição Estadual não pode ampliar as hipóteses de reserva de lei complementar, ou seja, não pode criar outras hipóteses em que é exigida lei complementar, além daquelas que já estão previstas na Constituição de 1988.[46]

No caso da ADI 5003 o STF declarou a inconstitucionalidade de norma da Constituição Estadual de Santa Catarina que exigia a edição de lei complementar para dispor sobre: a) regime jurídico único dos servidores estaduais; b) organização da Polícia Militar; c) organização do sistema estadual de educação e d) plebiscito e referendo. Esses dispositivos foram declarados inconstitucionais porque a CF/88 não exige lei complementar para disciplinar tais assuntos.[47]

Assim sendo, para o STF, se a Constituição Estadual amplia o rol de matérias que deve ser tratada por meio de lei complementar, isso restringe indevidamente o "*arranjo democrático-representativo desenhado pela Constituição Federal*".[48]

---

45. Como exemplo, temos o **Informativo 520 do STF**: Em conclusão, o Tribunal, por maioria, desproveu dois recursos extraordinários, e declarou legítima a revogação da isenção do recolhimento da Contribuição para o Financiamento da Seguridade Social sobre as sociedades civis de prestação de serviços de profissão legalmente regulamentada, prevista no art. 6º, II, da LC 70/91, pelo art. 56 da Lei 9.430/96 ("Art. 56. As sociedades civis de prestação de serviços de profissão legalmente regulamentada passam a contribuir para a seguridade social com base na receita bruta da prestação de serviços, observadas as normas da Lei Complementar nº 70, de 30 de dezembro de 1991.") – v. Inf. 436, 452 e 459. Considerou-se a orientação fixada pelo STF no julgamento da ADC 1/DF (DJU de 16.6.95), no sentido de: a) inexistência de hierarquia constitucional entre lei complementar e lei ordinária, espécies normativas formalmente distintas exclusivamente tendo em vista a matéria eventualmente reservada à primeira pela própria CR; b) inexigibilidade de lei complementar para disciplina dos elementos próprios à hipótese de incidência das contribuições desde logo previstas no texto constitucional. Com base nisso, afirmou-se que o conflito aparente entre o art. 56 da Lei 9.430/96 e o art. 6º, II, da LC 70/91 não se resolve por critérios hierárquicos, mas, sim, constitucionais quanto à materialidade própria a cada uma dessas espécies normativas. No ponto, ressaltou-se que o art. 56 da Lei 9.430/96 é dispositivo legitimamente veiculado por legislação ordinária (CR, art. 146, III, b, a *contrario sensu*, e art. 150, § 6º) que importou na revogação de dispositivo inserto em norma materialmente ordinária (LC 70/91, art. 6º, II). Concluiu-se não haver, no caso, instituição, direta ou indireta, de nova contribuição social a exigir a intervenção de legislação complementar (CR, art. 195, § 4º). RE 377. 457 e RE 381.964. Julg: **17.09.2008**. Rel. Min Gilmar Mendes. No mesmo sentido no RE 599.362 e 598.085, julg em 05 e **06.11.2014**: *"São legítimas as alterações introduzidas pela MP 1.858/99, que revogou a isenção da COFINS e PIS concedidas às sociedades cooperativas pela LC 70/91. Isso porque a LC 70/91, ao tratar sobre esse tema, é apenas formalmente complementar, sendo materialmente uma lei ordinária."*
46. **ADI 5003/SC**, STF. Plenário. Rel. Min. Luiz Fux, julgado em **05.12.2019** (Info 962)
47. **ADI 5003/SC**, STF. Plenário. Rel. Min. Luiz Fux, julgado em **05.12.2019** (Info 962)
48. **ADI 5003/SC**, STF. Plenário. Rel. Min. Luiz Fux, julgado em **05.12.2019** (Info 962)

Afirmou na decisão o STF que a lei complementar, embora não possua posição hierárquica superior à ocupada pela lei ordinária no ordenamento jurídico nacional, pressupõe a adoção de processo legislativo qualificado, cujo quórum para a aprovação demanda maioria absoluta. Sua aprovação, portanto, depende de mobilização parlamentar mais intensa, bem como do dispêndio de capital político e institucional que propicie a articulação. Esse processo nem sempre é factível ou mesmo desejável à atividade legislativa ordinária.[49]

Nesses termos, a criação de reserva de lei complementar decorre de juízo de ponderação específico realizado pelo texto constitucional, fruto do sopesamento entre o princípio democrático, de um lado, e a previsibilidade e confiabilidade necessárias à adequada normatização de questões de especial relevância econômica, social ou política, de outro.[50]

7. PROCESSOS LEGISLATIVOS ESPECIAIS – LEIS DELEGADAS

7.1. Leis Delegadas: Conceito

Lei delegada é espécie normativa primária elaborada pelo Presidente da República em virtude de autorização do Poder Legislativo e nos limites postos pelo mesmo. Conforme clássica digressão de Nelson de Souza Sampaio, corroborando com o conceito, temos que: ***"a lei delegada se caracteriza por ser uma delegação externa de função legiferante."*** Ou seja, delegação externa por ser um ato do Poder Legislativo para o Poder Executivo, e de função legiferante porque o legislador delega ao Chefe do Executivo a faculdade de fazer lei (ou pelo menos produzi-la, como veremos adiante).

7.2. Procedimentos

1ª) Fase de iniciativa: Como é deflagrado o processo de elaboração de uma lei delegada? É mister salientar que a Lei delegada **sempre dependerá** de iniciativa do Presidente da República. É a chamada iniciativa solicitadora do Presidente da República.

2ª) Fase constitutiva: O pedido (solicitação) do Presidente é encaminhado ao Congresso Nacional[51]. Nesses termos, a proposta será remetida (ou apresen-

49. **ADI 5003/SC**, STF. Plenário. Rel. Min. Luiz Fux, julgado em **05.12.2019** (Info 962)
50. **ADI 5003/SC**, STF. Plenário. Rel. Min. Luiz Fux, julgado em **05.12.2019.** Aqui ressaltamos que o STF possui julgado mais antigo em sentido contrário ao julgado mais recente que altera seu posicionamento: *Constituição estadual poderá prever que a Lei Orgânica da Polícia Civil daquele estado tenha status de lei complementar. Não há nada na CF/88 que impeça o constituinte estadual de exigir quórum maior (lei complementar) para tratar sobre essa questão. Seria uma demasia (um exagero) negar à Constituição estadual a possibilidade de escolher determinados temas como mais sensíveis, exigindo, para eles, uma aprovação legislativa mais qualificada por meio de lei complementar.* STF. Plenário. ADI 2314/RJ, Red. p/ o acórdão Min. Marco Aurélio, julg em 17.06.2015 (Info 790).
51. **Art. 68**. As leis delegadas serão elaboradas pelo Presidente da República, que deverá solicitar a delegação ao Congresso Nacional. **§ 1º** – Não serão objeto de delegação os atos de competência exclusiva do Congresso

tada) ao Presidente do Senado Federal, que convocará sessão conjunta, a ser realizada dentro de 72 (setenta e duas) horas, para que o Congresso Nacional dela tome conhecimento. Nessa sessão, será constituída Comissão Mista para emitir parecer sobre a proposta. Posteriormente, publicado o parecer, será convocada sessão conjunta para votação da matéria. Certo é que, a apreciação no Congresso se dará por quórum de maioria simples. Aprovado o pedido, por maioria simples, a delegação será efetivada sob a forma de uma resolução do Congresso Nacional. Essa resolução fixará os termos, os limites e as condições da delegação.

3ª) **Fase complementar:** A promulgação e publicação da Lei delegada será realizada pelo Presidente da República, conforme observaremos adiante no estudo das características.

Iremos, então, agora, analisar as características básicas do processo legislativo das Leis delegadas. Essas vão envolver, sobretudo, as fases constitutiva e complementar do processo de criação das mesmas. Nesses termos:

a) A resolução do Congresso Nacional, nos termos do regimento Interno Comum do Congresso Nacional, especificará o conteúdo da delegação, os termos para o seu exercício e fixará, também, prazo não superior a 45 (quarenta e cinco) dias para promulgação e publicação da Lei ou remessa do projeto elaborado pelo Presidente, para apreciação pelo Congresso Nacional. O descumprimento desses prazos implica na insubsistência da delegação[52].

b) O Congresso Nacional, que autoriza o Presidente mediante resolução, a elaborar lei, pode sustar a resolução autorizativa a qualquer momento. Além disso, o Poder Legislativo, pode produzir uma lei, sobre a mesma matéria, que está sendo objeto de resolução autorizando o Presidente a fazer lei. O fundamento, será o de que, o Poder Legislativo não perde sua função típica de legislar em virtude da delegação ao Presidente da República.

c) O Presidente da República, se for elaborar a lei, terá que seguir os limites da resolução que delegou a ele poderes para tal. Porém, o Presidente não é obrigado a fazer a lei. Portanto, o Presidente terá a discricionariedade de elaborar ou não a lei, não sendo obrigado a fazer a lei só porque recebeu a delegação.

d) Existem duas espécies de delegação:

1) **Delegação própria ou típica:** é aquela na qual o Poder Legislativo autoriza o Presidente mediante resolução a elaborar o projeto de lei e, posteriormente,

---

Nacional, os de competência privativa da Câmara dos Deputados ou do Senado Federal, a matéria reservada à lei complementar, nem a legislação sobre: I – organização do Poder Judiciário e do Ministério Público, a carreira e a garantia de seus membros; II – nacionalidade, cidadania, direitos individuais, políticos e eleitorais; III – planos plurianuais, diretrizes orçamentárias e orçamentos.

52. Aqui, seguindo o Regimento Interno Comum do Congresso Nacional, e, com isso, alterando posicionamento nosso anterior.

promulgar e publicar a lei (3ª Fase). Não tem sanção porque não há sentido de o Presidente da República dar aquiescência ao que ele mesmo fez.

2) **Delegação imprópria ou atípica:** é aquela na qual o Poder Legislativo autoriza o Presidente, mediante resolução, a elaborar o projeto de lei que, posteriormente, será submetido ao Congresso Nacional para a apreciação em sessão conjunta vedada à apresentação de emendas. O Congresso poderá **rejeitar ou aprovar** o projeto de lei (quórum de maioria simples). Se rejeitar, o projeto será arquivado. Se aprovar, a lei é enviada ao Presidente para sua **promulgação e publicação (3ª Fase).**

e) Por último, temos uma observação final sobre a lei delegada. Pergunta-se: existe controle político sobre a lei delegada?

Sim, pode o Congresso Nacional sustar a lei delegada com base no art. 49, inc. V, da CR/88.[53] Pergunta-se ainda: essa sustação se opera com efeitos ***ex tunc*** ou com efeitos ***ex nunc***? Opera-se, com efeito, ***ex nunc*** (para o futuro).

Mas, qual será a saída, para que possamos reaver prejuízos eventualmente sofridos em virtude de uma lei delegada que vigorou contrariando ditames constitucionais? Sem dúvida, somente o Poder Judiciário poderá conceder o efeito ***ex tunc***, havendo assim, o ressarcimento de eventuais prejuízos sofridos durante a vigência da lei delegada.

8. MEDIDAS PROVISÓRIAS

8.1. Conceito

A medida provisória é um ato normativo[54] elaborado e editado pelo Presidente da República com força de lei, sob o fundamento de relevância e urgência e que deve ser apreciado pelo Congresso Nacional em prazo de 60 dias prorrogáveis por mais 60 dias.[55]

---

53. Art. 49. É da competência exclusiva do Congresso Nacional: V – sustar os atos normativos do Poder Executivo que exorbitem do poder regulamentar ou dos limites de delegação legislativa. Porém, deixamos consignado, que essa sustação envolve atos normativos do Poder Executivo (conforme inclusive explicitado literalmente), não alcançando atos do Poder Judiciário. Nesses termos, a decisão do STF na ADC nº33 em 18.06.2014.

54. Para alguns doutrinadores, ela não é uma verdadeira espécie normativa, sob o fundamento de que inexistiria processo legislativo para sua formação, pois só após a edição pelo Presidente da República (em ato unipessoal) o legislativo é chamado para aprová-la. José Afonso da Silva é um dos maiores críticos da alocação das medidas provisórias no art. 59, V da CR/88. Entende o mesmo que as MPs jamais deveriam estar alocadas nesse referido artigo, pois não fazem parte do Processo Legislativo (processo de produção de leis). Segundo o professor: "[...] um gênio qualquer, de mau gosto, ignorante, e abusado, introduziu-as aí indevidamente, entre a aprovação do texto final (portanto depois do dia 22.09.88) e a promulgação-publicação da Constituição no dia 5.10.88". *Curso de Direito constitucional positivo*, p. 574. Embora a crítica de José Afonso seja adequada (realmente não há um processo legislativo para a criação das MPs), sem dúvida, as MPs (diferentemente do que pensa Pedro Lenza) são sim uma espécie normativa primária (quer gostemos ou não!) que embora não seja lei, entra no ordenamento com força de lei e sobretudo por isso, inova no ordenamento e vincula condutas! (ainda que sob condição resolutiva!). Portanto, claro que é um ato normativo que devemos cumprir e que inclusive (como outros atos normativos) também é objeto de controle de constitucionalidade (cabe, por exemplo, ADI contra MP. Aqui perguntamos: caberia ADI se a mesma não fosse um ato normativo?). Com o mesmo posicionamento (que é o majoritário), temos: Gilmar Mendes, p. 884.

55. A **medida provisória** tem sua derivação alinhavada ao **modelo italiano** dos decretos-lei (*decreti-legge*) do **art. 77 da Constituição da Itália**, que são adotados em casos extraordinários de necessidade e urgência. Após a

Observamos aqui que a medida provisória não é lei, mas tem força de lei conforme nossa atual Constituição. Sem dúvida, é um ato normativo excepcional. Outro ponto interessante é que seus requisitos formais são relevância e urgência (portanto, são requisitos que devem se apresentar conjuntamente).[56]

8.2. Diferenças: Antes e depois da EC nº 32/01 da CR/88

As medidas provisórias sofreram importantes modificações com o advento da Emenda Constitucional nº 32 em 11.09.2001. Passamos agora, de forma sistemática, a realizar uma análise das principais diferenças entre o antes e o depois da EC nº 32/01, no que tange ao instituto das MPs. Nesses termos, conforme o quadro a seguir:

De 88 a 2001. Antes da EC nº 32/01	De 2001 em diante. Depois da EC nº 32/01
O prazo das MPs era de 30 dias.	O prazo de validade é de 60 dias prorrogável por mais 60 dias.
STF permitia a reedição de MPs, caso não apreciadas (aprovadas ou rejeitadas expressamente) pelo Congresso Nacional[57].	É proibida a reedição de MPs (Se a MP não foi aprovada ou se não rejeitada expressamente no prazo de 60 dias prorrogáveis por mais 60 dias, temos que a sua eficácia será exaurida pelo decurso do prazo, ou seja, ela perde a eficácia por decurso do prazo. É o que podemos chamar de rejeição tácita).
O prazo de tramitação da MP não era suspenso no recesso. Tanto é assim que a Constituição trazia a hipótese de convocação extraordinária para a apreciação das MPs.	O prazo de tramitação é suspenso no recesso parlamentar. Por incrível que pareça, ainda que suspensa, a MP continua válida vinculando condutas. **Conclusão:** MP pode vigorar no Brasil por mais de 120 dias por prazo superior ao definido constitucionalmente. **Exceção:** o prazo da MP volta a correr quando existir convocação extraordinária. No caso, as MPs, conforme art. 57, § 8º, serão incluídas, automaticamente, na pauta de convocação.

edição dos mesmos (que depende da iniciativa de um órgão colegiado chamado de Conselho de Ministros) ocorre comunicação ao parlamento que até mesmo é convocado se não estiver reunido, para a apreciação desses atos. Sem dúvida, este tipo de provimento provisório é de responsabilidade do governo (1º ministro e gabinete) parlamentar existente naquele país, havendo responsabilidade política (possibilidade de queda do gabinete), se ocorrer a não aprovação. Daí a crítica feita por alguns doutrinadores, como Michel Temer, de que o instituto das MPs é mais apropriado para um sistema de governo parlamentarista. Certo é que no caso do Brasil, não há nenhum tipo de responsabilidade política pela não aprovação de uma MP pelo parlamento brasileiro. (TEMER, Michel, *Elementos de direito constitucional*, p. 151; MENDES, Gilmar, 2008, p. 883).

56. **Súmula 651-STF**: *A medida provisória não apreciada pelo Congresso Nacional podia, até a EC 32/2001, ser reeditada dentro do seu prazo de eficácia de trinta dias, mantidos os efeitos de lei desde a primeira edição.* Esse verbete foi transformado na **Súmula Vinculante nº 54** do STF em 17.03.2016 (*DJe* 28.03.2016).

57 **Súmula 651-STF**: *A medida provisória não apreciada pelo Congresso Nacional podia, até a EC 32/2001, ser reeditada dentro do seu prazo de eficácia de trinta dias, mantidos os efeitos de lei desde a primeira edição.* Esse verbete foi transformado na **Súmula Vinculante nº 54** do STF em 17.03.2016 (*DJe* 28.03.2016).

De 88 a 2001. Antes da EC nº 32/01	De 2001 em diante. Depois da EC nº 32/01
Não existia regime de urgência na tramitação de MPs.	Existe **regime de urgência** no processo de tramitação das MPs. Como funciona? Após o 45º dia de tramitação, as MPs entram em regime de urgência e com isso "todas as matérias" da Casa na qual ela se encontra ficarão sobrestadas. Leia-se: ficarão paralisadas nos termos do art. 62 § 6º da CR/88.[1] Observações: 1) podemos ter, por exemplo, dentro do Poder Legislativo, 75 dias de urgência de uma MP (15 dias subsequentes ao 45º dia somados aos 60 dias da possível prorrogação de uma MP = 75 dias de RU); 2) Porém, devemos analisar como o STF, em junho de 2017, interpretou esse dispositivo do art. 62, § 6º da CR/88.
A Deliberação era realizada pelo Congresso Nacional em sessão conjunta.	Deliberação das MPs é feita primeiro na Câmara e depois no Senado, **sempre nessa sequência nos termos da CR/88**.

Sobre a EC nº 32/2001 e as suas disposições (delineadas no quadro comparativo), temos ainda algumas considerações importantes. A primeira será sobre o ***regime de urgência*** já citado e previsto no **art. 62, § 6º da CR/88** e a segunda será sobre a questão da ***impossibilidade de reedição de medidas*** provisórias também citada e prevista no **art. 62, § 10 da CR/88.**

(1) Sobre o ***regime de urgência*** na tramitação das MPs, no início do ano de 2009, o então **Presidente da Câmara dos Deputados Michel Temer,** tomou a decisão normativa de interpretar de forma sistemática (e não literal) o **art. 62, § 6º da CR/88.**

Nesses termos, por decisão do Presidente da Casa Michel Temer, as Medidas Provisórias em **regime de urgência** só iriam trancar a pauta de **projetos de lei ordinária (PLO)** e em **sessões ordinárias**. Com isso, a falta de deliberação de MPs, após o 45º dia de tramitação, não mais trancaria a pauta das outras **proposições em tramitação na Casa** (Proposta de Emenda Constitucional, Projeto de Lei Complementar, Projeto de Decreto Legislativo e Projeto de Resoluções) nas Sessões extraordinárias. Além, também, das MPs não trancarem pauta nas Sessões extraordinárias das matérias (mesmo de Lei ordinária) que são vedadas a edição de MPs nos termos do art. 62, § 1º da CR/88.

O então Presidente da Câmara Michel Temer usou de **argumentos políticos** e **jurídicos** para tal deliberação:

a) Fundamento político: "O primeiro fundamento é de natureza meramente política. Os senhores sabem o quanto esta Casa tem sido criticada, porque praticamente paralisamos as votações em face das medidas provisórias. Basta registrar que temos hoje 10 medidas provisórias e uma décima primeira que voltou do Senado Federal, porque lá houve emenda, que trancam a pauta dos nossos trabalhos. Num critério temporal bastante otimista, essa pauta só será destrancada no meio ou no final de maio, isso se ainda não voltarem para cá outras medidas provisórias do Senado Federal, com eventuais emendas, ou, ainda, outras vierem a ser editadas de modo a trancar a pauta. Portanto, se não encontrarmos uma solução, no caso, interpretativa do texto constitucional que nos permita o destrancamento da pauta, nós iremos passar, Deputadas e Deputados, praticamente esse ano sem conseguir levar adiante as propostas que tramitam por esta Casa que não sejam as medidas provisórias. Aqui, estou me cingindo a colocações de natureza política. Eu quero, portanto, dar uma resposta à sociedade brasileira, dizendo que nós encontramos, aqui, uma solução que vai nos permitir legislar;"

b) **Fundamentos jurídicos:** Segundo o Presidente da Casa: "Ao distribuir essas funções, a soberania popular, expressada na Constituinte, estabeleceu funções distintas para órgãos distintos. Para dizer uma obviedade, Executivo executa, Legislativo legisla e Judiciário julga. Portanto, a função primacial, primeira, típica, identificadora de cada um dos poderes é esta: execução, legislação e jurisdição. No caso do Legislativo, essa atividade foi entregue ao órgão do poder chamado Poder Legislativo. Pode haver exceção a esse princípio? Digo eu: pode e há. Tanto que, em matéria legislativa, o Poder Executivo, por meio do Presidente da República, pode editar medidas provisórias com força de lei, na expressão constitucional. É uma exceção ao princípio segundo o qual ao Legislativo incumbe legislar. Então, volto a dizer: toda vez que há uma exceção, esta interpretação não pode ser ampliativa. Ao contrário. A interpretação é restritiva. Toda e qualquer exceção retirante de uma parcela de poder de um dos órgãos de Governo, de um dos órgãos de poder, para outro órgão de Governo, só pode ser interpretada restritivamente. Muito bem. Então, registrado que há uma exceção, nós iremos ao art. 62 e lá verificamos o seguinte: que a medida provisória, se não examinada no prazo de 45 dias, sobresta todas as demais deliberações legislativas na Casa em que estiver tramitando a medida provisória. Mas, aí, surge uma pergunta: de que deliberação legislativa está tratando o texto constitucional? E eu, aqui, faço mais uma consideração genérica. A interpretação mais prestante na ordem jurídica do texto constitucional é a interpretação sistêmica. Quer dizer, eu só consigo desvendar os segredos de um dispositivo constitucional se eu encaixá-lo no sistema. É o sistema que me permite a interpretação correta do texto. A interpretação literal – para usar um vocábulo mais forte – é a mais pedestre das interpretações. Então, se eu ficar na interpretação literal, 'todas as deliberações legislativas', eu digo, nenhuma delas pode ser objeto de apreciação. Mas não é isso o que diz o texto. Eu pergunto, e a pergunta é importante: uma medida provisória pode versar sobre matéria de lei complementar? Não pode. Há uma vedação expressa no texto constitucional. A medida provisória pode modificar a Constituição? Não pode. Só a emenda constitucional pode fazê-lo. A medida provisória pode tratar de uma matéria referente a decreto legislativo, por exemplo, declarar a guerra ou fazer a paz, que é objeto de decreto legislativo? Não pode. A medida provisória pode editar uma resolução sobre o Regimento Interno da Câmara ou do Senado? Não pode. Isto é matéria de decreto legislativo e de resolução. Aliás, aqui faço um parêntese: imaginem os senhores o que significa o trancamento da pauta. Se hoje estourasse um conflito entre o Brasil e um outro país, e o Presidente mandasse uma mensagem para declarar a guerra, nós não poderíamos expedir o decreto legislativo, porque a pauta está trancada até maio. Então, nós mandaríamos avisar: só a partir do dia 15 ou 20 de maio nós iremos poder apreciar esse decreto legislativo. Não é? Então, em face dessas circunstâncias, a interpretação que se dá a essa expressão 'todas as deliberações legislativas' são todas as deliberações legislativas ordinárias."

A **decisão do Presidente da Câmara** foi objeto de **Mandado de Segurança** impetrado por membros da Câmara dos Deputados no STF (**MS nº 27.931**) de relatoria do Min. Celso de Mello. O Ministro não concedeu Liminar no MS. No julgamento de Mérito do MS, o relator, Ministro Celso de Mello, proferiu seu voto pela **improcedência** do pedido (**não concessão da segurança**).[58] A Ministra Cármen Lúcia pediu vista no ano de 2009 e prolatou o seu voto em março de 2015.[59] Em 29.06.2017 o julgamento foi finalizado.

Nesses termos, o Supremo Tribunal Federal, em conclusão de julgamento e por maioria, denegou a ordem em mandado de segurança impetrado por parlamentares contra decisão do presidente da Câmara dos Deputados em questão de ordem. No ato coator, foi fixada a orientação de que a interpretação adequada do art. 62, § 6º da Constituição da República implicaria o sobrestamento apenas dos projetos de lei ordinária, apesar de o dispositivo prever o sobrestamento

58. Nesses termos, é importante citar, o **Informativo nº 572 do STF**: *O Tribunal iniciou julgamento de mandado de segurança impetrado por membros do Congresso Nacional contra decisão do Presidente da Câmara dos Deputados que, em questão de ordem, formalizara, perante o Plenário dessa Casa Legislativa, seu entendimento no sentido de que o sobrestamento das deliberações legislativas, previsto no § 6º do art. 62 da CR* [...] só se aplicaria, supostamente, aos projetos de lei ordinária. O Min. Celso de Mello, relator, denegou a ordem. *Entendeu que a interpretação emanada do Presidente da Câmara dos Deputados reflete, com fidelidade, solução jurídica plenamente compatível com o alto significado que assume, em nosso sistema institucional, o modelo teórico da separação de poderes, haja vista que revela fórmula hermenêutica capaz de assegurar, por meio da preservação de adequada relação de equilíbrio entre instâncias governamentais (o Poder Executivo e o Poder Legislativo), a própria integridade da cláusula pertinente à divisão do poder. Deu, ainda, interpretação conforme ao § 6º do art. 62 da CR, na redação resultante da EC 32/2001, para, sem redução de texto, restringir-lhe a exegese, em ordem a que, afastada qualquer outra possibilidade interpretativa, seja fixado entendimento de que o regime de urgência previsto em tal dispositivo constitucional – que impõe o sobrestamento das deliberações legislativas das Casas do Congresso Nacional – refere-se, tão-somente, àquelas matérias que se mostrem passíveis de regramento por medida provisória, excluídos, em consequência, do bloqueio imposto pelo aludido dispositivo, as propostas de emenda à Constituição e os projetos de lei complementar, de decreto legislativo, de resolução e, até mesmo, tratando-se de projetos de lei ordinária, aqueles que veiculem temas pré-excluídos do âmbito de incidência das medidas provisórias (CR, art. 62, § 1º, I, II e IV).* Após, pediu vista dos autos a Min. Cármen Lúcia.

59. Em voto-vista em 18.03.2015, a Ministra Cármen Lúcia acompanhou o relator e denegou a segurança. Destacou que seria não apenas da competência do Presidente da Câmara valer-se da interpretação conforme, como também seria compatível com princípios e regras da Constituição. Nesse ponto, a interpretação conforme seria instrumento que poderia ser exercido tanto pelo Poder Judiciário quanto pelo Poder Legislativo no exercício da interpretação constitucional. Assim, na decisão questionada, ficara consignado que o regime de urgência, previsto no § 6º do art. 62 da CF, a impor o sobrestamento das deliberações legislativas das Casas do Congresso seria referente somente às matérias que se mostrassem passíveis de regramento por medida provisória.

de todas as deliberações legislativas da Casa em que estiver tramitando medida provisória que não seja apreciada em 45 dias.

O Colegiado do STF entendeu, nos termos do informativo 870, que a interpretação emanada do Presidente da Câmara dos Deputados reflete, com fidelidade, solução jurídica plenamente compatível com o modelo teórico da separação de poderes. Tal interpretação revela fórmula hermenêutica capaz de assegurar, por meio da preservação de adequada relação de equilíbrio entre instâncias governamentais (o Poder Executivo e o Poder Legislativo), a própria integridade da cláusula pertinente à divisão do poder.

Nesse contexto, a Corte deu ***interpretação conforme*** o § 6º do art. 62 da CR/88, na redação resultante da Emenda Constitucional 32/2001, para, ***sem redução de texto***, restringir-lhe a exegese. Assim, afastada *qualquer outra possibilidade interpretativa*, fixou-se entendimento de que *o regime de urgência previsto no referido dispositivo constitucional – que impõe o sobrestamento das deliberações legislativas das Casas do Congresso Nacional – refere-se apenas às matérias passíveis de regramento por medida provisória*. Excluem-se do bloqueio, em consequência, *as propostas de emenda à Constituição e os projetos de lei complementar, de decreto legislativo, de resolução e, até mesmo, de lei ordinária, desde que veiculem temas pré-excluídos do âmbito de incidência das medidas provisórias (CR, art. 62, § 1º, I, II e IV)*.

(2) Sobre a ***proibição de reedição de medidas*** provisórias na mesma sessão legislativa, prevista no art.62 § 10 da CR/88, recentemente, decidiu o STF, que é inconstitucional medida provisória ou mesmo lei decorrente de conversão de medida provisória em lei cujo conteúdo normativo caracterize a reedição, na mesma sessão legislativa, de medida provisória anterior rejeitada, de eficácia exaurida por decurso do prazo ou que ainda não tenha sido apreciada pelo Congresso Nacional dentro do prazo estabelecido pela Constituição Federal.[60]

No caso, em 03/02/2017, o então Presidente da República Michel Temer publicou a Medida Provisória 768/2017, que criou a Secretaria-Geral da Presidência da República, o Ministério dos Direitos Humanos, e alterou a Lei nº 10.683/2003, que dispõe sobre a organização da Presidência da República e dos Ministérios. A medida provisória 768/2017 não foi apreciada no prazo de 60 dias. Sendo assim, a MP 768/2017, em 20/03/2017, foi prorrogada por mais 60 dias. A MP 768/2017 iria perder a eficácia pelo decurso do prazo em maio de 2017, ou seja, ela teria que ser votada pelo Congresso. Ocorre que, em maio de 2017 (pouco antes da MP 768/2017 perder a validade), Michel Temer editou nova medida provisória (a MP 782/2017), que estabeleceu a organização básica dos órgãos da Presidência da República e dos Ministérios, ou seja, tratou ***sobre o mesmo assunto*** da anterior MP 768/2017, com algumas pequenas diferenças em relação à primeira MP.

60. ADI 5717/DF, ADI 5709/DF, ADI 5716/DF e ADI 5727/DF, STF. Plenário. Rel. Min. Rosa Weber, julgados em **27.03.2019** (Informativo 935)

Além disso, esta segunda medida provisória (MP 782/2017) revogou expressamente a primeira (MP 768/2017). A segunda medida provisória (MP 782/2017) foi votada e aprovada pelo Congresso Nacional, tendo sido convertida na Lei nº 13.502/2017.

O Presidente da República até poderia ter editado a MP 782/2017 revogando a MP 768/2017. Não há vedação quanto a isso considerando que o Congresso continuaria com o poder de apreciar as medidas provisórias editadas. No entanto, o Presidente não poderia ter veiculado, na MP 782/2017, o mesmo assunto que tratou na MP 768/2017. Aqui temos dois fundamentos para tal impedimento: 1) Quando o Presidente revogou a MP 768/2017 ele admitiu que o assunto ali tratado não era urgente. Logo, se queria apresentar de novo esse tema, deveria fazê-lo por meio de um projeto de lei (e não mais por MP, que exige urgência[61]); 2) A MP 782/2017, ao tratar sobre o mesmo assunto da MP 768/2017, significou, na realidade, a reedição da medida provisória, o que é vedado de ser feito na mesma sessão legislativa (mesmo ano legislativo), conforme o art. 62, § 10 da CR/88.[62]

Nesses termos, o correto seria a MP 782/2017 apenas ter se limitado a revogar a MP 768/2017, sem disciplinar novamente o mesmo assunto. Entendeu o STF que o fato de a MP 782/2017 ter algumas diferenças em relação à MP 768/2017 não pode servir como argumento para se dizer que não se trata de uma reedição. Assim sendo, se não há modificações substanciais, deve-se considerar que há uma mera reedição. Portanto, a publicação de nova medida provisória com pequenas alterações em relação à MP anterior configura reedição, de sorte que não pode ocorrer na mesma sessão legislativa.[63]

Outro caso interessante ocorreu em 2019. O Presidente da República Jair Bolsonaro editou a Medida Provisória 870, em 01.01.2019. Essa Medida Provisória tratou sobre a competência de diversos órgãos e entidades da administração pública federal. Um dos temas disciplinados era a competência para demarcação das terras indígenas. O art. 21, § 2º da MP 870/2019 transferia da FUNAI para o Ministério da Agricultura a competência para demarcação das terras indígenas.

---

61. Conforme o STF: (...) *o ato de revogação pura e simples de uma medida provisória outra coisa não é senão uma autorejeição; ou seja, o autor da medida a se antecipar a qualquer deliberação legislativa para proclamar, ele mesmo (Poder Executivo), que sua obra normativa já não tem serventia. Logo, reeditá-la significaria artificializar os requisitos constitucionais de urgência e relevância, já categoricamente desmentidos pela revogação em si.* (...) STF. Plenário. ADI 3964 MC, Rel. Min. Carlos Britto, julgado em 12.12.2007.

62. (...) *5. O sistema instituído pela EC nº 32 leva à impossibilidade -sob pena de fraude à Constituição - de reedição da MP revogada, cuja matéria somente poderá voltar a ser tratada por meio de projeto de lei.* (...) STF. Plenário. ADI 2984 MC, Rel. Min. Ellen Gracie, julg em 04/09/2003.

63. (...) *1. Num exame prefacial, tem consistência a alegação de que a MP nº 394/07 é mera reedição de parte da MP nº 379/07. Isto porque a mais recente incorpora temas da mais antiga, sem o aporte de modificações substanciais. (...)2. Impossibilidade de reedição, na mesma sessão legislativa, de medida provisória revogada. Tese contrária importaria violação do princípio da Separação de Poderes, na medida em que o Presidente da República passaria, com tais expedientes revocatório-reedicionais de medidas provisórias, a organizar e operacionalizar a pauta dos trabalhos legislativos. Pauta que se inscreve no âmbito do funcionamento da Câmara dos Deputados e do Senado Federal e, por isso mesmo, matéria de competência privativa dessas duas Casas Legislativas (inciso IV do art. 51 e inciso XIII do art. 52, ambos da CF/88).* (...) STF. Plenário. ADI 3964 MC, Rel. Min. Carlos Britto, julgado em 12/12/2007

Pois bem, a MP 870 foi parcialmente aprovada pelo Congresso Nacional e se tornou a Lei nº 13.844/2019, publicada no dia 18/06/2019. Um dos pontos rejeitados pelo Poder Legislativo foi a transferência da competência da demarcação das terras indígenas para o Ministério da Agricultura, portanto essa parte da MP 870 não virou lei. Acontece que com a publicação da Lei nº 13.844/2019 o Presidente da República editou uma nova medida provisória, a MP 886/2019, que teve como objetivo alterar diversos dispositivos da recém-publicada Lei nº 13.844/2019. Essa MP 886/2019 trouxe novamente um dispositivo transferindo para o Ministério da Agricultura a competência para a demarcação das terras indígenas. A MP 886/2019 foi objeto de ADI no STF.

O STF declarou inconstitucional dispositivo da MP 886/2019, que transferia para o Ministério da Agricultura a competência para realizar a demarcação de terras indígenas. O fundamento foi o de que Congresso Nacional já havia rejeitado uma outra proposta, com esse mesmo teor, prevista em outra medida provisória (MP 870), editada na mesma sessão legislativa de 2019. Assim, o STF entendeu que houve a reedição, na mesma sessão legislativa, de proposta que já havia sido rejeitada pelo Congresso Nacional, o que contrariou o § 10 do art. 62 da CR/88.[64]

Conforme o Colegiado do STF pontuou que o art. 62, § 10, da CR/88 é explícito ao vedar essa prática (é vedada a reedição, na mesma sessão legislativa, de medida provisória que tenha sido rejeitada). Além do caráter inequívoco da norma constitucional, há precedentes do Supremo Tribunal Federal nesse mesmo sentido.[65]

Nesses termos, afirmou o STF que, pela lógica da separação de Poderes, ao se admitir, diante da rejeição do Congresso, a possibilidade de edição de nova MP com a mesma matéria anteriormente rejeitada, haveria uma sucessão infindável de atos normativos. Além disso, a última palavra, no momento de conversão de projeto de lei em lei, é do Congresso Nacional. O presidente da República tem apenas o poder de veto.[66]

8.3. Procedimentos de tramitação de uma MP

8.3.1. Aprovação de uma Medida Provisória sem emendas

Presidente elabora e publica a MP. MP enviada para a Mesa do Congresso. Mesa designa Comissão Mista Temporária (12 deputados e 12 senadores). Caberá a essa

64. ADI 6062 MC-Ref/DF, ADI 6172 MC-Ref/DF, ADI 6173 MC-Ref/DF, ADI 6174 MCRef/DF, STF. Plenário. Rel. Min. Roberto Barroso, julg em **01.08.2019** (Informativo 946).
65. ADI 6062 MC-Ref/DF, ADI 6172 MC-Ref/DF, ADI 6173 MC-Ref/DF, ADI 6174 MCRef/DF, STF. Plenário. Rel. Min. Roberto Barroso, julg em **01.08.2019** (Informativo 946).
66. ADI 6062 MC-Ref/DF, ADI 6172 MC-Ref/DF, ADI 6173 MC-Ref/DF, ADI 6174 MCRef/DF, Rel. Min. Roberto Barroso. **Informativo 946**: *O Plenário também destacou a existência do "periculum in mora", consistente na existência de uma sucessão de MPs e de decisões do Congresso que criaram um limbo no tocante ao mandamento constitucional da demarcação de terras indígenas, inscrito no art. 231 da CF. Quanto a essa norma, a Corte frisou haver matérias em que vigoram as escolhas políticas dos agentes eleitos e outras em que prevalece a CF. Quando a CF é inequívoca, como no caso do seu art. 231, a competência é vinculada. Não se trata, portanto, de escolhas políticas.*

Comissão Mista elaborar um parecer[67] que versará sobre: a relevância e urgência, adequação financeira e o mérito da MP (conteúdo). Posteriormente, a MP será enviada para a deliberação da Câmara, a saber: haverá a análise dos requisitos formais (relevância e urgência) e do mérito da MP e o quórum de votação será o de maioria simples. Aprovada a MP na Câmara, ela será encaminhada para a deliberação no Senado, a saber: também no Senado haverá a análise dos requisitos formais (relevância e urgência) e do mérito da MP e o quórum de votação será o de maioria simples. Aprovada a MP no Senado, o Presidente do Senado (que é o Presidente do Congresso Nacional) irá promulgar e o Presidente da República irá publicar a lei (Lei ordinária).

8.3.2. Aprovação de uma Medida Provisória com emendas[68]

Presidente elabora e publica a MP. MP é enviada para a Mesa do Congresso. Mesa designa Comissão Mista Temporária (12 deputados e 12 senadores). A Comissão Mista terá a função de elaborar o parecer sobre a MP. Porém, aqui há uma observação: Existirá um prazo de 6 dias, contados da data da publicação da MP, para que sejam apresentadas emendas à MP (era de 5 dias até 2002 com base na Resolução nº 01/89, mas com a Resolução nº 01/02 do Congresso Nacional, o prazo passou para 6 dias). Então, deputados e senadores têm esse prazo para apresentar as emendas à MP. Apresentadas emendas à MP, temos que: se a comissão mista elaborar um parecer favorável às emendas, ela ainda terá, a partir daí, mais duas funções: a) elaborar um projeto de lei de conversão, ou seja, um projeto de lei para que a MP seja convertida no mesmo; b) elaborar um projeto decreto legislativo para regular as situações jurídicas que ocorreram à época da MP pura.[69] Na sequência, a MP com emendas é encaminhada para apreciação na CD. Aprovada a MP com emendas, é encaminhada para apreciação no Senado. Aprovada com emendas no Senado[70], a MP será convertida em

---

67. MS 27931/DF, STF. Plenário. Rel. Min. Celso de Mello, julgado em 29.06.2017. (Informativo 870). A conclusão aqui é a de que temos o dispositivo literal do art. 62, § 6º, da CR/88 e temos como ele foi interpretado pelo STF. Para o STF: *Se a medida provisória não for apreciada em até quarenta e cinco dias contados de sua publicação, entrará em regime de urgência, subsequentemente, em cada uma das Casas do Congresso Nacional, ficando sobrestadas, até que se ultime a votação,* ***todas as demais deliberações legislativas ordinárias, que possam ser tratadas por medida provisória.***
68. Porém existe uma **exceção**: são as Medidas Provisórias que envolvem a aprovação de crédito extraordinário à lei orçamentária **(art. 167, § 3º da CR/88)**. Nesse caso, a Medida Provisória vai para a **Comissão Mista de Finanças**. Essa Comissão, inclusive, é permanente. Aqui é interessante salientarmos que, via de regra, a MP não pode tratar de matéria orçamentária, mas nos termos do art. 62 § 1º, I, "d", fica explícito a possibilidade de MPs para a abertura de crédito extraordinário na Lei orçamentária, nos moldes do art. 167 § 3º da CR/88. Nesse sentido, reza no art. 167 § 3º: *A abertura de crédito extraordinário somente será admitida para atender a despesas imprevisíveis e urgentes, como as decorrentes de guerra, comoção interna ou calamidade pública, observado o disposto no art. 62.*
69. Ocorre que a MP vem sendo cumprida pela sociedade de um modo e esse modo será alterado pelas emendas. Nesse sentido, a lei que pode surgir no ordenamento não seria a reprodução fiel da MP. Com isso a lei irá modificar o estabelecido na MP que foi cumprida (*daí a necessidade de regulamentação dessas relações jurídicas que ocorreram à época da MP pura*).
70. Conforme a **Resolução nº 01/2002** do Congresso Nacional, ocorrendo modificação no Senado Federal, ainda que decorrente de restabelecimento de matéria ou emenda rejeitada na Câmara dos Deputados, ou de destaque

um projeto de lei.[71] Nesse sentido, isso ocorrerá porque o legislativo mudou a MP elaborada pelo Presidente da República e, com isso, tem que lhe ser dada a oportunidade de manifestar sobre essas modificações.[72] Assim sendo, temos duas possibilidades: Se o Presidente da República **sanciona** o PLO, esse vira **Lei**, e o Presidente irá promulgar e publicar a nova **Lei ordinária** que acaba de surgir no ordenamento. Porém, se o Presidente veta o PLO, o veto é enviado para a apreciação do Congresso Nacional com base no art. 66 da CR/88 que deve apreciá-lo em sessão conjunta com a necessidade de quórum de maioria absoluta em votação aberta para a rejeição do veto dado pelo Presidente. Se o veto for rejeitado, será encaminhada a lei para o Presidente da República promulgar e publicar. Se o veto for mantido, o PLO irá para o arquivo.

Sobre o procedimento de tramitação com emendas é importante salientar que ***as emendas*** deverão ter relação de ***pertinência temática*** com a **medida provisória** que está sendo apreciada. Assim, a emenda apresentada deverá ter relação com o assunto tratado na medida provisória. Nesse sentido, segundo o STF, é incompatível com a Constituição a apresentação de emendas sem relação de pertinência temática com medida provisória submetida à sua apreciação. Aliás, a própria Resolução nº 01/2002, do Congresso Nacional, veda a apresentação de emendas sem pertinência temática com a MP nos termos do art. 4º (...) § 4º É vedada a apresentação de emendas que versem sobre matéria estranha àquela tratada na Medida Provisória, cabendo ao Presidente da Comissão o seu indeferimento liminar. O STF na ADI 5127 julgada em 15.10.2015 enfrentou a questão e declarou que o *"contrabando legislativo"* é proibido constitucionalmente e deve ser rechaçado.

No caso concreto a ADI 5127/DF foi proposta contra o art. 76 da Lei nº 12.249/2010, inserido mediante emenda parlamentar em projeto de conversão de medida provisória em lei, e que tratava sobre assunto diferente daquele veiculado no texto da MP. O art. 76 foi acrescentado indevidamente por emenda parlamentar durante a tramitação da MP 472/2009, convertida na Lei nº 12.249/2010. Nesses termos, o referido artigo dispunha sobre assunto diverso daquele tratado na Medida Provisória, faltando, portanto, pertinência temática. Assim, o art. 76 foi fruto de um ***contrabando legislativo***. O STF, portanto, declarou que o ***contrabando legislativo*** é proibido pela CR/88. No entanto, a Corte afirmou que, mesmo assim, o art. 76 da Lei nº 12.249/2010 **não deveria ser declarado inconstitucional**.

Segundo decidiu o STF, esse entendimento de que o ***contrabando legislativo é inconstitucional só deverá valer para as próximas medidas provisórias que forem***

supressivo, será esta encaminhada para exame na Casa iniciadora (que no caso será a Câmara), sob a forma de emenda, a ser apreciada em um turno único, vedadas quaisquer novas alterações.

71. Conforme o art**. 13 da Resolução nº 01/2002 do CN**: *Se a MP for aprovada com alteração de mérito, o projeto de lei de conversão será encaminhado ao Presidente da República para sanção ou veto, pela Casa onde houver sido concluída a votação.*
72. Aqui, nos termos do **art. 62 § 12º da CR/88**: Aprovado projeto de lei de conversão alterando o texto original da medida provisória, esta manter-se-á integralmente em vigor até que seja sancionado ou vetado o projeto.

convertidas em lei. Assim, foi decidido que o STF comunicaria ao Poder Legislativo esse seu novo entendimento e, com isso, as emendas que forem aprovadas a partir de então e que não tiverem relação com o assunto da MP seriam declaradas inconstitucionais.[73]

Agora, por obvio, que não é sempre que teremos ***contrabando legislativo*** (como nos casos da ADI 5127 e ADI 5012, citada em nota). Vajamos um caso interessante enfrentado em 2019 pelo STF. No caso, a Lei nº 13.484/2017 foi fruto da conversão em lei da MP 776/2017. A Medida Provisória 776/2017, quando foi publicada pelo Presidente da República, tratou unicamente de um assunto: *naturalidade facultativa*. Nesse sentido, a MP alterou os arts. 19, 54 e 70 da Lei nº 6.015/73 *para permitir que crianças nascidas em hospitais distantes de suas cidades de origem fossem registradas como naturais da cidade do domicílio da mãe, e não necessariamente do local do nascimento.* Durante a tramitação da MP 776/2017, houve uma emenda parlamentar prevendo a inserção dos §§ 3º e 4º do art. 29 da Lei nº 6.015/73. Ou seja, já que havia uma MP alterando a Lei de Registros Públicos, foi proposta modificação também no art. 29 da Lei 6015/73 para acrescentar dois novos parágrafos para permitir que os cartórios de Registros Civis de Pessoas Naturais tenham novos serviços. A emenda parlamentar foi aprovada e a Lei nº 13.484/2017, além do texto original da MP, promoveu mais esta alteração na Lei de Registros Públicos. Ocorre que foi ajuizada ADI afirmando que essa emenda representou um ***contrabando legislativo***. Entendeu o STF que não houve tal ***contrabando legislativo***.

Para o STF, conforme o informativo 937, a MP 776/2017, em sua proposição, pretendia alterar a Lei de Registros Públicos e tratava da "naturalidade facultativa". Assim, a medida provisória tinha por objetivo melhorar a prestação do serviço público registral, melhorar sua eficiência, diminuir o sub-registro, aumentar a acessibilidade da população, inclusive em face da capilaridade das serventias extrajudiciais de registro civil de pessoas naturais. Portanto, não houve "contrabando legislativo",

73. O STF apresentou dois argumentos para **não declarar o art. 76 da Lei nº 12.249/2010 inconstitucional**: **1)** *Essa foi a primeira oportunidade em que a Corte enfrentou esse tema (**contrabando legislativo**) e, por isso, seria necessário antes de declarar inconstitucionais todas as emendas que foram inseridas nesta mesma situação, iniciar um diálogo entre o Legislativo e o Judiciário sobre a matéria.* **2)** *O **contrabando legislativo** é uma prática já arraigada em nosso processo legislativo, tendo ocorrido inúmeras outras vezes. Assim, se a decisão do STF já valesse para todos os casos, isso poderia provocar enorme insegurança jurídica, considerando que diversos dispositivos que estão em vigor e são fruto desse procedimento seriam declarados inconstitucionais.* Portanto, na prolatação do resultado da **ADI 5127/DF**, o Pretório Excelso decidiu cientificar ao Poder Legislativo que o STF afirmou, com efeitos ex nunc (*pro futuro*), *que não é compatível com a Constituição a apresentação de emendas sem relação de pertinência temática com medida provisória submetida à sua apreciação. Ficariam preservadas, até a data do julgamento, as leis oriundas de projetos de conversão de medidas provisórias, em obediência ao princípio da segurança jurídica, mesmo que contenham **contrabando legislativo***. Julg. em **15.10.2015**. Pleno do STF, Rel. **p/ac.** Min. Edson Fachin. Aqui temos por exemplo que sob o ponto de vista formal a Lei nº 12.514/2011 apesar de ser fruto de uma MP que originalmente dispunha sobre outro assunto, **não** foi declarada inconstitucional, porque foi editada antes de o STF declarar ilegítima a prática do "***contrabando legislativo***". **ADI 4697/DF** Pleno do STF, Rel. Min. Edson Fachin, julg em **06.10.2016**. O mesmo ocorreu na decisão da **ADI 5135/DF** em **09.11.2016**. Seguindo este raciocínio, o STF também reconheceu que os arts. 113 a 126 da Lei nº 12.249/2010 foram fruto de ***contrabando legislativo*** (porque inseridos durante a tramitação de uma MP que tratava sobre assunto diverso), no entanto, declarou que eles deverão ser mantidos como válidos porque aprovados antes de 15.10.2015. **ADI 5012/DF**, Rel. Min. Rosa Weber, julgado em **16.03.2017** (Inf. 857).

pois a emenda parlamentar que trouxe o acréscimo dos §§ 3º e 4º ao art. 29 da LRP ampliou a ideia original da medida provisória.[74] Conforme o STF, *não se pode interpretar a vedação ao contrabando legislativo de forma muito ampla, sob pena de o Congresso Nacional ficar totalmente tolhido na apresentação de emendas*. Assim, inadmitir a ampliação da finalidade de medida provisória resultaria na compreensão de ser o Congresso Nacional mero chancelador de ato normativo. No caso ora citado, a iniciativa parlamentar merece deferência (respeito), uma vez que a emenda cuidou do mesmo escopo (objetivo): *favorecer acessibilidade da população a serviços e utilidades públicas que possam ser prestados pelos registradores.*[75]

Na sequência, sobre o procedimento de tramitação das MPs, é necessário, ainda, tecermos considerações sobre recente decisão do STF, em relação a fase do necessário **"parecer da Comissão Mista"** (prevista na Resolução 01/2002 do Congresso Nacional), para a devida tramitação de uma MP (que, como vimos, posteriormente à atuação da Comissão Mista, seria encaminhada a Câmara dos Deputados e se aprovada, na sequência, iria ao Senado para a sua apreciação).

Ocorre que em Março de 2012 no julgamento da **ADI 4029/AM**, o STF verificou que era *praxe* no Congresso Nacional o descumprimento do art. 62 § 9º da CR/88 (Caberá à comissão mista de Deputados e Senadores examinar as medidas provisórias e sobre elas emitir parecer, antes de serem apreciadas, em sessão separada, pelo plenário de cada uma das Casas do Congresso Nacional), mediante o uso do **art. 6º** da **Resolução 01/2002** do CN (Essa norma permitia a emissão do parecer, apenas por meio de **Relator da Comissão Mista**, que mandaria o parecer diretamente ao Plenário da Câmara dos Deputados). Portanto, talvez devido ao grande número de MPs, convencionou-se o manuseio (atalho) de tal prática, que se traduziria em um verdadeiro *"direito costumeiro inconstitucional"*, na expressão do Ministro Gilmar Mendes.

Pois bem, o STF entendeu que tal conduta (prevista no art. 6 da Resolução 01/2002– CN), seria **inconstitucional** exigindo-se o parecer "da Comissão Mista", nos termos do art. 62 § 9º da CR/88. Nesse sentido, conforme a **ementa** da **ADI 4029/AM**: "(...) O art. 6º da Resolução nº 1 de 2002 do Congresso Nacional, que permite a

---

74. Para o STF, a transformação dos RCPNs *em ofícios da cidadania caracteriza providência situada no domínio temático semelhante ao da proposição encaminhada pelo presidente da República. Existe pertinência temática entre a redação originária da medida provisória e a emenda parlamentar apresentada, que permitiu o aumento das atividades desempenhadas pelos oficiais do registro civil das pessoas naturais. Em outras palavras, há uma proximidade/afinidade do tema tratado na emenda parlamentar com o assunto disciplinado originalmente na medida provisória.*

75. **ADI 5855 MC-REF/DF**, STF. Plenário. Rel. Min. Alexandre de Moraes, julg. em 10.04.2019 (Info 937). Embora **não guarde relação com o tema ora trabalhado das MPs**, apenas salientamos que na ADI decidiu o STF *conceder interpretação conforme a Constituição Federal ao § 3º do art. 29 da Lei 6015/73 para dizer que os "outros serviços remunerados" devem, obrigatoriamente, ter alguma relação com o exercício das atividades registrais do RCNP*. Aqui temos que a ampliação das competências do RCPN foi uma inovação constitucional. No entanto, *esses novos serviços devem ter relação com as atividades do RCPN previstas na Lei de Registros Públicos*; e *declarar a nulidade parcial, com redução de texto, da expressão "independe de homologação" constante do § 4º do mesmo art. 29 da Lei 6015/73. A fiscalização prévia e posterior dos convênios pelo Poder Judiciário é uma exigência constitucional e não pode ser suprimida pela lei.*

emissão do parecer por meio de Relator nomeado pela Comissão Mista, diretamente ao Plenário da Câmara dos Deputados, **é inconstitucional**. A Doutrina do tema é assente no sentido de que "'O parecer prévio da Comissão assume condição de **instrumento indispensável para regularizar o processo legislativo** porque proporciona a discussão da matéria, uniformidade de votação e celeridade na apreciação das medidas provisórias'. Por essa importância, defende-se que qualquer ato para afastar ou frustrar os trabalhos da Comissão (ou mesmo para substituí-los pelo pronunciamento de apenas um parlamentar) padece de **inconstitucionalidade**. Nessa esteira, são questionáveis dispositivos da **Resolução 01/2002-CN**, na medida em que permitem a votação da medida provisória **sem o parecer da Comissão Mista.** (...) A possibilidade de **atuação apenas do Relator gerou acomodação no Parlamento** e ineficácia da Comissão Mista; tornou-se praxe a manifestação singular: 'No modelo atual, em que há várias Comissões Mistas (uma para cada medida provisória editada), a apreciação ocorre, na prática, diretamente nos Plenários das Casas do Congresso Nacional. Há mais: com o **esvaziamento da Comissão Mista**, instaura-se um verdadeiro **'império' do relator**, que detém **amplo domínio sobre o texto a ser votado em Plenário'**. Cumpre lembrar que a apreciação pela Comissão é **exigência constitucional**. Nesses termos, sustenta-se serem **inconstitucionais as medidas provisórias** convertidas em lei que **não foram examinadas pela Comissão Mista**, sendo que o pronunciamento do relator **não tem** o condão de suprir o parecer exigido pelo constituinte. (...) Cabe ao Judiciário afirmar o devido processo legislativo, declarando a inconstitucionalidade dos atos normativos que desrespeitem os trâmites de aprovação previstos na Carta. Ao agir desse modo, **não** se entende haver **intervenção no Poder Legislativo**, pois o Judiciário justamente contribuirá para a saúde democrática da comunidade e para a consolidação de um Estado Democrático de Direito em que as normas são frutos de verdadeira discussão, e não produto de troca entre partidos e poderes." (...) A atuação do Judiciário no controle da existência dos requisitos constitucionais de edição de Medidas Provisórias em hipóteses excepcionais, ao contrário de denotar ingerência contramajoritária nos mecanismos políticos de diálogo dos outros Poderes, serve à manutenção da Democracia e do equilíbrio entre os três baluartes da República (...)"[76].

Acontece que, a inconstitucionalidade (declarada incidentalmente no curso da ADI 4029/AM) do art. 6 da Resolução 01/2002 – CN (e também do *caput* do art. 5º), poderia gerar uma situação de ***"grave insegurança jurídica"***, visto que, desde o advento do art. 62 § 9º da CR/88 (pela Emenda Constitucional 32 em 2001) e da Resolução 01/2002-CN de maio de 2002, esse procedimento "atalhado", vinha sendo realizado. Portanto, se usado o efeito regra *ex tunc*, inúmeras MPs[77] convertidas em Lei Ordinárias, desde então, poderiam ser declaradas inconstitucionais. Assim sendo,

76. **ADI 4029/AM** julgada em **08.03.2012**, Rel. Min. Luiz Fux.
77. Cerca de 500 Mps com tramitação inadequada, foram convertidas em leis ordinárias, conforme dados da Advocacia Geral da União (AGU).

o STF (em decisão de viés *"consequencialista"*) ***modulou*** os **efeitos da decisão** de inconstitucionalidade, ora em comento, nos seguintes termos: "(...) declarando-se incidentalmente a inconstitucionalidade dos artigos 5º, caput, e 6º, caput e parágrafos 1º e 2º, da **Resolução nº 1 de 2002** do Congresso Nacional, postergados os efeitos da decisão, nos termos do **art. 27 da Lei 9.868/99**, para preservar a validade e a eficácia de todas as Medidas Provisórias convertidas em Lei **até a presente data**, bem como daquelas **atualmente em trâmite** no Legislativo"[78].

Por último, temos ainda que explicitar, mais uma situação, gerada pela decisão de inconstitucionalidade pelo STF, das já citadas normas da Resolução 01/2002-CN. Em 19 de junho de 2012, o então Presidente da Câmara dos Deputados Marcos Maia, anunciou que para a **Câmara, a partir de sua decisão,** teríamos um novo entendimento no que tange ao regime de urgência na tramitação de MPs (regime, inclusive, que já tinha sido "reinterpretado", pelo então Presidente da casa Michel Temer, em 2009, conforme nota, na obra já citada). Essa nova deliberação consistiu em que o "trancamento da pauta" do plenário da Câmara não mais ocorrerá se, passados 45 dias da publicação de uma determinada MP se ela ainda estiver em análise pela Comissão Mista de deputados e senadores formada para sua apreciação. De acordo com o Presidente da Câmara, a nova interpretação seria recomendada porque, enquanto estiver na Comissão Mista (vinculada ao Congresso), a medida provisória **não está tramitando formalmente** na Câmara. Nesses termos: "As MPs que ainda estão em análise nas comissões mistas especiais ***não trancarão a pauta***, porque, do ponto de vista da tramitação, ainda **não existem** na Câmara dos Deputados". Segunda a deliberação, o rito começou a valer a partir da medida provisória 563/12, publicada no dia 4 de abril de 2012[79].

---

78. **ADI 4029/AM** julg. em **08.03.2012**, Rel. Min. Luiz Fux. O "bizarro" no caso da **ADI 4029** é que no dia 07.03.2012 o STF deu provimento a ADI, porém dia 08, voltou atrás e julgou improcedente a ADI 4029, deixando assente que a inconstitucionalidade incidental da Res.01/2002-CN só valeira para o futuro e, portanto, não atingiria nem mesmo o caso em comento. Vejamos no dia **07.03.2012**: *"Em consequência, declarou-se a* ***inconstitucionalidade da Lei 11.516/2007****, sem pronúncia de nulidade, pelo prazo de 24 meses, a fim de garantir a continuidade da autarquia. Quanto à inconstitucionalidade material, o Min. Luiz Fux rechaçou a assertiva de que a criação do ICMBio enfraqueceria a proteção ao meio ambiente. Concluiu que não caberia a esta Corte discutir a implementação de políticas públicas, seja por não dispor de conhecimento necessário para o sucesso de um modelo de gestão ambiental, seja por não ser a sede idealizada pela Constituição para o debate em torno do assunto. Em suma, ao levar em consideração os fundamentos expostos, o Colegiado, por maioria, na assentada de 07.03.2012, julgou parcialmente procedente o pedido requerido na ação direta, com modulação da eficácia." Já no dia* **08.03.2012**: *"(...) o Min. Gilmar Mendes propugnou pela* ***mudança da proclamação do resultado*** *do julgamento, com* ***a improcedência do pleito*** (A lei que criou o Inst. "*Chico Mendes*" voltou a ter validade), *uma vez que se estaria assentando a inconstitucionalidade a partir de momento futuro. A Min. Cármen Lúcia ressaltou que a solução proposta valeria para os Poderes Judiciário e Legislativo e que, dessa forma, manter-se-ia o ICMBio sem a necessidade da convalidação fixada na assentada anterior".*
79. Nesses termos: "É de conhecimento da Casa que, em março passado, o Supremo Tribunal Federal, ao julgar a Ação Direta de Inconstitucionalidade nº 4.029, declarou que o art. 5º, *caput*, e os §§ 1º e 2º do art. 6º da Resolução CN nº 1, de 2012, estão em desacordo com o preceito do art. 62, § 9º da Constituição Federal. O tribunal estabeleceu, assim, que a apreciação das medidas provisórias por comissão mista instituída para essa finalidade, antes da deliberação dos Plenários da Câmara e do Senado, é requisito indispensável à regularidade do processo legislativo dessa espécie normativa. Registro, preliminarmente, que a decisão do STF se tornou exigível em 16 de março de 2012, com a publicação, no *Diário Oficial* da União, do extrato da Ata de Julgamento da referida Ação Direta. Consta da Ata que o Tribunal *"julgou improcedente a ação, com declaração incidental de inconstitucionalidade do*

8.4. Observações Finais sobre as medidas provisórias

1) **Iremos diferenciar a Rejeição expressa da Rejeição tácita das MPs.**

- **Rejeição expressa:** ocorre no ***iter*** da tramitação da MP ou na Câmara ou no Senado. Nesse sentido, no momento de deliberação da MP, esta não alcança o quórum de maioria simples para sua aprovação. Temos que ela será, então, rejeitada expressamente (ou na Câmara ou no Senado).
- **Rejeição tácita:** ocorre após a tramitação da MP (tramitação que tem prazo de 60 dias prorrogáveis por mais 60 dias) sem que tenha sido apreciada pelas duas Casas. Nesse caso, não ocorreu a aprovação pelas duas Casas (não adianta a aprovação somente por uma Casa, pois deve haver a aprovação pelas duas: primeiro a Câmara e depois

---

art. 5º, caput, do art. 6º, §§ 1º e 2º, da Resolução nº 01/2002, do Congresso Nacional, com eficácia ex nunc *em relação à pronúncia dessa inconstitucionalidade, nos termos do voto do Relator".* De acordo com o voto do Relator, o Ministro Luiz Fux, ainda pendente de publicação, o entendimento do Supremo Tribunal Federal seria aplicável às medidas provisórias editadas após aquela decisão, isto é, em termos práticos, a partir da Medida Provisória nº 562, de 21 de março de 2012. Aproxima-se o momento em que a Câmara dos Deputados apreciará essa Medida Provisória, a primeira a tramitar após efetiva apreciação por parte da Comissão Mista. Esse quadro impõe-nos, em nome da transparência e do bom andamento dos trabalhos, o dever de estabelecer, desde logo, balizas que orientem a apreciação em plenário dessas medidas provisórias. Feitas essas considerações preliminares, aponto que a presente decisão pretende esclarecer como será aplicada a regra do sobrestamento prevista no art. 62, § 6º, da Constituição Federal, (...) Diz a Constituição Federal, a respeito do sobrestamento da pauta das Casas Legislativas por medida provisória: *"Art. 62 § 6º Se a medida provisória não for apreciada em até quarenta e cinco dias contados da sua publicação, entrará em regime de urgência, subsequentemente, em cada uma das Casas do Congresso Nacional, ficando sobrestadas, até que se ultime a votação, todas as demais deliberações legislativas da Casa em que estiver tramitando."* Eu grifo aqui *"todas as demais deliberações legislativas da Casa em que estiver tramitando"*. A Constituição supõe, a nosso ver, que, após o quadragésimo quinto dia de vigência da medida provisória, ela estará em tramitação na Câmara dos Deputados ou no Senado Federal (em "uma das Casas do Congresso"). A decisão adotada pelo STF no julgamento da ADIN nº 4.029 (...) sustenta, entretanto, que a Comissão não pode ter prazo prefixado para apreciar a matéria. Há, por decorrência lógica, a hipótese de uma medida provisória entrar em regime de urgência constitucional e, a despeito disso, permanecer em apreciação na Comissão Mista, ou seja, sem que esteja tramitando na Câmara dos Deputados ou no Senado Federal. Existem pelo menos dois motivos determinantes para que, diante dessas circunstâncias, o chamado trancamento da pauta só ocorra efetivamente a partir do momento em que a medida provisória inicia sua tramitação na Câmara. O primeiro tem a ver com a enfática dicção do texto constitucional, ao estabelecer que a medida provisória sobrestará a pauta da "Casa em que estiver tramitando". Portanto, *ao estar no Congresso Nacional e numa Comissão Mista, ela não está tramitando nem Câmara nem no Senado, senão, por consequência, ela teria de trancar a pauta das duas Casas ao mesmo tempo. O segundo refere-se à própria natureza do instituto previsto no art. 62, § 6º, da Constituição.* Diante da impossibilidade de impor taxativamente que um órgão colegiado do Poder Legislativo se reúna e delibere, a figura do sobrestamento procura criar uma situação que estimule a tomada de decisão. *Para tanto, impede – salvo exceções que decorrem da própria Constituição – que um órgão cuja pauta se encontra sobrestada se ocupe de qualquer matéria estranha à que foi priorizada pela Constituição até que se desincumba dos afazeres legislativos a ela pertinentes. Por essa razão, só há que se falar em sobrestamento da pauta se a medida provisória estiver formalmente tramitando na Câmara dos Deputados. Tal conclusão enseja um esclarecimento pontual. O trâmite da medida provisória nesta Casa inicia-se a partir da publicação da matéria. Dessa forma, é possível que uma Comissão Mista conclua a apreciação da medida provisória que motivou sua criação antes de outra, instituída para apreciar medida provisória editada anteriormente. Nessa hipótese, se ambas houverem sido editadas há mais de 45 dias, ao chegar à Câmara dos Deputados a medida provisória mais antiga será mandada à publicação e somente terá precedência sobre a que foi editada posteriormente a partir da primeira sessão que se seguir à sua publicação, na linha do que foi decidido na Questão de Ordem nº 601, de 2005.* (**19.06.2012**, *2ª Sessão Ordinária* **da semana**)

o Senado) nem a rejeição expressa por uma das Casas (seja a Câmara ou seja o Senado).

2) **Qual o efeito de rejeição de uma MP? *Ex tunc* ou *ex nunc*?**

Claro que em um Estado Democrático de Direito o efeito só pode ser o efeito ***ex tunc***. *Nesse sentido, se a* ***MP é rejeitada ou expressa, ou tacitamente ela*** perde a eficácia desde a sua edição ao teor do art. 62, § 3º, CR/88.[80]

Assim sendo, se uma MP, quando rejeitada, perde sua eficácia desde sua edição, como ficam as relações jurídicas que existiram com base na MP? Por exemplo, o que irá ocorrer com os atos e contratos realizados com base na MP que simplesmente é rejeitada e por isso perde a eficácia desde sua edição?

Conforme o diploma constitucional, deverá haver a regulação das relações jurídicas ocorridas com base na MP. Assim sendo, a regulação das relações jurídicas que ocorreram à época da MP será consubstanciada mediante decreto legislativo, a ser elaborado no prazo de 60 dias pelo Congresso Nacional. Porém, se decorridos 60 dias sem que o Congresso Nacional tenha editado decreto legislativo, as relações jurídicas constituídas tendo como base a MP rejeitada conservar-se-ão por elas regidas.[81] Sobre o tema temos duas correntes:

1ª) Corrente: alguns autores, como Alexandre de Moraes, entendem que há uma modificação nos efeitos de rejeição da MP. Os efeitos se modificariam de ***ex tunc*** para ***ex nunc***. Nesses termos, a MP irá continuar a reger todas as relações jurídicas havidas quando de sua vigência.

Os efeitos de rejeição da MP, portanto, se tornariam ***ex nunc***. Nesses termos, a MP valeria em toda a sua extensão dentro do prazo em que ela existiu juridicamente. Estaríamos diante do chamado retorno envergonhado do efeito ***ex nunc***, que foi típico do decreto-lei do regime militar em pleno Estado Democrático, pois a MP iria prevalecer em toda sua extensão dentro do prazo em que ela vigorou, mesmo já tendo sido rejeitada pelo Congresso Nacional (ou expressa ou tacitamente), prevalecendo, assim, a vontade unilateral do Presidente da República (ainda que por um período de tempo) em algo já rejeitado pelo Congresso.

2ª) Corrente: o efeito de rejeição da MP é o mesmo (***ex tunc***), ainda que o Congresso Nacional tenha sido omisso não editando o decreto legislativo. Sendo assim, o efeito de rejeição vai continuar sendo ***ex tunc*** (MP perde a eficácia desde a edição). Ocorrerá apenas que os atos desenvolvidos com base na MP conservar-se-ão por ela regidos. Portanto, a MP continuará regendo só as situações jurídicas

80. **Art. 62 § 3º** *As medidas provisórias, ressalvado o disposto nos §§ 11 e 12 perderão eficácia, desde a edição, se não forem convertidas em lei no prazo de sessenta dias, prorrogável, nos termos do § 7º, uma vez por igual período, devendo o Congresso Nacional disciplinar, por decreto legislativo, as relações jurídicas delas decorrentes.*

81. **Art. 62 § 11** da CR/88: *Não editado o decreto legislativo a que se refere o § 3º até sessenta dias após a rejeição ou perda de eficácia de medida provisória, as relações jurídicas constituídas e decorrentes de atos praticados durante sua vigência conservar-se-ão por ela regidas.*

que ocorreram com base nela (e não todas) até que o Congresso Nacional edite o decreto legislativo regulando as mesmas.

Como exemplo, temos: se foi instituído por MP um benefício Y, e X o requereu e usou do mesmo, mas W não, após a rejeição da MP, W não pode requerê-lo (embora se encontre em situação equivalente à de X). Deverá vir um Decreto regulamentando a situação de X (pois ele teve um benefício via MP que perdeu a eficácia desde a edição). Porém, se o CN não editou o Decreto legislativo no prazo de 60 dias, os atos constituídos com base na MP conservar-se-ão por ela regidos. Ou seja, X, que requereu e usufruiu do benefício, continuará se beneficiando do mesmo[82] (embora a MP tenha perdido e eficácia desde a edição). Porém, W não terá o mesmo direito de X, visto que ele não o requereu (e usufruiu do mesmo) e a MP não voltou a vigorar (seu efeito de rejeição não se tornou ***ex nunc***, continuando ***ex tunc***). Certo é que o que prevalece e continua válido são os atos praticados com base na MP rejeitada. Estes, vão continuar regidos pela MP (que já foi rejeitada), até que o legislador se digne a produzir o decreto legislativo. Essa segunda corrente, sem dúvida, é a que mais se adequada e coaduna com as normas contidas no art. 62 § 3º e art. 62 § 11 da CR/88.[83]

---

82. É óbvio que, se o benefício tivesse um lapso temporal, ele só se beneficiaria do que ele requereu e realizou, não podendo requerer e usufruir novamente, porém ninguém poderá questionar o já realizado no tempo em que a MP vigorou, pois a MP continuará regendo essa situação, até que o Congresso Nacional edite o Decreto Legislativo regulando a situação jurídica (que ele X usufruiu e que perdeu a eficácia desde a edição).

83. Porém, aqui é interessante alertarmos, para recente decisão do STF em que, por maioria, julgou procedente pedido formulado em arguição de descumprimento de preceito fundamental para afastar a aplicação do § 11 do art. 62 da CF aos pedidos de licença para exploração de Centros Logísticos e Industriais Aduaneiros – CLIA não examinados pela Receita Federal durante a vigência da Medida Provisória 320/2006. No caso dessa ADPF 216/DF, o STF registrou que o § 11 do art. 62 da CR/88 deve ser interpretado com cautela, não se podendo *protrair indefinidamente a vigência de medidas provisórias rejeitadas* ou não apreciadas. Conforme o Informativo 894, *temos que referida norma visa garantir segurança jurídica àqueles que praticaram atos embasados em medida provisória rejeitada ou não apreciada, mas isso não pode ensejar a sobreposição da vontade do Chefe do Poder Executivo à vontade do Poder Legislativo, o que ocorrerá, por exemplo, em situações nas quais a preservação dos efeitos de determinada medida provisória rejeitada implicar na manutenção de sua vigência. Interpretação diversa ofende a cláusula pétrea constante do art. 2º da CR/88, que preconiza a separação entre os Poderes.* Assim sendo: *A Medida Provisória em questão foi editada em 25.8.2006, tendo por finalidade principal a reestruturação do regime jurídico das atividades de movimentação e de armazenagem de mercadorias importadas ou despachadas para exportação. Com a edição desse ato normativo, ocorreu a superação do modelo dos Portos Secos — que dependiam de permissão e concessão de serviço público para operar, a demandar licitação — pelo regime dos Centros Logísticos e Industriais Aduaneiros – CLIA, a operar mediante autorização, eliminada a necessidade de procedimento licitatório. Durante o período de vigência da Medida Provisória, diversas empresas protocolaram, perante a Secretaria da Receita Federal, requerimento de licenciamento para exploração de CLIA. Acontece que, em 13.12.2006, o Senado Federal, pelo Ato Declaratório 1/2006, reputou inexistentes os pressupostos constitucionais de relevância e urgência da Medida Provisória 320/2006 e determinou o seu arquivamento. O Congresso Nacional, contudo, não editou decreto legislativo para disciplinar as relações jurídicas dela decorrentes, nos termos do art. 62, § 3º, da Constituição Federal. (...) Na espécie, verifica-se que o § 11 do art. 62 da Constituição tem servido de fundamento para o deferimento de medidas judiciais a determinar à Administração Pública o exame de pedidos de licença para exploração de CLIA não analisados durante a vigência da Medida Provisória 320/2006. Nesses casos, não havia ato da Administração deferindo o pedido de licença para exploração de CLIA, sequer podendo se argumentar com a existência de ato jurídico perfeito. Dessa forma, não há falar na existência de relação jurídica constituída que torne possível a invocação do referido dispositivo constitucional para justificar a aplicação da medida provisória. Interpretação contrária postergaria indevidamente a eficácia de medida provisória já rejeitada pelo Congresso Nacional, e ofenderia não apenas o § 11 do art. 62 da Constituição, mas também o princípio da separação dos Poderes e o princípio da segurança jurídica*. **ADPF 216/DF** julg. em **14.03.2018.**

3) Existe o controle de constitucionalidade sobre as Medidas Provisórias?

Sim, porque a Medida Provisória é espécie normativa prescritiva de dever ser, e por isso vincula condutas. É interessante observar, aqui, que o Supremo vai construir um entendimento de que a inconstitucionalidade material deve ser analisada em regra, ou seja, o STF irá analisar se o conteúdo da MP contraria ou não conteúdo da CR/88. Porém, afirma o STF (de forma questionável, para alguns doutrinadores), que a inconstitucionalidade formal deve ser analisada apenas excepcionalmente (como exceção).

Certo é que, a inconstitucionalidade formal, diz respeito aos fundamentos da relevância e urgência (requisitos formais da MP). Entende o STF, que a análise de relevância e urgência é um juízo discricionário do Presidente da República. Nesses termos, quem tem que saber o que é relevante e urgente para o País é o Presidente. Continua o STF dizendo que ademais, posteriormente, haverá uma análise pelo Congresso Nacional que irá apreciar a Medida Provisória (primeiro a Câmara dos Deputados, depois o Senado nos moldes do art. 62 § 5º da CR/88).

O STF conclui dizendo que haverá a inconstitucionalidade formal (excepcionalmente) se ficar consubstanciado que o Presidente incorreu em desvio de finalidade ou abuso no poder de legislar. Portanto, excepcionalmente, se o Presidente incorrer ou for enquadrado no abuso de legislar ou desvio de finalidade, é que teremos a declaração de inconstitucionalidade em virtude de vício formal de uma MP.[84]

Aqui é interessante, que em recente decisão na ADI 5599, o STF mantendo seu posicionamento, afirmou novamente que, apesar de a jurisprudência do Supremo Tribunal Federal ter se consolidado no sentido da possibilidade de controle judicial dos pressupostos de relevância e urgência para a edição de medidas provisórias, *"o escrutínio a ser feito pelo Judiciário neste particular é de domínio estrito, justificando-se a invalidação da iniciativa presidencial apenas quando atestada a inexistência cabal desses requisitos"*.

84. É interessante que no Informativo nº 502 do STF, o Pretório Excelso no julgamento da ADI 4048 ***entendeu que o vício formal de medida provisória, alegado em ADI, não será suprido se a ela fosse convertida em lei***. Portanto, o STF entendeu que mesmo a MP tornando-se lei o pretenso vício de relevância e urgência (pressupostos formais) deve ser analisado, porque se esse vício realmente existir ele também vicia a lei. No mesmo sentido a ADI 4049 MC presente no Informativo nº 527 do STF, Julg: 05.11.2008. Citamos também decisão da ADI nº 3.090 MC/DF, na qual o STF em sede liminar afirmou que: [...] 2. *Medida Provisória convertida na Lei nº 10.848, de 2004. Questão de ordem quanto à possibilidade de se analisar o alegado vício formal da medida provisória após a sua conversão em lei. A lei de conversão não convalida os vícios formais porventura existentes na medida provisória, que poderão ser objeto de análise do Tribunal, no âmbito do controle de constitucionalidade. Questão de ordem rejeitada, por maioria de votos. Vencida a tese de que a promulgação da lei de conversão prejudica a análise dos eventuais vícios formais da medida provisória."* Julg. em 11.10.2006. Outro exemplo recente: *"(...) Quanto ao aspecto formal, o Tribunal reafirmou a possibilidade, ainda que em caráter excepcional, de declaração de inconstitucionalidade de medidas provisórias quando se afigure evidente o abuso do poder de legislar pelo Chefe do Executivo, em razão da indubitável ausência dos requisitos constitucionais de relevância e urgência. Asseverou que não ficou demonstrado, de forma satisfatória, a presença dos mencionados requisitos. À época da edição da medida provisória, os empreendimentos hidrelétricos que justificariam a desafetação das áreas protegidas ainda dependiam de licenciamentos ambientais, nos quais deveriam ser analisados os impactos e avaliada a conveniência e escolha dos sítios a serem efetivamente alagados (...)"* **ADI 4717/DF**, Rel. Min. Cármen Lúcia, julgado em **05.04.2018**.

O Pretório Excelso explicitou ainda que a forma de se realizar esse controle deve depender da motivação apresentada pelo chefe do Poder Executivo. "A motivação, embora não seja requisito constitucional expresso, facilita o controle da legitimidade e dos requisitos constitucionais autorizadores, seja pelo Legislativo, seja pelo Judiciário". Existindo motivação, ainda que a parte não concorde com os motivos explicitados pelo Presidente da República para justificar a urgência da medida provisória, não se pode dizer que eles não foram apresentados e defendidos pelo órgão competente.[85]

4) O Presidente da República pode retirar de apreciação MP já editada e em vigor?

O STF diz claramente que não. Nesse sentido, o Presidente não pode retirar de apreciação MP já editada e em vigor. Porém, existe uma saída para o Chefe do Executivo: o Presidente poderá editar uma MP1 ***ab-rogadora***, ou seja, uma MP2 com objetivo de extirpar a MP que está em vigor.

Quando o Presidente edita a MP ***ab-rogadora*** *(também chamada de MP2)*, o que passa a ser analisado no Congresso Nacional é a MP2, pois a MP1 (anterior) ficará suspensa (haverá a suspensão da eficácia com efeitos **ex *nunc***) em virtude do surgimento da MP2.[86]

Temos aí algumas situações: 1ª) Se a MP2 for aprovada, a MP1 é automaticamente extirpada do ordenamento. 2ª) E se a MP2 for rejeitada? A MP1 que estava paralisada volta a vigorar (obviamente pelo tempo restante que faltava para completar seu prazo constitucional) e será apreciada e poderá ser aprovada pelo Congresso. 3ª) A MP2 é rejeitada, volta a ser apreciada a MP1, todavia ela também é rejeitada.

Aqui, na análise da terceira situação, temos uma interessante reflexão. Ocorre que se existir uma lei sobre o tema objeto das MPs, a lei anteriormente acaso existente volta a vigorar.

A conclusão só pode ser a de que uma medida provisória não revoga lei, mas apenas suspende lei presente no ordenamento. Assim sendo, se a MP é aprovada pela Câmara e pelo Senado, surge uma nova Lei e o que revoga a Lei anterior é essa nova Lei (fruto da MP convertida em Lei). Porém, se a medida provisória é rejeitada (expressa ou tacitamente), a lei anteriormente existente e que estava *suspensa* volta a vigorar.

---

85. **ADI 5599/DF**, STF. Plenário. Rel. Min. Edson Fachin, julgado em **23.10.2020**. (Inf. 996)
86. Aqui lembramos, conforme já estudado, que o Presidente da República pode editar a **MP2** revogando a **MP1**. Não há vedação quanto a isso considerando que o Congresso Nacional continuaria com o poder de apreciar as medidas provisórias editadas. No entanto, o Presidente não pode veicular, na **MP2** o mesmo assunto que tratou na **MP1** (ou *até ter algumas alterações, mas não substanciais*, o que certamente configura *fraude* ao art.62 § 10, da CR/88). Aqui temos dois fundamentos para tal impedimento: 1) Quando o Presidente revoga a **MP1** ele admite que o assunto ali tratado não era urgente. Logo, se queria apresentar de novo esse tema, deveria fazê-lo por meio de um projeto de lei (e não mais por MP, que exige urgência; 2) A **MP2**, ao tratar sobre o mesmo assunto da **MP1**, significou, na realidade, a reedição da medida provisória, o que é vedado de ser feito na mesma sessão legislativa (mesmo ano legislativo), conforme o art. 62, § 10 da CR/88.

Todo esse raciocínio foi referendado pelo STF em março de 2019. No caso, tivemos a *edição de medida provisória visando revogar lei que estava sendo objeto de ADI. Aqui, a pergunta é: o que acontece se a ADI for pautada e chegar o dia do julgamento? O STF deveria julgar a ADI contra uma lei que foi objeto da medida provisória (que está em vigor) visando revoga-la?*

Pois bem, segundo o STF, se for editada MP revogando lei que está sendo questionada por meio de ADI, esta ação poderá ser julgada enquanto a medida provisória não for votada. Nesses termos, para o STF, enquanto a MP não for votada, não há perda do objeto.[87]

O fundamento aqui é o de que a edição de medida provisória ***não tem eficácia normativa imediata de revogação*** da legislação anterior com ela incompatível, ***mas apenas de suspensão, paralisação, das leis antecedentes*** até o término do prazo do processo legislativo de sua conversão. Portanto, embora seja espécie normativa (prevista no art.59, V da CR/88) com força de lei, a medida provisória precisa ser confirmada. *A conclusão é a de que a medida provisória é lei sob condição resolutiva.* Apenas se for aprovada a medida provisória, a lei de conversão resultará na revogação da Lei.[88]

5) Existe a possibilidade de edição de MP por Estados-membros?

Sim, o precedente está contido na ADI nº 425.[89] Ou seja, desde que haja previsão na Constituição Estadual e, ainda que ela respeite o paradigma ou parâmetro presente na CR/88 (por exemplo, quórum de maioria simples; prazo de 60 dias prorrogáveis por mais 60 dias), o Estado pode trabalhar com a figura das MPs. Embora o STF não tenha se manifestado, nos mesmos termos, entende-se de forma ampla que também pode haver edição de MP por Municípios cumprindo os requisitos que também são exigidos dos Estados-membros.

6) Quais são as diferenças entre o Decreto-Lei (do regime militar) e as Medidas provisórias?

Mesmo o Decreto-Lei tendo sido extinto com a nova Constituição, que já ultrapassou os vinte anos, a doutrina pátria ainda apresenta as principais diferenças entre o antigo Decreto-Lei e as Medidas Provisórias.[90] Em termos esquemáticos, temos que:

---

87. ADI 5717/DF, ADI 5709/DF, ADI 5716/DF e ADI 5727/DF, STF. Plenário. Rel. Min. Rosa Weber, julg. em 27.03.2019 (Info 935)
88. ADI 5717/DF, ADI 5709/DF, ADI 5716/DF e ADI 5727/DF, STF. Plenário. Rel. Min. Rosa Weber, julg. em 27.03.2019 (Info 935)
89. Nesses termos, conforme a ementa da ADI nº 425 julgada em 04.09.2002. [...] 1. Podem os Estados-membros editar medidas provisórias em face do princípio da simetria, obedecidas as regras básicas do processo legislativo no âmbito da União (CR, artigo 62). 2. Constitui forma de restrição não prevista no vigente sistema constitucional pátrio (CR, § 1º do artigo 25) qualquer limitação imposta às unidades federadas para a edição de medidas provisórias. Legitimidade e facultatividade de sua adoção pelos Estados-membros, a exemplo da União Federal. [...]. Rel. Min. Maurício Corrêa. DJ: 19.12.2003
90. MORAES, Alexandre de, 2009, p. 681.

	DECRETO-LEI (REGIME MILITAR)	MEDIDA PROVISÓRIA
Fundamento	Urgência **ou** interesse público relevante.	Relevância **e** urgência.
Aprovação e rejeição	Poderia ser aprovado por decurso de prazo. É a chamada **aprovação tácita**. Se o decreto não fosse apreciado, no prazo regulamentar, ocorria sua aprovação tácita, prevalecendo a vontade unilateral do Presidente da República do Regime Militar.	Ocorre, agora, a rejeição por decurso de prazo. É a chamada **rejeição tácita.** Ou seja, se a MP não foi apreciada na forma regulamentar, entende-se que ela foi rejeitada tacitamente.
Efeito de rejeição	A rejeição operava-se com efeitos ***ex nunc***. Significa que por um tempo, pelo menos, tinha prevalecido a vontade unilateral do Presidente. O Presidente, portanto, tinha prazo de manipulação legislativa ao seu dispor.	Rejeição, no Estado Democrático, opera com efeitos *ex tunc*.
Emendas	Não trabalhava com a possibilidade de emendas. O DL era aprovado ou rejeitado *in totum*.	MP trabalha com a possibilidade de emendas. Elas podem ser aprovadas com emendas.
Limites materiais	O Decreto-Lei não tinha limites materiais. Única proibição era edição de Decreto-Lei para aumentar despesas.	MPs terão limites materiais inseridos no arts. 62, § 1º e § 2º; art. 25, § 2º; art. 246 CR/88, além do art. 73 do ADCT.

7) **Sobre os limites materiais das medidas provisórias é importante tecermos algumas considerações.**

Nesse sentido, conforme o quadro acima, eles estão no art. 62 § 1º, art. 62 § 2º; art. 25 § 2º; art. 246 da CR/88 e art. 73 do ADCT da CR/88.

O art. 62 § 1º, de acordo com a Emenda nº 32/01, preleciona que é vedada a edição de medidas provisórias sobre matéria relativa à:

a) nacionalidade, cidadania, direitos políticos, partidos políticos e direito eleitoral;

b) direito penal, processual penal e processual civil;

c) organização do Poder Judiciário e do Ministério Público, a carreira e a garantia de seus membros;

d) planos plurianuais, diretrizes orçamentárias, orçamento e créditos adicionais e suplementares, ressalvado o previsto no art. 167, § 3º;

e) que vise a detenção ou sequestro de bens, de poupança popular ou qualquer outro ativo financeiro;

f) reservada a lei complementar;

g) já disciplinada em projeto de lei aprovado pelo Congresso Nacional e pendente de sanção ou veto do Presidente da República.

Aqui é importante salientar que o STF, na decisão **ADI 4717/DF** em **05.04.2018**, afirmou que a proteção ao meio ambiente é um limite material implícito à edição de medida provisória, ainda que não conste expressamente do elenco das limitações previstas no art. 62, § 1º, da CR/88.

Nesses termos, segundo o Pretório Excelso, é possível a edição de medidas provisórias tratando sobre matéria ambiental, mas sempre veiculando normas favoráveis ao meio ambiente. Assim, normas que importem diminuição da proteção ao meio ambiente equilibrado só podem ser editadas por meio de lei formal, com amplo debate parlamentar e participação da sociedade civil e dos órgãos e instituições de proteção ambiental, como forma de assegurar o direito de todos ao meio ambiente ecologicamente equilibrado.

Nesse sentido, é inconstitucional a edição de Medida Provisória que importe em diminuição da proteção ao meio ambiente equilibrado, especialmente em se tratando de diminuição ou supressão de unidades de conservação, com consequências potencialmente danosas e graves ao ecossistema protegido.

Já o art. 62, § 2º, a princípio, não é bem um limite material, pois admite essa possibilidade de Medidas Provisórias para a instituição e majoração de impostos. Todavia, essa norma constitucional se torna um limite (material) na medida em que não permite que Medida Provisória sobre a instituição e majoração de impostos produza efeitos no exercício financeiro seguinte ao da sua edição sem que tenha sido convertida em lei no exercício em que foi editada. Nesses termos, a norma determina que: Medida Provisória que implique instituição ou majoração de impostos, exceto os previstos nos arts. 153, I, II, IV, V, e 154, II, só produzirá efeitos no exercício financeiro seguinte se houver sido convertida em lei até o último dia daquele em que foi editada.[91]

91. **ADI 4717/DF**, STF. Plenário. Rel. Min. Cármen Lúcia, julgado em **05.04.2018** (Informativo 896). *O Plenário, em conclusão de julgamento, conheceu em parte de ação direta e, nessa parte, julgou procedente o pedido para, sem pronunciamento de nulidade, declarar a inconstitucionalidade da Medida Provisória 558/2012, convertida na Lei 12.678/2012. A ação direta foi conhecida apenas na parte em que aponta violação dos artigos 62 e 225, § 1º, III, da Constituição Federal (CF), relativamente às alterações de limites de parques e florestas nacionais, de área de proteção ambiental e de unidades de conservação, as quais foram promovidas com o objetivo de construção de usinas hidrelétricas. Quanto ao aspecto formal, o Tribunal reafirmou a possibilidade, ainda que em caráter excepcional, de declaração de inconstitucionalidade de medidas provisórias quando se afigure evidente o abuso do poder de legislar pelo Chefe do Executivo, em razão da indubitável ausência dos requisitos constitucionais de relevância e urgência. Asseverou que não ficou demonstrado, de forma satisfatória, a presença dos mencionados requisitos. À época da edição da medida provisória, os empreendimentos hidrelétricos que justificariam a desafetação das áreas protegidas ainda dependiam de licenciamentos ambientais, nos quais deveriam ser analisados os impactos e avaliada a conveniência e escolha dos sítios a serem efetivamente alagados. Reconheceu a impossibilidade de diminuição ou supressão de espaços territoriais especialmente protegidos por meio de medida provisória. A proteção ao meio ambiente é um limite material implícito à edição de medida provisória, ainda que não conste expressamente do elenco das limitações previstas no art. 62, § 1º, da CF. Ademais, normas que importem diminuição da proteção ao meio ambiente equilibrado só podem ser editadas por meio de lei formal, com amplo debate parlamentar e participação da sociedade civil e dos órgao*

Na sequência, o art. 25 § 2º da CR/88 traz clara referência à figura das Medidas Provisórias estaduais e a vedação material no que tange as mesmas. Nesses termos, conforme a normativa constitucional: cabe aos Estados explorar diretamente, ou mediante concessão, os serviços locais de gás canalizado, na forma da lei, vedada a edição de Medida Provisória para a sua regulamentação.

O art. 73 do ADCT do CR/88, incluído pela emenda de revisão nº 1 de março de 1994, nos explicita que na regulação do Fundo Social de Emergência, não poderá ser utilizado o instrumento previsto no inciso V do art. 59 da Constituição.

E, por último, o art. 246 da CR/88 nos apresenta a vedação da edição de Medidas Provisórias para regular normas constitucionais modificadas via emenda constitucional de janeiro de 1995 a setembro de 2001. Nesse sentido, o art. 246 da CR/88, incluído pela EC nº 32/01, deixou assente a impossibilidade de regulamentar por MP normas constitucionais, fruto das Emendas nº 05 até a 32 (inclusive ela). Conforme a normatividade constitucional, é vedada a adoção de medida provisória na regulamentação de artigo da Constituição cuja redação tenha sido alterada por meio de emenda promulgada entre 1º de janeiro de 1995 até a promulgação desta emenda, inclusive (Certo é que a EC nº 32 foi promulgada em 11 de setembro de 2001 e, portanto, também não pode ser regulamentada por medida provisória).

8) Medidas Provisórias editadas em data anterior à da publicação desta Emenda 32/2001

É por último, é mister salientar que as medidas provisórias de 1988 até 2001 podiam ser reeditadas conforme entendimento jurisprudencial do STF, embora a maioria dos constitucionalistas fossem contrários a tal postura do Pretório Excelso. Com o surgimento da EC nº 32/01, essa possibilidade foi proibida. Só que existiam inúmeras Medidas Provisórias reeditadas, quando da promulgação da EC nº 32/01. Pergunta-se: o que foi feito com essas Medidas Provisórias?

Ora, a resposta está no infeliz artigo 2º da Emenda nº 32/01, que afirma que as Medidas Provisórias editadas em data anterior à da publicação desta emenda continuam em vigor até que medida provisória ulterior as revogue explicitamente ou até

---

e instituições de proteção ambiental, como forma de assegurar o direito de todos ao meio ambiente ecologicamente equilibrado. A adoção de medida provisória nessas hipóteses possui evidente potencial de causar prejuízos irreversíveis ao meio ambiente na eventualidade de não ser convertida em lei. Sob o prisma material, o Colegiado considerou que a norma impugnada contrariou o princípio da proibição de retrocesso socioambiental. Isso porque as alterações legislativas atingiram o núcleo essencial do direito fundamental ao meio ambiente ecologicamente equilibrado (art. 225 da CF).Enfatizou, ainda, que a aplicação do princípio da proibição do retrocesso socioambiental não pode engessar a ação legislativa e administrativa, sendo forçoso admitir certa margem de discricionariedade às autoridades públicas em matéria ambiental (ADI 4.350/DF). Contudo, o que se consumou foi a indevida alteração de reservas florestais com gravosa diminuição da proteção de ecossistemas, à revelia do devido processo legislativo, por ato discricionário do Poder Executivo, e em prejuízo da proteção ambiental de parques nacionais. Por fim, o Tribunal julgou procedente a ação, sem pronunciamento de nulidade, ao fundamento de que o irreversível alagamento das áreas desafetadas e a execução dos empreendimentos hidrelétricos já não permite a invalidação dos efeitos produzidos, dada a impossibilidade material de reversão ao "status quo ante".

deliberação definitiva do Congresso Nacional. Portanto, com base nessa assertiva constitucional, temos que algumas Medidas Provisórias só deixarão de existir com a deliberação do Congresso ou com o surgimento de uma nova MP sobre a mesma matéria. Se isso não ocorrer, elas vão continuar válidas e de provisórias acabam por se tornar permanentes.[92]

9. PROCESSO LEGISLATIVO ESPECIAL DAS EMENDAS CONSTITUCIONAIS

9.1. Conceito

As Emendas constitucionais são espécies normativas primárias que são produzidas mediante procedimento e quórum especial, e que uma vez aprovadas agregam ao texto constitucional (ou seja, viram norma constitucional com o mesmo ***status*** de qualquer outra norma constitucional, embora diferentemente das normas constitucionais originárias, elas se sujeitem ao controle de constitucionalidade).

9.2. Procedimento

O procedimento especial para a produção de uma emenda constitucional se desenvolve também de acordo com as fases do processo legislativo. Sendo assim, teremos a fase de iniciativa, a fase constitutiva e a fase complementar. Certo é que haverá também a lógica da Casa iniciadora e da Casa revisora, porém, com a regra constitucional de dois turnos de votação tanto na Casa iniciadora como na Casa revisora.

A nossa proposta (como fins didáticos) é realizar uma análise tendo como Casa iniciadora a Câmara dos Deputados, e, por óbvio, como revisora o Senado (salientamos que o contrário também é perfeitamente possível). Certo é que, teremos diferenças na tramitação de uma proposta de emenda constitucional no que tange ao procedimento desenvolvido na Câmara e no Senado. Nesses termos, o processo será desenvolvido da seguinte maneira:

1ª) **Fase: iniciativa**: apresentação de uma PEC (Proposta de Emenda Constitucional) pelos legitimados do art. 60, I, II, III, da CR/88[93] na Casa que será a **Casa iniciadora** → a PEC apresentada vai para a Mesa da Casa (no exemplo, ora trabalhado, será a Mesa da Câmara dos Deputados)

92. Na época em que a EC 32/2001 entrou em vigor haviam 72 medidas provisórias editadas nos termos da normatividade anterior.

93. Art. 6º da CR/88: A Constituição poderá ser emendada mediante proposta: I – de um terço, no mínimo, dos membros da Câmara dos Deputados ou do Senado Federal; II – do Presidente da República; III – de mais da metade das Assembleias Legislativas das unidades da Federação, manifestando-se, cada uma delas, pela maioria relativa de seus membros. Aqui, embora a Constituição Federal *não autorize proposta de iniciativa popular para emendas à Constituição, mas apenas para normas infraconstitucionais, não há impedimento para que as Constituições Estaduais prevejam a possibilidade, ampliando a competência constante da Constituição Federal.* **ADI 825/AP**, STF. Plenário. Rel. Min. Alexandre de Moraes, julgado em **25.10.2018** (Info 921).

2ª) Fase: Constitutiva → A Mesa da Câmara encaminha à CCJ da Câmara → a CCJ terá 5 sessões para realizar um juízo de admissibilidade sobre a PEC[94] → admitida a PEC, ela seguirá para uma comissão especial → A comissão especial (temporária) terá 40 sessões para elaborar um parecer sobre a PEC → posteriormente, a PEC será encaminhada ao 1º Turno de votação na Câmara dos Deputados, tendo como quórum necessário para a sua aprovação o quórum de 3/5 dos membros da Casa → aprovada em 1º turno ela irá a votação no 2º turno → aprovada em 2º turno por 3/5 dos votos → a PEC será encaminhada para a **outra Casa** (que no nosso exemplo será **o Senado.**[95]) → no Senado a PEC vai para a Mesa do Senado da Mesa, a PEC será encaminhada à CCJ do Senado, que será encarregada de realizar um juízo de admissibilidade e um parecer sobre a PEC num prazo de 30 dias[96] posteriormente, a PEC será encaminha ao plenário para deliberação em 1º Turno se aprovada com o quórum de 3/5, a PEC será encaminhada para a deliberação em 2º Turno se aprovada em 2º turno, no Senado[97]

94. A CCJ fará um juízo de admissibilidade sobre a PEC. Isso vai ocorrer justamente porque existem matérias que não podem ser objeto de deliberação e se não pode haver deliberação, porque haveria tramitação? Nesses termos a CCJ analisa se a PEC fere ou não os limites materiais explícitos (cláusulas pétreas) do art. 60 § 4º da CR/88. Da decisão da CCJ cabe recurso. Esse recurso exige um quórum de 1/3 dos membros da Casa e será interposto com a assinatura dos líderes dos partidos diferentemente dos recursos convencionais, que exigem assinaturas avulsas dos membros da Casa; esse recurso só exige a assinatura dos líderes, segundo o regimento interno da Câmara dos Deputados.
95. Alguns doutrinadores entendem ser impróprio chamar a mesma de Casa revisora.
96. No Senado não haverá comissão especial, como na Câmara dos Deputados, para elaborar um parecer sobre a PEC!
97. A corrente majoritária no STF entende que a falta de respeito pelos Parlamentares do interstício de prazo regimental entre o 1º e o 2º Turno na votação de PEC **não** torna o processo viciado com a **pecha da "inconstitucionalidade formal".** Conforme a decisão da **ADI 4357 julg. em 06 e 07.03.2013**: "rejeitou-se alegação de inconstitucionalidade formal da EC 62/2009, por suposta inobservância do interstício dos turnos de votação (art. 60, § 2º da CR/88). Ocorre que a Emenda teria sido votada, no Senado Federal, ao longo de **2 sessões** ocorridas no mesmo dia, **com menos de 1h de intervalo entre ambas**. Prevaleceu o voto do Min. Luiz Fux que entendeu que o STF não poderia agir de modo a engessar a dinâmica própria aos agentes políticos eleitos no parlamento. Afirmou o Ministro que a exigência constitucional em comento teria por fim assegurar a reflexão profunda e a maturação das ideias antes da modificação de documento jurídico com vocação de perenidade. No entanto, a partir dessa finalidade abstrata, não seria possível extrair-se a imprescindibilidade de interstício mínimo entre os turnos. Lembrou que o constituinte teria, por outro lado, determinado expressamente intervalo mínimo em 2 outros casos: para criação de lei orgânica municipal (CF, art. 29, caput) e da Lei Orgânica do Distrito Federal (CF, art. 32, caput). Frisou que as expressões "dois turnos" e "interstício mínimo" teriam sentidos diversos, sem relação de continência necessária. Entendeu não haver indeterminação na cláusula referente a "dois turnos" exclusivamente, que apenas exigiria a realização de 2 etapas de discussão. Na situação, a regra teria sido satisfeita e o controle jurisdicional apenas existiria se as votações tivessem sido realizadas em única sessão. Ademais, o silêncio do texto constitucional no tocante ao art. 60, § 2º, seria eloquente e não permitiria aproximação, ainda que parcial, com o regime do interstício instituído em local diverso pelo constituinte. A corroborar essa assertiva, rememorou a existência de intervalo mínimo literal nas Constituições anteriores, de modo que não se poderia falar em lapso na CF/88. Aludiu a outras hipóteses de aprovação de Emendas em que não ocorrido interstício, como na EC 39/2002. Sublinhou haver norma regimental do Senado a determinar o intervalo de 5 dias úteis entre os turnos de votação, mas sua inobservância estaria sujeita apenas ao controle do próprio órgão político e não do STF. Ressaltou que, sob o ângulo material, a reforma da sistemática constitucional dos precatórios fora levada a cabo a partir de extenso debate, com a realização de audiências públicas das quais teriam participado vários representantes da sociedade civil. Assim, não se poderia falar em vício formal, sequer sob a suposta vertente teleológica de interpretação do art. 60, § 2º da CR/88". Ficaram vencidos os Ministros **Carlos Ayres, Marco Aurélio, Celso de Mello e Joaquim Barbosa.** O Min. Marco Aurélio reputou que interpretação teleológica do art. 60, § 2º, da CF, excluiria queima de etapas. Dupla votação significaria espaço razoável para necessária reflexão, e o ocorrido potencializara a forma em detrimento do conteúdo da norma. Reafirmou ser necessário manter as balizas a dificultar alteração da Constituição, que deveria ser documento estável. O Min. Celso de Mello rememorou que, ao deliberar

3ª) **Fase: Complementar (integração de eficácia):** aprovada em dois turnos, nas duas Casas, surge uma nova emenda constitucional, que conforme o art. 60, § 3º, da CR/88, será **promulgada pelas Mesas da Câmara dos Deputados e do Senado Federal,** com o respectivo número de ordem.

É mister salientar que podem ser apresentadas emendas à PEC tanto na Câmara como no Senado. Só que aqui temos uma observação. O quórum para a apresentação de uma emenda à PEC será de 1/3 dos membros da Casa (171 deputados na Câmara[98] e 27 senadores no Senado). Outra questão interessante é que se na "Casa revisora" (embora esse termo não seja o mais adequado, usamos aqui, como já dito, para fins didáticos), seja o Senado (como trabalhado em nosso exemplo) ou a Câmara dos Deputados, for aprovada a PEC com emendas e ocorrer uma alteração substancial na PEC, ela deverá ser encaminhada à "Casa iniciadora" do procedimento para a apreciação das emendas.

E, por último, se a PEC for rejeitada (não alcançando os 3/5 de votos) em qualquer dos dois turnos e em qualquer das duas Casas, conforme disposição constitucional,[99] matéria constante de proposta de emenda rejeitada ou havida por prejudicada não pode ser objeto de nova proposta na mesma sessão legislativa. Portanto, essa PEC só poderá ser reapresentada na próxima sessão legislativa.

Sobre as emendas é importante citarmos, recente debate ocorrido na Câmara dos Deputados por ocasião da tramitação da PEC 182/2007 (Reforma Política) e PEC 171/1993 (Redução da Menoridade Penal). Na votação das duas PECs o então Presidente da Câmara dos Deputados Eduardo Cunha consegue reverter (em menos de 24 horas) o resultado de votações em que saíra derrotado pelo Plenário da Câmara dos Deputados.

A PEC 182/2007 tramitou de 2007 a 2013 e em 2015 foi objeto de análise em uma comissão especial da Câmara conjuntamente com outras PECs sobre o tema da Reforma Política. Em 12 de maio de 2015 foi aprovado por essa Comissão Especial um substitutivo à PEC, de autoria do Relator Marcelo Castro, que inseria um parágrafo no art. 17 da Constituição Federal para permitir apenas aos partidos políticos receber recursos de pessoas jurídicas, sendo vedadas as doações a candidatos. No dia designado para a votação do substitutivo, no entanto, foram apresentadas 9 (nove) emendas aglutinativas ao Plenário, entre as quais a Emenda Aglutinativa nº 22, que modificava a redação do artigo 17, § 5º, da Constituição, para permitir aos partidos políticos e aos candidatos receber doações de pessoas físicas e jurídicas. A Emenda Aglutinativa nº 22 foi rejeitada pelo Plenário no mesmo dia 26 de maio

sobre o tema, o Senado votara por 2 vezes seguidas logo após manifestação da Comissão de Constituição, Justiça e Cidadania, tudo de modo concentrado, sem período mínimo para reflexão. O Min. Joaquim Barbosa aludiu a exemplos do direito comparado para demonstrar que as exigências aparentemente formais seriam inerentes à própria rigidez da Constituição. (Informativo 697 do STF)

98. Conforme o Regimento Interno da Câmara dos Deputados, as emendas a PEC devem ser apresentadas na Comissão Especial (temporária) e até as 10 primeiras sessões da mesma.
99. Nos moldes do art. 60 § 5º da CR/88.

de 2015, com 264 votos a favor, 207 contra e 4 abstenções. Menos de 24 horas depois, foi retomada a discussão do tema e foram propostas mais 13 emendas aglutinativas, sendo que algumas delas versavam também sobre o financiamento de campanha e foram submetidas à votação em Plenário. Foram votadas no dia 27 de maio de 2015: a) a Emenda Aglutinativa nº 10 (que permitia apenas as doações de pessoas físicas aos partidos, vedando tanto doações de pessoas jurídicas como doações diretas a candidatos); b) a Emenda Aglutinativa nº 32 (que abolia o financiamento privado nas eleições, tornando o financiamento puramente público); c) e a Emenda Aglutinativa nº 28 (que permite aos partidos políticos receber doações de pessoas físicas e jurídicas, e aos candidatos receber recursos apenas das pessoas físicas).Foram rejeitadas as Aglutinativas nºs 10 e 32, e aprovada a de nº 28, apresentada pelo deputado Celso Russomano, que recebeu 330 votos favoráveis, 142 contrários e 1 abstenção. Para alguns doutrinadores a aprovação da Aglutinativa de nº 28, portanto, teria violado o teor literal do art. 60, § 5º, da Constituição de 1988.

O mesmo teria ocorrido na PEC 171/1993, que dispunha sobre a redução da menoridade penal para 16 anos em determinados crimes. No dia 17 de junho de 2015, uma Comissão Especial apresentou um substitutivo, com a proposição de alterar a redação do art. 228 da Constituição Federal para excepcionar a inimputabilidade dos menores de 18 anos para os maiores de 16 anos nos casos de: i) crimes previstos no art. 5º, XLIII; ii) homicídio doloso, iii) lesão corporal grave, iv) lesão corporal seguida de morte, v) roubo com causa de aumento depena. 6 Esse substitutivo foi votado em Plenário no dia 30 de junho de 2015, sem alcançar o *quórum* necessário para aprovação da Emenda à Constituição (foram contabilizados 303 votos favoráveis, 184 contrários e 3 abstenções).[100]

Novamente, no dia seguinte, foi apresentada uma emenda aglutinativa (a de nº 16), para ressalvar a inimputabilidade dos menores de 18 anos aos maiores de 16 em casos de "crimes hediondos, homicídio doloso e lesão corporal seguida de morte". Aqui novamente parte da doutrina, entendeu haver violação ao art. 60, § 5º, da Constituição da República de 1988.

Certo é que, em ambos os casos, as emendas aglutinativas não são idênticas às proposições (principais) que elas pretendem substituir, mas extremamente parecidas, e consagram o mesmo princípio político. A pergunta é obviamente se esse tipo de prática seria irregular (haveria alguma irregularidade nessas emendas)? Teria a Câmara dos Deputados poder jurídico para reabrir discussão acerca de uma matéria controvertida por meio da apresentação de novas emendas aglutinativas depois da rejeição de uma emenda anterior com conteúdo semelhante?[101]

---

100. BUSTAMANTE, Thomas e BUSTAMANTE, Evanilda. *As Emendas Aglutinativas na Era Cunha: O Devido Processo Legal entre a proteção da segurança jurídica e da autonomia política*, p, 183-192, 2016.
101. BUSTAMANTE, Thomas e BUSTAMANTE, Evanilda. *As Emendas Aglutinativas na Era Cunha: O Devido Processo Legal entre a proteção da segurança jurídica e da autonomia política*, p, 183-192, 2016.

Diante do questionamento em relação às votações sucessivas na PEC da reforma política (para fins de aprovação do financiamento empresarial) e na PEC da redução da menoridade penal, foram interpostos dois mandados de segurança no Supremo Tribunal Federal, cujas liminares foram ambas indeferidas pelos respectivos ministros Relatores.

Aqui é importante salientar, que o Supremo Tribunal Federal no Mandado de Segurança nº 22.503, julgado em 08.05.1996 enfrentou a mesma questão jurídica do tema em comento. No caso tratava-se de discussão de uma Proposta de Emenda à Constituição (PEC) em que um substitutivo havia sido rejeitado pelo Plenário, mas logo em seguida uma emenda aglutinativa (com conteúdo bastante semelhante e a mesma inspiração ideológica) fora apresentada para permitir uma nova votação no dia seguinte, em que se conseguiu o *quórum* necessário para aprovação. Como também foi alegada a violação ao art. 60, § 5º, da Constituição, todos os ministros do STF, à exceção do Relator, ministro Marco Aurélio, que foi vencido, seguiram o voto do ministro Maurício Corrêa, que se limita aduzir que a rejeição do substitutivo (que é acessório) não implica a rejeição do projeto original, cuja tramitação deve prosseguir normalmente. Nesses termos, "*afastada a rejeição do substitutivo, nada impede que se prossiga na votação do projeto originário*". Entendeu a maioria, com fundamento no próprio Regimento Interno da Câmara dos Deputados, que as emendas aglutinativas, assim como os projetos substitutivos, são acessórios em relação às proposições originárias em que eles se baseiam. Não faria sentido, portanto, imaginar que as proposições originárias devessem ter necessariamente o mesmo destino das emendas aglutinativas e projetos substitutivos, pois a rejeição do acessório não implica, necessariamente, a rejeição automática da proposição principal.

Na mesma linha da decisão do STF é a doutrina defendida por Carlos Bastide Horbach na defesa da constitucionalidade da aprovação da PEC171 em 1º turno na Câmara dos Deputados. Nesses termos, defende que não haveria que se falar em inconstitucionalidade formal da PEC 171 à luz do parágrafo 5º do art. 60, CR/88, segundo o qual "a matéria constante de proposta de emenda rejeitada ou havida por prejudicada não pode ser objeto de nova proposta na mesma sessão legislativa". A fundamentação do autor perpassa a percepção de que a Constituição de 1988 seria lacônica em termos de processo legislativo, o que conferiria maior papel aos Regimentos Internos das Casas Legislativas. Na realidade, para ele, as normas regimentais, bem como a interpretação delas realizadas pelos parlamentos, constituiriam parte viva da constituição material brasileira. Dessa maneira, o parágrafo 5º do art. 60 da Constituição deveria ser interpretado frente o "reconhecimento das limitações das normas constitucionais em matéria de processo legislativo e da importância do direito parlamentar".[102]

102. HORBACH, Carlos Bastide. *Por que a aprovação da PEC da maioridade penal é constitucional.* Conjur [Domínio Eletrônico], 2015, p. 1.

Com isso em mente, menciona que não teria havido "rejeição da proposta de emenda à constituição, mas sim de um substituto a ela apresentado"[103], o que não seria uma sutileza regimental, à luz da relação entre principal e acessório. Em razão do parágrafo 4º do art. 118 e do inciso V do art. 191, ambos do Regimento Interno da Câmara dos Deputados, a Emenda Substitutiva – assim como a Emenda Aglutinativa – seria, tão somente, uma proposta acessória, de tal forma que não se poderia argumentar em favor da inconstitucionalidade da PEC, sob pena de inversão da lógica de que o acessório segue a sorte do principal. O autor também invoca o precedente do STF acima citado no Mandado de Segurança n. 22.503. Na oportunidade, como já dito, em se tratando de circunstâncias muito semelhantes às da PEC 171, vários Ministros teriam feito uso do RICD frente o parágrafo 5º do art. 60, CR/88. À luz desse precedente, o autor ressalta que a emenda aglutinativa se caracterizaria como uma simples manifestação incidental de vontade parlamentar, sendo que seria desprovida de autonomia jurídica, haja vista que dependeria, essencial e fundamentalmente, de uma proposição principal, à qual visaria modificar ou substituir. Assim, diante da aplicação do Regimento Interno da Casa, do entendimento do STF no MS n. 22.503 e pela "própria lógica do processo legislativo"[104], a aprovação da PEC 171 em 1º turno na Câmara dos Deputados seria constitucional.

Porém, diferentemente do atual posicionamento do STF, bem como da doutrina supracitada, entendemos que a aprovação em 1º turno das PECs da reforma política e da redução da minoria de penal foram inconstitucionais frente ao art. 60 § 5º da CR/88.

Voltando ao voto do ministro Maurício Corrêa no precedente citado (MS 22503) não há que questionar suas considerações com base no próprio Regimento Interno da Câmara dos Deputados. Sem dúvida, o art. 191 RICD, disciplina de forma detalhada a ordem de votação das proposições principais e assessórias, estabelecendo ordens de "preferência e prejudicalidade". A norma regimental estabelece, expressamente, que a rejeição das emendas e de todas as proposições assessórias não prejudica as proposições originárias, cuja votação deve proceder na ordem inversa de sua proposição. Aqui, como bem salienta Thomas Bustamante, no que concordamos, as razões aduzidas pelos ministros que compuseram a maioria do STF são inadequadas para decidir a questão que se colocava sob a apreciação do tribunal, na medida em que o objeto da ação não era apenas discutira possibilidade de prosseguimento da tramitação do projeto original, caso o substitutivo seja rejeitado. A questão verdadeiramente importante naquele processo – como também agora, no caso das PECs 182/2007 e 171/1993 – é se é possível apresentar uma emenda aglutinativa *depois* que o substitutivo já tenha sido rejeitado, ou se é possível apresentar uma nova emenda aglutinativa *depois* que a emenda aglutinativa anterior

103. HORBACH, Carlos Bastide. *Por que a aprovação da PEC da maioridade penal é constitucional.* Conjur [Domínio Eletrônico], 2015, p. 1.

104. HORBACH, Carlos Bastide. *Por que a aprovação da PEC da maioridade penal é constitucional.* Conjur [Domínio Eletrônico], 2015, p. 3.

(que consagrava o mesmo princípio, ainda que com pequenas variações) já tenha sido rejeitada. *Não está em jogo aqui, portanto, saber se as novas emendas podem ser apreciadas, mas se elas podem ser propostas depois do resultado da votação. Nesse ponto, concordando com Bustamante, entendemos que o STF se equivocou ao não reconhecer a violação ao art. 60, § 5º, da Constituição.*[105]

A razão dessa conclusão de Bustamante é a de que todas as emendas aglutinativas, assim como todos os substitutivos, têm de ser *propostas* antes do início da votação da primeira emenda ou projeto substitutivo. A proposição de emendas aglutinativas, assim como de projetos substitutivos, deve acontecer na fase da deliberação, e não na fase da decisão pelo Plenário. Portanto, *no caso por exemplo da PEC 182, o vício da Emenda Aglutinativa n. 28 não está em ela ser votada depois da Emenda Aglutinativa n. 22, mas no fato de ela ter sido proposta depois de divulgado o resultado da primeira votação. A interpretação que defendemos, portanto, de que o Plenário não pode começar a decidir antes de todas as alternativas já estarem sobre a mesa, sob pena de se frustrar o art. 60, § 5º, da Constituição Federal.*[106]

Entendemos que essa interpretação parece ser a única capaz de evitar duas consequências extremamente graves para a ordem jurídica constitucional. De um lado, pelas razões adiantadas anteriormente, não se pode, de fato, *propor uma interpretação que vede por completo a proposição de emendas aglutinativas, ou que autorize o STF a realizar um juízo de mérito sobre a identidade (ou não) entre os projetos de lei apresentados (sejam originais ou os seus substitutivos) e as emendas aglutinativas submetidas ao Plenário por ocasião de sua votação.* A interpretação aqui defendida evita essa interferência no processo legislativo. Ela permite que se proponha qualquer emenda aglutinativa em qualquer projeto de lei, de modo a permitir tanto a deliberação, com a mais ampla discussão sobre as diferentes possibilidades legislativas, como a negociação e os compromissos políticos, por meio de emendas aglutinativas que sejam capazes de reconciliar interesses e interpretações divergentes, conquistando com isso a adesão de amplas maiorias parlamentares. Ao admitir as

---

105. Nesses termos: "*Propondo novamente o mesmo princípio político que havia sido rejeitado na noite anterior, implica uma quebra no princípio de proteção da confiança e da boa-fé objetiva, que tem ampla aplicação no âmbito do Direito Público. Como explica Misabel Abreu Machado Derzi, a proteção da confiança, enquanto "materialização direta da justiça prospectiva, está envolvida com a formação dos fatos jurídicos e o tempo", constituindo, juntamente com o princípio da boa-fé, "componentes indivisíveis da legalidade, do Estado de Direito e da justiça". Embora a argumentação desses autores seja construída primordialmente para a relação entre o Estado e os particulares, é nítida a sua aplicação a atos, decisões e procedimentos deliberativos realizados no interior do processo legislativo. A principal razão para tanto está no fato de que a violação à proteção da confiança de que a matéria em apreciação já se encontrava decidida representa uma "manipulação" no sentido definido pelo filósofo do direito Joseph Raz, que a entende como uma "violação ao princípio da autonomia moral", por constituir uma atuação que "interfere na liberdade de opção das pessoas", manipulando o seu "processo de pensamento". (Raz, 1986, p. 377-378). Difícil imaginar, portanto, uma lesão mais grave ao princípio da autonomia parlamentar, que se soma à clara violação a norma constitucional segundo a qual as matérias rejeitadas pela Casa Legislativa não podem ser reapresentadas na mesma sessão legislativa.*" BUSTAMANTE, Thomas e BUSTAMANTE, Evanilda. *As Emendas Aglutinativas na Era Cunha: O Devido Processo Legal entre a proteção da segurança jurídica e da autonomia política*, p, 183-192, 2016.
106. BUSTAMANTE, Thomas e BUSTAMANTE, Evanilda. *As Emendas Aglutinativas na Era Cunha: O Devido Processo Legal entre a proteção da segurança jurídica e da autonomia política*, p, 183-192, 2016.

emendas aglutinativas, ela evita, portanto, o engessamento do processo legislativo. De outro lado, conforme Bustamante, a proposta de interpretação defendida estabelece uma condição que é estritamente necessária para a observância do art. 60, § 5º, da Constituição: *a exigência de que todas as emendas, aglutinativas ou não, sejam propostas antes do início da votação, de modo que o Plenário esteja ciente de cada uma das alternativas que estão na mesa, e cada parlamentar possa refletir sobre elas sem o risco de surpresas após o resultado da votação e sem a possibilidade, ainda mais grave, de sofrer pressão política para mudar o seu voto depois da divulgação do resultado das votações nominais. Sem essa interpretação, a Presidência da Casa pode viabilizar a votação de emendas aglutinativas sucessivas, até que uma delas atinja o quórum necessário de aprovação e a sua proposta seja vencedora. Se aliarmos a isso um processo de votação nominal, como ocorre em quase todas as matérias polêmicas, abre-se a via para um mecanismo autoritário e eficaz de controle sobre o resultado das votações, na medida em que é possível saber exatamente quais parlamentares votaram contra e a favor do projeto original.* Há, aqui, uma porta aberta para a violação ao princípio da autonomia parlamentar e ao princípio da moralidade administrativa. Cria-se, portanto, um *contexto político e institucional que alimenta e favorece o autoritarismo no interior das Casas legislativas.* Aqui, a defesa seria a de *construir uma resposta institucional adequada a esta prática autoritária e perigosa de manipulação do processo legislativo.*[107]

10. PROCESSO LEGISLATIVO ESPECIAL DOS DECRETOS LEGISLATIVOS E RESOLUÇÕES

10.1. Conceito geral

Tanto os decretos legislativos quanto as resoluções são espécies normativas primárias com efeitos internos ou externos às Casas, que visam a desenvolver, instrumentalizar ou formalizar os trabalhos das Casas, sem a necessidade de passar pelo crivo do Presidente da República.

10.2. Conceito de Decreto Legislativo

Espécie normativa primária, em regra, de efeitos externos às Casas e que se destina a veicular matérias de **competência exclusiva do Congresso Nacional**. Exemplos de decretos legislativos: art. 49, inc. I e art. 49, V da CR/88; art. 62, § 3º da CR/88.

10.3. Procedimento do Decreto Legislativo

Fase de Iniciativa: é da competência dos Deputados, das comissões de deputados, da Mesa da Câmara, dos Senadores, das comissões de senadores, da Mesa do Senado Federal, de comissão do Congresso e da Mesa do Congresso Nacional.

107. BUSTAMANTE, Thomas e BUSTAMANTE, Evanilda. *As Emendas Aglutinativas na Era Cunha: O Devido Processo Legal entre a proteção da segurança jurídica e da autonomia política*, p. 183-192, 2016.

Fase Constitutiva: em regra, a tramitação é bicameral. O Decreto Legislativo é votado (deliberado) na Câmara e no Senado. Certo é que a deliberação (dependendo de disposição regimental) também pode ser do Congresso Nacional em sessão conjunta.

Fase complementar: promulgação e publicação pelo Presidente do Congresso Nacional. É mister salientar mais uma vez que o Chefe do Executivo não participa do processo legislativo dos Decretos Legislativos em virtude de a competência ser exclusiva do Congresso Nacional. Nesse sentido, não haverá sanção nem mesmo veto do Presidente da República no que tange aos decretos legislativos.

10.4. Conceito de Resoluções

Espécie normativa primária de competência privativa do Congresso Nacional, da Câmara dos Deputados ou do Senado Federal, que se destina a veicular matérias em regra com efeitos internos às Casas.

Temos como exemplos de resoluções as que aprovam os Regimentos Internos do Congresso Nacional (resolução do Congresso), da Câmara (resolução da Câmara) e do Senado (resolução do Senado). Além disso, temos que a perda de mandato dar-se-á mediante resolução que formaliza e instrumentaliza, dando efeito vinculante à perda de mandato tanto na Câmara como no Senado, conforme o art. 55 § 2º e § 3º da CR/88.

As resoluções são ainda diferenciadas doutrinariamente.[108] Nesse sentido, temos resoluções como:

a) atos políticos;[109]

b) atos de coparticipação na função jurisdicional;[110]

c) ato condição da função legislativa;[111] e

d) ato deliberativo.[112]

Porém, é importante salientar que existem resoluções com efeitos externos às Casas. Essas são exceções. Como exemplos, temos: arts. 51, I; 52, I; II; X e art. 68, § 2º, todos da CR/88.

---

108. Nesse sentido: FERRAZ, Anna Cândida da Cunha, Conflito entre poderes, 1994, p. 129.
109. Resoluções do Senado que referendam nomeações, conforme o art. 52, III da CR/88.
110. Resoluções que suspendem lei declarada inconstitucional em decisão definitiva do STF, conforme o art. 52, X da CR/88.
111. Resoluções do Congresso Nacional que autorizam o Presidente da República a elaborar Lei Delegada, conforme o art. 68 § 2º da CR/88.
112. Resoluções sobre fixação de alíquotas.

10.5. Procedimento das Resoluções

	FASE DE INICIATIVA	FASE CONSTITUTIVA	FASE COMPLEMENTAR
Resolução do Congresso Nacional	é da competência dos Deputados, das comissões de Deputados, da Mesa da Câmara, dos Senadores, das comissões de Senadores, da Mesa do Senado Federal, da comissão do Congresso e da Mesa do Congresso.	em regra, a tramitação é bicameral. A resolução é votada na Câmara e no Senado. Poderá ser em sessão conjunta quando a votação for pelo Congresso (nos termos do Regimento Interno do Congresso Nacional).	promulgação e publicação pelo Presidente do Congresso Nacional.
Resolução da Câmara dos Deputados	é da competência dos Deputados, das comissões de Deputados e da Mesa da Câmara.	votação apenas pela Câmara.	promulgada e publicada pelo Presidente da Câmara.
Resolução do Senado	é da competência dos Senadores, das comissões de Senadores e da Mesa do Senado Federal.	votação apenas pelo Senado.	promulgada e publicada pelo Presidente do Senado.

É mister salientar que o Presidente da República não participa do processo legislativo das resoluções. Assim sendo, não haverá sanção ou veto do chefe do executivo sobre essa espécie normativa primária, presente em nosso ordenamento.

16

Poder Executivo

Sumário: 1. Introdução – 2. Funções: 2.1. Função típica do Poder Executivo; 2.2. Funções atípicas do Poder Executivo – 3. Sistema de governo: Presidencialismo, Parlamentarismo e Semipresidencialismo: 3.1. Conceito; 3.2. Principais espécies – 4. Reflexões sobre o Presidencialismo de Coalizão: 4.1. Introdução: Heterogeneidade, Dilema Institucional e Presidencialismo de Coalizão; 4.2. A Dinâmica do Presidencialismo de Coalizão: Eixo Partidário-Parlamentar, Eixo Regional e Índices de Fracionamento Governamental. As considerações acerca do presidencialismo de coalizão em relação ao atual momento político brasileiro; 4.3. Considerações Finais – 5. Estrutura do Poder Executivo: 5.1. Presidente: requisitos para o cargo, modo de investidura e atribuições; 5.2. Vice-Presidente: requisitos para o cargo, modo de investidura e atribuições; 5.3. Ministros de Estado: requisitos para o cargo, modo de investidura e atribuições; 5.4. Conselho da República e Conselho da Defesa – 6. Crimes de Responsabilidade e Crimes Comuns do Presidente da República: 6.1. Crimes de responsabilidade do Presidente da República: 6.1.1. Conceito; 6.1.2. Procedimento – 6.1.3. Crime de responsabilidade do Vice-Presidente da República; 6.2. Crimes Comuns do Presidente da República: 6.2.1. Conceito; 6.2.2. Procedimento; 6.3. Crimes dos Governadores de Estado e dos Prefeitos.

1. INTRODUÇÃO

O Poder Executivo é o órgão em que se concentram as funções de cunho executivo nos moldes explicitados no art. 2º da Constituição de 1988, que delimita os poderes da União. Nesse sentido, no Poder Executivo estão as atribuições, faculdades e prerrogativas atreladas ao exercício da atividade executiva na República Federativa do Brasil.[1]

2. FUNÇÕES

2.1. Função típica do Poder Executivo

É a função administrativa (de administração da coisa pública). Ou seja, é a função de execução de políticas públicas, fomento, gerenciamento e desenvolvimento da máquina administrativa.

1. SILVA, José Afonso da, Comentário contextual à constituição, 2009, p. 474. Segundo o constitucionalista: "O órgão do Poder Executivo, em verdade, compreende dois elementos: (a) um objetivo, abstrato, institucional e contínuo, que é precisamente o complexo de atribuições, prerrogativas e faculdades que o individualizam dentro da estrutura estatal; (b) outro subjetivo, pessoal e variável, que é a pessoa (Presidente da República, no Presidencialismo) ou conjunto de pessoas (presidente ou monarca e Conselho de Ministros, no Parlamentarismo) que expressam a vontade estatal."

2.2. Funções atípicas do Poder Executivo

São aquelas que, em tese, são típicas do Poder Legislativo (art. 62 – editar Medidas Provisórias; art. 68 – editar leis delegadas) e do Poder Judiciário (julgar no chamado de "contencioso administrativo").

Porém, é mister observar que não se trata de uma função jurisdicional ***strictu sensu*** do Poder Judiciário. Vejamos que não existirá a figura da neutralidade, ou seja, da equidistância que envolve uma das caracterizações da jurisdição ***strictu sensu***. Ademais, os julgamentos administrativos não têm caráter de definitividade, pois são passíveis de modificação pelo Poder Judiciário. Nesse sentido, eles não têm o condão de fazer coisa julgada formal e material.

3. SISTEMA DE GOVERNO: PRESIDENCIALISMO, PARLAMENTARISMO E SEMI-PRESIDENCIALISMO

3.1. Conceito

Sistema de governo é o modo como se dá a relação entre os Poderes dentro de um Estado; sobretudo, entre o Poder Executivo e o Poder Legislativo. Diferencia-se da forma de governo, que é definida como o modo em que se dá a relação entre governantes e governados dentro de um Estado.

3.2. Principais espécies

Presidencialismo	Parlamentarismo
Há uma identidade entre chefia de estado e chefia de governo (são a mesma pessoa).	Há uma não identidade entre chefia de estado e chefia de governo.
Chefe de estado é aquele que exerce função simbólica de representar internacionalmente o país e de corporificar a sua unidade interna.	**Chefe de estado** pode ser um rei (um monarca) ou mesmo um presidente.
Chefe de governo é aquele que executa as políticas públicas, que gerencia a máquina pública. Ou seja, é quem efetivamente governa e também exerce a liderança da política nacional.	**Chefe de governo** é o chamado de 1° ministro, que exerce o governo conjuntamente com o seu gabinete (conselho de Ministros).
Não identidade entre o Poder Legislativo e o Poder Executivo. Presidente tem que construir uma maioria no parlamento ***a posteriori***. Geralmente o presidente é eleito sem maioria no parlamento.	Tem uma identidade entre o Poder Legislativo e o Poder Executivo, via de regra. A chefia de governo é tirada da maioria parlamentar (maioria construída ***a priori***). É dessa maioria que sai o 1° ministro e o gabinete.

Presidencialismo	Parlamentarismo
Estabilidade de governo. Há a figura dos mandatos fixos para o cargo de presidente.	Estabilidade democrática. Privilegia estabilidade construída pelo povo nos processos democráticos. Pode até existir a figura do mandato mínimo e do mandato máximo, todavia ele não é fixo. Nesse sentido, tem por fundamento a existência dos institutos: I) possibilidade de queda do gabinete pelo parlamento (por meio da "moção de censura" ou "voto de desconfiança") e II) possibilidade cotidiana de dissolução do parlamento pelo gabinete (pelo 1° ministro e seu conselho de ministros).

O nosso sistema de governo é o ***presidencialismo***.[2] Essa tradição iniciou-se com a Constituição de 1891 e perpassa até os dias atuais. Nesses termos, preceitua a atual Constituição, no seu art. 76, que o Poder Executivo é exercido pelo Presidente da República, auxiliado pelos Ministros de Estado.

O art. 84 da CR/88 estabelece as competências privativas do Presidente da República e, também, deixa explícito o sistema de governo presidencialista adotado no Brasil. No mesmo, ficam bem claras as diferenças entre o exercício centralizado na mesma pessoa do Presidente da República tanto da chefia de governo (apenas como exemplos: art. 84: I a VI da CR/88) quanto da chefia de Estado (apenas como exemplos: art. 84: VII, VIII e XIX da CR/88).

Afirmamos ainda que, em nossa forma de governo republicana, já tivemos o sistema de governo parlamentarista, que ocorreu entre setembro de 1961 e janeiro de 1963.

Por último, é importante citarmos outro sistema de governo existente que é o ***semipresidencialismo***. No caso do ***sistema semipresidencialista,*** os maiores exemplos são França e Portugal.

O ***semipresidencialismo*** diz respeito a um modelo intermediário, no qual o exercício do Poder Executivo é ***compartilhado*** entre um Presidente da República (que desempenha a função precípua de chefe de Estado, embora exerça funções de chefe de governo) e um primeiro-ministro (que desempenha a função precípua de chefe de governo).[3]

Nesse sistema, o Presidente da República é escolhido por eleição popular — assim como ocorre no presidencialismo — e desempenha papel mais relevante do que o desempenhado pelo chefe de Estado no modelo parlamentarista.

---

2. O sistema de governo Presidencialista iniciou-se historicamente com o advento da Constituição norte-americana de 1787. Nesses termos, COOLEY, Thomas McIntyre, The general principles of constitutional law in the United State of America, 1898; ver também: MORAES, Alexandre de, Presidencialismo, 2004.
3. MENDES, Gilmar, ***Semipresidencialismo: quando a separação entre Estado e Governo poder ser desejável***. CONJUR, 30.09.2017.

A depender das regras estabelecidas pela Constituição, o Presidente da República, no ***semipresidencialismo***, poderia indicar o primeiro-ministro, controlar a política externa do país, solicitar referendos, propor leis e, inclusive, dissolver o parlamento.[4]

De outro lado, a depender também da Constituição, quem exerce a chefia de governo (em regra, embora o Presidente possa exercer funções de governo) no sistema *semipresidencialista* é o primeiro-ministro. Nessa circunstância, a ele compete, por exemplo, a elaboração de políticas econômicas, bem como toda a articulação política com os membros do Poder Legislativo.[5]

Nesse sentido, o ***semipresidencialismo*** é um tipo de sistema de governo que mistura características do presidencialismo e do parlamentarismo.

Nesse sistema, o Presidente pode dividir as obrigações da administração pública (poder executivo) do Estado com um primeiro-ministro. Os dois têm poder de decisão no governo e são responsáveis por funções que se complementam, conforme determinação constitucional.

Via de regra, nesse sistema, repetimos, o Presidente é o chefe de Estado e é eleito pelo voto direto do povo. O primeiro ministro é o chefe de governo, embora, como também já dissemos, o Presidente possa exercer funções de chefe de governo à luz da Constituição.

Aqui, então, resta claro que uma das características mais importantes deste sistema é que o Presidente é responsável por nomear o primeiro-ministro e dividir com ele algumas atividades de chefe de governo. Para evitar crises políticas, o presidente deve apontar um ***premiê*** que terá capacidade de dialogar com o Legislativo, o que pode acarretar a escolha até mesmo de um político de oposição para o cargo. Analistas chamam essa formação de ***"governo de coabitação"***.

A maior vantagem do sistema ***semipresidencialista*** é que ele garante mais equilíbrio entre as decisões do poder executivo e do poder legislativo, porque existe uma descentralização de poder e um maior compartilhamento das decisões políticas. Ou seja, as decisões não ficam centralizadas em uma pessoa ou em um único poder.

Ele também se mostra eficiente para apresentar reações rápidas em crises políticas porque permite uma modificação mais rápida nesses poderes, em caso de falta de governabilidade ou de representatividade popular. Como exemplo, temos que, se o primeiro-ministro não tiver apoio do Congresso em uma decisão, ele pode ser substituído (no caso da França: por decisão do Presidente[6]) por ou-

---

4. MENDES, Gilmar, ***Semipresidencialismo: quando a separação entre Estado e Governo poder ser desejável***. CONJUR, 30.09.2017.
5. MENDES, Gilmar, ***Semipresidencialismo: quando a separação entre Estado e Governo poder ser desejável***. CONJUR, 30.09.2017.
6. Com a promulgação da Constituição Francesa de 1958, firmou-se um sistema político que conferia destaque às atribuições do chefe de Estado. De Gaulle coordenava diretamente a política externa do país, comandava as

tro primeiro-ministro, sem a necessidade de novas eleições ou de processo de *impeachment*.

A título de exemplo, no caso de Portugal, o art. 120 da Constituição Portuguesa afirma que o Presidente da República representa a República Portuguesa, garante a independência nacional, a unidade do Estado e o regular funcionamento das instituições democráticas e é, por inerência, Comandante Supremo das Forças Armadas. Conforme o art. 121, ele é eleito por sufrágio universal, direto e secreto dos cidadãos portugueses eleitores recenseados no território nacional, bem como dos cidadãos portugueses residentes no estrangeiro nos termos definidos na Constituição.

Conforme o art. 134 da Constituição de Portugal, compete ao Presidente da República, relativamente a outros órgãos: a) Presidir ao Conselho de Estado; b) Marcar, de harmonia com a lei eleitoral, o dia das eleições do Presidente da República, dos Deputados à Assembleia da República, dos Deputados ao Parlamento Europeu e dos deputados às Assembleias Legislativas das regiões autónomas; c) Convocar extraordinariamente a Assembleia da República; d) Dirigir mensagens à Assembleia da República e às Assembleias Legislativas das regiões autónomas; e) Dissolver a Assembleia da República, observado o disposto no artigo 172.º, ouvidos os partidos nela representados e o Conselho de Estado; f) Nomear o Primeiro-Ministro, nos termos do n.º 1 do artigo 187.º; g) Demitir o Governo, nos termos do n.º 2 do artigo 195.º, e exonerar o Primeiro-Ministro, nos termos do n.º 4 do artigo 186.º; h) Nomear e exonerar os membros do Governo, sob proposta do Primeiro-Ministro; i) Presidir ao Conselho de Ministros, quando o Primeiro-Ministro lhe solicitar; entre outras funções.[7] Já nos termos do art. 187 da Constituição de Portugal, temos que o Primeiro-Ministro é nomeado pelo Presidente da República, ouvidos os partidos representados na Assembleia da República e tendo em conta os resultados eleitorais. Os restantes membros do Governo são nomeados pelo Presidente da República, sob proposta do Primeiro-Ministro.[8]

Forças Armadas e ainda tinha o poder de dissolver a Assembleia Nacional, em caso de crises políticas. O firmamento desses poderes fez com que o sistema de governo francês tornasse um híbrido entre parlamentarismo e presidencialismo. MENDES, Gilmar, ***Semipresidencialismo: quando a separação entre Estado e Governo poder ser desejável***. CONJUR, 30.09.2017.

7. Como as funções de: j) Dissolver as Assembleias Legislativas das regiões autónomas, ouvidos o Conselho de Estado e os partidos nelas representados, observado o disposto no artigo 172.º, com as necessárias adaptações; l) Nomear e exonerar, ouvido o Governo, os Representantes da República para as regiões autónomas; m) Nomear e exonerar, sob proposta do Governo, o presidente do Tribunal de Contas e o Procurador-Geral da República; n) Nomear cinco membros do Conselho de Estado e dois vogais do Conselho Superior da Magistratura; o) Presidir ao Conselho Superior de Defesa Nacional; p) Nomear e exonerar, sob proposta do Governo, o Chefe do Estado-Maior-General das Forças Armadas, o Vice-Chefe do Estado-Maior-General das Forças Armadas, quando exista, e os Chefes de Estado-Maior dos três ramos das Forças Armadas, ouvido, nestes dois últimos casos, o Chefe do Estado-Maior-General das Forças Armadas. (art.134 da Constituição Portuguesa)
8. Conforme o art.191 da Constituição Portuguesa: 1. O Primeiro-Ministro é responsável perante o Presidente da República e, no âmbito da responsabilidade política do Governo, perante a Assembleia da República.

4. REFLEXÕES SOBRE O PRESIDENCIALISMO DE COALIZÃO

4.1. Introdução: Heterogeneidade, Dilema Institucional e Presidencialismo de Coalizão

Ainda na década de 1990, Sérgio Abranches realizou um estudo acerca do modelo institucional brasileiro, comparando-o com as experiências vividas por outras democracias. Constatou-se, à época, que a heterogeneidade é característica marcante do modelo brasileiro, se manifestando na estrutura econômica e na estrutura social, bem como em âmbitos político e cultural. Essa questão tem como resultado "maiores amplitude e pluralidade dos interesses, acentuando a competitividade e o antagonismo e alargando o escopo do conflito."[9]

Essa multiplicação de demandas exacerbou a já histórica tendência de ampliada intervenção estatal, de tal forma que houve o consequente aumento da burocratização do Estado, elevando de forma desmedida o número de agências, secretarias, programas, subsídios, incentivos e regulações estatais. A alta burocratização da máquina estatal, por sua vez, resultou em uma espécie de inércia burocrática-administrativa pautada em uma excessiva rigidez orçamentária. A consequência dessa questão é a restrição das possibilidades de intervenção e ação estatais, com o consequente enfraquecimento da "capacidade de governo", que se manifesta em uma grande dificuldade de processamento institucional da heterogeneidade característica ao Brasil.

É essa situação paradoxal que Sérgio Abranches chama de "dilema institucional brasileiro". Este se define "pela necessidade de se encontrar um ordenamento institucional suficientemente eficiente para agregar e processar as pressões derivadas desse quadro heterogêneo"[10], de tal forma que o Estado tenha capacidade para intervir adequadamente em favor da redução das desigualdades sociais e da integração da ordem social, aumentando, portanto, sua própria legitimidade.

As mencionadas características que dão origem ao dilema institucional brasileiro – mais especificamente a heterogeneidade e as consequentes contradições de nossas esferas social, econômica, política e cultural – compõem uma ordem política um tanto quanto singular, sendo que essa singularidade é especialmente evidente no que diz respeito à estabilidade institucional de longo prazo. Isso porque nossa ordem política é marcada por diversas características que, juntas, podem atuar como fator desestabilizador.

Nesse sentido, cumpre salientar que o Brasil adota o modelo presidencialista, federativo, proporcional e multipartidário. Inicialmente, no que tange ao

9 ABRANCHES, Sérgio Henrique Hudson de. Presidencialismo de coalizão: o dilema institucional brasileiro. **Revista de Ciências Sociais**, Rio de Janeiro, vol. 31, n. 1, 1988, p. 7.

10 ABRANCHES, Sérgio Henrique Hudson de. Presidencialismo de coalizão: o dilema institucional brasileiro. **Revista de Ciências Sociais**, Rio de Janeiro, vol. 31, n. 1, 1988, p. 7.

multipartidarismo, é necessário mencionar que esta é uma tendência histórica brasileira, questão que é condizente com a percepção de que uma sociedade que apresenta tendência ao multipartidarismo o faz em razão de sua pluralidade social, regional e cultural. Isso porque "o sistema de representação, para obter legitimidade, deve ajustar-se aos graus irredutíveis de heterogeneidade, para não incorrer em riscos elevados de deslegitimação, ao deixar segmentos sociais significativos sem representação adequada."[11] Não obstante, o sistema multipartidário pode, por vezes, ser um entrave ao equilíbrio pluripartidário em âmbito parlamentar.

No que tange ao sistema proporcional, destaca-se que este, ao permitir à representação a maioria dos segmentos da sociedade e ao desestimular a criação de legendas puramente eleitorais, acaba por se adaptar melhor à diversidade. Vale mencionar que a garantia que este sistema proporciona às minorias – direito de representação – não tem como consequência direta a inexistência de maiorias estáveis, não obstante, as coalizões governamentais usualmente se mostrem necessárias. Ao contrário, na realidade: poderia ser um fator de instabilidade a tentativa de se promover a redução artificial do número de partidos políticos como forma de controle da pluralidade e da heterogeneidade.

Nesse sentido, um importante traço da legislação eleitoral brasileira diz respeito à possibilidade de serem formadas coligações eleitorais. Isso porque essa possibilidade fomenta o número de escolhas eleitorais possíveis, "elevando a fragmentação partidária, na medida em que não apenas garante a sobrevivência parlamentar de partidos de baixa densidade eleitoral, mas também multiplica as possibilidades de escolha além das fronteiras das legendas partidárias."[12].

Não obstante as questões apresentadas sejam importantes elementos de caracterização da ordem política brasileira, salienta Sérgio Abranches que não é o regime de representação ou o sistema partidário brasileiro que constituem fundamentalmente o dilema político. Na realidade, é o modelo presidencialista, combinado às demais características institucionais, que marca a especificidade do modelo brasileiro.

Sob a égide deste modelo, destaca-se que sociedades mais heterogêneas requerem, em termos de estabilidade institucional – e, portanto, capacidade de governabilidade –, a formação de alianças e a maior capacidade de negociação do Executivo. Isso porque, considerando a fragmentação partidário-eleitoral, torna-se no mínimo improvável a emergência constante de governos que sejam sustentados por apenas um partido – majoritário. Salienta Virgílio Afonso da Silva que, "nesse cenário, o multipartidarismo exige a formação de uma coalizão parlamentar de

11 ABRANCHES, Sérgio Henrique Hudson de. Presidencialismo de coalizão: o dilema institucional brasileiro. **Revista de Ciências Sociais**, Rio de Janeiro, vol. 31, n. 1, 1988, p. 12.

12 ABRANCHES, Sérgio Henrique Hudson de. Presidencialismo de coalizão: o dilema institucional brasileiro. **Revista de Ciências Sociais**, Rio de Janeiro, vol. 31, n. 1, 1988, p. 14.

apoio ao governo, que faz com que Executivo e Legislativo trabalhem juntos, em vez de forçar usurpações de um poder sobre o outro."[13]

Isso se mostra extremamente relevante, porque é essa característica que torna o modelo brasileiro tão peculiar. Eis que a experiência brasileira tem apenas uma característica que ressalta realmente essa singularidade: "o Brasil é o único país que, além de combinar a proporcionalidade, o multipartidarismo e o 'presidencialismo imperial', organiza o Executivo com base em grandes coalizões."[14] É justamente esse traço peculiar que recebe a alcunha de "presidencialismo de coalizão".

O presidencialismo de coalizão não é um sistema de governo, e sim um arranjo político-institucional que visa, por meio da coordenação política entre Executivo e Legislativo, manter a governabilidade no país.

4.2. A Dinâmica do Presidencialismo de Coalizão: Eixo Partidário-Parlamentar, Eixo Regional e Índices de Fracionamento Governamental. As considerações acerca do presidencialismo de coalizão em relação ao atual momento político brasileiro

Inicialmente, é importante destacar que a formação de coalizões é orientada por dois eixos, sendo um o partidário-parlamentar e o outro, o regional. Dessa maneira, em termos de sustentação política, o cálculo do Executivo é ainda mais complexo, razão pela qual vê-se a necessidade de se recorrer a grandes coalizões[15]. Importante salientar que essa questão é, ainda, acentuada pelo caráter extenso de nossa Constituição, sendo que se torna fundamental que o governo "procure controlar pelo menos a maioria qualificada que lhe permita bloquear ou promover mudanças constitucionais"[16].

Existe, ainda, outra questão que pode ajudar a entender a lógica de formação das grandes coalizões brasileiras: os índices de fracionamento governamental. Isto é, não obstante os governos brasileiros procurem governar com ao menos a maioria simples parlamentar, existe certa dispersão, que pode ser maior ou menor, em relação ao controle ministerial. Ainda em 1988, salientou Sérgio Abranches que a "maior parte dos governos brasileiros apresenta índices de fragmentação relativamente altos"[17], sendo os governos Dutra e Sarney as exceções. Vale mencionar que ambas

13 SILVA, Virgílio Afonso da. Partidos e reforma política. **Revista Brasileira de Direito Público** v. 11, 2005, p. 17.

14 ABRANCHES, Sérgio Henrique Hudson de. Presidencialismo de coalizão: o dilema institucional brasileiro. **Revista de Ciências Sociais**, Rio de Janeiro, vol. 31, n. 1, 1988, p. 21.

15 Vale mencionar que a necessidade de serem considerados os dois supracitados eixos explica por que partidos de baixa densidade parlamentar conservam seus respectivos cargos em certos ministérios. Vale mencionar que isso usualmente ocorre com ministérios menos estratégicos, o que permite que as lideranças políticas elevem os *pay-offs* associados a esses ministérios, ao criarem conexões burocrático-clientelistas. (ABRANCHES, 1988).

16 ABRANCHES, Sérgio Henrique Hudson de. Presidencialismo de coalizão: o dilema institucional brasileiro. **Revista de Ciências Sociais**, Rio de Janeiro, vol. 31, n. 1, 1988, p. 22.

17 ABRANCHES, Sérgio Henrique Hudson de. Presidencialismo de coalizão: o dilema institucional brasileiro. **Revista de Ciências Sociais**, Rio de Janeiro, vol. 31, n. 1, 1988, p. 26.

as possibilidades – o alto fracionamento governamental e uma grande coalizão concentrada – apresentam pontos positivos e negativos. Assim,

- Ponto positivo do alto fracionamento governamental: maior liberdade e autonomia do presidente em relação a manobras internas.
- Ponto negativo do alto fracionamento: presidente precisa assumir compromissos múltiplos em relação aos seus eixos partidário e regional. Isso o faz, em certa medida, "prisioneiro" desses compromissos, sob pena de se ver contestado por lideranças partidárias e regionais.
- Ponto positivo de uma coalizão concentrada: presidente tem maior autonomia em relação aos membros minoritários de sua coalizão.
- Pontos negativos de uma coalizão concentrada: presidente se torna mais dependente de seu próprio partido. Nesse sentido, uma heterogeneidade de seu partido poderia acarretar efeitos semelhantes ao do alto fracionamento, isto é, poderia resultar na confrontação do presidente por lideranças regionais e intrapartidárias. Para além disso, no entanto, o maior risco dessa questão é um possível rompimento do partido com o presidente, cujo suporte político ficaria restrito aos partidos minoritários da coalizão. Ora, se o presidente fosse obrigado a governar somente com a minoria, é certo que os conflitos entre o Executivo e o Legislativo seriam fortemente exacerbados.

Para alguns cientistas políticos, que trabalharam o presidencialismo de coalização nos últimos 30 anos, o principal ponto positivo do presidencialismo de coalização e do seu necessário arranjo seria a constante necessidade de coordenação política entre poderes e a possibilidade de um pacto suprapartidário em prol do povo. Assim, defendem alguns que, por meio do presidencialismo de coalizão, seria possível ver a união de diversos partidos em favor de uma agenda de governo que pode beneficiar a população como um todo.

Outro ponto positivo seria o de que o presidencialismo de coalizão decorre do sistema de freios e contrapesos existentes entre os três poderes, considerado fundamental para o equilíbrio do poder político em uma República. Com isso, mediante a necessidade de negociação para aprovar reformas, bem como para efetivamente governar, o Poder Legislativo teria formas efetivas de fiscalizar o trabalho do Poder Executivo, evitando posturas autoritárias por parte do chefe de governo.[18]

Porém, também ressalta a ciência política a questão da constante iminência de crises: caso o Executivo conte com um presidente pouco hábil na arte de negociar, poderá ter sua governabilidade reduzida, por exemplo. Por outro lado, embora o Executivo conte com poder de agenda e tenha a competência

18 BATISTA, Alexandre Lins. Presidencialismo de Coalização e atual Crise Brasileira. **Revista Politize**. 10.05.2016.

constitucional para a edição de medidas provisórias, o Legislativo tem nas mãos o poder de votar projetos de interesse do governo, podendo atrapalhar a execução de políticas públicas. Logo, existe a possibilidade de ser recorrente a instabilidade na ordem política do país.

Diante do exposto, voltando ao texto base, concluiu Sérgio Abranches que o presidencialismo de coalizão seria um sistema altamente instável, "cuja sustentação baseia-se, quase exclusivamente, no desempenho corrente do governo e na sua disposição de respeitar estritamente os pontos ideológicos ou programáticos considerados inegociáveis".[19] Isso porque a continuidade e a legitimidade da coalizão dependem da observância aos compromissos assumidos entre o presidente e os membros da aliança.

Essa questão torna-se especialmente problemática considerando que a formação de uma grande coalizão concentrada é a solução mais provável diante da maior heterogeneidade e do conflito, porque inclui mais parceiros e permite maior expressão da diversidade. Isso porque os princípios das partes são, muitas vezes, divergentes, sendo que alguns deles são inafastáveis da agenda. Por conseguinte, o Presidente da República deve buscar identificar o limite de tolerância de seus parceiros, o qual depende de dois pontos: i) a posição política assumida pelas lideranças, que depende também de fatores que as extrapolam, tais quais os casos da relação das lideranças com suas bases e com os grupos de militantes; e ii) a reação dos interesses organizados na sociedade.

Diante desses dois pontos, entende-se que "a manutenção da coalizão depende decisivamente do desempenho corrente do governo, a despeito dos acordos e compromissos formulados na sua constituição"[20].

É justamente essa questão que constitui o dilema institucional do presidencialismo de coalizão: por um lado, o presidente precisa atender aos compromissos assumidos com seus parceiros, sob pena de se ver obrigado a tentar governar minoritariamente; por outro lado, por vezes o presidente se vê obrigado a ignorar os mencionados compromissos para que possa apresentar um governo com "desempenho corrente".

Diante do exposto, Sérgio Abranches concluiu, conforme coloca Thomas da Rosa Bustamante, que o modelo político brasileiro proveniente da Constituição de 1988, ao apresentar desarmonia entre as características do Poder Legislativo – o multipartidarismo e o sistema proporcional – e o chamado "presidencialismo imperial", acabaria por permitir "um retorno aos impasses que produziram a instabilidade

19 ABRANCHES, Sérgio Henrique Hudson de. Presidencialismo de coalizão: o dilema institucional brasileiro. **Revista de Ciências Sociais**, Rio de Janeiro, vol. 31, n. 1, 1988, p. 27.

20 ABRANCHES, Sérgio Henrique Hudson de. Presidencialismo de coalizão: o dilema institucional brasileiro. **Revista de Ciências Sociais**, Rio de Janeiro, vol. 31, n. 1, 1988, p. 28.

característica do período de 1946 a 1964, que antecedeu ao desastre político da ascensão do autoritarismo e da Ditadura Militar"[21].

A conclusão de Sérgio Abranches foi, no entanto, um tanto quanto criticada, tendo sido considerada, por muitos, "pessimista". Salientaram Fernando Limongi e Argelina Figueiredo[22] que existiriam dois pontos principais da Constituição de 1988 que tornariam o quadro institucional vigente fundamentalmente diferente daquele de 1946. O primeiro ponto seria o substantivo aumento, pela Constituição de 1988, dos poderes legislativos do Presidente da República. O segundo ponto é que, em razão da ampliação dos recursos legislativos disponibilizados aos líderes partidários, a unidade de referência, em termos de estrutura dos trabalhos legislativos, são, sob a égide da Constituição de 1988, os partidos – e não os parlamentares.

Essas questões, consubstanciadas pela alta "capacidade que os governos de Fernando Henrique Cardoso e Luís Inácio Lula da Silva revelaram para construir maiorias parlamentares sólidas e para gerar estabilidade política em meio às negociações com os líderes partidários."[23], fizeram com que o pessimismo da conclusão de Abranches, em certo sentido, perdesse espaço.

Entretanto, o atual momento político brasileiro faz ressurgir uma série de colocações referentes às dificuldades da estabilidade no âmbito do presidencialismo de coalizão. Ainda, a própria noção de "presidencialismo de coalizão" sofre ressignificações, conforme aquela colocada por Leonardo Avritzer. Para ele, o referido modelo se manifestaria de duas formas:

- Primeiramente, como modelo institucional que configura a relação entre as eleições presidenciais e a representação proporcional no Congresso, no qual a presidência falha em alcançar a maioria parlamentar nas Casas. Nessa concepção, não haveria grandes problemas para a governabilidade.
- Em segundo lugar, pode se manifestar como a "maneira de realizar amplas coalizões que despolitizam uma agenda progressista da política no Brasil."[24] Essa segunda concepção apresentaria potencial mais destrutivo em termos de estabilidade democrática, considerando que o impasse político atual teria sido por ela gerado.

---

21 BUSTAMANTE, Thomas da Rosa. **Parecer Jurídico: o Processo de Impeachment e as Esferas de Autorização pela Câmara dos Deputados. Limites e Possibilidades de Controle Judicial**. Empório do Direito [Domínio Eletrônico], 2016. Disponível em: <http://emporiododireito.com.br/parecer-juridico-por-thomas-da-rosa-de-bustamante/>.

22 LIMONGI, Fernando; FIGUEIREDO, Argelina. *Bases Institucionais do Presidencialismo de Coalizão*. **Lua Nova**, São Paulo, n. 44, 1998, pp. 81-106.

23 BUSTAMANTE, Thomas da Rosa. **Parecer Jurídico: o Processo de Impeachment e as Esferas de Autorização pela Câmara dos Deputados. Limites e Possibilidades de Controle Judicial**. Empório do Direito [Domínio Eletrônico], 2016.

24 AVRITZER, Leonardo. **Impasses da Democracia no Brasil.** Ed. Civilização Brasileira, 2016.

Para Avritzer, há instabilidade na relação entre o presidencialismo de coalizão e a governabilidade. Para ilustrar, no que diz respeito ao momento político vivido pelo então governo Dilma, destaca o autor que *"o que vem ocorrendo nos últimos cinco anos* é uma deterioração na qual os problemas de legitimidade em relação aos acordos para a formação das maiorias do Congresso superam os elementos positivos de produção de capacidade de decisão."[25]

Essa contínua dispersão das forças de coalizão em relação à presidente Dilma Rousseff é explicada por Avritzer a partir de duas variáveis: i) a guinada conservadora do PMDB e do Congresso; e ii) a derrota do PT nas eleições proporcionais de 2014.[26]

Em outro giro, Sérgio Abranches, em trabalho mais recente, oferece explicação mais sistemática, salientando três questões que contextualizariam a incapacidade de gestão da coalizão pela presidente: i) a "fragilidade da liderança presidencial"; ii) a "ausência de lideranças capazes de articular a coalizão e estabelecer uma relação cooperativa com o centro gestor que persiste sendo a presidência e ausência de lideranças agregadoras na oposição"; e, por fim; iii) a "hiperfragmentação da representação partidária."[27]. Diante dessas questões, Sérgio Abranches destaca que a governabilidade seria impossível.

Sem dúvidas, além disso, ainda que como diagnóstico, é importante salientar que, para que o presidencialismo de coalizão funcione, faz-se necessária a existência de uma excelente coordenação política entre os poderes Executivo e o Legislativo. Para que isso ocorra, é preciso haver diálogo constante e forte manutenção de laços entre o governo e sua coalizão/base.[28]

Mencione-se que a supracitada deterioração da coalizão e a consequente dificuldade – quiçá impossibilidade – de governabilidade é o que Sérgio Abranches chama de *"ciclo de fuga"*, este que seria o "afastamento dos partidos da coalizão do centro de gravidade política ocupado pela Presidência"[29]. Adicionalmente, salienta

25 Para o cientista político, o custo do presidencialismo de coalizão não é só político, mas também econômico e financeiro. O custo político é a população não ver como legítima a ligação entre partidos e processos decisórios. O custo econômico é a desorganização da agenda do governo, a atuação questionável de diversos órgãos governamentais. Sobre as análises, na quais o presidencialismo de coalização passou de produtor de estabilidade para produtor de instabilidade, ver sobretudo: AVRITZER, Leonardo. **Impasses da Democracia no Brasil**. Ed. Civilização Brasileira, 2016.

26 AVRITZER, Leonardo. **Impasses da Democracia no Brasil.** Ed. Civilização Brasileira, 2016.

27 ABRANCHES, Sérgio. **Crise e déficit de liderança: mistura explosiva no presidencialismo de coalizão**. Ecopolítica [Domínio Eletrônico], 2016. Disponível em: <http://www.ecopolitica.com.br/2016/04/15/crise-e-deficit-de-lideranca-mistura-explosiva-no-presidencialismo-de-coalizao/>.

28 ABRANCHES, Sérgio. **Crise e déficit de liderança: mistura explosiva no presidencialismo de coalizão**. Ecopolítica [Domínio Eletrônico], 2016. Aqui, se levarmos em consideração as queixas de muitos parlamentares, inclusive do então Vice-presidente da República Michel Temer em relação à Presidente Dilma Rousseff, não seria absurdo afirmar que a falta de diálogo certamente foi *um dos fatores* que levaram o país à crise de 2015/2016.

29 ABRANCHES, Sérgio. **O ciclo de fuga no presidencialismo de coalizão e as decisões críticas**. Ecopolítica [Domínio Eletrônico], 2016.

o autor que esse *ciclo de fuga* se acelerou quando do início do processo de *impeachment* da Presidente Dilma Rousseff na Câmara dos Deputados.

Entretanto, quando da aprovação da Câmara – antes, na realidade: quando ficou certo que a Câmara autorizaria –, esse ciclo teria dado lugar ao processo de gravitação partidário-parlamentar para o novo centro de influência[30]: o vice-presidente, Michel Temer, que, posteriormente, seria alçado à condição de Presidente da República.

4.3. Considerações Finais

Em sede conclusiva, salientamos que, em nossa opinião, os problemas do presidencialismo de coalizão estão tanto no ***modelo*** que é constituído sem programas e ideologias, bem como, e especialmente, na sua ***gestão***.[31] Na perspectiva ***do modelo,*** no decorrer dos 30 anos da atual Constituição de 1988, vimos uma série de arranjos extremamente questionáveis que gravitaram em torno do MDB e de parcelas fisiológicas alocadas no parlamento, que dificultaram a atuação dos Presidentes da República. Basta observarmos a formação dos mais diversos Ministérios dos Presidentes da nova República pós 1988. Além disso, escândalos como o do mensalão, entre outros, também demonstraram tal deterioração e a fragilidade (ideológica ou programática) das coalizões.

No que tange à sua ***gestão,*** historicamente, como explicita Homero de Oliveira Costa, com um Congresso Nacional recorrentemente fragmentado, o presidencialismo de coalizão foi gerador de crises e de instabilidade política, especialmente quando o Executivo se revelou incapaz de manter a base de apoio, como ocorreu nos governos de Fernando Collor (1990-1992) e no segundo governo de Dilma Rousseff (2015-2016) cuja consequência foi a forçada renúncia de Collor e o *impeachment* de Dilma.[32]

Nesses termos, resta uma questão: o presidencialismo de coalização que funcionou na era Fernando Henrique e na era Lula, pelo menos enquanto *mecanismo de* ***gestão*** estabilizador e propulsor dos governos citados (embora ***o modelo*** em si tenha sido claramente viciado[33]) e que foi claudicante no segundo mandato da en-

30 ABRANCHES, Sérgio. **O ciclo de fuga no presidencialismo de coalizão e as decisões críticas**. Ecopolítica [Domínio Eletrônico], 2016. Disponível em: <http://www.ecopolitica.com.br/2016/05/02/o-ciclo-de-fuga-no-presidencialismo-de-coalizao-e-as-decisoes-criticas-da-conjuntura/>.

31 COSTA, Homero de Oliveira. O Presidencialismo de Coalização e as eleições de 2018. **Nossa Ciência**, 25.05.2018

32 COSTA, Homero de Oliveira**.** O Presidencialismo de Coalização e as eleições de 2018. **Nossa Ciência**, 25.05.2018. *"Nos dois governos citados, com suas grandes diferenças, houve algo comum: a crise agravou-se pela associação entre a incompatibilidade da gestão política (e econômica) adotada e às frustrações das expectativas dos partidos aliados, com pouco diálogo no parlamento e não atendimento das reivindicações e demandas da base parlamentar, e não menos relevante, sem o apoio midiático, com intensos e cotidianos bombardeios influenciando a opinião pública, deixando os respectivos governos isolados, uma vez que sua base de apoio na sociedade também era frágil, com altos índices de impopularidade."*

33 Aqui é importante salientar que o *Governo Temer* (2016-2018), mesmo com forte desaprovação popular, por meio de uma plêiade de arranjos, conseguiu instituir uma sólida base no parlamento. Ele aprovou diversas reformas,

tão Presidente Dilma Rousseff e se estabilizou novamente nos dois anos de governo Temer, terá uma sobrevida nos próximos anos de governo Bolsonaro? Essa é a pergunta a ser respondida e ao mesmo tempo o desafio a ser enfrentado.

5. ESTRUTURA DO PODER EXECUTIVO

Conforme a Lei nº 13.844 de 18.06.2019 (Conversão da medida provisória nº 870/2019), foi estabelecida uma nova organização básica dos órgãos da Presidência da República e dos Ministérios.

Assim sendo, integram a Presidência da República: I – a Casa Civil[34]; II – a Secretaria de Governo; III – a Secretaria-Geral; IV – o Gabinete Pessoal do Presidente da República; V – o Gabinete de Segurança Institucional; e VI – a Autoridade Nacional de Proteção de Dados Pessoais.

Além disso, integram a Presidência da República, como órgãos de assessoramento ao Presidente da República: I – o Conselho de Governo;[35] II – o Conselho Nacional de Política Energética; III – o Conselho do Programa de Parcerias de Investimentos da Presidência da República; IV – o Advogado-Geral da União; e V – a Assessoria Especial do Presidente da República.

Temos ainda, conforme veremos, que são órgãos de consulta do Presidente da República o Conselho da República e o Conselho de Defesa Nacional.

---

tendo como destaques a do teto de gastos presente na EC nº95/2016 e a reforma trabalhista infraconstitucional. Além disso, livrou-se de dois pedidos de autorização para iniciar processo penal no STF pela prática de crimes comuns mediante a *não autorização* da Câmara dos Deputados.

34. Art. 3º À Casa Civil da Presidência da República compete: I - assistir diretamente o Presidente da República no desempenho de suas atribuições, especialmente: a) na coordenação e na integração das ações governamentais; b) (revogada); c) na análise do mérito, da oportunidade e da compatibilidade das propostas, inclusive das matérias em tramitação no Congresso Nacional, com as diretrizes governamentais; d) na avaliação e no monitoramento da ação governamental e da gestão dos órgãos e das entidades da administração pública federal; e) na coordenação e acompanhamento das atividades dos Ministérios e da formulação de projetos e políticas públicas; (Redação dada pela Lei nº 13.901, de 2019) f) na coordenação, no monitoramento, na avaliação e na supervisão das ações do Programa de Parcerias de Investimentos da Presidência da República e no apoio às ações setoriais necessárias à sua execução; e (Redação dada pela Lei nº 13.901, de 2019) g) na implementação de políticas e de ações destinadas à ampliação da infraestrutura pública e das oportunidades de investimento e de emprego; e (Incluído pela Lei nº 13.901, de 2019) II - coordenar, articular e fomentar políticas públicas necessárias à retomada e à execução de obras de implantação dos empreendimentos de infraestrutura considerados estratégicos. (Redação dada pela Lei nº 13.901, de 2019)

35. Lei nº 13.844/2019: *Art. 13. Ao Conselho de Governo compete assessorar o Presidente da República na formulação de diretrizes de ação governamental, com os seguintes níveis de atuação: I - Conselho de Governo, presidido pelo Presidente da República ou, por sua determinação, pelo Vice-Presidente da República, integrado pelos Ministros de Estado e pelo titular do Gabinete Pessoal do Presidente da República; e II - Câmaras do Conselho de Governo, criadas em ato do Poder Executivo federal, com a finalidade de formular políticas públicas setoriais cujos escopos ultrapassem a competência de mais de 1 (um) Ministério. § 1º Para desenvolver as ações executivas das Câmaras mencionadas no inciso II do* ***caput*** *deste artigo, serão constituídos comitês executivos, cujos funcionamento, competência e composição serão definidos em ato do Poder Executivo federal. § 2º O Conselho de Governo será convocado pelo Presidente da República ou, por sua determinação, pelo Vice-Presidente da República e será secretariado por membro designado pelo Presidente do Conselho de Governo. § 3º A Câmara de Relações Exteriores e Defesa Nacional será presidida pelo Ministro de Estado Chefe do Gabinete de Segurança Institucional da Presidência da República.*

5.1. Presidente: requisitos para o cargo, modo de investidura e atribuições

Os requisitos para o cargo de Presidente da República são: 1) brasileiro nato; 2) estar no gozo de direitos políticos; 3) possuir filiação partidária; 4) não ser inelegível (incorrer em causas de inelegibilidade); e 5) idade de no mínimo 35 anos.

A eleição do Presidente se dá por meio do sistema eleitoral majoritário de maioria absoluta. Nos ditames constitucionais, resta consignado que será considerado eleito Presidente o candidato que, registrado por partido político, obtiver a maioria absoluta de votos, não computados os em branco e os nulos.

Nesse sentido, estabelece o art. 77 da CR/88 que a eleição do Presidente e do Vice-Presidente da República realizar-se-á, simultaneamente, no primeiro domingo de outubro, em primeiro turno, e no último domingo de outubro, em segundo turno, se houver (claramente se um dos candidatos não alcançou a maioria absoluta dos votos válidos), do ano anterior ao do término do mandato presidencial vigente[36]. Certo é que a eleição do Presidente da República importará a do Vice-Presidente com ele registrado.

Temos ainda que se, antes de realizado o segundo turno, ocorrer morte, desistência ou impedimento legal de candidato, convocar-se-á, dentre os remanescentes, o de maior votação para concorrer no segundo turno.[37]

O Presidente e o Vice-Presidente da República tomarão posse em sessão do Congresso Nacional, prestando o compromisso de manter, defender e cumprir a Constituição, observar as leis, promover o bem geral do povo brasileiro e sustentar a união, a integridade e a independência do Brasil. Essa posse será no dia 1º de janeiro do ano posterior à eleição. Se, decorridos dez dias da data fixada para a posse, o Presidente ou o Vice-Presidente, salvo motivo de força maior, não tiver assumido o cargo, este será declarado vago. Sem dúvida, a vacância deverá ser declarada pelo Poder Legislativo. É interessante que, nesse caso, a falta de assunção ao cargo seja de Presidente ou mesmo de Vice-Presidente de forma imotivada gera a impossibilidade de sua investidura. Portanto, se o Presidente assumir o cargo e o vice não o fizer, sem devida justificação de força maior, o cargo de vice será vago pelo restante do mandato. E se o Presidente não assumir sem a devida justificação de força maior, passados dez dias, o vice assumirá o cargo de Presidente da República.

Temos ainda que o mandato para o cargo de Chefe do Executivo será de 4 (quatro) anos e, como já dito, terá início no dia 1º janeiro do ano posterior às eleições.

É interessante aqui observarmos que o mandato de 4 anos não é originário da Constituição de 1988, pois esta foi promulgada tendo por base um mandato de 5

36. Texto do *caput* do art. 77 da CR/88, com redação dada pela Emenda Constitucional nº 16, de 1997.
37. Se, na hipótese de haver 2º turno, remanescer, em segundo lugar, mais de um candidato com a mesma votação, sempre qualificar-se-á o mais idoso, nos termos do art. 78, § 5º, da CR/88.

anos para Presidente da República. Só com o advento da Emenda de Revisão nº 5/94 é que o mandato foi modificado para 4 anos, vedada a reeleição para o período subsequente. Posteriormente, com a Emenda Constitucional nº 16/97, o mandato continuou de 4 anos, mas foi instituída a reeleição em nosso ordenamento constitucional. Com isso, restou estabelecida de forma inovadora a possibilidade de reeleição para um único período subsequente em nossa Constituição.

Observamos, por último, um quadro histórico dos prazos dos mandatos de Presidente da República:

	Mandato de Presidente da República
1891	4 anos
1934	4 anos
1937	6 anos
1946	5 anos
1967	4 anos
1969	5 anos
Emenda Constitucional nº 8	6 anos
1988	5 anos
Emenda de Revisão nº 5/94	4 anos

Algumas digressões ainda são importantes no que tange ao tema da investidura no cargo de Presidente da República, bem como ao exercício do mandato, sob a base de nossa atual normatividade constitucional.

1) Uma delas é a chamada linha sucessória. Na falta do Presidente da República a substituição se dará na seguinte ordem: Vice-Presidente da República, Presidente da Câmara dos Deputados, Presidente do Senado, Presidente do STF.[38]

Questão interessante aqui é a de saber se se o possível substituto do Presidente for réu em processo criminal ele pode assumir a Presidência da República.[39]

38. Art. 8º da CR/88: *Em caso de impedimento do Presidente e do Vice-Presidente, ou vacância dos respectivos cargos, serão sucessivamente chamados ao exercício da Presidência o Presidente da Câmara dos Deputados, o do Senado Federal e o do Supremo Tribunal Federal.*

39. *Em 2016, tivemos um período em que tanto o então Presidente da Câmara dos Deputados (Eduardo Cunha) como o então Presidente do Senado Federal (Renan Calheiros) possuíam contra si inquéritos instaurados no STF para investigar a suposta prática de crimes. O rito, no caso de autoridades com foro privativo no STF, funciona da seguinte forma: o Supremo primeiro autoriza a instauração de inquérito (investigação) contra a autoridade. São feitas diligências investigativas e depois, se houver indícios de autoria e prova da materialidade, o Procurador-Geral da República oferece*

O partido Rede Sustentabilidade entendeu que esta possibilidade seria contrária aos valores defendidos na Constituição da República e, por essa razão, ajuizou arguição de descumprimento de preceito fundamental pedindo que o STF fixasse o entendimento, com eficácia vinculante, de que o exercício dos cargos que estão na linha de substituição da Presidência da República por pessoas que estejam na condição de réus perante o STF é incompatível com a Constituição. Nesses termos, pediu que o STF declarasse que indivíduos que são réus em processo penal não podem assumir o cargo de Presidente da República, ainda que apenas temporariamente.[40]

A ação, conforme adequada síntese[41], foi autuada como ADPF 402 e distribuída, por sorteio, ao Min. Marco Aurélio em 03.05.2016. Em 05.05.2016, Eduardo Cunha é afastado do cargo de Deputado Federal por decisão do STF. Aqui é bom dizer que Eduardo Cunha foi afastado do cargo por um conjunto de motivos conforme estudamos no capítulo sobre o Poder Legislativo (dentre esses fundamentos incluímos o ora analisado). Após ser afastado do cargo, em 12.09.2016, ele perde o mandato por decisão da Câmara dos Deputados por quebra do decoro parlamentar.

Apesar disso, o STF entendeu que a ADPF 402 não perdeu o objeto e que deveria julgar a ação, considerando que, além do afastamento de Eduardo Cunha, o autor pedia também que o STF declarasse, com eficácia vinculante, que o exercício dos cargos que estão na linha de substituição da Presidência da República por pessoas que estejam na condição de réus perante o STF é incompatível com a Constituição.[42]

Em 03.11.2016, o STF iniciou o julgamento da ADPF 402. O Ministro Relator Marco Aurélio votou concordando com os argumentos do autor e julgando a ação procedente, tendo sido acompanhado pelos Ministros Edson Fachin, Teori Zavascki, Rosa Weber, Luiz Fux e Celso de Mello. Desse modo, já havia 6 votos pela procedência da ação. O julgamento, contudo, não foi concluído na mesma sessão em virtude de pedido de vista do Ministro Dias Toffoli.

Acontece que, em 01.12.2016, o STF recebeu a denúncia formulada pelo PGR contra Renan Calheiros pela prática de peculato. Com isso ele se tornou réu. Já em

denúncia. O STF se reúne, então, e decide se há elementos ou não para receber a denúncia. Se a denúncia for recebida, a autoridade deixa de ter o status de mero investigado e passa a ser formalmente acusado, ou seja, réu em um processo penal. Lopes Cavalcante, Márcio André. *Comentários ao Informativo 850 do STF*, 19.12.2016.

40. Conforme a Petição do Partido Rede, *a permanência de um indivíduo que é réu na Presidência da Câmara ou do Senado ofende o art. 86, § 1º, I, da CF/88, que prevê o seguinte: Art. 86 (...) § 1º – O Presidente ficará suspenso de suas funções: I – nas infrações penais comuns, se recebida a denúncia ou queixa-crime pelo Supremo Tribunal Federal; Este dispositivo afirma que o Presidente da República é suspenso de suas funções por 180 dias caso se torne réu em ação penal por crime comum. Ora, se o constituinte previu esta regra para o Presidente da República, ela também deverá ser observada para seus substitutos, como é o caso dos Presidentes da Câmara e do Senado, sob pena de violação aos princípios da separação dos poderes (art. 2º) e republicano (art. 1º).* Lopes Cavalcante, Márcio André. *Comentários ao Informativo 850 do STF*, 19.12.2016.
41. Lopes Cavalcante, Márcio André. *Comentários ao Informativo 850 do STF*, 19.12.2016.
42. Lopes Cavalcante, Márcio André. *Comentários ao Informativo 850 do STF*, 19.12.2016.

05.12.2016, o Ministro Marco Aurélio, em decisão monocrática (muito controvertida para boa parte da doutrina)[43], deferiu liminar para determinar o afastamento do Senador Renan Calheiros do cargo de Presidente do Senado Federal. Na decisão, o Ministro afirmou que, apesar de o julgamento da ADPF 402 ainda não ter sido concluído, já existiam 6 votos no sentido de que indivíduos que são réus não podem figurar na linha sucessória da Presidência da República. Assim sendo, seria possível aplicar, desde logo, este entendimento, de forma cautelar, para afastar o Senador Calheiros da Presidência do Senado.[44]

Nas palavras do Ministro, *"mesmo diante da maioria absoluta já formada na arguição de descumprimento de preceito fundamental e réu, o senador continua na cadeira de Presidente do Senado, ensejando manifestações de toda ordem, a comprometerem a segurança jurídica"*. Acontece, que em 07.12.2016, o Plenário do STF se reuniu para analisar se iria referendar ou não a liminar concedida pelo Ministro Marco Aurélio.[45] Aqui um parênteses, pois o então Presidente do Senado Renan Calheiros se negou a cumprir a decisão liminar do Ministro Marco Aurélio, o que gerou um enorme constrangimento institucional (situação de extrema tensão) entre os Poderes Legislativo e Judiciário.

Pois bem, o Plenário do STF referendou a liminar concedida pelo Ministro Marco Aurélio apenas parcialmente. A corrente majoritária dos Ministros decidiu que os substitutos eventuais do Presidente da República, caso ostentem a posição de réus criminais, ficarão impossibilitados de exercer a função de Presidente da República. Porém, para a maioria dos Ministros, mesmo sendo réu, o indivíduo pode continuar exercendo os cargos de Presidente da Câmara ou do Senado. Portanto, repetindo, que ele não pode é assumir, ainda que temporariamente, a função de Presidente da República. Conforme o informativo 850 do STF a divergência ao Ministro Marco Aurélio foi iniciada pelo Ministro Celso de Mello, que entendeu

---

43. *"A decisão do ministro Marco Aurélio, afastando da Presidência do Senado o senador Renan Calheiros, mostrou-se um perigoso equívoco. Não há previsão constitucional para esse afastamento. Estamos indo longe demais. O Supremo Tribunal Federal não é o superego da nação, para usar uma frase da jurista Ingeborg Maus, ao criticar o ativismo praticado pelo Tribunal Constitucional da Alemanha. Vou invocar uma frase famosa que eu mesmo fico repetindo e que é da autoria do ministro Marco Aurélio: os poderes da República são Legislativo, Executivo e Judiciário e não o contrário. (...) De fato, hoje mais uma vez ficou demonstrado o extremo ativismo do STF, contra o qual eu achava que o ministro Marco Aurélio estava imunizado. Mas, não." STRECK, Lenio. Não há previsão constitucional para o afastamento de Renan Calheiros,* CONJUR, 06.12.2016.

44. Informativo 850: *"O ministro Marco Aurélio (relator) deferiu a medida cautelar para afastar senador da Presidência do Senado Federal, por reputar presentes a urgência, a relevância do pedido e o comprometimento da segurança jurídica com a manutenção, na chefia daquela Casa legislativa, de cidadão que guarda a condição de réu. Considerou a decisão de recebimento, em parte, da denúncia oferecida contra o citado parlamentar pela suposta prática de crime de peculato nos autos do Inq 2.593/DF (julgamento em 1º.12.2016) e, ainda, o fato de a maioria absoluta do Plenário já ter proferido voto na ADPF no sentido da procedência do pedido (v. Informativo 846). O relator asseverou, ademais, que o tema de fundo já teria sido definido pelo Tribunal, sem qualquer ressalva, no julgamento da AC 4.070 MC-REF/DF (DJU de 21.10.2016), ao referendar liminar para suspender deputado do exercício do mandato parlamentar e da função de presidente da Câmara dos Deputados, considerado o recebimento parcial da denúncia oferecida contra ele nos autos do Inq 3.983/DF."*

45. Lopes Cavalcante, Márcio André. *Comentários ao Informativo 850 do STF*, 19.12.2016.

não se justificar o afastamento cautelar do presidente do Senado Federal, no que foi acompanhado pelos ministros Teori Zavascki, Dias Toffoli, Luiz Fux, Ricardo Lewandowski e Cármen Lúcia. Ressaltou o Ministro que a cláusula inscrita no art. 86, § 1º, da CR/88 torna claro o sentido de intencionalidade do constituinte, que quis impor ao presidente da República o afastamento cautelar (e temporário) do desempenho do mandato presidencial, considerada, em essência, a exigência de preservação da respeitabilidade das instituições republicanas, que constitui, na verdade, o núcleo que informa e conforma esse processo de suspensão preventiva. Por isso, os substitutos eventuais do presidente da República, se tornados réus criminais perante o Supremo Tribunal Federal, não poderiam ser convocados para o desempenho transitório do ofício presidencial, pois não teria sentido que, ostentando a condição formal de acusados em juízo penal, viessem a dispor de maior poder jurídico, ou de maior aptidão, que o próprio chefe do Poder Executivo da União, titular do mandato presidencial.[46]

Por consequência, afirmou o Ministro, os agentes públicos que detêm as titularidades funcionais que os habilitam, constitucionalmente, a substituir o chefe do Poder Executivo da União em caráter eventual, caso tornados réus criminais perante esta Corte, não ficariam afastados, "ipso facto", dos cargos de direção que exercem na Câmara dos Deputados, no Senado Federal e no Supremo Tribunal Federal. Na realidade, apenas sofreriam interdição para o exercício do ofício de presidente da República. Assim, a substituição a que se refere o art. 80 da CR/88 ocorreria *"per saltum"*, de modo a excluir aquele que, por ser réu criminal perante a Corte Suprema, estaria impedido de desempenhar o ofício de presidente da República. Isso, contudo, não impediria nem obstaria que esse substituto eventual, embora inabilitado para o exercício temporário da função de presidente da República, continuasse a desempenhar a função de chefia que titulariza na Casa a que pertence: a Câmara dos Deputados, o Senado Federal ou o Supremo Tribunal Federal.[47]

Dessa forma, concluiu o Ministro, não existiria justificaria para o afastamento cautelar do presidente do Senado Federal da posição para a qual foi eleito por seus pares, especialmente por não haver "periculum in mora", pois, na eventualidade do impedimento do presidente da República, a convocação para substituí-lo recairia, observada a ordem de vocação estabelecida no art. 80 da Carta Política, na pessoa do presidente da Câmara dos Deputados, inexistindo, desse modo, razão para adotar-se medida tão extraordinária como a imposta pela decisão em causa. Caso existisse *"periculum in mora"*, seria em sentido inverso, tendo em conta que a medida cautelar deferida, *"incidenter tantum"*, na presente sede processual poderia inibir ou interferir no funcionamento da Câmara Alta do Congresso Nacional, afetando-lhe as atividades institucionais e projetando-se, ante os inevitáveis reflexos políticos daí resultantes, com grande impacto sobre a própria agenda legislativa

46. Informativo 850 do STF. STF. Plenário. ADPF 402 MC-REF/DF, Rel. Min. Marco Aurélio, julgado em 07.12.2016.
47. Informativo 850 do STF. STF. Plenário. ADPF 402 MC-REF/DF, Rel. Min. Marco Aurélio, julgado em 07.12.2016.

do Senado Federal, em contexto no qual se destaca, de modo preocupante, a crise gravíssima e sem precedentes que assola o nosso País.[48]

Nesses termos, o STF decidiu na ADPF 402 em sede de medida cautelar que os substitutos eventuais do Presidente da República a que se refere o art. 80 da CR/88 (acima citados), caso ostentem a posição de réus criminais perante o STF, ficarão impossibilitados de exercer o ofício de Presidente da República. No entanto, é bom que se diga, mesmo sendo réus, podem continuar na chefia do Poder por eles titularizados. A decisão, como já dito, envolveu o então Presidente do Senado Renan Calheiros que se tornou réu em um processo criminal. Nesse caso, ele não poderá assumir a Presidência da República na forma do art. 80 da CR/88; porém, ele poderia continuar normalmente como Presidente do Senado, não tendo, portanto, que ser afastado do cargo.

2) A outra será a de como fica o comando da nação se ocorre a intitulada ***"dupla vacância"***, ou seja, se faltar de forma definitiva o Presidente e o Vice-Presidente da República (os dois cargos ficaram vagos)? Se, por exemplo, o Presidente e o Vice morrerem ou se ambos sofrerem "impeachment"?

Nesses termos, a linha sucessória, à luz da Constituição, como já dito, será na seguinte ordem: Presidente da Câmara; Presidente do Senado Federal; e Presidente do STF. Porém essa substituição deve ocorrer de forma temporária (regra), pois só o Vice-Presidente poderia assumir o cargo de Presidente (na falta desse) de forma definitiva. Assim sendo, conforme dicção constitucional:

a) Se faltarem mais de 2 anos de mandato, ou seja, vacância de ambos os cargos de Presidente e Vice nos 2 primeiros anos de mandato, far-se-á eleição noventa dias depois de aberta a última vaga (eleição direta: sufrágio universal como voto direto).

b) Se faltarem menos de 2 anos de mandato, ou seja, vacância de ambos os cargos de Presidente e Vice nos últimos 2 anos de mandato: far-se-á eleição em 30 dias, depois de aberta a última vaga, pelo Congresso Nacional (eleição indireta pelo Congresso Nacional por meio de um colégio eleitoral).

Pergunta-se: quem pode se candidatar a Presidente e a Vice? Qualquer um que preencher os requisitos (citados anteriormente) estará apto a concorrer nas eleições. Uma outra questão interessante é que, nesses casos, os eleitos (novo Presidente e novo Vice-Presidente) irão apenas complementar o mandato dos seus antecessores, o que a doutrina denomina de ***"mandato tampão"***.

Aqui, é interessante deixar consignado que o STF, na decisão da **ADI nº 4.309 MC/TO** julgada em **07.10.2009**, entendeu que o art. 81, § 1º, da CR/88 **não é de observância obrigatória pelos Estados-membros.** Conforme o Informativo nº 562, afirmou o

48. Informativo 850 do STF. STF. Plenário. ADPF 402 MC-REF/DF, Rel. Min. Marco Aurélio, julgado em 07.12.2016.

Pretório Excelso que: "(...)Relativamente à questão da **necessidade de observância, por parte dos Estados-membros, ante o princípio da simetria**, da norma prevista no art. 81, § 1º, da CR, concluiu pelo caráter de **não compulsoriedade do modelo federal**. *Asseverou (o STF) não ser lícito, senão contrário à concepção federativa, jungir os Estados-membros, sob o título vinculante da regra da simetria, a normas ou princípios da Constituição Federal cuja inaplicabilidade ou inobservância local não implique contradições teóricas incompatíveis com a coerência sistemática do ordenamento jurídico, com graves dificuldades práticas de qualquer ordem, nem com outra capaz de perturbar o equilíbrio dos poderes ou a unidade nacional.* Assim, a regra da simetria não poderia ser produto de uma decisão arbitrária ou imotivada do intérprete. Aduziu (o STF) que, diante do princípio democrático do exercício do sufrágio universal pelo voto direto e secreto, com igual valor para todos, nos termos do art. 14, caput, da CR, a absoluta excepcionalidade da regra constitucional, estatuída no art. 81, § 1º, demandaria, por sua natureza singular, interpretação estritíssima. Afirmou (o STF) que o art. 39, § 5º, da Constituição do Estado do Tocantins ('Art. 39... § 5º. Ocorrendo a vacância nos dois últimos anos do período governamental, a eleição para ambos os cargos será feita trinta dias depois da última vaga, pela Assembleia Legislativa, na forma da Lei.') **reproduziu a provisão da Constituição Federal não por suposta necessidade de reprodução obrigatória, e sim por força de livre decisão jurídico-política do constituinte estadual no exercício da autonomia que lhe é assegurada pela Constituição da República** (...)"[49]

Sobre a possível legislação Estadual reguladora da eleição deixou assente a maioria dos Ministros na MC da ADI nº 4.309, que: "(...) o relator salientou ser indiscutível a competência *ratione materiae* privativa da União para legislar sobre direito eleitoral (CR, art. 22, I), mas considerou que, quando o constituinte estadual reproduz a regra de eleição indireta pelos representantes do Poder Legislativo, na forma da lei, a lei exigida seria de competência do Estado, por não possuir caráter jurídico-eleitoral. Explicou não se ter, nesse caso, uma lei materialmente eleitoral, haja vista que ela simplesmente regula a sucessão do Chefe do Poder Executivo, sucessão esta extravagante. Reportou-se à orientação firmada na ADI 2709/SE (DJE de 16.5.2008), *no sentido da constitucionalidade de norma constitucional estadual que*

49. O STF, na decisão da **ADI nº 4.309 MC/TO** julgada em **07.10.2009**, (Rel. Min. Cezar Peluso). Registramos que o STF já decidiu na **ADI 687** julg. em **02.02.1995**, que a sucessão e substituição de ***Prefeito não obedecerá ao princípio da simetria***, cabendo ao município estabelecer ***na sua Lei orgânica as regras para a questão*** da **dupla vacância**: "(...) SUCESSÃO E SUBSTITUIÇÃO DO PREFEITO E DO VICE-PREFEITO DO MUNICÍPIO. – – Não cabe, ao Estado-membro, sob pena de frontal transgressão à autonomia constitucional do Município, disciplinar, ainda que no âmbito da própria Carta Política estadual, a ordem de vocação das autoridades municipais, quando configuradas situações de vacância ou de impedimento cuja ocorrência justifique a sucessão ou a substituição nos cargos de Prefeito e/ou de Vice-Prefeito do Município. A matéria pertinente à **sucessão e à substituição do Prefeito e do Vice-Prefeito inclui-se, por efeito de sua natureza mesma, no domínio normativo da Lei Orgânica promulgada pelo próprio Município**. – – Não se reveste de validade jurídico-constitucional, por ofensiva aos postulados da autonomia do Município (CF, arts. 29 e 30) e da separação de poderes (CF, art. 2º c/c o art. 95, parágrafo único, I), a **norma, que, embora inscrita na Constituição do Estado-membro, atribui, indevidamente, ao Juiz de Direito da comarca, que é autoridade estadual,** a condição de substituto eventual do Prefeito Municipal."

disciplina o processo de escolha de governantes em caso de dupla vacância. Aduziu (o STF) que, embora não deixem de revelar certa conotação eleitoral, porque dispõem sobre o procedimento de aquisição eletiva do poder político, ***não haveria como reconhecer ou atribuir características de direito eleitoral stricto sensu às normas que regem a eleição indireta no caso de dupla vacância no último biênio do mandato.*** *Em última instância*, ***essas leis teriam por objeto matéria político-administrativa que demandaria típica decisão do poder geral de autogoverno, inerente à autonomia política dos entes federados.*** Em suma, a reserva de lei constante do art. 81, § 1º, da CR, nítida e especialíssima exceção ao cânone do exercício direto do sufrágio, ***diria respeito somente ao regime de dupla vacância dos cargos de Presidente e Vice-Presidente da República***, *e, como tal, da óbvia competência* ***da União***. Por sua vez, considerados **o desenho federativo e a inaplicabilidade do princípio da simetria ao caso, competiria aos Estados-membros a definição** e a **regulamentação das normas de substituição de Governador e Vice-Governador.** De modo que, quando, como na espécie, ***tivesse o constituinte estadual reproduzido o preceito constitucional federal, a reserva de lei*** *não poderia deixar de se referir à competência* ***do próprio ente federado.*** No mais, predefinido seu caráter não eleitoral, não haveria se falar em ofensa ao princípio da anterioridade da lei eleitoral (CR, art. 16). (...)"[50]

Por último, é importante salientar uma normatividade presente em nossa atual Constituição. Esta preleciona que no caso de viagem, o Presidente e o Vice-Presidente da República não poderão, sem licença do Congresso Nacional, ausentar-se do País por período superior a quinze dias, sob pena de perda do cargo. Nesse momento, analisamos então casos referentes ao tema:

a) O primeiro envolveu a Constituição do Estado de Goiás, que determinava, a necessidade de autorização da Assembleia Legislativa para o Governador e Vice-governador se ausentarem do Estado *por qualquer prazo*. Conforme observamos, a norma insculpida no art. 83 da CR/88, determina que a necessidade de autorização (licença) do Poder Legislativo para o Chefe do Executivo Nacional só se dá para ausência do país por mais de 15 dias (período superior a quinze dias). Nos termos da **ADI 738,** julgada em **13.11.2002**, "afronta os princípios constitucionais da harmonia e independência entre os Poderes e da liberdade de locomoção norma estadual que **exige prévia licença da Assembleia Legislativa** para que o Governador e o Vice-Governador possam ausentar-se do País **por qualquer prazo**. Espécie de autorização que, segundo o modelo federal, somente se justifica quando o afastamento **exceder a quinze dias.** Aplicação do **princípio da simetria**. Precedentes. Ação direta de inconstitucionalidade julgada procedente."[51]

Esse entendimento também foi exarado na ADI 775/RS, em que o STF confirmou medida cautelar e julgou procedente pedido formulado em ação direta para

50. O STF, na decisão da **ADI nº 4.309 MC/TO** julgada em **07.10.2009**, (Rel. Min. Cezar Peluso).

51. Nos termos da **ADI nº 738** Rel. Min. Maurício Corrêa. julg. em **13.11.2002.** DJ 07.02.2003

declarar a inconstitucionalidade das expressões "ou do País por qualquer tempo" e "por qualquer tempo", contidas, respectivamente, no inciso IV do art. 53 e no art. 81, ambos da Constituição do Estado do Rio Grande do Sul. A Corte asseverou, na cautelar, que a referência temporal contida na Constituição gaúcha não encontraria parâmetro na Constituição Federal[52].

b) A Constituição do Estado do Amapá trouxe norma dizendo que, se o Prefeito ou o Vice-Prefeito for viajar ao exterior, "*por qualquer tempo*", ele deverá pedir uma licença prévia da Câmara Municipal para a viagem. O STF na ADI 825 considerou inconstitucional a expressão "*por qualquer tempo*". Segundo o Pretório Excelso, essa regra de "por qualquer tempo" está em desacordo com o princípio da simetria, na medida em que a CR/88 somente exige autorização do Congresso Nacional se a ausência do Presidente da República for superior a 15 dias (art. 49, III da CR/88). Aqui é interessante que a Constituição do Estado do Amapá (nos moldes da CR/88) só exige autorização da Assembleia Legislativa se a ausência do Governador (ou do Vice) for superior a 15 dias (art. 118, § 1º). Portanto, a exigência de autorização da Câmara Municipal para que o Prefeito possa se ausentar por períodos menores que 15 dias quebra a simetria existente em relação ao Governador.[53]

c) O segundo caso envolveu a Constituição do Estado do Maranhão, que em normativa estabeleceu desnecessária a substituição do Governador pelo Vice-governador, quando aquele se afastasse do Estado ou do país por até 15 dias. No caso, o Governo poderia ficar sem comando ("acéfalo", nos dizeres do Ministro Joaquim Barbosa), em virtude da desnecessidade de preenchimento do cargo nesse lapso temporal de até 15 dias (no qual o Governador poderia estar em outro Estado ou país). Nos termos da **ADI 3647,** julgada em **17.09.2007**:

> "(...) A ausência do Presidente da República do país ou a ausência do Governador do Estado do território estadual ou do país é uma causa temporária que impossibilita o cumprimento, pelo Chefe do Poder Executivo, dos deveres e responsabilidades inerentes ao cargo. Desse modo, para que **não haja "acefalia"**

---

52. **ADI 775/RS** julg. em 03.04.2014, Rel. Min. Dias Toffoli. O mesmo ocorreu na ADI 2453 julg. em 03.04.2014, Rel. Min. Marco Aurélio. No mesmo sentido temos a **ADI 5373**: *A exigência de prévia autorização da assembleia legislativa para o governador e o vice-governador do Estado ausentarem-se, "em qualquer tempo", do território nacional mostra-se incompatível com os postulados da simetria e da separação dos Poderes. A Constituição Federal, em seu art. 49, III e em seu art. 83, prevê que é da competência do Congresso Nacional autorizar o Presidente e o Vice-presidente da República a se ausentarem do País quando a ausência for por período superior a 15 dias. Logo, afronta os princípios da separação dos Poderes e da simetria a norma da Constituição estadual que exige prévia licença da Assembleia Legislativa para que o Governador e o Vice-governador se ausentem do País por qualquer prazo. Os Estados-membros não podem criar novas ingerências de um Poder na órbita de outro que não derivem explícita ou implicitamente de regra ou princípio previsto na Constituição Federal.* **ADI 5373 MC/RR**, STF. Plenário. Rel. Min. Celso de Mello, julgado em **09.05.2019** (Informativo 939).

53. **ADI 825/AP**, STF. Plenário. Rel. Min. Alexandre de Moraes, julgado em **25.10.2018** (Info 921). Art. 32 da Constituição do Amapá: *O Prefeito e o Vice-Prefeito residirão no Município e dele não poderão se ausentar durante o exercício do mandato, salvo se a ausência não ultrapassar quinze dias, exigindo-se licença prévia da Câmara Municipal para viagem ao exterior por qualquer tempo.*

no **âmbito do Poder Executivo**, o presidente da República ou o Governador do Estado deve ser devidamente substituído pelo vice-presidente ou vice-governador, respectivamente. Inconstitucionalidade do § 5º do art. 59 da Constituição do Estado do Maranhão, com a redação dada pela Emenda Constitucional Estadual 48/2005. Em decorrência do princípio da simetria, a Constituição Estadual deve estabelecer sanção para o afastamento do Governador ou do Vice-Governador do Estado sem a devida licença da Assembleia Legislativa. Inconstitucionalidade do parágrafo único do artigo 62 da Constituição maranhense, com a redação dada pela Emenda Constitucional Estadual"[54]

Passemos agora à análise das atribuições do Presidente da República. Essas estão definidas em um **rol meramente exemplificativo** previsto no art. 84 da CR/88.

Nesses termos, "compete privativamente ao Presidente da República: I – nomear e exonerar os Ministros de Estado; II – exercer, com o auxílio dos Ministros de Estado, a direção superior da administração federal; III – iniciar o processo legislativo, na forma e nos casos previstos nesta Constituição; IV – sancionar, promulgar e fazer publicar as leis, bem como expedir decretos e regulamentos para sua fiel execução; V – vetar projetos de lei, total ou parcialmente; VI – dispor, mediante decreto, sobre: (Redação dada pela Emenda Constitucional nº 32, de 2001) a) organização e funcionamento da administração federal[55], quando não implicar aumento de despesa nem criação ou extinção de órgãos públicos; (Incluída pela Emenda Constitucional nº 32, de 2001) b) extinção de funções ou cargos públicos, quando vagos (Incluída pela Emenda Constitucional nº 32, de 2001); VII – manter relações com Estados estrangeiros e acreditar seus representantes diplomáticos; VIII – celebrar tratados, convenções e atos internacionais, sujeitos a referendo do Congresso Nacional; IX – decretar o estado de defesa e o estado de sítio; X – decretar e executar a intervenção federal; XI – remeter mensagem e plano de governo ao Congresso Nacional por ocasião da abertura da sessão legislativa, expondo a situação do País e solicitando as providências que julgar necessárias; XII – conceder indulto[56] e comutar penas, com audiência, se necessário, dos ór-

54. Nos termos da **ADI nº 3647.** Rel. Min. Joaquim Babosa, julg. em **17.09.2007.**

55. ADI 2443/RS Pleno do STF, julg. em 25.09.2014: *É inconstitucional lei estadual, de iniciativa parlamentar, que determinava que todos os órgãos que prestassem serviços de atendimento de emergência no Estado deveriam estar unificados em uma única central de atendimento telefônico, que teria o número 190. Essa lei trata sobre "estruturação e atribuições" de órgãos da administração pública, matéria que é de iniciativa privativa do chefe do Poder Executivo (art. 61, § 1º, II, "e", da CF/88).* Nesse sentido, *a correta interpretação que deve ser dada ao art. 61, § 1º, II, "e" c/c o art. 84, VI, da CF/88 é a de que a iniciativa para leis que disponham sobre "estruturação e atribuições" dos órgãos públicos continua sendo do Poder Executivo, não tendo a EC 32/2001 tido a intenção de retirar essa iniciativa privativa. Ao contrário, tais matérias tanto são de interesse precípuo do Executivo que podem ser tratadas (após a EC 32/2001) por meio de Decreto* (art. 84, VI da CR/88).

56. Indulto (ou "indulto coletivo" visto que é um benefício coletivo que se diferencia da "*graça*" que é um indulto individual com *destinatário certo*) ***é um ato do Presidente da República, materializado por meio de um Decreto, por meio do qual é extinto o efeito executório da condenação imposta a alguém***. Nesse sentido, mesmo havendo ainda pena a ser cumprida, o Estado renuncia ao seu direito de punir, sendo uma causa de extinção da punibilidade (art. 107, II, CP). O indulto pode ser pleno (quando extingue totalmente a pena) ou parcial (quando somente ocorre a diminuição ou substituição da pena na intitulada "comutação"). Tradicionalmente, o indulto é concedido a pessoas que receberam uma pena por terem sido condenadas pela prática de infração penal. No entanto, é possível que o indulto seja concedido a pessoas que receberam medida de segurança. Sobre o tema,

gãos instituídos em lei; XIII – exercer o comando supremo das Forças Armadas, nomear os comandantes da Marinha, do Exército e da Aeronáutica, promover seus oficiais-generais e nomeá-los para os cargos que lhes são privativos (Redação dada pela Emenda Constitucional nº 23, de 02/09/99); XIV – nomear, após aprovação pelo Senado Federal, os Ministros do Supremo Tribunal Federal e dos Tribunais Superiores, os Governadores de Territórios, o Procurador-Geral da República, o presidente e os diretores do banco central e outros servidores, quando determinado em lei; XV – nomear, observado o disposto no art. 73, os Ministros do Tribunal de Contas da União; XVI – nomear os magistrados, nos casos previstos nesta Constituição, e o Advogado-Geral da União; XVII – nomear membros do Conselho da República, nos termos do art. 89, VII; XVIII – convocar e presidir o Conselho da República e o Conselho de Defesa Nacional; XIX – declarar guerra, no caso de agressão estrangeira, autorizado pelo Congresso Nacional ou referendado por ele, quando ocorrida no intervalo das sessões legislativas, e, nas mesmas condições, decretar, total ou parcialmente, a mobilização nacional; XX – celebrar a paz, autorizado ou com o referendo do Congresso Nacional; XXI – conferir condecorações e distinções honoríficas; XXII – permitir, nos casos previstos em lei complementar, que forças estrangeiras transitem pelo território nacional ou nele permaneçam temporariamente; XXIII – enviar ao Congresso Nacional o plano plurianual, o projeto de lei de diretrizes orçamentárias e as propostas de orçamento previstos nesta Constituição; XXIV – prestar, anualmente, ao Congresso Nacional, dentro de sessenta dias após a abertura da sessão legislativa, as contas referentes ao exercício anterior; XXV – prover e extinguir os cargos públicos federais, na forma da lei; XXVI – editar medidas provisórias com força de lei, nos termos do art. 62 da CR/88; XXVII – exercer outras atribuições previstas nesta Constituição; XXVIII - propor ao Congresso Nacional a decretação do estado de calamidade pública de âmbito nacional previsto nos arts. 167-B, 167-C, 167-D, 167-E, 167-F e 167-G desta Constituição (Incluído pela Emenda Constitucional nº 109, de 2021)."

Como já observado, para boa parte da doutrina,[57] temos as funções de ***chefia de estado*** nos Incisos: VII, VIII, **XIV** (apenas no que se refere à nomeação de ministros do STF e dos Tribunais Superiores, por ser função de magistratura suprema), **XVIII** (segunda parte), **XIX, XX, XXI e XXII**. E nos outros Incisos do art. 84, temos as funções de ***chefia de governo***. No caso da chefia de governo, resta claro o exercício das atividades de governo tanto de natureza política quanto a participação no processo legislativo, bem como de natureza administrativa propriamente dita no desenvolvimento das políticas públicas, fomento e gerenciamento da máquina administrativa.

o STF definiu a seguinte tese: "Reveste-se de legitimidade jurídica a concessão, pelo Presidente da República, do benefício constitucional do indulto (CF, art. 84, XII), que traduz expressão do poder de graça do Estado, mesmo se se tratar de indulgência destinada a favorecer pessoa que, em razão de sua inimputabilidade ou semi-imputabilidade, sofre medida de segurança, ainda que de caráter pessoal e detentivo." STF. Plenário. RE 628.658/RS, julg. em 04 e 05.11.2015, Rel. Min. Marco Aurélio.

57. MORAES, Alexandre de, Direito constitucional, 2009, p. 469.

Porém, é importante salientar que, para José Afonso da Silva,[58] as atribuições do Presidente da República devem ser divididas não em duas, mas sim em três funções básicas. O autor também discorda de algumas atribuições que para alguns doutrinadores seriam função de chefe de governo. Para ele, essas seriam funções de chefe de Estado. Nesses termos, é a sua classificação:

- **Chefia de Estado:** matérias relacionadas no **art. 84, VII, VIII, XIV** (apenas no que se refere à nomeação de ministros do STF e dos Tribunais Superiores, por ser função de magistratura suprema), **XVIII**, segunda parte (convocar e presidir o Conselho de Defesa Nacional), **XIX, XX, XXI e XXII**.
- **Chefia de Governo:** matérias indicadas no **art. 84, I, III, IV, IX, X, XII** (conceder anistia e comutar pena é atribuição de magistratura suprema da Nação, sempre encarnada no chefe de Estado; mas a Constituição autorizou sua delegação – o que a desqualifica para mera função de chefia de governo), **XIII, XIV** (menos quanto à nomeação dos ministros do STF e dos Tribunais Superiores), **XVIII**, primeira parte (convocar e presidir o Conselho da República), **XXIII, XXIV e XXVII**.
- **Chefia da Administração Federal:** matérias previstas no **art. 84, II, VI, XXIV** (em certo sentido também é ato de administração) e **XXV**.

Por último, é mister tecer algumas considerações sobre as atribuições do Presidente da República. Assim sendo:

a) Dentre as competências privativas atribuídas ao Presidente da República pelo art. 84, temos algumas que podem ser objeto de delegação. Nesse sentido, reza na Constituição que o Presidente da República poderá delegar as atribuições mencionadas no art. 84, incisos VI, XII e XXV, primeira parte, aos Ministros de Estado, ao Procurador-Geral da República ou ao Advogado-Geral da União, que observarão os limites traçados nas respectivas delegações. Devemos observar, no que tange ao inciso XXV do art. 84, que a delegação somente poderá versar sobre a primeira parte do mesmo, ou seja, a que determina prover os cargos públicos federais. Com isso, com base no inciso XXV não há como o Presidente da República delegar (ou aos Ministros ou ao AGU ou PGR) a extinção dos referidos cargos. Porém, esses cargos podem ser extintos, segundo boa parte da doutrina, mediante delegação, só que com base no art. 84, VI, "b", exigindo-se, entretanto, que os mesmos estejam vagos.

b) Preleciona o art. 84, IV, norma já clássica e tradicional em nosso ordenamento jurídico, de que compete privativamente ao Presidente da República expedir decretos e regulamentos para fiel execução das leis. É interessante aqui apenas realçarmos o teor dessa norma, na medida em que mais uma vez estamos diante da famosa distinção entre lei e regulamento. Nesses termos, temos que

58. SILVA, José Afonso da, Comentário contextual à Constituição, 2009, p. 481-482.

a **lei** traz algo de novo ao ordenamento, inovando-o de forma originária (a lei é constitutiva de direito novo), já o **regulamento** (que é veiculado por **decretos** chamados de **"decretos regulamentares"**) não tem o condão de alterar o ordenamento. Esse, segundo a doutrina administrativista, fixa as regras destinadas a colocar em execução os princípios institucionais delimitados e estabelecidos na lei. Além disso, o regulamento também pode desenvolver os ditames previstos na lei (sejam os estabelecidos de forma explícita ou mesmo de forma implícita).[59] Nos dizeres de Celso Antônio Bandeira de Mello: o regulamento "é um ato geral e abstrato, de competência privativa do Chefe do Poder Executivo, expedido com a estrita finalidade de produzir disposições operacionais uniformizadoras necessárias à execução de lei cuja aplicação demande atuação da Administração pública".[60] Portanto, o regulamento, ainda que dotado de generalidade e, em regra, de abstração, não inova na ordem jurídica, pois tem por função dar fiel execução às leis.[61] Com isso, certo, também, é que ele tem por finalidade tornar uma determinada lei que necessita de regulamentação aplicável.[62] E, por último, temos que os regulamentos para que atinjam seus objetivos, são vinculantes para a administração pública a qual eles estão direcionados, fazendo com que o decreto regulamentar tenha o condão de direcionar normativamente (vincular) aos agentes públicos.[63]

c) A Emenda Constitucional nº 32/01 positivou em nosso ordenamento a figura dos decretos autônomos, que estavam abolidos do ordenamento pátrio desde o advento da Constituição de 1988. Conforme a dicção legal, temos que compete ao Presidente da República dispor mediante decreto sobre: a) organização e funcionamento da administração federal, quando não implicar aumento de despesa nem criação ou extinção de órgãos públicos; b) extinção de funções ou cargos públicos, quando vagos. Aqui estamos diante de uma celeuma, qual seja: a da existência ou não de decretos autônomos em nosso ordenamento. Boa parte da doutrina afirma de forma categórica que a nova redação do inciso VI do art. 84 deixa assente essa modalidade normativa a ser empreendida pela chefe do Poder Executivo, embora critique as matérias (específicas) que podem ser objeto de decreto autônomo.[64] Porém, existem vozes

59. BANDEIRA DE MELLO, Oswaldo Aranha, Princípios e regras gerais de direitos administrativos, 1969, p. 314-316; BANDEIRA DE MELLO, Celso António, Ato administrativo e direito dos administrados, 1989, p. 98-99.
60. BANDEIRA DE MELLO, Celso António, Curso de direito administrativo, p. 184.
61. Certo é que o regulamento não tem por finalidade interpretar uma lei, mas sim, como já informamos, dar fiel execução à mesma.
62. Certo é que nem toda Lei necessita (requer) de regulamentação para ser aplicável. Nestas, a autoexecutoriedade afasta a necessidade de regulamentação. Como exemplo temos as leis penais ou processuais.
63. Nesses termos: o decreto regulamentar obriga diretamente aos agentes públicos, mas não aos administrados que ficam submetidos às formalidades estabelecidas por ele. Para o particular a obrigação decorre da lei; o modo de cumprir a obrigação, do regulamento. NOVELINO, Marcelo, *Direito constitucional*, 2009, p. 636.
64. Nesses termos: A modificação introduzida pela EC nº 32/01 inaugurou, no sistema constitucional de 1988, o assim chamado decreto autônomo, isto é, decreto de perfil não regulamentar, cujo fundamento de validade repousa diretamente na Constituição. Ressalte-se, todavia, que o decreto de que cuida o art. 84, VI, da Constituição limita-se às hipóteses de organização e funcionamento da administração federal, quando não implicar aumento de despesa nem criação ou extinção de órgãos públicos e de extinção de funções ou cargos públicos, quando vagos.

discordantes entendendo ser esse instituto (existente no ordenamento constitucional anterior de 67/69) descabido à luz do art. 5º, II, da CR/88.[65] Também entendemos serem os decretos autônomos de difícil enquadramento em nosso atual ordenamento, mesmo com o advento da Emenda Constitucional nº 32, mas observamos que o STF já se pronunciou pela possibilidade e reconhecimento dos mesmos.[66]

d) O STF decidiu na ADI 5874/DF que o Decreto nº 9.246/2017 do então Presidente Michel Temer, que concedeu **indulto** natalino, é constitucional. Na decisão, afirmou o STF que o indulto é um mecanismo de freios e contrapesos exercido pelo Poder Executivo sobre o Judiciário, sendo consentâneo com a teoria da separação dos poderes. Ele, portanto, é considerado um ato discricionário e privativo do Presidente da República.[67] Trata-se de uma tradição no Brasil prevista desde a Constituição de 1824. Explicitou o Ministro Alexandre de Morais na decisão que a doutrina majoritária afirma que o chefe do Executivo fica livre para conceder o indulto para qualquer pessoa e qualquer infração penal, salvo as vedações impostas expressamente pela Constituição Federal.

Nesses termos, apesar do decreto de indulto não ser imune ao controle jurisdicional, no entanto, suas limitações se encontram no texto constitucional **(art. 5º, XLIII,**

Em todas essas situações, a atuação do Poder Executivo não tem força criadora autônoma, nem parece dotada de condições para inovar decisivamente na ordem jurídica, uma vez que se cuida de atividades que, em geral, estão amplamente reguladas na ordem jurídica. MENDES; COELHO; BRANCO, *Curso de direito constitucional*, 2008, p. 918.

65. Nos termos defendidos por José Santos Carvalho filho: [...] *realmente não conseguimos encontrar no vigente quadro constitucional respaldo para admitir-se a edição de regulamentos autônomos. Está à mostra em nosso sistema político que ao Executivo foi apenas conferido o poder regulamentar derivado, ou seja, aquele que pressupõe a edição de lei anteriormente promulgada, que necessite do seu exercício para viabilizar a efetiva aplicação de suas normas. [...] Não obstante, mesmo diante da alteração processada na Constituição, permanecemos fiéis ao pensamento que expressamos acima. Aliás, a questão dos decretos e regulamentos autônomos deve ser colocada em termos mais precisos. Para que sejam caracterizados como tais, é necessário que os atos possam criar e extinguir primariamente direitos e obrigações, vale dizer, sem prévia lei disciplinadora da matéria, ou, se preferir, colmatando lacunas legislativas. Atos dessa natureza não podem existir em nosso ordenamento porque a tanto se opõe o art. 5º, II, da CR, que fixa o postulado da reserva legal para a exigibilidade de obrigações. Para que fossem admitidos, seria impositivo que a Constituição deixasse clara, nítida, indubitável, a viabilidade jurídica de sua edição por agentes da Administração, como fez, por exemplo, ao atribuir ao Presidente da República o poder constitucional de legislar através de medidas provisórias (art. 62). Aqui, sim, o poder legiferante é direito primário, mas os atos são efetivamente legislativos e não regulamentares. Ao contrário, decretos e regulamentos autônomos estampariam poder legiferante indireto e simulado, e este não encontra suporte na Constituição.* (*Manual de direito administrativo*, 2008, p. 53.

66. Conforme a ADI MC 1590, decidida pelo STF, temos que: *(...) idoneidade do objeto. Tem-se objeto idôneo à ação direta de inconstitucionalidade quando o decreto impugnado não é de caráter regulamentar de lei, mas constitui ato normativo que pretende derivar o seu conteúdo diretamente da Constituição.* Julg. 19.06.97. DJ 15.08.97. Rel. Min. Sepúlveda Pertence.

67. ADI 5874/DF, STF. Plenário. Red. p/ o ac. Min. Alexandre de Moraes, julgado em 09.05.2019 (Info 939). Em 21 de dezembro de 2017, o então Presidente Michel Temer editou o Decreto nº 9.246/2017, concedendo indulto natalino. A Procuradora-Geral da República ajuizou ADI contra o art. 1º, I, o art. 2º, § 1º, I, e os arts. 8º, 10 e 11 do deste Decreto. Na ação, a PGR alegou que o Presidente extrapolou os limites da discricionariedade, violando o princípio da vedação da proteção insuficiente, tornando-se causa de impunidade. Ela apontou, ainda, violação ao "princípio da igualdade", uma vez que o decreto beneficiaria "muito especialmente determinado grupo de condenados, notadamente aqueles que praticaram crimes contra o patrimônio público, sem qualquer razão humanitária que o justifique". Segundo ela, em casos graves, como o da Lava-Jato, em que foram aplicadas penas corporais e multas elevadas, as sanções financeiras seriam simplesmente perdoadas. O STF julgou improcedente o pedido formulado na ADI e declarou a constitucionalidade do Decreto nº 9.246/2017.

da CR/88[68]). Afirmou também o STF, que o indulto não faz parte da doutrina penal e não é instrumento consentâneo à política criminal. Trata-se, como já explicado, de legítimo mecanismo de freios e contrapesos para coibir excessos e permitir maior equilíbrio na Justiça criminal.

Nesses termos, o parecer oferecido pelo Conselho Nacional de Política Criminal e Penitenciária (CNPCP) acerca dos critérios de concessão do indulto não vincula o Presidente da República. O exercício do poder de indultar não fere a separação de Poderes por, supostamente, esvaziar a política criminal definida pelo legislador e aplicada pelo Judiciário. Está contido na cláusula de separação de Poderes. O ato de clemência privativo do presidente pode ser total, independentemente de parâmetros. Asseverou que, ainda que não se concorde com esse instituto, ele existe e é ato discricionário, trata-se de prerrogativa presidencial.[69]

Portanto, é sim possível a concessão de indulto para crimes de corrupção (em sentido amplo) e lavagem de dinheiro na medida em que não há vedação na Constituição Federal.[70]

5.2. Vice-Presidente: requisitos para o cargo, modo de investidura e atribuições

Os requisitos para o cargo de Vice-Presidente são os mesmos do cargo de Presidente, bem como o modo de assunção ao cargo.

Já no que tange às atribuições, temos que o Vice-presidente exerce o que a doutrina intitula de funções (ou atribuições) próprias e funções impróprias. As próprias são as funções definidas constitucionalmente ou mediante lei complementar. Nesses termos:

---

68. CR/88, art. 5º (...) XLIII - *a lei considerará crimes inafiançáveis e insuscetíveis de graça ou anistia a prática da tortura , o tráfico ilícito de entorpecentes e drogas afins, o terrorismo e os definidos como crimes hediondos, por eles respondendo os mandantes, os executores e os que, podendo evitá-los, se omitirem*; Conforme o Ministro Alexandre de Morais: *Além da proibição de indulto para crimes hediondos e equiparados, a jurisprudência também entende, como limite implícito, que o Presidente da República não pode assinar indulto em favor de extraditando, uma vez que o objeto do instituto alcança apenas delitos sob a competência jurisdicional do Estado brasileiro. Assim, apesar de o indulto ser ato discricionário e privativo do Chefe do Poder Executivo, a quem compete definir os requisitos e a extensão desse verdadeiro ato de clemência constitucional, a partir de critérios de conveniência e oportunidade, não constitui ato imune ao absoluto respeito à Constituição Federal e é, excepcionalmente, passível de controle jurisdicional. O Poder Judiciário tem o dever de analisar se as normas contidas no Decreto de Indulto, no exercício do caráter discricionário do Presidente da República, estão vinculadas ao império constitucional. Nada mais do que isso.*
69. ADI 5874/DF, STF. Plenário. Red. p/ o ac. Min. Alexandre de Moraes, julgado em 09.05.2019 (Info 939).
70. ADI 5874/DF, STF. Plenário. Red. p/ o ac. Min. Alexandre de Moraes, julgado em 09.05.2019 (Info 939). Conforme o Ministro Alexandre de Morais: "*O aperfeiçoamento do combate à corrupção no serviço público foi uma grande preocupação do legislador constituinte. Não há dúvidas de que a corrupção é uma prática deletéria e seus reflexos são sentidos por toda a coletividade. Diante disso, o combate à corrupção, à ilegalidade e à imoralidade no seio do Poder Público deve ser prioridade absoluta no âmbito de todos os órgãos. Porém, o texto constitucional não previu os delitos relacionados com a corrupção como insuscetíveis de graça ou indulto. Além disso, tais infrações não são consideradas como crimes hediondos, o que, consequentemente, impediria a concessão do indulto. Se o Presidente da República editou o decreto dentro das hipóteses legais e legítimas, mesmo que não se concorde com ele, não se pode adentrar o mérito dessa concessão. O ato está vinculado aos ditames constitucionais, mas não pode o subjetivismo do chefe do Poder Executivo ser trocado pelo subjetivismo do Poder Judiciário.*"

- Substituir o Presidente – forma temporária.
- Suceder o Presidente – forma definitiva.
- Participar do Conselho da República e do Conselho de Defesa.
- Definidas em legislação complementar.

Já as funções impróprias são explicitadas como sendo as missões especiais designadas pelo Presidente da República nos termos do art. 79, § único, da CR/88 ao Vice-Presidente. Certo é que não há uma definição constitucional ou mesmo infraconstitucional para o que sejam as mesmas. Nesse caso, serão definidas pelo Presidente da República à luz de um contexto concreto e específico.

5.3. Ministros de Estado: requisitos para o cargo, modo de investidura e atribuições

Conforme dicção constitucional, os ministros são auxiliares do Presidente da República e são cargos de livre nomeação e exoneração do Presidente da República. Nesses termos, são cargos demissíveis ***ad nutum***, ou seja, a qualquer momento e independente de motivação. Os ***requisitos*** para o cargo são:

- Brasileiro nato ou mesmo naturalizado (exceção: Ministro de Estado da Defesa que necessariamente tem que ser brasileiro nato, nos termos do art. 12 § 3º da CR/88).
- Gozo de direitos políticos.
- Ter mais de 21 anos de idade.

É interessante que, conforme a recente Lei nº 13.844 de 18.06.2019, temos que os Ministérios são os seguintes: I – da Agricultura, Pecuária e Abastecimento; II – da Cidadania; III – da Ciência, Tecnologia e Inovações; III-A – das Comunicações ; IV – da Defesa; V – do Desenvolvimento Regional; VI – da Economia; VII – da Educação; VIII – da Infraestrutura; IX – da Justiça e Segurança Pública; X – do Meio Ambiente; XI – de Minas e Energia; XII – da Mulher, da Família e dos Direitos Humanos; XIII – das Relações Exteriores; XIV – da Saúde; XV – do Turismo; e XVI – a Controladoria-Geral da União.

Além disso, temos também, que são Ministros de Estado: I – os titulares dos Ministérios; II – o Chefe da Casa Civil da Presidência da República; III – o Chefe da Secretaria de Governo da Presidência da República; IV – o Chefe da Secretaria-Geral da Presidência da República; V – o Chefe do Gabinete de Segurança Institucional da Presidência da República; VI – o Advogado-Geral da União, até que seja aprovada emenda constitucional para incluí-lo no rol das alíneas "c" e "d" do inciso I do caput do art. 102 da Constituição.

Sobre os ***requisitos*** para ser Ministro, acreditamos que deveriam ser criados requisitos mais específicos e direcionados para a nomeação de Ministros de Estado, indo além dos que estão atualmente estabelecidos no citado art. 87 da CR/88.

Os últimos anos acabaram por descortinar a necessidade, salvo melhor juízo, de alteração do art. 87 da CR/88, tendo em vista um rigor maior na normatividade constitucional para as nomeações.

É claro que uma mudança na Constituição nesse tema não iria impedir nomeações equivocadas, inadequadas e infelizes que podem ocorrer às vezes fruto do próprio jogo político em que o Presidente da República e seus aliados (sua base de governo) estão inseridos.

Aqui é interessante salientar que a nomeação do ex-presidente Luiz Inácio Lula da Silva para o cargo de ministro-chefe da Casa Civil da Presidência da República à época do então governo Dilma foi objeto dos Mandados de Segurança nº 34070 e nº 34071, impetrados no Supremo Tribunal Federal, respectivamente, pelo Partido Popular Socialista (PPS) e pelo Partido da Social Democracia Brasileira (PSDB).

As legendas alegaram que o ato de nomeação pela presidente Dilma Rousseff ocorreu com desvio de finalidade, visando retirar da competência do juízo da 13ª Vara Federal de Curitiba procedimento criminal contra o ex-presidente Lula, uma vez que os ministros de Estado têm prerrogativa do foro no STF.

No MS nº 34070, o PPS pediu medida liminar para sustar os efeitos do ato de nomeação e posse do ex-presidente Lula, ocorrida em 17.03.2016 até a decisão final de mérito do mandado de segurança. Já no MS nº 34071, o PSDB afirmou que a nomeação do ex-presidente Lula para a Casa Civil violaria princípios constitucionais dispostos no artigo 37 da CR/88, em especial o princípio da moralidade, os quais, inquestionavelmente, devem reger toda e qualquer atividade da Administração Pública.[71]

Pois bem, o Ministro Gilmar Mendes em 18.03.2016 deferiu medida liminar para suspender a eficácia da nomeação de Luiz Inácio Lula da Silva para o cargo de Ministro Chefe da Casa Civil, determinando a manutenção da competência da justiça em Primeira Instância dos procedimentos criminais em seu desfavor.

Na decisão enfatizou o Ministro que nenhum Chefe do Poder Executivo, em qualquer de suas esferas, é dono da condução dos destinos do país; na verdade, ostenta papel de simples mandatário da vontade popular, a qual deve ser seguida em consonância com os princípios constitucionais explícitos e implícitos, entre eles a probidade e a moralidade no trato do interesse público "lato sensu". O princípio da moralidade pauta qualquer ato administrativo, inclusive a

71. O mesmo tema também foi objeto do Mandado de Segurança nº 34069, impetrado por um advogado do Distrito Federal, e das Petições (PETs) 5977, 5978 e 5980, nas quais cidadãos se insurgiram contra a nomeação do ex-presidente da República, afirmando que a medida foi uma forma de livrá-lo de eventual prisão preventiva.

nomeação de Ministro de Estado, de maneira a impedir que sejam conspurcados os predicados da honestidade, da probidade e da boa-fé no trato da *"res publica"*. Afirmou também, que apesar de ser atribuição privativa do Presidente da República a nomeação de Ministro de Estado (art. 84, inciso I, da CF), o ato que visa o preenchimento de tal cargo deve passar pelo crivo dos princípios constitucionais, mais notadamente os da moralidade e da impessoalidade (interpretação sistemática do art. 87 c/c art. 37, II, da CF). Na sequência de fundamentação aludiu a três institutos da doutrina: abuso de direito, fraude à lei e desvio de finalidade/poder. Nos dizeres de Gilmar Mendes, todos são ilícitos atípicos e têm em comum os seguintes elementos: 1) a existência de ação que, prima facie, estaria em conformidade com uma regra jurídica; 2) a produção de um resultado danoso como consequência, intencional ou não, da ação; 3) o caráter injustificado do resultado danoso, à luz dos princípios jurídicos aplicáveis ao caso e 4) o estabelecimento de uma segunda regra que limita o alcance da primeira para qualificar como proibidos os comportamentos que antes se apresentavam travestidos de legalidade.[72]

Especificamente nos casos de desvio de finalidade, fundamentou o Ministro que o que se tem é a adoção de uma conduta que aparenta estar em conformidade com certa regra que confere poder à autoridade (regra de competência), mas que, ao fim, conduz a resultados absolutamente incompatíveis com o escopo constitucional desse mandamento e, por isso, é tida como ilícita. Aplicando essas noções ao caso em tela, tem-se, segundo Ministro, que a Presidente da República praticou conduta que, a priori, estaria em conformidade com a atribuição que lhe confere o art. 84, inciso I, da Constituição – nomear Ministros de Estado. Mas, ao fazê-lo, produziu resultado concreto de todo incompatível com a ordem constitucional em vigor: conferir ao investigado foro no Supremo Tribunal Federal.[73]

No entendimento do Ministro Gilmar Mendes seria muito claro o tumulto causado ao progresso das investigações, pela mudança de foro. Nesse sentido, seria "autoevidente" que o deslocamento da competência é forma de obstrução ao progresso das medidas judiciais. Afirmou que as investigações e as medidas judiciais poderiam ser retomadas perante o STF. Porém a retomada, no entanto, não seria sem atraso e desassossego. Ressaltou então que o tempo de trâmite para o STF, análise pela PGR, seguida da análise pelo relator e, eventualmente, pela respectiva Turma, poderia ser fatal para a colheita de provas, além de adiar medidas cautelares. Logo, só por esses dados objetivos, seria possível concluir que

72. "Nesse contexto, *o argumento do desvio de finalidade é perfeitamente aplicável para demonstrar a nulidade da nomeação de pessoa criminalmente implicada, quando prepondera a finalidade de conferir-lhe foro privilegiado. No caso concreto, a alegação é de que o ex-Presidente Luiz Inácio Lula da Silva teria sido empossado justamente para deslocar o foro para o STF e salvaguardar contra eventual ação penal sem a autorização parlamentar prevista no art. 51, I, da CF."*

73. MS 34070 MC/DF Min. Gilmar Mendes, Decisão monocrática em 18.03.2016.

a posse em cargo público, nas narradas circunstâncias, poderia configurar fraude à Constituição.[74]

Aqui é interessante registrarmos também o caso envolvendo a suspensão da posse da Deputada Cristiane Brasil (PTB-RJ) como Ministra do Trabalho do Governo Temer.

A liminar de suspensão da posse foi concedida em ação popular do Movimento dos Advogados Trabalhistas Independentes. Segundo a entidade, a parlamentar não pode chefiar o Ministério do Trabalho por já ter sido condenada em duas ações trabalhistas – dois motoristas particulares alegaram que ficaram à disposição dela sem registro em carteira de trabalho. No caso, o Juiz Federal Leonardo da Costa Couceiro, da 4ª Vara Federal de Niterói (RJ), suspendeu, no dia 08.01.2017, a nomeação da deputada Cristiane Brasil (PTB-RJ) como nova ministra do Trabalho.

Segundo o magistrado Federal, a escolha da parlamentar para o cargo desrespeitaria a moralidade administrativa, em virtude de ela já ter sido condenada pela Justiça do Trabalho. Assim sendo, afirmou que: "No caso concreto, conceder a liminar sem ouvir os réus encontra-se justificado diante da gravidade dos fatos sob análise. Em exame ainda que perfunctório, este magistrado vislumbra fragrante desrespeito à Constituição Federal no que se refere à moralidade administrativa, em seu artigo 37, *caput*, quando se pretende nomear para um cargo de tamanha magnitude, ministro do Trabalho, pessoa que já teria sido condenada em reclamações trabalhistas, condenações estas com trânsito em julgado, segundo os veículos de mídia nacionais e conforme documentação que consta da inicial". Portanto, o fundamento central foi o desrespeito à moralidade administrativa (afronta à moralidade pública).

A parlamentar Cristiane Brasil, em um dos casos, foi condenada na Justiça Trabalhista da 1ª Região-RJ por não assinar a carteira de trabalho de um motorista que lhe prestou serviços ao longo de quatro anos. A violação a seus direitos trabalhistas levou o motorista a processar e a vencer a ação judicial na 44ª Vara do Trabalho do RJ, em abril de 2016. Posteriormente, a 10ª Turma do Tribunal Regional do Trabalho da 1ª Região, em segunda instância, também decidiu favoravelmente ao empregado, em fevereiro de 2017.

Após três pedidos de suspensão da liminar interpostos pela AGU negados pelo TRF da 2ª Região, o vice-presidente do STJ, Ministro Humberto Martins, no exercício da presidência, suspendeu a decisão da 4ª Vara Federal de Niterói, que impedia a posse da parlamentar Cristiane Brasil. Porém, a presidente do Supremo Tribunal Federal, ministra Cármen Lúcia, suspendeu, no dia 22.01,2018, a posse da deputada Cristiane Brasil (PTB-RJ) como ministra do Trabalho. Ela analisou reclamação do Movimento dos Advogados Trabalhistas Independentes (Mati), que contestou decisão do

74. MS 34070 MC/DF Min. Gilmar Mendes, Decisão monocrática em 18.03.2016.

Superior Tribunal de Justiça (STJ) autorizando a posse da deputada. Na sua decisão, a ministra Cármen Lúcia diz que "pelo exposto, com base no poder geral de cautela (*caput* do artigo 297 do Código de Processo Civil) e nos princípios constitucionais da segurança jurídica e da efetividade da jurisdição, que seriam comprometidos com o ato de posse antes de se poder examinar a suspensão das decisões de primeira e de segunda instâncias que a impediam neste momento, defiro parcialmente a providência liminar para a suspensão do ato de posse até que, juntadas as informações, incluído o inteiro teor do ato reclamado, seja possível a análise dos pedidos formulados na presente reclamação, sem prejuízo de reexame desta decisão precária e urgente". Com isso, em 20 fevereiro de 2018, o PTB anunciou que desistiu da indicação da Deputada Cristiane Brasil (PTB-RJ) para o Ministério do Trabalho.

A desistência foi definida depois que a Presidente do Supremo Tribunal Federal, Ministra Cármen Lúcia, sinalizou que **não** pretendia decidir sobre o caso no primeiro semestre de 2018.

Apenas para não escusarmos do debate, entendemos que a decisão do magistrado federal foi equivocada. Entendemos que o art. 87 da CR/88 estabelece os requisitos para o cargo de Ministro (que inclusive já defendemos que deveriam ser ampliados constitucionalmente), nos quais não está nenhum impedimento envolvendo condenação pela Justiça do Trabalho em ações trabalhistas (ainda que seja para assumir o Ministério do Trabalho) e, além disso, acompanhando Lenio Streck, dentre as 27 atribuições do Presidente da República previstas na Constituição do Brasil, a primeira delas deixa claro *que é de sua competência privativa nomear* e *exonerar ministro de Estado (artigo 84, I da CR/88)*. O argumento de que a deputada seria imoral para ocupar o cargo, pelo fato de que já foi condenada por duas reclamatórias trabalhistas, é redondamente frágil. Assim sendo, conforme Streck, *"Legitimar uma decisão ativista porque concordamos com a racionalidade moral ali pressuposta nada mais é do que legitimar que o Direito possa ser filtrado pela moral."*[75]

Por último, é interessante trazermos, recente decisão do STF sobre tema equivalente. Nessa, corroborando com o nosso entendimento acima, afirmou o STF que não é inconstitucional medida provisória que, ao tratar sobre os órgãos vinculados à Presidência da República, confere status de Ministro de Estado ao chefe da Secretaria-Geral da Presidência da República, ainda que seu titular a ser nomeado, venha a ter foro por prerrogativa de função no STF. Assim sendo, não há desvio de finalidade na edição deste ato.[76]

75. *"se a racionalidade jurídica for substituída pela racionalidade moral, não servimos para nada. Fechemos as faculdades de Direito e matriculemo-nos todos em faculdades de filosofia moral" (...) Não podemos aceitar o ativismo que agrada. Isso é consequencialismo puro, e devemos rejeitá-lo* por uma questão de princípio. *Do mesmo modo um réu não pode ser condenado porque o juiz não gosta dele. E nem o réu deve ficar preso porque o juiz fundamenta no clamor social, como se houve um aparelho chamado clamorômetro. Judiciário quer nomear Ministros: Sugiro para a Saúde um não fumante*, STRECK, Lenio Luiz. CONJUR, 11.01.2018.

76. ADI 5717/DF, ADI 5709/DF, ADI 5716/DF e ADI 5727/DF, STF. Plenário. Rel. Min. Rosa Weber, julgados em **27.03.2019** (Info 935).

Nesse sentido, a norma, ao estabelecer a organização básica dos Ministérios e demais órgãos ligados à Presidência da República, é matéria que está no âmbito decisório do chefe do Poder Executivo da União.[77]

Portanto, segundo o próprio STF, não se sustenta, do ponto de vista jurídico, o argumento de que a criação da Secretaria-Geral com *status* de Ministério de Estado implicaria burla aos postulados constitucionais de moralidade e probidade na Administração, justamente porque a criação ou extinção de ministérios e órgãos da Presidência também está no campo de decisão do chefe do Poder Executivo.

Nesses termos, a nomeação de determinada pessoa para o cargo de Ministro de Estado é um ato subsequente e que, em princípio, está na alçada político-administrativa do Presidente da República nos termos do art. 84 da CR/88, desde que presentes os requisitos do art. 87 da CR/88.[78]

Na sequência, sobre as atribuições dos Ministros de Estado, reza na Constituição um rol meramente exemplificativo em seu art. 87. Nesses termos, competem aos Ministros de Estados, além de outras atribuições estabelecidas na Constituição e na lei:

- Exercer a orientação, coordenação e supervisão dos órgãos e entidades da administração federal na área de sua competência e referendar os atos e decretos assinados pelo Presidente da República;[79]

---

77. ADI 5717/DF, ADI 5709/DF, ADI 5716/DF e ADI 5727/DF, STF. Plenário. Rel. Min. Rosa Weber, julgados em **27.03.2019** (Info 935).
78. ADI 5717/DF, ADI 5709/DF, ADI 5716/DF e ADI 5727/DF, STF. Plenário. Rel. Min. Rosa Weber, julg. em **27.03.2019.** O Ministro Roberto Barroso *acrescentou que a escolha de Ministro de Estado é decisão política discricionária do Presidente da República, insuscetível de exame no mérito. Concluir que dar foro privilegiado é desvio de finalidade ou obstrução de justiça é entender que a jurisdição do STF não funciona.* (Informativo 935)
79. Aqui temos o que a doutrina chama de **referenda ministerial dos atos** (como, por exemplo, das leis ordinárias ou decretos regulamentares). Ela está contida nas Constituições pátrias desde 1824, embora com textos diferenciados. A **referenda** pode ser definida como uma subscrição, ou seja, uma assinatura do Ministro que está alocado na pasta ministerial, na qual versa a matéria do ato a ser referendado. Certo é que, se a matéria em debate envolver mais de um ministério, todos os Ministros envolvidos devem (em tese) assinar referendando o ato do Presidente. Essa subscrição faz com que seja empenhada a responsabilidade do Ministro de Estado conexa com a do Presidente A **doutrina diverge** sobre a **necessidade da referenda ministerial** para que os atos emanados **tenham validade e não sejam considerados nulos (sem validade)**. Para a doutrina majoritária existe a necessidade da referenda para que os atos emanados do Presidente da República possam ser dotados de validade; entre os autores, que estão nessa corrente, podemos citar: Pontes de Miranda, Celso Bastos, André Ramos Tavares e Alexandre de Moraes. *Esses autores entendem que não estamos diante de uma mera liberalidade do Presidente da República, mas sim de uma dicção constitucional que determina a atribuição dos Ministros de referendar os atos e decretos assinados pelo Presidente para que os mesmos não sejam dotados de nulidade. Porém, há um grupo de autores que entende que a referenda não é condição para a validade de atos emanados pelo Presidente da República.* Entre eles: José Afonso da Silva e Vicente Paulo. *Essa também é a nossa posição! Para José Afonso, no presidencialismo, a falta de referenda ministerial não interfere na validade do ato, portanto a falta de assinatura de um Ministro não tem o condão de sucumbir um ato emanado do chefe do Poder Executivo (seja um: decreto, regulamento ou mesmo uma lei). Para o autor, o máximo que pode ocorrer é que a discordância do Ministro implique em sua exoneração, seja por pedido do mesmo ou por vontade do Presidente* (Comentários contextuais a constituição, 2009, p. 496). Sem dúvida, *esse posicionamento ressalta que seria descabido os Ministros praticarem atos sem a necessidade de referenda e o Presidente da República em atos de sua competência privativa só praticados com validade e eficácia com a necessária referenda de seus auxiliares!* No STF

- Expedir instruções para a execução das leis, decretos e regulamentos;
- Apresentar ao Presidente da República relatório anual de sua gestão no Ministério;
- Praticar os atos pertinentes às atribuições que lhe forem outorgadas ou delegadas pelo Presidente da República.

Temos também que, nos moldes definidos pela Emenda Constitucional nº 32/01, a lei disporá sobre a criação e extinção de Ministérios e órgãos da administração pública[80].

É mister também deixar assente que os Ministros de Estado na prática de crimes de responsabilidade conexos com o Presidente da República serão processados e julgados pelo Senado Federal nos termos do art. 52, I, da CR/88. Já os crimes de responsabilidade que não forem conexos com o Presidente da República serão processados e julgados pelo STF. Pela prática de crimes comuns, eles também serão processados e julgados no STF.

Por último, é importante trazermos recente julgado do STF na Pet 3240 AgR/DF[81] sobre o debate se os agentes políticos (incluindo aí os Ministros de Estado) podem responder conjuntamente por improbidade administrativa e crime de responsabilidade. Nesse sentido, teríamos o que a jurisprudência chamou de *"duplo regime sancionatório"*, ou seja, o fato de o agente estar sujeito a: *crime de responsabilidade e a improbidade administrativa.*

Pois bem, o entendimento do STF é que sim. Desse modo, o que prevalece atualmente é que os agentes políticos (incluindo os Ministros de Estado), em regra, submetem-se às punições por ato de improbidade administrativa (Lei nº 8.429/92), sem prejuízo de também poderem ser punidos por crimes de responsabilidade.[82] Porém, existe uma exceção que é o Presidente da República.

---

temos apenas uma manifestação monocrática no **MS nº 22.706,** na qual o Ministro Celso de Mello entendeu que a referenda ministerial *não pode ser entendida como indispensável para a validade de decretos emanados pelo Presidente da República.*

80. Portanto os cargos de Ministro de Estado devem ser criados por Lei ordinária. Ex: Lei 12.792 de 28.03.2013 que criou o cargo de Ministro de Estado Chefe da Secretaria da Micro e Pequena Empresa da Presidência da República.

81. O então Ministro da Casa Civil Eliseu Lemos Padilha interpôs o agravo regimental, sustentando, em suma, que: (a) na Reclamação 2.138, o STF fixou sua competência para processar e julgar ações de improbidade contra réus com prerrogativa de foro criminal; (b) o julgamento da ADI 2.797 não interfere na decisão deste processo; (c) e os agentes políticos respondem apenas por crimes de responsabilidade, mas não pelos atos de improbidade administrativa previstos na Lei 8.429/92.

82. No **STJ**: (...) *O STJ firmou o entendimento de que os agentes políticos se submetem aos ditames da Lei de Improbidade Administrativa, sem prejuízo da responsabilização política e criminal.* (...) STJ. 2ª Turma. *AgInt* no REsp 1607976/RJ, Rel. Min. Francisco Falcão, julg. em 17.10.2017. No **STF,** conforme o Ministro Joaquim Barbosa: *Eu entendo que há, no Brasil, uma dupla normatividade em matéria de improbidade, com objetivos distintos: em primeiro lugar, existe aquela específica da Lei 8.429/1992, de tipificação cerrada mas de incidência sobre um vasto rol de possíveis acusados, incluindo até mesmo pessoas que não tenham qualquer vínculo funcional com a Administração Pública (Lei 8.429/1992, art. 3º); e uma outra normatividade relacionada à exigência de probidade que a Constituição faz em relação aos agentes políticos, especialmente ao chefe do Poder Executivo e aos ministros de Estado, ao estabelecer no art. 85, inciso V, que constituem crime de responsabilidade os atos do Presidente da República que atentem contra a*

Portanto, a conclusão é a de que os agentes políticos, com exceção do Presidente da República, encontram-se sujeitos a duplo regime sancionatório, de modo que se submetem tanto à responsabilização civil pelos atos de improbidade administrativa quanto à responsabilização político-administrativa por crimes de responsabilidade.[83]

Outro pedido do Ministro de Estado e também decidido pelo STF na Pet 3240 AgR foi o de *prerrogativa de foro para as ações de improbidade*. O STF mais uma vez afirmou que não existe foro por prerrogativa de função em ação de improbidade administrativa proposta contra agente político. O foro por prerrogativa de função é previsto pela Constituição da República apenas para as infrações penais comuns, não podendo ser estendido para ações de improbidade administrativa, que têm natureza civil.[84]

5.4. Conselho da República e Conselho da Defesa

São órgãos de consulta (meramente opinativos) do Presidente da República, portanto os mesmos emitem pareceres não vinculantes.

As diferenças entre esses órgãos envolvem as suas funções e os seus membros. Nesses termos:

a) O Conselho da República é órgão superior de consulta do Presidente da República, e dele participam: o Vice-Presidente da República; o Presidente da Câmara dos Deputados; o Presidente do Senado Federal; os líderes da maioria e da minoria na Câmara dos Deputados; os líderes da maioria e da minoria no Senado Federal; o Ministro da Justiça; e seis cidadãos brasileiros natos, com mais de trinta e cinco anos de idade, sendo dois nomeados pelo Presidente da República, dois eleitos

---

probidade da administração. No plano infraconstitucional essa segunda normatividade se completa com o art. 9º da Lei 1.079/1950. Trata-se de disciplinas normativas diversas, as quais, embora visando, ambas, à preservação do mesmo valor ou princípio constitucional, – isto é, a moralidade na Administração Pública – têm, porém, objetivos constitucionais diversos. (...) Não há impedimento à coexistência entre esses dois sistemas de responsabilização dos agentes do Estado. STF. Plenário. Pet 3923 QO, Rel. Min. Joaquim Barbosa, julg. em 13.06.2007.

83. No **STJ**: 1. A jurisprudência assentada no STJ, inclusive por sua Corte Especial, é no sentido de que, "excetuada a hipótese de atos de improbidade praticados pelo Presidente da República (art. 85, V), cujo julgamento se dá em regime especial pelo Senado Federal (art. 86), não há norma constitucional alguma que imunize os agentes políticos, sujeitos a crime de responsabilidade, de qualquer das sanções por ato de improbidade previstas no art. 37, § 4º. Seria incompatível com a Constituição eventual preceito normativo infraconstitucional que impusesse imunidade dessa natureza" (Rcl 2.790/SC, DJe de 04.03.2010). (...) STJ. 1ª Turma. AgRg no REsp 1099900/MG, Rel. Min. Teori Albino Zavascki, julgado em 16.11.2010.

84. **Pet 3240 AgR/DF**, STF. Plenário. rel. Min. Teori Zavascki, red. p/ o ac. Min. Roberto Barroso, julg. em **10.05.2018** (Info 901). Ex1: *se for proposta uma ação penal contra um Deputado Federal por crime que ele tenha cometido durante o seu mandato e que esteja relacionado com as suas funções, esta deverá ser ajuizada no STF.* Ex2: *se for ajuizada uma ação de cobrança de dívida contra esse mesmo Deputado, a demanda será julgada por um juízo de 1ª instância.* LOPES CAVALCANTE, Márcio André, *Dizer o Direito*, Informativo 901. Ver: STF. Plenário. ADI 2797, Rel. Min. Sepúlveda Pertence, julgado em **15.09.2005**: na **ADI 2797**, ficou prevalecendo o entendimento de que as ações de improbidade administrativa deveriam ser julgadas em 1ª instância.

pelo Senado Federal e dois eleitos pela Câmara dos Deputados, todos com mandato de três anos, vedada a recondução.

Sobre suas atribuições temos, segundo a Constituição, que compete ao Conselho da República pronunciar-se sobre: intervenção federal, estado de defesa e estado de sítio; as questões relevantes para a estabilidade das instituições democráticas.

Além disso, o Presidente da República poderá convocar Ministro de Estado para participar da reunião do Conselho, quando constar da pauta questão relacionada com o respectivo Ministério. E a regulação e organização do Conselho da República se dará mediante lei ordinária.

b) Já o Conselho de Defesa Nacional é órgão de consulta do Presidente da República nos assuntos relacionados com a soberania nacional e a defesa do Estado democrático, e dele participam como membros natos: o Vice-Presidente da República; o Presidente da Câmara dos Deputados; o Presidente do Senado Federal; o Ministro da Justiça; o Ministro de Estado da Defesa; o Ministro das Relações Exteriores; o Ministro do Planejamento; e os comandantes da Marinha, do Exército e da Aeronáutica.

Sobre suas atribuições temos que compete ao Conselho de Defesa Nacional: opinar nas hipóteses de declaração de guerra e de celebração da paz, nos termos desta Constituição; opinar sobre a decretação do estado de defesa, do estado de sítio e da intervenção federal; propor os critérios e condições de utilização de áreas indispensáveis à segurança do território nacional e opinar sobre seu efetivo uso, especialmente na faixa de fronteira e nas relacionadas com a preservação e a exploração dos recursos naturais de qualquer tipo; estudar, propor e acompanhar o desenvolvimento de iniciativas necessárias a garantir a independência nacional e a defesa do Estado Democrático.

Temos ainda que a Lei Ordinária nº 8.183/91[85] regulou a organização e o funcionamento do Conselho de Defesa Nacional.

6. CRIMES DE RESPONSABILIDADE E CRIMES COMUNS DO PRESIDENTE DA REPÚBLICA

Antes de iniciarmos esse debate sobre os crimes praticados pelo Presidente da República e a forma de processamento e de julgamento dos mesmos, temos que responder a uma indagação. Qual seja: o presidente da República é dotado de imunidades?

Certo é que o Presidente é dotado de **imunidade formal**. Seja em relação ao processo seja em relação à prisão.

Em relação à prisão, conforme o **art. 86, § 3º**, da CR/88, o Presidente só será preso após sentença penal condenatória.

85. Essa referida Lei foi regulamentada pelo Decreto nº 893/93.

Já em relação ao processo, o Presidente da República só pode ser processado penalmente no STF após autorização de 2/3 dos membros da Câmara dos Deputados, nos termos do art. 51, I da CR/88 e art. 86, *caput* da CR/88. O art. 51, I, e o art. 86 da CR/88, nesses termos, portanto, conferem ao Presidente da República (e por extensão ao Vice-Presidente e aos Ministros de Estado) uma *imunidade formal em relação ao processo.*

Aqui, é interessante salientar que o STF decidiu recentemente que a ***imunidade formal*** prevista no art. 51, I, e no art. 86, *caput*, da CR/88, não se estende para os codenunciados que não se encontrem investidos nos cargos de Presidente da República, Vice-Presidente da República e Ministro de Estado. A finalidade dessa imunidade, entende o STF, é proteger o exercício regular desses cargos, razão pela qual não é extensível a codenunciados que não se encontrem ocupando tais funções. Nesses termos, se a Câmara dos Deputados impede o processamento da denúncia, isso vale, exclusivamente, com relação ao Presidente da República ao Vice-Presidente e aos Ministros de Estado denunciados, sendo inviável a extensão dos efeitos de tal decisão, de natureza eminentemente política, a outras pessoas que não se encontrem investidas nos referidos cargos.[86]

Além disso, o Presidente da República também estará acobertado pela cláusula da ***"irresponsabilidade penal relativa"***. Com isso, ele não pode ser responsabilizado no mandato por atos delituosos praticados antes do início do mandato e, além disso, no exercício do mandato só poderá ser responsabilizado por atos delituosos praticados ***in officio*** ou ***propter officium*** (em ofício ou em razão do ofício). Neste

---

86. **Inq 4483 AgR-segundo/DF** e **Inq 4327 AgR-segundo/DF**, STF. Plenário. rel. Min. Edson Fachin, julgados em **14** e **19.12.2017**. No caso concreto: *O Procurador-Geral da República ofereceu denúncia contra o Presidente Michel Temer pela prática de crimes comuns. O STF encaminhou a denúncia à Câmara dos Deputados para a realização do juízo de admissibilidade previsto no art. 51, I, e art. 86 da CF/88. Ocorre que a Câmara dos Deputados não autorizou a instauração do processo contra o Presidente da República. O STF foi comunicado da decisão da Câmara por meio de ofício. Diante disso, o Ministro Edson Fachin, relator do inquérito no STF, proferiu decisão determinando que o processo criminal contra Michel Temer fique suspenso até quando perdurar o seu mandato presidencial. Isso significa que a denúncia será analisada pelo Poder Judiciário quando terminar o mandato de Temer. Porém, o Ministro Edson Fachin determinou que investigados sem foro por prerrogativa de função e que praticaram, em tese, crimes conexos aos do Presidente da República deveriam ser processados imediatamente em 1ª instância. Nesses termos, o STF determinou o desmembramento dos feitos e o processo de todos aqueles que não possuem foro por prerrogativa de função deverá ser julgado em 1ª instância mesmo antes de terminar o mandato do Presidente Temer. Esses investigados não concordaram com isso e recorreram contra a decisão do Ministro Fachin alegando, entre outros argumentos, que, como os fatos são conexos, somente poderiam ser processados quando terminasse o mandato do Presidente Temer. A tese dos investigados não foi acolhida pelo Plenário do STF.* Nos termos do informativo 888 mais duas questões foram aventadas: 1) ***A regra é o desmembramento:*** *na linha de entendimento já sedimentado no STF, deve-se proceder, como regra, ao desmembramento dos inquéritos e ações penais originárias no tocante a coinvestigados ou a corréus não detentores de foro por prerrogativa de função, admitindo-se, apenas excepcionalmente, a atração da competência originária quando se verifique que a separação seja apta a causar prejuízo relevante, aferível em cada caso concreto. Nesse sentido, permanece no STF apenas a apuração dos investigados com foro por prerrogativa de função e os demais são julgados em 1ª instância. No caso concreto, não se verificou qualquer prejuízo no desmembramento dos autos em relação aos não detentores de foro por prerrogativa de função no STF;* 2) ***Responsabilidade subjetiva:*** *O fato de os corréus serem desde logo julgados não significa que se esteja indiretamente julgando o Presidente da República, em contrariedade ao que decidiu a Câmara dos Deputados. Isso porque vigora em nosso ordenamento jurídico o princípio da responsabilidade subjetiva, como corolário do Direito Penal do fato, segundo o qual a análise da responsabilidade é de acordo com a conduta de cada indivíduo. Assim, eventual condenação ou absolvição dos corréus não irá, necessariamente, influenciar no futuro julgamento de outros corréus.* (Informativo 888 do STF)

caso, enquanto durar o mandato, o Presidente não poderá ser denunciado e processado penalmente. Após terminar o mandato, não estando em nenhum cargo eletivo com foro por prerrogativa, ele poderá responder a um eventual processo criminal em 1ª instância. Trata-se, portanto, de uma espécie de imunidade penal especial e temporária porque irá durar apenas pelo período do mandato. Nesse sentido, reza o **art. 86, § 4º,** da CR/88 que o Presidente da República, na vigência de seu mandato, não pode ser responsabilizado por atos estranhos ao exercício de suas funções. É preciso esclarecer ainda que essa *imunidade relativa* é apenas de cunho penal, não alcançado a seara civil, administrativa ou mesmo fiscal e tributária.[87]

6.1. Crimes de responsabilidade do Presidente da República

6.1.1. Conceito

São as infrações político-administrativas praticadas pelo Presidente, definidas em legislação federal, que atentam contra a Constituição e especialmente contra o rol do **art. 85 da CR/88**. Porém, é bom que se diga, que esse rol é meramente exemplificativo.

Nesses termos, conforme o referido artigo da CR/88, são crimes de responsabilidade os atos do Presidente da República que atentem contra a Constituição Federal e, especialmente, contra: "a existência da União; o livre exercício do Poder Legislativo, do Poder Judiciário, do Ministério Público e dos Poderes constitucionais das unidades da Federação; o exercício dos direitos políticos, individuais e sociais; a segurança interna do País; a probidade na administração; a lei orçamentária; o cumprimento das leis e das decisões judiciais."

Certo é que a Lei nº 1.079/50 de forma taxativa (com as atualizações da Lei nº 10.028/2000) esmiúça os incisos de I a VII do art. 85 da CR/88, tipificando as condutas descritas, bem como, normatiza o processo de julgamento dos crimes de responsabilidade. Fato é que, em nosso entendimento, o crime de responsabilidade do Presidente da República deve estar enquadrado e tipificado de forma taxativa nessa citada Lei.

Temos ainda que, conforme a Súmula vinculante nº 46 do STF, *a definição dos crimes de responsabilidade e o estabelecimento das respectivas normas de processo e julgamento são da competência legislativa privativa da união.*[88] Nesses termos, os crimes

87. Conforme o Inq. nº 672/DF. Conforme decidiu o STF: não é possível aplicar o art. 86, § 4º, da CR/88 para o Presidente da Câmara dos Deputados, considerando que a garantia prevista neste dispositivo é destinada expressamente ao chefe do Poder Executivo da União (Presidente da República). Desse modo, por se tratar de um dispositivo de natureza restritiva, não é possível qualquer interpretação que amplie a sua incidência a outras autoridades, notadamente do Poder Legislativo. STF. Plenário. Inq 3983/DF, Rel. Min. Teori Zavascki, julg. em 02 e 03.03.2016. É interessante afirmar que essa garantia também **não se aplica** aos chefes dos executivos estaduais e municipais.

88. ADI 5416, STF. Plenário Rel. Gilmar Mendes, julg em 03.04.2020. (...) 2. *Constituição do Estado do Espírito Santo. Emenda 8/1996. 3. Convocação do Procurador Geral da Justiça para prestar informações, sob pena de crime de responsabilidade. 4. Não podem os Estados-membros ampliar o rol de autoridades sujeitas à convocação pelo Poder Legislativo e à sanção por crime de responsabilidade, por violação ao princípio da simetria e à competência privativa da União para legislar*

de responsabilidade do Presidente da República e Governadores estão previstos na Lei nº 1.079/50 e dos Prefeitos no Decreto-Lei nº 201/67.

É importante observarmos com atenção o tema dos crimes de responsabilidade do Presidente da República, pois os pedidos de *impeachment* não são algo raro na política nacional pós 1988. Pelo contrário, desde 1990, foram protocolados mais de 130 pedidos de *impeachment* contra Presidentes. Fernando Collor sofreu 29 pedidos, Fernando Henrique Cardoso, 17 pedidos, Luiz Inácio Lula da Silva teve 34 pedidos e Dilma Rousseff com 49 pedidos, sendo 35 somente no segundo mandato (que foi interrompido por decisão do Senado que a condenou por crime de responsabilidade em 31.08.2016).

6.1.2. Procedimento

O procedimento pode ser dividido em fases. A primeira na Câmara dos Deputados e a segunda no Senado Federal. A base atual para a análise do procedimento é o decidido pelo STF na ADPF nº 378.

- **Câmara dos Deputados** – juízo de admissibilidade – é necessária uma autorização da Câmara – 2/3 dos deputados para a instauração do processo nos termos do art. 51, I da CR/88.
- **Senado Federal** – após a autorização da Câmara, compete ao Senado decidir se deve receber ou não a denúncia cujo prosseguimento foi autorizado pela Câmara. Se o Senado rejeitar a denúncia, haverá o arquivamento do pedido. Se o Senado receber, aí sim será iniciado o processo de crime de responsabilidade (*impeachment*) propriamente dito (fase processual), e ao final, o Senado votará pela absolvição ou condenação do Presidente, sendo necessários 2/3 dos senadores para a condenação.
- **Sanções:** 1) Perda do cargo (***impeachment***[89]); 2) Inabilitação para o exercício de funções públicas por 8 anos. As funções públicas inabilitadas se

sobre o tema. Precedentes. 5. ADI julgada procedente para declarar a inconstitucionalidade das expressões "e o Procurador-Geral da Justiça" e "e ao Procurador-Geral da Justiça", no caput e no parágrafo segundo do artigo 57 da Constituição do Estado do Espírito Santo. Outro exemplo: "*Inconstitucionalidade. Ação direta. Art. 41, caput e § 2º, da Constituição do Estado de Santa Catarina, com a redação das ECs nº 28/2002 e nº 53/2010.* Competência legislativa. Caracterização de hipóteses de crime de responsabilidade. Ausência injustificada de secretário de Estado a convocação da Assembleia *Legislativa. Não atendimento, pelo governador, secretário de Estado ou titular de fundação, empresa pública ou sociedade de economias mista, a pedido de informações da Assembleia. Cominação de tipificação criminosa. Inadmissibilidade. Violação a competência legislativa exclusiva da União. (...) É inconstitucional a norma de CE que, como pena cominada, caracterize como crimes de responsabilidade a ausência injustificada de secretário de Estado a convocação da Assembleia Legislativa, bem como o não atendimento, pelo governador, secretário de estado ou titular de entidade da administração pública indireta, a pedido de informações da mesma Assembleia*". (**ADI 3279**. Julg. em **16.11.2011**).

89. O ***impeachment***, instituto de derivação norte-americana (embora tenha sido gestado originalmente pelo constitucionalismo inglês), surgiu no Brasil com a Constituição de 1891 e ganhou regulamentação infraconstitucional já em 1892 com as Leis nºs 27 e 30 (Impeachment é uma palavra de origem inglesa que significa "*impedimento*" ou "impugnação"). Sob a égide da Constituição de 1988, é regulado infraconstitucionalmente pela Lei nº 1079/50 (com suas atualizações). O impeachment é, para a doutrina majoritária, um instituto de natureza política (Paulo Brossard, Carlos Maximiliano, Michel Temer). Porém, há correntes que entendem que é dotado de natureza jurídica penal (Pontes de Miranda) ou mesmo mista: jurídico-política (Frederico Marques). Defendendo a natureza

traduzem na impossibilidade de: concurso público, cargo em comissão ou mandato público eletivo.[90]

Nesses termos, desenvolvendo o procedimento conforme **a ADPF 378,** que teve julgamento finalizado pelo STF em 18.12.2015, temos que é necessário, devido ao art. 14 da Lei nº 1079/50 que um **cidadão** (indivíduo dotado de **capacidade eleitoral ativa**) apresente a **denúncia (acusação)** contra **Presidente da República na Câmara dos Deputados.**[91]

O cidadão deverá apresentar o pedido de *impeachment* (chamado pela Lei de "denúncia"), por escrito, na Câmara dos Deputados. Essa denúncia deverá ser assinada pelo denunciante, contendo a sua firma (assinatura) reconhecida. Deverá também ser acompanhada de documentos que a comprovem, ou da declaração de impossibilidade de apresentá-los, com a indicação do local onde possam ser encontrados. Nos crimes de que haja prova testemunhal, a denúncia deverá conter o rol das testemunhas, em número de cinco, no mínimo (art. 16 da Lei nº 1079/50). O "denunciante" deverá demonstrar, em seu pedido, que o Presidente da República praticou crime de responsabilidade (Rol conforme já exarado no art. 85 da CR/88[92]).

---

penal temos: "*Crimes de responsabilidade são, como o próprio nome diz,* ***crimes****. Em precedente citado na própria denúncia descabidamente acolhida pelo Presidente da Câmara dos Deputados para fins de processo* de *impeachment*, o **Supremo Tribunal Federal** já afirmou que os crimes de responsabilidade constituem ***matéria penal*** e, por isso, são de competência legislativa exclusiva da União. (...) Crimes de responsabilidade são, como o próprio nome diz, ***crimes***. Em precedente citado na própria denúncia descabidamente acolhida pelo Presidente da Câmara dos Deputados para fins de processo de *impeachment*, o **STF** já afirmou que os crimes de responsabilidade constituem ***matéria penal*** e, por isso, são de competência legislativa exclusiva da União (...) Ressalte-se que tal entendimento foi expressamente afirmado pelo Ministro Roberto Barroso, em seu voto vencedor na ADPF 378 (p. 87 do voto), ao aduzir (embora como *obter dictum*, pois a questão da ADPF 378 era o procedimento do impeachment) que "*A indicação da tipicidade é pressuposto da autorização de processamento, na medida em que não haveria justa causa na tentativa de responsabilização do Presidente da República fora das hipóteses prévia e taxativamente estabelecidas. Se assim não fosse, o processamento e o julgamento teriam contornos exclusivamente políticos e, do ponto de vista prático, equivaleria à moção de desconfiança que, embora tenha sua relevância própria no seio parlamentarista, não se conforma com o modelo presidencialista, cujas possibilidades de impedimento reclamam a prática de crime de responsabilidade previsto em lei específica. Inobservada a limitação da possibilidade de responsabilização às hipóteses legais, todo o devido processo cairia por terra*". **O Supremo Tribunal Federal deve barrar ou nulificar impeachment sem crime de responsabilidade**, Por Alexandre Gustavo Melo Franco de Morais Bahia, Marcelo Andrade Cattoni de Oliveira e Paulo Roberto Iotti Vecchiatti.

90. RE nº 234.223/DF: EMENTA: Crime de responsabilidade do Presidente da República. Compreende-se o *desempenho de mandato eletivo na pena de inabilitação temporária para o exercício de função pública*, cominada no parágrafo único do art. 52 da Constituição. (Rel. Min. Otávio Galloti). Portanto, o indivíduo pode sim votar, mas não poderá ser votado.
91. A Lei nº 1.079/50 traz a previsão taxativa dos crimes de responsabilidade do Presidente da República nos arts. 5º a 12.
92. Os cidadãos Hélio Bicudo, Miguel Reale Junior e Janaina Paschoal formularam e protocolizaram, na Câmara dos Deputados, "denúncia" (pedido de impeachment) contra a Presidente Dilma Rousseff. No dia 02.12.2015, o Presidente da Câmara, Deputado Eduardo Cunha, recebeu a denúncia apresentada. O Presidente da Câmara recebeu a denúncia pelo fato de que a Presidente da República assinou, em 2015, *seis decretos presidenciais abrindo créditos suplementares em desacordo com a lei orçamentária, o que configura, em tese, os crimes de responsabilidade previstos nos itens 4 e 6 do art. 10 da Lei nº 1.079/50*: Art. 10. São crimes de responsabilidade contra a lei orçamentária: (...) 4) Infringir, patentemente, e de qualquer modo, dispositivo da lei orçamentária. (...) 6) ordenar ou autorizar a abertura de crédito em desacordo com os limites estabelecidos pelo Senado Federal, sem fundamento na lei orçamentária ou na de crédito adicional ou com inobservância de prescrição legal; Outro fato que fundamentou o recebimento da denúncia foi a prática das chamadas "*pedaladas fiscais*", que teriam sido reiteradas em 2015, situação que se amoldaria, em abstrato, no crime de responsabilidade contra lei orçamentária previsto no art.

Importante salientar, que o Presidente da Câmara faz um juízo prévio de admissibilidade da denúncia e pode já rejeitá-la liminarmente se entendesse que o pedido apresentado é inepto e não tenha regularidade formal ou que não tinha justa causa. Assim, seu papel no recebimento dessa denúncia não é meramente burocrático, havendo um juízo decisório.[93] É interessante, que na ADPF nº 378, decidiu o STF, que não há direito à defesa prévia antes do recebimento da denúncia pelo Presidente da Câmara, ou seja, não é necessário ouvir antes o Presidente da República que estiver sendo denunciado (acusado)[94].

Temos ainda que, no "caso Dilma", o partido PC do B requereu no ajuizamento da ADPF nº 378, que fosse reconhecida a suspeição do Presidente Eduardo Cunha para receber a denúncia e conduzir o processo na Câmara. Segundo a petição inicial da ADPF, o Deputado Eduardo Cunha não teria parcialidade para o processo em virtude de ser alvo de representação pelo cometimento de falta ética no âmbito da Comissão de Ética da Câmara dos Deputados, o que pode conduzir à perda do seu mandato. Segundo decidiu o STF, na ADPF nº 378, não é possível que sejam aplicadas, para o processo de impeachment, as hipóteses de impedimento do Código de Processo Penal. Com isso, o STF negou o pedido feito na ADPF para analisar a suposta parcialidade do Presidente da Câmara e determinar o seu afastamento do comando do processo.[95]

Seguindo, o Presidente da Câmara, após receber a denúncia, determina que ela seja lida na sessão seguinte da Casa e que seja eleita uma comissão especial

---

85, VI, da CR/88. Contra o entendimento de que teria havido crime de responsabilidade da Presidente Dilma, Temos: **Parecer** de **Gilberto Bercovici**, disponível em: http://politica.estadao.com.br/blogs/fausto-macedo/wp--content/uploads/sites/41/2015/10/Parecer_Impeachment_Bercovici.pdf; **Parecer** de NEVES, Marcelo da Costa Pinto. Disponível em https://cloudup.com/ig-cUkufb7N; RIBEIRO, Ricardo Lodi. **Pedaladas hermenêuticas no pedido de impeachment de Dilma Rousseff**. In: Revista Consultor Jurídico, 04.12.2015; **O Supremo Tribunal Federal deve barrar ou nulificar impeachment sem crime de responsabilidade**, Por Alexandre Gustavo Melo Franco de Morais Bahia, Marcelo Andrade Cattoni de Oliveira e Paulo Roberto Iotti Vecchiatti. Empório do Direito, 23.03.2016; **O processo de impeachment e as esferas de autorização pela Câmara dos Deputados. Limites e possibilidades de controle judicial**, Por Thomas Bustamante. Empório do Direito, 12.04.2016. Sobre o caso "Dilma" remetemos o leitor a um quadro anexo ao final do Livro.

93. (...) A competência do Presidente da Câmara dos Deputados e da Mesa do Senado Federal para recebimento, ou não, de denúncia no processo de impeachment não se restringe a uma admissão meramente burocrática, cabendo-lhes, inclusive, a faculdade de rejeitá-la, de plano, acaso entendam ser patentemente inepta ou despida de justa causa. (...) STF. Plenário. MS 30672 AgR, Rel. Min. Ricardo Lewandowski, julgado em 15.09.2011.

94. ADPF nº 378: "*A apresentação de defesa prévia não é uma exigência do princípio constitucional da ampla defesa: ela é exceção, e não a regra no processo penal. Não há, portanto, impedimento para que a primeira oportunidade de apresentação de defesa no processo penal comum se dê após o recebimento da denúncia. No caso dos autos, muito embora não se assegure defesa previamente ao ato do Presidente da Câmara dos Deputados que inicia o rito naquela Casa, colocam-se à disposição do acusado inúmeras oportunidades de manifestação em ampla instrução processual. Não há, assim, violação à garantia da ampla defesa e aos compromissos internacionais assumidos pelo Brasil em tema de direito de defesa. Improcedência do pedido.*"

95. ADPF nº 378: (...) *Afirmou o STF, que embora o art. 38 da Lei nº 1.079/50 preveja a aplicação subsidiária do Código de Processo Penal no processo e julgamento do Presidente da República por crime de responsabilidade, o art. 36 da Lei nº 1079/50 já trata da matéria, conferindo tratamento especial, ainda que de maneira distinta do CPP. Desse modo, a Lei nº 1.079/50 já prevê as hipóteses em que os Deputados estarão impedidos de participar do processo de impeachment. Assim, não há lacuna na lei que justifique a incidência subsidiária do CPP. Embora o processo de impeachment seja de natureza político-criminal, os parlamentares que dele participam não se submetem às rígidas regras de impedimento e suspeição a que estão sujeitos os órgãos do Poder Judiciário. Estão eles submetidos a regras jurídicas próprias, fixadas em lei especial, qual seja, a Lei nº 1.079/50.*

para analisar o pedido formulado, nos termos do art. 19 da Lei nº 1.079/50 (Art. 19. *Recebida a denúncia, será lida no expediente da sessão seguinte e despachada a uma comissão especial eleita, da qual participem, observada a respectiva proporção, representantes de todos os partidos para opinar sobre a mesma).*

A Câmara dos Deputados, portanto, elegerá uma comissão especial que irá elaborar um parecer sobre a denúncia (se ela deve ou não ser objeto de deliberação). Essa comissão é formada por 65 Deputados Federais (titulares) e mais 65 suplentes.[96] Sua função, como dito, é a de analisar a denúncia e emitir um parecer sobre a procedência ou não das alegações formuladas. Após a instalação da comissão, a Presidente da República terá o prazo de 10 sessões para apresentar sua defesa. Depois de apresentada a defesa, a comissão tem um prazo de 5 sessões para apresentar o parecer. Certo é que, o STF já decidiu no "caso Collor", e posteriormente no "caso Dilma"[97] que há sim a possibilidade de defesa por parte do acusado, mesmo

96. Os Deputados Federais, no caso Dilma em 08.12.2015, por meio de eleição, escolheram os Deputados que iriam compor a comissão especial para analisar o pedido de impeachment. Porém, duas questões merecem destaque: a) Em uma reunião com os líderes dos partidos políticos, ficou acertado que cada líder iria designar os representantes da agremiação para compor a comissão. Assim, haveria uma única "chapa". Ocorre que depois que essa "chapa" foi formada, a oposição entendeu que ela só estava contemplando Deputados ligados ao governo e, por isso, lançou uma "chapa" avulsa, com outros nomes. Após enorme tumulto quanto a isso, ocorreu uma votação e a chamada "chapa" avulsa sagrou-se vencedora. b) A votação para a escolha dos representantes da comissão foi com voto secreto, com base no Regimento Interno da Câmara. A Constituição de 1988 não trata sobre essa votação, de modo que não diz expressamente se ela deve ser secreta ou aberta. Os Deputados governistas defenderam a tese de que, como a Constituição não afirma que essa votação é secreta, ela deverá ser aberta, considerando que esta é a regra geral. Os Deputados da oposição, por sua vez, afirmaram que, diante do silêncio da Constituição, vale o que diz o Regimento Interno da Casa. O STF na ADPF 378 decidiu que os representantes dos partidos políticos ou blocos parlamentares que irão compor a chapa da comissão especial da Câmara dos Deputados deverão ser indicados pelos líderes, na forma do Regimento Interno da Câmara dos Deputados. Assim, *não seria possível a apresentação de candidaturas ou chapas avulsas para a formação da comissão especial*. Com a decisão do STF, *a Câmara teve de constituir uma nova comissão, que, no caso Dilma, foi escolhida pelo voto aberto dos Deputados, havendo, portanto, uma chapa* única *com nomes indicados pelos líderes partidários*. Conforme a Ementa da **ADPF 378**: "No impeachment, todas as votações devem ser abertas, de modo a permitir maior transparência, controle dos representantes e legitimação do processo. No silêncio da Constituição, da Lei nº 1.079/1950 e do Regimento Interno sobre a forma de votação, não é admissível que o Presidente da Câmara dos Deputados possa, por decisão unipessoal e discricionária, estender hipótese inespecífica de votação secreta prevista no RI/CD, por analogia, à eleição para a Comissão Especial de impeachment. Em uma democracia, a regra é a publicidade das votações. O escrutínio secreto somente pode ter lugar em hipóteses excepcionais e especificamente previstas. Além disso, o sigilo do escrutínio é incompatível com a natureza e a gravidade do processo por crime de responsabilidade. Em processo de tamanha magnitude, que pode levar o Presidente a ser afastado e perder o mandato, é preciso garantir o maior grau de transparência e publicidade possível. Nesse caso, não se pode invocar como justificativa para o voto secreto a necessidade de garantir a liberdade e independência dos congressistas, afastando a possibilidade de ingerências indevidas. Se a votação secreta pode ser capaz de afastar determinadas pressões, ao mesmo tempo, ela enfraquece o controle popular sobre os representantes, em violação aos princípios democrático, representativo e republicano. Por fim, a votação aberta (simbólica) foi adotada para a composição da Comissão Especial no processo de impeachment de Collor, de modo que a manutenção do mesmo rito seguido em 1992 contribui para a segurança jurídica e a previsibilidade do procedimento". Procedência do pedido." Julg. em **16.17 e 18.12.2015.**

97. Conforme o **MS MC nº 21.564,** Julgado em 10.09.1992 no caso Collor: Mandado de Segurança dirigido a ato do presidente da Câmara dos Deputados, que estabeleceu regras para a tramitação de denúncia apresentada contra o Presidente da República, por crime de responsabilidade. 2. rejeição, por maioria, da preliminar de falta de jurisdição do tribunal (precedente do STF: MS 20.941). 3. Relevância da fundamentação jurídica, em torno da compatibilidade, ou não, de normas da Lei nº 1.079-50 e do Regimento Interno da Câmara (resolução n. 17, de 1989), com a Constituição Federal (artigos 51, I, 52, I, e § único do art. 85). 4. Questão de ordem resolvida, por

não existindo processo na Câmara, mas tão somente um juízo de admissibilidade (autorização) sobre um futuro processo. Acreditamos que os fundamentos de tal permissivo são os da possibilidade de arquivamento na própria Câmara da denúncia (acusação), e o de que mesmo não estando diante de um processo, a decisão favorável da Câmara de **autorização (de um futuro processo)** já proporcionaria um **prejuízo** para o Presidente da República na medida em que, por dicção constitucional, o Presidente da República poderá ficar ***suspenso*** de suas funções nos crimes de responsabilidade, após a instauração do processo pelo Senado Federal (conforme a ADPF nº 378 se o Senado decidir instaurar o processo).

Na sequência, o parecer é votado na comissão especial[98] e posteriormente será submetido à votação ostensiva e nominal (aberta) dos deputados em plenário, sendo exigido o quórum de 2/3 (342 votos favoráveis de 513 deputados) para autorização do processo contra o Presidente da República.[99] A decisão da Câmara versará sobre se a denúncia (acusação) é adequada ou não. Se a denúncia (acusação) **não** for admitida, o procedimento será arquivado.

Na ADI 5498 julgada em 04.04.2016, decidiu o STF, pela constitucionalidade do art. 187§ 4º do Regimento Interno da Câmara dos Deputados. Esse art. 187, § 4º estabelece que, na votação que autoriza ou não a instauração do processo, cada Deputado Federal será chamado nominalmente e deverá responder "sim" ou "não". Ainda segundo o § 4º, a chamada dos Deputados Federais para votar deverá ocorrer, "alternadamente, do norte para o sul e vice-versa". Segundo decidiu o STF, não existe nenhuma inconstitucionalidade nesta previsão, não havendo ofensa aos princípios do contraditório, da ampla defesa, da impessoalidade, da moralidade e da República. Qualquer tipo de votação nominal, independentemente do critério adotado, jamais poderá afastar a possibilidade de "*efeito cascata*"[100].

maioria, no sentido de conceder-se, em parte, a medida liminar, a fim de assegurar, ao impetrante, o prazo de dez sessões, para a apresentação de defesa, por aplicação analógica, unicamente nesse ponto, do art. 217, § 1. I, do Regimento Interno da Câmara dos Deputados. (Rel. Min. Octávio Galotti. DJ 27.08.93). Já no caso Dilma, ver **ADPF nº 378** presente no Informativo 812 do STF.

98. No caso da denúncia contra a Presidente Dilma a aprovação do parecer se deu por 38 a 27.
99. No caso Dilma foram 367 votos a favor do prosseguimento da Denúncia para o Senado, 137 contra, 7 abstenções e 2 ausências.
100. No caso Dilma, em tese, seria ruim para a Presidente porque ela teria mais aliados entre os Deputados dos Estados do norte. Assim, os aliados do Governo temiam que, se a votação começasse pelo sul, haveria, já no início da votação, vários votos a favor do processo de impeachment e isso geraria um "efeito manada", ou seja, uma "pressão psicológica" nos parlamentares que viriam depois e que votariam também a favor da instauração por sentirem que esta seria uma tendência irreversível. E interessante que na decisão da ADI 5498 MC afirmou o STF que: *"Ademais, o Tribunal sublinhou que não se pode exigir isenção e imparcialidade dos membros da Câmara dos Deputados e do Senado Federal. Na realidade, o "impeachment" é uma questão política que deve ser resolvida com critérios políticos. A garantia da imparcialidade está no alto quórum exigido para a votação"* (Informativo 820 do STF). Aqui devemos salientar também que antes que iniciasse a sessão do STF, o então Presidente da Câmara, Eduardo Cunha, voltou atrás de sua ideia inicial de começar a votação pelos Estados do Sul e anunciou que a ordem seria a seguinte: "a) (...) a chamada terá início por um Estado da região norte e, em alternância, será chamado um Estado da região sul. Em seguida, em razão do 'vice-versa', será chamado um Estado da região sul e, depois, um Estado da região norte, e assim sucessivamente, passando pelas demais regiões; b) a ordem dos Estados seguirá a tradição da Casa, a disposição constante no painel de votação e, por analogia, a ordem geográfica das capitais prevista no

Com a **autorização** da Câmara, contrariando boa parte da doutrina nacional, o STF entendeu na ADPF nº 378 que o Senado não é obrigado (em virtude da decisão da Câmara) a iniciar (instaurar) o processo.

Segundo entendeu o STF, a norma prevista no art. 52, I da CR/88 (que afirma que compete ao Senado, privativamente, "processar e julgar" o Presidente) abrange não apenas o julgamento final, mas também a realização de um ***juízo inicial*** de ***instauração ou não do processo***, isto é, de recebimento ou não da denúncia (acusação) autorizada pela Câmara. Com isso, o poder de afastar provisoriamente o Presidente da República será do Senado (e não da decisão da Câmara dos Deputados).

Nesse sentido, afirmou o STF na ADPF nº 378, que a Câmara não funciona como um "*tribunal de pronúncia*", mas apenas **implementa ou não uma condição de procedibilidade para que a acusação prossiga no Senado.** Nesse sentido, a atuação da Câmara dos Deputados deve ser entendida como parte de um momento **pré-processual**, isto é, **anterior** à **instauração** do processo pelo Senado. O ministro Luís Roberto Barroso em voto afirmou que: "a Câmara apenas autoriza a instauração do processo: não o instaura por si própria, muito menos determina que o Senado o faça". Portanto, para a maioria dos ministros do STF os artigos 23, §§ 1º e 5º; 80 e 81, da Lei nº 1.079/50, não foram recepcionados por serem incompatíveis com os arts. 51, I; 52, I; e art. 86, § 1º, II, da CR/1988. Nesses termos, conforme a ementa da ADPF nº 378:

> (...) 1.1. Apresentada denúncia contra o Presidente da República por crime de responsabilidade, compete à Câmara dos Deputados autorizar a instauração de processo (art. 51, I, da CF/1988). A Câmara exerce, ***assim, um juízo eminentemente político sobre os fatos narrados, que constitui condição para o prosseguimento da denúncia.*** Ao Senado compete, privativamente, processar e julgar o Presidente (art. 52, I), locução que abrange a realização de um juízo inicial de instauração ou não do processo, isto é, de recebimento ou não da denúncia autorizada pela Câmara. 1.2. ***Há três ordens de argumentos que justificam esse entendimento.*** Em primeiro lugar, esta é a única interpretação possível à luz da Constituição de 1988, por qualquer enfoque que se dê: literal, histórico, lógico ou sistemático. Em segundo lugar, é a interpretação que foi adotada pelo Supremo Tribunal Federal em 1992, quando atuou no impeachment do então Presidente Fernando Collor de Mello, de modo que a segurança jurídica reforça a sua reiteração pela Corte na presente ADPF. E, em terceiro e **último** lugar, trata-se de entendimento que, mesmo não tendo sido proferido pelo STF com força vinculante e erga omnes, foi, em alguma medida, incorporado à ordem jurídica brasileira. Dessa forma, modificá-lo, estando em curso denúncia contra a Presidente da República, representaria uma violação ainda mais grave à segurança jurídica, que afetaria a própria exigência democrática de definição prévia das regras do jogo político. 1.3. Partindo das premissas acima, depreende-se que não foram recepcionados pela CF/1988 os arts. 23, §§ 1º, 4º e 5º; 80, 1ª parte (que define a Câmara dos

---

art. 3º, § 3º, do Regimento Interno da Câmara dos Deputados (...)". Nesses termos, *A votação que autorizou na Câmara o processo de impeachment da Presidente Dilma, ocorrida em 17/04/2016, começou pelos Deputados do Estado mais extremo do norte (Roraima); em seguida, vieram os parlamentares do Estado mais extremo do sul (Rio Grande do Sul); em terceiro lugar, vieram os Deputados de outro Estado do sul (Santa Catarina); o quarto e o quinto Estados voltaram a ser da região norte: Amapá e Pará, e assim sucessivamente.*

Deputados como tribunal de pronúncia); e 81, todos da Lei nº 1.079/1950, porque incompatíveis com os arts. 51, I; 52, I; e 86, § 1º, II, todos da CF/1988. 2. RITO DO IMPEACHMENT NA CÂMARA (ITEM C DO PEDIDO CAUTELAR): 2.1. O rito do impeachment perante a Câmara, previsto na Lei nº 1.079/1950, partia do pressuposto de que a tal Casa caberia, nos termos da CF/1946, pronunciar-se sobre o mérito da acusação. Em razão disso, estabeleciam-se duas deliberações pelo Plenário da Câmara: a primeira quanto à admissibilidade da denúncia e a segunda quanto à sua procedência ou não. Havia, entre elas, exigência de dilação probatória. 2.2. Essa sistemática foi, em parte, revogada pela Constituição de 1988, que, conforme indicado acima, alterou o papel institucional da Câmara no impeachment do Presidente da República. Conforme indicado pelo STF e efetivamente seguido no caso Collor, o Plenário da Câmara deve deliberar uma **única** vez, por maioria qualificada de seus integrantes, sem necessitar, porém, desincumbir-se de grande **ônus** probatório. Afinal, compete a esta Casa Legislativa apenas autorizar ou não a instauração do processo (condição de procedibilidade).[101]

Assim sendo, nos termos da ADPF nº 378, cabe ao Senado decidir se deve receber ou não a denúncia cujo prosseguimento foi autorizado pela Câmara:

a) Se rejeitar a denúncia, haverá o arquivamento do pedido;

b) Se receber, será iniciado o processo de crime de responsabilidade (fase processual), com a produção de provas e, ao final, como já dito, o Senado votará pela absolvição ou condenação do Presidente.

Aqui, é interessante salientar, duas questões:

a) Conforme a ADPF 378, a decisão do Senado de instaurar (ou não) o processo de crime de responsabilidade (que pode levar ao impeachment) do Presidente da República deve ser tomada pelo quórum de maioria simples do Senadores, presente a maioria absoluta de seus membros; Nesses termos, com a aprovação na Câmara dos Deputados, o processo de impeachment segue para análise do Senado. No Senado será instalada uma comissão especial para analisar a denúncia. Essa comissão

101. Entendia boa parte da doutrina, que existindo a autorização da Câmara dos Deputados, o Senado **deveria instaurar** o processo. Nesses termos, não caberia ao Senado decidir se abre ou não o processo (Não caberia mais ao Senado rejeitar a denúncia). Sua função seria apenas a de processar e julgar, podendo absolver o Presidente, mas desde que ao final do processo. Com isso, seguindo a Lei nº 1079/50 **(previsto no art. 23, §§ 1º e 5º e arts. 80 e 81, da Lei nº 1.079/50)**, a ***Câmara seria o tribunal de pronúncia e o Senado o tribunal de julgamento***. Nesses termos, a decisão de afastar o Presidente da República seria da Câmara, porque o Senado não poderia discordar. Com a decisão da **ADPF nº378**, *quando o exame chega ao Senado, este tem liberdade para decidir se instaura ou não o processo.* Votaram nestes termos: *Roberto Barroso, Teori Zavascki, Rosa Weber, Luiz Fux, Cármen Lúcia, Ricardo Lewandowski, Marco Aurélio e Celso de Mello.* Conforme o informativo 812 do STF: "*Prevaleceu, no ponto sob enfoque, o voto do Ministro Roberto Barroso. Asseverou que, em relação ao papel da Câmara dos Deputados e do Senado Federal no procedimento, caberia à Câmara autorizar a instauração do processo, e ao Senado processar e julgar o acusado. Significaria, consequentemente, que o Senado faria um juízo inicial de instauração, ou não, do processo, correspondente ao recebimento, ou não, da denúncia. Isso se daria em razão do advento da CR/88 que passara a prever, para a Câmara dos Deputados, apenas o papel de autorizar a instauração do processo, como condição de procedibilidade da ação perante o Senado. Diferentemente da CF/1946 na qual se previa, como papel da Câmara dos Deputados, a declaração da procedência ou da improcedência da acusação, sendo o Presidente da República imediatamente suspenso das suas funções no primeiro caso. Vencidos, quanto ao subitem "1", os Ministros Edson Fachin (relator), Dias Toffoli e Gilmar Mendes, que fixavam o entendimento de que não competiria ao Senado rejeitar a autorização expedida pela Câmara dos Deputados; (...).*" **ADPF 378**, Pleno do STF, julg. em **16.17.18.12.2015**.

é formada por 21 senadores titulares e 21 suplentes. A indicação dos nomes é feita pelos blocos. A comissão deve manter a proporcionalidade dos partidos. Depois de composta, a comissão tem até 48 horas para se reunir e eleger Presidente e um relator. Uma vez eleito, o relator tem 10 dias para apresentar um parecer pela admissibilidade ou não do processo de impedimento, que passa por votação do colegiado (votação na comissão especial no Senado). Independentemente do resultado, o parecer vai a plenário. O parecer é lido no plenário. Depois, é publicado no Diário do Senado. Assim sendo, 48 horas após a publicação, ele é incluído na ordem do dia e é votado nominalmente. O Quórum para a aprovação, como já dito, é de **maioria simples** presente a maioria absoluta dos membros (presentes pelo menos 41 Senadores). Com isso, os Senadores votam o parecer pela abertura ou arquivamento do processo de impeachment. Se for aprovado, o processo é formalmente instaurado. Se for rejeitado, ele é arquivado.[102]

b) Se o Senado decidir pela instauração do processo o Presidente da República deve ser afastado provisoriamente de suas funções pelo prazo máximo de 180 dias.[103]

Instaurado o processo no Senado, a defesa tem direito de se manifestar após a acusação. Portanto, no procedimento, será concedido amplo direito de defesa ao acusado (Presidente da República). Nesses termos, afirmou o STF na recente ADPF nº 378, que a) "no curso do procedimento de impeachment, o acusado tem a prerrogativa de se manifestar, de um modo geral, após a acusação. Temos aqui a concretização da garantia constitucional do devido processo legal (*due process of law*)"; b) os senadores não precisam se apartar da função acusatória. Ou seja, o procedimento acusatório estabelecido na Lei nº 1.079/1950, parcialmente recepcionado pela CR/88, não impede que o Senado adote as medidas necessárias à apuração de crimes de responsabilidade, inclusive no que concerne à produção de provas, função que pode ser desempenhada de forma livre e independente; c) o interrogatório deve ser o ato final da instrução

---

102. Conforme a ementa da **ADPF nº 378**: "(...) 3.1. *Por outro lado, há de se estender o rito relativamente abreviado da Lei nº 1.079/1950 para julgamento do impeachment pelo Senado,* ***incorporando-se a ele uma etapa inicial de instauração ou não do processo, bem como uma etapa de pronúncia ou não do denunciado, tal como se fez em 1992. Estas são etapas essenciais ao exercício, pleno e pautado pelo devido processo legal, da competência do Senado de processar e julgar o Presidente da República****.* 3.2. *Diante da ausência de regras específicas acerca dessas etapas iniciais do rito no Senado, deve-se seguir a mesma solução jurídica encontrada pelo STF no caso Collor, qual seja,* ***a aplicação das regras da Lei nº 1.079/1950 relativas a denúncias por crime de responsabilidade contra Ministros do STF ou contra o PGR (também processados e julgados exclusivamente pelo Senado)***. 3.3. Conclui-se, assim, que *a instauração do processo pelo Senado se dá por deliberação da maioria simples de seus membros, a partir de parecer elaborado por Comissão Especial, sendo improcedentes as pretensões do autor da ADPF de (i) possibilitar* **à** *própria Mesa do Senado, por decisão irrecorrível, rejeitar sumariamente a denúncia; e (ii) aplicar o quórum de 2/3, exigível para o julgamento final pela Casa Legislativa, a esta etapa inicial do processamento.(...)"* julg. em 16.17. e 18.12.2015. Rel. Min. Edson Fachin. Aqui o STF decidiu conforme a ADPF nº 378: "*concessão parcial para declarar constitucionalmente legítima a aplicação analógica dos* ***arts. 44, 45, 46, 47, 48 e 49 da Lei nº 1.079/1950, os quais determinam o rito do processo de impeachment contra Ministros do STF e PGR ao processamento no Senado Federal de crime de responsabilidade contra Presidente da República,*** *denegando-se o pedido de aplicação do quórum de 2/3 do Plenário do Senado para confirmar a instauração do processo(...)".*

103. Temos ainda que, conforme o **art. 86 § 2º da CR/88**: Se, decorrido o prazo de **180 (cento e oitenta) dias**, o julgamento **não estiver concluído**, ***cessará o afastamento do Presidente***, sem prejuízo do regular prosseguimento do processo.

probatória. O interrogatório do acusado, instrumento de autodefesa que densifica as garantias do contraditório e da ampla defesa, deve ser o último ato de instrução do processo de impeachment. Ocorre aqui a aplicação analógica da interpretação conferida pelo Supremo Tribunal Federal ao rito das ações penais originárias.[104]

O **Presidente do STF** conduzirá o julgamento. A condenação do Presidente da República exigirá um quórum de 2/3 dos Senadores (54 Senadores votando a favor da condenação).[105] Nesse momento vamos analisar o "caso Collor" e o "caso Dilma" e as respectivas decisões do Senado:

1) O Senado, no "Caso Collor", decidiu que as penas previstas no § único do art. 52 da CR/88 (perda do cargo, com inabilitação, por oito anos, para o exercício de funções públicas) não eram uma principal (perda do cargo) e outra acessória (inabilitação para o exercício de funções públicas por 8 anos). Portanto, entendeu o Senado que as duas penas seriam **independentes e ambas principais**. Com isso, o ex-presidente Collor, que havia renunciado e propunha a perda de objeto do processo de crime de responsabilidade em virtude da renúncia, foi condenado à **inabilitação para o exercício de funções públicas por 8 anos** por 2/3 dos Senadores.[106]

É importante salientar, que a renúncia do Presidente Collor não teve êxito no que tange a pena de **inabilitação para o exercício de funções públicas**, na medida em que o **processo** já havia se **iniciado** e já estávamos **no julgamento**, quando a tese foi analisada pelo próprio Senado (órgão julgador).

Porém, atualmente, entendemos que essa discussão (aventada no ***caso Collor***) sequer teria suporte jurídico em relação ao tema das **inelegibilidades**. Certo é que, no que tange a **possibilidade** de **concorrer para o exercício de mandato público**

---

104. ADPF nº 378, pleno do STF, julg. em 16.17. e 18.12.2015. Rel. Min. Edson Fachin.

105. Certo é que para boa parte da doutrina, o julgamento no Senado é de natureza política. Embora existam autores que defendam a tese de que a natureza é jurídica, ou mesmo, para outros jurídico-política (essa é intitulada de corrente mista, pois defende, pelo menos, um suporte jurídico mínimo para decisão).

106. Nesses termos, foi a **Resolução nº 101/1992** do **Senado Federal**: art. 1º *É considerado prejudicado o pedido de aplicação da sanção de perda de cargo de Presidente da República, em virtude da renúncia ao mandato apresentada pelo Sr. Fernando Affonso Collor de Mello e formalizada perante o Congresso Nacional, ficando extinto nessa parte. Art. 2º É julgada procedente a denúncia por crime de responsabilidade, previstos nos art. 85, incs. IV e V da CG, e arts. 8º, item 7, e 9º, item 7 da Lei 1079, de 10-04-50. art. 3º Em conseqüência do disposto no artigo anterior é imposta ao Sr. Fernando Affonso Collor de Mello, nos termos do art. 52, parágrafo único, da CR, a sanção de inabilitação, por 8 anos, para o exercício de função pública, sem prejuízo das demais sanções judiciais cabíveis. Art. 4º Esta Resolução entre em vigor na data de sua publicação. DCN 30-12-92.* Contra a decisão do Senado o Ex-presidente impetrou mandado de segurança no STF (MS 21689) sob o fundamento de que a renúncia deveria ter o condão de extinguir o processo por perda de objeto. O STF decidiu que a renúncia ao cargo que fora apresentada na sessão de julgamento (já iniciado) não teria o condão de paralisar o processo de impeachment. Além disso, o STF se posicionou pela impossibilidade de alteração (reforma) da decisão do Senado em processo de crime de responsabilidade do Presidente da República. Aqui temos que o STF não pode adentrar no mérito da decisão do Senado, mesmo porque ele (STF) por dicção constitucional não é instância reformadora da decisão emanada pelo Senado (que no caso e instancia originária e única). Porém, devemos deixar assente que o STF obviamente pode sim adentrar nos pressupostos de legalidade (aspectos procedimentais) da medida que é tomada pelo Senado. Ou seja, entendemos que se a decisão do Senado desrespeitar o contraditório, a ampla defesa e o devido processo legal, deve ser passível de controle pelo STF.

eletivo, temos que a **Lei Complementar nº 135/2010** referente às inelegibilidades infraconstitucionais (impedimentos à capacidade eleitoral passiva) determinou no art. 1º, I alínea K que o **Presidente da República** ficará **inelegível** se ***renunciar*** *a seu mandato desde o oferecimento de representação ou petição capaz de autorizar a abertura de processo por infringência a dispositivo da Constituição Federal,* para as eleições que se realizarem durante o **período remanescente do mandato** para o qual foi eleito e *nos* ***8 (oito) anos subsequentes ao término da legislatura.***

2) No dia 31.08.2016 o Senado da República sob a condução do Presidente do STF, julgou o processo de crime de responsabilidade (*impeachment*) da então Presidente Dilma. Segundo o rito que estava previsto e havia sido aprovado, os Senadores iriam votar apenas uma vez, decidindo se a Presidente Dilma era culpada ou não do crime de responsabilidade. Se julgada culpada, receberia as duas sanções estipuladas no art. 52 da CR/88, conforme já citadas: a) perda do cargo; e b) inabilitação para o exercício de funções públicas por oito anos. Porém, no início da sessão, o Partido dos Trabalhadores, representado pelo Senador Humberto Costa, formulou requerimento ao Presidente do STF (que presidia o processo de impeachment) pedindo que o julgamento de Dilma fosse dividido em duas etapas: 1ª) Uma primeira votação, na qual os Senadores decidiriam se Dilma deveria ou não perder o cargo; 2ª) Em seguida, caso ela perdesse o cargo, os Senadores votariam se ela deveria ficar inabilitada para o exercício das funções públicas por oito anos.

O fundamento para a divisão dos julgamentos foi baseado na tese (já citada no caso Collor) de que a perda do cargo e a inabilitação constituem-se em penas autônomas. Nesse sentido, foi levantada a tese de que seriam necessárias duas votações, uma para o julgamento da primeira sanção e outra votação para a segunda sanção.

O Presidente do STF, Ricardo Lewandowski, que conduzia os trabalhos, aceitou o requerimento e foram realizadas duas votações: Na primeira, Dilma foi condenada a perder o cargo de Presidente da República. Com isso, os Senadores votaram no sentido de aplicar a primeira sanção. Foram 61 votos sim e 20 votos não para o impeachment.

Já na segunda votação, os Senadores decidiram que Dilma não deveria ficar inabilitada para o exercício de funções públicas por oito anos. Assim sendo, os Senadores votaram no sentido de não aplicar a segunda sanção. Foram 42 votos sim (pela aplicação da sanção), 36 votos não e 3 abstenções. Com isso não foi alcançado o quórum necessário de 2/3 dos Senadores, ou seja, no mínimo, 54 votos.

Certo é que o Senado, em nosso entendimento, fatiou de forma totalmente inadequada, irresponsável e inconstitucional o § único do art. 52 da CR/88. A Constituição de 1988 não admite que um Presidente da República seja condenado por crime de responsabilidade e receba como punição a perda do cargo (*impeachment*), mas fique livre da segunda sanção (inabilitação para o exercício de funções públicas por oito anos). Não há dúvida, como diria Friedrich Müller, que *o texto da norma não é a norma, sendo a norma* o resultado de um processo de concretização (nas palavras de Müller, o texto da norma é apenas a ponta de um iceberg). Porém, não é *porque o texto da norma não é a norma que a norma possa ser qualquer coisa*. Sem dúvida, existe um limite semântico que deve ser respeitado.

Nesse sentido, o § único do art. 52 da CR/88 é explícito ao dizer que, no caso de crime de responsabilidade praticado pelo Presidente da República, a condenação imposta será "à perda do cargo, com inabilitação, por oito anos, para o exercício de função pública". A expressão "perda do cargo, com inabilitação" transmite a ideia de cumulação (e não de alternatividade ou escolha).

E aqui não há que se ter como paralelo o "caso Collor" (acima trabalhado). O argumento de que as penas são autônomas como decidido no caso Collor não serve para a interpretação feita pelo Senado no "caso Dilma". Certo é que Collor renunciou (por vontade própria) e, portanto, à época não poderia ser condenado à perda do cargo (*impeachment*) justamente pela renúncia (a votação sobre a pena de perda do cargo ficou *prejudicada por perda de objeto*). Assim sendo, pela decisão do Senado de que as penas seriam autônomas o julgamento continuou e ele foi condenado, como já citado, a inabilitação para o exercício de funções públicas por oito anos. No "caso Dilma" não houve renúncia por parte da então Presidente Dilma e no julgamento ela foi condenada por crime de responsabilidade e de "forma surreal" foi absolvida da inabilitação para o exercício de funções públicas por oito anos.

É interessante inclusive lembrar aqui que após a decisão do "caso Collor", o ex-presidente impetrou mandado de segurança no STF questionando a decisão do Senado. O Ministro Carlos Velloso[107], em seu voto como relator, afirmou expressamente que as penas eram autônomas, mas disse também que pena da perda do cargo deveria ser aplicada cumulativamente com a pena de inabilitação. Nesses termos, restou explícito na decisão do STF que a sanção de perda do cargo e a pena de inabilitação são autônomas, mas são também, por óbvio, cumulativas, ou seja, ambas devem ser aplicadas (Não se tratam de penas alternativas). Portanto, existe no STF um precedente contrário ao posicionamento do Senado no "caso Dilma".[108]

---

107. *A preposição com, utilizada no parág. único do art. 52, acima transcrito, ao contrário do conectivo e, do § 3º, do art. 33, da CF/1891, não autoriza a interpretação no sentido de que se tem, apenas, enumeração das penas que poderiam ser aplicadas. Implica, sim, a interpretação no sentido de que ambas as penas deverão ser aplicadas. É que a preposição com opõe-se à preposição sem (v. Caldas Aulete, 'Dicionário Contemporâneo da Língua Portuguesa', 5ª ed., 1964, II/856, V/3688). No sistema da Constituição de 1891, art. 33, § 3º, mais as normas infraconstitucionais indicadas – Lei nº 30, art. 2º, Lei nº 27, artigos 23 e 24 – era possível o raciocínio no sentido de que apenas a aplicação da pena de perda do cargo podia ocorrer, certo que esta poderia ser agravada com a pena de inabilitação. No sistema atual, entretanto, isto não é mais possível: ambas as penas deverão ser aplicadas em razão da condenação. Que condenação? A condenação em qualquer dos crimes de responsabilidade que deram causa à instauração do processo de impeachment." (Min. Rel. Carlos Velloso no MS 21689, julg em 16/12/1993)."*

108. Ementa: *– Constitucional. "impeachment". Controle judicial. "impeachment" do Presidente da República. Pena de inabilitação para o exercício de função pública. C.F, art. 52, parágrafo único. Lei n. 27, de 07.01.1892; Lei n. 30, de 08.01.1892. Lei n. 1.079, de 1950. I. – Controle judicial do "impeachment": possibilidade, desde que se alegue lesão ou ameaça a direito. C.F., art. 5., XXXV. Precedentes do S.T.F.: MS n. 20.941-DF (RTJ 142/88); MS n. 21.564-DF e MS n. 21.623-DF. II. – O "impeachment", no Brasil, a partir da Constituição de 1891, segundo o modelo americano, mas com características que o distinguem deste: no Brasil, ao contrário do que ocorre nos Estados Unidos, lei ordinária definira os crimes de responsabilidade, disciplinara a acusação e estabelecera o processo e o julgamento. III. – Alteração do direito positivo brasileiro: a Lei n. 27, de 1892, art. 3., estabelecia: a) o processo de "impeachment" somente poderia ser intentado durante o período presidencial; b) intentado, cessaria quando o Presidente, por qualquer motivo, deixasse definitivamente o exercício do cargo. A Lei n. 1.079,*

Por último, é importante trazermos a comento uma questão: estaria a ex-presidente Dilma inelegível em virtude da condenação à perda do cargo? A resposta aqui só pode ser negativa. Nesse sentido, ela não está inelegível, não sendo alcançada pela Lei da Ficha Limpa.

Certo é que a LC nº 64/90 alterada pela LC nº 135/2010 (Lei da Ficha Limpa) estabeleceu no seu art. 1º, I *alínea "c"* que são inelegíveis para qualquer cargo o Governador e o Vice-Governador de Estado e do Distrito Federal e o Prefeito e o Vice-Prefeito que perderem seus cargos eletivos por infringência a dispositivo da Constituição Estadual, da Lei Orgânica do Distrito Federal ou da Lei Orgânica do Município, para as eleições que se realizarem durante o período remanescente e nos 8 (oito) anos subsequentes ao término do mandato para o qual tenham sido eleitos. Observamos aqui que a LC nº 64/90 (alterada pela LC nº 135/2010) não faz referência ao Presidente da República nessa inelegibilidade que alcança os Governadores e Prefeitos, mas não o Presidente da República.

Aqui temos mais uma situação bizarra, pois se a ex-presidente Dilma tivesse renunciado ao cargo ela seria alcançada pela LC nº 64/90 (alterada pela LC nº 135/2010 – Lei da Ficha Limpa), nos termos do já citado art. 1, I, *alínea k* (São Inelegíveis: o *Presidente da República, o Governador de Estado e do Distrito Federal, o Prefeito, os membros do Congresso Nacional, das Assembleias Legislativas, da Câmara Legislativa, das Câmaras Municipais, que renunciarem a seus mandatos desde o oferecimento de representação ou petição capaz de autorizar a abertura de processo por infringência a dispositivo da Constituição Federal, da Constituição Estadual, da Lei Orgânica do Distrito Federal ou da Lei Orgânica do Município, para as eleições que se realizarem durante o período remanescente do mandato para o qual foram eleitos e nos 8 (oito) anos subsequentes ao término da legislatura*), o que não ocorreu.

Portanto, com a renúncia e ***sem ser condenada*** ela ficaria inelegível pelo tempo determinado na norma acima citada. Porém, ***condenada*** a perda do cargo, ou seja, tendo sofrido o impeachment, ela ***não está inabilitada*** para concorrer em eleições

---

*de 1950, estabelece, apenas, no seu art. 15, que a denúncia só poderá ser recebida enquanto o denunciado não tiver, por qualquer motivo, deixado definitivamente o cargo. IV. – No sistema do direito anterior a Lei 1.079, de 1950, isto e, no sistema das Leis n.s 27 e 30, de 1892, era possível a aplicação tão somente da pena de perda do cargo, podendo esta ser agravada com a pena de inabilitação para exercer qualquer outro cargo (CF de 1891, art. 33, par. 3.; Lei n. 30, de 1892, art. 2.), emprestando-se a pena de inabilitação o caráter de pena acessória (Lei n. 27, de 1892, artigos 23 e 24). **No sistema atual, da Lei 1.079, de 1950, não e possível a aplicação da pena de perda do cargo, apenas, nem a pena de inabilitação assume caráter de acessoriedade** (C.F., 1934, art. 58, par. 7.; C.F., 1946, art. 62, par. 3. C.F., 1967, art. 44, parag. único; EC n. 1/69, art. 42, parágrafo único; C.F., 1988, art. 52, parag. único. Lei n. 1.079, de 1950, artigos 2., 31, 33 e 34). V. – A existência, no "impeachment" brasileiro, segundo a Constituição e o direito comum (C.F., 1988, art. 52, parag. único; Lei n. 1.079, de 1950, artigos 2., 33 e 34), de duas penas: a) perda do cargo; b) inabilitação, por oito anos, para o exercício de função pública. VI. – A renúncia ao cargo, apresentada na sessão de julgamento, quando já iniciado este, não paralisa o processo de "impeachment". VII. – Os princípios constitucionais da impessoalidade e da moralidade administrativa (C.F., art. 37). VIII. – A jurisprudência do Supremo Tribunal Federal relativamente aos crimes de responsabilidade dos Prefeitos Municipais, na forma do Decreto-lei 201, de 27.02.1967. Apresentada a denúncia, estando o Prefeito no exercício do cargo, prosseguirá a ação penal, mesmo após o término do mandato, ou deixando o Prefeito, por qualquer motivo, o exercício do cargo. IX. – Mandado de segurança indeferido.*

para mandatos políticos eletivos. Com isso ela é elegível e continua dotada de capacidade eleitoral passiva.

É interessante nesse momento refletirmos sobre o porquê do cargo de Presidente não estar previsto no art. 1, I, alínea "c", LC nº 64/90 (alterada pela LC nº 135/2010). Sem dúvida, não foi um mero lapso. O fundamento para tal situação é que o legislador entendeu que isso seria totalmente dispensável. No entendimento até então pacífico a inabilitação para o exercício das funções públicas era uma pena obrigatoriamente imposta caso o pedido de impeachment fosse julgado procedente, com base no art. 52, § único da CR/88. Não haveria motivo para não ser assim.

Nesses termos, para o legislador pátrio, seria até mesmo redundante repetir um texto normativo que já se encontrava na CR/88. Tanto isso é verdade que o legislador teve o cuidado de prever que, se o Presidente renunciasse ao mandato no curso do processo de impeachment, como fez Collor, por exemplo, ele deveria ficar inelegível por oito anos (art. 1º, I, "k", da LC 64/90). É interessante que conforme citado aqui essa norma não existia à época. A conclusão é justamente a de que o legislador se preocupou apenas com aquilo que não estava previsto expressamente na CR/88, ou seja, a hipótese de o Presidente renunciar durante o curso do mandato. Certo é que se o Presidente fosse condenado no processo de impeachment, a inelegibilidade já seria uma decorrência lógica do art. 52, § único, da CR/88. Aqui, seria um contrassenso que a renúncia no curso do processo de impeachment ocasionasse a inelegibilidade pelo tempo restante daquele mandato e ainda por mais para oito anos, mas condenação no mesmo processo (situação bem mais grave) não fosse causa de inelegibilidade. Bom, mas o fato é que esse contrassenso até então impensável ocorreu com a decisão do Senado de 31.08.2016.[109]

Na sequência, em resumo, trazemos os procedimentos que devem ser os adotados na Câmara dos Deputados e, mais especificamente no Senado Federal, conforme a decisão do STF na ADPF n° 378 (que reiterou o rito ocorrido no caso do processo de crime de responsabilidade de Collor em 1992)

109. No mesmo sentido, Márcio André Lopes Cavalcante. Aqui temos ainda para o autor as hipóteses possíveis de decisão do STF sobre o tema, com as quais também concordamos: *1) o STF poderá considerar que o procedimento adotado pelo Senado de dividir a votação em duas partes foi correto. Nesta hipótese, nada muda. 2) o STF poderá considerar que o procedimento do Senado não foi correto e violou o art. 52, parágrafo único, da CF/88 considerando que ela impõe duas penas cumulativas. Adotando-se esta segunda opção, o que o STF irá fazer com a decisão do Senado? 2.1) Poderá declarar que a ex-Presidente, além de ter perdido o cargo, está inabilitada, por oito anos, para o exercício de função pública. Isso porque o Senado, ao reconhecer que Dilma praticou crime de responsabilidade, impôs a ela as sanções que estão previstas expressamente no art. 52, parágrafo único, da CF/88. Tais sanções são automáticas e decorrem do reconhecimento da procedência do processo de impeachment. 2.2) Poderá declarar que a votação, na forma como realizada, ou seja, em duas etapas foi nula, por violação ao art. 52, parágrafo único, da CF/88. Como decorrência dessa nulidade, o STF poderá determinar a realização de nova sessão para votar o impeachment com a aplicação de ambas as sanções. O argumento para se adotar esta solução está no fato de que alguns Senadores poderiam alegar que desejavam condenar Dilma apenas a uma das penas e, se tivessem que puni-la pelas duas sanções, prefeririam absolvê-la. Em outras palavras, poder-se-ia argumentar que, se os Senadores soubessem que iria ser apenas uma única votação, a decisão quanto à primeira (perda do cargo) poderia ter tido um resultado diferente.*

CÂMARA DOS DEPUTADOS (FASE DE JUÍZO DE ADMISSIBILIDADE)

1) O Presidente da Câmara admite ou não o prosseguimento da denúncia.

2) Não há direito à defesa prévia antes do recebimento da denúncia pelo Presidente da Câmara, ou seja, não é necessário ouvir antes o Presidente da República que estiver sendo denunciado.

3) Do despacho do Presidente que indeferir o recebimento da denúncia, caberá recurso ao Plenário (art. 218, § 3º, do RICD).

4) Caso seja admitido o prosseguimento da denúncia, deverá ser constituída comissão especial formada por Deputados Federais para análise do pedido e elaboração de parecer.

5) A eleição dos membros da comissão deverá ser aberta e não pode haver candidatura alternativa (avulsa). A comissão é escolhida a partir de uma chapa única com nomes indicados pelos líderes partidários. A votação aberta será apenas para que o Plenário da Casa aprove ou não a chapa única que foi apresentada.

6) O Presidente denunciado deverá ter direito à defesa no rito da Câmara dos Deputados. Assim, depois que houver o recebimento da denúncia, o Presidente da República será notificado para manifestar-se, querendo, no prazo de dez sessões.

7) Não deve haver grande dilação probatória na Câmara dos Deputados (o rito é abreviado). A comissão pode pedir a realização de diligências, mas estas devem ser unicamente para esclarecer alguns pontos da denúncia, não podendo ser feitas para provar a procedência ou improcedência da acusação. Isso porque o papel da Câmara não é reunir provas sobre o mérito da acusação, mas apenas o de autorizar ou não o prosseguimento. Quem irá realizar ampla dilação probatória é o Senado;

8) O Plenário da Câmara deverá decidir em votação aberta se autoriza a abertura do processo de impeachment por 2/3 dos votos.

9) O processo é, então, remetido ao Senado.

SENADO FEDERAL (PROCESSAMENTO E JULGAMENTO)

1. O Senado recebeu a resolução da Câmara dos Deputados que autoriza a abertura do processo

2. Fez a leitura da denúncia popular e da autorização dada pela Câmara dos Deputados no expediente da sessão seguinte

3. Encaminhamento dos documentos a uma Comissão Especial, que deverá ser criada para análise do processo. A comissão deve obedecer ao princípio da proporcionalidade partidária em sua composição

4. Após criada, a Comissão Especial deve se reunir no prazo de 48 horas e eleger seu presidente e relator

5. Parecer da Comissão Especial, a ser emitido no prazo de dez dias, sobre a admissão, ou não, da denúncia

6. Leitura do parecer da comissão em sessão do Senado e publicação do documento no Diário do Congresso Nacional e em material avulso, que será distribuído entre os senadores

7. Inclusão do parecer na ordem do dia da sessão seguinte

8. Discussão e votação nominal do parecer, pelo Plenário do Senado, em um só turno. Se rejeitado, o processo é arquivado e, se aprovado, por maioria simples de votos, a denúncia segue para debate

9. A presidência do Senado é transmitida ao presidente do Supremo Tribunal Federal (STF)

10. Se a denúncia for considerada objeto de debate, o denunciado (o presidente) é notificado para, no prazo de vinte dias, responder à acusação. Neste momento o processo de impeachment é formalmente instaurado e o presidente é afastado de suas funções por 180 dias.

11. Interrogatório do denunciado pela Comissão. O presidente pode não comparecer ou de não responder às perguntas formuladas

12. Instrução probatória (fase do processo em que se colhe e produz provas) perante a Comissão Especial, com observância do princípio do contraditório. Há a possibilidade de intervenção processual dos denunciantes e do denunciado

13. Possibilidade de oferecimento de alegações finais escritas pelos denunciantes e pelo denunciado. Prazo: quinze dias

14. Parecer da Comissão Especial, a ser emitido no prazo de dez dias, sobre a procedência ou não da acusação. Publicação e distribuição do parecer, com todas as peças que o instruíram, aos senadores. Inclusão do parecer na ordem do dia, dentro de 48 horas, no mínimo, a contar de sua distribuição

15. Discussão e votação nominal do parecer, pelo Plenário do Senado, em um só turno. Se o Senado entender que não procede a acusação, o processo será arquivado. Se o parecer for aprovado, por maioria simples, a acusação é considerada procedente

16. O presidente da República os denunciantes são notificados da decisão

17. Cabe recurso para o presidente do Supremo Tribunal Federal contra deliberações da Comissão Especial em qualquer fase do procedimento. Prazo de interposição, com oferecimento das razões recursais: cinco dias

Fase de julgamento

18. Intimação dos denunciantes da deliberação plenária do Senado. Vista do processo, na Secretaria do Senado, para oferecimento, em 48 horas, do libelo acusatório e da lista de testemunhas

19. Abertura de vista ao denunciado, ou ao seu defensor, para oferecer, em 48 horas, a contrariedade ao libelo e lista de testemunhas

20. Encaminhamento dos autos ao presidente do STF que vai designar data para o julgamento, notificando os denunciantes e o denunciado. Intimação das testemunhas. Intervalo mínimo de dez dias entre a notificação e o julgamento

21. Abertura da sessão de julgamento, sendo chamadas as partes, que poderão comparecer pessoalmente ou por intermédio de seus procuradores.

22. Da sessão de Julgamento, presidida pelo presidente do STF, participarão, como juízes, todos os senadores presentes, com exceção dos que incidirem nas situações de incompatibilidade de natureza jurídico-processual

23. Leitura dos autos do processo. Interrogatório das testemunhas. Possibilidade de contradita, de reinquirição e de acareação das testemunhas, por iniciativa dos denunciantes e do denunciado. Os senadores poderão formular perguntas às testemunhas, sempre por intermédio do presidente do STF

24. Terminada o interrogatório, serão feitos os debates orais, sendo facultadas a réplica e a tréplica entre os denunciantes e o denunciado, pelo prazo que o Presidente do STF estipular.

25. Concluídos os debates, retiram-se as partes do recinto da sessão. Discussão única entre os senadores sobre o objeto da acusação

26. O presidente do STF relata o processo, mediante exposição resumida dos fundamentos da acusação e da defesa, bem assim como indicação dos respectivos elementos de prova

27. Julgamento, em votação nominal, pelos senadores desimpedidos

28. Lavratura da sentença pelo presidente do STF, que será assinada por ele e pelos senadores que tiverem participado do julgamento. Transcrição dessa resolução do Senado em ata e publicação desta no Diário Oficial e no Diário do Congresso Nacional

29. Anúncio imediato da sentença ao denunciado

30. Encerramento do processo[110]

Anexo I – *Impeachment: Dilma*

	Argumentos a favor do *impeachment*	Argumentos contra o *impeachment*
Da Natureza do Crime de *Impeachment*	De acordo com o entendimento prolatado no Relatório da Comissão Especial de *Impeachment* do Senado, o crime de responsabilidade não poderia ter natureza penal porque, em primeiro lugar, inexistiriam sanções características às infrações penais nos crimes de responsabilidade e, em segundo lugar, conforme art. 3º da Lei nº 1.079/50, não há *bis in idem* na condenação por crime de responsabilidade e por crime comum no mesmo caso. Na realidade, o crime de responsabilidade seria eminentemente político, questão evidenciada por duas principais questões, a saber:	**1. Natureza Penal.** Aqueles que defendem a natureza penal dos crimes de responsabilidade o fazem com base em três principais argumentos: i) primeiramente, pela nomenclatura utilizada, isto é, trata-se de *crime* de responsabilidade; ii) em segundo lugar, considerando o entendimento do STF prolatado no Enunciado nº 722, no qual julgou inconstitucional lei estadual que dispunha sobre crime de responsabilidade, fundamentando a declaração no argumento que seria *matéria penal* e que, portanto, seria de competência privativa da União; e iii) finalmente, em razão do art. 38

110. Conforme o ***Diário Oficial da União*** de **08.10.1992.** No rito do processo estabelecido em 1992 (acima citado), foram colocadas ainda algumas notas. Entre os pontos está que a exigência constitucional de dois terços da totalidade dos Senadores limita-se, exclusivamente, à hipótese do Senado condenar o presidente da República. "As demais deliberações do Senado serão tomadas por maioria simples", diz o texto do rito. As notas também informam que o presidente do STF funciona como presidente do Senado ao longo de todo o processo e julgamento (aqui interpretamos que ele conduz o julgamento). "Com relação ao presidente do STF, o texto diz que ele "não discute, não vota e nem julga". Segundo o rito de 1992, ao presidente do STF cabe somente "exercer a presidência do processo de impeachment do Chefe de Estado". As notas trazem ainda que caso os denunciantes não compareçam, "não implicará o adiamento dessa sessão do Senado".

	Argumentos a favor do *impeachment*	Argumentos contra o *impeachment*
Da Natureza do Crime de *Impeachment*	i) o desligamento da autoridade do cargo importaria na não instauração do processo e; ii) não cabe recurso ao Poder Judiciário que pretenda revisar o mérito da decisão final do Senado. Entende, portanto, que seria sua **natureza jurídico-constitucional**, sendo que não se julgaria a pessoa, mas o desempenho da função pública, em termos de responsabilidade administrativo-política, de tal maneira que não se poderia "exigir de um julgamento político a identidade de questões técnicas ou garantias próprias de um processo penal.".[111]	da Lei de *Impeachment*, que prevê a aplicação subsidiária do Código de Processo Penal. Dessa maneira, o reconhecimento da natureza penal do instituto importaria na necessária aplicação da teoria do crime e da dogmática penal, o que acarretaria na inexistência de "crime por analogia e, por conseguinte, levaria à impossibilidade de punição por "crime de responsabilidade" de conduta não prevista expressamente pela lei.[112] É interessante que nesse ponto Juarez Tavares e Geraldo Prado em parecer exarado em 2015 sustentam que os crimes de responsabilidade e o processo de *impeachment* possuem natureza penal. Segundo eles, o direito administrativo sancionador divide as infrações entre: *infrações tipicamente administrativas* que são destinadas a funcionários públicos em geral; e *crimes de responsabilidade* que são destinados a agentes políticos e, esses devem prescrever normas proibitivas e de caráter penal. Portanto os crimes de responsabilidade não podem ser concebidos como infrações administrativas abertas (a defesa é a de que o efeito do direito administrativo sancionador pode causar sérias rupturas na vontade popular). Sendo assim, os autores classificam os crimes de responsabilidade como espécies de infrações de ordem pública. Por isso, entendem que deve haver a exigência dos critérios e princípios de direito penal em decorrência dos graves prejuízos que podem provocar. A conclusão é a de que os crimes de responsabilidade devem se ater ao

111. SENADO FEDERAL. Parecer referente à admissibilidade da DEN n. 01/2016. Comissão Especial de Impeachment, Rel. Senador Antônio Anastasia, 2016, p. 13. Disponível em: <http://www12.senado.leg.br/noticias/arquivos/2016/05/04/veja-aqui-a-integra-do-parecer-do-senador-antonio-anastasia>.

112. Cf. BAHIA, Alexandre Gustavo Melo Franco; OLIVEIRA, Marcelo Andrade Cattoni de; VECCHIATTI, Paulo Roberto Iotti. Supremo Tribunal Federal deve barrar ou nulificar impeachment sem crime de responsabilidade. Empório do Direito [Domínio Eletrônico], mar. 2016. Disponível em: <http://emporiododireito.com.br/supremo-tribunal-federal-deve-barrar/>.

	Argumentos a favor do *impeachment*	Argumentos contra o *impeachment*
Da Natureza do Crime de *Impeachment*		***princípio da legalidade bem como a estrita legalidade, taxatividade, proibição de analogia e da retroatividade.*** Defendem assim que são crimes e não infrações disciplinares ou infrações administrativas existindo a necessidade de elementos que configurem o injusto penal (tipicidade e antijuridicidade) e a culpabilidade[113]. Já Marcelo Neves (2015) entende que os crimes de responsabilidade se alocam em uma conjunção entre o direito político e o direito penal. Aqui teríamos uma área de interseção entre o direito político e o direito penal. A defesa aqui é a de que essa natureza híbrida seria necessária para evitar que o chefe do executivo fique ao alvedrio de maiorias ocasionais (bem como a rejeições populares ocasionais).[114] **2. Natureza político-administrativa.** De acordo com a defesa apresentada pela Presidente da República perante a Câmara dos Deputados, os crimes de responsabilidade seriam "infrações político-administrativas suscetíveis de serem praticadas por determinados agentes políticos em razão dos cargos públicos que ocupam".[115] Essa natureza híbrida se daria em razão de o crime de responsabilidade englobar, por um lado, certas características dos crimes comuns – como a necessidade de observância ao devido processo legal e a necessidade de previsão legal anterior e taxativa da conduta ilícita – e, por outro, certas características das infrações tipicamente administrativas – a saber, "a subordinação aos preceitos da Administração Pública e à ideia de sanção ao agente político que tenha cometido um ato grave para a manutenção

113. TAVARES, Juarez, PRADO, Geraldo Parecer *pro bono* Contrário ao *impeachment*, 08.12.2015.

114. NEVES, Marcelo da Costa Pinto. Parecer. Portal Vermelho [Domínio Eletrônico], dez. 2015. Disponível em: <http://www.vermelho.org.br/noticia/273806-1>.

115. ADVOCACIA-GERAL DA UNIÃO. Manifestação a respeito da Denúncia por Crime de Responsabilidade n. 01/2015. Informações n. 01/2016, Interessado: Câmara dos Deputados, 2016, p. 71-72. Disponível em: <http://estaticog1.globo.com/2016/04/04/Manifestacao-da-Denunciada.PDF>.

	Argumentos a favor do *impeachment*	Argumentos contra o *impeachment*
Da Natureza do Crime de *Impeachment*		da estabilidade do próprio Estado ou da ordem jurídica.".[116] Em contrapartida, existem diversos argumentos contrários à tese de que as chamadas pedaladas fiscais constituiriam crime de responsabilidade.
Das Pedaladas Fiscais[117]	**1.** Os defensores da tese de que as pedaladas constituem crime de responsabilidade alegam que a medida se traduz, na verdade, em operação de crédito entre a União e os bancos federais, o que seria vedado pela Lei Complementar nº 101/2000 (Lei de Responsabilidade Fiscal – LRF). Na verdade, a denúncia parte da premissa, à luz do parecer do TCU que recomendou a rejeição das contas da Presidente da República em 2014, de que o adiantamento dos recursos para pagamento dos benefícios sociais pelos bancos e o atraso no repasse desses pelo Governo teriam feito com que as instituições financeiras em questão tivessem passado a deter um ativo financeiro contra a União – o que equivaleria a uma operação de crédito, vedada pelo artigo 36 da LRF.[118] **2.** É importante que se destaque, na esteira do que defendeu o Senador Anastasia[119] no Relatório da Comissão	**1.** Primeiramente, na esteira do que defende Ricardo Lodi Ribeiro[120], as pedaladas não poderiam, à luz do Direito Financeiro, ser consideradas operações de crédito, uma vez que a caracterização dessas estaria sujeita à presença de certos requisitos (prévia autorização orçamentária, necessidade de lei específica e autorização do Senado Federal). Dessa maneira, as pedaladas constituiriam apenas uma forma de inadimplemento contratual – e "não se pode confundir operação de crédito com o surgimento de um crédito em decorrência de um inadimplemento contratual"[121] –, pelo qual a União precisa responder, ainda que seja controladora das Instituições Financeiras com as quais contrata. Por conseguinte, não haveria que se falar no regramento jurídico das operações de crédito, inclusive na vedação do art. 36 da LRF. **2.** Em segundo lugar, a tipologia constitucional estrita característica aos crimes de responsabilidade não

116. ADVOCACIA-GERAL DA UNIÃO. Manifestação a respeito da Denúncia por Crime de Responsabilidade n. 01/2015. Informações n. 01/2016, Interessado: Câmara dos Deputados, 2016, p. 73. Disponível em: <http://estaticog1.globo.com/2016/04/04/Manifestacao-da-Denunciada.PDF>.
117. No que diz respeito ao conceito de "pedaladas fiscais", ressalta-se que essas são possíveis atrasos nos repasses de recursos do Tesouro Nacional aos Bancos Públicos (Banco do Brasil, Caixa Econômica Federal e BNDES) para que esses paguem os benefícios sociais necessários (p. ex.: Bolsa-Família, Seguro Desemprego etc.). Como as mencionadas Instituições Financeiras pagam os benefícios dentro do prazo, o atraso no repasse dos recursos a elas gera contratualmente o pagamento de juros.
118. BICUDO, Hélio Pereira; REALE JÚNIOR, Miguel; PASCHOAL, Janaína Conceição; PEREIRA, Flávio Henrique Costa. Denúncia. Denunciada: Presidente Dilma Rousseff, 2015. Disponível em: <http://estaticog1.globo.com/2016/04/05/Pedido_de_impeachment.pdf>.
119. SENADO FEDERAL. Parecer referente à admissibilidade da DEN n. 01/2016. Comissão Especial de Impeachment, Rel. Senador Antônio Anastasia, 2016. Disponível em: <http://www12.senado.leg.br/noticias/arquivos/2016/05/04/veja-aqui-a-integra-do-parecer-do-senador-antonio-anastasia>.
120. RIBEIRO, Ricardo Lodi. Parecer: Pedido de Impeachment da Presidente Dilma Rousseff, Aspectos Orçamentários, Normas de Direito Financeiro, Falta de Amparo Jurídico do Pedido. Conjur, 2015, p. 7. Disponível em: <http://s.conjur.com.br/dl/parecer-ricardo-lodi-impeachment-dilma.pdf>.
121. RIBEIRO, Ricardo Lodi. Parecer: Pedido de Impeachment da Presidente Dilma Rousseff, Aspectos Orçamentários, Normas de Direito Financeiro, Falta de Amparo Jurídico do Pedido. Conjur, 2015. Disponível em: <http://s.conjur.com.br/dl/parecer-ricardo-lodi-impeachment-dilma.pdf>.

	Argumentos a favor do *impeachment*	Argumentos contra o *impeachment*
Das Pedaladas Fiscais	de *Impeachment*, que não deve haver limitação à literalidade ou à formalidade da expressão "operação de crédito"; deve-se, na realidade, compreender o significado da norma, à luz das finanças públicas e do direito financeiro. Assim, para o Senador, o art. 36 da LRF visaria impedir o endividamento desenfreado dos entes federativos em relação às Instituições Financeiras por eles controladas, o qual pareceria ser o caso. **3.** Adiciona-se ainda argumento acerca da mudança de tratamento do TCU em relação à aprovação das contas em razão de pedalas fiscais. Não haveria violação do princípio da isonomia porque, na realidade, as condutas da Presidente da República seriam muito diferentes das condutas dos Presidentes anteriores: i) a primeira diferença se dá em termos de valores, haja vista que os valores atrasados por FHC e Lula ficaram na ordem de milhões e os valores atrasados por Dilma superaram os 30 bilhões de reais; ii) a segunda diferença diz respeito à duração do atraso nos repasses, considerando que nos governos anteriores o repasse acontecia alguns dias	permitiria o abarcamento das pedaladas fiscais por violação à lei orçamentária, uma vez que não poderia o legislador ordinário ou o aplicador da norma alargar o sentido da tipificação para incluir também violações à lei de responsabilidade fiscal. Inclusive, nem mesmo a Lei nº 10.028/2000 estabeleceu a violação à Lei Complementar nº 101/2000 como causa ensejadora de *impeachment*. Destacam também que não se poderia enquadrar o atraso no repasse dos recursos para pagamento das subvenções sociais pelos bancos públicos nos itens 6 a 9 do artigo 10 da Lei nº 1.079/50.[122] **3.** A partir da impossibilidade de responsabilização da Presidente da República pelas condutas realizadas no mandato anterior[123], destaca Ricardo Lodi Ribeiro[124] que a mera menção às condutas realizadas em 2015 – tanto na denúncia, quanto na decisão do Presidente da Câmara – não seria suficiente para suportar imputação por crime de responsabilidade, mesmo porque o Relatório do TCU, que fundamentou ambos os documentos mencionados, não faz referência a situações ocorridas em 2015.

122. RIBEIRO, Ricardo Lodi. Parecer: Pedido de Impeachment da Presidente Dilma Rousseff, Aspectos Orçamentários, Normas de Direito Financeiro, Falta de Amparo Jurídico do Pedido. Conjur, 2015. Disponível em: <http://s.conjur.com.br/dl/parecer-ricardo-lodi-impeachment-dilma.pdf>.
123. No que diz respeito à impossibilidade de responsabilização por condutas praticadas no mandato anterior, pertinente destacar, inicialmente, que o § 4º do art. 86 da CR/88 limita o crime de responsabilidade da Presidência da República àqueles atos praticados no exercício de suas funções, ficando o questionamento acerca do exercício das funções em outro mandato. Sobre esse questionamento, salienta Marcelo Neves que o conteúdo do art. 77 da CR/88, interpretado à luz do princípio democrático, é no sentido de que a nova eleição confere um novo título de legitimação ao Presidente, o que impediria a reabertura de discussão sobre prática de crime de responsabilidade em mandato anterior. Isso seria ainda corroborado pelo art. 15 da Lei nº 1.079/1050, interpretado à luz do §4º do art. 86 da CR/88, pelos quais se entende que "a legitimidade que se extrai da nova eleição torna estranhos ao exercício das funções os atos praticados em mandato anterior", sendo irrelevante se são mandatos com intervalo ou sucessivos. Cf. NEVES, Marcelo da Costa Pinto. Parecer. Portal Vermelho [Domínio Eletrônico], dez. 2015, p. 5. Disponível em: <http://www.vermelho.org.br/noticia/273806-1>.
124. RIBEIRO, Ricardo Lodi. Parecer: Pedido de *Impeachment* da Presidente Dilma Rousseff, Aspectos Orçamentários, Normas de Direito Financeiro, Falta de Amparo Jurídico do Pedido. Conjur, 2015. Disponível em: <http://s.conjur.com.br/dl/parecer-ricardo-lodi-impeachment-dilma.pdf>.

	Argumentos a favor do *impeachment*	Argumentos contra o *impeachment*
Das Pedaladas Fiscais	após o aditamento pelas instituições financeiras e no governo Dilma os repasses só aconteceram muitos meses após.	**4.** Inclusive, no que diz respeito ao Relatório do TCU, é importante que se mencione que a reprovação das contas em razão das pedalas fiscais representa um tratamento diferente dado pelo órgão, uma vez que, até então, as pedalas haviam ensejado aprovações das contas com ressalvas e recomendações saneadoras ao Poder Executivo. Esse tratamento diferenciado representa, para Marcelo Neves[125], uma ofensa ao princípio da isonomia, uma vez que a superação do precedente dependeria de um *overruling*, o que não ocorreu, tendo os precedentes sido apenas desconsiderados. E mais: ainda que tivesse ocorrido um *overruling*, ele deveria ser um *prospective overruling*, isto é, uma superação dos precedentes para o futuro, em razão da exigência de segurança jurídica característica ao Estado de Direito. **5.** Ademais, os crimes previstos nos incisos do art. 85 da CR/88 e tipificados na Lei nº 1.079/1950 deveriam ser interpretados à luz do *caput* do art. 85, CR/88, de tal maneira que a simples falha na execução orçamentária, não atentatória à Constituição, ao interesse público e às instituições republicanas, não deveria dar lugar à reprovação das contas. Assim, se as pedalas fiscais não deveriam ser sequer suficientes à reprovação das contas anuais da Presidência, "caracteriza-se ainda mais a insuficiência dessas falhas para justificar a denúncia da Presidente por crime de responsabilidade.".[126] **6.** Finalmente, se fosse admitida a instauração de processo de *impeachment* por conta das pedaladas fiscais, novamente haveria o problema da isonomia e da segurança jurídica, considerando que os Presidentes anteriores incorreram nas mesmas práticas e não foram submetidos a processos de *impeachment* por isso.[127]

125. NEVES, Marcelo da Costa Pinto. Parecer. Portal Vermelho [Domínio Eletrônico], dez. 2015. Disponível em: http://www.vermelho.org.br/noticia/273806-1.
126. NEVES, Marcelo da Costa Pinto. Parecer. Portal Vermelho [Domínio Eletrônico], dez. 2015, p. 31. Disponível em: http://www.vermelho.org.br/noticia/273806-1.
127. NEVES, Marcelo da Costa Pinto. Parecer. Portal Vermelho [Domínio Eletrônico], dez. 2015. Disponível em: http://www.vermelho.org.br/noticia/273806-1.

	Argumentos a favor do *impeachment*	Argumentos contra o *impeachment*
Da Abertura de Créditos Suplementares[128] por Decretos	**1.** Os denunciantes alegam que teriam sido editados em 2014 e 2015 uma série de decretos sem número que resultaram na abertura de créditos suplementares sem autorização do Congresso Nacional, sendo que tais decretos teriam sido publicados após o Tesouro Nacional constatar que as metas estabelecidas na LDO e da LOA não haviam sido cumpridas. A alegação dos que sustentam a caracterização da edição de tais decretos como do crime de responsabilidade se baseia no texto do artigo 4º da Lei nº 12.952/2014 (LOA/2014), que condicionou a autorização para a abertura de créditos suplementares ao atingimento da meta de superávit primário estabelecida para o exercício pela Lei nº 12.919/2013 (LDO/14). O mesmo seria conferido em relação ao exercício de 2015, uma vez que o art. 4º da Lei n. 13.115/2015 (LOA/2015) reproduziria o sentido do art. 4º da LOA/2014. **2.** Na visão dos denunciantes[129], quando da aprovação dos decretos, a meta do superávit primário não vinha sendo atendida, o que teria sido inclusive confessado por meio do PLN n. 36/2014 e do PLN n. 05/2015[130]. Essas condutas	**1.** Os defensores da tese que a abertura de créditos suplementares por decretos não constitui crime de responsabilidade o fazem com base no entendimento de que a meta do superávit primário está intrinsecamente sujeita a revisões, uma vez que as LDOs são aprovadas no exercício anterior ao da execução orçamentária, o que muitas vezes acaba por refletir um cenário econômico distinto daquele vislumbrado pelo legislador, o que condicionaria toda a previsão orçamentária à possibilidade de ajuste com a realidade. **2.** Assim, de acordo com Ricardo Lodi Ribeiro[131], antes da aprovação da lei que altera a meta de resultado primário, seria possível a abertura de créditos suplementares por decreto até o seu implemento, sob pena de "condenar a Administração Pública à meta de superávit prevista em outro cenário, sem que o Poder Legislativo possa apreciar o tema à luz da nova realidade"[132]. Nesse sentido, importante que se mencione que a alteração da meta foi efetivada em 2014[133] e em 2015[134], de tal maneira que não haveria

128. Salienta-se que "os créditos suplementares visam a aumentar as dotações orçamentárias destinadas a determinadas despesas já previstas na LOA, em face da insuficiência dos valores que foram originalmente contemplados.". Cf. RIBEIRO, Ricardo Lodi. Parecer: Pedido de Impeachment da Presidente Dilma Rousseff, Aspectos Orçamentários, Normas de Direito Financeiro, Falta de Amparo Jurídico do Pedido. Conjur, 2015, p. 7. Disponível em: <http://s.conjur.com.br/dl/parecer-ricardo-lodi-impeachment-dilma.pdf>.
129. BICUDO, Hélio Pereira; REALE JÚNIOR, Miguel; PASCHOAL, Janaína Conceição; PEREIRA, Flávio Henrique Costa. Denúncia. Denunciada: Presidente Dilma Rousseff, 2015. Disponível em: <http://estaticog1.globo.com/2016/04/05/Pedido_de_impeachment.pdf>.
130. Para além dos mencionados PLNs, ressaltou o Senador Anastasia que os decretos abertos em 28/08/2015 seriam ainda mais críticos, uma vez que, "pouco antes, o Ministro Relator no TCU das contas presidenciais de 2014, já havia solicitado formalmente, mediante Despacho de 12/08/2015, que o Poder Executivo apresentasse suas contrarrazões referentes à identificação de situações semelhantes, relativas à abertura de créditos suplementares de forma incompatível com a obtenção da meta de resultado primário então vigente, em desacordo com o art. 4º da LOA de 2014.". Cf. SENADO FEDERAL. Parecer referente à admissibilidade da DEN n. 01/2016. Comissão Especial de Impeachment, Rel. Senador Antônio Anastasia, 2016. Disponível em: <http://www12.senado.leg.br/noticias/arquivos/2016/05/04/veja-aqui-a-integra-do-parecer-do-senador-antonio-anastasia>.
131. RIBEIRO, Ricardo Lodi. Parecer: Pedido de Impeachment da Presidente Dilma Rousseff, Aspectos Orçamentários, Normas de Direito Financeiro, Falta de Amparo Jurídico do Pedido. Conjur, 2015. Disponível em: <http://s.conjur.com.br/dl/parecer-ricardo-lodi-impeachment-dilma.pdf>.
132. RIBEIRO, Ricardo Lodi. Parecer: Pedido de Impeachment da Presidente Dilma Rousseff, Aspectos Orçamentários, Normas de Direito Financeiro, Falta de Amparo Jurídico do Pedido. Conjur, 2015, p. 17. Disponível em: <http://s.conjur.com.br/dl/parecer-ricardo-lodi-impeachment-dilma.pdf>.
133. Com a aprovação da Lei nº 12.952/14, que modificou a Lei nº 12.919/13 (LDO/14).
134. O Congresso Nacional aprovou o PLN nº 05/15, que deu origem à Lei nº 13.199, de 03 de dezembro de 2015, que reduziu a meta do resultado primário previsto na Lei nº 13.080/15 (LDO/15).

	Argumentos a favor do *impeachment*	**Argumentos contra o *impeachment***
Da Abertura de Créditos Suplementares por Decretos	representariam infrações claras ao art. 167, V, CR/88, ao art. 4º da LOA/2014 e LOA/2015 e ao art. 9º da LC nº 101/2000, o que perfaria o tipo do art. 10, 4, da Lei nº 1.079/1950, em consonância ao art. 85, VI, da CR/88. **3.** Ademais, estas mesmas condutas importariam crime de responsabilidade sob a égide do art. 10,6, da Lei dos Crimes de Responsabilidade pois a Presidente teria autorizado "a abertura de crédito sem fundamento na lei orçamentária e com inobservância de prescrição legal.".[135] 4. Para o Senador Anastasia, o PLN nº 5/2015 não teria "convalidado" as condutas da Presidente da República, porque esta deveria ter observado as metas vigentes até a aprovação do referido PLN. Se assim não fosse, "estaríamos admitindo que a própria Constituição da República no seu art. 167, V, que exige, de forma expressa, **prévia** autorização legislativa, pudesse ser contrariada por norma infraconstitucional.".[136] Contrariamente ao argumento que o presente processo de *impeachment* se configuraria como um "golpe", o Senador Anastasia apresentou diversos argumentos enquanto relator do Relatório da Comissão Especial de *Impeachment* do Senado:	que se falar em abertura de créditos suplementares sem autorização em 2014 e em 2015 – neste último após a promulgação da Lei nº 13.199/2015. **3.** Vale mencionar que para os Professores Alexandre Gustavo Melo Franco de Moraes Bahia, Marcelo Andrade Cattoni de Oliveira e Paulo Roberto Iotti Vecchiatti**,** o PLN nº 05/2015 teria "recepcionado" os decretos não numerados em questão. Assim, "se o bem jurídico protegido é o respeito à Lei Orçamentária e esta é posteriormente alterada pelo Congresso Nacional, no curso do mesmo exercício financeiro, para ratificar os decretos não numerados que abriram os créditos extraordinários, então temos aqui a ratificação parlamentar e a consequente ratificação da Lei Orçamentária. Se o bem jurídico é a preservação da Lei Orçamentária e se esta posteriormente ratifica os créditos extraordinários anteriormente em desacordo com ela, então a conduta deixou de ser considerada criminosa".[137] **4.** Adicionalmente, destaca Ricardo Lodi Ribeiro que não seria "possível, antes do final do exercício, constatar se os decretos que já abriram créditos suplementares, extrapolam ou não os limites previstos na autorização orçamentária para a abertura de crédito suplementar, uma vez que a autorização para o fazer é subordinada a uma condição resolutória cujo implemento só pode ser auferido no final

135. BICUDO, Hélio Pereira; REALE JÚNIOR, Miguel; PASCHOAL, Janaína Conceição; PEREIRA, Flávio Henrique Costa. Denúncia. Denunciada: Presidente Dilma Rousseff, 2015. Disponível em: <http://estaticog1.globo.com/2016/04/05/Pedido_de_impeachment.pdf>.
136. SENADO FEDERAL. Parecer referente à admissibilidade da DEN n. 01/2016. Comissão Especial de Impeachment, Rel. Senador Antônio Anastasia, 2016, p. 118-119, grifo do autor. Disponível em: <http://www12.senado.leg.br/noticias/arquivos/2016/05/04/veja-aqui-a-integra-do-parecer-do-senador-antonio-anastasia>.
137. BAHIA, Alexandre Gustavo Melo Franco; OLIVEIRA, Marcelo Andrade Cattoni de; VECCHIATTI, Paulo Roberto Iotti. Supremo Tribunal Federal deve barrar ou nulificar *impeachment* sem crime de responsabilidade. Empório do Direito [Domínio Eletrônico], mar. 2016. Disponível em: <http://emporiododireito.com.br/supremo-tribunal-federal-deve-barrar/>.

	Argumentos a favor do *impeachment*	Argumentos contra o *impeachment*
Da Abertura de Créditos Suplementares por Decretos		do exercício".[138] Dessa maneira, não haveria que se cogitar em abertura de créditos suplementares sem autorização legal, pois, em 2015, esses teriam sido previamente autorizados pelo art. 4º da Lei Orçamentária Anual, de acordo com a meta primária prevista pela LDO/2015, com a redação da Lei n. 13.199/2015. **5.** Finalmente, defendem ainda que o fato de os decretos não terem sido numerados seria juridicamente irrelevante, inclusive sendo esta a prática no que diz respeito às normas de fins concretos – tal qual o caso dos decretos que autorizam a abertura de créditos suplementares ao orçamento.[139]
Natureza do Regime de Governo Presidencialista	**1.** Primeiramente, salientou que "nunca se viu golpe com direito à ampla defesa, contraditório, com reuniões às claras, transmitidas ao vivo, com direito à fala por membros de todos os matizes políticos, e com procedimento ditado pela Constituição e pelo STF.".[140] **2.** Adicionalmente, frisou que a narrativa acerca do "golpe" diria respeito a uma tentativa de deslegitimar o instituto do *impeachment*. Ora, as noções de Estado de Direito e de República vêm necessariamente acompanhadas da necessidade de responsabilização, sendo que esta, no caso do Presidente da República, é possibilitada pelo mecanismo do *impeachment*. Nesses termos, o presidencialismo sem o	**1.** A opção constitucional pelo regime de governo presidencialista veio acompanhada da inexistência de mecanismos de controle políticos primários entre o Chefe do Poder Executivo e o Congresso Nacional, de tal maneira que não poderia o Presidente da República determinar a dissolução do Congresso e, em contrapartida, este não poderia desligar o Presidente de sua função "por uma mera avaliação política da inconveniência de sua permanência".[141] Para além disso, o projeto constitucional brasileiro somente aceitaria situações de *impeachment* em hipóteses excepcionalíssimas e mediante a inexistência de meios ordinários que conseguissem salvaguardar a ordem constitucional, uma

138. RIBEIRO, Ricardo Lodi. Parecer: Pedido de Impeachment da Presidente Dilma Rousseff, Aspectos Orçamentários, Normas de Direito Financeiro, Falta de Amparo Jurídico do Pedido. Conjur, 2015, p. 18. Disponível em: <http://s.conjur.com.br/dl/parecer-ricardo-lodi-impeachment-dilma.pdf>.

139. RIBEIRO, Ricardo Lodi. Parecer: Pedido de Impeachment da Presidente Dilma Rousseff, Aspectos Orçamentários, Normas de Direito Financeiro, Falta de Amparo Jurídico do Pedido. Conjur, 2015, p. 7. Disponível em: <http://s.conjur.com.br/dl/parecer-ricardo-lodi-impeachment-dilma.pdf>.

140. SENADO FEDERAL. Parecer referente à admissibilidade da DEN n. 01/2016. Comissão Especial de Impeachment, Rel. Senador Antônio Anastasia, 2016, p. 122. Disponível em: <http://www12.senado.leg.br/noticias/arquivos/2016/05/04/veja-aqui-a-integra-do-parecer-do-senador-antonio-anastasia>.

141. ADVOCACIA-GERAL DA UNIÃO. Manifestação a respeito da Denúncia por Crime de Responsabilidade n. 01/2015. Informações n. 01/2016, Interessado: Câmara dos Deputados, 2016, p. 4. Disponível em: <http://estaticog1.globo.com/2016/04/04/Manifestacao-da-Denunciada.PDF>.

	Argumentos a favor do *impeachment*	Argumentos contra o *impeachment*
Natureza do Regime de Governo Presidencialista	*impeachment* seria uma ofensa à democracia, de tal vênia que o instituto se apresentaria como uma das maiores expressões da Democracia. **3.** Ademais, por dicção constitucional, cabe aos senadores dar o julgamento final – em termos materiais e formais – em relação aos fatos narrados na denúncia, sendo que "uma vez (e se) instaurado o processo, a denunciada deverá se defender dos fatos narrados, e não da tipificação jurídica proposta na denúncia e aceita pela Câmara dos Deputados. Como já referido (item 2.3.1), durante a instrução probatória, o julgador pode, conforme previsão expressa do CPP (art. 383), alterar essa tipificação, propor distinta classificação jurídica para os fatos postos.".[142]	vez que a legitimidade do exercício da função de Presidente da República se fundamenta no princípio democrático. Com essa questão coadunaria a natureza jurídico-política dos crimes de responsabilidade, uma vez que que o pressuposto político diria respeito à avaliação discricionária acerca da necessidade de afastamento do Presidente da República do cargo à luz dos pressupostos jurídicos, a saber, a realização de uma conduta diretamente imputável ao Presidente da República, dolosamente praticada no exercício de suas funções no mandato atual, devidamente tipificada pela lei como crime de responsabilidade e que seja ainda da mais alta gravidade jurídica – isto é, atentatória à Constituição. Dessa maneira, entendeu o Advogado-Geral da União, ao apresentar a defesa da Presidente da República perante a Câmara dos Deputados, que a proposição do presente processo de *impeachment* poderia se configurar como um "golpe" uma vez inexistentes "de fato e de direito as razões constitucionais para a afirmação do impedimento da Presidente da República".[143] **2.** Em linha semelhante, salientam os autores Alexandre Gustavo Melo Franco de Moraes Bahia, Marcelo Andrade Cattoni de Oliveira e Paulo Roberto Iotti Vecchiatti[144] que não obstante exista um inegável componente político na decisão parlamentar, a admissibilidade jurídica do julgamento estaria condicionada à existência de fato tipificado como crime de responsabilidade comprovadamente

142. SENADO FEDERAL. Parecer referente à admissibilidade da DEN n. 01/2016. Comissão Especial de Impeachment, Rel. Senador Antônio Anastasia, 2016, p. 122-123. Disponível em: <http://www12.senado.leg.br/noticias/arquivos/2016/05/04/veja-aqui-a-integra-do-parecer-do-senador-antonio-anastasia>.
143. ADVOCACIA-GERAL DA UNIÃO. Manifestação a respeito da Denúncia por Crime de Responsabilidade n. 01/2015. Informações n. 01/2016, Interessado: Câmara dos Deputados, 2016, p. 12.
144. BAHIA, Alexandre Gustavo Melo Franco; OLIVEIRA, Marcelo Andrade Cattoni de; VECCHIATTI, Paulo Roberto Iotti. Supremo Tribunal Federal deve barrar ou nulificar impeachment sem crime de responsabilidade. Empório do Direito [Domínio Eletrônico], mar. 2016. Disponível em: <http://emporiododireito.com.br/supremo-tribunal-federal-deve-barrar/>.

	Argumentos a favor do *impeachment*	Argumentos contra o *impeachment*
Natureza do Regime de Governo Presidencialista		praticado pelo Presidente da República, sob pena de se ter "uma surreal inversão de valores"[145] ao "querer que haja *impeachment* sem crime de responsabilidade.".[146]

6.1.3. *Crime de responsabilidade do Vice-Presidente da República*

O tema do crime de responsabilidade do Vice-Presidente da República foi objeto de controvérsia e debate jurídico em recente caso concreto no ano de 2016.

A Mesa da Câmara dos Deputados recebeu denúncia contra o Vice-Presidente da República, Michel Temer, por crime de responsabilidade: quando exerceu interinamente a Presidência da República. No caso, ele teria assinado decretos não numerados, violando, portanto, os artigos 4º da Lei Orçamentária Anual e 9º da Lei de Responsabilidade Fiscal. Ao receber a denúncia nos termos acima mencionados, o então presidente da Câmara dos Deputados, Eduardo Cunha, determinou o seu arquivamento, ato contra o qual foi impetrado o Mandado de Segurança nº 34.087 no STF.

O Mandado de Segurança nº 34.087 foi dotado de dois principais pedidos, a saber, a imposição do prosseguimento da denúncia na Câmara e a suspensão temporária do processo de *impeachment* da Presidente da República, para que ambos os processos pudessem tramitar conjuntamente. Assim, primeiramente, o autor do referido MS argumentou que o Presidente da Câmara teria efetuado juízo de mérito ao rejeitar a denúncia, contrariando, portanto, o disposto no artigo 395 do Código de Processo Penal (CPP). Isso porque os elementos de autoria e materialidade estariam indicados no pedido, de tal maneira que o Presidente da Câmara teria extrapolado a avaliação que lhe seria pertinente – isto é, aquela relativa apenas aos aspectos formais. Além de questionar a fundamentação da decisão do Presidente da Câmara pelo arquivamento da denúncia, o autor do MS solicitou liminarmente que os processos por crime de responsabilidade da Presidente e do Vice-Presidente da República tramitassem conjuntamente, de tal maneira que a tramitação do primeiro fosse suspensa até que ambos estivessem na mesma fase.

---

145. BAHIA, Alexandre Gustavo Melo Franco; OLIVEIRA, Marcelo Andrade Cattoni de; VECCHIATTI, Paulo Roberto Iotti. Supremo Tribunal Federal deve barrar ou nulificar impeachment sem crime de responsabilidade. Empório do Direito [Domínio Eletrônico], mar. 2016. Disponível em: <http://emporiododireito.com.br/supremo-tribunal-federal-deve-barrar/>.
146. BAHIA, Alexandre Gustavo Melo Franco; OLIVEIRA, Marcelo Andrade Cattoni de; VECCHIATTI, Paulo Roberto Iotti. Supremo Tribunal Federal deve barrar ou nulificar impeachment sem crime de responsabilidade. Empório do Direito [Domínio Eletrônico], mar. 2016. Disponível em: <http://emporiododireito.com.br/supremo-tribunal-federal-deve-barrar/>.

O Relator, Ministro Marco Aurélio, quanto ao primeiro ponto, prolatou o entendimento de que, à luz da Lei nº 1.079/1950, cabe ao Presidente da Câmara a análise meramente formal da denúncia por crime de responsabilidade. Dessa maneira, *"a ele não incumbe, substituindo-se ao Colegiado, o exame de fundo. Entender-se em sentido contrário implica validar nefasta concentração de poder, em prejuízo do papel do colegiado, formado por agremiações políticas diversas."*[147] Com isso em mente, o Relator entendeu que os documentos apresentados demonstravam que o Presidente da Câmara havia reconhecido a regularidade formal da denúncia, de tal maneira que a sua decisão pelo arquivamento só poderia dizer respeito a um "*verdadeiro julgamento de mérito*". Em relação ao segundo ponto, considerou o Ministro que "descabe agasalhar o pedido de paralisação do processo de impedimento da Presidente da República, cuja tramitação contava, a esta altura, com atos de instrução formalizados.".[148] Dessa maneira, o Ministro Marco Aurélio deu parcial provimento ao MS em sede de liminar, determinando, pois, o seguimento da denúncia na Câmara dos Deputados, mas afastando a possibilidade de suspensão da tramitação do processo relativo à então Presidente da República (salientamos que a *Presidente Dilma exercia a Presidência na data da concessão da liminar*).

A decisão prolatada pelo Ministro Marco Aurélio foi alvo de diversas críticas da doutrina, sendo as seguintes as mais expressivas.

A primeira[149] entende que a decisão do Ministro não subsiste frente uma análise de coerência e integridade, nem frente à leitura sistemática da Constituição da República, da Lei nº 1.079/50, do Regimento Interno da Câmara dos Deputados e do Código de Processo Penal, além de colocar em risco a ampla defesa e a estabilidade das instituições. Isso porque o entendimento de que ao Presidente da Câmara cabe somente um juízo acerca das formalidades da denúncia decorre de aparente confusão entre justa causa e mérito, considerando a possibilidade de aplicação subsidiária dos Regimentos Internos das Casas Legislativas[150] e do Código de Processo Penal. À luz dessa questão, entendem os autores: "por óbvio, a análise da presença dos requisitos de uma denúncia não implica apenas a sua regularidade formal ou não, mas, consoante prescreve o art. 395, III, do CPP, a existência da justa causa.".[151] Ora, se o papel do Presidente da Câmara fosse meramente burocrático, duas seriam as implicações: i) primeiramente, não haveria

147. SUPREMO TRIBUNAL FEDERAL. **Mandado de Segurança n. 34087/DF**: Medida Cautelar. Rel. Min. Marco Aurélio, DJ: 19/04/2016,

148. SUPREMO TRIBUNAL FEDERAL, **Mandado de Segurança n. 34087/DF**: Medida Cautelar. Rel. Min. Marco Aurélio, DJ: 19/04/2016.

149. Defendida por Alexandre Gustavo Melo Franco Bahia, Bernardo Gonçalves Fernandes, Diogo Bacha e Silva e Marcelo Andrade Cattoni de Oliveira em artigo publicado em 2016. Cf. BAHIA, et al. **O pedido de impeachment contra o vice-presidente Michel Temer e a concessão parcial da liminar no MS 34.087 pelo ministro Marco Aurélio**. Empório do Direito, 06 abr. 2016. Disponível em: <http://emporiododireito.com.br/o-pedido-de-impeachment/#_ftn6>.

150. Conforme precedente oriundo do julgamento da ADPF 378.

151. BAHIA, et al. **O pedido de impeachment contra o vice-presidente Michel Temer e a concessão parcial da liminar no MS 34.087 pelo ministro Marco Aurélio**. Empório do Direito [Domínio Eletrônico], 06 abr. 2016.

que se falar em restrição da acusação no despacho que encaminha a denúncia para a Comissão Especial, de tal maneira que poderia essa Comissão analisar outros aspectos que não foram devidamente recebidos na denúncia; ii) em segundo lugar, haveria que se questionar se "todas as posteriores denúncias que tenham os requisitos formais preenchidos devem ser recebidos?"[152] – em caso afirmativo, a Câmara dos Deputados teria "uma única função constitucional, inviabilizando todas as outras: analisar as (inúmeras) denúncias de crime de responsabilidade contra os Presidentes da República?"[153] Vale mencionar que os autores dessa corrente entendem que não há que se falar em impeachment de Vice-Presidente da República, mas sim de Presidente da República, de tal maneira que o Vice, ao exercer o cargo de Presidente interinamente, estaria também sujeito a esse ônus pelos atos praticados enquanto Presidente.

A segunda, sustentada por André Pedrolli Serretti[154], argumentando também em favor da total inadequação da decisão prolatada pelo Ministro Marco Aurélio, salienta que o Vice-Presidente da República não teria legitimidade para ocupar o polo passivo de procedimento de impeachment, por falta de previsão legal (na Lei nº 1079/50). Nas palavras do autor: "Ressalte-se que não há, no ordenamento jurídico brasileiro, a referida previsão legal em relação ao ocupante do cargo de Vice-Presidente da República ou aos eventuais substitutos do presidente, o que impossibilita a extensão, por analogia, desse tipo de responsabilidade, ou se respectivo processo, à autoridade citada.". Dessa maneira, o recebimento de denúncia por crime de responsabilidade contra o Vice-Presidente da República representaria violação ao princípio da legalidade. Para sustentar sua posição, o autor frisa ainda a distinção entre cargo público e função pública, conceitos que embora vinculados se distinguem nitidamente: o primeiro se constitui como "uma unidade, o conjunto total de atribuições e responsabilidades cometidas a um servidor, criado por lei, com denominação própria.", ao passo que a função pública "é simplesmente o conjunto de atribuições legais cometidas ao servidor ocupante de um cargo, inerente a este".[155] Assim, com base nessa diferenciação, afirma que os crimes de responsabilidade não poderiam ser imputados ao Vice-Presidente da República, uma vez que este não detém o cargo da Presidência da República quando da substituição. Ora, a substituição distingue-se da sucessão, sendo que apenas na última há efetiva transferência do cargo de Presidente da República ao Vice-Presidente. Isto é, o

152. BAHIA, et al. **O pedido de impeachment contra o vice-presidente Michel Temer e a concessão parcial da liminar no MS 34.087 pelo ministro Marco Aurélio**. Empório do Direito [Domínio Eletrônico], 06 abr. 2016.

153. BAHIA, et al. **O pedido de impeachment contra o vice-presidente Michel Temer e a concessão parcial da liminar no MS 34.087 pelo ministro Marco Aurélio**. Empório do Direito [Domínio Eletrônico], 06 abr. 2016.

154. Cf. SERRETTI, André Pedrolli. **Da impossibilidade jurídica de submeter-se o Vice-Presidente da República ao processo por crime de responsabilidade**. Jus Navigandi [Domínio Eletrônico], 04 abr. 2016. Disponível em: <https://jus.com.br/artigos/48022/da-impossibilidade-juridica-de-submeter-se-o-vice-presidente-da-republica-ao-processo-por-crime-de-responsabilidade>.

155. SERRETTI, André Pedrolli. **Da impossibilidade jurídica de submeter-se o Vice-Presidente da República ao processo por crime de responsabilidade**. Jus Navigandi, 04 abr. 2016.

Vice-Presidente, ao substituir interinamente o Presidente, "continua investido no cargo para o qual foi eleito, e apesar de exercer as funções de Presidente interinamente, não possuir o cargo de Presidente"[156], o que, por conseguinte, faz afastar a incidência da responsabilidade política em questão.

6.2. Crimes Comuns do Presidente da República

6.2.1. Conceito

Segundo o Pretório Excelso, a dicção crime comum diz respeito a qualquer tipo de infração penal, incluindo os delitos eleitorais e as contravenções penais.

6.2.2. Procedimento

No caso de crime comum praticado pelo Presidente da República como a competência para julgar é do STF o procedimento será de acordo com as delimitações do STF presentes na Lei nº 8.038/90 e em seu Regimento Interno. Certo é que haverá uma fase que podemos intitular de fase prévia. Nesta, teremos a análise da ***cláusula*** de **irresponsabilidade penal relativa**.

Nesses termos, distribuído o inquérito a um Ministro intitulado de Ministro-relator no STF, ele fará a análise da **irresponsabilidade penal relativa**, ou seja, irá verificar se o pretenso ato delituoso foi praticado em ofício ou em razão do ofício de Presidente da República. O Ministro-relator, se entender que o ato praticado não guarda relação com as funções de Presidente (ou mesmo foi praticado antes do início do mandato), irá determinar a irresponsabilidade penal temporária do Presidente da República, ocorrendo a **suspensão da prescrição.**[157] Portanto, mesmo sem previsão expressa na Constituição haverá, em nosso entendimento, a suspensão da prescrição na hipótese de incidência da irresponsabilidade penal relativa.

Caso o relator entenda que o pretenso ato delituoso foi praticado ***in officio*** ou **em razão do ofício** ele dará prosseguimento ao procedimento. Nesse caso, se o crime for de ação penal pública, o inquérito será enviado ao Procurador-Geral da República. Ele decidirá sobre o oferecimento da **denúncia** (se haverá denúncia ou não). Se a ação penal for privada, o STF aguardará a **queixa-crime** do ofendido ou de seu representante legal.

Pergunta: o Procurador-Geral da República é obrigado a oferecer denúncia contra o Presidente da República? **Não**. Além disso, ninguém pode questionar o juízo de mérito que ele fez. Nesse caso, não existe nem mesmo a possibilidade de ação penal subsidiária.

---

156. SERRETTI, André Pedrolli. **Da impossibilidade jurídica de submeter-se o Vice-Presidente da República ao processo por crime de responsabilidade**. Jus Navigandi, 04 abr. 2016.
157. Se ação contra o Presidente já existir em outro órgão do Poder Judiciário (de outra instância, por exemplo) caberá ao Magistrado competente do mesmo deliberar a **suspensão da prescrição**.

Se o Procurador-Geral da República oferecer a **denúncia** (ou o ofendido oferecer a queixa), o STF não pode recebê-la (devido à imunidade formal em relação ao processo do Presidente). O STF irá **comunicar** à Câmara dos Deputados que existe uma denúncia (ou queixa) oferecida contra o Presidente da República. Assim sendo, o Ministro que foi sorteado como relator do caso irá encaminhar à Presidência do STF a denúncia (ou queixa), pedindo que ela seja remetida oficialmente ao Presidente da Câmara dos Deputados. O pedido será então encaminhado à Câmara pelo Presidente do STF.

Portanto, o STF vai depender dessa análise **(juízo político de admissibilidade)** a ser realizada na Câmara do Deputados para que se possa iniciar ação penal contra o Presidente da República.

Aqui, recentemente o STF decidiu uma questão importante. Segundo o STF, não há possibilidade de o Pretório Excelso conhecer e julgar qualquer questão ou matéria defensiva (de defesa) suscitada pelo Presidente da República antes que a matéria seja examinada pela Câmara dos Deputados. Nesses termos, não é possível que, antes desse envio à Câmara, o STF analise questões jurídicas a respeito da denúncia, como, por exemplo, a validade dos elementos informativos (das "provas") que a embasaram.

Nesses termos, o ***juízo político*** de admissibilidade exercido pela Câmara dos Deputados precede (é anterior) a ***análise jurídica*** a ser feita pelo STF para conhecer e julgar qualquer questão ou matéria defensiva suscitada pelo denunciado.[158]

Na sequência, na Mesa da Câmara o Presidente da Casa despachará o pedido em virtude da denúncia (ou queixa-crime) apresentada ao STF para a *Comissão de Constituição e Justiça* da Casa, que vai elaborar um parecer sobre o caso. O parecer, quando produzido, será submetido à votação na própria Comissão e posteriormente no plenário da Câmara dos Deputados.[159]

O quórum será de **2/3** para **autorizar o processamento** do Presidente por crime comum. Se **autorizado** pela Câmara, o Presidente da Câmara comunica ao Presidente

---

158. Inq 4483 QO/DF, STF. Plenário. Rel. Min. Edson Fachin, julgado em 20 e 21.09.2017. *Não cabendo ao STF proferir juízo de admissibilidade sobre denúncia oferecida contra o presidente da República antes da autorização da Câmara dos Deputados, igualmente não cabe proferir juízo antecipado a respeito de eventuais teses defensivas, cuja ambiência própria é o momento previsto no art. 4º da Lei 8.038/1990, o qual prevê a apresentação de resposta à acusação após o oferecimento da denúncia.* ***A discussão sobre o valor probatório dos elementos de convicção, ou mesmo a respeito da validade desses elementos que eventualmente embasarem a denúncia, constitui matéria afeta à configuração da justa causa, uma das condições da ação penal,*** *cuja constatação ou não se dará por ocasião do juízo de admissibilidade a ser levado a efeito pelo Plenário do STF, após eventual autorização da Câmara dos Deputados.* (Informativo 878)

159. Nesses termos, conforme a doutrina: "*É importante salientar que o acusado (no caso o Presidente da República) terá o prazo de 10 sessões para apresentar defesa escrita e indicar provas. Se a defesa não for apresentada, o presidente da CCJ irá nomear um defensor dativo. Apresentada a defesa a CCJ procederá às diligências e à instrução probatória que entender necessárias, findas as quais proferirá o parecer no prazo de dez sessões, concluindo pelo deferimento ou indeferimento do pedido de autorização e oferecendo o respectivo projeto de resolução.*" (MORAES, Alexandre de, Direito constitucional, 2009, p. 498).

do STF. Certo é que, o STF **não é obrigado** a receber a denúncia (ou a queixa crime) e iniciar a ação penal em virtude da autorização da Câmara dos Deputados.

Nesses termos, com a autorização da Câmara para uma possível ação penal, o STF notificará o acusado que terá 15 dias de prazo para resposta (defesa escrita).[160] Após o relator solicitará um dia para que o plenário delibere sobre **o recebimento ou não** da denúncia (ou queixa-crime).[161] Esse julgamento, então, decidirá se o STF aceita ou não a denúncia (ou queixa-crime) e será realizado pelo pleno (com a participação dos 11 ministros). Se aceitar a denúncia, o STF a recebe e inicia a ação penal. Certo é que nesse caso recebida a denúncia ou a queixa-crime e iniciada a ação penal no STF, o Presidente ficará suspenso de suas atividades por 180 (cento e oitenta) dias.[162] Nesse caso, o relator conduzirá a ação penal com os devidos procedimentos cabíveis.[163]

---

160. Conforme a **Lei 8.038/90**: art. 4 § 1º – Com a notificação, serão entregues ao acusado cópia da denúncia ou da queixa, do despacho do relator e dos documentos por este indicados. § 2º – Se desconhecido o paradeiro do acusado, ou se este criar dificuldades para que o oficial cumpra a diligência, proceder-se-á a sua notificação por edital, contendo o teor resumido da acusação, para que compareça ao Tribunal, em cinco dias, onde terá vista dos autos pelo prazo de quinze dias, a fim de apresentar a resposta prevista neste artigo. Art. 5º – Se, com a resposta, forem apresentados novos documentos, será intimada a parte contrária para sobre eles se manifestar, no prazo de cinco dias. **(Vide Lei nº 8.658, de 1993)** Parágrafo único – Na ação penal de iniciativa privada, será ouvido, em igual prazo, o Ministério Público.
161. Nos termos da **Lei 8.038/90**: Art. 6º – *A seguir, o relator pedirá dia para que o Tribunal delibere sobre o recebimento, a rejeição da denúncia ou da queixa, ou a improcedência da acusação, se a decisão não depender de outras provas.* **(Vide Lei nº 8.658, de 1993)** § 1º – No julgamento de que trata este artigo, será facultada sustentação oral pelo prazo de quinze minutos, primeiro à acusação, depois à defesa.
162. Temos ainda que, conforme o **art. 86 § 2º da CR/88**: Se, decorrido o prazo de **180 (cento e oitenta) dias**, o julgamento não estiver concluído, **cessará o afastamento** do **Presidente**, sem prejuízo do regular prosseguimento do processo.
163. Nos termos da **Lei 8.038/90**: Art. 7º – Recebida a denúncia ou a queixa, o relator designará dia e hora para o interrogatório, mandando citar o acusado ou querelado e intimar o órgão do Ministério Público, bem como o querelante ou o assistente, se for o caso. Aqui, porém: ***Nos processos criminais que tramitam perante o STF e o STJ, cujo procedimento é regido pela Lei nº 8.038/90, o interrogatório também é o último ato de instrução***. *Apesar de não ter havido uma alteração específica do art. 7º da Lei 8.038/90, com base no CPP, entende-se que o interrogatório é um ato de defesa, mais bem exercido depois de toda a instrução, porque há possibilidade do contraditório mais amplo. Assim, primeiro devem ser ouvidas todas as testemunhas arroladas pela acusação e pela defesa para só então ser realizado o interrogatório. STF. 1ª Turma. AP 1027/DF, red. p/ o ac. Min. Luís Roberto Barroso, julg. em* ***02.10.2018***. *Na sequência:* Art. 8º – O prazo para defesa prévia será de cinco dias, contado do interrogatório ou da intimação do defensor dativo. Art. 9º – A instrução obedecerá, *no que couber, ao procedimento comum do Código de Processo Penal.* § 1º – O relator poderá delegar a realização do interrogatório ou de outro ato da instrução ao juiz ou membro de tribunal com competência territorial no local de cumprimento da carta de ordem. § 2º – Por expressa determinação do relator, as intimações poderão ser feitas por carta registrada com aviso de recebimento. Art. 10 – Concluída a inquirição de testemunhas, serão intimadas a acusação e a defesa, para requerimento de diligências no prazo de cinco dias. Art. 11 – Realizadas as diligências, ou não sendo estas requeridas nem determinadas pelo relator, serão intimadas a acusação e a defesa para, sucessivamente, apresentarem, no prazo de quinze dias, alegações escritas. § 1º – Será comum o prazo do acusador e do assistente, bem como o dos corréus. § 2º – Na ação penal de iniciativa privada, o Ministério Público terá vista, por igual prazo, após as alegações das partes. § 3º – O relator poderá, após as alegações escritas, determinar de ofício a realização de provas reputadas imprescindíveis para o julgamento da causa. Art. 12 – Finda a instrução, o Tribunal procederá ao julgamento, na forma determinada pelo regimento interno, observando-se o seguinte: I – a acusação e a defesa terão, sucessivamente, nessa ordem, prazo de uma hora para sustentação oral, assegurado ao assistente um quarto do tempo da acusação; II – encerrados os debates, o Tribunal passará a proferir o julgamento, podendo o Presidente limitar a presença no recinto às partes e seus advogados, ou somente a estes, se o interesse público exigir. Porém, aqui, devemos fazer um importante registro, pois apesar do procedimento no STF ser o da Lei Especial 8.038/90 o próprio STF

No julgamento realizado pelo ***pleno*** do STF, o Presidente da República será absolvido ou condenado. Se condenado, poderá ser preso (após sentença penal condenatória transitada em julgado que afasta a imunidade formal em relação à prisão do art. 86 § 3º da CR/88). Por óbvio, ele será condenado a uma das penas previstas em nosso ordenamento jurídico-penal (aqui não se trata de crime de responsabilidade, mas de crime comum). Sobre a questão atinente à perda do mandato existem duas possibilidades. A **primeira** é se na própria decisão condenatória o STF determinar a perda do mandato eletivo, nos termos do art. 92, I, do Código Penal.[164] A **segunda** será se o STF não determinar na condenação a perda do mandato. Nesse caso, certo é que o Presidente não perderá o mandato pela condenação em si, mas perderá o mandato pelos efeitos reflexos da condenação à luz do art. 15, III, da CR/88. Portanto, nesse caso, **haverá a perda do mandato não por determinação direta do STF, mas, como dito,** por **efeitos reflexos** da condenação que vão de encontro ao art. 15, III, da CR/88. Esse determina que haverá a **suspensão dos direitos** políticos na hipótese de condenação criminal transitada em julgado. Nesse caso, com os direitos políticos suspensos (sem o exercício da capacidade eleitoral ativa e passiva, ou seja, sem poder votar e ser votado), o Presidente **perderá** o mandato. Temos ainda que, nos termos da **Lei Complementar nº 135/2010,** dependendo do crime em que o Presidente foi condenado (nos termos do **art. 1, I, "e" da LC nº 135/2010**) ele poderá ficar inelegível (sem *capacidade eleitoral passiva*) ***desde a condenação*** até o transcurso de **8 (oito) anos após o cumprimento da pena.**

6.3. Crimes dos Governadores de Estado e dos Prefeitos

Na sequência de nossa análise, uma pergunta é pertinente: os **Governadores dos Estados e do DF** têm as mesmas imunidades que o Presidente da República? A resposta aqui é negativa. Portanto, seguindo recentes manifestações do STF, eles

---

em 2011 já se manifestou pela possibilidade de não manuseio de normas da referida Lei 8.038/90. Nesses termos, repetindo o citado acima na **AP nº 1027** em **02.10.2018**, temos que: *Interrogatório nas ações penais originárias do stf. Ato que deve passar a ser realizado ao final do processo (...) I – O art. 400 do Código de Processo Penal, com a redação dada pela Lei 11.719/2008, fixou o interrogatório do réu como ato derradeiro da instrução penal. II – Sendo tal prática benéfica à defesa, deve prevalecer nas ações penais originárias perante o Supremo Tribunal Federal, em detrimento do previsto no art. 7º da Lei 8.038/90 nesse aspecto. Exceção apenas quanto às ações nas quais o interrogatório já se ultimou. III – Interpretação sistemática e teleológica do direito. IV – Agravo regimental a que se nega provimento. (**AP 528 AgR/DF**, Rel. Min. Ricardo Lewandowski, 24.03.2011) Registrou-se no caso, tendo em conta a interpretação sistemática do Direito, que o fato de a Lei 8.038/90 ser norma especial em relação ao CPP não afetaria a orientação adotada, porquanto inexistiria, na hipótese, incompatibilidade manifesta e insuperável entre ambas as leis. Ademais, assinalou-se que a própria Lei 8.038/90 dispõe, em seu art. 9º, sobre a aplicação subsidiária do CPP. Por fim, salientou-se, nos termos do Informativo 620 do STF, não haver impedimento para que o réu, caso queira, solicite a antecipação do seu interrogatório.*

164. Art. 92 do Código Penal: São também efeitos da condenação: I – a perda de cargo, função pública ou mandato eletivo: a) quando aplicada pena privativa de liberdade por tempo igual ou superior a um ano, nos crimes praticados com abuso de poder ou violação de dever para com a Administração Pública; b) quando for aplicada pena privativa de liberdade por tempo superior a 4 (quatro) anos nos demais casos.

não têm imunidade formal em **relação ao processo e em relação à prisão**[165] e não são acobertados pela ***cláusula da irresponsabilidade penal relativa.***

Voltando à questão central. No que tange aos Governadores:[166]

1) Crime comum: a competência para processar e julgar governadores por crimes comuns praticados no mandato e que guardam relação com o mandato, conforme ditame constitucional será do **STJ**, nos termos do **art. 105, I *a*** da CR/88 (resta claro, então, que eles têm *prerrogativa de foro* por exercício de função).

Aqui, temos que o STF entendia até 2015 (informativo 774) que as Constituições Estaduais poderiam estabelecer a necessidade de autorização da Assembleia Legislativa para que os governadores fossem processados penalmente pelo STJ[167]. O fundamento da necessidade de autorização da Assembleia Legislativa teria base no princípio federativo e na autonomia dos Estados-membros. Porém, o STF mudou de entendimento em maio de 2017, nos termos do informativo 863. Assim sendo, conforme a recente decisão do STF, não há necessidade de prévia autorização da Assembleia Legislativa para que o STJ receba denúncia ou queixa e instaure ação penal contra Governador de Estado, por crime comum. Nesse sentido, reitera-se, não há necessidade de prévia autorização da Assembleia Legislativa para que o Governador do Estado seja processado por crime comum.[168] Entendeu o Pretório Excelso que se a Constituição Estadual exigir autorização da Assembleia Legislativa para que o Governador seja processado criminalmente, essa previsão é considerada inconstitucional. Assim, é vedado às unidades federativas instituir normas que condicionem a instauração de ação penal contra Governador por crime comum à prévia autorização do Legislativo. Aqui é importante salientar que se o STJ receber a denúncia ou queixa-crime contra o Governador (por crime praticado no mandato e que guarda

165. **HC nº 102.732/DF**: Prisão – Governador – Lei orgânica do Distrito Federal. (...) Re. Min. Marco Aurélio. julg. em **04.03.2010**.

166. Temos aqui que, segundo o STF, é constitucional norma da Constituição estadual que preveja que as proibições e os impedimentos estabelecidos para os Deputados Estaduais deverão ser aplicados também para o Governador e o Vice-Governador do Estado. **ADI 253/MT** julg. em **28.05.2015**. Rel. Min. Gilmar Mendes.

167. Na **ADI 4791**, sobre a norma da Constituição do Paraná que estabelece a necessidade da autorização de *2/3 dos membros da Assembleia Legislativa* para que possa ser iniciada ação penal contra governador, temos que: "(...) 2. A jurisprudência do Supremo Tribunal Federal é no sentido de considerar legítimas as normas de Constituições Estaduais que subordinam a deflagração formal de um processo acusatório contra o Governador do Paraná a um juízo político da Assembleia Legislativa local. Eventuais episódios de negligência deliberada das Assembleias Legislativas não constituem fundamento idôneo para justificar a mudança dessa jurisprudência, cabendo considerar que a superveniência da EC 35/01, que suprimiu a necessidade de autorização legislativa para processamento de parlamentares, não alterou a situação jurídica dos Governadores (...)". Julg. em **12.02.2015**, Rel. Min. Teori Zavascki (Informativo 774 do STF). No mesmo sentido: **HC nº 80.511**: [...] Os Governadores de Estado – que dispõem de prerrogativa de foro *ratione muneris*, perante o STJ (CR, art. 105, I, *a*) – estão sujeitos, uma vez obtida a necessária licença da respectiva Assembleia Legislativa, a processo penal condenatório, ainda que as infrações penais a eles imputadas sejam estranhas ao exercício das funções governamentais Rel. Min. Celso de Mello. Julg. **21.08.2001**.

168. ADI 5540/MG, STF. Plenário. Rel. Min. Edson Fachin, julg. em 03.05.2017. STF. Plenário. ADI 4764/AC, ADI 4797/MT e ADI 4798/PI, Rel. Min. Celso de Mello, red. p/ o ac. Min. Roberto Barroso, julgados em **04.05.2017**. No mesmo sentido: ADI 4777/BA, ADI 4674/RS, ADI 4362/DF, STF. Plenário. Rel. p/ o acórdão Min. Roberto Barroso, julg em **09.08.2017** (Info 872)

relação com o mandato), ele não ficará automaticamente suspenso de suas funções no Poder Executivo estadual. O Governador pode ser afastado, mas não como decorrência automática do recebimento da denúncia. Ou seja, o afastamento do cargo não se dá de forma automática. Esse afastamento somente pode ocorrer se o STJ entender que há elementos a justificá-lo. Assim sendo, o STJ, no ato de recebimento da denúncia ou queixa-crime, irá decidir, de forma fundamentada, se há necessidade de o Governador do Estado ser ou não afastado do cargo. Aqui temos que, além do afastamento do cargo (art. 319, VI, do CPP), o STJ poderá aplicar qualquer uma das medidas cautelares penais. Como exemplo, temos: prisão preventiva (art. 311 do CPP), proibição de ausentar-se da comarca (art. 319, IV), fiança (art. 319, VIII), monitoração eletrônica (art. 319, IX), entre outras. Essas medidas cautelares devem ser fundamentadas (como já dito) e poderão ser decretadas no momento do recebimento da denúncia/queixa ou mesmo durante o curso do processo.[169] Os fundamentos da decisão foram os seguintes: (a) ausência de previsão expressa na CR/88; (b) inexistência de simetria; (c) princípio republicano (art. 1º da CR/88); (d) princípio da separação dos Poderes (art. 2º da CR/88) (e) competência privativa da União (art. 22, I da CR/88); e (f) princípio da igualdade (art. 5º da CR/88).[170] Nesse sentido, conforme o informativo 863 do STF, temos que:

(a) A Constituição de 1988 não prevê a necessidade de autorização prévia da Assembleia Legislativa para o processamento e julgamento de Governador por crimes comuns perante o STJ. Dessa forma, não existe fundamento normativo-constitucional expresso que faculte aos Estados-membros fazerem essa exigência em suas Constituições estaduais.

(b) A norma da Constituição de 1988 que exige autorização da Câmara dos Deputados para que o Presidente da República seja processado criminalmente não pode ser utilizada pelos Estados sob o argumento da simetria. Nos termos do informativo 863, neste caso, não há simetria a ser observada pelos Estados-membros. No ponto, o STF considerou que se o princípio democrático que constitui nossa República (CR, art. 1º, "caput") se fundamenta e se concretiza no respeito ao voto popular e à eleição direta dos representantes do povo, qualquer previsão de afastamento do presidente da República é medida excepcional e, como tal, é sempre prevista de forma expressa e taxativa, sem exceções. Nesse sentido, a exigência de prévia autorização foi expressamente prevista apenas para Presidente da República, Vice-presidente e Ministros de Estado. Essa é uma decorrência das características e competências que moldam e constituem o cargo de Presidente da República, mas que não se aplicam no caso de Governador. Sendo essa previsão uma excepcionalidade, não pode ser transladada como se fosse regra ou como se estivesse cumprindo a suposta exigência de simetria para Governador.

169. STF. Plenário. ADI 5540/MG, Rel. Min. Edson Fachin, julgado em 03.05.2017 (Info 863). STF. Plenário. ADI 4764/AC, ADI 4797/MT e ADI 4798/PI, Rel. Min. Celso de Mello, red. p/ o ac. Min. Roberto Barroso, julgados em 04.05.2017.
170. Conforme o Informativo 863 do STF.

As eventuais previsões em Constituições estaduais representam, a despeito de se fundamentarem em suposto respeito à Constituição Federal, ofensa e usurpação das regras constitucionais.

(c) A exigência de autorização prévia da Assembleia Legislativa ocasiona o congelamento de qualquer tentativa de apuração judicial de eventuais crimes praticados por Governadores. Dessa forma, essa previsão afronta a responsividade exigida dos gestores públicos, o que viola o princípio republicano do Estado.

(d) A exigência viola, ainda, a separação dos Poderes, pois estabelece uma condição não prevista pela CR/88 para o exercício da jurisdição pelo Poder Judiciário. Assim, o STJ fica impedido de exercer suas competências e funções até que haja autorização prévia do Poder Legislativo estadual. Esse tipo de restrição é sempre excepcional e deve estar expresso na CR/88.

(e) Ao prever a necessidade de autorização prévia da Assembleia Legislativa como condição para que o STJ receba a denúncia ou queixa, o Estado-membro acaba legislando sobre direito processual penal, matéria que é de competência privativa da União, nos termos do art. 22, I, da CR/88. Portanto, impossível de ser prevista pelas Constituições estaduais. Desse modo, a regra da prévia autorização viola a competência privativa da União.

(f) Estabelecer essa condição de procedibilidade faz com que o Governador seja alçado à condição de superior em relação às outras pessoas apenas por ocupar este cargo. No entanto, tal posição (de Governador) deveria ser, antes de tudo, a de servidor público. A autorização prévia de assembleias estaduais para o processamento e julgamento de governador por crime comum perante o STJ é, portanto, afronta cristalina à cláusula geral de igualdade estabelecida na CR/88. Ressalta o STF, ainda, que a EC 35/2001 alterou a redação do art. 53, § 1º, da CR/88 e aboliu a exigência de autorização prévia das casas legislativas para o processamento e julgamento de Deputados Federais, Senadores e Deputados Estaduais. O mesmo entendimento de valorização da igualdade e *"accountability"* dos representantes do povo deve ser aplicado aos Governadores, sem as exigências prévias que consubstanciam privilégios e restrições não autorizados pela CR/88.

Assim sendo, resta claro o novo posicionamento do Pretório Excelso. O Ministro Edson Fachin, por exemplo, em sua manifestação no plenário afirmou que era necessário superar o antigo entendimento do STF "diante dos reiterados e vergonhosos casos de negligência deliberada pelas assembleias legislativas estaduais, que têm sistematicamente se negado a deferir o processamento de governadores". Nesses termos, a orientação anterior, que privilegiava a autonomia dos Estados-membros e o princípio federativo, entrou em linha de tensão com o princípio republicano, que prevê a responsabilização política dos governantes. Verificou-se que, ao longo do tempo, as Assembleias Legislativas bloquearam a possiblidade de instauração de processos contra os Governadores.[171]

2) **Crime de responsabilidade**: Aqui, segundo o atual entendimento do STF, a Constituição do Estado também não pode estabelecer a necessidade de 2/3 dos membros da Assembleia Legislativa para autorizar o processo, tendo em vista que a competência para legislar sobre o tema é da União, nos termos da Súmula Vinculante nº 46, que afirma que *são da competência legislativa da União a definição dos crimes de responsabilidade e o estabelecimento das respectivas normas de processo e julgamento*. Nesses termos, a competência para processar e julgar governadores por crime de responsabilidade será de um *Tribunal especial* nos termos da **Lei Federal nº 1.079/50**[172]. Segundo a referida lei em seu **art. 75**, é permitido a todo cidadão denunciar o governador, perante a Assembleia Legislativa, por crime de responsabilidade. Já em seu **art. 78, § 3º**, preleciona que o julgamento do Governador será proferido por um tribunal (especial) composto de cinco membros do Legislativo e de cinco desembargadores sob a presidência do Presidente do Tribunal de Justiça local, que terá direito de voto no caso de empate. A escolha desse Tribunal será feita nos seguintes termos: a dos membros do legislativo, mediante eleição pela Assembleia; já a dos desembargadores, mediante sorteio. Temos ainda, nos termos do **art. 78 § 2º**, que só poderá ser decretada a **condenação** do governador pelo voto de **2/3 (dois terços) dos membros** de que se compuser o tribunal (especial) de julgamento. Por último, as penas, nos termos do **art. 78, *caput***, serão a de perda do cargo, com inabilitação até 5 (cinco) anos para o exercício de qualquer função pública, sem prejuízo da ação da justiça comum.[173] Temos que ressaltar ainda, no que tange **ao tema das**

171. LOPES CAVALCANTE, Márcio André. *Dizer o Direito*, Maio, 2017. A defesa aqui, para boa parte da doutrina, na presente situação, seria de uma *mutação constitucional* (pelo menos na visão tradicional do termo). Nessa, há três situações que legitimam a mutação constitucional e a superação de jurisprudência consolidada: a) mudança na percepção do direito; b) modificações na realidade fática; e c) consequência prática negativa de determinada linha de entendimento. Para o STF, as três hipóteses estariam presentes no caso concreto.

172. Nesses termos: (...) 1. A competência para dispor legislativamente sobre processo e julgamento por crimes de responsabilidade é privativa da União, que o fez por meio da Lei 1.079/50, aplicável aos Governadores e Secretários de Estado, razão pela qual são inconstitucionais as expressões dos arts. 54 e 89 da Constituição do Estado do Paraná que trouxeram disciplina discrepante na matéria, atribuindo o julgamento de mérito de imputações do tipo à Assembleia Legislativa local(...) ADI 4791 julg. em **12.02.2015**. Rel. Min. Teori Zavascki.

173. Corroborando com a legislação, temos o posicionamento do STF na **ADI nº 1.628** que julgou inconstitucional norma da Constituição de Santa Catarina que expressava nos moldes da Constituição da RFB/88 a sanção de 8 anos de inabilitação para o Governador no caso de condenação por crime de responsabilidade. Nesses termos a Ementa: "[...] 2. Lei federal n. 1.079/50, que disciplina o processamento dos crimes de responsabilidade. Recebimento, pela Constituição vigente, do disposto no artigo 78, que atribui a um Tribunal Especial a competência para julgar o Governador. Precedentes. 3. Inconstitucionalidade formal dos preceitos que dispõem sobre processo e julgamento dos crimes de responsabilidade, matéria de competência legislativa da União. 4. A CB/88 elevou o prazo de **inabilitação de 5 (cinco) para 8 (oito)** anos em relação às autoridades apontadas. Artigo 2º da Lei nº 1.079 revogado, no que contraria a Constituição do Brasil. 5. A Constituição **não cuidou da matéria no que respeita às autoridades estaduais**. O disposto no artigo 78 da Lei nº 1.079 permanece hígido – o prazo de inabilitação das autoridades estaduais não foi alterado. O Estado-membro carece de competência legislativa para majorar o prazo de cinco anos – artigos 22, inciso I, e parágrafo único do artigo 85, da CR/88, que tratam de matéria cuja competência para legislar é da União. [...]" (Rel. Min. Eros Grau. Julg. em: 10.08.2006. DJ 24.11.2006).

inelegibilidades, a norma relativa aos governadores (já citada acima, quando discorremos sobre o Presidente da República) presente na Lei Complementar nº 135 de 2010. Nesse sentido, conforme a **LC nº 135/2010,** se tornam inelegíveis para qualquer cargo o Governador e o Vice-Governador de Estado e do Distrito Federal que perderam seus cargos eletivos por infringência a dispositivo da Constituição Estadual ou Lei Orgânica do Distrito Federal, ***para as eleições que se realizarem durante o período remanescente e nos 8 (oito) anos subsequentes ao término do mandato para o qual tenham sido eleitos***.

Por último, é interessante explicitarmos a decisão do STF em 04.03.2010, no **HC nº 102.732/DF,** sobre a prisão preventiva decretada pelo STJ em 2010, contra o Governador do Distrito Federal no *Inquérito 650* que tramitava no próprio STJ (em virtude de tentativa de suborno a testemunha, com fulcro no art. 312 do Código Penal: coação de testemunha visando interferir em seu depoimento, com prejudicialidade a instrução penal), tendo como mote a investigação de um suposto "esquema de corrupção" no DF mediante desvio e apropriação de verbas públicas. No HC nº 102.732/DF, foi debatido se haveria a necessidade de **prévia autorização** da Câmara Legislativa do DF para instauração de inquérito (*instauração de persecução penal*) contra Governador. O STF decidiu por 9x1 (alterando posicionamento anterior) que **não** há essa necessidade para a instauração de inquérito (*instauração de persecução penal*), ou até mesmo para a prisão cautelar de Chefe do Executivo estadual (ou Distrital)[174].

Já no que tange aos Prefeitos, temos que: 1) Crime comum: pela prática de crimes comuns (que guardam relação com o mandato) os prefeitos serão julgados pelo **Tribunal de Justiça,** nos termos do art. 29, X, da CR/88. Se o crime for eleitoral serão julgados pelo **Tribunal Regional Eleitoral** (TRE). Já se o crime for contra a União, ou seja, contra bens, serviços ou interesses da União que envolvam prestação de contas perante a União, os mesmos serão julgados pelo **Tribunal Regional Federal** (TRF).[175] Nesses termos, reza a **Súmula nº 208 do STJ** que compete à Justiça Federal processar e julgar prefeito municipal por desvio de verba sujeita à prestação de contas perante órgão federal. Porém, nos termos da **Súmula nº 209 do STJ** compete à Justiça Estadual processar e julgar prefeito por desvio de verba transferida e incorporada ao patrimônio da municipalidade.[176] **2) Crime de responsabilidade**: no

174. **HC nº 102.732/DF**: (...)Prisão preventiva – Governador – artigo 51, inciso I, da CF – aplicação analógica – inadequação. A interpretação teleológica e sistemática do artigo 51, inciso I, da Carta da República revela inadequada a observância quando envolvido Governador do Estado. Prisão preventiva – instrução criminal – atos concretos. A prática de atos concretos voltados a obstaculizar, de início, a apuração dos fatos mediante inquérito **conduz à prisão preventiva de quem nela envolvido como investigado**, pouco importando a ausência de atuação direta, incidindo a norma geral e abstrata do artigo 312 do CPP. (...) Re. Min. Marco Aurélio. julg. em **04.03.2010.**

175. Aqui é interessante citarmos a **Súmula nº 702 do STF**: "A competência do tribunal de justiça para julgar prefeitos restringe-se aos crimes de competência da justiça comum estadual; nos demais casos, a competência originária caberá ao respectivo tribunal de segundo grau."

176. Segundo o STJ a competência também será da Justiça Estadual se a apropriação indevida de verbas, mesmo repassadas pela União, já se incorporaram ao patrimônio de empresa privada (HC nº 53.273, 5ª Turma – STJ, Rel. Min. Felix Ficher, julg. em 12.06.2006).

que diz respeito aos crimes de responsabilidade também intitulados, para alguns, de **crimes de responsabilidade próprios** (ou *stricto sensu*) previstos no art. 4º do Decreto-Lei nº 201/67, os prefeitos serão julgados pela Câmara dos vereadores.

Aqui, é interessante salientarmos que o referido DL nº 201/67, em seu art. 1º, traz também, a figura dos **crimes de responsabilidade**[177] que, na verdade, devemos entender como **crimes comuns.** É interessante aqui observarmos que esse art. 1º do DL nº 201/67, afirma textualmente, que os delitos nele elencados são "crimes de responsabilidade".

Porém, entendemos, que essa nomenclatura não é adequada, pois conforme a doutrina e a jurisprudência, esses delitos são ***crimes comuns***, ou seja, infrações penais como as tipificadas no Código Penal e em outras legislações penais.[178] Em relação a estes, preleciona a **Súmula nº 703 do STF** que a extinção do mandato do prefeito não impede a instauração de processo pela prática dos crimes previstos no art. 1º do DL nº 201/67. No mesmo sentido a **Súmula 164 do STJ** que determina que: "O prefeito municipal, após a extinção do mandato, continua sujeito a processo por crime previsto no art. 1º do Dec. lei n. 201, de 27/02/67."[179]

---

177. Que alguns chamam de *crimes de responsabilidade impróprios* no sentido de não *de não serem crimes de responsabilidade propriamente ditos (ou stricto sensu). Aqui registra-se, que essa nomenclatura não tem nada a ver com a questão do* ***sujeito ativo do crime****, que por obvio, é próprio (****crime próprio****), tendo em vista ser* ***o prefeito aquele que pratica o crime****.*

178. **Inq 3634/DF**, 2ª Turma do STF, julg. em **02.06.2015**: Inquérito. 2. Competência originária. 3. Penal e Processual Penal. 4. "Operação Sanguessuga". Art. 1º, I, do Decreto-Lei 201/67 (peculato do prefeito). Crime próprio, que admite participação. Justa causa. Indicativos suficientes de participação do denunciado no direcionamento de licitação para compra de ambulância com sobre preço. 5. Denúncia recebida. No caso em questão um Deputado Federal apresentou emenda parlamentar ao orçamento da União autorizando o repasse de recursos para o Município "X". Essa verba era destinada à aquisição de uma ambulância. O recurso foi transferido, foi realizada a licitação, mas o certame foi direcionado em favor de determinada empresa que superfaturou o preço. Ficou demonstrado que o Prefeito, o Deputado e os donos da empresa vencedora estavam em conluio para a prática da conduta criminosa. A 2ª Turma do STF decidiu que todos eles irão responder pelo delito do art. 1º, I, do Decreto Lei nº 201/67.

179. Segundo entende o STF, para a configuração do delito do art. 1, XIV do DL nº 201/67 é indispensável que o MP comprove a inequívoca ciência do Prefeito a respeito da ordem judicial. É importante lembrar, que os Procuradores Municipais representam o Município e não o Prefeito. Dessa forma, é certo que, ao intimar a Procuradoria, houve comunicação válida para o Município, mas não para o Prefeito. Nesse sentido, conforme o informativo 802 do STF: "Configura-se o crime de responsabilidade de prefeito, nos termos da segunda parte do inciso XIV do art. 1º do Decreto-Lei 201/1967 ("Art. 1º. São crimes de responsabilidade dos Prefeitos Municipais, sujeitos ao julgamento do Poder Judiciário, independentemente do pronunciamento da Câmara dos Vereadores: ... XIV – Negar execução à lei federal, estadual ou municipal, ou deixar de cumprir ordem judicial, sem dar o motivo da recusa ou da impossibilidade, por escrito, à autoridade competente"), a existência de inequívoca ciência da determinação judicial. A mera comunicação da ordem a terceiros não atende as exigências legais. Com base nessa orientação, e por não existir prova de ter o réu concorrido para a infração penal (CPP, art. 386, V), a Primeira Turma absolveu o réu. Na espécie, quando prefeito ao tempo dos fatos, fora acusado de descumprir ordem judicial sem dar o motivo da recusa ou da impossibilidade de fazê-lo, por escrito, à autoridade competente. A Turma apontou que a projeção desse entendimento se guiaria pelos mesmos parâmetros utilizados para aferição do dolo nos delitos em que o ato de desobedecer figurar como elementar do tipo, cuja previsão genérica é a do art. 330 do CP, sobre o qual doutrina e jurisprudência seriam unânimes em exigir a ciência inequívoca do agente quanto à ordem descumprida. Esclareceu que a decisão liminar, cujo descumprimento criminoso fora atribuído ao acusado, bem como aquela que ampliara os seus efeitos, não teriam sido endereçadas ao prefeito, mas aos seus procuradores judiciais. Por fim, ponderou que o fato de o Município não ser pequeno poderia implicar a possibilidade de que a gestão administrativa fosse desconcentrada e descentralizada para além do gabinete do prefeito." **AP nº 555/SC**, 1ª Turma do STF, julg. em **06.10.2015**, Rel. Min. Rosa Weber.

Sobre o tema, é interessante salientar que recentemente decidiu o STF que configura o crime do art. 1º, III, do DL nº 201/67, a conduta do Prefeito que utiliza verbas oriundas do Fundo Nacional de Saúde (vinculadas a um determinado programa de saúde) para o pagamento de débitos da Secretaria Municipal de Saúde junto ao instituto de previdência do Município. No caso, o delito previsto no art. 1º, III, do DL 201/1967 consiste em *o administrador público aplicar verba pública em destinação diversa da prevista em lei.* Aqui, não se trata, de desviar em proveito próprio. Além disso, para a configuração deste crime, é irrelevante verificar se houve, ou não, efetivo prejuízo para a Administração Pública.[180]

Aqui, ainda é interessante salientar que recentemente decidiu o STF que se o Prefeito detém prerrogativa de foro constitucionalmente estabelecida (os procedimentos de natureza criminal contra ele instaurados devem tramitar perante o Tribunal de Justiça nos termos do art. 29, X, da CR/88), isso significa dizer que as investigações criminais contra o Prefeito devem ser feitas com o controle (supervisão) jurisdicional da autoridade competente (no caso, o Tribunal de Justiça).[181]

Por último, também é importante lembrar que conforme a Lei Complementar nº 135/2010, temos que se tornam inelegíveis para qualquer cargo o Prefeito e o Vice-Prefeito que perderem seus cargos eletivos por infringência a dispositivo da Lei Orgânica do Município, para as *eleições que se realizarem durante o período remanescente e nos 8 (oito) anos subsequentes ao término do mandato para o qual tenham sido eleitos.*

---

180. **AP 984/AP**, STF. 1ª Turma. Rel. Min. Roberto Barroso, julgado em **11.06.2019** (Info 944).

181. **AP 912/PB**, 1ª Turma do STF, Rel. Min. Luiz Fux, julgado em **07.03.2017**. Informativo 856 do STF: No inquérito policial foram adotadas medidas de investigação contra uma autoridade com prerrogativa de foro sem que o Tribunal competente tenha autorizado. No caso, houve usurpação da competência do Tribunal de Justiça para supervisionar as investigações, o que representa vício que contamina as apurações referentes ao detentor de prerrogativa de foro. Além disso, também decidiu o STF, que se o réu é denunciado por crime previsto no art. 1º do DL 201/67 em concurso com outro delito cujo rito segue o CPP, ex: art. 312 do CP, art. 90 da Lei nº 8.666/93, o magistrado ou Tribunal, antes de receber a denúncia, deverá dar oportunidade para que o denunciado ofereça defesa prévia. Não pode a defesa prévia ser concedida apenas para a imputação referente ao art. 1º do DL 201/67. A defesa prévia antes do recebimento da denúncia é prevista no art. 2º, I, do DL 201/67, que é considerado procedimento especial e, portanto, prevalece sobre o comum.

17

Poder Judiciário

1. FUNÇÕES DO PODER JUDICIÁRIO

No que tange ao Poder Judiciário, também, temos o exercício de funções típicas e atípicas. Sem dúvida, a função típica do Poder Judiciário é a jurisdicional (prestação jurisdicional), que se traduz justamente na interpretação e aplicação das normas para a resolução de casos concretos solvendo lides com caráter de definitividade e, com isso, realizando a pacificação social.

Certo é que podemos desenvolver essa assertiva clássica da chamada escola paulista de processo e muito usual na doutrina pátria, a partir de outro marco teórico processual. Embora minoritário, para os teóricos do processo como um procedimento realizado em contraditório (de vertente Fazzalariana), adeptos da escola mineira de processo, a função jurisdicional visa, sobretudo, a solver conflitos visando a um provimento final dotado de legitimidade através da simétrica paridade entre os participantes do evento processual, desenvolvendo-se, com isso, um processo discursivamente alinhado ao Estado Democrático de Direito.

As funções atípicas do Poder Judiciário são explicitadas por dicção constitucional. Sem dúvida, estas são aquelas que seriam, em tese, típicas do Poder Executivo e Poder Legislativo, mas, será o Poder Judiciário que irá realizá-las, à luz de dispositivos constitucionais.

Nesses termos, o Judiciário irá exercer de forma atípica função administrativa, exemplificativamente, nos termos do **art. 96, I, "b", "c", "d", "e", "f", da CR/88**. Assim sendo, compete privativamente aos Tribunais: b) organizar suas secretarias e serviços auxiliares e os dos juízos que lhes forem vinculados, velando pelo exercício da atividade correcional respectiva; c) prover, na forma prevista nesta Constituição, os cargos de juiz de carreira da respectiva jurisdição; d) propor a criação de novas varas judiciárias; e) prover, por concurso público de provas, ou de provas e títulos, obedecido o disposto no artigo 169, parágrafo único, os cargos necessários à administração da Justiça, exceto os de confiança assim definidos em lei; e f) conceder licença, férias e outros afastamentos a seus membros e aos juízes e servidores que lhes forem imediatamente vinculados.

O Poder Judiciário também exerce de forma atípica função legislativa. Assim sendo, conforme o **art. 96, I, "a"**, da CR/88,[1] compete privativamente aos Tribunais a elaboração dos seus respectivos regimentos internos com observância das normas de processo e das garantias processuais das partes, dispondo sobre a competência e o funcionamento dos respectivos órgãos jurisdicionais e administrativos.

2. ÓRGÃOS DO PODER JUDICIÁRIO: INTRODUÇÃO

Conforme disposição constitucional presente no art. 92 da CR/88, são órgãos do Poder Judiciário: o Supremo Tribunal Federal; o Conselho Nacional de Justiça (Emenda Constitucional nº 45, de 2004); o Superior Tribunal de Justiça; o Tribunal Superior do Trabalho (Emenda Constitucional nº 92, de 2016); os Tribunais Regionais Federais e Juízes Federais;[2] os Tribunais e Juízes do Trabalho; os Tribunais e Juízes Eleitorais; os Tribunais e Juízes Militares; e os Tribunais e Juízes dos Estados e do Distrito Federal e Territórios.

Aqui, algumas considerações são importantes à luz da Constituição. São elas:

a) O Supremo Tribunal Federal, o Conselho Nacional de Justiça e os Tribunais Superiores têm sede na Capital Federal;

b) O Supremo Tribunal Federal e os Tribunais Superiores têm jurisdição em todo o território nacional. Nesse sentido, são intitulados pela doutrina de **órgãos** (ou centros) **de convergência**. Nesses termos, nos moldes estabelecidos por **Cândido Rangel Dinamarco**, "cada uma das justiças especiais da União (Trabalhista, Eleitoral e Militar), acrescente-se, tem por cúpula seu próprio Tribunal Superior, que

1. É bom lembramos que no art., 96, I, "a" também temos função administrativa, na parte específica que preleciona competir aos Tribunais a eleição dos seus órgãos diretivos.
2. Aqui é necessário um esclarecimento, não raro olvidado. A Constituição literalmente afirma que os Juízes, por exemplo, Federais, são órgãos do Poder Judiciário. É claro que abstraindo essa perspectiva literal podemos afirmar que, nesses casos, nos quais a Constituição cita literalmente Juízes, estamos sim diante do juízo.

é o responsável pela última decisão nas causas de competência dessa justiça – ressalvado o controle de constitucionalidade, que sempre cabe ao Supremo Tribunal Federal. Quanto as causas processadas na Justiça Federal ou nas locais, em matéria infraconstitucional a convergência conduz ao Superior Tribunal de Justiça, que é um dos Tribunais Superiores da União embora não integre Justiça alguma, em matéria constitucional, convergem diretamente ao Supremo Tribunal Federal. Todos os Tribunais Superiores convergem unicamente ao Supremo Tribunal Federal, como órgão máximo da justiça brasileira e responsável final pelo controle de constitucionalidade de leis ou atos normativos e decisões judiciárias";[3]

2.1. Análise do Conselho Nacional de Justiça (CNJ)

O **Conselho Nacional de Justiça**, apesar de estar incluído no texto constitucional como órgão do Poder Judiciário **não** é dotado de **função jurisdicional**.[4] Assim sendo, o CNJ instituído pela Emenda nº 45 de 2004, tem por funções exercer o controle da atuação administrativa e financeira do Poder Judiciário, bem como fiscalizar os

---

3. DINAMARCO, Cândido Rangel, *Instituições de direito processual civil*, v. 1, p. 368. LENZA, Pedro, *Direito Constitucional Esquematizado*, p. 527. Este também explicita o que boa parte dos processualistas chamam de órgãos de superposição. Para eles, dentre os **órgãos de convergência**, existiriam **os de superposição**, que seriam o **STF** e o **STJ**. Nesse sentido a argumentação, para conhecimento, é a seguinte: "[...] podemos classificar o STF e o STJ (Tribunais da União) não só como órgãos de convergência, conforme já visto, mas também, como **órgãos de superposição.** Isso porque, embora não pertençam a qualquer justiça, as suas decisões se sobrepõem às decisões proferidas pelos órgãos inferiores das Justiças comum e especial. As decisões do **STJ** se sobrepõem àquelas da Justiça Federal comum, da Estadual e daquela do Distrito Federal e Territórios, ao passo que as decisões do **STF** se sobrepõem a todas as Justiças e Tribunais."
4. Nos termos do **Informativo 605 do STF**: "O **Conselho Nacional de Justiça** – CNJ, sob pena de atuação *ultra vires*, **não pode interferir em atos de conteúdo jurisdicional**, **emanados de quaisquer magistrados ou de Tribunais da República.** Com base nesse entendimento, o Plenário **desproveu agravos regimentais em que se pretendia a desconstituição de decisões liminares, proferidas pelo Min. Celso de Mello, em mandados de segurança dos quais relator.** As decisões impugnadas suspenderam a eficácia de deliberações administrativas emanadas do Corregedor Nacional de Justiça, cujo dispositivo declarara ineficazes julgamentos de tribunal de justiça concessivos de mandados de segurança impetrados perante a referida Corte. (...) No mérito, reputou-se que, embora o **CNJ esteja incluído** na **estrutura constitucional do Poder Judiciário**, sua natureza **seria meramente administrativa e sua competência teria sido definida, de modo rígido, pela EC 45/2004, que introduzira o art. 103 – B na CF**. Salientou-se que esse artigo, em seu § 4º, II, estabelece que o referido órgão tem o poder de "apreciar, de ofício ou mediante provocação, a legalidade dos atos administrativos praticados por membros ou órgãos do Poder Judiciário". Aduziu-se que as deliberações administrativas, objetos dos casos em apreço, seriam impregnadas de conteúdo jurisdicional e que o Supremo já assentara posicionamento no sentido de não caber àquele órgão nenhuma competência cujo exercício fosse capaz de interferir no desempenho da função típica do Poder Judiciário (ADI 3367/DF, DJU de 25.4.2005). Competir-lhe-ia, porém, dentre outras atribuições, **fiscalizar o exercício dos deveres funcionais por parte do magistrado**, e *não a* **atividade jurisdicional dele**. Outros precedentes citados: MS 27148/DF (DJe de 25.5.2010) e MS 28537 MC/DF (DJe de 21.5.2010)". **MS 28.598 AgR-MC/DF**, Rel. Min. Celso de Mello. **14.10.2010**. No mesmo sentido: *CNJ. Corregedora Nacional de Justiça. Ato que suspende a eficácia de decisão monocrática proferida nos autos de ação cautelar. Inadmissibilidade. Atuação "ultra vires" da senhora corregedora nacional de justiça, porque excedente dos estritos limites que conformam o exercício das atribuições meramente administrativas outorgadas pela constituição da república ao conselho nacional de justiça e aos órgãos e agentes que o integram.* ***Incompetência absoluta do CNJ,*** *não obstante órgão constitucional de controle interno do poder judiciário,* para *intervir em processos e em decisões de natureza jurisdicional. Impossibilidade constitucional de o CNJ (que se qualifica como órgão de caráter eminentemente administrativo) fiscalizar, reexaminar e suspender os efeitos decorrentes de ato de conteúdo jurisdicional.* Precedentes do supremo tribunal federal. Magistério da doutrina. Medida liminar deferida. MS 33.570/DF julg. 30.04.2015. Rel. Min. Celso de Mello.

juízes no cumprimento dos seus deveres funcionais, se apresentando, portanto, como um órgão de caráter eminentemente administrativo (repetimos: sem a função jurisdicional). A Constituição nos apresenta **um rol exemplificativo** de competências do CNJ. Assim sendo, conforme o art. 103-B, § 4º da CR/88, compete ao CNJ, além de outras atribuições a serem definidas no estatuto da magistratura:

- Zelar pela autonomia do Poder Judiciário e pelo cumprimento do Estatuto da Magistratura, podendo expedir atos regulamentares, no âmbito de sua competência, ou recomendar providências;
- Zelar pela observância do art. 37 e apreciar, de ofício ou mediante provocação, a legalidade dos atos administrativos praticados por membros ou órgãos do Poder Judiciário[5], podendo desconstituí-los, revê-los ou fixar prazo para que se adotem as providências necessárias ao exato cumprimento da lei,[6] sem prejuízo da competência do Tribunal de Contas da União;
- Receber e conhecer das reclamações contra membros ou órgãos do Poder Judiciário,[7] inclusive contra seus serviços auxiliares, serventias e órgãos prestadores de serviços notariais e de registro que atuem por delegação do poder público ou oficializados, sem prejuízo da competência disciplinar e correicional dos tribunais, podendo avocar

5. No **MS 28.141,** julgado em 10.02.2011, temos que: "(...) O Conselho Nacional de Justiça, órgão de natureza administrativa que é, não possui competência para determinar o afastamento de cobrança de emolumento judicial com fundamento na sua inconstitucionalidade, mesmo porque tal ato termina por afastar a aplicação da própria lei tributária. II – A providência a ser adotada, por eventuais interessados em afastá-la, é a propositura de ação direta de inconstitucionalidade com o intuito de por fim a cobrança de tal exação. (...)". Aqui é de ressaltar que o emolumento referido estava presente na Lei 8.943/2008 do Estado do Mato Grosso que destinava a entidade de classe privada tal contribuição (AMDEP). Com isso, seguindo sua jurisprudência, asseverou o STF que: "(...) Embora o CNJ não pudesse, no caso, afastar a cobrança da contribuição instituída pela Lei 8.943/2008, para a Associação Mato-grossense dos Defensores Públicos – AMDEP, não é possível a concessão da segurança (para a AMDEP), pois restabelecer a citada cobrança seria fazer tabula rasa da jurisprudência desta Corte, que é absolutamente pacífica no sentido de que é vedada a destinação de valores recolhidos a título de custas e emolumentos a pessoas jurídicas de direito privado". Com isso foi declarada pelo STF a inconstitucionalidade incidental da referida Lei. (MS 28.141, julg. em 10.02.2011, Rel. Min. Ricardo Lewandowski).
6. Conforme o STF no **MS 28.611-MC-AgR**: "(...) O Conselho Nacional de Justiça, embora integrando a estrutura constitucional do Poder Judiciário como órgão interno de controle administrativo, financeiro e disciplinar da magistratura – excluídos, no entanto, do alcance de referida competência, o próprio STF e seus ministros (**ADI 3.367**/DF) –, qualifica-se como instituição de caráter eminentemente administrativo, não dispondo de atribuições funcionais que lhe permitam, quer colegialmente, quer mediante atuação monocrática de seus conselheiros ou, ainda, do corregedor nacional de justiça, fiscalizar, *reexaminar e suspender os efeitos decorrentes de atos de conteúdo jurisdicional emanados de magistrados e Tribunais em geral, razão pela qual se mostra arbitrária e destituída de legitimidade jurídico-constitucional a deliberação do corregedor nacional de justiça que, agindo ultra vires, paralise a eficácia de decisão que tenha concedido mandado de segurança.* (...)" (**MS 28.611-MC-AgR**, Rel. Min. Celso de Mello, julg. em 14.10.2010, Plenário **No mesmo sentido**: **MS 28.598-MC-AgR**, Rel. Min. Celso de Mello, julg. em 14-10-2010, Plenário; **MS 27.148-AgR**, Rel. Min. Celso de Mello, julg. em 11-5-2011, Plenário, *DJE* de 25-5-2011.
7. Conforme ditame constitucional, presente no art. 103-B § 7º, a União, inclusive no Distrito Federal e nos Territórios, criará ouvidorias de justiça, competentes para receber reclamações e denúncias de qualquer interessado contra membros ou órgãos do Poder Judiciário, ou contra seus serviços auxiliares, representando diretamente ao Conselho Nacional de Justiça.

processos disciplinares em curso, determinar a remoção ou a disponibilidade e aplicar outras sanções administrativas, assegurada ampla defesa;

- Representar ao Ministério Público, no caso de crime contra a administração pública ou de abuso de autoridade;
- Rever, de ofício ou mediante provocação, os processos disciplinares de juízes e membros de tribunais julgados há menos de um ano[8];
- Elaborar semestralmente relatório estatístico sobre processos e sentenças prolatadas, por unidade da Federação, nos diferentes órgãos do Poder Judiciário;
- Elaborar relatório anual, propondo as providências que julgar necessárias, sobre a situação do Poder Judiciário no País e as atividades do Conselho, o qual deve integrar mensagem do Presidente do Supremo Tribunal Federal a ser remetida ao Congresso Nacional, por ocasião da abertura da sessão legislativa.

Sobre as atribuições do Conselho Nacional de Justiça, bem como sua composição, é necessário tecermos algumas considerações:

1) Devemos salientar que, não obstante a crítica de boa parte da doutrina nacional, o STF deixou consignado a competência do CNJ para a edição de ato normativo primário no âmbito das matérias descritas no art. 103-B, § 4º da CR/88 à luz de sua função de controle administrativo e correcional. O ***hard case*** que permitiu essa possibilidade envolveu a **Resolução nº 7** do CNJ (sobre o nepotismo) que o STF declarou constitucional por maioria de votos na **ADC nº 12.**[9]

8. Conforme decisão do STF no MS 27.767-AgR: "(...)*O pedido de revisão disciplinar para o CNJ deve ser feito até um ano após o julgamento do processo disciplinar pelo respectivo Tribunal, nos termos do art. 103-B, § 4º, V, da Constituição. Dessa forma, esgotado tal prazo só restará ao interessado socorrer-se da via judicial para discutir a punição que lhe foi aplicada*. (...)" (**MS 27.767-AgR**, Rel. Min. Ricardo Lewandowski, julg. em 23.03.2011, Plenário do STF). E conforme o MS 33565: *O CNJ pode proceder à revisão disciplinar de juízes e membros de tribunais desde que observado o requisito temporal: processos disciplinares julgados há menos de um ano. Essa medida pode ser instaurada de ofício ou mediante provocação de qualquer interessado e admite que o CNJ agrave ou abrande a decisão disciplinar revista (art. 103-B, § 4º, V, da CF/88)*. 1ª Turma do STF. **MS 33565/DF**, Rel. Min. Rosa Weber, julg. em 14.06.2016.
9. Nos termos da ADC 12/MC julg. em 16.02.2006: "(...) A Resolução nº 07/05 do CNJ reveste-se dos atributos da generalidade (os dispositivos dela constantes veiculam normas proibitivas de ações administrativas de logo padronizadas), impessoalidade (ausência de indicação nominal ou patronímica de quem quer que seja) e abstratividade (trata-se de um modelo normativo com âmbito temporal de vigência em aberto, pois claramente vocacionado para renovar de forma contínua o liame que prende suas hipóteses de incidência aos respectivos mandamentos). A Resolução nº 07/05 se dota, ainda, de caráter normativo primário, dado que arranca diretamente do § 4º do art. 103-B da Carta-cidadã e tem como finalidade debulhar os próprios conteúdos lógicos dos princípios constitucionais de centrada regência de toda a atividade administrativa do Estado, especialmente o da impessoalidade, o da eficiência, o da igualdade e o da moralidade. O ato normativo que se faz de objeto desta ação declaratória densifica apropriadamente os quatro citados princípios do art. 37 da CR, razão por que não há antinomia de conteúdos na comparação dos comandos que se veiculam pelos dois modelos normativos: o constitucional e o infraconstitucional. Logo, o Conselho Nacional de Justiça fez adequado uso da competência que lhe conferiu a Carta de Outubro,

2) Conforme o STF, a competência originária do CNJ para a apuração disciplinar, ao contrário da revisional, não se sujeita ao parâmetro temporal previsto no art. 103-B, § 4º, V da CR/88. No caso, a 2ª Turma do STF entendeu que não houve a instauração de processo disciplinar pelo órgão do Poder Judiciário (no caso, pelo TSE), considerando que a representação foi sumariamente arquivada pela Corregedoria-Geral. Assim sendo, a atuação do CNJ no presente caso não foi uma revisão de processo disciplinar. O CNJ atuou de forma originária, instaurando, pela primeira vez, o processo administrativo disciplinar para apurar os fatos.

Assim, não se aplica o prazo do art. 103-B, § 4º, V, da CF/88, tendo em vista que este deve ficar restrito a hipóteses em que o CNJ revisa um processo administrativo realizado pelas instâncias correicionais inferiores.[10]

3) Como vimos no dispositivo normativo, o Conselho Nacional de Justiça pode proceder à revisão disciplinar de juízes e membros de tribunais desde que observado o requisito temporal. Ou seja, processos disciplinares julgados há menos de 1 ano (art. 103-B, § 4º, V, da CR/88).

Aqui temos algumas considerações importantes sobre o tema, que foram explicitadas pela 2ª Turma do STF, no MS 30364/PA (impetrado por membro da magistratura contra punição dada pelo CNJ). Nesses termos:

a) A Constituição da República e o Regimento Interno do CNJ conferem legitimidade universal para propositura da revisão disciplinar, que pode ser instaurada por provocação de terceiros e até mesmo de ofício. Nesses termos, a revisão disciplinar é um instrumento que pode ser utilizado tanto pelo magistrado que não concordou com a decisão como também por qualquer outro interessado, podendo, como dito, ser instaurada até mesmo de ofício pelo CNJ. No caso do citado Mnadado de Segurança (MS 30364), a revisão foi provocada pelo Ministério Público.[11]

---

após a Emenda 45/04." Rel. Min. Ayres Britto. Uma outra Questão interessante que se coloca atualmente (pois ainda pendente de julgamento no STF) e a possibilidade do CNJ regulamentar a gestão de precatórios no âmbito do Poder Judiciário. Certo é que a Resolução 115/2010 do CNJ que se referee a esse tema está sendo objeto da ADI 4465. Nessa, o Ministro Marco Aurélio (que, diga-se, é um dos Ministros que não concorda com a edição de atos normativos primários pelo CNJ) *ad referendum* do pleno concedeu Medida Cautelar entendendo que o CNJ extrapolou sua função administrativa. Nesses termos, manifestou-se pelo referendo da medida acauteladora concedida afirmando: "(...) que o CNJ não possuiria poder normativo e que teria extrapolado sua atuação administrativa ao regulamentar texto constitucional relativamente à EC 62/2009, além de adentrar o campo da execução de débito da Fazenda Pública retratada em título judicial. Reputou ainda que o CNJ atropelara mecanismo que já estaria sendo observado nos Estados-membros, ao dispor sobre a obrigatoriedade de depósito, até dezembro de 2010, correspondente ao total da mora atualizada, dividida pelo número de anos necessários à liquidação, revelando passível de ocorrer em 15 anos. Concluiu que implicações referentes à observância da EC 62/2009 não poderiam ser definidas, em tese, pelo mencionado órgão administrativo. Após, pediu vista o Min. Ayres Britto (...)". Nesses termos, aguarda-se o voto vista e os posteriores posicionamentos dos Ministros do STF (aqui ressaltamos apenas que algumas normas da EC nº 62/2009 foram declaradas inconstitucionais pelo STF, conforme veremos na obra).

10. MS 34685 AgR/RR, STF. 2ª Turma. rel. Min. Dias Toffoli, julgado em 28.11.2017.

11. Conforme o Regimento Interno do CNJ: Art. 82. *Poderão ser revistos, de ofício ou mediante provocação de qualquer interessado, os processos disciplinares de juízes e membros de Tribunais julgados há menos de um ano do pedido de revisão.*

b) As hipóteses de cabimento da revisão estão elencadas no art. 83 do Regimento Interno do CNJ. Nesses termos, art. 83: *A revisão dos processos disciplinares será admitida: I - quando a decisão for contrária a texto expresso da lei, à evidência dos autos ou a ato normativo do CNJ; II - quando a decisão se fundar em depoimentos, exames ou documentos comprovadamente falsos; III - quando, após a decisão, surgirem fatos novos ou novas provas ou circunstâncias que determinem ou autorizem modificação da decisão proferida pelo órgão de origem.*[12]

No caso do MS 30364, o pedido de revisão formulado pelo Ministério Público enquadrou-se no inciso I do art. 83, considerando que a conduta praticada pelo membro da magistratura possuia alto grau de reprovabilidade. Nesses termos, para o CNJ, a decisão do TJ de aplicar apenas a censura foi contrária ao texto do art. 44 da LC 35/79 (Lei Orgânica da Magistratura).[13]

No MS 30364, decidiu o STF em 17.03.2020, que se o Tribunal aplica a pena de censura para um magistrado que praticou conduta grave, essa decisão enseja sim revisão disciplinar por ser contrária ao texto expresso da lei, segundo o art. 44 da LC 35/79 (LOMAN).[14]

c) Nos termos do citado art. 103-B, § 4º, V da CR/88, o CNJ possui um prazo de 1 ano para instaurar o processo de revisão disciplinar. Porém, depois de instaurada a revisão, não existe prazo para que o CNJ julgue o procedimento (não há prazo na Constituição e nem na legislação infraconstitucional).

Por último, outra questão importante, é a de que o prazo estabelecido no art. 103-B, § 4º, V, da CR/88 para o CNJ rever processo disciplinar instaurado contra magistrado, começa a fluir da publicação da decisão do Tribunal no órgão oficial.[15]

4) A 1ª Turma do STF, por maioria, denegou mandado de segurança impetrado contra acórdão do Conselho Nacional de Justiça (CNJ) que avocou Processo Administrativo Disciplinar (PAD) instaurado contra magistrado perante Tribunal Regional Federal (TRF). No caso, o magistrado havia ajuizado procedimento de controle administrativo no CNJ, no qual pretendia alterar o resultado do processo administrativo julgado pelo plenário do TRF que lhe aplicou a pena de aposentadoria compulsória com um quórum de maioria simples. No caso, 9 dos 27 integrantes do TRF2 se declararam suspeitos. Com isso, apenas 18 votaram. Dez Desembargadores votaram a favor da aposentadoria e 8 contra. Desse modo, foi atingida a maioria simples (maioria dos votantes), mas não a maioria absoluta

12. MS 30364/PA, STF. 2ª Turma. Rel. Min. Cármen Lúcia, julgado em **17.03.2020** (Informativo 970)
13. LC 35/79 (LOMAN): Art. 44. *A pena de censura será aplicada reservadamente, por escrito, no caso de reiterada negligência no cumprimento dos deveres do cargo, ou no de procedimento incorreto, se a infração não justificar punição mais grave.*
14. LC 35/79 (LOMAN): Art. 44. *A pena de censura será aplicada reservadamente, por escrito, no caso de reiterada negligência no cumprimento dos deveres do cargo, ou no de procedimento incorreto, se a infração não justificar punição mais grave.*
15. MS 26.540, STF. 2ª Turma Rel. Min. Cármen Lúcia, julgado em 24.06.2014.

do Tribunal. O magistrado condenado ingressou, então, com uma reclamação no CNJ.[16]

O CNJ reconheceu a irregularidade da proclamação do resultado anulou o julgamento de mérito realizado pelo TRF e avocou o PAD. Considerou a regra constitucional que exige quórum de maioria absoluta do tribunal, contida no art. 93, VIII e X, da CR/88 e o fato de que as manifestações de suspeição realizadas por 1/3 (um terço) da Corte acabaram por prejudicar a vontade da maioria dos desembargadores que se consideraram aptos a julgar o caso.

O impetrante do MS aduziu que a decisão do CNJ teria violado direito líquido e certo de ter reconhecida a sua absolvição pelo TRF, porque inexistente nulidade no julgamento e qualquer hipótese legal de avocação. A Turma manteve a decisão do CNJ.

Entendeu o STF que a Constituição da República, o Regimento Interno do CNJ e precedentes do Supremo Tribunal Federal autorizam o exercício dessa competência (de avocação) pelo CNJ, notadamente quando se verifique a insuficiência de quórum para produzir uma decisão cristalina por maioria absoluta no TRF.[17]

Nesses termos, a Constituição da República, expressamente, confere ao CNJ competência para, a qualquer tempo, avocar processos de natureza disciplinar em curso contra membros do Poder Judiciário. Assim, não há óbice para que o CNJ anule o julgamento do Tribunal e inicie um outro procedimento. Aliás, uma das causas legítimas de avocação de procedimentos administrativos pelo CNJ é justamente a falta do quórum para proferir decisão administrativa por maioria absoluta em razão de suspeição, impedimento ou falta de magistrados. Por óbvio que o CNJ poderia ter devolvido o processo ao TRF2, mas optou por exercer sua competência concorrente, dentro da discricionariedade conferida pela Constituição, para julgar o processo e evitar novas questões de suspeição e impedimento.[18]

5) O Plenário do STF no MS 27.621, por maioria, denegou mandado de segurança e considerou válida a determinação do CNJ que estabelecera ser necessário o registro no BACEN JUD por parte dos magistrados, para que efetuassem a penhora *online*. No caso, o impetrante do MS, juiz federal, sustentava, em síntese, que o ato apontado como coator implicaria afronta à independência funcional do Juízes. Além disso, significaria desvio da principal função dos juízes, a julgadora, de modo a reduzi-los a simples meirinhos; e que o disposto no art. 655-A do CPC não poderia ser alterado por meio de decisão administrativa (...)

16. STF. 1ª Turma. MS 35.100/DF, red. p/ o acórdão Min. Roberto Barroso, julgado em 08.05.2018 (Info 901).
17. STF. 1ª Turma. MS 35.100/DF, red. p/ o acórdão Min. Roberto Barroso, julgado em 08.05.2018 (Info 901).
18. STF. 1ª Turma. MS 35.100/DF, red. p/ o acórdão Min. Roberto Barroso, julgado em 08.05.2018 (Info 901).

Certo é que na decisão a maioria dos Ministros deixou assente que o CNJ seria órgão com atribuições exclusivamente administrativas e correicionais – ainda que, estruturalmente, integrasse o Poder Judiciário –, dentre as quais se encontraria o poder de "expedir regulamentos". Ressaltou-se também que o CNJ poderia instituir condutas e impor a toda magistratura nacional o cumprimento de obrigações de essência puramente administrativa, como a que determinaria aos magistrados a inscrição em cadastros ou sítios eletrônicos com finalidades estatística e fiscalizatória ou, para materializar ato processual. Destacou-se que a inscrição no BACEN JUD, sem qualquer cunho jurisdicional, preservaria a liberdade de convicção para praticar atos processuais essenciais ao processamento dos feitos de sua competência, bem como julgá-los segundo o princípio da persuasão racional, adotado pelo direito processual pátrio. Nesses termos, esse cadastro permitiria ao magistrado optar pela utilização dessa ferramenta quando praticasse certo ato processual e, logicamente, se esse fosse o seu entendimento jurídico.[19]

6) Segundo o STF em decisão do **MS 28.872-AgR**: "(...) O CNJ, embora seja órgão do Poder Judiciário, possui, tão somente, atribuições de natureza administrativa e, nesse sentido, não lhe é permitido apreciar a **constitucionalidade** dos atos administrativos, mas somente sua legalidade."[20]

7) A segunda Turma do STF concedeu mandado de segurança para anular decisão do CNJ que declarara a invalidade de norma do regimento interno de tribunal de justiça estadual, que dispõe sobre a competência de Vice-Presidentes do Tribunal. Entendeu o STF no **MS 30.793/RJ**, que o CNJ não pode declarar inválido artigo do Regimento Interno do Tribunal de Justiça que trate sobre competência jurisdicional. No caso, para o STF o CNJ interferiu em matéria de competência jurisdicional do TJ, matéria essa que é estranha às suas funções, tendo em vista que o CNJ tem a competência de exercer o controle da atuação administrativa e financeira do Poder Judiciário e do cumprimento dos deveres funcionais dos juízes.[21]

8) Segundo o STF, o CNJ pode determinar que Tribunal de Justiça exonere servidores nomeados sem concurso público para cargos em comissão que não se amoldam às atribuições de direção, chefia e assessoramento, contrariando o art. 37, V, da CF/88. Esta decisão do CNJ não configura controle de

19. Vencidos os Ministros Cármen Lúcia, relatora, Marco Aurélio e Luiz Fux, que concediam a segurança por reputarem que o CNJ não disporia de competência constitucional ou legal para obrigar, mediante deliberação administrativa, a adoção de determinada conduta pelo magistrado. Este último acrescentava haver intromissão de ato administrativo em reserva de legislação federal, o CPC, o que feriria o princípio da legalidade, além de criar atribuições indevidas aos magistrados. (MS 27621/DF, rel. Min. Cármen Lúcia, red. p/ o acórdão Min. Ricardo Lewandowski, **07.12.2011**)

20. **MS 28.872-AgR**, Rel. Min. Ricardo Lewandowski, julg. em **24.02.2011**, Plenário. Nesses termos, também o **MS nº 32.852 MC** julg. em **03.02.2014**.

21. MS nº 30.793/RJ julg. em 05.08.2014: Mandado de segurança. Administrativo. Ato do Conselho Nacional de Justiça. Procedimento de controle administrativo. Alteração do regimento interno do tribunal de justiça do Rio de Janeiro. Regra de competência jurisdicional. Alegação de incompetência do CNJ. Segurança concedida. Rel. Min. Cármen Lúcia.

constitucionalidade, sendo exercício de controle da validade dos atos administrativos do Poder Judiciário.[22]

9) O STF, no MS 28775/DF, afirmou que o CNJ, quando faz o controle administrativo de um concurso público, não pode substituir o papel do examinador e reavaliar os critérios de correção das provas. Logo, o CNJ não poderia ter recorrigido as provas subjetivas para dizer que as duas candidatas foram beneficiadas pelos critérios adotados pela comissão examinadora.[23]

10) Temos também que a 1ª Turma do STF no MS 33527/RJ decidiu que o CNJ não pode substituir a banca examinadora do concurso na escolha das questões, na correção de provas e nas atribuições de notas. Assim, ao Conselho Nacional de Justiça é proibido substituir o critério valorativo para escolha e correção das questões pela Banca Examinadora nos concursos públicos. Porém, o CNJ pode substituir, anular ou reformar decisões da banca do concurso que firam os princípios da razoabilidade, da igualdade, da legalidade, da impessoalidade, da moralidade e da publicidade. Isso porque a discricionariedade da banca de concurso não se confunde com arbitrariedade. Assim, se houver desrespeito aos princípios constitucionais da administração pública, será possível a plena revisão da decisão pelo Conselho. Como exemplo, o CNJ pode anular decisão do Tribunal de Justiça que, em concurso de cartório, deu interpretação equivocada a determinado item do edital e conferiu pontuação indevida a certos candidatos na fase de títulos. A pontuação conferida pela Comissão no TJ violava à Resolução do CNJ que regulamenta os concursos de cartório. Neste caso, o CNJ atuou dentro dos limites constitucionais do controle administrativo.[24]

11) Certo é que a Resolução **135 do CNJ** uniformizou as normas relativas ao procedimento administrativo disciplinar aplicável aos magistrados. Pois bem, a mesma foi objeto de impugnação pela AMB (Associação Brasileira dos Magistrados) na **ADI 4638**. O Ministro Marco Aurélio concedeu parcialmente medida liminar no que tange a alguns dispositivos da referida resolução determinando a suspensão dos mesmos. Em fevereiro de 2012 a liminar parcialmente concedida foi submetida a referendo do pleno do STF. Entre os temas da resolução, um dos mais polêmicos envolveu o art. 12 que diz respeito a possibilidade do CNJ **iniciar investigação contra magistrados independentemente da atuação da**

22. **Pet 4656/PB**, STF. Plenário. Rel. Min. Cármen Lúcia, julgado em **19.12.2016** (Informativo 851).
23. **MS 28775/DF,** STF. 2ª Turma. rel. orig. Min. Dias Toffoli, red. p/ o ac. Min. Ricardo Lewandowski, julgado em **17.10.2017**.
24. Informativo 895 do STF: "A Turma salientou que o CNJ, assim como o próprio Poder Judiciário, no exercício da atividade jurisdicional, não pode substituir a banca na questão valorativa, na questão de correção. Pode, no entanto, substituir, anular ou reformar decisões que firam os princípios da razoabilidade, da igualdade, da legalidade, da impessoalidade, da moralidade e da publicidade. Pontuou que a interpretação conferida pelo CNJ à Resolução 81/2009 é anterior ao edital do concurso público em discussão. Nesse contexto, os candidatos já sabiam previamente como os títulos seriam avaliados. Não houve ilegalidade porque a mudança não ofendeu o princípio da impessoalidade. A segurança jurídica, portanto, está preservada com a observância da interpretação do CNJ." STF. 1ª Turma. MS 33527/RJ, rel. p/ o acórdão Min. Alexandre de Moraes, julg. em 20.03.2018 (Info 895).

corregedoria do Tribunal, sem necessidade de fundamentar a decisão. A questão de fundo aventada foi: o CNJ teria competência **subsidiária** ou **concorrente** em relação aos tribunais para a investigação de magistrados?

No caso, os Ministros decidiram, por maioria de votos, que o CNJ pode iniciar investigação contra magistrados independentemente da atuação da corregedoria do Tribunal, sem necessidade de fundamentar a decisão. Ou seja, temos aí a definição da chamada competência **concorrente e originária** do CNJ para a investigação de juízes.[25] Portanto, a competência do CNJ é autônoma, não sendo subsidiária. Nesses termos, o CNJ pode atuar mesmo que não tenha sido dada oportunidade para que a corregedoria local pudesse investigar o caso.[26]

No que tange ao restante da análise dos artigos impugnados na ADI e objeto da medida liminar enfrentada pelo Relator, conforme os informativos 653 e 654 do STF, temos que: a) **Artigo 2º** Por maioria de votos, a Corte acompanhou o relator da ação e negou o pedido de liminar quanto ao artigo 2º da Resolução 135, para manter a vigência do dispositivo. A norma determina que: "Considera-se Tribunal, para os efeitos desta resolução, o Conselho Nacional de Justiça, o Tribunal Pleno ou o Órgão Especial, onde houver, e o Conselho da Justiça Federal, no âmbito da respectiva competência administrativa definida na Constituição e nas leis próprias"; b) **Artigo 3º, inciso V** Esse dispositivo estabelece como pena disciplinar – aplicáveis aos magistrados da Justiça Federal, da Justiça do Trabalho, da Justiça Eleitoral, da Justiça Militar, da Justiça dos estados e do Distrito Federal e Territórios – a aposentadoria compulsória. O Plenário do STF, por unanimidade dos votos, referendou a liminar proferida pelo ministro Marco Aurélio (relator) de forma a manter a eficácia do artigo 3º, inciso V, da Resolução 135, do Conselho Nacional de Justiça (CNJ); c) **Artigo 3º, parágrafo 1º** O dispositivo prevê a aplicação, a magistrados, de penas previstas na Lei 4.898/65 (Lei de Abuso de Autoridade), desde que não sejam incompatíveis com a Loman (Lei Orgânica da Magistratura). O ministro Marco Aurélio acolheu o pedido da AMB e suspendeu a aplicação desse dispositivo no caso de sanção administrativa civil, sob o argumento de que as penas aplicáveis a magistrados já estão previstas de forma taxativa na Loman. "A inobservância de qualquer dos deveres

25. No **MS 28.003,** julg. em 08.02.2012 o STF entendeu que o CNJ pode **obstar processamento de sindicância** em tramitação originária em tribunal e instaurar procedimento administrativo disciplinar com dispensa de sindicância. Nesses termos: *Consignou-se que, tendo em conta o princípio da hermenêutica constitucional dos "poderes implícitos", se a esse órgão administrativo fora concedida a faculdade de avocar processos disciplinares em curso, de igual modo, poderia obstar o processamento de sindicância em tramitação no tribunal de origem, mero procedimento preparatório. Ademais, realçou-se que, no caso, o CNJ concluíra pela existência de elementos suficientes para a instauração de processo administrativo disciplinar, com dispensa da sindicância. Já no MS 28.918 AgR/DF, julg. em 04.11.2014 em consonância com seu entendimento decidiu o STF que: I – É desnecessário esgotar as vias ordinárias para que o CNJ instaure processo de revisão disciplinar. II – Não se aplica a prescrição punitiva em perspectiva, sendo imprescindível a instauração do competente processo administrativo disciplinar, no qual serão apurados os fatos e indicada a infração para a qual teria concorrido o magistrado para, só então, verificar se houve a prescrição.* 1ª Turma do STF. Rel. Min. Dias Toffoli.
26. Ver também: **MS 30361 AgR/DF** 1ª Turma do STF. Rel. Min. Rosa Weber, julgado em **29.08.2017**.

administrativos gera penalidades estabelecidas na própria Lei Orgânica", disse. A maioria dos ministros acompanhou o voto do relator; d) **Artigo 4º** O artigo 4º, diz que o magistrado negligente estará sujeito à pena de advertência, censura ou pena mais grave, se a infração justificar. A vigência do dispositivo foi mantida, confirmando a decisão do relator, ministro Marco Aurélio que, nesse ponto, indeferiu o pedido de medida cautelar; e) **Artigo 20** O artigo 20, que também teve sua vigência mantida, diz que o julgamento de processo administrativo disciplinar contra magistrados será realizado em sessão pública. Os ministros confirmaram a decisão do relator que, também nesse ponto, indeferiu o pedido de medida cautelar; f) **Artigo 8º e 9º, parágrafos 2º e 3º** Os ministros por unanimidade mantiveram a vigência dos dispositivos, com o entendimento de que cabe ao órgão competente de cada tribunal a apuração de eventuais irregularidades cometidas por magistrados. Para os ministros, porém, não cabe ao CNJ definir de quem é a competência para proceder essa apuração no âmbito dos tribunais.; g) **Artigo 10** Por maioria de votos, o Plenário do STF decidiu manter a vigência do artigo 10 da Resolução 135/2011, do CNJ. Esse dispositivo trata da possibilidade de recurso nos casos mencionados nos artigos 8º e 9º da norma. O artigo diz que "das decisões referidas nos artigos anteriores caberá recurso no prazo de 15 dias ao Tribunal, por parte do autor da representação". Os ministros decidiram, contudo, excluir a parte final do dispositivo, dando interpretação conforme a Constituição ao artigo para que fique claro que podem recorrer das decisões mencionadas todos os interessados no procedimento, seja o autor da representação ou o magistrado acusado; h) **Artigo 12** Conforme já observado, Por 6 votos a 5, os ministros mantiveram a competência originária e concorrente do Conselho Nacional de Justiça (CNJ) para investigar magistrados, prevista no artigo 12 da Resolução 135/2011, do CNJ. O dispositivo, que havia sido suspenso na decisão liminar do relator da Ação Direta de Inconstitucionalidade (ADI) 4638, ministro Marco Aurélio, diz que "para os processos administrativos disciplinares e para a aplicação de quaisquer penalidades previstas em lei, é competente o Tribunal a que pertença ou esteja subordinado o magistrado, sem prejuízo da atuação do Conselho Nacional de Justiça"; i) **Artigo 14, parágrafos 3º, 7º, 8º e 9º; artigo 17, cabeça e incisos IV e V; e artigo 20, parágrafo 3º** Por maioria de votos, os ministros negaram referendo à liminar neste ponto e reconheceram a competência do Conselho Nacional de Justiça para regulamentar a instauração e instrução de processo disciplinar contra juízes. O tribunal local terá prazo de 140 dias para concluir o processo administrativo, prazo que poderá ser prorrogado por motivo justificado. O presidente e o corregedor do tribunal terão direito a voto e o processo não terá revisor. O magistrado que não apresentar defesa no prazo estipulado poderá ser declarado revel e sua defesa então será assumida por um defensor dativo; j) **Artigo 15, parágrafo 1º** Também por maioria de votos, vencida a Ministra Rosa Weber, os ministros referendaram a decisão do ministro Marco Aurélio em relação à suspensão do dispositivo que previa o afastamento cautelar do magistrado do cargo mesmo antes de instaurado o processo administrativo disciplinar contra ele. Essa possibilidade foi afastada; l) **Artigo 21, parágrafo único.** Na análise do último dispositivo questionado pela AMB, o Plenário decidiu, também por maioria de votos, que quando houver divergência do tribunal em relação à pena a ser aplicada ao magistrado, cada sugestão de pena deverá ser votada separadamente para que seja aplicada somente aquela que alcançar quórum de maioria absoluta na deliberação. Nesse ponto, o Plenário deu interpretação conforme ao dispositivo da Resolução 135 do CNJ para que não haja conflito com o que dispõe os incisos VIII e X do artigo 93 da Constituição da República de 1988.

12) No âmbito já definido de que a competência constitucional do CNJ para investigação é **autônoma (e não subsidiária)**, entendeu a 2ª turma do STF, no MS 28.513/DF, julgado em 15.09.2015, que é regular a designação de juiz auxiliar, seja ele originário do Judiciário estadual ou federal, para a condução de sindicância, por delegação do Corregedor Nacional de Justiça, ainda que o investigado seja magistrado federal. Nesse sentido, a autoridade delegada atua em nome do CNJ, sendo irrelevante, portanto, se é Juiz Estadual ou Federal.

13) Conforme o MS 32.724, julgado pela 2ª turma do STF, nos autos da ADI nº 4.638/DF, o Supremo Tribunal firmou o entendimento de que o Conselho Nacional de Justiça possui atribuição correicional **originária** e **autônoma**, no sentido de que seu exercício não se submete a condicionantes relativas ao desempenho da competência disciplinar pelos tribunais locais. Todavia, a par do poder censório inicial atribuído ao CNJ, tratou, ainda, a EC nº 45/04, de conferir ao Conselho Nacional de Justiça poder revisional (art. 103-B, § 4º, inciso V), que, por essência, se realiza a partir do julgamento disciplinar pelo órgão local, sob limite temporal de um ano, de modo que, uma vez julgada a questão pela corregedoria de origem, a continuidade de eventual apuração em curso no CNJ há de se conformar àquele prazo constitucional.

No caso já citado (em nota), temos a hipótese em que foi o CNJ cientificado da decisão proferida no procedimento disciplinar local em 7/8/2012, tendo, porém, adotado a primeira medida para revisão do julgado apenas em 23/12/2013, após, portanto, o decurso do lapso temporal constitucional. Nesses termos, a segurança foi concedida para anular a reclamação disciplinar.[27]

14) É importante explicitarmos decisão do STF no MS AgR **25.962,** julgado em **11.04.2013**, sobre a possibilidade de a União intervir em Mandados de segurança

27. MS 32724/DF, 2ª Turma do STF, Rel. Dias Toffoli julg. em 17.11.2015. Ver o MS 33565/DF, Rel. Min. Rosa Weber, julg. em 14.06.2016. Conforme o já citado RI do CNJ: *Art. 83. A revisão dos processos disciplinares será admitida: I – quando a decisão for contrária a texto expresso da lei, à evidência dos autos ou a ato normativo do CNJ; II – quando a decisão se fundar em depoimentos, exames ou documentos comprovadamente falsos; III – quando, após a decisão, surgirem fatos novos ou novas provas ou circunstâncias que determinem ou autorizem modificação da decisão proferida pelo órgão de origem. Art. 88. Julgado procedente o pedido de revisão, o Plenário do CNJ poderá determinar a instauração de processo administrativo disciplinar, alterar a classificação da infração, absolver ou condenar o juiz ou membro de Tribunal, modificar a pena ou anular o processo.*

em que o CNJ é a autoridade coatora. Nesses termos, entendeu o Pretório Excelso que a União pode intervir em mandado de segurança no qual o ato apontado como coator for do Conselho Nacional de Justiça – CNJ. No caso o Plenário do STF deu provimento, por maioria, a agravo regimental interposto de decisão do Min. Marco Aurélio, em que indeferido pleito formulado pela União, agravante, em mandado de segurança do qual relator. A União postulava a intimação pessoal do Advogado-Geral da União do acórdão concessivo da ordem e a abertura de prazo para eventual interposição de recurso.[28]

15) Entendeu a 2ª turma do STF no **MS 27.750/DF**, que o Conselho Nacional de Justiça não pode decidir, em procedimento administrativo, matéria **que já foi judicializada**, ou seja, que está sendo discutida em uma ação judicial. Nesse sentido, o CNJ tem atribuições de natureza exclusivamente administrativas, razão pela qual não lhe é permitido decidir questões que estejam submetidas à análise judicial. Se a questão já está sendo discutida em ação judicial, não cabe ao CNJ conhecer e apreciar a matéria, sob pena de ele estar assumindo funções jurisdicionais. Entendeu o STF que se a parte interessada não concorda com a decisão judicial ele dispõe de recursos para impugná-la, não podendo provocar o CNJ para interferir no assunto.[29] No mesmo sentido a 1ª turma do STF, no MS 28.845/DF, decidiu que não cabe ao Conselho Nacional de Justiça (CNJ), cujas atribuições são exclusivamente administrativas, o controle de controvérsia que está submetida à apreciação do Poder Judiciário.[30]

16) A Resolução nº 59/2008 do CNJ disciplinou e uniformizou o procedimento de interceptação de comunicações telefônicas e de sistemas de informática e telemática nos órgãos jurisdicionais do Poder Judiciário. Na ADI 4145, o STF entendeu que essa resolução é constitucional exceto no que diz respeito ao § 1º do art. 13, que prevê que *"não será admitido pedido de prorrogação de prazo de medida cautelar de interceptação de comunicação telefônica, telemática ou de informática durante o plantão judiciário, ressalvada a hipótese de risco iminente e grave à integridade ou à vida de terceiros, bem como durante o Plantão de Recesso previsto artigo 62 da Lei nº 5.010/66"*.

---

28. O caso envolveu writ impetrado contra ato do CNJ que anulara concurso público realizado por TJ estadual para preenchimento de cargos em serventias extrajudiciais de notas e de registros. Entendeu o STF que o aludido Conselho seria órgão de extração constitucional, destituído de personalidade jurídica e que integraria a estrutura institucional da União. Sublinhou-se que o pedido encontraria suporte, inclusive, no diploma que regularia o mandado de segurança. Por fim, considerou-se necessário intimar a União (Lei 12.016/2009: "Art. 7º, II). O Min. Ricardo Lewandowski acentuou que, sendo o ato atacado do CNJ, deveria ser defendido pela Advocacia-Geral da União. O Min. Luiz Fux enfatizou que o estado-membro poderia pedir sua intervenção. O Min. Celso de Mello sublinhou que a expressão "pessoa jurídica interessada" designaria a pessoa em cujo nome aquele ato fora praticado. Acrescentou que a União responderia por órgãos federais perante a jurisdição. MS AgR 25962 julg. em 11.04.2013.
29. MS nº 27.750/DF julg. em 24.06.2014 pela 2ª Turma do STF: *Ementa: mandado de segurança. Ato do Conselho Nacional de Justiça. Procedimento de controle administrativo sobre matéria submetida à apreciação do Poder Judiciário. Impossibilidade de atuação do Conselho, por dispor de atribuições exclusivamente administrativas. Segurança concedida. Rel. Min. Cármen Lúcia.*
30. MS 28845/DF, STF. 1ª Turma. Rel. Min. Marco Aurélio, julgado em **21.11.2017**.

Afirmou o STF que o CNJ é órgão interno de controle administrativo, financeiro e disciplinar da magistratura, possuindo natureza meramente administrativa. No âmbito de sua competência normativa, lhe é possível regular as rotinas cartorárias dos órgãos do Poder Judiciário, desde que isso não implique estender, para além da reserva legal, as hipóteses legalmente autorizadas de interceptação das comunicações. Por outro lado, o CNJ não pode criar obrigações que se estendam a órgãos estranhos ao Poder Judiciário. O ato normativo em questão (Resolução nº 59/2008), de modo geral, observou tais premissas, com exceção do § 1º do art. 13 da Resolução.

Nesses termos, em relação ao § 1º do art. 13 da Resolução nº 59/2008, decidiu o STF que o CNJ extrapolou sua competência normativa, adentrando em seara que lhe é imprópria. Assim desrespeitou: a) a competência legislativa estadual, no que concerne à edição das leis de organização judiciária locais (art. 125, § 1º, da CF/88); b) a competência legislativa na União para a edição de normas processuais (art. 22, I); c) a norma constante do art. 5º, XXXV, da CF, no que respeita à inafastabilidade da jurisdição.[31]

17) Decidiu a 2ª Turma do STF no **MS 32.721/DF**, que O CNJ, ao iniciar um processo disciplinar contra o magistrado, determinar o seu afastamento cautelar das funções por ele desempenhadas (de acordo com o art. 27 § 3º da LC 35/79), caso a continuidade do exercício do ofício judicante possa interferir no curso da apuração ou comprometer a legitimidade de sua atuação e a higidez dos atos judiciais.

Além disso, O CNJ pode instaurar processo disciplinar contra juiz para *apurar eventual parcialidade de suas decisões*. Nesses termos, a prerrogativa da *intangibilidade dos atos de conteúdo jurisdicional não é absoluta* e *não autoriza a prática de ilegalidades*. Ademais, a análise dos fatos a serem apurados pelo CNJ não avança sobre o mérito das decisões judiciais prolatadas pelo magistrado, mas sobre sua conduta, supostamente parcial. Embora os atos judiciais e a parcialidade de magistrado na condução do processo estejam sujeitos a medidas processuais específicas, como recursos, a atuação do juiz pode e deve ser objeto de exame disciplinar quando houver indícios de violação dos deveres funcionais determinados pela lei e pela Constituição.[32]

31. **ADI 4145/DF**, STF. Plenário. Rel. p/ o ac. Min. Alexandre de Moraes, julgado em **26.04.2018**.
32. MS nº 32.721/DF julg. em 11.11.2014 pela 2ª Turma do STF, Rel. Min. Cármen Lúcia. Conforme o Informativo 767: *"Ademais, a análise dos fatos a serem apurados pelo CNJ não avançaria sobre o mérito das decisões judiciais prolatadas pelo impetrante, mas sobre sua conduta, supostamente parcial. Embora os atos judiciais e a parcialidade de magistrado na condução do processo estivessem sujeitos a medidas processuais específicas, como recursos, a atuação do juiz poderia e deveria ser objeto de exame disciplinar quando houvesse indícios de violação dos deveres funcionais impostos pela lei e pela Constituição. A normalidade e juridicidade da atuação do magistrado interessariam não somente ao jurisdicionado, mas ao Judiciário e a toda a sociedade. O conteúdo das decisões judiciais estaria sujeito apenas ao exame judicial, mas essa garantia não constituiria imunidade do magistrado a permitir-lhe atuar em descompasso com a lei e a ética. Assim, não se poderia tolher prematuramente a atuação do CNJ, uma vez existentes elementos indiciários a recomendar apuração."*

18) Recentemente entendeu o STF, que não é seu papel fazer a revisão do mérito das decisões do CNJ. Assim, os atos e procedimentos do CNJ estão sujeitos apenas ao controle de legalidade por parte do STF. Nesses termos, mandado de segurança não se presta ao reexame de fatos e provas analisados pelo CNJ em processo disciplinar.[33]

19) Conforme o **MS 33.163,** julgado em **05.05.2015,** o STF não tem competência para processar e julgar ações decorrentes de ***decisões negativas*** (nada determina, nada aplica, nada ordena, nada invalida) do CNJ (e do CNMP que posteriormente será trabalhado na obra). Segundo decidiu a 1ª Turma do STF, se o conteúdo da decisão do CNJ (ou CNMP) for "negativo", ele não decidiu nada. E se não decidiu nada, não praticou ato algum. E se não praticou nenhum ato, não existe ato do CNJ (ou CNMP) a ser atacado no STF. Por exemplo, podemos ter um interessado se dirigindo ao CNJ (ou o CNMP) pedindo a revisão disciplinar de determinado ato administrativo praticado por membro do Poder Judiciário (Por exemplo: Presidente de TJ) ou do Ministério Público (por exemplo: Procurador Geral de Justiça). Esses Conselhos rejeitam o pedido e recusam-se a tomar qualquer providência no caso concreto alegando que ou **não têm competência para aquela situação** ou que o **ato atacado não possui qualquer vício ou ilegalidade que mereça ser reparado.** O entendimento adequado é o de que o ato a ser atacado é o originário (na instancia judicial competente) e não o do CNJ (ou CNMP) que foi de "cunho negativo".[34]

20) Aqui, é importante salientar, que o STF já adotou uma *interpretação restritiva* ao dispositivo normativo previsto no **art. 102, I, r da CR/88** (*Compete ao Supremo Tribunal*

33. **MS 35540/DF e MS 35521/DF**, STF. 2ª Turma. Rel. Min. Gilmar Mendes, julgados em **12.03.2019**. *No caso concreto, o CNJ instaurou procedimento de controle administrativo para apurar o caso e puniu as duas magistradas com a penalidade de aposentadoria compulsória alegando que elas foram negligentes na condução de determinado processo judicial. As magistradas impetraram mandado de segurança no STF. O STF julgou improcedente os dois mandados de segurança impetrados.*

34. Informativo 784 do STF: "*O Supremo Tribunal Federal não tem competência para processar e julgar ações decorrentes de **decisões negativas do CNMP e do CNJ**. Com base nessa orientação, a Primeira Turma, por maioria, **não conheceu de mandado de segurança impetrado para fins de anular decisão do CNMP** proferida em Reclamação para Preservação da Autonomia do Ministério Público – RPA, que mantivera avocação de inquérito civil público instaurado para investigar atos praticados no âmbito da administração superior de Ministério Público estadual. Na espécie, promotoras de justiça instauraram procedimento para apurar o encaminhamento, à Assembleia Legislativa, de projeto de lei que criara cargos em comissão e concedera aumento aos servidores comissionados do Ministério Público estadual, a afrontar o art. 37, II e V, da CF. Na sequência, o Colégio de Procuradores de Justiça reconheceu, em razão do disposto no § 1º do art. 8º da LC estadual 25/1998, a competência do decano para a condução do inquérito, ante a existência de investigação a respeito de possível prática de atos de improbidade por parte do Procurador-Geral de Justiça e dos demais membros da administração superior. Com base nessa decisão, o Procurador de Justiça decano avocou o inquérito civil público, que foi arquivado por ausência de ilegalidade, decisão homologada pelo CNMP estadual. Seguiu-se o ajuizamento de RPA em que pretendida a nulidade do ato de avocação, julgada improcedente. A Turma asseverou que não se trataria de negativa de acesso à jurisdição, mas as impetrantes não teriam acesso à jurisdição do STF. Reiterou o quanto decidido no MS 31453 AgR/DF (DJe de 10.2.2015), sentido de que o pronunciamento do CNJ – aqui, o CNMP, órgão similar – que consubstanciasse recusa de intervir em determinado procedimento, ou, então, que envolvesse mero reconhecimento de sua incompetência, **não faz instaurar, para efeito de controle jurisdicional, a competência originária do STF**.*" **MS 33163/DF** julg. em **05.05.2015**, 1ª Turma do STF, Rel. p/ac. Min. Roberto Barroso. No mesmo sentido: 2ª Turma do STF. **MS 33085/DF,** Rel. Min. Teori Zavascki, julgado em **20.09.2016**.

Federal, precipuamente, a guarda da Constituição, cabendo-lhe: r) as ações contra o Conselho Nacional de Justiça e contra o Conselho Nacional do Ministério Público). Vamos fazer um histórico dessa questão e apresentar ao final o posicionamento atual do STF.

O Pretório Excelso, a princípio, desenvolveu entendimento de que somente seria de competência do Pretório Excelso as demandas em que o próprio CNJ (que não possui personalidade jurídica própria) figure no polo passivo. Seriam os casos dos ***mandados de segurança, mandados de injunção, habeas corpus e habeas data*** contra ato do CNJ. Assim sendo, na hipótese de serem propostas ações ordinárias para impugnar atos do CNJ quem iria figurar como *ré* no processo é a União, e em virtude disso, tais demandas seriam julgadas pela ***Justiça Federal de 1ª instância***, com base no art. 109, I, da CR/88. Nesses termos, conforme, entre outros, o informativo 755:

> "A competência originária do Supremo Tribunal Federal, cuidando-se de impugnação a deliberações emanadas do Conselho Nacional de Justiça, tem sido reconhecida apenas na hipótese de impetração, contra referido órgão do Poder Judiciário (CNJ), de mandado de segurança, de "habeas data", de "habeas corpus" (quando for o caso) ou de mandado de injunção, pois, em tal situação, o CNJ qualificar-se-á como órgão coator impregnado de legitimação passiva "ad causam" para figurar na relação processual instaurada com a impetração originária, perante a Suprema Corte, daqueles "writs" constitucionais. Em referido contexto, o CNJ, por ser órgão não personificado, define-se como simples "parte formal" (...) Tratando-se, porém, de demanda diversa (uma ação ordinária, p. ex.), não se configura a competência originária da Suprema Corte, considerado o entendimento prevalecente na jurisprudência do STF, manifestado, inclusive, em julgamentos colegiados, eis que, nas hipóteses não compreendidas no art. 102, I, alíneas "d" e "q", da CR/88, a legitimação passiva "ad causam" referir-se-á, exclusivamente, à União Federal, pelo fato de as deliberações do CNJ serem juridicamente imputáveis à própria União Federal, que é o ente de direito público em cuja estrutura institucional se acha integrado o CNJ."[35]

É interessante que o Pretório Excelso afirmou em julgado que essa sua postura de interpretar restritivamente o art. 102, I, r, da CR/88 seria fundamental para resguardar a capacidade decisória do STF, e evitaria a banalização da jurisdição extraordinária e assim preservaria a própria funcionalidade da Corte.

Porém, com esse entendimento, até então, consolidado, o STF passou a reconhecer exceções:

1ª) O STF também já conheceu e julgou ***ação ordinária*** proposta por sindicato de servidores públicos contra uma decisão do CNJ. No caso concreto, foram apresentados dois argumentos (fundamentos) para fixar a competência no STF: a) O caso concreto discutia os poderes do CNJ para afastar lei inconstitucional. Se o STF não

35. **ACO 2373 AgR/DF**, 2ª Turma do STF, Rel. Min. Teori Zavascki, julg. em **19.08.2014.** Ver também: **AO 1814 QO,** Pleno do STF, julg. em **24.09.2014.** Ver também: *Ação anulatória. Ato administrativo do Conselho Nacional de Justiça que concedeu ajuda de custo nos casos de remoção a pedido dos magistrados e servidores. Incompetência do STF. Interpretação restritiva do art. 102, I, "r", da Constituição Federal.* STF. 2ª Turma. ACO 2148 AgR, Rel. Min. Gilmar Mendes, julgado em 30.09.2016

julgasse a causa, isso significaria conferir à Justiça Federal de 1ª instância a possibilidade de definir os poderes atribuídos ao CNJ para o cumprimento de sua missão, subvertendo, assim, a relação hierárquica constitucionalmente estabelecida; b) Além da ação ordinária proposta pelo Sindicato, diversos servidores impetraram mandados de segurança contra a decisão do CNJ. Assim, mesmo que a ação ordinária fosse remetida para a Justiça Federal de 1ª instância, continuariam no STF os mandados de segurança individuais. Desse modo, o mais recomendável seria a reunião dessas ações a fim de garantir, com a tramitação e o julgamento conjuntos, a prolação de decisões harmônicas sobre a legitimidade da situação jurídica afetada pelo CNJ.[36]

2ª) E posteriormente, na Rcl 15564 AgR/PR, a 1 ª Turma do STF decidiu que será de competência originária do STF julgar as ações ordinárias: *que impugnem atos do CNJ que possuam caráter normativo ou regulamentar; que desconstituam ato normativo de tribunal local; e que envolvam interesse direto e exclusivo de todos os membros do Poder Judiciário.*[37]

No caso concreto, o CNJ editou a Resolução nº 151 determinando que as remunerações, diárias, indenizações e quaisquer outras verbas pagas aos membros da magistratura e aos servidores do Poder Judiciário deveriam ser divulgadas na internet, com a indicação do nome do beneficiário. Pois bem, um determinado Sindicato de Servidores da Justiça propôs, na Justiça Federal de 1ª instância, uma ação ordinária contra a União, com o objetivo de impedir a divulgação dos nomes e das remunerações individualizadas de seus substituídos. Na ação, o sindicato pediu para afastar a aplicação da Resolução nº 151/2012 do CNJ. Acontece que União ingressou com reclamação no STF afirmando que não caberia à Justiça Federal de 1ª instância, mas sim ao próprio STF julgar a ação ordinária. No caso, a 1ª Turma do STF em 2019 julgou a reclamação procedente.[38]

Aqui é interessante que, no mesmo julgado a 1ª Turma do STF também decidiu que **não** são de competência do STF as demandas contra atos do CNJ: que atinjam

---

36. **Pet 4656/PB**, Plenário do STF, Rel. Min. Cármen Lúcia, julgado em **19.12.2016**.
37. **Rcl 15564 AgR**/PR, STF. 1ª Turma. Red. p/ o ac. Min. Luiz Fux, julgado em **10.09.2019** (Info 951). O mesmo raciocínio vale para o CNMP, conforme decisão monocrática do ministro Fux: *Reclamação. Constitucional. Administrativo. Processo administrativo disciplinar. Conselho Nacional do Ministério público. Impugnação. Competência. Art. 102, I, r, da constituição federal. Necessidade de preservação das competências constitucionais do CNMP. Precedentes. Fumus boni iuris. Risco ao resultado útil do processo administrativo. Tutela de urgência deferida. 1. O Conselho Nacional do Ministério Público (CNMP) é órgão de controle da atividade administrativa, financeira e disciplinar do Ministério Público. 2. A competência do STF prescrita no art. 102, I, r, da Constituição espelha um mecanismo assecuratório das funções do CNMP e da imperatividade de suas decisões, concebido no afã de que provimentos jurisdicionais dispersos não paralisem a eficácia dos atos do Conselho.3. Consectariamente, a competência originária desta Suprema Corte, prevista no art. 102, I, r, da Constituição não deve ser interpretada com foco apenas na natureza processual da demanda, mas, antes, no objeto do ato impugnado. Precedentes: Pet 4.656/PB, Rel. Min. Cármen Lúcia, Tribunal Pleno, DJe 04/12/2017; Rcl 15.564 AgR/PR, Rel. p/ o acórdão Min. Luiz Fux, Primeira Turma. 4. In casu: a) a controvérsia jurídico-constitucional reside em definir se esta Suprema Corte ostenta competência originária para processar e julgar ações ordinárias contra atos do CNMP de caráter individual; b) há risco ao resultado útil do processo administrativo instaurado pelo CNMP, consistente na aproximação do advento do prazo prescricional. 5. Tutela de urgência deferida.* Rcl 37840 MC/PR Julg 06.11.2019.
38. **Rcl 15564 AgR**/PR, STF. 1ª Turma. Red. p/ o ac. Min. Luiz Fux, julgado em **10.09.2019** (Info 951).

tão somente servidores dos órgãos fiscalizados ou mesmo as serventias extrajudiciais; que não digam respeito a interesse exclusivo de toda magistratura ou que revejam atos administrativos gerais dos tribunais, assim considerados os que não se sujeitam a regulamentação distinta do Poder Judiciário, de que seriam exemplo os relacionados a concursos públicos ou licitações dos tribunais locais.[39]

Assim sendo, tínhamos uma regra (de *interpretação restritiva* desenvolvida pelo STF) e **exceções**, obviamente, com as devidas peculiaridades dos casos.

Acontece que esse posicionamento teria se alterado na Rcl 15551 AgR/GO com decisão em 26.11.2019. Nesse julgado a 2ª Turma do STF afirmou que *compete ao STF apreciar ação ordinária ajuizada contra ato do Conselho Nacional de Justiça.*

A ministra Cármen Lúcia na decisão argumentou que o julgamento das questões surgidas do desempenho das atribuições do Conselho Nacional de Justiça é de competência do Supremo Tribunal Federal, não havendo no art. 102, I, "r", da CR/88 nenhuma restrição ou diferenciação quanto ao instrumento processual a ser utilizado. Quando a Constituição de 1988 quis restringir a competência do STF para determinados tipos de "ação", ela o fez expressamente, como é o caso do art. 102, I, "d" da CR/88. Na alínea "r" não houve, portanto, nenhuma restrição, razão pela qual não se deve fazer essa interpretação restritiva.[40]

Aqui registramos também argumentos que já tinham sido levantados pelo ministro Fux em decisão monocrática de 06.11.2019 na Rcl 37840 MC/PR. Afirmou o ministro que:

> Neste mister, para a interpretação do art. 102, I, r, da Constituição Federal, o elemento definidor da competência originária desta Corte *não deve se pautar na natureza processual da demanda, e sim no objeto dos atos do CNMP ou CNJ impugnados.* É que a dispersão das ações ordinárias contra atos do órgão de controle nos juízos federais de primeira instância tem o condão de subverter a posição que foi constitucionalmente outorgada ao Conselho, fragilizando sua autoridade institucional. Por certo, a própria efetividade da missão constitucional do CNMP ou do CNJ *restaria prejudicada quando seus atos e deliberações são submetidos à jurisdição de membros e órgãos subordinados a sua atividade fiscalizatória.* Em síntese, ao menos neste juízo sumário, vislumbro na competência do STF prescrita no art. 102, I, r, da Constituição um mecanismo assecuratório das funções do CNMP e do CNJ e da imperatividade de suas decisões, concebido

39. **Rcl 15564 AgR**/PR, STF. 1ª Turma. Red. p/ o ac. Min. Luiz Fux, julgado em **10.09.2019** (Info 951).
40. **Rcl 15551 AgR/GO**, STF. 2ª Turma. Rel. Min. Cármen Lúcia, julgado em **26.11.2019**. "*A Segunda Turma, em conclusão e por maioria, negou provimento a agravo regimental em reclamação para determinar a competência do STF para apreciar ação ordinária ajuizada contra ato do Conselho Nacional de Justiça (CNJ) (Informativos 796 e 809). Na espécie, o CNJ anulou resolução administrativa de tribunal e determinou a suspensão de processo de escolha de desembargador no âmbito daquela Corte. A justiça comum de primeira instância, então, deferiu liminar em ação ordinária ajuizada para suspender a referida decisão do CNJ. O Colegiado afirmou que a Constituição Federal de 1988 (CF) conferiu ao CNJ a competência para exercer o controle da atuação administrativa do Poder Judiciário (CF, art. 103-B, § 4º, II). Outrossim, o julgamento das questões relativas ao desempenho das atribuições daquele órgão compete ao STF, não havendo, conforme inferido do disposto no art. 102, I, r, da CF, restrição ao instrumento processual a ser utilizado, como ocorre com as autoridades mencionadas na alínea d do mesmo dispositivo constitucional.*" (Informativo 961)

> no afã de que provimentos jurisdicionais dispersos não paralisem a eficácia dos atos do Conselho. (...)

Nesses termos, duas questões aventadas foram importantes: 1) A definição da competência originária da Corte não *dever se pautar na natureza processual da demanda, mas sim no objeto dos atos do CNJ ou CNMP impugnados; 2)* Possível fragilização institucional do CNJ (e também CNMP) por estarem sendo submetidos a controle dos juízes de 1ª instancia. *Ou seja, a missão constitucional do CNJ (e CNMP) restaria prejudicada quando seus atos e deliberações são submetidos à jurisdição de membros e órgãos subordinados a sua atividade fiscalizatória.*

Na sequência e no mesmo sentido de ruptura em 27.11.2019, o ministro Gilmar Mendes, na ADI 4412/DF, concedeu medida cautelar para determinar "*a **suspensão de todas as ações ordinárias,** em **trâmite na justiça federal,** que impugnem atos do CNJ praticados no âmbito de suas competências constitucionais estabelecidas no art. 103-B, § 4º, da CF*".

Para o Ministro, como base nos precedentes acima mencionados, percebe-se que o STF está fazendo uma *revisão de sua jurisprudência* desta Corte quanto à competência para julgar as ações envolvendo os atos dos Conselhos constitucionais. Segundo propôs o Ministro Gilmar Mendes, passaria a ser de competência do STF julgar as ações que impugnem os atos do CNJ relacionados às diretrizes constitucional-administrativas, mais notadamente ao § 4º do art. 103-B da CR/88.[41]

Pois bem, em 18.11.2020 o STF se manifestou novamente sobre a questão. Entedemos que esse é o posicionamento o atual do STF e o que deve ser seguido.[42]

Decidiu o Pretório Excelso, que compete ao STF processar e julgar originariamente ações propostas contra o CNJ e contra o CNMP no exercício de suas atividades-fim. Nos termos do art. 102, I, "r", da Constituição Federal, é competência exclusiva do STF processar e julgar, originariamente, todas as ações ajuizadas contra decisões do Conselho CNJ e do CNMP proferidas no exercício de suas competências constitucionais, respectivamente, previstas nos arts. 103-B, § 4º, e 130-A, § 2º, da CR/88.[43]

Afirmou o STF, que a Constituição não discriminou quais ações contra o CNJ e contra o CNMP seriam da alçada do STF, do que se extrai ter procurado fixar atribuição mais ampla para a análise de tais demandas. Essa leitura é corroborada pelo fato de que, quando pretendeu restringir a competência do Tribunal apenas às ações mandamentais, o constituinte o fez de forma expressa. Nesses termos, na alínea "r" do art.102, I da CR/88, não houve nenhuma restrição, razão pela qual não se deve fazer essa interpretação restritiva.

41. **ADI 4412 MC,** STF. Decisão monocrática. Rel. Min. Gilmar Mendes, julgado em **27.11.2019**.
42. **Pet 4770 AgR/DF**, STF. Plenário. Rel. Min. Roberto Barroso, julg. em **18.11.2020** (Inf. 1000). **Rcl 33459 AgR/PE**, STF. Plenário. red. p/ o ac. Min. Gilmar Mendes, julg. em **18.11.2020** (Inf. 1000).
43. **Pet 4770 AgR/DF**, STF. Plenário. Rel. Min. Roberto Barroso, julg. em **18.11.2020** (Inf. 1000). **Rcl 33459 AgR/PE**, STF. Plenário. red. p/ o ac. Min. Gilmar Mendes, julg. em **18.11.2020** (Inf. 1000).

Porém, isso não significa que a Corte deva afirmar sua competência para conhecer toda e qualquer ação ordinária contra atos daqueles conselhos constitucionais.

Para o STF, a regra de competência deve ser interpretada de acordo com os fins que justificaram sua edição. A competência se justifica sempre que indagados atos de cunho finalístico, concernentes aos objetivos precípuos de sua criação, a fim de que a posição e a proteção institucionais conferidas ao Conselho não sejam indevidamente desfiguradas.[44]

Assim sendo, a outorga da atribuição ao Supremo para processar e julgar ações contra os Conselhos é mecanismo constitucional delineado pelo legislador com o objetivo de proteger e viabilizar a atuação desses órgãos de controle. A realização da missão constitucional ficaria impossibilitada ou seriamente comprometida se os atos por eles praticados estivessem sujeitos ao crivo de juízos de primeira instância. Não raramente, a atuação do CNJ recai sobre questões locais delicadas e que mobilizam diversos interesses. O distanciamento das instâncias de controle jurisdicional é elemento essencial para o desempenho apropriado das funções.[45]

Ademais, entendeu o STF, que o órgão de controle atua em questões de abrangência nacional que demandam tratamento uniforme e ação coordenada. Por essa razão, não poderiam ser adequadamente enfrentadas por juízos difusos.

Nesses termos, a submissão de atos do CNJ à análise de órgãos jurisdicionais distintos do STF representaria a subordinação da atividade da instância fiscalizadora aos órgãos e agentes públicos por ele fiscalizados, o que subverte o sistema de controle proposto constitucionalmente. Deve ser mantida a higidez do sistema e preservada a hierarquia e a autoridade do órgão de controle.

Portanto, a conclusão atual do STF, é a de que compete ao STF julgar as ações ajuizadas contra decisões do Conselho CNJ e do CNMP (não importando se ações ordinárias ou *writs* constitucionais), mas desde que proferidas no exercício de suas competências constitucionais, o que está previsto nos arts. 103-B, § 4º, e 130-A, § 2º, da CR/88.[46]

21) Sobre o art. 102, I, "r", da CR/88, temos ainda que, conforme externalizado no MS nº 28495/PR, presente no Informativo 923 do STF, como regra geral, o controle dos atos do CNJ pelo STF somente se justifica nas hipóteses de: a) inobservância do devido processo legal; b) exorbitância das competências do Conselho Nacional de Justiça; e c) injuridicidade ou manifesta irrazoabilidade do ato impugnado. Nesses termos:

> *Com base nesse entendimento, a Primeira Turma, por maioria de votos, denegou a segurança e revogou liminar anteriormente concedida. O mandado de segurança foi*

44. **Pet 4770 AgR/DF**, STF. Plenário. Rel. Min. Roberto Barroso, julg. em **18.11.2020** (Inf. 1000). **Rcl 33459 AgR/PE**, STF. Plenário. red. p/ o ac. Min. Gilmar Mendes, julg. em **18.11.2020** (Inf. 1000).
45. **Pet 4770 AgR/DF**, STF. Plenário. Rel. Min. Roberto Barroso, julg. em **18.11.2020** (Inf. 1000). **Rcl 33459 AgR/PE**, STF. Plenário. red. p/ o ac. Min. Gilmar Mendes, julg. em **18.11.2020** (Inf. 1000).
46. **Pet 4770 AgR/DF**, STF. Plenário. Rel. Min. Roberto Barroso, julg. em **18.11.2020** (Inf. 1000). **Rcl 33459 AgR/PE**, STF. Plenário. red. p/ o ac. Min. Gilmar Mendes, julg. em **18.11.2020** (Inf. 1000).

impetrado contra decisão do CNJ que negou pedido de desmembramento de procedimento de controle administrativo (PCA) a envolver elevado número de interessados em procedimentos individuais. O procedimento foi instaurado para apuração da regularidade de serventias judiciais a serem exploradas em caráter privado após a Constituição de 1988. Os impetrantes sustentaram que a recusa à individualização do procedimento ofende as garantias constitucionais do contraditório, da ampla defesa e do devido processo legal, bem como a Lei 9.784/1999. Além disso, traduz inobservância ao Verbete 3 da Súmula Vinculante do Supremo. A Turma asseverou que o fato de o procedimento de controle administrativo contar com número elevado de partes interessadas não viola o devido processo legal, o contraditório ou a ampla defesa. Ademais, o prejuízo à defesa deve ser analisado concretamente à luz das especificidades do caso. (...) Na decisão do PCA, o CNJ analisou todos os argumentos suscitados na defesa, que diziam respeito à: (1) competência do CNJ para apreciar a legalidade dos atos de admissão dos serventuários; (2) incidência do prazo decadencial quinquenal para anulação dos atos de nomeação; (3) manutenção das nomeações em homenagem à confiança legítima, à boa-fé, ao ato jurídico perfeito e ao direito adquirido; (4) aplicabilidade imediata ou não do art. 31 do Ato das Disposições Constitucionais Transitórias (ADCT); (5) legalidade dos atos do Tribunal de Justiça do Paraná; (6) habilitação em concurso público; (7) aplicação de outros precedentes à espécie."[47]

22) Recentemente na ADI 4412, decidiu o STF, pela constitucionalidade do art.106 do Regimento Interno do CNJ. Essa norma afirma que: *o CNJ determinará à autoridade recalcitrante, sob as cominações do disposto no artigo anterior, o imediato cumprimento de decisão ou ato seu, quando impugnado perante outro juízo que não o Supremo Tribunal Federal.*[48]

Para o STF, a previsão do art. 106 do Regimento Interno do CNJ (RICNJ) decorre do exercício legítimo de poder normativo atribuído constitucionalmente ao órgão formulador da política judiciária nacional.

A aludida norma nada mais faz do que explicitar o alcance do art. 102, I, "r", da CF, impedindo que decisões proferidas ao arrepio das regras constitucionais de competência — portanto, flagrantemente nulas — comprometam o bom desempenho das atribuições do CNJ.

Nesses termos, permitir que decisões administrativas do CNJ sejam afastadas liminarmente por órgãos absolutamente incompetentes implicaria, indiretamente, a inviabilização do exercício de suas competências constitucionais.

Portanto, o CNJ pode determinar à autoridade recalcitrante o cumprimento imediato de suas decisões, ainda que impugnadas perante a Justiça Federal de primeira instância, quando se tratar de hipótese de competência originária do STF.[49]

47. **MS 28.495/PR**, STF. 1ª Turma. Rel. p/ o ac. Min. Roberto Barroso, julg. em **13.11.2018**. (Informativo 923).
48. **ADI 4412/DF**, STF. Plenário. Rel. Min. Gilmar Mendes, julgado em **18.11.2020** (Informativo 1000) Exemplo: *CNJ determinou a vacância de determinada serventia registral ("cartório") afirmando que o atual titular (registrado) encontra-se indevidamente investido porque não foi aprovado em concurso. Esse registrador ingressa com ação na Justiça Federal e obtém uma decisão provisória por meio da qual ele pode continuar no cartório. Por força desse art. 106 do Regimento Interno, o CNJ poderá ordenar que o registrador e o Tribunal de Justiça cumpram imediatamente a sua decisão administrativa independentemente da decisão proferida pelo Juiz Federal. Isso porque a decisão do CNJ somente poderia ser revertida pelo STF, nos termos do art. 102, I, "r", da CR/88. Dizer o Direito*, Informativo 1000.
49. **ADI 4412/DF**, STF. Plenário. Rel. Min. Gilmar Mendes, julgado em **18.11.2020** (Informativo 1000).

23) É mister, ainda, explicitarmos a composição do CNJ. A mesma, também expressa constitucionalmente, é consubstanciada por 15 (quinze) membros com mandato de 2 (dois) anos, admitida uma recondução.[50]

Ressalvado o **Presidente do STF,** que nos termos da **EC nº 61/09** necessariamente comporá o **CNJ** os demais membros, nos termos do **art. 103-B, § 2º** da CR/88 serão nomeados pelo **Presidente da República** após **aprovação** da escolha pela **maioria absoluta** do Senado Federal.

Esses membros, é bom esclarecermos, não irão pertencer apenas ao Poder Judiciário. Assim sendo, são **9 (nove)** membros do Poder Judiciário e **6 (seis)** membros que não são do Poder Judiciário, dentre estes temos **4 (quatro)** das chamadas **funções essenciais à Justiça** (dois membros do Ministério Público e dois advogados) e **2 (dois)** representantes do povo, advindos de escolha do Poder Legislativo (um indicado pela Câmara dos Deputados e um indicado pelo Senado Federal).

Nesse sentido, nos termos da **Emenda Constitucional nº 61/09, teremos:** I – um Ministro do Supremo Tribunal Federal que, conforme **dicção constitucional, será (obrigatoriamente)o Presidente do STF**[51]; II – um Ministro do Superior Tribunal de Justiça, indicado pelo respectivo tribunal; III – um Ministro do Tribunal Superior do Trabalho, indicado pelo respectivo tribunal; IV – um desembargador de Tribunal de Justiça, indicado pelo Supremo Tribunal Federal; V – um juiz estadual, indicado pelo Supremo Tribunal Federal; VI – um juiz de Tribunal Regional Federal, indicado pelo Superior Tribunal de Justiça; VII – um juiz federal, indicado pelo Superior Tribunal de Justiça; VIII – um juiz de Tribunal Regional do Trabalho, indicado pelo Tribunal Superior do Trabalho; IX – um juiz do trabalho, indicado pelo Tribunal Superior do Trabalho; X – um membro do Ministério Público da União, indicado pelo Procurador-Geral da República; XI um membro do Ministério Público estadual, escolhido pelo Procurador-Geral da República dentre os nomes indicados pelo órgão competente de cada instituição estadual; XII – dois advogados, indicados pelo Conselho Federal da Ordem dos Advogados do Brasil; e XIII – dois cidadãos, de notável saber jurídico e reputação ilibada, indicados, um pela Câmara dos Deputados e outro pelo Senado Federal.

---

50. Nos termos da **EC nº61/2009**. Com a mesma, não há que se falar na restrição de idade que outrora existia (idade mínima de 35 e máxima de 66 anos). A restrição, portanto, só pode ser a originária **para os cargos** que tem assento no CNJ. Por exemplo: é claro que o Ministro do STJ não poderá ser nomeado com 76 anos visto que com 75 ela entra na compulsória e aposenta-se no próprio STJ.

51. O **Presidente do STF** a partir da **EC nº 61/2009** será um membro natural (nato) do **CNJ** (sempre o Presidente do STF será **membro e Presidente do CNJ**). Com isso, a interpretação adequada da **EC nº 61/2009** é a de que o Presidente do STF **não terá** que ser **sabatinado e aprovado pela maioria absoluta do Senado Federal**. Entendemos que a EC nº 61/09 acaba por adequar a sistemática do CNJ ao funcionamento do STF. Nos moldes anteriores à EC nº 61/2009 se fosse escolhido para o CNJ um Ministro do STF que não fosse o Presidente do STF, teríamos **2 Ministros** sem (excluídos) distribuição de processos no STF (O Presidente do STF e o Ministro que estaria servido no CNJ). A rigor, só **9 (nove) Ministros** teriam **distribuição** de processos no STF!

Em termos **procedimentais**, temos que o Conselho (como já citado) será **presidido** pelo **Presidente do STF**[52]. Reza ainda na **Emenda Constitucional nº 61/09** que: "O Conselho será presidido pelo **Presidente do Supremo Tribunal Federal** e, nas suas ausências e impedimentos, pelo **Vice-Presidente do Supremo Tribunal Federal.**" Aqui, temos a consideração de que a Presidência do CNJ estará sempre **conectada** ao Supremo Tribunal Federal (seja ao seu Presidente ou na falta desse ao Vice-Presidente)

Já o Ministro do **Superior Tribunal de Justiça**, pertencente ao **CNJ**, exercerá a função de **Ministro-Corregedor** e ficará excluído da distribuição de processos no Tribunal, competindo-lhe, além das atribuições que lhe forem conferidas pelo Estatuto da Magistratura, as seguintes: receber as reclamações e denúncias, de qualquer interessado, relativas aos magistrados e aos serviços judiciários; exercer funções executivas do Conselho, de inspeção e de correição geral; requisitar e designar magistrados, delegando-lhes atribuições, e requisitar servidores de juízos ou tribunais, inclusive nos Estados, Distrito Federal e Territórios. Além disso, reza na Constituição que, junto ao CNJ, **oficiarão o Procurador-Geral da República**[53] **e o Presidente do Conselho Federal da Ordem dos Advogados do Brasil.** Estes obviamente não poderão ser membros do Conselho (como membros das funções essenciais à justiça), justamente em virtude da dicção, ora citada.[54]

Certo é que, logo após o surgimento da Emenda nº 45/04, que nos trouxe o Conselho Nacional de Justiça, foi questionada a constitucionalidade do mesmo. A Associação dos Magistrados do Brasil (AMB) ingressou com ADI contra a criação do CNJ, apresentando, sobretudo, os seguintes argumentos: a criação de um órgão de cúpula do Poder Judiciário, composto por membros de fora do Judiciário[55] e por

---

52. É interessante afirmar, nos termos da EC n° 61/2009, que no art. 103-B § 1° da CR/88 não consta mais a previsão de que o Ministro do STF que presidirá o Conselho votará apenas em caso de desempate. Essa matéria foi deixada para o regimento interno do CNJ.

53. Conforme o MS 33736: *O Procurador-Geral da República não possui legitimidade ativa para impetrar mandado de segurança em que se questione decisão que reconheça a prescrição da pretensão punitiva em processo administrativo disciplinar. Esse o entendimento da Segunda Turma, que, em conclusão de julgamento e por maioria, não conheceu de mandado de segurança impetrado pelo Procurador-Geral da República, em face de ato do CNJ, que arquivara procedimento disciplinar instaurado por tribunal, em razão da prescrição da pretensão punitiva administrativa. (...) O Colegiado afirmou que o Procurador-Geral da República não tem legitimidade para a impetração, pois não é o titular do direito líquido e certo que afirmara ultrajado. Ressaltou que não basta a demonstração do simples interesse ou atuação como "custos legis", uma vez que os direitos à ordem democrática e à ordem jurídica não são de titularidade do Ministério Público, mas de toda a sociedade.* 2ª Turma do STF. Rel. Min. Cármen Lúcia, julg em **21.06.2016.**

54. Conforme o **MS nº 25.879,** temos que: *I. Mandado de segurança contra ato do Conselho Nacional de Justiça: arquivamento de petição que pretendia a anulação de decisão judicial, por alegado vício processual atribuído aos Ministros do Superior Tribunal de Justiça: indeferimento. 1. Ainda que disponha o art. 103-B, § 6º, da Constituição Federal que "junto ao Conselho oficiarão o Procurador-Geral da República e o Presidente do Conselho Federal da Ordem dos Advogados do Brasil", a ausência destes às sessões do Conselho não importa em nulidade das mesmas. (...)* (Rel. Min. Sepúlveda Pertence. Julg. em 23.08.2006).

55. Na ação, a AMB explicitou que: *a criação de um conselho de Justiça de composição heterogênea para exercer o "controle externo" do Judiciário já ocorreu diversas vezes na história recente do país, nos estados de Sergipe, Ceará, Paraíba, Pará e Mato Grosso. Em todos os casos, afirma a AMB, o STF julgou procedentes ações diretas de inconstitucionalidades ajuizadas contra a iniciativa. Os precedentes trazidos foram: ADIs nºs 135, 137 (MC), 98, 197 e 251. Além disso, o próprio STF no parâmetro estadual já sumulou, justamente, em virtude dessas ADIs no* ***verbete nº 649*** *que: "É inconstitucional a criação, por constituição estadual, de órgão de controle administrativo do Poder Judiciário do qual participem*

magistrados de diferentes instâncias (composição híbrida e heterogênea), contraria o princípio da separação e independência dos Poderes (estabelecido no art. 2 da CR/88) e o pacto federativo (art. 18 da CR/88)[56]. Com isso, a autonomia e a independência do Poder Judiciário restariam afetadas pelo Constituinte derivado, vislumbrando-se, aí, um inconstitucional desequilíbrio entre os Poderes, que afetaria até mesmo a democracia resguardada em nosso Estado de Direito.

Certo é que, por maioria de votos (7 votos), o STF, na **ADI 3367**, declarou constitucional a criação do CNJ, declarando improcedente a ADI contra o mesmo.[57] O relator da ADI, Ministro Cezar Peluso, explicitou em seu voto que, sobretudo:

a) O CNJ não possui competência jurisdicional, ou seja, não exerce função típica do Judiciário. Conforme positivado pela normativa constitucional, ressaltou o Ministro que o Conselho tem duas atribuições: controlar a atividade administrativa e financeira do Judiciário e fazer controle ético-disciplinar de seus membros. Na sua avaliação, nenhuma delas fere a autonomia do Judiciário. Nesse sentido, literalmente afirma que: "Não se pode confundir autonomia e independência do Judiciário com o seu isolamento social."[58]

b) No que tange à composição do Conselho Nacional de Justiça, formado por juízes em sua maioria, o Ministro Cezar Peluso abordou a presença de não magistrados, afirmando que a presença dos mesmos acaba por "oxigenar" o Poder Judiciário e não, como alegado, interferir na sua autonomia. Nesses termos: "pode ser que tal presença seja capaz de erradicar um dos mais evidentes males dos velhos organismos de controle, em qualquer país do mundo: o corporativismo, essa moléstia institucional que obscurece os procedimentos investigativos, debilita as medidas sancionatórias e desprestigia o Poder." Assim, o STF deixa assente que a vedação

---

representantes de outros poderes ou entidades." É interessante que na ADI 137 a MC foi confirmada em decisão de mérito em 03.04.2014, mantendo o entendimento da súmula nº 649 do STF.

56. Conforme AMB: *"A subordinação existente no Judiciário, dado o seu caráter nacional, restringe-se à função jurisdicional e às limitações impostas pelo próprio legislador constituinte originário, como o da limitação da remuneração dos magistrados."*

57. Conforme a **ADI 3367**: [...] 2. *Ação direta. Emenda Constitucional nº 45/2004. Poder Judiciário. Conselho Nacional de Justiça. Instituição e disciplina. Natureza meramente administrativa. Órgão interno de controle administrativo, financeiro e disciplinar da magistratura. Constitucionalidade reconhecida. Separação e independência dos Poderes. História, significado e alcance concreto do princípio. Ofensa a cláusula constitucional imutável (cláusula pétrea). Inexistência. Subsistência do núcleo político do princípio, mediante preservação da função jurisdicional, típica do Judiciário, e das condições materiais do seu exercício imparcial e independente. Precedentes e Súmula 649. Inaplicabilidade ao caso. Interpretação dos arts. 2º e 60, § 4º, III, da CR. Ação julgada improcedente. Votos vencidos. São constitucionais as normas que, introduzidas pela EC nº 45, de 8 de dezembro de 2004, instituem e disciplinam o CNJ, como órgão administrativo do Poder Judiciário nacional. 3. Poder Judiciário. Caráter nacional. Regime orgânico unitário. Controle administrativo, financeiro e disciplinar. Órgão interno ou externo. Conselho de Justiça. Criação por Estado membro. Inadmissibilidade. Falta de competência constitucional. Os Estados-membros carecem de competência constitucional para instituir, como órgão interno ou externo do Judiciário, conselho destinado ao controle da atividade administrativa, financeira ou disciplinar da respectiva Justiça.* [...] Julg. em 13.04.2005. Rel. Min. Cezar Peluso.

58. Nesses termos, afirmou ainda que: "são antigos os anseios da sociedade pela instituição de um órgão superior, capaz de formular diagnósticos, tecer críticas construtivas e elaborar programas que, no limite de suas responsabilidades constitucionais, deem respostas dinâmicas e eficazes aos múltiplos problemas comuns em que se desdobra a crise do Poder."

constante na **Súmula nº 649**[59] estaria afeta apenas às Constituições estaduais, não encontrando assento na Constituição da República de 1988.

c) No que tange à alegação que contraria o pacto federativo (art. 18 e também por digressão o art. 60, § 4º, I da CR/88), em virtude da submissão do Poder Judiciário nos Estados à supervisão administrativa e disciplinar do Conselho Nacional de Justiça, decidiu o Ministro Cezar Peluso pela improcedência de tal assertiva. Segundo o relator da ADI nº 3367 (no que foi acompanhado pela maioria dos ministros), tanto o Conselho bem como a Justiça nos Estados integram um mesmo poder (o Judiciário). Sendo assim, o CNJ é concebido e estruturado como um órgão do Poder Judiciário nacional e não da União. Com isso, teríamos não a anulação, mas o "reforço do princípio federativo". Certo é que, o Ministro Cezar Peluso concluiu seu voto afirmando que, além do já exposto, um fundamento (razão) importante que o convenceu (da constitucionalidade do CNJ) foi o fato de a EC nº 45 atribuir ao Supremo Tribunal Federal a palavra final sobre os atos julgados pelo Conselho Nacional de Justiça, podendo, inclusive, revogar tais atos (art. 102, I, "r", da CR/88).[60] Nesses termos, conforme a decisão:

> *(...) 4. Poder Judiciário. Conselho Nacional de Justiça. Órgão de natureza exclusivamente administrativa. Atribuições de controle da atividade administrativa, financeira e disciplinar da magistratura. Competência relativa apenas aos órgãos e juízes situados, hierarquicamente, abaixo do Supremo Tribunal Federal. Preeminência deste, como órgão máximo do Poder Judiciário, sobre o Conselho, cujos atos e decisões estão sujeitos a seu controle jurisdicional. Inteligência dos art. 102, caput, inc. I, letra "r", e § 4º, da CR. O Conselho Nacional de Justiça não tem nenhuma competência sobre o STF e seus ministros, sendo esse o órgão máximo do Poder Judiciário nacional, a que aquele está sujeito. 5. Poder Judiciário.*[61]

3. GARANTIAS

A doutrina divide as **garantias** do **Poder Judiciário** em garantias **institucionais** e **dos membros**. Essas garantias visam a preservar o Poder Judiciário no que tange à sua independência e no que diz respeito ao exercício funcional do seu mister. Essas garantias estão fundadas no princípio da separação dos Poderes. Elas acabam por ter por finalidade última a preservação do próprio Estado Democrático de Direito.

59. Conforme a já citada **Súmula nº 649** do STF: "É inconstitucional a criação, por constituição estadual, de órgão de controle administrativo do Poder Judiciário do qual participem representantes de outros poderes ou entidades."
60. É interessante que o próprio STF já decidiu que não é competente para ser **instância revisora** de denúncias sobre comportamento de magistrados que já foram apreciadas e rejeitadas pelo CNJ, que é o órgão competente para tal. Nesses termos, o MS nº 26.605 [...] 7. *Em boa verdade, pretende a impetrante ver discutidas no STF denúncias sobre comportamento de magistrados que já foram apreciadas e rejeitadas pelo órgão competente para tal (o CNJ).* ***Competência que não se insere no rol taxativo de atribuições conferidas a esta Casa pela Constituição da República*** *(art. 102). 8. Por tudo quanto posto, nego trânsito ao presente mandado de segurança, restando prejudicada a apreciação da medida liminar (§ 1º do art. 21 do RI/STF). Publique-se. Brasília, 18.08.2006.* Rel. Min. Carlos Ayres Britto. No mesmo sentido (de **não ser instância revisora de toda e qualquer decisão do CNJ**), decidiu o STF no **MS AgR 30.844** julg. em **19.12.2012**.
61. ADI 3367, STF, Pleno, Julg. em 13.04.2005. Rel. Min. Cezar Peluso.

Certo é que o primeiro indício de que o país está perdendo (claudicando) a democracia ocorre quando o Poder Judiciário está se enfraquecendo. Sem dúvida, este é o primeiro Poder (de forma explícita ou mesmo sub-reptícia) que é atacado e usurpado por um Estado autocrático (ou em vias de se tornar autocrático). Ou seja, quando passamos por uma crise institucional, tal que não há possibilidade de questionamento de atos ilegais, abusivos ou mesmo arbitrários, sejam eles, por exemplo, administrativos ou legislativos, é porque a própria permanência do princípio democrático se encontra em xeque. Portanto, defender o Judiciário é defender a democracia.

3.1. Garantias Institucionais

As garantias institucionais envolvem a instituição como um todo, ou seja, a sua organização institucional por completo. Essas garantias serão explicitadas numa tríade, que envolve, basicamente, a autonomia funcional, administrativa e financeira do Poder Judiciário. Sem dúvida, essas autonomias permitem que o Judiciário, enquanto instituição, desenvolva seu mister de forma independente.

De início, temos que, com base na autonomia administrativa e funcional (auto-organização), os próprios Tribunais vão eleger seus órgãos diretivos.[62] Sem dúvida há um autogoverno, na medida em que eles irão elaborar seus respectivos regimentos internos, bem como organizar suas secretarias e serviços auxiliares e os dos juízos que lhes forem vinculados[63], velando pelo exercício da atividade correcional respec-

---

62. Porém, devemos ficar atentos, pois na **ADI 4108** o STF referendou decisão concessiva de liminar proferida pelo Min. Gilmar Mendes, para suspender os §§ 2º e 3º do art. 100 do Regimento interno do Tribunal de Justiça de MG. Nesses termos: *Referidos dispositivos estabelecem, respectivamente, que a eleição para Presidente e Vice-Presidente do Tribunal, Corregedor-Geral de Justiça e Vice-Corregedor, "será feita entre os membros integrantes da metade mais antiga da Corte Superior que ainda não tenham exercido o cargo, sendo considerado eleito o desembargador que obtiver a maioria de votos da totalidade dos membros do Tribunal Pleno" e que "a metade referida no parágrafo anterior será apurada depois de excluídos os desembargadores inelegíveis, os impedidos e os que, antecipadamente, declararem que não são candidatos". Entendeu-se que os preceitos impugnados, ao ampliar o rol de magistrados aptos a serem eleitos para os cargos de direção daquela Corte, afrontam, em princípio, o disposto no art. 93 da CR, por tratar de matéria reservada à lei complementar de iniciativa do STF, bem como não observam o art. 102 da Lei Orgânica Nacional da Magistratura – LOMAN (LC 35/79), que prevê a eleição de magistrados para os cargos de direção dos tribunais de forma diversa.* Decisão de 02.02.2009. Informativo 534 do STF. Outra questão interessante, está presente no Informativo 593 do STF e envolve a ***inelegibilidade para cargos de direção nos tribunais***. Nesses termos: *mandado de segurança. Conselho Nacional de Justiça. art. 102 da Loman. Condições de elegibilidade para cargo de direção em tribunal. Inelegibilidade configurada com exercício de dois mandatos, ainda que incompletos. Segurança denegada. I – o art. 102 da Loman ao se referir à inelegibilidade daqueles que exerceram cargos de direção "por quatro anos" deve ser entendido como "por dois mandatos". II – Assim, o exercício de dois mandatos em cargo de direção no tribunal torna o desembargador inelegível, salvo se não houver outros desembargadores elegíveis ou que aceitem o cargo. III – Segurança denegada.* MS 27593/DF julg. em **01.07.2010**.
63. É constitucional lei estadual que confere poderes ao Conselho da Magistratura para atribuir aos **juizados da infância e juventude** competência para processar e *julgar **crimes de natureza sexual** praticados contra criança e adolescente, nos exatos limites da atribuição que a CR/88 confere aos tribunais.* Com base nesse entendimento, a 2ª Turma do STF *denegou habeas corpus em que se discutia a incompetência absoluta de vara especializada para processar e julgar o paciente pela suposta prática de delito de atentado violento ao pudor contra menor (CP, artigos 214 e 224). Reputou-se que não haveria violação aos princípios constitucionais da legalidade, do juiz natural e do devido processo legal, visto que a leitura interpretativa do art. 96, I, a, da CR/88 admitiria a alteração da competência dos órgãos do Poder Judiciário por deliberação dos tribunais. Consignou-se que a especialização de varas consistiria em*

tiva; prover, na forma prevista nesta Constituição, os cargos de juiz de carreira da respectiva jurisdição; prover, por concurso público de provas, ou de provas e títulos, conforme a Constituição, os cargos necessários a administração da justiça; propor a criação de novas varas judiciárias;[64] conceder licença, férias e outros afastamentos a seus membros e aos juízes e servidores que lhes forem imediatamente vinculados.

Além disso, ainda como exemplos, nos termos do art. 96, II da CR/88, compete ao Supremo Tribunal Federal, aos Tribunais Superiores e aos Tribunais de Justiça propor ao Poder Legislativo respectivo, observado o disposto no art. 169 da CR/88: a) a alteração do número de membros dos tribunais inferiores; b) a criação e a extinção de cargos e a remuneração dos seus serviços auxiliares e dos juízos que lhes forem vinculados, bem como a fixação do subsídio de seus membros e dos juízes, inclusive dos tribunais inferiores, onde houver; c) a criação ou extinção dos tribunais inferiores; d) a alteração da organização e da divisão judiciárias.[65]

No que tange à autonomia financeira, temos que incumbirá aos Tribunais elaborarem suas propostas orçamentárias dentro dos limites estipulados, conjuntamente com os demais Poderes na lei de diretrizes orçamentárias.[66] O encaminhamento da proposta, ouvidos os outros tribunais interessados, compete: a) no âmbito da União, aos Presidentes do Supremo Tribunal Federal e dos Tribunais Superiores, com a aprovação dos respectivos tribunais; b) no âmbito dos Estados e no do Distrito Federal e Territórios, aos Presidentes dos Tribunais de Justiça, com a aprovação dos respectivos tribunais.

Nesses termos, resta claro que Poder Judiciário, dentro dos limites estabelecidos na LDO, decide qual será a proposta de seu orçamento que será encaminhada ao parlamento para ser votada. Aqui, ressaltamos que o Poder Judiciário no âmbito federal não envia a sua proposta orçamentária diretamente para o Congresso Nacional, pois a CR/88 estabelece que o Poder Judiciário irá aprovar a sua proposta orçamentária e encaminhá-la ao chefe do Poder Executivo. Esse irá consolidar, ou seja, reunir em

---

alteração de competência territorial em razão da matéria, e não em alteração de competência material, regida pelo art. 22 da CR/88. HC 113.018/RS, julg. em **29.10.2013**.

64. Ressalvamos aqui que não há possibilidade de **alteração do número de Ministros do STF** por **legislação infraconstitucional**. Nesses termos, qualquer tipo de modificação só poderá ocorrer por **Emenda Constitucional**.

65. *"A Constituição do Estado do Ceará previa que os escrivães de entrância especial teriam seus vencimentos fixados de modo a não exceder a 80% do que fosse atribuído aos juízes da entrância inferior, aplicando-se o mesmo limite percentual para os escrivães das demais entrâncias. O STF decidiu que essa regra é inconstitucional por violar o art. 37, XIII, da CR/88, que proíbe a vinculação ou equiparação de quaisquer espécies remuneratórias de pessoal do serviço público e também por violar a iniciativa legislativa do Poder Judiciário* (art. 96, II, 'b', da CR/88)". STF. Plenário. **ADI 145/CE**, Rel. Min. Dias Toffoli, julgado em **20.06.2018**.

66. Nesses termos, o STF na decisão da medida cautelar na **ADI 1911** deixou assente que: *Ação direta de inconstitucionalidade. Medida cautelar. Impugnação dirigida contra a lei de diretrizes orçamentárias do estado do paraná, que fixou limite de participação do poder judiciário no orçamento geral do estado sem a sua intervenção. Afronta ao § 1º do art. 99 da CR/88. O STF, em duas oportunidades (ADIMC 468-9, Rel. Min. Carlos Velloso, e ADIMC 810-2, Rel. Min. Francisco Rezek), deferiu a suspensão cautelar da vigência de disposições legais que fixaram limite percentual de participação do Poder Judiciário no Orçamento do Estado sem a intervenção desse Poder. A hipótese dos autos ajusta-se aos precedentes referidos, tendo em vista que se trata de impugnação dirigida contra a Lei de Diretrizes Orçamentárias do Estado do Paraná para o exercício de 1999, que fixou o limite de 7% (sete por cento) de participação do Poder Judiciário na receita geral do Estado totalmente à sua revelia. Cautelar deferida.* Julg: 19.11.1998.

um único projeto de Lei Orçamentária, as propostas orçamentárias do Executivo, do Judiciário, do Ministério Público e da Defensoria, e irá encaminhar o projeto para ser apreciado pelo Poder Legislativo. O Poder Legislativo detém a possibilidade de emendar a proposta da lei orçamentária. Assim sendo, conforme o STF, o que se deve observar é se as modificações no projeto (via emendas) estão ou não de acordo com as condicionantes (restrições) exigidas nos termos do art. 166 da CR/88. Justamente por isso, temos recente decisão do STF, no sentido de que salvo em situações graves e excepcionais, não cabe ao Poder Judiciário, sob pena de violação ao princípio da separação de Poderes, interferir na função do Poder Legislativo de definir receitas e despesas da Administração Pública, emendando projetos de leis orçamentárias, quando atendidas as condições previstas no art. 166, §§ 3º e 4º, da CR/88.[67]

No caso em comento, o Plenário do STF, por maioria, reputou improcedente pedido formulado na ADI 5468 ajuizada em face da Lei 13.255/2016 (Lei Orçamentária Anual), na parte em que prevê o orçamento da Justiça do Trabalho. Referida norma,

67. ADI 5468/DF, Pleno do STF, Rel. Min. Luiz Fux, julgado em **29 e 30.06.2016**. No caso concreto, no momento das discussões sobre a Lei Orçamentária Anual de 2016 (Lei nº 13.255/2016), o Congresso Nacional promoveu um corte de 90% nas despesas de investimento e de 24,9% nas despesas de custeio fixadas para a Justiça do Trabalho. Assim sendo, o TST remeteu ao Poder Executivo a proposta orçamentária que deveria ser adotada para a Justiça do Trabalho e o Presidente da República a encaminhou ao Parlamento. Porém, o Congresso Nacional, alegando dificuldades decorrentes da crise econômica no país, decidiu reduzir drasticamente o orçamento da Justiça do Trabalho. Diante disso, a Associação Nacional dos Magistrados da Justiça do Trabalho (Anamatra) ajuizou ação direta de inconstitucionalidade no STF afirmando que a redução do orçamento afeta a independência e a autonomia do Poder Judiciário, garantidos no art. 99 da CF/88, ao desconsiderar a proposta orçamentária encaminhada pelo Tribunal Superior do Trabalho (TST). Conforme o informativo 832 do STF: *"A jurisdição constitucional não deteria capacidade institucional e não poderia empreender, no controle abstrato, a tarefa de coordenação entre o planejamento plurianual e as leis de diretrizes orçamentárias. Ao reconhecer a possibilidade de o Poder Legislativo emendar proposições da lei orçamentária (CF, art. 166 e parágrafos), a CF teria estabelecido suas condicionantes. E o Poder Legislativo deteria titularidade e legitimidade institucional para debater a proposta orçamentária consolidada pelo chefe do Poder Executivo, com a especificação de valores e dotações a serem destinadas às múltiplas atividades estatais. Nesse ponto, frisou que o ato complexo de elaboração conjunta significa que o Poder Judiciário envia sua proposta, o Poder Executivo a consolida e o Poder Legislativo a arbitra. Não haveria, portanto, afronta à separação de Poderes. Assinalou que as normas procedimentais quanto ao processo legislativo teriam sido atendidas, observada a iniciativa da proposição com respeito formal à autonomia administrativa e financeira da Justiça do Trabalho. O Plenário rejeitou, ainda, a alegação de suposta ofensa à divisão funcional de Poder, uma vez que a autonomia orçamentária do Poder Judiciário também teria sido respeitada. Reputou que o STF admitiria o controle material das espécies legislativas orçamentárias, o que corresponderia a uma tendência recente na jurisprudência da Corte. Destacou que o Colegiado teria acentuado a possibilidade de controle abstrato de constitucionalidade de normas orçamentárias (ADI 4.048 MC/DF, DJe de 22.8.2008). Enfatizou que, embora a fundamentação apresentada no relatório final da Comissão Mista de Planos e Orçamentos Públicos e Fiscalização do Congresso Nacional ostente motivação ideológica enviesada, esse ato, "per si", não vincularia os parlamentares das Casas Legislativas do parlamento federal. (...) Segundo o Colegiado, ainda quando se avalia cada um dos subprincípios da proporcionalidade — necessidade, adequação e proporcionalidade em sentido estrito —, a redução do orçamento público destinado a órgãos e programas orçamentários em decorrência de contexto de crise econômica e fiscal não configuraria abuso do poder legislativo. Assentou não terem sido demonstrados excessos quanto às modificações realizadas em matéria de programação orçamentária, as quais seriam dependentes do conteúdo socioeconômico do País em dado momento histórico. Afastou, por conseguinte, as alegações de que a atuação parlamentar relativamente às dotações da justiça do trabalho seriam discriminatórias, uma vez que o discrímen legislativo seria compatível com a sistemática constitucional vigente. (...) A Corte salientou não ter verificado abusividade na atuação do Poder Legislativo. Além disso, a função de definir receitas e despesas do aparato estatal seria uma das mais tradicionais e relevantes dentre os poderes constituídos e deveria ser preservada pelo Poder Judiciário, sob pena de indevida e ilegítima tentativa de esvaziamento de típica função parlamentar. Ademais, não haveria impedimentos a ajustes nas dotações da Justiça do Trabalho ainda nesse exercício financeiro, haja vista que a Constituição também possibilita a autorização de crédito suplementar ou especial durante a execução da lei orçamentária (...)."*

ao estimar a receita e fixar a despesa da União para o exercício financeiro de 2016, estabeleceu corte da ordem de 90% nas despesas de investimento e de 24,9% nas despesas de custeio daquela justiça especializada.

Outro caso interessante envolveu a recente decisão de medida liminar no MS nº 34.483º em que o STF deferiu parcialmente a medida liminar, assegurando-se ao Poder Judiciário do Estado do Rio de Janeiro o direito de receber, até o dia 20 de cada mês, em duodécimos, os recursos correspondentes às dotações orçamentárias, sendo, contudo, facultado ao Poder Executivo fazer um desconto de 19,6% da Receita Corrente Líquida prevista na Lei Orçamentária Anual. Entendeu o Pretório Excelso que a crise do Estado do Rio de Janeiro e a queda na arrecadação não justificam que o Poder Executivo deixe de repassar o duodécimo ao Poder Judiciário. No entanto, deve ser autorizado que o Executivo diminua os valores a serem entregues ao TJ de forma proporcional à redução que houve na arrecadação inicialmente prevista pela Lei Orçamentária Anual.[68]

Decidiu o STF que no caso não faz sentido que, diante de uma situação de déficit orçamentário (a realização do orçamento foi muito inferior ao previsto), o Poder Executivo reduza seu orçamento e o Poder Judiciário continue com seu duodécimo calculado com base na previsão da receita que não foi a verificada na prática. Havendo frustração de receita, o ônus deve ser compartilhado de forma isonômica entre todos os Poderes. Em suma, a base de cálculo dos duodécimos deve observar o valor real de efetivo desempenho orçamentário e não o valor fictício previsto na lei orçamentária.[69]

Na sequência da análise sobre a autonomia financeira, conforme a Constituição, nos termos da Emenda nº 45/04, se os órgãos do Poder Judiciário descritos anteriormente não encaminharem as respectivas propostas orçamentárias, no prazo estabelecido na lei de diretrizes orçamentárias, o Poder Executivo considerará, para fins de consolidação da proposta orçamentária anual, os valores aprovados na lei orçamentária vigente, ajustados de acordo com os limites estipulados na forma do art. 99 § 1º da CR/88. Se as propostas orçamentárias de que trata esse artigo forem encaminhadas em desacordo com os limites estipulados na forma desse referido artigo, o Poder Executivo procederá aos ajustes necessários para fins de consolidação da proposta orçamentária anual.

Certo é que, também por diretriz constitucional, durante a execução orçamentária do exercício, não poderá haver a realização de despesas ou a assunção de obrigações que extrapolem os limites estabelecidos na lei de diretrizes orçamentárias, exceto se previamente autorizadas, mediante a abertura de créditos suplementares ou especiais.

Por último, é importante salientar que a Emenda nº 45/04 reforçou a autonomia do Poder Judiciário, explicitando que as custas e emolumentos serão destinados exclusivamente ao custeio dos serviços afetos às atividades específicas da Justiça.

---

68. MS 34483-MC/RJ Pleno do STF, Rel. Min. Dias Toffoli, julgado em **22.11.2016**. (Informativo 848 do STF)
69. MS 34483-MC/RJ Pleno do STF, Rel. Min. Dias Toffoli, julgado em **22.11.2016**. (Informativo 848 do STF)

3.2. Garantias dos membros

As garantias dos membros do Poder Judiciário são a: b.1) vitaliciedade; b.2) inamovibilidade, e b.3) irredutibilidade de subsídios. Além destas, temos, ainda, as vedações que também podem ser entendidas como garantias.

3.2.1. A vitaliciedade

Pode ser definida pela capacidade dos membros da Magistratura de somente perderem o cargo por decisão judicial transitada em julgado. A **vitaliciedade** somente é alcançada após 2 anos de efetivo exercício da magistratura, isto é, o cumprimento do estágio probatório (da magistratura). Certo é que, nos dois anos em que está no referido estágio, o magistrado pode perder o cargo por decisão administrativa do próprio Tribunal no qual está alocado.

Aqui, é mister esclarecermos que a vitaliciedade se difere da chamada estabilidade. Esta é alcançada com três anos de efetivo exercício da atividade (estágio probatório) e deixa assente que o indivíduo (dotado de estabilidade) pode perder o cargo através de decisão em um processo administrativo ou processo judicial transitado em julgado. Assim, não pode ser demitido ***ad nutum*** e sem o devido processo administrativo, no qual haverá uma necessária tipificação. Já a vitaliciedade, como já dito, se remete ao fato de que somente pode-se perder o cargo face a procedimento judicial, com sentença transitada em julgado.

Além disso, é mister ainda esclarecermos que: há a necessidade do cumprimento de dois anos de efetivo exercício da magistratura apenas no 1º grau da magistratura. Assim sendo, os juízes de 2º grau e os juízes de Tribunais Superiores adquirem a vitaliciedade após a posse no tribunal, sejam eles quais forem (de carreira ou por nomeação do quinto, terço e etc.). Portanto, como exemplo, os juízes nomeados pelo quinto constitucional se tornarão vitalícios no momento em que tomarem posse, ou mesmo um Ministro do STF, nomeado pelo Presidente da República se tornará vitalício no ato da posse[70]. Por último, resta considerarmos que a vitaliciedade tem um abrandamento (uma relativização) em nosso ordenamento constitucional, à luz do art. 52, II, da CR/88. Nesse sentido, os Ministros do STF podem perder o cargo em virtude de condenação por crime de responsabilidade, através de decisão do Senado Federal, não havendo a necessidade de decisão judicial transitada em julgado para tal.[71]

---

70. Informativo **659 do STF**: "O foro especial por prerrogativa de função não se estende a magistrados aposentados. Essa a conclusão do Plenário ao, por maioria, negar provimento a recurso extraordinário, afetado ao Pleno pela 1ª Turma, no qual desembargador aposentado insurgia-se contra decisão da Corte Especial do STJ, que declinara de sua competência para julgar ação penal contra ele instaurada, pois não teria direito à referida prerrogativa pelo encerramento definitivo da função". RE 549.560 julg: **22.03.2012**. Rel. Min Dias Toffoli.

71. Nos termos da Lei nº 1.079/50 em seu **art. 80**, temos que: Nos **crimes de responsabilidade** do Presidente da República e dos Ministros de Estado, a **Câmara dos Deputados** é **tribunal de pronuncia e o Senado Federal, tribunal de julgamento**; nos **crimes de responsabilidade** dos Ministros do Supremo Tribunal Federal e do Procurador Geral da República, **o Senado Federal é, simultaneamente, tribunal de pronuncia e julgamento.**

3.2.2. *Inamovibilidade*

Os juízes somente podem ser removidos ou promovidos por vontade (iniciativa) própria. Nesses termos, eles não podem ser removidos ou promovidos ***ex officio*.** Com isso, o juiz não é obrigado a deixar a comarca em que está. Porém, existe uma exceção. Reza a Constituição que o ato de remoção, disponibilidade e aposentadoria do magistrado, por interesse público, fundar-se-á em decisão por voto da maioria absoluta do respectivo Tribunal ou do Conselho Nacional de Justiça, assegurada ampla defesa. Essas possibilidades, estão alocadas nos art. 103-B, § 4º, III, e art. 93, VIII, da CR/88.[72]

Aqui, é interessante ressaltar, que o **CNJ**, seguindo posicionamento tradicional, entende que a garantia da inamovibilidade **não** alcança os juízes substitutos. Porém, essa questão **foi objeto de debate no STF em 03.02.2011.** Nesses termos, em sede de MS impetrado por magistrado substituto do Mato Grosso **contra ato do CNJ,** o Ministro relator Ricardo Lewandowski, entendeu que a garantia da **inamovibilidade se estende aos juízes substitutos.** Já o Ministro Marco Aurélio votou em **sentido contrário,** sob pena de desnaturação do da própria figura do juiz substituto. Nos termos do referido informativo: "(...) Em divergência, o Min. Marco Aurélio denegou a ordem por considerar que a inamovibilidade não guardaria pertinência com o cargo de juiz substituto, haja vista que o juiz seria nomeado substituto para atender às necessidades de substituição. Ressaltou que assentar que o juiz substituto goza da prerrogativa inerente à inamovibilidade descaracterizaria o próprio cargo por ele ocupado e que eventual abuso do poder se resolveria em outro campo, sendo que cada Estado poderia ter a organização judiciária, limitando a movimentação do juiz substituto. (...)" Após, pediu vista dos autos o Ministro Ayres Britto. Pois bem, em **17.05.2012** a questão foi resolvida, com a definição de que a inamovibilidade alcança tanto os juízes titulares como os juízes substitutos, conforme à ementa: "Mandado de Segurança. Ato do Conselho Nacional de Justiça que considerou a inamovibilidade garantia apenas de juiz titular. Inconstitucionalidade. A inamovibilidade é garantia de toda a magistratura, incluindo o juiz titular e o substituto. Concessão da segurança. I – **A inamovibilidade é, nos termos do art. 95, II, da Constituição Federal, garantia de toda a magistratura, alcançando não apenas o juiz titular, como também o substituto.** II – O magistrado só poderá ser removido por designação, para responder por determinada vara ou comarca ou para prestar auxílio, com o seu consentimento, ou, ainda, se o interesse público o exigir, nos termos do inciso VIII do art. 93 do Texto Constitucional. III – Segurança concedida."[73]

72. Até o advento da **Emenda nº 45** em 2004 exigia-se o quórum de 2/3 dos membros do Tribunal para a remoção. Atualmente há a necessidade somente da maioria absoluta para tal. Uma outra questão é que até o advento da Emenda nº 45 só o Tribunal poderia realizar esses atos. Atualmente, conforme acima citado, o CNJ também é dotado dessa atribuição.
73. **MS 27.958/DF** Rel. Min. Ricardo Lewandowski. Julg. em **17.05.2012**.

3.2.3. *A irredutibilidade dos subsídios*[74]

Conforme a Constituição, aos magistrados é garantida a irredutibilidade de subsídios, ressalvado o disposto nos arts. 37, X e XI, 39, § 4º, 150, II, 153, III, e 153, § 2º, I da CR/88. Isso garante, ao mesmo, o exercício de suas funções jurisdicionais sem ser pressionado por questões atinentes à sua remuneração. Porém, aqui, existem duas correntes a respeito. Alguns magistrados defendem a tese de que tal irredutibilidade deve ser entendida como real, enquanto outros defendem a tese de que tal irredutibilidade é jurídica. Na irredutibilidade real, o subsídio tem que estar sempre adequado à correção monetária (enquadramento monetário contínuo) mensal, semestral, anual, enfim a qualquer veículo indexador que exista em relação à inflação e compense todas as perdas reais. Portanto, advogam os da primeira corrente que o salário do magistrado deve ser, todo mês, semestre ou ano, incrementado adequadamente à luz de uma reposição exata que evite perdas. Assim, seria feita uma análise do processo inflacionário, e, com base numa correção monetária rígida e adequada, a remuneração deveria ser adequada à perda sofrida. Isso é irredutibilidade real. A outra tese, que advoga em defesa da irredutibilidade jurídica, diz que o subsídio do magistrado não pode ser diluído ou reduzido em termos nominais. Quer dizer, não se pode mudar meramente os números. À luz de uma perspectiva nominal e jurídica, teríamos como exemplo: um Juiz Federal, que ganha 27 mil Reais, não pode no próximo mês ganhar 20 mil Reais. Aqui não haveria uma atualização real indexada ao processo corrosivo de perdas que comumente afeta a todos. A tese da irredutibilidade jurídica (ou nominal) é a adotada pelo STF. O fundamento é que não se pode criar um privilégio, um *plus* (um algo a mais) para uma única classe profissional no Brasil.

Aqui é interessante também observarmos que o STF já afirmou que o art. 65, § 2º da LOMAN (LC 35/1979), ao vedar a concessão de adicionais ou vantagens pecuniárias nela não previstas, não proíbe que as leis estaduais prevejam o pagamento de verbas de natureza indenizatória aos magistrados estaduais.[75]

Existem também garantias do Poder Judiciário que são explicitadas sob a forma de **vedações**. Estas, nem por isso, deixam de ser garantias para o devido exercício da magistratura de forma adequada e imparcial. Nesse sentido, ao juiz é vedado:[76]

a) Exercer, ainda que em disponibilidade, outro cargo ou função, salvo uma de magistério. Essa vedação atinge tanto o exercício de cargos públicos quanto

74. Essa garantia, conforme a Constituição, também é assegurada aos membros do Ministério Público, aos oficiais das forças armadas, aos militares dos Estados, do DF e Territórios, bem como aos Ministros dos Tribunais de Contas e via de regra aos servidores públicos. A mesma Constituição afirma ainda que há a irredutibilidade de salários aos empregados urbanos e rurais, salvo convenção ou acordo coletivo.

75. Com base nesse entendimento, o STF considerou válida previsão de lei estadual que concede aos magistrados o direito de serem ressarcidos pelos cofres públicos em relação às despesas médicas, cirúrgicas e odontológicas que realizem e que excedam o custeio coberto pelo Instituto de Previdência do Estado do Mato Grosso. STF. MS 27463/MT, 1ª T., Rel. Min. Marco Aurélio, julg. em 10.05.2016.

76. Entendemos que essas vedações também serão extensivas aos membros do CNJ no *iter* de seus respectivos mandatos no Conselho.

o de natureza privada. No que tange à função de magistério, na ADI nº 3.126, o STF deixou assente que o objetivo de tal restrição constitucional é o de impedir o exercício da atividade de magistério que se revele incompatível com os afazeres da magistratura.[77] Portanto, a questão envolve, segundo Pretório Excelso, a compatibilidade de horários e deve ser analisada caso a caso, não dizendo respeito a uma obrigatoriedade numérica de exercer o magistério em uma única instituição de ensino.[78]

Ainda, no que tange a essa vedação, a doutrina pátria cita a Resolução nº 10 do CNJ (publicada em 19 de dezembro de 2005) como um importante documento normativo. Esta explicitou que: fica vedado o exercício pelos integrantes do Poder Judiciário de funções (com ou sem remuneração) nos Tribunais de Justiça Desportiva e em suas Comissões Disciplinares. Além disso, estabeleceu que os membros do Poder Judiciário que exercessem essas funções nos Tribunais de Justiça Desportiva e em suas Comissões Disciplinares deveriam se desligar das mesmas (dos referidos órgãos) até o dia 31 de dezembro de 2005. Observamos aí o princípio da dedicação exclusiva, observada obviamente a ressalva da função de magistério.[79]

---

77. **ADI nº 3.126**: *Ação Direta de Inconstitucionalidade ajuizada contra a Resolução nº 336, de 2.003, do Presidente do Conselho da Justiça Federal, que dispõe sobre o acúmulo do exercício da magistratura com o exercício do magistério, no âmbito da Justiça Federal de primeiro e segundo graus. 2. Alegação no sentido de que a matéria em análise já encontra tratamento na Constituição Federal (art. 95, parágrafo único, I), e caso comportasse regulamentação, esta deveria vir sob a forma de lei complementar, no próprio Estatuto da Magistratura. 3. Suposta incompetência do Conselho da Justiça Federal para editar o referido ato, porquanto fora de suas atribuições definidas no art. 105, parágrafo único, da Carta Magna.* ***4. Considerou-se, no caso, que o objetivo da restrição constitucional é o de impedir o exercício da atividade de magistério que se revele incompatível com os afazeres da magistratura. Necessidade de se avaliar, no caso concreto, se a atividade de magistério inviabiliza o ofício judicante. 5. Referendada a liminar, nos termos em que foi concedida pelo Ministro em exercício da presidência do Supremo Tribunal Federal, tão-somente para suspender a vigência da expressão "único (a)", constante da redação do art. 1º da Resolução no 336/2003, do Conselho de Justiça Federal.*** (Rel. Min. Gilmar Mendes. Julg. em 17.02.2005).
78. Ver também **Resolução nº 34 do CNJ** de 24.04.2007, que dispões sobre o exercício de atividade do magistério pelos integrantes da magistratura nacional.
79. Conforme o **MS nº 25 938,** julg. em 24.04.2008, temos que: Ementa: Mandado de Segurança. Resolução n. 10/2005, do Conselho Nacional de Justiça. Vedação ao exercício de funções, por parte dos magistrados, em tribunais de justiça desportiva e suas comissões disciplinares. Estabelecimento de prazo para desligamento. Norma proibitiva de efeitos concretos. Inaplicabilidade da Súmula n. 266 do Supremo Tribunal Federal. Impossibilidade de acumulação do cargo de juiz com qualquer outro, exceto o de magistério. 1. A proibição jurídica é sempre uma ordem, que há de ser cumprida sem que qualquer outro provimento administrativo tenha de ser praticado. O efeito proibitivo da conduta – acumulação do cargo de integrante do Poder Judiciário com outro, mesmo sendo este o da Justiça Desportiva – dá-se a partir da vigência da ordem e impede que o ato de acumulação seja tolerado. 2. *A Resolução n. 10/2005, do Conselho Nacional de Justiça, consubstancia norma proibitiva, que incide, direta e imediatamente, no patrimônio dos bens juridicamente tutelados dos magistrados que desempenham funções na Justiça Desportiva e é caracterizada pela autoexecutoriedade, prescindindo da prática de qualquer outro ato administrativo para que as suas determinações operem efeitos imediatos na condição jurídico-funcional dos Impetrantes.* Inaplicabilidade da Súmula n. 266 do Supremo Tribunal Federal. 3. As vedações formais impostas constitucionalmente aos magistrados objetivam, de um lado, proteger o próprio Poder Judiciário, de modo que seus integrantes sejam dotados de condições de total independência e, de outra parte, garantir que os juízes dediquem-se, integralmente, às funções inerentes ao cargo, proibindo que a dispersão com outras atividades deixe em menor valia e cuidado o desempenho da atividade jurisdicional, que é função essencial do Estado e direito fundamental do jurisdicionado. 4. O art. 95, parágrafo único, inc. I, da Constituição da República vinculou-se a uma proibição geral de acumulação do cargo de juiz com qualquer outro, de qualquer natureza ou feição, salvo uma de magistério. 5. Segurança denegada. (Rel. Min. Cármen Lúcia.

b) Receber, a qualquer título ou pretexto, custas ou participação em processo. Aqui, é importante explicitarmos que o conceito de custas deve ser interpretado de forma extensiva, abrangendo todas as despesas de cunho processual. Certo é que o termo 'custas' não designa apenas aquela despesa de expedição e de movimentação dos processos.

c) Dedicar-se à atividade político-partidária. Essa vedação visa a garantir a devida isenção do magistrado no seu mister. Aqui, temos que o magistrado pode estar diante de casos que digam respeito à política e aos partidos políticos e, logicamente, seria descabido o exercício da prestação jurisdicional tendenciosa, ou pelo menos supostamente tendenciosa, a grupos políticos institucionalizados. Certo é que a vedação não irá permitir a filiação, bem como a participação em campanhas. Portanto, para se filiar e concorrer a um cargo público eletivo, o magistrado terá que se afastar definitivamente da magistratura (exonerando-se ou mesmo aposentando-se).

d) Receber, a qualquer título ou pretexto, auxílios ou contribuições de pessoas físicas, entidades públicas ou privadas, ressalvadas as exceções previstas em lei (incluído pela Emenda Constitucional nº 45, de 2004).[80]

e) Exercer a advocacia no juízo ou tribunal do qual se afastou, antes de decorridos três anos do afastamento do cargo por aposentadoria ou exoneração (incluído pela Emenda Constitucional nº 45, de 2004). Essa vedação, que visa a proteger contra o tráfico de influência e que surgiu a partir da Emenda nº 45/04, deve ser interpretada de forma adequada. Entende-se, a princípio, que juízo é a vara na qual o juiz se aposentou (ou exonerou-se). Porém, a interpretação que se faz aqui é que, nesse contexto, juízo, na verdade, deve ser entendido como a comarca na qual o juiz se aposentou (ou exonerou-se). Portanto, se a comarca tem mais de uma vara, temos que entender comarca, e não vara. Do contrário, a quarentena não funcionaria, ou seja, não teria sequer razão de ser, pois o ex-magistrado iria advogar em todas as varas da comarca, exceto na qual ele se afastou.

4. OBSERVAÇÕES IMPORTANTES SOBRE O PODER JUDICIÁRIO

Sem dúvida, algumas digressões merecem nossa atenção antes de finalizarmos com a análise da estrutura do Poder Judiciário. Nesse sentido, temos que:

Segundo a Constituição, alguns princípios (portanto, normas jurídicas) devem ser considerados no estabelecimento do estatuto da magistratura, a ser regulado mediante lei complementar. São eles:

80. A 1ª Turma do STF por maioria considerou válida *previsão de lei estadual que concede aos magistrados o direito de serem ressarcidos pelos cofres públicos em relação às despesas médicas, cirúrgicas e odontológicas que realizem e que excedam o custeio coberto pelo Instituto de Previdência do Estado.* Como já citado na obra, entendeu o STF que o art. 65, § 2º da LOMAN (LC 35/1979), ao vedar a concessão de adicionais ou vantagens pecuniárias nela não previstas, não proíbe que as leis estaduais prevejam o pagamento de verbas de natureza indenizatória aos magistrados estaduais. MS 27463/MT, Rel. Min. Marco Aurélio, julg. em 10.05.2016.

1) ingresso na carreira, cujo cargo inicial será o de juiz substituto, mediante concurso público de provas e títulos, com a participação da Ordem dos Advogados do Brasil em todas as fases, exigindo-se do bacharel em Direito, no mínimo, três anos de atividade jurídica[81], e obedecendo-se, nas nomeações, à ordem de classificação;

2) promoção de entrância para entrância[82], alternadamente, por antiguidade e merecimento[83], atendidas as seguintes normas:

- é obrigatória a promoção do juiz que figure por três vezes consecutivas ou cinco alternadas em lista de merecimento[84];
- a promoção por merecimento pressupõe dois anos de exercício na respectiva entrância e integrar o juiz à primeira quinta parte da lista

---

81. Mas o que devemos entender por atividade jurídica? A resolução nº 75 explicita que: *Art. 59. Considera-se atividade jurídica, para os efeitos do art. 58, § 1º, alínea "i": I – aquela exercida com exclusividade por bacharel em Direito; II – o efetivo exercício de advocacia, inclusive voluntária, mediante a participação anual mínima em 5 (cinco) atos privativos de advogado (Lei nº 8.906, 4 de julho de 1994, art. 1º) em causas ou questões distintas; III – o exercício de cargos, empregos ou funções, inclusive de magistério superior, que exija a utilização preponderante de conhecimento jurídico; IV – o exercício da função de conciliador junto a tribunais judiciais, juizados especiais, varas especiais, anexos de juizados especiais ou de varas judiciais, no mínimo por 16 (dezesseis) horas mensais e durante 1 (um) ano; V – o exercício da atividade de mediação ou de arbitragem na composição de litígios. § 1º É vedada, para efeito de comprovação de atividade jurídica, a contagem do estágio acadêmico ou qualquer outra atividade anterior à obtenção do grau de bacharel em Direito.*

82. MS 26366, julg. em 24.06.2014: *O princípio da inamovibilidade, assegurado aos magistrados, não admite a abertura de concurso (seja para promoção, seja para remoção) sem que o cargo a ser ocupado esteja vago. Essa a conclusão da 1ª Turma do STF ao denegar mandado de segurança impetrado contra ato do CNJ que determinara ao tribunal de justiça estadual a anulação de concurso de promoção por merecimento ao juízo de determinada comarca – terceira entrância –, em que fora beneficiado o impetrante. Na espécie, lei estadual elevara de segunda para terceira entrância a comarca em que o impetrante atuava como magistrado titular. Na sequência, o tribunal de justiça local, aberto processo de provimento para a mencionada comarca (por remoção ou promoção), pelo critério de merecimento, viera a promover o impetrante. Por sua vez, outro magistrado integrara, pela terceira vez consecutiva, lista de promoção pelo critério do merecimento. Essa a origem do procedimento de controle administrativo por parte do CNJ, iniciado pelo magistrado preterido, ora impetrante. A Turma enfatizou que o juiz que figurara pela terceira vez consecutiva em lista de merecimento teria direito à promoção compulsória. Frisou que aquele tribunal, ao promover o impetrante em detrimento daquele magistrado, desrespeitara o disposto no art. 93, II, da CF. Destacou ser legítima, por parte do CNJ, a glosa de ato administrativo que não se coadunasse com a Constituição. Asseverou que, ainda que a comarca tivesse sido elevada à terceira entrância por lei estadual, nada obstaria a permanência do juiz que anteriormente a ocupasse na condição de titular, com todas as prerrogativas do cargo, inclusive a inamovibilidade. Rememorou o Enunciado 40 da Súmula do STF ("A elevação da entrância da comarca não promove automaticamente o Juiz, mas não interrompe o exercício de suas funções na mesma comarca"). Explicou que o ato do CNJ salvaguardara os interesses do próprio impetrante que, na condição de juiz de segunda entrância, não poderia ser removido compulsoriamente, salvo por motivo de interesse público, na forma do art. 93, VIII, da CF. Portanto, se a lei eleva a comarca para outra instância superior (ex: de entrância intermediária para final), o juiz que lá já é titular não pode ser removido compulsoriamente em virtude dessa transformação.*

83. Conforme o STF: *A promoção na magistratura por antiguidade precede a mediante remoção.* RE 1037926, STF. Plenário. Rel. Marco Aurélio, julgado em 16.09.2020 (Repercussão Geral – Tema 964) (Informativo 994).

84. O STF concedeu **MS** em **12.09.2012**, a fim de **anular decreto de Presidente da República** que, ao nomear magistrado para o cargo de juiz federal do TRF da 2ª Região, **preterira** indicado pela **terceira vez** consecutiva em lista tríplice para promoção por merecimento. No caso, foi debatido, se na promoção de magistrado federal, por merecimento, que figurasse por **3 vezes consecutivas ou 5 alternadamente**, *a Presidência da República disporia de* ***discricionariedade*** *ou estaria* ***vinculada ao nome*** *que constasse, de forma reiterada, na lista. Decidiu o STF que o Chefe do Poder Executivo teria que,* ***obrigatoriamente****, sufragar o nome do magistrado que figurasse no mencionado rol (****vinculação ao nome****). Reputou-se que a inserção, nos moldes referidos, na lista de merecimento, aferível pelo próprio Tribunal, segundo os critérios constitucionais, seria direito subjetivo público encartado por garantia impostergável da magistratura, que diria respeito à própria independência do Poder Judiciário. Destarte, determinou-se fosse respeitada a regra contida no art. 93, II, a, da CF. (****MS 30.585/DF****).*

de antiguidade desta, salvo se não houver com tais requisitos quem aceite o lugar vago[85];

3) aferição do merecimento conforme o desempenho e pelos critérios objetivos de produtividade e presteza no exercício da jurisdição e pela frequência e aproveitamento em cursos oficiais ou reconhecidos de aperfeiçoamento;[86]

4) na apuração de antiguidade[87], o tribunal somente poderá recusar o juiz mais antigo pelo voto fundamentado de dois terços de seus membros[88], conforme procedimento próprio, e assegurada ampla defesa, repetindo-se a votação até fixar-se a indicação;[89]

5) não será promovido o juiz que, injustificadamente, retiver autos em seu poder além do prazo legal, não podendo devolvê-los ao cartório sem o devido despacho ou decisão;

6) o acesso aos tribunais de segundo grau far-se-á por antiguidade e merecimento, alternadamente, apurados na última ou única entrância;

7) previsão de cursos oficiais de preparação, aperfeiçoamento e promoção de magistrados, constituindo etapa obrigatória do processo de vitaliciamento a participação em curso oficial ou reconhecido por escola nacional de formação e aperfeiçoamento de magistrados;

---

85. No **MS 27.164 AgR/DF** Julg em **10.11.2010,** o STF entendeu que a norma do **art. 93, II, b, da CR/88** não se aplica à promoção de Juízes Federais por merecimento, em razão de estar submetida, ante ao ***critério da especialidade***, *apenas ao* ***requisito do implemento de 5 anos de exercício***, *conforme disposto no art. 107, II da CR/88,* ***incluído o tempo de serviço no cargo de Juiz Federal substituto***. Informativo 608 do STF: *"(...) Enfatizou-se que a Justiça Federal estaria organizada sem entrâncias, consideradas de um mesmo grau todas as seções judiciárias distribuídas pelas unidades federadas, o que* ***afastaria*** *a incidência da* ***regra geral do art. 93, II, da CF***, *a qual pressupõe a distribuição na* ***carreira por mais de uma entrância***. *Consignou-se, também, que a promoção de juízes federais diferiria da dos juízes do trabalho, dado que, para esta, não haveria menção de tempo mínimo específico, embora ambas pertençam à Justiça da União (...)"*. Rel. Min. Ayres Brito.

86. Ver Resolução nº 6 do CNJ de 13 de setembro de 2005 que regula a matéria.

87. Segundo a 1ª Turma do STF: *Segundo a LOMAN a antiguidade entre magistrados deve ser aferida em razão do tempo no cargo e, no caso de posse no mesmo dia, deve ser respeitada a ordem de classificação no concurso como critério de desempate. A CR/88 determina que uma Lei Complementar, de caráter nacional, deverá reger a magistratura nos termos do art. 93 da CR/88. Em virtude disso, norma estadual não pode dispor de forma diferente do que disciplinado pela LOMAN. Justamente por isso, o STF tem declarado a inconstitucionalidade de leis estaduais que, a pretexto de esmiuçarem questões referentes à magistratura, modificam o critério de desempate escolhido pela LOMAN.* MS 28494/MT, Rel. Min. Luiz Fux, julg em **02.09.2014.**

88. MS nº 31.357 julg. em 05.08.2014: *"O quórum de dois terços de membros efetivos do Tribunal ou de seu órgão especial, para o fim de rejeição de juiz relativamente à promoção por antiguidade, há de ser computado consideradas as cadeiras preenchidas e aqueles em condições legais de votar, observadas ausências eventuais." Portanto, o quórum de votos para um tribunal recusar a promoção do juiz mais antigo não deve computar os cargos vagos ou os desembargadores afastados.* (1ª Turma do STF)

89. Na **ADI nº 4.042/MT** julgada em sede de Medida Cautelar pelo pleno do STF em **26.06.2008**: Medida cautelar em ação direta de inconstitucionalidade. 2. Art. 92, III, alínea "e", da Constituição do Estado de Mato Grosso, com a redação determinada pela EC nº 46, de 22 de novembro de 2006. 3. Consideração do tempo de exercício da advocacia privada para fins de classificação pelo critério de antiguidade na carreira da magistratura, da mesma forma em que se considera o tempo de serviço público. 4. Alegada violação ao art. 93 da CF. 5. *Até a edição da lei complementar prevista no art. 93, caput, da CF, compete exclusivamente à Lei Orgânica da Magistratura dispor sobre a promoção, a remoção e o acesso de magistrados aos cargos. (...) 7. Medida cautelar deferida para suspender, com eficácia ex tunc, a vigência do art. 92, III, alínea "e", da Constituição do Estado de Mato Grosso, com a redação determinada pela EC nº 46/2006.* Rel. Min. Gilmar Mendes.

8) o subsídio dos Ministros dos Tribunais Superiores corresponderá a noventa e cinco por cento do subsídio mensal fixado para os Ministros do Supremo Tribunal Federal e os subsídios dos demais magistrados serão fixados em lei e escalonados, em nível federal e estadual, conforme as respectivas categorias da estrutura judiciária nacional, não podendo a diferença entre uma e outra ser superior a dez por cento ou inferior a cinco por cento, nem exceder a noventa e cinco por cento do subsídio mensal dos Ministros dos Tribunais Superiores, obedecido, em qualquer caso, o disposto nos arts. 37, XI, e 39, § 4º;

9) a aposentadoria dos magistrados e a pensão de seus dependentes observarão o disposto no art. 40;

10) o juiz titular residirá na respectiva comarca, salvo autorização do tribunal;[90]

11) o ato de remoção ou de disponibilidade do magistrado, por interesse público, fundar-se-á em decisão por voto da maioria absoluta do respectivo tribunal ou do Conselho Nacional de Justiça, assegurada ampla defesa;[91]

12) a remoção a pedido ou a permuta de magistrados de comarca de igual entrância atenderá, no que couber, ao disposto nas alíneas *a*, *b*, *c* e *e* do inciso II do art. 93 da CR/88;

13) todos os julgamentos dos órgãos do Poder Judiciário serão públicos, e fundamentadas todas as decisões,[92] sob pena de nulidade, podendo a lei limitar a presença, em determinados atos, às próprias partes e a seus advogados, ou somente a estes, em casos nos quais a preservação do direito à intimidade do interessado no sigilo não prejudique o interesse público à informação[93];

---

90. **Na ADI 3053** decidiu o STF que: *Provimento de Tribunal de Justiça que proíbe os juízes de se ausentarem das comarcas, sob pena de perda de subsídios: matéria reservada à Lei Complementar. Procedência da ADI para declarar a inconstitucionalidade formal do provimento impugnado.* Julg. em 11.11.2004. Na ADI 2880 julg. em 30.10.2014, decidiu que: *é inconstitucional provimento editado pela Corregedoria do Tribunal de Justiça dispondo sobre o expediente dos magistrados estaduais e exigindo autorização do Presidente da Corte para que o juiz possa se ausentar da comarca. Esse ato normativo padece de inconstitucionalidade formal já que tal matéria é reservada à lei complementar de iniciativa do STF (art. 93, VII, CR/88).*
91. Conforme redação dada pela Emenda Constitucional nº 103 de 2019
92. Esse princípio da fundamentalidade das decisões se apresenta como um dos pilares de um Estado Democrático de Direito.
93. HC 107.054/SP julg. em 03.12.2013 – 1ª Turma: *"1. O STF fixou o entendimento de que, por possuir caráter facultativo, o indeferimento de pedido de adiamento de sessão de julgamento, pela impossibilidade de comparecimento do advogado da parte para oferecer sustentação oral, não gera nulidade. 2. Ademais, conforme já se manifestou a Suprema Corte "a excepcionalidade do adiamento de uma sessão de julgamento, por alegada impossibilidade de comparecimento do Advogado do réu, impõe e justifica a exigência de necessária comprovação da causa impeditiva invocada. Esse ônus processual, que foi por ele descumprido, não pode ser, agora, invocado em benefício do impetrante, para o efeito de desconstituir decisão validamente proferida pelo Tribunal" 3. Habeas corpus denegado.* (Rel. Min. Dias Toffoli)

14) as decisões administrativas dos tribunais serão motivadas e em sessão pública[94], sendo as disciplinares tomadas pelo voto da maioria absoluta de seus membros;

15) nos tribunais com número superior a vinte e cinco julgadores, poderá ser constituído órgão especial, com o mínimo de onze e o máximo de vinte e cinco membros, para o exercício das atribuições administrativas e jurisdicionais delegadas da competência do tribunal pleno, provendo-se metade das vagas por antiguidade e a outra metade por eleição pelo tribunal pleno[95];

16) a atividade jurisdicional será ininterrupta, sendo vedado férias coletivas nos juízos e tribunais de segundo grau, funcionando, nos dias em que não houver expediente forense normal, juízes em plantão permanente;[96]

---

94. O plenário do STF denegou mandado de segurança impetrado contra decisão do CNJ, que revogara atos administrativos do Tribunal de Justiça do Estado de Santa Catarina – remoção voluntária de magistrados – por terem sido editados em sessão secreta e desprovidos de motivação. Aquele conselho determinara que os atos fossem revogados e repetidos em conformidade com o ordenamento jurídico vigente. **MS 25747**, julg. em **17.05.2012**, Rel. Min. Gilmar Mendes.

95. Sobre o **órgão especial** é importante referendar, segundo a doutrina e a jurisprudência, que ele não pode ser equiparado aos diversos órgãos fracionários dos Tribunais. Ele, sem dúvida, uma vez criado e instituído, pode assumir a integralidade das atribuições administrativas e jurisdicionais do Plenário. Portanto, ele substitui o Pleno do Tribunal. Observamos que não haverá superposição de atuações, mas sim delegação constitucional de competências administrativas e jurisdicionais. Nesse sentido, o órgão especial não deve ser entendido como fração do pleno, mas sim (mediante delegação constitucional) como o próprio pleno. Nesse sentido, a decisão em sede liminar do **MS nº 25.951** no STF deixou assente que: *"Magistratura. Tribunal de Justiça. Magistrado. Processo administrativo-disciplinar. Instauração, condução e julgamento. Competência do órgão especial, que mandou instaurá-lo. Afronta à autoridade da decisão proferida na ADI nº 2.580-CE. Inexistência. Reclamação julgada improcedente. Agravo desprovido. Precedente. Inteligência do art. 93, incs. X e XI, da CR. É da competência do órgão especial de tribunal de justiça instaurar, conduzir e julgar processo administrativo-disciplinar contra magistrado."* (Rcl 3.626-AgR/PE, Rel. Min. Cezar Peluso – grifei) Esse precedente descaracteriza a plausibilidade jurídica da pretensão veiculada pela parte ora impetrante, pois nele *ficou assentado que, onde houver Órgão Especial, a este caberá – observado o que dispõe o art. 93, XI, da CR/88, na redação dada pela EC nº 45/04 – exercer, com exclusão de quaisquer outros órgãos existentes na estrutura institucional do Tribunal de Justiça*, as *"atribuições administrativas e jurisdicionais delegadas da competência do Tribunal pleno".* O que se revela impossível, isso sim, considerado o ordenamento constitucional vigente (CR, art. 93, XI), é a "coexistência de dois órgãos máximos do Poder Judiciário em um mesmo Tribunal, com identidade de atribuições administrativas e jurisdicionais (Plenário e Órgão Especial)" [...]. Rel. Min. Celso de Mello. Julg. em **04.08.2006**. Mas atenção, pois o STF no **MS 26411 MC/DF**, julg. em **26.11.2015**, entendeu que é equivocado o posicionamento do CNJ quando ele afirma que, quando o órgão especial é criado, *todas as atribuições administrativas e jurisdicionais que eram do Pleno, exceto a eletiva, passariam automaticamente para a competência do órgão especial.* Nesses termos, o STF em sede liminar, **não concordou com esse entendimento do CNJ** e afirmou *que compete aos Tribunais de Justiça definirem quais as competências que serão delegadas ao órgão especial, desde que aprovadas pela maioria absoluta de seus membros* (Inf. 809 do STF).

96. Nesses termos, seguindo a dicção da Emenda nº 45/04 (Reforma do Poder Judiciário) o CNJ publicou a **Resolução nº 3** em 16.08.2005 determinado no seu art. 2º a *extinção definitiva das férias coletivas relativas a período futuro a edição da mesma.* Porém, em 24.10.2006 o CNJ publicou **Resolução nº 24** revogando de forma expressa o art. 2 da Resolução nº 3. Com isso, restaria afastada a extinção expressa das férias coletivas. O entendimento é que a extinção das férias coletivas traria enorme prejuízo a prestação jurisdicional. Porém, posteriormente, o ***STF no julgamento em sede cautelar da ADI 3823*** *deixou assente que a revogação do art. 2º da Resolução nº 3 iria contrariar frontalmente dispositivo constitucional estatuído pela reforma do judiciário, permitindo a possibilidade de férias coletivas por determinados tribunais.* Conforme a ementa: *1. Ato Regimental n. 5, de 10 de novembro de 2006, do Tribunal de Justiça do Distrito Federal e Territórios, sobre o regime de férias dos membros daquele*

17) o número de juízes na unidade jurisdicional será proporcional à efetiva demanda judicial e à respectiva população;

18) os servidores receberão delegação para a prática de atos de administração e atos de mero expediente sem caráter decisório; e

19) a distribuição de processos será imediata, em todos os graus de jurisdição.

Nesse momento, no que diz respeito à magistratura e ao art. 93 da CR/88, algumas considerações finais, são importantes de serem feitas, sendo elas:

a) A Reforma do Judiciário, derivada da Emenda nº 45/04, explicitou um tempo mínimo de 3 anos de atividade jurídica para o ingresso na magistratura. Nesse sentido, temos um tempo mínimo exigido do bacharel em Direito, não incluindo nesse lapso temporal atividades anteriores à colação de grau, como a de estagiário.

Sobre o momento de comprovação do tempo mínimo (se no momento da inscrição preliminar, no momento da inscrição definitiva ou no momento da posse), até pouco tempo atrás não tínhamos uma uniformidade doutrinaria e jurisprudencial.

O STJ com a Súmula nº 266 já deixou assente que: *o diploma ou habilitação legal para o exercício do cargo deve ser exigido na posse e não na inscrição para o concurso público.* Sobre o tema, o CNJ se manifestou através de resolução (embora o tema na verdade careça formalmente de uma lei complementar para a sua devida regulamentação).

A Resolução nº 11 do CNJ inicialmente regulou a questão estabelecendo no seu art. 2º *que o momento inicial conta-se da colação de grau de bacharel em direito e deve o mesmo ser comprovado no ato da inscrição para o concurso, sendo vedada a contagem de estágio acadêmico ou qualquer oura atividade anterior à colação de grau.*

Tribunal e dos juízes a ele vinculados, pelo qual os magistrados indicados "gozarão as férias do ano de 2007 nos períodos de 2 a 31 de janeiro e 2 a 31 de julho de 2007". 2. Resolução n. 24, de 24 de outubro de 2006, editada pelo CNJ, que revogou o art. 2º da Resolução n. 3, de 16 de agosto de 2005, fundamento do Ato Regimental n. 5, de 10 de novembro de 2006. 3. Afronta aos arts. 93, inc. XIII, e 103-B da CR. 4. Princípio da ininterruptibilidade da jurisdição. 5. As regras legais que estabeleciam que os magistrados gozariam de férias coletivas perderam seu fundamento de validade pela promulgação da EC n. 45/2004. A nova norma constitucional plasmou paradigma para a matéria, contra a qual nada pode prevalecer. Enquanto vigente a norma constitucional, pelo menos em exame cautelar, cumpre fazer prevalecer a vedação de férias coletivas de juízes e membros dos tribunais de segundo grau, suspendendo-se a eficácia de atos que ponham em risco a efetividade daquela proibição. 6. Suspensão, a partir de agora, da eficácia dos dispositivos do Ato Regimental n. 5, de 10 de novembro de 2006, do Tribunal de Justiça do Distrito Federal e Territórios, e da Resolução n. 24, de 24 de outubro de 2006, do CNJ, mantendo-se a observância estrita do disposto no art. 93, inc. XII, da CR. 7. Medida cautelar deferida. (Rel. Min. Cármen Lúcia. **Julg. 06.12.2006**). Também entendeu o STF que é *adequada a decisão do CNJ que considera indevida a existência de férias coletivas para servidores de TJ, mesmo que estas estejam previstas em lei ou ato normativo estadual. O fundamento é o de que a EC 45/2004 incluiu o inciso XII ao art. 93 da CR/88 proibindo as férias coletivas de juízes e Tribunais de 2º grau. Com a edição da EC 45/2004, as leis e atos normativos que previam férias coletivas nos Tribunais de 2º grau foram considerados **não recepcionados** pela nova redação do art. 93, XII, da CR/88.* 2ª Turma do STF. MS 26739/DF, Rel. Min. Dias Toffoli, julg. em **01.03.2016**.

Porém, ela foi revogada pela Resolução nº 75 de 12 de maio de 2009. Essa nova resolução, estabeleceu no seu art. 23 que: *A inscrição preliminar será requerida ao presidente da Comissão de Concurso pelo interessado ou, ainda, por procurador habilitado com poderes especiais, mediante o preenchimento de formulário próprio, acompanhado de: § 1º O candidato, ao preencher o formulário a que se refere o "caput", firmará declaração, sob as penas da lei: a) de que é bacharel em Direito e de que deverá atender,* **até a data da inscrição definitiva, a exigência de 3 (três) anos de atividade jurídica exercida após a obtenção do grau de bacharel em Direito;** *b) de estar ciente de que a não apresentação do respectivo diploma, devidamente registrado pelo Ministério da Educação, e da comprovação da atividade jurídica, no ato da inscrição definitiva, acarretará a sua exclusão do processo seletivo.*

A Resolução nº 75 ainda afirmou no seu art. 58 que requerer-se-á a inscrição definitiva ao presidente da Comissão de Concurso, mediante preenchimento de formulário próprio, entregue na secretaria do concurso. § 1º O pedido de inscrição, assinado pelo candidato, será instruído com: a) cópia autenticada de diploma de bacharel em Direito, devidamente registrado pelo Ministério da Educação; b) certidão ou declaração idônea que comprove haver completado, **à data da inscrição definitiva, 3 (três) anos de atividade jurídica,** efetivo exercício da advocacia ou de cargo, emprego ou função, exercida após a obtenção do grau de bacharel em Direito.

Nesse sentido, também temos recente decisão do STF em sede de repercussão geral, resolvendo a questão. Nesses termos: *A comprovação do triênio de atividade jurídica exigida para o ingresso no cargo de juiz substituto, nos termos do art. 93, I, da CF, deve ocorrer no momento da inscrição definitiva no concurso público.*[97]

b) O STF já decidiu (conforme já citado na obra) que a fixação de limite etário, máximo e mínimo, como requisito para o ingresso na carreira da magistratura viola o disposto no art. 93, I, da Constituição Federal.[98]

No caso, a Lei nº 11.697/2008 que dispõe sobre a organização judiciária do Distrito Federal e dos Territórios no seu art. 52, V, determinou que um dos requisitos para ser Juiz seria ter mais de 25 e menos de 50 anos de idade. Conforme a Lei: *O ingresso na Carreira da Magistratura dar-se-á nos cargos de Juiz de Direito Substituto do Distrito Federal ou de Juiz de Direito dos Territórios e dependerá de concurso de provas e títulos realizado pelo Tribunal de Justiça, com a participação do Conselho Seccional da Ordem dos Advogados do Brasil do lugar em que se realizarem as provas, exigindo-se dos candidatos que satisfaçam os seguintes requisitos: (...) V – ter mais de 25 (vinte e cinco) e menos de 50 (cinquenta) anos de idade, salvo quanto ao limite máximo, se for magistrado ou membro do Ministério Público.*

Segundo o STF, em assuntos diretamente relacionados à magistratura nacional, como as condições para investidura no cargo, a disciplina da matéria deve ser

97. **RE 655.265/DF**, STF. Plenário. Red. p/ o ac Min. Edson Fachin, julg. em **13.04.2016** (Inf 821 do STF).
98. **ADI 5329/DF**, STF. Plenário. Rel. p/ o ac. Min. Alexandre de Moraes, julg. em **14.12.2020** (Informativo 1002).

versada pela CR/88 ou pelo Estatuto da Magistratura (LOMAN), não podendo lei ordinária federal inovar e prever norma de caráter restritivo ao ingresso na magistratura que não encontra pertinência nos citados diplomas normativos.

E nesses termos, os preceitos constitucionais e as disposições da LOMAN não estabelecem a idade como requisito para o acesso ao cargo, de modo que a ausência de previsão normativa nesse sentido não autoriza que os Estadosmembros disciplinem a matéria. Cabe lembrar que a CR/88 não exige idade mínima para o ingresso na magistratura, mas tão somente o cumprimento do requisito de "três anos de atividade jurídica" ao bacharel em direito (CR, art. 93, I).

Ademais, para o STF, o estabelecimento de um limite máximo de idade para investidura em cargo, cujas atribuições são de natureza *preponderantemente intelectual, contraria o entendimento sintetizado no Enunciado da Súmula 683 do STF*, no sentido de que restrições desse tipo somente se justificam em vista de necessidade relacionada às atribuições do cargo, como ocorre em carreiras militares ou policiais.[99]

c) É importante salientar, que o STF julgou inconstitucional em 04.12.2020, o **subteto de remuneração de 90,25%** do subsídio mensal dos **Ministros do STF** estabelecido para os integrantes do **Poder Judiciário Estadual.**[100]

Nesses termos, o Pretório Excelso, confirmando os termos da medida cautelar deferida em 28.02.2007, deu interpretação conforme à Constituição ao artigo 37, XI (com redação dada pela EC 41/2003) e § 12 (com redação dada pela EC 47/2005), da Constituição Federal, e declarou a inconstitucionalidade do artigo 2º da Resolução 13/2006 e artigo 1º, parágrafo único, da Resolução 14, ambas do Conselho Nacional de Justiça. Com a decisão, ficou excluída a submissão da magistratura estadual ao subteto de remuneração.

Com isso, o subsídio mensal dos **desembargadores dos TJs** vai ter como limite o subsídio mensal dos Ministros do STF, sendo inconstitucional a limitação **dos 90,25%.** Além disso, por digressão, o subteto não pode ser utilizado para determinar o valor dos subsídios dos **demais magistrados estaduais.**

Para o relator da ADI, Ministro Gilmar Mendes, se a própria Constituição Federal define os mesmos princípios e normas fundamentais para conformar toda a magistratura, notadamente na disciplina dos subsídios (artigo 93, V, da Constituição Federal), não há como a mesma Carta Magna impôr tratamento diferenciado em relação ao teto de vencimentos.

Neste caso, entendeu o Ministro, que o relator originário logrou demonstrar na decisão proferida em medida cautelar que, de fato, essa interpretação produz um quadro de tratamento, inequivocamente discriminatório, dentro da uma instituição una e nacional.[101]

---

99. **ADI 5329/DF**, STF. Plenário. Rel. p/ o ac. Min. Alexandre de Moraes, julg. em **14.12.2020** (Informativo 1002).
100. ADI 3854/DF e ADI 4014/DF, STF. Plenário.Rel. Min. Gilmar Mendes, julgados em 4/12/2020 (Inf. 1001).
101. Conforme a decisão da Medida Cautelar: "Magistratura. *Remuneração. Limite ou teto remuneratório constitucional. Fixação diferenciada para os membros da magistratura federal e estadual. Inadmissibilidade. Caráter nacional do*

Assim sendo, se a expressão "respectivas categorias da estrutura judiciária nacional", trazida na redação do artigo 93, V, da Constituição Federal, não legitima o afastamento do modelo unitário de escalonamento vertical dos subsídios dos magistrados – em nível estadual e federal –, de igual modo, não há como permitir o afastamento do modelo quando abordar o limite máximo da remuneração.

Portanto, o caráter unitário da magistratura nacional, determinado pela CF de 1988, sujeita todos os magistrados — federais e estaduais, da justiça comum e da justiça especializada — a princípios e normas que devem ser idênticos para todos, de modo a preservar sua unidade sistêmica. Ademais, o art. 93, V, da CF revela expressamente o caráter nacional da estrutura judiciária brasileira, inclusive no escalonamento vertical dos subsídios.

Se a própria CF/88 define os mesmos princípios e normas fundamentais para conformar toda a magistratura, notadamente na disciplina dos subsídios, não há como ela mesma impor tratamento diferenciado em relação ao teto de vencimentos.

Os magistrados federais e estaduais desempenham iguais funções, submetidos a um só estatuto de âmbito nacional, sem qualquer superioridade de mérito suficiente a justificar esse tratamento diferenciado. Nesses termos, os magistrados federais e estaduais, embora pertencendo a ramos distintos da mesma estrutura judiciária, desempenham iguais funções, submetidos a um só estatuto de âmbito nacional, e como já dito, sem qualquer superioridade de mérito suficiente a justificar o tratamento diferenciado na definição do teto remuneratório.

Porém, é importante salientar, que o STF admite o escalonamento dos subsídios dos Magistrados estaduais segundo a entrância, e, nesse sentido, já decidiu que tal escalonamento no âmbito estadual, não viola à estrutura judiciária nacional.[102]

Poder Judiciário. Distinção arbitrária. Ofensa à regra constitucional da igualdade ou isonomia. Interpretação conforme dada ao art. 37, inc. XI, e § 12, da CF. Aparência de inconstitucionalidade do art. 2º da Resolução nº 13/2006 e do art. 1º, § único, da Resolução nº 14/2006, ambas do Conselho Nacional de Justiça. Ação direta de inconstitucionalidade. Liminar deferida. Voto vencido em parte. Em sede liminar de ação direta, aparentam inconstitucionalidade normas que, editadas pelo Conselho Nacional da Magistratura, estabelecem tetos remuneratórios diferenciados para os membros da magistratura estadual e os da federal". **ADI 3.854 MC**, Rel. Cezar Peluso, Tribunal Pleno, julgado em **28.02.2007**.

102. **ADI 4183**: *Ação direta de inconstitucionalidade. Constitucional e Administrativo. Art. 3º da Lei n. 12.861, de 2005, art. 2º da Lei n. 13.093, de 2006, e art. 143 da Lei Complementar n. 100, de 2007, todas do Estado de Pernambuco. Escalonamento dos subsídios dos magistrados estaduais segundo a entrância. Inexistência de violação à estrutura judiciária nacional. Ação julgada improcedente. 1. Em virtude do caráter nacional do Poder Judiciário, o Plenário do Supremo Tribunal Federal declarou, em sede de cautelar, inconstitucional a fixação diferenciada de limite remuneratório para os membros da magistratura federal e estadual. 2. Sob pena de se retirar a autonomia do Poder Legislativo, a simetria que decorre do caráter nacional do Poder Judiciário não abrange o escalonamento dos subsídios das carreiras da magistratura. 3. Ação direta julgada improcedente.* Sessão Virtual de 13.12.2019 a 19.12.2019. Rel.Edson Fachin. **ADI 4237**: *Ação direta de inconstitucionalidade. Constitucional e administrativo. Art. 2º e parágrafo único da lei 10.021 e art. 193, §2º, da lei 10.847 do Estado da Bahia. Escalonamento dos subsídios dos magistrados estaduais segundo a entrância. Inexistência de violação à estrutura judiciária nacional. Ação julgada improcedente. 1. Em virtude do caráter nacional do Poder Judiciário, o Plenário do Supremo Tribunal Federal declarou, em sede de cautelar, inconstitucional a fixação diferenciada de limite remuneratório para os membros da magistratura federal e estadual. 2. Sob pena de se retirar a autonomia do Poder Legislativo, a simetria que decorre do caráter nacional do Poder Judiciário não abrange*

d) Conforme o STF, não é compatível com a Constituição Federal a regra segundo a qual apenas os Desembargadores mais antigos possam concorrer aos cargos diretivos dos Tribunais de Justiça.[103]

Nesses termos, afirmou o Pretório Excelso, que o art. 62 da Constituição do Estado de São Paulo, ao restringir o universo dos possíveis candidatos aos órgãos de cúpula do TJ de SP aos integrantes de seu órgão especial, é inconstitucional porque desrespeitou a autonomia administrativa dos tribunais, consagrada no art. 96, I, "a", e no art. 99 da CR/88.

Assim sendo, o art. 102 da LOMAN (LC 35/79) não foi recepcionado pela CR/88, considerando que não é compatível com a Constituição Federal a regra segundo a qual apenas os Desembargadores mais antigos possam concorrer aos cargos diretivos dos tribunais.[104]

Para o STF, essa matéria, em razão da autonomia consagrada no art. 96, I, "a", e no art. 99 da CR/88, deve ser remetida à disciplina regimental de cada tribunal.[105]

O entendimento é o de que a partir da promulgação da Constituição de 1988, houve uma alteração substancial no regramento da matéria, homenageando a autonomia dos tribunais e, em última análise, uma visão mais consentânea do federalismo, ensejando uma postura do Poder Judiciário deferente à competência normativa dos entes federados.[106]

Além disso, após a EC 45/2004, a eleição para os cargos de cúpula dos tribunais passou a ser regida pelos respectivos regimentos internos, não mais subsistindo a remissão à LOMAN. Pela redação dos arts. 99 e 102 da LOMAN, os cargos de cúpula dos tribunais somente poderiam ser ocupados por Desembargadores eleitos dentre os mais antigos, os quais, a seu turno, compunham o órgão especial.

Ocorre que a EC 45/2004 estabeleceu uma nova lógica na CR/88, que não tem na antiguidade critério exclusivo. A composição do órgão especial passa a ser ditada não apenas pela antiguidade, mas também pela eleição dentre os pares do plenário das cortes. Não há, no texto da CR/88, distinção praticada entre os integrantes do órgão especial e os demais componentes da corte que justifique impedimento a que estes últimos concorram aos cargos de cúpula do Trbunal.

Portanto, para o Pretório Excelso, a EC 45/2004, ao falar em eleição para os integrantes do órgão especial, afirmou, indiretamente, que a antiguidade não poderia

o escalonamento dos subsídios das carreiras da magistratura. 3. Ação direta julgada improcedente. Sessão Virtual de 13.12.2019 a 19.12.2019.

103. **ADI 3976/SP** e **MS 32451/DF**, STF. Plenário. Rel. Min. Edson Fachin, julgados em **25.06.2020** (Inf. 983).
104. **ADI 3976/SP** e **MS 32451/DF**, STF. Plenário. Rel. Min. Edson Fachin, julgados em **25.06.2020** (Inf. 983).
105. Art. 96 da CR/88: *Compete privativamente: I - aos tribunais: a) eleger seus órgãos diretivos e elaborar seus regimentos internos, com observância das normas de processo e das garantias processuais das partes, dispondo sobre a competência e o funcionamento dos respectivos órgãos jurisdicionais e administrativo;* Art. 99. *Ao Poder Judiciário é assegurada autonomia administrativa e financeira.*
106. **ADI 3976/SP** e **MS 32451/DF**, STF. Plenário. Rel. Min. Edson Fachin, julgados em **25.06.2020** (Inf. 983).

ser o único critério para a escolha dos dirigentes do Tribunal, razão pela qual esta parte final do art. 102 da LOMAN não teria sido recepcionada. Nesses termos, afirma o art.93, XI da CR/88, já citado na obra, que Lei complementar, de iniciativa do Supremo Tribunal Federal, disporá sobre o Estatuto da Magistratura, observados os seguintes princípios: (...) XI - nos tribunais com número superior a vinte e cinco julgadores, poderá ser constituído órgão especial, com o mínimo de onze e o máximo de vinte e cinco membros, para o exercício das atribuições administrativas e jurisdicionais delegadas da competência do tribunal pleno, provendo-se metade das vagas por antiguidade e a outra metade por eleição pelo tribunal pleno.[107]

5. ESTRUTURA E COMPOSIÇÃO DOS ÓRGÃOS DO PODER JUDICIÁRIO

A estrutura dos órgãos do Poder Judiciário é definida à luz da Constituição e legislação infraconstitucional. Além dos órgãos de convergência já citados (Tribunais Superiores: STF, STJ, TST, TSE e STM), temos ainda os Tribunais de 2ª instância (2º grau de jurisdição) (TRFs, TJs, TRTs, TREs e TJMs[108]) e os juízes de 1ª instância (1º grau de jurisdição), além dos Juizados Especiais (Federal e Estaduais) compostos por juízes de 1ª instância (inclusive em suas turmas recursais).

Certo é que a estrutura do Poder Judiciário também pode ser dividida através da diferenciação entre o que é denominado de **justiça comum e justiça especial** (ou, para alguns, especializada).

A **justiça comum** envolve: a) Justiça Federal (TRFs e Juízes Federais e os Juizados Especiais Federais); b) Justiça Comum do Distrito Federal e Territórios (Tribunal de Justiça e Juízes de Direito do DF e Territórios, organizados e mantidos pela União); c) Justiça Estadual Comum (TJs e Juízes de Direito, incluindo aí os Juizados Especiais).[109]

Já a **justiça especial** será formada: a) pela Justiça Eleitoral (TSE, TREs, Juízes Eleitorais e Juntas Eleitorais); b) pela Justiça do Trabalho[110] (TST, Tribunais Regionais do Trabalho e Juízes do Trabalho); c) pela Justiça Militar da União (Superior Tribunal Militar e Conselhos de Justiça, Especial e permanente, nas respectivas sedes das auditorias militares); d) pela Justiça Militar dos Estados, do Distrito Federal e

107. **ADI 3976/SP** e **MS 32451/DF**, STF. Plenário. Rel. Min. Edson Fachin, julgados em **25.06.2020** (Inf. 983).
108. Existentes atualmente apenas nos Estados de: São Paulo, Minas Gerais e Rio Grande do Sul.
109. Conforme a CR/88 no **seu art. 98, II,** temos ainda que: a União, no Distrito Federal e nos Territórios, e os Estados criarão: **justiça de paz,** remunerada, composta de cidadãos eleitos pelo voto direto, universal e secreto, **com mandato de quatro anos** e competência para, na forma da lei, celebrar **casamentos, verificar, de ofício ou em face de impugnação apresentada, o processo de habilitação e exercer atribuições conciliatórias, sem caráter jurisdicional, além de outras previstas na legislação. Certo é que os juízes de paz não gozarão das garantias da magistratura presentes no art. 95 da CR/88.** Eles serão eleitos pelo voto direto e secreto dos cidadãos. E será considerado um juiz leigo não togado. Além disso, é bom deixar consignado que a Emenda 45/04 **(Reforma do Judiciário)** extinguiu os **Tribunais de Alçada,** até então, existentes na estrutura do Poder Judiciário. Certo é que, além de extintos, não há possibilidade, com base na atual normativa constitucional, de posterior criação de novos **Tribunais de Alçada.**
110. Essa é a única das Justiças citadas na classificação que não tem competência penal. Ou seja, a mesma desvestida de qualquer tipo de competência penal.

Territórios[111] (Tribunal de Justiça Militar[112] ou Tribunal de Justiça, Juízes de Direito togados (Juiz-auditor) e Conselhos de Justiça, com sede nas auditorias militares).

Neste momento, iremos explicitar a composição, atribuições e algumas características centrais e precípuas dos **órgãos do Poder Judiciário.**[113] Por questões estruturais, começaremos a análise pelo STF e depois, na sequência, trataremos dos outros Tribunais Superiores e dos outros órgãos do Poder Judiciário.

5.1. Supremo Tribunal Federal

O Supremo Tribunal Federal compõe-se de 11 (onze) Ministros, escolhidos dentre cidadãos com mais de trinta e cinco e menos de sessenta e cinco anos de idade, de notável saber jurídico e reputação ilibada. Os Ministros do Supremo Tribunal Federal serão nomeados pelo Presidente da República, depois de aprovada a escolha pela maioria absoluta do Senado Federal.

Nesses termos, certo é que, desde que preenchidos os requisitos,[114] o Presidente da República poderá escolher livremente aquele que entende ser a pessoa adequada para a investidura no cargo. Assim sendo, o Presidente escolhe e indica o candidato. Este será submetido à sabatina no Senado Federal, que deve aprovar o nome pela maioria absoluta dos seus membros. Posteriormente à aprovação, o Presidente da República nomeia o mesmo para o cargo e a posse será dada pelo Presidente do STF em sessão solene. Com a posse, o Ministro terá imediata vitaliciedade.[115]

---

111. Aqui é interessante observarmos que decisões do TJM ou TJs serão apreciadas em grau recursal pelo STJ e não pelo STM (Esse não julgará matérias da Justiça Militar Estadual, pois a sua competência diz respeito à Justiça Militar Federal).
112. Conforme o **art. 125 § 3º da CR/88:** *A lei estadual poderá criar, mediante proposta do Tribunal de Justiça, a Justiça Militar estadual, constituída, em primeiro grau, pelos juízes de direito e pelos Conselhos de Justiça e, em segundo grau, pelo próprio Tribunal de Justiça, ou por Tribunal de Justiça Militar nos Estados em que o efetivo militar seja superior a vinte mil integrantes.*
113. Recentemente no **HC nº 91.024**, o STF, no que tange à **organização do Poder Judiciário,** decidiu que os Tribunais podem criar **especialização de varas por resolução.** Conforme a Ementa: *4. O mérito envolve a interpretação da norma constitucional que atribui aos tribunais de justiça propor ao Poder Legislativo respectivo, em consonância com os limites orçamentários, a alteração da organização e divisão judiciárias (CR, arts. 96, II, d, e 169). 5. O Poder Judiciário* ***tem competência para dispor sobre especialização de varas,*** *porque é* ***matéria que se insere no âmbito da organização judiciária dos Tribunais.*** *O tema referente* ***à organização judiciária não se encontra restrito ao campo de incidência exclusiva da lei,*** *eis que depende da integração dos critérios preestabelecidos na Constituição, nas leis e nos regimentos internos dos tribunais. 6. A leitura interpretativa do disposto nos arts. 96, I, a e d, II, d, da Constituição Federal, admite que haja alteração da competência dos órgãos do Poder Judiciário por deliberação do tribunal de justiça,* ***desde que não haja impacto orçamentário,*** *eis que houve simples alteração promovida administrativamente, constitucionalmente admitida, visando a uma melhor prestação da tutela jurisdicional, de natureza especializada. [...] Julg. em 05.08.2008. Rel. Min Ellen Gracie.* (2ª Turma).
114. Os requisitos são: a) idade: 35 a 65 anos; b) ser brasileiro nato; c) ser cidadão (estar, portanto, no gozo dos direitos políticos); d) notável saber jurídico e reputação ilibada.
115. Certo é que a Constituição de 1988 não exige que o Ministro seja bacharel em Direito. A mesma explicita como requisito os citados. Notável saber jurídico e reputação ilibada. Nesse sentido, afirma a doutrina que é uma tradição a falta de exigência de formação jurídica para exercer o cargo de Ministro do STF. Essa tradição chegou ao extremo no final do século XIX com a nomeação de um médico (Cândido Barata Ribeiro que chegou a tomar posse e a exercer o cargo por quase um ano (25-11-893 a 29-09-1894). A confirmação de sua nomeação foi rejeitada pelo

Aqui é importante salientar que a Emenda Constitucional nº 88 de 7 de Maio de 2015 alterou o art. 40 da Constituição de 1988, relativamente ao *limite de idade para a aposentadoria compulsória do servidor público em geral*[116], e acrescentou o art. 100 ao Ato das Disposições Constitucionais Transitórias para determinar que *"até que entre em vigor a lei complementar de que trata o inciso II do § 1º do art. 40 da Constituição Federal, os* ***Ministros do Supremo Tribunal Federal, dos Tribunais Superiores e do Tribunal de Contas da União aposentar-se-ão, compulsoriamente, aos 75 (setenta e cinco) anos de idade****, nas condições do art. 52 da Constituição Federal"*.

Portanto, os Ministros do STF (e dos outros Tribunais Superiores e do TCU) a partir dessa referida Emenda Constitucional nº 88 (para alguns, extremamente *casuísta*, na medida em que visou explicitamente impedir a nomeação de novos Ministros do STF pelo atual Governo Federal que detêm mandato até 2018) vão se aposentar compulsoriamente aos **75 anos** de idade[117].

Porém, surge nesse ponto, uma questão interessante que é a de que a compulsória (aos 75 anos, prevista na EC nº 88/2015) seria nos termos do art. 52 da CR/88. Ora, no art. 52, III, "a" e "b", da CR/88 está previsto que o Senado tem a competência de aprovar, por voto secreto, a escolha dos Ministros do STF, do STJ, do TST, do STM e do TCU. É interessante que nas notas taquigráficas, colhidas durante os debates para a aprovação da EC nº 88/2015, o objetivo desse dispositivo normativo, foi o de exigir que o Ministro que complete 70 anos somente possa continuar no cargo se for submetido a nova *sabatina* e votação no Senado. Ou seja, o Ministro, quando completar 70 anos, poderá continuar no cargo até os 75 anos, mas, para isso, seu nome precisaria ser novamente aprovado pelo Senado.

Em virtude disso, foi ajuizada ADI (ADI 5316) pela Associação dos Magistrados Brasileiros, pela Associação Nacional dos Magistrados da Justiça do Trabalho e pela Associação dos Juízes Federais do Brasil contra esse trecho (nas condições do art. 52 da CR/88) previsto na parte final do art. 100 do ADCT da CR/88 acrescentado pela EC nº 88/2015.

Senado. RODRIGUES, Leda Boechat, *História do Supremo Tribunal Federal*, p. 46; Ver também: MORAES, Alexandre de, *Direito constitucional*, 2008, p. 519.

116. *Art. 40. Aos servidores titulares de cargos efetivos da União, dos Estados, do Distrito Federal e dos Municípios, incluídas suas autarquias e fundações, é assegurado regime de previdência de caráter contributivo e solidário, mediante contribuição do respectivo ente público, dos servidores ativos e inativos e dos pensionistas, observados critérios que preservem o equilíbrio financeiro e atuarial e o disposto neste artigo. (Redação dada pela Emenda Constitucional nº 41, 19.12.2003) § 1º Os servidores abrangidos pelo regime de previdência de que trata este artigo serão aposentados, calculados os seus proventos a partir dos valores fixados na forma dos §§ 3º e 17: (Redação dada pela EC nº 41, 19.12.2003)* ***II – compulsoriamente, com proventos proporcionais ao tempo de contribuição, aos 70 (setenta) anos de idade, ou aos 75 (setenta e cinco) anos de idade, na forma de lei complementar;*** (Redação dada pela EC nº 88, de 2015)

117. Atualmente conforme a **LC nº 152** de **03.12.2015** em seu art. 2º também *serão aposentados compulsoriamente, com proventos proporcionais ao tempo de contribuição, aos 75 (setenta e cinco) anos de idade: I – os servidores titulares de cargos efetivos da União, dos Estados, do Distrito Federal e dos Municípios, incluídas suas autarquias e fundações; II – os membros do Poder Judiciário; III – os membros do Ministério Público; IV – os membros das Defensorias Públicas; V – os membros dos Tribunais e dos Conselhos de Contas.*

As associações argumentaram que nessa parte da norma o constituinte derivado acabou por mesclar critérios de acesso com critérios de continuidade ou permanência no cargo, *"criando uma norma manifestamente violadora da garantia da vitaliciedade da magistratura"*.

Nos termos da ADI a interpretação no sentido de que *"a submissão de magistrados, detentores da garantia da vitaliciedade prevista no artigo 95 da Constituição Federal, a uma nova sabatina perante o Senado Federal e a uma nova nomeação pelo presidente da República afeta, diretamente, não apenas o direito/garantia de parte dos associados das autoras – os membros desse egrégio STF e dos tribunais superiores –, como igualmente o regular funcionamento do Poder Judiciário"*. Nesse sentido, pedido então foi para que o STF declarasse inconstitucional a exigência de uma nova sabatina e aprovação pelo Senado para a permanência dos Ministros no cargo até os 75 anos.

O STF em 21.05.2015, concedeu medida cautelar na ADI 5316 suspendendo a aplicação da expressão *"nas condições do artigo 52 da Constituição Federal"*, contida no final do art. 100 do ADCT. Segundo o Pretório Excelso, essa exigência de nova sabatina acabaria *"por vulnerar as condições materiais necessárias ao* ***exercício imparcial e independente da função jurisdicional****, ultrajando a* ***separação de Poderes****, cláusula pétrea inscrita no artigo 60, parágrafo 4º, inciso III, da Constituição Federal"*.

Portanto, o STF afastou até o julgamento final da ADI a exigência de nova sabatina para os Ministros continuarem no cargo até os 75 anos de idade. Conforme o informativo 786 do STF, então, o Plenário do STF, por maioria, deferiu pedido de medida cautelar na ADI 5316/DF para: a) suspender a aplicação da expressão "nas condições do art. 52 da Constituição Federal" contida no art. 100 do ADCT, introduzido pela EC 88/2015; b) fixar a interpretação, quanto à parte remanescente da EC 88/2015, de que o art. 100 do ADCT não pudesse ser estendido a outros agentes públicos até que fosse editada a lei complementar a que alude o art. 40, § 1º, II, da CF, a qual, quanto à magistratura (a lei complementar de iniciativa do STF, nos termos do art. 93 da CF); c) suspender a tramitação de todos os processos que envolvessem a aplicação a magistrados do art. 40, § 1º, II, da CF e do art. 100 do ADCT, até o julgamento definitivo da ação direta em comento; e d) declarar sem efeito todo e qualquer pronunciamento judicial ou administrativo que afastasse, ampliasse ou reduzisse a literalidade do comando previsto no art. 100 do ADCT e, com base neste fundamento, assegurasse a qualquer outro agente público o exercício das funções relativas a cargo efetivo após ter completado 70 anos de idade.[118]

118. ADI 5316/MC julg. em 21.05.2015. É interessante que alguns Desembargadores que já estavam prestes a se aposentar compulsoriamente impetraram mandados de segurança alegando que a regra prevista no art. 100 da ADCT da CR/88, incluído pela Emenda, deveria ser aplicada também a eles mesmos sem a Lei Complementar de que trata o inciso II do § 1º do art. 40 da CR/88. O fundamento foi o de que seria possível estender a regra de 75 anos para juízes e Desembargadores, considerando que a magistratura é uma carreira única e nacional e que, portanto, deveria receber tratamento uniforme. Argumentaram que seria inconstitucional tratar de forma desigual os Ministros dos Tribunais Superiores em detrimento dos juízes e Desembargadores que continuariam a se

Aqui devemos registrar que posteriormente a essa decisão tivemos a **Lei complementar nº 152, de 03.12.2015**, que dispôs sobre a aposentadoria compulsória por idade, com proventos proporcionais, nos termos do inciso II do § 1º do art. 40 da CR/88. Conforme a **LC nº 152** de **03.12.2015** em seu art. 2º *serão aposentados compulsoriamente, com proventos proporcionais ao tempo de contribuição, aos 75 (setenta e cinco) anos de idade: I – os servidores titulares de cargos efetivos da União, dos Estados, do Distrito Federal e dos Municípios, incluídas suas autarquias e fundações; II – os membros do Poder Judiciário; III – os membros do Ministério Público; IV – os membros das Defensorias Públicas; V – os membros dos Tribunais e dos Conselhos de Contas.*

Temos a comentar ainda, que os 11 Ministros do STF são divididos em duas Turmas (cada uma com cinco membros), que estão no mesmo patamar de hierarquia.

Nesses pequenos colegiados são julgados alguns processos que chegam à Suprema Corte e que não demandam a declaração de inconstitucionalidade de leis (que pelo menos **"em regra"** compete somente ao Plenário). Cabe às Turmas decidir, por exemplo, sobre Recurso Extraordinário (RE), Agravo de Instrumento (AI), Habeas Corpus (HC), Recurso em Habeas Corpus (RHC), Petição (PET) e Reclamação (RCL).[119]

É interessante que nos últimos anos, as duas Turmas do Supremo Tribunal Federal tiveram suas competências ampliadas para processamento e julgamento de classes processuais que antes eram analisadas exclusivamente pelo Plenário da Corte.

As alterações mais recentes, que têm como objetivo dar mais celeridade ao trâmite de ações no STF, tiveram início a partir da ***Emenda Regimental nº 45***, publicada no Diário da Justiça eletrônico do Pretório Excelso no dia 15 de junho de 2011. Após essa Emenda, as **Turmas do Supremo** passaram **a julgar** *classes processuais como* extradições; mandados de segurança contra atos do Tribunal de Contas da União, do procurador-geral da República e do Conselho Nacional do Ministério Público; mandados de injunção contra atos do TCU e dos Tribunais Superiores; *habeas data* contra atos do TCU e do procurador-geral da República; ações em que todos os membros da magistratura sejam direta ou indiretamente interessados e aquelas em que mais da metade dos membros do tribunal de origem estejam impedidos, ou seja, direta ou indiretamente interessados.

As mudanças partem da percepção de que de um lado é crescente a pauta do Plenário e, de outro, a das Turmas vem diminuindo, em razão da queda na quantidade de recursos extraordinários e agravos de instrumentos recebidos pelo STF.

---

aposentar compulsoriamente aos 70 anos (até que fosse editada uma lei complementar estendendo esse limite para 75 anos). Duas liminares foram concedidas em favor de Desembargadores do TJ de Pernambuco e do TJ São Paulo autorizando que eles somente se aposentassem aos 75 anos. Conforme já citado, o STF entendeu que o art. 100 do ADCT da CR/88 *não poderia ser estendido a outros agentes públicos até que seja editada a Lei Complementar Nacional* (aqui seria inconstitucional qualquer tentativa dos Tribunais de Justiça ou das Assembleias Legislativas de ampliar a aposentadoria dos juízes e Desembargadores para 75 anos, por LC Estadual antes que seja editada a LC nacional) nos termos do art. 40, § 1º, inciso II, da CR/88.

119. Ressalvados os casos que competem ao plenário ou devem ser afetos ao plenário.

Assim, por meio de emenda regimental, o STF vem aumentando o quantitativo de processos de competência das Turmas, ressalvados, no entanto, casos mais relevantes, em que as Turmas podem remeter as decisões ao Plenário da Corte[120].

É importante ressaltar também que o Presidente do STF (que tem mandato de 2 anos, vedada a reeleição para o período imediatamente subsequente) não participa de nenhuma das Turmas e apenas participa das sessões plenárias.

O STF é dotado de competências originárias e recursais. As competências originárias, são aquelas em que o STF processa e julga em instância única e de forma originária. Já as competências recursais, são aquelas em que a apreciação da matéria pelo STF se dá mediante recurso ordinário ou extraordinário (análise em última instância).

Assim sendo, são competências originárias[121] do STF, em que o mesmo deverá processar e julgar originariamente:

- a ação direta de inconstitucionalidade de lei ou ato normativo federal ou estadual e a ação declaratória de constitucionalidade de lei ou ato normativo federal; a ação direta de inconstitucionalidade por omissão (art. 103 § 2º da CR/88), a ação direta de inconstitucionalidade interventiva (art. 34, VII e art. 36, III da CR/88).

120. Até 2009, o ministro mais antigo de cada Turma presidia o colegiado, sem alternância. Após a aprovação, em sessão administrativa, da Emenda Regimental nº 25, passou a vigorar o rodízio na Presidência das Turmas, seguindo a ordem decrescente de antiguidade dos ministros que a compõem. Com isso, cada ministro dirige os trabalhos das Turmas durante um ano. A alternância da Presidência das Turmas foi uma sugestão dos ministros Marco Aurélio e Celso de Mello, que à época eram, respectivamente, os presidentes da Primeira e da Segunda Turmas. Segundo essa norma do Regimento Interno do STF, o ministro que for indicado a ocupar a presidência da Turma tomará posse na mesma data de sua escolha. Em eventual necessidade, como, por exemplo, em razão de exoneração, aposentadoria voluntária e aposentadoria compulsória, ocupa o posto, interinamente, o ministro mais antigo. Este poderá recusar a atribuição, desde que seja antes da proclamação.

121. Essas fazem parte de um rol exaustivo *(numerus clausus)*. Nesses termos, as mesmas não podem ser ampliadas por legislação ordinária, havendo a necessidade, para tal, de atuação do Poder Constituinte reformador (via emenda constitucional). Porém, alguns doutrinadores, como Gilmar Mendes, vêm defendendo uma **interpretação ampliada das competências do STF** refutando a doutrina das competências **estritas** do STF (interpretação restritiva das competências do STF). Esses doutrinadores trabalham a chamada **teoria das competências implícitas complementares** com o objetivo de sanar lacunas constitucionais evidentes. Essa posição vem encontrando assento também na jurisprudência do STF em **certas hipóteses**. Segundo Gilmar Mendes: "Há muito a jurisprudência do STF admite a possibilidade de extensão ou ampliação de sua competência expressa, **quando resulte implícita no próprio sistema constitucional."** O autor cita exemplos, nos quais essa **atuação do STF** já se fez presente: "a) mandado de segurança contra ato de Comissão Parlamentar de Inquérito (MS 23619/DF; MS 23851/DF; 23868/DF; entre outros); b) *habeas corpus* contra a Interpol, em face do recebimento de mandado de prisão expedido por magistrado estrangeiro, tendo em vista a competência do STF para processar e julgar, originariamente, a extradição solicitada por Estado estrangeiro (art. 102, I, *g*); c) Mandados de segurança contra atos que tenham relação com o pedido de extradição; d) A competência do STF para julgar mandado de segurança contra atos da Mesa da Câmara dos Deputados (art. 102, I, *d*, 2ª parte) alcança os atos individuais praticados por parlamentar que profere decisão em nome desta; e) habeas corpus contra qualquer decisão do STJ, desde que configurado o constrangimento ilegal (HC7 8897/RJ)." *Curso de direito constitucional,* 2008, p. 953-955.

- nas infrações penais comuns,[122] o Presidente da República, o Vice-Presidente, os membros do Congresso Nacional, seus próprios Ministros[123] e o Procurador-Geral da República;
- nas infrações penais comuns e nos crimes de responsabilidade, os Ministros de Estado e os comandantes da Marinha, do Exército e da Aeronáutica, ressalvado o disposto no art. 52, I, os membros dos Tribunais Superiores, os do Tribunal de Contas da União e os chefes de missão diplomática de caráter permanente;
- o ***habeas-corpus***, sendo paciente qualquer das pessoas referidas nas alíneas anteriores; o mandado de segurança e o ***habeas-data*** contra atos do Presidente da República, das Mesas da Câmara dos Deputados e do Senado Federal, do Tribunal de Contas da União, do Procurador-Geral da República e do próprio Supremo Tribunal Federal;
- o litígio entre Estado estrangeiro ou organismo internacional e a União, o Estado, o Distrito Federal ou o Território;[124]
- as causas e os conflitos entre a União e os Estados, a União e o Distrito Federal, ou entre uns e outros, inclusive as respectivas entidades da administração indireta;
- a extradição solicitada por Estado estrangeiro;
- o ***habeas corpus***, quando o coator for Tribunal Superior ou quando o coator ou o paciente for autoridade ou funcionário cujos atos estejam sujeitos diretamente à jurisdição do Supremo Tribunal Federal, ou se trate de crime sujeito à mesma jurisdição em uma única instância;[125]
- a revisão criminal[126] e a ação rescisória de seus julgados;
- a reclamação para a preservação de sua competência e garantia da autoridade de suas decisões;
- a execução de sentença nas causas de sua competência originária, facultada a delegação de atribuições para a prática de atos processuais;

122. Segundo o STF, estas envolvem qualquer tipo de infração penal, incluindo os delitos eleitorais e as contravenções penais.
123. Conforme a **Pet 3211 QO** julg. em **13.03.2008**: "(...) *1. Compete ao Supremo Tribunal Federal julgar ação de improbidade contra seus membros. 2. Arquivamento da ação quanto ao Ministro da Suprema Corte e remessa dos autos ao Juízo de 1º grau de jurisdição no tocante aos demais*". Rel. Min. Marco Aurélio.
124. Já o art. 109 da CR/88 afirma que: Aos juízes federais compete processar e julgar: II – as causas entre Estado estrangeiro ou organismo internacional e Município ou pessoa domiciliada ou residente no País.
125. Sobre o *habeas corpus* é mister salientar que o STF em 2006 cancelou a Súmula 690. Com isso a competência para processar e julgar HC de ato de turma recursal de juizado especial não é mais do STF, mas sim do respetivo TJ. Sobre a Súmula nº 691, que continua em plena validade, temos a informar que a mesma foi relativizada algumas vezes.
126. RvC 5437/RO: A revisão criminal é instrumento excepcional, não podendo ser utilizado para reiteração de teses já vencidas pelo acórdão revisando, seja quanto a matéria de direito, seja quanto a matéria de fato. Ou seja, na revisão criminal não se pode querer rediscutir os argumentos que já foram alegados e rejeitados durante o processo criminal. STF. Plenário, julg. em 17.12.2014, Rel. Min. Teori Zavascki.

- a ação em que todos os membros da magistratura sejam direta ou indiretamente interessados, e aquela em que mais da metade dos membros do tribunal de origem estejam impedidos ou sejam direta ou indiretamente interessados;[127]
- os conflitos de competência entre o Superior Tribunal de Justiça e quaisquer tribunais, entre Tribunais Superiores, ou entre estes e qualquer outro tribunal;
- o pedido de medida cautelar das ações diretas de inconstitucionalidade;
- o mandado de injunção, quando a elaboração da norma regulamentadora for atribuição do Presidente da República, do Congresso Nacional, da Câmara dos Deputados, do Senado Federal, das Mesas de uma dessas Casas Legislativas, do Tribunal de Contas da União, de um dos Tribunais Superiores, ou do próprio Supremo Tribunal Federal;
- as ações contra o Conselho Nacional de Justiça e contra o Conselho Nacional do Ministério Público;

---

127. Porém, conforme a AO nº 467: *[...] 4. Alegação de interesse indireto da magistratura estadual. 5. A jurisprudência do STF tem se orientado no sentido de que a letra n do inciso I do art. 102 da CF, a firmar competência originária do STF para a causa, só se aplica quando a matéria versada na demanda respeita a privativo interesse da magistratura enquanto tal e não quando também interessa a outros servidores. 6. No caso, a ação popular não é dirigida contra magistrados, mas, sim, dentre outros, contra membros do Ministério Público. A hipótese não é, destarte, de competência originária do Supremo Tribunal Federal. 6. Ação não conhecida, determinando-se a remessa dos autos à Justiça Comum do Estado de São Paulo, comarca da Capital. (Julg. 25.06.1997. Rel. Min. Néri da Silveira).* ***Portanto, a conclusão atual do STF*** *é a de que: a* ***causa não será da competência originária do STF se a matéria discutida, além de ser do interesse de todos os membros da magistratura****, for também do interesse de outras carreiras de servidores públicos. Além disso, para incidir o dispositivo, o texto constitucional preconiza que a matéria discutida deverá interessar a todos os membros da magistratura e não apenas a parte dela* ***(ARE 744436 AgR/PE julg. em 30.09.2014 e AO 1840 julg. em 11.02.2014).*** *Na* ***Rcl 11323*** *julg. em* ***22.04.2015*** *o STF decidiu que "tem competência para processar e julgar causas em que se discute prerrogativa dos juízes de portar arma de defesa pessoal, por se tratar de ação em que todos os membros da magistratura são direta ou indiretamente interessados (CF, art. 102, I, n)".* ***Embora o*** *STF na* ***AO 1569,*** *julg. em 24.06.2010 "resolveu* ***questão de ordem*** *suscitada em ação originária para assentar* ***sua competência para processar e julgar ação ordinária*** *em que a Associação dos Juízes Federais da 1ª Região visava afastar as restrições descritas no inciso III do art. 7º da Resolução 256/2002 do Conselho da Justiça Federal e no art. 4º do Decreto 1.445/95." A mesma pretendia ter reconhecido o direito de seus associados (Juízes Federais) ao pagamento da ajuda de custo para despesas de transporte e mudança, nos termos do art. 65, I, da LOMAN, inclusive nos casos de magistrados que receberam a vantagem no período inferior a doze meses ou foram removidos, mediante permuta, entre Seções Judiciárias distintas. Segundo o* ***Pretório Excelso,*** *"vislumbrou-se que, na espécie, estar-se-ia diante de conflito de interesses a repercutir no âmbito da magistratura federal propriamente dita, já que, apesar de a solução da causa beneficiar apenas os associados da autora, adotar-se-á entendimento, a prevalecer a unidade do Direito, que poderá alcançar outras situações jurídicas." Asseverou-se, ainda dois aspectos centrais, para a decisão do STF, que, sem dúvida, deveriam ser levados em conta: "1) o fato de, não assentada a competência do Supremo, o conflito vir a ser julgado por igual, na primeira instância, considerados os beneficiários, podendo o próprio titular da vara ser alcançado pela decisão; 2) a controvérsia sobre o alcance do art. 65, I, da LOMAN, aplicável à toda a magistratura."* Sobre o art.102, I, n, o STF também já decidiu que: (...) para os fins do art. 102, I, "n", da CF/88, *o impedimento deve ser afirmado nos autos do processo cujo deslocamento se pretende*. Ver no: AO 2380 AgR/SE, STF. 1ª Turma. Rel. p/ o ac. Min. Roberto Barroso, julg em 25.06.2019 (Info 945). Também já decidiu o STF que: *Compete ao STF julgar a apelação criminal interposta contra sentença de 1ª instância caso mais da metade dos membros do Tribunal de Justiça estejam impedidos ou sejam interessados (art. 102, I, "n", da CF/88).* STF. 2ª Turma. **AO 2093/RN**, Rel. Min. Cármen Lúcia, julgado em **03.09.2019** (Info 950).

- temos ainda que, conforme a Constituição, a arguição de descumprimento de preceito fundamental, decorrente desta Constituição, será apreciada pelo Supremo Tribunal Federal, na forma da lei (art. 102 § 1º da CR/88).

No que tange as **competências**, alguns comentários ainda são pertinentes. Nesses termos:

a) Certo é que, em relação ao controle concentrado de constitucionalidade, o STF irá processar e julgar originariamente todas as ações que são objeto do mesmo: ADI (102, I, "a" da CR/88), ADC (102, I, "a"), ADI por omissão (103 § 2º da CR/88), ADI interventiva (art. 34, VII, e art. 36, III, da CR/88) e a ADPF (art. 102 § 1º da CR/88).

b) O STF **não** tem competência para julgar ações populares ou ações civis públicas contra o Presidente da República (e os outros titulares de função ou mandato público que estão arrolados no art. 102, I, "b" e "c" da CR/88 com prerrogativa de foro por exercício de função). Embora a jurisprudência do STF já reconheça uma plêiade de competências implícitas, estas devem estar em consonância com o sistema constitucional, permitindo, assim, ainda que em hipóteses tópicas, que o Pretório Excelso vem paulatinamente reconhecendo (vide a última nota anteriormente citada). Definitivamente não é o caso das ações populares e ações civis públicas contra os arrolados no art. 102, I, "b" e "c". Nesses casos, a interpretação deve ser a tradicional de cunho restrito[128] (e não a ampliativa anteriormente reconhecida e citada. A base aqui é **o princípio da reserva constitucional de competência originária**[129]). Porém, devemos alertar que, se a questão debatida em ação popular

128. No que tange à ação popular, temos no STF a decisão da **AO nº 859**: Ementa: *Ação originária. Questão de ordem. Ação popular. Competência originária do STF: não ocorrência. Precedentes. 1. A competência para julgar ação popular contra ato de qualquer autoridade, até mesmo do Presidente da República, é, via de regra, do juízo competente de primeiro grau. Precedentes. 2. Julgado o feito na primeira instância, se ficar configurado o impedimento de mais da metade dos desembargadores para apreciar o recurso voluntário ou a remessa obrigatória, ocorrerá a competência do Supremo Tribunal Federal, com base na letra n do inciso I, segunda parte, do artigo 102 da Constituição Federal. 3. Resolvida a Questão de Ordem para estabelecer a competência de um dos juízes de primeiro grau da Justiça do Estado do Amapá. Rel. para acórdão, Min. Maurício Correa. Julgamento em 11.10.2001. (Tribunal Pleno)*. Já no que diz respeito à ação civil pública, temos a **Pet (Agr) nº 693**, em que o STF afirma que: Ementa: *Competência do STF. Ação Civil Pública contra Presidente da República. Lei nº 7.347/85. A competência do Supremo Tribunal Federal e de direito estrito e decorre da Constituição, que a restringe aos casos enumerados no art. 102 e incisos. A circunstância de o Presidente da República estar sujeito a jurisdição da Corte, para os feitos criminais e mandados de segurança, não desloca para esta o exercício da competência originária em relação às demais ações propostas contra ato da referida autoridade. Agravo regimental improvido.* Rel. Min. Ilmar Galvão. Julg. em 12.08.1993.

129. Vide a Pet nº 1.738 – AgR de rel. do Min. Celso de Mello julgada em 01.09.1999: "A competência originária do Supremo Tribunal Federal, por qualificar-se como um complexo de atribuições jurisdicionais de extração essencialmente constitucional – e ante o regime de direito estrito a que se acha submetida – não comporta a possibilidade de ser estendida a situações que extravasem os limites fixados, em *numerus clausus*, pelo rol exaustivo inscrito no art. 102, I, da CR. Precedentes. O regime de direito estrito, a que se submete a definição dessa competência institucional, tem levado o Supremo Tribunal Federal, por efeito da taxatividade do rol constante da Carta Política, a afastar, do âmbito de suas atribuições jurisdicionais originárias, o processo e o julgamento de causas de natureza civil que não se acham inscritas no texto constitucional (ações populares, ações civis públicas, ações cautelares, ações ordinárias, ações declaratórias e medidas cautelares), mesmo que instauradas contra o Presidente da República ou contra qualquer das autoridades, que, em matéria penal (CR, art. 102, I, b e c), dispõem de prerrogativa de foro perante a Corte Suprema ou que, em sede de mandado de segurança, estão sujeitas à jurisdição imediata do

envolver **conflito federativo**, a competência para julgamento da mesma será, obviamente, do STF por força do art. 102, I, "f", da CR/88.[130]

c) A competência do STF para processar e julgar as autoridades só terá validade enquanto as referidas autoridades estiverem no exercício das atividades e funções públicas. Se as mesmas não estão mais alocadas em seus cargos ou mandatos, não há que se falar em foro por exercício de função (os autos devem ser deslocados à instância originária competente). Nesse sentido, o cancelamento da Súmula nº 394 do STF aqui já citado.

Porém, é mister salientar que o STF apresenta exceção: após **o final da *instrução processual***, com a publicação do despacho de intimação para apresentação de alegações finais, a competência para processar e julgar ações penais não será mais afetada em razão de o agente público vir a ocupar outro cargo ou deixar o cargo que ocupava, qualquer que seja o motivo.[131] É importante salientar que se entende encerrada a *instrução processual* com a publicação do despacho de intimação para apresentação de alegações finais. Nesse momento, fica prorrogada a competência do juízo para julgar a ação penal mesmo que ocorra alguma mudança no cargo ocupado pelo réu.

Assim, mesmo que o agente público venha a ocupar outro cargo ou deixe o cargo que ocupava, qualquer que seja o motivo, isso não acarretará modificação de competência.[132]

d) Certo é que o STF deve, conforme anteriormente descrito, julgar originariamente conflitos de competência entre o Superior Tribunal de Justiça e quaisquer tribunais, entre Tribunais Superiores, ou entre estes e qualquer outro tribunal. Nesses termos, já deixou assente o STF que ele será competente também para julgar conflitos de competência entre os Tribunais Superiores e Juízes atrelados vinculativamente a outros tribunais (Exemplo: conflito entre o STJ e um Juiz do Trabalho ou entre o TST e um Juiz Federal). Porém, não será de competência do STF julgar conflito entre o STJ e Tribunais Regionais Federais ou entre o STJ e Tribunais de Justiça, pois

---

Tribunal (CR, art. 102, I, d). Precedentes." Porém, repetimos, em alguns casos essa posição vem sendo relativizada à luz de competências implícitas no sistema constitucional.

130. Vide a **Reclamação 3331:** *Reclamação. Usurpação da competência. Processos judiciais que impugnam a portaria nº 534/05, do ministério da justiça. Ato normativo que demarcou a reserva indígena denominada Raposa Serra do sol, no Estado de Roraima. Caso em que resta evidenciada a existência de litígio federativo em gravidade suficiente para atrair a competência desta Corte de Justiça (alínea "f" do inciso I do art. 102 da Lei Maior). Cabe ao STF processar e julgar ação popular em que os respectivos autores, com pretensão de resguardar o patrimônio público roraimense, postulam a declaração da invalidade da Portaria nº 534/05, do Ministério da Justiça. Também incumbe a esta colenda Corte apreciar todos os feitos processuais intimamente relacionados com a demarcação da referida reserva indígena. Reclamação procedente.* (Julg. em 28.06.2006. Rel. Min. Carlos Ayres).

131. **AP 937 QO/RJ,** Rel. Min. Roberto Barroso, julgado em **03.05.2018.**

132. Por que se escolheu esse critério do encerramento da instrução? Por três razões: 1ª) Trata-se de um marco temporal objetivo, de fácil aferição, e que deixa pouca margem de manipulação para os investigados e réus e afasta a discricionariedade da decisão dos tribunais de declínio de competência; 2ª) Este critério privilegia o princípio da identidade física do juiz, ao valorizar o contato do magistrado julgador com as provas produzidas na ação penal; 3ª) Já existia precedente do STF adotando este marco temporal. STF. Plenário. AP 937 QO/RJ, Rel. Min. Roberto Barroso, julgado em 03.05.2018.

nesses casos, não estaremos diante de um conflito de competências, mas sim da chamada hierarquia de jurisdição (ente o STJ e os TRFs e TJs).[133]

e) No que tange aos **conflitos federativos**, temos que a Constituição, no seu art. 102, I, "f", anteriormente citado, determina ser de competência originária do STF julgar as causas e os conflitos entre a União e os Estados, a União e o Distrito Federal, ou entre uns e outros, inclusive as respectivas entidades da administração indireta.

Aqui podemos trabalhar as seguintes situações que serão de competência do STF com base na referida norma constitucional: a) União contra Estado(s); b) União contra Distrito Federal; c) Estado(s) contra Estado(s); d) Estado(s) contra Distrito Federal.

Porém, é importante registrar que o STF já se manifestou interpretativamente de forma restritiva em relação a essa norma, afirmando que é indispensável que, *além de haver uma causa envolvendo União e Estado*, essa demanda tenha densidade suficiente para abalar o *pacto federativo*.

Com isso, não é qualquer causa envolvendo União contra Estado que irá ser julgada pelo STF, mas somente quando essa disputa puder resultar *em ofensa às regras do sistema federativo*. Nesse sentido, haverá a necessidade de que a questão debatida na causa seja dotada de uma **potencialidade** para ensejar um *"conflito federativo"*.[134]

Nesses termos, já decidiu o STF que ele é *originariamente competente para processar e julgar as causas que revelem potencial conflito federativo entre a União e os Estados-membros (art. 102, I, 'f', da CRFB/88), como nos casos em que se discute a*

133. Conforme a CC 7094/MA de rel. do Min. Sepúlveda Pertence. Aqui, devemos apenas, deixar assente que o **STJ** cancelou a sua **súmula 348** e com isso, a partir de **17.03.2010** passou a entender, através da nova **súmula 428,** que **compete ao Tribunal Regional Federal decidir os conflitos de competência entre juizado especial federal e juízo federal da mesma seção judiciária. Rel. Min. Luiz Fux, em 17/3/2010.** Nesses termos: "*A Corte Especial cancelou o enunciado n. 348 de sua Súmula em razão da decisão do Supremo Tribunal Federal (STF) no RE 590.409-RS, DJe 29/10/2009, no qual o STF entendeu que compete ao Tribunal Regional Federal processar e julgar o conflito de competência instaurado entre juizado especial federal e juízo federal da mesma seção judiciária. Considerou-se o fato de competir ao STF a palavra final sobre competência, matéria tipicamente constitucional (art. 114 da CF/1988). Logo em seguida, a Corte Especial aprovou a* ***Súmula 428-STJ****, condizente com esse novo entendimento.*" CC 107.635-PR, Rel. Min. Luiz Fux, julg. em **17.03.2010.**

134. Rcl 12.957/AM, 1ª Turma STF, Rel. Min. Dias Toffoli, julg em 26.08.2014. Nesse sentido: "Diferença entre ***conflito entre entes federados*** e ***conflito federativo***: enquanto no primeiro, pelo prisma subjetivo, ***observa-se a litigância judicial promovida pelos membros da Federação***, no segundo, ***para além da participação desses na lide, a conflituosidade da causa importa em potencial desestabilização do próprio pacto federativo***. *Há, portanto, distinção de magnitude nas hipóteses aventadas, sendo que o legislador constitucional restringiu a atuação da Corte à última delas, nos moldes fixados no Texto Magno, e não incluiu os litígios e as causas envolvendo Municípios como ensejadores de conflito federativo apto a exigir a competência originária da Corte.*" STF. Pleno. ACO 1.295-AgR-segundo, Rel. Min. Dias Toffoli, julg. em 14.10.2010. Aqui salientamos que o ***conflito entre federados*** (*disputa judicial envolvendo União ou suas entidades contra Estado-membro ou suas entidades. Exemplo: disputa entre a União e um Estado-membro envolvendo um aluguel de um imóvel*), em regra deve ser julgado *pela justiça federal de 1ª Instância*. *Já o* ***conflito federativo*** (*disputa judicial, envolvendo a União ou suas entidades contra Estado-membro ou suas entidades), que em razão do tema tem a potencialidade de gerar uma desestabilização no sistema federativo*, será **julgado pelo STF**. *Ver também: ACO 1995, Pleno do STF, julg. em 26.03.2015, Rel. Min. Marco Aurélio.*

inscrição destes nos cadastros federais de irregularidades ou inadimplência. No caso, a União é parte legítima para figurar no polo passivo das ações em que Estado-membro impugne inscrição em cadastros federais de inadimplentes e/ou de restrição de crédito. STF.[135] Do mesmo modo, já afirmou o STF, que *configura conflito federativo a ação na qual a União e o Estado-membro, em polos antagônicos, discutem se determinado projeto se enquadra como atividade de transporte de gás canalizado (art. 177, IV, da CR/88) ou fornecimento de gás canalizado (art. 25, § 2º, da CR/88)*[136].

Também já decidiu o STF, que compete ao Supremo Tribunal Federal conhecer e julgar originariamente causas que envolvam a interpretação de normas relativas à imunidade tributária recíproca, ***em razão do potencial abalo ao pacto federativo***. Ou seja, compete ao STF julgar ação proposta por Estado contra União versando sobre imunidade tributária recíproca.[137]

Em outro giro, já decidiu o Pretório Excelso, que não compete ao STF julgar ação proposta contra a União e o Banco do Brasil para obrigar que a instituição financeira cumpra lei estadual que determina o repasse de parte dos valores dos depósitos judiciais para o caixa único do Estado. Trata-se, conforme o julgado, de controvérsia meramente patrimonial, não justificando sequer a presença da União no polo passivo.[138]

Temos ainda, nos termos do informativo nº 591 do STF, que os **Municípios *não estão*** arrolados como entidades que em conflitos com outros entes políticos tornariam (levariam) a matéria de competência originária do STF. Nesse sentido, na decisão da ACO 1342 AgR/RJ julgada em 16.10.2010:

> "(...) Tendo em conta que o texto constitucional não menciona os Municípios entre as entidades cujos litígios com outros entes políticos de direito público interno evocam a competência originária do Supremo (CF: "Art. 102. Compete ao Supremo Tribunal Federal, precipuamente, a guarda da Constituição, cabendo-lhe: I – processar e julgar, originariamente: f) as causas e os conflitos entre a União e os Estados, a União e o Distrito Federal, ou entre uns e outros, inclusive as respectivas entidades da administração indireta;"), o Tribunal reconheceu sua incompetência para julgar agravo regimental interposto contra decisão que indeferira pedido de tutela antecipada formulado em ação cível originária na qual a Casa da Moeda do Brasil pretende ver afastada a exigibilidade, pelo Município do Rio de Janeiro, do Imposto sobre Serviço de Qualquer Natureza – ISSQN e das sanções decorrentes do não pagamento do tributo. Determinou-se a remessa dos autos à Justiça Federal do Rio de Janeiro (...)".

f) O STF na **ACO 924/PR** em **19.05.2016**, mudando seu posicionamento (que entendia que a competência era do próprio STF[139]), decidiu que compete ao Pro-

135 **ACO 2764 AgR**, STF Plenário. Relator p/ Ac. Min. Luiz Fux, julg. em **16.10.2017.** No mesmo sentido: **ACO 2892 AgR/DF**, Red. p/ o ac. Min. Alexandre de Moraes, julg em **11.09.2019** (Informativo 951)

136. **Rcl 4.210/SP**, STF. 2ª Turma. Rel. Min. Ricardo Lewandowski, julg. em **26.03.2019** (Informativo 935).

137. **ACO 1098**, STF. Plenário. Rel. Roberto Barroso, julgado em **11.05.2020** (Inf.980)

138. **ACO 989/BA**, STF. Plenário. Rel. Min. Marco Aurélio, julgado em **11.09.2019** (Inf. 951).

139. Na **ACO 853** o STF deixou assente em 08.03.2007 que: *1. COMPETÊNCIA. Atribuições do Ministério Público. Conflito negativo entre MP federal e estadual. **Feito da competência do Supremo Tribunal Federal**. Conflito conhecido.*

curador Geral da República (PGR), na condição de órgão nacional do Ministério Público, dirimir conflitos de atribuições entre **membros do Ministério Público Federal (MPF)**e de **Ministérios Públicos Estaduais (MPE)**. Aqui, de início, é necessário distinguirmos os **conflitos de atribuições** dos **conflitos de competência**. Nesses termos, conforme a doutrina "o conflito de atribuições não se confunde com o conflito de competência. Cuidando-se de ato de natureza jurisdicional, o conflito será de competência, ou seja, *quando dois órgãos jurisdicionais divergem sobre quem deverá julgar uma causa.*[140] Porém, tratando-se de controvérsia entre órgãos do Ministério Público sobre ato que caiba a um deles praticar, ter-se-á um conflito de atribuições." Portanto, só existe conflito de atribuições se a divergência ficar restrita aos membros do Ministério Público.[141]

Precedentes. Aplicação do art. 102, I, "f", da CR. Compete ao Supremo Tribunal Federal dirimir conflito negativo de atribuição entre o Ministério Público federal e o Ministério Público estadual. (...) Conflito negativo de atribuição conhecido. É da atribuição do Ministério Público estadual analisar procedimento de investigação de atos supostamente delituosos atribuídos a ex-Governador e emitir a respeito *opinio delicti*, promovendo, ou não, ação penal." Portanto, o fundamento estaria ancorado no art. 102, I, "f" da CR/88. Como exemplo: *Se dois Promotores de Justiça de Estados diferentes estavam divergindo sobre a atuação em uma causa, o que nós tínhamos era uma divergência entre dois órgãos de Estados diferentes. Se um Promotor de Justiça e um Procurador da República discordavam sobre quem deveria atuar no caso, o que nós tínhamos era uma dissonância entre um órgão estadual e um órgão federal. Logo, nestas duas situações, quem deveria resolver este conflito seria o STF, conforme previsto no art. 102, I, "f", da CR/88.*

140. *Exemplo elucidativo de **conflito de competência:** Foi instaurado inquérito policial, que estava tramitando na Justiça Estadual, com o objetivo de apurar determinado crime. Ao final do procedimento, o Promotor de Justiça requereu a declinação da competência para a Justiça Federal, entendendo que estava presente a hipótese do art. 109, IV, da CF/88. O Juiz de Direito concordou com o pedido e remeteu os autos para a Justiça Federal. O Juiz Federal deu vista ao Procurador da República, que entendeu em sentido contrário ao Promotor de Justiça e afirmou que não havia interesse direto e específico da União que justificasse o feito ser de competência federal. O Juiz Federal concordou com o Procurador da República e suscitou conflito de competência. Este conflito deverá ser dirimido pelo Superior Tribunal de Justiça, nos termos do art. 105, I, "d", da CF/88* (Nesses casos, *conforme o art. 105 da CR/88 compete ao Superior Tribunal de Justiça, processar e julgar, originariamente os conflitos de competência entre quaisquer tribunais, ressalvado o disposto no art. 102, I, "o" da CR/88, bem como entre tribunal e juízes a ele não vinculados e entre juízes vinculados a tribunais diversos*). No exemplo, os membros do Ministério Público discordaram entre si. No entanto, essa discordância não ficou limitada a eles e foi também encampada pelos juízes. Logo, em última análise, tivemos um conflito de competência, ou seja, um conflito negativo entre dois órgãos jurisdicionais. (In: Márcio André Lopes, *Dizer o Direito, Informativo 826 do STF*) Nesse sentido, temos a Pet nº 1.503: *Conflito negativo de atribuições. Ministério Público Federal e Estadual. Denúncia. Falsificação de guias de contribuição previdenciária. Ausência de conflito federativo. Incompetência desta Corte. 1. Conflito de atribuições entre o Ministério Público Federal e o Estadual. Empresa privada. Falsificação de guias de recolhimento de contribuições previdenciárias devidas à autarquia federal. Apuração do fato delituoso. Dissenso quanto ao órgão do Parquet competente para apresentar denúncia. 2. A competência originária do Supremo Tribunal Federal, a que alude a letra "f" do inciso I do artigo 102 da Constituição, restringe-se aos conflitos de atribuições entre entes federados que possam, potencialmente, comprometer a harmonia do pacto federativo. Exegese restritiva do preceito ditada pela jurisprudência da Corte. Ausência, no caso concreto, de divergência capaz de promover o desequilíbrio do sistema federal. 3. Presença de virtual conflito de jurisdição entre os juízos federal e estadual perante os quais funcionam os órgãos do Parquet em dissensão. Interpretação analógica do artigo 105, I, "d", da Carta da República, para fixar a competência do Superior Tribunal de Justiça a fim de que julgue a controvérsia. Conflito de atribuições não conhecido.* (Julg: 03.10.2002. Rel. Min. Maurício Corrêa.)

141. *Algumas vezes, no entanto, os membros do Ministério Público instauram investigações que tramitam no âmbito da própria instituição. Neste caso, em regra, tais procedimentos não são levados ao Poder Judiciário, salvo no momento em que irá ser oferecida a denúncia ou se for necessária alguma medida que dependa de autorização judicial (ex: interceptação telefônica). A regra geral, no entanto, é que os procedimentos de investigação conduzidos diretamente pelo MP tramitem exclusivamente no âmbito interno da Instituição. Ex: um Promotor de Justiça instaurou, no MPE, procedimento de investigação para apurar crimes relacionados com um cartel mantido por donos de postos de combustíveis. Ocorre que o Procurador da República também deflagrou, no âmbito do MPF, um procedimento investigatório para*

Nos termos do informativo 826 do STF, a Corte afirmou que o PGR exerceria a posição de chefe nacional do Ministério Público. Essa instituição — apesar da irradiação de suas atribuições sobre distintos órgãos — seria una, nacional e, de essência, indivisível. Nesses termos, quando a disciplina prevista nos parágrafos 1º e 3º do art. 128 da CR/88 distribui a chefia dos respectivos ramos do Ministério Público – da União e dos Estados, respectivamente – outra coisa não seria pretendida senão a ordenação administrativa, organizacional e financeira de cada um dos órgãos, o que reafirmaria a ausência de hierarquia entre os órgãos federais e estaduais do Ministério Público nacional. Contudo, assentada a obrigação constitucional de o PGR dirimir conflitos de atribuições, não se relevaria, com isso, sua atuação como chefe do MPU, mas sim a identificação do PGR como órgão nacional do "parquet". Com efeito, afirmou o STF no informativo 826 que, em diversas passagens da Constituição seria observada, de modo decisivo, a atribuição de poderes e deveres ao PGR, os quais, especialmente por suas abrangências, não se confundiriam com as atribuições dessa autoridade como chefe do MPU. Nesse sentido, entre outras hipóteses, o art. 103, VI, da CR/88, fixa a competência do PGR para a propositura da ação direta de inconstitucionalidade e da ação declaratória de constitucionalidade perante o STF; o art. 103, § 1º, da CF, determina que o PGR seja previamente ouvido nas ações de inconstitucionalidade e em todos os processos de competência daquela Corte; o art. 103-B da CR/88 atribui ao PGR a escolha do membro do Ministério Público estadual que integra o CNJ, dentre os nomes indicados pelo órgão competente de cada instituição estadual. O órgão nacional, portanto, encontrar-se-ia em posição conglobante dos Ministérios Públicos da União e dos Estados-Membros. Por outro lado, entendeu o STF que, as competências do STF e do STJ deteriam caráter taxativo, e em nenhuma delas estaria previsto dirimir os conflitos de atribuições em questão. Por fim, não se extrairia dessa situação conflito federativo apto a atrair a competência do STF (tendo nesse ponto o STF modificado seu entendimento).[142]

g) Nos termos da **Súmula nº 731** do STF, para fim da competência originária do Supremo Tribunal Federal, é de interesse geral da magistratura a questão de saber se, em face da Lei Orgânica da Magistratura Nacional, os juízes têm direito à licença-prêmio.

h) O STF decidiu que não é competente para julgar originariamente ação intentada por juiz federal postulando a percepção de licença-prêmio com fundamento na

apurar exatamente o mesmo fato. Temos, então, dois membros diferentes do Ministério Público investigando o mesmo fato. Vale ressaltar que nenhum deles formulou qualquer pedido judicial, de sorte que o Poder Judiciário não foi provocado e os procedimentos tramitam apenas internamente. Nesse caso temos um conflito de atribuições. (In: Márcio André Lopes, *Dizer o Direito, Informativo 826 do STF*). Porém, é bom que se diga que: *Se os juízes encamparem as teses dos membros do MP, aí eles estarão discordando entre si e teremos, no caso, um "falso conflito de atribuições". Diz-se que há um falso conflito de atribuições porque, na verdade, o que temos é um conflito entre dois juízes, ou seja, um conflito de competência.*

142. ACO 924/PR, Pleno do STF, Rel. Min. Luiz Fux, julgado em 19.05.2016 (Informativo 826 do STF).

simetria existente entre a magistratura e o Ministério Público. No caso em questão, como vimos acima, o art. 102, I, "n", da CR/88 determina que a ação em que todos os membros da magistratura sejam direta ou indiretamente interessados é de competência originária do STF. Porém, no entanto, a causa não será da competência originária do STF se a matéria discutida, além de ser do interesse de todos os membros da magistratura, for também do interesse de outras carreiras de servidores públicos. E além disso, para incidir o dispositivo ora citado, o texto constitucional determina que a matéria discutida deverá interessar a todos os membros da magistratura e não apenas à parte dela.[143]

i) Com o advento da Emenda nº 45/04 (reforma do Judiciário), o STF deixou de ter competência originária para a homologação de sentença estrangeira e a concessão de *exequatur* às cartas rogatórias. Essa competência foi transferida para o Superior Tribunal de Justiça.

j) O STF, mesmo sendo o órgão do Poder Judiciário competente para conhecer das ações contra o CNJ e CNMP, afirmou, em julgado, que **não** é de sua competência conhecer de ação popular[144] e ação civil pública[145] contra o Conselho Nacional de Justiça ou o Conselho Nacional do Ministério Público. Além disso, o STF também **não** é competente para processar e julgar **ações ordinárias** contra emanados do **CNJ**, nos seguintes termos: "(...) a jurisprudência desta Casa tem conferido interpretação estrita à competência insculpida na alínea **r do inciso I do art. 102** da CR/88, vinculando-a às hipóteses em que o CNJ, órgão do Poder Judiciário, teria personalidade judiciária para figurar no polo passivo da lide – mandados de segurança, *habeas corpus, habeas data*. Nas ações ordinárias ajuizadas contra a União – ente dotado de personalidade jurídica –, ainda que envolvendo discussão acerca de ato emanado do CNJ, a competência é da Justiça Federal."[146]

143. AO 2126/PR, 2ª Turma do STF, Red. p/ o ac. Min. Edson Fachin, julgado em **21.02.2017** (Informativo 855)
144. Vide a Pet nº 3.674 julg. em 04.10.2006: *Competência originária do Supremo Tribunal para as ações contra o Conselho Nacional de Justiça e contra o Conselho Nacional do Ministério Público (CR, art. 102, I, r, com a redação da EC 45/04): inteligência: não inclusão da ação popular, ainda quando nela se vise à declaração de nulidade do ato de qualquer um dos conselhos nela referidos. 1. Tratando-se de ação popular, o STF – com as únicas ressalvas da incidência da alínea n do art. 102, I, da CF ou de a lide substantivar conflito entre a União e Estado-membro –, jamais admitiu a própria competência originária: ao contrário, a incompetência do Tribunal para processar e julgar a ação popular tem sido invariavelmente reafirmada, ainda quando se irrogue a responsabilidade pelo ato questionado a dignitário individual – a exemplo do Presidente da República – ou a membro ou membros de órgão colegiado de qualquer dos poderes do Estado cujos atos, na esfera cível – como sucede no mandado de segurança – ou na esfera penal – como ocorre na ação penal originária ou no habeas corpus – estejam sujeitos diretamente à sua jurisdição. 2. Essa não é a hipótese dos integrantes do CNJ ou do CNMP: o que a Constituição, com a EC 45/04, inseriu na competência originária do Supremo Tribunal foram as ações contra os respectivos colegiado, e não, aquelas em que se questione a responsabilidade pessoal de um ou mais dos conselheiros, como seria de dar-se na ação popular.*
145. Pet nº 3.986 julg. em 25.06.2008: "Ação civil pública contra decisão do conselho nacional de justiça. Incompetência, em sede originária, do supremo tribunal federal. I – Nos termos do art. 102 e incisos da Magna Carta, esta Suprema Corte não detém competência originária para processar e julgar ações civis públicas. (...)". .
146. AO 1.718, Rel. Min. Rosa Weber, julg. monocrático em **30.03.2012**. Também: ACO 1796/DF, Relator Min. Marco Aurélio, julg. **21.06.2011**. *Competência – alíneas "f" e "r" do inciso i do artigo 102 da constituição federal – declinação. 1. Ao formalizar esta ação cível originária, os autores evocaram as alíneas "f" e "r" do inciso I do artigo 102*

k) O STF já decidiu que pode estabelecer regras procedimentais diferenciadas para determinados julgamentos devido à peculiaridade dos mesmos. Nesse sentido, foi o definido em "questão de ordem" sobre a AP n°470 (caso mensalão), conforme o informativo 665 do Pretório Excelso: "O Plenário resolveu **questão de ordem** suscitada em ação penal, movida pelo Ministério Público Federal contra diversas pessoas acusadas da suposta prática de crimes de peculato, lavagem de dinheiro, corrupção ativa, gestão fraudulenta e outras fraudes, para, **por maioria**, estabelecer as seguintes **regras procedimentais**, a serem observadas **quando do julgamento da causa**: a) a leitura do relatório será resumida; e b) o tempo concedido ao Procurador-Geral da República, para sustentação oral, será de cinco horas. O Min. Joaquim Barbosa, relator e suscitante, salientou a complexidade desta ação penal, considerado o elevado número de réus, e sublinhou a necessidade da adoção de medidas a tornar célere o trabalho da Corte. Apontou-se que o relatório do feito conteria mais de cem páginas, e que sua leitura integral poderia perdurar por toda uma sessão de julgamento. Rememorou-se que as partes e os julgadores já teriam acesso a todo o conteúdo dos autos, inclusive em meio digital, há meses. Ademais, no tocante às sustentações orais, reputou-se que a legislação aplicável (Lei 8.038/90, art. 12, I, e RISTF, art. 132) estabeleceria o tempo de uma hora às partes. Entretanto, tratar-se-ia de 38 réus, de forma que, em observância à equidade e à paridade de armas, dever-se-ia instituir período maior para o órgão acusador."[147]

l) Segundo o STF, o agravo interposto contra decisão monocrática do Ministro Relator no STF (também chamado de *agravo interno* ou *regimental*), em recursos ou ações originárias que versem sobre matéria penal ou processual penal, não obedece às regras no novo Código de Processo Civil. Nesses termos, temos que: a) o prazo deste agravo (interno) é de **5 dias, nos termos do art. 39 da Lei nº 8.038/90 (não se aplicando o art. 1.070 do CPC/2015)**; b) esse prazo é contado em **dias corridos**, conforme estabelece o art. 798 do Código de Processo Penal (**não** se aplicando a **regra da contagem em dias úteis do art. 219** do novo **CPC de 2015**).[148]

---

da Constituição Federal. (...) 2. São autores desta ação pessoas naturais e ré a União. Não há conflito alcançado pela citada alínea "f" do inciso I do artigo 102 da Carta da República, tampouco o CNJ figura no polo passivo, considerada a natureza administrativa. Somente em situações excepcionais, admite-se ao órgão, que não possui personalidade jurídica própria, a capacidade de ser parte no processo, as quais não se encontram presentes no caso em exame. 3. Remetam o processo à Justiça Federal do Distrito Federal, ante a incompetência deste Tribunal. 4. Publiquem. Brasília, 21 de junho de 2011.

147. **AP 470 Nona QO/MG**. Rel. Min. Joaquim Barbosa, julg. em **09.05.2012**. Na decima QO decidida em **01.08.2012**, o Plenário do STF, ao resolver questão de ordem suscitada pelo Min. Ayres Britto, indeferiu, por maioria, pedido de uso de recurso audiovisual nas sustentações, e consignou ainda que: a) as sustentações orais dos acusados seriam chamadas pelo Presidente na ordem da denúncia; b) as sessões de julgamento teriam, aproximadamente, duração de 5h, pelo que não seria possível fixar data e horário para esta e aquela sustentação oral. Ademais, registrou-se que, à parte que não pudesse, de modo justificado, apresentar verbalmente suas razões no dia em que deveria fazê-lo, *observada a ordem da denúncia, estaria assegurada a sustentação no último dia do calendário estabelecido. Vencidos os Ministros Joaquim Barbosa, Ricardo Lewandowski, Celso de Mello e Dias Toffoli, no concernente ao uso de sistema audiovisual, porque o admitiam, desde que providenciado pelas defesas dos acusados, por sua conta e risco, e utilizado dentro do prazo de 1h destinado às exposições de cada um deles.*
148. HC 134554 Rcon, Decisão monocrática, Rel. Min. Celso de Mello, julg. em **10.06.2016** (Informativo 830 do STF). No mesmo sentido: STJ. 3ª Seção. AgRg na Rcl 30.714/PB, Rel. Min. Reynaldo Soares da Fonseca, julg. em 27.04.2016.

m) É interessante que como regra, não se admite a juntada extemporânea de prova documental em recursos interpostos no STF. Assim, por exemplo, em regra, não se admite que, em um agravo regimental no STF, seja juntado algum documento que já existia, mas que a parte não havia trazido aos autos por omissão sua. No entanto, em um caso concreto envolvendo uma apreciação de contas de TCE, o a 1ª Turma do STF relativizou esta proibição e admitiu que o Estado (agravante) trouxesse aos autos cópia da intimação do gestor público condenado. O STF considerou que, na situação concreta, o interesse público indisponível presente na lide justifica que se admita a análise do documento.[149]

n) Conforme a 1ª Turma do STF, por decisão majoritária, a competência para julgar mandado de segurança contra ato de Ministro da Justiça em matéria extradicional será do próprio STF. Aqui podemos considerar tal competência uma exceção pois em regra a competência para processar e julgar mandado de segurança contra ato de Ministro de Estado é do STJ nos termos, do art. 105, I, b da CR/88.[150]

o) Segundo o STF nos termos da **AR 1551/RJ**, julgada em 19.10.2016, salvo na hipótese de revisão da jurisprudência (art. 103 do Regimento Interno do Supremo Tribunal Federal – RISTF), a declaração de inconstitucionalidade de lei proferida pelo Plenário, pronunciada por maioria qualificada, deve ser aplicada aos processos posteriormente submetidos ao julgamento das Turmas e do Plenário, conforme regra prevista no art. 101 do RISTF.[151]

p) Não compete originariamente ao STF processar e julgar execução individual de sentenças genéricas de perfil coletivo, inclusive aquelas proferidas em sede mandamental. Tal atribuição cabe aos órgãos judiciários competentes de primeira

---

Com isso, o art. 1.070 do novo CPC não se aplica aos processos de natureza criminal (ações originárias ou recursos) que tramitam no STF e STJ. O fundamento é o de que existe previsão específica no art. 39 da Lei nº 8.038/90, que não foi derrogado: *Art. 39. Da decisão do Presidente do Tribunal, de Seção, de Turma ou de Relator que causar gravame à parte, caberá agravo para o órgão especial, Seção ou Turma, conforme o caso, no prazo de cinco dias.*

149. **ARE 916917 AgR/SP** STF. 1ª Turma, Rel. Min. Edson Fachin, julg. em **06.12.2016**. No caso ficou vencido o Min. Marco Aurélio. *Em sua visão, não se pode julgar, pela primeira vez, matéria em sede extraordinária, sob pena de transmutação dessa sede em ordinária.*

150. **MS 33864/DF** 1ª T do STF, julg. em **19.04.2016**, Rel. Min Roberto Barroso. Vide: *HC 83.113/DF, Rel. Min. Celso de Mello.*

151. Informativo 844 do STF: *"O Plenário, por maioria, julgou procedente pedido formulado em ação rescisória, ajuizada para desconstituir acórdão da Segunda Turma (RE 193.285/RJ, DJU de 17-4-1998). Para o autor, o acórdão rescindendo teria declarado a validade da Lei 1.061/1987 do Município do Rio de Janeiro, não obstante houvesse pronunciamento anterior do Supremo Tribunal Federal no sentido da inconstitucionalidade dessa lei (RE 145.018/RJ, DJU de 10-9-1993). Naquela ocasião, a Corte entendeu que a referida lei municipal, além de violar a independência e harmonia entre os Poderes, desrespeitou a autonomia do ente municipal, pois vinculava a remuneração de seus servidores – sem o processo próprio de fixação e aumento da despesa pública com pessoal – ao Índice de Preços ao Consumidor (IPC) do governo federal. Segundo o Colegiado, o entendimento adotado no julgamento do RE 145.018/RJ, no sentido da inconstitucionalidade da Lei municipal 1.061/1987, não deve ser modificado. Afinal, é inadmissível o argumento de que a irredutibilidade de vencimentos deveria garantir a preservação do valor real da remuneração – com a manutenção de poder aquisitivo –, de forma que o aumento do gasto com pessoal não consistiria em aumento de vencimentos dos servidores, mas, tão somente, em reajuste dos valores devidos. Asseverou que o acórdão rescindendo violou os arts. 13, I, III e V; 43, V; 57, II, e 65 da Emenda Constitucional 1/1969."* (Rel. Min. Gilmar Mendes)

instância[152] O entendimento aqui é o de que não se deve conferir uma interpretação literal para o art. 102, I, "m", da CR/88.

Nesses termos, para que o STF seja competente para fazer a execução de seus acórdãos proferidos em julgamentos originários, é indispensável que a "razão" que atraiu a competência para o STF continue existindo. No caso específico da PET 6076 QO, tratava-se de cumprimento de sentença proferido nos autos de mandado de segurança coletivo proposto em face de ato do Tribunal de Contas da União. Assim sendo, a atração da competência do STF se deu em razão do órgão envolvido na celeuma, ou seja, o TCU, nos termos da alínea "d", do art. 102, I da CR/88. Portanto, a ação foi julgada originariamente em razão da autoridade coatora ser o Tribunal de Contas da União. Esse foi o motivo da atração da competência originária do STF. Nesses termos, tratou-se de ação mandamental em face do TCU. A execução, todavia, não contará com a participação nem exigirá qualquer atuação por parte da Corte de Contas. No caso concreto, o órgão competente para julgar a execução, como já dito, será o juízo de 1ª instância. Ou seja, a Justiça Federal comum de 1ª instância, considerando que se trata de cumprimento de sentença que tem como executada a União (art. 109, I, da CR/88).[153]

q) Segundo o STF no âmbito da ***revisão criminal***[154], é ônus processual do autor enquadrar seu pedido a uma das hipóteses taxativamente previstas na lei e demonstrar que o conjunto probatório autoriza o juízo revisional ou absolutório. Com base na análise das hipóteses elencadas no art.621 do Código de Processo Penal, percebe-se que só é possível o ajuizamento de ***revisão criminal para a desconstituição de decisões condenatórias.***

Nos termos do art.621 do Código de Processo Penal a revisão dos processos findos será admitida: I - quando a sentença condenatória for contrária ao texto expresso da lei penal ou à evidência dos autos; II - quando a sentença condenatória se fundar em depoimentos, exames ou documentos comprovadamente falsos; III - quando, após a sentença, se descobrirem novas provas de inocência do condenado ou de circunstância que determine ou autorize diminuição especial da pena.

Assim sendo, a revisão criminal *não funciona como instrumento de impugnação de outras decisões* (***que não sejam condenatórias***), *ainda que potencialmente prejudiciais ao condenado.* Decisões que se limitam a não admitir um recurso são despidas de efeito substitutivo (não substituem a decisão condenatória), de modo que o édito condenatório, em tais casos, deriva precisamente da decisão de mérito

152. PET 6076 QO /DF 2ª Turma do STF, Rel. Min. Dias Toffoli, julgado em 25.04.2017 (Informativo 862).
153. PET 6076 QO /DF 2ª Turma do STF, Rel. Min. Dias Toffoli, julgado em 25.04.2017 (Informativo 862).
154. A Revisão criminal é uma ação autônoma de impugnação de competência originária dos Tribunais (ou da Turma Recursal, no caso dos Juizados) por meio da qual a pessoa condenada requer ao Tribunal - que reveja a decisão que a condenou (e que já transitou em julgado) sob o argumento de que ocorreu erro judiciário. Poderá ser requerida em qualquer tempo, mesmo após já ter sido extinta a pena. Conforme art. 623 do CPP: *A revisão poderá ser pedida pelo próprio réu ou por procurador legalmente habilitado ou, no caso de morte do réu, pelo cônjuge, ascendente, descendente ou irmão.*

anteriormente proferida. Logo, ***não cabe** revisão criminal* contra decisão que apenas *inadmite um recurso* porque não se trata de acórdão condenatório.[155]

Nesses termos, para o STF, a decisão suscetível de impugnação pela revisão criminal consiste no ato jurisdicional que impõe ou chancela o mérito de pronunciamento condenatório, e não decisões posteriores que, correta ou incorretamente, tenham inadmitido ou negado provimento a recursos, visto que essas manifestações jurisdicionais não compõem o título condenatório.[156]

O Pretório Excelso ainda analisou que, no tocante à fixação da reprimenda imposta, a revisão criminal manejada com a finalidade de desconstituir parcela da dosimetria da pena não permite a reconstrução da discricionariedade atribuída ao órgão jurisdicional naturalmente competente para essa análise. Sob esse enfoque, a revisão criminal não se presta ao escrutínio da motivada avaliação por parte do órgão competente acerca da exasperação da pena-base.

r) Conforme o STF, também não é cabível revisão criminal para se pretender a rediscussão do mérito da condenação. Além disso, não cabe revisão criminal para questionar os critérios discricionários utilizados pelo órgão julgador na fixação da pena.[157]

Segundo o STF, no âmbito da revisão criminal, é ônus processual do requerente ater-se às hipóteses taxativamente previstas em lei (art. 621 do CPP) e demonstrar que a situação processual descrita autorizaria o juízo revisional. Assim sendo a ação de revisão judicial não atua como ferramenta processual destinada a propiciar tão somente um novo julgamento, como se fosse instrumento de veiculação de pretensão recursal. Possui, destarte, pressupostos de cabimento próprios que não coincidem com a simples finalidade de nova avaliação do édito condenatório.[158]

---

155. **RvC 5480 AgR/AM**, STF. Plenário. rel. Min. Edson Fachin, julg em **12.9.2019.** (RvC-5480)
156. **RvC 5480 AgR/AM,** STF. Plenário. rel. Min. Edson Fachin, julg em **12.9.2019.** *O Plenário, por maioria, negou provimento a agravo regimental em revisão criminal para manter a execução penal de reprimenda imposta a senador condenado pela prática de crimes contra o sistema financeiro nacional. No caso, a defesa apresentou embargos infringentes em face da decisão condenatória, que foram inadmitidos em decisão colegiada proferida pela Primeira Turma do STF. Argumentou, então, em sede de revisão criminal, que o juízo de admissibilidade dos embargos não seria da Turma, mas do relator, com possibilidade de recurso endereçado ao Plenário. Por isso, teria havido violação ao princípio do juiz natural. O colegiado anotou, de início, que a revisão criminal expressa um processo reparatório do erro judiciário, em que situações excepcionais, assim reconhecidas pelo legislador, podem, em tese, autorizar a desconstrução do pronunciamento jurisdicional acobertado pelo manto da coisa julgada. Nesse cenário, o condenado não tem o direito subjetivo de, fora da destinação legal do meio de impugnação, perseguir a desconstituição de decisões desfavoráveis que tenham sido proferidas em processos penais. De tal forma, a coisa julgada penal admite desfazimento, desde que preenchidas as hipóteses taxativamente previstas no art. 621 do CPP e reproduzidas no RISTF (art. 263). Assim, no âmbito da revisão criminal, é ônus processual do autor ater-se às hipóteses taxativamente previstas em lei e demonstrar que o conjunto probatório amealhado autoriza o juízo revisional ou absolutório.* (Informativo 951)
157. **RvC 5475/AM**, STF. Plenário. Rel. Min. Edson Fachin, julg em **06.11.2019**. *O Plenário, por maioria, não conheceu de revisão criminal ajuizada por Senador condenado pela Primeira Turma do STF à pena de 4 anos e 6 meses de reclusão, em regime inicial semiaberto, pela prática do delito previsto no art. 20 da Lei 7.492/1986.* (Informativo 958)
158. **RvC 5475/AM**, STF. Plenário. Rel. Min. Edson Fachin, julg em **06.11.2019** (Info 958).

Portanto, o STF deixa claro que *a via da revisão criminal não deve existir para que o Tribunal Pleno funcione como simples instância recursal destinada ao reexame de compreensões das Turmas.*[159]

Nesse sentido, a análise empreendida em sede de revisão criminal cinge-se a aspectos de legalidade da condenação proferida sem lastro jurídico ou probatório, o que não corresponde à avaliação encetada em sede de apelação, em que também é *possível o reexame aprofundado da suficiência dessas provas ou ainda da melhor interpretação do direito aplicado ao caso concreto.* Aqui resta clara a diferença entre a revisão criminal e a apelação.

Desse modo, para o STF, a revisão criminal não é apta para equacionar controvérsias razoáveis acerca do ***acerto ou desacerto da valoração da prova ou do direito***, resguardando-se seu cabimento, em homenagem à coisa julgada material, cuja ***desconstituição opera-se apenas de modo excepcional, às hipóteses taxativamente previstas no ordenamento jurídico.***[160]

s) O STF na ADPF 572, decidiu que é constitucional o Inquérito instaurado para investigar "fake news" e ameaças contra o STF.

No caso, no dia 14.03.2019, o então Presidente do STF Dias Toffoli, por intermédio da Portaria GP 69/2019, instaurou inquérito para apurar fakes news, ofensas e ameaças contra os Ministros da Corte. Foi designado o Ministro Alexandre de Moraes para conduzir o inquérito.[161]

O partido Rede Sustentabilidade ajuizou ADPF contra a Portaria GP 69/2019. O partido alegou que o documento não indicou ato que tenha sido praticado na sede ou nas dependências do STF, quem serão os investigados e se estão sujeitos à jurisdição do Tribunal. Afirmou também que não compete ao Poder Judiciário, exceto em raras exceções, conduzir investigações criminais e apontou também a necessidade de representação do ofendido para a investigação dos crimes contra a honra e a falta de justa causa para a instauração de inquéritos por fatos indefinidos. Nesses termos, pediu para se declarar a inconstitucionalidade da Portaria GP 69/2019, que ocasionou a abertura do Inquérito 4781.

Em meio a um caloroso debate na doutrina, afirmou o Pretório Excelso na ADPF 572, que é constitucional a Portaria GP 69/2019, por meio da qual o Presidente do

159. **RvC 5475/AM**, STF. Plenário. Rel. Min. Edson Fachin, julg em **06.11.2019** (Info 958).
160. **RvC 5475/AM**, STF. Plenário. Rel. Min. Edson Fachin, julg em **06.11.2019** (Info 958).
161. Portaria: *O PRESIDENTE DO SUPREMO TRIBUNAL FEDERAL, no uso de suas atribuições que lhe confere o Regimento Interno, CONSIDERANDO que velar pela intangibilidade das prerrogativas do Supremo Tribunal Federal e dos seus membros é atribuição regimental do Presidente da Corte (RISTF, art. 13, I); CONSIDERANDO a existência de notícias fraudulentas (fake news), denunciações caluniosas, ameaças e infrações revestidas de animus calumniandi, diffamandi e injuriandi, que atingem a honorabilidade e a segurança do Supremo Tribunal Federal, de seus membros e familiares, RESOLVE, nos termos do art. 43 e seguintes do Regimento Interno, instaurar inquérito para apuração dos fatos e infrações correspondentes, em toda a sua dimensão, Designo para a condução do feito o eminente Ministro Alexandre de Moraes, que poderá requerer à Presidência a estrutura material e de pessoal necessária para a respectiva condução.*

STF determinou a instauração do Inquérito 4781, com o intuito de apurar a existência de notícias fraudulentas (fake news), denunciações caluniosas, ameaças e atos que podem configurar crimes contra a honra e atingir a honorabilidade e a segurança do STF, de seus membros e familiares.[162]

Também entendeu o STF, que é constitucional o art. 43 do seu Regimento Interno. Nesse sentido, ele foi recepcionado pela CR/88 como lei ordinária.

Porém, deixou consignado o STF, que para ser constitucional o inquérito 4781 deve cumprir as seguintes condicionantes: a) o procedimento deve ser acompanhado pelo Ministério Público; b) deve ser integralmente observado o Enunciado 14 da Súmula Vinculante. c) o objeto do inquérito deve se limitar a investigar manifestações que acarretem risco efetivo à independência do Poder Judiciário (art. 2º da CR/88). Isso pode ocorrer por meio de ameaças aos membros do STF e a seus familiares ou por atos que atentem contra os Poderes instituídos, contra o Estado de Direito e contra a democracia; e, por fim, d) a investigação deve respeitar a proteção da liberdade de expressão e de imprensa, excluindo do escopo do inquérito matérias jornalísticas e postagens, compartilhamentos ou outras manifestações (inclusive pessoais) na internet, feitas anonimamente ou não, desde que não integrem esquemas de financiamento e divulgação em massa nas redes sociais.[163]

Nesse contexto, o colegiado do STF afirmou que o art. 43 do RISTF[164] pode dar ensejo à abertura de inquérito, contudo, não é e nem pode ser uma espécie de salvo conduto genérico, tornando-se necessário delimitar seu significado. Isso porque a referida regra regimental trata de hipótese de investigação, e deve ser lida sob o prisma do devido processo legal; da dignidade da pessoa humana; da prevalência dos direitos humanos; da submissão à lei; e da impossibilidade de existir juiz ou tribunal de exceção.[165]

Além disso, deve ser observado o princípio da separação de Poderes, uma vez que, via de regra, aquele que julga não deve investigar ou acusar. Ao fazê-lo, como permite a norma regimental, esse exercício excepcional submete-se a um elevado grau de justificação e a condições de possibilidade sem as quais não se sustenta.[166]

A Corte rememorou, ainda, o sentido do Enunciado 14 da Súmula Vinculante. Explicou que, num Estado de Direito, a total transparência dos atos do poder público é a regra. Restrições pontuais à publicidade devem estar fundadas na defesa da intimidade e do interesse social. O referido verbete tem o objetivo de equilibrar esses valores.

---

162. **ADPF 572 MC/DF**, STF. Plenário. Rel. Min. Edson Fachin, julgado em **17** e **18.06.2020** (Inf. 982).
163. **ADPF 572 MC/DF**, STF. Plenário. Rel. Min. Edson Fachin, julgado em **17** e **18.06.2020** (Inf. 982).
164. Art. 43RISTF: Ocorrendo infração à lei penal na sede ou dependência do Tribunal, o Presidente instaurará inquérito, se envolver autoridade ou pessoa sujeita à sua jurisdição, ou delegará esta atribuição a outro Ministro.
165. **ADPF 572 MC/DF**, STF. Plenário. Rel. Min. Edson Fachin, julgado em **17** e **18.06.2020** (Inf. 982).
166. **ADPF 572 MC/DF**, STF. Plenário. Rel. Min. Edson Fachin, julgado em **17** e **18.06.2020** (Inf. 982).

Em seguida, enumerou diversos dispositivos constitucionais e de direito internacional voltados à proteção da liberdade de expressão e concluiu que seu regime jurídico garante, por um lado, a impossibilidade de censura prévia, e, por outro, a possibilidade de responsabilização civil e penal posterior.[167]

Além disso, a jurisprudência do STF é farta sobre o tema e contempla decisões que protegem a livre circulação de ideias e de manifestações. O STF reconhece que a liberdade de expressão compreende o direito de informar, de buscar informação, de opinar e de criticar.

Ressaltou o STF que, atualmente, existe o problema relativo às fake news, disseminadas especialmente pelas mídias sociais. Nesse contexto, não há mais propriamente sujeitos de direito, mas algoritmos que espalham algum tipo de informação.

Portanto, mesmo com a preponderância que a liberdade de expressão assume, e de sua posição preferencial, seu uso em casos concretos pode se tornar abusivo. É por essa razão que o exercício legítimo da liberdade de expressão pode estar agregado a alguns condicionantes que balizam a aferição de responsabilidades civis e penais.[168]

A esse respeito, afirmou o STF que a restrição à liberdade de expressão deve ser permeada por alguns subprincípios. Assim, por exemplo, esse direito pode ser limitado se o agente dele se utilizar para o cometimento de crimes ou para a disseminação dolosa de informação falsa.

Especificamente no que diz respeito à ameaça, exige-se seriedade, gravidade e verossimilhança, sendo indispensável que o ofendido se sinta ameaçado e acredite que algo de mal lhe pode acontecer. Quando a vítima é agente público, essa exigência é mais rigorosa, pois a submissão à crítica é inerente à sua atividade.[169]

A liberdade de expressão, nesse contexto, atua como exercício de direitos políticos e de controle da coisa pública. Isso porque não pode haver privilégios ou tratamentos desiguais com o escopo de beneficiar agentes públicos que exercem o poder em nome do povo. A proibição do dissenso equivale a impor um mandado de conformidade, condicionando a sociedade à informação oficial, ou um efeito dissuasório, culminando com a aniquilação do próprio ato individual de reflexão.

Portanto, as exceções à liberdade de expressão são restritas, e seus limites estão na alteridade e na democracia. Nesse sentido, são vedados discursos racistas, de ódio, supressores de direitos e tendentes a excluir determinadas pessoas da sociedade.[170]

O Tribunal também teceu considerações acerca do sistema investigatório. Afirmou que ordinariamente, compete ao Ministério Público promover, privativamente,

167. **ADPF 572 MC/DF**, STF. Plenário. Rel. Min. Edson Fachin, julgado em **17** e **18.06.2020** (Inf. 982).
168. **ADPF 572 MC/DF**, STF. Plenário. Rel. Min. Edson Fachin, julgado em **17** e **18.06.2020** (Inf. 982).
169. **ADPF 572 MC/DF**, STF. Plenário. Rel. Min. Edson Fachin, julgado em **17** e **18.06.2020** (Inf. 982).
170. **ADPF 572 MC/DF**, STF. Plenário. Rel. Min. Edson Fachin, julgado em **17** e **18.06.2020** (Inf. 982).

a ação penal pública, na forma da lei. Dentro do sistema constitucional, a regra é: a autoridade policial investiga, o MP acusa e o juiz julga, e nesse ambiente interagem a advocacia e as defensorias como funções essenciais.[171]

Porém, afirmou que, o MP não tem exclusividade na investigação preliminar. Em regra, é a polícia judiciária quem conduz a investigação, acompanhada pelo MP, titular da acusação. Segundo a Lei 8.038/1990, o MP oferecerá denúncia ou pedirá arquivamento do inquérito ou das peças informativas.[172]

O Plenário discorreu, ainda, sobre a proteção do Estado de Direito e dos Poderes instituídos. Sob esse aspecto, nenhuma disposição constitucional pode ser interpretada ou praticada no sentido de permitir a grupos ou pessoas suprimirem o exercício dos direitos e garantias fundamentais.

Assim, por exemplo, um partido político, cujos líderes incitam a violência, defendem políticas que não respeitam a democracia e tentam destruí-la, não pode invocar a proteção contra penalidades impostas por atos praticados com essas finalidades.

Para o STF, não há ordem democrática sem respeito a decisões judiciais. Não há direito que justifique o descumprimento de uma decisão da última instância do Poder Judiciário. Afinal, é o Poder Judiciário o órgão responsável por afastar, mesmo contra maiorias, medidas que suprimam os direitos constitucionais. São inadmissíveis, portanto, a defesa da ditadura, do fechamento do Congresso ou do STF. Não há liberdade de expressão que ampare a defesa desses atos.[173]

Por essa razão, o equilíbrio e a estabilidade entre os Poderes e a preservação da supremacia da Constituição estão ameaçados. Nesse contexto, ausente a atuação dos órgãos de controle com o fim de apurar o intuito de lesar ou expor a perigo de lesão a independência do Judiciário e o Estado de Direito, incide o art. 43 do RISTF.

Esse dispositivo (do art.43 do RISTF) é regra excepcional que confere ao Judiciário função atípica na seara da investigação, de modo que seu emprego depende de rígido escrutínio. É um instrumento de defesa da própria Constituição, utilizado se houver inércia ou omissão dos órgãos de controle. Ainda que sentidos e práticas à luz desse artigo possam ser inconstitucionais, há uma interpretação constitucional.[174]

Nesse quadro, a apuração inaugurada com fundamento nesse dispositivo regimental destina-se a reunir elementos que subsidiarão a representação ou encaminhamento ao MP. Os elementos reunidos pelo STF justificam a propositura da ação penal mediante o encaminhamento ao MP dos elementos necessários para essa finalidade. As informações equivalem às que são coligidas em um inquérito.

171. **ADPF 572 MC/DF**, STF. Plenário. Rel. Min. Edson Fachin, julgado em **17** e **18.06.2020** (Inf. 982).
172. **ADPF 572 MC/DF**, STF. Plenário. Rel. Min. Edson Fachin, julgado em **17** e **18.06.2020** (Inf. 982).
173. **ADPF 572 MC/DF**, STF. Plenário. Rel. Min. Edson Fachin, julgado em **17** e **18.06.2020** (Inf. 982).
174. **ADPF 572 MC/DF**, STF. Plenário. Rel. Min. Edson Fachin, julgado em **17** e **18.06.2020** (Inf. 982).

Como as ofensas são em massa e difusas, o inquérito se justifica para coligir esses elementos.[175]

Ademais, o STF pode, diante da ciência da ocorrência em tese de um crime, determinar a instauração de inquérito, mesmo que não envolva autoridade ou pessoa sujeita à sua jurisdição.

Segundo o STF, muito embora o dispositivo regimental exija que os fatos apurados ocorram na sede ou dependência do próprio STF, o caráter difuso dos crimes cometidos por meio da internet permite estender o conceito de "sede", uma vez que o STF exerce jurisdição em todo o território nacional. Logo, os crimes objeto do inquérito, contra a honra e, portanto, formais, cometidos em ambiente virtual, podem ser considerados como cometidos na sede ou dependência do STF.[176]

A instauração do inquérito justifica-se, desse modo, para preservar a etapa de coleta de provas, evitando que matérias próprias do STF sejam submetidas a jurisdições incompetentes; e para impedir que suas ordens, autoridade e honorabilidade sejam desobedecidas ou ignoradas.

Sobre o possível desrespeito ao juiz natural, afirmou o STF que é imprescindível a obediência ao juiz natural. De acordo com a regra regimental, o ministro competente para presidir o inquérito é o presidente da Corte, ou seu delegatário. Nesse caso, a delegação pode afastar a distribuição por sorteio, embora esta também seja uma via legítima. Portanto, a delegação ao Ministro Alexandre de Morais não afetou o juiz natural.[177]

No tocante aos atos já praticados no curso do inquérito, sua eficácia deve ser preservada até a data desse julgamento. Ao MP competirá, derradeiramente, diante dos elementos colhidos, propor eventual ação penal ou promover o arquivamento respectivo.

Assim sendo, o colegiado do STF concluiu no sentido de que as investigações não têm como objeto qualquer ofensa ao agente público, mas devem se limitar às manifestações que denotam risco efetivo à independência do Judiciário, pela via da ameaça a seus membros e, assim, risco aos Poderes instituídos, ao Estado de Direito e à democracia. Atos atentatórios contra o STF, que incitem seu fechamento, a morte e a prisão de seus membros, a desobediência a seus atos, o vazamento de informações sigilosas, não são manifestações protegidas pela liberdade de expressão. O dissenso intolerável é aquele que visa a impor com violência o consenso.[178]

---

175. **ADPF 572 MC/DF**, STF. Plenário. Rel. Min. Edson Fachin, julgado em **17** e **18.06.2020** (Inf. 982).
176. **ADPF 572 MC/DF**, STF. Plenário. Rel. Min. Edson Fachin, julgado em **17** e **18.06.2020** (Inf. 982).
177. **ADPF 572 MC/DF**, STF. Plenário. Rel. Min. Edson Fachin, julgado em **17** e **18.06.2020** (Inf. 982).
178. **ADPF 572 MC/DF**, STF. Plenário. Rel. Min. Edson Fachin, julgado em **17** e **18.06.2020** (Inf. 982). Ficou vencido o Ministro Marco Aurélio, *que julgou procedente o pedido formulado na ADPF para fulminar o inquérito. Segundo o Ministro, o inquérito resultou de ato individual do presidente do STF e não passou pelo crivo do colegiado. Além disso, o relator do inquérito foi escolhido a dedo, sem a observância do sistema democrático de distribuição. Ademais, a portaria foi editada com base no art. 43 do RISTF. Ocorre que a Constituição Federal de 1988, ao consagrar sistema*

t) Por último, devemos deixar consignado o que ocorre quando o STF não conhece de ação, afirmando sua incompetência para o feito debatido. A resposta está explicitada no **Informativo nº 512** do Pretório Excelso (vide também o Informativo nº 462 do STF). Assim sendo, temos (ainda com base no CPC antigo) que: "O reconhecimento, pelo Supremo, da sua incompetência para julgar e processar o feito torna necessária a indicação do órgão que repute competente para tanto. Salientando a alteração da jurisprudência da Corte a respeito desse tema, e com base no art. 113, § 2º, do CPC ('Declarada a incompetência absoluta, somente os atos decisórios serão nulos, remetendo-se os autos ao juiz competente.'[179]) e no art. 21, § 1º, do RISTF, na redação dada pela Emenda Regimental 21/2007 ('Poderá o(a) Relator(a) negar seguimento a pedido ou recurso manifestamente inadmissível, improcedente ou contrário à jurisprudência dominante ou a Súmula do Tribunal, deles não conhecer em caso de incompetência manifesta, encaminhando os autos ao órgão que repute competente, bem como cassar ou reformar, liminarmente, acórdão contrário à orientação firmada nos termos do art. 543-B do Código de Processo Civil.')".[180] Portanto, o Pretório Excelso não deve extinguir feitos nos quais reconheça sua incompetência, mas encaminhar os autos ao juízo que ele entenda competente.[181]

Sobre as **competências recursais** do STF, conforme já salientado, teremos o recurso ordinário (art. 102, II, da CR/88) e o extraordinário (art. 102, III, da CR/88).

Nesses termos, compete ao STF julgar, em grau de **recurso ordinário**: **a)** o ***habeas-corpus***, o mandado de segurança, o ***habeas-data*** e o mandado de injunção decididos em única instância pelos Tribunais Superiores, se denegatória a decisão;[182] **b) o crime político.** Estes estão definidos na **Lei nº 7.170/83** e são julgados de forma originária pela Justiça Federal de 1ª grau, conforme dispõe o art. 109, IV da CR/88.[183]

---

acusatório, não recepcionou o referido artigo do RISTF. Pontuou que, em Direito, o meio justifica o fim, jamais o fim justifica o meio utilizado.

179. Sobre o instituto da Incompetência ver o **art. 64** do **novo CPC de 2015** (Lei nº 13.105/2015).

180. Pet nº 3.986 AgR/TO, Rel. Min. Ricardo Lewandowski, julgamento em 25.6.2008.

181. Nesse sentido: "*Essa é a nova orientação da Corte sobre a matéria, firmada a partir do julg. do MS 25.087 ED/SP (j. 21.9.2006), quando restou superado o entendimento anterior do Tribunal, de que o reconhecimento da incompetência para julgar originariamente mandado de segurança, ensejaria a extinção do processo. Naquela oportunidade, prevaleceu a tese do Min. Peluso, que sustentou a aplicação do art. 113 § 2º do CPC. [...] O novel entendimento foi afirmado novamente no MS 26244 Agr/DF e no MS 26006 Agr/DF* (rel. Min. Celso de Mello, inf. 462). Nesta esteira, promoveu-se a alteração no regimento interno do Tribunal pela emenda regimental 21/07." BARRETO, Rafael, *Retrospectiva de informativos do STF 2008*, p. 73.

182. Nesse caso, será necessária a presença de **três** requisitos: a) envolver os citados remédios constitucionais (*habeas corpus, habeas data,* mandado de segurança e mandado de injunção) em julgamento proferido pelos Tribunais Superiores; b) a decisão deve ser originária dos Tribunais Superiores (STJ, TST, STM, TSE), ou seja, eles devem apreciar o caso debatido originariamente e não mediante qualquer tipo de recurso de outros juízos; c) a decisão do Tribunal Superior deve ser denegatória, seja de mérito ou mesmo sem julgamento de mérito.

183. RC nº 1.470: Ementa: Recurso ordinário criminal. Crime contra a segurança nacional. Arma de fogo de uso exclusivo das forças armadas. Lei 7.170/83. Crime Comum. *I. – O Plenário do Supremo Tribunal Federal decidiu que, para configuração do crime político, previsto no parágrafo único do art. 12 da Lei 7.170/83, é necessário, além da motivação e os objetivos políticos do agente, que tenha havido lesão real ou potencial aos bens jurídicos indicados no art. 1º da citada Lei 7.170/83. Precedente: RCR 1.468-RJ, Plenário, 23.3.2000. II. – No caso, os recorrentes foram presos portando, no interior do veículo que conduziam, armas de fogo de uso restrito, cuja importação é proibida. III. – Recurso provido,*

Além disso, é da competência do STF julgar, mediante **recurso extraordinário**[184], as causas decididas em única ou última instância, quando a decisão recorrida: (1) contrariar dispositivo desta Constituição; (2) declarar a inconstitucionalidade de tratado ou lei federal; (3) julgar válida lei ou ato de governo local contestado em face desta Constituição; (4) julgar válida lei local contestada em face de lei federal.

Não há dúvida que o **recurso extraordinário** tem algumas especificidades que não podem ser olvidadas. Uma primeira questão importante é que o STF (apesar de algumas críticas[185]) já deixou assente que não faz em grau de recurso extraordinário o reexame da matéria fática do caso, ou seja, o Pretório Excelso só se debruça sobre a matéria de direito do caso impugnado. Nesses termos, é a **Súmula nº 279** do STF que preleciona que: "para simples reexame de prova não cabe recurso extraordinário."

Também já afirmou o STF, nos termos da súmula 280 que por ofensa a direito local não cabe recurso extraordinário. Nesse sentido, não cabe recurso extraordinário se houver a necessidade de se analisar normas infraconstitucionais para se chegar à conclusão contrária à adotada pelo tribunal de origem.[186]

Uma outra questão fulcral é aquela que diz respeito ao tipo de ofensa que enseja o recurso extremo. Nesses termos, já deixou consignado o STF que só cabe recurso extraordinário se a ofensa for **direta e frontal** à Constituição.

Assim sendo, se a ofensa for **indireta** ou **reflexa** não se deve admitir a interposição do mesmo. A ofensa **reflexa** é aquela que, para que se tenha a conclusão de contrariedade à norma constitucional antes deve-se observar a contrariedade a normas infraconstitucionais, ou mesmo na hipótese de para se atingir a violação ao preceito constitucional haver a necessidade de interpretação do entendimento das normas infraconstitucionais.[187]

Como exemplo, o STF no ARE 1107296 AgR/PE em 11.02.2020, decidiu que a discussão envolvendo a possibilidade ou não de retenção de honorários advocatícios

---

em parte, para, assentada a natureza comum do crime, anular a sentença proferida e determinar que outra seja proferida, observado o disposto na Lei 9.437/97, art. 10, § 2º. (Rel. Min. Carlos Velloso. Julg. em **12.03.2002**.)

184. Para um estudo crítico do tema, ver: BAHIA, Alexandre. *Recursos Extraordinários no STF e STJ*, 2009.

185. Ver sobretudo: SOUZA CRUZ, Álvaro Ricardo, *Jurisdição constitucional democrática,* 2004.

186. Exemplo: O Tribunal de Justiça de São Paulo negou à empresa (revendedora de combustíveis) o direito de obter o aproveitamento do ICMS recolhido a mais. A empresa interpôs recurso extraordinário alegando violação ao art. 150, § 7º da CR/88: *§ 7º A lei poderá atribuir a sujeito passivo de obrigação tributária a condição de responsável pelo pagamento de imposto ou contribuição, cujo fato gerador deva ocorrer posteriormente, assegurada a imediata e preferencial restituição da quantia paga, caso não se realize o fato gerador presumido.* Ocorre que a decisão do Tribunal de origem foi baseada em lei estadual que exige que o contribuinte substituído apresente requerimento administrativo ao Fisco e cumpra determinado procedimento para obter o aproveitamento do ICMS recolhido a mais, em razão da venda de mercadoria por preço inferior ao presumido, ou seja, no regime de substituição tributária para frente. Desse modo, o STF entendeu que não cabia recurso extraordinário porque a decisão do Tribunal de origem foi baseada na inobservância da norma infralegal. Logo, incide a Súmula 280 do STF. STF. 2ª Turma. ARE 1184956 AgR/SP, Rel. Min. Ricardo Lewandowski, julg. em 22.09.2020 (Inf. 992).

187. Conforme o CPC de 2015: *Art. 1.033. Se o Supremo Tribunal Federal considerar como reflexa a ofensa à Constituição afirmada no recurso extraordinário, por pressupor a revisão da interpretação de lei federal ou de tratado, remetê-lo-á ao Superior Tribunal de Justiça para julgamento como recurso especial.*

contratuais sobre crédito relativo a diferenças do FUNDEF possui natureza infraconstitucional, de forma que não cabe recurso extraordinário para apreciá-la considerando que não há matéria constitucional a ser analisada.

O STF entendeu que a matéria possui natureza infraconstitucional. Nesses termos, afirmou que essa discussão não envolve a interpretação direta e específica de nenhum dispositivo da Constituição da República, estando relacionada unicamente com a interpretação de leis infraconstitucionais (especificamente o art. 22, § 4º da Lei nº 8.906/94). Assim, como não há uma causa constitucional discutida, não cabe recurso extraordinário, cujas hipóteses de cabimento estão previstas no art. 102, III, da CR/88.[188]

Na sequência, conforme o novo CPC de 2015, no seu art. 1.029 o recurso extraordinário e o recurso especial, nos casos previstos na Constituição Federal, serão interpostos *perante o presidente ou o vice-presidente do tribunal recorrido*, em petições distintas que conterão: I – a exposição do fato e do direito; II – a demonstração do cabimento do recurso interposto; III – as razões do pedido de reforma ou de invalidação da decisão recorrida.

Já o § 1º do mesmo dispositivo afirma que quando o recurso fundar-se em dissídio jurisprudencial, o recorrente fará a prova da divergência com a certidão, cópia ou citação do repositório de jurisprudência, oficial ou credenciado, inclusive em mídia eletrônica, em que houver sido publicado o acórdão divergente, ou ainda com a reprodução de julgado disponível na rede mundial de computadores, com indicação da respectiva fonte, devendo-se, em qualquer caso, mencionar as circunstâncias que identifiquem ou assemelhem os casos confrontados.[189] Portanto, resta claro que

---

188. ARE 1107296 AgR/PE, STF. 1ª Turma. Rel. Min. Marco Aurélio, julgado em 11.02.2020 (Informativo 966). Portanto, se a matéria discutida envolve unicamente a análise da legislação *infraconstitucional* federal, a "palavra final" sobre o tema é do STJ.

189. Novo CPC de 2015: *Art. 1.030. Recebida a petição do recurso pela secretaria do tribunal, o recorrido será intimado para apresentar contrarrazões no prazo de 15 (quinze) dias, findo o qual os autos serão conclusos ao presidente ou ao vice--presidente do tribunal recorrido, que deverá: (Redação dada pela Lei nº 13.256, de 2016) I – negar seguimento: (Incluído pela Lei nº 13.256, de 2016) a) a recurso extraordinário que discuta questão constitucional à qual o Supremo Tribunal Federal não tenha reconhecido a existência de repercussão geral ou a recurso extraordinário interposto contra acórdão que esteja em conformidade com entendimento do Supremo Tribunal Federal exarado no regime de repercussão geral; (Incluída pela Lei nº 13.256, de 2016) b) a recurso extraordinário ou a recurso especial interposto contra acórdão que esteja em conformidade com entendimento do Supremo Tribunal Federal ou do Superior Tribunal de Justiça, respectivamente, exarado no regime de julgamento de recursos repetitivos; (Incluída pela Lei nº 13.256, de 2016) II – encaminhar o processo ao órgão julgador para realização do juízo de retratação, se o acórdão recorrido divergir do entendimento do Supremo Tribunal Federal ou do Superior Tribunal de Justiça exarado, conforme o caso, nos regimes de repercussão geral ou de recursos repetitivos; (Incluído pela Lei nº 13.256, de 2016) III – sobrestar o recurso que versar sobre controvérsia de caráter repetitivo ainda não decidida pelo Supremo Tribunal Federal ou pelo Superior Tribunal de Justiça, conforme se trate de matéria constitucional ou infraconstitucional; (Incluído pela Lei nº 13.256, de 2016) IV – selecionar o recurso como representativo de controvérsia constitucional ou infraconstitucional, nos termos do § 6º do art. 1.036; (Incluído pela Lei nº 13.256, de 2016) V – realizar o juízo de admissibilidade e, se positivo, remeter o feito ao Supremo Tribunal Federal ou ao Superior Tribunal de Justiça, desde que: (Incluído pela Lei nº 13.256, de 2016) (Vigência) a) o recurso ainda não tenha sido submetido ao regime de repercussão geral ou de julgamento de recursos repetitivos; (Incluída pela Lei nº 13.256, de 2016) (Vigência)b) o recurso tenha sido selecionado como representativo da controvérsia; ou (Incluída pela Lei nº 13.256, de 2016) (Vigência) c) o tribunal recorrido tenha refutado o juízo de retratação. (Incluída pela Lei nº 13.256, de 2016) § 1º Da decisão de inadmissibilidade proferida com fundamento no inciso V caberá agravo ao tribunal superior, nos termos do art. 1.042. (Incluído pela Lei nº 13.256, de 2016) § 2º Da decisão proferida com fundamento nos incisos I e III caberá agravo interno, nos termos do art. 1.021. (Incluído pela Lei nº 13.256, de 2016)*

a parte que deseja interpor um Recurso Extraordinário deve protocolizá-lo no juízo *a quo* (recorrido) e não diretamente no juízo *ad quem* (STF).

É interessante salientar que, segundo o STF, não cabem embargos de declaração contra a decisão de presidente do tribunal que não admite recurso extraordinário. Nesses termos, por serem incabíveis, caso a parte oponha os embargos, estes não irão suspender ou interromper o prazo para a interposição do agravo. Como consequência, a parte perderá o prazo para o agravo. Portanto, os embargos de declaração opostos contra a decisão de presidente do tribunal que não admite recurso extraordinário não suspendem ou interrompem o prazo para interposição de agravo, por serem incabíveis.[190]

Aqui ainda temos que, se o Presidente do tribunal de origem nega seguimento ao Recurso Extraordinário em matéria criminal e a parte deseja interpor agravo contra esta decisão, ela terá o prazo de 15 dias (conforme o art. 1.003, § 5º, do CPC/2015). É interessante que antes do CPC de 2015, este prazo era de 5 dias, conforme previa o art. 38 da Lei nº 8.038/90. Porém, com o novo CPC e a revogação do art. 38 da Lei nº 8.038/90 ficou superada a Súmula 699 do STF. Entendemos também que o prazo deste agravo acima mencionado é contado em dias corridos (que não são dias úteis). Aqui não se aplica o art. 219 do CPC de 2015, considerando que existe regra específica no processo penal determinando que todos os prazos serão contínuos, não se interrompendo por férias, domingo ou dia feriado (art. 798 do Código de Processo Penal).[191]

Além disso, o recurso extraordinário é eivado de **requisitos** básicos de admissibilidade[192], que são chamados pela doutrina processual,[193] rigorosamente, de **pressupostos cumulativos** do recurso extraordinário. São eles:

190. ARE 688776 ED/RS e ARE 685997 ED/RS, STF. 1ª Turma. Rel. Min. Dias Toffoli, julgados em **28.11.2017**.
191. **ARE 993407/DF** 1ª Turma do STF, Rel. Min. Edson Fachin, julg. em **25.10.2016**. Porém, aqui uma advertência é necessária: *"No caso de agravo interposto contra decisão monocrática do Ministro Relator no STF e STJ, em recursos ou ações originárias que versem sobre matéria penal ou processual penal, o prazo continua sendo de 5 dias, nos termos do art. 39 da Lei nº 8.038/90 (não se aplicando o art. 1.070 do CPC/2015). (...) Ver: STF. Decisão monocrática. HC 134554 Rcon, Rel. Min. Celso de Mello, julg em 10/06/2016 (Info 830); STJ. 3ª Seção. AgRg nos EDcl nos EAREsp 316.129– SC, Rel. Min. Reynaldo Soares da Fonseca, julg em 25/5/2016".* LOPES CAVALCANTE, Márcio André, *Comentários ao Informativo 845 do STF*, 10.11.2016.
192. Informativo 659 do STF: *"É **admissível** comprovação **posterior de tempestividade** de **recurso extraordinário** quando houver sido **julgado extemporâneo por esta Corte** em virtude de feriados locais ou de suspensão de expediente forense no tribunal a quo. Com base nessa orientação, o Plenário, por maioria, **proveu agravo regimental** interposto de decisão do Min. Cezar Peluso, Presidente, que negara seguimento a recurso extraordinário, do qual relator, a fim de permitir o seu regular trâmite. Ressaltou-se que, na verdade, o recurso seria tempestivo, mas não houvera prova a priori disto. Assim, reputou-se aceitável a **juntada ulterior de documentação** a indicar a interposição do **extraordinário** no seu prazo".* **RE 626.358**, **AgR/MG** Rel. Cezar Peluso, Julg. em **22.03.2012**. Já no Informativo 681 do STF, temos que: *"A 1ª Turma, por maioria, deu provimento a agravo regimental interposto de decisão do Min. Eros Grau, que negara seguimento a recurso extraordinário, do qual relator, por não constar protocolo na petição recursal. O Min. Luiz Fux, relator, considerou não ser possível sobrepujar esse aspecto formal do carimbo de protocolo ilegível em detrimento do direito quase que natural e inalienável de recorrer ao STF. Reputou inadmissível o particular sofrer prejuízo por força da máquina judiciária, que não efetuara o carimbo de forma apropriada."* Nesses termos: *"1. Nada obstante o **carimbo do protocolo da petição de recurso** extraordinário esteja ilegível, a **sua tempestividade pode ser aferida por outros elementos acostados aos autos**. O defeito do protocolo ilegível, no caso, é imputável ao órgão que recebeu a petição e não carimbou adequadamente, não podendo a parte jurisdicionada sofrer o prejuízo por um defeito o qual não deu causa. O ônus processual no caso não pode ser atribuído à parte".* **RE 611.743 AgR/PR**, Rel. Min. Luiz Fux julg. em **25.09.2012**.
193. NEVES, Daniel Amorim Assumpção, *Curso de processo civil*, 2009.

A) Decisão de única ou última instância

O texto constitucional, já de início, explicita que caberá o mesmo nas causas decididas em única ou última instância.

Aqui, devemos observar que, somente será cabível o ajuizamento do recurso extraordinário, se esgotados todos os meios recursais ordinários. Nesse sentido, a **Súmula nº 281** do STF preleciona que "é inadmissível o recurso extraordinário, quando couber, na Justiça de origem, recurso ordinário da decisão impugnada".

Porém, é mister salientar que a decisão a ser impugnada via recurso extraordinário **não tem** que ser necessariamente de um tribunal. Assim sendo, pode ocorrer que, da decisão de um juiz monocrático ou mesmo de uma Turma recursal de juizado especial (das quais obviamente não caiba recurso ordinário) seja manejado o recurso extraordinário, nos moldes engendrados pela **Súmula nº 640 do STF**, que afirma que "é cabível recurso extraordinário contra decisão proferida por juiz de primeiro grau nas causas de alçada, ou por turma recursal de juizado especial cível e criminal.". Nesse sentido, explicitando as situações que envolvem a Súmula, afirma a doutrina que: "Diferente do que ocorre no recurso especial, o órgão prolator dessa decisão não precisa ser necessariamente um tribunal. Não há na redação do art. 102, III, ***caput***, da CR a exigência feita expressamente pelo art. 105, III, ***caput***, da CR, de forma que aparentemente pareceu ao legislador que a proteção da norma constitucional, em razão de seu ***status*** de primazia perante as demais, mereceria um tratamento mais amplo do que aquele dispensado às leis federais. Em razão dessa maior amplitude de cabimento derivada do texto constitucional, é pacífico o entendimento de que a decisão proferida no âmbito dos Juizados Especiais, perante o Colégio Recursal, poderá ser recorrida por recurso extraordinário. O mesmo ocorre com a decisão que julga o recurso de embargos infringentes, recurso previsto no **art. 34 da LEF**, que é julgado pelo próprio órgão prolator da sentença.[194] Ainda que seja uma decisão de primeiro grau, nessa situação específica é considerada uma decisão de única e última instância, já que os embargos infringentes cumprem o papel de recurso cabível contra a sentença, sendo cabível o recurso extraordinário."[195]

Por último, em consonância com o tema em comento, já decidiu o STF que não cabe recurso extraordinário contra decisão do TST que julga processo administrativo disciplinar instaurado contra magistrado trabalhista. Como vimos, compete ao STF julgar, mediante recurso extraordinário, as "causas" decididas em única ou última instância (art. 102, III, da CR/88). Nesse sentido, o vocábulo "causa" referido no inciso III do art. 102 da CR/88 só abrange processos judiciais, razão pela qual é incabível a interposição de recursos extraordinários contra acórdãos proferidos pelos

194. NERY-NERY, Código, p. 924; MARINONI-ARENHART, *Manual*, p. 571; ARAKEN DE ASSIS, *Manual*, p. 680.
195. NEVES, Daniel Amorim Assumpção, *Curso de processo civil*, 2009. Ver também: BARBOSA MOREIRA, *Comentários*, n. 319, p. 591 e GUSMÃO CARNEIRO, *Recurso*, n. 8, p. 17-18.

Tribunais em processos administrativos, inclusive aqueles de natureza disciplinar instaurados contra magistrados.[196]

B) Prequestionamento

O mesmo se traduz na necessidade do debate e decisões prévios sobre tema jurídico-constitucional discutido no recurso. Ou seja, o órgão do Poder Judiciário deverá necessariamente analisar a questão constitucional veiculada na lide. Esse prequestionamento deverá ser explícito. Não havendo o enfrentamento e esgotamento da questão constitucional, deverão ser interpostos embargos declaratórios para tal finalidade.[197] A **Súmula nº 356** do STF faz referência ao tema afirmando que *"o ponto omisso da decisão, sobre o qual não foram opostos embargos declaratórios, não pode ser objeto de recurso extraordinário, por faltar o requisito do prequestionamento."* Conforme a doutrina, "o objetivo do prequestionamento é não permitir que o Supremo Tribunal Federal, no julgamento do recurso extraordinário, conheça de forma originária no processo de matéria alegada pelo recorrente, exigindo-se que a matéria já tenha sido objeto de apreciação e solução pelo órgão hierarquicamente inferior que proferiu a decisão recorrida. Registre-se que o prequestionamento exerce uma função impeditiva dos Tribunais Superiores de conhecerem matérias que não tenham sido anteriormente objeto de decisão."[198] Além disso, é mister salientar que o prequestionamento também se funda na necessidade de verificar o enquadramento do recurso em uma das hipóteses (permissivos constitucionais ou **requisitos específicos**) previstas na Constituição para o enquadramento do recurso extraordinário. Por último, é importante deixar assente que: "Existem inúmeras decisões do Supremo Tribunal Federal a exigir que a questão constitucional tenha sido objeto de prévio debate no órgão hierarquicamente inferior, não se admitindo que por meio de embargos de declaração contra o acórdão seja alegada originariamente a ofensa à norma constitucional. Em razão desse entendimento, além da omissão do acórdão e da interposição dos embargos de declaração, exige-se que a matéria alegada em embargos já tenha sido previamente suscitada no processo, não se admitindo a alegação originária por meio desse recurso.[199] Do mesmo tribunal, existem diversas decisões que não admitem os embargos de declaração como condição

---

196. **ARE 958311/SP**, STF. 2ª Turma. rel. org. Min. Teori Zavaski, red. p/ac. Min. Gilmar Mendes, julgado em **27.02.2018** (Info 892).
197. Mas aqui há uma advertência importante no que tange aos **embargos de declaração**. Certo é que a doutrina observa duas hipóteses possíveis em que serão necessários os embargos de declaração para a interposição do Recurso extraordinário: *"1ª) houve o prequestionamento, porém o acórdão da Corte recorrida não analisou a questão constitucional, sendo necessários os embargos declaratórios, para que se esgotem todos os meios ordinários de análise da questão. 2ª) quando a questão constitucional surgir no próprio acórdão da Corte recorrida, havendo a necessidade de interposição de embargos declaratórios para, de forma inicial, iniciar-se o debate constitucional."* MORAES, Alexandre de, *Direito constitucional,* 2008, p. 537.
198. NEVES, Daniel Amorim Assumpção, *Curso de processo civil,* 2009.
199. STF, 2ª Turma, RE-AgR 449.137/RS, rel. Min. Eros Grau, j. 26.02.2008; STF, 1ª Turma, AI-AgR 638.758/SP, Rel. Min. Ricardo Lewandowski, j. 27.11.2007, *DJ* 19.12.2007; BAPTISTA DA SILVA, *Curso,* v. 1, n. 17.4.4.3, p. 458; FUX, *Curso,* p. 1.209; GRECO FILHO, *Direito,* v. 2, p. 372.

para o prequestionamento quando não houve omissão no acórdão recorrido, prestando-se o recurso somente a rediscutir a decisão, com nítido efeito infringente."[200]

C) **Repercussão geral das questões constitucionais (art. 102 § 3º da CR/88)**

A repercussão geral foi introduzida constitucionalmente pela Emenda nº 45/2004 e se apresenta como um novo pressuposto de admissibilidade para o recurso extraordinário. A repercussão geral se apresenta como um verdadeiro ***filtro*** que, segundo o próprio STF, teria a finalidade de: **a)** firmar o papel do STF como Corte Constitucional e não como instância recursal; **b)** fazer com que o Pretório Excelso só analise questões relevantes para a ordem constitucional, em que o deslinde ultrapasse o interesse subjetivo das partes envolvidas; **c)** permitir que o STF se debruce apenas uma vez sobre uma determinada questão de relevância constitucional, não tendo que se pronunciar em inúmeros outros processos que tenham idêntica (a mesma) matéria.[201] Nesses termos, explicita o dispositivo constitucional que, no recurso extraordinário, o recorrente deverá demonstrar a repercussão geral das questões constitucionais discutidas no caso, nos termos da lei, a fim de que o Tribunal examine a admissão do recurso, somente podendo recusá-lo pela manifestação de dois terços de seus membros (8 ministros)[202].

Não podemos deixar de admitir que a repercussão geral é um **requisito de admissibilidade recursal,** extremamente peculiar, de cunho prejudicial a qualquer outro requisito. Vejamos que esse requisito não será analisado pelo órgão prolator da decisão impugnada (ainda que saibamos que o recurso extraordinário passa por um juízo de admissibilidade perante esse órgão judicial).

A competência para a sua análise é exclusiva do Supremo Tribunal Federal.[203] É importante salientar que a repercussão geral é o último requisito de admissibilidade

---

200. NEVES, Daniel Amorim Assumpção, *Curso de processo civil,* 2009. STF, 2ª Turma, RE-ED 561.354/SP, Rel. Min. Cezar Peluso, j. 18.12.2007; STF, 2ª Turma, RE-Agr-ED 471.582/RJ, j. 09.10.2007, *DJ* 30.11.2007.
201. GAIO JR., Antônio Pereira, A *repercussão geral e a multiplicidade dos recursos repetitivos no STF e STJ,* p. 6.
202. Portanto, o tribunal *a quo* não pode negar seguimento ao recurso extraordinário sob o argumento de que não há repercussão geral. É interessante que o CPC de 1973 exigia que o recorrente demonstrasse a repercussão geral em forma de preliminar do recurso. Já o novo CPC de 2015 dispensou esta exigência e, por isso, o recorrente poderá demonstrar a repercussão geral sem maiores formalidades, em qualquer parte do recurso. Enunciado 224-FPPC: *A existência de repercussão geral terá de ser demonstrada de forma fundamentada, sendo dispensável sua alegação em preliminar ou em tópico específico.* Apesar desse enunciado, o recomendável é que o recorrente abra um tópico específico para tratar sobre a repercussão geral, até porque o Regimento Interno do STF possui previsão que exige manifestação formal e fundamentada do recorrente (art. 327). Entendemos que é *indispensável esse capítulo específico de repercussão geral mesmo que a matéria já tenha sido reconhecida em processo diverso*. Assim sendo, ainda que o STF *já tenha afirmado em outros processos que aquele tema possui repercussão geral, deverá o recorrente abrir um tópico explicando isso*. Nesse sentido, citamos: ARE 663637 QO/AgR-MG: "É indispensável **capítulo específico de repercussão geral da questão constitucional** no recurso extraordinário, **mesmo que a matéria** já tenha **sido reconhecida em processo diverso**". Rel. Min. Presidente, julg. em 12.09.2012.
203. NEVES, Daniel Amorim Assumpção, ***Curso de processo civil,*** 2009. BARBOSA MOREIRA, ***Comentários***, n. 332, p. 617-618; MARINONI-MITIDIERO, ***Repercussão,*** p. 43; ARAKEN DE ASSIS, ***Manual***, n. 84.1.4.3, p. 698. É interessante que o **novo CPC de 2015** (**Lei nº 13.015/2015**), no art. 1.035 determina que o STF, em decisão irrecorrível, não conhecerá do recurso extraordinário quando a questão constitucional nele versada não tiver repercussão geral;

do Recurso Extraordinário a ser analisado. Nesse sentido, conforme o art. 323 do RISTF, só será analisado se o Recurso Extraordinário possui repercussão geral se não for caso de inadmissibilidade do recurso por outra razão.

A Lei nº 11.418/06 regulamentou a norma constitucional do art. 102, § 3º, definindo sua disciplina processual, com isso, foram acrescentados os art. 543-A e 543-B no antigo CPC de 1973. Além disso, posteriormente, o STF, visando regulamentar, no plano interno, o procedimento de análise e julgamento da repercussão geral, editou a Emenda Regimental nº 21 de 30.04.2007. Posteriormente, ainda tivemos as Emendas Regimentais nºs 23 e 27, ambas de 2008, e a nº 31 de 2009, entre outras.

Com isso, restou consignado, por decisão do plenário do Pretório Excelso, em junho de 2007 que a repercussão geral passaria a ser efetivamente considerada (exigida) a partir de 3 de maio de 2007, ou seja, a partir da data de publicação da referida **emenda regimental (nº21)** acima citada.[204] Portanto, a fundamentação da repercussão geral somente poderia ser exigida após essa data. Restou, também, decidido que esse novo requisito de admissibilidade se aplica às demandas civis e criminais.[205]

Conforme o **antigo** CPC, no seu art. 543-A, § 1º ao § 7º (nos termos da Lei nº 11.418/06), temos que, para efeito **da repercussão geral**, será considerada a **existência, ou não**, de **questões relevantes** do ponto de vista **econômico, político, social ou jurídico, que ultrapassem os interesses *subjetivos da causa*.** Já o **novo** CPC de 2015 (Lei nº 13.015/2015), no § 1º do art. 1.035, seguindo praticamente a mesma redação, determina que para efeito de repercussão geral, será considerada a existência

§ 2º do art. 1035: *O recorrente deverá demonstrar a existência de repercussão geral para apreciação exclusiva pelo Supremo Tribunal Federal.*

204. AI-QO nº 664.567/RS, STF, Tribunal Pleno, [...] 2. Cuida-se de requisito formal, ônus do recorrente, que, se dele não se desincumbir, impede a análise da efetiva existência da repercussão geral, esta sim sujeita "*à apreciação exclusiva do STF" (Art. 543-A, § 2º). III. Recurso extraordinário: exigência de demonstração, na petição do RE, da repercussão geral da questão constitucional: termo inicial. 1. A determinação expressa de aplicação da L. 11.418/06 (art. 4º) aos recursos interpostos a partir do primeiro dia de sua vigência não significa a sua plena eficácia. Tanto que ficou a cargo do STF a tarefa de estabelecer, em seu Regimento Interno, as normas necessárias à execução da mesma lei (art. 3º). 2. As alterações regimentais, imprescindíveis à execução da L. 11.418/06, somente entraram em vigor no dia 03.05.07 – data da publicação da Emenda Regimental nº 21, de 30.04.2007. 3. No artigo 327 do RISTF foi inserida norma específica tratando da necessidade da preliminar sobre a repercussão geral, ficando estabelecida a possibilidade de, no Supremo Tribunal, a Presidência ou o Relator sorteado negarem seguimento aos recursos que não apresentem aquela preliminar, que deve ser "formal e fundamentada". 4. Assim sendo, a exigência da demonstração formal e fundamentada, no recurso extraordinário, da repercussão geral das questões constitucionais discutidas só incide quando a intimação do acórdão recorrido tenha ocorrido a partir de 03 de maio de 2007, data da publicação da ER n. 21, de 30 de abril de 2007.* (Rel. Min. Sepúlveda Pertence, j. 18.06.2007).

205. STF, Tribunal Pleno, AI-QO nº 664.567/RS, EMENTA: I. Questão de ordem. Recurso extraordinário, em matéria criminal e a exigência constitucional da repercussão geral. *1. O requisito constitucional da repercussão geral (...), com a regulamentação da L. 11.418/06 e as normas regimentais necessárias à sua execução, aplica-se aos recursos extraordinários em geral, e, em consequência, às causas criminais. 2. Os recursos ordinários criminais de um modo geral, e, em particular o recurso extraordinário criminal e o agravo de instrumento da decisão que obsta o seu processamento, possuem um regime jurídico dotado de certas peculiaridades – referentes a requisitos formais ligados a prazos, formas de intimação e outros – que, no entanto, não afetam substancialmente a disciplina constitucional reservada a todos os recursos extraordinários (CR, art. 102, III).* (Rel. Min. Sepúlveda Pertence, j. 18.06.2007).

ou não de questões relevantes do ponto de vista econômico, político, social ou jurídico que ultrapassem os interesses *subjetivos do processo.*

Segundo o art. 543-A do **antigo** CPC, haveria repercussão geral sempre que o recurso impugnar decisão contrária à Súmula ou jurisprudência dominante do Tribunal.[206]

Porém, o § 3º do art. 1035 do **novo CPC**, apresentou três casos de *presunção absoluta de repercussão geral.* Ele determinou que haveria repercussão geral sempre que o recurso impugnar acórdão que: **I)** contrarie súmula ou jurisprudência dominante do Supremo Tribunal Federal; **II)** tenha sido proferido em julgamento de casos repetitivos; **III)** tenha reconhecido a inconstitucionalidade de tratado ou de lei federal, nos termos do art. 97 da Constituição Federal (respeitado a reserva de plenário). Acontece que a Lei nº 13.256/2016 revogou uma das hipóteses: a do recurso ter *sido proferido em julgamento de caso repetitivo.* Com isso, à luz do novo CPC (já reformado) teríamos a presunção absoluta de repercussão geral apenas nos casos dos incisos I e III do § 3º do art. 1.035. Porém, essa leitura não é suficiente, pois com base no § 1º do art. 987 do novo CPC existe sim a presunção de haver repercussão geral em casos submetidos ao IRDR (incidente de resolução de demandas repetitivas).[207]

Segundo os processualistas, mesmo que a repercussão geral esteja estabelecida por meio de um (criticável) conceito jurídico indeterminado, cabendo, obviamente, ao STF traçar seus contornos no ***iter*** de sua atuação decisória, há o entendimento de que a **transcendência** pode ser ***qualitativa***, referindo-se à importância para a sistematização e desenvolvimento do Direito, ou ***quantitativa***, referindo-se ao número de pessoas atingidas pela decisão.[208]

Segundo a previsão constitucional, como já citado, do **art. 102, § 3º**, da CR/88, a inadmissibilidade do recurso extraordinário só será admitida pela manifestação de **dois terços dos membros do Supremo Tribunal Federal** no sentido de que não há no caso concreto a repercussão geral. Significa dizer que **oito ministros** deverão entender pela inadmissibilidade, o que permite a dispensa da remessa do recurso extraordinário ao Plenário na hipótese de **quatro membros** da Turma decidirem pela **existência da repercussão geral**, porque nesse caso o número máximo de votos possíveis pela inadmissão do recurso será **sete**, insuficiente para barrar o julgamento do recurso extraordinário. Portanto, se a Turma decidir pela existência da repercussão geral por, no mínimo, 4 (quatro) votos, ficará dispensada a remessa

---

206. Para a doutrina majoritária, este seria o único caso de presunção absoluta de existência do recurso extraordinário. Com esse entendimento temos: NEVES, Daniel Amorim Assumpção, *Curso de processo civil,* 2009; THEODORO JR, *Curso de processo civil*, 572-b, p. 716; DIDIER-CARNEIRO, *Curso de processo civil,* p. 315. Contra, entendendo ser hipótese de presunção relativa: NERY-NERY, *Comentários,* nota 11 ao art. 543-A, p. 939.

207. Aqui a conclusão da doutrina é a de que não será presumida a repercussão geral em acordão que julga recurso especial repetitivo. WAMBIER, Tereza Arruda Alvim; DANTAS, Bruno. Recurso especial, Recurso Extraordinário e a nova função dos Tribunais Superiores no Direito Brasileiro, p. 411, 2016.

208. NEVES, Daniel Amorim Assumpção, *Curso de processo civil,* 2009. Conforme: MARINONI-MITIDIERO, *Repercussão*, p. 37; ARAKEN DE ASSIS, *Manual de processo civil*, n. 84. 1.4.4, p. 700.

do recurso ao Plenário. Em tese, havendo **menos** de quatro votos na Turma considerando a existência de repercussão geral, o recurso deverá ser encaminhado para o Plenário decidir a respeito de sua admissibilidade.[209]

Conforme o novo CPC, reconhecida a repercussão geral, o relator no Supremo Tribunal Federal determinará a suspensão do processamento de todos os processos pendentes, individuais ou coletivos, que versem ***sobre a questão*** e tramitem no território nacional.

Aqui cabe um questionamento: esse sobrestamento é obrigatório, ou seja, reconhecida a repercussão geral, automaticamente todos os processos pendentes ficarão suspensos? A resposta aqui é negativa. Nesses termos, já decidiu o STF que o Relator do recurso extraordinário tem a faculdade de determinar ou não o sobrestamento dos processos.

Portanto, conforme o **RE 966.177 RG/RS** julgado em **07.06.2017**, a suspensão de processamento prevista no § 5º do art. 1.035 do CPC não consiste em consequência automática e necessária do reconhecimento da repercussão geral realizada com fulcro no "*caput*" do mesmo dispositivo, sendo da discricionariedade do relator do recurso extraordinário paradigma determiná-la ou modulá-la.[210]

É interessante que, na mesma decisão, afirmou o STF que a possibilidade de sobrestamento prevista no § 5º do art. 1.035 do novo CPC de 2015 aplica-se não apenas aos processos cíveis, mas também aos processos de natureza penal. Aqui, entendeu o Pretório Excelso que em sendo determinado o sobrestamento de processos de natureza penal, opera-se, automaticamente, a suspensão da prescrição da pretensão punitiva relativa aos crimes que forem objeto das ações penais sobrestadas.[211]

Porém, explicitou o STF que a suspensão prevista no § 5º do art. 1.035 do CPC de 2015 não se aplica para a fase pré-processual. Assim sendo, em nenhuma hipótese, o sobrestamento de processos penais determinado com fundamento no art. 1.035, § 5º, do CPC abrangerá *inquéritos policiais ou procedimentos investigatórios* conduzidos pelo Ministério Público. Além disso, deixou assente a Corte que a suspensão ora debatida não se aplica a todos os processos criminais que tratem sobre a questão debatida na repercussão geral. Com isso, o sobrestamento de processos penais determinado em razão da adoção da sistemática da repercussão geral *não abrangerá ações penais em que haja réu preso provisoriamente.*[212]

Voltando ao tema central, é importante também salientar que nos termos do art. 1.035 do novo CPC em seu § 6º, o interessado pode requerer, ao presidente ou ao vice-presidente do tribunal de origem, que exclua da decisão de sobrestamento e inadmita o recurso extraordinário que tenha sido interposto intempestivamente,

209. NEVES, Daniel Amorim Assumpção, *Curso de processo civil*, 2009.
210. **RE 966.177 RG/RS**, STF. Plenário. Rel. Min. Luiz Fux, julgado em **07.06.2017** (Informativo 868).
211. **RE 966.177 RG/RS**, STF. Plenário. Rel. Min. Luiz Fux, julgado em **07.06.2017** (Informativo 868).
212. **RE 966.177 RG/RS**, STF. Plenário. Rel. Min. Luiz Fux, julgado em **07.06.2017** (Informativo 868).

tendo o recorrente o prazo de 5 (cinco) dias para manifestar-se sobre esse requerimento. Já o § 7º afirma que da decisão que indeferir o requerimento referido no § 6º ou que aplicar entendimento firmado em regime de repercussão geral ou em julgamento de recursos repetitivos caberá agravo interno.

A súmula da decisão sobre a repercussão geral constará de ata, que será publicada no diário oficial e valerá como acórdão.[213]

O recurso que tiver a repercussão geral reconhecida deverá ser julgado no prazo de 1 (um) ano e terá preferência sobre os demais feitos, ressalvados os que envolvam réu preso e os pedidos de habeas corpus.[214]

Aqui uma questão interessante. É comum que a decisão reconhecendo a existência de repercussão geral seja proferida em uma data e somente meses, ou até ano, ou anos depois é que o STF irá apreciar o mérito do recurso. Acontece que o STF já chegou a decidir que uma vez reconhecida a repercussão geral da questão constitucional discutida no caso, não é mais possível às partes a desistência do processo.[215] Porém, é importante salientar que o novo CPC de 2015, permite que a parte desista, mas afirma que a questão cuja repercussão geral foi reconhecida continuará sendo analisada. Conforme o art. 998: *"O recorrente poderá, a qualquer tempo, sem a anuência do recorrido ou dos litisconsortes, desistir do recurso. Parágrafo único. A desistência do recurso não impede a análise de questão cuja repercussão geral já tenha sido reconhecida e daquela objeto de julgamento de recursos extraordinários ou especiais repetitivos"*. Nesse sentido, conforme a doutrina, o art. 998, parágrafo único, do novo CPC, permite que o Supremo Tribunal Federal e o Superior Tribunal de Justiça se pronunciem sobre questões recursais ainda que a parte tenha desistido do recurso. Nesse caso, obviamente que a pronúncia da Corte não poderá alcançar o recurso da parte em virtude da desistência, mas servirá, porém, para outorgar unidade ao direito, valendo como precedente.[216] A questão hoje se encontra resolvida à luz (e nos termos) do novo CPC.[217]

213. § 11 do art. 1035 do novo CPC de 2015.

214. § 9º do art. 1035 do novo CPC de 2015. Aqui é interessante salientar que o § 10 do art. 1035 do novo CPC foi **revogado** pela Lei 13.256/2016. Ele dizia que *não ocorrendo o julgamento no prazo de 1 (um) ano a contar do reconhecimento da repercussão geral, cessa, em todo território nacional, a suspensão dos processos que retomarão seu curso normal.*

215. Nos termos do informativo 797 do STF: *"o Colegiado, ao resolver questão de ordem suscitada pelo Ministro Dias Toffoli (relator), deliberou, por decisão majoritária, que uma vez reconhecida a repercussão geral da questão constitucional discutida no caso, não seria possível às partes a desistência do processo. Na situação dos autos, pouco tempo antes de instaurar-se a sessão de julgamento, a parte recorrida peticionara no sentido da desistência do mandado de segurança que ensejara o recurso extraordinário. O relator destacou que o precedente firmado no RE 669.367/RJ (DJe de 29.10.2014) – segundo o qual a parte impetrante poderia desistir de mandado de segurança, independentemente da aquiescência da autoridade apontada como coatora, da parte contrária, da entidade estatal interessada ou dos litisconsortes passivos necessários – não seria aplicável à espécie, uma vez tratar-se de processo revestido de objetividade, à luz da repercussão geral reconhecida. Frisou, ainda, o art. 998 do novo CPC, no sentido de que eventual desistência de recurso não impediria a análise de repercussão geral já reconhecida. Vencido o Ministro Marco Aurélio, que admitia a desistência."* RE 693.456/RJ Rel. Min Dias Toffoli, julg. em 02.09.2015. Aqui registramos que a decisão é anterior ao novo CPC (citado) que entrou em vigor em 2016.

216. MARINONI, AREHART e MITIDIERO, *O Novo Código de Processo Civil Comentado*, 2015, p. 993.

217. RE 514.639 QO/RS: *É possível reconhecer, também na instância extraordinária, a possibilidade da homologação do pedido de renúncia ao direito sobre o qual se funda a ação, quando postulado por procurador habilitado com poderes*

Aqui, ressaltamos ainda que em recente decisão o STF nos apresenta uma "espécie" de ampliação do parágrafo único do art. 998 do novo CPC. Nesses termos, o Pretório Excelso passou também a admitir a análise (apreciação) da questão mesmo que **o tema concreto discutido no recurso extraordinário tenha *"perdido o objeto"*** (perdido o interesse recursal). No caso concreto, um indivíduo ingressou com pedido de registro para concorrer às eleições de Prefeito sem estar filiado a partido político (a intitulada: candidatura avulsa). O pedido foi indeferido em todas as instâncias e a questão chegou até o STF por meio de recurso extraordinário. Porém, quando o STF foi apreciar o tema, já haviam sido realizadas as eleições municipais. Assim sendo, suscitou-se que o recurso estava prejudicado. O STF reconheceu que, na prática, realmente *havia uma prejudicialidade do recurso* tendo em vista que as eleições se encerraram. No entanto, o Tribunal decidiu ***superar a prejudicialidade*** e atribuir *repercussão geral à questão constitucional* discutida dos autos. Nesse sentido, o STF admitiu o processamento do recurso e em uma data futura irá examinar o mérito do pedido, ou seja, se podem ou não existir candidaturas avulsas no Brasil. Entendeu-se que o mérito do recurso deveria ser apreciado tendo em vista *sua relevância social e política*.[218]

Voltando ao tema central, certo é que, ***negada*** a repercussão geral, o presidente ou o vice-presidente do tribunal de origem negará seguimento aos recursos extraordinários sobrestados na origem que versem sobre matéria idêntica. Repetimos que a súmula da decisão sobre a repercussão geral constará de ata, que será publicada no diário oficial e valerá como acórdão.

Além disso, conforme o CPC está expressamente consignado que a decisão que não conhece do recurso extraordinário por falta de repercussão geral é irrecorrível.[219]

Na sequência, o novo CPC deixa assente o instituto do julgamento de ***recursos extraordinários repetitivos***. Nesses termos, o STF por meio de seu Plenário, julga um ***recurso extraordinário repetitivo*** e fixa uma tese que vale para todos os casos semelhantes que estavam aguardando a posição da Corte. Neste caso, na prática, diz-se que o STF julgou um recurso extraordinário *"sob o rito da repercussão geral"* (ou melhor, sob a *sistemática da repercussão geral*) embora o correto seja apenas

---

específicos, desde que anterior ao julgamento final do recurso extraordinário. 2ª Turma do STF. Rel. Min. Dias Toffoli, julg. em 10.05.2016.

218. ARE 1054490 QO/RJ, STF. Plenário. Rel. Min. Roberto Barroso, julgado em **05.10.2017** (Informativo 880)

219. Novo CPC: *Art. 1.035. O Supremo Tribunal Federal, em decisão irrecorrível, não conhecerá do recurso extraordinário quando a questão constitucional nele versada não tiver repercussão geral, nos termos deste artigo.* A irrecorribilidade, entretanto, em qualquer dessas decisões, não atinge os embargos de declaração, que poderão ser oferecidos no prazo de 5 dias apontando omissão, contradição ou obscuridade da decisão. (NEVES, Daniel Amorim Assumpção, *Curso de processo civil*, 2009) Conforme: NERY-NERY, *Comentários*, nota 10 ao art. 543-A, p. 940; PIMENTEL SOUZA, *Introdução*, n. 17.2.4, p. 457. E também: MARINONI-MITIDIERO, *Repercussão*, p. 53; NERY-NERY, p. 939; PIMENTEL SOUZA, *Dos recursos*, p. 114-115. Aqui, é importante salientarmos que a jurisprudência do STF não admite **reclamação** para corrigir eventual equívoco na aplicação do regime da repercussão geral. Ementa: (...) *I – A jurisprudência do Supremo Tribunal Federal firmou-se no sentido de que não é cabível a reclamação para corrigir eventual equívoco na aplicação da repercussão geral pela Corte de origem. II – Agravo improvido.* (Rcl 11.250 AgR/RS, Rel. Min. Ricardo Lewandowski, 07.04.2011).

dizer que ocorreu o julgamento de um *recurso extraordinário repetitivo*. Portanto, conforme o *caput* do art. 1036, sempre que houver multiplicidade de recursos extraordinários com fundamento em idêntica questão de direito, haverá afetação para julgamento de acordo com as disposições desta subseção, observado o disposto no Regimento Interno do Supremo Tribunal Federal. Com isso, o plenário do STF irá julgar e fixar uma tese que valerá para todos os demais feitos.

O presidente ou o vice-presidente de tribunal de justiça ou de tribunal regional federal selecionará 2 (dois) ou mais recursos representativos da controvérsia, que serão encaminhados ao Supremo Tribunal Federal para fins de afetação, determinando a suspensão do trâmite de todos os processos pendentes, individuais ou coletivos, que tramitem no Estado ou na região, conforme o caso.[220] A escolha feita pelo presidente ou vice-presidente do tribunal de justiça ou do tribunal regional federal não vinculará o relator no tribunal superior, que poderá selecionar outros recursos representativos da controvérsia.[221] Assim sendo, o relator em tribunal superior também poderá selecionar 2 (dois) ou mais recursos representativos da controvérsia para julgamento da questão de direito independentemente da iniciativa do presidente ou do vice-presidente do tribunal de origem.[222] Somente podem ser selecionados recursos admissíveis que contenham abrangente argumentação e discussão a respeito da questão a ser decidida. Nos termos do art. 1.037 do novo CPC, selecionados os recursos, o relator, no tribunal superior, constatando a presença do pressuposto do caput do art. 1.036 (acima citado), proferirá decisão de afetação, na qual: I – identificará com precisão a questão a ser submetida a julgamento; II – determinará a suspensão do processamento de todos os processos pendentes, individuais ou coletivos, que versem sobre a questão e tramitem no território nacional; III – poderá requisitar aos presidentes ou aos vice-presidentes dos tribunais de justiça ou dos tribunais regionais federais a remessa de um recurso representativo da controvérsia.[223]

---

220. § 1º do art. 1036 do novo CPC de 2015. Além disso: art. 1036: *§ 2º O interessado pode requerer, ao presidente ou ao vice-presidente, que exclua da decisão de sobrestamento e inadmita o recurso especial ou o recurso extraordinário que tenha sido interposto intempestivamente, tendo o recorrente o prazo de 5 (cinco) dias para manifestar-se sobre esse requerimento. § 3º Da decisão que indeferir o requerimento referido no § 2º caberá apenas agravo interno.* (Redação dada pela Lei nº 13.256/2016)
221. § 4º do art. 1036 do novo CPC de 2015.
222. § 5º do art. 1036 do novo CPC de 2015.
223. *CPC Art. 1037 § 5º (Revogado pela Lei nº 13.256, de 2016) § 6º Ocorrendo a hipótese do § 5º, é permitido a outro relator do respectivo tribunal superior afetar 2 (dois) ou mais recursos representativos da controvérsia na forma do art. 1.036. § 7º Quando os recursos requisitados na forma do inciso III do caput contiverem outras questões além daquela que é objeto da afetação, caberá ao tribunal decidir esta em primeiro lugar e depois as demais, em acórdão específico para cada processo. § 8º As partes deverão ser intimadas da decisão de suspensão de seu processo, a ser proferida pelo respectivo juiz ou relator quando informado da decisão a que se refere o inciso II do caput. § 9º Demonstrando distinção entre a questão a ser decidida no processo e aquela a ser julgada no recurso especial ou extraordinário afetado, a parte poderá requerer o prosseguimento do seu processo. § 10. O requerimento a que se refere o § 9º será dirigido: I – ao juiz, se o processo sobrestado estiver em primeiro grau; II – ao relator, se o processo sobrestado estiver no tribunal de origem; III – ao relator do acórdão recorrido, se for sobrestado recurso especial ou recurso extraordinário no tribunal de origem; IV – ao relator, no tribunal superior, de recurso especial ou de recurso extraordinário cujo processamento houver sido sobrestado. § 11. A outra parte deverá ser ouvida sobre o requerimento a que se refere o § 9º, no prazo de*

Nesses termos, se, após receber os recursos selecionados pelo presidente ou pelo vice-presidente de tribunal de justiça ou de tribunal regional federal, não se proceder à afetação, o relator, no tribunal superior, comunicará o fato ao presidente ou ao vice-presidente que os houver enviado, para que seja revogada a decisão de suspensão referida no art. 1.036, § 1º do novo CPC. Havendo mais de uma afetação, será prevento o relator que primeiro tiver proferido a decisão a que se refere o inciso I do caput. Os recursos afetados deverão ser julgados no prazo de 1 (um) ano e terão referência sobre os demais feitos, ressalvados os que envolvam réu preso e os pedidos de *habeas corpus*.

Temos, ainda, que o Relator poderá admitir, na análise da repercussão geral, a manifestação de terceiros (*amicus curiae*), subscrita por procurador habilitado, nos termos do Regimento Interno do Supremo Tribunal Federal. A explicação desse dispositivo envolve justamente o reconhecimento de que a decisão que nega a existência

---

5 (cinco) dias. § 12. Reconhecida a distinção no caso: I – dos incisos I, II e IV do § 10, o próprio juiz ou relator dará prosseguimento ao processo; II – do inciso III do § 10, o relator comunicará a decisão ao presidente ou ao vice-presidente que houver determinado o sobrestamento, para que o recurso especial ou o recurso extraordinário seja encaminhado ao respectivo tribunal superior, na forma do art. 1.030, parágrafo único. § 13. Da decisão que resolver o requerimento a que se refere o § 9º caberá: I – agravo de instrumento, se o processo estiver em primeiro grau; II – agravo interno, se a decisão for de relator. Art. 1.038. O relator poderá: I – solicitar ou admitir manifestação de pessoas, órgãos ou entidades com interesse na controvérsia, considerando a relevância da matéria e consoante dispuser o regimento interno; II – fixar data para, em audiência pública, ouvir depoimentos de pessoas com experiência e conhecimento na matéria, com a finalidade de instruir o procedimento; III – requisitar informações aos tribunais inferiores a respeito da controvérsia e, cumprida a diligência, intimará o Ministério Público para manifestar-se. § 1º No caso do inciso III, os prazos respectivos são de 15 (quinze) dias, e os atos serão praticados, sempre que possível, por meio eletrônico. § 2º Transcorrido o prazo para o Ministério Público e remetida cópia do relatório aos demais ministros, haverá inclusão em pauta, devendo ocorrer o julgamento com preferência sobre os demais feitos, ressalvados os que envolvam réu preso e os pedidos de habeas corpus. § 3º O conteúdo do acórdão abrangerá a análise dos fundamentos relevantes da tese jurídica discutida. (Redação dada pela Lei nº 13.256, de 2016) Art. 1.039. Decididos os recursos afetados, os órgãos colegiados declararão prejudicados os demais recursos versando sobre idêntica controvérsia ou os decidirão aplicando a tese firmada. Parágrafo único. Negada a existência de repercussão geral no recurso extraordinário afetado, serão considerados automaticamente inadmitidos os recursos extraordinários cujo processamento tenha sido sobrestado. Art. 1.040. Publicado o acórdão paradigma: I – o presidente ou o vice-presidente do tribunal de origem negará seguimento aos recursos especiais ou extraordinários sobrestados na origem, se o acórdão recorrido coincidir com a orientação do tribunal superior; II – o órgão que proferiu o acórdão recorrido, na origem, reexaminará o processo de competência originária, a remessa necessária ou o recurso anteriormente julgado, se o acórdão recorrido contrariar a orientação do tribunal superior; III – os processos suspensos em primeiro e segundo graus de jurisdição retomarão o curso para julgamento e aplicação da tese firmada pelo tribunal superior; IV – se os recursos versarem sobre questão relativa a prestação de serviço público objeto de concessão, permissão ou autorização, o resultado do julgamento será comunicado ao órgão, ao ente ou à agência reguladora competente para fiscalização da efetiva aplicação, por parte dos entes sujeitos a regulação, da tese adotada. § 1º A parte poderá desistir da ação em curso no primeiro grau de jurisdição, antes de proferida a sentença, se a questão nela discutida for idêntica à resolvida pelo recurso representativo da controvérsia. § 2º Se a desistência ocorrer antes de oferecida contestação, a parte ficará isenta do pagamento de custas e de honorários de sucumbência. § 3º A desistência apresentada nos termos do § 1º independe de consentimento do réu, ainda que apresentada contestação. Art. 1.041. Mantido o acórdão divergente pelo tribunal de origem, o recurso especial ou extraordinário será remetido ao respectivo tribunal superior, na forma do art. 1.036, § 1º. § 1º Realizado o juízo de retratação, com alteração do acórdão divergente, o tribunal de origem, se for o caso, decidirá as demais questões ainda não decididas cujo enfrentamento se tornou necessário em decorrência da alteração. § 2º Quando ocorrer a hipótese do inciso II do caput do art. 1.040 e o recurso versar sobre outras questões, caberá ao presidente ou ao vice-presidente do tribunal recorrido, depois do reexame pelo órgão de origem e independentemente de ratificação do recurso, sendo positivo o juízo de admissibilidade, determinar a remessa do recurso ao tribunal superior para julgamento das demais questões. (Redação dada pela Lei nº 13.256, de 2016)

de repercussão geral extrapola os interesses (subjetivos) das partes no recurso, até porque permite a aplicação desse entendimento a outros recursos extraordinários. A participação do ***amicus curiae***, então, se fundamenta como forma de levar (abrir a possibilidade) potencialmente aos julgadores todos os conhecimentos técnico-jurídicos necessários para a prolação de uma decisão adequada. É importante salientar, que no **novo CPC de 2015**, a participação está explicitada no § 4º do art. 1.035.

Porém, é bom também explicitarmos, que há a necessidade de preenchimento pela entidade interessada do pré-requisito concernente a ***"representatividade adequada"***. Aqui deixamos consignado, que o STF não vem admitindo pessoa física ou natural como *amicus curiae*.[224] Embora, no entanto, o novo CPC de 2015 admita a possibilidade da participação de pessoa física.

Por último, devemos observar a questão atinente ao plenário virtual. Como funciona a sua lógica? Certo é que se o Plenário do STF fosse se reunir presencialmente para apreciar a existência de todos os recursos extraordinários que chegam à Corte, isso iria abarrotar a pauta, tornando inviável o funcionamento do Tribunal. Justamente por isso, idealizou-se uma forma mais prática de os Ministros apreciarem conjuntamente se existe ou não repercussão geral: o julgamento eletrônico por meio de um "Plenário virtual".[225]

Nesse sentido, fazendo um resumo de tudo que dissemos até aqui temos procedimentalmente que: 1) O Relator sorteado examina se estão presentes os pressupostos de admissibilidade do RE (exs.: tempestividade, preparo, legitimidade etc.). 2) Se estiver faltando algum, o Recurso Extraordinário será inadmitido. 3) Se estiverem todos presentes, faltará ainda examinar a repercussão geral. Aqui surgem quatro opções:

3.1) O RE interposto trata de matéria idêntica a outro RE no qual o STF afirmou que não existe repercussão geral: neste caso, o Relator aplica o precedente e reafirma que não existe repercussão geral (salvo se a tese tiver sido revista ou estiver em procedimento de revisão);

3.2) O RE interposto trata de matéria idêntica a outro RE no qual o STF afirmou que existe repercussão geral: neste caso, o Relator aplica o precedente e reafirma que existe repercussão geral;

3.3) O RE interposto trata sobre matéria na qual há presunção absoluta de repercussão geral;

---

224. RE nº659.424/RS julg. em 09.12.2013, Rel. Celso de Mello. No mesmo sentido: RE nº 566.349/MG e RE nº 590.415/SC.

225. Lopes Cavalcante, Márcio André. In: *Comentários ao Informativo 845 do STF, Dizer o Direito*, 10.11.2016. *"O Plenário Virtual é uma sistemática adotada pelo STF por meio do qual os Ministros julgam se há ou não repercussão geral nos recursos extraordinários interpostos. No Plenário virtual as manifestações são feitas de forma eletrônica, sem a necessidade que os Ministros se reúnam presencialmente, o que visa a otimizar os trabalhos. No Plenário Virtual, a critério do Relator, também poderão ser julgados agravos regimentais (internos) e embargos de declaração (Emenda Regimental nº 51/2016)."*

3.4) Não sendo nenhuma das hipóteses dos itens 3.1, 3.2 ou 3.3, a análise será levada ao Plenário virtual.[226]

Assim sendo, o Relator submeterá, por meio eletrônico, aos demais Ministros, cópia de sua manifestação sobre a existência, ou não, de repercussão geral. Isso significa que o Relator entra no sistema informatizado do STF e insere sua manifestação.[227] Os demais Ministros também possuem acesso ao sistema informatizado e, a partir do momento em que o Relator inserir seu posicionamento, eles terão um prazo de 20 dias para analisar e para encaminhar, também por meio eletrônico, manifestação sobre a questão da repercussão geral.[228]

Conforme já explicitado na obra, se 8 ou mais Ministros se manifestarem dizendo que não há repercussão geral o Recurso Extraordinário não será conhecido e se 4 ou mais Ministros se manifestarem dizendo que há repercussão geral o Recurso Extraordinário será conhecido.[229] Aqui temos que, nos termos do Art. 324 do RISTF,

---

226. Aqui conforme Márcio André Lopes Cavalcante. In: *Comentários ao Informativo 845 do STF, Dizer o Direito*, 10.11.2016.

227. Exemplo: "Trata-se de recurso extraordinário contra acórdão... Penso que existe repercussão geral porque...". Lopes Cavalcante, Márcio André. In: *Comentários ao Informativo 845 do STF, Dizer o Direito*, 10.11.2016

228. Exemplo: "De acordo com o Relator"; "Com a devida vênia, penso que não existe repercussão geral porque...". Lopes Cavalcante, Márcio André. In: *Comentários ao Informativo 845 do STF, Dizer o Direito*, 10.11.2016

229. *Art. 323. Quando não for caso de inadmissibilidade do recurso por outra razão, o(a) Relator(a) ou o Presidente submeterá, por meio eletrônico, aos demais ministros, cópia de sua manifestação sobre a existência, ou não, de repercussão geral. (Redação dada pela Emenda Regimental n. 42, de 2 de dezembro de 2010) § 1º Nos processos em que o Presidente atuar como relator, sendo reconhecida a existência de repercussão geral, seguir-se-á livre distribuição para o julgamento de mérito. (Redação dada pela Emenda Regimental n. 42, de 2 de dezembro de 2010) § 2º Tal procedimento não terá lugar, quando o recurso versar questão cuja repercussão já houver sido reconhecida pelo Tribunal, ou quando impugnar decisão contrária a súmula ou a jurisprudência dominante, casos em que se presume a existência de repercussão geral. (Redação dada pela Emenda Regimental n. 42, de 2 de dezembro de 2010) § 3º Mediante decisão irrecorrível, poderá o(a) Relator(a) admitir de ofício ou a requerimento, em prazo que fixar, a manifestação de terceiros, subscrita por procurador habilitado, sobre a questão da repercussão geral. (Incluído pela Emenda Regimental n. 42, de 2 de dezembro de 2010) Art. 323-A. O julgamento de mérito de questões com repercussão geral, nos casos de reafirmação de jurisprudência dominante da Corte, também poderá ser realizado por meio eletrônico. (Incluído pela Emenda Regimental n. 42, de 2 de dezembro de 2010) Parágrafo único. Quando o relator* não propuser a *reafirmação de jurisprudência dominante, outro ministro poderá fazê-lo, mediante manifestação devidamente fundamentada (Incluído pela Emenda Regimental n. 54, de 1º de julho de 2020); Art. 323-B. O relator poderá propor, por meio eletrônico, a revisão do reconhecimento da repercussão geral quando o mérito do tema ainda não tiver sido julgado. (Incluído pela Emenda Regimental n. 54, de 1º de julho de 2020); Art. 324.Recebida a manifestação do(a) Relator(a), os demais ministros encaminhar-lhe-ão, também por meio eletrônico, no prazo comum de 20 (vinte) dias, manifestação sobre a questão da repercussão geral. (Redação dada pela Emenda Regimental n. 31, de 29 de maio 2009); § 1º Somente será analisada a repercussão geral da questão se a maioria absoluta dos ministros reconhecerem a existência de matéria constitucional. (Redação dada pela Emenda Regimental n. 54, de 1º de julho de 2020); § 2º A decisão da maioria absoluta dos ministros no sentido da natureza infraconstitucional da matéria terá os mesmos efeitos da ausência de repercussão geral, autorizando a negativa de seguimento aos recursos extraordinários sobrestados na origem que versem sobre matéria idêntica. (Redação dada pela Emenda Regimental n. 54, de 1º de julho de 2020); § 3º O ministro que não se manifestar no prazo previsto no caput terá sua não participação registrada na ata do julgamento. (Redação dada pela Emenda Regimental n. 54, de 1º de julho de 2020) § 4º Não alcançado o quórum necessário para o reconhecimento da natureza infraconstitucional da questão ou da existência, ou não, de repercussão geral, o julgamento será suspenso e automaticamente retomado na sessão em meio eletrônico imediatamente seguinte, com a coleta das manifestações dos ministros ausentes. (Incluído pela Emenda Regimental n. 54, de 1º de julho de 2020) § 5º No julgamento realizado por meio eletrônico, se vencido o relator, redigirá o acórdão o ministro sorteado dentre aqueles que dele divergiram ou não se manifestaram, a quem competirá relatar o caso para o exame do mérito ou de eventuais incidentes processuais. (Incluído pela Emenda*

recebida a manifestação do(a) Relator(a), os demais ministros encaminhar-lhe-ão, também por meio eletrônico, no prazo comum de 20 (vinte) dias, manifestação sobre a questão da repercussão geral. Já nos termos do § 1º Somente será analisada a repercussão geral da questão se a maioria absoluta dos ministros reconhecerem a existência de matéria constitucional. (Redação dada pela Emenda Regimental n. 54, de 1º de julho de 2020); Além disso, afirma o § 2º do art.324 do RISTF que a decisão da maioria absoluta dos ministros no sentido da natureza infraconstitucional da matéria terá os mesmos efeitos da ausência de repercussão geral, autorizando a negativa de seguimento aos recursos extraordinários sobrestados na origem que versem sobre matéria idêntica.[230]

É importante salientar que se o Plenário Virtual decidir que há repercussão geral ele não irá em regra julgar diretamente o mérito do Recurso Extraordinário. Nesse sentido, depois de ser reconhecida a repercussão geral, o Relator irá levar o seu voto quanto ao mérito para julgamento da Turma ou do Plenário (físico). Porém, existe uma exceção presente no RISTF, e será no caso em que o Relator estiver em seu voto apenas reafirmando a jurisprudência dominante do STF. Nessa hipótese, o julgamento deste recurso também poderá ser realizado por meio eletrônico conforme o art. 323-A do RISTF. Aqui, conforme a doutrina majoritária é importante dizer que não há violação ao art. 93, IX, da CR/88 pelo fato de o julgamento poder ser tácito ou implícito.[231]

Regimental n. 54, de 1º de julho de 2020) Art. 325. O(A) Relator(a) juntará cópia das manifestações aos autos, quando não se tratar de processo informatizado, e, uma vez definida a existência da repercussão geral, julgará o recurso ou pedirá dia para seu julgamento, após vista ao Procurador-Geral, se necessária; negada a existência, formalizará e subscreverá decisão de recusa do recurso. (Redação dada pela Emenda Regimental n. 21, de 30 de abril de 2007) Parágrafo único. O teor da decisão preliminar sobre a existência da repercussão geral, que deve integrar a decisão monocrática ou o acórdão, constará sempre das publicações dos julgamentos no Diário Oficial, com menção clara à matéria do recurso. (Redação dada pela Emenda Regimental n. 21, de 30 de abril de 2007) Art. 325-a. Reconhecida a repercussão geral, serão distribuídos ou redistribuídos ao relator do recurso paradigma, por prevenção, os processos relacionados ao mesmo tema. (Incluído pela Emenda Regimental n. 42, de 2 de dezembro de 2010) Art. 326.Toda decisão de inexistência de repercussão geral é irrecorrível e, valendo para todos os recursos sobre questão idêntica, deve ser comunicada, pelo(a) Relator(a), à Presidência do Tribunal, para os fins do artigo subsequente e do art. 329. (Redação dada pela Emenda Regimental n. 21, de 30 de abril de 2007) § 1º Poderá o relator negar repercussão geral com eficácia apenas para o caso concreto. (Incluído pela Emenda Regimental n. 54, de 1º de julho de 2020) § 2º Se houver recurso, a decisão do relator de restringir a eficácia da ausência de repercussão geral ao caso concreto deverá ser confirmada por dois terços dos ministros para prevalecer. (Incluído pela Emenda Regimental n. 54, de 1º de julho de 2020) § 3º Caso a proposta do relator não seja confirmada por dois terços dos ministros, o feito será redistribuído, na forma do art. 324, § 5º, deste Regimento Interno, sem que isso implique reconhecimento automático da repercussão geral da questão constitucional discutida no caso. (Incluído pela Emenda Regimental n. 54, de 1º de julho de 2020) § 4º Na hipótese do § 3º, o novo relator sorteado prosseguirá no exame de admissibilidade do recurso, na forma dos arts. 323 e 324 deste Regimento Interno. (Incluído pela Emenda Regimental n. 54, de 1º de julho de 2020)

230. Lopes Cavalcante, Márcio André. In: *Comentários ao Informativo 845 do STF*, Dizer o Direito, 10.11.2016.
231. Lopes Cavalcante, Márcio André. *Informativo 845 do STF*, Dizer o Direito, 2016. *Isso porque "a existência de repercussão geral é presumida, somente deixando de existir em caso de manifestação de pelo menos oito ministros do STF. A manifestação tácita confirma a presunção já existente, não ofendendo a exigência constitucional de fundamentação explícita."* (DIDIER JR., Fredie; CUNHA, Leonardo Carneiro da. *Curso de Direito Processual Civil*. Vol. 3, Ed. Juspodivm, 2016, p. 370). *O julgamento sobre a repercussão geral no Plenário Virtual não ocorre em sessão pública, com debates, discussões, sustentação oral. Mesmo assim, não há inconstitucionalidade porque o que violaria a Constituição seria a existência de um julgamento secreto, sem publicidade (art. 93, IX, da CF/88). No entanto, o julgamento pelo Plenário*

É interessante registrar também, que o STF, ainda sob a base do antigo CPC, afirmou que pode reconhecer a existência de repercussão por meio do **Plenário Virtual** e posteriormente em deliberação presencial pode **não conhecer** do recurso extraordinário ao fundamento *de tratar-se de matéria de índole infraconstitucional*. Ou seja, temos aí que o **reconhecimento da repercussão geral** não impede o reexame dos *requisitos de admissibilidade* do *recurso quando de seu julgamento definitivo.*[232] Pois bem, recentemente, o Pretório Excelso voltou a afirmar esse entendimento agora sob a égide do novo CPC. Nesses termos, foi o decidido no **RE 584.247** em **27.10.2016** em que ficou assente que o *reconhecimento da repercussão geral no Plenário Virtual não impede sua rediscussão no Plenário físico, notadamente quando tal reconhecimento tenha ocorrido por falta de manifestações suficientes.*[233]

Por último, temos que a jurisprudência do STF é assentada no sentido do não cabimento de **reclamação** com fundamento em recurso extraordinário julgado segundo a sistemática da repercussão geral. O entendimento é o de que essa decisão (ainda que de repercussão geral) não tem efeito vinculante, embora seja dotada de grande relevância e sirva de precedente constitucional aos demais tribunais[234]. Assim, as decisões proferidas em sede de recurso extraordinário, ainda que em regime de repercussão geral, não geram efeitos vinculantes aptos a ensejar o cabimento de reclamação. Nesse sentido, deverá a parte interessada interpor o recurso cabível contra a decisão que aplicou mal (de forma inadequada) o entendimento do STF.

Portanto, em regra, a decisão proferida pelo STF em processos individuais como o do recurso extraordinário possui eficácia *inter partes*. No entanto, o STF excepcionalmente no caso do **RE 567.985/MT**, do RE 580963/PR e do Rcl 4374/PE entendeu diferente. O fundamento foi o de que o Plenário do STF, no julgamento desses processos não apenas resolveu o conflito individual deduzido na causa, mas realizou, expressamente, a reinterpretação da decisão proferida pelo próprio STF na ADI 1.232/DF. Ou seja, a decisão proferida no processo individual ganhou eficácia erga omnes e efeito vinculante porque reinterpretou e modificou uma decisão proferida em Ação Direta de Inconstitucionalidade, que possui esses efeitos (erga omnes e vinculante). Nesses termos, por ter substituído (alterado) um entendimento do STF que tinha eficácia erga omnes e efeito vinculante, a nova decisão proferida em sede de controle

Virtual não é secreto. Ao contrário, todas as manifestações são juntadas ao processo e o teor da decisão é publicado no Diário Oficial.

232. *"(...) A Corte acolheu, em parte, embargos declaratórios opostos de acórdão no qual assentado que o Tema 347 da Repercussão Geral (...) demandaria interpretação de legislação infraconstitucional e de direito local. O Tribunal aduziu que o reconhecimento da repercussão geral não impediria o reexame dos requisitos de admissibilidade do recurso quando de seu julgamento definitivo. Consignou, ainda, a eficácia do pronunciamento do Supremo acerca da conclusão de não se tratar de matéria constitucional, de modo a impedir a subida dos processos sobrestados na origem. (...)"* **RE 607.607 ED/RS** rel. Min. Luiz Fux, julg. pelo Pleno em **02.10.2013**.
233. **RE 584247/RR** Plenário do STF, Rel. Min. Roberto Barroso, julgado em **27.10.2016**.
234. **Rcl 21314 AgR.** STF. 1ª Turma, Rel. Min. Edson Fachin, julg. em 29.09.2015.

concreto ganhou contornos de controle abstrato. Dessa forma, se uma decisão proferida por outro órgão jurisdicional violar o que foi decidido pelo STF no RE 567.985/MT, no RE 580963/PR e no Rcl 4374/PE caberá reclamação para o Supremo[235].

Sobre as hipóteses **(ou permissivos)** previstas no art. 102, III, da CR/88, temos que doutrina processual abalizada as intitula de **requisitos específicos** do Recurso Extraordinário.[236] Nesses termos, a análise dos mesmos:

A) Decisão que contrariar dispositivo constitucional (art. 102, III, "a", da CR/88).

A norma expressamente fala em contrariedade a dispositivo constitucional. Certo é que o Supremo Tribunal Federal não admite a ***ofensa indireta*** (reflexa ou oblíqua) à norma constitucional, exigindo que a ofensa seja direta, ou seja, se a decisão ofendeu uma norma infraconstitucional e somente de maneira reflexa atingiu a Constituição Federal, não caberá recurso extraordinário (como já dito: se para provar a contrariedade à Constituição tem-se, por exemplo, de antes demonstrar a ofensa à lei ordinária, será essa que irá contar para o não recebimento do recurso extraordinário), conforme consubstanciado na Súmula nº 636 do STF[237]. Porém, afirma **Daniel Assumpção** que: "É natural que essa ofensa reflexa se verifique na maioria das decisões que ofendem normas infraconstitucionais, em especial aquelas que preveem princípios, considerando-se que todas elas derivam do texto maior, de forma mais ou menos intensa.[238] Caso essa norma agredida em primeiro plano seja federal, caberá recurso especial, e sendo estadual ou municipal não caberá nenhum recurso aos órgãos superiores."[239] Temos ainda que, apesar da falta de disposição explícita (omissão legislativa) na norma constitucional, é pacífico o entendimento de

---

235. No caso concreto que gerou essa exceção, em 1998, na ADI 1.232/DF, o STF havia decidido que o § 3º do art. 20 da Lei nº 8.742/93 era constitucional. Em 2013, ao apreciar novamente o tema no RE 567.985/MT, no RE 580963/PR e na Rcl 4374/PE, processos individuais julgados em conjunto, o STF mudou de entendimento e afirmou que o referido § 3º é parcialmente inconstitucional. STF. Decisão monocrática. **Rcl 18636**, Rel. Min. Celso de Mello, julg. em **10.11.2015**.

236. Informativo 632 do STF: "*A menção expressa ao dispositivo constitucional que autoriza a interposição do recurso extraordinário revela-se essencial, sob pena de vício de forma. Com base nessa orientação, a 1ª T. por maioria, desproveu agravo regimental em agravo de instrumento interposto de decisão que, com base no art. 321 do Regimento Interno desta Corte, negara seguimento a recurso extraordinário em que o recorrente não apontara preceito e alínea que respaldassem seu apelo.*" (AI 838.930 AgR/CE, Rel. Min. Marco Aurélio, 21.06.2011)

237. **Súmula nº 636 do STF**: "não cabe recurso extraordinário por contrariedade ao princípio constitucional da legalidade, quando a sua verificação pressuponha rever a interpretação dada a normas infraconstitucionais pela decisão recorrida."

238. STF, 1ª Turma, AI-AgR 589.923/RJ, rel. Min. Ricardo Lewandowski, 27.11.2007, *DJ* 19.12.2007; STF, 2ª Turma, AI-AgR 502.333, rel. Min. Cezar Peluso, 18.09.2007, *DJ* 11.10.2007. Afirma também o processualista que: "*É interessante ao sistema que, no tocante aos acórdãos proferidos pelo Colégio Recursal nos Juizados Especiais, haja uma flexibilização dessa regra quando ocorrer uma manifesta ofensa à lei federal com relevante reflexo constitucional. Entende Daniel Assunção que nesse caso a liberdade concedida ao Colégio Recursal – formado por juízes de primeiro grau – na aplicação das normas federais não deve ser plena, sob pena do cometimento de insuportáveis injustiças. Diante do não cabimento do recurso especial contra essas decisões, caberia ao Supremo Tribunal Federal, ainda que em situações excepcionais, de extrema injustiça provocada pela má aplicação da lei federal, admitir a ofensa reflexa e admitir o recurso extraordinário.*"

239. PIMENTEL SOUZA, *Introdução*, n. 17.2, p. 451. Também, NEVES, Daniel Amorim Assumpção, *Curso de processo civil*, 2009.

que também cabe Recurso Extraordinário da decisão que **nega vigência** a dispositivo constitucional.[240]

B) Decisão que declarar a inconstitucionalidade de tratado ou lei federal

Não há dúvida que esse permissivo em comento nos remete ao controle difuso ***in concreto*** de constitucionalidade, que declara a inconstitucionalidade de forma incidental por qualquer órgão do Poder Judiciário. Nesse sentido, abre-se a possibilidade que se leve ao Supremo Tribunal Federal qualquer declaração incidental de inconstitucionalidade de tratado ou lei federal, considerando-se que a principal tarefa desse tribunal é dizer na demanda a última palavra a respeito da inconstitucionalidade ou não da norma objeto do caso concreto.

Conforme a doutrina processual: "o dispositivo constitucional ora analisado refere-se tão-somente à inconstitucionalidade declarada incidentalmente, não sendo cabível o recurso extraordinário, ao menos não por essa hipótese de cabimento, de decisão que incidentalmente declara a constitucionalidade de lei federal ou tratado. A justificativa é clara: toda norma é naturalmente constitucional, o que significa dizer que toda norma é criada pretensamente constitucional, pois há expectativa de que todas elas tenham tal qualidade, de forma que, ao declarar a constitucionalidade incidentalmente, o órgão jurisdicional nada mais faz do que declarar o estado natural da norma, confirmando a expectativa de que esteja conforme a Constituição Federal. A atipicidade fica por conta da declaração incidental de inconstitucionalidade, sendo nesse caso interessante permitir a análise da decisão pelo Supremo Tribunal Federal por meio do recurso extraordinário[241]. É bem provável que na declaração incidental de constitucionalidade também seja cabível o recurso extraordinário, mas com amparo no art. 102, III, *a*, da CR/88."

C) Decisão que julgar válida lei ou ato de governo local contestado em face da Constituição Federal

Sem dúvida, a decisão que julga válida uma lei estadual ou municipal, contestada em face da Constituição, pode afrontar a normativa constitucional, prestigiando incorretamente uma norma contida em lei estadual ou municipal em detrimento da Constituição da República de 1988, sendo nesse caso cabível o recurso extraordinário.[242] Para a doutrina: "O mesmo ocorre com a decisão que julgar válido ato administrativo (praticados por agentes públicos dotados de

240. PIMENTEL SOUZA, *Introdução*, n. 17.3, p. 459-460. Para Bernardo Pimentel, a correta interpretação do art. 102, III, "a", da CR permite ainda o cabimento do recurso extraordinário contra a decisão que afronte ou negue vigência a tratado internacional que tenha por objeto direitos humanos, desde que preenchidos os requisitos previstos no art. 5º, § 3º, da CR/88.

241. MANCUSO, *Recurso*, p. 179; ARAKEN DE ASSIS, Manual, n. 84.2.2, p. 706; PIMENTEL SOUZA, *Introdução*, n. 17.4, p. 460-461.

242. FUX, Luiz *Curso*, p. 1.197, fala em manifestação materialmente legislativa das três esferas do Poder.

certa parcela de poder) ou normativo (leis, decretos, portarias etc.), praticado pelas três esferas de Poder (Executivo, Legislativo, Judiciário) no âmbito estadual ou municipal, que seja contestado em face da Constituição Federal."[243]

D) Decisão que julgar válida lei de governo local contestado em face de lei federal

Esta é uma recente novidade em nosso ordenamento, fruto da Reforma do Judiciário de 2004. Certo é que, até a Emenda Constitucional nº 45/04, a hipótese de cabimento do recurso extraordinário, atualmente prevista no art. 102, III, "d", da CR/88, era hipótese de cabimento no STJ de recurso especial (antiga redação do art. 105, III, "b", da CR/88). A mudança de competência do tema tratado nesse dispositivo constitucional pode levar o leitor mais desatento a não compreender a modificação, afirmando que a tarefa de preservar a boa aplicação da lei federal não é do Supremo Tribunal Federal, e sim do Superior Tribunal de Justiça. Aqui o raciocínio seria o seguinte: se a decisão optou pela aplicação de lei municipal ou estadual em face de lei federal, seria problema a ser resolvido em sede de recurso especial. Porém, não podemos pensar dessa forma. Como explica a doutrina, "sempre que uma decisão julgar válida uma lei municipal ou estadual contestada em face de lei federal, a questão imediata a ser enfrentada não é exatamente o desrespeito à lei federal, mas o conflito de competência legislativa entre Municípios e Estados de um lado e a União de outro, pano de fundo e fundamento indispensável para a verificação do acerto ou erro da decisão impugnada."[244] Nesses termos, estamos diante de uma questão federativa (conflito federativo: questão de repartição de competência legislativa) que, sem dúvida, é matéria constitucional, devendo ser enfrentada em último grau pelo Supremo Tribunal Federal, tendo sido, nesse sentido, adequada a modificação trazida pela Emenda Constitucional nº 45/04.

Por último, temos algumas **digressões** importantes sobre o tema do **recurso extraordinário** que não podem ser olvidadas. São elas:

a) Sancionada pela Presidente Dilma Rousseff, a Lei nº 13.256, de 04 de fevereiro de 2016, implementou, antes mesmo da entrada em vigor do novo Código de Processo Civil (Lei nº 13.105/2015), uma série de mudanças na legislação processual.[245] Dentre suas principais mudanças e também uma das mais controversas, é o restabelecimento do juízo de admissibilidade do Recurso Especial (REsp) e do Recurso Extraordinário

243. NEVES, Daniel Amorim Assumpção, *Curso de processo civil*, 2009. Ver também, MANCUSO, *Recurso*, p. 188.

244. BARBOSA MOREIRA, *A Emenda*, p. 26; GUSMÃO CARNEIRO, *Recurso*, n. 21a, p. 72. NEVES, Daniel Amorim Assumpção, *Curso de processo civil*, 2009.

245. A Lei nº 13.256/2016 promoveu, ainda, outras modificações no novo CPC, como: *a) a alteração da obrigatoriedade da realização dos julgamentos em ordem cronológica de conclusão, a qual passou a ser apenas preferencial; b) Normatização da ação rescisória no caso de manifesta violação a normas jurídicas; c) Da limitação, ao trânsito em julgado da ação, do saque de valores pagos a título de multa; d) A Lei nº 13.256/2016, conferiu, também, nova redação ao art. 988 do CPC, notadamente aos seus incisos III e IV e ao § 5º, tornando inadmissível a reclamação proposta para garantir a observância de acórdão de recurso extraordinário com repercussão geral reconhecida ou ainda de acórdão proferido em julgamento de recursos extraordinário ou especial repetitivos, quando não esgotadas as instâncias ordinárias.*

(RE) pelos tribunais de segunda instância, o qual, na redação original do Novo CPC de 2015 havia sido extinto. Previu, então, o novo CPC, na redação original do art. 1.030, que "*recebida a petição do recurso pela secretaria do tribunal, o recorrido será intimado para apresentar contrarrazões no prazo de 15 (quinze) dias, findo o qual os autos serão remetidos ao respectivo tribunal superior*". E, em seu parágrafo único, que "*a remessa de que trata o caput dar-se-á independentemente de juízo de admissibilidade*".

A alteração na tramitação dos recursos nobres buscou superar a então lógica do CPC de 1973, segundo a qual os presidentes dos tribunais de segundo grau ou seus vices que decidiam, em juízo de admissibilidade prévio, quais recursos poderiam subir ao STJ ou STF. Com o novo CPC, a remessa passaria a ser automática, cabendo aos próprios tribunais superiores avaliar se o recurso seria ou não admissível, o que, para o Ministro Luiz Fux, presidente da comissão de juristas responsável pelo anteprojeto de lei, tornaria o processo mais célere. Isso porque, na prática, quando o tribunal de origem negava seguimento ao recurso, as partes conseguiam chegar aos tribunais superiores de qualquer forma por meio da interposição de agravos, sendo a proposta do novo CPC justamente eliminar esse trajeto (que se mostra ineficaz aos seus fins) entre a instância inicial e o tribunal, poupando tempo às partes e à solução da lide.

A reforma, no entanto, não foi bem vista pelas cortes superiores, recebendo várias críticas de ministros do STF e do STJ, como, Paulo de Tarso Sanseverino, então presidente do STJ. Afirmaram os julgadores que o atual assoberbamento das cortes seria agravado ainda mais com a nova lógica processual, a qual deveria ser revista e reformulada, sendo esse um dos principais pontos do PL nº 168 (que originou a atual Lei 13.256/2016).

Vejamos, nesse sentido, trecho da manifestação do STJ, na tramitação do referido projeto de lei: "*o art. 1.030 do novo CPC precisa ser modificado, a fim de reavivar o juízo de admissibilidade dos recursos especial e extraordinário. Afinal de contas, essa triagem desempenhada atualmente pelos tribunais locais e regionais conseguem (sic) poupar o STF e o STJ de uma quantidade vertiginosa de recursos manifestamente descabidos. Suprimir esse juízo de admissibilidade, como pretende o texto atual do novo CPC, é entulhar as Cortes Superiores com milhares de milhares de recursos manifestamente descabidos, fato que deporá contra a celeridade que se requer dessas instâncias extraordinários (sic) no novo cenário de valorização da jurisprudência desenhado pelo novo Código*".

Pois bem, se por um lado, a antiga redação do art. 1.030 motivou reações por parte de ministros das cortes superiores, o novo texto também não ficou isento de críticas[246].

Ao reformular o sistema previsto pelo novo CPC, a Lei nº 13.256/2016 corre o risco de prejudicar o chamado "*overrule*", ou seja, a possibilidade de que o prolator do precedente (da decisão paradigma) promova a superação do seu entendimento.

No sistema inicialmente posto no novo CPC de 2015, com a supressão da admissibilidade dos recursos nobres pelos tribunais de segunda instância, os próprios

246. Dessa vez, por processualistas como Alexandre Freitas Câmara e Dierle Nunes.

tribunais superiores estariam encarregados de realizar referido juízo de admissão do recurso, havendo, dessa forma, um canal direto entre as partes e o órgão prolator do precedente. Esse canal, conforme visto, foi suprimido pela nova redação do art. 1.030, cabendo ao presidente ou vice-presidente do tribunal recorrido, a partir da Lei 13.256/2016, realizar referido juízo de admissibilidade.

Veja-se que o novo dispositivo também prevê, nas alíneas *a* e *b* do inciso I, que, caso se verifique que o acórdão recorrido foi proferido em conformidade com entendimento firmado pelo STF ou STJ (seja em julgamento de Resp ou RE repetitivo, ou, ainda, em RE de repercussão geral), o recurso deverá ser declarado inadmissível, cabendo, contra esta decisão, apenas agravo interno para o plenário ou órgão especial do próprio tribunal (art. 1.030, § 2º). Ou seja, constatado o padrão decisório e estando a decisão recorrida em conformidade com ele, não é possível levar a mesma questão ao tribunal superior que o estabeleceu.

O que vemos com essa normativa é que, se não forem encontrados ou estabelecidos novos meios para viabilizar o acesso aos tribunais superiores e provocá-los ao reexame dos padrões decisórios, estaremos diante de um "*possível engessamento*" no sistema de precedentes brasileiro. Isso porque, as cortes superiores só examinarão uma única vez cada uma das questões que lhe são submetidas, em um sistema de decisões vinculantes que não são passíveis de superação. Afinal, se apenas o órgão julgador que proferiu a decisão (precedente) pode superá-la, e se não se pode levar à sua apreciação uma mesma questão, então não haveria meios para promover a superação da decisão paradigma. Como questiona o professor Alexandre Freitas Câmara, "*será que o fato de já ter o STF ou o STJ se pronunciado sobre a matéria deve ser capaz de impedir que a mesma questão volte a ser suscitada, de modo a fazer com que a corte nunca mais se pronuncie?*" Ao que nos parece, em vista da Constituição da República e da nova lógica processual, a resposta a essa pergunta inclina-se à sua negativa.[247]

247. "É bastante claro (ao menos no *common law* não há dúvidas) que os precedentes significam o princípio e não o fechamento da discussão trazida a juízo" BAHIA, Alexandre Gustavo Melo Franco; SILVA, Diogo Bacha e. *O novo CPC e a sistemática dos precedentes: para um viés crítico das reformas processuais*. *In*: Direito, Estado e Sociedade, n. 46, 2015. Contribuindo com essa resposta, temos, ainda, os ensinamentos de Dworkin, sobretudo no que toca sua concepção do direito como integridade. Para o autor, "*as proposições jurídicas são verdadeiras se constam, ou se derivam, dos princípios de justiça, equidade e devido processo legal que oferecem a melhor interpretação construtiva da prática jurídica da comunidade*" (DWORKIN, 1999, p. 272). Ou seja, na visão do direito como integridade, busca-se identificar quais os princípios justificam as leis e os precedentes, a fim de que o processo de gênese normativa possa ser visto como algo coerente com toda a história institucional do intérprete, refletindo princípios que estariam imbuídos na atuação estatal. Dworkin, no entanto, ao contrário do que vemos com a alteração do novo CPC, não pretende engessar a legislação e a jurisprudência, limitando-os a uma mera reprodução do precedente, contemplando, em sua concepção de integridade, também a perspectiva do presente e sua projeção futura. Como exemplo da sua construção interpretativa do Direito, Dworkin traz a ideia de um romance em cadeia, em que cada intérprete, assim como cada romancista "*interpreta os capítulos que recebeu para escrever um novo capítulo, que é então acrescentado ao que recebe o romancista seguinte, e assim por diante*". O objetivo de cada intérprete estará sempre voltado à criação da melhor interpretação possível da obra, como se essa fosse de um mesmo autor, ou seja, dando-lhe sempre continuidade. Para tanto, cada um deve partir de uma perspectiva tripla para compreender o objeto: *1) do material que seu antecessor lhe deu; 2) daquilo que ele próprio acrescentou; e 3) daquilo que seus sucessores serão capazes de acrescentar. O que se pretende demonstrar com o pensamento de Dworkin é que, da forma como posta, a nova legislação processual interrompe o ciclo do romance em cadeia, não*

b) O STF em consonância com o art. 543-A, § 5° do **antigo** CPC, decidiu no **RE n° 614.232,** questão de ordem em **20.10.2010,** no sentido de **reconhecer** em virtude de **alteração nas premissas fático-jurídicas** a modificação da situação de **não existência** de repercussão geral para a situação de **reconhecimento** de repercussão geral.

Nesses termos, temos primeiramente a **inexistência** da repercussão geral sobre a matéria, e, posteriormente, o reconhecimento da repercussão geral. Nesse sentido: (...) O Plenário resolveu questão de ordem no sentido de reconhecer a repercussão geral da matéria discutida em recursos extraordinários, relativa à possibilidade, ou não, de se aplicar a alíquota máxima do Imposto de Renda de Pessoa Física aos valores recebidos acumuladamente pelo beneficiário, por culpa exclusiva da autarquia previdenciária. Com base nisso, reformou decisão monocrática da Min. Ellen Gracie, que não admitira os recursos, dos quais relatora, ao fundamento de que a questão já teria sido considerada "sem repercussão geral" no âmbito do Plenário Virtual. No caso, após o STF haver deliberado que o tema versado nos autos não possuiria repercussão geral, o TRF da 4ª Região declarara a inconstitucionalidade, sem redução de texto, do art. 12 da Lei 7.713/88, o qual determina a incidência do Imposto de Renda no mês do recebimento de valores acumulados sobre o total dos rendimentos. A União, ao alegar a superveniente alteração nas premissas fático-jurídicas, sustentava, em sede de agravo regimental, que os recursos extraordinários interpostos com fulcro no art. 102, III, b, da CF teriam repercussão geral presumida. (...) Aduziu-se que a superveniência de declaração de inconstitucionalidade de lei por tribunal de segunda instância consubstanciaria dado relevante a ser levado em conta, uma vez que retiraria do mundo jurídico determinada norma que, nas demais regiões do país, continuaria a ser aplicada. Ao enfatizar que se cuidaria de matéria tributária, mais particularmente de imposto federal, asseverou-se que os princípios da uniformidade geográfica (CF, art. 151, I) e da isonomia tributária (CF, art. 150, II) deveriam ser considerados. Observou-se, ademais, que a negativa de validade da lei ou de ato normativo federal em face da Constituição indicaria a presença de repercussão geral decorrente diretamente dos dispositivos constitucionais aludidos, o que justificaria a apreciação do mérito dos recursos extraordinários, devendo-se reputar satisfeito o requisito de admissibilidade previsto no art. 102, § 3º, da CF. Assim, tendo em conta a declaração de inconstitucionalidade superveniente e a relevância jurídica correspondente à presunção de constitucionalidade das leis, à unidade do ordenamento jurídico, à uniformidade da tributação federal e à isonomia, assentou-se que o tema apresentaria repercussão geral. Os Ministros Ellen Gracie, Ayres Britto, Gilmar Mendes e Marco Aurélio admitiam, na situação em apreço, a revisão da tese anterior, nos termos mencionados no art. 543-A, § 5º, do (antigo) CPC ("§ 5º *Negada a existência da repercussão geral, a decisão valerá para*

---

permitindo a continuidade da sucessão interpretativa do Direito e, via de consequência, violando-o como um sistema coerente e dotado de integridade. Se uma matéria poderá ser apreciada apenas uma única vez pelas Cortes Superiores, não podendo retornar à sua apreciação e ser superada, não haverá possibilidade de acréscimo pelos seus sucessores e, dessa forma, coloca-se termo a construção do Direito no que concerne à questão.

todos os recursos sobre matéria idêntica, que serão indeferidos liminarmente, salvo revisão da tese, tudo nos termos do Regimento Interno do Supremo Tribunal Federal.")[248].

c) Segundo pronunciamento do STF, datado de **agosto de 2009**, o ***filtro*** desenvolvido pela repercussão geral estaria trazendo benefícios quantitativos. Nesse sentido: "Em 2 (dois) anos, entre julho de 2007 e julho de 2009, foram distribuídos no Supremo Tribunal Federal (STF) **46.812 Recursos Extraordinários** (REs), instrumento jurídico apropriado para contestar decisões de outros tribunais que supostamente feriram a Constituição. A maioria ainda chegou sem a justificativa de existência de **repercussão geral**, ***status*** dado pelo STF a questões relevantes do ponto de vista social, econômico, político ou jurídico. Para se ter uma ideia, entre os REs distribuídos no período citado acima, **73,22%** não continham justificativa de que a matéria discutida no processo teria repercussão geral. O restante, **26,78%**, foi proposto com a justificativa da repercussão geral. Pelas regras da repercussão geral, criada com a Emenda Constitucional 45/04 e posta em prática em 2007, somente processos que contestam decisões colegiadas anteriores a 3 de maio de 2007 podem chegar ao STF sem a preliminar. Todos os recursos extraordinários contra decisões colegiadas tomadas após essa data têm de conter um capítulo à parte com argumentos defendendo a existência da repercussão geral no tema em discussão. Caso contrário, os pedidos são automaticamente rejeitados.

Conforme observamos, uma vez reconhecida a repercussão geral em uma matéria, fica suspenso o envio de novos recursos idênticos ao Supremo até decisão final do tema em discussão. Além disso, quando o STF decide a matéria, esse entendimento tem de ser aplicado em todos os recursos extraordinários propostos nos tribunais do país. Ou seja, uma única decisão da Corte Suprema é multiplicada em todo o Brasil. [...]. Nesse mesmo posicionamento afirmou o Pretório Excelso que: [...] com o instituto da repercussão geral sendo aplicado em um número maior de casos, há uma diminuição no montante de processos que entram no STF. No primeiro semestre de 2009, houve uma **redução de 63%** no número de processos distribuídos aos ministros em relação ao mesmo período de 2007, quando não existia ainda o filtro processual da repercussão geral. [...].[249] No balanço de 2008, o STF também destacou a diminuição não só no número de processos, mas no volume de processos julgados pelo Pretório Excelso. Em 2008, o número foi de 65.880 processos contra em 2007 um número de 112.938 processos, o que dá mais de 41% de redução em processos julgados."[250] Agora a pergunta é a seguinte: a que preço? Os resultados são realmente **vantajosos** ou **ilusórios**?

É interessante notar que passadas as dificuldades iniciais com a forma de lidar com a repercussão geral por parte dos advogados (visto que até 2009 em torno de

---

248. **RE n° 614.406 AgR-QO/RS**, rel. Min. Ellen Gracie. Julg. em **20.10.2010**.
249. Notícias do STF (12.08.2009).
250. **Notícias do STF (29.12.2008).** Afirma-se na mesma notícia que: o plenário virtual em funcionamento teve o reconhecimento da existência de repercussão geral em 77% dos casos (115 reconhecidos contra 32 não reconhecidas).

50% dos recursos não especificavam a justificativa da repercussão geral), ocorreu uma certa estabilização no número de processos novos recebidos pelo STF.

A conclusão é a de que se a repercussão geral para boa parte da doutrina é um importante mecanismo de filtragem que visa dar mais efetividade e celeridade as respostas jurisdicionais, mas ela por si só não resolve o problema.

Por exemplo, segundo os dados apresentados pelo então Presidente do STF Ricardo Lewandowski, o acervo[251] do STF em 2013 era de 67.053 processos, tendo ingressado naquele ano 72.083 processos novos. Já em 2014, o número de processos novos foi de 79.943, em torno de 9% a mais do que no ano anterior. Entretanto, o acervo global do STF caiu para 56.230 processos – uma redução de aproximadamente 16,40%. Vejamos que o número de processos ingressados foi de 72.083 em 2013 e 79.943 em 2014. Até aumentou. O que diminuiu foi o acervo global, de 67.053 para 56.230. Já em 2015 foram recebidos 93.473 processos, com um acervo final de 53.890. Aqui na relação entre 2014 e 2015, temos que aumentaram o número de ingressos de processos em 16,93%, porém, o acervo final foi reduzido em 4,16 (o que corresponde a 2.340 processos a menos no acervo de 2015 em relação a 2014).

Outro dado também interessante é que o acervo de recursos está paulatinamente diminuindo embora num ritmo ainda lento no que tange a real necessidade, senão vejamos: 49.183 (2011) 47.172 (2012), 48.563 (2013); 40.883 (2014); 38.818 (2015).

Aqui devemos salientar também, como reflexão final, que o desafogamento de órgãos do Poder Judiciário não garante que a aplicação do direito se torne qualitativamente melhor.[252]

d) É importante, também, tecermos críticas **à repercussão geral,** aqui, já trabalhada, nos moldes da ***teoria discursiva do direito e da democracia***. Acreditamos que um manual não deve ser apenas descritivo, por isso trazemos agora algumas digressões sobre o tema.

Nesse sentido, conforme já observado, sob a justificativa política de solução da "crise" do Judiciário, a EC nº 45 pretendeu promover uma série de mudanças no cenário jurídico nacional. Ao lado da afirmação da Súmula Vinculante, a arguição de repercussão geral da questão constitucional (ou simplesmente repercussão geral, como passou a ser chamada) ganha destaque, como observamos anteriormente.

Trata-se, como já dito, à semelhança da arguição de transcendência, de um ***filtro recursal*** sob a forma de um pressuposto de admissibilidade do recurso extraordinário.

---

251. O acervo processual do STF corresponde ao número de processos em tramitação, identificados em determinada data. Os processos já baixados não são computados nesse cálculo. Fonte: *Balanço da prestação jurisdicional do STF em 2015*.
252. JUNIOR, NUNES, BAHIA, PEDRON. *Novo CPC – Fundamentos e Sistematização*, p. 326, 2015.

Dessa forma, conforme aqui salientado, o STF somente poderia ***recusá-lo*** pela manifestação de ***dois terços de seus membros***. Nesse sentido, o § 3º, do art. 102, torna, pelo menos a princípio, todo recurso dotado de repercussão, cabendo ao STF um exame mais detalhado e o pronunciamento negativo por quórum especial. É claro que, como já dito, por questões de economia procedimental, *a análise da repercussão geral só vem depois de esgotados a verificação de atendimento de todos os demais pressupostos recursais*, conforme determina do art. 323 do RISTF.[253] Assim, somente quando estes se fazem presentes que, ainda em caráter preliminar, seria observada a presença de repercussão geral no recurso extraordinário ***sub judice***.

Desde o início, há críticas ao ***quórum*** de 2/3 dos ministros para não conhecimento do recurso. Para muitos juristas, tratar-se-ia de número elevado, o que conduziria a uma permissividade recursal maior, indesejável. Razão pela qual a legislação processual infraconstitucional acabou regulando a questão de modo a dificultar ainda mais o conhecimento dos recursos. Segundo os artigos aqui trabalhados, nºs 543-A e 543-B do antigo Código de Processo Civil brasileiro de 1973 e o art. 1.035 do novo CPC, a ***repercussão geral das questões constitucionais discutidas*** se definiria a espelho da ***transcendência***,[254] por critérios de interesse público fragmentado em subespécies, variando de acordo com a natureza da questão: ***jurídica, social, política ou econômica***. Tais conceitos são de natureza ***indeterminada*** e ***aberta***, mas, diferentemente dos vislumbrados nos discursos dos processualistas *justrabalhistas*, aos olhos de alguns processualistas civis, essa discricionariedade em preenchimento do conceito não existe. Marinoni e Mitidiero[255] afirmam que se trata de um dever do Tribunal de admissão do recurso extraordinário, caso fique configurada sua respectiva pertença à órbita do conceito. A questão aqui é: *até que ponto esse instituto não serviria para mais uma prática político-estratégica (de cunho*

---

253. Realmente, seria desarrazoada a exigência de apuração da repercussão antes da análise dos demais requisitos de admissibilidade.

254. Para André Ramos Tavares (*Recurso extraordinário*, p. 55), *a repercussão estaria presente quando a questão constitucional fosse dotada do atributo da novidade e da multiplicidade, isto é, ela deverá ser inédita e sua decisão deverá ser útil para a resolução de diversos outros casos pendentes nos tribunais inferiores. Ora, tal tese apenas pode ser cogitada como adequada se for considerada também adequada a tese do processo objetivo nos Tribunais Superiores.* Entretanto, isso acaba por deixar transparecer um problema processual grave: os defensores dessa tese olvidam o fato de que o recurso extraordinário decorre sempre de uma causa, isto é, uma alegação de lesão ou ameaça de lesão a direito pelas partes do processo, a princípio do autor – e não de uma questão que pode ser resolvida em abstrato. Todavia, ainda assim, é possível afirmar que mesmo a apreciação judicial em abstrato, como acontece com as hipóteses de controle de constitucionalidade, constitui-se em discurso de aplicação e, por isso mesmo, depende de uma base fática, não se processando no vácuo (SOUZA CRUZ, Álvaro Ricardo de, *Jurisdição constitucional democrática*, p. 246). *Ao que parece, esse perfil elitista por parte do Judiciário, assumido principalmente pelo STF com a tese da natureza objetiva dos processos destinados a julgamento naquele Tribunal, é inclusive transportado para o processamento do recurso extraordinário. Assim, mesmo antes da arguição de repercussão geral ou da Súmula Vinculante, pode ser observado esse movimento, mais acentuado com (1) a Emenda Constitucional nº 3/93, que inseriu o instituto da Ação Direta de Constitucionalidade (ADC) na ordem constitucional brasileira; e com (2) as Leis nºs 9.868/99 e 9.882/99, que modificaram a lógica que se vinha desenvolvendo quanto ao controle de constitucionalidade, colocando o controle difuso em nítida subserviência ao controle concentrado.*

255. MARINONI, Luiz Guilherme; MITIDIERO, Daniel, *Repercussão geral no recurso extraordinário*, p. 34-35.

pragmático) em detrimento de uma perspectiva dotada de legitimidade jurídica? Aqui, lembramos, acrescentamos, que toda decisão de inexistência de repercussão geral é irrecorrível, valendo-se para todos os recursos sobre questão idêntica, nos termos do art. 326 do Regimento Interno do STF.

Outra questão interessante, nessa mesma linha de raciocínio, é a da dificuldade de se definir a tese de repercussão geral, sobretudo quando não estamos diante de situações que envolvem um aspecto quantitativo de análise (de recursos repetitivos), mas sim mais qualitativo.

A tese, como salienta a doutrina processual, mostra-se fundamental para a aplicação do entendimento aos recursos sobrestados pelos tribunais inferiores. A correta determinação da "questão constitucional", com repercussão geral, é essencial para a adequada objetivação (acima criticada) do recurso extraordinário e, assim, possibilitar a aplicação do entendimento do Supremo aos demais recursos sobre o mesmo tema. Como exemplos, temos: a) No julgamento do RE 845.779, de relatoria do ministro Luís Roberto Barroso, discute-se o direito de transexuais serem tratados socialmente de forma condizente com sua identidade de gênero. A tese formulada no plenário virtual consiste em saber "se a abordagem de transexual para utilizar banheiro do sexo oposto ao qual se dirigiu configura ou não conduta ofensiva à dignidade da pessoa humana e aos direitos da personalidade, indenizável a título de dano moral". Pois bem, a questão constitucional é "transexual tem direito a escolher o banheiro de acordo com sua identidade sexual"? Ao se objetivar tal questão, caberia ao Supremo analisar a matéria à luz da Constituição Federal. No entanto, durante o julgamento, suspenso por um pedido de vista do ministro Luiz Fux, em muitos momentos os ministros se questionaram sobre questões fáticas, subjetivas, do processo em exame: o transexual chegou a entrar no banheiro? Ele estava vestido de acordo com a sua identidade sexual?; b) Já no RE-RG 837311, ao analisar se o candidato aprovado em concurso público fora das vagas abertas no edital tem direito à nomeação, os ministros tiveram tanta dificuldade de decidir a matéria de forma objetiva que chegaram a cogitar julgar o mérito e não dar repercussão geral à matéria. O recurso teve o mérito julgado em outubro, mas a tese só foi fixada em dezembro de 2015, após o relator suspender o julgamento para melhor elaboração da tese a ser fixada.[256]

e) As **súmulas** prolatadas pelo STF sobre o Recurso Extraordinário que devem ser citadas para o devido conhecimento. São elas, conforme o quadro a seguir:

256. *Repercussão Geral retoma seu curso com o novo Código de Processo Civil*. CARVLHAL, Ana Paula. CONJUR, 26.03.2016.

SÚMULAS DO STF SOBRE O RECURSO EXTRAORDINÁRIO	
Súmula nº 279	Para simples reexame de prova não cabe recurso extraordinário.
Súmula nº 281	É inadmissível o recurso extraordinário, quando couber na justiça de origem, recurso ordinário da decisão impugnada.
Súmula nº 282	É inadmissível o recurso extraordinário, quando não ventilada, na decisão recorrida, a questão federal suscitada.
Súmula nº 283	É inadmissível o recurso extraordinário, quando a decisão recorrida assenta em mais de um fundamento suficiente e o recurso não abrange todos eles.
Súmula nº 284	É inadmissível o recurso extraordinário, quando a deficiência na sua fundamentação não permitir a exata compreensão da controvérsia.
Súmula nº 286	Não se conhece do recurso extraordinário fundado em divergência jurisprudencial, quando a orientação do plenário do supremo tribunal federal já se firmou no mesmo sentido da decisão recorrida.
Súmula nº 356	O ponto omisso da decisão, sobre o qual não foram opostos embargos declaratórios, não pode ser objeto de recurso extraordinário, por faltar o requisito do prequestionamento.
Súmula nº 634	Não compete ao supremo tribunal federal conceder medida cautelar para dar efeito suspensivo a recurso extraordinário que ainda não foi objeto de juízo de admissibilidade na origem.
Súmula nº 635	Cabe ao presidente do tribunal de origem decidir o pedido de medida cautelar em recurso extraordinário ainda pendente do seu juízo de admissibilidade.
Súmula nº 636	Não cabe recurso extraordinário por contrariedade ao princípio constitucional da legalidade, quando a sua verificação pressuponha rever a interpretação dada a normas infraconstitucionais pela decisão recorrida.
Súmula nº 637	Não cabe recurso extraordinário contra acórdão de tribunal de justiça que defere pedido de intervenção estadual em município.
Súmula nº 638	A controvérsia sobre a incidência, ou não, de correção monetária em operações de crédito rural é de natureza infraconstitucional, não viabilizando recurso extraordinário.
Súmula nº 639	Aplica-se a súmula nº 288 quando não constarem do traslado do agravo de instrumento as cópias das peças necessárias à verificação da tempestividade do recurso extraordinário não admitido pela decisão agravada.
Súmula nº 640	É cabível recurso extraordinário contra decisão proferida por juiz de primeiro grau nas causas de alçada, ou por turma recursal de juizado especial cível e criminal.

SÚMULAS DO STF SOBRE O RECURSO EXTRAORDINÁRIO	
Súmula nº 727	Não pode o magistrado deixar de encaminhar ao supremo tribunal federal o agravo de instrumento interposto da decisão que não admite recurso extraordinário, ainda que referente a causa instaurada no âmbito dos juizados especiais.
Súmula nº 728	É de três dias o prazo para a interposição de recurso extraordinário contra decisão do tribunal superior eleitoral, contado, quando for o caso, a partir da publicação do acórdão, na própria sessão de julgamento, nos termos do art. 12 Da lei 6055/1974, que não foi revogado pela lei 8950/1994.
Súmula nº 733	Não cabe recurso extraordinário contra decisão proferida no processamento de precatórios.
Súmula nº 735	Não cabe recurso extraordinário contra acórdão que defere medida liminar.

5.2. Uma pequena Reflexão Crítica: *quis custodiet ipsos custodes*?[257]

Em que pesem os argumentos apoiados em uma racionalidade instrumental, não se pode perder de vista a discussão normativa subjacente. Nesse sentido, Calmon de Passos[258] lembra que é preciso recolocar a questão no universo jurídico: "onde inexiste a possibilidade de recurso inexiste o devido processo legal." Recursos existem como mecanismos de proteção contra erros no curso do processo de aplicação dos diretos e, por isso mesmo, representam condição para manutenção da legitimidade dos discursos legitimadores do provimento.

Mas, outro argumento – presente nos discursos de Calmon de Passos[259] – se mostra igualmente importante: Kelsen demonstrou que uma norma jurídica protege um interesse particular, essa proteção, por si só, já constitui um interesse público. Por outro lado, lembra o saudoso processualista baiano: [...] *com referência a cada norma de Direito Administrativo ou Penal, tipicamente ramos do Direito Público, pode-se determinar a existência de um interesse particular cuja proteção é objeto da norma. Todo preceito jurídico, por conseguinte, é expressão de um interesse público e protege*

257. Frase em latim do poeta romano Juvenal traduzida como ***"Quem vigia os vigias?"***. A mesma pergunta é proposta por Platão, em *A República*, quando, descrevendo sua sociedade perfeita, designa a classe guardiã para proteger a cidade. A resposta de Platão para essa pergunta é de que os guardiões irão se proteger deles mesmos. Para tanto, nós devemos contar a eles uma "mentira carinhosa", que lhes dirá que eles são melhores do que os que eles servem, sendo, portanto, de suas responsabilidades guardar e proteger aqueles que são menos do que eles mesmos. Todavia, eles serão instigados a adotar um desgosto por poder ou privilégio, de modo que irão mandar porque acham ser correto, não porque desejam.

258. CALMON DE PASSOS, José Joaquim, *Da arguição de relevância no recurso extraordinário*, p. 13. Os recursos, como consectários do princípio do devido processo, constituem mecanismos para defesa de direitos, além de representarem condições discursivas e, por isso mesmo, não poderem ceder aos argumentos utilitários (baseados em uma racionalidade de custo-benefício) sem prejuízo do princípio democrático.

259. CALMON DE PASSOS, José Joaquim, *Da arguição de relevância no recurso extraordinário*, p. 15.

um interesse particular.[260] E prossegue: (...) *Se toda má aplicação do direito representa gravame ao interesse público na justiça do caso concreto (único modo de se assegurar a efetividade do ordenamento jurídico), não há como se dizer irrelevante a decisão em que isso ocorre. A questão federal só é irrelevante quando não resulta violência à inteireza e à efetividade da lei federal. Fora isso, será navegar no mar incerto do 'mais ou menos', ao sabor dos ventos e segundo a vontade dos deuses que geram os ventos nos céus dos homens. Logo, volta-se ao ponto inicial. Quando se nega vigência à lei federal ou quando se lhe dá interpretação incompatível, atinge-se a lei federal de modo relevante e é do interesse público afastar esta ofensa ao Direito individual, por constituir também uma ofensa ao Direito objetivo, donde ser relevante a questão que configura.*[261]

Logo, mostra-se problemática a visão estanque entre interesse público e interesse privado. Aqui, já na argumentação de Calmon de Passos, tem-se que essa relação não pode ser reduzida em sua complexidade a um jogo de contrários, chamando para si a necessidade de repensá-la.

A exigência de integridade do Direito, lançada por **Ronald Dworkin,**[262] pode lançar uma nova proposta de interpretação para a questão, bem como uma (re)leitura das arguições de repercussão geral ou de transcendência: a referida exigência de "transcendência" ou de "repercussão geral" traduz-se na necessidade de articular, no ***iter*** processual, de maneira discursiva (lógico-argumentativa), os pressupostos da integridade. Assim, a condição de conhecimento desses recursos permanece como ***questão interna ao Direito,*** sem nenhum apelo para o plano metajurídico, de modo que o que se exige é a demonstração de que a argumentação sustentada pelo recorrente se integra – tal qual um capítulo do romancista da obra coletiva dworkiana – à história institucional daquela sociedade, fornecendo a melhor proposta de interpretação daquele direito.

É apenas desse modo que os Tribunais Superiores podem, no marco do paradigma **procedimental do Estado Democrático de Direito,** assumir devidamente o seu papel, já que eles não mais podem funcionar como oráculos, que misteriosamente fornecem solução para uma sociedade consumidora; mas o inverso: eles se transformam em um local de discussão pública da questão jurídica, que não fica imune às críticas que podem provir da sociedade.

Por isso, os dois fundamentos dos recursos para Tribunais Superiores apontados pela dogmática jurídica tradicional – a proteção do ordenamento jurídico (em nível constitucional e infraconstitucional) e a garantia de uniformização na aplicação e na interpretação do Direito – representam, para **Dworkin**, a mesma coisa: um dever de toda a comunidade em face do ***atendimento*** à integridade do Direito e de sua ***observância.*** O Direito somente se encontrará protegido, se lido a partir de uma teoria que

---

260. CALMON DE PASSOS, José Joaquim, *Da arguição de relevância no recurso extraordinário*, p. 15.
261. CALMON DE PASSOS, José Joaquim, *Da arguição de relevância no recurso extraordinário*, p. 16.
262. DWORKIN, Ronald, *O império do direito.*

busque compreendê-lo sempre à sua melhor luz – isto é, consciente de sua dimensão histórica; sem, contudo, hipostasiá-lo no passado, nem tratá-lo como metas coletivas a serviço de uma parcela da sociedade – mas como um conjunto coerente de princípios.

Há, ainda, mais um ponto importante: um caso levado a julgamento, conforme o pensamento de **Dworkin**, por si só ultrapassa o âmbito dos sujeitos individuais envolvidos. Uma decisão "correta" lança luzes para toda a história institucional, de modo que há uma dupla exigência envolvida na questão: de maneira ***imediata***, a questão da justiça da decisão atrai as partes litigantes para o debate jurídico que se desenvolve em torno do caso concreto; por outro lado, de forma ***mediata***, decisão "correta" assume-se como um capítulo da história institucional dos direitos. Sob esse prisma, parece que se pode colocar a discussão sobre o atendimento do interesse público como condição para o atendimento do interesse privado em uma nova perspectiva,[263] que não mais os compreenda como opostos, mas integrados em uma mesma teoria política.

É, por isso, que a "transcendência" ou a "repercussão geral" não podem ser satisfatoriamente considerados como requisitos de admissibilidade recursal específicos. Apoiando-se na posição defendida por Barbosa Moreira,[264] a distinção entre juízo de admissibilidade e juízo de mérito recursal deve ser levada em consideração. Destarte, o primeiro grupo apenas deveria conter os chamados ***pressupostos extrínsecos*** (tempestividade, preparo, regularidade formal e inexistência de fato impeditivo ou extintivo do direito de recorrer), sob pena de dissolver essa separação, o que geraria consequências importantes, uma vez que qualquer outra análise necessariamente acaba por adentrar na discussão sobre o mérito recursal.

Logo, sob um prisma normativo, a "repercussão geral" pode ser compreendida como uma questão interna à própria pretensão recursal, bem como conectada a toda e qualquer pretensão jurídica levada a cabo pelas partes processuais. Uma leitura procedimental percebe que a ausência de demonstração de tal requisito acarreta um ***julgamento de mérito negando tal pretensão***. Nesse sentido, o que seria uma "inovação" capaz de fornecer respostas ao problema da "crise do Judiciário", na verdade, em nada contribui para sua solução, representando mais uma repetição desnecessária dos requisitos recursais já exigidos na Constituição da República para o recurso extraordinário.

Já a partir de **Habermas**,[265] é possível compreender que a estrutura presente nas normas processuais é capaz de compensar as condições comunicativas,

263. Através de uma reconstrução espelhada na realizada por Dworkin com os princípios da igualdade e da liberdade, pode-se compreender melhor a interligação entre interesses público e privado. Todavia, esse ponto não será explorado aqui, até porque a discussão será conduzida sob o prisma da Teoria Discursiva do Direito e da Democracia de Habermas.

264. BARBOSA MOREIRA, José Carlos, *Juízo da admissibilidade e juízo de mérito no julgamento do recurso especial*, p. 166.

265. HABERMAS, Jürgen, *Facticidad y validez:* sobre el derecho y el estado democrático de derecho en términos de teoría del discurso, p. 306.

garantindo a formação de um provimento (legislativo, administrativo ou jurisdicional) legítimo. A exigência normativa de imparcialidade, então, pode se despersonificar através de uma separação entre **discursos de justificação** normativa e **discursos de aplicação** do Direito[266].

Nos **discursos de justificação**, busca-se chegar a normas válidas, por meio do reconhecimento de que tais normas podem encontrar aceitação racional por todos os atores sociais.

Diferentemente, nos **discursos de aplicação**, a tentativa é de alcançar a norma adequada conforme as particularidades do caso concreto específico. Para tanto, deve-se desenvolver uma interpretação coerente do sistema jurídico, o que significa compreender o Direito à luz de princípios, ao invés de somente regras. Assim, os processos de aplicação judicial do Direito devem correlacionar as perspectivas concretas das partes com as normas ***prima facie*** aplicáveis, frutos de **discursos de justificação**, a fim de que seja possível identificar os traços e sinais individualizadores de cada situação concreta de aplicação.

Nesse sentido, traça-se uma linha que liga os participantes do processo e os demais membros da comunidade. Assim, um processo judicial revela uma dimensão que, por si só, ultrapassa os limites de uma situação específica, que, segundo a dogmática tradicional, estaria representando apenas o interesse particular das partes envolvidas.[267]

Os **discursos de aplicação** servem de normas já fixadas nos discursos de justificação. Logo, para serem consideradas normas, devem passar pelo teste de universalização, o que significa que todo direito, por mais individualista que seja sua leitura, expressa um interesse compartilhado por ***toda a*** sociedade e, por isso mesmo, uma materialização do ***interesse público***. Além do mais, **Habermas** adverte que, nos **discursos de aplicação do Direito**, o atendimento ao interesse de todos os possíveis afetados deve ficar para segundo plano, cedendo lugar para a busca da norma mais adequada a partir da reconstrução do caso concreto. Em razão disso, a reconstrução da situação de aplicação, que ocorre em simétrica paridade com as partes processuais, ganha relevo. As visões de mundo destas entrecruzam-se com descrições de estados de coisas impregnadas normativamente cuja validade é pressuposta.

Dessa forma, o regresso ao **discurso de justificação** representa uma via fechada em suas múltiplas formas. Nem as partes nem o juiz podem ocupar o lugar dos debatedores daquele discurso: as partes, em razão do conflito de interesse, são incapazes de assumir uma perspectiva que leve à troca recíproca de papéis; o juiz, que desempenha um papel de terceiro em relação ao conflito, apenas atua como

266. Contra a "cisão" entre discursos de justificação e de aplicação, ver Lenio Streck, In: *Verdade e Consenso*, 4ª Ed., 2011.
267. HABERMAS, Jürgen, *Facticidad y validez:* sobre el derecho y el estado democrático de derecho en términos de teoría del discurso, p. 300.

um ***representante*** do sistema jurídico, cujo titular é a sociedade. Por isso, a ele não é dada a possibilidade de negar validade às normas previamente fixadas como tal pela sociedade, muito menos de apresentar novas razões, quer de maneira supletiva, quer de maneira concorrente.

Todavia, o público não fica excluído totalmente da questão. Uma vez que a decisão não é ***apenas*** para as partes – no sentido de que, ao desenvolver uma compreensão dos direitos que se integram em um mesmo sistema coerente –, ela volta-se para o resto da comunidade, que pode assumir uma importante participação – para **além** da sua representação pelo juiz – através da ***crítica pública da decisão,*** a qual lembra aos magistrados que são apenas representantes de um Direito que pertence a toda a sociedade, e não o seu agente materializador.[268] Portanto, em todo julgamento, deve-se buscar reconstruir as situações características e particulares dos casos para determinar a norma adequada dentre uma constelação de outras ***prima facie*** aplicáveis. Ao magistrado cabe somente fundamentar suas decisões com base em razões normativamente justificáveis – os argumentos de princípio, para usar a expressão de **Dworkin**. Também em **Habermas,** a aplicação judicial do Direito norteia-se pela ***"decisão correta"***, o que exclui a possibilidade de decisão **discricionária** ou de qualquer **atividade legislativa supletiva** ou **concorrente** pelo Judiciário.

No caso dos julgamentos envolvendo os recursos destinados aos **Tribunais Superiores,** as considerações feitas acima não podem ser olvidadas. Esses Tribunais, transformam-se em locais de discussão acerca das pretensões jurídicas em face de casos concretos, centralizando questões provindas da periferia – isto é, interpretações que as partes processuais fazem do Direito – e filtrando-as a fim de se construir um juízo de aplicação adequado a esses casos.

O **direito ao recurso,** qualquer que seja ele, para a **Teoria Discursiva,** está relacionado ao direito titularizado pela parte recorrente de obter uma decisão judicial "correta", por meio da revisão de uma decisão anterior;[269] mas também leva em conta a existência de um direito pertencente a toda a sociedade de ter um sistema eficaz de recursos, capaz de realizar tais correções. Esse **direito geral ao recurso,** ao associar-se ao direito processual da parte recorrente, expressa a exigência de igual consideração e respeito, no sentido de que pesa um interesse geral de que todos, nas mesmas situações, recebam igual tratamento.

Em face disso, tem-se negativa para os membros da dogmática tradicional, que vislumbram a possibilidade de se adotar um "processo objetivo" como forma de **agilização dos julgamentos nesses Tribunais,** pois a exclusão da participação das partes, com um fechamento apenas para as razões oriundas dos membros do

---

268. GÜNTHER, Klaus *Legal adjudication and democracy:* some remarks on Dworkin and Habermas, p. 50.
269. HABERMAS, Jürgen, *Facticidad y validez:* sobre el derecho y el estado democrático de derecho en términos de teoría del discurso, p. 309.

Tribunal, denota uma situação de **carência de legitimidade**; desfigurando-se, pois, a própria função dos Tribunais Superiores em uma ordem democrática, haja vista a redução da correção normativa à mera **necessidade funcional** de se **tomar uma decisão, qualquer que seja ela!**

À luz dos pressupostos da **teoria habermasiana**, os Tribunais devem assegurar que as interpretações da Constituição – e da legislação – construam-se em um espaço processualizado, organizado a partir do modelo constitucional de processo, que determina inclusive a necessidade de fundamentação da decisão.

Contudo, ao que parece, a dogmática tradicional **desconsidera** que os recursos para Tribunais Superiores representam um prolongamento de um mesmo processo, iniciado na primeira instância, e que, portanto, trata-se de uma discussão sobre uma alegação de lesão ou ameaça de lesão a direito, a qual – para ser bem examinada, a fim de que se atinja uma "decisão correta" – exige um exame e uma discussão para determinar a norma mais adequada àquele caso. Também esquece que a figura do "caso igual" ou do "caso repetitivo" apenas pode existir se diante da figura da ***coisa julgada*** – repetição de uma questão jurídica sob a qual pesa decisão irrecorrível – ou da ***litispendência*** – processos diferentes que apresentam as mesmas partes, mesmo pedido e mesmas causas de pedir.

A partir desse prisma, a multiplicidade de propostas interpretativas de um direito, veiculada pelos diversos recursos apresentados aos Tribunais Superiores, não representa algo negativo. Primeiro, porque, como já afirmado, cada caso representa um evento único e, por isso, deve ser examinado à luz de suas particularidades, não podendo receber uma decisão ***em bloco***, com demais casos distintos.

Ao contrário do que **pesam e do que pensam** alguns juristas tradicionais e ministros desses Tribunais, quanto maior a oportunidade de **problematização**, maior é o espaço para desenvolvimento de uma "cidadania ativa".[270] Principalmente, porque a conclusão à qual se chega não é no sentido de que os Tribunais Superiores funcionam como um "terceiro grau" de jurisdição, mas que os recursos a eles destinados apresentam uma importante função: assegurar a aplicação de normas adequadas aos casos concretos, de modo a sempre integrá-las num mesmo sistema coerente – o que, em termos dworkianos, visa à garantia de integridade do Direito.

Assim, também em **Habermas**, os recursos permitem que sejam produzidas novas respostas jurídicas, mantendo a expectativa de que estas sejam mais adequadas que as anteriores. As decisões proferidas no passado e no presente, então, não podem ser descartadas, pois indicam uma linha de raciocínio na compreensão de um direito e contribuem para uma leitura coerente.

A inclusão de um "novo" requisito de admissibilidade recursal, como a "repercussão geral" para o recurso extraordinário, mostra-se problemática à luz de uma

---

270. SOUZA CRUZ, Álvaro Ricardo de, *Jurisdição constitucional democrática*, p. 247.

compreensão procedimental do Direito. Aqui, não mais se pode defender a utilização de um mecanismo de seleção que poupe os Tribunais Superiores de "causas de menor importância", já que toda causa lança luzes sobre a compreensão do sistema jurídico.

Sendo assim, todo direito, para ser considerado como tal, deve representar uma confluência de interesses de todos os membros da sociedade por meio de um discurso de justificação. Todavia, isso não é suficiente. Ainda é necessário que se proceda a uma compreensão do Direito a partir de um sistema coerente de normas ***prima facie*** aplicáveis – o que significada identificá-las como princípios.

Como afirmado, com base na **teoria dworkiana**, os dois fundamentos necessários para a interposição de um recurso para um Tribunal Superior apontados pela dogmática jurídica tradicional – a proteção do ordenamento jurídico (em nível constitucional e infraconstitucional) e a garantia de uniformização na aplicação e na interpretação do Direito – acabam adquirindo a mesma função também em Habermas: um direito apenas pode ser protegido se compreendido à luz de um sistema coerente de normas, isto é, como conjunto coerente de princípios.

Portanto, falar em ***"repercussão geral"*** não pode nunca adquirir uma interpretação de que **direitos** estão ligados a ***pretensões privatísticas***. Os direitos são construídos à luz de uma história institucional, abrindo um **espaço argumentativo** que ***não se desenvolve no vácuo***, como já explicou **Gadamer**. Destarte, a exigência de demonstração da "repercussão geral" apenas pode se dar através da articulação, no ***iter*** processual, de maneira discursiva (lógico-argumentativa), de uma interpretação do direito pretendido à luz de um sistema coerente de normas. Mas, ao se proceder assim, pode-se constatar que a condição de conhecimento do recurso extraordinário permanece como ***questão interna ao Direito***, haja vista a desnecessidade de qualquer apelo para o plano metajurídico, bem como a sua impossibilidade lógica, como lembra Günther.

Seguindo essa lógica, a "repercussão geral" não pode ser satisfatoriamente considerada como requisito de admissibilidade recursal específico. Portanto, o primeiro grupo apenas apresenta os ***pressupostos extrínsecos*** (tempestividade, preparo, regularidade formal e inexistência de fato impeditivo ou extintivo do direito de recorrer), sob pena de se proceder a uma dissolução dessa separação, correndo o risco de desconsiderar consequências importantes: qualquer outra análise, necessariamente, acaba por adentrar a discussão sobre o mérito recursal, prejulgando a causa.

Em conclusão, uma compreensão normativa leva à ***"repercussão geral"*** como questões internas à própria pretensão recursal; e, por isso mesmo, estão conectadas a toda e qualquer pretensão jurídica levada a cabo pelas partes processuais. Uma leitura procedimental, então, percebe que a ausência de demonstração de tais requisitos acarreta um ***julgamento de mérito negando tal pretensão***, o que, nesse sentido, demonstra que tal "inovação" acaba por ser incapaz de responder ao problema da "crise do Judiciário".

Tal entendimento, então, mostra-se adequado ao paradigma procedimental do Direito, uma vez que alia a compreensão desses recursos como ***via da defesa de direitos*** à função ***unificadora*** desempenhada pelos Tribunais, ambas guiadas por uma interpretação coerente do Direito, capaz de gerar respostas adequadas aos casos concretos apresentados ao Judiciário. Logo, ***não se toma o público como oposto ao privado***, mas apresentam-se ambas as esferas sob o prisma de uma relação **de equiprimordialidade**.

Como argumentado anteriormente, se levada a sério a dimensão pragmática da linguagem jurídica, não é possível ***a priori***, por meio da legislação, identificar as causas que supostamente **não interessariam ao resto da sociedade**.

Proceder assim equivaleria ainda a defender a possibilidade de se atingir, por meio do discurso de justificação, o ideal de uma norma perfeita. Todavia, **Günther**[271] mostrou que isso é inalcançável; daí a necessidade de proceder-se a uma distinção entre os **discursos de justificação** e de **aplicação** do Direito. Nesse sentido, é apenas no interior do discurso de aplicação que se poderia reconstruir uma norma, dotando-a de sentido. Logo, a separação ***individual/coletivo/difuso***, defendida pela dogmática tradicional, **cai por terra** à luz das complexidades **impostas pela linguagem**. Tudo deve passar pelo *fio da argumentação*, que será desenvolvida, a partir do uso de razões capazes de gerar convencimento, com a participação daqueles que serão os destinatários de tais provimentos.

5.3. Súmulas Vinculantes

Um outro produto da Reforma do Judiciário desenvolvida pela Emenda nº 45/04 é a intitulada **Súmula Vinculante**. Certo é que os enunciados uniformizantes sobre matérias reiteradamente decididas pelos Tribunais há muito frequentam o ambiente jurídico pátrio. Nesses termos, "a edição de súmulas, guarda entre nós, estrita relação com a própria função dos Tribunais Superiores, no sentido de garantir a autoridade e a uniformidade interpretativa da Constituição e das Leis Federais".[272] Evandro Lins e Silva, de forma lapidar, resumiu o que foi a sistematização engendrada pelo então Ministro do STF Vitor Nunes Leal na década de 60 do século XX: "[...] Súmula foi a expressão de que se valeu Vitor Nunes Leal, nos idos de 1963, para definir, em pequenos enunciados, o que o Supremo Tribunal Federal, onde era um dos seus ministros, vinha decidindo de modo reiterado acerca de temas que se repetiam amiudamente em seus julgados [...]"[273] Nesse sentido, o eminente jurista pátrio afirmou de forma clara que a Súmula se destinaria "primordialmente, a descongestionar os trabalhos de um Tribunal, simplificando e tornando mais célere o trabalho dos juízes na atividade jurisdicional". Afirmou, também, que a Súmula serviria de meio de informação e direcionamento a todos

---

271. GÜNTHER, Klaus, *The sense of appropriateness:* application discourses in morality and law.

272. MENDES, Gilmar; MEYER PFLUG, Samantha, Passado e futuro da súmula vinculante: considerações à luz da Emenda nº 45/04, *Reforma do Poder Judiciário.* Ed. Saraiva, 2005, p. 328.

273. LINS E SILVA, Evandro, Crime de hermenêutica e súmula vinculante. *Revista Consulex*, n. 5, 1997.

os magistrados e advogados que conheceriam as principais orientações dos Tribunais Superiores, sobretudo do STF sobre as questões mais frequentes que lhes eram apresentadas recorrentemente para julgamento.

Porém, embora já fosse tradicional a edição de súmulas, as mesmas não eram dotadas de força vinculante (vinculatividade direta sobre os órgãos do Poder Judiciário e da Administração Pública).[274]

Nesse sentido, temos, segundo o novo **art. 103-A da CR/88** que o Supremo Tribunal Federal poderá, de ofício ou por provocação, mediante decisão de dois terços dos seus membros, após reiteradas decisões sobre matéria constitucional, aprovar Súmula que, a partir de sua publicação na imprensa oficial, terá efeito vinculante em relação aos demais órgãos do Poder Judiciário e à Administração Pública direta e indireta, nas esferas federal, estadual e municipal, bem como proceder à sua revisão ou cancelamento, na forma estabelecida em lei.[275]

Com isso, surge em ***terrae brasilis*** um instituto que não perpassa nossa tradição típica do ***civil law*** (sistema romano-germânico) e que mais se coaduna com o ***common law*** (sistema anglo-saxão).

Assim sendo, a Súmula Vinculante que se relaciona intimamente com a lógica anglo-saxã da fundamentalidade da fonte jurisprudencial do direito, com base no ***stare decisis*** (ater-se ao decidido), desenvolvido a partir do ***binding precedent*** (precedente obrigatório prolatado por um Tribunal), vem sendo objeto de inúmeras controvérsias e discussões acaloradas nos últimos anos.[276]

---

274. Na doutrina: *"a súmula do Supremo Tribunal Federal, que deita suas raízes entre nós nos assentos da Casa de Suplicação, nasce com caráter oficial, dotada de perfil **indiretamente obrigatório.** E, por conta dos recursos, constitui instrumento de auto disciplina do Supremo Tribunal Federal, que somente deverá afastar-se da orientação nela preconizada de forma expressa e fundamentada. Essas diretrizes aplicam-se também à **Súmula vinculante consagrada na emenda 45/2004. É evidente, porém, que a Súmula vinculante, como o próprio nome indica, terá o condão de vincular diretamente os órgãos Judiciais e os órgãos da administração pública, abrindo a possibilidade de que qualquer interessado faça valer a orientação do supremo, não mediante simples interposição, mas por meio da apresentação de uma reclamação por descumprimento de decisão judicial."*** (MENDES; COELHO; BRANCO, *Curso de direito constitucional*, 2008, p. 965-966). Aqui é importante citarmos, o **art.927 do novo CPC** de 2015, que inova no sentido de que: *"os juízes e os tribunais observarão: I – os enunciados de súmula vinculante; III – os acórdãos em incidente de assunção de competência ou de resolução de demandas repetitivas e em julgamento de recursos extraordinário e especial repetitivos; IV – os enunciados das súmulas do Supremo Tribunal Federal em matéria constitucional e do Superior Tribunal de Justiça em matéria infraconstitucional (...)"*
275. É bem verdade que, conforme a doutrina, além da **súmula persuasiva** (súmula sem ser vinculante, que já existe tradicionalmente como um mecanismo de uniformização sobre uma determinada matéria em um Tribunal pátrio) e da atual **súmula vinculante** (exclusiva do STF), temos ainda outras modalidades de súmula em nosso ordenamento. Nesses termos: ***a) súmula impeditiva de recurso***: *Aqui restou estabelecido mais um requisito de admissibilidade para o recurso de apelação. Esse requisito, é, justamente, o da sentença de primeira instância não estar em consonância com súmula do STF ou súmula do STJ. Nesse sentido, se a decisão prolatada estiver em conformidade com as referidas súmulas o recurso ficará obstaculizado.* ***b) súmula de repercussão geral*** *(nos moldes da súmula impeditiva de recurso): Essa afirma, conforme a Lei nº 11.418/06 que, uma vez definido o entendimento de que a matéria em comento não enseja repercussão geral não haverá (automaticamente) a possibilidade de admissão de qualquer outro recurso extraordinário sobre o tema não admitido.*
276. Embora no Brasil a aplicação das súmulas vinculantes (e não só elas, mas também dos enunciados de súmulas não vinculantes) é deturpada em relação ao uso dos precedentes do *common law*. JUNIOR, NUNES, BAHIA, PEDRON. *Novo CPC – Fundamentos e Sistematização*, p.327, 2015.

Certo é que inúmeros argumentos foram engendrados contrariamente à Súmula vinculante, dentre eles: a violação a independência dos órgãos do Poder Judiciário com o engessamento dos mesmos, que estariam totalmente atrelados ao posicionamento firmado pelo STF; usurpação do princípio da separação dos Poderes, entre outros. Porém, uma gama de juristas sempre defendeu posição favorável à Súmula vinculante, afirmando que a mesma seria um instituto ***racionalizador*** que traria uma maior certeza e previsibilidade das decisões judiciais, aumentando com isso a segurança jurídica. Para inúmeros autores teríamos uma devida e necessária uniformização da atividade interpretativa, desenvolvendo-se assim o princípio da isonomia. Além disso, a celeridade das decisões seria enfatizada, permitindo respostas mais ágeis para questões idênticas que envolvessem uma enorme quantidade de jurisdicionados, desobstruindo não só o STF, mas também, por consequência, as instâncias ordinárias.

Mas as críticas mais contundentes, vem justamente da inadequação e desvirtuamento do uso das súmulas (e das súmulas vinculantes) no Brasil. O desvirtuamento ocorre, segundo a doutrina, porque diferentemente do uso dos precedentes no *common law*, a utilização dos enunciados de súmulas no Brasil, são completamente dissociados do caso concreto que lhes deram fundamento. Nesse sentido, as súmulas acabam funcionando como normas gerais e abstratas que se deligariam, como *a lei*, de seus fundamentos originalistas (quando corretamente os julgados precisam ser aplicados, como fundamento, em consonância com os limites argumentativos do caso). A crítica aqui, é a de que no uso da intitulada *jurisprudência defensiva*, o tribunal formata um enunciado para a súmula (o que é mais grave no caso da vinculante) a fim de ***encerrar o debate sobre o tema***, já que no futuro um caso X ou Y será enquadrado nesse enunciado e a questão será resolvida rápida e facilmente. Nesse sentido, temos a situação de que os enunciados das súmulas seriam, para alguns, pronunciamentos dos Tribunais vocacionados à abstração e generalidade e que a aplicação de uma súmula poderia se dar desvinculada dos casos (julgados) que deram base a sua criação (*os fundamentos das súmulas desgarram-se dos fundamentos determinantes que as formaram*). O problema, lembram Júnior, Nunes, Bahia e Pedron, *é o de que os precedentes nos países do common law não terminam (encerram) a discussão, mas sim são um ponto de partida (e não um ponto de chegada como no Brasil), ou seja, um dado do passado para a discussão do presente.*[277]

---

277. Com isso, *"nessa quadra da história não é mais cabível a defesa de uma aplicação automática dos precedentes como se ainda estivéssemos no século XIX, admirados com o poder das normas gerais e abstratas. O que se crítica é que após todos os avanços da teoria do direito e da ciência jurídica, se aceite a reprodução, mesmo sem perceber, de uma peculiar aplicação do positivismo normativista da jurisprudência dos conceitos (Begriffsjurisprudenz), que defendia a capacidade de criar conceitos universais; um sistema fechado que parte do geral para o singular e que chega a esse geral com a negligencia das singularidades. Perceba-se que no século XVIII e XIX acreditava-se que o legislador poderia fazer normas perfeitas, gerais e abstratas, de tal forma que seriam capazes de prever todas as suas hipóteses de aplicação. Descobrimos no século XX que isso não é possível (que v.g, por detrás da pretensa objetividade da lei estavam os preconceitos daquele que a aplicava). Agora, em fins do século XX e início deste, apostamos, mais uma vez, no poder*

Mas não obstante esse instigante debate, fato é que a súmula vinculante adentrou em nosso ordenamento e vem, paulatinamente, se afirmando (ainda que duramente criticada). Certo é que a Lei nº 11.417/06 regulamentou o art. 103-A da CR/88. Com isso, passamos agora a analisar os principais pontos da Súmula vinculante prevista constitucionalmente e de sua regulamentação infraconstitucional.

1) **Requisitos (pressupostos):** sem dúvida, existem 3 (três) requisitos (para alguns pressupostos) básicos que visam a desenvolver os princípios da segurança jurídica, isonomia e celeridade. Nesse sentido:

   a) Necessidade de 8 ministros (2/3) para a edição da mesma (ou mesmo revisão ou cancelamento de Súmula vinculante)[278] (pressuposto formal);

   b) Reiteradas decisões sobre a matéria objeto da Súmula, com a demonstração de que há uma multiplicação de questões idênticas sobre o tema a ser explicitado na Súmula[279] (pressuposto material);

   c) Controvérsia atual entre órgãos judiciários ou entre estes e a Administração Pública que acarrete grave insegurança jurídica (pressuposto material).

2) **Objeto:** a Súmula terá por objetivo a validade, a interpretação e a eficácia de normas jurídicas.

3) **Legitimidade para propor a edição (cancelamento ou revisão) da Súmula Vinculante:** são legitimados a propor a edição, a revisão ou o cancelamento de enunciado de Súmula Vinculante:

   - Os mesmos legitimados da ADI presentes no art. 103 da CR/88 (o Presidente da República; a Mesa do Senado Federal; a Mesa da Câmara dos Deputados; o Procurador-Geral da República; o Conselho Federal da Ordem dos Advogados do Brasil; partido político com representação no Congresso Nacional; confederação sindical ou entidade de classe

---

da razão de criar regras perfeitas, apenas que agora seu autor não é mais (só) o legislador, mas (também) o Tribunal. Em países de common law, para que um precedente seja aplicado há que se fazer exaustiva análise comparativa entre os casos (presente e passado, isto é o precedente), para saber se, em havendo similitude, em que medida a solução do anterior poderá servir ao atual". JUNIOR, NUNES, BAHIA, PEDRON. *Novo CPC – Fundamentos e Sistematização*, p.336-337 e p.347-348, 2015.

278. As súmulas existentes no STF que **não são vinculantes,** ou seja, as súmulas tradicionais de sua jurisprudência (anteriores à Emenda nº 45/04), só poderão se tornar vinculantes com a devida aprovação de 8 ministros do STF.

279. Aqui temos uma consideração feita por inúmeros constitucionalistas e processualistas penais sobre a edição da Súmula Vinculante nº 11, que ao que, parece, não obedeceu esse requisito. Sobre esse requisito temos que, além da necessidade de um conjunto de decisões, as mesmas **não devem ser controvertidas no STF, afinal não poderíamos desvirtuar a ideia clássica do que seja uma súmula! (uniformização de julgados reiterados sobre uma mesma matéria).** Por isso, as decisões da corte devem ser no mesmo sentido, criando-se, a partir, daí uma necessidade de uniformização (sedimentação) do tema recorrentemente debatido.

de âmbito nacional; a Mesa de Assembleia Legislativa ou da Câmara Legislativa do Distrito Federal; o Governador de Estado ou do Distrito Federal)

- Além ainda dos: Tribunais Superiores, os Tribunais de Justiça de Estados ou do Distrito Federal e Territórios, os Tribunais Regionais Federais, os Tribunais Regionais do Trabalho, os Tribunais Regionais Eleitorais e os Tribunais Militares e o Defensor Público-Geral da União.

Temos, também, que o **Município** poderá propor, **incidentalmente** ao curso de processo em que seja parte, a edição, a revisão ou o cancelamento de enunciado de Súmula Vinculante, o que não autoriza a suspensão do processo. Sendo assim, todos os legitimados podem propor direta ou incidentalmente a edição (revisão ou cancelamento) de Súmula Vinculante, exceto os Municípios que só podem provocar o STF de forma incidental, no ***iter*** de processos em curso e que eles sejam parte.

Não podemos esquecer ainda que o próprio STF poderá ***de ofício*** (sem provocação) propor a edição revisão ou cancelamento de Súmula vinculante.

4) **Considerações finais:** a primeira delas se refere aos **efeitos** da Súmula Vinculante prolatada (revisada ou mesmo cancelada).

a) a Súmula com efeito vinculante tem eficácia imediata (a partir de sua publicação). Porém, por dicção legal, o STF, por decisão de 2/3 (dois terços) dos seus membros, poderá restringir os efeitos vinculantes ou decidir que só tenha eficácia a partir de outro momento, tendo em vista razões de segurança jurídica ou de excepcional interesse público. Aqui, temos a possibilidade de modulação (manipulação) de efeitos em equivalência ao já trabalhado art. 27 da Lei nº 9.868/99.

b) A Súmula Vinculante editada pelo STF (e apenas por ele que é o único legitimado a editá-la) irá vincular aos órgãos do Poder Judiciário (exceto o STF que edita a mesma) e à Administração Pública direta e indireta, nas esferas federal, estadual e municipal. O legislador no seu mister (função típica legislativa) não estará vinculado.

c) Certo é que, à luz da Constituição (art. 103-A, § 3º), do ato administrativo ou decisão judicial que contrariar a Súmula aplicável ou que indevidamente a aplicar, caberá reclamação ao Supremo Tribunal Federal que, julgando-a procedente, anulará o ato administrativo ou cassará a decisão judicial reclamada, e determinará que outra seja proferida com ou sem a aplicação da Súmula, conforme o caso.[280]

280. Conforme o art. 7, *caput*, da Lei nº 11.417/06: *Da decisão judicial ou do ato administrativo que contrariar enunciado de súmula vinculante, negar-lhe vigência ou aplicá-lo indevidamente caberá reclamação ao Supremo Tribunal*

d) Outra questão importante que também foi normatizada se refere à atuação do Poder Legislativo sobre matéria que é objeto de súmula vinculante. Obviamente, o legislador, como já citado, no exercício de sua função típica legislativa (no ato de legislar), não está preso ao conteúdo de uma súmula vinculante (tese da ***não fossilização*** do legislador). Com isso, se revogada ou modificada a lei em que se fundou a edição de enunciado de súmula vinculante, o Supremo Tribunal Federal, de ofício ou por provocação, procederá à sua revisão ou cancelamento, conforme o caso.

e) Sobre o cancelamento de Súmula vinculante o STF enfrentou interessante caso em setembro de 2015. Certo é que já observamos quais são os legitimados a propor a edição, revisão e cancelamento de súmula vinculante (conforme já descrito). Pois bem, a Associação Nacional dos Magistrados da Justiça do Trabalho – Anamatra ingressou com um pedido no STF para cancelamento ou alteração do teor da Súmula Vinculante 25 do STF (Redação da Súmula: É ilícita a prisão civil de depositário infiel, qualquer que seja a modalidade do depósito). A entidade pediu que a súmula fosse cancelada ou que sua redação fosse alterada e nela constasse permissão para a prisão civil do depositário judiciário infiel no âmbito da Justiça do Trabalho.

O STF rejeitou em 24.09.2015 a proposta de cancelamento do Enunciado 25 da Súmula Vinculante. O STF afirmou que, para admitir-se a revisão ou o cancelamento de súmula vinculante, seria necessário demonstrar que houve: a) evidente superação da jurisprudência do STF no tratamento da matéria; b) alteração legislativa quanto ao tema; ou ainda c) modificação substantiva de contexto político, econômico ou social.

A Anamatra, segundo o STF, não conseguiu comprovar a ocorrência (não evidenciou de modo suficiente) de qualquer um desses pressupostos, o que impossibilita o exame da proposta de cancelamento. Nesses termos, o mero descontentamento ou eventual divergência quanto ao conteúdo da súmula vinculante não autorizariam a rediscussão da matéria. Ou seja, não propiciariam a reabertura das discussões que originaram a edição da Súmula e cujos fundamentos já teriam sido debatidos à exaustão pelo STF.[281]

f) O STF em 30.11.2016 rejeitou proposta da OAB que pretendia o cancelamento do verbete da súmula vinculante nº 5. Segundo o Pretório Excelso, após a edição da Súmula Vinculante nº 5, não houve mudança na legislação, na jurisprudência ou na percepção da sociedade a justificar a revisão ou o cancelamento do enunciado.

Afirmou o STF que súmula vinculante deve ter certo grau de estabilidade, somente devendo ser cancelada ou revista em caso de superveniência de fatos

---

Federal, sem prejuízo dos recursos ou outros meios admissíveis de impugnação. No art. 7 § 1º do mesmo diploma legal, temos que: *Contra omissão ou ato da administração pública, o uso da reclamação só será admitido após esgotamento das vias administrativas.*

281. O STF também em 24.09.2015, rejeitou pedido da Confederação Brasileira dos Trabalhadores Policiais Civis – Cobrapol para cancelamento da Súmula Vinculante nº11, sob os mesmos fundamentos da rejeição descritos acima para o enunciado da Súmula Vinculante nº25.

suficientemente relevantes. Segundo o STF, para admitir-se a revisão ou o cancelamento de súmula vinculante, é necessário, conforme citado acima, demonstrar que houve: a) evidente superação da jurisprudência do STF no tratamento da matéria; b) alteração legislativa quanto ao tema; ou c) modificação substantiva de contexto político, econômico ou social. Assim sendo, nos termos do informativo 849 do STF, o mero descontentamento ou eventual divergência quanto ao conteúdo da súmula vinculante não autorizariam a rediscussão da matéria. A OAB, portanto, não conseguiu comprovar a ocorrência de qualquer um desses pressupostos, o que impossibilita o exame da proposta de cancelamento. Nesse sentido, reafirmou o STF que a falta de defesa técnica por advogado no processo administrativo disciplinar não ofende a CR/88. Nesses termos, o STF ressaltou que não é proibida a participação dos advogados nos processos administrativos disciplinares. Pelo contrário, a Administração Pública deve viabilizar a presença de advogado nesses procedimentos administrativos, devendo também cientificar os servidores públicos que eles possuem o direito de contratar um profissional para fazer a sua defesa. Isso não significa, contudo, que, não havendo advogado, o Processo Administrativo Disciplinar seja nulo.[282]

g) Sobre o debate (ou discussão) em torno de uma súmula vinculante no ***iter*** de ações judiciais em curso no Poder Judiciário, temos que a proposta de edição, revisão ou cancelamento de enunciado de súmula vinculante não autoriza a suspensão dos processos em que se discuta a mesma questão (que pode ser objeto de súmula).

h) Certo é que, no aspecto procedimental, temos ainda que o Procurador-Geral da República, nas propostas que não houver formulado, manifestar-se-á previamente à edição, revisão ou cancelamento de enunciado de súmula vinculante. E, além disso, no procedimento de edição, revisão ou cancelamento de enunciado da súmula vinculante, o relator poderá admitir, por decisão irrecorrível, a manifestação de terceiros na questão (***amicus curiae***), nos termos do Regimento Interno do Supremo Tribunal Federal.

282. Informativo 849 do STF: *"Ressaltaram também os Ministros que, caso se reconheça que a Súmula Vinculante 5 viola a Constituição, também deveria ser reconhecida a inconstitucionalidade das normas que, em processo judicial, dispensam a presença de advogado (nos processos trabalhistas, nos juizados de pequenas causas, nos juizados especiais federais, etc.). Assentaram que os processos administrativos estão sujeitos a ampla revisão no âmbito jurisdicional, no qual haverá a defesa técnica necessária. Concluiu que o cancelamento da súmula restauraria situação de insegurança total, pois se devolveria à jurisdição normal uma discussão que a súmula buscou eliminar. Vale ressaltar que a SV 5 refere-se ao típico processo administrativo disciplinar, ou seja, aquele que tramita no âmbito da Administração Pública.* Este enunciado <u>não se aplica para o processo administrativo que apura infrações cometidas no sistema penitenciário</u>. Assim, mesmo havendo precedentes do STF exigindo advogado nos processos de apuração de falta grave do condenado, estes não podem ser invocados para justificar o cancelamento da SV 5. Nesses termos: *"Consignou que os precedentes relativos ao cometimento de falta grave no âmbito do sistema penitenciário não demonstram ter havido mudança da jurisprudência da Corte acerca da aplicação da Súmula Vinculante 5. Esta se refere ao típico processo administrativo disciplinar no âmbito da Administração Pública e não propriamente no de infrações cometidas no sistema penitenciário. Afirmou não ter havido mudança substancial na legislação, na jurisprudência ou na percepção da sociedade, a justificar a revisão ou o cancelamento da Súmula Vinculante (...)."*

i) Por último, citamos as atuais súmulas vinculantes para o devido conhecimento das mesmas:

SÚMULAS VINCULANTES	
Súmula Vinculante nº 1	Ofende a garantia constitucional do ato jurídico perfeito a decisão que, sem ponderar as circunstâncias do caso concreto, desconsidera a validez e a eficácia de acordo constante de termo de adesão instituído pela Lei Complementar nº 110/2001.
Súmula Vinculante nº 2	É inconstitucional a lei ou ato normativo estadual ou distrital que disponha sobre sistemas de consórcios e sorteios, inclusive bingos e loterias.
Súmula Vinculante nº 3	Nos processos perante o tribunal de contas da união asseguram-se o contraditório e a ampla defesa quando da decisão puder resultar anulação ou revogação de ato administrativo que beneficie o interessado, excetuada a apreciação da legalidade do ato de concessão inicial de aposentadoria, reforma e pensão.
Súmula Vinculante nº 4	Salvo nos casos previstos na constituição, o salário mínimo não pode ser usado como indexador de base de cálculo de vantagem de servidor público ou de empregado, nem ser substituído por decisão judicial.[283]
Súmula Vinculante nº 5	A falta de defesa técnica por advogado no processo administrativo disciplinar não ofende a Constituição.[284]
Súmula Vinculante nº 6	não viola a constituição o estabelecimento de remuneração inferior ao salário mínimo para as praças prestadoras de serviço militar inicial.
Súmula Vinculante nº 7	A norma do § 3º do artigo 192 da constituição, revogada pela emenda constitucional nº 40/2003, que limitava a taxa de juros reais a 12% ao ano, tinha sua aplicação condicionada à edição de lei complementar.

283 Não há vedação para a fixação de piso salarial em múltiplos do salário mínimo, desde que inexistam reajustes automáticos. Isso não configura afronta ao art. 7º, IV, da CF/88 nem à Súmula Vinculante 4. STF. 1ª Turma. RE 1077813 AgR/PR, Rel. Min. Marco Aurélio, julgado em 05.02.2019 (Informativo 929). STF. 2ª Turma. ARE 1110094 AgR, Rel. Min. Ricardo Lewandowski, julgado em 29.06.2018.

284. Porém, conforme o Informativo nº 572 do STF: Por reputar violados os princípios do contraditório e da ampla defesa, a Turma deu provimento a recurso extraordinário para anular decisão do Juízo de Execuções Penais da Comarca de Erechim – RS, que decretara a regressão de regime de cumprimento de pena em desfavor do recorrente, o qual não fora assistido por defensor durante procedimento administrativo disciplinar instaurado para apurar *falta grave. Asseverou-se que, não obstante a aprovação do texto da Súmula Vinculante 5, tal verbete seria aplicável apenas em procedimentos de natureza cível e não em procedimento administrativo disciplinar promovido para averiguar o cometimento de falta grave, tendo em vista estar em jogo a liberdade de ir e vir. Assim, neste caso, asseverou-se que o princípio do contraditório deve ser observado amplamente, com a presença de advogado constituído ou defensor público nomeado, impondo ser-lhe apresentada defesa, em obediência às regras específicas contidas na Lei de Execução Penal, no Código de Processo Penal e na Constituição.* (**RE nº 398.269/RS,** Rel. Min. Gilmar Mendes, **julg: 15.12.2009 –** 2ª Turma do STF).

SÚMULAS VINCULANTES	
Súmula Vinculante nº 8	São inconstitucionais o parágrafo único do artigo 5º do decreto-lei nº 1.569/1977 e os artigos 45 e 46 da lei nº 8.212/1991, que tratam de prescrição e decadência de crédito tributário.
Súmula Vinculante nº 9	O disposto no artigo 127 da lei nº 7.210/1984 (lei de execução penal) foi recebido pela ordem constitucional vigente, e não se lhe aplica o limite temporal previsto no caput do artigo 58.
Súmula Vinculante nº 10	Viola a cláusula de reserva de plenário (CR, artigo 97) a decisão de órgão fracionário de tribunal que, embora não declare expressamente a inconstitucionalidade de lei ou ato normativo do Poder Público, afasta sua incidência, no todo ou em parte.
Súmula Vinculante nº 11	Só é lícito o uso de algemas em casos de resistência e de fundado receio de fuga ou de perigo à integridade física própria ou alheia, por parte do preso ou de terceiros, justificada a excepcionalidade por escrito, sob pena de responsabilidade disciplinar, civil e penal do agente ou da autoridade e de nulidade da prisão ou do ato processual a que se refere, sem prejuízo da responsabilidade civil do estado.
Súmula Vinculante nº 12	A cobrança de taxa de matrícula nas universidades públicas viola o disposto no art. 206, IV, da Constituição Federal.
Súmula Vinculante nº 13	A nomeação de cônjuge, companheiro ou parente em linha reta, colateral ou por afinidade, até o terceiro grau, inclusive, da autoridade nomeante ou de servidor da mesma pessoa jurídica investido em cargo de direção, chefia ou assessoramento, para o exercício de cargo em comissão ou de confiança ou, ainda, de função gratificada na administração pública direta e indireta em qualquer dos poderes da união, dos estados, do distrito federal e dos municípios, compreendido o ajuste mediante designações recíprocas, viola a Constituição Federal.[285]

285. Sobre a Súmula Vinculante nº 13 do STF, no **Informativo nº 537** o Pretório Excelso em **04.03.2009,** nos apresenta a seguinte decisão da Reclamação nº 6.702: "*Por vislumbrar* ***ofensa à Súmula Vinculante nº 13****, o Tribunal deu provimento a agravo regimental interposto contra decisão que indeferira pedido de liminar em reclamação ajuizada contra decisão de 1º grau que, no bojo de ação popular movida pelo reclamante, mantivera a posse do irmão do Governador do Estado do Paraná no cargo de Conselheiro do Tribunal de Contas local, para o qual fora por este nomeado. Asseverou-se, de início, que o caso sob exame apresentaria nuances que os distinguiriam da situação tratada no julgamento do RE 579951/RN (DJE de 24.10.2008), na qual se declarara que a prática do nepotismo no âmbito dos três Poderes da República afronta à Lei Maior, e, ressaltando-se a diferença entre cargo estritamente administrativo e cargo político, reputara-se nulo o ato de nomeação de um motorista e hígido o do Secretário Municipal de Saúde, não apenas por se tratar de um agente político, mas por não ter ficado evidenciada a prática do nepotismo cruzado, nem a hipótese de fraude à lei. Esclareceu-se, no ponto, que, em 24.6.2008, o Presidente do Tribunal de Contas daquela unidade federada encaminhara ofício ao Presidente da Assembleia Legislativa, informando a vacância de cargo de Conselheiro, em decorrência de aposentadoria, a fim de que se fizesse a seleção de um novo nome, nos termos dos artigos 54, XIX, a e 77, § 2º, da Constituição estadual. O expediente fora lido em sessão no mesmo dia em que recebido, mas protocolizado no dia subsequente. Neste dia, a Comissão Executiva da Assembleia Legislativa editara o Ato 675/2008, abrindo o prazo de 5 dias para as inscrições de candidatos ao aludido cargo vago, além de estabelecer novas regras para o procedimento de escolha e indicação da Casa, em especial para transformar a votação de secreta em nominal, segundo uma única discussão. Destacou-se que tal ato fora publicado em jornal no Diário da Assembleia somente em 9.7.2008, e que, no mesmo dia, em Sessão Especial Plenária, os Deputados Estaduais integrantes da Assembleia*

SÚMULAS VINCULANTES	
Súmula Vinculante nº 14	É direito do defensor, no interesse do representado, ter acesso amplo aos elementos de prova que, já documentados em procedimento investigatório realizado por órgão com competência de polícia judiciária, digam respeito ao exercício do direito de defesa.[286]
Súmula Vinculante nº 15	O cálculo de gratificações e outras vantagens do servidor público não incide sobre o abono utilizado para se atingir o salário mínimo.
Súmula Vinculante nº 16	Os artigos 7º, iv, e 39, § 3º (redação da EC 19/98), da constituição, referem-se ao total da remuneração percebida pelo servidor público.

Legislativa elegeram o irmão do Governador para ocupar o cargo de Conselheiro do Tribunal de Contas, tendo o Governador, no dia 10.7.2008, assinado o Decreto 3.041, que aposentou o anterior ocupante do cargo de Conselheiro do Tribunal de Contas estadual, o Decreto 3.042, que exonerou o irmão do cargo de Secretário do Estado da Educação, e o Decreto 3.044, que o nomeou para exercer o mencionado cargo de Conselheiro. Entendeu-se que no caso em tela estariam presentes os requisitos autorizadores da concessão da liminar. ***Considerou-se que a natureza do cargo de Conselheiro do Tribunal de Contas não se enquadraria no conceito de agente político, uma vez que exerce a função de auxiliar do Legislativo no controle da Administração Pública, e que o processo de nomeação do irmão do Governador, ao menos numa análise perfunctória dos autos, sugeriria a ocorrência de vícios que maculariam a sua escolha por parte da Assembleia Legislativa do Estado.*** *Registrou-se o açodamento, no mínimo suspeito, dos atos levado a cabo na referida Casa Legislativa para ultimar o processo seletivo, o que indicaria, quando mais não seja, a tentativa de burlar os princípios da publicidade e impessoalidade que, dentre outros, regem a Administração Pública em nossa sistemática constitucional. Observou-se que a aprovação do irmão do Governador para o cargo dera-se inclusive antes de escoado integralmente o prazo aberto para a inscrição de candidatos ao mesmo, cuja vacância, ao menos do ponto de vista formal, ocorrera apenas em 10.7.2009. Afirmou-se, também, ser de duvidosa constitucionalidade, em face do princípio da simetria, a escolha de membros do Tribunal de Contas pela Assembleia Legislativa por votação aberta, tendo em conta o disposto no art. 52, III, b, da CR. Concluiu-se que, além desses fatos, a nomeação do irmão, pelo Governador, para ocupar o cargo de Conselheiro do Tribunal de Contas, agente incumbido pela Constituição de fiscalizar as contas do nomeante, estaria a sugerir, em princípio, desrespeito aos mais elementares postulados republicanos. Por conseguinte, deferiu-se, por unanimidade, a liminar, para sustar os efeitos da nomeação sob exame até o julgamento da mencionada ação popular(...)"* (**Rcl nº 6.702 AgR-MC/PR,** Rel. Min. Ricardo Lewandowski). Sobre a **SV nº13** e o tema do "nepotismo" ver também decisão do STF na **ADI 3745** julg. em **15.05.2013.**

286. Não viola o entendimento da Súmula Vinculante nº 14 do STF *a decisão do juiz que nega a réu denunciado com base em um acordo de colaboração premiada o acesso a outros termos de declarações que não digam respeito aos fatos pelos quais ele está sendo acusado, especialmente se tais declarações ainda estão sendo investigadas, situação na qual existe previsão de sigilo, nos termos do art. 7º da Lei nº 12.850/2013.* 2ª Turma do STF. **Rcl 22009 AgR/PR**, rel. Min. Teori Zavascki, julgado em **16.02.2016**. Já conforme o Informativo 649 do STF: *"Por reputar violada a Súmula Vinculante 14, o Plenário julgou procedente pedido formulado em reclamação para conceder ao reclamante acesso aos documentos apreendidos na sede de empresa, da qual diretor-presidente, em especial, ao conteúdo de mídias supostamente vazias ou danificadas. Na espécie, o juízo de origem permitira a disponibilização de parte dos arquivos recolhidos – em investigações procedidas na denominada "Operação Satiagraha" –, selecionada por peritos da polícia federal, sob a assertiva de que o restante das mídias estaria corrompido, a impedir o espelhamento pretendido pela defesa. Asseverou-se que, sendo o espelhamento o meio adequado para viabilizar o acesso ao conteúdo das mídias danificadas e para comprovar quais estariam realmente vazias, não poderia o magistrado opor resistência à efetivação dessa medida, para não inviabilizar o contato do reclamante com elementos de prova, em cerceio a sua defesa". (Rcl 9324/SP, Rel. Min. Cármen Lúcia, julg. em 24.11.2011) Porém segundo o STF, o Verbete 14 da Súmula Vinculante do STF não alcança sindicância que objetiva elucidação de fatos sob o ângulo do cometimento de infração administrativa. Com base nessa orientação, a 1ª Turma negou provimento a agravo regimental em que se reiterava alegação de ofensa ao referido enunciado, ante a negativa de acesso a sindicância.* (Rcl nº 10.771 AgR/RJ julg. em 04.02.2014, Rel. Min. Marco Aurélio)

SÚMULAS VINCULANTES	
Súmula Vinculante nº 17	Durante o período previsto no parágrafo 1º do artigo 100 da Constituição, não incidem juros de mora sobre os precatórios que nele sejam pagos.
Súmula Vinculante nº 18	A dissolução da sociedade ou do vínculo conjugal, no curso do mandato, não afasta a inelegibilidade prevista no § 7º do artigo 14 da Constituição Federal.
Súmula Vinculante nº 19	A taxa cobrada exclusivamente em razão dos serviços públicos de coleta, remoção e tratamento ou destinação de lixo ou resíduos provenientes de imóveis, não viola o artigo 145, II, da Constituição Federal.
Súmula Vinculante nº 20	A gratificação de desempenho de atividade técnico-administrativa – data, instituída pela lei nº 10.404/2002, deve ser deferida aos inativos nos valores correspondentes a 37,5 (trinta e sete vírgula cinco) pontos no período de fevereiro a maio de 2002 e, nos termos do artigo 5º, parágrafo único, da lei nº 10.404/2002, no período de junho de 2002 até a conclusão dos efeitos do último ciclo de avaliação a que se refere o artigo 1º da medida provisória no 198/2004, a partir da qual passa a ser de 60 (sessenta) pontos.
Súmula Vinculante nº 21	É inconstitucional a exigência de depósito ou arrolamento prévios de dinheiro ou bens para admissibilidade de recurso administrativo.[287]
Súmula Vinculante nº 22	A justiça do trabalho é competente para processar e julgar as ações de indenização por danos morais e patrimoniais decorrentes de acidente de trabalho propostas por empregado contra empregador, inclusive aquelas que ainda não possuíam sentença de mérito em primeiro grau quando da promulgação da emenda constitucional nº 45/04.
Súmula Vinculante nº 23	A justiça do trabalho é competente para processar e julgar ação possessória ajuizada em decorrência do exercício do direito de greve pelos trabalhadores da iniciativa privada.
Súmula Vinculante nº 24	Não se tipifica crime material contra a ordem tributária, previsto no art. 1º, incisos I a IV, da lei nº 8.137/90, antes do lançamento definitivo do tributo.[288]

287. Informativo 636 do STF: "A exigência de depósito prévio como condição de admissibilidade de recursos administrativos afigura-se contrária à presente ordem constitucional, inclusive na esfera trabalhista. Com base nessa orientação, o Plenário julgou procedente pedido formulado em arguição de descumprimento de preceito fundamental para declarar não recebido o art. 636, § 1º, da CLT *("Art. 636. Os recursos devem ser interpostos no prazo de 10 (dez) dias, contados do recebimento da notificação, perante a autoridade que houver imposto a multa, a qual, depois de os informar encaminhá-los-á à autoridade de instância superior. § 1º O recurso só terá seguimento se o interessado o instruir com a prova do depósito da multa")"* (ADPF 156/DF, Rel. Min. Cármen Lúcia, julg. em 18.08.2011)

288. É interessante destacar que do ponto de vista da prescrição, a Súmula Vinculante 24 é prejudicial para o réu porque mesmo ele tendo praticado a conduta anos antes, o prazo prescricional não começa a correr se ainda não houve constituição definitiva do crédito tributário. Nesse sentido, é mais difícil de se escapar da prescrição. O Estado-acusação acaba ganhando mais tempo para oferecer a denúncia antes que o crime prescreva. Desse modo, surgiu a tese defensiva de que a Súmula Vinculante 24, por ser mais gravosa ao réu, não poderia retroagir para ser aplicada a fatos anteriores à sua edição, sob pena de isso ser considerado aplicação retroativa *"in malam*

SÚMULAS VINCULANTES	
Súmula Vinculante nº 25	É ilícita a prisão civil de depositário infiel, qualquer que seja a modalidade do depósito.
Súmula Vinculante nº 26	Para efeito de progressão de regime no cumprimento de pena por crime hediondo, ou equiparado, o juízo da execução observará a inconstitucionalidade do art. 2º da Lei nº 8.072, de 25 de julho de 1990, sem prejuízo de avaliar se o condenado preenche, ou não, os requisitos objetivos e subjetivos do benefício, podendo determinar, para tal fim, de modo fundamentado, a realização de exame criminológico.
Súmula Vinculante nº 27	Compete à justiça estadual julgar causas entre consumidor e concessionária de serviço público de telefonia, quando a Anatel não seja litisconsorte passiva necessária, assistente, nem opoente.
Súmula Vinculante nº 28	É inconstitucional a exigência de depósito prévio como requisito de admissibilidade de ação judicial na qual se pretenda discutir a exigibilidade de crédito tributário
Súmula Vinculante nº 29	É constitucional a adoção, no cálculo do valor de taxa, de um ou mais elementos da base de cálculo própria de determinado imposto, desde que não haja integral identidade entre uma base e outra.
Súmula Vinculante nº 31	É inconstitucional a incidência do imposto sobre serviços de qualquer natureza – ISS sobre operações de locação de bens móveis.
Súmula Vinculante nº 32	O ICMS não incide sobre alienação de salvados de sinistro pelas seguradoras.
Súmula Vinculante nº 33	Aplicam-se ao servidor público, no que couber, as regras do Regime Geral de Previdência Social sobre aposentadoria especial de que trata o artigo 40, parágrafo 4º, inciso III, da Constituição Federal, até edição de lei complementar específica.[289]
Súmula Vinculante nº 34	A Gratificação de Desempenho de Atividade de Seguridade Social e do Trabalho – GDASST, instituída pela Lei 10.483/2002, deve ser estendida aos inativos no valor correspondente a 60 (sessenta) pontos, desde o advento da Medida Provisória 198/2004, convertida na Lei 10.971/2004, quando tais inativos façam jus à paridade constitucional (EC 20/1998, 41/2003 e 47/2005).

partem". Porém, essa tese não foi aceita. Com isso, segundo o STF no RHC 122774/RJ, julg. em 19.05.2015, a Súmula pode ser aplicada a fatos anteriores à sua edição. O fundamento é o de que o enunciado da Súmula apenas consolidou interpretação reiterada do STF sobre a matéria. No mesmo sentido: STJ. 3ª Seção. EREsp 1.318.662-PR, Rel. Min. Felix Fischer, julgado em 28.11.2018 (Info 639): *Como a SV 24 representa a mera consolidação da interpretação judicial que já era adotada pelo STF e pelo STJ mesmo antes da sua edição, entende-se que é possível a aplicação do enunciado para fatos ocorridos anteriormente à sua publicação.*

289. É importante salientar que será aplicado o **RGPS** no que couber. Portanto para o STF, o art. 40, § 4º, III da CR/88 não garante necessariamente aos servidores o direito à conversão com contagem diferenciada de tempo especial em tempo comum. O que este dispositivo garante é apenas o direito à "aposentadoria especial" (com requisitos e critérios diferenciados). Nesses termos, não se pode aplicar as regras de conversão do tempo especial em tempo comum, previstas para os trabalhadores em geral (**RGPS**), para os servidores públicos, considerando que a lei que vier a ser editada regulamentando o art. 40, § 4º, III da CR/88 não estará obrigada a conceder este fator de conversão aos servidores.

SÚMULAS VINCULANTES	
Súmula Vinculante nº 35	A homologação da transação penal prevista no artigo 76 da Lei 9.099/1995 não faz coisa julgada material e, descumpridas suas cláusulas, retoma-se a situação anterior, possibilitando-se ao Ministério Público a continuidade da persecução penal mediante oferecimento de denúncia ou requisição de inquérito policial.
Súmula Vinculante nº 36	Compete à Justiça Federal comum processar e julgar civil denunciado pelos crimes de falsificação e de uso de documento falso quando se tratar de falsificação da Caderneta de Inscrição e Registro (CIR) ou de Carteira de Habilitação de Arrais-Amador (CHA), ainda que expedidas pela Marinha do Brasil.
Súmula Vinculante nº 37	Não cabe ao poder judiciário, que não tem função legislativa, aumentar vencimentos de servidores públicos sob o fundamento de isonomia.[290]
Súmula Vinculante nº 38	É competente o município para fixar o horário de funcionamento de estabelecimento comercial.
Súmula Vinculante nº 39	Compete privativamente à união legislar sobre vencimentos dos membros das polícias civil e militar e do corpo de bombeiros militar do distrito federal.
Súmula Vinculante nº 40	A contribuição confederativa de que trata o art. 8º, iv, da constituição federal, só é exigível dos filiados ao sindicato respectivo.
Súmula Vinculante nº 41	O serviço de iluminação pública não pode ser remunerado mediante taxa.
Súmula Vinculante nº 42	É inconstitucional a vinculação do reajuste de vencimentos de servidores estaduais ou municipais a índices federais de correção monetária.
Súmula Vinculante nº 43	É inconstitucional toda modalidade de provimento que propicie ao servidor investir-se, sem prévia aprovação em concurso público destinado ao seu provimento, em cargo que não integra a carreira na qual anteriormente investido.
Súmula Vinculante nº 44	Só por lei se pode sujeitar a exame psicotécnico a habilitação de candidato a cargo público.
Súmula Vinculante nº 45	A competência constitucional do tribunal do júri prevalece sobre o foro por prerrogativa de função estabelecido exclusivamente pela constituição estadual.
Súmula Vinculante nº 46	A definição dos crimes de responsabilidade e o estabelecimento das respectivas normas de processo e julgamento são da competência legislativa privativa da união.[291]
Súmula Vinculante nº 47	Os honorários advocatícios incluídos na condenação ou destacados do montante principal devido ao credor consubstanciam verba de natureza alimentar cuja satisfação ocorrerá com a expedição de precatório ou requisição de pequeno valor, observada ordem especial restrita aos créditos dessa natureza.

290. Como exemplo: Rcl 14872, STF. 2ª Turma, Rel. Min. Gilmar Mendes, julg. em **31.05.2016** (Informativo 828 do STF).

291. O art. 5º, XXXVIII, "d", da CR/88 afirma expressamente que o Tribunal do Júri terá competência para julgar os *"crimes dolosos contra a vida"*. Os crimes dolosos contra a vida (de competência do Tribunal do Júri) são a) homicídio (art. 121 do CP); b) induzimento, instigação ou auxílio a suicídio (art. 122 do CP); c) infanticídio (art. 123 do CP); d) aborto em suas três espécies (arts. 124, 125 e 126 do CP). Já o foro por prerrogativa de função trata-se de uma prerrogativa prevista pela Constituição segundo a qual as pessoas ocupantes de determinados cargos ou funções somente serão processadas e julgadas criminalmente em foros privativos colegiados (como exemplo: TJ,

SÚMULAS VINCULANTES	
Súmula Vinculante nº 48	Na entrada de mercadoria importada do exterior, é legítima a cobrança do ICMS por ocasião do desembaraço aduaneiro.
Súmula Vinculante nº 49	Ofende o princípio da livre concorrência lei municipal que impede a instalação de estabelecimentos comerciais do mesmo ramo em determinada área.
Súmula Vinculante nº 50	Norma legal que altera o prazo de recolhimento de obrigação tributária não se sujeita ao princípio da anterioridade.
Súmula Vinculante nº 51	O reajuste de 28,86%, concedido aos servidores militares pelas Leis 8622/1993 e 8627/1993, estende-se aos servidores civis do poder executivo, observadas as eventuais compensações decorrentes dos reajustes diferenciados concedidos pelos mesmos diplomas legais.
Súmula Vinculante nº 52	Ainda quando alugado a terceiros, permanece imune ao IPTU o imóvel pertencente a qualquer das entidades referidas pelo art. 150, VI, "c", da Constituição Federal, desde que o valor dos aluguéis seja aplicado nas atividades para as quais tais entidades foram constituídas.
Súmula Vinculante nº 53	A competência da Justiça do Trabalho prevista no art. 114, VIII, da Constituição Federal alcança a execução de ofício das contribuições previdenciárias relativas ao objeto da condenação constante das sentenças que proferir e acordos por ela homologados.
Súmula Vinculante nº 54	A medida provisória não apreciada pelo congresso nacional podia, até a Emenda Constitucional 32/2001, ser reeditada dentro do seu prazo de eficácia de trinta dias, mantidos os efeitos de lei desde a primeira edição.
Súmula Vinculante nº 55	O direito ao auxílio-alimentação não se estende aos servidores inativos.
Súmula Vinculante nº 56	A falta de estabelecimento penal adequado não autoriza a manutenção do condenado em regime prisional mais gravoso, devendo-se observar, nessa hipótese, os parâmetros fixados no RE 641.320/RS.[292]
Súmula Vinculante nº 57	A imunidade tributária constante do art. 150, VI, d, da CF/88 aplica-se à importação e comercialização, no mercado interno, do livro eletrônico (e-book) e dos suportes exclusivamente utilizados para fixá-los, como leitores de livros eletrônicos (e-readers), ainda que possuam funcionalidades acessórias.
Súmula Vinculante nº 58	Inexiste direito a crédito presumido de IPI relativamente à entrada de insumos isentos, sujeitos à alíquota zero ou não tributáveis, o que não contraria o princípio da não cumulatividade.

TRF, STJ, STF). Nesses termos, o Presidente da República pela pratica de crime comum será julgado no STF (art. 102, I, b da CR/88), já os Prefeitos pelo TJ (art. 29, X da CR/88). É interessante salientar que existem hipóteses em que o foro por prerrogativa de função é estabelecido exclusivamente pela Constituição Estadual, desde que haja simetria com a Constituição Federal. (Os exemplos mais citados são: Vice-Governador e Secretários de Estado). Porém, esse *foro* estabelecido exclusivamente por Constituição Estadual não prevalece sobre o *foro* estabelecido na Constituição Federal para o *Tribunal do Júri*. Como exemplo, se um Prefeito praticar um homicídio ele *não vai a Júri*, pois prevalece o previsto na CR/88 (art. 29, X da CR/88). Já se um Secretário de Estado praticar um homicídio ele *vai a Júri (mesmo existindo expressa previsão que o seu foro por prerrogativa de função na Constituição Estadual é o TJ. Essa previsão servirá para outros crimes, mas não para os crimes que vão a Júri)*. A conclusão, expressa na súmula, é que nesse caso, não prevalece o previsto apenas na Constituição Estadual.

292. A Súmula Vinculante n. 56/STF é inaplicável ao preso provisório. Ao julgar o RHC 99.006/PA em 07.02.2019, o STJ afastou a possibilidade de aplicar a Súmula Vinculante 56 a presos em caráter provisório.

5.4. A Teoria dos Precedentes no novo CPC de 2015

5.4.1. Introdução

Conforme lecionam Humberto Theodoro, Dierle Nunes, Alexandre Bahia e Flávio Pedron, podemos identificar duas posturas do Poder Judiciário brasileiro na aplicação de julgamentos passados como fundamento de decisões presentes: a) repetem-se, mecanicamente, ementas e enunciados de súmulas, conforme o modelo de racionalidade próprio das leis (comandos gerais e abstratos); b) julga-se desprezando as decisões anteriormente proferidas, a partir de um marco zero interpretativo.[293] O que se observa é uma redução teleológica (e instrumental) na aplicação do precedente pelo sistema processual brasileiro atual, que liga a aplicação de precedentes aos já superados modelos positivistas da Escola da Exegese e da Jurisprudência dos Conceitos. Segundo essa metodologia interpretativa, o direito é um sistema ideal, baseado numa rígida estrutura conceitual hierarquicamente posta pelo legislador, que formaliza a interpretação a ser dada pelo magistrado através da objetivação dos institutos jurídicos.[294] Há, no entendimento dos autores, *uma desconexão* do atual modelo com os pressupostos da teoria do direito moderno, uma vez que este gera uma ruptura do processo argumentativo, não exigindo do magistrado uma postura **hermeneuticamente construtiva**, que adeque o precedente à história institucional e à comunidade de princípios brasileira. Há que se frisar, ainda, segundo os autores, que a decisão jurídica segue um percurso diverso daquele realizado pelo processo legislativo, incapaz de absorver em um enunciado a generalidade e abstração própria das leis. As leis incorporam em si, durante o processo legislativo, os argumentos morais e políticos abstratos, para, então, serem traduzidas para o código deontológico do direito. O precedente, por sua vez, está umbilicalmente ligado ao caso concreto que lhe originou, somente fazendo sentido a partir das peculiaridades deste caso. A preocupação aqui é em encerrar o debate e resolver a questão do caso repetido, em um claro exercício de jurisprudência repetitiva que em nada se aproxima da clássica aplicação da jurisprudência pela tradição do *common law*.[295]

O novo Código de Processo Civil de 2015, embora (por óbvio) não tenha o condão de por si só resolver todos os nossos entraves processuais, traz interessante ***atualização quanto ao direito jurisprudencial***, de forma a enquadrá-lo nas exigências democráticas pós-giro linguístico-pragmático, feito este que deve ser largamente comemorado pelos juristas brasileiros. Para o adequado uso dos precedentes, no entanto, é imprescindível que se realize algumas digressões teóricas quanto a seus conceitos e elementos, bem como a análise do disposto no CPC/2015.

293. JUNIOR, NUNES, BAHIA, PEDRON. *Novo CPC – Fundamentos e Sistematização*. Ver, sobretudo: p. 301-322 e p, 323-396, 2015.
294. JUNIOR, NUNES, BAHIA, PEDRON. *Novo CPC – Fundamentos e Sistematização*, p.333-345, 2015.
295. JUNIOR, NUNES, BAHIA, PEDRON. *Novo CPC – Fundamentos e Sistematização*, p.336-337 e p.324-396, 2015.

5.4.2. *Conceito*

Precedente[296] é o elemento normativo (razão de decidir ou *ratio decidendi*[297]) proveniente de decisão judicial que pode servir como diretriz para o julgamento de casos análogos posteriores[298]. Dessa forma, o precedente é composto por três **elementos**, sendo eles:

1) As **circunstâncias fáticas relacionadas à controvérsia**, necessárias para a definição de quais casos serão considerados semelhantes e, portanto, necessárias para a existência de possibilidade de aplicação do precedente.

2) A **argumentação jurídica** em torno da questão, isto é, a argumentação acerca do uso do precedente.

Importante notar que é imprescindível, para a argumentação no uso do precedente, que seja feito um raciocínio de analogia, comparando em detalhe todos os elementos do caso apresentado com a jurisprudência parâmetro. Nesse sentido: *Uma analogia consiste em indicar similaridades entre atributos de dois ou mais "entes" a fim de que, embora diferente entre si (mas compartilhando de determinadas características), seja-lhes atribuído igual tratamento, a depender da quantidade e da relevância (qualidade) das similaridades existentes. Caso se conclua que a dois fatos deve ser atribuída a mesma consequência, quer dizer que se raciocinou por analogia; caso se entenda que a ambos os fatos devem ser atribuídas consequências distintas, o raciocínio foi realizado por contra-analogia (ou por "distinguishing", para utilizarmos o termo específico do common law).*[299]

3) A **tese ou o princípio jurídico utilizado na exposição da motivação da decisão** (*ratio decidendi* ou *holding*) que, não obstante seja elemento do precedente em sentido lato, é, por outro lado, o próprio precedente em sentido estrito.

O magistrado, ao julgar determinada demanda, acaba por criar duas normas, uma de cunho específico e outra de cunho geral. A **norma de cunho específico** é aquela que se relaciona somente à específica decisão do caso concreto,

---

296. Ainda no que diz respeito ao **conceito de precedente**, é necessário destacar que súmula, jurisprudência e precedente são noções distintas, embora umbilicalmente ligadas, haja vista que a súmula é o enunciado normativo da *ratio decidendi* de uma jurisprudência dominante, que é a reiteração do precedente. Há, pois, uma evolução: precedente jurisprudência súmula. A súmula é, pois, a cristalização da norma geral extraída, à luz de casos concretos, do texto legal.

297. LUCCA, Rodrigo Ramina de. *O dever de motivação das decisões judiciais*: Estado de Direito, segurança jurídica e teoria dos precedentes. Salvador: Juspodivm, 2016, 2ª ed.

298. Vale notar que existem três principais concepções acerca do conceito de precedente: a ampla, a restrita e a intermediária. Pelo **conceito amplo**, precedentes são originados em todas aquelas decisões judiciais que possam ser utilizadas como parâmetros para julgamentos posteriores de casos análogos. Para a **concepção restrita**, por outro lado, uma decisão judicial só configuraria um precedente em casos paradigmáticos, que pudessem, portanto, se firmar como paradigmas orientadores para magistrados e jurisdicionados. Finalmente, para a **concepção intermediária**, precedentes judiciais são oriundos de decisões judiciais cujas teses possam ser utilizadas em casos posteriores análogos. Cf. LUCCA, Rodrigo Ramina de. *O dever de motivação das decisões judiciais*...

299. JUNIOR, NUNES, BAHIA, PEDRON. *Novo CPC – Fundamentos e Sistematização*, p.320, 2015.

sendo seu objetivo último a regência da situação fática que dá objeto ao processo. Assim, essa regra específica é, justamente, o dispositivo da decisão, que produz efeitos *inter partes*. A de **cunho geral**, por outro lado, diz respeito a uma esfera interpretativa dos fatos frente o direito positivo vigente. Assim, a *ratio decidendi* da decisão, não obstante construída a partir da situação concreta, "se desprende do caso específico e pode ser aplicada em outras situações concretas que se assemelhem àquela em que foi originalmente construída.".[300] Em outras palavras, o precedente extrai da ***ratio decidendi***[301], a partir de raciocínio indutivo, regra geral passível de aplicação a outros casos semelhantes (razão de decidir universalizável), de tal forma que a vinculação é operada pelas razões de decidir.

Para melhor entender essa questão da diferenciação entre a regra específica (relacionada ao dispositivo da decisão e à coisa julgada) e a regra específica (relacionada ao precedente), vejamos o seguinte quadro comparativo[302]:

	COISA JULGADA (REGIME GERAL – ART. 503, *CAPUT*, CPC)	COISA JULGADA (REGIME ESPECIAL – ART. 503, § 1º, CPC)	EFICÁCIA VINCULATIVA DO PRECEDENTE JUDICIAL
Limite Objetivo	Dispositivo da decisão (norma jurídica individualizada).	Solução dada à questão prejudicial expressa e incidentalmente resolvida na fundamentação.	*Ratio decidendi* – norma jurídica geral (fundamentação da decisão).
Limite Subjetivo	*Inter partes*, como regra (art. 506, CPC).	*Inter partes*, como regra (art. 506, CPC).	*Erga omnes*.

300. DIDIER JR., Fredie; BRAGA, Paulo Sarno; OLIVEIRA, Rafael Alexandria de. *Curso de Direito Processual Civil: Teoria da Prova, Direito Probatório, Decisão, Precedente, Coisa Julgada e Tutela Provisória*. Salvador: Ed. Juspodivm, 2016, vol. 2, 11ª ed., p. 456.

301. Vale mencionar que a motivação da decisão judicial também pode conter o chamado *obiter dictum* (ou *dictum*), este que consiste em um juízo normativo acessório, na medida em que é argumento utilizado na motivação da decisão em caráter complementar e subsidiário. Não obstante possa representar um suporte à exposição de motivos do magistrado, não é fundamental, razão pela qual guarda relação negativa com a *ratio decidendi*: "é *obiter dictum* a proposição ou regra jurídica que não compuser a *ratio decidendi*." (DIDIER JR.; BRAGA; OLIVEIRA, p. 458). Tem-se, pois, que o *obiter dictum* não configura precedente, ainda que possa ter certa utilidade na identificação de posição futura do Tribunal, por exemplo. Isso porque o *obiter dictum* pode assumir condição de *ratio* na medida em que "a identificação de *obiter dictum* no julgamento de casos prévios pode se tornar *ratio* no julgamento futuro de um hard case, contribuindo muito para sua solução – bem como para outros casos que a ele se assemelhem.". (DIDIER JR.; BRAGA; OLIVEIRA, p. 459). Importante salientar, no entanto, que existem casos nos quais invoca-se indevidamente o *obiter dictum* como se precedente fosse, culminando em uma espécie de rebaixamento da *ratio* à condição de *dictum*. Cf. DIDIER JR.; BRAGA; OLIVEIRA. *Curso de Direito Processual Civil: Teoria da Prova, Direito Probatório, Decisão, Precedente, Coisa Julgada e Tutela Provisória*.

302. DIDIER JR.; BRAGA; OLIVEIRA. *Curso de Direito Processual Civil: Teoria da Prova, Direito Probatório, Decisão, Precedente, Coisa Julgada e Tutela Provisória*.

	COISA JULGADA (REGIME GERAL – ART. 503, *CAPUT*, CPC)	COISA JULGADA (REGIME ESPECIAL – ART. 503, § 1º, CPC)	EFICÁCIA VINCULATIVA DO PRECEDENTE JUDICIAL
Instrumentos de Controle	Ação rescisória, ***querela nullitatis***, desconstituição de sentença inconstitucional (arts. 525, § 12, e 535, § 5º, CPC) e a correção de erro material	Os mesmos instrumentos de controle da coisa julgada sujeita ao regime geral.	Preventivo: intervenção do *amicus curiae* antes da formação do precedente (ex. arts. 138; 950, § 3º; 938, § 1º; 1.038, I e II, CPC). Repressivo: mecanismos de superação (*overruling*) do precedente (ex. art. 3º, Lei n. 11.417/2006; arts. 927, §§ 2º a 4º, e 986, CPC).

Em suma, é justamente essa norma de cunho geral produzida no julgamento da demanda que dá origem ao precedente, de tal forma que a decisão judicial se configura como "ato jurídico de onde se extrai a solução do caso concreto, encontrável no dispositivo, e o precedente, comumente retirado da fundamentação.".[303] Dessa maneira, importante frisar que "a *ratio decidendi* ou o *holding* não é o próprio fundamento aprovado pela maioria para decidir. A *ratio decidendi* ou a tese é uma descrição do entendimento jurídico que serviu de base à decisão.".[304_305]

Vale salientar, como sustenta Lenio Streck, que a *ratio decidendi* de uma decisão que dá lugar ao precedente é determinada pelos tribunais inferiores e pelos juízes (e não pelo tribunal que decidiu a questão), isto é, ao julgarem um caso, os Tribunais Superiores não delimitam um precedente pois apenas decidem o caso, ficando a cargo dos Tribunais Inferiores e dos Juízes definirem qual é o precedente oriundo do caso.[306] Assim, há que se considerar que o fato da *ratio decidendi* poder ser extraída de tal forma que faça configurar norma geral universalizável para outros casos concretos (gerar precedente, portanto) faz com que os magistrados, para além

303. DIDIER JR.; BRAGA; OLIVEIRA. *Curso de Direito Processual Civil: Teoria da Prova, Direito Probatório, Decisão, Precedente, Coisa Julgada e Tutela Provisória*, p. 457.

304. MELLO, Patrícia Perrone Campos; BARROSO, Luís Roberto. Trabalhando com uma nova lógica: a ascensão dos precedentes no direito brasileiro. *Revista da AGU*, Brasília/DF, v. 15, n. 03, pp. 09-52, jul./set. 2016, p. 27, grifos dos autores.

305. Essa importante diferenciação traz à tona o questionamento acerca de *como* é definida a *ratio decidendi* e o seu alcance, destacando-se, neste iter, dois métodos. **A um**, o *método fático-concreto*, pelo qual a *ratio decidendi* é a regra extraída de um conjunto de fatos, pouco importando os fundamentos justificadores da decisão ou o que a corte disse. Assim, enseja a elaboração de teses eminentemente restritivas e presas às particularidades do caso concreto, o que pode acabar por não favorecer uma abordagem sistemática do direito. **A dois**, o *método abstrato normativo*, pelo qual decisão constitui, ao mesmo tempo, uma solução para o caso concreto e uma indicação decisiva quanto aos casos futuros. Assim, considera que os fundamentos da decisão são muito importantes para a compreensão adequada do precedente. Cf. MELLO, Patrícia Perrone Campos; BARROSO, Luís Roberto. *Trabalhando com uma nova lógica: a ascensão dos precedentes no direito brasileiro.*

306. STRECK, Lenio Luiz; ABBOUD, Georges. O que é isto – o sistema (sic) de precedentes no CPC? *Revista Consultor Jurídico*, 18 ago. 2016. Disponível em: http://www.conjur.com.br/2016-ago-18/senso-incomum-isto-sistema-sic-precedentes-cpc. Acesso em jan. 2017.

da observância à norma constitucional que preleciona a necessidade de motivação de suas decisões, precisem elaborar as fundamentações de seus julgados de forma cuidadosa, a teor do art. 489, §§ 1º e 2º, CPC/2015.

5.4.3. Fundamentos do Respeito aos Precedentes: Segurança Jurídica

Para que se discuta um modelo de precedentes, é necessário se questionar porque os precedentes são relevantes, isto é, porque eles devem ser seguidos. Certamente existem inúmeras respostas, dentre as quais há que se mencionar o controle do poder do juiz, a promoção da igualdade jurídica entre os cidadãos, o desestímulo à litigância e o favorecimento de acordos, a facilitação da razoável duração dos processos e a relacionada mais eficiência do Poder Judiciário.[307]

Não obstante de fato existam tais razões (e outras) que justificam o respeito aos precedentes, é importante notar que o fundamento básico de tal respeito é a promoção da **segurança jurídica**, consubstanciada pela **previsibilidade** e pela **estabilidade** do Direito.[308]

A **previsibilidade do Direito**, pertinente à possibilidade de se prever as consequências jurídicas dos atos praticados e ao conhecimento de deveres, poderes e direitos subjetivos, depende de um Direito que seja *sistemático, homogêneo e acessível*. Assim,

- A *sistematicidade* do Direito se relaciona com a *unidade, coerência e completude do ordenamento jurídico*, as quais só podem ser possíveis com a atuação jurisdicional do Estado. Ora, as decisões judiciais possuem, como bem se sabe, papel de suprir as lacunas e antinomias normativas por meio da interpretação sistemática dos dispositivos legais, da extração de normas implícitas e explícitas e do raciocínio analógico, o que permite a *unidade, a coerência e a completude do ordenamento*. Assim, os precedentes, por serem dotados de universalidade e por serem, portanto, aplicáveis aos casos análogos, suprem eventuais falhas legislativas e garantem, de forma mais eficiente, a previsibilidade do Direito.

- A *homogeneidade*, por sua vez, é corolária do princípio da igualdade, sendo necessária, para a igualdade da aplicação do Direito, a consistência na interpretação das normas jurídicas. Ora, se cada juiz optar por interpretar as normas vigentes da forma como achar mais pertinente, sem limites e standards, ficaria impossível a previsão da norma jurídica aplicável ao caso concreto. Assim, os precedentes atuam, nesse sentido, como uma necessária linha diretiva.

- Finalmente, a *acessibilidade* é fundamental para a previsibilidade do Direito, uma vez que a alegação de não conhecimento da lei não configura

307. MARINONI, Luiz Guilherme. *Precedentes Obrigatórios*. São Paulo: Revista dos Tribunais, 2010.
308. LUCCA, Rodrigo Ramina de. *O dever de motivação das decisões judiciais...*

escusa para o seu não cumprimento. Dessa maneira, frente um ordenamento jurídico extremamente extenso, os precedentes atuam em favor da acessibilidade dos entendimentos judiciais.

A **estabilidade do Direito** tem como embasamento a percepção de que a vida social (em paz) depende de um conjunto de regras gerais e permanentes. Isso não implica, por óbvio, na imutabilidade do Direito, sob pena de inadequação à realidade social, mas sim na vedação às alterações abruptas e excessivamente constantes. Por óbvio, essas considerações também se aplicam à *jurisprudência*, uma vez ser uma "fonte hermenêutica" do Direito. Ora, "de nada adianta exigir estabilidade legislativa se a todo instante as leis recebem uma nova interpretação jurisprudencial.".[309] É sob essa égide que se legitima o respeito aos precedentes, na medida em que tal respeito tem o condão de, ao tornar a jurisprudência mais sólida e concreta, proporcionar estabilidade na *interpretação* do Direito.[310]

5.4.4. Eficácia Jurídica e Efeitos dos Precedentes

Os efeitos dos precedentes são *ex lege*, isto é, ocorrem independentemente da manifestação de vontade do órgão jurisdicional que o produziu, uma vez ser ato-fato jurídico. Visualiza-se, no direito brasileiro, seis tipos de **efeitos jurídicos** que um precedente pode produzir, a teor do que lecionam Fredie Didier Jr., Paulo Sarno Braga e Rafael Alexandria de Oliveira, a saber: i) vinculante/obrigatório; ii) persuasivo; iii) obstativo da revisão de decisões; iv) autorizante; v) rescindente/deseficacizante e; iv) de revisão da sentença. Vale mencionar que esses tipos de efeitos não são mutuamente excludentes, citando-se, a título exemplificativo, os enunciados de súmulas do STF e do STJ, que produzem, concomitantemente, os efeitos obrigatório, obstativo, denegatório e autorizante.[311]

Entendemos que esses tipos de efeitos jurídicos podem ser abarcados sob a égide de **três espécies de eficácias jurídicas** dos precedentes, a saber, precedentes obrigatórios (ou normativos em sentido forte), precedentes com eficácia (meramente) persuasiva e precedentes que produzem eficácia intermediária, a teor do que lecionam os juristas Patrícia Perrone Campos Mello e Luís Roberto Barroso.[312] A primeira e segunda espécies abarcam, respectivamente, os precedentes com efeitos obrigatórios e os com efeitos persuasivos, ao passo que na terceira espécie estão contidos os demais tipos de efeitos (obstativo, autorizante, deseficacizante e de revisão).

309. LUCCA, Rodrigo Ramina de. *O dever de motivação das decisões judiciais...*, p. 262.
310. LUCCA, Rodrigo Ramina de. *O dever de motivação das decisões judiciais...*
311. DDIER JR.; BRAGA; OLIVEIRA. *Curso de Direito Processual Civil: Teoria da Prova, Direito Probatório, Decisão, Precedente, Coisa Julgada e Tutela Provisória.*
312. MELLO, Patrícia Perrone Campos; BARROSO, Luís Roberto. *Trabalhando com uma nova lógica: a ascensão dos precedentes no direito brasileiro.*

O **precedente obrigatório**[313], que **possui eficácia normativa em sentido forte**[314], é aquele que apresenta eficácia vinculativa em relação aos casos supervenientes que apresentarem situações análogas.[315] Isso significa dizer que, "existindo um precedente ao caso que está sendo julgado, ele deve ser seguido, decidindo-se o novo caso da mesma maneira que fora decidido o anterior.".[316]

O CPC/2015 parece ter privilegiado especialmente precedentes com *eficácia normativa em sentido forte*, instituindo, nesse sentido, um sistema amplo, pelo qual abriu-se a possibilidade de produção de precedentes vinculativos não apenas pelos tribunais superiores, mas também pelos de segundo grau.[317] Nesse sentido, o diploma processual civil enumera no **art. 927** os precedentes obrigatórios, que são vinculativos tanto para os Tribunais que os produziram quanto para os órgãos a eles subordinados. Assim, no que tange aos precedentes obrigatórios constantes do art. 927, CPC/2015, temos:

a) *Precedentes oriundos de decisões em controle concentrado de constitucionalidade feito pelo Supremo Tribunal Federal*: preleciona o art. 927, I, CPC, que juízes e Tribunais deverão observar "as decisões do Supremo Tribunal Federal em controle concentrado de constitucionalidade.", o que confere, portanto, força vinculante aos precedentes do STF produzidos em sede de controle concentrado de constitucionalidade[318]. Mas, para além da vinculação ao dispositivo da decisão, pode também existir vinculação à *ratio decidendi* do julgado, que, por conseguinte, também gera precedente obrigatório – justamente no teor do art. 927, I, CPC/2015. Quanto à essa distinção, cita-se excelente exemplo: "no julgamento de uma ADI, o STF entende que uma lei estadual (n. 1000/2007, p.ex.) é inconstitucional por invadir matéria de competência da lei federal. A coisa julgada vincula todos à seguinte decisão: a lei estadual n. 1000/2007 é inconstitucional; a eficácia do precedente recai sobre a seguinte *ratio decidendi*: 'lei estadual não pode versar sobre determinada matéria, que é da competência da lei federal'. Se for editada outra lei estadual, em outro Estado,

313. Também chamado de precedente vinculativo (*binding precedent) ou* dotado de autoridade vinculante (*binding authority*).

314. Conforme será explicitado abaixo, entende-se que somente os precedentes obrigatórios possuem eficácia normativa em sentido forte, uma vez que somente eles possuem a garantia de sua autoridade consubstanciada pelo instituto da reclamação. Cf. MELLO, Patrícia Perrone Campos; BARROSO, Luís Roberto. *Trabalhando com uma nova lógica: a ascensão dos precedentes no direito brasileiro*.

315. DIDIER JR.; BRAGA; OLIVEIRA. *Curso de Direito Processual Civil: Teoria da Prova, Direito Probatório, Decisão, Precedente, Coisa Julgada e Tutela Provisória*.

316. LUCCA, Rodrigo Ramina de. *O dever de motivação das decisões judiciais...*, p. 280.

317. MELLO, Patrícia Perrone Campos; BARROSO, Luís Roberto. *Trabalhando com uma nova lógica: a ascensão dos precedentes no direito brasileiro*.

318. Importante salientar que essa força vinculante dos precedentes se distingue da força vinculante da coisa julgada. Ora, a força vinculante da coisa julgada é proveniente de seus efeitos erga omnes, em controle concentrado de constitucionalidade, o que implica na necessidade de observância à ela por todos os demais órgãos jurisdicionais, bem como pela administração pública direta e indireta nas esferas federal, estadual e municipal (art. 102, § 2º, CR/88; art. 28, parágrafo único, da Lei n. 9.868/99; art. 10, § 3º, Lei n. 9.882/90). Cf. DIDIER JR.; BRAGA; OLIVEIRA. *Curso de Direito Processual Civil: Teoria da Prova, Direito Probatório, Decisão, Precedente, Coisa Julgada e Tutela Provisória*.

haverá necessidade de propor outra ADI, sobre a nova lei, cuja decisão certamente será baseada no precedente anterior; arguida a sua inconstitucionalidade em sede de controle difuso, deverá ser observado esse precedente prévio e obrigatório do STF sobre essa matéria.".[319]

b) *Precedentes cuja ratio decidendi foi enunciada em súmula*: de acordo com o art. 927, incisos II e IV, CPC/2015, juízes e Tribunais deverão observar os enunciados das súmulas do STF em matéria constitucional e do STJ em matéria infraconstitucional. Importante salientar que a observância a tais enunciados pressupõe a observância à *ratio decidendi* dos precedentes que os originaram. Vale mencionar que o art. 927, II, CPC, além de reafirmar a força obrigatória dos enunciados das súmulas vinculantes, também o faz em relação às demais súmulas editadas pelo STF e pelo STJ em matérias constitucional e infraconstitucional, respectivamente. Assim, "rigorosamente, todos eles passam a ser de observância obrigatória. Não são enunciados de 'súmula vinculante', mas se aproximam disso.".[320]

c) *Precedentes produzidos por incidente em julgamento de tribunal – casos repetitivos e assunção de competência*: juízes e tribunais também deverão observar "os acórdãos em incidente de assunção de competência ou de resolução de demandas repetitivas e em julgamento de recursos extraordinário e especial repetitivos."[321], a teor do art. 927, III, CPC. Configura-se como uma formação concentrada de precedentes obrigatórios, de tal forma que as regras desse microssistema se complementam reciprocamente. Apresenta procedimento específico de produção, sendo que: i) todos os argumentos contrários e favoráveis à tese jurídica discutida haverão de ser enfrentados; ii) o contraditório é ampliado, com audiências públicas e a possibilidade de participação de *amicus curiae* (arts. 138; 927, § 2º; 983; 1038, I e II, todos do CPC). A necessidade desse procedimento especial se dá em razão de bastar que o julgador verifique se é ou não caso de distinção ou superação, quando da interpretação e aplicação do precedente a casos futuros e similares. Se não for, então "o precedente será aplicado e a fundamentação originária do julgamento do incidente se incorporará automaticamente à própria decisão que o invoca, sem a necessidade de repeti-la ou reelaborá-la.".[322]

d) *Precedentes oriundos do plenário ou do órgão especial*: por fim, o art. 927, V, CPC, preleciona que juízes e tribunais devem seguir "a orientação do plenário ou do órgão especial aos quais estiverem vinculados.".[323] Necessário distinguir as duas

---

319. DIDIER JR.; BRAGA; OLIVEIRA. *Curso de Direito Processual Civil: Teoria da Prova, Direito Probatório, Decisão, Precedente, Coisa Julgada e Tutela Provisória*, p. 477.
320. DIDIER JR.; BRAGA; OLIVEIRA. *Curso de Direito Processual Civil: Teoria da Prova, Direito Probatório, Decisão, Precedente, Coisa Julgada e Tutela Provisória*, p. 478.
321. DIDIER JR.; BRAGA; OLIVEIRA. *Curso de Direito Processual Civil: Teoria da Prova, Direito Probatório, Decisão, Precedente, Coisa Julgada e Tutela Provisória*, p. 478.
322. DIDIER JR.; BRAGA; OLIVEIRA. *Curso de Direito Processual Civil: Teoria da Prova, Direito Probatório, Decisão, Precedente, Coisa Julgada e Tutela Provisória*, p. 478.
323. DIDIER JR.; BRAGA; OLIVEIRA. *Curso de Direito Processual Civil: Teoria da Prova, Direito Probatório, Decisão, Precedente, Coisa Julgada e Tutela Provisória*, p. 479.

ordens de vinculação às quais dizem respeito o referido dispositivo: i) vinculação interna dos membros e órgãos de um Tribunal aos precedentes oriundos do Plenário ou do órgão especial deste mesmo Tribunal e; ii) vinculação externa, referente aos demais órgãos de instância inferior. Assim, a um, precedentes produzidos pelo Plenário do STF, que versem sobre matéria constitucional, vinculam todos os tribunais e juízes brasileiros; a dois, precedentes produzidos pelo Plenário e pelo órgão especial do STF, que versem sobre matéria infraconstitucional, vinculam o STJ, os TRFs, TJs e juízes vinculados a esses tribunais; finalmente, a três precedentes produzidos pelos Plenários e pelos órgãos especiais dos TRFs e do TJs vinculam os próprios tribunais e os juízes a eles vinculados.

Ainda quanto aos precedentes obrigatórios, necessário tecer algumas observações finais:

1) As decisões divergentes relacionadas aos precedentes obrigatórios constantes do art. 987, CPC/2015, podem ser cassadas por meio da utilização da reclamação, por força do art. 988, CPC/2015. No sistema jurídico brasileiro este instituto é essencial para a efetividade do respeito ao precedente, uma vez existir, ainda, alguma resistência quanto a ampliação dos precedentes obrigatórios. Assim, o que se entende é que somente aos precedentes obrigatórios poderia ser atribuída *eficácia normativa forte*, justamente porque constituem os casos em que é cabível a reclamação.[324]

2) O efeito vinculante do precedente abarca os demais efeitos, sendo ele o mais intenso, o extremo de um *continuum*. Assim, "o precedente que tem efeito vinculante por determinação legal também deve ter reconhecida sua aptidão para produzir efeitos persuasivos, obstativos, autorizantes, etc.".[325]

3) Por serem precedentes obrigatórios, os juízes e os tribunais devem reconhecê-los de ofício, sob pena de omissão e denegação de justiça[326], não obstante devam, antes, ouvir a manifestação das partes a respeito (art. 927, § 1º, c/c art. 10, CPC/2015).

4) Além dos **precedentes vinculativos** estabelecidos pelo art. 927, CPC/2015, há que se falar também nos **precedentes consolidados** nas súmulas de cada um dos Tribunais, que têm força vinculativa em relação ao Tribunal que a editou e aos juízes a ele subordinados[327]. A força normativa dessas súmulas é reforçada pelas regras do art. 955, parágrafo único, e do art. 332, IV, ambos do CPC/2015.

---

324. MELLO, Patrícia Perrone Campos; BARROSO, Luís Roberto. *Trabalhando com uma nova lógica: a ascensão dos precedentes no direito brasileiro.*

325. DIDIER JR.; BRAGA; OLIVEIRA. *Curso de Direito Processual Civil: Teoria da Prova, Direito Probatório, Decisão, Precedente, Coisa Julgada e Tutela Provisória*, p. 469.

326. DIDIER JR.; BRAGA; OLIVEIRA. *Curso de Direito Processual Civil: Teoria da Prova, Direito Probatório, Decisão, Precedente, Coisa Julgada e Tutela Provisória.*

327. Vide enunciado n. 169 do Fórum Permanente de Processualistas Civis: "Os órgãos do Poder Judiciário devem obrigatoriamente seguir os seus próprios precedentes, sem prejuízo do disposto no § 9º do art. 1.037 e § 4º do

5) O **precedente persuasivo,** que possui **eficácia meramente persuasiva** (*persuasive authority*) se apresenta como um indício de uma solução considerada adequada.[328] Isto é, julgados que possuem *eficácia meramente persuasiva* não precisam ser obrigatoriamente seguidos por nenhum magistrado, não obstante sejam "relevantes para a interpretação do direito, para a argumentação e para o convencimento dos magistrados; podem inspirar o legislador[329]; e sua reiteração dá ensejo à produção da jurisprudência consolidada dos tribunais.".[330] Diante disso, o que se entende é que se o magistrado opta por aplicar um precedente com tal eficácia, ele o faz por acreditar em sua correção, razão pela qual a eficácia persuasiva é considerada a eficácia mínima dos precedentes.[331]

6) Existem, ainda, os precedentes que produzem **eficácia intermediária** (ou *eficácia normativa em sentido fraco*), os quais não obstante não produzam efeitos obrigatórios, também "não são dotados de eficácia meramente persuasiva porque o próprio ordenamento lhes atribui efeitos para além dos casos em que foram produzidos".[332] Sob a égide dessa eficácia estão os precedentes obstativos de revisão de decisões, precedentes autorizantes, precedentes rescindentes ou deseficacizante e os precedentes que permitem revisão de sentença. Assim:

a) *Precedentes obstativos* podem obstar a revisão de decisões tanto no sentido de inadmissão da demanda, do recurso ou da remessa necessária, quanto no sentido de negar a postulação no mérito. Cita-se como exemplo os precedentes formados no julgamento de casos repetitivos ou de assunção de competência e enunciados de súmula que autorizam a improcedência liminar da demanda (art. 332, CPC/2015).[333]

b) Há configuração do *precedente autorizante* quando este se mostra determinante para a admissão ou acolhimento de ato postulatório. Assim, atua de duas formas: a um, repercute no acolhimento de postulações; a dois, determina ou contribui para a admissão de recursos. A título exemplificativo, cita-se a admissibilidade do recurso especial, que pressupõe a demonstração da interpretação divergente conferida

art. 927.".

328. DIDIER JR.; BRAGA; OLIVEIRA. *Curso de Direito Processual Civil: Teoria da Prova, Direito Probatório, Decisão, Precedente, Coisa Julgada e Tutela Provisória.*

329. Vale mencionar que a autoridade do precedente persuasivo também pode ser reconhecida pelo legislador, sendo que o faz, atualmente, via admissão de interposição recursal que vise a uniformização da jurisprudência, tal qual é o caso dos embargos de divergência (art. 1.043, CPC/2015) e do recurso especial fundado em divergência (art. 105, III, "c", CR/88 c/c art. 1.029, § 1º, CPC/2015). Cf. DIDIER JR.; BRAGA; OLIVEIRA. *Curso de Direito Processual Civil: Teoria da Prova, Direito Probatório, Decisão, Precedente, Coisa Julgada e Tutela Provisória.*

330. MELLO, Patrícia Perrone Campos; BARROSO, Luís Roberto. *Trabalhando com uma nova lógica: a ascensão dos precedentes no direito brasileiro*, p. 19.

331. DIDIER JR.; BRAGA; OLIVEIRA. *Curso de Direito Processual Civil: Teoria da Prova, Direito Probatório, Decisão, Precedente, Coisa Julgada e Tutela Provisória.*

332. MELLO, Patrícia Perrone Campos; BARROSO, Luís Roberto. *Trabalhando com uma nova lógica: a ascensão dos precedentes no direito brasileiro*, p. 20.

333. DIDIER JR.; BRAGA; OLIVEIRA. *Curso de Direito Processual Civil: Teoria da Prova, Direito Probatório, Decisão, Precedente, Coisa Julgada e Tutela Provisória.*

para outro tribunal (art. 105, III, "c", CR/88), requisito que pode ser atendido com a invocação de um único precedente. Outro exemplo diz respeito à admissibilidade do recurso extraordinário, que pressupõe a demonstração de repercussão geral, "que se configura sempre que a decisão recorrida contrariar súmula do STF, *precedente* do STF ou tese firmada no julgamento de casos repetitivos, bem como quando a decisão recorrida reconhecer a inconstitucionalidade de tratado ou lei federal".[334]

c) O *precedente rescindente ou deseficacizante* é aquele cujo efeito é a rescisão ou a retirada da eficácia de uma decisão judicial transitada em julgado. A título exemplificativo, cita-se o caso dos §§ 12, 13 e 14 do art. 525 e dos §§ 5º, 6º e 7º do art. 535: "reputam inexigível decisão judicial que se lastreie em lei ou em ato normativo tidos pelo STF como inconstitucional. Nesse caso, o precedente do STF deve ser anterior à decisão transitada em julgado para produzir o efeito de deseficacizar a decisão judicial. Se o precedente do STF for posterior ao trânsito em julgado, caberá ação rescisória (art. 966, V, e art. 525, §15, CPC), cujo prazo será contado da data do trânsito em julgado da decisão proferida pelo Supremo Tribunal Federal.".[335]

d) Finalmente, o *precedente que permite revisão de sentença* "pode autorizar a ação de revisão de coisa julgada que diga respeito a uma relação jurídica sucessiva (art. 505, I, CPC), como a relação jurídica tributária".[336] A título exemplificativo, cita-se que um precedente do STF poderia, a princípio, autorizar a revisão, *ex nunc*, da sentença que regulasse uma relação jurídica tributária.[337]

Para além da classificação tradicional acerca da *eficácia jurídica* dos precedentes acima oferecida, há que se ressaltar que existem também *graus de aderência não formais* aos precedentes, isto é, "uma vinculação cultural à argumentação e significados gerados pelos precedentes.".[338] É sob a égide desta virada institucional pós-positivista que se encontra a dicotomia entre os *superprecedentes* e os *miniprecedentes*.

7) Os **superprecedentes** são, em suma, precedentes que têm sua superação dificultada em razão de vinculação *jurídica* e *cultural*, consubstanciada pelas redes sociais, que sustentam seus argumentos e significados. Importa dizer que eles podem ser identificados a partir de algumas principais características, que serão a seguir abordadas.

Vale notar que os **superprecedentes** se aproximam da ideia de "metadecisões" defendida por Cass R. Sustein[339] na medida em que ao fazerem esforço para produ-

334. DIDIER JR.; BRAGA; OLIVEIRA. *Curso de Direito Processual Civil: Teoria da Prova, Direito Probatório, Decisão, Precedente, Coisa Julgada e Tutela Provisória*, p. 472, grifo nosso.
335. DIDIER JR.; BRAGA; OLIVEIRA. *Curso de Direito Processual Civil: Teoria da Prova, Direito Probatório, Decisão, Precedente, Coisa Julgada e Tutela Provisória*, p. 473.
336. DIDIER JR.; BRAGA; OLIVEIRA. *Curso de Direito Processual Civil: Teoria da Prova, Direito Probatório, Decisão, Precedente, Coisa Julgada e Tutela Provisória*, p. 473.
337. DIDIER JR.; BRAGA; OLIVEIRA. *Curso de Direito Processual Civil: Teoria da Prova, Direito Probatório, Decisão, Precedente, Coisa Julgada e Tutela Provisória*.
338. LEGALE, Siddharta. Superprecedentes. *Revista Direito GV*, São Paulo, v. 12, n. 3, set.-dez. 2016, p. 827.
339. Cf. SUSTEIN, Cass R.; ULLMANN-MARGALIT, Edna. *Second-order decisions*. Ethics, v. 110, 1999.

ção de regras, princípios, standards, presunções e rotinas (modelo *high*), se tornam guias que tendem a desonerar o fardo de decisões posteriores (modelo *low*). Em outras palavras, os superprecedentes, assim como as metadecisões, orientam futuras decisões, de tal forma que retiram o ônus argumentativo das instâncias inferiores que os sigam. Dessa maneira, os superprecedentes precisam, necessariamente, apresentar **conteúdo amplo**.

Assim, *a um*, são *amplos* e *imprecisos*, pois se assim não fossem, regulariam apenas casos extremamente semelhantes, reduzindo seu aspecto de aplicação e impossibilitando o esforço de orientar tomadas de decisões futuras.

A dois, os superprecedentes têm *efeito pacificador de disputas políticas, morais* e *sociais*. Ainda que definam as controvérsias jurídicas de forma clara, evitam ou reduzindo as disputas legais, os superprecedentes se tornam objetos de deliberações sociais, pelas quais eles são atacados ou reconhecidos como válidos, o que permite que gerem "uma eficácia global e uma segurança jurídica consistente sobre a decisão a ser tomada.".[340] Nesse sentido, há certa aproximação dos superprecedentes com o conceito de *hard cases* de Ronald Dworkin[341], na "medida que, quando adota esse conceito, o autor inclui decisões que resolvem questões moralmente controvertidas com base em argumentos de princípios (*principles*) e não de políticas (*policies*) [...] dentro de um pano de fundo que é uma teoria do direito compreendida como prática social interpretativa.".[342]

Entretanto, as considerações morais advindas das capacidades interpretativas de diversas instituições têm papel muito mais relevante nos superprecedentes do que nos *hard cases*, uma vez que aqueles são oriundos de disputas argumentativas entre diferentes grupos sociais que eventualmente pacificam a questão de forma a dificultar o *overruling*. Melhor explicando, Dworkin só admite considerações sobre princípios de justiça nas decisões dos *hard cases*, em razão de ignorar a falibilidade dos órgãos jurisdicionais (consistente com a ideia de "juiz-Hércules"[343]). Isso não ocorre nos superprecedentes. De fato, "nos superprecedentes encontram-se zonas de incertezas que abrem a tomada de decisão à influência dos argumentos também de política, decorrentes das disputas das redes sociais que fornecem apoio para sustentação dos precedentes ou resistência/contestação à normatividade dos mesmos.".[344]

Mais além, *a três*, possuem *vinculação jurídica* e *social* abarcada sob o contexto de uma *Constituição viva*[345], isto é, "considerando os casos imbricados com participação social e da discussão do ordenamento mais adequado para o corpo social.".[346]

---

340. LEGALE, Siddharta. *Superprecedentes*, p. 830.
341. Cf. DWORKIN, Ronald. *Levando os direitos a sério...*
342. LEGALE, Siddharta. *Superprecedentes*, p. 830, grifos do autor.
343. DWORKIN. *Império do Direito...*
344. LEGALE, Siddharta. *Superprecedentes*, p. 832.
345. Cf. ACKERMAN, Bruce. The Living Constitution. *Harvard Law Review*, v. 120, n. 7, mai. 2007.
346. LEGALE, Siddharta. *Superprecedentes*, p. 833.

Assim, os efeitos dos superprecedentes extrapolam a mera vinculação jurídica, considerando que seus argumentos não se limitam à arena judicial, mas também se espraiam para os terrenos da política e das relações sociais. Dessa maneira, a normatividade dos superprecedentes é sustentada não apenas pelo jurídico, mas também por uma *vinculação social*, notadamente por meio da utilização de *redes sociais*[347].

Finalmente, a quatro, os superprecedentes apresentam *difícil ou reduzida chance de superação (overruling)*. Isso porque a superação de um superprecedente implicaria na queda de uma significativa parte das normas e das interpretações vigentes, uma vez que sua formação só foi possível, em primeiro lugar, em razão da legitimidade popular e da forte influência exercida sobre os três ramos do governo nacional. Assim, a dificultada superação dos superprecedentes não se dá apenas pela unanimidade jurídica e social necessária à sua formação, mas também "pela dificuldade de se conseguir nos tribunais interpretações diversas (casos nos quais se tentará uma interpretação parcialmente divergente), bem como porque parte substancial da doutrina e da compreensão constitucional do ordenamento está baseada naquele entendimento expresso no precedente.".[348] O que se tem, portanto, são precedentes que se enraízam no ordenamento jurídico e na cultura constitucional, obstaculizando, quase que completamente, potenciais alterações.

Nesse sentido, os **superprecedentes** apresentariam semelhanças com a "reforma constitucional de fato", constante da linha de pensamento de Ackerman[349]. Isso porque, sem que tenha ocorrido mudança formal à Constituição (por meio de emendas constitucionais aprovadas pelo parlamento), altera-se profundamente a interpretação do diploma constitucional por meio da aprovação de um precedente. Sob essa égide estariam abarcadas a **ADF 132/RJ** e a **ADI 4.277/DF**, pelas quais mudou-se profundamente a interpretação do art. 226, § 5º, CR/88, permitindo sua percepção como uma norma geral inclusive que reconhece uniões homoafetivas como uniões estáveis sujeitas aos mesmos direitos das demais. Eis que se trata, portanto, "de uma reforma de fato do texto, que se explica não apenas por fatores institucionais ou sistemáticos da Constituição de 1988, mas também por meio de uma interpretação histórico evolutiva. As mudanças na cultura e nos costumes sociais exigem a implementação de um novo arranjo de tolerância entre as formas de afeto.".[350] Em outro giro, poderia ser pensada a aproximação dos superprecedentes com os *leading cases*, considerando que ambos se colocam como decisões referenciais para o ordenamento jurídico. Entretanto, a teor do que pontua Michael Sinclair[351], os superprecedentes iriam além, uma vez serem praticamente insuperáveis e em razão

347. Nesse sentido, "os casos *Lochner vs. New York* e *Dred Scott vs. Standford* não são superprecedentes, porque, embora sejam amplamente conhecidos, já que **não desfrutam mais de redes sociais que suportem a sua normatividade**.". Cf. LEGALE, Siddharta. *Superprecedentes*, p. 835, grifos do autor.

348. LEGALE, Siddharta. *Superprecedentes*, p. 833.

349. Cf. ACKERMAN, Bruce. *The Living Constitution...*

350. LEGALE, Siddharta. *Superprecedentes*, p. 834.

351. Cf. SINCLAIR, Michael. Precedent, superprecedent. *George Mason Law Review*, v. 14, n. 2, 2007.

do prestígio popular do qual desfrutam. É por esses motivos que a formação do superprecedente pressupõe uma mudança significativa na cultura sociojurídica de uma sociedade, a exemplo dos seguintes julgados norte-americanos: ***Marbury vs. Madison; Brown vs. Board of Education*** e; ***Roe vs. Wade***.

Por outro lado, os **miniprecedentes** (ou microprecedentes) dizem respeito a decisões "intuitivas, frágeis, estritas e fáceis de evitar".[352] Em outras palavras, há que se considerar que as Cortes Constitucionais não decidem apenas *leading cases*, de tal forma que os miniprecedentes são concernentes àquelas decisões cotidianas, desprovidas de reflexões jurídicas, morais ou filosóficas extremamente aprofundadas e com reduzido impacto para além do deslinde do próprio caso concreto (efeito *interpartes*).

5.4.5. Deveres Gerais dos Tribunais relacionados aos precedentes

Diante de todo o exposto, necessário notar que os artigos 926-928 do novo CPC impõem uma nova abordagem do direito jurisprudencial no Brasil, a fim de adequá-la aos pressupostos teóricos da hermenêutica constitucional e da nova tradição jurídica na qual se aproxima.

Aqui ressaltamos o art. 926, com a seguinte redação: *"Os tribunais devem uniformizar sua jurisprudência e mantê-la estável, íntegra e coerente."*. Acerca desses deveres prelecionados pelo art. 926, necessário tecermos algumas observações.

O **dever de uniformizar a jurisprudência** diz respeito ao dever do Tribunal de resolver divergência interna, entre seus órgãos fracionários, quanto à mesma questão jurídica. É desdobramento desse dever o art. 926, § 1º, CPC, que determina o dever dos Tribunais de sintetizar sua jurisprudência dominante, sumulando-a.

Vale mencionar que esse dever é condicionado ao cumprimento do que preleciona o art. 926, § 2º, CPC, de tal forma que "ao editar enunciados de súmula, os tribunais devem ater-se às circunstâncias fáticas dos precedentes que motivaram sua criação". Isso para que se mantenha a fidelidade do Tribunal à base fática que originou aquele enunciado, de tal forma que não se tenha enunciados de súmulas criados de forma abstrata.

Com base no **dever de manter a jurisprudência estável**, entende-se que qualquer mudança no posicionamento (superação; *overruling*) deve ser devidamente justificada, "além de ter sua eficácia modulada em respeito à segurança jurídica (dever de estabilidade)."[353] Nesse sentido, ressalta-se o princípio da "inércia argumentativa", que, visando a preservação do *status quo*, se coloca como norma que:

- Estabelece a necessidade de forte carga argumentativa para aquele que pretenda afastar a aplicação do precedente, exigindo-se, para além da

352. LEGALE, Siddharta. *Superprecedentes*, p. 835.
353. DIDIER JR.; BRAGA; OLIVEIRA. *Curso de Direito Processual Civil: Teoria da Prova, Direito Probatório, Decisão, Precedente, Coisa Julgada e Tutela Provisória*, p. 488.

fundamentação ordinária nos termos do art. 489, caput e § 1º, CPC, fundamentação qualificada que justifique o *overruling* ou o *distinguishing*, de acordo com o art. 489, § 1º, VI, CPC;

- Estabelece a possibilidade de carga argumentativa mais fraca para aquele que pretende aplicar o precedente a caso semelhante, não obstante seja necessário a identificação dos fundamentos determinantes e a demonstração de que o caso em comento se ajusta a esses fundamentos, nos termos do art. 489, § 1º, V, CPC.

Vale mencionar que a inércia argumentativa, não obstante prevista infraconstitucionalmente, "encontra-se implicitamente consagrada na Constituição como exigência de uniformidade jurisprudencial que garanta: i) igualdade de tratamento para casos afins (art. 5º, caput, CF); ii) motivação adequada tanto para a decisão que aplica como para aquela que afasta o precedente (art. 93, IX, CF) e; iii) contraditório, que pressupõe o direito de conhecer essa motivação para questioná-la por meios de impugnação cabíveis (art. 5º, LV, CF).".[354]

O art. 926, CPC, atribui aos Tribunais **os deveres de manter íntegras e coerentes** as suas respectivas jurisprudências. Buscando interpretar esse dispositivo a partir do reconhecimento de que se trata de enunciado normativo – e não doutrinário –[355] são identificadas as seguintes premissas: i) o problema relacionado à interpretação da coerência e da integridade não mais é abarcado apenas pelo campo filosófico, sendo também dogmático; ii) existem dois deveres distintos prelecionados pelo art. 926, CPC, não obstante eles formem uma amálgama, de tal forma que há dificuldade de se compreender um sem o outro; iii) não obstante sejam deveres distintos, uma determinada conduta devida por um Tribunal pode decorrer de ambos os deveres; iv) ambos os deveres têm como finalidade a consistência da jurisprudência produzida pelo Tribunal; v) a condição mínima para que se possa considerar uma jurisprudência como íntegra e coerente é estar ela lastreada em precedentes bem fundamentados (art. 489, § 1º e art. 927, § 1º, CPC); vi) os deveres em questão tratam-se de postulados hermenêuticos, cuja utilização é necessária ao desenvolvimento judicial do direito; vii) a coerência e a integridade são pressupostos para que a jurisprudência possa ser legitimamente universalizada; viii) a verificação da coerência e da integridade deve ser realizada a partir de certos critérios.

O **dever de coerência** deve ser concretizado nas dimensões formal e substancial, sendo a primeira ligada à ideia de não contradição e a segunda à de conexão positiva de sentido. Além disso, a exigência de coerência produz efeitos nas dimensões interna e externa. A dimensão interna diz respeito à construção do próprio

354. DIDIER JR.; BRAGA; OLIVEIRA. *Curso de Direito Processual Civil: Teoria da Prova, Direito Probatório, Decisão, Precedente, Coisa Julgada e Tutela Provisória*, p. 488.
355. DIDIER JR.; BRAGA; OLIVEIRA. *Curso de Direito Processual Civil: Teoria da Prova, Direito Probatório, Decisão, Precedente, Coisa Julgada e Tutela Provisória*, p. 490-492.

precedente e, portanto, ao dever de fundamentação. Por outro lado, a dimensão externa diz respeito às decisões anteriores e à linha evolutiva do desenvolvimento da jurisprudência do Tribunal, de tal forma que as distinções entre os casos sejam realizadas de forma coerente. Nesse sentido, a coerência externa impõe o dever de autorreferência, isto é, o dever de dialogar com os precedentes anteriores, haja vista que "o respeito aos precedentes envolve o ato de segui-los, distingui-los ou revogá-los, jamais ignorá-los.".[356]

No que diz respeito aos critérios de constatação da coerência do precedente judicial e, por conseguinte, da jurisprudência, destaca-se:

- Conformidade com o repertório conceitual da Teoria Geral do Direito e da Dogmática Jurídica, considerando que a Teoria Geral do Direito e a Dogmática Jurídica têm função bloqueadora, porque aquela estabelece o compêndio dos conceitos jurídicos fundamentais e esta estabelece o compêndio dos conceitos jurídico-positivos a partir da institucionalização da tradição jurídica.
- Recondução a uma mesma norma superior: a coerência entre duas normas, no sentido de uma relação de justificação entre essas normas, também pode ser averiguada se ambas podem ser justificadas com base em um mesmo princípio ou conjunto de princípios que estejam hierarquicamente em nível superior.
- Conformidade com a regra que impõe requisitos para a congruência interna da decisão, isto é, o precedente precisa ser certo, claro e coerente.

O **dever de integridade**, por sua vez, se relaciona com a ideia de unidade do Direito, de tal forma que sua observância exige a adoção de certas posturas pelo Tribunal, sendo algumas delas: i) decidir em conformidade com o Direito, de tal forma que se impeça o voluntarismo judicial e argumentações arbitrárias; ii) decidir em respeito à Constituição, como fundamento normativo de todo o ordenamento, de tal forma que se concretize o postulado da hierarquia; iii) compreender o Direito como um sistema de normas, concretizando, pois, o postulado da unidade do ordenamento jurídico; iv) observar as relações íntimas e necessárias entre o direito processual e o direito material; v) enfrentar, na formação do precedente, todos os argumentos favoráveis e contrários à tese jurídica discutida, questão consagrada pelo art. 984, § 2º e pelo art. 1.038, § 3º, CPC; VI) observar, na aplicação dos precedentes, as técnicas de distinção e superação, sempre que necessário para adequação do entendimento à interpretação contemporânea do ordenamento jurídico.[357]

---

356. DIDIER JR.; BRAGA; OLIVEIRA. *Curso de Direito Processual Civil: Teoria da Prova, Direito Probatório, Decisão, Precedente, Coisa Julgada e Tutela Provisória*, p. 493.
357. DIDIER JR.; BRAGA; OLIVEIRA. *Curso de Direito Processual Civil: Teoria da Prova, Direito Probatório, Decisão, Precedente, Coisa Julgada e Tutela Provisória*, p. 497.

5.4.5.1. *Algumas Reflexões Críticas*

Considerando o acima exposto, entende-se que o art. 926, CPC/2015, indica a tônica da aplicação do novo direito jurisprudencial, em que qualquer interpretação do precedente deve, necessariamente, passar por uma leitura construtiva que promova a história institucional na qual ele está inserido. Conforme afirma Ronald Dworkin, os membros de uma comunidade desenvolvem uma complexa atitude chamada de atitude interpretativa, compartilhando práticas e tradições e as interpretando, a fim de aplicá-las aos casos concretos. O direito, nesse contexto, seria mais um dos conceitos interpretativos de uma comunidade, exigindo do seu leitor um olhar voltado para a prática social. Seu significado só pode ser compreendido enquanto um empreendimento coletivo, em que o argumento moral se coloca como ingrediente essencial do argumento jurídico, a partir da premissa de que o direito é uma justificação moral para coerção do Estado, impondo a este o dever de tratar seus cidadãos com igual consideração e respeito.[358]

O artigo 926 do novo CPC, portanto, traz, explicitamente, a necessidade de se enquadrar a aplicação dos precedentes a esses pressupostos da *teoria dworkiana*, eliminando a ideia de subsunção mecânica até então praticada pelos tribunais brasileiros. Trata-se de levar os fundamentos que estão na base da jurisprudência a sério, reconstruindo essa formação no momento de aplicação ao caso concreto, demonstrando como a hipótese se encaixa ***íntegra e coerentemente***. O próprio parágrafo 2º do referido artigo reforça essa noção, afirmando que *"ao editar enunciados de súmula, os tribunais devem ater-se às circunstâncias fáticas dos precedentes que motivaram sua criação"*.[359] No mesmo sentido, é importante ressaltar o artigo 489, § 1º, incisos V e VI, que disciplina que a fundamentação de decisão apoiada em precedente deve *"identificar seus fundamentos determinantes e demonstrar que o caso sob julgamento se ajusta àqueles fundamentos"* ou, ainda, *"demonstrar a existência de distinção no caso em julgamento ou a superação do entendimento"*. Temos, respectivamente, a clarificação dos institutos da *distinguishing* e do *overruling*, que denotam a importância de se aplicar o precedente pelo exercício da comparação.

Esses exemplos, reforçam a ideia de que o novo CPC *reinventa* a postura do juiz, impondo uma ação responsável e argumentativamente adequada ao paradigma do Estado Democrático de Direito.[360] Com isso, temos que o magistrado, agora, se encaixa num projeto comum de sociedade, que exige de todas as esferas do poder público uma integridade de ação legitimada, em última análise, pela comunidade de princípios compartilhados. A comunidade política só é verdadeira quando dá aos seus membros condições de participação moral baseadas na ideia de *igual consideração e respeito a todos*. Dessa forma, é dada a devida importância às consequências da decisão para a vida de um indivíduo da mesma maneira que é dada para

358. JUNIOR, NUNES, BAHIA, PEDRON. *Novo CPC – Fundamentos e Sistematização*, p. 351-356, 2015.
359. JUNIOR, NUNES, BAHIA, PEDRON. *Novo CPC – Fundamentos e Sistematização*, p. 351-356, 2015.
360. JUNIOR, NUNES, BAHIA, PEDRON. *Novo CPC – Fundamentos e Sistematização*, p. 356-357, 2015.

as demais pessoas. Portanto, percebe-se que o novo CPC assume, na **aplicação do precedente**, o ***ideal da integridade***, exigindo que a *"coerência interpretativa"* atravesse toda a prática jurídica.[361]

5.4.6. A dinâmica da aplicação dos precedentes

É importante notar que a regra de **motivação das decisões judiciais** (art. 93, IX, CR/88) precisa ser redimensionada, à luz do uso dos precedentes, em termos de atribuição de importância da motivação de uma decisão. Esta questão tem duas implicações práticas. Por um lado, considerando as eficácias atribuídas aos precedentes, deve-se exigir maior qualidade na fundamentação dos atos decisórios, de tal forma que se passe a exigir "que a decisão judicial identifique exatamente as questões de fato que se reputaram como essenciais aos deslinde da causa e delineie, também na forma explícita, a tese jurídica adotada para a sua análise e para se chegar à conclusão exposta na parte dispositiva.".[362] Por outro lado, no entanto, é também necessário que o órgão jurisdicional avalie explicitamente a pertinência da aplicação de um precedente, ao aplicá-lo ou deixar de fazê-lo. Na realidade, o próprio diploma processual civil deixou explícito que decisão (seja ela interlocutória, sentença ou acórdão) que se limite "a invocar precedente ou enunciado de súmula, sem identificar seus fundamentos determinantes nem demonstrar que o caso sob julgamento se ajusta àqueles fundamentos" (art. 489, § 1º, V, CPC/2015) não será considerada devidamente fundamentada[363], assim como não o será a decisão que "deixar de seguir enunciado de súmula, jurisprudência ou precedente invocado pela parte, sem demonstrar a existência de distinção no caso em julgamento ou a superação do entendimento" (art. 489, § 1º, VI, CPC/2015).

Dessa forma, ao contrário do que se poderia pensar, "não há aplicação mecânica ou subsuntiva na solução dos casos mediante a utilização do precedente judicial."[364], mas sim uma aplicação de caráter hermenêutico, em razão de dois principais pontos. Primeiramente porque o precedente, por não poder ser capturado e limitado por um texto ou súmula (sob pena de deixar de ser *ratio decidendi*), não é articulado com textos pré-definidos ("o direito não cabe no precedente"). Em segundo lugar, há a imperativa individualização do caso à luz de seus elementos fáticos, "o que torna necessária a demonstração da singularidade de cada caso, para que se evidencie a possibilidade ou não de submetê-lo à solução por precedentes.".[365] Para que o magistrado o faça devidamente, portanto, devem ser utiliza-

361. JUNIOR, NUNES, BAHIA, PEDRON. *Novo CPC – Fundamentos e Sistematização*, p. 351-361, 2015.
362. DIDIER JR.; BRAGA; OLIVEIRA. *Curso de Direito Processual Civil: Teoria da Prova, Direito Probatório, Decisão, Precedente, Coisa Julgada e Tutela Provisória*, p. 484.
363. LOPES FILHO, Juraci Mourão. *Os Precedentes Judiciais no Constitucionalismo Brasileiro Contemporâneo*. Salvador: Juspodivm, 2016, 2ª ed.
364. STRECK, Lenio Luiz; ABBOUD, Georges. *O que é isto – o sistema (sic) de precedentes no CPC?*, p. 1.
365. STRECK, Lenio Luiz; ABBOUD, Georges. *O que é isto – o sistema (sic) de precedentes no CPC?*, p. 1.

das duas técnicas: o *distinguishing*, em um primeiro momento, e o *overruling*, em um segundo momento e caso necessário.

5.4.6.1. Técnica de confronto, interpretação e aplicação do precedente: distinguishing

A adequada aplicação de precedentes para a solução de novas demandas implica, primeiramente, em verificar se o caso concreto em questão guarda relação com os precedentes, o fazendo a partir de um método comparativo[366]. Nessa comparação devem ser considerados quatro principais elementos, a saber: i) os fatos relevantes do caso concreto e do caso paradigma que originou o precedente; ii) as normas incidentes sobre os fatos em questão; iii) as questões de direito suscitadas e; iv) os fundamentos que orientaram a formação do precedente.[367]

A partir da análise comparativa desses elementos, verifica-se que se houver aproximação entre os casos, então passa-se à análise da *ratio decidedi* firmada nas decisões proferidas nas demandas anteriores. Quando, no entanto, houver distinção entre o caso concreto que está sendo julgado e o paradigma, fala-se em *distinguishing*, sendo que isso pode ocorrer porque não há coincidência entre os fatos do caso em julgamento e o caso no qual foi proferida a *ratio* ou porque, não obstante haja alguma similitude entre eles, há alguma peculiaridade no caso em julgamento que acaba por afastar a aplicação do precedente.

Diante do exposto, entende-se que o termo *distinguishing* pode ser utilizado em duas acepções:

a) *distinguishing*-método, que diz respeito ao método de comparação entre o caso concreto em julgamento e o paradigma, conforme art. 489, § 1º, V e 927, § 1º, CPC e;

b) *distinguishing*-resultado, para designer o resultado desse confronto, nos casos em que se conclui haver alguma diferença entre eles.

Se for averiguado o *distinguishing*-resultado, pode-se optar por um dos dois caminhos: i) dar à *ratio decidendi* interpretação restritiva, ficando, pois, livre para julgar o caso, sem vinculação ao precedente, nos termos do art. 489, § 1º, VI e 927, § 1º, CPC ou; ii) estender ao caso em julgamento a solução dada aos casos anteriores, entendendo que não obstante as peculiaridades jurídicas, aquela tese

366. Importante salientar que o ***distinguishing*** se impõe na aplicação de qualquer precedente, haja vista que o direito à distinção é um corolário do princípio da igualdade. Ademais, essa questão demonstra que não há que se falar que o juiz se torna um autômato sem qualquer outra opção senão a de aplicar o precedente: ora, "assim como o juiz precisa interpretar a lei para verificar se os fatos concretos se conformam à sua hipótese normativa, cumpre-lhe também interpretar o precedente para verificar a adequação da situação concreta à sua *ratio decidendi* (art. 489, § 1º, V e art. 927, § 1º, CPC).". Cf. DIDIER JR.; BRAGA; OLIVEIRA. *Curso de Direito Processual Civil: Teoria da Prova, Direito Probatório, Decisão, Precedente, Coisa Julgada e Tutela Provisória*, p. 506.

367. MELLO, Patrícia Perrone Campos; BARROSO, Luís Roberto. *Trabalhando com uma nova lógica: a ascensão dos precedentes no direito brasileiro*.

jurídica lhe é aplicável (*ampliative distinguishing*), nos moldes do art. 489, § 1º, V e 927, § 1º, CPC.

5.4.6.2. *Overruling*

Overruling é a técnica por meio da qual um precedente perde sua força vinculante e é, portanto, substituído (*overruled*) por outro precedente, sendo que isso pode ocorrer de **forma expressa** (*express overruling*), quando um tribunal expressamente opta por adotar nova orientação em desfavor da anterior ou de **forma tácita ou implícita** (*implied overruling*), que ocorre quando não há expressa substituição da orientação anterior, não obstante adote-se novo posicionamento[368].

O *overruling* de qualquer precedente vinculante deverá advir de decisão devidamente fundamentada, devendo ser ela "adequada e específica", em observância aos princípios da proteção da confiança e da isonomia (art. 927, § 4º, CPC). Por esse motivo, entende-se que "a decisão que implicar *overruling* exige como pressuposto uma carga de motivação maior, que traga argumentos até então não suscitados e a justificação complementar da necessidade de superação do precedente.".[369]

Tendo em mente que, via de regra, a eficácia temporal do precedente é retroativa e considerando que a revogação de um precedente não pode ser equiparada à revogação de uma lei por outra, entende-se que a revogação prospectiva de precedente exige uma fundamentação justificada para tanto, "tornando-se mais um elemento que imponha a estabilidade à jurisprudência.".[370] Há que se considerar, nesse sentido, que "a fixação da revogação com regra prospectiva acabaria por facilitar ainda mais o *overruling* de precedentes, especialmente no Brasil, em que um dos desafios do *stare decisis* é a estabilização do posicionamento dos tribunais superiores.".[371]

Vale mencionar que "cabe ao tribunal, com base no princípio da razoabilidade, modular os efeitos da decisão que altera um posicionamento consolidado na Corte"[372], considerando que a regularidade da jurisprudência gera consequências no plano fenomenológico. Nesse sentido, preleciona o art. 927, § 3º, CPC, acerca da "possibilidade de *modulação dos efeitos* de decisão que altera a jurisprudência dominante dos tribunais superiores – o que deve se estender, obviamente, àquela que tenha sido sumulada, bem como do precedente oriundo do *julgamento de casos*

---

368. Fundamental salientar que o *implied overruling*, assim como a chamada *transformation*, não é admitido pelo direito brasileiro, haja vista que toda superação de orientação jurisprudencial deve ser adequadamente fundamentada (art. 927, § 4º, CPC).
369. DIDIER JR.; BRAGA; OLIVEIRA. *Curso de Direito Processual Civil: Teoria da Prova, Direito Probatório, Decisão, Precedente, Coisa Julgada e Tutela Provisória*, p. 510.
370. DIDIER JR.; BRAGA; OLIVEIRA. *Curso de Direito Processual Civil: Teoria da Prova, Direito Probatório, Decisão, Precedente, Coisa Julgada e Tutela Provisória*, p. 513.
371. DIDIER JR.; BRAGA; OLIVEIRA. *Curso de Direito Processual Civil: Teoria da Prova, Direito Probatório, Decisão, Precedente, Coisa Julgada e Tutela Provisória*, p. 513, grifo dos autores.
372. DIDIER JR.; BRAGA; OLIVEIRA. *Curso de Direito Processual Civil: Teoria da Prova, Direito Probatório, Decisão, Precedente, Coisa Julgada e Tutela Provisória*, p. 514.

repetitivos e de *assunção de competência*, em nome da proteção do interesse social e da segurança jurídica.".[373]

Estabelecida tal questão, há que se ressaltar que existem diversas modalidades de eficácia temporal na revogação de precedentes, sendo elas: i) aplicação retroativa pura, em que o novo entendimento abarca todos os casos passados, inclusive aqueles transitados em julgado; ii) aplicação retroativa clássica, na qual aplica-se aos fatos ocorridos antes da formação do novo precedente, exceto àqueles já transitados em julgado; iii) aplicação prospectiva pura, que ocorre quando o precedente é aplicado somente aos casos futuros, excluindo de sua aplicação as partes do caso no qual foi estabelecido; iv) aplicação prospectiva clássica, na qual aplica-se o novo precedente aos fatos futuros, neles incluídos a questão relativa às partes do caso e; v) aplicação prospectiva a termo, em que o tribunal fixa uma data ou condição para a eficácia do precedente.

Importante salientar que há, ainda, uma técnica preparatória para a revogação de precedentes, chamada sinalização (*signaling*): "por meio dela, o tribunal, percebendo a desatualização de um precedente, anuncia que poderá modificá-lo, fazendo com que ele se torne incapaz de servir como base para a confiança dos jurisdicionados.".[374] Uma das utilidades dessa técnica é a de servir à moldagem da eficácia temporal quando o precedente for efetivamente revogado[375].

Necessárias algumas observações finais quanto ao *overruling*:

a) O *overruling* pode ser difuso ou concentrado. O *overruling* difuso pode se dar em qualquer processo que permita a superação do precedente anterior. Por outro lado, o *overruling* concentrado é instaurado em um procedimento autônomo, tendo por objetivo a revisão de um entendimento até então consolidado, sendo esse o caso do pedido de revisão ou cancelamento de súmula vinculante (art. 3º da Lei n. 11.417/2006) e do pedido de revisão da tese firmada em incidente de resolução de demandas repetitivas (art. 986, CPC).

b) Entende-se que "há 'superação antecipada' (*antecipatory overruling*), espécie de não aplicação preventiva, por órgãos inferiores, do precedente firmado por Corte superior, nos casos em que esta última, embora sem dizê-lo expressamente, indica uma alteração no seu posicionamento quanto a precedente outrora firmado.".[376] Considerando que não diz respeito a mera discordância quanto ao mérito

---

373. DIDIER JR.; BRAGA; OLIVEIRA. *Curso de Direito Processual Civil: Teoria da Prova, Direito Probatório, Decisão, Precedente, Coisa Julgada e Tutela Provisória*, p. 516, grifo dos autores.

374. DIDIER JR.; BRAGA; OLIVEIRA. *Curso de Direito Processual Civil: Teoria da Prova, Direito Probatório, Decisão, Precedente, Coisa Julgada e Tutela Provisória*, p. 519.

375. Vide enunciado n. 320 do Fórum Permanente de Processualistas Civis: "Os tribunais poderão sinalizar aos jurisdicionados sobre a possibilidade de mudança de entendimento da corte, com a eventual superação ou criação de exceções ao precedente para casos futuros.".

376. DIDIER JR.; BRAGA; OLIVEIRA. *Curso de Direito Processual Civil: Teoria da Prova, Direito Probatório, Decisão, Precedente, Coisa Julgada e Tutela Provisória*, p. 520.

de um precedente e que se deixa de aplicar precedente ainda válido, "trata-se de uma espécie de exercício de previsibilidade exercido pelos tribunais inferiores e pelos juízes monocráticos.".[377]

c) O *overruling* se distingue do *overriding* porque há este último "quando o tribunal apenas limita o âmbito de incidência de um precedente, em função da superveniência de uma regra ou princípio legal". Dessa forma, no *overriding* não há que se falar em superação total do precedente, sendo, pois, uma espécie de revogação parcial. Isso porque não se altera a *ratio decidendi* (*overruling*), mas apenas reduz as hipóteses fáticas da incidência do precedente (*overriding*).

d) Importante salientar que o dever de estabilidade da jurisprudência não é contrário à alteração do entendimento do tribunal, haja vista que impede, tão somente, a alteração *injustificada* desse entendimento. Com isso em mente, entende-se que a técnica de superação que deve ser aplicável à alteração de precedente, jurisprudência e enunciado de súmula, via de regra, é a que consta no art. 927, §§ 2º a 4º, CPC, não obstante existam também outras regras, como: processo para revisão ou cancelamento de súmulas vinculantes, que tem previsão no art. 103-A, § 2º, da CR/88, na Lei n. 11.417/2006 e no RI do STF.

5.4.7. Algumas considerações críticas quanto à teoria dos precedentes no novo CPC/2015

O jurista **Lenio Luiz Streck**, em ensaios publicados em 2016, levantou uma série de questionamentos e críticas à forma como se tem encarado os precedentes no bojo do CPC/2015. Para o autor, existem três principais questões, a saber: i) o problema metodológico da teoria dos precedentes no que tange à cisão entre interpretação e aplicação; ii) o equívoco de se pensar que a força vinculante do precedente está na sua razão da autoridade e não pela qualidade das suas razões somada à equivocada recepção do *stare decisis* no sentido de que o precedente nasce para vincular, ao invés de vincular contingencialmente e (3) a demonstração de que o dever de coerência e de integridade não significa a incorporação irrefletida de uma "teoria dos precedentes".[378]

No que tange à **primeira colocação**, o autor coloca que "face à ausência de racionalidade na aplicação das leis, parcela de processualistas passaram a defender a tese de que o novo CPC se abriu para a *commonlização* do direito. E, para tanto, entendem que devem haver Cortes de Precedentes que façam teses, que se tornam vinculantes para o restante do sistema.".[379] Assim, essa parcela da doutrina veria a

377. DIDIER JR.; BRAGA; OLIVEIRA. *Curso de Direito Processual Civil: Teoria da Prova, Direito Probatório, Decisão, Precedente, Coisa Julgada e Tutela Provisória*, p. 520.

378. STRECK, Lenio Luiz. Por que os commonlistas brasileiros querem proibir juízes de interpretar? *Revista Consultor Jurídico*, set. 2016. Disponível em: < http://www.conjur.com.br/2016-set-22/senso-incomum-commonlistas-brasileiros-proibir-juizes-interpretar>. Acesso em jan. 2017.

379. STRECK, Lenio Luiz. Por que commonlistas brasileiros querem proibir juízes de interpretar? *Revista Consultor Jurídico* [Domínio Eletrônico], set. 2016. Disponível em: http://www.conjur.com.br/2016-set-22/senso-incomum-commonlistas-brasileiros-proibir-juizes-interpretar. Acesso em jan. 2017.

solução para o problema da aplicação do direito na delegação ao STF e ao STJ de fixação de teses, que se tornariam precedentes em razão da autoridade (e não do conteúdo).[380] Para Lenio Luiz, isso se mostra de forma problemática em razão de diversos pontos:

- Em primeiro lugar porque esse pensamento, de cunho utilitarista, colocaria a utilidade acima da Constituição, de tal forma que "a constitucionalidade cede terreno para funcionalidade"[381]. Por conseguinte, ter-se-ia, no Brasil, a aceitação funcional de um sistema inconstitucional em razão da inversão da disposição dos poderes no que tange à legitimidade de produção do direito.[382]
- Mais além, à luz das teses "precedentalistas", haveria uma restrição do conceito de interpretação, como forma de criação e atribuição de sentido, às cortes de vértice, de tal forma que elas criaram "material normativo novo, fixando uma dentre as possíveis interpretações possíveis do material jurídico básico"[383] e aos demais (juízes e tribunais inferiores) ficaria relegada a tarefa de adotar "o precedente (o ponto final de alguma controvérsia interpretativa) como já integrantes desse material normativo básico, explorando seus novos sentidos possíveis, com uma dupla missão: manter a unidade do direito e fazer "justiça", dentro das balizas normativas.".[384] Essa questão, a que chama de tese da convencionalidade, se mostraria de forma perigosa ao Estado democrático de Direito, uma vez que a presunção de veracidade dos precedentes em razão de sua autoridade teria como consequência a atribuição de excessivo poder ao Judiciário, notadamente em um sistema que ainda não tem mecanismos de controle da qualidade dessas decisões.[385]

Um **segundo ponto** importante criticado por Streck diz respeito à excessiva importância que parece ter sido atribuída aos precedentes com eficácia vinculante. Para o jurista, "no Brasil, o apego ao efeito vinculante virou um fetiche. Atualmente, já se atribuiu à súmula vinculante *status* superior ao da legislação e, com o CPC, estende-se essa 'supremacia' a grande parcela das decisões dos tribunais superiores, ainda que historicamente haja uma confirmação de atuação, voluntarista, ativista e discricionária em boa (ou má) parte das manifestações dos tribunais superiores.".[386] Para Lenio Streck, esse cenário tem duas importantes consequências.

380. STRECK, Lenio Luiz. *Por que commonlistas brasileiros querem proibir juízes de interpretar?...*
381. STRECK, Lenio Luiz. *Por que commonlistas brasileiros querem proibir juízes de interpretar?...*
382. STRECK, Lenio Luiz. *Por que commonlistas brasileiros querem proibir juízes de interpretar?...*
383. STRECK, Lenio Luiz. Crítica às teses que defendem o sistema de precedentes – Parte II. *Revista Consultor Jurídico* [Domínio Eletrônico], set. 2016. Disponível em: < http://www.conjur.com.br/2016-set-29/senso-incomum-critica-teses-defendem-sistema-precedentes-parte-ii>. Acesso em jan. 2017.
384. STRECK, Lenio Luiz. *Crítica às teses que defendem o sistema de precedentes – Parte II...*
385. STRECK, Lenio Luiz. *Crítica às teses que defendem o sistema de precedentes – Parte II...*
386. Cf. STRECK, Lenio Luiz; ABBOUD, Georges. *O que é isto – o sistema (sic) de precedentes no CPC?...*

A um, que ao ser atribuído aos precedentes obrigatórios *status* superior ao da legislação, ocorreria um aumento excessivo do Poder Judiciário, inclusive abrindo margens para discricionariedades, o que acabaria por suprimir direitos.[387] De fato, esse excessivo apego à autoridade do precedente, que representaria uma distorção ao sistema que teria sido inspirado no *common law*[388], teria como consequência o seguinte problema: "se o Direito é o que o Judiciário, por suas cortes de vértice, disser que é, a quem reclamar?".[389] Importa dizer, ainda, que o problema agravado frente uma doutrina brasileira cuja boa parte de sua representação concorda com essa "*precedentalização* do Direito e com a mudança do papel de nossos tribunais superiores, o que, se ocorrer, dar-se-á ao arrepio de nosso arranjo constitucional"[390], considerando que somente a Constituição pode outorgar competências para os Poderes. A dois, a substituição irrefletida da lei e da Constituição por "precedentes" teria como consequência a perda de sentido do precedente, na medida em que "o precedente acaba servindo para tudo e, ao mesmo tempo, não significa nada!".[391]

Esses problemas evidenciariam o equívoco de se atribuir a mencionada força vinculante aos precedentes. Nesse sentido, importa dizer que o precedente não tem força *formalmente* vinculante nos países que têm o *common law* como sistema, de tal forma que também não deveriam ter essa força os precedentes no *civil law*. Na realidade, a aplicação dos precedentes deveria ter caráter eminentemente *argumentativo*, o que seria ainda corroborado pela escolha de palavras do legislador processual civil – o CPC/2015 fala que os juízes e tribunais "observarão" os precedentes e não que serão "vinculados" a eles.[392] Ademais, sustenta o autor que é justamente porque os precedentes, no Brasil, têm sua força atrelada à sua autoridade (e não à qualidade de seu conteúdo) que se torna necessária a atribuição de efeito vinculante pela via legislativa – o que, conforme mencionado acima, não ocorre nos países nos quais os precedentes fazem parte da cultura jurídica.[393]

---

387. STRECK, Lenio Luiz; ABBOUD, Georges. *O que é isto – o sistema (sic) de precedentes no CPC?...*
388. Sobre essa questão: "Falei do acórdão do RE 655.265, no qual o STF fez constar que o artigo 926 introduziu uma vinculação ao estilo *stare decisis*; o STF disse também que o CPC estabeleceu um sistema de precedentes vinculantes e que a corte de vértice está vinculada aos próprios precedentes e, ao final, estabelece uma "tese" com pretensão generalizante (ver crítica minha e de Bruno Torrano aqui). Afinal: qual é a relação de um *stare decisis* com um sistema de precedentes à brasileira e a elaboração de "teses" vinculantes? O precedente é a tese? A tese é o precedente? Insisto em dizer que no *common law* isso não ocorre e não é assim.". Cf. STRECK, Lenio Luiz. Crítica às teses que defendem o sistema de precedentes – Parte II. *Revista Consultor Jurídico* [Domínio Eletrônico], set. 2016. Disponível em: < http://www.conjur.com.br/2016-set-29/senso-incomum-critica-teses-defendem-sistema-precedentes-parte-ii>. Acesso em jan. 2017.
389. STRECK, Lenio Luiz. *Crítica às teses que defendem o sistema de precedentes – Parte II...*
390. STRECK, Lenio Luiz. *Crítica às teses que defendem o sistema de precedentes – Parte II...*
391. STRECK, Lenio Luiz. Precedentes? Decisão de 4 linhas do STF contém três violações ao CPC. Revista Consultor Jurídico, 10 nov. 2016. Disponível em: < http://www.conjur.com.br/2016-nov-10/senso-incomum-precedentes-decisao-linhas-stf-contem-tres-violacoes-cpc>. Acesso em jan. 2017.
392. STRECK, Lenio Luiz. *Crítica às teses que defendem o sistema de precedentes – Parte II...*
393. STRECK, Lenio Luiz. Uma tese política à procura de uma teoria do direito: precedentes III. *Revista Consultor Jurídico*, out. 2016.

Finalmente, no que tange à **terceira colocação**, sustenta Streck que a implementação do chamado "sistema" de precedentes poderia ser disfuncional à luz do próprio dispositivo que o legitima – o art. 926, CPC/2015. Isso porque os "precedentalistas" estariam justificando tal "sistema" com base na preocupação com a eficiência e com a funcionalidade, o que evidenciaria o afastamento da teoria do direito pela teoria política. Com base em Dworkin, afirma, ainda, a necessidade das decisões judiciais serem embasadas somente em argumentos de princípios (e não de política), razão pela qual o "sistema" dos "precedentalistas" seria disfuncional, considerando que "vender a ideia de que um sistema tenha de ser simplesmente funcional e eficiente e que não importa de onde venha a decisão, significa, para mim e parte da doutrina que me acompanha, *jogar por terra as conquistas do Estado Democrático e a própria autonomia do direito* (ou seu grau elevado de autonomia).".[394]

Por conseguinte, pareceria existir, para Streck, uma troca da *integridade do direito* e da *coerência* pela eficiência e pela utilidade, na medida em que se estaria optando por uma *efetividade quantitativa* em detrimento de uma *qualitativa* – na qual as decisões seriam bem fundamentadas e acabariam por reduzir o número de recursos, desestimulando-os ao invés de negando-os. De fato, "cumprir à risca o artigo 489 e o artigo 926 oferta, pelo conteúdo, às decisões dos tribunais a função de estabilização de expectativas e a integridade que se almeja. *Contrário sensu*, o modo como os tribunais agem (com decisões superficiais e padronizadas) induz a recorribilidade e aumentam vertiginosamente o trabalho destes tribunais.".[395]

5.5. Superior Tribunal de Justiça

Segundo ditame constitucional, o Superior Tribunal de Justiça compõe-se de, no mínimo, 33 (trinta e três) Ministros. Os Ministros do Superior Tribunal de Justiça serão nomeados pelo Presidente da República, dentre os brasileiros com mais de 35 (trinta e cinco) e menos de 65 (sessenta e cinco) anos, de notável saber jurídico e reputação ilibada,[396] depois de aprovada a escolha pela maioria absoluta do Senado Federal, de acordo com a seguinte determinação: a) (1/3) um terço dentre juízes dos Tribunais Regionais Federais; b) (1/3) um terço dentre desembargadores dos Tribunais de Justiça, indicados em lista tríplice elaborada pelo próprio Tribunal; e c) (1/3) um terço, em partes iguais, dentre advogados e membros do Ministério Público Federal, Estadual, do Distrito Federal e Territórios, alternadamente, indicados na forma do art. 94 (artigo que dispõe sobre o quinto constitucional).[397]

394. STRECK, Lenio Luiz. *Uma tese política à procura de uma teoria do direito: precedentes III...*, grifo do autor.
395. STRECK, Lenio Luiz. *Uma tese política à procura de uma teoria do direito: precedentes III...*,
396. Observamos aqui os **requisitos** da idade (entre 35 a 65 anos) de ser o nomeado brasileiro (nato ou naturalizado) e de o mesmo ter notável saber jurídico e reputação ilibada.
397. (1/3) Um terço em partes iguais significa logicamente: (1/6) de advogados e (1/6) de membros do Ministério Público Federal, Estaduais e Distrital.

Nas vagas destinadas aos Juízes dos Tribunais de Justiça (Desembargadores estaduais) e aos Juízes dos Tribunais Regionais Federais (Desembargadores Federais),[398] o STJ irá elaborar uma lista tríplice de forma livre e a enviará ao Presidente da República. Este irá indicar um nome que será submetido ao Senado. Com a aprovação da maioria absoluta do Senado,[399] o Presidente irá nomear o mesmo ao cargo de Ministro do STJ.

Já as vagas que se destinam aos advogados e membros do Ministério Público, será elaborada lista sêxtupla por cada instituição, que irá encaminhá-la ao STJ. Posteriormente, o STJ elaborará lista tríplice que será submetida ao Presidente da República.[400] O Chefe do Executivo irá então indicar um nome dessa lista, que será submetido ao Senado. Com isso, ocorrendo a aprovação por maioria absoluta do Senado, o Presidente da República irá nomear o mesmo ao cargo de Ministro do STJ.

No que tange ao STJ e sua estrutura, temos ainda, conforme a Emenda nº 45/04, que irá funcionar junto ao Superior Tribunal de Justiça: a) a Escola Nacional de Formação e Aperfeiçoamento de Magistrados, cabendo-lhe, dentre outras funções, regulamentar os cursos oficiais para o ingresso e promoção na carreira; b) o Conselho da Justiça Federal, cabendo-lhe exercer, na forma da lei, a supervisão administrativa e orçamentária da Justiça Federal de primeiro e segundo graus, como órgão central do sistema e com poderes correcionais, cujas decisões terão caráter vinculante.

398. Certo é que não há a exigência de que os juízes nomeados pelo Presidente para as vagas dos Tribunais (TRFs e TJs) sejam originários da magistratura. Nesses termos os mesmos **podem** ser oriundos do **quinto constitucional**. Nesse sentido, decisão no STF no MS nº 23.445/DF: EMENTA: – Mandado de segurança. 2. Ato do Presidente da República. Mensagem 664, de 21 de maio de 1999, que submeteu ao Senado Federal nome de Juiz de TRF para o provimento de cargo de Ministro do Superior Tribunal de Justiça, em vaga destinada a juiz de Tribunal Regional Federal (Constituição, art. 104, parágrafo único). 3. Alegação de que o juiz indicado não é originário da carreira da magistratura federal, violando-se assim, o princípio instituído pelo art. 93, III, da CR. (...).6. A regra expressa da Constituição dispõe sobre a composição e forma de preenchimento dos cargos de Ministro no Superior Tribunal de Justiça, a teor de seu art. 104, parágrafo único, incisos I e II. 7. A carreira dos Juízes Federais tem seu segundo grau nos Tribunais Regionais Federais. 8. Para o provimento dos cargos a que se refere o art. 104, parágrafo único, inciso I, 1ª parte, não cabe distinguir entre juiz de TRF, originário da carreira da magistratura federal, ou proveniente do Ministério Público Federal ou da advocacia (CR, art. 107, I e II). 9. Hipótese em que o juiz do TRF indicado proveio da advocacia (CR, art. 107, I), estando, desse modo, enquadrado no âmbito do art. 104, parágrafo único, inciso I, 1ª parte, da Constituição. 10. Objeção à investidura como Ministro do Superior Tribunal de Justiça improcedente. (...) 12. Mandado de segurança indeferido. (Julg. em 18.11.1999. DJ: 17.03.2000. Rel. Min Néri da Silveira). Ver também, a recente decisão da **ADI 4078:** "A vedação aos magistrados egressos da Advocacia ou do Ministério Público de se candidatarem às vagas no Superior Tribunal de Justiça configura tratamento desigual de pessoas em identidade de situações e criaria desembargadores e juízes de duas categorias" (**informativo 647 do STF**).

399. Conforme a Emenda nº 45/04, pois, antes da mesma, o quórum exigido era de maioria simples do Senado.

400. Em **6 outubro de 2009, a 2ª turma do STF** que, por maioria, reconheceu, o direito do Superior Tribunal de Justiça de recusar lista sêxtupla encaminhada pela **Ordem dos Advogados do Brasil** (OAB) para **preenchimento de vaga** de ministro do chamado quinto constitucional da composição **daquela Corte que cabe à categoria dos advogados,** quando **nenhum dos integrantes da lista obtém votação mínima para figurar em lista tríplice a ser encaminhada ao Presidente da República** para preenchimento da vaga. Essa decisão foi prolatada no julgamento do **Recurso Ordinário no Mandado de Segurança (RMS) nº 27.920,** impetrado pela **OAB contra decisão do STJ** de rejeitar mandado de segurança e **manter a recusa da lista sêxtupla** encaminhada pela **entidade classista dos advogados** para preenchimento de vaga aberta naquela Corte com a aposentadoria do ministro Pádua Ribeiro.

Sobre as **competências do STJ**, certo é que teremos competências originárias e recursais. Nesses termos, conforme dicção constitucional, será de competência do Superior Tribunal de Justiça processar e julgar, originariamente: a) nos crimes comuns, os governadores dos Estados e do Distrito Federal, e, nestes e nos de responsabilidade, os desembargadores dos Tribunais de Justiça dos Estados e do Distrito Federal, os membros dos Tribunais de Contas dos Estados e do Distrito Federal, os dos Tribunais Regionais Federais, dos Tribunais Regionais Eleitorais e do Trabalho, os membros dos Conselhos ou Tribunais de Contas dos Municípios e os do Ministério Público da União que oficiem perante tribunais; b) os mandados de segurança e os ***habeas data*** contra ato de Ministro de Estado, dos comandantes da Marinha, do Exército e da Aeronáutica ou do próprio Tribunal; c) os ***habeas corpus***, quando o coator ou paciente for qualquer das pessoas mencionadas na alínea "a", ou quando o coator for tribunal sujeito à sua jurisdição, Ministro de Estado ou comandante da Marinha, do Exército ou da Aeronáutica, ressalvada a competência da Justiça Eleitoral; d) os conflitos de competência entre quaisquer tribunais, ressalvado o disposto no art. 102, I, "o", bem como entre tribunal e juízes a ele não vinculados e entre juízes vinculados a tribunais diversos;[401] e) as revisões criminais e as ações rescisórias de seus julgados; f) a reclamação para a preservação de sua competência e garantia da autoridade de suas decisões; g) os conflitos de atribuições entre autoridades administrativas e judiciárias da União, ou entre autoridades judiciárias de um Estado e administrativas de outro ou do Distrito Federal, ou entre as deste e da União; h) o mandado de injunção, quando a elaboração da norma regulamentadora for atribuição de órgão, entidade ou autoridade federal, da administração direta ou indireta, excetuados os casos de competência do Supremo Tribunal Federal e dos órgãos da Justiça Militar, da Justiça Eleitoral, da Justiça do Trabalho e da Justiça Federal; i) a homologação de sentenças estrangeiras e a concessão de *exequatur* às cartas rogatórias.[402]

---

401. O STJ no **Informativo nº 337** deixou assente que é de sua competência o julgamento de conflito de competência estabelecido entre Juízo Federal e Juizado Especial Federal da mesma seção judiciária. (CC nº 87.781/SP 2ª Seção do STJ, Re. Min Nancy Andrighi, julgamento em 24.10.2007). Sobre o tema, temos ainda famosa posição do STJ, expressada na Súmula nº 22, que com a Emenda nº 45 deixou de ter sentido. Essa Súmula afirma que: *não há conflito de competência entre o TJ e o Tribunal de Alçada do mesmo Estado da Federação. Porém, como é cediço, os Tribunais de Alçada foram extintos com o advento da Emenda nº 45/04.*

402. Competência incluída pela Emenda nº 45/04 e que anteriormente era do STF. Sobre o tema, temos interessante decisão do Pleno do STF de 12.02.2014: (...) *1. A Emenda Constitucional nº 45/2004 transferiu, do Supremo Tribunal Federal para o Superior Tribunal de Justiça, a competência para homologar sentenças estrangeiras. Considerando que um dos principais objetivos da Reforma do Judiciário foi promover a celeridade processual, seria um contrassenso imaginar que ela teria transformado esta Corte em uma nova instância nesta matéria, tornando ainda mais longo e complexo o processo. 2. Por isso, embora possível em tese, a interposição de recurso extraordinário contra esses acórdãos do STJ deve ser examinada com rigor e cautela. Somente se pode admitir o recurso quando demonstrada, clara e fundamentadamente, a existência de afronta à Constituição Federal. A ausência de questão constitucional impede o conhecimento do recurso.* (RE nº 598.770 – Rel. Min. Dias Toffoli). Porém, é importante pontuar que: *"Compete ao STF apreciar o pedido de cooperação jurídica internacional na hipótese em que solicitada, via auxílio direto, a oitiva de estrangeiro custodiado no Brasil por força de decisão exarada em processo de extradição. Com base nesse entendimento, a Primeira Turma, por maioria, deu provimento a agravo regimental interposto em face de decisão monocrática que assentara a competência do STJ para julgamento de pedido de cooperação jurídica formulado pelo ministério público português por intermédio da Procuradoria-Geral da República. A solicitação em comento tem como objeto*

Aqui temos que a *"carta rogatória"* é um instrumento de cooperação jurídica internacional por meio do qual uma autoridade judiciária de um Estado estrangeiro solicita que o Poder Judiciário de outro país pratique determinado ato processual em seu território. Como exemplo: um juiz de New York (EUA) expede uma carta rogatória para que seja ouvida uma testemunha residente em São Paulo (Brasil). Neste caso, ela é chamada de carta rogatória passiva (a ser cumprida no Brasil). Se o juiz brasileiro é quem tivesse expedido a carta rogatória, seria denominada de rogatória ativa. A carta rogatória passiva, em regra, antes de ser cumprida no Brasil, precisa receber um *exequatur*, que é exarado pelo STJ. Por meio do *exequatur*, o STJ verifica se o ato processual solicitado pela autoridade judiciária estrangeira é compatível com o ordenamento brasileiro. Caso seja, o Superior Tribunal de Justiça (art. 105, I, i, da CR/88) concede o *exequatur*, que nada mais é do que um "cumpra-se". Assim sendo, após o *exequatur* concedido pelo STJ à carta rogatória, esta irá ser cumprida por um juiz federal.

Sobre o tema, já decidiu o STF que é possível a concessão de *exequatur* de carta rogatória, para fins de citação, por meio de decisão monocrática de relator no STJ, posteriormente confirmada na Corte Especial, em homenagem aos princípios da cooperação e da celeridade processual. Nesses termos, O STJ, com fundamento no art. 216-T de seu Regimento Interno, vem concedendo, por meio de decisões monocráticas, *exequatur* a cartas rogatórias destinadas à citação em território brasileiro das partes interessadas para que tomem conhecimento de ações que tramitam na Justiça rogante. O STF entendeu que não há qualquer ilegalidade ou inconstitucionalidade nesta prática.[403]

---

a oitiva de extraditando custodiado preventivamente em procedimento extradicional cujo requerente é a República da Irlanda. Ocorre que os supostos delitos cometidos pelo extraditando, e que sustentam o processo de extradição, teriam, segundo alegado pelo ministério público de Portugal, repercussão também nesse país. A Turma afirmou que não incidiria, na espécie, o conjunto de regras atinentes à carta rogatória, mas sim as regras que dispõem sobre o auxílio direto (CPC, artigos 28 a 34). Tal auxílio consistiria na obtenção de providências em jurisdição estrangeira, de acordo com a legislação do Estado requerido, por meio de autoridades centrais indicadas em tratado internacional. Prescindiria, ademais, do juízo de delibação a ser proferido pelo STJ. Tratando-se, no caso, de produção probatória e oitiva de testemunho — o que, na seara da assistência jurídica internacional, não demandaria o mecanismo da carta rogatória e do respectivo "exequatur" (do STJ) — incidiria a regra do art. 28 do CPC ("Cabe auxílio direto quando a medida não decorrer diretamente de decisão de autoridade jurisdicional estrangeira a ser submetida a juízo de delibação no Brasil")". 1ª Turma do STF, Pet 5946/DF, rel. p/ o acórdão Min. Edson Fachin, julg. em **16.08.2016**.

403. Informativo 896 do STF: *"Colegiado asseverou que, tanto na decisão do relator que concedeu o "exequatur" quanto no acórdão proferido pela Corte Especial do STJ ficou expressamente consignado que a carta rogatória teve como objeto tão somente ato ordenatório de citação do ora agravante para conhecimento dos termos de ações que tramitam na justiça de outro país, dando-lhe oportunidade de oferecer defesa. O ato, pois, é desprovido de qualquer caráter executivo. Destacou, ainda, que o STJ exerce juízo fundamentalmente delibatório, limitando-se à análise dos requisitos formais previstos na Lei de Introdução às Normas do Direito Brasileiro, no Código de Processo Civil e no Regimento Interno daquela Corte. Assim, é vedada a revisão do mérito do ato processual, salvo se houver ofensa à soberania nacional, à dignidade da pessoa humana ou à ordem pública, o que não ocorreu no caso. Ademais, salientou que o fato de a aludida carta rogatória ter sido apreciada por decisão singular do relator tampouco tem o condão de tornar nulo o ato, posto que foi referendado, no julgamento do respectivo agravo regimental, pelo órgão competente, em observância ao princípio da colegialidade. Por fim, a Turma enfatizou que é impreterível alcançar uma decisão justa, célere e eficaz, evitando-se formalidades desnecessárias que impeçam o seu cumprimento, em atenção aos princípios da celeridade e da razoável duração do processo. A prestação jurisdicional deve se adequar à atual conjuntura, visando a uma maior*

Já as competências recursais se dividem entre o **recurso ordinário constitucional** e o **recurso especial**. Nesse sentido, compete ao STJ julgar, em **recurso ordinário**: a) os ***habeas corpus*** decididos em única ou última instância pelos Tribunais Regionais Federais ou pelos tribunais dos Estados, do Distrito Federal e Territórios, quando a decisão for denegatória; b) os mandados de segurança decididos em única instância pelos Tribunais Regionais Federais ou pelos tribunais dos Estados, do Distrito Federal e Territórios, quando denegatória a decisão; c) as causas em que forem partes Estado estrangeiro ou organismo internacional, de um lado, e, do outro, Município ou pessoa residente ou domiciliada no País.

No que diz respeito ao **recurso especial**, temos que compete ao STJ julgar, em **recurso especial**, as causas decididas, em única ou última instância, pelos Tribunais Regionais Federais ou pelos Tribunais dos Estados, do Distrito Federal e Territórios, quando a decisão recorrida: a) contrariar tratado ou lei federal, ou negar-lhes vigência; b) julgar válido ato de governo local contestado em face de lei federal (Redação dada pela Emenda Constitucional nº 45, de 2004); c) der à lei federal interpretação divergente da que lhe haja atribuído outro tribunal.

Sobre o recurso especial é mister tecermos algumas considerações. São elas:

O **Recurso Especial** tem seu surgimento eminentemente marcado pela Constituição de 1988, que criou a figura do Superior Tribunal de Justiça (STJ) e destacou da órbita de competência do STF o controle da legalidade e a guarda da legislação infraconstitucional (art. 105, III). Sua origem, então, está ligada à própria lógica interna do Federalismo e à necessidade de desenvolvimento de mecanismos para a uniformização da aplicação do direito federal (nacional).[404] Num primeiro momento, era possível dizer que o Recurso Especial representava instrumento para auxiliar com soluções para a "crise" do STF, uma vez que antes da criação do STJ, aquele (STF) realizava duplo controle recursal. Todavia, nos curtos anos que se seguiram o início de funcionamento do Tribunal, seus magistrados já afirmavam que o mesmo também já se encontrava vítima de uma "crise".

O adjetivo ***especial*** em sua nomenclatura deixa claro que o mesmo se insere dentre os recursos "extraordinários" em sentido amplo, marcando um espaço de cabimento restrito.

Além disso, somente poderá ser proposto se duas condições especiais se fizerem expressas: (a) o esgotamento da via recursal ordinária; e (b) o prequestionamento da questão federal no ato impugnado.[405] A lógica aqui é a mesma presente na admissibilidade do recurso extraordinário, exigindo-se que a decisão

cooperação entre os sistemas jurídicos internacionais e a uma maior efetividade das medidas judiciais." 2ª Turma do STF. RE 634595, Rel. Min. Dias Toffoli, julgado em 03.04.2018.

404. ASSIS, Araken, *Manual dos recursos*, p. 772.

405. Nesse sentido, a Súmula nº 211 do STJ: "Inadmissível recurso especial quanto à questão que, a despeito da oposição de embargos declaratórios, não foi apreciada pelo tribunal *a quo*."

recorrida tenha se manifestado sobre a ***quaestio juris***.[406] Interessante é que a jurisprudência do STJ admite que a falta de indicação do número da lei ou do artigo da lei federal não é elemento capaz de descaracterizar o prequestionamento.[407] O STJ entende, ainda, por meio da Súmula nº 320,[408] que o prequestionamento deve surgir nos votos da posição majoritária da decisão recorrida; se a discussão aparece apenas no(s) voto(s) minoritários (votos vencidos) entende-se que o requisito não foi satisfeito.

O plano de recorribilidade para o STJ é mais restrito do que o do STF, uma vez que só admite impugnação de decisões oriundas dos Tribunais Regionais Federais e Tribunais de Justiça dos Estados, do Distrito Federal e Territórios (art. 105, III, da CR/88).

Além disso, a Constituição estabelece para os recursos especiais à análise da "lei federal" e dos tratados. Certo é, também, que o STJ não tem competência jurisdicional para analisar causas versando sobre "direito local", aplicando-se, aqui, também a **Súmula nº 280** do STF.[409] Por consequência, afirma-se que a "questão federal" é abrangente a toda regra de direito cuja fonte produtora seja a União Federal;[410] isto é, leis complementares, leis ordinárias, leis delegadas, medidas provisórias, decretos legislativos, bem como os decretos e regulamentos do Presidente da República (art. 84, IV e VI, da CR/88).[411]

Mas não é apenas a guarda da lei federal o espectro de competência do recurso especial; este ainda tem um importante fator para a ***uniformização da interpretação da legislação federal infraconstitucional*** (art. 105, III, "c", de CR/88). Aqui, o recorrente tem que demonstrar que há um confronto interpretativo entre a decisão impugnada e acórdão proferido por ***outro*** tribunal, sendo este em sentido favorável à tese jurídica do recorrente. Nesse prisma, a decisão recorrida representaria um provimento jurisdicional errôneo e, por isso, mereceria reparos por parte do STJ.

Conforme o novo CPC no seu art. 1.029, o recurso especial, nos casos previstos na Constituição da República, será interposto perante o presidente ou o vice-presidente do tribunal recorrido, em petições distintas que conterão: I – a exposição do fato e do direito; II – a demonstração do cabimento do recurso interposto; III – as razões do pedido de reforma ou de invalidação da decisão recorrida. Quando o

406. A lógica é a mesma da Súmula nº 356 do STF, segundo a qual "[o] ponto omisso da decisão, sobre o qual não foram opostos embargos declaratórios, não pode ser objeto de recurso extraordinário, por faltar o requisito do prequestionamento".
407. Ver STJ, EREsp. nº 155.621-SP, 02/06/1999. ASSIS, Araken, *Manual dos recursos*, p. 781.
408. STJ, Súmula nº 320: A questão federal somente ventilada no voto vencido não atende ao requisito do prequestionamento.
409. STF Súmula nº 280: Por ofensa a direito local não cabe recurso extraordinário. Um lembrete: considera-se como "direito local" as normas regimentais dos Tribunais de Justiça estaduais, conforme REsp nº 839.575/MG, 26/04/2007.
410. ASSIS, Araken, *Manual dos recursos*, p. 783.
411. O STF entende que o convênio firmado por Estados-membros, na ausência de lei complementar, na forma do art. 34, § 8º, do ADCT, tem força de lei federal e, portanto, atacável pelo recurso especial (STF RE nº 419.629-DF, 30/06/2006).

recurso fundar-se em dissídio jurisprudencial, o recorrente fará a prova da divergência com a certidão, cópia ou citação do repositório de jurisprudência, oficial ou credenciado, inclusive em mídia eletrônica, em que houver sido publicado o acórdão divergente, ou ainda com a reprodução de julgado disponível na rede mundial de computadores, com indicação da respectiva fonte, devendo-se, em qualquer caso, mencionar as circunstâncias que identifiquem ou assemelhem os casos confrontados. Além disso, reza no mesmo artigo, que o Superior Tribunal de Justiça poderá desconsiderar vício formal de recurso tempestivo ou determinar sua correção, desde que não o repute grave.

Conforme o novo CPC no seu art. 1.030, recebida a petição do recurso pela secretaria do tribunal, o recorrido será intimado para apresentar contrarrazões no prazo de 15 (quinze) dias, findo o qual os autos serão conclusos ao presidente ou ao vice-presidente do tribunal recorrido, que deverá: I – negar seguimento: a recurso especial interposto contra acórdão que esteja em conformidade com entendimento do Supremo Tribunal Federal ou do Superior Tribunal de Justiça, respectivamente, exarado no regime de julgamento de recursos repetitivos; II – encaminhar o processo ao órgão julgador para realização do juízo de retratação, se o acórdão recorrido divergir do entendimento do Supremo Tribunal Federal ou do Superior Tribunal de Justiça exarado, conforme o caso, nos regimes de repercussão geral ou de recursos repetitivos; III – sobrestar o recurso que versar sobre controvérsia de caráter repetitivo ainda não decidida pelo Supremo Tribunal Federal ou pelo Superior Tribunal de Justiça, conforme se trate de matéria constitucional ou infraconstitucional[412]; IV – selecionar o recurso como representativo de controvérsia constitucional ou infraconstitucional, nos termos do § 6º do art. 1.036 do CPC; V – realizar o juízo de admissibilidade[413] e, se positivo, remeter o feito ao Supremo Tribunal Federal ou ao Superior Tribunal de Justiça, desde que: a) o recurso ainda não tenha sido submetido ao regime de repercussão geral ou de julgamento de recursos repetitivos b) o recurso tenha sido selecionado como representativo da controvérsia; ou c) o tribunal recorrido tenha refutado o juízo de retratação.

Aqui é importante registrar que, em regra, não cabem embargos de declaração contra a decisão de presidente do tribunal que não admite recurso especial. Porém, de forma excepcional, é possível a interposição dos embargos se a decisão do presidente do tribunal de origem for tão genérica que não permita sequer a interposição do agravo.[414]

---

412. Da decisão proferida com fundamento nos incisos I e III caberá agravo interno, nos termos do art. 1.021 do novo CPC (Incluído pela Lei nº 13.256, de 2016).

413. Da decisão de inadmissibilidade proferida com fundamento no inciso V caberá agravo ao tribunal superior, nos termos do art. 1.042 do novo CPC. (norma incluída pela Lei nº 13.256, de 2016)

414. "(...) 1. A jurisprudência do STJ orienta-se no sentido de que o agravo em recurso especial é o único recurso cabível contra decisão que nega seguimento a recurso especial. Assim, a oposição de embargos de declaração não interrompe o prazo para a interposição de ARESP. Precedentes. 2. Excepcionalmente, nos casos em que a decisão for proferida de forma bem genérica, que não permita sequer a interposição do agravo, caberá embargos. (...)" STJ. 4ª Turma. AgInt no AREsp 1143127/RJ, Rel. Min. Luis Felipe Salomão, julg em **28.11.2017**.

Conforme o art. 1.032 do novo CPC se o relator, no Superior Tribunal de Justiça, entender que o recurso especial versa sobre questão constitucional, deverá conceder prazo de 15 (quinze) dias para que o recorrente demonstre a existência de repercussão geral e se manifeste sobre a questão constitucional. Cumprida a diligência de que trata o caput do art. 1.032, o relator remeterá o recurso ao Supremo Tribunal Federal, que, em juízo de admissibilidade, poderá devolvê-lo ao Superior Tribunal de Justiça.

Aqui, nos termos do art. 1.033 do CPC, se o Supremo Tribunal Federal considerar como reflexa a ofensa à Constituição afirmada no recurso extraordinário, por pressupor a revisão da interpretação de lei federal ou de tratado, remetê-lo-á ao Superior Tribunal de Justiça para julgamento como recurso especial. Por último, admitido o recurso extraordinário ou o recurso especial, o Supremo Tribunal Federal ou o Superior Tribunal de Justiça julgará o processo, aplicando o direito.

É interessante que na hipótese de interposição conjunta de recurso extraordinário e recurso especial, os autos serão remetidos ao Superior Tribunal de Justiça. Concluído o julgamento do recurso especial, os autos serão remetidos ao Supremo Tribunal Federal para apreciação do recurso extraordinário, se este não estiver prejudicado. Se o relator do recurso especial considerar prejudicial o recurso extraordinário, em decisão irrecorrível, sobrestará o julgamento e remeterá os autos ao Supremo Tribunal Federal. Nessa hipótese, se o relator do recurso extraordinário, em decisão irrecorrível, rejeitar a prejudicialidade, devolverá os autos ao Superior Tribunal de Justiça para o julgamento do recurso especial.[415]

Aqui devemos salientar também que o recurso especial no decorrer dos anos acabou ganhando grande aplicabilidade, de modo, a abarrotar a ordem de serviço do STJ, provocando uma desaceleração de seu funcionamento e uma demora cada vez mais crescente no tempo de processamento do recurso. Visando solucionar tal cenário, a Lei nº 11.672 de 2008 instituiu uma nova sistemática para o processamento dos recursos especiais por intermédio de um novo art. 543-C no **antigo** Código de Processo Civil brasileiro de 1973. Aqui, o que se buscou foi atacar recursos que versem sobre "idêntica questão de direito". E, para tanto, abriu-se a possibilidade para que o presidente (ou vice-presidente) do tribunal ***a quo*** – encarregado pelo primeiro exame de admissibilidade recursal –, ao se deparar com existência de multiplicidade de recursos, passe a selecionar um ou mais que sejam representativos dessa controvérsia jurídica. Os demais recursos seriam sobrestados até o pronunciamento do STJ.[416] Se a decisão do STJ for contrária à tese por esses recursos sustentados, o presidente (ou vice) do tribunal ***a aquo*** poderá julgar os demais recursos prejudicados, negando seguimento ao grupo sobrestado. Para definição

415. Conforme o § único do art.1034: *Admitido o recurso extraordinário ou o recurso especial por um fundamento, devolve-se ao tribunal superior o conhecimento dos demais fundamentos para a solução do capítulo impugnado.*

416. Araken de Assis (*Manual dos recursos*, p. 816) bem observa que tal possibilidade normativa é permeada de discricionariedade e de subjetivismo, o que pode nitidamente prejudicar os recorrentes, que não terão medida processual para reverter tal seleção.

da controvérsia representativa, o relator do STJ ganhou poderes para (ele também) sobrestar recursos existentes e pendentes de julgamento com idêntica questão de direito, seja no STJ, seja perante o juízo ***a quo*** (TJ e TRF). Após isso, teria a faculdade de solicitar informações dos presidentes dos tribunais de segunda instância para recolher mais informações para melhor julgamento. Poderá, ainda, aceitar a manifestação de terceiros na condição de ***amicus curiae***. Após tudo isso, abrirá para manifestação do Ministério Público e incluirá o processo em pauta de julgamento.

Ao julgar tais casos, o STJ publicaria súmula de jurisprudência, fixando a tese jurídica aplicável e permitindo que a decisão alcance os casos sobrestados.

Já com base no **novo** CPC de 2015 conforme até já explicitado na obra, o art. 1.036, afirma que sempre que houver multiplicidade (de recursos repetitivos) haverá afetação para julgamento de acordo com as disposições dos art. 1036 ao art.1041 do novo CPC, observado o disposto no Regimento Interno do Supremo Tribunal Federal e no do Superior Tribunal de Justiça.

Conforme o § 1º do art. 1036, o presidente ou o vice-presidente de tribunal de justiça ou de tribunal regional federal selecionará 2 (dois) ou mais recursos representativos da controvérsia, que serão encaminhados ao Superior Tribunal de Justiça para fins de afetação, determinando a suspensão do trâmite de todos os processos pendentes, individuais ou coletivos, que tramitem no Estado ou na região, conforme o caso. Já nos termos do § 2º do art. 1036, o interessado pode requerer, ao presidente ou ao vice-presidente, que exclua da decisão de sobrestamento e inadmita o recurso especial ou o recurso extraordinário que tenha sido interposto intempestivamente, tendo o recorrente o prazo de 5 (cinco) dias para manifestar-se sobre esse requerimento. Consta no § 3º que da decisão que indeferir este requerimento caberá agravo, nos termos do art. 1.042 do CPC de 2015.

O § 4º do art.1036 do novo CPC, determina que a escolha feita pelo presidente ou vice-presidente do tribunal de justiça ou do tribunal regional federal não vinculará o relator no tribunal superior, que poderá selecionar outros recursos representativos da controvérsia. Nesses termos, § 5º do art. 1036, afirma que o relator em tribunal superior também poderá selecionar 2 (dois) ou mais recursos representativos da controvérsia para julgamento da questão de direito independentemente da iniciativa do presidente ou do vice-presidente do tribunal de origem. Porém, é bom que se diga, que conforme o § 6º do art.1036 do novo CPC de 2015, somente podem ser selecionados recursos admissíveis que contenham abrangente argumentação e discussão a respeito da questão a ser decidida.

Já nos termos ainda do novo CPC, em seu art. 1.037 selecionados os recursos, o relator, no tribunal superior, constatando a presença do pressuposto do caput do art. 1.036, proferirá decisão de afetação, na qual: I – identificará com precisão a questão a ser submetida a julgamento; II – determinará a suspensão do processamento de todos os processos pendentes, individuais ou coletivos, que versem sobre a questão e tramitem no território nacional; III – poderá requisitar aos presidentes ou aos vice-presidentes dos tribunais de justiça ou dos tribunais regionais federais a remessa de um recurso representativo da controvérsia. Se, após receber os recursos selecionados pelo presidente ou pelo vice-presidente de tribunal de justiça ou de tribunal regional federal, não se proceder à afetação, o relator, no tribunal superior, comunicará o fato ao presidente ou ao vice-presidente que os houver enviado, para que seja revogada a decisão de suspensão referida no art. 1.036, § 1º citado acima.[417]

---

417. Conforme o novo CPC de 2015: *§ 2º (Revogado pela Lei nº 13.256, de 2016) § 3º Havendo mais de uma afetação, será prevento o relator que primeiro tiver proferido a decisão a que se refere o inciso I do caput. § 4º Os recursos afetados deverão ser julgados no prazo de 1 (um) ano e terão preferência sobre os demais feitos, ressalvados os que envolvam réu preso e os pedidos de habeas corpus. (Revogado pela Lei nº 13.256, de 2016) § 6º Ocorrendo a hipótese do § 5º, é permitido a outro relator do respectivo tribunal superior afetar 2 (dois) ou mais recursos representativos da controvérsia na forma do art. 1.036. § 7º Quando os recursos requisitados na forma do inciso III do caput contiverem outras questões além daquela que é objeto da afetação, caberá ao tribunal decidir esta em primeiro lugar e depois as demais, em acórdão específico para cada processo. § 8º As partes deverão ser intimadas da decisão de suspensão de seu processo, a ser proferida pelo respectivo juiz ou relator quando informado da decisão a que se refere o inciso II do caput. § 9º Demonstrando distinção entre a questão a ser decidida no processo e aquela a ser julgada no recurso especial ou extraordinário afetado, a parte poderá requerer o prosseguimento do seu processo. § 10. O requerimento a que se refere o § 9º será dirigido: I – ao juiz, se o processo sobrestado estiver em primeiro grau; II – ao relator, se o processo sobrestado estiver no tribunal de origem; III – ao relator do acórdão recorrido, se for sobrestado recurso especial ou recurso extraordinário no tribunal de origem; IV – ao relator, no tribunal superior, de recurso especial ou de recurso extraordinário cujo processamento houver sido sobrestado. § 11. A outra parte deverá ser ouvida sobre o requerimento a que se refere o § 9º, no prazo de 5 (cinco) dias. § 12. Reconhecida a distinção no caso: I – dos incisos I, II e IV do § 10, o próprio juiz ou relator dará prosseguimento ao processo; II – do inciso III do § 10, o relator comunicará a decisão ao presidente ou ao vice-presidente que houver determinado o sobrestamento, para que o recurso especial ou o recurso extraordinário seja encaminhado ao respectivo tribunal superior, na forma do art. 1.030, parágrafo único. § 13. Da decisão que resolver o requerimento a que se refere o § 9º caberá: I – agravo de instrumento, se o processo estiver em primeiro grau; II – agravo interno, se a decisão for de relator. Art. 1.038. O relator poderá: I – solicitar ou admitir manifestação de pessoas, órgãos ou entidades com interesse na controvérsia, considerando a relevância da matéria e consoante dispuser o regimento interno; II – fixar data para, em audiência pública, ouvir depoimentos de pessoas com experiência e conhecimento na matéria, com a finalidade de instruir o procedimento; III – requisitar informações aos tribunais inferiores a respeito da controvérsia e, cumprida a diligência, intimará o Ministério Público para manifestar-se. § 1º No caso do inciso III, os prazos respectivos são de 15 (quinze) dias, e os atos serão praticados, sempre que possível, por meio eletrônico. § 2º Transcorrido o prazo para o Ministério Público e remetida cópia do relatório aos demais ministros, haverá inclusão em pauta, devendo ocorrer o julgamento com preferência sobre os demais feitos, ressalvados os que envolvam réu preso e os pedidos de habeas corpus. § 3º O conteúdo do acórdão abrangerá a análise dos fundamentos relevantes da tese jurídica discutida. (Redação dada pela Lei nº 13.256, de 2016); Art. 1.039. Decididos os recursos afetados, os órgãos colegiados declararão prejudicados os demais recursos versando sobre idêntica controvérsia ou os decidirão aplicando a tese firmada. Parágrafo único. Negada a existência de repercussão geral no recurso extraordinário afetado, serão considerados automaticamente inadmitidos os recursos extraordinários cujo processamento tenha sido sobrestado. Art. 1.040. Publicado o acórdão paradigma: I – o presidente ou o vice-presidente do tribunal de origem negará seguimento aos recursos especiais ou extraordinários sobrestados na origem, se o acórdão recorrido coincidir com a orientação do tribunal superior; II – o órgão que proferiu o acórdão recorrido, na origem, reexaminará o processo de competência originária, a remessa necessária ou o recurso anteriormente julgado, se o acórdão recorrido contrariar a orientação do tribunal superior; III – os processos suspensos em primeiro e segundo graus de jurisdição retomarão o curso para julgamento e aplicação da tese firmada pelo tribunal superior; IV – se os recursos versarem sobre questão relativa a prestação de serviço público objeto de concessão, permissão ou autorização, o resultado do julgamento será comunicado ao órgão, ao ente ou à agência reguladora competente para fiscalização da efetiva aplicação, por parte dos entes sujeitos a regulação, da tese adotada. § 1º A parte poderá desistir da ação em curso no primeiro grau de jurisdição, antes de proferida a sentença, se a questão nela discutida for idêntica à resolvida pelo recurso representativo da controvérsia. § 2º Se a desistência ocorrer antes de oferecida contestação, a parte ficará isenta do pagamento de custas e de honorários de sucumbência. § 3º A desistência apresentada nos termos do § 1º independe de consentimento do réu, ainda que apresentada contestação. Art. 1.041. Mantido o acórdão divergente pelo tribunal de origem, o recurso especial ou extraordinário será remetido ao respectivo tribunal superior, na forma do art. 1.036, § 1º. § 1º Realizado o juízo de retratação, com alteração do acórdão divergente, o tribunal de origem, se for o caso, decidirá as demais questões ainda não decididas cujo*

Por último, em dezembro de 2008, em julgamento por afetação ao Plenário dos RESP nº 105.8114 e nº 106.3343, o Órgão Especial do Superior Tribunal de Justiça, por maioria de votos, decidiu que as partes **não podem desistir do recurso especial depois de ele ter sido afetado para julgamento por meio da Lei de Recursos Repetitivos, instruído e colocado na pauta do tribunal.** Esse posicionamento do STJ, foi aplaudido por uns, com o mote na economia, celeridade e instrumentalidade processual, mas, foi criticado por outros, sob os fundamentos, de desrespeito ao devido processo legal previsto constitucionalmente, bem como, da "tendência" cada vez mais recorrente de "objetivação" dos recursos dos Tribunais Superiores.[418] Aqui é bom que se diga que o **art. 998** do novo CPC de 2015 afirma que *o recorrente poderá, a qualquer tempo, sem a anuência do recorrido ou dos litisconsortes, desistir do recurso*. Porém, o § único do mesmo art. 998 *determina que a desistência do recurso não impede a análise de questão cuja repercussão geral já tenha sido reconhecida e daquele objeto de julgamento de recursos extraordinários ou especiais repetitivos.*

5.6. Tribunal Superior do Trabalho e a Justiça do Trabalho

Segundo ditame constitucional, são órgãos da Justiça do Trabalho: o Tribunal Superior do Trabalho; os Tribunais Regionais do Trabalho; e os Juízes do Trabalho.

---

enfrentamento se tornou necessário em decorrência da alteração. § 2º Quando ocorrer a hipótese do inciso II do caput do art. 1.040 e o recurso versar sobre outras questões, caberá ao presidente do tribunal, depois do reexame pelo órgão de origem e independentemente de ratificação do recurso ou de juízo de admissibilidade, determinar a remessa do recurso ao tribunal superior para julgamento das demais questões.

418. Nesse sentido, conforme **Lenio Streck:** "*A matéria constante da decisão tem relação direta com o artigo 501 do Código de Processo Civil (antigo), que, ao contrário do decidido, assegura ao recorrente, a qualquer tempo, sem a anuência do recorrido ou dos litisconsortes, desistir do recurso. Eis o debate. Um dos argumentos vencedores pautou-se nos princípios da proporcionalidade e da razoabilidade, verbis: "não é razoável que se desista da ação nesse estágio, assim como não há direitos absolutos". Na mesma linha, a maioria sustentou que, se o STJ acolhesse o pedido de desistência, em face da repercussão que cada julgamento afetado pela Lei dos Recursos Repetidos possui, estar-se-ia* "fazendo o interesse particular prevalecer sobre o público". De ressaltar, desde logo, que a decisão do STJ nitidamente descaracteriza o instituto do recurso especial, ou seja, como forma de impugnação de decisões dando prolongamento ao processo, por disposição dos diretamente interessados, as partes, *transformando-o, a partir da sua interposição, em um processo quase objetivo, no que diz respeito não apenas àquele processo mas aos efeitos nos outros.* Ora, as partes não têm legitimidade para discutir algo como "a aplicação da lei em tese", ou seja, acerca de quais seriam as aplicações que, em princípio, uma lei teria para além do caso. Veja-se: *as partes no recurso não representam nem substituem a sociedade; estão ali na defesa dos seus direitos, elas não foram eleitas por ninguém...* E se aquela decisão pode vir a afetar outros processos em razão de uma suposta eficácia erga omnes, o que ocorre é a violação do devido processo, do contraditório, da ampla defesa em relação aos demais. Em outras palavras, o que fica claro nessa decisão do STJ é que o Recurso Especial, agora, mais do que nunca, não "pertence" às partes; não "serve" às mesmas, mas apenas (ou quase tão somente) ao *"interesse público", que, convenhamos, não passa de uma expressão que sofre de "anemia significativa", nela "cabendo qualquer coisa", mormente se for a partir do "princípio" da razoabilidade*, álibi para a prática de todo e qualquer pragmatismo. Assim decidindo, o STJ quis transmitir-nos o seguinte recado: se o recurso não serve às partes, mas a um interesse "maior", "transcendente", nada mais "natural" (sic) que o recorrente não possa dele desistir, já que (seu recurso) está sendo utilizado para um "bem maior" (mais uma vez aqui as velhas "razões de Estado"). *Em linha divergente, penso que o Tribunal se equivoca, pois se considerarmos que, com a figura da reunião de recursos "idênticos" o que se tem é um ´´litisconsórcio por afinidade´´ (a expressão é de Fredie Didier), o que temos aí é mais um argumento para mostrar que a decisão fere, também por esse viés, o art. 501 do CPC."* In: *O STJ e a desistência do Recurso*, p, 1-2, 2008.

O Tribunal Superior do Trabalho compor-se-á de vinte e sete Ministros, escolhidos dentre brasileiros com mais de trinta e cinco anos e menos de sessenta e cinco anos, de notável saber jurídico e reputação ilibada, nomeados pelo Presidente da República após aprovação pela maioria absoluta[419] do Senado Federal[420] (Redação dada pela Emenda Constitucional nº 92, de 2016). A divisão se dará do seguinte modo:

a) (1/5) um quinto dentre advogados com mais de dez anos de efetiva atividade profissional e membros do Ministério Público do Trabalho com mais de dez anos de efetivo exercício, observado o disposto no art. 94;

b) os demais, ou seja, (4/5) quatro quintos, dentre juízes dos Tribunais Regionais do Trabalho, oriundos da magistratura da carreira, indicados pelo próprio Tribunal Superior. Portanto, conforme expresso na Constituição de 1988, os cargos reservados aos magistrados dos TRTs só poderão ser ocupados no TST por juízes de carreira, afastando-se, portanto, a possibilidade de um membro do Tribunal Regional do Trabalho que ingressou na magistratura mesmo pelo quinto constitucional do art. 94 se tornar Ministro do TST.

Mas como é o **procedimento** de **escolha dos Ministros**?

Nas vagas destinadas ao quinto constitucional, após os termos do art. 94 da CR/88 (lista sêxtupla da OAB e do Ministério Público do Trabalho a ser encaminhada ao TST para a escolha da lista tríplice), o TST encaminhará lista tríplice ao Chefe do Poder Executivo para a escolha de um nome.[421]Após a indicação do Presidente haverá a aprovação da maioria absoluta do Senado e, posteriormente, a nomeação pelo Presidente da República para o cargo de Ministro do TST.

Já nas vagas destinadas aos magistrados de carreira dos TRTs, conforme o art. 4 do Regimento Interno do TST, haverá lista tríplice produzida pelo TST, que será encaminhada ao Presidente da República. O Chefe do Executivo nacional indicará um dos nomes e encaminhará ao Senado. Se o Senado aprovar por maioria absoluta o Desembargador do Trabalho será nomeado pelo Presidente da República para o cargo de Ministro do TST.

---

419. Até o advento da **Emenda nº 45/04** a aprovação do Senado se dava por maioria simples. Portanto, a Emenda 45/2004 traz de forma expressa a necessidade de maioria absoluta de Senadores para a aprovação.

420. Até o advento da Emenda nº 24/99 existia a figura do Juiz classista temporário na Justiça do Trabalho. Pois bem, com a Emenda Constitucional nº 24 de 09.12.1999 esses foram extirpados da Justiça do Trabalho, ficando apenas assegurado o cumprimento do mandato dos que eram classistas à época da Emenda. Nesses termos foi o art. 2º da EM nº 24/99: É assegurado o cumprimento dos mandatos dos atuais ministros classistas temporários do Tribunal Superior do Trabalho e dos atuais juízes classistas temporários dos Tribunais Regionais do Trabalho e das Juntas de Conciliação e Julgamento.

421. Conforme o ***RITST***: *Art. 5.º O Presidente do Tribunal, ocorrendo vaga destinada a membro do Ministério Público do Trabalho e a advogado militante, dará imediata ciência à Procuradoria-Geral do Trabalho e ao Conselho Federal da Ordem dos Advogados do Brasil, respectivamente, para formação e encaminhamento de lista sêxtupla ao Tribunal, que escolherá, dentre os nomes que a compõem, os que integrarão a lista tríplice a ser encaminhada ao Presidente da República. Art. 6.º O Tribunal Pleno, para o preenchimento das vagas aludidas no artigo anterior, pelo voto secreto da maioria absoluta de seus membros, escolherá, em escrutínios secretos e sucessivos, os nomes que integrarão a lista tríplice a ser encaminhada ao Presidente da República.*

Sobre o TST, é mister deixar consignado que funcionarão junto ao Tribunal Superior do Trabalho: a) a Escola Nacional de Formação e Aperfeiçoamento de Magistrados do Trabalho, cabendo-lhe, dentre outras funções, regulamentar os cursos oficiais para o ingresso e promoção na carreira; b) o Conselho Superior da Justiça do Trabalho, cabendo-lhe exercer, na forma da lei, a supervisão administrativa, orçamentária, financeira e patrimonial da Justiça do Trabalho de primeiro e segundo graus, como órgão central do sistema, cujas decisões terão efeito vinculante.

Conforme redação dada pela Emenda Constitucional nº 92 de 2016 ao art.111-A da CR/88, compete ao Tribunal Superior do Trabalho processar e julgar, originariamente, a reclamação para a preservação de sua competência e garantia da autoridade de suas decisões.

Sobre as competências do Tribunal Superior do Trabalho, temos que as mesmas, segundo ditame constitucional, serão reguladas mediante Lei ordinária.

Já os Tribunais Regionais do Trabalho (órgãos de 2ª instância da Justiça do Trabalho) compõem-se de, no mínimo, sete juízes recrutados, quando possível, na respectiva região, e nomeados pelo Presidente da República dentre brasileiros com mais de trinta e menos de sessenta e cinco anos, sendo: a) um quinto dentre advogados com mais de dez anos de efetiva atividade profissional e membros do Ministério Público do Trabalho com mais de dez anos de efetivo exercício, observado o disposto no art. 94; b) os demais, mediante promoção de juízes do trabalho por antiguidade e merecimento, alternadamente.

Certo é que, segundo a Constituição de 1988, os Tribunais Regionais do Trabalho instalarão a justiça itinerante, com a realização de audiências e demais funções de atividade jurisdicional, nos limites territoriais da respectiva jurisdição, servindo-se de equipamentos públicos e comunitários. Além disso, os Tribunais Regionais do Trabalho poderão funcionar descentralizadamente, constituindo Câmaras Regionais, a fim de assegurar o pleno acesso do jurisdicionado à justiça em todas as fases do processo.

Já nas Varas do Trabalho, a jurisdição será exercida por um juiz singular.[422]

Conforme a Constituição e à luz da Emenda Constitucional nº 45/04, a lei (ordinária) criará varas da Justiça do Trabalho, podendo, nas comarcas não abrangidas por sua jurisdição, atribuí-la aos juízes de direito, com recurso para o respectivo Tribunal Regional do Trabalho. A legislação ordinária disporá ainda sobre a constituição, investidura, jurisdição, competência, garantias e condições de exercício dos órgãos da Justiça do Trabalho.

Por último, é mister salientar as competências definidas constitucionalmente[423] para a Justiça do Trabalho. Nesse sentido, compete à Justiça do Trabalho processar e julgar:

422. Conforme a Emenda Constitucional nº 24/99.

423. **Nos termos do art. 114 da CR/88.** Esse mesmo art. 114 ainda afirma em seus parágrafos que: § 1º – Frustrada a negociação coletiva, as partes poderão eleger árbitros. § 2º – Recusando-se qualquer das partes à negociação

- as ações oriundas da relação de trabalho, abrangidos os entes de direito público externo e da Administração Pública direta e indireta da União, dos Estados, do Distrito Federal e dos Municípios (incluído pela Emenda Constitucional nº 45, de 2004);
- as ações que envolvam exercício do direito de greve (incluído pela Emenda Constitucional nº 45, de 2004);
- as ações sobre representação sindical, entre sindicatos, entre sindicatos e trabalhadores, e entre sindicatos e empregadores (incluído pela Emenda Constitucional nº 45, de 2004);
- os mandados de segurança, ***habeas corpus*** e ***habeas data***, quando o ato questionado envolver matéria sujeita à sua jurisdição (incluído pela Emenda Constitucional nº 45, de 2004);
- os conflitos de competência entre órgãos com jurisdição trabalhista, ressalvado o disposto no art. 102, I, "o" (incluído pela Emenda Constitucional nº 45, de 2004);
- as ações de indenização por dano moral ou patrimonial, decorrentes da relação de trabalho (incluído pela Emenda Constitucional nº 45, de 2004);
- as ações relativas às penalidades administrativas impostas aos empregadores pelos órgãos de fiscalização das relações de trabalho (incluído pela Emenda Constitucional nº 45, de 2004);
- a execução, de ofício, das contribuições sociais previstas no art. 195, I, "a", e II, e seus acréscimos legais, decorrentes das sentenças que proferir (incluído pela Emenda Constitucional nº 45, de 2004);
- outras controvérsias decorrentes da relação de trabalho, na forma da lei (incluído pela Emenda Constitucional nº 45, de 2004).

Sobre as competências da Justiça do Trabalho, são necessárias algumas digressões finais:

1) Apesar da redação do art. 114, I, da CR/88,[424] segundo o STF na ADI 3395/DF), as questões envolvendo relação de trabalho dos servidores públicos estatutários com a União, Estados, Municípios e DF irão continuar a ser julgadas pela Justiça Comum

coletiva ou à arbitragem, é facultado às mesmas, de comum acordo, ajuizar dissídio coletivo de natureza econômica, podendo a Justiça do Trabalho decidir o conflito, respeitadas as disposições mínimas legais de proteção ao trabalho, bem como as convencionadas anteriormente. (Redação dada pela Emenda Constitucional nº 45, de 2004) § 3º – Em caso de greve em atividade essencial, com possibilidade de lesão do interesse público, o Ministério Público do Trabalho poderá ajuizar dissídio coletivo, competindo à Justiça do Trabalho decidir o conflito. (Redação dada pela Emenda Constitucional nº 45, de 2004).

424. Art. 114, I: Compete à Justiça do Trabalho processar e julgar as ações oriundas da relação de trabalho, abrangidos os entes de direito público externo e da administração pública direta e indireta da União, dos Estados, do Distrito Federal e dos Municípios. (Incluído pela Emenda Constitucional nº 45, de 2004).

Federal ou Estadual. Nesses termos, essa matéria não passou para a competência da Justiça do Trabalho.

Portanto, a Justiça do Trabalho não tem competência para julgar as causas instauradas entre o Poder Público e servidor que lhe seja vinculado por relação jurídico-estatutária. Na ADI 3395, o STF também afirmou que o processo legislativo para edição da Emenda Constitucional 45/2004, que deu nova redação ao inciso I do art. 114 da Constituição Federal, é, do ponto de vista formal, constitucionalmente hígido, ou seja, não houve qualquer inconstitucionalidade formal.

> (...) 1. O processo legislativo para edição da Emenda Constitucional 45/2004, que deu nova redação ao inciso I do art. 114 da Constituição Federal, é, do ponto de vista formal, constitucionalmente hígido. 2. A interpretação adequadamente constitucional da expressão "relação do trabalho" deve excluir os vínculos de natureza jurídico-estatutária, em razão do que a competência da Justiça do Trabalho não alcança as ações judiciais entre o Poder Público e seus servidores. 3. Medida Cautelar confirmada e Ação Direta julgada parcialmente procedente.[425]

Nesses termos, compete à Justiça comum processar e julgar demandas em que se discute o recolhimento e o repasse de contribuição sindical de servidores públicos regidos pelo regime estatutário.[426]

2) Porém, caso a ação seja proposta por um servidor público celetista (empregado público) contra a Administração Pública, a competência será da Justiça do Trabalho, com fulcro no art. 114, I, da CR/88.[427]

3) Segundo o STF, a justiça comum, federal ou estadual, é competente para julgar a abusividade de greve de servidores públicos celetistas da Administração pública direta, autarquias e fundações públicas.[428]

4) Segundo o STF, compete à Justiça do Trabalho julgar causa relacionada com depósito do Fundo de Garantia do Tempo de Serviço (FGTS) de servidor que ingressou no serviço público antes da Constituição de 1988 sem prestar concurso.[429]

5) Já decidiu o STF, que compete à Justiça do Trabalho processar e julgar demandas propostas contra órgãos da Administração Pública, por servidores que

---

425. ADI 3395, STF. Plenário. Rel. Min. Alexandre de Moraes, julg. em 15/04/2020.
426. **RE 1089282/AM**, STF. Plenário. Rel. Min. Gilmar Mendes, julgado em **04.12.2020** (Repercussão Geral – Tema 994) (Info 1001).
427. STJ. 1ª Seção. CC 129.447/RN, Rel. Min. Sérgio Kukina, julgado em 09/09/2015: (...) *A Primeira Seção desta Corte, em harmonia com as decisões recentes do STF, tem adotado o entendimento de que a competência para processar e julgar os litígios instaurados entre os agentes públicos e os entes estatais a que servem depende da natureza jurídica do vínculo entre as partes, cabendo à justiça trabalhista o exame das relações fundadas na CLT e à justiça comum, federal ou estadual, aquelas sujeitas a regime estatutário ou jurídico-administrativo.* No mesmo sentido: IV - *Se o vínculo estabelecido entre o Poder Público e o servidor for estatutário, a competência será da justiça comum (estadual ou federal). Em se tratando de vínculo trabalhista, a competência caberá à justiça laboral.* (...) STJ. 1ª Seção. AgInt no CC 156.229/SP, Rel. Min. Francisco Falcão, julg em 28/04/2020.
428. **RE 846.854/SP**, STF. Plenário. Red. p/ o ac. Min. Alexandre de Moraes, julgado em **01.08.2017**.
429. CC 7.950/RN Plenário do STF, Rel. Min. Marco Aurélio, julgado em 14.09.2016.

ingressaram em seus quadros, sem concurso público, antes da Constituição de 1988, sob regime da CLT, com o objetivo de obter prestações de natureza trabalhista.[430] Porém, apesar dessa decisão, o Pretório Excelso, mais recentemente, decidiu de forma contrária a esse posicionamento.

Em *novo posicionamento*, o STF afirmou na Rcl 8909 AgR/MG, em **22.09.2016**, que reconhecido que o vínculo atual entre o servidor e a Administração Pública é estatutário, *compete à Justiça comum* processar e julgar a causa.

Portanto, para o posicionamento atual, é a natureza jurídica do vínculo existente entre o trabalhador e o Poder Público, vigente ao tempo da propositura da ação, que define a competência jurisdicional para a solução da controvérsia, independentemente de o direito pleiteado ter se originado no período celetista.[431] E a 2ª turma do STF novamente decidiu assim na Rcl 26064 AgR/RS em **21.11.2017**.[432]

No mesmo sentido, decidiu o STF na **CC 8018/PI** em **19.12.2019**, que compete à Justiça comum processar e julgar causa de servidor público municipal admitido mediante aprovação em concurso público sob o regime da CLT e que, posteriormente, passou a ser regido pelo ***estatuto dos servidores*** públicos municipais (estatutário).

No caso concreto, o servidor ingressou no serviço público do Município em 1997 sob o regime celetista e, em julho de 2010, passou a ser regido pelo regime estatutário. Em 2013, o servidor ajuizou ação na Justiça do Trabalho para pleitear o recolhimento de parcelas do FGTS no período em que esteve regido pelas regras da CLT. Afirmou o STF que como o vínculo do servidor com a administração pública é atualmente estatutário, a competência para julgar a causa é da Justiça comum, ainda que as verbas requeridas sejam de natureza trabalhista e relativas ao período anterior à alteração do regime de trabalho.[433]

6) Conforme o STF, e nos termos da já citada ADI 3395, compete à Justiça comum julgar conflitos entre Município e servidor contratado depois da CR/88, ainda que sem concurso público, pois, uma vez vigente regime jurídico-administrativo, este disciplinará a absorção de pessoal pelo poder público. Logo, eventual nulidade do

---

430. ARE 906491 RG Plenário do STF, Rel. Min. Teori Zavascki, julgado em 01.10.2015.
431. Rcl 8909 AgR/MG Plenário do STF, rel. orig. Min. Marco Aurélio, red. p/ o ac. Min. Cármen Lúcia, julg. em 22.09.2016. (Informativo 840). *A decisão do caso concreto ficou com 5 votos para justiça comum e 4 votos para a competência da Justiça do trabalho. Além disso, não participaram do julgamento os Ministros Roberto Barroso e Gilmar Mendes. Portanto, entendemos que esse posicionamento deveria ser revisto pelo STF, pois entra em contradição com o descrito item 4 acima e também com a OJ SDI 138 do TST que explicita que: Compete à Justiça do Trabalho julgar pedidos de direitos e vantagens previstos na legislação trabalhista referente a período anterior à Lei nº 8.112/90, mesmo que a ação tenha sido ajuizada após a edição da referida lei. A superveniência de regime estatutário em substituição ao celetista, mesmo após a sentença, limita a execução ao período celetista.*
432. *É a natureza jurídica do vínculo existente entre o trabalhador e o Poder Público, vigente ao tempo da propositura da ação, que define a competência jurisdicional para a solução da controvérsia, independentemente de o direito pleiteado ter se originado no período celetista.* STF. 2ª Turma. Rcl 26064 AgR/RS, Rel. p/ o ac. Min. Dias Toffoli, julg em 21/11/2017 (Informativo 885).
433. CC 8018/PI, STF. Plenário. rel. p/ o ac. Min. Alexandre de Moraes, julgado em **19.12.2019** (Informativo 964).

vínculo e as consequências daí oriundas devem ser apreciadas pela Justiça comum, e não pela Justiça do Trabalho.[434]

7) Também recentemente, decidiu o STF, que compete à Justiça comum processar e julgar controvérsias relacionadas à fase pré-contratual de seleção e de admissão de pessoal e eventual nulidade do certame em face da Administração Pública, direta e indireta, nas hipóteses em que adotado o regime celetista de contratação de pessoal.[435]

Na decisão do **RE 960429/RN**, em **05.03.2020**, afirmou o STF, que na fase pré-contratual ainda não existe um elemento essencial inerente ao contrato de trabalho, que é seu caráter personalíssimo, de índole privada. Ainda não há empregado e empregador. O que prevalece nesta etapa é o caráter público, isto é, o interesse da sociedade na estrita observância do processo administrativo que efetiva o concurso público.[436]

Nesses termos, essa fase anterior à contratação do empregado público deve se guiar por normas de direito público, notadamente do direito administrativo. Isso porque ainda não há, nesse momento, direito ou interesse decorrente da relação de trabalho, a atrair a competência da Justiça trabalhista. Na verdade, a contratação ainda não é uma realidade – e pode, inclusive, nem vir a ocorrer. Logo, não há que se falar ainda em direitos trabalhistas. Assim sendo, na fase pré-contratual há apenas uma expectativa do candidato de que a relação seja concretizada, caso venha a ser contratado.

Portanto, como o concurso público é um processo administrativo que visa à admissão do empregado, controvérsias relativas a essa fase devem ser pautadas, como já dito, por normas de direito público, prevalecendo a competência da Justiça Comum (estadual ou federal).[437]

8) Segundo o STF na **Rcl 4351 MC-AgR**, julgada em **11.11.2015**, a justiça comum é competente para processar e julgar causas em que se discuta a validade de vínculo jurídico-administrativo entre o poder público e servidores temporários. Nesse sentido, a Justiça competente para julgar litígios envolvendo servidores temporários (art. 37, IX, da CR/88) e a Administração Pública é a justiça comum (estadual ou federal). Portanto, a competência não é da Justiça do Trabalho, ainda que o autor da ação alegue que houve desvirtuamento do vínculo e mesmo que ele formule os seus pedidos baseados na CLT ou na lei do FGTS.

9) O STF após a Emenda nº 45/04, em mudança de entendimento (expressada no CC nº 7.204/MG[438]), passou a entender que é da **competência da Justiça do Tra-**

434. **ARE 1179455** AgR/PI, STF. Plenário. red. p/ o ac. Min. Roberto Barroso, julgado em **05.05.2020** (Informativo 976).
435. RE 960429/RN, STF. Plenário. Rel. Min. Gilmar Mendes, julgado em **04** e **05.03.2020** (repercussão geral – Tema 992) (Info 968).
436. RE 960429/RN, STF. Plenário. Rel. Min. Gilmar Mendes, julgado em **04** e **05.03.2020** (repercussão geral – Tema 992) (Info 968).
437. RE 960429/RN, STF. Plenário. Rel. Min. Gilmar Mendes, julgado em **04** e **05.03.2020** (repercussão geral – Tema 992) (Info 968).
438. Nesses termos foi o Conflito de Competência **nº 7.204,** julg. em 29.06.2005: *Constitucional. Competência judicante em razão da matéria. Ação de indenização por danos morais e patrimoniais decorrentes de acidente do trabalho, proposta pelo empregado em face de seu (ex-) empregador. Competência da justiça do trabalho. art. 114*

balho julgar ações indenizatórias por danos decorrentes de **acidente de trabalho**[439] (ação interposta pelo empregado contra seu ex-empregador). Nesse sentido, temos a ruptura com o tradicional posicionamento do Pretório Excelso de que a competência para esse tipo de ação seria da justiça comum estadual.

10) Segundo o STF, na CC nº 7.221/RS,[440] a competência da Justiça do Trabalho para processar e julgar ações sobre representação sindical, entre sindicatos, entre sindicatos e trabalhadores e entre sindicatos e empregadores, presente no inciso III do artigo 114 da Constituição de 1988, com a redação da Emenda nº 45, de 2004, abrange demandas propostas por sindicato de categoria econômica contra empregador, objetivando o reconhecimento do direito à contribuição assistencial.

11) Segundo o STF compete à justiça comum processar e julgar causas envolvendo complementação de aposentadoria por entidades de previdência privada.

---

da magna carta. Redação anterior e posterior à Emenda Constitucional nº 45/04. Evolução da jurisprudência do supremo tribunal federal. Processos em curso na justiça comum dos estados. Imperativo de política judiciária. Numa primeira interpretação do inciso I do art. 109 da Carta de Outubro, o STF entendeu que as ações de indenização por danos morais e patrimoniais decorrentes de acidente do trabalho, ainda que movidas pelo empregado contra seu ex empregador, eram da competência da Justiça comum dos Estados-Membros. 2. Revisando a matéria, porém, o Plenário concluiu que a Lei Republicana de 1988 conferiu tal competência à Justiça do Trabalho. Seja porque o art. 114, já em sua redação originária, assim deixava transparecer, seja porque aquela primeira interpretação do mencionado inciso I do art. 109 estava, em boa verdade, influenciada pela jurisprudência que se firmou na Corte sob a égide das Constituições anteriores. 3. Nada obstante, como imperativo de política judiciária – haja vista o significativo número de ações que já tramitaram e ainda tramitam nas instâncias ordinárias, bem como o relevante interesse social em causa –, o Plenário decidiu, por maioria, que o marco temporal da competência da Justiça trabalhista é o advento da EC 45/04. Emenda que explicitou a competência da Justiça Laboral na matéria em apreço. 4. A nova orientação alcança os processos em trâmite pela Justiça comum estadual, desde que pendentes de julgamento de mérito. É dizer: as ações que tramitam perante a Justiça comum dos Estados, com sentença de mérito anterior à promulgação da EC 45/04, lá continuam até o trânsito em julgado e correspondente execução. Quanto àquelas cujo mérito ainda não foi apreciado, hão de ser remetidas à Justiça do Trabalho, no estado em que se encontram, com total aproveitamento dos atos praticados até então. A medida se impõe, em razão das características que distinguem a Justiça comum estadual e a Justiça do Trabalho, cujos sistemas recursais, órgãos e instâncias não guardam exata correlação. 5. O STF, guardião-mor da Constituição Republicana, pode e deve, em prol da segurança jurídica, atribuir eficácia prospectiva às suas decisões, com a delimitação precisa dos respectivos efeitos, toda vez que proceder a revisões de jurisprudência definidora de competência ex ratione materiae. O escopo é preservar os jurisdicionados de alterações jurisprudenciais que ocorram sem mudança formal do Magno Texto. [...] 7. Conflito de competência que se resolve, no caso, com o retorno dos autos ao Tribunal Superior do Trabalho.

439. Conforme o Informativo 628 do STF: "*Compete à justiça do trabalho processar e julgar, nos termos do art. 114, VI, da CF, as causas referentes à indenização por dano moral e material oriundas de acidente de trabalho. Com esse entendimento, o Plenário desproveu recurso extraordinário no qual pretendida a fixação da competência da justiça comum para julgar ação trabalhista proposta por sucessores de trabalhador falecido.* Asseverou-se que a alteração da legitimidade ativa, no caso em tela, não deslocaria a competência daquela justiça especializada." RE 600.091/MG, Rel. Min. Dias Toffoli, **25.05.2011**.

440. **CC nº 7.221/RS** julg. em **01.06.2006:** Competência da Justiça do Trabalho – Contribuição assistencial – Sindicato da categoria econômica – Regência constitucional anterior à Emenda Constitucional nº 45/2004. *Ante o disposto no artigo 1º da Lei nº 8.984/95, à Justiça do Trabalho já competia julgar ação de sindicato de categoria econômica contra empregador, visando à contribuição assistencial estabelecida em contrato coletivo. Competência – Contribuição assistencial – Sindicato de categoria econômica – Emenda Constitucional nº 45/2004. A competência da Justiça do Trabalho para processar e julgar ações sobre representação sindical, entre sindicatos, entre sindicatos e trabalhadores e entre sindicatos e empregadores – inciso III do artigo 114 da Constituição Federal, com a redação da Emenda nº 45, de 2004 –, abrange demandas propostas por sindicato de categoria econômica contra empregador, objetivando o reconhecimento do direito à contribuição assistencial.*

Nesse sentido, a competência da justiça comum foi determinada independente da relação jurídica decorrer ou não do contrato de trabalho[441]. Em outro recente julgado, o STF decidiu novamente que compete à justiça comum (e não à Justiça do Trabalho) o julgamento de conflito de interesses a envolver a incidência de contribuição previdenciária, considerada a complementação de proventos. É interessante que, nesse caso, o STF afirmou que a discussão em tela teria natureza tributária, o que atrai a competência da Justiça comum, uma vez que no caso não se discutem verbas de natureza trabalhista, mas a incidência de contribuição social (espécie de tributo).[442]

12) Conforme a Súmula nº 363 do STJ, compete à Justiça Estadual processar e julgar a ação de cobrança ajuizada por profissional liberal contra cliente.

13) Conforme a Súmula nº 366 do STJ, seria de competência da Justiça Estadual processar e julgar ação indenizatória proposta por viúva e filhos de empregado falecido em acidentes de trabalho.[443] Porém, essa súmula **não mais encontra assento**, pois entende o STF que compete à Justiça do Trabalho o julgamento de ação de indenização por danos morais e materiais decorrentes de acidente do trabalho, mesmo se o ajuizamento se dá por sucessores do empregado. Nesses termos, o ajuizamento por sucessores não teria o condão de modificar a competência da Justiça do Trabalho.[444]

Sobre o tema ainda, temos que, o STF no final de 2009 prolatou a **Súmula Vinculante nº 22**, que preleciona que "a Justiça do trabalho é competente para processar e julgar as ações de indenização por danos morais e patrimoniais decorrentes de acidente de trabalho propostas por empregado contra empregador, inclusive aquelas

---

441. **RE 586.453/SE** julg. em **20.02.2013**: *1. A competência para o processamento de ações ajuizadas contra entidades privadas de previdência complementar é da Justiça comum, dada a autonomia do Direito Previdenciário em relação ao Direito do Trabalho. Inteligência do art. 202, § 2º, da CF a excepcionar, na análise desse tipo de matéria, a norma do art. 114, inciso IX, da Magna Carta. 2. Quando, como ocorre no presente caso, o intérprete está diante de controvérsia em que há fundamentos constitucionais para se adotar mais de uma solução possível, deve ele optar por aquela que efetivamente trará maior efetividade e racionalidade ao sistema. 3. Recurso extraordinário de que se conhece e ao qual se dá provimento para firmar a competência da Justiça comum para o processamento de demandas ajuizadas contra entidades privadas de previdência buscando-se o complemento de aposentadoria. 4. Modulação dos efeitos da decisão para reconhecer a competência da Justiça Federal do Trabalho para processar e julgar, até o trânsito em julgado e a correspondente execução, todas as causas da espécie em que houver sido proferida sentença de mérito até a data da conclusão, pelo Plenário do STF, do julgamento do presente recurso (20/2/2013). Ver também* **CC 7706 AgR** *segundo –ED – terceiros/SP, Rel.* Min Dias Toffoli, Julg. em **12.03.2015**.

442. **RE 594435/SP**, STF. Plenário. Rel. Min. Marco Aurélio, julgado em **24.05.2018**.

443. Nesse sentido: **CC nº 54.210/RO,** Rel. Min. Carlos Alberto Menezes Direito, *DJ* 12.12.2005.

444. Conforme o **Informativo nº 549 do STF:** *Compete à Justiça do Trabalho o julgamento de ação de indenização por danos morais e materiais decorrentes de acidente do trabalho. Com base nesse entendimento, o Tribunal resolveu conflito de competência suscitado pelo Tribunal Superior do Trabalho em face do Juízo de Direito da 4ª Vara Cível da Comarca de Joinville e declarou a competência da Justiça laboral para julgar ação de reparação de danos morais decorrentes de acidente de trabalho, com resultado morte, proposta pela companheira e pelos genitores do trabalhador morto. Reconheceu-se, inicialmente, ser do Supremo a competência para dirimir o conflito, com base no disposto no art. 102, I, o, da CR. Em seguida, asseverou-se que, após o advento da EC 45/2004, a orientação da Corte teria se firmado no sentido da competência da Justiça do Trabalho para o julgamento da questão sob análise. Aduziu-se, ademais, que o ajuizamento da ação de indenização pelos sucessores não modificaria a competência da justiça especializada, haja vista ser irrelevante a transferência do direito patrimonial em razão do óbito do empregado.* (**CC nº 7.545,** Rel Min. Eros Grau, **julg. em 03.06.2009**).

que ainda não possuíam sentença de mérito em primeiro grau quando da promulgação da emenda constitucional nº 45/04".

14) Nos termos da **Súmula Vinculante nº 23** do STF a Justiça do Trabalho é competente para processar e julgar ação possessória ajuizada em decorrência do exercício do direito de greve pelos trabalhadores da iniciativa privada.

15) Segundo o STF, nos termos do RE 459.510/MT, julgado em 26.11.2015, compete à justiça federal processar e julgar o crime de redução à condição análoga à de escravo (art. 149 do CP). Nesses termos, o tipo previsto no art. 149 do CP caracteriza-se como crime contra a organização do trabalho e, portanto, atrai a competência da justiça federal à luz do art. 109, VI, da CR/88.

16) Segundo o STF, compete à Justiça Comum (e não à Justiça do Trabalho) julgar as ações propostas por ferroviários pensionistas e aposentados das antigas ferrovias do Estado de São Paulo, que foram absorvidas pela Ferrovia Paulista S/A, sucedida pela extinta Rede Ferroviária Federal, com vistas à complementação de suas pensões e aposentadorias em face da União. O STF entendeu que esta é uma causa oriunda de uma relação estatutária. Assim, não há relação de trabalho que justifique a competência da Justiça do Trabalho.[445]

17) Segundo o STF, compete à Justiça Comum Estadual (juízo da infância e juventude) apreciar os pedidos de alvará visando à participação de crianças e adolescentes em representações artísticas. Assim sendo, não se trata de competência da Justiça do Trabalho. Nesses termos, o art. 114, I e IX, da CR/88 não abrange os casos de pedido de autorização para participação de crianças e adolescentes em eventos artísticos, considerando que não há, no caso, conflito atinente à relação de trabalho. Nesse sentido, trata-se de pedido de conteúdo nitidamente civil.[446]

18) Conforme citamos, nos termos do art. 114 da CR/88, compete à Justiça do Trabalho processar e julgar: (...) VIII - a execução, de ofício, das contribuições sociais previstas no art. 195, I, "a", e II, e seus acréscimos legais, decorrentes das sentenças que proferir; (Incluído pela Emenda Constitucional nº 45/2004). É bem verdade que essa competência já existia desde a EC 20/98, que incluiu o antigo § 3º ao art. 114 (agora no art.114, VII da CR/88).

Aqui, já decidiu o STF no RE 595326, que essa competência poderia ser aplicada para decisões prolatadas pela Justiça do Trabalho em data anterior à EC 20/98. Com isso, a Justiça do Trabalho pode executar contribuições sociais relacionadas com sentenças anteriores à EC 20/98.[447]

---

445. **Rcl 24990 AgR/SP**, STF. 1ª Turma. rel. p/ o acórdão Min. Roberto Barroso, julgado em **20.03.2018** (Info 895).
446. **ADI 5326/DF**, STF. Plenário. Rel. Min. Marco Aurélio, julgado em **27.09.2018** (Inf. 917).
447. **RE 595326,** STF. Plenário. Rel. Marco Aurélio, julgado em **24.08.2020** (Repercussão Geral – Tema 505).

Assim sendo, para o STF, o § 3º do art. 114 da CR/88, inserido pela EC 20/98, é norma que versa sobre competência e, portanto, tem natureza instrumental (processual). As normas instrumentais têm aplicação imediata.[448]

Nesses termos, o art. 1.046 do Código de Processo Civil afirma que as regras processuais são aplicadas desde logo aos processos pendentes. Da mesma forma, o art. 14 do CPC prevê que a "norma processual não retroagirá e será aplicável imediatamente aos processos em curso, respeitados os atos processuais praticados e as situações jurídicas consolidadas sob a vigência da norma revogada."[449]

Nesse sentido, a execução das contribuições sociais pela Justiça do Trabalho mesmo quanto aos processos anteriores à EC 20/98 não representa aplicação retroativa da nova competência. Trata-se de aplicação imediata da regra para procedimento (execução) que ainda não ocorreu. Ficam preservadas as situações eventualmente consolidadas no antigo regime.

Portanto, a Justiça do Trabalho é competente para executar, de ofício, as contribuições previstas no art. 195, incisos I, alínea "a", e II, da Carta da República, relativamente a títulos executivos judiciais por si formalizados em data anterior à promulgação da Emenda Constitucional nº 20/1998.[450]

19) Por último, temos que, conforme o STF, a Justiça do Trabalho não tem competência para processar e julgar ações penais. Nesses termos, em 2007, o STF, ao julgar medida cautelar na ADI 3684 proposta contra a EC 45/2004, decidiu que "o disposto no art. 114, incs. I, IV e IX, da Constituição da República, acrescidos pela Emenda Constitucional nº 45, não atribui à Justiça do Trabalho competência para processar e julgar ações penais. Posteriormente, em 11.05.2020, o STF julgou em definitivo a ADI 3684, e confirmou a decisão prolatada na medida cautelar.[451]

5.7. Tribunal Superior Eleitoral e a Justiça Eleitoral

Conforme dicção constitucional, são órgãos da Justiça Eleitoral: o Tribunal Superior Eleitoral; os Tribunais Regionais Eleitorais; os Juízes Eleitorais; e as Juntas Eleitorais.[452]

---

448. **RE 595326,** STF. Plenário. Rel. Marco Aurélio, julgado em **24.08.2020** (Repercussão Geral – Tema 505).
449. **RE 595326,** STF. Plenário. Rel. Marco Aurélio, julgado em **24.08.2020** (Repercussão Geral – Tema 505).
450. **RE 595326,** STF. Plenário. Rel. Marco Aurélio, julgado em **24.08.2020** (Repercussão Geral – Tema 505).
451. **ADI 3684**, STF. Plenário. Rel. Gilmar Mendes, julgado em **11.05.2020** (Inf. 980).
452. Segundo a Constituição de 1988, lei complementar disporá sobre a organização e competência dos tribunais, dos juízes de direito e das juntas eleitorais. Sobre as **Juntas Eleitorais** temos a informar, conforme a Lei nº 4.737/65 que: Art. 36. Compor-se-ão as ***juntas eleitorais*** de um juiz de direito, que será o presidente, e de 2 (dois) ou 4 (quatro) cidadãos de notória idoneidade. § 1º Os membros das juntas eleitorais serão nomeados 60 (sessenta) dia antes da eleição, depois de aprovação do Tribunal Regional, pelo presidente deste, a quem cumpre também designar-lhes a sede. § 2º Até 10 (dez) dias antes da nomeação os nomes das pessoas indicadas para compor as juntas serão publicados no órgão oficial do Estado, podendo qualquer partido, no prazo de 3 (três) dias, em petição fundamentada, impugnar as indicações. § 3º Não podem ser nomeados membros das Juntas, escrutinadores ou auxiliares: I – os candidatos e seus parentes, ainda que por afinidade, até o segundo

O **Tribunal Superior Eleitoral** compor-se-á, no mínimo, de **7 (sete)** membros, escolhidos do seguinte modo:

- mediante eleição, pelo voto secreto: 3 (três) juízes dentre os Ministros do Supremo Tribunal Federal; e 2 (dois) juízes dentre os Ministros do Superior Tribunal de Justiça;
- por nomeação do Presidente da República, 2 (dois) juízes dentre 6 (seis) advogados de notável saber jurídico e idoneidade moral, indicados pelo Supremo Tribunal Federal.

Aqui, é interessante salientar que os advogados, nomeados pelo Presidente da República, não vão passar pelo crivo do Senado. Nesse sentido, a lista sêxtupla será elaborada pelo STF e será encaminhada ao Chefe do Executivo, que irá nomear os Ministros oriundos da advocacia.

Já os Ministros do TSE oriundos do STF (3 Ministros) e do STJ (2 Ministros) serão eleitos nos próprios Tribunais mediante voto secreto.

O Tribunal Superior Eleitoral[453] elegerá seu Presidente e o Vice-Presidente dentre os Ministros do Supremo Tribunal Federal, e o Corregedor Eleitoral dentre os Ministros do Superior Tribunal de Justiça.[454]

Sobre os Tribunais Regionais Eleitorais, certo é que haverá um Tribunal Regional Eleitoral na Capital de cada Estado e no Distrito Federal. Este será composto por:

- mediante eleição, pelo voto secreto: de 2 (dois) juízes dentre os desembargadores do Tribunal de Justiça; de 2 (dois) juízes, dentre juízes de direito, escolhidos pelo Tribunal de Justiça; de 1 (um) juiz do Tribunal Regional Federal com sede na Capital do Estado ou no Distrito Federal, ou, não havendo, de Juiz Federal, escolhido, em qualquer caso, pelo Tribunal Regional Federal respectivo;
- por nomeação, pelo Presidente da República, de dois juízes dentre seis advogados de notável saber jurídico e idoneidade moral, indicados pelo Tribunal de Justiça.

---

grau, inclusive, e bem assim o cônjuge; II – os membros de diretorias de partidos políticos devidamente registrados e cujos nomes tenham sido oficialmente publicados; III – as autoridades e agentes policiais, bem como os funcionários no desempenho de cargos de confiança do Executivo; IV – os que pertencerem ao serviço eleitoral. Art. 40. ***Compete à Junta Eleitoral***: I – apurar, no prazo de 10 (dez) dias, as eleições realizadas nas zonas eleitorais sob a sua jurisdição. II – resolver as impugnações e demais incidentes verificados durante os trabalhos da contagem e da apuração; III – expedir os boletins de apuração mencionados no Art. 178; IV – expedir diploma aos eleitos para cargos municipais. Parágrafo único. Nos municípios onde houver mais de uma junta eleitoral a expedição dos diplomas será feita pelo que for presidida pelo juiz eleitoral mais antigo, à qual as demais enviarão os documentos da eleição.

453. Nos termos do art. 121 § 3º, da CR/88: São irrecorríveis as decisões do Tribunal Superior Eleitoral, salvo as que contrariarem esta Constituição e as denegatórias de "habeas-corpus" ou mandado de segurança.

454. Nos termos do art. 119, § único, da CR/88.

Os Tribunais Regionais Eleitorais[455] elegerão seus Presidentes e os Vice-Presidentes dentre os seus desembargadores.

Os membros dos Tribunais, os juízes de direito e os integrantes das juntas eleitorais, no exercício de suas funções e no que lhes for aplicável, gozarão de plenas garantias e serão inamovíveis.

Conforme dispositivo constitucional, os juízes dos Tribunais Eleitorais, salvo motivo justificado, servirão por dois anos, no mínimo, e nunca por mais de dois biênios consecutivos, sendo os substitutos escolhidos na mesma ocasião e pelo mesmo processo, em número igual para cada categoria.

Por último, é importante ressaltarmos um tema (já citado na obra) recorrente no debate eleitoral brasileiro dos últimos anos. Esse é o tema do *"caixa dois"* em campanha. Segundo o STF, a doação eleitoral por meio de "caixa dois" é uma conduta que configura crime eleitoral de falsidade ideológica do art. 350 do Código Eleitoral. Nesses termos, a competência para processar e julgar este delito é da Justiça Eleitoral. Portanto, a existência de crimes conexos de competência da Justiça Comum, como corrupção passiva e lavagem de capitais, não afasta a competência da Justiça Eleitoral, por força do art. 35, II, do CE e do art. 78, IV, do CPP.[456]

5.8. Superior Tribunal Militar e a Justiça Militar

Segundo a Constituição, são órgãos da Justiça Militar:[457] a) o Superior Tribunal Militar; b) os Tribunais e Juízes Militares instituídos por lei.

O **Superior Tribunal Militar** compor-se-á de **15 (quinze) Ministros** vitalícios, nomeados pelo Presidente da República, depois de aprovada a indicação pelo Senado Federal, sendo 3 (três) dentre oficiais-generais da Marinha, 4 (quatro) dentre oficiais-generais do Exército, 3 (três) dentre oficiais-generais da Aeronáutica, todos da ativa e do posto mais elevado da carreira, e cinco dentre civis.

455. Conforme o art. 121, § 4º, da CR/88: *Das decisões dos Tribunais Regionais Eleitorais somente caberá recurso quando: I – forem proferidas contra disposição expressa desta Constituição ou de lei; II – ocorrer divergência na interpretação de lei entre dois ou mais tribunais eleitorais; III – versarem sobre inelegibilidade ou expedição de diplomas nas eleições federais ou estaduais; IV – anularem diplomas ou decretarem a perda de mandatos eletivos federais ou estaduais; V – denegarem "habeas-corpus", mandado de segurança, "habeas-data" ou mandado de injunção.* Por último, é importante salientar que, conforme a **Súmula nº 368 do STJ:** *compete à Justiça comum estadual processar e julgar os pedidos de ratificação de dados cadastrais da Justiça Eleitoral.*

456. Em tese, se o agente pratica, por exemplo, os crimes de: a) corrupção passiva (art. 317 do CP); b) falsidade ideológica (art. 350 do Código Eleitoral); c) lavagem de dinheiro (art. 1º da Lei nº 9.613/98), e todos os crimes praticados são conexos, como ficará a competência para julgar estes delitos? Qual será a Justiça competente? Justiça eleitoral. Competirá à Justiça Eleitoral julgar todos os delitos. No concurso entre a jurisdição penal comum e a especial (como a eleitoral), prevalecerá esta na hipótese de conexão entre um delito eleitoral e uma infração penal comum. O fundamento para isso está no art. 35, II, do Código Eleitoral e no art. 78, IV, do CPP. Ver: PET 7319/DF, STF. 2ª Turma. Rel. Min. Edson Fachin, julgado em **27.03.2018**.

457. Nos termos do § único do art. 124 da CR/88: *A lei disporá sobre a organização, o funcionamento e a competência da Justiça Militar.*

Os **Ministros civis** são escolhidos pelo Presidente da República, dentre brasileiros com mais de trinta e cinco e menos de sessenta e cinco anos de idade sendo:

- 3 (três) dentre advogados de notório saber jurídico e conduta ilibada, com mais de dez anos de efetiva atividade profissional;
- 2 (dois), por escolha paritária, dentre juízes federais da Justiça Militar e membros do Ministério Público da Justiça Militar (redação dada pela Lei nº 13.774/2018).

Aqui, são necessárias algumas observações: 1) não haverá lista tríplice ou sêxtupla para a indicação pelo Chefe do Poder Executivo. Apenas o Presidente irá indicar o nome que será submetido à sabatina do Senado para a **aprovação por maioria simples.**[458] Se aprovado o nome, o Presidente irá nomeá-lo para o cargo. 2) Em relação aos Ministros oficiais, há necessidade de os mesmos serem brasileiros natos, nos termos do art. 12, § 3º, VI, da CR/88.

Após a composição e requisitos para o cargo de Ministros do STM, temos que diferenciar a **Justiça Militar Federal (da União)** da **Justiça Militar Estadual (dos Estados).**

Primeiramente, temos que a **Justiça Militar da União** será composta na primeira instância pelos Conselhos de Justiça (Especial de Justiça e Permanente de Justiça), que funcionam nas sedes das auditorias militares.[459]

Com a nova redação da Lei nº 8.457/92 dada pela Lei nº13.774/2018, o **Conselho Especial de Justiça** *será constituído pelo juiz federal da Justiça Militar ou juiz federal substituto da Justiça Militar, que o presidirá, e por quatro juízes militares, dentre os quais um oficial-general ou oficial superior*; Já o **Conselho Permanente de Justiça** *será constituído pelo juiz federal da Justiça Militar ou juiz federal substituto da Justiça Militar, que o presidirá, e por quatro juízes militares, dentre os quais pelo menos um oficial superior.*

Os Conselhos Especial e Permanente funcionarão na sede das Auditorias, salvo casos especiais por motivo relevante de ordem pública ou de interesse da Justiça e pelo tempo indispensável, mediante deliberação do Superior Tribunal Militar.[460]

458. Aqui há uma diferença interessante, pois a aprovação pelo Senado nos casos de Ministros do STF, STJ e TST exige um quórum de maioria absoluta.

459. Sobre os Conselhos, ver os arts. 16 a 22 da Lei nº 16 a 26 da Lei nº 8.457/92 atualizada pela Lei nº 13.774/2018. É interessante que a nova Lei nº 13.774/2018 acaba com a nomenclatura de **Juízes Auditores** e **Juízes Auditores Substitutos**. Agora temos: ***juízes federais da Justiça Militar e os juízes federais substitutos da Justiça Militar.***

460. Conforme a Lei nº 8.457/92: Art. 27. Compete aos conselhos: *I – Especial de Justiça, processar e julgar oficiais, exceto oficiais-generais, nos delitos previstos na legislação penal militar, II – Permanente de Justiça, processar e julgar militares que não sejam oficiais, nos delitos a que se refere o inciso I do caput deste artigo. (Redação dada pela Lei nº 13.774, de 2018) Parágrafo único. Compete aos Conselhos de Justiça das Auditorias da circunscrição com sede na Capital Federal processar e julgar os crimes militares cometidos fora do território nacional, observado o disposto no Decreto-Lei nº 1.002, de 21 de outubro de 1969 (Código de Processo Penal Militar) acerca da competência pelo lugar da infração. (Incluído pela Lei nº 13.774, de 2018) Art. 28. Compete ainda aos conselhos: I – decretar a prisão preventiva de acusado, revogá-la ou restabelecê-la; II – conceder menagem e liberdade provisória, bem como revogá-las; III – decretar*

A instância superior dessa Justiça será justamente o STM (Superior Tribunal Militar). Aqui, é bom deixarmos consignado que **não** uma segunda instância (pelo menos em tempo de paz), ou seja, um órgão intermediário entre os Conselhos de Justiça e o STM.[461]

É interessante que a **Lei nº 8.457/1992** (que organiza a Justiça Militar da União e regula o funcionamento de seus Serviços Auxiliares), atualizada pela **Lei nº 13.774** de **19.12.2018**, afirma que são órgãos da Justiça Militar: I – o Superior Tribunal Militar; II – a Corregedoria da Justiça Militar (redação dada pela Lei nº 13.774/2018); II-A – o Juiz-Corregedor Auxiliar (redação dada pela Lei nº 13.774/2018); III – os Conselhos de Justiça; IV – os juízes federais da Justiça Militar e os juízes federais substitutos da Justiça Militar (redação dada pela Lei nº 13.774/2018).

A competência da Justiça Militar da União é **exclusivamente penal,**[462] sendo de atribuição da mesma processar e julgar os crimes militares definidos em lei.

Outro ponto relevante será que a mesma julgará os integrantes das **forças armadas nacionais** (no caso: Exército, Marinha e Aeronáutica) **além de civis.** Em regra, os crimes militares em tempo de paz são praticados somente por militares[463]. No entanto, *excepcionalmente*, é possível que civis também cometam crimes militares.

---

medidas preventivas e assecuratórias, nos processos pendentes de seu julgamento; IV – declarar a inimputabilidade de acusado nos termos da lei penal militar, quando constatada aquela condição no curso do processo, mediante exame pericial; V – decidir as questões de direito ou de fato suscitadas durante instrução criminal ou julgamento; VI – ouvir o representante do Ministério Público sobre as questões suscitadas durante as sessões; VII – conceder a suspensão condicional da pena, nos termos da lei; VIII – praticar os demais atos que lhe forem atribuídos em lei.

461. Lei nº 8.457/92: Art. 89. Na vigência do **estado de guerra**, são órgãos da Justiça Militar junto às forças em operações: I – os Conselhos Superiores de Justiça Militar; II – os Conselhos de Justiça Militar; III – os juízes federais da Justiça Militar. (Redação dada pela Lei nº 13.774/2018) Art. 90. Compete aos órgãos referidos no artigo anterior o processo e julgamento dos crimes praticados em teatro de operações militares ou em território estrangeiro, militarmente ocupados por forças brasileiras, ressalvado o disposto em tratados e convenções internacionais. Parágrafo único. O agente é considerado em operações militares desde o momento de seu deslocamento para o teatro de operações ou para o território estrangeiro ocupado. Art. 91. O Conselho Superior de Justiça Militar é órgão de segunda instância e compõe-se de 2 (dois) oficiais-generais, de carreira ou da reserva convocados, e 1 (um) juiz federal da Justiça Militar, nomeados pelo Presidente da República. (Redação dada pela Lei nº 13.774/2018) Parágrafo único. A Presidência do Conselho Superior de Justiça Militar é exercida pelo juiz federal da Justiça Militar. (Redação dada pela Lei nº 13.774/2018.)

462. **Diferentemente da Justiça Militar Estadual,** que com o advento da **Emenda Constitucional nº 45/04** passou a ter competência para julgar não só **matéria penal,** mas também **matéria civil.**

463. Como exemplo, citamos o HC nº125.326/RS julg. em 17.03.2015: "(...) 1. O Supremo Tribunal Federal já assentou que o cometimento de delito por agente militar contra vítima militar somente desafia a competência da Justiça Castrense nos casos em que *houver vínculo direto com o desempenho da atividade militar*. Nesse diapasão, *"a mera condição da vítima e do agressor não tem a virtude de acionar a competência da Justiça Militar"* (HC 121.778/AM, Rel. Min. Luiz Fux, 1ª Turma, DJe 01.7.2014). 2. A subtração do cartão magnético e da senha bancária da vítima, militar, pelo paciente, também militar, *ocorreu no interior da caserna durante o serviço de guarda da organização militar*. 3. **Competência da Justiça Castrense** para processamento e julgamento da ação penal de origem, nos termos do art. 9º, II, "a", do Código Penal Militar. Precedentes. 4. Ordem denegada." 1ª Turma. Rel. Min. Rosa Weber. No mesmo sentido: *"Compete à Justiça Militar julgar crime cujo autor e vítima sejam militares, desde que ambos estejam em serviço e em local sujeito à administração militar. O mero fato de a vítima e de o agressor serem militares não faz com que a competência seja obrigatoriamente da Justiça Militar. O cometimento de delito por militar contra vítima militar somente será de competência da Justiça Castrense nos casos em que houver vínculo direto com o desempenho da atividade militar.* STF. 1ª Turma. **HC 135019/SP**, Rel. Min. Rosa Weber, julgado em **20.09.2016**.

No **HC 109.574**, julgado em **20.11.2012** pelo STF, temos crime de estelionato praticado contra patrimônio sob a administração militar. No caso, Filha de militar que declarou, falsamente, sua condição de solteira para obter o pagamento de parte da pensão devida pelo óbito de seu pai. Nesse sentido: "Competência da Justiça Militar. Ordem denegada. 1. O crime em comento, classificado como crime militar em sentido impróprio, pois previsto tanto na legislação castrense (art. 251 do CPM), quanto na legislação penal comum (art. 171 do CP), tem por objeto jurídico tutelado ofendido o patrimônio público sujeito à administração militar. 2. A conduta da paciente, que informou falsamente à Administração Militar ostentar a condição de solteira e, assim, obteve vantagem ilícita consistente na obtenção de pensão decorrente do falecimento de servidor aposentado, paga pela administração militar, amolda-se perfeitamente ao crime capitulado no art. 251, caput, do Código Penal Militar. 3. Competência da Justiça Militar para processar e julgar a respectiva ação penal (artigo 9º, III, a, do Código Penal Militar)".

Já no **HC 116.124** entendeu o STF que a conduta de ingressar em território das Forças Armadas afronta diretamente a integridade e o funcionamento das instituições militares. No caso foi reconhecida a competência da Justiça Militar da União para processar e julgar o crime de ingresso clandestino em quartel militar praticado por civis.[464]

Na sequência, no **HC 110233/AM** julgado em **10.10.2017**, entendeu o STF, que compete à Justiça Militar, julgar militar acusado de autorizar a navegação de uma balsa sem a realização de vistorias necessárias. Essa conduta caracteriza-se como sendo falsidade ideológica (art. 312 do CPM), sendo crime militar, nos termos do art. 9º, II, "e", do Código Penal Militar.[465]

No **HC 113.423/SP julgado em 05.02.2013**, temos o crime do art. 251, *caput* do CPM praticado (**por civil**) em detrimento do fundo de pensionistas do exército brasileiro, conforme a ementa: "(...) Apesar da tendência de limitar a atuação da Justiça Castrense em tempos de paz, o saque indevido por civil de benefício de pensão militar afeta bens e serviços das instituições militares, estando justificada a competência da Justiça militar". No mesmo sentido decidiu a 2ª Turma do STF no **HC nº 125.777** julgado em **21.06.2016**.[466] Na mesma linha de raciocínio, decidiu a 2ª Turma do STF em **04.10.2016** no **HC nº 136.539** que compete à Justiça Militar julgar a conduta de ex-militar acusado do crime de "apropriação de coisa

464. **HC 116.124**: *"Subsunção do comportamento dos agentes ao preceito primário incriminador consubstanciado no art. 9º, III, a, do CPM. Reconhecida a competência da Justiça Militar da União para processar e julgar o crime de ingresso clandestino em quartel militar praticado por civis".* Rel. Min Gilmar Mendes. Julg: **13.08.2013.**

465. **HC 110233/AM**, STF. 1ª Turma. Rel. p/ o ac. Min. Marco Aurélio, julgado em **10.10.2017**.

466. *Compete à Justiça Militar julgar a conduta de civil que saca valores oriundos de pensão militar depositados na conta bancária de ex-militar que faleceu e a Administração Militar, por desconhecer a morte, continuou depositando, por engano, o valor da pensão durante meses após o óbito. O saque indevido por civil de benefício de pensão militar afeta bens e serviços das instituições militares, estando justificada a competência da Justiça Militar.* HC 125777/CE, Rel. Min. Gilmar Mendes, julg. em 21.06.2016.

havida acidentalmente" (art. 249 do CPM) pelo fato de ele, mesmo depois de desincorporado das fileiras, ter continuado sacando o soldo que era depositado por engano em sua conta. Por último, no **HC nº 113.128/RJ,** decidiu o STF que compete à Justiça Militar processar e julgar **civil** acusado de desacato e desobediência praticados contra militar das Forças Armadas no "desempenho de serviço de vigilância, garantia e preservação da ordem pública" (art. 9º, III, d, C.P.M).[467]

Por último, já decidiu o STF que não se exige a manutenção do *status* de militar como requisito de procedibilidade e de prosseguimento da ação penal que apura a prática de crime de violência contra inferior (art. 15 do Código Penal Militar). Ou seja, o Réu pode ser condenado por crime de violência contra inferior mesmo que, durante a tramitação do processo, deixe de ser militar.[468] Também já decidiu o STF que o fato de o paciente não mais integrar as fileiras das Forças Armadas não tem qualquer relevância sobre o prosseguimento da ação penal pelo delito tipicamente militar de abandono do posto, visto que ele, no tempo do crime, era soldado da ativa. Com efeito, para o STF, essa pretensão, se levada a cabo, acarretaria uma nova modalidade, não prevista em lei, de extinção de punibilidade pela prática de crime tipicamente próprio pela perda superveniente da condição de militar, o que não é aceitável.[469]

Porém, aqui devemos chamar a atenção para a necessidade da caracterização do crime militar e de sua excepcionalidade quando praticado por civil. Nesses termos, o STF tem sido muito mais restritivo que o Superior Tribunal Militar.

Como exemplo, temos no **HC 100.230/SP**, julgado em **17.08.2010** que: "(...) o cometimento do **delito militar** por **agente civil**, em **tempo de paz**, dá-se em **caráter excepcional,** a Turma concedeu ***habeas corpus*** para declarar a **incompetência da justiça castrense** para o julgamento de civis suspeitos de realizar "pichações" em edifício residencial sob a administração militar. Realçou-se a peculiaridade de o Ministério Público Militar ter impetrado este writ, em favor dos pacientes, contra acórdão do STM. Frisou-se, ainda, a ausência de vontade dos pacientes de se contraporem às Forças Armadas ou de impedir a continuidade de eventual operação militar ou atividade genuinamente castrense. HC deferido para determinar a remessa dos autos à justiça comum federal (...)". Já conforme o **HC 112.936/RJ,**

---

467. Ementa: *"1. Compete à Justiça Militar processar e julgar civil acusado de desacato e desobediência praticados contra militar das Forças Armadas no "desempenho de serviço de vigilância, garantia e preservação da ordem pública". Precedente da Primeira Turma: HC 115.671 (...); 2. O Plenário do STF declarou a constitucionalidade do art. 90-A da Lei nº 9.099/95, com a redação dada pela Lei nº 9.839/99. Inaplicabilidade da Lei dos Juizados Especiais Cíveis e Criminais no âmbito da Justiça Militar (...)"* **HC nº 113.128**, 1ª Turma – Julg. em **10.12.2013**.

468. **HC 137741 STF.** 1ª Turma. AgR e AgR-segundo/RS, Rel. Min. Rosa Weber, julgado em **25.06.2019** (Info 945). No mesmo sentido: (...) Não prospera a alegação do impetrante de incompetência da Justiça Militar para processar e julgar o paciente pelo delito previsto no art. 290 do Código Penal Militar (posse de entorpecente em lugar sujeito à administração militar). Isso porque no momento do delito ele ostentava a condição de militar, sendo irrelevante que, posteriormente, tenha se licenciado. (...) STF. 2ª Turma. HC 137025, Rel. Min. Ricardo Lewandowski, julgado em 11.10.2016.

469. STF. 2ª Turma. HC 130793, Rel. Min. Dias Toffoli, julgado em 02.08.2016.

julgado pela 2ª Turma do STF em **05.02.2013**: "Compete à justiça federal comum processar e julgar civil, em tempo de paz, por delitos alegadamente cometidos por estes em ambiente estranho ao da Administração castrense e praticados contra militar das Forças Armadas (do exército) na função de policiamento ostensivo, que traduz típica atividade de segurança pública (no caso de ocupação e pacificação de comunidades cariocas)". E nos termos do **HC nº 121.819** julg. em **19.08.2014**: "A 1ª Turma, por maioria, deferiu, em parte, ordem de "habeas corpus" para declarar insubsistentes os atos decisórios proferidos pela justiça militar, e determinar a remessa do processo-crime à justiça federal. No caso, o paciente, civil, fora denunciado pela suposta prática do crime de uso de documento falso (CPM, art. 315), por ter apresentado "notas frias" para a regularização de embarcações perante a Marinha do Brasil. Prevaleceu o voto do Ministro Roberto Barroso. Consignou que as atividades do paciente não o qualificariam ou o inseririam em função eminentemente militar, pois as notas fiscais falsificadas utilizadas para o registro de embarcações teriam atingido bens e serviços de cunho administrativo, não militar. Nada obstante, ressaltou que haveria interesse da União, a atrair a competência da justiça federal (CF, art. 109, IV)."[470] Nesses termos, foi a edição da **Súmula vinculante nº 36 do STF**, que em seu enunciado afirma que: *"Compete à Justiça Federal comum processar e julgar civil denunciado pelos crimes de falsificação e de uso de documento falso quando se tratar de falsificação da Caderneta de Inscrição e Registro (CIR) ou de Carteira de Habilitação de Arrais- Amador (CHA), ainda que expedidas pela Marinha do Brasil."*

Aqui a conclusão é a de que a definição do crime como militar (e da competência da justiça militar), dependerá sempre da análise do caso concreto. Embora para o STF, conforme salientamos, as condutas praticadas por civis somente devem ser enquadradas como crimes militares em **caráter excepcional**, apenas nos casos em que a ofensa ao bem jurídico tutelado recair sobre a função de natureza eminentemente militar, quais sejam, a defesa da Pátria, a garantia dos poderes constitucionais e, por iniciativa de qualquer destes, da lei e da ordem.[471]

Por último, temos ainda, que conforme a recente Lei nº13.491 de 13.10.2017, os crimes de que trata o art.9º do Código Penal Militar, quando dolosos contra a vida e **cometidos por militares das Forças Armadas** contra civil, serão da competência da Justiça Militar da União, se praticados no contexto: I – do cumprimento de atribuições que lhes forem estabelecidas pelo Presidente da República ou pelo Ministro de Estado da Defesa; II – de ação que envolva a segurança de instituição militar ou de missão militar, mesmo que não beligerante; ou III – de atividade de natureza militar, de operação de paz, de garantia da lei e da ordem ou de atribuição subsidiária, realizadas em conformidade com o disposto no art. 142 da Constituição Federal e na

---

470. No caso então decidiu o STF que compete à Justiça Federal comum jugar o civil que falsifica ou utiliza documento falso perante a Marinha do Brasil.
471. HC 86.216/MG, Rel. Min. Ayres Britto, 1ª Turma, DJe 24.10.2008

forma dos seguintes diplomas legais: a) Lei nº 7.565, de 19 de dezembro de 1986 – Código Brasileiro de Aeronáutica; b) Lei Complementar nº 97, de 9 de junho de 1999; c) Decreto-Lei nº 1.002, de 21 de outubro de 1969 – Código de Processo Penal Militar; e d) Lei nº 4.737, de 15 de julho de 1965 – Código Eleitoral.

Já a **Justiça Militar Estadual**[472] é composta por Conselhos de Justiça e juízes de direito do Juízo Militar (Juízes auditores) e, conforme previsão constitucional, por Tribunal de Justiça Militar (nos casos atuais do: São Paulo, Minas Gerais e Rio Grande do Sul) ou pelos Tribunais de Justiça locais (com a possibilidade de instituição de Câmara especializada).[473] Certo é que das decisões dos TJMs ou dos TJs caberá recursos para o STJ e/ou STF.[474] Nesse sentido, não há possibilidade de recurso para o Superior Tribunal Militar (STM), pois o mesmo apenas tem competência para processar e julgar causas da Justiça Militar da União (que dizem respeito às forças armadas do: Exército, Marinha e Aeronáutica e o julgamento de seus integrantes).

Sobre as competências da Justiça Militar Estadual, a mesma julgará **somente** o policial militar, e o policial bombeiro militar, **não** julgando civil.[475] Nesse sentido, é a dicção constitucional que afirma que compete à Justiça Militar Estadual processar e julgar os militares dos Estados, nos crimes militares definidos em lei e as ações judiciais **contra atos disciplinares militares,**[476] ressalvada a competência do Júri quando a vítima for civil, cabendo ao tribunal competente decidir sobre a perda do posto e da patente dos oficiais e da graduação das praças.[477] Temos ainda, nos termos do

472. Nos moldes da **Lei nº 11.697/08** em seu **art. 36:** A Justiça Militar do Distrito Federal será exercida: I – pelo Tribunal de Justiça em segundo grau; II – pelo Juiz Auditor e pelos Conselhos de Justiça. § 1º Compete à Justiça Militar o processo e o julgamento dos crimes militares, definidos em lei, praticados por Oficiais e Praças da Polícia Militar do Distrito Federal e do Corpo de Bombeiros Militar do Distrito Federal.
473. Conforme o **art. 125, § 3º, da CR/88:** A lei estadual poderá criar, mediante proposta do Tribunal de Justiça, a Justiça Militar estadual, constituída, em primeiro grau, pelos juízes de direito e pelos Conselhos de Justiça e, em segundo grau, pelo próprio Tribunal de Justiça, ou por Tribunal de Justiça Militar nos Estados em que o efetivo militar seja superior a vinte mil integrantes. (Redação dada pela Emenda Constitucional nº 45, de 2004).
474. Conforme a **CC nº 7.346/SP** presente no **Informativo nº 435** do STF.
475. Nesses termos, se um civil furtar em um quartel militar estadual, ele será processado e julgado pela Justiça comum, nos moldes do CP e CPP. Porém, tratando-se de crime culposo praticado por civil contra militar, decidiu o STF (decisão presente no **Informativo nº 273**) que, como inexistia o intuito de atingir a administração militar, a competência para julgamento seria da Justiça comum. **(CC nº 7040/RS).**
476. Novidade apresentada pela **EC nº 45/04,** pois anteriormente eram julgados pelas Varas de Fazenda Pública.
477. Nos termos do **art. 125, § 4º, da CR/88**. Aqui é interessante salientar que, se um militar praticar um crime doloso contra a vida de outro militar, a competência será da Justiça Militar (será do Conselho Militar presidido por um Juiz de Direito da Justiça Militar Estadual). Porém, se a vítima for **civil,** a competência será do **Tribunal do Júri (ver Lei nº 13.491/2017, art.1§1º).** Já se o Militar Estadual pratica crime militar definido em lei (**exceto crime doloso contra vida**, obviamente, em que a competência será do Tribunal do Júri) contra um civil ele será julgado pela **Justiça Militar** (nesse caso **pelo Juiz de Direito Militar** e **não** pelo Conselho!). Porém, conforme o HC nº 99.541, julgado em 10.05.2011, temos que: Lesão Corporal Grave (CPM, Art. 209, § 1º). **Crime praticado por militar contra militar** em contexto em que os envolvidos **não conheciam a situação funcional de cada qual**, não estavam uniformizados e dirigiam carros descaracterizados. Hipótese que **não se enquadra na competência da Justiça Militar** definida no artigo 9º, inciso ii, alínea 'a' do CPM. *1. A competência da Justiça Militar, posto excepcional, não pode ser fixada apenas com à luz do critério subjetivo, fazendo-se mister a reunião de outros elementos que justifiquem a submissão do caso concreto à jurisdição castrense, principalmente a análise envolvendo a lesão, ou não, do bem ou serviço militar juridicamente tutelado. 2. In casu, uma discussão de trânsito evoluiu para lesão corporal,* ***sem que os envolvidos tivessem conhecimento*** *da situação funcional de cada qual, além de não se encontrarem uniformizados*

art.125 § 5º da CR/88, que compete aos juízes de direito do juízo militar processar e julgar, singularmente, os crimes militares cometidos contra civis e as ações judiciais contra atos disciplinares militares, cabendo ao Conselho de Justiça, sob a presidência de juiz de direito, processar e julgar os demais crimes militares.

Por último, é importante salientar que o STF, no HC nº 91.003/BA,[478] decidiu que é da **Justiça Militar** (e não do **Tribunal do Júri**) a competência para o julgamento dos crimes dolosos praticados por civis contra a vida de militares em serviço, nos moldes do art. 9º, III, "d" do Código Penal Militar. E no HC 105.844 julgado pela 1ª Turma do STF em 21.06.2011 consignou-se que a jurisprudência do Pretório Excelso está no sentido de que a competência para processar e julgar policiais militares acusados de cometerem crimes militares contra membros das Forças Armadas seria da justiça militar estadual.[479]

5.9. Tribunais Regionais Federais e Juízes Federais e Tribunais de Justiça e Juízes de Direito

Conforme a Constituição da República de 1988, são órgãos da Justiça Federal: a) os Tribunais Regionais Federais; e b) os Juízes Federais.

Assim sendo, os **Tribunais Regionais Federais**[480] compõem-se de, no mínimo, 7 (sete) juízes recrutados, quando possível, na respectiva região e nomeados pelo

---

e dirigirem seus carros descaracterizados. A **Justiça Castrense** não é competente a priori **para julgar crimes de militares**, mas **crimes militares**. Precedentes: RHC 88122/MG, Relator o Ministro Marco Aurélio, Primeira Turma, DJe de 13/09/2007 e 83003/RS, Relator o Ministro Celso de Mello, Segunda Turma, DJ e de 25/04/2008. 3. Ordem concedida para **declarar a incompetência da Justiça Militar**. Rel. Min. Luiz Fux, 1ª Turma, julg. em **10.05.2011**. No mesmo sentido, **HC 110.286** julgado pelo STF (1ª Turma) em **14.02.2012**: *"Compete à* ***justiça comum*** *processar e julgar crime praticado por militar contra militar quando ambos estiverem em momento de folga. Com esse entendimento, a 1ª Turma, por maioria, concedeu habeas corpus para* ***extirpar*** *o* ***decreto condenatório*** *nos autos de* ***ação penal processada*** *perante a* ***justiça castrense****".* Mas atenção, pois, segundo o STF o **caso concreto pode levar a decisão diversa** como no **HC 107.829,** julg. em **02.08.2011**, assim sendo, na espécie, o paciente, que se encontrava de folga, fora denunciado pela suposta prática dos crimes de **desrespeito a superior e ameaça** (CPM, artigos 160 e 233) (...) *extraiu-se* ***dos autos*** *a presença de elementos concretos de natureza indiciária, apontando o acusado como autor dos delitos descritos na inicial acusatória. Na concreta situação dos autos, tanto o paciente quanto a suposta vítima ostentavam a condição de militar da ativa, por ocasião dos atos supostamente ilícitos. O que deflagra a incidência da regra da alínea "a" do inciso II do art. 9º do CPM. Dispositivo que mereceu da jurisprudência do STF interpretação no sentido de que, "mesmo não estando em serviço o militar acusado, o crime é militar, na forma do disposto* ***no art. 9, II, 'a', do CPM.*** *Competência da Justiça Militar.* Rel. Min. Ayres Britto (2ª Turma).

478. Conforme o **HC nº 91.003**, julg. em **22.05.2007**, de rel. Min. Cármen Lúcia, temos que: Ementa: Habeas corpus. Constitucional. Penal militar. Processual Penal Militar. *Crime doloso praticado por civil contra a vida de militar da aeronáutica em serviço: competência da Justiça militar para processamento e julgamento da ação penal:* art. 9º, III, alínea d, do Código Penal Militar: Constitucionalidade. Precedentes. Habeas corpus denegado. *1. A jurisprudência do Supremo Tribunal Federal é no sentido de ser constitucional o julgamento dos crimes dolosos contra a vida de militar em serviço pela justiça castrense, sem a submissão destes crimes ao Tribunal do Júri, nos termos do art. 9º, inc. III, "d", do Código Penal Militar. 2. Habeas corpus denegado.*

479. *Habeas corpus. Processual penal. Crime de desacato contra militar das forças armadas. Persecução penal de policial militar estadual na justiça militar: impossibilidade: Constrangimento ilegal caracterizado. Ordem concedida. 1. A jurisprudência deste Supremo Tribunal é firme no sentido de que a competência para processar e julgar policial militar acusado de cometer crime militar contra membro das Forças Armadas é da Justiça Militar estadual, (...) 2. Habeas corpus concedido.* (HC 105.844/RS, Rel. Min. Cármen Lúcia, 21.06.2011).

480. Art. 108 da CR/88: § 1º *A lei disciplinará a remoção ou a permuta de juízes dos Tribunais Regionais Federais e determinará sua jurisdição e sede. (Renumerado pela Emenda Constitucional nº 45, de 2004); § 2º Os Tribunais Regionais*

Presidente da República dentre brasileiros com mais de trinta e menos de sessenta e cinco anos, sendo:

- 1/5 (um quinto) dentre advogados com mais de dez anos de efetiva atividade profissional e membros do Ministério Público Federal com mais de dez anos de carreira;
- os demais, mediante promoção de juízes federais com mais de cinco anos de exercício, por antiguidade e merecimento, alternadamente.

Os Tribunais Regionais Federais poderão funcionar descentralizadamente, constituindo Câmaras Regionais, a fim de assegurar o pleno acesso do jurisdicionado à Justiça em todas as fases do processo.[481]

Atualmente a distribuição geográfica dos Tribunais Regionais Federais se apresenta do seguinte modo:

- TRF da 1ª Região – sede em Brasília: compreende as seções judiciárias do Acre, Amapá, Amazonas, Bahia, Distrito Federal, Goiás, Maranhão, Minas Gerais, Mato Grosso, Pará, Piauí, Rondônia, Roraima e Tocantins.
- TRF da 2ª Região – sede no Rio de Janeiro: compreende as seções judiciárias do Rio de Janeiro e Espírito Santo.
- TRF da 3ª Região – sede em São Paulo: compreende as seções judiciárias de São Paulo e Mato Grosso do Sul.
- TRF da 4ª Região – sede em Porto Alegre: compreende as seções judiciárias de Paraná, Santa Catarina e Rio Grande do Sul.
- TRF da 5ª Região – sede em Recife: compreende as seções judiciárias de Alagoas, Ceará, Paraíba, Pernambuco, Rio Grande do Norte e Sergipe.

Nesses termos, temos que a Justiça Federal é organizada em regiões (com uma sede) e seções judiciárias (não é correto falar em comarca). Assim sendo, em cada Estado-membro está alocada uma seção judiciária. No interior dos Estados, a Justiça Federal é organizada em subseções Judiciárias.

Aqui é importante ressaltar, que a Emenda Constitucional nº 73/2013 de 06.06.2013 determinou a criação de quatro 4 (novos) Tribunais Regionais Federais, sendo os mesmos:

- 6ª Região, com sede em Curitiba, Estado do Paraná, e jurisdição nos Estados do Paraná, Santa Catarina (regiões anteriormente vinculadas ao TRF da 4ª Região) e Mato Grosso do Sul (região anteriormente vinculada ao TRF da 3ª Região);

Federais instalarão a justiça itinerante, com a realização de audiências e demais funções da atividade jurisdicional, nos limites territoriais da respectiva jurisdição, servindo-se de equipamentos públicos e comunitários. (Incluído pela Emenda Constitucional nº 45, de 2004).

481. Texto presente no **art. 108, § 3º, da CR/88** e incluído na Constituição pela Emenda Constitucional nº 45/04.

- 7ª Região, com sede em Belo Horizonte, Estado de Minas Gerais, e jurisdição no Estado de Minas Gerais (região anteriormente vinculada ao TRF da 1ª Região);
- 8ª Região, com sede em Salvador, Estado da Bahia, e jurisdição nos Estados da Bahia (região anteriormente vinculada ao TRF da 1ª Região) e Sergipe (região anteriormente vinculada ao TRF da 5ª Região);
- 9ª Região, com sede em Manaus, Estado do Amazonas, e jurisdição nos Estados do Amazonas, Acre, Rondônia e Roraima (regiões anteriormente vinculadas ao TRF da 1ª Região).

Afirmou ainda a Emenda Constitucional que os Tribunais Regionais Federais da 6ª, 7ª, 8ª e 9ª Regiões deveriam ser instalados no prazo de 6 (seis) meses, a contar da promulgação da Emenda Constitucional nº73/2013.

Porém, foi ajuizada no STF a **ADI 5017** que questiona a criação dos novos Tribunais Regionais Federais, sustentando a inconstitucionalidade da Emenda Constitucional nº73/2013. O Ministro Joaquim Barbosa concedeu **medida cautelar suspendendo** os efeitos da EC 73/2013 (criação dos TRFs) em 17.07.2013. Resta-nos aguardar a manifestação do STF de forma definitiva sobre a questão.

Sobre as **competências** dos Tribunais Regionais Federais, temos competências **originárias** e **recursais**. Nesse sentido, conforme a CR/88, cabe aos TRFs processar e julgar, originariamente:

a) os juízes federais da área de sua jurisdição, incluídos os da Justiça Militar e da Justiça do Trabalho, nos crimes comuns e de responsabilidade, e os membros do Ministério Público da União, ressalvada a competência da Justiça Eleitoral;[482]

b) as revisões criminais e as ações rescisórias de julgados seus ou dos juízes federais da região;

c) os mandados de segurança e os ***habeas-data*** contra ato do próprio Tribunal ou de juiz federal;

d) os ***habeas-corpus***, quando a autoridade coatora for juiz federal;

e) os conflitos de competência entre juízes federais vinculados ao Tribunal.

---

482. O art. 108, I, "a", da CR/88 afirma que compete aos TRFs julgar os Juízes Federais "da área de sua jurisdição", ou seja, os Juízes Federais que atuem em um Município que abranja a área daquele TRF. Nesses termos, o STF afirma na Pet 7063/DF que o mesmo tratamento dado aos juízes federais no tema deve ser conferido aos membros do Ministério Público, tendo em vista que o vocábulo "jurisdição" presente no art. 108, I, "a" deve ser entendido também como "atribuição". Assim, o Procurador da República precisa ser julgado pelo TRF em cuja área exerce suas atribuições, sob pena de ofensa ao princípio do juiz natural. STF. 2ª Turma. **Pet 7063/DF**, Rel p/ o ac. Min. Ricardo Lewandowski, julg em **01.08.2017**. Em se tratando de foro por prerrogativa de função não importa o local em que o crime se consumou. A competência será do Tribunal ao qual a autoridade estiver vinculada. Assim sendo, "*a competência penal por prerrogativa de função (ratione personae) exclui a regra da competência pelo lugar da infração (ratione loci)*" (STJ. 6ª Turma. HC 97.152/RJ, julgado em 19/06/2008)

Caberá aos TRFs julgar, em grau de recurso, as causas decididas pelos juízes federais e pelos juízes estaduais no exercício da competência federal da área de sua jurisdição. Além disso, entendemos, de acordo com a jurisprudência e a doutrina, que são competência dos TRFs de cunho não expresso o processo e julgamento das ações rescisórias movidas por ente federal contra acórdãos de Tribunais de Justiça ou mesmo sentenças de Juízes de direito. Nesse sentido, também será de competência dos TRFs o processamento e julgamento de mandados de segurança impetrados por ente federal contra ato de Juiz Estadual.

Já no que tange aos **Juízes Federais**, expressa a Constituição que aos juízes federais compete processar e julgar:[483]

- As causas em que a União, entidade autárquica ou empresa pública federal forem interessadas na condição de autoras, rés, assistentes ou oponentes, exceto as de falência, as de acidentes de trabalho e as sujeitas à Justiça Eleitoral e à Justiça do Trabalho;[484]
- As causas entre Estado estrangeiro ou organismo internacional e Município ou pessoa domiciliada ou residente no País;[485]
- As causas fundadas em tratado ou contrato da União com Estado estrangeiro ou organismo internacional;
- Os crimes políticos[486] e as infrações penais praticadas em detrimento de bens, serviços ou interesse da União ou de suas entidades autárquicas ou empresas públicas, excluídas as contravenções e ressalvada a competência da Justiça Militar e da Justiça Eleitoral;[487]

483. *§ 3º – Serão processadas e julgadas na justiça estadual, no foro do domicílio dos segurados ou beneficiários, as causas em que forem parte instituição de previdência social e segurado, sempre que a comarca não seja sede de vara do juízo federal, e, se verificada essa condição, a lei poderá permitir que outras causas sejam também processadas e julgadas pela justiça estadual. § 4º – Na hipótese do parágrafo anterior, o recurso cabível será sempre para o Tribunal Regional Federal na área de jurisdição do juiz de primeiro grau. § 5º Nas hipóteses de grave violação de direitos humanos, o Procurador-Geral da República, com a finalidade de assegurar o cumprimento de obrigações decorrentes de tratados internacionais de direitos humanos dos quais o Brasil seja parte, poderá suscitar, perante o Superior Tribunal de Justiça, em qualquer fase do inquérito ou processo, incidente de deslocamento de competência para a Justiça Federal.* (Incluído pela EC nº 45, de 2004).

484. Conforme a **Súmula nº 517 do STF:** *As sociedades de economia mista só têm foro na justiça federal, quando a União intervém como assistente ou opoente.* Nos termos da **Súmula nº 556 do STF:** *é competente a justiça comum para julgar as causas em que é parte sociedade de economia mista.*

485. É bom lembrarmos que, se o litígio for entre Estado Estrangeiro ou Organismo Internacional (OIT, ONU, OMC, OEA) e a União, Estado, DF ou Território, a competência originária será do STF nos termos do art. 102, I da CR/88.

486. Ver RC nº 1.468/RJ, Rel. Min. Maurício Corrêa, *DJ* 16.08.2000.

487. **RE nº 300.244** julg. em **20.11.2001:** *Competência. Crime previsto no artigo 46, parágrafo único, da Lei nº 9.605/98. Depósito de madeira nativa proveniente da Mata Atlântica. Artigo 225, § 4º, da CF. – Não é a Mata Atlântica, que integra o patrimônio nacional a que alude o artigo 225, § 4º, da Constituição Federal, bem da União. – Por outro lado, o interesse da União para que ocorra a competência da Justiça Federal prevista no artigo 109, IV, da Carta Magna tem de ser direto e específico, e não, como ocorre no caso, interesse genérico da coletividade, embora aí também incluído genericamente o interesse da União. – Consequentemente, a competência, no caso, é da Justiça Comum estadual. Recurso extraordinário não conhecido.* Rel. Min. Moreira Alves.

- Os crimes previstos em tratado ou convenção internacional, quando, iniciada a execução no País, o resultado tenha ou devesse ter ocorrido no estrangeiro, ou reciprocamente;[488]
- As causas relativas a direitos humanos a que se refere o § 5º do art. 109 da CR/88 (incluído pela Emenda Constitucional nº 45, de 2004);[489]
- os crimes contra a organização do trabalho e, nos casos determinados por lei, contra o sistema financeiro e a ordem econômico-financeira;
- Os ***habeas-corpus***, em matéria criminal de sua competência ou quando o constrangimento provier de autoridade cujos atos não estejam diretamente sujeitos a outra jurisdição;
- Os mandados de segurança e os ***habeas-data*** contra ato de autoridade federal, excetuados os casos de competência dos tribunais federais;
- Os crimes cometidos a bordo de navios ou aeronaves, ressalvada a competência da Justiça Militar;
- Os crimes de ingresso ou permanência irregular de estrangeiro, a execução de carta rogatória, após o ***exequatur***, e de sentença estrangeira, após a homologação, as causas referentes à nacionalidade, inclusive a respectiva opção, e à naturalização;
- A disputa sobre direitos indígenas.

Conforme já salientado, nos termos do art. 110 da CR/88, cada Estado, bem como o Distrito Federal, constituirá uma seção judiciária que terá por sede a respectiva

---

488. O fato de o delito ter sido cometido por brasileiro no exterior, por si só, não atrai a competência da justiça federal. STF. 1ª Turma. HC 105461/SP, Rel. Min. Marco Aurélio, julg. em 29.03.2016. Para que o delito seja de competência da Justiça Federal com base neste inciso, são necessários **três requisitos**: a) que o fato seja previsto como crime em tratado ou convenção; b) que o Brasil seja signatário de compromisso internacional de combate àquela espécie delitiva; c) que exista uma relação de internacionalidade entre a conduta criminosa praticada e o resultado produzido (ou que deveria ter sido produzido). A **relação de internacionalidade** ocorre quando: a) iniciada a execução do crime no Brasil, o resultado tenha ou devesse ter ocorrido no estrangeiro; b) iniciada a execução do crime no estrangeiro, o resultado tenha ou devesse ter ocorrido no Brasil. Nesse sentido, **não sendo hipótese de incidência da Justiça Federal, *a competência para julgar o delito em questão é da Justiça Estadual, que tem caráter residual*.** Aqui a norma que trabalha a questão no Código Penal: *Art. 7º Ficam sujeitos à lei brasileira, embora cometidos no estrangeiro: II – os crimes: b) praticados por brasileiro; § 2º – Nos casos do inciso II, a aplicação da lei brasileira depende do concurso das seguintes condições: a) entrar o agente no território nacional; b) ser o fato punível também no país em que foi praticado; c) estar o crime incluído entre aqueles pelos quais a lei brasileira autoriza a extradição; d) não ter sido o agente absolvido no estrangeiro ou não ter aí cumprido a pena; e) não ter sido o agente perdoado no estrangeiro ou, por outro motivo, não estar extinta a punibilidade, segundo a lei mais favorável. No mesmo sentido:* STF. 1ª Turma. **RE 1.175.638 AgR/PR**, Rel. Min. Marco Aurélio, julg. em **02.04.2019**. Aqui registramos que o STJ tem posicionamento divergente do STF: ***Compete à Justiça Federal o processamento e o julgamento da ação penal que versa sobre crime praticado no exterior, o qual tenha sido transferido para a jurisdição brasileira, por negativa de extradição,*** aplicável o art. 109, IV, da CF/88. STJ. 3ª Seção. CC 154.656-MG, Rel. Min. Ribeiro Dantas, julg em 25/04/2018 (Info 625); 5ª Turma. RHC 97.535/RS, Rel. Min. Felix Fischer, julg em 26/06/2018; 6ª Turma. RHC 88.432/AP, Rel. Min. Nefi Cordeiro, julg em 19/02/2019
489. Nos termos do referido **art. 109 § 5º da CR/88**, nas hipóteses de grave violação de direitos humanos, o **Procurador-Geral da República,** com a finalidade de assegurar o cumprimento de obrigações decorrentes de tratados internacionais de direitos humanos dos quais o Brasil seja parte, **poderá suscitar,** perante o **Superior Tribunal de Justiça,** em qualquer fase do inquérito ou processo, incidente de **deslocamento de competência** para a **Justiça Federal.**

Capital, e varas localizadas segundo o estabelecido em lei. Nos Territórios Federais, a jurisdição e as atribuições cometidas aos juízes federais caberão aos juízes da justiça local, na forma da lei.

Além disso, o art. 109 da CR/88 § 1º da CR/88 determina que as causas em que a União for autora serão aforadas na seção judiciária onde tiver domicílio a outra parte. Já o § 2º do art.109 da CR/88 afirma que as causas intentadas contra a União poderão ser aforadas na seção judiciária em que for domiciliado o autor, naquela onde houver ocorrido o ato ou fato que deu origem à demanda ou onde esteja situada a coisa, ou, ainda, no Distrito Federal.[490]

Assim, o autor pode ajuizar demanda contra a União na seção (ou subseção) judiciária: a) em que o autor for domiciliado; b) onde houver ocorrido o ato ou fato que deu origem à demanda; c) onde estiver situada a coisa; ou d) no Distrito Federal.

Porém, temos uma **quinta** possibilidade, nos termos do entendimento do STF. Nesse sentido, se o autor for domiciliado no interior, ele poderá também propor a ação na capital do Estado. Portanto, a parte autora pode optar pelo ajuizamento da ação contra a União na capital do Estado-membro, mesmo que exista Vara Federal instalada no município em que ela for domiciliada.[491] Nesses termos, temos o STF recentemente afirmando mais uma vez que o art. 109, § 2º, da Constituição Federal encerra a possibilidade de a ação contra a União ser proposta no domicílio do autor, no lugar em que ocorrido o ato ou fato ou em que situada a coisa, na capital do estado-membro, ou ainda no Distrito Federal[492]

490. Conforme o art.109 *§ 3º da CR/88: – Serão processadas e julgadas na justiça estadual, no foro do domicílio dos segurados ou beneficiários, as causas em que forem parte instituição de previdência social e segurado, sempre que a comarca não seja sede de vara do juízo federal, e, se verificada essa condição, a lei poderá permitir que outras causas sejam também processadas e julgadas pela justiça estadual. § 4º – Na hipótese do parágrafo anterior, o recurso cabível será sempre para o Tribunal Regional Federal na área de jurisdição do juiz de primeiro grau. § 5º Nas hipóteses de grave violação de direitos humanos, o Procurador-Geral da República, com a finalidade de assegurar o cumprimento de obrigações decorrentes de tratados internacionais de direitos humanos dos quais o Brasil seja parte, poderá suscitar, perante o Superior Tribunal de Justiça, em qualquer fase do inquérito ou processo, incidente de deslocamento de competência para a Justiça Federal.* (Incluído pela EC nº 45, de 2004).

491. (...) *A jurisprudência desta Corte firmou entendimento no sentido de que a parte autora pode optar pelo ajuizamento da ação contra a União na capital do Estado-membro, mesmo quando instalada Vara da Justiça Federal no município do mesmo Estado em que domiciliada.* (...) STF. 1ª Turma. RE 641449 AgR, Rel. Min. Dias Toffoli, julgado em 08.05.2012.

492. **ARE 1151612 AgR/SP**, STF. 2ª Turma. Rel. Min. Cármen Lúcia, julg em **19.11.2019** (Info 960). Temos ainda que a regra de competência prevista no § 2º do art. 109 da CF/88 também se aplica às ações propostas contra autarquias federais. Ressaltamos que o § 2º do art. 109 da CR/88 foi idealizado pelo legislador constituinte para facilitar a propositura das ações pelo jurisdicionado contra o ente público. Por isso mesmo, excluir as ações intentadas contra as autarquias federais do âmbito de incidência do § 2º significaria relativizar a intenção do constituinte de simplificar o acesso à Justiça. Assim, apesar de o dispositivo somente falar em "União", o STF entende que a regra de competência prevista no § 2º do art. 109 da CF/88 também se aplica às ações propostas contra autarquias federais. RE 627709/DF, STF. Plenário Rel. Min. Ricardo Lewandowski, julg em 20.08.2014 (Info 755). Aqui, para o STJ, esse posicionamento sobre o § 2º do art. 109 da CR/88 também se aplica para o ***mandado de segurança***. STJ. 1ª Seção. AgInt no CC 150.269/AL, Rel. Min. Francisco Falcão, julg em **14.06.2017.**

Por último, algumas observações sobre os TRFs e a competência da Justiça Federal são necessárias:

a) O Plenário do STF já decidiu no RE 398.041/PA que compete à Justiça Federal processar e julgar o crime previsto no art. 149 do código Penal de redução à condição análoga à de escravo.[493] É interessante que recentemente o STF voltou a analisar a questão no RE 459.510/MT julgado em 26.11.2015, e novamente mente se posicionou no mesmo sentido.[494] Aqui, é interessante observamos que o Título IV do Código Penal, que engloba os arts. 197 a 207, possui a rubrica "Dos crimes contra a organização do

---

493. Nos termos do **RE nº 398.041/PA:** *Direito penal e Processual Penal. Art. 149 do Código Penal. Redução à condição análoga à de escravo. Trabalho escravo. Dignidade da pessoa humana. Direitos Fundamentais. Crime contra a coletividade dos trabalhadores. Art. 109, VI da CF. Competência. Justiça Federal. Recurso Extraordinário provido. A Constituição de 1988 traz um robusto conjunto normativo que visa à proteção e efetivação dos direitos fundamentais do ser humano. A existência de trabalhadores a laborar sob escolta, alguns acorrentados, em situação de total violação da liberdade e da autodeterminação de cada um, configura crime contra a organização do trabalho. Quaisquer condutas que possam ser tidas como violadoras não somente do sistema de órgãos e instituições com atribuições para proteger os direitos e deveres dos trabalhadores, mas também dos próprios trabalhadores, atingindo-os em esferas que lhes são mais caras, em que a Constituição lhes confere proteção máxima, são enquadráveis na categoria dos crimes contra a organização do trabalho, se praticadas no contexto das relações de trabalho. Nesses casos, a prática do crime prevista no art. 149 do Código Penal (Redução à condição análoga a de escravo) se caracteriza como crime contra a organização do trabalho, de modo a atrair a competência da Justiça federal (art. 109, VI da Constituição) para processá-lo e julgá-lo. Recurso extraordinário conhecido e provido.* Tribunal Pleno, Rel. Min. Joaquim Barbosa julg. em 30.11.2006. Aqui é bom salientar, que o STJ já se posicionou de forma diferente em 2004, entendendo ser da Justiça Estadual a competência nos crimes referentes ao trabalho escravo, nos termos do RHC 15.702-MA, **6ª Turma,** Rel. Min. Paulo Medina, Julg. em 21.10.2004. **O fundamento da 6ª Turma** foi o de haver ofensa a trabalhadores individualmente considerados e não um crime contra a organização do trabalho do art. 109, VI da CR/88. Posteriormente a 6 ª turma mudou seu entendimento no RHC 25583 julg. em 09.08.2012, para assentar que compete à Justiça Federal processar e julgar os autores do delito previsto no art. 149 do Código Penal, haja vista a violação aos direitos humanos e à organização do trabalho.

494. Informativo 809 do STF: "*Compete à justiça federal processar e julgar o crime de redução à condição análoga à de escravo (CP, art. 149). Ao reafirmar essa orientação, o Plenário, por maioria, deu provimento a recurso extraordinário, afetado pela 2ª Turma, interposto contra acórdão que declarara a competência da justiça estadual – v. Informativos 556, 573 e 752. O Tribunal aduziu que o caso dos autos seria similar ao tratado no RE 398.041/PA, oportunidade em que se teria firmado a competência da justiça federal para processar e julgar ação penal referente ao crime do art. 149 do CP. Assinalou que o constituinte teria dado importância especial à valorização da pessoa humana e de seus direitos fundamentais, de maneira que a existência comprovada de trabalhadores submetidos à escravidão afrontaria não apenas os princípios constitucionais do art. 5º da CF, mas toda a sociedade, em seu aspecto moral e ético. Os crimes contra a organização do trabalho comportariam outras dimensões, para além de aspectos puramente orgânicos. Não se cuidaria apenas de velar pela preservação de um sistema institucional voltado à proteção coletiva dos direitos e deveres dos trabalhadores. A tutela da organização do trabalho deveria necessariamente englobar outro elemento: o homem, abarcados aspectos atinentes à sua liberdade, autodeterminação e dignidade." (...) A Corte ponderou que, diante da opção constitucional pela tutela da dignidade intrínseca do homem, seria inadmissível pensar que o sistema de organização do trabalho pudesse ser concebido unicamente à luz de órgãos e instituições, excluído dessa relação o próprio ser humano. O art. 109, VI, da CF estabelece competir à justiça federal processar e julgar os crimes contra a organização do trabalho, sem explicitar quais delitos estariam nessa categoria. Assim, embora houvesse um capítulo destinado a esses crimes no Código Penal, inexistiria correspondência taxativa entre os delitos capitulados naquele diploma e os crimes indicados na CF, e caberia ao intérprete verificar em quais casos se estaria diante de delitos contra a organização do trabalho. Além disso, o bem jurídico protegido no tipo penal do art. 149 do CP seria a liberdade individual, compreendida sob o enfoque ético-social e da dignidade, no sentido de evitar que a pessoa humana fosse transformada em "res". A conduta criminosa contra a organização do trabalho atingiria interesse de ordem geral, que seria a manutenção dos princípios básicos sobre os quais estruturado o trabalho em todo o País. Concluiu que o tipo previsto no art. 149 do CP se caracterizaria como crime contra a organização do trabalho, e atrairia a competência da justiça federal."*

trabalho". Nesses termos, surge uma dúvida se os crimes contra a organização do trabalho previstos neste Título IV do Código Penal seriam sempre julgados pela Justiça Federal. Conforme o STJ, os crimes previstos nos arts. 197 a 207 do Código Penal somente serão de competência da Justiça Federal quando ficar demonstrado, no caso concreto, que o delito provocou lesão a direito dos trabalhadores coletivamente considerados; ou a organização geral do trabalho. Aqui, um exemplo interessante, é o do art. 203 do CP que prevê como crime "frustrar, mediante fraude ou violência, direito assegurado pela legislação do trabalho". O STJ já decidiu no CC 108.867/SP que, se o art. 203 foi perpetrado em detrimento de apenas um trabalhador, compete à Justiça Estadual processar e julgar o feito (DJe de 19.04.2010).[495]

b) O STF concedeu *habeas corpus* em 22.11.2011, para reconhecer a competência da Justiça Federal para processar e julgar ação penal na qual se discute o desvio de recursos provenientes do Fundo de Manutenção e de Desenvolvimento do Ensino Fundamental e Valorização do Magistério – Fundef. No caso reputou-se que recente jurisprudência do STF firmara-se no sentido de reconhecer a atribuição do Ministério Público Federal para a propositura da ação penal no caso de desvio de verba do aludido fundo. Concluiu-se, então, que o interesse da União não seria de índole meramente patrimonial, mas eminentemente institucional, cuja presença faria instaurar em matéria penal a competência da justiça federal comum, com base na regra inscrita no inciso IV do art. 109 da CR/88.[496]

c) Segundo o STJ, compete à Justiça Federal nos termos do art. 109, I, a competência para julgar mandado de injunção em virtude de omissão em relação à norma que deveria ser emanada pelo Conselho Nacional de Trânsito (Contran), órgão autônomo vinculado ao Ministério das cidades e presidido pelo chefe do Departamento Nacional de Trânsito.[497]

d) Compete à Justiça Federal o processamento e julgamento de ação penal ajuizada para apurar a prática do crime de parcelamento irregular de terras pertencentes à União.[498]

---

495. Outro exemplo citado pela doutrina é o do delito de *sabotagem industrial* (art. 202 do CP), que apesar de estar no Título IV, que trata dos crimes contra a organização do trabalho, deve ser julgado pela Justiça estadual se atingir apenas bens particulares sem repercussão no interesse da coletividade (STJ. CC 123.714-MS, julgado em 24/10/2012). Conforme Márcio André Lopes: "*O STF possui entendimento semelhante. Para a Corte, somente são da competência da Justiça Federal os crimes contra a organização do trabalho (arts. 197 a 207 do CP) quando causarem prejuízo à ordem pública, econômica ou social e ao trabalho coletivo* (RE 599943 AgR, Relator Min. Cármen Lúcia, Primeira Turma, julg. em 02/12/2010). Em outro julgado, o Pretório Excelso afirmou que *a interpretação do que seja crime contra a organização do trabalho, para o fim constitucional de determinar a competência, não se junge à capitulação do Código Penal. Assim, se no caso concreto houve retenção momentânea, mediante violência, de um único empregado, impedido de adentrar à empresa onde laborava, verifica-se ofensa à liberdade individual e não à organização do trabalho como um todo. Logo, a competência, nessa hipótese, é da Justiça estadual (ARE 706368 AgR, Rel. Min. Gilmar Mendes, 2ª Turma, julg. em 30/10/2012). Em resumo, os delitos previstos nos arts. 197 a 207 do CP poderão ser de competência da Justiça Federal ou da Justiça Estadual, a depender do caso concreto.*" (Informativo 809 do STF)
496. 2ª Turma do STF no HC 100.772/GO, Rel. Min. Gilmar Mendes, julg. em 22.11.2011.
497. Nos termos do MI nº 193/DF, Corte Especial do STJ, Rel. Min. Menezes Direito, julg. em 22.05.2006.
498. Nos termos do RHC nº 86.081, 2ª Turma do STF, Rel. Min. Gilmar Mendes, julg. em 25.10.2005.

e) Conforme a (aqui citada) Súmula nº 208 do STJ, compete à Justiça Federal processar e julgar prefeito municipal por desvio de verba sujeita à prestação de contas perante órgão federal. Porém, como também já trabalhado (no capítulo sobre o Poder Executivo), nos termos da Súmula nº 209 do STJ, compete à Justiça Estadual processar e julgar prefeito por desvio de verba transferida e incorporada ao patrimônio da municipalidade.[499]

f) Segundo o STJ, será de competência da Justiça Federal apurar a conduta criminosa que consiste na emissão de cheque sem provisão de fundos para o pagamento dos honorários periciais perante a Justiça do Trabalho. O entendimento é o de que aqui há ofensa a interesse federal, na medida em que o perito é órgão auxiliar da Justiça e presta serviços ao juízo e não às partes que estão na relação processual.[500]

g) Sobre a competência da Justiça Federal para processar e julgar crime político (aqueles que atentam contra a segurança nacional[501]), temos importante e didático julgado esposado no **Recurso Criminal nº 1.468/RJ**, em que o STF (que tem competência recursal nos termos do art. 102, II, "b", da CR/88) assenta as bases sobre o tema: "Crime Político. Competência. Introdução, no território nacional, de munição privativa das forças armadas, praticado por militar da reserva (artigo 12 da LSN). Inexistência de motivação política: crime comum, preliminares de competência: 1ª) Os juízes federais são competentes para processar e julgar os crimes políticos e o Supremo Tribunal Federal para julgar os mesmos crimes em segundo grau de jurisdição (CR, artigos 109, IV, e 102, II, b), a despeito do que dispõem os artigos 23, IV, e 6º, III, c, do Regimento Interno, cujas disposições não mais estão previstas na Constituição. 2ª) Incompetência da Justiça Militar: a Carta de 1969 dava competência à Justiça Militar para julgar os crimes contra a segurança nacional (artigo 129 e seu § 1º); entretanto, a Constituição de 1988, substituindo tal denominação pela de crime político, retirou-lhe esta competência (artigo 124 e seu par. único), outorgando-a à Justiça Federal (artigo 109, IV). 3ª) Se o paciente foi julgado por crime político em primeira instância, esta Corte é competente para o exame da apelação, ainda que reconheça inaplicável a Lei de Segurança Nacional. MÉRITO: 1. Como a Constituição não define crime político, cabe ao intérprete fazê-lo diante do caso concreto e da lei vigente. 2. Só há crime político quando presentes os pressupostos do artigo 2º da Lei de Segurança Nacional (Lei nº 7.170/82), ao qual se integram os do artigo 1º: a materialidade da conduta deve lesar real ou potencialmente ou expor a perigo de lesão a soberania nacional, de forma que, ainda que a conduta esteja tipificada

---

499. Segundo o STJ, *a competência também será da Justiça Estadual, se a apropriação indevida de verbas, mesmo repassadas pela União, já se incorporaram ao patrimônio de empresa privada.* (HC nº 53.273, 5ª T. – STJ, Rel. Min Felix Ficher, julg. em 12.06.2006).

500. 3ª Seção do STJ, Rel. Arnaldo Esteves Lima, j. 13.12.2004, DJ 01.02.2005.

501. Nos termos do art. 1º da Lei nº 7170/83, os crimes políticos são aqueles que lesam ou expõem a perigo de lesão: I – a integridade territorial e a soberania nacional; II – o regime representativo e democrático, a Federação e o Estado de Direito; III – a pessoa dos chefes dos Poderes da União.

no artigo 12 da LSN, é preciso que se lhe agregue a motivação política. Precedentes. 3. Recurso conhecido e provido, em parte, por seis votos contra cinco, para, assentada a natureza comum do crime, anular a sentença e determinar que outra seja prolatada, observado o Código Penal."[502] Portanto, a partir desse julgado, algumas conclusões são válidas, sendo elas: 1) os delitos previstos na Lei nº 7.170/83 são considerados crimes políticos, sendo de competência da Justiça Federal, nos termos do art. 109, IV, da CR/88; 2) O art. 30 da Lei nº 7.170/83 que afirmava que os crimes contra a Segurança Nacional são de competência da Justiça Militar não foi recepcionado à luz do art. 109, IV, da CR/88. Assim, com a CR/88, os crimes previstos na Lei de Segurança Nacional passaram a ser de competência da Justiça Federal comum (Juiz Federal de 1ª instância); 3) Contra a sentença do Juiz Federal que julgar crime político não cabe apelação, mas sim recurso ordinário constitucional, de competência do STF; 4) Aqui temos o peculiar caso no qual uma sentença de Juiz Federal é apreciada diretamente pelo STF em grau de recurso. Nesse sentido, certo é que o STF funcionará como *"tribunal de apelação"*, ou seja, ele poderá inclusive reexaminar as provas; 5) Para que se configure crime político, além de a conduta estar enquadrada em um dos tipos previstos na Lei nº 7.170/83, exige-se também que fique comprovada a motivação política do agente. Assim, para que seja crime político, exige-se um especial fim de agir do réu ("dolo específico"), que é a motivação política do agente.[503]

h) Sobre o **IDC** (incidente de deslocamento de competência) acrescentado pela Emenda Constitucional nº 45/04 temos algumas considerações.

O **IDC** deve ser entendido como um instituto que objetiva deslocar a competência do âmbito Estadual para a esfera Federal quando o caso implicar em "grave violação de direitos humanos" e que visa a "assegurar o cumprimento de obrigações decorrentes de tratados internacionais de direitos humanos".

Nesses termos, o STJ (conforme posicionamento no IDC 2) vem entendendo que para o acolhimento do IDC determinados requisitos devem ser preenchidos, quais sejam: a) existência de grave violação a direitos humanos (violação grave efetiva e real); b) risco (possibilidade) de responsabilização internacional, decorrente do descumprimento de obrigações jurídicas assumidas em tratados internacionais; c) incapacidade das autoridades locais em oferecer respostas efetivas (dotadas de efetividade).[504] Certo é que a federalização (ou o deslocamento) exige prova concreta da incapacidade das autoridades locais de investigarem e julgarem o caso, **não bastando o mero "rumor" ou a gravidade abstrata do caso.**

502. **RC nº 1.468/RJ,** Rel. Min. Maurício Corrêa, Julg. em **23.03.2000,** *DJ* 16.08.2000.

503. LOPES CAVALCANTE, Márcio André. *Dizer o Direito*, Informativo 885, 2017. *"Desse modo, pode-se dizer que para que uma conduta seja enquadrada em um dos tipos penais previstos na Lei de Segurança nacional, isto é, para que seja considerada crime político, exige-se o preenchimento de requisitos de ordem objetiva (art. 2º, II c/c art. 1º) e de ordem subjetiva (art. 2º, I): 1) Requisito de ordem objetiva: lesão real ou potencial a um dos bens jurídicos listados no art. 1º da Lei nº 7.170/83. 2) Requisito de ordem subjetiva: o agente deve ter motivação e objetivos políticos em sua conduta."*

504. Temos, portanto, a evidência de que os órgãos do sistema estadual não mostram condições de seguir no desempenho da função de apuração, processamento e julgamento do caso com a devida isenção

Sem dúvida, ele se apresenta como um instituto que deve ser **"utilizado em situações excepcionalíssimas"** (**Min. Rogerio Schietti Cruz no IDC 5/PE**), e que não pode "esvaziar a competência da Justiça Estadual e, em contrapartida, inviabilizar o funcionamento da Justiça Federal" (**Min. Jorge Mussi no IDC 3/GO**). Nesses termos:

> De fato, por se tratar "de exceção à regra geral da competência absoluta, somente deve ser efetuado **em situações excepcionalíssimas**, mediante a demonstração de sua necessidade e imprescindibilidade ante provas que revelem descaso, desinteresse, ausência de vontade política, falta de condições pessoais e/ou materiais das instituições – ou de uma ou outra delas – responsáveis por investigar, processar e punir os responsáveis pela grave violação a direito humano, em levar a cabo a responsabilização dos envolvidos na conduta criminosa" (**IDC 10/DF**, Rel. Ministro Reynaldo Soares da Fonseca, Terceira Seção, julgado em 28/11/2018, DJe 19/12/2018).[505]

Temos que o STJ **indeferiu** pedido para deslocamento de competência para a Justiça Federal processar e julgar a ação penal de homicídio da irmã Dorothy Stang ocorrido no Estado do Pará na cidade de Anapu (**IDC 1 não acolhido**). Explicitou o STJ que o

> "[...] deslocamento de competência em que a existência de admissibilidade do pedido – deve atender ao princípio da proporcionalidade (adequação, necessidade e proporcionalidade em sentido estrito, compreendido na demonstração concreta de risco de descumprimento de obrigação decorrentes de tratados internacionais firmados pelo Brasil, resultante de inércia, negligencia, falta de vontade política ou condições reais do Estado-membro, por suas instituições, em proceder à devida persecução penal[...]"[506]

Porém, posteriormente o STJ **acolheu** pedido de incidente de deslocamento de competência para o caso do assassinato de Manoel Bezerra de Mattos Netto (**IDC 2**). Ele foi assassinado em 2009 no Município de Pitimbu no Estado de Pernambuco em virtude provavelmente de sua atuação contra os intitulados grupos de extermínio da região entre os Estados de Pernambuco e Paraíba. Nesse sentido, o entendimento do STJ foi pelo preenchimento dos requisitos, acima citados, e pelo acolhimento do pedido[507] do Procurador Geral da República (diga-se o único legitimado a propor o IDC).

É interessante que em **10.12.2014** no **IDC 3** também ocorreu o acolhimento do pedido de deslocamento pelo STJ.[508] E o STJ também admitiu o deslocamento no **IDC 5.**

---

505. De acordo com o art. 1º, parágrafo único, da Resolução n. 06, de 16/02/2005 do STJ, a competência para julgar o IDC será da Terceira Seção, órgão composto por Ministros da 5ª e da 6ª Turmas. LEITE, Rodrigo. *Deslocamento de Competência: Histórico de Julgados no STJ*. Ver: Supremo: 01.06.2020.

506. Nesses termos, o STJ considerou **descabível o deslocamento de competência** solicitado pelo Procurador-Geral da República em virtude da presunção sobretudo midiática de haver, por parte dos órgãos institucionais de segurança e pelo Poder Judiciário do Pará, omissão ou mesmo inércia na condução das investigações do crime e sua efetiva punição. (**IDC nº 1,** 3ª Seção do STJ, Rel. Min. Arnaldo Esteves Lima, Julg: 08.06.2005, *DJ* 10.10.2005).

507. 3ª Seção, Rel. Min. Laurita Vaz, julg. em 27.10.2010, *DJ*: 22.11.2010.

508. **IDC nº 3**: *Inquéritos policiais referentes a crimes de tortura e supostos homicídios, atribuídos a agentes estatais, ainda não concluídos. Ausência de fundamento plausível para o grave atraso na persecução penal. Diligências recentes, após a propositura deste incidente constitucional, que não indicam solução às investigações. Quadro a*

O caso do IDC 5, envolveu um Promotor de Justiça do Estado de Pernambuco, brutalmente assassinado. Na ocasião, o STJ entendeu, que havia falta de entendimento operacional entre a Polícia Civil e o Ministério Público estadual o que ensejou um conjunto de falhas na investigação criminal que comprometia o resultado final da persecução penal, com possibilidade, inclusive, de gerar a impunidade dos mandantes e dos executores do citado crime de homicídio. Ocorreu o desclocamento do processo para a Justiça Federal de Pernambuco.[509]

Outro caso de muito debate e repercussão, foi o caso Marielle Franco. No dia 27/05/2020, o STJ analisou o **IDC 24/RJ**, no qual se requeria o deslocamento da competência do rumoroso caso envolvendo o homicídio da vereadora Marielle Franco e de seu motorista Anderson Gomes, ocorrido em 2018 no Rio de Janeiro.

Na linha do que já vinha decidindo, o STJ entendeu que o caso não preenche os requisitos necessários para a federalização, pois não foi possível verificar desídia, inércia ou desinteresse por parte das autoridades estaduais nas investigações para solucionar o crime.[510]

i) Segundo o STF, é da Justiça Federal a competência para processar e julgar crime praticado a bordo de aeronave (art. 109, IX, da CF), pouco importando se esta encontra-se em ar ou em terra e, ainda, quem seja o sujeito passivo do

---

demonstrar ineficácia da atuação das autoridades. Fatos característicos de grave violação a direitos humanos. Procedência, neste particular, do pleito de deslocamento de competência. 1. Somente após 06 (seis) anos da data do episódio, com a instauração deste incidente e a realização de uma diligência in loco, os órgãos estatais perceberam o desparecimento de uma pessoa em circunstâncias que supõem a ocorrência de um homicídio e, então, determinaram a instauração do competente inquérito policial. Este cenário indica a total ineficácia da atuação das autoridades locais no caso específico, desnudando situação de grave omissão dos deveres do Estado, ainda mais quando os órgãos competentes, mesmo formalmente cientes de que um cidadão havia desaparecido, fato indicador de um delito contra a vida, nada fizeram a respeito de imediato. 2. D'outra parte, é perceptível, e justifica o deslocamento de competência da Justiça Estadual para a Federal, a desarmonia nas atividades destinadas à persecução penal quando, embora se tenha como reconhecida na fase indiciária a responsabilidade disciplinar dos investigados, não há a imediata tomada de providências para oferta da imputação penal. No particular, observa-se que, a despeito da existência de sindicância com o indiciamento de diversos policiais e de inquérito policial instaurado, passados quatro (04) anos da suposta prática delitiva, as autoridades ainda se batem pela obtenção de informações a respeito da conclusão ou não do procedimento indiciário. 3. Restando demonstrado, por fim, que somente a deflagração do IDC determinou o impulso à investigação do desparecimento de dois (02) indivíduos na Comarca de Alvorada do Norte, ao que tudo indica fruto de atuação ilícita de policiais militares, necessário aqui também o deslocamento de competência requerido pelo PGR, mormente quando evidente que decorridos quase cinco (05) anos do fato e aproximadamente seis (06) meses da diligência in loco, não se tem notícias de progressão na persecução penal. 4. Incidente de Deslocamento de Competência julgado procedente, em parte, nos termos do voto do Relator.

509. **IDC 5/PE**, Rel. Ministro Rogerio Schietti Cruz, **Terceira Seção**, julgado em 13/08/2014, DJe 01/09/2014.

510. Conforme a relatora do processo, Min. Laurita Vaz, *"há um evidente empenho dessas autoridades em solucionar os crimes, cujos executores, inclusive, já foram identificados."* A Ministra lembrou que, no dia seguinte ao crime, o Ministério Público Federal instaurou um grupo de trabalho composto por cinco Procuradores da República para acompanhar as investigações o que denotou "açodamento, com precipitada invasão de atribuições". E lembrou que "não há notícia de abertura de nenhum procedimento formal perante as cortes internacionais para apurar eventual responsabilidade do Brasil decorrente de suposto descumprimento de obrigações assumidas em tratados de direitos humanos." No mais, a relatora concluiu que **não há conivência ou imobilidade das autoridades locais na apuração de crimes praticados por milicianos.** LEITE, Rodrigo. Deslocamento de Competência: Histórico de Julgados no STJ. Ver: Supremo: 01.06.2020.

delito. Precedentes. Onde a Constituição não distingue, não compete ao intérprete distinguir."[511]

j) Conforme o **RE nº 597.133/RS**, julgado em **17.11.2010**, são válidos os julgamentos realizados pelos tribunais com juízes convocados, ainda que estes sejam maioria na sua composição. Ao reafirmar esse entendimento, o Plenário do STF, desproveu, em votação majoritária, recurso extraordinário no qual alegada a ofensa aos **princípios do juiz natural** e do **duplo grau de jurisdição** na convocação de **juízes federais** para integrarem **colegiado** do **Tribunal Regional Federal** respectivo.[512]

k) Conforme o **RE nº275.438**, julgado em **27.05.2014**, pela 1ª Turma do STF, a União tem legitimidade para figurar como parte passiva em ação na qual integrante da Polícia Civil do Distrito Federal reivindica a extensão de gratificação recebida por policiais federais. Por conseguinte, compete à justiça federal processar e julgar o feito.[513]

l) O STF decidiu no **RE nº627.709/DF**, julgado em **21.08.2014**, que a regra de competência prevista no § 2º do art. 109 da CR/88 (§ 2º – As causas intentadas contra a *União* poderão ser aforadas na seção judiciária em que for domiciliado o autor, naquela onde houver ocorrido o ato ou fato que deu origem à demanda ou onde esteja situada a coisa, ou, ainda, no Distrito Federal) também se aplica às ações propostas contra *autarquias federais*. Portanto, por uma questão de acesso à justiça o termo *União* previsto na norma do art.109 § 2º da CR/88 também abrange as autarquias federais.

m) Conforme o STF, nos termos do **RE 628.624/MG**, *compete à Justiça Federal processar e julgar os crimes consistentes em disponibilizar ou adquirir material pornográfico envolvendo criança ou adolescente (arts. 241, 241-A e 241-B do ECA), quando praticados por meio da rede mundial de computadores (internet).*[514] Aqui é interessante salientar, que temos uma nova Redação para esse Tema. Essa surgiu (a modificação) em embargos de declaração julgado em 18.08.2020.

No caso, o Ministério Público Federal opôs embargos de declaração alegando contradição entre a redação da tese e o que foi decidido no acórdão. O fundamento foi o de que a argumentação do voto falou que, para ser da competência da Justiça

511. **RHC 86.998**, Rel. p/ o ac. Min. Cármen Lúcia, julg. em 13.02.2007, Primeira Turma, *DJ* de 27.04.2007.

512. **RE nº 597113/RS** rel. Min. Ricardo Lewandowski, julg. em **17.11.2010** (**Informativo 609 do STF**)

513. **RE nº 275.438/DF**: "Compete privativamente à União legislar sobre o regime jurídico dos Policiais Civis do Distrito Federal, inclusive em matéria remuneratória (Súmula 647/STF), cabendo, ainda, aos cofres federais suportar os efeitos dessa política salarial (CF/88, art. 21, XIV). Nesses termos, *a União Federal tem legitimidade passiva para figurar em demanda coletiva na qual os Policiais Civis do DF pleiteiam equiparação de remuneração com os Policiais Federais. 2. Demonstrado o interesse da União no feito, na qualidade de ré, a competência para julgar o processo recai sobre a Justiça Federal* (CF/88, art. 109, I).

514. **RE 628.624/MG**, Julg. em **28** e **29.10.2015**, Red. p/ o acórdão Min. Edson Fachin. Mas atenção, segundo entendimento pacífico da jurisprudência, o fato de o delito ter sido cometido pela rede mundial de computadores não atrai, por si só, a competência da Justiça Federal. Para que o delito cometido por meio da internet seja julgado pela Justiça Federal, é necessário que se amolde em umas das hipóteses elencadas no art. 109, IV e V, da CR/88.

Federal, é indispensável que haja transnacionalidade. No entanto, na tese aprovada foi suprimida a locução "acessível transnacionalmente" que exprimia essa exigência. Em virtude disso, o MPF argumentou que a falta dessa expressão poderia gerar o "indevido alargamento da competência da justiça federal."

Nesses termos, o STF deu provimento aos embargos para alterar a redação da tese, incluindo a expressão "acessível transnacionalmente". Portanto temos a nova tese: *Compete à Justiça Federal processar e julgar os crimes consistentes em disponibilizar ou adquirir material pornográfico, acessível transnacionalmente, envolvendo criança ou adolescente, quando praticados por meio da rede mundial de computadores (arts. 241, 241-A e 241-B da Lei nº 8.069/1990).*[515]

É interessante que, mesmo antes da alteração acima explicada, o STJ, interpretando a tese do STF, já estava decidindo que nos casos em que o crime é praticado por meio de troca de informações privadas (como nas conversas via Whatsapp ou por meio de chat na rede social Facebook), a competência seria da Justiça Estadual.

Para o STJ, as conversas via Whatsapp ou chat do Facebook precisam de internet para acontecer. No entanto, nestes casos, a comunicação ocorre entre pessoas específicas, escolhidas pelo emissor da mensagem. Trata-se, portanto, de uma troca de informações privadas que não estão acessíveis a qualquer pessoa. Em virtude disso, nestas hipóteses, não há competência da Justiça Federal porque a postagem de conteúdo pedófilo-pornográfico não foi feita em um ambiente propício ao livre acesso.[516]

n) Segundo o STF, não comptete a Justiça Federal julgar homicídio praticado por Policial Rodoviário Federal após desavença no trânsito ocorrida no seu deslocamento de casa para o trabalho. Nesse sentido, a competência será da Justiça Estadual. Entendeu o STF que a competência da Justiça Federal pressupõe a demonstração concreta das situações veiculadas no art. 109 da CR/88. Assim sendo, a mera condição de servidor público não basta para atraí-la, na medida em que o interesse da União há de sobressair das funções institucionais, não da pessoa do agente. Nesses termos, no caso, a infração penal cometida pelo réu no deslocamento até o local de trabalho não guardou qualquer vinculação com o exercício das funções de Policial Rodoviário Federal.[517]

---

515. **RE 628624 ED**, STF. Plenário. Rel. Edson Fachin, julgado em **18.08.2020** (Repercussão Geral – Tema 393).
516. *(...) 1. Conforme a orientação firmada pelo Supremo Tribunal Federal, em repercussão geral, no julgamento do RE n. 628.624/MG, a internacionalidade do delito exige, primeiro, que a publicação do material pornográfico tenha sido em "ambiência virtual de sítios de amplo e fácil acesso a qualquer sujeito, em qualquer parte do planeta, que esteja conectado à internet", mas não só isso, é preciso também que "o material pornográfico envolvendo crianças ou adolescentes tenha estado acessível por alguém no estrangeiro, ainda que não haja evidências de que esse acesso realmente ocorreu."* (RE 628.624, Relator(a): Relator(a) p/ Acórdão: Min. EDSON FACHIN, Tribunal Pleno, julgado em 29/10/2015, (...) *2. As instâncias ordinárias enfatizaram a inexistência de indícios de transnacionalidade do delito, com fulcro no laudo da Polícia Federal, frisando que a conduta limitou-se à troca de imagens entre pessoas residentes no Brasil por meio de conversa privada via e-mail. Assim, não há como acolher a tese de incompetência da Justiça Estadual. 3. Recurso em habeas corpus não provido.* **RHC 125.440/SE**, STJ. 5ª Turma. Rel. Min. Ribeiro Dantas, julgado em **09.06.2020**. In: *Dizer o Direito*, Info, 989 do STF.
517. **HC 157012/MS**, STF. 1ª Turma. Rel. Min. Marco Aurélio, julgado em **10.12.2019** (Informativo 963 do STF).

o) Segundo o STF, a criação superveniente de vara federal na localidade de ocorrência de crime doloso contra a vida não enseja a incompetência do juízo em que já se tenha iniciado a ação penal. Com base nesse entendimento, a Primeira Turma, em conclusão de julgamento e por maioria, denegou a ordem em "*habeas corpus*" em que se pleiteava o reconhecimento de *nulidade de acórdão do STJ*, proferido em sede de reclamação, que cassara decisão do juízo federal em Belo Horizonte/MG, o qual havia declinado de sua competência ante a criação de vara federal em Unaí/MG, local em que teriam sido praticados homicídios de auditores-fiscais do trabalho.[518]

p) Conforme a súmula 66 do STJ, compete à Justiça Federal processar e julgar execução fiscal promovida por Conselho de fiscalização profissional.

q) Segundo o STF, compete à justiça federal processar e julgar ações em que a Ordem dos Advogados do Brasil (OAB), quer mediante o *conselho federal*, quer *seccional*, figure na relação processual.[519]

r) Recentemente entendeu o STF que compete à Justiça Federal processar e julgar o crime ambiental de caráter transnacional que envolva animais silvestres, ameaçados de extinção e espécimes exóticas ou protegidas por compromissos internacionais assumidos pelo Brasil.[520]

s) Conforme o art.11 da Lei nº 13.260/2016 que diz respeito ao **crime de terrorismo**[521], para todos os efeitos legais, considera-se que os crimes previstos nesta Lei são praticados contra o interesse da União, cabendo à Polícia Federal a investigação

518. **HC 117871/MG** e **HC 117832/MG**, julg. em **28.04.2015**, 1ª Turma do STF, Rel, red. p/ o acórdão Min. Rosa Weber.
519. **RE 595332/PR** Plenário do STF, Rel. Min. Marco Aurélio, julgado em **31.08.2016** (repercussão geral)
520. **RE 835.558/SP**, STF. Plenário Rel. Min. Luiz Fux, julgado em **09.02.2017** (repercussão geral) (Info 853) Aqui, temos que ter atenção, pois: "*Para que o crime seja de competência da Justiça Federal é necessário que, além de ele envolver os animais acima listados, exista, no caso concreto, um caráter transnacional na conduta. Diz-se que existe caráter transnacional (também chamado de "relação de internacionalidade") quando: a) iniciada a execução do crime no Brasil, o resultado tenha ou devesse ter ocorrido no estrangeiro; ou b) iniciada a execução do crime no estrangeiro, o resultado tenha ou devesse ter ocorrido no Brasil.* In: *Dizer o Direito*, Inf. 853, 2017.
521. Lei nº 13.260/2016: *Art. 2º O **terrorismo** consiste na prática por um ou mais indivíduos dos atos previstos neste artigo, por razões de xenofobia, discriminação ou preconceito de raça, cor, etnia e religião, quando cometidos com a finalidade de provocar terror social ou generalizado, expondo a perigo pessoa, patrimônio, a paz pública ou a incolumidade pública. § 1º **São atos de terrorismo**: I - usar ou ameaçar usar, transportar, guardar, portar ou trazer consigo explosivos, gases tóxicos, venenos, conteúdos biológicos, químicos, nucleares ou outros meios capazes de causar danos ou promover destruição em massa; II – (VETADO); III - (VETADO); IV - sabotar o funcionamento ou apoderar-se, com violência, grave ameaça a pessoa ou servindo-se de mecanismos cibernéticos, do controle total ou parcial, ainda que de modo temporário, de meio de comunicação ou de transporte, de portos, aeroportos, estações ferroviárias ou rodoviárias, hospitais, casas de saúde, escolas, estádios esportivos, instalações públicas ou locais onde funcionem serviços públicos essenciais, instalações de geração ou transmissão de energia, instalações militares, instalações de exploração, refino e processamento de petróleo e gás e instituições bancárias e sua rede de atendimento; V - atentar contra a vida ou a integridade física de pessoa: Pena - reclusão, de doze a trinta anos, além das sanções correspondentes à ameaça ou à violência. § 2º O disposto neste artigo **não se aplica à conduta individual ou coletiva de pessoas em manifestações** políticas, movimentos sociais, sindicais, religiosos, de classe ou de categoria profissional, direcionados por propósitos sociais ou reivindicatórios, visando a contestar, criticar, protestar ou apoiar, com o objetivo de defender direitos, garantias e liberdades constitucionais, sem prejuízo da tipificação penal contida em lei.*

criminal, em sede de inquérito policial, e à Justiça Federal o seu processamento e julgamento, nos termos do inciso IV do art. 109 da Constituição Federal.

t) Por último, trazemos a cotejo interessante questão (já abordada na obra) de competência sobre crime praticado por parlamentar federal. Em 2019 a 1ª Turma do STF decidiu que Senador que pratica crime de corrupção passiva que não está relacionada com seu cargo e que não ofende bens, serviços ou interesse da União, deverá ser julgado em 1ª instância pela Justiça comum estadual.

No caso, observamos a apuração de crime de corrupção passiva praticado por um então Senador e esse crime não estava relacionado com as suas funções. Pois bem, como vimos em nosso estudo, ele deveria ser julgado em 1ª instância, pois o STF não será competente, não havendo foro por prerrogativa de função na hipótese. Entendeu o STF que o simples fato de o agente ocupar cargo público (à época de Senador) ***não gera, por si só, a competência da Justiça Federal de 1ª instância***. Nesses termos, a competência será definida pela prática delitiva. Assim, se o crime não foi praticado em detrimento de bens, serviços ou interesse da União ou de suas entidades autárquicas ou empresas públicas (art. 109, IV da da CR/88) e não estava presente nenhuma outra hipótese do art. 109 da CR/88, a competência para julgar o delito será da ***Justiça comum estadual***.[522]

Já sobre a **Justiça Estadual**, temos que os Estados organizarão sua Justiça, observados os princípios estabelecidos na Constituição da República de 1988.

A Justiça Estadual é organizada em **2 (dois) graus de jurisdição** (intituladas de instâncias). O primeiro grau é constituído por um Juiz monocrático, sendo o julgamento realizado em regra por esse juiz.[523] Já o segundo grau, via de regra, é formado por um órgão colegiado (Turma, Câmara ou mesmo o pleno ou órgão especial dos Tribunais)[524].

Certo é que a **competência dos tribunais** será definida na Constituição do Estado, sendo a lei de organização judiciária de iniciativa do Tribunal de Justiça. Nesse sentido, é correto afirmar que irá ser de atribuição da Justiça Estadual todas as

522. **Inq 4624 AgR**, STF. 1ª Turma. Rel. Min. Marco Aurélio, julg em **08.10.2019.** *"A Primeira Turma negou provimento a agravo regimental em inquérito em que se apura a prática do crime de corrupção passiva, e determinou a remessa dos autos à **justiça estadual de primeira instância**. No caso, o agravante pretendia a remessa dos autos à justiça federal em razão de um dos investigados ocupar atualmente o cargo de deputado federal. A Turma destacou, inicialmente, **não haver bem da União** envolvido na causa. O fato de o agente ocupar cargo público **não gera, por si só, a competência da justiça federal**. Esta é definida pela prática delitiva. O ministro Marco Aurélio (relator) asseverou que declinou da competência à justiça comum, tendo em conta que os delitos imputados, apesar de supostamente cometidos quando o referido investigado ocupava o cargo de senador da República, não estão relacionados a esse cargo. Portanto, o julgamento da causa não cabe ao STF. Ressaltou, no ponto, a orientação fixada pela Corte, em questão de ordem na AP 937, no sentido de que a prerrogativa de foro pressupõe a prática do ato criminoso no exercício do cargo e relacionado às funções desempenhadas."*(Inf. 955)

523. Porém, temos como exceções: o Tribunal do Júri, os Conselhos de Justiça Militares, bem como as Juntas eleitorais.

524. Em regra, o julgamento é feito pelo órgão colegiado, porém temos exceções, como, por exemplo, os embargos infringentes em virtude de decisões proferidas nas execuções fiscais de até 50 ORTN, que serão apreciadas pelo mesmo juízo singular prolator da decisão.

matérias que não forem de competência das justiças especiais ou especializadas, nem da Justiça Federal nos termos constitucionais. Caberá aos Estados a instituição de representação de inconstitucionalidade de leis ou atos normativos estaduais ou municipais em face da Constituição Estadual, vedada a atribuição da legitimação para agir a um único órgão.

Nos termos da Emenda Constitucional nº 45/04, os Tribunais de Justiça poderão funcionar descentralizadamente, constituindo Câmaras regionais, a fim de assegurar o pleno acesso do jurisdicionado à Justiça em todas as fases do processo. Além disso, os Tribunais de Justiça instalarão a **Justiça itinerante**, com a realização de audiências e demais funções da atividade jurisdicional, nos limites territoriais da respectiva jurisdição, servindo-se de equipamentos públicos e comunitários.

A Reforma do Poder Judiciário, trazida pela Emenda Constitucional nº 45/04, deixou assente que para dirimir **conflitos fundiários**, o Tribunal de Justiça proporá a criação de varas especializadas,[525] com competência exclusiva para questões agrárias.[526] Além disso, reza no texto normativo que sempre que necessário à eficiente prestação jurisdicional, o juiz far-se-á presente no local do litígio.

Algumas observações finais são válidas, sendo elas:

a) O STF negou provimento à ADI contra norma do regimento interno de Tribunal de Justiça Estadual, que embasado na Constituição do Estado criou o instituto da **reclamação** para preservar a competência do Tribunal de Justiça ou para garantir a autoridade de suas decisões. Nesse sentido, entendeu o STF na **ADI 2480/PB** (presente no Informativo nº 462 do STF), ser possível a previsão de **reclamação** no âmbito das Constituições Estaduais e o manuseio da mesma pelos Tribunais.

b) O STF, no RE nº 419.528 (presente no Informativo nº 434 do STF), entendeu que a Justiça Estadual é competente para julgar crimes comuns entre silvícolas. Nesse sentido, os crimes comuns cometidos pelos índios deverão ser julgados pela justiça comum. Nesses termos, conforme escorada na jurisprudência, afirma a doutrina que o STF vem adotando uma "orientação qualificadora em relação ao art. 109, XI, da CR/88, entendendo que a disputa sobre direitos dos indígenas, para fins de competência da Justiça Federal, há de envolver necessariamente questões vinculadas a direitos ou interesses indígenas típicos e específicos". Assim, se forem crimes ocorridos em reservas indígenas ou mesmo crimes comuns praticados por índios contra

525. A redação anterior (antes da EC nº 45/04) do art. 126 da CR/88 apenas fazia referência à designação de Juízes de instância especial com competência exclusiva para resolver questões agrárias.

526. Porém, se a questão debatida (ou impugnada) versar sobre a ordem política e social ou mesmo em detrimento de bens, serviços e interesses da União ou de suas entidades autárquicas e empresas públicas, além de outras questões que tenham repercussão interestadual ou internacional que acabem por exigir uma repercussão uniforme, temos que a competência será da Justiça Federal (art. 109, I, da CR/88). Nesse sentido o CC nº 1.111/RS, Rel. Min. José Cândido de Carvalho Filho, *DJ* 04.06.1990. Ementa: Conflito de competência. Invasão de Terras. Fato atentatório à ordem política e social. Competência da Justiça Estadual. Constituição art. 126. Incorrendo atentado à ordem política e social, mas apenas conflito fundiário, embora grave, declara-se a competência da Justiça Estadual.

índios, sem nenhum "vínculo com a etnicidade (grupo ou comunidade indígena) serão de competência, como já externado, da justiça comum".[527]

c) Nos termos da **Súmula Vinculante nº 27** do STF, compete à justiça estadual julgar causas entre consumidor e concessionária de serviço público de telefonia, quando a Anatel não seja litisconsorte passiva necessária, assistente, nem opoente.

d) Nos termos do RE 607.520/MG jugado pelo STF em 25.05.2011, compete à justiça comum estadual processar e julgar ações de cobrança de honorários advocatícios arbitrados em favor de defensor dativo.[528]

e) Segundo o STF, nos termos do RE nº 684.169, é da Justiça Estadual a competência para julgamento de causas que envolvem a discussão sobre retenção e restituição de imposto de renda (IR), incidente sobre os rendimentos pagos a servidores públicos estaduais. No caso, a jurisprudência da Corte se dá no sentido de que não há interesse da União na hipótese, sendo, portanto, competência da Justiça comum estadual o julgamento de tais casos (em razão da natureza indenizatória da verba).

f) Segundo o STF compete à justiça estadual processar e julgar *crime de incitação à discriminação* cometido *via internet*, quando praticado contra pessoas determinadas e que não tenha ultrapassado as fronteiras territoriais brasileiras. Com base nessa orientação, a 1ª Turma do STF denegou *"habeas corpus"* e confirmou acórdão do STJ que, em conflito de competência, concluíra que o feito seria da competência da justiça comum. Na decisão ficou destacado que as declarações preconceituosas dirigidas a particulares participantes de fórum de discussão dentro do território nacional não atrairiam a competência da justiça federal (CF, art. 109).[529]

g) Conforme já citamos (em nota nesse capítulo), **para o STF,** o fato de o delito ter sido cometido por brasileiro no exterior, por si só, não atrai a competência da Justiça Federal. Assim sendo, em regra, compete à Justiça Estadual julgar o crime praticado por brasileiro no exterior e que lá não foi julgado em razão de o agente ter fugido para o Brasil, tendo o nosso país negado a extradição para o Estado estrangeiro. Para o Pretório Excelso, somente será de competência da Justiça Federal

527. MENDES; COELHO; BRANCO, 2009, p. 986. Conforme o **RE 419.528:** *Competência criminal. Conflito. Crime praticado por silvícolas, contra outro índio, no interior de reserva indígena. Disputa sobre direitos indígenas como motivação do delito. Inexistência. Feito da competência da Justiça Comum. Recurso improvido. Votos vencidos. Precedentes. Exame. Inteligência do art. 109, incs. IV e XI, da CF. A competência penal da Justiça Federal, objeto do alcance do disposto no art. 109, XI, da CR/88, só se desata quando a acusação seja de genocídio, ou quando, na ocasião ou motivação de outro delito de que seja índio o agente ou a vítima, tenha havido disputa sobre direitos indígenas, não bastando seja aquele imputado a silvícola, nem que este lhe seja vítima e, tampouco, que haja sido praticado dentro de reserva indígena.* Rel. Min. Marco Aurélio, Julg. em **03.08.2006.**

528. Informativo 628 do STF: "(...) Reputou-se que a nomeação de advogada como defensora dativa não criaria relação de emprego com a Administração Pública estadual, mas um vínculo jurídico-administrativo. Vencidos os Ministros Marco Aurélio e Ayres Britto, que desproviam o recurso, porquanto consideravam competir à justiça do trabalho julgar a ação. Por fim, o Plenário autorizou que os Ministros decidam monocraticamente os casos idênticos".

529. HC nº121.283/DF Rel. Min. Roberto Barroso, 1ª Turma do STF, julg. em 29.04.2014.

caso se enquadre em alguma das hipóteses do art. 109 da CR/88.[530] Aqui citamos também o art. 88 do Código de Processo Penal, que em termos de competência territorial, afirma que: *no processo por crimes praticados fora do território brasileiro, será competente o juízo da Capital do Estado onde houver por último residido o acusado. Se este nunca tiver residido no Brasil, será competente o juízo da Capital da República.*

h) Segundo o STF compete à Justiça Estadual julgar homicídio praticado por Policial Rodoviário Federal após desavença no trânsito ocorrida no seu deslocamento de casa para o trabalho. Nesses termos, a competência para julgar a acusação de homicídio é da Justiça Estadual. O fundamento é o de que a competência da Justiça Federal pressupõe a demonstração concreta das situações veiculadas no art. 109 da CR/88. Portanto, a mera condição de servidor público não basta para atraí-la, na medida em que o interesse da União há de sobressair das funções institucionais, não da pessoa do agente. No caso, a infração penal cometida pelo réu no deslocamento até o local de trabalho não guardou qualquer vinculação com o exercício das funções de Policial Rodoviário Federal.[531]

i) É importante deixar registrado (mais uma vez, conforme trabalhado na obra) que o Poder Judiciário do Distrito Federal e dos Territórios, ou seja, os Tribunais e Juízes do Distrito Federal e Territórios, serão organizados e mantidos pela União nos termos do art. 21, XIII, art. 22, XVII e art. 33 § 3º da CR/88.[532]

5.10. Considerações Finais sobre o Poder Judiciário

5.10.1. Justiça de Paz

A primeira consideração, envolve a intitulada **Justiça de Paz**. Nesses termos, conforme o art. 98, II, da CR/88, a União, o Distrito Federal e os Territórios, e os Estados criarão: justiça de paz, **remunerada**[533], composta de **cidadãos eleitos** pelo

530. RE 1.175.638 AgR/PR, STF. 1ª Turma. Rel. Min. Marco Aurélio, julg. em 02.04.2019 (Info 936). Registramos mais uma vez que o STJ possui julgados em sentido diverso, ou seja, entendendo que a competência seria da Justiça Federal: ***Compete à Justiça Federal o processamento e o julgamento da ação penal que versa sobre crime praticado no exterior, o qual tenha sido transferido para a jurisdição brasileira, por negativa de extradição, aplicável o art. 109, IV, da CF/88.*** STJ. 3ª Seção. CC 154.656-MG, Rel. Min. Ribeiro Dantas, julg em 25/04/2018 (Info 625). 5ª Turma. RHC 97.535/RS, Rel. Min. Felix Fischer, julg em 26/06/2018. 6ª Turma. RHC 88.432/AP, Rel. Min. Nefi Cordeiro, julg em 19/02/2019.

531. **HC 157012/MS**, STF. 1ª Turma. Rel. Min. Marco Aurélio, julgado em **10.12.2019** (Informativo 963).

532. Compete ainda à **União** a criação dos **Juizados especiais e da Justiça de Paz**.

533. Informativo nº 549 do STF: A 1ª Turma do STF manteve acórdão do TRF da 1ª Região que *denegara o pleito do ora recorrente de ver declarado seu direito à remuneração pelo exercício da função de juiz de paz, bem como de condenação da União ao ressarcimento por serviços prestados. Na espécie, a Corte de origem aplicara a orientação firmada no julgamento da ADI 1051/SC (DJU de 13.10.95), no sentido de que a remuneração dos juízes de paz somente pode ser fixada em lei de iniciativa exclusiva do tribunal de justiça do Estado-membro.* (Rext nº 480.328. Rel. Min. Marco Aurélio. Julgamento em 02.06.2009). Nos termos do **Informativo 617 do STF**: *A remuneração dos Juízes de Paz somente pode ser fixada em lei de iniciativa exclusiva do Tribunal de Justiça Estadual. Com base nesse entendimento, o Plenário julgou procedente pedido formulado em ação direta ajuizada pelo Procurador Geral da República para declarar a inconstitucionalidade da expressão "recolhidas à disposição do Juiz de Paz", contida no parágrafo único*

voto direto, universal e secreto,[534] com **mandato de 4 (quatro)** anos e **competência** para, na **forma da lei**, *celebrar casamentos, verificar, de ofício ou em face de impugnação apresentada, o processo de habilitação* (para o casamento) e *exercer atribuições conciliatórias* (fazer conciliação), **sem caráter jurisdicional**, além de outras previstas na legislação.[535]

Portanto, ressaltamos que o *juiz de paz* é considerado um serviço auxiliar do Poder Judiciário e as suas atribuições não têm caráter jurisdicional.

Certo é que, conforme o art. 30 do ADCT, a legislação que criar a Justiça de Paz manterá os atuais juízes de paz até a posse dos novos titulares, assegurando-lhes os direitos e atribuições conferidos, e designará o dia para a eleição prevista no acima citado art. 98, II, da CR/88.

Portanto, haverá a necessidade de Lei Federal para a viabilização adequada e delimitada da Justiça de Paz de cunho Federal (para a União, DF e Territórios) e de Lei Estadual para o enquadramento da Justiça de Paz Estadual (no âmbito dos Estados).

É interessante que um exemplo de Lei Estadual dispondo sobre o processo eleitoral, atribuições e competências de ***juiz de paz*** foi positivado no Estado de Minas Gerais (Lei nº 13.454/00). Porém, na **ADI 2938** ajuizada pelo Procurador-Geral da República, o STF deixou assente o seu atual entendimento sobre a amplitude daquela Lei Estadual, bem como das possíveis outras Leis Estaduais sobre o tema.

O STF declarou *parcialmente inconstitucional* a legislação mineira afirmando que uma série de normas seriam inconstitucionais em termos formais. Afirmou, por exemplo, que a fixação por lei estadual de condições de elegibilidade em relação aos candidatos a juiz de paz, além das constitucionalmente previstas no art. 14, § 3º, invade a competência da União para legislar sobre direito eleitoral, definida no art. 22, I, da Constituição da República. Afirmou também que Lei estadual que define como competências funcionais dos juízes de paz o processamento de auto de corpo de delito e a lavratura de auto de prisão, na hipótese de recusa da autoridade

---

do art. 2º da Lei mineira 10.180/90, de iniciativa do Governador do Estado de Minas Gerais. O preceito impugnado, ao alterar a redação de dispositivos da Lei mineira 7.399/78 (Regimento de Custas do Estado de Minas Gerais), determina que as custas cobradas para o processo de habilitação de casamento sejam recolhidas à disposição do Juiz de Paz. Entendeu-se que a lei impugnada estaria em confronto com a alínea b do inciso II do art. 96 da CF que prevê competência privativa ao STF, aos Tribunais Superiores e aos Tribunais de Justiça propor ao Poder Legislativo respectivo, observado o disposto no art. 169, a remuneração dos seus serviços auxiliares e dos juízos que lhes forem vinculados, bem como a fixação do subsídio de seus membros e dos juízes, inclusive dos tribunais inferiores, onde houver. Considerou-se, ainda, que a norma questionada também incorreria em vício material, haja vista que os Juízes de Paz, por serem agentes públicos, que exercem atividade eminentemente estatal, deveriam ser pagos pelos cofres públicos. (ADI 954/MG, Rel. Min. Gilmar Mendes, 24.02.2011).

534. **Art. 14, § 3º, VI, "c", da CR/88,** temos como uma condição de elegibilidade a idade mínima de 21 (vinte e um) anos.
535. A Justiça de Paz foi inicialmente prevista na Constituição de 1824 (art. 162). Posteriormente foi expressa na Constituição de 1934 (art. 104, § 4º); Constituição de 1946 (art. 124, X); Constituição 1967 (art. 136, § 1º); Emenda Constitucional nº 1 de 1969 (art. 144, § 1º).

policial, invade a competência da União para legislar sobre direito processual penal art. 22, I, da CR/88.[536]

Além disso, na ADI 954, o STF novamente enfrentou questão atinente a outra legislação mineira. Em 1990, o Estado de Minas Gerais editou lei, de iniciativa do Governador, determinando que as custas cobradas nos processos de habilitação de casamento fossem destinadas ao juiz de paz (conforme o parágrafo único do art. 2º da Lei 10.180/1990). Em 2011, na ADI 954, o STF julgou essa normativa inconstitucional por vício formal e vício material.

---

536. EMENTA: *Ação direta de inconstitucionalidade.* **Lei nº 13.454/00** *do Estado de Minas Gerais. Juiz de paz. Eleição e investidura. Simultaneidade com as eleições municipais. Princípio majoritário. Previsão no art. 117, da Constituição do Estado de Minas Gerais. Ausência de impugnação. Inviabilidade da ação direta. 1. A viabilidade da ação direta reclama a impugnação conjunta dos preceitos que tratam da matéria, sob pena de inocuidade da própria declaração de inconstitucionalidade. 2. A ausência de impugnação do teor de preceitos constitucionais repetidos na lei impugnada impede o conhecimento da ação direta. Precedentes* [ADI n. 2.132/MC, DJ 05.04.2002; ADI n. 2.242, DJ 19.12.2001 e ADI n. 2.215, DJ 26.04.2001]. *Juiz de paz. Eleição e investidura. Aplicação subsidiária do Código Eleitoral e da legislação federal específica. Inconstitucionalidade. Norma cogente. 3. Não há falar-se, no que tange à legislação atinente à criação da justiça de paz, em aplicação subsidiária do Código Eleitoral [Lei nº4.737/65], bem como da legislação federal específica, de observância obrigatória em todo território nacional. Juiz de paz. Eleição e investidura. Filiação partidária. Obrigatoriedade. Procedimentos necessários à realização das eleições. Constitucionalidade. Art. 14, § 3º, e 98, II, da CB/88. Competência federal. 4. A obrigatoriedade de filiação partidária para os candidatos a juiz de paz [art. 14, § 3º, da CB/88] decorre do sistema eleitoral constitucionalmente definido. 5. Lei estadual que disciplina os procedimentos necessários à realização das eleições para implementação da justiça de paz [art. 98, II, da CB/88] não invade, em ofensa ao princípio federativo, a competência da União para legislar sobre direito eleitoral [art. 22, I, da CB/88]. Juiz de paz. Eleição e investidura. Fixação de condições de elegibilidade para concorrer às eleições. Inconstitucionalidade. Competência da União. Art. 14 e Art. 22, I, da CB/88. 6. A fixação por lei estadual de condições de elegibilidade em relação aos candidatos a juiz de paz, além das constitucionalmente previstas no art. 14, § 3º, invade a competência da União para legislar sobre direito eleitoral, definida no art. 22, I, da Constituição do Brasil. Juiz de paz. Competências funcionais. Arrecadar bens de ausentes ou vagos. Funcionar como perito. Nomear escrivão ad hoc. Constitucionalidade. Matéria meramente administrativa. Competência Federal. Art. 98, II, da CB/88. 7. Lei estadual que define como competências funcionais dos juízes de paz a arrecadação provisória de bens de ausentes e vagos, nomeando escrivão ad hoc, e o funcionamento como perito em processos não invade, em ofensa ao princípio federativo, a competência da União para legislar sobre direito processual civil [art. 22, I, da CB/88]. Juiz de paz. Competências funcionais. Processar auto de corpo de delito. Lavrar auto de prisão. Recusa da autoridade policial. Inconstitucionalidade. Processo penal. Competência da União para legislar. Art. 22, I, DA CB/88. 8. Lei estadual que define como competências funcionais dos juízes de paz o processamento de auto de corpo de delito e a lavratura de auto de prisão, na hipótese de recusa da autoridade policial, invade a competência da União para legislar sobre direito processual penal [art. 22, I, da CB/88]. Juiz de paz. Competências funcionais. Prestar assistência ao empregado nas rescisões de contrato de trabalho. Inexistência dos órgãos previstos no Art. 477 da CLT. Inconstitucionalidade. Direito do trabalho. Competência da União para legislar. Art. 22, I, da CB/88. 9. Lei estadual que define como competências funcionais dos juízes de paz, na ausência dos órgãos previstos no art. 477 da CLT, a prestação de assistência ao empregado nas rescisões de contrato de trabalho, invade a competência da União para legislar sobre direito do trabalho [art. 22, I, da CB/88]. Função já assegurada pelo § 3º do mesmo preceito legal. Juiz de paz. Competências funcionais. Zelar pela observância das normas relativas à defesa do meio ambiente e vigilância ecológica sobre as matas. Providências necessárias ao seu cumprimento. Constitucionalidade. Art. 225 e 98, II, da CB/88. 10. Lei estadual que define como competência funcional do juiz de paz zelar, na área territorial de sua jurisdição, pela observância das normas concernentes à defesa do meio ambiente e à vigilância sobre as matas, rios e fontes, tomando as providências necessárias ao seu cumprimento, está em consonância com o art. 225 da CB/88, desde que sua atuação não importe em restrição às competências municipal, estadual e da União. Juiz de paz. Prerrogativas. Prisão especial. Inconstitucionalidade. Processo penal. Competência da União para legislar. Art. 22, I, da CB/88. Direito assegurado pelo Art. 112, § 2º, da LOMAN [LC 35/75]. 11. Lei estadual que prevê em benefício dos juízes de paz o recolhimento a prisão especial invade a competência da União para legislar sobre direito processual penal [art. 22, I, da CB/88]. Direito já assegurado pelo art. 112, § 2º, da LOMAN [LC n. 35/75]. 12. Ação direta julgada parcialmente procedente.* Rel. Min Eros Grau. Julg. em **09.05.2005.**

No que diz respeito ao *aspecto formal*, a norma é *formalmente inconstitucional* porque o projeto que deu origem à lei foi iniciado pelo Governador do Estado. Como essa lei trata sobre um serviço auxiliar do Poder Judiciário (celebração de casamentos etc.), a iniciativa deveria ser do Tribunal de Justiça, conforme prevê o art. 96, II, "b", da CR/88.

No que tange ao *aspecto material* a lei é *materialmente inconstitucional* porque o juiz de paz deve ser remunerado pelos cofres públicos e não pelos noivos. O STF entendeu que se aplica aos juízes de paz a vedação prevista no art. 95, parágrafo único, II, da CR/88.[537]

É interessante que o Governador do Estado de Minas Gerais apresentou embargos de declaração contra essa decisão pedindo: a) a concessão de eficácia "ex nunc" à declaração de inconstitucionalidade; e b) a fixação de prazo razoável para as providências necessárias à regularização normativa da matéria.

O Colegiado do STF, em 20.06.2018, acolheu os embargos para esclarecer que a declaração de inconstitucionalidade não afeta as hipóteses em que os juízes de paz tenham exercido suas atribuições até 26 de maio de 2011, data da publicação do acórdão no Diário de Justiça. Com isso, os valores que os juízes de paz receberam até esta data foram considerados legítimos.[538]

5.10.2. Quinto Constitucional

Outra questão muito interessante é a questão do **quinto constitucional** do **art. 94 da CR/88**. Nesse sentido, reza no art. 94 que 1/5 (um quinto) dos lugares dos Tribunais Regionais Federais, dos Tribunais dos Estados, e do Distrito Federal e Territórios será composto de membros do Ministério Público, com mais de 10 (dez) anos de carreira, e de advogados de notório saber jurídico e de reputação ilibada, com mais de 10 (dez) anos de efetiva atividade profissional, indicados em lista sêxtupla pelos órgãos de representação das respectivas classes. Nesses termos, recebidas as indicações, o tribunal formará lista tríplice[539], enviando-a ao Poder Executivo, que,

537. *"(...) Os juízes de paz, na qualidade de agentes públicos, ocupam cargo cuja remuneração deve ocorrer com base em valor fixo e predeterminado, e não por participação no que é recolhido aos cofres públicos. Além disso, os juízes de paz integram o Poder Judiciário e a eles se impõe a vedação prevista no art. 95, parágrafo único, II, da Constituição, a qual proíbe a percepção, a qualquer título ou pretexto, de custas ou participação em processo pelos membros do Judiciário. Inconstitucionalidade material. (...)" STF. Plenário.* **ADI 954,** Rel. Min. Gilmar Mendes, julgado em **24.02.2011**.

538. **ADI 954 ED/MG**, STF. Plenário. Rel. Min. Gilmar Mendes, julgado em **20.06.2018.**

539. Citamos aqui a Recomendação nº 13 de 06.11.2007 do CNJ: "**Considerando** que o inciso X do art. 93 da Constituição Federal, com a redação da EC nº 45, de 08.12.2004, consagrou os princípios da publicidade e da transparência nas decisões administrativas dos Tribunais, determinando que estas serão fundamentadas e proferidas em sessão pública; **Considerando** o que ficou decidido na Sessão Plenária do dia 15/8/2007, exarada nos autos do Pedido de Providências nº 2007.10.00.000497-3; **RESOLVE: RECOMENDAR** *a esses Tribunais que regulamentem a orientação emanada deste Conselho Nacional de Justiça, aplicável a todos, no sentido de que a lista tríplice a que se refere o artigo 94, parágrafo único, da Constituição Federal, seja formada em sessão pública, mediante votos abertos, nominais e fundamentados. Publique-se e encaminhe-se cópia desta Recomendação aos Tribunais, ao Ministério Público e à Ordem dos Advogados do Brasil".* Sobre o tema, ver: **MS 31.923** MC de rel. do Min. Celso de Mello.

nos 20 (vinte) dias subsequentes, escolherá um de seus integrantes para nomeação. No caso dos Tribunais Regionais Federais e do Tribunal de Justiça do Distrito Federal (e Territórios) a escolha e nomeação será realizada pelo Presidente da República,[540] já no caso dos Tribunais de Justiça, pelos Governadores de Estado.

Aqui devemos observar, na esteira do STF, que, se o número de vagas no tribunal não for múltiplo de cinco, deve haver o arredondamento para cima, para evitar o amesquinhamento da regra do quinto. Assim, nunca poderemos ter menos de 1/5 para os juízes oriundos da advocacia e do Ministério Público. É importante salientar ainda que, embora não expressa no art. 94 da CR/88, a regra do quinto valerá também para os tribunais do trabalho, nos termos dos arts. 111-A e 114, § único.[541] Para o STJ vigora, como já estudado, a regra do terço, mas o procedimento para a escolha dos Ministros oriundos da advocacia e do Ministério Público é o previsto no art. 94 (regra do quinto).[542]

Por último, algumas digressões são importantes: a) não há que se falar em necessidade de aprovação da maioria absoluta do Poder Legislativo (Assembleia Legislativa) do nome escolhido pelo Chefe do Executivo;[543] b) No caso de não existirem membros do Ministério Público que tenham o condão de preencher os requisitos constitucionais, o STF, em decisão na **ADI 1289**, permitiu a complementação da lista de candidatos ao preenchimento de vaga ao cargo de Juiz por membros do MP com menos de 10 anos de efetivo exercício do cargo;[544]c) Sobre a possibilidade de o Tribunal a que for encaminhada a lista recusá-la por falta de cumprimento dos

540. Conforme a Súmula nº 627 do STF.

541. Ver nesse sentido a decisão da ADI nº 3.940, Rel. Min. Marco Aurélio, Julg. em 19.12.2005.

542. Nesses termos, não são todos os tribunais pátrios que devem seguir a regra do quinto. Ou seja, nem todos os tribunais devem proporcionar 20% das vagas à advocacia e ao MP.

543. **ADI 4150:** *Judiciário – Quinto Constitucional – Assembleia Legislativa. Surge relevante pedido de suspensão de norma local a prever a submissão de candidato a vaga do quinto em Tribunal à Assembleia Legislativa. Assim sendo, na decisão: O Tribunal, por unanimidade e nos termos do voto do Relator, deferiu a medida cautelar para suspender a eficácia da expressão depois de aprovada a escolha pela maioria absoluta da Assembleia Legislativa, que foi incluída no parágrafo único do artigo 63 da Constituição do Estado de São Paulo, mediante a Emenda Constitucional nº 25, de 12 de maio de 2008. Julg. em **08.10.2008**. E posteriormente na decisão da **ADI 4150** em **25.02.2015**: TRIBUNAL – COMPOSIÇÃO – QUINTO – ASSEMBLEIA LEGISLATIVA – PRONUNCIAMENTO – INADEQUAÇÃO. Conflita com a Constituição Federal norma da Carta do Estado que junge à aprovação da Assembleia Legislativa a escolha de candidato à vaga do quinto em Tribunal.* Rel. Min. Marco Aurélio.

544. Nos termos do voto proferido pelo Min. Gilmar Mendes em EI a ADI 1289: [...] *Se não houver membros do Ministério Público com o requisito acima indicado, como compor a lista sêxtupla, a fim de realizar-se o princípio? Seria possível compor-se ou complementar a lista sêxtupla com membros do Ministério Público que ainda não tenham completado dez anos na carreira? Depois de muito editar sobre o tema, respondo afirmativamente. É que o princípio, o do quinto constitucional, constitui a premissa maior. É certo que o requisito do tempo na carreira o embasa. Este, entretanto, há de ceder no momento em que a realização do princípio possa não ocorrer por falta de membros do Ministério Público que o satisfaçam. Temos informações seguras no sentido de que em diversos TRTs, em razão do deferimento da cautelar, suspendendo a eficácia da resolução objeto desta ação, há vagas de juízes do Ministério Público que estão ocupadas por juízes de carreira. Segundo um dos memoriais que nos foi oferecido, isto estaria ocorrendo relativamente a quatorze vagas dos TRTs. No memorial que nos foi apresentado [...] contam registrados 379 (trezentos e setenta e nove) Membros em efetivo exercício neste Ministério Público do Trabalho, sendo que 43 (quarenta e três) constam com mais de 10 (dez) anos de efetivo exercício na carreira". Assim sendo, se não for permitida a inclusão, na lista sêxtupla, de membro do MP com menos de dez anos de carreira, ter-se-á: ou a não realização do princípio constitucional do quinto, assim descumprindo-se o que a Constituição quer e determina (C.F., art. 94) [...].*

requisitos constitucionais, temos que o STF no **MS nº 25.624** entendeu, conforme trechos da ementa, que: "[...] 3. Pode o Tribunal recusar-se a compor a lista tríplice dentre os seis indicados, se tiver razões objetivas para recusar a algum, a alguns ou a todos eles, as qualificações pessoais reclamadas pelo art. 94 da Constituição (***v.g.*** mais de dez anos de carreira no MP ou de efetiva atividade profissional na advocacia.) 4. A questão é mais delicada se a objeção do Tribunal fundar-se na carência dos atributos de 'notório saber jurídico' ou de 'reputação ilibada': a respeito de ambos esses requisitos constitucionais, o poder de emitir juízo negativo ou positivo se transferiu, por força do art. 94 da Constituição, dos Tribunais de cuja composição se trate para a entidade de classe correspondente. 5. Essa transferência de poder não elide, porém, a possibilidade de o tribunal recusar a indicação de um ou mais dos componentes da lista sêxtupla, à falta de requisito constitucional para a investidura, desde que fundada a recusa em razões objetivas, declinadas na motivação da deliberação do órgão competente do colegiado judiciário. 6. Nessa hipótese ao Tribunal envolvido jamais se há de reconhecer o poder de substituir a lista sêxtupla encaminhada pela respectiva entidade de classe por outra lista sêxtupla que o próprio órgão judicial componha, ainda que constituída por advogados componentes de sextetos eleitos pela Ordem para vagas diferentes. 7. A solução harmônica à Constituição é a devolução motivada da lista sêxtupla à corporação da qual emanada, para que a refaça, total ou parcialmente, conforme o número de candidatos desqualificados: dissentindo a entidade de classe, a ela restará questionar em juízo, na via processual adequada, a rejeição parcial ou total do tribunal competente às suas indicações."[545] Temos ainda, dois casos interessantes sobre o tema: o primeiro envolveu o reconhecimento pelo STF de que a recusa do TJ/SP de lista sêxtupla encaminhada pela OAB/SP era plenamente justificada e portanto adequada (nos moldes do decidido no MS nº 25.624). No caso um advogado da lista respondia a processo criminal (dúvida sobre a reputação ilibada) e o outro havia sido reprovado em 10 concursos para a magistratura (possível falta do notável saber jurídico).[546] E o segundo e mais recente caso foi decidido (conforme já salientado na obra) em **6 outubro de 2009** pela **2ª turma do STF**, que por maioria reconheceu o direito do Superior Tribunal de Justiça (STJ) de recusar[547] lista sêxtupla encaminhada pela Ordem dos Advogados do Brasil (OAB) para **preenchimento de vaga** de Ministro do chamado quinto

545. Julgamento em 06.09.2006, Rel. Min. Sepúlveda Pertence. *DJ* 19.12.2006.

546. Conforme a **Reclamação nº 5.413,** julg. em **10.04.2008:** Ementa. *Reclamação. Ordem dos Advogados do Brasil. Lista. Composição do Tribunal de Justiça do Estado de São Paulo. Recusa. Devolução. 1. A devolução da lista apresentada pela Ordem dos Advogados do Brasil com clara indicação dos motivos que a suportaram não viola decisão desta Suprema Corte que, expressamente, ressalvou essa possibilidade "à falta de requisito constitucional para a investidura, desde que fundada a recusa em razões objetivas, declinadas na motivação da deliberação do órgão competente do colegiado judiciário" (MS nº 25.624/SP, Relator o Ministro Sepúlveda Pertence, DJ de 19/12/06). 2. Reclamação julgada improcedente.* (Rel. Min. Menezes Direito).

547. No caso em tela, o que aconteceu foi que o STJ não escolheu nenhum dos nomes enviados pela OAB, rejeitando, portanto, a lista encaminhada em sua totalidade. Contra esse ato, a OAB impetrou mandado de segurança no próprio STJ, mas o pedido foi rejeitado. É dessa decisão que a entidade recorreu ao Supremo, alegando ilegalidade e descumprimento de deveres constitucionalmente conferidos ao STJ.

constitucional da composição **daquela Corte que cabe à categoria dos advogados,** quando **nenhum dos integrantes da lista obtém votação mínima para figurar em lista tríplice a ser encaminhada ao Presidente da República** para preenchimento da vaga. Essa decisão foi prolatada no julgamento do Recurso Ordinário no Mandado de Segurança (RMS) nº 27.920, impetrado pela OAB contra decisão do STJ de rejeitar mandado de segurança e **manter a recusa da lista sêxtupla** encaminhada pela entidade classista dos advogados para preenchimento de vaga aberta naquela Corte com a aposentadoria do Ministro Pádua Ribeiro.[548]

5.10.3. Juizados Especiais

Sobre os **Juizados Especiais,** deixou assente a atual **Constituição,** que a União, no Distrito Federal e nos Territórios, e os Estados criarão **juizados especiais,** providos por juízes togados, ou togados e leigos, competentes para a conciliação, o julgamento e a execução de causas cíveis de menor complexidade e infrações penais de menor potencial ofensivo[549], mediante os procedimentos oral e sumariíssimo, permitidos, nas hipóteses previstas em lei, a transação e o **julgamento de recursos** por **turmas de juízes** de primeiro grau.[550]

---

548. Conforme noticiado pelo STF em **06.10.2009:** *"A questão foi decidida pelo voto da ministra Ellen Gracie que, em 23 de junho deste ano, pediu vista do processo quando a votação, na Turma, estava empatada por dois votos a dois. O relator, ministro Eros Grau, e o ministro Cezar Peluso haviam votado pela rejeição do recurso, enquanto os ministros Joaquim Barbosa e Celso de Mello votaram pelo seu acolhimento. Entre os muitos argumentos que expôs em seu voto, a ministra Ellen Gracie lembrou que, em três escrutínios efetuados pelo STJ em sessão secreta realizada em 12 de fevereiro, nenhum candidato obteve o quórum mínimo de 17 votos (maioria absoluta do número de membros do STJ – 33 ministros) estabelecido pelo regimento interno do STJ para figurar da lista tríplice. Diante dessa tendência de aumento dos votos em branco, a presidência daquela Corte houve por bem suspender a votação e, por intermédio de ofício, devolver a lista à OAB naquela mesma data. A ministra entendeu que não faria sentido os 28 ministros que participaram do escrutínio justificarem, cada um, o seu voto, pois isso iria expor desnecessariamente os advogados indicados pela OAB cujos nomes foram rejeitados. Ademais, tiraria o caráter secreto da sessão e, por conseguinte, tolheria a liberdade dos ministros para escolha dos nomes para figurar na lista tríplice. Segundo ela, pela mesma lógica, não são justificados, pelo STJ, os votos que eliminam três dos seis candidatos das listas sêxtuplas encaminhadas para escolha de três nomes, quando do preenchimento de vaga do quinto constitucional que cabe à categoria dos advogados ou representantes do Ministério Público."*

549. Conforme a decisão do STF no HC 106.212 em 24.03.2011, temos que: *Violência doméstica – Artigo 41 da Lei nº 11.340/06 – Alcance. O preceito do artigo 41 da Lei nº 11.340/06 alcança toda e qualquer prática delituosa contra a mulher, até mesmo quando consubstancia contravenção penal, como é a relativa a vias de fato. Violência doméstica – Artigo 41 da Lei nº 11.340/06 – Afastamento da lei nº 9.099/95 – Constitucionalidade. Ante a opção político-normativa prevista no artigo 98, inciso I, e a proteção versada no artigo 226, § 8º, ambos da Constituição Federal, surge harmônico com esta última o afastamento peremptório da Lei nº 9.099/95 – mediante o artigo 41 da Lei nº 11.340/06 – no processo-crime a revelar violência contra a mulher.* (HC 106.212, Rel. Min. Marco Aurélio, julg. em 24.03.2011). Já nos termos do RE 537.427, julg. em 14.04.2011, *os Juizados Especiais não possuem competência para o julgamento de ação, promovida por tabagista, destinada a obter indenização para tratamento de dependência causada pelo cigarro.* Nesse sentido: (...) *A excludente da competência dos juizados especiais – complexidade da controvérsia (artigo 98 da Constituição Federal) – há de ser sopesada em face das causas de pedir constantes da inicial, observando-se, em passo seguinte, a defesa apresentada pela parte acionada. Competência – Ação indenizatória – Fumo – Dependência – Tratamento. Ante as balizas objetivas do conflito de interesses, a direcionarem a indagação técnico-pericial, surge complexidade a afastar a competência dos juizados especiais.* (RE 537.427, Rel. Min. Marco Aurélio).

550. No que diz respeito aos Juizados Especiais temos as **Súmulas nºs: 203 do STJ** *(Não cabe recurso especial contra decisão proferida por órgão de segundo grau dos juizados especiais.)*, **376 do STJ** *(Compete a Turma Recursal processar e julgar o mandado de segurança contra ato de juizado especial)* e **640 do STF** *(É cabível recurso extraordinário*

Já a criação dos **Juizados no âmbito Federal**, também foi definida constitucionalmente.[551] É interessante citarmos que, recentemente a Lei nº 12.665 de 13.06.2012, dispôs sobre a estrutura permanente para as Turmas Recursais dos Juizados Especiais Federais[552].

Segundo o Pretório Excelso, o rito dos Juizados Especiais é talhado para ampliar o acesso à justiça (art. 5º, XXXV, da CR/88) mediante redução das formalidades e aceleração da marcha processual, não sendo outra a exegese do art. 98, I, da Carta Magna, que determina sejam adotados nos aludidos Juizados "os procedimentos oral e sumariíssimo", devendo, portanto, ser apreciadas *cum grano salis* as interpretações que pugnem pela aplicação "subsidiária" de normas alheias ao microssistema dos Juizados Especiais que importem delongas ou incremento de solenidades.

Nesse sentido, já decidiu o STF, que o espírito da Lei nº 10.259/01, que rege o procedimento dos Juizados Especiais Federais, é inequivocamente o de afastar a incidência de normas que alberguem prerrogativas processuais para a Fazenda Pública, máxime em razão do que dispõe o seu art. 9º, verbis: "Não haverá prazo diferenciado para a prática de qualquer ato processual pelas pessoas jurídicas de direito público, inclusive a interposição de recursos". Com isso, não se aplica aos Juizados Especiais Federais a prerrogativa de intimação pessoal dos ocupantes de cargo de Procurador Federal, prevista no art. 17 da Lei n.º 10.910/2004, na medida em que neste rito especial, ante a simplicidade das causas nele julgadas, particular e Fazenda Pública apresentam semelhante, se não idêntica, dificuldade para o adequado exercício do direito de informação dos atos do processo, de modo que não se revela razoável a incidência de norma que restringe a paridade de armas, além de comprometer a informalidade e a celeridade do procedimento.[553]

É importante salientar também que, a **Lei nº 12.153** de **22.12.2009,** normatizou em nosso ordenamento os **Juizados Especiais de Fazenda Pública.**

---

contra decisão proferida por juiz de primeiro grau nas causas de alçada, ou por turma recursal de juizado especial civil e criminal). Temos, ainda, que a regulamentação dos Juizados Especiais é dada pela **Lei nº 9.099/95** e suas **alterações** posteriores. Uma delas, está na recente **Lei nº12.726** de **16.10.2012**, que Acrescentou § único ao **art. 95 da Lei nº 9.099/95**, para dispor sobre o **Juizado Especial Itinerante**. Nesse sentido: *"No prazo de 6 (seis) meses, contado da publicação desta Lei, serão criados e instalados os **Juizados Especiais Itinerantes**, que deverão dirimir, prioritariamente, os conflitos existentes nas áreas rurais ou nos locais de menor concentração populacional."*

551. Conforme o **art. 98 § 1º da CR/88.** Também está expresso na Constituição, que a regulamentação dos Juizados Especiais Federais, será feita por Lei Federal (Atualmente é a **Lei nº 10.259/01,** alterada em alguns dispositivos pela **Lei nº 11.313/06, e,** recentemente **pela Lei nº12.665 de 13.06.2012)**. Sobre os mesmos, decidiu o STF no **ARE 648.629** julg. em **24.04.2013** que a regra prevista no art. 17 da Lei 10.910/04 (da obrigatoriedade de intimação pessoal dos Procuradores Federais) não se aplica no rito dos Juizados Especiais Federais.

552. Conforme a **Lei nº12.665/2012**: "art. 1º Ficam criadas na Justiça Federal de primeiro grau 75 (setenta e cinco) Turmas Recursais dos Juizados Especiais Federais permanentes, assim distribuídas: I – 25 (vinte e cinco) Turmas Recursais dos Juizados Especiais Federais na Primeira Região; II – 10 (dez) Turmas Recursais dos Juizados Especiais Federais na Segunda Região; III – 18 (dezoito) Turmas Recursais dos Juizados Especiais Federais na Terceira Região; IV – 12 (doze) Turmas Recursais dos Juizados Especiais Federais na Quarta Região; V – 10 (dez) Turmas Recursais dos Juizados Especiais Federais na Quinta Região. art. 2º As Turmas Recursais dos Juizados Especiais Federais das Seções Judiciárias são formadas, cada uma, por 3 (três) juízes federais titulares dos cargos de Juiz Federal de Turmas Recursais e por 1 (um) juiz suplente".

553. ARE nº 648.629/RJ julg. em 24.04.2013 (Pleno do STF), Rel. Min. Luiz Fux. (Informativo 703 do STF)

Nesses termos, os **Juizados Especiais da Fazenda Pública**, órgãos da justiça comum e integrantes do Sistema dos Juizados Especiais, serão criados pela União, no Distrito Federal e nos Territórios, e pelos Estados, para conciliação, processo, julgamento e execução, nas causas de sua competência.[554]

Nos termos da referida **Lei 12.153/09**, é de competência dos **Juizados Especiais da Fazenda Pública** processar, conciliar e julgar causas cíveis de interesse dos Estados, do Distrito Federal, dos Territórios e dos Municípios, até o valor de 60 (sessenta) salários mínimos. Não se incluem na competência do Juizado Especial da Fazenda Pública: I – as ações de mandado de segurança, de desapropriação, de divisão e demarcação, populares, por improbidade administrativa, execuções fiscais e as demandas sobre direitos ou interesses difusos e coletivos; II – as causas sobre bens imóveis dos Estados, Distrito Federal, Territórios e Municípios, autarquias e fundações públicas a eles vinculadas; III – as causas que tenham como objeto a impugnação da pena de demissão imposta a servidores públicos civis ou sanções disciplinares aplicadas a militares.

6. PRECATÓRIOS

É necessário, ainda, tecermos digressões sobre os intitulados ***precatórios***. Estes são os instrumentos mediante o qual são cobrados débitos dos Poderes Públicos. Ou seja, se a Fazenda Pública Federal, Estadual, Distrital ou Municipal for condenada, por **sentença judicial transitada em julgado**, a pagar determinada quantia a alguém, este pagamento será feito sob um regime especial intitulado de ***"precatório"***.

O regime de precatórios se apresenta como um certo tipo de *"privilégio"* instituído em favor da Fazenda Pública, considerando que ela não terá que pagar imediatamente o valor pelo qual foi condenada. Nesses termos, ela acaba por ter um prazo mais estendido para efetuar seus pagamentos.

Aqui de início é interessante colocarmos algumas questões. O STF recentemente entendeu que a decisão judicial que, em julgamento de mandado de segurança, determina que a União faça o pagamento dos valores atrasados decorrentes de reparação econômica devida a anistiado político não se submete ao regime dos precatórios, devendo o pagamento ser feito de forma imediata.

Assim sendo, ressalta-se que o regime de indenização dos anistiados políticos é especialíssimo, havendo previsão constitucional explícita no ADCT. É importante salientar, que o tempo de espera para o ressarcimento e indenização aos anistiados é por vezes muito extenso.

Nesses termos, submeter os anistiados ao regime comum dos precatórios iria contrariar os objetivos da Constituição de reparar os danos causados aos anistiados.

---

554. Com isso, temos para os **Juizados Especiais dos Estados e do DF** a seguinte (nova) estrutura: Juizados Especiais Cíveis; Juizados Especiais Criminais; e Juizados Especiais da Fazenda Pública.

Além disso, afirmou o STF no informativo 847, que o art. 100 da CR/88 trata de valores devidos pela Fazenda Pública em virtude de sentença judiciária. Ocorre que, no caso de mandado de segurança não se está condenando o Poder Público ao pagamento de um determinado valor em razão de uma decisão judicial. Na verdade, a Administração Pública já reconheceu, administrativamente, por meio da Portaria do Ministério da Justiça, que o autor possui direito àquele valor decorrente da declaração de anistiado. Desse modo, pode-se dizer que a dívida da Fazenda Pública não foi reconhecida por meio de uma decisão do Poder Judiciário.[555]

Também já decidiu o STF, que a execução provisória de *obrigação de fazer* em face da Fazenda Pública não atrai o regime constitucional dos *precatórios*. Assim, em caso de *"obrigação de fazer"*, é possível a execução provisória contra a Fazenda Pública, não havendo incompatibilidade com a Constituição da República de 1988 (como exemplo: sentença determinando que a Administração institua pensão por morte para dependente de ex-servidor).[556]

Aqui é importante deixarmos assente que, por outro lado, **não** é cabível a execução provisória de sentença que condena a Fazenda Pública ao *pagamento de quantia certa*. Nesses termos, ao interpretar o art. 100 da CR/88, o STF afirma que o precatório somente pode ser expedido após o trânsito em julgado da sentença que condenou a Fazenda Pública ao pagamento da quantia certa. Assim sendo, não cabe execução provisória contra a Fazenda Pública para pagamento de quantia certa.[557]

Portanto, em regra, não cabe execução provisória contra a Fazenda Pública para pagamento de quantia certa. A exceção, será no caso da execução provisória contra a Fazenda Pública para pagar quantia, com a expedição de precatório mesmo antes do trânsito em julgado, em caso de *parcela incontroversa da dívida*. Assim, se determinada parte da dívida é incontroversa (não há discordância da Fazenda Pública), pode-se expedir precatório a respeito dela.[558]

Outra manifestação importante do STF, se deu recentemente no RE 938.837/SP, em que o Pretório Excelso deixou consignado que os pagamentos devidos, em razão

555. A discussão tratada no MS dizia respeito ao momento do pagamento. O que se tem no caso é uma obrigação de fazer que cabia à União e que está sendo descumprida. Assim, sendo a segurança concedida, deverá a União efetuar o pagamento imediato dos valores atrasados ao anistiado, não sendo necessário ingressar no regime dos precatórios. STF. Plenário. **RE 553710/DF**, Rel. Min. Dias Toffoli, julgado em **17.11.2016**. (Informativo 847 do STF)
556. **RE 573872/RS**, STF. Plenário. Rel. Min. Edson Fachin, julgado em **24.05.2017**. (Informativo 866).
557. RE 463936 ED, STF. 2ª Turma. Rel. Min. Joaquim Barbosa, julgado em 23.05.2006. Embora nesse ponto a doutrina divirja do entendimento pretoriano: *"Fredie Didier defende que é possível o cumprimento provisório de sentença contra a Fazenda Pública. "O que não se permite é a expedição do precatório ou da RPV antes do trânsito em julgado, mas nada impede que já se ajuíze o cumprimento da sentença e se adiante o procedimento, aguardando-se, para a expedição do precatório ou da RPV, o trânsito em julgado."* (DIDIER JUNIOR, Fredie; CUNHA, Leonardo José Carneiro da; BRAGA, Paula Sarno; OLIVEIRA, Rafael. Execução. Salvador: Juspodivm, 2017, vol. 5, p. 683). In: *Dizer o Direito*, Maio de 2017 (Informativo 866)
558. STJ. 1ª Turma. AgInt no REsp 1598706/RS, Rel. Min. Sérgio Kukina, julg. em 13.09.2016. In: *Dizer o Direito*, Maio de 2017.

de pronunciamento judicial, pelos Conselhos de Fiscalização (CREA, CRM, COREN, CRO) **não** se submetem ao regime de precatórios.[559]

Além disso, é importante lembrar que as *sociedades de economia mista* prestadoras de serviço público de *atuação própria* do Estado e de natureza **não concorrencial** *submetem-se ao regime de precatório.*

> Constitucional. Sociedade de economia mista. Regime de precatório. Possibilidade. Prestação de serviço público próprio do Estado. Natureza não concorrencial. Precedentes. 1. A jurisprudência da Suprema Corte é no sentido da aplicabilidade do regime de precatório às sociedades de economia mista prestadoras de serviço público próprio do Estado e de natureza não concorrencial. 2. A CASAL, sociedade de economia mista prestadora de serviços de abastecimento de água e saneamento no Estado do Alagoas, presta serviço público primário e em regime de exclusividade, o qual corresponde à própria atuação do estado, haja vista não visar à obtenção de lucro e deter capital social majoritariamente estatal. Precedentes. 3. Agravo regimental não provido.[560]

Portanto, segundo o STF, para que a sociedade de economia mista goze dos privilégios da Fazenda Pública, é necessário que ela **não atue** em regime de concorrência com outras empresas e que **não** tenha objetivo de lucro.

Assim sendo, temos a regra de que as empresas públicas (a seguir trabalhadas) e *as* sociedades de economia mista *não têm direito à prerrogativa de execução via precatório*[561].

A exceção em que pode ser *aplicável o regime dos precatórios* às sociedades de economia mista ocorre com aquelas prestadoras de serviço público próprio do Estado e de natureza não concorrencial.[562]

> (...) *Os privilégios da Fazenda Pública são inextensíveis às sociedades de economia mista que executam atividades em regime de concorrência ou que tenham como objetivo distribuir lucros aos seus acionistas. Portanto, a empresa Centrais Elétricas do Norte do Brasil S.A. – Eletronorte* ***não pode*** *se beneficiar do sistema de pagamento por precatório de dívidas decorrentes de decisões judiciais* (art. 100 *da Constituição*)[563]

559. **RE 938837/SP**, Plenário do STF Rel. p/ o ac. Min. Marco Aurélio, julg. em **19.04.2017** (...) *O precatório está diretamente associado à programação orçamentária dos entes públicos. Apesar de os Conselhos de Fiscalização Profissional serem considerados autarquias especiais, eles não participam do orçamento público, não recebem aporte do Poder Central nem se confundem com a Fazenda Pública. Por essa razão,* ***não*** *se submetem ao regime de precatórios. Os conselhos de fiscalização profissional têm autonomia financeira e orçamentária. Portanto, sua dívida é autônoma em relação ao Poder Público. Desse modo, inserir esse pagamento no sistema de precatório transferiria para a União a condição de devedora do Conselho de Fiscalização.* (Informativo 861)
560. STF. 2ª Turma. RE 852302 AgR/AL, Rel. Min. Dias Toffoli, julg. em **15.12.2015**. Temos também que: *É válida a penhora em bens de pessoa jurídica de direito privado, realizada anteriormente à sucessão desta pela União, não devendo a execução prosseguir mediante precatório (art. 100, caput e § 1º, da CF).* RE 693112-MG, Plenário. STF. Rel. Min. Gilmar Mendes, julg. em **09.02.2017** (repercussão geral). Ver também: **AI 553.712-AgR, julg em 19.05.09**.1ª Turma Rel. Min. Ricardo Lewandowski.
561. **RE 851711 AgR/DF**, STF. 1ª Turma. Rel. Min. Marco Aurélio, julgado em **12.12.2017** (Informativo 888 do STF).
562. **ADPF 387/PI**, Rel. Min. Gilmar Mendes, julgado em **23.03.2017** (Informativo 858 do STF).
563. RE 599628, STF. Plenário. Rel. p/ Ac. Min. Joaquim Barbosa, julg. em **25.05.2011**.

No que diz respeito as empresas públicas, temos a mesma posição. Se for uma empresa pública prestadora de serviços públicos ela submete ao regime dos precatórios. Como exemplos, podemos citar: Correios, Casa da Moeda[564] e Infraero.[565]

Se for uma empresa pública que desenvolva atividade econômica sem monopólio e com finalidade de lucro ela não se submete ao regime de precatórios.[566]

Nesses termos, já decidiu o STF, que é inconstitucional determinação judicial que decreta a constrição de bens de sociedade de economia mista prestadora de serviços públicos em regime não concorrencial, para fins de pagamento de débitos trabalhistas.

Assim sendo, sociedade de economia mista prestadora *de serviço público não concorrencial* está sujeita ao regime de precatórios (art. 100 da CR/88) e, por isso, impossibilitada de sofrer constrição judicial de seus bens, rendas e serviços, em respeito ao princípio da legalidade orçamentária (art. 167, VI, da CF/88) e da separação funcional dos poderes (art. 2º c/c art. 60, § 4º, III).[567]

Na sequência de nossa análise, voltando ao ponto central, conforme o ***caput* do art. 100 da CR/88**, temos então que os pagamentos devidos pelas Fazendas Públicas Federal, Estaduais, Distrital e Municipais, em **virtude de sentença judiciária**, far-se-ão exclusivamente na ordem cronológica de apresentação dos precatórios e à conta dos créditos respectivos, proibida a designação de casos ou de pessoas nas dotações orçamentárias e nos créditos adicionais abertos para este fim.

Porém, essa ordem cronológica ("fila") para o pagamento dos precatórios terá uma determinada ordem de preferência.

Nesse sentido, os **débitos de natureza alimentícia**[568] serão pagos com **preferência** sobe todos os demais débitos, exceto aqueles que estão referidos no art. 100 §

---

564. *A Casa da Moeda do Brasil executa e presta serviço público mediante outorga da União. A CF/88 conferiu a ela, em regime de monopólio, o encargo de emitir moeda (art. 21, VII). Em razão disso, o STF atribuiu à Casa da Moeda as prerrogativas de Fazenda Pública, como imunidade tributária e execução pelo regime de precatórios*. STF. 1ª Turma. **RE 1009828** AgR, Rel. Min. Roberto Barroso, julgado em **24.08.2018**.
565. Outro exemplo: *companhias estaduais de saneamento básico (nas hipóteses em que o capital social seja majoritariamente público e o serviço seja prestado em regime de exclusividade e sem intuito de lucro)*.
566. Para o STF *a Companhia do Metropolitano do Distrito Federal (Metrô-DF) não está submetida ao regime constitucional dos precatórios. O Metrô-DF é empresa pública, regida pelo direito privado. Embora preste serviço de utilidade pública, a empresa não desempenha serviço público essencial em sentido típico ou de caráter monopolístico* (Conforme o Ministro Barroso: *Trata-se de uma empresa privada que concorre no mercado de transporte público com outros modais, inclusive o transporte rodoviário, e, por isso, não pode auferir os benefícios conferidos às Fazendas Públicas*). *O Metrô-DF desenvolve atividade econômica com a exploração comercial de marcas, patentes, tecnologia e serviços técnicos especializados, com a distribuição de dividendos, o que permite a penhora de seus bens. Nesses termos, ressaltamos ainda que há distribuição de lucros entre os acionistas da empresa. Diante desse contexto, não há como se aplicar o regime de precatório para o Metrô-DF*. STF. 1ª Turma. Rcl 29637 AgR/DF, Red. p/ o ac. Min. Roberto Barroso, julg. em **30/6/2020** (Inf. 984). Outro Exemplo: *Administração dos Portos de Paranaguá e Antonina - APPA ostenta personalidade jurídica de direito privado, exerce atividade econômica em regime concorrencial, sem monopólio e com vista a auferir lucro (Lei nº 17.895/2013, do Estado do Paraná). Sujeita-se, portanto, ao regime jurídico das empresas privadas (art. 173, §§ 1º, II e 2º, da CF/88), a ela não se aplicando o regime de precatórios*. In: Dizer o Direito, Inf. 984.
567. **ADPF 275/PB,** STF. Plenário. Rel. Min. Alexandre de Moraes, julgado em **17.10.2018** (Informativo 920).
568. A preferência prevista nos atuais §§ 1º e 2º do art. 100 da CR/88, em favor dos créditos de natureza alimentícia, não dispensa a expedição de precatório, limitando-se a isentá-los da observância da ordem cronológica dos precatórios decorrentes de condenações de outra natureza.

2º da CR/88 com redação dada pela **EC nº 94/2016**. Mas, aqui, duas perguntas são necessárias: a) O que são débitos de natureza alimentícia? b) Quais débitos que, à luz da **EC nº 62/09**, terão preferência, até mesmo, sobre os de natureza alimentícia?

Ora, os débitos de **natureza alimentícia**, segundo o ditame constitucional, compreendem aqueles decorrentes de salários, vencimentos, proventos, pensões e suas complementações, benefícios previdenciários e indenizações por morte ou por invalidez, fundadas em responsabilidade civil, em virtude de sentença judicial transitada em julgado.

Já a exceção trazida em relação aos mesmos diz respeito aos débitos **também de natureza alimentícia**, mas cujos titulares originários ou por sucessão hereditária tenham **60 (sessenta) anos de idade ou mais** ou **sejam portadores de doença grave, ou pessoas com deficiência**, definidos na forma da lei. Esses, serão pagos com preferência sobre todos os demais débitos, **até o valor equivalente ao triplo do fixado em lei** para os fins do disposto no **§ 3º do art. 100 da CR/88**, admitido o fracionamento para essa finalidade, sendo que o restante será pago na ordem cronológica de apresentação do precatório.

Portanto, embora haja a determinação do pagamento em ordem cronológica, existe sim uma ordem de preferência, nos seguintes termos: **1º)** créditos de natureza alimentícia de idosos que tenham 60 anos (como titulares originários ou por sucessão hereditária), portadores de doença grave ou pessoas com deficiência na forma da lei (alguns chamariam de uma *superpreferência*); **2º)** créditos de natureza alimentícia (*preferência*); **3º)** créditos não alimentares.

Nos termos do § 3º do art. 100 da CR/88, devemos levar em consideração que o disposto no ***caput*** do art. 100 da CR/88, acima citado, relativamente à expedição de precatórios, não se aplica aos pagamentos **de obrigações definidas em leis como de pequeno valor** que as Fazendas públicas devam fazer em virtude de sentença judicial transitada em julgado.

Essas obrigações de **pagamento de pequeno valor**, nos termos do art. **100 § 4º da CR/88**, poderão ser fixadas por ***lei própria*** com valores distintos às entidades de direito público, segundo as diferentes capacidades econômicas, sendo o mínimo igual ao valor do maior benefício do **regime geral de previdência social.**

Portanto, nenhum ente pode fixar como pequeno valor quantia inferior ao valor do maior benefício do **regime geral da previdência social** (teto do INSS, que em 2018 estava fixado, a título de exemplo, em R$ 5.645,80). Aqui é interessante explicitarmos que, nas hipóteses de *"pequeno valor"*, o pagamento será feito por meio de **requisição de pequeno valor** (***RPV***), que se trata de uma ordem expedida pela autoridade judicial à autoridade da Fazenda Pública responsável para pagamento da quantia devida.

Para as condenações envolvendo a União, pequeno valor equivale a **60 salários mínimos** nos termos do art. 17, § 1º, da Lei nº 10.259/2001. Em 2018, levando-se em consideração o salário mínimo de R$ 954,00, isso significa que, nas dívidas em que a União fosse condenada até R$ 57.240,00 (60 x 954), a parte beneficiária não precisaria ter que entrar na fila dos precatórios, recebendo a quantia por meio de requisição de pequeno valor (RPV), um procedimento muito mais simples e célere. Já em 2019 com o salário mínimo em R$ 998,00, o valor foi de R$ 59.880,00 reais. E para os Estados, DF e Municípios?

Conforme o art. 87 do ADCT, positivado pela Emenda Constitucional nº 37/02, para efeito do que dispõem o § 3º do art. 100 da CR/88 e o art. 78 também do ADCT (positivado pela EC nº 30/00)[569], serão considerados de pequeno valor, até que se dê *a publicação oficial das respectivas* ***leis definidoras pelos entes da Federação,*** observado o disposto no § 4º do art. 100 da Constituição Federal, os débitos ou obrigações consignados em precatório judiciário que tenham **valor igual ou inferior** a:

- 40 (quarenta) salários-mínimos, perante a Fazenda dos Estados e do Distrito Federal;
- 30 (trinta) salários-mínimos, perante a Fazenda dos Municípios.

Portanto, se o ente da federação, **não** editar lei sobre a definição do que seja ***pequeno valor*** valerá o disposto acima para os Estados e DF e para os Municípios.

569. Sobre a Emenda Constitucional **nº30/2000** ressaltamos a decisão do STF de **25.11.2010**, que **deferiu Medida Cautelar** em ADIs (**2356 e 2362**) para a suspensão do **art. 2º** da EC nº30/2000, nos seguintes termos: o Plenário, por maioria, **deferiu pedidos de medida cautelar** em duas ações diretas de inconstitucionalidade, ajuizadas pelo Conselho Federal da Ordem dos Advogados do Brasil – OAB e pela Confederação Nacional da Indústria – CNI, para **suspender, até julgamento final das ações diretas, a eficácia do art. 2º da EC 30/2000**, que introduziu o art. 78 e seus parágrafos no ADCT da CF/88, determinando que, *"ressalvados os créditos definidos em lei como de pequeno valor, os de natureza alimentícia, os de que trata o art. 33 deste Ato das Disposições Constitucionais Transitórias e suas complementações e os que já tiverem os seus respectivos recursos liberados ou depositados em juízo, os precatórios pendentes na data da promulgação desta Emenda e os que decorram de ações iniciais ajuizadas até 31 de dezembro de 1999 serão liquidados pelo seu valor real, em moeda corrente, acrescido de juros legais, em prestações anuais, iguais e sucessivas, no prazo máximo de dez anos, permitida a cessão dos créditos"* (...) O Min. Celso de Mello, ao proferir voto de desempate relativamente aos precatórios pendentes, suspendeu cautelarmente no caput do art. 78 do ADCT, introduzido pela EC 30/2000, a expressão "**os precatórios pendentes na data da promulgação desta Emenda**". *Inicialmente, salientou que o regime constitucional de execução por quantia certa contra o Poder Público, qualquer que seja a natureza do crédito exequendo – ressalvadas as obrigações definidas em lei como de pequeno valor –, imporia a necessária extração de precatório cujo pagamento deve observar a regra fundamental que outorga preferência a quem dispuser de precedência cronológica, em obséquio aos princípios ético-jurídicos da moralidade, impessoalidade e igualdade. Aduziu, em sequência, que esse instrumento de requisição judicial de pagamento teria por finalidade: 1) assegurar a igualdade entre os credores e proclamar a inafastabilidade do dever estatal de solver os débitos judicialmente reconhecidos em decisão transitada em julgado; 2) impedir favorecimentos pessoais indevidos e c) frustrar tratamentos discriminatórios, evitando injustas perseguições ou preterições motivadas por razões destituídas de legitimidade jurídica. (...) Reputou, conforme já afirmado pelo relator, que o Congresso Nacional, ao impor o parcelamento impugnado aos precatórios pendentes de liquidação na data de publicação da referida emenda, incidira em múltiplas transgressões à CF, porquanto teria desrespeitado a integridade de situações jurídicas definitivamente consolidadas, prejudicando, assim, o ato jurídico perfeito, a coisa julgada e o direito adquirido, além de haver violado o princípio da separação de poderes e o postulado da segurança jurídica. (...) Enfatizou que a procrastinação no tempo do pagamento dos precatórios judiciários pendentes na data da promulgação da EC 30/2000, com os respectivos valores parcelados em até 10 anos, culminaria por privar de eficácia imediata a própria sentença judicial com trânsito em julgado. Ressaltou, também, que a norma questionada comprometeria a própria decisão que, subjacente à expedição do precatório pendente, estaria amparada pela autoridade da coisa julgada, o que vulneraria o postulado da separação de poderes, bem como afetaria um valor essencial ao Estado Democrático de Direito, qual seja, a segurança jurídica.* Rel. p. Ac. Min. Ayres Brito, **25.11.2010**.

Na ADI 2868 em 2004, o STF deixou assente sobre a definição de obrigação de pequeno valor a possibilidade de fixação, pelos Estados-membros, de valor referencial inferior ao do art. 87 do ADCT. Nesses termos, conforme a decisão:

> *"O Tribunal, por maioria, julgou improcedente pedido de ADI proposta pelo Procurador-Geral da República contra a Lei 5.250/2002, do Estado do Piauí, que definia como obrigações de pequeno valor, no âmbito daquele ente federado, os débitos ou obrigações consignados em precatório judicial com valor igual ou inferior a 5 salários-mínimos. Entendeu-se que o art. 87, do ADCT, introduzido pela EC nº 37/02, que considera como de pequeno valor os débitos ou obrigações consignados em precatório judicial com valor igual ou inferior a 40 salários-mínimos, perante a Fazenda dos Estados e do DF, e 30 salários-mínimos, perante a Fazenda dos Municípios, tem caráter transitório e abre margem para que as entidades de direito público, por força do disposto nos §§ 3º e 5º, do art. 100, da CR, disponham livremente sobre a matéria, de acordo com sua capacidade orçamentária."*[570]

Sobre esse ponto, inclusive, é interessante citarmos recente manifestação do STF na ADI 4332/RO em 07.02.2018. Na decisão, o STF deixou assente, que os Estados-membros podem editar leis reduzindo a quantia considerada como de pequeno valor, para fins de RPV, prevista no art. 87 do ADCT da CR/88.

O caso envolveu o Estado-membro de Rondônia que editou lei estadual (Lei nº 1.788/2007) prevendo que as obrigações consideradas como de pequeno valor seriam aquelas de até 10 salários mínimos. Nesses termos, a lei afirmou que "*pequeno valor*", para fins de RPV no Estado de Rondônia, seria até 10 salários mínimos. Portanto, a Lei Estadual 1.788/2007 reduziu de 40 para 10 salários mínimos o crédito decorrente de sentença judicial transitada em julgado a ser pago por meio de RPV. Antes da Lei, se o indivíduo tivesse um crédito em relação ao Estado de Rondônia de até 40 salários mínimos, não precisaria receber por meio de precatório. Com a referida Lei, esse limite caiu para 10 salários mínimos.

Essa Lei foi questionada na ADI 4332/RO, ora citada. Decidiu o STF, como já externalizado, que os Estados-membros podem editar leis reduzindo a quantia considerada como de pequeno valor, para fins de RPV, prevista no art. 87 do ADCT da CR/88.

O fundamento, conforme já citado, é o de que a norma do art. 87 do ADCT tem caráter transitório e ela própria afirma que somente tem eficácia enquanto o Estado-membro não editar sua lei regulamentando a questão. Assim sendo, o *legislador estadual* (e o mesmo vale *para o municipal*) tem sim liberdade para fixar valor inferior aos 40 salários mínimos para o pagamento por meio de RPV, de acordo com a sua realidade orçamentária regional.

Portanto, os Estados, o Distrito Federal e os Municípios, ao editarem as suas leis definindo o que seja "pequeno valor", deverão ter como critério a sua capacidade econômica, respeitado o princípio da proporcionalidade.

---

570. **ADI 2868**, STF, Pleno, Rel. p/ ac. Min. Joaquim Barbosa, julg. em **02.06.2004**.

Nesses termos, as ***Leis podem fixar valor inferior*** aos 40 salários mínimos (e para os municípios de 30 salários mínimos), mas têm de ser dotadas de ***proporcionalidade.*** No caso concreto, entendeu-se que Rondônia atendeu o princípio da proporcionalidade ao reduzir esse teto para 10 salários mínimos considerando que é um dos Estados que menos arrecada na Federação e com um Índice de Desenvolvimento Humano muito baixo.

É interessante, que posteriormente, na ADI 5100, o STF entendeu novamente que, os entes federados são competentes para estabelecer, por meio de leis próprias e segundo a sua capacidade econômica, o valor máximo das respectivas obrigações de pequeno valor, não podendo tal valor ser inferior àquele do maior benefício do regime geral de previdência social. Afirmou o STF, que a aferição da capacidade econômica do ente federado, para fins de delimitação do teto para o pagamento de seus débitos por meio de requisição de pequeno valor, não se esgota na verificação do quantum da receita do Estado, mercê de esta quantia não refletir, por si só, os graus de endividamento e de litigiosidade do ente federado[571]

Além disso, em outro julgado ainda mais recente, explicitou o STF, que a lei que reduz o teto provisoriamente estabelecido pelo art. 87 do ADCT ***não*** pode retroagir para incidir sobre as execuções em curso.[572]

No caso, a Lei distrital nº 3.624, de 18 de julho de 2005, reduziu de 40 para 10 salários-mínimos o crédito decorrente de sentença judicial transitada em julgado a ser pago por meio de RPV. Para o STF, a Lei disciplinadora da submissão de crédito ao sistema de execução via precatório possui natureza material e processual, sendo inaplicável a situação jurídica constituída em data que a anteceda. Portanto, ela não pode retroagir e incidir sobre as execuções em curso.

Portanto, a lei não pode ser aplicada para as execuções que já estavam em curso. Ela só tem incidência para as situações jurídicas posteriores à sua vigência.

Nesses termos, conforme já externalizado, a lei que altera as regras de incidência do regime de precatório é uma norma que possui natureza não apenas processual, mas também material e, portanto, não pode incidir retroativamente, sobre situações definitivamente consolidadas.

Restou claro para o STF, que a Lei nº 3.624/2005 reduziu consideravelmente o montante da obrigação de pequeno valor, de 40 para 10 salários-mínimos. Dessa forma, suas disposições não devem incidir nas execuções em curso, sob pena de violação ao princípio da segurança jurídica.

Portanto, a lei que reduz o teto provisoriamente estabelecido pelo art. 87 do ADCT não pode retroagir para incidir sobre as execuções em curso.[573]

---

571. **ADI 5100**, STF. Plenário. Rel. Luiz Fux, julgado em **27.04.2020**.
572. **RE 729107**, STF. Plenário Rel. Marco Aurélio, julgado em **08.06.2020** (Repercussão Geral – Tema 792).
573. **RE 729107**, STF. Plenário Rel. Marco Aurélio, julgado em **08.06.2020** (Repercussão Geral – Tema 792).

Aqui, é interessante ainda afirmarmos, que a decisão deixa margem para que Estados, DF e Municípios possam fixar limites não só inferiores, mas também superiores àqueles que estão previstos no art. 87 do ADCT da CR/88. Embora acreditamos que isso seja muito difícil de ocorrer, pois existiriam mais débitos (aumento de valores) a serem pagos pelo ente em RPV.

Uma outra questão importante, também foi decidida pelo STF no que diz respeito ao tema ora em debate. Conforme o STF, os Estados e o Distrito Federal devem observar o prazo de dois meses, previsto no art. 535, § 3º, II, do CPC, para pagamento de obrigações de pequeno valor.

Nesses termos, em matéria de RPV, os Estados-membros possuem autonomia apenas para fixar o valor-teto. Pore´m, não se trata de uma autonomia para legislar amplamente sobre o regime do RPV.

Assim sendo, não se pode ampliar a previsão do § 4º do art. 100 da CR/88 para dizer que os Estados-membros, Distrito Federal e Municípios teriam também competência legislativa para estabelecer o prazo para pagamento das RPVs. Eles não possuem tal competência. A regra do art. 535, § 3º, II, do CPC – que define o prazo de pagamento da RPV – possui natureza nitidamente processual, atraindo, portanto, a competência privativa da União para dispor sobre o tema (art. 22, I, da CR/88), merecendo, dessa forma, tratamento minimamente uniforme no país, a partir de fixação em norma federal.[574]

Na sequência, certo é que, se o valor da execução ultrapassar o estabelecido no art. 87 do ADCT, o pagamento far-se-á, sempre, por meio de ***precatório***, sendo facultada à **parte exequente a renúncia** ao crédito do **valor excedente**, para que possa **optar pelo pagamento** do saldo **sem o precatório**, da forma prevista no § 3º do art. 100 (parágrafo único do art.87 do ADCT da CR/88).[575]

---

574. ADI 5534/DF, STF. Plenário. Rel. Min. Dias Toffoli, julgado em 18.12.2020 (Informativo 1003) O STF entende que as normas que regulamentam o procedimento de execução das obrigações de pequeno valor possuem natureza processual porque tratam sobre os atos necessários para que a Fazenda Pública cumpra o julgado exequendo: *Tem natureza processual a lei que regulamenta procedimento de execução de obrigação de pequeno valor, alcançando, assim, as ações em curso.* 1ª T. RE 632550 AgR, Rel. Dias Toffoli, julg. em 03.04.2012.

575. Aqui citamos o art. 86 do ADCT incluído também pela EC nº 37/02: *Art. 86. Serão pagos conforme disposto no art. 100 da Constituição Federal, não se lhes aplicando a regra de parcelamento estabelecida no caput do art. 78 deste Ato das Disposições Constitucionais Transitórias, os débitos da Fazenda Federal, Estadual, Distrital ou Municipal oriundos de sentenças transitadas em julgado, que preencham, cumulativamente, as seguintes condições: I – ter sido objeto de emissão de precatórios judiciários; II – ter sido definidos como de pequeno valor pela lei de que trata o § 3º do art. 100 da Constituição Federal ou pelo art. 87 deste Ato das Disposições Constitucionais Transitórias; III – estar, total ou parcialmente, pendentes de pagamento na data da publicação desta Emenda Constitucional. § 1º Os débitos a que se refere o caput deste artigo, ou os respectivos saldos, serão pagos na ordem cronológica de apresentação dos respectivos precatórios, com precedência sobre os de maior valor. § 2º Os débitos a que se refere o caput deste artigo, se ainda não tiverem sido objeto de pagamento parcial, nos termos do art. 78 deste Ato das Disposições Constitucionais Transitórias, poderão ser pagos em duas parcelas anuais, se assim dispuser a lei. § 3º Observada a ordem cronológica de sua apresentação, os débitos de natureza alimentícia previstos neste artigo terão precedência para pagamento sobre todos os demais. Sobre o art.86 do ADCT, temos ainda, recente decisão do STF de Março de 2019 a ser comentada nesse capítulo.*

Aqui temos duas considerações: 1ª) É proibido o fracionamento, repartição ou quebra do valor da execução para que o credor receba parte do valor devido sem precatório (como pequeno valor) e o restante por precatório (§ 8º do art. 100, da CR/88). Exemplo: X tinha direito de receber da União 80 salários mínimos; não pode receber 60 salários mínimos agora (sem precatório) e deixar para receber os 20 salários mínimos restantes por meio de precatório; 2ª) Porém o credor poderá, no entanto, renunciar ao valor que exceder o *quantum de pequeno valor* para receber tudo sem precatório. Exemplo: X tinha direito de receber da União 80 salários mínimos; decide renunciar a 20 salários mínimos e receber 60 salários mínimos sem precatório (conforme o citado acima parágrafo único do art.87 do ADCT da CR/88).

Nesses termos, é interessante observarmos, que no **RE nº 568.645/DF**, julgado em **24.09.2014**, o STF decidiu que caso a condenação tenha decorrido de uma ação proposta por ***litisconsortes ativos***, o "***pequeno valor***" para fins de dispensa do precatório será considerado *individualmente para cada litisconsorte*, não devendo ser somada a quantia devida a todos. Assim, ao contrário do que alegava a Fazenda Pública, o fracionamento do valor da execução, em caso de litisconsórcio facultativo, para expedição de requisição de pequeno valor em favor de cada credor, não implicaria em violação ao art. 100, § 8º, da CR/88.

Como exemplo, temos que "X", "Y" e "Z" ingressam, em litisconsórcio, com uma ação contra a União cobrando um determinado *quantum*. A ação foi julgada procedente e transita em julgado. A União foi condenada a pagar a quantia correspondente a 40 salários mínimos para cada um deles (40 para "X", 40 para "Y" e 40 para "Z"), totalizando uma condenação de 120 salários mínimos. Vejamos que a condenação global foi superior a 60 salários mínimos.

A questão é a seguinte: será necessário o pagamento via precatório ou o pagamento poderá ser realizado por meio de **RPV** (com a dispensa do precatório)? Segundo o STF, não será necessário ***precatório***, podendo o pagamento ser feito por meio de **RPV**. Isso porque, para fins de precatório, conforme o STF, deve-se considerar o **valor individual** de cada *litisconsorte*.[576]

Porém, outra questão interessante e diferenciada refere-se aos *honorários advocatícios*. Nesse sentido, segundo o STF, é perfeitamente possível que a execução

576. RE nº 568.645/SP julg. em 24.09.2014: Repercussão Geral. Direito Constitucional e processual civil. Vedação constitucional de fracionamento de execução para fraudar o pagamento por precatório. Art. 100, § 8º (originariamente § 4º), da Constituição da República. Litisconsórcio facultativo simples. Consideração individual dos litisconsortes: constitucionalidade. Recurso extraordinário ao qual se nega provimento. 1. Ausência de prequestionamento quanto à alegação de inconstitucionalidade da Resolução n. 199/2005 do Tribunal de Justiça de São Paulo e quanto ao fracionamento dos honorários advocatícios. Incidência das Súmulas 282 e 356. 2. A execução ou o pagamento singularizado dos valores devidos a partes integrantes de litisconsórcio facultativo simples não contrariam o § 8º (originariamente § 4º) do art. 100 da Constituição da República. A forma de pagamento, por requisição de pequeno valor ou precatório, dependerá dos valores isoladamente considerados. 3. Recurso extraordinário ao qual se nega provimento. Rel. Min. Cármen Lúcia.

de honorários advocatícios devidos pela Fazenda Pública se faça mediante **Requisição de Pequeno Valor** (**RPV**) na hipótese em que os honorários **não** excedam o valor limite a que se refere o art. 100, § 3º, da CR/88, ainda que o crédito dito *"principal"* seja executado por meio do regime de precatórios.

Portanto, o advogado pode separar *"a sua parte"* (mesmo porque os honorários advocatícios inclusive os de sucumbência podem ser executados de forma autônoma nos próprios autos ou em ação distinta independentemente da existência do montante principal a ser executado), sendo possível o ***fracionamento de precatório*** para fins de pagamento de **honorários advocatícios.**[577]

Outra questão importante, e diferente, refere-se ao tema das ***verbas incontroversas.*** Conforme o STF, é cabível a expedição de precatório referente a parcela incontroversa, em sede de execução ajuizada em face da Fazenda Pública. Aqui para o Pretório Excelso, é constitucional expedição de precatório ou requisição de pequeno valor para pagamento da parte incontroversa e autônoma do pronunciamento judicial transitada em julgado observada a importância total executada para efeitos de dimensionamento como obrigação de pequeno valor.[578]

Nesses termos, se o total da condenação foi impugnado apenas parcialmente pela Fazenda Pública. Isso significa que uma parte está incontroversa. Então nada mais justo a expedição de precatório para essa parcela incontroversa.

Para o STF, não é razoável impedir que o credor busque a satisfação imediata da parte do título judicial que não é mais passível de ser alterada. A expressão "sentenças transitadas em julgado" contida nos §§ 1º e 5º do art. 100 da Lei Maior não significa, nas situações de impugnação parcial, necessidade de trânsito em julgado do pronunciamento judicial na totalidade, desconhecendo-se a parte autônoma já preclusa.[579]

No mesmo sentido, o STF fixou a seguinte tese sobre o § 4º do art. 535 do CPC: Não é razoável impedir a satisfação imediata da parte incontroversa de título judicial, devendo-se observar, para efeito de determinação do regime de pagamento — se por precatório ou requisição de pequeno valor —, o valor total da condenação.[580]

577. RE 564.132 julg. em 30.10.2014: *"O Tribunal, inicialmente, ressaltou que os honorários advocatícios consubstanciariam verba alimentícia. Frisou que seria evidente o direito de o advogado executar de forma autônoma seus honorários (Lei 8.906/1994 – Estatuto da OAB, artigos 23 e 24). Ademais, essas verbas não se confundiriam com o principal. Além disso, a finalidade do art. 100, § 8º, da CF – introduzido pela EC 37/2002 como art. 100, § 4º e deslocado pela EC 62/2009 – seria o de impedir que o exequente utilizasse, simultaneamente, mediante o fracionamento, repartição ou quebra do valor da dívida, dois sistemas de satisfação de crédito: o do precatório para uma parte dela e o do pagamento imediato para a outra. Assim, a regra constitucional apenas incidiria em situações em que o crédito fosse atribuído a um mesmo titular. Salientou que o advogado teria o direito de executar seu crédito nos termos dos artigos 86 e 87 do ADCT, desde que o fracionamento da execução ocorresse antes da expedição do ofício requisitório, sob pena de quebra da ordem cronológica dos precatórios."*

578. **RE 1205530**, STF. Plenário. Rel. Marco Aurélio, julgado em **08.06.2020** (Repercussão Geral – Tema 28) (Inf. 984).

579. **RE 1205530**, STF. Plenário. Rel. Marco Aurélio, julgado em **08.06.2020** (Repercussão Geral – Tema 28) (Inf. 984).

580. ADI 5534/DF, STF. Plenário. Rel. Min. Dias Toffoli, julgado em 18.12.2020 (Informativo 1003).

Assim, a expedição de precatório relativo à parcela incontroversa não viola o disposto no art. 100, §§ 1º e 5º, da Constituição.[581]

Sobre as **entidades de direito público,** reza no art. **100 § 5º da CR/88**, com redação dada pela **EC nº 62/09**, que é obrigatória a **inclusão**, no orçamento das **entidades de direito público**, de verba necessária ao pagamento de seus débitos, oriundos de sentenças transitadas em julgado, constantes de precatórios judiciários apresentados até 1º de julho, fazendo-se o pagamento até o final do exercício seguinte, quando terão seus valores atualizados monetariamente.

Sobre o tema, já afirmou o STF, que durante o período previsto no § 5º do art. 100 da Constituição, não incidem juros de mora sobre os precatórios que nele sejam pagos. Assim sendo, não incidem juros de mora no período compreendido entre a data da expedição do precatório e seu efetivo pagamento, desde que realizado no prazo estipulado constitucionalmente.[582]

Nesse sentido, inclusive temos a súmula vinculante 17 do STF que afirma que: *Durante o período previsto no parágrafo 1º (obs: atual § 5º) do artigo 100 da Constituição, não incidem juros de mora sobre os precatórios que nele sejam pagos.*

Para o Pretório Excelso, o período previsto no art. 100, § 5º, da Constituição (precatórios apresentados até 1º de julho, devendo ser pagos até o final do exercício seguinte) costuma ser chamado de "período de graça constitucional".

Nesse interregno, não cabe a imposição de juros de mora, pois o ente público não está inadimplente. Caso não haja o pagamento integral dentro deste prazo, os juros de mora passam a correr apenas a partir do término do "período de graça". Aqui temos a Tese fixada para fins de repercussão geral: "*O enunciado da Súmula Vinculante 17 não foi afetado pela superveniência da Emenda Constitucional 62/2009, de modo que não incidem juros de mora no período de que trata o § 5º do art. 100 da Constituição. Havendo o inadimplemento pelo ente público devedor, a fluência dos juros inicia-se após o 'período de graça'.*[583]

Porém, se o ente devedor não efetuar (no prazo constitucional) o pagamento do precatório, neste caso, voltará a incidir juros de mora. Conforme o Ministro Edson Fachin:

---

581. A AGU admite essa prática conforme a súmula administrativa: Enunciado 31: *É cabível a expedição de precatório referente a parcela incontroversa, em sede de execução ajuizada em face da Fazenda Pública.* Temos a também a regulamentação pelo Conselho Nacional de Justiça na Resolução 303, de 18.12.2019, que dispõe sobre a gestão de precatórios: *Art. 4º O pagamento de débito judicial superior àquele definido em lei como de pequeno valor será realizado mediante expedição de precatório. (...) § 3º Será requisitada mediante precatório a parcela do valor da execução quando o total devido ao beneficiário superar o montante definido como obrigação de pequeno valor, sobretudo em caso de: I - pagamento de parcela incontroversa do crédito;*

582. **RE 1169289**, STF. Plenário. Rel. p/ Ac. Alexandre de Moraes, julg. em **16.06.2020** (Repercussão Geral – Tema 1037). Neste período, não há incidência de juros moratórios, mas deverá ser paga correção monetária, conforme prevê a parte final do § 5º do art. 100 da CR/88.

583. **RE 1169289**, STF. Plenário. Relator p/ Ac. Alexandre de Moraes, julgado em **16.06.2020** (Repercussão Geral – Tema 1037). Portanto, temos que o ***§12 do artigo 100 da Constituição Federal deve ser analisado conjuntamente com o §5º***, de forma que os juros de mora só poderão incidir se ultrapassado o prazo constitucional para pagamento do precatório.

> "A não incidência de juros de mora nesse período ocorre justamente porque nele não existe mora, em decorrência de norma constitucional, e isso se mantém independentemente de quando ocorrer o pagamento do precatório. No caso de o pagamento ocorrer após o prazo estabelecido pela Constituição, haverá a incidência de juros de mora, mas só no período em que houver mora, ou seja, depois do prazo estabelecido para o pagamento."[584]

Sobre o modo (ou maneira) de **consignação,** temos que as dotações orçamentárias e os créditos abertos serão consignados diretamente **ao Poder Judiciário,** cabendo ao **Presidente do Tribunal**[585] **que proferir a decisão** exequenda determinar o pagamento integral e autorizar, a requerimento do credor e exclusivamente para os casos de preterimento de seu direito de precedência ou de não alocação orçamentária do valor necessário à satisfação do seu débito, o sequestro da quantia respectiva.

O Presidente do Tribunal competente que, por ato comissivo ou omissivo, retardar ou tentar frustrar a liquidação regular de precatórios incorrerá em crime de responsabilidade e responderá, também, perante o Conselho Nacional de Justiça.

Porém, nos termos da **EC nº 62/09**, é vedada a expedição de precatórios complementares ou suplementares de valor pago, bem como o fracionamento, repartição ou quebra do valor da execução para fins de enquadramento de parcela do total ao que dispõe o § 3º art. 100 da CR/88 (que diz respeito às obrigações de pagamentos de pequeno valor).

Sobre a **atuação do credor**, temos que é **facultado a ele**, conforme estabelecido em lei da entidade federativa devedora, a entrega de créditos em precatórios para compra de imóveis públicos do respectivo ente federado.[586]

Além disso, conforme o § 13 do art.100 da CR/88, o credor **poderá ceder, total** ou **parcialmente,** seus créditos **em precatórios a terceiros**, independentemente da concordância do devedor, não se aplicando ao cessionário o disposto nos §§ 2º e 3º do art. 100 da CR/88.

Certo é que a **cessão de precatórios** somente produzirá efeitos após comunicação, por meio de petição protocolizada, ao tribunal de origem e à entidade devedora.[587]

---

584. Voto na Rcl 15906 AgR, Rel. Min. Edson Fachin, Primeira Turma, julgado em 18/08/2015. Como esses juros moratórios não estavam previstos no precatório, considerando que se presumia que ele seria pago na data fixada pela CF/88 (até o dia 31/12), para que o credor receba o valor dos juros, será necessária a expedição de um precatório complementar. Depois que o precatório está expedido, não se pode acrescentar novos valores a ele. In: *Dizer o Direito*, Inf.984, 2020.
585. Conforme o **art. 100, § 7º, da CR/88 (incluído pela EC nº 62/09)**: "O Presidente do Tribunal competente que, por ato comissivo ou omissivo, retardar ou tentar frustrar a liquidação regular de precatórios incorrerá em crime de responsabilidade e responderá, também, perante o Conselho Nacional de Justiça."
586. Conforme a **EC nº 62/09 de dezembro de 2009.**
587. Conforme o art. 100 § 14 da CR/88 com redação dada pela **EC nº 62/2009.**

Aqui, é importante salientar, que segundo o STF, a cessão de crédito alimentício não implica a alteração da natureza. Nesses termos, a cessão não altera a natureza do precatório, podendo o cessionário gozar da preferência de que trata o § 1º do art. 100 da CR/88, quando a origem do débito assim permitir, mantida a posição na ordem cronológica originária.[588]

Portanto, entende o STF, que se um precatório de natureza alimentar é cedido, ele permanece sendo crédito de natureza alimentar e, portanto, deverá ser pago de forma preferencial. Ou seja, ele continuará sendo crédito alimentar preferencial (§ 1º do art. 100 da CR/88).

Nesse sentido, mesmo tendo havido mudança na titularidade do crédito, ocorrida por meio de negócio jurídico (cessão de crédito), não haverá transmudação (mudança) da natureza do precatório alimentar já expedido e pendente de pagamento. Em outras palavras, o precatório, pelo simples fato de ter sido cedido, não perde sua preferência na ordem de pagamentos.[589]

Aqui o raciocínio é o de que, se o STF afirmasse que a cessão do crédito gera a mudança da natureza do precatório, isso iria prejudicar justamente aquelas pessoas a quem a Constituição Federal quis proteger, ou seja, os credores alimentícios.[590]

Nesses termos, se o crédito perdesse a qualidade alimentar quando fosse cedido, as empresas que compram (adquirem) esses precatórios iriam perder o interesse e pagariam ainda menos pelos precatórios cedidos, fazendo com que os cedentes sofressem um grande deságio.[591]

Porém, ressaltamos que o julgado ora citado, trata sobre o crédito alimentar preferencial previsto no § 1º do art. 100 da CR/88. No caso do crédito alimentar do § 2º da CR/88 (*superpreferencial:* titulares, originários ou por sucessão hereditária, tenham 60 (sessenta) anos de idade, ou sejam portadores de doença grave, ou pessoas com deficiência), existe previsão expressa na Constituição (conforme o já citado art. 100 § 13, da CR/88) dizendo que o cessionário ***não*** terá direito à ***superpreferência*** de que gozava o credor originário.[592]

Na sequência, temos também, que a seu critério exclusivo e na forma de lei, a **União** poderá **assumir débitos**, oriundos de precatórios, de Estados, Distrito Federal e Municípios, refinanciando-os diretamente.

Certo é que nos termos da EC nº 94 de 2016, foi acrescentado o § 17 no art. 100 da CR/88, estabelecendo que a União, os Estados, o Distrito Federal e os Municípios aferirão mensalmente, em base anual, o comprometimento de suas respectivas

588. **RE 631537**, STF. Plenário. Rel. Marco Aurélio, julgado em **22.05.2020** (Repercussão Geral – Tema 361).
589. **RE 631537**, STF. Plenário. Rel. Marco Aurélio, julgado em **22.05.2020** (Repercussão Geral – Tema 361).
590. **RE 631537**, STF. Plenário. Rel. Marco Aurélio, julgado em **22.05.2020** (Repercussão Geral – Tema 361).
591. **RE 631537**, STF. Plenário. Rel. Marco Aurélio, julgado em **22.05.2020** (Repercussão Geral – Tema 361).
592. **RE 631537**, STF. Plenário. Rel. Marco Aurélio, julgado em **22.05.2020** (Repercussão Geral – Tema 361).

receitas correntes líquidas com o pagamento de precatórios e obrigações de pequeno valor.

Já nos termos do § 18 do art. 110 da CR/88, também acrescentado pela EC nº 94/2016, entende-se como receita corrente líquida, para os fins de que trata o § 17 do art. 100 da CR/88, o somatório das receitas tributárias, patrimoniais, industriais, agropecuárias, de contribuições e de serviços, de transferências correntes e outras receitas correntes, incluindo as oriundas do § 1º do art. 20 da Constituição Federal, verificado no período compreendido pelo segundo mês imediatamente anterior ao de referência e os 11 (onze) meses precedentes, excluídas as duplicidades, e deduzidas: I – na União, as parcelas entregues aos Estados, ao Distrito Federal e aos Municípios por determinação constitucional; II – nos Estados, as parcelas entregues aos Municípios por determinação constitucional; III – na União, nos Estados, no Distrito Federal e nos Municípios, a contribuição dos servidores para custeio de seu sistema de previdência e assistência social e as receitas provenientes da compensação financeira referida no § 9º do art. 201 da Constituição Federal.

Na sequência, o § 19 do art. 100 da CR/88, afirma que, caso o montante total de débitos decorrentes de condenações judiciais em precatórios e obrigações de pequeno valor, em período de 12 (doze) meses, ultrapasse a média do comprometimento percentual da receita corrente líquida nos 5 (cinco) anos imediatamente anteriores, a parcela que exceder esse percentual poderá ser financiada, excetuada dos limites de endividamento de que tratam os incisos VI e VII do art. 52 da Constituição Federal e de quaisquer outros limites de endividamento previstos, não se aplicando a esse financiamento a vedação de vinculação de receita prevista no inciso IV do art. 167 da Constituição Federal.[593]

Já o § 20 do art. 100 explicita que caso haja precatório com valor superior a 15% (quinze por cento) do montante dos precatórios apresentados nos termos do § 5º deste artigo, 15% (quinze por cento) do valor deste precatório serão pagos até o final do exercício seguinte e o restante em parcelas iguais nos cinco exercícios subsequentes, acrescidas de juros de mora e correção monetária, ou mediante acordos diretos, perante Juízos Auxiliares de Conciliação de Precatórios, com redução máxima de 40% (quarenta por cento) do valor do crédito atualizado, desde que em relação ao crédito não penda recurso ou defesa judicial e que sejam observados os requisitos definidos na regulamentação editada pelo ente federado.[594]

593. Incluído pela Emenda Constitucional nº 94, de 2016.

594 A Lei nº 14.057 de 11.09.2020, disciplinou o acordo com credores para pagamento com desconto de precatórios federais e o acordo terminativo de litígio contra a Fazenda Pública e dispôs sobre a destinação dos recursos deles oriundos para o combate à Covid-19, durante a vigência do estado de calamidade pública reconhecido pelo Decreto Legislativo nº 6, de 20 de março de 2020. Conforme seu art.1: Esta Lei disciplina, no âmbito da União, de suas autarquias e de suas fundações, acordos diretos para pagamento de precatórios de grande valor, nos termos do § 20 do art. 100 da Constituição Federal, e acordos terminativos de litígios contra a Fazenda Pública, nos termos do art. 1º da Lei nº 9.469, de 10 de julho de 1997, e do § 12 do art. 19 da Lei nº 10.522, de 19 de julho de 2002 .

Por último, é importante acrescentarmos as determinações da recente Lei nº 13.463 de 06.07.2017. Conforme esse diploma normativo, a gestão dos recursos destinados aos pagamentos decorrentes de precatórios e de Requisições de Pequeno Valor (RPV) federais será realizada pelo Poder Judiciário, que contratará, com dispensa de licitação, instituições financeiras integrantes da administração pública federal para a operacionalização da gestão dos recursos. Os valores correspondentes à remuneração das disponibilidades dos recursos depositados, descontada a remuneração legal devida ao beneficiário do precatório ou da RPV, constituirão receita e deverão ser recolhidos em favor do Poder Judiciário, o qual poderá destinar até 10% (dez por cento) do total para o pagamento de perícias realizadas em ação popular.

Além disso, determinou a Lei que ficam cancelados os precatórios e as RPV federais expedidos e cujos valores não tenham sido levantados pelo credor e estejam depositados há mais de dois anos em instituição financeira oficial.[595]

6.1. Emenda Constitucional nº 62/2009 e o entendimento do STF

Nesse momento, é importante salientar, que o sistema de precatórios previsto em nossa Constituição, foi consideravelmente alterado pela Emenda Constitucional nº 62/2009. Muitas das colocações acima delineadas sobre os precatórios foram com base no novo art. 100 da CR/88, fruto dessa alteração constitucional. Porém, a EC 62/2009 (que não só modificou o art. 100 da CR/88, mas também acrescentou o art. 97 no ADCT) foi objeto de Ações Diretas de Inconstitucionalidade que questionaram vários de seus dispositivos[596].

Sem dúvida, as modificações trazidas pela EC 62/2009 dificultaram ainda mais o recebimento dos precatórios pelos credores e tornaram ainda mais vantajosa a situação da Fazenda Pública. No Brasil há tradição de grande dificuldade para que os credores de precatórios recebam os mesmos.

Uma pequena digressão histórica sobre o "*parcelamento de precatórios*" pode nos comprovar essa assertiva: 1) Em 1988, o art. 33 do ADCT[597] instituiu normativamente

595. Lei nº 13463/2017: Art. 2º § 1º O cancelamento de que trata o **caput** deste artigo será operacionalizado mensalmente pela instituição financeira oficial depositária, mediante a transferência dos valores depositados para a Conta Única do Tesouro Nacional. § 2º Do montante cancelado: I – pelo menos 20% (vinte por cento) deverá ser aplicado pela União na manutenção e desenvolvimento do ensino; II – pelo menos 5% (cinco por cento) será aplicado no Programa de Proteção a Crianças e Adolescentes Ameaçados de Morte (PPCAAM). § 3º Será dada ciência do cancelamento de que trata o **caput** deste artigo ao Presidente do Tribunal respectivo. § 4º O Presidente do Tribunal, após a ciência de que trata o § 3º deste artigo, comunicará o fato ao juízo da execução, que notificará o credor. Art. 3º Cancelado o precatório ou a RPV, poderá ser expedido novo ofício requisitório, a requerimento do credor. Parágrafo único. O novo precatório ou a nova RPV conservará a ordem cronológica do requisitório anterior e a remuneração correspondente a todo o período.

596. ADI 4357/DF – Conselho Federal da OAB e Associação dos Magistrados Brasileiros (AMB); ADI 4425/DF – Confederação Nacional das Indústrias – CNI; ADI 4400/DF – Associação Nacional dos Magistrados da Justiça do Trabalho (Anamatra); ADI 4372/DF – Associação dos Magistrados Estaduais (Anamages).

597. **Art. 33 do ADCT**: Ressalvados os créditos de natureza alimentar, o valor dos precatórios judiciais pendentes de pagamento na data da promulgação da Constituição, incluído o remanescente de juros e correção monetária,

o parcelamento em até 8 anos dos precatórios (com ressalvas obviamente); 2) Posteriormente no ano 2000, a EC nº 30/2000 fixou a figura (absurda) da moratória em até 10 anos para o pagamento (também com ressalvas)[598]; 3) E em 2009 a EC nº 62/2009 estabeleceu o intitulado parcelamento de até 15 anos para os Estados, DF e Municípios, que, a princípio, se apresenta como algo desproporcional e desarrazoado. Para muitos, um verdadeiro *"calote"* formalizado constitucionalmente! Não foi sem razão que a EC nº 62/2009 ficou "vulgarmente" conhecida como a "Emenda do calote"[599].

É claro que a ideia central (fulcral) da nova Emenda era a de que os entes em mora paguem seus débitos, ou seja, teríamos uma certa "relativização", que em certa medida iria fazer com que os governantes passassem a honrar com seus compromissos no que tange aos precatórios. Porém, pergunta-se: a que custo aos credores os compromissos passariam a ser honrados? Sem dúvida existiram uma série de questionamentos sobre a EC nº 62 envolvendo temas como: segurança jurídica, coisa julgada, separação de poderes, duração razoável do processo (devido à moratória de 15 anos) entre outros.

Passamos agora a analisar a decisão do STF na ADI 4357 e na ADI 4425[600], julgadas em 14.03.2013.

O Plenário do STF, por maioria, julgou parcialmente procedente pedido formulado em ações diretas, propostas pelo Conselho Federal da Ordem dos Advogados do Brasil e pela Confederação Nacional das Indústrias – CNI, para declarar a inconstitucionalidade:

1) da expressão "na data de expedição do precatório", contida no § 2º do art. 100 da CR;

2) dos §§ 9º e 10 do art. 100 da CR;

---

poderá ser pago em moeda corrente, com atualização, em prestações anuais, iguais e sucessivas, no prazo máximo de oito anos, a partir de 1º de julho de 1989, por decisão editada pelo Poder Executivo até cento e oitenta dias da promulgação da Constituição.

598. **Art. 78 do ADCT:** Ressalvados os créditos definidos em lei como de pequeno valor, os de natureza alimentícia, os de que trata o art. 33 deste Ato das Disposições Constitucionais Transitórias e suas complementações e os que já tiverem os seus respectivos recursos liberados ou depositados em juízo, os precatórios pendentes na data de promulgação desta Emenda e os que decorram de ações iniciais ajuizadas até 31 de dezembro de 1999 serão liquidados pelo seu valor real, em moeda corrente, acrescido de juros legais, em prestações anuais, iguais e sucessivas, no prazo máximo de dez anos, permitida a cessão dos créditos. (Incluído pela Emenda Constitucional nº 30, de 2000).

599. Obviamente, seguindo a jurisprudência do STF não há como questionar **norma constitucional originária** do art. 33 do ADCT. Já a norma do art. 2º da EC nº 30/2000 é objeto de ADIs (2356 e 2362) e o STF já deferiu medida cautelar suspendendo a aplicação do art. 2º da EC nº 30/2000 (nos termos do citado **informativo 610 do STF**).

600. O Pleno julgou extintas, sem apreciação de mérito, a ADI 4372/DF e a ADI 4400/DF, ajuizadas, respectivamente, pela Anamages e pela Anamatra, tendo em vista ausência de legitimidade ativa ad causam das requerentes (falta de pertinência temática) Quanto à AMB na ADI 4357, o STF considerou que havia pertinência temática, pois uma das alegações na petição inicial da ADI da AMB era a de que a EC 62/09 violava o princípio da separação de Poderes, sendo a defesa do Judiciário nacional uma das finalidades desta associação. E além disso, entre as finalidades previstas no Estatuto da AMB está a defesa do Estado democrático e a preservação dos direitos e garantias individuais e coletivos.

3) da expressão "índice oficial de remuneração básica da caderneta de poupança", constante do § 12 do art. 100 da CR, do inciso II do § 1º e do § 16, ambos do art. 97 do ADCT; e por arrastamento, do art. 5º da Lei 11.960/2009

4) do fraseado "independentemente de sua natureza", inserido no § 12 do art. 100 da CR, para que aos precatórios de natureza tributária se apliquem os mesmos juros de mora incidentes sobre o crédito tributário;

5) do § 15 do art. 100 da CR e de todo o art. 97 do ADCT (especificamente o *caput* e os §§ 1º, 2º, 4º, 6º, 8º, 9º, 14 e 15, sendo os demais por arrastamento ou reverberação normativa).

(a) No caso do **art. 100 § 2º** (inconstitucionalidade da expressão na ***"data de expedição do precatório"***). O fundamento aqui foi o de que conforme a disposição literal do § 2° do art. 100 "a ordem de preferência para os maiores de 60 anos seria obtida na data de expedição do precatório". Ocorre que, entre o dia em que o precatório é expedido e a data em que ele é efetivamente pago, são passados alguns anos (as vezes muitos anos). Desse modo, é comum que a pessoa não seja idosa no instante em que o ***precatório é expedido***, mas como o processo de pagamento é muito demorado, ela acaba completando mais de 60 anos de idade durante a espera. Com isso, mesmo após os 60 anos de idade ela não teria o direito a preferência porque na época da expedição do precatório tinha uma idade inferior (por exemplo tinha 55 anos)

Nesses termos, afirmou o STF, que nesse caso "*haveria transgressão ao princípio da igualdade*, porquanto a preferência deveria ser estendida a todos credores que completassem 60 anos de idade na pendência de pagamento de precatório de natureza alimentícia (e não só aqueles que com mais de 60 na data de expedição do precatório[601])".

(b) No caso da declaração de inconstitucionalidade de todo o teor normativo presente nos § 9º e 10 do art. 100. O fundamento aqui foi o de que essas normas estariam a criar um **regime inconstitucional de compensação obrigatória de crédito.**

Nesse sentido, o § 9º afirmava literalmente "que no momento da expedição dos precatórios, independentemente de regulamentação, deles deverá ser **abatido**, a título de compensação, valor correspondente aos débitos líquidos e certos, inscritos ou não em dívida ativa e constituídos contra o credor original pela Fazenda Pública devedora, incluídas parcelas vincendas de parcelamentos, ressalvados aqueles cuja execução esteja suspensa em virtude de contestação administrativa ou judicial". Já o § 10 afirmava de forma expressa que "antes da expedição dos precatórios, o Tribunal solicitará à Fazenda Pública devedora, para resposta em até 30 (trinta) dias, sob pena de perda do direito de abatimento, informação sobre os débitos que preencham as condições estabelecidas no § 9º, para os fins nele previstos.

Com isso, o precatório seria expedido com a compensação (***valor abatido de forma unilateral***). Segundo o STF a compensação obrigatória de crédito a ser inscrito

601. ADIs 4357 e 4425 julg. em 14.03.2013. rel. p/Ac Min. Luiz Fux.

em precatório com débitos perante a Fazenda Pública consagraria *superioridade processual da parte pública* – no que concerne aos créditos privados reconhecidos em decisão judicial com trânsito em julgado – sem que considerada a garantia do *devido processo legal* e de seus principais desdobramentos: *o contraditório e a ampla defesa*. Nesses termos, esse ***tipo unilateral e automático de compensação de valores*** embaraçaria a efetividade da jurisdição, desrespeitaria a coisa julgada e afetaria o princípio da separação dos Poderes. Enfatizou-se também que a Fazenda Pública disporia de outros meios igualmente eficazes para a cobrança de seus créditos tributários e não tributários. E por último, o STF entendeu estar *afrontado o princípio constitucional da isonomia*, uma vez que o ente estatal, ao cobrar crédito de que titular, não estaria obrigado a compensá-lo com eventual débito seu em face do credor contribuinte.[602]

Aqui é interessante salientar que, posteriormente a essa decisão, o STF no **RE nº 614.406/RS** julgado em **23.10.2014**, afirmou que a declaração de inconstitucionalidade dos §§ 9º e 10 do art. 100 da CR/88 também se aplicaria às requisições de pequeno valor. Nesse sentido, é inconstitucional impor ao credor a compensação obrigatória nos casos em que ele irá receber RPV. Assim, se alguém tiver recursos para receber por meio de RPV, não deverão ser aplicados os §§ 9º e 10 do art. 100 da CR/88, ou seja, esse credor não é obrigado a aceitar a compensação imposta pela Fazenda Pública, mesmo que tenha débitos com o Fisco.[603]

(c) No caso da expressão do § 12 do art. 100 ***"índice oficial de remuneração básica da caderneta de poupança"*** o STF entendeu que esse índice seria inadequado.

Nesse sentido, há uma diferença entre o dia em que o precatório é expedido e a data em que ele é efetivamente pago. Com certeza, são passados alguns anos. Durante este período, obviamente, se a quantia devida não for atualizada, haverá uma desvalorização do valor real do crédito em virtude da inflação. Com o objetivo de evitar essa perda, o § 5º do art. 100 da CR/88 determina de forma expressa "que o valor do precatório deve ser atualizado monetariamente quando for pago".

A questão aqui é justamente a do critério de correção. O índice da caderneta de poupança para o STF foi considerado insuficiente. Nesse sentido, afirmou o STF que essa atualização monetária dos débitos inscritos em precatório deveria corresponder ao índice de desvalorização da moeda, no fim de certo período, e que isto não estaria refletido, no índice estabelecido na EC 62/2009 (que levaria perda de poder aquisitivo da moeda). Dessa maneira, afirmou-se a afronta à garantia da coisa julgada e, reflexamente, ao postulado da separação dos Poderes[604].

602. ADIs 4357 e 4425 julg. em 14.03.2013. rel. p/Ac Min. Luiz Fux. (Informativo 698 do STF)

603. RE 614.406/RS, julg em 23.10.2014, Rel. orig. Min. Ellen Gracie, red. p/ o acórdão Min. Marco Aurélio.

604. ADIs 4357 e 4425 julg. em 14.03.2013. rel. p/Ac Min. Luiz Fux. (Informativo 698 do STF) Regra semelhante foi estabelecida no art. 1º-F da Lei 9.494/97: Nas condenações impostas à Fazenda Pública, independentemente de sua natureza e para fins de atualização monetária, remuneração do capital e compensação da mora, haverá a

(d) No caso do § 12 do art. 100 da CR/88 da declaração de inconstitucionalidade do fraseado ***"independentemente de sua natureza"***. Aqui o fundamento do Pretório Excelso foi o de que os precatórios de natureza tributária, deveriam ser aplicados os mesmos juros de mora incidentes sobre todo e qualquer crédito tributário.

(e) No caso do § 15 do art. 100 da CR/88 e de todo o art. 97 do ADCT. O fundamento central é justamente o do "calote" perpetuado pela normativa do art. 100 § 15 (criação de um regime especial) conjugado sistematicamente com todo o art. 97 do ADCT.

O § 15 do art. 100 literalmente determinava que "lei complementar a Constituição Federal poderá estabelecer ***regime especial*** para pagamento de crédito de precatórios de Estados, Distrito Federal e Municípios, dispondo sobre vinculações à receita corrente líquida e forma e prazo de liquidação. E o art. 97 do ADCT estabelecia todo um conjunto normativo para esse regime especial.

É interessante que esse "***regime especial***" (que concedia prazo para o parcelamento de precatórios de até 15 anos para os Estados e Municípios) instituído pelo art. 97 do ADCT determinava uma série de vantagens aos Estados e Municípios. Seria permitido, até mesmo a figura do "*leilão de precatórios*" no qual os credores de precatórios competem entre si oferecendo deságios ("descontos") em relação aos valores que têm para receber. Aqueles que oferecem maiores descontos irão receber antes do que os demais. Ou seja, o credor espera por 10, 12 anos para receber seu precatório e seria afetado por este novo regime e, para aumentar suas chances de conseguir "mais rápido" seu crédito, deveria conceder um bom "desconto" ao ente público.

Afirmou o STF nas ADIs 4357 e 4425 que os preceitos do art. 97 do ADCT impugnados subverteriam os valores do Estado de Direito, do devido processo legal, do livre e eficaz acesso ao Poder Judiciário e da razoável duração do processo. Frisou-se que esses artigos ampliariam, por mais **15 anos**, o **cumprimento de sentenças judiciais com trânsito em julgado e desfavoráveis ao Poder Público**, cujo prazo já teria sido, outrora, prorrogado por 10 anos pela Emenda Constitucional 30/2000. Entendeu o Pretório Excelso que a seria adequada a referência à EC 62/2009 como a "*emenda do calote*". Nesses termos, esse "calote" feriria o princípio da moralidade administrativa, haja vista o inadimplemento, por parte do Estado, de suas próprias dívidas.

Na decisão, afirmou o STF que o Estado: a) reconheceria o descumprimento, durante anos, de ordens judiciais de pagamento em desfavor do erário; b)

incidência uma única vez, até o efetivo pagamento, dos índices oficiais de remuneração básica e juros aplicados à caderneta de poupança. (Redação dada pela Lei nº 11.960/2009) Aqui temos a **declaração de inconstitucionalidade por arrastamento (ou consequencial)** do art. 5º da Lei 11.960/2009 (nova redação ao art. 1º – F da Lei 9494/97). Lembramos novamente que o §12 do artigo 100 da Constituição Federal deve ser analisado conjuntamente com o §5º, de forma que os juros de mora só poderão incidir se ultrapassado o prazo constitucional para pagamento do precatório. Ver: **RE 1169289**, julg em **16.06.2020** (Repercussão Geral – Tema 1037).

propor-se-ia a adimpli-las, mas limitado a percentual pequeno de sua receita; c) forçaria, com esse comportamento, que os titulares de crédito assim inscritos os levassem a leilão. Aqui, estaríamos diante de um atentado a razoabilidade e a proporcionalidade[605].

Por último, é importante registramos, que após a decisão ora em comento, foi levantada questão de ordem visando a *"**modulação dos efeitos**"* das ADIs 4357 e 4425. Nesses termos, em 24.10.2013 o Plenário do STF iniciou exame dessa questão de ordem.

O Ministro Luiz Fux, relator, destacou que, embora o Tribunal houvesse reconhecido a nulidade dos citados dispositivos, inegável que, durante quase quatro anos, ao longo dos exercícios financeiros de 2010 a 2013, a mencionada sistemática juridicamente inválida entrara em vigor, surtira efeito e fora aplicada por diversas unidades federativas. Asseverou que esse quadro fático denotaria, em primeiro lugar, a existência de situações concretas e, de certo modo, consolidadas no tempo. Em segundo lugar, indicaria que a atual programação orçamentária e financeira dos Estados, do Distrito Federal e dos Municípios fora realizada em cenário distinto, em que vigoraria integralmente a EC 62/2009. Apontou que esses fatos tornariam imperioso que o STF definisse o alcance temporal de seu pronunciamento, razão pela qual fora suscitada a presente questão de ordem.

O julgamento dessa questão de ordem iniciado em 2013 foi concluído em 25.03.2015. O STF tomou as seguintes decisões:

1) Modulou os efeitos para que se desse sobrevida ao ***regime especial de pagamento de precatórios***, instituído pela EC 62/2009, por **cinco exercícios financeiros** a contar de ***01.01.2016*** (ou seja, as regras do regime especial de precatórios do § 15 do art. 100 da CF/88 e do art. 97 do ADCT teriam validade até 2020);

605. Ficaram vencidos os Ministros Teori Zavascki, Dias Toffoli e Gilmar Mendes, que julgavam o pedido improcedente. O Min. Teori Zavascki apontava que o parâmetro para aferição de inconstitucionalidade de emenda constitucional estaria restrito às cláusulas pétreas (CF, art. 60, § 4º), respeitado o processo legislativo próprio. Observados esses limites, o poder constituinte reformador seria soberano. Considerava que a EC 62/2009 não teria aptidão para abolir, ainda que parcialmente, qualquer dos princípios protegidos no dispositivo constitucional citado. Frisava que eventual declaração de inconstitucionalidade do novo regime de pagamento de precatórios significaria retorno ao sistema antigo, perverso para os credores, na medida em que vincularia a satisfação dos débitos à conveniência da Fazenda e tornaria as obrigações contraídas sem prazo e sem sanção. Assim, a EC 62/2009 não significaria retrocesso institucional, mesmo porque ela deveria ser avaliada à luz do regime anterior, não de um regime ideal. Salientava que os avanços obtidos no art. 100 da CF seriam escassos em relação ao texto pretérito. O Min. Dias Toffoli sublinhava que a EC 62/2009 não atingiria a coisa julgada, pois não haveria mudança no *quantum debeatur*. Ademais, lembrava que a Corte decidira que todo processo a envolver precatórios seria administrativo, sem interferência no âmbito jurisdicional (ADI 1098/SP, DJU de 25.10.96). O Min. Gilmar Mendes, ao reiterar posicionamento externado em assentada anterior, asseverava que o remédio constitucional adequado para tratar de precatórios inadimplidos seria a intervenção federal. Entretanto, a situação revelaria escassez de recursos por parte dos entes federados. Assim, sequer essa solução seria eficaz. Diante de quadro a revelar descumprimento da Constituição, caberia ao poder reformador propor novos procedimentos que superassem esse estado de permanente anomia, como ocorria no regime anterior. ADIs 4357 e 4425 julg. em 14.03.2013. rel. p/Ac Min. Luiz Fux.

2) Conferiu eficácia prospectiva à declaração de inconstitucionalidade dos seguintes aspectos da ADI, fixado como marco inicial a data de **conclusão do julgamento da questão de ordem (25.03.2015)** e mantendo-se válidos os precatórios expedidos ou pagos até esta data, a saber: **2.1.)** seria mantida a aplicação do índice oficial de remuneração básica da caderneta de poupança (TR), nos termos da EC 62/2009, até **25.03.2015**, data após a qual (i) os ***créditos em precatórios deveriam ser corrigidos pelo Índice de Preços ao Consumidor Amplo Especial (IPCA-E)*** e (ii) os ***precatórios tributários deveriam observar os mesmos critérios pelos quais a Fazenda Pública corrige seus créditos tributários***; e **2.2.)** seriam resguardados os precatórios expedidos, no âmbito da Administração Pública Federal, com base nos artigos 27 das Leis 12.919/2013 e Lei 13.080/2015, que fixam o IPCA-E como índice de correção monetária[606];

3) Quanto às *formas alternativas* de pagamento previstas no regime especial: **3.1)** seriam consideradas válidas as compensações[607], os leilões[608] e os pagamentos à vista por ordem crescente de crédito previstos na EC 62/2009, desde que realizados até **25.03.2015 (data da conclusão do julgamento da questão de ordem)**, data a partir da qual ***não seria possível a quitação de precatórios por essas modalidades***; **3.2)** seria mantida a possibilidade de realização de acordos diretos, observada a ordem de preferência dos credores e de acordo com lei própria da entidade devedora, com redução máxima de 40% do valor do crédito atualizado;

4) Entendeu que durante o período fixado no item 1 (acima), seria mantida a ***vinculação de percentuais mínimos da receita corrente líquida ao pagamento dos precatórios*** (ADCT, art. 97, § 10), bem como as sanções para o caso de não liberação tempestiva dos recursos destinados ao pagamento de precatórios (ADCT, art. 97, § 10)[609];

---

606. Aqui uma explicação faz-se necessária. O índice da poupança (TR), previsto no § 12 do art. 100, como já dito, foi declarado inconstitucional pelo STF em 2013. No entanto, naquele momento, o STF não afirmou qual seria o índice aplicável para substituí-lo (foi gerada uma lacuna). Nesses termos, a União precisava pagar seus precatórios e necessitava aplicar um índice de correção. Diante disso, a fim de resolver a questão, o art. 27 da Lei Federal 12.919 /2013 (LDO) previu que o índice de correção monetária dos precatórios federais passaria a ser o IPCA-E para o ano de 2014. A Lei 13.080/2014 também trouxe o mesmo índice para o ano de 2015. Ao analisar a modulação dos efeitos da ADI, o STF concordou com o que a União fez, ou seja, entendeu adequada a escolha do IPCA-E como índice de correção monetária dos precatórios. Além disso, estendeu, por analogia, esse mesmo índice para a correção monetária dos precatórios estaduais e municipais. No entanto, como não havia leis estaduais ou municipais prevendo o IPCA-E, o STF afirmou que esse índice somente seria aplicável depois do dia da modulação, ou seja, do dia 26.03.2015 em diante. Ou seja, da data do julgamento da ADI em 2013 até o dia da modulação (25.03.2015), poderia ser ainda aplicada a TR (pelos Estados e Municípios), já que os Estados e Municípios não tinham como adivinhar que o STF iria concordar com o IPCA-E.

607. O STF afirmou que são válidas as compensações obrigatórias que foram feitas até **25.03.2015** (data em que ocorreu a modulação). A partir desta data, não será possível mais a realização de compensações obrigatórias, mas seria possível que sejam feitos acordos entre a Fazenda e o credor do precatório e que também possua dívidas com o Poder Público para compensações voluntárias.

608. Como já comentado o regime especial instituído pela EC 62/2009 previa uma série de vantagens aos Estados e Municípios, sendo permitido que tais entes realizassem uma espécie de "leilão de precatórios" no qual os credores de precatórios competiriam entre si oferecendo deságios ("descontos") em relação aos valores que têm para receber. Aqueles que oferecem maiores descontos iriam receber antes do que os demais. Esse sistema de leilões, conforme já citado, foi declarado inconstitucional, mas o STF afirmou que os leilões realizados até 25.03.2015 (dia em que ocorreu a modulação) são válidos. A partir desta data, não será possível mais a realização desses leilões.

609. O sistema de depósito mensal e as sanções aos Estados e Municípios, assim como todo o art. 97 do ADCT, foram declarados inconstitucionais pelo STF. No entanto, a Corte decidiu modular os efeitos dessa decisão e afirmou que

5) Determinou a delegação de competência ao CNJ para que considerasse a apresentação de proposta normativa que disciplinasse (i) a utilização compulsória de 50% dos recursos da conta de depósitos judiciais tributários para o pagamento de precatórios e (ii) a possibilidade de compensação de precatórios vencidos, próprios ou de terceiros, com o estoque de créditos inscritos em dívida ativa até 25.03.2015, por opção do credor do precatório;

6) Determinou a atribuição de competência ao CNJ para que monitorasse e supervisionasse o pagamento dos precatórios pelos entes públicos na forma da decisão proferida na questão de ordem em comento.[610]

6.2. Emenda Constitucional nº 94/2016, Emenda Constitucional nº 99/2017 e a Emenda Constitucional nº 109/2021

Após a análise do entendimento do STF, passamos agora às digressões sobre a **Emenda Constitucional nº 94 de 2016**[611] **Emenda Constitucional nº 99/2017 e Emenda Constitucional nº 109/2021.**

O Congresso Nacional promulgou, em 15.12.2016, a Emenda Constitucional nº 94/2016, que institui um novo regime de pagamento de precatórios, para viabilizar sua quitação por parte de Estados e municípios.

Nesses termos, ela se traduz na quarta alteração das regras constitucionais sobre precatórios desde o advento da Constituição de 1988. É também o mais curto programa de parcelamento desses débitos (de precatórios) desde a moratória instituída 28 anos atrás pelo artigo 33 do Ato das Disposições Constitucionais Transitórias (ADCT). A EC nº 94/2016 concedeu prazo até o final de 2020 para que todo o estoque de precatórios seja totalmente liquidado.[612]

Sem dúvida, a EC nº 94/2016 foi fruto de um *diálogo institucional* entre o Poder Legislativo e Judiciário. Um dos princípios centrais para a sua aprovação foi o da vedação ao retrocesso no tocante aos direitos fundamentais, que visa a impedir justamente que sejam os cidadãos submetidos a prazos cada vez mais insuportáveis, chegando a várias décadas de espera pelo pagamento de débitos decorrentes da condenação judicial do poder público, em flagrante violação aos princípios constitucionais da dignidade da pessoa humana e da duração razoável do processo.[613]

Outra questão interessante é a que a EC nº 94/2016 se ajusta as regras da decisão do Supremo Tribunal Federal de março de 2013 sobre a inconstitucionalidade de parte da Emenda Constitucional nº 62, de 2009.

---

durante mais cinco anos, contados de 2016, tais regras serão consideradas válidas. Em outras palavras, até 2020 o §§ 2º e 10 do art. 97 do ADCT da CF/88 continuam válidos e poderão ser utilizados pelos Estados e Municípios.

610. Ficaram vencidos na questão de ordem o Ministro Marco Aurélio, que não modulava os efeitos da decisão, e, em menor extensão, a Ministra Rosa Weber, que fixava como marco inicial a data do julgamento da ação direta de inconstitucionalidade. Reajustaram seus votos os Ministros Roberto Barroso, Dias Toffoli e Gilmar Mendes. STF. **ADI 4357 QO/DF** e **ADI 4425 QO/DF**, Pleno do STF, Rel. Min. Luiz Fux, julg. em **25.03.2015** (Informativo 779 do STF).

611. Fonte: *Agência de informações da Câmara e da Agência de Informações do Senado*. 15.12.2016.

612. *PEC dos Precatórios garante a quitação integral até 2020*. INNOCENTI, Marco Antônio, CONJUR, 15.12.2016.

613. *PEC dos Precatórios garante a quitação integral até 2020*. INNOCENTI, Marco Antônio, CONJUR, 15.12.2016.

Nesse sentido, a EC nº 94/2016 estabelece que os precatórios a cargo de Estados, do Distrito Federal e de municípios pendentes até 25 de março de 2015 e aqueles a vencer até 31 de dezembro de 2020 poderão ser pagos até o ano de 2020 dentro de um regime especial. Por esse regime, o aporte de recursos será limitado a 1/12 da receita corrente líquida.

É interessante que a sistemática antiga, aprovada em 2009, previa o pagamento em 15 anos (ou seja, até 2024), mas o STF reduziu o prazo para cinco anos em sua decisão que considerou parcialmente inconstitucional a Emenda Constitucional nº 62/2009.

Nesses termos, até 2020, pelo menos 50% dos recursos destinados aos precatórios seriam para o pagamento dessas dívidas em ordem cronológica de apresentação. A exceção a essa ordem é a preferência para os relacionados a créditos alimentares quando os beneficiários tiverem 60 anos ou mais, forem portadores de doença grave ou pessoas com deficiência. Entretanto, nesses casos o valor será limitado a três vezes o da requisição de pequeno valor, débito dos governos pagos diretamente sem precatório. Certo é que nos Estados, no Distrito Federal e nos municípios, leis específicas podem determinar o valor dessa requisição, contanto que não seja inferior ao teto do benefício da Previdência Social (atualmente em R$ 5.189,82). Os outros 50% dos recursos, durante esse período do regime especial de pagamento, poderiam ser usados para a negociação de acordos com os credores com redução máxima permitida de 40% do valor atualizado a receber, desde que não haja recurso pendente. A ordem de preferência dos credores deverá ser mantida.

Porém, por incrível que pareça, uma quinta alteração das regras constitucionais sobre os precatórios ocorreu. Nesses termos, o nosso constituinte derivado cedeu mais uma vez e um novo ***regime especial*** foi constitucionalizado, agora com a **Emenda Constitucional nº 99 de 2017**.

A Emenda Constitucional nº 99 de 2017 alterou o art.101 do ADCT, para diferentemente da EC nº 94/2016 (e da decisão do STF sobre a EC nº 62/2009), determinar que os Estados, o Distrito Federal e os Municípios que, em 25 de março de 2015, se encontravam em mora no pagamento de seus precatórios quitarão, ***até 31 de dezembro de 2024***, seus débitos vencidos e os que vencerão dentro desse período, atualizados pelo Índice Nacional de Preços ao Consumidor Amplo Especial (IPCA-E), ou por outro índice que venha a substituí-lo, depositando mensalmente em conta especial do Tribunal de Justiça local, sob única e exclusiva administração deste, 1/12 (um doze avos) do valor calculado percentualmente sobre suas receitas correntes líquidas apuradas no segundo mês anterior ao mês de pagamento, em percentual suficiente para a quitação de seus débitos e, ainda que variável, nunca inferior, em cada exercício, ao percentual praticado na data da entrada em vigor do regime especial a que se refere este artigo, em conformidade com plano de pagamento a ser anualmente apresentado ao Tribunal de Justiça local.

Porém, uma nova alteração ocorreu com a Emenda Constitucional nº 109 de 2021. Nesses termos, ela alterou o art.101 do ADCT mais uma vez, para determinar que os Estados, o Distrito Federal e os Municípios que, em 25 de março de 2015, se encontravam em mora no pagamento de seus precatórios quitarão, até 31 de dezembro de 2029, seus débitos vencidos e os que vencerão dentro desse período, atualizados pelo Índice Nacional de Preços ao Consumidor Amplo Especial (IPCA-E), ou por outro índice que venha a substituí-lo, depositando mensalmente em conta especial do Tribunal de Justiça local, sob única e exclusiva administração deste, 1/12 (um doze avos) do valor calculado percentualmente sobre suas receitas correntes líquidas apuradas no segundo mês anterior ao mês de pagamento, em percentual suficiente para a quitação de seus débitos e, ainda que variável, nunca inferior, em cada exercício, ao percentual praticado na data da entrada em vigor do regime especial a que se refere este artigo (art.101 do ADCT), em conformidade com plano de pagamento a ser anualmente apresentado ao Tribunal de Justiça local.

Outro ponto importante diz respeito a EC nº 99/2017 em relação à EC nº 94/2016 é o da modificação na forma de pagamento dos precatórios.

Afirma a EC nº 99/2017 nos termos do art. 101 § 2º do ADCT, que o débito de precatórios será pago com recursos orçamentários próprios provenientes das fontes de receita corrente líquida referidas no § 1º do art. 101 do ADCT e, adicionalmente, poderão ser utilizados recursos dos seguintes instrumentos:

I – até 75% (setenta e cinco por cento) dos depósitos judiciais e dos depósitos administrativos em dinheiro referentes a processos judiciais ou administrativos, tributários ou não tributários, nos quais sejam parte os Estados, o Distrito Federal ou os Municípios, e as respectivas autarquias, fundações e empresas estatais dependentes, mediante a instituição de fundo garantidor em montante equivalente a 1/3 (um terço) dos recursos levantados, constituído pela parcela restante dos depósitos judiciais e remunerado pela taxa referencial do Sistema Especial de Liquidação e de Custódia (Selic) para títulos federais, nunca inferior aos índices e critérios aplicados aos depósitos levantados;[614]

---

614. Esse comentário, embora com os valores à luz da EC nº 94/2016 e, portanto, desatualizado em relação à Ec nº99/2017 é muito pertinente: *A ampliação do uso dos depósitos judiciais, outra reivindicação dos entes devedores prevista no texto aprovado para compensar o aperto orçamentário imposto pela crise financeira do setor público, também contribuirá com o financiamento de aproximadamente 20% do total dos débitos de precatórios dos estados e municípios, estimado em R$ 97 bilhões pelo CNJ segundo dados de 2015. Só no Estado de São Paulo, o governo estadual e as prefeituras municipais poderão se beneficiar do rateio de R$ 12 bilhões de depósitos judiciais em demandas em que não são parte, hoje administrados pelo Tribunal de Justiça daquele estado. Somados aos recursos já levantados por meio da Lei Complementar 151/2015, os estados e os municípios brasileiros poderão financiar, até o final de 2020, mais da metade de seus estoques de precatórios, condição que, a despeito da crise existente, jamais tiveram para equacionar o maior problema financeiro da administração pública brasileira dos últimos 20 anos. Caberá ao Poder Judiciário impedir que os recursos levantados não sejam desviados e empregados no pagamento de outras despesas não autorizadas, rejeitando condenáveis práticas de contabilidade criativa ou pedaladas fiscais. Também caberá ao Supremo Tribunal Federal aplicar a nova legislação de forma a impor aos devedores o cumprimento daquilo que eles mesmos concordaram em realizar, dentro dos parâmetros e regras democraticamente discutidos e aprovados, respaldando os atos praticados pelos gestores de precatórios dos tribunais segundo os critérios aprovados por unanimidade*

II – até 30% (trinta por cento) dos demais depósitos judiciais da localidade sob jurisdição do respectivo Tribunal de Justiça, mediante a instituição de fundo garantidor em montante equivalente aos recursos levantados, constituído pela parcela restante dos depósitos judiciais e remunerado pela taxa referencial do Sistema Especial de Liquidação e de Custódia (Selic) para títulos federais, nunca inferior aos índices e critérios aplicados aos depósitos levantados, destinando-se: a) no caso do Distrito Federal, 100% (cem por cento) desses recursos ao próprio Distrito Federal; (Incluído pela Emenda Constitucional nº 94, de 2016); b) no caso dos Estados, 50% (cinquenta por cento) desses recursos ao próprio Estado e 50% (cinquenta por cento) aos respectivos Municípios, conforme a circunscrição judiciária onde estão depositados os recursos, e, se houver mais de um Município na mesma circunscrição judiciária, os recursos serão rateados entre os Municípios concorrentes, proporcionalmente às respectivas populações, utilizado como referência o último levantamento censitário ou a mais recente estimativa populacional da Fundação Instituto Brasileiro de Geografia e Estatística (IBGE); (Redação dada pela Emenda constitucional nº 99, de 2017); III – empréstimos, excetuados para esse fim os limites de endividamento de que tratam os incisos VI e VII do ***caput*** do art. 52 da Constituição Federal e quaisquer outros limites de endividamento previstos em lei, não se aplicando a esses empréstimos a vedação de vinculação de receita prevista no inciso IV do ***caput*** do art. 167 da Constituição Federal; (Redação dada pela Emenda constitucional nº 99, de 2017); IV – a totalidade dos depósitos em precatórios e requisições diretas de pagamento de obrigações de pequeno valor efetuados até 31 de dezembro de 2009 e ainda não levantados, com o cancelamento dos respectivos requisitórios e a baixa das obrigações, assegurada a revalidação dos requisitórios pelos juízos dos processos perante os Tribunais, a requerimento dos credores e após a oitiva da entidade devedora, mantidas a posição de ordem cronológica original e a remuneração de todo o período. (Incluído pela Emenda constitucional nº 99, de 2017); § 3º Os recursos adicionais previstos nos incisos I, II e IV do § 2º deste artigo serão transferidos diretamente pela instituição financeira depositária para a conta especial referida no ***caput*** deste artigo, sob única e exclusiva administração do Tribunal de Justiça local, e essa transferência deverá ser realizada em até sessenta dias contados a partir da entrada em vigor deste parágrafo, sob pena de responsabilização pessoal do dirigente da instituição financeira por improbidade. (Incluído pela Emenda constitucional nº 99, de 2017);

Além disso, conforme o § 2º, art. 102 do ADCT, nos termos da EC nº 99/2017 na vigência do regime especial previsto no art. 101 do Ato das Disposições Constitucionais

dos membros das duas casas legislativas que compõem o Congresso Nacional. PEC dos Precatórios garante a quitação integral até 2020. INNOCENTI, Marco Antônio, CONJUR, 15.12.2016. repetimos apenas que os dados não estão conforme a EC nº99/2017.

Transitórias, as preferências relativas à idade, ao estado de saúde e à deficiência serão atendidas até o valor equivalente ao quíntuplo fixado em lei para os fins do disposto no § 3º do art. 100 da Constituição Federal, admitido o fracionamento para essa finalidade, e o restante será pago em ordem cronológica de apresentação do precatório.

Já o art. 103 do ADCT permaneceu com a redação dada pela EC nº 94/2016 e preleciona que enquanto os Estados, o Distrito Federal e os Municípios estiverem efetuando o pagamento da parcela mensal devida como previsto no ***caput*** do art. 101 dos Atos das Disposições Constitucionais Transitórias, nem eles, nem as respectivas autarquias, fundações e empresas estatais dependentes poderão sofrer sequestro de valores, exceto no caso de não liberação tempestiva dos recursos.

Porém, foi incluído no art. 103 do ADCT um Parágrafo único, pela EC nº99/2017. Esse afirma, que na vigência do regime especial previsto no art. 101 do Ato das Disposições Constitucionais Transitórias, ficam vedadas desapropriações pelos Estados, pelo Distrito Federal e pelos Municípios, cujos estoques de precatórios ainda pendentes de pagamento, incluídos os precatórios a pagar de suas entidades da administração indireta, sejam superiores a 70% (setenta por cento) das respectivas receitas correntes líquidas, excetuadas as desapropriações para fins de necessidade pública nas áreas de saúde, educação, segurança pública, transporte público, saneamento básico e habitação de interesse social.

Outro ponto interessante e que considerado inconstitucional pelo Supremo, conforme aqui citado, foi a permissão para que a Fazenda de cada governo fizesse a compensação do precatório a pagar com débitos do credor, inclusive aqueles objeto de parcelamento. A solução dada pela EC nº 94/2016 foi permitir ao beneficiário decidir se quer ou não compensar o valor a receber com dívidas, contanto que elas estejam inscritas na dívida ativa até 25 de março de 2015. Se compensados, esses valores passarão a ser uma receita do ente público, mas não poderão sofrer qualquer vinculação automática, como transferências a outros entes federados e para despesas com educação, saúde e outras finalidades.

É importante salientar, que a EC nº 94/2016, não trata da correção monetária dos precatórios, por isso prevalece a decisão modulada do Supremo que acatou a correção monetária pela Taxa Referencial (TR) até 25 de março de 2015, data de publicação da decisão (de inconstitucionalidade parcial da EC nº 62/2009). A partir dessa data, será aplicado o Índice de Preços ao Consumidor Amplo Especial (IPCA-E). Os precatórios tributários deverão seguir os mesmos critérios pelos quais a Fazenda Pública corrige seus créditos. No caso da União, usa-se a taxa Selic mais 1% no mês do pagamento.

Nesses termos, o **art. 105 do ADCT** no seu ***caput*** conforme a EC nº94/2016 não foi modificado pela EC nº 99/2017. Afirma ele que enquanto viger o regime de pagamento de precatórios previsto no art. 101 deste Ato das Disposições Constitucionais

Transitórias, é facultada aos credores de precatórios, próprios ou de terceiros, a compensação com débitos de natureza tributária ou de outra natureza que até 25 de março de 2015 tenham sido inscritos na dívida ativa dos Estados, do Distrito Federal ou dos Municípios, observados os requisitos definidos em lei própria do ente federado.

Aqui, salientamos, porém, que nos termos da EC nº 99/2017 não se aplica às compensações referidas no ***caput*** do artigo 105 do ADCT qualquer tipo de vinculação, como as transferências a outros entes e as destinadas à educação, à saúde e a outras finalidades.

É interessante ainda que a nova EC nº 99/2017 incluiu § 2º e o § 3º no art. 105 do ADCT. Assim sendo conforme o § 2º os Estados, o Distrito Federal e os Municípios regulamentarão nas respectivas leis o disposto no ***caput*** deste artigo em até cento e vinte dias a partir de 1º de janeiro de 2018. Já no § 3º temos que decorrido o prazo estabelecido no § 2º do art.105 do ADCT sem a regulamentação nele prevista, ficam os credores de precatórios autorizados a exercer a faculdade a que se refere o ***caput*** do art. 105 do ADCT acima citado.

6.3. A questão da incidência dos juros de mora nos precatórios

O STF recentemente decidiu no RE 579431 em 19.04.2017, que no que tange aos *precatórios* incidem os juros da mora no período compreendido entre a data da realização dos cálculos e a da requisição de pequeno valor (RPV) ou do precatório.

Aqui apenas advertimos para que não haja confusão com o verbete da Súmula Vinculante nº 17 do próprio STF. Essa súmula diz que durante o período previsto no § 1º do artigo 100 da Constituição (atual § 5º), não incidem juros de mora sobre os precatórios que nele sejam pagos.

Nesses termos, o período de que trata o RE 579431/RS é anterior à requisição do precatório, ou seja, anterior ao interregno tratado pela Súmula Vinculante nº 17. Conforme o STF, a não incidência de juros de mora nesse período (previsto na SV nº 17) ocorre justamente porque nele não existe mora, em decorrência de norma constitucional, e isso se mantém independentemente de quando ocorrer o pagamento do precatório, por obvio dentro do prazo constitucional. Certo é que passado esse prazo (constitucional) sem que haja o pagamento, volta a incidir juros de mora. Portanto, no caso de o pagamento ocorrer após o prazo estabelecido pela Constituição, haverá a incidência de juros de mora, mas só no período em que houver mora, ou seja, depois do prazo estabelecido constitucionalmente para o pagamento.

Mas aqui uma observação é pertinente. Como os juros moratórios não estavam previstos no precatório, considerando que se presumia que ele seria pago na data fixada pela CR/88 (ou seja: até o dia 31/12), para que o credor receba o valor dos juros será necessária a expedição de um precatório complementar. Nesses termos, é sempre bom lembrar, que depois que o precatório está expedido, não se pode acrescentar novos valores a ele. Aqui um resumo: a) Sentença transitada em julgado: 04/04/2016; b) Início dos juros moratórios: 10/04/2016 (data da realização dos cálculos); c) Dia em que o precatório foi apresentado para pagamento: 30/05/2016; d) Suspensão dos juros moratórios: 01/07/2016 (SV 17-STF[615]); e) Prazo máximo para a Fazenda Pública pagar: 31/12/2017 (§ 5º do art. 100 da CF/88); f) Se a Fazenda não pagar até o prazo máximo (31/12/2017): voltam a correr os juros moratórios.[616]

6.4. A questão da constitucionalidade do art. 86 do ADCT inserido pela Emenda Constitucional nº 37/2002

Certo é que a Emenda Constitucional nº 37/2002, apesar de estabelecer no art. 87 do ADCT as intituladas RPVs (requisições de pequeno valor), trouxe uma espécie

615. "A SV 17 foi editada em 29/10/2009 e continua sendo atualmente aplicada pelo STF. Nesse sentido: RE 577465 AgR-ED-ED-EDv-AgR, Rel. Min. Rosa Weber, Tribunal Pleno, julgado em 23/09/2016. Contudo, tem crescido entre os Ministros a ideia de que esta súmula foi superada pelo § 12 do art. 100 da CF/88, acrescentado pela EC 62, de 10/12/2009, ou seja, posteriormente à edição do enunciado. Para muitos Ministros, o § 12 determina a incidência de juros moratórios independentemente do período." CAVALCANTE, Márcio André Lopes, In: *Dizer o Direito*, Informativo 861 do STF.

616. CAVALCANTE, Márcio André Lopes, In: *Dizer o Direito*, Informativo 861 do STF. Explicitando o exemplo sobre o tema: "João ajuizou ação de cobrança contra a Fazenda Pública. Foi prolatada sentença condenando o Poder Público a pagar R$ 300 mil. Essa sentença transitou em julgado em 04/04/2016. Em 10/04/2016, o credor pediu ao juiz, nos termos do art. 534 do CPC, o cumprimento de sentença, apresentando o cálculo da dívida atualizada. Segundo entende o STF, a partir do momento em que forem apresentados os cálculos, começa a incidir juros da mora contra a Fazenda Pública. A Fazenda Pública poderá impugnar ou não o cumprimento de sentença. Suponhamos que o Poder Público não impugnou. Neste caso, deverá ser expedido, por intermédio do Presidente do Tribunal, precatório em favor do exequente (art.535 § 3º do CPC). Neste caso, o juízo da execução elabora o precatório e o encaminha ao Presidente do Tribunal. Este, por sua vez, irá expedir o precatório, ou seja, repassá-lo ao ente devedor para que seja incluído no orçamento. Ex: se a execução era contra a União, o juiz federal responsável pela execução irá elaborar o precatório e encaminhá-lo ao Presidente do TRF; este irá expedir o precatório determinando que a União inclua no orçamento para pagamento. Suponhamos que, em nosso exemplo, a Fazenda Pública concordou com os cálculos do credor. Diante disso, o juiz encaminhou ao Presidente do Tribunal que expediu, em 30/05/2016, o precatório em favor de João. Assim, **deverá haver a incidência dos juros da mora referente ao período de 10/04/2016 (data da realização dos cálculos) e a data do precatório**. (...) O precatório foi apresentado pelo Presidente do Tribunal em 30/05/2016; logo, ele deverá ser pago pelo Poder Público até o dia 31/12/2017 (último dia do ano seguinte). Entre o dia 01/07 de um ano até o dia 31/12 do ano seguinte (em nosso exemplo: de 01/07/2016 até 31/12/2017), **não haverá incidência de juros de mora** porque o STF entende que esse foi o prazo normal que a CF/88 deu para o Poder Público pagar seus precatórios, não havendo razão para que a Fazenda Pública tenha que pagar juros referentes a esse interregno. Aqui é lembrada a SV 17-STF: *Durante o período previsto no parágrafo 1º (obs.: atual § 5º) do artigo 100 da Constituição, não incidem juros de mora sobre os precatórios que nele sejam pagos*. Neste período, **não** há incidência de **juros moratórios**, mas deverá ser paga correção monetária, conforme prevê a parte final do § 5º do art. 100. (...) Se passar o dia 31/12 e o ente devedor não efetuar o pagamento do precatório, neste caso, **voltará a incidir juros de mora**. (...) porque terá se esgotado o prazo dado pela Constituição para que o ente devedor pague o precatório. Logo, o ente encontra-se em mora. Assim, por exemplo, se o precatório foi inscrito até o dia 01/07/2016, este precatório deverá ser pago até o dia 31/12/2017. Se o pagamento for realizado neste período, não haverá incidência de juros de mora porque não houve inadimplemento por parte da Fazenda Pública. No entanto, se passar o dia 31/12/2017 sem pagamento, **haverá a incidência de juros moratórios** que serão computados a partir de 01/01/2018 até a data em que ocorrer a quitação do precatório. (Informativo 861, Abril de 2017)

de regra de transição dizendo que os débitos com precatório expedido que estavam *pendentes de pagamento* até a data de publicação da Emenda Constitucional, mesmo que se enquadrem no conceito de "pequeno valor", deveriam ser ***pagos por precatório***.

Nesses termos, a EC nº37/2002 proibiu a conversão dos créditos já inscritos em precatório no momento da Emenda em RPV. Essa regra de transição foi prevista no art. 86 do ADCT da CR/88, que foi inserido pela EC nº 37/2002.

Conforme já citamos em nota, preleciona o art. 86 do ADCT que: serão pagos conforme disposto no art. 100 da Constituição Federal, não se lhes aplicando a regra de parcelamento estabelecida no *caput* do art. 78 deste Ato das Disposições Constitucionais Transitórias, os débitos da Fazenda Federal, Estadual, Distrital ou Municipal oriundos de sentenças transitadas em julgado, que preencham, cumulativamente, as seguintes condições: I - ter sido objeto de emissão de precatórios judiciários; II - ter sido definidos como de pequeno valor pela lei de que trata o § 3º do art. 100 da Constituição Federal ou pelo art. 87 deste Ato das Disposições Constitucionais Transitórias; III - estar, total ou parcialmente, pendentes de pagamento na data da publicação desta Emenda Constitucional.

Em seu § 1º o art. 86 do ADCT afirma que: os débitos a que se refere o *caput* deste artigo (art.86), ou os respectivos saldos, serão pagos na ordem cronológica de apresentação dos respectivos precatórios, com precedência sobre os de maior valor.[617]

Se por um lado os Estados e Municípios não teriam como arcar de imediato com inúmeros pagamentos intitulados de *pequeno valor*, o que poderia levá-los ao caos financeiro, por outro lado, os credores de quantias de "pequeno valor" se sentindo prejudicados, não se conformaram com essa situação e questionaram a constitucionalidade da norma prevista no art.86 do ADCT. A questão chegou ao STF por Recurso Extraordinário com repercussão geral.

No caso afirmou o STF que *é harmônica com a normatividade constitucional a previsão do art. 86 do ADCT na dicção da EC 37/2002 de um regime de transição para tratar dos precatórios reputados de pequeno valor, já expedidos antes da promulgação da Constituição Federal.*[618]

Para o STF, o legislador constituinte reformador, ao editar o art. 86 do ADCT, teve por objetivo conciliar a satisfação dos credores de dívidas de "pequeno valor" com o planejamento da atividade financeira do Estado.

---

617. Traz ainda o **art.86 do ADCT**: *§ 2º Os débitos a que se refere o caput deste artigo, se ainda não tiverem sido objeto de pagamento parcial, nos termos do art. 78 deste Ato das Disposições Constitucionais Transitórias, poderão ser pagos em duas parcelas anuais, se assim dispuser a lei. § 3º Observada a ordem cronológica de sua apresentação, os débitos de natureza alimentícia previstos neste artigo terão precedência para pagamento sobre todos os demais.*

618. RE 587.982/RS e RE 796.939/RS, STF. Plenário. Rel. Min. Edson Fachin, julgados em 27.03.2019 (repercussão geral) (Info 935).

Portanto, não há arbitrariedade uma vez que se trata de regime transitório com parâmetros razoáveis de satisfação dos créditos, em face do Poder Público. Assim sendo, não se extrai do Texto Constitucional qualquer limitação de ordem substancial, para que o Constituinte disponha sobre a sistemática dos precatórios, tal como foi posto na EC 37/2002. Trata-se de decisão constituinte ***adequada*** e ***possível*** que não desborda para o campo do *discrímen* arbitrário. Portanto, conforme o informativo 935 do STF, *não há violação ao princípio da igualdade* entre os credores do Estado tendo em vista que essa distinção foi feita para garantir uma eficiência organizacional e a continuidade do Estado Fiscal.[619]

619. RE 587.982/RS e RE 796.939/RS, STF. Plenário. Rel. Min. Edson Fachin, julgados em 27.03.2019 (repercussão geral) (Info 935).

18

Funções Essenciais à Justiça

Sumário: 1. Ministério Público – 2. Advocacia pública – 3. Advocacia – 4. Defensoria pública.

1. MINISTÉRIO PÚBLICO

Existem inúmeras divergências sobre a origem do Ministério Público. A doutrina cita o antigo Egito[1] ou mesmo Esparta[2] e alguns chegam a buscar a sua gênese em Roma[3]. Outros se direcionam à Idade Média,[4] mas, sem dúvida, a posição que mais coincide com o que entendemos de forma contemporânea pela instituição, ora em debate, nos remete à sua origem francesa. Porém, até na corrente majoritária que remonta à França existem divergências, pois para uns a criação do Ministério Público se deu em 1302 com a figura oficial dos procuradores do rei.[5] Para outros, com os quais coadunamos, aquilo que concebemos hodiernamente como Ministério Público "é filho da democracia clássica e do Estado de Direito advindos da Revolução Francesa de 1789"[6], sendo, portanto, produto do final do século XVIII e início do século XIX com a nova ordem jurídica instalada com a ruptura com o poder absoluto e o surgimento da limitação constitucional do poder.

No Brasil, temos que o Ministério Público historicamente passou pelas seguintes fases institucionais à luz de nossas Constituições[7]: a) Constituição de 1824: não se referiu à instituição do Ministério Público; b) Constituição de 1891: não se preocupou de forma direta com a instituição do Ministério Público. A Constituição

---

1. Com base no funcionário do Real, intitulado de Magiai, há pelo menos 4 mil anos. MAZZILLI, Hugo Nigro. *O ministério público na Constituição de 1988*, 2008, p. 02.
2. Aqui teríamos o Éforos que, embora juiz, teria a função de equilibrar o poder real e o poder senatorial, exercendo o *ius acusationis*. MORAES, Alexandre de, 2008, p. 574.
3. Por meio do *advocatus fisci bem como dos procuratores caesaris* (incumbidos de vigiar a administração dos bens do imperador).
4. Por exemplo, por meio do *gemeiner Anklager* (acusador comum) na Alemanha. Esse tinha a função de exercer a acusação quando o particular permanecesse passivo. MAZZILLI, Hugo Nigro. *O ministério público na Constituição de 1988*, 2008, p. 02-03. Ainda no que tange a esse período, temos, segundo a doutrina, a figura do procurador da Coroa que existiu em Portugal, já sob o reinado de Afonso III, em 1289. MORAES, Alexandre de, 2008, p. 574.
5. Certo é que esses procuradores (agentes do Ministério Público) ganharam vitaliciedade em 1690 mediante decreto.
6. MENDES; COELHO; BRANCO, 2009, p. 993. Nesses termos, também: OTACÍLIO, Paula Silva, *Ministério Público*, São Paulo: Sugestões Literárias, 1981, p. 5-6.
7. MAZZILLI, Hugo Nigro. *O ministério público na Constituição de 1988*, 2008.

apenas fez referência ao Procurador-Geral da República no seu art. 58, § 2º; c) Constituição de 1934: esta verdadeiramente institucionalizou a figura do Ministério Público em nosso ordenamento constitucional. Este aparece no sistema constitucional regulado no Título I, Capítulo IV, Seção I, que se refere de forma expressa ao Ministério Público. Certo é que devemos entendê-lo como um órgão de cooperação no que dizia respeito às atividades de cunho governamental; d) Constituição de 1937: nesta, o Ministério Público sofre um retrocesso, na medida em que o texto limita-se a prever o PGR (como chefe do Ministério Público), e, no título referente ao Poder Judiciário, temos a explicitação da participação do Ministério Público (conjuntamente com os advogados) nos Tribunais Superiores (quinto constitucional); e) Constituição de 1946: esta, explicita a independência do Ministério Público em nosso ordenamento, funcionando de forma independente dos demais Poderes (Legislativo, Executivo e Judiciário). Nesses termos, temos o Título III (do Ministério Público) com os arts. 125 a 128, bem como a Emenda Constitucional nº 16/65, que cuidaram de sistematizar a instituição do Ministério Público. É verdade que a representação da União era destinada aos Procuradores da República, sendo que a legislação poderia estabelecer nas comarcas do interior essa representação ao Ministério Público local; f) Constituição de 1967: recolocou o Ministério Público dentro do Poder Judiciário (Capítulo VIII – Do Poder Judiciário – Seção IX – Do Ministério Público) nos termos dos arts. 137 a 139 da Carta constitucional. No mais, esse diploma constitucional não apresenta inovações em relação à regulamentação do Ministério Público já existente, permanecendo como representante da União em juízo; g) Emenda Constitucional nº 1/69 e Emenda Constitucional nº 7/77: estas alteraram a posição do *parquet*, voltando a posicioná-lo dentro do Poder Executivo.

O Ministério Público em nossa atual Constituição de 1988 se coloca como uma instituição **autônoma e independente dos demais Poderes** (não pertencente a nenhum deles, devendo respeito apenas à Constituição) e pode e deve ser entendido como o fiscal da lei e do ordenamento jurídico, bem como o defensor do Estado e da sociedade.

Nos ditames constitucionais embasados na perspectiva do **Estado Democrático de Direito**, temos que o **Ministério Público** é instituição permanente, essencial à função jurisdicional do Estado, incumbindo-lhe a **defesa da ordem jurídica**, do **regime democrático** e **dos interesses sociais e individuais indisponíveis.**[8]

Conforme a Constituição de 1988, o ingresso na carreira do Ministério Público far-se-á mediante concurso público de provas e títulos, assegurada a participação da Ordem dos Advogados do Brasil em sua realização, exigindo-se do bacharel em Direito, no mínimo, 3 (três) anos[9] de atividade jurídica e observando-se, nas nomeações, a ordem de classificação.

8. Conforme o *caput* do **art. 127 da CR/88.**
9. **Art. 129, § 3º, da CR/88** com redação dada pela EC nº 45/2004. Ver também a **Resolução nº 40 de 26.05.2009** do **Conselho Nacional do Ministério Público que foi alterada pelas Resoluções nº57/2010 e 87/2012 do CNMP**.

No que diz respeito à atividade jurídica, temos resoluções do Conselho Nacional do Ministério Público sobre o tema.[10]

Aqui é interessante salientar, que o STF já afirmou, que é constitucional a previsão contida na Resolução nº 40/2009-CNMP, no sentido de que os cursos de pós-graduação (especialização, mestrado e doutorado) podem ser considerados como tempo de atividade jurídica para fins de concurso público no âmbito do Ministério Público.[11]

No âmbito do Ministério Público, o CNMP possui a Resolução 40/2009 afirmando que a comprovação dos três anos deverá ocorrer no momento da posse (art. 3º, com redação dada pela Resolução 87/2012: **Art. 3º** *A comprovação do período de três anos de atividade jurídica deverá ser documentada e formalizada para o ato da posse do candidato aprovado em todas as fases do concurso público*). Desse modo, por enquanto, no âmbito do MP, a comprovação é no momento da posse. Essa questão pode ser momentânea porque o STF decidiu, em 2016, que, para concurso na magistratura, a comprovação deve se dar no *momento da inscrição definitiva (e não no momento da posse)*. É interessante que, durante a sessão que o STF decidiu o caso, o Procurador-Geral da República afirmou que, *para manter a isonomia entre as carreiras jurídicas, ele já solicitou a alteração da resolução do CNMP a fim de que, também nos concursos do Ministério Público, a comprovação dos três anos de atividade jurídica seja feita no momento da inscrição definitiva.*

10. Ver a **Resolução nº 40** de **26.05.2009** do **CNMP que foi alterada pelas Resoluções nº 57/2010, 87/2012, 141/2016, 188/2018 e 206/2019 do CNMP. Aqui citamos trecho da resolução:** *Art. 1º Considera-se atividade jurídica, desempenhada exclusivamente após a conclusão do curso de bacharelado em Direito: I – O efetivo exercício de advocacia, inclusive voluntária, com a participação anual mínima em 5 (cinco) atos privativos de advogado (Lei nº 8.906, de 4 julho de 1994), em causas ou questões distintas. II – O exercício de cargo, emprego ou função, inclusive de magistério superior, que exija a utilização preponderante de conhecimentos jurídicos. III – O exercício de função de conciliador em tribunais judiciais, juizados especiais, varas especiais, anexos de juizados especiais ou de varas judiciais, assim como o exercício de mediação ou de arbitragem na composição de litígios, pelo período mínimo de 16 (dezesseis) horas mensais e durante 1 (um) ano; IV – O exercício, por bacharel em Direito, de serviço voluntário em órgãos públicosque exija a prática reiterada de atos que demandem a utilização preponderante de conhecimentos jurídicos, pelo período mínimo de 16 (dezesseis) horas mensais e durante 1 (um) ano.* ***§ 1º*** *É vedada, para efeito de comprovação de atividade jurídica, a contagem de tempo de estágio ou de qualquer outra atividade anterior à conclusão do curso de bacharelado em Direito.* ***§ 2º A comprovação do tempo de atividade jurídica relativa a cargos, empregos ou funções não privativas de bacharel em Direito e a serviços voluntários será realizada por meio da apresentação de certidão circunstanciada, expedida pelo órgão competente, indicando as respectivas atribuições e a prática reiterada de atos que exijam a utilização preponderante de conhecimentos jurídicos, cabendo à comissão de concurso analisar a pertinência do documento e reconhecer sua validade em decisão fundamentada. Art. 2º*** *Também serão considerados atividade jurídica, desde que integralmente concluídos com aprovação, os cursos de pós-graduação em Direito ministrados pelas Escolas do Ministério Público, da Magistratura e da Ordem dos Advogados do Brasil, bem como os cursos de pós-graduação reconhecidos, autorizados ou supervisionados pelo Ministério da Educação ou pelo órgão competente.* ***§ 1º*** *Os cursos referidos no caput deste artigo deverão ter toda a carga horária cumprida após a conclusão do curso de bacharelado em Direito, não se admitindo, no cômputo da atividade jurídica, a concomitância de cursos nem de atividade jurídica de outra natureza. (Texto alterado pela Resolução nº 57, de 27 de abril de 2010).* ***§ 2º*** *Os cursos lato sensu compreendidos no caput deste artigo deverão ter, no mínimo, um ano de duração e carga horária total de 360 horas-aulas, distribuídas semanalmente.* ***§ 3º*** *Independente do tempo de duração superior, serão computados como prática jurídica: a) Um ano para pós-graduação lato sensu. b) Dois anos para Mestrado. c) Três anos para Doutorado.* ***§ 4º*** *Os cursos de pós-graduação (lato sensu ou stricto sensu) que exigirem apresentação de trabalho monográfico final serão considerados integralmente concluídos na data da respectiva aprovação desse trabalho.* ***§ 5º*** *Os casos omissos serão decididos pela comissão de concurso.* Conforme o MS 27.601/DF julg. em **22.09.2015** pela 1ª T do STF: "*A referência a 'três anos de atividade jurídica', contida no art. 129 da CF, não se limita à atividade privativa de bacharel em direito. Esse o entendimento da Primeira Turma, que concedeu a ordem em mandado de segurança impetrado por candidato ao cargo de procurador da república que pleiteava o reconhecimento da atividade exercida enquanto técnico judiciário e assistente I e IV na Justiça federal, ambas, segundo alegado, com a atuação em atividades finalísticas do Poder Judiciário, compatíveis com o cargo almejado.*" Portanto, se uma pessoa desempenhou por no mínimo três anos o cargo de técnico judiciário (nível médio) e realizava atividades de cunho jurídico, ele terá cumprido o referido requisito.

11. **ADI 4219**, STF. Plenário. Rel. Cármen Lúcia, Relator p/ Acórdão Edson Fachin, julgado em **05.08.2020**.

A estrutura do Ministério Público se apresenta por meio de uma diferenciação entre o **Ministério Público da União** e o **Ministério Público dos Estados.** Nesses termos, conforme esteio constitucional, previsto no art. 128 da CR/88, o Ministério Público abrange:

a) O Ministério Público da União, que compreende:

- o Ministério Público Federal;
- o Ministério Público do Trabalho;[12]
- o Ministério Público Militar;
- o Ministério Público do Distrito Federal e Territórios.

b) Os Ministérios Públicos dos Estados.[13]

12. No julg. em **20.05.2009** da **Rcl nº 5.381** o STF afirmou que o *Ministério Público do Trabalho* **não tem legitimidade para atuação no STF:** *incumbe privativamente ao Procurador-Geral da República exercer as funções do Ministério Público junto ao Supremo, nos termos do* ***art. 46*** *da Lei Complementar* ***75/93*** *–, e salientando o princípio da unidade institucional do Ministério Público, o Tribunal, por maioria, não conheceu de embargos de declaração opostos pelo Subprocurador-Geral do Trabalho, em nome do Ministério Público do Trabalho, contra acórdão que julgara procedente pedido formulado em reclamação* [...]. No mesmo sentido, a **Rcl 6239** AgR **23.05.2012.** Mas, aqui, uma advertência: *quando afirma-se que* ***o MPT não pode atuar diretamente no STF (nem por seu PGT), isso significa que ele não pode ajuizar ações originárias no STF nem pode recorrer contra decisões proferidas por essa Corte*** *(exemplos: mandados de segurança no STF, pedidos de suspensão de segurança no STF, pedido de tutela antecipada no STF, reclamação no STF, recursos contra decisões proferidas no STF como embargos de declaração, de divergência ou agravo regimental). Porém, é importante esclarecer,* ***no entanto, que o membro do MPT pode interpor recurso extraordinário, a ser julgado pelo STF, contra uma decisão proferida pelo TST.*** *Portanto,* ***os membros do MPT têm atribuição para atuar perante o TST*** *(art. 83, VI e art. 107, da LC 75/93). Isso inclui a possibilidade de eles interporem recurso extraordinário, a ser julgado pelo STF, contra decisões do TST. Repita-se: O que é vedado ao MPT é atuar de forma originária perante o STF. No entanto, o RE é interposto no Tribunal de origem (no caso, no TST) e somente depois é enviado ao STF.* Nesses termos, ***a interposição de RE não é considerada como uma atuação direta no STF.*** **RE nº 789.784/DF** julg. em **17.09.2014,** Plenário do STF (repercussão geral).
13. Na **Reclamação 7358/SP** teve início a discussão sobre **a legitimidade** do **Ministério Público Estadual** para propor originalmente **reclamação** no STF. A relatora Min. Ellen Gracie inicialmente entendeu que o MP Estadual não seria dotado dessa legitimidade em virtude de incumbir somente ao PGR exercer as funções de MP junto a Corte (art. 46 da LC 75/93). O Ministro Marco Aurélio abriu divergência, afirmando que o MP Estadual de 1ª e 2ª instâncias teriam legitimidade para propor reclamação no STF. Em 24.02.2011, o STF concluiu o julgamento, com a definição de que os **MPs Estaduais são, sim, dotados de legitimidade para ajuizar reclamação no STF**. Nesses termos, (...) o Min. Cezar Peluso, por sua vez, *ressaltou que fazer com que o Ministério Público estadual ficasse na dependência do que viesse a entender o Ministério Público Federal seria incompatível, dentre outros princípios, com o da paridade de armas. Disse, ademais, que se estaria retirando do Ministério Público estadual uma legitimidade que seria essencial para o exercício das suas funções, as quais não seriam exercidas pelo MPF. Ponderou, ainda, que a orientação segundo a qual só o Procurador-Geral da República poderia atuar perante o STF estaria disciplinada na Lei Complementar 75/93, em um capítulo que só cuidaria do Ministério Público da União, e que o art. 46 dessa lei, específico desse capítulo, estabeleceria incumbir ao Procurador-Geral da República as funções de custos legis e as do Ministério Público Federal perante o STF, mas não as funções de qualquer Ministério Público como parte. Entendeu o Ministro que a CF estruturaria o Ministério Público sob a forma de instituição-gênero, dividida em duas espécies: o da União, subdividido em ramos, e o dos Estados, unitariamente concebido. Comunicaria, ou estenderia, a ambas os mesmos traços de permanência, da sua essencialidade em face da função jurisdicional do Estado, assim como da submissão aos princípios da unidade, indivisibilidade e independência, além de autonomia funcional e administrativa (CF, art. 127, caput e §§ 1º e 2º). (...) Assim, observou não haver distinção de qualidade entre o MPU e o dos Estados, por serem a eles comuns tanto as finalidades quanto as competências previstas, respectivamente, nos artigos 127 e 129 da CF. Registrou que, aos Ministérios Públicos estaduais, competiria velar pela defesa da competência e pela autoridade das decisões do STF nas respectivas unidades federadas.*

É bem verdade, que temos também, o **Ministério Público Eleitoral.** Mas este **não é dotado de estrutura própria,** sendo composto por membro do Ministério Público da União e por membros do Ministério Público dos Estados. Nesses termos, no **TSE atuarão:** Procurador-Geral Eleitoral (PGR) e Vice-Procurador-Geral Eleitoral tendo como matéria de competência originária a eleição presidencial. **Junto aos TREs e aos Juízes auxiliares atuarão:** os Procuradores Regionais Eleitorais (integrantes do MPF), tendo como matéria de sua competência as eleições federais, estaduais e distritais. **Junto aos Juízes Eleitorais e às Juntas Eleitorais atuarão:** os Promotores Eleitorais (do MP estadual) tendo como matéria de competência as eleições municipais.[14]

Certo é que o **Ministério Público da União** tem por chefe o **Procurador-Geral da República**, nomeado pelo **Presidente da República** dentre os **integrantes** da **carreira**, maiores de 35 (trinta e cinco) anos, após a aprovação de seu nome pela **maioria absoluta dos membros** do **Senado Federal**, para mandato de 2 (dois) anos, **permitida a recondução.**[15] Já a **destituição** do Procurador-Geral da República, antes do término do mandato, ocorrerá por **iniciativa do Presidente da República,** e deverá ser precedida de autorização **da maioria absoluta** do **Senado Federal.**

No que tange aos **Ministérios Públicos dos Estados** e o **do Distrito Federal e Territórios**, temos que estes formarão **lista tríplice** dentre os integrantes da carreira, na forma da lei respectiva, para escolha de seu **Procurador-Geral**, que será nomeado pelo **Chefe do Poder Executivo,**[16] para mandato de 2 (dois) anos, permitida

---

14. Aqui é importante afirmarmos que o STF na **ADI 3802/DF** decidiu que: *O art. 79 da LC 75/93, que confere ao Procurador Regional Eleitoral a incumbência de designar os membros do Ministério Público estadual que atuarão junto à Justiça Eleitoral, é constitucional tanto sob o ponto de vista formal como material. O Procurador-Geral da República detém a prerrogativa, ao lado daquela atribuída ao Chefe do Poder Executivo, de iniciar os projetos de lei que versem sobre a organização e as atribuições do Ministério Público Eleitoral. A designação de membro do Ministério Público local (estadual) como Promotor Eleitoral por Procurador Regional Eleitoral, que é membro do Ministério Público Federal, não afronta a autonomia administrativa do Ministério Público do Estado.* STF. Plenário. **ADI 3802/DF**, Rel. Min. Dias Toffoli, julg. em **10.03.2016**. Na **ADI 4617** julg. em **19.06.2013** decidiu o STF que *"o Ministério Público tem legitimidade para representar contra propagandas partidárias irregulares. Com base nesse entendimento, o Plenário, por maioria, julgou parcialmente procedente pedido formulado em ação direta de inconstitucionalidade proposta contra a expressão 'que somente poderá ser oferecida por partido político',* constante do art. 45, § 3º, da Lei 9.096/95, com a redação conferida pela Lei 12.034/2009" (Rel. Min. Luiz Fux). Já no ARE nº 728.188 julg. em 18.12.2013, decidiu o STF *"que o Ministério Público Eleitoral, a partir das eleições de 2014, inclusive, tem legitimidade para recorrer de decisão que venha a deferir registro de candidatura, mesmo que não tenha apresentado prévia impugnação. O STF assinalou que a legitimidade do Ministério Público para recorrer do deferimento de registro de candidatura, ainda que não tenha apresentado impugnação anteriormente, fundar-se-ia no art. 127 da CR/88. Nesse sentido, o Poder Constituinte teria incumbido a instituição de defender a ordem jurídica e o regime democrático, e implicitamente outorgara-lhe a faculdade de recorrer, como custos legis, na hipótese em discussão, sobretudo por cuidar-se de matéria de ordem pública. Reputou não se poder falar em preclusão consumativa quando se tratasse da proteção de valores de mais elevada hierarquia constitucional. Assim, considerado o relevante múnus conferido ao Ministério Público, e inexistente disposição legal a vedar a interposição de recurso na situação examinada, a instituição teria o poder-dever de atuar na qualidade de fiscal da lei, para reverter candidatura eventualmente deferida em desacordo com a lei.*
15. Vejamos aqui a permissão da recondução (sem limitação), desde que preenchidos os requisitos, ou seja, nomeação do Presidente para um novo mandato após a devida aprovação pela maioria absoluta do Senado.
16. No caso do Procurador-Geral do DF, ele **será nomeado pelo Presidente da República** e não pelo governador do DF, visto que o MPDF está dentro da estrutura do MP da União.

uma recondução.[17] Aqui resta claro que são permitidos dois mandatos consecutivos (sucessivos), sendo vedados três mandatos consecutivos.

Já a **destituição** antes do término **do mandato** poderá ocorrer por **deliberação da maioria absoluta do Poder Legislativo,** na forma da lei complementar respectiva.[18] Porém, no que diz respeito **ao Ministério Público do Distrito Federal,** temos que diferenciar a **nomeação** do seu chefe e sua possível **destituição** (Procurador-Geral de Justiça do DF) dos chefes dos MPs Estaduais (Procuradores-Gerais de Justiça dos Estados). Certo é que o PGJ do DF será **nomeado pelo Presidente da República** e não pelo Governador do DF.[19] Temos ainda que, conforme a **Lei Complementar nº 75/93,** somente poderão concorrer à lista tríplice para o cargo de Chefe do MP do DF os membros do Ministério Público do Distrito Federal com mais de 5 (cinco) anos de exercício nas funções da carreira e que não tenham sofrido, nos últimos 4 (quatro) anos, qualquer condenação definitiva ou não estejam respondendo a processo penal ou administrativo.[20]

Além disso, a **destituição do PGJ do DF** antes do final do mandato será efetivada por **deliberação** da **maioria absoluta do Senado**[21] e não pela maioria absoluta da Câmara Legislativa do DF.[22]

Por último, quatro digressões, ainda são válidas sobre a **estrutura do Ministério Público** estabelecida constitucionalmente. São elas:

1) Como são escolhidos os chefes do Ministério Público do Trabalho e do Ministério Público da Justiça Militar? É verdadeiro que a Lei Complementar nº 75/93 deixou assente o processo de assunção a esses cargos.

O **Procurador-Geral da Justiça Militar** (Chefe do Ministério Público Militar) será **nomeado** pelo Procurador-Geral da República, dentre integrantes da Instituição, com mais de 35 (trinta e cinco) anos de idade e de 5 (cinco) anos na carreira, escolhidos

17. A Constituição estabelece apenas *uma possibilidade de recondução diferentemente do Procurador-Geral da República na qual é permitida a recondução.* Aqui temos o posicionamento do STF na decisão da **ADI/MC 2.622/RO** em **10.11.2011** que deu interpretação conforme a Constituição à Constituição de Rondônia definindo que o correto seria "uma" recondução e não "a" recondução do PGJ. Ver também: **ADI 3077/SE**, Pleno, Rel. Min. Cármen Lúcia, julg. em **16.11.2016**.
18. Aqui é importante salientar que **enquanto o PGR (Chefe do MPU) é destituído pelo Poder Executivo** os **Procuradores Gerais de Justiça (Chefes dos MPs Estaduais e do DF e Territórios)** são **destituídos pelo Poder Legislativo.**
19. Conforme o **Art. 156 da Lei Complementar nº 75/93:** O Procurador-Geral de Justiça será nomeado pelo Presidente da República dentre integrantes de lista tríplice elaborada pelo Colégio de Procuradores e Promotores de Justiça, para mandato de dois anos, permitida uma recondução, precedida de nova lista tríplice.
20. Nos termos do **art. 156, § 1º, da LC nº 75/93.**
21. Embora a Constituição afirme que caberá a destituição ao Poder Legislativo e, no âmbito nacional, ele está afeto ao Congresso Nacional, que é composto pela Câmara dos Deputados e pelo Senado Federal. Essa adequada crítica, à qual nós nos alinhamos, foi feita por José Afonso da Silva e corroborada por Pedro Lenza, porém prevalece a **Lei Complementar nº 75/93.**
22. Conforme o **art. 156, § 2º, da Lei Complementar nº 75/93:** O Procurador-Geral poderá ser destituído, antes do término do mandato, por deliberação da maioria absoluta do Senado Federal, mediante representação do Presidente da República.

em lista tríplice mediante voto plurinominal, facultativo e secreto, pelo Colégio de Procuradores, para um mandato de 2 (dois) anos, permitida uma recondução, observado o mesmo processo. Caso não haja número suficiente de candidatos com mais de 5 (cinco) anos na carreira, poderá concorrer à lista tríplice quem contar com mais de 2 (dois) anos na carreira.[23]

Já a **exoneração** do Procurador-Geral da Justiça Militar, antes do término do mandato, será proposta pelo Conselho Superior ao Procurador-Geral da República, mediante deliberação obtida com base em voto secreto de dois terços de seus integrantes.[24]

O **Procurador-Geral do Trabalho** (Chefe do Ministério Público do Trabalho) será **nomeado** pelo Procurador-Geral da República, dentre integrantes da Instituição, com mais de 35 (trinta e cinco) anos de idade e de 5 anos na carreira, integrante de lista tríplice escolhido mediante voto plurinominal, facultativo e secreto, pelo Colégio de Procuradores para um mandato de 2 (dois) anos, permitida uma recondução, observado o mesmo processo. Caso não haja número suficiente de candidatos com mais de 5 (cinco) anos na carreira, poderá concorrer à lista tríplice quem contar com mais de 2 (dois) anos na carreira.[25]

Já a **exoneração** do Procurador-Geral do Trabalho, antes do término do mandato, será proposta ao Procurador-Geral da República pelo Conselho Superior, mediante deliberação obtida com base em voto secreto de dois terços de seus integrantes.[26]

2) Sobre a **destituição** do Procurador-Geral da República ou dos Procuradores-Gerais de Justiça, temos que, se for efetivada antes do término do mandato, o novo Procurador-Geral não irá apenas completar o tempo de mandato restante do prazo de 2 (dois) anos, mas, sim, ter um novo mandato de 2 dois anos para cumprir. Portanto, aqui, não haverá a figura do mandato tampão (que apenas complementa o mandato), e sim um novo mandato. O fundamento para tal posição é que, a rigor, não teríamos a figura de um mandato (para os Procuradores-Gerais), mas a chamada **investidura por tempo certo**.[27]

3) A Constituição da República Federativa do Brasil de 1988 também estabeleceu a previsão de um **Ministério Público** junto ao **Tribunal de Contas**. Nesses termos, conforme o **art. 130 da CR/88**, aos membros do Ministério Público junto aos Tribunais

---

23. Conforme o **art. 121 da LC nº 75/93.**
24. Nos termos do **parágrafo único do art. 121 da LC nº 75/93.**
25. Conforme o **art. 88 da LC nº 75/93.**
26. Nos termos do **parágrafo único do art. 88 da LC nº 75/93.**
27. SILVA, José Afonso da, *Curso de direito constitucional positivo,* 2008, p. 583-584. Nesse sentido, também é o posicionamento do STF, na **ADI 1783, julg. em 11.10.2001:** Ministério Público dos Estados: Procurador-Geral de Justiça: nomeação a termo por dois anos (Constituição, art. 128, § 3º): é inconstitucional a previsão em lei estadual de que, vago o cargo de Procurador-Geral no curso do biênio, o provimento se faça para completar o período interrompido e não para iniciar outro de dois anos: implicações da previsão de que a nomeação se faça sempre para o tempo certo de um biênio com a mecânica das garantias da independência do Chefe do Ministério Público: ação direta julgada procedente. (Rel. Min. Sepúlveda Pertence).

de Contas aplicam-se as disposições pertinentes a direitos, vedações e forma de investidura previstas para os demais membros do Ministério Público (alocados no art. 128 da CR/88).[28]

A questão aqui é se o Ministério Público junto ao Tribunal de Contas da União estaria ou não dentro da estrutura do Ministério Público da União. Por simetria no âmbito estadual, se os membros do Ministério Público dos Tribunais de Contas dos Estados estariam dentro da estrutura do Ministério Público dos Estados.

Certo é que o Tribunal de Contas da União foi organizado pela **Lei nº 8.443/92** que dispôs de forma expressa que o Ministério Público do TCU não possui vínculo com o Ministério Público da União, sendo independente dele, estando estruturalmente ligado ao Tribunal de Contas da União.[29] O Supremo Tribunal Federal também se posicionou no sentido disposto na referida Lei nº 8.443/92, na **ADI nº 798**, explicitando a existência de um verdadeiro **Ministério Público especial no Tribunal de Contas** não integrante do **rol taxativo** do Ministério Público da União, previsto no art. 128 da CR/88. Nesses termos, prolatou o Pretório Excelso: "O Ministério Público junto ao TCU qualifica-se como órgão de extração constitucional, eis que a sua existência jurídica resulta de expressa previsão normativa da Carta Política (art. 73, § 2º,

28. Temos ainda nos moldes do **art. 73, § 2º, I da CR/88** que: *Os Ministros do Tribunal de Contas da União serão escolhidos: I – um terço pelo Presidente da República, com aprovação do Senado Federal, sendo dois alternadamente dentre auditores e membros do Ministério Público junto ao Tribunal, indicados em lista tríplice pelo Tribunal, segundo os critérios de antiguidade e merecimento.*

29. Nos termos da **Lei nº 8.443/92** nos seus **arts. 80 a 84: Art. 80.** *O Ministério Público junto ao Tribunal de Contas da União, ao qual se aplicam os princípios institucionais da unidade, da indivisibilidade e da independência funcional, compõe-se de um procurador-geral, três subprocuradores-gerais e quatro procuradores, nomeados pelo Presidente da República, dentre brasileiros, bacharéis em direito. § 1° (Vetado) § 2° A carreira do Ministério Público junto ao Tribunal de Contas da União é constituída pelos cargos de subprocurador-geral e procurador, este inicial e aquele representando o último nível da carreira, não excedendo a dez por cento a diferença de vencimentos de uma classe para outra, respeitada igual diferença entre os cargos de subprocurador-geral e procurador-geral. § 3° O ingresso na carreira far-se-á no cargo de procurador, mediante concurso público de provas e títulos, assegurada a participação da Ordem dos Advogados do Brasil em sua realização e observada, nas nomeações, a ordem de classificação, enquanto a promoção ao cargo de subprocurador-geral far-se-á, alternadamente, por antiguidade e merecimento.* **Art. 81.** *Competem ao procurador-geral junto ao Tribunal de Contas da União, em sua missão de guarda da lei e fiscal de sua execução, além de outras estabelecidas no Regimento Interno, as seguintes atribuições: I – promover a defesa da ordem jurídica, requerendo, perante o Tribunal de Contas da União as medidas de interesse da justiça, da administração e do Erário; II – comparecer às sessões do Tribunal e dizer de direito, verbalmente ou por escrito, em todos os assuntos sujeitos à decisão do Tribunal, sendo obrigatória sua audiência nos processos de tomada ou prestação de contas e nos concernentes aos atos de admissão de pessoal e de concessão de aposentadorias, reformas e pensões; III – promover junto à Advocacia-Geral da União ou, conforme o caso, perante os dirigentes das entidades jurisdicionadas do Tribunal de Contas da União, as medidas previstas no inciso II do art. 28 e no art. 61 desta Lei, remetendo-lhes a documentação e instruções necessárias; IV – interpor os recursos permitidos em lei.* **Art. 82.** *Aos subprocuradores-gerais e procuradores compete, por delegação do procurador-geral, exercer as funções previstas no artigo anterior. Parágrafo único. Em caso de vacância e em suas ausências e impedimentos por motivo de licença, férias ou outro afastamento legal, o procurador-geral será substituído pelos subprocuradores-gerais e, na ausência destes, pelos procuradores, observada, em ambos os casos, a ordem de antiguidade no cargo, ou a maior idade, no caso de idêntica antiguidade, fazendo jus, nessas substituições, aos vencimentos do cargo exercido.* **Art. 83.** *O Ministério Público contará com o apoio administrativo e de pessoal da secretaria do Tribunal, conforme organização estabelecida no Regimento Interno.* **Art. 84.** *Aos membros do Ministério Público junto ao Tribunal de Contas da União aplicam-se, subsidiariamente, no que couber, as disposições da Lei orgânica do Ministério Público da União, pertinentes a direitos, garantias, prerrogativas, vedações, regime disciplinar e forma de investidura no cargo inicial da carreira.*

I, e art. 130), sendo, indiferente, para efeito de configuração jurídico institucional, a circunstância de não constar do rol taxativo inscrito no art. 128, I da Constituição Federal, que define a estrutura orgânica do Ministério Público da União. O Ministério Público da União junto ao TCU não dispõe de fisionomia institucional própria e, não obstante as expressivas garantias de ordem subjetiva concedidas aos seus Procuradores pela própria Constituição (art. 130), encontra-se consolidado na intimidade estrutural dessa Corte de Contas que se acha investida – até mesmo em função do poder de autogoverno que lhe confere a Carta Política (art. 73, *caput, in fine*) – da prerrogativa de fazer instaurar o processo legislativo concernente à sua organização, à sua estruturação interna, à definição do seu quadro de pessoal e à sua criação dos cargos respectivos."[30] Este entendeu o STF em relação aos Ministérios Púbicos dos Tribunais de Contas Estaduais, nos termos da decisão da **ADI 3192**.[31] Com isso, os Estados devem seguir o modelo federal, sendo o art. 75 da CR/88 uma norma de reprodução obrigatória para os Estados.[32]

---

30. **ADI 798/DF**, STF – Pleno, Rel. Min. Celso de Mello, *DJ*: 19.12.1994. No mesmo sentido: "O Ministério Público junto ao Tribunal de Contas não dispõe de fisionomia institucional própria, não integrando o conceito de Ministério Público enquanto ente despersonalizado de função essencial à Justiça (CF/88, art. 127), cuja abrangência é disciplina no art. 128 da Constituição Federal." STF. 2ª Turma. Rcl 24162 AgR, Rel. Min. Dias Toffoli, julg. em 22.11.2016.
31. Conforme a **ADI 3192:** *Ementa: ação direta de inconstitucionalidade. Impugnação do § 1º, inciso IV, e do § 2º, do artigo 21; do § 2º do artigo 33 e da expressão "e ao tribunal de contas", constante do artigo 186 e do parágrafo único do artigo 192, todos da lei complementar n. 95 do estado do Espírito Santo. Ministério Público Estadual. Atribuições de oficiar em todos os processos do Tribunal de Contas Estadual. Violação dos artigos 75 e 130, da Constituição do Brasil. 1.* ***Impossibilidade de Procuradores de Justiça do Estado do Espírito Santo atuarem junto à Corte de Contas estadual, em substituição aos membros do Ministério Público especial.*** *2. Esta Corte entende que somente o* ***Ministério Público especial*** *tem legitimidade para atuar junto aos Tribunais de Contas dos Estados e que a organização e composição dos Tribunais de Contas estaduais estão sujeitas ao modelo jurídico estabelecido pela Constituição do Brasil [artigo 75]. Precedentes. 3. É inconstitucional o texto normativo que prevê a possibilidade de Procuradores de Justiça suprirem a não existência do Ministério Público especial, de atuação específica no Tribunal de Contas estadual. 4. Pedido julgado procedente, para declarar inconstitucionais o inciso IV do § 1º do artigo 21; o § 2º do artigo 21; o § 2º do artigo 33; a expressão "e ao Tribunal de Contas" constante do artigo 186; e o parágrafo único do artigo 192, todos da Lei Complementar n. 95, de 28 de janeiro de 1997, do Estado do Espírito Santo.*
32. Conforme a **ADI 892:** Ementa: Tribunal de Contas dos Estados: modelo federal compulsório **(CR, art. 75):** *jurisprudência. Consolidou-se a jurisprudência do Tribunal no sentido da inconstitucionalidade arguida da reserva do provimento de cinco das sete vagas do Tribunal de Contas estadual à Assembleia Legislativa, na medida em que implicaria a subtração ao Governador da única indicação livre que lhe concede o modelo federal do TCU, de observância compulsória, conforme o art. 75 da Constituição da República (v.g., ADIn 219-Pb, 24.6.93, Pertence, ADInMC 1043-Mt, 25.03.94, Moreira, DJ 20.5.94; ADIn 1566-SC, 18.3.99, Moreira, DJ 23.4.99; ADInMC 419-ES, Célio Borja, 20.3.91, RTJ 139/457; ADIn 867, 10.10.94, MAM; ADInMC 2013-Pi, Corrêa): inconstitucionalidade do art. 74 da Constituição do Rio Grande do Sul.* **Outro exemplo interessante foi julgado pelo STF em 24.05.2006 na ADI 1994/ES:** *O Tribunal julgou procedente pedido formulado em ação direta ajuizada pela Associação dos Membros dos Tribunais de Contas do Brasil – ATRICON para declarar a inconstitucionalidade do § 6º do art. 74 e do art. 279, ambos da Constituição do Estado do Espírito Santo, com a redação que lhes foi dada pela Emenda Constitucional 17/99, e da Lei Complementar 142/99, que promoveu alterações na Lei Complementar 32/93, ambas do referido Estado-membro, que extinguem o cargo de auditor junto ao Tribunal de Contas e criam o cargo de substituto de Conselheiro, dispondo sobre a forma de provimento deste e sua remuneração. Entendeu-se que as normas da Constituição estadual impugnadas divergem do modelo definido na Constituição Federal, de observância obrigatória pelos Estados-membros, concernente à organização, à composição e à fiscalização dos Tribunais de Contas estaduais, e criam nova forma de provimento de cargo sem concurso público, em ofensa ao art. 37, II, da CR. Asseverou-se, no ponto, que a composição dos Tribunais de Contas estaduais, bem como a forma de provimento de seus cargos, não se submete à conveniência do poder constituinte decorrente ou do legislador estadual. Considerou-se, também, que, em decorrência da declaração de inconstitucionalidade dos preceitos da Constituição estadual, não*

4) Decidiu o STF na ADI 5505 que é constitucional lei complementar estadual que preveja que compete exclusivamente ao Procurador-Geral de Justiça interpor recursos ao STF e STJ.[33]

No caso, a Lei Orgânica do Ministério Público do Estado do Rio Grande do Norte (Lei complementar estadual nº 141/96) previu que compete exclusivamente ao Procurador-Geral de Justiça interpor recursos ao STF e STJ.[34]

Para o STF, Lei Orgânica Estadual do Ministério Público pode atribuir privativamente ao ProcuradorGeral de Justiça a competência para interpor recursos dirigidos ao STF e STJ.

Assim sendo, entendeu o STF que não há inconstitucionalidade formal na previsão da Lei orgânica. Para o Pretório Excelso, a Lei federal nº 8.625/93 (Lei Orgânica Nacional do Ministério Público - LONMP) não pormenoriza a atuação dos Procuradores-Gerais de Justiça e dos Procuradores de Justiça em sede recursal e, por expressa dicção do *caput* de seu artigo 29, o rol de atribuições dos Procuradores-Gerais de Justiça não é exaustivo, de forma que as leis orgânicas dos Ministérios Públicos estaduais podem validamente ampliar tais atribuições.

Afirmou tamém o STF, que não há ofensa aos princípios do promotor natural e da independência funcional dos membros do Parquet, na medida em que se trata de mera divisão de atribuições dentro do Ministério Público estadual, veiculada por meio de lei. E além disso, não se possibilita a ingerência do Procurador Geral de Justiça nas atividades dos Procuradores de Justiça, que conservam plena autonomia no exercício de seus misteres legais.[35]

5) Na Reclamação 7358/SP teve início a discussão sobre a **legitimidade** do **Ministério Público Estadual** para propor originalmente **reclamação** no STF.

A relatora da Reclamação, Mininistra Ellen Gracie, inicialmente entendeu que o MP Estadual não seria dotado dessa legitimidade em virtude de incumbir somente ao PGR exercer as funções de MP junto a Corte (art. 46 da LC 75/93). O Ministro Marco Aurélio abriu divergência, afirmando que o MP Estadual de 1ª e 2ª instâncias teriam legitimidade para propor reclamação no STF.

subsistiriam as alterações promovidas pela LC 142/99 na LC 32/93, pois, além dos fundamentos já mencionados, haveria vício formal de iniciativa no processo legislativo que dera origem àquela, visto que compete ao próprio Tribunal de Contas propor a criação ou extinção dos cargos de seu quadro (CR, art. 73 e 96, II, b). Rel. Min. Eros Grau, DJ: *26.04.2002.* **Contra** esse posicionamento **dominante e definido pelo STF,** temos Alexandre de Moraes entendendo que os *Estados-membros poderiam disciplinar de forma independente os Ministérios Públicos junto aos Tribunais de Contas Estaduais, na medida em que a Constituição da República não fez menção expressa à existência de um Ministério Público junto aos Tribunais de Contas dos Estados.*

33. **ADI 5505**, STF. Plenário. Rel. Luiz Fux, julgado em **15.04.2020**.
34. Se um Procurador de Justiça entender que se deve interpor recurso extraordinário ou recurso especial contra um acórdão do Tribunal de Justiça, ele deveria encaminhar uma manifestação nesse sentido para o PGJ e este interporia o recurso (art. 38, V).
35. **ADI 5505**, STF. Plenário. Rel. Luiz Fux, julgado em **15.04.2020**.

No mesmo sentido votaram os Ministros Celso de Mello e Cezar Peluso. O primeiro afirmou que o Ministério Público do Trabalho não teria essa legitimidade pela singularidade de integrar o MPU (Ministério Público da União) que tem como chefe o PGR. Afirmou também que não existe qualquer relação de dependência do MPU com os Ministérios Públicos Estaduais. Além disso, os MP Estaduais, inclusive, poderiam formular representação perante o STF deduzindo pretensão com a qual não concordasse eventualmente, a chefia do MPU, o que poderia obstaculizar o acesso do parquet local ao STF em temas de interesse dos mesmos. Em 24.02.2011, o STF concluiu o julgamento, com a definição de que os MPs Estaduais são, sim, dotados de legitimidade para ajuizar reclamação no STF.[36]

Posteriormente, também decidiu o STF, que o Ministério Público Estadual tem legitimidade para atuar diretamente como parte em recurso submetido a julgamento perante o STJ e STF. Nesses termos:

> Os Ministérios Públicos dos Estados e do Distrito Federal têm legitimidade para propor e atuar em recursos e meios de impugnação de decisões judiciais em trâmite no STF e STJ, oriundos de processos de sua atribuição, sem prejuízo da atuação do Ministério Público Federal (STF. Plenário. RE 985.392, Rel. Min. Gilmar Mendes, julgado em 26/05/2017 – Repercussão Geral – Tema 946

Aqui, como vimos na questão anterior, a definição de que é o Procurador Geral de Justiça quem irá atuar nesses recursos é uma regra de competência interna, que pode ser estabelecida pela lei complementar estadual, considerada a divisão de atribuições dentro do próprio Ministério Público Estadual.

6) A Emenda Constitucional nº 45/2004 criou no âmbito do Ministério Público o **Conselho Nacional do Ministério Público.** Este é composto de 14 (quatorze) membros nomeados pelo Presidente da República, depois de aprovada a escolha pela maioria absoluta do Senado Federal, para um mandato de dois anos, admitida uma recondução. Conforme dispositivo Constitucional, serão membros do CNMP:

- o Procurador-Geral da República, que será o Presidente do CNMP;

---

36. Nesses termos, (...) o Min. Cezar Peluso, por sua vez, *ressaltou que fazer com que o Ministério Público estadual ficasse na dependência do que viesse a entender o Ministério Público Federal seria incompatível, dentre outros princípios, com o da paridade de armas. Disse, ademais, que se estaria retirando do Ministério Público estadual uma legitimidade que seria essencial para o exercício das suas funções, as quais não seriam exercidas pelo MPF. Ponderou, ainda, que a orientação segundo a qual só o Procurador-Geral da República poderia atuar perante o STF estaria disciplinada na Lei Complementar 75/93, em um capítulo que só cuidaria do Ministério Público da União, e que o art. 46 dessa lei, específico desse capítulo, estabeleceria incumbir ao Procurador-Geral da República as funções de custos legis e as do Ministério Público Federal perante o STF, mas não as funções de qualquer Ministério Público como parte. Entendeu o Ministro que a CF estruturaria o Ministério Público sob a forma de instituição-gênero, dividida em duas espécies: o da União, subdividido em ramos, e o dos Estados, unitariamente concebido. Comunicaria, ou estenderia, a ambas os mesmos traços de permanência, da sua essencialidade em face da função jurisdicional do Estado, assim como da submissão aos princípios da unidade, indivisibilidade e independência, além de autonomia funcional e administrativa (CF, art. 127, caput e §§ 1º e 2º). (...) Assim, observou não haver distinção de qualidade entre o MPU e o dos Estados, por serem a eles comuns tanto as finalidades quanto as competências previstas, respectivamente, nos artigos 127 e 129 da CF. Registrou que, aos Ministérios Públicos estaduais, competiria velar pela defesa da competência e pela autoridade das decisões do STF nas respectivas unidades federadas (...)*

- 4 (quatro) membros do Ministério Público da União, assegurada a representação de cada uma de suas carreiras;
- 3 (três) membros do Ministério Público dos Estados;
- 2 (dois) juízes indicados, um pelo Supremo Tribunal Federal e outro pelo Superior Tribunal de Justiça;
- 2 (dois) advogados, indicados pelo Conselho Federal da Ordem dos Advogados do Brasil;
- 2 (dois) cidadãos de notável saber jurídico e reputação ilibada, indicados um pela Câmara dos Deputados e outro pelo Senado Federal.

Certo é que os membros do Conselho oriundos do Ministério Público serão indicados pelos respectivos Ministérios Públicos, na forma da lei.

No que tange às **competências do CNMP**, temos que compete ao Conselho Nacional do Ministério Público o controle da atuação administrativa e financeira do Ministério Público e do cumprimento dos deveres funcionais de seus membros, cabendo-lhe:

a) zelar pela autonomia funcional e administrativa do Ministério Público, podendo expedir atos regulamentares, no âmbito de sua competência[37], ou recomendar providências;

b) zelar pela observância do art. 37 e apreciar, de ofício ou mediante provocação, a legalidade dos atos administrativos praticados por membros ou órgãos do Ministério Público da União e dos Estados, podendo desconstituí-los, revê-los ou fixar prazo para que se adotem as providências necessárias ao exato cumprimento da lei, sem prejuízo da competência dos Tribunais de Contas;

c) receber e conhecer das reclamações contra membros ou órgãos do Ministério Público da União ou dos Estados, inclusive contra seus serviços auxiliares, sem prejuízo da competência disciplinar e correcional da Instituição, podendo avocar processos disciplinares em curso, determinar a remoção, a disponibilidade ou a aposentadoria com subsídios ou proventos proporcionais ao tempo de serviço e aplicar outras sanções administrativas, assegurada ampla defesa[38];

---

37. A Resolução do CNMP consiste em ato normativo de caráter geral e abstrato, editado pelo Conselho no exercício de sua competência constitucional, razão pela qual constitui ato normativo primário, sujeito a controle de constitucionalidade, por ação direta, no Supremo Tribunal Federal. **ADI 4263/DF**, STF. Plenário. Rel. Min. Roberto Barroso, julg. em **25.04.2018**.
38. Conforme o art. 130-A § 5º da CR/88: Leis da União e dos Estados criarão ouvidorias do Ministério Público, competentes para receber reclamações e denúncias de qualquer interessado contra membros ou órgãos do Ministério Público, inclusive contra seus serviços auxiliares, representando diretamente ao Conselho Nacional do Ministério Público.

d) rever, de ofício ou mediante provocação, os processos disciplinares de membros do Ministério Público da União ou dos Estados julgados há menos de um ano; e

e) elaborar relatório anual, propondo as providências que julgar necessárias sobre a situação do Ministério Público no País e as atividades do Conselho, o qual deve integrar a mensagem prevista no art. 84, XI.

No que tange às **competências** do **CNMP**, o STF prolatou, por suas turmas, recentes decisões que merecem ser explicitadas:

1) Inicialmente temos uma questão de suma importância que diz respeito ao intitulado conflito de atribuições entre os membros do Ministério Público.

Aqui, de início, é necessário distinguirmos os **conflitos de atribuições** dos **conflitos de competência**. Nesses termos, conforme a doutrina "o conflito de atribuições não se confunde com o conflito de competência. Cuidando-se de ato de natureza jurisdicional, o conflito será de competência, ou seja, *quando dois órgãos jurisdicionais divergem sobre quem deverá julgar uma causa. Porém, tratando-se de controvérsia entre órgãos do Ministério Público sobre ato que caiba a um deles praticar, ter-se-á um conflito de atribuições.*"[39] Nesses termos:

> Exemplo de **conflito de competência:** *Foi instaurado inquérito policial, que estava tramitando na Justiça Estadual, com o objetivo de apurar determinado crime. Ao final do procedimento, o Promotor de Justiça requereu a declinação da competência para a Justiça Federal, entendendo que estava presente a hipótese do art. 109, IV, da CF/88. O Juiz de Direito concordou com o pedido e remeteu os autos para a Justiça Federal. O Juiz Federal deu vista ao Procurador da República, que entendeu em sentido contrário ao Promotor de Justiça e afirmou que não havia interesse direto e específico da União que justificasse o feito ser de competência federal. O Juiz Federal concordou com o Procurador da República e suscitou conflito de competência. Este conflito deverá ser dirimido pelo Superior Tribunal de Justiça, nos termos do art. 105, I, "d", da CF/88* (Nesses casos, ***conforme o art. 105 da CR/88 compete ao Superior Tribunal de Justiça, processar e julgar, originariamente os conflitos de competência entre quaisquer tribunais, ressalvado o disposto no art. 102, I, "o" da CR/88, bem como entre tribunal e juízes a ele não vinculados e entre juízes vinculados a tribunais diversos***). No exemplo, os membros do Ministério Público discordaram entre si. No entanto, essa discordância não ficou limitada a eles e foi também encampada pelos juízes. Logo, em última análise, tivemos um conflito de competência, ou seja, um conflito negativo entre dois órgãos jurisdicionais.[40]

39. LIMA, Renato Brasileiro de. Manual de Processo Penal. 8ª ed., Salvador: Juspodivm, 2020, p. 1239.

40. Nesse sentido, temos a Pet nº 1.503: *Conflito negativo de atribuições. Ministério Público Federal e Estadual. Denúncia. Falsificação de guias de contribuição previdenciária. Ausência de conflito federativo. Incompetência desta Corte. 1. Conflito de atribuições entre o Ministério Público Federal e o Estadual. Empresa privada. Falsificação de guias de recolhimento de contribuições previdenciárias devidas à autarquia federal. Apuração do fato delituoso. Dissenso quanto ao órgão do parquet competente para apresentar denúncia. 2. A competência originária do Supremo Tribunal Federal, a que alude a letra "f" do inciso I do artigo 102 da Constituição, restringe-se aos conflitos de atribuições entre entes federados que possam, potencialmente, comprometer a harmonia do pacto federativo. Exegese restritiva do preceito*

Portanto, resta claro que, só existe conflito de atribuições se a divergência fica restrita aos membros do Ministério Público.[41]

Aqui, devemos observar um histórico sobre o tema. Até 2016 o STF entendia que a competência para dirimir conflitos de atribuições era dele (do Próprio STF).

> 1. COMPETÊNCIA. Atribuições do Ministério Público. Conflito negativo entre MP federal e estadual. **Feito da competência do Supremo Tribunal Federal.** Conflito conhecido. Precedentes. Aplicação do art. 102, I, "f", da CR. Compete ao Supremo Tribunal Federal dirimir conflito negativo de atribuição entre o Ministério Público federal e o Ministério Público estadual. (...) Conflito negativo de atribuição conhecido. É da atribuição do Ministério Público estadual analisar procedimento de investigação de atos supostamente delituosos atribuídos a ex-Governador e emitir a respeito *opinio delicti*, promovendo, ou não, ação penal."[42]

Acontece que, na ACO 924/PR em **19.05.2016**, mudando seu posicionamento, decidiu o STF, que compete ao Procurador-Geral da República (PGR), na condição de **órgão** nacional do Ministério Público, dirimir conflitos de atribuições entre membros do Ministério Público Federal (MPF) e de Ministérios Públicos Estaduais (MPE).

Nos termos do informativo 826 do STF, a Corte afirmou que o PGR exerceria a posição de chefe nacional do Ministério Público. Essa instituição – apesar da irradiação de suas atribuições sobre distintos órgãos – seria una, nacional e, de essência, indivisível. Nesses termos, quando a disciplina prevista nos parágrafos 1º e 3º do art. 128 da CR/88 distribui a chefia dos respectivos ramos do Ministério Público – da União e dos Estados, respectivamente – outra coisa não seria pretendida senão a

ditada pela jurisprudência da Corte. Ausência, no caso concreto, de divergência capaz de promover o desequilíbrio do sistema federal. 3. ***Presença de virtual conflito de jurisdição entre os juízos federal e estadual perante os quais funcionam os órgãos do parquet em dissensão. Interpretação analógica do artigo 105, I, "d", da Carta da República, para fixar a competência do Superior Tribunal de Justiça a fim de que julgue a controvérsia. Conflito de atribuições não conhecido.*** (Julg: 03.10.2002).

41. *Algumas vezes, no entanto, os membros do Ministério Público instauram investigações que tramitam no âmbito da própria instituição. Neste caso, em regra, tais procedimentos não são levados ao Poder Judiciário, salvo no momento em que irá ser oferecida a denúncia ou se for necessária alguma medida que dependa de autorização judicial (ex.: interceptação telefônica). A regra geral, no entanto, é que os procedimentos de investigação conduzidos diretamente pelo MP tramitem exclusivamente no âmbito interno da Instituição. Ex.: um Promotor de Justiça instaurou, no MPE, procedimento de investigação para apurar crimes relacionados com um cartel mantido por donos de postos de combustíveis. Ocorre que o Procurador da República também deflagrou, no âmbito do MPF, um procedimento investigatório para apurar exatamente o mesmo fato. Temos, então, dois membros diferentes do Ministério Público investigando o mesmo fato. Vale ressaltar que nenhum deles formulou qualquer pedido judicial, de sorte que o Poder Judiciário não foi provocado e os procedimentos tramitam apenas internamente. Nesse caso temos um conflito de atribuições.* Porém, é bom que se diga que: *Se os juízes encamparem as teses dos membros do MP, aí eles estarão discordando entre si e teremos, no caso, um "****falso conflito de atribuições****". Diz-se que há um falso conflito de atribuições porque, na verdade, o que temos é um conflito entre dois juízes, ou seja, um* ***conflito de competência.*** In: Márcio André Lopes, *Dizer o Direito, Informativo 826 do STF*.
42. Na **ACO nº 853** o STF deixou assente em 08.03.2007. Portanto, o fundamento estaria ancorado no art.102, I, "f" da CR/88. Como exemplo: *Se dois Promotores de Justiça de Estados diferentes estavam divergindo sobre a atuação em uma causa, o que nós tínhamos era uma divergência entre dois órgãos de Estados diferentes. Se um Promotor de Justiça e um Procurador da República discordavam sobre quem deveria atuar no caso, o que nós tínhamos era uma dissonância entre um órgão estadual e um órgão federal. Logo, nestas duas situações, quem deveria resolver este conflito seria o STF, conforme previsto no art. 102, I, "f", da CR/88.*

ordenação administrativa, organizacional e financeira de cada um dos órgãos, o que reafirmaria a ausência de hierarquia entre os órgãos federais e estaduais do Ministério Público nacional. Contudo, assentada a obrigação constitucional de o PGR dirimir conflitos de atribuições, não se relevaria, com isso, sua atuação como chefe do MPU, mas, sim, a identificação do PGR como órgão nacional do *parquet*.

Com efeito, afirmou o STF, que em diversas passagens da Constituição seria observada, de modo decisivo, a atribuição de poderes e deveres ao PGR, os quais, especialmente por suas abrangências, não se confundiriam com as atribuições dessa autoridade como chefe do MPU.

Nesse sentido, entre outras hipóteses, o art. 103, VI, da CR/88, fixa a competência do PGR para a propositura da ação direta de inconstitucionalidade e da ação declaratória de constitucionalidade perante o STF; o art. 103, § 1º, da CF, determina que o PGR seja previamente ouvido nas ações de inconstitucionalidade e em todos os processos de competência daquela Corte; o art. 103-B da CR/88 atribui ao PGR a escolha do membro do Ministério Público estadual que integra o CNJ, dentre os nomes indicados pelo órgão competente de cada instituição estadual. O órgão nacional, portanto, encontrar-se-ia em posição conglobante dos Ministérios Públicos da União e dos Estados-Membros.

Entendeu o STF, que as competências do STF e do STJ deteriam caráter taxativo, e em nenhuma delas estaria previsto dirimir os conflitos de atribuições em questão. Por fim, não se extrairia dessa situação conflito federativo apto a atrair a competência do STF (tendo nesse ponto o STF modificado seu entendimento).[43]

Porém, em junho de 2020, o STF ***mudou novamente de posicionamento*** sobre a questão. Nesses termos, o pretório Excelso decidiu que compete ao Conselho Nacional do Ministério Público (**CNMP**) dirimir conflitos de atribuições entre membros do MPF e de Ministérios Públicos estaduais.

Essa nova posição é uma tese institucional defendida pelos Ministérios Públicos estaduais que não concordavam com o entendimento de que a competência para dirimir esse conflito seria do PGR.

A nova posição foi defendida e conduzida pelo Mininistro Alexandre de Moraes, que apresentou os seguintes fundamentos:[44]

a) Discordo, entretanto, do encaminhamento do conflito de atribuição para o Procurador-Geral da República, enquanto autoridade competente, pois é parte interessada na solução da demanda administrativa, uma vez que acumula a Chefia do

---

43. ACO 924/PR, Pleno do STF, Rel. Min. Luiz Fux, julg. em **19.05.2016** (Informativo 826 do STF). No mesmo sentido: ACO 1567 QO/SP, Rel. Min. Dias Toffoli, julg. em **17.08.2016** (Informativo 835 do STF).
44. ACO 843/SP, STF. Plenário. Rel. para acórdão Min. Alexandre de Moraes, julg. em 05.06.2020. STF. Plenário. Pet 4891, Relator p/ Acórdão Alexandre de Moraes, julg. em 16.06.2020. Márcio Lopes Cavalcante. *Dizer o Direito*, Inf. 985, agosto de 2020.

Ministério Público da União com a chefia de um de seus ramos, o Ministério Público Federal, nos termos da LC 75/1993;

b) Constitucionalmente, o Ministério Público abrange duas grandes Instituições, sem que haja qualquer relação de hierarquia e subordinação entre elas (STF, RE 593.727/MG – Red. p/Acórdão Min. Gilmar Mendes): (a) Ministério Público da União, que compreende os ramos: Federal, do Trabalho, Militar e do Distrito Federal e Territórios; (b) Ministério Público dos Estados. Não há, portanto, hierarquia entre o Ministério Público da União ou qualquer de seus ramos específicos e os Ministérios Públicos estaduais;

c) A interpretação sistemática da Constituição Federal, após a edição da EC 45/2004, aponta como mais razoável e compatível com a própria estrutura orgânica da Instituição reconhecer no Conselho Nacional do Ministério Público a necessária atribuição para solucionar os conflitos de atribuição entre seus diversos ramos, pois, constitucionalmente, tem a missão precípua de realizar o controle de atuação administrativa e financeira do Ministério Público;

d) Assim, no âmbito interno e administrativo, não tendo vinculação direta com qualquer dos ramos dos Ministérios Públicos dos entes federativos, mas sendo por eles composto, o CNMP possui isenção suficiente para definir, segundo as normas em que se estrutura a instituição, qual agente do Ministério Público tem aptidão para a condução de determinado inquérito civil, inclusive porque, nos termos do § 2º do art. 130-A, é sua competência o controle da atuação administrativa do Ministério Público e do cumprimento dos deveres funcionais de seus membros, cabendo-lhe, inclusive, zelar pela autonomia funcional e administrativa do Ministério Público, bem como pela legalidade dos atos administrativos praticados por membros ou órgãos do Ministério Público da União e dos Estados, entre eles, aqueles atos que deram ensejo ao conflito de atribuições;

e) A interpretação sistemática dos preceitos constitucionais da Instituição, portanto, aponta a competência do Conselho Nacional do Ministério Público para dirimir essa modalidade de conflito de atribuição com fundamento no artigo 130-A, § 2º, e incisos I e II, da Constituição Federal. Com amparo nesses preceitos constitucionais, estaria o referido órgão colegiado, ao dirimir o conflito de atribuição, exercendo o controle da atuação administrativa do Ministério Público e, ao mesmo tempo, zelando pela autonomia funcional e independência da instituição;

f) A solução de conflitos de atribuições entre ramos diversos dos Ministérios Públicos pelo CNMP é a mais adequada, pois reforça o mandamento constitucional que lhe atribuiu o controle da legalidade das ações administrativas dos membros e órgãos dos diversos ramos ministeriais, sem ingressar ou ferir a independência funciona.

Aqui observamos também, que o caso apreciado pelo STF envolveu um conflito de atribuições entre um Procurador da República e um Promotor de Justiça. No entanto, pelos debates entre os Ministros, temos que a solução adotada deve valer também para os conflitos envolvendo Promotores de Justiça de Estados-membros diferentes. Portanto, se dois Promotores de Justiça de Estados diferentes divergirem quanto à atuação em um caso, este conflito de atribuições será dirimido pelo CNMP.[45]

Além disso, resta registrar, que o Poder Judiciário não fica vinculado à decisão do CNMP. Nesses termos, suponhamos que, em um conflito de atribuições, o CNMP afirme que a atribuição para investigar e denunciar o réu é do Procurador da República. Diante disso, o Procurador da República oferece denúncia na Justiça Federal. O Juiz Federal estará livre para reapreciar o tema e poderá entender que a competência não é da Justiça Federal, declinando a competência para a Justiça Estadual. Caso o Juiz de Direito concorde, seguirá no processamento do feito. Porém, se discordar, deverá suscitar conflito de competência a ser dirimido pelo STJ (art. 105, I, "d", da CF/88). Nesses termos, a decisão do CNMP produz efeitos apenas interna corporis, sendo uma decisão de cunho administrativo, não vinculando os juízos que irão apreciar a causa.[46]

2) A 1ª Turma do STF concedeu mandado de segurança impetrado por Ministério Público estadual contra ato do Conselho Nacional do Ministério Público (CNMP), para invalidar decisão deste órgão. No caso, o *parquet* aplicou pena de demissão a servidor público de seu quadro, em virtude de conduta irregular de natureza grave e de insubordinação caracterizada por violação de dever funcional, tendo em vista o uso de equipamento do serviço para fins estranhos e alheios ao interesse público e o exercício da advocacia concomitante ao da função pública. O **CNMP**, após reclamação do servidor, anulou a sanção demissionária por considerá-la desproporcional e carente de razoabilidade, motivo pelo qual determinou que outra pena fosse aplicada. Conforme a ementa do **MS 28.827/SP,** julgado em **28.08.2012**: "A competência revisora conferida ao Conselho Nacional do Ministério Público **limita-se** aos **processos disciplinares** instaurados **contra os membros do Ministério Público** da União ou dos Estados, **não** sendo possível a **revisão** de processo disciplinar **contra servidores.**"

45. ACO 843/SP, STF. Plenário. Rel. para acórdão Min. Alexandre de Moraes, julg em 05.06.2020. STF. Plenário. Pet 4891, Relator p/ Ac. Alexandre de Moraes, julg em 16.06.2020. Exemplos de ***CONFLITOS DE ATRIBUIÇÕES: SITUAÇÃO 1 Se o conflito se dá entre Promotores de Justiça do Ministério Público de um mesmo Estado (ex.: Promotor de Justiça de Iranduba/AM e Promotor de Justiça de Manaus/AM)***: Neste caso, a divergência será dirimida pelo respectivo Procurador-Geral de Justiça; ***SITUAÇÃO 2 Se o conflito se dá entre Procuradores da República (ex.: um Procurador da República que oficia em Manaus/AM e um Procurador da República que atua em Boa Vista/RR)***: Nesta hipótese, o conflito será resolvido pela Câmara de Coordenação e Revisão (órgão colegiado do MPF), havendo possibilidade de recurso para o Procurador-Geral da República. ***SITUAÇÃO 3 Se o conflito se dá entre integrantes de ramos diferentes do Ministério Público da União (ex.: um Procurador da República e um Procurador do Trabalho)***: O conflito será resolvido pelo Procurador-Geral da República ***SITUAÇÃO 4 Se o conflito se dá entre Promotores de Justiça de Estados diferentes (ex.: Promotor de Justiça do Amazonas e Promotor de Justiça do Acre)*** e ***SITUAÇÃO 5 Se o conflito se dá entre um Promotor de Justiça e um Procurador da República (ex.: Promotor de Justiça do Amazonas e Procurador da República que oficia em Manaus/AM)?*** A competência para dirimir estes conflitos de atribuição, conforme o novo posicionamento do STF, é do **CNMP**. In: Márcio André Lopes, *Dizer o Direito, Informativo 985 do STF.*
46. In: Márcio Lopes Cavalcante. *Dizer o Direito*, Informativo 985, agosto de 2020.

3) Nos termos do **MS 28.028/ES,** julgado em **30.10.2012,** a 2ª Turma do STF concedeu mandado de segurança impetrado por MP estadual contra ato do Conselho Nacional do Ministério Público (CNMP), para invalidar decisão deste órgão. Na espécie, o Conselho Superior do Ministério Público estadual negou homologação a termo de ajustamento de conduta (TAC) proposto por promotor de justiça. O CNMP, após reclamação de membro do *parquet*, apesar do entendimento de que não seria de sua competência adentrar na atividade-fim daquele Colegiado estadual, anulou a decisão e manteve o TAC. No caso, o STF entendeu tratar-se de interferência indevida na autonomia administrativa e funcional do órgão estadual, não passível de apreciação pelo CNMP[47].

4) Nos termos do **MS 27.744/DF** julgado em **14.04.2015,** a 1ª Turma do STF asseverou que o CNMP não ostenta competência para efetuar controle de constitucionalidade de lei, haja vista se tratar de órgão de natureza administrativa, cuja atribuição se circunscreveria ao controle da legitimidade dos atos administrativos praticados por membros ou órgãos do Ministério Público federal e estadual (CF, art. 130-A, § 2º). Assim, o CNMP, ao declarar a inconstitucionalidade do art. 141, da Lei Orgânica do Ministério Público de Santa Catarina ("O membro do Ministério Público terá garantida a sua permanência na comarca cuja entrância for elevada e, quando promovido, nela será efetivado, desde que formalize a opção no prazo de cinco dias") teria exorbitado de suas funções, que se limitariam ao controle de legitimidade dos atos administrativos praticados por membros do *parquet*.[48]

5) Conforme a 2ª turma do STF reveste-se de nulidade decisão do CNMP que, em procedimento de controle administrativo (PCA), notifica o interessado por meio de edital publicado no *Diário Oficial da União* para restituir valores aos cofres públicos. A notificação por edital é feita com fundamento no Regimento Interno do CNMP. (Essa previsão também constava no Regimento interno do CNJ.) Nesses termos, o STF entende que tal disposição normativa é inconstitucional, sendo necessária a intimação pessoal.[49]

6) Conforme a 2ª Turma do STF, se o CNMP decidir avocar um Processo Administrativo Disciplinar que está tramitando na Corregedoria local por suspeita de parcialidade do Corregedor, ele poderá aproveitar os atos instrutórios praticados regularmente na origem pela Comissão Processante. Não há motivo para se anular os atos instrutórios já realizados pela Comissão Processante, sem participação do Corregedor, especialmente se o interessado não demonstra a ocorrência de prejuízo. Afirmou o STF, que o Regimento Interno do CNMP inclusive permite o aproveitamento dos atos processuais (arts. 107 e 108). Nesses termos, o princípio do *pas de nullité sans grief* é plenamente aplicável no âmbito do Direito Administrativo, inclusive em processos disciplinares.[50]

47. **MS nº 28.028**, 2ª Turma do STF, julg. em **30.10.2012**, rel. Min. Cármen Lúcia.
48. **MS nº 27.744/DF**, 1ª Turma do STF, julg. em **14.04.2015**, rel. Min. Luiz Fux.
49. **MS nº 26.419/DF**, 2ª Turma do STF, julg. em **27.10.2015**, rel. Min. Teori Zavascki.
50. **MS 34666 AgR/DF**, STF. 2ª Turma. Rel. Min. Dias Toffoli, julg. em **29.08.2017.** (Informativo 875)

7) Conforme a 2ª Turma do STF, o ato de vitaliciamento de membro do Ministério Público tem natureza de ato administrativo, e, assim, sujeita-se ao controle de legalidade do CNMP, por força do art. 130-A, § 2º, II, da CR/88, cuja previsão se harmoniza perfeitamente com o art. 128, § 5º, I, "a", da Constituição da República. No caso concreto, um Promotor de Justiça de São Paulo foi considerado aprovado no estágio probatório pelo Colégio de Procuradores do Ministério Público. Porém, o CNMP, *de ofício*, reformou esta decisão e negou o vitaliciamento do Promotor, determinando a sua exoneração. O STF considerou legítima a atuação do CNMP. Aqui, é importante também ressaltar que, ainda durante o estágio probatório, o Corregedor-Geral do MP apresentou um pedido de impugnação ao vitaliciamento do promotor. Segundo a Lei Orgânica Nacional do Ministério Público (Lei nº 8.625/93), nestes casos, o exercício da função fica suspenso. Portanto, quando o CNMP tomou sua decisão, o Promotor já estava suspenso do exercício de suas funções e não chegou a completar 2 anos de efetivo exercício do cargo. Logo, como o Promotor ainda não havia acabado seu estágio probatório, poderia perder o cargo por decisão administrativa, não sendo necessária sentença judicial transitada em julgado. Conforme voto do relator Ministro Dias Toffoli: "*Não vislumbro, assim, nenhuma inconstitucionalidade ou ilegalidade na atuação do CNMP, que possui competência para exercer, sobre os órgãos do parquet, controle de seus atos administrativos (art. 103-A, § 2º, II, da CF/88), dentre os quais o ato de vitaliciamento de membro do Ministério Público, em previsão que se harmoniza, perfeitamente, com os ditames do art. 128, § 5º, I, a, da CF/88. Não é demais destacar que o simples transcurso do prazo de 2 (dois) anos não garante, por si só, ao membro do Ministério Público o direito ao vitaliciamento, sendo indispensável sua avaliação durante o período de prova e, no caso, como destacado pela d. PGR em seu parecer, há de se atentar às particularidades do caso concreto, em que nem sequer se pode falar em 2 anos de efetivo exercício do cargo. Transcrevo do parecer: O impetrante entrou em exercício no dia 13 de setembro de 2003, foi preso em flagrante no dia 29 de dezembro de 2004, obteve a liberdade provisória em 16 de fevereiro de 2005 e foi suspenso no dia 2 de março de 2005. Permaneceu, portanto, em efetivo exercício aproximadamente 1 (um) ano e 3 (três) meses, período inferior aos dois anos exigidos para o vitaliciamento. (...). Dessa forma, não há falar em preclusão administrativa, tampouco na necessidade de decisão judicial para desconstituir a decisão anulada pelo Conselho Nacional do Ministério Público." Porém, independente das peculiaridades do caso concreto, fato é que o CNMP, insistimos, tem competência para exercer, sobre os órgãos do parquet, controle de seus atos administrativos (art. 103-A, § 2º, II, da CR/88), dentre os quais o ato de vitaliciamento de membro do Ministério Público.*"[51]

---

51. Informativo 842: "*Na espécie, o impetrante arguia que, nos termos do art. 128, I, "a", da CF, o promotor de Justiça vitalício somente perderia o cargo por sentença judicial transitada em julgado, a ser proposta, nos termos do art. 38, § 2º, da Lei 8.625/1993, pelo procurador-geral de Justiça, após autorização do Colégio de Procuradores. Defendia, ainda, que já seria detentor da garantia constitucional da vitaliciedade desde 1º-9-2007, data da decisão do Órgão Especial do Colégio de Procuradores de Justiça do Estado de São Paulo, o que conduziria à incompetência do CNMP para deliberar sobre sua exoneração. Para a Segunda Turma, o ato de vitaliciamento — decisão pela permanência de membro em estágio probatório nos quadros da instituição — tem natureza de ato administrativo. Dessa forma,*

8) Conforme a decisão da **ADI 5434/DF,** entendeu o STF, que o art. 9º-A da Resolução nº 23/2007, incluído pela Resolução nº 126/2015, é constitucional. Nesses termos, tratando-se de divergência interna entre órgãos do Ministério Público, cumpre ao próprio Ministério Público decidir quem terá a atribuição para conduzir a investigação. O STF afirmou que o CNMP possui atribuição constitucional para fazer o controle da atuação administrativa do MP (art. 130-A, da CR/88). Assim sendo, segundo o Pretório Excelso, essa Resolução se insere no campo da estruturação administrativa da instituição. Portanto, ela não viola o princípio da independência funcional e da unidade, presentes no § 1º do art. 127 da CF/88. Além disso, o STF também entendeu que não compete ao Poder Judiciário envolver-se na gestão interna do MP, cabendo, no caso, um juízo de autocontenção.[52]

9) Segundo o STF, na **ADI 4263/DF**, é constitucional a Resolução nº 36/2009 do CNMP, que dispõe sobre o pedido e a utilização de interceptações telefônicas, no âmbito do Ministério Público, nos termos da Lei nº 9.296/96.[53]

Para o Pretório Excelso, a norma foi editada no exercício das atribuições previstas diretamente no art. 130-A, § 2º, I e II, da CR/88. Nesses termos, a Resolução apenas regulamentou questões administrativas e disciplinares relacionadas ao procedimento de interceptação telefônica, sem adentrar em matéria de direito penal, processual ou relativa a nulidades. Ou seja, não foram criados novos "requisitos formais de validade" das interceptações. Tanto isso é verdade que a inobservância dos preceitos

---

sujeita-se ao controle de legalidade pelo CNMP, por força do art. 130-A, § 2º, II, da CF, que se harmoniza perfeitamente com o disposto no art. 128, § 5º, I, "a", do texto constitucional. Ademais, a previsão normativa que permite desfazer ato de vitaliciamento apenas por decisão judicial (CF, art. 128, I, "a") não afasta a possibilidade de o CMNP, a partir da EC 45/2004, analisar, com específica função de controle, a legalidade desse tipo de questão. Salientou, por fim, que ***a existência de processo penal em andamento, no qual o ora impetrante alega ter agido em legítima defesa, não é prejudicial à análise do "writ". Quanto a isso, a jurisprudência do Supremo Tribunal Federal é pacífica no sentido da independência entre as instâncias cível, penal e administrativa. Não há falar, por conseguinte,*** *em violação ao princípio da presunção de inocência pela aplicação de sanção administrativa por descumprimento de dever funcional fixada em processo disciplinar legitimamente instaurado antes de finalizado o processo penal em que apurados os mesmos fatos."* **MS 27542/DF** 2ª Turma STF, Rel. Min. Dias Toffoli, julg. em **04.10.2016**.

52. *"O Tribunal, por maioria, julgou improcedente o pedido formulado em ação direta de inconstitucionalidade ajuizada em face da Resolução 126/2015 do Conselho Nacional do Ministério Público, a qual determina que o membro do MP submeta, no prazo de três dias, ao órgão de revisão competente, a decisão que concluir ser atribuição de outro MP a atuação em inquérito civil ou procedimento preparatório. O Plenário rememorou o que decidido na ACO 1.394/RN (DJe de 28/8/2017) no sentido de que a divergência de entendimento entre órgão do Ministério Público da União (MPU) e órgão do Ministério Público do Estado sobre a atribuição para investigar possível ilícito de natureza penal ou civil não configura conflito federativo com aptidão suficiente para atrair a competência do STF de que trata o art. 102, I, "f", da CF. Naquela assentada, a Corte decidiu que, tratando-se de divergência interna entre órgãos do MP, instituição que a Carta da República subordina aos princípios institucionais da unidade e da indivisibilidade (CF, art. 127, § 1º), cumpre ao próprio Ministério Público identificar e afirmar as atribuições investigativas de cada um dos seus órgãos em face do caso concreto, devendo prevalecer, à luz do princípio federativo, a manifestação do Procurador-Geral da República (PGR). O CNMP — dotado de atribuição constitucional para o controle da atuação administrativa do MP (CF, art. 130-A) — editou o ato normativo impugnado no sentido de elucidar que, em caso de conflito de atribuições, a competência para pacificá-lo caberá ao respectivo Conselho superior ou à Câmara de Coordenação e Revisão. Esse regramento se insere no campo da estruturação administrativa da instituição. Não viola, portanto, o princípio da independência funcional e da unidade, insculpidos no § 1º do art. 127 da CF."* **ADI 5434/DF**, STF. Plenário. rel. p/ o ac. Min. Edson Fachin, julg. em **26.04.2018**.

53. **ADI 4263/DF**, STF. Plenário. Rel. Min. Roberto Barroso, julgado em **25.04.2018**.

contidos na resolução não constitui causa de nulidade, mas sim motivo para a instauração de procedimento administrativo disciplinar contra o agente público infrator, pois consistem em regras ligadas aos deveres funcionais de sigilo na atuação ministerial.

A Corte ressaltou, ainda, que o CNMP possui competência para regular os parâmetros a serem utilizados na análise de processos disciplinares submetidos ao órgão. Em realidade, trata-se de medida conveniente e desejável que confere previsibilidade à atuação do Conselho, bem como oferece segurança jurídica e tratamento isonômico àqueles sujeitos a seu controle.

Assim, conforme o STF, a independência funcional do Ministério Público foi preservada. A resolução não impõe uma linha de atuação ministerial, apenas promove a padronização formal mínima dos ritos adotados nos procedimentos relacionados a interceptações telefônicas, em consonância com as regras previstas na Lei nº 9.296/96.[54]

10) Conforme o STF, é constitucional a Resolução 27/2008 do CNMP, que proíbe que os servidores do Ministério Público. Para o STF, o CNMP possui capacidade para a expedição de atos normativos autônomos (art. 130-A, § 2º, I, da CR/88), desde que o conteúdo disciplinado na norma editada se insira no seu âmbito de atribuições constitucionais.[55]

Assim sendo, a Resolução 27/2008 do CNMP tem por objetivo assegurar a observância dos princípios constitucionais da isonomia, da moralidade e da eficiência no Ministério Público, estando, portanto, abrangida pelo escopo de atuação do CNMP (art. 130-A, § 2º, II). Nesses termos, entendeu o STF, que a liberdade de exercício profissional não é um direito absoluto, devendo ser interpretada dentro do sistema constitucional como um todo.[56]

Na sequência, conforme dispositivo constitucional, o CNMP escolherá, em votação secreta, um **Corregedor nacional**, dentre os **membros do Ministério Público** que o integram, vedada a recondução, competindo-lhe, além das atribuições que lhe forem conferidas pela lei, as seguintes: a) receber reclamações e denúncias, de qualquer interessado, relativas aos membros do Ministério Público e dos seus serviços auxiliares; b) exercer funções executivas do Conselho, de inspeção e correição geral; c) requisitar e designar membros do Ministério Público, delegando-lhes atribuições, e requisitar servidores de órgãos do Ministério Público.

Por último, temos também, que o Presidente do Conselho Federal da Ordem dos Advogados do Brasil oficiará junto ao Conselho.

Certo é que são **princípios institucionais do Ministério Público,** definidos na Constituição de 1988, a unidade, a indivisibilidade e a independência funcional.[57]

---

54. **ADI 4263/DF**, STF. Plenário. Rel. Min. Roberto Barroso, julgado em **25.04.2018**.
55. ADI 5454, STF. Plenário. Rel. Alexandre de Moraes, julg. em 15.04.2020 (Informativo 978).
56. **ADI 5454**, STF. Plenário. Rel. Alexandre de Moraes, julg. em **15.04.2020** (Informativo 978).
57. É bem verdade que existem outros princípios de cunho infraconstitucional, como o do exercício da ação penal ou mesmo o princípio da irrecusabilidade.

Princípio da Unidade: esse princípio indica que o Ministério Público deve ser observado como uma Instituição única e que seus membros integram um só órgão sob a direção de um Procurador-Geral. Assim, existe uma unidade dentro de cada Ministério Público. Com isso, não podemos falar em uma unidade entre os diversos ramos do Ministério Público da União nem entre o Ministério Público de um Estado em relação ao Ministério Público de outro Estado, nem mesmo entre o Ministério Público Federal e dos Estados. Nesses termos, a divisão (única) que existe é apenas funcional.

Princípio da Indivisibilidade: esse princípio é um corolário do princípio da unidade (visa desenvolvê-lo e consubstanciá-lo). Ele indica que um membro do Ministério Público pode ser substituído por outro no exercício da mesma função sem que com tal conduta tenhamos um óbice (obstaculização) na atividade desenvolvida. Com isso, temos que, se o Ministério Público é uno (dotado de unidade), os seus membros não se vinculam aos processos em que atuam, fazendo com que a já citada substituição possa ocorrer. Vejamos, aqui, que quem exerce a função é o Ministério Público enquanto Instituição e o Promotor ou Procurador ligado ele pode ser modificado, não alterando o procedimento a ser legalmente efetivado (de acordo, obviamente, com a normatividade do Ministério Público), nem mesmo as consequências possíveis advindas dos atos praticados.[58]

Princípio da Independência Funcional: esse princípio indica que o Ministério Público é independente no exercício de suas funções. Nesses termos, os membros do Ministério Público não irão se submeter a nenhum tipo de poder hierárquico no desenvolvimento de suas atividades (por exemplo: processuais), pois eles devem prestar contas apenas à Constituição da República Federativa do Brasil, à legislação infraconstitucional e às suas respectivas consciências jurídicas. Assim, a hierarquia será restringida apenas às questões de cunho administrativo (hierarquia administrativa) atreladas à respectiva chefia do Ministério Público, ou seja, ao Procurador-Geral da Instituição (Chefe da Instituição), não sendo jamais de caráter (índole) funcional. Nesse sentido, por exemplo, a Constituição de 1988, no seu art. 85, II, deixa assente a lógica adstrita ao princípio da independência e a sua respectiva autonomia quando entende ser crime de responsabilidade do Presidente da República a prática de atos que atentarem contra o livre exercício do Ministério Público.

Na doutrina, temos como exemplo da independência funcional, a antiga redação do art. 28 do Código de Processo Penal (antes da Lei 13964/2019), pois, discordando o Procurador-geral de Justiça da promoção de arquivamento do Promotor de Justiça, poderá o PGJ oferecer denúncia, determinar diligencias ou mesmo designar

58. Conforme o **ARE 706.288** julg. em **02.06.2015** *é constitucional lei complementar estadual que afirme que somente o Procurador-Geral de Justiça poderá ajuizar ação civil pública contra Secretários de Estado, Deputados Estaduais, Prefeitos, membros do MP ou membros da Magistratura, conforme a ADI 1916 julg. em 14.04.2010. Porém, o PGJ poderá delegar essa atribuição para Promotores de Justiça, sendo, neste caso, legítima a ACP proposta contra tais autoridades, ainda que por Promotor de Justiça.*

outro órgão ministerial para oferecê-la, mas jamais poderá determinar que o proponente (membro do MP que propôs o arquivamento) inicie a ação penal.

Nesses termos, afirmava o antigo art.28 do CPP que, *se o órgão do Ministério Público, ao invés de apresentar a denúncia, requerer o arquivamento do inquérito policial ou de quaisquer peças de informação, o juiz, no caso de considerar improcedentes as razões invocadas, fará remessa do inquérito ou peças de informação ao procurador-geral, e este oferecerá a denúncia, designará outro órgão do Ministério Público para oferecê-la, ou insistirá no pedido de arquivamento, ao qual só então estará o juiz obrigado a atender.*[59] Portanto, não seria possível que o mesmo Promotor de Justiça ou Procurador da República que pediu o arquivamento seja obrigado a denunciar. Isso porque, nesse caso, estaria sendo violada a sua independência funcional (art. 127, § 1º da CR/88).[60]

Além desses princípios, previstos constitucionalmente, temos também o reconhecimento doutrinário e, em certo sentido jurisprudencial, no STF do **princípio do promotor natural** (embora com certa divergência, conforme veremos).

Nesses termos, o **Princípio do Promotor Natural** indica que, ao membro do Ministério Público, deve ser assegurada a devida proteção para exercer seu mister de forma plena e independente, de tal maneira que são proibidas (vedadas) ***designações casuísticas e arbitrárias*** (desvestidas de amparo legal) efetuadas pela chefia da Instituição (Procurador-Geral) que iriam consignar um verdadeiro ***promotor de exceção***.[61]

59. Novo art. 28 do CPP: *Ordenado o arquivamento do inquérito policial ou de quaisquer elementos informativos da mesma natureza, o órgão do Ministério Público comunicará à vítima, ao investigado e à autoridade policial e encaminhará os autos para a instância de revisão ministerial para fins de homologação, na forma da lei. (Redação dada pela Lei nº 13.964/2019) § 1º Se a vítima, ou seu representante legal, não concordar com o arquivamento do inquérito policial, poderá, no prazo de 30 (trinta) dias do recebimento da comunicação, submeter a matéria à revisão da instância competente do órgão ministerial, conforme dispuser a respectiva lei orgânica. (Incluído pela Lei nº 13.964/2019) § 2º Nas ações penais relativas a crimes praticados em detrimento da União, Estados e Municípios, a revisão do arquivamento do inquérito policial poderá ser provocada pela chefia do órgão a quem couber a sua representação judicial. (Incluído pela Lei nº 13.964/2019)*

60. Outro exemplo interessante: *A sustentação oral do representante do Ministério Público que diverge do parecer juntado ao processo por outro membro do MP, com posterior ratificação, não viola a ampla defesa.* STF. 1ª Turma. **HC 140780/DF**, Rel. Min. Marco Aurélio, julgado em **30.10.2018**. No caso, *"um indivíduo foi condenado em 1º instância. A defesa interpôs apelação. O Ministério Público foi intimado e apresentou contrarrazões pedindo o desprovimento do recurso defensivo e a manutenção da sentença. Chegando o processo no Tribunal, o Ministério Público foi novamente intimado para apresentar parecer como custos legis. O membro do MP que atua no Tribunal apresentou parecer escrito concordando com a defesa e pedindo o provimento do recurso. No dia da sessão de julgamento, o membro que atua no Tribunal foi chamado a se manifestar novamente como custos legis e ratificou oralmente o parecer escrito que havia sido juntado no processo. Ocorreu, no entanto, algo inusitado: outro membro do MP (o mesmo que havia apresentado contrarrazões) fez sustentação oral na qual pediu o desprovimento do recurso e a manutenção da sentença condenatória. O Tribunal decidiu pelo desprovimento do recurso e manteve a condenação. A defesa impetrou, então, habeas corpus alegando que houve nulidade porque a sustentação oral do MP divergiu da opinião que já havia sido manifestada pelo órgão em parecer escrito que foi ratificado. O STF entendeu que não houve nulidade. Nesses termos, o papel do Ministério Público como custos legis não se confunde com o de órgão acusador, podendo opinar pela absolvição do réu, por exemplo, ainda que o recurso tenha sido da defesa. De igual forma, o membro do MP que atua no caso não está vinculado ao parecer proferido, gozando de independência funcional."* Dizer o Direito, Informativo 922.

61. Conforme o **HC nº 67.759,** julg. em **06.08.1992:** *"Habeas Corpus" – Ministério Público – Sua destinação constitucional – Princípios institucionais – A questão do promotor natural em face da Constituição de 1988 – Alegado excesso no*

Portanto, somente o Promotor Natural deve desenvolver suas atividades processuais (atuação processual), fazendo com que a imparcialidade do Ministério Público seja preservada de tal modo que um Promotor não possa ser afastado sem um fundamento legal adequado e substituído por outro por ato voluntarista e indevido.[62]

Porém, chamamos a atenção para os desdobramentos interessantes que envolvem o princípio do promotor natural. Nesses termos, em **29.04.2008**, o STF decidiu que não há afronta ao princípio do Promotor Natural quando ocorrer pedido de arquivamento dos autos de inquérito policial por um Promotor de Justiça e, posteriormente, oferta de denúncia por outro Promotor, indicado pelo Procurador-Geral de Justiça, após o Juiz ter considerado improcedente o pedido de arquivamento.[63] Acontece que, em *habeas corpus* julgado em **17.06.2008** no Pretório Excelso, por sua 2ª Turma, e presente no **Informativo nº 511**, o Princípio do Promotor Natural não foi aplicado, tendo sua existência no caso refutada pelo próprio STF.[64] Porém, em jul-

---

exercício do poder de denunciar – Inocorrência – Constrangimento injusto não caracterizado – Pedido indeferido. – O postulado do Promotor Natural, que se revela imanente ao sistema constitucional brasileiro, repele, a partir da vedação de designações casuísticas efetuadas pela Chefia da Instituição, a figura do acusador de exceção. Esse princípio consagra uma garantia de ordem jurídica, destinada tanto a proteger o membro do Ministério Público, na medida em que lhe assegura o exercício pleno e independente do seu ofício, quanto a tutelar a própria coletividade, a quem se reconhece o direito de ver atuando, em quaisquer causas, apenas o Promotor cuja intervenção se justifique a partir de critérios abstratos e pré-determinados, estabelecidos em lei. A matriz constitucional desse princípio assenta-se nas cláusulas da independência funcional e da inamovibilidade dos membros da Instituição. O postulado do Promotor Natural limita, por isso mesmo, o poder do Procurador-Geral que, embora expressão visível da unidade institucional, não deve exercer a Chefia do Ministério Público de modo hegemônico e incontrastável. Posição dos Ministros Celso de Mello (Relator), Sepúlveda Pertence, Marco Aurélio e Carlos Velloso. Divergência, apenas, quanto a aplicabilidade imediata do princípio do Promotor Natural: necessidade da "interpositio legislatoris" para efeito de atuação do princípio (Ministro Celso de Mello); incidência do postulado, independentemente de intermediação legislativa (Ministros Sepúlveda Pertence, Marco Aurélio e Carlos Velloso). – Reconhecimento da possibilidade de instituição do princípio do Promotor Natural mediante lei (Ministro Sydney Sanches). – Posição de expressa rejeição a existência desse princípio consignada nos votos dos Ministros Paulo Brossard, Octavio Gallotti, Néri da Silveira e Moreira Alves. (Rel Min. Celso de Mello)

62. Conforme o **art. 10 da Lei nº 8.625/93** (*Lei Orgânica Nacional do Ministério Público*) compete ao Procurador-Geral apenas designar membros para*:* **acompanhar inquérito policial ou diligência investigatória, devendo recair a escolha sobre o membro do Ministério Público com atribuição para, em tese, oficiar no feito, segundo as regras ordinárias de distribuição de serviços**.

63. **HC nº 92.885,** julg. em **29.04.2008:** *Crime de homicídio qualificado. Alegação de violação ao princípio do promotor natural e de ausência de justa causa para o oferecimento da denúncia. Inexistência de constrangimento ilegal. 1. Nenhuma afronta ao princípio do promotor natural há no pedido de arquivamento dos autos do inquérito policial por um promotor de justiça e na oferta da denúncia por outro, indicado pelo Procurador-Geral de Justiça, após o Juízo local ter considerado improcedente o pedido de arquivamento. 2. A alegação de falta de justa causa para o oferecimento da primeira denúncia foi repelida pelo Tribunal de Justiça estadual, sendo acatada tão-somente a tese de sua inépcia. 3. Não se pode trancar a segunda denúncia, quando descritos, na ação penal, comportamentos típicos, ou seja, quando factíveis e manifestos os indícios de autoria e materialidade delitivas. 4. Habeas corpus indeferido. Rel. Min. Cármen Lúcia.*

64. Conforme o **HC nº 90.277,** julg. em **17.06.2008:** *1. Trata-se de habeas corpus impetrado contra julgamento da Corte Especial do Superior Tribunal de Justiça que recebeu denúncia contra o paciente como incurso nas sanções do art. 333, do Código Penal. 2. Tese de nulidade do procedimento que tramitou perante o TRF da 3ª Região sob o fundamento da violação do princípio do promotor natural, o que representaria. 3. O STF não reconhece o postulado do promotor natural como inerente ao direito brasileiro (HC 67.759, Pleno, DJ 01.07.1993): "Posição dos Ministros Celso de Mello (Relator), Sepúlveda Pertence, Marco Aurélio e Carlos Velloso: Divergência, apenas, quanto à aplicabilidade imediata do princípio do Promotor Natural: necessidade de 'interpositio legislatoris' para efeito de atuação do princípio (Ministro Celso de Mello); incidência do postulado, independentemente de intermediação legislativa (Ministros Sepúlveda Pertence, Marco Aurélio e Carlos Velloso). – Reconhecimento da possibilidade de instituição de princípio do*

gado mais recente, o STF, a nosso ver de forma adequada, admitiu a existência do ***Princípio do Promotor Natural***. Segundo o Pretório Excelso, o postulado do Promotor Natural:

> "consagra uma garantia de ordem jurídica, destinada tanto a proteger o membro do Ministério Público, na medida em que lhe assegura o exercício pleno e independente do seu ofício, quanto a tutelar a própria coletividade, a quem se reconhece o direito de ver atuando, em quaisquer causas, apenas o Promotor cuja intervenção se justifique a partir de critérios abstratos e pré-determinados, estabelecidos em lei."[65]

Ressaltamos aqui que, por óbvio, não aplicar o referido princípio devido às peculiaridades de um caso concreto faz sentido, mas o afastamento de forma absoluta (e *irrestrita*) da existência do **princípio do promotor natural** é *inadequado* e deve ser *refutado* com base na posição concedida ao Ministério Público na Constituição de 1988, bem como pelo princípio da independência funcional e pelas garantias adstritas aos membros do Ministério Público também constitucionalmente aventadas.

Corroborando com a nossa posição, citamos a Resolução nº 38/1998 do Conselho Superior do Ministério Público Federal, que regulamentando o exercício da titularidade da ação penal pública, ***determina o respeito ao princípio do promotor natural***.[66]

Promotor Natural mediante lei (Ministro Sidney Sanches). – Posição de expressa rejeição à existência desse princípio consignada nos votos dos Ministros Paulo Brossard, Octavio Gallotti, Néri da Silveira e Moreira Alves." 4. Tal orientação foi mais recentemente confirmada no HC nº 84.468/ES (Rel. Min. Cezar Peluso, 1ª Turma, DJ 20.02.2006). ***Não há que se cogitar da existência do princípio do promotor natural no ordenamento jurídico brasileiro.*** *5. Ainda que não fosse por tal fundamento, todo procedimento, desde a sua origem até a instauração da ação penal perante o Superior Tribunal de Justiça, ocorreu de forma transparente e com integral observância dos critérios previamente impostos de distribuição de processos na Procuradoria Regional da República da 3ª Região, não havendo qualquer tipo de manipulação ou burla na distribuição processual de modo a que se conduzisse, propositadamente, a este ou àquele membro do Ministério Público o feito em questão, em flagrante e inaceitável desrespeito ao princípio do devido processo legal 6. Deixou-se de adotar o critério numérico (referente aos finais dos algarismos lançados segundo a ordem de entrada dos feitos na Procuradoria Regional) para se considerar a ordem de entrada das representações junto ao Núcleo do Órgão Especial (NOE) em correspondência à ordem de ingresso dos Procuradores no referido Núcleo. 7. Na estreita via do habeas corpus, os impetrantes não conseguiram demonstrar a existência de qualquer vício ou mácula na atribuição do procedimento inquisitorial que tramitou perante o TRF da 3ª Região às Procuradoras Regionais da República. 8. Não houve, portanto, designação casuística, ou criação de "acusador de exceção". 9. Habeas corpus denegado.*

65. HC 103038, STF. 2ª Turma. Rel. Min. Joaquim Barbosa, *DJ* 27.10.2011.
66. Temos também que 2ª Turma do STF em 2011 denegou *habeas corpus* em que pretendida anulação de ação penal em face de **suposta violação ao princípio do promotor natural**. Conforme o HC 98841: *Na espécie, o Procurador-Geral de Justiça designara promotor lotado em comarca diversa para atuar, excepcionalmente, na sessão do tribunal do júri em que o paciente fora julgado e condenado.* ***Consignou-se que o postulado do promotor natural teria por escopo impedir que chefias institucionais do Ministério Público determinassem designações casuísticas e injustificadas, de modo a instituir a reprovável figura do "acusador de exceção".*** *No entanto, não se vislumbrou ocorrência de excepcional afastamento ou substituição do promotor natural do feito originário, mas, tão-somente, a designação prévia e motivada de outro promotor para determinado julgamento, em conformidade com o procedimento previsto na Lei 8.625/93.* (HC 98.841/PA, Rel. Min. Gilmar Mendes, 11.10.2011). Em outro caso, o STF entendeu que: *Não viola o* ***Princípio do Promotor Natural*** *se o Promotor de Justiça que atua na vara criminal comum oferece denúncia contra o acusado na vara do Tribunal do Júri e o Promotor que funciona neste juízo especializado segue com a ação penal, participando dos atos do processo até a pronúncia. No caso concreto, em um primeiro momento, entendeu-se que a conduta não seria crime doloso contra a vida, razão pela qual os autos foram*

Registramos também que recentemente, a 1ª Turma do STF no HC nº 137637/DF, julgado em 06.03.2018, citou os princípios da independência funcional e do promotor natural.

No caso concreto, a PGR ofereceu denúncia contra determinado réu e outros réus perante o STJ. O STJ desmembrou o feito e ficou com o processo apenas da autoridade com foro no STJ, declinando da competência para que o TJ julgasse os demais. O Procurador Geral de Justiça (que atua no TJ) ratificou a denúncia. Porém, o Tribunal de Justiça também decidiu desmembrar o feito e ficou com o processo apenas da autoridade com foro no TJ, declinando da competência para que o juízo de 1ª instância julgasse os demais corréus. Assim sendo, o processo (que não era dotado de foro por prerrogativa de função) foi remetido para a 1ª instância. O Promotor de Justiça que atua na 1ª instância decidiu não ratificar a peça acusatória, oferecendo nova denúncia incluindo, inclusive, novos réus.

O impetrante do HC no STF alegou que o Promotor da 1ª instância não poderia ter alterado a denúncia. Porém, o STF entendeu que o membro do Ministério Público agiu corretamente e que não há qualquer nulidade neste caso. Segundo o STF é possível o aditamento da denúncia a qualquer tempo antes da sentença final, garantidos o devido processo legal, a ampla defesa e o contraditório, especialmente quando a inicial ainda não tenha sido sequer recebida originariamente pelo juízo competente, como ocorreu no caso concreto.

Nos termos do Informativo 893, a 1ª Turma do STF afirmou que o princípio da independência funcional está diretamente atrelado à atividade finalística desenvolvida pelos membros do Ministério Público, gravitando em torno das garantias: a) de uma atuação livre no plano técnico-jurídico, isto é, sem qualquer subordinação a eventuais recomendações exaradas pelos órgãos superiores da instituição; e b) de não poderem ser responsabilizados pelos atos praticados no estrito exercício de suas funções.[67]

Consoante o postulado do **promotor natural**, a definição do membro do Ministério Público competente para oficiar em determinado caso deve observar as regras previamente estabelecidas pela instituição para distribuição de atribuições no foro de atuação, obstando-se a interferência hierárquica indevida da chefia do órgão por meio de eventuais designações especiais.

Nessa medida, a proteção efetiva e substancial ao princípio do promotor natural impede que o superior hierárquico designe o promotor competente, bem como imponha a orientação técnica a ser observada.[68]

---

remetidos ao Promotor da vara comum. No entanto, mais para frente comprovou-se que, na verdade, tratava-se sim de crime doloso. Com isso, o Promotor que estava no exercício ofereceu a denúncia e remeteu a ação imediatamente ao Promotor do Júri, que poderia, a qualquer momento, não ratificá-la. Configurou-se uma ratificação implícita da denúncia. Não houve designação arbitrária ou quebra de autonomia. **HC 114093/PR**, 1ª Turma do STF, Red. p/ o ac. Min. Alexandre de Moraes.

67. **HC 137637/DF**, 1ª Turma do STF. Rel. Min. Luiz Fux, julgado em **06.03.2018** (Informativo 893).
68. **HC 137637/DF**, 1ª Turma do STF. Rel. Min. Luiz Fux, julgado em **06.03.2018** (Informativo 893).

Assim, conforme o STF, o membro do Ministério Público ostenta plena liberdade funcional não apenas na avaliação inicial que faz, ao final da fase de investigação, no intuito de aferir a existência de justa causa para o oferecimento da peça acusatória; como, também, no exame que realiza, ao final da instrução processual, quanto à comprovação dos indícios de autoria originariamente cogitados.[69]

Nesses termos, certo é que a imparcialidade na formação da *"opinio delicti"* se efetiva na hipótese em que o membro do Ministério Público atua com total liberdade na formação de seu convencimento, é dizer que sua atuação não poderá ser vinculada a nenhuma valoração técnico-jurídica pretérita dos fatos sob avaliação, ainda que proveniente de outro membro da instituição que possua atribuição para atuar em instância superior.[70]

No caso em comento, entendeu o STF que é irrelevante que outros membros do Ministério Público com atribuição para atuar em instância superior, em virtude da análise dos mesmos fatos, tenham, anteriormente, oferecido denúncia de diferente teor em face do ora paciente, uma vez que, conforme devidamente reconhecido pelos órgãos jurisdicionais a que submetida a pretensão, não eram aqueles – porquanto incompetente o juízo – os promotores naturais para exercer a pretensão acusatória.

Portanto, o fato de o ***promotor natural*** – aquele com atribuição para atuar na 1ª instância – não se encontrar tecnicamente subordinado e apresentar entendimento jurídico diverso, afasta qualquer alegação de nulidade decorrente de alteração do teor da peça acusatória oferecida contra o paciente.

Sobre as **garantias** dos Membros do Ministério Público, assim como no estudo das garantias da magistratura, teremos que analisar as garantias institucionais (concedidas à Instituição) e as garantias dos membros (e, dentro dessas, os impedimentos ou as vedações aos membros do Ministério Público).

Garantias Institucionais: no que tange às garantias institucionais (aquelas asseguradas à Instituição como um todo), temos que ao Ministério Público é assegurada a autonomia **funcional, administrativa e financeira.**

A **autonomia funcional** está alocada no art. 127, § 2º, da CR/88 e abrange institucionalmente todos os órgãos do Ministério Público. Assim, no cumprimento de suas funções institucionais, o membro do Ministério Público não estará atrelado ou submetido a nenhum outro Poder (seja ele o Legislativo, Executivo ou o Judiciário) nem mesmo a qualquer tipo de autoridade pública. Com isso, conforme anotamos no princípio da independência funcional, os membros do Ministério Público devem respeito e observância apenas à Constituição da RFB, às normas infraconstitucionais e à sua consciência jurídica.[71]

69. **HC 137637/DF**, 1ª Turma do STF. Rel. Min. Luiz Fux, julgado em **06.03.2018** (Informativo 893).
70. **HC 137637/DF**, 1ª Turma do STF. Rel. Min. Luiz Fux, julgado em **06.03.2018** (Informativo 893).
71. Como exemplo, a ADI 1916 julg. em 14.04.2010: *1. Competência exclusiva do Procurador-Geral de Justiça do Estado de Mato Grosso do Sul para propor a ação civil pública contra autoridades estaduais específicas. 2. A legitimação para*

Já **autonomia administrativa,** também alocada no art. 127, § 2º, da CR/88,[72] indica que o Ministério Público se autoadministra, gerindo a si próprio (autogoverno). Nesses termos, observado o disposto no art. 169 da CR/88, poderá o Ministério Público propor ao Poder Legislativo a criação e extinção de seus cargos e serviços auxiliares, provendo-os por concurso público de provas ou de provas e títulos, a política remuneratória e os planos de carreira; a lei disporá sobre sua organização e funcionamento.[73]

E a **autonomia financeira** está adstrita ao art. 127, § 3º, da CR/88, na medida em que ao Ministério Público é assegurada a capacidade de elaborar a sua proposta orçamentária dentro dos limites estabelecidos na lei de diretrizes orçamentárias. Assim, poderá o Ministério Público administrar os recursos que forem destinados às suas atividades e funções institucionais, não necessitando de recursos de nenhum outro Poder para tal.[74]

No mesmo diapasão, temos também, nos moldes constitucionais estabelecidos no art. 127, § 4º ao § 6º, da CR/88,[75] que, se o Ministério Público não encaminhar a respectiva proposta orçamentária dentro do prazo estabelecido na lei de diretrizes orçamentárias, o Poder Executivo considerará, para fins de consolidação da proposta orçamentária anual, os valores aprovados na lei orçamentária vigente, ajustados de

propositura da ação civil pública – nos termos do artigo 129, inciso III, da CF – é do Ministério Público, instituição una e indivisível. 3. O disposto no artigo 30, inciso X, da LC 72/94, estabelece quem, entre os integrantes daquela instituição, conduzirá o inquérito civil e a ação civil pública quando a responsabilidade for decorrente de ato praticado, em razão de suas funções, por determinadas autoridades estaduais. 4. A Lei Complementar objeto desta ação não configura usurpação da competência legislativa da União ao definir as atribuições do Procurador-Geral. Não se trata de matéria processual. A questão é atinente às atribuições do Ministério Público local, o que, na forma do artigo 128, § 5º, da CB/88, é da competência dos Estados-membros. 5. A Lei Complementar n. 72, do Estado de Mato Grosso do Sul, não extrapolou os limites de sua competência. Ação Direta de Inconstitucionalidade julgada improcedente. Cassada a liminar anteriormente concedida.

72. Conforme redação dada pela Emenda Constitucional nº 19, de 1998.
73. Conforme o art. 3º da **Lei nº 8.625/93 (LOMP):** Ao Ministério Público é assegurada autonomia **funcional, administrativa e financeira,** cabendo-lhe, especialmente: *I – praticar atos próprios de gestão; II – praticar atos e decidir sobre a situação funcional e administrativa do pessoal, ativo e inativo, da carreira e dos serviços auxiliares, organizados em quadros próprios; III – elaborar suas folhas de pagamento e expedir os competentes demonstrativos; IV – adquirir bens e contratar serviços, efetuando a respectiva contabilização; V – propor ao Poder Legislativo a criação e a extinção de cargos, bem como a fixação e o reajuste dos vencimentos de seus membros; VI – propor ao Poder Legislativo a criação e a extinção dos cargos de seus serviços auxiliares, bem como a fixação e o reajuste dos vencimentos de seus servidores; VII – prover os cargos iniciais da carreira e dos serviços auxiliares, bem como nos casos de remoção, promoção e demais formas de provimento derivado; VIII – editar atos de aposentadoria, exoneração e outros que importem em vacância de cargos e carreira e dos serviços auxiliares, bem como os de disponibilidade de membros do Ministério Público e de seus servidores; IX – organizar suas secretarias e os serviços auxiliares das Procuradorias e Promotorias de Justiça; X – compor os seus órgãos de administração; XI – elaborar seus regimentos internos; XII – exercer outras competências dela decorrentes.*
74. Nesses termos, já decidiu o STF que é constitucional norma de Constituição Estadual que assegura ao Ministério Público autonomia financeira e a iniciativa ao Procurador-Geral de Justiça para propor ao Poder Legislativo a criação e a extinção dos cargos e serviços auxiliares e a fixação dos vencimentos dos membros e dos servidores de seus órgãos auxiliares. Também é constitucional a previsão de que o Ministério Público elaborará a sua proposta orçamentária dentro dos limites estabelecidos pela LDO. STF. Plenário. **ADI 145/CE**, Rel. Min. Dias Toffoli, julg. em **20.06.2018** (Informativo 907).
75. Conforme redação dada pela Emenda Constitucional nº 45 de 2004.

acordo com os limites estipulados na forma do § 3º do art. 127 da CR/88. Porém, se a proposta orçamentária de que trata o artigo art. 127 da CR/88 for encaminhada em desacordo com os limites estipulados na forma do referido § 3º, o Poder Executivo procederá aos ajustes necessários para fins de consolidação da proposta orçamentária anual. E, por último, nos mesmos termos definidos para a Magistratura (art. 99 da CR/88), reza a Constituição que, durante a execução orçamentária do exercício, não poderá haver a realização de despesas ou a assunção de obrigações que extrapolem os limites estabelecidos na lei de diretrizes orçamentárias, exceto se previamente autorizadas, mediante a abertura de créditos suplementares ou especiais.

Aqui, é interessante salientar, a perspectiva adotada pelo STF no que tange as **garantias institucionais** e ao seu modo (maneira) de defesa (quando usurpadas). Essa diferencia-se do modo de tutela (defesa) das garantias dos membros (tema que a seguir iremos estudar). Nesse sentido, decidiu o Pretório Excelso no **MS nº 30.717**, julgado em 27.09.2011, que "o Ministério Público não tem legitimidade para defender direito subjetivo, disponível e individual de seus membros. Com base nesse entendimento, a 2ª Turma do STF desproveu agravo regimental interposto de decisão do Min. Ricardo Lewandowski que, em decisão monocrática da qual relator, extinguira *mandamus* sem julgamento de mérito. No caso, o Ministério Público do Estado do Rio Grande do Sul impetrara mandado de segurança contra ato do Conselho Nacional do Ministério Público – CNMP, que restringira a percepção de gratificação por membros que compusessem órgãos colegiados. Reputou-se que a **legitimidade** do *parquet* para impetração de *writ* restringir-se-ia à defesa de sua atuação funcional e a de suas atribuições institucionais"[76].

Aqui, segundo o STF, é constitucional dispositivo de Constituição Estadual que assegura ao Ministério Público autonomia financeira e a iniciativa ao Procurador-Geral de Justiça para propor ao Poder Legislativo a criação e a extinção dos cargos e serviços auxiliares e a fixação dos vencimentos dos membros e dos servidores de seus órgãos auxiliares. Também é constitucional a previsão de que o Ministério Público elaborará a sua proposta orçamentária dentro dos limites estabelecidos pela Lei de Diretrizes Orçamentárias – LDO.[77]

No que tange às **Garantias dos Membros**, temos, inicialmente, as garantias da *vitaliciedade, inamovibilidade e irredutibilidade de subsídios.*

Vitaliciedade: significa que os membros do Ministério Público somente poderão perder o cargo por decisão judicial transitada em julgado.[78] Essa vitaliciedade so-

76. MS 30.717 AgR/DF, Rel. Min. Ricardo Lewandowski, julg. em 27.09.2011. Conforme a Ementa: "A legitimidade do Ministério Público para interpor mandado de segurança na qualidade de órgão público despersonalizado, deve ser restrito à defesa de sua atuação funcional e de suas atribuições institucionais. Precedentes. II – No caso, trata-se de direito individual dos membros da instituição que participam de órgãos colegiados, que não pode ser defendido pelo Ministério Público, enquanto instituição. III – Agravo regimental a que se nega provimento."
77. ADI 145/CE, STF. Plenário. Rel. Min. Dias Toffoli, julgado em 20.06.2018 (Informativo 907).
78. No caso dos membros do MPs Estaduais vitalícios, temos que, conforme o art. 38 da Lei nº 8.625/93: § 1º O membro vitalício do Ministério Público somente perderá o cargo por sentença judicial transitada em julgado, proferida

mente é adquirida após dois anos de efetivo exercício da carreira (com a devida aprovação no concurso de provas e títulos), ou seja, após o cumprimento do chamado estágio probatório.[79] Antes desse prazo ser efetivado e o estágio cumprido, os membros do Ministério Público poderão perder o cargo por decisão administrativa do próprio Ministério Público em que estão alocados (integrados).

Porém, é mister salientar que, de forma excepcional, os membros do Ministério Público poderão não ser vitalícios, mesmo que já tenham cumprido o estágio probatório. Nesse caso, conforme o **art. 29, § 3º, do ADCT**,[80] os membros do Ministério Público, admitidos antes da promulgação da Constituição de 1988, que optaram pelo regime anterior (no qual podiam exercer a advocacia) ao definido no novo ordenamento constitucional, terão direito apenas à garantia da estabilidade (esta condiciona à perda do cargo **apenas por regular processo administrativo** com direito à ampla defesa, ou, obviamente, também poderiam perder o cargo, mediante decisão judicial transitada em julgado).

Inamovibilidade: essa garantia significa que, uma vez titular do cargo, o membro do Ministério Público somente poderá ser removido ou mesmo promovido por iniciativa própria. Portanto, não pode ser removido ou promovido ***ex officio*** e de forma unilateral sem que autorize ou mesmo solicite a modificação no seu ***status quo***. Porém existe uma exceção constitucional,[81] na qual ele poderá ser removido por motivo **de interesse público**, mediante decisão do órgão colegiado competente do Ministério Público, pelo voto da maioria absoluta de seus membros, assegurada ampla defesa.

Irredutibilidade de subsídios: nos termos previstos constitucionalmente,[82] é assegurado ao membro do Ministério Público a garantia da irredutibilidade de subsídios, visando garantir que os membros do Ministério Público exerçam suas funções e atribuições sem serem pressionados por indevidas diminuições remuneratórias. Certo é que, nos mesmos moldes da magistratura (aqui já analisada), a irredutibilidade assegurada será a nominal.

Neste momento, iremos analisar os **impedimentos (vedações constitucionais)** que, conforme já salientado (no estudo da magistratura), são, na verdade, garantias para o devido e adequado exercício pelos membros do Ministério Público de suas atribuições.

---

em ação civil própria, nos seguintes casos: I – prática de crime incompatível com o exercício do cargo, após decisão judicial transitada em julgado; II – exercício da advocacia; III – abandono do cargo por prazo superior a trinta dias corridos. § 2º A ação civil para a decretação da perda do cargo será proposta pelo Procurador-Geral de Justiça perante o Tribunal de Justiça local, após autorização do Colégio de Procuradores, na forma da Lei Orgânica.

79. Ressalta-se aqui que o CNMP não pode determinar a perda do cargo do membro do MP dotado de vitaliciedade.

80. Conforme o **art. 29, § 3º, do ADCT da CR/88:** *"Poderá optar pelo regime anterior, no que respeita às garantias e vantagens, o membro do Ministério Público admitido antes da promulgação da Constituição, observando-se, quanto às vedações, a situação jurídica na data desta."* Nesses termos, os membros do MP teriam direito, optando pelo regime anterior, apenas à estabilidade e inamovibilidade (exceto: *mediante representação do Procurador-Geral com fundamento na conveniência do serviço).*

81. De acordo com o **art. 128, § 5º, I, "b"**, modificado pela Emenda Constitucional nº 45/2004.

82. **Art. 128, § 5º, I, "c", da CR/88:** *é assegurada a* ***irredutibilidade de subsídio,*** *fixado na forma do art. 39, § 4º, e ressalvado o disposto nos arts. 37, X e XI, 150, II, 153, III, 153, § 2º, I;* (com redação dada pela Emenda Constitucional nº 19, de 1998).

Portanto, conforme ditame constitucional, é **vedado aos membros do Ministério Público**:

a) receber, a qualquer título e sob qualquer pretexto, honorários, percentagens ou custas processuais;

b) exercer a advocacia;

Sobre o exercício da advocacia, temos que salientar a questão atinente aos membros do Ministério Público da União (MPU) que faziam parte da Instituição anteriormente à Constituição atual e que optaram pelo regime anterior ao da atual Constituição de 1988. Nesses termos, conforme o art. 29, § 3º, do ADCT, os membros do MPU poderão exercer a advocacia se realizada a opção por continuarem no regime anterior (no qual eles podiam exercê-la). Porém, é mister colocarmos que os membros do Ministério Público do DF e Territórios anteriores à CR/88, apesar de estarem dentro da estrutura do MPU, não podem exercer a advocacia nos termos da Lei Complementar nº 40/81[83] e da Resolução nº 16/06 do CNMP.[84] Portanto, estes e os membros dos MPs estaduais, mesmo anteriores à CR/88, não podem exercê-la.[85]

c) participar de sociedade comercial, na forma da lei;

d) exercer, ainda que em disponibilidade, qualquer outra função pública[86], salvo uma de magistério;

A princípio, a Resolução nº 3 do CNMP, de 16 de dezembro de 2005, que entrou em vigor em 1º de janeiro de 2006, definia a questão sobre o acúmulo do exercício das funções ministeriais com o exercício do magistério por membros do Ministério Púbico da União e dos Estados.

83. Conforme o **art. 24, II, da LC nº 40/81:** É vedado aos membros do Ministério Público dos Estados: II – exercer a advocacia. Nesses termos, o art. 6º da mesma LC nº40/81 afirma que: Aplicam-se à organização do Ministério Público do Distrito Federal e dos Territórios, no que couber, as normas constantes desta Lei.

84. Conforme a **Resolução nº 16 do CNMP de 30 de janeiro de 2007:** *"somente poderão exercer a advocacia com respaldo no § 3º do art. 29 do ADCT da Constituição de 1988, os membros do Ministério Público da União que integravam a carreira na data da sua promulgação e que, desde então, permanecem regularmente inscritos na Ordem dos Advogados do Brasil. O Exercício da advocacia, para os membros do Ministério Público do Distrito Federal e Territórios está, incondicionalmente, vedado, desde a vigência do artigo 24, § 2º da Lei complementar n. 40/81".* (Embora o correto seja o **art. 24, II,** da LC nº 40/81).

85. Nos termos, do **art. 2º da Resolução nº 8 do CNMP de 08 de maio de 2006,** temos ainda que: **Art. 2º.** Além dos impedimentos e vedações previstos na legislação que regula o exercício da advocacia pelos membros do Ministério Público, estes não poderão fazê-lo nas causas em que, por força de lei ou em face do interesse público, esteja prevista a atuação do Ministério Público, por qualquer dos seus órgãos e ramos (Ministérios Públicos dos Estados e da União).

86. Nesses termos, o **MS 26.595/DF**, rel. Min. Carmen Lúcia, julg. em **07.04.2010**: *EMENTA: mandado de segurança. Resolução n. 5/2006 do conselho nacional do ministério público: exercício de cargo de diretor de planejamento, administração e logística do Ibama por promotor de justiça.* ***Impossibilidade de membro do ministério público que ingressou na instituição após a promulgação da constituição de 1988 exercer cargo ou função pública em órgão diverso da organização do ministério público.*** *Vedação do Art. 128, § 5º, II, d, da Constituição da República. Precedentes. Segurança Denegada. DJ*: **11.06.2010.**

Porém, essa resolução foi revogada pela Resolução nº 73/2011 do CNMP. Nessa, temos no seu art. 1º que ao membro do Ministério Público da União e dos Estados, ainda que em disponibilidade, é defeso o exercício de outro cargo ou função pública, ressalvado o magistério, público ou particular (aqui já com redação dada pela Resolução nº 133, de 22 de setembro de 2015). Já o § 1º do art. 1º afirma que a coordenação de ensino ou de curso é considerada compreendida no magistério e poderá ser exercida pelo membro do Ministério Público se houver compatibilidade de horário com as funções ministeriais. Por seu turno, o § 2º do art. 1º afirma que haverá compatibilidade de horário quando do exercício da atividade docente não conflitar com o período em que o membro deverá estar disponível para o exercício de suas funções institucionais, especialmente perante o público e o Poder Judiciário.

Temos também, nos termos do § 3º do art.1º da Resolução 73/2011 do CNMP, que se consideram atividades de coordenação de ensino ou de curso, para os efeitos do parágrafo anterior (§ 2º citado anteriormente), as de natureza formadora e transformadora, como o acompanhamento e a promoção do projeto pedagógico da instituição de ensino, a formação e orientação de professores, a articulação entre corpo docente e discente para a formação do ambiente acadêmico participativo, a iniciação científica, a orientação de acadêmicos, a promoção e a orientação da pesquisa e outras ações relacionadas diretamente com o processo de ensino e aprendizagem. Já o § 4º do art. 1º da referida Resolução, explicita que não estão compreendidas nas atividades previstas no parágrafo anterior (§ 3º anteriormente citado) às de natureza administrativo institucional e outras atribuições relacionadas à gestão da instituição de ensino.

Pois bem, o art. 2º da Resolução nº 73/2011 determina que somente será permitido o exercício da docência ao membro, em qualquer hipótese, se houver compatibilidade de horário com o do exercício das funções ministeriais, e desde que o faça em sua comarca ou circunscrição de lotação, ou na mesma região metropolitana. (Esse artigo já com redação dada pela Resolução nº 132, de 22 de setembro de 2015.)

Assim, nos termos do § 1º do art. 2º da Resolução nº 73/2011, temos que, fora das hipóteses previstas no *caput* do art. 2º, a unidade do Ministério Público, por meio do órgão competente, poderá autorizar o exercício da docência por membro do Ministério Público, quando se tratar de instituição de ensino sediada em comarca ou circunscrição próxima, nos termos de ato normativo e em hipóteses excepcionais, devidamente fundamentadas. (Aqui também já com redação dada pela Resolução nº 132, de 22 de setembro de 2015.)

Aqui é interessante que o § 2º do art. 2º, da Resolução nº 73/2011, afirma que o cargo ou a função de direção nas entidades de ensino não é considerado exercício de magistério, sendo vedado aos membros do Ministério Público. Porém, conforme o art. 3º da Resolução nº 73/2011, não se incluem nas vedações referidas nos artigos anteriores (supracitados) as funções exercidas em curso ou escola de aperfeiçoamento do próprio Ministério Público ou aqueles mantidos por associações de classe ou fundações a ele vinculadas estatutariamente, desde que essas atividades não sejam remuneradas.[87]

Ainda sobre a vedação de funções públicas, é importante salientar que o STF recentemente, referendando posicionamentos anteriores[88], entendeu na ADPF 388 que membros do Ministério Público não podem ocupar cargos públicos fora do âmbito da instituição, salvo (como expresso na normativa constitucional) cargo de professor e funções de magistério. Nesses termos, a Resolução nº 72/2011 do CNMP, ao permitir que membro do *parquet* exerça cargos fora do Ministério Público, é flagrantemente contrária ao art. 128, § 5º, II, "d", da CR/88.

Assim, a nomeação de membro do Ministério Público para o cargo de Ministro da Justiça viola o texto constitucional.[89] Aqui, é importante ressaltar, sob o fundamento da segurança jurídica, que o STF decidiu fixar um prazo de 20 dias, a partir da publicação da ata do julgamento, para que haja a exoneração dos membros do Ministério Público que estejam atuando perante a administração pública em desconformidade com o entendimento fixado pela Corte (certo é que existiam

87. Na sequência da Resolução: *Art. 4º. O exercício de docência deverá ser comunicado pelo membro ao Corregedor-Geral da respectiva unidade do Ministério Público, ocasião em que informará o nome da entidade de ensino, sua localização e os horários das aulas que ministrará. Parágrafo único. O Corregedor de cada unidade do Ministério Público deverá informar anualmente à Corregedoria Nacional os nomes dos membros de seu órgão que exerçam atividades de docência e os casos em que foi autorizado pela unidade o exercício da docência fora do município de lotação." Art. 5º. Ciente de eventual exercício do magistério em desconformidade com a presente Resolução, o Corregedor-Geral, após oitiva do membro, não sendo solucionado o problema, tomará as medidas necessárias, no âmbito de suas atribuições. Art. 6º. Esta Resolução entra em vigor na data de sua publicação, revogando-se a Resolução 3, de 16 de dezembro de 2005.*

88. ADI 2534 MC, julg: 15.08.2002. ADI 3298, julg: 10.05.2007. ADI 3574, julg: 16.05.2007.

89. Informativo 817 do STF: *"(...) Entendeu que a autorização criada pela Resolução 72/2011 seria flagrantemente inconstitucional. A Constituição vedara aos promotores e procuradores o exercício de "qualquer outra função pública, salvo uma de magistério" (art. 128, §5º, II, "d"). Observou que o constituinte enfatizara que a vedação não seria simplesmente ao exercício de "outra função pública", mas ao exercício de "qualquer outra função pública", regra cuja única exceção seria a de magistério. Sublinhou que o art. 129, IX, da CF não deveria ser lido como uma espécie de cláusula de exceção. Esse dispositivo seria o inciso final da lista de funções institucionais do "parquet" enumerada no texto constitucional. De acordo com sua redação, competiria ao Ministério Público "exercer outras funções que lhe forem conferidas, desde que compatíveis com sua finalidade, sendo-lhe vedada a representação judicial e a consultoria jurídica de entidades públicas". Essa disposição seria relativa às funções da instituição Ministério Público e não aos seus membros. Norma com dupla função. Uma primeira, de abertura do rol das atribuições ministeriais, que explicitaria que a lista do art. 129 seria "numerus apertus", de modo que poderia ser ampliada. Uma segunda, reforçaria a completa separação, inaugurada pela Constituição de 1988, do Ministério Público com a advocacia pública, ao afastar o "parquet" de realizar "a representação judicial e a consultoria jurídica de entidades públicas". O entendimento de que a vedação seria quanto ao exercício concomitante de funções de promotor e outras funções fora da instituição não passaria pela leitura do texto constitucional. A vedação ao exercício de outra função pública vigeria "ainda que em disponibilidade". Ou seja, enquanto não rompido o vínculo com a instituição. Ao exercer cargo no Poder Executivo, o membro do Ministério Público passaria a atuar como subordinado ao chefe da Administração. Isso fragilizaria a instituição MP, que poderia ser potencial alvo de captação por interesses políticos e de submissão dos interesses institucionais a projetos pessoais de seus próprios membros. Por outro lado, a independência em relação aos demais ramos da Administração Pública seria uma garantia dos membros do MP, que poderiam exercer suas funções de fiscalização do exercício do Poder Público sem receio de reveses. O CNMP adotara orientação afrontosa à Constituição e à jurisprudência do STF. Criara uma exceção à vedação constitucional, que textualmente não admitiria exceções. O Conselho não agira em conformidade com sua missão de interpretar a CF. Pelo contrário, se propôs a mudá-la, com base em seus próprios atos." STF*. Plenário. **ADPF 388/DF**, Rel. Min. Gilmar Mendes, julg. em **09.03.2016**.

membros do Ministério Público exercendo cargos no âmbito do Poder Executivo autorizados até então pelo CNMP).[90]

e) exercer atividade político-partidária.[91]

Certo é que o TSE editou duas resoluções sobre o tema positivado pela Emenda nº 45/2004. A **Resolução nº 22.095** de 2005 determinou que: Consulta. Matéria eleitoral. Disciplina. Constituição Federal. Membro do Ministério Público. Filiação partidária. Candidatura. Desincompatibilização. Advento. Emenda Constitucional nº 45/2004. Vedação. "[...] II – Os membros do Ministério Público da União se submetem à vedação constitucional de filiação partidária, dispensados, porém, de cumprir o prazo de filiação fixado em lei ordinária, a exemplo dos magistrados, devendo satisfazer tal condição de elegibilidade até seis meses antes das eleições, de acordo com o art. 1º, inciso II, alínea j, da LC nº 64/90, sendo certo que o prazo de desincompatibilização dependerá do cargo para o qual o candidato concorrer. [...] IV – A aplicação da EC nº 45/2004 é imediata e sem ressalvas, abrangendo tanto aqueles que adentraram nos quadros do Ministério Público antes, como depois da referida emenda à Constituição. Já a **Resolução nº 22.156** em 2006 deixou assente no seu art. 13 que os magistrados, os membros dos tribunais de contas e os do Ministério Público devem filiar-se a partido político e afastar-se definitivamente de suas funções até seis meses antes das eleições."[92]

Ainda, no que tange ao tema, o STF, **em 2009**, deu **provimento** a Recurso Extraordinário (**597.994/PA**) interposto por Promotora de Justiça **contra decisão** do **TSE (Tribunal Superior Eleitoral)**, que indeferira o registro de sua candidatura à reeleição ao cargo de prefeita, sob o fundamento de ela ser inelegível.

Segundo o TSE, a candidata pertencia ao Ministério Público estadual estando apenas dele licenciada e não como deveria ser, à luz da EC nº 45/2004, afastada definitivamente. No caso, a representante do *parquet* tinha se afastado temporariamente em 2004, para concorrer a eleição à prefeitura e fora eleita para o mandato de 2005 a 2008. Posteriormente, em 2008, concorreu à reeleição, nos termos do art. 14, § 5º, da CR/88. O registro de sua candidatura novamente ao cargo, mesmo sem o afastamento

---

90. Aqui entendemos que os membros do MP que foram admitidos antes da promulgação da CR/88 podem exercer cargos no Poder Executivo, desde que tenham feito opção pelo regime jurídico anterior, nos termos do art. 29, § 3º do ADCT da CR/88. Porém, salientamos que é apenas nosso entendimento, pois o STF não se posicionou especificamente sobre esse tema. Nesse sentido, citamos novamente o **MS 26.595/DF**, julg. em **07.04.2010, para a interpretação de nossa tese:** "***Impossibilidade de membro do ministério público que ingressou na instituição após a promulgação da constituição de 1988 exercer cargo ou função pública em órgão diverso da organização do ministério público.*** Vedação do art. 128, § 5º, II, d, da CR. (...)"
91. Conforme redação dada pela Emenda Constitucional nº 45, de 2004.
92. Porém, o próprio TSE em **decisão monocrática** do Ministro Cezar Peluso optou pelo entendimento da não aplicação da norma presente na Emenda nº 45/04, que proíbe o exercício de atividade político-partidária aos membros do Ministério Público. Esse posicionamento se fundamenta no art. 29, § 3º, do ADCT, em relação aos membros do MP que ingressaram na carreira antes da promulgação da atual Constituição de 1988. Nesses termos, no RO nº 1.070 interposto pelo membro do MP de São Paulo, Fernando Capez, no TSE, a sua candidatura foi confirmada. Ele foi eleito com 95.101 votos na eleição de 2006 para o exercício do mandato de Deputado Estadual.

definitivo do MP, foi confirmado pelo juízo eleitoral e pelo Tribunal Regional Eleitoral, porém o TSE entendeu de forma contrária aos órgãos da Justiça Eleitoral anteriores a ele e, como já dito, indeferiu o registro por contrariedade à normativa ora trabalhada (necessidade de o membro do MP se aposentar ou se exonerar para concorrer a cargo público eletivo no exercício de atividade político-partidária).

O STF, no caso em tela, não adotou a tese do direito adquirido para reformar a decisão do TSE, mas, sim, a do intitulado direito atual, nos seguintes termos, conforme o **Informativo nº 549** do STF:

> "[...] Quanto ao mérito, entendeu-se estar-se diante de uma situação especial, ante a ausência de regras de transição para disciplinar a situação fática em questão, não abrangida pelo novo regime jurídico instituído pela EC nº 45/2004. Tendo em conta que a recorrente estava licenciada, filiada a partido político, já tendo sido eleita para exercer o cargo de Prefeita na data da publicação dessa emenda, concluiu-se que ela teria direito, não adquirido, mas atual à recandidatura, nos termos do § 5º do art. 14 da CR/88 ('O Presidente da República, os Governadores de Estado e do Distrito Federal, os Prefeitos e quem os houver sucedido, ou substituído no curso dos mandatos poderão ser reeleitos para um único período subsequente.')".[93]

f) receber, a qualquer título ou pretexto, auxílios ou contribuições de pessoas físicas, entidades públicas ou privadas, ressalvadas as exceções previstas em lei;[94]

g) temos também, que se aplica aos membros do Ministério Público, o disposto no art. 95, parágrafo único, V da CR/88 (incluído pela Emenda Constitucional nº 45, de 2004). Essa norma diz respeito à quarentena na magistratura, e, portanto, irá se aplicar do mesmo modo para os membros do Ministério Público. Nesses termos, o membro do Ministério Público não poderá exercer a advocacia no juízo ou Tribunal do qual se afastou antes de decorridos 3 anos do afastamento do cargo por aposentadoria ou exoneração (Conforme o art. 128, § 6º, da CR/88).

h) exercer a representação judicial e a consultoria jurídica de entidades públicas, nos termos do art. 129 da CR/88.

---

93. RE 597.994 **julg. em 04.06.2009.** Rel Min. Eros Grau. Quanto ao mérito foram vencidos os Min. Ellen Gracie, Joaquim Barbosa, Cezar Peluso e Celso de Mello, que negavam provimento ao Recurso Extraordinário.

94. Vedação incluída pela **Emenda Constitucional nº 45, de 2004.** Informativo 619 do STF: (...) O Plenário, por maioria, julgou procedente pedido formulado em ação direta proposta pelo Procurador-Geral da República para declarar a inconstitucionalidade do § 3º do art. 3º da Lei Complementar 24/89, introduzido pela Lei Complementar 281/2003, ambas do Estado de Rondônia. O dispositivo adversado versa sobre a **extensão de auxílio-moradia a membros inativos do Ministério Público rondoniense**. Verificou-se afronta ao art. 127, § 2º, da CF. Ademais, asseverou-se que **nem todos os benefícios concedidos aos servidores em atividade seriam compatíveis com a situação do aposentado**, como seria o caso da **gratificação paga durante o exercício em locais adversos.** Na linha dessa jurisprudência, mencionou-se o Enunciado 68 da Súmula do STF ("*O direito ao auxílio-alimentação não se estende aos servidores inativos*"). Reputou-se que o *auxílio-moradia seria devido apenas a membros do parquet que exercessem suas funções em local onde não existisse residência adequada*. **ADI 3783/RO,** Rel. Min. Gilmar Mendes, julg. em 17.03.2011.

Por último, é mister observarmos as **funções institucionais do Ministério Público,** nos termos definidos no art. 129 da Constituição 1988. É bom que se diga que se trata de um rol meramente exemplificativo, pois podem existir (e de fato existem) outras funções institucionais do Ministério Público definidas na normatividade constitucional e na legislação infraconstitucional. Nesse sentido, nos moldes do art. 129 da CR/88, temos que são funções institucionais do Ministério Público:

- promover, privativamente, a ação penal pública, na forma da lei;[95]
- zelar pelo efetivo respeito dos Poderes Públicos e dos serviços de relevância pública aos direitos assegurados nesta Constituição, promovendo as medidas necessárias à sua garantia;[96]
- promover o inquérito civil e a ação civil pública,[97] para a proteção do patrimônio público e social, do meio ambiente e de outros interesses difusos e coletivos;[98]

---

95. Nos termos da **Súmula nº 234 do STJ:** *A participação de membro do Ministério Público na fase investigatória criminal não acarreta o seu impedimento ou suspeição para o oferecimento da denúncia.* Em outra monta, temos que: *em matéria penal, o Ministério Público não goza da prerrogativa da contagem dos prazos recursais em dobro.* 1ª Turma. **HC 120275/PR**, julg. em **15.05.2018.**
96. **RE nº 407.902/RS** julg. em **26.05.2009:** O Ministério Público **<u>tem legitimidade para ajuizar ação civil pública objetivando o fornecimento de remédio pelo Estado.</u>** Com base nesse entendimento, a Turma **proveu recurso extraordinário** em que se questionava a obrigatoriedade de o Estado proporcionar **a certa cidadã medicamentos indispensáveis à preservação de sua vida.** No caso, **Tribunal local** extinguiu o processo sem julgamento de mérito, **ante a mencionada** *ilegitimidade ativa* ad causam **do *parquet*, uma vez que se buscava, por meio da ação, proteção a direito individual, no caso, de pessoa idosa** (Lei 8.842/94, art. 2º). Sustentava-se, na espécie, afronta aos arts. 127 e 129, II e III, da CR. Assentou-se que é função institucional do *parquet* zelar pelo efetivo respeito dos Poderes Públicos e dos serviços de relevância pública aos direitos assegurados na CR/88, promovendo medidas necessárias a sua garantia **(CR, art. 129, II)**. Ver também: **RE 605533/MG**, STF. Plenário, julg. em **15.08.2018.** No STJ: *O Ministério Público é parte legítima para pleitear tratamento médico ou entrega de medicamentos nas demandas de saúde propostas contra os entes federativos, mesmo quando se tratar de feitos contendo beneficiários individualizados, porque se refere a direitos individuais indisponíveis, na forma do art. 1º da Lei n. 8.625/1993 (Lei Orgânica Nacional do Ministério Público).* STJ. 1ª Seção. **REsp 1.682.836-SP**, Rel. Min. Og Fernandes, julg. em **25.04.2018** (recurso repetitivo) (Info 624).
97. A **Ação Civil Pública** é regulada pela **Lei nº 7.347/85.** Temos também que conforme o **art. 129, § 1º, da CR/88:** A legitimação do Ministério Público para as **ações civis** previstas neste artigo não impede a de terceiros, nas mesmas hipóteses, segundo o disposto nesta Constituição e na lei. Nesse sentido, conforme o **art. 5º da Lei nº 7.347/85**: "Têm **legitimidade para propor a ação principal e a ação cautelar:** I – o Ministério Público; II – a Defensoria Pública; III – a União, os Estados, o Distrito Federal e os Municípios; IV – a autarquia, empresa pública, fundação ou sociedade de economia mista; V – a associação que, concomitantemente: a) esteja constituída há pelo menos 1 (um) ano nos termos da lei civil; b) inclua, entre suas finalidades institucionais, a proteção ao meio ambiente, ao consumidor, à ordem econômica, à livre concorrência ou ao patrimônio artístico, estético, histórico, turístico e paisagístico". No inf. 617 o STF (por maioria) afirmou que o Ministério Público possui *legitimidade ativa ad* causam para promover *ação civil pública em defesa do patrimônio público,* nos termos do art. 129, III, da CR/88. **RE nº 225.777/MG**, Rel. p/ o Ac. Min. Dias Toffoli, **24.02.2011**.
98. Nos termos da **Súmula nº 643 do STF,** temos que: *"O Ministério Público tem legitimidade para promover ação civil pública cujo fundamento seja a ilegalidade de reajuste de mensalidades escolares".* Também já decidiu o STF que: ***O Ministério Público tem legitimidade para ajuizar ação civil pública que vise anular ato administrativo de aposentadoria que importe em lesão ao patrimônio público.*** **RE 409356/RO**, Rel. Min. Luiz Fux, STF. Plenário. julgado em **25.10.2018** (repercussão geral) (Info 921).

Aqui chamamos atenção para uma importante reflexão. Nos termos do **RE nº 631.111,** o STF deixou assente que os ***direitos difusos e coletivos*** são *transindividuais, indivisíveis* e *sem titular determinado*, sendo, por isso mesmo, tutelados em juízo invariavelmente em regime de substituição processual, por iniciativa dos órgãos e entidades indicados pelo sistema normativo, entre os quais o **Ministério Público,** que tem, nessa legitimação ativa, uma de suas relevantes funções institucionais (CR/88, art. 129, III).

Já os ***direitos individuais homogêneos*** pertencem à categoria dos *direitos subjetivos,* são *divisíveis, tem titular determinado* ou *determinável* e em geral são de natureza disponível. Sua tutela jurisdicional pode se dar **(a)** por iniciativa do próprio titular, em regime processual comum, ou **(b)** pelo procedimento especial da ação civil coletiva, em regime de substituição processual, por iniciativa de quaisquer órgãos ou entidades para tanto legitimados pelo sistema normativo.[99]

Sobre os ***direitos individuais homogêneos*** (que podem ser defendidos pelos próprios titulares em ações individuais ou por meio de ação coletiva), o entendimento do STF se direciona no sentido de que, se existe ***interesse social qualificado,*** **há a legitimidade** do Ministério Público de, com base no art. 127 da Constituição, defendê-los em juízo mediante ação coletiva.[100]

Assim sendo, a pergunta adequada seria: o Ministério Público possui legitimidade para a defesa de direitos individuais homogêneos? Sim, se esses direitos forem indisponíveis (como exemplo: saúde de um menor). Já se esses direitos individuais homogêneos forem disponíveis depende. Como citamos acima, o Ministério Público só terá legitimidade para ACP envolvendo ***direitos individuais homogêneos disponíveis*** se estes forem de ***interesse social*** (se houver relevância social).[101]

Nesse sentido, no **RE nº 472.489 AgR** ficou estabelecido que "o Ministério Público tem **legitimidade ativa** para a defesa, em juízo, dos direitos e **interesses individuais homogêneos,** *quando impregnados de relevante* ***natureza social,*** como sucede com o **direito de petição** e o direito de **obtenção de certidão** em repartições públicas".[102]

99. **RE nº 631.111** julg. em **07.08.2014,** Rel. Teori Zavascki.
100. **RE nº 216.443/MG** julg. em **28.08.2012, 1ª Turma do STF.**
101. Exemplos de ***direitos individuais homogêneos nos quais se reconheceu a legitimidade do MP em virtude de envolverem relevante interesse social***: valor de mensalidades escolares (STF. Plenário. RE 163.231/SP, julgado em 26/2/1997); contratos vinculados ao Sistema Financeiro da Habitação (STF. 2ª Turma. AI 637.853 AgR/SP, DJe de 17/9/2012); contratos de leasing (STF. 2ª Turma. AI 606.235 AgR/DF, DJe de 22/6/2012); interesses previdenciários de trabalhadores rurais (STF. 1ª Turma. RE 475.010 AgR/RS, Rel. Min. Dias Toffoli, DJe de 29/9/2011); aquisição de imóveis em loteamentos irregulares (STF. 1ª Turma. RE 328.910 AgR/SP, DJe de 30/9/2011); diferenças de correção monetária em contas vinculadas ao FGTS (STF. 2ª Turma. RE 514.023 AgR/RJ, DJe de 5/2/2010). Julgados citados no RE 631.111.
102. **RE nº 472.489 AgR** julg. em. 29.04.2008: "*O direito à certidão traduz prerrogativa jurídica, de extração constitucional, destinada a viabilizar, em favor do indivíduo ou de uma determinada coletividade (como a dos segurados do sistema de previdência social), a defesa (individual ou coletiva) de direitos ou o esclarecimento de situações. – A injusta recusa estatal em fornecer certidões, não obstante presentes os pressupostos legitimadores dessa pretensão, autorizará a utilização de instrumentos processuais adequados, como o mandado de segurança ou a própria ação civil pública.*" Rel. Min. Celso de Mello.

Já no **RE nº 401.482 AgR** decidiu o STF que "o Ministério Público possui legitimidade para propor ação civil coletiva em defesa de **interesses individuais homogêneos** de **relevante caráter social**, ainda que o objeto da demanda seja referente a **direitos disponíveis**".[103]

Sobre o tema, o STF decidiu, no **RE nº 631.111,** que a tutela dos direitos e interesses de beneficiários do seguro DPVAT – Danos Pessoais Causados por Veículos Automotores de Via Terrestre, nos casos de indenização paga, pela seguradora, em valor inferior ao determinado no art. 3º da Lei 6.914/1974, reveste-se de **relevante natureza social** (**interesse social qualificado**), de modo a conferir legitimidade ativa ao Ministério Público para defendê-los em juízo mediante ação civil coletiva.[104]

Recentemente decidiu o STF, que o Ministério Público possui legitimidade constitucional para ajuizar ação civil pública cujo objeto seja ***pretensão relacionada ao Fundo de Garantia do Tempo de Serviço*** (FGTS) porque esta demanda tutela direitos individuais homogêneos, mas que apresenta relevante interesse social. No caso, segundo o Pretório Excelso, o Ministério Público Federal detém legitimidade ativa para ajuizar ação civil pública em face da Caixa Econômica Federal, uma vez que se litiga sobre o modelo organizacional do FGTS, especialmente no que se refere à unificação das

---

103. **RE nº 401.482 AgR** julg. em **04.06.2013** Rel. Teori Zavascki.

104. **RE nº 631.111** julg. em **07.08.2014**: *O art. 127 da Constituição Federal atribui ao Ministério Público, entre outras, a incumbência de defender "**interesses sociais**". Não se pode estabelecer sinonímia entre interesses sociais e interesses de entidades públicas, já que em relação a estes há vedação expressa de patrocínio pelos agentes ministeriais (CF, art. 129, IX). Também não se pode estabelecer sinonímia entre interesse social e interesse coletivo de particulares, ainda que decorrentes de lesão coletiva de direitos homogêneos. Direitos individuais disponíveis, ainda que homogêneos, estão, em princípio, excluídos do âmbito da tutela pelo Ministério Público (CF, art. 127). 5. No entanto, há certos interesses individuais que, quando visualizados em seu conjunto, em forma coletiva e impessoal, têm a força de transcender a esfera de interesses puramente particulares, passando a representar, **mais que a soma de interesses dos respectivos titulares, verdadeiros interesses da comunidade**.* Nessa perspectiva, a lesão desses interesses individuais acaba não apenas atingindo a esfera jurídica dos titulares do direito individualmente considerados, mas também ***comprometendo bens, institutos ou valores jurídicos superiores, cuja preservação é cara a uma comunidade maior de pessoas***. Em casos tais, a tutela ***jurisdicional desses direitos se reveste de interesse social qualificado***, o que legitima a propositura da ação pelo Ministério Público com base no art. 127 da CF. Mesmo nessa hipótese, todavia, a legitimação ativa do **Ministério Público se limita à ação civil coletiva destinada a obter sentença genérica sobre o núcleo de homogeneidade dos direitos individuais homogêneos.** 6. Cumpre ao Ministério Público, no exercício de suas funções institucionais, identificar situações em que a ***ofensa a direitos individuais homogêneos compromete também interesses sociais qualificados***, sem prejuízo do posterior controle jurisdicional a respeito. Cabe ao Judiciário, com efeito, a palavra final sobre a adequada legitimação para a causa, sendo que, por se tratar de matéria de ordem pública, dela pode o juiz conhecer até mesmo de ofício (...) 7. Considerada a natureza e a finalidade do seguro obrigatório DPVAT – Danos Pessoais Causados por Veículos Automotores de Via Terrestre (...) –, há *interesse social qualificado na tutela coletiva dos direitos individuais homogêneos dos seus titulares, alegadamente lesados de forma semelhante pela Seguradora no pagamento das correspondentes indenizações.* A hipótese ***guarda semelhança*** com ***outros direitos individuais homogêneos*** em relação aos quais – e ***não obstante sua natureza de direitos divisíveis, disponíveis e com titular determinado ou determinável*** –, o STF considerou que sua tutela se revestia de interesse social qualificado, autorizando, por isso mesmo, *a iniciativa do Ministério Público de, com base no art. 127 da CF, defendê-los em juízo mediante ação coletiva (RE 163.231/SP, AI 637.853 AgR/SP, AI 606.235 AgR/DF, RE 475.010 AgR/RS, RE 328.910 AgR/SP e RE 514.023 AgR/RJ). 8. Recurso extraordinário a que se dá provimento. (Inf. 753 do STF) Nesse ponto, entendemos (a partir desse julgado com repercussão geral ora analisado) que a* **súmula 470 do STJ** se encontra **superada**: *"O Ministério Público não tem legitimidade para pleitear, em ação civil pública, a indenização decorrente do DPVAT em benefício do segurado."*

contas fundiárias dos trabalhadores. É de se ressaltar que o FGTS é um direito social previsto no inciso III do art. 7º da CF/88, constituindo-se em direito fundamental.[105]

Aqui para o STF é necessário que seja feita uma ***interpretação conforme a Constituição*** do parágrafo único do art. 1º da Lei 7.347/85. Esse dispositivo normativo determina que não será cabível ação civil pública para veicular pretensões que envolvam tributos, contribuições previdenciárias, o Fundo de Garantia do Tempo de Serviço - FGTS ou outros fundos de natureza institucional cujos beneficiários podem ser individualmente determinados. (Incluído pela Medida provisória nº 2.180-35/2001).

Afirmou o STF, no informativo 955, que o objetivo desta previsão foi apenas o de evitar a vulgarização da ação coletiva, evitando que fossem propostas ações civis públicas para fins de simples movimentação do FGTS ou para discutir as hipóteses de saque de contas fundiárias. Assim, o art. 1º, parágrafo único da Lei 7.347/85 não constitui obstáculo para que o Ministério Público proponha ação civil pública discutindo FGTS em um contexto mais amplo, envolvendo interesses sociais qualificados, ainda que sua natureza seja de direitos individuais homogêneos. A conclusão é a de que se o Ministério Público está propondo uma ação civil pública tratando sobre ***direitos individuais homogêneos*** com ***relevante interesse social***, a legitimidade do *Parquet*, nesta hipótese, decorre diretamente do art. 127 da CR/88.[106]

Por último, ainda sobre a ação civil pública, o STF já decidiu que é constitucional lei complementar estadual que determine que somente o Procurador-Geral de Justiça poderá ajuizar ação civil pública contra Secretários de Estado, Deputados Estaduais, Prefeitos, membros do Ministério Público ou membros da Magistratura. Porém, o PGJ do Estado poderá delegar essa atribuição para Promotores de Justiça, sendo, portanto, legítima a ACP proposta contra tais autoridades, ainda que por Promotor de Justiça.[107]

- Promover a ação de inconstitucionalidade ou representação para fins de intervenção da União e dos Estados, nos casos previstos nesta Constituição;
- Defender judicialmente os direitos e interesses das populações indígenas;
- Expedir notificações nos procedimentos administrativos de sua competência, requisitando informações e documentos para instruí-los, na forma da lei complementar respectiva;

105. **RE 643978/SE**, STF. Plenário. Rel. Min. Alexandre de Moraes, julgado em **09.10.2019** (repercussão geral – Tema 850) (Info 955).

106. **RE 643978/SE**, Plenário. Rel. Min. Alexandre de Moraes, julg em **09.10.2019.** Mas aqui atenção. Por obvio, que não será toda situação que ensejará ACP para a discussão sobre FGTS, mesmo porque a própria Lei da ACP proíbe (e proíbe a pretensão de forma literal). Sem dúvida, teremos que estar diante do ***relevante interesse social*** *(interpretação conforme à Constituição da Lei da ACP à luz do art.127 da CR/88)*. Informativo 955: *"O Ministério Público tem legitimidade para a propositura de ação civil pública em defesa de direitos sociais relacionados ao Fundo de Garantia do Tempo de Serviço. Com essa tese de repercussão geral (Tema 850), o Plenário negou provimento a recurso extraordinário interposto pela Caixa Econômica Federal. Na origem, o parquet federal ajuizou ação civil pública que visa ao tratamento unificado ou à unificação das contas vinculadas ao FGTS pertencentes a empregado que possui mais de um vínculo laboral. Ao prover parcialmente embargos infringentes, o tribunal a quo aduziu estar caracterizado direito individual homogêneo com forte conotação social."*

107. ARE 706288, 2ª Turma do STF, julg. em **02.06.2015,** Rel. Dias Toffoli.

- Exercer o controle externo da atividade policial, na forma da lei complementar mencionada no artigo anterior;
- Requisitar diligências investigatórias e a instauração de inquérito policial, indicados os fundamentos jurídicos de suas manifestações processuais;[108]

Sobre o tema, já havíamos manifestado o entendimento de que o Ministério Público seria dotado constitucionalmente do poder de realizar investigações criminais, nos casos em que entendesse necessário (mediante um interesse público e social[109]), sobretudo nos casos atinentes ao crime organizado ou crimes contra a moralidade administrativa ou de colarinho branco, entre outros (por exemplo: abuso de poder de agentes policiais, tortura, omissão intencional da polícia na apuração de determinado crime ou deliberado intuito da própria corporação policial de frustrar a investigação).

Advogávamos aqui a teoria das ***competências implícitas*** de cunho constitucional (teoria dos poderes implícitos constitucionalmente). Ou seja, se a Constituição outorga determinada atividade-fim a um órgão, significa dizer que também concede todos os meios necessários para a realização dessa atividade. Nesse sentido, observamos que o Ministério Público não só de forma expressa é o órgão titular da ação penal pública, bem como é encarregado de realizar o próprio controle externo da atividade policial.

É interessante salientar que a 2ª Turma do STF[110] possuía diversos precedentes reconhecendo o poder de investigação do Ministério Público. Ocorre que,

---

108. Para o STF, é possível a ***arguição de suspeição de membros*** do MP, inclusive do Procurador-Geral da República nos processos que tramitam no âmbito do STF. **AS 89/DF**, STF. Plenário. Rel. Min. Edson Fachin, julg. em **13.09.2017**. Ressaltamos que a própria Lei Orgânica do MPU (LC 75/93) *reconhece a possibilidade de serem arguidas situações de impedimento e suspeição dos membros do MP:* Art. 238. *Os impedimentos e as suspeições dos membros do Ministério Público são os previstos em lei.* O CPP no art.258, *determina que as mesmas causas de impedimento e suspeição previstas ao juiz devem também ser aplicadas aos membros do Ministério Público.* No caso, é possível arguir a suspeição do membro do MP quando ele atua como parte e também como *custos legis.*

109. No **RHC 97926/GO**, julg. em **02.09.2014** pela 2ª Turma do STF, o ministro Gilmar Mendes **defendeu** que a ***atuação deveria ser subsidiária***: "(...) *Aduziu que a atuação do "parquet" deveria ser, necessariamente,* ***subsidiária,*** *a ocorrer, apenas, quando não fosse possível ou recomendável efetivar-se pela própria polícia. Exemplificou situações em que possível a atuação do órgão ministerial: lesão ao patrimônio público, excessos cometidos pelos próprios agentes e organismos policiais (v.g. tortura, abuso de poder, violências arbitrárias, concussão, corrupção), intencional omissão da polícia na apuração de determinados delitos ou deliberado intuito da própria corporação policial de frustrar a investigação, em virtude da qualidade da vítima ou da condição do suspeito. Consignou, ainda, que, na situação dos autos, o Ministério Público estadual buscara apurar a ocorrência de erro médico em hospital de rede pública, bem como a cobrança ilegal de procedimentos que deveriam ser gratuitos. Em razão disso, o procedimento do "parquet" encontraria amparo no art. 129,II, da CF".*

110. **HC nº 91.661,** julg. em **10.03.2009 pela 2ª Turma,** temos: *Relativamente à possibilidade de o Ministério Público promover procedimento administrativo de cunho investigatório, asseverou-se, não obstante a inexistência de um posicionamento do Pleno do STF a esse respeito, ser perfeitamente possível que o órgão ministerial promova a colheita de determinados elementos de prova que demonstrem a existência da autoria e da materialidade de determinado delito. Entendeu-se que tal conduta não significaria retirar da Polícia Judiciária as atribuições previstas constitucionalmente, mas apenas harmonizar as normas constitucionais (artigos 129 e 144), de modo a compatibilizá-las para permitir não apenas a correta e regular apuração dos fatos, mas também a formação da opinio delicti. Ressaltou-se que o art. 129, I, da CR atribui ao parquet a privatividade na promoção da ação penal pública, bem como, a seu turno,*

recentemente, o plenário do STF enfrentou essa questão em Recurso Extraordinário com repercussão geral.

No RE nº 593.727/MG, julgado em 14.05.2015, o STF reconheceu a legitimidade do Ministério Público para promover, por autoridade própria, investigações de natureza penal e fixou os parâmetros da atuação do MP. Portanto, o Ministério Público poderia investigar desde que esses parâmetros fossem respeitados. São eles: a) Devem ser respeitados os direitos e as garantias fundamentais dos investigados; b) Os atos investigatórios devem ser necessariamente documentados e praticados por membros do MP; c) Devem ser observadas as hipóteses de reserva constitucional de jurisdição, ou seja, determinadas diligências somente podem ser autorizadas pelo Poder Judiciário nos casos em que a CF/88 assim exigir; d) Devem ser respeitadas as prerrogativas profissionais asseguradas por lei aos advogados; e) Deve ser assegurada a garantia prevista na Súmula vinculante 14 do STF ("É direito do defensor, no interesse do representado, ter acesso amplo aos elementos de prova que, já documentados em procedimento investigatório realizado por órgão com competência de polícia judiciária, digam respeito ao exercício do direito de defesa"); f) A investigação deve ser realizada dentro de prazo razoável.

Nesse sentido, a tese acolhida e fixada pelo plenário do STF em repercussão geral foi derivada do voto do ministro Celso de Mello proferido em junho de 2012.

---

o Código de Processo Penal estabelece que o inquérito policial é dispensável, já que o Ministério Público pode embasar seu pedido em peças de informação que concretizem justa causa para a denúncia. Aduziu-se que é princípio basilar da hermenêutica constitucional o dos poderes implícitos, segundo o qual, quando a Constituição Federal concede os fins, dá os meios. Destarte, se a atividade-fim – promoção da ação penal pública – foi outorgada ao parquet em foro de privatividade, é inconcebível não lhe oportunizar a colheita de prova para tanto, já que o CPP autoriza que peças de informação embasem a denúncia. Considerou-se, ainda, que, no presente caso, os delitos descritos na denúncia teriam sido praticados por policiais, o que, também, justificaria a colheita dos depoimentos das vítimas pelo Ministério Público. (...) Por fim, concluiu-se não haver óbice legal para que o mesmo membro do parquet que tenha tomado conhecimento de fatos em tese delituosos – ainda que por meio de oitiva de testemunhas – ofereça denúncia em relação a eles. Nesses termos, também o **RE nº 535.478/SC** jul. em **28.10.2008**: [...] A denúncia pode ser fundamentada em peças de informação obtidas pelo órgão do MPF sem a necessidade do prévio inquérito policial, como já previa o Código de Processo Penal. Não há óbice a que o MP requisite esclarecimentos ou diligencie diretamente a obtenção da prova de modo a formar seu convencimento a respeito de determinado fato, aperfeiçoando a persecução penal, mormente em casos graves como o presente que envolvem altas somas em dinheiro movimentadas em contas bancárias. [...] Rel. Min. Ellen Gracie, ***DJ:* 21.11.2008**. Temos também pronunciamento do STF, através do Min. Cezar Peluso no **HC 89.334**: *[...] 4. Diversamente do que se tem procurado sustentar, como resulta da letra do seu artigo 144, a CR/88 não fez da investigação criminal uma função exclusiva da Polícia, restringindo-se, como se restringiu, tão-somente a fazer exclusivo, sim, da Polícia Federal o exercício da função de polícia judiciária da União (§ 1º, IV) Essa função de polícia judiciária – qual seja, a de auxiliar do Poder Judiciário –, não se identifica com a função investigatória, isto é, a de apurar infrações penais, bem distinguidas no verbo constitucional, como exsurge, entre outras disposições, do preceituado no § 4º do artigo 144 da CR/88 (...) Tal norma constitucional, por fim, define, é certo, as funções das polícias civis, mas sem estabelecer qualquer cláusula de exclusividade. 5. O poder investigatório que, pelo exposto, se deve reconhecer, por igual, próprio do MP é, à luz da disciplina constitucional, certamente, da espécie excepcional, fundada na exigência absoluta de demonstrado interesse público ou social. O exercício desse poder investigatório do MP não é, por óbvio, estranho ao Direito, subordinando-se, à falta de norma legal particular, no que couber, analogicamente, ao Código de Processo Penal, sobretudo na perspectiva da proteção dos direitos fundamentais e da satisfação do interesse social, que determina o ajuizamento tempestivo dos feitos inquisitoriais e faz obrigatória oitiva do indiciado autor do crime e a observância das normas legais relativas ao impedimento, à suspeição, e à prova e sua produção.* ***DJ:*** 09.10.2006.

Assim, restou definido que: "O Ministério Público dispõe de competência para promover, por autoridade própria, e por prazo razoável, investigações de natureza penal, desde que respeitados os direitos e garantias que assistem a qualquer indiciado ou a qualquer pessoa sob investigação do Estado, observadas, sempre, por seus agentes, as hipóteses de reserva constitucional de jurisdição e, também, as prerrogativas profissionais de que se acham investidos, em nosso País, os Advogados (Lei 8.906/94, artigo 7º, notadamente os incisos I, II, III, XI, XIII, XIV e XIX), sem prejuízo da possibilidade – sempre presente no Estado democrático de Direito – do permanente controle jurisdicional dos atos, necessariamente documentados (Súmula Vinculante 14), praticados pelos membros dessa instituição".[111]

- Exercer outras funções que lhe forem conferidas, desde que compatíveis com sua finalidade, sendo-lhe vedadas a representação judicial e a consultoria jurídica de entidades públicas.

Certo é que, por dicção constitucional, as funções do Ministério Público só podem ser exercidas por integrantes da carreira, que deverão residir na comarca da respectiva lotação, salvo autorização do chefe da instituição.[112]

Sobre as funções do Ministétio Público, é interessante que já decidiu o STF que é inconstitucional dispositivo da Constituição Estadual que afirme ser obrigatória a presença de um membro do Ministério Público nas comissões de concursos públicos da Administração Pública estadual.

Nesses termos, conforme a ADI 3841, afirmou o STF, que Constituição Estadual não pode determinar que membro do Ministério Público participe de banca de concurso público relacionado com cargos externos aos quadros da instituição. O fundamento é o de que essa *não é uma atribuição compatível com as finalidades constitucionais do Ministério Público*. Assim, não pode o ato normativo impugnado exigir a participação do Ministério Público nas bancas de concursos para os cargos e empregos públicos do Estado.[113]

Por último, ***sobre as funções do Ministério Público***, é importante ressaltar, nos termos da Emenda Constitucional nº 45/2004 (Conforme o art. 129, § 5º, da CR/88), que a distribuição de processos no Ministério Público será imediata.

2. ADVOCACIA PÚBLICA

Uma outra função essencial à justiça é a da advocacia pública intitulada de Advocacia-Geral da União. Nesse sentido, incumbem a ela, de forma direta ou mediante órgão vinculado à representação judicial e extrajudicial da União, nos termos

---

111. RE nº 593.727 /MG, Rel. p/acórdão Min. Gilmar Mendes, julg. em **14.05.2015**.
112. Conforme o art. 129, § 4º, da CR/88, aplica-se ao Ministério Público, no que couber, o disposto no art. 93 da CR/88 (que diz respeito à magistratura e seus princípios).
113. **ADI 3841**, STF. Plenário. Rel. Gilmar Mendes, julgado em **16.06.2020**.

da lei complementar[114] que dispuser sobre sua organização e funcionamento, as atividades de consultoria e assessoramento jurídico do Poder Executivo.[115]

Certo é que, quando a Constituição faz referência à **representação judicial e extrajudicial** da **União**, ela se refere **não apenas** à **representação do Poder Executivo** (visto que ele não é o único Poder) e das autarquias e fundações públicas, **mas também dos outros Poderes** (Legislativo e Judiciário[116]), bem como às instituições que exercem funções essenciais à justiça.

Aqui é interessante observar, que segundo o STF, no RE 602.381, o *caput* do art. 131 da Constituição de 1988 (supracitado), que exige lei complementar para tratar sobre a organização e o funcionamento da AGU, vale apenas para a carreira dos Advogados da União (que fazem a assistência jurídica da Administração Direta), não se aplicando para os Procuradores Federais (que cuidam da representação judicial e extrajudicial das autarquias e fundações).

Nesse sentido, entendeu o Pretório Excelso que a carreira de Procurador Federal pode ser disciplinada por meio de legislação ordinária. Aliás, o próprio STF explicitou que, antes da Medida Provisória nº 2.229-43/2001, não existia uma carreira organizada de Procurador Federal. O que havia eram cargos diversos cujos titulares eram responsáveis pela representação judicial, consultoria e assessoria jurídica das autarquias e fundações públicas federais. Nesses termos, somente com a Medida Provisória nº 2.229-43/2001 foi que a carreira de Procurador Federal foi efetivamente criada, ficando subordinada administrativamente ao Advogado-Geral da União. Já a Procuradoria-Geral Federal, por sua vez, foi criada posteriormente, com o advento da Lei nº

114. Lei Complementar nº 73/93 (Lei Orgânica da Advocacia-Geral da União). Temos ainda que a Lei nº 10.480/2002 estabeleceu a criação da Procuradoria-Geral Federal.

115. Conforme ditame constitucional, as **atividades de cunho consultivo (consultoria e assessoramento) da AGU (diferentemente das de representação judicial e extrajudicial) estarão restritas ao Poder Executivo Federal.** Conforme o STF no **MS 27.867 AgR:** "Esta Suprema Corte firmou o entendimento de que *"salvo demonstração de **culpa ou erro grosseiro**, submetida às instâncias **administrativo-disciplinares ou jurisdicionais** próprias, **não cabe a responsabilização do advogado público pelo conteúdo de seu parecer de natureza meramente opinativa**".* julg. em **18.09.2012.**

116. Aliás, a Lei nº 9.649/88 em seu art. 22 deixa essa afirmação explícita. Como exemplo, temos o recente julgamento da **Rcl. nº 8.025,** em **09.12.2009,** presente no **Informativo nº 571 do STF,** no qual: "[...] *o Tribunal, após salientar que o tema da legitimidade poderia ser conhecido de ofício pelo colegiado, não havendo se falar em preclusão, afirmou a ilegitimidade da representação judicial do advogado constituído pela presidente do TRF da 3ª Região. Asseverou-se que, em se tratando de órgão da União destituído de personalidade jurídica, a representação judicial do TRF da 3ª Região caberia à Advocacia Geral da União – AGU. Em consequência, desconsiderou-se a sustentação oral realizada pelo citado patrono constituído, admitindo, assim, que o advogado da reclamante proferisse sua sustentação oral, o qual chegara ao Supremo depois da sustentação oral feita por aquele advogado.* Em seguida, o Tribunal, em votação majoritária, rejeitou questão de ordem suscitada pelo Min. Ricardo Lewandowski, que – tendo em conta ter a Corte assentado a ilegitimidade da aludida representação judicial e o fato de o TRF da 3ª Região, por meio de sua presidente, haver juntado procuração, declarando seu desejo de ser defendido – reputava ser preciso abrir vista dos autos à AGU para que, querendo, se manifestasse, sob pena de nulidade, por transgressão aos princípios do contraditório e da ampla defesa. Vencidos o suscitante e o Min. Carlos Britto. Considerou-se, no ponto, que competia a quem representava o TRF da 3ª Região ter comunicado a AGU a respeito do processo para que o acompanhasse, não sendo este o momento processual adequado para fazê-lo. [...]". (Rel. Min. Eros Grau, Info 571).

10.480/2002, tendo sua estruturação se dado por lei ordinária após a Constituição de 1988. A conclusão é a de que, para o STF, o art. 131 da CR/88 não trata da Procuradoria-Geral Federal ou dos Procuradores Federais, ou seja, esse dispositivo constitucional não disciplina a representação judicial e extrajudicial das autarquias e fundações públicas (Administração indireta), mas apenas da União (Administração direta).[117]

Sobre a **representação da AGU,** é importante salientar ainda que ela pode se dar também no **plano internacional**. Como exemplo, temos demanda processada na Corte Internacional de Direitos Humanos (caso 12.058/026).

Sobre a atuação na fiscalização abstrata de constitucionalidade, é interessante observarmos que, segundo o STF, *não se conta em dobro o prazo recursal para a Fazenda Pública em processo objetivo* (de índole objetiva). E aqui, mesmo que seja para interposição de recurso extraordinário em processo de fiscalização normativa abstrata (RE derivado de ADI estadual). Não há, portanto, nos processos de fiscalização normativa abstrata, a prerrogativa processual dos prazos em dobro.[118]

Na sequência, temos que a Advocacia-Geral da União tem por chefe o **Advogado-Geral da União,** de livre nomeação pelo Presidente da República dentre cidadãos maiores de trinta e cinco anos, de notável saber jurídico e reputação ilibada. Nesses termos, entendemos que não há necessidade de o Advogado-Geral da União ser um membro da carreira da advocacia da União.

Porém, o ingresso na carreira de advogado da União na classe inicial da Instituição far-se-á mediante concurso público de provas e títulos.

Além disso, temos também, à luz da Constituição de 1988, que na execução da dívida ativa de natureza tributária a representação da União cabe à Procuradoria-Geral da Fazenda Nacional, observado o disposto em lei.

117. No **RE 602.381** julg. em **20.11.2014** o STF decidiu que *o art. 1º da Lei 2.123/53 e o art. 17, parágrafo único, da Lei 4.069/62, que estendiam as mesmas prerrogativas e vantagens dos membros do MPU aos procuradores autárquicos (atuais Procuradores Federais), não foram recepcionados pela CR/88 com status de lei complementar. Como o art. 1º da Lei 2.123/53 e o art. 17, parágrafo único, da Lei 4.069/62 foram recepcionados com natureza de leis ordinárias, conclui-se que eles foram validamente revogados pela Lei 9.527/97, que, em seu art. 5º, previu férias anuais de 30 dias. Portanto, os Procuradores Federais têm direito apenas às férias de 30 dias, conforme previsto no art. 5º da Lei 9.527/97.* Conforme o informativo 768 do STF: "(...) *No mérito, esclareceu que a questão posta estaria centrada na interpretação do art. 131, "caput", da CF ("A Advocacia-Geral da União é a instituição que, diretamente ou através de órgão vinculado, representa a União, judicial e extrajudicialmente, cabendo-lhe, nos termos da lei complementar que dispuser sobre sua organização e funcionamento, as atividades de consultoria e assessoramento jurídico do Poder Executivo") e sua aplicação aos procuradores federais. A evolução legislativa da matéria demonstraria que, até o advento da Medida Provisória 2.229-43/2001, não haveria a carreira de procurador federal mas, sim, cargos diversos cujos titulares seriam responsáveis pela representação judicial, consultoria e assessoria jurídica das autarquias e fundações públicas federais. A esses cargos se refeririam o art. 1º da Lei 2.123/1953 e o art. 17, parágrafo único, da Lei 4.069/1962. A MP 2.229-43/2001 criara a carreira de procurador federal, com subordinação administrativa ao Advogado-Geral da União. A procuradoria-geral federal fora criada posteriormente, com a Lei 10.480/2002, e se estruturara segundo o que posto em leis ordinárias, em especial após a Constituição de 1988. Assim, o art. 131 da CF não tratara da Procuradoria-Geral Federal ou dos procuradores federais, ou seja, esse dispositivo constitucional não disciplinara a representação judicial e extrajudicial das autarquias e fundações públicas (Administração indireta), mas apenas da União (Administração direta)".*

118. ADI 5814 MC-AgR-AgR/RR, STF. Plenário. Rel. Min. Roberto Barroso; ARE 830727 AgR/SC, Rel. p/ ac Min. Cármen Lúcia, julgados em 06.02.2019 (Info 929).

Por último, é importante salientar, que nos termos decididos pelo STF na ADI 6053, é constitucional lei que preveja o pagamento de honorários de sucumbência aos advogados públicos. Porém, a somatória do subsídio com os honorários não pode ultrapassar mensalmente o teto remuneratório, ou seja, o subsídio dos Ministros do STF. Nesses termos, a percepção de honorários de sucumbência pelos advogados públicos não representa ofensa à determinação constitucional de remuneração exclusiva mediante subsídio (arts. 39, § 4º, e 135 da CR/88).

Para o STF, o art. 39, § 4º, da CR/88, não constitui vedação absoluta de pagamento de outras verbas além do subsídio. Os advogados públicos podem receber honorários sucumbenciais, mas, como eles recebem os valores em função do exercício do cargo, esse recebimento precisa se sujeitar ao regime jurídico de direito público.

Por esse motivo, mesmo sendo compatível com o regime de subsídio, sobretudo quando estruturado como um modelo de remuneração por performance, com vistas à eficiência do serviço público, a possibilidade de advogados públicos perceberem verbas honorárias sucumbenciais não afasta a incidência do teto remuneratório estabelecido pelo art. 37, XI, da CR/88.[119]

No âmbito **estadual**, também temos uma **advocacia pública** intitulada de **Advocacia-Geral do Estado** ou **Procuradoria-Geral do Estado.**

Nesse sentido, os Procuradores dos Estados e do Distrito Federal, organizados em carreira, na qual o ingresso dependerá de concurso público de provas e títulos, com a participação da Ordem dos Advogados do Brasil em todas as suas fases, exercerão a representação judicial e a consultoria jurídica das respectivas unidades federadas.[120]

Nesse tema, o STF decidiu, na ADI 145, que a Constituição de 1988 determina que a representação judicial e a consultoria jurídica do Estado, incluídas suas autarquias e fundações, devem ser feitas pela Procuradoria-Geral do Estado, nos termos do art. 132 da CR/88.

119. **ADI 6053**, STF. Plenário. Rel. p/ Ac. Min. Alexandre de Moraes, julg. em **22.06.2020**. O entendimento também para os Procuradores do Estado, do DF e de Município. Nesse sentido: *É constitucional o pagamento de honorários sucumbenciais aos advogados públicos, observando-se, porém, o limite remuneratório previsto no art. 37, XI, da Constituição*. STF. Plenário. ADI 6159 e ADI 6162, Rel. Min. Roberto Barroso, julgados em 25.08.2020.

120. **Na** ADI 4843/PB MC julg. em **11.12.2014**: *O Plenário do STF referendou medida liminar concedida monocraticamente com o fim de suspender os efeitos da alínea a do inciso I do art. 3º; dos artigos 16 e 19; e do Anexo IV, todos da Lei 8.186/2007, do Estado da Paraíba. Os dispositivos criam cargos em comissão, no âmbito do Estado-membro, de "Consultor Jurídico do Governo"; "Coordenador da Assessoria Jurídica"; e "Assistente Jurídico". O Colegiado reputou violado o art. 132 da CF, que confere aos Procuradores de Estado a representação exclusiva do Estado-membro em matéria de atuação judicial e de assessoramento jurídico, sempre mediante investidura fundada em prévia aprovação em concurso público. O aludido dispositivo constitucional teria por escopo conferir às procuradorias não apenas a representação judicial, como também o exame da legalidade interna dos atos estaduais, a consultoria e a assistência jurídica. O órgão deveria possuir ocupantes detentores das garantias constitucionais conducentes à independência funcional, para o bom exercício de seu mister, em ordem a que os atos não fossem praticados somente de acordo com a vontade do administrador, mas também conforme a lei. Assim, essa função não poderia ser exercida por servidores não efetivos, como no caso. Por fim, julgou prejudicados embargos declaratórios opostos pelo Governador.*

Assim sendo, o art. 132 da CR/88 consagra o chamado ***princípio da unicidade*** da representação judicial e da consultoria jurídica dos Estados e do Distrito Federal e, dessa forma, estabelece competência funcional ***exclusiva*** da Procuradoria-Geral do Estado.

O modelo constitucional da atividade de representação judicial e consultoria jurídica dos Estados exige a ***unicidade orgânica da advocacia pública estadual***, incompatível com a criação de órgãos jurídicos paralelos para o desempenho das mesmas atribuições no âmbito da Administração Pública Direta ou autarquias e fundações.[121]

É interessante que, na acima citada ADI 145, o STF determinou a inconstitucionalidade do art. 152, parágrafo único, da Constituição do Ceará, que impunha ao Governador o dever de encaminhar à Assembleia Legislativa projeto de lei sobre a organização e o funcionamento da Procuradoria-Geral do Estado e das procuradorias autárquicas, além de admitir, de ***forma geral e para o futuro***, a existência de órgãos jurídicos, no âmbito das autarquias e fundações, distintos da Procuradoria-Geral.

Aqui, segundo o STF, a exceção prevista no art. 69 do ADCT da CR/88 deixou evidente que, a partir da Constituição de 1988, não se permite mais a criação de órgãos jurídicos distintos da Procuradoria-Geral do Estado, admite-se apenas a ***manutenção daquelas consultorias jurídicas já existentes quando da promulgação da Carta***.

Trata-se de exceção direcionada a situações concretas e do passado e, por essa razão, deve ser interpretada restritivamente, inclusive com atenção à diferenciação entre os termos "consultoria jurídica" e "procuradoria jurídica", uma vez que esta última pode englobar as atividades de consultoria e representação judicial.[122]

---

121. Segundo o STF: *É inconstitucional norma de Constituição Estadual que preveja que compete ao Governador nomear e exonerar o "Procurador da Fazenda Estadual". Isso porque o art. 132 da CF/88 determina que a representação judicial e a consultoria jurídica do Estado, incluídas suas autarquias e fundações, deve ser feita pelos "Procuradores dos Estados e do Distrito Federal". Nesses termos,* essa previsão do art. 132 da CF/88 é chamada de ***princípio da unicidade da representação judicial e da consultoria jurídica dos Estados e do Distrito Federal***. Nesses termos, ***só um órgão pode desempenhar esta função e se trata da Procuradoria-Geral do Estado, que detém essa competência funcional exclusiva***. **ADI 825/AP**, Rel. STF. Plenário. Min. Alexandre de Moraes, julgado em **25.10.2018** (Informativo 921). Conforme o STF: *É inconstitucional dispositivo de Constituição Estadual que* ***cria o cargo de procurador autárquico em estrutura paralela à Procuradoria do Estado***. *Também é inconstitucional dispositivo de constituição Estadual* ***que transforma os cargos de gestores jurídicos, advogados e procuradores jurídicos em cargos de procuradores autárquicos***. STF. Plenário. **ADI 5215/GO**, Rel. Min. Roberto Barroso, julgado em **27** e **28/3/2019** (Info 935). No mesmo sentido: *É inconstitucional dispositivo de Constituição Estadual que preveja que os* ***procuradores autárquicos e os advogados de fundação terão competência privativa para a representação judicial e o assessoramento jurídico dos órgãos da Administração Estadual Indireta aos quais vinculados****, e que, para os efeitos de incidência de teto remuneratório, eles serão considerados "procuradores", nos termos do art. 37, XI, da CF/88*. STF. Plenário. **ADI 4449/AL**, Rel. Min. Marco Aurélio, julgado em **27** e **28.03.2019** (Info 935)
122. ADI 145/CE, STF. Plenário. Rel. Min. Dias Toffoli, julg. em 20.06.2018.

Portanto, é importante salientar, que existem exceções à regra da *unicidade orgânica da Procuradoria Geral do Estado*, mas elas são reconhecidas pelo STF de forma bastante restritiva. Nesses termos:

a) 1ª Exceção: como citado acima, está prevista no art. **69 do ADCT da CR/88**: *"Será permitido aos Estados manter consultorias jurídicas separadas de suas Procuradorias Gerais ou Advocacias-Gerais, desde que, na data da promulgação da Constituição, tenham órgãos distintos para as respectivas funções.*[123]

b) 2ª Exceção: a *possibilidade de criação de procuradorias vinculadas ao Poder Legislativo e ao Tribunal de Contas, para a defesa de sua autonomia e independência perante os demais Poderes, hipótese em que se admite a consultoria e assessoramento jurídico dos órgãos por parte de seus próprios procuradores.* Nesse sentido: *"é constitucional a criação de órgãos jurídicos na estrutura de Tribunais de Contas estaduais, vedada a atribuição de cobrança judicial de multas aplicadas pelo próprio tribunal"*;[124]

Sobre a segunda exceção, temos que é possível a existência de Procuradoria da Assembleia Legislativa, mas este órgão ficará responsável apenas pela defesa das prerrogativas do Poder Legislativo. Ou seja, a atuação da Procuradoria da Assembleia Legislativa deve ficar limitada à defesa das prerrogativas inerentes ao Poder Legislativo.

Portanto, a representação estadual como um todo, independentemente do Poder, compete à Procuradoria-Geral do Estado, tendo em conta o ***princípio da unicidade institucional*** da representação judicial e da consultoria jurídica para Estados e Distrito Federal.[125]

No entanto, às vezes, há conflito entre os Poderes (como exemplo: o Poder Legislativo cobra do Poder Executivo o repasse de um valor que ele entende devido e que não foi feito). Nestes casos, é possível, em tese, a propositura de ação judicial pela Assembleia Legislativa e quem irá representar judicialmente o órgão será a Procuradoria da Assembleia Legislativa.[126]

---

123. "O art. 69 do ADCT foi uma exceção transitória ao princípio da unicidade orgânica da Procuradoria estadual. Esta exceção foi prevista com o objetivo de garantir a continuidade dos serviços de representação e consultoria jurídicas que existiam na Administração Pública no período logo em seguida à promulgação da CF/88, quando algumas Procuradorias estaduais ainda não estavam totalmente estruturadas. Em outras palavras, foi pensada como uma forma de evitar lacunas e uma desorganização da Administração Pública. Vale ressaltar que só foram mantidas as consultorias jurídicas que já existiam antes da CF/88." In: *Dizer o Direito*, Informativo 921.

124. ADI 4070/RO, STF. Plenário. Rel. Min. Cármen Lúcia, julgado em 19.12.2016.

125. *É inconstitucional dispositivo de Constituição Estadual que preveja que a Procuradoria Geral do Estado ficará responsável pelas atividades de representação judicial e de consultoria jurídica apenas "do Poder Executivo". Essa previsão viola o princípio da unicidade da representação judicial dos Estados e do Distrito Federal. De acordo com o art. 132 da CF/88 as atribuições da PGE não ficam restritas ao Poder Executivo, abrangendo também os demais Poderes*. STF. Plenário. **ADI 5262 MC/RR**, Rel. Min. Cármen Lúcia, julg. em **27** e **28.03.2019** (Info 935).

126. **ADI 825/AP**, STF. Plenário. Rel. Min. Alexandre de Moraes, julg. em **25.10.2018**. Sobre o tema, já decidiu o STF que: *É inconstitucional lei estadual que preveja que servidor de autarquia (Técnico Superior do DETRAN) será responsável por: a) representar a entidade "em juízo ou fora dele nas ações em que haja interesse da autarquia"; b) praticar "todos os demais atos de natureza judicial ou contenciosa, devendo, para tanto, exercer as suas funções*

Ainda sobre o tema do art.132 da CR/88 e o ***princípio da unicidade institucional,*** decidiu o STF na ***ADI 3536/SC*** que é inconstitucional lei estadual que confira à Procuradoria-Geral do Estado competência para controlar os serviços jurídicos e para fazer a representação judicial de empresas públicas e sociedades de economia mista, inclusive com a possibilidade de avocação de processos e litígios judiciais dessas estatais.[127]

Para o STF, essa previsão cria uma ingerência indevida do Governador na administração das empresas públicas e sociedades de economia mista, que são pessoas jurídicas de direito privado. E nesses termos, conforme já salientado, o art. 132 da CR/88 confere às Procuradorias dos Estados/DF atribuição para as atividades de consultoria jurídica e de representação judicial apenas no que se refere à administração pública direta, autárquica e fundacional.

Asseverou o STF, que a lei estadual cria uma ingerência indevida do Governador na administração das empresas públicas e sociedades de economia mista, pessoas jurídicas de direito privado, o que impede a defesa dessas entidades. No ponto, observou que o chefe do poder executivo estadual é quem escolhe o Procurador-Geral do Estado. Num eventual litígio, por exemplo, entre uma sociedade de economia mista e a administração pública direta, o Governador poderia determinar a avocação do processo e defender o seu próprio interesse. Haveria, portanto, partes conflituosas, no mesmo litígio, com o mesmo advogado.[128]

Ainda sobre o tema, o STF entendeu, que é constitucional lei estadual que determine o cargo em comissão de Procurador-Geral de universidade estadual. Conforme o Pretório Excelso, esta previsão não viola o *princípio da unicidade* da representação judicial dos Estados e do Distrito Federal (art. 132 da CR/88) porque no caso está de acordo com o princípio da *autonomia universitária* estabelecido no art. 207 da CR/88.[129]

Também já decidiu o STF, na ADI 5109, em 13.12.2018, que técnico superior em Direito de autarquia estadual não pode exercer atribuições de representação jurídica

profissionais e de responsabilidade técnica regidas pela Ordem dos Advogados do Brasil OAB". Tais previsões violam o "princípio da unicidade da representação judicial dos Estados e do DF", insculpido no art. 132 da CR/88. A legislação impugnada, apesar de não ter criado uma procuradoria paralela, atribuiu ao cargo de Técnico Superior do Detran/ES, com formação em Direito, diversas funções privativas de advogado. Ao assim agir, conferiu algumas atribuições de representação jurídica do DETRAN a pessoas estranhas aos quadros da Procuradoria-Geral do Estado, com violação do art. 132, caput, da CR/88. **ADI 5109/ES,** julg em **13.12.2018.**

127. **ADI 3536/SC**, STF. Plenário. Rel. Min. Alexandre de Moraes, julg em **02.10.2019**. O Plenário, por maioria, julgou procedente pedido formulado em ação direta ajuizada contra dispositivos da Lei Complementar 226/2002 do Estado de Santa Catarina, a qual confere à Procuradoria-Geral do Estado competência para controlar os serviços jurídicos de entidades da administração estadual indireta, inclusive a representação judicial, com a possibilidade de avocação de processos e litígios judiciais, de empresas públicas e sociedades de economia mista. O Colegiado declarou a inconstitucionalidade da expressão "*sociedades de economia mista e empresas públicas estaduais*", constante dos arts. 1º, 2º, 3º, 4º, VI, 12, caput e parágrafo único, 16, caput e II, e 17, da lei impugnada. (Informativo 954)

128. **ADI 3536/SC**, STF. Plenário. Rel. Min. Alexandre de Moraes, julgado em 02.10.2019 (Info 954).

129. **ADI 5262 MC/RR**, STF. Plenário. Rel. Min. Cármen Lúcia, julgado em **27** e **28.03.2019** (Informativo 935).

da entidade, mas pode fazer atuação jurídica no âmbito interno da autarquia, desde que sob a supervisão de Procurador do Estado.

Para o STF, é inconstitucional lei estadual que preveja que servidor de autarquia (no caso, era Técnico Superior do DETRAN) será responsável por: a) representar a entidade "em juízo ou fora dele nas ações em que haja interesse da autarquia"; b) praticar "todos os demais atos de natureza judicial ou contenciosa, devendo, para tanto, exercer as suas funções profissionais e de responsabilidade técnica regidas pela Ordem dos Advogados do Brasil OAB".[130]

O fundamento é o de que, conforme vimos, tais previsões violam o ***"princípio da unicidade*** da representação judicial dos Estados e do Distrito Federal", estabelecido no art. 132 da CR/88.

Por outro lado, é válido que esses servidores façam a atuação jurídica no âmbito interno da autarquia, sobretudo em atividades de *compliance*, tais como conceber e formular medidas e soluções de otimização, fiscalização e auditoria (exs: interpretar textos e instrumentos legais, elaborar pareceres sobre questões jurídicas que envolvam as atividades da entidade, elaborar editais, contratos, convênios etc.). Essas atribuições podem sim ser exercidas[131] pelos Técnicos Superiores do DETRAN, sem que isso ofenda o princípio da unicidade da representação judicial. O STF entendeu que não se pode deslocar qualquer atuação técnico-jurídica da autarquia para a PGE, porque esta não conseguirá fazer frente a essa gama de trabalho, sob pena de ter suas atividades inviabilizadas.[132]

No caso, a legislação impugnada (do Estado do Espírito Santo), apesar de não ter criado uma procuradoria paralela, atribuiu ao cargo de Técnico Superior do Detran/ES, com formação em Direito, diversas funções privativas de advogado. Segundo o STF, essa legislação conferiu algumas atribuições de representação jurídica do DETRAN a pessoas estranhas aos quadros da Procuradoria-Geral do Estado, com violação do art. 132, *caput*, da CR/88.

Porém, em julgamento de embargos de delaração na ADI 5109, em 04.06.2020, explicitando mais seu posicionamento, decidiu o STF que: a) são inconstitucionais os dispositivos da lei que preveem que o Técnico Superior do DETRAN possa "apresentar recursos em qualquer instância", "comparecer às audiências e outros atos para defender os direitos do órgão" e "promover medidas administrativas e judiciais para proteção dos bens e patrimônio do DETRAN-ES"; b) a declaração de inconstitucionalidade parcial do ato normativo abrange as atribuições jurídicas consultivas do cargo de Técnico Superior que sejam privativas de Procurador do Estado. Portanto,

130. **ADI 5109/ES**, STF. Plenário. Rel. Min. Luiz Fux, julgado em **13.12.2018** (Inf. 927).
131. No julgamento de ED, entendeu o STF, *que as atribuições jurídicas consultivas dos ocupantes do cargo de Técnico Superior devem ser obrigatoriamente exercidas sob a supervisão de Procurador do Estado, por ser esta a interpretação que melhor prestigia o art. 132 da CR/88 e a jurisprudência do STF*. STF. Plenário. ADI 5109 ED-segundos/ES, Rel. Min. Luiz Fux, julg. em 04.06.2020.
132. **ADI 5109/ES**, STF. Plenário. Rel. Min. Luiz Fux, julgado em **13.12.2018** (Inf. 927).

as atribuições de "elaborar estudos de pareceres sobre questões jurídicas que envolvam as atividades do DETRAN-ES; elaborar editais, contratos, convênios, acordos e ajustes celebrados pela autarquia, com a emissão de parecer" devem ser exercidas ***sob supervisão*** de Procurador do Estado.[133]

Na sequência, temos que o chefe dos advogados do Estado será intitulado de ***Procurador-Geral do Estado*** (ou ***Advogado-Geral do Estado***) e deverá ser escolhido pelo Governador, nos termos da Constituição do Estado, que *pode definir* (diferentemente do AGU) que ele só poderá ser necessariamente um dos membros integrantes da carreira, como fez a Constituição do Estado de São Paulo.[134]

Porém, acreditamos (*interpretando* de forma adequada a ADI 2.581/SP, o que alguns doutrinadores ainda não fizeram) que a Constituição Estadual pode estabelecer que a nomeação seja a cargo do Governador sem a obrigatoriedade de ser um membro da carreira.[135] Portanto, a questão está afeta à Constituição Estadual. Nesses termos, citamos trecho de decisão do STF de 2009 na ADI 2.682/AP, que corrobora com o nosso posicionamento. Nesse julgado:

> "(...) Adotou-se o entendimento fixado na ADI 2581/SP (*DJE* em 15.08.2008) consoante o qual a forma de nomeação do Procurador-Geral do Estado, não

133. **ADI 5109 ED-segundos**/ES, STF. Plenário. Rel. Min. Luiz Fux, julgado em **04.06.2020** (Inf. 980) *Ao dar parcial provimento aos embargos, o STF afirmou que as atividades de representação judicial e extrajudicial atribuídas ao cargo de Técnico Superior – Formação Direito do DETRAN-ES não podem ser omitidas da declaração de inconstitucionalidade.* Em nome do princípio da confiança e do postulado da segurança jurídica, o STF fez a modulação dos efeitos da declaração de inconstitucionalidade. Assim, o STF decidiu: *manter os cargos em questão, excluídas as atribuições judiciais inerentes às procuradorias; declarar a validade dos atos praticados (ex: contestações, recursos etc.) até a data do julgamento, com base na teoria do funcionário de fato.*

134. No caso da Constituição de São Paulo, ela foi objeto de ADI que questionou a norma referente à obrigatoriedade de nomeação do Procurador-Geral do Estado dentre os integrantes da carreira. Nessa ação, o STF (em votação por **6x5**) entendeu que a norma em questão não era inconstitucional, podendo o Estado determinar a nomeação do PGE diferentemente do descrito para o AGU. Nesses termos: *"O Tribunal, por maioria, julgou improcedente pedido formulado em ação direta ajuizada pelo Governador do Estado de São Paulo contra a expressão 'entre os Procuradores que integram a carreira', contida no parágrafo único do art. 100 da Constituição do referido Estado-membro ('O Procurador-Geral do Estado será nomeado pelo Governador, em comissão, entre os Procuradores que integram a carreira, e deverá apresentar declaração pública de bens, no ato da posse e de sua exoneração.') – v. Informativo 336.* ***Entendeu-se que a Constituição estadual, subordinada aos princípios contidos na Constituição Federal, no exercício da auto-organização conferida pelo art. 25, teria competência para a definição dos critérios para a escolha do Procurador-Geral,*** *na forma prevista no inciso VIII do art. 235, e em consonância com o art. 132, que estabelece a representatividade do Estado por integrantes da carreira [...] Nesta assentada, o Min. Sepúlveda Pertence, em voto de desempate, na linha de outros votos já proferidos, acompanhou o relator, ao fundamento de não ser essencial do cargo em comissão, segundo a Constituição Federal, a inexistência de quaisquer limites à clientela passível desta nomeação. Vencidos os Ministros Maurício Corrêa, Joaquim Barbosa, Gilmar Mendes, Ellen Gracie e Nelson Jobim que julgavam o pedido procedente por considerar que a norma impugnada, ao impor limitação ao exercício do poder discricionário de escolha conferido ao Governador, ofenderia o art. 61, § 1º, II, c, da CR, bem como o princípio da separação entre os Poderes."* **ADI 2581/SP,** Rel. p/ o ac, Min. Marco Aurélio, julg. em **16.8.2007**.

135. Como exemplo, a Constituição de Minas Gerais até 2014 previa que: Art. 128 – § 1º – A Advocacia-Geral do Estado tem por chefe o Advogado-Geral do Estado, de **livre nomeação pelo Governador do Estado** entre cidadãos maiores de trinta e cinco anos, de notável saber jurídico e reputação ilibada. Só com o advento da **EC nº 93 de 16.06.2014** que passou a prever que: § 1º – A Advocacia-Geral do Estado será chefiada pelo Advogado Geral do Estado, nomeado pelo Governador **entre os Procuradores do Estado, integrantes da Advocacia Pública do Estado**, estáveis e maiores de 35 anos.

> prevista pela Constituição Federal (art. 132), pode ser definida pela Constituição Estadual, competência esta que se insere no âmbito de autonomia de cada Estado-membro. Citou-se, também, a orientação firmada no julgamento da ADI 217/PB (*DJU* de 13.09.2002) no sentido da constitucionalidade da previsão, na Constituição e na legislação estaduais, da faculdade do Chefe do Executivo local de nomear e exonerar livremente o Procurador-Geral do Estado. Asseverou-se, assim, que o Estado-membro não está obrigado a observar o modelo federal para o provimento do cargo de Advogado-Geral da União (art. 131, § 1º)".[136]

Temos também, que o STF na ADI 4289, decidiu que é inconstitucional Constituição Estadual que determina que a escolha do Procurador-Geral do Estado deve ser submetida ao crivo da Assembleia Legislativa do Estado. Nesses termos, o cargo de Procurador-Geral do Estado é de livre nomeação e exoneração, sendo um cargo de confiança do chefe do Poder Executivo.[137]

No mesmo sentido, decidiu o STF na ADI 2167, pela inconstitucionalidade de norma de Constituição Estadual que exija prévia arguição e aprovação da Assembleia Legislativa para que o Governador do Estado nomeie o chefe (Titular) da Procuradoria Geral do Estado.[138]

Afirmou o Pretório Excelso, que exigir a prévia arguição e aprovação do Procurador-Geral do Estado pela Assembleia Legislativa viola a Constituição Federal porque afeta a separação dos Poderes e interfere diretamente na estrutura hierárquica do Poder Executivo. Essa previsão transfere ao Legislativo o controle sobre agente público, que, conforme lei orgânica, integra o gabinete do chefe do Executivo como secretário de governo.[139]

Na sequência, é interessante ainda, trazermos recente decisão do STF no HC nº 103.803/RR, sobre a questão atinente ao Procurador-Geral do Estado e o tema da *"prerrogativa de foro"*.

Segundo o STF, a Constituição Estadual pode prever que o Procurador-Geral do Estado tenha foro por prerrogativa de função no Tribunal de Justiça do Estado. Nesse sentido, esse entendimento segue a normativa constitucional, pois a Constituição de 1988 em seu art. 125, § 1º, afirma que a competência dos Tribunais de Justiça deve ser definida na Constituição do Estado.

Porém, decidiu o STF, que essa competência não pode ser definida por lei estadual, ou seja, lei estadual não tem legitimidade para prever que o Procurador-Geral do Estado tenha *foro por prerrogativa de função* no Tribunal de Justiça do Estado.

Nesses termos, fica explícito o posicionamento do Pretório Excelso, de que a competência dos Tribunais de Justiça deve ser definida na Constituição do Estado

136. Rel. Min. Gilmar Mendes, julg. em 12.02.2009 (Informativo nº 535 do STF).
137. ADI 4284/ RR. Pleno do STF. Rel. Min. Ricardo Lewandowski julg. em 09.04.2015.
138. **ADI 2167/RR**, STF. Plenário. red. p/ o ac. Min. Alexandre de Moraes, julgado em **03.06.2020** (Info 980).
139. **ADI 2167/RR**, STF. Plenário. red. p/ o ac. Min. Alexandre de Moraes, julgado em **03.06.2020** (Info 980).

e **não** em legislação infraconstitucional. Por isso, Constituição Estadual que prevê uma *norma aberta* de definição de competência do Tribunal de Justiça, *delegando* ao legislador infraconstitucional o poder de dispor sobre a matéria e de ampliar seus limites, é inconstitucional.

Outro ponto interessante é que, segundo o STF, não basta a mera equiparação do Procurador-Geral do Estado ao cargo de Secretário de Estado, visto que no âmbito federal pela normativa do art.13, § 1º, da Lei nº 9.649/1998, o Advogado-Geral da União tornou-se Ministro de Estado (diga-se: não se trata de *mera equiparação*).[140]

Ainda sobre o tema, decidiu recentemente o STF, que é inconstitucional dispositivo da Constituição Estadual que confere foro por prerrogativa de função, no Tribunal de Justiça, para Procuradores do Estado e também para os Procuradores da Assembleia Legislativa Estadual.

Conforme o STF, a Constituição de 1988, apenas excepcionalmente, conferiu prerrogativa de foro para as autoridades federais, estaduais e municipais. Assim, não se pode permitir que os Estados possam, livremente, criar novas hipóteses de foro por prerrogativa de função.[141]Aqui apenas para não confundir, ressaltamos, que estamos falando dos Procuradores do Estado e não do Procurador Geral do Estado.

---

140. **HC nº 103.803,** julg. em **01.07.2014**: *Habeas corpus. Constitucional. Foro por prerrogativa de função. Procurador-geral de Estado de Roraima. Cargo equiparado a secretário de Estado por força de Lei Complementar estadual. Vedação do art. 125, § 1º, da Constituição Federal.* ***Inaplicabilidade de simetria com o cargo de Advogado-Geral da União. Situações jurídicas distintas.*** *1. Segundo a jurisprudência do STF, "compete à Constituição do Estado definir as atribuições do Tribunal de Justiça, não podendo este desempenho ser transferido – menos ainda por competência aberta – ao legislador infraconstitucional (art. 125, § 1º, da CRFB/88)" (ADI 3140, Relator(a): Min. Cármen Lúcia, Pleno, DJ 29.06.2007). 2. É inconstitucional, por isso, a norma da Constituição do Estado de Roraima que atribui foro por prerrogativa de função a agentes públicos equiparados a Secretários de Estado (alínea "a", inciso "X", do art. 77), equiparação a ser promovida pelo legislador infraconstitucional. 3. Conforme dispõe o parágrafo único do art. 4º da Lei Complementar 71/2003, do Estado de Roraima, "O Procurador-Geral do Estado terá (...) as mesmas prerrogativas, subsídio e obrigações de Secretário de Estado".* ***Não sendo Secretário de Estado, mas apenas equiparado a ele, não tem o Procurador-Geral foro por prerrogativa no Tribunal de Justiça.*** *Não o favorece o decidido pelo STF em relação ao cargo de Advogado-Geral da União (PET 1.199 AgR/SP, Relator: Min. Sepúlveda Pertence, Pleno, DJ 25-06-1999). Ao reconhecer, nesse julgamento, a prerrogativa de foro, o STF o fez na expressa consideração de que, por força do § 1º do art. 13 da Lei 9.649/1998, o* ***Advogado-Geral da União tornou-se Ministro de Estado (deixando, portanto, de ser meramente equiparado).*** *Reafirmou-se, todavia, na mesma oportunidade, o entendimento (aplicável, mutatis mutandis, a Secretários de Estado), de que "para efeito de definição da competência penal originária do STF, não se consideram Ministros de Estado os titulares de cargos de natureza especial da estrutura orgânica da Presidência da República, malgrado lhes confira a lei prerrogativas, garantias, vantagens e direitos equivalentes aos dos titulares dos Ministérios". No mesmo sentido: Pet 2084 MC, Min. Sepúlveda Pertence, DJ 16/08/2000; ADI 3289; Min. Gilmar Mendes, Pleno, DJ de 24-02-2006. 4. Ordem denegada.*

141. **ADI 2553/MA**, STF. Plenário. Red. p/ o ac. Min. Alexandre de Moraes, julg em **15.05.2019** (Inf. 940). *O Plenário, por maioria, julgou procedente pedido formulado em ação direta para declarar a inconstitucionalidade do art. 81, IV, da Constituição do Estado do Maranhão, acrescentado pela Emenda Constitucional 34/2001. O dispositivo impugnado inclui, entre as autoridades com foro criminal originário perante o tribunal de justiça, os procuradores de Estado, os procuradores da assembleia legislativa, os defensores públicos e os delegados de polícia. Prevaleceu o voto do ministro Alexandre de Moraes, redator para o acórdão. Para ele, ao dispor sobre os órgãos do Poder Judiciário, o art. 92 da CF previu como regra que a primeira e a segunda instâncias constituem juízo natural com cognição plena para a questão criminal. Apenas excepcionalmente a CF conferiu prerrogativas de foro para as autoridades federais, estaduais e municipais. No ponto, citou, como exemplo, a competência do Supremo Tribunal Federal (STF) para processar e julgar o presidente da República, o vice-presidente, membros do Congresso Nacional, seus próprios ministros e o procurador-geral da República; a competência do Superior Tribunal de Justiça (STJ) para processar e julgar os desembargadores; e a competência dos tribunais de*

Temos ainda que, aos Procuradores (ou advogados) do Estado, é assegurada estabilidade após 3 (três) anos de efetivo exercício, mediante avaliação de desempenho perante os órgãos próprios, após relatório circunstanciado das Corregedorias.[142] E no que diz respeito à advocacia pública, serão aplicadas as normas atinentes à remuneração, previstas no art. 39, § 4º, da CR/88, definidoras do teto e subteto, previstos no inciso XI do art. 37 da CR/88.[143]

Porém, já decidiu o STF na ADI 1246, que norma estadual não pode conferir independência funcional aos Procuradores do Estado.

Segundo o STF, a Procuradoria-Geral do Estado é órgão constitucional e permanente ao qual se confiou o exercício da advocacia (representação judicial e consultoria jurídica) do Estado-membro (art. 132 da CR/88). Nesses termos, a ***parcialidade*** (e não a imparcialidade) é inerente às suas funções, sendo, por isso, inadequado cogitar-se independência funcional, nos moldes da Magistratura, do Ministério Público ou da Defensoria Pública (art. 95, II; art. 128, § 5º, I, b; e art. 134, § 1º, da CR/88).[144]

---

justiça para processar e julgar os membros do ministério público estadual, os próprios magistrados e os prefeitos municipais. Sublinhou a inviabilidade de se aplicar, nesse caso, o princípio da simetria, uma vez que a CF estabelece prerrogativa de foro nos três níveis: federal, estadual e municipal. Ressaltou que interpretação que conferisse às constituições estaduais a possibilidade de definir foro, considerando o princípio federativo e com esteio no art. 125, § 1º, da CF, permitiria aos Estados dispor, livremente, sobre essas prerrogativas, o que seria equivalente a assinar um cheque em branco. Por fim, esclareceu que o vice-governador, os secretários de Estado e o comandante dos militares estaduais, por determinação expressa do art. 28 da CF, também possuem prerrogativa de foro, independentemente de a constituição estadual fixá-la ou não. Aqui temos um esclarecimento: "O STF e a doutrina majoritária, tradicionalmente, ensinavam o seguinte: a) Em regra, os casos de foro por prerrogativa de função são previstos na Constituição Federal. Exs: art. 102, I, "b" e "c"; art. 105, I, "a". b) As Constituições estaduais podem prever casos de foro por prerrogativa de função desde que seja respeitado o princípio da simetria com a Constituição Federal. Isso significa que a autoridade estadual que "receber" o foro por prerrogativa na Constituição Estadual deve ser equivalente a uma autoridade federal que tenha foro por prerrogativa de função na Constituição Federal. Ex1: a Constituição Estadual pode prever que o Vice-Governador será julgado pelo TJ. Isso porque a autoridade "equivalente", em âmbito federal (Vice-Presidente da República), possui foro por prerrogativa de função no STF (art. 102, I, "b", da CF/88). Logo, foi respeitado o princípio da simetria. Ex2: a Constituição Estadual não pode prever foro por prerrogativa de função para os Delegados de Polícia, considerando que não há previsão semelhante para os Delegados Federais na Constituição Federal (STF ADI 2587). Essa autorização para que as Constituições Estaduais prevejam hipóteses de foro por prerrogativa de função no TJ existe por força do art. 125, § 1º, da CF/88. Assim, à luz do disposto no art. 125, § 1º, da CF, o constituinte estadual possui legitimidade para fixar a competência do Tribunal de Justiça e, por conseguinte, estabelecer a prerrogativa de foro às autoridades que desempenham funções similares na esfera federal. A CF/88, apenas excepcionalmente, conferiu prerrogativa de foro para as autoridades federais, estaduais e municipais. Assim, não se pode permitir que os Estados possam, livremente, criar novas hipóteses de foro por prerrogativa de função. A interpretação que conferisse às Constituições estaduais a possibilidade de definir foro, considerando o princípio federativo e com esteio no art. 125, § 1º, da CF/88, permitiria aos Estados dispor, livremente, sobre essas prerrogativas, o que seria equivalente a assinar um "cheque em branco". Desse modo, para o Min. Alexandre de Moraes, as hipóteses de foro por prerrogativa de função somente podem ser previstas validamente pela Constituição Estadual se estiverem asseguradas, explicita ou implicitamente, pela Constituição Federal". Dizer o Direito, Maio de 2019. Ver também: ADI 6501 Ref-MC/PA, ADI 6508 Ref-MC/RO, ADI 6515 Ref-MC/AM e ADI 6516 RefMC/AL, STF. Plenário. Rel. Min. Roberto Barroso, julg. em 20/11/2020 (Inf. 1000)

142. Norma acrescentada pela EC nº 19/98 (§ único do art. 132 da CR/88). Antes dela, a estabilidade dos Procuradores era adquirida após 2 anos de efetivo exercício da atividade. Porém, o art. 28 da EC nº 19/98 estabeleceu como transição que: *É assegurado o prazo de 2 (dois) anos de efetivo exercício para aquisição da estabilidade aos atuais servidores em estágio probatório (ou seja, que se encontravam em estágio no momento de surgimento da EC 19/98), sem prejuízo da avaliação a que se refere o § 4º do art. 41 da CR/88.*
143. Art. 37, XI com redação estabelecida pela Emenda Constitucional nº 41/2003.
144. **ADI 1246**, STF. Plenário. Rel. Roberto Barroso, julgado em **11.04.2019**.

Já na ADI 5029, decidiu o STF, que norma estadual não pode conferir autonomia para a PGE. Nesses termos, as Procuradorias de Estado, por integrarem os respectivos Poderes Executivos, não gozam de autonomia funcional, administrativa ou financeira, uma vez que a administração direta é una e não comporta a criação de distinções entre órgãos em hipóteses não contempladas explícita ou implicitamente pela Constituição Federal.[145]

Além disso, também na ADI 5029, entendeu o STF, que norma estadual não pode conferir inamovibilidade aos Procuradores do Estado. Nesses termos, a garantia da inamovibilidade conferida pela CR/88 aos magistrados, aos membros do Ministério Público e aos membros da Defensoria Pública (arts. 93, VIII; 95, II; 128, § 5º, b; e 134, parágrafo único) não pode ser estendida aos Procuradores de Estado.[146]

Na mesma linha de raciocínio, afirmou o Pretório Excelso, que os Princípios institucionais e as prerrogativas funcionais do Ministério Público e da Defensoria Pública não podem ser estendidos às Procuradorias de Estado, porquanto as atribuições dos procuradores de estado – sujeitos que estão à hierarquia administrativa – não guardam pertinência com as funções conferidas aos membros daquelas outras instituições.[147]

Para o STF, na análise da ADI 5029, a autonomia conferida aos Estados-membros pelo art. 25, caput, da Constituição Federal não tem o condão de afastar as normas constitucionais de observância obrigatória. Nesses termos, a possibilidade de os Estados-membros se auto-organizarem não pode afrontar os modelos estabelecidos pela CR/88.[148]

Porém, aqui é interessante sublinharmos, decisão apertada da 1ª turma do STF (por voto médio inclusive[149]) que afirmou que é incompatível com a Constituição Federal o entendimento de que o Governador do Estado deve autorizar a propositura de ação de improbidade pela Procuradoria.[150]

Na decisão, sobre se os Procuradores do Estado precisam de autorização do Procurador-Geral e do Governador para poderem ajuizar ação civil pública, os ministros Alexandre de Moraes e Luiz Fux entenderam que não precisam da autorização de nenhum dos dois. Já Roberto Barroso e Rosa Weber que precisam de autorização apenas do Procurador-Geral do Estado (não precisam de autorização do Govenador). E o ministro Marco Aurélio, não conheceu do recurso extraordinário, sob o fundamento de que o acórdão do TJ envolveu a interpretação de legislação local.

145. **ADI 5029**, STF. Plenário. Rel. Luiz Fux, julgado em **15.04.2020**.
146. **ADI 5029**, STF. Plenário. Rel. Luiz Fux, julgado em **15.04.2020**.
147. **ADI 5029**, STF. Plenário. Rel. Luiz Fux, julgado em **15.04.2020**.
148. **ADI 5029**, STF. Plenário. Rel. Luiz Fux, julgado em **15.04.2020**.
149. Nesses termos: *Se os votos não forem dados em números ou quantidades, há de prevalecer o voto médio, isto é, aquele que não seja o mais favorável nem o mais desfavorável às partes."* GONÇALVES, Marcus Vinicius Rios. Curso de Direito Processual Civil. 13ª ed. São Paulo: Saraiva, 2020, p. 38.
150. **ARE 1165456 AgR**/SE, STF. 1ª Turma. red. p/ o ac. Min. Roberto Barroso, julgado em **01.09.2020** (Inf. 989).

Assim sendo, por voto médio, entendeu o STF, que para que o Procurador do Estado possa propor ação civil pública (por exemplo: ação civil pública de improbidade administrativa), não é necessária autorização do Govenador do Estado. No entanto, é indispensável a anuência do Procurador-Geral do Estado.

Para o STF, a exigência de autorização do Governador para a propositura de ação de improbidade viola o princípio da impessoalidade (art. 37, *caput*, da CR/88). O interesse do ente público que a Procuradoria do Estado representa não se confunde com o interesse do agente político que chefia o ente público. Nesse sentido, quando o interesse público demanda (exige) a atuação da PGE – como ocorre, por exemplo, no controle de legalidade exercido por meio da ação de improbidade – não pode a vontade do Governador impedir essa atuação.[151]

Na sequência, temos ainda, que é constitucional o pagamento de honorários sucumbenciais aos advogados públicos, observando-se, porém, o limite remuneratório previsto no art. 37, XI, da Constituição. Nesses termos, conforme o STF, é constitucional a percepção de honorários de sucumbência por procuradores de estadosmembros, observado o teto previsto no art. 37, XI, da Constituição Federal no somatório total às demais verbas remuneratórias recebidas mensalmente.[152]

E por último, ainda é importante afirmarmos, conforme o STF, que não há na Constituição da República previsão para que os Municípios instituam Procuradorias Municipais, organizadas em carreira, mediante concurso público. Ou seja, não existe, pelo menos por enquanto, na Constituição de 1988, a figura da advocacia pública municipal. Nesses termos, os Municípios não têm essa ***obrigação*** constitucional.[153]

3. ADVOCACIA

Segundo ditame constitucional, o advogado é indispensável à administração da justiça, sendo inviolável por seus atos e manifestações no exercício da profissão, nos limites da lei.[154]

Sobre a indispensabilidade da intervenção do advogado, temos que a norma prevista no art. 133 da Constituição não é absoluta, na medida em que, em alguns procedimentos judicias, a participação do advogado não é dotada de obrigatoriedade. Ou seja, em algumas hipóteses, os indivíduos são providos de capacidade

151. **ARE 1165456 AgR**/SE, STF. 1ª Turma. red. p/ o ac. Min. Roberto Barroso, julgado em **01.09.2020** (Inf. 989).
152. ADI 6135/GO, ADI 6160/AP, ADI 6161/AC, ADI 6169/MS, ADI 6177/PR e ADI 6182/RO, julg em **19.10.2020**.
153. STF. Plenário. RE 225777, Rel. p/ Acórdão Min. Dias Toffoli, julg. em 24/02/2011. STF. 2ª Turma. RE 893694 AgR, Rel. Min. Celso de Mello, julg. em 21.10.2016. É interessante que, tramita no Congresso Nacional PEC com o objetivo de "*alterar a redação do art. 132 da Constituição Federal para estender aos Municípios a obrigatoriedade de organizar carreira de procurador (para fins de representação judicial e assessoria jurídica)*" (PEC 17/2012).
154. Conforme o **art. 8º da Lei nº 8.906/94,** para inscrição como advogado é necessário: I – capacidade civil; II – diploma ou certidão de graduação em direito, obtido em instituição de ensino oficialmente autorizada e credenciada; III – título de eleitor e quitação do serviço militar, se brasileiro; IV – aprovação em Exame de Ordem; V – não exercer atividade incompatível com a advocacia; VI – idoneidade moral; VII – prestar compromisso perante o conselho.

postulatória para estar em juízo, como no caso do ***habeas corpus*** ou mesmo da revisão criminal, bem como em determinados e específicos procedimentos nos Juizados Especiais de pequenas causas (seja no âmbito estadual em causas que não ultrapassem o valor de 20 salários mínimos ou no âmbito federal nas causas cíveis de até 60 salários mínimos), conforme a normatividade atinente aos mesmos. Temos ainda que esse entendimento não diz respeito às causas criminais dos juizados especiais, nas quais é imprescindível o advogado.[155]

Sobre a advocacia e a função essencial à justiça exercida por ela, temos algumas observações:

1) O advogado deve ser necessariamente inscrito na OAB (Ordem dos Advogados do Brasil) demonstrando, assim, sua devida habilitação profissional. Certo é que a falta de habilitação, nos termos do Estatuto da Ordem dos Advogados (Lei nº 8.906/94), torna os atos processuais praticados inexistentes.[156]

2) No **RE 603.583/RS** julgado em **26.10.2011**, o Plenário do STF decidiu pela constitucionalidade do intitulado "Exame da Ordem". No caso, o Plenário desproveu recurso extraordinário em que discutida a constitucionalidade dos artigos 8º, IV, § 1º, e 44, II, ambos da Lei 8.906/94, que versam sobre o exame da Ordem dos Advogados do Brasil – OAB ("Art. 8º Para inscrição como advogado é necessário: ... IV – aprovação em Exame de Ordem; § 1º O Exame da Ordem é regulamentado em provimento do Conselho Federal da OAB. Art. 44. A Ordem dos Advogados do Brasil (OAB), serviço público, dotada de personalidade jurídica e forma federativa, tem por finalidade: II – promover, com exclusividade, a representação, a defesa, a seleção e a disciplina dos advogados em toda a República Federativa do Brasil")[157].

155. Conforme a **ADI 3168,** julg. em **08.06.2006:** *Ação direta de inconstitucionalidade. Juizados especiais federais. Lei 10.259/2001, art. 10. Dispensabilidade de advogado nas causas cíveis. Imprescindibilidade da presença de advogado nas causas criminais. Aplicação subsidiária da lei 9.099/1995. Interpretação Conforme a Constituição. É constitucional o art. 10 da Lei 10.259/2001, que faculta às partes a designação de representantes para a causa, advogados ou não, no âmbito dos juizados especiais federais. No que se refere aos processos de natureza cível, o STF já firmou o entendimento de que a imprescindibilidade de advogado é relativa, podendo, portanto, ser afastada pela lei em relação aos juizados especiais. Perante os juizados especiais federais, em processos de natureza cível, as partes podem comparecer pessoalmente em juízo ou designar representante, advogado ou não, desde que a causa não ultrapasse o valor de sessenta salários mínimos (art. 3º da Lei 10.259/2001) e sem prejuízo da aplicação subsidiária integral dos parágrafos do art. 9º da Lei 9.099/1995. Já quanto aos processos de natureza criminal, em homenagem ao princípio da ampla defesa, é imperativo que o réu compareça ao processo devidamente acompanhado de profissional habilitado a oferecer-lhe defesa técnica de qualidade, ou seja, de advogado devidamente inscrito nos quadros da OAB ou defensor público. Aplicação subsidiária do art. 68, III, da Lei 9.099/1995. Interpretação conforme, para excluir do âmbito de incidência do art. 10 da Lei 10.259/2001 os feitos de competência dos juizados especiais criminais da Justiça Federal.*

156. Nos termos do **RE nº 464.963,** julg. em **14.02.2006**: EMENTA: Recurso extraordinário. 2. Diretor-geral de Tribunal Regional Eleitoral. Exercício da advocacia. Incompatibilidade. Nulidade dos atos praticados. 3. Violação aos princípios da moralidade e do devido processo legal (*fair trial*). 4. Acórdão recorrido cassado. Retorno dos autos para novo julgamento. 5. Recurso extraordinário conhecido e provido.

157. *"No concernente à adequação do exame à finalidade prevista na CF – assegurar que as atividades de risco sejam desempenhadas por pessoas com conhecimento técnico suficiente, de modo a evitar danos à coletividade – aduziu-se que a aprovação do candidato seria elemento a qualificá-lo para o exercício profissional. Dessa forma, o argumento no sentido de que o exame não se prestaria para esse fim seria improcedente, pois o mesmo raciocínio seria aplicável às provas instituídas pelas próprias universidades, essenciais para a obtenção do bacharelado. Consignou-se que o exame*

3) Segundo o STF, na decisão da **ADI 3026**, a OAB é um ***serviço público autônomo*** e independente, **não** podendo ser considerada uma autarquia especial nos moldes das agências reguladoras. Com isso, ela **não** pode ser caracterizada como uma entidade da administração indireta, **não** estando sujeita a controle da Administração. Além disso, ela não pode ser considerada congênere dos demais órgãos de fiscalização profissional existentes, na medida em que ela não tem apenas finalidade corporativa, mas também objetivos institucionais. Nesses termos:

> (...) *1. A Lei nº 8.906, artigo 79, § 1º, possibilitou aos "servidores" da OAB, cujo regime outrora era estatutário, a opção pelo regime celetista. Compensação pela escolha: indenização a ser paga à época da aposentadoria. 2. Não procede a alegação de que a OAB sujeita-se aos ditames impostos à Administração Pública Direta e Indireta. 3. A OAB não é uma entidade da Administração Indireta da União. A Ordem é um serviço público independente, categoria ímpar no elenco das personalidades jurídicas existentes no direito brasileiro. 4. A OAB não está incluída na categoria na qual se inserem essas que se tem referido como "autarquias especiais" para pretender-se afirmar equivocada independência das hoje chamadas "agências". 5. Por não consubstanciar uma entidade da Administração Indireta, a OAB não está sujeita a controle da Administração, nem a qualquer das suas partes está vinculada. Essa não vinculação é formal e materialmente necessária. 6. A OAB ocupa-se de atividades atinentes aos advogados, que exercem função constitucionalmente privilegiada, na medida em que são indispensáveis à administração da Justiça [artigo 133 da CB/88]. É entidade cuja finalidade é afeita a atribuições, interesses e seleção de advogados. Não há ordem de relação ou dependência entre a OAB e qualquer órgão público. 7. A OAB, cujas características são autonomia e independência, não pode ser tida como congênere dos demais órgãos de fiscalização profissional. A OAB não está voltada exclusivamente a finalidades corporativas. Possui finalidade institucional. 8. Embora decorra de determinação legal, o regime estatutário imposto aos empregados da OAB não é compatível com a entidade, que é autônoma e independente. 9. Improcede o pedido do requerente no sentido de que se dê interpretação conforme o artigo 37, inciso II, da Constituição do Brasil ao caput do artigo 79 da Lei nº 8.906, que determina a aplicação do regime trabalhista aos servidores da OAB. 10. Incabível a exigência de concurso público para admissão dos contratados sob o regime trabalhista pela OAB. 11. Princípio da moralidade. Ética da legalidade e moralidade. Confinamento do princípio da moralidade ao âmbito da ética da legalidade, que não pode ser ultrapassada, sob pena de dissolução do próprio sistema. Desvio de poder ou de finalidade. 12. Julgo improcedente o pedido.*[158]

4) O Pretório Excelso já se posicionou, a nosso ver de forma acertada, que é inconstitucional a suspensão do exercício profissional em razão do inadimplemento

---

da OAB atestaria conhecimentos jurídicos, o que seria congruente com o fim pretendido e com a realidade brasileira." "(...) No tocante à suposta violação ao princípio da isonomia, decorrente da inexistência de exame imposto a médicos, por exemplo, antes de ingressarem na carreira, reputou-se descabida a pretensão de aplicar idêntico regime jurídico a atividades distintas, marcadas por conhecimentos e técnicas próprios. Além disso, o equívoco não estaria nas rígidas exigências para o exercício da advocacia. Ao contrário, caberia ao legislador determinar a obrigatoriedade de exame para o exercício da Medicina, o que estaria em consonância com a Constituição(...) Assinalou-se que o teste seria impessoal e objetivo, e sua aplicação observaria os princípios constitucionais relativos aos concursos públicos, conquanto não fosse espécie desse gênero. Destacou-se, ainda, que as questões estariam circunscritas aos conhecimentos adquiridos ao longo do curso superior." (RE 603.583/RS, Rel. Min. Marco Aurélio, 26.10.2011)

158. **ADI 3206. STF, Pleno,** *Rel. Min. Eros Grau.* julg. em **30.06.2006**.

de anuidades devidas à entidade de classe.[159] O caso concreto mais recente, envolveu advogado que estava há alguns anos sem pagar a anuidade.

O Estatuto da OAB (Lei nº 8.906/94) prevê que o advogado que deixar de pagar as contribuições devidas à OAB (anuidades) pratica infração disciplinar (art. 34, XXIII, da Lei nº 8.906/94) e pode ser suspenso do exercício, ficando proibido de exercer a advocacia enquanto não pagar integralmente a dívida, com correção monetária (art. 37, § 2º).

No caso, o advogado, foi suspenso pelo Tribunal de Ética e Disciplina da OAB, com base no Estatuto da OAB. O advogado questionou judicialmente a suspensão argumentando que essa suspensão seria inconstitucional porque violaria o livre exercício profissional (art. 5º, XIII, da CR/88).

O STF entendeu, que esses dispositivos do Estatuto da OAB são inconstitucionais, porque representam medida desproporcional que caracteriza sanção política, além de ofender a livre iniciativa e a liberdade profissional.[160]

É interessante que o caso enfrentado envolvia a OAB, mas a tese foi fixada pelo STF de modo amplo, abrangendo todo e qualquer conselho profissional. Nesses termos, afirmou o STF, que é inconstitucional a suspensão realizada por conselho de fiscalização profissional do exercício laboral de seus inscritos por inadimplência de anuidades, pois a medida consiste em sanção política em matéria tributária.[161]

5) Conforme recente alteração da Lei nº 8.906/94 em seus arts. 15, 16 e 17, pela Lei nº 13.247/2016, foi criada a sociedade unipessoal de advocacia. Essa era uma reivindicação antiga dos advogados que atuavam pessoalmente, sem sócios, para, por exemplo, gozar da tributação menos gravosa que estavam afetas apenas as sociedades constituídas por dois ou mais advogados (sociedade de advogados).

Sem dúvida, entendemos que a ***sociedade unipessoal*** deve ser bem recebida por proporcionar aos advogados autônomos um tratamento igualitário em relação aos outros que advogam em sociedade. Assim, a sociedade unipessoal de advocacia deve ser entendida como um ente capaz de direitos e obrigações distinto da pessoa do advogado. Ela é dotada de personalidade jurídica própria, que é adquirida pelo registro de seus atos constitutivos no setor próprio do Conselho Seccional da OAB em cuja base territorial tiver sua sede.

---

159. **RE 647885**, STF. Plenário. Rel. Min. Edson Fachin, julgado em 27.04.2020 (Repercussão Geral – Tema 732) (Inf. 978).

160. **RE 647885**, STF. Plenário. Rel. Min. Edson Fachin, julgado em 27.04.2020 (Repercussão Geral – Tema 732) Para o Min. Edson Fachin: *"As sanções políticas consistem em restrições estatais no exercício da atividade tributante que culminam por inviabilizar injustificadamente o exercício pleno de atividade econômica ou profissional pelo sujeito passivo de obrigação tributária, logo representam afronta aos princípios da proporcionalidade, da razoabilidade e do devido processo legal substantivo."*

161. **RE 647885**, STF. Plenário. Rel. Min. Edson Fachin, julgado em 27.04.2020 (Repercussão Geral – Tema 732) (Inf. 978). *O STF entende que a anualidade (anuidade) é considerada tributo, sendo classificada como contribuição profissional ou corporativa: O entendimento iterativo do STF é na direção de as anuidades cobradas pelos conselhos profissionais caracterizarem-se como tributos da espécie "contribuições de interesse das categorias profissionais", nos termos do art. 149 da Constituição da República.* STF. Plenário. ADI 4697, Rel. Min. Edson Fachin, julgado em 06.10.2016.

Nesses termos, os advogados podem reunir-se em sociedade simples de prestação de serviços de advocacia ou constituir sociedade unipessoal de advocacia, na forma disciplinada na Lei nº 8.906/94 e no regulamento geral da advocacia.

Aplica-se à sociedade de advogados e à sociedade unipessoal de advocacia o Código de Ética e Disciplina, no que couber. As procurações devem ser outorgadas individualmente aos advogados e indicar a sociedade de que façam parte.

Conforme dicção legal, nenhum advogado pode integrar mais de uma sociedade de advogados, constituir mais de uma sociedade unipessoal de advocacia ou integrar, simultaneamente, uma sociedade de advogados e uma sociedade unipessoal de advocacia, com sede ou filial na mesma área territorial do respectivo Conselho Seccional. O ato de constituição de filial deve ser averbado no registro da sociedade e arquivado no Conselho Seccional onde se instalar, ficando os sócios, inclusive o titular da sociedade unipessoal de advocacia, obrigados à inscrição suplementar. Temos ainda que os advogados sócios de uma mesma sociedade profissional não podem representar em juízo clientes de interesses opostos.

Além disso, o novo diploma legal determina que a ***sociedade unipessoal*** de advocacia pode resultar da concentração por um advogado das quotas de uma sociedade de advogados, independentemente das razões que motivaram tal concentração.

6) Nos termos da Lei nº 13.363 de 25.11.2016, foram estipulados direitos e garantias para a advogada gestante, lactante, adotante ou que der à luz e para o advogado que se tornar pai. Aqui o art. 7º da Lei nº 8906/94 foi acrescentado do art. 7º-A, que determinou como direitos da advogada: I – gestante: a) entrada em tribunais sem ser submetida a detectores de metais e aparelhos de raios X; b) reserva de vaga em garagens dos fóruns dos tribunais; II – lactante, adotante ou que der à luz, acesso a creche, onde houver, ou a local adequado ao atendimento das necessidades do bebê; III – gestante, lactante, adotante ou que der à luz, preferência na ordem das sustentações orais e das audiências a serem realizadas a cada dia, mediante comprovação de sua condição; IV – adotante ou que der à luz, suspensão de prazos processuais quando for a única patrona da causa, desde que haja notificação por escrito ao cliente. Afirmou-se ainda no § 1º do art. 7º-A que os direitos previstos à advogada gestante ou lactante aplicam-se enquanto perdurar, respectivamente, o estado gravídico ou o período de amamentação. Já no § 2º temos que os direitos assegurados nos incisos II e III deste artigo art. 7º-A à advogada adotante ou que der à luz serão concedidos pelo prazo previsto no art. 392 do Decreto-Lei nº 5.452, de 1º de maio de 1943 (Consolidação das Leis do Trabalho). Além disso, no § 3º o direito assegurado no inciso IV deste artigo à advogada adotante ou que der à luz será concedido pelo prazo previsto no § 6º do art. 313 da Lei nº 13.105, de 16 de março de 2015 (Código de Processo Civil). Já no que tange aos pais, o art. 313 do novo CPC passa a determinar que se suspende o processo: pelo parto ou pela concessão de adoção, quando a advogada responsável pelo processo constituir a única

patrona da causa[162]; e quando o advogado responsável pelo processo constituir o único patrono da causa e tornar-se pai.[163]

7) Conforme a **Súmula Vinculante nº 5** do STF, falta de defesa técnica por advogado no processo administrativo disciplinar não ofende a Constituição. Nesses termos, também o RE nº 434.059: "Processo Administrativo Disciplinar. 3. Cerceamento de defesa. Princípios do contraditório e da ampla defesa. Ausência de defesa técnica por advogado. 4. A falta de defesa técnica por advogado no processo administrativo disciplinar não ofende a Constituição."[164]

8) Conforme recente alteração da Lei nº 8.906/94 pela Lei nº 13.245/2016, é direito do advogado nos termos do art. 7º, inciso XXI, assistir seus clientes investigados durante a apuração de infrações, sob pena de nulidade absoluta do respectivo interrogatório ou depoimento e, subsequentemente, de todos os elementos investigatórios e probatórios dele decorrentes ou derivados, direta ou indiretamente, podendo, inclusive, no curso da respectiva apuração.

9) Em fevereiro de 2011, o Plenário do STF, referendou dispositivo, presente no art. 7º, XIII, da Lei n° 8.906/94 (Estatuto dos Advogados), que diz respeito a ao direito do advogado de examinar, em qualquer órgão dos Poderes Judiciário e Legislativo, ou da Administração Pública em geral, autos de processos findos ou em andamento, mesmo sem procuração, quando não estejam sujeitos a sigilo, assegurada a obtenção de cópias, podendo tomar apontamentos.[165]

10) Nesses termos, conforme a recente Lei nº 13.793/2019 é direito do advogado examinar, em qualquer órgão dos Poderes Judiciário e Legislativo, ou da Administração Pública em geral, autos de processos findos ou em andamento, mesmo sem procuração, quando não estiverem sujeitos a sigilo ou segredo de justiça, assegurada a obtenção de cópias, com possibilidade de tomar apontamentos. Aqui a nova Lei acrescentou o termo ***segredo de justiça*** ao teor da norma presente no art.7, XIII da Lei nº 8.906/94.

---

162. Nesse caso, o período de suspensão será de 30 (trinta) dias, contados a partir da data do parto ou da concessão da adoção, mediante apresentação de certidão de nascimento ou documento similar que comprove a realização do parto, ou de termo judicial que tenha concedido a adoção, desde que haja notificação ao cliente. (art. 313, § 6º, do CPC)
163. Nesse caso, o período de suspensão será de 8 (oito) dias, contados a partir da data do parto ou da concessão da adoção, mediante apresentação de certidão de nascimento ou documento similar que comprove a realização do parto, ou de termo judicial que tenha concedido a adoção, desde que haja notificação ao cliente. (art. 313, § 7º, do CPC)
164. Rel. Min. Gilmar Mendes, Julg. em 07.05.2008. *DJ*: 12.09.2008.
165. Nesse sentido, foi a decisão do **MS n° 26.772** em 03.02.2011: O art. 7º, XIII, da Lei 8.906/94 (Estatuto dos Advogados), assegura ao advogado o direito de examinar, em qualquer órgão dos Poderes Judiciário e Legislativo, ou da Administração Pública em geral, autos de processos findos ou em andamento, mesmo sem procuração, quando não estejam sujeitos a sigilo, assegurada a obtenção de cópias, podendo tomar apontamentos. Nesse sentido, o Plenário, tendo em conta não se tratar de processo sigiloso, concedeu mandado de segurança impetrado contra decisão do Tribunal de Contas da União – TCU, que indeferira requerimento de vista e cópia integral de processo a advogado, em razão da inexistência de procuração a ele outorgada. Precedente citado: MS 23.527 MC/DF (*DJU* de 04.02.2002).

11) Temos ainda que, conforme a Lei nº 13.245/2016 também é direito do advogado examinar, em qualquer instituição responsável por conduzir investigação, mesmo sem procuração, autos de flagrante e de investigações de qualquer natureza, findos ou em andamento, ainda que conclusos à autoridade, podendo copiar peças e tomar apontamentos, em meio físico ou digital.[166]

12) Segundo o STF, é direito do advogado, no exercício de seu *múnus* profissional, ser recebido no posto do Instituto Nacional do Seguro Social – INSS, independentemente de distribuição de fichas, em lugar próprio ao atendimento.

Com base nessa orientação, a 1ª Turma, por maioria, negou provimento a recurso extraordinário em que se alegava ofensa ao princípio da isonomia, em decorrência de tratamento diferenciado dispensado ao advogado, em detrimento dos demais segurados. No caso, a Ordem dos Advogados do Brasil – OAB tivera mandado de segurança concedido na origem para eximir os advogados da necessidade de se submeterem à distribuição de fichas nos postos do INSS.[167]

13) A Lei nº 13.869/2019 incluiu o art. 7º-B na Lei nº 8.906/94, para determinar que constitui crime violar direito ou prerrogativa de advogado previstos nos incisos II, III, IV e V do **caput** do art. 7º da Lei nº 8.906/94. A pena será detenção, de 3 (três) meses a 1 (um) ano, e multa.[168]

14) Segundo o STF as imunidades conferidas ao advogado pela Lei nº 8.906/94 não são absolutas, portanto, sua inviolabilidade pode ser restringida por lei desde que seja dotada de razoabilidade. Assim, manifestações desarrazoadas

---

166. Aqui citamos o art. 7º, XIII e XIV da Lei nº 8.906/94. Resta ainda no art. 7 citarmos o § 13: o disposto nos incisos XIII e XIV do **caput** do art. 7 aplica-se integralmente a processos e a procedimentos eletrônicos, ressalvado o disposto nos §§ 10 e 11 deste artigo (art. 7)." Nesse sentido, vamos no art. 7, § 10: Nos autos sujeitos a sigilo, deve o advogado apresentar procuração para o exercício dos direitos de que trata o inciso XIV. (Incluído pela Lei nº 13.245/2016). Art. 7, § 11: *No caso previsto no inciso XIV, a autoridade competente poderá delimitar o acesso do advogado aos elementos de prova relacionados a diligências em andamento e ainda não documentados nos autos, quando houver risco de comprometimento da eficiência, da eficácia ou da finalidade das diligências.* (Incluído pela Lei nº 13.245/2016)

167. *"A 1ª Turma ressaltou que, segundo o art. 133 da CR/88, o advogado seria "indispensável à administração da justiça, sendo inviolável por seus atos e manifestações no exercício da profissão, nos limites da lei". Afirmou que essa norma constitucional revelaria o papel central e fundamental do advogado na manutenção do Estado Democrático de Direito, na aplicação e na defesa da ordem jurídica e na proteção dos direitos do cidadão. Considerou que o advogado atuaria como guardião da liberdade, considerada a atividade desempenhada e os bens jurídicos tutelados. Tendo isso em conta, afastou a assertiva de violação ao princípio da igualdade. Ponderou que essa prerrogativa não configuraria privilégio injustificado, mas demonstraria a relevância constitucional da advocacia na atuação de defesa do cidadão em instituição administrativa." RE nº277.065 julg. em 08.04.2014.*

168. *Art. 7 São direitos do advogado: II - a inviolabilidade de seu escritório ou local de trabalho, bem como de seus instrumentos de trabalho, de sua correspondência escrita, eletrônica, telefônica e telemática, desde que relativas ao exercício da advocacia; III - comunicar-se com seus clientes, pessoal e reservadamente, mesmo sem procuração, quando estes se acharem presos, detidos ou recolhidos em estabelecimentos civis ou militares, ainda que considerados incomunicáveis; IV - ter a presença de representante da OAB, quando preso em flagrante, por motivo ligado ao exercício da advocacia, para lavratura do auto respectivo, sob pena de nulidade e, nos demais casos, a comunicação expressa à seccional da OAB; V - não ser recolhido preso, antes de sentença transitada em julgado, senão em sala de Estado Maior, com instalações e comodidades condignas, ~~assim reconhecidas pela OAB,~~ e, na sua falta, em prisão domiciliar; (Vide ADIN 1.127-8)*

e desproporcionais não estão protegidas constitucionalmente. Nesses termos, a decisão do AO (Ação Originária) 933: "[...] não é absoluta a inviolabilidade do advogado, por seus atos e manifestações, o que não infirma a abrangência que a Carta de outubro conferiu ao instituto, de cujo manto protetor somente se excluem atos, gestos ou palavras que manifestamente desbordem do exercício da profissão, como a agressão (física ou moral), o insulto pessoal e a humilhação pública. [...]"[169]

15) Porém, no julgamento do RE nº 387.945, o STF deixou assente que a inviolabilidade do advogado por seus atos e manifestações é assegurada desde que haja relação com o exercício da profissão, não alcançando relações do advogado com seu cliente.[170]

Também entendeu o Pretório Excelso que essa proteção dada ao advogado diz respeito a atos praticados em juízo ou até mesmo fora dele. Nesses termos, a decisão do RMS nº 26.975: "[...]. A jurisprudência do Supremo Tribunal Federal está alinhada no sentido de o advogado tem imunidade profissional, não constituindo injúria e difamação qualquer manifestação de sua parte no exercício dessa atividade, em juízo ou fora dele, sem prejuízo de sanções disciplinares perante a Ordem dos Advogados do Brasil. [...]"[171]

16) Segundo o art. 7º XIX da Lei 8906/94, é direito do advogado: recusar-se a depor como testemunha em processo no qual funcionou ou deva funcionar, ou sobre fato relacionado com pessoa de quem seja ou foi advogado, mesmo quando autorizado ou solicitado pelo constituinte, bem como sobre fato que constitua sigilo profissional; Já nos termos do art. 207 do Código de Processo Penal temos que: são proibidas de depor as pessoas que, em razão de função, ministério, ofício ou profissão, devam guardar segredo, salvo se, desobrigadas pela parte interessada, quiserem dar o seu testemunho.

Aqui a questão é se essa norma do art.207 do CPP se aplica ao advogado, em face da norma do art.7º, XIX da Lei 8906/94. O entendimento (embora exista divergência[172]) é de que sim. Assim sendo, a regra do art. 207 do CPP aplica-se aos advogados.

169. Rel. Min. Carlos Britto, Julg. em 25.09.2003. *DJ*: 06.02.2004.

170. Nesses termos: "[...] Advogado: imunidade judiciária (CR, art. 133): não compreensão de atos relacionados a questões pessoais. A imunidade do advogado – além de condicionada aos "limites da lei", o que, obviamente, não dispensa o respeito ao núcleo essencial da garantia da *libertas conviciandi* – não alcança as relações do profissional com o seu próprio cliente." (Rel. Min. Sepúlveda Pertence. julg. 14.02.2006. *DJ*: 10.03.2006).

171. Julgamento prolatado pela 2ª Turma em 01.04.2008. Rel. Min. Eros Grau. *DJ*: 14.08.2008.

172. Para uma corrente, o advogado, por razões disciplinares, tem não apenas **a faculdade**, mas sim o **dever** de recusar-se a depor, ainda que liberado do sigilo pelo constituinte. Ou seja, para essa corrente, mesmo depois de autorizado pelo cliente, o advogado deveria, por razões deontológicas, negar-se a depor. O problema levantado aqui é que esse advogado poderá receber uma sanção disciplinar, a depender do entendimento do Tribunal de Ética da OAB. Conforme os arts. 25 e 26 do Código de Ética e Disciplina da OAB. Art. 25. *O sigilo profissional é inerente à profissão, impondo-se o seu respeito, salvo grave ameaça ao direito à vida, à honra, ou quando o advogado se veja afrontado pelo próprio cliente e, em defesa própria, tenha que revelar segredo, porém sempre restrito ao interesse*

Nesses termos, o advogado é, em princípio, proibido de depor sobre fatos protegidos pelo sigilo profissional. Essa proibição, contudo, é afastada se o constituinte o desobriga do sigilo. Ou seja, o cliente pode autorizar que o advogado deponha. Nesse caso, o advogado terá a faculdade de depor, podendo, a seu critério, recusar-se.

Portanto, para que o advogado possa prestar seu testemunho é indispensável que haja o consentimento válido do interessado direto na manutenção do segredo (cliente). Mesmo que a parte interessada faça isso, ou seja, mesmo que ela autorize que o profissional revele os fatos resguardados pelo sigilo, ainda assim é o advogado quem irá decidir se irá dar ou não seu testemunho.

Sobre o tema, a 2ª turma do STF, na Rcl 37235/RR em 18.02.2020, decidiu justamente no sentido de que a possibilidade do advogado depor, depende, nos termos do próprio art.207 do CPP, da autorização (consentimento) do seu constituinte.

Entendeu o STF, que o advogado que teve seus poderes revogados pelo cliente, que inclusive "pediu de volta" os documentos do caso, não pode depor como testemunha no processo porque a conduta da parte demonstra que ela ***não*** liberou o causídico do sigilo profissional que ele deve respeitar.[173]

17) O STF, em 17 de maio de 2006, prolatou decisão na **ADI 1127** sobre uma série de dispositivos da Lei nº 8.906/94 (Estatuto da OAB). Nesses termos, o Tribunal, examinando os dispositivos impugnados na Lei nº 8.906, de 4 de julho de 1994, deixou assente que:

a) por unanimidade, em relação ao inciso I do artigo 1º, julgou prejudicada a alegação de inconstitucionalidade relativamente à expressão "juizados especiais", e, por maioria, quanto à expressão "*qualquer*", julgou procedente a ação direta, vencidos os Senhores Ministros Relatores e Carlos Britto;[174]

---

da causa. Art. 26. *O advogado deve guardar sigilo, mesmo em depoimento judicial, sobre o que saiba em razão de seu ofício, cabendo-lhe recusar-se a depor como testemunha em processo no qual funcionou ou deva funcionar, ou sobre fato relacionado com pessoa de quem seja ou tenha sido advogado, mesmo que autorizado ou solicitado pelo constituinte.* Conforme explica o Min. Gilmar Mendes: "*Em suma, a lei dá ao advogado, liberado do sigilo por seu cliente, a faculdade de depor. Já as normas de Ética e Disciplina impõem-lhe a recusa como dever. Interpretadas assim as disposições, se, liberado pelo cliente, o advogado opta por depor, seu depoimento é admissível, mas o profissional será passível de sanção disciplinar.*" STF. 2ª Turma. Inq 4296 AgR, Rel. Min. Gilmar Mendes, julgado em **14.10.2016**.

173. **Rcl 37235/RR.** STF. 2ª Turma. Rel. Min. Gilmar Mendes, julg. em **18.02.2020.** Informativo 967: "*(...)Explicou que, no acórdão paradigma, afirmou-se que, em princípio, a intimação do advogado para comparecer perante a autoridade não parece em desacordo com a lei, mas ele somente poderia optar por depor se liberado do sigilo profissional pela cliente anteriormente defendida. Assim, como naquele momento e nos limites daquela via, inexistia comprovação da manifestação da ex-cliente sobre a questão, manteve-se a intimação para o depoimento. (...). Portanto, assentou-se que o advogado somente poderia optar por depor se liberado do sigilo profissional por sua ex-cliente. Não foi a situação que envolveu a decisão reclamada, entretanto. (...)a leitura do caso em exame, depreende-se que o advogado arrolado como testemunha teve seus poderes como patrono da interessada expressamente revogados, vedando-se sua atuação no caso. Além disso, requereu-se que devolvesse qualquer documento relacionado ao fato que a ele tivesse sido entregue. Evidente, portanto, que a cliente não liberou o advogado do dever de manter o segredo profissional sobre as informações e documentos de que teve conhecimento em razão da atuação como defensor técnico.*"

174. Art. 1º. São atividades privativas de advocacia: I – a postulação a qualquer órgão do Poder Judiciário e aos juizados especiais;

b) por unanimidade, julgou improcedente a ação direta, quanto ao § 3º do artigo 2º, nos termos do voto do Relator;[175]

c) por maioria, julgou parcialmente procedente a ação para declarar a inconstitucionalidade da expressão *"ou desacato"*, contida no § 2º do artigo 7º, vencidos os Senhores Ministros Relatores e Ricardo Lewandowski;[176]

d) por unanimidade, julgou improcedente a ação direta, quanto ao inciso II do artigo 7º, nos termos do voto do Relator;[177]

e) por unanimidade, julgou improcedente a ação direta, quanto ao inciso IV do artigo 7º, nos termos do voto do Relator;[178]

f) por maioria, entendeu não estar prejudicada a ação relativamente ao inciso V do artigo 7º, vencidos os Senhores Ministros Joaquim Barbosa e Cezar Peluso. No mérito, também por maioria, declarou a inconstitucionalidade da expressão *"assim reconhecidas pela OAB"*, vencidos os Senhores Ministros Relatores, Eros Grau e Carlos Britto;[179]

g) por maioria, declarou a inconstitucionalidade relativamente ao inciso IX do artigo 7º, vencidos os Senhores Ministros Relatores e Sepúlveda Pertence;[180]

h) por unanimidade, julgou improcedente a ação direta quanto ao § 3º do artigo 7º;[181]

i) por votação majoritária, deu pela procedência parcial da ação para declarar a inconstitucionalidade da expressão "e controle", contida no § 4º do artigo 7º,

---

175. Art. 2º. § 3º No exercício da profissão, o advogado é inviolável por seus atos e manifestações, nos limites desta lei.
176. Art. 7º. § 2º O advogado tem imunidade profissional, não constituindo injúria, difamação ou desacato puníveis qualquer manifestação de sua parte, no exercício de sua atividade, em juízo ou fora dele, sem prejuízo das sanções disciplinares perante a OAB, pelos excessos que cometer.
177. Art. 7º. São direitos do advogado: II – a inviolabilidade de seu escritório ou local de trabalho, bem como de seus instrumentos de trabalho, de sua correspondência escrita, eletrônica, telefônica e telemática, desde que relativas ao exercício da advocacia; (Redação dada pela Lei nº 11.767, de 2008).
178. Art. 7º. São direitos do advogado IV – ter a presença de representante da OAB, quando preso em flagrante, por motivo ligado ao exercício da advocacia, para lavratura do auto respectivo, sob pena de nulidade e, nos demais casos, a comunicação expressa à seccional da OAB;
179. Art. 7º. *São direitos do advogado V – não ser recolhido preso, antes de sentença transitada em julgado, senão em sala de Estado-maior, com instalações e comodidades condignas, assim reconhecidas pela OAB, e, na sua falta, em prisão domiciliar*; (ADI 1127-8). Desse modo, não é a OAB quem tem o poder de definir se o local em foi preso o advogado é ou não compatível com a definição de sala de Estado-Maior. Tal análise é feita pelo juiz/Tribunal que determinou a prisão. Além disso esse direito só é garantido em caso de prisão provisória. Quando houver o trânsito em julgado da condenação, o cumprimento da pena deverá ocorrer em uma unidade prisional comum, como as demais pessoas. Ver também, Rcl 5826/PR e Rcl 8853/GO, Pleno do STF, julg. em **18.03.2015**.
180. Art. 7º. São direitos do advogado: *IX – sustentar oralmente as razões de qualquer recurso ou processo, nas sessões de julgamento, após o voto do relator, em instância judicial ou administrativa, pelo prazo de quinze minutos, salvo se prazo maior for concedido;*
181. Art. 7º. § 3º *O advogado somente poderá ser preso em flagrante, por motivo de exercício da profissão, em caso de crime inafiançável, observado o disposto no inciso IV deste artigo. § 4º O Poder Judiciário e o Poder Executivo devem instalar, em todos os juizados, fóruns, tribunais, delegacias de polícia e presídios, salas especiais permanentes para os advogados, com uso e controle assegurados à OAB.*

vencidos os Senhores Ministros Relatores, Ricardo Lewandowski, Carlos Britto e Sepúlveda Pertence, sendo que este último também declarava a inconstitucionalidade da expressão "e presídios", no que foi acompanhado pelo Senhor Ministro Celso de Mello;[182]

j) por maioria, julgou parcialmente procedente a ação, quanto ao inciso II do artigo 28, para excluir apenas os juízes eleitorais e seus suplentes, vencido o Senhor Ministro Marco Aurélio;[183]

k) e, por votação majoritária, quanto ao artigo 50, julgou parcialmente procedente a ação para, sem redução de texto, dar interpretação conforme ao dispositivo, de modo a fazer compreender a palavra "requisitar" como dependente de motivação, compatibilização com as finalidades da lei e atendimento de custos desta requisição. Ficam ressalvados, desde já, os documentos cobertos por sigilo. Vencidos os Senhores Ministros Relatores, Eros Grau, Carlos Britto e Sepúlveda Pertence.[184]

18) A inconstitucionalidade expressada pelo STF da expressão "*assim reconhecidas pela OAB*" presente no art. 7º, V da Lei nº 8.906/94 ainda foi objeto de debate no Pretório Excelso, pois restou assente que, no mais, o art. 7º, V,[185] era dotado de constitucionalidade.

Nesse sentido, ficaram assegurados os direitos explicitados no referido texto normativo de não ser recolhido preso, antes de sentença transitada em julgado, senão em **sala de Estado-Maior**, com instalações condignas e na falta desse tipo de instalação, prisão domiciliar. Mas o que seria sala de Estado-Maior? E a presença de grades na eventual sala a desqualifica? Certo é que o Pretório Excelso decidiu na Rcl nº 6387[186] em 21.11.2008 que:

> "[...] 2. O tema referente ao recolhimento de advogado em Sala de Estado-Maior até o trânsito em julgado da sentença penal condenatória envolve a própria definição da noção de Sala de Estado-Maior. Em precedente desta Corte, considerou-se que se trata de '*compartimento de qualquer unidade militar que, ainda que potencialmente, possa ser utilizado pelo grupo de Oficiais que assessoram*

182. Art. 7º. § 4º *O Poder Judiciário e o Poder Executivo devem instalar, em todos os juizados, fóruns, tribunais, delegacias de polícia e presídios, salas especiais permanentes para os advogados, com uso e controle assegurados à OAB.*

183. Art. 28. *A advocacia é incompatível, mesmo em causa própria, com as seguintes atividades: II – membros de órgãos do Poder Judiciário, do Ministério Público, dos tribunais e conselhos de contas, dos juizados especiais, da justiça de paz, juízes classistas, bem como de todos os que exerçam função de julgamento em órgãos de deliberação coletiva da administração pública direta e indireta;*

184. Art. 50. *Para os fins desta lei, os Presidentes dos Conselhos da OAB e das Subseções podem requisitar cópias de peças de autos e documentos a qualquer tribunal, magistrado, cartório e órgão da Administração Pública direta, indireta e fundacional.*

185. Mais uma vez reproduzimos o art. 7º, V: *São direitos do advogado: não ser recolhido preso, antes de sentença transitada em julgado, senão em sala de Estado-Maior, com instalações e comodidades condignas, assim reconhecidas pela OAB, e, na sua falta, em prisão domiciliar.*

186. Essa reclamação teve como tema o suposto descumprimento da decisão da ADI nº 1127 no que tange à constitucionalidade (exceto no que tange à parte inconstitucional) do art. 7º, V, da Lei nº 8.906/94.

o Comandante da organização militar para exercer suas funções, o local deve oferecer instalações e comodidades condignas' (Rcl. 4.535, rel. Min. Sepúlveda Pertence). 3. A questão referente à existência de grades nas dependências da Sala de Estado-Maior onde o reclamante se encontra recolhido, por si só, *não impede o reconhecimento do perfeito atendimento ao disposto no art. 7°, V, da Lei nº 8.906/94* (Rcl. 5.192, rel. Min. Menezes Direito). 4. Não houve descumprimento de julgado desta Corte, eis que o juiz federal e o Tribunal Regional Federal preservaram as garantias inerentes à situação do Reclamante, atendendo às condições de salubridade, luminosidade e ventilação. 5. Reclamação julgada improcedente. [...]"[187]

Portanto, a expressão "Estado-Maior" representa o grupo de Oficiais que assessora o Comandante das Forças Armadas, do Corpo de Bombeiros ou da Polícia Militar. Nesse sentido, a sala de Estado-Maior é o compartimento localizado na unidade militar utilizado por eles para o exercício de suas funções. A jurisprudência do STF vem dando uma interpretação teleológica (finalística) a essa garantia afirmando que os advogados, quando forem presos provisoriamente, não precisam ficar em uma sala dentro do Comando das Forças Armadas, mas devem ser recolhidos em um local equiparado à sala de Estado-Maior, ou seja, em um ambiente separado, sem grades (embora como vimos na decisão supra, a presença de grades não desqualifique a sala), localizado em unidades prisionais ou em batalhões da Polícia Militar, que tenham instalações e comodidades adequadas à higiene e à segurança do preso.[188]

Aqui, uma outra questão pertinente à época da possibilidade (não mais existente) de execução provisória da pena gerou controversia. A questão foi a seguinte: *a prerrogativa conferida ao advogado da prisão em sala de Estado-Maior continuaria existindo mesmo que estivéssemos na fase de execução provisória da pena*? Pois bem, pela redação literal da Lei 8.906/94 a resposta seria afirmativa. Conforme já dito, o art. 7º, V, afirma que o advogado terá direito de ser preso em sala de Estado-Maior até que haja o trânsito em julgado. Porém, para o STJ, o advogado não teria esse direito. Segundo o STJ, a prerrogativa conferida aos advogados pelo art. 7º, V, da Lei nº 8.906/94, refere-se à prisão cautelar, não se aplicando para o caso de execução provisória da pena (prisão-pena).[189] Já o STF *não teve posição expressa sobre* o tema. No entanto, é interessante que o Pretório Excelso não admitiu reclamação contra decisões dos Tribunais que determinam a prisão dos advogados condenados em 2ª instância em unidades prisionais comuns.[190]

---

187. Rel. Min. Ellen Gracie. Julg. 21.11.2008.
188. Rcl 5826/PR e Rcl 8853/GO, Pleno do STF, julg. em 18/03/2015. Essa prerrogativa não é só do advogado, sendo também do *Advogado público federal, dos Magistrados, dos membros do Ministério Público e dos membros da Defensoria Pública.*
189. **HC 356.158/SP**, STJ. 6ª Turma. Rel. Min. Sebastião Reis Júnior, julg. em **19.05.2016**.
190. **Rcl 25111 AgR/PR**, STF. 2ª Turma. Rel. Min. Dias Toffoli, julg. em **16.05.2017.** (Informativo 865). No caso concreto: O STF rejeitou a reclamação afirmando que: *1) Se a condenação do réu foi confirmada em 2ª instância e ele somente está aguardando RE e REsp, então, neste caso, a sua custódia não tem mais natureza cautelar, sendo, na verdade, uma prisão-pena. 2) Mesmo não tendo havido ainda o trânsito em julgado, esta é uma prisão-pena. 3) O STF, ao julgar a ADI 1.127/DF, não discutiu se o direito de o advogado permanecer recolhido em sala de Estado-Maior se estende ou*

19) Em 20 de maio de 2009, o STF concluiu julgamento **ADI 1194/DF** ajuizada pela Confederação Nacional da Indústria – CNI contra diversos dispositivos da Lei nº 8.906/94 – Estatuto da Advocacia e a Ordem dos Advogados do Brasil.

Com o voto de desempate do Min. Celso de Mello, o Tribunal, por maioria, julgou parcialmente procedente o pedido formulado para dar interpretação conforme ao art. 21 e seu parágrafo único da Lei nº 8.906/94 (*"Art. 21. Nas causas em que for parte o empregador, ou pessoa por este representada, os honorários de sucumbência são devidos aos advogados dos empregados. Parágrafo único. Os honorários de sucumbência, percebidos por advogado empregado de sociedade de advogados são partilhados entre ele e a empregadora, na forma estabelecida em acordo"*), no sentido de ser possível haver estipulação em contrário entre a parte e o seu patrono quanto aos honorários de sucumbência, haja vista tratar-se de direito disponível. No julgamento, ficaram vencidos os Ministros Joaquim Barbosa, Marco Aurélio, Cezar Peluso, Ricardo Lewandowski e Gilmar Mendes, Presidente, que julgavam o pleito totalmente procedente.[191]

20) Segundo o STF, é inconstitucional lei municipal que estabelece impeditivos à submissão de sociedades profissionais de advogados ao regime de tributação fixa em bases anuais na forma estabelecida por lei nacional.[192]

21) Na **ADI 3541/DF**, julgada em **12.02.2014**, decidiu o STF que a vedação do exercício da atividade de advocacia por aqueles que desempenham, direta ou indiretamente, atividade policial, não afronta o princípio da isonomia. Com base nessa orientação, o Plenário julgou improcedente pedido formulado na ADI proposta contra o art. 28, V, da Lei 8.906/1994 (Estatuto da Advocacia). O ato impugnado dispõe ser o exercício da advocacia, mesmo em causa própria, incompatível com as atividades dos ocupantes de cargos ou funções vinculados direta ou indiretamente a atividade policial de qualquer natureza.

22) Decidiu o STF em **13.02.2020** na ADI ADI 4579/RJ, que é inconstitucional lei estadual que obrigue a participação de representante da seccional da OAB em órgão colegiado da Administração Pública estadual.

Afirmou o STF, que é possível que o chefe do Poder Executivo estadual convide, em consenso com a OAB, um representante da Ordem para integrar órgão da Administração. No entanto, a lei não pode impor a presença de representante da

---

não ao preso em razão de acórdão penal condenatório de 2º grau. Como na época da ADI 1.127/DF, o STF não admitia a execução provisória da pena, esse tema não foi debatido na ocasião. 4) Logo, não se pode dizer que a decisão do Desembargador que negou a prisão em sala de Estado-Maior para o condenado em 2ª instância tenha violado o acórdão do STF na ADI 1.127/DF. 5) Não violou porque isso não se discutiu neste acórdão. 6) Dessa forma, não há identidade fática entre o ato reclamado e o julgado na ação paradigma. (Informativo 865 do STF). Existiu também uma **decisão monocrática** do então Min. Celso de Mello **no mesmo sentido do STJ**, ou seja, afirmando que não mais existe direito à sala de Estado-Maior se o advogado foi condenado em 2ª instância: STF. Decisão monocrática. HC 135711, Rel. Min. Celso de Mello, julg. em 24/10/2016. In: *Dizer o Direito*, maio de 2017.

191. ADI nº 1.194/DF, Rel. p/ o acórdão Min. Cármen Lúcia.
192. **RE 940769/RS,** STF. Plenário. Rel. Edson Fachin, julgado em **24.04.2019** (repercussão geral) (Informativo 938).

OAB ("autarquia federal") em órgão da Administração Pública Estadual. Tal imposição contraria a autonomia dos entes federativos, nos termos do art.18 da CR/88.[193]

No caso, a Lei Complementar estadual 69/1990 do Estado do Rio de Janeiro, alterada pela LC 135/2009, inseriu, na composição da corregedoria de um órgão colegiado da Administração Pública estadual, um representante da OAB/RJ a ser escolhido pelo Governador. O STF, por maioria, julgou parcialmente procedente pedido formulado em ADI e declarou a inconstitucionalidade do trecho "e 1 (um) representante da Ordem dos Advogados do Brasil — Seção RJ" (OAB/RJ) constante do art. 110 da LC 69/1990, com a redação dada pelo art. 4º da LC 135/2009.

Para o STF, esse art. 110 da referida Lei Complementar, tem um caráter impositivo na participação de representante da OAB/RJ na composição da Corregedoria Tributária do Controle Externo, órgão colegiado composto por três membros, a serem escolhidos pelo governador. Nesse sentido, ele *obriga a participação do representante* da OAB, o que não seria possível. Como já citado, a lei estadual não pode impor a presença de representante da OAB ("autarquia federal") em órgão da Administração Pública Estadual.[194]

23) Por último, temos que a Lei nº 8.906/94 determina que a eleição dos membros de todos os órgãos da OAB será realizada na segunda quinzena do mês de novembro, do último ano do mandato, mediante cédula única e votação direta dos advogados regularmente inscritos. A eleição, na forma e segundo os critérios e procedimentos estabelecidos no regulamento geral, é de comparecimento obrigatório para todos os advogados inscritos na OAB.

E nos termos da recente Lei nº 13.875/2019, o candidato deve comprovar situação regular perante a OAB, não ocupar cargo exonerável **ad nutum**, não ter sido condenado por infração disciplinar, salvo reabilitação, e exercer efetivamente a profissão ***há mais de 3 (três) anos***, nas eleições para os cargos de Conselheiro Seccional e das Subseções, quando houver, e há mais de 5 (cinco) anos, nas eleições para os demais cargos.

4. DEFENSORIA PÚBLICA

Conforme dicção constitucional (alterada pela Emenda Constitucional nº 80 de 04 de junho de 2014), a Defensoria Pública é instituição permanente[195], essencial à

193. **ADI 4579/RJ**, STF. Plenário. Rel. Min. Luiz Fux, julgado em **13.02.2020** (Informativo 966)
194. **ADI 4579/RJ**, STF. Plenário. Rel. Min. Luiz Fux, julgado em **13.02.2020** (Informativo 966)
195. Essa assertiva foi introduzida pela EC nº80/2014 e deixa expresso em nosso entendimento o que já estava implícito, qual seja, a impossibilidade de abolição da Defensoria Pública. Aqui entendemos como correta a interpretação de que as normas sobre a Defensória Pública na atual Constituição de 1988 são cláusulas pétreas (limites materiais implícitos) e, que, portanto, não podem ser abolidas (ou mesmo usurpadas). Sobre a Defensoria Pública, indicamos: *Teoria Geral da Defensória Pública*. Ed D'Plácido, 2020. OLIVEIRA, Alfredo; ROCHA, Jorge Bheron; PITTARI, Mariella; MAIA, Maurílio Casas. Ver também: *Porque a Defensória Pública é o melhor modelo de Assistência Gratuita*. Ed Conhecimento, 2020. DUARTE, Bernardo Augusto Ferreira; ZOUEIN, Luís Henrique Linhares.

função jurisdicional do Estado, incumbindo-lhe, como expressão e instrumento do regime democrático, fundamentalmente, a orientação jurídica, a promoção dos direitos humanos[196] e a defesa, em todos os graus, judicial e extrajudicial, dos direitos individuais e coletivos,[197] de forma integral e gratuita, aos necessitados (hipossuficientes)[128], na forma do inciso LXXIV do art. 5º da Constituição 1988.

A assistência judiciária passa a ter derivação constitucional em nosso ordenamento a partir da Constituição de 1934 (art. 113, n. 32). Porém, não aparece no texto da Constituição de 1937 e retorna somente com o advento da Constituição de 1946 (art. 141, § 35) e continuou existindo na Constituição de 67 (art. 150, § 32) /69 (art. 153, § 32).

Nos termos da Constituição de 1988, lei complementar organizará[198] a Defensoria Pública da União e do Distrito Federal e dos Territórios e prescreverá normas gerais para sua organização nos Estados, em cargos de carreira, providos, na classe inicial, mediante concurso público de provas e títulos[199], assegurada a seus inte-

---

196. Para alguns doutrinadores, a nova redação do art.134 dada pela EC nº 80/2014 deixaria demonstrado que o requisito da hipossuficiência econômica não constitui elemento essencial quando a atuação da Defensoria Pública versar sobre a promoção dos direitos humanos.

197. No que tange ao plano das ações coletivas, o STF em **07.05.2015**, decidiu que a Defensoria Pública tem *legitimidade para propor ação civil pública*. Com isso, acompanhando voto da relatora, ministra Cármen Lúcia, negou provimento à ação direta de inconstitucionalidade ajuizada contra o inciso II do art. 5º da Lei 7.347/85, com redação dada pela Lei 11.448/07, que conferiu tal atribuição. A ação foi proposta pela Associação Nacional dos Membros do Ministério Público – Conamp, para a qual a Defensoria não pode atuar na defesa de interesses coletivos, por meio de ação civil pública. Afirmou ainda que essa possibilidade *"afeta diretamente"* as atribuições do MP. É interessante que a tese da Conamp foi a de que como a Defensoria Pública foi *criada para atender, gratuitamente, aqueles que possuem recursos insuficientes para se defender judicialmente ou que precisam de orientação jurídica, seria impossível sua atuação na defesa de interesses difusos e coletivos, em razão da dificuldade de identificar quem é carente*. A ministra Cármen Lúcia considerou que o *aumento de atribuições da instituição amplia o acesso à Justiça e é perfeitamente compatível com a LC 132/09 e com as alterações promovidas pela EC nº 80/2014, que estenderam as atribuições da Defensoria Pública. Afirmou a ministra que não há qualquer vedação constitucional para a proposição desse tipo de ação pela Defensoria nem norma que atribua ao MP prerrogativa exclusiva para tanto*. Segundo a ministra: *"Inexiste nos autos comprovação de afetar essa legitimação, concorrente e autônoma da Defensoria Pública, às atribuições do Ministério Público, ao qual cabe promover, privativamente, ação penal pública, na forma da lei, mas não se tem esse ditame no que diz respeito à ação civil pública"*. A ministra acrescentou que a inclusão da defesa dos direitos coletivos nas atribuições da DP é coerente com as novas tendências e crescentes demandas sociais de se garantir e ampliar os instrumentos de acesso à Justiça. Salientou que não é interesse da sociedade limitar a tutela dos hipossuficientes, e que o STF tem atuado para garantir à Defensoria papel de relevância, como instituição permanente essencial à função jurisdicional do Estado. Por fim, destacou a importância da ampliação dos legitimados aptos a propor ação para defender a coletividade, pois, *"em um país marcado por inegáveis diferenças e por concentração de renda, uma das grandes barreiras para a implementação da democracia e da cidadania ainda é o acesso à Justiça"*.

198 Na lógica descrita por *Cappelletti* e *Garth* em estudo sobre o *Acesso à justiça* a ideia e desenvolvimento da assistência judiciária está alocada na "primeira onda" de reforma processual. Para uma análise, ver: *Poder judiciário e(m) crise*" (2008).

199. Na **ADI 3819**, o STF declarou inconstitucional lei estadual, posterior à CR/88, que transformou ocupantes de determinado cargo público em Defensores Públicos. Afirmou o STF que houve violação ao princípio do concurso público. *Os servidores que foram exonerados pelo Governador do Estado conseguiram ser reintegrados por decisão do STJ, que entendeu que, antes da exoneração, deveria a eles ser garantido devido processo legal, com contraditório e ampla defesa. O STF, em reclamação, cassou essa decisão do STJ por entender que ela contrariou a autoridade da decisão proferida pelo STF no julgamento da ADI 3.819/MG. (2ª Turma. Rcl 16950/MG*, Rel. Min. Cármen Lúcia, julg. em **01.12.2015**). Informativo 628 do STF: *Por entender caracterizada ofensa ao princípio do concurso público (CF, artigos 37, II e 134), o Plenário julgou procedente ação direta ajuizada pelo Governador do Estado do Pará para declarar a inconstitucionalidade do art. 84 da Lei Complementar paraense 54/2006, que autoriza a contratação precária de advogados para exercer a função de defensores públicos "até a realização de concurso público". Considerou-se que*

grantes a garantia da inamovibilidade e vedado o exercício da advocacia fora das atribuições institucionais.

É importante salientar que, atualmente, a Lei Complementar nº 80/1994 (alterada pela Lei Complementar nº 98 de 03.12.1999 e pela Lei Complementar nº 132 de 07.10. 2009) é que estabelece a organização anteriormente citada.

Nesse sentido, conforme Lei Complementar nº 80/94, a Defensoria Pública abrange: I – a Defensoria Pública da União; II – a Defensoria Pública do Distrito Federal e dos Territórios; III – as Defensorias Públicas dos Estados.

Nos termos da LC nº 80/1994 alterada pela LC nº 132/2009, a Defensoria Pública da União tem por chefe o Defensor Público-Geral Federal, nomeado pelo Presidente da República, dentre membros estáveis da Carreira e maiores de 35 (trinta e cinco) anos, escolhidos em lista tríplice formada pelo voto direto, secreto, plurinominal e obrigatório de seus membros, após a aprovação de seu nome pela maioria absoluta dos membros do Senado Federal, para mandato de 2 (dois) anos, permitida uma recondução, precedida de nova aprovação do Senado Federal.

Aqui é interessante que, o STF já decidiu que é inconstitucional norma de Constituição Estadual que exija prévia arguição e aprovação da Assembleia Legislativa para que o Governador do Estado nomeie o chefe da Defensoria Pública Estadual.[200]

No tocante ao Defensor Público-geral do Estado, a previsão é inconstitucional porque a Lei Complementar 80/94 *estabeleceu que o Chefe da Defensoria Pública da União precisa ser aprovado pela* ***maioria absoluta do Senado Federal***. Porém, LC 80/94 não fez essa mesma exigência quanto ao titular da Defensoria Pública estadual.

Na lógica Constitucional, temos que a competência para legislar sobre a defensoria pública é concorrente entre União, Estados e DF, nos termos do art. 24, XIII, da CR/88.[201] Portanto, a União edita norma geral (atualmente LC 80/94) e os Estado/DF podem complementar.

---

a forma de recrutamento prevista na norma impugnada não se coadunaria com a Constituição, quer em sua parte permanente, quer na transitória. Destacou-se o art. 22 do ADCT, que assegurou aos defensores – em pleno exercício, à época da instalação dos trabalhos da assembleia constituinte, e que optassem pela carreira – a possibilidade de permanecerem como servidores, tão efetivos quanto estáveis (...). No mérito, *aplicou-se entendimento fixado em precedentes desta Corte no sentido de se assentar a inconstitucionalidade de lei estadual que autorize o Poder Executivo a celebrar contratos administrativos de desempenho de função de defensor público. Concluiu-se por convalidar as atuações dos defensores temporários, sem, no entanto, modular os efeitos da decisão, por não haver comprometimento da prestação da atividade-fim, haja vista existirem 291 defensores públicos distribuídos em 350 comarcas.* (ADI 4246/PA, Rel. Min. Ayres Britto, julg. em 26.05.2011). Ver também: *É inconstitucional a contratação, sem concurso público, após a instalação da Assembleia Constituinte, de advogados para exercerem a função de Defensor Público estadual. Tal contratação amplia, de forma indevida, a regra excepcional do art. 22 do ADCT da CF/88 e afronta o princípio do concurso público.* **RE 856550/ES**, STF. 1ª T. Rel. p/ o ac. Min. Alexandre de Moraes, julg. em **10.10.2017.**

200. **ADI 2167/RR**, STF. Plenário. red. p/ o ac. Min. Alexandre de Moraes, julgado em **03.06.2020** (Info 980). No tocante ao Defensor Público-geral do Estado, a previsão é inconstitucional porque CR/88 afirmou que lei complementar deve prescrever as normas gerais das Defensorias Públicas dos Estados (art. 134, § 1º). A fim de cumprir esse mandamento constitucional, foi editada a Lei Complementar Federal 80/94. A Lei Complementar 80/94 *estabeleceu que o Chefe da Defensoria Pública da União precisa ser aprovado pela* ***maioria absoluta do Senado Federal***. Porém, LC 80/94 ***não fez essa mesma exigência quanto ao titular da Defensoria Pública estadual.***

201. Art. 24. Compete à União, aos Estados e ao Distrito Federal legislar concorrentemente sobre: XIII – assistência jurídica e Defensoria pública. Portanto, via de regra, a União irá editar **normas gerais** e os Estados e o DF irão **complementá-las.**

No que tange às Defensorias Públicas Estaduais, Conforme a CR/88, são asseguradas autonomia funcional e administrativa e a iniciativa de sua proposta orçamentária dentro dos limites estabelecidos na lei de diretrizes orçamentárias e subordinação ao disposto no art. 99, § 2º da CR/88.[202]

Essa autonomia (funcional e administrativa) e iniciativa de proposta orçamentária presentes no art. 134, § 2º, da CR/88, também foram recentemente asseguradas às Defensorias Públicas da União e do Distrito Federal, nos termos da **Emenda Constitucional nº 74** de 06 de agosto de 2013.

Sobre o tema da autonomia funcional, administrativa e financeira das Defensorias Públicas, alguns recentes julgados do STF explicitam de sobremaneira os ditames constitucionais. Vejamos:

1) O plenário do STF em 19.12.2013, referendou medida liminar concedida pelo Ministro Dias Toffoli, em arguição de descumprimento de preceito fundamental, com o fim de determinar a **suspensão do trâmite legislativo do Projeto de Lei Orçamentária Anual** (PLOA) do Estado da Paraíba-PB, alusivo a 2014. No caso, o PLOA fora encaminhado à Assembleia Legislativa sem a consolidação de proposta orçamentária da Defensoria Pública estadual, cuja despesa prevista fora reduzida **unilateralmente** pela chefia do Executivo local. Além disso, a Defensoria Pública fora incluída, no mesmo ato, dentre as secretarias do Executivo.

Destacou o STF que a proposta inicialmente encaminhada pela Defensoria Pública estaria de acordo com a **Lei de Diretrizes Orçamentárias estadual**. Acresceu ainda o STF que a medida adequada a ser tomada pelo Executivo, na hipótese, seria pleitear reduções orçamentárias perante o Legislativo, para que a matéria fosse lá debatida. Assim, o PLOA deveria ser encaminhado à Assembleia Legislativa com a proposta orçamentária da Defensoria Pública, como órgão autônomo e nos valores por ela aprovados.

Asseverou, também o Pretório Excelso, que a inclusão do órgão nas secretarias do Executivo estadual afrontaria a autonomia da Defensória Pública. Vejamos aqui que, mesmo antes da **Emenda Constitucional nº 80** de 04 de junho de 2014, o STF já interpretava a Constituição no sentido de estabelecer uma maior autonomia à Defensoria Pública.[203]

202. Conforme a Emenda Constitucional nº 45/2004.

203. Conforme a **ADPF 307**, Referendo **MC/DF**: "(...) 2. *A autonomia administrativa e financeira da Defensoria Pública qualifica-se como preceito fundamental, ensejando o cabimento de ADPF, pois constitui garantia densificadora do dever do Estado de prestar assistência jurídica aos necessitados e do próprio direito que a esses corresponde. Trata-se de norma estruturante do sistema de direitos e garantias fundamentais, sendo também pertinente à organização do Estado. 3. A arguição dirige-se contra ato do chefe do Poder Executivo estadual praticado no exercício da atribuição conferida constitucionalmente a esse agente político de reunir as propostas orçamentárias dos órgãos dotados de autonomia para consolidação e de encaminhá-las para a análise do Poder Legislativo. Não se cuida de controle preventivo de constitucionalidade de ato do Poder Legislativo, mas, sim, de controle repressivo de constitucionalidade de ato concreto do chefe do Poder Executivo. 4. São inconstitucionais as medidas que resultem em subordinação da Defensoria Pública ao Poder Executivo, por implicarem violação da autonomia funcional e administrativa da instituição.*

2) No mesmo sentido, entendeu o STF na decisão de mérito da ADI 5287, julgada em 18.05.2016, que Governador do Estado, ao encaminhar para a Assembleia Legislativa o projeto de lei orçamentária, não pode reduzir a proposta orçamentária elaborada pela Defensoria Pública e que estava de acordo com a LDO. No caso, teríamos contrariedade ao § 2º do art. 134 da CR/88.

Nesses termos, conforme já tínhamos observado na decisão cautelar supracitada (da ADPF 307/MC) é inconstitucional a redução unilateral pelo Poder Executivo dos orçamentos propostos pelos outros Poderes e por órgãos constitucionalmente autônomos, como o Ministério Público e a Defensoria Pública, na fase de consolidação do projeto de lei orçamentária anual, quando tenham sido elaborados em obediência às leis de diretrizes orçamentárias e enviados conforme o art. 99, § 2º, da CR/88.

Como já dito, caso o Governador do Estado discorde da proposta elaborada, ele poderá apenas pleitear ao Poder Legislativo (de forma democrática e plural) a redução pretendida, visto que a fase de apreciação legislativa é o momento constitucionalmente correto para o debate de possíveis alterações no projeto de lei orçamentária. Não pode, contudo, encaminhar o projeto já com a proposta alterada. Tal conduta constitui inegável desrespeito à autonomia administrativa da instituição, além de ingerência indevida no estabelecimento da programação administrativa e financeira das defensorias públicas. Conforme o Informativo 826:

> "(...) *Preliminarmente, por decisão majoritária, o Tribunal afastou questão atinente à eventual prejudicialidade do pedido, tendo em conta o exaurimento da eficácia da LOA para o exercício financeiro de 2015. Entendeu que a impugnação fora feita em tempo adequado, a ação fora incluída em pauta e o julgamento fora iniciado antes do aludido exaurimento de eficácia. Além disso, é necessário pacificar a controvérsia para fins de fixação de precedente, mesmo porque toda LOA possui eficácia exígua. Portanto, condicionar o enfrentamento do tema à eficácia da norma, nessas hipóteses, pode implicar o esvaziamento da possibilidade de controle de constitucionalidade.* Na sequência: (...) *as Defensorias Públicas têm a prerrogativa de elaborar e apresentar suas propostas orçamentárias, as quais devem, posteriormente, ser encaminhadas ao Executivo. Há apenas dois requisitos para tanto: a) a proposta orçamentária deve ser elaborada em consonância com o que previsto na respectiva LDO; e b) a proposta deve ser encaminhada em conformidade com a previsão do art. 99, § 2º, da CF. A apreciação das leis orçamentárias deve se dar perante o órgão legislativo correspondente, ao qual cabe deliberar sobre a proposta apresentada, fazendo-lhe as modificações que julgue necessárias. Ressaltou, no ponto, o art. 166 da CF. Na espécie, assinalou que, no momento da consolidação*

(...) *Nos termos do art. 134, § 2º, da Constituição Federal, não é dado ao chefe do Poder Executivo estadual, de forma unilateral, reduzir a proposta orçamentária da Defensoria Pública quando essa é compatível com a Lei de Diretrizes Orçamentárias. Caberia ao Governador do Estado incorporar ao PLOA a proposta nos exatos termos definidos pela Defensoria, podendo, contudo, pleitear à Assembleia Legislativa a redução pretendida, visto ser o Poder Legislativo a seara adequada para o debate de possíveis alterações no PLOA.* A inserção da Defensoria Pública em capítulo destinado à proposta orçamentária do Poder Executivo, juntamente com as Secretarias de Estado, constitui desrespeito à autonomia administrativa da instituição, além de ingerência indevida no estabelecimento de sua programação administrativa e financeira. 5. Medida cautelar referendada." (Rel. Dias Toffoli, Julg. em **19.12.2013**)

da proposta orçamentária a ser encaminhada à assembleia estadual, o governador reduziu unilateralmente os valores das propostas apresentadas pelo Judiciário, Legislativo, MP, Tribunal de Contas e Defensoria Pública, apesar de as propostas estarem em conformidade com a LDO, o que afronta a Constituição.[204]

3) Conforme a ADPF 339, julgada em 18.05.2016, entendeu o STF, que o Governador do Estado é obrigado a efetuar o repasse, sob a forma de duodécimos e até o dia 20 de cada mês, da integralidade dos recursos orçamentários destinados, pela lei orçamentária, à Defensoria Pública estadual.[205]

No caso em questão, o Colegiado do STF, por maioria, julgou procedente o pedido para, diante de lesão aos artigos 134, § 2º, e 168, ambos da CR/88, determinar ao governador que proceda ao repasse, sob a forma de duodécimos e até o dia 20 de cada mês, da integralidade dos recursos orçamentários destinados à Defensoria Pública estadual pela LOA para o exercício financeiro de 2015, inclusive quanto às parcelas já vencidas, assim também em relação a eventuais créditos adicionais destinados à instituição. Entendeu o Pretório Excelso serem asseguradas às Defensorias Públicas a autonomia funcional e administrativa, bem como a prerrogativa de formulação de sua proposta orçamentária, por força da Constituição. Assim, o repasse de recursos correspondentes, destinados à Defensoria Pública, ao Judiciário, ao Legislativo e ao Ministério Público, sob a forma de duodécimos, é imposição constitucional. Por esse motivo, o repasse de duodécimos destinados ao Poder Público, quando retidos pelo governo, constitui prática indevida de flagrante violação aos preceitos fundamentais da Constituição.

No mesmo sentido, entendeu novamente o STF, na ADPF 384, que o Governador do Estado é obrigado a efetuar o repasse, sob a forma de duodécimos e até o dia 20 de cada mês, da integralidade dos recursos orçamentários destinados à Defensoria Pública estadual pela Lei de Diretrizes Orçamentárias (LDO) para o exercício financeiro, inclusive quanto às parcelas já vencidas, assim também em relação a eventuais créditos adicionais destinados à instituição.

Como já observado, a Defensoria Pública goza de autonomia funcional e administrativa, bem como da prerrogativa de formular a sua proposta orçamentária (art. 134, § 2º, da CR/88).

Portanto, o repasse de recursos correspondentes, destinados à Defensoria Pública, ao Judiciário, ao Legislativo e ao Ministério Público, sob a forma de duodécimos, é imposição constitucional, devendo ser efetuada até o dia 20 de cada mês, conforme previsto no art. 168 da CR/88. Nesse sentido, afirma o art. 168 da CR/88 que: *os recursos correspondentes às dotações orçamentárias, compreendidos os créditos suplementares e especiais, destinados aos órgãos dos Poderes Legislativo e Judiciário, do Ministério Público e da Defensoria Pública, ser-lhes-ão entregues até o*

204. ***ADI 5287/PB** STF, Pleno. Rel. Min. Luiz Fux, julg em **18.05.2016**.*
205. **ADPF 339/PI**, STF. Plenário. Rel. Min. Luiz Fux, julgado em **18.05.2016** (Inf. 826).

dia 20 de cada mês, em duodécimos, na forma da lei complementar a que se refere o art. 165, § 9º.[206]

4) O STF decidiu na ADI 5286/AP, julgada em 18.05.2016, que é inconstitucional lei estadual que atribui ao chefe do Poder Executivo estadual competências administrativas no âmbito da Defensoria Pública. Conforme o informativo 826 do STF, viola o art. 134, § 2º, da CR/88, a lei estadual que preveja que compete ao Governador: a) a nomeação do Subdefensor Público-Geral, do Corregedor-Geral, dos Defensores Chefes e do Ouvidor da Defensoria Pública estadual; b) autorizar o afastamento de Defensores Públicos para estudos ou missão; c) propor, por meio de lei de sua iniciativa, o subsídio dos membros da Defensoria Pública. No caso, entendeu o STF que essas competências pertencem ao Defensor Público-Geral do Estado.[207]

Passamos agora, então, a discorrer sobre as inovações trazidas por essa nova normativa constitucional que acreditamos ser aquela que vai consubstanciar a *"real e efetiva autonomia"* à Defensoria Pública que já fora trabalhada (ainda que de forma tímida) pelas Emendas Constitucionais 45/2004 e 74/2013.

Certo é que a **Emenda Constitucional nº 80,** de 04 de junho de 2014, estabeleceu uma seção própria (exclusiva) para a Defensoria Pública nas funções essenciais à justiça (Seção IV do Capítulo IV)[208] e explicitou que são *princípios institucionais da Defensoria Pública* **a unidade, a indivisibilidade e a independência funcional,** aplicando-se também, no que couber, o disposto no art. 93 e no inciso II do art. 96 da Constituição de 1988.

Aqui, algumas questões importantes. A primeira é a ***constitucionalização*** dos *princípios institucionais* para a Defensoria Pública (em nosso entendimento nos mesmos moldes dos princípios institucionais atinentes ao Ministério Público citados literalmente na CR/88 e já trabalhados na obra). Falamos em ***constitucionalização***

---

206. ADPF 384 Ref-MC/MG, STF. Plenário. Rel. Min. Edson Fachin, julgado em 06.08.2020 (Inf. 985).

207. Informativo 826 do STF: *O Colegiado, por maioria, conheceu parcialmente da ação e julgou o pedido procedente, em parte, para declarar a inconstitucionalidade de expressões que submetem a Defensoria Pública a atos do governador, por ofensa aos artigos 24, XIII e § 1º; e 134, ambos da CF. (...) No mérito, assinalou que a garantia constitucional do acesso à justiça exige a disponibilidade de instrumentos processuais idôneos à tutela dos bens jurídicos protegidos pelo direito positivo. Nesse sentido, a Constituição atribui ao Estado o dever de prestar assistência jurídica integral aos necessitados. Assim, a Defensoria Pública, instituição essencial à função jurisdicional do Estado, representa verdadeira essencialidade do Estado de Direito. Quanto às Defensorias Públicas estaduais, a EC 45/2004 conferira-lhes autonomia funcional e administrativa, além de iniciativa própria para a elaboração de suas propostas orçamentárias. Além disso, o art. 24 da CF estabelece competências concorrentes entre União e Estados-Membros para legislar sobre certos temas, determinando a edição de norma de caráter genérico na primeira e de caráter específico na segunda hipótese. Consectariamente, as leis estaduais que, no exercício da competência legislativa concorrente, disponham sobre as DP estaduais devem atender às disposições já constantes das definições de regras gerais realizadas pela LC 80/1994. Na situação dos autos, atribui-se ao governador a incumbência de nomear membros da carreira para diversos cargos elevados dentro da instituição, o que é incompatível com a referida lei complementar e com o texto constitucional.*

208. Antes da Emenda Constitucional nº80 de 04 de junho de 2014, a Defensoria Pública estava alocada com os Advogados na Seção III do capítulo IV. A ideia foi a de realçar a diferença entre a atuação do advogado (e de seu vínculo contratual com o cliente) e do Defensor Público. Essa modificação do parâmetro constitucional terá influência determinante no julgamento da ADI 4636, no sentido da constitucionalidade do art. 4°, § 6°, da LC n. 80/94, questionado pela OAB.

porque eles já estavam presentes no art. 3º da Lei Complementar nº 132/2009 (que alterou a Lei Complementar nº 80/94 sobre a organização da Defensoria Pública).

A segunda, refere-se à aplicação no que couber do art. 96 da CR/88 para a Defensoria Pública. Acreditamos que essa norma é muito importante para a "real e efetiva autonomia" das Defensorias Públicas justamente porque as Emendas Constitucionais anteriores haviam atribuído às Defensorias a autonomia financeira e orçamentária (EC nº 45/2004, em relação às Defensorias Estaduais, e posteriormente, a EC nº 74/2013, em relação à Defensoria Pública da União e à DPDF), porém, essas instituições ainda não possuíam iniciativa de projetos de lei, que continuava a ser prerrogativa do Chefe do Poder Executivo (Federal e por simetria dos Estaduais). Com isso, em certo sentido, ficavam as Defensorias inadequadamente reféns do Executivo em inúmeras questões administrativas.

Nesses termos, seguindo os ditames do art. 96 da CR/88 e por uma análise de simetria entre as Defensorias Públicas e os Tribunais,[209] temos que as Defensorias Públicas poderão propor ao Poder Legislativo respectivo, observado o disposto no art. 169: a) a alteração do número de membros da respectiva Defensoria; b) a criação e a extinção de cargos e a remuneração dos seus serviços auxiliares e dos Defensores que lhes forem vinculados, bem como a fixação do subsídio de seus membros e dos Defensores; d) a alteração de sua organização. Portanto, a iniciativa de Lei sobre a organização e estruturação das Defensorias Públicas passa a ser exercida pela própria Defensoria Pública (art. 134, § 4º c/c art. 96, II da CR/88).[210] Entendemos que a

---

209. *Art.96, II – ao Supremo Tribunal Federal, aos Tribunais Superiores e aos Tribunais de Justiça propor ao Poder Legislativo respectivo, observado o disposto no art. 169: a) a alteração do número de membros dos tribunais inferiores; b) a criação e a extinção de cargos e a remuneração dos seus serviços auxiliares e dos juízos que lhes forem vinculados, bem como a fixação do subsídio de seus membros e dos juízes, inclusive dos tribunais inferiores, onde houver; (Redação dada pela Emenda Constitucional nº 41, 19.12.2003) c) a criação ou extinção dos tribunais inferiores; d) a alteração da organização e da divisão judiciárias;*

210. Aqui como não foi alterado o art. 61, § 1º, II, *d* (que atribui ao Presidente da República a iniciativa de projetos sobre organização do MPU e da DPU, bem como normas gerais sobre MPEs e DPEs), entendemos que a solução será adotar a mesma interpretação vigente em relação ao MPU já citada na obra. Nesse sentido, projeto de lei complementar sobre organização da DPU será de iniciativa *concorrente* entre o Presidente da República e o Defensor-Público Geral Federal (art. 61, § 1º, II, *d*, c/c art. 134, § 4º da CR/88, regra que se aplica por simetria aos Estados e ao DF); já o projeto de lei ordinária sobre outras questões (como de cargos e remunerações) da DPU passa a ser de iniciativa exclusiva do Defensor Público-Geral da Federal (art. 134, § 4º, c/c art. 96, II da CR/88). Porém citamos aqui posicionamento divergente de Franklyn Roger Alves que entende que: "*A interpretação do caput do art. 93 e do art. 96, II deve ser feita em conjunto, pois ambos tratam de iniciativa de lei sobre normas da magistratura. Enquanto o art. 93 determina que cabe ao Supremo Tribunal Federal a iniciativa de leis referentes ao Estatuto de Magistratura o art. 96, II estabelece que o Supremo Tribunal Federal, os Tribunais Superiores e os Tribunais de Justiça podem propor ao Poder Legislativo respectivo a alteração do número de membros dos tribunais inferiores; a criação e a extinção de cargos e a remuneração dos seus serviços auxiliares e dos juízos que lhes forem vinculados, bem como a fixação do subsídio de seus membros e dos juízes, inclusive dos tribunais inferiores, onde houver; a criação ou extinção dos tribunais inferiores; a alteração da organização e da divisão judiciárias. Voltando nossos olhos a regra do art. 93,* caput, *em relação às normas de organização da Defensoria Pública entendemos que a Emenda Constitucional não é capaz de alterar a realidade até então consubstanciada no art. 61, § 1º, II, 'd', que confere ao Presidente da República a iniciativa de leis referentes a organização da Defensoria Pública da União, bem como normas gerais para a organização da Defensoria Pública dos Estados, do Distrito Federal e dos Territórios. Esta conclusão parte da premissa de que o STF é a instância máxima da estrutura do Poder Judiciário, estando todos os demais órgãos sujeitos a sua hierarquia. No plano da Defensoria Pública, apesar de se tratar de uma instituição*

única alínea não compatível é a "c", tendo em vista que ela determina a criação e a extinção de Tribunais sendo incompatível, salvo melhor juízo, com as Defensorias Públicas.

A terceira questão é a de que o art. 93 da CR/88 também deverá ser aplicado no que couber às Defensórias Públicas. A expressão *no que couber*, é sempre bom lembrar, apresenta uma carga de subjetividade que deve ser enfrentada e interpretada na prática. Porém, algumas questões de paridade devem ser colocadas:[211]

a) O ingresso na carreira da Defensoria Pública pressupõe a realização de concurso público de provas e títulos, com a participação da OAB, a demonstração da atividade jurídica pelo prazo de 3 (três) anos e o respeito à ordem de classificação nas nomeações. Portanto, não mais se sustenta juridicamente a norma da LC nº 80/94 que exigia 2 anos de comprovação de atividade (prática) jurídica.[212]

b) O art. 93, II da CR/88, em razão de sua plena adequação ao regime jurídico da Defensoria Pública é perfeitamente aplicável. O texto constitucional aqui se

una, a realidade é que não há um órgão de hierarquia superior na estrutura da instituição. Isto porque, o Defensor Público-Geral Federal é chefe da Defensoria Pública da União, mas não possui qualquer poder hierárquico nas Defensorias Públicas Estaduais. Assim, o conteúdo normativo do caput do art. 93 da CF não possui equivalência total com a Defensoria Pública, não podendo ele ser adaptado por meio da norma de extensão da parte final do art. 134, § 4º. Neste passo, em relação às normas de organização da Defensoria Pública, a iniciativa de leis permanecerá nas mãos do Presidente da República, como manda o art. 61, § 1º, II, 'd'. O Defensor Público Geral Federal terá iniciativa legislativa concorrente com o Presidente da República para editar normas específicas da Defensoria Pública da União, através do processo legislativo constitucional, observando-se a exigência de Lei Complementar e a relação com as normas apontadas no art. 93. No plano dos Estados e do DF os respectivos Governadores terão legitimidade concorrente com os Defensores Públicos Gerais para a proposição de normas específicas, seguindo a mesma linha acima apontada. No entanto, em relação à iniciativa de lei que veicule normas gerais aplicáveis à todas as Defensorias Públicas, entendemos que a legitimidade permanece nas mãos do Presidente da República. A mesma conclusão, entretanto, não pode ser aplicada a realidade do art. 96, II. Isto porque a referida norma constitucional confere iniciativa legislativa concorrente ao Supremo Tribunal Federal, aos Tribunais Superiores e aos Tribunais de Justiça para propor ao Poder Legislativo respectivo a alteração do número de membros dos tribunais inferiores; a criação e a extinção de cargos e a remuneração dos seus serviços auxiliares e dos juízos que lhes forem vinculados, bem como a fixação do subsídio de seus membros e dos juízes, inclusive dos tribunais inferiores, onde houver; a criação ou extinção dos tribunais inferiores; a alteração da organização e da divisão judiciárias. Neste caso, verifica-se que cada órgão do Poder Judiciário possui legitimação autônoma, pois os temas versados dizem respeito a realidade de cada um, de forma isolada. Neste ponto, percebe-se a simetria entre a norma do Judiciário e a realidade da Defensoria Pública sendo possível que o respectivo comando constitucional seja adaptado a cada Defensoria Pública". In: *A nova formatação Constitucional da Defensoria Pública à Luz da Emenda Constitucional n.80/14.*

211. Aqui seguimos em linhas gerais, Franklyn Roger Alves da Silva. In: *A nova formatação Constitucional da Defensoria Pública à Luz da Emenda Constitucional n.80/14.* (Novembro de 2014)

212. O Conselho Superior da Defensoria Pública da União editou a Resolução n. 88/14 *estabelecendo que o tempo de atividade jurídica será contabilizado a partir do momento do bacharelado em direito,* o que despreza o texto expresso da LC n. 80/94, *que admite a contagem do tempo de estágio.* Segundo o autor: *o referido ato normativo padece de flagrante vício de legalidade, visto que em desacordo com o texto expresso da lei federal. Se a Defensoria Pública da União pretende modificar o método de comprovação do tempo de atividade jurídica, deve fazer por meio de Lei Complementar, admitido que o próprio Defensor Público-Geral Federal exerça a iniciativa do projeto de lei. Em relação às Defensorias Estaduais, necessário observar o conteúdo de cada legislação estadual, de modo a se extrair a interpretação quanto ao método de contagem do tempo de atividade jurídica. Isto se dá pelo fato de a norma veiculada na parte da Lei Complementar destinada ao regramento da DPU não ter sido reproduzida na parte relativa às Defensorias Públicas Estaduais.* In: *A nova formatação Constitucional da Defensoria Pública à Luz da Emenda Constitucional n.80/14.* (Novembro de 2014)

apresenta inclusive como uma norma de reforço, de modo a ratificar a legislação infraconstitucional no sentido de que as promoções entre as carreiras ocorram pelos critérios de antiguidade ou merecimento, em caráter alternado, como já expressa a lei nacional de regência da Defensoria Pública (arts. 31, 76 e 116).

c) A disposição do art. 93, III, da Constituição Federal, trata do acesso aos tribunais de segundo grau por meio da antiguidade e do merecimento, alternadamente, apurados na última ou única entrância. Da referida norma, pode ser extraído o princípio de que a promoção entre as classes da carreira da Defensoria Pública pressupõe a observância destes preceitos, o que já se encontra positivado nos arts. 31, 76 e 116 da Lei Complementar n. 80/94.

d) A remuneração por meio de subsídio em parcela única, vedado o acréscimo de qualquer gratificação, adicional, abono, prêmio, verba de representação ou outra espécie remuneratória, prevista no art. 39, § 4º, da CR/88, aplica-se à Defensoria Pública em razão da aplicação do art. 93, V, combinado com o art. 96, II, "b". Porém entendemos que haverá a necessidade de lei para regulamentar a questão (mesmo porque existe a necessidade de adaptação para fins de readequar a remuneração).

e) O dever imposto ao magistrado titular de manter residência na comarca, podendo não fixá-la apenas mediante autorização do tribunal, constante do art. 93, VII, da Constituição, também não é novidade no plano da Defensoria Pública, uma vez que a própria Lei Complementar nº 80/94, nos arts. 45, I, 90, I, e 129, I, já determinava a obrigação de o Defensor Público residir na comarca.

f) À medida que o texto constitucional determina aplicação das disposições do art. 93, no que couber, à Defensoria Pública, encontraremos normas pelas quais não há a necessária simetria e compatibilidade com o regime jurídico da Defensoria Pública. Nesse contexto, salvo melhor juízo, os incisos IX, X, XI, XII, XIV e XV não se aplicam ao regime jurídico da Defensoria Pública.

A Emenda Constitucional nº 80, de 04 junho de 2014,[213] também deixou assente que o número de defensores públicos na unidade jurisdicional será ***proporcional à efetiva demanda pelo serviço da Defensoria Pública e à respectiva população.*** E no prazo de 8 (oito) anos, a União, os Estados e o Distrito Federal deverão contar com defensores públicos **em todas as unidades jurisdicionais**, observada a proporcionalidade supracitada.

Além disso, durante o decurso do prazo previsto de 8 anos, a **lotação dos defensores públicos** ocorrerá, prioritariamente, **atendendo as regiões com maiores índices de exclusão social e adensamento populacional.**

Nesse momento, passamos a trabalhar algumas digressões sobre a Defensoria Pública que merecem nossa atenção:

213. A Emenda Constitucional nº 80, de 04 de junho de 2014, acrescentou o art.98 no ADCT da CR/88.

a) Conforme a Lei Complementar nº 132/2009 (que alterou a Lei Complementar nº 80/94), a Defensoria Pública deve ser entendida como uma instituição permanente, essencial à função jurisdicional do Estado, incumbindo-lhe, como expressão e instrumento do regime democrático, fundamentalmente, a orientação jurídica, a promoção dos direitos humanos e a defesa, em todos os graus, judicial e extrajudicial, dos direitos individuais e coletivos, de forma integral e gratuita, aos necessitados.

b) A Defensoria Pública é regida pelos seguintes princípios: *unidade, indivisibilidade e independência funcional*.[214] Além destes, ainda que infraconstitucionalmente, são asseguradas aos defensores públicos as garantias aos membros da: independência funcional no desempenho de suas atribuições; inamovibilidade;[215] irredutibilidade de vencimentos e estabilidade;

c) Nos ditames legais previstos na recente Lei Complementar nº 132/2009, resta estabelecido que são objetivos da Defensoria Pública:

- a primazia da dignidade da pessoa humana e a redução das desigualdades sociais;
- a afirmação do Estado Democrático de Direito;
- a prevalência e efetividade dos direitos humanos; e
- a garantia dos princípios constitucionais da ampla defesa e do contraditório.

d) Temos, também, na linha da LC nº 80/1994, alterada (em vários aspectos) pela LC nº 132/2009, um rol meramente exemplificativo de funções institucionais da Defensoria Pública. Entre elas:

- prestar orientação jurídica e exercer a defesa dos necessitados, em todos os graus;[216]

---

214. ADI 3943 julg. em 06 e 07.05.2015, Pleno do STF, Rel. Min. Cármen Lúcia. Segundo o STF, o magistrado, diante da ausência do Defensor, pode designar defensor dativo para acompanhar o réu na audiência. O STF entendeu, no caso concreto, que não houve violação aos princípios da ampla defesa e do "Defensor Público natural" por três fundamentos: *a) o inciso VI do art. 4º da LC 80/94 não garante exclusividade à Defensoria para atuar nas causas em que figure pessoa carente; b) o indeferimento do pedido da defesa não causou prejuízo ao réu, já que o defensor dativo teve entrevista prévia reservada com o acusado e formulou perguntas na audiência, participando ativamente do ato processual; c) a impossibilidade de a Defensoria atuar na comarca não acarreta direito à redesignação dos atos processuais designados*. STF. 2ª Turma. HC 123494/ES, Rel. Min. Teori Zavascki, julg. em 16.02.2016. Aqui, é interessante salientar que o STF não reconheceu o princípio do *Defensor Público natural* em duas oportunidades, sob o argumento de que a instituição foi estruturada sob o pálio dos princípios da unidade e da indivisibilidade (Inf. 814 e 856).

215. Nos termos da Lei complementar nº 80/1994: Art. 34. Os membros da Defensoria Pública da União são inamovíveis, salvo se apenados com remoção compulsória, na forma desta Lei Complementar. Art. 36. A remoção compulsória somente será aplicada com prévio parecer do Conselho Superior, assegurada ampla defesa em processo administrativo disciplinar.

216. Conforme a LC nº 80/94 os Defensores públicos têm como prerrogativa receber intimação pessoal em qualquer processo e grau de jurisdição, bem como ter em dobro todos os prazos. Aqui algumas questões são pertinentes: a) no que diz respeito ao prazo em dobro: ocorreu questionamento no STF sobre ele no processo penal, em virtude do Ministério Público não ser dotado de tal prerrogativa (contrariedade ao princípio da

- promover, prioritariamente, a solução extrajudicial dos litígios, visando à composição entre as pessoas em conflito de interesses, por meio de mediação, conciliação, arbitragem e demais técnicas de composição e administração de conflitos;
- promover a difusão e a conscientização dos direitos humanos, da cidadania e do ordenamento jurídico;
- prestar atendimento interdisciplinar, por meio de órgãos ou de servidores de suas carreiras de apoio para o exercício de suas atribuições;
- exercer, mediante o recebimento dos autos com vista à ampla defesa e ao contraditório em favor de pessoas naturais e jurídicas, em processos administrativos e judiciais, perante todos os órgãos e em todas as instâncias, ordinárias ou extraordinárias, utilizando todas as medidas capazes de propiciar a adequada e efetiva defesa de seus interesses;[217]
- representar aos sistemas internacionais de proteção dos direitos humanos, postulando perante seus órgãos;

---

isonomia e devido processo legal). Como posteriormente será abordado de forma mais detida (no capítulo sobre o controle de constitucionalidade), o STF no **HC nº 70.514** declarou essa normatividade ainda constitucional *(lei ainda constitucional)*. Nesses termos, *esta só será inconstitucional quando a defensoria pública estiver devidamente estruturada; b) No que tange aos juizados especiais e ao prazo em dobro: o entendimento adequado é que não se aplica o prazo em dobro para a defensoria pública no rito dos juizados especiais* (nesse sentido o posicionamento da Turma Nacional de Uniformização de Jurisprudência dos Juizados Especiais Federais); c) no que tange à intimação pessoal nos juizados especiais: conforme o **Informativo nº 362** do STF *é dispensável nos juizados especiais a intimação pessoal das partes, inclusive do representante do MP e dos Defensores públicos nomeados. Nesses termos, basta que a intimação seja feita pela imprensa oficial;* d) No que tange ao prazo em dobro para defensores dativos: *o entendimento adequado é que não há para os advogados dativos a possibilidade do exercício do prazo em dobro; e) no que tange à intimação pessoal para os advogados dativos: o posicionamento adequado é aquele que delimita um lapso temporal para o ato processual, ou seja, se a intimação se deu antes da Lei 9271/96 (Lei que incluiu o § 4º no art. 370 do CPP) certo é que não há necessidade da intimação pessoal. Porém, se a intimação (em matéria penal) é posterior à referida lei a necessidade da intimação pessoal para o advogado dativo. É o posicionamento* do STF: HC nº 89.315 Julg. em 19.09.2006 de Rel. Min. Ricardo Lewandowski.

217. HC 126.081 julg. em **25.08.2015**: "*A Defensoria Pública, ao tomar ciência de que o processo será julgado em data determinada ou nas sessões subsequentes,* ***não pode alegar cerceamento de defesa ou nulidade de julgamento quando a audiência ocorrer no dia seguinte ao que tiver sido intimada****. Com base nessa orientação, a Primeira Turma do STF, por maioria, denegou a ordem em "habeas corpus" no qual discutida suposta nulidade processual, pela não intimação do representante daquele órgão. Na espécie, apesar de a Defensoria Pública ter sido intimada para a sessão de julgamento da apelação, e ter-lhe sido deferida a sustentação oral, o recurso não fora julgado. Três meses depois, ela fora intimada de lista de 90 processos — entre os quais o recurso de apelação — no sentido de que haveria sessão de julgamento marcada para o dia seguinte. A Turma destacou a jurisprudência da Corte, segundo a qual, embora a sustentação oral não se qualifique como ato essencial da defesa, mostra-se indispensável intimação pessoal da Defensoria Pública. Entrementes, houvera ciência quanto à nova inclusão dos autos para julgamento em sessão do dia seguinte e a Defensoria Pública não requerera adiamento.*" Rel. Min. Rosa Weber. (Inf. 796 do STF). Temos também que: *A intimação pessoal da Defensoria Pública quanto à data de julgamento de habeas corpus só é necessária se houver pedido expresso para a realização de sustentação oral.* 2ª Turma do STF. HC 134.904/SP, Rel. Min. Dias Toffoli, julg. em **13.09.2016** *(apesar da 1ª Turma já ter decidido de forma diferente no RHC 117029, 17.11.2015. Porém, entendemos que deve prevalecer o entendimento da 2ª Turma do STF)* Ver também: 5ª Turma STJ. HC 309.191/PR, Rel. Min. Reynaldo Soares da Fonseca, julg. em 06.10.2015. 6ª T do STJ, RHC 27.528/RJ, Rel. Min. Nefi Cordeiro, julg. em 27.10.2015.

- promover ação civil pública e todas as espécies de ações capazes de propiciar a adequada tutela dos direitos difusos, coletivos ou individuais homogêneos quando o resultado da demanda puder beneficiar grupo de pessoas hipossuficientes;

Aqui, conforme já salientado na obra, temos que o STF na decisão da ADI 3943, julgada em 05.05.2015, entendeu que a Defensoria Pública tem **legitimidade** para propor *ação civil pública*, na defesa de interesses difusos, coletivos ou individuais homogêneos. Afirmou a ministra Cármen Lúcia, relatora da ADI, que em um "Estado marcado por inegáveis e graves desníveis sociais e pela concentração de renda, uma das grandes barreiras para a implementação da democracia e da cidadania ainda seria o efetivo acesso à Justiça. Além disso, em Estado no qual as relações jurídicas importariam em danos patrimoniais e morais de massa por causa do desrespeito aos direitos de conjuntos de indivíduos que, consciente ou inconscientemente, experimentariam viver, o dever de promover políticas públicas tendentes a reduzir ou suprimir essas enormes diferenças passaria pela operacionalização de instrumentos que atendessem com eficiência às necessidades dos seus cidadãos."[218]

Entendeu ainda a ministra que "a interpretação sugerida pela autora da ADI tolheria, sem razões de ordem jurídica, a possibilidade de utilização de importante instrumento processual – a ação civil pública – capaz de garantir a efetividade de direitos fundamentais de pobres e ricos a partir de iniciativa processual da Defensoria Pública." Porém, apesar de admitir a possibilidade do ajuizamento de ACP pela Defensoria Pública, a ministra explicitou que existiriam limites, pois "não se estaria a afirmar a desnecessidade de a Defensoria Pública observar o preceito do art. 5º, LXXIV, da CF, reiterado no art. 134 – antes e depois da EC 80/2014". Ou seja, "no exercício de sua atribuição constitucional, seria necessário averiguar a compatibilidade dos interesses e direitos que a instituição protege com os possíveis beneficiários de quaisquer das ações ajuizadas, mesmo em ação civil pública."[219] Mais recentemente,

218. ADI 3943 julg. em 06 e 07.05.2015, Pleno do STF, Rel. Min. Cármen Lúcia.

219. ADI 3943 julg. em 06 e 07.05.2015, Pleno do STF, Rel. Min. Cármen Lúcia. Aqui, temos que o mesmo posicionamento foi adotado pelo Ministro Barroso que entendeu que o fato de se estabelecer que a defensoria pública tem legitimidade, em tese, para ações civis públicas *não exclui a possibilidade de, em um eventual caso concreto, não se reconhecer a legitimidade da Instituição.* Afirmou que a Defensoria não teria legitimidade, por exemplo, no caso concreto, para uma ação civil pública na defesa dos sócios do "*Yatch Club*". *E dando outro exemplo, afirmou que a Defensoria não teria legitimidade, no caso concreto, para ajuizar uma ação civil pública em favor dos clientes "Personnalité" do Banco Itaú. O ministro Teori Zavascki seguindo a mesma linha afirmou que existe uma condição implícita na legitimidade da Defensoria Pública para ações civis públicas que é o fato de ela ter que defender interesses de pessoas hipossuficientes, sendo esta uma condição imposta pelo art. 134 da CF/88.* A ministra Rosa Weber afirmou que a defensoria pública tem legitimidade para propor ACP, mas que o juízo poderá aferir, no caso concreto, sua adequada representação. Portanto, resta claro que a defensoria pública pode ajuizar ACP se o interesse discutido na ação, de algum modo, favorecer hipossuficientes, ainda que também beneficie outras pessoas. Nesses termos, podendo haver hipossuficientes beneficiados pelo resultado da demanda deve-se admitir a legitimidade da Defensoria Pública. Um exemplo trazido pela doutrina é o de *consumidores de energia elétrica*, que tanto podem abranger pessoas com alto poder aquisitivo como hipossuficientes. Conforme o STJ: *A Turma, ao prosseguir o julgamento, entendeu que a Defensoria Pública tem legitimidade para ajuizar ação civil coletiva em benefício dos consumidores de energia elétrica, conforme dispõe o art. 5º, II, da Lei nº 7.347/1985, com redação dada pela Lei nº 11.448/2007.* (...)

o STF decidindo, em 04.11.2015, o RE 733.433/MG com repercussão geral, reforçou esse posicionamento afirmando o entendimento de que "a Defensoria Pública tem legitimidade para a propositura de ação civil pública em ordem a promover a tutela judicial de direitos difusos e coletivos de que sejam titulares, em tese, as pessoas necessitadas."

- exercer a defesa dos direitos e interesses individuais, difusos, coletivos e individuais homogêneos e dos direitos do consumidor, na forma do inciso LXXIV do art. 5º da Constituição Federal;
- impetrar *habeas corpus*, mandado de injunção, *habeas data* e mandado de segurança ou qualquer outra ação em defesa das funções institucionais e prerrogativas de seus órgãos de execução;
- promover a mais ampla defesa dos direitos fundamentais dos necessitados, abrangendo seus direitos individuais, coletivos, sociais, econômicos, culturais e ambientais, sendo admissíveis todas as espécies de ações capazes de propiciar sua adequada e efetiva tutela;
- exercer a defesa dos interesses individuais e coletivos da criança e do adolescente, do idoso, da pessoa portadora de necessidades especiais, da mulher vítima de violência doméstica e familiar e de outros grupos sociais vulneráveis que mereçam proteção especial do Estado;
- acompanhar inquérito policial, inclusive com a comunicação imediata da prisão em flagrante pela autoridade policial, quando o preso não constituir advogado;
- patrocinar ação penal privada e a subsidiária da pública;
- exercer a curadoria especial nos casos previstos em lei[220];
- atuar nos estabelecimentos policiais, penitenciários e de internação de adolescentes, visando assegurar às pessoas, sob quaisquer circunstâncias, o exercício pleno de seus direitos e garantias fundamentais;

REsp 912.849-RS, Rel. Min. José Delgado, julg. em 26.02.2008. Porém, o STJ já decidiu que a Defensoria Pública *não tem legitimidade para ajuizar ACP* em favor de *consumidores de plano de saúde particular*. Para a Corte, *ao optar por contratar plano particular de saúde, parece intuitivo que não se está diante de um consumidor que possa ser considerado necessitado, a ponto de ser patrocinado, de forma coletiva, pela Defensoria Pública.* Ao revés, trata-se de grupo que, ao demonstrar capacidade para arcar com assistência de saúde privada, *presume-se em condições de arcar com as despesas inerentes aos serviços jurídicos de que necessita*, sem prejuízo de sua subsistência, não havendo que se falar em hipossuficiência. Assim, o grupo em questão não é apto a conferir legitimidade ativa adequada à Defensoria Pública, para fins de ajuizamento de ação civil. 4ª Turma. REsp 1.192.577-RS, Rel. Min. Luís Felipe Salomão, julg. em 15.05.2014. LOPES CAVALCANTE, Márcio André, 2015, p. 07. No caso dos planos de saúde, entendemos que deve ser analisado o caso concreto, visto que existe uma série de planos, inclusive para pessoas de baixa renda. Portanto, a decisão do STJ é um parâmetro, sim, mas **não** é algo absoluto.

220. Tendo em vista os princípios do contraditório e da ampla defesa, o recurso interposto pela Defensoria Pública, ***na qualidade de curadora especial, está dispensado do pagamento de preparo.*** STJ. Corte Especial. EAREsp 978.895-SP, Rel. Min. Maria Thereza de Assis Moura, julgado em **18.12.2018** (Info 641).

- atuar na preservação e reparação dos direitos de pessoas vítimas de tortura, abusos sexuais, discriminação ou qualquer outra forma de opressão ou violência, propiciando o acompanhamento e o atendimento interdisciplinar das vítimas;
- atuar nos Juizados Especiais;
- participar, quando tiver assento, dos conselhos federais, estaduais e municipais afetos às funções institucionais da Defensoria Pública, respeitadas as atribuições de seus ramos;
- executar e receber as verbas sucumbenciais decorrentes de sua atuação, inclusive quando devidas por quaisquer entes públicos, destinando-as a fundos geridos pela Defensoria Pública e destinados, exclusivamente, ao aparelhamento da Defensoria Pública e à capacitação profissional de seus membros e servidores;
- convocar audiências públicas para discutir matérias relacionadas às suas funções institucionais. É de salientar-se que essas funções institucionais (da Defensoria Pública) serão exercidas, inclusive, contra as Pessoas Jurídicas de Direito Público.

e) Nos moldes da LC nº 132/2009, a capacidade postulatória do Defensor Público decorre exclusivamente de sua nomeação e posse no cargo público. Além disso, aos membros da Defensoria Pública é garantido sentar-se no mesmo plano do Ministério Público.

f) Com base na independência funcional (anteriormente aventada), se o Defensor Público entender inexistir hipótese de atuação institucional, dará imediata ciência ao Defensor Público-Geral, que decidirá a controvérsia, indicando, se for o caso, outro Defensor Público para atuar.

g) Certo é que **não há** previsão Constitucional para a existência de defensorias públicas municipais.

h) Conforme a Constituição a legislação infraconstitucional e a jurisprudência do STF, há, para o ingresso na carreira, a necessidade fulcral de concurso público de provas e títulos.[221]

221. Porém, nos termos do art. 22 do ADCT: *É assegurado aos defensores públicos investidos na função até a data de instalação da Assembleia Nacional Constituinte o direito de opção pela carreira, com a observância das garantias e vedações previstas no art. 134, parágrafo único, da Constituição*. Nesses termos, citamos a **ADI 1267:** Ação direta de inconstitucionalidade. art. 29 do ADCT do Amapá e artigos 85, 86 e 87 da lei complementar estadual n. 8, de 1994. Funcionário público. Provimento de cargos da Procuradoria-Geral e da Defensoria Pública do Estado sem concurso público. Inconstitucionalidade. Ofensa aos princípios da isonomia e da impessoalidade. Ressalvado o disposto no art. 22 do ADCT da Constituição do Brasil. 1. É inconstitucional o preceito que permite aos assistentes jurídicos do quadro do extinto Território do Amapá, sob subordinação da Procuradoria-Geral e da Defensoria Pública do Estado, a opção de ingresso na carreira de Procurador ou de Defensor Público do Estado de 1ª Categoria, bem como nos cargos de Defensor Público-Geral, Chefe de Defensoria, Núcleos Regionais e da Corregedoria; violação aos princípios da isonomia e da impessoalidade previstos no art. 37, caput, da Constituição do Brasil. 2.

i) O STJ já se pronunciou pela **admissibilidade** da assistência jurídica gratuita a **pessoas jurídicas** com ou sem fins lucrativos.[222]

j) O STF, na **ADI nº 3.022**, entendeu que legislação estadual (LC nº 10.194/1994 do Estado do Rio Grande do Sul) que estipulava como atribuição da Defensoria Pública estadual a assistência a servidores públicos processados por atos praticados em razão do exercício de suas atribuições funcionais é inconstitucional, por contrariedade ao art. 134 da CR/88. Porém, o Pretório Excelso também deixou assente que servidor público processado civil ou penalmente em razão de ato praticado no exercício regular de suas funções tem, sim, direito à assistência judiciária, desde que seja prestada por Procurador do Estado.[223]

k) Verdadeiro é que a **Defensoria Pública da União não** tem a **exclusividade** para a atuação no STJ, podendo as Defensorias Públicas Estaduais interporem recursos nos Tribunais Superiores quando for o caso. Nesses termos, o **HC 92.399/RS** de rel. Min. Ayres Britto julgado em **26.10.2010** presente no **Informativo 593 do STF**: (...) O art. 106 da LC 80/94 – que organiza a Defensoria Pública da União, do Distrito Federal e dos Territórios e prescreve normas gerais para sua organização nos Estados, e dá outras providências – impede eventual tentativa de se conferir à **Defensoria Pública da União – DPU a exclusividade na atuação perante o STJ** ("Art. 106. A Defensoria Pública do Estado prestará assistência jurídica aos necessitados, em todos os graus de jurisdição e instâncias administrativas do Estado. Parágrafo único. À Defensoria Pública do Estado caberá interpor recursos aos Tribunais Superiores, quando cabíveis."). Com base nessa orientação, a Turma **indeferiu *habeas corpus*** em que a DPU sustentava a nulidade do julgamento de recurso especial, haja vista que a intimação da inclusão do feito não fora a ela dirigida, mas à

São ressalvados, no entanto, os direitos previstos no art. 22 do ADCT da Constituição do Brasil, que assegurou aos defensores públicos investidos na função até a data da Assembleia Nacional Constituinte o direito de opção pela carreira. 3. Ação Direta de Inconstitucionalidade julgada totalmente procedente. (Julg. em **30.04.2004.** Rel. Min Eros Grau).

222. REsp nº 135.181/RJ Rel. Min. Waldemar Zveiter. *DJ*: 29.03.1999.

223. **ADI 3022** à luz do **Informativo 355 do STF:** "*O Tribunal julgou improcedente, em parte, pedido de ação direta de inconstitucionalidade ajuizada pelo Procurador-Geral da República, a pedido da Procuradoria-Geral de Justiça do Estado do Rio Grande do Sul, contra o art. 45, da Constituição desse Estado ('Art. 45. O servidor público processado, civil ou criminalmente, em razão de ato praticado no exercício regular de suas funções terá direito à assistência judiciária do Estado.') e a alínea 'a' do Anexo II da Lei Complementar gaúcha 10.194, de 30 de maio de 1994, que definia como atribuição da Defensoria Pública estadual a assistência judicial aos servidores processados por ato praticado em razão do exercício de suas atribuições funcionais. Entendeu-se que o art. 45 da Constituição estadual não viola a CR, uma vez que apenas outorga, de forma ampla, um direito funcional de proteção do servidor que, agindo regularmente no exercício de suas funções, venha a ser processado civil ou criminalmente. No tocante à alínea 'a' do Anexo II da Lei Complementar 10.194/94, considerou-se que a norma ofendia o art. 134 da CR, haja vista alargar as atribuições da Defensoria Pública estadual, extrapolando o modelo institucional preconizado pelo constituinte de 1988 e comprometendo a sua finalidade constitucional específica. Dessa forma, por unanimidade, declarou-se a constitucionalidade do art. 45, da Constituição Estadual do Rio Grande do Sul e a inconstitucionalidade da alínea a do Anexo II da Lei Complementar 10.194, do Estado do Rio Grande do Sul e, por maioria, atribuiu-se o efeito dessa decisão a partir do dia 31.12.2004, a fim de se evitar prejuízos desproporcionais decorrentes da nulidade ex tunc, bem como permitir que o legislador estadual disponha adequadamente sobre a matéria. [...]*". (Rel. Min. Joaquim Barbosa, **Julg. 02.08.2004**).

Defensoria Pública do Estado do Rio Grande do Sul. Asseverou-se que a intimação atenderá a pedido expresso do órgão defensivo estadual que patrocinara a defesa do paciente desde a 1ª instância, o que afastaria a alegação de ofensa da prerrogativa de intimação pessoal do defensor público." Porém, é importante salientar que, conforme recente decisão do STF em **07.03.2017**, a Defensoria Pública Estadual, como já dito, pode atuar no STJ, no entanto, para isso, é necessário que possua escritório de representação em Brasília. Nesses termos, se a Defensoria Pública estadual não tiver representação na capital federal, as intimações das decisões do STJ nos processos de interesse da DPE serão feitas para a DPU. Assim, nos termos do informativo 856 do STF, enquanto os Estados, mediante lei específica, não organizarem suas Defensorias Públicas para atuarem continuamente nesta Capital Federal, inclusive com sede própria, o acompanhamento dos processos no STJ constitui prerrogativa da DPU. Aqui é importante dizer que a DPU foi estruturada sob o pálio dos princípios da unidade e da indivisibilidade para dar suporte às Defensorias Públicas estaduais e fazer as vezes daquelas de Estados-Membros longínquos, que não podem exercer o múnus a cada recurso endereçado aos tribunais superiores.[224]

l) O STF decidiu, na **ADI 4163** julgada em **29.02.2012**, que a previsão legal em ordenamento jurídico de Estado de **obrigatoriedade de convênio** entre Defensoria Pública Estadual e a OAB ofende a autonomia funcional, administrativa e financeira da Defensoria[225].

m) O STF na **ADI 3965,** julgada em **07.03.2012,** decidiu que Defensoria Pública Estadual não pode estar subordinada ao Governo do Estado ou à Secretaria de Estado.[226]

---

224. HC 118294/AP, STF. 1ª Turma. rel. orig. Min. Marco Aurélio, red. p/ o ac. Min. Roberto Barroso, julg. em 07.03.2017.
225. **Informativo 656 do STF**: "A previsão de obrigatoriedade de celebração de convênio exclusivo e obrigatório entre a defensoria pública do Estado de São Paulo e a seccional local da Ordem dos Advogados do Brasil – OAB-SP ofende a autonomia funcional, administrativa e financeira daquela. Essa a conclusão do Plenário ao, por maioria, conhecer, em parte, de ação direta de inconstitucionalidade como arguição de descumprimento de preceito fundamental – ADPF e julgar o pleito parcialmente procedente, a fim de declarar a ilegitimidade ou não recepção do art. 234, e seus parágrafos, da Lei Complementar paulista 988/2006, assim como assentar a constitucionalidade do art. 109 da Constituição desse mesmo ente federativo, desde que interpretado conforme a Constituição Federal, no sentido de **apenas autorizar**, **sem obrigatoriedade nem exclusividade**, a **defensoria a celebrar convênio com a OAB-SP**. Tratava-se, na espécie, de ação direta ajuizada pelo Procurador-Geral da República contra o art. 109 da referida Constituição estadual e o art. 234 e parágrafos da LC paulista 988/2006, que tratam da instituição de convênio entre a defensoria pública paulista e a OAB-SP, para a prestação de assistência judiciária a necessitados, a cargo da primeira." (**ADI 4163**, julg. em **29.02.2012**, Rel. Min. Cezar Peluso)
226. Conforme o informativo 657 do STF: "Por reputar caracterizada afronta ao disposto no § 2º do art. 134 da CF, incluído pela EC 45/2004, o Plenário julgou procedente pedido formulado em ação direta, ajuizada pelo Procurador-Geral da República, para declarar a inconstitucionalidade da alínea h do inciso I do art. 26 da Lei Delegada 112/2007 e da expressão "e a Defensoria Pública" constante do art. 10 da Lei Delegada 117/2007, ambas do Estado de Minas Gerais [LD 112/2007: "Art. 26. Integram a Administração Direta do Poder Executivo do Estado, os seguintes órgãos autônomos: I – subordinados diretamente ao Governador do Estado: h) Defensoria Pública do Estado de Minas Gerais"; LD 117/2007: "Art. 10. A Polícia Militar, a Polícia Civil, o Corpo de Bombeiros Militar e a Defensoria Pública do Estado de Minas Gerais subordinam-se ao Governador do Estado, integrando, para fins operacionais, a Secretaria de Estado de Defesa Social"]. Observou-se que, conquanto a Constituição garantisse a autonomia,

n) Em 14.03.2012, nas **ADIs 3892 e 4270**, o Plenário do STF, por maioria, julgou procedente pedido formulado em duas ações diretas, ajuizadas pela Associação Nacional dos Defensores Públicos da União (ANDPU) e pela Associação Nacional dos Defensores Públicos (Anadep), para declarar, com eficácia diferida a partir de 12 (doze meses), a contar da data da decisão das ADIs, a inconstitucionalidade do art. 104 da Constituição do Estado de Santa Catarina e da Lei Complementar 155/97, dessa mesma unidade federada. Os dispositivos questionados autorizam e regulam a prestação de serviços de assistência judiciária pela seccional local da Ordem dos Advogados do Brasil – OAB, em substituição à defensoria pública (ainda inexistente no Estado).

o) O STF, no **RE 598.212** em decisão monocrática do Min. Celso de Mello de 10.06.2013, deu provimento a recurso extraordinário para restabelecer a sentença proferida pelo magistrado de primeira instância, que condenou o Estado do Paraná a cumprir a obrigação "de implantar e estruturar a Defensoria Pública do Estado do Paraná, no prazo de 6 (seis) meses, sob pena de cominação de multa diária de R$ 1.000,00 (um mil reais), valor que será destinado ao Fundo de Defesa dos Direitos Difusos, na forma do artigo 13 da Lei nº 7.347/85.

p) O STF na ADI 145, usando como ***parâmetro*** as normas constitucionais anteriores as da EC nº 45/2004 e da EC nº 80/2014 (ou seja, a *redação originária da Constituição*), decidiu em 20.06.2018 que é inconstitucional dispositivo da Constituição Estadual que concede aos Defensores Públicos a aplicação do regime de garantias, vencimentos, vantagens e impedimentos do Ministério Público e da Procuradoria-Geral do Estado. Conforme o STF, os estatutos jurídicos das carreiras do Ministério Público e da Defensoria Pública foram tratados de forma diversa pelo texto constitucional originário. Além disso, afirmou que a equivalência remuneratória entre as carreiras encontra óbice no art. 37, XIII, da CR/88, que veda a equiparação ou vinculação remuneratória.[227]

q) Recentemente decidiu o STF que é inconstitucional dispositivo de Constituição Estadual que confere *foro por prerrogativa de função*, no Tribunal de Justiça, para os defensores públicos. Conforme o STF, a CR/88, apenas excepcionalmente, conferiu prerrogativa de foro para as autoridades federais, estaduais e municipais. Assim,

---

os preceitos questionados estabeleceriam subordinação da defensoria pública estadual ao Governador daquele ente federado, sendo, portanto, inconstitucionais".

227. Informativo 907 do STF: *"Por outro lado, reputou inconstitucional o art. 147, § 1º, da Carta estadual, que concede aos defensores públicos a aplicação do regime de garantias, vencimentos, vantagens e impedimentos do Ministério Público e da Procuradoria-Geral do Estado. O estatuto jurídico das carreiras do Ministério Público e da Defensoria Pública foram tratadas de forma diversa pelo texto constitucional originário. Ademais, a equivalência remuneratória entre as carreiras encontra óbice no art. 37, XIII, da CF, que veda a equiparação ou vinculação remuneratória. A previsão original do art. 39, § 1º, da CF, que assegurava isonomia remuneratória aos servidores de atribuições iguais ou assemelhadas, não poderia ter sido invocada em favor dos Defensores Públicos, tampouco adotado como paradigmas os membros do Ministério Público, pois referida entidade goza de autonomia financeira que, à época, ainda não dispunham as Defensorias Públicas Estaduais, o que somente foi-lhes assegurado pela EC 45/2004 (CF, art. 134, § 2º)."* **ADI 145/CE**, STF. Plenário. Rel. Min. Dias Toffoli, julgado em **20.06.2018.**

não se pode permitir que os Estados possam, livremente, criar novas hipóteses de foro por prerrogativa de função.[228]

r) O defensor público, à luz da Constituição, **não** pode **exercer a advocacia** fora de suas atribuições definidas institucionalmente. Assim, temos que ele só poderá exercer a advocacia para a prestação da assistência jurídica integral e gratuita àqueles que obviamente comprovarem a insuficiência de recursos.

Nesse sentido, é a decisão da **ADI 3043**, julgada em 26.04.2006: "[...] Ação direta de inconstitucionalidade. Art. 137 da Lei Complementar nº 65, de 16 de janeiro de 2003, do Estado de Minas Gerais. Defensor Público. Exercício da advocacia à margem das atribuições institucionais. Inconstitucionalidade. Violação do art. 134

---

228. **ADI 2553/MA**, STF. Plenário. Red. p/ o ac. Min. Alexandre de Moraes, julg em **15.05.2019** (Info 940). *"O Plenário, por maioria, julgou procedente pedido formulado em ação direta para declarar a inconstitucionalidade do art. 81, IV, da Constituição do Estado do Maranhão, acrescentado pela Emenda Constitucional 34/2001. O dispositivo impugnado inclui, entre as autoridades com foro criminal originário perante o tribunal de justiça, os procuradores de Estado, os procuradores da assembleia legislativa, os defensores públicos e os delegados de polícia. Prevaleceu o voto do ministro Alexandre de Moraes, redator para o acórdão. Para ele, ao dispor sobre os órgãos do Poder Judiciário, o art. 92 da Constituição Federal previu como regra que a primeira e a segunda instâncias constituem juízo natural com cognição plena para a questão criminal. Apenas excepcionalmente a CF conferiu prerrogativas de foro para as autoridades federais, estaduais e municipais. No ponto, citou, como exemplo, a competência do Supremo Tribunal Federal (STF) para processar e julgar o presidente da República, o vice-presidente, membros do Congresso Nacional, seus próprios ministros e o procurador-geral da República; a competência do Superior Tribunal de Justiça (STJ) para processar e julgar os desembargadores; e a competência dos tribunais de justiça para processar e julgar os membros do ministério público estadual, os próprios magistrados e os prefeitos municipais. Sublinhou a inviabilidade de se aplicar, nesse caso, o princípio da simetria, uma vez que a CF estabelece prerrogativa de foro nos três níveis: federal, estadual e municipal. Ressaltou que interpretação que conferisse às constituições estaduais a possibilidade de definir foro, considerando o princípio federativo e com esteio no art. 125, § 1º, da CF, permitiria aos Estados dispor, livremente, sobre essas prerrogativas, o que seria equivalente a assinar um cheque em branco. Por fim, esclareceu que o vice-governador, os secretários de Estado e o comandante dos militares estaduais, por determinação expressa do art. 28 da CF, também possuem prerrogativa de foro, independentemente de a constituição estadual fixá-la ou não."* Aqui <u>temos um esclarecimento</u>: "O STF e a doutrina majoritária, tradicionalmente, ensinavam o seguinte: *a) Em regra, os casos de foro por prerrogativa de função são previstos na Constituição Federal. Exs: art. 102, I, "b" e "c"; art. 105, I, "a". b) As Constituições estaduais podem prever casos de foro por prerrogativa de função desde que seja respeitado o princípio da simetria com a Constituição Federal. Isso significa que a autoridade estadual que "receber" o foro por prerrogativa na Constituição Estadual deve ser equivalente a uma autoridade federal que tenha foro por prerrogativa de função na Constituição Federal.* Ex1: a Constituição Estadual pode prever que o Vice-Governador será julgado pelo TJ. Isso porque a autoridade "equivalente", em âmbito federal (Vice-Presidente da República), possui foro por prerrogativa de função no STF (art. 102, I, "b", da CF/88). Logo, foi respeitado o princípio da simetria. Ex2: a Constituição Estadual não pode prever foro por prerrogativa de função para os Delegados de Polícia, considerando que não há previsão semelhante para os Delegados Federais na Constituição Federal (STF ADI 2587). Essa autorização para que as Constituições Estaduais prevejam hipóteses de foro por prerrogativa de função no TJ existe por força do art. 125, § 1º, da CF/88. Assim, à luz do disposto no art. 125, § 1º, da Constituição Federal, o constituinte estadual possui legitimidade para fixar a competência do Tribunal de Justiça e, por conseguinte, estabelecer a prerrogativa de foro às autoridades que desempenham funções similares na esfera federal. A CF/88, apenas excepcionalmente, conferiu prerrogativa de foro para as autoridades federais, estaduais e municipais. Assim, *não se pode permitir que os Estados possam, livremente, criar novas hipóteses de foro por prerrogativa de função. A interpretação que conferisse às Constituições estaduais a possibilidade de definir foro, considerando o princípio federativo e com esteio no art. 125, § 1º, da CF/88, permitiria aos Estados dispor, livremente, sobre essas prerrogativas, o que seria equivalente a assinar um "cheque em branco".* Desse modo, para o Min. Alexandre de Moraes, as hipóteses de foro por prerrogativa de função somente podem ser previstas validamente pela Constituição Estadual se estiverem asseguradas, explicita ou implicitamente, pela Constituição Federal". LOPES CVALCANTE, Márcio André, *Dizer o Direito*, Maio de 2019. Ver também: ADI 6501 Ref-MC/PA, ADI 6508 Ref-MC/RO, ADI 6515 Ref-MC/AM e ADI 6516 RefMC/AL, STF. Plenário. Rel. Min. Roberto Barroso, julgados em 20.11.2020 (Inf. 1000).

da Constituição do Brasil. 1. O § 1º do artigo 134 da Constituição do Brasil repudia o desempenho, pelos membros da Defensoria Pública, de atividades próprias da advocacia privada. Improcede o argumento de que o exercício da advocacia pelos Defensores Públicos somente seria vedado após a fixação dos subsídios aplicáveis às carreiras típicas de Estado. 2. Os §§ 1º e 2º do artigo 134 da Constituição do Brasil veiculam regras atinentes à estruturação das defensorias públicas, que o legislador ordinário não pode ignorar. 3. Pedido julgado procedente para declarar a inconstitucionalidade do artigo 137 da Lei Complementar n. 65, do Estado de Minas Gerais."

s) Recentemente, vem se desenvolvendo na doutrina e nos Tribunais um debate extremamente interessante sobre a atuação da Defensoria Pública como Custos Vulnerabilis. *O termo Custos vulnerabilis* significa "guardiã dos vulneráveis" (ou fiscal dos vulneráveis).[229]

Nesses termos, enquanto o Ministério Público atuaria como *custos legis* (fiscal ou guardião da ordem jurídica), a Defensoria Pública possuiria a função de *custos vulnerabilis.* Assim sendo, para Maurílio Casas Maia, "'custos vulnerabilis' representa uma forma interventiva da Defensoria Pública em nome próprio e em prol de seu interesse institucional (constitucional e legal) – atuação essa subjetivamente vinculada aos interesses dos vulneráveis e objetivamente aos direitos humanos – representando a busca democrática do progresso jurídico-social das categorias mais vulneráveis no curso processual e no cenário jurídico-político"[230]

A tese defende que, em todo e qualquer processo onde se discuta interesses dos vulneráveis seria possível a intervenção da Defensoria Pública, independentemente de haver ou não advogado particular constituído. O entendimento é o de que quando a Defensoria Pública atua como *custos vulnerabilis*, a sua participação processual ocorre não como representante da parte em juízo, mas sim como protetor dos interesses dos necessitados em geral.

---

229. O primeiro autor a tratar do tema foi Maurílio Casas Maia. Outros importantes autores são Jorge Bheron Rocha e Edilson Santana Filho. Ver sobretudo a obra: *Custos Vulnerabilis: A Defensoria Pública e o equilíbrio nas Relações político-jurídicas dos Vulneráveis*. Ed. CEI, 2020. Aqui seguiremos essa obra como modelo para o restante da análise do tema.

230. MAIA, Maurílio Casas. *Legitimidades institucionais no Incidente de Resolução de Demandas Repetitivas (IRDR) no Direito do Consumidor: Ministério Público e Defensoria Pública: similitudes & distinções, ordem & progresso*. Revista dos Tribunais. vol. 986. ano 106. págs. 27-61. São Paulo: Ed. RT, dezembro 2017, p. 45. Conforme bem explícita Márcio André Cavalcante, Cassio Scarpinella Bueno deixou assente que: *"A expressão 'custos vulnerabilis', cujo emprego vem sendo defendido pela própria Defensoria Pública, é pertinente para descrever o entendimento aqui robustecido. Seu emprego e difusão têm a especial vantagem de colocar lado a lado – como deve ser em se tratando de funções essenciais à administração da justiça – esta modalidade interventiva a cargo da Defensoria Pública e a tradicional do Ministério Público. O 'fiscal dos vulneráveis', para empregar a locução no vernáculo, ou, o que parece ser mais correto diante do que corretamente vem sendo compreendido sobre a legitimidade ativa da Defensoria Pública no âmbito do 'direito processual coletivo', o 'fiscal dos direitos vulneráveis', deve atuar, destarte, sempre que os direitos e/ou interesses dos processos (ainda que individuais) justifiquem a oitiva (e a correlata consideração) do posicionamento institucional da Defensoria Pública, inclusive, mas não apenas, nos processos formadores ou modificadores dos indexadores jurisprudenciais, tão enaltecidos pelo Código de Processo Civil. Trata-se de fator de legitimação decisória indispensável e que não pode ser negada a qualquer título."* Curso sistematizado de direito processual civil, vol. 1: *Teoria Geral do Direito Processual Civil: parte geral do código de processo civil. 9ª edição. São Paulo: Saraiva Educação*, 2018, p. 219.

No âmbito das execuções penais, a Defensoria Pública argumenta que, desde 2010, existe previsão expressa na Lei nº 7.210/84 autorizando a intervenção da Instituição como *custos vulnerabilis*. Conforme o Art. 81-A: *A Defensoria Pública velará pela regular execução da pena e da medida de segurança, oficiando, no processo executivo e nos incidentes da execução, para a defesa dos necessitados em todos os graus e instâncias, de forma individual e coletiva*. No âmbito cível, especificamente no caso das ações possessórias, o art. 554, § 1º do CPC se apresentaria como exemplo de intervenção *custos vulnerabilis*. Nesse sentido, afirma o art. 554: (...) § 1º *No caso de ação possessória em que figure no polo passivo grande número de pessoas, serão feitas a citação pessoal dos ocupantes que forem encontrados no local e a citação por edital dos demais, determinando-se, ainda, a intimação do Ministério Público e, se envolver pessoas em situação de hipossuficiência econômica, da Defensoria Pública.*

Além dessas duas previsões exemplificativas, a tese defendida é a de que deve ser admitido a intervenção da defensoria pública como *custos vulnerabilis* em outras hipóteses. A Defensoria Pública defende, que essa intervenção pode ocorrer mesmo em casos nos quais não há vulnerabilidade econômica, mas sim vulnerabilidade social, técnica, informacional, jurídica. É o caso, por exemplo, dos consumidores, das crianças e adolescentes, dos idosos, dos indígenas etc. Como exemplos, temos o ECA no seu art.141: *É garantido o acesso de toda criança ou adolescente à Defensoria Pública, ao Ministério Público e ao Poder Judiciário, por qualquer de seus órgãos*. A Lei Maria da Penha: Art. 28. *É garantido a toda mulher em situação de violência doméstica e familiar o acesso aos serviços de Defensoria Pública ou de Assistência Judiciária Gratuita, nos termos da lei, em sede policial e judicial, mediante atendimento específico e humanizado*. Além do Estatuto do Idoso: Art. 13. *As transações relativas a alimentos poderão ser celebradas perante o Promotor de Justiça ou Defensor Público, que as referendará, e passarão a ter efeito de título executivo extrajudicial nos termos da lei processual civil.*

É importante salientar, que a expressão *custus vulnerabilis* nasce em um contexto de crise, em que o Superior Tribunal de Justiça negou, no REsp 1.192.577/RS, em 2014, a legitimação da Defensoria Pública do Rio Grande do Sul para a tutela de idosos usuários de plano de saúde (duplamente vulnerável: idoso e consumidor). Foi nesse momento que Maurílio Casas Maia, Defensor Público do Estado do Amazonas, percebeu que faltava à Defensoria Pública uma expressão que pudesse sintetizar as suas atribuições e até mostrar que a Defensoria Pública não executa tão somente a representação importante da parte que não tem advogado, mas também possui outros papéis. Posteriormente, em 2015, no Embargos de Divergência em REsp nº 1.192.577/RS, o STJ admitiu a legitimidade da Defensoria Pública para a propositura de Ação Civil Pública em favor dos idosos:

> *1. Controvérsia acerca da legitimidade da Defensoria Pública para propor ação civil pública em defesa de direitos individuais homogêneos de consumidores idosos, que tiveram seu plano de saúde reajustado, com arguida abusividade, em razão da faixa etária. 2. A atuação primordial da Defensoria Pública, sem dúvida, é a*

> *assistência jurídica e a defesa dos necessitados econômicos, entretanto, também exerce suas atividades em auxílio a necessitados jurídicos, não necessariamente carentes de recursos econômicos, como é o caso, por exemplo, quando exerce a função do curador especial, previsto no art. 9.º, inciso II, do Código de Processo Civil, e do defensor dativo no processo penal, conforme consta no art. 265 do Código de Processo Penal. 3. No caso, o direito fundamental tutelado está entre os mais importantes, qual seja, o direito à saúde. Ademais, o grupo de consumidores potencialmente lesado é formado por idosos, cuja condição de vulnerabilidade já é reconhecida na própria Constituição Federal, que dispõe no seu art. 230, sob o Capítulo VII do Título VIII ("Da Família, da Criança, do Adolescente, do Jovem e do Idoso"): "A família, a sociedade e o Estado têm o dever de amparar as pessoas idosas, assegurando sua participação na comunidade, defendendo sua dignidade e bem-estar e garantindo-lhes o direito à vida." 4.* ***"A expressão 'necessitados' (art. 134, caput, da Constituição), que qualifica, orienta e enobrece a atuação da Defensoria Pública, deve ser entendida, no campo da Ação Civil Pública, em sentido amplo, de modo a incluir, ao lado dos estritamente carentes de recursos financeiros – os miseráveis e pobres –, os hipervulneráveis (isto é, os socialmente estigmatizados ou excluídos, as crianças, os idosos, as gerações futuras), enfim todos aqueles que, como indivíduo ou classe, por conta de sua real debilidade perante abusos ou arbítrio dos detentores de poder econômico ou político, 'necessitem' da mão benevolente e solidarista do Estado para sua proteção, mesmo que contra o próprio Estado.*** *Vê-se, então, que a partir da ideia tradicional da instituição forma-se, no Welfare State, um novo e mais abrangente círculo de sujeitos salvaguardados processualmente, isto é, adota-se uma compreensão de minus habentes impregnada de significado social, organizacional e de dignificação da pessoa humana " (REsp 1.264.116/RS, Rel. Ministro HERMAN BENJAMIN, SEGUNDA TURMA, julgado em 18/10/2011, DJe 13/04/2012). 5. O Supremo Tribunal Federal, a propósito, recentemente, ao julgar a ADI 3943/DF, em acórdão ainda pendente de publicação, concluiu que a Defensoria Pública tem legitimidade para propor ação civil pública, na defesa de interesses difusos, coletivos ou individuais homogêneos, julgando improcedente o pedido de declaração de inconstitucionalidade formulado contra o art. 5.º, inciso II, da Lei n.º 7.347/1985, alterada pela Lei n.º 11.448/2007 (...) 6. Embargos de divergência acolhidos para, reformando o acórdão embargado, restabelecer o julgamento dos embargos infringentes prolatado pelo Terceiro Grupo Cível do Tribunal de Justiça do Estado do Rio Grande do Sul, que reconhecera a legitimidade da Defensoria Pública para ajuizar a ação civil pública em questão. (grifo nosso).*

Assim sendo, como explicitam, Edilson Santana, Jorge Bheron Rocha e Maurílio Casas Maia, passamos a ter nos Tribunais, diversas decisões em que se admitiu a intervenção da Defensoria Pública como *custus vulnerabilis*. Por exemplo, em São Paulo, temos Ações Civis Públicas ajuizadas pelo Ministério Público em face de municípios, mas que repercutiam na esfera jurídica de pessoas vulneráveis, como:

> *Agravo de Instrumento. Decisão que, em Ação Civil Pública movida pelo Ministério Público Estadual, (i) deferiu pedido de antecipação de tutela para determinar que a Municipalidade retire os moradores da área de alto grau de risco de deslizamento, com a demolição destes imóveis e o alojamento adequado dessas famílias; (ii) indeferiu o ingresso da Defensoria Pública Estadual para intervir no feito. Recurso da Defensoria Pública objetivando sua intervenção da lide, em nome próprio, bem assim a revogação da tutela de urgência e a citação de todos os ocupantes da*

área. Parcial admissibilidade. ***Hipótese em que a presente ação atinge esfera jurídica de pessoas em situação de hipossuficiência econômica, a justificar a intervenção da Defensoria Pública, em nome próprio, na qualidade de "custus vulnerabilis et plebis".*** *Inacolhíveis os demais pedidos. ACP que busca a proteção do meio ambiente e da integridade física dos ocupantes da área, não se confundindo com tutela possessória. Presentes os requisitos necessários à concessão e manutenção da tutela de urgência. Recurso parcialmente provido.* (Agravo de Instrumento *2007125-58.2018.8.26.0000; Rel.* Aroldo Viotti; *Órgão Julgador: 11ª Câmara de Direito Público; Julgamento: 10/07/2018; Data de Registro: 10/07/2018).* (grifo nosso).

Já o Tribunal de Justiça do Estado do Rio de Janeiro, reconheceu a legitimidade da Defensoria Pública como *custus vulnerabilis* em ações civis públicas envolvendo reintegração de posse:

Indeferimento de medida liminar para verificação acerca das "famílias que efetivamente precisam de abrigo e inclusão em programas de assistência social prestado pelo Município", após a determinação do Juízo de expedição do mandado demolitório para cumprimento em área de ocupação irregular em Parque Estadual. ***Recurso interposto pela Defensoria Pública na qualidade custus vulnerabilis, afirmando necessidade de notificação das autoridades competentes e a ausência de comprovação de que as famílias desalojadas terão abrigo.*** *Mandado que restou cumprido na data de interposição do recurso, conforme certificado pelo Oficial de Justiça. Perda superveniente do objeto destes autos de Agravo de Instrumento que se verifica.* RECURSO PREJUDICADO. (Agravo de Instrumento n. *0054474-52.2019.8.19.0000, Relatora des(a).* Leila Maria Rodrigues Pinto de Carvalho e Albuquerque, *25ª Câmara Cível, J. 6/9/2019).* (grifo nosso).

No âmbito penal, temos que o Tribunal de Justiça do Ceará reconheceu a legitimidade para HC como *custus vulnerabilis*. Na ocasião, a Defensoria Pública havia impetrado HC em favor de paciente que já possuía advogado constituído na origem. Vejamos:

De início, ***admito a intervenção da Defensoria Pública do Estado do Ceará na condição de "guardiã dos vulneráveis",*** *independentemente de haver ou não advogado particular constituído, por entender que essa manifestação defensorial é um mecanismo para abrandar a vulnerabilidade processual daqueles mirados ou atingidos pelo Poder Punitivo Estatal, compensando a falta legislativa com a igualdade processual e paridade de armas, potencializando beneficamente o exercício do mister constitucional da Defensoria Pública, à luz do art. 134 da Constituição Federal, com a máxima efetividade. (grifo nosso).*[231]

Já em 2019, o STJ admitiu de forma expressa a Defensoria Pública como *custus vulnerabilis*. Nesses termos:

1.O presente recurso integrativo foi interposto contra acórdão publicado na vigência do NCPC, razão pela qual devem ser exigidos os requisitos de admissibilidade

231. TJ-CE, trecho de voto do relator. HC n. 0622563-67.2018.8.06.0000, Rel. Francisco Carneiro Lima, 1ª Câmara Criminal, j. 31/7/2018; registro 31/07/2018.

> *recursal na forma nele prevista, nos termos do Enunciado Administrativo nº 3, aprovado pelo Plenário do STJ na sessão de 9/3/2016: Aos recursos interpostos com fundamento no CPC/2015 (relativos a decisões publicadas a partir de 18 de março de 2016) serão exigidos os requisitos de admissibilidade recursal na forma do novo CPC. 2. Na espécie, após análise acurada dos autos, verificou-se que o acórdão embargado deixou de analisar a possibilidade de admissão da Defensoria Pública da União como custos vulnerabilis. 3. Em virtude de esta Corte buscar a essência da discussão, tendo em conta que a tese proposta neste recurso especial repetitivo irá, possivelmente, afetar outros recorrentes que não participaram diretamente da discussão da questão de direito, bem como em razão da vulnerabilidade do grupo de consumidores potencialmente lesado e da necessidade da defesa do direito fundamental à saúde, a DPU está legitimada para atuar como quer no feito. 4. O acórdão embargado não foi contraditório e, com clareza e coerência, concluiu fundamentadamente que i) é exigência legal ao fornecimento de medicamento a prévia existência de registro ou autorização pela ANVISA; e ii) não há como o Poder Judiciário, a pretexto de ver uma possível mora da ANVISA, criar norma sancionadora para a hipótese, onde o legislador não a previu. 5. A contradição que autoriza os aclaratórios é a inerente ao próprio acórdão. 6. O recurso integrativo não se presta à manifestação de inconformismo ou à rediscussão do julgado. 7.* **Embargos de declaração acolhidos, em parte, apenas para admitir a DPU como custos vulnerabilis.**[232] *(grifo nosso).*

t) Por último, temos que, antes da Constituição de 1988, alguns Estados possuíam Defensoria Pública por força de leis estaduais. Outros, contudo, não tinham instituição com esse nome, apesar de possuírem advogados contratados pelo Estado para exercer as atividades de assistência "judiciária" gratuita.

O art. 22 do ADCT da CF/88 previu que as pessoas que estivessem exercendo a função de Defensor Público até 01/02/1987 (data de instalação da Assembleia Nacional Constituinte) tiveram o direito de optar pela carreira de Defensor Público, com a observância das garantias e vedações da nova carreira criada (garantia da inamovibilidade e proibição do exercício da advocacia fora das atribuições institucionais).

Portanto, conforme o **art. 22 do ADCT**, restou assegurado aos defensores públicos investidos na função, até a data de instalação da Assembleia Nacional Constituinte o direito de opção pela carreira, com a observância das garantias e vedações previstas no art. 134, parágrafo único, da Constituição. Portanto, eles também não podem desenvolver a advocacia fora de suas funções institucionais definidas, no já citado art. 134 da CR/88.

Sobre o tema, já decidiu o STF, que as Constituições estaduais não podem ampliar a excepcionalidade admitida pelo art. 22 do ADCT da CR/88.[233]

No caso, o art. 15 do ADCT da Constituição de Sergipe ampliou o limite temporal de excepcionalidade previsto pelo art. 22 do ADCT da CR/88 e, por essa razão, feriu a regra do concurso público (art. 37, II, da Constituição Federal).

---

232. STJ, EDcl no REsp 1712163/SP, Rel. Min. Moura Ribeiro, Segunda Seção, j. 25/09/2019, DJe 27/09/2019.
233. **ADI 5011**, STF. Plenário. Rel. Edson Fachin, julgado em **08.06.2020** (Inf. 984).

Nesses termos, o art. 15 da Constituição de Sergipe estabeleceu que: É assegurado aos defensores públicos investidos da função até a data da instalação da Assembleia Estadual Constituinte o direito de opção pela carreira, com a observância das garantias e vedações previstas no art. 123, parágrafo único, da Constituição Estadual.

A questão aqui é que a data da instalação da Assembleia Constituinte Estadual foi posterior à data de instalação da Assembleia Nacional Constituinte. Com isso, na prática, o prazo do art. 22 do ADCT da CR/88 foi ampliado.

Afirmou o STF, que o art. 22 do ADCT criou, de modo excepcional, uma forma derivada de investidura em cargo público. Trata-se de uma exceção à regra geral do concurso público e, portanto, não poderia ser ampliada pelo constituinte estadual.[234]

234. **ADI 5011**, STF. Plenário. Rel. Edson Fachin, julgado em **08.06.2020** (Inf. 984) Como já se passaram muitos anos desde a edição da CE/SE, o STF entendeu que, em homenagem à segurança jurídica, deveriam ser preservadas as aposentadorias e pensões dos Defensores nomeados pelos atos derivados da norma inconstitucional. Nesses termos, *o STF julgou procedente o pedido da ADI para declarar a inconstitucionalidade do art. 15 do Ato das Disposições Constitucionais Transitórias do Estado de Sergipe, ressalvando, nos termos do art. 27 da Lei nº 9.868/99, os servidores que já estejam aposentados (ou seus dependentes estejam em gozo de pensão por morte) ou que, até a data do julgamento, tenham preenchido os requisitos para a aposentadoria.*

19

Defesa do Estado e das Instituições Democráticas

Sumário: 1. Introdução: Finalidade das Medidas – 2. Princípios Norteadores – 3. Estado de Defesa: 3.1. Conceito e Hipóteses; 3.2. Hipóteses: 3.2.1. Requisitos para a Decretação; 3.3. Procedimento; 3.4. Prazo; 3.5. Abrangência; 3.6. Controle; 3.7. Restrições de Direitos – 4. Estado de Sítio: 4.1. Conceito; 4.2. Hipóteses; 4.3. Procedimento; 4.4. Prazo; 4.5. Abrangência; 4.6. Controle; 4.7. Restrições – 5. Forças Armadas – 6. Segurança Pública: 6.1. Polícias da União; 6.2. Polícias dos Estados; 6.3. Polícias Penais Federal, Estaduais e Distrital ; 6.4. Considerações importantes sobre as Polícias civis e Militares; 6.5. Polícia do Distrito Federal; 6.6. Polícia dos Municípios; 6.7. Segurança Viária.

1. INTRODUÇÃO: FINALIDADE DAS MEDIDAS

A Constituição de 1988 trouxe, sob esse título, dois grupos: um voltado para fornecer ***instrumentos (medidas excepcionais)*** para manutenção ou restabelecimento da ordem em momentos de *anormalidade*, e, com isso, configurou o chamado ***sistema constitucional de crises***, composto tanto pelo **estado de defesa** quanto pelo **estado de sítio**; assim como ainda se preocupou de institucionalizar a defesa do País por meio das ***forças armadas*** e da ***segurança pública***. Esse sistema de crise é mecanismo presente nas democracias modernas, como esforço para a manutenção de regimes democráticos, com a mínima onerosidade para os direitos e as garantias fundamentais.[1]

É preciso que se distinga, ainda, no plano da normalidade constitucional, a ***defesa do Estado*** – voltada para: a) defesa do território nacional contra invasões estrangeiras (art. 34, II, e 137, II da CR/88); b) defesa da soberania nacional (art. 91); e c) defesa da Pátria (art. 142) – da ***defesa das instituições democráticas***, que, por sua vez, busca o equilíbrio da ordem constitucional, mais exatamente, no que concerne ao equilíbrio entre grupos de poder.

O controle das crises se configura como um sistema jurídico, uma vez que é formado por normas constitucionais que fixam e prescrevem as possíveis providências necessárias para solucionar as crises político-institucionais. A excepcionalidade é a

1. MENDES, Gilmar Ferreira; COELHO, Inocêncio Mártires; BRANCO, Paulo Gustavo Gonet, *Curso de direito constitucional*, p. 1267.

tônica nesses casos, justificando as medidas apenas até que o **equilíbrio** constitucional seja novamente atingido.

Importante lembrar que a própria Constituição de 1988 veda o processo de emendas na vigência de intervenções federais, estado de defesa e estado de sítio (art. 60, § 1º), sob pena de configurar-se um golpe de estado, ou mesmo, a circunstância de se modificar da Lei Maior do País em momentos de desequilíbrio (o que não é prudente e adequado).

Nesse curso de ações excepcionais, a legalidade constitucional ***ordinária*** é afastada provisoriamente, dando espaço para uma legalidade constitucional ***extraordinária***. Tudo em nome da preservação do Estado de Direito e do princípio democrático.[2]

Historicamente, no Direito Constitucional brasileiro, desde a Constituição de 1891, o ***estado de sítio***, como mecanismo de solução de ***crises***, já estava previsto no texto constitucional. Os textos constitucionais brasileiros, portanto, sempre optaram por uma sistemática ***rígida***, na qual toda limitação aos direitos e garantias constitucionais (do ***sistema das crises***) estivessem previstas no próprio Texto Magno.[3]

Sob essa ótica, então, busca-se justamente, com amparo no próprio **direito constitucional**, prever medidas de solução das crises, em caráter de ***excepcionalidade***. Cabe aqui uma distinção, pois excepcionalidade não pode se confundir com ***arbitrariedade***, uma vez que todas as possíveis medidas que podem ser tomadas, além de já estarem tipificadas previamente, destinam-se racionalmente a solucionar problemas concretos e reais, sendo, então, necessárias ao restabelecimento da normalidade institucional e democrática do Estado. Logo, é justamente a ideia de arbitrariedade que essas medidas (excepcionais) visam combater.

2. PRINCÍPIOS NORTEADORES

Em monografia especializada, Aricê Moacyr Amaral Santos identificou que o sistema constitucional de crises é amparado por um conjunto de princípios, com destaque para os princípios da excepcionalidade, da necessidade e da temporalidade:

2. De questionável constitucionalidade, entretanto, foi a adoção pelos Estados Unidos, no governo *George W. Bush*, dos chamados *USA Patriot Acts*, após os atentados de 11 de setembro de 2001. Para uma análise mais profunda ver: ARAUJO PINTO, Cristiano Otávio Paixão, *A reação norte-americana aos atentados de 11 de setembro de 2001 e seu impacto no constitucionalismo contemporâneo*: *um estudo a partir da teoria da diferenciação do direito*. 2004. Tese (Doutorado em Direito) – Faculdade de Direito, UFMG, Belo Horizonte, 2004. Aqui, é interessante uma reflexão que vai além do **estudo dogmático** do sistema das crises, que ora analisamos. Para o filósofo italiano *Giorgio Agamben*, o que chamamos de **exceção** não deve ser enxergado desse modo na atualidade, pois a **"exceção"** (ainda que de forma sub-reptícia-implícita) a cada mais se torna a **"regra"**, ou seja, aquilo que pretensamente deveria **ser exceção** deve ser visto com as lentes (*óculos*) da normalidade (*Estado de Exceção como paradigma de governo*). A tese é de que estaríamos em um *Estado de Exceção em pleno Estado Democrático de Direito*. Para um aprofundamento do tema: AGAMBEN, Giorgio, *Estado de Exceção*, Ed. Boitempo, 2004.
3. MENDES; COELHO; BRANCO, *Curso de direito constitucional*, p. 1276-1277.

- **EXCEPCIONALIDADE:** significa que as medidas de estado de defesa e estado de sítio são excepcionais (na lógica de um sistema constitucional das crises), pois a regra é o Estado Democrático de Direito e suas instituições funcionando de forma adequada, ordenada e equilibrada. Portanto, apenas em situações excepcionais de desequilíbrio (desordem) é que medidas recrudescedoras deverão ser tomadas, justamente para o retorno do ***status quo ante***.

- **NECESSIDADE:** significa que as medidas que compõem o sistema de crises somente se justificam se não houver outro meio menos gravoso para restabelecer a normalidade; existindo, não caberá o estado de defesa ou o estado de sítio. É, por isso, que o estado de defesa ou o estado de sítio constituem a ***ultima ratio*** da defesa do Estado Democrático de Direito. A análise e a configuração da **necessidade**, via de regra, devem se caracterizar (conforme corrente majoritária) pela lógica da proporcionalidade (princípio da proporcionalidade), o que impediria excessos que configurariam verdadeiro Golpe de Estado ou outras arbitrariedades (contrárias à ordem democrática) por parte dos governantes.

- **TEMPORALIDADE:** tão logo a normalidade seja estabelecida, as medidas próprias do estado de sítio e do estado de defesa devem cessar, para que não caminhemos rumo a um Estado Autocrático. Portanto, as medidas têm caráter ***temporal***, que remetem à excepcionalidade e não à regra (que é a normalidade). A perpetuação dessas situações excepcionais converteria o Estado Democrático de Direito em verdadeira ***Ditadura*** (Estado Autocrático). Assim, sempre que houver prorrogação das medidas próprias do estado de sítio e do estado de defesa, deverá haver o estabelecimento de prazo para seu fim, sendo, portanto, medidas de prazo determinado (delimitado).

- **OBEDIÊNCIA ESTRITA À CR/88:** devem as medidas seguir estritamente a CR/88, ou seja, eles devem obedecer de forma estrita aos ditames Constitucionais. As medidas do estado de sítio e do estado de defesa servem, tão somente, para defender o Estado Democrático de Direito, nada mais (arts. 136, 137, 138, 139, CR/88.). É importante lembrar que a CR/88 prevê duas modalidades de estados de exceção: (1) o ***estado de defesa*** – art. 136; e (2) o ***estado de sítio*** – art. 137, sendo este último, devido aos seus pressupostos e às medidas restritivas, avaliado como mais severo que o outro.[4]

- **CONTROLE POLÍTICO-JUDICIAL:** a atual Constituição de 1988 previu um sistema de controle e de fiscalização dos atos excepcionais a partir da sua dupla natureza, jurídico e política, de modo que estes se submetem tanto ao controle político exercido pelo ***Congresso Nacional*** – nos casos de perpetuação

4. CUNHA JÚNIOR, Dirley da, *Curso de direito constitucional*, p. 998.

ou de decretação (ou autorização) dos estados de exceção – quanto pelo controle exercido pelo ***Poder Judiciário*** – nesse caso, quando as medidas deixarem de observar as normas constitucionais ou afetarem abusivamente os direitos e as garantias fundamentais.

3. ESTADO DE DEFESA

3.1. Conceito e Hipóteses

O **estado de defesa é uma medida excepcional** menos gravosa que o estado de sítio, decretada pelo Presidente da RFB com posterior aprovação do Congresso Nacional, e que visa restabelecer a normalidade em locais restritos e determinados.

Por estado de defesa nos referimos a um conjunto de medidas temporárias com o objetivo de manter ou restabelecer, ***dentro de uma área determinada e delimitada***, a ordem pública ou a paz social, quando estas forem ameaçadas por fatores de ordem político-social (***instabilidades institucionais***) ou por fenômenos (***calamidades***) da natureza de grandes proporções (art. 136 da CR/88).

São duas as hipóteses do estado de defesa: (1) questão estrita do restabelecimento da normalidade, no que diz respeito à ordem pública ou paz social ameaçada por grave instabilidade institucional no país; (2) calamidade pública, de grandes proporções na natureza.

É preciso lembrar que só vai poder ter estado de defesa ante uma calamidade de gigantescas (grandes) proporções que vai atender ao princípio da necessidade, não havendo outro meio menos gravoso para o restabelecimento do equilíbrio.

3.2. Hipóteses[5]

Para haver a decretação do estado de defesa, algumas condições devem ser observadas no plano fático, capazes de garantir a legitimidade dessa modalidade extraordinária.

A Constituição de 1988 exige, então, alternativamente, a constatação de existência de: (a) grave e iminente instabilidade institucional; ou (b) calamidade de grandes proporções na natureza.

3.2.1. Requisitos para a Decretação

Sem dúvida, haverá a exigência cumulativa dos seguintes requisitos:[6]

a) Prévia manifestação dos Conselhos da República e de Defesa Nacional, que apenas em caráter ***consultivo***, sem qualquer vinculação com o Presidente da República, fornecerão uma posição;

5. Alguns doutrinadores chamam as hipóteses de pressupostos materiais.
6. Na doutrina, os requisitos também são intitulados de pressupostos formais.

b) Decreto do Presidente da República com a previsão do prazo de duração da medida, com prazo máximo de 30 dias, podendo haver uma prorrogação (art. 136, §§ 1º e 2º, CR/88) por também no máximo 30 dias, e a especificação das áreas abrangidas e indicação das medidas coercitivas;

c) Aprovação pela maioria absoluta do Congresso Nacional do decreto de estado de defesa editado pelo Presidente da República.

3.3. Procedimento

A determinação do estado de defesa tem seu ato de instauração por iniciativa e titularidade do Presidente da RFB, que determina que sejam ouvidos o Conselho da República (arts. 89 e 90) e o Conselho de Defesa (art. 91). Ressalte-se que tal manifestação não é vinculante, mas meramente opinativa.

Depois dessa opinião, o Presidente decide se decreta ou não o estado de defesa. Se o Presidente decretar o estado de defesa, o ato deverá ser submetido ao Congresso Nacional em 24 horas e este, por sua vez, deverá ser convocado em 5 dias, se em recesso, para se reunir.

Na sequência, o CN tem 10 dias para votar e para aprovar a medida, sendo que terá que o fazer por meio de ***maioria absoluta de seus membros***.[7] Se não aprovadas as medidas, estas têm que ser cessadas imediatamente, sob pena de ser o Presidente responsabilizado (crime de responsabilidade) e sujeitado a ***impeachment***.

3.4. Prazo

O estado de defesa terá duração de, no máximo, de 30 dias, que podem ser prorrogados por, no máximo, mais 30 dias. Portanto, o Presidente da República, se entender necessário, irá prorrogar o prazo por no máximo mais 30 dias, e essa prorrogação já realizada pelo Chefe do Executivo será, obviamente, submetida à aprovação da maioria absoluta do Congresso Nacional.

É claro que se não for resolvida a situação nesse período (retorno da normalidade) deverá ser decretado o estado de sítio (medida mais gravosa).

3.5. Abrangência

A abrangência do estado de defesa será sempre em função de ***locais restritos***, ou seja, de logradouros determinados. O estado de defesa não tem amplitude nacional. A abrangência é sempre restrita e será especificada pelo decreto do Presidente da República.

7. Certo é que, se aprovado o estado de defesa, enquanto este estiver em andamento, o Congresso Nacional não pode parar de trabalhar.

3.6. Controle

O controle do estado de defesa será ***político***, feito pelo Congresso Nacional, e o controle ***judicial***, realizado pelo Judiciário.

Tipo de Controle	Autoridade Responsável	Espécies	Atuação
Político	**Congresso Nacional**	**Imediato**	Cabe ao CN (art. 49, IV, CR) decidir, por maioria absoluta, a aprovação ou prorrogação do estado de defesa (art. 136, § 4º)
		Concomitante	Mesa do Congresso Nacional nomeará comissão de 5 de seus membros para acompanhar e fiscalizar a execução das medidas referentes ao estado de defesa (art. 140).
		Sucessivo	Findo o estado de defesa, o Presidente enviará mensagem ao CN, especificando e justificando as providências por ele tomadas (art. 141, parágrafo único). Os executores poderão ser responsabilizados por qualquer tipo de arbítrio, excesso ou atos ilícitos cometidos (art. 141).
Judicial	**Poder Judiciário**	**Concomitante**	É um controle da ***legalidade***, sobre o exercício (execução) da medida, sobre as práticas que estão sendo tomadas, ao desenvolvimento da medida. Se as medidas forem ilegais, caberá ***habeas corpus*** ou mandado de segurança. O que **não** há, por parte do Poder Judiciário, é um controle sobre a medida em si, ou seja, sobre o decreto do Presidente, porque ele é juízo de conveniência do Presidente.
		Sucessivo (ou Posterior)	Se posteriormente a medida ficar consubstanciada de abusos, o Poder Judiciário responsabilizará o Presidente e demais envolvidos pelos possíveis abusos, tanto na seara cível quanto na penal.

3.7. Restrições de Direitos

No decreto que institui o estado de defesa, poderá haver previsão de medidas restritivas de direito de: a) reunião, ainda que exercida no seio das associações; b) sigilo de correspondência; c) sigilo de comunicação telegráfica e telefônica.

Ainda, poderá haver previsão de ocupação e uso temporário de bens e serviços públicos, na hipótese de calamidade pública, respondendo a União pelos danos e custos decorrentes.[8]

Na vigência do estado de defesa, ainda, poderá ocorrer ***a prisão por crime contra o Estado***, determinada pelo executor da medida, que será por este comunicada imediatamente ao juiz competente, que a relaxará, se não for legal, facultado ao preso requerer exame de corpo de delito à autoridade policial. A comunicação será acompanhada de declaração, pela autoridade, do estado físico e mental do detido no momento de sua autuação. Importante lembrar que a prisão ou detenção de qualquer pessoa não poderá ser superior a dez dias, salvo quando autorizada pelo Poder Judiciário. E é vedada a incomunicabilidade do preso.

4. ESTADO DE SÍTIO

4.1. Conceito

O **estado de sítio**, por sua vez, assume uma feição de maior gravidade quando comparado ao estado de defesa. Estamos falando de situações que acarretem grave comoção nacional, conflito armado envolvendo um Estado estrangeiro, ou mesmo quando for detectado que as medidas assumidas ao tempo do estado de defesa se mostraram insuficientes ou inadequadas.

Às vezes, a situação é tão grave que se decreta o estado de sítio mesmo sem ter-se decretado o estado de defesa.

Essa medida é tão gravosa que o Presidente da República terá que decretar o estado de sítio sempre depois da autorização do Congresso Nacional, ou seja, diferentemente do estado de defesa, há a necessidade de o Congresso Nacional autorizar a decretação.

Todavia, no caso da agressão estrangeira ocorrer no intervalo das sessões legislativas, o Presidente da República poderá decretar o estado de sítio sem a prévia autorização do Congresso Nacional, mas, em vez disso, esse será convocado para referendá-lo (art. 84, XIX, e art. 49, II, da CR/88).

O estado de sítio será decretado sempre com ***amplitude nacional***, ainda que restrito a determinada localidade.

4.2. Hipóteses

O art. 137 da CR/88 prevê os **pressupostos materiais** autorizadores, ***alternativamente***, para decretação do estado de sítio:

8. Ver STF MS nº 25.295, Rel. Min. Joaquim Barbosa, *DJ* 05/10/2007.

(a) ***comoção grave de repercussão nacional***: a hipótese, aqui, caracteriza-se pela existência de grave crise que pode ameaçar as instituições democráticas ou, então, o governo eleito de maneira legítima;[9]

(b) ***ocorrência de fatos que comprovem a ineficácia de medida tomada durante o estado de defesa***: nota-se que, aqui, a anormalidade (desequilíbrio) deverá de tal monta que não pode ser resolvido pelo estado de defesa (***ineficácia do estado de defesa***). Dessa forma, assiste-se a uma conversão formal do estado de defesa em um estado de sítio;

(c) ***declaração de estado de guerra ou resposta à agressão armada estrangeira***: a hipótese, aqui, é a de guerra, ou seja, a invasão do território nacional por outra potência estrangeira.

4.3. Procedimento

O Presidente da República, após ouvir o Conselho da República e o Conselho de Defesa Nacional, que emitirão posição apenas em caráter ***consultivo***, isto é, sem qualquer vinculação ao Presidente, somente poderá decretar o estado de sítio após solicitar ao Congresso Nacional autorização – que se manifestará pela maioria absoluta de seus membros.

A solicitação ao Congresso Nacional deverá ser fundamentada, trazendo os motivos determinantes para a decretação do estado de sítio (art. 137, parágrafo único, da CR/88).

No caso de o Congresso Nacional estar em recesso parlamentar, o Presidente do Senado Federal imediatamente convocará – em caráter extraordinário – o Congresso Nacional para se reunir dentro de cinco dias, a fim de apreciar o ato (art. 138, § 2º).

O decreto presidencial deverá trazer a duração do estado de sítio – no caso de comoção grave de repercussão nacional ou ocorrência de fatos que comprovem a ineficácia de medida tomada durante o estado de defesa (art. 138, *caput* e § 1º) –, as medidas necessárias à sua execução e as garantias constitucionais que deverão estar suspensas.

Após a publicação do decreto, o Presidente da República irá designar o executor das medidas e as áreas abrangidas. Dessa forma, deve-se chamar a atenção para o fato de que ***as especificações da amplitude do estado de sítio podem ser feitas posteriormente à decretação do estado de sítio***, que difere do estado de defesa, no qual a amplitude deve estar determinada no decreto.

---

9. SILVA, José Afonso da, *Curso de direito constitucional positivo*, p. 699.

4.4. Prazo

O prazo do estado de sítio ante a ineficácia do estado de defesa será de, no máximo, 30 dias, sempre prorrogáveis por, no máximo, mais 30 dias (quantas vezes forem necessárias).

Toda vez que for se prorrogar o estado de sítio, o Presidente da RFB tem que pedir ao Congresso Nacional que autorize a prorrogação.

Agora, na hipótese de guerra, o estado de sítio durará enquanto durar a guerra (art. 138, § 1º). Terminada a guerra, o Presidente da República e o Congresso Nacional celebram o estado de paz, e, assim, acaba o estado de sítio.

O estado de sítio, assim como o estado de defesa, jamais será *ad eternum*, sob pena de corrupção da ordem jurídico-constitucional de qualquer Estado e de sua sociedade (afronta ao Estado Democrático de Direito).

4.5. Abrangência

Como já dito, anteriormente, o estado de sítio (ainda que decretado para determinada área específica) apresenta uma abrangência ***nacional***, diferindo-se da abrangência local do estado de defesa.

4.6. Controle

Mesmo tendo sido formado o entendimento de que a decretação do estado de sítio – bem como do estado de defesa – constitui ***ato discricionário*** do Presidente da República, este estará sujeito a um conjunto de controles: ***político***, feito pelo Congresso Nacional e ***judicial***, realizado pelo Judiciário.

Tipo de Controle	Autoridade Responsável	Espécies	Atuação
Político	**Congresso Nacional**	**Prévio**	Cabe ao CN autorizar a decretação do estado de sítio (art. 137 CR/88).
		Concomitante	Mesa do Congresso Nacional nomeará comissão de 5 de seus membros para acompanhar e fiscalizar a execução das medidas referentes ao estado de sítio (art. 140).
		Sucessivo	Findo o estado de sítio, o Presidente enviará mensagem ao CN, especificando e justificando as providências por ele tomadas (art. 141, parágrafo único). Os executores poderão ser responsabilizados por qualquer tipo de arbítrio, excesso ou atos ilícitos cometidos (art. 141, caput).

Tipo de Controle	Autoridade Responsável	Espécies	Atuação
Judicial	Poder Judiciário	Concomitante	É um controle da ***legalidade***, sobre o exercício da medida, sobre as práticas que estão sendo tomadas no desenvolvimento da medida. Se as medidas forem ilegais, caberá ***habeas corpus*** ou mandado de segurança. O que não há, por parte do Poder Judiciário, é um controle sobre a medida em si, ou seja, sobre o decreto do Presidente, porque ele é juízo de conveniência do Presidente.
		Sucessivo (ou Posterior)	Se posteriormente a medida ficar consubstanciada de abusos, o PJ responsabilizará o Presidente e demais envolvidos pelos possíveis abusos, tanto na seara cível quanto na penal (art. 141).

4.7. Restrições

No curso do estado de sítio, alguns direitos e garantias constitucionais podem sofrer restrições previamente fixadas no art. 139 da CR/88:

(a) obrigação de permanência em localidade determinada;

(b) detenção em edifício não destinado a acusados ou condenados por crimes comuns;

(c) restrições relativas à inviolabilidade da correspondência, ao sigilo das comunicações, à prestação de informações e à liberdade de imprensa, radiodifusão e televisão, na forma da lei;[10]

(d) suspensão da liberdade de reunião;

(e) busca e apreensão em domicílio;

(f) intervenção nas empresas de serviços públicos;

(g) requisição de bens.

Temos, ainda, que, na hipótese de guerra, as restrições podem ser ampliadas, à luz do decreto e das posteriores especificações da medida do estado de sítio (na situação de guerra).

10. Conforme o parágrafo único do art. 139 da CR/88: "Não se inclui nas restrições do inciso III [restrições relativas à inviolabilidade da correspondência, ao sigilo das comunicações, à prestação de informações e à liberdade de imprensa, radiodifusão e televisão, na forma da lei] a difusão de pronunciamentos de parlamentares efetuados em suas Casas Legislativas, desde que liberada pela respectiva Mesa."

É importante ainda lembrar que, no estado de sítio, as imunidades dos parlamentares podem ser ***suspensas*** com base no preenchimento de 3 requisitos ***cumulativos***: a) atos praticados fora do Congresso Nacional; b) atos incompatíveis com o estado de sitio; c) com a necessária aprovação de 2/3 dos membros da Casa. Isso não ocorre na vigência do estado de defesa. Portanto, o **estado de sítio** é o **único** em que as imunidades parlamentares podem ser suspensas, desde que, obviamente, todos os requisitos acima sejam preenchidos.

5. FORÇAS ARMADAS

Sob o título de forças armadas, integram-se a Marinha, a Aeronáutica e o Exército. Tais instituições são dotadas pela Constituição de 1988 como instituições nacionais de caráter permanente e regulares, destinadas à defesa da Pátria, à garantia dos poderes constitucionais e, por iniciativa de qualquer destes, da lei e da ordem.[11]

A organização militar – uma vez que os membros das forças armadas se denominam militares (art. 142, § 3º) – tem por base a hierarquia e a disciplina, sob autoridade e comando supremos do ***Presidente da República***. É este que terá a atribuição constitucional de nomear os comandantes da Marinha, do Exército e da Aeronáutica, além de promover os oficiais-generais e nomeá-los para os cargos que lhes são privativos (art. 84, XIII, da CR/88).

Além disso, é de ***iniciativa privativa*** do Presidente da República as leis que versem sobre fixação e modificação dos efetivos dos militares das Forças Armadas[12], como ainda as que versem sobre seu regime jurídico, provimento de cargos, promoções, estabilidade, remuneração, reforma e transferência para a reserva (art. 61, § 1º, I e II, "f", da CR/88).

O Presidente da República[13], nos termos da LC nº 97/99, na condição de **Comandante Supremo das Forças Armadas,**[14] é assessorado:

---

11. Historicamente a Carta Imperial de 1824 se referia apenas às forças do mar e às forças da terra, uma vez que àquela época o avião não existia, vindo a surgir apenas na primeira década do século XX. Lenza, Pedro. *Direito constitucional esquematizado*, p. 654, 2008.
12. Conforme a **Lei nº 12.918** de **20.12.2013**: Art. 1º O art. 1º da Lei nº 7.150, de 1º de dezembro de 1983, passa a vigorar com as seguintes alterações: "Art. 1º Os efetivos do Exército em tempo de paz terão os seguintes limites: I – 182 (cento e oitenta e dois) Oficiais-Generais; II – 40.000 (quarenta mil) Oficiais; III – 75.000 (setenta e cinco mil) Subtenentes e Sargentos; e IV – 210.510 (duzentos e dez mil, quinhentos e dez) Cabos e Soldados.
13. Nos termos da **LC nº 136/2010**, o Poder Executivo encaminhará à apreciação do Congresso Nacional, na primeira metade da sessão legislativa ordinária, de 4 (quatro) em 4 (quatro) anos, a partir do ano de 2012, com as devidas atualizações: I – a Política de Defesa Nacional; II – a Estratégia Nacional de Defesa; III – o Livro Branco de Defesa Nacional.
14. Nos termos da **Lei Complementar nº 136** de 2010. Art. 16-A: Cabe às Forças Armadas, além de outras ações pertinentes, também como atribuições subsidiárias, preservadas as competências exclusivas das polícias judiciárias, atuar, por meio de ações preventivas e repressivas, na faixa de fronteira terrestre, no mar e nas águas interiores, independentemente da posse, da propriedade, da finalidade ou de qualquer gravame que sobre ela recaia, contra

a) no que concerne ao emprego de meios militares, pelo **Conselho Militar de Defesa**;

b) no que concerne aos demais assuntos pertinentes à área militar, pelo Ministro de Estado da Defesa.

O **Conselho Militar de Defesa** (anteriormente citado) é composto pelos Comandantes da Marinha, do Exército e da Aeronáutica e pelo Chefe do Estado-Maior Conjunto das Forças Armadas.[15]

Certo é que a **EC nº 23/99** criou o ***Ministério da Defesa***, de modo que os antigos Ministérios da Marinha, do Exército e da Aeronáutica se transformaram em Comandos das respectivas Forças Armadas.

O Ministro de Estado da Defesa exerce a **direção superior das Forças Armadas, assessorado pelo Conselho Militar de Defesa**, órgão permanente de assessoramento[16], **pelo Estado-Maior Conjunto das Forças Armadas** e pelos demais órgãos, conforme definido em lei.[17]

Ao Ministro de Estado da Defesa compete a **implantação** do Livro Branco de Defesa Nacional, documento de caráter público, por meio do qual se permitirá o acesso ao amplo contexto da Estratégia de Defesa Nacional, em perspectiva de médio e longo prazo, que viabilize o acompanhamento do orçamento e do planejamento plurianual relativos ao setor.[18]

Já as **sanções de natureza disciplinar** poderão ser aplicadas pelos superiores hierárquicos e pelo Presidente da República, tendo sempre por base a hierarquia e a disciplina como valores.

A verdade é que as **punições disciplinares** não estão sujeitas a *habeas corpus* no que concerne aos aspectos ***materiais*** (de mérito) do ato, restringindo-se, conforme já estudado (ver capítulo 7, que trabalha o *habeas corpus*), o cabimento do *writ* aos questionamentos de natureza ***formal*** (art. 142, § 2º).[19]

delitos transfronteiriços e ambientais, isoladamente ou em coordenação com outros órgãos do Poder Executivo, executando, dentre outras, as ações de: I – patrulhamento; II – revista de pessoas, de veículos terrestres, de embarcações e de aeronaves; e III – prisões em flagrante delito. **(Incluído pela Lei Complementar nº 136, de 2010).** Parágrafo único. As Forças Armadas, ao zelar pela segurança pessoal das autoridades nacionais e estrangeiras em missões oficiais, isoladamente ou em coordenação com outros órgãos do Poder Executivo, poderão exercer as ações previstas nos incisos II e III deste artigo.

15. Nos termos da **Lei Complementar n° 136** de 2010.
16. Compete ao **Estado-Maior Conjunto das Forças Armadas** elaborar o planejamento do emprego conjunto das Forças Armadas e **assessorar o Ministro de Estado da Defesa** na condução dos exercícios conjuntos e quanto à atuação de forças brasileiras em operações de paz, além de outras atribuições que lhe forem estabelecidas pelo Ministro de Estado da Defesa.
17. Nos termos da **Lei Complementar n° 136** de 2010.
18. Nos termos da **Lei Complementar n°136** de 2010.
19. Nesse sentido a jurisprudência do STF: RHC nº 88.543, Rel. Min. Ricardo Lewandowski, *DJ* 03/04/2007; RE nº 338.840, Rel. Ellen Gracie, *DJ* 12/09/2003; HC nº 70.648, Rel. Moreira Alves.

Aos militares aplicam-se, além das regras que vierem a ser previstas em lei[20], as seguintes disposições:

(a) as patentes, com prerrogativas, direitos e deveres a elas inerentes, são conferidas pelo Presidente da República e asseguradas em plenitude aos oficiais da ativa, da reserva ou reformados, sendo-lhes privativos os títulos e postos militares e, juntamente com os demais membros, o uso dos uniformes das Forças Armadas;

(b) o militar em atividade que tomar posse em cargo ou emprego público civil permanente, ressalvada a hipótese prevista no art. 37, inciso XVI, alínea "c", será transferido para a reserva, nos termos da lei (Redação dada pela Emenda Constitucional nº 77, de 2014);

(c) o militar da ativa que, de acordo com a lei, tomar posse em cargo, emprego ou função pública civil temporária, não eletiva, ainda que da administração indireta, ressalvada a hipótese prevista no art. 37, inciso XVI, alínea "c", ficará agregado ao respectivo quadro e somente poderá, enquanto permanecer nessa situação, ser promovido por antiguidade, contando-se-lhe o tempo de serviço apenas para aquela promoção e transferência para a reserva, sendo depois de dois anos de afastamento, contínuos ou não, transferido para a reserva, nos termos da lei[21] (Redação dada pela Emenda Constitucional nº 77, de 2014);

(d) ao militar são proibidas a sindicalização e a greve;[22]

(e) o militar, enquanto em serviço ***ativo***, não pode estar filiado a partidos políticos;

---

20. Conforme o **HC nº119.567** julg. em **22.05.2014**: *Direito Penal Militar. Vedação do sursis. Crime de deserção. Compatibilidade com a Constituição Federal. 1.* ***A jurisprudência do Supremo Tribunal Federal inclina-se pela constitucionalidade do tratamento processual penal mais gravoso aos crimes submetidos à justiça militar, em virtude da hierarquia e da disciplina próprias das Forças Armadas.*** *Nesse sentido, há o precedente que cuida da suspensão condicional do processo relativo a militar responsabilizado por crime de deserção (HC n º 99.743, Pleno, Rel. Min. Luiz Fux). 2. Com efeito, no próprio texto constitucional, há discrímen no regime de disciplina das instituições militares. Desse modo, como princípio de hermenêutica, somente se deveria declarar um preceito normativo conflitante com a Lei Maior se o conflito fosse evidente. Ou seja, deve-se preservar o afastamento da suspensão condicional da pena por ser opção política normativa. 3. Em consequência, entende-se como recepcionadas pela Constituição as normas previstas na alínea "a" do inciso II do artigo 88 do Código Penal Militar e na alínea "a" do inciso II do artigo 617 do Código de Processo Penal Militar. 4. Denegação da ordem de habeas corpus.*
21. Art. 14. § 8º da CR/88: O militar alistável é elegível, atendidas as seguintes condições: I – se contar menos de dez anos de serviço, deverá afastar-se da atividade; II – se contar mais de dez anos de serviço, será agregado pela autoridade superior e, se eleito, passará automaticamente, no ato da diplomação, para a inatividade.
22. Aqui registramos que o art. 142, § 3º, IV, da CR/88 não menciona os policiais civis. Nesses termos, não existe nenhum dispositivo na CR/88 que proíba expressamente os policiais civis de fazerem greve. Apesar de não haver uma proibição expressa na CR/88, o STF decidiu que os policiais civis não podem fazer greve. Nesse sentido, o Supremo foi além e afirmou que nenhum servidor público que trabalhe diretamente na área da segurança pública pode fazer greve. STF. Plenário. ARE 654432/GO Rel. orig. Min. Edson Fachin, red. p/ o ac. Min. Alexandre de Moraes, julg. em 05.04. 2017.

(f) o oficial só perderá o posto e a patente se for julgado indigno do oficialato ou com ele incompatível, por decisão de tribunal militar de caráter permanente, em tempo de paz, ou de tribunal especial, em tempo de guerra[23];

(g) o oficial condenado na justiça comum ou militar à pena privativa de liberdade superior a dois anos, por sentença transitada em julgado, será submetido ao julgamento previsto no inciso anterior (supracitado);

(h) aplica-se aos militares o disposto no art. 7º, incisos VIII, XII, XVII, XVIII, XIX e XXV, e no art. 37, incisos XI, XIII, XIV e XV, bem como na forma da lei e com prevalência da atividade militar, no art. 37, inciso XVI, alínea "c" (Redação dada pela Emenda Constitucional nº 77, de 2014);[24]

(i) a lei disporá sobre o ingresso nas Forças Armadas, os limites de idade, a estabilidade e outras condições de transferência do militar para a inatividade, os direitos, os deveres, a remuneração, as prerrogativas e outras situações especiais dos militares, consideradas as peculiaridades de suas atividades, inclusive aquelas cumpridas por força de compromissos internacionais e de guerra.

De acordo com a **Súmula Vinculante nº 6** do STF, "não viola a Constituição o estabelecimento de remuneração inferior ao salário mínimo para as praças prestadoras de serviço militar inicial".

Entendeu o STF que os princípios gerais da Administração Pública, presentes no *caput* do art. 37 da CR/88, são igualmente aplicáveis, no que couber, às Forças Armadas.

Além disso, o serviço militar é ***obrigatório***,[25] nos termos da lei,[26] a todos os brasileiros, com exceção das mulheres e eclesiásticos, em tempo de paz. Mas, havendo

23. Observamos uma diferença entre os *praças* e os *oficiais*, pois a pena acessória *de perda do cargo* pode ser aplicada a *praças* mesmo sem processo específico para que seja imposta. É chamada de pena acessória da condenação criminal. Já para os oficiais será necessário um processo específico para que lhe seja imposta a perda do posto e da patente (art. 142, § 3º, VI e VII, da CR/88). Portanto, para que haja a perda do posto e da patente do Oficial condenado a pena superior a 2 anos, é necessário que, além do processo criminal, ele seja submetido a novo julgamento perante Tribunal Militar. **RE 447.859** julg. em **21.05.2015**.

24. Ver a **Lei nº 13.109** de **25.03.2015**, que dispõe *sobre a licença à gestante e à adotante, as medidas de proteção à maternidade para militares grávidas e a licença-paternidade, no âmbito das Forças Armadas*. A **Lei nº13.717** de **24.09.2018** alterou a **Lei nº 13.109/2015**, para modificar o prazo da licença-paternidade do militar, no âmbito das Forças Armadas. Conforme a nova redação do art.6: *Pelo nascimento de filho, adoção ou obtenção de guarda judicial para fins de adoção, o militar terá licença-paternidade de 20 (vinte) dias consecutivos, vedada a prorrogação.*

25. Lembra a doutrina que aquele "que não se apresentar para a seleção na data prevista para fixação do contingente de sua classe ou que, tendo-o feito, ausentar-se sem a ter completado, será considerado refratário (art. 24 da Lei nº4.375, de 17.08.1964). Já o convocado selecionado e designado para incorporação, ou matriculo, que não se apresentar à Organização Militar que lhe for designada dentro do prazo marcado, ou que, tendo-o feito, ausentar do ato oficial de incorporação ou matrícula, será declarado insubmisso (art. 25 da referida Lei). O que abandona o serviço militar é considerado desertor."

26. Lei nº 4.375/64, regulamentada pelo Decreto nº 57.654/66.

mobilização, estes poderão ficar sujeitos a encargos correlatos à defesa nacional (art. 143, § 2º).

A ***escusa de consciência*** (art. 5º, VIII, da CR/88) é direito que poderá ser invocado, em tempo de paz, para que o alistado possa vir a se eximir das atividades de natureza militar (art. 143, § 1º). Mas, como se trata de obrigação que a todos poderá ser imposta, terão que cumprir prestação alternativa, conforme a lei fixar. Se não for tal situação observada, poderão ser submetidos a uma sanção: a perda[27] dos direitos políticos (art. 15, IV, da CR/88).[28]

6. SEGURANÇA PÚBLICA

A segurança pública, dever do Estado[29], direito e responsabilidade de todos, é exercida para a preservação da ordem pública e da incolumidade das pessoas e do patrimônio, através dos seguintes órgãos: I - polícia federal; II - polícia rodoviária federal; III - polícia ferroviária federal; IV - polícias civis; V - polícias militares e corpos de bombeiros militares. VI - polícias penais federal, estaduais e distrital.[30] Para sua concretização, envolve o exercício do poder de polícia – como atividade limitadora de direitos individuais em prol do interesse público –, mas em sua modalidade especial, isto é, de ***segurança***.

A política de segurança, por sua vez, divide a polícia, em polícia administrativa – que atua preventivamente e ostensivamente, evitando, assim, que o ilícito administrativo aconteça – e em polícia judiciária – destinada à atividade de investigação e, por isso, tem atuação repressiva, já que depende da ocorrência do ilícito penal.[31] Nesses termos, podemos especificar da seguinte forma:

- De um lado estão as Polícias Ostensivas (Administrativas, Preventivas), com incumbência de manter a ordem pública evitando a prática de infrações penais, por meio do policiamento ostensivo. Aqui se encaixam a Polícia Rodoviária Federal, Polícia Ferroviária Federal, Polícia Militar, Polícia Legislativa

---

27. Embora alguns autores entendam que no caso ocorrerá a suspensão de direitos políticos. Estes advogam por uma interpretação literal do dispositivo normativo referente ao tema presente na Lei nº 8.239/91.
28. O art. 3º, § 2º, da Lei nº 8.239/91, estabelece o que se entende por serviço alternativo: *exercício de atividades de caráter administrativo, assistencial, filantrópico ou mesmo produtivo, em substituição às atividades de caráter essencialmente militar.*
29. **AgR AI 810.410**: *"Constitucional. Poder Judiciário. Determinação para implementação de políticas públicas. Segurança pública. Destacamento de policiais para garantia de segurança em estabelecimento de custódia de menores infratores. Violação do princípio da separação dos Poderes. Não ocorrência. Precedentes. 1. O Poder Judiciário, em situações excepcionais, pode determinar que a Administração pública adote medidas assecuratórias de direitos constitucionalmente reconhecidos como essenciais sem que isso configure violação do princípio da separação dos poderes".* (julg. em **28.05.2013**. 1ª T – STF)
30. O Inciso VI do art.144 da CR/88 foi incluído pela EC nº104/2019 e criou as *polícias penais federal, estaduais e distrital.*
31. Ver a Lei nº 13.060 de 22.12.2014, que disciplinou o uso dos instrumentos de menor potencial ofensivo pelos agentes de segurança pública, em todo o território nacional.

e a Guarda Municipal[32]. E a Polícia Penal, recém-criada pela Emenda Constitucional nº 104/2019.

- Noutro flanco se encontram as Polícias Judiciárias (Investigativas), com tarefa de apurar os crimes não evitados, através da investigação policial. Nessa categoria estão a Polícia Federal (que também possui atribuição preventiva) e a Polícia Civil.[33]

Temos ainda que citar a Lei nº 11.473/07 que disciplina a ***Força Nacional de Segurança Pública***, como convênio entre União, Estados-membros e o Distrito Federal para execução de atividades concernentes à segurança pública.

Sua abrangência de atuação é o policiamento ostensivo – ***preventivo*** – voltado à preservação da ordem pública e da incolumidade das pessoas e do patrimônio. E é composta por servidores com treinamento especial pelo Ministério da Justiça, sendo integrantes das polícias federais e dos órgãos de segurança pública dos Estados que aderiram ao programa voluntariamente.

Nesses termos, a Força Nacional de Segurança Pública é uma tropa composta por policiais militares, policiais civis, bombeiros militares e profissionais de perícia recrutados a partir do efetivo dos Estados-membros e do Distrito Federal.

Esses policiais são indicados para a Força Nacional pela Instituição de origem. Em seguida, realizam curso de capacitação e são submetidos a treinamento. Depois disso, ficam cedidos por um período para a Força Nacional. Os membros da Força Nacional ficam um batalhão localizado no Distrito Federal, esperando ser acionados.

É importante salientar, que a atuação da Força Nacional não é como se fosse o emprego das Forças Armadas para garantia da lei e ordem. As Forças Armadas estão subordinadas ao Presidente da República. A Força Nacional, por sua vez, não é uma tropa federal. Ela é uma integração entre os Estados-membros, DF e a União.

Temos também, que as hipóteses de atuação da Força Nacional são diferentes daquelas que autorizam o emprego das Forças Armadas.[34]

---

32. HOFFMANN, Henrique e ROQUE, Fábio. *Polícia Penal é a novidade no sistema de segurança pública*. CONJUR, 12.12.2019. Em que pese alguns sustentarem que a Guarda Municipal não é Polícia pelo fato de não estar listada nos incisos do art. 144, mas apenas no §8º, a natureza de um órgão se define mais pela sua atribuição do que pelo nome; *por isso, como a Guarda Municipal atua no policiamento ostensivo nos limites do município para proteger bens, serviços e instalações municipais, inegavelmente atua na preservação da ordem pública evitando crimes sendo, portanto, Polícia Administrativa*.
33. HOFFMANN, Henrique e ROQUE, Fábio. *Polícia Penal é a novidade no sistema de segurança pública*. CONJUR, 12.12.2019. Essas são as Polícias no sentido técnico da palavra, por serem as instituições autorizadas a realizar prevenção de crimes ou sua investigação. Todavia, há outros órgãos que, apesar de não terem a missão de diretamente prevenir ou investigar ilícitos penais, são importantes para a segurança pública, e por isso mesmo foram listados como integrantes operacionais do Sistema Único de Segurança Pública pela Lei 13.675/18. *Podem ser mencionados os agentes de trânsito (diretamente voltados à prevenção e apuração de ilícitos administrativos de trânsito) e os peritos (com missão imediata de auxiliar, por meio de laudo pericial, a persecução penal presidida pelo delegado ou juiz)*.
34. Nos termos do Decreto nº 5.289/2004, a Força Nacional de Segurança Pública atuará em atividades destinadas: *à preservação da ordem pública e da segurança das pessoas e do patrimônio; ao auxílio às ações de polícia judiciária*

Nos termos do art. 4º do Decreto nº 5.289/2004, a Força Nacional de Segurança Pública poderá ser empregada em qualquer parte do território nacional, mediante solicitação expressa do respectivo Governador de Estado, do Distrito Federal ou de Ministro de Estado. (Redação dada pelo Decreto nº 7.957/2013) § 1º Compete ao Ministro de Estado da Justiça determinar o emprego da Força Nacional de Segurança Pública, que será episódico e planejado.

Portanto, a determinação do emprego da Força Nacional pode ocorrer: a) mediante solicitação expressa do Governador formulada ao Ministro da Justiça; b) mediante iniciativa do próprio Ministro da Justiça, mesmo sem solicitação do Governador

Sobre a Força Nacional de Segurança, recentemente decidiu o STF, que não é possível o envio da Força Nacional de Segurança para atuar no Estado-membro sem que tenha havido pedido ou concordância do Governador.[35]

No caso, o Ministro da Justiça enviou, sem pedido do Governador, um contingente da Força Nacional para auxiliar no cumprimento de mandado de reintegração de posse emitido pela Justiça em favor do INCRA nos Municípios de Prado e Mucuri no interior do Estado da Bahia.

O Estado da Bahia ajuizou ação cível originária no STF contra a União alegando que, como esse envio da Força Nacional ocorreu sem que o Governador tivesse solicitado, isso representou violação da autonomia do Estado-membro. O fundamento foi o de que a medida representaria hipótese de intervenção federal fora das hipóteses do art. 34 da CR/88.

Assim sendo, o envio da Força Nacional somente se mostra possível se houver pedido ou consentimento do Governador do Estado. Logo, o art. 4º do Decreto nº 5.289/2004 seria parcialmente inconstitucional.

O Min. Relator Edson Fachin, monocraticamente, concedeu a medida liminar e determinou à União que retire dos Municípios de Prado e Mucuri, na Bahia, no prazo de 48 horas, todo o contingente da Força Nacional de Segurança Pública enviado ao local.

Posteriormente o Plenário do STF, por maioria, referendou a decisão concessiva da cautelar. Segundo o Pretório Excelso, *é plausível a alegação de que a norma*

---

estadual na função de investigação de infração penal, para a elucidação das causas, circunstâncias, motivos, autoria e materialidade; ao auxílio às ações de inteligência relacionadas às atividades periciais e de identificação civil e criminal destinadas a colher e resguardar indícios ou provas da ocorrência de fatos ou de infração penal; ao auxílio na ocorrência de catástrofes ou desastres coletivos, inclusive para reconhecimento de vítimas; ao apoio a ações que visem à proteção de indivíduos, grupos e órgãos da sociedade que promovem e protegem os direitos humanos e as liberdades fundamentais; ao apoio às atividades de conservação e policiamento ambiental; ao apoio às ações de fiscalização ambiental desenvolvidas por órgãos federais, estaduais, distritais e municipais na proteção do meio ambiente; à atuação na prevenção a crimes e infrações ambientais; execução de tarefas de defesa civil em defesa do meio ambiente; ao auxílio às ações da polícia judiciária na investigação de crimes ambientais; e a prestar auxílio à realização de levantamentos e laudos técnicos sobre impactos ambientais negativos. In: *Dizer o Direito*, Informativo 992.

35. **ACO 3427** STF. Plenário. Ref-MC/BA, Rel. Min. Edson Fachin, julgado em **24.09.2020** (Informativo 992).

inscrita no art. 4º do Decreto 5.289/2004, naquilo em que dispensa a anuência do governador de estado no emprego da Força Nacional de Segurança Pública, viole o princípio da autonomia estadual.[36]

Na decisão, afirmou o STF, que há plausibilidade jurídica do direito evocado, porque pesam legítimas dúvidas sobre a constitucionalidade do art. 4º do Decreto 5.289/2004, que, alterado pelo Decreto 7.957/2013, estendeu o conteúdo semântico da norma e criou uma regra adicional ampliadora do rol dos legitimados a requerer o emprego da Força Nacional.[37]

A autorização unilateral do emprego da Força Nacional, parece, em juízo de delibação, contrariar as normas de escalão superior das quais deveria retirar sua validade. Nesse sentido, o art. 241 da Constituição Federal se refere expressamente à celebração de convênios de cooperação ou consórcios públicos entre os entes federados para assegurar a continuidade de serviços públicos.[38]

Além disso, com exceção das hipóteses de intervenção federal, previstas no art. 34 da CR/88, não se identificam dispositivos hábeis a contornar a autonomia dos estados, em sua integridade administrativa e territorial, sem que se obedeça à exigência de exteriorização de vontade apta a ser elemento de suporte de fato jurídico. Nesses termos, não se mostra possível diminuir a autonomia dos Estados, em sua integridade administrativa e territorial.[39]

Ainda afirmou o STF que, em análise típica de controle de legalidade, a validade do art. 4º do Decreto 5.289/2004 deve ser contrastada com a Lei 11.473/2007, que dispõe sobre cooperação federativa no âmbito da segurança pública. Essa Lei afirma que "a União poderá firmar convênio com os Estados e o Distrito Federal para executar atividades e serviços imprescindíveis à preservação da ordem pública e da incolumidade das pessoas e do patrimônio" (art. 1º). Logo, exige-se a participação/concordância do Estado-membro.[40]

6.1. Polícias da União

As polícias da União, nos termos definidos constitucionalmente, são as seguintes:

(a) **POLÍCIA FEDERAL:** que é órgão instituído por lei como permanente, organizado e mantido pela União e estruturado em carreira, destina-se a: apurar infrações

36. **ACO 3427** STF. Plenário. Ref-MC/BA, Rel. Min. Edson Fachin, julgado em **24.09.2020** (Informativo 992).
37. **ACO 3427** STF. Plenário. Ref-MC/BA, Rel. Min. Edson Fachin, julgado em **24.09.2020** (Informativo 992).
38. CR/88, Art. 241. *A União, os Estados, o Distrito Federal e os Municípios disciplinarão por meio de lei os consórcios públicos e os convênios de cooperação entre os entes federados, autorizando a gestão associada de serviços públicos, bem como a transferência total ou parcial de encargos, serviços, pessoal e bens essenciais à continuidade dos serviços transferidos.*
39. CR/88, Art. 241. *A União, os Estados, o Distrito Federal e os Municípios disciplinarão por meio de lei os consórcios públicos e os convênios de cooperação entre os entes federados, autorizando a gestão associada de serviços públicos, bem como a transferência total ou parcial de encargos, serviços, pessoal e bens essenciais à continuidade dos serviços transferidos.*
40. **ACO 3427** STF. Plenário. Ref-MC/BA, Rel. Min. Edson Fachin, julgado em **24.09.2020** (Informativo 992).

penais contra a ordem política e social ou em detrimento de bens, serviços e interesses da União ou de suas entidades autárquicas e empresas públicas, assim como outras infrações cuja prática tenha repercussão interestadual ou internacional e exija repressão uniforme, segundo se dispuser em lei; prevenir e reprimir o tráfico ilícito de entorpecentes e drogas afins, o contrabando e o descaminho, sem prejuízo da ação fazendária e de outros órgãos públicos nas respectivas áreas de competência; exercer as funções de polícia marítima, aeroportuária e de fronteiras; exercer, com exclusividade, as funções de polícia judiciária da União (art. 144, § 1º).

(b) **POLÍCIA RODOVIÁRIA FEDERAL:** órgão permanente, organizado e mantido pela União e estruturado em carreira, destina-se, na forma da lei, ao patrulhamento ostensivo das rodovias federais (art. 144, § 2º). Não possui nenhuma competência para as funções de polícia judiciária, já que esta é exclusiva da polícia federal (art. 144, § 1º, IV).

(c) **POLÍCIA FERROVIÁRIA FEDERAL:** órgão permanente, organizado e mantido pela União e estruturado em carreira, destina-se, na forma da lei, ao patrulhamento ostensivo das ferrovias federais (art. 144, § 3º).

6.2. Polícias dos Estados

No âmbito dos Estados-membros, a segurança pública é subordinada ao Governador do Estado-Membro[41] e é atribuída aos seguintes órgãos[42]:

(a) **POLÍCIAS CIVIS:** estas exercem as funções de polícia judiciária na esfera estadual – isto é, apuram as infrações penais (com exceção das de natureza militar e aquelas presentes no rol de competências da polícia federal[43]) –, sendo dirigidas por delegados de polícia de carreira (art. 144, § 4º).[44]

41. Ver jurisprudência do STF, com destaque para a ADI nº 2.587, voto do Min. Carlos de Britto, *DJ* 06/11/2006.
42. O entendimento firmado na ADI 2827/RS (*DJe* de 06.04.2011) é no sentido de que o rol de órgãos encarregados do exercício da segurança pública, previsto no art. 144, I a V, da CF, seria taxativo e de que esse modelo federal deveria ser observado pelos Estados-membros e pelo Distrito Federal. Nesses Termos: *"Criação do Instituto-Geral de Perícias e inserção do órgão no rol daqueles encarregados da segurança pública. 4. O requerente indicou os dispositivos sobre os quais versa a ação, bem como os fundamentos jurídicos do pedido. Preliminar de inépcia da inicial rejeitada. 5. Observância obrigatória, pelos Estados-membros, do disposto no art. 144 da Constituição da República. Precedentes. 6. Taxatividade do rol dos órgãos encarregados da segurança pública, contidos no art. 144 da Constituição da República. Precedentes. 7. Impossibilidade da criação, pelos Estados-membros, de órgão de segurança pública diverso daqueles previstos no art. 144 da Constituição. Precedentes. 8. Ao Instituto-Geral de Perícias, instituído pela norma impugnada, são incumbidas funções atinentes à segurança pública. 9. Violação do artigo 144 c/c o art. 25 da Constituição da República. 10. Ação direta de inconstitucionalidade parcialmente procedente". Outro exemplo: Os Estados-membros, assim como o Distrito Federal, devem seguir o modelo federal. O artigo 144 da Constituição aponta os órgãos incumbidos do exercício da segurança pública. Entre eles não está o Departamento de Trânsito. Resta pois, vedada aos Estados-membros a possibilidade de estender o rol, que esta Corte já firmou ser numerus clausus, para alcançar o Departamento de Trânsito.* (ADI 1182, voto do Min. Eros Grau, *DJ* de 10/3/06).
43. Conforme o RHC nº116.002, julg. em 12.03.2014: *"pretendida nulidade da investigação penal pelo fato de a polícia judiciária estadual haver recebido cooperação da polícia federal. Inocorrência. Mútua assistência técnica entre a polícia federal e as polícias estaduais, além do fornecimento recíproco de dados investigatórios e o intercâmbio de informações entre referidos organismos policiais: medidas que se legitimam em face do modelo constitucional de federalismo cooperativo (...)."* Rel. Min Celso de Mello.
44. STF – ADI nº 2.427/PR, Rel. Min. Eros Grau, Informativo STF nº 438.

(b) **POLÍCIAS MILITARES**[45]: ficam com a função de polícia ostensiva e a preservação da ordem pública (polícia administrativa). São, ainda, forças auxiliares e reserva do Exército (art. 144, § 6º).[46]

No que tange à Polícia Militar, temos, conforme a **Emenda Constitucional nº 60** de 2009, que os integrantes da carreira policial militar do ex-Território Federal de Rondônia[47] que, comprovadamente, encontravam-se no exercício regular de suas funções prestando serviço àquele ex-Território na data em que foi transformado em Estado, bem como os servidores e os policiais militares alcançados pelo disposto no art. 36 da Lei Complementar nº 41, de 22 de dezembro de 1981, e aqueles admitidos regularmente nos quadros do Estado de Rondônia até a data de posse do primeiro Governador eleito, em 15 de março de 1987, constituirão, mediante opção, quadro em extinção da administração federal, assegurados os direitos e as vantagens a eles inerentes, vedado o pagamento, a qualquer título, de diferenças remuneratórias. Temos, também, que esses membros da Polícia Militar continuarão prestando serviços ao Estado de Rondônia, na condição de cedidos, submetidos às corporações da Polícia Militar, observadas as atribuições de funções compatíveis com o grau hierárquico.

Já a **Emenda Constitucional nº 79,** de 27 de maio de 2014, alterou o art. 31 da Emenda Constitucional nº 19, de 4 de junho de 1998, para prever a inclusão, em quadro em extinção da Administração Federal, de servidores e policiais militares admitidos pelos Estados do Amapá e de Roraima, na fase de instalação dessas unidades federadas.[48]

---

45. Conforme a Súmula Vinculante nº 6 do STF: Não viola a Constituição o estabelecimento de remuneração inferior ao salário mínimo para as praças prestadoras de serviço militar inicial.
46. STF – ADI nº 132, Rel. Sepúlveda Pertence, *DJ* 30/05/2003: "Polícia Militar: atribuição de 'radiopatrulha aérea': constitucionalidade. O âmbito material da polícia aeroportuária, privativa da União, não se confunde com o do policiamento ostensivo do espaço aéreo, que – respeitados os limites das áreas constitucionais das Polícias Federal e Aeronáutica Militar – se inclui no poder residual da Polícia dos Estados."
47. É interessante registrarmos também (embora não envolva a matéria ora analisada) que os servidores municipais do ex-Território Federal de Rondônia também foram abarcados pela **EC nº 60/09.** Conforme o § 2º do art. 89 do ADCT, esses servidores a que se refere o *caput* do **art. 89 do ADCT** "continuarão prestando serviços ao Estado de Rondônia na condição de cedidos, até seu aproveitamento em órgão ou entidade da administração federal direta, autárquica ou fundacional."
48. **EC 79/2014**: *Art. 1º O art. 31 da Emenda Constitucional nº 19, de 4 de junho de 1998, passa a vigorar com a seguinte redação: "Art. 31. Os servidores públicos federais da administração direta e indireta, os servidores municipais e os integrantes da carreira policial militar dos ex-Territórios Federais do Amapá e de Roraima que comprovadamente encontravam-se no exercício regular de suas funções prestando serviços àqueles ex-Territórios na data em que foram transformados em Estados, os servidores e os policiais militares admitidos regularmente pelos governos dos Estados do Amapá e de Roraima no período entre a transformação e a efetiva instalação desses Estados em outubro de 1993 e, ainda, os servidores nesses Estados com vínculo funcional já reconhecido pela União integrarão, mediante opção, quadro em extinção da administração federal. § 1º O enquadramento referido no caput para os servidores ou para os policiais militares admitidos regularmente entre a transformação e a instalação dos Estados em outubro de 1993 deverá dar-se no cargo em que foram originariamente admitidos ou em cargo equivalente. § 2º Os integrantes da carreira policial militar a que se refere o caput continuarão prestando serviços aos respectivos Estados, na condição de cedidos, submetidos às disposições estatutárias a que estão sujeitas as corporações das respectivas Polícias Militares, observados as atribuições de função compatíveis com seu grau hierárquico e o direito às devidas promoções. § 3º Os servidores a que se refere o caput continuarão prestando serviços aos respectivos Estados e a seus Municípios,*

(c) CORPO DE BOMBEIROS MILITARES: também representa força auxiliar e reserva do Exército, além de cuidar das atribuições que a lei define – prevenção e extinção de incêndios, salvamento de vidas humanas, socorro em casos de afogamento, desabamentos etc. –, além da execução de atividades de defesa civil.

6.3. Polícias Penais Federal, Estaduais e Distrital

Nos termos da Emenda Constitucional nº 104 de 2019 às polícias penais, vinculadas ao órgão administrador do sistema penal da unidade federativa a que pertencem, cabe a segurança dos estabelecimentos penais.

Como deixou assente o poder constituinte derivado na Proposta de Emenda à Constituição, o objetivo dessa mudança foi valorizar os agentes penitenciários, conferindo-lhes os direitos inerentes à carreira policial, e permitindo uma melhor estruturação da agora Polícia Penal.[49]

---

na condição de cedidos, até seu aproveitamento em órgão ou entidade da administração federal direta, autárquica ou fundacional."(NR) Art. 2º Para fins do enquadramento disposto no caput do art. 31 da Emenda Constitucional nº 19, de 4 de junho de 1998, e no caput do art. 89 do Ato das Disposições Constitucionais Transitórias, é reconhecido o vínculo funcional, com a União, dos servidores regularmente admitidos nos quadros dos Municípios integrantes dos ex-Territórios do Amapá, de Roraima e de Rondônia em efetivo exercício na data de transformação desses ex-Territórios em Estados. Art. 3º Os servidores dos ex-Territórios do Amapá, de Roraima e de Rondônia incorporados a quadro em extinção da União serão enquadrados em cargos de atribuições equivalentes ou assemelhadas, integrantes de planos de cargos e carreiras da União, no nível de progressão alcançado, assegurados os direitos, vantagens e padrões remuneratórios a eles inerentes. Art. 4º Cabe à União, no prazo máximo de 180 (cento e oitenta) dias, contado a partir da data de publicação desta Emenda Constitucional, regulamentar o enquadramento de servidores estabelecido no art. 31 da Emenda Constitucional nº 19, de 4 de junho de 1998, e no art. 89 do Ato das Disposições Constitucionais Transitórias. Parágrafo único. No caso de a União não regulamentar o enquadramento previsto no caput, o optante tem direito ao pagamento retroativo das diferenças remuneratórias desde a data do encerramento do prazo para a regulamentação referida neste artigo. Art. 5º A opção para incorporação em quadro em extinção da União, conforme disposto no art. 31 da Emenda Constitucional nº 19, de 4 de junho de 1998, e no art. 89 do Ato das Disposições Constitucionais Transitórias, deverá ser formalizada pelos servidores e policiais militares interessados perante a administração, no prazo máximo de 180 (cento e oitenta) dias, contado a partir da regulamentação prevista no art. 4º. Art. 6º Os servidores admitidos regularmente que comprovadamente se encontravam no exercício de funções policiais nas Secretarias de Segurança Pública dos ex-Territórios do Amapá, de Roraima e de Rondônia na data em que foram transformados em Estados serão enquadrados no quadro da Polícia Civil dos ex-Territórios, no prazo de 180 (cento e oitenta) dias, assegurados os direitos, vantagens e padrões remuneratórios a eles inerentes. Art. 7º Aos servidores admitidos regularmente pela União nas Carreiras do Grupo Tributação, Arrecadação e Fiscalização de que trata a Lei nº 6.550, de 5 de julho de 1978, cedidos aos Estados do Amapá, de Roraima e de Rondônia são assegurados os mesmos direitos remuneratórios auferidos pelos integrantes das Carreiras correspondentes do Grupo Tributação, Arrecadação e Fiscalização da União de que trata a Lei nº 5.645, de 10 de dezembro de 1970. Art. 8º Os proventos das aposentadorias, pensões, reformas e reservas remuneradas, originadas no período de outubro de 1988 a outubro de 1993, passam a ser mantidos pela União a partir da data de publicação desta Emenda Constitucional, vedado o pagamento, a qualquer título, de valores referentes a períodos anteriores a sua publicação. Art. 9º É vedado o pagamento, a qualquer título, em virtude das alterações promovidas por esta Emenda Constitucional, de remunerações, proventos, pensões ou indenizações referentes a períodos anteriores à data do enquadramento, salvo o disposto no parágrafo único do art. 4º. Art. 10. Esta Emenda Constitucional entra em vigor na data de sua publicação.

49. O sistema penitenciário não era catalogado como Polícia pelo fato de se dedicar precipuamente à prevenção e apuração de ilícitos disciplinares (e não penais) cometidos pelos presos no interior dos estabelecimentos penais, permitindo o respeito às normas de execução penal (artigos 41, parágrafo único, 54 e 71 da LEP). A Polícia Penal, que surge em sua substituição, persiste com essa atribuição, que agora é acrescida da segurança dos estabelecimentos penais (não só interna, mas também externa), conforme recém incluído §5º-A do artigo 144 da

Conforme a EC nº 104/2019, o preenchimento do quadro de servidores das polícias penais será feito, exclusivamente, por meio de concurso público e por meio da transformação dos cargos isolados, dos cargos de carreira dos atuais agentes penitenciários e dos cargos públicos equivalentes

6.4. Considerações importantes sobre as Polícias civis e Militares

1) Na **ADI 3038/SC** julg. em **11.12.2014** decidiu o STF que as Constituições estaduais não poderão prever regras diferentes do modelo previsto no art. 144, § 4º, da CR/88 (princípio da simetria), e com isso, afirmou que é inconstitucional a Constituição Estadual que preveja que o chefe da Polícia Civil pode ser alguém que não integre a carreira.

E além disso, afirmou também o STF, que é inconstitucional norma de Constituição Estadual que estabeleça que o chefe da Polícia Civil deverá ser um Delegado de Polícia integrante da classe final da carreira, considerando que a CR/88 não faz tal exigência.[50]

Aqui é interessante que o STF modificou seu pensamento sobre o tema algumas vezes: 1º) Em 2003 na ADI 132 (inconstitucional exigência do chefe ser da classe mais elevada da carreira); 2º) Em 2010 na ADI 3062 (constitucional a exigência prestigiando a autonomia dos Estados-membros); 3º) Em 2014 na ADI 3038 (novamente inconstitucional a exigência do chefe ser da classe mais elevada da carreira).

No mesmo sentido decidiu o STF na ADI 3077 em **16.11.2016** que é inconstitucional dispositivo de Constituição Estadual que exija que o Superintendente da Polícia Civil seja um delegado de polícia integrante da classe final da carreira.

2) Recentemente decidiu o STF que é inconstitucional dispositivo de Constituição Estadual que confere *foro por prerrogativa de função*, no Tribunal de Justiça, para os **delegados de polícia**. Conforme o STF, a CR/88, apenas excepcionalmente, conferiu prerrogativa de foro para as autoridades federais, estaduais e municipais. Assim, não se pode permitir que os Estados possam, livremente, criar novas hipóteses de foro por prerrogativa de função.[51]

Constituição. Evitar o cometimento de crimes traduz tarefa de Polícia Ostensiva, ainda que restrita aos limites da penitenciária, colônia, casa do albergado ou cadeia pública. A segurança externa dos presídios, para coibir delitos como tráfico de drogas, armas, dano e arrebatamento de presos, em muitos locais vinha sendo feita pela Polícia Militar, e agora deve definitivamente passar para as mãos da Polícia Penal. HOFFMANN, Henrique e ROQUE, Fábio. *Polícia Penal é a novidade no sistema de segurança pública*. CONJUR, 12.12.2019.

50. Na **ADI 3038/SC** julg. em **11.12.2014.** Conforme a Ementa: *"Polícia Civil – direção. Consoante dispõe o artigo 144, § 4º, da CF, as polícias civis são dirigidas por delegados de carreira, não cabendo a inobservância da citada qualificação, nem a exigência de que se encontrem no último nível da organização policial. Rel. Min. Marco Aurélio."*

51. **ADI 2553/MA,** STF. Plenário. Red. p/ o ac. Min. Alexandre de Moraes, julg em **15.05.2019** (Info 940). *"O Plenário, por maioria, julgou procedente pedido formulado em ação direta para declarar a inconstitucionalidade do art. 81, IV, da Constituição do Estado do Maranhão, acrescentado pela Emenda Constitucional 34/2001. O dispositivo impugnado inclui, entre as autoridades com foro criminal originário perante o tribunal de justiça, os procuradores de Estado, os procuradores da assembleia legislativa, os defensores públicos e os delegados de polícia. Prevaleceu o voto do ministro Alexandre de Moraes, redator para o acórdão. Para ele, ao dispor sobre os órgãos do Poder Judiciário, o art. 92 da*

3) Conforme o STF, na ADI 2575, não é possível que os Estados-membros criem órgão de segurança pública diverso daqueles que estão previstos no art. 144 da CR/88. Assim sendo, os Estados-membros e o Distrito Federal devem seguir o modelo federal.[52]

No caso, a Constituição do Estado do Paraná deixou assente no seu art. 50 que a polícia científica, com estrutura própria, incumbida das perícias de criminalística e médico-legais, e de outras atividades técnicas congêneres, será dirigida por peritos de carreira da classe mais elevada, na forma da lei. O STF afirmou que essa previsão é constitucional, mas desde que se interprete que esse órgão criado "Polícia Científica", não tem caráter de órgão de segurança pública.

Para o STF, o art. 144 da Constituição aponta os órgãos incumbidos do exercício da segurança pública, sendo esse rol taxativo. Assim, a Constituição Estadual não pode prever a criação de Polícia Científica como órgão integrante da segurança pública.

Constituição Federal previu como regra que a primeira e a segunda instâncias constituem juízo natural com cognição plena para a questão criminal. Apenas excepcionalmente a CF conferiu prerrogativas de foro para as autoridades federais, estaduais e municipais. No ponto, citou, como exemplo, a competência do Supremo Tribunal Federal (STF) para processar e julgar o presidente da República, o vice-presidente, membros do Congresso Nacional, seus próprios ministros e o procurador-geral da República; a competência do Superior Tribunal de Justiça (STJ) para processar e julgar os desembargadores; e a competência dos tribunais de justiça para processar e julgar os membros do ministério público estadual, os próprios magistrados e os prefeitos municipais. Sublinhou a inviabilidade de se aplicar, nesse caso, o princípio da simetria, uma vez que a CF estabelece prerrogativa de foro nos três níveis: federal, estadual e municipal. Ressaltou que interpretação que conferisse às constituições estaduais a possibilidade de definir foro, considerando o princípio federativo e com esteio no art. 125, § 1º, da CF, permitiria aos Estados dispor, livremente, sobre essas prerrogativas, o que seria equivalente a assinar um cheque em branco. Por fim, esclareceu que o vice-governador, os secretários de Estado e o comandante dos militares estaduais, por determinação expressa do art. 28 da CF, também possuem prerrogativa de foro, independentemente de a constituição estadual fixá-la ou não." Aqui temos um esclarecimento: "O STF e a doutrina majoritária, tradicionalmente, ensinavam o seguinte: a) Em regra, os casos de foro por prerrogativa de função são previstos na Constituição Federal. Exs: art. 102, I, "b" e "c"; art. 105, I, "a". b) As Constituições estaduais podem prever casos de foro por prerrogativa de função desde que seja respeitado o princípio da simetria com a Constituição Federal. Isso significa que a autoridade estadual que "receber" o foro por prerrogativa na Constituição Estadual deve ser equivalente a uma autoridade federal que tenha foro por prerrogativa de função na Constituição Federal. Ex1: a Constituição Estadual pode prever que o Vice-Governador será julgado pelo TJ. Isso porque a autoridade "equivalente", em âmbito federal (Vice-Presidente da República), possui foro por prerrogativa de função no STF (art. 102, I, "b", da CF/88). Logo, foi respeitado o princípio da simetria. Ex2: a Constituição Estadual não pode prever foro por prerrogativa de função para os Delegados de Polícia, considerando que não há previsão semelhante para os Delegados Federais na Constituição Federal (STF ADI 2587). Essa autorização para que as Constituições Estaduais prevejam hipóteses de foro por prerrogativa de função no TJ existe por força do art. 125, § 1º, da CF/88. Assim, à luz do disposto no art. 125, § 1º, da Constituição Federal, o constituinte estadual possui legitimidade para fixar a competência do Tribunal de Justiça e, por conseguinte, estabelecer a prerrogativa de foro às autoridades que desempenham funções similares na esfera federal. A CF/88, apenas excepcionalmente, conferiu prerrogativa de foro para as autoridades federais, estaduais e municipais. Assim, não se pode permitir que os Estados possam, livremente, criar novas hipóteses de foro por prerrogativa de função. A interpretação que conferisse às Constituições estaduais a possibilidade de definir foro, considerando o princípio federativo e com esteio no art. 125, § 1º, da CF/88, permitiria aos Estados dispor, livremente, sobre essas prerrogativas, o que seria equivalente a assinar um "cheque em branco". Desse modo, para o Min. Alexandre de Moraes, as hipóteses de foro por prerrogativa de função somente podem ser previstas validamente pela Constituição Estadual se estiverem asseguradas, explicita ou implicitamente, pela Constituição Federal". LOPES CVALCANTE, Márcio André, *Dizer o Direito*, Maio de 2019.

52. **ADI 2575/PR**, STF. Plenário. Rel. Min. Dias Toffoli, julgado em **24.06.2020** (Inf. 983).

Aqui ressaltamos que nada impede que a Polícia Científica, criada pelo Estado-membro para ser o órgão responsável pelas perícias, continue a existir e a desempenhar suas funções, sem estar, necessariamente, vinculada à Polícia Civil. No entanto, deve-se afastar qualquer interpretação que lhe outorgue caráter de órgão de segurança pública.[53]

4) No mesmo sentido, decidiu o STF, que Lei distrital não pode conferir porte de arma nem determinar o exercício de atividades de segurança pública a agentes e inspetores de trânsito.[54]

Nesses termos, conforme já citado, a Constituição da República, nos incisos do art. 144, estabelece quais são os órgãos de segurança pública. E como observado, esse rol é taxativo e de observância obrigatória pelo legislador infraconstitucional. Como consequência, os Estados-membros não podem atribuir o exercício de atividades de segurança pública a órgãos diversos daqueles previstos na Constituição da República.

Nesses termos, decidiu o STF na ADI 3996 que Lei distrital, ao estabelecer que os agentes de trânsito exercem atividades de segurança pública, possui vício de inconstitucionalidade material porque violou o rol taxativo dos órgãos encarregados da segurança pública previsto no art. 144 da CR/88.[55]

Afirmou na decisão o STF, que compete aos órgãos e agentes de trânsito estaduais, distritais e municipais o exercício da "segurança viária", que compreende a educação, engenharia e fiscalização de trânsito, além de outras atividades previstas em lei, que assegurem ao cidadão o direito à mobilidade urbana eficiente (art. 144, § 10, da CR/88). Porém, as atividades de segurança viária não se confundem com "segurança pública".

E nesse sentido, compete à União, nos termos do art. 21, VI; e 22, I, da CR/88, a definição dos requisitos para a concessão do porte de arma de fogo e dos possíveis titulares de tal direito, inclusive no que se refere a servidores públicos estaduais ou municipais, em prol da uniformidade da regulamentação do tema no país, questão afeta a políticas de segurança pública de âmbito nacional. Desse modo, é inconstitucional a lei distrital que disponha sobre porte de arma de fogo, criando hipóteses não previstas na legislação federal de regência, notadamente a Lei federal nº 10.826/2003 (Estatuto do Desarmamento).[56]

53. **ADI 2575/PR**, STF. Plenário. Rel. Min. Dias Toffoli, julgado em **24.06.2020** (Inf. 983).
54. **ADI 3996**, STF. Plenário. Rel. Luiz Fux, julg. em **15.04.2020.**
55. **ADI 3996**, STF. Plenário. Rel. Luiz Fux, julg. em **15.04.2020.**
56. **ADI 3996**, STF. Plenário. Rel. Luiz Fux, julg. em **15.04.2020**: *(...) In casu, o inciso XVIII do artigo 2º da Lei distrital 2.990/2002, ao dispor que compete aos agentes de trânsito exercer "outras atividades de natureza policial que lhes forem atribuídas, na forma da legislação vigente", assim como o artigo 11 do mesmo diploma, ao dispor que o cargo de agente de trânsito "é atividade de segurança pública para todos os efeitos", encontram-se eivados de inconstitucionalidade material por não observância da taxatividade do rol dos órgãos encarregados da segurança pública previstos no artigo 144 da Constituição Federal. 7. Ação direta de inconstitucionalidade CONHECIDA e julgado PROCEDENTE o pedido, para declarar a inconstitucionalidade do artigo 1º da Lei 2.176/1998; do inciso XVIII do artigo 2º da Lei*

5) O STF na **ADI 3777/BA,** julgada em **19.11.2014,** decidiu que é **inconstitucional** norma de Constituição Estadual que estabeleça a *isonomia de vencimentos* entre os membros das Polícias Civil e Militar. O fundamento é o de que tal norma viola o art. 61, § 1º, II, "a", da CR/88, tendo em vista que o estabelecimento da política remuneratória dos servidores do Poder Executivo estadual é de competência exclusiva do Governador do Estado. Além disso, essa normativa também contraria o art. 37, XIII, da CR/88, que proíbe equiparações entre servidores de carreiras distintas.[57]

Na mesma linha, na **ADI 145** em **20.06.2018**, decidiu o STF que é inconstitucional norma de Constituição Estadual que previa que os Delegados de Polícia de classe inicial deveriam receber idêntica remuneração a dos Promotores de Justiça de primeira entrância, prosseguindo na equivalência entre as demais classes pelo escalonamento das entrâncias judiciárias. O STF decidiu que essa regra é inconstitucional novamente por violar o art. 37, XIII, da CR/88, que proíbe a vinculação ou equiparação de quaisquer espécies remuneratórias de pessoal do serviço público.[58]

6) O STF também já decidiu pela inconstitucionalidade de Emenda Constitucional de iniciativa parlamentar (proposta por parlamentares estaduais) inserindo a Polícia Científica (*Perito criminal, Perito Papiloscopista ou Perito Médico-legal*) no rol dos órgãos de segurança pública do Estado.

O fundamento é o de que esse assunto somente pode ser disciplinado por meio de iniciativa privativa do chefe do Poder Executivo (como já estudado na obra: em determinadas matérias temos a iniciativa exclusiva de lei pelo chefe do Executivo Estadual e, nessas mesmas matérias, a iniciativa exclusiva de proposta de emenda à Constituição do Estado também pelo chefe do Executivo Estadual).[59]

2.990/2002; e do artigo 5º da Lei 3.190/2003, todas do Distrito Federal, bem como dos trechos "armamento e tiro" do § 4º do artigo 4º e "é atividade de Segurança Pública para todos os efeitos" do artigo 11 da Lei distrital 2.990/2002."

57. **ADI 3777/BA**, Plenário do STF, Julg. em **19.11.2014** Rel. Min. Luiz Fux.

58. **ADI 145/CE**, STF. Plenário. Rel. Min. Dias Toffoli, julgado em **20.06.2018** (Informativo 907).

59. **ADI 2616/PR**, Plenário do STF, Julg. em **19.11.2014.** Outra questão diz respeito ***a não inserção dos militares estaduais na condição de servidores públicos e da necessidade de regime previdenciário próprio***. Nesses termos, conforme o **Informativo 781 do STF**: "Com o advento das EC 18/1998 e EC 20/1998, os militares teriam sido excluídos do conceito de *"servidores públicos"* anteriormente concedido pela Constituição, para que não mais houvesse vínculo com os *servidores civis*. A organização e o regime jurídico dos militares, *desde a forma de investidura até as formas de inatividade, diferiria fundamentalmente do regime dos servidores civis.* A Polícia Militar e o Corpo de Bombeiros Militar seriam forças destinadas à execução dos serviços de segurança pública. Especificamente, as Polícias Militares estaduais seriam instituições de natureza perene, com a competência constitucional de polícias ostensivas. Seus membros integrariam carreira típica estadual (CF, art. 42). Assim, haveria ***a necessidade jurídica de um regime previdenciário próprio dos militares estaduais, a ser normatizado em lei estadual específica, diversa da lei que regulasse o regime próprio dos servidores públicos.*** Nesse sentido, conforme jurisprudência da Corte, a interpretação do § 1º do art. 42 da CF impor-se-ia no sentido da ***inaplicabilidade da regra de aposentadoria especial prevista no art. 40, § 4º, da CF em favor de policial militar estadual***. Esse entendimento fora confirmado também em julgamentos de ações nas quais o STF analisara a possibilidade de cumulação de proventos decorrentes de aposentadoria na condição de servidor público civil com proventos oriundos de aposentadoria na carreira militar. Fosse de se reconhecer a identidade do regime previdenciário a que submetida essa aposentadoria, não poderia a Corte ter garantido o direito de acumulação pleiteado na origem, pela vedação expressa do art. 40, § 6º, da CF. Desse modo, ***existiriam duas espécies de regimes previdenciários próprios: um para servidores civis e outro para militares***. Por isso, o art. 40, § 2º, da CF somente permite a existência de um

7) Temos, ainda, que o STF decidiu no ARE 654432/GO em 05.04.2017, que, apesar de não haver uma proibição expressa na CR/88, os ***policiais civis não podem fazer greve***. No caso, o Pretório Excelso foi além e afirmou que nenhum servidor público que trabalhe diretamente na área da segurança pública pode fazer greve.[60]

Assim, entendeu o STF, nos termos do informativo 860, que não é possível compatibilizar que o braço armado do Estado faça greve porque isso colocaria em risco a segurança pública, a ordem e a paz social. Os integrantes das carreiras policiais possuem o dever de fazer intervenções e prisões em flagrante, sendo isso inconciliável com o exercício da greve. Como já afirmado, não há possibilidade de nenhum outro órgão da iniciativa privada suprir a atividade policial (diversamente do que ocorre com a educação e a saúde – que são essenciais para o Estado, mas têm paralelo na iniciativa privada). Se ela entra em greve, não há como sua função ser substituída. Vale ressaltar que a atividade policial, além de ser importantíssima por si só, se for paralisada, afetará também as atribuições do Ministério Público e do próprio Poder Judiciário.

Aqui é mister salientar que o STF afirmou expressamente que, ao decidir que os policiais civis *não possuem direito de greve*, não estava aplicando o art. 142, § 3º, IV, da CR/88 por analogia a eles. Não se trata, portanto, de analogia. Assim, a greve é proibida por força dos princípios constitucionais que regem os órgãos de segurança pública. Nesses termos, a greve não é um direito absoluto e, nesse caso, deverá ser feito um balanceamento entre o direito de greve e o direito de toda a sociedade à segurança pública e à manutenção da ordem pública e paz social. Nesse caso, há a prevalência do interesse público e do interesse social sobre o interesse individual de uma categoria. Por essa razão, em nome da segurança pública, os policiais não podem fazer greve. Importante destacar que a ponderação de interesses aqui, nos termos da decisão, não envolve direito de greve *versus* a continuidade do serviço público. A greve dos policiais seria proibida **não** por causa do *princípio da continuidade do serviço público* (o que seria muito pouco), mas, **sim**, por conta do *direito de toda a sociedade à garantia da segurança pública, à garantia da ordem pública e da paz social.*[61]

regime próprio de previdência social para os servidores titulares de cargos efetivos, ressalvado o disposto no art. 142, § 3º, X, da CF." Ver **ADO 28/SP** julg. em **16.04.2015.**

60. **ARE 654432/GO**, Plenário do STF. Rel. p/ o ac. Min. Alexandre de Moraes, julg em **05.04.2017** (repercussão geral)

61. **ARE 654432/GO**, Plenário do STF. Rel. p/ o ac. Min. Alexandre de Moraes, julg. em **05.04.2017** (repercussão geral) Inf. 860: *(...) Por isso, considerou que a segurança pública, privativa do Estado, deve ser tratada de maneira diferenciada tanto para o bônus quanto para o ônus. Observou, no ponto, que uma pessoa que opta pela carreira policial sabe que ingressa num regime diferenciado, de hierarquia e disciplina, típico dos ramos policiais. É um trabalho diferenciado, por escala, com aposentadoria especial, diverso das demais atividades do serviço público. Os policiais andam armados 24 horas por dia e têm a obrigação legal de intervenção e realização de toda e qualquer prisão em flagrante delito. Devem cuidar ainda da própria segurança e de sua família, porque estão mais sujeitos à vingança da criminalidade organizada do que qualquer outra autoridade pública. Justamente em razão dessas peculiaridades, o ministro registrou a impossibilidade de os policiais participarem desarmados de reuniões, manifestações ou passeatas. Frisou que, ao analisar os anais da Constituinte relativamente ao art. 144 da CF e às carreiras policiais, verificou uma dupla finalidade nas discussões constituintes: a) atender aos reclamos sociais para uma melhor segurança pública, tendo*

8) Conforme o STF, é inconstitucional norma que preveja a concessão de aposentadoria com paridade e integralidade de proventos a policiais civis. Além disso, também afirmou o Pretório Excelso que é inconstitucional norma que preveja a concessão de "adicional de final de carreira" a policiais civis.[62]

No caso, tratou-se de ação direta de inconstitucionalidade proposta pelo governador do estado de Rondônia em que se discutem as alterações legislativas promovidas pela Lei Complementar estadual 672/2012. Essa lei complementar estabeleceu regras próprias para a concessão e manutenção dos benefícios previdenciários a serem concedidos para a categoria dos policiais civis.

Para o STF, a Constituição Federal garantia, até o advento da Emenda Constitucional 41/2003, a paridade entre servidores ativos e inativos, o que significava exatamente a revisão dos proventos de aposentadoria, na mesma proporção e na mesma data, sempre que se modificasse a remuneração dos servidores em atividade, sendo também estendidos aos aposentados e aos pensionistas quaisquer benefícios ou vantagens posteriormente concedidos aos servidores em atividade.

O § 8º do art. 40 da CR/88, na redação que lhe conferiu a EC 41/2003, substituiu a paridade pela determinação quanto ao reajustamento dos benefícios para preservar-lhes, em caráter permanente, o valor real, conforme critérios estabelecidos em lei.

De igual modo, a integralidade, que se traduz na possibilidade de o servidor aposentar-se ostentando os mesmos valores da última remuneração percebida quando em exercício no cargo efetivo por ele titularizado no momento da inativação, foi extinta pela mesma EC 41/2003.Portanto, como já dito, é inconstitucional norma que preveja a concessão de "adicional de final de carreira" a policiais civis.

Nesses termos, o art. 40, § 2º, da CR/88 (atualmente alterado pela EC nº 103/2019), na redação dada pela EC 41/2003, dispunha que os proventos de aposentadoria e as pensões, quando de sua concessão, "não poderão exceder a remuneração do respectivo servidor, no cargo efetivo em que se deu a aposentadoria ou que serviu de referência para a concessão da pensão". Assim, a remuneração do cargo efetivo no qual se der a aposentadoria é o limite para a fixação do valor dos proventos.[63]

---

em vista que no Brasil ocorrem cerca de 58 mil mortes violentas por ano, sendo 52 mil homicídios dolosos; e b) reduzir a possibilidade de intervenção das Forças Armadas em questões internas, a fim de evitar eventuais retornos autoritários à democracia. As carreiras policiais, que representam o braço armado do Estado, são responsáveis por garantir a segurança pública e a democracia. Portanto, não se pode permitir que realizem greve. Entretanto, segundo o ministro, tem-se verificado a necessidade, cada vez maior, da garantia de lei e ordem, ou seja, de utilização das Forças Armadas em defesa da segurança pública, situação que a CF buscou evitar com o equacionamento e com a colocação de carreiras policiais como carreiras de Estado permanentes ao exercício democrático. Ponderou não se tratar, no caso, de um conflito entre o direito de greve e o princípio da continuidade do serviço público ou da prestação de serviço público. Há um embate entre o direito de greve, de um lado, e o direito de toda a sociedade à garantia da segurança pública, à garantia da ordem pública e da paz social, de outro. Quanto a esse aspecto das carreiras policiais, deve ser valorada, no atual conflito, de forma muito mais intensa, a questão da segurança pública, da ordem pública e da paz social. (...)"

62. ADI 5039/RO, STF. Plenário Rel. Min. Edson Fachin, julgado em 10.11.2020 (Informativo 998).
63. ADI 5039/RO, STF. Plenário Rel. Min. Edson Fachin, julgado em 10.11.2020 (Informativo 998).

Por último, afirmou o STF, que Policiais civis e militares possuem regimes de previdência distintos e, portanto, o fato de alguns deles conterem previsão quanto à possibilidade de aposentadoria dos militares em classe imediatamente superior à que ocupava, quando em atividade, não é fundamento legal para a extensão dessa vantagem aos policiais civis.[64]

9) Sobre os policiais militares e corpos de bombeiros militares, é interessante salientar, que a recente Lei nº 13.687 de 26.12.2019 alterou o art. 18 do Decreto-Lei nº 667, de 2 de julho de 1969, para extinguir a pena de prisão disciplinar para as polícias militares e os corpos de bombeiros militares dos Estados, dos Territórios e do Distrito Federal.

Nesses termos, o art. 18 do Decreto-Lei nº 667, de 2 de julho de 1969, passou a vigorar com a seguinte redação: *As polícias militares e os corpos de bombeiros militares serão regidos por Código de Ética e Disciplina, aprovado por lei estadual ou federal para o Distrito Federal, específica, que tem por finalidade definir, especificar e classificar as transgressões disciplinares e estabelecer normas relativas a sanções disciplinares, conceitos, recursos, recompensas, bem como regulamentar o processo administrativo disciplinar e o funcionamento do Conselho de Ética e Disciplina Militares, observados, dentre outros, os seguintes princípios:* I - dignidade da pessoa humana; II - legalidade; III - presunção de inocência; IV - devido processo legal; V - contraditório e ampla defesa; VI - razoabilidade e proporcionalidade; VII - ***vedação de medida privativa e restritiva de liberdade.***"

10) Conforme o STF, é constitucional lei estadual que conceda dois assentos gratuitos a policiais militares devidamente fardados nos transportes coletivos intermunicipais. Afirmou o STF, na ADI 1052, que a segurança pública é de competência comum dos Estados-membros (art. 144 da CR/88), sendo também sua competência remanescente a prerrogativa de legislar sobre transporte intermunicipal (art. 25, § 1º da CR/88).

Assim sendo, a concessão de dois assentos a policiais militares devidamente fardados nos transportes coletivos intermunicipais vai ao encontro da melhoria das condições de segurança pública nesse meio de locomoção, em benefício de toda a Sociedade, questão flagrantemente de competência dos Estados-membros (art. 144 da CF/88) e afasta qualquer alegação de desrespeito ao princípio da igualdade, uma vez que o discrímen adotado é legítimo e razoável, pois destinado àqueles que exercem atividade de polícia ostensiva e visam à preservação da ordem pública. Essa lei estadual não representa indevida interferência no contrato de concessão firmado com a concessionária, uma vez que não há alteração na equação do equilíbrio financeiroeconômico do contrato administrativo.[65]

---

64. ADI 5039/RO, STF. Plenário Rel. Min. Edson Fachin, julgado em 10.11.2020 (Informativo 998).
65. **ADI 1052**, STF. Plenário. Rel. p/ Acórdão: Alexandre de Moraes, julgado em **24.08.2020** (Inf. 991).

11) O Estado de Goiás editou uma lei criando o intitulado Serviço de Interesse Militar Voluntário Estadual (SIMVE). O fundamento do Governo foi o de que esse serviço (SIMVE) seria uma espécie de serviço militar facultativo no âmbito estadual, em termos semelhantes ao serviço militar obrigatório que existe para as Forças Armadas no âmbito nacional e que é regulado pela Lei 4.735/64. O SIMVE, previsto na Lei Estadual 17.882/2012, funcionaria, em linhas gerais, do seguinte modo: homens ou mulheres com idade entre 19 a 27 anos poderiam se alistar para trabalhar "voluntariamente" como soldado na Polícia Militar ou no Corpo de Bombeiros Militar. Haveria uma espécie de seleção (menos rigorosa que um concurso público) e, se a pessoa fosse escolhida, ela receberia, como contraprestação pelo trabalho desempenhado, um subsídio. Os indivíduos admitidos no SIMVE prestariam serviço durante 12 meses, podendo ser prorrogado até o limite máximo de permanência, que seria de 33 meses. Pois bem, o STF, na **ADI 5163/GO** julgada em **08.04.2015**, declarou a inconstitucionalidade formal e material dessa legislação.

No que diz respeito à ***inconstitucionalidade material***, nos termos do informativo 780 do STF, temos que:

a) O STF assinalou que, anteriormente à edição da lei em comento, o governo estadual lançara concurso público de provas e títulos para provimento de cargos de policial militar, com a subsequente seleção de candidatos. A lei adversada, por sua vez — em vigor durante o prazo de validade do concurso —, a pretexto de ter fundamento de validade na Lei 4.735/1964 (Lei do Serviço Militar), instituíra uma classe de policiais temporários, cujos integrantes, após serem aprovados em seleção e em curso de formação, passariam a ocupar cargo de natureza policial militar. Esses temporários seriam remunerados por subsídio, sujeitos à legislação militar e às normas específicas da Polícia Militar e do Corpo de Bombeiros Militar estaduais. Ao possibilitar que voluntários tivessem função de policiamento preventivo e repressivo, além de terem o direito de usar os uniformes, as insígnias e os emblemas utilizados pela corporação, com a designação "SV", recebendo subsídio, a lei objetivou criar policiais temporários, disfarçados sob a classificação de voluntários, para a execução de atividades militares, em detrimento da exigência constitucional de concurso público;[66]

b) O STF sublinhou ainda que as Forças Armadas seriam instituições nacionais, regulares e permanentes (CF, art. 142), não admitida a existência de forças temporárias. Seus membros seriam chamados de "militares", termo também empregado constitucionalmente para designar policiais militares e bombeiros militares (CF, art. 42). Entretanto, não se poderiam confundir os membros das Forças Armadas com os militares estaduais. A Constituição vedaria que os Estados-Membros possuíssem Exército, Marinha e Aeronáutica. Todavia, admitiria que eles constituíssem polícias militarizadas para segurança interna e manutenção da ordem

66. **ADI 5163/GO** julg. em **08.04.2015**, Rel. Min. Luiz Fux. (Informativo 780 do STF)

no território (CF, art. 144, § 5º). Assim, os militares estaduais seriam destinados à função de segurança pública, integrariam a estrutura do Poder Executivo estadual e não seguiriam o mesmo regime constitucional alusivo às Forças Armadas. Essa diferença também diria respeito à forma de ingresso na carreira. Enquanto a admissão nas Forças Armadas dar-se-ia tanto pela via compulsória do recrutamento oficial quanto pela via voluntária de ingresso nos cursos de formação, os servidores militares estaduais seriam submetidos, sempre voluntariamente, a concurso público. Com o advento da EC 18/1998, houve a distinção entre servidores públicos civis e militares e, em relação a estes, distinguiram-se os dos Estados e do Distrito Federal e os das Forças Armadas. Daí o art. 42 da CF determinar a aplicação, aos militares estaduais, do art. 142, §§ 2º e 3º, e remeter à lei estadual a disciplina das matérias do art. 142, § 3º, X, da CF. Portanto, o constituinte não optou por excluir a obrigatoriedade do concurso público para ingresso na Polícia Militar e no Corpo de Bombeiros Militar. O seu objetivo original, ao estabelecer o postulado do concurso público, seria traduzido na necessidade essencial de o Estado conferir efetividade ao princípio constitucional da igualdade. Seria vedada, desse modo, a prática inaceitável de concessão de privilégios arbitrários;[67]

c) O colegiado do STF assinalou que o concurso público seria uma forma de a Administração assegurar os princípios maiores da isonomia e da impessoalidade na concorrência dos candidatos aos cargos públicos. Todos os Poderes estariam jungidos à observância do preceito, inclusive o Executivo estadual ao contratar policiais militares. Além disso, o constituinte previu expressamente exceções quanto à obrigatoriedade de concurso público. Não estariam, segundo o STF, presentes os requisitos e limites para esse tipo de contratação. A necessidade temporária de excepcional interesse público não dependeria de mera escolha discriminatória da Administração. Ela exigiria o atendimento de um fim próximo e a demonstração da impossibilidade de consecução desse fim com os recursos humanos de que disporia a Administração. Na situação dos autos, a lei em debate permitiria a contratação de 2.400 policiais temporários, embora houvesse cerca de 1.400 concursados aprovados em cadastro reserva aguardando convocação. Além disso, no caso dos contratados em caráter temporário, tratara-se de contratação para atividade previsível, permanente e ordinária. Assim, seria inconstitucional a lei que, a pretexto de satisfazer o art. 37, IX, da CF, não estabelecesse prazo determinado ou não especificasse a contingência fática que evidenciasse a situação emergencial.[68]

Já no que diz respeito a ***inconstitucionalidade formal***, nos termos do informativo 780 do STF, afirmou o Pretório Excelso, que o diploma em questão violaria o art. 24 da CR/88, ao usurpar a competência da União para legislar sobre o tema. Nesses termos, aos Estado-Membros a Constituição permitiria o estabelecimento de regras ou disposições que permitissem a aplicação das diretrizes gerais e

67. **ADI 5163/GO** julg. em **08.04.2015**, Rel. Min. Luiz Fux. (Informativo 780 do STF)
68. **ADI 5163/GO** julg. em **08.04.2015**, Rel. Min. Luiz Fux. (Informativo 780 do STF)

principiológicas impostas pela União. Nas hipóteses constitucionalmente previstas de competência legislativa concorrente entre União e Estados-membros, situação em que caberia à União estabelecer normas gerais e a estes normas suplementares, a única situação permissiva de exame de constitucionalidade em sede de fiscalização normativa abstrata seria aquela a configurar inconstitucionalidade direta, imediata e frontal. É o que ocorreria na espécie. A norma federal a cuidar do tema – Lei 10.029/2000 – foi editada para trazer os parâmetros de organização de serviço voluntário nas Polícias Militares e Corpos de Bombeiros Militares. Assim, a lei estadual deveria ser expungida no que divergisse ou inovasse em relação à lei federal. Esta, além de restringir o exercício do serviço militar voluntário a atividades administrativas e auxiliares, proibiria porte de arma de fogo e exercício de poder de polícia pelos voluntários, estabeleceria auxílio mensal de caráter indenizatório não superior a dois salários mínimos e impossibilitaria a caracterização de vínculo empregatício e de natureza previdenciária pela prestação dos serviços voluntários. O contraste com a norma estadual seria, portanto, nos dizeres do STF, radical e insanável.[69]

12) Por último, conforme a ADI 5182/PE, já citada na obra, é constitucional lei estadual que transforma o cargo de datiloscopista da Polícia Civil em perito papiloscopista. No caso, o art. 3º da Lei Complementar 156/2010, do Estado de Pernambuco redenominou o cargo de datiloscopista policial para perito papiloscopista, no âmbito da polícia civil. Entendeu o STF que a competência para dispor sobre os peritos oficiais da polícia civil é concorrente, nos termos do art. 24, XVI, da CR/88. Essa norma estabelece que compete à União, aos Estados e ao Distrito Federal legislar concorrentemente sobre organização, garantias, direitos e deveres dos policiais civis.

Aqui, temos que a União, cumprindo o que prevê o art. 24, XVI, da CR/88, editou as normas gerais sobre o tema, ao aprovar a Lei nº 12.030/2009, que "dispõe sobre as perícias oficiais". No caso, o art. 5º da Lei nº 12.030/2009 não foi exaustivo ao elencar "os peritos". Certo é que podem existir outros peritos além dos previstos na Lei Federal.[70] O STF ainda sustentou que a Lei nº 12.030/2009 não proibiu que se equiparassem os cargos de datiloscopista ou papiloscopista.

Nesses termos, para o STF, a Lei Complemetar estadual 156/2010 não possui nenhuma antinomia com a Lei federal nº 12.030/2009. Afirmou também, que a expressão "perito criminal" abrange todos os peritos oficiais que possuem a incumbência estatal de elucidar crimes, sendo possível, como já dito, aventar um rol bem mais amplo de agentes que atuam como peritos oficiais.[71]

---

69. **ADI 5163/GO** julg. em **08.04.2015**, Rel. Min. Luiz Fux. (Informativo 780 do STF)
70. Lei federal nº 12.030/2009 Art. 5º *Observado o disposto na legislação específica de cada ente a que o perito se encontra vinculado, são peritos de natureza criminal os peritos criminais, peritos médico-legistas e peritos odontolegistas com formação superior específica detalhada em regulamento, de acordo com a necessidade de cada órgão e por área de atuação profissional.*
71. **ADI 5182/PE**, STF. Plenário. Rel. Min. Luiz Fux, julgado em 19.12.2019 (Inf. 964).

O STF deixou assente, que não houve usurpação de competência legislativa privativa da União em matéria processual. No caso, conforme o informativo 964, não há que se falar em interferência das normas estaduais no direito processual penal, porque se trata de matéria relativa à organização administrativa da polícia civil que em nada altera a qualidade da prova pericial. Ademais, o Código de Processo Penal não trata sobre a profissão de papiloscopista, datiloscopista ou da perícia datiloscópica, nem limita ou relaciona quais servidores investidos de poder legal são considerados peritos oficiais.[72]

6.5. Polícia do Distrito Federal

O Distrito Federal tem, por peculiaridade, que as suas polícias civil, polícia penal, polícia militar e o corpo de bombeiro militar (art. 32, § 4º, da CR/88, com redação dada pela EC nº 104 de 2019) são organizados e mantidos pela União, embora (como já explicitamos na obra) sejam subordinadas ao Governador do DF, nos termos do art. 144, § 6º, da CR/88.[73]

Tem-se, portanto, um hibridismo jurídico, no qual a polícia civil, a polícia militar e o corpo de bombeiros e agora a polícia penal do Distrito Federal são subordinados ao governo do DF e se encontram sujeitos à disciplina de lei federal – editada pelo Congresso Nacional – no que concerne à organização e aos vencimentos.[74] E mais, suas contas são controladas pelo Tribunal de Contas da União.

6.6. Polícia dos Municípios

A Constituição de 1988 autoriza os municípios a criarem ***guardas municipais*** voltadas à proteção de seus bens, serviços e instalações (art. 144, § 8º), o que marca sua natureza como ***polícia administrativa***.

Aqui é importante salientar que a **Lei nº 13.022**, de **08.08.2014**, regulamentou o art. 144, § 8º, da CR/88, e dispôs sobre o ***Estatuto Geral das Guardas Municipais***. Nesses termos, afirmou a nova Lei que incumbe às guardas municipais, instituições de caráter civil, uniformizadas e armadas, conforme prevista em lei, a função de proteção municipal preventiva, ressalvadas as competências da União, dos Estados e do Distrito Federal.[75]

---

72. **ADI 5182/PE**, STF. Plenário. Rel. Min. Luiz Fux, julg em 19.12.2019 (Inf. 964) Além disso, se o próprio § 1º do art. 159 do CPP admite a realização de perícia por duas pessoas idôneas, na falta de perito, com maior razão os peritos papiloscopistas e os datiloscopistas têm aptidão para exercer essas funções e integrar essa categoria. Vale ressaltar que a legislação de Pernambuco exige nível superior para os datiloscopistas policiais, estando, portanto, em harmonia com o *caput* do art. 159 do CPP.
73. STF – RTJ nº 165/500.
74. Ver ainda a Súmula nº 647 do STF: "Compete privativamente à União legislar sobre vencimentos dos membros das polícias civil e militar do Distrito Federal."
75. Conforme o art. 22 da Lei nº 13.022/2014: "Aplica-se esta Lei a todas as guardas municipais existentes na data de sua publicação, a cujas disposições devem adaptar-se no prazo de 2 (dois) anos."

Conforme a Lei nº 13.022/2014, são princípios mínimos de atuação das guardas municipais: I – proteção dos direitos humanos fundamentais, do exercício da cidadania e das liberdades públicas; II – preservação da vida, redução do sofrimento e diminuição das perdas; III – patrulhamento preventivo; IV – compromisso com a evolução social da comunidade; e V – uso progressivo da força.

Nesse sentido, o Município pode criar, por lei, sua guarda municipal que será subordinada ao chefe do Poder Executivo municipal e não poderão ter efetivo superior a: I – 0,4% (quatro décimos por cento) da população, em Municípios com até 50.000 (cinquenta mil) habitantes; II – 0,3% (três décimos por cento) da população, em Municípios com mais de 50.000 (cinquenta mil) e menos de 500.000 (quinhentos mil) habitantes, desde que o efetivo não seja inferior ao disposto no item I; III – 0,2% (dois décimos por cento) da população, em Municípios com mais de 500.000 (quinhentos mil) habitantes, desde que o efetivo não seja inferior ao disposto no item II. Porém, conforme dispõe a Lei, se houver redução da população referida em censo ou estimativa oficial da Fundação Instituto Brasileiro de Geografia e Estatística (IBGE), é garantida a preservação do efetivo existente, o qual deverá ser ajustado à variação populacional, nos termos de lei municipal.

É interessante também que, nos moldes do art. 8º da Lei nº 13.022/2014, temos que os Municípios limítrofes podem, mediante consórcio público, utilizar, reciprocamente, os serviços da guarda municipal de maneira compartilhada.

Além disso, é importante ressaltar, que *as competências* (**geral e específicas**) das guardas municipais também foram explicitadas pela nova Lei.[76]

---

76. Lei nº 13.022/2014: *Art. 4º É* ***competência geral das guardas municipais*** *a proteção de bens, serviços, logradouros públicos municipais e instalações do Município. Parágrafo único. Os bens mencionados no caput abrangem os de uso comum, os de uso especial e os dominiais. Art. 5º São* ***competências específicas das guardas municipais, respeitadas as competências dos órgãos federais e estaduais****: I – zelar pelos bens, equipamentos e prédios públicos do Município; II – prevenir e inibir, pela presença e vigilância, bem como coibir, infrações penais ou administrativas e atos infracionais que atentem contra os bens, serviços e instalações municipais; III – atuar, preventiva e permanentemente, no território do Município, para a proteção sistêmica da população que utiliza os bens, serviços e instalações municipais; IV – colaborar, de forma integrada com os órgãos de segurança pública, em ações conjuntas que contribuam com a paz social; V – colaborar com a pacificação de conflitos que seus integrantes presenciarem, atentando para o respeito aos direitos fundamentais das pessoas; VI – exercer as competências de trânsito que lhes forem conferidas, nas vias e logradouros municipais, nos termos da Lei nº 9.503, de 23 de setembro de 1997 (Código de Trânsito Brasileiro), ou de forma concorrente, mediante convênio celebrado com órgão de trânsito estadual ou municipal; VII – proteger o patrimônio ecológico, histórico, cultural, arquitetônico e ambiental do Município, inclusive adotando medidas educativas e preventivas; VIII – cooperar com os demais órgãos de defesa civil em suas atividades; IX – interagir com a sociedade civil para discussão de soluções de problemas e projetos locais voltados à melhoria das condições de segurança das comunidades; X – estabelecer parcerias com os órgãos estaduais e da União, ou de Municípios vizinhos, por meio da celebração de convênios ou consórcios, com vistas ao desenvolvimento de ações preventivas integradas; XI – articular-se com os órgãos municipais de políticas sociais, visando à adoção de ações interdisciplinares de segurança no Município; XII – integrar-se com os demais órgãos de poder de polícia administrativa, visando a contribuir para a normatização e a fiscalização das posturas e ordenamento urbano municipal; XIII – garantir o atendimento de ocorrências emergenciais, ou prestá-lo direta e imediatamente quando deparar-se com elas; XIV – encaminhar ao delegado de polícia, diante de flagrante delito, o autor da infração, preservando o local do crime, quando possível e sempre que necessário; XV – contribuir no estudo de impacto na segurança local, conforme plano diretor municipal, por ocasião da construção de empreendimentos de grande porte; XVI – desenvolver*

Certo é que a guarda municipal será formada por servidores públicos integrantes de carreira única e plano de cargos e salários, conforme disposto em lei municipal.[77]

Já o funcionamento das guardas municipais será acompanhado por órgãos próprios, permanentes, autônomos e com atribuições de fiscalização, investigação e auditoria, mediante:

I – ***controle interno***, exercido por corregedoria, naquelas com efetivo superior a 50 (cinquenta) servidores da guarda e em todas as que utilizam arma de fogo, para apurar as infrações disciplinares atribuídas aos integrantes de seu quadro;

II – ***controle externo***, exercido por ouvidoria independente em relação à direção da respectiva guarda, qualquer que seja o número de servidores da guarda municipal, para receber, examinar e encaminhar reclamações, sugestões, elogios e denúncias acerca da conduta de seus dirigentes e integrantes e das atividades do órgão, propor soluções, oferecer recomendações e informar os resultados aos interessados, garantindo-lhes orientação, informação e resposta.

É interessante que, no que tange ao controle interno, a guarda municipal terá código de conduta próprio, conforme dispuser lei municipal. Além disso, é importante salientar, nos moldes do art. 14 da Lei nº 13.022/2014, que as guardas municipais

---

ações de prevenção primária à violência, isoladamente ou em conjunto com os demais órgãos da própria municipalidade, de outros Municípios ou das esferas estadual e federal; XVII – auxiliar na segurança de grandes eventos e na proteção de autoridades e dignatários; e XVIII – atuar mediante ações preventivas na segurança escolar, zelando pelo entorno e participando de ações educativas com o corpo discente e docente das unidades de ensino municipal, de forma a colaborar com a implantação da cultura de paz na comunidade local. Parágrafo único. No exercício de suas competências, a guarda municipal poderá colaborar ou atuar conjuntamente com órgãos de segurança pública da União, dos Estados e do Distrito Federal ou de congêneres de Municípios vizinhos e, nas hipóteses previstas nos incisos XIII e XIV deste artigo, diante do comparecimento de órgão descrito nos incisos do caput do art. 144 da Constituição Federal, deverá a guarda municipal prestar todo o apoio à continuidade do atendimento.

77. Conforme a Lei nº 13.022/2014: "**Art. 10**: São **requisitos básicos para investidura em cargo público na guarda municipal**: I – nacionalidade brasileira; II – gozo dos direitos políticos; III – quitação com as obrigações militares e eleitorais; IV – nível médio completo de escolaridade; V – idade mínima de 18 (dezoito) anos; VI – aptidão física, mental e psicológica; e VII – idoneidade moral comprovada por investigação social e certidões expedidas perante o Poder Judiciário estadual, federal e distrital. Parágrafo único. Outros requisitos poderão ser estabelecidos em lei municipal; Art. 11. O exercício das atribuições dos ***cargos da guarda municipal requer capacitação específica***, com matriz curricular compatível com suas atividades. Parágrafo único. Para fins do disposto no *caput*, poderá ser adaptada a matriz curricular nacional para formação em segurança pública, elaborada pela Secretaria Nacional de Segurança Pública (Senasp) do Ministério da Justiça; Art. 12. É facultada ao Município a ***criação de órgão de formação, treinamento e aperfeiçoamento*** dos integrantes da guarda municipal, tendo como princípios norteadores os mencionados no art. 3º. § 1º Os Municípios poderão firmar convênios ou consorciar-se, visando ao atendimento do disposto no *caput* deste artigo. § 2º O Estado poderá, mediante convênio com os Municípios interessados, manter órgão de formação e aperfeiçoamento centralizado, em cujo conselho gestor seja assegurada a participação dos Municípios conveniados. § 3º O órgão referido no § 2º não pode ser o mesmo destinado a formação, treinamento ou aperfeiçoamento de forças militares; **Art. 15.** Os ***cargos em comissão*** das guardas municipais deverão ser providos por membros efetivos do quadro de carreira do órgão ou entidade. § 1º Nos primeiros 4 (quatro) anos de funcionamento, a guarda municipal poderá ser dirigida por profissional estranho a seus quadros, preferencialmente com experiência ou formação na área de segurança ou defesa social, atendido o disposto no *caput*. § 2º Para ocupação dos cargos em todos os níveis da carreira da guarda municipal, deverá ser observado o percentual mínimo para o sexo feminino, definido em lei municipal. § 3º Deverá ser garantida a progressão funcional da carreira em todos os níveis."

não podem ficar sujeitas a regulamentos disciplinares de natureza militar, e, nos termos do art. 19 a estrutura hierárquica da guarda municipal ***não pode utilizar denominação idêntica à das forças militares***, quanto aos postos e graduações, títulos, uniformes, distintivos e condecorações.

Importante normativa é a do art. 16 da Lei nº 13.022/2014, que explicita que aos guardas municipais é ***autorizado*** o *porte de arma de fogo*, conforme previsto em lei. Porém, suspende-se o direito ao porte de arma de fogo em razão de restrição médica, decisão judicial ou justificativa da adoção da medida pelo respectivo dirigente.

A nova Lei determina, que Agência Nacional de Telecomunicações (Anatel), destinará linha telefônica de número 153 e faixa exclusiva de frequência de rádio aos Municípios que possuam guarda municipal.

A Lei também assegura ao guarda municipal o recolhimento à cela, isoladamente dos demais presos, quando sujeito à prisão antes de condenação definitiva.

Por derradeiro, temos, segundo a Lei nº 13.022/2014, que as guardas municipais utilizarão uniforme e equipamentos padronizados, preferencialmente, na cor azul-marinho. E é assegurada, para as guardas municipais, a utilização de outras denominações consagradas pelo uso, como guarda civil, guarda civil municipal, guarda metropolitana e guarda civil metropolitana.[78]

É importante salientar ainda que o STF no RE 658.570/MG, decidiu que é constitucional a atribuição às guardas municipais do exercício do poder de polícia de trânsito, inclusive para a imposição de sanções administrativas legalmente previstas (como exemplo: multas de trânsito). Portanto, as guardas municipais, desde que autorizadas por lei municipal, têm competência para fiscalizar o trânsito, lavrar auto de infração de trânsito e determinar multas.[79]

---

78. Conforme o art. 20 da Lei nº 13.022/2014: "É reconhecida a representatividade das guardas municipais no Conselho Nacional de Segurança Pública, no Conselho Nacional das Guardas Municipais e, no interesse dos Municípios, no Conselho Nacional de Secretários e Gestores Municipais de Segurança Pública."

79. RE 658570/MG julg. em 06.08.2015 (*Repercussão Geral*): "Direito Administrativo. Recurso Extraordinário. Poder de polícia. Imposição de multa de trânsito. Guarda Municipal. Constitucionalidade. 1. Poder de polícia não se confunde com segurança pública. O exercício do primeiro não é prerrogativa exclusiva das entidades policiais, a quem a Constituição outorgou, com exclusividade, no art. 144, apenas as funções de promoção da segurança pública. 2. A fiscalização do trânsito, com aplicação das sanções administrativas legalmente previstas, embora possa se dar ostensivamente, constitui mero exercício de poder de polícia, não havendo, portanto, óbice ao seu exercício por entidades não policiais. 3. O Código de Trânsito Brasileiro, observando os parâmetros constitucionais, estabeleceu a competência comum dos entes da federação para o exercício da fiscalização de trânsito. 4. Dentro de sua esfera de atuação, delimitada pelo CTB, os Municípios podem determinar que o poder de polícia que lhe compete seja exercido pela guarda municipal. 5. O art. 144, §8º, da CF, não impede que a guarda municipal exerça funções adicionais à de proteção dos bens, serviços e instalações do Município. Até mesmo instituições policiais podem cumular funções típicas de segurança pública com exercício de poder de polícia. Entendimento que não foi alterado pelo advento da EC nº 82/2014. 6. Desprovimento do recurso extraordinário e fixação, em repercussão geral, da seguinte tese: ***é constitucional a atribuição às guardas municipais do exercício de poder de polícia de trânsito, inclusive para imposição de sanções administrativas legalmente previstas***." Pleno do STF, Rel. Min. Roberto Barroso.

Por último, entendeu o STF nos MI 6515/DF, MI 6770/DF, MI 6773/DF, MI 6780/DF, MI 6874 em 20.06.2018, que, diante da ausência de legislação específica, **não** cabe ao Poder Judiciário garantir aposentadoria especial (art. 40, § 4º, II, da CR/88) às guardas municipais. Assim sendo, decidiu o STF que a aposentadoria especial **não** pode ser estendida aos guardas civis, uma vez que suas atividades precípuas não são inequivocamente perigosas e, ainda, pelo fato de não integrarem o conjunto de órgãos de segurança pública relacionados no art. 144, I a V, da CR/88.[80]

Segundo a decisão, a proximidade da atividade das guardas municipais com a segurança pública é inegável, porém, à luz do § 8º do art.144 da CR/88, sua atuação é limitada, voltada à proteção do patrimônio municipal. Nesses termos, conceder esse benefício por via judicial não seria prudente, pois abriria margem reivindicatória a diversas outras classes profissionais que, assim como os guardas municipais, lidam com o risco diariamente. Ademais, cabe ao legislador, e não ao Judiciário, classificar as atividades profissionais como sendo ou não de risco para fins de aposentadoria especial.[81]

6.7. Segurança Viária

É importante ainda deixar assente que, recentemente, foi acrescentado o **§10 ao art. 144 da CR/88**, fruto da **Emenda Constitucional nº 82 de 16.07.2014**. Essa nova normativa estabeleceu que a ***segurança viária***, exercida para a preservação da ordem pública e da incolumidade das pessoas e do seu patrimônio nas vias pública: a) ***compreende*** a educação, engenharia e fiscalização de trânsito, além de outras atividades previstas em lei, que assegurem ao cidadão o direito à mobilidade urbana eficiente; e b) ***compete***, no âmbito dos Estados, do Distrito Federal e dos Municípios, aos respectivos órgãos ou entidades executivos e seus agentes de trânsito, estruturados em Carreira, na forma da lei.

Aqui, apenas é importante reforçar, conforme já explicitado na obra, que para o STF, as atividades de segurança viária (apesar da sua importância) não se confundem com "segurança pública". Sobre o tema, já citamos, que o STF decidiu que Lei distrital não pode conferir porte de arma nem determinar o exercício de atividades de segurança pública a agentes e inspetores de trânsito.[82]

---

80. STF. Plenário. MI 6515/DF, MI 6770/DF, MI 6773/DF, MI 6780/DF, MI 6874/DF, Rel. Min. Roberto Barroso, julg. em 20.06.2018.
81. Informativo 907 do STF: "Vencidos os ministros Alexandre de Moraes, Ricardo Lewandowski e Marco Aurélio, que reconheceram o direito dos guardas civis ao benefício da aposentadoria especial, por considerarem que a atividade por eles exercida ostenta periculosidade inequívoca. O risco inerente é corroborado pelo fato de integrarem o rol do Sistema Único de Segurança Pública (Lei 13.675/2018; art. 9º, caput), entre os quais figuraram os agentes penitenciários, que também receberam o benefício da aposentadoria especial."
82. **ADI 3996**, Plenário. Rel. Luiz Fux, julg. em **15.04.2020:** *A Constituição Federal, nos incisos do art. 144, estabelece quais são os órgãos de segurança pública. Esse rol é taxativo e de observância obrigatória pelo legislador infraconstitucional. Como consequência, os Estados-membros não podem atribuir o exercício de atividades de segurança pública a órgãos diversos daqueles previstos na CF. Assim, a lei distrital, ao estabelecer que os agentes de trânsito exercem atividades de segurança pública, possui vício de inconstitucionalidade material porque violou o rol taxativo dos órgãos*

Por último, já decidiu o STF que é constitucional a delegação do poder de polícia[83], por meio de lei, a pessoas jurídicas de direito privado integrantes da Administração Pública indireta de capital social majoritariamente público que prestem exclusivamente serviço público de atuação própria do Estado e em regime não concorrencial.

No caso, conforme o STF, a Empresa de Transporte e Trânsito de Belo Horizonte – BHTRANS pode ser delegatária do poder de polícia de trânsito, inclusive quanto à aplicação de multas, porquanto se trata de estatal municipal de capital majoritariamente público, que presta exclusivamente serviço público de atuação própria do Estado e em regime não concorrencial, consistente no policiamento do trânsito da cidade de Belo Horizonte.[84]

Afirmou o STF, que o fato de a pessoa jurídica integrante da Administração Pública indireta destinatária da delegação da atividade de polícia administrativa ser constituída sob a roupagem do regime privado não a impede de exercer a função pública de polícia administrativa. O regime jurídico híbrido das estatais prestadoras de serviço público em regime de monopólio é plenamente compatível com a delegação, nos mesmos termos em que se admite a constitucionalidade do exercício delegado de atividade de polícia por entidades de regime jurídico de direito público. Isso porque a incidência de normas de direito público em relação àquelas entidades da Administração indireta tem o condão de as aproximar do regime de direito público, do regime fazendário e acabar por desempenhar atividade própria do Estado.[85]

Nesses termos, a Constituição da República, ao autorizar a criação de empresas públicas e sociedades de economia mista que tenham por objeto exclusivo a prestação de serviços públicos de atuação típica do Estado, autoriza consequentemente, a delegação dos meios necessários à realização do serviço público delegado, sob

---

encarregados da segurança pública previsto no art. 144 da CF/88. (...) Compete à União, nos termos do art. 21, VI; e 22, I, da Constituição, a definição dos requisitos para a concessão do porte de arma de fogo e dos possíveis titulares de tal direito, inclusive no que se refere a servidores públicos estaduais ou municipais, em prol da uniformidade da regulamentação do tema no país, questão afeta a políticas de segurança pública de âmbito nacional. Desse modo, é inconstitucional a lei distrital que disponha sobre porte de arma de fogo, criando hipóteses não previstas na legislação federal de regência, notadamente a Lei federal nº 10.826/2003 (Estatuto do Desarmamento).

83. Aqui estamos falando, por óbvio, do poder de ***polícia administrativa*** (e não da polícia judiciária já estudada). Conforme o art.78 co CTN: Art. 78. *Considera-se poder de* ***polícia atividade da administração pública*** *que, limitando ou disciplinando direito, interesse ou liberdade, regula a prática de ato ou a abstenção de fato, em razão de interesse público concernente à segurança, à higiene, à ordem, aos costumes, à disciplina da produção e do mercado, ao exercício de atividades econômicas dependentes de concessão ou autorização do Poder Público, à tranquilidade pública ou ao respeito à propriedade e aos direitos individuais ou coletivos. Parágrafo único. Considera-se regular o exercício do poder de polícia quando desempenhado pelo órgão competente nos limites da lei aplicável, com observância do processo legal e, tratando-se de atividade que a lei tenha como discricionária, sem abuso ou desvio de poder.* O Fundamento do ***poder de polícia administrativa*** é o *princípio da predominância do interesse público sobre o privado.* Ela atua para evitar ou reprimir o ilícito administrativo. Rege-se pelo Direito Administrativo. Informativo, 996, *Dizer o Direito*, 2020.
84. **RE 633782/**MG, STF. Plenário. Rel. Min. Luiz Fux, julgado em **23.10.2020** (Repercussão Geral – Tema 532) (Inf. 996).
85. **RE 633782/**MG, STF. Plenário. Rel. Min. Luiz Fux, julgado em **23.10.2020** (Repercussão Geral – Tema 532) (Inf. 996).

pena de restar inviabilizada a atuação dessas entidades na prestação de serviços públicos.[86]

Por outro lado, conforme o Pretório Excelso, cumpre ressaltar a única fase do ciclo de polícia que, por sua natureza, é absolutamente indelegável: a ordem de polícia, ou seja, a função legislativa. A competência legislativa é restrita aos entes públicos previstos na Constituição da República, sendo vedada sua delegação, fora das hipóteses expressamente autorizadas no tecido constitucional, a pessoas jurídicas de direito privado. Em suma, os atos de consentimento, de fiscalização e de aplicação de sanções podem ser delegados a estatais que possam ter um regime jurídico próximo daquele aplicável à Fazenda Pública.[87]

86. **RE 633782**/MG, STF. Plenário. Rel. Min. Luiz Fux, julgado em **23.10.2020** (Repercussão Geral – Tema 532) (Inf. 996).
87. **RE 633782**/MG, STF. Plenário. Rel. Min. Luiz Fux, julgado em **23.10.2020** (Repercussão Geral – Tema 532) (Inf. 996).

20

Controle de Constitucionalidade

Sumário: 1. Conceito – 2. Espécies (tipos) de inconstitucionalidade – 3. Matrizes e Modalidades de Controle de Constitucionalidade – 4. Análise do Brasil: Regra geral e exceções (outros controles) – 5. Notas históricas sobre o controle de constitucionalidade judicial – 6. Análise específica da Regra Geral: 6.1. Controle difuso-concreto no Brasil: Procedimento; 6.2. Controle difuso-concreto no Brasil: Efeitos e a análise da tese da mutação constitucional; 6.3. Controle Concentrado de Constitucionalidade no Brasil. ADI – Ação Direta de Inconstitucionalidade: 6.3.1. Conceito; 6.3.2. Parâmetro e Objeto da ADI; 6.3.3. Legitimidade; 6.3.4. Procedimento da ADI; 6.3.5. Julgamento da ADI; 6.3.6. Algumas observações finais; 6.4. Procedimento da medida cautelar; 6.5. Procedimento especial (diferenciado) na ADI; 6.6. ADC – Ação Declaratória de Constitucionalidade: 6.6.1. Conceito; 6.6.2. Objeto; 6.6.3. Finalidade da ADC; 6.6.4. Legitimidade; 6.6.5. Procedimento; 6.6.6. Julgamento da ADC; 6.6.7. Efeitos da decisão da ADC; 6.6.8. Observações finais sobre a ADC – 7. Ação Direta de Inconstitucionalidade por Omissão (ADO): 7.1. Conceito; 7.2. Objeto; 7.3. Legitimidade; 7.4. Espécies de ADI por omissão; 7.5. Procedimento: 7.5.1. Procedimento da ADI por omissão total; 7.5.2. Procedimento da ADI por omissão parcial; 7.6. Julgamento da ADI por omissão total ou parcial: 7.6.1. Efeitos da decisão de uma ADI por omissão; 7.7. Observações finais – 8. Ação Direta de Inconstitucionalidade Interventiva (Representação de Inconstitucionalidade Interventiva): 8.1. Conceito; 8.2. Finalidades; 8.3. Objeto; 8.4. Legitimidade ativa; 8.5. Procedimento; 8.6. Julgamento; 8.7. Efeitos da decisão: provimento de uma ADI interventiva; 8.8. Observações finais sobre a ADI interventiva – 9. Arguição de Descumprimento de Preceito Fundamental (ADPF): 9.1. Conceito; 9.2. Espécies de ADPF; 9.3. Objeto; 9.4. Legitimidade; 9.5. Procedimento; 9.6. Julgamento; 9.7. Efeitos da decisão da ADPF; 9.8. Observações finais – 10. Controle Concentrado In Abstrato de Constitucionalidade no Âmbito Estadual e do DF – 11. Últimas considerações sobre o Controle de Constitucionalidade: 11.1. Interpretação conforme a Constituição: 11.1.1. Introdução; 11.1.2. Conceito; 11.1.3. Efeitos da interpretação conforme a Constituição; 11.1.4. Observação final; 11.2. Declaração de inconstitucionalidade parcial sem redução de texto: 11.2.1. Introdução; 11.2.2. Conceito; 11.2.3. Observações finais; 11.3. Declaração de inconstitucionalidade sem pronúncia de nulidade; 11.4. Declaração de constitucionalidade de lei "ainda" constitucional; 11.5. Sentenças intermediárias: sobretudo as sentenças normativas (ou sentenças manipulativas): 11.5.1. Conceito – 12. As Sentenças Intermediárias no Controle de Constitucionalidade: 12.1. Introdução; 12.2. Sentenças interpretativas: 12.2.1. A interpretação conforme a Constituição; 12.2.2. Declaração de inconstitucionalidade (nulidade) parcial sem redução de texto; 12.3. Sentenças aditivas; 12.4. Sentenças aditivas de princípios; 12.5. Sentenças substitutivas – 13. Sentenças Transitivas: 13.1. Introdução; 13.2. Sentenças de inconstitucionalidade sem efeito ablativo; 13.3. Sentença de inconstitucionalidade com ablação diferida; 13.4. Sentenças de apelo ou apelativas (declaração de constitucionalidade de norma "ainda" constitucional ou declaração de constitucionalidade provisória ou inconstitucionalidade progressiva); 13.5. Sentenças de aviso; 13.6. Conclusão sobre as Sentenças intermediárias – 14. Estado de coisas inconstitucional – 15. Controle de convencionalidade – 16. A Teoria dos Diálogos Institucionais (constitucionais) e a superação (reação) legislativa – 17. O papel das cortes constitucionais – 18. Sobre a Deliberação nos Tribunais (Cortes) Constitucionais – 19. Jurisdição constitucional fraca e os novos desenhos institucionais: o novo modelo de constitucionalismo da comunidade britânica.

1. CONCEITO

O controle de constitucionalidade visa garantir a supremacia e a defesa das normas constitucionais (explícitas ou implícitas[1]) frente a possíveis usurpações, devendo ser entendido como a verificação de compatibilidade (ou adequação) de leis ou atos normativos em relação a uma Constituição,[2] no que tange ao preenchimento de requisitos formais e materiais que as leis ou os atos normativos devem necessariamente observar.

Segundo a doutrina majoritária, o controle de constitucionalidade se apresenta como[3] a análise de parametricidade entre a Constituição e a Legislação infraconstitucional nos países em que a Constituição tem supralegalidade (exerce relação de supremacia em relação a todo o ordenamento jurídico) sendo, portanto, formal e rígida.[4]

Porém, é mister salientar que a atividade de confrontação entre a Constituição e os outros atos normativos que ensejará o controle de constitucionalidade, segundo clássica doutrina,[5] deve ir além da mera parametricidade, pois ínsito ao conceito é a exigência fulcral de uma sanção. Ou seja, para uma *"jurisdição constitucional tradicionalmente forte"*, não basta a inadequação da lei ou do ato normativo, observada e explicitada na verificação de não conformidade para com a Constituição.

---

1. Atualmente, o princípio da proporcionalidade é considerado parâmetro para o controle de constitucionalidade sendo, portanto, classificado pela doutrina e jurisprudência como pátria norma constitucional, embora de cunho implícito. É importante salientar que, segundo o atual posicionamento do STF, adota-se no ordenamento pátrio um conceito de bloco de constitucionalidade restritivo em que o controle de leis ou atos normativos tem por parâmetro apenas as normas expressas ou implícitas na Constituição formal (bloco de constitucionalidade restrito) não se estendendo às normas infraconstitucionais materialmente constitucionais (bloco de constitucionalidade em sentido ampliado).
2. Conforme doutrina: "Como anota Jorge Miranda, constitucionalidade e inconstitucionalidade designam conceitos de relação, isto é, a relação que se estabelece entre uma coisa – a Constituição – e outra coisa – um comportamento – que lhe está ou não conforme, que com ela é ou não compatível, que cabe ou não no seu sentido. Não se cuida porém, de uma relação lógica ou intelectiva, adverte o mestre português, mas de uma relação de caráter normativo e valorativo. Em verdade, é essa relação de índole normativa que qualifica a inconstitucionalidade, pois somente assim logra-se a afirmar a obrigatoriedade do texto constitucional e a ineficácia de todo e qualquer ato normativo contraveniente" MENDES; COELHO; BRANCO, *Curso de direito constitucional,* 2008, p. 1.000.
3. *In verbis:* "Do ponto de vista prático, o controle de constitucionalidade ocorre assim: quando houver dúvida se uma norma entra em conflito com a Constituição, o órgão ou os órgãos competentes para o controle de constitucionalidade, quando provocados, realizam uma operação de confronto entre as normas antagônicas, de modo que, constatada a inequívoca lesão a preceito constitucional, a norma violadora é declarada inconstitucional." CUNHA JÚNIOR, Dirley da, 2008, p. 257.
4. Lembramos que a única forma da Constituição rígida se modificar será por procedimentos (especiais) que ela mesma determina. Já, a Constituição flexível não requer instrumentos especiais para a sua modificação, alterando-se pelos mesmos procedimentos (comuns) que produzem uma lei ordinária. Nesse sentido, com o estabelecimento da doutrina da supremacia da Constituição entabulada no célebre caso *Marbury X Madison,* julgado pela Suprema Corte dos EUA, em 1803, as normas ordinárias que contrariarem uma Constituição formal-rígida não extirpam dispositivos da Constituição do sistema jurídico, mas, pelo contrário, são extirpadas do ordenamento por incompatíveis com a Constituição.
5. Entre nós, Ruy Barbosa, na sua perspectiva alinhada ao modelo americano de controle de constitucionalidade, já expressava a necessidade de enquadrar no conceito de inconstitucionalidade a sanção à violação do texto constitucional (*Os atos inconstitucionais do congresso e do executivo, trabalhos jurídicos,* p. 46-47). No mesmo sentido, KELSEN, Hans. *A jurisdição constitucional,* 2000.

Após essa conclusão, faz-se necessária a declaração de invalidade da lei ou do ato normativo. Nesses termos, defende Gilmar Mendes, entre outros, que "a ausência de sanção retira o conteúdo obrigatório da Constituição, convertendo o conceito de inconstitucionalidade em simples manifestação de censura ou crítica",[6] sendo algo insuficiente na medida em que a referida lei ou ato normativo ainda permaneceriam no sistema jurídico.

Portanto, à luz da doutrina, podemos estabelecer, pelo menos em regra, os pressupostos do *clássico* controle de constitucionalidade:

1) existência de uma Constituição formal e rígida;
2) o entendimento da Constituição como uma norma jurídica fundamental (que confere fundamento de validade para o restante do ordenamento);
3) a existência de, pelo menos, um órgão dotado de competência para a realização da atividade de controle;[7]
4) uma sanção para a conduta (positiva ou negativa) realizada contra (em desconformidade) a Constituição.

2. ESPÉCIES (TIPOS) DE INCONSTITUCIONALIDADE

Trabalharemos, inicialmente, com algumas espécies de inconstitucionalidade desenvolvidas doutrinária e jurisprudencialmente.[8]

Sem dúvida, a definição de ato inconstitucional se relaciona com a inadequação entre uma conduta (ou alguma prática) do Poder Público em relação às normas de cunho constitucional. Porém, essa conduta que irá contrariar preceitos constitucionais pode ser tanto positiva quanto negativa. Daí a diferenciação quanto ao **tipo de conduta** entre a inconstitucionalidade por ação e a inconstitucionalidade por omissão.

A ***inconstitucionalidade por ação*** diz respeito a uma conduta positiva que contraria normas previstas na Constituição. Ou seja, o Poder Público produz atos normativos em desacordo com a normatividade constitucional.

A ***inconstitucionalidade por omissão*** decorre de uma conduta negativa dos Poderes Públicos. Ou seja, estes não atuam, restam em inércia e com isso não viabilizam direitos previstos na Constituição.[9] Nesse sentido, esse tipo de prática omissiva

6. MENDES; COELHO; BRANCO, *Curso de direito constitucional*, 2008, p. 1.003.
7. CLÈVE, Clèmerson Merlin, *A fiscalização abstrata da constitucionalidade no direito brasileiro*, p. 28-34. MIRANDA, Jorge, *Manual de direito constitucional*, T. II, p. 376; CUNHA JÚNIOR, Dirley da, *Curso de direito constitucional*, 2008, p. 258; MENDES; COELHO; BRANCO, *Curso de direito constitucional*, 2008, p. 1.003.
8. MENDES; COELHO; BRANCO, *Curso de direito constitucional*, 2008, p. 1.010-1.028; MIRANDA, Jorge. *Manual de direito constitucional*, Tomo. IV.
9. A inconstitucionalidade por omissão **se manifesta diante** de uma conduta negativa do Poder Público, **consistente em deixar de expedir os atos legislativos ou executivos necessários para tornar plenamente aplicáveis**

(***non facere***) também se caracteriza como inconstitucional em alguns ordenamentos jurídicos, como o nosso de 1988. A omissão, atualmente, vem sendo classificada como total (absoluta) ou parcial. A omissão total ocorre na hipótese de ausência de norma para viabilizar direitos previstos na Constituição, ou seja, nesse caso o legislador realmente não empreendeu a providência legislativa devida. Já a omissão parcial ocorre quando existe ato normativo, mas é insuficiente (insatisfatório) para a viabilização adequada de direitos previstos na Constituição.

A inconstitucionalidade, também, pode ser conceituada como ***formal*** *(nomodinâmica)* ou ***material*** *(nomoestática)*[10], conforme o **tipo de vício ocorrido** na edição de leis ou atos normativos em relação à Constituição[11]. Portanto, conforme o conceito anteriormente citado de controle de constitucionalidade, temos que as leis ou os atos normativos devem preencher requisitos formais e materiais para terem validade e, com isso, adequarem-se à Constituição.

A ***inconstitucionalidade formal*** é aquela que envolve um vício no processo de produção das normas jurídicas, na medida em que as leis ou atos normativos são editados em desconformidade com as normas previstas constitucionalmente. Nesse sentido, fala-se na obediência a requisitos formais. Esses dizem respeito, conforme salientado, ao modo ou à forma de elaboração (produção) da lei ou do ato normativo. Ou seja, se as leis ou os atos normativos respeitaram (observaram) em sua gênese as normas previstas na Constituição. Sem dúvida, os vícios formais envolvem defeitos na formação do ato normativo.

No Brasil, a doutrina e a jurisprudência trabalham atualmente com três possíveis tipos de inconstitucionalidade formal à luz de nosso atual ordenamento constitucional:

1) **Inconstitucionalidade formal orgânica**: envolve o descumprimento de regras de competência[12] previstas na CR/88 para a produção do ato. Como exemplo, podemos citar uma norma estadual que venha a legislar sobre direito penal e com isso descumprir o art. 22, I, da CR/88, que estabelece ser matéria de competência privativa da União a legislação sobre direito penal. Portanto, se uma Lei Estadual dispuser sobre essas matérias do art. 22, I, (sem a necessária delegação prevista no art. 22, parágrafo único)

---

as normas constitucionais dependentes de legislação regulamentadora ("normas constitucionais de eficácia limitada").

10. Essa terminologia intitulada de **nomodinâmica** (vício formal, ou seja, no processo dinâmico de produção das normas) e de **nomoestática** (vício material, ou seja, no conteúdo das normas) se encontra nos trabalhos de Luiz David Araújo e Vidal Serrano Nunes. *In*: *Curso de Direito Constitucional*.
11. Temos, então, uma classificação quanto ao **tipo de vício** (ou formal ou material) ou, para alguns, uma classificação quanto **à norma constitucional ofendida** (ou norma constitucional que estabelece "forma de elaboração de atos normativos" ou "norma constitucional de fundo" com seu conteúdo).
12. Nesses termos, são as lições de Luís Roberto Barroso: "A primeira possibilidade a se considerar, quanto ao vício de forma, é a denominada inconstitucionalidade orgânica, que se traduz na inobservância da regra de competência para a edição do ato". BARROSO, Luís Roberto, *O controle de constitucionalidade no direito brasileiro*, 2007, p. 26.

haverá, então, inconstitucionalidade formal orgânica por descumprimento de regra de competência.

2) **Inconstitucionalidade formal por descumprimento dos pressupostos objetivos do ato previstos na CR/88**: conforme a doutrina de Gomes Canotilho,[13] existem pressupostos definidos na Constituição que devem ser entendidos como elementos determinantes de competência para órgãos legislativos no exercício da função legiferante. Esses pressupostos são inarredáveis e de cunho objetivo. No ordenamento constitucional brasileiro, é mister salientar que também existem esses pressupostos a serem respeitados sob pena de inconstitucionalidade formal. Como exemplos, temos a edição de medidas provisórias sem a observância dos requisitos de relevância e urgência, descumprindo o art. 62 da CR/88, bem como a edição de Lei estadual criando novo município sem a observância dos pressupostos objetivos previstos no art. 18, § 4º, da CR/88.[14]

3) **Inconstitucionalidade formal propriamente dita**: ocorre por inobservância das normas do processo legislativo previstas nos arts. 59 a 69, CR/88. Nesse caso, irá ocorrer o descumprimento do devido processo legislativo constitucional.

Certo é que, para a doutrina majoritária, o processo legislativo tem três fases: iniciativa, constitutiva e complementar. Nesse sentido, será necessário cumprir os seguintes requisitos para que haja uma produção adequada (ou em consonância) das respectivas espécies normativas previstas na Constituição:

- **requisitos formais subjetivos:** dizem respeito à primeira fase do processo legislativo, qual seja a fase da iniciativa. Portanto, relaciona-se ao sujeito que tem competência ou legitimidade para iniciar/deflagrar o processo. Um exemplo de inconstitucionalidade formal subjetiva é o caso de um deputado ou um senador apresentar um projeto de lei dando início ao processo legislativo sobre matéria de competência privativa (exclusiva) do Presidente da República, prevista no art. 61, § 1º, da CR/88. Estaríamos diante do que a doutrina e a jurisprudência majoritária intitulam de vício de iniciativa

13. GOMES CANOTILHO, J. J. *Direito constitucional e teoria da Constituição*, 2003, p. 1321.
14. No que tange ao descumprimento dos pressupostos objetivos, o STF, no julgamento da ADI nº 2.240, em que se debatia a inconstitucionalidade da Lei do Estado da Bahia nº 7.619/2000, que criou o Município Luís Eduardo Magalhães sem o devido cumprimento dos pressupostos previstos no referido art. 18, § 4º, da CR/88, declarou a inconstitucionalidade da referida Lei, porém não pronunciou a sua nulidade, mantendo sua vigência por mais 24 meses. Aqui é bom que se diga que a Emenda Constitucional nº 57/2008 acrescentou o art. 96 na ADCT, que estabeleceu a convalidação dos municípios criados por lei estadual até 31 de dezembro de 2006, nos seguintes termos: "Ficam convalidados os atos de criação, fusão, incorporação e desmembramento de Municípios, cuja lei tenha sido publicada até 31 de dezembro de 2006, atendidos os requisitos estabelecidos na legislação do respectivo Estado à época de sua criação." Porém, essa Emenda Constitucional, que concedeu uma verdadeira "anistia" aos Estados, não resolveu de vez o problema atinente à criação de novos municípios no Brasil, pois, se atualmente forem criados municípios por Leis Estaduais, essas Leis serão inconstitucionais pela não existência da Lei complementar prevista no art. 18, § 4º, da CR/88 (descumprimento de um pressuposto objetivo).

e afirmam ainda que a sanção do Presidente da República não supre o vício.[15]

- **requisitos formais objetivos:** dizem respeito às outras fases do processo legislativo, chamadas de ***constitutiva*** (na qual há a discussão e votação das proposições) e ***complementar*** (na qual ocorre a integração de eficácia do ato normativo já aprovado, por meio da promulgação e publicação). Se forem descumpridas algumas das regras previstas por essas fases, ocorrerá inconstitucionalidade formal objetiva. Um primeiro exemplo sempre citado é do art. 69 da CR/88. O quórum previsto nesse artigo para a aprovação de Lei Complementar é o de maioria absoluta; se, por acaso, for aprovado um projeto de lei complementar com o quórum de maioria simples e for promulgada a Lei complementar pelo Presidente da República, haverá uma inconstitucionalidade formal objetiva dessa lei. Outro exemplo de inconstitucionalidade formal objetiva ocorre quando um projeto de lei aprovado na Casa revisora com emendas que causaram uma alteração substancial nele (projeto de lei advindo da Casa iniciadora) não volta para a Casa iniciadora apreciar as emendas, ou seja, para que a Casa iniciadora aprove ou não as emendas. Nesse caso, temos o descumprimento de uma norma prevista no processo legislativo, qual seja o parágrafo único do art. 65 da CR/88.

A ***inconstitucionalidade material*** é aquela que ocorre quando o conteúdo de leis ou atos normativos encontra-se em desconformidade (ou desacordo) com o conteúdo das normas constitucionais. Nesse sentido, fala-se na inobservância de requisitos materiais por parte de leis ou atos normativos. Com isso, haverá inconstitucionalidade material quando o conteúdo da lei ou do ato normativo contrariar o conteúdo da Constituição. Aqui, é importante salientar, na esteira de Gomes Canotilho e Gilmar Mendes e da própria jurisprudência pátria, que, no Brasil, a inconstitucionalidade material ou substancial não irá ocorrer apenas quando houver uma contrariedade entre um ato normativo e o seu parâmetro constitucional, pois também podemos detectar a inconstitucionalidade material na análise de "desvio de poder ou do excesso de poder legislativo."[16]

É mister salientar, ainda com apoio na doutrina dos autores supracitados, que a verificação da **inconstitucionalidade material**, no que tange ao desvio de poder do legislador, refere-se diretamente ao princípio da proporcionalidade ou da proibição do excesso, apontados, atualmente, como verdadeiros baluartes da jurisprudência constitucional europeia e nacional. Nesse sentido, será apreciado pelo órgão de controle de constitucionalidade se o ato normativo é adequado (relação de meios

15. Conforme a Representação nº 890/74 julgada pelo STF. Esta definiu o afastamento da aplicação da Súmula nº 5 do próprio STF, que prelecionava que a sanção do chefe do Executivo teria o condão de suprir o vício de iniciativa.
16. CANOTILHO GOMES, J. J., *Direito constitucional e teoria da Constituição,* 2003; MIRANDA, Jorge, *Manual de direito constitucional,* 2001; MENDES; COELHO; BRANCO, *Curso de direito constitucional,* 2008, p. 1.013.

e fins), necessário (se existe outro meio menos gravoso ou o meio usado era a *ultima ratio*) e proporcional em sentido estrito (ponderação, ou seja, relação de ônus/bônus). Além do princípio da proibição do excesso, a mesma doutrina cita ainda a verificação (análise) no controle de constitucionalidade do ***princípio da proibição da proteção insuficiente***. Nesses termos, o legislador não poderia atuar em excesso (devendo respeitar a proporcionalidade) e nem mesmo de forma insuficiente (devendo também respeitar a proporcionalidade).[17]

Aqui, ainda é interessante mais uma digressão, que diz respeito ao intitulado **vício de decoro parlamentar** (ou ***inconstitucionalidade*** por ***vício de decoro parlamentar***). O vício de **decoro parlamentar**, conforme a doutrina, poderia ser definido como aquele vício que ocorre no processo legislativo (processo de produção das espécies normativas) em virtude do abuso das prerrogativas ou de percepção de vantagens indevidas pelos parlamentares.[18]

Nesse sentido, a alegação seria a de que, ocorrendo o desvirtuamento do processo, por quebra de decoro em virtude de atitudes (práticas) que levem a essa conclusão, poderíamos ter a configuração da contrariedade à forma pela qual as normas são produzidas no processo (legislativo) determinado constitucionalmente, derivando daí uma possível inconstitucionalidade. Um exemplo, a ser discutido, poderia ser o do ***"caso mensalão"***, recentemente enfrentado pelo STF, na AP nº 470. Neste, restou consubstanciado o pagamento de quantitativos financeiros para a aprovação de normas jurídicas (sejam, por exemplo, Emendas Constitucionais, Leis Complementares ou Leis Ordinárias)[19]. Essa tese, inicialmente trabalhada apenas no âmbito doutrinário, recentemente fundamentou uma polêmica decisão da 1ª Vara da Fazenda Pública de Belo Horizonte-MG, em um caso concreto, que considerou inconstitucional a Emenda Constitucional 41/2003, que positivou a reforma da previdência na ordem constitucional.[20] Referida decisão foi também fundamentada no fato de o Supremo Tribunal Federal ter reconhecido a existência do "mensalão" como esquema de compra de votos no Congresso Nacional entre os anos de 2003 e 2004, por ocasião do julgamento da Ação Penal 470, ainda em trâmite. Diante disso, concluiu o magistrado mineiro que as normas editadas nesse período padecem de

---

17. Nesse sentido, além de Canotilho (2003) e Mendes (2008), ver, sobretudo: SARLET, Ingo, *Constituição e proporcionalidade:* o direito penal e os direitos fundamentais entre a proibição do excesso e da insuficiência, 2005; STRECK, Lenio Luiz, *A dupla face do princípio da proporcionalidade:* da proibição de excesso à proteção de proteção deficiente, 2005.
18. "Art.55: § 1º – É incompatível com o decoro parlamentar, além dos casos definidos no regimento interno, o abuso das prerrogativas asseguradas a membro do Congresso Nacional ou a percepção de vantagens indevidas." Na doutrina, citando e defendendo a tese da existência desse vício, temos: LENZA, Pedro, p.255, 2012. Embora o autor o coloque como uma terceira categoria, entendemos, que se porventura existisse esse vício (o que em nossa opinião **não encontra assento**), ele teria de ser entendido como uma **espécie de vício formal**, pois se daria no processo de produção das normas.
19. Contra tal tese, em instigante artigo, temos Lenio Streck, In: "*E o juiz mineiro azdakiou ou Eis aí o sintoma da crise*". ConJur, novembro de 2012.
20. MS nº0024.12.129.593-5. 1ª Vara da Fazenda e Autarquias de Belo Horizonte/MG (03.10.2012).

vício de inconstitucionalidade formal (entendimento do vício de decoro parlamentar como um vício formal, ocorrido no processo de produção do ato normativo).[21]

É interessante que, com base também nesta tese, foram ajuizadas Ações Diretas de Inconstitucionalidade no Supremo Tribunal Federal, questionando a validade de alguns dispositivos da Constituição da República que foram alterados por meio de emenda constitucional, durante o período de existência do "mensalão". Nesse sentido, as ADIs 4885, 4887, 4888 e 4889 questionam a Reforma da Previdência em razão do julgamento da AP 470 pelo Supremo Tribunal Federal.

É bem verdade que, com base no mesmo fundamento, poderiam ser questionadas Leis Ordinárias ou Complementares ou outras espécies normativas fruto do processo legislativo desenvolvido no período do "mensalão". Para Lenio Streck, a tese do vício de decoro parlamentar como gerador de inconstitucionalidade "desconsidera, além da já aludida responsabilidade subjetiva/pessoal do parlamentar por atos de quebra de decoro, o importantíssimo fator de que questões relativas ao decoro parlamentar dizem respeito ao autogoverno do Poder Legislativo, ingressando no plano da autonomia funcional deste poder.[22]

21. Lenio Streck faz veemente crítica a decisão *In*: "*E o juiz mineiro azdakiou ou Eis aí o sintoma da crise*". Consultor Jurídico, novembro, 2012. Nesse texto, o professor sustenta que: "**a)** Não há trânsito em julgado e sequer acórdão publicado na AP 470. Não se produzem efeitos jurídicos de um acórdão não findo; **b)** Para o juiz, o esquema de venda de votos condenado no julgamento do mensalão já produz, por si, efeitos sobre o mundo jurídico. Ou seja: para o juiz, esse esquema da venda de votos de parlamentares contaminou a atividade legislativa desse Congresso, fazendo com que a EC 41 contraísse um vício na origem. Logo, seria inconstitucional por defeito de forma. Diz ele que houve inconstitucionalidade por "vício de desvio de decoro parlamentar". **É falsa a tese do magistrado**, por pelo menos **três razões**: **b.1)** não se poderia presumir tal vício, que supostamente maculara a "vontade" ou "decisão" parlamentar (de que parlamentar? em que medida?); de que modo se pode comprovar uma coisa dessas? Como saber "objetivamente" quem votou ou não por supostamente ter sido "comprado" ou não? Como falar em abuso de prerrogativas parlamentares? Essas conclusões do magistrado só poderiam ter sentido se o acórdão do STF explicitasse tais vícios, amiúde; **b.2)** desde quando a validade de uma lei ou emenda depende de uma suposta "vontade imaculada do legislador"? Afinal, não estamos diante de "comandos despsicologizados"? Ou vamos voltar à cabotina discussão do século XIX entre vontade do legislador e vontade da lei? Ora, as razões concretamente articuladas no curso do processo legislativo são as expressamente apresentadas nos relatórios das comissões parlamentares e não aquelas não explicitadas que levam a se votar dessa ou daquela maneira; **b.3)** não dá para aferir a legitimidade de uma decisão legislativa nesses termos. Por mais que se possa compreender o sentido do que pretende o juiz, ele não tem como exercer esse juízo. Como aferir que a "vontade" estaria viciada ou desviada, da maioria parlamentar necessária à aprovação da Emenda?".

22. Nesse sentido: "(...) é uma questão *interna corporis*, não cabe ao Judiciário agir como se fosse uma espécie de paladino da boa ordem e dos costumes. Pensemos no inverso: poderia o Legislativo sustar atos do Judiciário sob o pretexto de que foram praticados por juiz que descumpriu a liturgia da profissão? Por exemplo, as sentenças exaradas pelo juiz Rocha Matos poderiam ser cassadas?" E ainda criticando a decisão do magistrado mineiro, com base em tal tese: "(...) O raciocínio do magistrado mineiro, se levado às últimas consequências, (re)cria o famoso paradoxo do tempo ou da máquina do tempo. Se, de fato, o Congresso esteve viciado (até quando?) em face do vício de decoro, talvez o próprio ministro Joaquim Barbosa não poderia ter tido o seu nome aprovado; vários ministros não poderiam ser ministros; quantas leis foram aprovadas nesse período? Até onde ia(foi) o vício decorrente da falta de decoro parlamentar? Nem mesmo os aumentos salariais de juízes e promotores nesse período valeriam (com o que teríamos que devolver o dinheiro). E as medidas provisórias aprovadas? Pensar nesse "retorno" proposto pelo juiz mineiro é como o sujeito que volta na máquina do tempo e mata o próprio pai; consequentemente, ele não teria nascido...; e se não tivesse nascido, não teria entrado na máquina do tempo". Lenio Streck, In: "*E o juiz mineiro azdakiou ou Eis aí o sintoma da crise*". Consultor Jurídico, Nov.de 2012.

Aqui é interessante ressaltar, que em 10.11.2020, o Pretório Excelso apreciou as ADIs acima citadas. Afirmou o STF, que em tese é possível o reconhecimento de inconstitucionalidade formal no processo constituinte reformador quando eivada de vício a manifestação de vontade do parlamentar no curso do devido processo constituinte derivado, pela prática de ilícitos que infirmam a moralidade, a probidade administrativa e fragilizam a democracia representativa.[23]

O STF afirmou que, sob o aspecto formal, as emendas constitucionais devem respeitar o devido processo legislativo, que inclui, entre outros requisitos, a observância dos princípios da moralidade e da probidade.

Para o STF, o devido processo constituinte reformador não tem apenas aquelas restrições expressas no art. 60 da Constituição Federal, submetendo-se também aos princípios que legitimam a atuação das casas congressuais brasileiras.

Inclui-se, no devido processo legislativo, a observância dos princípios da moralidade e da probidade, voltados a "impedir que os dispositivos constitucionais sejam objeto de alteração através do exercício de um poder constituinte derivado distanciado das fontes de legitimidade situadas nos fóruns de uma esfera pública que não se reduz ao Estado".

Nesse sentido, o vício de corrupção da vontade do parlamentar e de seu compromisso com o interesse público subverte o regime democrático e deliberativo adotado pela CR/88 e ofende o devido processo legislativo por contrariar o princípio da representação democrática que deve, obrigatoriamente, nortear a produção de normas jurídicas.[24]

Para o STF, demonstrada a interferência ilícita na fase de votação pela prevalência de interesses individuais do parlamentar, admite-se o reconhecimento de inconstitucionalidade formal de emenda constitucional ou norma infraconstitucional.

Entretanto, de acordo com o princípio da presunção de inocência e da legitimidade dos atos legislativos, há de se comprovar que a norma tida por inconstitucional não teria sido aprovada, se não houvesse o grave vício a corromper o regime democrático pela "compra de votos". Sem a demonstração inequívoca de que sem os votos viciados pela ilicitude o resultado do processo constituinte reformador ou legislativo teria sido outro, com a não aprovação da proposta de emenda constitucional ou com a rejeição do projeto de lei, não se há declarar a inconstitucionalidade de emenda constitucional ou de lei promulgada.[25]

Portanto, a conclusão é a de que é possível o reconhecimento de inconstitucionalidade formal no processo de reforma constituinte quando houver vício de manifestação de vontade do parlamentar, pela prática de ilícitos. Porém, para tanto, é

23. ADI 4887/DF, ADI 4888/DF e ADI 4889/DF, STF. Plenário. Rel. Min. Cármen Lúcia, julgado em 10.11.2020 (Inf. 998).
24. ADI 4887/DF, ADI 4888/DF e ADI 4889/DF, STF. Plenário. Rel. Min. Cármen Lúcia, julgado em 10.11.2020 (Inf. 998).
25. ADI 4887/DF, ADI 4888/DF e ADI 4889/DF, STF. Plenário. Rel. Min. Cármen Lúcia, julgado em 10.11.2020 (Inf. 998).

necessária a demonstração inequívoca de que, sem os votos viciados pela ilicitude, o resultado teria sido outro.

No caso, apenas alguns Deputados (sete) foram condenados pelo Supremo na AP 470, por ficar comprovado que eles participaram do esquema de compra e venda de votos e apoio político conhecido como Mensalão. Portanto, o número comprovado de "votos comprados" não é suficiente para comprometer as votações das ECs 41/2003 e 47/2005. Ainda que retirados os votos viciados, permanece respeitado o rígido quórum estabelecido na Constituição Federal para aprovação de emendas constitucionais, que é 3/5 em cada casa do Congresso Nacional.[26]

Diante desses argumentos, não há inconstitucionalidade formal por vício de decoro parlamentar a ser declarada, por não estar evidenciado que as Emendas Constitucionais 41/2003 e 47/2005 foram aprovadas apenas em razão do ilícito "esquema de compra de votos" de alguns parlamentares no curso do processo de reforma constitucional.[27]

A inconstitucionalidade, também, pode ser **diferenciada** quanto à **extensão da desconformidade da lei ou do ato normativo** em relação à Constituição. Nesses termos, fala-se em ***inconstitucionalidade total*** e em ***inconstitucionalidade parcial***. A ***total*** ocorre quando toda a lei ou o ato normativo se encontram em total inadequação à Constituição. Ou seja, a declaração de inconstitucionalidade irá atingir a integralidade da lei ou do ato normativo. Já a ***inconstitucionalidade parcial*** ocorre quando apenas partes da lei ou do ato normativo (alguns dispositivos normativos) contrariam a Constituição, devendo estes ser declarados inconstitucionais. É importante salientar que o vício pode recair sobre um ou vários dispositivos ou sobre partes de um deles, inclusive uma única palavra.[28]

A doutrina pátria afirma que, em regra,[29] a inconstitucionalidade formal se relaciona com a inconstitucionalidade total, visto que o ato na sua origem (gênese) é eivado de inconstitucionalidade, devendo todo ele ser declarado inconstitucional. Já a inconstitucionalidade material, em regra, pode ocorrer tanto com a declaração

---

26. ADI 4887/DF, ADI 4888/DF e ADI 4889/DF, STF. Plenário. Rel. Min. Cármen Lúcia, julgado em 10.11.2020 (Inf. 998).
27. ADI 4887/DF, ADI 4888/DF e ADI 4889/DF, STF. Plenário. Rel. Min. Cármen Lúcia, julgado em 10.11.2020 (Inf. 998).
28. BARROSO, Luís Roberto. *O controle de constitucionalidade no direito brasileiro*, 2007, p. 38. Aqui duas observações são importantes: **1)** O autor chama a atenção recorrendo ao STF (ADI MC nº 896-DF Rel. Min. Moreira Alves) para afirmar que a decisão que declara a inconstitucionalidade parcial não pode subverter o sentido da norma; **2)** A possibilidade do STF declarar a inconstitucionalidade de palavras ou expressões intitula-se *princípio da parcelaridade* no controle de constitucionalidade.
29. Mas aqui devemos fazer uma advertência. A **inconstitucionalidade formal** não gerará sempre a **inconstitucionalidade total** de leis ou atos normativos, pois existem **exceções,** não raro olvidadas pela doutrina. Nesse sentido, podemos citar como **exemplos**: uma lei ordinária que traga um dispositivo normativo reservado à lei complementar, ou uma lei federal que tenha em seu contexto normativo um (único) artigo que usurpe competência dos Estados-membros, visto que a matéria era reservada a eles pela Constituição. Nesses casos, teremos **a declaração de inconstitucionalidade formal de cunho parcial**. BARROSO, Luís Roberto. *O controle de constitucionalidade no direito brasileiro*, 2007, p. 39.

de inconstitucionalidade parcial (o que é inclusive mais comum) quanto com a inconstitucionalidade total.

A inconstitucionalidade pode, também, ser classificada quanto ao **momento de criação da norma contrária** à Constituição em ***originária ou superveniente.*** Portanto, essas espécies ou tipos de inconstitucionalidade se relacionam ao **momento da produção ou da elaboração da lei ou do ato normativo** em relação ao parâmetro Constituição.

A ***inconstitucionalidade originária*** ocorre quando uma lei ou um ato normativo é editado (nasce) após o início da vigência de uma Constituição e a contraria. Ou seja, sob a égide de uma determinada Constituição, surgem uma lei ou ato normativo que violam (contrariam) a lei maior do ordenamento jurídico.

Já a ***inconstitucionalidade superveniente*** ocorre quando existem leis ou atos normativos vigorando (e em consonância) sob a base de uma Constituição que posteriormente é revogada por uma nova Constituição que não mais coaduna com essas leis ou atos normativos ou, ainda, quando o texto constitucional é alterado por meio de emenda constitucional. Ou seja, com o "surgimento de uma nova Constituição ou com a alteração da atual por meio de emenda constitucional", há uma **alteração** do **parâmetro constitucional**, fazendo com que legislações anteriores se tornem incompatíveis. Para boa parte da doutrina e, sobretudo, para a jurisprudência atual do STF,[30] não se trata de **inconstitucionalidade**, mas de revogação (tecnicamente denominada de ***"não recepção"***) do direito anterior incompatível com a nova normatividade constitucional, devendo a questão ser resolvida pelo âmbito do direito intertemporal. Nesses termos, a questão versaria sobre a recepção ou não recepção[31] dos atos normativos anteriores à luz da nova Constituição. Porém, é mister salientar que, se pelo menos tradicionalmente[32] não cabe ADI sobre lei ou ato

30. A questão foi discutida no império da Constituição atual, inicialmente na ADI nº 2, e teve como Relator o Ministro Paulo Brossard, que firmou entendimento de que a inconstitucionalidade só poderia ocorrer em relação às normas posteriores à Constituição, pois as normas anteriores incompatíveis seriam questão de direito intertemporal. Como exemplo de julgados, *in verbis:* "Essa corte já firmou o entendimento de que não cabe ação direta de inconstitucionalidade quando a alegação de inconstitucionalidade se faz em face de texto constitucional que é posterior ao ato normativo impugnado, pois, nesse caso, a denominada inconstitucionalidade superveniente se traduz em revogação" (STF, ADI MC nº 2.501-MG, Rel. Min. Moreira Alves).
31. Alguns doutrinadores entendem que o termo *revogação* é inadequado, visto que o que poderia revogar um ato normativo seria outro ato normativo de igual hierarquia. Nesses termos, uma norma constitucional só poderia ser revogada por outra, uma lei ordinária por outra, uma lei federal por outra, uma lei estadual por outra, e assim em diante. Com isso, tecnicamente a inconstitucionalidade superveniente não seria hipótese de revogação de atos normativos anteriores, mas, sim, de **não recepção** ou de cessação de vigência.
32. Coloco o termo "tradicionalmente" porque o STF paulatinamente vem acenando com uma modificação de entendimento sobre o tema. Nesse sentido, são as palavras de Gilmar Mendes, que, apesar de reconhecer o entendimento tradicional do STF, já aponta algumas exceções. Senão vejamos: "*Anote-se, todavia, que, em julgamento realizado em 1-8-2006, o Tribunal rejeitou a preliminar de não conhecimento da ADI 3.619, proposta contra os arts. 34, § 1º, e 170, I da Consolidação do Regimento Interno da Assembleia Legislativa do Estado de São Paulo. Ressaltou o relator, Ministro Eros Grau, que os preceitos impugnados, embora reproduzissem normas assemelhadas veiculadas originalmente na Resolução 576/70, estavam inseridos no Ato n. 1, de 2005, que consolidou, em texto único, diversas resoluções anteriores. É, portanto, afirma, posterior à vigente Constituição do Brasil, sendo revestido de autonomia suficiente para ser submetido ao controle concentrado de constitucionalidade. Nas palavras de Pertence, proferidas no mencionado julgamento uma*

normativo anterior à Constituição, caberá atualmente a Arguição de Descumprimento de Preceito Fundamental, em consonância com a Lei nº 9.882/99.

Outras espécies de inconstitucionalidade denominam-se de ***inconstitucionalidade antecedente ou imediata (direta)*** e ***inconstitucionalidade indireta (reflexa), consequente, derivada ou por arrastamento***. Essas dizem respeito ao prisma de apuração da inconstitucionalidade.

A ***inconstitucionalidade imediata ou direta*** é aquela que resulta da incompatibilidade (ou inadequação) direta e imediata de atos normativos em relação à Constituição, não havendo qualquer outro tipo de intermediação normativa entre a norma inadequada e a Constituição. Nesse sentido, a relação de parametricidade se dá de forma direta entre o ato normativo e a Constituição.

Já a ***inconstitucionalidade indireta*** ocorre quando há a inconstitucionalidade de uma norma intermediária entre o ato normativo que se relaciona diretamente com a Constituição e a própria Constituição. Portanto, o ato normativo inconstitucional não se relaciona diretamente com a Constituição. Essa inconstitucionalidade pode ser subdividida em duas espécies:

1) ***inconstitucionalidade reflexa*** (ou ***por via oblíqua***), que consiste na incompatibilidade de uma norma infralegal como um decreto expedido pelo Chefe do Executivo (ou uma resolução) com a lei a que ele se relaciona ou se reporta e, por via reflexa ou mediata (indireta), com a própria Constituição. Portanto, se o Presidente da República expede um decreto regulamentar que contraria a lei que ele visava dar fiel execução, temos que esse decreto é ilegal e, indiretamente, inconstitucional. É bom lembrarmos que, à luz do STF, esse tipo de incompatibilidade é considerado **ilegalidade** e não inconstitucionalidade. Portanto, nesse caso, temos uma ***crise de ilegalidade*** e não de inconstitucionalidade, conforme a jurisprudência dominante.[33]

2) ***inconstitucionalidade por arrastamento ou consequente***, que consiste na possibilidade de o STF declarar a inconstitucionalidade de uma norma objeto do pedido e também de outro ato normativo que não foi objeto do pedido em virtude de correlação, conexão ou interdependência entre eles, gerando uma exceção ao princípio da adstrição (art. 460 do CPC).[34] Portanto, a inconstitucionalidade desse ato

---

norma pré-constitucional, ao se incorporar a um diploma pós-constitucional, que a poderia alterar, transforma-se em norma pós-constitucional, de modo a admitir, conforme a jurisprudência do Supremo, o controle abstrato. Observe-se ainda que, ao apreciar a ADI 3.833, que impugnou o Decreto Legislativo n. 444/2003 em face da EC n. 41/2003, o Tribunal houve por bem afirmar que, a despeito de se cuidar de direito pré-constitucional, poderia a Corte reexaminar incidentalmente, em controle abstrato, a revogação ou não recepção do direito anterior. Trata-se de uma reorientação jurisprudencial quanto ao tema" (MENDES, Gilmar. *Curso de direito constitucional*, 2008, p. 1.019-1.020).

33. Vide: ADI nº 2.535/MT julg. em 19.12.2001 de Rel. do Min. Sepúlveda Pertence, que assim prelecionou: "Tem-se inconstitucionalidade reflexa – a cuja verificação não se presta a ação direta – quando o vício de ilegitimidade irrogado a um ato normativo é o desrespeito à Lei Fundamental por haver violado norma infraconstitucional interposta, a cuja observância estaria vinculado pela Constituição".

34. Como exemplo, teríamos a declaração de inconstitucionalidade de um artigo de uma Lei e a inconstitucionalidade por arrastamento de outros artigos que não foram objeto do pedido, mas que tinham uma relação de codependência (conexão) com o artigo objeto do pedido que foi devidamente declarado inconstitucional. Outro

normativo decorre não de sua incompatibilidade direta com a Constituição, mas da inconstitucionalidade de outra norma que guarda relação de dependência (instrumentalidade) com ela.

Por último, temos a intitulada ***inconstitucionalidade circunstancial***. Essa se verifica quando, apesar de constitucional em termos amplos (em uma diversidade de situações de aplicação), temos a declaração de inconstitucionalidade de uma norma em virtude de sua incidência sobre uma determinada situação específica (que a torna inconstitucional). Ou seja, tendo em vista a complexidade fático-jurídica, apesar de validade geral de um enunciado normativo, este pode ser em um determinado contexto particular (em termos rigorosos: em determinada e específica situação de aplicação) declarado inconstitucional.[35]

3. MATRIZES E MODALIDADES DE CONTROLE DE CONSTITUCIONALIDADE

De forma ampla, a doutrina que trabalha o tema controle de constitucionalidade em ***terrae brasilis***, bem como no estrangeiro, costuma diferenciar, no início do estudo desse importante tema, as grandes matrizes de controle, para alguns autores, os grandes sistemas de controle[36] existentes no mundo. Esse exercício de história do direito e de direito comparado, se bem arquitetado, irá chegar a uma conclusão básica que permeia os constitucionalistas desde a invenção do controle

exemplo seria o de um decreto expedido para dar execução a uma lei inconstitucional; com a declaração da inconstitucionalidade desta lei também será reconhecida a do decreto (este por arrastamento). Na jurisprudência, na decisão da ADI nº 2.501, temos: *"Em conclusão, o Tribunal conheceu em parte de ação direta ajuizada pelo Procurador-Geral da República e, na parte conhecida, julgou procedente o pedido formulado para declarar a inconstitucionalidade do inciso II do § 1º do art. 82, do ADCT da Constituição do Estado de Minas Gerais, bem como, por arrastamento, dos §§ 4º, 5º e 6º do mesmo art. 82, os quais foram acrescentados pela Emenda Constitucional estadual 70/2005".* (Rel. Min. Joaquim Barbosa, Julg. em 04.09.2008).

35. BARCELLOS, Ana Paula. *Ponderação, racionalidade e atividade jurisdicional*, p. 231. Como exemplo, cita Ana Paula Barcelos a antiga ADI 233 em que se *discutia a constitucionalidade ou não da normatividade que obstaculizava a concessão de tutela antecipada e liminares contra a Fazenda Pública.* Em suas análises, sustentou que o Poder Judiciário deveria lidar de forma diferenciada com as situações de impedimento da tutela, nos casos: *de reenquadramento de servidores públicos e de concessão de tutela para que fornecimento de remédios ou mesmo a concessão de tutela para o custeio pelo Estado de uma cirurgia extremamente necessária para a manutenção da vida de um indivíduo. Outro exemplo: "uma lei pode ser inconstitucional em razão de sua incompatibilidade com a realidade vivida em determinado momento, o que faz com que ela não se amolde ou passe a não mais se amoldar às exigências constitucionais, ainda que momentaneamente. Isso significa que, superada a situação, uma norma pré-existente poderá retomar sua compatibilidade com a Constituição, mas também que uma norma aprovada durante o estado de excepcionalidade poderá passar a ser compatível com ela. (...)* O estado de coisas inconstitucional *do sistema carcerário há de ser tido como passageiro. Jamais permanente, conforme assentou o STF. Por outro lado, a possibilidade de a pena privativa de liberdade poder se estender por, até, 40 (quarenta) anos, abstratamente, não ofende parâmetro constitucional nem convencional algum. Qualquer glosa encerra juízo meramente político. Porém, no cenário atual, em vista da* realidade prisional *e da* expectativa de vida dos segmentos mais vulneráveis às políticas de encarceramento, *representa, sim, aprisionamento, no mínimo, tendente à perpetuação – a expectativa é que o condenado faleça no cárcere. Óbvio que se está diante de um prognóstico. Mas admiti-lo, por si só, já é constitucionalmente inaceitável. Assim, o novel art. 75, cabeça, e §1º do Código Penal é, circunstancialmente, inconstitucional, até que o sistema carcerário nacional se alinhe às exigências inerentes à dignidade humana, abandonando o estado de coisas inconstitucional que o caracteriza. DUTRA SANTOS, Marcos Paulo. Comentários ao Pacote Anticrime, p.558,2020.*

36. Nesse sentido, podemos observar o clássico: *Controle judicial de constitucionalidade das leis no direito comparado*, de Mauro Cappelletti, 1986.

de constitucionalidade como veículo de defesa da Constituição no início do século XIX (em 1803 no caso ***Marbury X Madison***) até os dias atuais.

Sem dúvida, podemos reduzir as principais *matrizes* ou *sistemas de controle*[37] existentes mundialmente em três, quais sejam:

1) Matriz americana (1803);

2) Matriz austríaca (1920);

3) Matriz francesa (1958).

Essas matrizes influenciarão na criação e no desenvolvimento dos modelos de controle de constitucionalidade em inúmeros países que se alinharão às bases concebidas por elas.

De uma maneira sucinta e seguindo uma linha histórica, a primeira matriz é a norte-americana, deflagrada no célebre caso ***Marbury X Madison,*** julgado pela Suprema Corte Americana em 1803. Nesse julgado, restou consignado a doutrina da supremacia da Constituição, bem como a criação do controle de constitucionalidade das leis. As principais características são:

a) esse controle de atos normativos em relação à Constituição seria feito pelo Poder Judiciário e, no caso norte-americano, por todos os seus membros (todos os Juízes e Tribunais) de forma hodiernamente chamada de ***difusa***;

b) também é importante salientar que ele (o controle) seria afeto sempre a casos concretos a serem solvidos pelo Poder Judiciário no desempenho comum de sua função jurisdicional, controlando-se a constitucionalidade de modo incidental e gerando efeitos tradicionalmente intitulados de ***inter partes*** (pelo menos a ***priori***);[38]

c) a declaração de inconstitucionalidade, no que tange à perspectiva temporal, geraria efeitos ***ex tunc*** (retroativos), sendo o ato normativo considerado inconstitucional desde o dia em que surgiu no ordenamento. Nesse sentido, a decisão é meramente declaratória de uma inconstitucionalidade existente desde a origem da lei ou do ato normativo impugnado.

A segunda matriz é a austríaca, que teve como marco a Constituição da Áustria de 1920. Esse sistema foi delineado por Hans Kelsen[39] e se disseminou na Europa,

37. Apenas advertimos que, posteriormente, no final deste capítulo, será trabalhado o que vem sendo intitulado de modelo da *jurisdição constitucional fraca* presente atualmente no Canadá, na Nova Zelândia e na Inglaterra. Esses seriam os *novos desenhos institucionais* de jurisdição constitucional.

38. Pelo princípio do *Stare decisis* (ater-se ao decidido), a decisão da Suprema Corte, ainda que em um caso concreto, declara a inconstitucionalidade de uma lei que será dotada de força vinculante a todo o Poder Judiciário norte-americano. Embora esse princípio não tenha a *força de outrora*, ele continua prevalecente no sistema jurídico norte-americano do *commom law*.

39. Mauro Cappelletti aponta os fundamentos que levaram Kelsen à criação do modelo concentrado de controle da constitucionalidade. Basicamente temos: 1) na tradição europeia da *civil law* inexistia o princípio do *stare decisis*, típico do *commom law*. Isso propiciava um efeito indesejável para o sistema jurídico, na medida em que uma

sobretudo, após a 2ª Guerra Mundial.[40] Nesse sistema, o controle também é realizado pelo Poder Judiciário, que atuaria como uma espécie de "legislador negativo",[41] tendo como principais características:

a) a criação de um órgão próprio e específico de controle de constitucionalidade, denominado "Corte" ou "Tribunal Constitucional" que, diga-se, é o único órgão dotado de legitimidade para a análise da adequação de leis ou atos normativos em relação à Constituição; daí a terminologia ***controle concentrado***, diferenciando-se do ***difuso***, da matriz norte-americana;

b) esse controle engendrado por Kelsen não é realizado de modo incidental, mas de modo direto pela intitulada ***via principal***[42], na qual o Tribunal Constitucional analisa se um ato normativo em tese contraria ou não a Constituição, não havendo, portanto, um "real" caso concreto, uma lide (pretensões resistidas) ou mesmo a observância do contraditório para o deslinde da questão, sendo o controle realizado abstratamente num processo, intitulado pela doutrina majoritária de ***objetivo***, que traz consigo uma decisão de efeito ***erga omnes*** (válida para todos);

c) a declaração de inconstitucionalidade no que tange à perspectiva temporal geraria efeitos ***ex nunc*** (***pro futuro***), na medida em que, enquanto um ato normativo não fosse declarado inconstitucional pelo Tribunal Constitucional,

---

mesma lei poderia ser declarada inconstitucional por alguns juízes e declarada constitucional por outros. Ou seja, para alguns, ela poderia perfeitamente ser aplicada; para outros, não, gerando um conflito insustentável no Poder Judiciário, consubstanciando uma lógica de incerteza e insegurança no sistema, causando consequências para a sociedade e para o Estado; 2) mesmo se uma lei fosse declarada inconstitucional pelo órgão último do Poder Judiciário, essa decisão só valeria em seus contornos, devendo, quem desejasse a mesma declaração, recorrer ao Poder Judiciário novamente para tal. Nesse sentido, uma lei, inúmeras vezes declarada inconstitucional, sempre teria a necessidade de um interessado propor nova ação em juízo para que fosse de novo declarada inconstitucional, ensejando uma multiplicação de demandas insustentável. CAPPELLETTI, Mauro. *Controle judicial de constitucionalidade das leis no direito comparado*, p. 76-77.

40. Nesses termos, são as Constituições da(o): Itália (1948); Alemanha (1949); Chipre (1960); Turquia (1961); Grécia (1975); Portugal (1976 com a criação do Tribunal Constitucional em 1982); Espanha (1978) e Bélgica (1984).

41. Nesse sentido, temos interessante observação: "*O sistema proposto por Kelsen configura-se como uma função constitucional que não seria propriamente judicial, senão, como explica o próprio jurista de Viena, de legislação negativa. Com efeito, na visão Kelseniana, o Tribunal constitucional não julga nenhuma pretensão concreta, mas tão-só o problema abstrato de compatibilidade entre uma lei e a Constituição. Daí haver Kelsen assegurado que não há, nesse juízo puramente lógico, uma aplicação ou não aplicação da lei a um caso concreto, de modo que se estaria, em consequência, diante de uma verdadeira atividade judicial, que supões sempre uma decisão singular a respeito de um caso controvertido. Se assim o é, diz Kelsen, o Tribunal Constitucional é um legislador, só que legislador negativo. Ambos os órgãos – o fiscalizado e o fiscalizador – são legislativos, só que o Tribunal Constitucional tem organização jurisdicional*" CUNHA JÚNIOR, Dirley da, *Curso de direito constitucional*, 2008, p. 278.

42. Embora desenvolvido inicialmente por Kelsen, na Áustria de 1920, como um controle judicial concentrado na via principal, salientamos que com a reforma de 1929, no art. 140 da Constituição, para a doutrina majoritária *o controle passa a ser também incidental*. Este se daria com a possibilidade de os Tribunais civil, penal e administrativo provocarem a Corte Constitucional a se manifestar sobre a constitucionalidade de normas objeto de casos concretos. O mesmo ocorreu nas Constituições da Itália de 1948 e da Alemanha de 1949, nas quais um juiz de 1ª instância já poderia suspender um processo em virtude de um incidente (questão prejudicial) e levar à Corte Constitucional a norma objeto do incidente, para que esta decida sobre a constitucionalidade da norma. CAPPELLETTI, Mauro. *Controle judicial de constitucionalidade das leis no direito comparado*, 1986.

ele seria válido (presunção de validade), pois certo é que nenhum juiz ou Tribunal teria a legitimidade para deixar de aplicá-lo por entender que ele é inconstitucional, só cabendo à Corte Constitucional tal assertiva. Portanto, a declaração da Corte anularia o ato normativo (anulabilidade), produzindo uma sentença eminentemente constitutiva e que não declararia sua nulidade, como seria feito no tradicional modelo da matriz norte-americana.

Por último, surgiu a matriz ou o sistema de controle francês,[43] que foi desenvolvida a partir da Constituição da V República da França de 1958. Esse sistema, basicamente, não tem o Poder Judiciário como órgão de controle, mas um órgão de cunho político, com composição eminentemente política, intitulado Conselho Constitucional. Conforme ditame da própria Constituição francesa, este deve ser composto por nove membros indicados (três pelo Presidente da República, três pelo Presidente da Assembleia Nacional e três Pelo Presidente do Senado) para um mandato de nove anos e, ainda, por todos os ex-presidentes da França. Esse controle de matriz política, embora tenha sido objeto de reformas em 2008, tem como características centrais:

a) ser um controle, em regra,[44] prévio (antes da lei ou do ato normativo ou mesmo de um tratado internacional entrar em vigor) e realizado sobre o ato normativo em tese (sem contraditório ou lide, podendo existir apenas a apresentação de memoriais por interessados na constitucionalidade ou não dos atos normativos);

b) em regra,[45] dependente de provocação pelo Presidente da República, Primeiro Ministro, Presidente da Assembleia Nacional, Presidente do Senado ou de sessenta deputados ou sessenta senadores franceses.[46]

Sobre as reformas anteriormente citadas, certo é que, apesar de continuar a existir o controle realizado pelo Conselho Constitucional nos moldes de uma matriz política (com as características anteriormente delineadas), em julho de 2008, em virtude de uma reforma constitucional, a França passou a trabalhar com a possibilidade de apreciação de constitucionalidade de leis e atos normativos mediante um ***controle abstrato*** (de nítido viés kelseniano) que permite ao Conselho de Estado, bem como

43. Ver, sobretudo, FAVOREU, Louis. *Tribunales constitucionales europeos y derechos fundamentales*, 1984.

44. Excepcionalmente, conforme a Constituição francesa (art. 37.2), *o controle pode ser repressivo (posterior à entrada no ordenamento de leis ou atos normativos) nos casos de decretos editados pelo Presidente da República. Nesses termos, o Conselho acaba por realizar uma apreciação de atos emanados pelo Poder Executivo que entram em conflito com a delegação normativa atribuída constitucionalmente ao mesmo pelo Poder Legislativo* (conflito entre o Poder Executivo e o Poder Legislativo).

45. Excepcionalmente, o Conselho Constitucional poderá controlar a constitucionalidade de ofício. Isso se dará nos casos das leis orgânicas que não irão necessitar de provação para serem analisadas pelo órgão de controle de constitucionalidade antes de adentrarem ao ordenamento francês.

46. Reforma ocorrida em 1974 para ampliação da legitimidade para a provocação do Conselho Constitucional, garantindo, com isso, o direito de as minorias parlamentares atuarem tendo a possibilidade de provocar o Conselho Constitucional a se manifestar sobre a constitucionalidade de leis que estão prestes a adentrar no ordenamento francês.

à Corte de Cassação a possibilidade de alegar a intitulada **exceção de inconstitucionalidade** (*exception d'inconstitutionnalité*) perante o Conselho Constitucional. Com isso, o Conselho Constitucional mediante provocação poderá declarar a inconstitucionalidade de leis ou atos normativos também por meio de um controle repressivo. E esse (controle repressivo) passa agora a ser usado como regra (e não só como exceção, presente no art. 37.2 da Constituição, conforme citamos em nota).[47]

Com essas matrizes citadas podemos trabalhar as modalidades[48] que irão permear o controle de constitucionalidade no direito comparado e no Brasil. Nesse sentido, o controle de constitucionalidade pode ser diferenciado da seguinte forma:

1ª) ***Quanto à natureza do órgão de controle (ou, para alguns, quanto ao órgão que controla):*** segundo esse critério, o controle pode ser: a) político; b) judicial; c) misto.

O ***controle político*** é o da matriz (sistema) francesa e está presente na Constituição da França de 1958 (aqui já citada). Nesta, o controle é realizado por um órgão político, aqui citado e intitulado de "Conselho Constitucional". Em nosso atual ordenamento jurídico-constitucional, existe o controle político de constitucionalidade, que é realizado, por exemplo, pelo Poder Legislativo e pelo Poder Executivo, porém, não como regra, mas excepcionalmente (como exceção), não havendo como se afirmar sobre a existência de um sistema ou de uma verdadeira matriz política em ***terrae brasilis***, como a existente na França.

O ***controle de natureza judicial*** é aquele realizado por órgão do Poder Judiciário (ou de *estrutura jurisdicional*) tendo por base as matrizes norte-americana e austríaca. Ou seja, na perspectiva americana, por intermédio de todos os órgãos integrantes do Poder Judiciário, e na perspectiva Austríaca, por meio de um Tribunal ou Corte Constitucional. O Brasil adota como regra geral o controle de natureza (tradicionalmente) judicial.

Existe ainda o ***controle de natureza mista*** (controle misto), no qual coexistem o controle judicial e o político, **ambos como regra geral do sistema**. Eles convivem com o mesmo peso, tradição e desenvoltura constitucional. É o caso da Suíça, em que, para as Leis Federais, realiza-se um controle político e, para as leis cantonais (estaduais), realiza-se um controle de constitucionalidade judicial (difuso) com membros de todo o Poder Judiciário. Nesse sentido, a **Suíça** segue a linha delineada pelas matrizes anteriormente expostas, pois adota a matriz francesa de natureza

---

47. No mesmo sentido a doutrina: "A Constituição Francesa, com as subsequentes modificações da lei de revisão constitucional, passou a determinar que qualquer dispositivo legal declarado inconstitucional repressivamente pelo Conselho Constitucional, por provocação do Conselho de Estado *(Conseil d'État)* ou Corte de Cassação *(Cour de Cassation)*, será expurgado do ordenamento jurídico com efeitos erga omnes, não retroativos *(ex nunc)*, repristinatórios e vinculantes para todas as autoridades administrativas e jurisdicionais." (MORAES, Alexandre de, 2009, p. 706).
48. Terminologia utilizada em BARROSO, Luís Roberto. *O controle de constitucionalidade no direito brasileiro*, 2007, p. 41-42. E também em MENDES; COELHO; BRANCO, *Curso de direito constitucional*, 2008, p. 1.005.

política e também a matriz norte-americana de natureza judicial.[49] Não há um controle que se sobrepõe ao outro, sendo que há uma convivência mútua com cada qual desenvolvendo sua função no ordenamento jurídico.[50]

2ª) ***Quanto ao órgão judicial que exerce o controle***: segundo esse critério, o controle pode ser: a) judicial difuso; b) judicial concentrado; c) judicial misto.

Partindo-se do pressuposto do controle de constitucionalidade de natureza judicial, existe uma divisão quanto ao controle realizado pelo Poder Judiciário que diz respeito, sobretudo, a quem controla (aspecto subjetivo ou critério subjetivo).

Nesse sentido, o ***controle difuso*** é o da matriz norte-americana, em que todos os juízes analisam se as leis contrariam ou não a Constituição. Já o ***controle concentrado***, conforme citamos anteriormente, se traduz na matriz austríaca e nele apenas um único órgão de cúpula, chamado de Tribunal ou Corte Constitucional, realiza a aferição de compatibilidade de leis ou atos normativos em relação à Constituição.

A novidade, nesta parte da explanação, é a existência de um controle judicial misto. Este é aquele no qual há uma **coexistência** entre o controle difuso e o controle concentrado num mesmo ordenamento jurídico. É o caso do Brasil. Nesse sentido, temos um controle judicial difuso (oriundo da matriz norte-americana) e também um controle judicial concentrado (oriundo da matriz austríaca) que convivem em nosso sistema constitucional.[51]

3ª) ***Quanto à forma ou modo de controle***: segundo esse critério, o controle pode ser: a) incidental ou por via de exceção; b) principal ou por via de ação.

Quanto ao modo pela qual o controle é realizado, temos a forma incidental, na qual a questão da constitucionalidade se coloca como incidente processual ou, como ensina a doutrina, uma "questão prejudicial" a ser enfrentada e deslindada no ***iter*** de um caso concreto a ser decidido pelo Poder Judiciário. Ainda que a utilização do termo "questão prejudicial" possa ser processualmente criticável, conforme analisado com profundidade no próximo capítulo, nessa forma de controle a questão da inconstitucionalidade é resolvida incidentalmente, servindo tão somente como fundamento da decisão que julgará o pedido principal do autor.

---

49. Nesses termos: "Neste país, os juízes têm um poder-dever geral de não aplicar as leis cantonais que contrastem coma Constituição Federal. Na Suíça o controle judicial fica limitado às leis dos cantões, uma vez que inexiste o controle judicial da constitucionalidade das leis federais" (CUNHA JÚNIOR, Dirley da, *Curso de direito constitucional,* 2008, p. 273).

50. CAPPELLETTI, Mauro. *Controle judicial de constitucionalidade das leis no direito comparado,* 1986.

51. Conforme a doutrina: "em geral, nos modelos mistos defere-se aos órgãos ordinários do Poder Judiciário a prerrogativa de afastar a aplicação da lei nas ações e processos judiciais, mas reconhece a determinado órgão de cúpula – Tribunal Supremo ou Corte Constitucional – a competência para proferir decisões em determinadas ações de perfil abstrato ou concentrado" (MENDES; COELHO; BRANCO, *Curso de direito constitucional,* 2008, p. 1.005). Os grandes exemplos atuais são: o modelo português (convivência da Corte constitucional e dos órgãos judiciais ordinários para análise da compatibilidade de leis em relação à Constituição) e o modelo brasileiro (tradicional modelo difuso desde a adoção da República conjugado com as ações de inconstitucionalidade da competência do STF).

Nesses termos, o objeto do processo não é a questão relativa à constitucionalidade de uma lei, mas uma questão de fundo, que pode ser de natureza penal, civil, empresarial, tributária, previdenciária, ambiental etc. A questão da constitucionalidade, portanto, será meramente resolvida como fundamento da decisão a ser proferida no julgamento da questão principal, sendo, por esse motivo chamado, o modo incidental de ***controle por via de exceção***.

Já o modo ou maneira principal é o realizado em uma ação autônoma cujo objeto, a questão central, é a constitucionalidade ou não de uma lei ou ato normativo. Nesse sentido, a questão principal é a que envolve a constitucionalidade ou não de um ato normativo, não sendo esse controle realizado por meio de um mero incidente em um caso concreto. Daí falar-se em via principal ou via de ação, pois haverá ações específicas (Ação Direta de Inconstitucionalidade ou Ação Declaratória de Constitucionalidade, por exemplo) só para discutir a constitucionalidade de leis. Nessa espécie de controle, haverá um processo objetivo, com uma série de particularidades tratadas posteriormente na obra, no qual se discute tão somente a validade em si de uma lei, visando, portanto, à preservação da harmonia do sistema jurídico com a eliminação de normas que sejam inadequadas em relação à Constituição.[52]

Por último, é importante salientar, para que não haja confusão, que o modo incidental (ou pela via de exceção) anteriormente descrito, em geral, associa-se ao controle difuso, ao passo que o modo principal (ou por via da ação), em regra, associa-se com o controle concentrado de constitucionalidade. Isso inclusive ocorre como regra no Brasil (no qual também há exceção!), porém, esta não é uma assertiva universal, pois existe na **Europa controle judicial concentrado exercido não só pela via principal, mas também pela via incidental.**[53]

4ª) ***Quanto ao momento de exercício do controle***: segundo esse critério, o controle pode ser: a) preventivo; b) repressivo.

O ***controle preventivo*** realiza-se antes do aperfeiçoamento do ato normativo, ou seja, no ***iter*** do processo de produção normativa (processo legislativo). A matriz francesa o adota como regra na realização do controle político de constitucionalidade desenvolvido pelo Conselho Constitucional. No Brasil, conforme iremos analisar, embora não seja regra, temos exemplos de controle preventivo na atividade do

52. Ver MENDES; COELHO; BRANCO, *Curso de direito constitucional*, 2008, p. 1.006. BARROSO, Luís Roberto, *O controle de constitucionalidade no direito brasileiro*, 2007, p. 49-50.

53. É o que ocorre atualmente na Itália (Constituição de 1948) e Alemanha (Constituição de 1949). Nestas, como já observado, embora o controle continue concentrado no Tribunal Constitucional (só ele tem legitimidade para aferir se normas contrariam ou não a Constituição), o modo não é só principal (mediante a provocação direta de um legitimado), mas também é incidental diante de um caso concreto sujeito à cognição de qualquer órgão judicial que pode submeter a questão ao Tribunal Constitucional, a fim de que decida se a norma objeto do caso concreto (que teve a discussão originada no caso) é ou não constitucional. Sem dúvida, o caso concreto que suscitou a questão ficará suspenso até que a corte se pronuncie (analise em tese) sobre a norma jurídica que é objeto do caso. Nesse sentido: BARBOSA MOREIRA, José Carlos, *Comentários ao código de processo civil*, 2003. BARROSO, Luís Roberto, *O controle de constitucionalidade no direito brasileiro*, 2007, p. 51. CAPPELLETTI, Mauro, *Controle judicial de constitucionalidade das leis no direito comparado*, 1986.

Poder Legislativo (por meio das Comissões de Constituição e Justiça), do Poder Executivo (por meio do veto presidencial) e do Poder Judiciário (por meio do controle judicial preventivo realizado ***in concreto*** no julgamento de mandado de segurança impetrado por parlamentar, invocando o direito líquido e certo de observância ao devido processo legislativo).

O ***controle repressivo***, também chamado de sucessivo ou ***a posteriori***, é realizado quando já existe lei ou ato normativo. Conforme veremos, no Brasil, esse controle é a regra e pode ser realizado pelo Poder Legislativo, pelo Poder Executivo e, sobretudo, pelo Poder Judiciário. Nesse sentido, conforme abalizada doutrina, somente se admite "a instauração do processo de controle após a promulgação da lei ou mesmo de sua entrada em vigor. Afirma a doutrina, escorada na jurisprudência do STF, que na ADI exige-se que tenha havido pelo menos promulgação da lei".[54]

4. ANÁLISE DO BRASIL: REGRA GERAL E EXCEÇÕES (OUTROS CONTROLES)

Como já externalizado, em ***terrae brasilis***, a regra geral[55] do controle de constitucionalidade é a adoção do sistema de ***controle de constitucionalidade judicial repressivo***. Será **judicial** no que **tange à estrutura** do controle e será **repressivo** no que **tange ao momento de realização do controle**. Porém, temos exceções (outros controles possíveis), que não podem ser olvidadas, sendo elas:

1ª) **Controle político preventivo:** será político quanto ao órgão e será preventivo quanto ao momento. Segundo a corrente *majoritária*, o controle político preventivo é feito pelo:

- Poder Legislativo (por meio da Comissão de Constituição e Justiça existente tanto na Câmara dos Deputados quanto no Senado Federal);
- Poder Executivo (por meio do veto, conforme o art. 66, § 1º, da CR/88).

2ª) **Controle político repressivo:** será político no que tange ao órgão, pois quanto ao momento será (como na regra geral) um controle repressivo.

- Pelo Poder Legislativo, quando **o Congresso Nacional susta os atos normativos do Poder Executivo que exorbitem** os limites da delegação legislativa **(ou seja, susta uma lei delegada já em vigor)** com base no

54. MENDES; COELHO; BRANCO, *Curso de direito constitucional*, 2008, p. 1.007. Conforme a jurisprudência do STF, via: ADI nº 466/DF Rel. Min. *DJ* de 10.05 1991, Celso de Melo; ADI nº 3.367/DF Rel. Cezar Peluso, *DJ* 17.03.2006.
55. Definitivamente, não podemos entender nosso **controle de constitucionalidade como misto**, ou seja, como um controle judicial e político (o **Brasil não é a Suíça**!). Soa absurdo (um enorme desconhecimento de Direito comparado), pois o nosso sistema é eminentemente judicial desde a sua criação e com bases nas matrizes que ele adotou no decorrer do tempo (OBS: o Brasil nunca teve uma matriz política). O que existem são exceções (outros controles) ao controle judicial que não o descaracterizam. Porém, dentro do sistema judicial aí sim assiste razão em o intitularmos de um sistema judicial misto (ou, para alguns, híbrido), pois, como iremos ver, temos o controle judicial difuso e o controle judicial concentrado convivendo no nosso ordenamento.

art. 49, V, da CR/88;[56] e, **ainda**, quando rejeita uma Medida Provisória (em vigor) por entender que ela fere a Constituição no seu conteúdo ou **por não preencher os pressupostos constitucionais (relevância e urgência)**, conforme **prevê** o art. 62, **§ 5º**, da CR/88.

- Pelo Poder Executivo, quando deixa de aplicar administrativamente uma lei (já em vigor) por compreender que ela é inconstitucional, conforme entendimento jurisprudencial do **STF** (ADI nº 221[57] de Relatoria do Min. Moreira Alves) e da 1ª Turma do **STJ**.[58] Nesse caso, é mister salientar o debate em torno do tema. Essa possibilidade de o Chefe do Executivo deixar de aplicar lei que ele entender inconstitucional foi desenvolvida sob a égide da Constituição anterior de 1967-69. Assim o foi porque o Procurador-Geral da República era o único legitimado ativo para o ajuizamento de ADI e, em razão disso, o Presidente da República não tinha como se dirigir ao STF para pleitear a inconstitucionalidade de leis vigentes no ordenamento, ficando metaforicamente "refém" do PGR. Sem dúvida, se não há provocação, não há análise e se não há análise, não há decisão e a lei continuava válida. Por tal motivo, foi desenvolvida jurisprudencialmente a possibilidade de o Chefe do Executivo deixar de aplicar uma lei por entendê-la inconstitucional. Acontece que, com ao advento da Constituição de 1988, a legitimidade da ADI foi ampliada e o Presidente da República, bem como os Governadores de Estado e do Distrito Federal, passaram a ter possibilidade de provocar o STF para a análise da constitucionalidade de leis, em tese presentes no ordenamento. Portanto, a questão toma outros rumos na medida em que, após o advento da Carta de 1988, o Chefe do Executivo passou a poder provocar o STF. Assim, boa parte da doutrina passou a entender que, se o Chefe do Executivo entende que uma lei é inconstitucional, ele deve ajuizar uma ADI e esperar que o órgão encarregado do seu julgamento (no caso o STF) se pronuncie decidindo a questão. Aparentemente, tanto o Presidente da República quanto os governadores teriam que agir dessa forma. Certo é que, por esse entendimento, só os Prefeitos (chefes do Executivo Municipal) é que

56. Embora, aqui, haja divergência na doutrina, pois alguns doutrinadores entendem que não há controle de constitucionalidade, mas, sim, controle de legalidade, tendo em vista que a lei delegada contraria a resolução que efetivou delegação e, com isso ela, a rigor, estaria contrariando de forma direta e imediata uma espécie normativa primária (a resolução do art. 68, § 2º) e não a Constituição.
57. Nesses termos: "[...] Controle de constitucionalidade da lei ou dos atos normativos e da competência exclusiva do Poder Judiciário. Os Poderes Executivo e Legislativo, por sua chefia – e isso mesmo tem sido questionado com o alargamento da legitimação ativa na Ação Direta de Inconstitucionalidade –, podem tão-só determinar aos seus órgãos subordinados que deixem de aplicar administrativamente as leis ou atos com força de lei que considerem inconstitucionais. [...]" (Julgamento em 29.03.90. Rel. Min. **Moreira Alves.** *DJ*: 22.10.93).
58. Esse entendimento jurisprudencial, embora majoritário, não encontra acolhida atualmente em boa parte da doutrina pátria, em virtude da ampliação da legitimidade para o ajuizamento de ADI com sua extensão ao Presidente da República.

poderiam, uma vez que estes não são dotados de legitimidade ativa para ajuizar ADI, praticar o procedimento de deixar de aplicar uma lei por entender que ela é inconstitucional. Ocorre, porém, que, com isso, os Prefeitos, para alguns doutrinadores, teriam uma certa primazia em relação ao Chefe do Executivo nacional (Presidente da República) e aos Chefes do Executivos estaduais e distrital (Governadores). Portanto, essa tese não foi bem recebida pela doutrina. Com isso, outras bases doutrinárias foram desenvolvidas e partiram não mais do pressuposto da legitimidade dos Chefes do Poder Executivo (que não existia antes de 1988 e passou a existir pós 1988). Essas bases trabalharão com a tese da supremacia da Constituição na medida em que os Chefes do Executivo nacional e estaduais, bem como Distrital, não poderiam aplicar uma lei que entendessem inconstitucional, pois estariam contrariando a Constituição, negando a sua aplicação ao se curvarem diante de uma lei inconstitucional.[59] Com isso, o Presidente da República,[60] conforme entendimento da doutrina majoritária escorada em decisões do STF da década de 90, ainda pode deixar de aplicar administrativamente uma lei por entender que ela é inconstitucional. Nesse caso, entendemos também que o Presidente da República deve ajuizar uma ADI contra a lei que está descumprindo.

- Pelo Tribunal de Contas da União, com apoio na Súmula nº 347 do STF ("o Tribunal de Contas, no exercício de suas atribuições, pode apreciar a constitucionalidade das leis e dos atos do Poder Público").[61]

59. BARROSO, Luís Roberto, *O controle de constitucionalidade no direito brasileiro*, 2008, p. 71.
60. E por extensão os governadores dos Estados e DF e Prefeitos.
61. A súmula 347 já foi relativizada pelo STF no MS nº25888. No caso a Petrobras obteve liminar no STF, que garantiu à empresa a aplicação do Regulamento de Procedimento Licitatório Simplificado. A decisão foi do Ministro Gilmar Mendes, relator do MS, impetrado pela empresa contra decisão do Tribunal de Contas da União, com base na prerrogativa do TCU de realizar controle de constitucionalidade. *O TCU havia proibido a Petrobras de utilizar o citado sistema de procedimento licitatório, sob o argumento de que era inconstitucional. A empresa, por sua vez, alegava que o TCU não tinha competência para declarar a inconstitucionalidade de lei ou ato normativo, salientando que a Súmula nº 347 do STF, editada em 1963, já estaria ultrapassada em razão de alterações posteriores na Constituição Federal.* O Min. Gilmar Mendes, *em sede liminar, acatou o pedido da Petrobras.* Vejamos que a Súmula nº 347, já começou a ser questionada (e relativizada) no STF em 2005. Já em Abril de 2021, o plenário do STF, deferiu os pedidos contidos nos Mandados de Segurança 35410, 35490, 35494, 35498, 35500, 35836, 35812 e 35824 em desfavor (contra) do Tribunal de Contas da União, *vedando que este órgão afaste a incidência de dispositivos da Lei 13.464/2017 que preveem o pagamento do bônus de eficiência e produtividade aos servidores da carreira tributária e aduaneira da Receita Federal do Brasil e de Auditoria-Fiscal do Trabalho.* Em seu voto, o relator ministro Alexandre de Mores *argumentou que não seria possível que o Tribunal de Contas da União afastasse a incidência de uma lei com fundamento na Súmula 347/STF, uma vez que estaria ultrapassando suas competências constitucionais previstas no artigo 71 da CR/88. Nesse sentido, disse ainda que o fato de se tratar de um órgão de controle não o autoriza a realizar tal ação, isso porque violaria as competências constitucionais do Poder Legislativo, do Poder Judiciário e do próprio Supremo Tribunal Federal. De acordo com o relator, não caberia à Corte de Contas, que não tem função jurisdicional, exercer o controle de constitucionalidade nos processos sob sua análise com fundamento nesse enunciado. Em seu voto, o ministro afirmou que a subsistência do verbete está comprometida desde a promulgação da Constituição de 1988. Ele observou que o TCU é um órgão técnico de fiscalização contábil, financeira e orçamentária, com competência funcional claramente estabelecida no artigo 71 da*

3ª) **Controle judicial preventivo:** nessa hipótese a exceção existirá apenas quanto ao momento preventivo, pois quanto ao órgão de controle obedece-se a regra geral, ou seja, é um controle eminentemente judicial.

O controle judicial preventivo é um controle exercido no *iter* do processo legislativo, quando ainda não existe lei ou ato normativo. Esse controle envolve um vício no processo legislativo (por exemplo, e conforme já enfrentado pelo STF, na tramitação de projetos de lei ou de proposta de emenda constitucional – PEC que venha a contrariar *cláusula pétrea*), sendo que esse vício será levado à análise do Poder Judiciário via **Mandado de Segurança**. O órgão do Judiciário competente para analisar o *writ* será o **Supremo Tribunal Federal**[62].

Porém, é bom deixar expresso que, apesar da **competência ser do STF, o controle de constitucionalidade será caracterizado como *in concreto* (concreto) e efetivado por meio do modo incidental.**

Os legitimados para impetrar o mandado de segurança são apenas os Deputados Federais e os Senadores, enquanto participantes do processo de produção das leis. Assim, os **requisitos do Mandado de Segurança serão:**

a) Ato comissivo ou omissivo;

b) Ato ilegal ou abusivo;

c) Que cause lesão ou ameaça de lesão a direito líquido e certo de Deputados ou Senadores, no caso, lesão ao **direito líquido e certo ao "devido processo legislativo"** (o devido processo legislativo é aquele processo não viciado, hígido e que, por isso, está em consonância com as regras dos arts. 59 a 69 da CR/88) que os parlamentares têm direito enquanto participantes do processo legislativo;

d) Que não seja amparado (protegido) por ***habeas corpus*** ou ***habeas data***.

Sem dúvida, o mandado de segurança, se concedido, suspenderá a lesão ao direito do Deputado ou Senador. Certo é que só pode ser concedida a segurança ao parlamentar se o Poder Judiciário entender incidentalmente que há inconstitucionalidade por ofensa aos arts. 59 a 69 da CR/88. Nesse momento, será realizado o ***controle judicial preventivo*** de cunho concreto pela via de exceção e incidental, pois, suspendendo-se a lesão, o STF acaba por impedir, ainda que incidentalmente no curso de um *caso concreto*, que uma lei viciada adentre ao nosso ordenamento (daí o controle ser judicial no STF, porém, preventivo no *iter* do processo legislativo).

CR/88. Ao declarar incidentalmente a inconstitucionalidade de dispositivos da Lei 13.464/2017 aos casos concretos submetidos à sua apreciação, a Corte de Contas, na prática, retira a eficácia da lei e acaba determinando aos órgãos da administração pública federal que deixem de aplicá-la aos demais casos idênticos, extrapolando os efeitos concretos e entre as partes de suas decisões. Com isso, estaria usurpando competência exclusiva do STF.

62. Precedentes: MS 24.642, Rel. Min. Carlos Velloso, *DJ* de 18.6.2004; MS 21.642/DF, Rel. Min. Celso de Mello, RDA, 191/200; MS 24.645/DF, Rel. Min. Celso de Mello, DJ de 15.9.2003; MS 24.593/DF, Rel. Min. Maurício Corrêa, *DJ* de 8.8.2003; MS 24.576/DF, Rel. Min. Ellen Gracie, *DJ* de 12.9.2003; MS 24.356/ DF, Rel. Min. Carlos Velloso, DJ de 12.9.2003.

Sobre essa possibilidade é importante registrar "*hard case*" decidido em 2013, que mais uma vez trouxe à lume a discussão sobre esse tipo de controle chamado de judicial preventivo que pode ser realizado pelo STF. A questão que sempre pode ser objeto de questionamento será justamente a referente à **existência ou não do vício** no *iter* processo legislativo, ou seja se o "devido processo legislativo" está ou não sendo usurpado.

No recente caso concreto enfrentado pelo STF, um Senador impetrou Mandado de segurança preventivo alegando ofensa ao "***devido processo legislativo***" na tramitação do Projeto de Lei – **PL 4.470/2012** (da Câmara dos Deputados), convertido no Senado no Projeto de Lei da Câmara – **PLC 14/2013**, que estabelece novas regras para a *distribuição de recursos do fundo partidário e de horário de propaganda eleitoral no rádio e na televisão, nas hipóteses de migração partidária*. Em 24.04.2013, o Ministro Gilmar Mendes, relator, por vislumbrar possível violação ao **direito público subjetivo do parlamentar de não se submeter a processo legislativo inconstitucional**, deferira pedido de liminar para suspender a tramitação do aludido projeto. Aduziu o Ministro os seguintes fundamentos: **a)** excepcionalidade do caso, confirmada pela velocidade no trâmite do PL, em detrimento de ponderação a nortear significativa mudança na organização política nacional; **b)** aparente tentativa casuística de alterar as regras para criação de partidos na vigente legislatura, em prejuízo das minorias políticas e, por conseguinte, da própria democracia; e **c)** contradição entre a proposição em tela e a decisão proferida na ADI 4430/DF na qual foi definida a forma de distribuição do tempo de propaganda eleitoral entre os partidos políticos.

Porém, o STF, por maioria, na decisão de mérito do **MS 32.033**, julgou improcedente o pedido, denegando a segurança pleiteada pelo Senador. Nesses termos, os fundamentos da posição majoritária, que teve o Ministro Teori Zavascki como voto condutor, foram basicamente os seguintes:

a) Buscar-se-ia, a pretexto de tutelar direito individual, provimento no sentido de inibir a própria tramitação do projeto de lei.

b) Considerou que as eventuais inconstitucionalidades do texto impugnado poderiam ser resolvidas se e quando o projeto se transformasse em lei.

c) Considerou a discussão sobre a legitimidade do controle constitucional preventivo de proposta legislativa teria consequências *transcendentais*, com reflexos para além do caso em pauta, pois tocaria o cerne da autonomia dos poderes.

d) Reputou que o sistema constitucional pátrio não autorizaria o controle de constitucionalidade prévio de atos normativos, e que a jurisprudência da Corte estaria consolidada no sentido de, em regra, deverem ser rechaçadas as demandas judiciais com essa finalidade.

e) Delimitou haver duas exceções a essa regra: a) *proposta de emenda à Constituição manifestamente ofensiva à cláusula pétrea*; e b) *projeto de lei ou de emenda em cuja tramitação se verificasse manifesta afronta à cláusula constitucional que disciplinasse o correspondente processo legislativo.* Aduziu que, em ambas as hipóteses, a justificativa para excepcionar a regra estaria claramente definida na jurisprudência do STF. O vício de inconstitucionalidade estaria diretamente relacionado aos aspectos formais e procedimentais da atuação legislativa. Nessas circunstâncias, a impetração de segurança seria admissível porque buscaria corrigir vício efetivamente concretizado, antes e independentemente da final aprovação da norma.

f) Assinalou que o caso em exame não se enquadraria em qualquer dessas duas excepcionais situações, pois sustentado apenas que o projeto de lei teria **conteúdo incompatível** com os artigos 1º, V; e 17, *caput*, ambos da CR/88.

g) Ressaltou que a mais notória consequência de eventual concessão da ordem seria a **universalização do controle preventivo de constitucionalidade,** em descompasso com a Constituição e com a jurisprudência já consolidada.

h) Destacou a existência de modelo exclusivo de controle de normas, exercido pelos órgãos e pelas instituições arrolados no art. 103 da CR/88, mediante ação própria. Admitir-se-ia, se prevalecente entendimento diverso, **controle jurisdicional por ação da constitucionalidade material de projeto de norma,** a ser exercido **exclusivamente por parlamentar.**

i) Afirmou que esse modelo de controle prévio não teria similar no direito comparado e ultrapassaria os limites constitucionais da intervenção do Judiciário no processo de formação das leis.

j) Asseverou que as discussões políticas, nesse âmbito, pertenceriam ao **Legislativo** e não ao **Judiciário**.

k) Sublinhou o **distanciamento** que as Cortes constitucionais deveriam ter dos **processos políticos**, inclusive pela sua inaptidão para resolver, por via de ação, os conflitos carregados de paixões dessa natureza.

l) Salientou não fazer sentido, ademais, atribuir a parlamentar, a quem a Constituição não habilitaria para provocar o controle abstrato de constitucionalidade normativa, prerrogativa muito mais abrangente e eficiente de provocar esse controle sobre os próprios projetos legislativos. Além disso, subtrair-se-ia dos outros Poderes a prerrogativa de exercerem o controle constitucional preventivo de leis.

m) O Ministro Luiz Fux destacou o dever de cautela redobrado no exercício da jurisdição constitucional. Nesse sentido, os tribunais não poderiam *asfixiar a autonomia pública dos cidadãos,* ao *substituir as escolhas políticas de seus representantes por preferências pessoais de magistrados.* Dever-se-ia, portanto, rechaçar leitura *maximalista das cláusulas constitucionais,* a amesquinhar o **papel da política ordinária na vida social.** Assinalou, ainda, a posição central que a Constituição ocuparia no sistema jurídico, pois definidora dos cânones estruturantes do Estado de Direito.

n) O Ministro Luiz Fux exemplificou que, caso se considerasse que o PLC 14/2013 deveria ser arquivado, a médio e longo prazo haveria uma série de demandas da mesma espécie perante a Corte. Nesse sentido, o STF atuaria como uma ***espécie de terceiro participante das rodadas parlamentares***, e exerceria **papel típico do Legislativo**. O controle repressivo de constitucionalidade cederia espaço, então, ao controle preventivo. Além disso, a **não suspensão** do trâmite desse projeto significaria **não extinguir o debate político**. Se por um lado seria admissível atuação do Supremo para assegurar os direitos individuais indispensáveis para a participação popular no procedimento democrático de tomada de decisões, por outro não caberia **antecipar o desfecho de um debate parlamentar**. Impenderia vedar a ***"supremocracia"***.

o) O Ministro Marco Aurélio sublinhou que a admissão de mandado de segurança em hipóteses semelhantes permitiria a inclusão do STF no processo legislativo ordinário, e a Corte se tornaria **partícipe dessa deliberação, com poder de veto prévio**. Reputou que a impetração teria por objetivo impedir o debate parlamentar legítimo e que caberia ao Supremo, eventualmente, enfrentar a matéria na via judicial.

p) O Ministro Marco Aurélio afastou a tese de que o **legislador estaria vinculado aos efeitos da decisão proferida na ADI 4430/DF** (acórdão pendente de publicação, v. Informativo 672), o que viabilizaria a tramitação do projeto de lei questionado, embora pudesse ter, em tese, conteúdo "desafiador" de interpretação anterior do STF. Assinalou que a **celeridade na tramitação** do texto **não** afrontaria o devido processo legislativo. Apontou que a "superinterpretação" do texto constitucional, forma de interpretação ilegítima ou de ativismo judicial distorcido, teria como exemplo as interferências na tramitação de matéria legislativa. Arrematou que os atores do devido processo legislativo não seriam os juízes, mas os representantes do povo.

q) O Ministro Ricardo Lewandowski consignou que somente após a regular tramitação do projeto estaria o STF autorizado a examinar sua compatibilidade com a Constituição, mediante o instrumento adequado. Assim, negar ao Congresso o direito de estabelecer sua própria pauta seria negar a democracia, bem assim colidiria com a cláusula pétrea da separação de Poderes[63].

---

63. **MS 32.033/DF** julg. em **20.06.2013**. (Rel, p/ Ac Min. Teori Zavascky). Conforme o informativo 711 do STF, a liminar foi cassada e o MS foi denegado. Ficaram vencidos os Ministros Gilmar Mendes, relator, Dias Toffoli e Celso de Mello, que concediam parcialmente a segurança, para declarar a inconstitucionalidade da deliberação legislativa sobre o PLC 14/2013, se aprovado para reger as eleições que ocorrerão em 2014. O relator assentava a possibilidade de mandado de segurança ser impetrado para suspender a tramitação de projeto de lei alegadamente violador de cláusula pétrea. Registrava que o projeto de lei em comento seria ofensivo à isonomia, à igualdade de chances, à proporcionalidade, à segurança jurídica e à liberdade de criação de partidos. Rememorava que pretender-se-ia impor interpretação constitucional diametralmente oposta à exarada no julgamento da ADI 4430/DF. O Min. Dias Toffoli sublinhava o caráter casuístico do projeto, porquanto grupos majoritários no Parlamento pretenderiam atingir a essência da disputa democrática por meio de importantes instrumentos do debate político e eleitoral, que seriam acesso a rádio e televisão gratuitamente, seja pelo programa partidário ou fundo partidário,

É interessante que, posteriormente a essa decisão, o Ministro Luís Roberto Barroso em 13.09.2013 **não concedeu liminar** em mandado de segurança impetrado por parlamentares contra proposta de emenda à constituição (PEC) referente à demarcação de terras indígenas.

Nesses termos, o objetivo do *mandamus* era o de obstar a tramitação de proposta de emenda à Constituição que exige aprovação do Congresso Nacional para a demarcação de terras indígenas. Pois bem, o Ministro não concedeu a liminar, nos seguintes termos: "(...) 2.É plausível o argumento de que poderia ocorrer ofensa a cláusula pétrea (art. 60, § 4º, IV), diante da natureza do direito dos índios à demarcação segundo o critério da ocupação tradicional e do risco de seu potencial esvaziamento pela submissão à deliberação majoritária. 3. Por outro lado, estando o processo legislativo em etapa inicial, inexiste perigo na demora ou risco de ineficácia de eventual decisão futura, a ponto de justificar uma intervenção imediata do Poder Judiciário. 4. O Congresso Nacional é o espaço público por excelência para o debate das questões de interesse da sociedade, de modo que apenas em situações excepcionalíssimas se deve sustar a discussão de qualquer tema pelas Casas Legislativas. 4. Medida liminar indeferida, ressalvada a possibilidade de reapreciação pela superveniência de fatos ou informações adicionais (...)."

5. NOTAS HISTÓRICAS SOBRE O CONTROLE DE CONSTITUCIONALIDADE JUDICIAL

Antes de analisarmos a regra geral (**sistema ou controle judicial repressivo**), apresentaremos um breve histórico do controle de constitucionalidade desenvolvido no Brasil, desde 1824 até os dias atuais.

- **Constituição Imperial de 1824.** Não havia controle de constitucionalidade no Brasil. Nesses termos, como assevera Gilmar Mendes, a influência de cunho francês, com uma separação dos poderes de forma estanque e rígida, outorgou ao Poder Legislativo a atribuição, suspensão e revogação da produção normativa, velando esse poder pela guarda da Constituição. Além disso, a criação do Poder Moderador concedeu ao Imperador a função precípua de manutenção da independência, equilíbrio e harmonia entre os poderes.[64]

- **Constituição Republicana de 24.02.1891.** Sem dúvida, a Constituição de 1891 é influenciada pela Constituição norte-americana (país no qual já existia o controle difuso

disciplinados pela Lei 9.096/95, seja pelas normas para eleição contidas na Lei 9.504/97. O Min. Celso de Mello consignava a possibilidade jurídico-constitucional de fiscalização de determinados atos emanados do Executivo ou do Legislativo, quando alegadamente eivados de vício de inconstitucionalidade formal ou material, sem vulnerar a separação de Poderes. Afirmava que, mesmo que em seu próprio domínio institucional, nenhum órgão estatal poderia pretender-se superior ou supor-se fora do alcance da autoridade da Constituição. Nesse sentido, a separação de Poderes jamais poderia ser invocada como princípio destinado a frustrar a resistência jurídica a qualquer ato de repressão estatal ou a qualquer ensaio de abuso de poder e desrespeito a cláusula pétrea. Frisava jurisprudência da Corte no sentido da possibilidade de controle jurisdicional de atos políticos.

64. MENDES; COELHO; BRANCO, *Curso de direito constitucional*, 2008, p. 1.034.

de constitucionalidade). Nesse sentido, em termos constitucionais, o controle de constitucionalidade surge em 1891 (controle difuso pela via da exceção, típico da matriz norte-americana, aqui já estudada). Porém, é mister salientar que esse mesmo controle difuso já existia no Brasil, por meio da Constituição provisória de 22.06.1890 (art. 58, § 1º, "a" e "b") e do Decreto nº 848, de 11.10.1890. Posteriormente à Constituição de 1891, tivemos a Lei nº 221/94[65] que teve por função explicitar o sistema de controle de constitucionalidade, moldado pela primeira Constituição Republicana do Brasil.[66]

- **Constituição de 1934.** Com a Constituição de 1934, foi mantido o controle difuso, porém, foram instituídas as seguintes novidades: controle difuso com a ***cláusula de reserva de plenário*** (a declaração de inconstitucionalidade somente poderia ser manejada pela maioria da totalidade dos membros dos Tribunais, evitando-se, com isso, uma plêiade de decisões conflituosas dos órgãos fracionários que contribuiriam para a falta de um mínimo desejável de segurança jurídica no que tange ao controle de constitucionalidade de leis e atos normativos) e com a atuação do Senado (com isso, as decisões do STF, que seriam ***inter partes*** em virtude de o controle se realizar com base em casos concretos, teria o efeito ***erga omnes*** quando realizado pelo Senado).[67] E também surgiu, para boa parte da doutrina (pois não é um posicionamento unânime), o controle concentrado com a denominada "representação interventiva", que atualmente chamamos de ADI interventiva. Com isso, além de um controle difuso renovado (pela criação dos institutos referidos anteriormente), tivemos ainda a instituição na normativa constitucional da "declaração de inconstitucionalidade, para evitar intervenção federal",[68] ou seja, surgiu em 1934 a chamada **representação interventiva (ADI interventiva)**, que teria como legitimado o Procurador-Geral da República, cabível nas hipóteses de contrariedade a determinados princípios constitucionais (pelos Estados). Conforme a Constituição, o Senado poderia deflagrar o processo legislativo para o surgimento de uma lei para a decretação de intervenção federal em um Estado-membro. Para que tal intervenção se

---

65. O art. 13, § 10, desse diploma normativo dizia: "Os juízes apreciarão a validade das leis e regulamentos e deixarão de aplicar aos casos ocorrentes as leis manifestamente inconstitucionais e os regulamentos manifestamente incompatíveis com as leis ou com a Constituição."
66. MENDES; COELHO; BRANCO, *Curso de direito constitucional*, 2008, p. 1.036.
67. Nos termos da Constituição de 1934, no seu art. 91, IV: "suspender a execução, no todo ou em parte, de qualquer lei ou ato, deliberação ou regulamento, quando hajam sido declarados inconstitucionais pelo Poder Judiciário".
68. MENDES; COELHO; BRANCO, *Curso de direito constitucional*, 2008, p. 1.037. No mesmo sentido, MELLO, Oswaldo Aranha Bandeira de, *Teoria das constituições rígidas*, p. 170. Assim, conforme a dicção constitucional de 1934: "Art. 7º Compete privativamente aos Estados: I – decretar a Constituição e as leis por que se devam reger, respeitados os seguintes princípios: a) forma republicana representativa; b) independência e coordenação de poderes; c) temporariedade das funções eletivas, limitada aos mesmos prazos dos cargos federais correspondentes, e proibida a reeleição de Governadores e Prefeitos para o período imediato; d) autonomia dos Municípios; e) garantias do Poder Judiciário e do Ministério Público locais; f) prestação de contas da Administração; g) possibilidade de reforma constitucional e competência do Poder Legislativo para decretá-la; h) representação das profissões; Art. 12 – A União não intervirá em negócios peculiares aos Estados, salvo: V – para assegurar a observância dos princípios constitucionais especificados nas letras *a* a *h*, do art. 7º, nº I, e a execução das leis federais; § 2º – Ocorrendo o primeiro caso do nº V, a intervenção só se efetuará depois que a Corte Suprema, mediante provocação do Procurador-Geral da República, tomar conhecimento da lei que a tenha decretado e lhe declarar a constitucionalidade. Art. 41, § 3º – Compete exclusivamente ao Senado Federal a iniciativa das leis sobre a intervenção federal, e, em geral das que interessem determinadamente a um ou mais Estados."

efetivasse, o **STF** deveria **declarar a constitucionalidade** da lei que tenha decretado a intervenção federal (observamos aí que, pela primeira vez, o STF passou a se manifestar de forma concentrada sobre a constitucionalidade de leis). Por último, temos que a Constituição de 1934, no seu art. 68, deixou assente que: "É vedado ao Poder Judiciário conhecer de questões exclusivamente políticas." Assim, o Judiciário não poderia adentrar em questões políticas, abstendo-se de enfrentá-las.

- **Constituição Polaca de 1937.** Permanece o controle difuso nos moldes de 1934, embora com algumas diferenciações.[69] Porém, é inserida norma na Constituição que dispunha que o Presidente da República teria a faculdade de solicitar ao Poder Legislativo que validasse lei declarada inconstitucional pelo STF. Nesses termos, exemplificando: o STF declarava lei inconstitucional. Mediante essa declaração, o Presidente da República, poderia submeter a lei novamente ao Legislativo. Nesse sentido, 2/3 dos membros de cada Casa podiam validar a lei e, com isso, teríamos a manutenção da lei no ordenamento, destituindo, dessa maneira, a decisão do STF. Tínhamos aí, para uma boa parte da doutrina, um procedimento típico de um regime autocrático.[70] Além disso, a Constituição de 1937 também não permitiu ao Poder Judiciário conhecer questões exclusivamente políticas, conforme expresso em seu art. 94.

- **Constituição de 1946.** Com a Constituição de 1946 (de cunho eminentemente democrático), o controle de constitucionalidade judicial deixa de sofrer a interferência do Poder Executivo e do Poder Legislativo. Nesses termos, temos o controle difuso similar ao de 1934 (com a cláusula de reserva de plenário e com a atuação do Senado[71]) e, também, o controle concentrado com a representação interventiva. Porém, a representação interventiva ganha nova amplitude **diferenciando-se** da criada em 1934. Assim, como já dito, a ***ADI interventiva de 1946 se diferenciou da ADI interventiva de 1934.*** Nesse sentido, foi atribuída ao PGR (Procurador-Geral da República) a legitimidade para interpor a representação de inconstitucionalidade, para fins de intervenção federal, nas hipóteses de violação a princípios constitucionais pelos Estados-membros. Com isso, a intervenção federal (diferentemente do sistema forjado pela Constituição de 1934) estaria na **dependência** da **declaração** de **inconstitucionalidade** prolatada pelo STF sobre o ato praticado pelo Estado membro.[72]

---

69. Nesse sentido, como exemplo, temos o art. 96, *caput,* que preleciona: "Só por maioria absoluta de votos da totalidade dos seus Juízes poderão os Tribunais declarar a inconstitucionalidade de lei ou de ato do Presidente da República". Porém, é mister salientar que não se registra na Constituição de 1937 a atuação do Senado, visto que o próprio Senado deixa de existir nessa Constituição! Nesses termos: "Art. 38 – O Poder Legislativo é exercido pelo Parlamento Nacional com a colaboração do Conselho da Economia Nacional e do Presidente da República, daquele mediante parecer nas matérias da sua competência consultiva e deste pela iniciativa e sanção dos projetos de lei e promulgação dos decretos-leis autorizados nesta Constituição. § 1º – *O Parlamento nacional compõe-se de duas Câmaras: a Câmara dos Deputados e o Conselho Federal."*
70. Conforme o art. 96 da Constituição de 1937: Art. 96, parágrafo único – "No caso de ser declarada a inconstitucionalidade de uma lei que, a juízo do Presidente da República, seja necessária ao bem-estar do povo, à promoção ou defesa de interesse nacional de alta monta, poderá o Presidente da República submetê-la novamente ao exame do Parlamento: se este a confirmar por dois terços de votos em cada uma das Câmaras, ficará sem efeito a decisão do Tribunal".
71. Conforme o art. 64 da Constituição de 1946: "Incumbe ao Senado Federal suspender a execução, no todo ou em parte, de lei ou decreto declarados inconstitucionais por decisão definitiva do Supremo Tribunal Federal."
72. "Art. 7º. O Governo federal não intervirá nos Estados salvo para: I – manter a integridade nacional; II – repelir invasão estrangeira ou a de um Estado em outro; III – pôr termo a guerra civil; IV – garantir o livre exercício de qualquer

• **Emenda Constitucional nº 16/1965.** Certo é que, com a Emenda nº 16, de 26.11.1965, à Constituição de 1946, aparece em nosso ordenamento a ADI genérica. Ou seja, passamos a ter no **nosso sistema de controle concentrado**, não só a representação de inconstitucionalidade (ADI interventiva), mas também **o controle concentrado e abstrato de leis ou atos normativos federais e estaduais** via ADI[73] (Ação Direta de Inconstitucionalidade), sendo o único legitimado à propositura da ação o Procurador-Geral República. A emenda também preleciona o controle concentrado perante os Tribunais de Justiça de leis ou atos normativos municipais em conflito com a Constituição de Estado-membro.[74]

• **Constituição de 1967/1969.** Na Constituição de 1967, bem como na EC nº 1/1969, foi instituído o controle difuso (seguindo a tradição da Constituição de 1934 e de 1946) e o controle concentrado via ADI interventiva (surgida em 1934 e **desenvolvida** em 1946 com nova roupagem) e a **ADI genérica**, ainda com legitimidade apenas concedida ao Procurador-Geral da República. É mister salientar que a Constituição de 1967 não alocou em seu texto a norma da Emenda nº 16/1965, que permitia a criação do processo de competência originária dos Tribunais de Justiça estaduais para o controle de constitucionalidade de leis ou atos normativos municipais frente às Constituições estaduais. Porém, a Emenda nº 1/1969 estabeleceu disposição normativa que permitia o controle de constitucionalidade de atos normativos municipais diante das Constituições estaduais, para fins de intervenção em município.[75]

---

dos Poderes estaduais; V – assegurar a execução de ordem ou decisão judiciária; VI – reorganizar as finanças do Estado que, sem motivo de força maior, suspender, por mais de dois anos consecutivos, o serviço da sua dívida externa fundada; *VII – assegurar a observância dos seguintes princípios: a) forma republicana representativa; b) independência e harmonia dos Poderes; c) temporariedade das funções eletivas, limitada a duração destas à das funções federais correspondentes; d) proibição da reeleição de Governadores e Prefeitos, para o período imediato; e) autonomia municipal; f) prestação de contas da Administração; g) garantias do Poder Judiciário.* Art. 8º. A intervenção será decretada por lei federal nos casos dos nºs VI e VII do artigo anterior. Parágrafo único – *No caso do nº VII, o ato arguido de inconstitucionalidade será submetido pelo Procurador-Geral da República ao exame do Supremo Tribunal Federal, e, se este a declarar, será decretada a intervenção.*

73. Sem dúvida, com a EC nº 16/65 (à Constituição de 1946) surge o controle concentrado *in abstrato* de leis ou atos normativos em nosso ordenamento jurídico.

74. Assim, é importante salientar que a Emenda nº 16 também se preocupou com o controle de constitucionalidade das leis municipais, estabelecendo a regra que dispunha ao legislador a faculdade para estabelecer processos de competência originária do TJ dos Estados para a declaração de inconstitucionalidade de lei ou ato normativo Municipal em conflito com a Constituição Estadual.

75. Art. 15 da EC nº 01/69: § 3º "A intervenção nos municípios será regulada na Constituição do Estado, somente podendo ocorrer quando: a) se verificar impontualidade no pagamento de empréstimo garantido pelo Estado; b) deixar de ser paga, por dois anos consecutivos, dívida fundada; c) não forem prestados contas devidas, na forma da lei; d) o Tribunal de Justiça do Estado der provimento a representação formulada pelo Chefe do Ministério Público local para assegurar a observância dos princípios indicados não Constituição estadual, bem como para prover à execução de lei ou de ordem ou decisão judiciária, limitando-se o decreto do Governador a suspender o ato impugnado, se essa medida bastar ao restabelecimento da normalidade. Uma outra novidade, interessante, surgiu com a EC 07/77 com a possibilidade do STF julgar representação do PGR para fins de interpretação de lei ou ato normativo federal ou estadual: Art. 119. Compete ao Supremo Tribunal Federal: l) a representação do Procurador-Geral da República, por inconstitucionalidade ou para interpretação de lei ou ato normativo federal ou estadual".

• **Constituição de 1988.** Com a Constituição de 1988, uma gama de novidades é trazida à lume no que tange ao controle de constitucionalidade. É bem verdade que o nosso controle continua, em regra, um controle judicial repressivo de cunho misto (ou, para alguns, híbrido).[76] Nesse sentido, continuamos a ter o controle difuso, nos termos clássicos (com a previsão da cláusula de reserva de plenário e a atuação do Senado Federal) e um controle concentrado.[77] Porém, esse é ampliado em relação ao número de ações e ao número de legitimados para provocarem o controle (o PGR perde a legitimidade única – monopólio – para ajuizar a ADI genérica, o que será abordado posteriormente). Nesse sentido, a partir da **Emenda nº 3 de 1993**, o Brasil passa a ter cinco espécies de ações para o exercício do controle concentrado de constitucionalidade:

1) ADI genérica – art. 102, I, "a", da CR/88;[78]
2) ADI por omissão – art. 103, § 2º, da CR/88;[79]
3) ADI interventiva – art. 36, III, da CR/88;
4) ADPF (prevista no texto original de 1988 no parágrafo único do art. 102 e modificada com a EC nº 3/1993 para o art. 102, § 1º, da CR/88);[80]
5) ADC (surge com a EC nº 3/1993 – art. 102, I, "a", da CR/88[81]).

Características básicas do Controle difuso-concreto: a) Realizado por todos os juízes; **b)** via de exceção (ou defesa); **c)** em um caso concreto; **d)** de modo incidental (incidente de inconstitucionalidade em um caso concreto). Assim, o juiz terá de enfrentar a questão incidental (prejudicial) para chegar (e decidir) a questão principal do caso concreto. Nesse sentido, o controle decide sobre uma questão prejudicial (um incidente), que surge excepcionalmente em caso concreto.

Características básicas do Controle concentrado: a) Realizado somente pelo STF; **b)** via ação específica, na qual o controle de constitucionalidade se torna a questão

76. *Regras básicas do controle difuso:* realizado por todos os juízes, via exceção em um caso concreto e de forma incidental. *Regras básicas do controle concentrado:* realizado pelo STF, via ações supra (via principal), é um controle, em regra, em abstrato (processo para a corrente majoritária entendido como objetivo; que não tem partes, lide e contraditório), em regra, analisa se leis em tese no ordenamento contrariam a Constituição. Ou mesmo analisa a falta de lei (omissão dos Poderes Públicos).
77. Além disso, é mister salientar que no âmbito estadual surgiu com base no art. 125, § 2º, da CR/88 a possibilidade do controle de constitucionalidade estadual. Nesses termos, *cabe aos Estados a instituição de representação de inconstitucionalidade de leis ou atos normativos estaduais ou municipais em face da Constituição Estadual, vedada a atribuição da legitimação para agir a um único órgão.*
78. A Emenda nº 45/2004 explicitou constitucionalmente (é bem verdade que infraconstitucionalmente essa assertiva já estava prevista no parágrafo único do art. 28 da Lei nº 9.868/1999) *o efeito vinculante nas decisões em ADI.*
79. A novidade aqui é o surgimento de uma ação para questionar a inconstitucionalidade de omissões do Poder Público.
80. A possibilidade de uma ação de **Arguição de Descumprimento de Preceito Fundamental** também é uma novidade no nosso ordenamento.
81. Com a Emenda nº 45/2004, a legitimidade para **propor a ADC** (que era apenas do Presidente da República, PGR, Mesa da Câmara e Mesa do Senado) **é ampliada**, passando a ser a mesma da ADI.

principal (por isso, via principal); **c)** de modo direto (no STF); **d)** vai se dar, geralmente, ***in abstrato***,[82] pois não há caso concreto, não há partes e não há lide, conforme o entendimento majoritário;[83] **e)** envolve, portanto, via de regra, uma análise de uma lei em tese (ou da falta de lei ou insuficiência de lei, no caso da ADI por omissão).

6. ANÁLISE ESPECÍFICA DA REGRA GERAL

6.1. Controle difuso-concreto no Brasil: Procedimento

Como já reiteradamente explicitado, o controle difuso ocorre num caso concreto, via exceção[84] e de modo incidental. Nesse sentido, existindo a controvérsia sobre a constitucionalidade ou inconstitucionalidade de uma norma jurídica (seja federal, estadual, distrital ou municipal, anterior ou não à atual Constituição)[85] que envolve um caso concreto (entre autor e réu), o juiz então decidirá sobre a constitucionalidade ou não da norma e, com isso, enfrentada essa questão incidental (tipicamente prejudicial), ele decidirá a questão fundamental (principal) do caso (seja ela penal, civil, empresarial, tributária, trabalhista, ambiental etc.). Nesses termos, certo é que processualmente a alegação de inconstitucionalidade envolverá a causa de pedir e não o pedido.

É interessante que o ***parâmetro do controle*** pode ser qualquer **norma constitucional** em vigor ou mesmo norma constitucional já revogada (sendo apenas obrigatório verificar se essa norma constitucional estava em vigor no momento da criação do ato impugnado). Portanto, no controle difuso-concreto os atos do Poder Público podem ter sua compatibilidade verificada com a Constituição atual ou mesmo com a Constituição Pretérita. Nesse sentido, a análise pode se dar: a) em relação a um ato editado após 1988 em face da atual Constituição; b) em relação a um ato editado anteriormente a 1988 perante a atual Constituição (quanto à sua recepção ou não

---

82. Embora haja exceção, conforme estudaremos posteriormente, na medida em que, também, temos **controle concentrado** *in concreto*.
83. Como exemplo, MENDES; COELHO; BRANCO, *Curso de direito constitucional*, 2008. Entendimento este que não concordamos, embora, repita-se, seja o majoritário em *terrae brasilis*. Entendemos, apesar de sermos **corrente minoritária,** que o controle concentrado na forma intitulada de *abstrata* (com um *processo objetivo*) é uma perspectiva equivocada (apesar de ser dogma no Brasil), na medida em que **não** há nem pode haver uma discussão processual em abstrato (que não tenha concretude), sobretudo, quando estamos diante de algo (*constitucionalidade ou não de uma lei*) que pode interferir (impactar) em toda a sociedade.
84. Como bem salienta o professor **Clèmerson Merlin Clève,** *não se deve confundir a exceção de inconstitucionalidade, como a doutrina tem o hábito de chamar, com as exceções de incompetência relativa do juízo, suspeição ou impedimento, previstas nos artigos 304 e ss. do Código de Processo Civil. Estas seriam exceções em sentido estrito, defesas processuais "voltadas contra o processo, e não contra a pretensão do autor". Além disso, as exceções em sentido estrito correm em novos autos apensados aos autos do processo originário. Por outro lado, ao nos referirmos à exceção de inconstitucionalidade, estamos dando sentido amplo ao termo, para designar matéria de defesa, que deverá ser suscitada em contestação, posto que ela prejudica o atingimento do mérito da causa.* CLÈVE, Clèmerson Merlin, *A fiscalização abstrata de constitucionalidade no direito brasileiro,* 2000, p. 81.
85. É interessante que o objeto do controle pode se realizar não só sobre ato normativo (primário ou secundário), mas sobre qualquer ato do Poder Público (federal, estadual, distrital ou municipal). Outra questão é a de que o ato já pode até ter sido revogado ou ter sua eficácia exaurida.

recepção); c) em relação a um ato editado anteriormente à Constituição de 1988 em virtude da Constituição que estava em vigor à época da edição do ato impugnado.[86]

Como exemplo do controle difuso-concreto, podemos citar uma tradicional questão de direito civil: **X** ajuíza uma ação contra **Y** pleiteando danos morais sob a alegação de que **Y** teria descumprido uma norma do ordenamento jurídico e com isso causado prejuízo a **X**, **Y**, na sua defesa (contestação), alega que realmente descumpriu a norma referida, porém, descumpriu porque esta era inconstitucional, e entre cumprir uma norma civil e a Constituição, ele cumpriu a Constituição. Vejamos aí um incidente (uma questão prejudicial), pois a questão central (principal) da ação é a questão de direito civil e o debate sobre os danos morais (objeto do pedido), mas não terá como o magistrado decidir se o autor tem ou não direito à indenização se antes ele não decidir se a norma objeto do caso concreto é ou não constitucional. Essa dúvida (sobre a constitucionalidade ou não da norma) afeta o julgamento da questão **principal do caso**. Nesses termos, é por isso que falamos que o controle de constitucionalidade é realizado excepcionalmente (via exceção, pois a questão principal é a do direito civil) no *iter* de um caso concreto e de modo incidental (com o enfrentamento do incidente). Aqui é interessante observarmos que o incidente pode surgir (ser alegado) pelo autor, pelo réu (como no caso ora citado), por um terceiro interveniente ou mesmo pelo Ministério Público. Certo é que a inconstitucionalidade da norma pode até mesmo ser reconhecida de ofício pelo magistrado. Aqui, porém, temos uma questão interessante, pois nos termos do antigo CPC o Juiz podia reconhecer a inconstitucionalidade de ofício e declará-la. Já nos termos do CPC de 2015, para que o magistrado declare a inconstitucionalidade de ofício ele deve antes ouvir as partes, nos termos do art. 10 que afirma que: "O juiz não pode decidir, em grau algum de jurisdição, com base em fundamento a respeito do qual não se tenha dado às partes oportunidade de se manifestar, ainda que se trate de matéria sobre a qual deva decidir de ofício".

Temos ainda que, em regra, o magistrado, na parte de ***fundamentação***, decide sobre a constitucionalidade da norma objeto do caso[87] para, na parte dispositiva da decisão, deliberar sobre a questão principal (*fulcral* do caso concreto) que diz respeito ao objeto do pedido.[88]

---

86. MASSON, Nathalia, *Manual de Direito Constitucional*, 3ª ed., 2015.
87. A inconstitucionalidade da norma pode até mesmo **ser reconhecida de ofício** pelo magistrado, ou seja, sem que haja alegação das partes ou do Ministério Público. Nesses termos, o incidente pode **surgir (ou ser alegado) em primeira instância pelo juiz conhecendo do mesmo de ofício, pelo autor, pelo réu ou pelo Ministério Público.** Porém, o STF entende que**, no caso específico do recurso extraordinário, é necessário, por óbvio, o prequestionamento. Entende o STF que é inadmissível o recurso extraordinário se a questão constitucional suscitada não tiver sido apreciada no acordão recorrido (aqui excepcionalmente não há como declarar a inconstitucionalidade de ofício).**
88. Em virtude disso, para a doutrina, a declaração de incidental de inconstitucionalidade não se revestiria do manto da coisa julgada material, visto que declarada na parte de fundamentação.

O interessante é que, **nos Tribunais,** os magistrados situados em turmas ou câmaras (órgãos fracionários) não poderão realizar o controle difuso de constitucionalidade **declarando a inconstitucionalidade** de uma norma jurídica, devido à intitulada **Cláusula de Reserva de Plenário** do art. 97 da CR/88 (também chamada de ***full bench*** *ou* ***full court*** *ou julgamento* ***en banc***).

Assim, enquanto o Juiz de 1ª instância[89] (ou mesmo os juízes e Turmas Recursais de Juizados Especiais[90]) pode declarar a inconstitucionalidade de uma norma[91] incidentalmente em um caso concreto e, com isso, decidir o caso (a sua questão principal), nos Tribunais a declaração de inconstitucionalidade será afeta **apenas ao Pleno ou ao órgão especial**.

Nesses termos, o controle será realizado pelo Pleno do Tribunal ou pelo Órgão Especial, havendo a necessidade de um quórum de maioria absoluta para a declaração de inconstitucionalidade de uma lei ou ato normativo.[92] Certo é que, havendo desrespeito a essa regra expressa constitucionalmente (tipicamente de competência funcional), ocorrerá a nulidade absoluta da decisão prolatada pela Turma ou Câmara (órgão fracionário) do Tribunal.

Sobre a *cláusula de reserva de plenário*, temos ainda que ela, no decorrer dos últimos anos, sofreu inúmeros ataques dos Tribunais pátrios, que recorrentemente tentavam burlá-la, usando até mesmo de via oblíqua para tal. A mais comum era a atitude em decisão no controle difuso, do órgão fracionário (Turma ou Câmara) deixar de aplicar uma norma por entender que ela era inconstitucional em casos concretos. Ora, o STF, rapidamente, passou a questionar tal prática, explicitando que, deixar de aplicar uma norma por entender que ela é inconstitucional é o mesmo que declarar a inconstitucionalidade da norma.[93] Por fim, em virtude de constantes manifestações de desrespeito à cláusula de reserva de plenário, em 2008 (mais precisamente em 16.10.2008), o STF editou a Súmula Vinculante nº 10

---

89. *"A norma inscrita no art. 97 da Carta Federal, porque exclusivamente dirigida aos órgãos colegiados do Poder Judiciário, não se aplica aos magistrados singulares quando no exercício da jurisdição constitucional."* STF. 1ª Turma. HC 69.921, DJ 26/3/199.
90. Conforme a manifestação do Min. Cezar Peluso no RE 453.444, no qual deixa expresso que a cláusula de reserva de plenário não se aplica a Turmas Recursais de Juizados Especiais (que é composta por juízes do 1º grau da jurisdição). *DJ*: 25.08.2006
91. Embora, aqui, há autores (como Lenio Streck) que entendem que o juiz de 1º grau **não deve declarar a inconstitucionalidade**, mas, sim, **deixar de aplicar a norma por inconstitucional**.
92. Conforme Luís Roberto Barroso: "A reserva de plenário espelha o **princípio da presunção da constitucionalidade das leis**, que para ser infirmado exige um *quórum* qualificado do tribunal". p. 84, 2008. Certo é que a exigência da *cláusula de reserva de plenário* tem como objetivo conferir maior segurança jurídica para as decisões dos Tribunais, evitando que, dentro de um mesmo Tribunal, haja posições divergentes acerca da constitucionalidade de um dispositivo, gerando instabilidade.
93. **RExt nº 240.096**, julg. em 30.03.1999, conforme a Ementa: *I. Controle de constitucionalidade: reserva de plenário e quórum qualificado (Constituição, art. 99): aplicação não apenas à declaração em via principal, quanto à declaração incidente de inconstitucionalidade, para a qual, aliás, foram inicialmente estabelecidas as exigências. II. Controle de constitucionalidade; reputa-se declaratório de inconstitucionalidade o acórdão que – embora sem o explicitar – afasta a incidência da norma ordinária pertinente à lide para decidi-la sob critérios diversos alegadamente extraídos da Constituição.* (Rel. Min. Sepúlveda Pertence).

do STF, que preleciona que *"viola a cláusula de reserva de plenário (CR, artigo 97) a decisão de órgão fracionário de tribunal que, embora não declare expressamente a inconstitucionalidade de lei ou ato normativo do Poder Público, afasta sua incidência, no todo ou em parte."*[94]

Porém, devemos ficar atentos, pois o STF já decidiu também que não viola a Súmula Vinculante nº 10, nem a regra do art. 97 da CR/88, a decisão do órgão fracionário do Tribunal (Turma ou Câmara) que deixa de aplicar a norma infraconstitucional por entender não haver subsunção aos fatos ou no caso em que a incidência normativa seja resolvida mediante a sua mesma interpretação, sem potencial ofensa direta à Constituição.

Nesses termos, como já se posicionou o STF, é possível que dada norma não sirva para "desate" (resolução) do quadro submetido ao crivo jurisdicional pura e simplesmente porque não há subsunção, ou seja, porque a lei ou o ato normativo simplesmente não se enquadram no caso concreto.[95]

---

94. Aqui, o que a súmula quer evitar é a **declaração de inconstitucionalidade** (seja com nulidade total ou mesmo parcial de texto) feita ou realizada, nos dizeres do Ministro Marco Aurélio (nos debates públicos para a edição da súmula), de forma "**escamoteada**" e que **não respeitam** a *cláusula de reserva de plenário*. Certo é que a súmula não diz respeito (não envolve) às decisões de **declaração de constitucionalidade de atos normativos** como nos casos da interpretação conforme a Constituição ou mesmo nos casos de conflito entre normas, na qual é usada a técnica da ponderação ou balanceamento das normas em questão, afastando-se uma e declarando a constitucionalidade de outra do mesmo peso, porém "mais adequada" ao caso concreto. É verdadeiro que também não envolve a interpretação ab-rogante realizada pelas Turmas ou Câmaras nos Tribunais. Essas declarações, **portanto, estão imunes à** SV nº 10 do STF. Sobre o tema: Rcl nº15028/SP julg. em **13.02.2014**. Rel. Min. Celso de Mello. Um exemplo de aplicação da SV nº 10, está na decisão da **Rcl 14872**, pela 2ª Turma do STF, julg. em **31.05.2016** (Inf. 828 do STF). Outro exemplo: *O afastamento de norma legal por órgão fracionário, de modo a revelar o esvaziamento da eficácia do preceito, implica contrariedade à cláusula de reserva de plenário e ao Enunciado 10 da SV. Caso concreto: A 4ª Turma do TRF da 1ª Região, ao julgar apelação, permitiu que uma empresa comercializasse determinada espécie de cigarro mesmo isso sendo contrário às regras do Decreto nº 7.212/2010. Embora não tenha declarado expressamente a inconstitucionalidade do Decreto, a 4ª Turma afirmou que ele seria contrário ao princípio da livre concorrência, que é previsto no art. 170, IV, da CR/88. Ao desobrigar a empresa de cumprir as regras do decreto afirmando que ele violaria o princípio da livre iniciativa, o que a 4ª Turma fez foi julgar o decreto inconstitucional.* **RE 635088 AgR**-segundo/DF, STF. 1ª Turma. rel. Min. Marco Aurélio, julg. em **04.02.2020** (Inf. 965).

95. Nesse sentido: *(...) A simples ausência de aplicação de uma dada norma jurídica ao caso sob exame não caracteriza, apenas por isso, violação da orientação firmada pelo Supremo Tribunal Federal. 2. Para caracterização da contrariedade à súmula vinculante n. 10, do Supremo Tribunal Federal, é necessário que a decisão fundamente-se na incompatibilidade entre a norma legal tomada como base dos argumentos expostos na ação e a Constituição. (...)* STF. Plenário. Rcl 6944, Rel. Min. Cármen Lúcia, julg. em 23.06.2010. Em outro caso: *interpretou-se a legislação infraconstitucional respectiva (Lei 8.987/1995), à luz da decisão proferida pelo Supremo Tribunal Federal na ADPF 46, sem qualquer indício de declaração de inconstitucionalidade da referida norma.* STF. 1ª Turma. Rcl 24284/SP, rel. Min. Edson Fachin, julg. em **22.11.2016**. No mesmo sentido a 2ª Turma na Rcl 26408 AgR, Rel. Min. Edson Fachin, julgado em 07.11.2017. Porém, no que diz respeito ao art.25 da Lei 8.987/1995 temos uma controvérsia no STF. Assim sendo, mais recentemente para a 1ª Turma: "*Se o órgão fracionário de um Tribunal (ex: uma das Turmas do TRT) julga ilegal a terceirização contratada por uma concessionária do serviço público, afastando a aplicação do art. 25, § 1º, da Lei nº 8.987/95, esta decisão viola a súmula vinculante 10. O art. 25, § 1º, da Lei nº 8.987/95 permite a terceirização da atividade-fim das empresas concessionárias do serviço público. Logo, se um órgão fracionário do TRT afasta a aplicação deste dispositivo, haverá afronta à súmula vinculante 10 por violação à cláusula da reserva de plenário.* STF. 1ª Turma. Rcl 27.068/MG, red. p/ o ac. Min. Luís Roberto, julg. em 05.03.2018 (Informativo 896). Ver também: *É nula a decisão de órgão fracionário que se recusa a aplicar o art. 94, II, da Lei nº 9.472/97, sem observar a cláusula de reserva de plenário (art. 97, da CF/88), observado o art. 949 do CPC/2015.* STF. Plenário. **ARE 791932/DF**, Rel. Min. Alexandre de Moraes, julgado em **10** e **11.10.2018** (Info 919). Porém,

Na sequência, após explicitarmos o que as Turmas ou câmaras não podem fazer, é interessante observarmos o que elas podem fazer nos Tribunais. Ou seja, o que não afeta a *cláusula* ora debatida. Assim, a cláusula da *reserva de plenário* **não** estará sendo descumprida: a) nos casos de manejo do princípio da interpretação conforme a constituição;[96] b) de declaração de constitucionalidade de norma;[97] c) e de análise do direito pré-constitucional (pois, nesse caso, estamos diante de uma questão de ***recepção ou não recepção*** normativa e não de declaração de inconstitucionalidade pelas turmas ou câmaras).[98]

Aqui, é interessante observarmos que, a princípio, o STF entendeu que não se aplicaria a *cláusula de reserva de plenário* para os chamados ***atos de efeitos concretos***. Nesses termos, na Reclamação 18165 decidiu que não violaria o art. 97 da CR/88 nem a Súmula Vinculante nº 10 *a decisão de órgão fracionário de Tribunal que declara inconstitucional decreto legislativo que se refira a uma situação individual e concreta*. Nesses termos, no caso concreto, o decreto legislativo que foi declarado inconstitucional pelo TRF da 1ª Região não constituiria lei em sentido formal ou material nem possuiria caráter de ato normativo. O Pretório Excelso entendeu então que o que se sujeitaria ao princípio da reserva de plenário é lei ou ato normativo (com os requisitos da abstração; generalidade e impessoalidade). Portanto, a princípio, afirmou o Pretório Excelso que, se temos um decreto legislativo com um destinatário específico e que se refere a uma dada situação individual e concreta, exaurindo-se no momento de sua promulgação, ele não pode ser considerado como ato normativo (para a observância da cláusula de reserva de plenário), mas, sim, como um ato de efeito concreto o qual não estaria vinculado à cláusula de reserva de plenário.[99]

devemos observar **o caso concreto**, pois sobre o mesmo art.25 da Lei nº8.987/95, mais recentemente, decidiu a 1ª Turma do STF que: *Não viola a SV 10 a decisão de Turma do TRT que determina nomeação dos aprovados no concurso em razão de preterição e diz que não se aplica, ao caso, o art. 25, § 1º, da Lei 8.987/95. Essa decisão da Turma do TRT (órgão fracionário) não viola a SV 10. Isso porque o enfoque do acórdão do TRT não era a terceirização dos serviços, mas sim a preterição arbitrária praticada pela Administração Pública.* STF. 1ª Turma. **Rcl 29307 AgR/PB**, red. p/ o ac. Min. Rosa Weber, julg em **04.12.2018** (Inf. 926).

96. RE nº 460.971: [...] Controle incidente de inconstitucionalidade: reserva de plenário (CR, art. 97). *"Interpretação que **restringe a aplicação de uma norma a alguns casos**, mantendo-a com relação a outros, **não se identifica** com a declaração de inconstitucionalidade da norma que é a que se refere o art. 97 da CF." [...].* Rel. Min. Sepúlveda Pertence. Julg. em 13.02.2007.
97. Insistimos, aqui, *que os órgãos fracionários não podem **declarar a inconstitucionalidade** das normas objeto dos casos concretos, o que **não os impede** de **declararem a constitucionalidade** dessas normas. No **reconhecimento de constitucionalidade** de uma norma **não há** que se falar em **cláusula de reserva de plenário**.* Aqui, *devemos lembrar o princípio da presunção da constitucionalidade das leis que existe (mesmo sendo relativo) e tem validade em nosso ordenamento.*
98. Embora o tema esteja sendo **rediscutido** pelo STF em Repercussão Geral no RE nº660.968/RS. O STF novamente irá analisar a necessidade ou não do respeito à *cláusula da reserva de plenário* para o *caso de decisão de não recepção de normas anteriores à Constituição.*
99. No caso em questão, a Assembleia Legislativa do Estado de Roraima editou um decreto legislativo tratando especificamente da situação de um Deputado Estadual. O Tribunal Regional Federal da 1ª Região, ao apreciar um processo envolvendo este Deputado, declarou, em controle difuso, a inconstitucionalidade deste decreto legislativo. Ocorre que esta decisão foi tomada por um órgão fracionário do TRF1 (e não pelo Plenário ou pelo órgão especial deste Tribunal). Diante disso, a defesa do Deputado alegou que houve violação ao art. 97 da CF/88 e à SV 10. Conforme o informativo 842 do STF: *"A Segunda Turma, em conclusão e por maioria, negou provimento a agravo regimental interposto contra decisão que havia desprovido reclamação em que se discutia se órgão fracionário de*

Porém, em agosto de 2017, o STF alterou (modificou) seu posicionamento. Nesses termos, a 2ª turma do STF acolheu os embargos de declaração, com efeitos infringentes, para reformar o acórdão embargado e, via de consequência, julgar procedente a reclamação para anular a decisão proferida, bem como determinar que a autoridade reclamada submeta a análise da questão constitucional incidental ao órgão competente, em conformidade com o art. 97 da Constituição Federal e a Súmula Vinculante 10. Afirmou o Ministro relator Alexandre de Moraes que "o controle difuso caracteriza-se, principalmente, pelo fato de ser exercitável somente perante um caso concreto a ser decidido pelo Poder Judiciário. Assim, posto um litígio em juízo, o Poder Judiciário deverá solucioná-lo e para tanto, incidentalmente, poderá analisar a constitucionalidade ou não da lei ou do ato normativo, inclusive aqueles de efeitos concretos, sob pena de "burla à Carta Magna". No entendimento do Ministro, houve a utilização de controle difuso de constitucionalidade em relação ao Decreto Legislativo nº 006/2010 da Assembleia Legislativa, cujo afastamento pelo órgão judiciário exigiu, obrigatoriamente, a análise de dispositivos constitucionais federais e estaduais, não sendo aplicável à presente reclamação os precedentes anteriormente citados na decisão, que se referiam estrita e expressamente à vedação do exercício do controle concentrado de constitucionalidade em relação a atos de efeitos concretos. Aqui, resta claro a constatação de que os precedentes utilizados para a decisão foram equivocados.

Afirmou ainda o Ministro Alexandre de Moraes que, ao realizar essa redução interpretativa, o órgão fracionário do TRF da 1ª Região exerceu o controle difuso de constitucionalidade e utilizou a técnica decisória denominada "declaração de inconstitucionalidade parcial sem redução de texto", pela qual o intérprete declara a inconstitucionalidade de algumas interpretações possíveis do texto legal, sem, contudo, alterá-lo gramaticalmente, ou seja, censurou uma determinada interpretação por considerá-la inconstitucional. Ocorre, porém, que a inconstitucionalidade de lei ou ato normativo estatal só pode ser declarada pelo voto da maioria absoluta da totalidade dos membros do tribunal ou, onde houver, dos integrantes do respectivo órgão especial, sob pena de absoluta nulidade da decisão emanada do órgão fraccionário (turma, câmara ou seção), em respeito à previsão do art. 97 da Constituição Federal."[100]

---

tribunal regional federal, ao afastar a aplicação do Decreto Legislativo 006/2010, editado pela Assembleia Legislativa do Estado de Roraima, teria violado o Enunciado 10 da Súmula Vinculante. (...) O referido decreto havia sustado o andamento de ação penal movida contra deputado estadual, com fundamento no art. 53, § 3º, da Constituição Federal e no art. 34, §§ 4º e 5º, da Constituição do Estado de Roraima (...) O agravante sustentava que o ato normativo possuiria grau de abstração, generalidade e impessoalidade suficientes a exigir a observância do art. 97 da CF e do Enunciado 10 da Súmula Vinculante. O Colegiado considerou que, em razão de o mencionado decreto legislativo ***não constituir lei em sentido formal ou material, nem possuir caráter de ato normativo, não se aplica ao caso a regra do art. 97*** *da CF, inexistindo, dessa forma, ofensa ao Enunciado 10 da Súmula Vinculante. Ademais, por ter um destinatário específico e referir-se a uma dada situação individual e concreta, exaurindo-se no momento de sua promulgação,* ***o decreto não atende às exigências de abstração, generalidade e impessoalidade****, o que caracteriza típico ato estatal de efeitos concretos".* STF. 2ª T. Rcl 18165 AgR/RR, Rel. Min. Teori Zavascki, julg. em 18.10.2016.

100. STF. 2ª Turma. **RCL 18165 AgR-ED/RR**, Rel. Min. Alexandre de Moraes, decisão de **22.08.2017**. *"A Turma, por unanimidade, acolheu os embargos de declaração, com efeitos infringentes, para reformar o acórdão embargado e, via*

O procedimento que envolve a *cláusula de reserva de plenário*, do art. 97 da CR/88, estava alocado nos artigos 480 e 481 do CPC de 1973. No CPC de 2015, o procedimento se encontra nos artigos **948 a 950**. Nesses termos, arguida, em controle difuso, a inconstitucionalidade de lei ou de ato normativo do poder público, o relator, após ouvir o Ministério Público e as partes[101], submeterá a questão à turma ou à câmara à qual competir o conhecimento do processo. Se a arguição for rejeitada, prosseguirá o julgamento, porém, se for acolhida[102], a questão será submetida ao plenário do tribunal ou ao seu órgão especial, onde houver (devido à cláusula de reserva de plenário).[103]

Após o julgamento do ***incidente*** pelo Pleno do Tribunal ou pelo Órgão Especial, a Turma poderá julgar o caso concreto (certo é que deve julgar com a juntada do acórdão proferido pelo pleno), pois **não haverá mais** questão que prejudique o julgamento (deslinde) do caso.[104]

Porém, existe **exceção à** Cláusula de Reserva de Plenário. Na década de 1990, o STF desenvolveu um entendimento jurisprudencial de que, se o Pleno do Tribunal ou Órgão Especial já tiver julgado questão idêntica, não seria necessário que a Turma ou a Câmara do Tribunal submetesse a questão ao plenário ou ao Órgão Especial para julgamento, pois ela própria poderia declarar a inconstitucionalidade da lei ou ato normativo no caso concreto. A fundamentação seria, claramente, a instrumentalidade e a economia processual. Essa posição jurisprudencial foi normatizada (positivada) em 1998 **com a Lei nº 9756/98,** que acrescentou um parágrafo único ao art. 481 do CPC de 1973. No **CPC de 2015,** essa norma está prevista **no parágrafo único do art. 949.** Nesses termos, conforme o novo CPC, *os órgãos fracionários dos tribunais não submeterão ao plenário ou ao órgão especial a arguição de inconstitucionalidade quando já houver pronunciamento destes ou do plenário do Supremo Tribunal Federal sobre a questão.*[105]

---

de consequência, julgar procedente a reclamação para anular a decisão proferida; bem como, determinou que a autoridade reclamada submeta a análise da questão constitucional incidental ao órgão competente, em conformidade com o art. 97 da Constituição Federal e a Súmula Vinculante 10, uma vez que o órgão fracionário já se posicionou pela declaração de inconstitucionalidade, tudo nos termos do voto do Relator. Não votou o Ministro Edson Fachin. 2ª Turma, Sessão Virtual de 11 a 18.8.2017."

101. Aqui é importante salientar que o antigo CPC não falava em ouvir as partes, mas apenas o Ministério Público. Já o novo fala em ouvir também as partes.
102. A decisão da turma sobre o incidente (acórdão) é **irrecorrível,** conforme as Súmulas nºs 293, 455 e 513 do STF.
103. Se a Turma decidir (por acordão) que existe o incidente, esse (sobre a norma jurídica) será submetido ao julgamento pelo plenário do Tribunal ou ao pelo órgão especial – devido à **Cláusula de Reserva de Plenário**. Conforme o **art.950 do CPC de 2015**: *Remetida cópia do acórdão a todos os juízes, o presidente do tribunal designará a sessão de julgamento. § 1º As pessoas jurídicas de direito público responsáveis pela edição do ato questionado poderão manifestar-se no incidente de inconstitucionalidade se assim o requererem, observados os prazos e as condições previstos no regimento interno do tribunal. § 2º A parte legitimada à propositura das ações previstas no art. 103 da Constituição Federal poderá manifestar-se, por escrito, sobre a questão constitucional objeto de apreciação, no prazo previsto pelo regimento interno, sendo-lhe assegurado o direito de apresentar memoriais ou de requerer a juntada de documentos. § 3º Considerando a relevância da matéria e a representatividade dos postulantes, o relator poderá admitir, por despacho irrecorrível, a manifestação de outros órgãos ou entidades.*
104. Essa verdadeira cisão (divisão de competências) entre a atuação da **turma ou câmara** (que julgará o caso concreto) e do **Pleno ou órgão especial do Tribunal** (que julgará em *abstrato* sobre a inconstitucionalidade ou não da norma objeto do incidente) será intitulada de ***cisão funcional de competência no plano horizontal.***
105. É interessante que a 2ª Turma do STF na Rcl 17185 AgR, julg. em **30.09.2014**: decidiu que se já houve pronunciamento anterior, emanado do Plenário do STF ou do órgão competente do TJ local declarando determinada lei ou

Aqui é importante que tenhamos em mente como fica o controle difuso via incidental no Supremo Tribunal Federal. O STF pode decidir sobre a constitucionalidade de normas jurídicas no *iter* de casos concretos, realizando o controle difuso *in concreto* (como os juízes e os outros Tribunais pátrios). Assim, como se dá no Tribunal máximo do país a realização do controle de constitucionalidade difuso-concreto? Para tal análise, iremos colocar algumas questões e respondê-las.

Questão 1: O STF deve seguir a cláusula de reserva de plenário, prevista no art. 97 da CR/88? Entendemos que quem, em regra, deve declarar a inconstitucionalidade de norma objeto de um caso concreto no STF é o pleno do STF e por maioria absoluta. Embora existam exceções já reconhecidas.

Nos dizeres do STF, pela então ministra Ellen Gracie, haveria exceção no **recurso extraordinário.** Segundo a Ministra: "O STF exerce, por excelência, o controle difuso de constitucionalidade quando do julgamento do recurso extraordinário, *tendo os seus* ***colegiados fracionários competência regimental para fazê-lo*** *sem ofensa ao art. 97 da CF.*"[106]

Portanto, por esse entendimento, as turmas do STF no controle difuso em recurso extraordinário poderiam *não seguir a cláusula de reserva de plenário* do art. 97 da Constituição de 1988. Vejamos aqui que essa possibilidade em nada tem a ver com a exceção prevista no parágrafo único do art. 949 do CPC de 2015. Ou seja, as turmas poderiam declarar a inconstitucionalidade no ***âmbito do recurso extraordinário*** mesmo que o plenário não tivesse enfrentado a questão anteriormente.

Existe também a exceção à *cláusula de reserva de plenário* (que estava prevista no parágrafo único do art. 481 do antigo CPC que agora está alocada no parágrafo único do art. 949 do novo CPC) para o STF. Sem dúvida, o STF também trabalha com essa possibilidade. Com isso, as turmas (1ª ou 2ª turma) do STF poderão declarar a inconstitucionalidade diretamente se o plenário já tiver enfrentado a questão anteriormente (aliás, foi a jurisprudência do STF que inaugurou essa possibilidade, antes mesmo de a Lei nº 9.756/98 ter acrescentado essa norma no antigo CPC).[107]

---

ato normativo inconstitucional, será possível que o Tribunal julgue que esse ato é inconstitucional até mesmo de forma monocrática ou por um colegiado que não é o Plenário (turma ou câmara), sem que isso implique violação à cláusula da reserva de plenário. Portanto, resta claro que o próprio Relator monocraticamente, ou a Turma (ou Câmara) tem competência para aplicar o entendimento já consolidado e declarar a inconstitucionalidade da lei ou ato normativo. Rel. Min. Celso de Mello

106. **RE 361.829-ED**, Rel. Min. Ellen Gracie, julg. em **02.03.2010**, 2ª Turma, *DJE* de **19.03.2010**. Aqui, citamos o RISTF que determina que: "*Art. 11. A Turma remeterá o feito ao julgamento do Plenário independente de acórdão e de nova pauta: I – quando considerar relevante a arguição de inconstitucionalidade ainda não decidida pelo Plenário, e o Relator não lhe houver afetado o julgamento;*". Na sequência do RISTF citamos: "Art. 176. Arguida a inconstitucionalidade de lei ou ato normativo federal, estadual ou municipal, em qualquer outro processo submetido ao Plenário, será ela julgada em conformidade com o disposto nos arts. 172 a 174, depois de ouvido o Procurador-Geral. § 1º Feita a arguição em processo de competência da Turma, e considerada relevante, será ele submetido ao Plenário, independente de acórdão, depois de ouvido o Procurador-Geral. § 2º De igual modo procederão o Presidente do Tribunal e os das Turmas, se a inconstitucionalidade for alegada em processo de sua competência. Art. 177. O Plenário julgará a prejudicial de inconstitucionalidade e as demais questões da causa."
107. Segundo o STF: *"O art. 481, parágrafo único, introduzido no CPC pela Lei 9.756/1998 – que dispensa a submissão ao plenário, ou ao órgão especial, da arguição de inconstitucionalidade, quando já houver pronunciamento destes ou do*

Questão 2: O STF, então, no controle difuso, segue as regras previstas no Código de Processo Civil? Sim, mas não só o CPC, pois ele deverá seguir também seu Regimento Interno, nos artigos 176 a 178. Aqui é importante salientar que, no caso do STF, o pleno, além de decidir sobre a constitucionalidade da norma jurídica em tese, também vai julgar o caso concreto, diferentemente do que ocorre nos outros tribunais. Nos outros tribunais, o pleno (ou Órgão Especial) não julga o caso concreto, mas tão somente a norma jurídica em tese e depois (de enfrentado o incidente), é a turma ou câmara que julga o caso.

6.2. Controle difuso-concreto no Brasil: Efeitos e a análise da tese da mutação constitucional

Nesse momento, vamos analisar a questão atinente a quais são os **efeitos da decisão** no controle difuso-concreto no Brasil.

Ora, os efeitos, tradicionalmente, são o ***ex tunc*** e ***inter partes***, pois o que se julga é um caso concreto e nele se declara incidentalmente a inconstitucionalidade de uma lei, então, será necessário que se produza efeitos retroativos e somente para as partes envolvidas. Portanto, essa sempre foi a regra.

Porém, aqui surge um complicador muito debatido nos últimos anos pela doutrina e jurisprudência pátrias. Vamos supor que a decisão seja do STF, em última instância (ou de originária e última), e, com isso, o Pretório Excelso declare a inconstitucionalidade de uma norma jurídica do nosso ordenamento. O que ocorre? Ocorre que a declaração em regra só vale para as partes devido ao efeito *inter partes*. Com isso, pode haver a situação de nós termos que continuar cumprindo uma norma que o STF já declarou inconstitucional (porém, só valeu para o caso concreto). Mas qual seria a saída para que o efeito se torne *erga omnes* e atinja a todos, e não só aos que participaram daquele processo decidido pelo STF?

Certo é que, para que os efeitos da decisão proferida em controle difuso-concreto de constitucionalidade sejam ***erga omnes e vinculante***, existem **algumas "saídas"**. Uma delas, que vou chamar de **tradicional**, é a atuação do Senado, nos termos do art. 52, X, da CR/88. Essa saída já foi objeto de questionamento no STF na Reclamação 4335/2007, que teve julgamento finalizado em **20.03.2014,** e também foi atacada recentemente nas ADIs 3406/RJ e 3470/RJ com julgamento finalizado em **29.11.2017**. Vamos aqui observar todo o procedimento ***tradicional*** da atuação do Senado e depois analisar se essa atuação realmente deixou ou vai deixar de existir nos moldes ***tradicionais,*** em virtude de uma

plenário do STF sobre a questão – alinhou– se à construção jurisprudencial já então consolidada no Supremo Tribunal, que se fundara explicitamente na função outorgada à Corte de árbitro definitivo da constitucionalidade das leis." (RE 433.101-AgR, Rel. Min. Sepúlveda Pertence, julg. em 6-12-2005, 1ª Turma). No mesmo sentido: AI 413.118-AgR, Rel. Min. Joaquim Barbosa, julg. em 23-3-2010, 2ª Turma, AI 481.584-AgR, Rel. Min. Cármen Lúcia, julg. em 30-6-2009, 1ª Turma.

pretensa *"**mutação constitucional**"*, conforme defendido pelos Ministros Gilmar Mendes e Celso de Mello na decisão recente das ADIs 3406/RJ e 3470/RJ, anteriormente citadas.

1ª) Portanto, a primeira saída **tradicional** está inserida no art. 52, X, da CR/88 que diz:[108] "Compete privativamente ao Senado Federal: suspender a execução, no todo ou em parte, de lei declarada inconstitucional por decisão definitiva do Supremo Tribunal Federal." Dessa forma, a decisão em sede de controle difuso ganhará efeitos ***erga omnes***.

Sobre a atuação do **Senado tradicional**, é necessário realizarmos algumas considerações:

a) A suspensão do Senado irá operar com efeito ***ex tunc*** ou ***ex nunc***? Há aqui uma divergência doutrinária. Em 1970, o STF, por meio do Ministro Amaral dos Santos, entendeu ser ***ex tunc*** (efeito retroativo). Porém, apesar da existência de diversos autores[109] (Gilmar Mendes, Clèmerson Clève, Zeno Veloso) fundamentando e acolhendo o primeiro entendimento (*ex tunc*), hoje, o entendimento levemente majoritário na doutrina (José Afonso da Silva, Lenio Streck, Alexandre de Moraes, Ana Cândida da Cunha Ferraz, Regina Macedo Nery Ferraz, Marcelo Cattoni, Nagib Slaibi Filho, entre outros) é que os efeitos devem ser ***ex nunc*** (não retroativos). Então, segundo inclusive nossa opinião, o Senado suspende a lei para o futuro (***ex nunc***), mesmo porque o Senado não poderia julgar, e, se os efeitos são ***ex tunc***, ele estaria julgando, sendo que a resolução apenas suspende a execução da lei, e definitivamente não declara a sua inconstitucionalidade. Além disso, entendemos que o Poder Legislativo não deveria trabalhar com o efeito ***ex tunc***, pois, enquanto o Senado não se manifestar, a lei continuaria vinculando condutas no ordenamento. Porém, apesar do nosso entendimento de que a atuação do Senado deve se dar com o efeito ***ex nunc***, com certeza, o Senado pode (expressamente) editar resolução com efeito retroativo.[110]

Além disso, é mister salientar que o **Decreto nº 2.346/97** determina de forma expressa que haverá efeitos ***ex tunc*** para a resolução do Senado no que tange especificamente à Administração Pública Federal direta e indireta. Nesse sentido, preleciona o art. 1º, § 2º, do referido Decreto. Mas isso não desvirtua a tese da corrente mais adequada e majoritária na doutrina, pois temos apenas uma **forma de condução da administração pública** definida logicamente por ela mesma.

108. É mister salientar que essa saída existe desde a **Constituição de 1934** em nosso ordenamento. Essa saída, é bom enfatizar, nos termos da doutrina e jurisprudência, é de **natureza eminentemente política.** Nesse sentido, "o Senado não revoga o ato de declarado inconstitucional, mesmo porque não dispõe de competência para tanto. Trata-se de **ato político** que confere eficácia genérica (*erga omnes*) à decisão do STF prolatada *incidenter tantum* em face de um caso concreto". CUNHA, Dirley. p, 313, 2010.

109. Por exemplo, sustenta Dirley da Cunha que "caberia ao Senado apenas emprestar eficácia geral a decisão do STF, que ficaria valendo para todos (com todos os seus efeitos), inclusive retroativos, como se a lei jamais tivesse existido". p, 313.

110. Conforme a **Resolução nº 10/2005** do Senado Federal.

b) O Senado é obrigado a suspender Lei que o STF declarar inconstitucional no controle difuso? Não. O Senado terá a **discricionariedade** para **suspender** a Lei declarada **inconstitucional em controle difuso.**

c) O Senado pode voltar atrás na sua decisão? Ou seja, suspender a Lei via resolução e, posteriormente, editar nova resolução revogando a resolução que suspendeu a Lei para que ela volte ao ordenamento? Não. A decisão do Senado que **suspende a Lei declarada inconstitucional é definitiva, assim, a suspensão da Lei também será definitiva.**

d) Qual é o **procedimento**? Para que o Senado Federal suspenda a execução da Lei declarada inconstitucional pelo STF em decisão definitiva, deve haver **solicitação do Presidente do STF** ao Senado, ou **representação do Procurador-Geral da República** ao Senado, ou **projeto de resolução** da própria CCJ do Senado. A suspensão da Lei declarada inconstitucional se dará por **Resolução do Senado** (e, como já afirmado, **é irretratável e imodificável**). Aqui, é importante salientar que o Senado não pode usurpar a decisão do STF, ou seja, ele **só poderá suspender aquilo que o STF declarou inconstitucional**. Nesses termos, se foi **toda a lei (declarada inconstitucional)**, ele terá que suspender **toda a lei**, e se foi **parte da lei**, o Senado terá que suspender **apenas a parte que o STF declarou inconstitucional**. Sem dúvida, certo é que o Senado não pode manipular a decisão do STF.[111]

e) Que leis ou atos normativos o Senado pode suspender? O Senado pode atuar para suspender qualquer lei (ou ato normativo), seja ela **federal, estadual ou municipal**, desde que tenhamos a decisão definitiva do STF declarando sua inconstitucionalidade.[112]

2ª) Atualmente, em virtude da Emenda nº 45/2004, que incluiu o art. 103-A na CR/88, temos como uma **segunda saída**, hoje também **tradicional**, a intitulada **Súmula Vinculante**. A súmula vinculante, que tem como objeto a **eficácia, a validade ou a interpretação** de normas do ordenamento, possui como requisitos conjuntos: **(a)** necessidade de 8 ministros; **(b)** reiteradas decisões sobre a matéria objeto da súmula; **(c)** controvérsia judicial ou entre o Poder Judiciário e o Poder Executivo que esteja causando grave insegurança ou incerteza jurídica. A súmula vinculante, basicamente, visa proteger (e desenvolver) três princípios: **igualdade, celeridade e segurança jurídica.** Temos ainda que, **além do STF de ofício (sem provocação),** são

111. Como exemplo, temos a recente **Resolução 05/2012** de 15.02.2012 do STF que dispõe: "art. 1º É suspensa a execução da expressão "vedada a conversão em penas restritivas de direitos" do § 4º do art. 33 da Lei 11.343/2006 declarada inconstitucional em decisão definitiva do STF no HC 97.256/RS".

112. A suspensão **não** pode se dar em relação **a atos normativos pré-constitucionais.** Nesses termos, entre outros: **RE nº 387.271,** julg. em **08.08.2007:** *Separação judicial – divórcio – conversão – prestações alimentícias – inadimplemento – neutralidade. O inadimplemento de obrigação alimentícia assumida quando da separação judicial não impede a transformação em divórcio. Norma – conflito com texto constitucional superveniente – resolução. Na dicção da ilustrada maioria, vencido o relator, o conflito de norma com preceito constitucional superveniente resolve-se no campo da não recepção, não cabendo a comunicação ao Senado prevista no inciso X do artigo 52 da Constituição Federal.* (Rel. Min. Marco Aurélio)

legitimados a propor a edição, a revisão ou cancelamento de súmula vinculante: os legitimados do art. 103 da CR/88 (os mesmos legitimados a propor ADI); os Tribunais Superiores e os Tribunais de Segunda instância; o Defensor Público Geral da União; os Municípios (porém, esses, somente em um **procedimento incidental**, ou seja, no ***iter*** de casos concretos em que um município seja parte e que envolva uma norma que pode ser objeto de súmula vinculante).

Agora passamos a analisar as exceções aos Efeitos do Controle Difuso-concreto. Como se dariam essas exceções? Quais seriam? **O papel do Senado nos termos do art. 52, X, da CR/88, foi realmente esvaziado nas recentes decisões das ADIs 3406 e 3470?** Ocorreu a tão defendida (pelo Ministro Gilmar Mendes) ***mutação constitucional no art. 52, X, da CR/88***? Ou o que chamaríamos de abstrativização do controle difuso?

Sem dúvida, no que tange aos efeitos do controle difuso-concreto, é necessário, ainda, acrescentar que, atualmente, existem **exceções à regra dos efeitos *inter partes* e *ex tunc*.**

Ou seja, os efeitos da decisão proferida em controle difuso-concreto de constitucionalidade podem ser diferenciados na perspectiva temporal (em vez de *ex tunc, ex nunc ou modulação de efeitos*) e diferenciados quanto aos atingidos (em vez de *inter partes, erga omnes e vinculantes*). Nesse sentido, **vamos à análise**:

1ª) Exceção, pacificada na doutrina e na jurisprudência: no que **tange aos efeitos temporais** do controle difuso, sem dúvida, pode haver exceção. A regra é o efeito retroativo, mas pode ser que excepcionalmente o efeito seja não retroativo (**ex *nunc***), sendo, portanto, que a decisão pode ser modulada (manipulação ou modulação de efeitos).

Como exemplo, o efeito modulado (manipulação de efeitos) foi dado pelo STF na decisão do **Recurso Extraordinário nº 197.917.** O caso envolveu o município de Mira Estrela. O STF declarou a inconstitucionalidade do parágrafo único do artigo 6º, da Lei Orgânica nº 226, de 31 de março de 1990, do Município de Mira Estrela/SP, por entender que afronta o art. 29, VI, da CR/88, por não haver proporcionalidade entre o número de habitantes e o número de vereadores do município, visto que Mira Estrela tinha pouco mais de 2.600 habitantes e 11 vereadores. O correto seria que o Município tivesse 9 vereadores. Nesses termos, o STF estabeleceu critérios de proporcionalidade e concedeu, para a decisão, efeitos para o futuro, para a próxima legislatura, visto que não seria adequado retirar dois vereadores no meio da legislatura.[113] Posteriormente, por meio da **Res. nº 21.702/2004**, o TSE deu efeti-

---

113. Nesses termos, conforme a decisão do RE nº **197.917:** *[...] 3. Situação real e contemporânea em que Municípios menos populosos têm mais Vereadores do que outros com um número de habitantes várias vezes maior. Casos em que a falta de um parâmetro matemático rígido que delimite a ação dos legislativos Municipais implica evidente afronta ao postulado da isonomia. 4. Princípio da razoabilidade. Restrição legislativa. A aprovação de norma municipal que estabelece a composição da Câmara de Vereadores sem observância da relação cogente de proporção com a respectiva população configura excesso do poder de legislar, não encontrando eco no sistema constitucional vigente. 5. Parâmetro aritmético que atende ao comando expresso na Constituição Federal,*

vidade a essa decisão do STF, estabelecendo critérios de proporcionalidade entre o número de habitantes e o número de vereadores dos Municípios, explicitando 33 faixas (atualmente **não mais existentes** em virtude da **Emenda Constitucional nº 58/2009**, já citada na obra) para a estipulação do número de vereadores (nos moldes do voto proferido pelo então Ministro Maurício Correa no RE nº 197.917).[114] Outro exemplo interessante ocorreu nos termos do **RE nº 500.171 ED/GO**, julgado em **16.03.2011**, presente no Informativo 619 do STF: "(...) O Plenário, por maioria, acolheu embargos de declaração para atribuir eficácia *ex nunc* a decisão proferida em sede de recurso extraordinário, em que declarada a inconstitucionalidade da cobrança de taxas de matrícula em universidades públicas e editada a Súmula Vinculante 12. Aduziu-se que, muito embora o recorrente não houvesse pleiteado a modulação dos efeitos da decisão quando da interposição do referido recurso extraordinário, quer nos autos, quer na sustentação oral, seria necessário superar as dificuldades formais para o conhecimento dos embargos. Ponderou-se que, além de a decisão ser revestida de vasta abrangência e excepcional interesse social, haveria uma relevante questão de ordem prática a ser solucionada, tendo em vista a possibilidade de as instituições de ensino serem obrigadas a ressarcir todos os estudantes que eventualmente pagaram as citadas taxas no passado (...)".[115] É interessante que, nesse caso, observamos inclusive a possibilidade de interposição de **Embargos de Declaração**, para fins de **modulação de efeitos em grau de Recurso Extraordinário**. Acrescentamos que, segundo o STF, isso também

sem que a proporcionalidade reclamada traduza qualquer afronta aos demais princípios constitucionais e nem resulte formas estranhas e distantes da realidade dos Municípios brasileiros. Atendimento aos postulados da moralidade, impessoalidade e economicidade dos atos administrativos (CR, artigo 37). 6. Fronteiras da autonomia municipal impostas pela própria Carta da República, que admite a proporcionalidade da representação política em face do número de habitantes. Orientação que se confirma e se reitera segundo o modelo de composição da Câmara dos Deputados e das Assembleias Legislativas (CR, artigos 27 e 45, § 1º). 7. Inconstitucionalidade, incidenter tantun, da lei local que fixou em 11 (onze) o número de Vereadores, dado que sua população de pouco mais de 2600 habitantes somente comporta 09 representantes. 8. Efeitos. Princípio da segurança jurídica. ***Situação excepcional em que a declaração de nulidade, com seus normais efeitos ex tunc, resultaria grave ameaça a todo o sistema legislativo vigente. Prevalência do interesse público para assegurar, em caráter de exceção,*** *efeitos pro futuro à declaração incidental de inconstitucionalidade. Recurso extraordinário conhecido e em parte provido.* (*DJ*: 07/05/2004).

114. Aliás, aqui, devemos rechaçar um **erro que vem** existindo em manuais e que alguns professores de constitucional infelizmente vêm repetindo. Qual seja: dar **como exemplo o RE nº 197.917 para a exceção no que tange aos atingidos.** Ou seja, usar a decisão como um exemplo propedêutico (juntamente com o HC nº 82.959 que é o exemplo adequado). Obviamente, isso não está correto, pois a decisão do STF foi incidental e *inter partes* o que alargou o efeito da decisão foi a atuação do TSE externalizada à época na Resolução nº 21.702/04. Assim, o TSE é que desenvolveu a decisão do STF. Aqui cabe uma indagação: E se o TSE não tivesse atuado? Teríamos as novas faixas? Apenas com base na decisão do STF? Entendemos que o **RE 197.917** é um exemplo significativo após a Resolução do TSE **da tendência ("onda") de abstrativização do controle difuso que vem se desenvolvendo no Brasil e não de exceção ao efeito** *inter partes!* Pois o STF não deu efeito *erga omnes* à decisão do RE 197.917.

115. O Min. Gilmar Mendes destacou, no caso, nos termos da decisão que "a delicada situação financeira das universidades, bem como o fato de que tais recursos seriam, inclusive, destinados a fornecer bolsas aos próprios estudantes, atingindo, portanto, finalidade pública. Por fim, garantiu-se o direito de eventual ressarcimento aos que já houvessem ingressado, individualmente, com o respectivo pleito." RE 500171 ED/GO, Rel. Min. Ricardo Lewandowski, 16.03.2011. Outro exemplo de modulação de efeitos se deu no **RE 522897/RN**, Rel. Min. Gilmar Mendes, julg. em **16.03.2017**. (Informativo 857 do STF)

é admitido para a **modulação de efeitos em ADI,** como veremos adiante no estudo da Ação Direta de Inconstitucionalidade.

Por último, é importante trazermos a cotejo questão de ordem enfrentada pelo Pretório Excelso no **RE 586.453/SE** julgado em **20.02.2013**. No caso, o STF decidiu, mais uma vez, pela modulação de efeitos em sede de recurso extraordinário, porém deliberou sobre a **necessidade ou não** de um quórum qualificado de 2/3 para a modulação de efeitos (como nos moldes do art. 27 da Lei nº 9.868/99, dos processos objetivos de ADI). A corrente majoritária entendeu que haveria necessidade também de 2/3 dos Ministros para a manipulação de feitos em sede de recurso extraordinário (como na Lei 9.868/99 para os processos objetivos). Ficaram vencidos na decisão os Ministros Marco Aurélio (minoritariamente contra a modulação de processos subjetivos) e os Ministros Dias Toffoli, Luiz Fux, Gilmar Mendes e Celso de Mello (esses, a favor da modulação, mas entendiam haver a necessidade apenas de maioria absoluta, pois o quórum qualificado seria exigível somente para a edição de Súmula Vinculante, bem como para fins de modulação nos processos de fiscalização abstrata dos processos objetivos, nos quais declarada a inconstitucionalidade de dispositivo legal).[116]

Essa questão, da modulação de efeitos no Recurso Extraordinário, foi novamente enfrentada pelo plenário do STF no **RE 638115 ED-ED/CE** em **18.12.2019**. O STF, nessa recente decisão, vai nos apresentar um novo parâmetro sobre o tema, e ainda mais específico. Foi definido, no que diz respeito ao ***quórum***, que teremos uma diferença importante. Nesses termos:

a) Exige-se quórum de 2/3 dos membros do STF para modular os efeitos de decisão proferida em julgamento de recurso extraordinário repetitivo, com repercussão geral, no caso em que tenha havido declaração de inconstitucionalidade da lei ou ato normativo;

b) Exige-se quórum de maioria absoluta dos membros do STF para modular os efeitos de decisão proferida em julgamento de recurso extraordinário repetitivo, com repercussão geral, no caso em que **não** tenha havido declaração de inconstitucionalidade da lei ou ato normativo.[117]

---

116. **RE nº 586.453/SE** julg. em **20.02.2013**.
117. **RE 638115 ED-ED/CE**, STF. Plenário. Rel. Min. Gilmar Mendes, julg. em **18.12.2019** (Informativo 964). No caso: O STF, em embargos de declaração, decidiu modular os efeitos da decisão e afirmou o seguinte: a) é indevida a cessação imediata do pagamento dos quintos quando houve uma decisão judicial transitada em julgado em favor do servidor. Neste caso, o servidor já incorporou definitivamente os quintos ao seu patrimônio jurídico; b) se o servidor estava recebendo os quintos em razão de decisão administrativa ou de decisão judicial não definitiva, o pagamento dos quintos é indevido. No entanto, os efeitos da decisão foram modulados, de modo que aqueles que recebem a parcela até a data de hoje terão o pagamento mantido até a sua absorção integral por quaisquer reajustes futuros concedidos aos servidores. Assim sendo, a remuneração ou os proventos não diminuirão de valor imediatamente. No entanto, quando houver um aumento, esse valor dos quintos sumirá, sendo absorvido pelo aumento. RE 638115 ED-ED/CE, Rel. Min. Gilmar Mendes, julg. em 18.12.2019 (Info 964).

2ª) Exceção no que tange aos atingidos: parte da doutrina e uma determinada interpretação da decisão das **ADIs 3406/RJ** e **3470/RJ** julgadas em **29.11.2017**, entende haver exceção quanto aos efeitos ***inter partes***, para que a decisão no controle difuso-concreto no STF tenha diretamente efeitos ***erga omnes*** e ***vinculantes*** sem a necessidade de atuação do Senado (caberia ao Senado apenas dar publicidade à decisão do STF).

Aqui vamos fazer um histórico para responder às perguntas feitas anteriormente sobre o papel do Senado nos termos do art. 52, X, da CR/88.

No STF, inicialmente (em um *primeiro momento*) vamos ter como *hard case* o debate em torno da **Reclamação nº 4.335**, que teve seu julgamento finalizado em **20.03.2014**. Esta reclamação envolveu diretamente a decisão pelo STF do célebre **HC nº 82.959/SP** (decisão que por 6x5 declarou a inconstitucionalidade da vedação de progressão de regime nos crimes hediondos), que, para alguns (doutrinadores e até ministros do STF), teria externalizado o efeito ***erga omnes***, apesar de ser o ***habeas corpus*** um processo subjetivo que teria como efeito o atingimento **apenas das partes**.[118] A Reclamação nº 4.335 surgiu justamente em virtude do entendimento de alguns **magistrados** em sentido **oposto** ao do efeito ***erga omnes*** em virtude da decisão do STF ter se dado em sede de um caso concreto e *incidentalmente*. O Juiz da vara de execuções penais de Rio Branco no Acre foi um deles, negando a progressão de regime aos condenados por crime hediondo. A Defensoria Pública no Estado do Acre defendeu a tese de que estaria sendo descumprida a decisão do STF (que teria efeito ***erga omnes***), ou seja, a competência e autoridade do STF não estariam sendo respeitadas. Com isso, houve o ajuizamento da ***Reclamação***.

Os Ministros Gilmar Mendes (relator) e Eros Roberto Grau julgaram procedente a reclamação. Eles entenderam, nessa Reclamação nº 4335, que os efeitos do controle difuso excepcionalmente devem ser transformados **de *inter partes*** em ***erga omnes***, sem a atuação (intervenção) do Senado Federal.

Segundo os Ministros Eros Grau e Gilmar Mendes[119], a função do Senado não mais seria a de **suspender** a lei, mas a de **oficializar** (comunicar) ou **dar publicidade**

118. Conforme a decisão do **HC nº 82.959** em 23.02.2006: O Tribunal, por maioria, deferiu o pedido de habeas corpus e declarou, "incidenter tantum", a inconstitucionalidade do § 1º do artigo 2º da Lei nº 8.072/1990, nos termos do voto do relator, vencidos os Senhores Ministros Carlos Velloso, Joaquim Barbosa, Ellen Gracie, Celso de Mello e Presidente (Ministro Nelson Jobim). O Tribunal, por votação unânime, explicitou que a declaração incidental de inconstitucionalidade do preceito legal em questão não gerará consequências jurídicas com relação às penas já extintas nesta data, pois esta decisão plenária envolve, unicamente, o afastamento do óbice representado pela norma ora declarada inconstitucional, sem prejuízo da apreciação, caso a caso, pelo magistrado competente, dos demais requisitos pertinentes ao reconhecimento da possibilidade de progressão.

119. O Ministro Gilmar Mendes, em vários proferimentos e na sua obra, vem já há algum tempo sustentado **a inadequação do art. 52, X da CR/88** frente ao atual complexo modelo de controle de constitucionalidade empreendido na Constituição de 1988. Para o Ministro: "[...] o instituto da suspensão pelo Senado de execução da lei declarada inconstitucional pelo Supremo assenta-se hoje em razão de índole exclusivamente histórica. Deve-se observar, outrossim, que o instituto da suspensão da execução da lei pelo Senado mostra-se inadequado para assegurar eficácia geral ou efeito vinculante às decisões do Supremo Tribunal que não declaram a

à sociedade brasileira da decisão do STF no controle difuso-concreto. Haveria, portanto, no entendimento dos referidos Ministros, uma reinterpretação **do art. 52, X,** da CR/88 via ***mutação constitucional***. Nesses termos, o texto do art. 52, X, da CR/88, continuaria o mesmo, mas seria relido, reinterpretado, passando a ter a seguinte (nova) atribuição de sentido: "compete ao Senado dar publicidade às decisões do STF". Os argumentos centrais (entre outros) foram a recorrente **falta de atuação do Senado** e **o art. 52, X,** da CR/88 (derivado da Constituição de 1934), **estar obsoleto,** não coadunando com nossa (atual) realidade no que diz respeito ao nosso **complexo sistema de controle de constitucionalidade desenvolvido pós 1988.**

Trata-se da chamada **tese** da ***abstrativização do controle difuso***, que significa transformar (ou pelo menos aproximar) o controle difuso-concreto em controle abstrato. Essa *"tendência"* vem sendo desenvolvida paulatinamente pela doutrina, pela legislação pátria e por manifestações pretorianas.[120]

inconstitucionalidade de uma lei, limitando-se a fixar a orientação constitucionalmente adequada ou correta. Isso se verifica quando o Supremo Tribunal afirma que dada norma há de ser interpretada desta ou daquela forma, superando, assim, entendimento adotado pelos Tribunais ordinários ou pela própria Administração. A decisão do Supremo Tribunal não tem efeito vinculante, valendo-se nos estritos limites da relação processual subjetiva. Como não se cuida de declaração de inconstitucionalidade de lei, não há de se cogitar aqui de qualquer intervenção do Senado, restando o tema aberto para inúmeras controvérsias. Situação semelhante ocorre quando o Supremo Tribunal Federal adota uma interpretação conforme à Constituição restringindo o significado de dada expressão literal ou colmatando uma lacuna contida no regramento ordinário. Aqui o Supremo Tribunal não afirma propriamente a ilegitimidade da lei, limitando-se a ressaltar que uma dada interpretação é compatível com a Constituição, ou, ainda, que, para ser considerada constitucional, determinada norma necessita de um complemento (lacuna aberta) ou restrição (lacuna oculta-redução teleológica). Todos esses casos de decisão com base em uma interpretação conforme à Constituição não podem ter sua eficácia ampliada com o recurso ao instituto da suspensão da execução da lei pelo Senado Federal. Finalmente, mencionam-se os casos de declaração de inconstitucionalidade parcial sem redução de texto, nos quais se explicita que um dado significado normativo é inconstitucional sem que a expressão literal sofra alteração. Também nesses casos a suspensão (pelo Senado revela-se problemática, porque não se cuida de afastar a incidência de disposições do ato impugnado, mas tão somente de um dos seus significados normativos. E significados não são textos. Todas essas razões demonstram a inadequação, o caráter obsoleto mesmo, do instituto da suspensão de execução pelo Senado no atual estágio de nosso sistema de controle de constitucionalidade." (2008, p. 1327).

120. Além do debate sobre os efeitos *erga omnes* das decisões no controle concreto via exceção, temos ainda algumas **inovações que certamente envolvem a tendência** à *abstrativização do controle difuso concreto*. Conforme a doutrina: 1) A repercussão geral das questões de constitucionalidade, conforme o **art. 102, § 3º, da CR/88** e **Lei 11.418/06**. Essa novidade explicita o movimento de **perda** do caráter subjetivo do recurso extraordinário e a assunção de um **certo caráter objetivo** de tutela da ordem constitucional (*objetivização do Recurso Extraordinário*), na medida em que o STF passa a analisar nos recursos extraordinários apenas o que considera relevante jurídica, política, econômica ou socialmente e, com isso, que ultrapassam os interesses meramente subjetivos da causa. 2) A súmula vinculante presente do art. 103-A e Lei 11.417/06.3 que surge de reiteradas decisões sobre questões idênticas 3) O art. 557, *caput*, e § 1º-A (aqui do antigo CPC), ou seja, a possibilidade admitida pelo STF de o relator julgar monocraticamente recurso interposto contra decisão que se coloque em confronto com súmula ou jurisprudência dominante. 4) Resolução 21702 do TSE que ampliou a decisão do STF no RE 197.917 com a criação das 33 faixas para a proporcionalidade do número de vereadores por município. 5) Lei 10.352 incluiu o § 3° ao artigo 475 do CPC (antigo CPC). Esse dispositivo impõe que o reexame necessário (aplicável, via de regra, nos casos de sentença proferida contra os entes políticos, suas respectivas fundações e autarquias, bem como aquela que julgar procedente os embargos à execução de dívida ativa da Fazenda Pública) é dispensado caso a decisão seja fundada em jurisprudência do Plenário do STF, súmula desse tribunal ou do tribunal superior competente. Isso demonstra a importância que o legislador vem concedendo às interpretações feitas pelo Pretório Excelso, mesmo que fora do controle concentrado. NOVELINO, Marcelo, p. 243, 2009 e DIDIER JR., Fredie *Transformações no recurso*

Mas, aqui, há uma crítica ao posicionamento dos Ministros na Reclamação nº 4.335. O que ocorre nos votos dos dois Ministros, na verdade, é uma afronta ao texto legal, com uma "pretensa" manipulação da Constituição, pois os Ministros estariam mudando o texto constitucional e não reinterpretando (**realizando propriamente uma mutação constitucional**).[121] Nesse sentido, se o texto é obsoleto, será que caberia ao STF modificá-lo (indo além dele), por mais bem-intencionados que os Ministros estejam? Alguns doutrinadores entendem que não! Outra crítica é que essa decisão estaria indo de encontro até mesmo da lógica da súmula vinculante, pois uma decisão do STF, mesmo que **não tenha oito Ministros** (seja, por exemplo, 6x5, como a do famoso HC nº 82.959/06) **decidindo no mesmo sentido** (requisito para edição de súmula vinculante), poderia ter efeitos ***erga omnes*** e vinculantes.

Por outro lado, os Ministros Sepúlveda Pertence (aposentado em 2007) e Joaquim Barbosa (**na mesma Reclamação nº 4.335**) foram contra a tese da ***abstrativização do controle difuso***, defendidas pelos Ministros supracitados, e defenderam que existem canais legítimos para haver a vinculação de efeitos (e efeitos ***erga omnes***) da decisão que declara inconstitucionalidade de lei no controle difuso-concreto, como a ADI (Ação Direta de Inconstitucionalidade), o próprio art. 52, X, da CR/88 (atuação do Senado, apesar de suas mazelas) e o art. 103-A da CR/88 (Súmula Vinculante).

Com o julgamento sobre a procedência ou improcedência da Reclamação empatado em **2x2**, pediu vista o Ministro Ricardo Lewandowski, que prolatou seu voto em **16.05.2013**. O Ministro seguindo a divergência (do Min. Joaquim Barbosa) contra o relator (Min. Gilmar Mendes), também entendeu pela **improcedência da Reclamação**[122].

---

extraordinário. FUX, Luiz; NERY JR., Nelson; WAMBIER, Tereza Arruda Alvim (Coord.) *Processo e constituição: estudos em homenagem ao professor José Carlos Barbosa Moreira*. São Paulo: RT, 2006.

121. Para boa parte da doutrina, estaríamos diante de uma **mutação inconstitucional!**

122. Os seus fundamentos, foram os seguintes: **a)** entendeu que impenderia definir se a decisão proferida pela Corte no HC 82959/SP seria dotada de eficácia *erga omnes* independentemente do cumprimento do disposto no art. 52, X, da CR/88; **b)** registrou que o Senado cumpriria, reiteradamente, esse mandamento constitucional, ao votar projetos de resolução (impulsionados por ofícios encaminhados pelo STF) para suspender a execução de dispositivos declarados inconstitucionais em sede de controle difuso; **c)** ressaltou que o sistema de freios e contrapesos, próprio à separação de Poderes, não teria o condão de legitimar a ablação de competência constitucional expressamente atribuída a determinado Poder (no caso atuação do Senado). Nesse sentido, suprimir competências de um Poder de Estado, por meio de exegese constitucional (interpretação constitucional), colocaria em risco a própria lógica desse sistema; **d)** afirmou que embora a CR/88 tivesse fortalecido o papel do Supremo, ao dotar algumas de suas decisões de eficácia *erga omnes* e efeito vinculante, isso não significaria a perda de competências pelos demais Poderes; **e) não haveria** como cogitar-se de **mutação constitucional**, na espécie, diante dos limites formais e materiais fixados pela Constituição acerca do tema e, com isso, destacou o que contido no art. 60, §4º, III, da CF, a conferir status de cláusula pétrea à separação de Poderes, insuscetível de mudança (amesquinhamento) por emenda constitucional; **f)** diferenciou a hipótese da relativização do art. 97da CR/88 da hipótese de tentativa de mutação constitucional do art.52, X, da CR/88. Nesses termos, afirmou clara diferença na modificação reconhecida quanto ao art. 97 da CR/88, que se operou a partir de práxis processual adotada pelo STF, no sentido de dispensar a rígida observância do que contido no preceito constitucional quando se tratar da análise de casos cujas teses já tenham sido julgadas pelo Plenário; **g)** considerou que a regra inscrita no art. 52, X, da CF consubstanciaria norma taxativa, de eficácia plena e aplicabilidade imediata. Assim, embora as questões decididas pelo STF em sede de controle difuso tivessem considerável relevância, esse fato não teria força para atribuir novos contornos à citada norma constitucional; **h)** reconheceu que, com o advento da EC 45/2004, nenhum Ministro poderia contrariar posição firmada pela Corte

Em 2014, foi finalizado o julgamento da **Reclamação nº 4335**. O Plenário do STF, por maioria, em **20.03.2014**, julgou procedente o pedido formulado na ***Reclamação*** ajuizada, sob o argumento de **ofensa à autoridade** da decisão da Corte no HC nº 82.959/SP (em que declarada a inconstitucionalidade do § 1º do art. 2º da Lei 8.072/90, que vedava a progressão de regime a condenados pela prática de crimes hediondos).

Porém, aqui uma advertência, pois a decisão de procedência da **Reclamação** *não significou* a adoção pelo STF da tese da *mutação constitucional* do art. 52, X, da CR/88 (com as consequências da decisão de um caso concreto em vez de efeito *inter partes* ter efeito *erga omnes* e com a alteração da função do Senado apenas para dar publicidade às decisões do STF). Restou claro que o **provimento da Reclamação** pela maioria dos Ministros **não endossou** a tese defendida pelos Ministros **Eros Grau** (já aposentado) e **Gilmar Mendes.**

Nesses termos, a fundamentação dos outros **4 votos favoráveis** à procedência da Reclamação nº 4335, proferidos pelos Ministros **Teori Zavascki, Luís Roberto Barroso, Rosa Weber e Celso de Mello,** se deu **não** pelo desrespeito (afronta) do Juiz de Rio Branco-AC ao decidido no HC nº 82.959, mas, sim, em virtude da posterior edição da **Súmula Vinculante nº 26 pelo STF.**

Nesse sentido, foram os votos proferidos na Reclamação nº 4335:

a) Ministros Eros Grau (aposentado) e Gilmar Mendes: a Reclamação deveria ser conhecida e julgada procedente por ofensa à decisão do HC nº 82.959.

b) Ministros Teori Zavascki, Luís Roberto Barroso[123], Rosa Weber e Celso de Mello: a Reclamação deveria ser conhecida e julgada procedente por ofensa à Súmula Vinculante nº 26.

---

quanto à existência ou não de repercussão geral de determinada matéria veiculada em recurso extraordinário. Com isso, passara-se a conferir efeito *erga omnes* a decisões originadas em sede de controle difuso; **i)** entretanto, nessas hipóteses, o referido efeito contaria com beneplácito parlamentar, pois derivado de Emenda Constitucional regulamentada por lei (no caso a EC 45/2004 que estabeleceu a repercussão geral do recurso extraordinário); **j)** reputou o Ministro que, caso se desejasse emprestar maior alcance às decisões do STF em sede de controle difuso, bastaria lançar mão das súmulas vinculantes. Nesse particular, citou a Súmula Vinculante 26 do STF, a incluir em sua redação o tema discutido no julgado paradigma da Reclamação 4335. Com isso, segundo o Ministro, por meio desse instituto, seria possível ampliar o alcance das decisões da Corte em sede de controle difuso, sem vulnerar a competência constitucional do Senado, de caráter eminentemente político.

123. O Ministro Roberto Barroso frisou que a expansão do papel dos precedentes atenderia a três finalidades constitucionais: segurança jurídica, isonomia e eficiência. Explicou que essa tendência tornaria a prestação jurisdicional mais previsível, menos instável e mais fácil, porque as decisões poderiam ser justificadas à luz da jurisprudência. Assinalou que, embora os precedentes só vinculassem verticalmente e para baixo, na linha da doutrina *stare decisis*, eles deveriam vincular horizontalmente, para que os próprios tribunais preservassem, conforme possível, a sua jurisprudência. Sublinhou que, na medida em que expandido o papel dos precedentes, seria necessário produzir decisões em que a tese jurídica fosse mais nítida, o que seria denominado, pelo direito anglo-saxão, de *holding*. Considerou que o denominado processo de mutação constitucional encontraria limite na textualidade dos dispositivos da Constituição. Nesse sentido, a suposta mutação do art. 52, X, da CF, não poderia prescindir da mudança de texto da norma. (Informativo 739 do STF)

c) Ministros Sepúlveda Pertence (aposentado), Joaquim Barbosa (aposentado), Ricardo Lewandowski e Marco Aurélio: a Reclamação não deveria ser conhecida por ser a decisão do HC nº 82.959 de efeito *inter partes*[124].

Portanto, para a maioria dos Ministros, a **Reclamação** foi julgada procedente pela posterior edição da citada Súmula Vinculante nº 26. Com isso, apesar da ***"força cada vez mais expansiva"*** das decisões do STF, como trabalhado pelo Ministro Teori Zavascki em seu voto (que, diga-se, também traz importantes considerações sobre a legitimidade da ação de **Reclamação**)[125], temos que o papel do Senado continua o

124. Vencidos os Ministros Sepúlveda Pertence, Joaquim Barbosa (Presidente), Ricardo Lewandowski e Marco Aurélio, que não conheciam da reclamação, mas concediam *habeas corpus* de ofício para que o juízo de 1º grau examinasse os requisitos para progressão de regime dos condenados. O Ministro Marco Aurélio registrava que as reclamações exigiriam que o ato supostamente inobservado deveria ser anterior ao ato atacado. Na situação dos autos, somente após a prática do ato reclamado surgira o verbete vinculante. Ademais, reputava que não se poderia emprestar ao controle difuso eficácia *erga omnes*, pois seria implementado por qualquer órgão jurisdicional. (Inf. 739 do STF)

125. O Ministro Teori Zavascki (...) *asseverou que, ainda que se reconhecesse que a resolução do Senado permaneceria com aptidão para conferir eficácia "erga omnes" às decisões do STF que, em controle difuso, declarassem a inconstitucionalidade de preceitos normativos, isso não significaria que essa aptidão expansiva das decisões só ocorreria quando e se houvesse intervenção do Senado. Por outro lado, ponderou que, ainda que as decisões da Corte, além das indicadas no art. 52, X, da CF, tivessem força expansiva, isso não significaria que seu cumprimento pudesse ser exigido por via de reclamação. Explicou que o direito pátrio estaria em evolução, voltada a um sistema de valorização dos precedentes emanados dos tribunais superiores, aos quais se atribuiria, com crescente intensidade, força persuasiva e expansiva. Demonstrou que o Brasil acompanharia movimento semelhante ao de outros países nos quais adotado o sistema da "civil law", que se aproximariam, paulatinamente, de uma cultura do "stare decisis", própria do sistema da "common law".* ***Sublinhou a existência de diversas previsões normativas que, ao longo do tempo, confeririam eficácia ampliada para além das fronteiras da causa em julgamento***. O Ministro Teori Zavascki considerou, ainda, que **certas decisões seriam naturalmente dotadas de eficácia "*ultra partes*"**, como aquelas **produzidas no âmbito do processo coletivo**. Destacou, nesse sentido, o mandado de injunção, especialmente se levado em conta seu perfil normativo-concretizador atribuído pela jurisprudência do Supremo. Sublinhou que as sentenças decorrentes do mandado de injunção teriam o escopo de preencher, ainda que provisoriamente, a omissão do legislador, razão pela qual seriam revestidas de características reguladoras e prospectivas semelhantes às dos preceitos normativos. (...) *Asseverou que o* ***sistema normativo pátrio atualmente atribuiria força "ultra partes" aos precedentes das Cortes superiores, especialmente o STF. Reputou que esse entendimento seria fiel ao perfil institucional atribuído ao STF, na seara constitucional, e ao STJ, no campo do direito federal, que teriam, dentre suas principais finalidades, a de uniformização da jurisprudência e a de integração do sistema normativo.*** *Anotou que a* ***força vinculativa dos precedentes do STF fora induzida por via legislativa, cujo passo inicial fora a competência, atribuída ao Senado, para suspender a execução das normas declaradas inconstitucionais, nos termos do art. 52, X, da CF. Entretanto, assinalou que a resolução do Senado não seria a única forma de ampliação da eficácia subjetiva das decisões do STF, porque diria respeito a área limitada da jurisdição constitucional (apenas decisões declaratórias de inconstitucionalidade).*** *Haveria* ***outras sentenças emanadas desta Corte, não necessariamente relacionadas com o controle de constitucionalidade, com eficácia subjetiva expandida para além das partes vinculadas ao processo.*** O Ministro Teori Zavascki registrou *que* ***a primeira dessas formas ocorrera com o sistema de controle de constitucionalidade por ação, cujas sentenças seriam dotadas naturalmente de eficácia "erga omnes" e vinculante, independentemente da intervenção do Senado.*** Ademais, **citou a criação das súmulas vinculantes e da repercussão geral das questões constitucionais discutidas em sede de recurso extraordinário**. Destacou, ainda, a **modulação de efeitos nos julgamentos do STF, o que significaria dispor sobre a repercussão de acórdão específico a outros casos análogos.** Lembrou que houvera modulação no "habeas corpus" de que cuida a presente reclamação, para que não gerasse consequências jurídicas em relação a penas já extintas. **Sopesou, por outro lado, que nem todas essas decisões com eficácia expansiva, além das englobadas pelo art. 52, X, da CF, ensejariam ajuizamento de reclamação, sob pena de a Corte se transformar em órgão de controle dos atos executivos decorrentes de seus próprios acórdãos. Assinalou que o descumprimento de quaisquer deles implicaria ofensa à autoridade das decisões do STF. Todavia, seria recomendável conferir interpretação estrita a essa competência. Sob esse aspecto, a reclamação não poderia ser utilizada como inadmissível atalho processual destinado a**

tradicionalmente descrito no art. 52, X, da CR/88 (sem a existência da inapropriada *mutação constitucional*) e também **não** ocorreu, pelo menos nesse caso (e nesse momento), a "absorção" da *tese da Abstrativização do Controle difuso*.

Porém, continuando o histórico, a tese da ***mutação constitucional*** no art. 52, X, da CR/88 (bem como da *abstrativização do controle difuso*) ganha novo fôlego no recente julgamento no STF das ADIs 3406 e 3470 em 29.11.2017.

Vamos ao caso. A Lei Federal nº 9.055/95 determinou em seu art. 1º a proibição da extração, a produção, a industrialização, a utilização e a comercialização de todos os tipos de amianto, com exceção da crisotila, vedando, quanto a essa espécie, apenas a pulverização e a venda a granel de fibras em pó. O art. 2º, por sua vez, *autorizou a extração, a industrialização, a utilização e a comercialização do asbesto/amianto da variedade crisotila (asbesto branco)* na forma definida na lei. Assim, o art. 2º **autorizou**, de ***forma restrita***, as atividades com ***uma das espécies de amianto***. O entendimento, então, era o de que as Leis Estaduais que proibiam totalmente o amianto ***seriam inconstitucionais***. Nesses termos, se a lei federal admite, ainda que de modo *restrito*, o uso do amianto, isso significava que lei estadual não poderia proibi-lo totalmente. Ao agir assim, a lei estadual iria contrariar a norma geral fixada pela União.

Porém, o STF mudou de entendimento, na decisão da ADI 3937 em **24.08.2017** e depois fez o mesmo nas supracitadas ADIs 3406 e 3470 em **29.11.2017**. O primeiro caso da ADI 3937 envolveu a Lei nº 12.687/2007, do Estado de São Paulo. Essa Lei, em seu art. 1º determinava que ficaria proibido, a partir de 1º de janeiro de 2008, o uso, *no Estado de São Paulo, de produtos, materiais ou artefatos que contenham quaisquer tipos de amianto ou asbesto*. Pois bem, o fundamento da ADI ajuizada contra a Lei de São Paulo seguiu os precedentes anteriores, ou seja, a alegação de que a lei estadual seria inconstitucional porque impôs uma restrição maior do que aquela que é prevista na legislação federal (art. 2º da Lei nº 9. 055/95). Dessa forma, a Lei do Estado de São Paulo não teria competência legislativa para proibir uma atividade que foi *expressamente autorizada pela norma geral da União*. Nesses termos, se o STF seguisse seus precedentes, a Lei paulista seria declarada inconstitucional. Porém, como já afirmado, o STF mudou de entendimento.

---

permitir, por motivos pragmáticos, a submissão imediata do litígio ao exame direto desta Corte. O Ministro Teori Zavascki concluiu que, ***sem negar a força expansiva de uma significativa gama de decisões do STF,*** *deveria ser mantida a jurisprudência segundo a qual,* ***em princípio, a reclamação somente seria admitida quando proposta por quem fosse parte na relação processual em que proferida a decisão cuja eficácia se buscaria preservar. A legitimação ativa mais ampla apenas seria cabível em hipóteses expressamente previstas, notadamente a súmula vinculante e contra atos ofensivos a decisões tomadas em ações de controle concentrado. Haveria de se admitir também a reclamação ajuizada por quem fosse legitimado para propositura de ação de controle concentrado, nos termos do art. 103 da CF.*** Entendeu que, *no caso concreto,* ***à luz da situação jurídica existente quando da propositura da reclamação, ela não seria cabível****. Porém, anotou que, no curso do julgamento, fora editado o* ***Enunciado 26 da SV*** *do STF. Ponderou que, considerado esse fato superveniente, que deveria ser levado em consideração à luz do art. 462 do CPC, impor-se-ia conhecer e deferir o pedido.* (Inf. 739 do STF)

Pois bem, o STF considerou na decisão da ADI 3937 que o art. 2º da Lei nº 9.055/95 é que não é, atualmente, compatível com a CR/88. Ou seja, em vez de entender que a Lei de São Paulo usurpou a Lei federal, o STF afirmou (***incidentalmente*** porque sequer pedido existia para tal) que inconstitucional seria a Lei federal. Ela, sim, que contraria a Constituição de 1988. Vale ressaltar que o art. 2º da Lei federal nº 9.055/95 não era objeto da ação. Assim, o art. 2º da Lei federal nº 9.055/95 foi ***declarado inconstitucional de forma incidental*** (declaração típica do controle difuso)

Conforme o informativo 874 do STF, nos dias atuais existe um consenso científico dos órgãos nacionais e internacionais de proteção à saúde geral e saúde do trabalhador no sentido de que a crisotila (espécie de amianto permitida pelo art. 2º da Lei nº 9.055/95) é altamente cancerígena, não se podendo falar (mais) que exista a possibilidade de seu uso seguro. Assim, todas as modalidades do *amianto* são classificadas pela Agência Internacional para a Pesquisa sobre o Câncer (IARC), da Organização Mundial da Saúde (OMS), como comprovadamente carcinogênicas para os seres humanos. De acordo com a OMS, não há possibilidade de uso seguro da fibra, pois não há níveis de utilização nos quais o risco de câncer esteja ausente, e a única forma eficaz para eliminar as doenças relacionadas com essas fibras minerais é o abandono da utilização de todas as espécies de amianto. Temos também que o uso de *amianto* provoca riscos ao meio ambiente.[126] Nesses termos, restou claro que o art. 2º da Lei federal nº 9.055/1995 passou por um processo de inconstitucionalização e, no momento, não mais se compatibiliza com a Constituição de 1988.[127]

Nessa decisão da ADI 3937 que declarou *incidentalmente* a Lei Federal inconstitucional em 24.08.2017, o STF não se pronunciou sobre os efeitos da declaração serem ***erga omnes*** e ***vinculantes,*** portanto, a referida Lei seria, a princípio, inconstitucional *inter partes*.

Acontece que nas ADIs 3406 e 3470 julgadas em 29.11.2017, sobre o mesmo tema, mas agora envolvendo legislação do Estado do Rio de Janeiro (Lei nº 3.579/2001[128]) o Pretório Excelso afirmou que a Lei Federal 9.055/95 seria ***declarada inconstitucional*** de forma ***incidental***, porém com *efeitos erga omnes* e *vinculante* e sem a necessidade de ***atuação do Senado.*** Temos aqui, então, uma declaração ***incidental de inconstitucionalidade*** com efeitos diretamente ***erga omnes*** e ***vinculantes.***

---

126. **ADI 3937/SP**, STF. Plenário. rel. orig. Min. Marco Aurélio, red. p/ o ac. Min. Dias Toffoli, julg. em **24.08.2017**. (Informativo 874)
127. Razão pela qual inclusive os Estados passariam a ter competência legislativa plena sobre a matéria até que sobrevenha eventual nova legislação federal, nos termos do art. 24, §§ 3º e 4º, da CR/88. **ADI 3937/SP**, STF. Plenário. Rel. p/ o ac. Min. Dias Toffoli, julg. em **24.08.2017**. (Informativo 874).
128. Informativo 886 do STF: "O Supremo Tribunal Federal (STF), por maioria, julgou improcedentes pedidos formulados em ações diretas de inconstitucionalidade ajuizadas contra a Lei nº 3.579/2001 do Estado do Rio de Janeiro. O referido diploma legal proíbe a extração do asbesto/amianto em todo território daquela unidade da Federação e prevê a substituição progressiva da produção e da comercialização de produtos que o contenham. A Corte declarou, também por maioria e incidentalmente, a inconstitucionalidade do art. 2º(1) da Lei federal nº 9.055/1995, com efeito vinculante e "erga omnes". O dispositivo já havia sido declarado inconstitucional, incidentalmente, no julgamento da ADI 3.937/SP (rel. orig. Min. Marco Aurélio, red. p/ o ac. min. Dias Toffoli, julg. em 24.8.2017)."

Mas como ficou a fundamentação? Ora, aqui o espanto, pois, ao que parece, a tese que o STF havia rechaçado em 2014 (da ***mutação constitucional*** no art.52, X da CR/88) teria saído vencedora.

Conforme o Informativo 886 do STF, a partir da manifestação do ministro Gilmar Mendes, o Colegiado entendeu ser necessário, ***a fim de evitar anomias e fragmentação da unidade, equalizar a decisão*** *que se toma tanto* ***em sede de controle abstrato quanto em sede de controle incidental.***

O ministro Gilmar Mendes observou que o art. 535 do Código de Processo Civil reforça esse entendimento. Asseverou estar-se fazendo uma releitura do disposto no art. 52, X, da CR/88, no sentido de que a Corte comunica ao Senado a decisão de declaração de inconstitucionalidade, para que ele faça a publicação, intensifique a publicidade. Ou seja, quando o STF declara uma lei inconstitucional, mesmo em sede de controle difuso, a decisão já tem efeito vinculante e *erga omnes* e o STF apenas comunica ao Senado com o objetivo de que a referida Casa Legislativa dê publicidade daquilo que foi decidido.[129]

O ministro Celso de Mello considerou estar-se diante de verdadeira mutação constitucional que expande os poderes do STF em tema de jurisdição constitucional. Para ele, o que se propõe é uma interpretação que confira ao Senado Federal a possibilidade de simplesmente, mediante publicação, divulgar a decisão do STF. Mas a eficácia vinculante resulta da decisão da Corte.[130]

Daí para o ministro se estaria a reconhecer a inconstitucionalidade da própria matéria que foi objeto desse processo de controle abstrato, prevalecendo o entendimento de que a utilização do amianto, tipo *crisotila* e outro, ofende postulados constitucionais e, por isso, não pode ser objeto de normas autorizativas.[131]

A Ministra Cármen Lúcia afirmou que o STF está caminhando para uma inovação da jurisprudência, no sentido de não ser mais declarado inconstitucional cada ato normativo, mas a própria matéria que nele se contém.[132]

O ministro Edson Fachin concluiu que a declaração de inconstitucionalidade, ainda que incidental, opera uma preclusão consumativa da matéria. Isso evita que se caia numa dimensão semicircular progressiva e sem-fim. E essa afirmação não incide em contradição no sentido de reconhecer a constitucionalidade da lei

---

129. ADI 3406/RJ e ADI 3470/RJ, STF. Plenário. Rel. Min. Rosa Weber, julg. em 29.11.2017. (Informativo 886) Art. 535. A Fazenda Pública será intimada na pessoa de seu representante judicial, por carga, remessa ou meio eletrônico, para, querendo, no prazo de 30 (trinta) dias e nos próprios autos, impugnar a execução, podendo arguir: III – inexequibilidade do título ou inexigibilidade da obrigação; § 5º Para efeito do disposto no inciso III do *caput* deste artigo, considera-se também inexigível a obrigação reconhecida em título executivo judicial fundado em lei ou ato normativo considerado inconstitucional pelo Supremo Tribunal Federal, ou fundado em aplicação ou interpretação da lei ou do ato normativo tido pelo Supremo Tribunal Federal como incompatível com a Constituição Federal, em controle de constitucionalidade concentrado ou difuso.
130. ADI 3406/RJ e ADI 3470/RJ, STF. Plenário. Rel. Min. Rosa Weber, julg. em 29.11.2017. (Informativo 886)
131. ADI 3406/RJ e ADI 3470/RJ, STF. Plenário. Rel. Min. Rosa Weber, julg. em 29.11.2017. (Informativo 886)
132. ADI 3406/RJ e ADI 3470/RJ, STF. Plenário. Rel. Min. Rosa Weber, julg. em 29.11.2017. (Informativo 886)

estadual que também é proibitiva, o que significa, por uma simetria, que todas as legislações que são permissivas – dada a preclusão consumativa da matéria, reconhecida a inconstitucionalidade do art. 2º da Lei federal – são também inconstitucionais.[133]

Portanto, pelo posicionamento do plenário, ao que parece (pendente a publicação do acordão), estaríamos diante da tese da ***mutação constitucional*** no art. 52, X, da CR/88.

Assim, o art. 52, X, da CR/88, teria sofrido uma ***mutação constitucional*** e, portanto, foi reinterpretado (embora seu texto continue o mesmo). Dessa forma, o papel do Senado, com base nas ADIs 3406 e 3470, seria apenas o de dar publicidade à decisão do STF. Em outras palavras, a decisão do STF, mesmo em controle difuso, já seria dotada de efeitos *erga omnes* e o Senado apenas iria conferir publicidade a isso.

Nesse sentido, apesar de o Informativo não fazer referência, estaríamos diante da intitulada *abstrativização* do controle difuso (na medida em que o Plenário do STF decide a constitucionalidade ou inconstitucionalidade de uma lei ou ato normativo, ainda que em controle difuso-concreto e essa decisão é dotada dos mesmos efeitos do controle concentrado, ou seja, eficácia ***erga omnes*** e ***vinculante***).[134]

Agora explanada a decisão das ADIs e vista a posição do plenário nesses julgados, o leitor pode estar se perguntando: por que então mantivemos toda a parte do procedimento do Senado e ainda explicamos o art. 52, X, da CR/88, de modo tradicional? Primeiro por uma questão histórica e segundo porque entendemos que essa nova posição do STF é inadequada (e poderia ser repensada pelos Ministros).

Vamos apresentar nossos argumentos, tendo em vista uma perspectiva crítica sobre o tema:

1º) A nossa posição, fundamentada de acordo com a teoria discursiva da Constituição e da democracia de ***Jürgen Habermas***, é a de que a tese da *abstrativização do controle difuso-concreto* reforça o **controle concentrado** e a **objetivação,** que é adstrita a ele, centralizando as decisões cada vez mais no STF, sob os auspícios

133. ADI 3406/RJ e ADI 3470/RJ, STF. Plenário. Rel. Min. Rosa Weber, julg. em 29.11.2017. (Informativo 886) Aqui registramos que, no **30.11.2017**, o Supremo Tribunal Federal, por maioria, também julgou ***improcedentes*** os pedidos formulados nas ações diretas de inconstitucionalidade ajuizadas contra a Lei nº 11.643/2001 do Estado do Rio Grande do Sul e a Lei nº 12.589/2004 do Estado de Pernambuco; bem como na arguição de descumprimento de preceito fundamental (ADPF) ajuizada em face da Lei nº 13.113/2001 e do Decreto 41.788/2002, ambos do Município de São Paulo. Os diplomas impugnados proíbem o uso, a comercialização e a produção de produtos à base de amianto/asbesto naquelas unidades federativas (Informativos 407, 686, 848, 872 e 874). A Corte, também por maioria, declarou incidentalmente a inconstitucionalidade do art. 2º da Lei nº 9.055/1995. ADPF 109/SP; ADI 3356/PE; ADI3357/RS.

134. ADI 3406/RJ e ADI 3470/RJ, STF. Plenário. Rel. Min. Rosa Weber, julg. em 29.11.2017. (Informativo 886) Ressaltamos, porém, que, posteriormente ao resultado das ADIS ora citadas, a Min. Relatora Rosa Weber, monocraticamente, "decidiu suspender, em parte, os efeitos da decisão, apenas no ponto em que se atribuiu eficácia erga omnes à declaração de inconstitucionalidade do art. 2º da Lei nº 9.055/1995, até a publicação do acórdão respetivo e fluência do prazo para oposição dos aventados embargos de declaração". A razão dessa suspensão está no fato de que foi requerida a modulação dos efeitos da decisão, o que ainda será apreciado pelo Plenário do STF.

de uma desmedida **instrumentalidade e economia processuais,** que acabam por deslegitimar o sistema de controle de constitucionalidade na via difusa de cunho democrático-discursivo, que se desenvolve por meio da ***crítica pública das decisões***, podendo minar, com isso, a base do próprio sistema de direitos fundamentais atrelada ao Estado Democrático de Direito.[135]

2º) Por que tomar uma decisão tão radical de modificar a estrutura do ordenamento (e o equilíbrio entre os poderes) indo além do texto constitucional? Ou seja, transbordando seu limite semântico? Se o texto do art. 52, X, da CR/88, é obsoleto (como defende o Ministro Gilmar Mendes) ou se busca *evitar anomias e fragmentação da unidade, equalizando a decisão que se toma tanto em sede de controle abstrato quanto em sede de controle incidental,* que se mude a Constituição.

Por que a saída seria essa pretensa mutação constitucional? Como rasgar um texto e fazer outro sob o argumento frágil da mutação constitucional? Ora, sabemos desde Friedrich Müller que a norma não é o seu texto, mas não é porque a norma não é o seu texto normativo que ela (norma) pode ser qualquer coisa. A norma é resultado de um processo de concretização que envolve também seu texto (programa normativo). Existe, sim, um limite semântico que deve ser respeitado sob pena de um arbítrio judicial com um sério prejuízo para um Estado constitucional e democrático de direito (o que gera inclusive, para usar da terminologia clássica, uma **mutação inconstitucional**). Não seria melhor o Poder Constituinte Derivado via emenda constitucional alterar o texto constitucional?

3º) Por que não apenas declarar *incidentalmente* a inconstitucionalidade do art. 2º Lei Federal 9.055/99 com efeito ***erga omnes*** e ***vinculante*** sem afirmar a tese da mutação constitucional? Claro que não estamos aqui defendendo a necessidade de o STF todo mês e recorrentemente ficar tendo que declarar a inconstitucionalidade incidental do art. 2º da Lei Federal 9.055/99. É sabido que existiam outras ADIs em relação a outras leis estaduais que proibiam de forma total o uso do amianto. A decisão de declarar a inconstitucionalidade incidental e de dar o efeito *erga omnes* e *vinculante* nas ADIs 3406 e 3470 não foi absurda ou inadequada. O problema foi o ir além da mera decisão. Ou seja, em vez de uma decisão minimalista no caso (***one case at a time*** para usar a expressão de Cass Sunstein), tomar uma decisão maximalista sem a adequação fática e jurídica para tal. Assim, a decisão minimalista objetiva que a Corte decida o caso que tem em mãos, no lugar de realizar uma

135. Conforme **Lenio Streck, Martonio Lima e Marcelo Cattoni (2007) que assim prelecionam contra a instrumentalidade processual desmesurada:** "Veja o problema ocasionado pela prevalência do velho paradigma representacional (sujeito/objeto) nas diversas reformas no processo: cada vez mais se coloca o procedimento à disposição do pensamento justo do juiz, valendo, por todos, citar a denominada instrumentalidade do processo (por todos, Cândido Rangel Dinamarco e José Roberto Bedaque). Cada vez que se pretende processualizar mais o sistema (sic), ocorre uma diminuição do processo enquanto instrumento de garantia do devido processo legal. [...] dia a dia o sistema processual caminha para o esquecimento das singularidades dos casos. Trata-se, pois de um novo princípio epocal. [...] Manipulando o instrumento tem-se o resultado. Ao final dessa linha de produção, o direito é (será) aquilo que a vontade de poder quer que seja. Chega-se ao ápice da não democracia: o direito transformado em política [...]" In: STRECK; CATTONI DE OLIVEIRA; LIMA, 2007, p. 49.

tentativa de estabelecer regras para aplicação a outros casos futuros ou similares em uma questão ainda não "madura".

Nesses termos, a perspectiva ***minimalista*** teria o condão de fazer: "a) que os tribunais não decidam questões desnecessárias para a resolução de um caso; b) que os tribunais devam recusar a decidir os casos que ainda não estejam maduros ("*ripe*") para a decisão; c) que os tribunais devam respeitar seus próprios precedentes; d) que os tribunais devam exercer virtudes passivas associadas com a manutenção do silêncio nas grandes questões cotidianas".[136] Com isso, temos, na teoria de **Sunstein**, o papel desempenhado pelo uso construtivo do silêncio, que seria "medida corriqueira e adequada no funcionamento das instituições judiciais, seja porque permite "ganhar tempo" enquanto os fóruns políticos adequados não solucionam o problema, ou porque juízes possuem pouca legitimidade democrática para fornecer amplas justificações públicas sobre determinados assuntos.

Sem dúvida, não era e não seria definitivamente o caso de uma decisão maximalista nesse momento. Aliás, no caso, há inclusive excelentes fundamentos para uma decisão apenas para a questão em tela (ou seja, uma decisão mais ***rasa*** em vez de ***profunda*** e ***mais estreita*** em vez de ***larga***). Sem dúvida, estamos diante de uma questão que se refere a um acordo ***incompletamente teorizado*** (nos dizeres de Cass Sunstein e Adrian Vermeule). Uma questão controvertida na doutrina e que tinha sido rechaçada anteriormente pouco tempo atrás na decisão da Reclamação 4335.

4º) A decisão foi tomada em um processo objetivo de controle abstrato. Ou seja, já estávamos no âmbito de um processo objetivo pela via principal (e abstrato). O STF analisou se a Lei do Estado do RJ seria ou não inconstitucional. Para negar provimento às ADIs e declarar a Lei do RJ constitucional, ele *incidentalmente* teve que declarar a inconstitucionalidade da Lei federal que, com o passar do tempo, passou a contrariar a Constituição (inconstitucionalidade superveniente) devido mudança de contexto (cenário) jurídico, político, econômico ou social. Ora, essa declaração de ***inconstitucionalidade incidental*** se dá no âmbito de um processo objetivo (de controle abstrato e pela via principal) e não no âmbito de uma decisão incidental de um *recurso extraordinário* ou mesmo de um *mandado de segurança ou habeas corpus* (processos subjetivos). Lembramos que a ***causa de pedir é aberta*** na ADI, e o STF, para analisar se uma lei contraria a Constituição, deve percorrer toda a Constituição. No caso, o Pretório Excelso fez isso e observou com acuidade que inconstitucional era a Lei federal e não a Lei estadual, objeto da ADI. Portanto, a declaração dessa inconstitucionalidade no processo objetivo e em sede de um controle abstrato poderia ser com ***efeito erga omnes*** e ***vinculante*** sem a necessidade radical da mutação constitucional (desfazendo do texto do art. 52, X, e substituindo esse texto por outro sem o STF ser Poder constituinte derivado para tal).

136. SUNSTEIN, Cass R., *One case at a time: judicial minimalism on the Supreme Court*, p. 04-05 (*tradução livre*).

Portanto, a tese muito mais razoável poderia ser a seguinte: *em processos objetivos, a declaração incidental de inconstitucionalidade de norma que não foi objeto do pedido terá efeitos* erga omnes *e vinculantes, sem que isso altere a prática do STF nas declarações incidentais de inconstitucionalidade no âmbito do controle difuso-concreto em processos subjetivos (de viés não abstrato).*

5ª) Nesse sentido, teríamos uma exceção, ou seja, no controle *concentrado-abstrato* em *processos objetivos* a declaração incidental de inconstitucionalidade de uma norma que não foi objeto do pedido teria excepcionalmente (por ter sido derivada do âmbito do processo objetivo) efeito *erga omnes* e vinculante.

Aliás, isso não seria nada demais, basta lembrarmos da inconstitucionalidade por arrastamento. Nessa, não ocorre a declaração de inconstitucionalidade no processo objetivo de uma norma que não foi objeto do pedido e o efeito já não é o ***erga omnes*** e **vinculante**? O argumento nesse instituto é a correlação, conexão ou interdependência entre a norma objeto do pedido e a que não é objeto do pedido. Portanto, no caso das ADIs 3406 ou 3470 também teríamos uma exceção derivada aqui de uma ***declaração incidental de inconstitucionalidade em processo objetivo.*** Embora diferente da inconstitucionalidade por arrastamento, também seria uma exceção.

Aliás, exceções não faltam no uso de normas no direito e, sobretudo, no STF. Por exemplo, a desnecessidade de atuação do Senado já existe e não houve nenhum alarde da doutrina tão vultoso como no final de novembro de 2017. Temos dois exemplos explícitos: a) se a Lei Municipal contrariar a Constituição Estadual em norma de reprodução obrigatória da CR/88 caberá ADI Estadual. Acontece que, segundo o STF, da decisão do TJ na ADI Estadual, caberá Recurso extraordinário para o STF e a decisão terá efeito *erga omnes*; b) quando uma decisão proferida no processo subjetivo em recurso extraordinário reinterpreta e modifica uma decisão proferida em Ação Direta de Inconstitucionalidade. No caso, a decisão do Recurso Extraordinário que em regra tem efeito *inter* partes aqui terá efeito *erga omnes* por ser substitutivo da ADI e aqui também sem a necessidade de atuação do Senado. O Senado não atua em nenhuma dessas duas situações e nem por isso a função dele foi excluída (exterminada) via tese da *mutação constitucional*. São aqui exceções com a devida fundamentação.

Defendemos, então, que poderíamos ter uma ***terceira exceção*** sem a necessidade de o STF rasgar um texto constitucional e o substituir por outro, sem ter a devida legitimidade para tal, justamente por não ser Poder Constituinte Derivado (na verdade se adotada a tese da mutação, seria, sim, uma ***mutação inconstitucional***)

6º) E mais uma reflexão deve ser desenvolvida. Alguns juristas vêm defendendo que no caso ora debatido não houve a *abstrativização do controle difuso*, mas, sim, a aplicação da ***transcendência dos motivos determinantes***. Ora, realmente o caso foi de evidente atribuição de eficácia vinculante sobre a fundamentação de decisão em controle concentrado. Inclusive observamos que os fundamentos determinantes da decisão da ADI 3937 foram aplicados nas ADIs 3406 e 3470. Lembramos aqui que a *Transcendência dos motivos determinantes* imprime efeito vinculante à *ratio decidendi*, ou seja, à parte da fundamentação necessária e suficiente à conclusão do julgamento e, em tese, ela pode ocorrer em controle difuso ou concentrado. No caso, teria ocorrido no controle concentrado.

Nesses termos, foi conferido efeito vinculante a uma declaração incidental, que se encontrava na fundamentação do acórdão (repetindo: os fundamentos que determinaram a inconstitucionalidade da Lei Federal na ADI 3937 foram inclusive repetidos nas decisões das ADIs 3406 e 3470). Nesses termos, o efeito vinculante recai não apenas sobre o dispositivo, mas também sobre fundamentação necessária – questões incidentais – que levou ao julgamento do caso em tal sentido.

Aqui observamos que, na fundamentação da decisão das ADIS 3406 e 3470 – mais especificamente na *ratio decidendi* –, o STF entendeu que o art. 2º da Lei nº 9.055/95 era inconstitucional. Porém, ainda que se defenda essa tese, algumas questões devem ser levantadas: a) O STF não vem adotando essa tese em seus julgados. Nesses termos, ele vem reiteradamente rechaçando a *tese da transcendência dos motivos determinantes* (aqui o STF de forma política e defensiva quer evitar um acúmulo de julgamentos de reclamações); b) E o mais importante, os votos dos Ministros na decisão das ADIs 3406 e 3470 não citam em nenhum momento a aplicação da *transcendência dos motivos determinantes*. Ora, para que valem os votos dos Ministros? São meros ornamentos? Ou seja, essa tese passa despercebida na decisão, não sendo o ponto central do debate. Ela sequer foi objeto de preocupação dos Ministros nos votos; c) Portanto, a única conclusão segura (devido à falta de coerência em nosso frágil sistema de precedentes) é a de que tivemos uma *declaração incidental de inconstitucionalidade em controle concentrado* (ADI) *de uma Lei Federal que não foi objeto do pedido* e com efeito *erga omnes*. E o pior e mais trágico, com a alegação expressa de ***mutação constitucional*** no art. 52, X, da CR/88 (o que já deixamos nossa opinião de que deveria ser revista).

6.3. *Algumas observações finais sobre o controle difuso in concreto: Reinterpretação e modificação de decisão proferida em Ação Direta de Inconstitucionalidade, Modulação de efeitos no juízo de não recepção, Quórum no juízo de não recepção, e a Questão do Controle difuso via Ação Civil Pública*

a) Essa primeira observação retoma a questão dos efeitos debatida anteriormente. Como já dito, em regra (pelo menos até a decisão das ADIs 3406 e 3470), a decisão proferida pelo STF em processos individuais (subjetivos) como o *recurso extraordinário*, entre outros, possui eficácia *inter partes*. No entanto, no caso do RE 567.985/MT, do RE 580963/PR e do Rcl 4374/PE, o entendimento do STF *excepcionalmente* foi diferente. O fundamento foi o de que o Plenário do STF, no julgamento desses processos não apenas resolveu o conflito individual deduzido na causa, mas realizou, expressamente, a reinterpretação da decisão proferida pelo próprio STF na ADI 1.232/DF. Ou seja, a decisão proferida no processo individual ganhou eficácia *erga omnes* e efeito vinculante porque ***reinterpretou e modificou uma decisão proferida em Ação Direta de Inconstitucionalidade***, que, como veremos, possui esses efeitos (*erga omnes* e vinculante). Assim, por ter alterado um entendimento do STF que tinha eficácia *erga omnes* e efeito vinculante, a nova decisão proferida em sede de controle concreto ganhou contornos de controle abstrato. Nesses termos, a conclusão é a de que, se uma decisão proferida por outro órgão jurisdicional violar o que foi decidido pelo STF no RE 567.985/MT, no RE 580963/PR e no Rcl 4374/PE, caberá reclamação para o STF[137].

b) Outro ponto importante é que o STF, apesar de reconhecer a possibilidade de modulação de efeitos no âmago do controle difuso-concreto (questão pacificada[138]), não admitia a modulação de efeitos (exceções ao efeito ***ex tunc***) no que tange à decisão que envolvesse o intitulado **juízo de não recepção** de normas anteriores à Constituição de 1988.

Nesses termos, conforme o **RE nº 353.508-Agr**, a decisão de não recepção só admitiria efeito ***ex tunc*** (retroativo). Vejamos a ementa:

> *"(...) IPTU – Recurso do município que busca a aplicação, no caso, da **técnica da modulação dos efeitos temporais da declaração de inconstitucionalidade** – impossibilidade, pelo fato de o Supremo Tribunal Federal não haver proferido decisão de inconstitucionalidade pertinente ao ato estatal questionado – julgamento da Suprema Corte que se limitou a formular, na espécie, mero juízo negativo de recepção – não recepção e inconstitucionalidade: noções conceituais que não se confundem (...) 1. Considerações sobre o valor do ato inconstitucional – os diversos graus de invalidade do ato em conflito com a constituição: ato inexistente? ato nulo? ato anulável? (com eficácia **ex tunc** ou com eficácia **ex nunc**) – formulações teóricas – o **status quaestionis** na jurisprudência do Supremo Tribunal Federal. 2. Modulação temporal dos efeitos da decisão de inconstitucionalidade: técnica inaplicável quando se tratar de juízo negativo de recepção de atos pré-constitucionais. – A declaração de inconstitucionalidade reveste-se, ordinariamente, de eficácia ex tunc (RTJ 146/461-462 – RTJ 164/506-509), retroagindo ao momento em que editado o ato estatal reconhecido inconstitucional pelo Supremo Tribunal Federal. – O Supremo Tribunal Federal tem reconhecido, excepcionalmente, a possibilidade de proceder à modulação ou limitação temporal dos efeitos da declaração de inconstitucionalidade, mesmo quando proferida, por esta Corte, em sede de controle difuso. Precedente: RE 197.917/SP, Rel. Min. MAURÍCIO CORRÊA (Pleno). – Revela-se inaplicável, no entanto, a teoria da limitação temporal dos efeitos, se e quando o Supremo*

---

137. No caso concreto que gerou essa exceção, em 1998, na ADI 1.232/DF, o STF havia decidido que o § 3º do art. 20, da Lei nº 8.742/93, era constitucional. Em 2013, ao apreciar novamente o tema no RE 567.985/MT, no RE 580963/PR e na Rcl 4374/PE, processos individuais julgados em conjunto, o STF mudou de entendimento e afirmou que o referido § 3º é parcialmente inconstitucional. STF. Decisão monocrática. **Rcl 18636**, Rel. Min. Celso de Mello, julg. em **10.11.2015**.

138. **RE 522897/RN**, STF. Plenário. Rel. Min. Gilmar Mendes, julg. em **16.03.2017** (Info 857): *É possível a modulação dos efeitos da decisão proferida em sede de controle incidental de constitucionalidade. Assim, não é apenas no controle abstrato que se admite a modulação.*

> *Tribunal Federal, ao julgar determinada causa, nesta formular juízo negativo de recepção, por entender que certa lei pré-constitucional mostra-se materialmente incompatível com normas constitucionais a ela supervenientes. – A não recepção de ato estatal pré-constitucional, por não implicar a declaração de sua inconstitucionalidade – mas o reconhecimento de sua pura e simples revogação (RTJ 143/355 – RTJ 145/339) –, descaracteriza um dos pressupostos indispensáveis à utilização da técnica da modulação temporal, que supõe, para incidir, dentre outros elementos, a necessária existência de um juízo de inconstitucionalidade. – Inaplicabilidade, ao caso em exame, da técnica da modulação dos efeitos, por tratar-se de diploma legislativo, que, editado em 1984, não foi recepcionado, no ponto concernente à norma questionada, pelo vigente ordenamento constitucional. (...)".*

Porém, certo é que o STF nos apresenta um novo posicionamento, nos termos do recente **RE 600.885/RS** de relatoria da Ministra Cármen Lúcia, julgado em **02.02.2011**. Nessa decisão, o Pretório Excelso **admitiu** a possibilidade de modulação de efeitos em sede de lei anterior à Constituição e com a mesma incompatível (juízo de não recepção).

O caso envolveu o tema "limite de idade para concurso de ingresso nas forças armadas". O STF asseverou nos termos constitucionais (art. 142, § 3°, X da CR/88) a necessidade de edição de lei para definição dos limites e a impossibilidade dessa definição por regulamentos (conforme permissivo previsto no art. 10 da Lei 6.880/80). Nesses termos, conforme a ementa:

> *(...) Concurso público para ingresso nas forças armadas: critério de limite de idade fixado em edital. Repercussão geral da questão constitucional. Substituição de paradigma. art. 10 da lei nº6.880/1980. Art. 142, § 3º, X, da Constituição da República. Declaração de não recepção da norma com modulação de efeitos. Desprovimento do recurso extraordinário. 1. Repercussão geral da matéria constitucional reconhecida no Recurso Extraordinário n. 572.499: perda de seu objeto; substituição pelo Recurso Extraordinário n. 600.885. 2. O art. 142, § 3º, inciso X, da Constituição da República, é expresso ao atribuir exclusivamente à lei a definição dos requisitos para o ingresso nas Forças Armadas. 3. A Constituição brasileira determina, expressamente, os requisitos para o ingresso nas Forças Armadas, previstos em lei: referência constitucional taxativa ao critério de idade. Descabimento de regulamentação por outra espécie normativa, ainda que por delegação legal. 4. Não foi recepcionada pela Constituição da República de 1988 a expressão "nos regulamentos da Marinha, do Exército e da Aeronáutica" do art. 10 da Lei nº6.880/1980. 5. O princípio da segurança jurídica impõe que, mais de vinte e dois anos de vigência da Constituição, nos quais dezenas de concursos foram realizados se observando aquela regra legal, modulem-se os efeitos da não recepção: manutenção da validade dos limites de idade fixados em editais e regulamentos fundados no art. 10 da Lei nº6.880/1980 até 31 de dezembro de 2011. 6. Recurso extraordinário desprovido, com modulação de seus efeitos. (RE 600.885/RS, julg. em 09.02.2011, Rel. Min. Cármen Lúcia)*

c) O quórum de sessão (ou *quórum de julgamento*) no controle de constitucionalidade é definido como a quantidade mínima de Ministros presentes na sessão para que o STF inicie a discussão se uma lei ou ato normativo são ou não inconstitucionais. Segundo o Regimento Interno do STF no parágrafo único do art. 143, o quórum de sessão (ou de julgamento) para que o STF possa examinar a constitucionalidade de uma lei ou ato normativo será de 8 Ministros (seja no controle difuso ou no concentrado, embora para o controle concentrado o art. 22 da Lei 9.868/99 afirme de forma explícita).

Portanto, no STF, para que seja iniciada a sessão de julgamento em que será votada a constitucionalidade de uma lei ou ato normativo, é necessário que estejam presentes no mínimo 8 Ministros. É interessante que o plenário do STF decidiu que *essa exigência de quórum para julgamento* **não se aplica** no caso de o Pretório Excelso estar analisando a ***recepção ou não*** de uma lei ou ato normativo. O fundamento é o de que não haverá, nesse caso, controle (juízo) de constitucionalidade, pois trata-se apenas de discussão em torno de direito pré-constitucional.[139]

d) Por fim, não podemos nos olvidar de explicitarmos uma questão que gerou muito debate na doutrina e na jurisprudência em sede de controle difuso. A questão foi: existe a possibilidade de controle difuso via Ação Civil Pública? Sim, conforme o **Informativo nº 212 do STF**. Porém, a Ação Civil Pública não pode **ser sucedânea** (visar substituir) da Ação Direta de Inconstitucionalidade. Nesses termos, devemos ficar atentos à **causa de pedir** e ao **pedido** dessa ação, pois **o pedido** da Ação Civil Pública não pode ser o de declaração de inconstitucionalidade da lei ou ato normativo, pois a questão central da ACP deve ser a nulidade ou não de ato concreto (que pretensamente lesiona o patrimônio público). Portanto, a **inconstitucionalidade desse ato só pode ser discutida incidentalmente (***incidenter tantum***), não podendo ser objeto da questão principal.**[140] Além disso, o **efeito da decisão** do incidente de inconstitucionalidade não pode ser ***erga omnes***, mas somente ***inter partes***, sob pena de subtração (ou usurpação) da competência do STF.[141]

---

139. Conforme o RE 658.312/SC julg. em 27.11.2014: "Preliminarmente, o Colegiado, por decisão majoritária, rejeitou questão de ordem, suscitada pelo Ministro Marco Aurélio, no sentido de não haver quórum para julgamento, tendo em conta se tratar de conflito de norma com a Constituição, e a sessão contar com menos de oito integrantes. No ponto, o Ministro Celso de Mello frisou que não se cuidaria de juízo de constitucionalidade, mas de discussão em torno de direito pré-constitucional. Assim, o juízo da Corte seria positivo ou negativo de recepção. Vencido o suscitante." (Inf. 769 do STF)
140. Conforme o **RE nº 424.993**: [...] *Ação civil pública ajuizada pelo Ministério Público do Distrito Federal com pedidos múltiplos, dentre eles, o pedido de declaração de inconstitucionalidade incidenter tantum da lei distrital 754/1994, que disciplina a ocupação de logradouros públicos no Distrito Federal. Resolvida questão de ordem suscitada pelo relator no sentido de que a declaração de inconstitucionalidade da lei 754/1994 pelo Tribunal de Justiça do Distrito Federal não torna prejudicado, por perda de objeto, o recurso extraordinário. A jurisprudência do Supremo Tribunal Federal tem reconhecido que se pode pleitear a inconstitucionalidade de determinado ato normativo na ação civil pública, desde que incidenter tantum. Veda-se, no entanto, o uso da ação civil pública para alcançar a declaração de inconstitucionalidade com efeitos erga omnes. No caso, o pedido de declaração de inconstitucionalidade da lei 754/1994 é meramente incidental, constituindo-se verdadeira causa de pedir. Negado provimento ao recurso extraordinário do Distrito Federal e julgado prejudicado o recurso extraordinário ajuizado pelo Ministério Público do Distrito Federal.* Julgamento em **12.09.2007.** (*DJ*: 19.10.2007). No mesmo sentido, a decisão do STF na RcL nº 1503 em 17.11.2011, presente no Informativo 648 do STF.
141. Conforme a **Reclamação nº 2.224/SP**: *Reclamação: procedência: usurpação da competência do STF (CR, art. 102, I, a). Ação civil pública em que a declaração de inconstitucionalidade com efeitos erga omnes não é posta como causa de pedir, mas, sim, como o próprio objeto do pedido, configurando hipótese reservada à ação direta de inconstitucionalidade de leis federais, da privativa competência originária do Supremo Tribunal. Rel. Min. Sepúlveda Pertence.* julg. em **26.10.2005.** (*DJ*: 10.02.2006).

6.4. Controle Concentrado de Constitucionalidade no Brasil. ADI – Ação Direta de Inconstitucionalidade

6.4.1. *Conceito*

Espécie de controle concentrado no STF que visa declarar a inconstitucionalidade de leis ou atos normativos federais ou estaduais que contrariem a Constituição da República de 1988.

6.4.2. *Parâmetro e Objeto da ADI*

Inicialmente é mister explicitarmos qual parâmetro é usado para o controle de constitucionalidade. Certo é que, quando usamos o temos *"parâmetro"*, remetemos à questão de quais normas da Constituição serão analisadas para sabermos se a lei ou o ato normativo impugnado (atacado) realmente as violaram. Nesses termos, *parâmetro* (ou *paradigma de controle*) são as normas que servirão como referência para que o Tribunal analise se determinada lei ou ato normativo são ou não inconstitucionais. Por óbvio, se a lei ou ato normativo (que são objeto da ADI) estiverem em contrariedade com o *parâmetro*, podemos ter a declaração de inconstitucionalidade.

Conforme já aventado, a relação de parametricidade no Brasil envolve as normas constitucionais expressas (*art. 1º ao art. 250* e do *ADCT*) e implícitas[142] na Constituição (formal). Sejam as normas constitucionais originárias ou fruto de emenda constitucional. Certo é que nessas normas constitucionais, atualmente, também podemos acrescentar os *tratados internacionais de direitos humanos* que passaram pelo procedimento equivalente ao das emendas constitucionais nos moldes do art. 5º, § 3º, da CR/88 (introduzido pela EC nº 45/2004).[143]

142. Exemplo aqui já citado é o do princípio da proporcionalidade.

143. Segundo posicionamento do STF, os tratados de direitos humanos, que não passaram pelo procedimento descrito no art. 5º, § 3º, da CR/88, não poderão ser usados como parâmetro para o controle de constitucionalidade. Estes, por serem Tratados Internacionais de Direitos Humanos, serão alocados no ordenamento pátrio **como normas supralegais.** Normas acima das leis ordinárias, mas abaixo das normas constitucionais. Em relação a eles, teremos o intitulado *controle de supralegalidade* e não o *controle de constitucionalidade*. Portanto, em regra, os tratados internacionais não podem ser utilizados como parâmetro em sede de controle concentrado de constitucionalidade. Excepcionalmente será cabível ADI contra lei ou ato normativo que violou tratado ou convenção internacional que trate sobre direitos humanos e que tenha sido aprovado segundo o § 3º do art. 5º, da CR/88. Como já dito, esse tratado será incorporado ao ordenamento brasileiro como se fosse (equivalente) uma emenda constitucional. STF. Plenário. ADI 2030/SC, Rel. Min. Gilmar Mendes, julg. em 09.08.2017. No caso, foi proposta uma ADI contra lei estadual alegando que ela violou um tratado internacional, que seria a Convenção sobre Prevenção da Poluição Marinha por Alijamento de Resíduos e Outras Matérias, assinada em Londres, e promulgada pelo Brasil por meio do Decreto 87.566/1982. Conforme o STF: *Primeiramente o Colegiado não conheceu do pedido de declaração de inconstitucionalidade quanto à ofensa à referida convenção, promulgada pelo Decreto 87.566/1982. Esclareceu que a jurisprudência da Corte não admite o exame de contrariedade à norma infraconstitucional em sede de controle concentrado de constitucionalidade* (Informativo 872 do STF).

Porém, temos ainda que salientar o que, definitivamente, não será **parâmetro** (base) para a ADI, na perspectiva desenvolvida pelo STF. Certo é que **não pode** ser usado como **paradigma** para o controle de constitucionalidade: a) o preâmbulo da Constituição, pois o STF não admite sua força normativa; b) normas constitucionais já revogadas (visto que foram destituídas de normatividade) ou as normas constitucionais do ADCT que tiveram sua eficácia exaurida (por já terem cumprido sua função no ordenamento); c) normas das constituições anteriores, visto que não são dotadas de validade (a não ser que a nova constituição excepcionalmente determine de forma expressa[144]) em relação ao novo ordenamento constitucional, constituído a partir de 05.10.1988.

Passamos agora a falar do objeto. Sem dúvida, conforme dicção constitucional, o objeto de ADI será a lei ou o ato normativo federal ou estadual. Porém, como podemos definir o que seja ato normativo?

Castanheira Neves explicita uma definição muito usada pela doutrina brasileira. Afirma o autor português que ato normativo é aquele revestido de indiscutível conteúdo normativo prescritivo de dever-ser. Portanto, um ato que vincula condutas não de forma descritiva, mas de forma eminentemente prescritiva.

Porém, o que o STF entende por lei ou ato normativo prescritivo de dever-ser, ou seja, portanto, passível de ADI? Nesse caso, um estudo jurisprudencial e um quadro esquemático a partir dele pode nos ajudar a entender quando, segundo o STF, cabe ou não ADI no que tange às leis ou aos atos normativos federais ou mesmo estaduais.

Dessa forma, passamos agora à apreciação do posicionamento do STF sobre o cabimento da Ação Direta de Inconstitucionalidade. **Nesses termos, cabe ADI contra:**

1) As espécies normativas primárias do art. 59. Ou seja: Emendas Constitucionais; Leis Complementares; Leis Ordinárias; Leis Delegadas; Medidas Provisórias;[145] Decretos Legislativos e Resoluções.

Aqui, sobre as espécies normativas primárias, algumas observações são importantes.

Tradicionalmente, **o STF** entendia que, se a espécie normativa primária for de **efeito concreto** (ato normativo de efeito concreto ou ato normativo concreto), não

---

144. Esse fenômeno, já citado em nossa obra, é o da **recepção material de normas constitucionais.** Sem dúvida, é um fenômeno excepcional que, via de regra, ocorre por vontade do Poder Constituinte Originário e em caráter precário.

145. Certo é que, conforme já estudamos, com relação ao conteúdo de uma Medida Provisória, a ADI deve ser entendida como uma regra. Já vimos na obra que se o conteúdo de uma medida provisória contraria o conteúdo da Constituição, contra ela cabe ADI e ela deve ser declarada inconstitucional. Porém, se o questionamento envolve os aspectos formais da MP, ou seja, sua relevância e urgência, temos que a alegação de inconstitucionalidade formal deve ser apreciada pelo STF só em termos excepcionais (como exceção). Nesse caso, entende o Pretório Excelso que o juízo de discricionariedade para decidir sobre a relevância e urgência é de quem edita a MP, no caso, o Presidente da República, e após a sua análise teremos ainda a apreciação do Congresso Nacional, que poderá rejeitar a MP por falta de seus pressupostos de relevância e urgência (vide art. 62, V da CR/88). Portanto, o STF só irá apreciar e declarar uma possível inconstitucionalidade formal excepcionalmente quando entender que o Presidente da República incorreu em desvio de finalidade ou em abuso no Poder de legislar.

caberia à ADI por falta de generalidade e abstração ínsitas à ADI. Como exemplos, citava a doutrina: a) Resolução da Câmara dos Deputados que aprova o processo contra o Presidente da República, com base no art. 51, I, da CR/88; b) Decreto Legislativo do Congresso Nacional que autoriza o Presidente a se ausentar do país por mais de 15 dias com base no art. 49, III, da CR/88.[146] Porém, esse entendimento, pelo menos ***a priori***, modificou-se, em maio de 2008, à luz de algumas decisões do Pretório Excelso, nas quais, ainda que em sede liminar (ADI 4048[147] e posteriormente ADI 4049), o STF **passou a admitir** o ajuizamento de ADI contra **lei ou ato normativo concreto**. Nesses termos, ainda que de forma não consolidada e recorrente, temos que, atualmente o STF admite ADI contra espécies normativas primárias, mesmo sendo estas de efeitos concretos.[148]

Aqui, é interessante observarmos também, que a 1ª Turma do STF já afirmou, ainda que em decisão esparsa, que *o fato de uma lei possuir destinatários determináveis não retira seu caráter abstrato e geral*, tampouco (de forma automática) a transforma em norma de efeitos concretos. No caso, o Município de Palmas/TO, editou lei transformando cargos de analista técnico jurídico em Procurador do Município. Foi proposta no Tribunal de Justiça ADI estadual (representação de inconstitucionalidade estadual) contra a lei municipal. O TJ não conheceu da ação por inadequação da via eleita (procedimento inadequado) e sob o argumento de que a lei impugnada

---

146. DAVID ARAÚJO, Luiz; SERRANO NUNES, *Curso de direito constitucional*.

147. Aqui o posicionamento majoritário do STF na medida cautelar da **ADI 4048:** *Medida Cautelar em Ação Direta de Inconstitucionalidade. Medida Provisória nº 405, de 18.12.2007. Abertura de crédito extraordinário. Limites Constitucionais à atividade legislativa excepcional do Poder Executivo na edição de medidas provisórias. Medida provisória e sua conversão em lei. Conversão da medida provisória na Lei nº 11.658/2008, sem alteração substancial. Aditamento ao pedido inicial. Inexistência de obstáculo processual ao prosseguimento do julgamento. A lei de conversão não convalida os vícios existentes na medida provisória. II.* ***Controle abstrato de constitucionalidade de normas orçamentárias. Revisão de jurisprudência. O STF deve exercer sua função precípua de fiscalização da constitucionalidade das leis e dos atos normativos quando houver um tema ou uma controvérsia constitucional suscitada em abstrato, independente do caráter geral ou específico, concreto ou abstrato de seu objeto.*** *Possibilidade de submissão das normas orçamentárias ao controle abstrato de constitucionalidade. III. limites constitucionais à atividade legislativa excepcional do Poder Executivo na edição de medidas provisórias para abertura de crédito extraordinário. Interpretação do art. 167, § 3º c/c o art. 62, § 1º, inciso I, alínea "d", da CF. Além dos requisitos de relevância e urgência (art. 62), a CF exige que a abertura do crédito extraordinário seja feita apenas para atender a despesas imprevisíveis e urgentes. Ao contrário do que ocorre em relação aos requisitos de relevância e urgência (art. 62), que se submetem a uma ampla margem de discricionariedade por parte do Presidente da República, os requisitos de imprevisibilidade e urgência (art. 167, § 3º) recebem densificação normativa da Constituição.* ***Os conteúdos semânticos das expressões "guerra", "comoção interna" e "calamidade pública" constituem vetores para a interpretação/aplicação do art. 167, § 3º c/c o art. 62, § 1º, inciso I, alínea "d", da Constituição. "Guerra", "comoção interna" e "calamidade pública" são conceitos que representam realidades ou situações fáticas de extrema gravidade e de consequências imprevisíveis para a ordem pública e a paz social, e que dessa forma requerem, com a devida urgência, a adoção de medidas singulares e extraordinárias.*** *A leitura atenta e a análise interpretativa do texto e da exposição de motivos da MP nº 405/2007 demonstram que os créditos abertos são destinados a prover despesas correntes, que não estão qualificadas pela imprevisibilidade ou pela urgência. A edição da MP nº 405/2007 configurou um patente desvirtuamento dos parâmetros constitucionais que permitem a edição de medidas provisórias para a abertura de créditos extraordinários. IV. Medida cautelar deferida. Suspensão da vigência da Lei nº 11.658/2008, desde a sua publicação, ocorrida em 22 de abril de 2008.* Nesse sentido, também a decisão da **ADI 5449 MC** Referendo/ RR julg. em **10.03.2016** (Inf 817)

148. Mas, aqui, devemos ter atenção, pois o que o STF admitiu foi a possibilidade de cabimento de ADI contra lei ou ato normativo de efeito concreto, não se admitindo ADI contra "**atos administrativos de efeitos concretos**", visto que estes **não** são enquadrados como leis ou atos normativos.

teria nascido em virtude de um acordo homologado judicialmente. Logo, não seria possível rediscutir a matéria por meio de ação direta de inconstitucionalidade, considerando que haveria violação à coisa julgada material.

Para o STF, o fato de uma lei ter sido aplicada em casos concretos, com decisões transitadas em julgado, em nada interfere na possibilidade dessa mesma norma ser analisada, abstratamente, em sede de ação direta de inconstitucionalidade. Acordos homologados judicialmente jamais podem afastar o controle concentrado de constitucionalidade das leis. O Pretório Excelso também entendeu que não pode subsistir a afirmação do TJ no sentido de que a norma tida por viciada não pode ser objeto de ADI, pois se discute aqui a constitucionalidade da lei impugnada, e não o trânsito em julgado dos acordos homologados judicialmente[149]

Sobre as ***medidas provisórias*** temos algumas reflexões interessantes. Merece nossa atenção algumas digressões sobre as medidas provisórias **que está** presente no art. 59, V, bem como em todo o art. 62 da CR/88.

A primeira questão importante se refere à figura da *conversão da MP* em Lei. Ou seja, a situação na qual a Medida Provisória vira lei após a sua aprovação na Câmara dos Deputados e no Senado. Nesse caso, certo é que *a sua conversão em lei* ***não convalida os vícios originários existentes na MP e que foram objeto de questionamento via ADI.***

Assim sendo, a ADI não restará prejudicada, havendo apenas a necessidade da inicial da ADI ser aditada. Conforme a ADI 4048, temos que: "[...] I. *Medida Provisória e sua conversão em lei. Conversão da medida provisória na Lei nº 11.658/2008, sem alteração substancial. Aditamento ao pedido inicial. Inexistência de obstáculo processual ao prosseguimento do julgamento. A lei de conversão não convalida os vícios existentes na medida provisória.*"

Outra questão, recentemente enfrentada pelo STF, refere-se a edição de medida provisória visando revogar lei que está sendo objeto de ADI. O que acontece se a ADI for pautada e chegar o dia do julgamento? *O STF deveria julgar a ADI contra uma lei que foi objeto de MP (que está em vigor) visando revoga-la? Pois bem, segundo o STF,* se for editada MP revogando (na verdade *suspendo*) lei que está sendo questionada por meio de ADI, esta ação poderá ser julgada enquanto a medida provisória não for votada. Nesses termos, para o STF, enquanto a MP não for votada, não há perda do objeto.[150]

149. RE 1186465 AgR/TO, STF. 1ª Turma. Rel. Min. Alexandre de Moraes, julg. em 08.10.2019. *A Primeira Turma deu provimento a agravo regimental em recurso extraordinário para determinar o retorno do processo ao tribunal de origem, para que seja julgado o mérito de ação direta de inconstitucionalidade estadual ajuizada contra normas locais que transformaram cargos de analista técnico jurídico em cargos de procurador municipal. No caso, o Pleno do Tribunal de Justiça estadual, por maioria, não conheceu da referida ação direta de inconstitucionalidade, ao fundamento de: i) inadequação do procedimento escolhido pelo requerente para veicular as pretensões deduzidas na inicial e ii) afronta ao instituto da coisa julgada material, visto que as normas contestadas seriam fruto de acordo homologado judicialmente, sendo, portanto, inviável a rediscussão da matéria.* (Inf. 955)

150. ADI 5717/DF, ADI 5709/DF, ADI 5716/DF e ADI 5727/DF, STF. Plenário. Rel. Min. Rosa Weber, julg. em 27.03.2019 (Inf. 935)

O fundamento aqui é o de que a edição de medida provisória não tem eficácia normativa imediata de revogação da legislação anterior com ela incompatível, ***mas apenas de suspensão, paralisação, das leis antecedentes*** até o término do prazo do processo legislativo de sua conversão. Portanto, embora seja espécie normativa (prevista no art.59, V da CR/88) com força de lei, a medida provisória precisa ser confirmada. *A conclusão é a de que a medida provisória é lei sob condição resolutiva.* Se for aprovada, a lei de conversão resultará na revogação da Lei. Assim sendo, enquanto não aprovada a MP, não se pode falar em perda de interesse (perda do objeto) da ADI.[151]

2) Resoluções e deliberações administrativas de Tribunais. Por exemplo, conforme o STF, é cabivel ADI contra deliberação administrativa de Tribunais de Justiça.[152]

3) Regimento Interno dos Tribunais.[153]

4) Regimento Interno das Casas do Poder Legislativo[154] (vide o precedente da ADI nº 1.635,[155] bem como o da ADI nº 3.208).

5) Atos estatais de conteúdo derrogatório (resoluções normativas que incidem sobre atos de caráter normativo). São resoluções administrativas normativas que incidem sobre atos normativos, ou seja, verdadeiros ***atos do Poder Executivo com força normativa*** (vide a ADI 3206[156]).

---

151. ADI 5717/DF, ADI 5709/DF, ADI 5716/DF e ADI 5727/DF, STF. Plenário. Rel. Min. Rosa Weber, julg.s em 27.03.2019 (Inf. 935)

152. Exemplo: ADI 3202 Rel. Min. Cármen Lúcia Julg. em 05.02.2014 (Inf. 734 do STF). Em outra decisão recente, afirmou o STF que: *"É possível, em tese, o ajuizamento de ADI contra deliberação administrativa de tribunal, desde que ela tenha conteúdo normativo com generalidade e abstração."* Entendeu o STF, ser cabível ADI contra deliberação administrativa do TRT-15 que determinou o pagamento de reajuste decorrente da conversão da URV em reais ("plano real") aos magistrados e servidores. O STF decidiu que a decisão administrativa do TRT-15 teve conteúdo normativo, com generalidade e abstração, porque concedeu, de forma ampla, um reajuste para uma coletividade de pessoas, como se fosse uma lei. STF. Plenário. ADI 1244 QO-QO/SP, Rel. Min. Gilmar Mendes, julgado em 19.12.2019 (Inf. 964).

153. Conforme Gilmar Mendes, desde que tenham caráter autônomo e não meramente ancilar. In: Mendes, Gilmar, 2008.

154. Conforme Gilmar Mendes, desde que tenham caráter autônomo e não meramente ancilar. In: Mendes, Gilmar, 2008. Outro exemplo: ADI nº 4587 que, em 22.05.2014, declarou inconstitucional o art. 147, § 5º, do Regimento Interno da AL do Estado de Goiás. E recentemente tivemos o STF por maioria conhecendo da ADI 5498 MC/DF, sobre o § 4º do art.187 do RI da Câmara dos Deputados, de rel. orig. Min. Marco Aurélio, com red. p/ o acórdão Min. Teori Zavascki, julg. em 14.04.2016.

155. Nesses termos: [...] 1. *A restrição estabelecida no § 4º do artigo 35 do Regimento Interno da Câmara dos Deputados, que limita em cinco o número de CPIs em funcionamento simultâneo, está em consonância com os incisos III e IV do artigo 51 da Constituição Federal, que conferem a essa Casa Legislativa a prerrogativa de elaborar o seu regimento interno e dispor sobre sua organização. Tais competências são um poder-dever que permite regular o exercício de suas atividades constitucionais. 2. Ação direta de inconstitucionalidade julgada improcedente.* (Rel. Min Maurício Correa. Julg. em 19.10.2000. DJ: 05.03.2004).

156. Conforme a decisão da **ADI 3206**: O Tribunal, por unanimidade, julgou procedente a ação para declarar a inconstitucionalidade **da Portaria nº 160,** de 13 de abril de 2004, do Ministro de Estado do Trabalho e Emprego.

6) Resolução do Conselho Interministerial de Preços, conforme a ADI nº 08.[157]

7) Decretos autônomos do art. 84, VI da CR/88. Nesse caso, estaríamos diante de um decreto que usurpa diretamente a Constituição, sendo essa, seu parâmetro imediato (frontal). Os decretos autônomos são aqueles que veiculam normas que estabelecem proibições, mandamentos ou permissões que não estavam previstos no ordenamento jurídico. Nesses termos, são atos normativos que buscam validade diretamente da Constituição.[158]

8) Resoluções do TSE. Conforme o Informativo nº 398 do STF. Como precedentes, temos as ADIs nºs 3.345 e 3.365 que foram admitidas contra a Resolução nº 21.702/2004 do TSE.[159]

9) Tratados Internacionais e convenções internacionais. Porém, aqui, há três possibilidades que devem ser analisadas: **(I)** TI que não dispõe sobre direitos humanos (adentra como lei ordinária); **(II)** TI que trata de direitos humanos e passou pelo procedimento do art. 5º, § 3º, da CR/88 (adentra como norma constitucional, nos mesmos moldes de uma emenda constitucional); **(III)** TI que versa sobre direitos humanos e que não passou pelo procedimento do art. 5º, § 3º, da CR/88 (norma supralegal). Nesse último caso, como o TI é de direitos humanos, segundo apertada votação (5x4) no STF no julgamento do RE nº 466.343, ele não pode adentrar no ordenamento como lei ordinária e nem mesmo adentraria como norma constitucional. No referido RE nº 466.343, ficou definida uma terceira hipótese normativa, estabelecendo, pois, a chamada tese da **norma supralegal**, tese, portanto, esta que

157. Nesses termos, é a Ementa: *Constitucional. Ação direta. Resolução 293-C, de 01.11.88, do Conselho Interministerial de Preços: reajuste de preços. Alteração posterior. Liberação dos preços. I. – Liberação dos preços industriais dos medicamentos da linha humana constantes da Resolução 293-C, de 01.11.88, pela Portaria da Secretaria Executiva do MEFP n. 37, de 11.05.92, certo que, anteriormente, os preços foram objeto de modificações mediante resoluções ou portarias. Perda do objeto da ação direta de inconstitucionalidade. II. – ADIn julgada prejudicada.* (Rel. Min. Carlos Velloso. Julg. 15.02.1996. *DJ*: 10.05.1996).

158. *Os decretos autônomos retiram fundamento diretamente da Constituição Federal (art. 84, VI) e, portanto, são dotados de generalidade e abstração. Por essa razão, podem ser objeto de ação direta de inconstitucionalidade*. ADI 3664, Rel. Min. Cezar Peluso, julgado em 01/06/2011. Outro Exemplo de Decreto Autônomo: **ADI 6121 MC/DF**, Rel. Min. Marco Aurélio, julg em 12 e 13.06.2019. *O Presidente da República Jair Bolsonaro editou o Decreto nº 9.759/2019 extinguindo uma série de colegiados existentes na Administração Pública federal. O art. 1º, § 2º deste Decreto previu que ficariam extintos os colegiados que sejam mencionados em lei, mas sem que esta tenha definido a competência ou a composição. O STF, em medida cautelar, declarou a inconstitucionalidade dessa previsão, considerando que a extinção desses colegiados mencionados em lei somente poderia ocorrer também mediante lei (e não por decreto).* Exemplo: **ADI 1306/BA**, Rel. Min. Cármen Lúcia, julg em **13.06.2018**. *O Plenário, por maioria, julgou improcedente pedido formulado em ADIs ajuizadas contra o Decreto 4.264/1995, da Bahia, que dispõe sobre as providências a serem adotadas em caso de paralisação de servidores públicos estaduais a título de greve. (...) O Tribunal considerou tratar-se de decreto de caráter autônomo, que disciplina, nos termos da competência reservada ao chefe do Poder Executivo pelo art. 84, IV, da CF, as consequências — estritamente administrativas — do ato de greve dos servidores públicos e as providências a serem adotadas pelos agentes públicos no sentido de dar continuidade aos serviços públicos.*

159. *"A Resolução do TSE pode ser impugnada no STF por meio de ADI se, a pretexto de regulamentar dispositivos legais, assumir caráter autônomo e inovador."* STF. Plenário. ADI 5104 MC/DF, Rel. Min. Roberto Barroso, julg. em 21.05.2014. Também: *É cabível ADI contra Resolução do TSE que tenha, em seu conteúdo material, "norma de decisão" de caráter abstrato, geral e autônomo, apta a ser apreciada pelo STF em sede de controle abstrato de constitucionalidade.* ADI 5122, Rel. Min. Edson Fachin, julg. em 03.05.2018.

saiu vencedora.[160] Assim, o TI adentraria não como norma constitucional nem como lei ordinária, mas como norma supralegal (abaixo da Constituição e acima das leis ordinárias). Sem dúvida, a tese vencedora merece críticas na medida em que o STF cria espécie normativa não prevista constitucionalmente (ainda que de forma bem-intencionada e bem fundamentada), atuando além de suas competências constitucionais, além de contrariar o texto constitucional. Com isso, voltando ao tema, mesmo (agora) havendo três hipóteses (emenda constitucional, lei ordinária e norma supralegal), segundo posicionamento majoritário do STF, contra todas caberia ADI.

10) Decretos do Presidente da República de promulgação de tratados e convenções internacionais.

11) Lei Distrital no exercício da competência Estadual do Distrito Federal. Certo é que se cabe ADI contra lei ou ato normativo estadual, também caberá ADI contra lei ou ato normativo Distrital no exercício de competência de cunho estadual do DF.

12) Resoluções do Conselho Nacional de Justiça ou do Conselho Nacional do Ministério Público. O STF, na decisão de medida cautelar na ADC 12 (Ação Declaratória de Constitucionalidade), reconheceu majoritariamente (embora à época com divergências na doutrina e entre seus Ministros sobre o tema) que as resoluções do CNJ devem ser consideradas atos normativos primários.[161] No caso do CNMP, temos a ADI 4263, julgada em 25.04.2018.

13) Conforme o STF, cabe ADI contra recomendação de Tribunal que fixa a competência da Justiça do Trabalho para autorizar o trabalho de crianças e adolescentes em eventos de natureza artística. Nesses termos, cabe ADI contra recomendação conjunta de Tribunal de Justiça e de Tribunal Regional do Trabalho recomendando aos juízes que considerem como sendo da Justiça do Trabalho a competência para autorizar o trabalho de crianças e adolescentes em eventos de natureza artística. Para o STF, essa recomendação deve ser considerada como ato de caráter primário, autônomo e cogente, inovando no ordenamento jurídico, razão pela qual pode ser impugnada por meio de ADI.[162]

---

160. O Min. Celso de Mello, por exemplo, defendia, contrariamente ao Ministro Gilmar, que os TIs de direitos humanos deveriam entrar como normas constitucionais mesmo não passando pelo procedimento do art. 5º, § 3º, da CR/88.

161. MC na **ADC 12:** [...] A Resolução nº 07/05 do CNJ reveste-se dos atributos da generalidade (os dispositivos dela constantes veiculam normas proibitivas de ações administrativas de logo padronizadas), impessoalidade (ausência de indicação nominal ou patronímica de quem quer que seja) e abstratividade (trata-se de um modelo normativo com âmbito temporal de vigência em aberto, pois claramente vocacionado para renovar de forma contínua o liame que prende suas hipóteses de incidência aos respectivos mandamentos). A Resolução nº 07/05 se dota, ainda, de **caráter normativo primário,** dado que arranca diretamente do § 4º do art. 103-B da Carta-cidadã e tem como finalidade debulhar os próprios conteúdos lógicos dos princípios constitucionais de centrada regência de toda a atividade administrativa do Estado, especialmente o da impessoalidade, o da eficiência, o da igualdade e o da moralidade. O ato normativo que se faz de objeto desta ação declaratória densifica apropriadamente os quatro citados princípios do art. 37 da CF, razão por que não há antinomia de conteúdos na comparação dos comandos que se veiculam pelos dois modelos normativos: o constitucional e o infraconstitucional. [...] (Rel. Min. Carlos Brito. Julg. em 16.02.2006). A decisão de mérito da **ADC 12**, no mesmo sentido da MC, se deu em **20.08.2018**.

162. **ADI 5326/DF,** STF. Plenário. Rel. Min. Marco Aurélio, julgado em 27.09.2018 (Info 917). Recomendação Conjunta 1/2014 das Corregedorias dos Tribunais de Justiça e do Trabalho, e dos Ministérios Públicos estadual e do Trabalho

14) Segundo o STF, cabe ADI contra Lei estadual que modifique os limites geográficos de Município. Nesses termos, Lei estadual que dispõe sobre criação, incorporação, fusão ou desmembramento de municípios possui natureza normativa e abstrata, desafiando o controle concentrado.[163]

Em outro giro, segundo o STF, não cabe Ação Direta de Inconstitucionalidade contra:

1) Norma constitucional originária. O Brasil não adota a teoria que admite a existência de normas constitucionais originárias inconstitucionais.

2) Leis ou atos normativos anteriores à Constituição de 1988. Porém, é cabível controle difuso ou controle concentrado via ADPF, com base na Lei nº 9.882/99.

3) Contra lei ou ato normativo já revogado, pois a ADI não se presta a regular relações concretas (de cunho subjetivo).

Aqui, existem algumas observações. Pode ocorrer que, durante a vigência da lei, é proposta ADI contra ela. Se no ***iter*** do procedimento da ADI a lei é revogada por outra, "a regra" no STF é a de que a ADI restará ***prejudicada por perda de objeto.*** Este é o posicionamento **tradicional do STF.**[164]

Porém, podemos observar três exceções a essa regra: **(I)** O STF, no julgamento das **ADIs nº 3232, 3.990 e 3.983**, envolvendo **ato normativo do Estado do Tocantins** (Informativo nº 515 do STF[165]), deixou assente que uma lei objeto de ADI que foi re-

---

de Estado de São Paulo: *RECOMENDAR aos Juízes de Direito da Infância e da Juventude, aos Juízes do Trabalho da Segunda e da Décima Quinta Região e aos Membros do Ministério Público Estadual e do Ministério Público do Trabalho da Segunda e da Décima Quinta Região, que tomem como diretriz, para efeito de competência: I – As causas que tenham como fulcro os direitos fundamentais da criança e do adolescente e sua proteção integral, nos termos da Lei 8.069, de 13 de julho de 1990, inserem-se no âmbito da competência dos Juízes de Direito da Infância e da Juventude; II – As causas que tenham como fulcro a autorização para trabalho de crianças e adolescentes, inclusive artístico e desportivo, e outras questões conexas derivadas dessas relações de trabalho, debatidas em ações individuais e coletivas, inserem-se no âmbito da competência dos Juízes do Trabalho, nos termos do art. 114, incisos I e IX, da Constituição da República.* A Associação Brasileira de Emissoras de Rádio e Televisão ajuizou ADI contra esse ato normativo. Assim sendo, por "Recomendação", *foi fixada a competência da Justiça do Trabalho para analisar os pedidos de autorização para crianças e adolescentes participarem em eventos de natureza artística.* Apesar de ter sido nominado como "recomendação", *o que se observa é que se trata de um verdadeiro ato de caráter geral e abstrato definindo competência para os juízes trabalhistas. Como é um ato emanado pelas Corregedorias dos referidos Tribunais, é de se supor que os juízes a eles vinculados se sentirão propensos a cumpri-las. O STF entendeu que essa recomendação conjunta representava um ato normativo de caráter cogente e vinculativo que alterou o entendimento até então prevalecente no sentido de que a competência seria da Justiça Estadual.*

163. ADI 1825, STF. Plenário. Rel. Min. Luiz Fux, julgado em 15.04.2020 (Informativo 978).

164. É interessante que o Ministro Gilmar Mendes, em voto proferido no julgamento de questão de ordem da **ADI nº 1.244**, já se manifestou de forma contrária a esse posicionamento. Gilmar Mendes entendeu que não haveria prejudicialidade na ADI em virtude da revogação do ato normativo atacado na ADI. Nesses termos, para o Ministro, a análise de constitucionalidade dos efeitos concretos de uma lei (efeitos de uma lei em situações concretas) ser afeta apenas ao controle difuso seria incompatível com os **princípios da máxima efetividade** e **força normativa da constituição.**

165. *"O Tribunal julgou procedentes pedidos formulados em três ações diretas de inconstitucionalidade conexas, ajuizadas pelo Procurador-Geral da República e pelo Partido da Social Democracia Brasileira, para declarar, com efeitos ex tunc, a inconstitucionalidade dos artigos 5º, I, II, e III, e 7º, I e III, todos da Lei 1.124/2000, do Estado do Tocantins, bem assim, por derivação, de todos os decretos do Governador do referido Estado-membro que, com o propósito de regulamentar*

vogada por outra lei não faz com que a ADI reste prejudicada por perda de objeto. Assim, em 2008, temos a primeira decisão nesse sentido, depois de 20 anos de nossa Constituição. Sem dúvida, devemos entender essa decisão como exceção no posicionamento tradicional do Pretório Excelso.[166] O fundamento aqui, sem dúvida, é a tentativa de se **evitar fraudes processuais** (com a revogação de dispositivos normativos objetos de ADI para evitar o julgamento delas e os possíveis efeitos). Portanto, não haverá perda do objeto e a ADI deverá ser conhecida e julgada caso fique demonstrado que houve *"fraude processual"*, ou seja, que a norma foi revogada de forma *proposital* a fim de evitar que o STF a declarasse inconstitucional e anulasse os efeitos por ela produzidos. Tanto é assim que, em **17.03.2011**, no julgamento da **ADI 3306** o STF se posicionou no mesmo sentido. Nesses termos, conforme a ementa: "Ação direta de inconstitucionalidade. Resoluções da Câmara Legislativa do Distrito Federal que dispõem sobre o reajuste da remuneração de seus servidores. Reserva de lei. I. Preliminar. Revogação de atos normativos impugnados após a propositura da ação direta. Fraude processual. Continuidade do julgamento. Superveniência de Lei Distrital que convalidaria as resoluções atacadas. Sucessivas leis distritais que tentaram revogar os atos normativos impugnados. Posterior edição da Lei Distrital n° 4.342, de 22 de junho de 2009, a qual instituiu novo Plano de Cargos, Carreira e Remuneração dos servidores e revogou tacitamente as Resoluções 197/2003, 201/2003, 202/2003 e 204/2003, por ter regulado inteiramente a matéria por elas tratadas, e expressamente as Resoluções n°s 202/2003 e 204/2003. Fatos que não caracterizaram o prejuízo da ação. Quadro fático que sugere a **intenção de burlar a jurisdição constitucional da Corte**. Configurada a ***fraude processual*** com a revogação dos atos normativos impugnados na ação direta, o **curso procedimental** e o **julgamento final** da ação **não** ficam prejudicados".[167]

(II) Já a segunda exceção foi explicitada pelo STF na decisão da ADI 2418 em 04.05.2016. Nesses termos, entendeu o STF que não haverá perda do objeto e a ADI deverá ser conhecida e julgada também na hipótese em fique demonstrado que o

---

aquela norma, criaram milhares de cargos públicos, fixando-lhes atribuições e remunerações. Preliminarmente, o Tribunal acolheu a questão de ordem, suscitada pelo relator, no sentido de afastar a prejudicialidade da ação, ao fundamento de que a revogação da lei impugnada pela Lei estadual 1.950/2008, quando já em pauta as ações diretas, não subtrairia à Corte a competência para examinar a constitucionalidade da norma até então vigente e as suas consequências. No mérito, entendeu-se que a autorização conferida pelo art. 5° da lei em questão ao Chefe do Poder Executivo de criar, mediante decreto, os cargos, afronta a norma constitucional emergente da conjugação dos artigos 61, § 1°, II, a, e 84, VI, a, da CR. Asseverou-se que, nos termos do art. 61, § 1°, II, a, da CR, a criação de cargos, funções ou empregos públicos na administração direta e autárquica ou aumento de sua remuneração constituem objeto próprio de lei de iniciativa reservada do Chefe do Poder Executivo. (...)".

166. É importante dizer que o STF não abandonou seu posicionamento tradicional, vide ADI 3885, julg. em 06.06.2013: *"(...) Lei 15.227/2006 do Estado do Paraná objeto de fiscalização abstrata. 3. Superveniência da Lei estadual 15.744/2007 que, expressamente, revogou a norma questionada. 4. Remansosa jurisprudência deste Tribunal tem assente que sobrevindo diploma legal revogador ocorre a perda de objeto. Precedentes. 5. ADI prejudicada".* A novidade aqui (ou seja, a "**ruptura**") é que, pelo menos, o STF já demonstrou que **não podemos trabalhar** de **forma absoluta** com o tema de **perda de objeto da ADI**, em virtude da **revogação do ato normativo por outro ato normativo**. Ou seja, devem ser observadas as peculiaridades do caso concreto (por exemplo: a existência de fraude processual).

167. Precedente citado: ADI n° 3.232/TO de Rel. Min. Cezar Peluso, *DJ* 03.10.2008.

conteúdo do ato impugnado foi repetido, em sua essência, em outro diploma normativo. Nesse caso, como não houve desatualização significativa no conteúdo do instituto, não há obstáculo para o conhecimento da ação.[168]

(III) A terceira exceção será no caso em que o STF tenha julgado o mérito da ação sem ter sido comunicado previamente que houve a revogação da norma atacada. Nessa hipótese, não será possível reconhecer, após o julgamento, a prejudicialidade da ADI já apreciada.[169]

Aqui temos ainda que esclarecer uma última questão. Essa seria a de uma lei impugnada por meio de ADI ser alterada antes do julgamento da ação. Nesse caso, o que ocorreria? Segundo o STF, o autor da ADI deverá aditar a petição inicial demonstrando que a nova redação do dispositivo impugnado apresenta o mesmo vício de inconstitucionalidade que existia na redação original. Ou seja, ele informa ao STF que houve a alteração legislativa, mas que, apesar disso, a nova redação continua contrariando a Constituição Federal.[170] E se o autor da ADI não fizer tal prática, o STF não irá conhecer da ADI, julgando prejudicado o pedido em razão da perda superveniente do objeto (perda superveniente do interesse de agir), nos termos do art. 485, VI, do CPC.[171]

---

168. **ADI 2418/DF**, Plenário do STF, Rel. Min. Teori Zavascki, julg. em **04.05.2016**. Informativo 824 do STF: *"A Corte destacou, de início, que não teria havido a perda de objeto da ação, relativamente ao parágrafo único do art. 741 do CPC/1973, revogado pela Lei 13.105/2015, que estatui um novo Código. A matéria disciplinada no referido dispositivo teria recebido tratamento normativo semelhante, embora não igual, nos §§ 5º a 8º do art. 535 e nos §§ 12 a 15 do art. 525 do novo CPC. As alterações sofridas pela norma em questão — que cuidaram apenas de adjetivar o instituto da inexigibilidade por atentado às decisões do STF — não teriam comprometido aquilo que ela teria de mais substancial, ou seja, a capacidade de interferir na coercitividade de títulos judiciais. Este seria, de fato, o aspecto objeto de impugnação pelo autor da ação direta, para quem o instituto frustraria a garantia constitucional da coisa julgada. Portanto, não havendo desatualização significativa no conteúdo do instituto, não haveria obstáculo para o conhecimento da ação (ADI 2.501/MG)."*

169. STF. Plenário. ADI 951 ED/SC, Rel. Min. Roberto Barroso, julg. em 27.10.2016. *"A jurisprudência do Supremo Tribunal Federal consolidou-se no sentido de que a revogação de norma cuja constitucionalidade é questionada por meio de ação direta enseja a perda superveniente do objeto da ação. Entretanto, devem ser excepcionados desse entendimento os casos em que há indícios de fraude à jurisdição da Corte, como, por exemplo, quando a norma é revogada com o propósito de evitar a declaração da sua inconstitucionalidade. Da mesma forma, é preciso preservar o trabalho já efetuado pelo Tribunal, bem como evitar que a constatação da efetiva violação à ordem constitucional se torne inócua. Portanto, permitir que se pleiteie a desconstituição do julgamento em embargos de declaração depois de decidido o mérito da ação equivaleria a abrir à parte a possibilidade de manipular a decisão do Supremo. Assim, se esta lhe for favorável, bastará não invocar a perda de objeto e usufruir de seus efeitos. Se, ao contrário, lhe for desfavorável, o reconhecimento da prejudicialidade a imunizará contra os efeitos do reconhecimento da inconstitucionalidade. Ademais, como a revogação da lei catarinense não foi alegada antes do julgamento do mérito, não é possível falar em omissão, obscuridade ou contradição nem há também, por esse motivo, fundamento para acolher os embargos de declaração. Além disso, a lei efetivamente vigeu durante um determinado período, de modo que a revogação e a prejudicialidade dessa ação fariam com que fossem produzidos efeitos válidos por um lapso temporal." (Informativo 845 do STF)*

170. Exemplo: em 10.12.1998, foi proposta a ADI 1931 contra o art. 10 da Lei nº 9.656/98; em 12.11.2013, foi editada a Lei nº 12.880 alterando esse art. 10 da Lei nº 9.656/98 sem que a ADI tivesse sido julgada pelo STF. A ADI 1931, só foi julgada em **07.02.2018**.

171. Nesses termos: Art. 485 do CPC: O juiz não resolverá o mérito quando: (...) VI – verificar ausência de legitimidade ou de interesse processual. Nesse sentido: *A revogação, ou substancial alteração, do complexo normativo impõe ao autor o ônus de apresentar eventual pedido de aditamento, caso considere subsistir a inconstitucionalidade na*

Aqui é interessante observarmos, apesar de ser em sede de ADPF, que o STF recentemente decidiu pela possibilidade de conhecimento de ADPF *mesmo que a lei atacada tenha sido revogada antes do julgamento*, se *persistir a utilidade em se proferir decisão com caráter erga omnes e vinculante*. Nesses termos, nada impede que o STF posso tomar decisão equivalente em sede de ADI.[172]

4) Contra decretos regulamentares do art. 84, IV, da CR/88. No caso, há uma crise de legalidade. Tais decretos, para o STF, são ilegais e não inconstitucionais.[173]

5) Respostas do TSE (Informativo nº 104 do STF). O entendimento é que o TSE, nas suas respostas às consultas que lhes são formuladas, não cria (produz) atos normativos, ele apenas interpreta legislação eleitoral já existente.

6) Contra Convenção Coletiva de Trabalho. Essa somente vincula as partes que estão na convenção.

7) Lei Municipal. O objeto da ADI, conforme dicção constitucional (art. 102, I, "a"), envolve somente leis ou atos normativos federais e estaduais.

Mas, aqui, mais uma observação: É bom lembrarmos que, em relação a Leis Municipais, cabe **controle difuso de constitucionalidade** e também **cabe controle concentrado,** só **que via ADPF** (Arguição de Descumprimento de Preceito Fundamental).

Todavia, se a Lei municipal contrariar a Constituição Estadual, cabe ADI estadual, conforme o art. 125, § 2º, da CR/88. E se a Lei Municipal contrariar a Constituição Estadual em norma de reprodução obrigatória da CR/88? Conforme a Reclamação nº 383/SP, nesse caso, também caberá ADI Estadual. Acontece que, segundo o STF, da decisão do TJ na ADI Estadual, caberá Recurso extraordinário para o STF.[174]

---

norma que promoveu a alteração ou revogação. STF. Plenário. ADI 2595 AgR, Rel. Min. Alexandre de Moraes, julg. em **18.12.2017.**

172. No caso, foi editada a Lei municipal nº 10.553/2016 em Fortaleza proibindo o serviço de transporte em aplicativos. Foi ajuizada ADPF contra a referida lei. Antes que a ação fosse julgada, a Lei foi revogada. Porém, mesmo com a revogação, o STF conheceu da ADPF e julgou o mérito, declarando a Lei nº 10.553/2016 inconstitucional. O STF *considerou que a revogação da Lei atacada na ADPF por outra lei local não retira o interesse de agir no feito. Isso porque persiste a utilidade da prestação jurisdicional com o intuito de estabelecer, com caráter erga omnes e vinculante, o regime aplicável às relações jurídicas estabelecidas durante a vigência da norma impugnada, bem como no que diz respeito a leis de idêntico teor aprovadas em outros Municípios. Trata-se da solução mais consentânea com o princípio da eficiência processual e o imperativo aproveitamento dos atos já praticados de maneira socialmente proveitosa.* **ADPF 449/DF,** STF. Plenário. Rel. Min. Luiz Fux, julg. em **8** e **09.05.2019** (Informativo 939).

173. "(...) *Vocacionada ao controle da constitucionalidade das leis e atos normativos, a ação direta de inconstitucionalidade não constitui meio idôneo para impugnar a validade de ato regulamentar e secundário em face de legislação infraconstitucional.* (...)" STF. Plenário. ADI 4127 AgR, Rel. Min. Rosa Weber, julgado em 16.10.2014. Ver também: *A Ação Direta de Inconstitucionalidade (ADI) é meio processual inadequado para o controle de decreto regulamentar de lei estadual. Seria possível a propositura de ADI se fosse um decreto autônomo. Mas sendo um decreto que apenas regulamenta a lei, não é hipótese de cabimento de ADI. STF*. Plenário. **ADI 4409/SP,** Rel. Min. Alexandre de Moraes, julgado em **06.06.2018.** (Informativo 905)

174. Conforme a Reclamação nº 383/SP**:** "Reclamação com fundamento na preservação da competência do Supremo Tribunal Federal. Ação direta de inconstitucionalidade proposta perante Tribunal de Justiça na qual se impugna Lei municipal sob a alegação de ofensa a dispositivos constitucionais estaduais que reproduzem dispositivos constitucionais federais de observância obrigatória pelos Estados. Eficácia jurídica desses dispositivos

8) Contra Lei Distrital no exercício da competência municipal do DF. Conforme o art. 32, § 1º, da CR/88, que dispõe que, ao DF, são reservadas tanto competências legislativas dos Estados quanto dos Municípios. No caso dos Municípios, como não cabe ADI contra lei municipal, não caberá também contra lei distrital no exercício de competência municipal. Nesse sentido, também preleciona a **Súmula nº 642** do STF.

9) Matérias ***interna corporis*** do Poder Legislativo. Ou seja, questões de cunho particular, interno, privado atinente ao Poder Legislativo, não são objeto de ADI. Um exemplo: atos que envolvam a interpretação de regimento interno das casas do legislativo.[175]

10) Normas com eficácia exaurida no ordenamento. Nesse caso, não se justifica o ajuizamento de uma ADI que, para a corrente majoritária, é um processo de cunho objetivo (que visa à proteção da ordem constitucional objetiva) para questionar uma norma que não tem mais aplicabilidade.

11) Leis declaradas inconstitucionais em decisão definitiva do STF que tenham sido suspensas (com eficácia suspensa) por Resolução do Senado, nos termos do art. 52, X, da CR/88. Nesse caso, também não se justifica o ajuizamento de uma ADI que, para a corrente majoritária, é um processo de cunho objetivo (que visa à proteção da ordem constitucional objetiva) para questionar uma norma que não tem mais aplicabilidade.

12) Súmulas, inclusive as Súmulas vinculantes (essas, conforme a Lei nº 11.417/06, possuem procedimento próprio para a sua edição, revisão ou supressão)[176]. Porém, aqui, é mister salientar que a Ministra Ellen Gracie, em manifestação monocrática, vem entendendo que o mecanismo adequado para questionar e, com isso, rever

constitucionais estaduais. Jurisdição constitucional dos Estados-membros. – Admissão da propositura da ação direta de inconstitucionalidade perante o Tribunal de Justiça local, com possibilidade de recurso extraordinário se a interpretação da norma constitucional estadual, que reproduz a norma constitucional federal de observância obrigatória pelos Estados, contrariar o sentido e o alcance desta. Reclamação conhecida, mas julgada improcedente." (Rel. Min. Moreira Alves. Julg. em 11.06.1992)

175. Nesses termos, é o MS nº 22.183/DF: *"Mandado de Segurança impetrado conta ato do Presidente da Câmara dos Deputados, que indeferiu, para fins de registro, candidatura ao cargo de 3º Secretário da Mesa, alegação de violação do art. 8º do regimento da câmara e do § 1º do art. 58 da Constituição. 1. Ato do Presidente da Câmara que, tendo em vista a impossibilidade, pelo critério proporcional, defere, para fins de registro, a candidatura para o cargo de Presidente e indefere para o de membro titular da Mesa. 2. Mandado de Segurança impetrado para o fim de anular a eleição da Mesa da Câmara e validar o registro da candidatura ao cargo de 3º Secretário. 3. Decisão fundada, exclusivamente, em norma regimental referente à composição da Mesa e indicação de candidaturas para seus cargos (art. 8º). 3.1 O fundamento regimental, por ser matéria interna corporis, só pode encontrar solução no âmbito do Poder Legislativo, não ficando sujeito à apreciação do Poder Judiciário. 3.2 Inexistência de fundamento constitucional (art. 58, § 1º), caso em que a questão poderia ser submetida ao Judiciário. 4. Mandado de segurança não conhecido, por maioria de sete votos contra quatro. Cassação da liminar concedida."* (Rel. Min. Marco Aurélio. Julg. 05.04.1995, *DJ*: 12.12 1997). Embora, o Ministro Gilmar Mendes já esteja questionando tal entendimento, ainda que no âmbito do controle *in* concreto via mandado de segurança, com base na chamada teoria **das normas constitucionais interpostas** desenvolvida por Gustavo Zagrebelsky.

176. Inclusive em dezembro de 2008 (05.12.2008) foi editada a **Resolução nº 388** do STF disciplinando o processamento de proposta de edição, revisão e cancelamento de súmulas. Esta conjuga-se com a Lei nº 11.417/06 e com o art. 103-A da CR/88.

Súmula vinculante, seria a ADI. Nesses termos, embora o posicionamento do STF continue o mesmo (supracitado), temos o posicionamento explicitado da Ministra na decisão do **HC nº 96.301**, que envolveu a Súmula Vinculante nº 11.

13) Quando ocorrer conflito entre a ementa de uma Lei e seu conteúdo. O precedente é a ADI nº 1.096. Verdade é que a ADI é para conflitos entre a CR/88 e uma lei, e não entre a ementa de uma lei e a própria lei (literalmente um problema de técnica legislativa).

14) Se ocorrer alteração de parâmetro constitucional (alteração do parâmetro constitucional invocado). Nesse caso, se uma Emenda Constitucional modificar a Constituição, temos que, uma norma infraconstitucional que "pretensamente" contrariava a anterior norma constitucional e poderia ser objeto de ADI, deixaria de conflitar com a Constituição (em virtude da revogação da norma constitucional pela Emenda Constitucional).

Porém, aqui temos, mais uma vez, a questão atinente a possibilidade de já existir ADI contra a norma infraconstitucional quando da alteração da Constituição pela nova Emenda Constitucional (com alteração do parâmetro constitucional invocado). Nesse caso, o entendimento tradicional seria o da prejudicialidade da ADI (nos mesmos termos do já estudado procedimento da lei objeto de ADI que é revogada por outra lei no *iter* de tramitação da ADI). Como exemplo emblemático, temos o precedente da **ADI 2.197** (contra Lei nº 3310/99 do Estado do Rio de Janeiro que taxava os inativos e que não encontrava assento na CR/88). Em 2003, a Emenda Constitucional nº 41 positivou a reforma da previdência e normatizou constitucionalmente a taxação de inativos, com isso, a ADI 2.197 foi declarada prejudicada por perda de objeto.

Acontece que o STF, em 2010, nos apresenta uma ruptura em seu posicionamento tradicional. Essa mudança ocorreu na decisão da questão de ordem da **ADI 2158**, em que o Pretório Excelso não decide (como de praxe) pela prejudicialidade em uma hipótese de alteração de parâmetro constitucional (é interessante que essa nova postura também envolveu como parâmetro a EC nº 41/2003). No caso, o STF entendeu que não haveria prejudicialidade da ação (por perda de objeto) e, com isso, determinou que a constitucionalidade da Lei 12.398/98 do Estado do Paraná (objeto da ADI 2158) deveria ser aferida (analisada) com base na norma constitucional que estava em vigor à época do ajuizamento da ADI, afastando-se, assim, o parâmetro atual previsto na EC nº 41/2003. É interessante ainda que, na ementa da decisão, o STF afirma textualmente a impossibilidade da intitulada *"constitucionalidade superveniente"* em nosso ordenamento, negando-se, com isso, a possibilidade de convalidação de lei contrária à Constituição em virtude de sua modificação por Emenda Constitucional posterior.

Assim, a constitucionalidade superveniente se traduz na possibilidade de uma lei ou ato normativo inconstitucional ao tempo de sua edição se tornar constitucional a partir da promulgação de novo texto constitucional. Como já dito, a constitucionalidade superveniente não é aceita pelo STF. O fundamento é o de que a norma inconstitucional é nula desde o seu nascedouro, não podendo ser convalidada com a alteração do parâmetro constitucional. Nesses termos, é adotado o ***princípio da contemporaneidade*** para se analisar a constitucionalidade da norma.

Nesse sentido, conforme a Ementa da decisão de **15.09.2010**, de relatoria do Ministro Dias Toffoli:

> *"(...) Ação Direta de Inconstitucionalidade. AMB. Lei nº 12.398/98-Paraná. Decreto estadual nº 721/99. Edição da EC nº 41/03. Substancial alteração do parâmetro de controle. Não ocorrência de prejuízo. Superação da jurisprudência da Corte acerca da matéria. Contribuição dos inativos. Inconstitucionalidade sob a EC nº 20/98. Precedentes. 1. Em nosso ordenamento jurídico,* ***não se admite a figura da constitucionalidade superveniente.*** *Mais relevante do que a atualidade do parâmetro de controle é a constatação de que a inconstitucionalidade persiste e é atual, ainda que se refira a dispositivos da CF que não se encontram mais em vigor. Caso contrário, ficaria sensivelmente enfraquecida a própria regra que proíbe a convalidação. 2. A jurisdição constitucional brasileira não deve deixar às instâncias ordinárias a solução de problemas que podem, de maneira mais eficiente, eficaz e segura, ser resolvidos em sede de controle concentrado de normas. 3. A Lei estadual nº 12.398/98, que criou a contribuição dos inativos no Estado do Paraná, por ser inconstitucional ao tempo de sua edição, não poderia ser convalidada pela Emenda Constitucional nº 41/03. E, se a norma não foi convalidada, isso significa que a sua inconstitucionalidade persiste e é atual, ainda que se refira a dispositivos da Constituição Federal que não se encontram mais em vigor, alterados que foram pela Emenda Constitucional nº 41/03. Superada a preliminar de prejudicialidade da ação, fixando o entendimento de, analisada a situação concreta, não se assentar o prejuízo das ações em curso, para evitar situações em que uma lei que nasceu claramente inconstitucional volte a produzir, em tese, seus efeitos, uma vez revogada as medidas cautelares concedidas já há dez anos. 4. No mérito, é pacífica a jurisprudência desta Corte no sentido de que é inconstitucional a incidência, sob a égide da EC nº 20/98, de contribuição previdenciária sobre os proventos dos servidores públicos inativos e dos pensionistas, como previu a Lei nº 12.398/98, do Estado do Paraná (cf. ADI nº 2.010/DF-MC, Rel. o Min. Celso de Mello, DJ de 12/4/02; e RE nº 408.824/RS-AgR, 2ª Turma, Rel. o Min. Eros Grau, DJ de 25/4/08). 5. É igualmente inconstitucional a incidência, sobre os proventos de inativos e pensionistas, de contribuição compulsória para o custeio de serviços médico-hospitalares (cf. RE nº 346.797/RS-AgR, Rel. o Min. Joaquim Barbosa, 1ª Turma, DJ de 28/11/03; ADI nº 1.920/BA-MC, Rel. o Min. Nelson Jobim, DJ de 20/9/02). 6. Declaração de inconstitucionalidade por arrastamento das normas impugnadas do decreto regulamentar, em virtude da relação de dependência com a lei impugnada. 7. Ação direta de inconstitucionalidade julgada parcialmente procedente."*[177]

Sobre o tema, é interessante observarmos ainda, recente decisão do STF, que, ao que parece, também vai nos apresentar mais uma novidade. Foi ajuizada ADI pelo Governador do Estado do Rio de Janeiro, em 5 de abril de 1990, na qual se questionava o art. 90, § 3º, da Constituição do Estado do Rio de Janeiro, que

177. Ver também: **ADI 145/CE**, STF. Plenário. Rel. Min. Dias Toffoli, julgado em **20.06.2018** (Informativo 907).

versava sobre o instituto da disponibilidade remunerada dos servidores públicos. Nesse sentido: "Art. 90 – São estáveis, após dois anos de efetivo exercício, os servidores nomeados em virtude de concurso público. (...) § 3º – Ocorrendo extinção do cargo, o funcionário estável ficará em disponibilidade remunerada, com vencimentos e vantagens integrais, pelo prazo máximo de um ano, até seu aproveitamento obrigatório em função equivalente no serviço público". Sustentou a ADI que o dispositivo hostilizado, ao determinar o pagamento integral da remuneração dos servidores em disponibilidade e ao impor seu aproveitamento no prazo máximo de um ano, não guardaria correspondência com o disposto no art. 41, § 3º, da CR/88. Portanto, a ADI questionava a validade de previsão da Constituição do Estado do Rio de Janeiro que assegurava a integralidade de vencimentos ao servidor público em disponibilidade, bem como determinava o seu obrigatório aproveitamento no prazo de um ano. Acontece que, com o advento da EC 19/98, o art. 41, § 3º, da CR/88, foi alterado (*paradigma para o julgamento da ação*).[178] Diante desse quadro, o ministro Dias Toffoli entendeu ser adequada a adoção de **dois juízos subsequentes pelo STF**. O **primeiro**, entre o preceito impugnado e o texto constitucional vigente na época da propositura da ação, com o fim de se averiguar a existência de compatibilidade entre ambos (***juízo de constitucionalidade***). Já o **segundo,** entre o dispositivo questionado e o parâmetro alterado (atualmente em vigor), com o escopo de se atestar sua eventual ***recepção*** pelo texto constitucional superveniente. Sendo assim, o STF em 19.02.2014 decidiu pela *procedência parcial da ação direta de inconstitucionalidade*, com a ***declaração de inconstitucionalidade*** da expressão *"pelo prazo máximo de um ano"* contida no art. 90, § 3º, da Constituição do Estado do Rio de Janeiro e o reconhecimento da **não recepção** da expressão *"com vencimentos e vantagens integrais"*, contida no mesmo dispositivo, pela Constituição Federal de 1988, tendo em vista a redação dada ao dispositivo constitucional paradigma pela EC nº 19/98.

Aqui, duas questões são pertinentes de serem aventadas. A primeira é a de que o STF segue na linha definida na **ADI 2158**, pois fez uma análise da constitucionalidade do dispositivo da Constituição carioca com base no texto constitucional vigente anterior à EC nº19/98. E a segunda foi a de que também fez uma análise da norma questionada perante o novo parâmetro constitucional fruto da EC nº 19/98.[179]

---

178. Redação original "Art. 41. (...) § 3º – Extinto o cargo ou declarada sua desnecessidade, o servidor estável ficará em disponibilidade remunerada, até seu adequado aproveitamento em outro cargo." Redação após a EC 19/1998 "Art. 41. (...) 3º Extinto o cargo ou declarada a sua desnecessidade, o servidor estável ficará em disponibilidade, com remuneração proporcional ao tempo de serviço, até seu adequado aproveitamento em outro cargo."

179. **ADI 239/RJ** julg. em **19.02.2014**: *"(...)1. A Emenda Constitucional nº 19/98 alterou substancialmente parte do art. 41, § 3º, da CF, o qual figura como paradigma de controle na ação. Necessidade de adoção de dois juízos subsequentes pelo Tribunal. O primeiro entre o preceito impugnado e o texto constitucional vigente na propositura da ação, com o fim de se averiguar a existência de compatibilidade entre ambos (juízo de constitucionalidade). Já o segundo entre o dispositivo questionado e o parâmetro alterado (atualmente em vigor), com o escopo de se atestar sua eventual recepção pelo texto constitucional superveniente. 2. A imposição do prazo de um ano para aproveitamento do servidor em disponibilidade ofende materialmente a CF, pois consiste em obrigação criada pelo Poder Legislativo que não decorre direta ou indiretamente dos pressupostos essenciais à aplicação do instituto da disponibilidade definidos na*

Esse é a novidade (embora o Ministro Dias Toffoli em seu voto diga que não[180]), pois ***juízos de não recepção,*** até então, eram comuns na ação de Arguição de Descumprimento de Preceito Fundamental e não na ADI. Com isso, entendemos que ainda persiste a **impossibilidade** de ADI contra atos normativos anteriores à Constituição, mas o outro tipo de *inconstitucionalidade superveniente* que se daria via emendas à Constituição ganha novos contornos (com a possibilidade de o STF declarar a ***não recepção*** nesses casos).

Portanto, a conclusão é a de que, nos casos de alteração do parâmetro, o STF deverá realizar dois juízos: a) um juízo de constitucionalidade com relação ao parâmetro original, ou seja, verificar se a lei ou ato normativo impugnado era constitucional (*compatível com o parâmetro impugnado*); b) um juízo de recepção ou não com o novo parâmetro, isto é, analisar se a lei ou ato normativo impugnado está de acordo com a redação atual da CR/88. No caso, trabalha-se com a recepção ou não nesta segunda hipótese porque o texto constitucional que se estará comparando é posterior à lei ou a ato normativo impugnado.[181]

15) Contra atos normativos privados. Ou seja, atos normativos entre particulares (ou em uma relação de cunho privado, que inclusive pode envolver o Estado), por exemplo, contratos.

16) A princípio, entendeu o STF não caber ADI contra a lei orçamentária, conforme demonstra o Informativo nº 175 do STF. Certo é que o STF sempre entendeu que a lei orçamentária é lei de efeitos concretos que não se revestiria de generalidade e abstração inerentes à ADI.

Porém, é mister trabalharmos duas observações: **(I) O STF no Informativo nº 333** passou a afirmar (a nosso ver, corretamente) que cabe ADI contra algumas normas presentes na Lei orçamentária. Normas estas que se revestirem de generalidade e abstração, visto que, apesar da norma orçamentária ser em regra dotada de

---

Constituição da República (art. 41, § 3º), e, principalmente, porque não condiz com o postulado da independência dos Poderes instituídos, ainda que em sede do primeiro exercício do poder constituinte decorrente. 3. O art. 41, § 3º, da CF, *na sua redação originária, era silente em relação ao quantum da remuneração que seria devida ao servidor posto em disponibilidade. Esse vácuo normativo até então existente autorizava os estados a legislar sobre a matéria, assegurando a integralidade remuneratória aos seus servidores. Contudo, a modificação trazida pela EC 19/98 suplantou a previsão contida na Carta estadual, pois passou a determinar, expressamente, que a remuneração do servidor em disponibilidade seria proporcional ao tempo de serviço. 4. Ação direta julgada parcialmente procedente".* (Rel. Min. Dias Toffoli).

180. Conforme o Ministro Dias Toffoli no julg. da **ADI 239/RJ**: *"Saliente-se que a Corte, nessa hipótese, não inova em sede de controle concentrado, uma vez que tem admitido, na via da arguição de descumprimento de preceito fundamental, a realização de juízos de recepção com amparo em normas constitucionais supervenientes. Exemplos são as ADPF nºs 156 e 130, nas quais se apreciava a subsistência, no mundo jurídico, após a instauração da nova conjuntura constitucional em 1988, do § 1º do art. 636 da CLT e da Lei de Imprensa, respectivamente. A aproximação dos institutos jurídicos, ambos pertencentes ao ramo do processo objetivo, vem sendo, inclusive, realçada pela Corte para firmar a fungibilidade das ações quando presentes os requisitos necessários (ADI nº 4.105/DF-MC, Rel. o Min. Marco Aurélio, DJe de 18/6/10; ADI nº 4.180/DF-MC-REF, Rel. o Min. Cezar Peluso). Por essas razões, Senhores Ministros, conheço integralmente da presente ação direta de inconstitucionalidade."*

181. Ver na **ADI 94/RO**, *DJ* 16.12.2011.

concretude, na mesma, teríamos, sim, normas dotadas excepcionalmente de generalidade e abstração. O precedente foi a ADI nº 2.925. **(II)** Acontece que agora esse debate ganhou novos ares, pois com base no (já citado) Informativo nº **502 do STF** (com o precedente da ADI nº 4.048) e posteriormente com o Informativo nº 527 (com o precedente da ADI nº 4.049), o STF passou a reconhecer a possibilidade de ADI contra lei ou ato normativo de efeito concreto. Portanto, se o STF continuar a seguir o entendimento esposado na ADI nº 4.048, caberá, sim, ADI contra qualquer norma da Lei Orçamentária, e não só sobre aquelas normas que se revestirem de generalidade e abstração. Portanto, é possível a impugnação, em sede de controle abstrato de constitucionalidade, de leis orçamentárias. Assim, é cabível a propositura de ADI contra lei orçamentária, lei de diretrizes orçamentárias e lei de abertura de crédito extraordinário.[182]

17) Leis temporárias, após o término de sua vigência. Nesse caso, como em outros anteriormente citados, não se justifica o ajuizamento de uma ADI que, para a corrente majoritária, é um processo de cunho objetivo, para questionar uma norma que não tem mais aplicabilidade. Como já afirmado, a ADI não visa regular situações concretas de índole subjetiva (proteção de direitos subjetivos), mas a apreciar se uma norma presente (vigorando) no ordenamento objetivamente contraria ou não a Constituição.[183]

Conforme o quadro a seguir, resumidamente, nos moldes da jurisprudência do Pretório Excelso (aqui trabalhada), temos que:

---

182. Ver também: ADI5449 MC-Ref. Julg: **10.03.2016** (Informativo 817 do STF). Porém, é importante ressaltar, *que se terminar o exercício financeiro a que se refere a lei sem que a ADI tenha sido julgada, haverá perda superveniente do objeto da ADI*. Como exemplo, se foi proposta ADI contra a LDO relativa a 2015, *mas terminou o ano sem que ela tenha sido julgada, ocorrerá, portanto, a perda do objeto*. Nesse sentido: STF. Plenário. ADI 4663 MC-Ref, Rel. Min. Luiz Fux, julg. em 15.10.2014.

183. Embora o STF venha nos apresentando exceções. Sobre o tema leis temporárias e os efeitos produzidos por elas, por exemplo, é interessante citarmos recente decisão do STF, que devido as peculiaridades do caso, julgou **ADI contra Lei temporária mesmo com a eficácia da lei posta a termo.** Nesses termos, conforme a decisão da **ADI 4426**: "(...) O Plenário julgou parcialmente procedente pedido formulado em duas ações diretas propostas, respectivamente, pela Associação dos Magistrados Brasileiros – AMB e pela Associação Nacional dos Membros do Ministério Público – CONAMP para declarar, com efeitos ex tunc, a inconstitucionalidade da expressão "e do Ministério Público Estadual", contida no art. 6º da Lei 14.506/2009, do Estado do Ceará, e da expressão "e Judiciário", constante dos artigos 1º e 6º desse mesmo diploma legal. (...) A lei impugnada fixa, para o período compreendido entre 1º de janeiro a 31 de dezembro de 2010, limites de despesa com a folha de pagamento de pessoal e de encargos sociais no âmbito dos órgãos dos Poderes Executivo, Legislativo e Judiciário e do Ministério Público estadual. Preliminarmente, afastou-se, por maioria, a alegação de prejudicialidade das ações por perda superveniente de objeto. Considerou-se que as ações deveriam ser conhecidas, apesar de a Lei 14.506/2009 ter eficácia limitada no tempo, tendo em vista duas singularidades do caso. Asseverou-se, no ponto, ter havido impugnação em tempo adequado e sua inclusão em pauta antes do exaurimento da eficácia da lei temporária em questão. Além disso, observou-se que, não obstante a lei questionada fazer referência a 31 de dezembro de 2010, fixando espaço temporal para as limitações nela contidas, em razão do disposto em seu art. 7º ("Será considerada não autorizada, irregular e lesiva ao patrimônio público a execução de despesa que não atenda o disposto nesta Lei"), poderia haver efeitos em curso, ou seja, consequências para o futuro. Vencido, quanto à citada preliminar, o Min. Marco Aurélio, que não conhecia das ações." **ADI 4426**, julg. em **09.02.2011**, Rel. Min Dias Toffoli.

CABIMENTO DE ADI (é o objeto de ADI)	NÃO CABE ADI
1) Espécies normativas primárias do art. 59. OBS.: Porém, tradicionalmente, o STF sempre entendeu que, se a espécie normativa primária for de efeito concreto, não caberia a ADI por falta de generalidade e abstração. Ex.: Resolução da Câmara dos Deputados que aprova o processo contra o Presidente da República com base no art. 51, I, da CR/88. Ex.: Decreto Legislativo do Congresso Nacional que autoriza o Presidente a se ausentar do país por mais de 15 dias com base no art. 49, III, da CR/88. Esse entendimento se modificou com a ADI/MC 4048. Atualmente, ressaltamos, cabe ADI contra lei ou ato normativo, mesmo de efeito concreto.	**1)** Contra norma constitucional originária. Pois o Brasil não adota a teoria das normas constitucionais inconstitucionais.
2) Contra resoluções ou deliberações administrativas de Tribunais. Ex.: cabe ADI contra deliberação administrativa de TJ.	**2)** Leis ou atos normativos anteriores à CR/88. Porém, é cabível controle difuso ou controle concentrado via ADPF, com base na Lei nº 9.882/99.
3) Regimento interno dos Tribunais.	**3)** Contra lei ou ato normativo já revogado, pois a ADI não se presta a regular relações concretas. Porém, aqui uma observação: pode ocorrer que, durante a vigência da lei, é proposta ADI contra ela. Se, no iter do procedimento da ADI, a lei é revogada por outra, a ADI restará prejudicada por perda de objeto (posicionamento tradicional do STF). Porém, aqui temos uma observação: o STF, no julgamento das ADIs nºs 3.990 e 3.983 envolvendo ato normativo do Estado do Tocantins (Informativo nº 515 do STF), deixou assente que uma lei objeto de ADI que foi revogada por outra lei não faz com que a ADI sempre reste prejudicada por perda de objeto. Nesse sentido, temos três exceções: 1) A primeira por fraude processual (Ex.: ADI 3306); 2) a segunda quando ficar demonstrado que o conteúdo do ato impugnado foi repetido, em sua essência, em outro diploma normativo. Neste caso, como não houve desatualização significativa no conteúdo do instituto, não há obstáculo para o conhecimento da ação; 3) No caso em que o STF tenha julgado o mérito da ação sem ter sido comunicado previamente que houve a revogação da norma atacada. Nessa hipótese, não será possível reconhecer, após o julgamento, a prejudicialidade da ADI já apreciada.
4) Regimento interno das casas do Poder Legislativo (desde que dotado de caráter autônomo e não meramente ancilar).	**4)** Contra decretos regulamentares do art. 84, IV, CR/88. No caso, há uma crise de legalidade. Tais decretos são ilegais e não inconstitucionais

CABIMENTO DE ADI (é o objeto de ADI)	NÃO CABE ADI
5) Atos estatais de conteúdo derrogatório (resoluções normativas que incidem sobre atos de caráter normativo). São resoluções administrativas normativas que incidem sobre atos normativos.	**5)** Respostas do TSE (Informativo nº 104 do STF). O entendimento é que o TSE, nas suas respostas às consultas que lhes são formuladas, não cria atos normativos, ele apenas interpreta legislação eleitoral já existente.
6) Resolução do Conselho interministerial de preços (ADI nº 8).	**6)** Contra Convenção Coletiva de Trabalho. Essa somente vincula as partes que estão na convenção.
7) Decretos autônomos do art. 84, VI, da CR/88.	**7)** Contra Lei Distrital no exercício da competência municipal do DF. Art. 32, § 1º, da CR/88, dispõe sobre a competência distrital.
8) Resoluções do TSE. Inf. nº 398, Precedentes ADIs nºs 3345 e 3365 que foram admitidas contra a Resolução nº 21.702/2004 do TSE.	**8)** Lei Municipal. Todavia, se a lei municipal contrariar a Constituição Estadual, cabe ADI estadual. Conforme o art. 125, § 2º, da CR/88. E se a Lei Municipal contrariar a CE em norma de reprodução obrigatória da CR/88? Conforme a Recl. 383/SP, nesse caso, também caberá ADI Estadual. Acontece que, segundo o STF, da decisão do TJ na ADI Estadual, caberá Recurso extraordinário para o STF. OBS.: É bom lembrarmos que, em relação a Leis Municipais, cabe controle difuso de constitucionalidade e cabe controle concentrado via ADPF.
9) Tratados internacionais. Há três possibilidades: (i) TI que não dispõe sobre direitos humanos (adentra como lei ordinária); (ii) TI que trata de direitos humanos e passou pelo procedimento do art. 5º, § 3º, CR (adentra como norma constitucional); (iii) TI que versa sobre direitos humanos e que não passou pelo procedimento do art. 5º, § 3º, CR (norma supralegal).	**9)** Súmulas, inclusive as Súmulas vinculantes (essas possuem procedimento próprio para a sua edição, revisão ou supressão).
10) Decretos do Presidente da República de promulgação de tratados e convenções internacionais.	**10)** Quando ocorrer conflito entre a ementa de uma lei e seu conteúdo. O precedente é a ADI 1096. Certo é que a ADI é para conflitos entre a CR/88 e uma lei, e não entre a ementa de uma lei e a própria lei.
11) Lei Distrital no exercício da competência estadual do DF.	**11)** Alteração de parâmetro constitucional. **OBS.:** Se já existir ADI contra uma lei e, no iter do processamento da ADI, ocorrer alteração do parâmetro constitucional, o STF tradicionalmente entendia que a ADI deveria ser julgada prejudicada por perda de objeto (Exemplo: ADI 2197). Porém, temos que o STF nos apresentou uma ruptura (mudança) em seu posicionamento na decisão da ADI nº 2158 julgada em 15.09.2010. Nesse novo entendimento, a ADI em curso, não mais resta prejudicada por perda de objeto, e deve ser julgada com base no parâmetro anterior ao novo parâmetro constitucional. **OBS**: O STF está atualmente admitindo *juízo de não recepção* em ADI no caso de alteração de parâmetro constitucional.

CABIMENTO DE ADI (é o objeto de ADI)	NÃO CABE ADI
12) Resoluções do Conselho Nacional de Justiça ou do Conselho Nacional do Ministério Público.	**12)** Contra atos normativos privados. Exemplo: contratos.
13) Conforme o STF, cabe ADI contra recomendação de Tribunal que fixa a competência da Justiça do Trabalho para autorizar o trabalho de crianças e adolescentes em eventos de natureza artística. Nesses termos, cabe ADI contra recomendação conjunta de Tribunal de Justiça e de Tribunal Regional do Trabalho recomendando aos juízes que considerem como sendo da Justiça do Trabalho a competência para autorizar o trabalho de crianças e adolescentes em eventos de natureza artística.	**13)** A princípio, não caberia contra lei orçamentária. Inf. nº 175 do STF. Porque a lei orçamentária é lei de efeitos concretos e não se reveste de generalidade e abstração. OBS.: **(I)** O STF afirmará que caberá ADI contra algumas normas presentes na lei orçamentária, as quais se revestirem de generalidade e abstração. Precedente: ADI nº 2925, Inf. nº 333, STF. **(II)** Com base no Informativo nº 502 do STF (precedente ADI nº 4048), o STF passou a reconhecer a possibilidade de ADI contra lei ou ato normativo de efeito concreto. Portanto, se o STF continuar a seguir o entendimento esposado na ADI nº 4048, caberá ADI contra qualquer norma da lei orçamentária e não só sobre aquelas que se revestirem de generalidade e abstração.
14) Segundo o STF, cabe ADI contra Lei estadual que modifique os limites geográficos de Município. Nesses termos, Lei estadual que dispõe sobre criação, incorporação, fusão ou desmembramento de municípios possui natureza normativa e abstrata, desafiando o controle concentrado.	**14)** Leis declaradas inconstitucionais em decisão definitiva do STF que tenham sido suspensas (com eficácia suspensa) por Resolução do Senado, nos termos do art. 52, X, da CR/88.
	15) Normas com eficácia exaurida no ordenamento. Nesse caso, não se justifica o ajuizamento de uma ADI que, para a corrente majoritária, é um processo de cunho objetivo (que visa à proteção da ordem constitucional objetiva) para questionar uma norma que não tem mais aplicabilidade.
	16) Matérias *interna corporis* do Poder Legislativo.
	17) Leis temporárias, após o término de sua vigência.

6.4.3. Legitimidade

Está explicitada no art. 103, da CR/88. Porém, são necessárias algumas observações que vão além da leitura literal do referido artigo. São elas:

a) O STF desenvolveu, na década de 90 do século XX, um instituto sobre a legitimidade ativa. É o chamado **instituto da pertinência temática**. Alguns dos legitimados do art. 103 seriam **legitimados ativos universais** e, por assim o serem, têm um caráter público de tal modo que não necessitariam demonstrar interesse de agir para o ajuizamento de ADI.

Já os **legitimados ativos não universais** teriam, no ajuizamento da ADI, que demonstrar o interesse específico de agir, ou seja, devem demonstrar pertinência temática. Leia-se interesse de agir. Nesses termos, são legitimados universais: Presidente da República, Mesa da Câmara, Mesa do Senado, PGR, Partido Político com representação no Congresso Nacional, Conselho Federal da OAB. Segundo o Pretório Excelso, são **legitimados não universais**: Governador dos Estados e DF, Mesa das Assembleias legislativas estaduais e distrital, Confederação Sindical ou entidade de classe de âmbito nacional.[184]

b) Pode o Presidente da República ajuizar ADI em relação à lei que acabou de sancionar? Óbvio que sim, com o argumento de que o Presidente entendeu que errou e não quer permanecer no erro. Outro argumento é a famosa possibilidade da inconstitucionalidade progressiva, ou seja, o Presidente da República sancionou porque entendia que era constitucional, passado um tempo a lei por circunstâncias fáticas, políticas, econômicas, morais, éticas se tornou inconstitucional na perspectiva do próprio Presidente.

c) O Estado-membro não possui legitimidade para recorrer contra decisões proferidas em sede de controle concentrado de constitucionalidade, mesmo que a ADI tenha sido ajuizada pelo respectivo Governador do Estado. A legitimidade para recorrer, nestes casos, é do próprio Governador (legitimado no art. 103 da CR/88) e não do Estado-membro.[185]

d) A Mesa do Congresso Nacional não tem legitimidade ativa para a propositura de ADI. Portanto, conforme ditame constitucional, somente as Mesas da Câmara e do Senado possuem tal legitimidade. Nesses termos, com esse exemplo, fica claro que o rol de legitimados é **taxativo** e não meramente exemplificativo.[186]

---

184. Como exemplo (embora em sede de ADPF) entendeu o STF que *a Associação Nacional dos Procuradores dos Estados e do Distrito Federal (ANAPE) tem legitimidade ativa para, via arguição de descumprimento de preceito fundamental (ADPF), questionar dispositivos de lei estadual que estabelece a isonomia de vencimentos entre as carreiras de Procurador estadual e de Delegado de Polícia.* Conforme o Informativo 835 do STF: *"nesse sentido concluiu o Plenário ao, por maioria, dar provimento a agravo regimental interposto contra decisão que negara seguimento ao pedido. A Corte frisou que julgados anteriores teriam reconhecido o direito de propositura por parte da Anape. Apontou que a agravante se insurgiria quanto à equiparação de determinada categoria com a de procuradores de Estado, o que afetaria a esfera de interesse jurídico tutelado pela entidade."* **ADPF 328 AgR/MA**, red. p/ o ac Min. Roberto Barroso, julg em **18.08.2016**. Outro exemplo: *A Associação Brasileira de Emissoras de Rádio e Televisão possui legitimidade para propor ADI contra ato normativo que previa que a competência para autorizar o pedido de trabalho de crianças e adolescentes em espetáculos artísticos seria da Justiça do Trabalho. A ABERT enquadra-se no conceito de entidade de classe de âmbito nacional (art. 103, IX, da CF/88) e possui pertinência temática para questionar ato normativo que versa sobre esse tema, considerando a participação de crianças e adolescentes nos programas de suas associadas.* STF. Plenário. ADI 5326/DF, Rel. Min. Marco Aurélio, julgado em 27.09.2018.
185. **ADI 4420 ED-AgR**, STF. Plenário. Rel. Min. Roberto Barroso, julgado em **05.04.2018**.
186. Como exemplo, temos ADI 1663 AgR em que o STF negou legitimidade recursal ao Estado Membro (recurso interposto por um procurador do Estado) que não é um dos legitimados do art. 103. Nesses termos, afirmou ainda a decisão que: "1. A teor da jurisprudência da Corte, a legitimidade recursal no controle concentrado é paralela à legitimidade processual ativa, não se conferindo ao ente político a prerrogativa de recorrer das decisões tomadas pela Corte em sede de ação direta, seja de modo singular (art. 4º, parágrafo único, da Lei nº 9.868/99) seja colegiadamente (art. 26 da Lei nº 9.868/99). A jurisprudência da Corte não merece qualquer tipo de revisão, uma vez que espelha a decorrência lógica da previsão, em rol taxativo, dos legitimados a provocar o processo objetivo de controle de constitucionalidade e a nele atuar como partes (CF, art. 103)". Nesse sentido, a ADI 2130 AgR julg. em 14.12.2001: "Ação Direta de Inconstitucionalidade ajuizada por Governador de Estado – decisão que não a admite, por incabível – recurso de agravo interposto pelo próprio Estado-membro – Ilegitimidade recursal dessa

e) Sobre os Partidos Políticos com representação no Congresso Nacional, é importante registrar que, até 2003, o STF entendia que a legitimidade ativa do Partido Político deveria ser analisada no ***iter*** de todo o processamento da ADI. Portanto, significa que, se o partido político tinha representação no Congresso Nacional quando ajuizada a ADI e, no ***iter do processo,*** perdesse sua representatividade no CN, a ADI deveria ser arquivada (julgada extinta sem julgamento do mérito) por ilegitimidade ativa. No julgamento da **ADI 2054,** em 20.03.2003, o STF mudou o seu entendimento e passou a entender que a legitimidade ativa do partido político com representação no Congresso Nacional seria analisada apenas no momento do ajuizamento da ADI.[187] Importante salientar, ainda, que a ADI deve ser ajuizada pelo **diretório nacional do partido, *nunca por diretório local.***

f) O que podemos entender pelo legitimado ativo do art. 103, IX, Confederação sindical ou entidade de classe de âmbito nacional? O STF, na década de 90, definiu jurisprudencialmente a interpretação do que seja a Confederação sindical e a entidade de classe de âmbito nacional.

Nesses termos, o STF entende que, para a entidade ser caracterizada como Confederação Sindical, ela deve conter pelo menos três federações (STF fez no caso uma analogia ao dispositivo presente art. 535, CLT). Porém, é importante salientar que há a necessidade do intitulado ***"duplo registro"*** como comprovação da categorização da Confederação sindical. Ou seja, o registro civil das Pessoas Jurídicas (personalidade civil) e o registro sindical no Ministério do Trabalho (personalidade sindical).[188]

---

pessoa política – inaplicabilidade, ao processo de controle normativo abstrato, do art. 188 do CPC – recurso de agravo não conhecido. O Estado-membro não possui legitimidade para recorrer em sede de controle normativo abstrato. – O Estado-membro não dispõe de legitimidade para interpor recurso em sede de controle normativo abstrato, ainda que a ação direta de inconstitucionalidade tenha sido ajuizada pelo respectivo Governador, a quem assiste a prerrogativa legal de recorrer contra as decisões proferidas pelo Relator da causa (Lei nº 9.868/99, art. 4º, parágrafo único) ou, excepcionalmente, contra aquelas emanadas do próprio Plenário do Supremo Tribunal Federal (Lei nº 9.868/99, art. 26)". Rel. Min. Celso de Mello.

187. Nesses termos, conforme a Ementa: *Ação direta de inconstitucionalidade: legitimação ativa dos partidos políticos representados no Congresso Nacional: perda intercorrente da representação parlamentar que precedentes do STF tem entendido redundar no prejuízo da ação: orientação, de qualquer sorte, inaplicável à hipótese em que a extinção da bancada do partido é posterior ao início do julgamento da ação direta. Julgamento em 20.03.2003.* (Rel. p/ acórdão Min. Sepúlveda Pertence).

188. ADPF 288 MC julg. em 21.10.2013, Rel. Min. Celso de Mello. Conforme também a **ADI 4380/MC**: *A jurisprudência do Supremo Tribunal Federal, ao interpretar a norma inscrita no art. 8º, I, da Carta Política (...), firmou orientação no sentido de que não ofende o texto da Constituição a exigência de registro sindical no Ministério do Trabalho, órgão este que, sem prejuízo de regime diverso passível de instituição pelo legislador comum, ainda continua a ser o órgão estatal incumbido de atribuição normativa para proceder à efetivação do ato registral. Precedente (...). – O registro sindical qualifica-se como ato administrativo essencialmente vinculado, devendo ser praticado pelo Ministro do Trabalho, mediante resolução fundamentada, sempre que, respeitado o postulado da unicidade sindical e observada a exigência de regularidade, autenticidade e representação, a entidade sindical interessada preencher, integralmente, os requisitos fixados pelo ordenamento positivo e por este considerados como necessários à formação dos organismos sindicais."* No caso da **ADI 4380/MC**, a Confederação Nacional dos Trabalhadores Liberais Universitários Regulamentados – CNTU, invocando a condição de "entidade sindical de grau superior", ajuizou ADI, com pedido de medida liminar. Ocorre, no entanto, que, em consulta ao Cadastro Nacional de Entidades Sindicais (CNES) que o Ministério do Trabalho mantém em sua página oficial na "Internet", o Ministro Celso de Mello constatou que sobreveio ao

Quanto à **entidade de classe**, em uma interpretação mais retrita, para o STF só pode ser legitimada aquela (entidade) que guarda relação com classe ou categoria de cunho profissional. Aqui, temos um antigo precedente interessante, que envolveu a UNE (entidade da classe estudantil). No caso, o Ministro Neri da Silveira afirmou que estudante não é profissão, embora a UNE tenha âmbito nacional, ela não foi considerada uma entidade de classe.

É interessante aqui que o Ministro Barroso propõe uma mudança na jurisprudência sobre o tema para permitir que entidades de defesa de direitos fundamentais possam propor esse tipo de ação.

Para Barroso, por exemplo, apesar de a ALGBT (Associação Brasileira de Lésbicas, Gays, Bissexuais, Travestis e Transexuais) não ser de classe profissional ou econômica, como exigido pela jurisprudência do STF, *"o vínculo que une os associados da ALGBT consiste na busca pela não discriminação com base na orientação sexual ou na identidade de gênero e pelo reconhecimento da sua autonomia e identidade"*. Motivo pelo qual, segundo o Ministro a corte deve revisar seu entendimento e permitir que grupos vulneráveis e minoritários possam acessar o controle concentrado da constitucionalidade. Nesses termos, para Barroso na ADPF 527, a associação (ALGBT) não deixou de preencher os demais requisitos para propor uma ADPF no Supremo (o mesmo poderia ser aplicado para a ADI, ora em estudo): demonstrou possuir caráter nacional e existência de pertinência temática entre os objetivos.[189]

No que diz respeito ao **Âmbito Nacional**, segundo o STF, terá a entidade que estar representada em pelo menos 9 (nove) Estados da Federação (1/3 da Federação). Aqui temos um critério objetivo construído pelo STF. Trata-se de analogia com a Lei dos partidos políticos – Lei nº 9.096/95 (so é admitido o registro de estatuto de partido político que tenha caráter nacional, e para tal, ele tem que estar em pelo menos nove Estados da Federação, conforme o §1º do art.7 da Lei 9096/95).

Além dessas **condicionantes**, conforme o STF, foi alçada ainda outra, de caráter mais concreto, caracterizada **pela suficiência ou não de** representatividade **da**

ajuizamento da presente ação direta a cassação do registro sindical da autora. Conforme o Ministro: "Cabe observar, por relevante, que a declaração de nulidade do registro sindical da autora, pronunciada pelo E. TRT/10ª Região, foi mantida tanto pelo E. Tribunal Superior do Trabalho quanto por este Supremo Tribunal Federal (ARE 919.995-AgR/DF, Rel. Min. CÁRMEN LÚCIA), em decisão transitada em julgado. Torna-se inevitável concluir, desse modo, que a invalidação do registro sindical impede que se atribua, no caso, à autora a ***condição de entidade sindical de grau superior***". (...) Sendo assim, e em face das razões expostas (*perda superveniente de legitimidade ativa "ad causam" da autora*), julgo extinto este processo de controle abstrato de constitucionalidade. ADI 4380/MC decisão monocrática do Min Celso de Mello em **22.03.2017.**

189. ADPF 527. Que inclusive já teve duas decisões monocráticas: 1) Em 26.06.2019, o Ministro *deferiu parcialmente a cautelar para determinar que transexuais femininas fossem transferidas para presidios femininos. Quanto às travestis e ante a divergência entre o pedido inicial e o pedido objeto de aditamento, concluí que ainda não estava clara qual seria a melhor providência a ser adotada, devendo-se, por isso, ampliar a instrução do feito a tal respeito*; 2) Em 18.03.2021, o Ministro afirmou que: *com base em diálogo institucional estabelecido com o Poder Executivo, como explicitado acima, ajusto os termos da cautelar já deferida para outorgar às transexuais e travestis comidentidade de gênero feminina o direito de opção por cumprir pena: (i) em estabecimento prisional feminino; ou (ii) em estabelecimento prisional masculino, porém em área reservada, que garanta a sua segurança.*

associação postulante, em razão da maior ou menor abrangência do ato questionado, a refletir o interesse de toda ou parte da categoria.

Com efeito, nas palavras do ministro Dias Toffoli na ADI nº 4473/PA, a jurisprudência da Corte não tem admitido a legitimidade ativa de associação que representa apenas fração ou parcela da categoria profissional, quando o ato impugnado repercute sobre a esfera jurídica de toda uma classe. Nessas hipóteses de carência de representatividade, quando a associação requerente, em nome de parcela da categoria, pleiteia a declaração de inconstitucionalidade de ato normativo que diz respeito a toda a coletividade da classe, tem se posicionado o Supremo Tribunal no sentido da ausência da legitimidade ativa.[190] Acrescentou o ministro Dias Toffoli que, como ressaltado pelo ministro Cezar Peluso, em decisão monocrática na ADI 3.617/PA, "se o ato normativo impugnado mediante ação direta de inconstitucionalidade repercute sobre a esfera jurídica de toda uma classe, não é legítimo permitir-se que associação representativa de apenas uma parte dos membros dessa mesma classe impugne a norma, pela via abstrata da ação direta. Afinal, eventual procedência desta produzirá efeitos *erga omnes* (art. 102, § 2º, da CF), ou seja, atingirá indistintamente todos os sujeitos compreendidos no âmbito ou universo subjetivo de validade da norma declarada inconstitucional. (...) Não se pode, portanto, reconhecer à associação autora o requisito da ampla representatividade do conjunto de todas as pessoas às quais a norma atacada se aplica, nem, por conseguinte, sua legitimação ativa extraordinária para a demanda." Conforme o Ministro Dias Toffoli:

> *"A teor do já considerado na decisão ora recorrida, a representatividade da Federação Nacional de Entidades de Oficiais Militares Estaduais (FENEME) é parcial, pois não abrange a totalidade dos atuantes dos corpos militares estaduais, compostos de praças e oficiais. Por sua vez, como exposto na decisão monocrática e, nos termos da jurisprudência desta Corte (cf. ADI nº 3.617/DF-AgR; ADI nº 1.875-AgR), entidade que representa em juízo apenas os interesses dos oficiais militares não poderia validamente impugnar norma estadual que dispõe sobre o regime de previdência de todos os servidores militares do Estado do Pará, por não possuir o requisito da ampla representatividade do conjunto de todas as pessoas às quais a norma atacada se aplica. Ademais, ao contrário do que afirma a agravante, a menção que é feita em seu estatuto social quanto à defesa das instituições militares estaduais não se confunde com a defesa dos interesses de todos os seus servidores. Embora, por vezes, os interesses institucionais se confundam, ou resvalem sobre os interesses de determinadas classes, o caso dos autos trata de legislação afeta estritamente à categoria, e não à instituição militar em si.*[191]

190. Ver: *ADI 3.617/DF-AgR, Pleno, Rel. o Ministro Cezar Peluso. Ver: ADI1.875-AgR, Rel. Min.* ***Celso de Mello.*** *Ver:* ADI 1.788, Red. para o Ac. Min. Nelson Jobim. E mais recente: *A entidade que não representa a totalidade de sua categoria profissional não possui legitimidade ativa para ajuizamento de ações de controle concentrado de constitucionalidade. Por esse motivo, a Federação Nacional do Fisco Estadual e Distrital - FENAFISCO não tem legitimidade para a propositura de ADI na medida em que constitui entidade representativa de apenas parte de categoria profissional, já que não abrange os auditores fiscais federais e municipais.* STF. Plenário. ADI 6465 AgR/DF, Rel. Min. Alexandre de Moraes, julgado em 19.10.2020.
191. ADI 4473 AgR julg. em 20.06.2012. No mesmo sentido: ADI 4967 julg. em 05.02.2015, de Rel. do Min. Luiz Fux. Também em recente julgado, decidiu o STF que a *ANAMAGES, associação que representa apenas os juízes*

Portanto, em sede conclusiva, o STF já afirmou que para que as confederações sindicais e as entidades de classe possam propor ADI e ADC, o STF exige o cumprimento dos seguintes requisitos: a) a caracterização como entidade de classe ou sindical, decorrente da representação de categoria empresarial ou profissional; b) a abrangência ampla desse vínculo de representação, exigindo-se que a entidade represente toda a respectiva categoria, e não apenas fração dela; c) o caráter nacional da representatividade, aferida pela demonstração da presença da entidade em pelo menos 9 (nove) estados brasileiros; e d) a pertinência temática entre as finalidades institucionais da entidade e o objeto da impugnação.[192]

g) Até 2004, o STF não reconhecia a legitimidade ativa às **chamadas associação de associações** (verdadeiras pessoas jurídicas de pessoas jurídicas). No precedente ADI nº 3.153 (Informativo nº 361 do STF), o STF muda o entendimento e passa a aceitar a legitimidade ativa de associações de associações. Nesses termos:

> *"entidade de classe de âmbito nacional": compreensão da "associação de associações" de classe:* ***revisão da jurisprudência do Supremo Tribunal.*** *1. O conceito de entidade de classe é dado pelo objetivo institucional classista, pouco importando que a eles diretamente se filiem os membros da respectiva categoria social ou agremiações que os congreguem, com a mesma finalidade, em âmbito territorial mais restrito. 2. É entidade de classe de âmbito nacional – como tal legitimada à propositura da ação direta de inconstitucionalidade (CR, art. 103, IX) – aquela na qual se congregam associações regionais correspondentes a cada unidade da Federação, a fim de perseguirem, em todo o País, o mesmo objetivo institucional de defesa dos interesses de uma determinada classe. 3. Nesse sentido, altera o STF sua jurisprudência, de modo a admitir a legitimação das "associações de associações de classe", de âmbito nacional, para a ação direta de inconstitucionalidade.*[193]

6.4.4. Procedimento da ADI

Observações fundamentais sobre o procedimento:

a) Existe a necessidade de o legitimado ativo constituir advogado para impetrar a ADI em nome do legitimado ativo? Em regra, não há necessidade de advogado para ajuizar ADI. O STF entende nesse sentido. Porém, existem duas exceções que

estaduais, não pode ajuizar ADPF questionando dispositivo da LOMAN, considerando que esta lei rege não apenas os juízes estaduais, mas sim os magistrados de todo o Poder Judiciário, seja ele federal ou estadual. Portanto, como já dito, *as associações que representam fração de categoria profissional não são legitimadas para instaurar controle concentrado de constitucionalidade de norma que extrapole o universo de seus representados.* **ADPF 254**, Pleno do STF, AgR/DF, Rel. Min. Luiz Fux, julg. em 18.05.2016.

192. ADI 6465 AgR/DF, STF. Plenário. Rel. Min. Alexandre de Moraes, julg. em 19/10/2020 (Inf. 995). No mesmo sentido: *figuram como requisitos qualificativos de tais entidades, para fins de acesso ao controle abstrato de normas, (i) a delimitação subjetiva da associação, que deve representar categoria delimitada ou delimitável de pessoas físicas ou jurídicas, sendo vedada a heterogeneidade de composição (ADI nº 4.230/RJ-AgR); (ii) o caráter nacional, configurada com a comprovação da presença de associados em ao menos nove Estados da Federação; e (iii) a vinculação temática entre os objetivos institucionais da postulante e a norma objeto de sindicância.* (ADI nº4473/PA, Rel. Min. Dias Toffoli). Ver também: **ADI 3287**, Rel. p/ Ac. Ricardo Lewandowski, julg em **05.08.2020**.

193. **ADI 3153, STF, Pleno,** Julg. **12.08.2004**. Rel. p/ac. Min. Sepúlveda Pertence.

obrigatoriamente necessitam de advogado: partido político com representação no Congresso Nacional e confederação sindical ou entidade de classe de âmbito nacional (incisos VIII e IX, art. 103, CR/88). O precedente está contido na ADI 127, de relatoria do Ministro Celso de Mello.

É interessante, ainda, deixarmos[194] assente, que o art. 3º, parágrafo único, Lei nº 9.868/99, afirma que a petição inicial, quando subscrita por advogado (que é obrigatório, como expressado, para os partidos políticos com representação no CN e as confederações sindicais ou entidades de classe de âmbito nacional) terá que ter poderes específicos, para tal ajuizamento (da ADI).

Aqui registramos que, além dos poderes específicos, a procuração também deve mencionar a lei ou ato normativo que será impugnado na ação. Ou seja, não basta que a procuração autorize o ajuizamento de ADI, devendo indicar, de forma específica, o ato contra o qual se insurge.[195]

Porem, é importante observarmos, que já entendeu o STF, que é sanável o vício na representação processual, consistente na ausência de procuração com poderes específicos com expressa referência ao ato normativo questionado.[196]

b) Quais são os requisitos da inicial de ADI?

- indicar lei ou ato normativo questionado;
- fundamentos jurídicos do pedido
- pedido.

É mister salientar que o STF entende que a fundamentação jurídica não pode ser uma fundamentação abstrata, genérica. Este entende que a fundamentação jurídica deve ser **concreta**, dotada, portanto, de **especificidade e concretude**. Nesse sentido, como exemplo de fundamentação jurídica abstrata e genérica, temos a alegação de que a lei é inconstitucional porque fere o princípio da dignidade da

194 Porém, temos aqui, que o Ministro Marco Aurélio em 23.03.2021 na ADI 6764, contrariando expressamente o precedente do STF, afirmou, em decisão monocrática que: *O artigo 103, inciso I, da Constituição Federal é pedagógico ao prever a legitimidade do Presidente da República para a propositura de ação direta de inconstitucionalidade, sendo impróprio confundi-la com a capacidade postulatória. O Chefe do Executivo personifica a União, atribuindo-se ao Advogado-Geral a representação judicial, a prática de atos em Juízo. Considerado o erro grosseiro, não cabe o saneamento processual.*

195. Exemplo: um Partido Político com representação no CN contrata um escritório de advocacia para ajuizar uma ADI; na procuração outorgada pelo Partido deverá constar expressamente: outorga poderes para ajuizar ação direta de inconstitucionalidade no Supremo Tribunal Federal contra os artigos A, B e C, da Lei nº XXXX/XX. Caso esse requisito não seja cumprido, a ADI não será conhecida. Ressaltamos, contudo, que essa exigência constitui vício sanável e que é possível a sua regularização antes que seja reconhecida a carência da ação. Nesses termos: (...) *A jurisprudência desta Corte é firme no sentido da necessidade de subscrição da exordial por procurador devidamente amparado por poderes especiais para o questionamento do ato normativo. Nesse sentido, o ato de mandato deve conter descrição mínima do objeto digno de hostilização. 2. Admite-se a regularização processual do feito, contudo é próprio da economia processual deixar de intimar o Requerente para fazê-lo, quando se nota a carência da ação, que torna desnecessária a providência.* (...) STF. Plenário. ADPF 480 AgR, Rel. Min. Edson Fachin, julgado em 13.04.2018.

196. **ADI 6051**, STF. Plenário. Rel. Cármen Lúcia, julgado em **27.03.2020**. Nesses termos, é possível que o Ministro Relator conceda um prazo para que a autora regularize a representação processual.

pessoa humana ou porque fere o princípio da liberdade ou o princípio da igualdade. É necessário, portanto, para que a fundamentação jurídica seja concreta, dotada de especificidade e concretude que, diante do princípio, por exemplo, da dignidade ou da igualdade, tenha-se que explicitar por que a norma em questão fere o princípio, em que **sentido**, em quais **circunstâncias**, de que **modo**, de que **maneira**, em que **termos**, e assim por diante.

Temos, no que tange à petição inicial, que trazer a cotejo dois grandes princípios que regem o procedimento de uma ADI. São eles:

- **Princípio da causa de pedir aberta:** significa que o STF não está preso à fundamentação jurídica do legitimado ativo. Ou seja, ele pode declarar a inconstitucionalidade **por outros fundamentos diferenciados dos manejados na exordial**. Portanto, o STF irá percorrer toda a Constituição em sua análise, e não somente as alegações do autor da ADI. Nesse sentido, no que diz respeito aos fundamentos, não vale a regra da *adstrição*, pois o STF não se vincula aos fundamentos jurídicos apresentados na peça inaugural.

Assim, o legitimado ativo está obrigado a apresentar a fundamentação do seu pedido, sob pena de, não o fazendo, a Corte não conhecer a ação direta. Todavia, como já dito, a Corte pode julgar com base em fundamentos diversos. Como exemplo, imaginemos que o legitimado ativo ingresse com uma ADI alegando a inconstitucionalidade da lei "X", com base no princípio da liberdade, ao argumento de que ela violou esse princípio. O STF decide pela procedência do pedido, no entanto, por fundamento diverso afirmando que a Lei em análise não afetou o princípio da liberdade, ao contrário, ela é inconstitucional por ofensa ao princípio da igualdade.

Aqui, então, é importante reconhecer a necessidade de a Corte percorrer todos os dispositivos constitucionais para decidir, afinal, quando ela decide que uma determinada lei é constitucional, isso importa no reconhecimento de sua compatibilidade com todos os preceitos da Constituição. Por isso, não basta que o STF avalie somente os fundamentos apresentados pelo autor, eis que a lei não pode ser considerada constitucional só porque não ofende o ***parâmetro*** indicado pelo legitimado ativo nos fundamentos. Concluindo, ela é constitucional apenas se além de não ofender o ***parâmetro*** constitucional indicado pelo legitimado ativo, não ofender também nenhum outro dispositivo constitucional.[197] Aqui é interessante salientar

197. Como exemplo: o Paraná editou a Lei nº 15.054/2006 prevendo que as empresas privadas que aderissem a um determinado programa de geração de empregos no Estado teriam direito a vantagens no parcelamento de débitos do ICMS. Vale ressaltar que esta lei foi de iniciativa parlamentar. O Governador do Estado ajuizou ADI alegando que a referida lei seria: a) formalmente inconstitucional por vício de iniciativa (deveria ter sido proposta pelo Executivo); b) materialmente inconstitucional por ofensa ao princípio da isonomia. O STF rejeitou esses dois argumentos, mas resolveu declarar a lei inconstitucional com base em um terceiro fundamento que não foi alegado pelo autor da ADI: o de que a lei violou o art. 155, § 2º, XII, "g", da CR/88, que prevê que qualquer benefício fiscal relacionado com ICMS somente pode ser concedido após deliberação dos Estados. Conforme o Informativo 856: *"O Colegiado afastou as preliminares de inconstitucionalidade formal por vício de iniciativa, de ofensa ao princípio da isonomia e de descumprimento da Lei de Responsabilidade Fiscal. Adotou, contudo, o fundamento da guerra fiscal, em virtude da "causa petendi"*

ainda **recente decisão do STF** na ADI 3937/SP em 24.08.2017. Nessa, o STF declarou a ***incidentalmente*** a ***inconstitucionalidade***, do art. 2º da Lei federal nº 9.055/95 que não era o objeto principal da ação. Nesses termos, embora esta lei não estivesse sendo impugnada na ADI (visto que a ADI era contra a Lei nº 12.687/2007 de São Paulo), a ***causa de pedir*** nas ações de controle concentrado é ***aberta*** e *o STF, no exercício da competência geral de fiscalizar a compatibilidade formal e material de qualquer ato normativo com a Constituição, pode declarar a inconstitucionalidade, incidentalmente, de normas tidas como fundamento da decisão.*

Por último, já decidiu o STF que no julgamento de Ação Direta de Inconstitucionalidade proposta para questionar a validade de leis que criam cargos em comissão, ao fundamento de que não se destinam a funções de direção, chefia e assessoramento, o Tribunal deve analisar as atribuições previstas para os cargos.[198]

Porém, na fundamentação do julgamento, o Tribunal não está obrigado a se pronunciar sobre a constitucionalidade de cada cargo criado, individualmente.

Assim sendo, conforme o STF, instaurado o controle abstrato de constitucionalidade no âmbito de tribunal de justiça (ADI Estadual) para a análise da higidez constitucional de lei municipal que cria cargos em comissão, a corte local deve examinar as atribuições dos cargos em comissão.

Além disso, afirmou o pretório Excelso que ao apreciar o Tema 339 da repercussão geral, o Plenário definiu que o art. 93, IX, da CR/88 exige que o acórdão ou decisão sejam fundamentados, ainda que sucintamente, sem determinar, contudo, o exame pormenorizado de cada uma das alegações ou provas. Assim, a corte de origem não está obrigada, na fundamentação do acórdão que julga a ação de inconstitucionalidade, a manifestar-se sobre cada cargo, individualmente.[199]

No caso, tratou-se de ação direta (ADI) para verificação da compatibilidade, com dispositivos de constituição estadual, de leis municipais que criaram cargos públicos de provimento em comissão, que, em tese, não seriam destinados a funções de chefia, direção e assessoramento. O tribunal de justiça julgou procedente em parte o pedido, afirmando, em suma, não ser possível a verificação das atribuições dos cargos para se concluir no sentido da inconstitucionalidade das normas.

Embora o caso citado diga respeito a ADI Estadual (representação de inconstitucionalidade estadual), o STF já defendeu a mesma tese em ADI genérica. Nesses termos:

> Ação direta de inconstitucionalidade. Leis n. 10.704/94 e n. 10.818/94 do Estado do Paraná. Criação de cargos comissionados de "suplentes de delegados",

---

aberta. No caso, ao ampliar benefício fiscal no âmbito do ICMS de maneira unilateral, a lei impugnada incidiu em inconstitucionalidade." **ADI 3796/PR**, Plenário do STF. Rel. Min. Gilmar Mendes, julg. em **08.03.2017**.

198. RE 719870/MG, Plenário. red. p/ o ac. Min. Alexandre de Moraes, julg. em **09.10.2020** (Repercussão Geral – Tema 670) (Inf. 994).

199. RE 719870/MG, Plenário. red. p/ o ac. Min. Alexandre de Moraes, julg. em **09.10.2020** (Repercussão Geral – Tema 670) (Inf. 994).

posteriormente denominados assistentes de segurança pública. Atribuição das funções de delegado de polícia a assistentes de segurança pública. Violação do disposto no artigo 144, § 4º, da Constituição do Brasil. 1. A lei n. 10.704/94, que cria cargos comissionados de Suplentes de Delegados, e a Lei n. 10.818/94, que apenas altera a denominação desses cargos, designando-os "Assistentes de Segurança Pública", atribuem as funções de delegado a pessoas estranhas à carreira de Delegado de Polícia. 2. Este Tribunal reconheceu a inconstitucionalidade da designação de estranhos à carreira para o exercício da função de Delegado de Polícia, em razão de afronta ao disposto no artigo 144, § 4º, da Constituição do Brasil. Precedentes. 3. Ação Direta de Inconstitucionalidade julgada totalmente procedente.[200]

- **Princípio do pedido.** Princípio da congruência ou da adstrição do STF ao pedido que explicita a lógica processual de que o STF está preso ao pedido. Porém, existem exceções. A primeira é a chamada inconstitucionalidade por arrastamento ou consequencial (*vide* Informativo nº 518 do STF, que deixa assente a inconstitucionalidade de normas do ADCT da Constituição de Minas Gerais por arrastamento no julgamento da ADI nº 2.501)[201].

Nesse sentido, como aqui já externalizado, a *inconstitucionalidade por arrastamento* ocorre quando o STF declara a inconstitucionalidade de uma norma objeto do pedido, mas também declara a inconstitucionalidade de outras normas que não foram objeto do pedido em virtude de conexão, correlação ou interdependência entre elas. A outra possibilidade de exceção tem como exemplo a decisão do STF na já citada ADI 3937/SP em 24.08.2017. Nessa, como já dito, o STF declarou a *incidentalmente* a *inconstitucionalidade* do art. 2º da Lei federal nº 9.055/95 que não era o objeto principal da ação (não era objeto do pedido). Nesses termos, embora esta lei não estivesse sendo impugnada na ADI (visto que o pedido na ADI era de *inconstitucionalidade* da Lei nº 12.687/2007 de São Paulo), a causa de pedir nas ações de controle concentrado é aberta e "*o STF, no exercício da competência geral de fiscalizar a compatibilidade formal e material de qualquer ato normativo com a Constituição, pode declarar a inconstitucionalidade, incidentalmente, de normas tidas como fundamento da decisão.*"[202]

Nesse momento, é importante deixar consignado, que o STF já entendeu que é possível a cumulação de pedidos típicos de ADI e ADC em uma única demanda de controle concentrado. Ou seja, numa mesma ADI pode ocorrer o pedido de inconstitucionalidade de determinados artigos de uma lei ou ato normativo e de constitucionalidade de outros artigos dessa lei ou ato normativo.

---

200. ADI 2427, STF. Plenário. Rel. Min. Eros Grau, julgado em 03.08.2006.
201. **ADI nº 2.501** em **04.09.2008**: "[...] Em conclusão, o Tribunal conheceu em parte de ação direta ajuizada pelo Procurador-Geral da República e, na parte conhecida, julgou procedente o pedido formulado para declarar a inconstitucionalidade do inciso II do § 1º do art. 82, do ADCT da Constituição do Estado de MG, bem como, por arrastamento, dos §§ 4º, 5º e 6º do mesmo art. 82, os quais foram acrescentados pela EC estadual 70/2005 [...]." (Rel. Min Joaquim Barbosa).
202. **ADI 3937/SP**, STF. Plenário. Rel. p/ o ac. Min. Dias Toffoli, julg. em **24.08.2017**. Ver: **Rcl 4374/PE**, Rel. Min. Gilmar Mendes.

Nesses termos, conforme a ADI 5316/MC, a cumulação de ações, neste caso, além de ser possível, é recomendável para a promoção dos fins a que destinado o processo objetivo de fiscalização abstrata de constitucionalidade, dirigido à defesa, em tese, da harmonia do sistema constitucional.

Portanto, a cumulação objetiva permite o enfrentamento judicial coerente, célere e eficiente de questões minimamente relacionadas entre si. Com isso, rejeitar a possibilidade de cumulação de ações, além de carecer de fundamento expresso na Lei 9.868/99, traria como consequência apenas o fato de que o autor iria propor novamente a demanda, com pedido e fundamentação idênticos, ação que seria distribuída por prevenção, como ocorreria em hipóteses de ajuizamento de ADI e ADC em face de um mesmo diploma.[203]

Temos também, que o STF já permitiu o aditamento do pedido em sede de ADI. Porém, é importante ressaltar o último posicionamento do STF sobre o tema.[204]

Esse é o de que o aditamento à petição inicial da ação direta de inconstitucionalidade para que sejam incluídos novos dispositivos legais somente é possível nas hipóteses em que a inclusão da nova impugnação: a) dispense a requisição de novas informações e manifestações; e b) não prejudique o cerne da ação.[205]

Nesse sentido, por exemplo, se o autor, depois que o processo já está em curso, pede a inclusão no objeto da ADI de novos dispositivos legais que ampliam o escopo da ação, esse aditamento deve ser indeferido porque isso exigiria que novos pedidos de informações à Assembleia Legislativa ou ao Congresso Nacional, bem como novas manifestações da Advocacia-Geral da União e da Procuradoria-Geral da República, o que violaria os princípios da economia e da celeridade processuais. Além disso, a inclusão dos dispositivos prejudicaria o objeto da ação direta, na medida em que ampliaria o seu escopo.[206]

Por último, temos ainda que o fato de o STF ter declarado a validade formal de uma norma não interfere nem impede que o próprio STF reconheça posteriormente que essa norma é materialmente inconstitucional.[207]

203. ADI 5316/MC/DF julg. em 21.05.2015. A AMB ajuizou a ADI 5316 contra a EC 88/2015 formulando dois pedidos principais: a) a declaração de inconstitucionalidade da expressão *"nas condições do art. 52 da Constituição Federal"* contida no art. 100 do ADCT, introduzido pela EC 88/2015 (*pedido típico de ADI*); b) *a declaração de constitucionalidade da exigência de lei complementar para que a aposentadoria compulsória aos 75 anos fosse estendida para juízes e Desembargadores, nos termos do inciso II do § 1º do art. 40 da CF/88 e do art. 100 do ADCT*, com redação dada pela EC 88/2015 (*pedido típico de ADC*).

204. *Não há óbice ao aditamento, a fim de incluir os atos normativos editados posteriormente ao ajuizamento da ação, os quais não alteraram substancialmente as normas revogadas, padecendo, segunda alega a requerente, dos mesmos vícios.* STF. Plenário. **ADI 3502,** Rel. Edson Fachin, julgado em **14.02.2020.** Temos também que: *Admite-se o aditamento ao pedido inicial formulado pelo Procurador-Geral da República por ocasião de seu parecer, em casos em que tal aditamento tenha o objetivo de incluir normas que fazem parte do mesmo complexo normativo em que estão inseridas as normas objeto do pedido inicial, desde que lhes seja comum o fundamento jurídico invocado.* STF. Plenário. **ADI 5267 AgR**, Rel. Luiz Fux, julgado em **23.08.2019.**

205. **ADI 1926**, STF. Plenário. Rel. Roberto Barroso, julgado em **20.04.2020.**

206. **ADI 1926**, STF. Plenário. Rel. Roberto Barroso, julgado em **20.04.2020.**

207. Conforme o Informativo 787 do STF: "o Colegiado assentou o cabimento da ação direta. No ponto, assinalou que, embora a Resolução 22.610/2007 do TSE, já tivesse sido objeto de controle concentrado perante o STF [ADI 3.999/DF (*DJe*

c) Se o relator entender que a inicial é inepta, não fundamentada ou manifestamente improcedente, pode indeferir de plano a ADI.[208] É cabível recurso de agravo (regimental) para o Pleno do STF. O prazo para interposição desse agravo será de 5 dias, nos termos do § único do art.4º da Lei nº 9868/99 conjugado com o art.317 do RISTF.[209] No julgamento do agravo, ou o pleno referenda a decisão do relator, ou refuta a decisão do relator e a ADI é admitida.

Aqui, é importante salientar, que na análise da ADI 4163/SP o STF entendeu que os requisitos de admissibilidade não estavam adequados, e, em vez de indeferir de plano a ação, converteu-a em ADPF (Arguição de Descumprimento de Preceito Fundamental). O fundamento envolveu o princípio da fungibilidade, bem como (em nosso entendimento) a instrumentalidade e economia processual[210].

d) Admitida a ADI, ela será encaminhada à autoridade que produziu o ato, que terá um prazo de 30 dias para se manifestar.[211]

e) Posteriormente, será encaminhada ao AGU. Ele será, conforme dicção constitucional presente no art. 103, § 3º, o ***curador especial da presunção da constitucionalidade das leis.*** Ou seja, o AGU terá que defender a lei ou ato normativo federal ou estadual atacado. Existe exceção? Sim, a primeira exceção foi desenvolvida pelo precedente da **ADI 1616** de relatoria do Ministro Maurício Correa.[212] Entendeu o STF, abrandando a norma do art. 103, § 3º, da CR/88, que, se já existir decisão do Pretório Excelso declarando a inconstitucionalidade da lei ou ato normativo (que está sendo objeto de ADI), o AGU terá a faculdade de defender ou não a lei. Portanto, nesse caso, o AGU não estaria obrigado a

---

de 17.4.2009) e ADI 4.086/DF (*DJe* de 17.4.2009)], a Corte apenas se pronunciara sobre a constitucionalidade formal da norma". Portanto, nada impede que uma posterior ADI seja proposta (no caso a ADI 5081/DF) questionando a inconstitucionalidade material da lei e nada obsta que o STF decida declará-la inconstitucional sob o aspecto material.

208. *"(...) eis que, tal como já assentou o Plenário do STF, o ordenamento positivo brasileiro "não subtrai ao Relator da causa o poder de efetuar – enquanto responsável pela ordenação e direção do processo (RISTF, art. 21, I) – o controle prévio dos requisitos formais da fiscalização normativa abstrata, o que inclui, entre outras atribuições, o exame dos pressupostos processuais e das condições da própria ação direta"*. ADPF 211, Decisão Monocrática em **22.03.2017**. Min. Celso de Mello.

209. Temos ainda que não se aplica ao *processo objetivo de controle abstrato de constitucionalidade* a norma que concede **prazo em dobro** à Fazenda Pública. Ou seja, não há, nos processos de fiscalização normativa abstrata, a prerrogativa processual dos prazos em dobro. Nesse sentido, por exemplo, a Fazenda Pública não possui prazo recursal em dobro no processo de controle concentrado de constitucionalidade, mesmo que seja para a interposição de recurso extraordinário (*de decisão de ADI estadual*). ADI 5814 MC-AgR-AgR/RR, Rel. Min. Roberto Barroso; ARE 830727 AgR/SC, STF. Plenário. Rel. para ac. Min. Cármen Lúcia, julg. em **06.02.2019** (Informativo 929 do STF)

210. "Ação direta de inconstitucionalidade. Impropriedade da ação. Conversão em Arguição de Descumprimento de Preceito Fundamental. Admissibilidade. Satisfação de todos os requisitos exigidos à sua propositura. Pedido conhecido, em parte, como tal. Aplicação do princípio da fungibilidade. Precedente. É lícito conhecer de ação direta de inconstitucionalidade como arguição de descumprimento de preceito fundamental, quando coexistentes todos os requisitos de admissibilidade desta, em caso de inadmissibilidade daquela". **ADI 4163/SP** (conhecida e julgada como **ADPF**). Julg. em **29.02.2012**, Rel. Min. Cezar Peluso.

211. Lei nº 9868/99: *Art. 6º O relator pedirá informações aos órgãos ou às autoridades das quais emanou a lei ou o ato normativo impugnado. Parágrafo único. As informações serão prestadas no prazo de trinta dias contado do recebimento do pedido.*

212. Nesses termos: "[...] 4. O *munus* a que se refere o imperativo constitucional (CR, artigo 103, § 3º) deve ser **entendido com temperamentos.** O Advogado-Geral da União não está obrigado a defender tese jurídica se sobre ela esta Corte já **fixou entendimento pela sua inconstitucionalidade."** (Julg. em 24.05.2001. Rel. Min. Maurício Correa. *DJ* 24.08.2001).

defender a lei em tese. Uma segunda exceção foi prolatada pelo STF em outubro de 2009 no julgamento da ADI nº 3.916. Nessa, o STF entendeu que o AGU poderá não defender a lei se o interesse do autor da ação estiver em consonância com o interesse da União. Assim, o STF desenvolveu uma interpretação sistemática (e não literal!) da Constituição (art. 103, § 3º, com o art. 131 da CR/88), na medida em que o AGU representa a União judicial e extrajudicialmente, e não teria sentido defender uma lei que a União deseja que seja declarada inconstitucional.[213]

f) Posteriormente, a ADI é encaminhada ao Procurador-Geral da República, que terá 15 dias para se manifestar emitindo parecer pela constitucionalidade ou inconstitucionalidade da lei. Pergunta-se: pode o PGR emitir um parecer pela constitucionalidade da lei que ele acabou de ajuizar a ADI contra? Sim para a corrente majoritária, pois o PGR está atuando, nesse momento, como ***custos legis***, e não como legitimado ativo. Pergunta-se também: por que, então, o PGR não desiste da ADI? Ora, porque, conforme o art. 5º da Lei nº 9.868/99, a ADI é insuscetível de desistência.

g) Posteriormente ao PGR, o relator poderá lançar o relatório com cópia aos ministros e pedirá dia para o julgamento. Porém, o relator pode entender que a ADI não foi, ainda, **devidamente instruída**, que, por exemplo, trata-se de matéria altamente complexa e necessita de uma maior instrução. Nesses termos, em caso de necessidade de esclarecimento de matéria ou circunstância de fato ou de notória insuficiência das informações existentes nos autos, poderá o relator **requisitar informações adicionais**, designar perito ou comissão de peritos para que emita parecer sobre a questão, ou fixar data para, em audiência pública, ouvir depoimentos de pessoas com experiência e autoridade na matéria. O relator poderá, ainda, solicitar informações aos Tribunais Superiores, aos Tribunais federais e aos Tribunais estaduais acerca da aplicação da norma impugnada no âmbito de sua jurisdição. Certo é que, nos termos do art. 9º, § 3º, da Lei nº 9.868/99, as informações, perícias e audiências referidas anteriormente serão realizadas no prazo de 30 (trinta) dias, contado da solicitação do relator.

---

213. Informativo nº 562 do STF: *(...) Preliminarmente, o Tribunal, por maioria, rejeitou questão de ordem suscitada pelo Min. Marco Aurélio que, diante do parecer da AGU que se manifestava pela declaração de inconstitucionalidade da lei impugnada, reputava o processo não devidamente aparelhado e propunha a suspensão do julgamento para determinar que o Advogado-Geral da União apresentasse defesa da lei atacada, nos termos do § 3º do art. 103 da CR ("Quando o STF apreciar a inconstitucionalidade, em tese, de norma legal ou ato normativo, citará, previamente, o Advogado-Geral da União, que defenderá o ato ou texto impugnado."). Entendeu-se ser necessário fazer uma interpretação sistemática, no sentido de que o § 3º do art. 103 da CR concede à AGU o direito de manifestação, haja vista que exigir dela defesa em favor do ato impugnado em casos como o presente, em que o interesse da União coincide com o interesse do autor, implicaria retirar-lhe sua função primordial que é a defender os interesses da União (CR, art. 131). Além disso, a despeito de reconhecer que nos outros casos a AGU devesse exercer esse papel de contraditora no processo objetivo, constatou-se um problema de ordem prática, qual seja, a falta de competência da Corte para impor-lhe qualquer sanção quando assim não procedesse, em razão da inexistência de previsão constitucional para tanto.* (Rel. Min. Eros Grau, 07.10.2009). Em outro giro, é importante salientar mais uma vez que, segundo o STF: *não se conta em dobro o prazo recursal para a Fazenda Pública em processo objetivo, mesmo que seja para interposição de recurso extraordinário em processo de fiscalização normativa abstrata.* ADI 5814 MC -AgR-AgR/RR e ARE 830727 AgR/SC. Julg. em **06.02.2019**. (Inf. 929)

O STF, nesse caso, desce do pedestal e se aproxima da sociedade, e por isso algumas **conclusões** são válidas:

1) Fica claro que o STF, na análise de uma ADI, não trabalha apenas com questões de **direito**. O STF passa a trabalhar, também, com questões de **fato,** que não são meramente técnicas, jurídicas. O STF passa a analisar o que o Min. Gilmar Mendes chama de ***prognoses***. As prognoses são questões fáticas que envolvem prognósticos, são questões que o STF terá que analisar e, que, até então, eram função apenas do legislador. *Prognoses* envolvem as gerações presentes e futuras. Por exemplo: o impacto de uma lei ou ato normativo em gerações futuras em temas como transgênicos, células tronco, clonagem, biodireito, efeito estufa, camada de ozônio etc.

2) A segunda conclusão é que o art. 9º da Lei nº 9.868/99 traz para o Brasil a lógica da ***sociedade aberta dos intérpretes da Constituição*** (*Peter Häberle*). O STF, literalmente, à luz da dicção legal, chama a sociedade para o debate, pois passa a reconhecer que existem outros intérpretes da Constituição que devem participar do jogo de concretização e de densificação da Constituição. Nesses termos, peritos e especialistas são convidados a participar da concretização das normas constitucionais "pluralizando o debate constitucional". Embora, é bom que se registre, o intérprete oficial continue a ser o STF.

h) No procedimento, existe também a possibilidade de participação do ***amicus curiae*** nos moldes do art. 7º, § 2º, da Lei nº 9.868/99. Mas o que é o ***amicus curiae***? São órgãos ou entidades da sociedade civil que poderão participar do procedimento. Assim, o ***amicus curiae*** é alguém que, mesmo sem ser parte, em razão de sua representatividade, é chamado ou se oferece para intervir em processo relevante com o objetivo de apresentar ao Tribunal a sua opinião sobre o debate que está sendo travado nos autos, fazendo com que a discussão seja amplificada e o órgão julgador possa ter mais elementos para decidir de forma legítima.

Conforme o Ministro Celso de Mello, a admissão de terceiro, na condição de *amicus curiae*, no processo objetivo de controle normativo abstrato, qualifica-se como um fator de legitimação social das decisões da Suprema Corte, enquanto Tribunal Constitucional, pois viabiliza, em obséquio ao postulado democrático, a abertura do processo de fiscalização concentrada de constitucionalidade, para permitir que nele se realize, sempre sob uma perspectiva eminentemente pluralística, a possibilidade de participação formal de entidades e de instituições que efetivamente representem os interesses gerais da coletividade ou que expressem os valores essenciais e relevantes de grupos, classes ou estratos sociais. Afirma o Ministro, que não se pode perder de perspectiva que a intervenção processual do *amicus curiae* tem por objetivo essencial ***pluralizar o debate constitucional***, permitindo que o Supremo Tribunal Federal venha a dispor de todos os elementos informativos possíveis e necessários à resolução da controvérsia, visando-se, ainda, com tal abertura procedimental, superar a grave questão pertinente à legitimidade democrática das decisões emanadas desta Corte, quando no desempenho de seu extraordinário poder de efetuar, em abstrato, o controle concentrado de constitucionalidade[214].

É interessante que embora o novo CPC de 2015 estabeleça a possibilidade de pessoa física atuar como *amicus curiae*,[215] o posicionamento exarado pelo STF é de que a *pessoa física* **não** tem representatividade adequada para intervir na qualidade de "amigo da Corte" em ADI. Segundo o entendimento que prevalece no STF, o art. 138 do CPC de 2015 não se aplica para ações de controle concentrado de constitucionalidade. Nesse sentido:

> (...) 2. O Supremo Tribunal Federal tem firme o entendimento de que as entidades que participam dos processos na condição de amicus curiae têm como papel instruir os autos com informações relevantes ou dados técnicos, não possuindo, entretanto, legitimidade para a interposição de recursos, inclusive embargos de declaração. Precedentes. 3. Ainda que a disciplina prevista no novo Código de Processo Civil a respeito do amicus curiae permita a oposição de embargos de declaração pelo interveniente (CPC/2015, art. 138, §1º), a regra não é aplicável em sede de ações de controle concentrado de constitucionalidade. (...)[216]

O *amicus curiae* pode ser convocado, de ofício, pelo STF, ou, então, pleitear (solicitar) sua participação no processo. Para que o *amicus curiae* participe, vai depender exclusivamente do relator, que, considerando a relevância da matéria e a representatividade dos postulantes, por despacho irrecorrível, poderá solicitar a participação desses órgãos e entidades no procedimento da ADI. Nesses termos, o STF já decidiu que o pedido de admissão do *amicus curiae* deve ser assinado por advogado constituído, sob pena de não ser conhecido. É mister salientar que já ocorreu do relator autorizar a participação e o pleno do STF, negar conforme a ADI 2238.

Mas como já dito, quem autoriza a participação do *amicus curiae* é o relator, mediante **despacho irrecorrível**, nos termos do art. 7º, § 2º, da Lei 9868/99.

Aqui, embora seja algo controverso, se negada pelo relator a presença (participação) do *amicus curiae*, conforme o Ministro Celso de Mello, seria cabível o recurso de *agravo regimental*, obviamente, manejado pelo pretenso *amicus curiae que teve sua* ***participação negada***. Como exemplo no STF, temos a ADI 3.105.

---

214. ADI 5022 MC/RO, Rel. Min. Celso de Mello, julg. em 16.10.2013, pub. no *DJ* em 23.10.2013.

215. No CPC 2015 temos a figura do *amicus curiae*. Assim: *Art. 138. O juiz ou o relator, considerando a relevância da matéria, a especificidade do tema objeto da demanda ou a repercussão social da controvérsia, poderá, por decisão irrecorrível, de ofício ou a requerimento das partes ou de quem pretenda manifestar-se, solicitar ou admitir* ***a participação de pessoa natural ou jurídica, órgão ou entidade especializada****, com representatividade adequada, no prazo de 15 (quinze) dias de sua intimação. § 1º A intervenção de que trata o caput não implica alteração de competência nem autoriza a interposição de recursos, ressalvadas a oposição de embargos de declaração e a hipótese do § 3º. § 2º Caberá ao juiz ou ao relator, na decisão que solicitar ou admitir a intervenção, definir os poderes do* amicus curiae*. § 3º O* amicus curiae *pode recorrer da decisão que julgar o incidente de resolução de demandas repetitivas.*

216. **ADI 4389 ED-AgR**, STF. Plenário. Rel. Roberto Barroso, julg. em **14.08.2019**.

> ADI. *"Amicus curiae.* Recurso. Legitimidade ou legitimação recursal. **Inexistência.** Embargos de declaração não conhecidos. Interpretação do art. 7º, § 2º, da Lei 9.868/99. *Amicus curiae* **não tem legitimidade para recorrer de decisões proferidas** em ação declaratória de inconstitucionalidade, **salvo da que o não admita como tal no processo.**[217]

Nesses termos, citamos também, manifestação do plenário do STF sobre a questão na ADI 3396 AgR em 10.05.2012, na qual fica claro a controvérsia e a indefinição sobre o tema.[218] E posteriormente a manifestação na ADI 5022 AgR/R0 julgada em 18.12.2014, em que o STF decidiu pela admissibilidade do recurso de *agravo regimental.*[219]

Porém, o Plenário do STF, ao que parece, recentemente, teria pacificado seu entendimento, afirmando que é *irrecorrível a decisão denegatória* de ingresso no feito como *amicus curiae*. Assim, na decisão do RE 602584 AgR/DF em 17.10.2018, decidiu o STF que tanto a decisão do Relator que admite quanto a que inadmite o ingresso do *amicus curiae* é irrecorrível.[220]

---

217. Conforme a **ADI 3.105,** julg em de **02.02.2007**. No mesmo sentido, na **ADI 3615**: Ação Direta de Inconstitucionalidade. Embargos de Declaração opostos por *amicus curiae*. Ausência de legitimidade. Interpretação do § 2º da Lei nº 9.868/99. *1. A jurisprudência deste Supremo Tribunal é assente quanto ao não cabimento de recursos interpostos por terceiros estranhos à relação processual nos processos objetivos de controle de constitucionalidade. 2.* ***Exceção apenas para impugnar decisão de não admissibilidade de sua intervenção nos autos***. *3. Precedentes. 4. Embargos de declaração não conhecidos."* (Rel. Min. Cármen Lúcia).

218. "O Plenário iniciou julgamento de agravo regimental interposto, por procurador da fazenda nacional, contra decisão que, em sede de ação direta de inconstitucionalidade, indeferira-lhe pedido de ingresso nos autos como *amicus curiae*. O Min. **Celso de Mello**, relator, em preliminar, conheceu do recurso de agravo com fundamento em decisões desta Corte que **permitiriam a impugnação recursal por parte de terceiro**, quando **denegada sua participação** (juízo negativo de admissibilidade) na qualidade de *amicus curiae* (ADI 3105 ED/DF, DJe de 23.2.2007; ADI 3934 ED-AgR/DF, *DJe* de 31.3.2011 e ADI 3615 ED/PB, DJe de 25.4.2008). Em **divergência**, o Min. **Marco Aurélio não conheceu do regimenta**l ante *expressa disposição legal, a dispor sobre a irrecorribilidade da decisão do relator que não consentisse com aquela intervenção*. Realçou que, embora o preceito da Lei 9.868/99 se referisse a despacho, o pronunciamento de admissão no processo teria carga decisória e, no sistema recursal, o recurso seria bilateral. *Apontou* ***não ser possível interpretar preceito em que somente aquele que tivesse seu recurso indeferido pudesse recorrer***. Acentuou que **a decisão do relator** ao admitir, ou não, a participação de terceiro, **seria irrecorrível**. Dessumiu que, se vencido na preliminar, acompanharia o Min. Celso de Mello pelo não provimento. *Os Ministros Ayres Britto, Presidente, Rosa Weber, Luiz Fux e Dias Toffoli também não conheceram da ação. Por fim, em virtude da possibilidade de se* ***alterar jurisprudência*** *do Supremo, deliberou-se pela* ***suspensão do julgamento****, para aguardar os votos dos Ministros ausentes."*

219. Informativo 772 do STF: "O Plenário negou provimento a agravo regimental em que discutida a admissibilidade da intervenção, na qualidade de *amicus curiae*, de instituição financeira em ação direta de inconstitucionalidade. ***Preliminarmente, o Colegiado conheceu do recurso***. No ponto, *a jurisprudência da Corte reconheceria legitimidade recursal àquele que desejasse ingressar na relação processual como* amicus curiae *e tivesse sua pretensão recusada*. Por outro lado, não se conheceria de recursos interpostos por *amicus curiae* já admitido, nos quais se intentasse impugnar acórdão proferido em sede de controle concentrado de constitucionalidade. No mérito, o Plenário entendeu que não se justificaria a intervenção de instituição financeira para discutir situações concretas e individuais, no caso, a situação particular que desaguara na decretação de liquidação extrajudicial da instituição. Sob esse aspecto, a tutela jurisdicional de situações individuais deveria ser obtida pela via do controle difuso, por qualquer pessoa com interesse e legitimidade. O propósito do *amicus curiae* seria o de pluralizar o debate constitucional e conferir maior legitimidade ao julgamento do STF, tendo em conta a colaboração emprestada pelo terceiro interveniente. Este deveria possuir interesse de índole institucional, bem assim a legítima representação de um grupo de pessoas, sem qualquer interesse particular."

220. **RE 602584 AgR/DF**, STF. Plenário. red. p/ o ac. Min. Luiz Fux, julg. em **17.10.2018** (repercussão geral). Ver também: STJ, 3ª Turma, AgInt na PET no REsp 1.367.212/RR: *não cabe recurso da decisão que não admite a intervenção do amicus curiae no processo.*

Os fundamentos da decisão, presentes no Informativo 920 do STF, foram os seguintes: a) O art. 138 do CPC é explícito no sentido de conferir ao juiz competência discricionária para admitir ou não a participação, no processo, de pessoa natural ou jurídica, órgão ou entidade especializada, e de não admitir recurso contra essa decisão; b) O art. 7º da Lei nº 9.868/99, de igual modo, é inequívoco nesse sentido; c) O colegiado afirmou também que *amicus curiae* não é parte, mas agente colaborador. Portanto, sua intervenção é concedida como privilégio, e não como uma questão de direito. O privilégio acaba quando a sugestão é feita. Assim, o amigo da Corte, como mero agente colaborador, não possui direito subjetivo de ser admitido pelo Tribunal; d) Ressaltou ainda o STF que haveria inúmeros prejuízos ao andamento dos trabalhos do STF se fosse admitida a possibilidade de recurso, sobretudo em processos em que há um grande número de requerimentos de participação como *amicus curiae*.

Porém, qual foi a nossa surpresa quando em 2020, o STF, ainda que de forma esparsa, decidiu novamente pela possibilidade de agravo regimental para amicus curiae que teve participação negada em ADI. Aqui algumas ponderações são importantes para nossa reflexão. 1ª) Neste julgado (ADI 3396 AgR/DF), a decisão foi tomada por uma apertada maioria de 5 Ministros que votaram pela recorribilidade (Celso de Mello, Rosa Weber, Marco Aurélio, Gilmar Mendes e Ricardo Lewandowski) e 4 Ministros votaram pela irrecorribilidade (Luiz Fux, Dias Toffoli, Edson Fachin e Cármen Lúcia); 2ª) O Ministro Celso de Mello (então relator) esclareceu que se posicionou, no caso concreto, pelo conhecimento do recurso, porque ele foi interposto em 2011 e, nessa época, havia precedentes que admitiam o cabimento do recurso. Portanto, o Ministro Celso de Mello afirmou que votou baseado na realidade daquela época. Vale ressaltar, no entanto, que o Ministro explicou que, atualmente, o Plenário do STF tem entendido que é irrecorrível a decisão do relator que admite ou inadmite o ingresso de amicus curiae em processos de controle concentrado. Do mesmo modo, que o colegiado tem considerado inaplicável o art. 138 do CPC de 2015 aos processos do controle concentrado de constitucionalidade.[221]

Aqui, é importante registar também que o *amicus curiae* não tem legitimidade para recorrer da decisão (de mérito) da ADI.[222] Temos ainda que, se o *amicus curiae* não tem legitimidade para propor ADI, logo ele também não possui legitimidade para pleitear medida cautelar.[223]

---

221. STF. Plenário. ADI 3396 AgR/DF, Rel. Min. Celso de Mello, julgado em 6/8/2020 (Inf. 985). É importante salientar que os Ministros Alexandre de Moraes e Roberto Barroso não votaram. Além disso, observamos o reconhecimento até mesmo do ex-Ministro Celso de Mello de que a decisão que inadmite o *amicus curiae* é irrecorrível. Assim sendo, salvo se tivermos uma modificação de posicionamento (que incluiria o novo Ministro Kassio Nunes), a tendência é continuar o entendimento de que a maioria dos Ministros, se chamada novamente a se manifestar, iria afirme que a decisão que admite ou inadmite *amicus curiae* é irrecorrível.
222. Por exemplo, o "embargo de declaração", obviamente, é vedado ao "*amicus curiae*". Nesse sentido (e sem divergência): "4. O *amicus curie* **não tem legitimidade para interpor recurso de embargos de declaração**. Embargos de declaração opostos pelo Sindifort não conhecidos". (ADI 4.167/ED – DF, jul. em **27.02.2013**, Rel. Min. Joaquim Barbosa). É bom lembrar, com isso, que o *amicus curiae* não pode recorrer da **decisão da ADI** justamente **por não ser parte**.
223. **ADPF 347 TPI-Ref/DF**, STF. Plenário, red. p/ o ac. Min. Alexandre de Moraes, julgado em **18.03.2020** (Inf. 970)

É importante salientar ainda, que o *amicus* não pode aditar o pedido contido na inicial. Portanto, o *amicus curiae*, uma vez admitido seu ingresso no processo objetivo, tem direito a ter seus argumentos apreciados pelo Tribunal, mas não tem direito a formular pedido ou de aditar o pedido já delimitado pelo legitimado ativo que ajuizou a ação.

Qual é o prazo de participação do *amicus curiae*? Por interpretação da Lei nº 9.868/99, o prazo de participação do *amicus curiae* estaria dentro do prazo de participação da autoridade, ou seja, a autoridade teria **30 dias** para se manifestar na ADI. Porém, o STF já relativizou esse entendimento. Assim, segundo o STF o *amicus curiae* poderá participar no ***iter*** de todo o procedimento da ADI *até o momento limite em que o relator liberar o processo para a pauta de julgamento.*[224] Além disso, o STF permite (nos termos regimentais e jurisprudenciais) a sustentação oral por *amicus curiae*.[225]

Quanto à **natureza jurídica** do *amicus curiae*, temos que, embora não sem divergências (por exemplo, o Ministro Gilmar Mendes entende que sua natureza jurídica é de um *"verdadeiro auxiliar do juízo"*, já para o Ministro Fux o *amigo da Corte* não é parte nem terceiro, mas apenas um *agente colaborador*), **majoritariamente** ele é considerado uma modalidade *sui generis (anômala)* de intervenção de terceiros presente no processo objetivo da ADI (que é diferenciado dos processos subjetivos que trabalham com a intervenção de terceiros tradicional ou típica).

Temos ainda que o *amicus curiae*, também, poderá participar do procedimento de controle difuso de constitucionalidade (*incidente de declaração de inconstitucionalidade em tribunal*), conforme o **art. 950, § 3º,** do novo CPC (Código de Processo Civil). E poderá participar, ainda, do procedimento de edição, revisão e cancelamento de súmula vinculante, nos termos do **art. 103-A** conjugado com o

---

224. Nos termos da **ADI 4071** Agr julg. em 22.04.2009, temos que: "[...] 4. O *amicus curiae* **somente pode demandar a sua intervenção até a data em que o Relator liberar o processo para pauta.** 5. Agravo regimental a que se nega provimento." (Rel. Min. Menezes de Direito. *DJ* 16.10.2009). Nos termos do **Informativo nº 543 do STF**, temos que: "A possibilidade de intervenção do *amicus curiae* **está limitada à data da remessa dos autos à Mesa para julgamento**. Ao firmar essa orientação, o Tribunal, por maioria, desproveu agravo regimental interposto contra decisão que negara seguimento a ação direta de inconstitucionalidade ajuizada pelo Partido da Social Democracia Brasileira – PSDB (...) Preliminarmente, o Tribunal, também por maioria, rejeitou o pedido de intervenção dos *amici curiae*, porque apresentado após a liberação do processo para a pauta de julgamento. Considerou-se que o relator, ao encaminhar o processo para a pauta, já teria firmado sua convicção, razão pela qual os fundamentos trazidos pelos *amici curiae* pouco seriam aproveitados, e dificilmente mudariam sua conclusão. Além disso, entendeu-se que permitir a intervenção de terceiros, que já é excepcional, *às vésperas do julgamento poderia causar problemas relativamente à quantidade de intervenções, bem como à capacidade de absorver argumentos apresentados e desconhecidos pelo relator. Por fim, ressaltou-se que a regra processual teria de ter uma limitação, sob pena de se transformar o amicus curiae em regente do processo.* [...]". No mesmo sentido, decidiu o STF, por maioria, na ADI nº5104 MC/DF julg. em 21.05.2014, Rel. Min. Roberto Barroso. Embora registramos que no **RE 635.659** em **19.08.2015** o STF resolveu *questão de ordem no sentido de admitir, na condição de amici curiae e com o direito de realizarem sustentação oral, entidades que não teriam se inscrito até o momento em que o processo fora colocado em pauta.* Entendemos que esse é apenas um caso isolado e excepcional que envolveu esse Recurso Extraordinário.
225. É interessante que no STJ o posicionamento é diferente. Nesse sentido, a Corte Especial do STJ já definiu, em Questão de Ordem examinada no REsp 1.205.946/SP (Rel. Min. Benedito Gonçalves, sessão de 17.8.2011), que o *amicus curiae* não tem direito à sustentação oral. Excepcionalmente, o STJ poderá convocá-lo para sustentação oral se assim entender necessário.

art. 3º, § 2º, da **Lei nº 11.417/06**, e, também, do procedimento de repercussão geral das questões constitucionais, com base no art. 102, § 3º, da CR/88 conjugado com a Lei nº 11.418/06.[226]

6.4.5. Julgamento da ADI

Inicialmente, temos que o quórum para julgamento da ADI será de pelo menos oito Ministros (2/3 dos ministros do STF). Nesses termos, temos também um quórum para a decisão do julgamento. Esse será de pelo menos seis Ministros para o provimento da ADI (quórum de maioria absoluta).

Assim, existe um quórum para ter o julgamento (oito Ministros) e um quórum necessário para a decisão de provimento ou improvimento (seis Ministros). É interessante observarmos que, em recente julgado, afirmou o STF que se **não** foi atingido o número mínimo de seis votos para a declaração de inconstitucionalidade de uma lei, o entendimento deve ser o de que o STF não pronunciou *juízo de inconstitucionalidade ou constitucionalidade* da lei. Nesses termos, isso significa que o STF ***não declarou a lei nem inconstitucional nem constitucional***. Além disso, esse julgamento **não** tem eficácia vinculante, ou seja, os juízes e Tribunais continuam livres para decidir se a lei é constitucional ou inconstitucional, sem estarem vinculados ao STF.[227]

Sobre o **julgamento,** temos ainda algumas observações importantes a serem explicitadas.

Observação 1: hipóteses de impedimento e suspeição no controle concentrado

Conforme decidiu o STF, não há impedimento, nem suspeição de ministro, nos julgamentos de ações de controle concentrado, exceto se o próprio ministro firmar, por razões de foro íntimo, a sua não participação.[228]

Nesses termos, as hipóteses de impedimento e suspeição são aplicadas, aos ministros do STF, mas restringem-se em regra aos processos subjetivos. E sendo assim, temos apenas exceções que ora apresentamos:

---

226. Conforme o promotor carioca e processualista, Gustavo Nogueira, temos ainda outras formas de participação do *amicus curiae*, sendo essas: *art. 118 da Lei nº 12.529/2011 (processo de interesse do CADE); art. 31 da Lei nº 6.385/76 (processos de interesse da CVM); art. 14, § 7º, da Lei nº 10.259/2001 (no âmbito dos Juizados Especiais Federais). É interessante registrar que o STF já admitiu até mesmo a participação de amicus curiae em habeas corpus (HC 82.424 julg. em 17.09.2003, Rel. p /Ac Min. Maurício Corrêa). Aqui apenas registramos que, conforme entendimento do STJ no âmbito de atuação do STJ, se a causa não representar potencial para gerar efeito multiplicador e se envolver apenas direitos individuais, será possível negar a intervenção do amicus curiae.* (AgRg na PET no AREsp 151.885/PR, Rel. Min. Maria Isabel Gallotti, 4ª Turma, julg. em 11.09.2012)

227. **ADI 4066/DF**, STF. Plenário. Rel. Min. Rosa Weber, julg. em **23** e **24.08.2017**. Exemplo: Na sessão de julgamento temos apenas nove Ministros (duas cadeiras estão vagas). Está sendo analisada ADI contra determinada lei. Cinco ministros entendem que a lei é inconstitucional e quatro consideram que ela é compatível com a CR/88. Teremos aí uma maioria simples dizendo que a lei é inconstitucional. No entanto, não se chegou a uma maioria absoluta. Logo, a lei não poderá ser declarada inconstitucional. Ela continuará sendo válida (porém: a lei *não é inconstitucional*, nem *constitucional de forma vinculante*).

228. **ADI 6362/DF**, STF. Plenário. Rel. Min. Ricardo Lewandowski, julgado em **02.09.2020**.

1ª) Atuação no Tribunal Superior Eleitoral. Os ministros do STF não estão impedidos de decidirem no STF pelo fato de terem atuado no TSE. Aqui a questão é simples. O Tribunal Superior Eleitoral é composto por sete membros. E no caso, três são Ministros do próprio STF.

Se o TSE profere um acórdão e a parte, inconformada, interpõe recurso extraordinário ao STF, não seria adequado e razoável que os Ministros do STF que participaram do julgamento no TSE fossem impedidos de apreciar o recurso extraordinário.

Trata-se, portanto, de uma exceção à regra do inciso II do art. 144 do CPC. Essa exceção inclusive está prevista na súmula 72 do STF e no art. 277, parágrafo único do RISTF.[229] Conforme a Súmula 72 do STF: No julgamento de questão constitucional, vinculada a decisão do Tribunal Superior Eleitoral, não estão impedidos os ministros do Supremo Tribunal Federal que ali tenham funcionado no mesmo processo, ou no processo originário.

2ª) Essa será nas ações de controle concentrado de constitucionalidade. Assim sendo, conforme já citado, as regras legais de impedimento (art. 144 do CPC) e suspeição (art. 145 do CPC) não se aplicam ao processo objetivo de controle normativo abstrato.

Para o STF, os institutos do impedimento e da suspeição restringem-se ao plano dos processos subjetivos (em cujo âmbito discutem-se situações individuais e interesses concretos). Nesses termos, não se estendem nem se aplicam, ordinariamente, ao processo de fiscalização concentrada de constitucionalidade.[230]

Nas ações de controle concentrado de constitucionalidade busca-se não o julgamento de uma situação concreta, mas sim a análise da constitucionalidade (ou inconstitucionalidade), em abstrato, de determinado ato normativo editado pelo Poder Público.

Conforme o Pretório Excelso, levados em conta os dispositivos do CPC, que ampliaram casos de impedimento e suspeição, caso fossem aplicados os arts. 144 e 145 aos processos de controle concentrado e objetivo, poderia haver situações nas quais não haveria quórum necessário para o julgamento ou para a modulações de efeitos.[231]

Porem, ressaltamos, que nada impede que o próprio ministro não se sinta à vontade para julgar a causa e, neste caso, invoque sua suspeição por razões de foro íntimo (art. 135, parágrafo único, do CPC) como fundamento legítimo a autorizar o seu afastamento e consequente não participação.

229. RISTF: Art. 277 (...)Parágrafo único. *Não estão impedidos os Ministros que, no Tribunal Superior Eleitoral, tenham funcionado no mesmo processo ou no processo originário, os quais devem ser excluídos, se possível, da distribuição.*
230. ADI 6362/DF, STF. Plenário. Rel. Min. Ricardo Lewandowski, julgado em 02.09.2020.
231. ADI 6362/DF, STF. Plenário. Rel. Min. Ricardo Lewandowski, julgado em 02.09.2020.

Observação 2: ADI e ADC são ações de caráter dúplice ou ambivalente

Significa que a ADI e a ADC sempre caminharão juntas, embora tenham sinais trocados. Nesses termos, são faces de uma mesma moeda, embora uma vise à declaração de inconstitucionalidade de uma lei e a outra vise à declaração de constitucionalidade. O art. 24 da Lei nº 9.868/99 deixa assente que ADI ou ADC podem produzir tanto o efeito de declaração de constitucionalidade quanto o efeito de inconstitucionalidade na mesma ação. Assim, a duplicidade ou ambivalência pode ser expressada nos seguintes termos:

- Se ADI julgada procedente, a lei é inconstitucional.
- Se ADI julgada improcedente, a lei é constitucional. Não precisará de uma ADC sobre a mesma lei.
- ADC procedente, a lei é constitucional.
- ADC improcedente, a lei é inconstitucional. Não há necessidade de ADI sobre a mesma lei.

Observação 3: Efeitos da decisão procedente (provimento) de ADI

Sem dúvida, os efeitos-regra são o ***ex tunc*** e ***erga omnes***.[232] Ou seja, a lei é inconstitucional desde o dia em que surgiu no ordenamento. Percebemos aí um vício de origem na lei (metaforicamente em seu "***DNA***"), pois já nasce inconstitucional. O STF, então, declara a nulidade da lei mediante uma sentença eminentemente declaratória dotada, como já dito, de efeitos que são eminentemente retroativos.

Porém, é mister salientar que existem exceções à ***regra ex tunc*** e ***erga omnes***. Elas estão alocadas normativamente na exegese do art. 27 da Lei nº 9.868/99, que preleciona que, ao declarar a inconstitucionalidade de lei ou ato normativo, e tendo em vista razões de segurança jurídica ou de excepcional interesse social, poderá o Supremo Tribunal Federal, por maioria de dois terços de seus membros, restringir os efeitos daquela declaração ou decidir que ela só tenha eficácia a partir de seu trânsito em julgado ou de outro momento em que venha a ser fixado. Nesses termos, podemos construir as seguintes hipóteses excepcionais:

1ª) *exceção*: efeito ***ex nunc*** e ***erga omnes***. Ocorre de o STF declarar que a lei é inconstitucional com efeitos prospectivos, ou seja, com efeitos para o futuro (modulados). Nesse sentido, até o dia da decisão, a lei era constitucional, restando inconstitucional a partir da declaração do STF. Temos aí uma sentença, que para alguns, seria constitutiva. Com isso, a lei é anulada (e não declarada nula desde o dia em que

232. É interessante notar, a título de lembrança, que no controle concentrado não há necessidade de comunicação ao Senado a fim de que ele suspenda a lei, conforme o art. 52, X, da CR/88 (isso só vale no controle difuso *in concreto*). A decisão do STF em sede ADI já é *erga omnes*.

surgiu) a partir da decisão do STF. Afasta-se o dogma da nulidade da lei, como diz Gilmar Mendes, e trabalha-se com a anulabilidade da lei. Essa exceção, conforme o próprio ministro Gilmar Mendes, guarda uma íntima relação com a lógica do **princípio da proporcionalidade**, pois o STF acaba por ponderar entre dogma da nulidade da lei inconstitucional e as razões de segurança jurídica ou excepcional interesse social. Porém, para que haja o efeito ***ex nunc***, há necessidade de oito Ministros do STF se manifestando a favor da exceção. Portanto, em síntese, nos termos do art. 27 da Lei nº 9.868/99, temos a necessidade do preenchimento de um: ***a) Requisito formal***: oito Ministros (2/3 dos ministros) votando pelo efeito da exceção ***e b) Requisito material***: necessidade de fundamentação dos Ministros do STF em **razões de segurança jurídica** ou **de excepcional interesse social**. Essa exceção, para boa parte da doutrina, guardaria relação com a lógica do princípio da proporcionalidade, pois o STF acabaria por ponderar entre dogma da nulidade da lei inconstitucional e as razões de segurança jurídica ou excepcional interesse social.[233]

2ª) *exceção:* essa é a chamada modulação ou manipulação dos efeitos (***stricto sensu***) (embora o efeito ***ex nunc* também** seja uma "modulação" ou "manipulação"[234]). Essa também está prevista no art. 27 da Lei nº 9.868/99. Essa exceção trabalha também com dois requisitos: ***A) Requisito formal***: oito Ministros (2/3 dos ministros) votando pelo efeito exceção. ***B) Requisito material***: necessidade de fundamentação dos Ministros do STF em **razões de segurança jurídica** ou **de excepcional interesse social**. Essa exceção, para boa parte da doutrina, também guardaria uma íntima relação com a lógica do princípio da proporcionalidade, pois o STF acabaria por ponderar entre dogma da nulidade da lei inconstitucional e as razões de segurança jurídica ou excepcional interesse social.[235]

Aqui, é interessante sublinharmos que, para a declaração de inconstitucionalidade, necessita-se (como já dito) de seis Ministros. Mas no que tange ao requisito formal, para que haja efeitos prospectivos e modulados, oito Ministros devem se manifestar pelo efeito de ***modulação***. Com isso, pode ser que a declaração de inconstitucionalidade seja prolatada por seis Ministros (em uma decisão 6 x 5) e depois, por exemplo, dois dos Ministros que foram minoritários no embate podem se juntar aos seis majoritários e decidirem (oito Ministros) adotar a exceção. Então não há necessidade de 8 votos para a declaração de inconstitucionalidade para que os efeitos sejam modulados (**podem ser somente 6 ministros declarando a**

233. Embora um outro grupo de autores afirme que essas decisões seriam de cunho consequencialista.

234. Nos filiamos aos autores que vislumbram **duas exceções. Obviamente**, o efeito ***ex nunc* é um tipo de manipulação ou modulação (pois ele é uma exceção ao *ex tunc* que é a regra)**, mas muito **diferente** da manipulação ou modulação ***stricto sensu*** (2ª exceção)! **Adotando o efeito *ex nunc*** (puro), **o STF afirma que a lei é inconstitucional a partir de sua declaração para a frente e ninguém poderá mais atuar de acordo com lei que a partir de então se tornou inválida. Na modulação *stricto sensu* não é assim! Conforme veremos, o STF declara que a lei é inconstitucional,** mas afirma, por exemplo, **que os efeitos dessa declaração só irão valer para um período posteriormente determinado pelo próprio STF.** Então **diferentemente do *ex nunc* (puro),** a lei ainda pode continuar válida por um lapso temporal definido!

235. Embora um outro grupo de autores afirme que essas decisões seriam de cunho consequencialista.

inconstitucionalidade), mas há, sim, a necessidade de 8 votos para que os **efeitos sejam diferenciados do efeito regra.**

Podemos observar aqui duas questões distintas (de modo *bifásico*): **uma** é a decisão que declara a inconstitucionalidade, a **outra** é a decisão sobre que tipo de efeitos é manejado em virtude da decisão. Conforme o Pretório excelso: "(...) A Corte destacou que a análise da ação direta de inconstitucionalidade seria realizada de ***maneira bifásica***: a) primeiro se discutiria a questão da constitucionalidade da norma, do ponto de vista material; e, b) declarada a inconstitucionalidade, seria discutida a aplicabilidade da modulação dos efeitos temporários, nos termos do art. 27 da Lei 9.868/1999." É interessante salientar também que o STF decidiu na ADI 2949/QO em **08.04.2015**, que uma ***vez encerrado o julgamento e proclamado o resultado***, inclusive ***com a votação sobre a modulação de efeitos*** (*que não foi alcançada*) ***não há como reabrir o julgamento***, ficando ***preclusa*** a possibilidade de reabertura para a deliberação sobre a *modulação de efeitos*. No caso em questão, a Lei foi declarada inconstitucional, porém no dia do julgamento estavam presentes dez ministros e não foi alcançado o quórum de oito ministros para a modulação (apenas sete votaram pela modulação) e a proposta de modulação foi rejeitada. No dia seguinte, o Ministro faltante à sessão compareceu e explicitou seu posicionamento favorável à modulação dos efeitos. Pois bem, o plenário decidiu que *depois de proclamado o resultado final não há como reabrir a discussão.*[236]

Mas, aqui, uma pergunta é fundamental: o que é a **modulação** ou **manipulação** de efeitos? É a possibilidade de o STF declarar a inconstitucionalidade de uma lei, mas afirmar que os **efeitos dessa declaração serão manipulados (modulados)** para o futuro ou até mesmo para o passado.

- Exemplo de manipulação (modulação) para o futuro: ocorre quando o STF declara a inconstitucionalidade, mas determina que os efeitos dessa declaração só irão valer para o período posteriormente determinado pelo próprio STF[237]. Afirma a inconstitucionalidade de uma lei, mas manipula os efeitos dessa declaração, por exemplo, para 6 meses, 1 ano

236. ADI 2949 julg. em 08.04.2015. (Informativo 780 do STF).

237. Em relação à eficácia da modulação temporal, a doutrina se divide em duas correntes: 1) Pode o Supremo Tribunal Federal deliberar que a decisão só opere efeitos a partir de seu trânsito em julgado (*ex nunc*) ou a partir de outro momento que deve se situar dentro do lapso compreendido entre a entrada em vigor da norma impugnada e o trânsito em julgado da decisão que a declarou inconstitucional; 2) Admite com base no art. 27 da Lei 9.868/99 que pode haver um **diferimento** da eficácia constitutiva da decisão do STF. Apesar de parte da doutrina ser **contra** esse entendimento, certo é que o mesmo **vem sendo adotado pelo STF**, tanto é assim que observamos decisões que **declaram a inconstitucionalidade** e afirmam que os efeitos dessa declaração só vão valer (terão eficácia) para daqui a 1 ou 2 anos. Como exemplos: ADI 2240, 4125, 3819, 875, 1987, 2727, 3243 e ADI 3609. Porém, trazemos crítica de Dirley da Cunha ao atual **posicionamento majoritário** no **STF**: *"Tal posição é tanto mais inaceitável quando se percebe que inexiste qualquer prazo para a manutenção da lei ou ato normativo declarado inconstitucional para além do trânsito em julgado da decisão. Na Áustria (...) há previsão constitucional expressa desse diferimento, sujeito, contudo, a prazo não superior a um ano, circunstância, que inibe, decerto, a ocorrência de abusos".* p, 362, 2010.

ou 2 anos. Um exemplo jurisprudencial interessante é a decisão da ADI 2240, entre outras.[238]

- Exemplo de manipulação (modulação) para o passado: Embora seja menos tradicional, defendemos que ela pode ocorrer quando o STF declarar a inconstitucionalidade de uma lei, mas afirmar que os efeitos dessa declaração irão valer para um período compreendido *entre* o *surgimento* da lei e a decisão do STF. Assim, temos que o STF, em 2020, afirma a inconstitucionalidade de uma lei do ano 2000. Porém, o STF pode determinar que essa lei é inconstitucional apenas desde o ano de 2010. Portanto, o STF pode decidir em 2020 que de 2000 a 2010 a lei era constitucional, e, posteriormente, de 2010 em diante, tornou-se inconstitucional.

Observações importantes sobre o tema da decisão de uma ADI:

Segundo o STF, é cabível o ajuizamento de **embargos de declaração** para fins de **modulação dos efeitos** de **decisão** proferida em ação direta de inconstitucionalidade, ficando seu acolhimento condicionado, entretanto, à existência de **pedido** formulado nesse sentido na petição inicial.[239]

---

238. Exemplos: O STF em **24.02.2010:** *"julgou procedentes os pedidos formulados em ações diretas para, aplicando o art. 27 da Lei 9.868/99, declarar a inconstitucionalidade, sem a pronúncia da nulidade, do art. 2º, I e II, §§ 1º, 2º e 3º, e do Anexo Único, da Lei Complementar 62/89 – a qual estabelece normas sobre o cálculo, a entrega e o controle das liberações dos recursos dos Fundos de Participação e dá outras providências –, mantendo sua vigência até* ***31.12.2012.****"* (ADIs 875, 1987, 2727 e 3243). O STF em **10.06.2010** decidiu na **ADI 4125**: *"Ação julgada procedente, para declarar a inconstitucionalidade do art. 5º, caput, e parágrafo único; art. 6º; das Tabelas II e III do Anexo II e das Tabelas I, II e III do Anexo III; e das expressões "atribuições", "denominações" e "especificações" de cargos contidas no art. 8º da Lei n. 1.950/2008. 9. Definição do prazo máximo de 12 (doze) meses, contados da data de julgamento da presente ação direta de inconstitucionalidade, para que o Estado faça a substituição de todos os servidores nomeados ou designados para ocupação dos cargos criados na forma da Lei tocantinense n. 1.950".* Nos termos da **ADI 4876** julg. em **20.03.2014**: *"o Plenário, por decisão majoritária, modulou os efeitos da declaração de inconstitucionalidade para, em relação aos cargos para os quais não houvesse concurso público em andamento ou com prazo de validade em curso, dar efeitos prospectivos à decisão, de modo a somente produzir efeitos a partir de 12 meses, contados da data da publicação da ata de julgamento. Esse seria tempo hábil para a realização de concurso público, para a nomeação e a posse de novos servidores."*

239. **ADI 2.791 ED**: *"[...] o Tribunal conheceu de embargos de declaração opostos de decisão proferida em ação direta em que se discutia o cabimento desse recurso para a modulação dos efeitos da declaração de inconstitucionalidade e, por maioria, os rejeitou. Na espécie, o Tribunal declarara a inconstitucionalidade da expressão "bem como os não remunerados", contida na parte final do § 1º do art. 34 da Lei 12.398/98, introduzida, por emenda parlamentar, pela Lei 12.607/99, ambas do Estado do Paraná, que incluiu os serventuários de justiça não remunerados pelo erário no regime próprio de previdência dos servidores públicos estaduais de cargo efetivo. O embargante alegava omissão quanto à explicitação dos efeitos da declaração da inconstitucionalidade, e, salientando o prazo de vigência da referida norma, pugnava pelos efeitos ex nunc da decisão. Não se vislumbrou omissão a ser sanada na decisão embargada, visto que não se indicara, de forma expressa, na inicial da ação, a existência de pedido para a modulação de efeitos. Ressaltou-se, ademais, a jurisprudência do Tribunal, no sentido de que, se ele não modula os efeitos, isso significa que prevalece a consequência que resulta da declaração de inconstitucionalidade, qual seja, a de aplicação retroativa da decisão com eficácia ex tunc. Vencidos os Ministros Gilmar Mendes, relator, Ellen Gracie, Eros Grau e Cezar Peluso, que davam provimento ao recurso para esclarecer que a declaração de inconstitucionalidade não afetaria os casos de benefícios previdenciários, aposentadorias e pensões já assegurados, assim como nas hipóteses em que o serventuário já tivesse preenchido todos os requisitos legais para a obtenção desses benefícios até a data da publicação da decisão de declaração de inconstitucionalidade, ocorrida em 23.8.2006. O Min. Gilmar Mendes, Presidente, observou, por fim, que apostar apenas no pedido já prévio de modulação de efeitos seria problemático, haja vista que o requerente teria por pretensão a declaração de inconstitucionalidade da lei, sendo provável que a questão relativa à modulação dos efeitos*

Porém, o STF em 09.09.2010 de forma extremamente ***"casuística"*** acolheu (segundo o próprio STF de forma excepcional) **embargos de declaração** para modular efeitos de decisão proferida em ação direta de inconstitucionalidade sem que houvesse **pedido de modulação** na petição inicial (como delimitou o STF na construção de sua tese sobre o tema).

Nesse sentido, conforme o Informativo 599 do STF: "(...) Reconheceu-se, **de início**, a **jurisprudência da Corte**, no sentido de **inadmitir embargos de declaração** para fins de **modulação de efeitos**, *sem que tenha havido pedido nesse sentido antes do julgamento da ação*. Entendeu-se que, no caso, entretanto, a declaração não deveria ser retroativa, por estarem configurados os requisitos exigidos pela Lei 9.868/99 para a modulação temporal dos efeitos da declaração de inconstitucionalidade, tendo em conta a necessidade de preservação de situações jurídicas formadas com base na lei distrital. Mencionou-se, no ponto, que a declaração de inconstitucionalidade com efeitos ***ex tunc*** acarretaria, dentre outros, a **nulidade de todos os atos praticados pela** *Comissão Permanente de Disciplina da Polícia Civil do Distrito Federal*, durante os **quatro anos** de **aplicação da lei** declarada inconstitucional, possibilitando que **policiais civis** que cometeram **infrações gravíssimas**, puníveis inclusive com a **demissão**, fossem reintegrados(...)".[240]

Mas o STF não parou por aí, pois esse posicionamento foi adotado novamente em 17.05.2012, na decisão de ***embargos de declaração*** sobre a **ADI 2797** (que foi julgada em 15.09.2005 e que declarou a inconstitucionalidade de normas da Lei nº 10.628/2002). Com isso, foram julgados procedentes (acolhidos) os embargos de declaração, sem que houvesse pedido de **modulação de efeitos** na inicial da ADI 2797. Conforme o Informativo 666 do STF, temos que: "(...) O Plenário, por maioria, **acolheu** embargos declaratórios, opostos pelo Procurador-Geral da República, para assentar que os efeitos da declaração de inconstitucionalidade dos §§ 1º e 2º do art. 84 do CPP, inseridos pelo art. 1º da Lei 10.628/2002 (...) tenham eficácia **a partir de 15.9.2005 (...)**. Na espécie, alegava-se que a norma declarada inconstitucional teria vigido por três anos – com alterações nas regras de competência especial por prerrogativa de função quanto às ações de improbidade, inquéritos e ações penais – a exigir fossem modulados os efeitos do julgado. Destacou-se a **necessidade de se preservar** a validade dos atos processuais praticados no curso das mencionadas ações e inquéritos contra *ex-ocupantes de cargos públicos* e de mandatos eletivos julgados no período de **24.12.2002**, data de

eventualmente só fosse suscitada se houvesse participação do amicus curiae, isto é, interessados que são atingidos pela decisão." Julgamento em **22.04.2009**.

240. **ADI 3601 ED/DF**. Rel. Min. Dias Toffoli, julg. em **09.09.2010**. Na ementa, temos: *"(...)3. Necessidade de preservação dos atos praticados pela Comissão Permanente de Disciplina da Polícia Civil do Distrito Federal durante os quatro anos de aplicação da lei declarada inconstitucional. 4. Aplicabilidade, ao caso, da excepcional restrição dos efeitos prevista no art. 27 da Lei 9.868/99. Presentes não só razões de segurança jurídica, mas também de excepcional interesse social (preservação da ordem pública e da incolumidade das pessoas e do patrimônio – primado da segurança pública), capazes de prevalecer sobre o postulado da nulidade da lei inconstitucional. 5. Embargos declaratórios conhecidos e providos para esclarecer que a decisão de declaração de inconstitucionalidade da Lei distrital nº 3.642/05 tem eficácia a partir da data da publicação do acórdão embargado."*

vigência da Lei 10.628/2002, até a data da **declaração de sua inconstitucionalidade, 15.9.2005**. Pontuou-se que inúmeras ações foram julgadas com fundamento na Lei 10.628/2002 e, por segurança jurídica, necessário adotar-se a **modulação**, assegurada a eficácia ***ex nunc***, nos termos do art. 27 da Lei 9.868/99. Asseverou-se que os processos ainda em tramitação não teriam sua competência deslocada para esta Corte".[241]

Além disso, recentemente, o STF decidiu que existe a possibilidade de decretação, *de ofício*, da modulação dos efeitos da decisão proferida em ADI. Ou seja, caso o STF declare lei ou ato normativo inconstitucional ao julgar uma ADI, ou mesmo uma ADC ou ADPF, ele poderá, de ofício, fazer a modulação dos efeitos dessa decisão.

Como exemplo, temos que, no julgamento de uma ADI 5617, o STF decidiu que determinado artigo de lei é inconstitucional. Assim sendo, um dos legitimados do art. 103 da CR/88 opôs embargos de declaração pedindo a modulação dos efeitos. Ocorre que o STF considerou que esses embargos eram intempestivos. Porém, o STF, mesmo **não** conhecendo dos embargos, decretou a modulação dos efeitos da decisão.[242]

Outra decisão de embargos de declaração interessante foi prolatada pelo STF em 26.06.2012. Apesar de envolver um Recurso Extraordinário e não uma ADI (objeto de estudo nesse tópico), vale a referência porque temos três questões que merecem nossa reflexão.

A **primeira** é a de que, conforme já citado na obra, é possível a *modulação dos efeitos* da decisão proferida em sede de controle incidental de constitucionalidade. Assim, não é apenas no controle abstrato que se admite a modulação. A **segunda** é a concessão do ED novamente *sem a existência de pedido na inicial* (fato já citado anteriormente, e, que pelo jeito, daqui a um tempo, vai acabar virando regra). E a **terceira** é a da possibilidade do STF, via embargos de declaração, **prorrogar** a manipulação (*modulação*) de efeitos de uma decisão. Ou seja, a decisão que já tinha seus efeitos modulados recebe a prorrogação de efeitos pela via do ED (como se os embargos de declaração servissem também para tal prática!). Portanto, o ED foi usado para prorrogar a *modulação* de efeitos da decisão do RE 600.885/RS de 31.12.2011 para 31.12.2012.[243]

241. Outro exemplo: Em 2018, o STF acolheu os embargos e aceitou modular os efeitos da decisão proferida na ADI 3415. O STF também determinou ao Estado do Amazonas que promova, no ***prazo máximo de 18 meses***, a contar da publicação da ata de julgamento (07.08.2018), a abertura de concurso público para o cargo de Delegado de Polícia. O Ministro Relator Alexandre de Moraes afirmou que mais de ***70 delegacias*** de polícia ficariam sem delegados e que a população amazonense é que sofreria as consequências. Além disso, na decisão dos embargos, os Ministros esclareceram que são plenamente válidos os atos praticados nos cargos de Delegado de Polícia que serão afastados. STF. Plenário. **ADI 3415 ED**-segundos/AM, Rel. Min. Alexandre de Moraes, julg. em 01.08.2018 (Info 909).

242. **ADI 5617 ED/DF**, STF. Plenário. Rel. Min. Edson Fachin, julgado em **02.10.2018**.

243. "(...) *resolvera modular os efeitos dessa decisão até 31.12.2011 – v. Informativo 615. Deferiu-se o pedido para prorrogar a modulação aludida até o dia 31.12.2012, sem admitir-se, contudo, nova postergação. Considerou-se que, apesar de o primeiro prazo dado pelo STF não ser exíguo, não se poderia deixar as Forças Armadas sem instrumento normativo válido para realização de concurso público. Vencido o Min. Marco Aurélio, que desprovia os declaratórios por não*

Temos ainda que a ***manipulação de efeitos***, além de ser ***temporal***, também pode se dar em relação ***aos atingidos***. A decisão, sem dúvida, em regra é ***erga omnes***, mas o STF pode determinar que a decisão terá especificidades e só irá atingir os funcionários públicos federais (ou parte deles) ou dos Estados-membros (ou parte deles) ou uma determinada classe ou categoria profissional, e assim por diante.

Como exemplo interessante, temos que o Plenário do STF, por maioria, julgou em **26.03.2014**, parcialmente procedente pedido formulado na **ADI 4876**, para declarar a inconstitucionalidade dos incisos I, II, IV e V do art. 7º da Lei Complementar nº 100/2007, do Estado de Minas Gerais. O dispositivo impugnado dispunha sobre a transformação de servidores atuantes na área de educação, mantenedores de vínculo *precário* com a Administração, em titulares de *cargos efetivos*, sem necessidade de concurso público.[244]

Porém, no caso, o STF decidiu por maioria modular os efeitos da decisão, de forma *diferenciada para cargos* e *servidores* com as seguintes especificidades:

1) Em relação aos cargos para os quais não houvesse concurso público em andamento ou com prazo de validade em curso, dar efeitos prospectivos à decisão, de modo a somente produzir efeitos a partir de 12 meses, contados da data da publicação da ata de julgamento. Esse seria o tempo hábil para a realização de concurso público e para a nomeação e a posse de novos servidores. No ponto, a Corte sublinhou que a medida evitaria prejuízo aos serviços públicos essenciais prestados à população. Portanto, a lei continuaria produzindo efeitos por 12 meses.

2) Já no que se refere aos cargos para os quais existisse concurso em andamento ou dentro do prazo de validade, consignou que a decisão da ADI deveria surtir efeitos imediatamente (sem a manipulação para o futuro).

3) O Colegiado destacou, entretanto, que ficariam ressalvados dos efeitos da decisão:

a) aqueles que já estivessem aposentados e aqueles servidores que, até a data de publicação da ata do julgamento, tivessem preenchidos os requisitos para a aposentadoria, exclusivamente para seus efeitos, o que não implicaria efetivação nos cargos ou convalidação da lei inconstitucional para esses servidores;

b) os que tivessem se submetido a concurso público quanto aos cargos para os quais aprovados; e

vislumbrar omissão e receava, diante da inércia do Congresso Nacional, defrontar com novo pedido de prorrogação". Rel. Carmen Lúcia, julg. 29.06.2012.

244. Outro exemplo é o da ADI 1241 julg. em **22.09.2016**: *"(...) o Colegiado, por maioria, determinou a modulação dos efeitos da declaração de inconstitucionalidade, que só valerão a partir de doze meses, contados da data da publicação da ata de julgamento. Nesse período, haverá tempo hábil para a realização de concurso público, nomeação e posse de novos servidores, evitando-se, assim, prejuízo à prestação do serviço público de ensino superior na URRN. Ademais, ressalvou dos efeitos da decisão os servidores que já estejam aposentados e aqueles que, até a data de publicação da ata deste julgamento, tenham preenchido os requisitos para a aposentadoria."*

c) os servidores que adquiriram estabilidade pelo cumprimento dos requisitos previstos no art. 19 do ADCT da CR/88.

Outro ponto interessante é que não existe só o efeito ***erga omnes***. Além deste, temos, atualmente, o chamado **efeito vinculante** em decisões de ADI, o qual está alocado no art. 28, parágrafo único da Lei nº 9.868/99.

Portanto, a lei que procedimentaliza a ADI e a ADC afirma de forma explícita que há na decisão efeitos ***erga omnes*** e **vinculante**. Nesse sentido, vem sendo desenvolvida no Brasil (a partir da doutrina alemã) a diferença entre eles pelo ***aspecto objetivo*** da decisão da ADI (*limites objetivos da coisa julgada*). Temos também a diferença pelo **aspecto subjetivo da decisão** (limites subjetivos da coisa julgada) que será posteriormente analisada.

Nesses termos, iremos, agora, conforme a doutrina, diferenciar o efeito ***erga omnes*** do efeito **vinculante**. Certo é que vamos começar pelo aspecto objetivo (*limites objetivos da coisa julgada*) e vamos **adotar** para a diferenciação a denominada ***teoria extensiva***[245] trabalhada na Alemanha.

- ***Efeito erga omnes:*** efeito que na Alemanha é chamado de **gründe**. É o efeito típico válido para todos e se apresenta como um efeito de cunho eminentemente processual. Nesses termos, significa que, sob a ótica objetiva, atinge a parte dispositiva de uma decisão, tornando-a obrigatória e válida para todos.[246] Vejamos um exemplo: ajuizada uma ADI contra Lei X de MG, o STF chega à conclusão de que essa lei é inconstitucional. Com isso, a Lei X de MG é declarada inconstitucional, e, então, a parte dispositiva da decisão

245. Sem dúvida, pela **teoria extensiva** observamos a diferenciação de forma clara entre o efeito *erga omnes* e o **efeito vinculante**. Essa teoria que se fundamenta na **força normativa da Constituição** saiu vitoriosa no Tribunal Constitucional Alemão e encontra inúmeros adeptos na doutrina pátria, como exemplo *o Ministro Gilmar Mendes*. Porém, é bom ressaltar que existe uma **doutrina restritiva** sobre o tema. Essa não vislumbra uma diferenciação radical entre o efeito *erga omnes* e o **efeito vinculante**. Para a **teoria restritiva,** defendida no STF pelo Ministro Ayres Britto e que tem inúmeros adeptos na doutrina (Regina Ferrari, Oswaldo Palu, Clemerson Cleve, entre outros), só o próprio dispositivo da decisão teria efeito vinculante (*que não atingiria a parte de fundamentação da decisão!*). Nesse sentido: *"ainda que não seja negado o valor persuasivo dos motivos dados pelo Tribunal constitucional, nem se impeça a análise das razões determinantes do julgado sempre que houver dúvidas quanto ao alcance da parte dispositiva da decisão".* Novelino, Marcelo, p.231, 2009. Bernardes, Juliano Taveira, p. 372-373, 2008.

246. Para boa parte da doutrina, é o efeito da coisa julgada, em termos processuais. Conforme Fredie Didier: *"ao contrário do que normalmente ocorre nos processos subjetivos, a coisa julgada nos processos de controle concentrado opera efeito erga omnes. Isto quer dizer, que, quanto aos seus limites subjetivos, ela atinge tantos quantos sejam os sujeitos submetidos à jurisdição do STF, ainda que não participantes do processo que tal discussão se formou. Assim decretada a inconstitucionalidade de um ato normativo será ele expurgado do ordenamento jurídico, independente de ato do Senado"*. Didier, Fredie, *Aspectos processuais da ADI e ADC*, p.390, 2007. Aqui, é interessante observarmos a doutrina de Juliano Taveira Bernardes. O autor critica a doutrina que, no seu entender, confunde o efeito *erga omnes* com o tradicional efeito processual da coisa julgada. In: *Efeito vinculante das decisões do controle abstrato de constitucionalidade e transcendência aos motivos determinantes*, p.360. Segundo ele, *a eficácia* erga omnes *não se confunde com a garantia da coisa julgada. Pois não seria por causa do efeito* erga omnes *que o Tribunal e os demais sujeitos processuais estão impedidos de renovar a discussão das questões já apreciadas, mas em razão do sistema de preclusões processuais, cujo maior exemplo seria o da coisa julgada.*

prolatada irá obrigar (válido para todos). Teremos, com isso, que a Lei X de MG será "extirpada" do ordenamento do Estado de Minas Gerais.

- ***Efeito vinculante:*** esse é muito maior que o efeito ***erga omnes***. No direito alemão, é o ***tragende gründe***. O efeito vinculante, sob a ótica objetiva (***aspecto objetivo da decisão***[247]), atinge não só a parte ***dispositiva***, mas (de forma extensiva) também a parte de ***fundamentação da decisão***. Ele envolve os **fundamentos determinantes da decisão**. Portanto, preocupa-se com os fundamentos que determinaram o porquê de a Lei X de MG ser inconstitucional. A questão, aqui, não será meramente a inconstitucionalidade da Lei X, mas o que foi fundamental, ou seja, as razões determinantes (*ratio decidendi*) para a declaração dessa inconstitucionalidade (pois isso **também irá vincular**).

Mas o que o efeito vinculante (pela ***teoria extensiva***) traz de consequência para o ordenamento jurídico[248]?

A rigor e tradicionalmente, a coisa julgada atinge só a parte dispositiva (e disso o efeito ***erga omnes*** já cuidou). Agora, com efeito vinculante trabalhado nos moldes da perspectiva alemã, passa-se a ser vinculante não só a decisão em si (sua parte dispositiva), mas os fundamentos que determinaram a decisão[249].

---

247. Esse aspecto diz respeito as partes da decisão (dispositivo e fundamentação) que podem produzir efeitos legalmente estabelecidos.

248. Aqui, fica claro que no **direito alemão** duas posições se formaram: **1) as dos que entendiam que o efeito vinculante atingiria apenas a parte dispositiva; 2) a dos que entendiam que o efeito vinculante atingiria não só a parte dispositiva, mas também os fundamentos determinantes da decisão.** Certo é que a posição de uma "maior força" ao efeito vinculante saiu vitoriosa. Nesses termos: *"(...) Assim parece legitimo que se recorra à literatura alemã para explicitar o significado efetivo desse instituto. (...) Problema de inegável relevo diz respeito aos limites objetivos do efeito vinculante, isto é, a **parte da decisão** que tem **efeito vinculante** para os órgãos constitucionais, tribunais e autoridades administrativas. Em suma, indaga-se, tal como em relação à coisa julgada e à força de lei, se o efeito vinculante está adstrito à **parte dispositiva** da decisão ou se ele se estende também aos chamados **fundamentos determinantes**, ou, ainda, se o efeito vinculante abrange também as considerações marginais, as coisas ditas de passagem, os chamados obter dicta. Enquanto em relação à coisa julgada e à força de lei domina a ideia de que eles hão de delimitar à parte dispositiva da decisão, sustenta o Tribunal Constitucional alemão que o efeito vinculante se estende aos fundamentos determinantes da decisão. (...) Segundo esse entendimento, a eficácia da decisão do Tribunal **transcende o caso singular**, de modo que os princípios dimanados da parte **dispositiva** e dos **fundamentos determinantes** sobre a interpretação da constituição devem ser observados por todos os tribunais e casos futuros (BVerfGE, 19, 377)". Controle Concentrado de Constitucionalidade.* MARTINS, Ives Gandra e MENDES, Gilmar Ferreira, p. 338 a 341.

249. Em interessante síntese sobre o efeito *erga omnes* e o efeito vinculante, temos que: *"apesar de serem institutos afins os mesmos **não** são idênticos. Podendo ser apontadas a seguintes diferenças: **(I)** no aspecto subjetivo, enquanto o efeito erga omnes atinge tanto os particulares quanto os poderes públicos, o efeito vinculante possui uma menor amplitude subjetiva, por atingir apenas os poderes públicos, com exceção do Legislativo na sua função típica e do próprio do STF; **(II)** aspecto objetivo, a eficácia* erga omnes *se refere apenas ao dispositivo da decisão, ao passo que o efeito vinculante pode abranger tanto a parte dispositiva da decisão, quanto os fundamentos ou motivos determinantes (teoria extensiva), visando conferir maior eficácia às decisões do Supremo Tribunal Federal e a preservar a força normativa da Constituição; **(III)** como consequência desta definição, o efeito vinculante atinge, juntamente com as normas questionadas, as **normas paralelas**, o que não ocorre com a eficácia erga omnes. Assim, o efeito vinculante tem o condão de impedir a aplicação de uma lei do Estado B ou C, caso uma lei de conteúdo semelhante do Estado A tenha sido declarada inconstitucional".* Novelino, Marcelo, *Direito Constitucional*, p. 231-232.

A conclusão deve ser a seguinte: se temos uma Lei Y de SP equivalente à Lei X MG e uma Lei Z no RJ também equivalente à Lei X de MG, essas leis, pelo efeito ***erga omnes,*** não seriam atingidas. Todavia, pelo **efeito vinculante**, elas são atingidas. Portanto, se a Lei Y de SP e a Lei Z do RJ forem equivalentes à Lei julgada inconstitucional de MG, teremos que os fundamentos que determinaram a inconstitucionalidade da Lei de Minas Gerais transcendem (vão além) para alcançar as leis de SP e RJ. Por isso, o efeito vinculante é um efeito **eminentemente transcendente**. Transcendente significa que um determinado caso atinge outros equivalentes. Nesses termos, passa a ser importante no Brasil os fundamentos determinantes de uma decisão. Daí a expressão **transcendência (transbordamento) dos motivos determinantes.**

Mas, aqui, mais uma questão: toda a parte de fundamentação vincula com base no efeito vinculante? Obviamente que não. O que obriga e vincula, e é o **fator determinante** da *transcendência dos motivos determinantes*, é a chamada ***ratio decidendi***, a ***razão*** fundamental ***de decidir***. Certo é que, na parte da fundamentação, também teremos ***obiter dictum,*** coisas paralelas, ditas de passagem, que não irão vincular (não serão vinculantes).

Mas quais são as saídas existentes para que SP e RJ respeitem a transcendência dos motivos determinantes (em sua *ratio decidendi*)?

A primeira saída, eminentemente tradicional, seria o ajuizamento de uma ADI contra a Lei de SP ou contra a Lei do RJ. Porém, há uma segunda saída que se desenvolveu em alguns posicionamentos do STF: é a possibilidade do ajuizamento de uma **reclamação,** baseado no art. 102, I, "l" da CR/88, e que tem como fundamento preservar a autoridade e a competência do STF (de suas decisões[250]). Nesses termos, a reclamação (tipicamente subjetiva e que, para a corrente majoritária do STF, tem a **natureza jurídica situada no âmbito do direito de petição,** previsto no art. 5º, XXXIV da CR/88) passaria a ser um instrumento (obviamente, por "atalho processual") de controle de constitucionalidade com ares **"objetivos"** funcionando como um sucedâneo da ADI (Informativo nº **379** do STF[251]).

250. É interessante ressaltarmos que o instituto da **Reclamação** presente na CR/88 para o STF e STJ foi reconhecido como possível também para os Estados nos ditames específicos da **ADI nº 2.480,** julgada em **02.04.2007**: *"Ação direta de inconstitucionalidade: dispositivo do Regimento Interno do Tribunal de Justiça do **Estado da Paraíba (art. 357),** que admite e disciplina o **processo e julgamento de reclamação para preservação da sua competência ou da autoridade de seus julgados: ausência de violação dos artigos 125,*** caput ***e § 1º e 22, I, da Constituição Federal.*** *1. O Supremo Tribunal Federal, ao julgar a ADIn 2.212 (Pl. 2.10.03, Ellen, DJ 14.11.2003), alterou o entendimento – firmado em período anterior à ordem constitucional vigente (v.g., Rp 1092, Pleno, Djaci Falcão, RTJ 112/504) – do monopólio da reclamação pelo STF e assentou a adequação do instituto com os preceitos da Constituição de 1988: de acordo com a sua **natureza jurídica (situada no âmbito do direito de petição previsto no art. 5º, XXXIV, da CF)** e com os princípios da simetria (art. 125,* caput *e § 1º) e da efetividade das decisões judiciais, é **permitida a previsão da reclamação na Constituição Estadual"**.*

251. Conforme voto do Rel. Min. Celso de Mello em sede cautelar na **Reclamação nº 2.986**:*"fiscalização abstrata de constitucionalidade. Reconhecimento, pelo STF, da validade constitucional da legislação do estado do **Piauí** que definiu, para os fins do art. 100, § 3º, da constituição, o significado de obrigação de pequeno valor. D**ecisão judicial,** de que ora se reclama, que entendeu inconstitucional legislação, de idêntico conteúdo, editada pelo estado de Sergipe.*

Mas quem poderia ajuizar a reclamação[252]? Ou seja, quem teria legitimidade ativa para ela? Nos termos do **Informativo nº 289** do STF de dezembro de 2002, nesse caso, seriam todos aqueles que estão **sofrendo efeitos do provimento** ou estão **sendo atingidos** (ou prejudicados) por decisões contrárias ao entendimento estabelecido pelo STF no julgamento de mérito da ADI.[253]

Porém, devemos ficar atentos no que tange à **efetividade e aplicação** no STF desse entendimento (de tradição alemã extensiva) sobre o *efeito vinculante como efeito transcendente, bem como sobre o uso (manuseio) da reclamação*. Certo é que, toda essa construção, que vem sendo desenvolvida na doutrina e em alguns julgados do Pretório Excelso **ainda não se encontra consolidada,** aliás, muito pelo contrário. Basta observarmos os posicionamentos do STF sobre o tema.

Conforme análise histórica, o STF reconheceu esse entendimento pela primeira vez nas Reclamações **1880 e 1987**, de relatoria do Ministro Maurício Corrêa. Posteriormente, temos outras decisões como a da Reclamação **2363** de relatoria do Ministro Gilmar Mendes e a da Reclamação **2986** de relatoria do Ministro Celso de Mello.

Mas em várias oportunidades o STF já **deixou de aplicar** a *"tese da transcendência dos motivos determinantes"*. Como exemplo, citamos a posição majoritária (por maioria de votos) na **Reclamação 2475-AgR** de relatoria do Ministro Carlos Velloso em 02.08.2007. Outros exemplos seriam as Reclamações **4448-AgR e 3.014,** além da recente Reclamação **10604,** julgada em 08.09.2010.[254] É claro que devemos levar em

---

Alegado desrespeito ao julgamento, pelo Supremo Tribunal Federal, da ADI 2.868 (Piauí). Exame da questão relativa ao efeito transcendente dos motivos determinantes que dão suporte ao julgamento, in abstracto, de constitucionalidade ou de inconstitucionalidade. Doutrina. Precedentes. Admissibilidade da reclamação. Medida cautelar deferida."

252. Nos termos da **Súmula 734 do STF**: *"Não cabe reclamação quando já houver transitado em julgado o ato judicial que se alega tenha desrespeitado decisão do Supremo Tribunal Federal."* Ver ainda no estudo da Reclamação no Capítulo 8 desta obra.

253. **Rec** (AgR-QO) **nº 1880/SP**, Rel. Min. Maurício Correa. Nesse sentido: "[...] *4. Reclamação. Reconhecimento de **legitimidade ativa ad causam de todos que comprovem prejuízo oriundo de decisões dos órgãos do Poder Judiciário, bem como da Administração Pública de todos os níveis, contrárias ao julgado do Tribunal. Ampliação do conceito de parte interessada** (Lei 8.038/90, artigo 13). Reflexos processuais da eficácia vinculante do acórdão a ser preservado. 5. Apreciado o mérito da ADI 1662-SP, está o Município legitimado para propor reclamação. Agravo regimental provido. [...]" (julg.* em **07.11.2002)**. Nesse ponto, trazemos a importante reflexão do Min. Teori Zavascky no seu voto na Rcl nº4335 em 20.03.2014: "(...) *a reclamação não poderia ser utilizada como inadmissível atalho processual destinado a permitir, por motivos pragmáticos, a submissão imediata do litígio ao exame direto desta Corte. Sem negar a força expansiva de uma significativa gama de decisões do STF, deveria ser mantida a jurisprudência segundo a qual, em princípio, a reclamação somente seria admitida quando proposta por quem fosse parte na relação processual em que proferida a decisão cuja eficácia se buscaria preservar. A legitimação ativa mais ampla apenas seria cabível em hipóteses expressamente previstas, notadamente a súmula vinculante e contra atos ofensivos a decisões tomadas em ações de controle concentrado. Haveria de se admitir também a reclamação ajuizada por quem fosse legitimado para propositura de ação de controle concentrado, nos termos do art. 103 da CR/88."*

254. Nas palavras do Ministro Ayres Britto (Ministro sabidamente contrário ao efeito vinculante nos moldes defendidos pelo Ministro Gilmar Mendes) em julgamento em 08.09.2010: "(...) no julgamento da Rcl 4.219, esta nossa Corte retomou a discussão quanto à aplicabilidade dessa mesma teoria da "transcendência dos motivos determinantes", oportunidade em que deixei registrado que tal aplicabilidade implica prestígio máximo ao órgão de cúpula do Poder Judiciário e desprestígio igualmente superlativo aos órgãos da judicatura de base, o que se contrapõe à essência mesma do regime democrático, que segue lógica inversa: a lógica da desconcentração do

consideração a peculiaridade dos casos concretos. Por exemplo, o afastamento da transcendência na Reclamação 10.604 é totalmente justificado na medida em que os casos citados pelo autor da Reclamação não guardavam equivalência ou semelhança com o caso debatido (possível descumprimento de decisão do STF pelo TSE em matéria eleitoral). Mas, independentemente dessas especificidades (que sempre envolvem os casos), fato é que o manuseio pelo STF do efeito vinculante como transcendente (sobre a parte de fundamentação das decisões) ainda requer uma consolidação devido ao duvidoso posicionamento do Pretório Excelso de ora reconhecê-lo ora afastá-lo. Mas qual seria a "tendência" do STF?

Pois bem, analisando pelo conjunto de julgados, podemos afirmar que atualmente, passada a euforia inicial com a teorização alemã (da teoria extensiva) e com a possibilidade do manuseio da reclamação como uma saída ("atalho processual") nos termos já explicitados, a "forte tendência" vem sendo a do "enfraquecimento" da reclamação como um instrumento com "*ares*" objetivos de fiscalização *abstrata* de controle de constitucionalidade[255] e com isso a sua **não** utilização. Nesses termos, o STF **não vem** adotando a *teoria da transcendência dos motivos determinantes* e a teoria extensiva (em que, como já dito, o efeito vinculante alcança e vincula a parte dispositiva e a parte de fundamentação da decisão). Como exemplo recente, temos

poder decisório. Sabido que democracia é movimento ascendente do poder estatal, na medida em que opera de baixo para cima, e nunca de cima para baixo. No mesmo sentido, cinco ministros da Casa esposaram entendimento rechaçante da adoção do transbordamento operacional da reclamação, ora pretendido. Sem falar que o Plenário deste Supremo Tribunal Federal já **rejeitou,** em diversas oportunidades, a tese da eficácia vinculante dos motivos determinantes das suas decisões (cf. Rcl 2.475-AgR, da rel. do min. Carlos Velloso; Rcl 2.990-AgR, da rel. do Min. Sepúlveda Pertence; Rcl 4.448-AgR, da rel. do Min. Ricardo Lewandowski; Rcl 3.014, de minha própria relatoria)."

255. Nesse sentido, manifestação da Min. Cármen Lúcia na **Rcl 11.479-AgR/CE** julg. em **19.12.2012**: "(...) Na espécie vertente, o que pretende o Agravante é valer-se desse instituto para exigir respeito aos fundamentos determinantes aproveitados pelo Supremo Tribunal Federal no julgamento das Ações Diretas de Inconstitucionalidade n. 3.715/TO, 1.779/PE e 849/MT, que não teriam sido observados pela autoridade reclamada. No entanto, a aplicação da teoria dos motivos determinantes foi rejeitada por este Supremo Tribunal, sendo exemplo disso: Rcl 5.703-AgR/SP, de minha relatoria, *DJe* 16.9.2009; Rcl 5.389-AgR/PA, de minha relatoria, *DJe* 19.12.2007; Rcl 9.778-AgR/RJ, Rel Min. Ricardo Lewandowski, DJe 10.11.2011; Rcl 9.294-AgR/RN, Rel. Min. Dias Toffoli, Plenário, *DJe* 3.11.2011; Rcl 6.319-AgR/SC, Rel. Min. Eros Grau, *DJe* 6.8.2010; Rcl 3.014/SP, Rel. Min. Ayres Britto, *DJe* 21.5.2010; (...)". No mesmo sentido, o Min. Celso de Mello na Rcl **14.156/AP** *DJ*: **05.04.2013**. Embora o STF (demonstrando novamente sua **contradição** sobre o tema) em **18.04.2013** na **Rcl 4374/PE** tenha admitido a possibilidade de em **Reclamação** rever decisão de ADI na qual tinha declarado a constitucionalidade de norma para passar a adotar o posicionamento da inconstitucionalidade da mesma norma (inconstitucionalidade superveniente em virtude de mudanças no cenário jurídico, político, econômico e social): "(...) *O STF, no exercício da competência geral de fiscalizar a compatibilidade formal e material de qualquer ato normativo com a Constituição, pode declarar a inconstitucionalidade, incidentalmente, de normas tidas como fundamento da decisão ou do ato que é impugnado na reclamação. Isso decorre da própria competência atribuída ao STF para exercer o denominado controle difuso da constitucionalidade das leis e dos atos normativos. A oportunidade de reapreciação das decisões tomadas em sede de controle abstrato de normas tende a surgir com mais naturalidade e de forma mais recorrente no âmbito das reclamações. É no juízo hermenêutico típico da reclamação – no "balançar de olhos" entre objeto e parâmetro da reclamação – que surgirá com maior nitidez a oportunidade para evolução interpretativa no controle de constitucionalidade. Com base na alegação de afronta a determinada decisão do STF, o Tribunal poderá reapreciar e redefinir o conteúdo e o alcance de sua própria decisão. E, inclusive, poderá ir além, superando total ou parcialmente a decisão-parâmetro da reclamação, se entender que, em virtude de evolução hermenêutica, tal decisão não se coaduna mais com a interpretação atual da Constituição*". (Rel. Min. Gilmar Mendes)

a **Rcl 8168/SC**, julgada em 19.11.2015 pelo plenário do STF.[256] Um último e mais recente exemplo está na **Rcl 22012/RS** julgada em 12.09.2017.[257] Nesses termos, quanto aos aspectos objetivos da decisão (da coisa julgada), o STF vem adotando a tese restritiva (que defende, como já dito, que o efeito *erga omnes* e o efeito vinculante atingem apenas a parte dispositiva da decisão).

Na sequência, outra questão importante sobre a decisão da ADI se refere ao aspecto ***subjetivo da decisão.*** Ou seja: a rigor, a quem o efeito vinculante obriga (vincula) em termos subjetivos (intitulamos de: ***aspecto subjetivo da decisão***)? Sem dúvida, ele vinculará os **órgãos do Poder Judiciário** e a **administração pública** no nível federal, estadual e municipal.

Vejamos então que enquanto o efeito ***erga omnes,*** afirma-se processualmente, como válido para todos (atingindo os particulares e o Poder Público), o efeito vinculante se especifica, de modo a atingir os órgãos anteriormente citados (Poder Judiciário e Administração Pública Federal, Estadual e Municipal) embora de forma indireta (*reflexa*) ele, por óbvio, alcance os particulares.

E o Legislador (na sua função típica de legislar), também, está vinculado à decisão do STF? Ou seja, pode, por exemplo, o legislador fazer uma lei de **conteúdo idêntico** à lei que o STF acabou de declarar inconstitucional?

Certo é que o Poder Legislativo **não** está vinculado (por óbvio, na sua ***função típica***) à decisão do STF, sob pena de "fossilização do legislativo" (conforme o Informativo 386 do STF[258]). Portanto, o legislador pode elaborar lei de conteúdo idêntico à declarada inconstitucional pelo STF. O máximo que poderá acontecer é existir nova ADI, e o STF ser obrigado a enfrentar a questão novamente.

---

256. Rcl 8168/SC julg. em 19.11.2015: "Reclamação. Aposentadoria espontânea. Acumulação de proventos de aposentadoria com vencimentos. ADI 1.770. Ausência de pertinência temática estrita. Transcendência dos motivos determinantes. I – É improcedente a reclamação que trate de situação que não guarda relação de estrita pertinência com o parâmetro de controle. II – A jurisprudência do Supremo Tribunal Federal se consolidou no sentido de ser incabível reclamação fundada na teoria da transcendência dos motivos determinantes de acórdão com efeito vinculante. III – O acórdão prolatado na ADI 1.770 não decidiu sobre a possibilidade de empresa pública despedir, ou não, empregado público após sua aposentadoria, nem, caso despedisse, se a consequência seria reintegrar o empregado, ou garantir-lhe as verbas rescisórias. IV – Reclamação julgada improcedente. (Rel. p/ o acórdão Min. Edson Fachin)

257. Não cabe reclamação sob o argumento de que a decisão impugnada violou os motivos (fundamentos) expostos no acórdão do STF, ainda que este tenha caráter vinculante. Isso porque apenas o dispositivo do acórdão é que é vinculante. Assim, diz-se que a jurisprudência do STF é firme quanto ao *não cabimento de reclamação fundada na transcendência dos motivos determinantes do acórdão com efeito vinculante*". STF. 2ª Turma. Rcl 22012/RS, Rel. p/ ac. Min. Ricardo Lewandowski (Info 887)

258. Nesses termos, é a ementa da **Reclamação nº 2.617**: "(...) Função legislativa que não é alcançada pela eficácia erga omnes, nem pelo efeito vinculante da decisão cautelar na ação direta. Reclamação indeferida liminarmente. Agravo regimental improvido. Inteligência do art. 102, § 2º, da CR, e do art. 28, parágrafo único, da Lei Federal nº 9.868/99. A eficácia geral e o efeito vinculante de decisão, proferida pelo Supremo Tribunal Federal, em ação direta de constitucionalidade ou de inconstitucionalidade de lei ou ato normativo federal, só atingem os demais órgãos do Poder Judiciário e todos os do Poder Executivo, não alcançando o legislador, que pode editar nova lei com idêntico conteúdo normativo, sem ofender a autoridade daquela decisão". (Julg. em 23.02.2005. Rel. Min. Cezar Peluso. *DJ* 20.05.2005).

É interessante observar que essa questão foi objeto de reconhecimento pelo próprio STF na recente decisão da ADI 5105 em 01.10.2015. Trata-se de um caso de reação legislativa (ou reversão jurisprudencial).

No caso, o plenário do STF assinalou que seria prudente não se atribuir a qualquer órgão, fosse do Judiciário, fosse do Legislativo, a faculdade de pronunciar, em solução de definitividade, a última palavra sobre o sentido da Constituição. Aqui resta claro a tese da "última palavra provisória" (precária). Segundo a decisão da ADI, o próprio texto constitucional desafiaria esse entendimento, pois: a) em primeiro lugar, os efeitos vinculantes das decisões proferidas em sede de controle abstrato não atingem o Legislativo (artigos 102, § 2º; e 103-A da CR/88), de modo a ser perfeitamente possível a edição de emendas constitucionais ou leis ordinárias acerca do assunto objeto de pronunciamento judicial; b) em segundo lugar, o dever de fundamentação das decisões judiciais (art. 93, IX, da CR/88) impõe que o STF, mesmo nas hipóteses de correção legislativa de sua jurisprudência, enfrente a controvérsia à luz dos novos argumentos expendidos pelo legislador para reverter o precedente.[259]

Além disso, afirmou o STF que desconsiderar que as demais instituições sejam intérpretes autorizadas da Constituição poderia propiciar certa acomodação ou desinteresse nos demais atores em interpretar o texto constitucional. Nesses termos, a perspectiva *juriscêntrica* de hermenêutica constitucional também estimula comportamentos irresponsáveis na conformação da Constituição pelo legislador. Assim, o STF deveria proceder como catalisador deliberativo, promovendo a interação e o ***diálogo institucional***, de modo a maximizar a qualidade democrática na obtenção dos melhores resultados em termos de apreensão do significado constitucional.[260]

Portanto, concluiu o STF, na ADI 5105, que o legislador poderia, por **emenda constitucional** ou **lei ordinária**, superar a jurisprudência, reclamando posturas distintas da Corte. Trata-se, como já externalizado, de uma reação legislativa à decisão da Corte Constitucional com o objetivo de reversão jurisprudencial (a chamada ***superação legislativa*** ou nos dizeres norte-americanos: ***override***). A reação legislativa seria, então, uma forma de ***"ativismo congressual"*** com o objetivo de o Congresso Nacional reverter situações de autoritarismo judicial ou de comportamento antidialógico por parte do STF, estando, portanto, amparado no princípio da separação de poderes. Ao legislador seria, assim, franqueada a capacidade de interpretação da Constituição, a despeito de decisões de inconstitucionalidade proferidas pelo STF.[261]

259. ADI 5105/DF, Pleno do STF, julg. em **01.10.2015**, Rel. Min. Luiz Fux (Informativo 801 do STF)
260. ADI 5105/DF, Pleno do STF, julg. em **01.10.2015**, Rel. Min. Luiz Fux (Informativo 801 do STF)
261. ADI 5105/DF, Pleno do STF, julg. em **01.10.2015**, Rel. Min. Luiz Fux (Informativo 801 do STF). Conforme o voto do Min. Luiz Fux: "(...) não é salutar atribuir a um único órgão qualquer a prerrogativa de dar a última palavra sobre o sentido da Constituição. (...). É preferível adotar-se um modelo que não atribua a nenhuma instituição

Nesses termos, afirmou o Pretório Excelso que, se veiculada por **emenda constitucional**, altera-se o próprio parâmetro amparador da jurisprudência. Nessas situações, a invalidade da emenda somente poderá ocorrer nas hipóteses de descumprimento do art. 60 da CR/88.[262]

Se, porém, introduzida por **legislação ordinária**[263], a norma que frontalmente colidir com a jurisprudência do Tribunal nasce com presunção de inconstitucionalidade, de sorte que caberia ao legislador o ônus de demonstrar, argumentativamente, que a correção do precedente se afigura legítima e que o posicionamento jurisprudencial deve ser superado, tendo em conta *novas premissas fáticas e jurídicas*. Assim, a novel legislação que frontalmente colidisse com a jurisprudência se submeteria a um escrutínio de constitucionalidade mais rigoroso (que o da Emenda Constitucional).

No caso concreto da ADI 5105, o Congresso Nacional procurou superar o precedente fixado pelo STF nas ADIs 4.430 e 4.795 por meio da Lei nº 12.875/2013. Porém, o STF, examinando as justificativas do projeto que deu origem à lei e analisando a inocorrência de mudanças na sociedade entre a data da sua decisão passada e os dias atuais, entendeu que não foi legítima a tentativa de reversão (superação) da interpretação fixada pelo Tribunal. Para o STF, os argumentos invocados pelo Legislativo não são capazes de infirmar (retirar à força) a tese jurídica fixada no julgamento das ADIs 4.430 e 4.795. Por essa razão, o Plenário da Corte, por maioria, julgou inconstitucional a Lei nº 12.875/2013.[264]

– nem do Judiciário, nem do Legislativo – o *"direito de errar por último"*, abrindo-se a permanente possibilidade de correções recíprocas no campo da hermenêutica constitucional, com base na ideia de diálogo, em lugar da visão tradicional, que concede a última palavra nessa área ao STF. (...) As decisões do STF em matéria constitucional são insuscetíveis de invalidação pelas instâncias políticas. Isso, porém, não impede que seja editada uma nova lei, com conteúdo similar àquela que foi declarada inconstitucional. Essa posição pode ser derivada do próprio texto constitucional, que não estendeu ao Poder Legislativo os efeitos vinculantes das decisões proferidas pelo STF no controle de constitucionalidade (art. 102, § 2º, e art. 103-A, da Constituição). Se o fato ocorrer, é muito provável que a nova lei seja também declarada inconstitucional. Mas o resultado pode ser diferente. O STF pode e deve refletir sobre os argumentos adicionais fornecidos pelo Parlamento ou debatidos pela opinião pública para dar suporte ao novo ato normativo, e não ignorá-los, tomando a nova medida legislativa como afronta à sua autoridade. Nesse ínterim, além da possibilidade de alteração de posicionamento de alguns ministros, pode haver também a mudança na composição da Corte, com reflexões no resultado do julgamento." SARMENTO, Daniel; SOUZA NETO, Cláudio Pereira de. *Direito Constitucional. Teoria, história e métodos de trabalho.* Fórum, 2012, p. 402-405.

262. ADI 5105/DF, Pleno do STF, julg. em **01.10.2015**, Rel. Min. Luiz Fux (Informativo 801 do STF). Como exemplo de **superação legislativa ou reação legislativa** *(override)* por Emenda Constitucional temos: EC nº 52/2006 (que determinou a não obrigatoriedade da verticalização em coligações eleitorais nas campanhas eleitorais contrariando e superando entendimento do TSE e STF); EC nº 57/2008 (que convalidou a criação de 57 municípios que haviam sido declarados inconstitucionais em decisões do STF como na ADI 2240); EC nº 58/2009 (que alterou o número de faixas para a proporcionalidade do número de vereadores previstas no art. 29, IV da CR/88).
263. Como exemplo a **LC nº 135/2010** (Lei da Ficha Limpa) que objetivou superar entendimento do STF previsto na ADPF 144.
264. Conforme a decisão da ADI 5105: "(...) Não haveria, no projeto, enfrentamento aos fundamentos das ações diretas de inconstitucionalidade referidas, e os argumentos não seriam capazes de infirmar a tese então exarada pela Corte. Na oportunidade, o Plenário asseverara que o art. 17 da CF, que consagra o direito político fundamental da liberdade de criação de partidos, tutela, igualmente, as agremiações que tenham representação no Congresso, sendo irrelevante perquirir se essa representatividade resulta da criação de nova legenda no curso da legislatura.

Porém, aqui, supondo que a lei não seja objeto de nova ADI (ou pelo menos ainda não seja) há uma veemente crítica à lei que o legislador produziu idêntica a uma lei declarada inconstitucional pelo STF. Nesses termos, para a doutrina essa lei seria **extremamente prejudicada em termos de aplicabilidade** (e eficácia), pois seria uma lei que o Judiciário não poderia aplicar, em razão de estar vinculado à decisão anterior proferida pelo STF, e, ainda, seria lei que o Poder Executivo não poderia executar (aplicar administrativamente no ***iter*** da administração) por estar também vinculado à decisão anterior do STF que declarou lei idêntica inconstitucional.[265]

E o STF está vinculado? O STF não está vinculado[266], também sob o argumento de não poder se "fossilizar". Ou seja, segundo a interpretação majoritária, quando o parágrafo único do art. 28 da Lei nº 9.868/99 preleciona que os órgãos do Poder

---

Além disso, também ficara consignado que erigir a criação de novos partidos como hipótese caracterizadora de justa causa para as migrações partidárias, somada ao direito constitucional de livre criação de novas legendas, impõe a conclusão inescapável de que é defeso privar as prerrogativas inerentes à representatividade política do parlamentar. Por sua vez, a justificação do projeto de lei se limitara a afirmar, genericamente, que a regulamentação da matéria, excluindo dos partidos criados o direito de antena e o Fundo Partidário, fortaleceria as agremiações, sem enfrentar os fundamentos das ações diretas. Portanto, a inconstitucionalidade das normas em questão se agrava, porquanto a decisão do STF fora ancorada em sólida construção argumentativa calcada em cláusulas pétreas. Em tese, a nova legislação que afrontasse decisões do Tribunal nasceria com presunção relativa de inconstitucionalidade, mas, na espécie, a inconstitucionalidade da lei seria evidente. (...) O Plenário reputou, também, que as normas em debate seriam inconstitucionais por afrontarem as condições de funcionamento das instituições democráticas. A restrição imposta pela nova lei às novas legendas justificaria a intervenção do STF, pois se cuidaria de tentativa de inviabilizar os canais de acesso e de participação daqueles que estão fora do jogo democrático. Seria dever da Corte otimizar e aperfeiçoar o processo democrático, de sorte a: a) corrigir as patologias que desvirtuem o sistema representativo, máxime quando obstruam as vias de expressão e os canais de participação política; e b) proteger os interesses e direitos dos grupos políticos minoritários, cujas demandas dificilmente encontram eco nas deliberações majoritárias." (Informativo 801 do STF)

265. É interessante ressaltarmos doutrina que, em relação ao chefe do executivo, defende que a vinculação não atinge as atribuições relacionadas ao Poder Legislativo – tais como iniciativa, sanção, veto, promulgação, publicação –, edição de medidas provisórias e leis delegadas, bem como a assinatura de tratados internacionais. Segundo esse entendimento, posição em sentido contrário acabaria por atingir, reflexamente, a própria atuação do legislativo. Nesses termos, a decisão do STF não vincularia atribuições de natureza legislativa, independente do órgão que fosse exercê-la. Data a vênia não podemos concordar com essa posição (pelo menos no que tange às MP e Leis Delegadas), mesmo porque ela não tem nada a ver com a defesa do Estado Democrático de Direito como defende a doutrina. Ela, sim, confunde a função típica do legislador (que é aquela em que ele não está vinculado) com as funções atípicas legislativas do Poder Executivo. Embora todas sejam atribuições de natureza legislativa, há uma diferença normativa e semântica que não está sendo levada a sério (elas não podem ser tratadas com o mesmo peso!). O texto da norma não é a norma, mas ele é um limite semântico e referencial importante. Nesses termos, o parágrafo único do art.28 da Lei nº 9.868/99 determina *textualmente a vinculação dos órgãos da administração pública justamente para evitar atuações contrárias e desrespeitosas à decisão do STF pelo Poder Executivo*. Portanto, o *Poder Executivo Federal, Estadual e Municipal estariam vinculados (pelo aspecto objetivo) nas suas atividades típicas e atípicas.* Ficamos imaginando um município ou Estado-membro editando medidas provisórias contra decisão do STF sob o argumento de não fossilização! E se assim for, lembro aos defensores dessa corrente que os órgãos do Poder Judiciário (textualmente citados na Lei nº 9.868/99) também realizam função atípica legislativa. Pergunto: eles poderiam editar normas regimentais (de função atípica) contrariando decisão do STF? Sob pena de não fossilização? Entendo que não, sob pena de reclamação ao STF, pois estariam atuando internamente (em vista de seus regimentos internos) contrariamente ao STF.

266. É óbvio que a decisão vincula os julgamentos futuros a serem efetuados monocraticamente pelos ministros ou pelas turmas do STF, mas aqui a questão é o STF como um todo. E repetimos, sobre o STF a resposta adequada é a de que ele não está vinculado, pois pode mudar de posicionamento.

Judiciário serão vinculados, devemos entender: ***"os outros órgãos do Poder Judiciário e não o STF."*** Portanto, para o Pretório Excelso essa é a leitura que deve ser dada ao parágrafo único, do art. 28 da Lei nº 9.868/99. Com isso, o *plenário do STF* passa a ter a oportunidade, se provocado, de modificar seus entendimentos, não se "petrificando" (tese da fossilização), tendo em vista novas realidades jurídicas, políticas, econômicas, culturais, científicas, entre outras, que podem fazer com que o STF venha a rever posicionamentos tomados anteriormente.

Assim, o STF tem a oportunidade de se "oxigenar", de estar aberto a novos "influxos" sociais (novas realidades sociais) devido a mudanças no *cenário jurídico, político, econômico ou social*, evitando a "fossilização".

Embora, aqui, exista corrente minoritária na doutrina, que afirma que o STF está vinculado às suas decisões, em virtude da ***causa de pedir ser aberta***. Ou seja, na sua decisão, o STF percorre toda a Constituição, e com isso não teria como surgir uma possibilidade de modificação de sua posição prolatada. Essa corrente é, a nosso ver, inadequada, pois embora na decisão o STF percorra toda a Constituição (***causa de pedir aberta***), ele pode posteriormente percorrer toda a Constituição novamente e chegar a uma interpretação nova da Constituição ou da legislação que novamente é posta em confronto com a Constituição. Ou seja, novas realidades sociais ou contextuais (mudanças no cenário jurídico, político, econômico ou social) podem fazer com que o STF modifique seu entendimento de outrora, ainda que ele já tenha percorrido toda a Constituição no julgamento anterior.

Por isso, estamos com a corrente majoritária na doutrina e no próprio STF, que enxerga uma possibilidade de oxigenação hermenêutica, com a "não vinculação" do STF.

Aqui temos dois exemplos interessantes. Como primeiro exemplo, temos a recente decisão do STF na **Reclamação 4374/PE** julgada em 18.04.2013. A discussão envolveu o § 3º do art. 20 da Lei nº 8.742/93 (LOAS – Lei de Organização de Assistência Social) e sua constitucionalidade ou inconstitucionalidade. Observamos, aqui, que a mudança de entendimento do STF sobre a constitucionalidade de uma norma pode ser decidida, inclusive, durante o julgamento de uma reclamação constitucional.

No caso, a Lei de Organização da Assistência Social (LOAS), ao regulamentar o art. 203, V, da Constituição da República, estabeleceu critérios para que o benefício mensal de um salário mínimo fosse concedido aos portadores de deficiência e aos idosos que comprovassem não possuir meios de prover a própria manutenção ou de tê-la provida por sua família. Nesse sentido, o art. 20, § 3º, da LOAS estabeleceu que idosos ou deficientes deveriam ter a renda familiar mensal per capita inferior a 1/4 do salário mínimo para a concessão de benefício. Essa norma foi objeto de questionamento na ADI 1232. Em 27.08.1998, o STF julgou improcedente a ADI decidindo pela declaração de constitucionalidade do art. 20, § 3º, da Lei nº 8.742/93. Acontece que, passados vários anos dessa decisão, Turma Recursal de Juizado Especial Federal tomou decisão em um caso concreto contra o art. 20, § 3º, da Lei 8.742/93.

Pois bem, o INSS insurgiu contra o posicionamento da Turma Recursal ajuizando Reclamação no STF, sob o fundamento de que a Turma Recursal estaria descumprindo (desrespeitando) decisão do STF (dotada de efeito *erga omnes* e vinculante) presente na ADI 1232. O STF, em 18.04.2013, refez seu entendimento sobre o tema e adotou novo posicionamento decidindo pela inconstitucionalidade do art. 20, § 3º, da Lei 8.472/93 (especificamente uma: *declaração de inconstitucionalidade parcial sem pronúncia de nulidade*) julgando a Reclamação improcedente. Observamos aqui a figura da "*inconstitucionalidade superveniente*"[267] em virtude de uma reinterpretação de diploma normativo devido a novas realidades sociais, ou seja, mudanças no *cenário jurídico, político, econômico e social* que levaram a norma de "constitucional" para "inconstitucional". Com isso, o STF decidiu por sua "não fossilização", visto que ele pôde rever por **ação de Reclamação** posicionamento seu de "constitucionalidade" de dispositivo normativo para o de "inconstitucionalidade" da norma em questão[268].

---

267. Essa "inconstitucionalidade superveniente", a nosso ver, não guarda relação com a descrita na parte da obra referente ao objeto da ADI.

268. Ementa: *"Benefício assistencial de prestação continuada ao idoso e ao deficiente. Art. 203, V, da Constituição. A Lei de Organização da Assistência Social (LOAS), ao regulamentar o art. 203, V, da Constituição da República, estabeleceu critérios para que o benefício mensal de um salário mínimo fosse concedido aos portadores de deficiência e aos idosos que comprovassem não possuir meios de prover a própria manutenção ou de tê-la provida por sua família. 2. Art. 20, § 3º, da Lei 8.742/1993 e a declaração de constitucionalidade da norma pelo Supremo Tribunal Federal na ADI 1.232. Dispõe o art. 20, § 3º, da Lei 8.742/93 que "considera-se incapaz de prover a manutenção da pessoa portadora de deficiência ou idosa a família cuja renda mensal per capita seja inferior a 1/4 (um quarto) do salário mínimo". O requisito financeiro estabelecido pela lei teve sua constitucionalidade contestada, ao fundamento de que permitiria que situações de patente miserabilidade social fossem consideradas fora do alcance do benefício assistencial previsto constitucionalmente. Ao apreciar a Ação Direta de Inconstitucionalidade 1.232-1/DF, o Supremo Tribunal Federal declarou a constitucionalidade do art. 20, § 3º, da LOAS. 3. Reclamação como instrumento de (re)interpretação da decisão proferida em controle de constitucionalidade abstrato. Preliminarmente, arguido o prejuízo da reclamação, em virtude do prévio julgamento dos recursos extraordinários 580.963 e 567.985, o Tribunal, por maioria de votos, conheceu da reclamação. O STF, no exercício da competência geral de fiscalizar a compatibilidade formal e material de qualquer ato normativo com a Constituição, pode declarar a inconstitucionalidade, incidentalmente, de normas tidas como fundamento da decisão ou do ato que é impugnado na reclamação. Isso decorre da própria competência atribuída ao STF para exercer o denominado controle difuso da constitucionalidade das leis e dos atos normativos. A oportunidade de reapreciação das decisões tomadas em sede de controle abstrato de normas tende a surgir com mais naturalidade e de forma mais recorrente no âmbito das reclamações. É no juízo hermenêutico típico da reclamação – no "balançar de olhos" entre objeto e parâmetro da reclamação – que surgirá com maior nitidez a oportunidade para evolução interpretativa no controle de constitucionalidade. Com base na alegação de afronta a determinada decisão do STF, o Tribunal poderá reapreciar e redefinir o conteúdo e o alcance de sua própria decisão. E, inclusive, poderá ir além, superando total ou parcialmente a decisão-parâmetro da reclamação, se entender que, em virtude de evolução hermenêutica, tal decisão não se coaduna mais com a interpretação atual da Constituição. 4. Decisões judiciais contrárias aos critérios objetivos preestabelecidos e Processo de inconstitucionalização dos critérios definidos pela Lei 8.742/1993. A decisão do STF, entretanto, não pôs termo à controvérsia quanto à aplicação em concreto do critério da renda familiar per capita estabelecido pela LOAS. Como a lei permaneceu inalterada, elaboraram-se maneiras de contornar o critério objetivo e único estipulado pela LOAS e avaliar o real estado de miserabilidade social das famílias com entes idosos ou deficientes. Paralelamente, foram editadas leis que estabeleceram critérios mais elásticos para concessão de outros benefícios assistenciais, tais como: a Lei 10.836/2004, que criou o Bolsa Família; a Lei 10.689/2003, que instituiu o Programa Nacional de Acesso à Alimentação; a Lei 10.219/2001, que criou o Bolsa Escola; a Lei 9.533/97, que autoriza o Poder Executivo a conceder apoio financeiro a municípios que instituírem programas de garantia de renda mínima associados a ações socioeducativas. O STF, em decisões monocráticas, passou a rever anteriores posicionamentos acerca da intransponibilidade dos critérios objetivos. Verificou-se a ocorrência do processo de inconstitucionalização decorrente de notórias mudanças fáticas (políticas, econômicas e sociais) e jurídicas (sucessivas modificações legislativas dos patamares econômicos utilizados como critérios de concessão de outros benefícios assistenciais por*

O segundo exemplo é ainda mais recente e deriva da ADI 3937/SP julgada em 24.08.2017. A Lei Federal nº 9.055/95 determinou em seu art. 1º a proibição da extração, a produção, a industrialização, a utilização e a comercialização de todos os tipos de amianto, com exceção da crisotila, vedando, quanto a essa espécie, apenas a pulverização e a venda a granel de fibras em pó. O art. 2º, por sua vez, *autorizou a extração, a industrialização, a utilização e a comercialização do asbesto/amianto da variedade crisotila (asbesto branco)* na forma definida na lei. Assim, o art. 2º **autorizou**, de ***forma restrita***, as atividades com ***uma das espécies de amianto***. O entendimento, então, era o de que as leis estaduais que proibiam totalmente o amianto seriam inconstitucionais. Nesses termos, se a lei federal admite, ainda que de modo *restrito*, o uso do amianto, isso significava que lei estadual não poderia proibi-lo totalmente. Ao agir assim, a lei estadual iria contrariar a norma geral fixada pela União. Porém, em recente julgado, o STF mudou de entendimento, na decisão da ADI 3937. O caso envolveu a Lei nº 12.687/2007, do Estado de São Paulo. Essa lei, em seu art. 1º, determinava que ficaria proibido, a partir de 1º de janeiro de 2008, o uso, *no Estado de São Paulo, de produtos, materiais ou artefatos que contenham quaisquer tipos de amianto ou asbesto*. Pois bem, o fundamento da ADI ajuizada contra a Lei de São Paulo seguiu os precedentes anteriores, ou seja, a alegação de que a lei estadual seria inconstitucional porque impôs uma restrição maior do que aquela que é prevista na legislação Federal (art. 2º da Lei nº 9. 055/95). Dessa maneira, a Lei do Estado de São Paulo não teria competência legislativa para proibir uma atividade que foi *expressamente autorizada pela norma geral da União*. Nesses termos, se o STF seguisse seus precedentes, a lei paulista seria declarada inconstitucional. No entanto, como já afirmado, o STF mudou de entendimento.

Pois bem, o STF considerou na decisão da ADI 3937 que o art. 2º da Lei nº 9.055/95 não é, atualmente, compatível com a CR/88. Ou seja, em vez de entender que a Lei de São Paulo usurpou a lei federal, o STF afirmou que inconstitucional seria a lei federal. Ela, sim, que, atualmente, contraria a Constituição de 1988.

Conforme o Informativo 874 do STF, nos dias atuais existe um consenso científico dos órgãos nacionais e internacionais de proteção à saúde geral e saúde do trabalhador no sentido de que a crisotila (espécie de amianto permitida pelo art. 2º da Lei nº 9.055/95) é altamente cancerígena, não se podendo falar (mais) que exista a possibilidade de um uso seguro. Assim, todas as modalidades do *amianto* são classificadas pela Agência Internacional para a Pesquisa sobre o Câncer (IARC), da Organização Mundial da Saúde (OMS), como comprovadamente carcinogênicas para os seres humanos. De acordo com a OMS, não há possibilidade de uso seguro da fibra, pois não há níveis de utilização nos quais o risco de câncer esteja ausente, e a única forma eficaz para eliminar as doenças relacionadas com essas fibras minerais

parte do Estado brasileiro). 5. Declaração de inconstitucionalidade parcial, sem pronúncia de nulidade, do art. 20, § 3º, da Lei 8.742/1993. 6. Reclamação constitucional julgada improcedente". Rel. Min. Gilmar Mendes.

é o abandono da utilização de todas as espécies de amianto. Temos também que o uso de *amianto* também provoca riscos ao meio ambiente.[269] Nesses termos, restou claro que o art. 2º da Lei federal nº 9.055/95 passou por um processo de inconstitucionalização e, no momento, não mais se compatibiliza com a Constituição de 1988, razão pela qual os estados passaram a ter competência legislativa plena sobre a matéria até que sobrevenha eventual nova legislação federal, nos termos do art. 24, §§ 3º e 4º, da CR/88.

Temos aqui, portanto, uma nova modalidade de ***inconstitucionalidade superveniente*** por alterações nas relações fáticas subjacentes à norma (sob a óptica material) da Lei federal nº 9.055/95, por ofensa: ao direito à saúde (art. 6º e 196, CR/88); ao dever estatal de redução dos riscos inerentes ao trabalho por meio de normas de saúde, higiene e segurança (art. 7º, inciso XXII, CR/88); e à proteção do meio ambiente (art. 225, CR/88).

Nesses termos, os dois exemplos citados demonstram que não podemos confundir a *inconstitucionalidade superveniente tradicional* (não admitida em regra pelo STF) com essa *nova modalidade de inconstitucionalidade superveniente* (aceita pelo STF). A tradicional é a trabalhada como ***não recepção*** pelo Pretório Excelso. Já a nova (ou moderna) se dá em virtude de ***alterações nas relações fáticas subjacentes à norma jurídica***, ou seja, mudanças no cenário (contexto) jurídico, político, econômico ou social do país.

Portanto, certo é que o ***processo*** básico de ***inconstitucionalização*** de uma lei ou ato normativo pode se dar de algumas formas: a) em virtude da mudança no parâmetro de controle, ou seja, de mudança na Constituição de modo formal por emenda à Constituição (ou TIDH que passou pelo mesmo procedimento da EC) ou de modo informal pela via "clássica" da *mutação constitucional*; b) em virtude de alterações nas relações fáticas subjacentes à norma jurídica, ou seja, mudanças no cenário ou contexto jurídico, político, econômico ou social do país.[270]

Por último, ainda sobre o tema da **"não vinculação"** do STF às suas decisões, devemos ficar atentos a mais um detalhe. A advertência aqui é a de que não podemos adotar esse posicionamento sem alguns temperamentos.

Explicando melhor: já nos manifestamos sobre o fato de que o STF **não está vinculado** (citamos inclusive recente exemplo do próprio STF), porém, conforme o Ministro Luís Roberto Barroso, em razão do caráter dúplice da ADI e ADC, essa **"não vinculação"** não pode ser entendida e trabalhada de forma absoluta.[271] Ou seja, existem exceções à regra que devem ser consideradas (explicitadas). Nesses termos:

269. **ADI 3937/SP**, STF. Plenário. rel. orig. Min. Marco Aurélio, red. p/ o ac. Min. Dias Toffoli, julg. em **24.08.2017**. In: *Dizer o Direito*, agosto de 2017 (Informativo 874).

270. No mesmo sentido: *Dizer o Direito*, agosto de 2017 (Informativo 874).

271. BARROSO, Luís Roberto, *O controle de constitucionalidade no direito brasileiro*, 2008. Aqui temos duas correntes interessantes de serem citadas: **1)** A que entende que a decisão da ADI improcedente ou da ADC procedente produz apenas coisa julgada formal, não se revestindo da autoridade da coisa julgada material (posicionamento de Luís

A) Se a ADI é julgada **improcedente**, a lei **é constitucional** e o STF poderá, posteriormente, mudar de posição. Isso pode acontecer, obviamente, devido a novas situações fáticas e jurídicas (conforme já salientado). O mesmo pode ocorrer na decisão **procedente** no julgamento de uma ADC, pois, nesse caso, a lei também será declarada constitucional e o STF, posteriormente, poderá (obviamente devido a novas situações fáticas e jurídicas) mudar seu entendimento, se provocado.

B) Porém, se a ADI é julgada **procedente**, a lei será **declarada inconstitucional** e será extirpada do ordenamento (será declarada inválida) e o STF não terá mais como mudar de posicionamento. Nesse sentido, o STF acaba se vinculando. O mesmo ocorrerá com uma ADC **improcedente**, pois a lei será **declarada inconstitucional** e o STF também não terá mais a oportunidade de rever seu posicionamento (não há como ressuscitar a lei para que o STF reveja seu posicionamento). Obviamente, ele só não estaria mais vinculado, nesse caso, se o legislativo elaborar nova lei e, contra ela, **ser proposta nova ADI (ou ADC)**, o que viabilizará uma nova apreciação da matéria pelo STF (mas isso, como já salientado, "dependeria" de o legislador produzir nova lei idêntica ou equivalente à anterior invalidada pelo STF).

6.4.6. Algumas observações finais sobre a ADI

1) Certo é que no procedimento da ADI não cabe: (a) intervenção de terceiros; (b) recurso, salvo embargos de declaração;[272] (c) ação rescisória.

2) Não existe possibilidade de alegação de prescrição ou decadência para o ajuizamento de ADI, em relação a uma lei ou um ato normativo.

3) Quando a decisão de ADI passa a produzir efeitos? A decisão de uma ADI produzirá **efeitos a partir da publicação da ata de decisão no *Diário da Justiça da União***, salvo situações excepcionais. Portanto, é correto afirmar que a decisão de uma ADI pode produzir efeitos, embora não tenha transitado em julgado. Nesse sentido, ainda que o STF tenha de julgar embargos declaratórios sobre a decisão, está já estará produzindo efeitos.[273]

4) Diferença entre o "efeito repristinatório constitucional" (ou "efeito repristinatório tácito")[274] e a repristinação tradicional (efeito repristinatório tradicional/legal): a doutrina e a jurisprudência do STF vêm desenvolvendo uma diferenciação

---

Roberto Barroso); **2)** A que entende que essas decisões de mérito produzem coisa julgada material (posicionamento de Fredie Didier). Para a segunda corrente, porém, nada impede que o STF em virtude de novos fatos ou argumentos *(alteração das circunstâncias de fato ou de direito)* aprecie posterior pedido de decretação de inconstitucionalidade. Mas essa apreciação seria nova demanda, distinta da anterior *(fundada em outra causa de pedir).*

272. Como já citado, o Embargo de declaração pode ser manejado para a modulação de efeitos: **ADI 2.791 ED** (Inf. 543 do STF).

273. Como exemplo, citamos a **ADI 4.167/ED** julg. em **27.02.2013**: *"a oposição de embargos declaratórios apenas impediria o trânsito em julgado de decisão recorrida em controle concentrado de constitucionalidade, mas não o seu cumprimento".*

274. Na verdade, há uma ficção de efeito repristinatório. O nome dado pela doutrina e jurisprudência é impróprio e inadequado.

interessante (embora de duvidosa adequabilidade). A repristinação está alocada no art. 2º, § 3º, da antiga LICC (Lei de Introdução ao Código Civil) e se traduz na volta da vigência de uma lei que já foi revogada. No Brasil, a repristinação não existe de forma automática. Ela só ocorre com a presença de uma disposição expressa na lei revogadora. Nesses termos, se temos uma Lei A de 2006 que é revogada por uma Lei B em 01.01.2007, que por sinal é revogada por uma Lei C em 01.01.2008, em 2008 a Lei A poderá voltar a vigorar havendo disposição expressa na Lei C. Se tal existir, temos a repristinação, ou seja, a volta da vigência de uma lei que já tinha sido revogada. Porém, a Lei A volta a vigorar a partir de 01.01.2008. Nesse sentido, certo é que a Lei A não existiu (por estar literalmente revogada) de janeiro de 2007 a janeiro de 2008.

Atualmente, no direito constitucional pátrio, discute-se e se descortina (com base em posicionamento do STF[275]) os chamados ***efeitos repristinatórios constitucionais (ou efeito repristinatório tácito)***. Esses trazem efeitos diferenciados dos da repristinação clássica, anteriormente citada. Quais seriam esses efeitos? Ora (com base na doutrina e jurisprudência), uma lei é revogada por outra lei que o STF, posteriormente, declara inconstitucional com o efeito regra ***ex tunc***. Com isso, a lei anteriormente existente voltaria a vigorar. Porém, a crítica a essa nomenclatura é a seguinte, com base na decisão do STF que traz o *efeito regra* (já estudado): com a declaração de inconstitucionalidade da lei revogadora produzindo efeitos ***ex tunc*** (*ela é inconstitucional desde sua origem*), a lei anterior (que existia) nunca deixou de vigorar. Exemplo: Lei A de 2006 é revogada por uma Lei B em 01.03.2007 e, posteriormente, em 01.03.2008, a Lei B é declarada inconstitucional pelo STF com efeito regra ***ex tunc***. Com isso, a Lei A volta a vigorar (aliás, **mais corretamente, continua a existir desde seu surgimento em 2006**, visto que a decisão do Pretório Excelso em 01.03.2008 declarou que a Lei B é inconstitucional desde sua origem, sendo *nula* desde 01.03.2007). Certo é que, somente com as decisões de efeito excepcional (prospectivos ou modulados), teríamos como sustentar a nomenclatura *efeitos repristinatórios da decisão de inconstitucionalidade*, na medida em que, nesses casos, a lei inconstitucional não seria nula desde a origem, pois a sua **validade existiria** até a decisão do STF, declarando-a inconstitucional.

Mas, aqui, independente do equívoco de nomenclatura da tese atualmente desenvolvida, temos uma importante questão. Os Ministros Celso de Mello e Eros Roberto Grau construíram o entendimento de que o STF, quando declara a

275. Conforme a decisão da **ADI 3148** julg. em **13.12.2006**, temos que: "[...] Fiscalização normativa abstrata – declaração de inconstitucionalidade em tese e efeito repristinatório. – A declaração de inconstitucionalidade *in abstracto*, **considerado o efeito repristinatório que lhe é inerente** (RTJ 120/64 – RTJ 194/504-505 – ADI 2.867/ES, v.g.), **importa em restauração das normas estatais revogadas pelo diploma objeto do processo de controle normativo abstrato.** É que a lei declarada inconstitucional, por incidir em absoluta desvalia jurídica (RTJ 146/461-462), **não pode gerar quaisquer efeitos no plano do direito, nem mesmo o de provocar a própria revogação dos diplomas normativos a ela anteriores.** Lei inconstitucional, **porque inválida** (RTJ 102/671), **sequer possui eficácia derrogatória**. [...]" (Rel. Min. Celso De Mello).

inconstitucionalidade da lei revogadora, só se pode impedir que a lei revogada volte (ou nunca tenha deixado de existir), se houver um **pedido na ADI** sobre a lei revogadora para a declaração de inconstitucionalidade da lei revogada. Isso visa impedir o ***efeito repristinatório indesejado.***[276]

Portanto, o chamado ***efeito repristinatório indesejado*** só não irá ocorrer se existir pedido impedindo-o. Esse pedido é de declaração de inconstitucionalidade da lei que, **em tese, deveria voltar ao ordenamento**, ou seja, ter o reinício de sua vigência. Segundo os Ministros, o pedido é essencial, porque o STF não pode julgar ***ultra petita*** ou ***extra petita***, ainda que a lei revogada pela lei revogadora, que está sendo objeto de ADI também seja inconstitucional. Aqui, fala-se na necessidade, conforme o STF, de impugnação *de todo o complexo normativo* envolvido ou de toda a cadeia normativa (da norma revogadora e da norma revogada)[277].

5) Por último, no que tange aos efeitos, temos, ainda, que a decisão da ADI produz efeitos apenas no plano **normativo abstrato**. Ou seja, ela não produz efeitos imediatos **no plano singular (concreto, individual)**. Portanto, ela não tem o condão de modificar situações concretas de forma automática.

Nesse sentido, não se pode confundir a *eficácia normativa* de uma sentença que declara a inconstitucionalidade (que retira a norma do plano jurídico, em regra, com efeito *ex tunc*) com a *eficácia executiva* (ou *instrumental*) da decisão (efeito de cunho vinculante[278]).

276. Nesse sentido, citamos novamente a decisão da **ADI 3148**, julg. em **13.12.2006**: *"[...] – **Considerações** em torno da **questão** da **eficácia repristinatória indesejada** e da necessidade de impugnar os atos normativos, que, embora revogados, exteriorizem os mesmos vícios de inconstitucionalidade que inquinam a legislação revogadora. – Ação direta que impugna, não apenas a Lei Estadual nº 1.123/2000, mas, também, os diplomas legislativos que, versando matéria idêntica (serviços lotéricos), foram por ela revogados. **Necessidade, em tal hipótese, de impugnação de todo o complexo normativo. Correta formulação, na espécie, de pedidos sucessivos de declaração de inconstitucionalidade tanto do diploma ab-rogatório quanto das normas por ele revogadas, porque também eivadas do vício da ilegitimidade constitucional.** Reconhecimento da **inconstitucionalidade** desses diplomas legislativos, não obstante já revogados.* Outro exemplo interessante é o da **ADI 3735** contra a Lei nº 3.041/2005, do Estado do Mato Grosso do Sul. Essa Lei havia revogado outras leis estaduais de mesmo conteúdo. Portanto, se a Lei nº 3.041/2005 fosse declarada inconstitucional, as demais leis revogadas "voltariam" a vigorar mesmo padecendo de idêntico vício. *Com o objetivo de evitar a "eficácia repristinatória indesejada", o PGR, que ajuizou a ação, impugnou não apenas a Lei nº 3.041, mas também aquelas outras normas por ela revogadas.* No caso, STF ao declarar inconstitucional a Lei nº 3.041/2005, *afirmou que não deveria haver o efeito repristinatório em relação às leis anteriores de mesmo conteúdo.* Nesses termos: *"O Tribunal, por maioria e nos termos do voto do Relator, julgou procedente o pedido formulado para declarar a inconstitucionalidade da Lei nº 3.041/2005, do Estado de Mato Grosso do Sul, inexistindo efeito repristinatório em relação às leis anteriores de mesmo conteúdo, (...)"* ADI 3735/MS, Rel. Min. Teori Zavascki, julg. em **08.09.2016**.

277. É óbvio, nos moldes constitucionais, que a necessidade de impugnação não tem que ser rigorosamente de todos os **atos normativos** de uma **eventual cadeia normativa** sobre o tema desde, por exemplo, o descobrimento do Brasil, ou a nossa primeira Constituição de 1824, ou mesmo desde a Proclamação da República! Entendemos que a indicação da "cadeia" ou "*complexo normativo*" deve ir até o surgimento (advento) da Constituição de 1988. Certo é que os atos anteriores a ela (direito pré-constitucional) são analisados pela perspectiva do direito intertemporal. No mesmo sentido, o Ministro Gilmar Mendes na **ADI 3660** julg. em 13.03.2008.

278. Inf. 787 do SFT: *"o efeito vinculante não nasceria da inconstitucionalidade, mas do julgado que assim a declarasse. Desse modo, o efeito vinculante seria "pro futuro", isto é, da decisão do Supremo para frente, não atingindo os atos passados, sobretudo a coisa julgada".*

Mas para que vale a decisão de uma ADI? Qual é a sua utilidade? Ora, certo é que a decisão da ADI, embora não tenha o condão de produzir efeito automático no **plano singular**, cria **condições** para que o interessado pleiteie na via judicial própria (ou administrativa) a modificação de sua **situação concreta** (do seu plano singular). Isso, obviamente, segundo Gilmar Mendes, se a situação concreta e singular ***não tiver sido alcançada por formas de preclusão*** (aqui, o princípio que está por trás desse entendimento é o da **segurança jurídica**).[279]

Exemplo: se um contrato é firmado com base em uma lei que posteriormente é declarada inconstitucional, ele continua a produzir efeitos. Para que tal não mais ocorra, o interessado deve se dirigir à via judicial a fim de que o contrato seja declarado nulo ou anulado.

E no caso da decisão judicial transitada em julgado embasada em lei declarada inconstitucional posteriormente? São as chamadas ***sentenças inconstitucionais.*** Ora, nesse caso, como o efeito da ADI opera no plano abstrato normativo, o que irá ocorrer será apenas a criação de **condições para que o interessado pleiteie na via judicial própria** a modificação dessa situação, que, nesse caso, terá o fundamento no art. 485 do antigo CPC (ação rescisória) e no art. 966, do CPC de 2015 (ação rescisória).

É interessante registrar que o inciso V do art. 485 do CPC de 1973 estabelecia que seria cabível a ação rescisória quando a sentença de mérito transitada em julgado "violar literal disposição de lei". Já o CPC de 2015 sofisticou a redação dessa hipótese de rescisória, incorporando em seu texto os entendimentos da

279. **RE 730.462/SP** julg. em **28.05.2015:** Ementa: "Constitucional e processual civil. Declaração de Inconstitucionalidade de preceito normativo pelo Supremo Tribunal Federal. ***Eficácia normativa e eficácia executiva da decisão***: distinções. Inexistência de efeitos automáticos sobre as sentenças judiciais anteriormente proferidas em sentido contrário. Indispensabilidade de interposição de recurso ou propositura de ação rescisória para sua reforma ou desfazimento. 1. A sentença do STF que afirma a constitucionalidade ou a inconstitucionalidade de preceito normativo gera, no plano do ordenamento jurídico, a consequência (= ***eficácia normativa***) de manter ou excluir a referida norma do sistema de direito. 2. Dessa sentença decorre também ***o efeito vinculante***, consistente em atribuir ao julgado uma qualificada força impositiva e obrigatória em relação a supervenientes atos administrativos ou judiciais (= ***eficácia executiva ou instrumental***), que, para viabilizar-se, tem como instrumento próprio, embora não ***único***, o da reclamação prevista no art. 102, I, "l", da CF. 3. ***A eficácia executiva, por decorrer da sentença (e não da vigência da norma examinada), tem como termo inicial a data da publicação do acórdão do Supremo no* Diário Oficial *(art. 28 da Lei 9.868/1999). É, consequentemente, eficácia que atinge atos administrativos e decisões judiciais supervenientes*** a essa publicação, ***não os pretéritos***, ainda que formados com suporte em norma posteriormente declarada inconstitucional. 4. Afirma-se, portanto, como tese de repercussão geral *que a decisão do STF declarando a constitucionalidade ou a inconstitucionalidade de preceito normativo não produz a automática reforma ou rescisão das sentenças anteriores que tenham adotado entendimento diferente; para que tal ocorra, será indispensável a interposição do recurso próprio ou, se for o caso, a propositura da ação rescisória própria, nos termos do art. 485, V, do CPC, observado o respectivo prazo decadencial (CPC, art. 495). Ressalva-se desse entendimento, quanto à indispensabilidade da ação rescisória, a questão relacionada à execução de efeitos futuros da sentença proferida em caso concreto sobre relações jurídicas de trato continuado. 5. No caso, mais de dois anos se passaram entre o trânsito em julgado da sentença no caso concreto reconhecendo, incidentalmente, a constitucionalidade do artigo 9º da Medida Provisória 2.164-41 (que acrescentou o artigo 29-C na Lei 8.036/90) e a superveniente decisão do STF que, em controle concentrado, declarou a inconstitucionalidade daquele preceito normativo, a significar, portanto, que aquela sentença é insuscetível de rescisão. 6. Recurso extraordinário a que se nega provimento".*

jurisprudência sobre o tema (na medida em que *lei em sentido amplo* é considerado pela jurisprudência um ato normativo como: lei ordinária, lei complementar, norma constitucional, medida provisória, entre outros). Nesses termos, no novo CPC, diz-se que é cabível a ação rescisória quando a decisão *"violar manifestamente norma jurídica"*. Aqui, é importante salientar que ultrapassado o prazo de dois anos contados do trânsito em julgado da última decisão proferida no processo (conforme o art. 975 do novo CPC) para manejo da rescisória, não será possível discutir a questão por essa via.[280]

Porém, mesmo dentro do prazo mencionado, conforme a **Súmula 343 do STF** "não cabe a ação rescisória por ofensa a literal disposição de lei, quando a decisão rescindenda se tiver baseado em texto legal de interpretação controvertida nos tribunais."[281]

Embora é bom deixar assente que o próprio STF já chegou a **afastar** a aplicação da **Súmula nº 343** para que fosse possível a ação rescisória.[282] Entendia o STF, de forma ampla, que se a controvérsia fosse constitucional (que seria mais grave do que a infraconstitucional) a *Súmula 343* poderia ser afastada. Nesses termos: "[...] Ação Rescisória. Matéria constitucional. **Inaplicabilidade da Súmula 343/STF.** 5. A manutenção de decisões das instâncias ordinárias divergentes da interpretação adotada pelo STF revela-se **afrontosa** à **força normativa da Constituição e ao princípio da máxima efetividade da norma constitucional.** 6. Cabe ação rescisória por ofensa à literal disposição constitucional, ainda que a decisão rescindenda tenha se baseado em interpretação controvertida ou seja anterior à orientação fixada pelo Supremo Tribunal Federal. 7. Embargos de Declaração rejeitados, mantida a conclusão da 2ª Turma para que o Tribunal *a quo* aprecie a ação rescisória".[283]

Acontece que o posicionamento do STF de afastar a Súmula 343 se a controvérsia for constitucional (diferenciando *violação à norma constitucional de violação de norma infraconstitucional*) se modificou. O STF, em recente julgado, decidiu aplicar a **Súmula 343** em um caso que envolvia ação rescisória tratando sobre matéria constitucional.

280. Embora parte da **doutrina,** aqui, possa viabilizar **uma exceção com fundamento no princípio da proporcionalidade**, com base na **ponderação de interesses**. Ou seja, se estivermos diante das situações nas quais existam outros bens ou interesses (ou valores, como gostam de afirmar os doutrinadores de cunho axiológico) na mesma hierarquia dos princípios da segurança jurídica e estabilidade das decisões, poderia **excepcionalmente** haver a **desconsideração da decisão em virtude da inconstitucionalidade da norma que foi objeto da decisão**.

281. Segundo o Ministro Teori Zavascki o fundamento que inspirou a *Súmula 343* do STF é o seguinte: *"se há nos tribunais divergência sobre um mesmo preceito normativo, é porque ele comporta mais de uma interpretação, significando que não se pode qualificar qualquer dessas interpretações, mesmo a que não seja a melhor, como ofensiva ao teor literal da norma interpretada.* Trata-se da chamada *'doutrina da tolerância da razoável interpretação da norma'"* (RE nº 590809/RS).

282. RE 567765 AgR, 1ª Turma do STF. Rel. Min. Rosa Weber, julg. em 16.04.2013. O argumento para afastar a súmula e permitir a ação rescisória era o de que violar a Constituição seria muito mais grave que ofender uma lei infraconstitucional. Assim, se a sentença transitada em julgado estivesse em confronto com a interpretação atual da CR/88, ela deveria ser rescindida, mesmo que, na época em que prolatada, aquele fosse o entendimento majoritário.

283. RExt nº **328.812**. Rel. Min. Gilmar Mendes. Julg. em **06.03.2008,** ***DJ*** 02.05.2008.

O ministro Marco Aurélio (relator) no **RE 590.809,** julgado pelo pleno do STF em **22.10.2014,** afirmou que, mesmo estando em jogo matéria constitucional (controvérsia sobre norma constitucional) deve prevalecer, em tese, a regra da Súmula 343 do STF.

A exceção segundo ministro seria "se a sentença transitada em julgado baseou-se em uma lei e esta foi, posteriormente, declarada inconstitucional pelo STF com eficácia *erga omnes* e sem modulação de efeitos, nesse caso caberia ação rescisória, afastando-se a Súmula 343 do STF".[284]

Com isso, se a sentença foi proferida com base na jurisprudência do STF vigente à época e, posteriormente, esse entendimento foi alterado pelo STF, não se pode dizer que essa decisão impugnada tenha violado literal disposição de lei. Desse modo, **não cabe ação rescisória** em face de acórdão que, à época de sua prolação, estava em conformidade com a jurisprudência predominante do STF. Conforme o Informativo 764 do STF:

> "No recurso, discutia-se o cabimento de ação rescisória para desconstituir decisão – firmada com base na jurisprudência então prevalecente no Supremo – em decorrência de posterior mudança de entendimento dessa Corte sobre a matéria (...). Em seguida, afirmou não haver dúvida de que o acórdão rescindendo estaria em conflito com a orientação atual do STF a respeito da questão de fundo, o que não implicaria, necessariamente, a procedência do pedido rescisório. Refutou a assertiva de que o Enunciado 343 da Súmula do STF deveria ser afastado, aprioristicamente, em caso de matéria constitucional". Nesses termos: "Ação Rescisória – Verbete nº 343 da Súmula do Supremo. O Verbete nº 343 da Súmula do Supremo deve de ser observado em situação jurídica na qual, inexistente controle concentrado de constitucionalidade, haja entendimentos diversos sobre o alcance da norma, mormente quando o Supremo tenha sinalizado, num primeiro passo, óptica coincidente com a revelada na decisão rescindenda."[285]

A questão voltou a ser enfrentada na decisão do **AR 2199** em **23.04.2015,** em que o STF decidiu **novamente** que não cabe ação rescisória de decisões proferidas em harmonia com a jurisprudência do STF, ainda que ocorra alteração posterior do entendimento do Tribunal sobre a matéria.[286]

Temos ainda, na AR 2422/DF, julgada em 25.10.2018, que o STF voltou a afirmar que não cabe ação rescisória em face de acórdão que, à época de sua prolação, estava em conformidade com a jurisprudência predominante do STF. Novamente a decisão foi no sentido de que, se a sentença foi proferida com base na jurisprudência

---

284. RExt nº 590.809. Rel. Min. Marco Aurélio. Julg. em **22.10.2014**.
285. RExt nº 590.809. Rel. Min. Marco Aurélio. Julg. em **22.10.2014**.
286. Ementa: "Ação rescisória. Decisão fundada em jurisprudência do STF posteriormente alterada. Art. 557, §1º, do CPC. Suposta violação literal de lei. Inocorrência. *Não cabe ação rescisória de decisões proferidas em harmonia com a jurisprudência do STF, ainda que ocorra alteração posterior do entendimento do Tribunal sobre a matéria.* **Ação não conhecida. Precedente: RE 590.809". AR 2199** Rel. Pleno do STF, p/ acordão Min. Gilmar Mendes. Julg. em **23.04.2015**.

do STF vigente à época e, posteriormente, esse entendimento foi alterado, não se pode dizer que essa decisão impugnada tenha violado literal disposição de lei para fins da ação rescisória prevista no art. 485, V, do CPC/1973.[287]

No caso, afirmou o STF, no Informativo 921, que, em consonância com o instituto da *prospective overruling*,[288] a mudança jurisprudencial deve ter eficácia *ex nunc*, porque, do contrário, surpreende quem obedecia à jurisprudência daquele momento. Ao lado do prestígio do precedente, há o prestígio da segurança jurídica, princípio segundo o qual a jurisprudência não pode causar uma surpresa ao jurisdicionado a partir de modificação do panorama jurídico.

Para finalizar, é mister apenas salientar a exegese do art. 475-L, II, do antigo CPC com o advento da Lei nº 11.232/2005, conjugado com o seu § 1º e com base no novo CPC o art. 525, III, conjugado com seu § 12. Esse diploma normativo acabaria, segundo alguns doutrinadores, por entrar em conflito (colisão) com a possibilidade (regra) prevista no ordenamento de alteração de uma decisão transitada em julgado pela via (somente) da ação rescisória.

No caso, mesmo sem a ação rescisória, a impugnação de título poderia ser manejada. Segundo Fredie Didier, seria uma nova hipótese de rescisão de sentença, que, porém, não se submete ao mesmo regramento jurídico das demais, previstas para a ação rescisória alocadas no art. 485 do antigo CPC.[289] Nesse sentido,

---

287. Conforme o Ministro Alexandre de Moraes: "*Em que pese a alteração posterior de jurisprudência da Corte, o caso foi julgado com base na jurisprudência da época, com trânsito em julgado, e isso já foi incorporado no patrimônio das pessoas (...) "Se a cada vez que houver uma alteração jurisprudencial for possível ajuizar novas rescisórias, a todo momento em que houver uma mudança será necessário julgar todos os processos novamente.*" **AR 2422/DF,** STF. Plenário. Rel. Min. Luiz Fux, julg em **25.10.2018**. É interessante salientar ainda que o julgado envolveu um caso concreto ocorrido na vigência do CPC de 1973. Assim sendo, é possível a indagação: *o entendimento acima explicado permanece válido com o CPC de 2015? A Súmula 343 do STF permanece aplicável?* Aqui existe uma divergência, por conta da nova previsão de ação rescisória contida no § 15 do art. 525 do CPC/2015: *Art. 525. Transcorrido o prazo previsto no art. 523 sem o pagamento voluntário, inicia-se o prazo de 15 (quinze) dias para que o executado, independentemente de penhora ou nova intimação, apresente, nos próprios autos, sua impugnação. § 1º Na impugnação, o executado poderá alegar: III – inexequibilidade do título ou inexigibilidade da obrigação; (...)§ 12. Para efeito do disposto no inciso III do § 1º deste artigo, considera-se também inexigível a obrigação reconhecida em título executivo judicial fundado em lei ou ato normativo considerado inconstitucional pelo Supremo Tribunal Federal, ou fundado em aplicação ou interpretação da lei ou do ato normativo tido pelo Supremo Tribunal Federal como incompatível com a Constituição Federal, em controle de constitucionalidade concentrado ou difuso. (...) § 15. Se a decisão referida no § 12 for proferida após o trânsito em julgado da decisão exequenda, caberá ação rescisória, cujo prazo será contado do trânsito em julgado da decisão proferida pelo Supremo Tribunal Federal. In: Dizer o Direito*, Inf.921.
288. *Prospective overruling* é uma técnica segundo a qual "os tribunais, ao mudarem suas regras jurisprudenciais, podem, por razões de segurança jurídica (boa-fé e confiança legítima), aplicar a nova orientação apenas para os casos futuros". OLIVEIRA, Rafael Carvalho Rezende de. Curso de Direito Administrativo. 2ª ed., São Paulo: Método, 2014, p. 103. Aqui lembra Márcio André Cavalcante que o CPC/2015 trouxe previsão expressa da possibilidade da modulação dos efeitos da superação *(prospective overruling)*: Art. 927 (...) *§ 3º Na hipótese de alteração de jurisprudência dominante do Supremo Tribunal Federal e dos tribunais superiores ou daquela oriunda de julgamento de casos repetitivos, pode haver modulação dos efeitos da alteração no interesse social e no da segurança jurídica.*
289. "O § 1º do art. 475-L do CPC *apresentou mais uma hipótese de desconstituição da coisa julgada material, tendo em vista que permite que o executando oponha resistência à satisfação do crédito suscitando matéria atinente à formação do próprio título executivo, quando ele estiver fundado em preceito tido por inconstitucional pelo STF ou quando se tenha conferido a este preceito interpretação tida pelo mesmo STF como inconstitucional. Dessa forma, em casos*

rezava no art. 475-L que a impugnação de título somente poderá versar sobre: "[...] II – inexigibilidade do título". Já o § 1º do art. 475-L afirma que "para efeito do disposto no inciso II do *caput* do artigo 475-L, considera-se também inexigível o título judicial fundado em lei ou ato normativo declarados inconstitucionais pelo Supremo Tribunal Federal, ou fundado em aplicação ou interpretação da lei ou ato normativo tidas pelo Supremo Tribunal Federal como incompatíveis com a Constituição Federal". Nos mesmos termos, o antigo art. 741 (...) Parágrafo único do CPC de 1973: *Para efeito do disposto no inciso II do caput deste artigo, considera-se também inexigível o título judicial fundado em lei ou ato normativo declarados inconstitucionais pelo Supremo Tribunal Federal, ou fundado em aplicação ou interpretação da lei ou ato normativo tidas pelo Supremo Tribunal Federal como incompatíveis com a Constituição Federal.* Já no art. 525 do novo CPC com reprodução equivalente (embora não idêntica) afirma que (...) § 1º *Na impugnação, o executado poderá alegar: III – inexequibilidade do título ou inexigibilidade da obrigação;* art. 525 § 12: *"para efeito do disposto no inciso III do § 1º deste artigo, considera-se também inexigível a obrigação reconhecida em título executivo judicial fundado em lei ou ato normativo considerados inconstitucional pelo Supremo Tribunal Federal, ou fundado em aplicação ou interpretação da lei ou do ato normativo tido pelo Supremo Tribunal Federal como incompatível com a Constituição Federal, em controle de constitucionalidade concentrado ou difuso".* "[290]

Pois bem, o STF em **04.05.2016** no julgamento da **ADI 2418** decidiu que são constitucionais o parágrafo único do art. 741 do CPC 1973, bem como os correspondentes dispositivos do CPC 2015 (art. 525, § 1º, III e §§ 12 e 14; e art. 535, § 5º[291]). Segundo o STF, tais dispositivos buscam harmonizar a garantia da coisa julgada com o primado da Constituição e agregam ao sistema processual brasileiro um mecanismo com eficácia rescisória de certas sentenças inconstitucionais, com hipóteses semelhantes às da ação rescisória (art. 485, V, do CPC 1973; art. 966, V, do CPC 2015).

---

tais, admite-se a rescisão da sentença pelo acolhimento de argumento de defesa deduzido na impugnação". Didier, Fredie, *Aspectos processuais da ADI e ADC*, p.390, 2007.

290. Conforme a doutrina contrária à normatividade: "referidos diplomas legais (os arts. 475-L § 1º e 741, parágrafo único do CPC) não tratam de relativização imoderada ou da hipótese de desconstituição pelo princípio da proporcionalidade, mas de nova técnica (embargos rescisórios) a afrontar a regra constitucional da ação rescisória. Nesse sentido, inconstitucional". Lenza, Pedro, p.321, 2010. Vamos observar como será a questão trabalhada a partir ***do novo CPC e seu art.525, III, conjugado com o § 12º do mesmo art. 525.*** *Aqui é interessante que o* ***art. 525 do novo CPC*** *afirma também que: "§ 13. No caso do § 12, os efeitos da decisão do Supremo Tribunal Federal poderão ser modulados no tempo, em atenção à segurança jurídica. § 14.* ***A decisão do Supremo Tribunal Federal referida no § 12 deve ser anterior ao trânsito em julgado da decisão exequenda. § 15. Se a decisão referida no § 14 for proferida após o trânsito em julgado da decisão exequeda, caberá ação rescisória, cujo prazo será contado do trânsito em julgado da decisão proferida pelo Supremo Tribunal Federal."***

291. Art. 535 do NCPC: *A Fazenda Pública será intimada na pessoa de seu representante judicial, por carga, remessa ou meio eletrônico, para, querendo, no prazo de 30 (trinta) dias e nos próprios autos, impugnar a execução, podendo arguir: (...) III – inexequibilidade do título ou inexigibilidade da obrigação; (...) § 5º Para efeito do disposto no inciso III do caput deste artigo, considera-se também inexigível a obrigação reconhecida em título executivo judicial fundado em lei ou ato normativo considerado inconstitucional pelo Supremo Tribunal Federal, ou fundado em aplicação ou interpretação da lei ou do ato normativo tido pelo Supremo Tribunal Federal como incompatível com a Constituição Federal, em controle de constitucionalidade concentrado ou difuso.*

Conforme o Informativo 824 do STF, temos que o instituto da coisa julgada, embora tenha proteção constitucional, deve ser conformado (regulamentado) pelo legislador ordinário, a quem é dada a faculdade de estabelecer limites objetivos e subjetivos. Nesse sentido, a coisa julgada não é um instituto absoluto. Assim, a lei pode indicar situações em que o instituto deve ceder lugar a postulados, princípios ou bens de mesma hierarquia e que também são protegidos pela Constituição.[292]

Segundo a decisão do STF, para que se possa reconhecer a inexigibilidade/ inexequibilidade do título executivo, é necessário que a sentença tenha incorrido em algum dos seguintes vícios (vícios de inconstitucionalidade): 1) sentença que aplicou uma lei que havia sido declarada inconstitucional pelo STF; b) sentença que aplicou a lei para uma situação considerada inconstitucional (STF afirmou que a lei é constitucional, mas que não poderia ser aplicada para determinada situação, sob pena de, aí sim, ser inconstitucional); c) sentença que aplicou a lei com um sentido (uma interpretação) inconstitucional (STF conferiu interpretação conforme para determinada lei e a sentença contrariou esta interpretação dada); d) sentença que decidiu que determinada lei é inconstitucional, mas o STF já a havia declarado constitucional.[293]

Aqui então é bom que se diga, que nos termos da decisão presente no Informativo 824 do STF *para que se possa reconhecer a* inexigibilidade/inexequibilidade *do título executivo, **é necessário que o pronunciamento do STF sobre a questão seja anterior ao título executivo***. Nesses termos, para a aplicação do art. 741, parágrafo único, do CPC 1973 (ou dos correspondentes dispositivos previstos no novo CPC), é indispensável que a sentença exequenda (título executivo) tenha a questão constitucional em sentido contrário ao pronunciamento do STF. Assim, a decisão do STF precisa ter sido proferida antes do que o título executivo. Portanto, tais dispositivos somente podem ser aplicados quando o órgão julgador, mesmo já havendo decisão do STF sobre o tema, decide em sentido contrário ao que o STF tinha decidido (a sentença já deve ter se originado de forma contrária ao entendimento do STF).[294]

---

292. ADI 2418/DF, Pleno do STF, Rel. Min. Teori Zavascki, julg. em 04.05.2016.

293. ADI 2418/DF, Pleno do STF, Rel. Min. Teori Zavascki. Informativo 824 do STF: *"A interpretação literal do dispositivo em comento apontaria a existência de três vícios de inconstitucionalidade, na sentença exequenda, a permitir a utilização do mecanismo nele previsto: a) a aplicação de lei inconstitucional; b) a aplicação da lei a situação considerada inconstitucional; ou, ainda, c) a aplicação da lei com um sentido – uma interpretação – inconstitucional. Haveria um elemento comum às três hipóteses: o da inconstitucionalidade da norma aplicada pela sentença. Entretanto, considerado o atual sistema de controle de constitucionalidade e os efeitos das sentenças do STF dele decorrentes, constatar-se-ia a existência de outra situação, implícita, que autorizaria a invocação da inexigibilidade da obrigação contida no título executivo judicial: quando a sentença exequenda reconhecesse a inconstitucionalidade de norma que o STF tiver declarado constitucional".*

294. ADI 2418/DF, Pleno do STF, Rel. Min. Teori Zavascki, julg. em 04.05.2016. Como exemplo, temos que em 2013, o STF decide que a Lei X é inconstitucional. Em 2014, um juiz julga uma causa aplicando a Lei X. Aqui mesmo se esta decisão transitar em julg., o título executivo será inexigível porque o magistrado aplicou lei já considerada inconstitucional pelo STF. Essa exigência inclusive passou a ser prevista de forma expressa no art. 525, § 14 do CPC 2015: § 14. *A decisão do Supremo Tribunal Federal referida no § 12 deve ser anterior ao trânsito em julgado da decisão exequenda*. Porém, se a decisão do STF declarando inconstitucional a norma foi superveniente (posterior) ao trânsito em julgado da sentença exequenda, caberá ação rescisória, com prazo contado do trânsito em

É interessante salientar que o STF, posteriormente em recurso extraordinário submetido à sistemática da repercussão geral, reafirmou o entendimento acima exposto.

Nesses termos, no **RE 611503**, julgado em 20.09.2018, o STF novamente afirmou que são constitucionais o parágrafo único do art. 741 e o § 1º do art. 475-L do CPC/1973, bem como os correspondentes dispositivos do CPC/2015 (art. 525, § 1º, III e §§ 12 e 14; e art. 535, § 5º).

Assim sendo, são dispositivos que, buscando harmonizar a garantia da ***coisa julgada*** com o primado da Constituição, vieram agregar ao sistema processual brasileiro um mecanismo com ***eficácia rescisória de sentenças revestidas de vício de inconstitucionalidade*** qualificado, assim caracterizado nas hipóteses em que: a) a sentença exequenda ("sentença que está sendo executada") esteja fundada em uma norma reconhecidamente inconstitucional, seja por aplicar norma inconstitucional, seja por aplicar norma em situação ou com um sentido inconstitucionais; ou b) a sentença exequenda tenha deixado de aplicar norma reconhecidamente constitucional; e c) desde que, em qualquer dos casos, o reconhecimento dessa constitucionalidade ou a inconstitucionalidade tenha decorrido de julgamento do Supremo Tribunal Federal (STF) realizado em data anterior ao trânsito em julgado da sentença exequenda.[295]

6.5. Procedimento da medida cautelar

1) Fundamento da medida cautelar em ADI

Para a concessão da medida cautelar, são trabalhados os mesmos fundamentos do processo civil clássico: ***fumus boni iuris*** e ***periculum in mora***. Porém, o STF já concedeu medida cautelar por critérios de conveniência. Como exemplo, temos a decisão da ADI 2.314 MC/RJ, na qual: "[...] Dada a relevância jurídica dessas questões, que

julgado da decisão proferida pelo STF. Nesse sentido, é o art. 525, § 15, do NCPC de 2015: *Se a decisão referida no § 12 for proferida após o trânsito em julgado da decisão exequenda, caberá ação rescisória, cujo prazo será contado do trânsito em julgado da decisão proferida pelo Supremo Tribunal Federal.* Conforme o Informativo 824 do STF: "*O Plenário ressaltou que, por outro lado, seria indispensável à aplicação do art. 741, parágrafo único, do CPC – ou dos correspondentes dispositivos do novo CPC/2015 – que a sentença exequenda tivesse dirimido a questão constitucional em sentido contrário ao que decidido pelo STF. No regime do CPC/1973 não haveria distinção entre ser o precedente anterior ou superveniente à sentença exequenda, apesar de que, na hipótese de precedência da decisão do STF, ficaria evidenciado o desrespeito à autoridade da Suprema Corte. No atual regime – CPC/2015 –, sendo a decisão do STF sobre a inconstitucionalidade superveniente ao trânsito em julgado da sentença exequenda, caberia ação rescisória, com prazo contado do trânsito em julgado da decisão proferida pelo Supremo. Desse modo, a inexigibilidade do título executivo a que se refere o referido dispositivo se caracterizaria exclusivamente nas hipóteses em que: a) a sentença exequenda estivesse fundada em norma reconhecidamente inconstitucional, fosse por aplicar norma inconstitucional, fosse por aplicar norma em situação ou com um sentido inconstitucionais; b) a sentença exequenda tivesse deixado de aplicar norma reconhecidamente constitucional; e c) desde que, em qualquer dos casos, o reconhecimento dessa constitucionalidade ou a inconstitucionalidade tivesse decorrido de julgamento do STF realizado em data anterior ao trânsito em julgado da sentença exequenda.*"

295. **RE 611503/SP**, STF. Plenário red. p/ o ac. Min. Edson Fachin, julgado em **20.09.2018** (repercussão geral) (Informativo 916).

envolvem o alcance do Poder Constituinte Decorrente que é atribuído aos Estados, é possível, como se entendeu em precedentes desta Corte, utilizar-se do critério da conveniência, em lugar do ***periculum in mora***, para a concessão de medida liminar, ainda quando o dispositivo impugnado já esteja em vigor há anos. Pedido de liminar deferido, para suspender, ***ex nunc*** e até a decisão final desta ação, a eficácia do inciso X do parágrafo único do artigo 118 da Constituição do Estado do Rio de Janeiro."[296]

2) Procedimento

Em regra, a cautelar é concedida pelo Pleno e com *quórum* de maioria absoluta.[297] Conforme a Lei nº9868/99, o relator, existindo o pedido de cautelar, deverá ouvir a autoridade da qual emanou a lei no prazo de 5 dias e, **se entender necessário**, ouvir a AGU e o PGR **em um prazo comum de 3 dias.** Posteriormente, a questão é submetida ao pleno para análise.

Porém, existe uma exceção nesse procedimento que está contida no § 3º do art. 10, Lei nº 9.868/99. Nesse sentido, no caso de extrema urgência, o Tribunal poderá deferir a medida cautelar sem a audiência dos órgãos ou das autoridades das quais emanou a lei ou o ato normativo impugnado. É possibilidade excepcional de concessão de medida cautelar ***inaudita altera partes.***

3) Efeitos diferenciados da decisão da cautelar em relação à decisão de mérito

A regra da decisão de mérito é o efeito ***ex tunc*** e ***erga omnes***. **Na cautelar, a regra é *ex nunc* e *erga omnes*.** O efeito regra será o ***ex nunc*** por questões nitidamente de segurança jurídica. Vejamos que o mérito da ADI não foi julgado ainda. E se, no mérito da ADI, o STF julgar a lei constitucional? Temos, aqui, então, uma posição estratégica do legislador para conceder estabilidade ao sistema. Por isso, a regra será a de apenas suspender a lei ou o ato normativo (***ex nunc***) até o julgamento final da ADI.

Excepcionalmente, o STF poderá conceder a medida cautelar efeito ***ex tunc*** e ***erga omnes***.[298] Isso se dá nos casos em que fica evidente a necessidade de ma-

---

296. ADI nº 2.314 MC/RJ, Rel. Min. Moreira Alves, julg. em 25.04.2001, *DJ* 08.06.2001.

297. Nesses termos, o art. 10 da Lei nº 9.868/99: salvo no período de recesso, a medida cautelar na ação direta será concedida por decisão da maioria absoluta dos membros do Tribunal, observado o disposto no art. 22, após a audiência dos órgãos ou autoridades dos quais emanou a lei ou ato normativo impugnado, que deverão pronunciar-se no prazo de cinco dias. Aqui, é importante salientar que, nos termos regimentais (RISTF), estando o STF no período de recesso e se **ocorrer a possibilidade de perecimento de direito,** poderá o Presidente do STF apreciar a medida cautelar. Porém, infelizmente vem se tornando uma prática a ***<u>concessão de medida cautelar por decisão monocrática do Relator (mesmo fora do período de recesso).</u>*** Como exemplo, temos a **ADI 5398/DF MC**, em que o Min. Roberto Barroso de forma monocrática concedeu liminar *ad referendum* do pleno em **09.11.2015**.

298. Como exemplo da Exceção: *"Por vislumbrar aparente ofensa aos artigos 25,* caput, *e 40, § 1º, II, da CF, o Plenário deferiu pedido de medida cautelar em ação direta de inconstitucionalidade, a fim de suspender, com eficácia ex tunc, a vigência do art. 57, § 1º, II, da Constituição do Estado do Piauí, na redação conferida pelo art. 1º da EC 32/2011. O dispositivo adversado alterara de 70 para 75 anos a idade para o implemento de aposentadoria compulsória dos servidores*

nusear o efeito excepcional (*ex tunc*) em sede cautelar. Essa hipótese ocorre, por exemplo, com as chamadas leis de efeitos pretéritos. Ou seja, leis que nascem para o futuro, mas que objetivam regular situações pretéritas. Em relação a essas leis, o Ministro Moreira Alves entendia que o ideal seria que a decisão fosse ***ex tunc*** e ***erga omnes***, pois seria ineficaz sustar os efeitos apenas para o futuro até o julgamento final da ADI.

4) **Observações finais sobre a medida cautelar**

a) Na cautelar, também, existem os efeitos repristinatórios, contudo, de ***cunho temporário***, pois estamos em sede de decisão cautelar.

Ao conceder a cautelar, a lei objeto da ADI ficará suspensa. Dessa feita, a lei anterior, acaso existente, volta a vigorar (embora seja algo temporário, pois ainda não existe decisão final). Salvo (exceto) se houver manifestação expressa do próprio STF em sentido contrário.

Pode ocorrer essa manifestação expressa do STF sem pedido de inconstitucionalidade da lei revogada na ADI da lei revogadora, por ora suspensa?

Para os Ministros Celso de Mello e Eros Grau, não pode ocorrer, porque a declaração expressa da inconstitucionalidade da lei revogada só pode ocorrer se existir pedido na ADI da lei revogadora. Portanto, certo é que o ***efeito repristinatório indesejado*** só não ocorrerá se existir pedido de inconstitucionalidade da lei que tem a possibilidade de ter a sua vigência retornada no ordenamento.

b) A cautelar opera em ADI com efeitos não só ***erga omnes***, mas também **vinculantes**. Porém, os efeitos ***erga omnes*** e **vinculantes** dizem respeito à **decisão concessiva** da medida cautelar e não envolvem a decisão negativa da cautelar. Esse é o posicionamento **atual** do STF (embora existam divergências no STF e na doutrina[299]) consubstanciado na **Reclamação 2.810/2004**,[300] de relatoria do Min. Marco Aurélio de Mello.

6.6. Procedimento especial (diferenciado) na ADI

Existe, ainda, outra hipótese de procedimento na ADI, que é um procedimento chamado por alguns doutrinadores de especial (ou peculiar). Sem dúvida, é um procedimento dotado de maior celeridade. Ele, nos termos do art. 12 da Lei nº 9868/99, dependerá da conjunção de requisitos:

---

públicos daquela unidade federada e de seus municípios". (ADI 4696 MC/DF, Rel. Min. Ricardo Lewandowski, julg. em **01.12.2011**) (Informativo 650 do STF).

299. Divergência no STF assumida pelos Ministros Eros Grau e Gilmar Mendes. Na doutrina citamos Dirley da Cunha Júnior.

300. Nos termos do AgReg na **Reclamação nº 2.810**, julgada em **18.11.2004**: "Reclamação – Ação Direta de Inconstitucionalidade – Indeferimento de liminar. O indeferimento de liminar em ação direta de inconstitucionalidade, pouco importando o fundamento, não dá margem à apresentação de reclamação. (Rel. Min. Marco Aurélio. *DJ* 18.03.2005).

- **1º requisito:** Relator deve observar que existe um pedido de medida cautelar.
- **2º requisito:** Relator deve entender que a matéria é dotada de relevância.
- **3º requisito:** Relator deve entender que a matéria é dotada de especial significado para a **ordem social** e para a **segurança jurídica**.

Preenchidos esses requisitos, o relator poderá determinar a oitiva da autoridade que emanou a lei ou ato normativo, no prazo de 10 dias. Posteriormente, será ouvido o AGU em 5 dias e, sucessivamente, o PGR no prazo de 5 dias.

Decorridos, tecnicamente, esses 20 dias, o relator irá submeter a ADI ao Pleno para que esse tenha a faculdade de decidir ou não o mérito da ADI. O Pleno pode deliberar, entendendo que não há urgência, e seguir o procedimento ordinário (primeiro irá analisar a Medida Cautelar e depois analisará o mérito). Ou o pleno pode entender que é realmente caso de decidir diretamente a ADI. Quem dará a última palavra é o Pleno. Na prática, o STF usa desse procedimento especial em algumas situações. Temos como exemplo a ADI nº 3.685 ajuizada contra a Emenda Constitucional nº 52/2006. A EC nº 52/06 foi promulgada em 08.03.2006. Em 22.03.2006, o STF julgou a arguição de inconstitucionalidade atinente a essa referida Emenda Constitucional (decisão já citada na obra).

Porém, não obstante o art. 12 da Lei nº 9.868/99 estabelecer os critérios para o procedimento mais célere em sede de ADI, apresentamos duas situações que merecem nossa atenção.

O STF nos apresentou um entendimento novo em termos procedimentais na decisão da ADI nº 4.163/SP (ADI que foi convertida em ADPF, portanto conhecida e julgada como ADPF[301]). No caso, o Pretório Excelso havia adotado o procedimento do art. 10 da Lei nº 9.868/99 (procedimento da medida cautelar[302]) e, posteriormente à adoção desse procedimento, resolveu (sob o fundamento de que nessa fase já havia a cognição plena e profunda para a análise do pedido) julgar definitivamente o mérito da ação.[303]

O outro caso ocorreu recentemente na ADI nº 5.136/DF. Nesse sentido, após o início do julgamento, o Tribunal acolheu proposta da Ministra Cármen Lúcia (que não

301. Aqui também notamos outra questão: a tese da fungibilidade entre a ADI e a ADPF. O que o STF também reconhece possível no caso da ADI e ADC ou mesmo da ADI com a ADI por Omissão Parcial.

302. Conforme a publicação do STF de **17/11/2009**: "1. Recebo a manifestação de fls. 452/481 como informações prestadas pelo Governador do Estado de São Paulo. 2. Solicitem-se informações às demais autoridades requeridas, que deverão prestá-las no prazo de 05 (cinco) dias; após, com ou sem elas, dê-se vista, sucessivamente, à AGU e à PGR, para manifestação no prazo de 03 (três) dias, de acordo com o *caput* e com o parágrafo primeiro do art. 10 da Lei n° 9.868/99."

303. Conforme a Ementa: "Procedimento adotado para decisão sobre requerimento de medida liminar. Manifestação exaustiva de todos os intervenientes na causa, assim os necessários, como os facultativos (*amici curiae*), ainda nessa fase. **Situação processual** que já permite **cognição plena e profunda do pedido. Julgamento imediato** em termos definitivos. Admissibilidade. Interpretação do art. 10 da Lei federal nº 9.868/1999. Embora adotado o rito previsto no art. 10 da Lei nº 9.868, de 10 de novembro de 2009, ao processo de **ação direta de inconstitucionalidade** ou de **descumprimento de preceito fundamental**, pode o Supremo Tribunal Federal julgar a causa, desde logo, em termos definitivos, se, **nessa fase processual**, já tiverem sido exaustivas as manifestações de todos os intervenientes, necessários e facultativos admitidos". **ADI 4163/SP (ADPF),** julg. em **29.02.2012**, Rel. Min. Cezar Peluso.

era a relatora da ação) para que houvesse a conversão do exame da medida cautelar em julgamento de mérito da ação direta, razão pela qual a Procuradoria-Geral da República emitiu parecer em sessão. Portanto, restou claro que um ministro (que não é o relator) na análise de medida cautelar pode solicitar a conversão para o julgamento de mérito da ADI.[304]

6.7. ADC – Ação Declaratória de Constitucionalidade

6.7.1. Conceito

É espécie de controle concentrado no STF que visa declarar a constitucionalidade de leis ou atos normativos federais que estejam em consonância com a Constituição.

É mister salientar, de início, que a ADC não surgiu originalmente em nossa Constituição. Ela nasce apenas com a Emenda nº 3 de 1993. Portanto, é uma norma constitucional derivada.

6.7.2. Objeto

Leis ou atos normativos federais.[305] Porém, quais leis ou atos normativos federais? Sem dúvida, aquelas leis ou atos normativos federais que são objeto de ADI. Nesses termos, quando não for caso de ADI não vai ser caso de ADC.

O recorte é que a ADI cabe contra lei ou ato normativo federal ou estadual. Já a ADC é cabível só contra leis ou atos normativos federais. Porém, é bom salientar que serão objeto de ADC somente as leis ou atos normativos federais que foram produzidos após o surgimento da ADC com Emenda nº 3, de 17.03.1993.[306]

6.7.3. Finalidade da ADC

A pergunta mais recorrente quando se debate a finalidade da ADC é a seguinte: para que uma ação para declarar a constitucionalidade de lei federal ou ato normativo federal, se as espécies normativas já nascem constitucionais? Ou seja, nascem, sem dúvida alguma, com presunção de constitucionalidade.

Ora, o problema é que a presunção é meramente relativa (***juris tantum***), em virtude de, no Brasil, existir o controle difuso de constitucionalidade, no qual todos os órgãos do Judiciário podem, cotidianamente, declarar a inconstitucionalidade de leis

304. **ADI nº 5136/DF**, julg. em **01.07.2014**, Rel. Gilmar Mendes. Aqui citamos também recente decisão na qual: "O Plenário do STF, ao resolver questão de ordem na ADI 4413/MC suscitada pelo Ministro Roberto Barroso (relator), converteu o julgamento de medida cautelar em ação direta de inconstitucionalidade em julgamento de mérito, a ser realizado futuramente." **ADI 4413/MC QO** julg. em **15.04.2015**. (Informativo 781 do STF)

305. Tramita na Câmara dos Deputados a PEC nº 29/2000 que amplia o objeto da ADC para que ela abarque também leis ou atos normativos estaduais.

306. Certo é que, havendo alteração do parâmetro constitucional invocado, a lógica de análise será a mesma realizada para a ADI. Assim, o objeto da ação terá que ter sido produzido posteriormente à criação do novo parâmetro.

ou atos normativos no ***iter*** de casos concretos. E mais, conforme visto, o Poder Executivo pode deixar de aplicar leis por entender serem as mesmas inconstitucionais.

Logo, a finalidade da ADC é transformar a presunção de constitucionalidade relativa em presunção de constitucionalidade absoluta (***iure et iure***) das leis ou dos atos normativos federais, acabando com o estado de incerteza e insegurança jurídica do ordenamento.

6.7.4. Legitimidade

A legitimidade é a mesma da ADI. Ou seja, os legitimados do art. 103, da CR/88. Porém, é importante deixar consignado que, de 1993 a 2004, a legitimidade ativa da ADC era apenas do Presidente da República, da Mesa da Câmara, da Mesa do Senado e do Procurador-Geral da República. Somente com o advento da EC nº 45/2004 é que a legitimidade foi ampliada para todos os legitimados da ADI.

Com isso, até 2004 não havia a necessidade de analisar a pertinência temática, pois todos os legitimados ativos eram universais. Acontece que, com a ampliação da legitimidade, passa, portanto, a vigorar em sede de ADC a análise jurisprudencial do STF referente ao instituto da pertinência temática. Portanto, em ADC, também teremos legitimados ativos universais e não universais. Estes são os mesmos da ADI.

6.7.5. Procedimento

Observações sobre o procedimento da Ação Declaratória de Constitucionalidade:

a) Na Ação Declaratória de Constitucionalidade existe a obrigatoriedade do advogado? Não, o advogado será facultativo, como na ADI, exceto, segundo entendimento do STF, para o Partido Político com representação no Congresso Nacional e para a Confederação Sindical ou entidade de classe de âmbito nacional que necessitarão de advogado para o ajuizamento da ADC.

b) Requisitos da exordial:

- Indicar lei ou ato normativo federal a ser declarado constitucional;
- Indicar fundamentos jurídicos que devem ser, como na ADI, dotados de concretude ou especificidade (não devem ser gerais e abstratos).
- Pedido de declaração de constitucionalidade.
- A ADC exige um requisito a mais que a ADI: é preciso demonstrar a controvérsia judicial relevante. Terá que demonstrar que está havendo um verdadeiro estado de incerteza e insegurança no controle difuso, ou seja, no Poder Judiciário em relação à lei ou a ato normativo federal objeto da ADC. Portanto, deve ser consignado na exordial que órgãos do Poder Judiciário têm declarado a lei ora constitucional, ora inconstitucional. Assim, conforme o posicionamento do STF, a controvérsia não

pode ser doutrinária. Ela tem que envolver decisões do Poder Judiciário referentes àquela lei ou àquele ato normativo federal. Ou mesmo uma controvérsia entre o Poder Judiciário e o Poder Executivo.[307]

c) O relator fará um juízo de admissibilidade na ADC. Da decisão do relator que indefere de plano, a ADC cabe recurso de agravo para o Pleno.

d) Se admitida a ADC, ela não irá para a autoridade que fez a lei ou ato normativo federal nem mesmo irá para o Advogado-Geral da União (defensor da lei que já tem uma defesa inerente com o ajuizamento da ADC). Certo é que a participação de ambos estará dispensada na ADC.[308] Portanto, a ADC seguirá para o PGR, após sua admissibilidade, para sua atuação como ***custos legis***.

e) É mister salientar que o PGR pode emitir parecer mesmo contra a constitucionalidade da lei ou ato normativo objeto da ADC que ele próprio tenha ajuizado. Como na ADI, também não cabe desistência. Após a participação do PGR, o relator lançará o relatório, com cópia a todos os ministros, e pedirá dia para julgamento.

f) Porém, certo é que o relator também poderá solicitar **informações adicionais** que deverão ser realizadas dentro de um prazo de 30 (trinta) dias contados da solicitação do relator, como na ADI. Nesses termos, em caso de necessidade de esclarecimento de matéria ou circunstância de fato ou de notória insuficiência das informações existentes nos autos, poderá o relator requisitar informações adicionais, designar perito ou comissão de peritos para que emita parecer sobre a questão ou fixar data para, em audiência pública, ouvir depoimentos de pessoas com experiência e autoridade na matéria. O relator poderá solicitar, ainda, informações aos Tribunais Superiores, aos Tribunais federais e aos Tribunais estaduais acerca da

---

307. Conforme a **ADC nº 8**: "[...] O ajuizamento da **ação declaratória de constitucionalidade**, que faz instaurar processo objetivo de controle normativo abstrato, supõe a existência de **efetiva controvérsia judicial em torno da legitimidade constitucional de determinada lei ou ato normativo federal**. Sem a observância desse pressuposto de admissibilidade, torna-se inviável a instauração do processo de fiscalização normativa "in abstrato", pois a inexistência de pronunciamentos judiciais antagônicos culminaria por converter, a ação declaratória de constitucionalidade, em um inadmissível instrumento de consulta sobre a validade constitucional de determinada lei ou ato normativo federal, descaracterizando, por completo, a própria natureza jurisdicional que qualifica a atividade desenvolvida pelo Supremo Tribunal Federal. – O Supremo Tribunal Federal firmou orientação que exige a comprovação liminar, pelo autor da ação declaratória de constitucionalidade, da ocorrência, "em proporções relevantes", de dissídio judicial, cuja existência – precisamente em função do antagonismo interpretativo que dele resulta – faça instaurar, ante a elevada incidência de decisões que consagram teses conflitantes, verdadeiro estado de insegurança jurídica, capaz de gerar um cenário de perplexidade social e de provocar grave incerteza quanto à validade constitucional de determinada lei ou ato normativo federal. [...]". (Rel. Min. Celso de Mello. Julg. em **13.10.1999**). Porém, é bom que se diga que, recentemente, na **ADI5316/MC** em **21.05.2015**, o STF afirmou que: "o requisito relativo à existência de ***controvérsia judicial relevante***, necessário ao processamento e julgamento da ADC (Lei 9.868/1999, art. 14, III), seria **qualitativo** e **não quantitativo**, isto é, ***não diria respeito unicamente ao número de decisões judiciais num ou noutro sentido"***. Dois aspectos tornariam a controvérsia em comento juridicamente relevante. O **primeiro** diria respeito à *estatura constitucional do diploma que estaria sendo invalidado nas instâncias inferiores* – a EC 88/2015, que introduzira o art. 100 ao ADCT –, ou seja, uma ***emenda à Constituição***, expressão mais elevada da vontade do parlamento brasileiro. Em **segundo lugar**, *decisões similares poderiam vir a se proliferar pelos Estados-Membros, a configurar real ameaça à presunção de constitucionalidade da referida emenda constitucional.*

308. **Contra** esse posicionamento majoritário, entendendo que, em virtude da *duplicidade ou ambivalência* da ADI e ADC, o **AGU** deveria **participar do procedimento** da **ADC**, temos Álvaro Ricardo Souza Cruz.

aplicação da norma questionada no âmbito de sua jurisdição. Por último, é importante salientar que, na ADC, também cabe ***amicus curiae***, segundo entendimento doutrinário e jurisprudencial do STF (pois, aqui, não há determinação positivada, em virtude de ter sido vetada, na Lei nº 9.868/99, a figura do ***amicus curiae*** para a ADC). O ***amicus curiae*** pode se manifestar no ***iter*** de todo o procedimento, até o momento limite em que o relator liberar o processo para a pauta de julgamento, nos mesmos moldes da ADI (aqui, em virtude da ambivalência, segue-se, na ADC, a mesma lógica da ADI, inclusive em relação às outras características do ***amicus curiae***).

6.7.6. Julgamento da ADC

O julgamento também segue a lógica dos arts. 22 a 28, Lei nº 9.868/99. O quórum para julgamento será de oito ministros (2/3 dos ministros do STF) e o quórum para decisão do julgamento será de seis ministros (maioria absoluta) para o provimento ou improvimento da ADC.

6.7.7. Efeitos da decisão da ADC

A decisão procedente da ADC terá efeitos ***ex tunc*** e ***erga omnes***. Porém, pergunta-se: existem exceções a esse efeito? A resposta é afirmativa embora haja dois correntes que se diferenciam sobre as exceções:

1ª corrente: posição majoritária. As exceções (***ex nunc*** e modulação de efeitos) ocorrerão quando a ADC é julgada improcedente. Nesse sentido, devido ao caráter dúplice ou ambivalente da ADC, a decisão improcedente poderia ser ***ex nunc*** ou modulada, pois a lei seria inconstitucional ***ex tunc*** (regra) ou, excepcionalmente, ***ex nunc*** ou com a modulação de efeitos.

2ª corrente: afirma que as exceções (***ex nunc*** e modulação de feitos) envolvem a própria ADC (em si mesma). Assim, o julgamento da ADC procedente também poderia trabalhar com as exceções. A rigor, a própria ADC procedente teria possibilidade de exceções. Quando a ADC é procedente, a lei é constitucional. O STF poderia declarar que a presunção absoluta de constitucionalidade só irá valer de sua decisão para a frente, prospectivamente, para o futuro; ou poderia haver a manipulação, como, por exemplo, o STF poderia declarar em 2009 que a lei de 2000 é constitucional de forma absoluta a partir do ano de 2005 em diante. Portanto, de 2000 a 2005 ela foi constitucional de forma relativa. Essa posição é minoritária na doutrina e não encontra acolhida no STF.

Por último, é mister salientar que os efeitos da ADC não apenas são ***erga omnes***, mas também **vinculantes**, seguindo a mesma lógica da ADI (aqui já estudada).

6.7.8. Observações finais sobre a ADC

1) Não cabe em ADC: (a) intervenção de terceiros; (b) recurso, salvo embargos declaratórios; (c) ação rescisória.

2) Existe a possibilidade de medida cautelar com base nos mesmos fundamentos de ***fumus boni iuris*** e ***periculum in mora***, conforme a Lei nº 9.868/99 e entendimento jurisprudencial do STF.

Nesse sentido, a medida cautelar será concedida, em regra, pelo Pleno do STF e com quórum de maioria absoluta.

3) Efeitos da medida cautelar: segundo a Lei nº 9.868/99, a liminar pode consistir na suspensão dos julgamentos dos processos em curso que envolvam a aplicação da lei ou do ato normativo federal, que é o objeto da ADC, até seu julgamento definitivo.[309]

O efeito da MC é ***ex tunc*** ou ***ex nunc***? Obviamente, a regra é ***ex nunc***. Ou seja, o STF declara liminarmente que a lei é constitucional até o julgamento final da ADC. Além disso, conforme dicção legal, a MC concedida terá efeitos ***erga omnes*** e efeito vinculante.

4) Pode haver exceções ao efeito ***ex nunc***? O STF já reconheceu em seus julgados essa possibilidade. Nesse sentido, o STF já concedeu a cautelar, mas prolatou efeito ***ex tunc***. Como exemplos, temos: a) ADC nº 9 – envolveu o racionamento de energia. MP nº 2.152, arts. 14 e 18 foram suspensos com efeito ***ex tunc***. b) ADC nº 12 – envolveu o tema nepotismo. Suspendeu com ***efeito ex tunc*** algumas decisões que contrariavam a Resolução nº 07 do Conselho Nacional de Justiça.

5) É importante salientar, ainda, que a MC em ADC tem um prazo de validade estabelecido. Qual é esse prazo de validade? O art. 21, parágrafo único, da Lei nº 9.868/99, estabelece um prazo de 180 dias para o efeito da medida cautelar.

6) Porém, ultrapassado o prazo de 180 dias sem o julgamento da ADC, não ocorre a perda automática dos efeitos da liminar. O que a lei diz é que pode ser que a liminar perca a eficácia. Sem dúvida, isso não equivale a dizer que há perda automática. Como exemplo, temos: a ADC nº 4, que recebeu concessão de liminar em fevereiro de 1998. Em fevereiro de 2005, a Justiça Federal de Goiás (1ª região) tomou decisão contrária à liminar deferida em 1998. Assim, foi ajuizada reclamação no STF contra a decisão da JF de Goiás. O STF, em 2005, julgou procedente a reclamação obrigando a JF/GO a obedecer à liminar concedida em 1998 na ADC nº 4.[310]

7) O STF no julgamento da **ADC nº 33** considerou que a ADC em pauta poderia beneficiar-se da instrução levada a efeito em **ADIs** (4.947, 5.020, 5.028) e transformou o exame da medida cautelar em julgamento de mérito.[311]

8) Por último, quando o efeito de uma decisão de ADC passa a valer produzindo seus efeitos? **A partir da publicação da ata de decisão no *Diário da Justiça da União*.** Portanto, é correto dizer que a decisão produz efeitos, embora possa não ter transitado

309. Conforme o **art. 21** da **Lei nº 9.869/99**: O Supremo Tribunal Federal, por decisão da maioria absoluta de seus membros, poderá deferir pedido de medida cautelar na ação declaratória de constitucionalidade, consistente na determinação de que os juízes e os Tribunais suspendam o julgamento dos processos que envolvam a aplicação da lei ou do ato normativo objeto da ação até seu julgamento definitivo.

310. No mesmo sentido, MENDES, COELHO e BRANCO (*Curso de direito constitucional*, 2008).

311. ADC nº 33 julg. em 18.06.2014. Rel. Min. Gilmar Mendes.

em julgado, no caso do ajuizamento de embargos declaratórios. Nesse sentido, a decisão já produz efeitos, mesmo antes da decisão dos embargos declaratórios.

7. AÇÃO DIRETA DE INCONSTITUCIONALIDADE POR OMISSÃO (ADO)

7.1. Conceito

Espécie de controle concentrado no STF, que visa declarar a inconstitucionalidade de uma omissão dos Poderes Públicos em não tornar efetiva a norma constitucional.

Nesses termos, o conflito ou contrariedade não diz respeito a uma lei ou um ato normativo em relação à Constituição (leia-se, uma atuação positiva que contrasta com a Constituição), mas, sim, um conflito entre a falta de lei ou ato normativo e a necessidade dessa atuação normativa para viabilizar direitos previstos na Constituição (portanto, uma conduta negativa do Poder Público, que em inércia não viabiliza direitos previstos na Constituição).

7.2. Objeto

Primeiramente, é bom deixar claro que segundo o STF, tradicionalmente, só cabe ADO (ADI por omissão) em relação à norma constitucional de eficácia limitada. As normas constitucionais de eficácia limitada subdividem-se em: norma constitucional de eficácia limitada *de princípio institutivo* e norma constitucional de eficácia limitada de *princípio programático* e só elas seriam objeto de ADI por omissão.[312]

Aqui é interessante observarmos, recente posicionamento do STF entendendo ser cabível, em tese, ADO pedindo a instituição de pagamento de valor mínimo em favor dos mais necessitados durante situação de calamidade pública decorrente de pandemia (no caso a do novo coronavírus).

No caso, em 27.03.2020, o Partido Rede Sustentabilidade ajuizou ação direta de inconstitucionalidade por omissão pedindo que o Presidente da República e os Presidentes da Câmara e do Senado editassem uma lei instituindo o pagamento de um valor mínimo, de R$ 300,00 por pessoa, durante 6 meses, destinado aos trabalhadores listados no Cadastro Único e também aos desempregados, a fim de auxiliar essas pessoas no período da pandemia do novo coronavírus.

O Pedido da ADO foi direcionado a fim de que fosse declarada pelo Pretório Excelso a omissão inconstitucional e a consequente mora legislativa do Presidente da República, do Presidente da Câmara dos Deputados e Presidente do Senado Federal, por não concretizar o comando constitucional contido nos arts. 1º, III, 3º, III, 6º, caput, art. 170 da CRFB/88, art. 11, nº1 do Pacto Internacional dos Direitos Econômicos, Sociais

312. Embora registramos críticas no capítulo 1 da obra à teoria tradicional da aplicabilidade das normas constitucionais. Uma teoria que trabalha numa perspectiva meramente semântica e não condizente com o giro hermenêutico-pragmático.

e Culturais (Decreto 591/92) e o art. 12 do Protocolo Adicional à Convenção Americana sobre Direitos Humanos em Matéria de Direitos Econômicos, Sociais e Culturais (Decreto 3321/99), em especial durante a atual e sem precedente crise socioeconômica que nos encontramos por conta da pandemia do COVID-19 (coronavírus).

Na inicial da ADO foi sustentado que cabia ao Governo Federal propor, em favor dos mais necessitados, ante a fragilidade econômica decorrente das restrições à locomoção e ao exercício de atividades remuneradas tidas como não essenciais, medidas voltadas a assegurar a alimentação, o mínimo existencial e a dignidade da pessoa humana.

Em nosso entendimento, segiuindo as palavras do Ministro Edson Fachin, a questão central seria se há ou não o dever de legislar em matéria de renda básica, por exemplo, em períodos de grave crise econômico-social. Em 02.04.2020, pouco depois do ajuizamento da ADO, foi publicada a Lei nº 13.982/2020, que criou um benefício semelhante ao que se pretendia na ADO ajuizada.[313]

Em 30.04.2020, o STF decidiu: a) conhecer da ação da ADO (o STF entendeu ser cabível, em tese, ação direta de inconstitucionalidade por omissão para discutir o tema[314]); b) mas, quanto ao mérito, julgar o pedido prejudicado uma vez que já tinha sido aprovado o auxílio emergencial pela referida Lei nº 13.982/2020, e, consequentemente, foi satisfeito o objeto da ADO.[315]

Nesse momento, outra questão muito pertinente sobre o tema é a seguinte: que tipo de omissão, em relação à norma constitucional enseja a ADI por omissão? Segundo o STF, em posicionamento tradicional, não cabe ADI por omissão, se a omissão for de ato concreto.[316] Assim, só caberia ADI por omissão em relação a ato normativo primário ou secundário.[317]

---

313. A Lei nº 13.982/2020 instituiu o "auxílio emergencial", um benefício financeiro no valor de R$ 600,00 por mês, pago pela União a trabalhadores informais, microempreendedores individuais (MEI), autônomos e desempregados, e que tem por objetivo fornecer proteção emergencial, pelo prazo de 3 meses, às pessoas que perderam sua renda em virtude da crise causada pelo coronavírus.

314. Por óbvio que se o tema fosse ser analisado em sede de mérito, as normas constitucionais analisadas como parâmetro seriam as do art.1, III; art.3, IV; art.6 *caput*; e art.170 da CR/88, visto que as outras normas citadas na inicial da ADO, são consideradas para a corrente majoritária no STF, normas supralegais (que estão abaixo das normas constitucionais).

315. **ADO 56/DF**, STF. Plenário. red. p/ o ac. Min. Roberto Barroso, julg em **30.04.2020** (Informativo 975).

316. Embora esse posicionamento seja duramente criticado pela doutrina pátria (que me incluo) e inclusive por ministros do STF, como Gilmar Mendes. Além disso, acreditamos que, com o advento da Lei nº 12.063/2009 (Lei que regulamenta a ADI por omissão) o posicionamento (inadequado) do STF deve se modificar. Nesse sentido, corroborando com essa possível **mudança de entendimento**, temos o enfrentamento (julgamento) pelo STF em **25.02.2010** da **ADI 1698/DF (ADI por omissão).** Nessa, o Pretório Excelso, por maioria, julgou **improcedente** pedido formulado em ADI por omissão em que se apontava a **inércia (concreta,** diga-se) do Presidente da República em desenvolver **esforços no sentido de erradicar o analfabetismo no Brasil.** Nesses termos: *ADO em relação ao disposto nos arts. 6º, 23, V, 208, I, e 214, I, da CR. Alegada inércia atribuída ao Presidente da República para erradicar o analfabetismo no país e para implementar o ensino fundamental obrigatório e gratuito a todos os brasileiros. 1. Dados do recenseamento do Instituto Brasileiro de Geografia e Estatística demonstram redução do índice da população analfabeta, complementado pelo aumento da escolaridade de jovens e adultos. 2. Ausência de omissão por parte do Chefe do Poder Executivo federal em razão do elevado número de programas governamentais para a área de educação. 3. A edição da Lei nº9.394/96 (Lei de Diretrizes e Bases da Educação Nacional) e da Lei nº 10.172/2001 (Aprova o Plano Nacional de Educação) demonstra atuação do Poder Público dando cumprimento à Constituição. 4. ADI por omissão improcedente*. Rel. Min. Cármen Lúcia.

317. Exemplo interessante é o da falta de educação infantil básica, em descumprimento do art. 208 §§ 1º e 2º da CR/88, por parte do Poder Público. Ou seja, o Poder Público é omisso (resta em inércia) e não viabiliza o direito previsto

Por último, expressando apenas nossa opinião, acompanhada de abalizada doutrina, entendemos que a omissão inconstitucional objeto da ação não deveria decorrer apenas de previsão de legislar estabelecida em norma constitucional (seja de forma expressa, ou mesmo, de forma implícita por interpretação), mas poderia advir da falta ou mesmo da insuficiência de norma ou de prestação fático-administrativa, para proteger ou viabilizar (concretizar) a realização de um direito fundamental previsto na Constituição.[318]

7.3. Legitimidade

Nos termos da jurisprudência do STF, é a mesma da ADI, valendo-se também o instituto da pertinência temática. Agora com a vigência da **Lei nº 12.063/2009** que regulamentou a ADI por omissão, o entendimento jurisprudencial foi positivado nos seguintes termos: art. 12-A. "Podem propor a ação direta de inconstitucionalidade por omissão os legitimados à propositura da ação direta de inconstitucionalidade e da ação declaratória de constitucionalidade."

7.4. Espécies de ADI por omissão (ADO)

Antes de estudarmos o procedimento, devemos trabalhar com as espécies de ADI por omissão, pois essa análise irá influenciar no próximo passo, que será o estudo do procedimento.

Dessa maneira, certo é que a ADI por omissão tem duas espécies: **(a) ADI por omissão total** e **(b) ADI por omissão parcial.** A ADI por omissão parcial ainda se divide em **(b.1) propriamente dita** e **(b.2) relativa.**

a) **ADI por omissão total:** ocorre quando há falta de lei ou ato normativo para viabilizar direitos previstos na Constituição. É a clássica ADI por omissão.

b) **ADI por omissão parcial:** ocorre quando existe lei, mas é insuficiente, insatisfatória, para viabilizar direitos previstos na Constituição. Ela divide-se em:

b.1) ADI por omissão parcial propriamente dita: é aquela na qual existe lei, porém não consegue viabilizar de forma adequada ou satisfatória os direitos previstos na Constituição. Exemplo: art. 7º, inc. IV, CR/88 (salário mínimo). Existe a lei que o regulamenta, mas a fixação em R$ 420,00 reais é insuficiente para viabilizar todos os direitos previstos no referido inciso do art. 7º da CR/88.[319]

---

no referido art. 208 (não construindo a escola, não contratando professores etc.). Nesse caso, infelizmente, não caberia (tradicionalmente) a ADI por omissão, por ser omissão de ato concreto. Conforme já dito, entendemos que esse posicionamento deve se modificar (nos termos da ADI 1698 e da ruptura que ela, a princípio, apresentaria).

318. Nesse sentido: *"Evidencia-se, neste momento, que o legislador não tem dever apenas quando a norma constitucional expressamente lhe impõe a edição de lei, mas também quando um direito fundamental carece, em vista de sua natureza e estrutura, de norma infraconstitucional, especialmente para lhe outorgar tutela de proteção".* In: *Curso de Direito Constitucional*, Sarlet, Marinoni, Mitidiero, p. 1.290, 2017.

319. Na **ADI nº 1.458** (no julgamento de pedido de medida liminar em **23.05.1996**), o tema foi debatido e explicitado pelo STF, nos seguintes termos: Ementa: *Desrespeito à Constituição – modalidades de comportamentos*

b.2) ADI por omissão parcial relativa: ocorre quando existe lei, sendo ela suficiente e adequada para viabilizar o direito, porém não atinge todos que ela deveria atingir, que se encontram na mesma situação. Portanto, não existe insuficiência na lei em si, mas insuficiência no que tange aos atingidos. Sem dúvida, é uma insuficiência muito mais quantitativa do que qualitativa. Exemplo: o antigo art. 37, X, da CR/88 (antes da EC nº 19/1998) e uma lei ou ato normativo, que aumentava a remuneração de parcelas dos servidores públicos. Esse inciso do art. 37 trazia a normativa da isonomia entre os funcionários públicos e, portanto, se ocorresse um aumento somente para uma parcela dos funcionários públicos, ainda que fosse adequado, ele não iria atingir todos os que deveriam ser atingidos (que se encontravam na mesma situação).

7.5. Procedimento

Até outubro de 2009, era o mesmo da ADI da Lei nº 9.868/99, mas com algumas particularidades (especificidades ou exceções). Porém, a Lei nº 12.063/2009 acrescentou

---

inconstitucionais do poder público. – O desrespeito à Constituição tanto pode ocorrer mediante ação estatal quanto mediante inércia governamental. A situação de inconstitucionalidade pode derivar de um comportamento ativo do Poder Público, que age ou edita normas em desacordo com o que dispõe a Constituição, ofendendo-lhe, assim, os preceitos e os princípios que nela se acham consignados. Essa conduta estatal, que importa em um facere (atuação positiva), gera a inconstitucionalidade por ação. – Se o Estado deixar de adotar as medidas necessárias à realização concreta dos preceitos da Constituição, em ordem a torná-los efetivos, operantes e exequíveis, abstendo-se, em consequência, de cumprir o dever de prestação que a Constituição lhe impôs, incidirá em violação negativa do texto constitucional. Desse non facere ou non praestare, resultará a inconstitucionalidade por omissão, que pode ser total, quando é nenhuma a providência adotada, ou parcial, quando é insuficiente a medida efetivada pelo Poder Público. Salário mínimo – satisfação das necessidades vitais básicas – garantia de preservação de seu poder aquisitivo. – A cláusula constitucional inscrita no art. 7º, IV, da CR – para além da proclamação da garantia social do salário mínimo – consubstancia verdadeira imposição legiferante, que, dirigida ao Poder Público, tem por finalidade vinculá-lo à efetivação de uma prestação positiva destinada (a) a satisfazer as necessidades essenciais do trabalhador e de sua família e (b) a preservar, mediante reajustes periódicos, o valor intrínseco dessa remuneração básica, conservando-lhe o poder aquisitivo. – O legislador constituinte brasileiro delineou, no preceito consubstanciado no art. 7º, IV, da CR, um nítido programa social destinado a ser desenvolvido pelo Estado, mediante atividade legislativa vinculada. Ao dever de legislar imposto ao Poder Público – e de legislar com estrita observância dos parâmetros constitucionais de índole jurídico-social e de caráter econômico-financeiro (CR, art. 7º, IV) –, corresponde o direito público subjetivo do trabalhador a uma legislação que lhe assegure, efetivamente, as necessidades vitais básicas individuais e familiares e que lhe garanta a revisão periódica do valor salarial mínimo, em ordem a preservar, em caráter permanente, o poder aquisitivo desse piso remuneratório. Salário mínimo – valor insuficiente – situação de inconstitucionalidade por omissão parcial. – *A insuficiência do valor correspondente ao salário mínimo, definido em importância que se revele incapaz de atender as necessidades vitais básicas do trabalhador e dos membros de sua família, configura um claro descumprimento, ainda que parcial, da Constituição da República, pois o legislador, em tal hipótese, longe de atuar como o sujeito concretizante do postulado constitucional que garante à classe trabalhadora um piso geral de remuneração (CR, art. 7º, IV), estará realizando, de modo imperfeito, o programa social assumido pelo Estado na ordem jurídica. – A omissão do Estado – que deixa de cumprir, em maior ou em menor extensão, a imposição ditada pelo texto constitucional – qualifica-se como comportamento revestido da maior gravidade político-jurídica, eis que, mediante inércia, o Poder Público também desrespeita a Constituição, também ofende direitos que nela se fundam e também impede, por ausência de medidas concretizadoras, a própria aplicabilidade dos postulados e princípios da Lei Fundamental. – As situações configuradoras de omissão inconstitucional – ainda que se cuide de omissão parcial, derivada da insuficiente concretização, pelo Poder Público, do conteúdo material da norma impositiva fundada na Carta Política, de que é destinatário – refletem comportamento estatal que deve ser repelido, pois a inércia do Estado qualifica-se, perigosamente, como um dos processos informais de mudança da Constituição, expondo-se, por isso mesmo, à censura do Poder Judiciário. [...]* (Rel. Min. Sepúlveda Pertence).

o Capítulo II-A na Lei nº 9.868/99 (lei aqui já analisada que regulamenta a ADI e ADC), estabelecendo regras procedimentais para a ADI por omissão. Com isso, a nova Lei nº 12.063/2009 deixa assente as duas espécies da ADI por omissão e as especificidades (diferenças) e equivalências (igualdades) procedimentais da ADI por omissão e da ADI. A nossa proposta é estudar o procedimento por meio de uma análise diferenciada da ADI por omissão total em relação ao procedimento da ADI por omissão parcial.

7.5.1. Procedimento da ADI por omissão total

Requisitos: indicar a falta da lei; fundamento jurídico; pedido (declaração de inconstitucionalidade por omissão total dos Poderes Públicos).

Legitimado ativo propõe → juízo de admissibilidade pelo relator → admitida, prestação de informações pela autoridade em 30 dias → Possibilidade de participação do AGU → PGR, nas ações em que não for o autor, terá vista pelo prazo de 15 dias → informações adicionais (possibilidade) → relator: lança relatório e solicita dia para o julgamento → decisão.

7.5.2. Procedimento da ADI por omissão parcial

Requisitos: indicar a insuficiência da lei; fundamento jurídico do pedido; pedido (declaração de inconstitucionalidade por omissão parcial).

Legitimado ativo propõe → juízo de admissibilidade pelo relator → admitida, prestação de informações pela autoridade em 30 dias → possibilidade de manifestação do AGU em 15 dias → PGR nas ações em que não for o autor, terá vista pelo prazo ***15 dias*** → informações adicionais (possibilidade): relator: → lança relatório e solicita dia para o julgamento → decisão.

Em relação aos procedimentos, temos algumas observações pertinentes.

1) A ADI por omissão deve ser encaminhada para autoridade para prestação de informação, no prazo de 30 dias, nos termos do art. 12-E da Lei nº 12.063/2009, que preleciona que se aplicam ao procedimento da ação direta de inconstitucionalidade por omissão, no que couber, as disposições constantes da Seção I do Capítulo II da Lei nº 9.868/99 (disposições da Lei nº 9.868/99 que estabelecem, entre outras, a participação da autoridade em um prazo de 30 dias). Nesse sentido, na ADI por omissão total, a autoridade deve prestar informações do porquê não há lei. Ou seja, ela prestará informações sobre a sua inércia (ou omissão). É exigida da autoridade (Poder Público) uma atuação positiva e, na verdade, ela pode estar atuando de forma negativa. Por isso, ela (autoridade) deve prestar esclarecimentos.

2) Na ADI por omissão parcial, a autoridade também deve participar, pois está ocorrendo a alegação de insuficiência de uma lei produzida por ela. A autoridade deve prestar informações sobre a insuficiência ou não da lei nas informações. Também nos termos do art. 12-E da Lei nº 12.063/2009.

3) Na ADI por omissão total, o AGU não deveria participar porque não há lei para ele defender, não obstante a Lei nº 12.063/2009 expressar em termos gerais a possibilidade de o AGU participar nos termos do art. 12-E, § 2º: "O relator poderá solicitar a manifestação do Advogado-Geral da União, que deverá ser encaminhada no prazo de 15 (quinze) dias".[320]

4) Já, na ADI por omissão parcial, o AGU deve participar porque existe lei e ele, como defensor da lei, defenderá a lei existente (que está sob a pecha de insatisfatória ou insuficiente). Esta é a leitura mais adequada do art. 103 da CR/88, bem como do art. 12-E § 2º: "O relator poderá solicitar a manifestação do Advogado-Geral da União, que deverá ser encaminhada no prazo de 15 (quinze) dias."

5) O Procurador-Geral da República, conforme o art. 12-E, § 3º, da Lei nº 12.063/2009, nas ações em que não for autor, terá vista do processo, por 15 (quinze) dias, após o decurso do prazo para informações. Entendemos que o PGR deveria participar de todos os procedimentos no STF (nos termos do art. 103, § 1º, da CR/88) e independentemente de ser o autor ou não da ADI por omissão total ou parcial, ele deveria participar. Porém, não foi essa a dicção legal.

6) O ***amicus curiae*** também poderá participar da ADI por omissão total ou mesmo parcial. Quem autoriza a participação do ***amicus curiae*** é o relator, nos termos do art. 7º, § 2º, Lei nº 9.868/99. Além disso, pode haver também a participação de peritos especialistas na realização de audiências públicas, nos termos do art. 9º da Lei nº 9.868/99. Essas possibilidades são viáveis nos termos do já citado art. 12-E, que explicita que se aplicam ao procedimento da ação direta de inconstitucionalidade por omissão, no que couber, as disposições constantes da Seção I do Capítulo II da Lei nº 9.868/99 (dentre elas temos o ***amicus curiae***, informações adicionais: peritos, audiências públicas etc.).

7) Por último, é mister consignar que a lei da ADI por omissão (Lei nº 12.063/2009) traz uma novidade não assente na lei da ADI e ADC, que é justamente a possibilidade expressa no art. 12-E, § 1º, de que os demais titulares referidos legitimados a ajuizar a ADI por omissão poderão manifestar-se, por escrito, sobre o objeto da ação e pedir a juntada de documentos reputados úteis para o exame da matéria, no prazo das informações, bem como apresentar memoriais.

7.6. Julgamento da ADI por omissão total ou parcial

O julgamento da ADI por omissão total ou parcial segue a mesma lógica da ADI presente nos arts. 22 a 28, da Lei nº 9.868/99. Nesses termos, o quórum para

320. Embora a nova Lei nº 12.063/2009 não especifique, afirmando a possibilidade de participação em termos amplos (para ambas as espécies), mediante determinação do Relator, boa parte da doutrina entende que não deveria haver a participação do AGU na ADI por omissão total, visto que não há lei para ser defendida. Mas é bom registrar que o Min. Dias Toffoli, na **ADI por Omissão nº 24 (caso de Omissão Total)** em **01.07.2013**, adotou posicionamento diferente do aqui defendido, pois solicitou a participação do AGU.

julgamento será de oito ministros e o quórum para decisão declarando-se ou não a omissão dos Poderes Públicos será de seis ministros (maioria absoluta). Isso se depreende do art. 12-H, § 2º, da Lei nº 12.063/2009, que expressa que se aplica à decisão da ação direta de inconstitucionalidade por omissão, no que couber, o disposto no Capítulo IV da Lei nº 9.868/99.

7.6.1. Efeitos da decisão de uma ADI por omissão (ADO)

O STF adota, tradicionalmente, na **ADI por omissão total,** a tese de cunho não concretista (citada aqui no estudo do mandado de injunção). Assim, o Pretório Excelso reconhece a mora e dá ciência ao poder competente recomendando que supra a omissão. Isso está assente na Constituição no art. 103, § 2º, bem como no art. 12-H da Lei 12.063/2009, que expressa que, declarada a inconstitucionalidade por omissão, com observância do disposto no art. 22 da Lei nº 9.868/99, será dada ciência ao Poder competente para a adoção das providências necessárias.

Todavia, na ADI por omissão, a CR/88 traz, no § 2º, art. 103, um ***plus*** no que tange aos órgãos administrativos, pois, para esses, **há prazo** para a mora ser suprida. Esse prazo será de **30 dias** (o que não existe para o legislador!). Ocorre que, com a edição da Lei nº 12.063/2009, teremos uma possibilidade de exceção a esse prazo constitucional de 30 dias, nos termos do art. 12-H, § 1º, que afirma que, em caso de omissão imputável a órgão administrativo, as providências deverão ser adotadas no prazo de 30 (trinta) dias, ou em prazo razoável a ser estipulado excepcionalmente pelo Tribunal, tendo em vista as circunstâncias específicas do caso e o interesse público envolvido.

Mas e se o órgão administrativo não suprir a mora no prazo de 30 dias? Poderá incorrer em crime de responsabilidade, por descumprimento flagrante da Constituição.

Conforme explicitado, para o Poder Legislativo não há prazo expresso constitucionalmente ou mesmo infraconstitucionalmente para a supressão da mora.

Porém, é mister salientar que o STF, em 09.05.2007, no julgamento da ADI nº 3.682 (que envolveu a omissão do legislador para a edição de lei complementar, que é requisito para criação de novos municípios conforme o art. 18, § 4º, CR/88), adotou uma posição que indica uma ruptura com as suas decisões tradicionais em ADI por omissão total, pelo menos sobre alguns aspectos. São elas:

- O STF passou a considerar como fundamento de omissão a inércia no que tange à deliberação no processo legislativo. Ou seja, o STF passa a reconhecer como conduta omissa a ***inertia deliberandi*** – no que diz respeito à discussão e votação (deliberação) do projeto de lei que tramita no legislativo. Até então, a inércia era apenas no tocante à apresentação do projeto de lei. Portanto, apresentado o projeto, restava afastada a omissão legislativa, pois o legislativo estava trabalhando no projeto que se encontrava em tramitação. Com isso, o STF passa a considerar que a não deliberação dentro de um prazo razoável também caracteriza a omissão.

- O STF não só deu ciência ao Poder Legislativo, mas também estabeleceu (estipulou) um prazo para que o legislador suprisse a mora. O prazo concedido foi de 18 meses (conforme o Informativo nº 466 do STF[321]). O próprio STF, via Gilmar Mendes, externalizou que não se tratou de um prazo obrigatório, mas, sim, "***do estabelecimento de um parâmetro temporal razoável***". Porém, não podemos desconsiderar a mudança de postura do Pretório Excelso que, pela primeira vez em ADI por omissão, define um prazo ainda que como parâmetro para o legislador suprir uma mora (que, no caso em tela, era a época da decisão do STF de 11 anos, ou seja, de 1996 até 2007).

Portanto, mesmo não havendo previsão normativa, o STF pode, sim, estabelecer prazo para a supressão da mora.

Nesses termos, é importante citarmos ainda recentes decisões do STF que a nosso ver apresentam uma ruptura sobre a posição tradicional do Pretório Excelso em sede de ADO:

1ª) Na ADO nº 25 julgada em 30.11.2016. Nessa, o STF julgou procedente a ADO e declarou haver mora, por parte do Congresso Nacional, em editar a lei complementar prevista no art. 91 do ADCT da CR/88 (para regular critérios de compensação para os Estados no que tange ao ICMS). Mas no STF foi além e pela primeira vez adotou a tese ***concretista intermediária*** (presente na Lei nº 13.300/2016 e típica do mandado de injunção) em sede de ADO. Nessa tese, o STF fixa um prazo para a

---

321. Nesse sentido, conforme o julgamento em **09.05.2007 da ADI nº 3.682**, temos a ementa: *Ação Direta de inconstitucionalidade por omissão. Inatividade do legislador quanto ao dever de elaborar a lei complementar a que se refere o § 4º do art. 18 da Constituição Federal, na redação dada pela Emenda Constitucional n. 15/1996. Ação julgada procedente. 1. A EC nº 15, que alterou a redação do § 4º do art. 18 da Constituição, foi publicada no dia 13 de setembro de 1996. Passados mais de 10 (dez) anos, não foi editada a lei complementar federal definidora do período dentro do qual poderão tramitar os procedimentos tendentes à criação, incorporação, desmembramento e fusão de municípios. Existência de notório lapso temporal a demonstrar a inatividade do legislador em relação ao cumprimento de inequívoco dever constitucional de legislar, decorrente do comando do art. 18, § 4º, da Constituição. 2. Apesar de existirem no Congresso Nacional diversos projetos de lei apresentados visando à regulamentação do art. 18, § 4º, da Constituição, é possível constatar a omissão inconstitucional quanto à efetiva deliberação e aprovação da lei complementar em referência. As peculiaridades da atividade parlamentar que afetam, inexoravelmente, o processo legislativo, não justificam uma conduta manifestamente negligente ou desidiosa das Casas Legislativas, conduta esta que pode pôr em risco a própria ordem constitucional. A inertia deliberandi das Casas Legislativas pode ser objeto da ação direta de inconstitucionalidade por omissão. 3. A omissão legislativa em relação à regulamentação do art. 18, § 4º, da Constituição, acabou dando ensejo à conformação e à consolidação de estados de inconstitucionalidade que não podem ser ignorados pelo legislador na elaboração da lei complementar federal. 4. Ação julgada procedente para declarar o estado de mora em que se encontra o Congresso Nacional, a fim de que, em prazo razoável de 18 (dezoito) meses, adote ele todas as providências legislativas necessárias ao cumprimento do dever constitucional imposto pelo art. 18, § 4º, da Constituição, devendo ser contempladas as situações imperfeitas decorrentes do estado de inconstitucionalidade gerado pela omissão.* ***Não se trata de impor um prazo para a atuação legislativa do Congresso Nacional, mas apenas da fixação de um parâmetro temporal razoável, tendo em vista o prazo de 24 meses determinado pelo Tribunal nas ADI nºs 2.240, 3.316, 3.489 e 3.689 para que as leis estaduais que criam municípios ou alteram seus limites territoriais continuem vigendo, até que a lei complementar federal seja promulgada contemplando as realidades desses municípios.*** Rel. Min. Gilmar Mendes. *DJ*: 05.09.2007.

supressão da mora e, se não respeitado esse prazo pelo legislador, o direito é, de alguma forma, concretizado.

No caso da ADO nº 25, o STF fixou um prazo de 12 meses para que o Legislativo produzisse a lei. Porém, na inovadora decisão, o STF consignou que se for ultrapassado o prazo de 12 meses sem que a lei seja editada, o Tribunal de Contas da União (TCU) deverá: a) fixar o valor total a ser transferido anualmente aos Estados-Membros e ao Distrito Federal, considerando os critérios dispostos no então art. 91 do ADCT (atualmente essa norma se encontra revogada pela EC nº109/2021), a saber, as exportações para o exterior de produtos primários e semielaborados, a relação entre as exportações e as importações, os créditos decorrentes de aquisições destinadas ao ativo permanente e a efetiva manutenção e aproveitamento do crédito do imposto a que se refere o art. 155, § 2º, X, "a", do texto constitucional; b) calcular o valor das quotas a que cada um fará jus, levando em conta os entendimentos entre os Estados-Membros e o Distrito Federal realizados no âmbito do Conselho Nacional de Política Fazendária (Confaz).[322]

É interessante registrar, que depois de a decisão da ADO 25 transitar em julgado, a União requereu o desarquivamento da ADO e a prorrogação do prazo por mais 24 meses, ou seja, o prazo de 12 meses dado pelo STF, seria a pedido da União, ampliado para mais 24 meses. O Ministro Gilmar Mendes, monocraticamente, deferiu, em parte, o pleito da União e prorrogou o prazo.

Posteriormente, alguns Estados-membros manifestaram interesse em buscarem a composição amigável do litígio. A União concordou com o pleito e iniciaram-se audiências, até que foi conseguido um acordo.

O Plenário do STF, em 20.05.2020, referendou as decisões monocráticas do Ministro Gilmar Mendes (Relator) que prorrogaram o prazo fixado no julgamento do mérito da ADO. Os Ministros entenderam que fatos supervenientes justificaram o abrandamento do termo fixado no julgamento de mérito.

Aqui é importante salientar também, que o STF homologou acordo firmado entre a União e os Estados/DF, com o seu encaminhamento ao Congresso Nacional para as providências cabíveis.[323]

322. **ADO 25/DF** Plenário do STF, Rel. Min. Gilmar Mendes, julg. em **30.11.2016**. O Plenário do Supremo Tribunal Federal julgou procedente a Ação Direta de Inconstitucionalidade por Omissão (ADO) 25 e fixou prazo de 12 meses para que o Congresso Nacional edite lei complementar regulamentando os repasses de recursos da União para os estados e o Distrito Federal em decorrência da desoneração das exportações do Imposto sobre Circulação de Mercadorias e Serviços (ICMS). De acordo com a decisão, se ainda não houver lei regulando a matéria quando esgotado o prazo, caberá ao Tribunal de Contas da União (TCU) fixar regras de repasse e calcular as cotas de cada um dos interessados. Por unanimidade, os ministros acompanharam a posição do relator da ação, ministro Gilmar Mendes, para reconhecer a existência de uma situação de inconstitucionalidade por omissão, pois, mesmo depois de quase 13 anos, o Congresso não cumpriu a determinação constitucional (incluída pela Emenda Constitucional 42, em dezembro de 2003) de editar lei fixando critérios, prazos e condições nas quais se dará a compensação aos estados e ao Distrito Federal da isenção de ICMS sobre as exportações de produtos primários e semielaborados. A ADO 25 foi ajuizada pelo Estado do Pará, com a participação de outros 15 estados.

323. **ADO 25 QO/DF**, STF. Plenário. Rel. Min. Gilmar Mendes, julgado em **20.05.2020** (Inf. 978). Segundo o Min. Gilmar Mendes, na *ADO 25 foi inaugurado o "pensamento do possível no Federalismo cooperativo"*, uma das facetas mais

2ª) Na ADO nº 26 sobre a ***criminalização da homofobia e transfobia***, o STF foi ainda mais radical do que na ADO nº25, e adotou a ***tese concretista direta.*** No caso, em junho de 2019, o STF decidiu que até que sobrevenha lei emanada do Congresso Nacional destinada a implementar os mandados de criminalização definidos nos incisos XLI e XLII do art. 5º da Constituição da República, *as condutas homofóbicas e transfóbicas, reais ou supostas, que envolvem aversão odiosa à orientação sexual ou à identidade de gênero de alguém, por traduzirem expressões de racismo, compreendido este em sua dimensão social, ajustam-se, por identidade de razão e mediante adequação típica, aos preceitos primários de incriminação definidos na Lei nº 7.716, de 08.01.1989, constituindo, também, na hipótese de homicídio doloso, circunstância que o qualifica, por configurar motivo torpe* (Código Penal, art. 121, § 2º, I, "in fine").[324]

Aqui observamos que para o ministro Celso de Mello relator da ADO nº26, a solução propugnada pelo STF *não foi a da aplicação analógica* das normas penais previstas na Lei 7.716/1989 nem implica a formulação de tipos criminais ou cominação de sanções penais. Nesses termos, considerado o princípio constitucional da reserva absoluta de lei formal, o tema pertinente à definição de tipo penal e à cominação de sanção penal subsume-se ao âmbito das normas de direito material, de natureza eminentemente penal, regendo-se, em consequência, pelo postulado da reserva de parlamento. Assim, inviável, em controle abstrato de constitucionalidade, colmatar, mediante decisão desta Corte Suprema, a omissão denunciada pelo

---

*formidáveis da interpretação constitucional. Todos os atores do pacto federativo foram chamados para tentarem solucionar o impasse entre as esferas federal, estadual e distrital, que se prolongava desde a instituição da Lei Kandir (Lei Complementar 87/1996), com algumas atuações pontuais produzidas pelas Leis Complementares 102/2000 e 115/2002 e com a EC 42/2003. As unidades federativas foram conclamadas para que, **na linha do pensamento do possível**, se dissipassem de suas certezas absolutas, interesses estratificados e compreendessem a oportunidade sob o olhar do federalismo cooperativo, no afã de diminuir as tensões/diferenças e aproximar as convergências.* No caso, as partes envolvidas tiveram que fazer uma interpretação da Constituição a partir Tese do "***pensamento do possível***" de Peter Häberle. Nas palavras do Min. Gilmar Mendes: "*A Constituição não é uma norma fechada, mas sim um projeto em contínuo desenvolvimento, representativo de conquistas e experiências e ao mesmo tempo aberto à evolução e à utopia. No Estado Constitucional, a interpretação da Constituição, portanto, não deve ser realizada segundo a lógica do "um ou outro" (Entweder-oder), mas de acordo com um pensamento permanentemente aberto a múltiplas alternativas e possibilidades.*

324. **ADO 26/DF**, STF. Plenário. Rel. Min. Celso de Mello; MI 4733/DF, Rel. Min. Edson Fachin, julgados em **13.06.2019** (Info 944). Quanto à ADO, o STF, por maioria, julgou a ADO procedente, com *eficácia geral* e efeito vinculante, para: a) reconhecer o estado de mora inconstitucional do Congresso Nacional na implementação da prestação legislativa destinada a cumprir o mandado de incriminação a que se referem os incisos XLI e XLII do art. 5º da Constituição, para efeito de proteção penal aos integrantes do grupo LGBT; b) declarar, em consequência, a existência de omissão normativa inconstitucional do Poder Legislativo da União; c) cientificar o Congresso Nacional, para os fins e efeitos a que se refere o art. 103, § 2º, da Constituição c/c o art. 12-H, caput, da Lei nº 9.868/99: d) dar interpretação conforme à Constituição, em face dos mandados constitucionais de incriminação inscritos nos incisos XLI e XLII do art. 5º da Carta Política, para enquadrar a homofobia e a transfobia, qualquer que seja a forma de sua manifestação, nos diversos tipos penais definidos na Lei nº 7.716/89, até que sobrevenha legislação autônoma, editada pelo Congresso Nacional, por dois motivos: 1º)porque as práticas homotransfóbicas qualificam-se como espécies do gênero racismo, na dimensão de racismo social consagrada pelo Supremo Tribunal Federal no julgamento plenário do HC 82.424/RS (caso Ellwanger), na medida em que tais condutas importam em atos de segregação que inferiorizam membros integrantes do grupo LGBT, em razão de sua orientação sexual ou de sua identidade de gênero; 2º) porque tais comportamentos de homotransfobia ajustam-se ao conceito de atos de discriminação e de ofensa a direitos e liberdades fundamentais daqueles que compõem o grupo vulnerável em questão; e) declarar que os efeitos da interpretação conforme a que se refere a alínea "d" somente se aplicarão a partir da data em que se concluir o presente julgamento.

autor da ação direta, procedendo-se à tipificação penal de condutas atentatórias aos direitos e liberdades fundamentais dos integrantes da comunidade LGBT. Na verdade, a solução para o ministro (no que foi acompanhado pela maioria), limitou-se à *mera subsunção de condutas homotransfóbicas aos diversos preceitos primários de incriminação definidos em legislação penal já existente* (Lei 7.716/1989), pois os atos de homofobia e de transfobia constituem, nos dizeres do relator concretas manifestações de racismo, *compreendido em sua dimensão social*, ou seja, o denominado racismo social."[325]

Já na **ADI por omissão parcial**, os efeitos são **diferenciados dos da ADI por omissão total**. Nesses termos, se se trata de lei insuficiente, ela está, sem dúvida, contrariando a Constituição, que determinava a viabilização de um direito e este, apesar de disposição normativa, continua inviabilizado. Portanto, lei contrária à Constituição é, por isso, inconstitucional (em princípio não há outra possibilidade!). Com isso, temos, segundo Gilmar Mendes, uma **relativa fungibilidade** entre a ADI (genérica) e a ADI por omissão parcial (ambas visam à declaração de inconstitucionalidade de lei ou ato normativo já existente no ordenamento).[326] Dessa feita, é regra que o STF declare a inconstitucionalidade da lei e, com isso, também em regra, é declarada a **nulidade da lei ou ato normativo**. Aliás, esse raciocínio também pode ser desenvolvido sob a base da regulamentação infraconstitucional da ADI por omissão, nos termos do aqui já citado art. 12-H, § 2º, da Lei nº 12.063/2009, que determina que deve ser aplicado à decisão da ação direta de inconstitucionalidade por omissão, no que couber, o disposto no Capítulo IV da Lei nº 9.868/99. Nesse sentido, o capítulo ora em comento da Lei nº 9.868/99 explicita os efeitos de decisão de uma ADI (genérica), os quais podem ser utilizados pela ADI por omissão parcial, sendo que a regra será, sem dúvida, a inconstitucionalidade com pronúncia de nulidade da lei que entre em conflito com a Constituição da RFB de 1988.

325. ADO 26/DF, STF. Plenário. Rel. Min. Celso de Mello; MI 4733/DF, Rel. Min. Edson Fachin, julgados em 13.06.2019 (Info 944).

326. MENDES, COELHO, e GONET BRANCO, *Curso de Direito Constitucional*, 2008. Nesses termos, também a decisão do STF de **24.02.2010**: *"O Tribunal julgou procedentes pedidos formulados em ações diretas para, aplicando o art. 27 da Lei 9.868/99, declarar a inconstitucionalidade, sem a pronúncia da nulidade, do art. 2º, I e II, §§ 1º, 2º e 3º, e do Anexo Único, da Lei Complementar 62/89 – a qual estabelece normas sobre o cálculo, a entrega e o controle das liberações dos recursos dos Fundos de Participação e dá outras providências –, mantendo sua vigência até 31.12.2012.* Registrou-se, de início, estar-se diante de caso interessante, haja vista tratar-se de quatro ações diretas de inconstitucionalidade imbricadas por evidente relação de conexão, fenômeno que determinaria seu julgamento conjunto. Observou-se que, por outro lado, haveria intenção dos requerentes de estabelecer nítida distinção de pedidos, sendo uns pela declaração da inconstitucionalidade por omissão, e outros pela declaração de inconstitucionalidade (por ação) da aludida lei complementar. Considerou-se, no ponto, que tal diferenciação entre pedidos e causas de pedir, no caso, seria praticamente impossível em face de suas próprias características. Asseverou-se ter-se uma relativa, *mas **inequívoca fungibilidade entre a ação direta de inconstitucionalidade (da lei ou do ato normativo) e o processo de controle abstrato da omissão,** haja vista que os dois processos – o de controle de normas e o de controle da omissão – acabariam por possuir o mesmo objeto, formal e substancialmente, ou seja, a inconstitucionalidade da norma em razão de sua incompletude."* Rel. Min. Gilmar Mendes.

Porém, o STF vem entendendo que, em determinados casos, deve ocorrer a declaração de inconstitucionalidade sem pronúncia de nulidade, pois, segundo Gilmar e outros ministros, a declaração de inconstitucionalidade com pronúncia de nulidade (que é a regra) iria agravar o estado de inconstitucionalidade no ordenamento constitucional (ou no sistema constitucional[327]).

- Vejamos um exemplo clássico: art. 7º, inc. IV, da CR/88. Uma lei aumenta o salário mínimo de R$ 900,00 para R$ 1.000,00. Cabe ADI por omissão parcial contra essa lei que majorou o salário mínimo, pois não atende toda a demanda normativa inserta no artigo sob análise. Nesse caso, se declarada a inconstitucionalidade dessa lei e pronunciando a nulidade, desde o dia em que surgiu, deixaríamos de ter um salário mínimo de R$ 1.000,00 e retornaríamos aos R$ 900,00. Portanto, se declarada a inconstitucionalidade com a pronúncia de nulidade (regra), o estado de inconstitucionalidade seria flagrantemente maior. Nesse caso, excepcionalmente, o STF pode então **declarar a inconstitucionalidade, mas não pronunciar a nulidade da lei.** Pode também, no caso, adotar uma decisão de modulação de efeitos. Além disso, podemos ter um apelo aos Poderes Públicos, para que modifiquem a situação inconstitucional em tela antes que os efeitos da declaração de inconstitucionalidade passem a ter validade (e a situação, por uma série de circunstâncias jurídicas e sociais, fique até mais grave do que já se encontra).

Temos, portanto, a possibilidade do uso da regra e das exceções em ADI por omissão parcial, na medida em que existe lei e esta contraria a Constituição.

7.7. Observações finais sobre a ADI por omissão (ADO)

Até recentemente, entendia o STF que não caberia a concessão de medida cautelar em ADI por omissão.[328] Porém, com o advento da Lei nº 12.063/2009, que regulamenta a ADI por omissão, temos que a possibilidade de medida cautelar foi regulamentada. Nesses termos, conforme o art. 12-F, em caso de excepcional urgência e relevância da matéria, o Tribunal, por decisão da maioria absoluta de seus membros, observado o disposto no art. 22 da Lei nº 9.868/99, poderá conceder

327. Citamos novamente, também como exemplo, o referido Informativo nº 576 do STF.

328. Um exemplo, já aqui citado, é o da **ADI nº 1.458:** Inconstitucionalidade por omissão – Descabimento de medida cautelar. – *A jurisprudência do Supremo Tribunal Federal firmou-se no sentido de proclamar incabível a medida liminar nos casos de ação direta de inconstitucionalidade por omissão (RTJ 133/569, Rel. Min. Marco Aurélio; ADIn 267-DF, Rel. Min. Celso de Mello), eis que não se pode pretender que mero provimento cautelar antecipe efeitos positivos inalcançáveis pela própria decisão final emanada do STF. – A procedência da ação direta de inconstitucionalidade por omissão, importando em reconhecimento judicial do estado de inércia do Poder Público, confere ao Supremo Tribunal Federal, unicamente, o poder de cientificar o legislador inadimplente, para que este adote as medidas necessárias à concretização do texto constitucional. – Não assiste ao Supremo Tribunal Federal, contudo, em face dos próprios limites fixados pela Carta Política em tema de inconstitucionalidade por omissão (CR, art. 103, § 2º), a prerrogativa de expedir provimentos normativos com o objetivo de suprir a inatividade do órgão legislativo inadimplente.* (Rel. Min. Sepúlveda Pertence. *DJ* 20.09.1996).

medida cautelar, após a audiência dos órgãos ou das autoridades responsáveis pela omissão inconstitucional, que deverão pronunciar-se no prazo de 5 (cinco) dias. O relator, julgando indispensável, ouvirá o Procurador-Geral da República, no prazo de 3 (três) dias. No julgamento do pedido de medida cautelar, será facultada sustentação oral aos representantes judiciais do requerente e das autoridades ou órgãos responsáveis pela omissão inconstitucional, na forma estabelecida no Regimento do Tribunal.[329]

Sobre os efeitos da cautelar, conforme dicção normativa presente no art. 12-F, § 1º, temos que a medida cautelar poderá consistir na suspensão da aplicação da lei ou do ato normativo questionado, no caso de **omissão parcial**, bem como na suspensão de processos judiciais ou de procedimentos administrativos, ou ainda em outra providência a ser fixada pelo Tribunal. É interessante deixarmos assente que, em nosso entendimento, no caso da ADI por omissão total, temos que os efeitos da cautelar poderão ser os de antecipação da declaração de mora do Poder Público.

É interessante que esse entendimento (aqui defendido) foi objeto de decisão do Ministro Dias Toffoli na **ADI por omissão total** (ADO nº 24) que foi ajuizada pelo Conselho Federal da Ordem dos Advogados do Brasil em face da Presidente da República, da Câmara dos Deputados e do Senado Federal, tendo como objeto a **mora legislativa na elaboração da lei de defesa do usuário de serviços públicos**, nos termos do art. 27 da Emenda Constitucional nº 19, de 4 de junho de 1998.

No caso, o Ministro Dias Toffoli, em 01.07.2013, **deferiu em parte medida cautelar** na ADI por omissão nº 24 (ADO nº 24) *ad referendum* do Plenário, para reconhecer o estado de mora do Congresso Nacional, a fim de que os requeridos (Presidente da República, da Câmara dos Deputados e do Senado Federal), no prazo de 120 (cento e vinte) dias, adotem as providências legislativas necessárias ao cumprimento do dever constitucional imposto pelo art. 27 da Emenda Constitucional nº 19, de 4 de junho de 1998[330].

---

329. Nos termos do **art. 12-G da Lei nº 12.063/2009:** Concedida a medida cautelar, o Supremo Tribunal Federal fará publicar, em seção especial do *Diário Oficial da União* e do *Diário da Justiça da União*, a parte dispositiva da decisão no prazo de 10 (dez) dias, devendo solicitar as informações à autoridade ou ao órgão responsável pela omissão inconstitucional, observando-se, no que couber, o procedimento estabelecido na Seção I do Capítulo II desta Lei.

330. Conforme a decisão de **01.07.2013**: "Sendo assim, dada a manifesta e inequívoca omissão inconstitucional, que já perdura mais de uma década, é dever desta Suprema Corte determinar a imediata ação do Estado legislador para a concretização do direito constitucionalmente previsto no art. 27 da EC nº 19/98, eliminando-se, o mais rápido possível, o estado de inconstitucionalidade. Destarte, impõe-se a concessão imediata de medida cautelar para, de forma semelhante ao que estabelecido por esta Corte no julgamento da ADI nº 3.682/MT, definir-se, desde já, prazo razoável para que os requeridos adotem as medidas necessárias à edição da lei de defesa do usuário de serviço público, mediante análise e conversão em lei seja do Projeto de Lei nº 6.953/2002 (Substitutivo do PL nº 674/1999), já em tramitação na Câmara dos Deputados, seja de outra proposição que venha a ser apresentada pelos órgãos competentes. Nesses termos, acolho a sugestão do autor da demanda e fixo o prazo razoável de 120 (cento e vinte) dias para a edição da lei em questão, tendo

Por último, é importante trazer a cotejo determinadas diferenças entre a ADI por omissão e o mandado de injunção.

	ADI POR OMISSÃO (ADO)	MANDADO DE INJUNÇÃO
Legitimados	Art. 103, CR/88	Pessoa física (pessoa natural), pessoa jurídica, Ministério Público, Partido Político com representação no Congresso Nacional, organização sindical, entidade de classe ou associação legalmente constituída e em funcionamento há pelo menos 1 (um) ano e Defensoria Pública.
Procedimento	Lei nº 12.063/2009 (Lei da ADI por omissão).	Lei nº 13.300/2016 (Lei que regulamentou o mandado de injunção).
Efeitos	*Erga omnes*.	Em regra, ***inter partes***, nos termos da Lei nº 13.300/2016 (no STF, como exemplo: ver o MI nº 721 e o MI nº 758), e excepcionalmente ***erga omnes*** conforme a mesma Lei nº 13.300/2016 (no STF ver os Mis nºs 670, 708 e 712).
Nexo de causalidade	Não exige interesse de agir dos legitimados ativos universais, mas apenas dos legitimados ativos não universais (especiais).	Exige a demonstração de nexo de causalidade, ou seja, de interesse de agir do impetrante, seja ele qual for (pessoa física, pessoa jurídica etc.).
Espécie do processo	Processo objetivo. Discussão em abstrato (sem partes, lide e contraditório).	Processo subjetivo (*in concreto*), com partes, lide, contraditório.

em vista ter sido esse o prazo definido no próprio art. 27 da EC nº 19/98. Como afirmado pelo requerente, em sua inicial, a presente decisão, "na prática, teria o condão de renovar o prazo inicialmente concedido pela própria Emenda Constitucional nº 19/98, não implicando, no mais, em maiores consequências jurídicas". Por certo, o prazo aqui indicado não tem por objetivo resultar em interferência desta Corte na esfera de atribuições dos demais Poderes da República. Antes, há de expressar como que um apelo ao Legislador para que supra a omissão inconstitucional concernente a matéria tão relevante para a cidadania brasileira – a defesa dos usuários de serviços públicos no País. Deixo, contudo, de deferir, neste momento, o pedido de medida cautelar, na parte em que se requer a aplicação subsidiária e provisória da Lei nº 8.078/90, deixando-o para análise mais aprofundada por parte do Tribunal – caso ainda subsista a mora –, e após colhidas as informações das autoridades requeridas e as manifestações do Advogado-Geral da União e do Procurador-Geral da República, os quais permitirão o exame mais aprofundado do tema. Assim sendo, ***defiro em parte a medida cautelar pleiteada*** *na presente ação, ad referendum do Plenário, para reconhecer o estado de mora do Congresso Nacional, a fim de que os requeridos, no prazo de 120 (cento e vinte) dias, adotem as providências legislativas necessárias ao cumprimento do dever constitucional imposto pelo art. 27 da Emenda Constitucional nº 19, de 4 de junho de 1998*". Min. Dias Toffoli.

8. AÇÃO DIRETA DE INCONSTITUCIONALIDADE INTERVENTIVA (REPRESENTAÇÃO DE INCONSTITUCIONALIDADE INTERVENTIVA)

8.1. Conceito

Espécie de controle concentrado no STF que visa declarar a inconstitucionalidade de uma conduta de Estado-membro ou DF que **descumprir princípio sensível** da Constituição da República de 1988.

Portanto, o parâmetro não é toda a Constituição, mas nos termos do art. 36, III, da CR/88, será apenas um artigo da CR/88 e mais um inciso desse artigo. No caso, será o art. 34, VII, da CR/88 que diz respeito aos intitulados princípios sensíveis da CR/88.

8.2. Finalidades

Quais são as finalidades da ADI interventiva? Certo é que a ADI interventiva tem uma dupla finalidade: a política e a jurídica.

- A finalidade jurídica é a declaração pelo STF da inconstitucionalidade da conduta do Estado ou Distrito Federal.
- A finalidade política é a ADI interventiva ser pressuposto (dar ensejo) para a decretação de intervenção federal pelo Presidente da República nas hipóteses do art. 34, VII, da CR/88.

8.3. Objeto

O objeto será uma conduta ou prática de Estado-membro ou DF. Mas que tipo de conduta ou prática? Conduta normativa ou mesmo concreta, podendo ser (normativa ou concreta) omissiva ou comissiva.

Um exemplo interessante de conduta concreta ocorreu no Estado do Mato Grosso, no município de Matupá. Presos por um crime bárbaro foram linchados. Foi ajuizada a ADI interventiva pelo PGR. O STF, nesse caso, reconheceu a impetração da ADI interventiva pelo PGR, pois tratava-se de conduta concreta de desrespeito ao ser humano (direitos humanos previstos no art. 34, VII, "b", da CR/88).[331] Porém, o

331. Nesse sentido, a decisão da IF nº 114: EMENTA: – *Intervenção Federal. 2. Representação do Procurador-Geral da República pleiteando intervenção federal no Estado de Mato Grosso, para assegurar a observância dos "direitos da pessoa humana", em face de fato criminoso praticado com extrema crueldade a indicar a inexistência de "condição mínima", no Estado, "para assegurar o respeito ao primordial direito da pessoa humana, que é o direito à vida". Fato ocorrido em Matupá, localidade distante cerca de 700 km de Cuiabá. 3. Constituição, arts. 34, VII, letra "b", e 36, III. 4. Representação que merece conhecida, por seu fundamento: alegação de inobservância pelo Estado-membro do princípio constitucional sensível previsto no art. 34, VII, alínea "b", da Constituição de 1988, quanto aos "direitos da pessoa humana". Legitimidade ativa do Procurador-Geral da República (Constituição, art. 36, III). 5. Hipótese em que estão em causa "direitos da pessoa humana", em sua compreensão mais ampla, revelando-se impotentes as autoridades policiais locais para manter a segurança de três presos que acabaram subtraídos de sua proteção, por populares revoltados pelo crime que lhes era imputado, sendo mortos com requintes de crueldade. 6. Intervenção Federal e restrição à autonomia do Estado-membro. Princípio federativo. Excepcionalidade da medida interventiva. 7. No caso concreto,*

resultado final dessa ADI interventiva, julgada em 1991, foi a improcedência do pedido ao fundamento de que, para se provar que o Estado do Mato Grasso está descumprindo princípio sensível, mister um desrespeito sistemático à pessoa humana e não apenas um caso excepcional ainda que grave (necessidade de demonstração de que o sistema como um todo estaria corrompido).

8.4. Legitimidade ativa

O único legitimado ativo da representação de inconstitucionalidade interventiva será o **Procurador-Geral da República.**

Nesse sentido, cabe uma pequena digressão: partindo do pressuposto de que o único legitimado é o PGR, se este tomar conhecimento de que um Estado está descumprindo princípio sensível da Constituição, ele é obrigado ou não a ajuizar ADI Interventiva? A resposta, segundo o entendimento jurisprudencial do STF, só pode ser **negativa**. Ou seja, não há obrigatoriedade no ajuizamento. O PGR tem, então, discricionariedade. E aqui, diga-se, não existe qualquer tipo de subsidiariedade. Se o PGR não ajuizar, não há o que fazer, pelo menos no que tange à ADI interventiva.

8.5. Procedimento

A ADI interventiva no que tange ao seu procedimento, até o final do ano de 2011, era regulamentada pela antiga Lei nº 4.337/64 e pelo regimento do STF. Inclusive, enfatizamos em edições anteriores a necessidade de atualização desse procedimento.

Pois bem, em 23.12.2011 foi promulgada a Lei nº 12.562, que dispõe, justamente, sobre o processo e julgamento da representação interventiva prevista no inciso III do art. 36 da Constituição Federal.[332] Com fundamento na nova legislação, temos que a petição inicial da ADI Interventiva deverá conter[333] (requisitos da inicial):

o Estado de Mato Grosso, segundo as informações, está procedendo à apuração do crime. Instaurou-se, de imediato, inquérito policial, cujos autos foram encaminhados à autoridade judiciária estadual competente que os devolveu, a pedido do Delegado de Polícia, para o prosseguimento das diligências e averiguações. 8. Embora a extrema gravidade dos fatos e o repúdio que sempre merecem atos de violência e crueldade, não se trata, porém, de situação concreta que, por si só, possa configurar causa bastante a decretar-se intervenção federal n o Estado, tendo em conta, também, as providências já adotadas pelas autoridades locais para a apuração do ilícito. 9. Hipótese em que não é, por igual, de determinar-se intervenha a Polícia Federal, na apuração dos fatos, em substituição à Polícia Civil de Mato Grosso. Autonomia do Estado-membro na organização dos serviços de justiça e segurança, de sua competência (Constituição, arts. 25, § 1º; 125 e 144, § 4º). 10. Representação conhecida mas julgada improcedente. (Julg. em 13.03.1991. *DJ 27.09.1996. Rel. Min. Néri da Silveira).*

332. Aqui, devemos ressaltar que o procedimento previsto na Lei nº 12.562/2011 abarcará tanto o descumprimento de **princípios sensíveis que enseja a ADI Interventiva**, bem como a **inexecução de Lei Federal** por parte de Estado-membro ou do Distrito Federal. Portanto, a não execução de Lei Federal conduz ao mesmo procedimento da ADI Interventiva.

333. Conforme ressaltamos no procedimento previsto na Lei nº 12.562/2011 os requisitos da inicial servem tanto para a ADI Interventiva quanto para o questionamento da **inexecução de Lei Federal** por parte de Estado-membro ou do Distrito Federal.

- A indicação do princípio constitucional que se considera violado ou, se for o caso de recusa à aplicação de lei federal, das disposições questionadas;
- A indicação do ato normativo, do ato administrativo, do ato concreto ou da omissão questionados;
- A prova da violação do princípio constitucional ou da recusa de execução de lei federal;
- O pedido, com suas especificações.

Temos ainda, à luz da Lei nº 12.562/2011, que a petição inicial será indeferida liminarmente pelo relator, quando não for o caso de representação interventiva, faltar algum dos requisitos estabelecidos nesta Lei ou for inepta. Certo é que, da decisão de indeferimento da petição inicial, caberá agravo, no prazo de 5 (cinco) dias.

Na sequência, admitida (ou pelo relator ou pelo pleno na decisão do agravo) a ADI Interventiva, havendo pedido de medida liminar, este será apreciado. Afirma-se que o Supremo Tribunal Federal, por decisão da maioria absoluta de seus membros, poderá deferir pedido de medida liminar na representação interventiva. Nesse sentido, temos que o relator poderá ouvir os órgãos ou as autoridades responsáveis pelo ato questionado, bem como o Advogado-Geral da União ou o Procurador-Geral da República, no prazo comum de 5 (cinco) dias. Em termos efetuais, reza no diploma normativo que a liminar poderá consistir na determinação de que se suspenda o andamento de processo ou os efeitos de decisões judiciais ou administrativas ou de qualquer outra medida que apresente relação com a matéria objeto da representação interventiva.

Na sequência, apreciado o pedido de liminar ou, logo após recebida a petição inicial, se não houver pedido de liminar, o relator solicitará as informações às autoridades responsáveis pela prática do ato questionado, que as prestarão em até 10 (dez) dias. Decorrido o prazo para prestação das informações, serão ouvidos, sucessivamente, o Advogado-Geral da União e o Procurador-Geral da República, que deverão manifestar-se, cada qual, no prazo de 10 (dez) dias.[334]

Aqui, é importante observarmos que a Lei nº 12.562/2011, seguindo o padrão do procedimento da ADI e ADC, traz ainda a possibilidade de o relator com a realização de diligências desenvolver melhor a instrução processual. Nesse sentido, conforme o art. 7º do diploma normativo, temos que, se entender necessário, poderá o relator requisitar informações adicionais, designar perito ou comissão de peritos para que elabore laudo sobre a questão ou, ainda, fixar data para declarações, em audiência pública, de pessoas com experiência e autoridade na matéria. Certo é que

334. Salientamos aqui que, nos termos do **art. 6º, § 2º, da Lei nº 12.562/2011**: Recebida a inicial, o relator deverá tentar dirimir o conflito que dá causa ao pedido, utilizando-se dos meios que julgar necessários, na forma do regimento interno do STF.

poderão também ser autorizadas, a critério do relator, a manifestação e a juntada de documentos por parte de interessados no processo.

Temos ainda que, vencidos os prazos previstos para a prestação de informações ou, se for o caso, realizadas as diligências de que trata o art. 7º da Lei nº 12.562/2011 (supracitado), o relator lançará o relatório, com cópia para todos os ministros, e pedirá dia para julgamento.

Por último, interpretando corretamente a Lei nº 12.562/2011, à luz da Constituição de 1988, temos ainda que a defesa do Estado-membro ou DF deve feita pelo Procurador-Geral do Estado (Advogado Geral do Estado).

8.6. Julgamento

Nos termos da Lei nº 12.562/2011, o quórum para julgamento será de oito ministros e o quórum para decisão (provimento ou improvimento) será de seis ministros. Nesse sentido, realizado o julgamento, proclamar-se-á a procedência ou improcedência do pedido formulado na representação interventiva se num ou noutro sentido se tiverem manifestado pelo menos seis ministros.[335]

8.7. Efeitos da decisão: provimento de uma ADI interventiva

Existindo provimento da ADI interventiva, o Presidente do STF irá comunicar ao Presidente da República para que este tome as providências necessárias.[336] Quais sejam? Decretar a intervenção federal no Estado-membro ou Distrito Federal.

Portanto, corroborando com o explicitado, temos que a Lei nº 12.562/2011 expressa que, julgada a ação, far-se-á a comunicação às autoridades ou aos órgãos responsáveis pela prática dos atos questionados, e, se a decisão final for pela procedência do pedido formulado na representação interventiva, o Presidente do Supremo Tribunal Federal, publicado o acórdão, levá-lo-á ao conhecimento do Presidente da República para, no prazo improrrogável de até 15 (quinze) dias, dar cumprimento aos §§ 1º e 3º do art. 36 da Constituição da República de 1988.

Por último, temos que a decisão que julgar procedente ou improcedente o pedido da representação interventiva é irrecorrível, sendo insuscetível de impugnação por ação rescisória.

Mas, aqui, um questionamento: o Presidente da República é obrigado (tendo em vista a decisão do STF e a reiterada contrariedade à CR/88 por parte de Estado ou DF) a decretar a intervenção? A resposta só pode ser afirmativa. Nesses termos,

---

335. Conforme o **art. 10, parágrafo único, da Lei nº 12.562/2011**, estando ausentes ministros em número que possa influir na decisão sobre a representação interventiva, o julgamento será suspenso, a fim de se aguardar o comparecimento dos ministros ausentes, até que se atinja o número necessário para a prolação da decisão.

336. Aqui lembramos também do art. 354 do Regimento Interno do STF que afirma que: "julgado procedente o pedido, o Presidente do Supremo Tribunal Federal imediatamente comunicará aos órgãos do Poder Público interessados e requisitará a intervenção ao Presidente da República". A Lei nº 12.562/2011está no mesmo sentido.

ele estará vinculado à decisão do STF e será obrigado a decretar a intervenção, conforme entendimento da corrente majoritária.

Portanto, o provimento do STF na representação interventiva criará condições para que o Presidente da República decrete a intervenção federal, nos termos do art. 84, X, da CR/88. É mister salientar ainda que, no caso dessa intervenção federal, decretada com base no art. 34, VII, não há controle político por parte do Congresso Nacional, conforme o art. 36, § 3º, da CR/88.[337]

8.8. Observações finais sobre a ADI interventiva

1) Nosso posicionamento, conforme edições anteriores, era pela possibilidade de medida liminar na representação interventiva, mas o STF (e a doutrina majoritária acompanhando o STF) entendia não caber liminar em ADI interventiva.[338] Pois bem, com a nova Lei nº 12.562/2011, o nosso posicionamento foi positivado, cabendo, portanto, a possibilidade de medida liminar em ADI interventiva.

2) Aqui, vejamos um caso: se um Estado-membro pratica conduta normativa (por exemplo) que fere princípio sensível da CR/88 e o PGR ajuíza ADI interventiva. Se na decisão o STF dá provimento na ADI interventiva, pergunta-se: com o provimento do STF, aquele ato normativo estadual que feriu o art. 34, VII, da CR/88 será extirpado do ordenamento estadual? Ou seja, a decisão do STF tem o condão de tornar a lei inválida? Não. Nesse sentido, o provimento do STF não irá extirpar a lei. Se assim o fosse, estaríamos diante de uma ADI e não de uma decisão de ADI interventiva. Certo é que o provimento de ADI interventiva, tão somente, cria condições para a decretação da intervenção.

3) É mister salientar que, na ADI interventiva, existe legitimado passivo. Nesses termos, a ADI interventiva é uma **exceção** em nosso controle concentrado de constitucionalidade. Certo é que a regra do controle concentrado é que seja em abstrato (***in abstrato***), com base em um processo objetivo (conforme a doutrina: sem partes, lide, contraditório).

Sem dúvida alguma, não é o que ocorre na ADI interventiva, pois estaremos diante de um **controle concentrado em concreto (*in concreto*)**. Assim, teremos autor (PGR), réu (Estado-membro ou DF), contraditório e lide, à luz de um processo de cunho subjetivo.[339]

---

337. Embora, aqui, haja divergência doutrinária, pois parte da doutrina entende que poderá haver controle pelo Congresso Nacional, após a decretação de intervenção pelo Presidente da República. *Data a maxima vênia,* não concordamos com esse posicionamento, à luz da interpretação (mais adequada) do art. 36, § 3º, da CR/88. Concordando com nossa opinião, temos Gilmar Mendes (2009).
338. Aqui, entendíamos, em posição até então minoritária, que, preenchidos os requisitos, a medida liminar deveria ser concedida. No mesmo sentido, tínhamos Gilmar Mendes (2009). Aqui, ainda fazíamos uma observação crítica: "é interessante que no caso da ADI interventiva estadual (diferentemente da ADI interventiva federal) regulada pela Lei nº 5778/72 há a previsão (em seu art. 2º) de que o relator da representação poderá, a requerimento do Chefe do Ministério Público estadual e mediante despacho fundamentado suspender liminarmente o ato impugnado".
339. Nesse sentido, **não é correta** a assertiva que afirma que o controle concentrado de constitucionalidade no Brasil é sempre **em abstrato** à luz de um **processo objetivo**.

9. ARGUIÇÃO DE DESCUMPRIMENTO DE PRECEITO FUNDAMENTAL (ADPF)

9.1. Conceito

Espécie de controle concentrado no STF, que visa evitar ou reparar lesão a preceito fundamental da Constituição em virtude de ato do Poder Público ou de controvérsia constitucional em relação à lei ou a ato normativo federal, estadual ou municipal, inclusive os anteriores à Constituição.

Aqui, uma digressão interessante: qual é o parâmetro da ADPF? Ora, sem dúvida, que será ato do Poder Público ou lei ou ato normativo federal, estadual, municipal, inclusive anterior à CR/88, que irá ferir (lesão) ou ameaçará de ferir (ameaça de lesão) preceito fundamental da Constituição. Portanto, a relação de parametricidade se dará apenas com os preceitos fundamentais da Constituição.

O que seriam os preceitos fundamentais? Primeiramente, devemos apresentar as correntes que debatem se eles existem ou não dentro de nossa Constituição. Aqui, temos duas correntes sobre o tema.

1ª) **corrente:** defende que não existem preceitos fundamentais diferenciados na Constituição de outras normas constitucionais. Nesse sentido, toda a Constituição é um preceito fundamental por excelência. Essa corrente é eminentemente minoritária.

2ª) **corrente:** afirma que, apesar de a Constituição ser uma norma fundamental, ou seja, ser fundamento de validade para as outras normas do ordenamento, existem preceitos fundamentais nela que se diferenciam de outras normas constitucionais (que não devem ser entendidas como preceitos fundamentais). Esta é a corrente majoritária e é inclusive a adotada pelo STF.

Partindo-se do pressuposto da corrente adotada pelo STF, podemos, agora, definir o que sejam os preceitos fundamentais.

A definição, sem dúvida, não é legal, trata-se de definição doutrinária e jurisprudencial. Nesses termos, os preceitos fundamentais são entendidos como aquelas normas materialmente constitucionais que fazem parte da Constituição formal. Ou seja, devem ser compreendidos como o núcleo ideológico constitutivo do Estado e da sociedade presente na Constituição formal. Em síntese, definimo-los como sendo as matérias típicas fundantes do Estado e da sociedade (tipicamente constitutivas do Estado e da sociedade) alocadas na Constituição.[340]

340. Conforme já explicitou o Ministro Edson Fachin: *"Compete ao STF o juízo acerca do que se há de compreender, no sistema constitucional, como preceito fundamental. O Tribunal identifica, assim, as disposições essenciais para a preservação dos princípios basilares dos preceitos fundamentais de um determinado sistema. Dessa forma, a lesão a preceito fundamental não se configurará apenas quando se verificar possível afronta a um princípio fundamental, mas também às regras que confiram densidade normativa ou significado específico a esse princípio."* ADPF 572 MC, Rel. Min. Edson Fachin, julg. em 17 e 18.06.2020.

É claro que, dentre os preceitos fundamentais, não se incluem apenas dispositivos expressos no texto constitucional, mas também as prescrições que estão alocadas de forma implícita na Constituição, desde que consideradas preceitos fundamentais.

E quais, atualmente, seriam essas normas que estão presentes na Constituição formal? Também, aqui, não há (em dicção legal) quais seriam efetivamente essas matérias. Porém, o próprio STF vem construindo, cotidianamente, um rol, sempre em um *permanente fazer* dos preceitos. Esse rol (meramente exemplificativo e aberto), atualmente, pode elencar, como exemplos, os seguintes artigos: 1º a 6º; 14; 18; 34, VII; 60, § 4º, 170, 196[341], 205, 220[342], 222[343] e 225[344], 226 e 227 da CR/88.[345]

9.2. Espécies de ADPF

A ADPF, segundo construção doutrinária,[346] terá duas espécies, que não estão propriamente explicitadas na Constituição, mas se encontram na Lei nº 9.882/99 que regulamentou a ADPF. Nesses termos, temos:

Arguição autônoma	Arguição incidental
Visa evitar ou reparar lesão a preceito fundamental da Constituição resultante de ato do Poder Público.	Visa evitar ou reparar lesão a preceito fundamental da Constituição em virtude de controvérsia constitucional em relação à lei ou a ato normativo federal, estadual ou municipal, inclusive os anteriores à Constituição.

Sobre a ADPF incidental,[347] é mister salientar que não há incidente nela mesma. Esse nome (questionado por alguns doutrinadores) se justifica, justamente, porque ela nasce (surge) do controle difuso-concreto de constitucionalidade (**de casos concretos, no controle difuso,** que envolvam **uma lei ou ato normativo federal, estadual ou municipal, inclusive os anteriores à Constituição**). Portanto, tem o nome de incidental porque se origina de incidentes no controle difuso-concreto (no

341. Conforme o Informativo nº 538 no julgamento da ADPF nº 101.
342. Conforme o reconhecimento pela ADPF nº 130, presente no Informativo nº 441 do STF.
343. Conforme o reconhecimento pela ADPF nº 130, presente no Informativo nº 441 do STF.
344. Conforme o Informativo nº 538 no julgamento da ADPF nº 101.
345. Por exemplo: na **ADPF 405 MC/RJ** julg. em **14.06.2017**, a Min. Rosa Weber *afirmou que poderiam ser considerados preceitos fundamentais: a separação e independência entre os Poderes; o princípio da igualdade; o princípio federativo; a garantia de continuidade dos serviços públicos; os princípios e regras do sistema orçamentário* (art. 167, VI e X, da CR/88); o regime de repartição de receitas tributárias (arts. 34, V, e 158, III e IV; 159, §§ 3º e 4º; e 160 da CR/88; a garantia de pagamentos devidos pela Fazenda Pública em ordem cronológica de apresentação de precatórios (art. 100 da CR/88).
346. BARROSO, Luís Roberto, *O controle de constitucionalidade no direito brasileiro*, 2007.
347. Que alguns autores também chamam de ADPF por equiparação. Aliás, nome até mais equivocado que o de ADPF incidental.

iter de casos concretos).[348] Nesses termos, o que temos e o que foi pensado pelo legislador, na verdade, é a busca por uma antecipação de etapas. Ou seja, certo é que a discussão do controle difuso-concreto pode se estender por 1, 2, 3, 5 ou até mesmo 10 anos até que chegue ao STF (isso se chegar). Com a ADPF incidental, um legitimado do art. 103, da CR/88, observando que no controle difuso está sendo discutida lei (federal, estadual ou municipal ou anterior a Constituição), que pode estar ferindo preceito fundamental, ajuíza a ADPF junto ao STF para que o Pretório Excelso se posicione sobre a constitucionalidade ou não (no que diz respeito a preceitos fundamentais da Constituição) da espécie normativa que é objeto de debate no ***iter*** de casos concretos.[349]

Mas, aqui, há uma importante observação. Para alguns autores, como Dirley da Cunha Júnior (entre outros[350]), essa espécie de ADPF consistiria em um processo **de cunho subjetivo (*in concreto*)** em virtude de ser derivada em **incidentes presentes no controle difuso *in concreto***. Porém, apesar de a derivação ser realmente correta, a posição majoritária, ao que tudo indica, não vem sendo essa! Nesses termos, mesmo a **ADPF incidental** é considerada (não obstante sua origem) um processo de **cunho objetivo,** ajuizado por um legitimado do art. 103, que busca **objetivamente preservar a ordem constitucional** contra usurpações em **preceitos fundamentais dessa ordem** (pelo motivo de que está havendo controvérsia sobre a questão no controle concreto, que está seguramente gerando incerteza e insegurança no ordenamento). Assim vem entendendo o STF.[351] Como exemplo, trazemos decisão de

348. Segundo Gilmar Mendes: *[...] a instauração do controle de legitimidade da norma na ADPF repercutirá diretamente sobre os casos submetidos à jurisdição ordinária, uma vez que a questão prejudicial a ser dirimida nesses processos será elevada à apreciação do Supremo Tribunal. No que concerne à prática, esse controle assemelha-se ao controle concreto do Direito Europeu (suspensão dos processos em que a controvérsia constitucional foi discutida e remessa da questão prejudicial à Corte Constitucional) ou à cisão funcional que se realiza, entre nós, no controle de constitucionalidade incidental (art. 97), com o destaque da questão prejudicial surgida perante o órgão fracionário para ser apreciada pelo Plenário do Tribunal. Diferentemente do que se verifica no controle incidental, em que se realiza uma cisão funcional no plano horizontal (do órgão fracionário para o Plenário ou órgão especial), tem-se, na ADPF, uma cisão funcional no plano vertical (de órgãos das instâncias ordinárias para o STF).*

349. Alguns autores confundiram a ADPF com a *avocatória* do Regime Militar. Ela até guarda relação na perspectiva de antecipar etapas. Mas, definitivamente, não equivale à *avocatória*. Porque, na avocatória do Regime Militar, o STF avocava a discussão da lei objeto do caso e o próprio caso ao argumento da relevância do caso concreto. Na ADPF, o STF julgará a lei em tese, não há avocação do caso. Os casos permanecerão sob julgamento dos órgãos originários no Poder Judiciário. (2008, p. 1147).

350. Posição inclusive já defendida pelo Ministro **Carlos Ayres Brito**, conforme voto monocrático na **ADPF nº 111 em 27.09.2007**: "Logo, a ADPF como ferramenta processual apta a ensejar tanto a abertura do processo de controle concentrado de constitucionalidade quanto a instauração do processo de controle desconcentrado (comumente designado por 'difuso' e em caráter 'incidental'), ambos de índole jurisdicional. Alcançando, no mesmo tom, assim os atos do Poder Público editados anteriormente à Constituição como os de edição a ela posterior. Mais ainda, quer os atos procedentes da União e dos Estados, quer os originários dos Municípios brasileiros. E com a força ambivalente, enfim, de reparar ou até mesmo prevenir lesão ao tipo de enunciado normativo-constitucional a que ela, ADPF, se destina salvaguardar."

351. A própria interpretação atual do princípio da subsidiariedade na ADPF (que será analisada a seguir), bem como a explicitação dos efeitos da decisão de ADPFs são também fundamentos defendidos pela corrente majoritária para a afirmação de que estamos diante, conforme Gilmar Mendes, em ambos de espécies de ADPF de processos objetivos.

Agravo Regimental que envolveu uma ADPF que surgiu de casos concretos no controle difuso (portanto, uma **ADPF incidental**). Nesse sentido, posicionou-se recentemente o STF na ADPF nº 54:

> PROCESSO OBJETIVO – CURATELA. No **processo objetivo**, não há espaço para decidir sobre a curatela. GRAVIDEZ – FETO ANENCÉFALO – INTERRUPÇÃO – GLOSA PENAL. Em processo revelador de arguição de descumprimento de preceito fundamental, não cabe, considerada gravidez, admitir a curatela do nascituro. Julgamento em 26.11.2008.

9.3. Objeto

ADPF autônoma é cabível contra ato do Poder Público (ato administrativo, ato normativo ou ato judicial). O ato normativo pode ser primário ou secundário. No que tange ao ato judicial a corrente majoritária entende ser plenamente cabível a ADPF. Como exemplo, o Ministro Gilmar Mendes defende a possibilidade de: 1) *lesão a preceito fundamental da Constituição em virtude de decisão judicial sem base legal (ou fundada em falsa base legal)*; e 2) *ocorrência de lesão a preceito fundamental fundada em interpretação judicial de texto constitucional.*[352]

ADPF incidental é cabível contra atos normativos. Sejam atos normativos primários (exemplos: leis ordinárias, complementares, medidas provisórias), sejam secundários (exemplos: decretos, regulamentos, portarias).

---

352. Nesses termos: [...] *Assim, o ato judicial de interpretação de um preceito fundamental poderá conter violação da norma constitucional. Nessa hipótese, caberá a propositura da arguição de descumprimento para afastar a lesão a preceito fundamental resultante desse* ***ato judicial do Poder Público****, nos termos do art. 1º da Lei 9882/99*. (2008, p. 1160-1161). Um exemplo de ADPF contra ato do Poder Judiciário pode ser encontrado na **ADPF 6** de relatoria do Min. Celso de Mello. Outro exemplo se encontra na **ADPF 309 MC/DF**, julg. em 25.09.2014 em que: *O pleno do STF referendou medida cautelar e suspendeu decisão de TRF que havia anulado portaria do Ministério das Comunicações tratando sobre aspectos técnicos da transmissão dos programas de TV (recursos de audiodescrição para deficientes visuais e intelectuais)*. Um outro exemplo interessante envolveu recentemente o Estado do RJ. Sem dúvida, o Estado do RJ vive uma grave crise econômica, estando em débito com o pagamento de fornecedores e atraso até mesmo no pagamento da remuneração dos servidores públicos. Diante disso, diversas ações (individuais e coletivas) foram propostas, tanto na Justiça comum estadual como também na Justiça do Trabalho, pedindo a realização desses pagamentos. Os órgãos judiciais estavam acolhendo os pedidos e determinando a apreensão de valores nas contas do Estado para a concretização dos pagamentos. Assim, o Governador do Estado ajuizou ADPF no STF com o objetivo de suspender os efeitos de todas as decisões judiciais do TJRJ e do TRT da 1ª Região que tenham determinado o arresto, o sequestro, o bloqueio, a penhora ou a liberação de valores das contas administradas pelo Estado do RJ. *O STF afirmou que a ADPF é instrumento processual adequado para esse pedido e deferiu a medida liminar. Entendeu o STF que o conjunto de decisões questionadas são atos típicos do Poder Público passíveis de impugnação por meio de APDF*. **ADPF 405 MC/RJ**, Plenário. Rel. Min. Rosa Weber, julg. em **14.06.2017**. Por último, o STF entendeu que: *O conjunto de reiteradas decisões sobre determinada matéria é considerado ato do poder público passível de controle pela ADPF e esta é a via correta para questionar interpretação judicial de normas constitucionais e legais.* Na **ADPF 548**, o STF afirmou que *viola a CR/88 os atos de busca e apreensão (****por decisões judiciais ou administrativas****) de materiais de cunho eleitoral e a suspensão de atividades de divulgação de ideias em universidades públicas e privadas.* **ADPF 548 MC-Ref/DF**, STF. Plenário. Rel. Min. Cármen Lúcia, julg em **31.10.2018** (Info 922). Outro exemplo: *Cabe ADPF contra o conjunto de decisões judiciais que determinam medidas de constrição judicial em desfavor do Estado-membro, das Caixas Escolares ou das Unidades Descentralizadas de Execução da Educação UDEs e que recaiam sobre verbas destinadas à educação*. STF. Plenário. **ADPF 484/AP**, Rel. Min. Luiz Fux, julgado em **04.06.2020** (Inf. 980)

Observações importantes sobre o objeto de Arguição de Descumprimento de Preceito Fundamental:

a) Segundo o STF, na decisão da ADPF 01, não cabe ADPF contra veto do Poder Executivo, por se tratar de ato de natureza política. Todavia, na ADPF nº 45 (tema: "reserva do possível"), o Ministro Celso de Melo, em voto monocrático, entendeu que caberia ADPF contra veto do Poder Executivo. Com muita cautela, temos a afirmar que, ainda, prevalece o entendimento da ADPF nº 01, por se tratar a ADPF nº 45 de decisão monocrática.

b) Conforme decisão da ADPF 43, não cabe ADPF contra PEC (Proposta de Emenda Constitucional). Aqui, são dois fundamentos: a) veto do então Presidente Fernando Henrique Cardoso na Lei nº 9.882/99 sobre o tema, pois o projeto de lei (vetado nessa parte) trazia a possibilidade de ajuizamento de ADPF contra PEC; b) a nossa tradição de que, no controle concentrado de constitucionalidade, não há que se falar em controle preventivo. Portanto, o STF não admite o controle judicial de cunho preventivo (no ***iter*** do processo legislativo), à exceção, conforme aqui já externalizado, do controle ***concreto*** via mandado de segurança.

c) Conforme decisão da ADPF 80[353], não cabe ADPF contra súmulas, inclusive as vinculantes do STF, mesmo porque as súmulas vinculantes possuem procedimento próprio e específico de edição, revisão e cancelamento.

d) Conforme decisão na ADPF 81, não cabe arguição de descumprimento de preceito fundamental contra decisão judicial transitada em julgado. Entendeu o STF que a ADPF, como um instituto de controle concentrado de constitucionalidade, não tem como função desconstituir a coisa julgada.[354]

e) Segundo a decisão do STF na ADPF 84, cabe a ADPF contra ato normativo já revogado, embora o tema não seja pacífico.[355]

---

353. Nesse sentido, a decisão do STF em **12.06.2006**: "Agravo Regimental na arguição de descumprimento de preceito fundamental. Enunciados de súmula do Supremo Tribunal Federal. Revisão. Inadequação da via. Negativa de seguimento da arguição. 1. O enunciado da Súmula desta Corte, indicado como ato lesivo aos preceitos fundamentais, não consubstancia ato do Poder Público, porém tão somente a expressão de entendimentos reiterados seus. À arguição foi negado seguimento. 2. Os enunciados são passíveis de revisão paulatina. A arguição de descumprimento de preceito fundamental não é adequada a essa finalidade. 3. Agravo regimental não provido" (Rel. Min. Eros Grau).

354. STF. Decisão monocrática. ADPF 81 MC, Rel. Min. Celso de Mello, julg em 27.10.2015 (Informativo 810 do STF).

355. Nos termos da ementa exarada em **31.05.2006**: Agravo regimental a que se dá provimento, para determinar o processo da ação de descumprimento de preceito fundamental, para melhor exame. (Rel. Min. Sepúlveda Pertence. *DJ* 27.10.2006). Porém, aqui também temos decisões do STF **não aceitando ADPF contra ato normativo já revogado**. Nesses termos, manifestação monocrática do Ministro Celso de Mello: "(...) *o magistério jurisprudencial desta Suprema Corte, cujas reiteradas decisões, no tema, têm reconhecido a inviabilidade do emprego da arguição de descumprimento, quando ajuizada, como no caso, com o objetivo de questionar diploma normativo pós-constitucional já revogado, independentemente de tal revogação haver ocorrido em momento anterior ou posterior ao ajuizamento de referida demanda constitucional (ADPF 4-MC/DF, Rel. Min. Ellen Gracie – ADPF 14/DF, Rel. Min. Cármen Lúcia – ADPF 50/SP, Rel. Min. Joaquim Barbosa – ADPF 99/PE, Rel. Min. Ricardo Lewandowski – ADPF 139/DF, Rel. Min. Gilmar Mendes – ADPF 252/DF, Rel. Min. Edson Fachin – ADPF 255/AP, Rel. Min. Luiz Fux – ADPF 382-MC/DF, Rel. Min. Celso de Mello, v.g.). Não foi por outro motivo que não se conheceu de*

f) Conforme recentemente decidiu o STF, cabe ADPF para declarar a constitucionalidade de dispositivo de lei cuja eficácia já foi exaurida. Nesses termos, afirmou Pretório Excelso, que dado seu perfil subsidiário, a arguição de descumprimento de preceito fundamental se apresenta como medida processual mais adequada para afirmar a constitucionalidade do art. 38 da Lei nº 8.880/94, dispositivo de *natureza transitória* e de *eficácia já exaurida* que instrumentalizou a instituição do Plano Real.[356]

9.4. Legitimidade

A legitimidade ativa é a mesma da Ação Direta de Inconstitucionalidade (art.103, I a IX da CR/88), e segundo o entendimento do STF, existindo também, o instituto da pertinência temática (já analisado na obra).

9.5. Procedimento

Chamamos a atenção, pois, apesar de a ADPF ser uma ação (e não duas), ela se divide em duas espécies, conforme já aqui explicitado. Nesses termos, o legislador não distinguiu no ***iter*** da Lei nº 9882/99 quando estaríamos diante da ADPF autônoma e da ADPF incidental. Com isso, temos que ter cuidado, pois, no mesmo diploma normativo, há situações nas quais o procedimento se relaciona com a espécie autônoma e outras hipóteses procedimentais em que o procedimento diz respeito à espécie incidental da ADPF. Na sequência da análise, iremos citar essas situações.

Certo é que o legitimado ativo irá ajuizar a ADPF no STF atendidos os seguintes requisitos:

- indicação do preceito fundamental violado (ameaça);
- indicação do ato do Poder Público;

---

arguição de descumprimento de preceito fundamental (ADPF 205/PI, Rel. Min. Dias Toffoli) em caso no qual o autor de referida ação, embora reconhecendo a preexistente revogação dos atos estatais impugnados, buscava discutir, tal como sucede na espécie, a legitimidade jurídico-constitucional dos efeitos concretos resultantes das normas legais questionadas. Incognoscível, portanto, a presente arguição de descumprimento de preceito fundamental, eis que – como se sabe – não se discutem, em sede de controle abstrato, situações individuais e concretas, matéria essa suscetível de conhecimento no âmbito dos processos de índole subjetiva(...)". **ADPF 211/MC** decisão monocrática de **22.03.2017**, Min. Celso de Mello. (Inf. 858)

356. **ADPF 77/DF**, STF. Plenário. Rel. Min. Dias Toffoli, julgado em **16.05.2019** (Info 940). Conforme o **Informativo 940**: "*(...) o colegiado, por maioria, conheceu da ADPF e reiterou o entendimento adotado no exame da medida cautelar. Assim, ao tratar do pressuposto específico, entendeu haver relevância jurídica e econômico-financeira da controvérsia constitucional, decorrente da divergência interpretativa a respeito do art. 38 da Lei 8.880/1994. No tocante aos pressupostos gerais, consignou que nela se discute acerca de possível violação de preceito fundamental relacionado à garantia do direito adquirido. O requisito da subsidiariedade está presente, visto que se questiona preceito de natureza eminentemente transitória, com efeitos exauridos no momento do ajuizamento da ação. É incabível outro instrumento de controle concentrado (ADC ou ADI) capaz de solver a controvérsia de forma ampla, geral e imediata.*" Portanto, segundo a jurisprudência do STF, não cabe ADI/ADC tendo como objeto lei revogada ou que tenha tido a sua eficácia exaurida. No caso, a eficácia do art. 38 já estava exaurida, de sorte que não caberia ADC. Assim, o único instrumento de controle concentrado passível de ser manejado em face do art. 38 era a ADPF, que possui a característica de ser subsidiária (art. 4º, § 1º, da Lei nº 9.882/99).

- prova da violação;
- pedido;
- demonstração da 'controvérsia judicial relevante' (esse requisito diz respeito à ADPF incidental, pois como já dito, esta nasce de incidentes no ***iter*** de casos concretos no controle difuso).

Observações, sobre os requisitos:

a) A ADPF será encaminhada ao relator e este realiza um juízo de admissibilidade. Caso não seja admitida, caberá agravo (interno) para o pleno do STF no prazo de 5 dias, nos termos do art.4 § 2º da Lei 9.882/99.

b) No juízo de admissibilidade da ADPF, conforme art. 4º, Lei nº 9882/99, há a análise do princípio da subsidiariedade. Nesse sentido, somente caberá a ADPF se não existir outro meio eficaz de sanar a lesividade. Assim, a ADPF é subsidiária em relação a outras ações. Podemos afirmar que o legislador desenvolveu verdadeiro **"filtro"** para a ADPF. Porém, há uma instigante discussão acerca do princípio da subsidiariedade, na qual foram estabelecidas três correntes:[357]

1ª) corrente: André Ramos Tavares e José Afonso da Silva. Estes afirmam que o princípio da subsidiariedade, presente na Lei nº 9882, é inconstitucional. Seria uma exigência eivada de inconstitucionalidade, visto que uma lei ordinária não poderia criar um obstáculo à ADPF. Portanto, haveria uma restrição indevida na normativa infraconstitucional para o ajuizamento de ADPF não presente na norma constitucional do art. 102, § 1º, da CR/88.

Certo é que essa corrente é minoritária na doutrina. Sem dúvida, a atual perspectiva neoconstitucional admite a possibilidade de restrição por lei ordinária de norma constitucional, desde que haja proporcionalidade. Além disso, o STF nunca adotou essa corrente.

2ª) corrente: Alexandre de Moraes e Zeno Veloso. O princípio da subsidiariedade é constitucional e deve ser observado em sua literalidade, ou seja, em sua gramaticalidade constante do art. 4º, § 1º, da Lei nº 9882/99.

Essa perspectiva, em virtude de trazer uma interpretação literal do § 1º do art. 4º da Lei nº 9.882/99, acaba por prejudicar o ajuizamento de ADPFs. Isso porque, em nosso ordenamento jurídico, sempre caberá outra ação judicial (o nosso ordenamento traz inúmeras possibilidades de ações judiciais), inviabilizando o ajuizamento da ADPF. Portanto, a interpretação literal do art. 4º, § 1º, da Lei nº 9.882/99 demonstra que, em vez de o princípio da subsidiariedade ser um filtro, acaba por eliminar a possibilidade de ADPF. O STF já adotou essa corrente, mas, em razão das críticas, vem havendo uma mitigação (relativização) do princípio da subsidiariedade.

357. BARROSO, Luís Roberto, *O Controle de constitucionalidade no direito brasileiro*, 2007.

3ª) **corrente:** corrente intermediária ou mista. Defendida por Luís Roberto Barroso e Gilmar Mendes, entre outros. Essa corrente irá advogar que o art. 4º, § 1º, da Lei nº 9882/99 é constitucional, mas não deve ser interpretado de forma literal. Deve ser interpretado em uma perspectiva teleológica, ou seja, finalística. Nesse sentido, é necessário buscar a finalidade do art. 4º, § 1º, Lei nº 9.882/99, que é filtrar, ou seja, impedir que a ADPF seja usada para toda e qualquer celeuma judicial. No magistério de Gilmar Mendes e Luís Roberto Barroso, mister analisar as palavras "meio mais eficaz", pois, como já dito, meio sempre haverá, resta saber se o meio é mais ou menos eficaz que a ADPF. Mas o que é meio mais ou menos eficaz na prática? Gilmar Mendes, na **ADPF 54**, vai deixar assente (embora essa posição já esteja exarada na ADPF 33[358]) que, quando estivermos diante de processos subjetivos, a ADPF será o meio mais eficaz (não podendo ser obstaculizada).[359] Porém, se se tratar de processo objetivo, esse seria tão ou mais eficaz que a ADPF. Portanto, deverá prevalecer o processo objetivo sobre a ADPF. Os exemplos de processos objetivos que devem prevalecer são a ADI e a ADC (aqui já estudadas). Nos últimos julgados do STF sobre a admissibilidade de ADPF, vem prevalecendo a posição adotada na doutrina de Gilmar Mendes e Luís Roberto Barroso, entre outros autores.

É interessante salientar que, em relação ao princípio da subsidiariedade, há mais três questões:

1) Se ajuizada uma ADPF e o STF chega à conclusão de que cabia ADI no caso em questão, qual procedimento será o adequado para o STF? Com base no art. 4º, § 1º, Lei 9882/99, indefere a ADPF de plano ou pode o Pretório Excelso, automaticamente, converter a ADPF em ADI? Pois bem, o STF, na ADPF 72, entendeu, de forma até louvável (para a doutrina), que quando ocorrer essa hipótese a ADPF poderá ser convertida em ADI, com base nos princípios da instrumentalidade e da economia processual[360].

---

358. Conforme trecho da ementa da decisão da **ADPF 33 julg. em 07.12.2005**: "[...] 14. *A existência de processos ordinários e recursos extraordinários não deve excluir, a priori, a utilização da arguição de descumprimento de preceito fundamental, em virtude da feição marcadamente objetiva dessa ação [...]*". Rel. Min. Gilmar Mendes.

359. Aqui, "*não se pode admitir que a existência de processos ordinários e recursos extraordinários deva excluir*, a priori, *a utilização da arguição de descumprimento de preceito fundamental. Até porque, tal como assinalado, o instituto assume, entre nós,* ***feição marcadamente objetiva.*** *[...] Assim sendo, é possível concluir que a simples existência de ações ou de outros recursos processuais – vias processuais ordinárias – não poderá servir de óbice à formulação da arguição de descumprimento.*" p. 1156, 2008.

360. É interessante que o inverso também pode ocorrer, ou seja, a ADI (inadequada) ser conhecida como ADPF. Como exemplo, temos a **ADI 4163/SP** julgada como ADPF em **29.02.2012**. Porém, aqui uma advertência, conforme a ADPF 314 AgR julg. em 11.12.2014: "*O Plenário desproveu agravo regimental em arguição de descumprimento de preceito fundamental, na qual se discutia a inconstitucionalidade por omissão relativa à Lei 12.865/2013. O Tribunal, de início, reconheceu a possibilidade de conversão da arguição de descumprimento de preceito fundamental em ação direta quando imprópria a primeira, e vice-versa, se satisfeitos os requisitos para a formalização do instrumento substituto. Afirmou que dúvida razoável sobre o caráter autônomo de atos infralegais impugnados, como decretos, resoluções e portarias, e alteração superveniente da norma constitucional dita violada legitimariam a Corte a adotar a fungibilidade em uma direção ou em outra, a depender do quadro normativo envolvido. Ressaltou, porém, que essa excepcionalidade não estaria presente na espécie. O recorrente incorrera naquilo que a doutrina processual denominaria de erro grosseiro ao escolher o instrumento formalizado, ante a falta de elementos, considerados os preceitos legais impugnados, que pudessem viabilizar a arguição. No caso, ainda que a arguição de descumprimento de preceito fundamental tivesse sido objeto de*

2) Conforme a decisão da ADPF 100, o princípio da subsidiariedade não envolve apenas os processos objetivos (ADI e ADC) do controle concentrado no STF, mas também a **análise do controle de constitucionalidade no nível estadual** nos Tribunais de Justiça. Nesses termos, entendeu o Ministro Celso de Mello que a possibilidade de representação de inconstitucionalidade estadual, com base no art. 125, § 2º, da CR/88, contra lei municipal afastará (obstaculizará) ADPF contra essa mesma lei municipal. Nesse sentido, conforme a decisão do Min. Celso de Mello, presente no Informativo nº 532 do STF:

> Ementa: Arguição de Descumprimento de Preceito Fundamental. Incidência, na espécie, do princípio da subsidiariedade, porque instaurável, perante o Tribunal de Justiça local, processo objetivo de controle normativo abstrato de Leis municipais (CR, art. 125, § 2º). Possibilidade de concessão, em referido processo de índole objetiva, de medida cautelar apta a sanar, de imediato, a lesividade do ato normativo impugnado. ADPF não conhecida. – A possibilidade de instauração, no âmbito do Estado-membro, de processo objetivo de fiscalização normativa abstrata de leis municipais contestadas em face da Constituição Estadual (CR, art. 125, § 2º) torna inadmissível, por efeito da incidência do princípio da subsidiariedade (Lei nº 9.882/99, art. 4º, § 1º), o acesso imediato à arguição de descumprimento de preceito fundamental. (Decisão de 15.12.2008)

3) Aqui é interessante registramos que, na recente ADPF 378 (que envolveu o procedimento de crime de responsabilidade contra Dilma Rousseff) impetrada pelo PC do B, o STF entendeu, que para a admissibilidade da ação estariam presentes os pressupostos necessários: a) Violação a preceito fundamental. O autor da ação alegou violação a preceito fundamental considerando que diversos dispositivos da Lei nº 1.079/50 seriam incompatíveis com a CR/88, dentre eles os princípios da separação de poderes, democrático, do devido processo legal, do contraditório e da ampla defesa etc., todos incluídos naquilo que denominamos "preceitos fundamentais"; b) Ato do Poder Público. Os preceitos questionados da Lei nº 1.079/50 são atos estatais que podem ser objeto de ADPF, uma vez que esta pode ser manejada inclusive em relação a atos anteriores à Constituição; c) Subsidiariedade. Como a ADPF questionava lei anterior à CR/88, de forma que não seria possível a propositura de ADI.

É interessante que nessa famosa ADPF foram impugnados não só a Lei nº 1079/50, mas também dispositivos dos Regimentos Internos da Câmara e do Senado que são posteriores à CR/88. Além disso, na ADPF 378, o impetrante também pediu que o STF supra omissão inconstitucional da legislação (pedido típico da ADI por omissão). A questão então seria: a existência de outros pedidos além do sobre a Lei anterior a

---

dissenso no STF quanto à extensão da cláusula da subsidiariedade, nunca houvera dúvida no tocante à inadequação da medida quando o ato pudesse ser atacado mediante ação direta de inconstitucionalidade. Por se tratar de impugnação de lei ordinária federal pós-constitucional, propor a arguição em vez de ação direta, longe de envolver dúvida objetiva, encerraria incontestável erro grosseiro, por configurar atuação contrária ao disposto no § 1º do art. 4º da Lei 9.882/1999. Os Ministros Roberto Barroso, Gilmar Mendes e Cármen Lúcia negaram provimento ao agravo por outro fundamento. Consideraram que o requerente, Sindicato Nacional das Empresas de Medicina de Grupo, por não ser uma confederação sindical, não preencheria o requisito da legitimação ativa ad causam".

Constituição (pedidos relacionados com ADI e com ADI por omissão) não tornariam a ADPF inadmissível? Aqui a resposta só pode ser negativa, pois as ações diretas de inconstitucionalidade (ADI genérica, ADC, ADI por omissão, ADPF) são **fungíveis** entre si (conforme já citamos na obra). E justamente pela fungibilidade é que é possível propor uma única ação direta, no caso, a ADPF, cumulando pedidos para: **a)** *não recepção de norma anterior à Constituição (Lei nº 1.079/50)*; **b)** *declaração da inconstitucionalidade de normas posteriores (regimentos internos das Casas)*; **c)** *superação da omissão parcial inconstitucional*. Aliás, conforme entende o STF, não seria sequer razoável exigir que fossem propostas três ações diferentes para atingir os três objetivos acima, sendo que todos eles estão interligados (conectados) e devem ser apreciados e decididos conjuntamente. Portanto, o próprio STF entende que neste caso, diante da proibição de ADI contra normas anteriores à CR/88, a ADPF é a ação que melhor ataca as três pretensões deduzidas.

c) Na sequência **procedimental**, se admitida a ADPF, a análise posterior será a da medida cautelar, obviamente, se existir pedido na exordial da ADPF. Nesses termos, o STF irá decidir sobre a questão. Assim, iremos trabalhar agora os fundamentos e o procedimento da medida cautelar em ADPF, bem como os efeitos de sua concessão.

- Os fundamentos para concessão da cautelar em ADPF são: ***fumus boni iuris*** e ***periculum in mora***. Em regra, a cautelar é concedida pelo Pleno do STF e por maioria absoluta. Porém, pode haver uma exceção. Conforme dicção legal, a liminar poderá ser concedida pelo relator nos casos de recesso, extrema urgência ou perigo de lesão grave. Obviamente, o Pleno posteriormente pode rever a decisão do relator.[361]

- É mister salientar ainda que o STF pode conceder a liminar ***inaudita altera partes***. Todavia, se o relator entender necessário, poderá determinar oitiva da autoridade que emanou lei ou praticou o ato, bem como o PGR e AGU, no prazo comum de 5 dias, nos termos do § 2º, art. 5º, Lei nº 9882/99.

- Quais são os efeitos da concessão da cautelar? A concessão pode consistir na suspensão do andamento dos processos que envolvem a lei ou o ato normativo objeto da ADPF. E ainda, pode suspender os efeitos de decisões judiciais, salvo se decorrentes de coisa julgada.

Mas pergunta-se: esse efeito envolverá a ADPF incidental ou autônoma? Esse efeito guarda relação direta com a ADPF incidental, nos termos do art. 5º, § 3º, da Lei nº 9882/99.[362]

---

361. Conforme a ADPF nº 316 MC, julg. em 25.09.2014: a Corte, por maioria, resolveu questão de ordem, suscitada pelo Ministro Marco Aurélio (relator), no sentido de permitir a sustentação oral em referendo em medida cautelar em ADPF. O Tribunal apontou o quanto disposto no § 2º do art. 10 da Lei 9.868/99 *("No julgamento do pedido de medida cautelar, será facultada sustentação oral aos representantes judiciais do requerente e das autoridades ou órgãos responsáveis pela expedição do ato, na forma estabelecida no Regimento do Tribunal")*, o qual seria aplicado, por analogia, ao procedimento da ADPF. Vencido o suscitante, que destacava o teor do § 2º do art. 131 do RISTF *("Não haverá sustentação oral nos julgamentos de agravo, embargos declaratórios, arguição de suspeição e medida cautelar")*.
362. Em 2000, foi proposta a **ADI nº 2.231**, contra a Lei nº 9.882/99. O 1º voto do Min. Rel. Nery da Silveira, em sede cautelar, concedeu a liminar para suspender o art. 5º, § 3º, pois haviam fortes indícios de inconstitucionalidade. Até hoje, o

No caso da ADPF autônoma, via de regra, a cautelar suspende o ato do Poder Público que possa estar ferindo ou vir a ferir preceito fundamental da Constituição.

Por último, a concessão da medida cautelar (seja na ADPF autônoma, seja na incidental) tem efeitos ***erga omnes*** e vinculantes.

d) Concedida ou não a cautelar, o próximo passo será a prestação de informações pela autoridade que praticou o ato ou que produziu a lei ou ato normativo. Na ADPF, as informações são prestadas em um prazo de 10 dias.[363]

e) Temos, posteriormente, que o PGR terá vista dos autos, pelo prazo de 5 dias, tão somente nas ADPFs não ajuizadas por ele, conforme art. 7º, parágrafo único, da Lei nº 9882/99. Aqui, cabe uma veemente crítica ao art. 7º, parágrafo único, Lei nº 9.882/99, visto que, nas ADPFs que o PGR ajuizou, não haverá participação do mesmo? Ou seja, não participará como ***custos legis***? Sem dúvida, essa norma fere (para alguns doutrinadores) frontalmente o art. 103, § 1º, da CR/88, sendo flagrantemente inconstitucional. Porém, como o STF não declarou sua inconstitucionalidade, ela continua válida.

f) Na ADPF, existe, ainda, a possibilidade de o relator solicitar informações adicionais. Essas informações podem envolver peritos, especialistas, audiências públicas (realizadas, por exemplo, no caso da discussão sobre a anencefalia da ADPF nº 54).

A Lei nº 9882/99, no seu art. 6º, § 1º, explicita, inclusive, que o STF poderá determinar que sejam ouvidas as partes nos processos que ensejaram a ADPF. Essa

---

STF não enfrentou a questão. Houve tão somente o voto do relator em sede de medida cautelar e o julgamento foi suspenso devido a pedido de vista. Nesse sentido, continua a ter validade o art. 5º, § 3º, da Lei nº 9.882/99. Por isso, o Min. Marco Aurélio, na famosa ADPF nº 54, determinou a suspensão dos processos em curso que envolvessem fetos anencéfalos (embora a decisão liminar do relator, de possibilitar a antecipação terapêutica dos fetos anencefálicos, tenha sido suspensa pela maioria dos Ministros do STF). Nesse sentido, foi a decisão de questão de ordem julgada pelo Pleno em **27.04.2005**: ADPF – adequação – interrupção da gravidez – feto anencéfalo – política judiciária – macroprocesso. *Tanto quanto possível, há de ser dada sequência a processo objetivo, chegando-se, de imediato, a pronunciamento do Supremo Tribunal Federal. Em jogo valores consagrados na Lei Fundamental – como o são os da dignidade da pessoa humana, da saúde, da liberdade e autonomia da manifestação da vontade e da legalidade –, considerados a interrupção da gravidez de feto anencéfalo e os enfoques diversificados sobre a configuração do crime de aborto, adequada surge a arguição de descumprimento de preceito fundamental.* ADPF – liminar – anencefalia – interrupção da gravidez – glosa penal – processos em curso – suspensão. Pendente de julgamento a arguição de descumprimento de preceito fundamental, processos criminais em curso, em face da interrupção da gravidez no caso de anencefalia, devem ficar suspensos até o crivo final do Supremo Tribunal Federal. ADPF – liminar – anencefalia – interrupção da gravidez – glosa penal – afastamento – mitigação. *Na dicção da ilustrada maioria, entendimento em relação ao qual guardo reserva, não prevalece, em arguição de descumprimento de preceito fundamental, liminar no sentido de afastar a glosa penal relativamente àqueles que venham a participar da interrupção da gravidez no caso de anencefalia. Como exemplo podemos citar ainda a ADPF 77 de relatoria do Ministro Sepúlveda Pertence que suspendeu liminarmente (em 22.08.2006 ad referendum do Pleno) todos os processos que tramitam nos órgãos do Poder Judiciário que questionam a constitucionalidade do art. 38 da Lei 8880/94 que criou o plano Real até que mérito da ação seja apreciado pelo Pleno do STF.* **ADPF nº 79**: [...] 2. Ação ou arguição de descumprimento de preceito fundamental – *ADPF. Liminar concedida. Suspensão de processos e efeitos de sentenças. Servidor público. Professores do Estado de Pernambuco. Elevação de vencimentos com base no princípio da isonomia. Casos recobertos por coisa julgada material ou convalidados por lei superveniente. Exclusão da eficácia da liminar. Agravo provido em parte e referendo parcial, para esse fim. Aplicação do art. 5º, § 3º, in fine, da Lei Federal nº 9.882/99. Não podem ser alcançados pela eficácia suspensiva de liminar concedida em ação de descumprimento de preceito fundamental, os efeitos de sentenças transitadas em julgado ou convalidados por lei superveniente. [...].* (Rel Min. César Peluso, j. 18.06.2007).

363. E não em 30 dias como na ADI, conforme o art. 6º da Lei nº 9.868/99.

hipótese legal envolverá, obviamente, a ADPF incidental, pois ela é que nasce do controle difuso via incidental das discussões em casos concretos.

Mas, pergunta-se: essas partes, quando ouvidas na ADPF, viram partes na ADPF? É claro que não. A ADPF continua sendo processo objetivo (para a corrente majoritária na doutrina e na jurisprudência do STF), sem partes, sem lide. Elas são ouvidas, tão somente, para contribuir (incrementar) com a instrução processual.

g) Conforme o art. 6º § 2º da Lei 9.882/99, na ADPF, poderão ser autorizadas, a critério do relator, sustentação oral e juntada de memoriais, por requerimento dos interessados no processo.

h) Uma última questão sobre o procedimento: cabe ***amicus curiae*** na ADPF? Sim, o STF já admitiu sua participação no procedimento (por interpretação do art. 6º, § 2º, da Lei nº 9882/99). Portanto, sendo o caso, ou seja, configurada a hipótese, é cabível ***amicus curiae*** (***vide*** a ADPF nº 46 e nº 73).[364]

Porém, já decidiu o STF, que *amicus curiae* não possui legitimidade para pleitear medida cautelar. Assim, a entidade que foi admitida como *amicus curiae* em ADPF não tem legitimidade para, no curso do processo, formular pedido para a concessão de medida cautelar.[365]

9.6. Julgamento

O quórum para julgamento será de oito ministros (2/3) nos termos do art.8 da Lei nº 9.882/99 e o quórum para a decisão (de provimento ou de improvimento) será de seis ministros (maioria absoluta).

9.7. Efeitos da decisão da ADPF

Aqui, temos a mesma lógica desenvolvida na Ação Direta de Inconstitucionalidade (ADI). Nesses termos:

- Regra: ***ex tunc*** e ***erga omnes***.
- Exceções: ***ex nunc*** ou ***modulação de efeitos***.[366]

364. Na ADPF nº 33 foi admitido como *amicus curiae* as partes nos processos originários que ensejaram a ADPF incidental. É interessante que esse pedido de participação foi concedido após o parecer do PGR. Nesses termos, em sede de ADPF, o STF também já se manifestou pela flexibilização do prazo de participação do *amicus curiae*.

365. No recente caso, também decidiu o STF que: Relator não pode, de ofício, na ADPF 347 que trata sobre ***o Estado de Coisas Inconstitucional*** dos presídios, determinar medidas para proteger os presos do Covid-19. A decisão do Ministro Relator que, de ofício, na ADPF 347 que trata sobre o Estado de Coisas Inconstitucional no sistema prisional, determina medidas para proteger os presos do Covid19 amplia indevidamente o objeto da ação. É certo que no controle abstrato de constitucionalidade, a causa de pedir é aberta. No entanto, o pedido é específico. Nenhum dos pedidos da ADPF 347 está relacionado com as questões inerentes à prevenção do Covid-19 nos presídios. Portanto, não é possível, portanto, a ampliação do pedido cautelar já apreciado anteriormente. A Corte está limitada ao pedido. Aceitar a sua ampliação equivale a agir de ofício, sem observar a legitimidade constitucional para propositura da ação. **ADPF 347 TPI-Ref/DF**, STF. Plenário. rel. orig. Min. Marco Aurélio, red. p/ o ac. Min. Alexandre de Moraes, julgado em **18.03.2020** (Informativo 970).

366. São as mesmas exceções da ADI aqui já analisadas. Nesses termos, conforme o art. 11 da Lei nº 9.882/99: Art. 11. *Ao declarar a inconstitucionalidade de lei ou ato normativo, no processo de arguição de descumprimento de preceito fundamental, e tendo em vista razões de segurança jurídica ou de excepcional interesse social, poderá o Supremo*

Certo é que, na ADPF, conforme dicção normativa, o STF pode fixar na decisão **não só o provimento da ADPF, mas o modo de interpretação e aplicação** do preceito fundamental **presente na Constituição**. Além disso, o provimento da ADPF terá **execução (cumprimento) imediata,** ainda que a ação **não tenha transitado em julgado,** sendo, portanto, o acórdão posteriormente publicado.

Aqui, é interessante seguirmos uma divisão no que tange aos efeitos da decisão na ADPF, pois, devido à sua amplitude de objeto, bem como ao espectro de suas espécies, os efeitos podem ser diferenciados.

De acordo com a doutrina, temos que, se o ato (e que teve a ADPF julgada procedente contra ele) normativo impugnado for posterior à Constituição, haverá o enquadramento da decisão da ADPF **nas técnicas do controle concentrado via ADI e ADC**, porém, se o ato impugnado for uma norma anterior à Constituição (direito pré-constitucional), o STF deverá limitar-se a trabalhar **(reconhecer) a recepção ou não da norma em face da normatividade constitucional superveniente.**[367] E, por último, se estivermos diante de um ato do Poder Público de efeito concreto (um ato do Poder Público que feriu preceito fundamental da Constituição), o STF **deverá** prolatar sua **ilegitimidade frente à Constituição.**[368]

Tribunal Federal, por maioria de dois terços de seus membros, restringir os efeitos daquela declaração ou decidir que ela só tenha eficácia a partir de seu trânsito em julgado ou de outro momento em que venha a ser fixado.

367. Como exemplo: **ADPF 130 julg. em 30.04.2009: "***O Tribunal, por maioria, julgou procedente pedido formulado em arguição de descumprimento de preceito fundamental proposta pelo Partido Democrático Trabalhista – PDT para o efeito de declarar como* ***não recepcionado*** *pela Constituição Federal todo o conjunto de dispositivos da Lei 5.250/67 – Lei de Imprensa – v. Informativos 496, 518 e 541. Prevaleceu o voto do Min. Carlos Britto, relator, que entendeu, em síntese, que a Constituição Federal se posicionou diante de bens jurídicos de personalidade para, de imediato, fixar a precedência das liberdades de pensamento e de expressão lato sensu as quais não poderiam sofrer antecipado controle nem mesmo por força do Direito-lei, inclusive de emendas constitucionais, sendo reforçadamente protegidas se exercitadas como atividade profissional ou habitualmente jornalística e como atuação de qualquer dos órgãos de comunicação social ou de imprensa. Afirmou que isso estaria conciliado, de forma contemporânea, com a proibição do anonimato, o sigilo da fonte e o livre exercício de qualquer trabalho, ofício, ou profissão; a posteriori, com o direito de resposta e a reparação pecuniária por eventuais danos à honra e à imagem de terceiros, sem prejuízo, ainda, do uso de ação penal também ocasionalmente cabível, nunca, entretanto, em situação de maior rigor do que a aplicável em relação aos indivíduos em geral. [...]"* (Rel. Min. Carlos Ayres Brito. **Informativo 544 do STF**). Outro exemplo é o da ADPF 156 julg. em **18.08.2011** que explicita a **não recepção** do § 1º do art. 636 da CLT frente a Constituição de 1988.

368. Como exemplo: *"[...] Poder ser que o ato questionado (v.g., uma* ***decisão judicial****) afirme a inconstitucionalidade de uma lei ou uma dada aplicação ou interpretação do próprio texto constitucional. Nessa hipótese, reconhecida a procedência da ação de descumprimento de preceito fundamental, ter-se-á a declaração de ilegitimidade do ato questionado, com a afirmação de constitucionalidade da lei ou da aplicação constitucional discutida. [...]"* (p. 1.176). No **STF** temos a decisão da **ADPF 101 julg. em 24.06.2009 de rel. da Min. Cármen Lúcia**, que bem exemplifica o tema: *"O Tribunal, por maioria, julgou parcialmente procedente pedido formulado em arguição de descumprimento de preceito fundamental, ajuizada pelo Presidente da República, e declarou inconstitucionais, com efeitos ex tunc,* ***as interpretações, incluídas as judicialmente acolhidas, que permitiram ou permitem a importação de pneus usados de qualquer espécie, aí insertos os remoldados. Ficaram ressalvados os provimentos judiciais transitados em julgado, com teor já executado e objeto completamente exaurido*** *– v. Informativo 538. Entendeu-se, em síntese, que, apesar da complexidade dos interesses e dos direitos envolvidos, a ponderação dos princípios constitucionais revelaria que as decisões que autorizaram a importação de pneus usados ou remoldados teriam afrontado os preceitos constitucionais da saúde e do meio ambiente ecologicamente equilibrado e, especificamente, os princípios que se expressam nos artigos 170, I e VI, e seu parágrafo único, 196 e 225, todos da CR ('Art. 196. A saúde é direito de todos e dever do Estado, garantido mediante políticas sociais e econômicas que visem à redução do risco de doença e de outros agravos e ao acesso universal e igualitário às ações e serviços para sua promoção, proteção e recuperação... Art. 225. Todos têm direito ao meio ambiente ecologicamente equilibrado, bem de uso comum do povo e essencial à sadia*

Por último, devemos salientar que a ADPF terá o efeito ***erga omnes*** e também o ***efeito vinculante***,[369] nos mesmos moldes da ADI. Havendo desrespeito ao efeito vinculante, caberá reclamação para o STF, nos termos do art. 13 da Lei nº 9.882/99.

9.8. Observações finais

1) Segundo o STF, em recente decisão na ADPF 165, em 01.03.2018, é possível que seja celebrado um acordo no bojo de uma arguição de descumprimento de preceito fundamental.

Nesses termos, entendeu o Pretório Excelso que é possível a celebração de acordo num processo de índole objetiva, como a ADPF, desde que fique demonstrado que há no feito um conflito intersubjetivo subjacente (implícito), que comporta solução por meio de autocomposição.

Aqui é importante salientar que, na homologação de acordo, o STF não chancelou ou legitimou nenhuma das teses jurídicas defendidas pelas partes no processo. O STF apenas homologou as disposições patrimoniais que foram combinadas e que estavam dentro do âmbito da disponibilidade das partes. A homologação apenas resolverá um incidente processual, com vistas a conferir maior efetividade a prestação jurisdicional.[370] É interessante que a ADPF foi extinta, nos termos do art. 487, III, "b", do CPC.[371]

---

qualidade de vida, impondo-se ao Poder Público e à coletividade o dever de defendê-lo e preservá-lo para as presentes e futuras gerações.'). Vencido o Min. Marco Aurélio que julgava o pleito improcedente."

369. Por exemplo, se o STF declarar a inconstitucionalidade de uma Lei de um Município X, com base no efeito vinculante (se adotada a teoria da *transcendência dos motivos determinantes* aqui já estudada), teremos que as Leis de idêntico teor de outros municípios também não poderão mais ser aplicadas. Havendo a aplicação de Lei idêntica em outro Município poderá ser manejada **reclamação** no STF para a preservação de sua *competência e autoridade*, ou seja, para que sua decisão (de **cunho vinculante**) seja respeitada. Isso, claro, pela ótica dos *limites objetivos da coisa julgada* e se adotada a *teoria extensiva* com manuseio da *teoria da transcendência dos motivos determinantes*.

370. Informativo 892 do STF: "*O Plenário, em conclusão de julgamento no qual se discutiu o direito a diferenças de correção monetária de depósitos em cadernetas de poupança, por alegados expurgos inflacionários decorrentes dos efeitos dos planos econômicos denominados Bresser, Verão, Collor I e Collor II, homologou acordo firmado entre poupadores e instituições financeiras — exceto no que tange ao plano Collor I (...). Os termos do acordo preveem o pagamento de mais de 12 bilhões de reais aos poupadores, que serão inscritos em plataforma digital preparada pelo CNJ. Os bancos irão analisar os requerimentos dos interessados, que terão direito de recorrer a nova análise. Os pagamentos serão feitos nas contas correntes dos beneficiários, que receberão os respectivos valores à vista ou parceladamente, a depender do montante. Terão direito à reparação todos que haviam ingressado com ações coletivas e individuais para cobrar das instituições financeiras os valores referentes às correções. No caso das ações individuais, poupadores ou herdeiros que ingressaram judicialmente dentro do prazo prescricional de 20 anos da edição de cada plano também poderão receber os valores. Igualmente poderão aderir os poupadores que, com base em ações civis públicas, requereram execução de sentença coletiva até 31.12.2016. O Colegiado, inicialmente, considerou viável o acordo no âmbito de processo objetivo. Esclareceu haver, no bojo da ação, notável conflito intersubjetivo, que comporta solução por meio de acordo apresentado para homologação. Assim, ao homologá-lo, o STF não chancela nenhuma interpretação peculiar dada à lei. Pelo contrário, não obstante o ajuste veicule diversas teses jurídicas, a homologação não as alcança, nem as legitima, e abrange apenas as disposições patrimoniais firmadas no âmbito de disponibilidade das partes. Portanto, a homologação apenas soluciona um incidente processual, para dar maior efetividade à prestação jurisdicional. O Tribunal assinalou, ainda, que a ausência de disposição normativa expressa no que concerne a associações privadas não afasta a viabilidade do acordo. Isso porque a existência de previsão explícita unicamente quanto aos entes públicos diz respeito ao fato de que somente podem fazer o que a lei determina, ao passo que aos entes privados é dado fazer tudo que a lei não proíbe.' (...) O acordo deve ser, portanto, homologado como proposto, de maneira a pacificar a controvérsia espelhada nos autos, **sem que isso implique qualquer comprometimento do STF com as teses jurídicas nele veiculadas,** especialmente aquelas que pretendam, explícita ou implicitamente, vincular terceiras pessoas ou futuras decisões do Judiciário.* **ADPF 165/DF**, Rel. Min. Ricardo Lewandowski, julg. em **01.03.2018**.

371. Art. 487. Haverá resolução de mérito quando o juiz: (...) III – homologar: (...) b) a transação. "Apesar de a resolução da ADPF ter sido com resolução do mérito, ressalte-se, mais uma vez, que o STF, ao homologar o acordo, não

2) Recentemente na ADPF 449, entendeu o STF, pela possibilidade de conhecimento da ADPF mesmo que a lei atacada tenha sido revogada antes do julgamento, se persistir a utilidade em se proferir decisão com caráter erga omnes e vinculante.

No caso, foi editada a Lei municipal nº 10.553/2016 em Fortaleza proibindo o serviço de transporte em aplicativos. Foi ajuizada ADPF contra a referida lei. Antes que a ação fosse julgada, a Lei foi revogada. Porém, mesmo com a revogação, o STF conheceu da ADPF e julgou o mérito, declarando a Lei nº 10.553/2016 inconstitucional. O STF considerou que a revogação da Lei atacada na ADPF por outra lei local não retira o interesse de agir no feito. Isso porque persiste a utilidade da prestação jurisdicional com o intuito de estabelecer, com caráter erga omnes e vinculante, o regime aplicável às relações jurídicas estabelecidas durante a vigência da norma impugnada, bem como no que diz respeito a leis de idêntico teor aprovadas em outros Municípios. Para o Pretório Excelso trata-se da solução mais consentânea com o princípio da eficiência processual e o imperativo aproveitamento dos atos já praticados de maneira socialmente proveitosa.[372]

3) Na ADPF não cabe intervenção de terceiros.

4) Na ADPF não cabe recurso, salvo embargos declaratórios. Apesar de, na lei da ADPF, não estar expresso (como está na Lei nº 9.868/99 para a ADI), o STF vem entendendo que existe sim a possibilidade de embargos declaratórios.[373]

5) Também não cabe ação rescisória na ADPF, nos termos do art.12 da Lei nº 9.882/99.

10. CONTROLE CONCENTRADO *IN ABSTRATO* DE CONSTITUCIONALIDADE NO ÂMBITO ESTADUAL E DO DF

Diferentemente do texto constitucional anterior,[374] conforme dicção constitucional presente no art. 125, § 2º, da CR/88, cabe aos Estados a instituição de representação de inconstitucionalidade de leis ou atos normativos estaduais ou municipais em face da Constituição Estadual, vedada a atribuição da legitimação para agir a um único órgão. Ou seja, temos aí a clara explicitação do controle concentrado ***in abstrato*** de cunho estadual.

Esse controle será de **competência do Tribunal de Justiça,** não cabendo a nenhum outro órgão do Poder Judiciário (nem mesmo ao STF[375]).

---

concordou com nenhuma das teses jurídicas defendidas pelas partes no processo, ou seja, não disse que os poupadores ou que os bancos tinham razão. Isso não foi analisado na homologação do acordo." LOPES CAVALCANTE, Márcio André, *Dizer o Direito*, Informativo 892 do STF.

372. **ADPF 449/DF,** STF. Plenário. Rel. Min. Luiz Fux, julgado em **8** e **09.05.2019** (Informativo 939).

373. Na doutrina, temos a posição de Gilmar Mendes *In: Arguição de descumprimento de preceito fundamental*, p. 287, 2007.

374. Para se ter uma ideia, sob a base do ordenamento constitucional de 67/69, o STF no RE nº 91.740 e no RE nº 96.169 considerou inconstitucional disposição normativa presente em Constituição Estadual que instituiu representação de inconstitucionalidade de direito municipal frente à Constituição Estadual.

375. Conforme a **ADI 717/AC**: Ação Direta de inconstitucionalidade. Estado do Acre. Lei Complementar n. 18/88, art. 1; Lei Complementar n. 8/83, art. 82; e Lei nº 934/90, art. 6. Alegada contrariedade do dispositivo do art. 27, xiv, da

Inicialmente, temos que a **legitimidade ativa** para o exercício do controle de constitucionalidade concentrado no âmbito estadual não foi delimitada e explicitada pela Constituição da República. Conforme observamos anteriormente, a Constituição de 1988 apenas expressa que a legitimidade não pode ser atribuída a um único órgão.

Com isso, respeitado esse parâmetro (mínimo), fica a cargo dos Estados a delimitação dos legitimados. Nesses termos, os Estados podem ou não observar o paradigma da Constituição da República, não sendo obrigados a normatizar de acordo com uma lógica simétrica (uso do princípio da simetria), embora os Estados, em larga escala, tenham atribuído legitimidade a órgãos dotados de simetria em relação aos órgãos legitimados a propor a ADI genérica.[376]

É interessante pontuarmos, inclusive, que o STF já decidiu que **não é inconstitucional** norma da Constituição do Estado que atribui ao **procurador da Assembleia Legislativa** ou, alternativamente, ao **procurador-geral do Estado**, a incumbência de defender a constitucionalidade de ato normativo estadual questionado em controle abstrato de constitucionalidade na esfera de competência do Tribunal de Justiça.[377]

Constituição Estadual, [...] *Incompetência do Supremo Tribunal Federal para a apreciação e julgamento de ação direta de inconstitucionalidade de textos normativos locais frente à Constituição do Estado-Membro.* Não conhecimento da ação.

376. Exemplos: Constituição do Estado de Minas Gerais: *Art. 118 – São partes legítimas para propor ação direta de inconstitucionalidade e ação declaratória de constitucionalidade: I – o Governador do Estado; II – a Mesa da Assembleia; III – o Procurador-Geral de Justiça; IV – o Prefeito ou a Mesa da Câmara Municipal; V – o Conselho da Ordem dos Advogados do Brasil, Seção do Estado de Minas Gerais; VI – partido político com representação na Assembleia Legislativa do Estado; VII – entidade sindical ou de classe com base territorial no Estado; VIII – a Defensoria Pública.* Constituição de São Paulo: *Art. 90 - São partes legítimas para propor ação de inconstitucionalidade de lei ou ato normativo estaduais ou municipais, contestados em face desta Constituição ou por omissão de medida necessária para tornar efetiva norma ou princípio desta Constituição, no âmbito de seu interesse: I - o Governador do Estado e a Mesa da Assembleia Legislativa; II - o Prefeito e a Mesa da Câmara Municipal; III - o Procurador-Geral de Justiça; IV - o Conselho da Seção Estadual da Ordem dos Advogados do Brasil; V - as entidades sindicais ou de classe, de atuação estadual ou municipal, demonstrando seu interesse jurídico no caso; VI - os partidos políticos com representação na Assembleia Legislativa, ou, em se tratando de lei ou ato normativo municipais, na respectiva Câmara.* Mas, apesar de terem discricionariedade para escolha dos legitimados, acreditamos que **não podem** os Estados **conferir legitimidade aos cidadãos**, na medida em que o art. 125 § 2º : se refere (1) **a órgãos** e (2) **não** encontram acolhida em nossa **tradição do controle abstrato** a opção de legitimidade aos cidadãos (*os cidadãos já seriam representados por outros legitimados*), e, segundo a corrente majoritária, poderia dar ensejo a uma (3) **inflação processual desmedida** (*argumento consequencialista*). (LEONCY, Leo Ferreira, *Controle de constitucionalidade estadual: as normas de observância obrigatória e a defesa abstrata da Constituição do Estado-membro*, p. 63-66). **Contra o posicionamento** aqui defendido: vislumbrando a possibilidade não só de ampliação dos legitimados (o que é pacífico), mas também de inserção da legitimidade para os cidadãos (ação popular – *Popularklage*). (LENZA, *Direito constitucional esquematizado*, 2009, p. 272).

377. **ADI 119/RO** julg. em **19.02.2014:** "(...) *5. Não é inconstitucional norma da Constituição do Estado que atribui ao procurador da Assembleia Legislativa ou, alternativamente, ao procurador-geral do Estado, a incumbência de defender a constitucionalidade de ato normativo estadual questionado em controle abstrato de constitucionalidade na esfera de competência do Tribunal de Justiça. Previsão que* ***não afronta a Constituição Federal****, já que ausente o dever de simetria para com o modelo federal, que impõe apenas a pluralidade de legitimados para a propositura da ação (art. 125, § 2º, CF/88). Ausência de ofensa ao art. 132 da CF, que fixa a exclusividade de representação do ente federado pela Procuradoria-Geral do Estado, uma vez que nos feitos de controle abstrato de constitucionalidade nem sequer há partes processuais propriamente ditas, inexistindo litígio na acepção técnica do termo*".

Já o **objeto da ADI estadual** são as leis ou os atos normativos estaduais ou municipais.[378] Entre eles, podemos citar no nível estadual: emendas à Constituição Estadual, leis complementares e ordinárias estaduais, possíveis medidas provisórias editadas pelo governador do Estado (obviamente, se houver previsão estadual de MP), decretos legislativos e resoluções de cunho estadual editadas pela Assembleia Legislativa estadual. Além desses, temos ainda no nível municipal: Lei Orgânica Municipal, leis complementares e ordinárias municipais, medidas provisórias municipais (no Município que tiver a previsão de MP), decretos legislativos e resoluções de Câmaras Municipais.[379]

Aqui, é mister salientar que **o parâmetro** (parametricidade) **da Constituição Estadual** envolve todas as suas normas. Portanto, certo é que, o ato normativo atacado via ADI estadual pode contrariar (ir de encontro) tanto uma **norma específica** (exclusiva do ordenamento estadual) quanto uma **norma de reprodução obrigatória,** ou mesmo, norma de **imitação** da Constituição da RFB. Nesse sentido, o já clássico posicionamento do STF, externalizado no que tange às **normas de reprodução obrigatória** (normas da Constituição da RFB que os Estados devem reproduzir nas Constituições estaduais), e descrito na Reclamação nº 383[380], e, também, o posicionamento sobre **as normas de imitação** (aquelas normas presentes na Constituição da RFB e que os Estados têm a liberalidade de alocarem ou não nas Constituições estaduais) citado na Reclamação nº 4.432.[381]

Mas não podemos parar por aqui, pois temos, também, nas Constituições Estaduais, as chamadas **normas remissivas,** normas que **não** regulamentam **de forma direta** uma matéria, mas, sim, **remetem-nos a outra(s) norma(s)** para tal regulamentação. Ou seja, elas não encerram a regulamentação em si mesmas, pois a conduzem a outra(s) norma(s), as quais o STF também já afirmou pela possibilidade

---

378. Certo é que **não podem ser** objeto de ADI estadual **leis ou atos normativos federais.**
379. LEONCY, Leo Ferreira, *Controle de constitucionalidade estadual*: as normas de observância obrigatória e a defesa abstrata da Constituição do Estado-membro, 2006.
380. EMENTA: Reclamação com fundamento na preservação da competência do Supremo Tribunal Federal. Ação direta de inconstitucionalidade proposta perante Tribunal de Justiça na qual se impugna Lei municipal sob a alegação de ofensa a **dispositivos constitucionais estaduais que reproduzem dispositivos constitucionais federais de observância obrigatória pelos Estados.** Eficácia jurídica desses dispositivos constitucionais estaduais. Jurisdição constitucional dos Estados-membros. – **Admissão da propositura da ação direta de inconstitucionalidade perante o Tribunal de Justiça local, com possibilidade de recurso extraordinário se a interpretação da norma constitucional estadual, *que reproduz a norma constitucional federal de observância obrigatória pelos Estados, contrariar o sentido e o alcance desta.*** *Reclamação conhecida, mas julgada improcedente.* Rcl. nº 383 Rel. Min. Moreira Alves. Julg. em 11/06/1992. *DJ* 21.05.1993.
381. Conforme o Ministro Gilmar Mendes, em extenso voto, do qual buscamos a parte referente **às normas de imitação:** [...] Se assim é em relação às **normas de reprodução** (normas constitucionais federais de observância obrigatória reproduzidas na Carta local), com maior razão será para as **normas de imitação** (normas constitucionais federais não obrigatórias imitadas pelo constituinte estadual). Presentes na Constituição do Estado-membro por mera liberalidade do órgão constituinte decorrente, que o faz no exercício e dentro dos limites de sua autonomia constitucional, a impugnação de leis e atos normativos locais em face dessas normas de imitação não serve de pretexto para se deslocar a competência para processar e julgar a ação ao Supremo Tribunal Federal. É que tais normas "são frutos da autonomia do Estado-membro, da qual deriva a sua validade e, por isso, para todos os efeitos, são normas constitucionais estaduais." (RCL nº 370, Rel. Min. Octavio Gallotti, Decisão de 27.09.2006).

de funcionarem como **parâmetro para a ADI estadual**, conforme a Reclamação nº 733 e a Reclamação nº 4.432[382] (essa já trabalhada). Nesta, o Ministro Gilmar Mendes, citando Léo Leoncy, explicita sobre as normas remissivas que: "[...] Em sua grande maioria, as normas jurídicas trazem elas próprias a regulamentação imediata da matéria a que concernem, merecendo, por isso, a denominação de normas de regulamentação direta ou, em fórmula mais sintética, normas materiais. Por outro lado, em contraposição a estas normas, há outras em que a técnica utilizada para a atribuição de efeitos jurídicos a determinado fato contido na hipótese normativa é indireta, 'consistindo numa remissão para outras normas materiais que ao caso se consideram, por esta via, aplicáveis'". Tais normas podem designar-se normas de regulamentação indireta ou ***per relationem***, sendo mais apropriado, entretanto, denominá-las **normas remissivas**. Essa classificação das normas jurídicas em geral aplica-se também às normas constitucionais em particular, sendo possível, portanto, proceder à distinção entre **normas constitucionais materiais** e **normas constitucionais remissivas**, "consoante encerram em si a regulamentação ou a devolvem para a regulamentação constante de outras normas". Como não poderia deixar de ser, fenômeno semelhante ocorre com as normas contidas nas diversas Constituições Estaduais. É comum o poder constituinte decorrente fazer constar das Constituições Estaduais um significativo número de proposições jurídicas remissivas à Constituição Federal".[383]

Assim, a conclusão é que **todas as normas** presentes na Constituição Estadual funcionarão como **parâmetro** para o controle de constitucionalidade concentrado ***in abstrato*** realizado pelos Tribunais de Justiça.

Porém, sobre as **normas de reprodução obrigatória** é importante deixarmos consignado que o STF tradicionalmente admite recurso extraordinário da decisão proferida pelo Tribunal de Justiça nas ADI estaduais que envolvam essas normas (de **reprodução obrigatória**), conforme a já citada *Reclamação nº 383*. Portanto, caberá recurso extraordinário "[...] se a interpretação da norma constitucional estadual, que reproduz a norma constitucional federal de observância obrigatória pelos Estados, contrariar o sentido e o alcance da Constituição da RFB".[384] Ou seja, se a norma é de reprodução obrigatória para os Estados eles devem respeitá-la, aplicando-a

382. [...] Portanto, tal qual o entendimento adotado na RCL nº 383 para as hipóteses de normas constitucionais estaduais que reproduzem dispositivos da Constituição Federal, também as normas constitucionais estaduais de caráter remissivo podem compor o parâmetro de controle das ações diretas de inconstitucionalidade perante o Tribunal de Justiça estadual. Dessa forma, também aqui não é possível vislumbrar qualquer afronta à ADI nº 508/MG, Rel. Min. Sydney Sanches (DJ 23.5.2003). Com essas considerações, nego seguimento à presente reclamação, por ser manifestamente improcedente, ficando prejudicado o pedido de medida liminar (art. 21, § 1º, do RISTF). (Rel. Min. Gilmar Mendes. Decisão em **27.09.2006**).

383. Reclamação nº 4.432 (voto proferido em 27.09.2006). O Ministro exemplifica no seu voto como é o formato de uma norma remissiva. Ele dá como exemplo o art. 149 da Constituição do Estado da Bahia. Nesses termos: "[...] Constituição do Estado da Bahia (art. 149), que possui o seguinte teor: '*O sistema tributário estadual obedecerá ao disposto na Constituição Federal, em leis complementares federais, em resoluções do Senado Federal, nesta Constituição e em leis ordinárias.*'"

384. Rcl. nº 383. Rel. Min. Moreira Alves Julgamento em 11/06/1992, *DJ* 21.05.1993.

de forma devida, não cabendo aos Poderes Públicos, incluindo aí o Poder Judiciário Estadual, imiscuir-se de tal mister. Qualquer interpretação inadequada de uma norma de reprodução obrigatória se traduz em descumprimento da Constituição Federal (por essência), por isso mesmo justifica-se o posicionamento do STF em entender cabível recurso extraordinário sobre a controvérsia de cunho constitucional instaurada no nível estadual em torno dessas normas (que, no fundo, são normas da Constituição da RFB).[385]

Aqui, temos inclusive, que o Procurador da Câmara Municipal dispõe de legitimidade para interpor recurso extraordinário contra acórdão de Tribunal de Justiça proferido em representação de inconstitucionalidade em defesa de lei ou ato normativo estadual ou municipal.[386]

---

385. Conforme o ARE nº 661.288, julg. em 06.05.2014, entendia o STF que: "*A Fazenda Pública possui prazo em dobro para interpor recurso extraordinário de acórdão proferido em sede de representação de inconstitucionalidade* (CF, art. 125, § 2º). (...) A Turma sublinhou que se aplicaria o disposto no art. 188 do CPC ("*Computar-se-á em quádruplo o prazo para contestar e em dobro para recorrer quando a parte for a Fazenda Pública ou o Ministério Público*"). Mencionou que não haveria razão para que existisse prazo em dobro no controle de constitucionalidade difuso e não houvesse no controle concentrado. Aludiu que o prazo em dobro seria uma prerrogativa exercida pela Fazenda Pública em favor do povo. Porém, o STF ***modificou seu posicionamento em 2019***. Nesses termos: *Não se conta em dobro o prazo recursal para a Fazenda Pública em processo objetivo, mesmo que seja para interposição de recurso extraordinário em processo de fiscalização normativa abstrata*. Portanto, ***a Fazenda Pública não possui prazo recursal em dobro no processo de controle concentrado de constitucionalidade, mesmo que seja para a interposição de recurso extraordinário*** (Recurso Extraordinário derivado de decisão de ADI Estadual). Conforme o informativo 929 do STF: O Min. Alexandre de Moraes salientou que o tratamento diferenciado (prazo em dobro) está relacionado com a defesa dos interesses subjetivos da Fazenda Pública e, portanto, não se aplica ao processo objetivo. Assim, a natureza objetiva do processo afasta a prerrogativa da Fazenda Pública. O Min. Edson Fachin enfatizou que o tratamento isonômico na matéria (todos terem prazo simples nos processos objetivos), além de ser consentâneo com a orientação jurisprudencial adotada pelo STF há muito tempo, decorre do princípio republicano. Já o Min. Luiz Fux assinalou que a Fazenda Pública, no caso do recurso extraordinário, é representante da unidade federativa onde há a declaração de inconstitucionalidade da lei por ela editada; logo, tem contato direto com a questão, e não se justifica o prazo em dobro. O Min. Gilmar Mendes afirmou que o próprio CPC, no § 2º do art. 188, faz menção à inaplicabilidade desses prazos aos procedimentos especiais. Por último, o Min. Celso de Mello defendeu que o processo de fiscalização normativa abstrata possui, normalmente, uma autonomia em relação aos institutos peculiares aos processos de índole meramente subjetiva. Conforme o Ministro, existem várias regras aplicáveis aos processos subjetivos que não incidem em caso de processos objetivos. Assim, o direito processual constitucional é autônomo, regido por princípios próprios, em que são afastados os interesses meramente subjetivos. Pleno. STF. ADI 5814 MC-AgR-AgR/RR, ARE 830727 AgR/SC julg. em **06.02.2019.**

386. Aqui 2 advertências: **1)** Uma ADI (genérica) deve ser, obrigatoriamente, assinada pelos legitimados do art. 103 da CR/88 ou, uma ADI Estadual pelos legitimados previstos na Constituição Estadual. Isso porque o ajuizamento ou não da ação **é um ato de natureza política.** Assim, em nosso exemplo, o Governador do Estado obrigatoriamente teve que assinar a ADI. De igual modo, se a Mesa da Câmara Municipal fosse ajuizar uma ADI, o Presidente da Câmara obrigatoriamente deveria assinar a petição inicial. Não bastaria a assinatura dos Procuradores. Porém, os atos subsequentes ao ajuizamento da ação (inclusive a interposição dos recursos) são atos **de natureza técnica**. Logo, devem ser assinados, obrigatoriamente, pelos procuradores da parte legitimada. Assim, os recursos em ação direta de inconstitucionalidade até podem vir assinados pelo legitimado ativo conjuntamente com o Procurador, mas é sempre essencial a presença de advogado (Procurador). STF. 2ª Turma. RE 1126828 AgR/SP, red. p/ o ac. Min. Cármen Lúcia, julg. em 04.02.2020 (Inf. 965 do STF); **2)** Situação diferente e já citada na obra é a de que o Estado-membro não possui legitimidade para recorrer contra decisões proferidas em sede de controle concentrado de constitucionalidade, ainda que a ADI tenha sido ajuizada pelo respectivo Governador. A legitimidade para recorrer, nestes casos, é do **próprio Governador** (previsto como legitimado pelo art. 103 da CR/88) e não do Estado-membro. STF. Plenário. **ADI 4420 ED-AgR**, Rel. Min. Roberto Barroso, julgado em 05.04.2018 (Inf. 896).

Portanto, os procuradores públicos têm capacidade postulatória para interpor recursos extraordinários contra acórdãos proferidos em sede de ação de controle concentrado de constitucionalidade, nas hipóteses em que o legitimado para a causa outorgue poderes aos subscritores das peças recursais.[387]

É interessante ainda que, nos termos do **RE nº 376.440 ED/DF**, o plenário do STF entendeu que, chegando o recurso extraordinário no Pretório Excelso, o ministro relator poderá, monocraticamente, negar provimento ao recurso se a decisão impugnada estiver de acordo com pacífica jurisprudência do STF sobre o tema.[388]

Mas pergunta-se: qual seria o efeito da decisão prolatada pelo STF no recurso extraordinário? Sem dúvida, o efeito seria ***erga omnes*** e não ***inter partes*** como tradicionalmente ocorre nas decisões desse recurso.

Outro ponto importante é colocado pela doutrina e também textualmente na decisão da Reclamação nº 383[389], e merece toda a nossa atenção: iremos supor que foi ajuizada uma ADI estadual contra uma determinada norma (estadual ou municipal) sob o fundamento de esta estar descumprindo a Constituição Estadual em norma de reprodução obrigatória da Constituição Federal. A ação foi julgada pelo TJ estadual, porém não ocorreu a interposição de recurso extraordinário da decisão. Como fica a questão?

Aqui, de forma inicial, temos que observar qual foi a decisão do TJ para definirmos a questão. Nesse sentido: 1) Se o TJ julgou improcedente a ADI estadual, temos, com efeito ***erga omnes***, que a lei ou o ato normativo (estadual ou municipal) são dotados de compatibilidade perante a Constituição Estadual. Com isso, o STF não se vincula a essa decisão, podendo declarar a inconstitucionalidade da lei estadual (via controle concentrado ou difuso) ou da lei municipal (via controle difuso ou concentrado via ADPF); 2) Porém, se o TJ decidiu pela procedência do pedido, ocorre a declaração de inconstitucionalidade da lei ou do ato normativo (estadual ou municipal) com efeito ***erga omnes***. Esse ato é extirpado do ordenamento estadual. Certo é que, com a decisão transitando em julgado, não há como o ato normativo ser questionado posteriormente no STF.

Na continuação, iremos abordar, mais uma vez, a questão atinente ao **parâmetro** a ser observado pela ADI Estadual.

Nesses termos, é preciso enfatizar, novamente, que o **parâmetro** desse **controle** em regra será a **Constituição Estadual**. Portanto, a regra é a de que não deve haver parametricidade com a Constituição da República. Ou seja, um Tribunal de Justiça não poderia dizer que julga uma representação de inconstitucionalidade

387. **RE 1068600 AgR-ED-EDv**/RN, Rel. Min. Alexandre de Moraes, julgado em **04.06.2020** (Inf. 980).
388. RE nº 376.440 ED/DF julg. em 18.09.2014. Pleno – STF, Rel. Min. Dias Toffoli. É interessante que havendo insatisfação da decisão monocrática do relator, caberá à parte insatisfeita, recurso de agravo interno, nos termos do regimento do STF.
389. A questão se encontra de forma literal no voto do Relator Min. Moreira Alves na Rcl. nº 383.

procedente porque a Lei municipal X viola o art. Y da Constituição da República de 1988[390] Nesses termos, na ADI nº 508, o STF deixou assente que:

> Direito Constitucional. Ação direta de inconstitucionalidade de lei ou ato normativo Municipal, em face da Constituição Federal: cabimento admitido pela Constituição do Estado de Minas Gerais, que atribui competência ao Tribunal de Justiça para processá-la e julgá-la. Inadmissibilidade. 1. O ordenamento constitucional brasileiro admite Ações Diretas de Inconstitucionalidade de leis ou atos normativos municipais, em face da Constituição estadual, a serem processadas e julgadas, originariamente, pelos Tribunais de Justiça dos Estados (artigo 125, parágrafo 2° da C.F.). 2. **Não, porém, em face da Constituição Federal**. 3. Aliás, **nem mesmo o Supremo Tribunal Federal tem competência para Ações dessa espécie**, pois o art. 102, I, "a", da C.F. só a prevê para Ações Diretas de Inconstitucionalidade de lei ou ato normativo federal ou estadual. Não, assim, municipal. (...) 6. Ação Direta julgada procedente, pelo S.T.F., para declarar a inconstitucionalidade das expressões "e da Constituição da República" e "em face da Constituição da República", constantes do art. 106, alínea "h", e do parágrafo 1° do art. 118, todos da Constituição de Minas Gerais, por conferirem ao respectivo Tribunal de Justiça competência para o processo e julgamento de ADI de lei ou ato normativo municipal, em face da Constituição Federal. 7. Plenário. Decisão unânime. (Rel. Min. Sidney Sanches, Julgado em 12.03.2003)[391]

No entanto, aqui temos uma **exceção**, que foi determinada recentemente pelo STF. Entendeu o STF em 01.02.2017 no RE 650.898/RS (sob a sistemática da repercussão geral), que os Tribunais de Justiça podem exercer controle abstrato

---

390. É claro que também **não** se deve ter por parâmetro as **Leis Orgânicas Municipais**. Mesmo porque, se **ato normativo municipal** contraria **Lei Orgânica Municipal**, esse ato normativo deve ser entendido apenas como **ilegal.** Nesses termos, para a doutrina e para o STF, **a única Lei Orgânica que é parâmetro para controle de constitucionalidade é a Lei Orgânica do Distrito Federal.** Portanto, **Leis Distritais** (seja de viés estadual ou municipal, nos termos do art. 32, § 1º, da CR/88) **podem ser objeto de controle de constitucionalidade por contrariar a Lei Orgânica do DF. Esse controle será feito pelo Tribunal de Justiça do DF** (que, diga-se, é órgão federal ao qual compete à União dispor sobre sua organização e funcionamento nos moldes do art. 21, XII, e 22, XVII, da CR/88), **nos termos do art. 30 da Lei nº 9.868/99**, *in litteris*: O art. 8º da Lei nº 8.185, de 14 de maio de 1991, passa a vigorar acrescido dos seguintes dispositivos: "Art. 8º I – n) **a ação direta de inconstitucionalidade de lei ou ato normativo do Distrito Federal em face da sua Lei Orgânica;** § 3º São partes legítimas para propor a ação direta de inconstitucionalidade: I– o Governador do Distrito Federal; II – a Mesa da Câmara Legislativa; III – o Procurador-Geral de Justiça; IV – a Ordem dos Advogados do Brasil, seção do Distrito Federal; V – as entidades sindicais ou de classe, de atuação no Distrito Federal, demonstrando que a pretensão por elas deduzida guarda relação de pertinência direta com os seus objetivos institucionais; VI – os partidos políticos com representação na Câmara Legislativa. *§ 4º Aplicam-se ao processo e julgamento da ação direta de Inconstitucionalidade perante o Tribunal de Justiça do Distrito Federal e Territórios as seguintes disposições: I – o Procurador-Geral de Justiça será sempre ouvido nas ações diretas de constitucionalidade ou de inconstitucionalidade; II – declarada a inconstitucionalidade por omissão de medida para tornar efetiva norma da Lei Orgânica do Distrito Federal, a decisão será comunicada ao Poder competente para adoção das providências necessárias, e, tratando-se de órgão administrativo, para fazê-lo em trinta dias; III – somente pelo voto da maioria absoluta de seus membros ou de seu órgão especial, poderá o Tribunal de Justiça declarar a inconstitucionalidade de lei ou de ato normativo do Distrito Federal ou suspender a sua vigência em decisão de medida cautelar. § 5º Aplicam-se, no que couber, ao processo de julgamento da ação direta de inconstitucionalidade de lei ou ato normativo do Distrito Federal em face da sua Lei Orgânica as normas sobre o processo e o julgamento da ação direta de inconstitucionalidade perante o Supremo Tribunal Federal."*

391. Aqui também: *Não cabe a tribunais de justiça estaduais exercer o controle de constitucionalidade de leis e demais atos normativos municipais em face da Constituição Federal.* STF. Plenário. ADI 347, Rel. Min. Joaquim Barbosa, julg. em 20.09.2006. temos também a Rcl nº 16.431 MC-AgR/RS, julg. em 31.10.2014, de Rel. do Min. Celso de Mello.

de constitucionalidade de leis municipais utilizando como **parâmetro** normas da **Constituição Federal**, desde que se trate de normas de reprodução obrigatória pelos Estados.[392]

Aqui é importante salientar que, se uma norma é de reprodução obrigatória, considera-se que ela está presente na Constituição estadual mesmo que a Constituição estadual não a preveja expressamente. Um exemplo interessante é a norma que prevê que os Municípios são autônomos (art. 18 da CR/88). Trata-se de norma de reprodução obrigatória. Isso significa que, mesmo se a Constituição estadual não disser que os Municípios são autônomos, ainda assim considera-se que essa regra está presente na Constituição Estadual (ainda que de forma implícita). Isso também ocorre com normas, por exemplo, do art. 22 da CR/88. Sem dúvida, os Estados não estabelecem expressamente nas Constituições estaduais todas as matérias de competência privativa da União e nem por isso essas normas de organização do nosso federalismo deixam de ser de observância obrigatória pelos Estados.[393]

Mas e se ocorrer de um **ato normativo estadual** contrariar não só a **Constituição Estadual**, mas também a **Constituição da RFB**? Com certeza, questão muito interessante é a que diz respeito ao controle de constitucionalidade de **leis ou atos normativos estaduais** que contrariam não só a Constituição Estadual, mas também a Constituição da República Federativa do Brasil.

Sem dúvida, esse fenômeno é vislumbrado pela doutrina e jurisprudência e é chamado de ***simultaneidade das ações diretas de inconstitucionalidade***. Assim, se isso ocorrer, pode haver o ajuizamento simultâneo de ADI (com o objeto lei ou ato normativo estadual), tendo por parâmetro a Constituição da República (com a competência do STF para processar e julgar a ADI contra a Lei Estadual) e a Constituição

392. Embora algumas Constituições como a de Minas Gerais ainda citem nos seus comentários **apenas** a decisão da ADI 508. Vejamos o texto da Constituição de Minas Gerais atualizado e publicado com comentários pela ***Assembleia Legislativa de Minas Gerais*** em **Novembro de 2019 (24 ª Edição)**: Art.118. *§ 1º – Aplica-se o disposto neste artigo à ação direta de inconstitucionalidade de lei ou ato normativo municipal em face da Constituição da República. • (Expressão "em face da Constituição da República" declarada inconstitucional em 12/2/2003 – ADI 508. Acórdão publicado no Diário Oficial da União em 19/2/2003.) • (Expressão "em face da Constituição da República" declarada inconstitucional em 12/2/2003 – ADI 699. Acórdão publicado no Diário Oficial da União em 19/2/2003.)*

393. Conforme o Ministro Roberto Barroso: *"as disposições da Carta da República que, por pré-ordenarem diretamente a organização dos Estados-membros, do Distrito Federal e/ou dos Municípios, ingressam automaticamente nas ordens jurídicas parciais editadas por esses entes federativos. Essa entrada pode ocorrer, seja pela repetição textual do texto federal, seja pelo silêncio dos constituintes locais – afinal, se sua absorção é compulsória, não há qualquer discricionariedade na sua incorporação pelo ordenamento local."* (Rcl 17954 AgR/PR). Dois exemplos ainda são trazidos por Márcio André Lopes: *Ex1: Município do Paraná aprovou lei tratando sobre direito do trabalho; foi proposta uma ADI estadual no TJ contra esta lei; o TJ poderá julgar a lei inconstitucional alegando que ela viola o art. 22, I, da CF/88 (mesmo que a Constituição do Estado não tenha regra semelhante); isso porque essa regra de competência legislativa é considerada como norma de reprodução obrigatória. Nesse sentido: STF. 1ª Turma. Rcl 17954 AgR, Rel. Min. Roberto Barroso, julg, em 21/10/2016. Ex2: Município do Rio Grande do Sul editou lei criando gratificação para o Prefeito fora do regime de subsídio, o que violaria o art. 39, § 4º, da CF/88; o TJ/RS poderá julgar a lei municipal inconstitucional utilizando como parâmetro este dispositivo da Constituição Federal; isso porque a regra sobre o subsídio para membros de Poder e detentores de mandato eletivo é considerada norma de reprodução obrigatória. Nesse sentido: STF. Plenário. Rel. para acordão. Min. Roberto Barroso, julg. em 01/02/2017 (repercussão geral).*

Estadual (com a competência do TJ para processar e julgar a ADI estadual contra a referida Lei estadual).

O entendimento pretoriano atual é o de que o processo ajuizado perante o TJ (ADI estadual) deverá ficar suspenso[394] até o julgamento pelo STF da ADI (ADI nacional). Nesses termos, foi o posicionamento exarado na **ADI 3482/DF**[395], em 08.03.2006, pelo Min. Relator Celso de Mello:

> "[...] Ocorrendo hipótese caracterizadora de '*simultaneus processus*', impor-se-á a paralisação do processo de fiscalização concentrada em curso perante o tribunal de justiça local, até que esta Suprema Corte julgue a ação direta, que ajuizada com o apoio no art. 102, I, 'a', da cr, tenha por objeto o mesmo diploma normativo local (Estadual ou Distrital), embora contestado em face da carta federal. [...] Sendo assim, pelas razões expostas, e tendo em conta os precedentes referidos, determino, até final julgamento da presente ação direta, a suspensão prejudicial do curso da adi nº 2005.00.2.001197-9, Rel. Des. Otávio Augusto, ora em tramitação perante o e. Tribunal de Justiça do Distrito Federal e Territórios."

Na ocorrência da situação em tela, podemos ter as seguintes possibilidades: **a)** Se o STF julgar o ato normativo em exame **inconstitucional**, a ação existente no TJ deve por digressão lógica ser extinta sem julgamento do mérito, em razão da perda de seu objeto; **b)** Porém, se a decisão do Pretório Excelso for pela **constitucionalidade** do ato normativo impugnado, a ação deverá continuar tramitando no Tribunal de Justiça.[396] Assim, o TJ irá processar e julgar o ato normativo, tendo por parâmetro a Constituição Estadual e, sem dúvida, pode declará-lo inconstitucional à luz da Constituição Estadual, extirpando-o do ordenamento estadual, ou mesmo julgar improcedente o pedido mantendo o ato normativo no ordenamento.

Porém, outra questão interessante surgiu na ADI 3659, julgada pelo STF em 13.12.2018. A questão foi a seguinte: e se a ADI estadual não for suspensa a fim de aguardar o posicionamento do STF sobre a ADI genérica (nacional)? Ou seja, se o TJ julgar a ADI estadual antes da decisão da ADI genérica (nacional). Aqui, temos, então, a coexistência de ADI no TJ e ADI no STF, sendo a ADI estadual julgada primeiro. Nesse caso, após o julgamento da ADI Estadual com a procedência do pedido, a ADI

394. A doutrina chama de "*causa especial de suspensão do processo*" no âmbito da justiça local. MENDES, Gilmar, 2008, p. 1314.

395. A título apenas de informação, a ADI 3482 foi posteriormente julgada improcedente por perda de objeto. No caso foi **reconhecida a ocorrência de prejudicialidade** da ação direta em 02.08.2007. Outro precedente: *"(...) A ocorrência de coexistência de jurisdições constitucionais estadual e nacional configura a hipótese de suspensão prejudicial do processo de controle normativo abstrato instaurado perante o Tribunal de Justiça local. (...)"* STF. Plenário. **ADPF 190**, Rel. Min. Edson Fachin, julgado em **29.09.2016**.

396. Cuidado, pois aqui temos, nessa situação específica, afastada a lógica da coisa julgada com efeito vinculante. Certo é que, com base no **efeito vinculante** (que, conforme estudamos, também existe para a declaração de constitucionalidade!) temos, em regra, a chamada **transcendência dos motivos determinantes** (eficácia **transcendente** da decisão). Nesse caso, não caberá reclamação para o STF se o TJ julgar de forma diferenciada do que foi prolatado pelo STF. Portanto, o TJ pode declarar a inconstitucionalidade da norma mediante a Constituição Estadual, sem com isso afrontar o STF.

nacional perderia o objeto? Ou seja, como a Lei Estadual já foi declarada inconstitucional, ficaria prejudicado o conhecimento da ADI no STF?

Pois bem, coexistindo duas ações diretas de inconstitucionalidade, uma ajuizada perante o Tribunal de Justiça local e outra perante o STF, o julgamento da ADI estadual no TJ ***somente prejudica o julgamento da ADI no STF se preenchidas duas condições cumulativas***: 1) se a decisão do Tribunal de Justiça for pela procedência da ação e 2) se a inconstitucionalidade for por incompatibilidade com preceito da Constituição do Estado sem correspondência na Constituição da República. Assim, caso o ***parâmetro do controle de constitucionalidade*** tenha ***correspondência*** na Constituição da República, ***subsiste (é mantida) a jurisdição do STF*** para o controle abstrato de constitucionalidade.[397]

Isso porque, se assim não fosse, o STF ficaria limitado ao que decidiu a corte local. Certo é que a última palavra sobre interpretação da CR/88 pertence ao STF, e seria inadmissível negar justamente ao STF a possibilidade de examinar o tema.

É interessante que, na ADI 3659, a questão fica bem explicitada. Senão vejamos: o Estado do Amazonas editou a Lei 2.778/2002, que criou, no âmbito da Administração Pública estadual, o cargo de "administrador público". A lei estadual previu como requisito para esse cargo "Graduação em Curso de Administração Pública mantida por Instituição Pública de Ensino Superior, credenciada no Estado do Amazonas".[398]

Foram propostas duas ações diretas de inconstitucionalidade contra essa previsão: uma ADI ajuizada pelo Procurador-Geral de Justiça do Amazonas, no Tribunal de Justiça, alegando que a lei violaria a Constituição Estadual; e outra ADI ajuizada pelo Procurador-Geral da República, no STF, argumentando que a previsão ofenderia a CR/88.

O TJ/AM julgou a ADI procedente e declarou a normativa inconstitucional por violar o princípio da igualdade previsto no art. 3º da Constituição do Estado do Amazonas e reproduzido no art. 5º, *caput*, da Constituição da República. É interessante que o fundamento para o TJ/AM decidir que a lei é inconstitucional foi o princípio da igualdade. Acontece que este princípio da igualdade está previsto na Constituição do Estado e possui correspondência na Constituição Federal. Ou seja, essa previsão pode ser encontrada tanto na Constituição Estadual como na Federal.[399]

Nesses termos, o debate sobre o tema foi instaurado: com a decisão do TJ/AM declarando a inconstitucionalidade da lei, houve a perda do objeto da ADI proposta no STF? Já que a Lei 2.778/2002 foi declarada inconstitucional pelo TJ, pode-se dizer que ficou prejudicado o conhecimento da ADI no STF?

397. **ADI 3659/AM**, STF. Plenário. Rel. Min. Alexandre de Moraes, julgado em **13.12.2018** (Info 927).
398. **ADI 3659/AM**, STF. Plenário. Rel. Min. Alexandre de Moraes, julgado em **13.12.2018** (Info 927).
399. **ADI 3659/AM**, STF. Plenário. Rel. Min. Alexandre de Moraes, julgado em **13.12.2018** (Info 927).

Aqui, conforme vimos acima, para que a ADI no STF ***fique prejudicada***, devem ser preenchidos dois requisitos cumulativos, já citados: 1) a decisão do Tribunal de Justiça for pela procedência da ação; e 2) a inconstitucionalidade for por incompatibilidade com preceito da Constituição do Estado sem correspondência na Constituição Federal. Ou seja, a inconstitucionalidade deve ser apenas por contrariedade em relação à norma da Constituição Estadual.

Caso o parâmetro do controle de constitucionalidade tenha correspondência na Constituição Federal, subsiste a jurisdição do STF para o controle abstrato de constitucionalidade. Nesses termos, na ADI 3659, foi preenchido o primeiro requisito, mas não se verificou o preenchimento do segundo requisito.[400] Nesse sentido, se a decisão do TJ prejudicasse o conhecimento da ADI no STF, significaria dizer que o STF ficou vinculado à interpretação que o TJ deu para o princípio da igualdade previsto na CR/88. E novamente lembramos, que a *última palavra* (ainda que *datada*, como vamos ver no estudo dos diálogos constitucionais) *sobre interpretação* da CR/88 *pertence* ao STF. Assim, seria inadmissível negar ao STF a possibilidade de examinar o tema.[401]

É interessante que, no caso em tela, o STF julgou procedente a ADI 3659 e também considerou inconstitucional a expressão *"Graduação em Curso de Administração Pública mantido por Instituição Pública de Ensino Superior, credenciada no Estado do Amazonas"*. O fundamento é o de que essa previsão da lei estadual ofende o princípio constitucional da igualdade no acesso a cargos públicos. Além disso, essa regra também viola o art. 19, III, da CR/88, que proíbe a criação de distinções ilegítimas entre brasileiros.[402]

Outra questão interessante que envolve o tema **parâmetro de controle** é a seguinte: embora o parâmetro para o ajuizamento seja a Constituição Estadual, e nesses termos, como já observado, não há que se falar em ajuizamento de uma ADI estadual para questionar ato normativo (estadual ou municipal) em frente à Constituição Federal, temos que, conforme a doutrina, "pode ocorrer que o Tribunal estadual considere inconstitucional o próprio parâmetro de controle estadual por entendê-lo ofensivo à Constituição Federal". Nesse caso, concordamos com o

400. **ADI 3659/AM**, STF. Plenário. Rel. Min. Alexandre de Moraes, julgado em **13.12.2018** (Info 927).

401. **ADI 3659/AM**, STF. Plenário. Rel. Min. Alexandre de Moraes, julgado em **13.12.2018** (Info 927).

402. **ADI 3659/AM**, STF. Plenário. Rel. Min. Alexandre de Moraes, julgado em **13.12.2018.** Informativo 927: *"(...)Prevaleceu o voto do ministro Alexandre de Moraes (relator), que, ao negar o prejuízo da ação, compreendeu que a decisão do tribunal amazonense não compromete o exercício do controle de constitucionalidade pelo STF. Como regra, o trâmite de demanda estadual simultânea deve ser suspenso para aguardar-se o pronunciamento do STF, conforme jurisprudência desta Corte, o que não ocorreu. O relator compreendeu subsistir a jurisdição do Supremo para o controle abstrato, presente declaração de inconstitucionalidade, de eficácia limitada, com base em norma da Constituição do Estado que constitua reprodução, obrigatória ou não, de dispositivo da Constituição Federal. Caso contrário, seria possível que um tribunal de justiça, por não suspender o trâmite de representação de inconstitucionalidade, desse interpretação à norma de repetição obrigatória que valeria apenas para o respectivo estado-membro. Isso, porque o STF poderia conferir interpretação diversa à norma de repetição obrigatória para os demais entes da Federação. O ministro Roberto Barroso salientou que é prerrogativa do STF dar a última palavra sobre a compatibilidade de uma lei com a Constituição Federal."*

posicionamento doutrinário que afirma que, mediante tal hipótese (de o **TJ chegar à conclusão**, após sua análise, que ***inconstitucional*** é a **própria Constituição Estadual**!): "o Tribunal de Justiça competente para conhecer da ação direta de inconstitucionalidade em face da constituição estadual suscite ***ex officio*** a questão constitucional – **inconstitucionalidade** do **parâmetro estadual** em face da **Constituição Federal** – declarando, **incidentalmente**, a inconstitucionalidade da norma constitucional estadual em face da Constituição Federal e **extinguindo**, por conseguinte, o processo, nos moldes do antigo CPC, ante a **impossibilidade jurídica do pedido** (declaração de inconstitucionalidade em face de parâmetro constitucional estadual violador da Constituição Federal)".[403]

No que tange **aos efeitos da decisão da ADI estadual**, temos a salientar que a decisão que declara a norma estadual ou municipal inconstitucional diante da Constituição Estadual o faz, em regra, com efeitos ***ex tunc*** (perspectiva temporal). E, no que tange aos atingidos, o efeito da inconstitucionalidade será o efeito ***erga omnes***. Nesses termos, o próprio STF já entendeu inconstitucional disposição normativa **que obriga** que o TJ estadual comunique ao Poder Legislativo Estadual a sua decisão de declaração de inconstitucionalidade via ADI estadual (controle concentrado ***in abstrato*** estadual), conforme o RE nº 199.293, ***in litteris***:

> [...] Inconstitucionalidade de ato normativo – Controles difuso e concentrado de constitucionalidade – Comunicação à Casa Legislativa – Distinção. A comunicação da pecha de inconstitucionalidade proclamada por Tribunal de Justiça pressupõe decisão definitiva preclusa na via recursal e julgamento considerado o controle de constitucionalidade difuso. Insubsistência constitucional de norma sobre a obrigatoriedade da notícia, em se tratando de controle concentrado de constitucionalidade. (Rel. Min. Marco Aurélio. Julgamento em 19.05.2004, *DJ* 06.08.2004).

Certo é que algumas Constituições Estaduais estabelecem em seus textos que a declaração de inconstitucionalidade prolatada pelo Tribunal de Justiça em ADI estadual deve ser comunicada à Assembleia Legislativa. Até aí tudo bem. O problema é que essa comunicação não pode ser requisito para a inaplicabilidade da norma estadual ou municipal declarada inconstitucional. Se assim fosse, estaríamos confundindo o controle concentrado ***in abstrato*** com o controle difuso ***in concreto*** (que, tradicionalmente, necessita de tal comunicação e posterior resolução do Poder Legislativo para a devida inaplicabilidade do ato normativo declarado inconstitucional).[404] Nesse sentido, a comunicação vem sendo entendida pela doutrina como

403. MENDES, Gilmar, 2008, p. 1.314-1.315. Nesse caso, temos ainda que: "[...] da decisão que reconhecesse ou não a inconstitucionalidade do parâmetro de controle estadual seria admissível recurso extraordinário para o Supremo Tribunal Federal, que tanto poderia reconhecer a legitimidade da decisão, conforme declaração de inconstitucionalidade, como revê-la, para admitir a constitucionalidade da norma estadual, o que implicaria a necessidade de o Tribunal de justiça prosseguir no julgamento da ação proposta. [...]"

404. "[...] a decisão proferida em controle abstrato há de ter eficácia *erga omnes*, sob pena de se subverter ou de se descaracterizar por completo o próprio sistema judicial de controle de constitucionalidade, subordinando-se a

mero **ato de cooperação** entre os Poderes,[405] para que se tenha, inclusive, uma maior publicidade da decisão do TJ, que declarou de forma concentrada ***in abstrato***, e, por isso, com efeito ***erga omnes*** um ato normativo inconstitucional.

Por último, faz-se necessário salientar que o controle concentrado ***in abstrato*** nos Estados-membros pode não envolver apenas a ADI estadual (representação de inconstitucionalidade estadual), pois existem Estados que positivaram em suas respectivas Constituições a ADI por omissão.[406]

Sem dúvida, não há inconstitucionalidade nessa previsão, o que inclusive já foi externalizado pelo STF.[407] Um argumento interessante poderia ser, por exemplo, com base na tese da relativa fungibilidade entre a ADI (genérica) e a ADI por omissão parcial (que é uma espécie do gênero ADI por omissão).

Conforme aqui salientado (no estudo da ADI por omissão), na ADI por omissão parcial o que temos é uma omissão parcial, que, com isso, afronta o texto constitucional. Ou seja, existe ato normativo e a sua incompletude (ou insuficiência) contraria dispositivo da Constituição, fazendo com que esse ato seja, portanto, inconstitucional.

Já no que tange a ADI por omissão total, nada impede, que havendo previsão na Constituição Estadual, possa existir o questionamento da inércia (inefetividade) do Poder Público em não viabilizar direito previsto na Constituição Estadual (nos termos da Constituição Estadual).

Além da existência das ADIs por omissão (também chamada atualmente de ADO), entendemos possível, em virtude do caráter ***dúplice*** ou ***ambivalente*** da ADI e ADC (e da fungibilidade entre elas), a criação de Ação Declaratória de Constitucionalidade no âmbito Estadual.[408]

---

eficácia do pronunciamento judicial definitivo a uma decisão, reitere-se, tipicamente política de um órgão legislativo." MENDES, Gilmar, 2008, p. 1.329.

405. CLEVE, Clemerson Merlin, *A fiscalização abstrata no controle de constitucionalidade*; Ver também LEONCY, Leo Ferreira, *Controle de constitucionalidade estadual: as normas de observância obrigatória e a defesa abstrata da Constituição do Estado-membro*, p. 112; e NOVELINO, Marcelo, *Direito constitucional*, 2009, p. 318.

406. Exemplos: temos as Constituições dos Estados de Minas Gerais, Bahia, São Paulo, Paraná, Rio Grande do Sul, Pernambuco, entre outras.

407. Conforme o RE nº 148.283: Ementa: Constitucional. Estado do Maranhão. Ação Declaratória de Inconstitucionalidade por omissão de medida para tornar efetiva norma da carta estadual. Acórdão do Tribunal de Justiça local, declinatório da competência para o Supremo Tribunal Federal. Alegada ofensa aos arts. 102, I, a; 125, § 2º; e 5º, XXXV, da Constituição Federal. Ação que a Carta Política do Estado do Maranhão, na conformidade do art. 125, § 2º, da CR, incluiu na competência do Tribunal de Justiça (art. 80, § 1º, I). Rec. extraordinário conhecido e provido. (Rel. Min. Ilmar Galvão. Julg. em 08.08.2000.)

408. Nesses termos: "[...] tendo a Constituição de 1988 autorizado o constituinte estadual a criar a representação de inconstitucionalidade de lei ou ato normativo estadual ou municipal em face da Carta Magna Estadual (CR, art. 125º, § 2º) e, restando evidente que tanto a representação de inconstitucionalidade, no modelo da Emenda 16, de 1965, e da Constituição de 1967/69, quanto a ação declaratória de constitucionalidade prevista na Emenda Constitucional n. 3 de 1993, possuem caráter dúplice ou ambivalente, parece legítimo concluir que, independentemente de qualquer autorização expressa do legislador constituinte federal, estão os Estados-membros legitimados a instituir a ação declaratória de constitucionalidade. [...] Na autorização para que os Estados instituam a representação de inconstitucionalidade, resta implícita a possibilidade de criação da própria ação declaratória de

Já no caso da ADPF (Arguição de Descumprimento de Preceito Fundamental), entendemos que há necessidade de previsão na Constituição da República Federativa do Brasil para que ela possa ser inserida nas Constituições Estaduais. Certo é que a Constituição da RFB explicita a ADPF, estabelecendo competência apenas ao STF para seu processamento e julgamento. Nesse caso, também não estaria presente o fundamento da duplicidade ou ambivalência (usado para uma possível aceitação da Ação Declaratória de Constitucionalidade Estadual).

11. ÚLTIMAS CONSIDERAÇÕES SOBRE O CONTROLE DE CONSTITUCIONALIDADE

11.1. Interpretação conforme a Constituição

11.1.1. Introdução

Sem dúvida, a interpretação conforme a Constituição envolve o seguinte raciocínio: uma norma jurídica não tem sentido unívoco, tem sentido "plúrimo", pois é aberta, ou seja, é permeável a várias interpretações.[409]

A interpretação conforme a Constituição nada mais é do que a possibilidade de salvar uma norma fazendo com que ela permaneça no ordenamento jurídico. Atualmente, ela deve ser entendida como técnica de decisão de controle de constitucionalidade, e não apenas um método ou técnica de interpretação.

11.1.2. Conceito

É a possibilidade de o STF declarar a constitucionalidade de uma interpretação de norma jurídica, em virtude de ela estar em consonância ou estar compatível (adequada) com a Constituição.

Nesses termos, o STF afasta as demais interpretações, mas mantém (garante) a norma no ordenamento. É mister salientar que esse instituto pode ser utilizado com ou sem a redução de texto de uma norma.[410]

---

constitucionalidade." MENDES, Gilmar, 2008, p. 1318. Como exemplo, temos a Constituição de Minas Gerais que no seu **art.118** que prevê a **ADC**.

409. Para clássica doutrina hermenêutica, o fenômeno pode ser definido do seguinte modo: o legislador propositadamente pode elaborar uma lei de forma aberta com cláusulas gerais e, com isso, *a priori* já deixar assente a abertura para uma gama de possibilidades interpretativas. Porém, ele também pode optar por um texto normativo "pretensamente" fechado, específico e bem delimitado. Acontece que, mesmo nesse caso, em razão do desenvolvimento social e diante da sociedade complexa em que vivemos, a norma jurídica ganha novas interpretações (novas possibilidades interpretativas) que não eram, inclusive, desejadas ou mesmo pensadas pelo legislador.

410. Um exemplo de ***ICC sem redução de texto*** foi recentemente explicitado pelo STF. A Lei nº 13.301/2016 prevê, como uma das medidas para combater o Aedes aegypti, que o poder público fica autorizado a fazer a pulverização, por meio de aeronaves, de produtos químicos para matar o mosquito. No seu art. 1º, § 3º temos que: *São ainda medidas fundamentais para a contenção das doenças causadas pelos vírus de que trata o caput: IV - permissão da incorporação de mecanismos de controle vetorial por meio de dispersão por aeronaves mediante aprovação das autoridades sanitárias e da comprovação científica da eficácia da medida.* Essa norma, que permite o uso de

Portanto, o STF pode declarar a constitucionalidade de uma norma, desde que tenha determinada interpretação compatível com a Constituição ou mesmo pode declarar a constitucionalidade de uma norma, desde que tenha determinada interpretação compatível com a Constituição embora parte do texto da norma seja suprimido. Assim, ele reduz o texto e também determina que o restante só será constitucional (e com isso poderá permanecer no ordenamento) se tiver a interpretação determinada pelo STF.

Como já dito no capítulo referente à hermenêutica, a interpretação conforme se apresenta, à luz da jurisprudência do STF, não só com um viés hermenêutico, mas também como uma técnica de controle de constitucionalidade.[411]

11.1.3. Efeitos da interpretação conforme a Constituição

Conforme o art. 28, parágrafo único, Lei nº 9.868/99, os efeitos da decisão no STF serão ***erga omnes*** e vinculantes. Nesse sentido, é mister salientar que, se o juiz ou tribunal utilizar a norma de outra forma que não a delimitada pelo STF, poderá ensejar "reclamação", com base no art. 102, inc. I, "l", da CR/88, para preservar a autoridade e a competência do STF.

11.1.4. Observação final

O STF não poderá atuar como legislador positivo. Seguindo a doutrina majoritária (de viés *kelseniano*), no controle da constitucionalidade o Judiciário atua como legislador negativo, ou seja, analisa se leis feitas pelo legislador positivo são compatíveis ou não com a Constituição. Essa atuação nega a possibilidade de leis contrárias à Constituição de permanecerem no ordenamento.

Nesse sentido, não é permitido ao STF contrariar texto expresso de norma jurídica (infraconstitucional) ou de norma constitucional no exercício da interpretação conforme a Constituição.

---

aeronaves para dispersão de substâncias químicas no combate ao mosquito foi questionada no STF por meio de ADI proposta pelo PGR. Considerando possíveis danos ao meio ambiente e à saúde, o PGR pediu que essa norma fosse declarada inconstitucional O STF julgou parcialmente procedente o pedido apenas para dar interpretação conforme à Constituição, sem redução de texto, ao inciso IV do § 3º do art. 1º da Lei nº 13.301/2016. O STF afirmou que o dispositivo ***é constitucional***, desde que seja ***interpretado da seguinte forma***: *A aprovação das autoridades sanitárias e ambientais competentes e a comprovação científica da eficácia da medida são condições prévias e inafastáveis para que seja adotado esse mecanismo de controle vetorial por meio de dispersão por aeronaves.* O STF deu ICC a essa norma dizendo que, *além da comprovação científica e da aprovação das autoridades sanitárias (mencionadas no texto da lei), é **necessário também que haja a aprovação das autoridades ambientais.*** STF. Plenário. ADI 5592/DF, Red. p/ o ac. Min. Edson Fachin, julg em 11.09.2019 (Info 951).

411. Conforme a já citada **ADI nº 1.417**: "O princípio da interpretação conforme a Constituição (*verfassungskonforme auslegung*) é princípio que se situa no **âmbito do controle de constitucionalidade**, e não apenas como regra de interpretação. A aplicação desse princípio sofre, porém, restrições, uma vez que, ao declarar a inconstitucionalidade de uma lei em tese, o STF – em sua função de corte constitucional – atua como legislador negativo, mas não tem o poder de agir como legislador positivo, para criar norma jurídica diversa da instituída pelo Poder Legislativo. Por isso, se a única interpretação possível para compatibilizar a norma com a Constituição contrariar sentido inequívoco que o Poder Legislativo lhe pretendeu dar, não se pode aplicar o princípio da interpretação conforme a Constituição, que implicaria, em verdade, criação de norma jurídica, o que é privativo do legislador positivo." (Rel. Min. Moreira Alves, *DJ* 15.04.1998).

Alguns, também, defendem que a interpretação conforme a Constituição não poderia **contrariar o objetivo insofismavelmente pretendido pelo legislador com a produção normativa**. Nesses termos, a finalidade da lei não poderia ser desprezada ou mesmo desconsiderada. Conforme Gilmar Mendes (em estranho posicionamento, levando-se em consideração uma perspectiva hermenêutica mais sofisticada), nesse caso, a vontade do legislador não poderia ser substituída pela vontade do juiz.[412]

11.2. Declaração de inconstitucionalidade parcial sem redução de texto

11.2.1. Introdução

Sem dúvida, a declaração de inconstitucionalidade parcial sem redução de texto guarda íntima relação com a interpretação conforme a Constituição, pois ambas trabalham a partir de uma perspectiva hermenêutica. Ou seja, são dotadas de um viés hermenêutico.

Porém, certo é que existem diferenças entre elas. Nesses termos, a interpretação conforme busca salvar uma interpretação de uma norma, já a declaração de inconstitucionalidade parcial sem redução de texto opera justamente o contrário, pois visa declarar a inconstitucionalidade de uma determinada interpretação normativa.

11.2.2. Conceito

É a possibilidade de o STF declarar a inconstitucionalidade de uma hipótese, de um viés ou de uma variante de aplicação de uma norma jurídica sem reduzir seu texto. Embora o texto da norma continue o mesmo gramaticalmente, literalmente no ordenamento uma hipótese de sua aplicação é extirpada por inconstitucionalidade.[413]

Como exemplo, trazemos à baila clássica situação: suponhamos que surja uma lei que crie um novo tributo. Porém, esse tributo passa a ser cobrado no mesmo exercício financeiro em que foi criado. Dessa forma, é ajuizada ADI contra essa lei em virtude de ela ferir (contrariar) o art. 150, III, "b", da CR/88. Nesse caso, o STF pode aplicar a decisão de declaração parcial de inconstitucionalidade sem redução de texto, pois pode apenas declarar que uma hipótese (um viés) de aplicação do texto é inconstitucional. Portanto, o texto continua o mesmo, mas uma hipótese de aplicação é afastada em virtude da pecha de inconstitucionalidade sobre ela. Assim, adentrando-se no próximo exercício financeiro, o tributo poderá ser cobrado normalmente.

412. MENDES, Gilmar, *Jurisdição Constitucional*, p. 232.

413. Assim, deve o STF na parte dispositiva expressar do seguinte modo: a norma X é inconstitucional desde que, ou se, aplicável de tal modo ou se aplicada a tal hipótese, ou como em nosso exemplo e também em Gilmar Mendes e Yves Gandra: "A norma Y é inconstitucional se autorizativa da cobrança do tributo em determinado exercício financeiro." MENDES, Gilmar Ferreira, *Controle concentrado de constitucionalidade*, 2001, p. 301.

Também como exemplo recente, podemos citar a ADI 2238, em que o STF julgou o pedido procedente para declarar a inconstitucionalidade parcial, sem redução de texto, do § 1º do art. 23 da Lei de Responsabilidade Fiscal. O STF declarou a inconstitucionalidade parcial, sem redução de texto, do § 1º do art. 23, da LRF, de modo a ***obstar interpretação*** segundo a qual é possível reduzir valores de função ou cargo que estiver provido.[414]

11.2.3. Observações finais

A DIP sem redução de texto, assim como a Interpretação Conforme a Constituição, tem efeito ***erga omnes*** e vinculante. Certo é que, se o Poder Judiciário ou a Administração Pública (federal, estadual ou municipal) descumprir a decisão prolatada pelo STF, cabe o instituto da reclamação, à luz do art. 102, I, "l", da CR/88.

Mas, aqui, há espaço para uma outra observação importante. Esta envolve as possibilidades de declaração de inconstitucionalidade pelo STF. Nesses termos, sem adentrarmos nas questões atinentes à modulação ou manipulação de efeitos, temos que poderá haver a:

- Declaração de inconstitucionalidade total (o STF declara que a lei ou o ato normativo se apresentam de todo inconstitucional);
- Declaração de inconstitucionalidade parcial, com redução de texto (aqui temos o uso do *princípio da parcelaridade*, na medida em que o STF declara a inconstitucionalidade de partes de uma lei ou um ato normativo, incluindo a possibilidade até mesmo de palavras ou expressões);
- Declaração de inconstitucionalidade parcial, sem redução de texto (conforme ora estudado, o STF declara a inconstitucionalidade de uma hipótese de aplicação da lei ou do ato normativo, permanecendo intacta a literalidade da referida lei ou ato normativo).

11.3. Declaração de inconstitucionalidade sem pronúncia de nulidade

Aqui, temos outra possibilidade de atuação do Pretório Excelso. Nesse caso, o STF declara a inconstitucionalidade de lei ou ato normativo, porém, não pronuncia sua nulidade. Ou seja, o STF excepcionalmente pode entender, com base no princípio

414. **ADI 2238/DF**, Rel. Min. Alexandre de Moraes, julgado em **24.06.2020.** Informativo 983: *Salientou que, por mais inquietante e urgente que seja a necessidade de realização de ajustes nas contas públicas estaduais, a ordem constitucional vincula a todos, independentemente dos ânimos econômicos ou políticos. Portanto, caso se considere conveniente e oportuna a redução das despesas com folha salarial no funcionalismo público como legítima política de gestão da Administração Pública, deve-se observar o que está fixado na Constituição (art. 169, §§ 3º e 4º, da CF/88). Não cabe flexibilizar mandamento constitucional para gerar alternativas menos onerosas, do ponto de vista político, aos líderes públicos eleitos. De acordo com a jurisprudência do Tribunal, o art. 37, XV, da CF/88 impossibilita que a retenção salarial seja utilizada como meio de redução de gastos com pessoal com a finalidade de adequação aos limites legais ou constitucionais. A irredutibilidade do estipêndio funcional é garantia constitucional voltada a qualificar prerrogativa de caráter jurídico-social instituída em favor dos agentes públicos.*

da proporcionalidade, que a declaração de nulidade poderá agravar o estado de inconstitucionalidade presente no sistema jurídico-constitucional. Nesses casos, também excepcionalmente, importante salientar que a lei ou o ato normativo podem continuar no ordenamento, à luz da lógica da ponderação de interesses, com base em razões de segurança jurídica ou excepcional interesse social, dentre outras fundamentações que trabalham a proporcionalidade. Um exemplo recente foi o da ADI nº 2.240 (Município de Luiz Eduardo Magalhães). O STF declarou que a lei que criou o município era inconstitucional, mas não declarou sua nulidade,[415] ocorrendo na decisão a modulação de efeitos por 24 meses.[416] Um exemplo, ainda mais recente, está presente no Informativo nº 576 do STF, que deixou assente que, no que tange à Lei Complementar nº 62/89: "[...] não obstante a Lei Complementar 62/89 não satisfazer integralmente à exigência contida na parte final do art. 161, II, da CR, julgou-se que a sua imediata supressão da ordem jurídica implicaria incomensurável prejuízo ao interesse público e à economia dos Estados, haja vista que o vácuo legislativo poderia inviabilizar, por completo, as transferências de recursos. Em razão disso, fez-se incidir o art. 27, da Lei nº 9.868/99, e declarou-se a inconstitucionalidade, sem pronúncia da nulidade, do art. 2º, I e II, §§ 1º, 2º e 3º, e do Anexo Único, da Lei Complementar 62/89, autorizando-se a aplicação da norma até 31.12.2012, lapso temporal que se entendeu razoável para o

---

415. Nesse sentido, conforme a Ementa da decisão da ADI **2240 julg. em 09.05.2007**: *Ação Direta de Inconstitucionalidade. Lei nº 7.619/2000, do Estado da Bahia, que criou o município de Luís Eduardo Magalhães. Inconstitucionalidade de lei estadual posterior à EC 15/96. Ausência de Lei complementar Federal prevista no texto constitucional. Afronta ao disposto no artigo 18, § 4º, da Constituição do Brasil. Omissão do Poder Legislativo. Existência de fato. Situação consolidada. Princípio da segurança da jurídica. Situação de Exceção, Estado de Exceção. A Exceção não se subtrai à norma, mas esta, suspendendo-se, dá lugar à Exceção — apenas assim ela se constitui como regra, mantendo-se em relação com a Exceção. 1. O Município foi efetivamente criado e assumiu existência de fato, há mais de seis anos, como ente federativo. 2. Existência de fato do Município, decorrente da decisão política que importou na sua instalação como ente federativo dotado de autonomia. Situação excepcional consolidada, de caráter institucional, político. Hipótese que consubstancia reconhecimento e acolhimento da força normativa dos fatos. 3. Esta Corte não pode limitar-se à prática de mero exercício de subsunção. A situação de exceção, situação consolidada — embora ainda não jurídica — não pode ser desconsiderada. 4. A exceção resulta de omissão do Poder Legislativo, visto que o impedimento de criação, incorporação, fusão e desmembramento de Municípios, desde a promulgação da Emenda Constitucional n. 15, em 12 de setembro de 1.996, deve-se à ausência de lei complementar federal. 5. Omissão do Congresso Nacional que inviabiliza o que a Constituição autoriza: a criação de Município. A não edição da lei complementar dentro de um prazo razoável consubstancia autêntica violação da ordem constitucional. 6. A criação do Município de Luís Eduardo Magalhães importa, tal como se deu, uma situação excepcional não prevista pelo direito positivo. 7. O estado de exceção é uma zona de indiferença entre o caos e o estado da normalidade. Não é a exceção que se subtrai à norma, mas a norma que, suspendendo-se, dá lugar à exceção — apenas desse modo ela se constitui como regra, mantendo-se em relação com a exceção. 8. Ao Supremo Tribunal Federal incumbe decidir regulando também essas situações de exceção. Não se afasta do ordenamento, ao fazê-lo, eis que aplica a norma à exceção desaplicando-a, isto é, retirando-a da exceção. 9. Cumpre verificar o que menos compromete a força normativa futura da Constituição e sua função de estabilização. No aparente conflito de inconstitucionalidades impor-se-ia o reconhecimento da existência válida do Município, a fim de que se afaste a agressão à federação. 10. O princípio da segurança jurídica prospera em benefício da preservação do Município. 11. Princípio da continuidade do Estado. 12. Julgamento no qual foi considerada a decisão desta Corte no MI n. 725, quando determinado que o Congresso Nacional, no prazo de dezoito meses, ao editar a lei complementar federal referida no § 4º do artigo 18 da Constituição do Brasil, considere, reconhecendo-a, a existência consolidada do Município de Luís Eduardo Magalhães. Declaração de inconstitucionalidade da lei estadual sem pronúncia de sua nulidade 13. Ação direta julgada procedente para declarar a inconstitucionalidade, mas não pronunciar a nulidade pelo prazo de 24 meses, da Lei nº7.619, de 30 de março de 2000, do Estado da Bahia. Rel. Min. Eros Grau.*

416. Ressaltamos, apenas mais uma vez na obra, que a decisão (entre outras sobre o mesmo tema) do STF na ADI 2240 foi esvaziada em sua substancialidade pela Emenda Constitucional nº 57/2008 (aqui já trabalhada).

legislador reapreciar o tema, em cumprimento àquele comando constitucional." Por último, temos recente decisão do STF na Reclamação 4.374/PE julgada em 18.04.2013 em que o Pretório Excelso declarou a inconstitucionalidade sem pronúncia de nulidade do § 3º do art. 20 da Lei nº 8.742/93[417].

11.4. Declaração de constitucionalidade de lei "ainda" constitucional

É a possibilidade de o STF declarar a constitucionalidade de uma lei, mas afirmar que ela está em vias de se tornar inconstitucional. Ou seja, a lei é constitucional, mas caminha progressivamente para a inconstitucionalidade. Esse tipo de declaração também é chamado de ***inconstitucionalidade progressiva*** ou de ***apelo ao legislador*** (conforme a perspectiva desenvolvida na Alemanha).

É apelo ao legislador porque o STF estará alertando o legislador, ou os Poderes Públicos como um todo, para que tomem outra postura a fim de que a lei não se torne inconstitucional.

Como exemplo, temos o HC nº 70.514 (discutiu o prazo em dobro da defensoria pública para recorrer. O STF externaliza que é inconstitucional esse prazo por ferir, em termos processuais, a isonomia e a paridade de armas. Porém, mesmo sabedor disso, o STF entende que esse prazo é "ainda" constitucional, pois a defensoria não está devidamente estruturada. Sem dúvida, quando estiver, a norma ora em questão será inconstitucional).[418]

Outro exemplo é o do Recurso Extraordinário nº **147.776** (discussão sobre o **art. 68 do CPP** – que diz respeito à defesa de hipossuficientes pelo Ministério Público). Sem dúvida, à luz da Constituição atual, a defesa de hipossuficientes está afeta à Defensoria Pública, nos termos do art. 134 da CR/88. Porém, o STF decidiu aplicar a declaração de constitucionalidade de lei ainda constitucional, na medida em que deixou assente que o art. 68 do CPP era ainda constitucional (podendo, portanto, ser recepcionado

417. Ver decisão de 18.04.2013, Rcl 4374/PE Rel. Min. Gilmar Mendes.

418. Nesse sentido, a decisão do **STF no HC nº 70.514,** julg. em **23.03.93**, conforme a ementa: *Direito Constitucional e Processual Penal. Defensores Públicos: prazo em dobro para interposição de recursos (§ 5º do art. 1 da Lei n 1.060, de 05.02.1950, acrescentado pela Lei n 7.871, de 08.11.1989). Constitucionalidade. "Habeas Corpus". Nulidades. Intimação pessoal dos Defensores Públicos e prazo em dobro para interposição de recursos. 1. Não é de ser reconhecida a inconstitucionalidade do § 5º do art. 1º da Lei n 1.060, de 05.02.1950, acrescentado pela Lei n 7.871, de 08.11.1989, no ponto em que confere prazo em dobro, para recurso, às Defensorias Públicas, ao menos até que sua organização, nos Estados, alcance o nível de organização do respectivo Ministério Público, que é a parte adversa, como órgão de acusação, no processo da ação penal pública. 2. Deve ser anulado, pelo Supremo Tribunal Federal, acórdão de Tribunal que não conhece de apelação interposta por Defensor Público, por considerá-la intempestiva, sem levar em conta o prazo em dobro para recurso, de que trata o § 5º do art. 1 da Lei n 1.060, de 05.02.1950, acrescentado pela Lei n 7.871, de 08.11.1989. 3. A anulação também se justifica, se, apesar do disposto no mesmo parágrafo, o julgamento do recurso se realiza, sem intimação pessoal do Defensor Público e resulta desfavorável ao réu, seja, quanto a sua própria apelação, seja quanto à interposta pelo Ministério Público. 4. A anulação deve beneficiar também o corréu, defendido pelo mesmo Defensor Público, ainda que não tenha apelado, se o julgamento do recurso interposto pelo Ministério Público, realizado nas referidas circunstâncias, lhe é igualmente desfavorável. "Habeas Corpus" deferido para tais fins, devendo o novo julgamento se realizar com prévia intimação pessoal do Defensor Público, afastada a questão da tempestividade da apelação do réu, interposto dentro do prazo em dobro.* (Rel. Min. Sydney Sanches. DJ 27.06.97).

pelo novo ordenamento constitucional pós 1988) até que a defensoria pública fosse devidamente estruturada de forma adequada nos níveis estadual e nacional.[419]

Por último, temos também como exemplo a decisão da ADI nº 2415 julgada pelo STF em 22.09.2011. Nessa decisão, por estar configurada *"situação constitucional imperfeita"*, o Plenário do STF, por maioria, julgou improcedente pedido formulado em ação direta de inconstitucionalidade, ajuizada pela Associação dos Notários e Registradores do Brasil – Anoreg/BR, contra os Provimentos 747/2000 e 750/2001, ambos do Conselho Superior da Magistratura do Estado de São Paulo. Os referidos atos reorganizaram as serventias notariais e de registros no interior daquele ente federativo "mediante a acumulação e desacumulação de serviços, extinção e criação de unidades". Conforme a Ementa: "(...) 3. **Processo de Inconstitucionalização. Normas "ainda constitucionais"**. Tendo em vista que o Supremo Tribunal Federal indeferiu o pedido de medida liminar há mais de dez anos e que, nesse período, mais de 700 pessoas foram aprovadas em concurso público e receberam, de boa-fé, as delegações do serviço extrajudicial, a desconstituição dos efeitos concretos emanados dos Provimentos nº 747/2000 e 750/2001 causaria desmesurados prejuízos ao interesse social. Adoção da tese da norma jurídica 'ainda constitucional'. Preservação: a) da validade dos atos notariais praticados no Estado de São Paulo, à luz dos provimentos impugnados; b) das outorgas regularmente concedidas a delegatários concursados (eventuais vícios na investidura do delegatário, máxime a ausência de aprovação em concurso público, não se encontram a salvo de posterior declaração de nulidade); c) do curso normal do processo seletivo para o recrutamento de novos delegatários. 4. Ação direta julgada improcedente."[420]

---

419. Nesses termos o **RE nº 147.776,** julg em **19.05.98**: *Ministério Público: legitimação para promoção, no juízo cível, do ressarcimento do dano resultante de crime, pobre o titular do direito à reparação: CPP, art. 68, ainda constitucional (cf. RE 135328): processo de inconstitucionalização das leis. 1. A alternativa radical da jurisdição constitucional ortodoxa entre a constitucionalidade plena e a declaração de inconstitucionalidade ou revogação por inconstitucionalidade da lei com fulminante eficácia ex tunc faz abstração da evidência de que a implementação de uma nova ordem constitucional não é um fato instantâneo, mas um processo, no qual a possibilidade de realização da norma da Constituição – ainda quando teoricamente não se cuide de preceito de eficácia limitada – subordina-se muitas vezes a alterações da realidade fática que a viabilizem. 2. No contexto da Constituição de 1988, a atribuição anteriormente dada ao Ministério Público pelo art. 68 CPP – constituindo modalidade de assistência judiciária – deve reputar-se transferida para a Defensoria Pública: essa, porém, para esse fim, só se pode considerar existente, onde e quando organizada, de direito e de fato, nos moldes do art. 134 da própria Constituição e da lei complementar por ela ordenada: até que – na União ou em cada Estado considerado –, se implemente essa condição de viabilização da cogitada transferência constitucional de atribuições, o art. 68 CPP será considerado ainda vigente: é o caso do Estado de São Paulo, como decidiu o plenário no RE 135328.* Rel. Min. Sepúlveda Pertence.

420. Ainda conforme a Ementa: (...) 2. Criação e extinção de serventias extrajudiciais. As serventias extrajudiciais se compõem de um feixe de competências públicas, embora exercidas em regime de delegação a pessoa privada. Competências que fazem de tais serventias uma instância de formalização de atos de criação, preservação, modificação, transformação e extinção de direitos e obrigações. *Se esse feixe de competências públicas investe as serventias extrajudiciais em parcela do poder estatal idônea à colocação de terceiros numa condição de servil acatamento, a modificação dessas competências estatais (criação, extinção, acumulação e desacumulação de unidades) somente é de ser realizada por meio de lei em sentido formal, segundo a regra de que ninguém será obrigado a fazer ou deixar de fazer alguma coisa senão em virtude de lei. Precedentes (e não por provimentos do TJ/SP nos termos questionados na ADI 2415)* (Rel. Min. Ayres Britto, 22.09.2011).

11.5. Sentenças intermediárias: sobretudo as sentenças normativas (ou sentenças manipulativas)

11.5.1. Conceito

Embora o tema também seja objeto de **análise específica em tópico posterior**, já iremos conceituar o que chamamos de sentenças intermediárias. Nesse sentido, as **sentenças intermediárias são o conjunto de decisões (tipologias) as quais o órgão do Poder Judiciário, que controla a constitucionalidade, relativiza o tradicional binômio "constitucionalidade/inconstitucionalidade"**.[421] Ou seja, à luz de fatores políticos, econômicos, sociais e jurídicos, o Poder Judiciário passa a trabalhar com técnicas de decisão e efeitos no controle de constitucionalidade que vão além da mera (simples) declaração de constitucionalidade ou inconstitucionalidade de uma lei.

O termo "sentenças intermediárias" **(conforme veremos novamente**) surge de forma explicitada, em 1987, no VII Congresso de Tribunais Constitucionais Europeus.[422] Entre as sentenças intermediárias, nesse momento da obra, iremos destacar as sentenças normativas (que posteriormente também **serão analisadas** em conjunto com as outras sentenças intermediárias).

Sem dúvida, acreditamos que os dois principais exemplos, atualmente, são as chamadas sentenças aditivas e as sentenças substitutivas (também chamadas na *doutrina italiana de sentenças manipulativas*).

Aqui é interessante registrar que Gilmar Mendes e Paulo Gonet usando da doutrina italiana por intermédio de autores como Ricardo Guastini (*Lezioni di teoria costituzionale*, 2001, p. 222) e Roberto Romboli (*Giustizia costituzionale*, 2007, p. 304) intitulam algumas das *sentenças intermediárias* (*as aditivas e as substitutivas*) *de sentenças manipulativas*.

Apesar de não concordamos com essa nomenclatura que entendemos ser desconectada com a que definiram os Tribunais Europeus, vamos aqui explicitá-la.

Para os autores, "a doutrina italiana considera ***manipulativa*** a decisão mediante a qual o órgão de jurisdição constitucional modifica ou adita normas submetidas a sua apreciação, a fim de que saiam do juízo constitucional com incidência normativa ou conteúdo distinto do original, mas concordante com a Constituição" (*Ricardo Guastini, 2001, p.222*). Nesses termos, afirmam os autores que, como anota Roberto Romboli, tratando das sentenças manipulativas, a Corte modifica diretamente a norma posta ao seu exame, por meio de decisões que são definidas como *autoaplicativas*, a indicar o caráter imediato de seus efeitos, que prescindem de qualquer sucessiva intervenção parlamentar (Roberto Romboli, 2007, p. 304).

---

421. SAMPAIO, José Adércio Leite, *As sentenças intermediárias e o mito do legislador negativo*, p. 159. Ver também, SOUZA CRUZ, Álvaro Ricardo, *Jurisdição constitucional democrática*, 2004.
422. SAMPAIO, José Adércio Leite, *As sentenças intermediárias e o mito do legislador negativo*, p. 159.

Dessa maneira, haveria uma distinção entre as *sentenças manipulativas* de efeitos *aditivos* das manipulativas com efeito *substitutivo*. A primeira espécie verifica-se quando a corte constitucional declara inconstitucional certo dispositivo legal não pelo que expressa, mas pelo que omite, alargando o texto da lei ou seu âmbito de incidência.

Já as manipulativas com efeitos *substitutivos*, por sua vez, são aquelas em que o juízo constitucional declara a inconstitucionalidade da parte em que a lei estabelece determinada disciplina em vez de outra, substituindo a disciplina advinda do poder legislativo por outra, consentânea com o parâmetro constitucional.[423]

Podemos observar que a conceituação posta pelos autores ora citados não vai divergir muito da que nós vamos trabalhar.

Nesses termos, também afirmamos que as ***sentenças aditivas*** são aquelas nas quais o Poder Judiciário entende que a norma é inconstitucional por insuficiência dela, mas não declara a inconstitucionalidade da norma, extirpando-a do ordenamento. Ao invés disso, amplia o conteúdo dessa norma, ou seja, estende o âmbito (alarga a norma, incrementando-a) com um conteúdo até então inexistente nela. A norma de inconstitucional, por insuficiência, passa a ser constitucional em virtude de seu alargamento. Portanto, o Judiciário irá aditivar a norma, mediante sua decisão. Um exemplo interessante advém da Corte Constitucional italiana por meio da Sentença **Normativa Aditiva nº 170/70**. No caso, a legislação italiana previa a presença do Ministério Público no interrogatório do réu e a legislação era omissa quanto à presença do advogado do réu. A Corte diante de questionamento de constitucionalidade da legislação, ora em comento, entendeu que se trata de norma inconstitucional por insatisfatória. Todavia, foi mantida a norma no ordenamento com o alargamento dela (incremento em seu conteúdo), incluindo-se, então, também a presença do advogado no interrogatório.

No Brasil, não há tradição de sentença aditiva, ***vide*** exemplo da **Súmula nº 339** do STF (que foi convertida na Súmula vinculante nº 37 do STF) que preleciona que: "não cabe ao Poder Judiciário, que não tem função legislativa, aumentar vencimentos de servidores públicos sob fundamento de isonomia."[424]

---

423. Sustentam ainda que como espécies de decisões com alguma eficácia aditiva ainda devem ser referidas as **decisões demolitórias com efeitos aditivos** (quando é suprimida uma lei inconstitucional constritora de direitos), **as aditivas de prestação** (que tem impacto orçamentário) e as **aditivas de princípios** (onde são fixados princípios que o legislador deve observar ao prover a disciplina que se tem por indispensável ao exercício de determinado direito constitucional). Ressaltam os autores que, embora os esforços teóricos do tema tenham frutificado principalmente na Itália, a prolação de decisões manipulativas tem sido uma constante também na jurisprudência do Tribunal espanhol e português

424. Na **ADO 22** julg. em **22.04.2015** afirmou o STF que: "*O Plenário, por maioria, conheceu de ação direta de inconstitucionalidade por omissão, e, no mérito, julgou improcedente pedido formulado em face de alegada omissão legislativa parcial do Congresso Nacional, tendo em vista ausência de regulamentação acerca da propaganda de bebidas de teor alcoólico inferior a 13 graus Gay Lussac (13º GL), em desacordo com o comando constitucional previsto no art. 220, § 4º, da CF. O Tribunal, de início, asseverou que estaria assentada na jurisprudência do STF, com fundamento na interpretação dos princípios da harmonia e independência entre os Poderes, a impossibilidade de, em sede jurisdicional, criar-se norma geral e abstrata em substituição ao legislador, reiterado o quanto decidido na ADI 1.755/DF (DJU de 18.5.2001) (...)No entanto, no caso em comento, o primeiro item a ser considerado deveria ser a real existência da*

Todavia, temos alguns exemplos[425] de atuação aditiva de nosso Poder Judiciário, que merece citação: a) Recurso Especial nº **249.026.** Nesse caso, o STJ permitiu o levantamento do FGTS de uma mãe que pretendia utilizá-lo em benefício de seu filho que padecia de AIDS. No caso, a decisão foi prolatada a despeito do rol de hipóteses de levantamento do fundo elencados no art. 20, XI, da Lei nº 8.036/90 não prever (contemplar) a situação em tela. Certo é que o STJ, em razão do direito à vida, à dignidade da pessoa humana e à saúde, entendeu, em função do caráter social do FGTS, que este deveria garantir o bem-estar não apenas do indivíduo, mas também de seus familiares[426]; **b) HC nº 79.812** de Relatoria do Min. Celso de Mello. Neste, o STF no que tange às testemunhas nas CPIs, preleciona que elas (e não só os investigados) também poderiam usar o direito de silêncio (de não autoincriminação e não produção de provas contra si mesmo).

Já as ***sentenças substitutivas*** são aquelas em que o Poder Judiciário entende que a norma é inconstitucional por ser inadequada, invalidando-a, e, com isso, substitui-a por outra que ele, Poder Judiciário, entende adequada. Um exemplo advém da Corte Constitucional italiana: Sentença Normativa Substitutiva nº 298/95 (No Código Penal Militar italiano havia a estipulação para um determinado crime X de uma pena de 5 a 10 anos de reclusão. A Corte italiana, em julgamento, entendeu que se tratava de lei inconstitucional por ser inadequada, pois feria a lógica da proporcionalidade. Com isso, a Corte declarou a inconstitucionalidade da norma do ordenamento e a substituiu por uma norma que estabeleceu a previsão de pena de reclusão de 1 a 5 anos[427]).

Por fim, ainda que preliminarmente, uma **crítica fulcral** que poderia ser feita a essas sentenças é justamente a que afirma que essas ferem (ou pelo menos ameaçam de ferir) a supremacia da Constituição, na medida em que colocam o Poder Judiciário atuando como Poder Legislativo (como legislador positivo, nos moldes de

alegada omissão inconstitucional em matéria de propaganda de bebidas alcoólicas. O legislador federal, no exercício da atribuição a ele conferida pelo poder constituinte originário, aprovara a Lei 9.294/1996, que dispõe sobre as restrições ao uso e à propaganda de produtos fumígeros, bebidas alcoólicas, medicamentos, terapias e defensivos agrícolas, nos termos do § 4° do art. 220 da CF. (...)Ademais, a irresignação quanto ao critério fixado no parágrafo único do art. 1º da Lei 9.294/1996 — bebidas alcoólicas, para efeitos da lei, seriam as bebidas potáveis com teor alcoólico superior a 13º GL — não seria suficiente para evidenciar a alegada omissão inconstitucional, dado que, como dito, estaria demonstrado nos autos ter sido a matéria relativa à propaganda de bebidas alcoólicas objeto de amplos debates em ambas as Casas do Poder Legislativo. Ainda que se pudessem considerar relevantes as razões sociais motivadoras da ação direta em apreciação, o pedido não poderia prosperar. Isso porque, tão importante quanto a preservação da saúde daqueles que se excedem no uso de bebidas alcoólicas, e que poderiam consumi-las em níveis menores, seria a observância de princípios fundamentais do direito constitucional, como o da separação dos Poderes. Assim, para afirmar a omissão inconstitucional na espécie, o STF teria de analisar a conveniência política de normas legitimamente elaboradas pelos representantes eleitos pelo povo. Portanto, não se estaria diante de uma omissão, mas diante de uma opção, ou seja, o que teria havido seria uma opção do legislador na escolha das propagandas que seriam viáveis, ou não".

425. SOUZA CRUZ, Álvaro Ricardo, *Jurisdição constitucional democrática*, 2004.
426. REsp. 249.026/PR Rel. Min. José Delgado, *DJU* de 26.06.2000. SOUZA CRUZ, Álvaro Ricardo, *Jurisdição constitucional democrática*, 2004; SAMPAIO, José Adércio Leite, *As sentenças intermediárias e o mito do legislador negativo.*
427. SOUZA CRUZ, Álvaro Ricardo, *Jurisdição constitucional democrática*, 2004; SAMPAIO, José Adércio Leite, *As sentenças intermediárias e o mito do legislador negativo.*

um verdadeiro poder constituinte permanente), contrariando o princípio da separação de poderes. Na visão de José Adércio Leite Sampaio, o Judiciário pecaria por excesso.[428]

Porém, uma análise **detalhada** e **completa** do tema passará agora a ser desenvolvida em nossa obra. Esta irá resgatar alguns conceitos, repetindo-os propositadamente, e irá além, trazendo novas digressões e, com isso, **esmiuçando** o estudo das **sentenças intermediárias**.

12. AS SENTENÇAS INTERMEDIÁRIAS NO CONTROLE DE CONSTITUCIONALIDADE

12.1. Introdução

Uma advertência deve ser feita logo de início: conforme Emílio Peluso Neder Meyer, encontramos na doutrina um discurso totalmente confuso a respeito do tema, de modo que ora os juristas tentam distinguir diferenças entre os institutos que compõem este gênero, ora buscam mesclá-los de modo desarrazoado. Quanto ao Supremo Tribunal Federal, então, o problema é ainda mais grave, já que este opta por decisões com "fundamentação pouco convincente", agravando a precariedade e pouca técnica do debate sobre o tema.[429] Verdade é que o termo ***sentença intermediária***,[430] conforme já descrito, compreende uma diversidade de tipologias de decisões utilizadas pelos Tribunais Constitucionais e/ou Cortes Constitucionais em sede do controle de constitucionalidade, **com o objetivo de relativizar o padrão binário do direito (constitucionalidade/inconstitucionalidade)**. Ou seja, como já definimos, as sentenças intermediárias como o conjunto de decisões que relativizam o **dogma constitucionalidade/inconstitucionalidade**. Como salientamos, onde antes somente era cabível ao Tribunal Constitucional posicionar-se pela declaração de constitucionalidade ou inconstitucionalidade de determinada lei ou ato normativo, agora, assistimos a uma pluralidade de medidas intermediárias, que relativizam tais julgamentos, abrindo a um espectro de possibilidade para os juízes constitucionais.

O termo, como aqui já salientado, foi originariamente cunhado na VII Conferência dos Tribunais Constitucionais europeus, em 1987.[431] Para José Adércio Leite Sampaio, é possível subdividir tais decisões em dois grupos:

---

428. SAMPAIO, José Adércio Leite, As sentenças intermediárias e o mito do legislador negativo.
429. MEYER, Emílio Peluso Neder, *A decisão no controle de constitucionalidade*, p. 37.
430. Fato é que a terminologia difundida no Brasil por José Adércio Leite Sampaio, com base na VII Conferência dos Tribunais Constitucionais europeus, em 1987. Emílio Peluso Neder Meyer (*A decisão no controle de constitucionalidade*, p. 38) faz outra proposta, *decisões intermediárias*, pois assim abarcar-se-á tanto provimentos jurisdicionais de primeira instância (sentenças) quanto pronunciamentos dos Tribunais (acórdãos).
431. SAMPAIO, José Adércio Leite, *As sentenças intermediárias e o mito do legislador negativo*, p. 159. Mais uma vez registramos que Gilmar Mendes usando mais especificamente da doutrina italiana e de autores como Ricardo Guastini (*Lezioni di teoria costituzionale*, 2001, p.222) e Roberto Romboli (*Giustizia costituzionale*, 2007, p.304) intitula algumas das ***sentenças intermediárias*** *(as aditivas e as substitutivas)* de ***sentenças manipulativas***. Nesses

Sentenças normativas	Sentenças transitivas ou transacionais
Que levam à criação de uma norma geral (abstrata) e vinculante, que, por sua vez, são subdivididas em outros grupos: • sentenças interpretativas ou de interpretação conforme a Constituição; • sentenças aditivas; • sentenças aditivas de princípio; • sentenças substitutivas.	Que implicam, devido a uma série de fatores (políticos, econômicos ou mesmo jurídicos), a possibilidade de uma relativa transação (relativização) com a supremacia constitucional, e são divididas nas seguintes espécies: • sentenças de inconstitucionalidade sem efeito ablativo; • sentenças de inconstitucionalidade com ablação diferida; • sentenças de apelo ou apelativas; • sentenças de aviso.

Aqui, apesar de não trabalharmos, merece atenção a diferenciação adotada por Luís Roberto Barroso e Patrícia Perrone sobre o tema. Para os autores, as decisões intermediárias podem assumir a natureza de decisões interpretativas ou de decisões construtivas (também conhecidas como manipulativas), a depender do quantum de inovação produzam no Direito. Nesses termos:

a) As **decisões interpretativas** são aquelas em que o Tribunal atribui ou afasta um significado ou uma incidência que poderia ser extraída do programa normativo da lei, tal como positivado pelo legislador. Nesse caso, o intérprete determina, entre as interpretações possíveis, a que melhor efetiva o disposto na Constituição, ou suprime significados inconstitucionais.[432]

b) As **decisões construtivas (manipulativas)**, a seu turno, atribuem aos dispositivos interpretados significados que não podem ser diretamente extraídos do programa normativo da lei, procurando ampliar ou modificar o seu conteúdo e

termos, repetimos: *"A doutrina italiana* ***considera manipulativa a decisão mediante a qual o órgão de jurisdição constitucional modifica ou adita normas submetidas a sua apreciação, a fim de que saiam do juízo constitucional com incidência normativa ou conteúdo distinto do original, mas concordante com a Constituição*** *(Ricardo Guastini, 2001, p.222). Como anota Roberto Romboli, tratando das manipulativas, a Corte modifica diretamente a norma posta ao seu exame, através de decisões que são definidas como autoaplicativas, a indicar o caráter imediato de seus efeitos, que prescindem de qualquer sucessiva intervenção parlamentar (Roberto Romboli, 2007, p.304). Um ulterior esforço analítico termina por distinguir as* ***manipulativas de efeitos aditivos das manipulativas com efeito substitutivo****. A primeira espécie verifica-se quando a corte constitucional declara inconstitucional certo dispositivo legal não pelo que expressa, mas pelo que omite, alargando o texto da lei ou seu âmbito de incidência. As manipulativas com efeitos substitutivos, por sua vez, são aquelas em que o juízo constitucional declara a inconstitucionalidade da parte em que a lei estabelece determinada disciplina ao invés de outra, substituindo a disciplina advinda do poder legislativo por outra, consentânea com o parâmetro constitucional. Como espécies de decisões com alguma eficácia aditiva ainda devem ser referidas as* ***decisões demolitórias com efeitos aditivos*** *(quando é suprimida uma lei inconstitucional constritora de direitos),* ***as aditivas de prestação*** *(que tem impacto orçamentário) e as* ***aditivas de princípios*** *(onde são fixados princípios que o legislador deve observar ao prover a disciplina que se tem por indispensável ao exercício de determinado direito constitucional). Ressalte-se que, embora os esforços teóricos do tema tenham frutificado principalmente na Itália, a prolação de decisões manipulativas tem sido uma constante também na jurisprudência do Tribunal espanhol e português.* MENDES, Gilmar, *Curso de Direito Constitucional,* 2014, p.1294-1295.

432. BARROSO, Luís Roberto; MELLO CAMPOS, Patrícia Perrone. *O papel criativo dos Tribunais – técnicas de decisão em controle de constitucionalidade*. Revista da Ajuris, V.46, n146, jun de 2019.

alcance, a fim de compatibilizá-lo com a Constituição. Nessa hipótese, há uma maior atuação criativa da Corte, com adição ou substituição do sentido normativo atrelado ao texto. Portanto, as decisões aqui designadas construtivas correspondem àquelas que se consolidaram na experiência italiana – e que estão em processo de estabilização também na prática brasileira – sob a denominação de decisões manipulativas. Trata-se de técnica de decisão por meio da qual o intérprete introduz novos conteúdos na norma, que não poderiam ser extraídos diretamente do seu programa normativo, a fim de compatibilizá-la com a Constituição. A despeito da ampla utilização da expressão manipulativa para designar tal técnica, a nomenclatura não parece ser a mais adequada. Nesses termos, justamente por tais razões, os autores optam por adotar a expressão decisões construtivas em substituição à expressão decisões manipulativas. Assim sendo, essa técnica intitulada para eles de decisões construtivas possibilita a reconstrução do significado da norma tida como parcialmente inconstitucional, através de inserção de conteúdos que não decorrem de seu programa normativo, mas que são passíveis de justificação à luz da própria Constituição. Trata-se, para Barroso e Perrone de gênero de pronunciamento judicial que abrange as técnicas de decisão construtiva aditiva e substitutiva.[433]

Porém, como já dito, vamos adotar a nomenclatura de José Adércio leite Sampaio, embora as outras nomenclaturas sejam também de grande valia e devam ser respeitadas (e usadas).

12.2. Sentenças interpretativas

Nessa modalidade, temos que, como o sentido de uma norma não é unívoco, mas, sim, "plúrimo"[434], as sentenças interpretativas buscam determinar ou fixar determinada interpretação (em virtude de esta ser compatível com a Constituição) afastando outras e mantendo, com isso, a norma no ordenamento (interpretação conforme a Constituição) ou mesmo buscam excluir uma determinada interpretação em virtude de sua inconstitucionalidade (declaração de inconstitucionalidade parcial sem redução do texto). Sem dúvida, as sentenças interpretativas trabalham hermeneuticamente ou para manter ou para extirpar uma determinada interpretação de uma norma em relação à Constituição.[435]

12.2.1. A interpretação conforme a Constituição

A primeira modalidade de sentenças interpretativas é a conhecida e aqui já trabalhada ***interpretação conforme a Constituição***, cujo escopo é fixar uma

433. BARROSO, Luís Roberto; MELLO CAMPOS, Patrícia Perrone. *O papel criativo dos Tribunais – técnicas de decisão em controle de constitucionalidade*. Revista da Ajuris, V.46, n146, jun de 2019.
434. Aliás, na leitura de Kelsen, já encontramos a afirmação de uma norma aberta a várias interpretações, seja de forma tentada (o legislador de forma proposital a elaborou de forma aberta) ou mesmo intentada (embora a princípio fechada, inúmeros fatores levam-na a uma abertura semântica que é inerente a qualquer tipo de texto).
435. MEYER, Emílio Peluso Neder, *A decisão no controle de constitucionalidade*, p. 40. Por isso, os julgadores irão buscar a possibilidade de manutenção da norma no ordenamento jurídico, de forma a dar-lhe uma interpretação

interpretação pelo Tribunal que seja tida como compatível (em consonância) com o Diploma Constitucional, de modo a não se declarar a norma inconstitucional desde que seja aplicada tal interpretação.[436] Apesar de não haver previsão legislativa no direito comparado, o legislador brasileiro fez constar tal possibilidade de decisão no art. 28 da Lei nº 9.868/99.

No Direito norte-americano, destaca-se o precedente da Suprema Corte do Estado da Flórida – ***Boynton v. State, So.***[437] – que considerou haver um dever para o Judiciário de salvar a lei que pode ser, até certo ponto, considerada constitucional. Na Alemanha, destaca-se como original no tema uma decisão do Tribunal Federal alemão de 1953[438], que afirmou que o "princípio de presunção de constitucionalidade das leis" envolveria não apenas o respeito das leis para com a Constituição, como ainda a compatibilização de uma interpretação afinada com esta.[439]

A bem da verdade, a ***interpretação conforme a Constituição*** é uma técnica a ser empregada no campo das decisões quanto ao controle de constitucionalidade das leis.[440] No controle de constitucionalidade das leis brasileiras, já se falava na interpretação conforme há tempos, vindo tal técnica a ser empregada de forma explícita na aqui citada ADI nº 1417.[441]

Certo é que na ***interpretação conforme*** não há necessidade, nos órgãos de julgamento colegiado (tribunais de 2ª instância), que em face de um caso concreto (modelo difuso) seja levantada a chamada ***cláusula de reserva de plenário*** – ou seja, a proposição de um incidente de inconstitucionalidade, conforme o art. 97 da CR/88, que submeterá a questão ao Pleno do Tribunal ou órgão especial. Já que a decisão da turma julgadora salvará a norma declarando sua constitucionalidade.[442]

Situação, então, diferente é a que acompanha a ***declaração de inconstitucionalidade sem redução de texto***, na qual, havendo declaração da inconstitucionalidade – mesmo que em situações particulares – o mesmo só poderá, segundo o STF, se dar por decisão do Pleno ou do órgão especial do Tribunal.

---

que lhes pareça conforme (em consonância) à Constituição ou determinando que haverá inconstitucionalidade se a norma for aplicada a determinado grupo de pessoas ou em determinada situação de aplicação ou de determinado modo.

436. SAMPAIO, José Adércio Leite, *As sentenças intermediárias e o mito do legislador negativo*, p. 163.

437. 2D 536, 546 (1953).

438. *BVerf*GE 2, 266 (282).

439. MEYER, Emílio Peluso Neder, *A decisão no controle de constitucionalidade*, p. 41-42.

440. Na doutrina brasileira, alguns fundamentam a ideia de *presunção de constitucionalidade*, mas tal situação é um argumento por demais falacioso, como revela Virgílio Afonso da Silva: *Falar em presunção aqui é equivocado, pois presunção é um pressuposto jurídico que aceita prova em contrário; e no campo do controle de constitucionalidade, não há o que se falar em provas – o raciocínio se desenvolve todo em abstrato no campo normativo. Para Rui Medeiros, falar em interpretação conforme a Constituição, portanto, é nada mais do que afirmar um tipo especial de concretização da já falada interpretação sistemático-teleológica.* SILVA, Virgílio Afonso da, *La interpretación conforme a la Constitución*, p. 11; MEDEIROS, Rui, *A decisão de inconstitucionalidade*, p. 295-296.

441. Nesse sentido, temos a decisão do STF em sede de representação de inconstitucionalidade (nº 1.417-7/DF, *DJ* 09/12/1987).

442. Ver decisão do TJ-RS na Apelação nº 70010945343, *DJ* 03/08/2005.

Polêmica é a possibilidade instituída pelo art. 28 da Lei nº 9.868/99 de se atribuir ***efeito vinculante*** à decisão que aplica a técnica de ***interpretação conforme***. Vários autores advogarão a tese de que seria incompatível ao instituto a atribuição de um efeito vinculante, de modo que a decisão do tribunal somente poderia ser dotada de efeito persuasivo.[443]

Todavia, mesmo que constitucionalmente mais adequada essa tese, o STF, como já visto, segue posição inversa, inclusive compreendendo ser cabível a proposição de Reclamação,[444] se decisões de outros tribunais ou mesmo magistrados de primeira instância forem em sentido diverso das por ele preferidas nas decisões de interpretação conforme à constituição.[445]

12.2.2. Declaração de inconstitucionalidade (nulidade) parcial sem redução de texto[446]

Essa técnica de decisão no controle de constitucionalidade se desenvolveu na Alemanha em decisões a partir de 1954. Seu traço característico era a utilização da expressão ***soweit*** (desde que), marcando que a afirmação pela inconstitucionalidade representaria uma exceção, atingindo apenas um grupo ou conjunto particular de pessoas ou situação específica (ou um modo de aplicação). Nesses termos, em todas as demais, a norma ou o ato seriam considerados constitucionais.[447]

Conforme já conceituamos, ela se traduz na possibilidade de o STF declarar a inconstitucionalidade de uma hipótese, ou de um viés ou de uma variante de aplicação de uma norma sem reduzir seu texto (programa normativo).

Como exemplo recente, podemos citar a ADI 2238, em que o STF julgou o pedido procedente para declarar a inconstitucionalidade parcial, sem redução de texto, do § 1º do art. 23 da Lei de Responsabilidade Fiscal. O STF declarou a inconstitucionalidade parcial, sem redução de texto, do § 1º do art. 23, da LRF, de modo a ***obstar interpretação*** segundo a qual é possível reduzir valores de função ou cargo que estiver provido.[448]

Fato é que o STF vem de forma nominal afirmando o emprego de tal instrumental, quando na verdade, às vezes, confunde-o com o instituto da ***interpretação***

443. MEDEIROS, Rui, *A decisão de inconstitucionalidade*, p. 375.
444. STF. Agravo Regimental na Reclamação nº 2.143/SP, *DJ* 12/03/2003.
445. É importante reiterar que a Interpretação Conforme encontra limites em nosso ordenamento, conforme já trabalhado.
446. Como esclarecimento, essa espécie não consta na classificação de José Adércio que adotamos como parâmetro. Entendemos que ela poderia ser alocada, apesar das diferenças, no mesmo grupo que está a Interpretação Conforme.
447. MEYER, Emílio Peluso Neder, *A decisão no controle de constitucionalidade*, p. 65.
448. **ADI 2238/DF**, Rel. Min. Alexandre de Moraes, julgado em **24.06.2020** (Inf. 983). Exemplo já citado anteriormente na obra.

conforme,[449] acertando em alguns casos.[450] Nesses termos, infelizmente o STF, vez por outra, trata de forma equivalente as duas modalidades, deixando assente uma nítida confusão entre as duas técnicas de decisão de controle de constitucionalidade.[451]

É importante reiterar, por último, que na declaração de inconstitucionalidade parcial sem redução de texto, também temos a decisão dotada de efeito ***erga omnes*** e vinculante, nos moldes do art. 28, parágrafo único, da Lei nº 9.868/99.

Com isso, existe a possibilidade de reclamação para o STF, com base no art. 102, I, "l", da CR/88, se a interpretação fixada (pelo STF) que declarou uma hipótese de aplicação de uma norma inconstitucional (em uma situação, de determinado modo ou circunstância, ou para um determinado grupo de pessoas) for descumprida por um Tribunal pátrio ou mesmo por um juiz monocrático.

12.3. Sentenças aditivas

Como vimos, ***as sentenças aditivas*** entendem que a norma inconstitucional por ser insuficiente, e posteriormente alargam a incidência de uma disposição legislativa, indo além do que originalmente estava previsto. Ou seja, a norma de insuficiente passaria (pela decisão do Tribunal) a ser suficiente. Trata-se de verdadeira ação de viés legislativo para parte da doutrina.[452] Um exemplo bem claro, e que já foi dado, é o da Sentença nº 170/70 da Corte Constitucional italiana,

---

449. STF. ADI nº 2.284/RJ, *DJ* 02/12/2005; Rex nº 401.436/GO, *DJ* 31/03.2004.
450. Emílio Peluso (*A decisão no controle de constitucionalidade*, p. 68) destaca o julgamento da ADI nº 2.287/SP como uma virada de entendimento do STF acertadamente na compreensão do instituto.
451. Como exemplo temos a **ADI 1719/DF** julg. em **18.06.2007** de Rel. do Min. Joaquim Barbosa: Ementa: Penal e Processo Penal. Juizados especiais. Art. 90 da Lei 9.099/1995. Aplicabilidade. Interpretação conforme para excluir as normas de direito penal mais favoráveis ao réu. O art. 90 da lei 9.099/1995 determina que as disposições da lei dos Juizados Especiais não são aplicáveis aos processos penais nos quais a fase de instrução já tenha sido iniciada. Em se tratando de normas de natureza processual, a exceção estabelecida por lei à regra geral contida no art. 2º do CPP não padece de vício de inconstitucionalidade. Contudo, as normas de direito penal que tenham conteúdo mais benéfico aos réus devem retroagir para beneficiá-los, à luz do que determina o art. 5º, XL da Constituição federal. **Interpretação conforme ao art. 90 da Lei 9.099/1995 para excluir de sua abrangência as normas de direito penal mais favoráveis aos réus contidas nessa lei.** Como outro exemplo, temos a **ADI 3168**: Ementa: *ação direta de inconstitucionalidade. Juizados especiais federais. Lei 10.259/2001, art. 10. Dispensabilidade de advogado nas causas cíveis. Imprescindibilidade da presença de advogado nas causas criminais. Aplicação subsidiária da lei 9.099/1995. Interpretação Conforme a Constituição. É constitucional o art. 10 da Lei 10.259/2001, que faculta às partes a designação de representantes para a causa, advogados ou não, no âmbito dos juizados especiais federais. No que se refere aos processos de natureza cível, o Supremo Tribunal Federal já firmou o entendimento de que a imprescindibilidade de advogado é relativa, podendo, portanto, ser afastada pela lei em relação aos juizados especiais. Precedentes. Perante os juizados especiais federais, em processos de natureza cível, as partes podem comparecer pessoalmente em juízo ou designar representante, advogado ou não, desde que a causa não ultrapasse o valor de sessenta salários mínimos (art. 3º da Lei 10.259/2001) e sem prejuízo da aplicação subsidiária integral dos parágrafos do art. 9º da Lei 9.099/1995. Já quanto aos processos de natureza criminal, em homenagem ao princípio da ampla defesa, é imperativo que o réu compareça ao processo devidamente acompanhado de profissional habilitado a oferecer-lhe defesa técnica de qualidade, ou seja, de advogado devidamente inscrito nos quadros da Ordem dos Advogados do Brasil ou defensor público. Aplicação subsidiária do art. 68, III, da Lei 9.099/1995.* **Interpretação conforme, para excluir do âmbito de incidência do art. 10 da Lei 10.259/2001 os feitos de competência dos juizados especiais criminais da Justiça Federal.** julg. em 08.06.2006. (Rel. Min. Joaquim Barbosa. *DJ* 03.08.2007).
452. SOUZA CRUZ, Álvaro Ricardo, *Jurisdição constitucional democrática*, p. 184.

que considerou que os arts. 303 e 304 do CPP italiano seriam inconstitucionais se a obrigação de presença no interrogatório abrangesse apenas ao Ministério Público e não ao advogado do acusado. No Brasil, no curso da ADI nº 3.105-8/DF, o voto do Min. Cezar Peluso faz menção a essa técnica – seguindo o padrão do direito comparado, que a aplica para solucionar casos que envolvam o princípio da igualdade.[453] Conforme Barroso e Perrone:

> As decisões construtivas aditivas constituem uma técnica que procura adequar à Constituição um diploma normativo que se considera inconstitucional por omissão parcial. Trata-se de normas consideradas inconstitucionais pelo que deixaram de incluir em seu programa, e não propriamente pelo que nele incluíram. Considera-se que, ao lado da norma positiva, que confere determinado direito a um grupo, existe uma espécie de norma implícita, que nega outro direito não mencionado ou o mesmo direito a um outro grupo, que também deveria ter sido contemplado pela norma e não o foi. A declaração de inconstitucionalidade, parte ablativa ou demolitória da decisão, incide apenas sobre a norma negativa implícita, que caracteriza a inconstitucionalidade por omissão parcial. A parte reconstrutiva ou restaurativa do julgado é aquela por meio da qual se adiciona o conteúdo que faltava, para que a norma possa ser considerada plenamente

453. Um exemplo (além dos já citados) seria o MI 708/DF, em que foi usada a Lei nº 7.783/89, que regulamenta o **direito de greve dos trabalhadores celetistas para ser aplicada (no que couber) aos servidores públicos**. Um outro possível exemplo, embora haja controvérsia é o da decisão do STF na ADI 4277 (que encampou a ADPF 132) sobre a **união homoafetiva.** É interessante ainda que conforme a doutrina: *"O Min. Gilmar em seu voto na ADPF 54 (Rel. Min. Marco Aurélio, j. 12/04/2012,* Dje. *20/04/2012) afirmou que: "Em outros vários casos mais antigos [ADI 3324, ADI 3046, ADI 2652, ADI 1946, ADI 2209, ADI 2596, ADI 2332, ADI 2084, ADI 1797, ADI 2087, ADI 1668, ADI 1344, ADI 2405, ADI 1105, ADI 11275], também é possível verificar que o Tribunal, a pretexto de dar interpretação conforme a Constituição a determinados dispositivos, acabou proferindo o que a doutrina constitucional, amparada na prática da Corte Constitucional italiana, tem denominado de decisões manipulativas de efeitos aditivos. São vários os exemplos, a partir do caso do direito de greve do servidor público, mandado de injunção, ou mesmo o caso da relatoria de Vossa Excelência, Ministro Britto, a propósito do tema Raposa Serra do Sol (Pet nº 3388 julg. em 18 e 19.03.2009), em que o Tribunal consagrou todos aqueles itens procedimentais a propósito dessa controvérsia."* Mencionamos também a *ADI 2652/DF (Rel. Min. Mauricio Correa, j. 08/05/2003,* DJe. *14/11/2003) que tratou da exclusão de multa para advogados e a violação da isonomia. O STF julgou procedente o pedido dando interpretação conforme ao texto e afirmando que a expressão "ressalvados os advogados que se sujeitam exclusivamente aos estatutos da OAB" alcançava a todos os advogados. Tratou-se de sentença aditiva de garantia ao adicionar categoria que anteriormente não havia sido contemplada. No emblemático* ***caso de aborto de fetos anencéfalos*** *(ADPF 54, Rel. Min. Marco Aurélio, Dj. 12/04/2012,* Dje. *20/04/2012) concordamos com o Min. Gilmar Mendes em seu voto e com os votos dissidentes, no sentido de que o Supremo Tribunal Federal, através de uma interpretação conforme, com efeitos de declaração de inconstitucionalidade parcial sem redução de texto, criou uma sentença aditiva* in bonam partem *incluindo, na prática, uma excludente de ilicitude ao crime de aborto, muito embora o termo não seja mencionado na ementa do acórdão. Também no* ***caso da união homoafetiva*** *(ADPF 132-RJ, Rel. Min. Luiz Fux, j. 05/05/2011,* DJe. *14/10/2011 e ADI 4277-DF, Rel. Min. Ayres Britto, j. 05/05/2011,* DJe. *14/10/2011) a Corte, como no caso de aborto de fetos anencéfalos, prolatou decisão sob o nome de interpretação conforme, contudo, atribuiu eficácia de declaração de inconstitucionalidade parcial sem redução de texto (negativa da interpretação que inviabilize o reconhecimento da união homoafetiva como família atribuindo a esta o mesmo direito dos casais heterossexuais). Neste sentido afirmou o ministro Ayres Britto ao dizer que se tratava de uma* Teilnichtigerklärungohne Norm text reduzierung *(nulidade parcial sem redução de texto). Na prática, em verdade, isso resultou em sentença com efeitos aditivos (adicionou ao artigo 1.723 do Código Civil conteúdo que reconhece a união homoafetiva como entidade familiar possibilitando, portanto, sua união). Prova inequívoca dos efeitos aditivos pode ser verificada no reconhecimento da possibilidade de adoção por casais homoafetivos, no RE 846.102, Rel. Min. Carmen Lucia, decisão monocrática, negando seguimento ao Recurso Extraordinário, em 05 de março de 2015: "Reconhecimento que é de ser feito segundo as mesmas regras e com as mesmas consequências da união estável heteroafetiva".* In: André Luiz Maluf, *Lei do Mandado de Injunção abre as portas para sentenças aditivas*, CONJUR, 25.06.2016.

constitucional. Na hipótese, a Corte declara a norma "inconstitucional na parte em que não previu X". Da declaração de inconstitucionalidade em tais termos decorre a inclusão do conteúdo faltante na norma.[454]

12.4. Sentenças aditivas de princípios

Essas sentenças também são chamadas de ***aditivas de mecanismo*** ou de ***sentenças de delegação.*** São sentenças que, em virtude de omissões legislativas, traçam uma diretriz da norma ou do princípio a ser introduzido, deixando para o legislador a tarefa de legislar sobre a questão, via de regra, dentro de um prazo determinado. Nesses termos, em virtude da inércia legislativa, o juiz constitucional prolata a omissão (reconhecendo-a) e determina uma diretriz a ser seguida pelo legislador na elaboração da nova e necessária normatividade. Portanto, são sentenças que visam corrigir omissões legislativas, traçando *a priori* o esquema (a diretriz da norma ou o princípio básico) que deve ser respeitado pelo legislador no momento de supressão da mora.

12.5. Sentenças substitutivas

Com já externalizado, temos ***as sentenças substitutivas***: nestas, o juiz constitucional irá, num primeiro momento, anular uma disposição para, em seguida, acrescentar um novo sentido normativo.[455] Ou seja, a disposição normativa é substituída por outra. Nesse sentido, o Tribunal declara a invalidade da norma por inadequação e a substitui por outra norma (que ele considera adequada). Na Sentença nº 298/95, a Corte Constitucional italiana resolveu por alterar dispositivos do Código Penal Militar para determinar que certos tipos deixassem de ser apenados com reclusão de 5 a 10 anos para serem apenados somente com pena de reclusão de 1 a 5 anos[456]. Ora, aqui para parte da doutrina o Judiciário passa a analisar razões que fogem ao espaço da juridicidade, fazendo escolhas que só estariam abertas ao Legislativo.[457] Nesses termos:

---

454. BARROSO, Luís Roberto; MELLO CAMPOS, Patrícia Perrone. *O papel criativo dos Tribunais – técnicas de decisão em controle de constitucionalidade*. Revista da Ajuris, V.46, n146, jun de 2019.
455. SAMPAIO, José Adércio Leite, *As sentenças intermediárias e o mito do legislador negativo*, p. 171.
456. Em outro caso, a Corte declarou a inconstitucionalidade da norma que estipulou a pena mínima de 5 anos e máxima de 15 anos, aplicável ao crime de "alteração do estado civil de um recém-nascido, em razão de falsa certificação ou outra fraude". Entendeu-se que, para estar de acordo com a Constituição, as penas para tal ilícito deveriam se situar entre 3 e 10 anos, já que eram essas as penas aplicáveis ao crime de "alteração de estado civil em decorrência da troca de recém-nascidos". A Corte concluiu que as penas do primeiro ilícito (certificação falsa ou outra fraude) eram desproporcionais, se considerado o segundo ilícito (troca de recém-nascido) porque: (i) o primeiro e o segundo delitos eram semelhantes, dado que sua tipificação tinha o propósito de proteger o mesmo bem jurídico: o conhecimento da ascendência do recém-nascido. Entretanto, (ii) o segundo delito, apenado mais brandamente, era mais grave, uma vez que envolvia a fraude ao registro de dois recém-nascidos, que teriam sido trocados. Essa circunstância levou a Corte a substituir a pena mais grave do primeiro delito pela pena mais branda, estipulada para o segundo delito. BARROSO, Luís Roberto; MELLO CAMPOS, Patrícia Perrone. *O papel criativo dos Tribunais – técnicas de decisão em controle de constitucionalidade*. Revista da Ajuris, V.46, n146, jun de 2019.
457. *A decisão no controle de constitucionalidade*, p. 76. No Brasil, destaca Neder Meyer, temos a decisão do Juízo de Direito da Infância e da Juventude de Joinville, nos autos nº 038.03.008229-0, que, em face da Ação Civil Pública

> As decisões construtivas substitutivas caracterizam-se por abranger uma declaração de inconstitucionalidade do diploma legal pelo que dispõe (e não pelo que omite, tal como ocorre no caso da decisão aditiva), com a substituição judicial da disciplina inconstitucional por outra. No caso das decisões substitutivas, a parte ablativa da decisão incide sobre uma norma explícita (e não sobre uma norma implícita, como no caso das decisões aditivas). A declaração da inconstitucionalidade da norma, pelo que ela prevê, gera, então, uma omissão normativa ou um vácuo, que é tão ou mais danoso e violador da Constituição do que a própria norma declarada inconstitucional. Essa é justificativa para que, além de declarar a inconstitucionalidade, a Corte supra a omissão inconstitucional gerada por sua própria decisão. Nessa hipótese, a Corte declara "a inconstitucionalidade da disposição, na parte em que prevê 'X', em lugar de prever 'Y' para estar em conformidade com a Constituição". O conteúdo que se explicita que a norma deveria ter previsto, para estar de acordo com a Constituição, corresponde ao componente reconstrutivo do julgado.[458]

As decisões substitutivas também se encontram em julgados do STF. Aqui, temos como exemplo, a decisão por meio da qual o STF afastou o cabimento de ação penal condicionada à representação, em caso de violência doméstica contra a mulher.

Conforme demonstram Barroso e Perrone o STF ponderou que dados empíricos indicavam que o número de representações na hipótese era ínfimo, e que tal estado de coisas se devia à esperança da vítima de que a violência não voltasse a acontecer (o que geralmente enseja sua reiteração com maior gravidade), à situação de desigualdade entre homens e mulheres inclusive no âmbito doméstico, ao medo de retaliação e aos próprios danos emocionais que a situação de reiterada subordinação e violência é capaz de gerar. por isso, sujeitar a ação estatal, no caso, à vontade da vítima, corresponderia a violar a dignidade humana e o direito à igualdade da mulher, bem como implicaria desrespeito ao dever estatal de coibir a violência no âmbito das relações familiares (art. 226, § 8º, da CF/1988).[459]

Com base nesses argumentos, sustentam Luís Roberto Barroso e Patrícia Perrone, o STF não apenas declarou a inconstitucionalidade das normas que previam, no caso, a ***ação penal condicionada a representação, mas supriu o vácuo deixado pela declaração de inconstitucionalidade*** da previsão, de modo a determinar que, na hipótese, o ilícito se sujeitaria à ação penal pública incondicionada justamente

---

proposta pelo Ministério Público Estadual, exigia a abertura de vagas para matrícula de 2.948 crianças à espera de educação infantil. O Juiz Alexandre de Moraes da Rosa alegou que caberia ao Judiciário o controle do Legislativo na defesa da "substância" da Constituição. Mas como alerta Emílio Peluso Neder Meyer (*A decisão no controle de constitucionalidade*, p. 78): "[...] não cabe ao Judiciário dizer se os recursos públicos seriam mais bem aplicados na concessão de mais vagas para o ensino fundamental em vez de na construção de estádios de futebol, escolas de teatro ou outras questões que, sob esse prisma, fogem do âmbito de razões disponíveis para a aplicação jurisdicional do direito."

458. BARROSO, Luís Roberto; MELLO CAMPOS, Patrícia Perrone. *O papel criativo dos Tribunais – técnicas de decisão em controle de constitucionalidade*. Revista da Ajuris, V.46, n146, jun de 2019.

459. BARROSO, Luís Roberto; MELLO CAMPOS, Patrícia Perrone. *O papel criativo dos Tribunais – técnicas de decisão em controle de constitucionalidade*. Revista da Ajuris, V.46, n146, jun de 2019. BRASIL. STF, ADI 4424, Rel. Min. Marco Aurélio, DJe 01.08.2014

porque somente essa modalidade de ação penal estaria apta a promover a adequada concretização das normas constitucionais em questão.[460]

13. SENTENÇAS TRANSITIVAS

13.1. Introdução

Devemos partir da pergunta posta por Emílio Peluso Neder Meyer, a fim de compreender bem o atual objeto de estudo neste tópico: "[...] em havendo o reconhecimento da inconstitucionalidade, é dizer, se esta se mostra irrefutável, há ainda outra maneira de evitar a retirada da lei ou ato normativo do ordenamento, ou pelo menos retardar essa imposição?". Foi partindo dessa indagação que se desenvolveram os estudos de técnicas de decisão no controle de constitucionalidade preocupadas com os ***efeitos*** do pronunciamento da inconstitucionalidade pelo Judiciário. Logo, as ***sentenças transitivas*** (ou transacionais) buscam uma negociação com a supremacia da Constituição, relativizando-a,[461] com base, por exemplo, no art. 27 da Lei nº 9.868/99. Assim, é fixado um parâmetro transitório, ou seja, dotado de transitoriedade em virtude de um contexto social. Os fatores para tal empreitada dizem respeito a uma plêiade de razões que podem ser de cunho político, econômico, jurídico etc. Esses fatores geram ou podem gerar riscos (por exemplo, para segurança jurídica ou para a sociedade) que levem à afirmação e prolatação de sentenças transitivas. Nestas, o Tribunal Constitucional acaba por não atuar como legislador negativo nem mesmo como legislador positivo, renunciando à sua função de guardião constitucional, na medida em que transaciona a sua decisão.[462]

Mas como podemos observar as sentenças transitivas em sede de direito comparado? Como elas surgiram?

Ora, na tradição norte-americana, temos, desde o início da jurisdição constitucional a prática de atribuir efeitos retroativos (***ex tunc***) à decisão que declarasse a inconstitucionalidade, fixada no célebre precedente ***Marbury v. Madison,***[463] e, com isso, acabou-se por afirmar que a norma inconstitucional já nascia morta, não tendo normatividade alguma. Em outra decisão, ***Norton v. Shelby County,***[464] a Suprema Corte afirmou que o ato inconstitucional deveria ser tratado como se nunca houvesse existido, não tendo o condão de gerar direitos ou mesmo obrigações.

Anos depois, tal tese passou por reavaliações. Em ***Griffin v Illinois,***[465] a Suprema Corte considerou que, com base no ***due process of law***, o julgamento proferido

---

460. BARROSO, Luís Roberto; MELLO CAMPOS, Patrícia Perrone. *O papel criativo dos Tribunais – técnicas de decisão em controle de constitucionalidade*. Revista da Ajuris, V.46, n146, jun de 2019. ADI 4424, Rel. Min. Marco Aurélio, DJe 01.08.2014.
461. *A decisão no controle de constitucionalidade*, p. 82.
462. SAMPAIO, José Adércio Leite, *As sentenças intermediárias e o mito do legislador negativo.*
463. 5 US 1367 (1803).
464. 118 US 485 (1886).
465. 351 US 12 (1956).

pela Corte inferior deveria ser caçado, dando novo direito a recurso aos acusados, retroagindo os efeitos da decisão. O voto minoritário do *Justice* Frankfurter, todavia, levanta o seguinte questionamento: agindo assim, a Suprema Corte não estaria por possibilitar a revisão criminal de diversos condenados que tiveram seus direitos constitucionais violados por decisões de juízos do Estado de Illinois? Recomendava, então, que a decisão tivesse efeitos ***prospectivos***.[466]

Em ***Linkletter v. Walker***,[467] a Suprema Corte repensa os efeitos da decisão de (in)constitucionalidade. Um condenado por uma Corte estadual, por meio do uso de provas ilícitas pela polícia, pleiteava a aplicação dos mesmos efeitos dados pela Corte ao julgar do caso ***Mapp v. Ohio***.[468] Esse último caso havia sido julgado anteriormente ao primeiro, mas assentava um entendimento que confirmava inconstitucional o uso de provas obtidas com violação ao direito de privacidade; mas em razão dos efeitos retroativos, deveria ser dado igual tratamento ao primeiro caso, anulando-se a decisão da Corte estadual. Acontece que a Suprema Corte, ao ponderar os aspectos político-econômicos (ameaçar a delicada relação entre União e Estados, além de abrir espaço para uma enxurrada de demandas que onerariam o Judiciário) envolvidos no caso, afirmou que o precedente ***Mapp*** seria aplicável apenas aos casos pendentes de julgamento na época de decisão.[469]

Em sentido diferente, posicionou-se a tradição europeia, principalmente a partir do pensamento de Kelsen, para quem a atividade de controle de constitucionalidade era assemelhada a de um ***legislador negativo***.[470] Com isso a decisão teria efeitos ***ex nunc***. Para ele, não fazia sentido a ideia dos americanos de que a lei inconstitucional era uma lei inexistente; pelo contrário, sendo ela vigente, seria uma lei válida ante a Constituição e apenas um procedimento especial poderia fazer com que ela deixasse de produzir efeitos no ordenamento jurídico. Essa seria a garantia principal da Constituição contra os atos lesivos por parte do Parlamento, não obstante pudesse haver outras.[471]

Equiparam-se, então, os efeitos da decisão sobre a inconstitucionalidade aos mesmos que decorreriam se outra lei a revogasse.[472] Ora, deve-se concordar com Álvaro Ricardo de Souza Cruz[473] e Emílio Peluso Neder Meyer[474] que a posição de Kelsen é fruto de uma confusão entre os conceitos de ***existência*** e ***validade*** de uma norma. Por ***existência*** designa-se a entrada de determinada norma no Ordenamento Jurídico, mas apresentando esta defeitos – inconstitucionalidade – ela terá

466. MEYER, Emílio Peluso Neder, *A decisão no controle de constitucionalidade*, p. 84-85.
467. 281 US 618 (1965).
468. 367 US 643 (1961).
469. MEYER, Emílio Peluso Neder, *A decisão no controle de constitucionalidade*, p. 86.
470. KELSEN, Hans, *Jurisdição Constitucional*.
471. MEYER, Emílio Peluso Neder, *A decisão no controle de constitucionalidade*, p. 95-96.
472. KELSEN, Hans, *Jurisdição Constitucional*, p. 305.
473. SOUZA CRUZ, Álvaro Ricardo, *Jurisdição Constitucional Democrática*, p. 125.
474. MEYER, Emílio Peluso Neder, *A decisão no controle de constitucionalidade*, p. 98-99.

existência, contudo será carente de ***validade***, conceito que, por sua vez, decorre do respeito à hierarquia das proposições jurídicas.[475]

Porém, devemos salientar que certo é que tanto na Áustria[476] quanto em países como Alemanha,[477] Itália, Espanha ou Portugal ocorreu, paulatinamente ao desenvolvimento da jurisprudência constitucional, o desenvolvimento de uma flexibilização de efeitos, abrindo-se espaço para decisões transacionais.

No Brasil, a tese dos efeitos retroativos (***ex tunc***) foi recebida quase que axiomaticamente – isto é, sem grandes questionamentos.[478] Devido à longa tradição pelo controle difuso-concreto de constitucionalidade (já que o controle abstrato, via ADI, somente veio a ser inserido pela Emenda Constitucional nº 16/65 à Constituição da República de 1946), a declaração de inconstitucionalidade representava (ou não) a aplicação de uma norma em face de um caso concreto específico, ou sua suspensão após a manifestação do Senado.[479] No que tange ao controle concentrado ***in abstrato*** via ADI o STF na década de 70 adotou a tese do efeito ***ex tunc***.

Com a Constituição de 1988, o Supremo Tribunal Federal reafirmou a tese de que o controle difuso ***in concreto*** de constitucionalidade teria efeitos ***ex tunc*** relativos à declaração de inconstitucionalidade e ***inter partes***, somente se falando em efeitos ***ex nunc***, nos termos do art. 52, X, ou seja, após o pronunciamento do Senado Federal, embora, como vimos, o efeito no que tange ao Senado venha sofrendo ataques por juristas que entendem que a atuação do Senado deva ser ***ex tunc***.[480]

Já no controle concentrado ***in abstrato***, o Supremo Tribunal Federal discricionariamente manteve seu posicionamento exarado na década de setenta e continuou assentando, mesmo no novo ordenamento constitucional, o efeito ***ex tunc*** (retroativo) como regra em provimento de ADI. É bem verdade que existem exceções que foram exaradas inicialmente pela jurisprudência e posteriormente foram positivadas

---

475. "Assim, a declaração de inconstitucionalidade, a despeito de gerar consequências assemelhadas à revogação de um uma lei, não se confunde com esse instituto. Obviamente produz um provimento decisional de caráter geral, mas nem de longe igual ao provimento de revogação." SOUZA CRUZ, Álvaro Ricardo, *Jurisdição Constitucional Democrática*, p. 125.
476. O **art. 240-5 da Constituição da Áustria** autoriza a Corte Constitucional a **procrastinar a cessação** da efetividade de uma lei declarada inconstitucional por um **período máximo** de **18 (dezoito) meses**.
477. O **Tribunal Constitucional alemão** vem usando do subterfúgio de procrastinar sua decisão, na medida em que os efeitos de cassação de eficácia de lei entendida como inconstitucional só se manifestariam com a publicação da decisão. Portanto, o Tribunal pode entender que uma lei contraria a Constituição, mas transacionando, não publica a decisão para a devida cassação dos efeitos da lei, mantendo-a de forma procrastinatória no ordenamento. (SOUZA CRUZ, Álvaro Ricardo, *Jurisdição constitucional democrática*, p. 177).
478. MENDES, Gilmar Ferreira, *Jurisdição constitucional*, p. 292
479. Questionamentos a essa tese, lembra Emílio Peluso Neder Meyer, existiram: *o Recurso Extraordinário nº 79.343/BA, que por meio do voto do Min. Leitão questionou os efeitos da declaração de inconstitucionalidade, no entanto, ao final, decidiu pela retroatividade. Sua tese era de que a decisão sobre a constitucionalidade detém caráter constitutivo, de modo que o ato apenas deixaria de ter obrigatoriedade com a declaração pelo Judiciário.* (MEYER, Emílio Peluso Neder, *A decisão no controle de constitucionalidade*, p. 112).
480. Alguns juristas acham, até mesmo, que a função do Senado prevista no art. 52, X da CR/88 deveria deixar de existir. Nesse sentido, é o posicionamento de Gilmar Mendes. Gilmar Mendes considera o referido artigo obsoleto e sem fundamentalidade em nosso atual modelo de decisões no controle de constitucionalidade.

na já analisada Lei nº 9.868/99, nos termos de seu art. 27. Essa norma, portanto, positiva em nosso ordenamento a possibilidade de sentenças de cunho transacional.

Passemos agora ao estudo das **espécies de decisões transacionais**, seguindo a classificação aqui proposta.[481]

13.2. Sentenças de inconstitucionalidade sem efeito ablativo

Criada pela Corte Constitucional alemã, essa modalidade de decisão "reconhece a inconstitucionalidade da norma, porém não a retira do ordenamento jurídico, com a justificativa de que sua ausência geraria mais danos do que a presença da lei inconstitucional".[482] Portanto, estamos diante da declaração de inconstitucionalidade sem pronúncia de nulidade, na qual a regra (decisão ***ex tunc***) é deixada de lado, pois ela poderia agravar o estado de inconstitucionalidade presente no ordenamento. Nesses termos, a declaração de inconstitucionalidade com pronúncia de nulidade poderia gerar uma insegurança jurídica ou mesmo um perigo a parcelas da sociedade, ou ainda ao orçamento ou à economia do Estado.[483] A sua justificativa pode ser, portanto, de ordem político-pragmática: a decisão visaria impor o ônus orçamentário menor ao Estado e à sociedade.[484]

Essa espécie de decisão é geralmente aplicada nos casos que envolvam a "exclusão do benefício incompatível com o princípio da igualdade"[485] – isto é, nos casos em que o legislador acabou por conceber benefícios a um determinado grupo ou segmento e não a outro(s), lesando o princípio da igualdade; o que permitiria impor os efeitos da declaração apenas a um determinado número de pessoas identificáveis. Além disso, temos que as decisões que apenas reconhecem a mora do Poder Público e a declaram também devem ser enquadradas nessa espécie, afinal, nesses casos típicos de ADI por omissão, há uma inconstitucionalidade reconhecida, embora sem nenhum efeito ablativo. Por último, salientamos que o professor José Adércio Leite Sampaio deixa assente que a declaração de inconstitucionalidade sem efeito ablativo se reveste de inutilidade se não acompanhada de uma **proibição de aplicação da lei** (que foi declarada inconstitucional embora sem pronúncia de nulidade) ou mesmo de um **apelo ao legislador** para modificar a situação explícita de inconstitucionalidade.[486]

13.3. Sentença de inconstitucionalidade com ablação diferida

Conforme aqui já salientado no estudo da ADI e ADC, a partir da Lei nº 9.868/99, o seu art. 27 passou a consolidar o entendimento de que o Supremo Tribunal Federal,

481. Conforme descrito, por SAMPAIO, José Adércio Leite, *As sentenças intermediárias e o mito do legislador negativo.*
482. MEYER, Emílio Peluso Neder, *A decisão no controle de constitucionalidade*, p. 132.
483. SAMPAIO, José Adércio Leite, As sentenças intermediárias e o mito do legislador negativo, p. 172.
484. É o que se viu no julgamento da ADI nº 737-8/DF, *DJ* 22/10/1993, e da ADI nº 1.442-1/DF, *DJ* 03/11/2004.
485. MEYER, Emílio Peluso Neder, *A decisão no controle de constitucionalidade*, p. 133.
486. SAMPAIO, José Adércio Leite, *As sentenças intermediárias e o mito do legislador negativo.*

em face de controle concentrado, poderia ultrapassar a dicotomia efeito ***ex tunc/ ex nunc***, ganhando novas possibilidades de decisão. A justificativa se assenta, como trabalhado, em razões de segurança jurídica ou excepcional interesse social. Nesses casos, o dogma da nulidade (regra: decisão retroativa ***ex tunc***) é afastado, com base no princípio da proporcionalidade (ponderação entre o dogma da nulidade e razões de segurança jurídica ou excepcional interesse social). A noção de ***supremacia da Constituição*** seria tratada como um valor (de maneira axiológica), e por isso, passível de aplicação gradual (em níveis) balanceada com outros valores em jogo.[487] É importante salientarmos que essa espécie **não é considerada** uma sentença intermediária propriamente dita, mas acaba sendo incluída aí de forma não tão rigorosa em virtude da já citada modulação de efeitos do supracitado art. 27 da Lei nº 9.868/99.

13.4. Sentenças de apelo ou apelativas (declaração de constitucionalidade de norma "ainda" constitucional ou declaração de constitucionalidade provisória ou inconstitucionalidade progressiva)

Aqui, "o órgão jurisdicional limita-se a reconhecer a ***constitucionalidade*** da norma, contudo, advertindo o legislador de que serão necessárias mudanças nas normas legisladas para que, no futuro, não advenha uma ***inconstitucionalidade***".[488]

Estamos diante de um verdadeiro ***"apelo ao legislador"*** para que ele tome as providências necessárias para que a inconstitucionalidade não passe a existir, tornando-se inconstitucional norma, até então constitucional. Essas sentenças, que avisam ao legislador que uma norma constitucional caminha progressivamente para a inconstitucionalidade, na visão de José Adércio Leite Sampaio, são, via de regra, frágeis por conterem apenas um recado ou exortação ao legislador.[489]

13.5. Sentenças de aviso

As ***sentenças de aviso*** sinalizam uma mudança na jurisprudência da Corte no futuro, mas tal mudança não surtirá efeitos para o caso ***sub judice***.[490] Temos aí o

---

487. MENDES, Gilmar Ferreira, *Jurisdição constitucional*, p. 356.

488. MEYER, Emílio Peluso Neder, *A decisão no controle de constitucionalidade*, p. 138. Ver também SAMPAIO, José Adércio Leite, *As sentenças intermediárias e o mito do legislador negativo*, p. 175.

489. SAMPAIO, José Adércio Leite, *As sentenças intermediárias e o mito do legislador negativo*. No Brasil, esse tipo de decisão (como já citado) foi utilizada desse modo no HC nº 70.514, declarando que a inconstitucionalidade do § 5º do art. 5º da Lei 1.060/50 (acrescentado pela Lei nº 7.871/89), no que concerne a previsão de prazo em dobro para Defensoria Pública, só poderia se dar após a devida estruturação da Defensoria Pública nos Estados e na União. Também no mesmo sentido, a decisão do Recurso Extraordinário nº 147.776, no qual foi considerado ainda constitucional o art. 68 do CPP até a defensoria pública estar devidamente estruturada, tanto no âmbito federal como no estadual, como já citado na obra.

490. SAMPAIO, José Adércio Leite, *As sentenças intermediárias e o mito do legislador negativo*, p. 176; MEYER, Emílio Peluso Neder, *A decisão no controle de constitucionalidade*, p. 142.

que podemos intitular de ***prospective overruling***, ou seja, a sentença explicita uma futura mudança jurisprudencial, porém, como já dito, o novo precedente não será aplicado no caso em que ele está sendo apresentado.[491]

Um exemplo interessante, em nosso entendimento, pode ser buscado em recente decisão do STF no **RE nº 630.733**, julgado em 15.05.2013. No caso (que envolveu a possibilidade de segunda chamada para teste de aptidão física em concurso público) o Pretório Excelso alterou seu entendimento jurisprudencial, mas deixou expresso que essa alteração não teria validade (impacto) no caso *sub judice*[492].

13.6. Conclusão sobre as Sentenças intermediárias

Por último, é mister deixarmos assente que, na perspectiva trabalhada pelo eminente professor José Adércio Leite Sampaio, nas sentenças normativas, o Tribunal Constitucional acaba pecando pelo excesso, indo até mesmo além de suas funções, já nas sentenças transitivas, o mesmo peca por timidez ou pela falta de uma adequada prestação jurisdicional. Já o Professor Álvaro Ricardo Souza Cruz, de forma diferenciada por estar filiado à teoria discursiva da Constituição, é mais radical, e, com base, no seu marco teórico habermasiano, afirma que: "[...] resta claro que, tanto as decisões normativas (sentenças normativas), quanto as decisões transitivas, por estar presente a noção de ponderação de valores, a supremacia da Constituição é colocada em risco. Agregadas à compreensão dada ao efeito vinculante das decisões abstratas no controle de constitucionalidade, as Cortes Constitucionais assumem o papel de intérprete último e único da Constituição. Tornam-se mais que

491. SAMPAIO, José Adércio Leite, *As sentenças intermediárias e o mito do legislador negativo*.

492. O STF, alterando seu posicionamento, decidiu pela *inexistência de direito constitucional a remarcação de teste de aptidão física tendo em vista circunstâncias de caráter pessoal*. Porém, *"no caso o candidato realizara a prova de aptidão física de segunda chamada em razão de liminar concedida pelo Poder Judiciário, em 2002, confirmada por sentença e por acórdão de tribunal regional, tendo sido empossado há quase dez anos. Sublinhou-se que, em casos como este, em que se alteraria jurisprudência longamente adotada, seria sensato considerar a necessidade de se modular os efeitos da decisão com base em razões de segurança jurídica. Essa seria a praxe nesta Corte para as hipóteses de modificação sensível de jurisprudência. Destacou-se que não se trataria de declaração de inconstitucionalidade em controle abstrato, a qual poderia suscitar a modulação dos efeitos da decisão mediante a aplicação do art. 27 da Lei 9.868/99. Tratar-se-ia de substancial mudança de jurisprudência, decorrente de nova interpretação do texto constitucional, a impor ao STF, tendo em vista razões de segurança jurídica, a tarefa de proceder a ponderação das consequências e o devido ajuste do resultado, para adotar a técnica de decisão que pudesse melhor traduzir a mutação constitucional operada. Registrou-se que a situação em apreço não diria respeito a referendo à teoria do fato consumado, tal como pedido pelo recorrido, mas de garantir a segurança jurídica também nos casos de sensível mudança jurisprudencial"*. Conforme a Ementa: *"Postulado do qual não decorre, de plano, a possibilidade de realização de segunda chamada em etapa de concurso público em virtude de situações pessoais do candidato. Cláusula editalícia que confere eficácia ao princípio da isonomia à luz dos postulados da impessoalidade e da supremacia do interesse público. 5. Inexistência de direito constitucional à remarcação de provas em razão de circunstâncias pessoais dos candidatos. 6. Segurança jurídica. Validade das provas de segunda chamada realizadas até a data da conclusão do julgamento. 7. Recurso extraordinário a que se nega provimento". (Rel. Min. Gilmar Mendes). Porém, aqui é preciso registrar que existe uma exceção, que são as candidatas gestantes: É constitucional a remarcação do teste de aptidão física de candidata que esteja grávida à época de sua realização, independentemente da previsão expressa em edital do concurso público.* **RE 1058333/PR**, Rel. Min. Luiz Fux, STF. Plenário. julg. em **21.11.2018** (repercussão geral)

legisladores concorrentes do Parlamento e chegam à condição de uma modalidade esdrúxula de Poder Constituinte Originário."[493]

Temos ainda, as reflexões de Luís Roberto Barroso e Patrícia Perrone, que afirmam que:

> A atuação criativa dos tribunais em tais termos suscita múltiplas críticas, entre as quais se destacam as alegações de que tais decisões – sobretudo as construtivas (manipulativas) – ensejam: (i) violação ao princípio democrático, na medida em que implicam alteração do regime jurídico estipulado pelo legislador (através de adição ou substituição de conteúdo) por juízes não eleitos pelo voto popular; (ii) desrespeito ao princípio da separação dos poderes e ao princípio da legalidade, porque corresponderiam à atuação do juiz como legislador positivo, em usurpação de função atribuída ao legislativo e em desrespeito à lei; (iii) desrespeito ao equilíbrio orçamentário, já que algumas de tais decisões estabelecem direitos e prestações que implicam gastos não previstos no orçamento. Por fim, a doutrina traz uma série de considerações consequencialistas acerca dos efeitos negativos decorrentes da atuação judicial criativa, como desmobilização da cidadania na busca por direitos no espaço democrático, perpetuação do comportamento inadimplente do legislador, politização da justiça, interferência sobre normatizações que exigem expertise técnica e outros resultados adversos, de caráter sistêmico, que o Judiciário não seria capaz de antecipar. Essas críticas são enfrentadas, de modo geral, com a ponderação de que o intérprete, ao proferir decisões manipulativas, deve adotar as seguintes cautelas: (i) desincumbir-se de um ônus reforçado de justificação da sua decisão, de modo a reconduzi-la ao ordenamento jurídico; (ii) demonstrar que a solução que se propõe para suprir a omissão normativa é a única constitucionalmente possível ou, havendo soluções alternativas, reduzi-las, argumentativamente, a uma única solução viável, demonstrando que as demais são inverossímeis, incompatíveis com o regime jurídico já posto pelo legislador, sistematicamente menos compatíveis com princípios constitucionais ou desproporcionais; (iii) justificar sua decisão à luz do princípio da proporcionalidade e/ou modulá-la sempre que implicar conflito com outros princípios constitucionais, como o princípio relativo ao equilíbrio orçamentário.[494]

14. ESTADO DE COISAS INCONSTITUCIONAL

Inicialmente é importante ressaltar que *"o estado de coisas inconstitucional"* é uma categoria que foi desenvolvida e aplicada pela Corte Constitucional Colombiana. No Brasil, vem sendo trabalhado pelo professor da UERJ Carlos Alexandre de Azevedo Campos e foi objeto de recente debate na Arguição de Descumprimento de Preceito Fundamental nº 347 enfrentada em sede cautelar pelo Supremo Tribunal Federal.

A tese seria a de que o Poder Judiciário teria a possibilidade de declarar um "estado de coisas" como inconstitucional, indo, portanto, além de sua competência tradicional de invalidar lei ou ato normativo pela via da inconstitucionalidade.

---

493. SOUZA CRUZ, Álvaro Ricardo, *Jurisdição constitucional democrática*, p. 185.

494. BARROSO, Luís Roberto; MELLO CAMPOS, Patrícia Perrone. *O papel criativo dos Tribunais – técnicas de decisão em controle de constitucionalidade*. Revista da Ajuris, V.46, n146, jun de 2019.

Certo é que o estado de coisas inconstitucional pode ser observado quando se verifica a existência de um quadro de violação generalizada e sistêmica de direitos fundamentais, causado pela inércia ou incapacidade reiterada e persistente das autoridades públicas em modificar determinadas conjunturas, de modo que apenas *transformações estruturais* da atuação do Poder Público bem como a atuação de uma pluralidade de autoridades podem modificar a situação inconstitucional.

Segundo Carlos Alexandre de Azevedo Campos, quando se declara o Estado de Coisas Inconstitucional, a Corte Constitucional afirma existir quadro insuportável de violação massiva de direitos fundamentais, decorrente de atos comissivos e omissivos praticados por diferentes autoridades públicas, agravado pela inércia continuada dessas mesmas autoridades, de modo que, como já dito, apenas transformações estruturais da atuação do Poder Público podem modificar a situação inconstitucional. Ante a gravidade excepcional do quadro, a corte se afirma legitimada a interferir na formulação e implementação de políticas públicas e em alocações de recursos orçamentários e a coordenar as medidas concretas necessárias para superação do estado de inconstitucionalidades.[495]

Nesse sentido, a Corte Constitucional, segundo o autor, encontra-se diante da figura do "*litígio estrutural*", que é caracterizado pelo alcance a número amplo de pessoas, a várias entidades e por implicar ordens de execução complexa. E para enfrentar litígio dessa magnitude, juízes constitucionais devem fixar "*remédios estruturais*", voltados ao redimensionamento dos ciclos de formulação e execução de políticas públicas, o que não seria possível por meio de decisões mais ortodoxas (tradicionais). Assim, ao adotar tais remédios, cortes cumprem dois objetivos principais: superar bloqueios políticos e institucionais, e aumentar a deliberação e o diálogo sobre causas e soluções do Estado de Coisas Inconstitucional.[496]

Mas quais são os pressupostos do estado de coisas inconstitucional? Segundo o professor da UERJ, seguindo os parâmetros desenvolvidos pela Corte Constitucional Colombiana, seriam:

a) Plano dos Fatos: a constatação de um quadro não simplesmente de proteção deficiente, e sim de violação massiva, generalizada e sistemática de direitos fundamentais, que afeta um número amplo de pessoas (grave, massiva e sistemática violação aos direitos humanos);

b) Plano dos Fatores: a falta de coordenação entre medidas legislativas, administrativas, orçamentárias e até judiciais, explicitando uma verdadeira "falha estatal estrutural", que gera tanto a violação sistemática dos direitos quanto a perpetuação e o agravamento da situação (*falhas estruturais* em virtude de ações e omissões estatais sistêmicas que se perpetuam e agravam a violação de direitos);

495. AZEVEDO CAMPOS, Carlos Alexandre. *O Estado de Coisas Inconstitucional e o litígio estrutural*. CONJUR, 01.09.2015.
496. AZEVEDO CAMPOS, Carlos Alexandre. *O Estado de Coisas Inconstitucional e o litígio estrutural*. CONJUR, 01.09.2015.

c) Plano dos Remédios: a superação dessas violações de direitos exige a expedição de remédios e ordens dirigidas não apenas a um órgão, e sim a uma pluralidade destes, sendo necessárias *mudanças estruturais*, novas políticas públicas ou o ajuste das existentes, alocação de recursos e etc.[497]

Nesses termos, as Cortes engajam em uma espécie de *ativismo judicial estrutural*, justificado pela presença de bloqueios políticos e institucionais. O Estado de Coisas Inconstitucional, no entendimento do autor, é *sempre o resultado de situações concretas de paralisia parlamentar ou administrativa sobre determinadas matérias. Nesse cenário de falhas estruturais e omissões legislativas e administrativas, a atuação ativista das cortes acaba sendo o único meio, ainda que longe do ideal em uma democracia, para superar os desacordos políticos e institucionais*, a falta de coordenação entre órgãos públicos, temores de custos políticos, *legislative blindspots*, sub-representação de grupos sociais minoritários ou marginalizados.[498]

É interessante salientar em maio de 2015, o Partido Socialista e Liberdade (PSOL) ajuizou Arguição de Descumprimento de Preceito Fundamental (ADPF) pedindo que o STF declare que a situação atual do sistema penitenciário brasileiro viola preceitos fundamentais da Constituição Federal e, em especial, direitos fundamentais dos presos. Em virtude disso, foi requerido ao STF que determinasse à União e aos Estados (a ação foi proposta, portanto, contra a União e os Estados) para que tomassem uma série de providências com o objetivo de sanar as lesões aos direitos dos presos.

Na petição inicial, foi alegado que o sistema penitenciário brasileiro vive um verdadeiro *"Estado de Coisas Inconstitucional"*. A petição inclusive apontou os pressupostos (supracitados) que caracterizariam o fenômeno: a) violação generalizada e sistêmica de direitos fundamentais; b) inércia ou incapacidade reiterada e persistente das autoridades públicas em modificar a conjuntura; c) situação que exige a atuação não apenas de um órgão, mas, sim, de uma pluralidade de autoridades para resolver o problema.

A petição inicial da ADPF 347 postulava-se o deferimento de liminar para que fosse determinado aos juízes e tribunais: a) que lançassem, em casos de decretação ou manutenção de prisão provisória, a motivação expressa pela qual não se aplicam medidas cautelares alternativas à privação de liberdade, estabelecidas no art. 319 do CPP; b) que, observados os artigos 9.3 do Pacto dos Direitos Civis e Políticos e 7.5 da Convenção Interamericana de Direitos Humanos, realizassem, em até 90 dias, audiências de custódia, viabilizando o comparecimento do preso perante a autoridade judiciária no prazo máximo de 24 horas, contadas do momento da prisão; c) que considerassem, fundamentadamente, o quadro dramático do sistema penitenciário brasileiro

497. AZEVEDO CAMPOS, Carlos Alexandre. *O Estado de Coisas Inconstitucional e o litígio estrutural*. CONJUR, 01.09.2015; *Devemos Temer o Estado de Coisas Inconstitucional? CONJUR, 15.10.2015.*

498. AZEVEDO CAMPOS, Carlos Alexandre. *O Estado de Coisas Inconstitucional e o litígio estrutural*. CONJUR, 01.09.2015.

no momento de implemento de cautelares penais, na aplicação da pena e durante o processo de execução penal; d) que estabelecessem, quando possível, penas alternativas à prisão, ante a circunstância de a reclusão ser sistematicamente cumprida em condições muito mais severas do que as admitidas pelo arcabouço normativo; e) que viessem a abrandar os requisitos temporais para a fruição de benefícios e direitos dos presos, como a progressão de regime, o livramento condicional e a suspensão condicional da pena, quando reveladas as condições de cumprimento da pena mais severas do que as previstas na ordem jurídica em razão do quadro do sistema carcerário, preservando-se, assim, a proporcionalidade da sanção; e f) que se abatesse da pena o tempo de prisão, se constatado que as condições de efetivo cumprimento são significativamente mais severas do que as previstas na ordem jurídica, de forma a compensar o ilícito estatal. Requeria-se, finalmente, que fosse determinado: g) ao CNJ que coordenasse mutirão carcerário a fim de revisar todos os processos de execução penal, em curso no País, que envolvessem a aplicação de pena privativa de liberdade, visando adequá-los às medidas pleiteadas nas alíneas "e" e "f"; e h) à União que liberasse as verbas do Fundo Penitenciário Nacional – Funpen, abstendo-se de realizar novos contingenciamentos.

O STF decidiu conceder, parcialmente, a medida liminar e deferiu apenas os pedidos "*b*" (audiência de custódia) e "*h*" (liberação das verbas do FUNPEN[499]). Conforme o Informativo 798, que explicita a decisão cautelar da ADPF nº347, o Plenário do STF reconheceu que, no sistema prisional brasileiro, realmente há uma violação generalizada de direitos fundamentais dos presos. As penas privativas de liberdade aplicadas nos presídios acabam sendo penas cruéis e desumanas. Diante disso, o STF declarou que diversos dispositivos constitucionais, documentos internacionais (o Pacto Internacional dos Direitos Civis e Políticos, a Convenção contra a Tortura e outros Tratamentos e Penas Cruéis, Desumanos e Degradantes e a Convenção Americana de Direitos Humanos) e normas infraconstitucionais estão sendo desrespeitadas. Afirmou ainda que os cárceres brasileiros, além de não servirem à ressocialização dos presos, fomentam o aumento da criminalidade, pois transformam pequenos delinquentes em "monstros do crime". Nesse sentido, a prova da ineficiência do sistema como política de segurança pública está nas altas taxas de reincidência. O reincidente, por sua vez, passa a cometer crimes ainda mais graves.[500]

499. O FUNPEN foi criado pela Lei Complementar nº 79/94 e regulamentado pelo Decreto nº 1.093/94. A sua finalidade é a de proporcionar recursos e meios para financiar e apoiar as atividades e os programas de modernização e aprimoramento do Sistema Penitenciário Brasileiro, sendo que a gestão de seus recursos é atribuição do Departamento Penitenciário Nacional – DEPEN, órgão vinculado ao Ministério da Justiça. Na ADPF ajuizada pelo PSOL, é afirmado que a maior parte dos recursos disponíveis do FUNPEN não é efetivamente gasta, sendo que, segundo informações do DEPEN, *o saldo contábil do fundo corresponderia a cerca de R$ 2,2 bilhões*. Um dos entraves apontados para o uso destes recursos seria o contingenciamento orçamentário realizado pelo Governo federal, sendo alegado que menos de 20% dos gastos orçamentariamente autorizados do referido fundo foram efetivamente realizados. Outro entrave seria o excesso de rigidez e de burocracia da União para liberação de recursos aos demais entes federativos, para que desenvolvam medidas voltadas à melhoria do sistema carcerário.
500. ADPF 347 MC, Pleno do STF, julg. em 09.09.2015, rel. Min. Marco Aurélio. (Informativo 798 do STF)

Afirmou ainda o STF que a responsabilidade por essa situação deve ser atribuída aos três Poderes (Legislativo, Executivo e Judiciário), tanto da União como dos Estados-Membros e do Distrito Federal. Nesses termos, entendeu o STF, na esteira da tese do *estado de coisas inconstitucional* que a ausência de medidas legislativas, administrativas e orçamentárias eficazes representa uma verdadeira "falha estrutural" que gera ofensa aos direitos dos presos, além da perpetuação e do agravamento da situação. Por isso, caberia ao STF o papel de retirar os demais poderes da inércia, coordenar ações visando resolver o problema e monitorar os resultados alcançados. Com isso, a intervenção judicial é necessária diante da incapacidade demonstrada pelas instituições legislativas e administrativas.[501]

Porém, aqui, é bom que se diga, que o plenário do STF entendeu que o STF não pode substituir o papel do Legislativo e do Executivo na consecução de suas tarefas próprias. Assim, o Judiciário deverá superar bloqueios políticos e institucionais sem afastar os outros poderes (legislativo e executivo) dos processos de formulação e implementação das soluções necessárias. Nesse sentido, deveria agir em diálogo com os outros poderes e com a sociedade. Portanto, não incumbe ao judiciário definir o conteúdo próprio dessas políticas, os detalhes dos meios a serem empregados. Aqui, em vez de desprezar as capacidades institucionais dos outros poderes, deveria o STF coordená-las, a fim de afastar o estado de inércia e a deficiência estatal permanente. Como já salientado, não se trataria de substituição aos demais poderes, e sim de oferecimento de incentivos, parâmetros e objetivos indispensáveis à atuação de cada qual, deixando-lhes o estabelecimento das minúcias para se alcançar o equilíbrio entre respostas efetivas às violações de direitos e as limitações institucionais reveladas. Com base nessas considerações, foram indeferidos os pedidos "e" e "f".[502]

Já em relação aos pedidos "a", "c" e "d", o STF entendeu que seria desnecessário ordenar aos juízes e Tribunais que os realizassem porque já são deveres impostos

501. Conforme o Informativo 798 do STF: "Registrou que a responsabilidade por essa situação não poderia ser atribuída a um único e exclusivo poder, mas aos três – Legislativo, Executivo e Judiciário –, e não só os da União, como também os dos Estados-Membros e do Distrito Federal. Ponderou que haveria problemas tanto de formulação e implementação de políticas públicas, quanto de interpretação e aplicação da lei penal. Além disso, faltaria coordenação institucional. A ausência de medidas legislativas, administrativas e orçamentárias eficazes representaria falha estrutural a gerar tanto a ofensa reiterada dos direitos, quanto a perpetuação e o agravamento da situação. O Poder Judiciário também seria responsável, já que aproximadamente 41% dos presos estariam sob custódia provisória e pesquisas demonstrariam que, quando julgados, a maioria alcançaria a absolvição ou a condenação a penas alternativas. Ademais, a manutenção de elevado número de presos para além do tempo de pena fixado evidenciaria a inadequada assistência judiciária. A violação de direitos fundamentais alcançaria a transgressão à dignidade da pessoa humana e ao próprio mínimo existencial e justificaria a atuação mais assertiva do STF. Assim, caberia à Corte o papel de retirar os demais poderes da inércia, catalisar os debates e novas políticas públicas, coordenar as ações e monitorar os resultados. A intervenção judicial seria reclamada ante a incapacidade demonstrada pelas instituições legislativas e administrativas." ADPF 347 MC, Pleno do STF, julg. em 09.09.2015, rel. Min. Marco Aurélio.

502. ADPF 347 MC, Pleno do STF, julg. em 09.09.2015, rel. Min. Marco Aurélio. (Informativo 798 do STF)

a todos os magistrados pela CR/88 e pelas leis infraconstitucionais. Logo, não havia sentido em o STF declará-los obrigatórios, o que seria apenas um reforço.[503]

Por último, é importante desenvolvermos algumas reflexões críticas sobre o reconhecimento pelo plenário do STF, ainda que em sede cautelar, e ainda que de forma tímida, da tese do "Estado de Coisas Inconstitucional". Duas questões contrárias (objeções) à tese do reconhecimento do estado de coisas inconstitucional devem ser enfrentadas (foram inclusive motivo de sustentação oral no STF contra o *ECI*), quais sejam: a) que o STF não possui legitimidade democrática e institucional para adotar as medidas pleiteadas, sendo sua atuação indevida (desrespeito ao *princípio da separação dos poderes*); e b) que se revela equivocada a importação do Estado de Coisas Inconstitucional para o caso brasileiro, tendo em vista que nem mesmo na Colômbia o seu uso se mostrou útil para remediar o problema do sistema carcerário daquele país.[504]

Sobre a primeira objeção, a defesa seria a de que o reconhecimento do Estado de Coisas Inconstitucional é uma técnica que não está expressamente prevista na Constituição ou em qualquer outro instrumento normativo e, considerando que confere ao Tribunal uma ampla latitude de poderes, tem-se entendido que a técnica só deve ser manejada em *hipóteses excepcionais*, em que, além da séria e generalizada afronta aos direitos humanos, haja também a constatação de que a intervenção da Corte é essencial para a solução do gravíssimo quadro enfrentado. São casos, conforme a petição da ADPF 347, em que se identifica um "*bloqueio institucional*" para a garantia dos direitos, o que leva a Corte a assumir um papel *atípico* (e, por óbvio,

---

503. ADPF 347 MC, Pleno do STF, julg. em 09.09.2015, rel. Min. Marco Aurélio. (Informativo 798 do STF). Resta agora aguardar o *julgamento de mérito* da ADPF 347.

504. AZEVEDO CAMPOS, Carlos Alexandre. *O Estado de Coisas Inconstitucional e o litígio estrutural*. CONJUR, 01.09.2015. Sobre as críticas, temos também as objeções de Lenio Luiz Streck In: *O que é preciso para (não) se conseguir um Habeas Corpus no Brasil*(CONJUR, 24.09.2015);*O Estado de Coisas Inconstitucional e uma nova forma de ativismo* (CONJUR, 24.10.2015); DE GIORGI, Raffaele; FARIA, José Eduardo; CAMPILONGO, Celso. *Opinião: Estado de Coisas inconstitucional.* (Estadão, São Paulo, 19.09.2015). Lenio nos seus textos afirma que: "(...) Pergunto: o que não é "*coisa inconstitucional*" neste país periférico que está à beira do abismo? Poderíamos aproveitar para fazer o mesmo com os juros sobre as operações de crédito, a situação do transporte público em terra e brasiliense, crise da segurança pública (o RS está um caos, o Rio nem se fala) crise na educação, dos hospitais (pessoas morrendo nas filas, tomando soro em pé...) etc. E, a partir de uma inconstitucionalidade por arrastamento, declarar a inconstitucionalidade do estado de coisas proporcionadas pelas operadoras de telefonia. Peço que me desculpem. Não é implicância minha. Mas por que judicializar tudo? A pergunta que fica não respondida é: e a legitimidade constitucional para obrigar o Executivo a tomar essas medidas? É do Judiciário? Assim, sem mais nem menos? O que sobrou para a democracia? E se os juízes em suas comarcas começarem a declarar, em controle difuso, o estado de coisas inconstitucional das "coisas" do município? Tem município que não fornece nem merenda escolar. E não subestimemos o poder dos Tribunais dos Estados Federados...(...)."" (...) Dito de outro modo, não se pode declarar *a inconstitucionalidade de coisas, mesmo que as chamemos de "estado de ou das coisas. E nem se tem como definir o que é um "estado dessas coisas" que sejam inconstitucionais no entremeio de milhares de outras situações ou coisas inconstitucionais.* Do contrário, poder-se-ia declarar inconstitucional o estado de coisas da desigualdade social e assim por diante. Mais: o ECI estabelece um paradoxo, como bem detectado por Di Giorgi, Campilongo e Faria, *verbis*: "Invocar o ECI pode causar mais dificuldades à eficácia da Constituição do que se imagina. Basta fazer um exercício lógico, empregando o conceito de ECI a ele mesmo. Se assim estão as "coisas" – e, por isso, a ordem jurídica é ineficaz e o acesso à Justiça não se concretiza –, por que não decretar a inconstitucionalidade da Constituição e determinar o fechamento dos tribunais?"

excepcional), sob a perspectiva do princípio da separação de poderes, que envolve uma intervenção mais ampla sobre o campo das políticas públicas.[505]

Já sobre a segunda objeção, aponta Carlos Alexandre de Azevedo Campos ser uma meia-verdade, tendo em vista que é verdade que o reconhecimento do Estado de Coisas Inconstitucional fracassou no enfrentamento do sistema carcerário colombiano; contudo, diz o autor ser enganoso e totalmente equivocado afirmar que o instrumento não é capaz de servir ao propósito de solucionar *litígios de caráter estrutural*.[506]

Segundo o professor, o problema não estaria no reconhecimento do *Estado de Coisas Inconstitucional*, mas, sim, na sua forma (manejo) de aplicação, ou seja, na concretização da decisão (na prática) a partir da constatação do Estado de Coisas Inconstitucional. Nesses termos, "o erro da Corte Colombiana no caso do *sistema carcerário* foi o de proferir ordens sem qualquer acompanhamento ou diálogo na fase de implementação. Já em caso posterior, o paradigmático problema da *"população deslocada em razão da violência urbana"* (fenômeno típico de países mergulhados em violência em que as pessoas são forçadas a migrar dentro do território, obrigadas a abandonar seus lares e suas atividades econômicas porque ações violentas de grupos ameaçam suas vidas e a integridade física das famílias) a Corte Colombiana, tendo aprendido com os próprios erros, passou a adotar a prática de proferir *"ordens flexíveis sujeitas à jurisdição supervisória"*. As novas medidas resultaram no sucesso da atuação da corte e do instrumento Estado de Coisas Inconstitucional.[507]

Assim, no primeiro caso (*do sistema carcerário*), a corte adotou posição de "supremacia judicial" e fracassou.[508] No segundo (*do deslocamento forçado de pessoas*),

505. "(...) As críticas quanto à violação da separação de poderes encerram, com a devida vênia, dois equívocos sucessivos. Primeiramente, partem de uma concepção estática do princípio, de poderes não só separados, como distantes e incomunicáveis. As pretensões transformativa e inclusiva da Carta de 1988 requerem, ao contrário, um modelo dinâmico, cooperativo de poderes que, cada qual com as ferramentas próprias, devem compartilhar autoridade e responsabilidade em favor da efetividade da Constituição. Em segundo lugar, ainda que se reconhecesse como plenamente vigente esse modelo estático de poderes que se excluem funcionalmente, circunstâncias próprias do ECI – violação massiva de direitos fundamentais e bloqueios políticos e institucionais – configuram motivos suficientes à flexibilização, nos casos concretos e sob o ângulo de princípios de moralidade política, razões de separação ortodoxa de poderes. Pensar de modo diverso equivale a tolerar situações de somatório de inércias, de paralisia dos três poderes em desfavor da realização efetiva de direitos fundamentais." *Devemos Temer o Estado de Coisas Inconstitucional? CONJUR, 15.10.2015.*

506. AZEVEDO CAMPOS, Carlos Alexandre. *O Estado de Coisas Inconstitucional e o litígio estrutural*. CONJUR, 01.09.2015.

507. AZEVEDO CAMPOS, Carlos Alexandre. *O Estado de Coisas Inconstitucional e o litígio estrutural*. CONJUR, 01.09.2015.

508. "Em uma de suas mais importantes decisões, a Corte Constitucional da Colômbia declarou o Estado de Coisas Inconstitucional relativo ao quadro de superlotação das penitenciárias do país. Na *Sentencia de Tutela* (T) 153, de 1998, discutiram-se, tal como ocorre na ADPF 347, o problema da superlotação e as condições desumanas das Penitenciárias Nacionais de Bogotá e de Bellavista de Medellín. A corte, apoiada em dados e estudos empíricos, constatou que o quadro de violação de direitos era generalizado na Colômbia, presente nas demais instituições carcerárias do país. Os juízes enfatizaram que a superlotação e o império da violência no sistema carcerário eram problemas nacionais, de responsabilidade de um conjunto de autoridades. A corte acusou a violação massiva dos direitos dos presos à dignidade humana e a um amplo conjunto de direitos fundamentais, o que chamou de *"tragédia diária dos cárceres"*. Ante a mais absoluta ausência de políticas públicas voltadas, ao menos, a minimizar a situação, a corte: declarou o Estado de Coisas Inconstitucional; *ordenou a elaboração de um plano de construção*

porque partiu para o diálogo institucional, acabou promovendo vantagens democráticas e ganhos de efetividade prática de suas decisões, contribuindo realmente para melhoria da situação. A conclusão é a de que o Estado de Coisas Inconstitucional declarado pela Corte Constitucional Colombiana não surtiu o efeito desejado no caso do sistema carcerário, mas, em caso posterior, a corte identificou o insucesso, diagnosticou os erros e avançou para uma nova posição (postura), menos arrogante, mais dialógica e, portanto, mais factível ao sucesso.[509]

---

e reparação das unidades carcerárias; determinou que o governo nacional providenciasse os recursos orçamentários necessários; exigiu aos governadores que criassem e mantivessem presídios próprios; e requereu ao presidente da República medidas necessárias para assegurar o respeito dos direitos dos internos nos presídios do país. A execução dessas ordens não alcançou, todavia, grande sucesso. Os principais defeitos acusados foram a pouca flexibilidade das ordens, especialmente, em face dos "departamentos" locais, e a falta de monitoramento, pela própria corte, da fase de implementação da decisão. O erro da corte foi acreditar que sua autoridade contida nas decisões, por si só, seria suficiente para que os órgãos públicos cumprissem efetivamente com as medidas ordenadas. A corte pouco se preocupou com a real impossibilidade de as autoridades públicas cumprirem as ordens. Faltou diálogo *em torno de como melhor realizar as decisões, não tendo sido retida jurisdição sobre a execução das medidas.* A corte não voltaria a cometer esses erros no caso igualmente relevante do deslocamento forçado de pessoas em razão da violência urbana do país." AZEVEDO CAMPOS, Carlos Alexandre. *O Estado de Coisas Inconstitucional e o litígio estrutural*. CONJUR, 01.09.2015.

509. Nesses termos: "Na *Sentencia* T-025, de 2004, a corte examinou, de uma vez, 108 pedidos de tutelas formulados por 1.150 núcleos familiares deslocados. A maior parte dessa população era composta por mulheres cabeças de família, menores, minorias étnicas e idosos. Essas pessoas não gozavam dos direitos de moradia, saúde, educação e trabalho. A corte conclui *estarem presentes os principais fatores que caracterizam o Estado de Coisas Inconstitucional e formulou remédios não só em favor dos que pleitearam as tutelas, mas também das outras pessoas que se encontravam na mesma situação. Acusando a precária capacidade institucional dos outros poderes para o desenvolvimento, implementação e coordenação das políticas públicas necessárias, e sem exercer diretamente as competências desses poderes,* a Corte Constitucional: ***declarou o Estado de Coisas Inconstitucional****; exigiu atenção orçamentária especial ao problema; determinou que fossem formuladas novas políticas públicas, leis e um marco regulatório eficiente para proteger, para além dos direitos individuais dos demandantes, a dimensão objetiva dos direitos envolvidos. As ordens foram flexíveis e dirigidas a um número elevado de autoridades públicas e, dessa vez, surtiram bons efeitos práticos porque a corte dialogou com os outros poderes e a sociedade sobre a adequação das medidas durante a fase de implementação. A manutenção da jurisdição sobre o caso fez toda a diferença, comparado ao caso do sistema carcerário. A corte buscou harmonizar o ativismo judicial revelado na intervenção sobre as políticas públicas com a proposta de diálogos institucionais.* Como afirmam Paul Rouleau e Linsey Sherman, *são preferíveis "**ordens flexíveis sujeitas** à **jurisdição supervisória" a "ordens detalhadas sujeitas** à **execução se desrespeitada"**. Com ordens flexíveis e diálogo sobre a implementação de medidas, cortes apontam a omissão estatal inconstitucional e a consequente violação massiva de direitos, fixam parâmetros e até prazos para a superação desse estado, mas deixam as escolhas técnicas de meios para os outros poderes. O acompanhamento permite aos juízes, uma vez devidamente informados, tomarem medidas capazes de assegurar a implementação das ordens, o que contribui para soluções superiores comparadas a eventuais decisões unilaterais. O monitoramento, envolvido em audiências públicas e com a participação ampla da sociedade civil, permite aos juízes saber se as instituições democráticas estão progredindo ou se os bloqueios se mantiveram. Atuando assim, em vez de supremacia judicial, as cortes, por meio de remédios estruturais flexíveis e sob supervisão, promovem o diálogo amplo entre as instituições e a sociedade.* Ordens flexíveis acompanhadas de monitoramento podem, portanto, ser superiores às ordens detalhadas e rígidas não apenas sob as óticas democrática e política, mas também quanto aos resultados desejados. Daí por que comportamento judicial da espécie possuir tanto virtudes democráticas como vantagens pragmáticas. Essa posição foi a chave do sucesso no caso do deslocamento forçado. *A corte interveio na confecção de políticas públicas, dirigindo ordens à ampla estrutura de poderes e órgãos envolvidos, sem, contudo, fixar os detalhes do plano de ação.* A corte versou os procedimentos e as autoridades competentes para atuar em favor da superação do estado de coisas inconstitucional, nada dispondo sobre o conteúdo das políticas, mas vindo a acompanhar durante seis anos a realização concreta dessas. *A corte convocou audiências públicas periódicas, com a participação de atores estatais e sociais, para discutir a elaboração e a implementação das novas políticas públicas, criando "espaços de deliberação e formas alternativas, inovadoras e potencialmente democratizantes, de aplicação judicial dos direitos constitucionais". A Colômbia ainda possui o maior número de pessoas deslocadas do mundo, haja vista o contexto de violência urbana ainda não ter sido superado pelo*

Portanto, voltando ao debate brasileiro, entende Carlos Alexandre ser possível o reconhecimento do *Estado de Coisas Inconstitucional* e adoção de práticas diante dele, mas não mediante uma postura autoritária e arrogante (*estado de arrogância institucional*) da Corte em que decisões são tomadas sem um mínimo de possibilidade de serem cumpridas. Nesses termos, a saída seria por meio de ordens mais flexíveis seguidas de monitoramento na execução das medidas (fomentando um diálogo entre as instituições). Dessa maneira, em casos que apresentam quadro acentuado e reiterado de violações de direitos fundamentais, mas, ao mesmo tempo, que exigem soluções extremamente complexas, espera-se que a Corte Constitucional não seja inerte, mas que também não tente resolver tudo sozinha. Nesse sentido, sustenta o autor que, além de excepcional, o Estado de Coisas Inconstitucional não favorece unilateralismos judiciais, pois nada pode ser resolvido pelo Judiciário isoladamente. Ao contrário, é próprio do *ECI* que a solução seja perseguida a partir de medidas a serem tomadas por uma pluralidade de órgãos. Por meio de ordens flexíveis, nas quais não consta a formulação direta das políticas públicas necessárias, o tribunal visa catalisar essas medidas, buscar a superação dos bloqueios políticos e institucionais que perpetuam e agravam as violações de direitos. O *ECI* funciona como a "senha de acesso" da Corte Constitucional à tutela estrutural. Advoga então que, reconhecido o Estado de Coisas Inconstitucional, a corte não desenhará as políticas públicas, e sim afirmará a necessidade urgente que Congresso e Executivo estabeleçam essas políticas, inclusive de natureza orçamentária. Depois de formuladas e implementadas as medidas pelos poderes políticos, a Corte deverá monitorar e avaliar os resultados, mantendo um "*colóquio contínuo*" sobre as práticas adotadas, por meio, principalmente, de audiências públicas, com a participação dos órgãos estatais envolvidos e parcelas interessadas da sociedade civil. Não se trata, segundo o professor da UERJ, de "*corrigir a incompetência dos outros poderes*", mas de promover *diálogos democráticos entre os poderes e a sociedade* em torno das melhores soluções. As sentenças estruturais, próprias do Estado de Coisas Inconstitucional, em conterem ordens flexíveis e sujeitas a monitoramento, buscam promover a colaboração harmônica e deliberativa entre os poderes em torno de um objetivo comum: *superar o quadro de inconstitucionalidades*. Portanto, contra os críticos, afirma o autor que não há supremacia, subjetivismo ou arbítrio judiciais, e sim diálogos e cooperação institucionais.[510]

Poder Executivo nacional. Contudo, desde a adoção das medidas determinadas pela Corte Constitucional, a população deslocada, ao menos a maioria, não mais está entregue a toda sorte de violação de direitos fundamentais. Antes totalmente ignorado, sem qualquer atenção estatal e da própria sociedade, o problema da falta de direitos básicos da população, quando deslocada forçadamente, é hoje um mal combatido. Como anotaram César Rodríguez Gravito e Diana Rodríguez Franco, foram, entre outros aspectos, "a ambição e duração do processo de implementação das ordens da decisão", com o acompanhamento contínuo da corte, que asseguraram a efetividade da, por eles denominada, *macrossentença*." AZEVEDO CAMPOS, Carlos Alexandre. *O Estado de Coisas Inconstitucional e o litígio estrutural*. CONJUR, 01.09.2015.

510. "Com ordens flexíveis da espécie, cortes respeitam as credenciais democráticas e as capacidades institucionais dos outros poderes, mantêm de pé as fronteiras entre Direito e Política e minimizam riscos de não cumprimento das decisões. Em vez de servir ao "fechamento do Congresso", o ECI pode contribuir à sua atuação ao chamar

15. CONTROLE DE CONVENCIONALIDADE

O ***controle de convencionalidade*** conforme a doutrina pode ser conceituado como "uma forma de compatibilização entre as normas de direito interno e os tratados de direitos humanos ratificados pelo governo e em vigor no país. Ou seja, trata-se, portanto, de um ***controle de validade das normas nacionais***, tendo por parâmetro **não o texto constitucional**, mas os compromissos internacionais assumidos em matéria de **proteção aos direitos humanos**".[511]

Nesses termos, temos uma nova relação de compatibilidade (ou adequação) de normas de um ordenamento jurídico, pois a Constituição do Estado (nacional) deixa de ser exclusiva norma-parâmetro dotada de supremacia. Com isso, os Tratados Internacionais de Direitos Humanos passam a ser um novo parâmetro para a realização de um controle vertical das normas jurídicas internas. Dessa forma, temos uma dupla compatibilização vertical de leis e atos normativos que passariam a dever ser compatíveis não só com a **Constituição**, mas também com os **Tratados Internacionais de Direitos Humanos**[512].

Embora a origem desse controle seja fruto de divergências, sustenta abalizada doutrina que teve derivação francesa e data do início da década de 70[513].

No plano do **sistema interamericano de direitos humanos,** já se observa um desenvolvimento do controle de convencionalidade a partir de alguns julgados da Corte Interamericana de Direitos Humanos **(CIDH)** que dizem respeito à relação comparativa entre o direito doméstico estatal e a jurisdição contenciosa (aceita pelo Estado-parte) da Convenção Americana de Direitos Humanos (CADH). Portanto, alguns casos de jurisdição contenciosa da CIDH já vem sendo fruto de controle de convencionalidade do direito estatal tendo como parâmetro a Convenção Americana de Direitos Humanos (CADH).[514]

Porém, no caso específico do sistema interamericano, após a construção do controle realizado pela CIDH tendo como base a CADH, uma nova etapa foi desenvolvida

---

atenção para direitos de grupos vulneráveis e minorias sub-representadas, cujos interesses acabam caindo em "pontos-cegos legislativos". Em vez de ir contra a Constituição e os direitos fundamentais, *o ECI pode servir para diminuir a distância entre o garantismo textual e a realidade desigual e desumana em diferentes quadras. Em vez de oportunizar a declaração de "inconstitucionalidade do Brasil", o ECI pode contribuir a torná-lo um país mais inclusivo e atento à dignidade humana como bem intrínseco de todo e qualquer indivíduo."* AZEVEDO CAMPOS, Carlos Alexandre. *Devemos Temer o Estado de Coisas Inconstitucional? CONJUR, 15.10.2015.*

511. MAZZUOLI, Valério de Oliveira. *O Controle Jurisdicional da convencionalidade das leis*. 2ª ed. p, 73, 2011.
512. MARTINS, Leonardo; MOREIRA, Thiago Oliveira. Controle de convencionalidade de atos do poder público: concorrência ou hierarquia em face do controle de constitucionalidade? In: *Direito Constitucional e Internacional dos Direitos Humanos*, Ed. Fórum, p.296-297, 2012.
513. O Conselho Constitucional Francês, na Decisão nº74-54DC, de 15.01.1975, entendeu não ser competente para analisar a convencionalidade preventiva das leis (ou seja, a compatibilidade destas com os tratados ratificados pela França, notadamente – naquele caso concreto – Convenção Europeia de Direito Humanos de 1950), pelo fato de não se tratar de um controle de constitucionalidade propriamente dito, o único ao qual teria competência o dito Conselho para se manifestar a respeito." MAZZUOLI, Valério de Oliveira. O Controle Jurisdicional da convencionalidade das Leis. 2ª ed. p, 71, 2011.
514. A responsabilização de Estado Nacional pela violação de preceitos da CADH teve como *leading case* Myrna Chang Vs. Guatemala (sentença em 25.11.2003).

(alargamento do controle) com a tese de que os próprios magistrados internos de um país (jurisdição interna) estariam submetidos às disposições da Convenção Americana de Direitos Humanos (CADH). Portanto, passou a entender a Corte Interamericana de Direitos Humanos (CIDH) que a análise de compatibilidade (ou adequação) de normas internas em relação a CADH poderia ser feita também por magistrados do país. É interessante que a CIDH já assentou inclusive que esse controle de convencionalidade poderia ser feito não só em casos concretos (de modo incidental), mas também em abstrato (controle concentrado).[515] Com isso, a CIDH pode realizar o controle, bem como a jurisdição interna também poderia fazê-lo.

Nesses termos, síntese doutrinária[516] nos aponta o estágio atual do controle de convencionalidade no Brasil no âmbito concreto-incidental:

a) Tem como parâmetro um tratado internacional que verse sobre direitos humanos, regularmente ratificado pelo Estado;

b) Faz parte da competência de qualquer órgão jurisdicional, mesmo que tal órgão não tenha competência para o controle de constitucionalidade;

c) Deverá ser suscitado como questão preliminar no caso concreto;

d) Mesmo diante da ausência de sua alegação, poderá o órgão julgador declarar *ex officio* a inconvencionalidade de lei ou ato do poder público;

e) Poderá implicar declaração de inconvencionalidade, acarretando a invalidação da norma ou ato com efeito *inter partes*;

f) Realizado concreta ou incidentalmente poderá ter efeitos *erga omnes*, quando ele for efetuado via Recurso Extraordinário pelo STF (art. 102, III, *b* da CR/88) e o Senado Federal, nos termos do art. 52, X, da CR/88, suspender a execução da Lei inconvencional[517];

g) Poderá ser realizado sempre de forma repressiva;

h) Poderá ser requerido por qualquer pessoa titular de direito humano (*legitimidade ad causam* ativa);

i) Fará parte, em última instância, da competência do STF independentemente do rito de incorporação do Tratado.

515. MARTINS, Leonardo; MOREIRA, Thiago Oliveira. Controle de convencionalidade de atos do poder público: concorrência ou hierarquia em face do controle de constitucionalidade? In: *Direito Constitucional e Internacional dos Direitos Humanos*, Ed. Fórum, p. 304-305, 2012.

516. MARTINS, Leonardo; MOREIRA, Thiago Oliveira. Controle de convencionalidade de atos do poder público: concorrência ou hierarquia em face do controle de constitucionalidade? In: *Direito Constitucional e Internacional dos Direitos Humanos*, Ed. Fórum, p. 306, 2012.

517. Aqui apenas como advertência, temos que essa atuação do Senado se encontra em xeque devido à ***tese da mutação constitucional*** explicitada na ADI 3407 e ADI 3470 (Informativo 886 do STF), conforme estudamos na parte referente ao controle difuso-concreto.

Para a parte concentrada-abstrata no direito brasileiro, entendem alguns autores que haveria a necessidade de uma adequação normativa no art. 102 da CR/88, para que o STF venha a poder processar e julgar não só a ação direta de inconstitucionalidade contra lei ou ato normativo federal e estadual e a ação declaratória de constitucionalidade de lei ou ato normativo federal, mas também a ação direta de inconvencionalidade (contra lei ou ato normativo federal ou estadual) e a ação declaratória de convencionalidade (contra lei ou ato normativo federal). Sustentam também que o *caput* do art. 103 da CR/88 deveria ser modificado para estabelecer a previsão da legitimidade também para o controle de convencionalidade[518].

Porém, outros autores entendem que, independentemente de qualquer modificação normativa na Constituição, haveria, sim, a possibilidade do controle de convencionalidade contra lei ou ato normativo federal ou estadual (via ação direta de inconvencionalidade) que teria como parâmetro (conforme a doutrina majoritária) os Tratados Internacionais de Direitos Humanos que forem incorporados ao ordenamento pátrio conforme o procedimento do art. 5º, § 3º, da CR/88. Teríamos também como possível o controle de convencionalidade (via ação declaratória de convencionalidade) que teria como objeto lei ou ato normativo federal.[519]

Por último, sobre o ***controle de convencionalidade*** temos um exemplo interessante explicitado pelo STF em 2019.

No caso, o agente foi denunciado pelo Ministério Público Federal acusado da prática do crime de lavagem de dinheiro, previsto no art. 1º da Lei nº 9.613/98. O Juiz Federal da Vara Criminal recebeu a denúncia. A defesa do réu alegou que João já foi processado na Suíça, por esses mesmos fatos, tendo sido condenado pelo Tribunal do Cantão de Zurique. Por essa razão, argumentou que essa ação penal no Brasil, pelos mesmos fatos, configuraria bis in idem.

O TRF e o STJ negaram o pedido da defesa sob o fundamento de que o crime também foi cometido no Brasil. Assim, tal fato permitiria a persecução penal pela justiça brasileira, independentemente de outra condenação no exterior. Dessa forma, adotou-se o princípio da territorialidade, nos termos do art. 5º do Código Penal que afirma que aplica-se a lei brasileira, sem prejuízo de convenções, tratados e regras de direito internacional, ao crime cometido no território nacional. Para o STJ, o processo penal deveria tramitar normalmente aqui no Brasil e, ao final, caso o réu seja condenado, poderia haver, eventualmente, a detração da pena, nos termos do art. 8º do Código Penal.

518. MARTINS, Leonardo; MOREIRA, Thiago Oliveira. Controle de convencionalidade de atos do poder público: concorrência ou hierarquia em face do controle de constitucionalidade? In: *Direito Constitucional e Internacional dos Direitos Humanos*, Ed. Fórum, p.307, 2012.
519. MAZZUOLI, Valério de Oliveira. O *Controle Jurisdicional da convencionalidade das leis*. 2ª ed. p, 73, 2011. Certo é que também caberia ADPF no controle de convencionalidade.

No caso, a Segunda Turma do STF concedeu a ordem em *habeas corpus* para determinar o **trancamento de ação penal** movida contra o paciente, denunciado pela suposta prática do crime de lavagem de capitais, em razão de haver transferido dinheiro oriundo de tráfico de drogas da Suíça para o Brasil, utilizando-se de contrato de fachada para dar aparência de licitude aos ativos em solo brasileiro. No caso, como já dito, o paciente já teria sido processado e julgado na Suíça pelos mesmos fatos, o que culminou em condenação transitada em julgado e cômputo de período de encarceramento de caráter preventivo como execução antecipada da pena naquele Estado.[520]

Inicialmente o STF reconheceu que os fatos apreciados pela justiça brasileira são coincidentes com os já analisados pelo Estado suíço. Ademais, apontou que a redação do art. 5º do Código Penal contém a ressalva de que devem ser observados convenções, tratados e regras de direito internacional. Desse modo, deve-se cotejar a redação dos arts. 5º, 6º e 8º do CP com o que dispõe a Lei 13.445/2017 (Lei de Migração), a qual elenca o rol de casos em que o Estado brasileiro ***não concede extradição***, notadamente o disposto no art. 82, V. Temos ainda o art. 100, *caput*, do mesmo diploma legal que exige a observância do princípio do *ne bis in idem*.[521]

Para o STF a proteção ao indivíduo selada por esses dispositivos é muito cara ao direito brasileiro. Revela-se evidente garantia contra nova persecução penal pelos mesmos fatos, de modo a se consagrar a proibição de dupla persecução penal também entre países, no âmbito internacional.

Por outro lado, de acordo com a jurisprudência do Supremo Tribunal Federal, assentou-se o ***status normativo supralegal*** aos tratados internacionais de direitos humanos, ou seja, abaixo da Constituição, mas acima das leis infraconstitucionais.[522]

Portanto, consagrou-se que o ***controle de convencionalidade*** pode ser realizado sobre as leis infraconstitucionais. Assim, o Código Penal ***deve ser aplicado em conformidade*** com os direitos assegurados na ***Convenção Americana de Direitos Humanos*** e com o ***Pacto Internacional de Direitos Civis e Políticos.*** Conforme o STF, em relação à ***proibição de dupla persecução penal***, tais diplomas o fazem de forma expressa (CADH, art. 8.4; PIDCP, art. 14.7)[523].

O STF inclusive já teve a oportunidade de se manifestar na Extradição nº 1233 a respeito dessas regras, e, ao fazê-lo obstou o prosseguimento de processo penal quanto a fatos já julgados por jurisdição diversa. Nesses termos:

---

520. **HC 171118/SP**, STF. 2ª Turma. Rel. Min. Gilmar Mendes, julgado em **12.11.2019** (Info 959)
521. **HC 171118/SP**, STF. 2ª Turma. Rel. Min. Gilmar Mendes, julgado em **12.11.2019** (Info 959)
522. **HC 171118/SP**, STF. 2ª Turma. Rel. Min. Gilmar Mendes, julgado em **12.11.2019** (Info 959)
523. **HC 171118/SP**, STF. 2ª Turma. Rel. Min. Gilmar Mendes, julgado em **12.11.2019.** CADH Artigo 8. Garantias judiciais (...) 4. O acusado absolvido por sentença passada em julgado não poderá ser submetido a novo processo pelos mesmos fatos. PIDCP Artigo 14 (...) 7. Ninguém poderá ser processado ou punido por um delito pelo qual já foi absorvido ou condenado por sentença passada em julgado, em conformidade com a lei e os procedimentos penais de cada país.

> (...) Ninguém pode expor-se, em tema de liberdade individual, a situação de duplo risco. Essa é a razão pela qual a existência de hipótese configuradora de "double jeopardy" atua como insuperável obstáculo à instauração, em nosso País, de procedimento penal contra o agente que tenha sido condenado ou absolvido, no Brasil ou no exterior, pelo mesmo fato delituoso. - A cláusula do Artigo 14, n. 7, inscrita no Pacto Internacional sobre Direitos Civis e Políticos, aprovado pela Assembleia Geral das Nações Unidas, qualquer que seja a natureza jurídica que se lhe atribua (a de instrumento normativo impregnado de caráter supralegal ou a de ato revestido de índole constitucional), inibe, em decorrência de sua própria superioridade hierárquico-normativa, a possibilidade de o Brasil instaurar, contra quem já foi absolvido ou condenado no exterior, com trânsito em julgado, nova persecução penal motivada pelos mesmos fatos subjacentes à sentença penal estrangeira.[524]

Assim, o exercício ***do controle de convencionalidade***, tendo por paradigmas os dispositivos do art. 14.7, do Pacto Internacional sobre Direitos Civis e Políticos e do art. 8.4, da Convenção Americana de Direitos Humanos, determina a vedação à dupla persecução penal, ainda que em jurisdições de países distintos. Por sua vez, o art. 8º do CP ***deve ser lido em conformidade com os preceitos convencionais e a jurisprudência da Corte Interamericana de Direitos Humanos*** (CIDH), vedando-se a dupla persecução penal por idênticos fatos.

Portanto, a conclusão é a de que temos o STF usando claramente como parte central da fundamentação para a sua decisão o ***controle de convencionalidade***.[525]

16. A TEORIA DOS DIÁLOGOS INSTITUCIONAIS (CONSTITUCIONAIS) E A SUPERAÇÃO (REAÇÃO) LEGISLATIVA

Uma das teses que mais se destacou nos últimos anos no cenário jurídico pátrio foi desenvolvida no Brasil pelo professor da USP **Conrado Hübner Mendes,**[526] a qual trabalha a tensão entre o Judiciário e o Legislativo na intrincada tarefa da construção da legitimidade democrática no âmbito da jurisdição constitucional. Com isso, temos o desenvolvimento da noção de ***diálogos institucionais***

524. **Ext 1223**, STF. 2ª Turma. Rel. Min. Celso de Mello, julg em **22.11.2011.**
525. **HC 171118/SP**, STF. 2ª Turma. Rel. Min. Gilmar Mendes, julgado em **12.11.2019.** Porém, aqui uma advertência sobre a **necessidade de ponderação**: Por fim, *a vedação à dupla persecução penal em âmbito internacional deve ser ponderada com a* ***soberania dos Estados*** *e com* ***as obrigações processuais positivas impostas pela CIDH***. Em casos de violação de tais deveres de investigação e persecução efetiva, o julgamento em país estrangeiro pode ser considerado ilegítimo, como em precedentes em que a própria CIDH determinou a reabertura de investigações em processos de Estados que não verificaram devidamente situações de violações de direitos humanos. Portanto, se *houver a devida comprovação de que o julgamento em outro país sobre os mesmos fatos não se realizou de modo justo e legítimo, desrespeitando obrigações processuais positivas, a vedação de dupla persecução pode ser eventualmente ponderada para complementação em persecução interna.* Contudo, no caso concreto, *não há qualquer elemento que indique dúvida sobre a legitimidade da persecução penal e da punição imposta em processo penal na Suíça por idênticos fatos ao agora denunciado no Brasil*. Dessa forma, a proibição de dupla persecução deve ser respeitada de modo integral, nos termos constitucionais e convencionais. (Informativo 959)
526. Aqui devemos citar também a obra "Supremacia Judicial versus Diálogos Constitucionais" do professor da UERJ Rodrigo Brandão publicada em 2012.

(constitucionais) no seio de um projeto em permanente construção (*fazer*) de democracia deliberativa[527].

Segundo Conrado Hübner "***diálogo institucional***" diz respeito a um modo de compreender, interpretar e aplicar o processo constitucional.

Nesse sentido, nós tradicionalmente acostumamos a trabalhar a separação de poderes como uma divisão de funções que leva, em último grau, na decisão de uma corte constitucional que atua como guardiã da Constituição. Com isso, o circuito decisório teria um ponto final, ou seja, uma última palavra. O autor defende a tese da "*última palavra provisória*" como uma ruptura com essa perspectiva clássica.

Para o professor da USP, o debate teórico que se preocupa com a pergunta de quem deve ter a última palavra está preso a um código binário: a) alguns defendem que a última palavra deveria ser da corte (e as justificativas dessa posição variam); b) outros defendem que deveria ser do parlamento (a instituição democrática por excelência, conforme um certo consenso histórico que impregnou nossa forma de entender a democracia)[528].

Certo é que a disputa sobre a *supremacia judicial* versus *soberania parlamentar* se desenvolveu muito nos últimos anos. Movimentos como o do "constitucionalismo popular" de Larry Kramer (2004) e Mark Tushnet (1999) que tem como objetivo levar a Constituição para fora dos Tribunais, bem como as teses do "constitucionalismo democrático" de Barry Friedman (2005) que questiona a centralidade da supremacia judicial a partir da influência da opinião pública e da sociedade civil nas decisões dos Tribunais, são apenas alguns exemplos de como a disputa sobre quem deve dar a última palavra sobre a interpretação da Constituição está longe de ter um denominador comum.

A perspectiva adotada pelos defensores da supremacia judicial na interpretação da Constituição defende que o Judiciário estaria, por uma série de fatores, dotado de uma capacidade institucional superior a do Legislativo para dizer o *que é a Constituição*. Dentre as razões para tal teríamos as de que: a) os Juízes estariam desvinculados de interesses econômicos, políticos e partidários e teriam compromisso com uma aplicação imparcial do direito; b) o Juízes seriam incumbidos de preservar os pré-compromissos do povo previstos na Constituição contra maiorias transitórias e seus interesses ocasionais; c) os Juízes usariam, conforme Dworkin (1985), de argumentos de princípios frente a argumentos de políticas típicos do legislativo; d) os juízes seriam capazes de promover um processo deliberativo guiado pela razão, e não por pressões políticas e partidárias,

527. HÜBNER, Conrado Mendes. Direitos Fundamentais, Separação de Poderes e Deliberação, São Paulo: Ed. Saraiva, 2011. Ver também a recente obra: HÜBNER, Conrado Mendes, *Constitutional Courts and Deliberative Democracy*, Oxford UP, 2013.

528. HÜBNER, Conrado Mendes. *Direitos Fundamentais, Separação de Poderes e Deliberação*, São Paulo: Ed. Saraiva, 2011.

circunstância que os tornariam, conforme Robert Alexy (2005), uma espécie de representação argumentativa da sociedade[529]; e) o judiciário seria o guardião da Constituição que somente seria respeitada e cumprida mediante a sua guarda por um agente externo ao Parlamento (órgão incumbido de produzir as normas ordinárias que poderiam, sem controle, desrespeitar a Constituição); f) em virtude do treinamento e especialidade nas matérias jurídicas os juízes teriam maior aptidão para interpretar a Constituição (que é um documento político, mas também jurídico); g) os juízes, via de regra, por analisarem as leis após algum tempo de aplicação delas, teriam uma *posição privilegiada* de informações em relação ao legislador quando da produção das leis, o que garantiria a eles maior capacidade interpretativa (aqui estaríamos diante das chamadas *"consequências não antecipadas"* pelo legislador); h) o *insulamento político* dos juízes que não estariam afetos diretamente ao poder político e econômico dos grupos de pressão (*lobbies*); i) os juízes teriam o dever de fundamentar suas decisões à luz da Constituição; j) o empreendedorismo do legislador que, por ser político, visaria ao aumento de sua chance de reeleição e de seu prestígio pessoal perante seus eleitores (ou grupos que o apoiam) fazendo com que fosse dado maior relevo às determinadas atuações políticas em detrimento da fidelidade à Constituição e aos direitos fundamentais; k) o risco da supremacia parlamentar em relação às minorias, com o perigo de estabelecermos uma *tirania da maioria* impossível de ser controlado (o que inclusive seria demonstrado empiricamente por dados históricos).[530]

Mas de outra monta, existe uma gama de teóricos que criticam a supremacia do Judicial na interpretação da Constituição. Mark Tushnet, por exemplo, com a tese do *populismo constitucional*, postula a retirada da *"Constituição dos tribunais"*, na medida em que estes não teriam legitimidade para se manifestar de forma final (dar a última palavra) no que tange à interpretação constitucional. O pressuposto fundamental é o de que a interpretação judicial da Constituição não possui *a priori* nenhum peso superior em relação à interpretação feita por outro departamento estatal como o Parlamento.[531] Já Larry Kramer a partir de uma extensa revisão da história dos EUA vai defender veementemente que não há base de sustentação

529. Para Robert Alexy, as cortes constitucionais podem ser legitimadas por uma concepção ampla de representação, que vai além de votos em eleições e que diz respeito sobretudo a argumentos e razões. Portanto, as cortes possuem uma **representação argumentativa** para estabelecer através de argumentos plausíveis e corretos interpretações legítimas dos direitos constitucionais. ALEXY, Robert, 2005 p. 572-581

530. BRANDÃO, Rodrigo, *Supremacia Judicial versus Diálogos Constitucionais*, 2012.

531. Segundo **Tushnet** , sua teoria é **populista** porque **distribui a responsabilidade pelo direito constitucional** amplamente. Assim afirma que, em uma teoria populista do direito constitucional, a interpretação constitucional feita pelas cortes não tem nenhum peso normativo decorrente do fato de serem produzidas por Cortes. Conforme Roberto Gargarella, são características comuns da tese do constitucionalismo popular: desafiar a supremacia judicial tirando a Constituição das mãos dos tribunais; recuperar e reconhecer a importância e o peso institucional da participação popular; defender uma interpretação extrajudicial da Constituição; fomentar uma releitura crítica sobre os efeitos do *judicial review*; mostrar como a sociedade influi, reconstrói e, às vezes, mina o valor das decisões judiciais; e impulsionar uma maior participação popular nas decisões políticas. GARGARELLA, Roberto, *El nacimiento del constitucionalismo popular* p. 01-05, 2006.

para a tese de que a Constituição norte-americana deve ser interpretada em caráter definitivo pelos juízes (Kramer, 2004).

Porém, a teorização que entendemos ser a mais sofisticada sobre a crítica a supremacia judicial é a defendida atualmente por Jeremy Waldron (também trabalhada na parte de hermenêutica da presente obra). Segundo Waldron na obra *Law and Disagreement*" (1999) a prática do *judicial review* que concede aos juízes o poder de invalidar normas advindas do parlamento e de decidir sobre questões de fundo (*dar a última palavra sobre questões de direitos fundamentais*) não estaria em consonância com as sociedades plurais em que vivemos, nas quais existe um recorrente desacordo entre as diversas concepções de direito e seus significados (desavenças morais sobre os vários modos de vida e concepções de vida digna). São, segundo ele, *desavenças razoáveis*, as quais nunca vai existir um argumento que *"nocauteia"*, ou seja, um argumento definitivo. Portanto, sempre vai ser possível defender uma posição contrária, pois é possível imaginarmos bons, válidos e sinceros argumentos de ambos os lados ou de vários lados.

Nesses termos, uma vez que as pessoas discordam sobre o que a justiça requer e quais direitos temos, precisamos perguntar: *quem deve ter poder para tomar decisões nesses casos?* Waldron afirma que a teoria constitucional e a dogmática jurídica vem marginalizando a atividade legislativa. Apresentariam uma visão *suja, maldosa, preconceituosa e subestimadora* da legislação. A questão seria a de que, para grande parte dos constitucionalistas do século XX, o controle de constitucionalidade das leis constituiria o único mecanismo capaz de retificar os desacertos parlamentares e recolocar os poderes públicos no caminho em direção à comunidade de princípios. Waldron chama esse *desconforto* com a democracia de *"pequeno jogo sujo"* da teoria contemporânea.

A grande preocupação, no seu argumento, é o de elevar a legislatura a centralidade da reflexão filosófica sobre o Direito. A ideia é *retornar* com a perspectiva da *"dignidade da legislação"* e *desconstruir* as justificativas filosóficas do *judicial review*. Ele advoga, então, a legitimidade do legislador para decidir nas circunstâncias de desacordos morais razoáveis, medida em que os juízes discordam em conflitos morais quase sempre pelas mesmas linhas que os cidadãos e seus representantes, e, além disso, tomam decisões também com base na regra da maioria (ironicamente diz: *não é também a maioria que deve prevalecer na construção do provimento judicial?*). Por que motivo, pergunta Waldron, a resposta política às indagações sobre as questões de moralidade política deve ser das Cortes e não do parlamento?[532]

Portanto, o desacordo em matéria de princípios está no âmago da política e excluir a participação do parlamento (do povo) da deliberação definitiva a respeito

532. *"Quando cidadãos ou seus representantes discordam sobre quais direitos temos ou sobre o que estes direitos impõem, parece quase um insulto dizer que isto não é algo que se lhes permite resolver por meio de procedimento majoritário, mas deve ser atribuído para a determinação final da um pequeno grupo de juízes"*. WALDRON, Jeremy, *Law and Disagreement*, p. 15, 1999.

das desavenças morais é o mesmo que trair o espírito da democracia e do sufrágio universal. Para Waldron, o pressuposto da teoria constitucional majoritária é de que o *judicial review* deve ser afirmado por uma pretensa falta de respeitabilidade e capacidade intelectual do legislador. Ele externa sua revolta com um simples questionamento: por que nenhum teórico contemporâneo da Constituição se voltou para uma construção teórica que dignificasse o papel do legislador como um ser superdotado (super-homem) encarregado de dirimir as mazelas da sociedade nos termos, por exemplo, da metáfora do Juiz Hercules de Dworkin. Ao contrário disso, como já firmado, a doutrina afirma que os tribunais (cortes) são os melhores espaços institucionais para determinar a adequação de atos normativos mediante a Constituição. Essa é uma tese de desconfiança em relação aos representantes do povo e por definição de desconfiança no povo (na base está a concepção mais uma vez de que o parlamento é um lugar de *barganhas e de favores que estaria impossibilitado de tomar decisões lastradas em princípios*).

Certo é que, para Waldron, seria do legislador a legitimidade para a tomada de posição sobre as grandes questões de moralidade (justiça). Nesses termos, no procedimento parlamentar a regra da maioria estaria orientada pela legitimidade, e o consentimento exigiria o reconhecimento do tratamento de cada cidadão como igual e com isso o *direito de participação* (uma parcela na responsabilidade pela elaboração do direito) seria o ***direito dos direitos***. A decisão majoritária seria legítima, pois desenvolve um *locus* deliberativo no qual a voz de cada cidadão derivada da representação tem o mesmo peso. O consentimento e o sentimento de filiação moral que decorrem da sujeição à decisão majoritária é que sustentam o princípio da maioria: com isso, todos reconhecem como justo obedecer ao comando derivado de um procedimento que, tratando as pessoas como iguais e autônomas, resulta em uma deliberação majoritária (mesmo as minorias dissidentes teriam esse sentimento).[533]

Aqui é claro que há um pressuposto na teoria de Waldron de que *os indivíduos como cidadãos morais e autônomos e capazes vão promover um debate responsável e elaborar uma decisão política imparcial* e *justa*. Portanto, o direito de participação é precípuo a todos os outros e não se sujeita sequer a juízos de ponderação (não há situação concreta em que esse direito deixe de prevalecer virtude de outro, mesmo porque a extensão do direito oposto e seu significado são definidos pelo próprio direito de participação). Portanto, mediante o desacordo moral, a opção institucional mais adequada, segundo o esquema lógico da democracia diante um

533. É importante explicitarmos que apesar de Waldron reconhecer em alguns textos que o *princípio majoritário* possui um valor moral intrínseco (absoluto e inquestionável), em recente debate com Dworkin, o mesmo Waldron admitiu que esse princípio pode não funcionar de maneira absoluta e ótima em todas as circunstâncias. Isso ocorreu em comentários sobre a obra *Justice for Hedgehogs* de Dworkin, em que Waldron acaba por reconhecer a possibilidade de em determinadas situações o *princípio majoritário* não possuir o valor moral intrínseco que ele defendia em trabalhos como *Law and Disagreement*. Ver In: *A Majority in the Lifeboat*. Boston University Law Review, vol. 90, 2010, p. 1043-1057.

autorreconhecimento de uma comunidade de cidadãos livres e iguais, é o da ***decisão legislativa.***

Nesses termos, seguindo a tese da *supremacia judicial* ou da *supremacia do legislativo*, estaríamos condenados a escolher no caso brasileiro (e em outros casos) entre o STF e o Parlamento. Pois bem, o ônus de cada uma dessas vertentes, para a *teoria dos diálogos institucionais*, se apresenta de difícil enquadramento, pois ambas as posições têm que justificar o direito à última palavra (o que, dada a *falibilidade* das instituições, corresponderia ao *"direito de errar por último"*).

Conrado Hübner entende que essa perspectiva dicotômica (de oposição sobre quem detém a soberania da última palavra) é incompleta e parcial. Conta somente parte da história, mas não toda ela, na medida em que não consegue vislumbrar a complexidade do que está por trás da relação (e tensão) entre o Judiciário e o Legislativo[534].

Para a tese do *"diálogo institucional"*, independentemente de qual instituição tenha a última palavra, não há nada que impeça que a outra instituição responda. Com isso, a **última palavra seria apenas provisória** e **relativa ("*precária*")**. Nesse sentido, depois da última palavra, a *história continua* (*com a recorrente* circularidade do processo político)[535].

Ressalta-se aqui que o principal desafio de desenho institucional e de análise de legitimidade desse é encontrar o ***ponto de equilíbrio*** entre as duas perspectivas. Nesses termos, é certo que uma Constituição terá que escolher quem será, formalmente, o detentor da última palavra "provisória", e terá algumas técnicas para reforçar ou enfraquecer o grau de resistência e o custo dessa última palavra, mas tal dilema de desenho institucional admite soluções contingentes e contextuais, a depender de cada país e de particularidades constitucionais[536].

Mas é importante notar que, seja o Parlamento ou Tribunal constitucional (Corte Constitucional), essa escolha, por mais fundamental que seja, não é tão decisiva para determinar a legitimidade democrática de cada instituição, pois como já dito, a pretensa ***última palavra*** é **provisória** e pode e deve ser ***não o fim, mas o início ou mesmo a continuidade*** de uma **nova rodada de diálogos** entre os Poderes que acaba por fomentar a legitimidade democrática das instituições e das decisões tomadas por elas.

No caso brasileiro, por exemplo, o STF, conforme nossa Constituição, detém a última palavra na interpretação da Constituição, entretanto, mesmo depois da

534. HÜBNER, Conrado Mendes. *Direitos Fundamentais, Separação de Poderes e Deliberação*, São Paulo: Ed. Saraiva, 2011.
535. HÜBNER, Conrado Mendes. *Direitos Fundamentais, Separação de Poderes e Deliberação*, São Paulo: Ed. Saraiva, 2011.
536. HÜBNER, Conrado Mendes. *Direitos Fundamentais, Separação de Poderes e Deliberação*, São Paulo: Ed. Saraiva, 2011.

declaração de inconstitucionalidade de uma lei, nada impede que o parlamento responda, reaja, e desafie a posição do STF. Lembramos que o legislador não está vinculado na sua função típica de legislar à decisão do STF. Com isso, o legislador pode produzir uma lei de conteúdo idêntico a que o STF declarou inconstitucional (superação legislativa). Teremos aí uma nova rodada de debates.[537]

Conforme Hübner, possivelmente tal resposta, na maioria das vezes, não ocorre no dia ou no mês seguinte, mas numa escala temporal mais longa, o que acaba diluindo e obscurecendo a percepção de tal prática, porém ela não só pode como vem ocorrendo em algumas oportunidades no direito brasileiro.

Nesse sentido, a última palavra é, no máximo, ***"provisória"***, e não há como escapar disso. Assim, a teoria dos ***"diálogos institucionais"*** acaba por ser um mecanismo de fomento da democracia e da legitimidade das instituições que, no *iter* dessa ***tensão (embate)***, ao invés de enfraquecerem podem se fortalecer reciprocamente. Aqui temos a perspectiva de **abertura** e não de **fechamento** das instituições na busca por soluções mais adequadas para os desafios constitucionais em temas como direitos fundamentais. Sem dúvida, os intensos desacordos e desavenças na sociedade[538] (sobretudo nos grandes temas de *moralidade política)* favorecem uma releitura dessa perspectiva clássica de **sobreposição** e **distanciamento** na prática da jurisdição e da atuação do legislador.[539]

A conclusão, aqui, é a de que devemos relativizar a tese do *"direito de errar por último"* (que já foi elevada quase a um dogma), na medida em que, como ressalta Conrado, nenhuma instituição vai *errar por último*, pois **decisões novas** (*de outra instituição ou da mesma que errou*) podem corrigir o "erro" (embora logicamente o "erro" ainda que provisório tenha custo). Por isso, defendeu o professor da USP em sua tese que deveríamos avançar para além de um "diálogo fraco" e desconfiado entre os Poderes para uma ***"interação deliberativa"***. Essa interação seria proposta como um ideal atrativo na separação de poderes, visando **afastar** uma separação de poderes que fosse apenas ***"adversarial"*** (uma disputa institucional com ganhadores e perdedores traduzindo-se em um jogo de soma zero). Isso só seria possível tendo em vista um ***"diálogo em sentido forte"***, ou seja, com os diálogos institucionais sendo levados a sério[540].

537. HÜBNER, Conrado Mendes. *Direitos Fundamentais, Separação de Poderes e Deliberação*, São Paulo: Ed. Saraiva, 2011.

538. WALDRON, Jeremy. *Law and Disagreement*, Oxford: Oxford University Press, 1999.

539. HÜBNER, Conrado Mendes. *Direitos Fundamentais, Separação de Poderes e Deliberação*, São Paulo: Ed. Saraiva, 2011.

540. HÜBNER, Conrado Mendes. *Direitos Fundamentais, Separação de Poderes e Deliberação*, São Paulo: Ed. Saraiva, 2011. Nesse sentido: "o que se quer salientar é que o modelo dos diálogos, que permitem que os poderes sejam permanentemente desafiados pelos demais – por ex. pela possibilidade de o STF controlar a constitucionalidade de emendas constitucionais e pela possibilidade de o Congresso Nacional aprovar emendas constitucionais superadoras de decisões do STF que tenham declarado a inconstitucionalidade de emendas pretéritas – possui maior potencial epistêmico do que modelos de supremacia, onde determinada instituição pode proferir, inquestionavelmente a última palavra sobre o sentido presente e futuro da Constituição. Com efeito, acredita-se que tal

É interessante observarmos que essas reflexões sobre os diálogos institucionais (constitucionais) foram objeto de reconhecimento pelo próprio STF na recente decisão da ADI 5.105 em 01.10.2015.

No caso, o plenário do STF assinalou que seria prudente não se atribuir a qualquer órgão, fosse do Judiciário, fosse do Legislativo, a faculdade de pronunciar, em solução de definitividade, a última palavra sobre o sentido da Constituição. Aqui resta claro a tese da "última palavra provisória" (precária). Segundo a decisão da ADI, o próprio texto constitucional desafiaria esse entendimento, pois: a) em primeiro lugar, os efeitos vinculantes das decisões proferidas em sede de controle abstrato não atingem o Legislativo (artigos 102, § 2º; e 103-A da CR/88), de modo a ser perfeitamente possível a edição de emendas constitucionais ou leis ordinárias acerca do assunto objeto de pronunciamento judicial; b) Em segundo lugar, o dever de fundamentação das decisões judiciais (art. 93, IX da CR/88), impõe que o STF, mesmo nas hipóteses de correção legislativa de sua jurisprudência, enfrente a controvérsia à luz dos novos argumentos expendidos pelo legislador para reverter o precedente.[541]

Além disso, afirmou o STF que desconsiderar que as demais instituições sejam intérpretes autorizadas da Constituição poderia propiciar certa acomodação ou desinteresse nos demais atores em interpretar o texto constitucional. Nesses termos, a perspectiva juriscêntrica de hermenêutica constitucional também estimula comportamentos irresponsáveis na conformação da Constituição pelo legislador. Assim, o STF deveria proceder como catalisador deliberativo, promovendo a interação e o ***diálogo institucional***, de modo a maximizar a qualidade democrática na obtenção dos melhores resultados em termos de apreensão do significado constitucional.[542]

Portanto, concluiu o STF na ADI 5105, que o legislador poderia, por emenda constitucional ou lei ordinária, superar a jurisprudência, reclamando posturas distintas da Corte. Trata-se, como já externalizado, de uma reação legislativa à decisão da Corte Constitucional com o objetivo de reversão jurisprudencial (a chamada ***superação legislativa*** ou nos dizeres norte-americanos: ***override***). A reação legislativa seria então uma forma de ***"ativismo congressual"*** com o objetivo de o Congresso Nacional reverter situações de autoritarismo judicial ou de comportamento antidialógico por parte do STF, estando, portanto, amparado no princípio da separação de poderes. Ao legislador seria, assim, franqueada a capacidade de interpretação da Constituição, a despeito de decisões de inconstitucionalidade proferidas pelo STF.[543]

---

flexibilidade e interação na solução de questões constitucionais complexas contribuem para a construção de respostas melhores e respaldadas em consensos mais amplos, na medida em que construídas após amplo diálogo em que cada poder contribui com a sua capacidade institucional." BRANDÃO, Rodrigo, *Supremacia Judicial* versus *Diálogos Constitucionais*, 2012.

541. ADI 5105/DF, Pleno do STF, julg. em **01.10.2015**, Rel. Min. Luiz Fux (Informativo 801 do STF).

542. ADI 5105/DF, Pleno do STF, julg. em **01.10.2015**, Rel. Min. Luiz Fux (Informativo 801 do STF).

543. ADI 5105/DF, Pleno do STF, julg. em **01.10.2015**, Rel. Min. Luiz Fux . Conforme o voto do Min. Luiz Fux: "(...) não é salutar atribuir a um único órgão qualquer a prerrogativa de dar a última palavra sobre o sentido da

Nesses termos, afirmou o Pretório Excelso que, se veiculada por emenda constitucional, altera-se o próprio parâmetro amparador da jurisprudência. Nessas situações, a invalidade da emenda somente poderá ocorrer nas hipóteses de descumprimento do art. 60 da CR/88.[544] Se, porém, introduzida por legislação ordinária, a norma que frontalmente colidir com a jurisprudência do Tribunal nasce com presunção de inconstitucionalidade, de sorte que caberia ao legislador o ônus de demonstrar, argumentativamente, que a correção do precedente se afigura legítima, e que o posicionamento jurisprudencial deve ser superado, tendo em conta novas premissas fáticas e jurídicas. Assim, a novel legislação que frontalmente colidisse com a jurisprudência se submeteria a um escrutínio de constitucionalidade mais rigoroso.[545]

Por último, insta salientar que o diálogo constitucional é possível não apenas quando há a possibilidade de reversão, modificação ou embate da decisão judicial mediante o processo legislativo (superação legislativa), como no exemplo

Constituição. (...). É preferível adotar-se um modelo que não atribua a nenhuma instituição – nem do Judiciário, nem do Legislativo – o "*direito de errar por último*", abrindo-se a permanente possibilidade de correções recíprocas no campo da hermenêutica constitucional, com base na ideia de diálogo, em lugar da visão tradicional, que concede a última palavra nessa área ao STF. (...) As decisões do STF em matéria constitucional são insuscetíveis de invalidação pelas instâncias políticas. Isso, porém, não impede que seja editada uma nova lei, com conteúdo similar àquela que foi declarada inconstitucional. Essa posição pode ser derivada do próprio texto constitucional, que não estendeu ao Poder Legislativo os efeitos vinculantes das decisões proferidas pelo STF no controle de constitucionalidade (art. 102, § 2º, e art. 103-A, da Constituição). Se o fato ocorrer, é muito provável que a nova lei seja também declarada inconstitucional. Mas o resultado pode ser diferente. O STF pode e deve refletir sobre os argumentos adicionais fornecidos pelo Parlamento ou debatidos pela opinião pública para dar suporte ao novo ato normativo, e não ignorá-los, tomando a nova medida legislativa como afronta à sua autoridade. Nesse ínterim, além da possibilidade de alteração de posicionamento de alguns ministros, pode haver também a mudança na composição da Corte, com reflexões no resultado do julgamento". (SARMENTO, Daniel; SOUZA NETO, Cláudio Pereira de. *Direito Constitucional. Teoria, história e métodos de trabalho.* Belo Horizonte: Fórum, 2012, p. 402-405)

544. ADI 5105/DF, Pleno do STF, julg. em **01.10.2015**, Rel. Min. Luiz Fux (Informativo 801 do STF). Como exemplo de **superação legislativa ou reação legislativa** *(override)* por Emenda Constitucional temos: EC 52/2006 (que determinou a não obrigatoriedade da verticalização em coligações eleitorais nas campanhas eleitorais contrariando entendimento do TSE e STF); EC 57/2008 (que convalidou a criação de 57 municípios que haviam sido declarados inconstitucionais em decisão do STF na ADI 2240); EC 58/2009 (que alterou o número de faixas para a proporcionalidade do número de vereadores previstas no art. 29, IV da CR/88). EC nº 96 que determina que para fins do disposto na parte final do inciso VII do § 1º do artigo 225 da CR/88, não se consideram cruéis as práticas desportivas que utilizem animais, desde que sejam manifestações culturais, conforme o § 1º do art. 215 desta Constituição Federal, registradas como bem de natureza imaterial integrante do patrimônio cultural brasileiro, devendo ser regulamentadas por lei específica que assegure o bem-estar dos animais envolvidos. Essa Emenda Constitucional acrescentou o § 7º ao art.225 da CR/88. Assim, *a superação legislativa (override) que nesse tema havia se dado inicialmente por lei ordinária (alteração infraconstitucional pela Lei nº 13.364) agora se deu por Emenda Constitucional.*

545. No caso concreto, o Congresso Nacional procurou superar o precedente fixado pelo STF nas ADIs 4.430 e 4.795 por meio da Lei nº 12.875/2013. Porém, o STF, examinando as justificativas do projeto que deu origem à lei e analisando a inocorrência de mudanças na sociedade entre a data da sua decisão passada e os dias atuais, entendeu que não foi legítima a tentativa de reversão (separação) da interpretação fixada pelo Tribunal. Para o STF, os argumentos invocados pelo Legislativo não são capazes de infirmar (retirar à força) a tese jurídica fixada no julgamento das ADIs 4.430 e 4.795. Por essa razão, *o Plenário da Corte, por maioria, julgou inconstitucional a Lei nº 12.875/2013.*

supracitado. Desse modo, ressalta-se que as teorias do diálogo podem assumir diversas formas.

Nesses termos, a doutrina entende que existem teorias internas à decisão judicial (***endógenas***) – que se preocupam com o *método* da decisão, em que o diálogo perpassaria pela postura do magistrado em *suscitar* o debate com outras instituições, bem como existiriam também *teorias estruturais* (***exógenas***) que trabalham na perspectiva de pensar desenhos institucionais que facilitem a interação entre instituições, ou seja, analisam o diálogo por uma perspectiva externa à Corte (relação estrutural entre a Corte e o Parlamento). Portanto, o diálogo pode ser trabalhado e fomentado por *teorias internas* ou mesmo por *teorias externas*. As primeiras dão ênfase no modo como a decisão judicial é dada e com isso buscam desenvolver um diálogo institucional a partir daí. Já as teorias externas dão ênfase em aspectos estruturais e visam desenvolver as interações entre os poderes pela lógica de novos desenhos institucionais.[546]

546. Dentre as teorias do *método judicial (***teorias internas***)*, Christine Bateup destaca as teorias do aconselhamento judicial (*judicial advicegiving*), as teorias centradas no processo (*process-centered rules*) e o minimalismo judicial (*judicial minimalism*). Quanto às teorias *estruturais do diálogo* (**teorias externas**), Bateup deixa assente as teorias da construção coordenada (*coordinate construction theories*), as teorias dos princípios jurídicos (*theories of judicial principle*), as teorias do equilíbrio (*equilibrium theories*) e as teorias da parceria (*partnership theories*). As *teorias do aconselhamento* se dariam com base em técnicas. A primeira, conhecida como "*constitutional road maps*", salienta a possibilidade de declaração de inconstitucionalidade das leis pelas cortes, acompanhada de um aconselhamento, de modo a possibilitar uma atuação corretiva dos outros poderes, em especial o legislativo, quando da produção de normas. A segunda técnica envolve a hipótese das cortes, mesmo não declarando a inconstitucionalidade das leis, usar estratégias que possam incentivar os outros poderes a rever a legislação vigente, a fim de repará-las. As *teorias centradas no processo*, por sua vez, buscam motivar as Cortes a dedicar especial atenção quanto à qualidade das dinâmicas deliberativas dos outros poderes (especialmente o Legislativo), de modo a verificar se as suas decisões políticas foram o resultado de uma deliberação adequada e em sintonia com os valores constitucionais. Não obstante os adeptos dessa teoria confiarem na capacidade e competência do Legislativo para interpretar a Constituição, eles reconhecem a possibilidade de, eventualmente, não ser dada a devida atenção aos valores constitucionais, tendo em vista as mais variadas razões, como limitações de tempo ou pressões eleitorais e partidárias. Nessas circunstâncias, as Cortes deveriam envolver o Legislativo em um diálogo, forçando-o a reconsiderar suas decisões com o nível adequado e suficiente de importância aos valores constitucionais substantivos, de forma fundamentada e consciente. Já a *teoria do minimalismo judicial*, sugere que a Corte deve adotar a estratégia de dizer não mais que o necessário, deixando o máximo possível não decidido. Em síntese, essa autocontenção jurisdicional das Cortes parte da perspectiva de que as decisões devem ser estreitas e superficiais na definição de Sunstein. As *teorias da construção coordenada* identificam uma repartição entre os poderes quanto à tarefa de interpretação da constituição. Contrariamente à tradição da supremacia judicial, essas teorias admitem a possibilidade de interpretação extrajudicial em uma dinâmica em que a Corte é um intérprete a mais. Já as *teorias dos princípios jurídicos* conferem um papel especial ao Poder Judiciário, pois propõem que os juízes desempenhem uma função dialógica singular, baseada em sua habilidade e competência institucional especial em relação a questões de princípio. O diálogo surgiria na hipótese de controle, pelos poderes políticos, de eventual erro na interpretação judicial de tais matérias. E as *teorias do equilíbrio*, que têm Barry Friedman entre seus defensores, invariavelmente salientam a importância da opinião pública e destacam a capacidade das Cortes em facilitar e fomentar um largo debate acerca do significado da Constituição. Na mesma linha, a *teoria da parceria*, que também busca estimular um diálogo amplo na sociedade, propondo a necessidade de implementação de arranjos institucionais capazes de absorver as distintas contribuições de cada poder (sem qualquer hierarquia ou privilégio entre eles), que se resumiria em um efetivo diálogo constitucional. Para um aprofundamento, ver: BATEUP, Christine A. *The Dialogic Promise: Assessing the Normative Potential of Theories of Constitutional Dialogue*. 2005, p. 17-34.

Fato é que, em qualquer dos modelos de teoria do diálogo institucional (constitucional) adotado, a existência da jurisdição constitucional – ou pelo menos de algum modo de proteção dos direitos fundamentais por meio das Cortes – é possível, porém desvinculada da ideia de caráter definitivo (última palavra) de sua decisão. Conforme ressaltado, qualquer postura adotada pelo Judiciário seria entendida apenas como uma rodada procedimental em um debate interinstitucional mais amplo, estimulando, inclusive, a atuação das demais instituições, ainda que seja para fins de concordar com referida decisão.

Do exposto, percebe-se que a valorização dos diálogos constitucionais pode se fundamentar na ampliação da qualidade do debate a respeito dos direitos que possivelmente propicia a existência de um sistema em que tais questões não restem por ser resolvidas em apenas uma instituição. Isso porque cada instituição, como é o caso da Corte e dos Parlamentos, possuem dinâmicas diversas de funcionamento, embora discutam efetivamente sobre as mesmas temáticas constitucionais, o que acarreta no surgimento de perspectivas distintas quando da interação requerida. Em razão disso, quando interagem por meio de um diálogo institucional (constitucional), possibilitam o fornecimento mútuo de perspectivas distintas quanto às mesmas questões, exemplificadas, na espécie, pelo debate a respeito de direitos. Podem, reciprocamente, clarear "pontos cegos" das instituições com as quais interagem. Justamente por isso, a defesa aqui é a de qualquer tipo de diálogo (tese dos diálogos em *sentido amplo*) *"possa funcionar"* como fomentador (possibilitador) da defesa e do desenvolvimento de direitos.

Nesses termos, adotamos uma compreensão ampla, que abarque qualquer modalidade de interação entre as instituições políticas no tocante às questões constitucionais. Trata-se de contato e implicações recíprocas que devem ocorrer, em maior ou menor grau, nas estruturas constitucionais em que há a adoção de forma equilibrada da separação de poderes.[547]

17. O PAPEL DAS CORTES CONSTITUCIONAIS

Para o Ministro **Luís Roberto Barroso**[548], existem três grandes papéis[549] que podem ser desempenhados pelas mais distintas Cortes Constitucionais:

- **Papel contramajoritário**: é pertinente à possibilidade de as Cortes Constitucionais invalidarem leis e atos normativos à luz de uma análise de

547. FERNANDES, Bernardo Gonçalves, MEIRA, Renan Sales. *Um Argumento normativo em favor dos Diálogos Institucionais.* Hermenêutica, Justiça Constitucional e Direitos Fundamentais, Ed. Juruá, 2016.

548. BARROSO, Luís Roberto. Countermajoritarian, Representative, and Enlightened: The roles of constitutional tribunals in contemporary democracies. *Revista Direito & Práxis, head of print,* Rio de Janeiro, 2017. Disponível em: < http://www.e-publicacoes.uerj.br/index.php/revistaceaju/article/view/30806/21752>. Acesso em 02/01/2018.

549. Frise-se, aqui, que não se pretende afirmar que as Cortes desempenham os papéis em questão (contramajoritário, representativo e iluminista) à luz de "modelos ideais", mas, na realidade, desempenham-nos de diversas maneiras e em diversas conformações, de modo que a divisão aqui realizada tem cunho meramente didático.

compatibilidade com a Constituição. A denominação dessa função advém da chamada "dificuldade contramajoritária", concernente à tensão proveniente da possibilidade da interpretação da Constituição realizada por agentes políticos eleitos ser sobreposta pela de juízes não eleitos.

Aqui, duas observações se fazem necessárias. Primeiramente, para o Ministro, esse papel seria desempenhado pelo Supremo Tribunal Federal com parcimônia e autocontenção, na medida em que o número de leis federais declaradas inconstitucionais seria relativamente reduzido, sobretudo se considerado que a Constituição brasileira é muito abrangente. Em segundo lugar, é preciso dizer que a discussão de determinadas matérias perante o Supremo, ao contrário do que se poderia supor, acabou dando a elas necessária visibilidade e, assim, permitindo um debate público que não ocorreu quando da publicação das respectivas leis. Em outras palavras, em casos como o da pesquisa com células-tronco embrionárias, cotas raciais para ingresso nas universidades públicas e demarcação de terras indígenas, "no contexto brasileiro atual, o debate judicial teve mais exposição e participação pública do que o debate no Poder Legislativo".[550]

Sobre o papel contramajoritário, cite-se como exemplo a **ADI 4650**, pela qual o STF declarou inconstitucionais dispositivos legais que autorizavam e regulamentavam a participação de pessoas jurídicas no financiamento eleitoral. Barroso citou, também, a tendência do STF de descriminalizar o porte de maconha para consumo pessoal, cuja consequência seria a declaração de inconstitucionalidade da lei que tipifica essa conduta – art. 28 da Lei nº 11.343/2006 (nesse sentido, vide **RE 635.659**, ainda em curso perante o STF).

- **Papel representativo**: ocorre quando as Cortes Constitucionais atuam para sanar vazios normativos eventualmente deixados pelo legislador. Assim, a atuação das Cortes para *(a)* atender a demandas sociais não satisfeitas pelo Legislativo e *(b)* integrar a ordem jurídica em situações de omissão inconstitucional do Poder Legislativo configura o papel representativo.

A título exemplificativo do papel representativo, tem-se a edição da **Súmula Vinculante 13**, que determina que a nomeação de cônjuges e parentes de até terceiro grau para cargos de comissão ou confiança de qualquer dos poderes viola a Constituição. Em que pese em tal caso ser exigível, *a priori*, leis federais e estaduais para a imposição desse tipo de restrição, mediante a omissão legislativa e a forte demanda social, o Tribunal extraiu tal proibição da aplicação dos princípios constitucionais da moralidade administrativa e da impessoalidade. No mesmo sentido, coadunando com a vontade popular por uma reforma política, que não era realizada pelo Congresso, tem-se a improcedência das **ADIs 3.999 e 4.086**, pelas quais o STF declarou a constitucionalidade da Resolução 22.610/07 do TSE, que determina a perda do mandato para o parlamentar que mudasse de partido, por considerar

550. BARROSO, Luís Roberto. *Countermajoritarian, Representative, and Enlightened...*, p. 5.

que tal atitude constituiria fraude à vontade do eleitor e violaria, portanto, o princípio democrático.

Um terceiro exemplo diz respeito aos **MIs 680, 708 e 712**, pelos quais o STF declarou a omissão legislativa em relação à regulação ao art. 37, VII, da CR/88 (direito de greve do servidor público) e determinou que até ulterior edição de lei regulamentadora pelo Congresso Nacional, a injunção deveria ser realizada pela lei aplicável ao setor privado (Lei nº 7.783/89).

- **Papel iluminista**: diz respeito ao papel das Cortes de promover, em situações excepcionais, "certos avanços civilizatórios e empurrar a história"[551], em nome de valores racionais. Em que pesem não serem decisões que necessariamente representam a maioria da população, elas são necessárias para a concretização de direitos fundamentais, sobretudo à luz de discriminações e preconceitos eventualmente vigentes.

Em Direito Comparado, esse papel de vanguarda iluminista foi desempenhado, por exemplo, pela Suprema Corte dos Estados Unidos no caso *Brown v. Board of Education*, pelo qual a Corte proibiu a discriminação racial em escolas públicas, bem como pela Corte Constitucional da África do Sul, no caso *State v. Makwanyane and Another*, pelo qual declarou-se a inconstitucionalidade da pena de morte.

No Brasil, cite-se como exemplo o **RE 878.694**, que equiparou a união de casal heteroafetivo à união de casal homoafetivo, abrindo a possibilidade do casamento para pessoas do mesmo sexo. No mesmo sentido, tem-se o julgamento ainda em curso do **RE 845.779**, que discute a possibilidade de uma pessoa ser tratada socialmente de acordo com a sua identidade de gênero.

Frise-se que, conforme salientado por Luís Roberto Barroso, o papel iluminista deve ser exercido com grande autocontenção e parcimônia, tão somente em situações excepcionais, de modo que não há uma defesa de uma atuação iluminista irrestrita, mas, sim, emoldurada por limitações internas do próprio ordenamento, pelos direitos humanos e, também, pelo próprio movimento dialético que possibilitou a atuação da Corte em primeiro lugar.

18. SOBRE A DELIBERAÇÃO NOS TRIBUNAIS (CORTES) CONSTITUCIONAIS

É interessante que a doutrina convencional que trabalha o controle de constitucionalidade sempre se preocupou com o estudo dos sistemas de controle (se jurisdicional ou político, por exemplo), com os critérios (se difuso ou concentrado) ou mesmo se o controle é concreto ou abstrato ou se pela via incidental ou principal. Além disso, um extenso estudo é feito na doutrina brasileira sobre o procedimento

551. BARROSO, Luís Roberto. *Countermajoritarian, Representative, and Enlightened...*, p. 8.

de ações como a ADI, bem como sobre os efeitos das decisões (se *ex tunc* ou *ex nunc*, por exemplo).

Entretanto, muito pouco se estuda sobre o processo de deliberação nos Tribunais (Cortes) Constitucionais. Talvez esse seja o estudo mais importante da atualidade sobre o controle de constitucionalidade[552].

Sem dúvida, é possível afirmar que nos tribunais que colocam as demandas perante os órgãos colegiados, magistrados devem buscar um *mínimo de consenso*, de modo a solucionar os casos submetidos à sua apreciação. Aqui surgem as seguintes questões: como decidem os tribunais supremos? Como se dá esse "*convencimento entre os juízes*", do qual saem as mais importantes decisões conformadoras de um ordenamento jurídico? Como são testados os diferentes argumentos? Como são contraditados? Como são amadurecidos no embate de ideias que caracteriza o labor de um colegiado?[553]

Sem dúvida, entendemos que o *modo de deliberação varia conforme os distintos desenhos institucionais*. De fato, as Cortes podem ter sessões abertas ao público ou fechadas (também conhecidas como secretas)[554], pode haver permissão ou restrição aos votos divergentes, pode existir discricionariedade ou aleatoriedade na escolha de casos e, claro, entre outras variáveis, a decisão pode ser *per curiam* ou *seriatim*.[555]

Quanto a esta última distinção, importa salientar que há dois modelos:

a) *per curiam*: a deliberação se explicita em um texto único. Ou seja, o resultado da deliberação se expressa como a "opinião do tribunal" em texto único e institucional[556];

---

552. Inclusive, é interessante notar que uma das fontes de legitimidade das Cortes que compensam a falta de legitimidade democrática é, justamente, a qualidade de suas deliberações. Assim, para Virgílio Afonso da Silva, "quanto melhor for a performance deliberativa de uma Corte exercendo o *judicial review*, melhor será a própria Corte.". Cf. SILVA, Virgílio Afonso da. *Deciding without deliberating*, p.559, tradução nossa.

553. HORBACH, Carlos Bastilde. *É preciso mais deliberação no Supremo Tribunal Federal?* Revista Consultor Jurídico, 17.12.2013.

554. É interessante que o modelo fechado ou secreto de deliberações é utilizando em tribunais constitucionais europeus, em especial os da Alemanha, da Itália, da Espanha, de Portugal, entre outros.

555. SILVA, Virgílio Afonso da. "Um Voto Qualquer"? O papel do Ministro Relator. *Revista Estudos Institucionais*, vol. 1, 1, 2015.

556. *Um exemplo claro de alteração desse modelo por meio do desenvolvimento de práticas alternativas de deliberação pode ser encontrado na história da Suprema Corte norte-americana. Nos seus primeiros anos de funcionamento — precisamente entre os anos de 1793 e 1800 —, seguindo o costume judicial inglês, a Suprema Corte norte-americana anunciava suas decisões através das seriatim opinions de seus membros. Cada Justice pronunciava seu voto individualmente e o conjunto de todas as opiniões expostas "em série" era assim apresentado ao público. Quando John Marshall se tornou Chief Justice, a Corte passou a adotar a prática de anunciar seus julgamentos em uma single opinion, que dessa forma passava a representar a opinião expressada pela maioria de seus membros. A partir de 1801, os Justices deixaram paulatinamente o costume de proclamar individualmente seus votos e passaram a estar mais comprometidos com a representação da unidade institucional da Corte, através da construção colegiada de uma única decisão, a opinion of the Court, dotada de uma única ratio decidendi. A redação seria então incumbida ao Chief Justice, que no caso era Marshall, mas o texto deveria expressar, em vez de sua posição pessoal, a opinião do colegiado de juízes, o qual teria que falar em uma só voz (speak in one voice). Essa inovação na prática deliberativa dos Justices demonstrou-se crucial para a afirmação da Suprema Corte como unidade institucional em face dos demais Poderes, num contexto político conturbado que marcou os primórdios da república norte-americana, e foi reconhecida*

b) *seriatim (em série)* em que as deliberações podem ser estabelecidas em um texto composto com a somatória dos votos dos membros do Tribunal Constitucional, ou seja, todos os julgadores votam e observamos a soma da maioria e minoria para a decisão.

A atual prática do **STF** nos apresenta uma deliberação aberta ou pública que adota o modelo de decisão *seriatim*. Esse modelo, *é importante salientar,* caracteriza-se então pela produção de um *agregado das posições individuais de cada membro do colegiado*, cujos votos são expostos *"em série"* em um texto composto. Cada um dos membros apresenta seu voto até haver um somatório e chegar-se a um resultado final.[557]

Sublinhamos aqui que, nos tribunais que adotam esse modelo, a deliberação comumente não se desenvolve com o objetivo de produzir um texto final com uma única *ratio decidendi* que possa representar a posição institucional da Corte – unívoca e impessoal –, mas, sim, como uma proclamação sucessiva das decisões individuais dos membros do tribunal, normalmente precedidas de um discurso que cada juiz tem o direito de fazer, seja por meio de um texto escrito por ele preparado previamente, seja por meio da improvisação oral, para apresentar publicamente sua própria argumentação e seu julgamento individual do caso. O resultado da deliberação é apresentado em texto composto pelos diversos votos e suas respectivas *ratio decidendi*.[558]

A possível crítica aqui, salienta a doutrina, *é a de que esse modelo (seriatim)* torna bastante complicada em algumas ocasiões a tarefa de definir com precisão o *fundamento determinante da decisão do tribunal*, a qual normalmente pode ser realizada pela extração do *"mínimo comum"* entre os distintos argumentos individuais.[559] Nesse sentido, alguns autores inclusive defendem que os Ministros do STF seriam 11 "ilhas"[560]. O argumento é o de que encontramos um excesso de *individualismo* na

posteriormente como um dos grandes feitos da histórica carreira de Marshall. VALE, Andre Rufino. *É preciso repensar a deliberação no Supremo Tribunal Federal*. CONJUR, 01.02.2014.

557. VALE, Andre Rufino. *É preciso repensar a deliberação no Supremo Tribunal Federal*. CONJUR, 01.02.2014.

558. VALE, Andre Rufino. *É preciso repensar a deliberação no Supremo Tribunal Federal*. CONJUR, 01.02.2014.

559. Na prática, uma das consequências da adoção desse modelo é a maior importância que adquirem as *ratio decidendi* de cada juiz individualmente consideradas para a técnica de precedentes. Cada juiz passa a estar mais vinculado a suas próprias decisões e argumentos, de modo que não é estranha a esses sistemas a produção de um "*overruling* pessoal", na hipótese em que determinado juiz tenha que rever seu próprio posicionamento. Cf. VALE, Andre Rufino. *É preciso repensar a deliberação no Supremo Tribunal Federal*. Revista Consultor Jurídico, 01.02.2014.

560. Inclusive, vale mencionar que, nos grandes casos, os ministros do STF costumam levar seus votos já redigidos para a sessão de julgamento, o que se apresenta como um fator notadamente antideliberativo. Cf. SILVA, Virgílio Afonso da. *"Um Voto Qualquer?"... Já para Conrado Hübner: "O STF se manifesta como "onze ilhas" pelo menos de duas maneiras. Em primeiro lugar, quando suas decisões colegiadas correspondem a nada mais do que a soma de votos individuais, sem maiores interações comunicativas entre eles. São decisões fragmentadas, com argumentos diversos, que dificultam a identificação de um fundamento comum. Uma colcha de retalhos. É verdade que, estatisticamente, a maior parte das decisões colegiadas é composta de decisões unânimes, nas quais se segue o voto do relator (aparentemente, o contrário das "onze ilhas"). Isso acontece, sobretudo, nos acórdãos das Turmas. Porém, se olharmos mais atentamente para esses números, percebemos que, quando o caso é controverso e de maior exposição pública do Plenário, a regra é o modelo fragmentado.*

deliberação do STF. Nesse sentido, também em tom crítico defende Virgílio Afonso da Silva que o STF não poderia ser apontado como um modelo de deliberação, "especialmente devido à:

- quase total ausência de trocas de argumentos entre os ministros: nos casos importantes, os ministros levam seus votos prontos para a sessão de julgamento e não estão ali para ouvir os argumentos de seus colegas de tribunal;
- inexistência de unidade institucional e decisória: o Supremo Tribunal Federal não decide como instituição, mas como a soma dos votos individuais de seus ministros;
- carência de decisões claras, objetivas e que veiculem a opinião do tribunal: como reflexo da inexistência de unidade decisória, as decisões do Supremo".[561]

Em um certo contraponto ao que ocorre atualmente no STF, aqui é interessante sublinhar que Conrado Hübner Mendes, com o objetivo de desenvolver melhor o processo deliberativo, vem defendendo que a **deliberação adequada passaria por três fases**: a) a **fase pré-decisional**, na qual há contestação pública dos diferentes argumentos levados ao tribunal, que devem ser canalizados da melhor forma possível; b) a **fase decisional**, em que há a interação colegiada entre os membros da corte, na busca não só do consenso, mas especialmente de uma boa decisão, ao aproveitar – acatando ou rejeitando – os argumentos da fase anterior; e c) a **fase pós-decisional**, em que o colegiado produz uma decisão escrita deliberativa, que se caracteriza como o produto mais relevante desse processo e expressa, com clareza e objetividade, seus fundamentos.[562]

Praticamente, nenhum ministro do STF resiste à tentação de se expressar com sua própria voz quando está sob os holofotes, mesmo se concorda com a linha de outro voto, ou se o que tem a dizer for, no limite, redundante. Ninguém abre mão da vaidade autoral, nem quando isso teria potencial para estimular uma Corte melhor, que toma decisões melhores. Em segundo lugar, o Supremo Tribunal Federal se manifesta como "onze ilhas" na pura e simples ausência do colegiado em 90% das decisões que a Corte toma. O STF é, na maior parte do seu tempo, um "tribunal monocrático". Um ministro pode individualmente tomar decisões liminares que consumam efeitos irreversíveis, engavetar casos e jogá-los para um futuro indefinido, desengavetar casos que estavam aguardando julgamento há muitos anos ou poucos meses. O STF é refém dos caprichos de cada um dos seus ministros. Nada melhor define as "onze ilhas"." Fonte: Justificando, 08.06.2016.

561. SILVA, Virgílio Afonso da. O STF e o controle de constitucionalidade: deliberação, diálogo e razão pública. *Revista de Direito Administrativo*, n. 250, 2009, p. 209. HORBACH, Carlos Bastilde. É preciso mais deliberação no Supremo Tribunal Federal? *Revista Consultor Jurídico*, 17.12.2013.

562. Conrado Hübner Mendes. *"O projeto de uma corte deliberativa". Jurisdição constitucional no Brasil*, Malheiros, 2012, p. 59. Ver sobretudo: *Constitutional Courts and Deliberative Democracy*, Oxford, 2013. Nessa obra, destaca Conrado H. Mendes, os aspectos devem estar presentes em um encontro deliberativo, quais sejam: *"(1) pressupõe a necessidade de se tomar uma decisão coletiva que afetará diretamente os que estão deliberando ou, indiretamente, pessoas que estão ausentes; (2) considera a decisão como um ponto de chegada provisório, a ser sucedido por novos rounds deliberativos; (3) é uma prática de raciocínio conjunto e de justificativa de determinada posição aos outros participantes da deliberação; (4) engloba um tipo particular de razão que é imparcial ou, ao menos, é traduzível ao bem comum; (5) pressupõe que os participantes da deliberação estejam abertos para rever e modificar suas opiniões à luz de argumentos e sugere uma "ética do consenso"; (6) contém um elemento ético de respeito; (7) e engloba um compromisso político de inclusão, de empatia e de responsividade a todos os pontos de vista."*

Em outro giro, é importante notar que embora os Tribunais possam apresentar diversas diferenças em seus modelos deliberativos, a *presença de um Ministro Relator é uma das maiores constantes* entre eles. Não obstante esse cenário, existem poucos estudos acerca da influência do relator no processo decisório, ficando ainda pouco explorado se o Ministro relator seria um "senhor do processo" ou apenas mais um voto.[563]

Em razão disso, Virgílio Afonso da Silva desenvolveu pesquisa com o objetivo de estudar como os próprios ministros enxergam e compreendem as práticas deliberativas e decisórias do Supremo.[564] Notadamente no que tange ao papel do **Ministro Relator no processo deliberativo do STF** nos *hard cases*[565], buscou abordar a temática à luz de cinco principais variáveis, a saber: i) de que maneira os próprios ministros avaliam, em geral, o papel em questão; ii) qual é a relevância dos ministros comumente levarem, nos casos mais polêmicos, os votos já redigidos para as sessões de julgamento; iii) se há (e qual é) impacto na influência do relator o fato de o voto não ser distribuído com antecedência; iv) se o voto do relator deveria incorporar também aqueles argumentos contrários aos seus e; v) como é vista a figura do relator para o acórdão.

À luz dessas variáveis, os resultados da pesquisa podem ser sumarizados da seguinte maneira:

Quanto à avaliação geral do papel do relator	**1.** Via de regra, vê-se o papel do relator como decisivo na deliberação, uma vez que ele balizaria o debate, fixando uma moldura à sua extensão, apresentaria uma posição considerada preponderante e, entre outros fatores, seria o próprio ponto de partida da decisão. **2.** Destaca-se, ainda, que o relator teria um forte poder de influência na deliberação e decisão mediante sua capacidade de definir estrategicamente quando um caso vai entrar na pauta de julgamento ("poder de agenda").	Não obstante, existem alguns fatores que podem relativizar esse papel (decisivo) do ministro relator: **1.** Diante do excessivo volume de processos no STF, o relatório e o voto do relator muitas vezes não teriam a atenção necessária. **2.** Para alguns, apenas nos casos corriqueiros o relator teria papel decisivo, considerando que, nos casos que atraem a opinião pública, todos os ministros se empenhariam igualmente. **3.** Mais além, pode-se considerar que a capacidade de o relator desempenhar um papel decisivo está ligada às suas relações internas no STF – isto é, depende de "quem" é o Ministro Relator.

563. SILVA, Virgílio Afonso da. *"Um voto qualquer?"...*
564. Interessante notar que a metodologia da pesquisa consistiu na realização de entrevistas com os atuais ministros do STF e com alguns ministros já aposentados. Assim, o jurista buscou apresentar uma "descrição interna" dos processos deliberativo e decisório do STF, que não tem cunho normativo, nem cunho descritivo típico (que é externo).
565. Ainda que não utilize esse termo, o autor elucida que "o objeto das conversas não era a atitude dos ministros em todas as dezenas de milhares de decisões anuais. O foco eram exclusivamente as decisões mais importantes, mais polêmicas, que chama mais a atenção do público.". (Cf. SILVA, Virgílio Afonso da. *"Um voto qualquer?"...*, p. 187.). Isso porque observou-se, empiricamente, que nas decisões mais relevantes e polêmicas os ministros não necessariamente tendiam a acompanhar o voto do relator.

Quanto à prática dos ministros comumente levarem seus votos já redigidos para as sessões de julgamento dos casos mais polêmicos	Em geral, os Ministros enxergam essa prática como prejudicial ao papel decisivo do relator, em razão de dois principais fatores: **1.** Primeiramente, porque o debate não mais seria pautado pelo relator, mas, sim, pelos votos individuais escritos. **2.** Em segundo lugar, porque a modificação dos entendimentos individuais dos ministros fica dificultada, uma vez que cada ministro "se prepara para votar como se relator fosse".[566] **3.** Ademais, o caráter antideliberativo da prática ficaria evidenciado na menor disposição de mudar os entendimentos pessoais já sedimentados em um documento escrito.	Apesar da maioria considerar essa prática prejudicial ao papel do relator (e à própria deliberação), alguns argumentos favoráveis a ela foram levantados: **1.** Levar o voto escrito à sessão de julgamento indicaria bom preparo e pesquisa extensa.[565] **2.** Um segundo argumento diz respeito à ordem de leitura dos votos ou proferimento das opiniões na sessão de julgamento. Ocorre que os primeiros a discordarem do relator teriam que ter posições mais bem fundamentadas, o que justificaria a prática dos ministros levarem os votos prontos. **3.** Mais além, pode-se mencionar o aumento, nos últimos anos, da complexidade e do impacto moral das causas julgadas pelo STF, o que acabaria por exigir extensa preparação prévia e um documento escrito para ser lido quando da deliberação.
Quanto à não distribuição prévia do voto do relator	A distribuição do voto do relator com antecedência poderia se mostrar benéfica por dois principais motivos: **1.** Primeiramente, poderia possibilitar a revisão da prática de levar os votos prontos para a sessão de julgamento, o que seria benéfico para a deliberação. **2.** Em segundo lugar, há que se frisar que poderia haver um enorme ganho de tempo, uma vez que, se houvesse concordância com o voto do relator, haveria menor necessidade de extensão dos que o acompanham e potencial redução da necessidade de debates prévios.	A distribuição prévia do voto do relator tem diversos questionamentos: **1.** Em razão do excesso de trabalho, os ministros não teriam tempo hábil para ler os votos dos relatores antes da sessão de julgamento, o que tornaria o esforço inútil. **2.** A distribuição prévia poderia levar muitos ministros a acompanhar o relator por simples inércia. **3.** Poderia, ainda, haver uma excessiva potencialização do poder do ministro relator. **4.** Ademais, a prévia distribuição poderia ensejar o julgamento (informal) antes mesmo da sessão de julgamento[567].

565. Cf. SILVA, Virgílio Afonso da. *"Um voto qualquer?"...*, p. 192.
566. Vale salientar que, à luz do que coloca Virgílio, esse argumento foi colocado por um dos ministros "sem atribuir à prática nenhum efeito, como se ela fosse apenas o resultado neutro de um estudo mais detido sobre uma determinada matéria". Cf. SILVA, Virgílio Afonso da. *"Um voto qualquer?"...*, p. 192.
567. Vale mencionar que esse receio não leva em consideração a possibilidade das sustentações orais dos procuradores das partes serem ouvidas em sessão distinta daquela de apresentação do voto do relator e de deliberação. Cf. SILVA, Virgílio Afonso da. *"Um voto qualquer?"...*

Quanto à não distribuição prévia do voto do relator		**5.** Finalmente, de ordem pessoal (e não institucional), certos ministros argumentam contra a distribuição prévia porque isso permitiria que as opiniões dissidentes elaborassem argumentos contrários mais robustos do que os do relator.
Quanto à incorporação de argumentos contrários no voto do relator	**1.** Seria necessária a exposição de um panorama geral acerca do caso e dos argumentos, sob pena de o relator ver seu papel na deliberação reduzido. Isto é, caso apresente apenas sua opinião, ele perderia sua posição privilegiada de relator para assumir apenas o papel do ministro que apresenta seu voto em primeiro lugar.	**1.** Por outro lado, caberia ao relator, justamente, defender seu ponto de vista, de tal forma que a exposição de teses contrárias teria caráter apenas argumentativo, no sentido de aumentar o poder de persuasão do voto do relator. **2.** Ademais, alguns ressaltam que não se poderia obrigar o relator a expor opiniões diferentes da sua, sob pena de "violência intelectual".
Quanto ao relator para o acórdão	**1.** Parece haver consenso quanto à necessidade da figura do relator para o acórdão. Isso porque não se poderia obrigar o relator do caso a escrever a minuta de uma decisão final dissidente, sob pena de "violência intelectual".	**1.** Poder-se-ia argumentar que essa figura seria um sinal de individualismo, o que seria incompatível com a ideia das decisões serem proferidas pelo STF enquanto *instituição* – e não por cada um de seus ministros. Dessa maneira, entende-se que deveria prevalecer a função institucional sobre a pessoal.

Diante dos dados apresentados, Virgílio Afonso da Silva concluiu que a mudança para o envio do voto do relator com antecedência poderia contribuir para a aproximação do papel do relator na deliberação do STF com a imagem que se costuma ter dele, isto é, a de um ministro que tem papel preponderante nos processos deliberativo e decisório. Isso em razão de dois motivos. O primeiro, porque poderia reduzir a prática de leitura de votos (longos, diga-se de passagem) na sessão de julgamento. O segundo, porque o voto do relator poderia, de fato, atuar como ponto de partida da deliberação, fazendo com que os processos deliberatório e decisório no STF se tornem algo mais do que a simples soma de votos que não dialogam entre si.

19. JURISDIÇÃO CONSTITUCIONAL FRACA E OS NOVOS *DESENHOS INSTITUCIONAIS*: O NOVO MODELO DE CONSTITUCIONALISMO DA COMUNIDADE BRITÂNICA

O professor da UCLA Stephen Gardbaum afirma em seus estudos que o atual modelo de constitucionalismo da comunidade britânica (*The New Commonwealth Model of Constitucionalism*) vem se caracterizando por ser um ***novo desenho institucional*** que vai nos apresentar a intitulada diferença entre o que poderíamos chamar de ***jurisdição constitucional forte*** e ***jurisdição constitucional fraca.***

Nos seus trabalhos sobre os ***novos desenhos institucionais,*** é citada uma famosa passagem, na decisão de *Marbury x Madison*, atribuída a John Marshall, de que *ou os direitos individuais são lei suprema petrificados e aplicados pelo Judiciário, não passível de revisão, ou eles são lei ordinária modificável por mera maioria legislativa:* ***"entre essas duas alternativas não há meio termo"*** (ou a Constituição é lei suprema não sujeita a alterações por meio ordinário ou se encontra no mesmo nível das leis ordinárias, e, como qualquer outra lei, que pode ser alterada quando o Legislativo bem entender)[569].

Em virtude desse debate, entre a supremacia do parlamento ou da Constituição, com a possibilidade de o Judiciário invalidar atos do Legislativo contrários à Constituição, é que no modelo do constitucionalismo norte-americano, historicamente, foi tomada a posição pela possibilidade de o Poder Judiciário invalidar atos normativos que conflitassem com a Constituição. É interessante que esse modelo foi adotado em grande parte da Europa ocidental após 1945 (e até mesmo na Europa central e oriental após 1989). Com isso, paulatinamente, em vários países do mundo, nos últimos 200 anos, observamos a passagem de uma supremacia do Legislativo para uma supremacia constitucional, que deu poderes ao Judiciário para invalidar atos normativos incompatíveis com a Constituição.[570] A isso poderíamos chamar de ***jurisdição constitucional forte.***

A tese de Gardbaum é justamente a de que o *Chief Justice* Marshall estaria equivocado, pois existiria, sim, um *"meio-termo"*. Não obstante, o retumbante sucesso do modelo norte-americano no mundo, recentemente, vamos assistir ao surgimento de um novo *modelo de constitucionalismo* que irá nos apresentar *novos desenhos institucionais* e, com isso, demonstrar que não há uma separação rígida e excludente entre a **supremacia do parlamento** e a **supremacia da Constituição via Poder Judiciário.**[571]

Conforme Gardbaum, "entre 1982 e 1998, três países da Comunidade Britânica, o Canadá, a Nova Zelândia e o Reino Unido – países que estiveram anteriormente entre os últimos bastiões democráticos da supremacia legislativa tradicional – adotaram declarações de direitos e garantias que se afastavam de maneira autoconsciente do modelo norte-americano e buscavam reconciliar e equilibrar as

569. GARDBAUM, Stephen. *O Novo Modelo de Constitucionalismo da Comunidade Britânica*, p. 160, 2010.

570. GARDBAUM, Stephen. *O Novo Modelo de Constitucionalismo da Comunidade Britânica*, p.160, 2010.

571. GARDBAUM, Stephen. *O Novo Modelo de Constitucionalismo da Comunidade Britânica*, p.160, 2010. "De acordo com a supremacia legislativa, o parlamento não é de forma alguma juridicamente limitado; seus atos legislativos constituem a forma mais elevada de lei conhecida no sistema jurídico; não há qualquer lei que não posso ser emendada ou revogada por maioria simples e nenhuma outra instituição tem o poder de questionar a validade de quaisquer de seus atos legislativos. De acordo coma supremacia do Judiciário esse tem o poder de anular e invalidar a legislação que considere em conflito com um conjunto especifico de direitos e liberdades fundamentais que tenha um status de lei Suprema". p, 171-172, 2010.

reivindicações opostas para criar um meio termo entre elas, em vez de adotar uma transferência indiscriminada de um polo para o outro." Demonstra Gardbaum que nesse novo modelo (*desenho institucional*), que poderíamos chamar de ***jurisdição constitucional fraca,*** embora "os Tribunais detenham poder de proteger direitos ocorre a desvinculação do controle de constitucionalidade da supremacia judicial ao dar poderes aos parlamentos de terem a última palavra."[572]

Nesse sentido, as características que definiriam esse novo modelo seriam: 1) ter uma carta de direitos jurídica; 2) dotar o Poder Judiciário, de alguma forma, com o poder de valorizar/efetivar esses direitos, avaliando a legislação e outros atos governamentais da perspectiva de sua adequabilidade a esses direitos e/ou a consistência com esses direitos; 3) dotar o Poder Legislativo do poder da última palavra sobre o que o direito é, por meio de maioria ordinária. Aqui, enquanto as duas primeiras características distinguiriam o novo modelo do tradicional da supremacia legislativa a terceira característica se distinguiria do modelo tradicional da supremacia judicial. Em última escala, podemos dizer que a grande inovação desse novo desenho institucional é o de assegurar a existência da jurisdição constitucional, na presunção de essa pode promover a proteção de direitos, sem, contudo, recair necessariamente na supremacia judicial. Aqui resta claro que, para Gardbaum, a vantagem desse novo modelo, estaria em que os direitos seriam mais bem protegidos em locais em que abandonássemos a tradicional (e radical) supremacia legislativa, sem implicar na necessidade de recairmos na supremacia judicial para tal proteção.[573] Com isso, ele defende que o novo modelo teria um potencial maior de envolver os três Poderes estatais na proteção de direitos (um maior *diálogo entre eles seria desenvolvido*), além de criar nos cidadãos uma consciência a respeito desses direitos, produzindo uma cultura de direitos que se opera de baixo para cima (*ground up*).

Mas como podemos explicitar esse modelo, em que se objetiva uma relação mais equilibrada entre o judiciário e o parlamento, desenvolvida por esses novos desenhos institucionais? Nossa proposta é analisar a jurisdição constitucional fraca numa ordem cronológica (1982-1998) passando pela vertente do Canadá (1), da Nova Zelândia (2) e do Reino Unido (3):

(1) Canadá: Em 1982 foi promulgada no Canadá a *Carta de Direito e Liberdades*, formando a parte 1 da Lei da Constituição de 1982. Com isso, o Canadá passou a

572. GARDBAUM, Stephen. *O Novo Modelo de Constitucionalismo da Comunidade Britânica*, p.161, 2010.

573. GARDBAUM, Stephen. *O Reassessing the new Commonwealth modelo of Constitutionalism,* p.169-174, 2010. No que diz respeito à crítica aos modelos tradicionais, advoga Gardbaum que o da supremacia judicial possui o problema do *déficit* democrático, dado ao fato do pluralismo razoável somado ao reconhecimento da última palavra ao poder judiciário, bem como ao estímulo à debilidade no debate sobre direitos no âmbito do poder Legislativo (por não ter a palavra final sobre as questões de direito, tais instituições culminam por ser influenciadas a não enfrentar seriamente a temática). No que diz respeito ao modelo da supremacia legislativa, há sempre o risco do desenvolvimento de patologias que consubstanciem pontos cegos não percebidos pelas instituições políticas representativas, afetos às minorias políticas.

possuir uma Declaração de Direitos de estrutura constitucional. E, com base nesse documento, o Poder Judiciário possuiria poderes para realizar o controle dos atos estatais em face dos direitos previstos nele. Mas então o Canadá abandonou a tradicional supremacia do parlamento e se enveredou pelo modelo norte-americano da supremacia judicial? A resposta aqui é negativa. Certo é que esse modelo apresentará um diferencial constante, segundo Gardbaum, na cláusula do ***não obstante*** (*notwithstanding clause*) presente na ***seção 33*** da declaração de direitos. Essa seção declara que o parlamento nacional ou legislativo de uma província pode expressamente declarar que uma lei do parlamento nacional ou do legislativo de uma província pode vigorar não obstante os direitos presentes na declaração de direitos (na seção 2 ou nas seções 7 a 15 da carta). Essa legislação poderia vigorar por 5 anos. Com isso, essa lei ficaria imunizada de uma decisão do Poder Judiciário de incompatibilidade dela mediante a declaração de direitos. Ou seja, o parlamento nacional ou das províncias podia, com base nessa cláusula, anular os efeitos da declaração de direitos (no que tange a uma determinada legislação) por um período sempre renovável de 5 anos. Gardbaun afirma ainda que a seção 33 também permitiria uma imunização prévia de disposições legislativas contra o controle de constitucionalidade em relação à carta de direitos. Portanto, a conclusão é a de que a seção 33 deixaria ao Legislativo a última palavra nas questões sobre os direitos previstos na carta.[574]

(2) Nova Zelândia: A Nova Zelândia possui uma carta de direitos na Declaração de Direitos e Garantias da Nova Zelândia (LDDNZ) de 1990. Esse diploma normativo, conforme preleciona Gardbaum, não possui estatura constitucional. Embora ela seja considerada uma lei ordinária, a seção 4 da carta **não permite** que o Poder Judiciário declare qualquer lei, anterior ou posterior à carta de direitos, destituída de eficácia se incompatível com ela.[575] Nesses termos, não é possível a invalidação de atos normativos do poder legislativo pelo Poder Judiciário por contrariedade aos direitos previstos na carta. Mas o que o Poder Judiciário poderia realizar? A resposta estaria na seção 6 da carta de direitos que determina a obrigatoriedade de os tribunais, sempre que possível adotar com preferência uma interpretação

---

574. GARDBAUM, Stephen. *O Novo Modelo de Constitucionalismo da Comunidade Britânica*, p.176-178, 2010. A seção 33 foi projetada como uma solução conciliatória entre a tradicional soberania parlamentar e o modelo do constitucionalismo norte-americano. (...) A Lei da Constituição e Carta de Direitos adotaram características essenciais do modelo norte-americano: (1) direitos fundamentais com o status de lei suprema; (2) petrificados contra emenda ou revogação por maioria legislativas simples e (3) aplicadas por tribunais detentores do poder do judicial review. A solução conciliatória obtida por aqueles que eram contra o completo abandono da supremacia parlamentar e que foi projetada para evitar a adoção desse modelo é a disposição contida na seção 33 da Carta. Embora, é bom que se diga, que, conforme explicitou Gardbaum, a ***cláusula do não obstante*** (da seção 33) até agora foi pouquissimamente utilizada no Canadá.

575. GARDBAUM, Stephen. *O Reassessing the new Commonwealth model of Constitutionalism*, p.183-185, 2010. A seção 4 proíbe expressamente que os tribunais invalidem qualquer lei por incongruência com os direitos contidos na seção 1 e, de maneira específica, elimina a regra que, do contrário, seria normal, de que leis anteriores conflitantes são tacitamente revogadas pelos direitos contidos na Declaração de Direitos subsequente. Neste sentido, sua força jurídica é menor do que aquela de uma lei ordinária, em vez de ser maior, como acontece com a Carta canadense.

dos atos normativos que seja compatível com os direitos garantidos na carta. Ou seja, haveria uma imposição, nos termos da seção 6, de um dever aos tribunais de, sempre que possível, interpretar todas as leis de modo consistente com o contido na Declaração de Direitos (LDDNZ). Percebemos aqui que a carta acaba sendo uma legislação estrutural que diz como outras leis devem ser interpretadas, daí seu caráter de ser uma declaração de direitos mais interpretativa do que anulatória (como a carta canadense). Conforme Gardbaum, a Declaração de Direitos acaba por proteger Direitos nela contidos por intermédio do dever interpretativo que impões aos tribunais de acordo com a já citada seção 6. Isso gera inclusive um custo político ao parlamento no caso de promulgar atos normativos que explicitamente viole direitos (custo da violação clara a direitos). Embora, é bom que se diga, que a já citada seção 4 protege a soberania parlamentar ao declarar que legislação incongruente não pode ser invalidada pelos tribunais. Nesses termos, a "LDDNZ protege uma versão particularmente forte de soberania popular no sentido de que não pode haver questionamento da validade de uma lei do parlamento – ela de fato, entende Gardbaum, transfere poderes importantes para os tribunais de modo a proteger direitos fundamentais, quais sejam: o poder de controlar o significado das leis de uma maneira não encontrada nos cânones de interpretação jurídica."[576]

(3) Reino Unido: Entrou em vigor no Reino Unido em 2 de outubro de 2000 a Lei de Direitos Humanos – LDH (*Human Rights Act*) que implicou na incorporação da *Convenção Europeia de Direitos Humanos* ao direito interno. Essa lei, segundo Gardbaum, foi descrita *como um momento decisivo na história constitucional e legal do Reino Unido.* Aqui, o dilema descrito por Gardbaum foi o de que uma declaração de direitos na forma de lei ordinária estaria propensa a não garantir de forma suficiente os direitos nela previstos, e por outro lado, uma proteção maior com um status diferenciado a declaração seria algo problemático (se não impossível) de acordo com a *tradicional soberania parlamentar do constitucionalismo britânico, a qual sustenta que o Parlamento pode fazer ou desfazer qualquer lei acerca de qualquer assunto* e *que nenhum tribunal é competente para questionar a validade de uma lei devidamente promulgada.*[577] Mas aqui esse problema foi de forma bastante equilibrada por meio da seção 4 da LDH. De acordo com a seção 4, o Poder Judiciário (tribunais superiores) se estiver convencido de que determinada legislação entre em conflito com os Direitos da Convenção poderá emitir uma ***"declaração de incompatibilidade"*** (de incompatibilidade do dispositivo normativo para com a *Convenção de Direitos* da UE)[578].

576. GARDBAUM, Stephen. *O Novo Modelo de Constitucionalismo da Comunidade Britânica*, p.184-185, 2010.

577. GARDBAUM, Stephen. *O Novo Modelo de Constitucionalismo da Comunidade Britânica*, p.188-189, 2010. O interessante aqui é que para Gardbaum em termos jurídicos os Direitos da Convenção não são Lei Suprema com força normativa mais elevada do que uma lei ordinária, visto que uma lei declarada incompatível com os direitos da convenção continuaria a ter plenos efeitos jurídicos. Porém, existem características e implicações da LDH que dão aos direitos da Convenção maior proteção jurídica do que aos direitos contidos em leis ordinárias (vide a seção 3 e 4 da LDH a seguir trabalhadas). Sobre o tema ver, p.190-96, 2010.

578. GARDBAUM, Stephen. *O Novo Modelo de Constitucionalismo da Comunidade Britânica*, p.188-189, 2010. É interessante que, na seção 3, a LDH cria a obrigação dos tribunais interpretarem a legislação de modo consistente com

Porém, é bom que se diga que *não obstante essa declaração de incompatibilidade nenhum tribunal (nem superior nem inferior) tem o poder de invalidar ou rejeitar tal legislação*, que continuará em pleno vigor e validade.[579] Além disso, é importante afirmar que essa declaração de incompatibilidade não cria qualquer obrigação jurídica para o parlamento nem para o governo de responder de qualquer forma que seja, mas concede poderes ao ministro pertinente (ligado aquele tema) para criar uma *ordem de reparação*, permitindo que esse ministro *emende a legislação* declarada incompatível e submeta a questão ao parlamento para sua apreciação (o parlamento pode com isso emendar ou revogar tal legislação, se entender adequado).[580] Aqui, apesar de não ser obrigatória a atuação do parlamento, certo é que já é um grande avanço em relação à tradicional soberania parlamentar britânica, visto que o novo modelo, coloca um *ônus* no parlamento (perante o judiciário e toda a sociedade interna e externa) caso ele deseje agir de forma contrária a um direito da *Convenção de Direitos*, e isso, leciona Gardbaum, pode ser um preço que o parlamento e o governo podem não estar dispostos a pagar.[581]

os direitos protegidos tanto quanto possível; nos casos em que não seja possível essa interpretação o Judiciário, conforme citado, na seção 4 poderá promover a ***declaração de incompatibilidade***.

579. GARDBAUM, Stephen. *O Novo Modelo de Constitucionalismo da Comunidade Britânica*, p.190, 2010.
580. GARDBAUM, Stephen. *O Novo Modelo de Constitucionalismo da Comunidade Britânica*, p. 190, 2010.
581. GARDBAUM, Stephen. *O Novo Modelo de Constitucionalismo da Comunidade Britânica*, p. 196, 2010. "Assim a LDH envolve uma mescla e uma divisão de poderes muitos interessantes entre os tribunais e os legislativos no que concerne à tutela aos direitos da Convenção. Seja ou não essa engenhosa divisão da função do controle de constitucionalidade entre os tribunais e parlamento tecnicamente consistente com a soberania parlamentar, como alega o governo, o poder político transferido aos tribunais mais elevados do judiciário, e, sem dúvida, um passo radical no contexto da cultura jurídica e constitucional britânica".

21

Da Ordem Econômica e da Ordem Social

Sumário: 1. O Conceito de "Ordem" – 2. A Ordem Econômica: 2.1. A Ordem Econômica e a Constituição Econômica; 2.2. A Ordem Econômica na Constituição brasileira de 1988; 2.3. Princípios da Ordem Econômica; 2.3.1. Função social da propriedade urbana/rural; 2.3.2. Livre concorrência; 2.3.3. Defesa do consumidor; 2.4. A política urbana; 2.4.1. Desapropriação por descumprimento da função social da propriedade urbana; 2.5. A política agrícola e fundiária; 2.5.1. Desapropriação para fins de Reforma Agrária – 3. A Ordem Social: 3.1. A seguridade social; 3.1.1. Saúde – 3.2. A Previdência Social e a sua recente reforma pela Emenda Constitucional nº 103/2019; 3.2.1. Aposentadoria voluntária no regime geral de previdência social; 3.2.2. Aposentadoria voluntária no regime próprio de previdência social da união; 3.2.3. Outras formas de aposentadoria; 3.2.4. Pensão por morte; 3.2.5. Considerações finais – 3.3. Assistência social – 3.4. A educação, a cultura e o desporto – 3.5. A ciência e tecnologia – 3.6. A comunicação social – 3.7. O meio ambiente – 3.8. A família, a criança, o adolescente, o jovem e o idoso: As decisões da União Estável Homoafetiva e da Criminalização da Homofobia e Transfobia nos termos da Lei 7.716/89 – 3.9. Os Quilombolas – 3.10. Os índios.

1. O CONCEITO DE "ORDEM"

A escolha da terminologia "ordem" por parte do Constituinte de 1988 visa designar uma estrutura organizada, uma seleção de elementos integrantes de um conjunto que se destina a uma finalidade específica.[1] Por isso, se por um lado é possível vislumbrar num primeiro momento uma preocupação com a compatibilidade dos elementos formadores (de caráter estático), em outro, posteriormente, destaca-se um caráter dinâmico, voltado para a persecução dos objetivos (metas) fixados. Por essa razão, mais que coerência, a noção de ordem trazida pela Constituição se mostra como um projeto – um lançar-se ao futuro – na busca por uma sempre constante melhoria e progressão.

2. A ORDEM ECONÔMICA

A partir das reflexões trazidas, fica fácil compreender a Ordem Econômica como um "conjunto de elementos compatíveis entre si, ordenadores da vida econômica de um Estado, direcionados a um fim".[2]

Mas qual seria tal fim? Segundo a própria Constituição de 1988, ***a garantia da vida digna, conforme os ditames da justiça social*** (art. 170). Mas aqui cabe um alerta, pois tal finalidade não é uma tarefa fácil se levarmos em conta todo o

1. CUNHA JÚNIOR, Dirley da, *Curso de direito constitucional*, p. 1.057.
2. CUNHA JÚNIOR, Dirley da, *Curso de Direito Constitucional*, p. 1.057.

processo de avanço do capitalismo e do individualismo nas sociedades contemporâneas. Por isso, tal fim é, antes de qualquer coisa, dependente de um plano de distribuição de riquezas. Para tanto, a Constituição vem munida de normas que podem viabilizar tal objetivo, com destaque para os ***direitos sociais***, já estudos por nós anteriormente.

Importante a observação de Vital Moreira,[3] para quem a noção de Ordem Econômica traz um duplo sentido: se por um lado designa o conjunto de normas que estruturam e determinam as relações econômicas, estabelecem diretivos que atuam no plano do ***dever-ser*** (no alemão, ***solen***); por outro, a mesma expressão é utilizada para designar um conjunto de práticas econômicas concretas, e, portanto, ligadas ao plano do ***ser*** (no alemão, ***sein***).

Dentro da história do constitucionalismo, José Afonso da Silva[4] destaca que a matéria adquiriu relevância jurídico-constitucional a partir de 1917, quando as Constituições dos Estados passaram a disciplinar o tema. No Brasil, o primeiro texto constitucional a dispor sobre a Ordem Econômica foi a Constituição de 1934, sob fortes influências da Constituição alemã de Weimar. Importante, ainda, aclarar que isso não pode ser confundido como um início de "socialização", já que em momento algum se perdeu de vista o fato de que a ordem jurídica brasileira era eminentemente ***capitalista*** (apoiada na propriedade privada dos meios de produção).

2.1. A Ordem Econômica e a Constituição Econômica

Uma vez que as Constituições, a partir da década de 1917, passaram a trazer em seus textos normas sobre direitos sociais e econômicos, gradativamente, tal disciplina passou a fixar contornos mais amplos, demonstrando uma normatividade da questão (econômica) que não se encontrava restrita ao âmbito do direito público, mas que caminhava para a ordenação de relações de natureza privada.[5] Após a crise econômica de 1929, com mais afinco se buscou normas constitucionais para regulação das relações econômicas.

Assim, passou-se a falar em uma Constituição Econômica e de um direito público de natureza econômica, a fim de sistematizar tal ordem e dar-lhe estabilidade.[6]

Os estudiosos passaram, então, a referir-se à Constituição Econômica como um "conjunto de normas constitucionais que têm por objeto a disciplina jurídica do fato econômico e das relações principais dele decorrentes";[7] e, assim, não a confundir

---

3. MOREIRA, Vital, *A ordem jurídica do capitalismo*, p. 67-71.
4. SILVA, José Afonso da, *Curso de direito constitucional positivo*, p. 786.
5. BERCOVICI, Gilberto. *Constituição econômica e desenvolvimento*: uma leitura a partir da Constituição de 1988, p. 13-14; MENDES, Gilmar Ferreira et al., *Curso de direito constitucional*, p. 1.288.
6. CUNHA JÚNIOR, Dirley da, *Curso de direito constitucional*, p. 1.058.
7. CUNHA JÚNIOR, Dirley da, *Curso de direito constitucional*, p. 1.058; MARINHO, Josaphat, *Constituição econômica*, p. 4.

com a Constituição Política, mas sendo aquela uma parte desta e a esta submetida.[8] Por isso, a Constituição Econômica não pode ser lida à parte dos princípios democráticos e nem dos princípios do Estado de Direito.

Importante, ainda, o lembrete de que as normas constitucionais sobre o tema não esgotam a disciplina, o que leva os autores a distinguirem a Constituição Econômica ***material*** – entendido aqui o núcleo essencial de normas que regem e disciplinam o sistema, fixando os princípios básicos das instituições de natureza econômica, estando tais normas presentes ou não no texto constitucional – da Constituição Econômica ***formal*** – aqui como sendo exclusivamente as normas que integram o texto constitucional sobre o tema.[9]

Gilberto Bercovici[10] lembra que as determinações da Constituição Econômica se enquadram no rol definido pelas ***normas programáticas*** (ou, como quer Canotilho, dirigentes), já que traça para o Estado um conjunto de tarefas e de políticas a serem realizadas a fim de que certos objetivos sejam alcançados.

2.2. A Ordem Econômica na Constituição brasileira de 1988

Mesmo que a Ordem Econômica brasileira seja fundada na liberdade de iniciativa econômica, garantindo o direito de propriedade privada dos meios de produção – típico dos modelos capitalistas –, a Constituição de 1988 institui diversos princípios sob os quais se subordinam e limitam o processo econômico, a fim de que, com isso, se possa direcioná-lo para a persecução do bem-estar de toda a sociedade, notadamente na melhoria da qualidade de vida.

É por isso que podemos afirmar que a legitimidade de qualquer atividade econômica se condiciona à realização, principalmente, da dignidade humana (art. 170). Para tanto, conjuga um modelo capitalista a um perfil ***intervencionista*** de Estado, em três formas:

- **Direta:** por meio do art. 173, como medida excepcional, o Estado poderá explorar determinada atividade econômica quando necessário aos imperativos da segurança nacional ou quando referente a elevado interesse coletivo, a ser definido em lei. Assim, o Estado fará uso das **empresas públicas** e das **sociedades de**

8. Para Vital Moreira (*A ordem jurídica do capitalismo*, p. 41), a Constituição Econômica é um "conjunto de preceitos e instituições jurídicas que, garantindo os elementos definidores de um determinado sistema econômico, instituem uma determinada forma de organização e funcionamento da economia e constituem, por isso mesmo, uma determinada ordem econômica; ou, de outro modo, aquelas normas ou instituições jurídicas que, dentro de um determinado sistema e forma econômicos, que garantem e (ou) instauram, realizando uma determinada ordem econômica concreta"; no mesmo sentido CUNHA JÚNIOR, Dirley da, *Curso de direito constitucional*, p. 1.059.
9. SILVA, José Afonso da, *Curso de direito constitucional positivo*, p. 791.
10. BERCOVICI, Gilberto, *Constituição econômica e desenvolvimento*: uma leitura a partir da Constituição de 1988, p. 33-34.

economia mista[11], como pessoas jurídicas de direito privado, integrantes da Administração Pública indireta.[12]

Nesses termos, conforme a doutrina, a **Empresa pública** é uma entidade dotada de personalidade jurídica de direito privado, com criação autorizada por lei e com patrimônio próprio, cujo capital social é integralmente detido pela União, pelos Estados, pelo DF ou pelos Municípios.

Já a **Sociedade de economia mista** é também uma entidade dotada de personalidade jurídica de direito privado, com criação autorizada por lei, sob a forma de sociedade anônima, cujas ações com direito a voto pertençam em sua maioria à União, aos Estados, ao Distrito Federal, aos Municípios ou a entidade da administração indireta.[13]

Por força do art. 37, XIX, da CR/88, apenas lei específica poderá ***autorizar*** a instituição de uma empresa pública ou de uma sociedade de economia mista, ficando também subordinadas à autorização legislativa a criação de subsidiárias (art. 37, XX, da CR/88).[14]

---

11. **RE 599.628/DF,** julg. **25.05.2011**: Financeiro. Sociedade de economia mista. Pagamento de valores por força de decisão judicial. Inaplicabilidade do regime de precatório. art. 100 da Constituição. Constitucional e processual civil. Matéria constitucional cuja repercussão geral foi reconhecida. ***Os privilégios da Fazenda Pública são inextensíveis às sociedades de economia mista que executam atividades em regime de concorrência ou que tenham como objetivo distribuir lucros aos seus acionistas***. Portanto, a empresa Centrais Elétricas do Norte do Brasil S.A. – Eletronorte ***não pode*** *se beneficiar do sistema de pagamento por precatório de dívidas decorrentes de decisões judiciais (art. 100 da CR/88)*. Porém, já decidiu o STF que: ***As sociedades de economia mista prestadoras de serviço público de atuação própria do Estado e de natureza não concorrencial submetem-se ao regime de precatório.*** STF. Plenário. **ADPF 387/PI,** Rel. Min. Gilmar Mendes, julg. em **23.03.2017** (Informativo 858). 1ª Turma. RE 627242 AgR, Rel. Min. Marco Aurélio, Rel. p/ Acórdão Min. Roberto Barroso, julg. em **02.05.2017**. STF. 2ª Turma. RE 852302 AgR/AL, Rel. Min. Dias Toffoli, julg. em 15.12.2015. Ver também a **Lei nº 13.303** de **30.06.2016** que dispõe sobre o *Estatuto jurídico da empresa pública, da sociedade de economia mista e de suas subsidiárias, no âmbito da União, dos Estados, do Distrito Federal e dos Municípios.*
12. **RE 589.998/PI** julg. em **20.03.2013:** "Os **empregados públicos não fazem jus à estabilidade prevista no art. 41 da CF,** salvo aqueles admitidos em período anterior ao advento da EC nº 19/1998. Precedentes. II – *Em atenção, no entanto, aos princípios da impessoalidade e isonomia, que regem a admissão por concurso público, a dispensa do empregado de empresas públicas e sociedades de economia mista que prestam serviços públicos deve ser motivada, assegurando-se, assim, que tais princípios, observados no momento daquela admissão, sejam também respeitados por ocasião da dispensa. III – A motivação do ato de dispensa, assim, visa resguardar o empregado de uma possível quebra do postulado da impessoalidade por parte do agente estatal investido do poder de demitir.* IV – Recurso extraordinário parcialmente provido para afastar a aplicação, ao caso, do art. 41 da CF, exigindo-se, entretanto, **a motivação** para **legitimar a rescisão** unilateral do contrato de trabalho". STF. Plenário. Rel. Min. Dias Toffoli. No mesmo sentido: **ADI 4284 RR** julg. em **09.04.2015**. Rel. Min. Ricardo Lewandowski. Porém, o STF revê o posicionamento desse acórdão em 2018, especificando que a decisão foi apenas para os correios: *A Empresa Brasileira de Correios e Telégrafos (ECT) tem o dever jurídico de motivar, em ato formal, a demissão de seus empregados.* STF. Plenário. RE 589998 ED/PI, Rel. Min. Roberto Barroso, julgado em 10.10.2018 (repercussão geral) (Info 919) Quanto às demais empresas públicas e sociedades de economia mista, o STF afirmou que ainda não decidiu o tema, ou seja, terá que ser analisado caso a caso. Assim, por enquanto, essa decisão, ao menos formalmente, só se aplica para os Correios.
13. DI PIETRO, Maria Sylvia Zanella. *Direito administrativo*. São Paulo. Ed. Atlas, 2009.
14. "Violação do art. 173, § 1º da Constituição.(...) *Viola a reserva de lei para dispor sobre norma de direito comercial voltada à organização e estruturação das empresas públicas e das sociedades de economia mista* ***norma constitucional estadual*** *que estabelece número de vagas, nos órgãos de administração das pessoas jurídicas, para ser preenchidas por representantes dos empregados."*. (**ADI 238**, julg. em **24.02.2010**). Já na **ADI 144** julg. em **19.02.2014**, o STF

Como a criação das empresas estatais necessita de uma lei prévia autorizando, prevalece o entendimento de que, em razão do paralelismo (simetria) das formas, a extinção das empresas estatais também deve ser precedida de autorização legislativa.

É importante salientar também que a Subsidiária é uma empresa controlada pela empresa pública ou pela sociedade de economia mista e que é criada para atuar em ramos específicos. Um exemplo recorrente é o da Petrobras que é uma sociedade de economia mista que possui inúmeras subsidiárias (como a BR Distribuidora). Como já observamos, para a criação de uma subsidiária, a CR/88 também exige a edição de lei autorizativa.

No entanto, a doutrina e o STF, interpretando esse dispositivo, afirmam que a criação das subsidiárias não precisa de autorização legislativa específica. Basta uma autorização genérica que pode estar na lei que autorizou a criação da empresa estatal matriz.[15]

Sobre o tema em comento, o STF enfrentou um importante *hard case* em 2019, no julgamento da ADI 5624 MC- Ref/DF.

A Lei nº 13.303/2016 é um estatuto jurídico da empresa pública, da sociedade de economia mista e de suas subsidiárias e se aplica às empresas públicas e sociedades de economia mista que explorem atividade econômica; ou que se dediquem à prestação de serviços públicos. Essa referida lei trouxe novas hipóteses de licitação dispensável em seu previstas no art. 29. Essas hipóteses se aplicam para as empresas públicas, sociedades de economia mista e suas subsidiárias, nos termos do art. 1º da Lei nº 13.303/2016. Pois bem, o art. 29. Afirmou que: É dispensável a realização de licitação por empresas públicas e sociedades de economia mista: (...) XVIII - na compra e venda de ações, de títulos de crédito e de dívida e de bens que produzam ou comercializem.

Em 2017, o Presidente da República, com base na dispensa de licitação prevista neste art. 29, XVIII, da Lei nº 13.303/2016, editou o Decreto nº 9.188/2017 instituindo o regime especial de desinvestimento de ativos das sociedades de economia mista. Este regime teve como objetivo alienar ativos pertencentes às sociedades de economia mista federal. Essa alienação pode ser descrita como qualquer forma de

---

decidiu que: *os Estados-membros não poderiam impor obrigações de natureza civil, comercial ou trabalhista às empresas públicas e às sociedades de economia mista, porquanto sujeitas ao regime das empresas privadas (Violação ao art. 22, I da CR/88)*. Porém, já decidiu o STF na **ADI 232/RJ** julg. em **05.08.2015**, que Constituição Estadual <u>*pode prever que é proibido que os servidores estaduais substituam trabalhadores de empresas privadas em greve.*</u> Informativo 793 do STF: *"O Plenário, por maioria, julgou improcedente pedido formulado em ação direta e declarou a constitucionalidade do art. 77, XXIII, da Constituição do Estado do RJ (XXIII – ressalvada a legislação federal aplicável, ao servidor público estadual é proibido substituir, sobre qualquer pretexto, trabalhadores de empresas privadas em greve)".*

15. (...) 2. *É dispensável a autorização legislativa para a criação de empresas subsidiárias, desde que haja previsão para esse fim na própria lei que instituiu a empresa de economia mista matriz, tendo em vista que a lei criadora é a própria medida autorizadora. Ação direta de inconstitucionalidade julgada improcedente.* ADI 1649, STF. Plenário, julg. em 24.03.2004.

transferência total ou parcial de ativos para terceiros.[16] Pois bem, foram propostas ADIs contra o art. 29, XVIII, da Lei nº 13.303/2016 e o Plenário do STF julgou a medida cautelar em 05 e 06.06.2019.

O Plenário, em voto médio, referendou parcialmente medida cautelar anteriormente concedida em ação direta de inconstitucionalidade, para conferir ao art. 29, caput, XVIII, da Lei 13.303/2016 interpretação conforme à Constituição Federal, nos seguintes termos: 1) a ***alienação do controle acionário de empresas públicas e sociedades de economia mista exige autorização legislativa e licitação***[17]; e 2) a exigência de *autorização legislativa*, ***todavia, não se aplica à alienação do controle de suas subsidiárias e controladas***. Nesse caso, a operação ***pode ser realizada sem a necessidade de licitação***, desde que siga procedimentos que observem os ***princípios da administração pública inscritos no art. 37 da CR/88.***

Assim sendo entendeu o STF que: a) o art. 37, XIX, da CR/88, afirma que somente por lei específica poderá ser autorizada a instituição de empresa pública ou de sociedade de economia mista; b) a alienação do controle acionário de empresas públicas ou de sociedades de economia mista é equiparada à extinção da empresa pública ou da sociedade de economia mista; c) por força do paralelismo das formas, somente por lei poderá ser autorizada a extinção de empresa pública ou de sociedade de economia mista; d) logo, somente por lei poderá ser autorizada a alienação do controle acionário de empresa pública ou de sociedade de economia mista.[18]

16. *Os ativos que o Governo pretendia alienar (vender) sem fazer licitação seriam: unidades operacionais pertencentes às sociedades de economia mista (ou suas subsidiárias); estabelecimentos pertencentes às sociedades de economia mista (ou suas subsidiárias); direitos e participações da sociedade de economia mista em outras sociedades.* In: Dizer o Direito, Maio de 2019. (Inf.943)

17. Para o Min. Ricardo Lewandowski, a alienação de participação societária, inclusive de controle acionário, é uma ***forma clássica de privatização***. Isso porque se o Poder Público perde o controle acionário da entidade, ou seja, se o controle acionário da sociedade de economia mista passa para a iniciativa privada, essa entidade deixa de ser uma sociedade de economia mista. ***Na sociedade de economia mista, as ações com direito a voto devem pertencer, em sua maioria, ao Poder Público.*** Assim, como a perda do controle acionário é equiparado à extinção da sociedade de economia mista, essa operação precisa de autorização legislativa. O STF possui, portanto, julgados afirmando ser ***imprescindível a autorização legislativa*** *para que ocorra a transferência do poder de controle de sociedades de economia mista*. Nesse sentido: (...) 3. *"No julgamento da Ação Direta de Inconstitucionalidade n. 234/ RJ, ao apreciar dispositivos da Constituição do Rio de Janeiro que vedavam a alienação de ações de sociedades de economia mista estaduais, o STF conferiu interpretação conforme à Constituição da República, no sentido de serem admitidas essas alienações, condicionando-as à autorização legislativa, por lei em sentido formal, tão-somente quando importarem em perda do controle acionário por parte do Estado. Naquela assentada, se decidiu também que o Chefe do Poder Executivo estadual não poderia ser privado da competência para dispor sobre a organização e o funcionamento da administração estadual." (ADI 1348/RJ, DJe 7/3/2008). 4. A autorização legislativa exigida "há de fazer-se por lei formal, mas só será necessária, quando se cuide de alienar o controle acionário da sociedade de economia mista" e demais estatais.* (ADI 234 QO/RJ, DJe de 9/5/1997). (...) STF. Plenário. ADI 1703, Rel. Min. Alexandre de Moraes, julg. em 08/11/2017.

18. Conforme o Rel. Ricardo Lewandowski: O Estado não pode abrir mão da exploração de determinada atividade econômica, expressamente autorizada por lei, sem a necessária participação do Parlamento, porque a decisão não compete apenas ao chefe do Poder Executivo. *Importante esclarecer que é plenamente possível a venda de parte das ações na Bolsa de Valores. Contudo, a alienação do controle acionário precisa de lei autorizativa e de processo licitatório.*

Já para às subsidiárias e controladas o STF decidiu que não se exige autorização legislativa para a ***alienação do controle das subsidiárias*** e ***das controladas pertencentes às empresas públicas ou sociedades de economia mista***. Além disso, a ***alienação do controle das subsidiárias e das controladas não precisa de prévia licitação***, sendo indispensável, no entanto, conforme a ADI 5624, que essa alienação cumpra procedimentos que observem os princípios da administração pública inscritos no art. 37 da CF/88, respeitada, sempre, a exigência de necessária competitividade.[19]

Aqui é interessante ressaltar, que posteriormente, entendeu o STF que a Petrobrás (que é uma sociedade de economia mista) pode criar subsidiárias e, em seguida, alienar o controle acionário delas sem licitação e sem autorização legislativa específica.[20]

No caso, a Petrobrás elaborou um plano de desinvestimento por meio do qual ela decidiu vender algumas de suas refinarias. Para isso, a Petrobrás criou subsidiárias que passaram a ser as proprietárias dessas refinarias e, em seguida, o controle acionário dessas subsidiárias será alienado, sem licitação e sem prévia autorização legislativa.[21]

As Mesas do Congresso Nacional, do Senado Federal e da Câmara dos Deputados ajuizaram reclamação no STF contra essa alienação. Alegaram que a constituição de subsidiárias a partir de desmembramentos da empresa-matriz, com a finalidade única de alienação do controle acionário, caracteriza desvio de finalidade e prática proibida e inconstitucional, quando motivada pelo interesse na alienação de ativos, com a possibilidade de conduzir a "privatizações brancas", sem o controle democrático do Congresso Nacional.

Pois bem, o STF indeferiu a medida cautelar formulada na reclamação. Para o Pretório Excelso a específica autorização legislativa somente é obrigatória na hipótese de alienação do controle acionário de sociedade de economia mista (empresa-mãe).[22]

E sendo assim, não há necessidade dessa prévia e específica anuência para a criação e posterior alienação de ativos da empresa subsidiária, dentro de um elaborado plano de gestão de desinvestimento, voltado para garantir maiores investimentos e, consequentemente, maior eficiência e eficácia da empresa-mãe. Existe uma autorização legislativa genérica para a criação de subsidiárias. Essa autorização legislativa genérica reflete também a possibilidade de alienação de ativos da subsidiária sem autorização legislativa específica.

19. **ADI 5624 MC-Ref/DF**, STF. Plenário. Rel. Min. Ricardo Lewandowski, julgado em **05** e **06.06.2019** (Informativo 943).
20. **Rcl 42576** MC/DF, STF. Plenário. red. p/ o ac. Min. Alexandre de Moraes, julgado em **30.09** e **01.10.2020** (Inf. 993).
21. **Rcl 42576** MC/DF, STF. Plenário. red. p/ o ac. Min. Alexandre de Moraes, julgado em **30.09** e **01.10.2020** (Inf. 993).
22. **Rcl 42576** MC/DF, STF. Plenário. red. p/ o ac. Min. Alexandre de Moraes, julgado em **30.09** e **01.10.2020** (Inf. 993).

Aqui o raciocínio é o de que o Congresso Nacional teria concedido ao Poder Executivo um importante instrumento de gestão empresarial, para garantir a eficiência e a eficácia da sociedade de economia mista no cumprimento de suas finalidades societárias. Desse modo, na criação ou extinção de subsidiárias, o preceito maior de gestão empresarial que deve ser seguido é garantir a melhor atuação, eficiência e eficácia da empresa-mãe.[23]

Portanto, no julgamento da ADI 5624, o STF entendeu que o Congresso Nacional, nos exatos termos do inciso XX do art. 37 da CF/88, ao criar a Petrobras, concedeu a necessária autorização legislativa genérica ao Poder Executivo para organizá-la empresarialmente, a fim de que cumprisse as atividades previstas em seu objeto social da melhor forma possível. A autorização legislativa não criou ou autorizou especificamente a criação de subsidiária, nem obrigou qualquer criação, mas permitiu que o Executivo, em atos de gestão empresarial, analisasse essa possibilidade, que, se concretizada, deveria vincular-se a uma única exigência congressual: respeitar a finalidade de cumprir as atividades de seu objeto social.[24]

Nesse momento, é importante também ressaltar, que o STF já decidiu no RE 892727/DF, que não se submetem ao regime de precatório as empresas públicas dotadas de personalidade jurídica de direito privado com patrimônio próprio e autonomia administrativa que exerçam atividade econômica sem monopólio e com finalidade de lucro.[25]

Assim, o regime de precatórios é aplicável para as empresas públicas se for uma empresa pública prestadora de serviços públicos. Aqui, embora, em regra, as sociedades de economia mista e as empresas públicas estejam submetidas ao regime próprio das pessoas jurídicas de direito privado, o STF tem estendido algumas prerrogativas da Fazenda Pública a determinadas empresas estatais prestadoras de relevantes serviços públicos. Como exemplos, temos: Correios (ECT), Casa da Moeda, Infraero e companhias estaduais de saneamento básico (*nas hipóteses em que o capital social seja majoritariamente público e o serviço seja prestado em regime de exclusividade e sem intuito de lucro*).[26]

- **Indireta:** tomando por base o art. 174 da CR/88 e estabelecendo a regra geral. Aqui, o Estado não se assume como um agente econômico, mas, sim, como um ***agente normativo regulador*** da atividade.[27] Logo, não poderá ser considerado um partícipe no jogo de mercado, mas um sujeito acima, que ***fixa as normas*** para que o jogo seja jogado e ***fiscaliza*** sua observância.

---

23. **Rcl 42576** MC/DF, STF. Plenário. red. p/ o ac. Min. Alexandre de Moraes, julgado em **30.09** e **01.10.2020** (Inf. 993).
24. **Rcl 42576** MC/DF, STF. Plenário. red. p/ o ac. Min. Alexandre de Moraes, julgado em **30.09** e **01.10.2020** (Inf. 993).
25. STF. 1ª Turma. RE 892727/DF, red. p/ o ac. Min. Rosa Weber, julgado em 07.08.2018 (Informativo 910).
26. Exemplo: *A Casa da Moeda do Brasil executa e presta serviço público mediante outorga da União. A CF/88 conferiu a ela, em regime de monopólio, o encargo de emitir moeda (art. 21, VII). Em razão disso, o STF atribuiu à Casa da Moeda as prerrogativas de Fazenda Pública, como imunidade tributária e execução pelo regime de precatórios.* STF. 1ª Turma. RE 1009828 AgR, Rel. Min. Roberto Barroso, julg em 24.08.2018.
27. SILVA, José Afonso da, *Curso de direito constitucional positivo*, p. 806.

Contudo, nesse tema, devemos ficar atentos ao modo como o Estado intervém devido aos impactos positivos ou negativos que a intervenção pode gerar.

Em interessante decisão sobre a fixação de preços para o **setor sucroalcooleiro,** o STF no AI 777.361, reiterou mais uma vez que fere o **princípio da livre iniciativa** a fixação de preços em valores abaixo dos reais devendo ser reconhecida a responsabilidade objetiva da União em face do ato estatal que fixou os preços dos produtos sucroalcooleiros em valores inferiores ao levantamento de custos realizados pela Fundação Getúlio Vargas.[28]

Aqui, é interessante citarmos também, a figura das ***Organizações Sociais*** (**OS**) e recente decisão do STF sobre elas. As ***Organizações Sociais*** são pessoas jurídicas de direito privado, sem fins lucrativos, prestadoras de atividades de interesse público e que, por terem preenchido determinados requisitos previstos na Lei nº 9.637/98, recebem a qualificação de "organização social".[29]

Essas pessoas jurídicas, depois de obter esse título de "organização social", poderão celebrar com o Poder Público contrato de gestão[30], por meio do qual receberão incentivos públicos para continuar realizando suas atividades. Conforme o art. 1º da Lei nº 9.637/98, "O Poder Executivo poderá qualificar como organizações sociais pessoas jurídicas de direito privado, sem fins lucrativos, cujas atividades sejam dirigidas ao ensino, à pesquisa científica, ao desenvolvimento tecnológico, à proteção e preservação do meio ambiente, à cultura e à saúde, atendidos aos requisitos previstos nesta Lei."

Certo é que foi ajuizada ADI contra dispositivos da Lei nº 9.637/98 e também contra o art. 24, XXIV, da Lei nº 8.666/93, que previam a dispensa de licitação nas contratações de organizações sociais.

Pois bem, na ADI 1923/DF julgada em 16.04.2015, o STF entendeu que as normas questionadas não eram inconstitucionais, porém deu ***interpretação conforme à constituição*** a esses dispositivos nos seguintes termos da ementa: "a) o procedimento de qualificação das organizações sociais deve ser conduzido de forma pública, objetiva e impessoal, com observância dos princípios do "caput" do art. 37 da CF, e de acordo com parâmetros fixados em abstrato segundo o disposto no art. 20 da Lei 9.637/98; b) a celebração do contrato de gestão deve ser conduzida de forma pública, objetiva e impessoal, com observância dos princípios do *caput* do art. 37 da CF; c) as hipóteses de ***dispensa de licitação para contratações*** (Lei 8.666/1993, art.

---

28. AI 777.361 Rel. Min. Dias Toffoli, Julg. em **26.06.2012**. Também: AI 632644 Rel. Min Luiz Fux. DJ: **10.05.2012**.
29. Essas entidades estão no intitulado "**terceiro setor**" na qual temos entidades privadas que, mesmo sem integrarem a Administração Pública, executam atividades de interesse público (social) e sem fins lucrativos. Assim como os serviços sociais autônomos (**sistema "S": SESI, SENAI, SENAC**), as Organizações da Sociedade Civil de Interesse Público (OSCIP) e as Entidades de Apoio.
30. No ***contrato de gestão*** (para alguns, melhor seria: convênio ou termo de colaboração) serão listadas as atribuições, responsabilidades e obrigações do Poder Público e da organização social. O contrato de gestão deve ser submetido ao Ministro de Estado da área correspondente à atividade fomentada.

24, XXIV) e outorga de permissão de uso de bem público (Lei 9.637/1998, art. 12, § 3º) ***são válidas***, mas devem ser conduzidas de forma pública, objetiva e impessoal, com observância dos princípios do *caput* do art. 37 da CF; d) Os contratos a serem celebrados pela Organização Social com terceiros, com recursos públicos, sejam conduzidos de forma pública, objetiva e impessoal, com observância dos princípios do *caput* do art. 37 da CF, e nos termos do regulamento próprio a ser editado por cada entidade; e) a ***seleção de pessoal pelas organizações sociais*** deve ser conduzida de forma pública, objetiva e impessoal, com observância dos princípios do *caput* do art. 37 da CF, ***e nos termos do regulamento próprio a ser editado por cada entidade***[31]; e f) qualquer interpretação que restrinja o controle, pelo Ministério Público e pelo Tribunal de Contas da União, da aplicação de verbas públicas deve ser afastada."[32]

---

31. Não se aplica às *organizações sociais a exigência de concurso público* (art. 37, II, da CR/88), embora o STF tenha determinado que as organizações sociais, quando forem contratar seus funcionários, deverão fazer um procedimento objetivo e impessoal.

32. **ADI 1923/DF** Pleno do STF, julg. em **16.04.2015**, Rel. p/ Acórdão Min. Luiz Fux:"*1. A atuação da Corte Constitucional não pode traduzir forma de engessamento e de cristalização de um determinado modelo pré-concebido de Estado, impedindo que, nos limites constitucionalmente assegurados, as maiorias políticas prevalecentes no jogo democrático pluralista possam pôr em prática seus projetos de governo, moldando o perfil e o instrumental do poder público conforme a vontade coletiva. 2. Os setores de saúde (CF, art. 199, caput), educação (CF, art. 209, caput), cultura (CF, art. 215), desporto e lazer (CF, art. 217), ciência e tecnologia (CF, art. 218) e meio ambiente (CF, art. 225) configuram serviços públicos sociais, em relação aos quais a Constituição, ao mencionar que "são deveres do Estado e da Sociedade" e que são "livres à iniciativa privada", permite a atuação, por direito próprio, dos particulares, sem que para tanto seja necessária a delegação pelo poder público, de forma que não incide, in casu, o art. 175, caput, da CF. 3. A atuação do poder público no domínio econômico e social pode ser viabilizada por intervenção direta ou indireta, disponibilizando utilidades materiais aos beneficiários, no primeiro caso, ou fazendo uso, no segundo caso, de seu instrumental jurídico para induzir que os particulares executem atividades de interesses públicos através da regulação, com coercitividade, ou através do fomento, pelo uso de incentivos e estímulos a comportamentos voluntários. 4. Em qualquer caso, o cumprimento efetivo dos deveres constitucionais de atuação estará, invariavelmente, submetido ao que a doutrina contemporânea denomina de controle da Administração Pública sob o ângulo do resultado (Diogo de Figueiredo Moreira Neto). 5. O marco legal das Organizações Sociais inclina-se para a atividade de fomento público no domínio dos serviços sociais, entendida tal atividade como a disciplina não coercitiva da conduta dos particulares, cujo desempenho em atividades de interesse público é estimulado por sanções premiais, em observância aos princípios da consensualidade e da participação na Administração Pública. 6. A finalidade de fomento, in casu, é posta em prática pela cessão de recursos, bens e pessoal da Administração Pública para as entidades privadas, após a celebração de contrato de gestão, o que viabilizará o direcionamento, pelo Poder Público, da atuação do particular em consonância com o interesse público, através da inserção de metas e de resultados a serem alcançados, sem que isso configure qualquer forma de renúncia aos deveres constitucionais de atuação. 7. Na essência, preside a execução deste programa de ação institucional a lógica que prevaleceu no jogo democrático, de que a atuação privada pode ser mais eficiente do que a pública em determinados domínios, dada a agilidade e a flexibilidade que marcam o regime de direito privado. 8. Os arts. 18 a 22 da Lei nº 9.637/98 apenas concentram a decisão política, que poderia ser validamente feita no futuro, de afastar a atuação de entidades públicas através da intervenção direta para privilegiar a escolha pela busca dos mesmos fins através da indução e do fomento de atores privados, razão pela qual a extinção das entidades mencionadas nos dispositivos não afronta a CF, dada a irrelevância do fator tempo na opção pelo modelo de fomento – se simultaneamente ou após a edição da Lei.(...) 15. As organizações sociais, por integrarem o Terceiro Setor, não fazem parte do conceito constitucional de Administração Pública, razão pela qual não se submetem, em suas contratações com terceiros, ao dever de licitar, o que consistiria em quebra da lógica de flexibilidade do setor privado, finalidade por detrás de todo o marco regulatório instituído pela Lei. Por receberem recursos públicos, bens públicos e servidores públicos, porém, seu regime jurídico tem de ser minimamente informado pela incidência do núcleo essencial dos princípios da Administração Pública (CF, art. 37, caput), dentre os quais se destaca o princípio da impessoalidade, de modo que suas contratações devem observar o disposto em regulamento próprio (Lei nº 9.637/98, art. 4º, VIII), fixando regras objetivas e impessoais para o dispêndio de recursos públicos. 16. Os empregados das Organizações Sociais não são servidores*

Aqui, temos também, que conforme o RE nº 789.874, julgado em 17.09.2014, "os **serviços sociais autônomos** (sistema "s": SESI, SENAI, SENAC etc.), por possuírem natureza jurídica de direito privado e não integrarem a Administração Pública, mesmo que desempenhem atividade de interesse público em cooperação com o ente estatal, não estão sujeitos à observância da regra de concurso público (art. 37, II, da CR/88) para contratação de seu pessoal". Embora, como já citamos, o STF tenha determinado que as organizações sociais, quando forem contratar seus funcionários, deverão fazer um procedimento objetivo e impessoal.

Como já vimos, esses serviços sociais autônomos são pessoas jurídicas de direito privado, sem fins lucrativos, criadas por lei e que se destinam a prestar assistência ou ensino a certas categorias sociais ou grupos profissionais. São pessoas jurídicas de direito privado que cooperam com o Estado, mas que com este não se confundem, sendo considerados entes paraestatais (os funcionários dos serviços sociais autônomos são contratados e regidos pela CLT).

- **Monopólios:** aqui, o texto constitucional impede o livre desenvolvimento de determinada atividade econômica fixando para o Estado sua exclusiva exploração. Diz o art. 177 da CR/88 que constituem monopólio da União: a pesquisa e a lavra das jazidas de petróleo e gás natural e outros hidrocarbonetos fluidos; a refinação do petróleo nacional ou estrangeiro; a importação e exportação dos produtos e derivados básicos resultantes das atividades previstas nos incisos anteriores; o transporte marítimo do petróleo bruto de origem nacional ou de derivados básicos de petróleo produzidos no País, bem assim o transporte, por meio de conduto, de petróleo bruto, seus derivados e gás natural de qualquer origem; a pesquisa, a lavra, o enriquecimento, o reprocessamento, a industrialização e o comércio de minérios e minerais nucleares e seus derivados, com exceção dos radioisótopos cuja produção, comercialização e utilização poderão ser autorizadas sob regime de permissão, conforme as alíneas "b" e "c" do inciso XXIII, do *caput*, do art. 21, dessa Constituição Federal. Mesmo assim, há a possibilidade de contratação de empresas (estatais ou mesmo privadas) a realização de tais atividades (art. 177, § 1º).

2.3. Princípios da Ordem Econômica

Nos termos constitucionais de 1988, a ordem econômica é fundada na valorização do trabalho humano e na livre iniciativa e tem por fim assegurar a todos existência digna, conforme os ditames da justiça social, observados os princípios: a) da soberania nacional; b) da propriedade privada; c) da função social da propriedade; d) da livre concorrência[33]; e) da defesa do consumidor; f) da defesa do meio ambiente,

públicos, mas sim empregados privados, por isso que sua remuneração não deve ter base em lei (CF, art. 37, X), mas nos contratos de trabalho firmados consensualmente. (...)"

33. *A imunidade recíproca, prevista no art. 150, VI, "a", da Constituição Federal, não se estende a empresa privada arrendatária de imóvel público, quando seja ela exploradora de atividade econômica com fins lucrativos. Nessa hipótese é*

inclusive mediante tratamento diferenciado conforme o impacto ambiental dos produtos e serviços e de seus processos de elaboração e prestação[34]; g) da redução das desigualdades regionais e sociais; h) da busca do pleno emprego; i) do tratamento favorecido para as empresas de pequeno porte constituídas sob as leis brasileiras e que tenham sua sede e administração no País.[35] Além disso, a Constituição explicita ser assegurado a todos o livre exercício de qualquer atividade econômica[36], independentemente de autorização de órgãos públicos, salvo nos casos previstos em lei.

Aqui é interessante salientar que foi instituída pela Lei nº 13.874 em 20.09.2019 a ***Declaração de Direitos de Liberdade Econômica***. Nesses termos, o novo diploma normativo estabeleceu normas de proteção à livre iniciativa e ao livre exercício de atividade econômica e disposições sobre a atuação do Estado como agente normativo e regulador, nos termos do inciso IV do caput do art. 1º, do parágrafo único do art. 170 e do caput do art. 174 da CR/88.

O disposto na Lei nº 13.874/2019 será observado na aplicação e na interpretação do direito civil, empresarial, econômico, urbanístico e do trabalho nas relações jurídicas que se encontrem no seu âmbito de aplicação e na ordenação pública, inclusive sobre exercício das profissões, comércio, juntas comerciais, registros públicos, trânsito, transporte e proteção ao meio ambiente.[37]

2.3.1. Função social da propriedade urbana/rural

O condicionamento do direito de propriedade ao atendimento social não é uma novidade do texto constitucional de 1988, já sendo previsto desde a Constituição de 1934.

---

constitucional a cobrança do IPTU pelo Município. **RE 594.015/DF** STF. Plenário., Rel. Min. Marco Aurélio, julg. em **06.04.2017**.

34. Redação dada pela Emenda Constitucional nº 42, de 19.12.2003.
35. Redação dada pela Emenda Constitucional nº 6, de 15.08.1995.
36. **RE nº 565.048/RS** julg. em **29.05.2014**: *"A exigência, pela Fazenda Pública, de prestação de fiança, garantia real ou fidujossória para a impressão de notas fiscais de contribuintes em débito com o Fisco viola as garantias do livre exercício do trabalho, ofício ou profissão (CF, art. 5º, XIII), da atividade econômica (CF, art. 170, parágrafo único) e do devido processo legal (CF, art. 5º, LIV). Com base nessa orientação, o Plenário deu provimento a recurso extraordinário para restabelecer sentença, que deferira a segurança e assegurara o direito do contribuinte à impressão de talonários de notas fiscais independentemente da prestação de garantias. (...) O Colegiado consignou que o aludido dispositivo legal vincularia a continuidade da atividade econômica do contribuinte em mora ao oferecimento de garantias ou ao pagamento prévio do valor devido a título de tributo. (...) Aludiu que se trataria de providência restritiva de direito, complicadora ou mesmo impeditiva da atividade empresarial do contribuinte para forçá-lo ao adimplemento dos débitos. Sublinhou que esse tipo de medida, denominada pelo Direito Tributário, sanção política, desafiaria as liberdades fundamentais consagradas na Constituição (...) Rememorou precedente em que assentada a inconstitucionalidade de sanções políticas por afrontar o direito ao exercício de atividades econômicas e profissionais lícitas, bem como por ofensa ao devido processo legal substantivo em virtude da falta de proporcionalidade e razoabilidade dessas medidas gravosas que objetivariam substituir os mecanismos de cobrança de créditos tributários.* Rel. Min. Marco Aurélio.
37. Lei nº 13.874/2019: *Art. 2º São princípios que norteiam o disposto nesta Lei: I - a liberdade como uma garantia no exercício de atividades econômicas; II - a boa-fé do particular perante o poder público; III - a intervenção subsidiária e excepcional do Estado sobre o exercício de atividades econômicas; e IV - o reconhecimento da vulnerabilidade do particular perante o Estado. Parágrafo único. Regulamento disporá sobre os critérios de aferição para afastamento do inciso IV do caput deste artigo, limitados a questões de má-fé, hipersuficiência ou reincidência.*

Importante lembrar o antigo conceito de "propriedade" de matriz liberal como um direito incondicionado e absoluto, como elemento e expressão natural da vontade do indivíduo.[38]

Hoje, a leitura perdeu a carga individualista – e até mesmo egoística – graças à inclusão da ideia de função social como parte integrante – para não dizer condição fundamental – do direito de propriedade.

Na tradição brasileira, desde o processo de colonização até o advento do Código Civil de 1916, a propriedade recebeu uma leitura clássica liberal. A propriedade fundiária representou a base econômica e, por isso, era sinônimo de riqueza e poder político. Por essa razão, sendo a propriedade uma emanação das potencialidades subjetivas do indivíduo, não cogitava sua utilização submissa aos ditames sociais.

Com o advento do paradigma do Estado Social, a partir de 1918, constata-se uma relativização dos direitos privados, que passam a se subordinar à noção de função social. É a partir daí que cresce e vai ganhando forças as ideias de que o bem-estar coletivo não pode mais ser compreendido como uma responsabilidade exclusiva do Estado, cabendo a cada indivíduo sua parcela de comprometimento e responsabilidade.[39] Quebra-se, então, com a noção romanística de ***dominium*** (o direito a uma propriedade absoluta e ilimitada).

Os civilistas vão, portanto, afirmar a existência de uma "constitucionalização" (ou "publicização") do Direito Civil, marcado principalmente pela "despatrimonialização" – isto é, a "repersonalização" por meio do resgate da dignidade da pessoa humana como elemento primordial de proteção em detrimento do patrimônio.[40]

Falar em função social, portanto, não pode ser confundido, nem mesmo reduzido às diversas limitações negativas a que o direito de propriedade deve se submeter. Isso porque a função social está ligada à substância do direito de propriedade. Antes de tudo, registra-se que é uma alteração na mentalidade: o direito de propriedade perde o caráter absoluto e, com isso, sua razão de ser passa a estar ligada à utilização da propriedade em ditames de inspiração socialista.

É, portanto, elemento legitimador do próprio direito, sendo objeto intrínseco a este, e não algo externo. Por isso, é possível afirmar que propriedade é hoje um ***poder-dever*** que se volta tanto para o atendimento do interesse privado de seu titular (privado) quanto ao interesse coletivo (público), devendo o uso da propriedade buscar o correto equilíbrio entre ambos.

38. BERCOVICI, Gilberto, *Constituição econômica e desenvolvimento*: uma leitura a partir da Constituição de 1988, p. 117.
39. BERCOVICI, Gilberto, *Constituição econômica e desenvolvimento*: uma leitura a partir da Constituição de 1988, p. 142.
40. Todavia, aqui se deve fazer menção ao alerta de Virgílio Afonso da Silva (*A constitucionalização do direito*: os direitos fundamentais nas relações entre particulares): a afirmação de uma "constitucionalização" do Direito Civil é na verdade equívoca, pois gera principalmente a absurda ideia de que só agora – e não outrora – o Direito Civil se submete à Constituição, contrariando a supremacia das normas constitucionais.

2.3.2. *Livre concorrência*

Como segundo princípio fundamental da Ordem Econômica, a proteção à livre concorrência se mostra fundamental, principalmente, devido à sua ligação com o princípio da livre iniciativa: enquanto este se liga a uma noção de liberdade política, o primeiro atua na possibilidade de os agentes econômicos poderem exercer sem embaraços jurídicos criados pelo Estado, dentro de determinado mercado, com fins à produção, à circulação e ao consumo de bens e serviços.[41]

Logo, mesmo que possam ser apontadas semelhanças entre ambos os princípios, como faz Miguel Reale, há que se destacar que não se confundem, sendo complementares. Aqui, a livre iniciativa é posta como elemento de proteção da ***liberdade individual*** no plano da produção, circulação e distribuição de riquezas, ao passo que a livre concorrência adquire um caráter instrumental, como ***princípio econômico*** propriamente dito, deixando a fixação dos preços das mercadorias e dos serviços fora – em regra – do controle e de atos cogentes das Autoridades Administrativas, obedecendo-se assim à lógica da economia de mercado.[42]

Mas tal liberdade de mercado não pode ser nunca interpretada como meramente ***negativa***, significando apenas a não intervenção do Estado na esfera econômica. Ao contrário, esse mesmo princípio revela uma faceta ***positiva***, exigindo, sim, do Estado a intervenção quando o abuso do poder econômico por parte de um agente ameace pôr em risco essa igualdade de liberdade, que é ofertada pela Constituição de 1988 a todos os partícipes da economia.[43]

Há que se destacar que o Capitalismo contemporâneo tende para a utilização de práticas abusivas, notadamente monopolistas, por isso a ação estatal deve se dar como medida protetiva e, às vezes, até mesmo cautelar. Mas certo é que essa análise de ofensa à livre concorrência, bem como a livre iniciativa, deve ser realizada a partir dos casos concretos que são objeto de aferição jurídica. Nesses termos, em decisão prolatada na ADPF nº 46, o STF decidiu que o serviço postal desenvolvido pela Empresa Pública de Correios e Telégrafos, que detém o privilégio de entrega de correspondências, não viola a livre concorrência e a livre iniciativa.[44]

---

41. MENDES, Gilmar Ferreira et al, *Curso de direito constitucional*, p. 1.292.
42. MENDES, Gilmar Ferreira et al, *Curso de direito constitucional*, p. 1.292.
43. SILVA, José Afonso da, *Curso de direito constitucional positivo*, p. 795.
44. Nesses termos, a Ementa da decisão da **ADPF nº 46:** *Arguição de Descumprimento de Preceito Fundamental. Empresa Pública de Correios e Telégrafos. Privilégio de entrega de correspondências. Serviço postal. Controvérsia referente à Lei Federal 6.538, de 22 de junho de 1978. Ato normativo que regula direitos e obrigações concernentes ao serviço postal. Previsão de sanções nas hipóteses de violação do privilégio postal. Compatibilidade com o sistema constitucional vigente. Alegação de afronta ao disposto nos artigos 1º, inciso IV; 5º, inciso XIII, 170, caput, inciso IV e parágrafo único, e 173 da Constituição do Brasil. Violação dos princípios da livre concorrência e livre iniciativa. Não caracterização. Arguição julgada improcedente. Interpretação conforme à constituição conferida ao artigo 42 da Lei nº6.538, que estabelece sanção, se configurada a violação do privilégio postal da União. Aplicação às atividades postais descritas no artigo 9º, da lei. 1. O serviço postal – conjunto de atividades que torna possível o envio de correspondência, ou objeto postal, de um remetente para endereço final e determinado – não consubstancia atividade econômica em sentido estrito. Serviço postal é serviço público. 2. A atividade econômica em sentido amplo é gênero que compreende duas espécies, o serviço público e a*

Como recente exemplo, sobre a livre iniciativa e livre concorrência (já citado na obra) nos moldes do art. 170 da CR/88, temos julgados do STF em que o Pretório Excelso decidiu que a *proibição ou restrição por lei municipal da atividade de transporte privado individual por motorista cadastrado em aplicativo é inconstitucional, por violação aos princípios da livre iniciativa e da livre concorrência.*[45]

Nas decisões, afirmou o STF, que a liberdade de iniciativa, garantida pelos arts. 1º, IV, e 170 da CR/88, consubstancia cláusula de proteção destacada, no ordenamento pátrio, como fundamento da República. Por essa razão, é possível o controle judicial de atos normativos que afrontem as liberdades econômicas básicas. Segundo o constitucionalismo moderno, é necessário que haja uma restrição da interferência do poder estatal sobre o funcionamento da economia de mercado. O "*rule of law*" deve se sobrepor a iniciativas estatais autoritárias que sejam destinadas a concentrar privilégios, a impor monopólios ou a estabelecer salários, preços e padrões arbitrários de qualidade. Tais iniciativas são arbitrárias e restringem a competição, a inovação, o progresso e a distribuição de riquezas.[46]

Nesse sentido, o processo político por meio do qual as regulações são editadas é frequentemente capturado por grupos de poder interessados em obter proveitos superiores aos que seriam possíveis em um ambiente de livre competição. Um recurso político comumente utilizado por esses grupos é o poder estatal de controle de entrada de novos competidores em um dado mercado, a fim de concentrar benefícios em prol de poucos e dispensar prejuízos por toda sociedade. Assim, o exercício de atividades econômicas e profissionais por particulares deve ser protegido da coerção arbitrária por parte do Estado.[47]

Afirmou ainda o STF, que a proibição dos aplicativos de transporte afronta ainda o ***princípio da busca pelo pleno emprego***, que está consagrado como princípio setorial

---

atividade econômica em sentido estrito. Monopólio é de atividade econômica em sentido estrito, empreendida por agentes econômicos privados. A exclusividade da prestação dos serviços públicos é expressão de uma situação de privilégio. Monopólio e privilégio são distintos entre si; não se os deve confundir no âmbito da linguagem jurídica, qual o corrente vocabulário vulgar. 3. A Constituição do Brasil confere à União, em caráter exclusivo, a exploração do serviço postal e o correio aéreo nacional [artigo 20, inciso X]. 4. O serviço postal é prestado pela Empresa Brasileira de Correios e Telégrafos – ECT, empresa pública, entidade da Administração Indireta da União, criada pelo decreto-Lei nº509, de 10 de março de 1.969.5. É imprescindível distinguirmos o regime de privilégio, que diz com a prestação dos serviços públicos, do regime de monopólio sob o qual, algumas vezes, a exploração de atividade econômica em sentido estrito é empreendida pelo Estado. 6. A Empresa Brasileira de Correios e Telégrafos deve atuar em regime de exclusividade na prestação dos serviços que lhe incumbem em situação de privilégio, o privilégio postal. 7. Os regimes jurídicos sob os quais em regra são prestados os serviços públicos importam em que essa atividade seja desenvolvida sob privilégio, inclusive, em regra, o da exclusividade. 8. Arguição de descumprimento de preceito fundamental julgada improcedente por maioria. O Tribunal deu interpretação conforme à Constituição ao artigo 42 da Lei nº6.538 para restringir a sua aplicação às atividades postais descritas no artigo 9º desse ato normativo. (Rel. Min. Eros Grau. Julg. em **05.08.2009**. *DJ* 26.02.2010).

45. **ADPF 449/DF**, Rel. Min. Luiz Fux; **RE 1054110/SP**, STF. Plenário. Rel. Min. Roberto Barroso, julg em **8** e **09.05.2019** (repercussão geral). O STF julgou inconstitucional a Lei nº 10.553/2016, do Município de Fortaleza, que vedou a utilização de carros cadastrados ou não em aplicativos (ADPF 449/DF). Além disso, o STF considerou inconstitucional a Lei nº 16.279/2015, do Município de São Paulo, que igualmente proibia o uso de veículos cadastrados em aplicativos (RE 1054110/SP)
46. **ADPF 449/DF**, Rel. Min. Luiz Fux; **RE 1054110/SP**, STF. Plenário. Rel. Min. Roberto Barroso, julg em **8** e **09.05.2019**.
47. **ADPF 449/DF**, Rel. Min. Luiz Fux; **RE 1054110/SP**, STF. Plenário. Rel. Min. Roberto Barroso, julg em **8** e **09.05.2019**.

no art. 170, VIII, da CR/88. Isso porque essa proibição impede a abertura do mercado a novos entrantes eventualmente interessados em migrar para a atividade.[48]

Na decisão, presente no informativo 937 do STF, o ministro Roberto Barroso asseverou que vivemos um ciclo próprio do desenvolvimento capitalista, em que há a substituição de velhas tecnologias e velhos modos de produção por novas formas de produção, num processo chamado de inovação disruptiva, por designar ideias capazes de enfraquecer ou substituir indústrias, empresas ou produtos estabelecidos no mercado. Nesse cenário, é muito fácil perceber o tipo de conflito entre os detentores dessas novas tecnologias disruptivas e os agentes tradicionais do mercado: players já estabelecidos em seus mercados, por vezes monopolistas, são ameaçados por atores que se aproveitam das lacunas de regulamentação de novas atividades para a obtenção de vantagens competitivas, sejam elas regulatórias ou tributárias. A melhor forma de o Estado lidar com essas inovações e, eventualmente, com a destruição criativa da velha ordem, não é impedir o progresso, mas sim tentar produzir as vias conciliatórias possíveis.

O Ministro Roberto Barroso destacou ainda em seu voto, os três fundamentos pelos quais considerou inconstitucionais as leis municipais (dos municípios de Fortaleza e de São Paulo) impugnadas.

Em primeiro lugar, a Constituição estabelece, como ***princípio, a livre iniciativa***. A lei não pode arbitrariamente retirar determinada atividade econômica da liberdade de empreender das pessoas, salvo se fundamento constitucional autorizar a restrição imposta. A edição de leis ou atos normativos proibitivos, pautada na exclusividade do modelo de exploração por táxis, não se amolda ao regime constitucional da livre iniciativa. Em segundo lugar, a ***livre iniciativa significa livre concorrência***. A opção pela economia de mercado baseia-se na crença de que a competição entre os agentes econômicos e a liberdade de escolha dos consumidores produzirão os melhores resultados sociais. Por fim, ***é legítima a intervenção do Estado***, mesmo em um regime de livre iniciativa, para ***coibir falhas de mercado e para proteger o consumidor***. Entretanto, são ***inconstitucionais a edição de regulamentos e o exercício de fiscalização que, na prática, inviabilizem determinada atividade***. A competência autorizada por lei para os municípios regulamentarem e fiscalizarem essa atividade não pode ser uma competência para, de maneira sub-reptícia ou implícita, interditar, na prática, a prestação desse serviço.[49]

2.3.3. Defesa do consumidor

O direito do consumidor, como mecanismo de defesa da parte hipossuficiente na relação contratual de consumo, tem seu surgimento normativo na passagem do Estado Liberal para o Estado Social, quando a ordem jurídica passou a reconhecer a

48. **ADPF 449/DF**, Rel. Min. Luiz Fux; **RE 1054110/SP**, STF. Plenário. Rel. Min. Roberto Barroso, julg em **8** e **09.05.2019**.
49. **ADPF 449/DF**, Rel. Min. Luiz Fux; **RE 1054110/SP**, STF. Plenário. Rel. Min. Roberto Barroso, julg em **8** e **09.05.2019**.

necessidade de uma normatização e um tratamento específico aos dois sujeitos da chamada relação de consumo – o consumidor e o fornecedor.[50]

Destaca-se que, em 1985, as Nações Unidas, por meio da Resolução nº 39/248, estabelecem objetivos e normas para que os governos membros desenvolvam ou reforcem políticas firmes de proteção ao consumidor. Esta foi, claramente, a primeira vez que, em âmbito mundial, houve o reconhecimento e a aceitação dos direitos básicos do consumidor. O Anexo 3 da Resolução mostra quais são os princípios gerais que serão tomados como padrões mínimos pelos governos: (a) proteger o consumidor quanto a prejuízos à sua saúde e segurança; (b) fomentar e proteger os interesses econômicos dos consumidores; (c) fornecer aos consumidores informações adequadas para capacitá-los a fazer escolhas acertadas, de acordo com as necessidades e desejos individuais; (d) educar o consumidor; (e) criar possibilidade de real ressarcimento ao consumidor; (f) garantir a liberdade para formar grupos de consumidores e outros grupos e organizações de relevância e oportunidade para que essas organizações possam apresentar seus enfoques nos processos decisórios a elas referentes.[51]

No Brasil, a Constituição de 1988 fez expressa previsão quanto à criação de um Código de Defesa do Consumidor (CDC) – art. 5º, XXXII –, além de fixar em mais três preceitos normativos a importância de tal proteção (arts. 24, VIII; 150, § 5º; 170, V; e no art. 48 do ADCT). Essa legislação especial foi elaborada, sistematizada e publicada na forma da Lei nº 8.078/90.

2.4. A política urbana

A política de desenvolvimento urbano, segundo o art. 182 da Constituição de 1988, deve ficar a cargo do Município, a partir de diretrizes comuns fixadas, por sua vez, pelo Legislativo Federal (como exemplo citamos a recente Lei nº 13.311 de 11.07.2016 que *institui normas gerais para a ocupação e utilização de área pública urbana por equipamentos urbanos do tipo quiosque, trailer, feira e banca de venda de jornais e de revistas*).

Aqui, o ***plano diretor*** se revela como o instrumento para a execução da política de desenvolvimento urbano, que deverá ser aprovado pela Câmara Municipal nas

50. Por isso, já nos EUA, em 1914, criou-se a *Federal Trade Commission*, que tinha o objetivo de aplicar a lei antitruste e proteger os interesses do consumidor. Mas foi a partir das iniciativas do presidente americano John Fitzgerald Kennedy, na década de 60, que houve a consolidação do Direito do Consumidor nos Estados Unidos. Dirigindo-se por meio de uma mensagem especial ao Congresso Americano, em 1962, Kennedy identificou os pontos mais importantes em torno da questão: os bens e serviços colocados no mercado devem ser sadios e seguros para os usos, promovidos e apresentados de uma maneira que permita ao consumidor fazer uma escolha satisfatória; a voz do consumidor deve ser ouvida no processo de tomada de decisão governamental que detenha o tipo, a qualidade e o preço de bens e serviços colocados no mercado; o consumidor deve ter o direito de ser informado sobre as condições dos produtos e dos serviços; o consumidor deve ter direito a preços justos. Para mais detalhes, ver: QUINAUD PEDRON, Flávio; CAFFARATE, Viviane Machado, *Da evolução históricos do direito do consumidor*.
51. SOUZA, Miriam de Almeida, *A política legislativa do consumidor no direito comparado*, p. 57.

cidades com mais de 20 mil habitantes. Nele, estão previstas normas sobre zoneamento, edificações, sistema viário, áreas verdes etc. (art. 182, § 1º).

Aqui é interessante salientar que, nos termos do RE 607.940, nem sempre que o Município (ou o Distrito Federal) for legislar sobre matéria urbanística, ele precisará fazê-lo por meio do Plano Diretor. Nesse sentido, o Plano Diretor é o instrumento legal que dita a atuação do Município ou do Distrito Federal quanto ao ordenamento urbano, traçando suas linhas gerais, porém a sua execução pode se dar mediante a expedição de outras lei e decretos, desde que guardem conformidade com o Plano Diretor.[52]

Importante, então, lembrar que toda a política urbana se vincula à observância da função social da propriedade urbana. Por isso, a Constituição autoriza que o Poder Público, mediante lei específica, exija do proprietário do solo urbano não edificado, subutilizado ou não utilizado que promova o seu uso adequado e correto aproveitamento, sob pena de, ***sucessivamente***: parcelamento ou edificação compulsórios; imposto sobre a propriedade predial e territorial urbana progressivo no tempo; ou desapropriação com pagamento mediante títulos da dívida pública de emissão previamente aprovada pelo Senado Federal, com prazo de resgate de até dez anos, em parcelas anuais, iguais e sucessivas, assegurados o valor real da indenização e os juros legais.

Por fim, a Constituição de 1988 estabelece a figura de ***usucapião pró-moradia*** (usucapião especial urbano), nos termos do art. 183. Tal norma se volta para aquele que possuir como sua área urbana de até 250 metros quadrados, por cinco anos, ininterruptamente e sem oposição, utilizando-a para sua moradia ou de sua família, podendo adquirir-lhe o domínio, desde que não seja proprietário de outro imóvel urbano ou rural. O § 1º do art. 183 dispõe que o título de domínio e a concessão de uso serão conferidos ao homem ou à mulher, ou a ambos, independentemente do estado civil. Todavia, a advertência de José Afonso da Silva é pertinente: "Na

52. RE 607.940 julg. em 29.10.2015: "*1. A Constituição Federal atribuiu aos Municípios com mais de vinte mil habitantes a obrigação de aprovar Plano Diretor, como "instrumento básico da política de desenvolvimento e de expansão urbana" (art. 182, § 1º). Além disso, atribuiu a todos os Municípios competência para editar normas destinadas a "promover, no que couber, adequado ordenamento territorial, mediante planejamento e controle do uso do solo, do parcelamento e da ocupação do solo urbano" (art. 30, VIII) e a fixar diretrizes gerais com o objetivo de "ordenar o pleno desenvolvimento das funções sociais da cidade e garantir o bem-estar dos habitantes" (art. 182, caput). Portanto, nem toda a competência normativa municipal (ou distrital) sobre ocupação dos espaços urbanos se esgota na aprovação de Plano Diretor. 2. É legítima, sob o aspecto formal e material, a Lei Complementar Distrital 710/2005, que dispôs sobre uma forma diferenciada de ocupação e parcelamento do solo urbano em loteamentos fechados, tratando da disciplina interna desses espaços e dos requisitos urbanísticos mínimos a serem neles observados. A edição de leis dessa espécie, que visa, entre outras finalidades, inibir a consolidação de situações irregulares de ocupação do solo, está inserida na competência normativa conferida pela Constituição Federal aos Municípios e ao Distrito Federal, e nada impede que a matéria seja disciplinada em ato normativo separado do que disciplina o Plano Diretor. 3. Aprovada, por deliberação majoritária do Plenário, tese com repercussão geral no sentido de que "Os municípios com mais de vinte mil habitantes e o Distrito Federal podem legislar sobre programas e projetos específicos de ordenamento do espaço urbano por meio de leis que sejam compatíveis com as diretrizes fixadas no plano diretor". 4. Recurso extraordinário a que se nega provimento.*" Rel. Min. Teori Zavascki.

verdade, não é o título de domínio e a concessão de uso, mas um *ou* outra, porque são institutos excludentes. Aliás, a bem da verdade, a concessão de uso não tem cabimento no caso, pois o usucapião é modo de aquisição da propriedade e não meio de obter mera concessão de uso."[53]

É importante salientar que, segundo o STF, se forem preenchidos os requisitos do art. 183 da CF/88, a pessoa terá direito à usucapião especial urbana. Com isso, o fato de o imóvel em questão não atender ao mínimo dos módulos urbanos exigidos pela legislação local para a respectiva área (dimensão do lote definido na legislação local) não é motivo suficiente para se negar (obstar) esse direito, que tem índole constitucional.[54]

2.4.1. Desapropriação por descumprimento da função social da propriedade urbana

Com previsão no art. 182, § 4º, da Constituição de 1988, pode ser considerada como uma modalidade de ***desapropriação-sanção***, uma vez que seu objetivo é compelir o proprietário que não está observando e atendendo os ditames da ***função social***, a partir das exigências postas no plano diretor do município. Aqui, a preocupação constitucional é viabilizar a desapropriação do imóvel urbano como mecanismo para implementação de uma política urbana.

O pagamento em razão do processo desapropriatório dar-se-á por meio de ***títulos da dívida pública***, emitidos após aprovação do Senado Federal, com prazo de

53. SILVA, José Afonso da, *Curso de direito constitucional positivo*, p. 818.
54. Informativo 783: "Esse o entendimento do Plenário que, em conclusão de julgamento e por maioria, proveu recurso extraordinário, afetado pela 1ª Turma – em que discutida a possibilidade de usucapião de imóvel urbano em município que estabelece lote mínimo de 360 m² para o parcelamento do solo – para reconhecer aos recorrentes o domínio sobre o imóvel, dada a implementação da usucapião urbana prevista no art. 183 da CF. No caso, os recorrentes exercem, desde 1991, a posse mansa e pacífica de imóvel urbano onde edificaram casa, na qual residem. Contudo, o pedido declaratório, com fundamento no referido preceito constitucional, para que lhes fosse reconhecido o domínio, fora rejeitado pelo tribunal de origem. A Corte local entendera que o aludido imóvel teria área inferior ao módulo mínimo definido pelo Plano Diretor do respectivo município para os lotes urbanos. (...). O Colegiado afirmou que, para o acolhimento da pretensão, bastaria o preenchimento dos requisitos exigidos pelo texto constitucional, de modo que não se poderia erigir obstáculo, de índole infraconstitucional, para impedir que se aperfeiçoasse, em favor de parte interessada, o modo originário de aquisição de propriedade. Consignou que os recorrentes efetivamente preencheriam os requisitos constitucionais formais. Desse modo, não seria possível rejeitar, pela interpretação de normas hierarquicamente inferiores à Constituição, a pretensão deduzida com base em norma constitucional". Conforme a Ementa do **RE 422.349/RS** julg. em **29.04.2015**: *Repercussão geral. Usucapião especial urbana. Interessados que preenchem todos os requisitos exigidos pelo art. 183 da Constituição Federal. Pedido indeferido com fundamento em exigência supostamente imposta pelo plano diretor do município em que localizado o imóvel. Impossibilidade. A usucapião especial urbana tem raiz constitucional e seu implemento não pode ser obstado com fundamento em norma hierarquicamente inferior ou em interpretação que afaste a eficácia do direito constitucionalmente assegurado. Recurso provido. 1. Módulo mínimo do lote urbano municipal fixado como área de 360 m2. Pretensão da parte autora de usucapir porção de 225 m2, destacada de um todo maior, dividida em composse. 2. Não é o caso de declaração de inconstitucionalidade de norma municipal. 3. Tese aprovada: preenchidos os requisitos do art. 183 da Constituição Federal, o reconhecimento do direito à usucapião especial urbana não pode ser obstado por legislação infraconstitucional que estabeleça módulos urbanos na respectiva área em que situado o imóvel (dimensão do lote). (...)*" Rel. Min. Dias Toffoli.

resgate de até 10 anos, em parcelas anuais, iguais e sucessivas, ficando assegurado o valor real da indenização acrescido de juros legais.

Por tratar-se de medida extrema de interferência do Poder Público na esfera privada do indivíduo, somente autorizada depois de cumpridas as providências preliminares, que representam medidas mais brandas para coagir o proprietário a observar a função social, quais sejam: parcelamento ou edificação compulsórios ou, em seguida, exigência de IPTU com alíquota progressiva urbana.

Em 10 de julho de 2001, foi publicada a Lei nº 10.257, ficando conhecida como ***Estatuto da Cidade***, visando regular os artigos 182 e 183 da Constituição de 1988. Seu art. 5º determina que a lei municipal específica delimite as áreas incluídas no plano diretor, estabelecendo o seu parcelamento, sua edificação e sua utilização compulsória do solo não edificado, subutilizado ou não utilizado, para tanto, fixando prazos ***não inferiores a um ano***, a partir da notificação para protocolo do projeto junto ao órgão municipal competente, ***e a dois anos***, a partir da aprovação do projeto, para início das obras. Se houver descumprimento, conforme o art. 7º, o Município poderá proceder à aplicação do IPTU progressivo no tempo, majorando a alíquota pelo prazo de cinco anos consecutivos. Se dentro desses cinco anos o proprietário ainda se mostrar desobediente, o Município procederá à desapropriação do imóvel, com pagamento em títulos da dívida pública.[55]

Gilberto Bercovici[56] lembra que tal figura jurídica mostra-se problemática, pois o ***Estatuto da Cidade*** foi publicado com demasiado atraso, somente em 2001, regulando o procedimento da ***desapropriação-sanção***. Em segundo lugar, a lei abre espaço para que na esfera municipal sejam estabelecidos prazos e condições (nunca inferiores a um ano) de parcelamento, edificação ou utilização compulsórios do solo urbano subutilizado, para que em seguida se possa proceder à desapropriação. Outro problema ainda é a necessidade de um plano diretor para os Municípios com mais de 20 mil habitantes, como condição para o processo de desapropriação.

2.5. A política agrícola e fundiária

A Constituição de 1988 estabelece em seu texto que a política agrícola será disciplinada por lei e contará com a participação do setor de produção – produtores, trabalhadores rurais – e setores de comercialização, de armazenamento e de transporte.

Ela conterá disposições, conforme o art. 187, sobre: (1) instrumentos de crédito e fiscais; (2) preços compatíveis com os custos de produção e garantia de comercialização; (3) incentivo à pesquisa e à tecnologia; (4) assistência técnica e extensão

55. CUNHA JÚNIOR, Dirley da, *Curso de direito constitucional*, p. 1.071.
56. BERCOVICI, Gilberto, *Constituição econômica e desenvolvimento*: uma leitura a partir da Constituição de 1988, p. 165-166.

rural; (5) seguro agrícola; (6) cooperativismo; (7) eletrificação rural e irrigação; e (8) habitação para o trabalhador rural.

Outro importante instituto é o ***usucapião pró-moradia*** (usucapião especial rural) previsto no art. 191 da Constituição de 1988, para quem, não sendo proprietário de imóvel rural ou urbano, possua como sendo seu, por mais de cinco anos ininterruptos, sem qualquer oposição, área de terra, em zona rural, não superior a 50 hectares, tornando-a produtiva por seu trabalho ou de sua família, tendo nela sua moradia.

2.5.1. Desapropriação para fins de Reforma Agrária

Aqui, a desapropriação está prevista no art. 184 da Constituição da República, como espécie do gênero ***desapropriação-sanção*** para todos os imóveis rurais que estejam descumprindo a função social.[57]

A competência é privativa da União para, conforme o interesse social, desapropriar o imóvel rural mediante prévia e justa indenização em ***títulos da dívida agrária***, com cláusula de preservação do valor real, que serão resgatáveis no prazo de até 20 anos, contados a partir do segundo ano de sua emissão. Todavia, é importante alertar que as benfeitorias de tipo úteis e as de tipo necessárias serão indenizadas em dinheiro (art. 184, § 1º, da CR/88).

A União publicará um decreto, que declarará o imóvel como objeto de interesse social, autorizando a ação de desapropriação, que será executada pelo Instituto Nacional de Colonização e Reforma Agrária (***INCRA***) – que é uma autarquia federal vinculada ao Ministério da Agricultura (Decreto-Lei nº 1.110/70).

A Constituição de 1988 afirma no § 5º do art. 184 que as operações de transferência de imóveis desapropriados são ***isentas*** de impostos (federais, estaduais ou municipais); todavia, temos aqui uma impropriedade, como bem reconheceu em seus julgados o STF.[58] Na verdade, o que se tem é uma verdadeira ***imunidade tributária***, pois o fim é não onerar o procedimento expropriatório ou criar obstáculos para a realização da reforma agrária. Mas acrescenta-se um alerta: o terceiro adquirente dos títulos da dívida agrária não goza de tal imunidade. Ora, os títulos da dívida agrária representam moeda de pagamento da justa indenização, apresentando, portanto, natureza indenizatória (e não podendo ser confundido com renda para fins tributários). Todavia, tal benefício tributário é limitado à pessoa do

57. Conforme a **Emenda Constitucional nº 81 de 05 de junho de 2014**: Art. 243. *As propriedades rurais e urbanas de qualquer região do País onde forem localizadas culturas ilegais de plantas psicotrópicas ou a exploração de trabalho escravo na forma da lei serão expropriadas e destinadas à reforma agrária e a programas de habitação popular, sem qualquer indenização ao proprietário e sem prejuízo de outras sanções previstas em lei, observado, no que couber, o disposto no art. 5º. Parágrafo único. Todo e qualquer bem de valor econômico apreendido em decorrência do tráfico ilícito de entorpecentes e drogas afins e da exploração de trabalho escravo será confiscado e reverterá a fundo especial com destinação específica, na forma da lei.*

58. RE nº 168.110, Rel. Min. Moreira Alves, *DJ* de 19/05/2000.

expropriado; o negócio jurídico envolvendo os títulos da dívida agrária espaça do escopo da norma constitucional e deverá ser tributado.[59]

O art. 186, da Constituição de 1988, fixa as condições para o aproveitamento e a observância da função social da propriedade rural: (a) aproveitamento racional e adequado; (b) utilização adequada dos recursos naturais disponíveis e preservação do meio ambiente; (c) observância das disposições que regulam as relações de trabalho; e (d) exploração que favoreça o bem-estar dos proprietários e dos trabalhadores.

Por força do art. 185 da CR/88, a ***pequena e a média propriedade rural*** não podem ser objetos da desapropriação para fins de reforma agrária; trata-se da chamada *cláusula de inexpropriabilidade*.[60]

3. A ORDEM SOCIAL

O presente objeto de nosso estudo encontra correlação com o estudo anteriormente realizado dos ***direitos sociais***. Naquele capítulo foi possível compreender o conteúdo ***material***. Agora, iniciaremos um estudo acerca dos mecanismos de organização e efetivação. Por isso, aqui encontraremos instrumentos para concretização do ***bem-estar coletivo*** e da ***justiça social***, que deverão ser harmonizados com a Ordem Econômica, anteriormente estudada.[61]

Parece, portanto, lógico que a primeira Constituição brasileira a dispor sobre a Ordem Social tenha sido a Constituição de 1934 – que inaugura a perspectiva do Estado Social para nós, revelando nítidas influências do constitucionalismo de Weimar (1919).

No atual modelo, a Constituição de 1988 consagra sobre o mesmo título normas sobre: seguridade social (saúde, previdência social e assistência social); educação, cultura e desporto; ciência e tecnologia; comunicação social; meio ambiente; família, criança, adolescente, jovem e idoso; e o indígena.

3.1. A seguridade social

A seguridade social rege-se, principalmente, a partir do ***princípio da solidariedade***, que se configura em medida abrangente de um conjunto de ações de ordem pública e da sociedade, a fim de que sejam assegurados os direitos relativos à saúde, à previdência e à assistência social.[62] Por isso, destina-se a explicitar que o financiamento de tais atividades e projetos ficará a cargo de toda a sociedade, seja por meio de recursos orçamentários e/ou por contribuições sociais, de modo que

59. CUNHA JÚNIOR, Dirley da, *Curso de direito constitucional*, p. 1.077.
60. Nesse sentido, posiciona-se o STF no MS nº 23.0006/PB, Rel. Min. Celso de Mello, *DJ* de 29/08/2003.
61. SILVA, José Afonso da, *Curso de direito constitucional positivo*, p. 828-829.
62. MENDES, Gilmar Ferreira et al., *Curso de direito constitucional*, p. 1.299.

se possa ofertar condições de acesso não apenas para aqueles que se inscrevem no rol de segurados, como ainda aqueles necessitados – principalmente no caso da assistência social – independentemente de contribuição.

Dessa forma, os seguintes objetivos norteiam a organização da seguridade social, na forma do art. 194 da CR/88: (1) universalidade da cobertura e do atendimento[63]; (2) uniformidade e equivalência dos benefícios e dos serviços às populações urbanas e rurais; (3) seletividade e distributividade na prestação dos benefícios e serviços; (4) irredutibilidade do valor dos benefícios; (5) equidade na forma de participação no custeio; (6) diversidade da base de financiamento, identificando-se, em rubricas contábeis específicas para cada área, as receitas e as despesas vinculadas a ações de saúde, previdência e assistência social, preservado o caráter contributivo da previdência social (Redação dada pela Emenda Constitucional nº 103, de 2019); (7) caráter democrático e descentralizado da administração, mediante gestão quadripartite, com participação dos trabalhadores, dos empregadores, dos aposentados e do Governo nos órgãos colegiados.

Por sua vez, o art. 195 da CR/88 trata do ***financiamento*** da seguridade social, que poderá ser de forma direta ou indireta, nos ternos da lei, por meio de recursos vindos dos orçamentos da União, dos Estados, do Distrito Federal e dos Municípios, além das seguintes contribuições: (a) do ***empregador***, da empresa e da entidade a ela equiparada na forma da lei, incidentes sobre a folha de salários e demais rendimentos do trabalho pagos ou creditados, a qualquer título, à pessoa física que lhe preste serviço, mesmo sem vínculo empregatício; (Incluído pela Emenda Constitucional nº 20, de 1998), a receita ou o faturamento, o lucro; (b) do ***trabalhador*** e dos demais segurados da previdência social, podendo ser adotadas alíquotas progressivas de acordo com o valor do salário de contribuição, não incidindo contribuição sobre aposentadoria e pensão concedidas pelo Regime Geral de Previdência Social; (Redação dada pela Emenda Constitucional nº 103, de 2019); (c) sobre a receita de ***concursos de prognósticos***; (d) do ***importador*** de bens ou serviços do exterior, ou de quem a lei a ele equiparar.

Além destas, a lei poderá definir novas fontes de custeio, obedecendo ao fixado no inciso I do art. 154 da Constituição de 1988; isto é, por iniciativa da União, mediante lei complementar, desde que sejam não cumulativos e não tenham fato gerador ou base de cálculo próprios dos tributos já discriminados na Constituição. Ainda, deve ser lembrado que tais contribuições só poderão ser exigidas depois de decorridos 90 dias da sua publicação (princípio da anterioridade nonagesimal).

63. A Seguridade Social deverá atender todos os necessitados de forma universalizada, especialmente por meio da assistência social e da saúde pública, que são gratuitas, pois independem do pagamento de contribuições diretas dos usuários. Aqui temos nos termos de Sergio Pinto Martins a diferença entre *universalidade de cobertura e de atendimento*: "*Universalidade de cobertura* deve ser entendida como as contingências que serão cobertas pelo sistema, como a impossibilidade de retornar ao trabalho, a idade avançada, a morte etc. Já *a universalidade do atendimento* refere-se às prestações que as pessoas necessitam, de acordo com a previsão em lei, como ocorre em relação aos serviços." MARTINS, Sérgio Pinto. **Direito da Seguridade Especial**, 34. ed., São Paulo: Atlas, 2014.

3.1.1. Saúde

O direito à saúde – como já visto ao tempo do estudo dos ***direitos sociais*** – constitui direito de todos e dever do Estado, a partir de um acesso universal e igualitário às ações e aos serviços para sua promoção, proteção e recuperação. Portanto, é um ***direito público subjetivo*** capaz de ser exigido do Estado.[64]

As ações e os serviços ligados à saúde apresentam relevância pública, de modo que o Poder Público deverá regulamentar, fiscalizar e controlá-los, para sua execução, que poderá se dar de maneira direta ou indireta – por meio de terceiros, inclusive pessoa física ou jurídica de direito privado (art. 197, da CR/88).

É importante, esclarecer ainda que as ações e os serviços de saúde foram organizados para formar uma rede integrada, regionalizada e hierarquizada, conhecida

64. Conforme o **AI 759.543/RJ** julg. em **28.10.2013**: "Ampliação e melhoria no atendimento à população no hospital municipal Souza Aguiar. Dever Estatal de assistência à saúde resultante de norma constitucional. Obrigação jurídico-constitucional que se impõe aos municípios (CF, art. 30, VII). Configuração, no caso, de típica hipótese de omissão inconstitucional imputável ao município. Desrespeito à constituição provocado por inércia estatal. Comportamento que transgride a autoridade da lei fundamental da república. A **questão da reserva do possível**: *reconhecimento de sua inaplicabilidade, sempre que a invocação dessa cláusula puder comprometer o núcleo básico que qualifica o* ***mínimo existencial****. O papel do Poder Judiciário na* ***implementação de políticas públicas instituídas pela constituição e não efetivadas pelo poder público.*** *A fórmula da reserva do possível na perspectiva da teoria dos custos dos direitos: impossibilidade de sua invocação para legitimar o injusto inadimplemento de deveres estatais de prestação constitucionalmente impostos ao poder público. A teoria da "restrição das restrições" (ou da "limitação das limitações"). Caráter cogente e vinculante das normas constitucionais, inclusive daquelas de conteúdo programático, que veiculam diretrizes de políticas públicas, especialmente na área da saúde (CR, arts. 6º, 196 e 197). A questão das "escolhas trágicas". A colmatação de omissões inconstitucionais como necessidade institucional fundada em comportamento afirmativo dos juízes e tribunais e de que resulta uma positiva criação jurisprudencial do direito. Controle Jurisdicional de legitimidade da omissão do poder público: atividade de fiscalização judicial que se justifica pela necessidade de observância de certos parâmetros constitucionais (proibição de retrocesso social, proteção ao mínimo existencial, vedação da proteção insuficiente e proibição de excesso).* Precedentes do STF em tema de implementação de políticas públicas delineadas na Constituição da República. Já nos termos do **RE nº 429.903** julg. em **25.06.2014**: A **1ª Turma do STF** negou provimento a recurso extraordinário para assentar a **legitimidade de determinação judicial no sentido de que o Estado do Rio de Janeiro mantivesse determinado medicamento em estoque.** No caso, o Ministério Público Federal ajuizara ação civil pública, cujo pedido fora julgado parcialmente procedente, na qual se postulava a aquisição, pelo referido ente federativo, de medicamento a portadores da **doença de Gaucher, e a manutenção de estoque por certo período, para evitar interrupção do tratamento, tendo em conta lapsos na importação do produto**. No mérito, reafirmou a jurisprudência da Corte quanto à ausência de violação ao princípio da separação dos Poderes quando do exame pelo Poder Judiciário de ato administrativo tido por ilegal ou abusivo. Aduziu, ademais, que o Poder Público, qualquer que fosse a esfera institucional de sua atuação no plano da organização federativa brasileira, não poderia se mostrar indiferente ao problema da saúde da população, sob pena de incidir, ainda que por censurável omissão, em grave comportamento inconstitucional. Com isso, determinou o STF, que a Administração Pública pode ser obrigada, por decisão do Poder Judiciário, a manter estoque mínimo de determinado medicamento utilizado no combate a certa doença grave, de modo a evitar interrupções no tratamento. Conforme dito, para o STF, *não há violação ao* **princípio da separação dos poderes** *no caso. Entende o STF, que o Poder Judiciário não está determinando metas nem prioridades do Estado, nem tampouco interferindo na gestão de suas verbas. O que se está fazendo é controlar os atos e serviços da Administração Pública que, neste caso, se mostraram ilegais ou abusivos já que, mesmo o Poder Público se comprometendo a adquirir os medicamentos, há falta em seu estoque, ocasionando graves prejuízos aos pacientes*. Assim, não tendo a Administração adquirido o medicamento em tempo hábil a dar continuidade ao tratamento dos pacientes, atuou de forma ilegítima, violando o direito à saúde daqueles pacientes, o que autoriza a ingerência do Poder Judiciário. Rel. Min. Ricardo Lewandowski.

como SUS (Serviço Único de Saúde, criado pela Lei nº 8.689/93),[65] a partir das seguintes diretrizes: (1) descentralização, com direção única em cada esfera de governo; (2) atendimento integral, com prioridade para as atividades preventivas, sem prejuízo dos serviços assistenciais; e (3) participação da comunidade.

Para financiamento do SUS, a previsão constitucional se dá nos artigos 195 e 198, § 1º, a partir de recursos do orçamento da seguridade social da União, dos Estados, do Distrito Federal e dos Municípios, além de outras fontes. Os entes da federação deverão aplicar um ***percentual mínimo*** calculado sobre: no caso da União, conforme o fixado em lei complementar; no caso dos Estados e do Distrito Federal, levando em conta o produto da arrecadação de impostos previstos no art. 155 e dos recursos previstos no art. 157 e 159, I, "a", e 159, II, da Constituição de 1988, deduzidas as parcelas que forem transferidas aos respectivos Municípios; e, no caso dos Municípios e do Distrito Federal, levar-se-á em conta o produto da arrecadação de impostos previstos no art. 156 e dos recursos fixados nos artigos 158 e 159, I, "b", e 159, § 3º, da Constituição de 1988.[66]

Aqui, é interessante observarmos, que os entes, no que diz respeito à **saúde**, não podem burlar a norma do art.198 da CR/88. Como exemplo, em recente caso concreto, o Estado de Goiás, por meio de Emendas à Constituição Estadual (EC nº 54 e EC nº 55/2017), instituiu um regime de contenção de gastos, que foi denominado de "*Novo Regime Fiscal do Estado de Goiás*" (NRFG).

Por força do NRFG, houve uma limitação, até 31 de dezembro de 2026, dos gastos correntes da Administração Pública estadual, no âmbito dos três poderes e demais órgãos autônomos. Foi ajuizada ADI contra essas emendas constitucionais e o STF em 2019, por maioria, concedeu medida cautelar para suspender os efeitos, dentre outras normas, do inciso I do art. 45 do ADCT da Constituição do Estado de Goiás (na

65. REISSINGER, Simone, *Aspectos controvertidos do direito à saúde na constituição brasileira de 1988*, p. 20.
66. A Lei Complementar Federal 141/2012 fixa os valores mínimos a serem aplicados anualmente pela União, Estados, Distrito Federal e Municípios em ações e serviços públicos de saúde. O art. 11 da Lei estabeleceu que as Constituições dos Estados ou as Leis Orgânicas dos Municípios podem fixar valores mais altos do que o previsto na LC 141/2012 de repasses em prol da saúde. O STF julgou inconstitucional esse art. 11 da LC 141/2012 porque, segundo o art. 198, § 3º, I, da CF/88, os ***percentuais mínimos que os Estados, DF e Municípios são obrigados a aplicar na saúde devem estar previstos em lei complementar federal editada pelo Congresso Nacional, não podendo isso ser delegado para os Estados/DF e Municípios***. Além disso, o STF afirmou que ***são inconstitucionais normas da Constituição Estadual que prevejam percentuais de aplicação mínima na saúde em patamares diferentes daquele fixado pela Lei complementar federal***. STF. Plenário. **ADI 5897/SC**, Rel. Min. Luz Fux, julgado em **24.04.2019** (Inf. 938). No caso: *O Plenário, por maioria, julgou procedente pedido formulado em ação direta para declarar a inconstitucionalidade do art. 11 da Lei Complementar 141/2012; do art. 155 da Constituição do Estado de Santa Catarina, na redação dada pela EC estadual 72/2016; e do caput e inciso III do art. 50 do Ato das Disposições Constitucionais Transitórias estadual, também com a redação conferida pela EC estadual 72/2016.* Conforme o Informativo 838: *(...) a EC 72/2016, ao* ***fixar percentuais que excedem aqueles previstos na LC 141/2012, instituiu uma vinculação orçamentária não autorizada pela Carta Magna, em ofensa aos seus arts. 165; 167, IV; e 198, § 3º, I.*** *O caráter irrestrito da possibilidade de aumento dos percentuais mínimos pelos entes federados, autorizada pelo art. 11 da LC 141/2012, atribui às assembleias estaduais e câmaras de vereadores o poder ilimitado de vincular quaisquer recursos, distorcendo o processo legislativo orçamentário insculpido no art. 165 da CF. A alocação de recursos orçamentários em montante superior aos percentuais mínimos instituídos constitucionalmente cabe aos poderes eleitos, nos limites de sua responsabilidade fiscal e em cada exercício.*

redação dada pelo art. 1º da Emenda de nº 54/2017). Esse art. 45 determinou que a partir do exercício financeiro de 2018, as aplicações mínimas de recursos pelo Estado: I - em ações e serviços públicos de saúde e em manutenção e desenvolvimento do ensino corresponderão, em cada exercício financeiro, às aplicações mínimas referentes ao exercício anterior, corrigidas pela variação do IPCA ou da RCL, na forma do art. 41.

O STF afirmou que ao ***suspender a exigência*** *de atrelamento,* ***em determinado exercício fiscal, à receita efetivamente arrecadada,*** dos gastos estaduais com "ações e serviços públicos de saúde" e "manutenção e desenvolvimento do ensino", ***limitando-os ao montante correspondente às despesas do exercício anterior*** *"corrigidas pela variação do IPCA ou da RCL"*, o art. 45, I, da Emenda Constitucional 54/2017 de Goiás promoveu, pelo prazo de dez anos, desvinculação à margem do figurino constitucional (descumprimento dos arts. 198, § 2º, II, e 212, caput da CR/88).[67]

Conforme o STF, uma vez atado o teto de gastos com saúde e educação ao total de despesas do exercício anterior, ***desobriga-se a Administração de promover acréscimo*** dos valores direcionados às áreas ***caso verificado incremento de receita,*** devendo obediência apenas ao novo limite criado, e não mais ao piso constitucionalmente estabelecido. Logo, isso viola a regra de vinculação do art. 198, § 2º, II, e art. 212, da CR/88. Portanto, temos o descumprimento da Constituição.[68]

Na sequência, ao SUS compete, além de outras atribuições, nos termos da lei: (1) controlar e fiscalizar procedimentos, produtos e substâncias de interesse para a saúde e participar da produção de medicamentos, equipamentos, imunobiológicos, hemoderivados e outros insumos; (2) executar as ações de vigilância sanitária e epidemiológica, bem como as de saúde do trabalhador; (3) ordenar a formação de recursos humanos na área de saúde; (4) participar da formulação da política e da execução das ações de saneamento básico; (5) incrementar em sua área de atuação o desenvolvimento científico e tecnológico; (6) fiscalizar e inspecionar alimentos, compreendido o controle de seu teor nutricional, bem como bebidas e águas para consumo humano; (7) participar do controle e da fiscalização da produção, transporte, guarda e utilização de substâncias e produtos psicoativos, tóxicos e radioativos; e (8) colaborar na proteção do meio ambiente, nele compreendido o do trabalho.

Aqui é importante salientar, que como incumbe ao Estado o dever de zelar pela saúde da população (dever do Estado nos termos do art. 196 da CR/88), foi criada a **Anvisa**.

A **Anvisa** que deve ser entendida como uma *autarquia sob regime especial vinculada ao Ministério da Saúde, que tem o dever de autorizar e controlar a distribuição de substâncias químicas segundo protocolos cientificamente validados*. Ela foi criada pela Lei nº 9.782/99 com o objetivo de promover a proteção da saúde da população, sendo ela a responsável por exercer a vigilância sanitária de medicamentos.

67. ADI 6129/GO, STF. Plenário. red. p/ o ac. Min. Alexandre de Moraes, julgado em 11.09.2019 (Informativo 951).
68. STF. Plenário. ADI 6129/GO, red. p/ o ac. Min. Alexandre de Moraes, julg. em 11.09.2019 (Inf. 951).

A sua atividade fiscalizatória é realizada mediante atos administrativos concretos devidamente precedidos de estudos técnicos.

Por isso, a aprovação, por exemplo, de um determinado medicamento no órgão do Ministério da Saúde é condição indispensável para a sua industrialização, comercialização e importação com fins comerciais, conforme exige o art. 12 da Lei nº 6.360/76. O registro é condição para o monitoramento da segurança, eficácia e qualidade terapêutica do produto. Sem o registro, há uma presunção de que o produto é inadequado à saúde humana.

Nesses termos, em recente caso a Associação Médica Brasileira (AMB) ajuizou ADI contra a Lei n.º 13.269/2016. Essa referida lei autorizava o uso da fosfoetanolamina sintética (conhecida como *pílula do câncer*) por pacientes portadores de câncer, mesmo ***sem a aprovação da Anvisa***.

A AMB alegou que, diante do *"desconhecimento amplo acerca da eficácia e dos efeitos colaterais"* da substância em seres humanos, sua liberação é incompatível com direitos constitucionais fundamentais, como o direito à saúde (arts. 6º e 196 da CR/88), o direito à segurança e à vida (art. 5º da CR/88), e o princípio da dignidade da pessoa humana (art. 1º, III, da CR/88). A AMB explicou que a "pílula do câncer" não passou pelos testes clínicos em seres humanos exigidos pela legislação e que a permissão do seu uso causa risco grave à vida e à integridade física dos pacientes.

Pois bem, o plenário do STF, por decisão majoritária, deferiu medida liminar na ADI 5501, julgada em 19.05.2016, para *suspender a eficácia da Lei nº 13.269/2016*, que autorizava o uso do medicamento fosfoetanolamina sintética por pacientes diagnosticados com neoplasia maligna, a despeito da ***inexistência*** *de estudos conclusivos no tocante aos efeitos colaterais em seres humanos*, bem assim de ausência de registro sanitário da substância perante o órgão competente.

Posteriormente, em 23.10.2020, o STF de forma definitiva, afirmou ser inconstitucional a Lei nº 13.269/2016, que autorizou o uso da fosfoetanolamina sintética ("pílula do câncer") por pacientes diagnosticados com neoplasia maligna mesmo sem que existam estudos conclusivos sobre os efeitos colaterais em seres humanos e mesmo sem que haja registro sanitário da substância perante a ANVISA.[69]

Conforme o STF, ante o postulado da separação de Poderes, o Congresso Nacional não pode autorizar, atuando de forma abstrata e genérica, a distribuição de medicamento.

Nesses termos, compete à ANVISA permitir a distribuição de substâncias químicas, segundo protocolos cientificamente validados. O controle dos medicamentos fornecidos à população leva em conta a imprescindibilidade de aparato técnico especializado, supervisionado pelo Poder Executivo. O direito à saúde não será

69. **ADI 5501**/DF, STF. Plenário. Rel. Min. Marco Aurélio, julgado em **23.10.2020** (Inf. 996).

plenamente concretizado se o Estado deixar de cumprir a obrigação de assegurar a qualidade de droga mediante rigoroso crivo científico, apto a afastar desengano, charlatanismo e efeito prejudicial.

Para o STF, a Lei nº 13.269/2016, ao permitir o uso da fosfoetanolamina suspendendo a exigência do registro sanitário, violou o direito à saúde previsto no art. 196 da CR/88, considerando que é dever do Estado reduzir o risco de doença e outros agravos à saúde dos cidadãos.

O Poder Público tem o dever de fornecer medicamentos e tratamentos médicos à população. No entanto, isso deve ser feito com responsabilidade, devendo-se zelar pela qualidade e segurança dos produtos em circulação no território nacional.

Assim sendo, conforme o STF, a busca pela cura de enfermidades não pode ser feita sem se preocupar com a qualidade das drogas distribuídas aos indivíduos, sendo necessária uma rigorosa análise científica. A Lei nº 13.269/2016 permitiu a distribuição do remédio sem o controle prévio de viabilidade sanitária. Entretanto, a aprovação do produto no órgão do Ministério da Saúde é condição indispensável para a sua industrialização, comercialização e importação com fins comerciais, conforme exige o art. 12 da Lei nº 6.360/76.[70]

Nesse sentido, o registro é condição para o monitoramento da segurança, eficácia e qualidade terapêutica do produto. Sem o registro, há uma presunção de que o produto é inadequado à saúde humana. A lei impugnada é casuística ao dispensar o registro do medicamento como requisito para sua comercialização, e esvazia, por via transversa, o conteúdo do direito fundamental à saúde.

Para o pretório Excelso, a Lei nº 13.269/2016 também ofendeu o princípio da separação de Poderes. Isso porque incumbe ao Estado o dever de zelar pela saúde da população. Para isso, conforme já dito, foi criada a Anvisa, uma autarquia técnica vinculada ao Ministério da Saúde, que tem o dever de autorizar e controlar a distribuição de substâncias químicas segundo protocolos cientificamente validados.

A atividade fiscalizatória é realizada mediante atos administrativos concretos devidamente precedidos de estudos técnicos. Não cabe ao Congresso, portanto, viabilizar, por ato abstrato e genérico, a distribuição de qualquer medicamento. Assim, é temerária a liberação da substância em discussão sem os estudos clínicos correspondentes, em razão da ausência, até o momento, de elementos técnicos assertivos da viabilidade do medicamento para o bem-estar do organismo humano.[71]

O STF também se manifestou em recente decisão afirmando que o ***Estado não pode ser obrigado a fornecer medicamentos experimentais***.[72] No caso de medica-

70. **ADI 5501**/DF, STF. Plenário. Rel. Min. Marco Aurélio, julgado em **23.10.2020** (Inf. 996).
71. **ADI 5501**/DF, STF. Plenário. Rel. Min. Marco Aurélio, julgado em **23.10.2020** (Inf. 996).
72. RE 657718/MG, STF. Plenário. Red. p/ o ac. Min. Roberto Barroso, julgado em 22.05.2019 (repercussão geral) (Info 941). ***Medicamentos experimentais*** *são aqueles sem comprovação científica de eficácia e segurança, e ainda em fase de pesquisas e testes. Nesse caso, a administração da substância representa riscos graves, diretos e imediatos à*

mentos experimentais, sem comprovação científica de eficácia e segurança, e ainda em fase de pesquisas e testes, não há nenhuma hipótese em que o Poder Judiciário possa obrigar o Estado a fornecê-los. Isso não interfere com a dispensação desses fármacos no âmbito de programas de testes clínicos, acesso expandido ou de uso compassivo, sempre nos termos da regulamentação aplicável.

Mas aqui devemos deixar claro que não podemos confundir os *medicamentos experimentais* com os medicamentos com eficácia e segurança comprovadas, mas sem registro. Esses já passaram por todas as etapas de testes, tendo sido comprovadas a sua eficácia e segurança, mas ainda não foram registrados na Anvisa.

Aqui é interessante observarmos, que o STF em recente caso enfrentou a seguinte questão: medicamentos ***não registrados*** pela Anvisa podem ter seu fornecimento determinado pelo Poder Judiciário? No RE 657718/MG, julgado em 22.05.2019 decidiu o STF que a ausência de registro na Agência Nacional de Vigilância Sanitária (Anvisa) ***impede, como regra geral,*** o fornecimento de medicamento por decisão judicial.[73]

Porém é possível, excepcionalmente, a ***concessão judicial de medicamento sem registro sanitário,*** em caso de ***mora irrazoável da Anvisa em apreciar o pedido*** (no caso: prazo superior ao previsto na Lei 13.411/2016), e quando preenchidos mais três requisitos: a) a existência de pedido de registro do medicamento no Brasil (salvo no caso de medicamentos órfãos para doenças raras e ultrarraras); b) a existência de registro do medicamento em renomadas agências de regulação no exterior[74]; e c) a inexistência de substituto terapêutico com registro no Brasil.[75]

Acrescentou o STF que no caso de doenças ***raras*** e ***ultrarraras***, é possível, excepcionalmente, que o Estado forneça o medicamento independentemente do registro. Isso porque, nesses casos, muitas vezes o laboratório não tem interesse comercial em pedir o registro.[76]

---

saúde dos pacientes. Não apenas porque, ao final dos testes, pode-se concluir que a substância é tóxica e produz graves efeitos colaterais, mas também porque se pode verificar que o tratamento com o fármaco é ineficaz, o que pode representar a piora do quadro do paciente e possivelmente a diminuição das possibilidades de cura e melhoria da doença. A Lei nº 8.080/90 no seu art.19-T inclusive proíbe o fornecimento de medicamentos experimentais no âmbito do SUS. Vale esclarecer que esse entendimento, por óbvio, não proíbe o fornecimento desses medicamentos no âmbito de programas de testes clínicos, acesso expandido ou de uso compassivo, sempre nos termos da regulamentação aplicável. Em outras palavras, os testes com medicamentos experimentais, respeitada a legislação vigente, podem continuar sendo realizados. O que o STF afirmou é que os doentes não podem exigir judicialmente do Estado o fornecimento de medicamentos experimentais.

73. RE 657718/MG, STF. Plenário. Red. p/ o ac. Min. Roberto Barroso, julgado em 22.05.2019 (repercussão geral) (Info 941).
74. Exemplos de renomadas agências de regulação: a) *Food and Drug Administration* – FDA, nos EUA; b) *European Medicine Agency* – EMEA, responsável pela regulação dos medicamentos nos países da União Europeia.
75. RE 657718/MG, STF. Plenário. Red. p/ o ac. Min. Roberto Barroso, julgado em 22.05.2019 (repercussão geral) (Info 941). O remédio pedido judicialmente deve ser imprescindível e os que existem no Brasil já registrados não podem substituí-lo. Se o paciente tiver outra opção satisfatória para o tratamento da doença com o devido registro sanitário, não pode o Poder Judiciário compelir o Poder Público a importar o fármaco pedido pelo paciente, mesmo quando os graus de eficácia dos tratamentos não sejam idênticos.
76. RE 657718/MG, STF. Plenário. Red. p/ o ac. Min. Roberto Barroso, julgado em 22.05.2019 (repercussão geral) (Info 941).

Aqui é importante salientar também contra qual ente a ação pleiteando o fornecimento de medicamento deverá ser proposta. A pergunta é: qual ente federativo tem o dever de fornecer o medicamento e custear o tratamento de saúde? A União, os Estados ou os Municípios. Conforme a CR/88, a competência para prestar saúde à população é comum a todos os entes nos termos do art.23, II da CR/88. E o STF já afirmou em julgado interpretando o art.23 que a prestação dos serviços de saúde e o fornecimento de medicamentos representam uma ***responsabilidade solidária*** dos três entes federativos. E nesses termos, sendo a responsabilidade solidária, o indivíduo tem liberdade para ajuizar a ação somente contra a União, somente contra o Estado-membro/DF, somente contra o Município, contra dois deles ou contra os três entes em litisconsórcio.[77]

O STF resumiu essas conclusões com a seguinte tese: *Os entes da Federação, em decorrência da competência comum, são solidariamente responsáveis nas demandas prestacionais na área da saúde e, diante dos critérios constitucionais de descentralização e hierarquização, compete à autoridade judicial direcionar o cumprimento conforme as regras de repartição de competências e determinar o ressarcimento a quem suportou o ônus financeiro.*

Essa tese do STF está de acordo com o Enunciado 60, aprovado na II Jornada de Direito da Saúde, promovida pelo CNJ: *A responsabilidade solidária dos entes da Federação não impede que o Juízo, ao deferir medida liminar ou definitiva, direcione inicialmente o seu cumprimento a um determinado ente, conforme as regras administrativas de repartição de competências, sem prejuízo do redirecionamento em caso de descumprimento.*[78]

Porém, aqui existe uma exceção, pois decidiu o STF que *as ações que demandem fornecimento de medicamentos sem registro na ANVISA deverão necessariamente ser propostas em face da União.* Assim sendo, conforme o informativo 941 do STF, haja vista que o pressuposto básico da obrigação estatal é a mora da agência, as ações que demandem fornecimento de medicamentos sem registro na Anvisa deverão necessariamente ser propostas em face da União.[79]

---

77. A responsabilidade dos entes é solidária. No entanto, como bem explicita a doutrina, dentro da estrutura do SUS, existe uma divisão das competências de cada ente, que pode ser assim resumida em linhas gerais: a) União: coordena os sistemas de saúde de alta complexidade e de laboratórios públicos; b) Estados: coordenam sua rede de laboratórios e hemocentros, definem os hospitais de referência e gerenciam os locais de atendimentos complexos da região; c) Municípios: prestam serviços de atenção básica à saúde. Além disso, se um dos entes, em caso de urgência, custear a obrigação que seria de outro, é possível que o magistrado determine o ressarcimento a ser realizado por aquele ente que tinha a obrigação. Exemplo: *um paciente ajuíza ação contra os três entes pleiteando tratamento de alta complexidade. É concedida a liminar contra os três entes e o Município cumpre a obrigação pedida. Ocorre que se constata que a competência para essa medida era da União. O magistrado poderá, então, condenar a União a ressarcir o Município. Assim, caso se direcione e depois se alegue que, por alguma circunstância, o atendimento da demanda da cidadania possa ter levado um ente da Federação a eventual ônus excessivo, a autoridade judicial determinará o ressarcimento a quem suportou o ônus financeiro.* In: *Dizer o Direito*, Maio de 2019.
78. RE 657718/MG, STF. Plenário. Red. p/ o ac. Min. Roberto Barroso, julgado em 22.05.2019 (repercussão geral) (Info 941).
79. RE 657718/MG, STF. Plenário. Red. p/ o ac. Min. Roberto Barroso, julgado em 22.05.2019 (repercussão geral). No caso, a parte que pleiteia o fornecimento de medicamento não registrado na Anvisa não está obrigada a ajuizar

Na sequência, temos que ressaltar a figura prevista no art. 198, § 4º, da CR/88[80] dos agentes comunitários de saúde e agentes de combate às endemias. Nesse sentido, os **gestores locais** do **Sistema Único de Saúde** poderão admitir agentes comunitários de saúde e agentes de combate às endemias por meio de processo seletivo público, de acordo com a natureza e complexidade de suas atribuições e requisitos específicos para sua atuação.[81]

Nos termos do RE 581.488, o SUS é baseado nos princípios da: a) *universalidade*, como garantia de atenção à saúde por parte do sistema a todo e qualquer cidadão, por meio de serviços integrados por todos os entes da federação; b) *equidade*, a assegurar que serviços de todos os níveis sejam prestados, de acordo com a complexidade que o caso venha a exigir, de forma isonômica, nas situações similares; e c) *integralidade*, reconhecendo-se cada indivíduo como um todo indivisível e integrante de uma comunidade, o que exige do Poder Público que as ações de promoção, proteção e recuperação da saúde formem também um todo indivisível, atendendo os casos e observando os diversos graus de complexidade de forma integral pelas unidades prestadoras de serviços de saúde.

Já a legislação é explicitada na Lei nº 8.080/90. Essa em seu art. 7º afirma que *as ações e serviços públicos de saúde e os serviços privados contratados ou conveniados que integram o Sistema Único de Saúde (SUS), são desenvolvidos de acordo com as diretrizes previstas no art. 198 da Constituição Federal, obedecendo ainda aos seguintes princípios*: I – universalidade de acesso aos serviços de saúde em todos os níveis de assistência; II – integralidade de assistência, entendida como conjunto articulado e contínuo das ações e serviços preventivos e curativos, individuais e coletivos, exigidos para cada caso em todos os níveis de complexidade do sistema; III – preservação da autonomia das pessoas na defesa de sua integridade física e moral; IV – igualdade da assistência à saúde, sem preconceitos ou privilégios de qualquer espécie; V – direito à informação, às pessoas assistidas, sobre sua saúde; VI – divulgação de informações quanto ao potencial dos serviços de saúde e a sua utilização pelo usuário; VII – utilização da epidemiologia para o estabelecimento de prioridades, a alocação de recursos e a orientação programática; VIII – participação da comunidade; IX – descentralização político-administrativa, com direção única em cada esfera de governo: a) ênfase na descentralização dos serviços para os municípios; b) regionalização e hierarquização da rede de serviços de saúde; X – integração em nível executivo das ações de saúde, meio ambiente

a ação apenas contra a União. O que o STF decidiu é que a União obrigatoriamente deverá estar no polo passivo. Nesses termos, existe a obrigatoriedade de a União figurar no polo passivo, mas não a sua exclusividade (Informativo 941).

80. Conforme a **Emenda Constitucional nº 51/2006**.
81. Conforme o **art. 198, § 6º,** da CR/88: Além das hipóteses previstas no § 1º do art. 41 e no § 4º do art. 169 da Constituição Federal, o servidor que exerça funções equivalentes às de agente comunitário de saúde ou de agente de combate às endemias poderá perder o cargo em caso de descumprimento dos requisitos específicos, fixados em lei, para o seu exercício (Incluído pela EC nº 51, de 2006).

e saneamento básico; XI – conjugação dos recursos financeiros, tecnológicos, materiais e humanos da União, dos Estados, do Distrito Federal e dos Municípios na prestação de serviços de assistência à saúde da população; XII – capacidade de resolução dos serviços em todos os níveis de assistência; e XIII – organização dos serviços públicos de modo a evitar duplicidade de meios para fins idênticos; XIV – organização de atendimento público específico e especializado para mulheres e vítimas de violência doméstica em geral, que garanta, entre outros, atendimento, acompanhamento psicológico e cirurgias plásticas reparadoras, em conformidade com a Lei nº 12.845, de 1º de agosto de 2013 (com Redação dada pela Lei nº 13.427, de 2017).

Aqui, é importante salientar, que já decidiu o STF que é inconstitucional a ***intitulada diferença de classes*** no SUS. Ou seja, a possibilidade de um paciente do Sistema Único de Saúde pagar para ter acomodações superiores ou ser atendido por médico de sua preferência. Registra-se que existe uma portaria do Ministério da Saúde (Portaria 113/1997) que proíbe a *diferença de classe*. Acontece que esse ato estava sendo questionado. Pois bem, o STF, em recurso extraordinário submetido à repercussão geral, declarou que ele é constitucional, firmando a tese, que vale de forma ampla para todos os casos envolvendo a chamada *diferença de classe*: "É constitucional a regra que veda, no âmbito do Sistema Único de Saúde – SUS, a internação em acomodações superiores, bem como o atendimento diferenciado por médico do próprio SUS, ou por médico conveniado, mediante o pagamento da diferença dos valores correspondentes."[82]

Conforme a Emenda Constitucional nº 63/2009, Lei federal disporá sobre o regime jurídico, o piso salarial profissional nacional, as diretrizes para os planos de carreira e a regulamentação das atividades de agente comunitário de saúde

82. RE 581488/RS, Rel. Min. Dias Toffoli, julg. em 03.12.2015 (Repercussão Geral). Informativo 810: "*Embora os serviços de saúde devam obedecer a esses princípios (universalidade, equidade e integralidade), estão limitados pelos elementos técnico-científicos, e pela capacidade econômica do Estado. Nesse contexto, possibilitar assistência diferenciada a pessoas numa mesma situação, dentro de um mesmo sistema, vulnera a isonomia e a dignidade humana. Admitir que um paciente internado pelo SUS tenha acesso a melhores condições de internação ou a médico de sua confiança mediante pagamento subverte a lógica do sistema e ignora suas premissas. Além disso, a Constituição não veda o atendimento personalizado de saúde, e admite o sistema privado. Os atendimentos realizados pela rede pública, todavia, não devem se submeter à lógica do lucro, por não ser essa a finalidade do sistema. Ainda que os supostos custos extras corressem por conta do interessado, a questão econômica ocupa papel secundário dentre os objetivos impostos ao ente estatal. A implementação de um sistema de saúde equânime é missão do Estado, que deve buscar a igualdade sempre que chamado a atuar. O Tribunal assinalou que a diferença de classes dentro do sistema também não leva a maior disponibilidade de vagas na enfermaria, porque há um limite de admissão de pessoas para cada estabelecimento, e todo paciente, mesmo em acomodações superiores, é contabilizado dentro do mesmo sistema público. Sublinhou precedentes do STF relacionados ao tema, em que garantido, em casos excepcionais, o tratamento diferenciado, a despeito da proibição de pagamento a título de complementação aos hospitais, por internação de pacientes em quartos particulares. Ocorre que os julgados dizem respeito a casos individuais, baseados na situação clínica de pacientes específicos, e grande parte deles se dera na fase de implementação do SUS. No presente caso, entretanto, se objetiva implementar a diferença de classe de modo amplo e irrestrito. Assim, embora se reconheça que o SUS ainda carece de recursos e de aprimoramento para se consagrar como um sistema que atenda às suas finalidades constitucionais e legais, deve haver esforços no sentido da promoção da igualdade de acesso, e não em sentido oposto, em clara ofensa à Constituição.*"

e agente de combate às endemias, competindo à União, nos termos da lei, prestar assistência financeira complementar aos Estados, ao Distrito Federal e aos Municípios, para o cumprimento do referido piso salarial.

E no que tange à iniciativa privada? A ***iniciativa privada*** é livre para participar (art. 199 da CR/88), de forma a complementar o SUS, seguindo as diretrizes deste, mediante contrato de direito público ou convênio, tendo preferência as entidades filantrópicas e as sem fins lucrativos. Mas é importante aclarar que é vedada a destinação de recursos públicos para auxílios ou subvenções às instituições privadas com fins lucrativos; assim como é proibido a participação direta ou indireta de empresas ou capitais estrangeiros na assistência à saúde no País, salvo nos casos previstos em lei.

Na sequência, observamos que o STF decidiu recentemente que é constitucional o ressarcimento previsto no art. 32 da Lei nº 9.656/98, o qual é aplicável aos procedimentos médicos, hospitalares ou ambulatoriais custeados pelo SUS e posteriores a 04.06.1998, assegurados o contraditório e a ampla defesa, no âmbito administrativo, em todos os marcos jurídicos. O art. 32 da Lei nº 9.656/98 estabeleceu que, se um cliente do plano de saúde utilizar-se dos serviços do SUS, o Poder Público poderá cobrar do referido plano o ressarcimento que ele teve com essas despesas. Assim, o chamado "ressarcimento ao SUS", criado pelo art. 32, é uma obrigação legal das operadoras de planos privados de assistência à saúde de restituir as despesas que o SUS teve ao atender uma pessoa que seja cliente e que esteja coberta por esses planos.

As operadoras privadas de plano de saúde ingressavam com ações judiciais questionando a validade do art. 32 da Lei nº 9.656/98, sob o fundamento de que a sua participação na saúde tem caráter suplementar, uma vez que o dever primário de assegurar o acesso à saúde é atribuído pela Constituição de 1988 aos entes políticos. Nesses termos, defendiam que o Poder Público possui, sim, obrigação de prestar saúde a quem procurar, não devendo os planos de saúde ser obrigados a ressarcir tais despesas. Além disso, tais operadoras aduziam que o referido art. 32 representaria a instituição de uma nova fonte de custeio para a seguridade social, o que somente poderia ocorrer por meio de lei complementar, nos termos do art. 195, § 4º, da CR/88.

Porém, nos termos do Informativo 890 do STF, o Pretório Excelso entendeu que o art. 32 da Lei nº 9.656/98 é válido (constitucional). Dessa maneira, o art. 32 não representaria a criação de uma nova fonte de receitas para seguridade social, nos termos do art. 195, § 4º, da CR/88. Trata-se apenas de um desdobramento do contrato firmado entre as operadoras de saúde e seus clientes. Nesses termos, as operadoras de saúde atuam em um serviço regulado pelo Poder Público, devendo cumprir as condições impostas. O tratamento em hospital público não pode ser negado a nenhuma pessoa, considerando que o acesso aos serviços de saúde no Brasil é universal (art. 196 da CR/88). Porém, se o Poder Público atende um usuário do plano de saúde, o SUS deve ser ressarcido, assim como ocorreria caso esse usuário do plano de saúde tivesse sido atendido em um hospital particular (não conveniado ao SUS). A tese aqui é a de que o art. 32 da Lei nº 9.656/98 impede o enriquecimento ilícito das empresas de plano de saúde. Porém, o STF fez uma ressalva, qual seja, a de que a regra do art. 32 somente é aplicável aos procedimentos ocorridos após 04.06.1998, data em que foi publicada a Lei nº 9.656/98, desde que assegurado o exercício do contraditório e da ampla defesa.[83]

Sobre a referida Lei nº 9.656/98, supracitada e que *disciplina os planos e seguros privados de assistência à saúde*, decidiu o Pretório Excelso que ela é constitucional. Porém, esse diploma normativo não pode ser aplicado para contratos celebrados antes de sua vigência. Assim, são inconstitucionais os dispositivos da Lei nº 9.656/98 que determinavam a sua aplicação para contratos celebrados antes da sua edição.[84]

Outra questão importante sobre o tema (do ***direito social à saúde***) envolve a discussão (já aventada no capítulo que envolveu os direitos sociais) sobre o intitulado **atendimento de urgência na rede hospitalar**. Certo é que a recente Lei nº 12.653, de **28.05.2012**, tipificou o *crime de condicionar atendimento médico-hospitalar emergencial a qualquer tipo garantia*.

Nesses termos, reforçamos aqui, que, conforme o recém-criado art. 135-A do Código Penal, é crime exigir cheque-caução, nota promissória ou qualquer garantia, bem como o preenchimento prévio de formulários administrativos, como condição para o atendimento médico-hospitalar emergencial. A pena será de detenção, de 3 (três) meses a 1 (um) ano, e multa. A pena é aumentada até o dobro se, da negativa de atendimento, resulta lesão corporal de natureza grave, e até o triplo se resulta a morte.

Temos ainda que o estabelecimento de saúde que realize atendimento médico-hospitalar emergencial, a partir da nova lei, ora em comento, fica obrigado a afixar, em local visível, cartaz ou equivalente, com a seguinte informação: "Constitui crime a exigência de cheque-caução, de nota promissória ou de qualquer garantia, bem como do preenchimento prévio de formulários administrativos, como condição para

83. **RE 597064/RJ**, STF. Plenário. Rel. Min. Gilmar Mendes, julgado em **07.02.2018** (repercussão geral). Procedimento: 1) O paciente é atendido em uma instituição pública ou privada, conveniada ou contratada, integrante do SUS; 2) A Agência Nacional de Saúde Suplementar (ANS) cruza os dados dos sistemas de informações do SUS com o Sistema de Informações de Beneficiários (SIB) da própria Agência para identificar as pessoas que foram atendidas na rede pública e que possuem plano de saúde; 3) A ANS notifica a operadora informando os atendimentos que realizou relacionados com seus clientes; 4) A operadora pode contestar isso nas instâncias administrativas, dizendo, por exemplo, que aquele serviço utilizado pelo seu cliente no SUS não era coberto pelo plano, que o paciente já havia deixado de ser usuário do plano etc. 5) Não havendo impugnação administrativa ou não sendo esta acolhida, a ANS cobra os valores devidos. 6) Caso não haja pagamento, a operadora será incluída no CADIN e os débitos inscritos em dívida ativa da ANS para, em seguida, serem executados. 7) Os valores recolhidos a título de ressarcimento ao SUS são repassados pela ANS para o Fundo Nacional de Saúde. IN: LOPES CAVALCANTE, Márcio André, *Inf. 890* do STF.

84. **ADI 1931/DF,** STF. Plenário. Rel. Min. Marco Aurélio, julgado em **07.02.2018** (Informativo 890 do STF).

o atendimento médico-hospitalar emergencial, nos termos do art. 135-A do Decreto--Lei nº 2.848, de 7 de dezembro de 1940 – Código Penal".

Por último, é interessante registrarmos que em virtude de forte clamor popular no ano de 2013 (momento em que boa parte da população brasileira foi às ruas cobrar a implementação de políticas públicas pelo Governo, tendo a saúde como uma das principais bandeiras) tivemos o advento da **Lei nº 12.871** de **22.10.2013** que instituiu o programa ***"Mais Médicos"*** do Ministério da Saúde.

Assim, **o diploma normativo** do **Programa Mais Médicos**, teve a finalidade de formar recursos humanos na área médica para o Sistema Único de Saúde (SUS) e teve os seguintes objetivos:

a) diminuir a carência de médicos nas regiões prioritárias para o SUS, a fim de reduzir as desigualdades regionais na área da saúde; **b)** fortalecer a prestação de serviços de atenção básica em saúde no País; **c)** aprimorar a formação médica no País e proporcionar maior experiência no campo de prática médica durante o processo de formação; **d)** ampliar a inserção do médico em formação nas unidades de atendimento do SUS, desenvolvendo seu conhecimento sobre a realidade da saúde da população brasileira; **e)** fortalecer a política de educação permanente com a integração ensino-serviço, por meio da atuação das instituições de educação superior na supervisão acadêmica das atividades desempenhadas pelos médicos; **f)** promover a troca de conhecimentos e experiências entre profissionais da saúde brasileiros e médicos formados em instituições estrangeiras; **g)** aperfeiçoar médicos para atuação nas políticas públicas de saúde do País e na organização e no funcionamento do SUS; e **h)** estimular a realização de pesquisas aplicadas ao SUS.

Conforme a Lei nº 12.871/2013, para a consecução dos objetivos do **Programa Mais Médicos**, seriam adotadas, entre outras, as seguintes ações: a) reordenação da oferta de cursos de Medicina e de vagas para residência médica, priorizando regiões de saúde com menor relação de vagas e médicos por habitante e com estrutura de serviços de saúde em condições de ofertar campo de prática suficiente e de qualidade para os alunos; b) estabelecimento de novos parâmetros para a formação médica no País; e c) promoção, nas regiões prioritárias do SUS, de aperfeiçoamento de médicos na área de atenção básica em saúde, mediante integração ensino-serviço, inclusive por meio de intercâmbio internacional.[85]

85. Lei nº **12.871/2013:** art. 30. O quantitativo dos integrantes dos projetos e programas de aperfeiçoamento de que trata esta Lei observará os limites dos recursos orçamentários disponíveis. § 1º O quantitativo de médicos estrangeiros no Projeto Mais Médicos para o Brasil não poderá exceder o patamar máximo de 10% (dez por cento) do número de médicos brasileiros com inscrição definitiva nos CRMs. § 2º O SUS terá o prazo de 5 (cinco) anos para dotar as unidades básicas de saúde com qualidade de equipamentos e infraestrutura, a serem definidas nos planos plurianuais. § 3º As despesas decorrentes da execução dos projetos e programas previstos nesta Lei correrão à conta de dotações orçamentárias destinadas aos Ministérios da Educação, da Defesa e da Saúde, consignadas no orçamento geral da União.

Além disso, o programa foi oferecido: I – aos médicos formados em instituições de educação superior brasileiras ou com diploma revalidado no País; e II – aos médicos formados em instituições de educação superior estrangeiras, por meio de intercâmbio médico internacional.

E a seleção e a ocupação das vagas ofertadas no âmbito do Projeto Mais Médicos para o Brasil deveriam observar a seguinte ordem de prioridade: I – médicos formados em instituições de educação superior brasileiras ou com diploma revalidado no País, inclusive os aposentados; II – médicos brasileiros formados em instituições estrangeiras com habilitação para exercício da Medicina no exterior; e III – médicos estrangeiros com habilitação para exercício da Medicina no exterior. Para fins do Projeto Mais Médicos para o Brasil, seria considerado: I – médico participante: médico intercambista ou médico formado em instituição de educação superior brasileira ou com diploma revalidado; e II – médico intercambista: médico formado em instituição de educação superior estrangeira com habilitação para exercício da Medicina no exterior.

Certo é que, todos os profissionais, independentemente do país de origem, precisariam ter diploma de medicina expedido por instituição de ensino superior estrangeira, habilitação para o exercício da profissão no país de origem e ter conhecimento de língua portuguesa, regras de organização do SUS e de protocolos e diretrizes clínicas de atenção básica.

Temos que o **Programa Mais Médicos**, ora citado, questionado no Pretório Excelso, foi considerado constitucional pelo STF. Para o STF, a Lei do Mais Médicos não permitiu o "exercício ilegal da medicina" ao dispensar a ***revalidação do diploma estrangeiro do médico intercambista***.[86]

Conforme o STF, o art. 5º, XIII, da CR/88, prevê a liberdade do exercício de qualquer trabalho, ofício ou profissão, atendidas as qualificações profissionais que a lei estabelecer. A Constituição não determinou a obrigatoriedade de revalidação do diploma, não tendo havido, portanto, ofensa ao texto constitucional. Além disso, a previsão da dispensa da revalidação é uma situação excepcional para o médico intercambista, exclusivamente no âmbito das atividades de ensino, pesquisa e extensão do Programa Mais Médicos. Além disso, o STF entendeu que o argumento da falta de domínio do idioma português pelos médicos não traz nenhuma violação direta ao texto constitucional, razão pela qual não conheceu da ação quanto a este ponto.[87]

Também entendeu o STF que o Programa Mais Médicos é ***prioritariamente oferecido aos profissionais diplomados no Brasil***. Na sequência, aos médicos formados no exterior.

86. Aqui registramos que a nova **Lei nº13.959/2019** de **18.12.2019** atualmente impede essa possibilidade e exige a revalidação.
87. STF. Plenário. ADI 5.035/DF e ADI 5.037/DF, Rel. p/ o ac. Min. Alexandre de Moraes, julg. em 30.11.2017.

Assinalou o STF, nos termos do Informativo 886, que a ocorrência de problemas na aplicação da lei não afeta a constitucionalidade do modelo, opção legítima para a maior preocupação da sociedade que é a saúde. A norma atacada pode não ter sido a melhor opção do ponto de vista técnico, mas foi opção de política pública válida para tentar minimizar a dificuldade de se fazer chegar a possibilidade de atendimento médico aos locais mais distantes. Com esteio nos arts. 3º, III; 170 e 198 da CR/1988, verificou-se forma para que se pudesse levar o serviço médico a todos os rincões. Eventuais ilicitudes ou falhas na execução dessas políticas públicas devem ser investigadas e corrigidas.[88]

Noutro passo, entendeu o STF que a prioridade estabelecida no SUS, com o Programa Mais Médicos, foi o binômio ensino e serviço. Assim, ao longo da especialização, há a obrigatoriedade da prestação de serviços supervisionada por médicos brasileiros. Em vez de se investir na especialização para depois auferir o retorno, o programa pensou em resolver isso fazendo a questão do ensino/serviço ao mesmo tempo. Em virtude disso, reputou não se tratar de vínculo empregatício. É forma acadêmico-profissional que foi encontrada e que é utilizada também em outros países, muito semelhante ao que se faz ao conscrito médico ou dentista. Como resultado, o plenário do STF afastou a assertiva de violação ao concurso público.

Para o STF a regra é de um ***chamamento***. Prioriza o médico brasileiro e, somente na falta, procede à sequência. Portanto, identificou inexistir relação trabalhista. Desse ponto de vista, é relação que se faz com entidades, países, de bolsas oferecidas, sem se dar diretamente entre o Brasil e o médico específico.[89] No que concerne a Cuba, há um intermediário que realiza a escolha de médicos ou faz a implantação, mas não é uma diferenciação realizada pelo Brasil. Os médicos que se inscrevem sabiam as condições da bolsa. O Brasil não trata desigualmente a bolsa que oferece no programa, faz o chamamento. A bolsa é oferecida a certas entidades e, no caso de Cuba, a entidade supervisora, ligada àquele governo, controla e fica com uma parcela. Entretanto, nada obriga o médico cubano a aceitar essa bolsa. Frisou o STF não haver tratamento diferenciado em todos os requisitos para o médico intercambista. O que acontece é que cada país se estrutura de uma determinada maneira dentro dos pactos tratados com o Brasil ou, nesta situação, das bolsas oferecidas.[90]

Aqui registramos que no programa ***Mais Médicos***, pouco mais da metade dos participantes vieram de cuba. Nesses termos, seriam cubanos aproximadamente 8.556 dos 16.707 participantes. Porém devido a atritos com o governo brasileiro, Cuba decidiu

88. STF. Plenário. ADI 5.035/DF e ADI 5.037/DF, Rel. p/ o ac. Min. Alexandre de Moraes, julg. em 30.11.2017.
89. STF. Plenário. ADI 5.035/DF e ADI 5.037/DF, Rel. p/ o ac. Min. Alexandre de Moraes, julg. em 30.11.2017.
90. STF. Plenário. ADI 5.035/DF e ADI 5.037/DF, Rel. p/ o ac. Min. Alexandre de Moraes, julg. em 30.11.2017. Porém, apesar da decisão do STF, o governo de Cuba informou em 14.11.2018 que decidiu sair do programa Mais Médicos. O governo de Cuba citou "referências diretas e depreciativas feitas pelo então presidente eleito Jair Bolsonaro à presença dos médicos cubanos no Brasil. Portanto, *o Ministério da Saúde Pública de Cuba tomou a decisão de não continuar participando do Programa Mais Médicos e assim comunicou à diretora da Organização Pan-Americana de Saúde [Opas] e aos líderes políticos brasileiros que fundaram e defenderam a iniciativa*."

retirar-se do programa em novembro de 2018 mediante comunicado a organização Pan-Americana de saúde.

Acontece que em agosto de 2019, o Presidente da República Jair Bolsonaro apresentou o ***Programa Médicos pelo Brasil*** como o substituto do ***Programa Mais Médicos*** (Medida Provisória 890). O novo programa prevê a abertura de 18 mil vagas de médicos para um atendimento a princípio em mais de 4 mil municípios, além de um plano de carreira para os profissionais. O ***Programa Mais Médicos*** não foi completamente anulado para não ocorrer um vácuo de profissionais, mas seria conforme o cronograma do atual governo alterado pelo novo programa (ou pelo menos complementado e incrementado).

Pois bem a MP 890 foi convertida na Lei nº 13.958/2019 de 18.12.2019. Esta Lei, como já dito, instituiu de forma definitiva o ***Programa Médicos pelo Brasil***, com a finalidade de incrementar a prestação de serviços médicos em locais de difícil provimento ou de alta vulnerabilidade e de fomentar a formação de médicos especialistas em medicina de família e comunidade, no âmbito da atenção primária à saúde no Sistema Único de Saúde (SUS), e autoriza o Poder Executivo federal a instituir serviço social autônomo denominado Agência para o Desenvolvimento da Atenção Primária à Saúde (**Adaps**)

Conforme o art. 2º, para os fins da nova Lei, consideram-se: I - atenção primária à saúde: o primeiro nível de atenção do SUS, com ênfase na saúde da família, a fim de garantir: a) o acesso de primeiro contato; e b) a integralidade, a continuidade e a coordenação do cuidado; II - locais de difícil provimento: a) Municípios de pequeno tamanho populacional, baixa densidade demográfica e distância relevante de centros urbanos, nos termos de ato do Ministro de Estado da Saúde, conforme classificação estabelecida pela Fundação Instituto Brasileiro de Geografia e Estatística (IBGE); e b) Distritos Sanitários Especiais Indígenas, comunidades remanescentes de quilombos ou comunidades ribeirinhas, incluídas as localidades atendidas por unidades fluviais de saúde, nos termos de ato do Ministro de Estado da Saúde; III - locais de alta vulnerabilidade: localidades com alta proporção de pessoas cadastradas nas equipes de saúde da família e que recebem benefício financeiro do Programa Bolsa Família, benefício de prestação continuada ou benefício previdenciário no valor máximo de 2 (dois) salários-mínimos, nos termos de ato do Ministro de Estado da Saúde.

Além disso, o novo programa previsto na Lei nº 13.958/2019 (***Programa Médicos pelo Brasil***) tem a finalidade de incrementar a prestação de serviços médicos em locais de difícil provimento ou de alta vulnerabilidade e de fomentar a formação de médicos especialistas em medicina de família e comunidade, no âmbito da atenção primária à saúde no SUS.

São objetivos do ***Programa Médicos pelo Brasil***: I - promover o acesso universal, igualitário e gratuito da população às ações e aos serviços do SUS, especialmente nos locais de difícil provimento ou de alta vulnerabilidade; II - fortalecer a atenção primária à saúde, com ênfase na saúde da família e na humanização da atenção;

III - valorizar os médicos da atenção primária à saúde, principalmente no âmbito da saúde da família; IV - aumentar a provisão de médicos em locais de difícil provimento ou de alta vulnerabilidade; V - desenvolver e intensificar a formação de médicos especialistas em medicina de família e comunidade; e VI - estimular a presença de médicos no SUS.[91]

Aqui é importante registrar, no que diz respeito a relação do antigo ***programa mais médicos pelo Brasil*** (Lei nº 12.871/2013) e o ***novo Programa médicos pelo Brasil*** (Lei nº 13.958/2019) temos no art. 34 da Lei nº 13.958/2019 que a Lei nº 12.871, de 22 de outubro de 2013, passa a vigorar acrescida do seguinte art. 23-A: Será reincorporado ao Projeto Mais Médicos para o Brasil, na forma do inciso II do ***caput*** do art. 13 desta Lei (Lei nº 13.958/2019), pelo ***prazo improrrogável de 2 (dois) anos, o médico intercambista que atender cumulativamente aos seguintes requisitos***: I - estar no exercício de suas atividades, no dia 13 de novembro de 2018, no âmbito do Projeto Mais Médicos para o Brasil, em razão do 80º Termo de Cooperação Técnica para implementação do Projeto Ampliação do Acesso da População Brasileira à Atenção Básica em Saúde, firmado entre o Governo da República Federativa do Brasil e a Organização Pan-Americana da Saúde/Organização Mundial da Saúde; II - ter sido desligado do Projeto Mais Médicos para o Brasil em virtude da ruptura do acordo de cooperação entre o Ministério da Saúde Pública de Cuba e a Organização Pan-Americana da Saúde/Organização Mundial da Saúde para a oferta de médicos para esse Projeto; e III - ter permanecido no território nacional até a data de publicação da Medida Provisória nº 890, de 1º de agosto de 2019, na condição de naturalizado, residente ou com pedido de refúgio."

E, por último, o importante art. 37 da Lei nº 13.958/2019 determina que essa nova Lei ***não altera*** a execução do ***Projeto Mais Médicos para o Brasil***, previsto na Lei nº 12.871, de 22 de outubro de 2013, nem as demais normas sobre o tema. Nesses termos, a Lei nº12.871 continua válida embora com as devidas ***alterações*** e ***complementações*** da Lei nº 13.958/2019.

Aqui temos ainda, que além da Lei nº 13.958/2019, foi promulgada também em 18.12.2019 a Lei nº 13.959/2019. Essa Lei instituiu o Exame Nacional de Revalidação de Diplomas Médicos Expedidos por Instituição de Educação Superior Estrangeira (Revalida).

---

91. Lei nº 13.958/2019: Art. 4º O Programa Médicos pelo Brasil será executado pela Adaps, nos termos do Capítulo III desta Lei, sob a orientação técnica e a supervisão do Ministério da Saúde. Parágrafo único. Compete ao Ministério da Saúde, entre outras competências, definir e divulgar: I - a relação dos Municípios aptos a serem incluídos no Programa Médicos pelo Brasil, de acordo com a definição de locais de difícil provimento ou de alta vulnerabilidade, observado o disposto no art. 2º desta Lei; II - os procedimentos e os requisitos para a adesão dos Municípios ao Programa Médicos pelo Brasil; III - a relação final dos Municípios incluídos no Programa Médicos pelo Brasil e o quantitativo de médicos da Adaps que atuarão em cada Município; e IV - as formas de participação dos usuários do Programa Médicos pelo Brasil na avaliação dos serviços prestados e do cumprimento de metas. Art. 5º A ***adesão do Município ao Programa Médicos pelo Brasil ocorrerá por meio de termo de adesão, do qual constarão suas obrigações no âmbito do Programa.***

Conforme art. 1º da Lei nº 13.959/2019 foi instituído o Exame Nacional de Revalidação de Diplomas Médicos Expedidos por Instituição de Educação Superior Estrangeira (Revalida), com a finalidade de incrementar a prestação de serviços médicos no território nacional e garantir a regularidade da revalidação de diplomas médicos expedidos por instituição de educação superior estrangeira e o acesso a ela.

Nesses termos, o Revalida tem os seguintes objetivos: I - verificar a aquisição de conhecimentos, habilidades e competências requeridas para o exercício profissional adequado aos princípios e às necessidades do Sistema Único de Saúde (SUS), em nível equivalente ao exigido nas Diretrizes Curriculares Nacionais do Curso de Graduação em Medicina no Brasil; e II - subsidiar o processo de revalidação de diplomas de que trata o art. 48 da Lei nº 9.394, de 20 de dezembro de 1996.

3.2. A Previdência Social e a sua recente reforma pela Emenda Constitucional nº 103/2019

No que diz respeito à previdência social, logo de início, deve-se destacar a importância do ***princípio da responsabilidade***, como norma fundamental, já que ela é financiada por toda a sociedade, seja por meio de recursos de ordem pública, seja por recursos de ordem privada. Para a doutrina, o princípio da responsabilidade consubstancia em uma imposição de obrigação de ordem ***moral*** no sentido de um dever de cuidado.

Umbilicalmente ligado ao princípio da responsabilidade está o ***princípio do equilíbrio financeiro e atuarial***. Aqui, busca-se estabelecer um ***sistema de seguro***, apontando para a necessidade de correlacionar benefícios e serviços da previdência social com fontes de custeio, visando à garantia da continuidade e certeza de longo prazo. Assim, "[...] à luz desse princípio – ou equilibramos a relação receitas/despesas do sistema previdenciário, para tanto exigindo mais rigor nos cálculos atuariais e corrigindo as gritantes distorções em matéria de benefícios, como a concessão de aposentadorias que, além de precoces à vista da crescente expectativa de vida dos segurados, ainda são pagas, sobretudo, no setor público, em quantias superiores ao valor das contribuições recolhidas para custá-las –, ou inviabilizaremos a nossa mais extensa rede de proteção social, com efeitos que não podem ser antevistos nem pelos mais clarividentes cientistas sociais."[92]

Nos termos do artigo 201 da CR/88, a previdência social será organizada sob a forma do Regime Geral de Previdência Social, de caráter contributivo e de filiação obrigatória, observados os critérios que preservem o equilíbrio financeiro e atuarial, e atenderá, na forma da lei: (1) cobertura dos eventos de incapacidade temporária ou permanente para o trabalho e idade avançada (redação dada pela EC nº 103 de 2019); (2) a proteção à maternidade, especialmente à gestante; (3) a proteção ao

92. MENDES, Gilmar Ferreira et al., *Curso de direito constitucional*, p. 1.300.

trabalhador em situação de desemprego involuntário; (4) o salário-família e auxílio-reclusão para os dependentes dos segurados de baixa renda; e (5) a pensão por morte do segurado, homem ou mulher, ao cônjuge ou companheiro e dependentes.[93]

A Previdência Social brasileira é composta por três regimes, a saber: Regime Geral de Previdência Social (**RGPS**), Regime Próprio de Previdência Social (**RPPS**) e Regime de Previdência Complementar (**RPC**).

O ***Regime Geral de Previdência Social*** é operado pelo Instituto Nacional do Seguro Social (INSS), autarquia federal vinculada ao Ministério do Desenvolvimento Social e Agrário. Como já mencionado, de acordo com o art. 201 da CR/88, o RGPS possui caráter contributivo e de filiação obrigatória, observados os critérios que preservem o equilíbrio financeiro e atuarial. Dentre os contribuintes, encontramos os empregados assalariados, domésticos, autônomos, contribuintes individuais, trabalhadores rurais, além dos empregadores.

Por sua vez, o ***Regime Próprio de Previdência Social*** é o regime de previdência dos servidores públicos, instituído por cada ente federativo. O servidor público do ente federativo que tenha instituído seu Regime Próprio de Previdência Social deverá obrigatoriamente filiar-se a ele.

Já o ***Regime de Previdência Complementar*** (regulado pelas Leis Complementares nºs. 108 e 109 de 29/05/2001) não possui caráter compulsório. Se trata de um regime privado, operado por Entidades Abertas de Previdência Complementar (EAPC) ou Entidades Fechadas de Previdência Complementar (EFPC), com a finalidade de proporcionar ao trabalhador uma renda complementar àquela oferecida pelo RGPS ou RPPS.

A Emenda Constitucional nº 103 de 12.11.2019, denominada ***"Reforma da Previdência"***, alterou as regras do Regime Geral de Previdência Social – RGPS, bem como regras do Regime Próprio de Previdência Social – RPPS, contudo, as alterações desta apenas dizem respeito aos Regimes Próprios da União. Para tanto, a EC 103/2019 estabeleceu regras de transição e disposições transitórias. Vamos, então, tratar especificamente da reforma referente ao RGPS e ao RPPS da União.

93. Conforme o STF: *Incide contribuição previdenciária sobre os rendimentos pagos aos exercentes de mandato eletivo, decorrentes da prestação de serviços à União, aos Estados e ao Distrito Federal ou aos Municípios, após o advento da Lei nº 10.887/2004, desde que não vinculados a regime próprio de previdência.* STF. Plenário. RE 626837/GO, Rel. Min. Dias Toffoli, julg. em 25.05.2017. Aqui, temos a seguinte indagação: *"Os exercentes de mandato eletivo (Presidente da República, Senadores, Deputados Federais, Governadores, Deputados Estaduais, Prefeitos e Vereadores) pagam contribuição previdenciária ao INSS? Eles são considerados segurados obrigatórios do Regime Geral de Previdência Social? Depende: Os "políticos" (exercentes de mandato eletivo) deverão estar, obrigatoriamente, vinculados a um regime de previdência, seja ele próprio ou geral. Nesse sentido: Se houver lei prevendo regime próprio para aquele grupo de "políticos" (ex: Deputados Federais e Senadores), então, eles estarão vinculados ao regime próprio, devendo pagar contribuição previdência para o referido plano. Por outro lado, se não houver lei prevendo regime próprio, tais "políticos" serão considerados segurados obrigatórios do RGPS ("empregados") e deverão pagar as contribuições previdenciárias ao INSS sobre os rendimentos que recebem."* Dizer o Direito, Inf 866, maio de 2017.

3.2.1. *Aposentadoria voluntária no regime geral de previdência social*

a) Quanto à idade mínima e o tempo de contribuição

A reforma da previdência extinguiu a possibilidade de aposentadoria apenas por tempo de contribuição, sendo agora, necessário também a idade mínima de 62 anos para mulheres e 65 anos para homens, no que tange aos trabalhadores urbanos vinculados ao Regime Geral de Previdência Social (RGPS). Para os trabalhadores rurais, garimpeiros e pescadores artesanais, a idade mínima fixada foi de 55 anos para mulheres e 60 anos para homens. Já os professores que exerçam suas funções na educação infantil, ensino fundamental ou médio, poderão se aposentar com 57 anos, se mulher, e 60 anos, se homem. Essas são as regras definidas nos §§ 7º e 8º do art. 201 da Constituição Federal reformada.

Quanto ao tempo de contribuição, os trabalhadores que não estavam no mercado até a entrada em vigor da presente reforma precisarão contribuir 20 anos, quando homem, e 15 anos, quando mulher. Esses tempos mínimos de contribuição podem ser alterados a qualquer momento via lei ordinária. Já os professores, poderão se aposentar quando comprovarem 25 anos de contribuição exclusivamente em efetivo exercício (vale frisar: professores da educação infantil, ensino fundamental e médio). Aqui temos que essa regra apenas pode ser alterada por lei complementar, nos termos do art. 19 e seu §1º da EC 103/2019.

Em síntese, temos então que os trabalhadores urbanos se aposentarão com 65 anos de idade e 20 anos de contribuição (homens), enquanto a mulher se aposentará com 62 anos de idade e 15 anos de contribuição. Os professores (homens), por sua vez, poderão se aposentar com 60 anos de idade e 25 de contribuição, e as professoras com 57 anos de idade e 25 de contribuição.

Importante salientar que as regras acima descritas apenas serão aplicáveis àqueles trabalhadores que se filiarem ao RGPS após a vigência da EC/2019. Os trabalhadores que já eram contribuintes antes da entrada em vigor da referida emenda observarão as regras de transição discutidas posteriormente, respeitando, assim, o direito adquirido.

Ademais, é de se frisar que essas novas regras de aposentadoria, como já falado, não se aplicarão aos servidores dos Estados, Distrito Federal e Municípios, aplicando-se à estes as normas constitucionais e infraconstitucionais anteriores à data de entrada em vigor da Emenda Constitucional em comento, enquanto não promovidas alterações na legislação interna relacionada ao respectivo regime próprio de previdência social, conforme dispõe o art. 10, §7° da EC 103/2019.

b) Quanto ao cálculo

Até que lei discipline, segundo o art. 26 da EC 103/2019, o cálculo do benefício do RGPS e RPPS da União se dará da seguinte maneira: será utilizada a **média aritmética simples dos salários de contribuição e das remunerações** adotados como base para contribuições a regime próprio de previdência social e ao Regime Geral de Previdência Social, ou como base para contribuições decorrentes das atividades militares de que tratam os arts. 42 e 142 da CR/88, atualizados monetariamente, **correspondentes a 100% do período contributivo desde a competência julho de 1994** ou desde o início da contribuição, se posterior àquela competência.[94] Vale ressaltar que a média aritmética observará o limite máximo do salário de contribuição dos segurados vinculados ao RGPS.

Para abalizada doutrina, a regra que dispõe sobre o novo cálculo do benefício revoga o artigo 29, incisos I e II da Lei 8.213/1991 (lei que dispõe sobre os Planos de Benefícios da Previdência Social e dá outras providências), na medida em que se refere ao *cálculo do benefício* e não à aposentadoria especificamente. *"Desta forma, entendemos que mesmo o auxílio-doença e o auxílio-reclusão serão afetados, no que couber, por essa nova regra, devendo ser calculados sem direito a descartar os 20% menores salários de contribuição a partir de julho de 1994".*[95]

Quando atingido o tempo mínimo de contribuição, **o trabalhador terá direito a se aposentar com 60% do valor da média aritmética acima**, subindo esse percentual 2 pontos a cada ano de contribuição que exceder 20 anos de contribuição, quando homem, e 15 anos, se mulher.

Temos então que o homem apenas conseguirá se aposentar com 100% da média após completar 40 anos de contribuição, ao passo que a mulher, por sua vez, precisará contribuir por 35 anos para ter o mesmo direito.

De acordo com Kertzman, o novo cálculo do benefício trouxe grande perda no valor das aposentadorias quando comparado ao modelo antigo. A primeira delas é referente ao descarte dos 20% dos menores salários de contribuição. Sem a possibilidade de tal descarte, como é agora, poderá ocorrer uma diminuição substancial no valor da média aritmética. Seguiremos com exemplos dados pelo autor:

EXEMPLO 1

> Um homem que contribuiu oito anos com a base contributiva corrigida de R$ 1000,00 (valor próximo do mínimo) e durante 32 anos sobre o valor corrigido de R$ 5.000,00. Qual seria a sua perda por não poder descartar os 20% menores salários de contribuição?

RESPOSTA

> **Cálculo com descarte de 20%: O valor da média seria exatamente R$ 5.000,00,** uma vez que foram descartados todos os salários de contribuição dos oito menores anos contributivos (20% de 40 anos), restando apenas os 32 anos em que o segurado contribuiu sobre R$ 5.000,00.

94. A regra anterior estipulava que o salário de benefício se dava levando em conta a média dos 80% maiores salários de contribuição, descartando-se, assim, os 20% menores.
95. KERTZMAN, Ivan. Entendendo a reforma da previdência. Salvador: Editora Juspodivm, 2020. p. 35.

Cálculo sem descarte de 20%: O valor da média seria exatamente R$ 4.200,00, calculados somando os 32 anos em que o segurado contribuiu sobre R$ 5.000 e os oito anos em que ele contribuiu sobre R$ 1.000,00. A demonstração do cálculo é (5000 x 32 + 8 x 1000)/40 = R$ 4.200,00.

A perda foi de exatamente 16% do valor da média.

EXEMPLO 2

Vamos ao segundo exemplo que demonstra um cálculo mais ameno de perda com a mudança da base de cálculo. Uma mulher que possua sete anos contribuindo com média corrigida de R$ 2.500,00 e mais 28 anos contribuindo com uma média corrigida de R$ 5.500,00, perde quanto com a nova sistemática?

RESPOSTA

Cálculo com descarte de 20%: O valor da média seria exatamente R$ 5.500,00, uma vez que foram descartados todos os salários de contribuição dos sete menores anos contributivos (20% de 35 anos), restando apenas os 32 anos em que a segurada contribuiu sobre R$ 5.500,00.

Cálculo sem descarte de 20%: O valor da média seria exatamente R$ 4.900,00, calculados somando os 28 anos em que a segurada contribuiu sobre R$ 5.500 e os 7 anos em que ela contribuiu sobre R$ 2.500,00. A demonstração do cálculo é (5500 x 28 + 7 x 2500)/35 = R$ 4.900,00.

A perda foi de exatamente 12% do valor da média.[96]

Outra perda bastante relevante foi em relação a renda mensal do benefício. Nesse sentido, *"basta perceber que quem cumpre a regra permanente para a concessão da nova aposentadoria (65 anos de idade, homens urbanos, com 20 anos de contribuição, 60 anos homens rurais e 15 anos de contribuição, 62 anos de idade, mulheres urbanas, 55 rurais, e 15 anos de contribuição, mulheres), na maioria das vezes já teriam cumprido as regras para a concessão da extinta aposentadoria por idade (65 anos, homens urbanos, 60, homens rurais, e 60 anos de idade, mulheres urbanas, 55 anos, rurais, todos com carência de 180 contribuições)*[97].

c) Regras de transição

A Emenda Constitucional 103 de 2019 prevê algumas regras de transição. Será permitida a escolha da forma que for mais vantajosa ao contribuinte que já era segurado até a entrada em vigor da Emenda Constitucional.

1. **Sistema de pontos 86/96**

A soma da idade do filiado com o tempo de contribuição precisará alcançar a pontuação mínima de 86 para as mulheres e 96 para os homens. É imprescindível que seja observado o tempo mínimo de contribuição que

96. KERTZMAN, Ivan. Entendendo a reforma da previdência. Salvador: Editora Juspodivm, 2020. p. 38.
97. KERTZMAN, Ivan. Entendendo a reforma da previdência. Salvador: Editora Juspodivm, 2020. p. 39.

valia antes da EC 103 (30 anos para mulheres e 35 para homens). Essa regra de transição visa beneficiar aqueles trabalhadores que começaram a laborar mais cedo. Ademais, a partir de 1º de janeiro de 2020, a pontuação acima será acrescida de 1 ponto a cada ano, até atingir o limite de 100 pontos, se mulher, e de 105 pontos, se homem. Para os professores que comprovarem que exerceram exclusivamente o cargo e contribuíram 25 anos, se mulher, e 30 se homem, o somatório será equivalente a 81 para as mulheres e 91 para os homens. Do mesmo modo ocorrerá o acréscimo de 1 ponto a cada ano, sendo para a mulher até o limite de 92 pontos e para o homem o limite de 100 pontos. O valor da aposentadoria concedida se dará na forma da regra geral já estudada.

2. Tempo de contribuição + idade mínima

Nessa regra o filiado deverá preencher dois requisitos: a) 30 anos de contribuição se mulher, e 35 anos, se homem; b) idade mínima de 56 anos, se mulher, e 61 anos, se homem. Aqui também há o sistema de acréscimo, sendo, a partir de 1º de janeiro de 2020 acrescido 6 meses a cada ano nas idades acima mencionadas, até o limite de 62 anos para a mulher e 65 anos para o homem. Para os professores que comprovarem o exercício regular na função, o tempo de contribuição e a idade supracitados serão reduzidos em 5 anos, e o sistema de acréscimo será até o limite de 57 anos para a mulher e 60 anos para o homem. Aqui o valor da aposentadoria concedida também se dará na forma da regra geral já estudada.

3. Tempo de contribuição + pedágio de 50%

Essa regra beneficia o filiado que está a 2 anos de concluir o tempo mínimo de contribuição estabelecido anteriormente (30 anos, se mulher, e 35, se homem), ou seja, aquele contribuinte que conta com 28 anos de contribuição, se mulher, e 33 anos, se homem. Para esses, a aposentadoria será assegurada quando preenchido os seguintes requisitos: a) 30 anos de contribuição quando mulher e 35 quando homem; b) o cumprimento de mais 50% do tempo que faltaria para atingir 30 anos de contribuição, se mulher, e 35 anos, se homem. Por exemplo: se o trabalhador homem contava com 34 anos de contribuição, precisará trabalhar 1 ano + 50% (6 meses), ou seja, deverá trabalhar mais 18 meses. Aqui, diferentemente das regras anteriores, temos que o benefício concedido terá seu valor apurado de acordo com a média aritmética simples dos salários de contribuição e das remunerações calculada na forma da lei, multiplicada pelo fator previdenciário, calculado na forma do disposto nos §§ 7º a 9º do art. 29 da Lei nº 8.213 (lei que dispõe sobre os Planos de Benefícios da Previdência Social e dá outras providências).

4. **Idade + tempo mínimo de contribuição (RGPS)**

O filiado poderá se aposentar com 60 anos, se mulher, e 65, se homem, desde que tenha contribuído por no mínimo 15 anos, para ambos os sexos. Aqui também será concedido o acréscimo de 6 meses a cada ano, contudo, somente para a mulher, podendo chegar até 62 anos. O cálculo da aposentadoria seguirá a regra geral já estudada.

5. **Pedágio de 100% (RGPS e servidor público federal filiado ao RGPS)**

Essa regra vale tanto para o filiado ao RGPS, quanto para o servidor público federal vinculado ao RGPS. Para se aposentar seguindo essa regra de transição, o segurado ou servidor precisará preencher dois requisitos: a) 57 anos de idade, se mulher, e 60, se homem; b) tempo mínimo de contribuição de 30 anos, se mulher, e 35 anos, se homem; c) período adicional de contribuição de 100% do tempo que faltava para atingir o tempo mínimo de contribuição quando da entrada em vigor da Emenda Constitucional (ex.: se faltava 1 ano para aposentar, será necessário contribuir por 2 anos).

Os professores que comprovarem o tempo de efetivo exercício na função, terão reduzidos 5 anos dos requisitos de idade e tempo de contribuição. Quanto à aposentadoria, temos que corresponderá a 100% da média aritmética de todos os salários de contribuição.

3.2.2. Aposentadoria voluntária no regime próprio de previdência social da união

Conforme dispõe o art. 40 da CR/88, com redação alterada pela EC 103/2019, o regime próprio de previdência social dos servidores titulares de cargos efetivos terá caráter contributivo e solidário, mediante contribuição do respectivo ente federativo, de servidores ativos, de aposentados e de pensionistas, observados critérios que preservem o equilíbrio financeiro e atuarial. Essa nova redação retirou a obrigatoriedade de Estados e Municípios seguirem o texto permanente da CR/88, ou seja, Estados e Municípios foram retirados da Reforma da Previdência de 2019[98].

a) Quanto à idade mínima e o tempo de contribuição

Conforme dispõe o reformado art. 40, §1º, inciso III, no âmbito da União, o segurado será aposentado aos 62 anos, se mulher, e 65 anos, se homem. O §5º do mesmo artigo dispõe que os professores terão a idade mínima reduzida em 5 anos, desde que comprovem tempo de efetivo exercício das funções de magistério na educação

98. KERTZMAN, Ivan. Entendendo a reforma da previdência. Salvador: Editora Juspodivm, 2020. p. 71.

infantil, ensino fundamental e médio, fixado em lei complementar do respectivo ente federativo.

É de se perceber que, apesar de a idade para aposentadoria dos servidores da União ter sido definida no art. 40, §1º, inciso III da CR/88, o dispositivo não trouxe o tempo mínimo de contribuição, sendo este tempo fixado no art. 10, §1º da EC 103/2019, até que lei federal sobre os benefícios do RPPS da União entre em vigor.

De acordo com o citado artigo, os servidores do regime próprio da união poderão se aposentar voluntariamente quando completarem 62 anos de idade, se mulher e 65, se homem, desde que ambos tenham contribuído por 25 anos e tenham cumprido 10 anos de efetivo exercício no serviço público, sendo 5 anos no cargo em que se der a aposentadoria.

Os professores poderão se aposentar aos 57 anos de idade, se mulher, e 60 anos, se homem, desde que tenham contribuído por 25 anos exclusivamente no exercício de funções de magistério (educação infantil, ensino fundamental e médio), sendo 10 anos no serviço público e 5 anos no cargo em que se conceder a aposentadoria.

Os policiais federais, legislativos, civis do Distrito Federal e os agentes federais penitenciários e socioeducativos poderão se aposentar com idade mínima de 55 anos, para ambos os sexos, e o tempo de contribuição será de 30 anos, sendo 25 no exercício da carreira.

Os servidores públicos federais que exercem atividade com exposição a agentes químicos, físicos e biológicos que prejudicam a saúde, vedada a caracterização por categoria profissional ou ocupação, poderão se aposentar aos 60 anos de idade, com 25 anos de contribuição e efetiva exposição, sendo 10 anos de exercício no serviço público e 5 anos no cargo em que for concedida a aposentadoria.

b) Quanto ao cálculo

Dispõe o art. 26 da EC 103/2019:

> *Art. 26. Até que lei discipline o cálculo dos benefícios do regime próprio de previdência social da União e do Regime Geral de Previdência Social, será utilizada a média aritmética simples dos salários de contribuição e das remunerações adotados como base para contribuições a regime próprio de previdência social e ao Regime Geral de Previdência Social, ou como base para contribuições decorrentes das atividades militares de que tratam os arts. 42 e 142 da Constituição Federal, atualizados monetariamente, correspondentes a 100% (cem por cento) do período contributivo desde a competência julho de 1994 ou desde o início da contribuição, se posterior àquela competência.*

Conforme menciona Kertzman, essa é mais uma das disposições transitórias "permanentes", que pode ser alterada por lei.[99] Aqui, temos então que a média

99. KERTZMAN, Ivan. Entendendo a reforma da previdência. Salvador: Editora Juspodivm, 2020. p. 79.

aritmética se dará com base em todas as contribuições, incluindo as 20% menores (ou seja, 100% das contribuições). Ainda, nos termos do art. 26, §1º da EC 103/2019, essa média será limitada ao valor máximo do salário de contribuição do RGPS para o servidor que ingressou no serviço público em cargo efetivo após a implantação do regime de previdência complementar ou que tenha exercido a opção de migração correspondente (§§ 14 a 16 do art. 40 da CR/88).

Depois de calcular a média aritmética nos moldes acima (sem descartar as 20% contribuições menores), será determinado o valor do benefício: 60% da média, com acréscimo de 2% para cada ano que exceder 20 anos de contribuição. Chegamos à conclusão, então, que tanto a mulher quanto o homem vinculado ao RPPS da União só terão direito ao valor correspondente a 100% da média quando atingirem 40 anos de contribuição.

Segundo Kertzman, o não descarte das contribuições menores causa grande perda para o segurado. *A perda é tão relevante que o constituinte derivado se preocupou com a possibilidade da inclusão de novas contribuições que superem o tempo mínimo exigido pudesse resultar em diminuição no valor dos benefícios, o que feriria o bom senso. Para se evitar que isso ocorresse, foi criada a regra de* ***garantia do melhor benefício.***[100]

Nos termos do art, 26, §6º da EC 103/2019, poderão ser excluídas da média as contribuições que resultem em redução do valor do benefício, desde que mantido o tempo mínimo de contribuição exigido, vedada a utilização do tempo excluído para qualquer finalidade, **inclusive para o acréscimo de 2% por ano adicional ao tempo mínimo.**

Conforme preleciona Kertzman, *esse dispositivo institui a* ***garantia do melhor benefício****, ou seja, sempre que a utilização de remunerações adicionais ao tempo mínimo possa resultar em diminuição do valor do benefício, estes poderão ser excluídos, desde que não seja utilizado para qualquer finalidade. A exclusão do tempo pode gerar um acréscimo da média, mas, em contrapartida, vai gerar uma redução no valor do benefício de 2% por cada ano suprimido da média*[101].

c) Regras de transição

1. **Sistema de pontos 86/96 e idade progressivas**

   O servidor público federal que tenha ingressado no cargo público até a data em vigor da emenda poderá aposentar-se se preenchidos os seguintes requisitos: a) 56 anos de idade, se mulher, e 61, se homem, até 31 de dezembro de 2021. A partir de 1º de janeiro de 2022, a idade mínima será de 57 anos para a mulher e 62 para o homem; b) 30 anos de contribuição, se mulher, e 35, se homem; c) 20 anos de exercício no serviço público, sendo 5 anos no cargo efetivo em que se pretende aposentar; e d) a soma da idade e do tempo de contribuição deverá

100. KERTZMAN, Ivan. Entendendo a reforma da previdência. Salvador: Editora Juspodivm, 2020. p. 83.
101. KERTZMAN, Ivan. Entendendo a reforma da previdência. Salvador: Editora Juspodivm, 2020. p. 83.

equivaler a 86 pontos, se mulher, e 96, se homem. Haverá o acréscimo de pontos, a partir de 1º de janeiro de 2020, sendo acrescido a cada ano 1 ponto até o limite de 100 pontos, se mulher, e 105, se homem. Para os professores, será reduzido 5 anos da idade e do tempo de contribuição, ficando assim: a) 51 anos de idade, mulher, e 56 anos, homem; b) será de 25 anos de contribuição, quando mulher, e 30 quando homem. A soma da idade também muda, que para a mulher será de 81 pontos e para o homem 91 pontos, podendo, com o acréscimo, atingir 92 pontos (mulher) e 100 pontos (homem). Os servidores públicos que tenham ingressado em cargo efetivo até 31 de dezembro de 2003, terão o valor da aposentadoria correspondente à totalidade da remuneração no cargo em que se der a aposentadoria desde que tenha, no mínimo, 62 anos de idade, se mulher, e 65 anos de idade, se homem, ou, para os titulares do cargo de professor 57 anos de idade, se mulher, e 60 anos de idade, se homem. Já para os demais servidores, o cálculo do benefício se dará na forma já demonstrada anteriormente, qual seja, 60% para 20 anos de contribuição, homens e mulheres, acrescentados 2% por ano adicional.

2. **Pedágio de 100% (RGPS e servidor público federal filiado ao RGPS)**

Seguindo essa regra de transição, o servidor público poderá aposentar quando preencher os seguintes requisitos: a) 57 anos de idade, se mulher, e 60, se homem; b) tempo mínimo de contribuição de 30 anos, se mulher, e 35 anos, se homem; c) 20 anos de efetivo exercício no serviço público e cinco anos no cargo efetivo em que se der a aposentadoria; d) período adicional de contribuição de 100% do tempo que faltava para atingir o tempo mínimo de contribuição quando da entrada em vigor da EC 103/2019 (ex.: se faltava 1 ano para aposentar, será necessário contribuir por 2 anos). Os professores que comprovarem o tempo de efetivo exercício na função, terão reduzidos 5 anos dos requisitos de idade e tempo de contribuição. Quanto ao valor aposentadoria, temos que em relação ao servidor público que tenha ingressado no serviço público em cargo efetivo até 31/12/2003 e que não tenha feito a opção pela migração para o regime de previdência complementar oficial de trata o § 16 do art. 40 da CR/88, será devido a totalidade da remuneração no cargo efetivo em que se der a aposentadoria. Aos demais, temos que corresponderá a 100% da média aritmética de todas as remunerações.

3.2.3. *Outras formas de aposentadoria*

a) Aposentadoria por incapacidade permanente no RGPS

A antiga aposentadoria por invalidez agora é denominada aposentadoria por incapacidade permanente. As hipóteses de concessão para tal benefício não foram alteradas pela EC 103/2019, em contrapartida houve **mudança substancial no cálculo do valor do benefício**. Conforme dispõe o art. 26, §2°, inciso III da EC 103/2019, o valor da referida aposentadoria corresponderá a 60% da média dos salários de contribuição (média aritmética simples dos salários de contribuição, incluindo os 20% menores, desde a competência de julho de 1994 ou, se posterior, desde o início da contribuição), acrescido 2 pontos percentuais a cada ano que exceder o tempo de 20 anos de contribuição, para os homens, e de 15 anos, para as mulheres filiadas ao RGPS.

Temos, então, que os homens só terão direito a 100% da média aritmética quando completarem 40 anos de contribuição, e as mulheres terão esse direito quando atingirem 35 anos de contribuição.

Para Kertzman, essa regra de cálculo não é nem um pouco razoável na medida em que não faz sentido relacionar o valor de um benefício não previsto ao tempo de contribuição. *É como se o segurado pudesse optar pelo momento da vida que ficará inválido. Notem, ainda, que na invalidez precoce é quando o segurado, em regra, tem filhos para sustentar, necessitando, em tese, de uma renda maior.*[102]

No que se refere aos casos de **aposentadoria por incapacidade permanente, quando decorrer de acidente de trabalho, de doença profissional e de doença do trabalho**, o valor do benefício corresponderá a 100% da média aritmética, independentemente dos anos de contribuição, o que faz com que esse benefício tenha menor prejuízo quando comparado ao acima mencionado.

Uma polêmica trazida pela doutrina no tocante a este tema é a definição de quais segurados poderão ser contemplados por estas regras diferencias.[103] A legislação previdenciária vigente (Decreto 3.048/1999) dispõe em seu art. 104 que apenas os segurados empregados, empregados domésticos, trabalhadores avulsos e segurados especiais possuem o direito aos benefícios acidentários, além disso, eles precisam necessariamente estar a serviço da empresa ou do empregador (art. 19, Lei 8.213/1991).

Já a EC 103/2019, em seu art. 26, §3º inciso II, não excluiu a possibilidade de que contribuintes individuais autônomos pudessem usufruir dessa vantagem, vejamos o que diz seu texto: *§ 3º O valor do benefício de* ***aposentadoria*** *corresponderá a 100% (cem por cento) da média aritmética definida na forma prevista no caput e no* ***§ 1º: II - no caso de aposentadoria por incapacidade permanente, quando decorrer de acidente de trabalho, de doença profissional e de doença do trabalho***. Conforme se percebe, não há, então, nenhuma limitação aos demais contribuintes individuais, sendo devido a aposentadoria, neste caso, a todos os segurados do RGPS.

b) Aposentadoria por incapacidade permanente no RPPS

O art. 40, §1º, inciso I da CR/88, alterado pela EC 103/2019, dispõe agora que o servidor segurado pelo RPPS poderá se aposentar por incapacidade permanente

102. KERTZMAN, Ivan. Entendendo a reforma da previdência. Salvador: Editora Juspodivm, 2020. p. 111.
103. KERTZMAN, Ivan. Entendendo a reforma da previdência. Salvador: Editora Juspodivm, 2020. p. 109.

para o trabalho, no cargo em que estiver investido, quando insuscetível de readaptação, hipótese em que será obrigatória a realização de avaliações periódicas para verificação da continuidade das condições que ensejaram a concessão da aposentadoria, na forma de lei do respectivo ente federativo.

Há uma inovação trazida pela EC 103/2019, que não mais permite a aposentadoria por invalidez de um servidor que tenha condições de exercer outras atividades. Vejamos o que diz o reformado art. 37, §13 da CR/88: *O servidor público titular de cargo efetivo poderá ser readaptado para exercício de cargo cujas atribuições e responsabilidades sejam compatíveis com a limitação que tenha sofrido em sua capacidade física ou mental, enquanto permanecer nesta condição, desde que possua a habilitação e o nível de escolaridade exigidos para o cargo de destino, mantida a remuneração do cargo de origem.*

No tocante a **regra de cálculo do benefício**, esta restou igual a regra do RGPS. Será calculada a média aritmética de todos os salários de contribuições, desde a competência de julho de 1994 ou, se posterior, desde o início da contribuição. O valor do benefício será 60% da referida média, com acréscimo de 2% para cada ano de contribuição que exceder o tempo de 20 anos de contribuição para os homens e para as mulheres.

Temos então, diferente do RGPS, que tanto os homens quanto as mulheres, só terão direito a 100% da média aritmética quando completarem 40 anos de contribuição.

A **aposentadoria por incapacidade permanente, quando decorrer de acidente de trabalho, de doença profissional e de doença do trabalho**, no RPPS, se dará nos mesmos moldes do RGPS, ou seja, faz se a média e aplica-se 100% dessa média, independentemente dos anos de contribuição.

c) Aposentadoria de parlamentares

Antes da reforma da previdência, e em substituição ao então Instituto de Previdência do Congressista, a Lei 9.506/97 criou o Plano de Seguridade Social dos Congressistas. Sinteticamente temos que, nesse Plano, o congressista federal poderia se aposentar, com direito à aposentadoria integral, com 35 anos de mandato, independentemente de idade, e no caso de não se atingir o tempo integral, teria o congressista direito à aposentadoria proporcional. Essa lei previu ainda que o congressista que não tivesse vinculado do plano supra nem a outro regime de previdência, participaria, obrigatoriamente, do RGPS, na condição de empregado.[104]

Com o advento da reforma previdenciária, os segurados já titulares de mandato eletivo da União, dos Estados, do Distrito Federal e dos Municípios, **poderão optar por permanecer em seu atual regime de previdência atual** (Plano de Seguridade Social dos Congressistas) ou retirar-se, mediante formalização. Mas não será permitido a adesão de novos segurados, nem a instituição de novos planos especiais.

104. KERTZMAN, Ivan. Entendendo a reforma da previdência. Salvador: Editora Juspodivm, 2020. p. 224.

Os que optarem por sair, terão, de acordo com o §2º do art. 14 da EC 103/2019, assegurada a contagem do tempo de contribuição vertido para o regime de previdência ao qual o segurado se encontrava vinculado, nos termos do § 9º do art. 201 da CR/88.

Aquele que optar por permanecer no regime atual só poderá se aposentar com a idade mínima de 62 anos, se mulher, e 65, se homem. Ademais, precisará cumprir período adicional correspondente a 30% do tempo de contribuição que faltaria para aposentar na data de entrada em vigor da EC 103/2019.

Assim, as regras para a aposentadoria dos congressistas também foram dificultadas com a Reforma, passando a exigir[105]:

- **35 anos de mandato;**
- **65 anos de idade, homens, 62 anos de idade mulheres;**
- **30% de pedágio em relação ao tempo faltante para completar os 35 anos de mandato.**

No que tange aos Estados, Distrito Federal ou Municípios, previu o §5º do art. 14 da EC 103/2019 que lei específica deverá disciplinar a regra de transição a ser aplicada aos segurados que fizerem a opção de permanecer no regime previdenciário que fazia parte na entrada em vigor da emenda.

Em relação aos servidores públicos vinculados ao RPPS que vierem a ocupar cargo eletivo, a EC 103/2019 dispôs que estes permanecerão em seu regime próprio de origem.

Por fim, temos que **os novos eleitos entrarão automaticamente no Regime Geral de Previdência Social.**

3.2.4. Pensão por morte

A reforma da previdência, ao alterar as regras para o cálculo do benefício da aposentadoria, também alterou o cálculo para a pensão por morte. Nos termos do art. 23 da EC 103/2019, a **pensão por morte para o dependente do segurado ou dependente de servidor público federal** será de 50% do valor da aposentadoria recebida pelo segurado ou servidor ou 50% do valor que teria direito se fosse aposentado por incapacidade, na data do óbito, mais o referente a 10% da aposentadoria para cada dependente, até o máximo de 100%. Com a cessação da dependência, exclui-se o acréscimo de 10%. Todavia, temos que se ainda restar 5 ou mais de 5 dependentes, o valor do benefício continuará sendo de 100%.

Vejamos um exemplo de cálculo de pensão por morte de trabalhador vinculado ao RGPS[106]:

105. KERTZMAN, Ivan. Entendendo a reforma da previdência. Salvador: Editora Juspodivm, 2020. p. 225.
106. KERTZMAN, Ivan. Entendendo a reforma da previdência. Salvador: Editora Juspodivm, 2020. p. 172/173.

EXEMPLO:

Arnaldo trabalhava como empregado do RGPS há 16 anos, quando sofreu de infarto fulminante. Arnaldo deixou dois filhos menores de 21 anos de idade. Sabendo que sua média contributiva era de R$ 5.000,00, qual o valor da pensão por morte deixada por Arnaldo?

RESPOSTA:

Como Arnaldo tinha apenas 16 anos de contribuição, sobre sua média aplica-se 60% para encontrar o valor da aposentadoria por invalidez a que ele teria direito, resultando em **R$ 3.000,00** (5.000 x 60%).

Sobre esse valor, ele deixará 70% para seus filhos (50% + 20%, dois dependentes), resultando no valor de **R$ 2.100,00** (70% x 3.000).

Cada um de seus filhos receberá uma cota de **R$ 1.050,00**, mas, quando o primeiro completar a maioridade, a sua cota será extinta e o segundo passará a receber **R$ 1.800,00** (60% x 3.000), ou seja, foi reduzido os 10% relativo ao dependente que teve a cota extinta.

Se Arnaldo tivesse falecido antes da reforma, o valor do benefício deixado para seus dependentes seria de **R$ 5.000,00**, ou até mais, pois sua média seria superior a este valor devido a eliminação dos 20% menores salários de contribuição. Cada um de seus filhos receberia **R$ 2.500,00** e, quando um perdesse a qualidade de dependente, o outro passaria a receber **R$ 5.000,00**.

Concluindo, Arnaldo faleceu na hora errada...

Quando houver dependente inválido ou portador de deficiência intelectual, mental ou grave, a pensão será equivalente a 100% do valor da aposentadoria até o limite máximo de benefícios do RGPS, ou, quando o valor for superior ao limite máximo, terá direito a 50% mais 10% por dependente, até o limite de 100%.

Em relação às polícias federais, legislativa, civil do DF e agentes federais penitenciário e socioeducativo, temos que a pensão por morte devida a seus dependentes, quando a morte decorrer de agressão sofrida no exercício ou em razão de sua função, será equivalente à remuneração do cargo e vitalícia para o cônjuge ou companheiro.

Na hipótese de acumulação de pensões de diferentes regimes previdenciários ou de pensão acumulada com aposentadoria ou de pensões do mesmo instituidor decorrentes do exercício de cargo acumulável (art. 37 CR/88) ou ainda de pensão por morte decorrente de atividades militares de que tratam o art. 42 e 142 da CR/88, será assegurado ao dependente o valor integral do benefício mais vantajoso e uma parte de cada um dos demais benefícios, conforme dispõe o §2º do art. 24 da EC 103.

Importante registrar que tanto a pensão por morte do RGPS, quanto a pensão por morte do RPPS da União, deverão respeitar o limite mínimo de um salário mínimo.

3.2.5. *Considerações finais*

Passamos nesse momento, a uma análise de julgados importantes do STF, sobre o tema em comento:

1) O STF já que lei estadual ou lei municipal não podem estabelecer requisitos (condições) para que essa contagem recíproca do tempo de contribuição seja realizada. Ou seja, lei estadual, por exemplo, não pode exigir que o servidor público pague um número mínimo de contribuições no RPPS para que ele possa "aproveitar" o tempo de contribuição no RGPS. Segundo o Pretório Excelso, a imposição de tais restrições, por legislação estadual ou municipal, contraria o supracitado § 9º do art. 201 da CR/88.[107]

2) Outra questão interessante, enfrentada recentemente pelo STF, refere-se ao instituto da *desaposentação*.

A desaposentação, conforme o Informativo 845 do STF, *consiste na renúncia a benefício de aposentadoria, com a utilização do tempo de serviço ou contribuição que fundamentara a prestação previdenciária originária, para a obtenção de benefício mais vantajoso em nova aposentadoria*. Ou seja, temos com isso o ato do segurado de renunciar à aposentadoria que recebe a fim de que possa requerer uma nova aposentadoria (reaposentação), dessa vez mais vantajosa, no mesmo regime previdenciário ou em outro.[108]

Nesse sentido, o segurado, mesmo depois de se aposentar, continua trabalhando e pagando contribuições previdenciárias. Depois de algum tempo nessa situação, ele renuncia à aposentadoria que recebe e pede para somar o tempo que contribuiu antes e depois da aposentadoria com o objetivo de requerer uma nova aposentadoria, desta vez mais vantajosa.

Em um breve histórico sobre a questão, temos que o INSS nunca admitiu administrativamente a desaposentação, e, em virtude disso, os segurados passaram a ajuizar ações judiciais postulando a desaposentação. O STJ passou a decidir que seria possível a renúncia à aposentadoria por tempo de serviço (desaposentação) objetivando a concessão de novo benefício mais vantajoso da mesma natureza (reaposentação), com o cômputo dos salários de contribuição posteriores à

107. RE 650.851 QO/SP, julg. em 01.10.2014 (Plenário do STF – Repercussão Geral) Rel. Min. Gilmar Mendes. Aqui é importante citarmos o novo art.201 § 9º da CR/88: § 9º Para fins de aposentadoria, será assegurada a contagem recíproca do tempo de contribuição entre o Regime Geral de Previdência Social e os regimes próprios de previdência social, e destes entre si, observada a compensação financeira, de acordo com os critérios estabelecidos em lei. (Redação dada pela Emenda Constitucional nº 103, de 2019)

108. LOPES CAVALCANTE. Márcio André, *Comentários ao Informativo 645 do STF*. 10.11.2016. *"O pedido de desaposentação ocorre normalmente nos casos em que a pessoa se aposenta, mas continua trabalhando e, portanto, contribuindo. Assim, este tempo de contribuição após a primeira aposentadoria, se computado, geraria um provento maior, o que justificaria a renúncia ao benefício que a pessoa estava recebendo para que pudesse formular novo pedido de aposentação. Outra hipótese seria no caso de um aposentado pelo regime geral (INSS) que preste um concurso e, depois de anos trabalhando no cargo público concursado, requeira a renúncia do benefício no regime geral para requerer uma nova aposentadoria no regime próprio dos servidores públicos, utilizando o tempo de contribuição anterior."*

aposentadoria anterior, não sendo exigível, nesse caso, a devolução dos valores recebidos em razão da aposentadoria anterior.[109]

Porém, o STF, em 27.10.2016 na decisão do RE nº 381.367 (com repercussão geral), entendeu de forma diferente. Afirmou o Pretório Excelso que, no âmbito do Regime Geral de Previdência Social – RGPS, somente lei pode criar benefícios e vantagens previdenciárias, não havendo, por ora, previsão legal do direito à *"desaposentação"*, sendo constitucional a regra do art. 18, § 2º, da Lei nº 8.213/91.[110]

Assim, o STF entendeu que *por ora* não haveria previsão legal para a desaposentação. Certo é que não existe uma proibição na Constituição de República para a desaposentação. Dessa forma, temos que a desaposentação é proibida pelo art. 18, § 2º, da Lei nº 8.213/91. A conclusão aqui é a de que o Congresso Nacional poderia produzir lei alterando esse dispositivo (não havendo nenhum problema caso a lei seja alterada) e prevendo a desaposentação. Porém, como já dito, enquanto isso **não** ocorrer a desaposentação é vedada em nosso ordenamento.

É interessante que, no caso, os aposentados que queriam a desaposentação alegavam que esse dispositivo seria inconstitucional. Isso porque se o aposentado voltou a trabalhar e está pagando todos os meses contribuição previdenciária, seria justo que esse valor recolhido para a Previdência fosse utilizado em seu favor para melhorar a sua aposentadoria. O STF, contudo, não concordou com a tese e afirmou que a regra prevista no art. 18, § 2º da Lei nº 8.213/91 não viola a Constituição Federal. O fundamento aqui utilizado foi o de que o sistema previdenciário brasileiro possui uma característica muito importante que é da solidariedade, nos termos do art. 3º, I, da CR/88. Ou seja, temos como fundamento o princípio da *solidariedade social*.[111]

Nesses termos, os aposentados que voltam a trabalhar pagam contribuição previdenciária não porque esses recursos serão utilizados em seu favor, mas sim

---

109. LOPES CAVALCANTE. Márcio André, *Comentários ao Informativo 645 do STF*. 10.11.2016. *"Para o STJ, a aposentadoria, assim como os demais benefícios previdenciários, seria um direito patrimonial disponível e, portanto, suscetível de desistência pelos seus titulares, prescindindo-se da devolução dos valores recebidos da aposentadoria a que o segurado desejasse preterir para a concessão de novo e posterior jubilamento. STJ. 1ª Seção. REsp 1.334.488/SC, Rel. Min. Herman Benjamin, julg. em 08/05/2013".*

110. RE 381367/RS, RE 661256/SC e RE 827833/SC, Pleno do STF, red. p/ o ac. Min. Dias Toffoli, julg em 26 e 27.10.2016. Certo é que, mesmo existindo ***críticas da doutrina*** um dos fundamentos centrais da decisão foi o ***princípio da solidariedade*** que rege o sistema de previdência. Nesses termos, o valor que o indivíduo paga a título de contribuição previdenciária não é empregado apenas para os seus benefícios, sendo também utilizado para custear os benefícios de outros indivíduos.

111. Conforme a doutrina: *"(...) Princípio da solidariedade social — Na previdência social, a solidariedade é essencial, e, exatamente por sua posição nuclear, esse preceito sustentáculo distinguiu-se dos básicos e técnicos, sobrepairando como diretriz elevada. Ausente, será impossível organizar a proteção social. a) significado: Solidariedade quer dizer cooperação da maioria em favor da minoria, em certos casos, da totalidade em direção à individualidade. Dinâmica a sociedade, subsiste constante alteração dessas parcelas e, assim, num dado momento, todos contribuem e, noutro, muitos se beneficiam da participação da coletividade. Nessa ideia simples, cada um também se apropria de seu aporte. Financeiramente, o valor não utilizado por uns é canalizado para outros. Significa a cotização de certas pessoas, com capacidade contributiva, em favor dos despossuídos. Socialmente considerada, é ajuda marcadamente anônima, traduzindo mútuo auxílio, mesmo obrigatório, dos indivíduos."* MARTINEZ, Wladimir Novaes. Curso de Direito Previdenciário. São Paulo: LTr, 5ª ed., 2013, p. 117.

para ajudar na concessão de benefícios previdenciários que serão concedidos a outras pessoas que eles nem conhecem. Essa "ajuda" ocorre em nome do princípio da solidariedade.

Nesse sentido, afirmou o Ministro Teori Zavascki que "essas contribuições efetuadas pelos aposentados destinam-se ao custeio atual do sistema de seguridade, e não ao incremento de um benefício para o segurado ou seus dependentes". Nesse sentido, para o STF, não é inconstitucional o aposentado pagar contribuições para a Previdência Social e não usufruir uma melhora por causa disso. Não é inconstitucional porque tal contribuição está amparada pelo princípio da solidariedade.[112]

Portanto, repetindo a tese: No âmbito do Regime Geral de Previdência Social - RGPS, somente lei pode criar benefícios e vantagens previdenciárias, não havendo, por ora, previsão legal do direito à "desaposentação", sendo constitucional a regra do art. 18, § 2º, da Lei 8.213/1991.[113]

3) Após a decisão do STF de 2016 sobre a desaposentação começaram a ser propostas ações na Justiça Federal alegando que o Supremo havia decidido apenas sobre a desaposentação, mas não sobre a reaposentação.

No caso da reaposentação, o segurado renuncia à aposentadoria que ele já recebe em troca de um novo benefício que acredita ser mais vantajoso. Esse novo benefício é calculado com base nas contribuições feitas após o retorno do aposentado ao mercado de trabalho.[114]

Ou seja, o segurado, mesmo depois de se aposentar, continua trabalhando e pagando contribuições previdenciárias. Depois de algum tempo nessa situação, ele renuncia à aposentadoria que recebe e pede para que seja concedida uma nova aposentadoria utilizando unicamente o tempo de contribuição posterior à primeira aposentadoria.

---

112. "Um dos argumentos dos aposentados para defenderem a desaposentação é o de que ela seria permitida porque consistiria na renúncia da aposentadoria (que é um direito patrimonial disponível) e, após renunciar, a pessoa pediria novamente uma nova aposentadoria, agora somando os novos períodos de contribuição. O STF, contudo, não acolheu esta alegação. Segundo argumentou o Min. Teori Zavascki, *não se trata de uma simples "renúncia", mas sim uma verdadeira "substituição" de uma aposentadoria menor por uma maior, ou seja, uma progressão de escala.* Essa "troca" de benefício não tem amparo na lei. Logo, não existe "dever" da Previdência de fazer essa substituição. O RGPS *tem natureza estatutária ou institucional, e não contratual.* Isso significa dizer que a previdência administrada pelo INSS deve sempre ser baseada na lei, sem qualquer espaço para a aquisição de direitos subjetivos sem previsão legal. Somente lei pode criar benefícios e vantagens previdenciárias". LOPES CAVALCANTE. Márcio André, *Comentários ao Informativo 965 do STF*. Dizer o Direito, 2020.
113. RE 381367/RS, RE 661256/SC e RE 827833/SC, red. p/ o ac. Min. Dias Toffoli, julg em 26 e 27/10/2016 (repercussão geral).
114. Na reaposentação, o contribuinte cancelava a primeira aposentadoria, e pedia um novo cálculo, baseado nas contribuições mais recentes, levando em conta salário, tempo de serviço e idade. O tempo de serviço e o salário de contribuição anterior não entravam no cálculo da nova. Na desaposentação, o trabalhador aposentado que voltava ao mercado de trabalho pedia a revisão do benefício, juntando as contribuições anteriores à primeira aposentadoria às atuais, chegando a um cálculo mais vantajoso. Como não há lei para definir os critérios do recálculo, o STF rejeitou a tese.

A questão da *reaposentação* foi objeto de análise do STF no julgamento de embargos de declaração apresentados nos REs 827833 e 381367, de relatoria do ministro Dias Toffoli.

Pois bem, em 06.02.2020, o STF julgou de forma definitiva essa questão. Decidiu o STF que cidadãos aposentados que voltam ao mercado de trabalho não podem recalcular o valor do benefício por meio da chamada "reaposentação".

O STF decidiu no julgamento de embargos de declaração nos Recursos Extraordinários 381367 RE 827833 e RE 661256, nos quais o STF, em 2016, definiu que apenas por meio de lei é possível fixar critérios para o recálculo de benefícios com base em novas contribuições decorrentes da permanência ou da volta do trabalhador ao mercado de trabalho após concessão da aposentadoria.

Nesse sentido, a maioria dos ministros em 2020, entendeu que o STF já rejeitou a hipótese de reaposentação no primeiro julgamento ocorrido em 2016. Assim sendo, como é constitucional a regra do art. 18, § 2º, da Lei nº 8.213/91 e como este dispositivo veda expressamente qualquer nova prestação da Previdência Social em decorrência do exercício dessa nova atividade após a aposentadoria, conclui-se que tanto a desaposentação como a reaposentação são proibidos pela legislação atual.

Os ministros, com isso, também reformularam a tese de repercussão geral firmada no julgamento dos REs unicamente para incluir o termo reaposentação.

Desta forma, a nova tese é a seguinte: "*No âmbito do Regime Geral de Previdência Social - RGPS, somente lei pode criar benefícios e vantagens previdenciárias, não havendo,* ***por ora, previsão legal do direito à 'desaposentação' ou 'reaposentação',*** *sendo constitucional a regra do artigo 18, parágrafo 2º, da Lei 8.213/1991*".

Por outro lado, o Plenário deu parcial provimento aos embargos declaratórios no que diz respeito à modulação de feitos para: a) dizer que são irrepetíveis os valores alimentares recebidos de boa-fé por segurados beneficiados com desaposentação ou reaposentação, até a proclamação do resultado. b) garantir o direito daqueles que usufruem de "desaposentação" ou de "reaposentação" em decorrência de decisão transitada em julgado, até a proclamação do resultado do julgamento dos embargos de declaração (06/02/2020). Essa modulação foi importante porque existiram casos de segurados que tiveram o direito à "desaposentação" e à "reaposentação" reconhecidos por decisões judiciais transitadas em julgado. Nessas hipóteses, a decisão do STF, mesmo proferida em recurso extraordinário com repercussão geral reconhecida, deve preservar o que foi firmado em caráter definitivo pelo Poder Judiciário, em respeito aos princípios da segurança jurídica e da boa-fé.[115]

Portanto, o Plenário do Supremo Tribunal Federal, também definiu que os aposentados pelo Regime Geral de Previdência Social (RGPS) que tiveram o direito à

115. RE 381367/RS, RE 661256/SC e RE 827833/SC, red. p/ o ac. Min. Dias Toffoli, julg em 26 e 27/10/2016 (repercussão geral).

desaposentação ou à reaposentação reconhecido por decisão judicial definitiva (transitada em julgado, da qual não é mais possível recorrer) manterão seus benefícios no valor recalculado. Em relação às pessoas que obtiveram o recálculo por meio de decisões das quais ainda cabe recurso, ficou definido que os valores recebidos de boa-fé não serão devolvidos ao INSS. Entretanto, os benefícios voltarão aos valores anteriores à data da decisão judicial.[116]

4) O STF decidiu no RE 791691, que é constitucional a regra do art. 57, § 8º da Lei 8.213/91, que proíbe o titular da aposentadoria especial de continuar ou voltar a trabalhar com atividades que o exponham a agentes nocivos.[117]

Portanto, para o Pretório Excelso, é constitucional a vedação de continuidade da percepção de aposentadoria especial se o beneficiário permanece laborando em atividade especial ou a ela retorna, seja essa atividade especial aquela que ensejou a aposentação precoce ou não.[118]

Além disso, afirmou o STF, que nas hipóteses em que o segurado solicitar a aposentadoria e continuar a exercer o labor especial, a data de início do benefício ***será a data de entrada do requerimento***, remontando a esse marco, inclusive, os efeitos financeiros.

Porém, efetivada, seja na via administrativa, seja na judicial, a implantação do benefício, uma vez verificada a continuidade ou o retorno ao labor nocivo (atividade ou operação que sujeite aos agentes nocivos prejudiciais a saúde), cessará o benefício previdenciário em questão (aplicação do § 8º do art.57 da Lei 8.213/91). Nesses temos, conforme o Ministro Toffoli:

> "(...) não me parece que, ocorrendo o reconhecimento do direito à aposentadoria especial ao trabalhador que não se afastou daquela atividade nociva, a DIB deva ser fixada na data do afastamento do labor e não na data do requerimento. Isso porque, julgada procedente a ação, subentende-se que a resistência da autarquia era, desde o requerimento, injustificada. Dito de outro modo, o postulante efetivamente fazia jus ao benefício desde o requerimento administrativo. Deverá ele ser penalizado por uma resistência imotivada do INSS, sobretudo quando sabidamente os processos administrativo e judicial

116. Conforme o Informativo 965 do STF: *Vencidos os ministros Edson Fachin, que acolheu os embargos em maior extensão, para reconhecer omissão quanto ao fenômeno da "reaposentação" e admitir a possibilidade, desde que cumpridos seus requisitos; e Marco Aurélio, que acolheu os embargos para prestar esclarecimentos sem eficácia modificativa, no sentido da devolução dos valores anteriormente percebidos, mesmo que de boa-fé. No tocante à necessidade de preservação das decisões transitadas em julgado, ficaram vencidos os ministros Dias Toffoli (relator), Gilmar Mendes e Luiz Fux, para os quais cabe a impugnação posterior da coisa julgada inconstitucional. Nesse sentido, se a sentença se firmou com base em entendimento reputado inconstitucional pelo STF, ela não poderá ser efetivada. Vencido, também, o ministro Marco Aurélio, que acolheu os embargos apenas para prestar esclarecimentos. Quanto à fixação do marco temporal do trânsito em julgado, ficaram vencidos os ministros Alexandre de Moraes, Roberto Barroso e Cármen Lúcia, que consideraram como paradigma a data de julgamento de mérito dos recursos extraordinários. Vencido, também, o ministro Marco Aurélio, que acolheu os embargos apenas para prestar esclarecimentos.* RE 381367/RS, RE 661256/SC e RE 827833/SC, red. p/ o ac. Min. Dias Toffoli, julg em 26 e 27/10/2016 (repercussão geral).

117. **RE 791961**, STF. Plenário. Rel. Dias Toffoli, julgado em **08.06.2020** (Repercussão Geral – Tema 709).

118. **RE 791961**, STF. Plenário. Rel. Dias Toffoli, julgado em **08.06.2020** (Repercussão Geral – Tema 709).

> alongam-se por tempo demasiado? Não é razoável exigir o afastamento do trabalho logo quando da postulação, pois entre essa e o eventual deferimento decorre um tempo durante o qual o indivíduo evidentemente necessita continuar a obter renda para seu sustento, sendo incerto, ademais, nesse primeiro momento, inclusive, o deferimento da aposentação. Quando, ao final do processo, o segurado tem seu direito à aposentadoria reconhecido e fica evidenciada a falta de fundamento para a resistência do INSS desde a entrada do requerimento, o segurado deve ser penalizado com a postergação da data de início do benefício para o momento em que ele se afastar da atividade?"[119]

5) Por último, recentemente decidiu o STF no RE 1014286, que até a edição da Emenda Constitucional nº 103/2019, o direito à conversão, em tempo comum, do prestado sob condições especiais que prejudiquem a saúde ou a integridade física de servidor público decorre da previsão de adoção de requisitos e critérios diferenciados para a jubilação daquele enquadrado na hipótese prevista no então vigente inciso III do § 4º do art. 40 da Constituição da República, devendo ser aplicadas as normas do regime geral de previdência social relativas à aposentadoria especial contidas na Lei nº 8.213/91 para viabilizar sua concretização enquanto não sobrevier lei complementar disciplinadora da matéria.[120]

Porém, após a vigência da EC nº 103/2019, o direito à conversão em tempo comum, do prestado sob condições especiais pelos servidores obedecerá à legislação complementar dos entes federados, nos termos da competência conferida pelo art. 40, § 4º-C, da Constituição da República.[121]

3.3. *Assistência social*

A assistência social se apresenta como um conjunto de ações e serviços sociais destinados a quem deles necessitar, independentemente de contribuição, cujos objetivos são: (1) a proteção à família, à maternidade, à infância, à adolescência, à juventude e à velhice; (2) o amparo a crianças e adolescentes carentes; (3) a promoção da integração ao mercado de trabalho; (4) a habilitação e reabilitação das pessoas portadoras de deficiência e a promoção de sua integração à vida comunitária; e (5) a garantia de um salário mínimo de benefício mensal à pessoa portadora

---

119. **RE 791961**, STF. Plenário. Rel. Dias Toffoli, julg. em **08.06.2020**. Ver: *Dizer o Direito*, Informativo 987, 2020.
120. Aqui inclusive a exegese da Súmula vinculante 33 do STF: *Aplicam-se ao servidor público, no que couber, as regras do Regime Geral de Previdência Social sobre aposentadoria especial de que trata o artigo 40, parágrafo 4º, inciso III, da Constituição Federal, até edição de lei complementar específica.*
121. RE 1014286, STF. Plenário. Rel. p/ Acórdão Edson Fachin, julg em 31.08.2020 (Repercussão Geral – Tema 942). Conforme o art. 40 (...) § 4º-C (EC nº 103/2019): *Poderão ser estabelecidos por lei complementar do respectivo ente federativo idade e tempo de contribuição diferenciados para aposentadoria de servidores cujas atividades sejam exercidas com efetiva exposição a agentes químicos, físicos e biológicos prejudiciais à saúde, ou associação desses agentes, vedada a caracterização por categoria profissional ou ocupação.* Porém, aqui devemos observar também, na mesma EC nº 103/2019 que: *Art. 10. Até que entre em vigor lei federal que discipline os benefícios do regime próprio de previdência social dos servidores da União, aplica-se o disposto neste artigo. (...) § 3º A aposentadoria a que se refere o § 4º-C do art. 40 da Constituição Federal observará adicionalmente as condições e os requisitos estabelecidos para o Regime Geral de Previdência Social, naquilo em que não conflitarem com as regras específicas aplicáveis ao regime próprio de previdência social da União, vedada a conversão de tempo especial em comum.*

de deficiência e ao idoso que comprovem não possuir meios de prover a própria manutenção ou de tê-la provida por sua família, conforme dispuser a lei.

Esse benefício, previsto constitucionalmente no art. 203, V, da CR/88, foi regulamentado pela Lei de Organização da Assistência Social (LOAS) que estabeleceu critérios para que o benefício mensal de um salário mínimo fosse concedido aos portadores de deficiência e aos idosos que comprovassem não possuir meios de prover a própria manutenção ou de tê-la provida por sua família. Nesse sentido, o art. 20, § 3º, da LOAS estabeleceu que os idosos ou deficientes deveriam ter a renda familiar mensal *per capita* inferior a 1/4 do salário mínimo para a concessão do benefício. Essa norma foi objeto de questionamento na ADI 1.232. Em 27.08.1998, o STF julgou improcedente a ADI decidindo pela declaração de constitucionalidade do art. 20, § 3º, da Lei 8.742/93. Acontece que, passados vários anos dessa decisão, a Turma Recursal de Juizado Especial Federal tomou decisão em um caso concreto contra o art. 20, § 3º, da Lei nº 8.742/92. Pois bem, o INSS insurgiu contra o posicionamento da Turma Recursal ajuizando **Reclamação no STF**, sob o fundamento de que a Turma Recursal estaria descumprindo (desrespeitando) a decisão do STF (dotada de efeito *erga omnes* e vinculante) presente na ADI 1.232. O STF, em **18.04.2013**, refez seu entendimento sobre o tema e adotou novo posicionamento decidindo pela **inconstitucionalidade (sem pronúncia de nulidade) do art. 20, § 3º,** da Lei 8.472/93, julgando a **Reclamação nº 4374/PE** improcedente. Observamos aqui uma reinterpretação de diploma normativo devido a novas realidades sociais, ou seja, mudanças no *cenário jurídico, político, econômico e social* que levaram a norma de "constitucional" para "inconstitucional".[122]

A conclusão então é a de que o critério estabelecido na Lei nº 8.742/93 não é absoluto. Como vimos, o Plenário do STF declarou, *incidentalmente*, a inconstitucionalidade do § 3º do art. 20 da Lei nº 8.742/93 (sem pronúncia de nulidade) por considerar que o referido critério está defasado para caracterizar a situação de miserabilidade. Assim, o STF afirmou que, para aferir que o idoso ou deficiente não tem meios de se manter, o juiz está livre para se valer de outros parâmetros, não estando vinculado ao critério da renda *per capita* inferior a 1/4 do salário mínimo previsto no § 3º do art. 20 da Lei nº 8.742/92. Nesses termos, é bom salientar que, como a declaração de inconstitucionalidade *foi sem pronúncia de nulidade*, o critério definido pelo art. 20, § 3º, da Lei nº 8.742/93, continuou existindo no mundo jurídico,

122. O Plenário, por maioria, também negou provimento a recursos extraordinários julgados em conjunto – interpostos também pelo INSS – em que se discutia também o critério de cálculo utilizado com o intuito de aferir-se a renda mensal familiar *per capita* para fins de concessão de benefício assistencial a idoso e a pessoa com deficiência. Prevaleceu no caso o voto do Min. Gilmar Mendes relator do RE 580.963/PR. Ressaltou o Ministro haver esvaziamento da decisão tomada na ADI 1232/DF julgada em 27.08.1998 – na qual foi declarada a constitucionalidade do art. 20, § 3º, da Lei 8.742/93. Enfatizou o Ministro Gilmar Mendes que a questão seria relevante sob dois prismas: 1º) **a evolução ocorrida**; e 2º) **a concessão de outros benefícios com a adoção de critérios distintos de 1/4 do salário mínimo**. Com isso, foi declarada a inconstitucionalidade *incidenter tantum* do § 3º do art. 20 da Lei 8.742/93 e do parágrafo único do art. 34 da Lei 10.741/2003. (RE 567.895 e RE 580.963 julg. em 17 e 18.04.2013.

mas devendo agora mas ele passou a ser interpretado como um objetivo que não excluiria a possibilidade de o juiz verificar a hipossuficiência econômica do postulante do benefício por outros meios de prova.[123]

Aliás, temos aqui que a Lei nº 13.146/2015, em consonância com a jurisprudência construída com a decisão do STF de 2013, inseriu o § 11 ao art. 20 da Lei nº 8.742/93 prevendo *que para concessão do benefício de que trata o caput deste artigo (do art. 20), poderão ser utilizados outros elementos probatórios da condição de miserabilidade do grupo familiar e da situação de vulnerabilidade, conforme regulamento.*

É interessante salientar que decidiu o STF recentemente que os estrangeiros residentes no País são beneficiários da assistência social prevista no art. 203, V, da Constituição da República, uma vez atendidos os requisitos constitucionais e legais.[124] Conforme o Informativo 861 do STF, o *caput* do art. 203 da Constituição afirma que a *"assistência social será prestada a quem dela necessitar"*. Essa expressão deve ser interpretada de acordo com a dignidade da pessoa humana[125], com a solidariedade social, com a erradicação da pobreza e com a assistência aos desamparados.

Nesses termos, o constituinte instituiu a obrigação de o Estado prover assistência aos desamparados, sem distinção. Com base no art. 6º da CR/88, os Poderes

---

123. **ARE 834476** 1ª Turma do STF. AgR, Rel. Min. Dias Toffoli, julg. em **03.03.2015**. Temos aqui o posicionamento do STJ no mesmo sentido: "(...) O limite legal estabelecido no art. 20, § 3º, da Lei 8.742/93 não é critério absoluto, de modo que a necessidade/miserabilidade do postulante pode ser comprovada de outras maneiras(...)" (STJ. 2ª Turma. AgRg no REsp 1341655/SP, Rel. Min. Castro Meira, julg. em 06/08/2013.) "(...) A jurisprudência do STJ pacificou-se no sentido de que a limitação do valor da renda per capita familiar não deve ser considerada a única forma de provar que a pessoa não possui outros meios para prover a própria manutenção ou tê-la provida por sua família, pois é apenas um elemento objetivo para aferir a necessidade, ou seja, presume-se absolutamente a miserabilidade quando demonstrada a renda per capita inferior a 1/4 do salário mínimo. Orientação reafirmada no julgamento do REsp 1.112.557/MG, sob o rito dos recursos repetitivos (art. 543-C do CPC)". (STJ. 2ª Turma. AgRg no AgRg no AREsp 617.901/SP, Rel. Min. Herman Benjamin, julg. em 05/05/2015). In: *Dizer o Direito*, Informativo 861 do STF, abril de 2017.

124. **RE 587970/SP** Rel. Min. Marco Aurélio: *Observou, com base em doutrina, que o substrato do conceito de dignidade humana pode ser decomposto em três elementos: a) valor intrínseco, b) autonomia e c) valor comunitário. Como "valor intrínseco", a dignidade requer o reconhecimento de que cada indivíduo é um fim em si mesmo. Impede-se, de um lado, a funcionalização do indivíduo e, de outro, afirma-se o valor de cada ser humano, independentemente das escolhas, situação pessoal ou origem. Deixar desamparado um ser humano desprovido dos meios materiais para garantir o próprio sustento, haja vista a situação de idade avançada ou deficiência, representaria expressa desconsideração do mencionado valor. Como "autonomia", a dignidade protege o conjunto de decisões e atitudes relacionado especificamente à vida de certo indivíduo. Para que determinada pessoa possa mobilizar a própria razão em busca da construção de um ideal de vida boa, é fundamental que lhe sejam fornecidas condições materiais mínimas. Nesse aspecto, a previsão do art. 203, V, da CF também opera em suporte dessa concepção de vida digna, cabendo ao Estado brasileiro dar essa sustentação até mesmo ao não nacional. Realçou que a ideia maior de solidariedade social constitui princípio da CF. (...) No mais, ponderou que o estrangeiro residente no País, inserido na comunidade, participa do esforço mútuo, na construção de um propósito comum. Esse laço de irmandade, fruto, para alguns, do fortuito e, para outros, do destino, faz-nos, de algum modo, responsáveis pelo bem de todos, até mesmo daqueles que adotaram o Brasil como novo lar e fundaram seus alicerces pessoais e sociais nesta terra. Ao lado dos povos indígenas, o País foi formado por imigrantes, em sua maioria europeus, os quais fomentaram o desenvolvimento da nação e contribuíram sobremaneira para a criação e a consolidação da cultura brasileira. Desde a criação da nação brasileira, a presença do estrangeiro no País foi incentivada e tolerada. Não seria coerente com a história estabelecer diferenciação tão somente pela nacionalidade, especialmente quando a dignidade está em xeque em momento de fragilidade do ser humano — idade avançada ou algum tipo de deficiência.*

125. **RE 587970/SP** Plenário do STF, Rel. Min. Marco Aurélio, julg. em **19 e 20.04.2017**.

Públicos devem efetivar políticas para remediar, ainda que minimamente, a situação precária daqueles que acabaram relegados a essa condição, sem ressalva em relação ao não nacional. Nesse ponto, ressaltou o STF que, pelo contrário, o art. 5º, *caput*, da CR/88, estampa o princípio da igualdade e a necessidade de tratamento isonômico entre brasileiros e estrangeiros residentes no País. Asseverou o Pretório Excelso que a óptica veiculada na regra infralegal (Lei nº 8.742/93), ao silenciar quanto aos estrangeiros residentes no País, não se sobrepõe à revelada na CR/88, que estabeleceu, sem restringir os beneficiários somente aos brasileiros natos ou naturalizados, que "a assistência social será prestada a quem dela necessitar".[126]

Porém, deixou claro o STF, que somente o estrangeiro com residência fixa no País pode ser auxiliado com o benefício assistencial, pois, inserido na sociedade, contribui para a construção de melhor situação social e econômica da coletividade. Somente o estrangeiro em situação regular no País, residente, idoso ou portador de necessidades especiais, hipossuficiente em si mesmo e presente a família pode se dizer beneficiário da assistência em exame. Nessa linha de ideias, os estrangeiros em situação diversa não alcançam a assistência, haja vista o não atendimento às leis brasileiras, fato que, por si só, demonstra a ausência de noção de coletividade e de solidariedade a justificar a tutela do Estado.[127]

Temos ainda que as ações governamentais, na área da assistência social, serão realizadas com recursos do orçamento da seguridade social, previstos no art. 195, além de outras fontes, e organizadas com base nas seguintes diretrizes: descentralização político-administrativa, cabendo a coordenação e as normas gerais à esfera federal e a coordenação e a execução dos respectivos programas às esferas estadual e municipal, bem como a entidades beneficentes e de assistência social; e participação da população, por meio de organizações representativas, na formulação das políticas e no controle das ações em todos os níveis. É facultado aos Estados e

126. **RE 587970/SP** Plenário do STF, Rel. Min. Marco Aurélio, julg. em **19** e **20.04.2017**: "A Corte afirmou que, ao delegar ao legislador ordinário a regulamentação do benefício, a CF o fez apenas quanto à forma de comprovação da renda e das condições específicas de idoso ou portador de necessidades especiais hipossuficiente. Dessa forma, não houve delegação relativamente à definição dos beneficiários, já estabelecida. No confronto de visões, deve, portanto, prevalecer aquela que melhor concretiza o princípio constitucional da dignidade humana, cuja observância surge prioritária no ordenamento jurídico. Ressaltou que o orçamento, embora seja peça essencial nas sociedades contemporâneas, não tem valor absoluto. A natureza multifária do orçamento abre espaço à atividade assistencial, que se mostra de importância superlativa no texto da CF. No ponto, registrou não terem sido apresentadas provas técnicas da indisponibilidade financeira e do suposto impacto para os cofres públicos nem de prejuízo para os brasileiros natos e naturalizados. Por fim, ***concluiu ser descabido o argumento de pertinência do princípio da reciprocidade, ou seja, arguir que o benefício somente poderia ser concedido a estrangeiro originário de país com o qual o Brasil tenha firmado acordo internacional e que preveja a cobertura da assistência social a brasileiro que esteja em seu território.*** Apesar de a reciprocidade permear a CF, ***não é regra absoluta quanto ao tratamento dos não nacionais.*** O Sistema Único de Saúde (SUS) é regido pelo princípio da universalidade a tutelar a saúde, direito fundamental do ser humano. Assim, ao ingressar no território brasileiro, o estrangeiro tem direito a atendimento médico pelo SUS, caso precise de assistência de urgência, sem necessidade de reciprocidade para garantir tal suporte." (Informativo 861 do STF)

127. R**E 587970/SP** Plenário do STF, Rel. Min. Marco Aurélio, julg. em **19 e 20.04.2017** (Informativo 861 do STF)

ao Distrito Federal vincular-se a programa de apoio à inclusão e promoção social até cinco décimos por cento de sua receita tributária líquida, vedada a aplicação desses recursos no pagamento de: despesas com pessoal e encargos sociais; serviço da dívida; e qualquer outra despesa corrente não vinculada diretamente aos investimentos ou ações apoiadas.

3.4. A educação, a cultura e o desporto

A educação – como fixado no **art. 205** da Constituição de 1988 – é direito de todos e dever do Estado e da família.[128] Ela será promovida e incentivada com a colaboração da sociedade visando ao pleno desenvolvimento da pessoa, ao seu preparo para o exercício da cidadania e à sua qualificação para o trabalho.

Nesses termos, apenas a título de exemplo do que significa dever do Estado e da família, temos que a Lei nº 13.803 de 2019 alterou a Lei de Diretrizes e Bases (LDB) para determinar que os estabelecimentos de ensino, respeitadas as normas comuns e as do seu sistema de ensino, terão a incumbência de notificar ao Conselho Tutelar do Município a relação dos alunos que apresentem quantidade de faltas acima de 30% (trinta por cento) do percentual permitido em lei.

Segundo a Constituição (art. 206), o ensino será ministrado com base nos seguintes princípios: (a) igualdade de condições para o acesso e permanência na escola; (b) liberdade de aprender, ensinar, pesquisar e divulgar o pensamento, a arte e o saber; (c) pluralismo de ideias e de concepções pedagógicas, e coexistência de instituições públicas e privadas de ensino; (d) gratuidade do ensino público em estabelecimentos oficiais;[129] (e) valorização dos profissionais da educação escolar, garantidos, na forma da lei[130], planos de carreira, com ingresso exclusivamente por

128. O STF em junho de 2015 reconheceu como tema de *Repercussão Geral (RE nº 888.815/RS)* a questão do Ensino domiciliar no que tange às Liberdades e aos deveres do Estado e da família: "*1. Constitui questão constitucional saber se o ensino domiciliar (homeschooling) pode ser proibido pelo Estado ou viabilizado como meio lícito de cumprimento, pela família, do dever de prover educação, tal como previsto no art. 205 da CRFB/1988.2. Repercussão Geral Reconhecida*." O Julgamento do RE se deu em **12.09.2018**.

129. E conforme decisão do **RE nº 357.148** julg. em **25.02.2014**: *Educação – Direito Fundamental – artigos 206, inciso IV, e 208, inciso VI, da Constituição Federal – Ensino profissionalizante – Estado – alimentação – cobrança – impropriedade. Ante o teor dos artigos 206, inciso IV, e 208, inciso VI, da Carta de 1988, descabe a instituição pública de ensino profissionalizante a cobrança de anuidade relativa à alimentação.* Nesse sentido: "*Sublinhou que a interpretação conjunta dos artigos 206, IV, e 208, VI, da CF revelaria que programa de alimentação de estudantes em instituição pública de ensino profissionalizante que se apresentasse oneroso consistiria na própria negativa de adoção do programa. Reputou que o princípio constitucional da gratuidade de ensino público em estabelecimento oficial alcançaria não apenas o ensino em si. Abarcaria, também, as garantias de efetivação do dever do Estado com a educação previsto na Constituição. Nessas garantias, estaria englobado o atendimento ao educando em todas as etapas da educação básica, incluído o nível médio profissionalizante, além do fornecimento de alimentação*". (Informativo 737)

130. O Plenário do STF por maioria, julgou em **27.04.2011**, *improcedente pedido formulado em ADI proposta pelos Governadores dos Estados do Mato Grosso do Sul, do Paraná, de Santa Catarina, do Rio Grande do Sul e do Ceará contra os artigos 2º, §§ 1º e 4º; 3º,* caput, *II e III; e 8º, todos da Lei 11.738/2008, que dispõe sobre o piso salarial nacional para os profissionais do magistério público da educação básica*. Ementa: "*(...) 2. É constitucional a norma geral federal que fixou o piso salarial dos professores do ensino médio com base no vencimento, e não na remuneração global. Competência da União para dispor sobre normas gerais relativas ao piso de vencimento dos professores da educação básica,*

concurso público de provas e títulos, aos das redes públicas; (f) gestão democrática do ensino público, na forma da lei; (g) garantia de padrão de qualidade; (h) piso salarial profissional nacional para os profissionais da educação escolar pública, nos termos de lei federal; (i) garantia do direito à educação e à aprendizagem ao longo da vida.

Nesse momento, é importante registrarmos que o STF decidiu recentemente no RE 888.815 que não é possível, atualmente, o *homeschooling* no Brasil.

O *homeschooling* consiste na prática por meio da qual os pais ou responsáveis pela criança ou adolescente assumem a obrigação pela sua escolarização formal e deixam de delegá-la às instituições oficiais de ensino. Com isso, em vez de a criança ou de o adolescente estudarem em uma escola, estudarão em sua própria casa, sendo os ensinamentos ministrados pelos pais ou por pessoas por eles escolhidas. O *homeschooling* é permitido em vários países do mundo, como, por exemplo, Estados Unidos, Canadá, Portugal, França, Itália, Bélgica, Áustria, Noruega, Austrália, Nova Zelândia, Rússia. Em geral, tais países exigem que o aluno que está em *homeschooling* faça uma prova anual para avaliação de seu nível escolar. Por outro lado, o ensino domiciliar é expressamente proibido em países como a Alemanha e a Suécia.[131]

Segundo o STF, não há, na Constituição de 1988, uma vedação absoluta ao ensino domiciliar. Ou seja, a Constituição, apesar de não o prever expressamente, também não proíbe o ensino domiciliar. No entanto, o ensino domiciliar não pode ser atualmente exercido porque não há legislação que regulamente os preceitos e as regras aplicáveis a essa modalidade de ensino. Assim, o ensino domiciliar somente pode ser implementado no Brasil após uma regulamentação por meio de lei na qual sejam previstos mecanismos de avaliação e fiscalização, devendo essa lei respeitar os mandamentos constitucionais que tratam sobre educação.[132]

Conforme a decisão do STF, a Constituição estabelece princípios, preceitos e regras aplicáveis ao ensino, que integra a educação *lato sensu*. Isso vale para o Estado

de modo a utilizá-lo como mecanismo de fomento ao sistema educacional e de valorização profissional, e não apenas como instrumento de proteção mínima ao trabalhador. 3. É constitucional a norma geral federal que reserva o percentual mínimo de 1/3 da carga horária dos docentes da educação básica para dedicação às atividades extraclasse. ADI julgada improcedente. Perda de objeto declarada em relação aos arts. 3º e 8º da Lei 11.738/2008 (...)." (ADI 4167/DF, Rel. Min. Joaquim Barbosa).

131. LOPES CAVALCANTE, Márcio André, *Dizer o Direito*, Informativo 915 do STF. *"Existem vários motivos pelos quais os pais ou responsáveis optam pelo ensino domiciliar. Os mais comuns, são: a) medo de que os filhos se envolvam com alguns "riscos" do ambiente escolar, tais como violência, exposição a drogas, bullying etc.; b) os pais possuem rígidos valores religiosos, morais ou ideológicos e entendem que não há escolas disponíveis que possam transmitir esses mesmos valores para seus filhos; c) os pais entendem que os métodos de ensino formais são ultrapassados ou inadequados; d) os pais desejam que seus filhos aprendam em um ritmo mais rápido do que aquele oferecido com a grade escolar tradicional; e) os pais se mudam constantemente e desejam ter uma maior flexibilidade, evitando mudanças constantes de colégios."*

132. **RE 888815/RS**, STF. Plenário, red. p/ o acórdão Min. Alexandre de Moraes, julgado em **12.09.2018** (repercussão geral) (Info 915).

e para a família. Independentemente do ensino a ser trilhado, o texto exige alguns requisitos inafastáveis: a necessidade de ensino básico obrigatório entre quatro e dezessete anos (art. 208, I); a existência de núcleo mínimo curricular (art. 210); e a observância de convivência familiar e comunitária (art. 227).

Conforme o Ministro Alexandre de Moraes, aparentemente, a CR/88 veda três das quatro espécies mais conhecidas do ensino domiciliar: a desescolarização radical, a moderada e o ensino domiciliar puro. Isso porque elas afastam completamente o Estado do seu dever de participar da educação, o que não ocorre com a quarta espécie, denominada ***homeschooling*** ou ensino domiciliar utilitarista ou por conveniência circunstancial. Essa modalidade pode ser estabelecida pelo Congresso Nacional.[133]

Para o Ministro, o ensino domiciliar carece de regulamentação prévia que firme mecanismos de avaliação e fiscalização e respeite os mandamentos constitucionais, especialmente o art. 208, § 3º da CR/88. Nesse sentido, é necessário que a lei prescreva como será a frequência. Diversamente do ensino público regular, essa frequência possui, também, o fim de evitar a evasão, garantir a socialização do indivíduo, além da convivência com a pluralidade de ideias.[134]

Na sequência, nos termos do verbete da Súmula Vinculante nº 12, de 2008, a *cobrança de taxa de matrícula nas universidades públicas viola o disposto no art. 206, IV, da Constituição Federal*. Porém, entendeu o STF que a garantia constitucional da gratuidade de ensino não obsta a cobrança por universidades públicas de mensalidade em cursos de especialização. Assim, o *princípio da gratuidade* não obriga as universidades a terem os recursos públicos como única fonte de financiamento.

No caso, afirmou o STF, que *"ensino"*, *"pesquisa"* e *"extensão"* são atividades diferentes e, por essa razão, receberam tratamento diferenciado por parte da normativa constitucional. Um exemplo está nos arts. 212 e 213 da CR/88. O art. 212, *caput*, afirma que determinado percentual da receita pública deverá ser obrigatoriamente destinado à "manutenção e desenvolvimento do ensino". Já o art. 213, § 2º, da CR/88, por outro lado, preconiza que as atividades de pesquisa e de extensão "poderão receber apoio financeiro do Poder Público". Nesses termos, a interpretação conjugada desses dispositivos permite chegar a duas conclusões: a) Os recursos públicos são destinados de forma prioritária, para o ensino público; b) A pesquisa e a extensão também

133. **RE 888815/RS,** STF. Plenário, red. p/ o acórdão Min. Alexandre de Moraes, julgado em **12.09.2018** (repercussão geral) Conforme Márcio André: "O **homeschooling** não se confunde com a desescolarização (chamada de **unschooling**). No *homeschooling* a criança ou adolescente aprende na sua casa as matérias que os demais estudam na escola. *Isso é feito por causa de um dos objetivos acima explicados ou por uma conveniência circunstancial dos pais ou do aluno.* Por outro lado, o *unschooling*, também chamado de "desescolarização", *é a escolha feita pelos pais no sentido de que o filho não deve receber qualquer tipo de escolarização a fim de permitir que ele decida, no futuro, o próprio destino. (...) Aqui é importante salientar que os* pais ou responsáveis poderão ser *responsabilizados civil e até mesmo criminalmente*. Isso porque o ordenamento jurídico, atualmente, obriga que os pais matriculem seus filhos menores nas escolas de educação formal."

134. **RE 888815/RS,** STF. Plenário, red. p/ o acórdão Min. Alexandre de Moraes, julgado em **12.09.2018** (repercussão geral) (Info 915).

são financiadas por recursos públicos, no entanto, a Constituição de 1988 autorizou que tais atividades possam captar recursos privados para o desenvolvimento dessas áreas. Portanto, caso a atividade preponderante do curso seja a "manutenção e o desenvolvimento do ensino", este curso deverá ser obrigatoriamente gratuito, nos termos do art. 206, IV, da CR/88. Porém, se as atividades do curso sejam relacionadas com a pesquisa e a extensão, então, nesta hipótese, a universidade poderá contar com recursos de origem privada e, portanto, poderá cobrar mensalidades.[135]

Ainda sobre a liberdade de aprender e ensinar, e o pluralismo de ideias e concepções pedagógicas, prevista no art. 206 da CR/88, decidiu recentemente o STF, que é inconstitucional lei municipal que proíba a divulgação de material com referência a "ideologia de gênero" nas escolas municipais.

O caso concreto envolveu a Lei Municipal 1.516/2015, do Município de Nova Gama-GO, que proibiu a utilização em escolas públicas municipais de material didático que contenha "ideologia de gênero.[136]

---

135. **RE 597854/GO** Plenário do STF, Rel. Min. Edson Fachin, julg. em **26.04.2017**. Informativo 862 do STF: *Quanto ao mérito, inicialmente, o Colegiado observou que, a despeito da Súmula Vinculante 12 (1), alargar a sua aplicação para os cursos de extensão seria interpretação equivocada do verbete sumular. (...) Nos termos do art. 206, IV, da Constituição Federal, a gratuidade do ensino é um princípio aplicável a todos os estabelecimentos oficiais. Para tanto, conforme exige o art. 212, caput, da CF, um percentual da receita pública deve ser destinado à "manutenção e desenvolvimento do ensino". O art. 213, § 2º, da CF autoriza, argumentum a contrario, a captação de recursos destinados à pesquisa e à extensão porque os recursos públicos, a que se refere o art. 212, caput, da CF, têm destinação precípua às escolas públicas. Já as atividades descritas no art. 213, § 2º, da CF não necessariamente contam com recursos públicos. Seria incorreto, porém, concluir que a Constituição não exige financiamento público para a pesquisa e extensão. Explicou que a indissolubilidade entre "ensino, pesquisa e extensão", princípio previsto no caput do art. 207 da CF, exige que o financiamento público não se destine exclusivamente ao ensino, visto que, para a manutenção e desenvolvimento do ensino, são necessários, nos termos do art. 207, pesquisa e extensão. Entretanto, há um espaço de conformação no texto constitucional para a definição das atividades que integram a manutenção e o desenvolvimento do ensino. De fato, o regime constitucional de pós-graduação deve derivar das exigências constitucionais contidas no art. 207 da CF. Impossível afirmar, com base na leitura estrita da CF, que as atividades de pós-graduação são abrangidas pelo conceito de manutenção e desenvolvimento do ensino, parâmetro constitucional para a destinação, com exclusividade, dos recursos públicos. Por isso, para a solução do presente caso, é preciso examinar se a instituição de cursos de pós-graduação (especialização) implica, necessariamente, gratuidade. O Colegiado frisou competir ao legislador a tarefa de disciplinar quais características determinado curso assumirá. Caso a atividade preponderante se refira à manutenção e ao desenvolvimento do ensino, a gratuidade deverá ser observada, nos termos do art. 206, IV, da CF. (...)Tanto a CF quanto a lei dão margem ao juízo de conformação a ser realizado pelas universidades para definir se determinado curso de especialização destina-se à manutenção e ao desenvolvimento do ensino, hipótese em que, por expressa previsão constitucional, os recursos para seu financiamento deverão ser exclusivamente públicos. Nesse sentido, o art. 71 da Lei 9.394/1996 exclui das despesas de manutenção e desenvolvimento a formação de quadros especiais para a administração, caso em que, desde que restrita aos cursos de especialização, não haveria impedimento para as universidades, por analogia, disciplinarem outros cursos cuja cobrança de mensalidade fosse possível. O Colegiado afirmou ser evidente que as universidades não são completamente livres para definir suas atividades. O desempenho precípuo de suas funções exige que, no mínimo, haja completa realização daquelas que se relacionem com a manutenção e o desenvolvimento do ensino.* ***Nada impede que, para além dessas atividades, a universidade possa definir outros cursos para a comunidade, como cursos de extensão, que, embora se relacionem ao ensino, guardam independência quanto a ele.***

136. Lei nº1.516/2015: *Art. 1º Fica proibida a divulgação de material com referência a ideologia de gênero nas escolas municipais de Novo Gama-GO. Art. 2º Todos os materiais didáticos deverão ser analisados antes de serem distribuídos nas escolas municipais de Novo Gama-GO. Art. 3º Não poderão fazer parte do material didático nas escolas em Novo Gama-GO materiais que fazem menção ou influenciem ao aluno sobre a ideologia de gênero. Art. 4º Materiais que*

Segundo o STF, existiu uma inconstitucionalidade formal, na medida em que compete privativamente à União legislar sobre diretrizes e bases da educação nacional (art. 22, XXIV, da CR/88), de modo que os Municípios não têm competência para editar lei proibindo a divulgação de material com referência a "ideologia de gênero" (ou mais corretamente: "identidade de gênero") nas escolas municipais.

No caso, no exercício da competência legislativa, a União editou a Lei nº 9.394/96, Lei de Diretrizes e Bases da Educação. A LDB não traz qualquer proibição quanto à divulgação de material com referência a "ideologia de gênero" nas escolas públicas. Portanto, a Lei municipal que proíbe determinados conteúdos nas escolas públicas representa ingerência explícita do Poder Legislativo municipal no currículo pedagógico ministrado por instituições de ensino vinculadas ao Sistema Nacional de Educação (art. 214, CR/88 e a Lei Federal nº 13.005/2014) e, consequentemente, submetidas à disciplina da Lei Federal nº 9.394/96 (LDB).

Portanto, esse é um assunto que necessita de tratamento uniforme em todo o país, devendo, ser tratado pela União conforme o art. 22, XXIV, da CR/88.

Nesses termos, a eventual necessidade de suplementação da legislação federal, com vistas à regulamentação de interesse local, jamais justificaria a edição de proibição à conteúdo pedagógico, não correspondente às diretrizes fixadas na LDB. Desse modo, os Municípios não dispõem de competência legislativa para a edição de normas que tratem de currículos, conteúdos programáticos, metodologias de ensino ou modos de exercício da atividade docente.[137]

E também ocorreu, conforme o Pretório Excelso, inconstitucionalidade material na referida lei, na medida em que ela violaria: a liberdade de aprender, ensinar, pesquisar e divulgar o pensamento, a arte e o saber (art. 206, II, CR/88); e o pluralismo de ideias e de concepções pedagógicas (art. 206, III, CR/88).

Além disso, a lei contraria também, segundo o STF, um dos objetivos fundamentais da República Federativa do Brasil, que é a promoção do bem de todos sem preconceitos de origem, raça, sexo, cor, idade e quaisquer outras formas de discriminação (art. 3º, IV, CR/88).

Nesses termos, a lei não cumpre com o dever estatal de promover políticas de inclusão e de igualdade, contribuindo para a manutenção da discriminação com base na orientação sexual e identidade de gênero.[138]

Para o STF, o reconhecimento da identidade de gênero é constitutivo da dignidade humana. O Estado, para garantir o gozo pleno dos direitos humanos, não

foram recebidos mesmo que por doação com referência a ideologia de gênero deverão ser substituídos por materiais sem referência a mesma.

137. **ADPF 457**, STF. Plenário. Rel. Alexandre de Moraes, julgado em **27.04.2020**.
138. **ADPF 457**, STF. Plenário. Rel. Alexandre de Moraes, julgado em **27.04.2020**.

pode vedar aos estudantes o acesso a conhecimento a respeito de seus direitos de personalidade e de identidade.[139]

Na sequência, também já decidiu o STF, que não viola a Constituição da República a cobrança de contribuição obrigatória dos alunos matriculados nos Colégios Militares do Exército Brasileiro. Conforme a decisão, os Colégios Militares apresentam peculiaridades que fazem com que eles sejam instituições diferentes dos estabelecimentos oficiais de ensino, por razões éticas, fiscais, legais e institucionais.

O Exército Brasileiro entende que os Colégios Militares do Exército são instituições militares com características próprias (conforme prevê o art. 1º da Lei nº 9.786/99) e, por isso, diferentes do sistema educacional brasileiro comum. Em razão disso, com amparo nos arts. 1º e 20 da Lei nº 9.786/99, seria possível a cobrança de mensalidade dos alunos.

Com isso, podem ser qualificados como instituições educacionais *sui generis*. Portanto, a quota mensal escolar exigida nos Colégios Militares não representa ofensa à regra constitucional de gratuidade do ensino público, uma vez que não há violação ao núcleo de intangibilidade do direito fundamental à educação.

Por último, esclareceu o Pretório Excelso que esse valor cobrado dos alunos para o custeio das atividades do Sistema Colégio Militar do Brasil não possui natureza tributária (não é tributo). Logo, é válida a sua instituição por meio de atos infralegais. Portanto, são válidos os arts. 82 e 83, da Portaria 42/2008 do Comandante do Exército, que disciplinam essa cobrança.[140]

Na sequência, conforme normativa constitucional, presente no art. 207 da CR/88, as *universidades brasileiras gozam de autonomia didático-científica, administrativa e gestão financeira e patrimonial, obedecendo estas ao princípio da indissociabilidade entre ensino, pesquisa e extensão*. Aqui, é interessante ressaltar que o STF, recentemente, afirmou ser inconstitucional lei estadual que estabeleça que o escritório de prática jurídica de Universidade Estadual deverá manter plantão criminal nos finais de semana e feriados para atender pessoas hipossuficientes que sejam presas em flagrante. O fundamento central foi justamente o de que essa lei violou a autonomia administrativa, financeira, didática e científica assegurada às universidades.[141]

O Estado então deverá garantir: (1) educação básica obrigatória e gratuita dos **4** aos **17** anos de idade, assegurada inclusive sua oferta gratuita para todos os que a ela não tiveram acesso na idade própria;[142] (2) a progressiva universalização do ensino médio

139. **ADPF 457**, STF. Plenário. Rel. Alexandre de Moraes, julgado em **27.04.2020**.
140. **ADI 5082/DF**, STF. Plenário. Rel. Min. Edson Fachin, julgado em **24.10.2018** (Informativo 921). Aqui observamos que, em relação aos colégios militares da Polícia Militar, ou seja, colégios estaduais mantidos e organizados pela Polícia Militar, o STF não enfrentou a questão de ser válida a cobrança de mensalidade ou de outros valores por parte desses colégios.
141. ADI 3792/RN Plenário do STF, Rel. Min. Dias Toffoli, julg. em 22.09.2016.
142. Além disso, reza na **EC nº 59/2009** que o disposto no **inciso I do art. 208** *da Constituição Federal deveria ser implementado progressivamente, até 2016, nos termos do Plano Nacional de Educação, com apoio técnico e financeiro da União.*

gratuito; (3) o atendimento educacional especializado aos portadores de deficiência, preferencialmente na rede regular de ensino; (4) a educação infantil, em creche e pré-escola, às crianças até 5 anos de idade;[143] (5) o acesso aos níveis mais elevados do ensino, da pesquisa e da criação artística, segundo a capacidade de cada um; (6) a oferta de ensino noturno regular, adequado às condições do educando; e (7) atendimento ao educando, em todas as etapas da educação básica, por meio de programas suplementares de material didático, escolar, transporte, alimentação e assistência à saúde.[144]

Aqui temos que a Lei nº 8.069/90 (ECA), no seu art. 53, afirma que a criança e o adolescente têm direito à educação, visando ao pleno desenvolvimento de sua pessoa, preparo para o exercício da cidadania e qualificação para o trabalho, assegurando-se-lhes: I - igualdade de condições para o acesso e permanência na escola; II - direito de ser respeitado por seus educadores; III - direito de contestar critérios avaliativos, podendo recorrer às instâncias escolares superiores; IV - direito de organização e participação em entidades estudantis; V - acesso à escola pública e gratuita, próxima de sua residência, garantindo-se vagas no mesmo estabelecimento a irmãos que frequentem a mesma etapa ou ciclo de ensino da educação básica (redação dada pela Lei nº 13.845/2019).

Uma vez que o direito ao ensino se mostra um ***direito público subjetivo***, poderá ser invocado perante o Poder Judiciário, importando a responsabilização do Poder Público competente.[145]

143. **A EC nº 53/2006** modificou a idade de **6** para **5** anos. Decisão interessante sobre essa norma (embora **anterior à EC nº 53/2006**) se deu no **RE nº 436.996**: *(...) atendimento em creche e em pré-escola – educação infantil – direito assegurado pelo próprio texto constitucional (CR, art. 208, IV) – compreensão global do direito constitucional à educação – dever jurídico cuja execução se impõe ao poder público, notadamente ao município (CR, art. 211, § 2º) – recurso improvido. – A educação infantil representa prerrogativa constitucional indisponível, que, deferida às crianças, a estas assegura, para efeito de seu desenvolvimento integral, e como primeira etapa do processo de educação básica, o atendimento em creche e o acesso à pré-escola (CR, art. 208, IV). – Essa prerrogativa jurídica, em consequência,* impõe, ao Estado, *por efeito da alta significação social de que se reveste a educação infantil, a obrigação constitucional de criar condições objetivas que possibilitem, de maneira concreta, em favor das "crianças (...)" (CR, art. 208, IV),* ***o efetivo acesso e atendimento em creches e unidades de pré-escola, sob pena de configurar-se inaceitável omissão governamental, apta a frustrar, injustamente, por inércia, o integral adimplemento, pelo Poder Público,*** de prestação estatal que lhe impôs o próprio texto da CF. – *A educação infantil, por qualificar-se como direito fundamental de toda criança,* **não se expõe, em seu processo de concretização, a *avaliações meramente discricionárias da Administração Pública, nem se subordina a razões de puro pragmatismo governamental.*** – *Os Municípios – que atuarão, prioritariamente, no ensino fundamental e na educação infantil (CR, art. 211, § 2º)* – não **poderão demitir-se do mandato constitucional, juridicamente vinculante, que lhes foi outorgado pelo art. 208, IV,** da CF, e que representa **fator de limitação da discricionariedade político-administrativa dos entes municipais, cujas opções, tratando-se do atendimento das crianças em creche (CR, art. 208, IV), não podem ser exercidas** *de modo a comprometer, com apoio em juízo de simples conveniência ou de mera oportunidade,* ***a eficácia desse direito básico de índole social.*** – *Embora resida,* ***primariamente, nos Poderes Legislativo e Executivo, a prerrogativa de formular e executar políticas públicas, revela-se possível, no entanto, ao PJ,*** *determinar, ainda que em bases excepcionais,* ***especialmente nas hipóteses de políticas públicas definidas pela própria Constituição, sejam estas implementadas pelos órgãos estatais inadimplentes, cuja omissão*** – *por importar em descumprimento dos encargos político-jurídicos que sobre eles incidem em caráter mandatório – mostra-se apta a comprometer a eficácia e a integridade de direitos sociais e culturais impregnados de estatura constitucional. A questão pertinente à "reserva do possível".* (Rel. Min. Celso de Mello, Julg. em 22.11.2005).

144. Norma do **art. 208, VII, da CR/88** com redação dada pela **Emenda Constitucional nº 59, de 2009**.

145. Em decisão mais recente, já no esteio da **EC nº53/2006** no **RE 639.337/SP** julg. em **15.09.2011**: *"Criança de até cinco anos de idade – atendimento em creche e em pré-escola – sentença que* ***obriga*** *o município de São Paulo a*

A **iniciativa privada** também poderá fornecer serviços de ensino, desde que em cumprimento das normas gerais da educação nacional e mediante autorização e avaliação de qualidade pelo Poder Público.

Aqui é interessante salientar que o STF decidiu recentemente, na **ADPF 292/DF** em 01.08.2018, que são constitucionais a *exigência de idade mínima* de quatro e seis anos para ingresso, respectivamente, na educação infantil e no ensino fundamental, bem como a fixação da data-limite de 31 de março para que referidas idades estejam completas.[146]

O STF considerou que a Resolução 1/2010 e a Resolução 6/2010, ambas da Câmara de Educação Básica do Conselho Nacional de Educação (CNE), não violam os princípios da isonomia, da proporcionalidade e do acesso à educação, ao estabelecerem um critério único e objetivo para o ingresso nas séries iniciais da educação infantil e do ensino fundamental da criança que tenha, respectivamente, 4 e 6 anos de idade completos até o dia 31 de março do ano em que ocorrer a matrícula.

Entendeu o STF, que o importante é que seja assegurado ao aluno entre 4 e 17 anos o acesso à educação, de acordo com a sua capacidade. A faixa etária não é estabelecida entre as etapas do sistema de ensino. Desse modo, a regulamentação questionada, relativa à transição entre as etapas de ensino, está em conformidade com o art. 208, I e IV, da CR/88.

Além disso, decidiu o STF, na **ADC 17**, que é constitucional a exigência de 6 (seis) anos de idade para o ingresso no ensino fundamental, cabendo ao Ministério da Educação a definição do momento em que o aluno deverá preencher o critério etário. O STF entendeu que os arts. 24, II, 31 e 32, *caput*, da Lei nº 9.394/96, que tratam sobre a idade mínima de 6 anos para ingressar no ensino fundamental, são constitucionais.[147]

---

matricular crianças em unidades de ensino infantil próximas de sua residência ou do endereço de trabalho de seus responsáveis legais, sob pena de multa diária por criança não atendida – legitimidade jurídica da utilização das astreintes contra o Poder Público – doutrina – jurisprudência – obrigação estatal de respeitar os direitos das crianças – educação infantil – direito assegurado pelo próprio texto constitucional (CF, art. 208, IV, na redação dada pela EC nº 53/2006) – compreensão global do direito constitucional à educação – dever jurídico cuja execução se impõe ao poder público, notadamente ao município (CF, art. 211, § 2º) – legitimidade constitucional da intervenção do poder judiciário em caso de omissão estatal na implementação de políticas públicas previstas na Constituição – inocorrência de transgressão ao postulado da separação de poderes – proteção judicial de direitos sociais, escassez de recursos e a questão das 'escolhas trágicas' – reserva do possível, mínimo existencial, dignidade da pessoa humana e vedação do retrocesso social – pretendida exoneração do encargo constitucional por efeito de superveniência de nova realidade fática. (...) Políticas públicas, omissão estatal injustificável e intervenção concretizadora do poder judiciário em tema de educação infantil: possibilidade constitucional". (No mesmo sentido: *O Poder Judiciário pode obrigar o Município a fornecer vaga em creche a criança de até 5 anos de idade. A educação infantil, em creche e pré-escola, representa prerrogativa constitucional indisponível garantida às crianças até 5 anos de idade, sendo um dever do Estado (art. 208, IV, da CF/88). Os Municípios, que têm o dever de atuar prioritariamente no ensino fundamental e na educação infantil (art. 211, § 2º, da CF/88), não podem se recusar a cumprir este mandato constitucional, juridicamente vinculante, que lhes foi conferido pela CF. STF. Decisão monocrática.* **RE 956475,** Rel. Min. Celso de Mello, julg. em **12.05.2016.**

146. **ADPF 292/DF,** STF. Plenário. Rel. Min. Luiz Fux, julgado em **01.08.2018** (Informativo 909).
147. **ADC 17/DF,** STF. Plenário. Rel. Min. Edson Fachin, red. p/ o ac. Min. Roberto Barroso, jugado em **01.08.2018** (Info 909)

O STF afirmou que, como a Lei não foi expressa sobre o momento em que deveria ser provada essa idade mínima, cabe ao Ministério da Educação definir esse instante exato. Nesses termos, é constitucional a Resolução que estabelece que essa idade mínima de 6 anos deverá ser completada até 31 de março.

Assim sendo, cabe ao Poder Público desenhar as políticas educacionais, respeitadas as balizas constitucionais. O critério etário, apesar de não ser a única solução constitucionalmente possível, insere-se no espaço de conformação do administrador, sobretudo em razão da "expertise" do CNE e da ampla participação técnica e social no processo de edição das resoluções, em respeito à gestão democrática do ensino público (art. 206, VI, da CR/88).[148]

O STF também deixou assente, que o Poder Judiciário não pode substituir-se às autoridades públicas de educação para fixar ou suprimir requisitos para o ingresso de crianças no ensino fundamental, quando os atos normativos de regência não revelem traços de ilegalidade, abusividade ou ilegitimidade.[149]

Na sequência, afirma a Constituição da República que serão fixados conteúdos mínimos para o ensino fundamental, de maneira a assegurar formação básica comum e respeito aos valores culturais e artísticos, nacionais e regionais. Além disso, o ensino religioso, de matrícula facultativa, constituirá disciplina dos horários normais das escolas públicas de ensino fundamental.

Sobre o ensino religioso, conforme já trabalhamos no capítulo sétimo (referente aos direitos individuais), o STF, por 6x5, julgou improcedente a ADI 4439 e decidiu que o ensino religioso nas escolas públicas brasileiras pode ter ***natureza confessional***, ou seja, *pode sim ser vinculado a religiões específicas*.

Entendeu o STF que, a partir da conjugação do binômio Laicidade do Estado (art. 19, I da CR/88) e Liberdade religiosa (art. 5º, VI da CR/88), o Estado deverá assegurar o cumprimento do art. 210, § 1º da CR/88, autorizando na rede pública, em igualdade de condições, o oferecimento de ensino confessional das diversas crenças, mediante requisitos formais previamente fixados pelo Ministério da Educação.

---

148. Além disso, considerou o STF, que as regras objetivas relativas a datas e números asseguram mais segurança jurídica. O acesso aos níveis mais elevados de ensino (art. 208, V, da CR/88), segundo a capacidade de cada um, pode justificar, eventualmente, o afastamento de regras em casos bastante excepcionais, a critério exclusivo da equipe pedagógica diretamente responsável pelo aluno, o que se mostra consentâneo com a valorização dos profissionais da educação escolar e o apreço à pluralidade de níveis cognitivos e comportamentais em sala de aula. **ADC 17/DF**, STF. Plenário. Rel. Min. Edson Fachin, red. p/ o ac. Min. Roberto Barroso, jugado em **01.08.2018. ADPF 292/DF,** STF. Plenário. Rel. Min. Luiz Fux, julgado em **01.08.2018** (Informativo 909).

149. Esse já era o posicionamento do STJ: *As Resoluções nº 01/2010 e nº 06/2010, ambas emanadas da Câmara de Educação Básica do Conselho Nacional de Educação (CNE/CEB), ao estabelecerem corte etário para ingresso de crianças na primeira série do ensino fundamental (6 anos completos até 31 de março do correspondente ano letivo), não incorreram em contexto de ilegalidade (não violaram a lei). Ao contrário, tais Resoluções encontram respaldo na interpretação conjunta dos arts. 29 e 32 da Lei nº 9.394/96 (LDB). O Poder Judiciário não pode substituir-se às autoridades públicas de educação para fixar ou suprimir requisitos para o ingresso de crianças no ensino fundamental, quando os atos normativos de regência não revelem traços de ilegalidade, abusividade ou ilegitimidade.* STJ. 1ª Turma. **REsp 1412704/PE**, Rel. Min. Sérgio Kukina, julgado em **16.12.2014**.

O STF rejeitou a tese do PGR de que as aulas de ensino religioso deveriam ser voltadas para a história e a doutrina das várias religiões, ensinadas sob uma perspectiva laica, neutra e "isenta". Para o Pretório Excelso, não faria sentido garantir a frequência facultativa às aulas de ensino religioso se esse se limitasse a enunciar, de maneira absolutamente descritiva e neutra, princípios e regras gerais das várias crenças. Assim, o argumento, presente no Informativo 879, foi o de que se fosse para fazer apenas a descrição das religiões sob os enfoques histórico, sociológico ou filosófico, a CR/88 não teria dito que a frequência é facultativa. E, além disso, existem matérias, como a filosofia, a sociologia e a história que já abordam, de forma descritiva, os movimentos religiosos, sendo tais disciplinas, em regra, obrigatórias. Portanto, como o Estado é laico e vigora a liberdade religiosa, os alunos não podem ser obrigados a frequentar aulas de uma religião específica, mas elas podem existir, conforme previsto no art. 210, § 1º da CR/88.[150]

Nesses termos, deve ser permitido aos alunos, que expressarem e voluntariamente se matricularem, o pleno exercício de seu direito subjetivo ao ensino religioso como disciplina dos horários normais das escolas públicas de ensino fundamental, ministrada de acordo com os princípios de sua confissão religiosa, por integrantes dela, devidamente credenciados a partir de chamamento público já estabelecido em Lei para hipóteses semelhantes (Lei nº 13.204/2015) e, preferencialmente, sem qualquer ônus para o Poder Público.[151]

No caso de a igreja católica ou uma igreja evangélica desejarem oferecer ensino religioso confessional cristão, ministrado por um padre ou pastor vinculado a igreja, elas poderão. Se uma mesquita islâmica também assim desejar, igualmente deve ser permitido. Do mesmo modo um rabino, representante do judaísmo, ou mesmo se o representante de uma religião de matriz africana quiser oferecer as aulas, isso deverá ser permitido.

Na sequência, temos também que o ***ensino fundamental*** regular será ministrado em língua portuguesa, assegurada às comunidades indígenas também a utilização de suas línguas maternas e os processos próprios de aprendizagem.

150. **ADI 4439/DF**, STF. Plenário. rel. orig. Min. Roberto Barroso, red. p/ o ac. Min. Alexandre de Moraes, julgado em **27.09.2017.** Apesar de o Estado brasileiro ser laico, ele não é avesso à religiosidade. Ao contrário, existe um relacionamento entre o Estado e as Igrejas, conforme explica José Afonso da Silva: "O Estado Brasileiro é um Estado laico. A norma-parâmetro dessa laicidade é o art. 19, I, que define a separação entre Estado e Igreja (...)" (Comentário Contextual à Constituição. São Paulo: Malheiros, 7ª ed., p. 97). Assim, a separação entre o Estado e as igrejas, proclamada no art. 19, I, da CF/88, não prejudica a colaboração do Poder Público com entidades religiosas. Isso é, inclusive, previsto na parte final do referido dispositivo constitucional. Citem-se, como exemplo, as parcerias do Poder Público nas áreas da saúde com as Santas Casas de Misericórdia (católicas) e com a Sociedade Beneficente Israelita Brasileira Albert Einstein.

151. **ADI 4439/DF**, STF. Plenário. rel. orig. Min. Roberto Barroso, red. p/ o ac. Min. Alexandre de Moraes, julgado em **27.09.2017.** Aqui as Secretarias de Educação deverão realizar prévio chamamento público para cadastrarem as confissões religiosas interessadas. Posteriormente, no período de matrícula da rede pública, deverão ser ofertadas as diversas possibilidades para que os alunos ou seus pais/responsáveis legais, facultativamente, realizem expressamente sua opção entre as várias confissões ofertadas ou pela não participação no ensino religioso. Com a demanda definida, o Poder Público poderá estabelecer os horários, preferencialmente nas últimas aulas do turno, para que haja a liberação daqueles que não pretendam participar. In: *Dizer o Direito*, Informativo 879, 2017.

É importante salientar também que a União organizará o ***sistema federal de ensino***, financiará as instituições de ensino públicas federais e exercerá, em matéria educacional, função redistributiva e supletiva, de forma a garantir equalização de oportunidades educacionais e padrão mínimo de qualidade do ensino mediante assistência técnica e financeira aos Estados, ao Distrito Federal e aos Municípios.

Os Municípios atuarão ***prioritariamente no ensino fundamental*** (6 a 14 anos) e na ***educação infantil*** (0 a 5 anos). Os Estados e o Distrito Federal atuarão prioritariamente no ***ensino fundamental*** e ***médio***. Nos termos da EC nº 59/2009, na organização de seus sistemas de ensino, a União, os Estados, o Distrito Federal e os Municípios definirão formas de colaboração, de modo a assegurar a universalização do ensino obrigatório.

O Poder Público federal aplicará, anualmente, nunca menos de 18%, e os Estados, o Distrito Federal e os Municípios aplicarão 25%, no mínimo[152], da receita resultante de impostos, compreendida a proveniente de transferências, na manutenção e desenvolvimento do ensino.[153]

Aqui, o STF já afirmou (conforme já citamos na obra) que é inconstitucional lei estadual que inclua no conceito de *"manutenção e desenvolvimento do ensino"*, para os fins do art. 212 da CR/88, o pagamento dos servidores inativos da área da educação, em contrariedade às disposições da Lei de Diretrizes e Bases da Educação Nacional.[154]

No caso, a Lei Complementar 1010/2007, do Estado de São Paulo, criou a São Paulo Previdência (SPPREV), entidade gestora do regime próprio de previdência dos servidores públicos estaduais. Acontece que os arts. 26 e 27 dessa refrida Lei permitiram que o Estado de São Paulo considerasse, como dinheiro investido em ensino (art. 212 da CR/88), as despesas de natureza previdenciária.

Conforme o art. 212 da CR/88, *a União aplicará, anualmente, nunca menos de dezoito, e os Estados, o Distrito Federal e os Municípios vinte e cinco por cento, no mínimo, da receita resultante de impostos, compreendida a proveniente de transferências, na manutenção e desenvolvimento do ensino*. Para o STF, a definição de quais despesas podem ou não ser consideradas como manutenção e desenvolvimento de ensino

---

152. É interessante que Constituição estadual não pode ir além e prever limites mínimos que deveriam ser investidos em determinadas entidades de ensino. Isso restringe a competência constitucional do Poder Executivo de elaborar a proposta de lei orçamentária, *além de violar o art. 167, IV, da CR/88*. Nesse sentido, na ADI 4102 *julg. em 30.10.2014, a Constituição do Estado do Rio de Janeiro previa que um percentual mínimo da receita prevista no orçamento anual deveria ser destinado à educação especial, à UERJ e à FAPERJ. O STF julgou essa previsão parcialmente inconstitucional considerando que ela restringe a competência constitucional do Poder Executivo de elaborar a proposta de lei orçamentária, além de violar o art. 167, IV, da CR/88. O STF, porém, considerou constitucional a determinação da Constituição de que 2% da receita tributária do exercício deve ser destinado à Fundação de Amparo à Pesquisa (Faperj). Isso porque essa regra está em consonância com o art. 218, § 5º da CR/88, que faculta aos estados e ao Distrito Federal vincular parte da receita orçamentária a entidades públicas de fomento ao ensino e à pesquisa científica e tecnológica.*

153. Nos termos da **EC nº 59/09**: *A distribuição dos recursos públicos assegurará prioridade ao atendimento das necessidades do ensino obrigatório, no que se refere a universalização, garantia de padrão de qualidade e equidade, nos termos do plano nacional de educação.*

154. **ADI 5719**, STF. Plenário. Rel. Edson Fachin, julgado em **18.08.2020**.

é feita por meio de lei editada pela União, nos termos do art. 22, XXIV e também do própro art. 24, IX da CR/88. Essas normas explicitam que compete a União editar normas gerais sobre educação e ensino.

Nesses termos, a Lei nº 9.394/96 (Lei de Diretrizes e Bases da Educação Nacional), em seus arts. 70 e 71, define quais despesas podem ser consideradas como sendo destinadas à manutenção e desenvolvimento do ensino.

Assim sendo, as despesas com encargos previdenciários de servidores inativos e os repasses efetuados pelo Estado para cobrir o *déficit* no regime próprio de previdência não podem ser computados como aplicação de recursos na manutenção e desenvolvimento de ensino, para os fins do art. 212 da CR/88. Portanto, é inconstitucional lei estadual que faça essa previsão.[155]

Na sequência, nos termos da EC nº 59/2009, a lei estabelecerá ***o plano nacional de educação***, de duração decenal, com o objetivo de articular o sistema nacional de educação em regime de colaboração e definir diretrizes, objetivos, metas e estratégias de implementação para assegurar a manutenção e o desenvolvimento do ensino em seus diversos níveis, etapas e modalidades por meio de ações integradas dos Poderes Públicos das diferentes esferas federativas que conduzam a: erradicação do analfabetismo[156]; universalização do atendimento escolar; melhoria da qualidade do ensino; formação para o trabalho; promoção humanística, científica e tecnológica do país; e, conforme a EC nº 59/2009, o estabelecimento de meta de aplicação de recursos públicos em educação como proporção do produto interno bruto.

Aqui é interessante salientar que, nos termos da Lei nº 9.394/96 (LDB) em seu art. 43, temos que a educação superior em nosso País tem por finalidade: a) estimular a criação cultural e o desenvolvimento do espírito científico e do pensamento

155. **ADI 5719**, STF. Plenário. Rel. Edson Fachin, julgado em **18.08.2020**.

156. ADI por Omissão **1698**, julg. em **25.10.2009**: [...] *não haveria como se afirmar* ***ter havido inércia do Presidente da República de modo a se lhe imputar providência administrativa que ainda não tivesse sido por ele adotada e que poderia ser suprida pela procedência desta ação****. Salientou-se que o* ***Brasil*** *tem ainda, de fato,* ***muito a fazer*** *em termos de compromisso constitucionalmente imposto de* ***erradicar o analfabetismo****, até mesmo para que os direitos fundamentais, a dignidade da pessoa humana, a sua liberdade, a igualdade de oportunidades possam ser efetivados. Por outro lado, com base na análise dos dados referentes* ***ao número de analfabetos formais no Brasil em 1995, apresentados pelo IBGE, e do que se tem hoje, principalmente a partir da Lei 9.394/96, que estabeleceu as diretrizes e bases da Educação Nacional, e****, ainda, da Lei 10.172/2001, que aprovou o plano nacional de educação,* ***observou-se a adoção de várias*** *políticas sociais voltadas para a implementação* ***do que legalmente determinado.*** *Asseverou-se a existência de uma* ***gama de ações e*** *programas do Ministério da Educação priorizando a erradicação do analfabetismo e o acesso de todos à educação, que* ***teriam contribuído****, significativamente, com o* ***decréscimo do número desses analfabetos formais no Brasil.*** *Dentre os quais, citou-se o "****Programa Brasil Alfabetizado****", que previu a ampliação do período de alfabetização de seis para até oito meses; o aumento de 50% nos recursos para a formação dos alfabetizadores; o estabelecimento de um piso para o valor da bolsa paga ao alfabetizador; o aumento da quantidade de turmas em regiões com baixa densidade populacional e em comunidades populares de periferias urbanas; a implantação de um sistema integrado de monitoramento e avaliação do programa; e maior oportunidade de continuidade da escolarização de jovens e adultos, a partir do aumento de 42% para 68% do percentual dos recursos alocados para Estados e Municípios. Lembrou-se, também, do "****Bolsa Família****", um dos principais programas de cidadania e inclusão do Governo Federal, cujo objetivo é a inclusão social das famílias em situação de pobreza por meio da transferência de renda e da promoção do acesso aos direitos sociais básicos de saúde e educação.*

reflexivo; b) formar diplomados nas diferentes áreas de conhecimento, aptos para a inserção em setores profissionais e para a participação no desenvolvimento da sociedade brasileira, e colaborar na sua formação contínua; c) incentivar o trabalho de pesquisa e investigação científica, visando ao desenvolvimento da ciência e da tecnologia e da criação e difusão da cultura, e, desse modo, desenvolver o entendimento do homem e do meio em que vive; d) promover a divulgação de conhecimentos culturais, científicos e técnicos que constituem patrimônio da humanidade e comunicar o saber através do ensino, de publicações ou de outras formas de comunicação; e) suscitar o desejo permanente de aperfeiçoamento cultural e profissional e possibilitar a correspondente concretização, integrando os conhecimentos que vão sendo adquiridos numa estrutura intelectual sistematizadora do conhecimento de cada geração; f) estimular o conhecimento dos problemas do mundo presente, em particular os nacionais e regionais, prestar serviços especializados à comunidade e estabelecer com esta uma relação de reciprocidade; g) promover a extensão, aberta à participação da população, visando à difusão das conquistas e benefícios resultantes da criação cultural e da pesquisa científica e tecnológica geradas na instituição; É importante dizer que recentemente a Lei nº 13.174/2015 incluiu também dentre as finalidades a de: h) atuar em favor da universalização e do aprimoramento da educação básica, mediante a formação e a capacitação de profissionais, a realização de pesquisas pedagógicas e o desenvolvimento de atividades de extensão que aproximem os dois níveis escolares.

Por último, sobre o ensino superior, é importante citarmos (novamente), a recente **Lei nº 12.711** de 29.08.2012, que determinou que as **instituições federais de educação superior** vinculadas ao Ministério da Educação reservarão, em cada concurso seletivo para ingresso nos cursos de graduação, por curso e turno, no mínimo 50% (cinquenta por cento) de suas vagas para estudantes que tenham cursado integralmente o ensino médio em escolas públicas. No preenchimento dessas vagas 50% (cinquenta por cento) deverão ser reservados aos estudantes oriundos de famílias com renda igual ou inferior a 1,5 salário mínimo (um salário mínimo e meio) *per capita*. Segundo a Lei nº 12.711/2012, em cada instituição federal de ensino superior, as vagas citadas serão preenchidas, por curso e turno, por autodeclarados pretos, pardos e indígenas, em proporção no mínimo igual à de pretos, pardos e indígenas na população da unidade da Federação onde está instalada a instituição, segundo o último censo do Instituto Brasileiro de Geografia e Estatística (IBGE). No caso de não preenchimento das vagas segundo esses critérios, aquelas remanescentes deverão ser completadas por estudantes que tenham cursado integralmente o ensino médio em escolas públicas.[157]

157. Nesses termos: o Poder Executivo promoverá, no prazo de **10 (dez) anos**, a contar da publicação da **Lei nº 12.711/2012**, a revisão do programa especial para o acesso de estudantes pretos, pardos e indígenas, bem como daqueles que tenham cursado integralmente o ensino médio em escolas públicas, às instituições de educação superior. No que tange ao acompanhamento do programa, reza no diploma normativo que o Ministério da Educação e a Secretaria Especial de Políticas de Promoção da Igualdade Racial, da Presidência da República, serão responsáveis pelo acompanhamento e avaliação do programa de que trata a **Lei nº 12.711/2012**, ouvida a Fundação Nacional do Índio (Funai).

No que diz respeito à **cultura**, a Constituição de 1988 estabelece a proteção ao pleno exercício dos direitos culturais e o acesso às fontes de cultura, apoiando e incentivando a valorização e a difusão das manifestações. Para tanto, o Poder Público, com a colaboração da comunidade, promoverá e protegerá o patrimônio cultural brasileiro, por meio de inventários, registros, vigilância, tombamento e desapropriação, e de outras formas de acautelamento e preservação. Nesses termos, os danos e as ameaças ao patrimônio cultural serão punidos, na forma da lei.[158]

Segundo a Constituição, constituem ***patrimônio cultural brasileiro*** bens de natureza material e imaterial, tomados individualmente ou em conjunto, portadores de referência à identidade, à ação, à memória dos diferentes grupos formadores da sociedade brasileira, nos quais se incluem: as formas de expressão; os modos de criar, fazer e viver; as criações científicas, artísticas e tecnológicas; as obras, os objetos, os documentos, as edificações e os demais espaços destinados às manifestações artístico-culturais; os conjuntos urbanos e sítios de valor histórico, paisagístico, artístico, arqueológico, paleontológico, ecológico e científico. O § 5º do art. 216, ainda, tomba, automaticamente, todos os documentos e os sítios detentores de reminiscências históricas dos antigos quilombos.

Aqui, é interessante citarmos que, além do art. 216 da CR/88, temos também o art. 68 do ADCT que estabelece que, aos remanescentes das comunidades dos quilombos que estejam ocupando suas terras, é reconhecida a propriedade definitiva, devendo o Estado emitir-lhes os títulos respectivos. Segundo a doutrina, são considerados remanescentes de comunidades de quilombos agrupamentos humanos de afrodescendentes que se formaram durante o sistema escravocrata ou logo após a sua extinção e que se originaram não apenas por causa das fugas de escravos, mas também em decorrência de heranças, doações, recebimento de terras como pagamento de serviços prestados etc.[159] Aqui é interessante salientar que o STF

158. Art. 216, § 3º, da CR/88: A lei estabelecerá incentivos para a produção e o conhecimento de bens e valores culturais. Nos termos do art. 216, § 6º, da CR/88: É facultado aos Estados e ao DF vincular a fundo estadual de fomento à cultura até cinco décimos por cento de sua receita tributária líquida, para o financiamento de programas e projetos culturais, vedada a aplicação desses recursos no pagamento de: (Incluído pela EC nº 42, de 19.12.2003) I – despesas com pessoal e encargos sociais; (Incluído pela EC nº 42, de 19.12.2003) II – serviço da dívida; (Incluído pela EC nº 42, de 19.12.2003) III – qualquer outra despesa corrente não vinculada diretamente aos investimentos ou ações apoiados. (Incluído pela EC nº 42, de 19.12.2003)

159. O Decreto 4.887/2003 assim os define: Art. 2º Consideram-se remanescentes das comunidades dos quilombos, para os fins deste Decreto, os grupos étnico-raciais, segundo critérios de autoatribuição, com trajetória histórica própria, dotados de relações territoriais específicas, com presunção de ancestralidade negra relacionada com a resistência à opressão histórica sofrida. Já o Decreto 6.040/2007, por sua vez, conceitua as Comunidades Tradicionais: Art. 3º Para os fins deste Decreto e do seu Anexo compreende-se por: I – Povos e Comunidades Tradicionais: grupos culturalmente diferenciados e que se reconhecem como tais, que possuem formas próprias de organização social, que ocupam e usam territórios e recursos naturais como condição para sua reprodução cultural, social, religiosa, ancestral e econômica, utilizando conhecimentos, inovações e práticas gerados e transmitidos pela tradição. A característica principal que marca as comunidades tradicionais e os quilombolas (que é uma espécie de comunidade tradicional) é a relação que eles mantêm com a terra. Eles mantêm uma relação com a terra que é mais do que posse ou propriedade. É uma relação de identidade entre a comunidade e sua terra, que recebe especial atenção na Constituição e nos compromissos internacionais assumidos pelo Estado brasileiro. In: *Dizer o Direito*, Inf. 882, 2017.

recentemente julgou parcialmente procedente pedido para aplicar a técnica da interpretação conforme à Constituição, sem redução de texto ao § 2º do art. 4º da Lei nº 11.952/2009, a fim de afastar qualquer entendimento que permita a regularização fundiária das terras públicas ocupadas por ***quilombolas e outras comunidades tradicionais*** da Amazônia Legal em nome de terceiros ou de forma a descaracterizar o modo de apropriação da terra por esses grupos.

Segundo o Ministro Edson Fachin, a proteção conferida pelo § 2º do art. 4º, da Lei nº 11.952/2009, às terras tradicionalmente ocupadas pelas comunidades quilombolas e outras comunidades tradicionais que vivem na Amazônia Legal mostra-se muito fraca. O dispositivo, de fato, permite interpretar que é possível que terceiros não integrantes dos quilombolas e das comunidades tradicionais possam ter acesso a essas terras por meio da regularização fundiária. Dessa forma, para o Ministro, a fim de assegurar que a Lei esteja em conformidade com os objetivos da CR/88, deve-se afastar, como já citado, qualquer *interpretação que permita a regularização fundiária das terras ocupadas por quilombolas e outras comunidades tradicionais da Amazônia Legal em nome de terceiros ou de modo a descaracterizar o modo de apropriação da terra por esses grupos.*[160]

Voltando ao tema central, no plano do desenvolvimento da cultura brasileira, a **EC nº 48/2005** criou o ***Plano Nacional de Cultura***, de duração plurianual, visando ao desenvolvimento cultural do Brasil e conduzindo à: defesa e valorização do patrimônio cultural brasileiro; produção, promoção e difusão de bens culturais; formação de pessoal qualificado para a gestão da cultura em suas múltiplas dimensões; democratização do acesso aos bens de cultura; e valorização da diversidade étnica e regional.

Por último, recentemente, conforme a **Emenda Constitucional nº 71 de 29.11.2012**, nos termos do art. 216-A, foi criado o **Sistema Nacional de Cultura**, organizado em regime de colaboração, de forma descentralizada e participativa.

Esse sistema institui um processo de gestão e promoção conjunta de políticas públicas de cultura, democráticas e permanentes, pactuadas entre os entes da Federação e a sociedade, tendo por objetivo promover o desenvolvimento humano, social e econômico com pleno exercício dos direitos culturais.

Nos termos do positivado art. 216-A da CR/88, o **Sistema Nacional de Cultura** fundamenta-se na política nacional de cultura e nas suas diretrizes, estabelecidas no Plano Nacional de Cultura, e rege-se pelos seguintes princípios: I – diversidade das expressões culturais; II – universalização do acesso aos bens e serviços culturais; III – fomento à produção, difusão e circulação de conhecimento e bens culturais; IV – cooperação entre os entes federados, os agentes públicos e privados atuantes na área cultural; V – integração e interação na execução das políticas, programas, projetos e ações desenvolvidas; VI – complementaridade nos papéis dos agentes culturais; VII – transversalidade das políticas culturais; VIII – autonomia dos entes federados e das instituições da sociedade civil; IX – transparência e compartilhamento

160. LOPES CAVALCANTE, Márcio André. *Dizer o Direito*, Informativo 882, 2017.

das informações; X – democratização dos processos decisórios com participação e controle social; XI – descentralização articulada e pactuada da gestão, dos recursos e das ações; XII – ampliação progressiva dos recursos contidos nos orçamentos públicos para a cultura.

Ainda de acordo com a EC n° 71/2012, constitui a estrutura do **Sistema Nacional de Cultura**, nas respectivas esferas da Federação: I – órgãos gestores da cultura; II – conselhos de política cultural; III – conferências de cultura; IV – comissões intergestores; V – planos de cultura; VI – sistemas de financiamento à cultura; VII – sistemas de informações e indicadores culturais; VIII – programas de formação na área da cultura; e IX – sistemas setoriais de cultura.

Sobre a regulamentação infraconstitucional, afirmou a **EC nº71/2012** que Lei federal disporá sobre a regulamentação do **Sistema Nacional de Cultura**, bem como de sua articulação com os demais sistemas nacionais ou políticas setoriais de governo. Já os Estados, o Distrito Federal e os Municípios organizarão **seus respectivos sistemas de cultura** em leis próprias.

Já a proteção ao ***desporto*** não pode ser tomada de modo reducionista como proteção ao ***esporte***, pois abrange ainda as atividades de ***recreação, lazer*** e ***divertimento*** (art. 217, § 3º, da CR/88). O desporto, conforme o art. 3º da Lei nº 9.615/98 (conhecida como ***Lei Pelé***), apresenta as seguintes manifestações:

- **desporto educacional:** praticado nos sistemas de ensino e em formas assistemáticas de educação, evitando-se a seletividade, a hipercompetitividade de seus praticantes, com a finalidade de alcançar o desenvolvimento integral do indivíduo e a sua formação para o exercício da cidadania e a prática do lazer;

- **desporto de participação:** de modo voluntário, compreendendo as modalidades desportivas praticadas com a finalidade de contribuir para a integração dos praticantes na plenitude da vida social, na promoção da saúde e educação e na preservação do meio ambiente;

- **desporto de rendimento**: praticado segundo normas gerais dessa Lei e regras de prática desportiva, nacionais e internacionais, com a finalidade de obter resultados e integrar pessoas e comunidades do País e estas com as de outras nações. O desporto de rendimento pode ser organizado e praticado: de modo profissional, caracterizado pela remuneração pactuada em contrato formal de trabalho entre o atleta e a entidade de prática desportiva; e de modo não profissional, identificado pela liberdade de prática e pela inexistência de contrato de trabalho, sendo permitido o recebimento de incentivos materiais e de patrocínio.

É dever do Estado o fomento de ***práticas desportivas*** formais e não formais, como direito de cada um, observados: a autonomia das entidades desportivas dirigentes e associações, quanto à sua organização e funcionamento; a destinação de recursos públicos para a promoção prioritária do desporto educacional e, em casos específicos, para a do desporto de alto rendimento; o tratamento diferenciado para o desporto profissional e o não profissional; e a proteção e o incentivo às manifestações desportivas de criação nacional. Para tanto, o Estado deverá fomentar prioritariamente o ***desporto educacional*** (art. 217, II, da CR/88), e apenas em casos específicos o ***desporto de rendimento*** – sendo que neste há prioridade também para a modalidade não profissional.[161]

Por fim, lembramos que a ***Justiça Desportiva*** (art. 217, §§ 1º e 2º, da CR/88) não integra o Poder Judiciário, sendo órgão de natureza administrava, com atribuições para julgar questões exclusivamente ligadas à disciplina e às competições esportivas (art. 50 da Lei nº 9.615/98). Seu custeio é oriundo das federações e confederações esportivas. Aqui, temos ainda uma vedação de apreciação pelo Poder Judiciário de tais questões, salvo se esgotadas todas as vias administrativas, que terão prazo máximo de 60 dias para produzir uma decisão final. Todavia, essa cláusula de exclusão versa unicamente sobre questões de disciplina e de competições desportivas, o que permite pleno exame de questões concernentes à legalidade e à constitucionalidade das decisões da Justiça Desportiva.

Já as questões concernentes ao contrato entre atletas e a entidade desportiva, notadamente o que se refere à remuneração, ficam a cargo da ***Justiça do Trabalho***.

3.5. A ciência e tecnologia

O texto constitucional vigente compreende que a pesquisa científica deverá receber tratamento prioritário por parte do Estado brasileiro, tendo em vista o atendimento ao interesse público. Tais ações se voltam para promoção e incentivo do desenvolvimento científico, da pesquisa tecnológica e da capacitação tecnológica.

Isso reflete uma preocupação mundial, mas que não vira as costas para as particularidades da realidade brasileira, pois a pesquisa tecnológica deve voltar-se para as soluções de problemas nacionais e para o desenvolvimento da produção nacional e regional.

Aqui, é interessante explicitarmos que o capítulo IV que tinha o título *"Da Ciência e Tecnologia"* teve seu título alterado pela Emenda Constitucional nº 85/2015 para *"Da Ciência, Tecnologia e Inovação"*.

Nesses termos, com o advento da EC nº 85/2015, restou estabelecido no *caput* do art. 218 da CR/88, que o Estado promoverá e incentivará o desenvolvimento científico, a pesquisa, a capacitação científica e tecnológica e a inovação.[162]

161. Nesse sentido, a decisão do STF no julgamento da ADI nº 1.750, Rel. Min. Eros Grau, *DJ* de 13/10/2006.

162. Conforme o art.218 da CR/88: § 6º O Estado, na execução das atividades previstas no *caput*, estimulará a articulação entre entes, tanto públicos quanto privados, nas diversas esferas de governo. (Incluído pela Emenda Constitucional nº 85, de 2015); § 7º O Estado promoverá e incentivará a atuação no exterior das instituições públicas de

Sobre a pesquisa científica básica e tecnológica, afirma a CR/88, nos moldes da EC nº 85/2015, que essa receberá tratamento prioritário do Estado, tendo em vista o bem público e o progresso da ciência, tecnologia e inovação. Temos ainda que, como já dito, a pesquisa tecnológica voltar-se-á preponderantemente para a solução dos problemas brasileiros e para o desenvolvimento do sistema produtivo nacional e regional.

Certo é que o Estado, também nos termos da EC nº 85/2015, apoiará a formação de recursos humanos nas áreas de ciência, pesquisa, tecnologia e inovação, inclusive por meio do apoio às atividades de extensão tecnológica, e concederá aos que delas se ocupem meios e condições especiais de trabalho.

A lei apoiará e estimulará as empresas que invistam em pesquisa, criação de tecnologia adequada ao País, formação e aperfeiçoamento de seus recursos humanos e que pratiquem sistemas de remuneração que assegurem ao empregado, desvinculada do salário, participação nos ganhos econômicos resultantes da produtividade de seu trabalho.

Conforme o § 5º do art. 218 da CR/88, será facultado aos Estados e ao Distrito Federal vincular parcela de sua receita orçamentária a entidades públicas de fomento ao ensino e à pesquisa científica e tecnológica.

Temos ainda, nos termos constitucionais, que o mercado interno integra o patrimônio nacional e será incentivado de modo a viabilizar o desenvolvimento cultural e socioeconômico, o bem-estar da população e a autonomia tecnológica do País, nos termos de lei federal. O Estado, conforme a EC nº 85/2015, estimulará a formação e o fortalecimento da inovação nas empresas, bem como nos demais entes, públicos ou privados, a constituição e a manutenção de parques e polos tecnológicos e de demais ambientes promotores da inovação, a atuação dos inventores independentes e a criação, absorção, difusão e transferência de tecnologia.

Por último, é importante salientar que a EC nº 85/2015 acrescentou os arts. 219-A e 219-B em nossa atual Constituição.

Com isso, temos que a União, os Estados, o Distrito Federal e os Municípios poderão firmar instrumentos de cooperação com órgãos e entidades públicos e com entidades privadas, inclusive para o compartilhamento de recursos humanos especializados e capacidade instalada, para a execução de projetos de pesquisa, de desenvolvimento científico e tecnológico e de inovação, mediante contrapartida financeira ou não financeira assumida pelo ente beneficiário, na forma da lei.

Já o intitulado Sistema Nacional de Ciência, Tecnologia e Inovação (SNCTI) será organizado em regime de colaboração entre entes, tanto públicos quanto privados, com vistas a promover o desenvolvimento científico e tecnológico e a inovação. Lei

---

ciência, tecnologia e inovação, com vistas à execução das atividades previstas no *caput*. (Incluído pela Emenda Constitucional nº 85, de 2015)

federal disporá sobre as normas gerais do SNCTI. Os Estados, o Distrito Federal e os Municípios legislarão concorrentemente sobre suas peculiaridades.

3.6. A comunicação social

Uma vez que a Constituição de 1988 protege amplamente a manifestação de pensamento, assim como a criação, a expressão e a informação, desde que compatibilizada com os demais direitos fundamentais, torna-se vedado o monopólio ou o oligopólio dos meios de comunicação social.

Também é objeto de vedação constitucional qualquer prática de censura, seja ela de ordem política, ideológica ou artística. Isso, é claro, não se confunde com a fixação de faixas etárias para as diversões e espetáculos públicos, que fica a cargo do Poder Público.

A produção e a programação das emissoras de rádio e televisão atenderão aos seguintes princípios: (a) preferência a finalidades educativas, artísticas, culturais e informativas; (b) promoção da cultura nacional e regional e estímulo à produção independente que objetive sua divulgação; (c) regionalização da produção cultural, artística e jornalística, conforme percentuais estabelecidos em lei; e (d) respeito aos valores éticos e sociais da pessoa e da família.

3.7. O meio ambiente

É muito comum encontrar críticas à expressão ***meio ambiente***, afirmando que ambos os termos seriam sinônimos e, portanto, haveria uma redundância. Todavia, há quem atribua à expressão sentido mais amplo, mais rico devido à conexão de valores.[163] Ela engloba, portanto, o ***meio ambiente natural (ou físico)***, formado pelo solo, pela água, pelo ar atmosférico, pela energia, pela flora, pela fauna (art. 225, da CR/88); o ***meio ambiente cultural*** (arts. 215 e 216, da CR/88), que se liga à história e cultura de um povo, revelando suas raízes e identidades (na forma do patrimônio histórico, artístico, arqueológico, paisagístico e turístico); o ***meio ambiente artificial (ou humano)***, que é o espaço urbano construído pelo homem (edificações, ruas, parques, áreas verdes, praças etc.); e o ***meio ambiente do trabalho***, como espécie de meio ambiente artificial, mas que se destaca pela autonomia, sendo o local no qual o trabalhador exerce sua atividade.

Dessa forma, todos têm direito ao meio ambiente ecologicamente equilibrado, bem de uso comum do povo e essencial à sadia qualidade de vida, impondo-se ao Poder Público e à coletividade o dever de defendê-lo e preservá-lo para a presente e as futuras gerações.

Sob essa perspectiva, nos termos do Informativo 892 do STF, o meio ambiente assume função dúplice no microssistema jurídico, na medida em que representa

163. CUNHA JÚNIOR, Dirley da, *Curso de direito constitucional*, 2009.

simultaneamente um direito e um dever dos cidadãos, os quais se posicionam, paralelamente, também de forma simultânea, como credores e como devedores da obrigação de proteção respectiva.[164]

É interessante que incumbe ao Poder Público, conforme o art. 225 § 1º da CR/88: (a) preservar e restaurar os processos ecológicos essenciais e prover o manejo ecológico das espécies e dos ecossistemas; (b) preservar a diversidade e a integridade do patrimônio genético do país e fiscalizar as entidades dedicadas à pesquisa e manipulação de material genético; (c) definir, em todas as unidades da Federação, espaços territoriais e seus componentes a serem especialmente protegidos, sendo a alteração e a supressão permitidas somente por meio de lei, vedada qualquer utilização que comprometa a integridade dos atributos que justifiquem sua proteção; (d) exigir, na forma da lei, para instalação de obra ou atividade potencialmente causadora de significativa degradação do meio ambiente, estudo prévio de impacto ambiental, a que se dará publicidade; (e) controlar a produção, a comercialização e o emprego de técnicas, métodos e substâncias que comportem risco para a vida, a qualidade de vida e o meio ambiente;[165] (f) promover a educação ambiental em todos os níveis de ensino e a conscientização pública para a preservação do meio ambiente; e (g) proteger a fauna e a flora, vedadas, na forma da lei, as práticas que coloquem em risco sua função ecológica, provoquem a extinção de espécies ou submetam os animais à crueldade.

Sobre os *espaços territoriais especialmente protegidos*, supramencionados, e presentes no art. 225 § 1º, III da CR/88, podemos citar como exemplos: a) Áreas de Preservação Permanente; b) Áreas de Reserva Legal; e c) Unidades de Conservação.[166]

---

164. ADC 42/DF, ADI 4901/DF, ADI 4902/DF, ADI 4903/DF e ADI 4937/DF, STF. Plenário. Rel. Min. Luiz Fux, julgados em **28.02.2018**.

165. A Lei nº 13.301/2016 prevê, como uma das medidas para combater o Aedes aegypti, que o poder público fica autorizado a fazer a pulverização, por meio de aeronaves, de produtos químicos para matar o mosquito. No seu art. 1º, § 3º temos que: *São ainda medidas fundamentais para a contenção das doenças causadas pelos vírus de que trata o caput: IV - permissão da incorporação de mecanismos de controle vetorial por meio de dispersão por aeronaves mediante aprovação das autoridades sanitárias e da comprovação científica da eficácia da medida.* Essa norma, que permite o uso de aeronaves para dispersão de substâncias químicas no combate ao mosquito foi questionada no STF por meio de ADI proposta pelo PGR. Considerando possíveis danos ao meio ambiente e à saúde, o PGR pediu que essa norma fosse declarada inconstitucional O STF julgou parcialmente procedente o pedido apenas para dar interpretação conforme à Constituição, sem redução de texto, ao inciso IV do § 3º do art. 1º da Lei nº 13.301/2016. O STF afirmou que o dispositivo ***é constitucional***, desde que seja ***interpretado da seguinte forma***: *A aprovação das autoridades sanitárias e ambientais competentes e a comprovação científica da eficácia da medida são condições prévias e inafastáveis para que seja adotado esse mecanismo de controle vetorial por meio de dispersão por aeronaves.* O STF deu ICC a essa norma dizendo que, *além da comprovação científica e da aprovação das autoridades sanitárias (mencionadas no texto da lei), é **necessário também que haja a aprovação das autoridades ambientais.*** Segundo o STF, essa intepretação está de acordo com os arts. 6º, 196 e 225, § 1º, V e VII, da CR/88STF. ADI 5592/DF, Red. p/ o ac. Min. Edson Fachin, julg em 11.09.2019 (Info 951).

166. Informativo 896 do STF: "*Sob o prisma material, o Colegiado considerou que a norma impugnada contrariou o princípio da proibição de retrocesso socioambiental. Isso porque as alterações legislativas atingiram o núcleo essencial do direito fundamental ao meio ambiente ecologicamente equilibrado (art. 225 da CF). Enfatizou, ainda, que a aplicação do princípio da proibição do retrocesso socioambiental não pode engessar a ação legislativa e administrativa, sendo forçoso admitir certa margem de discricionariedade às autoridades públicas em matéria ambiental (ADI 4.350/DF). Contudo, o que se consumou foi a indevida alteração de reservas florestais com gravosa diminuição da proteção de ecossistemas, à revelia do devido processo legislativo, por ato discricionário do Poder Executivo, e em prejuízo da*

No que tange às unidades de conservação, é importante ressaltar que sua criação e ampliação podem ser feitas por meio de lei ou decreto do chefe do Poder Executivo. Já a extinção ou redução de uma unidade de conservação, conforme decidiu o STF na ADI 4717, somente podem ser feitas por meio de lei específica (mesmo que a unidade de conservação tenha sido criada por decreto). No caso da ADI 4717, foi editada a Medida Provisória 558/2012 (posteriormente convertida na Lei nº 12.678/2012) que reduziu os limites territoriais de algumas unidades de conservação. As unidades foram reduzidas sabidamente para que, no local, fossem construídas usinas hidrelétricas.

Segundo o STF, normas que importem diminuição da proteção ao meio ambiente equilibrado só podem ser editadas por meio de lei formal, com amplo debate parlamentar e participação da sociedade civil e dos órgãos e instituições de proteção ambiental, como forma de assegurar o direito de todos ao meio ambiente ecologicamente equilibrado. A adoção de medida provisória nessas hipóteses possui evidente potencial de causar prejuízos irreversíveis ao meio ambiente na eventualidade de não ser convertida em lei.

Sobre a proteção a fauna, presente no art. 225, § 1º, VII da CR/88, o STF, em 26.05.2011, decidiu a ADI 1856 que envolveu o tema da *"rinha de galos"* e crueldade de animais, no sentido de **não conceber** a ***"briga de galos"*** como mera atividade desportiva, prática cultural ou expressão folclórica. Entendeu o STF que tal perspectiva seria uma tentativa de fraude à aplicação da regra constitucional de proteção à fauna.[167]

No mesmo sentido, o STF na ADI 4983 também declarou inconstitucional legislação estadual que regulamentava a atividade da ***"vaquejada"***.[168] No caso, o PGR que ajuizou a ADI sustentava a ocorrência de exposição dos animais a maus-tratos e

proteção ambiental de parques nacionais. Por fim, o Tribunal julgou procedente a ação, sem pronunciamento de nulidade, ao fundamento de que o irreversível alagamento das áreas desafetadas e a execução dos empreendimentos hidrelétricos já não permite a invalidação dos efeitos produzidos, dada a impossibilidade material de reversão ao "status quo ante". ADI 4717/DF, Rel. Min. Cármen Lúcia, julg. em 05.04.2018.

167. Ementa: *briga de galos (lei fluminense nº 2.895/98) – Legislação Estadual que, pertinente a exposições e a competições entre aves das raças combatentes, favorece essa prática criminosa – diploma legislativo que estimula o cometimento de atos de crueldade contra galos de briga – crime ambiental (Lei nº 9.605/98, art. 32) – Meio Ambiente – direito à preservação de sua integridade (CF, art. 225)* – Prerrogativa qualificada por seu caráter de metaindividualidade – direito de terceira geração (ou de novíssima dimensão) que consagra o postulado da solidariedade – proteção constitucional da fauna (CF, art. 225, § 1º, VII) – *descaracterização da briga de galo como manifestação cultural* – reconhecimento da inconstitucionalidade da Lei Estadual impugnada – *ADI procedente*. Legislação Estadual que autoriza a realização de exposições e competições entre aves das raças combatentes – norma que institucionaliza a prática de crueldade contra a fauna – inconstitucionalidade. – *A promoção de briga de galos, além de caracterizar prática criminosa tipificada na legislação ambiental, configura conduta atentatória à Constituição da República, que veda a submissão de animais a atos de crueldade, cuja natureza perversa, à semelhança da* ***"farra do boi"*** (RE 153.531/SC), ***não permite sejam eles qualificados como inocente manifestação cultural, de caráter meramente folclórico***. (...) **ADI 1856** julg. em **26.05.2011**, Rel. Min. Celso de Mello. O mesmo, conforme a ementa, foi decidido pelo STF no **RE 153.531/SC** envolvendo a prática da "*Farra do Boi*".

168. Conforme a doutrina, *a vaquejada é uma prática cultural comum nos Estados do nordeste do Brasil. Nela, dois vaqueiros, cada um montado em seu cavalo, perseguem o boi na arena e, após emparelhá-lo com os cavalos, tentam conduzi-lo até uma região delimitada, onde deverão derrubar o boi puxando-o pelo rabo.* Se o boi, quando foi derrubado, ficou, ainda que por alguns instantes, com as quatro patas para cima antes de se levantar, o juiz declara ao público *"Valeu boi!"* e a dupla recebe os pontos. O Ceará editou a Lei nº 15.299/2013, regulamentando a atividade de "vaquejada" no Estado. A lei fixou os critérios para a competição e obrigou os organizadores a adotarem medidas

crueldade, ao passo que o governador do Estado-membro defendia a constitucionalidade da norma, por versar patrimônio cultural do povo nordestino. Foi observado, portanto, conflito de normas constitucionais sobre direitos fundamentais – de um lado, o art. 225, § 1º, VII da CR/88; de outro, o art. 215 da CR/88.

Segundo decidiu o STF, por maioria de votos (6x5), os animais envolvidos nesta prática sofrem tratamento cruel, razão pela qual esta atividade contraria o art. 225, § 1º, VII, da CR/88. Nesses termos, a crueldade provocada pela "vaquejada" faz com que, mesmo sendo esta uma atividade cultural, não possa ser permitida. Restou claro que a obrigação de o Estado garantir a todos o pleno exercício de direitos culturais, incentivando a valorização e a difusão das manifestações, não prescinde da observância do disposto no inciso VII, do § 1º, do art. 225, da CR/88, que veda práticas que submetam os animais à crueldade.[169]

É importante ressaltar, no que diz respeito à *vaquejada*, que ocorreu o que atualmente intitulamos de superação (reação) legislativa (*override*), pois após a decisão do STF de outubro de 2016, logo em novembro, foi publicada a Lei nº 13.364 de 29.11.2016.

Essa Lei, contrariando a decisão do STF eleva o Rodeio, a Vaquejada, bem como as respectivas expressões artístico-culturais, à condição de manifestação cultural nacional e de patrimônio cultural imaterial. Resta aguardar a manifestação do STF sobre a validade dessa nova lei (no que tange à vaquejada), visto que o legislador na sua função típica legislativa não está vinculado à decisão do STF (como estudamos no capítulo sobre o controle de constitucionalidade). O interessante aqui é que, após a edição da Lei nº 13.364/2016, o legislador não se contentou e produziu no exercício do poder constituinte derivado uma Emenda Constitucional sobre o tema. Nesses termos, foi promulgada a EC nº 96 que determina que, para fins do disposto na parte final do inciso VII do § 1º do art. 225 da CR/88, não se consideram cruéis as

---

de segurança para os vaqueiros, o público e os animais. O Procurador-Geral da República, no entanto, ajuizou ADI contra a lei.

169. Informativo 842 do STF: "(...) *O requerente alegava que o art. 225 da CF consagraria a proteção da fauna e da flora como modo de assegurar o direito ao meio ambiente sadio e equilibrado. Seria, portanto, direito fundamental de terceira geração, fundado na solidariedade, de caráter coletivo ou difuso, dotado de altíssimo teor de humanismo e universalidade. Tal manutenção do ecossistema beneficiaria as gerações do presente e do futuro, visto que o indivíduo é considerado titular do direito e, ao mesmo tempo, destinatário dos deveres de proteção ("direito dever" fundamental). Sustentava que o STF, ao constatar conflito entre normas de direitos fundamentais, ainda que presente a manifestação cultural, conferiria interpretação mais favorável à proteção ao meio ambiente, sobretudo quando verificada situação de inequívoca crueldade contra animais. Tudo isso demonstra preocupação maior com a manutenção, em prol dos cidadãos de hoje e de amanhã, das condições ecologicamente equilibradas para uma vida mais saudável e segura. O Tribunal asseverou ter o autor juntado laudos técnicos comprobatórios das consequências nocivas à saúde dos bovinos, tais como fraturas nas patas, ruptura dos ligamentos e dos vasos sanguíneos, traumatismos e deslocamento da articulação do rabo e até seu arrancamento, das quais resultariam comprometimento da medula espinhal e dos nervos espinhais, dores físicas e sofrimento mental. Ante os dados empíricos evidenciados pelas pesquisas, é indiscutível o tratamento cruel dispensado às espécies animais envolvidas, em descompasso com o preconizado no art. 225, § 1º, VII, da CF. À parte das questões morais relacionadas ao entretenimento à custa do sofrimento dos animais, a crueldade intrínseca à "vaquejada" não permite a prevalência do valor cultural como resultado desejado pelo sistema de direitos fundamentais da Constituição. Portanto, o sentido da expressão "crueldade" constante da parte final do inciso VII do § 1º do art. 225 da CF alcança a tortura e os maus-tratos infligidos aos bovinos durante a prática impugnada, de modo a tornar intolerável a conduta humana autorizada pela norma estadual atacada."* **ADI 4983/CE** Plenário do STF, Rel. Min. Marco Aurélio, julg. em **06.10.2016**.

práticas desportivas que utilizem animais, desde que sejam manifestações culturais, conforme o § 1º do art. 215 desta Constituição Federal, registradas como bem de natureza imaterial integrante do patrimônio cultural brasileiro, devendo ser regulamentadas por lei específica que assegure o bem-estar dos animais envolvidos. Portanto, essa Emenda Constitucional acrescentou o § 7º ao art. 225 da CR/88. Assim, a superação legislativa (*override*) agora se deu por alteração constitucional e não mais apenas por lei ordinária (alteração infraconstitucional). Aqui resta novamente aguardar um possível posicionamento do STF sobre o tema.

Na sequência, no RE 494601/RS julgado em **28.03.2019**, decidiu o STF que é *constitucional lei de proteção animal que, a fim de resguardar a liberdade religiosa, permite o sacrifício ritual de animais em cultos de religiões de matriz africana".*[170]

Para o STF, a proteção legal às religiões de matriz africana não representa um privilégio, mas sim um mecanismo de ***assegurar a liberdade religiosa***, mantida a laicidade do Estado. Portanto, a ***laicidade do Estado veda o menosprezo ou a supressão de rituais***, principalmente no tocante a religiões minoritárias ou revestidas de profundo sentido histórico e social.[171]

Entendeu o STF, que a Constituição de 1988, prometeu uma sociedade livre de preconceitos, entre os quais o religioso. Por isso mesmo, a cultura afro-brasileira merece maior atenção do Estado, por conta de sua estigmatização, fruto de preconceito estrutural. E no caso, a *proibição do sacrifício de animais negaria a própria essência da pluralidade cultural*, com a *consequente imposição de determinada visão de mundo*. Nesses termos, essa designação de especial proteção aos cultos de culturas historicamente estigmatizadas ***não ofende o princípio da igualdade***, sendo válida a permissão do sacrifício de animais a determinado segmento religioso, como previsto na norma.[172]

É importante salientar, que o STF entendeu que admitir a ***prática de imolação*** não significa afastar o amparo aos animais estampado no art. 225, § 1º, VII da CR/88. No caso, para o STF, deve-se evitar que a tutela de um valor constitucional relevante aniquile o exercício de um direito fundamental, revelando-se desproporcional impedir todo e qualquer sacrifício religioso quando diariamente a população consome carnes de várias espécies.[173]

170. **RE 494601/RS**, STF. Plenário. rel. orig. Min. Marco Aurélio, red. p/ o ac. Min. Edson Fachin, julgado em 28/3/2019 (Info 935).
171. **RE 494601/RS**, STF. Plenário. rel. orig. Min. Marco Aurélio, red. p/ o ac. Min. Edson Fachin, julgado em 28/3/2019 (Info 935).
172. RE 494601/RS, STF. Plenário. rel. orig. Min. Marco Aurélio, red. p/ o ac. Min. Edson Fachin, julgado em 28/3/2019 (Info 935).
173. O Ministro Roberto Barroso ressaltou que, *de acordo com a tradição e as normas das religiões de matriz africana, não se admite nenhum tipo de crueldade com o animal e são empregados procedimentos e técnicas para que sua morte seja rápida e indolor*. Conforme o Ministro: *"Segundo a crença, somente quando a vida animal é extinta sem sofrimento se estabelece a comunicação entre os mundos sagrado e temporal"*. RE 494601/RS julg. em 28.03.2019, Pleno do STF.

Temos também, que a Constituição de 1988 determina, de forma adequada, que as condutas e **atividades consideradas lesivas ao meio ambiente** sujeitarão os infratores, **pessoas físicas**[174] ou **jurídicas**, a sanções penais e administrativas, independentemente da obrigação de reparar os danos causados.

Aqui é importante explicitar que existem posições (correntes) sobre a possibilidade de responsabilização penal da pessoa jurídica por crimes ambientais.[175] A **primeira** corrente, adotada pela maioria dos penalistas pátrios, entende que, com base na "*teoria do crime*" desenvolvida no Brasil, **não** é possível estabelecer a responsabilização penal da pessoa jurídica por crime ambiental. Dentre alguns fundamentos: faltaria a conjunção dos elementos do crime (como "*dolo* ou *culpa*" e "culpabilidade") além da discussão sobre as "penas" e a justificativa delas no nosso sistema penal. Uma **segunda** corrente também entende que **não** é possível estabelecer a responsabilização penal da pessoa jurídica por crime ambiental justamente porque a responsabilidade prevista na Constituição para elas seria **administrativa** e **não penal** (os Ministros Marco Aurélio e Luiz Fux são adeptos dessa corrente). A **terceira** corrente entende que **sim**, ou seja, é possível a responsabilização penal da pessoa jurídica desde que conjuntamente (acompanhada) com a pessoa física (essa corrente tem sido **admitida no STJ** e se fundamenta sobretudo na interpretação do art. 3º da Lei nº 9.605/98). A **quarta** corrente é a de que é possível a responsabilização penal da pessoa jurídica conforme a norma do **art. 225, § 3º,** da CR/88 ainda que **não haja** responsabilização das pessoas físicas (essa corrente é a que vem sendo adotada pela 1ª Turma do STF[176]). Nesses termos, foi a decisão do **RE nº 548.181**, julgado em 06.08.2013 no STF: "É admissível a condenação de pessoa jurídica pela prática de crime ambiental, ainda que absolvidas as pessoas físicas ocupantes de cargo de presidência ou de direção do órgão responsável pela prática criminosa. Com base nesse entendimento, a 1ª Turma, por maioria, conheceu, em parte, de recurso extraordinário e, nessa parte, deu-lhe provimento para cassar o acórdão recorrido. Neste, a imputação aos dirigentes responsáveis pelas condutas incriminadas (Lei 9.605/98, art. 54) teria sido excluída e, por isso, trancada a ação penal relativamente à pessoa jurídica. (...) No mérito, anotou-se que a tese do STJ, no sentido de que a persecução penal dos entes morais somente

174. Conforme o STF: *é possível aplicar o princípio da insignificância para crimes ambientais*. STF. 2ª Turma. Inq 3788/DF, Rel. Min. Cármen Lúcia, julg. em 01.03.2016.

175. MACIEL, Sílvio Luiz. Lei dos Crimes Ambientais nº 9.605/1998. p, 07-14. In: GOMES, Luiz Flávio e CUNHA, Rogério Sanches (coord.) Legislação Criminal Especial, Ed. RT, 2009.

176. Informativo 639 do STF**:** "É possível a ***condenação de pessoa jurídica pela prática de crime ambiental, ainda que haja absolvição da pessoa física relativamente ao mesmo delito***. *Com base nesse entendimento, a 1ª Turma manteve decisão de turma recursal criminal que absolvera gerente administrativo financeiro, diante de sua falta de ingerência, da imputação da prática do crime de licenciamento de instalação de antena por pessoa jurídica sem autorização dos órgãos ambientais. Salientou-se que a conduta atribuída estaria contida no tipo penal previsto no art. 60 da Lei 9.605/98 ("Construir, reformar, ampliar, instalar ou fazer funcionar, em qualquer parte do território nacional, estabelecimentos, obras ou serviços potencialmente poluidores, sem licença ou autorização dos órgãos ambientais competentes, ou contrariando as normas legais e regulamentares pertinentes: Pena – detenção, de um a seis meses, ou multa, ou ambas as penas cumulativamente"). Reputou-se que a Constituição respaldaria a* ***cisão da responsabilidade das pessoas física*** *e* ***jurídica*** *para efeito penal (...)*" (RE 628.582 AgR/RS rel. Min. Dias Toffoli, 06.09.2011)

se poderia ocorrer se houvesse, concomitantemente, a descrição e imputação de uma ação humana individual, sem o que não seria admissível a responsabilização da pessoa jurídica, afrontaria o art. 225, § 3º, da CF. Sublinhou-se que, ao se condicionar a imputabilidade da pessoa jurídica à da pessoa humana, estar-se-ia quase que a subordinar a responsabilização jurídico-criminal do ente moral à efetiva condenação da pessoa física. Ressaltou-se que, ainda que se concluísse que o legislador ordinário não estabelecera por completo os critérios de imputação da pessoa jurídica por crimes ambientais, não haveria como pretender transpor o paradigma de imputação das pessoas físicas aos entes coletivos. Vencidos os Ministros Marco Aurélio e Luiz Fux, que negavam provimento ao extraordinário. Afirmavam que o art. 225, § 3º, da CF não teria criado a responsabilidade penal da pessoa jurídica. Para o Min. Luiz Fux, a mencionada regra constitucional, ao afirmar que os ilícitos ambientais sujeitariam "os infratores, pessoas físicas ou jurídicas, a sanções penais e administrativas", teria apenas imposto sanções administrativas às pessoas jurídicas. Discorria, ainda, que o art. 5º, XLV, da CF teria trazido o princípio da pessoalidade da pena, o que vedaria qualquer exegese a implicar a responsabilidade penal da pessoa jurídica. Por fim, reputava que a pena visaria à ressocialização, o que tornaria impossível o seu alcance em relação às pessoas".[177]

Além disso, é mister salientar que o art. 225, § 4º, traça proteção especial para alguns ecossistemas brasileiros, de modo que a Floresta Amazônica brasileira, a Mata Atlântica, a Serra do Mar, o Pantanal Mato-Grossense e a Zona Costeira são patrimônio nacional, e sua utilização far-se-á, na forma da lei, dentro de condições que assegurem a preservação do meio ambiente, inclusive quanto ao uso dos recursos naturais.[178]

É interessante ainda, conforme a doutrina,[179] citarmos os princípios constitucionais ambientais:

- **Princípio da Responsabilidade:** Decorrente do enunciado do § 3º, do art. 225, da CR/88. Esse impõe a responsabilização administrativa, civil e penal pelos danos causados ao meio ambiente;
- **Princípio da Precaução:** Postulado que se extrai do art. 225, § 1º, IV, da CR/88, que torna obrigatório, na forma da lei, o estudo prévio de impacto ambiental, a fim de prevenir a ocorrência de dano ambiental, invariavelmente irreversível;
- **Princípio do Poluidor-Pagador:** é aquele que indica que o processo de fabricação do produto induz a externalidades negativas, que significam o efeito nocivo, não previsto e decorrente da atividade que implica a transgressão ao patrimônio ambiental. Por meio desse princípio, impõe-se ao agente poluidor os custos referentes à diminuição ou afastamento do dano;

177. RE 548.181 julg. em 06.08.2013 pela 1ª Turma do STF. Rel. Min. Rosa Weber.

178. Temos ainda no art.225 da CR/88 que: *§ 5º São indisponíveis as terras devolutas ou arrecadadas pelos Estados, por ações discriminatórias, necessárias à proteção dos ecossistemas naturais. § 6º As usinas que operem com reator nuclear deverão ter sua localização definida em lei federal, sem o que não poderão ser instaladas.*

179. SILVA NETO, Manoel Jorge, *Curso de Direito Constitucional*, p. 718, 2007.

- **Princípio da Proteção Ambiental:** Princípio que se dirige à proteção da fauna e da flora, vedando-se práticas que: a) coloquem em risco sua função ecológica; b) provoquem a extinção de espécies; e, c) submetam os animais à crueldade;
- **Princípio da Equidade Intergeracional:** É o princípio que busca proteger os direitos não apenas das presentes, mas também das futuras gerações. Encontra-se no art. 225, *caput*, da CR/88;
- **Princípio da Cooperação:** Determina a necessidade de cooperação entre os Estados soberanos para a solução dos problemas ambientais, visto que, dada sua própria natureza, o dano ambiental pode ultrapassar os limites territoriais de um Estado. Pode ser extraído do art. 4º, IX, da CR/88.

Aqui, é importante salientar que a doutrina já se desenvolve, no sentido de reconhecer aos direitos ambientais uma fundamentalidade (e centralidade), que visa trabalhar a concepção da dimensão ecológica como ***"direito ao mínimo existencial ambiental"***.

Nesses termos, da compreensão de necessidades humanas básicas, na perspectiva das presentes e futuras gerações, coloca-se a reflexão acerca da exigência de um patamar mínimo de qualidade ambiental, sem o qual a dignidade da pessoa humana (e, para além dessa, a qualidade da vida em termos gerais) estaria violada no seu núcleo essencial.[180]

O âmbito de proteção do direito à vida, diante do quadro de riscos ambientais contemporâneos, para atender ao padrão de dignidade (e também de salubridade) assegurado constitucionalmente, deve ser ampliado no sentido de abarcar a dimensão ambiental no seu quadro normativo. De tal sorte, impõe-se a conjugação dos direitos sociais e dos direitos ambientais para efeitos de identificação dos patamares necessários de tutela da dignidade humana, no sentido do reconhecimento de um direito-garantia do ***mínimo existencial socioambiental***, precisamente pelo fato de tal direito abarcar o desenvolvimento de todo o potencial da vida humana até a sua própria sobrevivência como espécie, no sentido de uma proteção do homem contra sua própria ação predatória.[181]

É interessante que conforme o Informativo 892 do STF, na análise da constitucionalidade do novo Código Florestal (Lei 12.651/2012) afirmou o Pretório Excelso, que é preciso salientar que a proteção ambiental deve conviver com a tutela do desenvolvimento. O desenho institucional das políticas públicas ambientais suscita, assim, o duelo valorativo entre a proteção ambiental e a tutela do desenvolvimento, tendo como centro de gravidade o bem comum e a pessoa humana, num cenário de escassez.

180. ADC 42/DF, ADI 4901/DF, ADI 4902/DF, ADI 4903/DF e ADI 4937/DF, STF. Plenário. Rel. Min. Luiz Fux, julg. em 28.02.2018 (Info 892).
181. ADC 42/DF, ADI 4901/DF, ADI 4902/DF, ADI 4903/DF e ADI 4937/DF, STF. Plenário. Rel. Min. Luiz Fux, julg. em 28.02.2018.

Portanto, o desenvolvimento econômico e a preservação do meio ambiente não são políticas intrinsecamente antagônicas. Proteção ambiental não significa ausência completa de impacto do homem na natureza.[182]

Dessa maneira, a preservação dos recursos naturais para as gerações futuras não pode significar a ausência completa de impacto do homem na natureza, consideradas as carências materiais da geração atual e também a necessidade de gerar desenvolvimento econômico suficiente para assegurar uma travessia confortável para os nossos descendentes. Aqui o STF entendeu que o princípio da vedação ao retrocesso não se sobrepõe ao princípio democrático, no afã de transferir ao Judiciário funções inerentes aos Poderes Legislativo e Executivo, e nem justifica afastar arranjos legais mais eficientes para o desenvolvimento sustentável do país como um todo.[183]

Porém, apesar da necessidade dessa conjugação entre desenvolvimento econômico e preservação ambiental, em recente julgado, o STF afirmou de forma explícita a vedação (proibição) do retrocesso socioambiental (*princípio da vedação do retrocesso ambiental*). Decidiu o STF, que é inconstitucional a revogação de Resolução do Conama que protegia o meio ambiente sem que ela seja substituída ou atualizada por outra que também garanta proteção.[184]

Afirmou o STF, que o direito ao meio ambiente ecologicamente equilibrado se configura como direito fundamental da pessoa humana. A mera revogação de normas operacionais fixadoras de parâmetros mensuráveis necessários ao cumprimento da legislação ambiental, sem sua substituição ou atualização, aparenta comprometer a observância da Constituição Federal, da legislação vigente e de compromissos internacionais.

No caso, em 2020, a Resolução 500/2020 do Conselho Nacional do Meio Ambiente (Conama) revogou as Resoluções 284/2001, 302/2002 e 303/2002, do mesmo órgão, que dispunham respectivamente, sobre: (i) o licenciamento de empreendimentos de irrigação; (ii) os parâmetros, definições e limites de Áreas de Preservação Permanente (APPs) de reservatórios artificiais e o regime de uso do entorno e (iii) os parâmetros, definições e limites de APPs. Ou seja, eram resoluções que estabeleciam mecanismos de proteção do meio ambiente.

Foram ajuizadas ADPFs contra a Resolução 500/2020 do Conama. O objetivo era que fosse declarada a inconstitucionalidade da Resolução 500/2020, do Conama, na parte em que revogou as Resoluções Conama 284/2001, 302/2002 e 303/2002. A Relatora, Ministra Rosa Weber, monocraticamente, deferiu a medida liminar para

182. ADC 42/DF, ADI 4901/DF, ADI 4902/DF, ADI 4903/DF e ADI 4937/DF, STF. Plenário. Rel. Min. Luiz Fux, julg. em 28.02.2018.
183. ADC 42/DF, ADI 4901/DF, ADI 4902/DF, ADI 4903/DF e ADI 4937/DF, STF. Plenário. Rel. Min. Luiz Fux, julg. em 28.02.2018.
184. ADPF 747 MC-Ref/DF, ADPF 748 MC-Ref/DF e ADPF 749 MC-Ref/DF, STF. Plenário. Rel. Min. Rosa Weber, julg em 27.11.2020 (Inf. 1000).

suspender os efeitos da Resolução 500/2020. Posteriormente, o Plenário do STF em 27.11.2020 referendou a decisão da Ministra.

Para o STF, ainda que em sede cautelar, as resoluções editadas pelo mencionado órgão preservam a sua legitimidade quando cumprem o conteúdo material da Constituição e da legislação ambiental.

A revogação da Resolução Conama 284/2001 sinaliza dispensa de licenciamento para os empreendimentos de irrigação, mesmo que potencialmente causadores de modificações ambientais significativas. Essa situação configura efetivo descumprimento, pelo Poder Público, do seu dever de atuar no sentido de preservar os processos ecológicos essenciais e prover o manejo ecológico dos ecossistemas. Também sugere estado de anomia regulatória, a evidenciar graves e imediatos riscos para a preservação dos recursos hídricos, em prejuízo da qualidade de vida das presentes e futuras gerações (CF, art. 225, caput e § 1º, I).

Conforme o STF, apesar de ter sido apontada a necessidade de ajustes na norma, a simples revogação da Resolução Conama 302/2002 parece conduzir à intolerável situação de incompatibilidade com a ordem constitucional em matéria de proteção do meio ambiente. A revogação dela, assim como a da Resolução 303/2002, distancia-se dos objetivos definidos no art. 225 da CF, tais como explicitados na Política Nacional do Meio Ambiente (Lei 6.938/1981), baliza material da atividade normativa do Conama.

Em juízo de delibação, há aparente estado de anomia e de descontrole regulatório, a configurar material retrocesso no tocante à satisfação do dever de proteger e preservar o equilíbrio do meio ambiente, incompatível com a ordem constitucional e o princípio da precaução. Portanto, demonstrado o *fumus boni juris*. Noutro passo, o *periculum in mora* é evidenciado pelo elevado risco de degradação de ecossistemas essenciais à preservação da vida sadia, comprometimento da integridade de processos ecológicos essenciais e perda de biodiversidade, caso o ato normativo impugnado produza efeitos.

Nesses termos, o Plenário do STF referendou as medidas cautelares concedidas em arguições de descumprimento de preceito fundamental, para suspender, até o julgamento de mérito da ação, os efeitos da Resolução Conama 500/2020, com a imediata restauração da vigência e eficácia das Resoluções Conama 284/2001, 302/2002 e 303/2002.[185]

185. ADPF 747 MC-Ref/DF, ADPF 748 MC-Ref/DF e ADPF 749 MC-Ref/DF, STF. Plenário. Rel. Min. Rosa Weber, julg em 27.11.2020. Conforme a Doutrina, um dos principais fundamentos para deferir a medida cautelar foi o ***princípio da proibição de retrocesso ambiental***. Sobre o tema, vale a pena transcrever a lição do Ministro do STJ Herman Benjamin: "*É seguro afirmar que a proibição de retrocesso, apesar de não se encontrar, com nome e sobrenome, consagrada na nossa Constituição, nem em normas infraconstitucionais, e não obstante sua relativa imprecisão – compreensível em institutos de formulação recente e ainda em pleno processo de consolidação –, transformou-se em princípio geral do Direito Ambiental, a ser invocado na avaliação da legitimidade de iniciativas legislativas destinadas*

3.8. A família, a criança, o adolescente, o jovem e o idoso: As decisões da União Estável Homoafetiva e da Criminalização da Homofobia e Transfobia nos termos da lei 7.716/89

Para a ordem constitucional, a família é de vital importância, pois é considerada como a base da vida social. Assim, a noção de família trazida pela Constituição vai além da redução ao ***casamento,***[186] uma vez que considera também família o núcleo familiar formado a partir da ***união estável*** (art. 226, § 3º) e da ***família monoparental*** (art. 226, § 4º). Como expressão do ***princípio da igualdade*** (art. 226, § 5º), no núcleo familiar se estabelece os mesmos direitos e deveres para homens e mulheres, cabendo a estes, conjuntamente, definir o projeto familiar que levarão adiante, sendo vedado ao Estado ou a instituições privadas qualquer forma de coerção.[187]

Aqui é interessante salientar, que recentemente decidiu o STF que, no sistema constitucional vigente, é inconstitucional a *diferenciação de regimes sucessórios entre* ***cônjuges*** e ***companheiros,*** devendo ser aplicado, em ambos os casos, o regime estabelecido no artigo 1.829 do Código Civil. Assim, não existe uma superioridade do casamento sobre a união estável, devendo os dois institutos serem equiparados. Portanto, uma das espécies de família protegidas pela Constituição é a família derivada da união estável.

---

a reduzir o patamar de tutela legal do meio ambiente, mormente naquilo que afete em particular a) processos ecológicos essenciais, b) ecossistemas frágeis ou à beira de colapso, e c) espécies ameaçadas de extinção. (...) Violações ao princípio da proibição de retrocesso se manifestam de várias maneiras. A mais óbvia é a redução do grau de salvaguarda jurídica ou da superfície de uma área protegida (Parque Nacional, p. ex.); outra, menos perceptível e por isso mais insidiosa, é o esvaziamento ou enfraquecimento das normas de previsão de direitos e obrigações ou, por outro lado, os instrumentos de atuação do Direito Ambiental (Estudo Prévio de Impacto Ambiental, Áreas de Proteção Permanente, Reserva Legal, responsabilidade civil objetiva, p. ex.)." BENJAMIN, Antonio Herman. Princípio da Proibição de Retrocesso Ambiental In Princípio da Proibição de Retrocesso Ambiental. Brasília: Senado Federal, 2012. Aqui também, conforme Leonardo Garcia e Romeu Tomé: "*Uma vez dotado o direito ao meio ambiente ecologicamente equilibrado de status de direito fundamental, as garantias de proteção ambiental já conquistadas não podem retroagir. É inadmissível o recuo da salvaguarda ambiental para níveis de proteção inferiores aos já consagrados, a não ser que as circunstâncias de fato sejam significativamente alteradas. A expressão efeito cliquet é francesa e se origina da prática de alpinismo. Define um movimento que só permite que o alpinista siga para cima, ou seja, suba. O princípio da vedação do retrocesso ecológico, também conhecido por efeito cliquet ambiental, tem por escopo obstar medidas legislativas e executivas que implementem um efeito cliquet (na concepção jurídica esse termo francês assume acepção de 'não retrocesso') ou um efeito catraca, em relação ao direito ambiental. Não se pode, por exemplo, revogar uma lei que proteja o meio ambiente sem, no mínimo, substituí-la por outra que ofereça garantias com eficácia similar.*" GARCIA, Leonardo; TOMÉ, Romeu. Direito Ambiental. Salvador: Juspodivm, 2020, p. 69. In: *Dizer o Direito*, Informativo 1000.

186. Sobre o casamento é importante salientar que é civil e é gratuita sua celebração. Além disso, o casamento religioso tem efeito civil, nos termos da lei. E por último, certo é que a **Emenda Constitucional nº 66,** de 13 de julho de 2010, expressa que o casamento pode ser **dissolvido** pelo **divórcio**, porém, sem a necessidade de prévia separação judicial por mais de **1 ano ou de separação de fato por mais de 2 anos**. Assim, essas antigas exigências, previstas na Constituição no art. 226, § 6º, foram afastadas pela **EC nº 66/2010**. Além disso, a recente **Lei nº 13.181** de **12.03.2019,** alterando o código civil afirmou no art.1520 do Código Civil que: *Não será permitido, em qualquer caso, o casamento de quem não atingiu a idade núbil, observado o disposto no art. 1.517 deste Código.* Com isso, não há mais qualquer possibilidade, mesmo que excepcional, de casamento de quem não atingiu a idade núbil (16 anos).

187. Nos termos do art. **226, § 7º,** da CR/88: Fundado nos princípios da **dignidade da pessoa humana** e da **paternidade responsável**, o **planejamento familiar** é **livre decisão do casal**, competindo ao Estado propiciar recursos educacionais e científicos para o exercício desse direito, **vedada qualquer forma coercitiva por parte de instituições oficiais ou privadas.**

Nesse sentido, o STF entendeu que a união estável[188] deve receber o mesmo tratamento conferido ao casamento. Logo, conforme citado, em caso de sucessão *causa mortis* do companheiro deverão ser aplicadas as mesmas regras da sucessão *causa mortis* do cônjuge, regras essas que estão previstas no art. 1.829 do Código Civil. A conclusão aqui é a de que, no art. 1.829 do CC, temos o: "cônjuge", e devemos agora entender que, na norma, também está alocado: companheiro(a). Como consequência dessa decisão, o companheiro passa a ser considerado herdeiro necessário.[189]

É importante, nesse momento, também deixar assente que o Supremo Tribunal Federal, em *hard case* enfrentado em 2011, decidiu pelo reconhecimento da ***união homoafetiva*** como **entidade familiar** apta a merecer a proteção estatal.

Com isso, entendeu o Pretório Excelso que norma constante do art. 1.723 do Código Civil ("É reconhecida como entidade familiar a união estável entre o homem e a mulher, configurada na convivência pública, contínua e duradoura e estabelecida com o objetivo de constituição de família") não obsta (não impede) que a união de pessoas do mesmo sexo possa ser reconhecida como entidade familiar apta a merecer a já citada proteção estatal.

Nesses termos, o STF deu **interpretação conforme a Constituição** para o art. 1.723 do Código Civil para excluir do dispositivo em causa qualquer significado que impeça o **reconhecimento da união contínua, pública e duradoura** entre **pessoas do mesmo sexo como família**. Reconhecimento que deve ser feito segundo as mesmas regras e com as mesmas consequências da união estável heteroafetiva.[190]

Apresentamos os principais pontos da decisão do STF na **ADI 4277** (que encampou a ADPF 132) sobre o tema em comento, nos termos da ementa:

a) Proibição de discriminação das pessoas em razão do sexo, seja no plano da dicotomia homem/mulher (gênero), seja no plano da orientação sexual de cada qual deles. A proibição do preconceito como capítulo do constitucionalismo fraternal. Homenagem ao pluralismo como valor sócio-político-cultural. **Liberdade** para dispor **da própria sexualidade**, inserida na **categoria dos direitos fundamentais do indivíduo**, expressão que é da **autonomia de vontade**. Direito à intimidade e à vida privada. Cláusula pétrea.

---

188. Requisitos para a caracterização da união estável a) *a união deve ser pública (não pode ser oculta, clandestina); b) a união deve ser duradoura, ou seja, estável, apesar de não se exigir um tempo mínimo; c) a união deve ser contínua (sem que haja interrupções constantes); d) a união deve ser estabelecida com o objetivo de constituir uma família; e) as duas pessoas não podem ter impedimentos para casar; f) a união entre essas duas pessoas deve ser exclusiva (é impossível a existência de uniões estáveis concomitantes e a existência de união estável se um dos componentes é casado e não separado de fato. In: Dizer o Direito, Informativo 1003.*

189. STF. Plenário, **RE 646721/RS**, Rel. Min. Marco Aurélio, red. p/ o ac. Min. Roberto Barroso e **RE 878694/MG**, Rel. Min. Roberto Barroso, julg. em **10.05.2017**. (Informativo 864 do STF)

190. É importante registrar que o **Conselho Nacional de Justiça (CNJ),** em consonância com esse posicionamento do STF, editou em 15.05.2013 a **Resolução nº175** que **veda "às autoridades competentes a recusa de habilitação, celebração de casamento civil ou de conversão de união estável em casamento entre pessoas de mesmo sexo".**

Nesse sentido, temos no julgado o reconhecimento do **direito à preferência sexual** como direta emanação do princípio da ***"dignidade da pessoa humana"***; direito à **autoestima** no mais elevado **ponto da consciência do indivíduo**; direito à ***busca da felicidade***; salto normativo da **proibição do preconceito para** a proclamação **do direito à liberdade sexual,** bem como o entendimento de que o **concreto uso da sexualidade** faz parte da **autonomia da vontade** das **pessoas naturais.** Com isso, temos empírico uso da sexualidade nos planos da intimidade e da privacidade constitucionalmente tuteladas. Garantia da autonomia da vontade.[191]

b) Tratamento constitucional da ***instituição da família***. Reconhecimento de que a Constituição Federal não empresta ao substantivo "família" nenhum significado **ortodoxo ou da própria técnica jurídica**. A família é ***entendida como categoria sociocultural e princípio espiritual***. Reconhecimento do direito subjetivo de constituir **família** a partir de uma interpretação não reducionista.

Conforme o STF, o *caput* do **art. 226** confere à família, base da sociedade, especial proteção do Estado. Ênfase constitucional à instituição da família. Família em seu coloquial ou proverbial significado de núcleo doméstico, pouco importando se formal ou informalmente constituída, ou se integrada por casais heteroafetivos ou por pares homoafetivos. Entendeu o STF que a Constituição de 1988, ao utilizar-se da expressão *"família"*, ***não limita sua formação a casais heteroafetivos nem a formalidade cartorária, celebração civil ou liturgia religiosa***. Família como instituição privada que, voluntariamente constituída entre pessoas adultas, mantém com o Estado e a sociedade civil uma necessária relação tricotômica. Núcleo familiar que é o principal *lócus* institucional de concreção dos direitos fundamentais que a própria Constituição designa por "intimidade e vida privada" (art. 5º, X, da CR/88). **Isonomia entre casais heteroafetivos e pares homoafetivos** que somente ganha plenitude de sentido se desembocar no igual direito subjetivo à formação de uma autonomizada família. Família

191. ADI 4277/DF, Rel. Min. Ayres Britto, julg. em 04 e 05.05.2011. Aqui, temos que *tanto a dignidade humana como o direito à busca da felicidade asseguram que os indivíduos sejam senhores dos seus próprios destinos, condutas e modos de vida, sendo proibido que o Estado, seja por meio de seus governantes, seja por intermédio dos legisladores, imponha modelos obrigatórios de família. Deve-se garantir também que a pessoa seja feliz com suas escolhas existenciais. Isso inclui a proteção e o reconhecimento, pelo ordenamento jurídico, de modelos familiares diversos da concepção tradicional.* Nesses termos: *(...) para o Direito de Família, o direito à busca da felicidade funciona como um escudo do ser humano em face das tentativas do Estado de enquadrar a sua realidade familiar em modelos pré–concebidos pela lei. "É o direito que deve se curvar às vontades e necessidades das pessoas, não o contrário, assim como um alfaiate, ao deparar-se com uma vestimenta em tamanho inadequado, faz ajustes na roupa, e não no cliente."* Dois exemplos de *aplicação do direito à busca da felicidade pela Suprema Corte dos EUA em casos envolvendo direito de família:* ***Loving v. Virginia, de 1967 (388 U.S. 1)****: uma mulher negra e um homem branco foram condenados a um ano de prisão por terem se casado em descumprimento ao Racial Integrity Act, de 1924, lei que proibia casamentos entre pessoas de "raças diferentes". A Suprema Corte reverteu a condenação do casal adotando, dentre outros fundamentos, o de que o direito à liberdade de casamento é um dos direitos individuais vitais e essenciais para a busca ordenada da felicidade por homens livres;* ***Obergefell v. Hodges, de 2015****: este foi o julgado por meio do qual a Suprema Corte dos EUA permitiu o casamento entre pessoas do mesmo sexo. Fico decidido que a Constituição reconhece a possibilidade de casamento de casais homoafetivos porque o direito a casar é uma decorrência essencial do direito à busca da felicidade. "A Constituição promete liberdade a todos aqueles sob seu alcance, uma liberdade que inclui certos direitos específicos que permitem a pessoas, dentro de um âmbito legal, definir e expressar sua identidade"* (trecho do voto do Justice Anthony Kennedy). In: Márcio André Cavalcante, *Comentários ao Informativo 840 do STF*.

como figura central ou continente, de que tudo o mais é conteúdo. Imperiosidade da ***interpretação não reducionista do conceito de família*** como instituição que também se forma por vias distintas do casamento civil. Avanço da Constituição Federal de 1988 no plano dos costumes. Caminhada na direção do ***pluralismo como categoria sociopolítico-cultural***. Competência do **Supremo Tribunal Federal** para manter, **interpretativamente**, o Texto Magno na posse do seu fundamental atributo da coerência, o que passa pela **eliminação de preconceito quanto à orientação sexual das pessoas.**[192]

c) Sobre o termo constitucional **"união estável"** e a normação constitucional referida a homem e mulher. Segundo o STF, o propósito constitucional é o de estabelecer relações jurídicas horizontais ou sem hierarquia entre as duas tipologias do gênero humano. Daí a defesa da identidade constitucional dos conceitos de ***"entidade familiar"*** e ***"família"***.

Segundo o STF, a referência constitucional à dualidade básica homem/mulher, no § 3º do seu art. 226 da CR/88, deve-se ao centrado intuito de não se perder a menor oportunidade para favorecer relações jurídicas horizontais ou sem hierarquia no âmbito das sociedades domésticas. Reforço normativo a um mais eficiente combate à renitência patriarcal dos costumes brasileiros. (...) Afirmou-se ainda na ementa que, ao utilizar da terminologia ***"entidade familiar"***, a Constituição **não pretendeu** diferenciá-la da ***"família"***. **Inexistência,** portanto, **de hierarquia ou diferença de qualidade jurídica** entre as duas formas de constituição de um novo e autonomizado núcleo doméstico. Emprego do fraseado ***"entidade familiar"*** como sinônimo perfeito de família. A Constituição **não interdita** a formação de **família por pessoas do mesmo sexo.** Consagração do juízo de que **não se proíbe nada a** ninguém senão em face de **um direito ou de proteção de um legítimo interesse de outrem,** ou de toda a sociedade, o que não se dá na hipótese *sub judice*. Inexistência do **direito dos indivíduos heteroafetivos** à sua **não equiparação jurídica** com os ***indivíduos homoafetivos***. Aplicabilidade do **§ 2º do art. 5º** da Constituição Federal, a evidenciar que **outros direitos e garantias**, não **expressamente listados na Constituição**, emergem *"do regime e dos princípios por ela adotados"*, *verbis*: "Os direitos e garantias expressos nesta Constituição não excluem outros decorrentes do regime e dos princípios por ela adotados, ou dos tratados internacionais em que a República Federativa do Brasil seja parte".[193]

---

192. **ADI 4277/DF**, Rel. Min. Ayres Britto, julg. em 04 e 05.05.2011.
193. **ADI 4277/DF**, Rel. Min. Ayres Britto, julg. em 04 e 05.05.2011. Sobre o tema, defendendo a posição do STF, com base em **Dworkin** e em sua *interpretação construtiva do direito* (já estudada no capítulo 3): *"O reconhecimento do* ***status*** *de família às uniões homoafetivas, bem como a proteção constitucional às mesmas – não é resultado de uma mutação constitucional, nem de uma postura ativista do STF. Ao invés disso, os próprios Ministros do STF reconhecem unanimemente que a leitura lançada pelo julgado apenas busca colocar* ***à sua melhor luz*** *uma interpretação que já se encontrava originariamente na própria Constituição de 1988, de modo que tal direito é apenas uma derivação de uma leitura conjugada dos princípios da igualdade e da liberdade. O Estado reconhece, assim, o dever de igual tratamento e respeito, bem como a inconstitucionalidade de qualquer interpretação do direito que se apoie em preconceito. Tal decisão somente se mostrou possível pela superação da compreensão que reduz o direito a um conjunto de regras. Ao invés disso, o entendimento do que significa a dimensão principiológica do direito permitiu ao STF escrever evolutivamente um importante capítulo de nossa história institucional". PEDRON, Flávio, p.211, 2012.*

Porém, também é importante salientar que, em regra, não é possível o reconhecimento de união estável envolvendo pessoa casada nem a existência de uniões estáveis simultâneas.

Nesses termos, para o STF, a preexistência de casamento ou de união estável de um dos conviventes, ressalvada a exceção do artigo 1.723, § 1º, do Código Civil, impede o reconhecimento de novo vínculo referente ao mesmo período, inclusive para fins previdenciários, em virtude da consagração do dever de fidelidade e da monogamia pelo ordenamento jurídico-constitucional brasileiro.[194]

O STF na fundamentação da decisão, afirmou que, em que pese ao fato de o art. 226, § 3º, da Constituição Federal ter afastado o preconceito e a discriminação à união estável, que não mais faziam sentido frente à evolução da mentalidade social, constata-se que, em determinadas situações, a união não pode ser considerada estável, mas, sim, concubinato, quando houver causas impeditivas ao casamento, previstas no art. 1.521 do Código Civil. O Direito brasileiro, à semelhança de outros sistemas jurídicos ocidentais, adota o princípio da monogamia, segundo o qual uma mesma pessoa não pode contrair e manter simultaneamente dois ou mais vínculos matrimoniais, sob pena de se configurar a bigamia, tipificada inclusive como crime previsto no art. 235 do Código Penal.

Por esse motivo, a existência de casamento ou de união estável é, por si só, óbice ao reconhecimento de uma outra união paralelamente estabelecida por um dos companheiros durante o mesmo período, independentemente de se tratar de relacionamentos hétero ou homoafetivos.[195]

Aqui é interessante acrescentar, que o STF em recente decisão, na ADI 4275, em 01.03.2018, julgou procedente pedido formulado em ação direta de inconstitucionalidade para dar interpretação conforme a Constituição e o Pacto de São José da Costa Rica ao art. 58 da Lei 6.015/1973. Na decisão, reconheceu aos ***transgêneros,*** *independentemente da cirurgia de transgenitalização ou da realização de tratamentos hormonais ou patologizantes, o direito à alteração de prenome e gênero diretamente no registro civil.*

O Colegiado do STF assentou seu entendimento nos *princípios da dignidade da pessoa humana*, *da inviolabilidade da intimidade*, da *vida privada*, da *honra* e da *imagem*, bem como no Pacto de São José da Costa Rica. No paradigmático caso, afirmou o STF, que o direito à igualdade sem discriminações abrange a identidade ou a expressão de gênero. A identidade de gênero[196] é manifestação da própria

---

194. **RE 1045273**, STF. Plenário. Rel. Min. Alexandre de Moraes, julgado em **18.12.2020** (Repercussão Geral – Tema 529) (Info 1003).

195. **RE 1045273**, STF. Plenário. Rel. Min. Alexandre de Moraes, julgado em **18.12.2020** (Repercussão Geral – Tema 529) (Info 1003). No STJ: *A jurisprudência do STJ e do STF é sólida em não reconhecer como união estável a relação concubinária não eventual, simultânea ao casamento, quando não estiver provada a separação de fato ou de direito do parceiro casado.* STJ. 4ª Turma. AgInt no AREsp 999.189/MS, Rel. Min. Antonio Carlos Ferreira, julgado em 16.05.2017.

196. *Identidade de gênero significa a maneira como alguém se sente e a maneira como deseja ser reconhecida pelas demais pessoas, independentemente do seu sexo biológico. Se refere à experiência de uma pessoa com o seu próprio*

personalidade da pessoa humana e, como tal, cabe ao Estado apenas o papel de reconhecê-la, nunca de constituí-la. A pessoa não deve provar o que é, e o Estado não deve condicionar a expressão da identidade a qualquer tipo de modelo, ainda que meramente procedimental.[197]

Nos mesmos termos, decidiu o STF no RE 670422/RS, afirmando que o ***transgênero tem direito fundamental subjetivo*** *à alteração de seu prenome e de sua classificação de gênero no registro civil*, não se exigindo, para tanto, nada além da manifestação de vontade do indivíduo, o qual poderá exercer tal faculdade tanto *pela via judicial como diretamente pela via administrativa*.

Nesses termos, essa alteração deve ser averbada à margem do assento de nascimento, vedada a inclusão do termo ***"transgênero"***. Assim, nas certidões do registro não constará nenhuma observação sobre a origem do ato, vedada a expedição de certidão de inteiro teor, salvo a requerimento do próprio interessado ou por determinação judicial. Efetuando-se o procedimento pela via judicial, caberá ao magistrado determinar de ofício ou a requerimento do interessado a expedição de mandados específicos para a alteração dos demais registros nos órgãos públicos ou privados pertinentes, os quais deverão preservar o sigilo sobre a origem dos atos.[198]

Na sequência, em 13.06.2019 no MI nº 4377/DF e ADO nº 26 o STF decidiu que a Lei nº 7.716/89 pode ser aplicada para punir as condutas homofóbicas e transfóbicas.

Na decisão, afirmou o STF, que até que sobrevenha lei emanada do Congresso Nacional destinada a implementar os mandados de criminalização definidos nos incisos XLI e XLII do art. 5º da Constituição da República, as *condutas homofóbicas e transfóbicas, reais ou supostas, que envolvem aversão odiosa à orientação sexual ou à identidade de gênero de alguém, por traduzirem expressões de racismo*, compreendido este em sua dimensão social, ***ajustam-se, por identidade de razão e mediante adequação típica, aos preceitos primários de incriminação definidos na Lei nº 7.716, de 08.01.1989***, constituindo, também, na hipótese de homicídio doloso, circunstância que o qualifica, por configurar motivo torpe (Código Penal, art. 121, § 2º, I, "*in fine*").

---

gênero. Pessoas transgêneras possuem uma identidade de gênero que é diferente do sexo que lhes foi designado no momento de seu nascimento.

197. Portanto, exigir cirurgia ou outros procedimentos é contrário à dignidade da pessoa humana. Informativo 892: *O Estado deve abster-se de interferir em condutas que não prejudicam a terceiros e, ao mesmo tempo, buscar viabilizar as concepções e os planos de vida dos indivíduos, preservando a neutralidade estatal. Mostra-se contrário aos princípios da dignidade da pessoa humana, da integridade física e da autonomia da vontade condicionar o exercício do legítimo direito à identidade à realização de um procedimento cirúrgico ou de qualquer outro meio de se atestar a identidade de uma pessoa. Inadmitir a alteração do gênero no assento de registro civil é atitude absolutamente violadora de sua dignidade e de sua liberdade de ser, na medida em que não reconhece sua identidade sexual, negando-lhe o pleno exercício de sua afirmação pública.* ***Nesse sentido, exigir do transgênero a via jurisdicional para realizar a alteração representaria limitante incompatível com a proteção que se deve dar à identidade de gênero. O pedido de retificação é baseado unicamente no consentimento livre e informado do solicitante, sem a necessidade de comprovar nada.***

198. **RE 670422/RS**, STF. Plenário. Rel. Min. Dias Toffoli, julgado em **15.08.2018** (repercussão geral) (Informativo 911).

No caso, certo é que já tramitavam no Congresso Nacional projetos de lei buscando incluir, expressamente, na Lei nº 7.716/89, como crime, as condutas de *discriminação por orientação sexual* e por *identidade de gênero.* Porém sempre se observou uma resistência enorme de certos setores da sociedade com a punição de tais condutas e, em razão disso, esses projetos nunca foram aprovados. É sempre bom lembrar que a Constituição é de 1988 e ao se passar mais de 30 anos de sua promulgação algumas necessárias complementações e regulamentações de normas constitucionais como as do art.5, XLI e art.5, XLIII cada dia mais se explicitam. Os anos passam e algumas densificações visando proteger determinadas direitos e bens jurídicos ocorrem e outras não. Minorias estigmatizadas ou não como os negros, mulheres, idosos, adolescentes e crianças, consumidores e etc., são defendidos normativamente e outros não.[199]

Diante de tal quadro em 2012, a Associação Brasileira de Gays, Lésbicas e Transgêneros (ABGLT) impetrou mandado de injunção no STF no qual pediu o reconhecimento de que a ***homofobia e a transfobia*** se ***enquadrassem no conceito de racismo*** ou,

199. *"É importante destacar, para refutar discurso falacioso (e, muitas vezes, de má-fé), que não se quer nenhum "privilégio", quer-se* ***igual proteção penal****. A atual Lei de Racismo (Lei n.º 7.716/89) protege pessoas negras e brancas, religiosas, integrantes de grupos étnicos, estrangeiras e migrantes regionais ao criminalizar a discriminação por raça, cor, etnia, procedência nacional e religião. O que o Movimento LGBT quer é que essa proteção se estenda a pessoas LGBT (e heterossexuais cisgêneros), pela inclusão das expressões "orientação sexual" e "identidade de gênero" na Lei de Racismo, nossa citada Lei Geral Penal Antidiscriminatória. Anote-se, ainda, também ao contrário de uma inverdade muito difundida, que* ***nunca o PLC 122/06 visou criminalizar "só" a "homofobia" [e a transfobia]****. Ele visava a criminalizar a discriminação "por orientação sexual" e "por identidade de gênero", logo, se a tal "heterofobia" (e a tal "cisfobia"), da qual nunca tivemos notícia, vier(em) a existir, ela(s) seria(s) criminalizada(s) pelo projeto.* ***"Orientação sexual"*** *é expressão que notoriamente abarca homossexualidade, heterossexualidade e bissexualidade (jamais "pedofilia", como alguns argumentam, por pura ignorância ou má-fé);* ***"identidade de gênero"*** *é expressão que notoriamente abarca travestilidade, transexualidade e cisgeneridade (referindo-se ao gênero com o qual a pessoa se identifica, ou seja, se identifica-se com a masculinidade ou a feminilidade). Cisgênera é a pessoa que se identifica com o gênero socialmente atribuído ao seu sexo biológico, ao seu corpo. São expressões mundialmente consagradas para tais fins, e inclusive positivadas inclusive em algumas (das poucas) Constituições Estaduais e Leis Estaduais e Municipais brasileiras, sendo pura ignorância ou má-fé argumentativa dizer, como dito no apensamento do PLC 122 ao Projeto de Novo Código Penal (PLS n.º 236/2014), no final de 2014, que seriam termos supostamente "imprecisos" (parafraseamos), para o absurdo de retirar as menções a "orientação sexual" e "identidade de gênero" dele (Projeto de Novo Código Penal), quando, na verdade, são termos mundialmente consagrados, constantes de leis existentes mundo afora. (...) Logo, nunca houve a palavra "homofobia" [e transfobia] no PLC 122/06, o que mostra que muitos críticos do projeto sequer o leram ou, se o leram, agiram com má-fé argumentativa. Fala-se em geral em criminalização "da homofobia [e da transfobia]" para fins didáticos, porque evidentemente é a população LGBT que precisa de proteção em termos de identidade de gênero e orientação sexual, já que heterossexuais cisgêneros(as) não são discriminados(as) por sua orientação sexual ou identidade de gênero como são pessoas LGBT. Ou seja, pessoas heterossexuais cisgêneras não são agredidas, discriminadas, ofendidas ou mortas por sua mera heterossexualidade ou sua mera cisgeneridade, mas pessoas LGBT são rotineiramente agredidas, discriminadas, ofendidas ou mortas em razão de sua homossexualidade, bissexualidade, travestilidade ou transexualidade, conforme o caso. Mas, como visto, nunca se pediu para criminalizar "apenas" a homofobia e a transfobia, mas a discriminação por orientação sexual ou identidade de gênero em geral, o que protege também pessoas heterossexuais cisgêneras (ao contrário de projeto de lei que absurdamente tramita na Câmara [PL n.º 7.382/2010], que visa criminalizar apenas a tal "heterofobia", que nunca existiu, ao menos enquanto fenômeno historicamente disseminado, ao contrário da homofobia e da transfobia). Evidentemente, cabe destacar, seria absolutamente constitucional proteger criminalmente "apenas" pessoas LGBT em termos de opressão à discriminação por orientação sexual ou identidade de gênero (autoatribuído e vivido), da mesma forma que foi constitucional coibir-se com mais rigor a violência doméstica "apenas" quando cometida contra a mulher pela Lei Maria da Penha (cf. decisão do STF na ADC n.º 19), já que é o grupo vulnerável que precisa de proteção, não o grupo dominante; mas o PLC 122/06 teve a sensibilidade de usar termos que protegem inclusive as pessoas heterossexuais cisgêneras, donde tal discussão inexiste aqui". Fundamentos em prol da criminalização da homofobia e transfobia."* IOTTI, Paulo. Jota:07.07.2016.

subsidiariamente, que *fossem entendidas como discriminações atentatórias a direitos e liberdades fundamentais.* Com fundamento nos incisos XLI e XLII do art. 5º da Constituição Federal, a ABGLT sustentou que a demora do Congresso Nacional é inconstitucional, tendo em vista o dever de editar legislação criminal sobre a matéria. E em 2013 o Partido Popular Socialista (PPS) ajuizou ação direta de inconstitucionalidade por omissão (ADO), na qual pediu que o STF declarasse a omissão do Congresso Nacional por não ter votado projeto de lei que criminaliza atos de homofobia. A ação foi proposta a fim de fosse imposto ao Poder Legislativo o dever de elaborar legislação criminal que puna a homofobia e a transfobia como espécies do gênero "racismo". A criminalização específica, conforme o PPS, decorreria da ordem constitucional de legislar relativa ao racismo - crime previsto no art. 5º, XLII, da Constituição de 1988 - ou, subsidiariamente, às discriminações atentatórias a direitos e liberdades fundamentais (art. 5º, XLI da CR/88) ou, ainda, também subsidiariamente, ao princípio da proporcionalidade na acepção de proibição de proteção deficiente (art. 5º, LIV, da CR/88).

Pois bem, como já salientado, o STF em junho de 2019 decidiu essas ações, e deixou assente, nos termos do voto condutor do Ministro Celso de Mello que:

1) Quanto ao Mandado de injunção, o STF, por maioria, julgou procedente o mandado de injunção para: a) reconhecer a mora inconstitucional do Congresso Nacional e; b) aplicar, com efeitos prospectivos, até que o Congresso Nacional venha a legislar a respeito, a Lei nº 7.716/89 a fim de estender a tipificação prevista para os crimes resultantes de discriminação ou preconceito de raça, cor, etnia, religião ou procedência nacional à discriminação por orientação sexual ou identidade de gênero.[200]

2) Quanto à ADO, o STF, por maioria, julgou a ADO procedente, com *eficácia geral* e efeito vinculante, para: a) reconhecer o estado de mora inconstitucional do Congresso Nacional na implementação da prestação legislativa destinada a cumprir o mandado de incriminação a que se referem os incisos XLI e XLII do art. 5º da Constituição, para efeito de proteção penal aos integrantes do grupo LGBT; b) declarar, em consequência, a existência de omissão normativa inconstitucional do Poder Legislativo da União; c) cientificar o Congresso Nacional, para os fins e efeitos a que se refere o art. 103, § 2º, da Constituição c/c o art. 12-H, caput, da Lei nº 9.868/99: d) dar interpretação conforme à Constituição, em face dos mandados constitucionais de incriminação inscritos nos incisos XLI e XLII do art. 5º da Carta Política, para enquadrar a homofobia e a transfobia, qualquer que seja a forma de sua manifestação, nos diversos tipos penais definidos na Lei nº 7.716/89, até que sobrevenha legislação autônoma, editada pelo Congresso Nacional, por dois motivos: 1º)porque as práticas homotransfóbicas qualificam-se como espécies do gênero racismo, na dimensão de racismo social consagrada pelo Supremo Tribunal Federal no julgamento plenário do HC 82.424/RS (caso Ellwanger), na medida em que tais condutas importam em atos de segregação que inferiorizam membros integrantes do grupo LGBT, em razão de sua orientação sexual

200. Ver informativo 931 do STF com o voto condutor do ministro Celso de Mello em 20 e 21.02.2019, *no que foi acompanhado pela maioria.* ADO 26/DF, STF. Plenário. Rel. Min. Celso de Mello; MI 4733/DF, Rel. Min. Edson Fachin, julg. em 13.06.2019 (Inf. 944).

ou de sua identidade de gênero; 2º) porque tais comportamentos de homotransfobia ajustam-se ao conceito de atos de discriminação e de ofensa a direitos e liberdades fundamentais daqueles que compõem o grupo vulnerável em questão; e) declarar que os efeitos da interpretação conforme a que se refere a alínea "d" somente se aplicarão a partir da data em que se concluir o presente julgamento.[201]

É interessante, assim como fizemos com a ADI 4277 e a ADPF 132 (da *união estável homoafetiva)*, explicitarmos os fundamentos das decisões ora em comento. Como já observado acima, vamos trabalhar inicialmente tendo como fio condutor, o voto do ministro Celso de Mello (relator da ADO 26), presente no informativo 931 do STF, e acompanhado na decisão final pela maioria dos ministros em junho de 2019[202]. Nesses termos:

a) Gênero e a orientação sexual constituem elementos essenciais e estruturantes da própria identidade da pessoa humana e Ausência de proteção estatal a condutas homofóbicas e transfóbicas:

Inicialmente, o relator ressaltou que o gênero e a orientação sexual constituem elementos essenciais e estruturantes da própria identidade da pessoa humana e integram uma das mais íntimas e profundas dimensões de sua personalidade. No entanto, devido à ausência de adequada proteção estatal, especialmente em razão da controvérsia gerada pela denominada "ideologia de gênero", os integrantes da comunidade LGBT acham-se expostos a ações de caráter segregacionista, impregnadas de inequívoco caráter homofóbico, que visam a limitar ou suprimir prerrogativas essenciais de gays, lésbicas, bissexuais, travestis, transgêneros e intersexuais, entre outros. Tais práticas culminam no tratamento dessas pessoas como indivíduos destituídos de respeito e consideração, degradados ao nível de quem não tem sequer direito a ter direitos, por lhes ser negado, mediante discursos autoritários e excludentes, o reconhecimento da legitimidade de sua própria existência.

Essa visão de mundo, fundada na ideia artificialmente construída de que as diferenças biológicas entre o homem e a mulher devem determinar os seus papéis sociais, impõe uma inaceitável restrição às suas liberdades fundamentais, com a submissão dessas pessoas a um padrão existencial heteronormativo, incompatível com a diversidade e o pluralismo que caracterizam uma sociedade democrática, e, ainda, a imposição da observância de valores que, além de conflitarem com sua própria vocação afetiva, conduzem à frustração de seus projetos pessoais de vida.

b) O alegado direito à legislação, como consta do pedido formulado pelo autor da ação direta, só pode ser legitimamente invocado quando também existir a previsão do dever estatal de criar normas legais, imposta pelo texto constitucional.

201. Ver Informativo 931 do STF com o voto condutor do ministro Celso de Mello em 20 e 21.02.2019, *no que foi acompanhado pela maioria.* ADO 26/DF, STF. Plenário. Rel. Min. Celso de Mello; MI 4733/DF, Rel. Min. Edson Fachin, julg. em 13.06.2019 (Inf. 944).
202. Ver Informativo 931 do STF com o voto condutor do ministro Celso de Mello em 20 e 21.02.2019, *no que foi acompanhado pela maioria.* ADO 26/DF, STF. Plenário. Rel. Min. Celso de Mello; MI 4733/DF, Rel. Min. Edson Fachin, julg. em 13.06.2019 (Inf. 944).

Na espécie, a Constituição claramente veicula, em bases impositivas, inquestionável mandado de incriminação: "a lei punirá qualquer discriminação atentatória dos direitos e liberdades fundamentais" (CF, art. 5º, XLI) e "a prática do racismo constitui crime (...), nos termos da lei" (CF, art. 5º, XLII).

Nessa medida, afirmou o ministro Celso de Mello, que é possível concluir que a omissão do Congresso Nacional em produzir normas legais de proteção penal à comunidade LGBT, numa atitude de inadimplemento manifesto de indeclinável obrigação jurídica, traduz situação configuradora de ilicitude, em afronta ao texto da CF.

c) Descumprimento, por inércia estatal, de norma impositiva de determinado comportamento atribuído ao poder público pela própria Constituição.

Na tipologia das situações inconstitucionais inclui-se aquela derivada do descumprimento, por inércia estatal, de norma impositiva de determinado comportamento atribuído ao poder público pela própria Constituição. A situação de omissão abusiva no adimplemento da prestação legislativa – caracterizada diante do estado de mora do legislador pela superação excessiva de prazo razoável – e a imposição constitucional de legislar qualificam-se como requisitos condicionantes da declaração de inconstitucionalidade por omissão.

Portanto, para Celso de Mello, a ação direta por omissão deve ser vista como instrumento de concretização das cláusulas constitucionais frustradas, em sua eficácia, pela inaceitável omissão do poder público, impedindo-se que se degrade a Constituição à inadmissível condição subalterna de um estatuto subordinado à vontade ordinária do legislador comum.

d) Possibilidade diante do reconhecimento da omissão do Congresso Nacional. O que fazer?

Uma vez reconhecida a existência de mora imputável ao Congresso Nacional e diante do contexto do presente caso, desenham-se, nos dizeres do ministro, fundamentalmente, as seguintes possibilidades de solução da mora legislativa: a) a cientificação do Congresso Nacional, para que adote, em prazo razoável, as medidas necessárias à efetivação da norma constitucional (CF, art. 103, § 2º, c/c Lei 9.868/1999, art. 12-H, caput); ou b) o reconhecimento imediato de que a homofobia e a transfobia, quaisquer que sejam as formas pelas quais se manifestem, enquadram-se, mediante interpretação conforme à Constituição, na noção conceitual de racismo prevista na Lei 7.716/1989.

e) Ineficácia do mero apelo ao legislador

Conforme o voto do ministro Celso de Mello, o mero apelo ao legislador, no entanto, nem sempre tem sido solução eficaz, em razão da indiferença do Poder Legislativo, que, em determinadas decisões anteriormente emanadas do STF, tem persistido em permanecer em estado de inadimplemento da prestação legislativa que lhe incumbe promover.

Diante disso, o STF, ao longo dos últimos trinta anos, evoluiu no plano jurisprudencial em busca da construção de soluções que pudessem fazer cessar esse estado de inconstitucional omissão normativa. Isso se deu, por exemplo, na possibilidade de o Tribunal formular solução jurisdicional para viabilizar a aplicação da norma constitucional dotada de eficácia limitada, enquanto não sobrevier a legislação reclamada. Foi essa a solução adotada em relação ao exercício do direito de greve por servidores públicos civis (CF, art. 37, VII) no julgamento conjunto do MI 670, do MI 708 e do MI 712.

f) Procedimento hermenêutico que não se confunde com o processo de elaboração legislativa. Ou seja, a atuação do STF não é legislativa (não há usurpação ao Congresso Nacional)

Nessa senda, destaca-se que o procedimento hermenêutico realizado pelo Poder Judiciário objetiva extrair a necessária interpretação dos diversos diplomas legais vigentes para, em razão da inteligência e do sentido exegético que lhes der, obter os elementos pertinentes à exata aplicação do direito. Isso em nada se confunde com o processo de elaboração legislativa. Ou seja, o processo de interpretação dos textos legais e da Constituição não importa em usurpação das atribuições normativas dos demais poderes da República.

g) Conceito de raça e o Racismo como um conceito aberto que abrange preconceitos contra pessoas em razão de sua orientação sexual ou identidade de gênero. Atos homofóbicos e transfóbicos são formas contemporâneas de racismo.

O autor da ação direta alega que o conceito de "raça" que compõe a estrutura normativa dos tipos penais incriminadores previstos na Lei 7.716/1989 tem merecido múltiplas interpretações, revestindo-se, por isso, de inegável conteúdo polissêmico. O ministro Celso de Mello registrou que, no ponto, a censura manifestada pelo STF, no julgamento do HC 82.424 (caso *Ellwanger*), contra a defesa da ideia descabida de lógica e de razão subjacente à teoria racial que propõe a subdivisão artificial da espécie humana em agrupamentos raciais distintos.

No referido julgado, o STF assentou que "a divisão dos seres humanos em raças resulta de um processo de conteúdo meramente político-social". Assim, a noção de racismo – para efeito de configuração típica dos delitos previstos na Lei 7.716/1989 – não se resume a um conceito de ordem estritamente antropológica ou biológica. Projeta-se, ao contrário, numa dimensão abertamente cultural e sociológica, a abranger até mesmo situações de agressão injusta resultantes de discriminação ou de preconceito contra pessoas por sua orientação sexual ou sua identidade de gênero.

A configuração de atos homofóbicos e transfóbicos como formas contemporâneas do racismo objetiva preservar a incolumidade dos direitos da personalidade, como a essencial dignidade da pessoa humana. Busca inibir, desse modo, comportamentos abusivos que possam, impulsionados por motivações subalternas, disseminar criminosamente o ódio público contra outras pessoas em razão de sua orientação sexual ou de sua identidade de gênero.

h) A Interpretação conforme

Conforme Celso de Mello, esse quadro justifica a utilização, na espécie, do método da interpretação conforme, no que se refere ao conceito de "raça", para os fins a que se refere a Lei 7.716/1989. A constatação da existência de múltiplas expressões semiológicas propiciadas pelo conteúdo normativo da ideia de "raça" permite reconhecer como plenamente adequado o emprego, na presente hipótese, da técnica de decisão e de controle de constitucionalidade fundada no método da interpretação conforme à Constituição.

i) A negativa da tese da analogia

Para o ministro, a solução propugnada ***não sugere a aplicação analógica*** das normas penais previstas na Lei 7.716/1989 nem implica a formulação de tipos criminais ou cominação de sanções penais. É certo que, considerado o princípio constitucional da reserva absoluta de lei formal, o tema pertinente à definição de tipo penal e à cominação de sanção penal subsume-se ao âmbito das normas de direito material, de natureza eminentemente penal, regendo-se, em consequência, pelo postulado da reserva de parlamento. Assim, inviável, em controle abstrato de constitucionalidade, colmatar, mediante decisão desta Corte Suprema, a omissão denunciada pelo autor da ação direta, procedendo-se à tipificação penal de condutas atentatórias aos direitos e liberdades fundamentais dos integrantes da comunidade LGBT.

Na verdade, a solução para o ministro (no que foi acompanhado pela maioria), limita-se à mera subsunção de condutas homotransfóbicas aos diversos preceitos primários de incriminação definidos em legislação penal já existente (Lei 7.716/1989), pois os atos de homofobia e de transfobia constituem concretas manifestações de racismo, compreendido em sua dimensão social, ou seja, o denominado racismo social."

j) A decisão, não implica a ocorrência de qualquer ofensa ou dano potencial à liberdade religiosa, qualquer que seja a dimensão em que aquela se projete.

É inquestionável que a liberdade religiosa se qualifica como pressuposto essencial e necessário à prática do regime democrático. A livre expressão de ideias, pensamentos e convicções, em sede confessional, não pode e não deve ser impedida pelo poder público nem submetida a ilícitas interferências do Estado.

A adoção pelo Estado de meios destinados a impedir condutas homofóbicas e transfóbicas em hipótese alguma poderá coarctar, restringir ou suprimir a liberdade de consciência e de crença, nem autorizar qualquer medida que interfira nas celebrações litúrgicas ou que importe em cerceamento à liberdade de palavra, seja como instrumento de pregação da mensagem religiosa, seja, ainda, como forma de exercer o proselitismo em matéria confessional em espaços públicos ou privados.

Há que se preservar, entretanto, a possibilidade de exposição e reprodução de narrativas, conselhos, lições ou orientações constantes de qualquer livro sagrado de qualquer religião (como a Bíblia, a Torá, o Alcorão, a Codificação Espírita, os Vedas hindus e o Dhammapada budista). Essas práticas não configuram delitos contra a honra, porque veiculados com o intuito de divulgar o pensamento resultante do magistério teológico e da filosofia espiritual que são próprios de cada uma dessas denominações confessionais. Tal circunstância descaracteriza, por si só, o intuito doloso dos delitos contra a honra, a tornar legítimos o discurso e a pregação como expressões dos postulados de fé dessas religiões.

h) Pronunciamentos de índole religiosa que extravasam os limites da livre manifestação de ideias, degradando-se ao nível primário do insulto, da ofensa e, sobretudo, do estímulo à intolerância e ao ódio público contra os integrantes da comunidade LGBT, não merecem a dignidade da proteção constitucional

Conforme o ministro, o direito de dissentir, contudo, não obstante a sua extração eminentemente constitucional, deslegitima-se quando a sua exteriorização lesionar valores e bens jurídicos postos sob a imediata tutela da ordem constitucional, como sucede com o direito de terceiros à incolumidade de seu patrimônio moral.

Pronunciamentos de índole religiosa que extravasam os limites da livre manifestação de ideias, degradando-se ao nível primário do insulto, da ofensa e, sobretudo, do estímulo à intolerância e ao ódio público contra os integrantes da comunidade LGBT, não merecem a dignidade da proteção constitucional que assegura a liberdade de expressão do pensamento, que não pode compreender, em seu âmbito de tutela, manifestações revestidas de ilicitude penal.

Ademais, considerado o delineamento constitucional da matéria no sistema jurídico brasileiro, impõe-se, como elemento viabilizador da liberdade religiosa, a separação institucional entre Estado e Igreja. Isso significa que, no Estado laico, como o Estado brasileiro, haverá sempre uma clara e precisa demarcação de domínios próprios de atuação e de incidência do poder civil (ou secular) e do poder religioso (ou espiritual). A escolha, ou não, de uma fé religiosa revela-se questão de ordem estritamente privada.

É vedado, também, ao Estado o exercício de sua atividade com apoio em princípios teológicos, em razões de ordem confessional, ou em artigos de fé, mostrando-se irrelevante que se trate de dogmas consagrados por determinada religião considerada hegemônica no meio social. Caso contrário, concepções de certa denominação religiosa se transformariam, inconstitucionalmente, em critério definidor das decisões estatais e da formulação e execução de políticas governamentais.

i) O julgamento reflete a função *contramajoritária* que o STF possui

Para o ministro Celso de Mello, o julgamento reflete a função *contramajoritária* que o STF possui de, no Estado Democrático de Direito, conferir efetiva proteção às minorias. É uma função exercida no plano da jurisdição das liberdades. Nesse sentido, o STF desempenha o papel de órgão investido do poder e da responsabilidade institucional de proteger as minorias contra eventuais excessos da maioria ou contra omissões que se tornem lesivas, diante da inércia do Estado, aos direitos daqueles que sofrem os efeitos perversos do preconceito, da discriminação e da exclusão jurídica.

Assim, para que o regime democrático não se reduza a uma categoria político-jurídica meramente conceitual ou simplesmente formal, torna-se necessário assegurar às minorias a plenitude de meios que lhes permitam exercer, de modo efetivo, os direitos fundamentais assegurados a todos. Ninguém se sobrepõe, nem mesmo os grupos majoritários, aos princípios superiores consagrados pela Constituição da República.

Na sequência, o voto do ministro Edson Fachin, relator do mandado de injunção nº 4733 foi no mesmo sentido (e esse voto foi acompanhado pelo ministro Celso de Mello relator da ADO nº26).

O ministro julgou procedente a impetração do MI para reconhecer a mora inconstitucional do Congresso Nacional e aplicar, com efeitos prospectivos, a Lei 7.716/1989, a fim de estender à discriminação por orientação sexual ou identidade de gênero a tipificação prevista para os crimes de discriminação ou preconceito de raça, cor, etnia, religião ou procedência nacional, até que sobrevenha lei específica do Poder Legislativo.[203]

O ministro Edson Fachin salientou que o trâmite de projetos de lei sobre a matéria no Congresso Nacional não obsta o conhecimento do mandado de injunção, haja vista jurisprudência do STF no sentido de que esse fato não serve para afastar o reconhecimento da omissão inconstitucional. Segundo razões acolhidas na ADI 3682, as peculiaridades da atividade parlamentar que afetam, inexoravelmente, o processo legislativo, não justificam uma conduta manifestamente negligente ou desidiosa das Casas Legislativas, que pode pôr em risco a própria ordem constitucional. No ponto, avaliou ser precisamente o caso dos autos. Ponderou, ainda, *existir quadro de violações sistemáticas aos direitos da população LGBTI, constatado também pela Comissão Interamericana de Direitos Humanos e pelo Conselho de Direitos Humanos das Nações Unidas.*[204]

No mérito, o ministro consignou que *o direito constante do art. 5º, XLI, efetivamente contém mandado de criminalização contra a discriminação homofóbica e transfóbica.* Ante a mora do Congresso Nacional, essa ordem comporta, até que seja suprida, a colmatação pelo STF por meio de interpretação conforme da legislação de combate à discriminação.[205]

A seu ver, conforme o inciso XLI, qualquer espécie de discriminação é atentatória ao Estado Democrático de Direito, inclusive a que se fundamenta na orientação sexual das pessoas ou na sua identidade de gênero. Nessa perspectiva, esta Corte, na ADI 4277, afirmou que o sexo das pessoas não se presta como fator de desigualação jurídica e que o concreto uso da sexualidade faz parte da autonomia da vontade das pessoas naturais. Na ADPF 291, o Colegiado assinalou que o reconhecimento do direito à liberdade de orientação sexual condiz com a liberdade existencial do indivíduo. Na ADI 4275, o Tribunal consignou que o direito à igualdade

---

203. Ver Informativo 931 do STF. ADO 26/DF, STF. Plenário. Rel. Min. Celso de Mello; MI 4733/DF, Rel. Min. Edson Fachin, julgados em 13.06.2019 (Informativo 944).
204. Ver Inf 931 do STF. ADO 26/DF, STF. Plenário. Rel. Min. Celso de Mello; MI 4733/DF, Rel. Min. Edson Fachin, julg em 13.06.2019).
205. Ver Inf 931 do STF. ADO 26/DF, STF. Plenário. Rel. Min. Celso de Mello; MI 4733/DF, Rel. Min. Edson Fachin, julg em 13.06.2019.

sem discriminações abrange a identidade ou expressão de gênero e a orientação sexual. Ademais, no âmbito internacional, o posicionamento é na mesma direção.[206]

O ministro Edson Fachin esclareceu que o *princípio da proporcionalidade*, na modalidade de ***proibição de proteção insuficiente***, é o fundamento pelo qual o STF tem reconhecido que o direito penal pode ser um instrumento adequado para a proteção dos bens jurídicos expressamente indicados pelo texto constitucional. Os tratados internacionais de que a República brasileira é parte também contêm mecanismos de proteção proporcional. À luz desses tratados, dessume-se da leitura da CF/1988 um mandado constitucional de criminalização no tocante a *toda e qualquer discriminação atentatória dos direitos e liberdades fundamentais, incluída a de orientação sexual e de identidade de gênero.*

O ministro Edson Fachin enfatizou ainda a especificidade da situação, a indicar que a lacuna não decorre exclusivamente da falta de norma tipificadora do ato atentatório, mas também da própria ofensa à igualdade, porquanto condutas igualmente reprováveis recebem tratamento jurídico distinto. Impedir ou obstar acesso à órgão da Administração Pública, ou negar emprego em empresa privada, por preconceito de raça, cor, etnia, religião ou procedência nacional são condutas típicas nos termos da Lei 7.716/1989. Se as mesmas condutas fossem praticadas com preconceito a homossexual ou transgênero, não haveria crime. Dessa maneira, a omissão legislativa em tipificar a discriminação por orientação sexual ou identidade de gênero ofende um sentido mínimo de justiça ao sinalizar a tolerância à violência dirigida a pessoa, como se não fosse digna de viver em igualdade.[207]

Nesses termos, toda pessoa deve ser protegida contra qualquer ato que atinja sua dignidade. Segundo o relator, é preciso dar sentido e concretude ao princípio constitucional da dignidade da pessoa humana, que se torna passível de aplicação direta à situação em análise, por ter sido seu conteúdo nitidamente violado.

O ministro alertou então ser a discriminação nefasta, por retirar das pessoas a justa expectativa de que tenham igual valor perante todos. Depreendeu do julgamento do HC 82424 (caso Ellwanger) que a igualdade exige do intérprete da Constituição o reconhecimento de igual ofensividade de tratamento discriminatório. A colmatação da lacuna legislativa constitui, assim, exigência de coerência normativa.

É certo para o ministro Fachin que ***não pode o STF substituir o legislador***, mas aqui há comando constitucional para regulamentar situações concretas. Lei específica sobre o tema deveria ter sido editada, porque o legislador constituinte originário, desde 1988, vinculou o legislador derivado. A falta de norma inviabiliza o exercício de direitos, e o texto constitucional não exclui o mandado de injunção de qualquer seara específica de incidência.

---

206. Ver Inf 931 do STF. ADO 26/DF, STF. Plenário. Rel. Min. Celso de Mello; MI 4733/DF, Rel. Min. Edson Fachin, julg em 13.06.2019.

207. Ver Inf 931 do STF. ADO 26/DF, STF. Plenário. Rel. Min. Celso de Mello; MI 4733/DF, Rel. Min. Edson Fachin, julg em 13.06.2019.

O relator do MI 4733 observou também que no caso o tribunal não está fazendo *analogia in malam* partem ao aplicar lei existente sobre discriminação em sentido amplo, que compreende a discriminação racial (Lei 7.716/1989). Também não procede, diante da Constituição, dissociação entre texto e norma. A CF contém expresso comando de punição penal para a discriminação homofóbica e a extensão prospectiva da lei de discriminação racial, até a edição específica de norma pelo Poder Legislativo, não viola o princípio da anterioridade da lei penal.[208]

Aqui citamos ainda o voto do ministro Alexandre de Morais. Em seu voto, o ministro reconheceu a inconstitucionalidade por omissão do Congresso Nacional em editar norma protetiva à comunidade LGBTI. Segundo ele, a atuação do Congresso Nacional em relação a grupos tradicionalmente vulneráveis foi sempre no sentido de que a ampla proteção depende de lei penal. O Congresso atuou dessa forma em relação às crianças e aos adolescentes, aos idosos, às pessoas com deficiência, às mulheres e até aos consumidores. No entanto, passados 30 anos da Constituição Federal, só a discriminação homofóbica e transfóbica permanece sem nenhum tipo de aprovação. O único caso em que o próprio Congresso não seguiu o seu padrão. A compreensão de que as práticas homofóbicas configuram racismo social, segundo o Ministro, não ofendem a liberdade religiosa, que é consagrada constitucionalmente.

Já o Ministro Roberto Barroso afirmou em seu voto que é papel do STF estabelecer ***diálogo respeitoso*** com o Congresso e também com a sociedade. Para o ministro se o Congresso atuou, a sua vontade deve prevalecer. Se não atuou e havia um mandamento constitucional nesse sentido, que o Supremo atue para fazer valer o que está previsto na Constituição.

A regra geral, afirmou, é a de autocontenção (*self restraint*), deixando o maior espaço possível para a atuação do Legislativo. Porém, quando estão em ***jogo direitos fundamentais ou a preservação das regras do jogo democrático, se justifica uma postura mais proativa do STF***. Esse é o caso dos autos. Explicou o ministro que a punição para atos de homofobia e transfobia deve ser de natureza criminal por três razões: a relevância do bem jurídico tutelado e a sistematicidade de violação a este direito, o fato de que outras discriminações são punidas pelo direito penal e a circunstância de que a punição administrativa não é suficiente, uma vez que não coíbe de maneira relevante as violências homofóbicas. "Deixar de criminalizar a homofobia seria tipicamente uma hipótese de proteção deficiente".

Afirmou ainda que a solução dada (aplicar a Lei do Racismo) ***não configura analogia nem interpretação extensiva.*** O ministro Roberto Barroso assegurou que, enquanto o Congresso Nacional não atuar, incide a Lei do Racismo, não por analogia ou interpretação extensiva, mas porque, no conceito de racismo firmado pelo STF, estão colhidas as situações tipificadas na lei. Ademais, compreendeu que a homofobia deve

208. Ver Informativo 931 do STF. ADO 26/DF, STF. Plenário. Rel. Min. Celso de Mello; MI 4733/DF, Rel. Min. Edson Fachin, julgados em 13.06.2019 (Info 944).

ser tratada como motivo fútil ou torpe nos outros tipos penais previstos no Código Penal.[209]

Por fim, é importante explicitar, as teses adotadas pelo STF na decisão de junho de 2019, nos seguintes termos:

> Na ADO, o colegiado, por maioria, fixou a seguinte tese: "1. Até que sobrevenha lei emanada do Congresso Nacional destinada a implementar os mandados de criminalização definidos nos incisos XLI e XLII do art. 5º da Constituição da República, as condutas homofóbicas e transfóbicas, reais ou supostas, que envolvem aversão odiosa à orientação sexual ou à identidade de gênero de alguém, por traduzirem expressões de racismo, compreendido este em sua dimensão social, ajustam-se, por identidade de razão e mediante adequação típica, aos preceitos primários de incriminação definidos na Lei nº 7.716, de 08.01.1989, constituindo, também, na hipótese de homicídio doloso, circunstância que o qualifica, por configurar motivo torpe (Código Penal, art. 121, § 2º, I, "in fine"); 2. A repressão penal à prática da homotransfobia não alcança nem restringe ou limita o exercício da liberdade religiosa, qualquer que seja a denominação confessional professada, a cujos fiéis e ministros (sacerdotes, pastores, rabinos, mulás ou clérigos muçulmanos e líderes ou celebrantes das religiões afro-brasileiras, entre outros) é assegurado o direito de pregar e de divulgar, livremente, pela palavra, pela imagem ou por qualquer outro meio, o seu pensamento e de externar suas convicções de acordo com o que se contiver em seus livros e códigos sagrados, bem assim o de ensinar segundo sua orientação doutrinária e/ou teológica, podendo buscar e conquistar prosélitos e praticar os atos de culto e respectiva liturgia, independentemente do espaço, público ou privado, de sua atuação individual ou coletiva, desde que tais manifestações não configurem discurso de ódio, assim entendidas aquelas exteriorizações que incitem a discriminação, a hostilidade ou a violência contra pessoas em razão de sua orientação sexual ou de sua identidade de gênero; 3. O conceito de racismo, compreendido em sua dimensão social, projeta-se para além de aspectos estritamente biológicos ou fenotípicos, pois resulta, enquanto manifestação de poder, de uma construção de índole histórico-cultural motivada pelo objetivo de justificar a desigualdade e destinada ao controle ideológico, à dominação política, à subjugação social e à negação da alteridade, da dignidade e da humanidade daqueles que, por integrarem grupo vulnerável (LGBTI+) e por não pertencerem ao estamento que detém posição de hegemonia em uma dada estrutura social, são considerados estranhos e diferentes, degradados à condição de marginais do ordenamento jurídico, expostos, em consequência de odiosa inferiorização e de perversa estigmatização, a uma injusta e lesiva situação de exclusão do sistema geral de proteção do direito".[210]

Ainda sobre o tema da homossexualidade, é pertinente deixarmos assente que o Procurador-Geral da República ajuizou ADPF contra o dispositivo do art. 235 do Código Penal Militar ("*Pederastia ou outro ato de libidinagem – Art. 235. Praticar, ou permitir o militar que com ele se pratique ato libidinoso, homossexual ou não, em lugar sujeito a administração militar: Pena – detenção, de seis meses a um ano*"), alegando

209. Ver Informativo 931 do STF. ADO 26/DF, STF. Plenário. Rel. Min. Celso de Mello; MI 4733/DF, Rel. Min. Edson Fachin, julgados em 13.06.2019 (Info 944).
210. ADO 26/DF, STF. Plenário. Rel. Min. Celso de Mello; MI 4733/DF, Rel. Min. Edson Fachin, julgados em 13.06.2019 (Inf. 944).

que ele violaria os princípios da isonomia, da liberdade, da dignidade da pessoa humana, da pluralidade e do direito à privacidade, e pedia que fosse declarada a não recepção do dispositivo pela CF/88. Subsidiariamente, pedia a declaração de inconstitucionalidade do termo "pederastia" e da expressão "homossexual ou não" na tipificação penal. Segundo o PGR, essa norma teria sido editada no contexto histórico de um regime militar ditatorial, marcado pelo autoritarismo e pela intolerância às diferenças.

Pois bem, no julgamento da ADPF em 28.10.2015, o STF não declarou a ***não recepção*** do aludido art. 235, mas decidiu que as expressões "pederastia ou outro" – mencionada na rubrica enunciativa referente ao art. 235 do CPM – e "homossexual ou não" – contida no aludido dispositivo – não foram recepcionadas pela Constituição de 1988.

Restou consignado que o tipo penal do art. 235 do CPM continua sendo crime mesmo sob a égide da CR/88. No entanto, como já dito, devem ser consideradas incompatíveis com a CR/88 as expressões empregadas que falem em homossexualismo (em virtude de seu caráter discriminatório), isso porque o crime em tela se configura tanto quanto o militar pratica relação sexual com alguém do mesmo sexo, como também de sexo diferente, não devendo haver distinção de tratamento.[211]

Na sequência, nos termos do art. **226, § 8º**, da CR/88, reza que o Estado **assegurará** a assistência à família na pessoa de cada um dos que a integram, criando mecanismos para coibir a violência no âmbito de suas relações.

Assim, se apresenta como dever do Estado criar mecanismos que coíbam a **violência doméstica**. Nesse sentido, podemos observar a **Lei nº 11.340/2006**, conhecida como **Lei Maria da Penha.**[212]

Sobre o tema, o Plenário do STF, em 09.02.2012, julgou procedente ação declaratória de constitucionalidade **(ADC 19)**, ajuizada pelo Presidente da República, para

---

211. ADPF 291, julg. em 28.10.2015: *"Haveria diferenças não discriminatórias entre a vida civil e a vida da caserna, marcada por valores que não seriam usualmente exigidos, de modo cogente e imperativo, aos civis. Por essa razão, a tutela penal do bem jurídico protegido pelo art. 235 do CPM deveria se manter. Acresceu, entretanto, que o aludido dispositivo, embora pudesse ser aplicado a heterossexuais e a homossexuais, homens e mulheres, teria o viés de promover discriminação em desfavor dos homossexuais, o que seria inconstitucional, haja vista a violação dos princípios da dignidade humana e da igualdade, bem assim a vedação à discriminação odiosa. Desse modo, a lei não poderia se utilizar de expressões pejorativas e discriminatórias, considerado o reconhecimento do direito à liberdade de orientação sexual como liberdade essencial do indivíduo." Rel. Min. Roberto Barroso.*

212. Aqui citamos a recente **Lei 13.641/2018** que alterou a Lei nº 11.340/2006 (Lei Maria da Penha), para tipificar o ***crime de descumprimento de medidas protetivas de urgência***. No caso: *Art. 24-A. Descumprir decisão judicial que defere medidas protetivas de urgência previstas nesta Lei: Pena – detenção, de 3 (três) meses a 2 (dois) anos. § 1º A configuração do crime independe da competência civil ou criminal do juiz que deferiu as medidas. § 2º Na hipótese de prisão em flagrante, apenas a autoridade judicial poderá conceder fiança. § 3º O disposto neste artigo não exclui a aplicação de outras sanções cabíveis."* Citamos também a **Lei 13.642/2018**, que alterou a Lei nº 10.446/2002, *para acrescentar atribuição à Polícia Federal no que concerne à investigação de crimes praticados por meio da rede mundial de computadores que difundam conteúdo misógino, definidos como aqueles que propagam o ódio ou a aversão às mulheres.* E por último, a **Lei nº 13.721** de **02.10.2018** que alterou o Decreto-Lei nº 3.689, de 3 de outubro de 1941 (Código de Processo Penal), para estabelecer que será ***dada prioridade à realização do exame de corpo de delito quando se tratar de crime que envolva violência doméstica e familiar contra mulher ou violência contra criança, adolescente, idoso ou pessoa com deficiência.***

assentar a constitucionalidade dos artigos 1º, 33 e 41 da Lei 11.340/2006 (Lei Maria da Penha). Conforme o Pretório Excelso:

> "(...) No mérito, rememorou-se posicionamento da Corte que, ao julgar o HC 106.212/MS (*DJe* de 13.6.2011), declarara a **constitucionalidade** do art. 41 da Lei Maria da Penha (*"Aos crimes praticados com violência doméstica e familiar contra a mulher, independentemente da pena prevista,* ***não se aplica a Lei nº 9.099***[213]*, de 26 de setembro de 1995"*). Reiterou-se a ideia de que a aludida lei viera à baila para **conferir efetividade ao art. 226, § 8º**, da CF. Consignou-se que o dispositivo legal em comento coadunar-se-ia com o ***princípio da igualdade*** e atenderia à ordem jurídico-constitucional, no que concerne ao necessário ***combate ao desprezo às famílias***, considerada ***a mulher como sua célula básica***. (...) Asseverou-se que, ao criar mecanismos ***específicos para coibir e prevenir a violência doméstica contra a mulher*** e estabelecer medidas especiais de proteção, assistência e punição, ***tomando como base o gênero da vítima***, o legislador teria utilizado ***meio adequado e necessário*** *para fomentar* ***o fim traçado pelo referido preceito constitucional***. Aduziu-se *não ser* ***desproporcional ou ilegítimo*** o uso **do sexo como critério de diferenciação**, visto que a **mulher** seria **eminentemente vulnerável no tocante a constrangimentos físicos, morais e psicológicos** sofridos **em âmbito privado**".

Já na **ADI 4424/DF**, também decidida em **09.02.2012**, temos que o Plenário do STF, por maioria, julgou procedente ação direta, proposta pelo Procurador-Geral da República, para atribuir ***interpretação conforme a Constituição*** aos artigos 12, I; 16 e 41, todos da **Lei 11.340/2006**, e assentar a *natureza incondicionada da ação penal* em caso de crime de lesão corporal, praticado mediante violência doméstica e familiar contra a mulher. Com isso, decidiu que o Ministério Público (no âmbito dos dispositivos normativos em comento) pode dar início à "ação penal" sem a necessidade de "representação da vítima". Entendeu o STF que outra interpretação acabaria por esvaziar a **proteção constitucional concedida às mulheres.**

Aqui é interessante que a **Lei nº 13.827** de 13 de maio de 2019 alterou a Lei nº 11.340/2006 (Lei Maria da Penha), para autorizar, nas hipóteses que ela especificou, a aplicação de ***medida protetiva de urgência***, pela autoridade judicial ou policial, à mulher em situação de violência doméstica e familiar, ou a seus dependentes, e para determinar o registro da medida protetiva de urgência em banco de dados mantido pelo Conselho Nacional de Justiça.[214]

Assim sendo a nova lei acrescentou o art. 12-C na Lei nº 11.340/2006. Nesses termos, conforme o art. 12-C, verificada a existência de *risco atual ou iminente à vida ou à integridade física da mulher em situação de violência doméstica e familiar, ou de seus dependentes*, o agressor será imediatamente afastado do lar, domicílio ou local de convivência com a ofendida: I - pela autoridade judicial; II - pelo delegado de

213. Referendou o STF que **não compete** aos **Juizados Especiais** julgar os crimes cometidos no âmbito da Lei Maria da Penha.

214. Ver também a Lei nº 13.836 de 2019 que alterou o art.12 § 1º da 11.340/2006: 1º *O pedido da ofendida será tomado a termo pela autoridade policial e deverá conter: (...) IV - informação sobre a condição de a ofendida ser pessoa com deficiência e se da violência sofrida resultou deficiência ou agravamento de deficiência preexistente.*

polícia, quando o Município não for sede de comarca; ou III - pelo policial, quando o Município não for sede de comarca e não houver delegado disponível no momento da denúncia. Nas hipóteses dos incisos II e III do ***caput*** do artigo 12-C, o juiz será comunicado no prazo máximo de 24 (vinte e quatro) horas e decidirá, em igual prazo, sobre a manutenção ou a revogação da medida aplicada, devendo dar ciência ao Ministério Público concomitantemente. Além disso, nos casos de risco à integridade física da ofendida ou à efetividade da medida protetiva de urgência, não será concedida liberdade provisória ao preso."[215]

Já a Lei nº 13.871 de 17.09.2019 alterou a Lei nº 11.340/2006 para dispor sobre a responsabilidade do agressor pelo ressarcimento dos custos relacionados aos serviços de saúde prestados pelo Sistema Único de Saúde (SUS) às vítimas de violência doméstica e familiar e aos dispositivos de segurança por elas utilizados.[216]

Nesses termos, foi incluído o § 4º no art. 9º da Lei Maria da Penha para determinar que aquele que, por ação ou omissão, causar lesão, violência física, sexual ou psicológica e dano moral ou patrimonial a mulher fica obrigado a ressarcir todos os danos causados, inclusive ressarcir ao Sistema Único de Saúde (SUS), de acordo com a tabela SUS, os custos relativos aos serviços de saúde prestados para o total tratamento das vítimas em situação de violência doméstica e familiar, recolhidos os recursos assim arrecadados ao Fundo de Saúde do ente federado responsável pelas unidades de saúde que prestarem os serviços. Já conforme o § 5º incluído a Lei nº 11.340/2006 os dispositivos de segurança destinados ao uso em caso de perigo iminente e disponibilizados para o monitoramento das vítimas de violência doméstica ou familiar amparadas por medidas protetivas terão seus custos ressarcidos pelo agressor. Além disso, o *ressarcimento de que tratam os* §§ 4º e 5º do art. 9º não poderá importar ônus de qualquer natureza ao patrimônio da mulher e dos seus dependentes, nem configurar atenuante ou ensejar possibilidade de substituição da pena aplicada.

É importante salientar ainda que a Lei nº 13.880/2019 também alterou a Lei nº 11.340/2006, para prever a apreensão de arma de fogo sob posse de agressor em casos de violência doméstica.[217] Já a Lei nº 13.882/2019 modificou a Lei nº 11.340/2006,

---

215. Conforme a Lei nº 13.827/2019, a Lei nº 11.340/2006, também passa a vigorar acrescida do "Art. 38-A: *O juiz competente providenciará o registro da medida protetiva de urgência. Parágrafo único. As medidas protetivas de urgência serão registradas em banco de dados mantido e regulamentado pelo Conselho Nacional de Justiça, garantido o acesso do Ministério Público, da Defensoria Pública e dos órgãos de segurança pública e de assistência social, com vistas à fiscalização e à efetividade das medidas protetivas.*"

216. Ver também a Lei nº 13.391/2019 que alterou a Lei nº 10.778/2003, para dispor sobre a notificação compulsória dos casos de suspeita de violência contra a mulher. Art.1º: *Constituem objeto de notificação compulsória, em todo o território nacional, os casos em que houver indícios ou confirmação de violência contra a mulher atendida em serviços de saúde públicos e privados.*

217. Art.12: Em todos os casos de violência doméstica e familiar contra a mulher, feito o registro da ocorrência, deverá a autoridade policial adotar, de imediato, os seguintes procedimentos, sem prejuízo daqueles previstos no Código de Processo Penal: (...) *VI-A verificar se o agressor possui registro de porte ou posse de arma de fogo e, na hipótese de existência, juntar aos autos essa informação, bem como notificar a ocorrência à instituição responsável pela concessão do registro ou da emissão do porte, nos termos da Lei nº 10.826, de 22 de dezembro de 2003.* Conforme o art.18 da Lei

para garantir a matrícula dos dependentes da mulher vítima de violência doméstica e familiar em instituição de educação básica mais próxima de seu domicílio.

Por último, a Lei nº 13.894/2019 determinou *a competência dos Juizados de Violência Doméstica e Familiar contra a Mulher para a ação de divórcio, separação, anulação de casamento ou dissolução de união estável nos casos de violência*. Nesse sentido, foi incluído o art. 14-A na Lei nº 11.340/2006 que afirma que *a ofendida tem a opção de propor ação de divórcio ou de dissolução de união estável no Juizado de Violência Doméstica e Familiar contra a Mulher.*[218]

Além disso, tornou obrigatória a informação às vítimas acerca da possibilidade de os serviços de assistência judiciária ajuizarem as ações mencionadas.

A referida Lei também alterou a Lei nº 13.105/2015 (Código de Processo Civil), para prever a competência do foro do domicílio da vítima de violência doméstica e familiar para a ação de divórcio, separação judicial, anulação de casamento e reconhecimento da união estável a ser dissolvida.

Também alterou o CPC de 2015 para determinar a intervenção obrigatória do Ministério Público nas ações de família em que figure como parte vítima de violência doméstica e familiar, e para estabelecer a prioridade de tramitação dos procedimentos judiciais em que figure como parte vítima de violência doméstica e familiar.

Na sequência, temos também, que a 2ª Turma do STF, no HC 129.446/MS, entendeu que **não é possível** a substituição de pena privativa de liberdade por restritiva de direitos ao condenado pela prática do crime de lesão corporal praticado em ambiente doméstico (art. 129, § 9º, do CP na redação dada pela Lei nº 11.340/2006).[219]

Também para o STJ não há a possibilidade de substituição seja no caso de *crime* ou mesmo de *contravenção penal*. Nesse sentido, inclusive é o teor da recente Súmula 588 do STJ, que preleciona que: *a prática de crime ou contravenção penal contra a mulher com violência ou grave ameaça no ambiente doméstico impossibilita a substituição da pena privativa de liberdade por restritiva de direitos.*[220] Mas, aqui devemos

nº 11.340/2006, recebido o expediente com o pedido da ofendida (de medida protetiva de urgência), caberá ao juiz, no prazo de 48 horas ***determinar a apreensão imediata de arma de fogo sob a posse do agressor***. Aqui observamos que conforme o art. 19 *as medidas protetivas de urgência poderão ser concedidas pelo juiz, a requerimento do Ministério Público ou a pedido da ofendida.*

218. Porém, conforme o art.14-A § 1º da Lei 13.340: *Exclui-se da competência dos Juizados de Violência Doméstica e Familiar contra a Mulher a pretensão relacionada à partilha de bens* (Incluído pela Lei nº 13.894/2019).

219. HC 129.446 julg. em **20.10.2015**: *(...) (art. 129, § 9º, do CP). substituição da reprimenda corporal. impossibilidade. inviabilidade de mitigação do art. 44 do CP. 1. A execução do crime mediante o emprego de violência é circunstância impeditiva da substituição da pena privativa de liberdade por restritiva de direito, nos termos do art. 44, I, do CP. 2. Interpretação que pretenda equipar os crimes praticados com violência doméstica contra a mulher aos delitos submetidos ao regramento previsto na Lei dos Juizados Especiais, a fim de permitir a conversão da pena, não encontra amparo no art. 41 da Lei 11.340/2006. 3. Ordem denegada.*

220. STJ. 3ª Seção. Aprovada em 13/09/2017, *DJe* 18.09.2017.

ficar atentos, pois existe uma divergência entre o STF e o STJ se estivermos diante da prática não de *crime*, mas de *contravenção penal*.

No STF a 1ª turma entende como o STJ, ou seja, ela também considera que não é permitida a substituição seja no caso de crime ou de contravenção penal praticados contra a mulher com violência ou grave ameaça no ambiente doméstico.[221] Porém, a 2ª turma do STF de forma diferenciada entende que é possível a substituição de *pena privativa de liberdade* por *restritiva de direitos* no caso de contravenção penal. O argumento é o de que a contravenção penal não está na proibição contida no inciso I do art. 44 do Código Penal, que fala apenas em crime. Assim, não existe proibição no ordenamento jurídico para a aplicação de pena restritiva de direitos em caso de contravenções.[222]

Em outra questão paradigmática, já decidiu o STF que **não** se aplica o princípio da insignificância aos delitos praticados em ***situação de violência doméstica***.

Dessa forma, os delitos praticados com violência contra a mulher, devido à expressiva ofensividade, periculosidade social, reprovabilidade do comportamento e lesão jurídica causada, perdem a característica da bagatela e devem submeter-se ao direito penal. Portanto, STF e também o STJ não admitem a aplicação dos princípios da insignificância e da bagatela imprópria aos crimes e contravenções praticados com violência ou grave ameaça contra a mulher, no âmbito das relações domésticas, dada a relevância penal da conduta.[223] Aqui ainda ressaltamos que o fato de o casal ter se reconciliado não significa atipicidade material da conduta ou desnecessidade de pena. Temos também que a recente Lei nº 13.434/2017 alterou o art. 292 do Código de Processo Penal explicitando que é vedado o uso de algemas em mulheres grávidas durante os atos médico-hospitalares preparatórios para a realização do parto e durante o trabalho de parto, bem como em mulheres durante o período de puerpério imediato.

Aqui é importante mencionar novamente a Lei nº 13.239 de 30.12.2015, a qual dispôs sobre a oferta e a realização, no âmbito do Sistema Único de Saúde – SUS, de cirurgia plástica reparadora de sequelas de lesões causadas por ***atos de violência contra a mulher***. Segundo o diploma normativo, são obrigatórias, nos serviços do SUS, próprios, contratados e conveniados, a oferta e a realização de cirurgia plástica reparadora de sequelas de lesões causadas por atos de violência contra a mulher. Os hospitais e os centros de saúde pública, ao receberem vítimas de

221. HC 137888/MS, Rel. Min. Rosa Weber, julg. em 31.10.2017.
222. STF. 2ª Turma. HC 131160, Rel. Min. Teori Zavascki, julg em 18/10/2016. O STJ e a 1ª Turma do STF fazem, portanto, uma ampliação do inciso I do art. 44 do CP para abranger também os casos de contravenção penal praticados com violência ou grave ameaça (STJ. 6ª Turma. AgRg no REsp 1607382/MS, Rel. Min. Sebastião Reis Júnior, julg em 27/09/2016). A 2ª Turma do STF não admite essa ampliação e trabalha com o texto literal do art. 44, I, do CP. *Dizer o Direito*, Informativo 884, 2017.
223. RHC 133043/MT, 2ª Turma do STF, Rel. Min. Cármen Lúcia, julg. em 10.05.2016.STJ. 5ª Turma. HC 333.195/MS, Rel. Min. Ribeiro Dantas, julg. em 12.04.2016. STJ. 6ª Turma. AgRg no HC 318.849/MS, Rel. Min. Sebastião Reis Júnior, julg. em 27.10.2015. STF. 2ª Turma. RHC 133043/MT, Rel. Min. Cármen Lúcia, julg. em 10.05.2016 (Info 825)

violência, deverão informá-las da possibilidade de acesso gratuito à cirurgia plástica para reparação das lesões ou sequelas de agressão comprovada. A mulher vítima de violência grave que necessitar de cirurgia deverá procurar unidade que a realize, portando o registro oficial de ocorrência da agressão. Já conforme o art. 7º da Lei nº 8.080/1990, as ações e os serviços públicos de saúde e os serviços privados contratados ou conveniados que integram o Sistema Único de Saúde (SUS) são desenvolvidos de acordo com as diretrizes previstas no art. 198 da Constituição Federal, obedecendo aos princípios (na obra já citados), nos quais está o inciso XIV que diz sobre a organização de atendimento público específico e especializado para mulheres e vítimas de violência doméstica em geral, que garanta, entre outros, atendimento, acompanhamento psicológico e cirurgias plásticas reparadoras, em conformidade com a Lei nº 12.845/2013 (Redação dada pela Lei nº 13.427, de 2017).

Na sequência, temos também, segundo ditame constitucional, que é **dever da família, da sociedade e do Estado assegurar à criança, ao adolescente e ao jovem**, com absoluta prioridade, o direito à vida, à saúde, à alimentação, à educação, ao lazer, à profissionalização, à cultura, à dignidade, ao respeito, à liberdade e à convivência familiar e comunitária, além de **colocá-los a salvo** de toda forma de negligência, discriminação, exploração, violência, crueldade e opressão.[224]

O Estado, nesses termos, promoverá programas de assistência integral à saúde da criança, do adolescente e do jovem admitida a participação de entidades não governamentais e obedecendo aos seguintes preceitos: (a) aplicação de percentual dos recursos públicos destinados à saúde na assistência materno-infantil; e (b) criação de programas de prevenção e atendimento especializado para as pessoas portadoras de deficiência física, sensorial ou mental, bem como de integração social do adolescente e do jovem portador de deficiência, mediante o treinamento para o trabalho e a convivência, e a facilitação do acesso aos bens e serviços coletivos, com a eliminação de obstáculos arquitetônicos e de todas as formas de discriminação.[225]

---

224. "A Lei 8.560/92 expressamente assegurou ao *parquet*, desde que provocado pelo interessado e diante de evidências positivas, a possibilidade de intentar a ação de investigação de paternidade, legitimação essa decorrente da proteção constitucional conferida à família e à criança, bem como da indisponibilidade legalmente atribuída ao reconhecimento do estado de filiação. Dele decorrem direitos da personalidade e de caráter patrimonial que determinam e justificam a necessária atuação do Ministério Público para assegurar a sua efetividade, sempre em defesa da criança, na hipótese de não reconhecimento voluntário da paternidade ou recusa do suposto pai." (STF, RE nº 248.869, Rel. Min. Maurício Corrêa, *DJ* 12/03/2004). Outra questão importante que visa à concretização dessa normativa constitucional é delineada na jurisprudência do STF que vem adotando o posicionamento de **determinar ao Poder Público** (com a possibilidade de **intervenção do Poder Judiciário** afastando excepcionalmente as teses da "discricionariedade" e da "reserva do possível") a **instituição (e devida manutenção) de "Conselhos Tutelares"**. Como Precedentes: RE 488.208/SC; RE 738.255/AP, Rel. Min. Celso de Mello – AI 583.136/SC, Rel. Min. Cármen Lúcia – RE 572.960/SC, Rel. Min. Ayres Britto – RE 603.033/MG, Rel. Min. Cármen Lúcia – RE 706.041/MG, Rel. Min. Cármen Lúcia. O mesmo se diga para a construção de "**Creches**" e "**unidades pré-escolares**": RE 464.113 AgR e RE 554.075 AgR.

225. Conforme a **Emenda Constitucional nº65** de 13 de julho de 2010. É interessante aqui, que a Lei nº 12.955 de 05.02.2014 acrescentou § 9º ao art. 47 da Lei nº 8.069/90 (Estatuto da Criança e do Adolescente), para estabelecer prioridade de tramitação aos processos de adoção em que o adotando for criança ou adolescente com deficiência ou com doença crônica. Já nos termos da Lei nº 12.962 de 08.04.2014 que alterou o art.19 da Lei nº 8.069/90, será garantida a convivência da criança e do adolescente com a mãe ou o pai privado de liberdade, por meio de

Nesse sentido, a recente Lei nº 13.438 de 26.04.2017, alterando o *Estatuto da Criança e do Adolescente*, explicitou que é obrigatória a aplicação a todas as crianças, nos seus primeiros 18 meses de vida, de protocolo ou outro instrumento construído com a finalidade de facilitar a detecção, em consulta pediátrica de acompanhamento da criança, de risco para o seu desenvolvimento psíquico.

O texto constitucional traz, ainda, o ***princípio da proteção especial*** à criança, ao adolescente e ao jovem[226], podendo haver a participação de entidades não governamentais, que seguirá os seguintes preceitos: (1) idade mínima de 14 anos para admissão ao trabalho, observado o disposto no art. 7º, XXXIII; (2) garantia de direitos previdenciários e trabalhistas; (3) garantia de acesso do trabalhador adolescente e jovem à escola[227]; (4) garantia de pleno e formal conhecimento da atribuição de ato infracional, igualdade na relação processual e defesa técnica por profissional habilitado, segundo dispuser a legislação tutelar específica; (5) obediência aos princípios de brevidade, excepcionalidade e respeito à condição peculiar de pessoa em desenvolvimento, quando da aplicação de qualquer medida privativa da liberdade; (6) estímulo do Poder Público, por meio de assistência jurídica, incentivos fiscais e subsídios, nos termos da lei, ao acolhimento, sob a forma de guarda, de criança ou adolescente órfão ou abandonado[228]; e (7) programas de prevenção e atendimento especializado à criança, ao adolescente e ao jovem[229] dependente de entorpecentes e drogas afins.

Aqui é interessante que o STF na ADI 3446 decidiu que são constitucionais os dispositivos do ECA que proíbem o recolhimento compulsório de crianças e adolescentes (art. 16, I, o art. 105, o art. 122, II e III, o art. 136, I, o art. 138 e o art. 230), mesmo que estejam perambulando nas ruas. Afirmou o Pretório Excelso que tais dispositivos estão de acordo com o art. 5º, *caput* e incisos XXXV, LIV, LXI e com o art. 227 da CR/88. Além disso, são compatíveis com a Declaração Universal dos Direitos Humanos (DUDH), a Convenção sobre os Direitos da Criança, as Regras de Pequim para a Administração da Justiça de Menores e a Convenção Americana de Direitos Humanos.[230]

Na decisão, a Corte sublinhou que o art. 16, I, do ECA consagra a liberdade de locomoção da criança e do adolescente, "ressalvadas as restrições legais", e está

---

visitas periódicas promovidas pelo responsável ou, nas hipóteses de acolhimento institucional, pela entidade responsável, independentemente de autorização judicial."

226. No que tange aos **jovens,** a **Emenda Constitucional nº 65/2010** afirma que: "A lei estabelecerá: I – o estatuto da juventude, destinado a regular os direitos dos jovens; II – o plano nacional de juventude, de duração decenal, visando à articulação das várias esferas do poder público para a execução de políticas públicas." Pois bem, em **05.08.2013** foi promulgada a **Lei nº12.852** que instituiu o "*Estatuto da Juventude*" em nosso ordenamento.
227. Conforme a **Emenda Constitucional nº 65** de 13 de julho de 2010.
228. Ver a Lei nº 13.509 de 22.11.2017.
229. Conforme a **Emenda Constitucional nº 65** de 13 de julho de 2010.
230. ADI 3446/DF, STF. Plenário. Rel. Min. Gilmar Mendes, julg em 07 e 08.08.2019 (Info 946). O Partido Social Liberal ajuizou ADI no STF contra os arts. 16, I; 105; 122, II e III; 136, I; 138; e 230 do ECA. O pedido na ADI era para que fosse feita uma interpretação conforme desses artigos e que o STF declarasse que é possível a apreensão de crianças e adolescentes para averiguação, ou por motivo de perambulação, desde que determinada por ordem escrita e fundamentada de autoridade judiciária.

de acordo com a doutrina da proteção integral positivada no art. 227 da CR, que assegura o direito à dignidade, ao respeito e à liberdade das pessoas em desenvolvimento, proibindo toda e qualquer forma de negligência, discriminação, violência, crueldade e opressão. Dessa forma, não se vislumbra qualquer inconstitucionalidade no direito de liberdade – de ir e vir – previsto no art. 16, I, da Lei 8.069/1990.

Ressaltou o STF, que o direito em questão constitui cláusula pétrea, nos termos do art. 60, § 4º, IV, da CR/88, e não pode sequer ser suprimido ou indevidamente restringido mediante proposta de emenda constitucional. Ademais, a cláusula de abertura do art. 5º, § 2º, da CR/88 leva à conclusão de que a norma do art. 16, I, do ECA está em consonância não só com os dispositivos constitucionais mencionados, mas também com o direito à liberdade e a proibição à discriminação, previstos nos arts. 1º e 2º da DUDH; com a proibição contra interferências ilegítimas e arbitrárias na vida particular das crianças, prevista no art. 16 da Convenção sobre Menores da ONU; com a norma de proteção integral estabelecida no art. 19 da Convenção Americana de Direitos Humanos; e com as Regras Mínimas das Nações Unidas para a Administração da Justiça de Menores.[231]

Para o STF, ao contrário do que defendido pelos autores da ação, a exclusão da referida norma é que poderia ensejar interpretações que levassem a violações aos direitos humanos e fundamentais acima transcritos, agravando a situação de extrema privação de direitos aos quais são submetidos crianças e adolescentes no país, em especial para aqueles que vivem em condição de rua.

As privações sofridas e a condição de rua desses menores não podem ser corrigidas com novas restrições a direitos e o restabelecimento da doutrina menorista que encarava essas pessoas enquanto meros objetos da intervenção estatal.[232]

É certo que a liberdade das crianças e adolescentes não é absoluta, admitindo restrições legalmente estabelecidas e compatíveis com suas condições de pessoas em desenvolvimento, conforme a parte final do art. 16, I, do ECA. Nesse sentido, a capacidade de exercício de direitos pode ser limitada, em razão da imaturidade.[233]

Reputou o STF que o pedido formulado na ADI busca eliminar completamente o direito de liberdade dos menores, o núcleo essencial, indo além dos limites imanentes ou "limites dos limites" desse direito fundamental, restabelecendo a já extinta "prisão para averiguações", que viola a norma do art. 5º, LXI, da CR/88.

Na decisão foi rejeitado o pedido para declaração de inconstitucionalidade do art. 230 do ECA. A Corte também não vislumbrou a alegada inconstitucionalidade à luz do mandado de criminalização constante do art. 227, § 4º, da CR/88, que impõe ao legislador o dever de punir severamente atos de violência praticados contra

231. ADI 3446/DF, STF. Plenário. Rel. Min. Gilmar Mendes, julg em 07 e 08.08.2019 (Info 946).
232. ADI 3446/DF, STF. Plenário. Rel. Min. Gilmar Mendes, julg em 07 e 08.08.2019 (Info 946).
233. ADI 3446/DF, STF. Plenário. Rel. Min. Gilmar Mendes, julg em 07 e 08.08.2019 (Info 946).

crianças e adolescentes. Segundo o STF, a declaração de inconstitucionalidade dessa norma do ECA, representaria verdadeiro cheque em branco para que detenções arbitrárias, restrições indevidas à liberdade dos menores e violências de todo tipo pudessem ser livremente praticadas, o que não pode ser admitido.

Aliás, o crime em questão é sancionado com pena de detenção de seis meses a dois anos, tratando-se, dessa forma, de infração penal de menor potencial ofensivo. Portanto, o tipo penal se aproxima mais da proibição de proteção deficiente que da inconstitucionalidade por excesso de criminalização. Ademais, a existência da referida norma não impede a apreensão em flagrante de menores pela prática de atos análogos a crimes.[234]

A Corte afastou, de igual modo, a alegada violação à inafastabilidade da jurisdição pelos arts. 105, 136 e 138 do ECA. Esclareceu que o tratamento adequado para a criança infratora é um desafio para a sociedade. A decisão do legislador de não aplicar medidas mais severas está em harmonia com a percepção de que a criança é um ser em desenvolvimento que precisa, acima de tudo, de proteção e educação, ou seja, trata-se de uma distinção compatível com a condição de maior vulnerabilidade e de pessoa em desenvolvimento, quando comparada a adolescentes e pessoas adultas.[235]

Para o STF, o legislador dispõe de considerável margem de discricionariedade para definir o tratamento adequado à criança em situação de risco criada por seu próprio comportamento. A opção pela exclusividade das medidas protetivas não é desproporcional; ao contrário, alinha-se com as normas constitucionais e internacionais.[236]

Por fim, o colegiado repeliu a apontada inconstitucionalidade do art. 122, II e III, do ECA por violação à proporcionalidade. Afirmou o pretório Excelso que novamente, o espaço de conformação é amplo. E deve ser reconhecida uma margem larga de discricionariedade ao legislador para estabelecer as medidas aplicáveis ao adolescente infrator. As infrações violentas podem, desde logo, corresponder à internação (inciso I do art.122). O objetivo de prevenção é especialmente resguardado nos casos em que a integridade física das vítimas é posta em risco. Fora isso, a lei evita ao máximo conferir ao magistrado o poder de aplicar a internação. Tem-se aí uma opção perfeitamente proporcional do legislador, em razão do caráter estigmatizante e traumatizante da internação de uma pessoa em desenvolvimento. Isso sem falar da

234. ADI 3446/DF, STF. Plenário. Rel. Min. Gilmar Mendes, julg em 07 e 08.08.2019 (Info 946).

235. ADI 3446/DF, STF. Plenário. Rel. Min. Gilmar Mendes, julg em 07 e 08.08.2019 (Info 946).

236. Informativo 946: "A atuação do conselho tutelar nesses casos de atos infracionais praticados por crianças não representa qualquer ofensa à Constituição nem viola a garantia da inafastabilidade da jurisdição. Nesse sentido, cumpre ressaltar que o conselho tutelar é um colegiado de leigos, assim como o tribunal do júri, previsto no inciso XXXVIII do art. 5º da CF. Trata-se de órgão que permite a participação direta da sociedade na implementação das políticas públicas definidas no art. 227 da CF, voltadas para a promoção e proteção da infância, em consonância com as mais atuais teorias de justiça, democracia e participação popular direta. A atuação do conselho tutelar não exclui a apreciação de eventuais demandas ou lides pelo Poder Judiciário, inexistindo, portanto, a alegada ofensa ao art. 5º, XXXV, da CF."

precária situação das entidades de acolhida. A referida opção legislativa encontra-se de acordo com as normas constitucionais e internacionais que impõem a utilização das medidas de internação como último recurso, privilegiando os princípios da excepcionalidade, brevidade e proporcionalidade das medidas restritivas da liberdade.[237]

Na sequência, é importante salientar que a **Lei nº 13.010** de 26.06.2014 alterou a Lei nº 8.069/90 (Estatuto da Criança e do Adolescente), para estabelecer o direito da criança e do adolescente de serem educados e cuidados sem o uso de castigos físicos ou de tratamento cruel ou degradante.

Conforme a **Lei nº 13.010/2014**, a criança e o adolescente têm o direito de ser educados e cuidados sem o uso de castigo físico ou de tratamento cruel ou degradante, como formas de correção, disciplina, educação ou qualquer outro pretexto, pelos pais, pelos integrantes da família ampliada, pelos responsáveis, pelos agentes públicos executores de medidas socioeducativas ou por qualquer pessoa encarregada de cuidar deles, tratá-los, educá-los ou protegê-los. Para os fins dessa referida Lei, considera-se: I – castigo físico: ação de natureza disciplinar ou punitiva aplicada com o uso da força física sobre a criança ou o adolescente que resulte em: a) sofrimento físico; ou b) lesão; II – tratamento cruel ou degradante: conduta ou forma cruel de tratamento em relação à criança ou ao adolescente que: a) humilhe; ou b) ameace gravemente; ou c) ridicularize.[238]

Além disso, a recente **Lei nº 13.257**, de **08.03.2016**, veio para estabelecer princípios e diretrizes para a formulação e a implementação de políticas públicas para a *primeira infância* (*Marco legal*) em atenção à especificidade e à relevância dos primeiros anos de vida no desenvolvimento infantil e no desenvolvimento do ser humano.

Para os efeitos dessa lei, considera-se primeira infância o período que abrange os primeiros 6 (seis) anos completos ou 72 (setenta e dois) meses de vida da criança. Nesses termos, a prioridade absoluta em assegurar os direitos da criança, do adolescente e do jovem, nos termos do art. 227 da Constituição Federal e do art. 4º da Lei nº 8.069, de 13 de julho de 1990, implica o dever do Estado de estabelecer políticas, planos, programas e serviços para a primeira infância que atendam às especificidades dessa faixa etária, visando garantir seu desenvolvimento integral.

---

237. ADI 3446/DF, STF. Plenário. Rel. Min. Gilmar Mendes, julg em 07 e 08.08.2019 (Info 946).

238. A Lei nº 13.013/2014 acrescentou ainda ao art.18 da Lei nº 8.069/90: *"Art. 18-B: Os pais, os integrantes da família ampliada, os responsáveis, os agentes públicos executores de medidas socioeducativas ou qualquer pessoa encarregada de cuidar de crianças e de adolescentes, tratá-los, educá-los ou protegê-los que utilizarem castigo físico ou tratamento cruel ou degradante como formas de correção, disciplina, educação ou qualquer outro pretexto estarão sujeitos, sem prejuízo de outras sanções cabíveis, às seguintes medidas, que serão aplicadas de acordo com a gravidade do caso: I – encaminhamento a programa oficial ou comunitário de proteção à família; II – encaminhamento a tratamento psicológico ou psiquiátrico; III – encaminhamento a cursos ou programas de orientação; IV – obrigação de encaminhar a criança a tratamento especializado; V – advertência. Parágrafo único. As medidas previstas neste artigo serão aplicadas pelo Conselho Tutelar, sem prejuízo de outras providências legais."* A Lei nº 13.010/2014 alterou também os arts 13, 70 da Lei nº 8.069/90 e o art. 26 da Lei nº 9.394/96. Sobre o tema ver ainda a Lei nº 13.046 de 01.12.2014.

Conforme o art. 4º da referida lei, as políticas públicas voltadas ao atendimento dos direitos da criança na primeira infância serão elaboradas e executadas de forma a: I – atender ao interesse superior da criança e à sua condição de sujeito de direitos e de cidadã; II – incluir a participação da criança na definição das ações que lhe digam respeito, em conformidade com suas características etárias e de desenvolvimento; III – respeitar a individualidade e os ritmos de desenvolvimento das crianças e valorizar a diversidade da infância brasileira, assim como as diferenças entre as crianças em seus contextos sociais e culturais; IV – reduzir as desigualdades no acesso aos bens e serviços que atendam aos direitos da criança na primeira infância, priorizando o investimento público na promoção da justiça social, da equidade e da inclusão sem discriminação da criança; V – articular as dimensões ética, humanista e política da criança cidadã com as evidências científicas e a prática profissional no atendimento da primeira infância; VI – adotar abordagem participativa, envolvendo a sociedade, por meio de suas organizações representativas, os profissionais, os pais e as crianças, no aprimoramento da qualidade das ações e na garantia da oferta dos serviços; VII – articular as ações setoriais com vistas ao atendimento integral e integrado; VIII – descentralizar as ações entre os entes da Federação; IX – promover a formação da cultura de proteção e promoção da criança, com apoio dos meios de comunicação social.

Temos ainda, nos termos do novo diploma legal, que constituem áreas prioritárias para as políticas públicas para a primeira infância a saúde, a alimentação[239] e a nutrição, a educação infantil, a convivência familiar e comunitária, a assistência social à família da criança, a cultura, o brincar e o lazer, o espaço e o meio ambiente, bem como a proteção contra toda forma de violência e de pressão consumista, a prevenção de acidentes e a adoção de medidas que evitem a exposição precoce à comunicação mercadológica.

Sobre a convivência familiar, conforme o STF, o *Marco Legal da Primeira Infância* (Lei nº 13.257/2016), ao alterar as hipóteses autorizativas da concessão de prisão domiciliar, permite que o juiz substitua a prisão preventiva pela domiciliar quando o agente for gestante ou mulher com filho até 12 anos de idade incompletos (*art. 318, IV e V, do CPP*).[240]

Aqui registramos que, no HC 143641/SP em **20.02.2018**, a 2ª Turma do STF, por maioria, concedeu a ordem em ***habeas corpus* coletivo**, impetrado em favor de todas as mulheres presas preventivamente que ostentem a condição de gestantes, de puérperas ou de mães de crianças sob sua responsabilidade.[241]

239. A Lei nº 13.872/2019, estabeleceu o direito de as mães amamentarem seus filhos durante a realização de concursos públicos na administração pública direta e indireta dos Poderes da União.

240. Nos termos da Lei nº 13.257/2016: Art. 318 do CPP. *Poderá o juiz substituir a prisão preventiva pela domiciliar quando o agente for: IV – gestante; (Redação dada pela Lei nº 13.257, de 2016) V – mulher com filho de até 12 (doze) anos de idade incompletos; (Incluído pela Lei nº 13.257, de 2016) VI – homem, caso seja o único responsável pelos cuidados do filho de até 12 (doze) anos de idade incompletos. (Incluído pela Lei nº 13.257, de 2016).*

241. HC 143641, 2ª Turma do STF Ricardo Lewandowski, julg. em 20.02.2018.

Nesses termos, determinou a substituição da prisão preventiva pela domiciliar – sem prejuízo da aplicação concomitante das medidas alternativas previstas no art. 319 do CPP – de todas as mulheres presas, gestantes, puérperas, ou mães de crianças e deficientes sob sua guarda, nos termos do art. 2º do ECA e da Convenção sobre Direitos das Pessoas com Deficiência (Decreto Legislativo 186/2008 e Lei 13.146/2015), relacionadas no HC pelo DEPEN e outras autoridades estaduais, enquanto perdurar tal condição, excetuados os casos de crimes praticados por elas mediante violência ou grave ameaça, contra seus descendentes ou, ainda, em situações excepcionalíssimas, as quais deverão ser devidamente fundamentadas pelos juízes que denegarem o benefício.

A 2ª Turma do STF ainda estendeu a ordem, de ofício, às demais mulheres presas, gestantes, puérperas ou mães de crianças e de pessoas com deficiência, bem assim às adolescentes sujeitas a medidas socioeducativas em idêntica situação no território nacional, observadas as restrições já previstas.[242]

Na decisão, o STF reconheceu a existência de inúmeras mulheres grávidas e mães de crianças que estavam cumprindo prisão preventiva em situação degradante, privadas de cuidados médicos pré-natais e pós-parto. Além disso, não havia berçários e creches para seus filhos. Também se reconheceu a existência, no Poder Judiciário, de uma ***"cultura do encarceramento"***, que significa a imposição exagerada e irrazoável de prisões provisórias a mulheres pobres e vulneráveis, em decorrência de excessos na interpretação e aplicação da lei penal e processual penal, mesmo diante da existência de outras soluções, de caráter humanitário, abrigadas no ordenamento jurídico vigente.[243]

Diante da existência desse quadro, entendeu o STF que deveria ser dado estrito cumprimento do Estatuto da Primeira Infância (Lei nº 13.257/2016), em especial da nova redação por ele conferida ao art. 318, IV e V, do Código de Processo Penal. Portanto, como citado acima, a 2ª Turma do STF no HC nº 143641/SP fixou os seguintes parâmetros:

a) Regra: Em regra, deve ser concedida prisão domiciliar para todas as mulheres presas que sejam: gestantes; puérperas (que deram à luz há pouco tempo); mães de crianças (isto é, mães de menores até 12 anos incompletos); ou mães de pessoas com deficiência;

b) Exceções: Não deve ser autorizada a prisão domiciliar se: 1) a mulher tiver praticado crime *mediante violência ou grave ameaça;* 2) a mulher tiver praticado crime contra seus *descendentes* (filhos e/ou netos); 3) em outras situações excepcionalíssimas, as quais deverão ser *devidamente fundamentadas pelos juízes que denegarem o benefício.* É importante salientar que o raciocínio acima explicado vale também para adolescentes que tenham praticado atos infracionais.

242. HC 143641, 2ª Turma do STF Ricardo Lewandowski, julg. em 20.02.2018.
243. HC 143641, 2ª Turma do STF Ricardo Lewandowski, julg. em 20.02.2018.

Porém, aqui temos duas questões interessantes de serem trazidas. A primeira é legislativa e a segunda é da atuação do STJ e do STF.

Pois bem, em 2018, o art. 318-A incluído pela Lei nº 13.769/2018 no CPP afirmou que: A prisão preventiva imposta à mulher gestante ou que for mãe ou responsável por crianças ou pessoas com deficiência será substituída por prisão domiciliar, desde que: **I** - não tenha cometido crime com violência ou grave ameaça a pessoa; **II** - não tenha cometido o crime contra seu *filho ou dependente*.

Nesses termos, o legislador trouxe com a Lei nº 13.769/2018 duas das três exceções apresentadas pelo STF no HC nº 143.641/SP (além, e nesse ponto chamamos a atenção, de na segunda exceção não ter falado em ***descendentes***, mas sim em ***filho ou dependente***).

A pergunta aqui então seria: A terceira exceção, aventada pelo STF, ainda seria possível? Ou seja, o juiz poderá deixar de aplicar a prisão domiciliar em outras situações excepcionalíssimas?

Para o STJ a normatização de apenas duas das exceções não afasta a efetividade do que foi decidido pelo STF no HC 143.641/SP, nos pontos não alcançados pela nova lei de 2018. Ou seja, o fato de o legislador não ter inserido outras exceções na lei, não significa que o magistrado esteja proibido de negar o benefício quando se deparar com casos excepcionais. Assim, deve prevalecer a interpretação teleológica da lei, assim como a proteção aos valores mais vulneráveis.[244]

Com efeito, naquilo que a lei não regulou, o precedente do STF deve continuar sendo aplicado, pois uma interpretação restritiva da norma pode representar, em determinados casos, efetivo risco direto e indireto à criança ou ao deficiente, cuja proteção deve ser integral e prioritária.[245]

Aqui é importante salientar que a norma não consegue regular a realidade social (fática) em toda a sua extensão. Portanto, é certo que as exceções previstas nos dois incisos do art. 318-A do CPP não comportam todas as soluções dos casos concretos submetidos ao Poder Judiciário. Por isso, mesmo após a Lei nº 13.769/2018, que acrescentou o art. 318-A ao CPP, é possível que o juiz negue a prisão domiciliar para a mulher gestante ou que for mãe ou responsável por crianças ou pessoas com deficiência, desde que seja verificada, no caso concreto, uma situação excepcionalíssima.

Com base no STJ, temos que as circunstâncias do caso concreto podem revelar que, em determinadas situações excepcionalíssimas, e que deverão ser devidamente demonstradas, a presença da mãe junto aos filhos pode ser prejudicial à formação de sua personalidade e à construção de seus valores. Nesse sentido, a análise precisa levar em conta as particularidades do caso concreto, devendo-se observar se a presença da mãe pode representar risco direto aos direitos das

244. HC 470.549/TO, STJ. 5ª Turma. Rel. Min. Reynaldo Soares da Fonseca, julgado em 12.02.2019.
245. HC 470.549/TO, STJ. 5ª Turma. Rel. Min. Reynaldo Soares da Fonseca, julgado em 12.02.2019.

crianças menores ou dos dependentes. Havendo esse risco, a proteção do menor deve prevalecer sobre o direito legalmente conferido a tais mulheres.

Corroborando esse entendimento o STJ apresenta julgado em que ele entende que há situação excepcionalíssima e nega a prisão domiciliar[246] e julgado em que ele não vislumbra situação excepcionalíssima.[247] Pois o bem, o STF entende no mesmo sentido.

Tanto é assim, que em 2019, na decisão do HC 168900 a 1ª Turma do STF denegou a ordem em *habeas corpus* impetrado em favor de presa preventivamente pela suposta prática dos crimes de associação criminosa, posse irregular de arma de fogo de uso permitido e posse irregular de arma de fogo de uso restrito.[248]

A prisão foi fundada na garantia da ordem pública, pois se trataria de pessoa supostamente integrante de grupo criminoso voltado ao cometimento dos delitos de tráfico de drogas, disparo de armas de fogo, ameaça e homicídio. A defesa alegou que a custódia cautelar não deveria subsistir e evocou precedente da Segunda Turma do STF (no aqui citado HC 143.641), por se tratar de mãe de criança.[249]

O ministro Marco Aurélio (relator) considerou devidamente fundamentado o decreto prisional, uma vez ter sido encontrada, na residência da paciente, quantidade considerável de armas e munições, bem como existirem indícios suficientes de ela integrar o grupo criminoso.[250]

O ministro Alexandre de Moraes destacou que o precedente trazido pela defesa não determina que toda mãe de criança seja submetida a medida alternativa à prisão, mas que o juiz analise as condições específicas do caso, porque o mais salutar é evitar a prisão e priorizar o convívio com a criança. Entretanto, pode haver situações em que o crime é grave e o convívio pode prejudicar o desenvolvimento do menor.[251]

---

246. Conforme o julgado: *A mulher, presa em flagrante, é apontada como líder do tráfico de entorpecentes na região e exercia suas atividades mediante utilização de arma de fogo. Além disso, havia informações de que ela mantinha em sua casa "boca de fumo" ligada ao Comando Vermelho. Tais fatos justificam o afastamento do benefício. Assim, manter a genitora afastada da residência e dos filhos mostra-se a solução mais adequada para assegurar os direitos dos menores, sobretudo em razão do efetivo perigo atraído pela presença dela, decorrente do profundo envolvimento com a criminalidade e com ações de elevado risco pelo uso de arma de fogo, inclusive com registro de disparos por ela efetuados.* STJ. 5ª Turma. AgRg no HC 426.526/RJ, Rel. Min. Joel Ilan Paciornik, julg em 12.02.2019.
247. Conforme o julgado: *A mulher, presa em flagrante por tráfico de drogas, era investigada por supostamente ter participado de outros atos delituosos. O juiz negou a prisão domiciliar afirmando que restou demonstrado nos autos que os três filhos da flagranteada seriam cuidados pela avó das crianças (mãe da presa). Para o STJ, a decisão do juiz não foi acertada. Isso porque a necessidade dos cuidados nos primeiros anos de vida da criança é indiscutível, sendo presumida a indispensabilidade da presença física da mãe para o desenvolvimento físico e emocional equilibrado. A separação excepcionalíssima da mãe (com a decretação da prisão) somente pode ocorrer quando violar direitos dos filhos, tendo em vista a força normativa da nova lei que regula o tema. Veja-se ainda que, embora a paciente seja investigada por tráfico, não é reincidente, o fato que deu origem à prisão em exame não ocorreu na residência onde moram os filhos, bem como não envolveu atuação de organização criminosa, tanto que foi denunciada apenas pelo crime de tráfico de drogas.* STJ. 5ª Turma. HC 470.549/TO, Rel. Min. Reynaldo Soares, julg em **12.02.2019.** In: *Dizer o Direito*, Informativo 853, 2019.
248. **HC 168900/MG,** STF. 1ª Turma. Rel. Min. Marco Aurélio, julgado em **24.09.2019** (Info 953).
249. **HC 168900/MG,** STF. 1ª Turma. Rel. Min. Marco Aurélio, julgado em **24.09.2019** (Info 953).
250. **HC 168900/MG,** STF. 1ª Turma. Rel. Min. Marco Aurélio, julgado em **24.09.2019** (Info 953).
251. **HC 168900/MG,** STF. 1ª Turma. Rel. Min. Marco Aurélio, julgado em **24.09.2019** (Info 953).

Aqui é importante observar também que, segundo o STF, a prisão domiciliar do art. 318 do CPP só se aplica para os casos de prisão preventiva, não podendo ser utilizado quando se tratar de execução definitiva de título condenatório (sentença condenatória transitada em julgado).

Assim sendo, conforme o HC 177164/PA julgado em 18.02.2020, não é possível a concessão de prisão domiciliar para condenada gestante ou que seja mãe ou responsável por crianças ou pessoas com deficiência se já houver sentença condenatória transitada em julgado e ela não preencher os requisitos do art. 117 da LEP.[252]

Por último, temos que a 2ª Turma do STF, no HC 165704/DF, decidiu recentemente, que pais e outros responsáveis por menor de 12 anos ou por pessoa com deficiência possuem direito à prisão domiciliar, desde que observados os requisitos do art. 318 do CPP e não tenham praticado crime com violência ou grave ameaça ou contra os próprios filhos ou dependentes.

O HC 143641/SP beneficiou as presas mulheres (gestantes, puérperas e mães). Porém, não mencionou nada a respeito dos presos homens. Em virtude disso, a Defensória Pública da União impetrou habeas corpus coletivo sustentando que a decisão proferida pelo STF no HC 143641/SP em favor das mulheres presas deveria ter seu alcance estendido a todos os presos que sejam os únicos responsáveis por pessoas na mesma situação, pelas mesmas razões e pelos mesmos fundamentos.

Conforme a DPU, a decisão, ao tutelar direito das crianças filhas de mães presas, acabou por discriminar as que não têm mãe, mas encontram, em outros responsáveis, o sentimento e a proteção familiar, ferindo, assim, o princípio constitucional da igualdade.

Na decisão do HC coletivo, o STF afirmou, que tem direito à substituição da prisão preventiva pela prisão domiciliar – desde que observados os requisitos do art. 318 do Código de Processo Penal (CPP) e não praticados crimes mediante violência ou grave ameaça ou contra os próprios filhos ou dependentes – os pais, caso sejam os únicos responsáveis pelos cuidados de menor de 12 anos ou de pessoa com deficiência, bem como outras pessoas presas, que não sejam a mãe ou o pai, se forem imprescindíveis aos cuidados especiais de pessoa menor de 6 anos ou com deficiência.[253]

Conforme o STF, em observância à proteção integral e à prioridade absoluta conferidas pela Constituição Federal de 1988 às crianças e às pessoas com deficiência,

252. A prisão domiciliar do art. 117 da LEP é aplicada para condenados definitivos que estejam cumprindo pena. No entanto, no caso concreto, o STF entendeu que ele não poderia incidir porque a mulher está cumprindo ***pena no regime fechado*** e o art. 117 exige, **em regra**, que o ***condenado esteja em regime aberto***. Embora é bom que se diga que o STJ tem admitido a concessão da prisão domiciliar aos condenados que se encontram em regime semiaberto e fechado, *em **situações excepcionalíssimas,** como, por exemplo, no caso de portadores de doença grave, desde que comprovada a impossibilidade da assistência médica no estabelecimento prisional em que cumprem sua pena.* STJ. 5ª Turma. HC 365.633/SP, Rel. Min. Ribeiro Dantas, julg. em 18/05/2017. STJ. 6ª Turma. HC 358.682/PR, Rel. Min. Maria Thereza de Assis Moura, julg. em 01/09/2016.

253. **HC 165704**/DF, STF. 2ª Turma. Rel. Min. Gilmar Mendes, julgado em **20.10.2020** (Inf. 996).

é cabível a substituição da prisão preventiva em prisão domiciliar, nos casos dos incisos III e VI do art. 318 do CPP, quando o contexto familiar do investigado ou réu demonstrar a sua importância para a criação, o suporte, o cuidado e o desenvolvimento de criança ou pessoa com deficiência, bem como em decorrência das atuais circunstâncias de grave crise na saúde pública nacional que geram riscos mais elevados às pessoas inseridas no sistema penitenciário, em especial em razão da proliferação do Coronavírus (Covid-19) no Brasil.[254]

Para o Pretório Excelso, eventual recusa à substituição deve ser amplamente fundamentada pelo magistrado e só deve ocorrer em casos graves, tais como a prática pelo acusado de crime com violência ou grave ameaça à pessoa ou a prática de delitos contra sua própria prole.

Ressaltou o STF, que o art. 318, VI, do CPP, prevê expressamente que, nos casos de presos do sexo masculino, o juiz deverá substituir a prisão preventiva pela domiciliar caso ele seja o único responsável pelos cuidados do filho de até 12 (doze) anos de idade incompletos. Em se tratando de outras pessoas presas que não sejam a mãe ou o pai, o inciso III estabelece que deverá o juiz substituir a prisão preventiva pela domiciliar se o preso for imprescindível aos cuidados especiais de pessoa menor de 6 (seis) anos de idade ou com deficiência.[255]

Na sequência, é importante também observarmos a Lei nº 13.431 de 04 de abril de 2017, que estabeleceu *o sistema de garantia de direitos da criança e do adolescente vítima ou testemunha de violência e alterou a Lei nº 8.069, de 13 de julho de 1990* (Estatuto da Criança e do Adolescente).

Nesses termos, ela normatiza e organiza o sistema de garantia de direitos da criança e do adolescente vítima ou testemunha de violência, cria mecanismos para prevenir e coibir a violência, nos termos do art. 227 da Constituição Federal, da Convenção sobre os Direitos da Criança e seus protocolos adicionais, da Resolução nº 20/2005 do Conselho Econômico e Social das Nações Unidas e de outros diplomas internacionais, e estabelece medidas de assistência e proteção à criança e ao adolescente em situação de violência. Afirma o art. 2º da referida lei que a criança e o adolescente gozam dos direitos fundamentais inerentes à pessoa humana, sendo-lhes asseguradas a proteção integral e as oportunidades e facilidades para viver sem violência e preservar sua saúde física e mental e seu desenvolvimento moral, intelectual e social, e gozam de direitos específicos à sua condição de vítima ou testemunha.

Assim sendo, a União, os Estados, o Distrito Federal e os Municípios desenvolverão políticas integradas e coordenadas que visem garantir os direitos humanos da criança e do adolescente no âmbito das relações domésticas, familiares e sociais, para resguardá-los de toda forma de negligência, discriminação, exploração, violência, abuso, crueldade e opressão. Conforme o art. 5º da Lei nº 13.441/2017, sem

254. **HC 165704**/DF, STF. 2ª Turma. Rel. Min. Gilmar Mendes, julgado em **20.10.2020** (Inf. 996).
255. **HC 165704**/DF, STF. 2ª Turma. Rel. Min. Gilmar Mendes, julgado em **20.10.2020** (Inf. 996).

prejuízo dos princípios estabelecidos nas demais normas nacionais e internacionais de proteção dos direitos da criança e do adolescente, terá como base, entre outros, os direitos e as garantias fundamentais da criança e do adolescente a: I – receber prioridade absoluta e ter considerada a condição peculiar de pessoa em desenvolvimento; II – receber tratamento digno e abrangente; III – ter a intimidade e as condições pessoais protegidas quando vítima ou testemunha de violência; IV – ser protegido contra qualquer tipo de discriminação, independentemente de classe, sexo, raça, etnia, renda, cultura, nível educacional, idade, religião, nacionalidade, procedência regional, regularidade migratória, deficiência ou qualquer outra condição sua, de seus pais ou de seus representantes legais; V – receber informação adequada à sua etapa de desenvolvimento sobre direitos, inclusive sociais, serviços disponíveis, representação jurídica, medidas de proteção, reparação de danos e qualquer procedimento a que seja submetido; VI – ser ouvido e expressar seus desejos e opiniões, assim como permanecer em silêncio; VII – receber assistência qualificada jurídica e psicossocial especializada, que facilite a sua participação e o resguarde contra comportamento inadequado adotado pelos demais órgãos atuantes no processo; VIII – ser resguardado e protegido de sofrimento, com direito a apoio, planejamento de sua participação, prioridade na tramitação do processo, celeridade processual, idoneidade do atendimento e limitação das intervenções; IX – ser ouvido em horário que lhe for mais adequado e conveniente, sempre que possível; X – ter segurança, com avaliação contínua sobre possibilidades de intimidação, ameaça e outras formas de violência; XI – ser assistido por profissional capacitado e conhecer os profissionais que participam dos procedimentos de escuta especializada e depoimento especial; XII – ser reparado quando seus direitos forem violados; XIII – conviver em família e em comunidade; XIV – ter as informações prestadas tratadas confidencialmente, sendo vedada a utilização ou o repasse a terceiro das declarações feitas pela criança e pelo adolescente vítima, salvo para os fins de assistência à saúde e de persecução penal; XV – prestar declarações em formato adaptado à criança e ao adolescente com deficiência ou em idioma diverso do português.[256]

Na sequência, trazemos novamente a decisão da ADI 6039 MC/RJO, na qual o STF concedeu medida cautelar para dar *interpretação conforme à Constituição* a dispositivo de Lei Estadual que previu que se a vítima do estupro for pessoa do sexo

256. Lei nº 13.431/2017: art.5º *Parágrafo único. O planejamento referido no inciso VIII, no caso de depoimento especial, será realizado entre os profissionais especializados e o juízo. Art. 6º A criança e o adolescente vítima ou testemunha de violência têm direito a pleitear, por meio de seu representante legal, medidas protetivas contra o autor da violência. Parágrafo único. Os casos omissos nesta Lei serão interpretados à luz do disposto na Lei nº 8.069, de 13 de julho de 1990.(...) Art. 17. A União, os Estados, o Distrito Federal e os Municípios poderão criar, no âmbito do Sistema Único de Saúde (SUS), serviços para atenção integral à criança e ao adolescente em situação de violência, de forma a garantir o atendimento acolhedor. Art. 18. A coleta, guarda provisória e preservação de material com vestígios de violência serão realizadas pelo Instituto Médico Legal (IML) ou por serviço credenciado do sistema de saúde mais próximo, que entregará o material para perícia imediata, observado o disposto no art. 5º desta Lei. (...) Art. 20. O poder público poderá criar delegacias especializadas no atendimento de crianças e adolescentes vítimas de violência. (..) Art. 23. Os órgãos responsáveis pela organização judiciária poderão criar juizados ou varas especializadas em crimes contra a criança e o adolescente.*

feminino menor de 18 anos, esta vítima deverá ser examinada, obrigatoriamente, por uma legista mulher, que irá fazer a perícia.[257]

Segundo o STF, na decisão da medida cautelar, as crianças e adolescentes do sexo feminino vítimas de violência deverão ser, obrigatoriamente, examinadas por legista mulher, *mas desde que isso não importe retardamento ou prejuízo da diligência*. Ou seja, seria preciso conciliar a proteção de crianças e adolescentes mulheres vítimas de violência e o acesso à Justiça. No caso, embora essa norma estadual vise proteger as vítimas de estupro na realização da perícia, o efeito resultante foi contrário, porque peritos homens estavam se recusando a fazer o exame nas menores de idade em razão da Lei. Dessa forma, as investigações não tinham prosseguimento.[258]

Também no universo da **família**, a Constituição, à luz do art. 227, veda *qualquer forma de discriminação entre filhos, havidos ou não na constância do casamento ou por adoção, garantindo a todos os mesmos direitos e qualificações*.[259]

Conforme recentemente decidiu o STF, o filho tem direito de ter reconhecida sua verdadeira filiação. Assim, mesmo que ele tenha nascido durante a constância do casamento de sua mãe e de seu pai registrais, ele poderá ingressar com ação de investigação de paternidade contra o suposto pai biológico. Afirmou o Pretório Excelso que a presunção legal de que os filhos nascidos durante o casamento são filhos do marido não pode servir como obstáculo para impedir o indivíduo de buscar a sua verdadeira paternidade.[260]

Aqui também é importante sublinhar que o STF afirmou que a ***paternidade socioafetiva***, declarada ou não em registro público, não impede o reconhecimento

---

257. ADI 6039 MC/RJ, STF. Plenário. Rel. Min. Edson Fachin, julgado em 13.03.2019 (Info 933).
258. ADI 6039 MC/RJ, STF. Plenário. Rel. Min. Edson Fachin, julg. em 13.03.2019. O STF, ao apreciar a medida liminar, decidiu que: ***não há vício de inconstitucionalidade formal; porém, seria necessário dar interpretação conforme ao dispositivo para evitar uma inconstitucionalidade material.*** O STF entendeu *que o § 3º do art. 1º da Lei estadual nº 8.008/2018, ao estabelecer uma obrigatoriedade (sem exceções) de que as perícias em vítimas menores de 18 anos sejam feitas por legistas mulheres, gerou um conflito com: o direito de acesso à justiça (art. 5º, XXXV, da CR/88); e os princípios da proteção integral e da prioridade absoluta* (art. 227, da CR/88). *Isso porque, apesar de salutar a iniciativa da norma de buscar proteger as crianças e adolescentes, o fato de impedir ou retardar a realização de exame por médico legista poderia acabar por deixá-las desassistidas da proteção criminal, direito que decorre do disposto no art. 39 da Convenção sobre os Direitos das Crianças e de outros diplomas legais. Além disso, na medida em que se nega o acesso à produção da prova na jurisdição penal, há também ofensa à proteção prioritária, porquanto se afasta a efetividade da norma, que exige a punição severa do abuso de crianças e adolescentes.*
259. Conforme o AR 1811/PB, julg. em 03.04.2014: "*O Plenário do STF, por maioria, assentou a improcedência de pedido formulado em ação rescisória, na qual filha adotiva buscava desconstituir acórdão da 1ª Turma, que, ao dar provimento a recurso extraordinário, concluíra pela não incidência do art. 227, § 6º, da CF ("Os filhos, havidos ou não da relação do casamento, ou por adoção, terão os mesmos direitos e qualificações, proibidas quaisquer designações discriminatórias relativas à filiação"*) às sucessões abertas antes do advento da atual Constituição. (...) *Por fim, o Colegiado mencionou jurisprudência da Corte no sentido de que a capacidade de suceder seria regida pela lei da época da abertura da sucessão, não comportando eficácia retroativa o disposto no art. 227, § 6º, da CF. Vencidos os Min. Cezar Peluso, Ayres Britto e Cármen Lúcia, que julgavam o pleito procedente. Reputavam que todas as normas, inclusive as do CC/1916, que estabeleceriam distinção entre categorias de filhos, seriam inconstitucionais, por violarem o princípio da igualdade. Asseveravam que o art. 227 da Constituição em vigor teria apenas explicitado regra que já estaria no sistema constitucional, ou seja, a inadmissibilidade de estabelecer distinções, para qualquer efeito, entre classes ou qualidades de filhos*".
260. **AR 1244 EI/MG** Plenário do STF, Rel. Min. Cármen Lúcia, julg. em **22.09.2016**.

do vínculo de filiação **concomitante** baseado na ***origem biológica***, com os efeitos jurídicos próprios.

Com isso, o STF passa a permitir a busca e o reconhecimento da paternidade biológica sem que o indivíduo tenha que perder a filiação socioafetiva. A conclusão é que o indivíduo pode ter dois pais, explicitando uma situação de **pluriparentalidade** (com isso o filho terá direitos decorrentes de ambos os vínculos, ou seja, com o pai biológico e com o socioafetivo, inclusive no campo sucessório).[261] Para o STF, a omissão do legislador brasileiro quanto ao reconhecimento dos mais diversos arranjos familiares não pode servir de escusa para a negativa de proteção a situações de pluriparentalidade.[262] Portanto, é importante reconhecer os vínculos parentais de origem afetiva e biológica. Todos os pais devem assumir os encargos decorrentes do poder familiar, e o filho deve poder desfrutar de direitos com relação a todos não só no âmbito do direito das famílias, mas também em sede sucessória.[263] Nesses termos, o ordenamento jurídico deve acolher os vínculos de filiação originados da ascendência biológica como também aqueles construídos pela relação afetiva (filiação socioafetiva). Certo é que nesse momento não cabe estabelecer uma hierarquia entre a filiação afetiva e a biológica, devendo ser reconhecidos ambos os vínculos quando isso for o melhor para os interesses do descendente.

Na sequência nos termos do art. 229 da CR/88, encontramos consagrado o ***princípio da reciprocidade***, de modo que os pais têm o dever de assistir, criar e educar os filhos menores, e os filhos maiores têm o dever de ajudar e amparar os pais na velhice, carência ou enfermidade.

Proteção especial receberão, também, os idosos, a partir do art. 230 da Constituição, determinando à família, à sociedade e ao Estado o dever de amparar as pessoas idosas, assegurando sua participação na comunidade, defendendo sua

261. **RE 898060/SC**, Plenário STF, Rel. Min. Luiz Fux, julg. em **21 e 22.09.2016**: *"Com base nesse entendimento, o Plenário, por maioria, negou provimento a recurso extraordinário em que se discutia a prevalência da paternidade socioafetiva sobre a biológica. No caso, a autora, ora recorrida, é filha biológica do recorrente, conforme demonstrado por exames de DNA. Por ocasião do seu nascimento, a autora foi registrada como filha de pai afetivo, que cuidara dela, por mais de vinte anos, como se sua filha biológica fosse. O STF afirmou que* ***o sobreprincípio da dignidade humana, na sua dimensão de tutela da felicidade e realização pessoal dos indivíduos a partir de suas próprias configurações existenciais, impõe o reconhecimento, pelo ordenamento jurídico, de modelos familiares diversos da concepção tradicional****. O espectro legal deve acolher tanto vínculos de filiação construídos pela relação afetiva entre os envolvidos quanto aqueles originados da ascendência biológica, por imposição do princípio da paternidade responsável, enunciado expressamente no art. 226, § 7º, da CF. Dessa forma, atualmente não cabe decidir entre a filiação afetiva e a biológica quando o melhor interesse do descendente é o reconhecimento jurídico de ambos os vínculos. (...) A Corte reputou ainda ser imperioso o reconhecimento da dupla parentalidade e manteve o acórdão de origem, que reconheceu os efeitos jurídicos de vínculo genético relativo ao nome, aos alimentos e à herança.* (Informativo 840 do ST)

262. *"Nos Estados Unidos, onde os Estados têm competência legislativa em matéria de Direito de Família, a Suprema Corte de Louisiana possui jurisprudência consolidada quanto ao reconhecimento da "dupla paternidade" (dual paternity). Essas decisões da Suprema Corte fizeram com que, em 2005, houvesse uma alteração no Código Civil estadual de Louisiana e passou-se a reconhecer expressamente a possibilidade de dupla paternidade. Com isso, Louisiana se tornou o primeiro Estado norte-americano a permitir legalmente que um filho tenha dois pais, atribuindo-se a ambos as obrigações inerentes à parentalidade."* In: Márcio André Cavalcanti. Comentários ao Inf. 840 do STF.

263. **RE 898060/SC**, Plenário STF, Rel. Min. Luiz Fux, julg. em **21 e 22.09.2016.**

dignidade e bem-estar e garantindo-lhes o direito à vida.[264] Os programas de amparo aos idosos serão executados preferencialmente em seus lares e aos maiores de 65 anos é garantida a gratuidade dos transportes coletivos urbanos.[265]

3.9. Os Quilombolas

As terras intituladas *dos quilombolas* são as áreas ocupadas pelos remanescentes das comunidades dos quilombos e utilizadas por este grupo social para a sua reprodução física, social, econômica e cultural. O art. 68, do ADCT da CR/88, estabelece que "aos remanescentes das comunidades dos quilombos que estejam ocupando suas terras é reconhecida a propriedade definitiva, devendo o Estado emitir-lhes os títulos respectivos".

Os remanescentes das comunidades dos quilombos (quilombolas) podem ser definidos como agrupamentos humanos de afrodescendentes que se formaram durante o sistema escravocrata ou logo após a sua extinção.

O Decreto nº 4.887/2003 afirma que se consideram remanescentes das comunidades dos quilombos os grupos étnico-raciais, segundo critérios de autoatribuição, com trajetória histórica própria, dotados de relações territoriais específicas, com presunção de ancestralidade negra relacionada com a resistência à opressão histórica sofrida.[266]

É interessante que, mediante a Lei nº 7.668/88, a União foi autorizada a constituir a Fundação Cultural Palmares, uma fundação pública federal que possuí a atribuição (dentre outras) de realizar a identificação dos remanescentes das comunidades dos quilombos, proceder ao reconhecimento, à delimitação e à demarcação das terras por eles ocupadas e conferir-lhes a correspondente titulação.[267]

---

264. DINIZ, Fernanda Paula, *A interpretação constitucional dos direitos dos idosos no Código Civil*.

265. Conforme a Lei nº 10.741/2003: *"Art. 39. Aos* ***maiores de 65 (sessenta e cinco) anos fica assegurada a gratuidade dos transportes coletivos públicos urbanos e semiurbanos****, exceto nos serviços seletivos e especiais, quando prestados paralelamente aos serviços regulares. § 1º Para ter acesso à gratuidade, basta que o idoso apresente qualquer documento pessoal que faça prova de sua idade. § 2º Nos veículos de transporte coletivo de que trata este artigo, serão reservados 10% (dez por cento) dos assentos para os idosos, devidamente identificados com a placa de reservado preferencialmente para idosos.* ***§ 3º No caso das*** *pessoas compreendidas* ***na faixa etária entre 60 (sessenta) e 65 (sessenta e cinco) anos, ficará a critério da legislação local dispor sobre as condições para exercício da gratuidade nos meios de transporte previstos no caput deste artigo.*** *Art. 40. No sistema de transporte coletivo interestadual observar-se-á, nos termos da legislação específica: I – a reserva de 2 (duas) vagas gratuitas por veículo para idosos com renda igual ou inferior a 2 (dois) salários-mínimos; II – desconto de 50% (cinquenta por cento), no mínimo, no valor das passagens, para os idosos que excederem as vagas gratuitas, com renda igual ou inferior a 2 (dois) salários-mínimos. Parágrafo único. Caberá aos órgãos competentes definir os mecanismos e os critérios para o exercício dos direitos previstos nos incisos I e II."*

266. Art.2º do Decreto nº4.887 de 2003.

267. Art. 2º da Lei nº7.668/88: *A Fundação Cultural Palmares – FCP poderá atuar, em todo o território nacional, diretamente ou mediante convênios ou contrato com Estados, Municípios e entidades públicas ou privadas, cabendo-lhe: I – promover e apoiar eventos relacionados com os seus objetivos, inclusive visando à interação cultural, social, econômica e política do negro no contexto social do país; II – promover e apoiar o intercâmbio com outros países e com entidades internacionais, através do Ministério das Relações Exteriores, para a realização de pesquisas, estudos e eventos relativos à história e à cultura dos povos negros. III – realizar a identificação dos remanescentes das comunidades dos*

Nesses termos, o referido Decreto nº 4.887/2003, citado acima, regulamentou o procedimento para identificação, reconhecimento, delimitação, demarcação e titulação das terras ocupadas por remanescentes das comunidades dos quilombos (quilombolas).

Em 2004, o antigo Partido da Frente Liberal (PFL), atual Democratas (DEM), ajuizou ADI contra o Decreto nº 4.887/2003.

Na ação, o autor alegou que o referido Decreto possuiria vícios de inconstitucionalidade formal e material. Quanto ao aspecto formal, alegou que houve invasão da "esfera reservada à lei", considerando que disciplina direitos e deveres entre particulares e a administração pública, define os titulares da propriedade de terras onde se localizavam os quilombos, disciplina procedimentos de desapropriação e, consequentemente, importa aumento de despesa. Nesses termos, afirmou que foi editado um decreto autônomo, ou seja, que foi muito além de apenas regulamentar a lei. Apontou também supostas inconstitucionalidades materiais: a) no art. 2º, § 1º: o Decreto seria inconstitucional pelo fato de ter escolhido o critério da autoatribuição para a identificação dos remanescentes quilombolas; b) nos §§ 2º e 3º do art. 2º: pelo fato de o Decreto ter, supostamente, ampliado demais aquilo que deve ser considerado como terras pertencentes aos quilombolas; c) no art. 13: o Decreto prevê que o INCRA deverá determinar a desapropriação de áreas que estejam em domínio particular, para transferi-las às comunidades. O partido alegou que, por força do art. 68 do ADCT, as terras já pertencem aos remanescentes das comunidades quilombolas que lá fixam residência desde 5 de outubro de 1988. Logo, não haveria necessidade de desapropriar considerando que os particulares não seriam donos dessas terras.

O STF em 08.02.2018 julgou a ADI 3239 e decidiu pela constitucionalidade do Decreto nº4.887/2003.

Inicialmente no âmbito da questão formal entendeu o STF que cabe ADI contra decreto desde que este tenha "coeficiente mínimo de normatividade, generalidade e abstração", ou seja, desde que esse decreto possa ser considerado um ato normativo autônomo, que retire seu fundamento de validade diretamente da CR/88. Além disso, não houve invasão de esfera reservada a lei, pois entendeu o Pretório Excelso que o art. 68 do ADCT é uma norma de eficácia plena e aplicabilidade direta, imediata e integral. Ou seja, que o art. 68 do ADCT já era apto a produzir todos os seus efeitos desde o momento em que entrou em vigor a CR/88, independentemente de qualquer norma integrativa infraconstitucional. Nesses termos, ele não necessita de lei ou decreto para produzir seus efeitos. Assim, o Decreto nº 4.887/2003 teve

quilombos, proceder ao reconhecimento, à delimitação e à demarcação das terras por eles ocupadas e conferir-lhes a correspondente titulação. (Incluído pela Medida Provisória nº 2.216-37, de 31.8.2001) *Parágrafo único. A Fundação Cultural Palmares – FCP é também parte legítima para promover o registro dos títulos de propriedade nos respectivos cartórios imobiliários.* (Incluído pela Medida Provisória nº 2.216-37, de 31.8.2001)

por objetivo tão somente regular o comportamento do Estado na implementação do comando constitucional previsto no art. 68 do ADCT, razão pela qual não houve invasão de esfera reservada à lei. Houve o mero exercício do poder regulamentar da Administração, nos limites estabelecidos pelo art. 84, VI, da Constituição de 1988. Com isso, o art. 68 do ADCT é autoaplicável, e o Decreto apenas confere efetividade máxima à norma constitucional.[268]

No que tange às questões materiais citadas, conforme o Informativo 890 do STF:

a) O STF entendeu que a escolha do critério da autoatribuição não foi arbitrária, não sendo contrária à Constituição. Segundo o Informativo 890 do STF, a autoatribuição é um método autorizado e prestigiado pela antropologia contemporânea e tem por objetivo interromper um "processo de negação sistemática da própria identidade aos grupos marginalizados". Em outras palavras, ao se adotar este critério, estimula-se que as pessoas integrantes de tais grupos, antes marginalizados, tenham orgulho de se assumir. Trata-se de uma forma de revalorização das identidades antes desrespeitadas. A decisão ressalta que o Estado brasileiro incorporou, ao seu direito interno, a Convenção 169 da Organização Internacional do Trabalho – OIT sobre Povos Indígenas e Tribais, de 27.6.1989, aprovada pelo Decreto Legislativo 143/2002 e ratificada pelo Decreto 5.051/2004. Esta Convenção consagrou a "consciência da própria identidade" como critério para determinar os grupos tradicionais (indígenas ou tribais). Esta Convenção determinou que nenhum Estado tem o direito de negar a identidade de um povo indígena ou tribal que se reconheça como tal. Para os efeitos do Decreto nº 4.887/2003, a autodefinição da comunidade como quilombola é atestada por certidão emitida pela Fundação Cultural Palmares, nos termos do art. 2º, III, da Lei nº 7.668/88. Importante esclarecer ainda que, para os fins do art. 68 do ADCT, não basta que uma comunidade se qualifique como remanescente de quilombo (elemento subjetivo da autoidentificação). É necessário também o preenchimento de um elemento objetivo, ou seja, "que a reprodução da unidade social, que se afirma originada de um quilombo, estivesse atrelada a uma ocupação continuada do espaço."[269]

b) O STF explicou que o Decreto nº 4.887/2003 não prevê a apropriação individual das terras pelos integrantes da comunidade, mas sim a formalização de uma "propriedade coletiva das terras", atribuída à unidade sociocultural. Nesses termos, os títulos não são emitidos em favor das pessoas físicas individualmente consideradas. São emitidos em favor da comunidade quilombola, sendo este pró-indiviso e em nome das associações que legalmente representam as comunidades quilombolas. Assim, quando o Decreto afirma que deverão ser levados em consideração, na medição e na marcação da terra, os critérios de territorialidade indicados pelos remanescentes

268. ADI 3239/DF, STF. Plenário. rel. orig. Min. Cezar Peluso, red.p/ o ac. Min. Rosa Weber, julg. em 08.02.2018 (Inf. 890 do STF).

269. ADI 3239/DF, STF. Plenário. rel. orig. Min. Cezar Peluso, red.p/ o ac. Min. Rosa Weber, julg. em 08.02.2018 (Inf. 890 do STF).

das comunidades quilombolas, isso não significa que o procedimento demarcatório ficará *ao arbítrio exclusivo dos próprios interessados*. Na verdade, o que o Decreto está garantindo é que as comunidades envolvidas tenham voz e sejam ouvidas.[270]

c) Realmente a Constituição no art. 68 do ADCT confere o título de propriedade aos quilombolas. Nesse sentido, constatada a situação de fato – ocupação tradicional das terras por remanescentes dos quilombos –, a própria Constituição confere-lhes o título de propriedade. Porém, em nenhum momento a Constituição de 1988 afirma que *são nulos ou extintos os títulos* eventualmente incidentes sobre as terras ocupadas por remanescentes das comunidades dos quilombos, diferentemente do que acontece no caso das terras tradicionalmente ocupadas pelos índios.[271] Nesses termos, o art. 68 do ADCT da CR/88, apesar de reconhecer um direito aos quilombolas, não invalida os títulos de propriedade eventualmente existentes, de modo que, para que haja a regularização do registro em favor das comunidades quilombolas, exige-se a realização do procedimento de desapropriação. Portanto, o art. 13 do Decreto nº 4.887/2003 é constitucional.[272]

Por último, é importante salientar, que o STF **não** acolheu a tese de que somente poderiam ser consideradas *terras de quilombolas* aquelas que estivessem sendo ocupadas por essas comunidades na data da promulgação da CR/88 (05.10.1988). Aqui, nesse ponto, o Ministro Edson Fachin registrou, no que foi acompanhado pelo Ministro Celso de Mello, que, dentro de uma hermenêutica constitucionalmente adequada à interpretação e à aplicação de um direito fundamental que surge pela primeira vez na CR/1988, não se poderia depreender, da redação do art. 68 do ADCT, a restrição do direito à titulação de propriedade apenas àqueles remanescentes de comunidades quilombolas que estivessem na posse da área na data da promulgação do texto constitucional. Assim, não haveria fundamento constitucional para a incidência da teoria do marco temporal na hipótese.

Nessa mesma linha de entendimento, o Ministro Roberto Barroso assentou que o art. 68 do ADCT deveria ser aplicado às comunidades que ocupavam suas áreas quando da promulgação da Constituição, bem como àquelas que foram delas desapossadas à força e cujo comportamento, à luz da sua cultura, indica intenção de

---

270. ADI 3239/DF, STF. Plenário. rel. orig. Min. Cezar Peluso, red.p/ o ac. Min. Rosa Weber, julg. em 08.02.2018 (Inf. 890 do STF).

271. Art. 231 § 6º da CR/88: "*São nulos e extintos, não produzindo efeitos jurídicos, os atos que tenham por objeto a ocupação, o domínio e a posse das terras a que se refere este artigo, ou a exploração das riquezas naturais do solo, dos rios e dos lagos nelas existentes, ressalvado relevante interesse público da União, segundo o que dispuser lei complementar, não gerando a nulidade e a extinção direito a indenização ou a ações contra a União, salvo, na forma da lei, quanto às benfeitorias derivadas da ocupação de boa-fé.*"

272. Decreto nº4.887/2003: "*Art. 13. Incidindo nos territórios ocupados por remanescentes das comunidades dos quilombos título de domínio particular não invalidado por nulidade, prescrição ou comisso, e nem tornado ineficaz por outros fundamentos, será realizada vistoria e avaliação do imóvel, objetivando a adoção dos atos necessários à sua desapropriação, quando couber. (...) § 2º O INCRA regulamentará as hipóteses suscetíveis de desapropriação, com obrigatória disposição de prévio estudo sobre a autenticidade e legitimidade do título de propriedade, mediante levantamento da cadeia dominial do imóvel até a sua origem.*" ADI 3239/DF, STF. Plenário. rel. orig. Min. Cezar Peluso, red.p/ o ac. Min. Rosa Weber, julg. em **08.02.2018** (Informativo 890 do STF).

retomar a permanência do vínculo cultural e tradicional com o território, dispensada a comprovação de conflito possessório atual de fato.[273]

Em outras palavras, mesmo que na data da promulgação da CR/88 a terra não mais estivesse sendo ocupada pelas comunidades quilombolas, é possível, em tese, que seja garantido o direito previsto no art. 68 do ADCT da CR/88. Nesses termos, resta claro a diferença no atual entendimento do STF entre as *terras quilombolas* e as *terras tradicionalmente ocupadas pelos índios*.[274]

3.10. Os índios

No campo da proteção constitucional aos indígenas, a Ordem Social destaca o ***princípio da proteção da identidade***, como preocupação do Constituinte. Para tanto, faz-se extremamente necessária a proteção das terras por eles ***tradicionalmente*** ocupadas, bem como de sua organização social, seus costumes, suas línguas, suas crenças e suas tradições.

Tais terras são aquelas pelos índios habitadas em *caráter de permanência*, sendo *utilizadas para suas atividades produtivas* e *imprescindíveis para a manutenção do seu bem-estar* e *reprodução física e cultural*.

Nesses termos, o art. 231 da CR/88 preocupa-se com a proteção da sua organização social, dos costumes, das línguas, das crenças e das tradições e dos direitos originários sobre as terras que tradicionalmente ocupam, competindo à União demarcá-las, proteger e fazer respeitar todos os seus bens.

A Constituição, ainda, veda a remoção dos grupos indígenas de suas terras, salvo, *ad referendum* do Congresso Nacional, em caso de ***catástrofe ou epidemia que ponha em risco sua população (1)***, ou no ***interesse da soberania do País (2)***, após deliberação do Congresso Nacional, garantido, em qualquer hipótese, o retorno imediato logo que cesse o risco. Portanto, no primeiro caso, ocorre a remoção (*ad referendum* do Congresso Nacional) e, após, o Congresso Nacional a ratifica. Já na

273. Nos termos do Informativo 890 do STF: *"Vencidos, em parte, os Ministros Dias Toffoli e Gilmar Mendes, que julgavam o pedido parcialmente procedente, para dar interpretação conforme à Constituição ao § 2º do art. 2º do decreto em questão, no sentido de esclarecer, nos termos do art. 68 do ADCT, que somente deveriam ser titularizadas as áreas que estavam ocupadas por remanescentes das comunidades dos quilombos — inclusive as utilizadas para a garantia de sua reprodução física, social, econômica e cultural —, na data da promulgação da Constituição (5.10.1988), salvo comprovação, por todos os meios de prova juridicamente admitidos, da suspensão ou perda da posse nesta data em decorrência de atos ilícitos praticados por terceiros."*

274. Se a terra já foi habitada pelos índios, porém quando foi editada a CR/88 o aldeamento já estava extinto, ela não será considerada terra indígena, nos termos da Súmula 650-STF: Os incisos I e XI do art. 20 da Constituição Federal não alcançam terras de aldeamentos extintos, ainda que ocupadas por indígenas em passado remoto. Assim sendo, como veremos no tópico seguinte da obra, somente são consideradas "terras tradicionalmente ocupadas pelos índios" aquelas que eles habitavam na data da promulgação da CR/88 (marco temporal) e, complementarmente, se houver a efetiva relação dos índios com a terra (marco da tradicionalidade da ocupação). Com isso, em regra, se em 05.10.1988 a área em questão não era ocupada por índios, isso significa que ela não se revestirá da natureza indígena de que trata o art. 231 da CR/88. A única exceção possível seria a do renitente esbulho.

segunda hipótese, a remoção só pode ocorrer mediante autorização (prévia) do Congresso Nacional.

Afirma a atual Constituição que as terras tradicionalmente ocupadas pelos índios destinam-se à sua posse permanente[275], cabendo-lhes o usufruto exclusivo das riquezas do solo, dos rios e dos lagos nelas existentes. Nesses termos, os índios (ou *povos originários*) possuem direitos sobre as terras por eles ocupadas tradicionalmente. Tais direitos, como observamos, decorrem da própria Constituição e existem mesmo que as terras ainda não estejam demarcadas. No entanto, o legislador determinou que a União fizesse essa demarcação a fim de facilitar a defesa dos direitos indígenas.[276]

É importante ressaltar que, se a terra já foi habitada pelos índios, porém quando foi editada a Constituição de 1988 o aldeamento já estava extinto, ela não será considerada terra indígena (*terra tradicionalmente ocupada pelos índios*). Nesses termos, a **Súmula 650 do STF** afirma que: *Os incisos I e XI do art. 20 da Constituição Federal não alcançam terras de aldeamentos extintos, ainda que ocupadas por indígenas em passado remoto.*

Portanto, se os índios não estavam na posse da área em 05.10.1988, a terra não será considerada terra indígena (art. 231 da CR/88). Porém, é importante salientar que existe uma exceção a essa regra. Trata-se do chamado ***renitente esbulho***. Assim, se, na época da promulgação da Constituição de 1988, os índios não ocupavam a terra porque dela haviam sido expulsos em virtude de conflito possessório, considera-se que eles foram vítimas de esbulho e, assim, essa área será considerada terra indígena para os fins do art. 231. O instituto do ***renitente esbulho*** se caracteriza pelo efetivo conflito possessório, iniciado no passado e persistente até o marco demarcatório temporal da data da promulgação da Constituição de 1988, materializado por circunstâncias de fato ou por controvérsia possessória judicializada.

275. Ressaltar que essas **terras pertencem à União** (*art. 20, XI, da CR/88*). No entanto, nos termos constitucionais, essas terras destinam-se à posse permanente dos índios, cabendo-lhes o usufruto exclusivo das riquezas do solo, dos rios e dos lagos nelas existentes. Em suma, são bens da União, mas para serem usadas pelos índios (o que alguns doutrinadores *chamariam de bens públicos de uso especial*).

276. Conforme o **RMS 29542/DF** julg. em **30.09.2014**: *"É vedada a remarcação de terras indígenas demarcadas em período anterior à CF/1988. Essa a conclusão da 2ª Turma, que proveu recurso ordinário em mandado de segurança para anular a Portaria 3.508/2009, do Ministério da Justiça. Na espécie, o processo administrativo de demarcação de determinada terra indígena iniciara-se na década de 1970, e sua homologação ocorrera em 1983. Posteriormente, a Funai constituíra novo grupo técnico para estudar a remarcação e ampliação dessa reserva, o que embasara expedição da citada portaria, a homologar a nova demarcação, em 2009. A Turma rememorou o que decidido no Caso Raposa Serra do Sol (Pet 3.388/RR, DJe de 25.9.2009), oportunidade em que a Corte erigira salvaguardas institucionais que assegurariam a validade daquela demarcação e serviriam de norte para as futuras, muito embora a decisão não tivesse eficácia vinculante. Afirmou que, dentre essas salvaguardas, haveria condicionante segundo a qual seria vedada a ampliação de terra indígena já demarcada, tendo em conta o princípio da segurança jurídica. A Turma ressalvou que isso não significaria o afastamento de qualquer possibilidade de ampliação de terra indígena no futuro. Assinalou que, apesar de a Administração não se poder valer do instrumento da demarcação (CF, art. 231) para aumentar terra já demarcada, salvo em hipótese de vício de ilegalidade e, ainda assim, respeitado o prazo decadencial, haveria outros instrumentos capazes de atender às necessidades das comunidades indígenas. Acrescentou que a autotutela da Administração, se necessário, deveria ser exercida em cinco anos (Lei 9.754/1999, art. 54), de maneira que não seria aplicável à espécie, uma vez que a homologação original teria mais de 30 anos."* Rel. Min. Cármen Lúcia.

Ressaltamos que, para que se caracterize o ***renitente esbulho***, é necessário que, no momento da promulgação da CR/88, os índios ainda estivessem disputando a posse da terra ou tivessem sido delas expulsos há pouco tempo. Nesse sentido, se os povos originários (índios) foram expulsos daquela terra muitos anos antes de entrar em vigor a CR/88, não se configura o chamado ***"renitente esbulho"***.[277]

É interessante destacar também que o **aproveitamento** dos recursos hídricos, incluídos os potenciais energéticos, a pesquisa e a lavra das riquezas minerais ***em terras indígenas*** só podem ser efetivados com **autorização do Congresso Nacional**, ouvidas as comunidades afetadas, ficando-lhes assegurada *participação nos resultados da lavra, na forma da lei.*

É importante observarmos, que as intituladas ***terras indígenas***, de que trata o art. 231 da CR/88 são inalienáveis, e os direitos sobre elas é imprescritível.

Nesse sentido, são nulos e extintos, não produzindo efeitos jurídicos, os atos que tenham por objeto a ocupação, o domínio e a posse das terras a que se refere o citado art. 231 da CR/88 (***terras indígenas***), ou a exploração das riquezas naturais do solo, dos rios e dos lagos nelas existentes, ressalvado relevante interesse público da União, segundo o que dispuser lei complementar (referente ao tema), não gerando a nulidade e a extinção direito à indenização ou a ações contra a União, salvo, na forma da lei, quanto às benfeitorias derivadas da ocupação de boa-fé.[278]

---

277. Conforme o **ARE 803462**, julg. em **11.12.2014**: *"O renitente esbulho se caracteriza pelo efetivo conflito possessório, iniciado no passado e persistente até o marco demarcatório temporal da data da promulgação da Constituição de 1988, materializado por circunstâncias de fato ou por controvérsia possessória judicializada. Com base nessa orientação e por reputar não configurado o referido esbulho, a 2ª Turma proveu recurso extraordinário para desconsiderar a natureza indígena de área não ocupada por índios em 5.10.1988, onde localizada determinada fazenda. No caso, o acórdão recorrido teria reconhecido que a **última ocupação indígena na área objeto da presente demanda deixara de existir desde** o **ano de 1953**, data em que os últimos índios teriam sido **expulsos da região**. Entretanto, reputara que, ainda que os índios tivessem perdido a posse por longos anos, teriam indiscutível direito de postular sua restituição, desde que ela decorresse de tradicional, antiga e imemorial ocupação. A Turma afirmou que esse entendimento, todavia, não se mostraria compatível com a pacífica jurisprudência do STF, segundo a qual o conceito de "**terras tradicionalmente ocupadas pelos índios" não abrangeria aquelas que fossem ocupadas pelos nativos no passado, mas apenas aquelas ocupadas em 5.10.1988. Nesse sentido seria o Enunciado 650 da Súmula do STF** ("Os incisos I e XI do art. 20 da Constituição Federal não alcançam terras de aldeamentos extintos, ainda que ocupadas por indígenas em passado remoto"). Salientou que o **renitente esbulho não poderia ser confundido com ocupação passada ou com desocupação forçada, ocorrida no passado.** Também não poderia servir como comprovação de esbulho renitente a sustentação desenvolvida no acórdão recorrido de que os índios teriam pleiteado junto a órgãos públicos, desde o começo do século XX, a demarcação das terras de determinada região, nas quais se incluiria a referida fazenda. Sublinhou que manifestações esparsas poderiam representar anseio de uma futura demarcação ou de ocupação da área, mas não a existência de uma efetiva situação de esbulho possessório atual."*

278. Em regra, os intitulados ***não índios*** que forem retirados das terras demarcadas ***não têm direito à indenização***. Isso porque eles estavam ocupando terras que pertenciam à União. Logo, mesmo que tivessem supostos títulos de propriedade, estes eram *nulos* porque foram expedidos em contrariedade com o art. 20, XI e art. 231 da CR/88. Conforme o texto constitucional a **exceção** se dará no caso em que os ***não índios*** poderão ser indenizados pelas *benfeitorias que realizaram no local, desde que fique comprovado que a ocupação era de boa-fé. **Se comprovada má-fé, não terão direito nem mesmo à indenização pelas benfeitorias***. Nesses termos, a 2ª turma do STF já decidiu que se um indivíduo (**não índio**) que tinha uma fazenda em uma terra indígena, ao receber ordem para desocupar o local, destrói as acessões (construções e plantações) que havia feito no local, ele pratica, em tese, o delito de dano qualificado (art. 163, parágrafo único, III, do CP). Isso porque essas terras pertencem à União (art. 20, XI, da CR/88), e consequentemente, as acessões também são patrimônio público federal. **Inq 3670/RR** julg. em **23.09.2014**. Rel. Min. Gilmar Mendes.

É interessante que, recentemente, ocorreu um intenso debate na sociedade brasileira e no STF sobre o tema **"demarcação de terras indígenas"**. A questão envolveu diretamente a **Reserva Raposa Serra do Sol** localizada no Estado de Roraima[279] que teve a sua demarcação homologada por Decreto do Presidente da República no ano de 2005.[280] No ano de 2009, o plenário do Pretório Excelso declarou a validade da Portaria 534/2005 do Ministro da Justiça, bem como do Decreto Presidencial de 15.04.2005 que homologou a demarcação ("contínua" a ser "ocupada" apenas pelos "grupos indígenas"). Porém, apesar de a decisão ser favorável aos grupos indígenas, foi estabelecida uma série de condicionantes para a validade da demarcação.

Nesses termos, foi a decisão de mérito do STF sobre a questão em **19 de março de 2009**: "prevaleceu o voto do Min. Carlos Britto, relator, que **assentou a condição indígena da área** demarcada **como Raposa Serra do Sol**, em sua **totalidade**, tendo o Tribunal aprovado, ainda, a partir das explicitações feitas pelo Min. Menezes Direito, as seguintes **condições**: 1) o usufruto das riquezas do solo, dos rios e dos lagos existentes nas terras indígenas (CR, art. 231, § 2º) pode ser relativizado sempre que houver, como dispõe o art. 231, § 6º, da CR, relevante interesse público da União, na forma de lei complementar; 2) o usufruto dos índios não abrange o aproveitamento de recursos hídricos e potenciais energéticos, que dependerá sempre da autorização do Congresso Nacional; 3) o usufruto dos índios não abrange a pesquisa e lavra das riquezas minerais, que dependerá sempre de autorização do Congresso Nacional, assegurando-se-lhes a participação nos resultados da lavra, na forma da lei; 4) o usufruto dos índios não abrange a garimpagem nem a faiscação, devendo, se for o caso, ser obtida a permissão da lavra garimpeira; 5) o usufruto dos índios não se sobrepõe ao interesse da Política de Defesa Nacional; a instalação de bases, unidades e postos militares e demais intervenções militares, a expansão estratégica da malha viária, a exploração de alternativas energéticas de cunho estratégico e o resguardo das riquezas de cunho estratégico, a critério dos órgãos competentes (Ministério da Defesa e Conselho de Defesa Nacional), serão implementados independentemente de consulta às comunidades indígenas envolvidas ou à Funai; 6) a atuação das Forças Armadas e da Polícia Federal na área indígena, no âmbito de suas atribuições, fica assegurada e se dará independentemente de consulta às comunidades indígenas envolvidas ou à Funai; 7) o usufruto dos índios não impede a instalação, pela União Federal, de equipamentos públicos, redes de comunicação, estradas e vias de transporte, além das construções necessárias à prestação de serviços públicos pela União, especialmente os de saúde e educação; 8) o usufruto dos índios na área afetada por unidades de conservação fica sob a responsabilidade do Instituto Chico Mendes de Conservação da Biodiversidade; 9) o Instituto Chico Mendes de Conservação da

279. Destinada a posse permanente dos grupos indígenas Ingaricós, Macuxis, Patamonas, Taurepangues e Uapixanas.
280. A Reserva Raposa Serra do Sol foi demarcada pelo Ministério da Justiça através da Portaria nº 820/98, posteriormente modificada pela Portaria 534/2005 e *a demarcação foi homologada por Decreto do Presidente da República em abril de 2005.*

Biodiversidade responderá pela administração da área da unidade de conservação também afetada pela terra indígena com a participação das comunidades indígenas, que deverão ser ouvidas, levando-se em conta os usos, as tradições e os costumes dos indígenas, podendo para tanto contar com a consultoria da Funai; 10) o trânsito de visitantes e pesquisadores não índios deve ser admitido na área afetada à unidade de conservação nos horários e condições estipulados pelo Instituto Chico Mendes de Conservação da Biodiversidade; 11) devem ser admitidos o ingresso, o trânsito e a permanência de não índios no restante da área da terra indígena, observadas as condições estabelecidas pela Funai; 12) o ingresso, o trânsito e a permanência de não índios não podem ser objeto de cobrança de quaisquer tarifas ou quantias de qualquer natureza por parte das comunidades indígenas; 13) a cobrança de tarifas, ou quantias de qualquer natureza, também não poderá incidir ou ser exigida em troca da utilização das estradas, equipamentos públicos, linhas de transmissão de energia ou de quaisquer outros equipamentos e instalações colocadas a serviço do público, tenham sido excluídos expressamente da homologação ou não; 14) as terras indígenas não poderão ser objeto de arrendamento ou de qualquer ato ou negócio jurídico que restrinja o pleno exercício do usufruto e da posse direta pela comunidade indígena ou pelos índios; 15) é vedada, nas terras indígenas, a qualquer pessoa estranha aos grupos tribais ou comunidades indígenas, a prática da caça, pesca ou coleta de frutas, assim como de atividade agropecuária extrativa; 16) as terras sob ocupação e posse dos grupos e das comunidades indígenas, o usufruto exclusivo das riquezas naturais e das utilidades existentes nas terras ocupadas, observado o disposto nos artigos 49, XVI, e 231, § 3º, da Constituição da República, bem como a renda indígena, gozam de plena imunidade tributária, não cabendo a cobrança de quaisquer impostos, taxas ou contribuições sobre uns ou outros; 17) é vedada a ampliação da terra indígena já demarcada; 18) os direitos dos índios relacionados às suas terras são imprescritíveis e estas são inalienáveis e indisponíveis; 19) é assegurada a participação dos entes federados no procedimento administrativo de demarcação das terras indígenas, encravadas em seus territórios, observada a fase em que se encontrar o procedimento".

Determinou-se ainda a execução imediata do acórdão, independentemente da sua publicação, ficando cassada a medida cautelar concedida (na Ação Cautelar 2.009/RR), por meio da qual se suspendera a desintrusão dos não índios das áreas demarcadas. Deliberou-se também que a supervisão da execução caberia ao Ministro relator (à época o Min. Carlos Ayres Britto, hoje aposentado), que faria essa execução em entendimento com o Tribunal Regional Federal da 1ª Região, especialmente o seu Presidente.[281]

281. Pet nº 3.388/RR, Rel. Min. Carlos Britto, 18 e 19.3.2009. Temos ainda que: *"Quanto à condição 17, fizeram ressalva os Ministros Carlos Britto, relator, Eros Grau e Cármen Lúcia. O relator, no ponto, tendo em conta o marco temporal adotado pela maioria da Corte, admitia a ampliação de terras indígenas demarcadas antes da Constituição de 1988. Ficaram vencidos os Min. Joaquim Barbosa, que julgava o pedido improcedente, e Marco Aurélio, que o julgava procedente. O Min. Marco Aurélio, preliminarmente, declarava a nulidade do processo, apontando a ausência de: 1) citação das autoridades que editaram a Portaria 534/2005 e o Decreto homologatório; 2) citação do Estado de Roraima e dos Municípios de Uiramutã, Pacaraima e Normandia; 3) intervenção oportuna do Ministério Público na instrução da*

Pois bem, acontece que, contra a decisão do STF, ora em comento (Pet.3.388), foram opostos embargos de declaração (um pelo autor da ação popular, outro pelo PGR e outro pelas comunidades indígenas). Esses embargos foram julgados pelo STF em 23.10.2013.[282]

O autor da ação, no seu recurso de embargos de declaração, alegou sobretudo que:

a) o acórdão seria contraditório, na medida em que daria natureza mandamental à decisão declaratória proferida em sede de ação popular; b) o Estado de Roraima não teria sido citado para integrar a lide como litisconsorte do autor, embora a competência da Corte para julgar a ação popular resultasse da existência de conflito federativo; c) se pessoas miscigenadas poderiam permanecer na reserva; d) se pessoas que vivem maritalmente com índios poderiam permanecer na reserva; e) se autoridades religiosas de denominações não indígenas poderiam continuar a exercer suas atividades na reserva; f) se templos religiosos já construídos deveriam ser destruídos; g) se escolas públicas estaduais e municipais poderiam continuar em funcionamento; h) se, em caso positivo, poderiam continuar a lecionar conteúdo voltado à população não indígena; i) se a passagem de não índios pela única rodovia federal a ligar Boa Vista a Pacaraima, na fronteira com a Venezuela, teria sido negada ou assegurada, no todo ou em parte, ou se dependeria de autorização; j) se isso ocorreria quanto à rodovia que liga Normandia a Pacaraima; k) a quem caberia autorizar a passagem por essas rodovias; l) qual seria a situação das ações individuais que questionam a boa-fé dos portadores de títulos de propriedade, se estariam automaticamente extintas ou se seriam julgadas individualmente; e m) como se procederia a posse das fazendas desocupadas.

O Supremo Tribunal Federal decidiu sobre esses questionamentos do seguinte modo:

(a) No tocante à ausência de citação do Estado de Roraima, desproveram-se os embargos. Lembrou-se que, após encerrada a instrução, esse Estado-membro teria pleiteado ingresso como litisconsorte ativo, e o STF teria rejeitado o pedido, para admitir o ente federativo somente como assistente simples, a fim de ingressar no processo na situação em que se encontrava;

---

ação popular; 4) citação de todas as etnias indígenas; 5) produção de provas; 6) intimação dos detentores de título de propriedade. Relativamente ao mérito, fixava os seguintes parâmetros para uma nova ação administrativa demarcatória, ao fundamento de ser nula a anterior: 1) audição de todas as comunidades indígenas existentes na área a ser demarcada; 2) audição de posseiros e titulares de domínio consideradas as terras envolvidas; 3) levantamento antropológico e topográfico para definir a posse indígena, tendo-se como termo inicial a data da promulgação da Constituição Federal, dele participando todos os integrantes do grupo interdisciplinar, que deveriam subscrever o laudo a ser confeccionado; 4) em consequência da premissa constitucional de se levar em conta a posse indígena, a demarcação deveria se fazer sob tal ângulo, afastada a abrangência que resultou da primeira, ante a indefinição das áreas, ou seja, a forma contínua adotada, com participação do Estado de Roraima bem como dos Municípios de Uiramutã, Pacaraima e Normandia no processo demarcatório; 5) audição do Conselho de Defesa Nacional quanto às áreas de fronteira." (Rel. Min. Carlos Britto).

282. Nos termos do Informativo 725 do STF.

(b) Quanto à natureza da decisão proferida em ação popular, o STF desproveu o recurso de embargos. Registrou-se que não seria mais aceito em caráter absoluto entendimento segundo o qual apenas sentenças condenatórias seriam suscetíveis de execução. Essa percepção teria sido reforçada após a alteração do CPC, que suprimira a referência à sentença condenatória proferida em processo civil. Sobreviera o art. 475-N, cujo inciso I identificaria como título executivo a sentença proferida no processo civil que reconhecesse a existência de obrigação de fazer, não fazer, entregar coisa ou pagar quantia. Assentou-se que esse dispositivo aplicar-se-ia à sentença que, ao julgar improcedente, parcial ou totalmente, o pedido de declaração de inexistência de relação jurídica obrigacional, reconhecesse a existência de obrigação do demandante para com o demandado. No caso, apontou-se que o STF teria declarado a validade da Portaria 534, de 13.4.2005, do Ministro de Estado da Justiça, que estabelecera a demarcação, bem como as condições em que seria implementada. Assim, o objeto executado na decisão da Corte seria o decreto presidencial que homologara essa portaria. Ademais, destacou-se que simples declaração judicial não teria o condão de fazer cessar, de forma imediata, toda e qualquer oposição indevida aos direitos reconhecidos no processo. Concluiu-se que o STF optara por dar execução própria a essa decisão, de modo a concretizar a portaria do Poder Executivo;

(c) Entendeu o STF que as pessoas miscigenadas, ou que vivessem maritalmente com índios, poderiam permanecer na área. Explicou-se que a CF/88 teria caráter pluralista e inclusivo, de maneira que o critério adotado pelo acórdão do STF não seria genético, mas sociocultural. Desse modo, poderiam permanecer na área demarcada e valer-se de seu usufruto todos que integrassem as comunidades indígenas locais. Importaria, para esse fim, a comunhão com o modo de vida tradicional dos índios da região;

(d) Afirmou o STF que a indagação acerca da presença de autoridades religiosas ou de templos de denominações não indígenas não teria sido debatida no acórdão de forma específica, mas reforçou-se que o objetivo da Constituição seria resguardar, para os índios, um espaço exclusivo onde pudessem viver a própria cultura e religiosidade. Esse direito, entretanto, não exigiria a ausência de contato com pessoas de fora desse espaço, como os não indígenas. Ressalvou-se, por outro lado, que não seria legítima a presença de indivíduos que tivessem como propósito interferir sobre a religião dos índios. Sublinhou-se, ainda, que a Constituição não teria por objetivo impedir os índios de fazer suas próprias escolhas, como se devessem permanecer em isolamento incondicional. Concluiu-se que, nos termos do acórdão, seria aplicável à questão religiosa a mesma lógica quanto ao usufruto das riquezas do solo, que seria conciliável com a eventual presença de não índios, desde que tudo ocorresse sob a liderança institucional da União. Asseverou-se caber às comunidades indígenas o direito de decidir se, como e em quais circunstâncias seria admissível a presença dos missionários e seus templos. Não se trataria de ouvir a opinião dos índios, mas de dar a ela o caráter definitivo que qualquer escolha existencial mereceria;

(e) No tocante às escolas públicas, entendeu o STF que o acórdão teria sido expresso ao dizer que as entidades federadas deveriam continuar a prestar serviços públicos nas terras indígenas, desde que sob a liderança da União (CR, art. 22, XIV). Assim, seria necessária a presença de escolas públicas na área, desde que respeitadas as normas federais sobre a educação dos índios, inclusive quanto ao currículo escolar e o conteúdo programático;

(f) No que se refere à passagem de não índios pelas rodovias citadas, consignou o STF que o acórdão estabelecera esse direito de passagem, visto que os índios não exerceriam poder de polícia, sequer poderiam obstar a passagem de outros pelas vias públicas que cruzassem a área demarcada;

(g) Quanto às ações individuais que questionam a boa-fé dos portadores de títulos de propriedade, proveu-se o recurso para explicitar que ao STF não teriam sido submetidos outros processos a respeito de questões individuais relacionadas à área. Assentou-se que, uma vez transitada em julgado a sentença de mérito proferida em ação popular, nos termos do art. 18 da Lei 4.717/65[283], todos os processos relacionados a essa terra indígena deveriam adotar as seguintes premissas: a) a validade da portaria do Ministério da Justiça e do decreto presidencial, observadas as condições estabelecidas no acórdão; e b) a caracterização da área como terra indígena, para os fins dos artigos 20, XI, e 231 da CR. Disso resultaria a inviabilidade de pretensões possessórias ou dominiais de particulares, salvo no tocante a benfeitorias derivadas da ocupação de boa-fé;

(h) Quanto à posse das fazendas desocupadas, desproveu-se o recurso. Frisou-se que o tema não teria sido objeto de decisão no acórdão, mas eventuais disputas do tipo deveriam ser resolvidas pelas comunidades interessadas, com a participação da Funai e da União, sem prejuízo da intervenção do Ministério Público e do Judiciário.[284]

Já o Procurador-Geral da República teve como questionamento fulcral as **condições impostas** (condicionantes) pelo STF e incorporadas ao acordão da PET 3.388. Segundo o PGR não caberia ao STF traçar parâmetros abstratos de conduta, que sequer teriam sido objeto de discussão na lide. Sustentava-se que condições definidas em caráter geral e abstrato só poderiam ser impostas, a partir de casos concretos (por meio de súmula vinculante, inviável na hipótese porque inexistiriam reiteradas decisões da Corte sobre o tema). Nesses termos, a decisão do STF

283. "Art. 18. A sentença terá eficácia de coisa julgada oponível '*erga omnes*', exceto no caso de haver sido a ação julgada improcedente por deficiência de prova; neste caso, qualquer cidadão poderá intentar outra ação com idêntico fundamento, valendo-se de nova prova"

284. Nos termos do Informativo 725 do STF.

teria extrapolado os limites da causa apresentando questões que não teriam sido objeto do processo.

O STF afirmou mais uma vez que as citadas condições seriam pressupostos para o reconhecimento da demarcação válida.[285] Dessa forma, se o fundamento para se reconhecer a validade da demarcação é o sistema constitucional, seria o caso de não apenas explicitar o resultado, mas também as diretrizes que confeririam substância ao usufruto indígena e o compatibilizariam com outros elementos protegidos pela Constituição. Ponderou-se que seria impossível resolver o conflito fundiário apresentado sem enunciar os aspectos básicos do regime jurídico aplicável à área demarcada.

Nesse sentido, as condições integrariam o objeto da decisão e fariam coisa julgada material. Portanto, a incidência das referidas diretrizes na reserva em comento não poderia ser objeto de questionamento em outros processos. Ressalvou-se, porém, que isso não significaria transformação da coisa julgada em ato normativo geral e abstrato, vinculante para outros processos que discutissem matéria similar. Assim, a decisão proferida na ação popular não vincularia juízes e tribunais quanto ao exame de outros processos relativos a terras indígenas diversas. Entretanto, uma vez pronunciado o entendimento da Corte sobre o tema, a partir da interpretação do sistema constitucional, seria natural que esse pronunciamento servisse de diretriz relevante para as autoridades estatais que viessem a enfrentar novamente as mesmas questões. Em suma, ainda que o acórdão embargado não tivesse efeitos vinculantes em sentido formal, ostentaria a força de decisão da mais alta Corte do País, do que decorreria elevado ônus argumentativo nos casos em que se cogitasse de superação das suas razões.[286]

O Procurador-Geral da República sustentou ainda no recurso de embargos: a) que o STF teria dado primazia incondicionada a interesses da União, bem como à tutela do meio ambiente, em detrimento dos direitos indígenas; b) que a utilização das terras indígenas pela União dependeria da prévia edição de lei complementar nos termos do art. 231, § 6º, da CR/88; c) como se realizaria a participação das comunidades indígenas nas deliberações que afetassem seus interesses e direitos.

Com relação a esses questionamentos, temos que: a) afirmou o STF que o acórdão teria sido expresso a respeito da orientação adotada, sem que se pudesse vislumbrar primazia incondicionada em favor de alguém. Explicou-se que se aplicariam aos índios, como a quaisquer outros brasileiros nas suas terras, os regimes de proteção ambiental e de segurança nacional. O acórdão embargado teria definido como seriam conciliadas, em princípio, as pretensões antagônicas existentes. Sublinhou-se que essa seria tarefa ordinária do legislador, mas, na ausência de disposições

---

285. Apesar de esse tipo de postura não ser recorrente no STF, visto que ele realmente traçou parâmetros na decisão que não tinham sido objeto de discussão no processo.

286. Nos termos do Informativo 725 do STF.

claras sobre essas questões, coubera à Corte discorrer sobre o sentido das exigências constitucionais na matéria, à luz do caso concreto. Destacou o Pretório Excelso que essa ponderação em abstrato, feita pelo STF, não impediria que outros julgadores chegassem a conclusões específicas diversas, que poderiam ser questionadas pelas vias próprias; b) a respeito, o Tribunal asseverou que, de acordo com a interpretação conferida pelo acórdão, a reserva de lei complementar prevista no dispositivo do art. 231, § 6º, da CR/88, não alcançaria toda e qualquer atuação da União nas terras indígenas. Em particular, o patrulhamento de fronteiras, a defesa nacional e a conservação ambiental nas áreas demarcadas não dependeriam da prévia promulgação da referida lei; c) o STF afirmou que a consulta aos indígenas seria elemento central da Convenção 169 da OIT, que integraria o direito pátrio e teria sido considerada no acórdão. Entretanto, frisou-se que esse direito de participação não seria absoluto. Assim, certos interesses também protegidos pela Constituição poderiam excepcionar ou limitar, sob algumas condições, o procedimento de consulta prévia. No caso, reafirmou o STF que a decisão destacara que o direito de prévia consulta deveria ceder diante de questões estratégicas relacionadas à defesa nacional. Via de regra, o planejamento das operações militares não envolveria a necessidade de prévia consulta, mas, em relação a outros temas, ainda que estrategicamente relevantes, caberia às autoridades, e eventualmente ao Judiciário, utilizar-se da referida Convenção para ponderar os interesses em jogo. Salientou-se que a relevância da consulta às comunidades indígenas não significaria que as decisões dependessem formalmente da aceitação dessas comunidades como requisito de validade. A mesma lógica se aplicaria em matéria ambiental, de modo que não haveria problema no fato de que as tradições e os costumes indígenas fossem considerados como apenas mais um fator, a ser sopesado pela autoridade ambiental. Assim, a autoridade responsável pela administração das áreas de preservação não poderia decidir apenas com base nos interesses dos indígenas, e deveria levar em conta as exigências relacionadas à tutela do meio ambiente. Assinalou-se que, em qualquer caso, estaria garantido o acesso ao Judiciário para impugnar qualquer decisão da autoridade competente.[287]

Por último, é importante registrar os embargos ajuizados pelas comunidades indígenas que questionaram a necessidade de os índios obterem permissão para exercerem a lavra garimpeira, pois, conforme as condições incluídas no acordão, os índios não poderiam, sem a autorização do Congresso Nacional, explorar recursos hídricos e energéticos da reserva.

O STF reafirmou que o acórdão embargado não discutira à exaustão o regime legal e regulamentar aplicável à espécie, mas apenas definira que o usufruto não conferiria aos índios o direito de explorar os recursos minerais sem autorização da União, nos termos de lei específica (artigos 176, § 1º, e 231, § 3º, da CR/88). Com isso, a tese foi a da diferenciação da mineração, como atividade econômica, das formas tradicionais

287. Nos termos do Informativo 725 do STF.

de extrativismo, praticadas imemorialmente, nas quais a coleta constituiria expressão cultural de determinadas comunidades indígenas. Assim, no primeiro caso, não haveria como afastarem-se as exigências constitucionais citadas. A conclusão é a de que os índios poderiam explorar o minério nos termos da forma artesanal (tendo em vista a preservação cultural). Portanto, essa forma tradicional de extrativismo não deveria ser confundida com o garimpo que necessita de autorização da União.[288]

Após esse *hard case*, outra importante decisão do STF se deu no RMS nº 29087, julgado pela 2ª turma do STF em **16.09.2014.**

Destacou o Pretório Excelso no caso em questão, que somente se reconheceriam aos índios **os direitos sobre as terras que tradicionalmente ocupassem** se (1) *a área estivesse habitada por eles* na data da promulgação da Constituição de 1988 (**marco temporal**) e, complementarmente, (2) se houvesse a efetiva relação dos índios com a terra (**marco da tradicionalidade da ocupação**).

Nesses termos, conforme a decisão do STF, o relatório elaborado pela Funai indicou que há mais de 70 anos não existia comunidade indígena ou posse indígena no local em disputa. Logo, o marco temporal não estava preenchido, sendo, portanto, impossível reconhecer a posse indígena daquelas terras. Logo, não estavam atendidos os requisitos necessários para se reconhecer aquela área como sendo uma terra tradicionalmente ocupada por índios, nos termos do art. 231 da CR/88. Porém, entendeu o STF que mesmo a terra não se enquadrando no conceito do art. 231, *caput* e § 1º, da CR/88, a União pode decidir acolher as populações indígenas naquela área. Para tal, terá que desapropriar as terras, pagando justa e prévia indenização em dinheiro aos proprietários, considerando que, não sendo terras tradicionalmente ocupadas por índios, essa área não se constitui em bem da União nos termos do art. 20, XI, da CR/88[289].

Na sequência temos que os índios, suas comunidades e organizações são partes legítimas para ingressar em juízo em defesa de seus direitos e interesses, intervindo o Ministério Público em todos os atos do processo (art. 232 da CR/88)[290]. Por

288. Nos termos do Informativo 725 do STF.

289. RMS nº29087/DF, julg. em 16.09.2014: "*1. A configuração de terras tradicionalmente ocupadas pelos índios, nos termos do art. 231, § 1º, da Constituição Federal, já foi pacificada pelo Supremo Tribunal Federal, com a edição da Súmula 650, que dispõe: os incisos I e XI do art. 20 da Constituição Federal não alcançam terras de aldeamentos extintos, ainda que ocupadas por indígenas em passado remoto. 2. A data da promulgação da Constituição Federal (5.10.1988) é referencial insubstituível do marco temporal para verificação da existência da comunidade indígena, bem como da efetiva e formal ocupação fundiária pelos índios (RE 219.983, DJ 17.9.1999; Pet. 3.388, DJe 24.9.2009). 3. Processo demarcatório de terras indígenas deve observar as salvaguardas institucionais definidas pelo Supremo Tribunal Federal na Pet 3.388 (Raposa Serra do Sol). 4. No caso, laudo da Funai indica que, há mais de setenta anos, não existe comunidade indígena e, portanto, posse indígena na área contestada. Na hipótese de a União entender ser conveniente a desapropriação das terras em questão, deverá seguir procedimento específico, com o pagamento de justa e prévia indenização ao seu legítimo proprietário. 5. Recurso ordinário provido para conceder a segurança.*" 2ª Turma do STF, Rel. p/ Ac. Min. Gilmar Mendes.

290. Porém, conforme o Inq. 3682 ED julg. em 18.11.2014 pela 1 ª Turma do STF: "Os conselhos indigenistas não possuem legitimidade ativa em matéria penal. Com base nesse entendimento, a 1ª Turma converteu embargos declaratórios em agravo regimental e a ele negou provimento, para rejeitar queixa-crime – ajuizada por organização

força do art. 109, XI, da CR/88, compete à ***Justiça Federal*** processar e julgar conflitos que versem sobre direitos indígenas, isto é, sobre: cultura indígena; direitos sobre terras tradicionalmente ocupadas pelos índios; interesses constitucionalmente atribuíveis à União, como as infrações praticadas em detrimento de bens e interesses da União. Assim, incluem-se nesse rol de competências os crimes que estão relacionados aos direitos dos índios.[291]

Por fim, no que concerne à educação, o art. 210, § 2º, da Constituição brasileira garante às comunidades indígenas a utilização, conjuntamente com o português, de suas línguas maternas e dos processos próprios de aprendizagem. Tais ações educacionais estão inscritas na esfera de competência do Ministério da Educação, ouvida a Funai.[292]

Por último, no âmbito da pandemia do novo coronavírus, é importante destacar, que o STF determinou que governo federal adotasse medidas para conter o avanço da Covid-19 entre indígenas.

No caso concreto, a associação "Articulação dos Povos Indígenas do Brasil (APIB) e seis partidos políticos ajuizaram arguição de descumprimento de preceito fundamental alegando que o Poder Público estava falhando na proteção dos povos indígenas com relação à pandemia da Covid-19.

Os autores apontaram uma série de atos (comissivos e omissivos) do Poder Público que, segundo eles, estavam causando alto risco de contágio e de extermínio dos povos indígenas. Os requerentes apontaram que tais atos violam a dignidade da pessoa humana (art. 1º, III, da CR/88), o direito à vida (art. 5º, caput da CR/88) e o direito à saúde (arts. 6º e 196 da CR/88), além do direito de tais povos a viverem em seu território, de acordo com suas culturas e tradições (art. 231 da CR/88).

Na ação, os autores pedem a realização de diversas medidas necessárias para a proteção dos povos indígenas.

---

não governamental indígena – na qual imputada a prática, por parlamentares, de crimes de racismo e incitação à violência e ódio contra os povos indígenas." O caso foi o seguinte: Parlamentar proferiu discurso racista contra um grupo de índios que teria invadido uma fazenda. O Ministério Público não ofereceu denúncia. Em virtude disso, o Conselho dos Povos Indígenas (organização não governamental indígena) ajuizou uma queixa-crime subsidiária (art. 5º, LIX, da CF/88) contra o indivíduo, imputando– lhe a prática dos crimes de racismo (art. 20 da Lei 9.459/97) e incitação à violência e ódio contra os povos indígenas (arts. 286 e 287 do CP). O STF rejeitou a queixa-crime sob o fundamento de que os conselhos indigenistas não possuem legitimidade ativa em matéria penal. É importante salientar que na ação penal privada (mesmo a subsidiária da pública), a queixa-crime somente pode ser promovida pelo ofendido (no caso os índios) ou por quem tenha qualidade para representá-lo conforme o art. 100, § 2º, do CP, e art. 30 do CPP.

291. Todavia, se a hipótese é de crime praticado por um índio contra outro, ainda que dentro da aldeia, sem qualquer relação com *direitos indígenas*, a competência fica a cargo da *Justiça Estadual*. Nesse sentido, ver o julgado do STF, **RE nº 419.528**, Rel. Min. Cezar Peluso, *DJ* 09.03.2007.

292. A Lei nº 12.990 de 27.03.2014 alterou a Lei nº 9394/96 (que estabelece as diretrizes e bases da educação nacional) para determinar que o fechamento de escolas do campo, indígenas e quilombolas será precedido de manifestação do órgão normativo do respectivo sistema de ensino, que considerará a justificativa apresentada pela Secretaria de Educação, a análise do diagnóstico do impacto da ação e a manifestação da comunidade escolar.

O Ministro Roberto Barroso (relator) deferiu parcialmente a medida cautelar para que a União implemente, em resumo, as seguintes providências:

a) Quanto aos povos indígenas em isolamento ou povos indígenas de recente contato: 1. Criação de barreiras sanitárias, que impeçam o ingresso de terceiros em seus territórios; 2. Criação de Sala de Situação, para gestão de ações de combate à pandemia quanto aos Povos Indígenas em Isolamento e de Contato Recente.

b) Quanto aos povos indígenas em geral: 1. Inclusão, no Plano de Enfrentamento e Monitoramento da Covid-19 para os Povos Indígenas (infra), de medida emergencial de contenção e isolamento dos invasores em relação às comunidades indígenas ou providência alternativa, apta a evitar o contato. 2. Imediata extensão dos serviços do Subsistema Indígena de Saúde aos povos aldeados situados em terras não homologadas. 3. Extensão dos serviços do Subsistema Indígena de Saúde aos povos indígenas não aldeados, exclusivamente, por ora, quando verificada barreira de acesso ao SUS geral. 4. Elaboração e monitoramento de um Plano de Enfrentamento da COVID-19 para os Povos Indígenas Brasileiros pela União, no prazo de 30 dias contados da ciência desta decisão, com a participação do Conselho Nacional de Direitos Humanos e dos representantes das comunidades indígenas, nas condições estabelecidas na decisão.[293]

Posteriormente em 05.08.2020, o Plenário do STF referendou a medida cautelar concedida. Foram reconhecidos, pelo Pretório Excelso, a presença dos requisitos autorizadores da concessão parcial da cautelar, ressaltando-se a existência de indícios de expansão acelerada do contágio pelo Covid-19 nas comunidades indígenas e a insuficiência das ações promovidas pela União para sua contenção.

O Ministro Roberto Barroso, salientou, inicialmente, as três diretrizes que embasaram sua decisão: 1) os princípios da precaução e da prevenção, no que respeita à proteção à vida e à saúde; 2) a necessidade de diálogo institucional entre o Judiciário e o Poder Executivo, em matéria de políticas públicas decorrentes da Constituição Federal; e 3) a imprescindibilidade de diálogo intercultural, em toda questão que envolva os direitos de povos indígenas.[294]

Quanto à primeira diretriz, asseverou a preocupação concernente ao risco de extinção de etnias se a doença se espalhar de forma descontrolada. O objetivo é o de salvar o maior número de vidas possível e de preservar essas etnias.[295]

---

293. ADPF 709 STF. Plenário. Ref-MC/DF, Rel. Min. Roberto Barroso, julgado em 3 e 05.08.2020. Informativo 985 do STF: *(i) indicação dos representantes das comunidades indígenas, tal como postulado pelos requerentes, no prazo de 72 horas, contados da ciência dessa decisão, com respectivos nomes, qualificações, correios eletrônicos e telefones de contatos, por meio de petição ao presente juízo; (ii) apoio técnico da Fundação Oswaldo Cruz e do Grupo de Trabalho de Saúde Indígena da Associação Brasileira de Saúde Coletiva – ABRASCO, cujos representantes deverão ser indicados pelos requerentes, no prazo de 72 horas a contar da ciência desta decisão, com respectivos nomes, qualificações, correios eletrônicos e telefones de contato; (iii) indicação pela União das demais autoridades e órgãos que julgar conveniente envolver na tarefa, com indicação dos mesmos elementos.*
294. ADPF 709 STF. Plenário. Ref-MC/DF, Rel. Min. Roberto Barroso, julgado em 3 e 05.08.2020.
295. ADPF 709 STF. Plenário. Ref-MC/DF, Rel. Min. Roberto Barroso, julgado em 3 e 05.08.2020.

No que se refere à segunda, afirmou o Ministro que a concretização das políticas públicas necessárias depende diretamente da atuação do Ministério da Saúde e das Forças Armadas. Registrou, no ponto, que as Forças Armadas já vêm atuando nesse sentido, mediante a entrega de cestas básicas e suprimentos e materiais de saúde a diversas comunidades indígenas, e, em parceria com o Ministério da Saúde, por meio de atenção médica a tais povos.

Assim sendo, as medidas requeridas implicam a mobilização de múltiplas instituições e agentes, com expertise técnica e experiência em suas respectivas áreas de atuação. Demandam a tomada de posição sobre temas a respeito dos quais as capacidades institucionais do Supremo Tribunal Federal podem ser limitadas. Portanto, é imprescindível que se estabeleça uma interlocução entre os distintos órgãos do Poder Executivo e o Poder Judiciário, para que se busque, tanto quanto possível, uma solução consensual para o problema sob exame.[296]

Relativamente à terceira, observou o Ministro Roberto Barroso, que cada comunidade possui particularidades, circunstâncias e cultura próprias. É preciso permitir que esses povos expressem suas necessidades e auxiliar o Estado na busca de soluções cabíveis.

Por essa razão, toda e qualquer decisão que envolva povos indígenas deve assegurar também um diálogo intercultural. Existe, inclusive, tratado de direito internacional ratificado e internalizado pelo Brasil que determina que decisões acerca da proteção da vida, da saúde e do meio ambiente que envolvam povos indígenas devem necessariamente ser tomadas com a sua participação (Convenção 169, da Organização Internacional do Trabalho - OIT).[297]

No que respeita ao pedido de criação de barreiras sanitárias formulado em favor dos povos indígenas em isolamento ou de contato recente, considerou que a opção pelo não contato decorre de direito desses povos à autodeterminação e constitui uma forma de preservar a sua identidade cultural e as suas próprias organizações, usos, costumes e tradições.[298]

Por isso, o ingresso de qualquer membro exógeno à comunidade, sem a sua autorização, constitui um ilícito. Tais povos têm direito ao isolamento e o Estado tem o dever de assegurá-lo. Ademais, na atual situação, com uma pandemia em curso, os povos em isolamento e de contato recente são os mais expostos ao risco de contágio e de extinção. Isso decorre das condições de vulnerabilidade imunológica e sociocultural.[299]

296. ADPF 709 STF. Plenário. Ref-MC/DF, Rel. Min. Roberto Barroso, julgado em 3 e 05.08.2020.
297. ADPF 709 STF. Plenário. Ref-MC/DF, Rel. Min. Roberto Barroso, julgado em 3 e 05.08.2020.
298. ADPF 709 STF. Plenário. Ref-MC/DF, Rel. Min. Roberto Barroso, julgado em 3 e 05.08.2020.
299. ADPF 709 STF. Plenário. Ref-MC/DF, Rel. Min. Roberto Barroso, julgado em 3 e 05.08.2020.

Conforme o Ministro Barroso, de acordo com diretrizes internacionais da Organização das Nações Unidas (ONU) e da Comissão Interamericana de Direitos Humanos (CIDH), a medida protetiva mais eficaz a ser tomada em favor de tais povos é assegurar-lhes o isolamento da sociedade envolvente, por meio de barreiras ou cordões sanitários que impeçam – inclusive com o uso da força, se necessário – o acesso de estranhos às suas terras.

Nesse ponto, reconheceu o Ministro Barroso, a presença de perigo na demora, dado que há risco iminente de contágio, caso não se criem mecanismos de contenção do ingresso nessas terras. Afirmou ainda que os recursos materiais e de pessoal a serem utilizados nas barreiras, sua localização, os protocolos sanitários a serem empregados pelos agentes do Estado e demais especificações devem ser determinados pela União, por meio da elaboração de um plano, ouvidos os membros integrantes da Sala de Situação.[300]

Com base nos princípios da precaução e da prevenção, o relator reconheceu, também, a verossimilhança do direito à criação de uma Sala de Situação e perigo na demora. A criação dessa Sala de Situação para a gestão da epidemia, no que respeita a povos indígenas e de recente contato, é prevista em norma federal expedida pelo Ministério da Saúde (Portaria Conjunta 4.094/2018, do Ministério da Saúde e da Fundação Nacional do Índio - FUNAI).[301]

Portanto, segundo o Ministro, não há que se falar em interferência do Judiciário sobre Políticas Públicas, mas em mera implementação judicial de norma federal que não está sendo observada pelo Poder Executivo. Assim sendo, deferiu, nessa mesma linha, o pleito de participação indígena na Sala de Situação, haja vista o seu respaldo pela Convenção 169 da OIT. A Convenção prevê, ainda, que o Poder Público deve assegurar os meios necessários para que as instituições responsáveis pela administração de programas no interesse dessas comunidades funcionem adequadamente.

Essa norma, nos dizeres do Ministro Barroso, acolhe o pleito de participação da Defensoria Pública da União e do Ministério Público Federal, que poderão apoiar os representantes dos povos indígenas. A Defensoria por seu papel na defesa dos necessitados (CF, art. 134) e o Ministério Público por seu papel de defesa dos direitos e interesses das populações indígenas (CF, art. 129, V).[302]

O Ministro Roberto Barroso concluiu, pela necessidade da elaboração e do monitoramento de um plano de enfrentamento da pandemia para os povos indígenas brasileiros com a participação dos representantes dessas comunidades. Salientou que, a fim de assegurar o diálogo institucional e intercultural, por um lado, e de

300. ADPF 709 STF. Plenário. Ref-MC/DF, Rel. Min. Roberto Barroso, julgado em 3 e 05.08.2020.
301. ADPF 709 STF. Plenário. Ref-MC/DF, Rel. Min. Roberto Barroso, julgado em 3 e 05.08.2020.
302. ADPF 709 STF. Plenário. Ref-MC/DF, Rel. Min. Roberto Barroso, julgado em 3 e 05.08.2020.

observar os princípios da precaução e da prevenção de outro, cabe à União a formulação do referido plano, com a participação do Conselho de Direitos Humanos, dos representantes dos povos indígenas e demais consultores ad hoc.[303]

303. ADPF 709 STF. Plenário. Ref-MC/DF, Rel. Min. Roberto Barroso, julgado em 3 e 05.08.2020: *No que tange ao pedido, dirigido aos povos indígenas em geral, de retirada de invasores das terras indígenas indicadas, julgou presente a verossimilhança do direito alegado. A presença desses grupos em terras indígenas constitui violação do direito de tais povos ao seu território, à sua cultura e ameaça à sua vida e saúde. Observou que essas invasões se deram para o cometimento de crimes, como o desmatamento, a extração ilegal de madeira e o garimpo ilegal. A remoção, portanto, é medida imperativa, imprescindível e dever da União, sendo inaceitável a inação do governo federal em relação a esse fato. No entanto, admitiu que a situação não é nova e não guarda relação com a pandemia. Trata-se de problema social gravíssimo, que ocorre em diversas terras indígenas e unidades de conservação, de difícil resolução, dado o grande contingente de pessoas (mais de 20.000 invasores em apenas uma das áreas) e o elevado risco de conflito armado. Não há como equacionar e solucionar esse problema nos limites de uma medida cautelar. Porém, a União deve se organizar para enfrentar o problema, que só faz crescer, e formular um plano de desintrusão. Acrescentou que cria risco de contágio o ingresso de pessoas estranhas às comunidades indígenas, inclusive de equipes médicas do Ministério da Saúde e das Forças Armadas. Há, portanto, considerável periculum in mora inverso na determinação da retirada como postulada, já que implicaria o ingresso de forças militares e policiais em terra indígena, com risco de conflito armado durante a pandemia e, por conseguinte, poderia agravar a ameaça já existente à vida de tais povos. Assim, julgou recomendável que se considere, por ora, medida emergencial de contenção e isolamento dos invasores em relação às comunidades indígenas ou providência alternativa apta a evitar o contato. O relator também vislumbrou verossimilhança do direito alegado e perigo da demora, relativamente ao pleito de extensão do Subsistema de Saúde Indígena também aos indígenas urbanos (não aldeados) e aos indígenas aldeados, residentes em terras indígenas, cuja demarcação e homologação ainda não foram concluídas pelo Poder Público. Salientou que a Secretaria Especial de Saúde Indígena - SESAI e da FUNAI limitaram o atendimento por esse subsistema apenas aos indígenas aldeados, residentes em terras indígenas homologadas. Esclareceu que, no tocante aos indígenas aldeados residentes em terras não homologadas, a alegação de que podem recorrer ao SUS geral é de viabilidade duvidosa, já que se trata de povos situados em locais de difícil acesso, sem capilaridade de postos de saúde e hospitais, e com práticas culturais, idioma e eventuais particularidades que o SUS geral não está habilitado a atender. Portanto, o acesso ao citado subsistema deve ser imediato. Quanto aos indígenas urbanos não aldeados, observou que são remetidos ao SUS normal, o qual, no entanto, é desconhecedor das suas necessidades específicas e peculiaridades culturais. Entretanto, tendo em conta que o subsistema precisará passar por uma considerável readequação, que tende a absorver parte significativa da sua capacidade institucional ao passar a atender, de imediato, os indígenas aldeados localizados em terras não homologadas, que não eram alcançados por seus serviços, o relator entendeu haver perigo na demora inverso no deferimento imediato da cautelar em face da eventual sobrecarga do subsistema. Por essa razão, determinou a extensão dos serviços do subsistema aos povos indígenas não aldeados, por ora, quando verificada barreira de acesso ao SUS geral.* (Informativo 985 do STF)

Referências bibliográficas

ACKERMAN, Bruce. *We the people*. Cambridge: Harvard University Press, 1991. 2. v. (Volume 1: Foundations; Volume 2: Transformations).

AGAMBEN, Giorgio. *Estado de Exceção*. Trad. Iraci. D. Poleti. São Paulo: Ed. Boitempo, 2004.

ALEINIKOFF, T. Alexander. *Constitutional law in the age of balancing. Yale Law Journal*, v. 96, n. 5, abr. 1987.

ALEXY, Robert. *El concepto y la validez del derecho*. 2. ed. Trad. Jorge M. Seña. Barcelona: Gedisa, 1997.

______. *Teoría de los derechos fundamentales*. Trad. Ernesto Garzón Valdés. Madrid: Centro de Estudios Constitucionales, 1997.

______. *Derecho y razón práctica*. 2. ed. México: Fontamara, 1998.

______. *Teoria da argumentação jurídica: a teoria do discurso racional como teoria da justificação jurídica*. Trad. Zilda Hutchinson Schild Silva. São Paulo: Landy, 2001.

______. *Constitutional rights, balancing and rationality. Ratio Juris*, v. 16, n. 2, jun. 2003.

______. *Balancing, constitutional review, and representation. International Journal of Constitutional Law*, Oxford University Press e New York University School of Law, v. 3, n. 4, 2005.

______. *O Conceito e a natureza do Direito*. Trad. Thomas da Rosa Bustamente, Ed Marcial Pons, 2014.

______; ALMEIDA, Fernanda Dias Menezes, *Competências na Constituição de 1988*. São Paulo.: Atlas, 1992.

ALMEIDA, Gregório Assagra de. *Manual das ações constitucionais*. Belo Horizonte: Del Rey, 2007.

ANDOLINA, Ítalo; VIGNERA, Giuseppe. *Il modelo costituzionale del processo civile italiano – corso di lesioni*. Torino: Giappichelli, 1990.

ANTONNI, Rosmar; TAVORA, Nestor. *Curso de processo penal*. Salvador: Ed. Juspodivm, 2008.

ARAUJO PINTO, Cristiano Otávio Paixão. *A reação norte-americana aos atentados de 11 de setembro de 2001 e seu impacto no constitucionalismo contemporâneo: um estudo a partir da teoria da diferenciação do direito*. 2004. Tese (Doutorado em Direito Constitucional) – Faculdade de Direito, Universidade Federal de Minas Gerais, Belo Horizonte, 2004.

ARENDT, Hannah. *Da revolução*. 2. ed. Trad. Fernando Didimo Vieira. São Paulo: Ática, 1990. [Temas de Estudos Políticos, v. 5].

ARISTÓTELES. *Ética a Nicômaco*. Trad. Leonel Vallandro e Gerd Bornheim. São Paulo: Abril Cultural, 1974. [Os Pensadores].

______. *A Política*. 2. ed. Trad. Roberto Leal Ferreira. São Paulo: Martins Fontes, 1988. [Clássicos da Filosofia].

ÁVILA, Humberto. *Teoria dos princípios: da definição à aplicação dos princípios jurídicos*. 13. ed. São Paulo: Malheiros, 2012.

______. *Neoconstitucionalismo: entre a ciência do direito e o direito da ciência, Vinte anos da Constituição Federal de 1988*, (org.) Cláudio Pereira de Souza Netto, Daniel Sarmento e Gustavo Binenbojm, 2008.

AZEVEDO CAMPOS, Carlos Alexandre. *O Estado de Coisas Inconstitucional e o litígio estrutural*. CONJUR. Acesso em: 12.09.2015

BACHOF, Otto. *Normas constitucionais inconstitucionais*. Trad. José Manuel M. Cardoso da Costa. Coimbra: Almedina, 1994.

BAHIA, Alexandre Gustavo Melo Franco. *Recursos Extraordinários no STF e no STJ*: Conflito entre Interesses Públicos e Privados. Curitiba: Juruá, 2009.

BAILYN, Bernard. *As origens ideológicas da revolução americana*. Trad. Cleide Rapucci. Bauru: EDUSC, 2003.

BANDEIRA DE MELLO, Celso Antônio. *Regime constitucional dos servidores da administração direta e indireta*. São Paulo: RT, 1990.

______. *Curso de direito administrativo*. 9. ed. São Paulo: Malheiros, 2003.

______. *O conteúdo jurídico do princípio da igualdade*. 3. ed. São Paulo: Malheiros, 2005.

BARACHO, José Alfredo de Oliveira. *Processo Constitucional*. Rio de Janeiro: Forense, 1991.

BARACHO JÚNIOR, José Alfredo de Oliveira. *Processo e constituição: o devido processo legal. Revista da Faculdade de Direito da Universidade Federal de Minas Gerais*, v. 28, n. 23/24/25, 1980/1981/1982.

______. A nova hermenêutica na jurisprudência do Supremo Tribunal Federal. In: SAMPAIO, José Adércio Leite (Coord.). *Crise e desafios da Constituição: perspectivas críticas da teoria e das práticas constitucionais brasileiras*. Belo Horizonte: Del Rey, 2004.

BARBI, Celso Agrícola. *Do mandado de segurança*. 7. ed. rev. e atual. Rio de Janeiro: Forense, 1993.

BARCELOS, Ana Paula de. *A Eficácia Jurídica dos Princípios Constitucionais:* o princípio da dignidade da pessoa humana. Rio de Janeiro: Renovar, 2001.

BARROS, Suzana de Toledo. *O princípio da proporcionalidade e o controle de constitucionalidade das leis restritivas de direitos fundamentais*. 2. ed. Brasília: Brasília Jurídica, 2000.

BARROSO, Luís Roberto. Os princípios da razoabilidade e da proporcionalidade no direito constitucional. *Cadernos de Direito Constitucional e Ciência Política*, São Paulo, n. 23, 1998.

______. *Interpretação e Aplicação da Constituição: fundamentos de uma dogmática constitucional transformada*. 3. ed. São Paulo: Saraiva, 1999.

______. *O controle de constitucionalidade no direito brasileiro*. São Paulo: Saraiva, 2007.

______; BARCELLOS, Ana Paula de. O começo da história: a nova interpretação constitucional e o papel dos princípios no direito brasileiro. In: SAMPAIO, José Adércio Leite (Coord.). *Crise e desafios da Constituição: perspectivas críticas da teoria e das práticas constitucionais brasileiras*. Belo Horizonte: Del Rey, 2004.

______. *A dignidade da pessoa humana no direito constitucional contemporâneo: a construção de um conceito jurídico à luz da jurisprudência mundial*. Belo Horizonte: Fórum, 2012. ______.

______.*Curso de direito constitucional contemporâneo: os conceitos fundamentais e a construção do novo modelo*. 4. ed. São Paulo: Saraiva, 2013.

BASTOS, Celso. *Curso de direito Constitucional*. São Paulo: Saraiva, 2001.

BERCOVICI, Gilberto. *Constituição econômica e desenvolvimento: uma leitura a partir da Constituição de 1988*. São Paulo: Malheiros, 2005.

BERMAN, José Guilherme. *Direito, Desacordo e Judicial Review*, 2010.

______. *Direitos, Desacordo e Judicial Review: Um exame da Crítica de Jeremy Waldron ao Controle Jurisdicional de Constitucionalidade das Leis*. In: Teoria Constitucional Norte-Americana Contemporânea. Rio de Janeiro: Lumen Juris, 2011.

BETTI, Emilio. *Interpretação da Lei e dos atos jurídicos*. Trad. Karina Jannini. São Paulo: Martins Fontes, 2007.

BOBBIO, Norberto. *O positivismo jurídico: lições de filosofia do direito*. Trad. Márcio Pugliesi. São Paulo: Ícone, 1995. [Elementos de Direito].

BONAVIDES, Paulo. *Teoria do Estado*. 5. ed. São Paulo: Malheiros, 2004.

______. *Curso de Direito Constitucional*. 14. Ed. São Paulo: Malheiros, 2004.

______. *Curso de Direito Constitucional*. 22. ed. São Paulo: Malheiros, 2007.

BRANDÃO, Rodrigo. *São Direitos Sociais Cláusulas Pétreas? Em que medida? In: Direitos Sociais*. Ed. Lumen, 2010.

______. *Supremacia Judicial versus Diálogos Constitucionais*, Ed. Lumen Juris, 2012.

BUENO, Cássio Sacarpinella. Habeas Data. In: *Ações Constitucionais*. 2. ed. Salvador: Juspodivm, 2007.

______. *Mandado de segurança*. São Paulo: Saraiva, 2003, 2009.

BULOS, Uadi Lammêgo, *Curso de direito constitucional.* São Paulo: Saraiva, 2006.

BÜLOW, Oskar von. *La teoría de las excepciones procesales y los presupuestos procesales.* Trad. Miguel Angel Rosas Lightschein. Buenos Aires: Ediciones Jurídicas Europa América, 1964.

BUSTAMANTE, Thomas da Rosa de. *Teoria do Direito e da Decisão Racional: Temas de Teoria da Argumentação Jurídica.* Rio de Janeiro: Renovar, 2008.

CALDWELL, Peter C. *Popular sovereignty and the crisis of german constitutional law: the theory and practice of Weimar constitutionalism.* London: Duke University Press, 1997.

CAMÂRA, Alexandre Freitas. *Lições de direito processual civil.* 19. ed. Rio de Janeiro: Lumen Juris, 2009.

CANOTILHO, José Joaquim Gomes. *Direito constitucional.* Coimbra: Almedina, 1993.

______. *Constituição dirigente e vinculação do legislador: contributo para compreensão das normas constitucionais programáticas.* Coimbra: Coimbra, 1994.

______. *Direito constitucional e teoria da constituição.* 6. ed. Coimbra: Almedina, 2002.

______. *Direito constitucional e teoria da constituição.* 5. ed. Coimbra: Almedina, 2002.

______. *Direitos Fundamentais.* Ed. Coimbra: Almedina, 2004.

______. *"Brancosos" e interconstitucionalidade: itinerários dos discursos sobre a historicidade constitucional.* Coimbra: Almedina, 2006.

CARBONEL, Miguel (org) *Neoconstitucionalismo.* Madrid: Trtta, 2003.

CARVALHO, Délton Winter. *O direito como um sistema social autopoiético: autorreferência, circularidade e paradoxos da teoria e prática do direito.* Disponível em: <http://www.ihj.org.br/artigos/professores/delton.pdf>. Acesso em: 20 jul. 2004.

CARVALHO, Kildare Gonçalves. *Direito constitucional*: teoria do estado e da constituição, direito constitucional positivo. 11. ed. Belo Horizonte: Del Rey, 2005.

______. *Direito constitucional*: teoria do estado e da constituição, direito constitucional positivo. 12. ed. Belo Horizonte: Del Rey, 2006.

CARVALHO FILHO, José Dos Santos. *Manual de direito administrativo.* 16. ed. Rio de Janeiro: Lumen Juris, 2006.

CARVALHO NETTO, Menelick de. A sanção no procedimento legislativo. Belo Horizonte: Del Rey, 1992.

______. Requisitos pragmáticos da interpretação jurídica sob o paradigma do estado democrático de direito. *Revista de Direito Comparado.* Belo Horizonte: Mandamentos, 1999. 3 v.

CATTONI DE OLIVEIRA, Marcelo Andrade. *Tutela jurisdicional e estado democrático de direito: por uma compreensão constitucionalmente adequada do mandado de injunção.* Belo Horizonte: Del Rey, 1998.

______. *Devido processo legislativo*. Belo Horizonte: Mandamentos, 2000.

______. Interpretação como ato de conhecimento e interpretação como ato de vontade: a tese kelseniana da interpretação autêntica. In: CATTONI DE OLIVEIRA, Marcelo Andrade. *Direito processual constitucional*. Belo Horizonte: Mandamentos, 2001.

______. *Direito constitucional*. Belo Horizonte: Mandamentos, 2002.

______. Teoria discursiva da argumentação jurídica de aplicação e garantia processual jurisdicional dos direitos fundamentais. *Revista Brasileira de Estudos Políticos*, Belo Horizonte, n. 88, dez. 2003.

______. Argumentação jurídica e decisionismo: um ensaio de teoria da interpretação jurídica enquanto teoria discursiva da argumentação jurídica de aplicação. In: SAMPAIO, José Adércio Leite (Coord.). *Crise e desafios da Constituição: perspectivas críticas da teoria e das práticas constitucionais brasileiras*. Belo Horizonte: Del Rey, 2004.

______. *O caso Ellwanger: uma crítica à ponderação de valores e interesses na jurisprudência recente do Supremo Tribunal Federal*. Disponível em: <http://www.leniostreck.com.br/midias/ArtigoCaso Ellwanger.doc>. Acessado em: 3 jan. 2006.

______. Patriotismo constitucional. In: BARRETO, Vicente de Paulo (Coord.). *Dicionário de filosofia do direito*. Rio de Janeiro/São Leopoldo: Renovar/Unisinos, 2006.

______. *Poder constituinte e patriotismo constitucional: o projeto constituinte do estado democrático de direito na teoria discursiva de Jürgen Habermas*. Belo Horizonte: Mandamentos, 2006.

______. *Direito, política e filosofia: contribuições para uma teoria discursiva da constituição democrática no marco do patriotismo constitucional*. Rio de Janeiro: Lumen Juris, 2007.

______. *Constitucionalismo e História do direito*. Belo Horizonte: Ed. Pergamum, 2011.

______; STRECK, Lenio; MONT' ALVERNE, Martonio. A nova perspectiva do Supremo Tribunal Federal sobre o controle difuso: mutação constitucional e limites da legitimidade da jurisdição constitucional. *RFMD*, PUC MINAS, v. 10, n. 20, 2007.

CAVALCANTE, Márcio André Lopes. *Principais Julgados do STF e STJ comentados, 2015*. Ed. Dizer o Direito.

CHAMON JUNIOR, Lúcio Antônio. *Filosofia do direito na alta modernidade: incursões teóricas em Kelsen, Luhmann e Habermas*. Rio de Janeiro: Lumen Juris, 2005.

CINTRA, Antônio Carlos de Araújo; GRINOVER, Ada Pellegrini; DINAMARCO, Cândido Rangel. *Teoria geral do processo*. 19. ed. São Paulo: Malheiros, 2003.

CITADINO, Gisele. *Pluralismo, direito e justiça distributiva:* elementos de filosofia constitucional contemporânea. Rio de Janeiro: Lumen Juris, 1999.

COELHO, Fernando. *Lógica jurídica e interpretação das leis*. Rio de Janeiro: Forense, 1981.

COELHO, Inocêncio Mártires. Constitucionalidade/inconstitucionalidade: uma questão política? *Revista de Direito Administrativo*, n. 221, 2000.

______. Konrad Hesse/Peter Häberle: um retorno aos fatores reais de poder. *Revista Diálogo Jurídico*, Salvador, CAJ – Centro de Atualização Jurídica, v. I, n. 5, ago. 2001. Disponível em: ‹http://www.direitopublico.com.br›. Acesso em: 01 ago. 2008.

COLEMAN, Jules. *Negative and Positive Positivism*. The Journal of Legal Studies, vol.11, nº1, Jan. 1982, pp.139-164.

______ *The Practice of Principle. In Defence of a Pragmatist Approach to Legal Theory*, Oxford: Oxford University Press, 2001.

CONSTANTINO, Lúcio Santoro. *Habeas corpus*. Porto Alegre: Ed. Livraria do Advogado, 2001.

CORDEIRO, Karine da Silva. *Direitos Fundamentais sociais: Dignidade da pessoa Humana e o Mínimo Existencial*. Porto Alegre: Livraria do Advogado, 2012.

CORETH, Emerich. *Questões fundamentais de hermenêutica*. Trad. Carlos Lopes de Matos. São Paulo: EPU/Edusp, 1973.

CORSI, Giancarlo. Sociologia da constituição. Trad. Juliana Neuenschwander Magalhães. *Revista da Faculdade de Direito da UFMG*, Belo Horizonte, n. 39, jan./jun. 2001.

COUTINHO, Jacinto Nelson de Miranda (Org.). *Canotilho e a constituição dirigente*. 2. ed. Rio de Janeiro: Renovar, 2005.

COURA, Alexandre de Castro. *Hermenêutica Jurídica e Jurisdição (In)constitucional*. Belo Horizonte: Ed. Mandamentos, 2009.

CRUZ, CERQUEIRA, GOMES JÚNIOR, FAVRETO, PALHARINI JÚNIOR. *Comentários à nova Lei do Mandado de Segurança*. São Paulo: Ed. Revista dos Tribunais, 2009.

CUNHA JUNIOR, Dirley da. *Curso de direito constitucional*. Salvador. Ed. Juspodivm, 2008.

D'AGOSTINI, Franca. *Analíticos e continentais: guia à filosofia dos últimos trinta anos*. Trad. Benno Dischinger. São Leopoldo: Unisinos, 2003. [Coleção Ideias, n. 4].

DANTAS, Ivo. *Direito adquirido, emendas constitucionais e controle de constitucionalidade*. Rio de Janeiro: Lumen Juris, 1997.

DERBLI, Felipe. *A aplicabilidade do Princípio da Proibição do Retrocesso no direito brasileiro*. Ed. Lumen Juris, 2010.

DI PIETRO, Maria Sylvia Zanella. *Direito administrativo*. São Paulo. Ed. Atlas, 2005.

DIDIER JUNIOR, Fredie (Org.). *Ações constitucionais*. 2. ed. Salvador: Juspodivm, 2007.

______. Comentários sobre a ADI e a ADC, In: *Ações constitucionais*. 2. ed. Salvador: Juspodivm, 2007.

DIMOULIS, Dimitri, e MARTINS, Leonardo, *Teoria Geral dos Direitos Fundamentais*. 3. ed. São Paulo: RT, 2011.

DINAMARCO, Cândido Rangel. *A instrumentalidade do processo*. 7. ed. São Paulo: Malheiros, 1999.

DINIZ, Fernanda Paula. *A interpretação constitucional dos direitos dos idosos no Código Civil*. 2007. Dissertação (Mestrado em Direito Privado) – Faculdade Mineira de Direito, Pontifícia Universidade Católica de Minas Gerais. Belo Horizonte, 2007.

DINIZ, Maria Helena. *Norma constitucional e seus efeitos*. São Paulo: Saraiva, 1989.

DORF, Michael. The Supreme Court 1997 term – the limits of socratic deliberation. *Harvard Law Review*, Cambridge: Harvard University, n. 4. 1998.

DUARTE, Bernardo Augusto Ferreira. *Direito à saúde e Teoria da Argumentação*. Em busca da legitimidade dos Discursos Jurisdicionais. Belo Horizonte: Arraes Editores, 2012.

DWORKIN, Ronald. *O império do direito*. Trad. Jefferson Luiz Camargo. São Paulo: Martins Fontes, 1999.

______. *Sovereign virtue*. Cambridge: Harvard University Press, 2000.

______. *Uma Questão de Princípio*. Trd. Luís Carlos Borges. São Paulo: Martins Fontes, 2001.

______. *Levando os direitos a sério*. Trad. Nelson Boeira. São Paulo: Martins Fontes, 2002.

______. *A virtude soberana: a teoria e a prática da igualdade*. Trad. Jussara Simões. São Paulo: Martins Fontes, 2005.

______. *Is democracy possible here?: principles for a new political debate*. Princeton/Oxford: Princeton University Press, 2006.

______. *Direito da Liberdade – A Leitura Moral da Constituição Norte-Americana*. São Paulo: Martins Fontes, 2006.

______. *Domínio da Vida: Aborto, Eutanásia e Liberdades Individuais*, Trd. Jefferson Luiz Camargo, São Paulo: Martins Fontes, 2009.

______.*Justice in Robes*. Cambridge: Harvard University Press, 2006.

_____ *A Justiça de Toga*. Trad. Jefferson Luiz Camargo. São Paulo: Martins Fontes, 2011.

______. *Justice for Hedgehogs*. Cambridge-MA. The Belknap Press of Harvard University Press, 2011.

DUSSEL, Enrique. *1492 – O Encobrimento do Outro – A origem do "Mito da modernidade"*. Petrópolis: Ed. Vozes, 1993.

ELY, John Hart. *Democracy and distrust: a theory of judicial review*. Cambridge: Harvard University Press, 1980.

ESTEVES, João Pissara. Nicklas Luhmann – uma apresentação. In: LUHMANN, Niklas. *A improbabilidade de comunicação*. Lisboa: Veja, 1993.

FAVOREU, Louis. *Los Tribunales constitucionales*. Madrid, 1997.

FAZZALARI, Elio. *Istituzioni di diritto processuale*. 8. ed. Padova: CEDAM, 1996.

FERRAJOLI, Luigi: *Passado y Futuro Del Estado del derecho*: In CARBONEL, Miguel (org) *Neo-constitucionalismo*. Ed. Trtta, Madrid, 2003.

FERNANDES, Bernardo Gonçalves. *Remédios Constitucionais: na doutrina e na jurisprudência do STF e STJ*, 2. ed. Salvador: Juspodivm, 2011.

_______. *Interpretação Constitucional, Reflexões sobre (a nova) hermenêutica*. Salvador: Juspodivm, 2010.

_______. *Direito Constitucional e Democracia: entre a globalização e o risco*. Rio de Janeiro: Lumen Juris, 2011.

_______. *Mandado de Injunção: do Formalismo ao Axiologismo: O que Mudou? Uma análise Crítica e Reflexiva da Jurisprudência do STF*. In: Constituição e Processo, Ed. Fórum, 2011.

_______. *Considerações sobre recentes decisões do Supremo Tribunal Federal permeadas pelo Self Restraint ou pelo Ativismo. Reflexões críticas à luz da "Teoria do Direito como Integridade" de Ronald Dworkin*, In: Revista da Faculdade de Direito da UFMG, n.57, jul/dez. de 2010.

_______; QUINAUD PEDRON, Flávio. *Poder judiciário e(m) crise: reflexões de teoria da constituição e teoria geral do processo sobre o acesso à justiça e as recentes reformas do poder judiciário à luz de: Ronald Dworkin, Klaus Günther e Jürgen Habermas*. Rio de Janeiro: Lumen Juris, 2008.

FERRARA, Francesco. *Interpretação e aplicação das leis*. 2. ed. Trad. Manuel de Andrade. Coimbra: Armenio Amado, 1963.

FERRAZ, Anna Cândida da Cunha. *Processos informais de mudanças da Constituição*: mutações constitucionais e mutações inconstitucionais. São Paulo: Max Limonad, 1986.

FERRAZ, Sérgio. *Mandado de segurança (individual e coletivo): aspectos polêmicos*. São Paulo: Malheiros, 1996.

FERREIRA FILHO, Manoel Gonçalves. *Curso de direito constitucional*. São Paulo: Saraiva, 1989.

FERRAZ JR., Tércio Sampaio. *Introdução ao estudo do direito: técnica, decisão, dominação*. 4. ed. São Paulo: Atlas, 2003.

FERREIRA, Pinto. *Curso de direito constitucional*. São Paulo: Saraiva, 2001.

FIGUEIREDO, Lucia Valle. *Perfil do mandado de segurança coletivo*. São Paulo: RT, 1989.

_______. *Mandado de Segurança*. São Paulo: Malheiros, 2004, 2005.

FIORAVANTI, Maurizio. *Constitución: de la antigüedad a nuestros días*. Trad. Manuel Martínez Neira. Madrid: Trotta, 2001. [Estructuras y Procesos].

FOPPEL, Gamil; SANTANA, Rafael. Habeas Corpus. In: *Ações Constitucionais*. 2. ed. Salvador: Juspodivm, 2007.

FORTHOFF, Ernest. Problemas constitucionales del estado social. In: FORTHOFF, Ernest. *Estado social*. Madrid: Centro de Estudios Constitucionales, 1986.

FREITAS, Juarez. A melhor interpretação constitucional versus a única resposta correta. *Revista Latino-americana de Estudos Constitucionais*, Belo Horizonte, Del Rey, n. 2, jul./dez. 2003.

FRIEDMAN, Barry. The Will of the People: how public opinion has influenced the Supreme Court and Shaped the Meaning of the Constitution. New York: Farrar, Straus and Giroux, 2009.

______The politics of judicial review. *Texas Law Review*, Vol. 84, pp. 257-337; Mediated popular constitutionalism. 101 Mich. L. Rev. 2596, 2003.

GADAMER, Hans-Georg. *Verdade e método:* Fundamentos de uma hermenêutica filosófica. 3. ed. Trad. Enio Paulo Giachini. Petrópolis: Vozes, 2001.

______; FRUCHON, Pierre (Orgs.). *O problema da consciência histórica*. 2. ed. Trad. Paulo César Duque Estrada. Rio de Janeiro: Fundação Getulio Vargas, 2003.

GARGARELLA, Roberto. *As Teorias da Justiça depois de Rawls*. São Paulo: Martins Fontes, 2008.

GALUPPO, Marcelo Campos. *Igualdade e diferença: estado democrático de direito a partir do pensamento de Habermas*. Belo Horizonte: Mandamentos, 2002.

______. *O que são direitos fundamentais?* In: SAMPAIO, José Adércio Leite (Coord.). *Jurisdição constitucional e direitos fundamentais*. Belo Horizonte: Del Rey, 2003.

GARCIA, Emerson. O direito à educação e suas perspectivas de efetividade. In: GARCIA, Emerson (Coord.). *A efetividade dos direitos sociais*. Rio de Janeiro: Lumen Juris, 2004.

GARDBAUM, Stephen. *O Novo Modelo de Constitucionalismo da Comunidade Britânica*. Ed Lumen Juris, 2010

______ *O Reassessing the new Commonwealth model of Constitutionalism*. International Journal of Constitutional Law, New York, *v.8, n.2, p167-206, 2010*.

GODOY, Arnaldo. *Direito e Economia: Introdução ao movimento Law and Economics*. Revista Jurídica, Brasília, v. 7, n. 73, jun/jul, 2005.

GODOY, Miguel Gualano. *Constitucionalismo e Democracia: Uma Leitura a partir de Carlos Santiago Nino e Roberto Gargarella*. São Paulo: Saraiva, 2012.

GONÇALVES, Aroldo Plínio (Coord.). *Mandado de segurança*. Belo Horizonte: Del Rey, 1996.

______. *Técnica processual e teoria do processo*. Rio de Janeiro: AIDE, 2001.

GOUVÊA, Marcos Maselli. O direito ao fornecimento estatal de medicamentos. In: GARCIA, Emerson (Coord.). *A efetividade dos direitos sociais*. Rio de Janeiro: Lumen Juris, 2004.

GRINOVER, Ada Pellegrini; FERNANDES, Antônio Scarance; GOMES FILHO, Antônio Magalhães. *Recursos no processo penal*. 4. ed. São Paulo: RT, 2005.

GRONDIN, Jean. *Introdução à Hermenêutica Filosófica*. Trad. Benno Dischinger. São Leopoldo: Unisinos, 1999. [Coleção Focus].

GUERRA FILHO, Willis Santiago. Princípio da proporcionalidade e teoria do direito. In: GRAU, Eros Roberto; GUERRA FILHO, Willis Santiago (Orgs.). *Direito Constitucional: estudos em homenagem a Paulo Bonavides*. São Paulo: Malheiros, 2001.

GUEST, Stephen. *Ronald Dworkin*. Ed. Campus Jurídico, 2010.

GÜNTHER, Klaus. *The sense of appropriateness: application discourses in morality and law*. Trad. John Farrell. New York: State University of New York, 1993.

______. *Un concepto normativo de coherencia para una teoría de la argumentación jurídica*. Trad. Juan Carlos Velasco Arroyo. *Doxa*, n. 17-18, 1995.

GUTMANN, Amy e THOMPSON, Dennis. *O que significa Democracia Deliberativa?* Revista Brasileira de Estudos Constitucionais (RBEC) Belo Horizonte, ano, 1 n.1, p.17/78 jan./mar./2007.

HÄBERLE, Peter. *Hermenêutica constitucional: a sociedade aberta dos intérpretes da Constituição – a contribuição para a interpretação pluralista e "procedimental" da Constituição*. Trad. Gilmar Ferreira Mendes. Porto Alegre: Sergio Antonio Fabris, 1997.

HABERMAS, Jürgen. *Consciência moral e agir comunicativo*. Trad. Guido A. de Almeida. Rio de Janeiro: Tempo Brasileiro, 1989.

______. *Pensamento pós-metafísico: estudos filosóficos*. Trad. Flávio Beno Siebeneichler. Rio de Janeiro: Tempo Brasileiro, 1990.

______. *La crisis del Estado de bienestar y el agotamiento de las energías utópicas*. In: HABERMAS, Jürgen. *Ensayos políticos*. 2. ed. Trad. Ramón García Cotarelo. Barcelona: Península, 1994.

______. *Facticidad y validez: sobre el derecho y el Estado democrático de derecho en términos de teoría del discurso*. Trad. Manuel Jiménez Redondo. Madrid: Trotta, 1998.

______. *A inclusão do outro: estudos de teoria política*. Trad. George Speiber e Paulo Astor Soethe. São Paulo: Loyola, 2002.

______. *Mudança estrutural da esfera pública: investigações quanto a uma categoria da sociedade burguesa*. Trad. Flávio R. Kothe. Rio de Janeiro: Tempo Brasileiro, 2003.

______. *O estado democrático de direito – uma amarração paradoxal de princípios contraditórios?* In: HABERMAS, Jürgen. *Era das transições*. Trad. Flávio Beno Siebeneichler. Rio de Janeiro: Tempo Brasileiro, 2003.

______. *Verdade e justificação: ensaios filosóficos*. Trad. Milton Camargo Mota. São Paulo: Loyola, 2004. [Humanística].

______. *Sobre a Constituição da Europa*, Trad. Denilson Luis Werle. São Paulo: Unesp, 2011.

HEIDEGGER, Martin. *Ser e tempo*. Trad. Márcia Sá Cavalcanti. Petrópolis: Vozes, 1998.

HENNIG LEAL, Mônica Clarissa. *Jurisdição constitucional aberta. Reflexões sobre a legitimidade e os limites da jurisdição constitucional na ordem democrática*. Rio de Janeiro: Lumen Juris, 2007.

HESSE, Konrad. *A força normativa da constituição*. Trad. Gilmar Ferreira Mendes. Porto Alegre: Sergio Antonio Fabris, 1991.

______. *Derecho constitucional y derecho privado*. Trad. Ignácio Gutiérrez Gutiérrez. Madrid: Cuadernos Civitas, 1995.

______. *Elementos de direito constitucional da República Federal da Alemanha*. Trad. Luís Afonso Heck. Porto Alegre: Sérgio Antônio Fabris, 1998.

HOLMES, Stephen; SUNSTEIN, Cass R. *The cost of rights: why liberty depends on taxes*. New York: W. W. Norton & Co, 1999.

HORTA, Raul Machado. *Direito constitucional*. 4. ed. Belo Horizonte: Del Rey, 2003.

HONNET, Axel. *Luta por Reconhecimento. A Gramática Moral dos conflitos sociais*. Trad. Luiz Repa. 2. ed. São Paulo: 34, 2009.

HÜBNER, Conrado Mendes, *Constitutional Courts and Deliberative Democracy*, Oxford UP, 2013.

______. *Direitos Fundamentais, Separação de Poderes e Deliberação*. São Paulo: Saraiva, 2011.

JELLINEK, George. *Reforma y mutación de la constitución*. Trad. Christian Förter. Madrid: Centro de Estúdios Constitucionales, 1991.

KANT, Immanuel. *Fundamentação da metafísica dos costumes*. Trad. Paulo Quintela. 2. ed. São Paulo: Abril Cultural, 1980. [Os Pensadores].

KELSEN, Hans. *Teoria pura do direito*. 6. ed. Trad. João Batista Machado. São Paulo: Martins Fontes, 1999.

KRAMER, Lerry. *The People Themselves: Popular Constitutionalism and Judicial Review*. New York: Oxford University Press, 2004.

KRELL, Andréas J. *Direitos sociais e controle judicial no Brasil e na Alemanha*. Porto alegre: Sérgio Antônio Fabris, 2002.

KUHN, Thomas S. *A estrutura das revoluções científicas*. 6. ed. Trad. Beatriz Vianna Boeira e Nelson Boeira. São Paulo: Perspectiva, 2001. [Coleção Debates, n. 115].

LARMORE, Charles. *The Morals of Modernity*, Cambridge: Cambridge University Press, 1996.

LEAL, Rogério Gesta. Perfis democrático-procedimentais da jurisdição comunitária: uma possibilidade para o Brasil. *Revista do Instituto de Hermenêutica Jurídica*, v. 1, n. 5, Porto Alegre: Instituto de Hermenêutica Jurídica, 2007.

LEIVAS, Paulo Gilberto Cogo. *Teoria dos direitos fundamentais sociais*. Porto Alegre: Livraria do Advogado, 2006.

LENZA, Pedro. *Direito constitucional esquematizado*. 12. ed. São Paulo: Saraiva, 2008.

LIMA, Renata Mantovani de e COSTA BRINA, Marina Martins. *O Tribunal Penal Internacional*, Ed. Del Rey, 2006.

LOBO TORRES, Ricardo. O mínimo existencial, os direitos sociais e os desafios de natureza orçamentária. In: SARLET, Ingo Wolfgang; TIMM, Luciano Benetti (Coords.). *Direitos fundamentais, orçamento e "reserva do possível"*. Porto Alegre: Livraria do Advogado, 2008.

LÖEWENSTEIN, Karl. *Teoria de la constitución*, Barcelona: Ariel, 1965.

LOURENÇO, Cristina Sílvia Alves, BALHE GUEDES, Maurício Sullivan. *A dignidade da pessoa humana em processos criminais no STF: valor intrínseco, autonomia e valor comunitário*, 2014.

LUHMANN, Niklas. La costituzione come acquisizione evolutiva. In: ZAGREBELSKY, Gustavo et al. (Coords.). *Il futuro della Costituzione*. Torino: Einaudi, 1996.

______. *El derecho de la sociedad*. Trad. Javier Torres Nafarrate. México: Universidad Ibero Americana, 2002. [Colección Teoría Social].

LUPION, Ricardo. O direito fundamental à saúde e o princípio da impessoalidade. In: SARLET, Ingo Wolfgang; TIMM, Luciano Benetti (Coords.). *Direitos Fundamentais, Orçamento e "Reserva do Possível"*. Porto Alegre: Livraria do Advogado, 2008.

MACCORMICK, Neil. *H.L.A. Hart*. Trad. Cláudia Santana Martins. Coleção Teoria e Filosofia do Direito. Ed. Campus Jurídico, 2010.

MACHADO, João Batista. *Introdução ao direito e ao discurso legitimador*. 12. ed. Coimbra: Livraria Almedina, 2000.

MACIEL, Sílvio Luiz. *Lei dos Crimes Ambientais nº 9.605/1998*. In: GOMES, Luiz Flávio e CUNHA, Rogério Sanches (coord.) *Legislação Criminal Especial*. São Paulo: RT, 2009.

MAIA, Alexandre. *Dogmática jurídica e multiplicidade*: uma análise da teoria da argumentação jurídica de Robert Alexy. *Revista do Instituto de Hermenêutica Jurídica*, v. 1, n. 5. Porto Alegre: Instituto de Hermenêutica Jurídica, 2007.

MANCUSO, Rodolfo de Camargo. *Ação popular: proteção do erário, do patrimônio público, da moralidade administrativa e do meio ambiente*. 4. ed. São Paulo: Revista dos Tribunais, 2001.

MANGABEIRA UNGER, Roberto, *The Critical Legal Studies Movement*, Cambridge: Harvard, University Press, 1986.

MARINHO, Josaphat. Constituição econômica. *Revista de Direito Administrativo*, n. 156, 1984.

MARINONI, Luiz Guilherme; ARENHART, Sérgio Cruz. *Manual do processo de conhecimento*. 2. ed. São Paulo: Revista dos Tribunais, 2003.

______; MITIDIERO, Daniel, *Repercussão geral no recurso extraordinário*, 2007.

MARTINS, Leonardo. *Direito Processual Constitucional Alemão*. São Paulo: Atlas, 2011.

______. MOREIRA, Thiago Oliveira. *Controle de convencionalidade de atos do poder público: concorrência ou hierarquia em face do controle de constitucionalidade?* In: Direito Constitucional e Internacional dos Direitos Humanos, Belo Horizonte: Ed. Fórum, 2012.

MASSON Nathalia, *Manual de Direito Constitucional*. 3. ed. Salvador: Juspodivm, 2014.

MAUS, Ingeborg. *Judiciário como superego da sociedade*: o papel da atividade jurisprudencial na "sociedade órfã". Trad. Martônio Lima e Paulo Albuquerque. *Novos Estudos CEBRAP*, n. 58, nov. 2000.

MAXIMILIANO, Carlos. *Hermenêutica e aplicação do direito*. 19. ed. Rio de Janeiro: Forense, 2006.

MAZZEI, Rodrigo. Mandado de injunção. In: *Ações constitucionais*. 2. ed. Salvador: Juspodivm, 2007.

MAZZILLI, Hugo Nigro. *O Ministério Público na Constituição de 1988*. São Paulo: Saraiva, 1996.

_____ *A defesa dos interesses difusos em juízo*. São Paulo: Saraiva, 1995.

MEIRELLES, Hely Lopes. *Mandado de segurança, ação popular, ação civil pública, habeas data, ação direta de constitucionalidade, arguição de descumprimento de preceito fundamental, o controle incidental de normas no direito brasileiro*. 26. ed. Atual. Arnold Wald e Gilmar Ferreira Mendes. São Paulo: Malheiros, 2003.

______. *Direito administrativo brasileiro*. 32. ed. São Paulo: Malheiros, 2006.

MELO, Celso Antônio Bandeira de. *Curso de direito administrativo*. 16. ed. São Paulo: Malheiros, 2006.

MENDES, Gilmar Ferreira. A proporcionalidade na jurisprudência do Supremo Tribunal Federal. *Repertório IOB de jurisprudência: tributário, constitucional e administrativo*, n. 23, 1994.

_____. *Jurisdição constitucional*. São Paulo: Saraiva, 2003.

______. *Controle de constitucionalidade e direitos fundamentais*. São Paulo: Saraiva, 2004.

______. *Direitos fundamentais e controle de constitucionalidade: estudos de direito constitucional*. 3. ed. São Paulo: Saraiva, 2004.

MENDES, Gilmar Ferreira; COELHO, Inocêncio Mártires; BRANCO, Paulo Gustavo Gonet. *Curso de direito constitucional*. São Paulo: Saraiva, 2008.

MEYER, Emílio Peluso Neder. *A Decisão no controle de constitucionalidade*. São Paulo: Método, 2008.

_____ *Ditadura e Responsabilização: Elementos para uma Justiça de Transição no Brasil*. Belo Horizonte: Arraes, 2012.

MEYER-PFLUG, Samantha Ribeiro. *Liberdade de Expressão e Discurso do ódio*. São Paulo: RT, 2009.

MICHELMAN, Frank. *Brennan and Democracy*. Princeton: Princeton University, 1999.

MIRANDA, Jorge. *Manual de direito constitucional*. Tomo II e IV. Ed. Coimbra, 1990.

MONTEBELLO, Marianna. Estudo sobre a teoria da revisão judicial no constitucionalismo norte-americano: a abordagem de Bruce Ackerman, John Hart Ely e Ronald Dworkin. In: RIBAS VIEIRA, José (Org.). *Temas de direito constitucional norte-americano*. Rio de Janeiro: Forense, 2002.

MORAES, Alexandre de. *Direito constitucional*. 21. ed. São Paulo: Atlas, 2008.

______. *Direitos humanos fundamentais*: teoria geral. 8. ed. São Paulo: Atlas, 2007.

MORAES, Guilherme Peña de. *Direito constitucional*: teoria dos direitos fundamentais. Rio de Janeiro: Lumen Juris, 2008.

MOREIRA, Eduardo Ribeiro. *Neoconstitucionalismo: A Invasão da Constituição*. Ed. Método, 2008.

MOREIRA, José Carlos Barbosa. Mandado de injunção. *Revista de Processo*. São Paulo: Revista dos Tribunais, v. 56, 1989.

MOREIRA, Nelson Camatta, *Fundamentos de uma Teoria da Constituição Dirigente*. Conceito, 2010.

MOREIRA, Vital. *A ordem jurídica do capitalismo*. Coimbra: Centelha, 1973,

MOREIRA NETO, Diogo de Figueiredo. *Curso de direito administrativo*. 11. ed. Rio de Janeiro: Forense, 1999.

MORENO, Arley R. *Wittgenstein: os labirintos da linguagem: ensaio introdutório*. São Paulo: Moderna, 2000. [Coleção Logos].

NEGRI, Antônio *O poder constituinte: ensaio sobre as alternativas da modernidade*. Trad. Adriano Pilatti. Rio de Janeiro: DP&A, 2002.

NERY JUNIOR, Nelson; ANDRADE NERY, Rosa Maria. *Código de processo civil comentado*. São Paulo: Revista dos Tribunais, 2007.

NEVES, Daniel Amorim Assumpção. *Curso de processo civil*. São Paulo: Método, 2009.

NEVES, Marcelo. A força simbólica dos direitos humanos. *Revista Brasileira de Direito Público*, a. 1, n. 3, out./dez. 2003.

______.. *A constitucionalização simbólica*. 2. ed. São Paulo: Martins Fontes, 2007. [Coleção Justiça e Direito].

______. *Transconstitucionalismo*. São Paulo: Martins Fontes, 2009.

NOJIRI, Sérgio. *O dever de fundamentar as decisões judiciais*. São Paulo: Revista dos Tribunais, 1998. [Coleção estudos de direito de processo Enrico Tullio Liebman].

NOVELINO, Marcelo, *Direito Constitucional*, São Paulo: Método, 2009.

NUNES, Dierle José Coelho. *O recurso como possibilidade jurídico-discursiva das garantias do contraditório e da ampla defesa*. 2003. Dissertação (Mestrado em Direito Processual) – Faculdade Mineira de Direito, Pontifícia Universidade Católica de Minas Gerais, Belo Horizonte, 2003.

______. O princípio do contraditório. *Revista Síntese de Direito Civil e Processual Civil*, Porto Alegre: Síntese. a. v, n. 29. maio/jun. 2004.

OLIVEIRA, Cláudio Ladeira, *Ativismo judicial, Autorrestrição judicial e o Minimalismo de Cass Sunstein*. Diritto & Diritti, v. 1, p. 01-21, 2008.

OLIVEIRA, Daniel de Almeida, *Stephen Griffin e a teoria constitucional americana*. Rio de Janeiro: Lumen Juris, 2009.

OLIVEIRA, Eugênio Pacelli. *Curso de processo penal*. Rio de Janeiro: Lumen Juris, 2007.

OLIVEIRA, Manfredo Araújo. *Reviravolta linguístico-pragmática na filosofia contemporânea*. 2. ed. São Paulo: Loyola, 2001. [Coleção Filosofia].

OLIVEIRA, Márcio Luís de. *Os limites ideológicos e jusfilosóficos do poder constituinte originário*, p. 379-407, Belo Horizonte: Del Rey, 2007.

______. *A Constituição juridicamente adequada*, 2009.

OMMATI, José Emílio Medauar. *Liberdade de Expressão e discurso do ódio na Constituição de 1988*. Rio de Janeiro: Lumen Juris, 2012.

______ *Teoria da Constituição*, 2ª Edição. Rio de Janeiro: Lumen Juris, 2013.

PAGLIARINI, Alexandre Coutinho e DIMOULIS, Dimitri. *Direito Constitucional Internacional dos Direitos Humanos*, Belo Horizonte: Fórum, 2012.

PALMER, Richard. *Hermenêutica*. Trad. Maria Luísa Ribeiro Ferreira. Lisboa: Edições 70, 1997.

PASSOS, J. J. Calmon de. *Mandado de segurança coletivo, mandado de injunção, habeas data: constituição e processo*. Rio de Janeiro: Forense, 1989.

PEDRA, Adriano Sant'Ana. *A Constituição Viva: Poder Constituinte Permanente e Cláusulas Pétreas na Democracia Participativa*. 2. ed. Rio de Janeiro: Lumen Juris, 2012.

______ *Advocacia Pública do Estado*. (Org.) Curitiba: Juruá, 2014.

PEREIRA, Rodolfo Viana. *Hermenêutica Filosófica e Constitucional*. Belo Horizonte: Del Rey, 2001.

PEREZ LUÑO, Antonio Enrique. *Derechos humanos, estado de derecho y constitución*. 2. ed. Madrid: Tecnos, 1986.

PETERS, Christopher J. Assessing the New Judicial Minimalism. *Columbia Law Review*, out. 2000.

PINHEIRO, Bruno. *Controle de Constitucionalidade – Doutrina, Jurisprudência e Questões*. São Paulo: Método, 2009.

POSNER, Richard. *Economic Analysis of Law*. 6. ed. New York: Aspen, 2003.

______. *Problemas de Filosofia de Direito*. Trad. Jefferson Luiz Camargo. São Paulo: Martins Fontes, 2007.

POST, Robert; SIEGEL, Reva. *Roe rage: democratic constitutionalism and backlash.* Harvard Civil-Rights Civil-Liberties Law Review, 2007. p. 395.

POST, Robert; SIEGEL, Reva. Democratic Constitutionalism. *In*: BALKIN, Jack; SIEGEL, Reva B. (Orgs.). **Constitution 2020**. Oxford: Oxford University Press, 2009

POST, Robert; SIEGEL, Reva. Popular Constitutionalism, Departmentalism and Judicial Supremacy. *In*: **California Law Review**. v. 92. Berkeley: Berkeley University, 2004

______. *A Problemática da Teoria Moral e Jurídica*. Trad. Marcelo Brandão Cipolla. São Paulo: Martins Fontes, 2012.

PIOVESAN, Flávia, *Direitos Humanos e o Direito Constitucional Internacional.* 12. ed. São Paulo: Saraiva, 2011.

______. *Direitos Humanos e a Justiça Internacional.* São Paulo: Saraiva, 2011.

QUADROS DE MAGALHÃES, José Luiz. *Direito constitucional.* 2. ed. Belo Horizonte: Mandamentos, 2002. t. 1.

______. *Dimensão à diversidade e o Estado plurinacional.* Belo Horizonte: Arraes, 2012.

______. *Pluralismo Epistemológico e Modernidade*. Belo Horizonte: Arraes, 2012.

QUINAUD PEDRON, Flávio. *É possível uma resposta correta para casos controversos?*: uma análise da interpretação de Robert Alexy da tese dworkiana. *Revista do Tribunal Regional do Trabalho 3ª Região*, Belo Horizonte, n. 70, jul./dez. 2004.

______. *A função dos tribunais constitucionais para a teoria dos sistemas de Niklas Luhmann. Revista CEJ*, Brasília, n. 29, abr./jun. 2005.

______. *Comentários sobre as interpretações de Alexy e Dworkin. Revista CEJ*, Brasília, n. 30, set. 2005.

______. *Direitos e Interesses: (re)pensando a relação para além de uma compreensão semântica. Vox Forensis*, v. 1, n. 1, jan. 2008.

______. *Mutação Constitucional na crise do positivismo jurídico*. Ed. Arraes, 2012.

RAWLS, John. *Liberalismo político*. Trad. Sergio René Madero Báez. México: Fondo de Cultura Econômica, 1996. [Política y Derecho].

______. *Teoria da justiça*. Trad. Almiro Pisetta e Lenita Estevez. São Paulo: Martins Fontes, 2000. [Coleção Direito e Justiça].

______. *Justiça como equidade: uma reformulação*. Trad. Claudia Berliner. São Paulo: Martins Fontes, 2003. [Coleção Direito e Justiça].

REISSINGER, Simone. *Aspectos controvertidos do direito à saúde na constituição brasileira de 1988*. 2008. Dissertação (Mestrado em Direito Público) – Faculdade Mineira de Direito, Pontifícia Universidade Católica de Minas Gerais, Belo Horizonte, 2008.

RODRIGUES, Geisa de Assis. Ação Popular. In: *Ações constitucionais*. 2. ed. Salvador: Juspodivm, 2007.

RODRIGUES, Maurício Andreiuolo, *Poder constituinte supranacional*: esse novo personagem, 2004.

ROHDEN, Luiz. *Hermenêutica Filosófica: entre a linguagem da experiência e a experiência da linguagem*. São Leopoldo: Unisinos, 2002. [Coleção Ideias].

ROSA, Alexandre de Morais. *Diálogos com a Law & Economics*. 2. ed. Rio de Janeiro: Lumen Juris, 2011.

ROSENFELD, Michel. *A identidade do sujeito constitucional*. Trad. Menelick de Carvalho Netto. Belo Horizonte: Mandamentos, 2003.

RUFFIA, Paolo Biscaretti. *Introduzione al diritto costituzionale comparato*. Milão: Ed. Giuffre, 1967.

SAMPAIO, José Adércio Leite. *A Constituição reinventada pela jurisdição constitucional*. Belo Horizonte: Del Rey, 2002.

______. Teorias constitucionais em perspectiva. In: SAMPAIO, José Adércio Leite (Coord.). *Crises e desafios da constituição*. Belo Horizonte: Del Rey, 2004.

______. *Direitos Fundamentais*. Belo Horizonte: Del Rey, 2004.

SAMPAIO, Nelson de Souza. *O Processo Legislativo*. Belo Horizonte: Del Rey, 1996.

SANDEL, Michael J. *Justiça*. 4. ed. Rio de Janeiro: Civilização Brasileira, 2011.

SANTOS, Boaventura de Souza Santos. *Pensar el estado y la sociedade: desafios actuales*, Wadhuter editores, Buenos Ayres, 2009.

______. *Refundacion del Estado em América Latina: Perspectivas desde uma espistemologia del Sur*. Instituto Internacional de Derecho y Sociedad, Programa Democracia y Transformacion Global, 2010.

SARLET, Ingo Wolfgang. *A eficácia dos direitos fundamentais*. Porto Alegre: Livraria do Advogado, 1998.

______. *A Eficácia dos Direitos Fundamentais*. 10. ed. Porto Alegre: Livraria do Advogado, 2011.

______. *Estado socioambiental e Direitos Fundamentais*. Porto Alegre: Livraria do Advogado, 2010.

______. *Dimensões da Dignidade: Ensaios de filosofia do direito e direito constitucional*. Porto Alegre: Livraria do Advogado, 2009.

______. *Curso de Direito Constitucional*. 3. ed. São Paulo: RT, 2014.

______; FIGUEIREDO, Mariana Filchtiner. Reserva do possível, mínimo existencial e direito à saúde: algumas aproximações. In: SARLET, Ingo Wolfgang; TIMM, Luciano Benetti (Coord.). *Direitos fundamentais, orçamento e "reserva do possível"*. Porto Alegre: Livraria do Advogado, 2008.

SARMENTO, Daniel. *A ponderação de interesses na Constituição Federal*. Rio de Janeiro: Lumen Juris, 2000.

______. A dimensão objetivo dos direitos fundamentais: fragmentos de uma teoria. In: SAMPAIO, José Adércio Leite (Coord.). *Jurisdição constitucional e direitos fundamentais*. Belo Horizonte: Del Rey, 2003.

______. A vinculação dos particulares aos direitos fundamentais no Direito Comparado e no Brasil. In: BARROSO, Luís Roberto (Org.). *A nova interpretação constitucional: ponderação, direitos fundamentais e relações privadas*. Rio de Janeiro: Renovar, 2003.

______. Interesses públicos vs. interesses privados na perspectiva da teoria e da filosofia constitucional. In: SARMENTO, Daniel (Org.). *Interesses públicos versus interesses privados: desconstruindo o princípio de supremacia do interesse público*. Rio de Janeiro: Lumen Jures, 2005.

______. *Filosofia e Teoria Constitucional Contemporânea*. Rio de Janeiro: Lumen Juris, 2009.

______. *Por um Constitucionalismo Inclusivo*. Rio de Janeiro: Lumen Juris, 2010.

______. *Direitos Sociais* (org.) Rio de Janeiro: Lumen Juris, 2010.

______; SOUZA NETO, Cláudio Pereira, *Direito Constitucional*. Belo Horizonte: Fórum, 2012.

SCHAUER, Frederick. *Free Speech: A Philosophical Enquiry. Cambridge University Press*, 1982.

SCHMITT, Carl. *Teoría de la constitución*. Madrid: Revista de Derecho Privado, 1927.

SIFFERT, Paulo de Abreu. Breves notas sobre o constitucionalismo americano. In: RIBAS VIEIRA, José (Org.). *Temas de direito constitucional norte-americano*. Rio de Janeiro: Forense, 2002.

SILVA, José Afonso da. *Curso de direito constitucional positivo*. São Paulo: RT, 1989.

______. *Curso de direito constitucional positivo*. 25. ed. São Paulo: Malheiros, 2005.

SILVA, Virgílio Afonso da. O proporcional e o razoável. *Revista dos Tribunais*, São Paulo, a. 91, v. 798, abr. 2002.

______. *A constitucionalização do direito: os direitos fundamentais nas relações entre particulares*. São Paulo: Malheiros, 2005. [Teoria & Direito Público].

______. *Interpretação Constitucional e Sincretismo Metodológico*. In: SILVA, Virgílio Afonso da (Org.). *Interpretação Constitucional*. São Paulo: Malheiros, 2005.

______. *Direitos Fundamentais*. São Paulo: Malheiros, 2009.

SOARES, Mario Lúcio Quintão. *Teoria do Estado. Novos Paradigmas em Face da globalização*. 3. ed. São Paulo: Atlas, 2007.

SODRE, Eduardo. Mandado de Segurança. In: *Ações Constitucionais*. 2. ed. Salvador: Juspodivm, 2007.

SOUZA, Miriam de Almeida. *A política legislativa do consumidor no direito comparado.* Belo Horizonte: Edições Ciência Jurídica, 1996.

SOUZA CRUZ, Álvaro Ricardo de. *O direito à diferença: as ações afirmativas como mecanismo de inclusão social de mulheres, negros, homossexuais e pessoas portadoras de deficiência.* Belo Horizonte: Del Rey, 2003.

______. *Jurisdição constitucional democrática.* Belo Horizonte: Del Rey, 2004.

______. Poder constituinte e patriotismo constitucional. In: GALUPPO, Marcelo Campos. *O Brasil que queremos: reflexões sobre o Estado Democrático de Direito.* Belo Horizonte: Editora PUC Minas, 2006.

______. *Hermenêutica jurídica e(m) debate: o constitucionalismo brasileiro entre a teoria do discurso e a ontologia existencial.* Belo Horizonte: Fórum, 2007.

______. *A resposta correta: Incursões jurídicas sobre as teorias da justiça,* Belo Horizonte: *Ed. Arraes, 2011.*

______. *Além do Positivismo Jurídico.* SOUZA CRUZ, Álvaro Ricardo de, e DUARTE, Bernardo Augusto Ferreira Duarte. Belo Horizonte: *Ed Arraes, 2013.*

SOUZA NETO, Cláudio Pereira. *Constitucionalismo Democrático e Governo das Razões.* Rio de Janeiro: Lumen Juris, 2010.

______. *Direitos Sociais.* (org.) Rio de Janeiro: Lumen Juris, 2010.

STEINMETZ, Wilson. *Princípio da proporcionalidade e atos de autonomia privada.* São Paulo: Malheiros, 2005. [Interpretação Constitucional]

STRECK, Lenio Luiz. *A hermenêutica jurídica e(m) crise: uma exploração hermenêutica da construção do direito.* Porto Alegre: Livraria do Advogado, 1999.

______. A crise da hermenêutica e a hermenêutica da crise: a necessidade de uma nova crítica do direito (NCD). In: SAMPAIO, José Adércio Leite (Coord.). *Jurisdição constitucional e direitos fundamentais.* Belo Horizonte: Del Rey, 2003.

______. *O que é isso: Decido conforme minha Consciência?* Porto Alegre: Livraria do Advogado, 2010.

______. *Verdade e Consenso.* 3. ed. São Paulo: Saraiva, 2011.

______. *Jurisdição Constitucional e Decisão Jurídica.* 3. ed. São Paulo: Revista dos Tribunais, 2013

SUNSTEIN, Cass R. *One Case At a Time: judicial minimalism on the Supreme Court.* Cambridge: Harvard University, 1999.

______. *Legal Reasoning and Political Conflitct.* New York: Oxford University Press, 1996.

______. *Radicalsin Robes: why extreme Right-wing courts are wrong for America,* New York: Basic Books, 2005.

TAVARES, André Ramos. *Direito constitucional econômico.* 2. ed. São Paulo: Método, 2006.

_______. *Curso de Direito Constitucional*. São Paulo: Saraiva, 2012.

TEIXEIRA, José Horácio Meirelles. *Curso de direito constitucional*. Rio de Janeiro: Forense, 1991.

TEMER, Michel. *Elementos de direito constitucional*. São Paulo: Malheiros, 1995.

THEODORO JÚNIOR, Humberto. *Princípios gerais do direito processual civil. Revista de Processo*. São Paulo: Revista dos Tribunais, n. 23, a. 4, jul./set. 1981.

_______. NUNES, Dierle, BAHIA, Alexandre Melo Franco, PEDRON, Flávio, *Novo CPC. Fundamentos e Sistematização*. 2. ed. Rio de Janeiro: Forense, 2015.

TOMAZ DE OLIVEIRA, Rafael, *Um Debate sobre o Lugar da Teoria do Direito*, Revista Consultor Jurídico (Conjur), jan. 2012.

TORRES, Ricardo Lobo, *O Mínimo existencial, os direitos sociais e a reserva do possível*. Rio de Janeiro: Renovar, 2004.

TORRES, Silvia Faber. Direitos prestacionais, reserva do possível e ponderação: breves considerações e críticas. In: SARMENTO, Daniel; GALDINO, Flávio. *Direitos fundamentais: estudos em homenagem ao professor Ricardo Lobo Torres*.

TRIBE, Laurence. *Constitutional choices*. Cambridge, Massachusetts: Harvard University Press, 1985.

_______. *American constitutional law*. 2. ed. Cambridge: Fundation Press, 1988.

_______; DORF, Michael. *Hermenêutica constitucional*. Trad. Amarilis de Souza Birchal. Belo Horizonte: Del Rey, 2007. [Del Rey Internacional].

TUSHNET, Mark. *Taking the constitution away from the courts*. Princeton. New Jersey, 1999.

_______. *Popular Constitucionalism as Political Law*. Chicago: Chicago-Kent College of Law, 2006.

_______. *Democracy v. Judicial Review. Is It Time Amend the Constitution?* In. *Dissent Magazine*, V. 51, nº 2, 2005.

URBANO DE CARVALHO, Raquel Melo. *Curso de direito administrativo*. Salvador: Juspodivm, 2008.

VELOSO, Carlos Mário da Silva. A evolução da interpretação dos direitos fundamentais no Supremo Tribunal Federal. In: SAMPAIO, José Adércio Leite (Coord.). *Jurisdição constitucional* e *direitos fundamentais*. Belo Horizonte: Del Rey, 2003.

_______. *Temas de Direito Público*. Belo Horizonte: Del Rey, 1994.

VIEHWEG, Theodor. *Tópica e Jurisprudência*. Trad. Tércio Sampaio Ferraz Jr. Brasília: Imprensa Nacional, 1979. [Pensamento Jurídico Contemporâneo].

VIEIRA, Iacyr de Aguiar. A essência da constituição no pensamento de Lassalle e de Konrad Hesse. *Revista de Informação Legislativa*, a. 35, n. 139, jul./set. 1998.

VIEIRA, Oscar Vilhena. *Direitos fundamentais: uma leitura da Jurisprudência do STF*. São Paulo: Malheiros, 2006.

______. *A Constituição como reserva de justiça*. São Paulo: Malheiros, 2005.

WALDRON, Jeremy. *The Core the Case Against Judicial Review*, In Yale Law Jornal, v. 115, nº 6, 2006.

______. *Judges as moral reasoners*, in *International Journal of Constitutional Law*, vol. 7, nº 1, 2009

______. *Law and Disagreement*, Oxford: Oxford University Press, 1999.

______. *The Dignity of Legislation*: Cambridge: Cambridge University Press, 1999.

WALLERSTEIN, Immanuel. *O Universalismo Europeu: a retórica do Poder*. São Paulo: Boitempo, 2007.

WALUCHOW, W. J. *Inclusive Legal Positivism*. Oxford: Clarendon Press, 1994.

______. *The Many Faces of Legal Positivism*. University of Toronto Law Journal, v.48, nº 3, 1998, pp. 387-449.

______. *A Common Law Theory of Judicial Review: The Living Tree*. Cambridge: Cambridge University Press, 2007.

WEITHMAN, Paul J. Review of Cass R. Sunstein's *one case of at a time: judicial minimalism on the supreme court. Journal of College and University Law*, 1999.

WITTGENSTEIN, Ludwig. *Investigações filosóficas*. Trad. José Carlos Bruni. 2. ed. São Paulo: Abril Cultural, 1980. [Os Pensadores].

ZAGREBELSKY, Gustavo, *El derecho dúctil: Ley, derechos, justicia*. Madrid Trotta, 1999.

Anexo

EMENDA CONSTITUCIONAL Nº 95/2016 – TETO DOS GASTOS PÚBLICOS

A **Emenda Constitucional nº 95/2016**, antes conhecida como "PEC do Teto dos Gastos"[1], alterou o Ato das Disposições Constitucionais Transitórias (ADCT) para instituir **Novo Regime Fiscal** (NRF). O novo regime, com duração de 20 anos, cria um teto para os gastos públicos da União, notadamente para as *despesas primárias*, visando evitar que as despesas públicas sofram crescimentos superiores aos do índice inflacionário. Os três poderes (e seus respectivos órgãos), bem como o Ministério Público Federal e a Defensoria Pública da União terão limites específicos para a realização de suas despesas, com as seguintes especificações:

- para o exercício de 2017, o limite será correspondente à despesa primária paga no exercício de 2016, incluídos os restos a pagar pagos e demais operações que afetam o resultado primário, corrigida em 7,2% (art. 107, § 1º, I, ADCT).
- para os exercícios posteriores, o limite será correspondente ao valor do limite referente ao exercício imediatamente anterior, corrigido pela variação do Índice Nacional de Preços ao Consumidor Amplo (art. 107, § 1º, II, ADCT).

Quatro **observações** se mostram necessárias:

- Após dez exercícios de vigência do novo regime fiscal poderá o chefe do Poder Executivo propor projeto de lei complementar para alterar o método de correção dos limites supramencionados (art. 108, ADCT).
- Não se incluem na base de cálculo e nos limites estabelecidos: I - transferências constitucionais estabelecidas no § 1º do art. 20, no inciso III do parágrafo único do art. 146, no § 5º do art. 153, no art. 157, nos incisos I e II do caput do art. 158, no art. 159 e no § 6º do art. 212, as despesas referentes ao inciso XIV do caput do art. 21 e as complementações de que tratam os incisos IV e V do caput do art. 212-A, todos da Constituição Federal; (Redação dada pela Emenda constitucional nº 108, de 2020) II - créditos extraordinários a que se refere o § 3º do art. 167 da Constituição Federal; III - despesas não recorrentes da Justiça Eleitoral com a realização de eleições; e IV - despesas com aumento de capital de empresas estatais não dependentes. V - transferências a Estados, Distrito Federal e Municípios de parte dos valores arrecadados com os leilões dos volumes excedentes ao limite a que se refere o § 2º do art. 1º da Lei nº 12.276, de 30 de junho de 2010, e a despesa decorrente da revisão do contrato de cessão onerosa de que trata a mesma Lei. (Incluído pela Emenda Constitucional nº 102, de 2019)
- É permitido ao Poder Executivo, nos três primeiros anos de vigência do novo regime, compensar potenciais excessos do Legislativo e do Judiciário em até 0,25% de seu limite (art. 107, §§ 7º e 8º, ADCT).

- A EC nº 95/2016 acrescentou o § 3º ao art. 109 do ADCT proibindo a ***concessão de revisão geral anual*** no caso de descumprimento dos limites individualizados para as despesas primárias (Ver o art. 107 do ADCT, da CR/88) do Poder Executivo, do Poder Judiciário, do Poder Legislativo, do Ministério Público da União e do Conselho Nacional do Ministério Público e da Defensoria Pública da União.[1] Nos termos do art. 37 da CR/88 a administração pública direta e indireta de qualquer dos Poderes da União, dos Estados, do Distrito Federal e dos Municípios obedecerá aos princípios de legalidade, impessoalidade, moralidade, publicidade e eficiência e, também, ao seguinte: (...) X - a remuneração dos servidores públicos e o subsídio de que trata o § 4º do art. 39 somente poderão ser fixados ou alterados por lei específica, observada a iniciativa privativa em cada caso, assegurada revisão geral anual, sempre na mesma data e sem distinção de índices; (Redação dada pela EC 19/98). Essa revisão geral anual é aplicável a todos os servidores públicos sem distinção de índices, e por óbvio é diferente do reajuste setorial realizado para beneficiar apenas determinada carreira. Segundo o texto da Constituição, esta revisão deve ocorrer todos os anos, sempre na mesma data. Em tese o objetivo seria repor as perdas decorrentes de processos inflacionários. Não se trata aqui de aumento real da remuneração ou do subsídio, mas apenas de um aumento nominal (parte da doutrina o intitula de: *"aumento impróprio"*). É interessante que o projeto de lei prevendo a revisão geral anual deve ser apresentado pelo chefe do Poder Executivo de cada ente federado (art. 61, § 1º, II, "a", da CR/88). Aqui, é importante salientar, que o STF em 2019, decidiu que o não encaminhamento de projeto de lei de revisão anual dos vencimentos dos servidores públicos, previsto no inciso X do art. 37 da CR/88, ***não gera direito subjetivo a indenização***. Porém, deve o Poder Executivo, se pronunciar, de forma fundamentada, acerca das razões pelas quais não propôs a revisão. Nesse sentido:

> Com base nessa orientação, o Plenário, em conclusão de julgamento e por maioria, ao apreciar o Tema 19 da repercussão geral, ***negou provimento a recurso extraordinário em que discutida a existência do direito a indenização, devida a servidores públicos em decorrência da desvalorização anual de seus vencimentos em face da inflação e da ausência de norma que promova o reajuste periódico do montante percebido.*** Prevaleceu o voto do ministro Roberto Barroso, o qual, em assentada anterior, afirmou ***não vislumbrar no art. 37, X, da CF dever específico de que a remuneração dos servidores seja objeto de***

1. Aqui a Emenda Constitucional 109/2021 apresentou alteração importante no texto da EC nº 95/2016 no art.109 do ADCT e no seu § 3º. Nesses termos: : Art. 109. Se verificado, na aprovação da lei orçamentária, que, no âmbito das despesas sujeitas aos limites do art. 107 deste Ato das Disposições Constitucionais Transitórias, a proporção da despesa obrigatória primária em relação à despesa primária total foi superior a 95% (noventa e cinco por cento), aplicam-se ao respectivo Poder ou órgão, até o final do exercício a que se refere a lei orçamentária, sem prejuízo de outras medidas, as seguintes vedações: (Redação dada pela Emenda Constitucional nº 109, de 2021); § 3º : Caso as vedações de que trata o caput deste artigo sejam acionadas, fica vedada a concessão da revisão geral prevista no inciso X do *caput* do art. 37 da Constituição Federal. (Redação dada pela Emenda Constitucional nº 109, de 2021)

aumentos anuais e, tampouco, em percentual obrigatoriamente correspondente à inflação apurada no período. A exegese do termo **"revisão"** abarca entendimento no sentido de que o dispositivo em questão exige uma avaliação anual, que pode resultar, ou não, em concessão de aumento. O *preceito em questão deve ser interpretado em conjunto com* ***outros dispositivos*** *que se distanciam da lógica de* ***reajustes automáticos e de indexação econômica*** *(CF, arts. 7º, IV, e 37, XIII). A tese segundo a qual a adoção de índice inferior à inflação de determinado período importaria automaticamente em degradação do direito de propriedade* **merece temperamentos.** *Isso porque* ***a indexação, embora legítima na tentativa de neutralizar o fenômeno inflacionário,*** *tem como efeito colateral a* ***retroalimentação desse mesmo processo de inflação.*** Em realidade os reajustes **devem ser condicionados às circunstâncias econômicas de cada momento.** O que o art. 37, X, da CF ***impõe é que o chefe do Poder Executivo deve se pronunciar anualmente e de forma fundamentada*** sobre a *conveniência e a possibilidade de reajuste anual do funcionalismo*. (...) a Constituição *não fixa critérios* ou índices a serem observados na revisão. Determina, apenas, que ela seja efetuada sem distinção de índices entre os beneficiados. Por isso, ***não há a possibilidade de se extrair do texto constitucional*** qualquer indicação de índice mínimo, ainda que para efetuar a manutenção real do poder aquisitivo dos servidores públicos. Portanto, ***não existe na Constituição nenhuma disposição que garanta a reposição anual dos índices inflacionários***. De todo modo, **não cabe,** no caso, ***invocar o princípio constitucional da irredutibilidade de vencimentos, visto que a jurisprudência do STF é no sentido de que sua eventual ofensa se dá quando há redução do valor nominal*** dos vencimentos, mas não quando se deixa de reajustá-los para repor seu poder de compra.[2]

	Argumentos contra a Emenda	**Argumentos a favor da Emenda**
Quanto ao princípio da separação de poderes	**1.** Pode-se argumentar que o novo regime fiscal atenta contra a independência e a autonomia financeira do Poder Legislativo e do Poder Judiciário, bem como contra a autonomia financeira do Ministério Público da União e da Defensoria Pública da União, na medida em que impõe o congelamento de suas despesas primárias por vinte exercícios financeiros. Essa impossibilidade de rediscutir suas despesas, durante vinte anos, retira dos mencionados poderes e órgãos elemento essencial para o efetivo exercício de sua autonomia	**1.** A teor do entendimento proferido na ADI nº 3.367, o princípio da independência dos poderes não deveria ser visto como algo absoluto, mas, sim, como um mecanismo de cooperação institucional, no bojo de um sistema de integração e cooperação preconizado pela CR/88 para assegurar um dinâmico equilíbrio entre os poderes. Nesse sentido, o conteúdo da EC nº 95 poderia facilmente ser interpretado como um mecanismo de cooperação entre os poderes adequados às circunstâncias orçamentárias brasileiras atuais, razão pela qual

2. **RE 565089 /SP**, STF. Plenário. Red. p/ o ac. Min. Roberto Barroso, julg em **25.09.2019** (repercussão geral – Tema 19) (Info 953) Também já decidiu o STF, que *o Poder Judiciário não possui competência para determinar ao Poder Executivo a apresentação de projeto de lei que vise a promover a revisão geral anual da remuneração dos servidores públicos, tampouco para fixar o respectivo índice de correção.* STF. Plenário. **RE 843112**, Rel. Luiz Fux, julgado em **22.09.2020** (Repercussão Geral – Tema 624) (Inf. 998).

Quanto ao princípio da separação de poderes	financeira no que tange à elaboração do orçamento, o que atingiria, por conseguinte, o núcleo do princípio da separação de poderes, uma vez que não haveria que se falar em independência sem se falar em autonomia financeira.[3] **2.** Há que se ressaltar que a separação dos poderes é cláusula pétrea (art. 2º, c/c art. 60, § 4º, III, CR/88). Pode-se considerar que as vedações do art. 60, § 4º, da CR/88, abrangem também aquelas emendas que tendam a abolir as cláusulas pétreas, de tal forma que a EC nº 95 haveria que ser considerada inconstitucional.[4] **3.** Especificamente no que tange à independência do Poder Judiciário, argumentou-se centralmente na ADI nº 5633, ajuizada pela Associação dos Magistrados Brasileiros, pela Associação Nacional dos Magistrados da Justiça do Trabalho e pela Associação dos Juízes Federais do Brasil perante o STF, que a EC nº 95/2016 violaria o princípio da separação de poderes (art. 2º, CR/88) e a autonomia administrativa e financeira dos Tribunais (art. 99, CR/88). Isso porque as normas constantes da Emenda teriam natureza material tipicamente orçamentária, razão pela qual deveriam ter adentrado no ordenamento como	não haveria que se falar em inconstitucionalidade da medida à luz do princípio da separação de poderes.[5] **2.** Em outro giro, não haveria que se falar no estabelecimento do Poder Executivo como um "superórgão", considerando que "o Novo Regime Fiscal seria também um instrumento para aprimorar as instituições democráticas do País.".[6] Isso porque, até a EC nº 95, as decisões de gastos eram tomadas descentralizadamente, sendo abarcadas na lei orçamentária, e depois os gastos eram contingenciados pelo Poder Executivo. Com o NRF, no entanto, "os parlamentares, como legítimos representantes do povo, irão discutir quais gastos são prioritários e, portanto, deverão ser efetivamente executados.".[7]

3. PEC n. 241/2016 na Câmara dos Deputados e PEC n. 55/2016 no Senado Federal.
4. MINISTÉRIO PÚBLICO FEDERAL; PROCURADORIA-GERAL DA REPÚBLICA, SECRETARIA DE RELAÇÕES INSTITUCIONAIS. *Nota Técnica PGR/SRI n. 82/2016*. Disponível em: <http://www.mpf.mp.br/pgr/documentos/nota-tecnica-pgr-sri-no-082-2016-pgr-00290609-2016.pdf>. Acesso em jan. 2017.
5. VIEIRA JUNIOR, Ronaldo Jorge Araújo. As Inconstitucionalidades do "Novo Regime Fiscal" instituído pela PEC n. 55, de 2016 (PEC n. 241, de 2016, na Câmara dos Deputados). *Boletim Legislativo*, n. 55, nov. 2016. Disponível em: <http://s.conjur.com.br/dl/pec-2412016-viola-clausulas-petras.pdf>. Acesso em jan. 2016.
6. FREITAS, Paulo Springer; MENDES, Francisco Schertel. Comentários sobre a PEC do Teto dos Gastos Públicos aprovada na Câmara dos Deputados: necessidade e constitucionalidade da medida. *Boletim Legislativo*, n. 55, nov. 2016, p. 14. Disponível em: < https://www12.senado.leg.br/publicacoes/estudos-legislativos/tipos-de-estudos/boletins-legislativos/bol55>. Acesso em jan. 2017.
7. SENADO FEDERAL. Comissão de Constituição, Justiça e Cidadania. *Parecer n. X/2016* aprovado em 01 nov. 2016. Relator: Senador Eunício Oliveira, p. 8.

Quanto ao princípio da separação de poderes	lei ordinária, cujo processo legislativo requer a participação do Judiciário. Ao entrar como Emenda Constitucional, no entanto, não houve qualquer ingerência do Poder Judiciário, uma vez que a iniciativa das ECs obedece ao art. 60 da CR/88. Dessa maneira, "o legislador, ao fazer a opção de 'constitucionalizar' norma que seria objeto de disciplina por meio de lei ordinária, com a participação necessária do Poder Judiciário no processo legislativo, acabou por afastar o Poder Judiciário desse processo.".[8] Assim, tem-se normas que, tendo sido elaboradas sem a anuência do PJ, impossibilitam a elaboração do próprio orçamento durante o prazo de 20 anos e ainda outorgam competência para revisões somente ao Presidente da República, após 10 anos de vigência do regime, razões pelas quais haveria violação à independência e harmonia dos poderes (art. 2º, c/c art. 60, § 4º, III, CR/88). **4.** Ademais, é importante notar que a EC nº 95 acrescenta dois dispositivos normativos à Constituição, a saber: i) permite que o Poder Executivo compense os excessos dos demais poderes durante os três primeiros anos de vigência do NRF e; ii) permite que o Presidente da República proponha, após dez exercícios de vigência do NRF, projeto de lei complementar que altere o método de correção dos limites fixados. Esses dois dispositivos colocariam o Poder Executivo na posição "de um 'superórgão' que, a pretexto de trazer a trajetória da dívida pública para níveis sustentáveis, passará a controlar os demais poderes ainda que de maneira indireta, inviabilizando o cumprimento de suas funções constitucionais e institucionais, o que contrariaria de maneira flagrante a ordem constitucional vigente.".[9]		

8. SENADO FEDERAL. Comissão de Constituição, Justiça e Cidadania..., p. 8.
9. SUPREMO TRIBUNAL FEDERAL. *ADI n. 5633 – Petição Inicial.* Protocolada em 15 de dezembro de 2016. Rel: Min. Rosa Weber. Disponível em: < http://redir.stf.jus.br/estfvisualizadorpub/jsp/consultarprocessoeletronico/ConsultarProcessoEletronico.jsf?seqobjetoincidente=5112200>. Acesso em jan. 2017.

Quanto ao princípio da separação de poderes	**5.** Ressaltou o Ministério Público por meio de nota técnica que a EC nº 95 iria contra o art. 127, §§ 2º e 3º, CR/88, que garantem sua autonomia funcional e administrativa, bem como o poder-dever de elaboração da própria proposta orçamentária. Assim, a emenda atentaria contra a própria independência das funções essenciais à Justiça. Ademais, frisou que o Ministério Público seria "verdadeira cláusula pétrea, como entidade protetora dos direitos fundamentais e de resguardo da cidadania e da dignidade da pessoa humana, fundamentos da República.".[10] A autonomia administrativa e funcional asseguradas ao Ministério Público e às Defensorias Públicas são elementos fundamentais para o exercício independentemente de suas funções constitucionais, voltando-se à proteção dos direitos fundamentais. Assim, a EC nº 95 feriria a autonomia das Funções Essências à Justiça, razão pela qual não poderia ser considerada constitucional.
Quanto aos direitos constitucionais sociais	**1.** A EC nº 95 estabelece dois momentos de aplicações mínimas em saúde e educação no bojo do novo regime fiscal. No primeiro momento, pertinente ao exercício de 2017, ficam preservadas as regras constitucionais anteriormente em vigor, de tal forma que prevaleceriam as aplicações mínimas calculadas nos termos dos arts. 198, § 2º, I, e 212, CR/88. Assim, em 2017, a União continuaria obrigada a aplicar não menos que 15% da receita corrente líquida do respectivo exercício no caso da saúde e não menos que 18% da arrecadação com impostos no caso da educação. Entretanto, em um segundo momento, a partir de 2018, esse regime seria substituído por uma mera atualização

10. MINISTÉRIO PÚBLICO FEDERAL; PROCURADORIA-GERAL DA REPÚBLICA, SECRETARIA DE RELAÇÕES INSTITUCIONAIS. *Nota Técnica PGR/SRI n. 82/2016*, p. 9.

Quanto aos direitos constitucionais sociais	monetária dos recursos alocados em 2017. Assim, "trata-se, na realidade, de congelamento dos gastos em educação e saúde de 2018 até 2036, com o agravante de saber que os recursos atualmente alocados são incapazes de atender a demanda de universalização do atendimento na área de saúde e de educação.".[11] **2.** As disposições constitucionais referentes aos gastos mínimos em matéria de saúde (art. 198, CR/88) e educação (art. 212, CR/88) integrariam o núcleo essencial dos direitos à saúde e educação, no bojo de uma concepção de dignidade da pessoa humana que exige a satisfação do mínimo existencial sociocultural.[12] Dessa maneira, a EC nº 95 seria inconstitucional por "reduzir e não respeitar a vinculação mínima para financiamento desses direitos.".[13] **3.** O teto instituído pela EC nº 95 poderia inviabilizar a educação, a saúde, a assistência e a seguridade social, bem como outros serviços públicos, o que já seria bastante problemático, considerando que o Estado brasileiro tem o dever de garantir direitos fundamentais, como o direito à saúde e educação. Nesse sentido, a emenda em questão seria um "ato desconstituinte", podendo representar "uma nova carta política, ilegítima e contrária aos compromissos sociais, econômicos e culturais do Estado Democrá-	**1.** Com o constante crescimento da dívida pública brasileira, a manutenção do regime fiscal anterior implicaria, eventualmente, em um Estado falido em termos orçamentários, o que impossibilitaria a garantia dos direitos à saúde e à educação de forma adequada (não só a curto, mas também a médio e a longo prazo). **2.** Se fosse mantido o regime anterior, o Estado brasileiro acabaria por descumprir a Constituição omissivamente, uma vez que se veria incapaz de cumprir para com seus deveres relacionados à saúde e educação de maneira bastante gravosa. Com a EC nº 95, tem-se não apenas um necessário mecanismo para balancear as contas públicas, como também uma forma de se repensar o regime de despesas brasileiro.[14] Assim, é somente a partir desses aspectos que o Estado pode se ver apto a concretizar, de forma mais eficiente, os direitos à saúde e educação.

11. MINISTÉRIO PÚBLICO FEDERAL; PROCURADORIA-GERAL DA REPÚBLICA, SECRETARIA DE RELAÇÕES INSTITUCIONAIS. *Nota Técnica PGR/SRI n. 82/2016*, p. 5.
12. VIEIRA JUNIOR, Ronaldo Jorge Araújo. *As Inconstitucionalidades do "Novo Regime Fiscal"...*, p. 36.
13. SARLET, Ingo Wolfgang. A proteção dos direitos fundamentais diante das emendas. *Revista Consultor Jurídico*, jun. 2016. Disponível em: <http://www.conjur.com.br/2016-jun-10/protecao-direitos-fundamentais-diante-emendas-parte>. Acesso em jan. 2017.
14. MAZZA, Willame Parente. A PEC 241 (PEC 55) e o "mito da estabilização" – A "morte" da Constituição Dirigente e a Constitucionalização do Neoliberalismo? *Empório do Direito*, nov. 2016. Disponível em: <http://emporiododireito.com.br/a-pec-241-pec-55-e-o-mito-da-estabilizacao/>. Acesso em jan. 2017.

Quanto aos direitos constitucionais sociais	tico de Direito".[15] Mais além, poderia esta mudança constitucional revogar o próprio núcleo normativo administrativo-financeiro e orçamentário antes consagrado pela Constituição de 1988, na medida em que a EC nº 95 estabelece exceções às normas constitucionais por vinte anos. Ademais, essa excepcionalidade prejudicial aos direitos fundamentais constantes da Carta de 1988 representaria não uma expressão do regime democrático, mas, sim, um "estado de exceção econômico".[16]	
Quanto ao princípio da vedação ao retrocesso social	**1.** O princípio da proibição de retrocesso social diz respeito à impossibilidade de se reduzir, anular ou revogar o núcleo essencial dos direitos sociais já realizados e efetivados legislativamente. O congelamento das despesas proposto pela EC nº 95, porque mitigaria direitos fundamentais sociais, representaria, também, violação ao princípio da vedação de retrocesso social.[17] **2.** Especificamente no que tange ao Poder Judiciário, haveria também violação ao princípio da vedação do retrocesso social, uma vez que a impossibilidade de criação de novas varas e tribunais teria como consequência, mediante o crescente número de litigantes, o comprometimento do acesso à jurisdição.[19]	**1.** De acordo com o entendimento do STF (ADI nº 2.024, ADI nº 1.664), no que tange ao princípio do não retrocesso, "a instituição das chamadas cláusulas pétreas pelo Constituinte de 1988 não significa a impossibilidade de realização de qualquer alteração nos objetos alcançados por essas cláusulas, mas, sim, a definição de uma esfera mínima de proteção, que preserve os seus elementos essenciais.".[18] Diante disso e considerando que a emenda aprovada teve garantido um piso maior para os gastos com a saúde do que o projeto original, ficaria difícil de afirmar a inconstitucionalidade da EC nº 95 em face do princípio da vedação ao retrocesso social.[20]

15. SENADO FEDERAL. Comissão de Constituição, Justiça e Cidadania...
16. OLIVEIRA, Marcelo Andrade Cattoni de. *Breves considerações iniciais sobre a PEC n. 241 ("Novo Regime Fiscal"): o estado de exceção econômico e a subversão da Constituição democrática de 1988*. Empório do Direito, set. 2016. Disponível em: <http://emporiododireito.com.br/breves-consideracoes-iniciais-sobre-a-pec-n-241-novo-regime-fiscal-o-estado-de-excecao-economico-e-a-subversao-da-constituicao-democratica-de-1988-por-marcelo--andrade/>. Acesso em jan. 2017.
17. OLIVEIRA, Marcelo Andrade Cattoni de. *Breves considerações iniciais sobre a PEC n. 241 ("Novo Regime Fiscal")*...
18. VIEIRA JUNIOR, Ronaldo Jorge Araújo. *As Inconstitucionalidades do "Novo Regime Fiscal"*...
19. FREITAS, Paulo Springer; MENDES, Francisco Schertel. *Comentários sobre a PEC do Teto dos Gastos Públicos aprovada na Câmara dos Deputados...*, p. 14.
20. SUPREMO TRIBUNAL FEDERAL. *ADI n. 5633 – Petição Inicial...*

Quanto ao princípio da vedação ao retrocesso social		**2.** Ademais, a comparação pertinente no âmbito do NRF não seria entre a situação que será estabelecida pelo novo regime e a situação anterior, mas, sim, entre o cenário do NRF e a situação futura caso fosse mantida a política fiscal anterior. Como o PIB tenderia a cair, mantendo-se a política anterior, também tenderiam os gastos com direitos fundamentais sociais, razão pela qual não haveria um real retrocesso provocado pela EC nº 95.[21]
Quanto à observância ao voto direito, secreto, universal e periódico	**1.** A EC nº 95 configuraria violação (indireta) à cláusula pétrea constante do voto direito, secreto, universal e periódico (art. 60, § 4º, II, CR/88), porque retira a prerrogativa dos futuros presidentes, pelos próximos vinte anos, de efetivamente materializarem suas concepções de governo. Assim, eliminar a "possibilidade de o Chefe do Poder Executivo – legitimamente eleito pelo povo, por intermédio do voto direto, secreto, universal e periódico – definir o limite de despesas de seu Governo; significa retirar-lhe uma de suas principais prerrogativas de orientação, direção e gestão."[22], o que, em última análise, significaria impedir-lhe de exercer plenamente o mandato proveniente da soberania popular (art. 1, CR/88) e, portanto, mitigar o voto direto, secreto, universal e periódico. **2.** A EC nº 95, "embora não suprima as eleições diretas periódicas, restringe excessivamente as possibilidades decisórias dos representantes eleitos.".[23] Ocorre que a matéria orçamentária é tema que deve estar aberto à deliberação pública, de tal forma que	**1.** A EC nº 95 não impediria que futuros Presidentes elaborassem suas propostas orçamentárias, constantes com seus respectivos planos de governo. Na realidade, a emenda apenas instituiria limites para esses orçamentos, de forma igual para todos os chefes do Poder Executivo, não influindo, portanto, direta ou indiretamente, no direito de escolha dos representantes. Dessa maneira, não haveria que se falar em violação à cláusula pétrea constante do voto direto, secreto, universal e periódico.

21. FREITAS, Paulo Springer; MENDES, Francisco Schertel. *Comentários sobre a PEC do Teto dos Gastos Públicos aprovada na Câmara dos Deputados...*
22. FREITAS, Paulo Springer; MENDES, Francisco Schertel. *Comentários sobre a PEC do Teto dos Gastos Públicos aprovada na Câmara dos Deputados...*
23. VIEIRA JUNIOR, Ronaldo Jorge Araújo. *As Inconstitucionalidades do "Novo Regime Fiscal"..., p. 31.*

Quanto à observância ao voto direito, secreto, universal e periódico	"constitucionalizar o congelamento dos gastos primários ignifica retirar, em parte, da esfera da deliberação democrática alocação de recursos públicos.".[24] Dessa forma, à luz do princípio democrático, haveria violação à cláusula pétrea constante do voto direto, secreto, universal e periódico.	

24. SOUZA NETO, Cláudio Pereira de. *PEC do Novo Regime Fiscal: constitucionalização da austeridade e subcidadania*. Jota, nov. 2016. Disponível em: <http://jota.info/artigos/pec-novo-regime-fiscal-constitucionalizacao-da-austeridade-e-subcidadania-16112016>. Acesso em jan. 2017.
25. SOUZA NETO, Cláudio Pereira de. *PEC do Novo Regime Fiscal: constitucionalização da austeridade e subcidadania*. Jota, nov. 6.

EDITORA JusPODIVM
www.editorajuspodivm.com.br

Impressão e acabamento: BMF Gráfica e Editora